新マイスター独和辞典

**MEISTER Neu
Deutsch-Japanisches
Wörterbuch**
TAISHUKAN

【編集】

戸川敬一

榎本久彦

人見　宏

石村　喬

木村直司

Franz-Anton Neyer

佐々木直之輔

新倉真矢子

島　憲男

皐本　晶

【編集協力】

古池　好

大修館書店

MEISTER
NEU
DEUTSCH-JAPANISCHES
WÖRTERBUCH

Taishukan Publishing Company
2006

マイスター独和辞典 (1992) 編集関係者
  編集   戸川敬一 榎本久彦 人見 宏 石村 喬
       木村直司 Franz-Anton Neyer 佐々木直之輔
  編集協力者 権平桂子 小泉 進 森田昌美 永井千鶴子
       新倉真矢子 高橋明彦 吉田 有
  ドイツ語校閲 Dieter Obluda Eduard Braun
       Raimund Emil Krummeich

ハンディ マイスター独和辞典 (1997) 編集関係者
  編集   戸川敬一 榎本久彦 人見 宏 石村 喬
       木村直司 Franz-Anton Neyer 佐々木直之輔
       新倉真矢子
  編集協力者 権平桂子 森田昌美

まえがき

　『マイスター独和辞典』は 1992 年に刊行され，幸いにも好評のうちに迎えられた．それをもとに新語を大幅に増補し，説明をコンパクトにしたものが，本辞典のもとになった『ハンディマイスター独和辞典』である．『ハンディ』が 1997 年に刊行されて以来，すでに 8 年になる．その間に，言語の観点からは，新正書法が実施（2005 年 8 月）され，『マイスター』も新正書法に対応したものにすることになった．社会的観点からも，マルクから新貨幣ユーロの導入，EU 加盟国の増加，グローバリズムとヨーロッパの自立の模索等，その変化は大きく，本辞典もその現状を捉え，時代に即したものにする必要が生じて来た．そこで，『マイスター独和辞典』，『ハンディマイスター』以来の基本方針である，統語と意味の結合という基本を守りつつ，活きた「現在のドイツ語を読む」ために必要な情報を最大限に盛り込むという方針で作業を進めた．

　近年の PC の普及にともないインターネット等を介する電子メディアの情報量は予想以上に拡大し，ドイツ語圏の情報もリアルタイムで簡単に入手できるようになっている．さらに，その直接流入する多岐にわたる膨大なデータの大半は文字情報であり，それを正確に理解するための「独和辞典」の必要度はますます高まっている．そのような時代の要請に応えるべく，本辞典は初級・中級・上級レベルの人の使用にたえられように，言い換えれば，ドイツ語を勉強している学生，ドイツ語を職業で使用している社会人のいずれの使用をも想定した編集をすることにした．その要点は以下の通りである．

- どの場面でも手軽に使用できる，携帯しやすいサイズにした．
- 見出し語では新正書法と旧正書法を並記し，いずれの書法のデータにも対応できるようにした．
- 現在のドイツに即応した新語を加え，収録語数を 8 万語とし，今のドイツ語を充分読めるようにした．
- 現代社会の主要関心事である，ビジネス・経済・時事・コンピュータ・環境・科学・技術に関する専門語などの充実を図った．
- 訳語には，正確さは勿論のこと，できるだけ実際に使われている語彙を使用するようにし，訳語だけでは解りづらい場合は，具体例や，補足説明をして，理解を容易にした．
- スペースの制約から用例は最小限に絞ったが，訳語だけでは把握し難い句や文，頻度の高い表現はできるだけ用例をあげ，訳語と相補うようにし，さらに慣用句は太字で見やすくして，実用的な構成とした．
  動詞には文型表示とその場合の意味を明示し，実際の文を文構造に則して理解できるようにした．形容詞等，その他の品詞でも，文法規制がある場合は文型表示や，用例でそれを示している．
- 発音については，カタカナ・ひらがなを使用して，発音記号の知識がない場合も，充分通じる発音ができるようにした．
- 見出し語 8000 語の日本語索引を巻末に付し，基本的な和独辞典の機能も兼ねられるようにした．
- 巻末のドイツ史年表を 2005 年まで記述し，拡充した．

最小スペースで最大情報を提供する，時代に対応した辞典を実現するために種々の工夫をこらしたが，まだ，至らない点も多々あると思われる．さらに実用性と精度を高めるためにも，読者の皆様のご批判とご叱正を仰ぎたいと切に願っている．

平成 17 年 11 月

編　者

目　　次

まえがき …………………………………………………iii

凡　　例
　　［Ⅰ］本書の構成 …………………………………vi
　　［Ⅱ］品詞別の注意点 …………………………viii
　　［Ⅲ］動詞の文型表示 …………………………ix
　　専門分野略記一覧 ……………………………xii
　　記号一覧 ………………………………………xii
綴り字と発音 ……………………………………………xiv
諸品詞の変化 ……………………………………………xvii
不規則動詞変化表 ………………………………………xx
主要参考文献 ……………………………………………xxviii

A—Z　　　　　　　　　　　　　　　　1-1499

付　　録
　　新正書法について ……………………………**1503**
　　ドイツ史年表 …………………………………**1508**
　　日本語索引 ……………………………………**1513**

凡　例

［Ⅰ］　本書の構成

1．見出し語

a）**字体・配列**　見出し語はすべて太字で示し、アルファベット順に配列した。その際、ä, ö, ü はそれぞれ a, o, u のあとに、また ß は ss のあとに置いた。

b）**正書法**　原則として Duden: Die deutsche Rechtschreibung (Der Duden in 12 Bänden, Band 1), 22., völlig neu bearbeitete und erweiterte Auflage. 2000 に従った。1998 年 8 月から新正書法が漸次実施され、2005 年 7 月 31 日をもって移行期間が終了した。本書では、新正書法に従った綴りに加えて、旧正書法に従った綴りを🔟で並記している。ただし、旧正書法に従った綴りからも新正書法に従った綴りを参照できるよう、見出し語に残したものもある（例：*die* Schiffahrt ⇨ Schifffahrt；*der* Greuel ⇨ Gräuel 等）。なお、巻末に付録として新正書法の概要を付した。

c）**綴りが同じ語**　語の成立ちや名詞の性別などが異なる場合には別見出しとして全書き、右肩に番号をつけて区別した。単に品詞が異なる場合は、太ダッシュ（——）で略記した。

d）**定冠詞の表示**　名詞の見出し語の前には、定冠詞をイタリック体で示し、性別を表した。
　①定冠詞が表示されていない名詞は、無冠詞で用いることを常とするものである。
　②定冠詞に（　）がついているものは、普通は無冠詞で使うものであることを表す。
　③性に揺れがあるもののうち、/ で区切って二つないし三つの定冠詞があげられているものは、そのいずれもがあり得ることを示す。〔　〕がついているものは、あまり用いられない方の定冠詞であることを示す。

e）**語の区切り**　一部は新しい正書法に従い、分綴可能なところには・を入れた。なお、分離動詞については、前綴りのあとに分離線（｜）を入れた。
　例：**Bä·cker·meis·ter**　**an|fan·gen**

f）**アクセント表示**　見出し語には原則としてアクセント位置を示すようにし、最も強く発音する母音を示す綴りの下に、短母音の場合には `.`、長母音や二重母音の場合には `_` をつけた。ただし、アクセントがつく母音が外国語特有の読みになる場合は、見出し語にはアクセント表示を行わず、発音記号及びカナ表記を補った。また、アクセントに複数のバリエーションがある場合にも、見出し語にアクセント表示を行わず、カナ表記で両方の読み方を示した。
　例：**Ofen, Saal, Auto, Mann, Airbus** [*έːr*bʊs エーア・ブス]
　　　ungefähr [ウン・ゲふェーア, ウン・ゲふェーア]

2．発音

a）**見出し語の発音**　発音は原則として Duden: Das Aussprachewörterbuch. 4., neu bearbeitete und aktualisierte Auflage. 2000. に従い、[　] にカナで示した。外来語を含む難読語や発音に特に注意を要する語には、IPA の発音記号を併記した。カナ表記ではアクセント位置を太文字書きにし、IPA 表記には ´ をつけた。
　Name [ナーメ]　　**Kamin** [カミーン]　　**Friseur** [frizǿːr ふりゼーア]

b）**平仮名表記**　原則としてカタカナで表記したが、日本語にないドイツ語音で特に区別が必要な場合は、平仮名を用いた。〈er〉, 〈r〉が母音化された場合は、[ər] を [アー]、[r] を [あ] とした。また、[l] と [r] を区別するため、[r] を平仮名書きにした。さらに [f], [ç], [x] と [h] を区別するため、[f], [ç], [x] を平仮名書きにした。
　Bauer [バウアー]　　**Bier** [ビーア]　　**Rang** [らング]　　**lang** [ラング]
　Fund [ふント]　　**Licht** [リひト]　　**hoch** [ホーほ]　　**Hund** [フント]

c）**小字使用**　子音連続や語末の子音など、母音が後続しない子音は小字にした。
　sprechen [シュプれっヒェン]　　**Herbst** [ヘるプスト]

d）**〈っ〉の添加**　アクセントがつく短母音の直後に破裂音や摩擦音が続く場合などには〈っ〉を入れた。
　Kabinett [カビネット]　　**Stadt** [シュタット]　　**Bach** [バっは]　　**Kissen** [キッセン]

e）**丸囲み**　変母音〈ö〉を〈o〉と区別するために〈ö〉を [ⓞ] と丸で囲んだ。
　Öl [ⓞール]　　**Söhne** [ⓞーネ]

f）**中黒**　語構成上の切れ目に中黒を入れた。ただし、3 語以上の見出し語では、既出見出し語には中黒を入れなかった。
　Fußball [ふース・バル]　　**Fußballspiel** [ふースバル・シュピール]
　ただし語構成上の分け方を優先させた。
　Baugrund [バウ・グルント]　　**Baugrundstück** [バウ・グルント・シュテュック]

g）　複数形のアクセント位置が単数形と異なる場合は，複数形をカナ表示で全書した．
Doktor [ドクトーあ]　　**-en** [ドクトーれン]

h）　外来語発音は，なるべく原語読みにした．
Point [pọɛ̃ ポアーン]

3．品詞表示

a）　**品詞名略記**　品詞名は，次のように表示した．

[名] 名詞　[動] 動詞　[助] 助動詞　[形] 形容詞
[副] 副詞　[前] 前置詞　[冠] 冠詞　[代] 代名詞
[数] 数詞　[接] 接続詞　[間] 間投詞　[接頭] 接頭辞
[接尾] 接尾辞　[複名] 複数名詞

b）　**品詞の下位区分**　品詞の下位区分が必要な場合は，《　》で品詞名の直後に次のように示した．

[助]　《時称》　《話法》　《推量》
[副]　《疑問》　《関係》　《文飾》　《語飾》　《話者の気持》
[冠]　《定》　《不定》
[代]　《人称》　《指示》　《不定》　《所有》　《疑問》　《再帰》
　　《関係》　《定関係》　《不定関係》
[数]　《基数》　《序数》　《分数》　《種数》
[接]　《並列》　《従属》

4．語義・訳語

a）　**配列・区分**　使用頻度の高い語義から順に配列することを原則とした．はっきりと意味が異なる場合には 1., 2., 3., …を用いて区分し，さらに細かい差異をセミコロン(；)およびコンマ(，)を用いて示した．原則として，ほぼ同義の言い換え語を並べた場合にはコンマで区切り，訳語としては似ていても用法や分野が異なればセミコロンで区切った．

b）　**補足説明**　訳語だけでは意味や用法がわかりにくい場合には，適宜（　）や（　）で説明を補った．

c）　**文体・位相表示**　ある限定されたケースや地域，分野でしか用いられない語や意味には，その旨《　》で注記した．これに関して注意すべきものは次の通り．

①《口》は，標準語に準じて日常通用しているもの，およびくだけた調子や粗野・野卑なもの．
②《文》は，普通の表現に比べて格調の高いもの，および教養のある知識階級の用いるもの．
③《古》は，現在ではすでに古くなったか，古くなりつつあるもの．
④《稀》は，実際の使用例が少ないもの．
⑤《硬》は，普通の用法に比べてぎこちなさが感じられるもの．
⑥《南独》《オーストリア》などは，使用地域が特定できるもの．
⑦《方》は，使用地域が限られてはいるが特定できないもの．
⑧《ジャーゴン》同一集団・同業者仲間で使うもの．
⑨《欺》詐欺師・泥棒仲間の隠語．
⑩《学生》学生が使うもの．
⑪《生徒》生徒が使うもの．
⑫《若》若者が使うもの．
⑬《兵》兵隊が使うもの．
⑭《幼》幼児語．
⑮《蔑》侮蔑的．
⑯《嘲》嘲笑的．
⑰《転》転義的．
⑱《詩》詩的．
⑲《婉》婉曲．
⑳《冗》冗談．
㉑《皮》皮肉．
㉒《罵》罵言．
㉓《卑》卑語．

d）　**専門分野表示**　専門分野のうち主なものは〖　〗で略記を用いて示した．別掲の「専門分野略記一覧」を参照．

e）　**参考情報**　文法・語法上注意すべきことや，ドイツと日本との習慣の違い，関連する語彙など，記述されたことがらに関連する参考情報を【　】で示した．

5．用例

a) **とり上げ方** 1., 2., 3., …で区切った語義区分ごとに，語義説明のあとをコロン（：）で区切り，必要に応じてその意味に該当する用例を掲げた．とり上げた用例は，比較的頻度の高い表現でありながら，訳語だけでは理解しにくい例を中心にした．

b) **見出し語の表示** 用例中の見出し語は次のように示した．
   ① 見出し語と同形の場合には，ティルデ（〜）で示した．
   ② 変化語尾などがついた場合には，見出し語と同形部分は（〜）で示し，変化部分はイタリック体にして，〜*en*, 〜*s* のように示した．
   ③ 小文字の見出し語が用例では大文字になる場合や，大文字の見出し語が用例では小文字になる場合には，先頭文字のみをイタリック体で示し，以下を〜で代用した．
   ④ 見出し語の変化形を示す場合には，イタリック体で全書した．

c) **人・物・事の区別と格表示** 用例中の〈j〉は「人」を，〈et〉は「物・事」を表し，右肩に小さくつけた数字が格を示す．「人・物・事」の区別は，例えば Schule「学校」の場合，建物を指していれば〈物〉，組織ならば〈事〉，生徒や先生の全体ならば〈人〉とした．また，動物・国土・地域は〈物〉とした．

d) **【慣用】欄** 【慣用】欄を設け，よく使われる慣用表現・熟語などを，通常の用例とは別にまとめて示した．

［Ⅱ］ 品詞別の注意点

1．名詞

a) **定冠詞の表示** 見出し語の前に定冠詞を付し，男性・女性・中性の区別を示した．Ⅰ-1-d) 参照．

b) **格変化の表示** 品詞表示のあとに格変化を以下のように示した．なお，ダッシュ（-）は見出し語と同形であることを表し，‥ はその部分が省略されていることを表す．
   ① 通常の場合は，単数2格と複数1格の形を / で区切って示した．なお，/ のあとが空白になっているものは，複数形がないか，あっても実際には用いられていないことを示す．
   ② 特殊な変化をする場合は，単数2・3・4格と複数1格の変化形を示した．ただし，これらの語が複合名詞の基礎語となっている場合は，単数2格と複数1格のみを示すにとどめた．
   　例：*das* **Herz** 名 2格-ens, 3格-en, 4格-/働-en
   　　　der **Grund·ge·dan·ke** 名 -ns/-n
   ③ 形容詞的変化をする場合は，(形容詞的変化) とだけ表示し，単数2格も複数1格も示さなかった．

c) **単複表示** 以下のように，単数・複数の使い分けに注意すべき場合には，その旨注記した．
   ① 複数形がいくつかあり，意味によって複数形が異なる場合．
   　例：**Acker** 名 -s/ Äcker（単位を表す働は -) **1**. (働 Äcker)畑，耕地…　**2**. (働 -)アッカー（昔の耕作面積単位…）
   ② 意味によって単複の用法が異なる場合．
   　例：**Ader** 名 **1**. 血管… **2**. (働のみ)素質，天分…

2．動詞

a) **不規則変化動詞の表示** 不規則変化動詞には見出し語の右肩に * をつけ，規則動詞と区別した．( ) がついて (*) となっている場合には，規則変化と不規則変化の両方があることを示す．

b) **不規則変化形の表示** 分離動詞などの複合動詞は除き，不規則変化するものについては品詞表示のあとに過去形と過去分詞形を示した．なお，過去綴りに注意すべきものについては現在形も示した．なお，過去分詞形の前に付した hat あるいは ist は，それぞれ haben 支配，sein 支配を示す．

c) **haben 支配・sein 支配の区別** 次のような二通りのやり方で示した．
   ① 規則変化動詞および不規則変化する複合動詞の場合，品詞表示のあとにイタリック体で *h.* あるいは *s.* と記し，haben 支配・sein 支配を区別した．なお，意味によって haben 支配・sein 支配が異なる場合には，語義区分ごとにその旨記した．
   ② 過去分詞形を表示した不規則変化動詞の場合は，上述の通り hat あるいは ist を付して区別した．ist/hat とある場合は，両方の用法があることを示す．また，hat[ist] とある場合は，haben 支配の方が一般的であるが，sein 支配の場合もあることを示す．

d) **文型表示** 1., 2., 3., …で区切った各語義区分の冒頭に，{ } で囲んでその意味にかかわる文型を表示した．ドイツ語の場合，動詞と他の要素がどのように結びついているかが意味を決定する重要な要因になっていることは言うまでもない．この結びつきを明確にすることによって，的確な訳語を探しやすくしたのが，本書の動詞記述の特色である．動詞がどの格あるいはどの前置詞と結びついているかを押さえることが正確な理解のために必須であり，「自動詞，他動詞，再帰動詞」という区分では不十分なため，本書ではこれらの用語は用いなかった．た

だし，これらの用語になじんだ読者のために付記しておくならば，目的語として4格をとるものがいわゆる「他動詞」に相当し，再帰代名詞 sich と結びつくものが「再帰動詞」，それ以外が「自動詞」に相当するとおおよそ言える．詳しくは [III] の「動詞の文型表示」を参照．

3．形容詞
- a）**比較級・最高級の表示** 比較変化する際に，幹母音が変音（ウムラウト）するものや，不規則な変化をするものには，品詞表示のあとに比較級と最高級を示した．
- b）**用法によって語形が変化するもの** **hoch, dunkel** などのように付加語的用法（名詞などの前について語尾変化する場合）および比較級になると語形が変化するものは，品詞表示のあとに〔 〕で語形変化の注意すべきポイントを示した．
    - 例：**dunkel** 形〔(e)⊕ は ..kl..〕
- c）**注意すべき副詞的用法の訳語** 副詞的用法の際の訳語が，他の用法の訳語とは異なることに注意を向けたい場合に，セミコロンで区切って用法の違いを示したケースがある．
    - 例：**unendlich** 形 果てしない，限りない…；きわめて，限りなく．
- d）**結びつきやすい格・前置詞の表示** 特定の格や前置詞句などと結びつく場合には，〔 〕でそれを示した．
    - 例：**ähnlich** 形〔⟨j³/et³⟩=〕似た…
    - **stolz** 形〔auf⟨j⁴/et⁴⟩〕誇りにしている…

4．副詞
- a）**比較級・最高級の表示** 比較級・最高級があるものは，品詞表示のあとにその形を示した．
    - 例：**oft** 副 öfter；am öftesten
- b）**《語飾》《文飾》《話者の気持》の区別** 副詞のうち，その修飾する範囲が，①ある特定の語句に限られるのか，②文全体にかかるのか，あるいは③話者の気持を表しているのか，を区別したほうがよいものには，その旨表示した．
    - ①《語飾》：文中の特定の語句だけを修飾する場合で，どの品詞（あるいはその品詞に相当する句）に添加できるかを（ ）で示した．
        - 例：**auch** 副 **1．**《語飾》（動詞・形容詞・副詞・名詞を修飾）**a.** …も（また）… **b.** …でさえも，…ですら（も）…
    - ②《文飾》：文内容に対する話し手の判断・評価などを表す場合．
        - 例：**vielleicht** 副 **1．**《文飾》ひょっとしたら…
    - ③《話者の気持》：話し手の主観性の強い気持を表す場合で，（ ）で具体的にどのような気持のときに用いられるかを補った．
        - 例：**doch** 副《話者の気持》（命令文で．いらだって）…しろよ…

5．前置詞
- a）**格支配表示** 格支配を，品詞表示のあとに〔 〕で囲み＋記号とともに示した．語義により格支配が異なる場合には，各語義区分の冒頭に該当する格支配を示した．
- b）**注意すべき格支配** 格支配に揺れがあったり，後置など特別な用法がある場合には，（ ）で注記した．
    - 例：**entlang** 前〔＋4格（＋3格）/3格〔2格〕〕…に沿って…（後置では4格，前置では3格が普通）
- c）**語義の補足説明** 訳語だけでは語義の把握がむずかしいものについては可能なかぎり（ ）で概念的説明を加え，意味をつかみやすくした．
    - 例：**für** 前 **1．**（目的・用途・適合）…のための〔に〕… **2．**（利益・賛意・支援）…のために

［III］ 動詞の文型表示

[II] のところでも述べたとおり，ドイツ語を正しく読み解くカギとなるのは，動詞と他の要素がどのように結びついているかを見極めることである．この辞書ではそのための助けとして，見出し語の動詞がどの意味になるかを決める要素がどのような結びつき方をしているかを，語義区分の冒頭にパターン化して示した．この文型表示を活用できるかどうかで，本書の利用価値が大きく左右されるため，その読み方と活用法を以下に具体例をあげながら説明する．

《記号・用語について》
まず，主要な記号および用語について解説する．
- 〔 〕　：文型表示であることを示す．
- ⟨ ⟩　：「人，物，場所」などの成分カテゴリーを示す．

( )	省略可能な要素であることを示す．
〔 〕	置き換え可能な要素であることを示す．原則として，〔 〕で囲まれた要素のほうがより頻度が低いという判断であり，同等に使われると判断される場合には二者択一を表す /か/ を用いた．
/	プラス記号（＋）を含まない二者択一を表す区切り．
//	プラス記号を含む二者択一を表す区切り．
⟨j³⟩	「人」を表す3格の名詞・名詞句．
⟨et⁴⟩	「物・事」を表す4格の名詞・名詞句．
⟨場所⟩	場所を表す語句で，3格と結びつくことが多い．例えば，dort, im Büro など．
⟨方向⟩	動きの方向を表す語句で，4格と結びつくことが多い．例えば，dorthin, ins Büro など．なお，aus dem Haus のように3格と結びつくケースもある．
⟨時間⟩	一定の幅をもった量的時間を表す語句．例えば，lange, eine Stunde など．
⟨時点⟩	限定された点としての時点を表す語句．例えば，jetzt, um neun Uhr など．
⟨様態⟩	動作・状態・事柄などを修飾する，様態を表す語句．例えば，vorsichtig, in gutem Zustand, als Tatsache など．
⟨文⟩	daß, ob, wie などに導かれる副文や主文形式の副文，および zu 不定詞．
⟨zu 動⟩	zu 不定詞．
⟨形⟩	形容詞．⟨形⟩₊ は付加語的用法，⟨形⟩₌ は副詞的用法であることを示す．
Es	非人称主語 Es．
sich⁴	4格の再帰代名詞．
相互代名詞 sich⁴	4格の相互代名詞．
⟨補足なし⟩	主語と動詞だけでも文が成立し，目的語などを必要としない場合．

*上記の「人・物・時間」などのカテゴリーは，あくまでも動詞がある訳語をとるときに補足成分として要求するカテゴリーであり，補足成分になる語句自体がもっている意味カテゴリーとは必ずしも一致しないこともあるので，注意されたい．例えば，Sommerferien verbringen というときの Sommerferien は意味カテゴリーとしては「時間」といえるが，verbringen の目的語としては「事」というカテゴリーで処理している．

《文型活用法》

つぎに，文型表示の活用法について説明する．例として stimmen ［例1］と annehmen ［例2］を取り上げた．

［例1］

stim·men ［シュティメン］ 動 *h.* **1.** ⟨補足なし⟩事実と合っている，正しい，本当である；問題はない，おかしなことはない：Stimmt so! それで結構ですから（おつりはとっておいてください）．Bei dir *stimmt*'s wohl nicht (ganz)? 君は頭がどうかしているんじゃないか．Mit meinem Magen muss etwas nicht ~. ぼくの胃袋はどこか悪いところがあるに違いない．In dieser Ehe *stimmt* etwas nicht. この夫婦はしっくりいっていない． **2.** ⟨für ⟨j³/et⁴⟩₌賛成/gegen ⟨j³/et⁴⟩₌反対⟩投票をする． **3.** ⟨j³ッテ+ ⟨形⟩/zu ⟨動⟩持（気分）にッテ⟩にさせる． **4.** ⟨et⁴ッテ⟩調律する． **5.** ⟨補足なし⟩音を合わせる，チューニングする． **6.** ⟨auf ⟨j⁴/et⁴⟩ッテ/zu ⟨j³/et⁴⟩ッテ⟩(稀)一致する，合致する；（…に）合う．

［例2］

an|neh·men* ［アンネーメン］ 動 *h.* **1.** ⟨⟨et⁴⟩ッテ⟩受かる，受諾する；引受ける，受ける（手形・小切手などを）；⟨⟨et⁴⟩⟩受ける（ボールを）． **2.** ⟨⟨et⁴⟩ッテ⟩受け入れる，（…に）応じる，（…を）採択する，承認する，（…に）同意する；身につける，帯びる，取る（習慣・色・態度などを）；⟨⟨et⁴⟩⟩になる（変化・発展してある形状になる）． **3.** ⟨⟨et⁴⟩ッテ+ ⟨形⟩₌⟩付着させる；吸う：Das Tuch *nimmt* den Schmutz leicht *an*. この布は汚れがつきやすい． **4.** ⟨⟨文⟩/⟨et⁴⟩ッテ⟩思う，推察する． **5.** ⟨⟨et⁴⟩ッテ+ ⟨様態⟩ッテアルトシテ⟩仮定する：eine Strecke als gegeben — 線分がられていると仮定する．Das kannst du = ! そう思っている． **6.** ⟨⟨j⁴⟩ッテ⟩採用する，（…の）入学（入園・入会）を許可する；⟨口⟩養子にする． **7.** ⟨sich⁴+ ⟨j³/et⁴⟩ッテ⟩面倒をみる． **8.** ⟨sich⁴+ ⟨et⁴⟩ッテ⟩(古)肝に銘じる． **9.** ⟨⟨et⁴⟩ッテ⟨狩⟩⟩かぎつけ追う（足跡を）；食う（獲物がえさを）；通る（獲物がいつもの道を）． **10.** ⟨⟨j³/et⁴⟩ッテ⟩[狩]襲う（獲物が）． 【慣用】⟨j³⟩ (hart) annehmen ⟨口⟩⟨人₃⟩厳しく批判する．

さて，次の例文は例1 stimmen のどの意味に当たるだろうか．

1. Die Adresse *stimmt* nicht.
2. Sie hat gegen diesen Vorschlag *gestimmt*.
3. Sie müssen das Klavier *stimmen* lassen.

例文1には目的語も前置詞もなく，意味区分1から5の「補足なし」に当たることがすぐに見てとれる．そして主語の意味からして意味区分1に該当し，「その住所は合っていない」という意味になる．

例文2には gegen... という前置詞句がある．これを手がかりに意味区分2の「投票をする」という意味だと見当がつき，文型表示の gegen のところに「二反対ノ」という注記があることから，「彼女はこの提案に反対の投票をした」という意味になることがわかる．例文3には das Klavier という4格目的語がある．したがって意味区分4に当たり，意味は「あなたはピアノを調律させなければならない」となる．

つぎに，例 2 annehmen の場合を考えてみよう．

4. Peter hat den Brief für mich *angenommen*.
5. Dieser Stoff *nimmt* Feuchtigkeit gut *an*.
6. Ich *nehme an*, daß er recht hat.
7. *Nehmen* wir das Untersuchungsergebnis als Tatsache *an*.

例文 4 の場合，4 格目的語 den Brief に注目すればよく，意味区分 1 か 2 に当たることが見てとれれば，目的語の意味からして「ペーターは手紙を僕の代わりに受け取った」という意味になることがわかる．

例文 5 の場合，Feuchtigkeit という 4 格目的語のほかに gut という形容詞がある．このことから，意味区分 3 の文型であろうと見当がつき，例文とも照らし合わせて，「この物質は湿気を吸いやすい」という意味であることがわかる．

なお，文型表示の〈形〉= は，該当する形容詞を日本語に訳すときに副詞的に訳せばよいことを示している．これは，「静かな」という形容詞が副詞的に使われると「静かに」となることから，「ニ」という表示に「副詞的」という意味を込めているのである．また，〈形〉+ とあれば，その形容詞は付加語的に訳せばよいことを示している．したがって，必ずしもこうした場合の訳語がすべて「…に」あるいは「…な」という形になるとは限らないことに注意されたい．

例文 6 には daß に導かれる副文がある．これを手がかりに意味区分 4 を見ると，この文の意味が「私は彼が正しいと思う」ということであるとわかる．

例文 7 で注目すべきは，das Untersuchungsergebnis という 4 格目的語と als Tatsache という句である．この als Tatsache が〈様態〉であることに気づけば，この文の意味がすぐにわかる．つまり，意味区分 5 に当たり，「調査結果を事実と仮定しよう」という意味になる．

以上のように，日本語としては意味的にかなりかけ離れた訳語がいくつあっても，文型を見きわめることにより的確な訳語が見出せるように工夫したのが本書の特色である．なお，成分カテゴリーの右下に小さく掲げたカタカナ表記の語句は，訳すときのヒントと考えていただけばよい．そこに掲げた語句通りに訳せばたいていは意味が通るように工夫したが，ときには訳語に応じて通りのよい他の表現に置き換えたほうがいい場合もある．したがって，ここに掲げた語句は，訳語というよりも，厳密にはその語句に代表される意味カテゴリーを表していると考えていただいたほうがよい．

凡　例　　　　　　　　　　　　　　xii

専門分野略記一覧

〖医〗	医学	〖言〗	言語学, 音声学	〖生理〗	生理学
〖遺〗	遺伝学	〖工〗	工学, テクノロジー	〖占〗	占星術
〖イ教〗	イスラム教	〖光〗	光学	〖地質〗	地質学
〖印〗	印刷	〖鉱〗	鉱業, 鉱物学, 坑夫用語	〖地〗	地理
〖ﾞｲﾝﾄﾞ神〗	インド神話			〖鋳〗	鋳造
〖宇〗	宇宙	〖考古〗	考古学	〖通信〗	通信工学
〖映〗	映画	〖古生〗	古生物学	〖超心理〗	超心理学
〖ｴｼﾞ神〗	エジプト神話	〖史〗	歴史, 歴史学	〖哲〗	哲学
〖園〗	園芸	〖歯〗	歯科学, 歯科技工	〖天〗	天文学
〖化〗	化学	〖詩〗	詩学	〖電〗	電気, 電子工学, 電信
〖海〗	海事, 海洋学, 船員用語	〖写〗	写真		
		〖車〗	自動車工学	〖土〗	土木建築
〖解〗	解剖学	〖社〗	社会学	〖動〗	動物学
〖楽〗	音楽	〖社心〗	社会心理学	〖統計〗	統計学
〖官〗	官庁	〖狩〗	狩猟, 猟師用語	〖動物行動〗	動物行動学
〖環〗	環境	〖宗〗	宗教	〖農〗	農業, 畜産
〖幾何〗	幾何学	〖修〗	修辞学	〖美〗	美術
〖気〗	気象学	〖獣医〗	獣医学	〖服〗	服飾, 縫製, モード
〖ｷ教〗	キリスト教	〖商〗	商業	〖法〗	法律, 法学
〖ｷﾞ神〗	ギリシア神話	〖醸〗	醸造	〖紡〗	紡績
〖ｷﾞ正教〗	ギリシア正教	〖植〗	植物学	〖簿〗	簿記
〖ｷﾞ哲〗	ギリシア哲学	〖織〗	織物学	〖北欧神〗	北欧神話
〖球〗	球技	〖心〗	心理学	〖民族〗	民族学
〖旧約〗	旧約聖書	〖神〗	神学	〖民俗〗	民俗学
〖漁〗	漁業	〖新約〗	新約聖書	〖紋〗	紋章学
〖教〗	教育学	〖人類〗	人類学	〖冶金〗	冶金学
〖金融〗	金融, 市場	〖神話〗	神話学	〖薬〗	薬学
〖空〗	航空, パイロット用語	〖数〗	数学	〖郵〗	郵便
		〖生〗	生物学	〖理〗	物理学
〖軍〗	軍事	〖政〗	政治, 外交	〖料〗	料理
〖経〗	経済学, 経営学	〖聖〗	聖書	〖林〗	林業
〖劇〗	演劇, 戯曲	〖税〗	税務	〖倫〗	倫理学
〖ｹﾞﾙﾏﾝ伝〗	ゲルマン伝説	〖生化〗	生化学	〖ﾛ神〗	ローマ神話
〖建〗	建築学	〖生態〗	生態学	〖論〗	論理学

その他略記一覧

略記	意味	略記	意味	略記	意味
〖動〗	動物	〖鳥〗	鳥類	〖昆〗	昆虫類
〖植〗	植物	〖魚〗	魚類	〖貝〗	貝類

記号一覧

- [ ]　発音記号の表示
- ( )　a) 省略可能な語・句・説明など
　　　b) ドイツ語の同義語
- 〔 〕　言い換え, 元の意味
- 〈 〉　文型・用例中の〈j〉〈et〉, 用例中の〈人・物・事〉
- ( )　訳語や意味記述の前後に添えた意味や用法に関する補足説明
- (( ))　品詞の下位区分
- 〔 〕　a) 文型の表示
　　　b) 前置詞の格支配
- 〖 〗　a) 専門分野・その他略記などの表示
　　　b) 固有名詞の表示
- 《 》　文体・位相の表示
- 【 】　語義などの参考情報
- …　語義説明・用例中でそこにさまざまな日本語の語句が入り得ることを示す
- …　用例中でそこにさまざまなドイツ語の語句が入り得ることを示す
- ‐　語の一部が省略されていることを示す
- ‐　a) 名詞の格変化形表示で見出し語と同じ語形であることを示す
　　b) 発音表示で見出し語の1つの音節を示す
- ~　用例中で見出し語と同じ語形であることを示す
- ⇨　参照指示
- =　同一語義をもつ別見出しへの参照指示
- :　語義記述と用例との間の区切り
- /　a) 名詞の品詞表示のあとに示す単数2格と複数1格の間の区切り
　　b) 二者択一を表す区切り

//	文型中で＋を含んだ要素の二者択一を表す区切り	付	付加語的用法
*	不規則変化動詞の表示（見出し語の右肩）	比	比較級
´	アクセント表示	男	文法カテゴリーとしての男性
'	リエゾンせずに区切って発音する音節箇所の表示	女	文法カテゴリーとしての女性
単	単数	中	文法カテゴリーとしての中性
複	複数	旧	旧正書法

綴(つづ)り字と発音

母音字

つづり	読み方	発音記号	例		
a	ア	[a]	Land	[ラント]	[lant]
	アー	[a:]	Nase	[ナーゼ]	[náːzə]
ä	エ	[ɛ]	kämpfen	[ケムプふェン]	[kɛ́mpfən]
	エー	[ɛ:]	Mädchen	[メートひェン]	[mɛ́ːtçən]
aa[1]	アー	[a:]	Aal	[アール]	[a:l]
ah[2]	アー	[a:]	fahren	[ふぁーレン]	[fáːrən]
äh[2]	エー	[ɛ:]	Fähre	[ふェーれ]	[fɛ́ːrə]
ai	アイ	[aɪ]	Mai	[マイ]	[maɪ]
au	アウ	[aʊ]	Baum	[バウム]	[baʊm]
äu	オイ	[ɔy]	Käufer	[コイふぁー]	[kɔ́yfər]
ay	アイ	[aɪ]	Bayern	[バイあーン]	[báɪərn]
e	エ	[ɛ]	Werk	[ヴェるク]	[vɛrk]
	エー	[e:]	Regen	[れーゲン]	[réːgən]
	エ	[e][3]	egal	[エガール]	[egáːl]
	エ	[ə]	Blume	[ブルーメ]	[blúːmə]
ee[1]	エー	[e:]	Tee	[テー]	[te:]
eh[2]	エー	[e:]	gehen	[ゲーエン]	[géːən]
ei	アイ	[aɪ]	Eis	[アイス]	[aɪs]
eih[2]	アイ	[aɪ]	Reihe	[らイえ]	[ráɪə]
eu	オイ	[ɔy]	Leute	[ロイテ]	[lɔ́ytə]
ey	アイ	[aɪ]	Meyer	[マイあー]	[máɪər]
i	イ	[ɪ]	Fisch	[ふぃッシュ]	[fɪʃ]
	イー	[i:]	Bibel	[ビーベル]	[bíːbəl]
	イ	[i][3]	Pilot	[ピロート]	[pilóːt]
ie	イー	[i:]	Liebe	[リーベ]	[líːbə]
	イ	[i][3]	vielleicht	[ふぃライヒト]	[filáɪçt]
	イ	[ɪ][3]	vierzehn	[ふぃるツェーン]	[fɪrtse:n]
	イエ	[iə]	Familie	[ふぁミーリエ]	[famíːliə]
ieh[2]	イー	[i:]	ziehen	[ツィーエン]	[tsíːən]
ih[2]	イー	[i:]	ihn	[イーン]	[i:n]
o	オ	[ɔ]	Onkel	[オンケル]	[ɔ́ŋkəl]
	オー	[o:]	rot	[ロート]	[ro:t]
	オ	[o][3]	Moral	[モらール]	[morɑ́ːl]
oh[2]	オー	[o:]	Bohne	[ボーネ]	[bóːnə]
ö	エ	[œ]	Löffel	[レっふェル]	[lœfəl]
	エー	[ø:]	Flöte	[ふレーテ]	[flǿːtə]
	エ	[ø][3]	Ökonomie	[エコノミー]	[økonomíː]
oe	エー	[ø(ː)]	Goethe	[ゲーテ]	[gǿːtə]
oh[2]	オー	[o:]	Lohn	[ローン]	[lo:n]
öh[2]	エー	[ø:]	Föhn	[ふェーン]	[føːn]
oo[1]	オー	[o:]	Boot	[ボート]	[bo:t]
u	ウ	[ʊ]	Bus	[ブス]	[bʊs]
	ウー	[u:]	Buch	[ブーふ]	[bu:x]
	ウ	[u][3]	Musik	[ムズィーク]	[muzíːk]
ü	ユ	[y]	Hütte	[ヒュッテ]	[hýtə]
	ユー	[y:]	müde	[ミューデ]	[mýːdə]
	ユ	[y][3]	Büro	[ビュロー]	[byróː]
uh[2]	ウー	[u:]	Uhr	[ウーあ]	[uːr]
üh[2]	ユー	[y:]	Bühne	[ビューネ]	[býːnə]
y	ユ	[ʏ]	Ypsilon	[ユプスィロン]	[ʏpsilɔn]
	ユー	[y:]	Typ	[テューブ]	[ty:p]
	ユ	[y][3]	Psychologie	[プスュひョロギー]	[psyçologíː]

綴り字と発音

子音字

つづり	読み方	発音記号	例		
b	ブ	[b]	Bär	[ベーあ]	[bɛːr]
-b[4]	プ	[p]	ab	[アップ]	[ap]
bb	ブ	[b]	Hobby	[ホビー]	[hɔ́bi]
-bb[4]	プ	[p]	wabblig	[ヴァプリヒ]	[vápliç]
c	ク	[k]	Clown	[クラウン]	[klaʊn]
ch[6]	は(aの後)	[x]	Dach	[ダッは]	[dax]
	ほ(oの後)	[x]	doch	[ドッほ]	[dɔx]
	ほ(auの後)	[x]	auch	[アオほ]	[aux]
	ふ(uの後)	[x]	Buch	[ブーふ]	[buːx]
	ひ(a, o, au, u 以外の母音の後)	[ç]	ich	[イひ]	[ıç]
	ひ(子音の後)	[ç]	echt	[エひト]	[ɛçt]
	ひ(語頭)	[ç]	Mönch	[メンひ]	[mœnç]
		[ç]	Chemie	[ひぇミー]	[çemíː]
	ク	[k]	Chor	[コーあ]	[koːr]
chs	クス	[ks]	Ochse	[オクセ]	[ɔ́ksə]
ck	ク	[k]	Rücken	[リュッケン]	[rýkən]
d	ド	[d]	deutsch	[ドイチュ]	[dɔytʃ]
-d[4]	ト	[t]	Abend	[アーベント]	[áːbənt]
dd	ド	[d]	Kladde	[クラッデ]	[kládə]
ds	ツ	[ts]	abends	[アーベンツ]	[áːbənts]
dt	ト	[t]	Stadt	[シュタット]	[ʃtat]
-er	あー	[ɐ]	Lehrer	[レーらー]	[léːrɐr]
f	ふ	[f]	Fest	[ふェスト]	[fɛst]
ff	ふ	[f]	Affe	[アッふェ]	[áfə]
g	グ	[g]	grau	[グラウ]	[graʊ]
-g[4]	ク	[k]	Berg	[べるク]	[bɛrk]
gg	グ	[g]	Schmuggel	[シュムッゲル]	[ʃmʊ́gəl]
-gg[4]	ク	[k]	Brigg	[ブリック]	[brık]
⇒ ig, ng					
h	ハ	[h]	Herz	[へるツ]	[hɛrts]
-ig[7]	イひ	[ıç]	König	[ケーニヒ]	[kǿːnıç]
j	イ	[j]	Januar	[ヤーヌあー]	[jáːnuɐr]
k	ク	[k]	Kreide	[クライデ]	[kráıdə]
kk	ク	[k]	Akkord	[アコルト]	[akɔ́rt]
ks	クス	[ks]	links	[リンクス]	[lıŋks]
l	ル	[l]	Luft	[ルふト]	[lʊft]
ll	ル	[l]	alle	[アレ]	[álə]
m	ム	[m]	Markt	[マルクト]	[markt]
mm	ム	[m]	immer	[イマー]	[ímɐr]
n	ン	[n]	Nase	[ナーゼ]	[náːzə]
-n	ン	[n]	Plan	[プラーン]	[plaːn]
n(k)	ン(ク)	[ŋ(k)]	Anker	[アンカー]	[áŋkɐr]
-ng	ング	[ŋ]	Zeitung	[ツァイトゥング]	[tsáıtʊŋ]
ng	ン(グ)	[ŋ(g)]	Mango	[マンゴ]	[máŋgo]
nn	ン	[n]	Tanne	[タネ]	[tánə]
p	プ	[p]	Papier	[パピーあ]	[papíːr]
pf	プふ	[pf]	Pferd	[プふェルト]	[pfɛrt]
ph	ふ	[f]	Philosoph	[ふィロゾーふ]	[filozóːf]
pp	プ	[p]	Puppe	[プッペ]	[pópə]
qu	クヴ	[kv]	Quark	[クヴァるク]	[kvark]
r	る	[r]	Rathaus	[らート・ハウス]	[ráːthaʊs]
-(e)r	あ	[ɐ]	Bier	[ビーあ]	[biːr]
	あー	[ɐ]	Lehrer	[レーらー]	[léːrɐr]
rh	る	[r]	Rhein	[ライン]	[raın]
rr	る	[r]	Herr	[へる]	[hɛr]
s	ズ	[z]	Sahne	[ザーネ]	[záːnə]
-s[4]	ス	[s]	Haus	[ハウス]	[haʊs]
sch	シュ	[ʃ]	Schloß	[シュロス]	[ʃlɔs]
sp-[5]	シュプ	[ʃp]	Spiel	[シュピール]	[ʃpiːl]
ss	ス	[s]	Wasser	[ヴァッサー]	[vásɐr]
ß	ス	[s]	Fuß	[ふース]	[fuːs]

綴り字と発音

綴り	カナ	発音	例	カナ	発音
st-[5]	シュト	[ʃt]	Stuhl	[シュトゥール]	[ʃtuːl]
-st	スト	[st]	fast	[ふぁスト]	[fast]
t	ト	[t]	Tinte	[ティンテ]	[tíntə]
th	ト	[t]	Thron	[トローン]	[troːn]
ti	ツィ	[tsi]	Tradition	[トラディツィオーン]	[traditsióːn]
ts	ツ	[ts]	rechts	[れﾋﾂ]	[rɛçts]
tsch	チュ	[tʃ]	deutsch	[ドイチュ]	[dɔytʃ]
tt	ト	[t]	Mitte	[ミッテ]	[mítə]
tth	ト	[t]	Matthäus	[マテーウス]	[matɛ́ːʊs]
tz	ツ	[ts]	Sitz	[ズィッツ]	[zɪts]
v	ふ	[f]	Vogel	[ふぉーゲル]	[fóːgəl]
v	ヴ	[v]	Violine	[ヴィオリーネ]	[violíːnə]
-v[4]	ふ	[f]	Aktiv	[アクティーふ]	[aktíːf]
w	ヴ	[v]	Welt	[ヴェルト]	[vɛlt]
ww	ヴ	[v]	Struwwelkopf	[シュトゥルッヴェル・コップふ]	[ʃtrúvəlkɔpf]
x	クス	[ks]	Hexe	[ヘクセ]	[hɛksə]
z	ツ	[ts]	Zeit	[ツァイト]	[tsaɪt]
zz	ツ	[ts]	Skizze	[スキッツェ]	[skítsə]

1) 母音字の重複は，長母音を示す．
2) 母音の直後にくる h は発音せず，単母音は長母音になる．
3) 非アクセント位置に現れる母音．
4) [b, d, g, v, z]は語末，音節末で無声化され，それぞれ[p, t, k, f, s]になる．
5) 語頭の st, sp の s は[ʃ]になる．
6) ch は，[a, u, o, aʊ]の後では[x]に，その他の音([i, e]などの前舌母音，[aɪ, ɔy]の二重母音，[l, m, n, r]などの子音)の後では[ç]になる．
7) -ig では，[ç]と[g]が交替する．例：König[kǿːnɪç ㊅-ニヒ], Königin[kǿːnɪgɪn ㊅-ニギン].

諸品詞の変化

1. 冠詞の格変化

定冠詞

	男性	女性	中性	複数
1格	der	die	das	die
2格	des	der	des	der
3格	dem	der	dem	den
4格	den	die	das	die

不定冠詞

	男性	女性	中性	複数
1格	ein	eine	ein	——
2格	eines	einer	eines	——
3格	einem	einer	einem	——
4格	einen	eine	ein	——

2. 代名詞の格変化

指示代名詞（dieser）

	男性	女性	中性	複数
1格	dieser	diese	dieses	diese
2格	dieses	dieser	dieses	dieser
3格	diesem	dieser	diesem	diesen
4格	diesen	diese	dieses	diese

（注） jener, solcher ; jeder（単数のみ）, mancher, aller ; welcher も dieser と同じ変化をする.

所有代名詞

	男性	女性	中性	複数
1格	mein	meine	mein	meine
2格	meines	meiner	meines	meiner
3格	meinem	meiner	meinem	meinen
4格	meinen	meine	mein	meine

（注） dein, sein, ihr, unser, euer, Ihr ; kein も mein と同じ変化をする.

指示代名詞（der）

	男性	女性	中性	複数
1格	der	die	das	die
2格	dessen	deren	dessen	deren / derer
3格	dem	der	dem	denen
4格	den	die	das	die

定関係代名詞

	男性	女性	中性	複数
1格	der	die	das	die
2格	dessen	deren	dessen	deren
3格	dem	der	dem	denen
4格	den	die	das	die

疑問代名詞

	人	事物
1格	wer	was
2格	wessen	wessen
3格	wem	——
4格	wen	was

不定代名詞

1格	man	einer	keiner	jemand	niemand	——	etwas	nichts
2格	(eines)	(eines)	(keines)	jemand(e)s	niemand(e)s	——	——	——
3格	einem	einem	keinem	jemand(em)	niemand(em)	etwas	nichts	
4格	einen	einen	keinen	jemand(en)	niemand(en)	etwas	nichts	

人称代名詞

		1人称	2人称 親称	2人称 敬称	3人称 男性	3人称 女性	3人称 中性
単数	1格	ich	du	Sie	er	sie	es
	2格	meiner	deiner	Ihrer	seiner	ihrer	seiner
	3格	mir	dir	Ihnen	ihm	ihr	ihm
	4格	mich	dich	Sie	ihn	sie	es
複数	1格	wir	ihr	Sie		sie	
	2格	unser	euer	Ihrer		ihrer	
	3格	uns	euch	Ihnen		ihnen	
	4格	uns	euch	Sie		sie	

再帰代名詞

		1人称	2人称 親称	2人称 敬称	3人称 男性	3人称 女性	3人称 中性
単数	2格	meiner	deiner	Ihrer	seiner	ihrer	seiner
	3格	mir	dir	sich	sich	sich	sich
	4格	mich	dich	sich	sich	sich	sich
複数	2格	unser	euer	Ihrer		ihrer	
	3格	uns	euch	sich		sich	
	4格	uns	euch	sich		sich	

3．名詞の格変化

		無語尾型 変音しない	無語尾型 変音する	E型 変音しない	E型 変音する	ER型* 変音しない	ER型* 変音する
単数形	1格	der Onkel	die Tochter	der Tag	die Hand	das Kind	das Haus
	2格	des Onkels	der Tochter	des Tag(e)s	der Hand	des Kind(e)s	des Hauses
	3格	dem Onkel	der Tochter	dem Tag	der Hand	dem Kind	dem Haus
	4格	den Onkel	die Tochter	den Tag	die Hand	das Kind	das Haus
複数形	1格	die Onkel	die Töchter	die Tage	die Hände	die Kinder	die Häuser
	2格	der Onkel	der Töchter	der Tage	der Hände	der Kinder	der Häuser
	3格	den Onkeln	den Töchtern	den Tagen	den Händen	den Kindern	den Häusern
	4格	die Onkel	die Töchter	die Tage	die Hände	die Kinder	die Häuser

		(E)N型 変音しない	(E)N型 変音しない	(E)N型 変音しない	S型 変音しない
単数形	1格	der Junge	die Frau	das Auge	das Auto
	2格	des Jungen	der Frau	des Auges	des Autos
	3格	dem Jungen	der Frau	dem Auge	dem Auto
	4格	den Jungen	die Frau	das Auge	das Auto
複数形	1格	die Jungen	die Frauen	die Augen	die Autos
	2格	der Jungen	der Frauen	der Augen	der Autos
	3格	den Jungen	den Frauen	den Augen	den Autos
	4格	die Jungen	die Frauen	die Augen	die Autos

(注) 名詞の格変化は，複数形の語尾から①無語尾型，②E型，③ER型，④(E)N型，⑤S型の5種類に分類する．
*変音の可能性のあるものはすべて変音する．

特殊な格変化をする名詞

単数形	1格	der Name*	der Herr	das Herz
	2格	des Namens	des Herrn	des Herzens
	3格	dem Namen	dem Herrn	dem Herzen
	4格	den Namen	den Herrn	das Herz
複数形	1格	die Namen	die Herren	die Herzen
	2格	der Namen	der Herren	der Herzen
	3格	den Namen	den Herren	den Herzen
	4格	die Namen	die Herren	die Herzen

*同じ変化をするものに der Funke, der Gedanke, der Glaube, der Wille などがある.

4. 形容詞の格変化

		男性	女性	中性	複数
弱変化	1格	der alte Mann	die alte Frau	das alte Haus	die alten Leute
	2格	des alten Mann(e)s	der alten Frau	des alten Hauses	der alten Leute
	3格	dem alten Mann	der alten Frau	dem alten Haus	den alten Leuten
	4格	den alten Mann	die alte Frau	das alte Haus	die alten Leute
混合変化	1格	ein alter Mann	eine alte Frau	ein altes Haus	meine alten Eltern
	2格	eines alten Mann(e)s	einer alten Frau	eines alten Hauses	meiner alten Eltern
	3格	einem alten Mann	einer alten Frau	einem alten Haus	meinen alten Eltern
	4格	einen alten Mann	eine alte Frau	ein altes Haus	meine alten Eltern
強変化	1格	kalter Wein	kalte Milch	kaltes Bier	kalte Getränke
	2格	kalten Wein(e)s	kalter Milch	kalten Bier(e)s	kalter Getränke
	3格	kaltem Wein	kalter Milch	kaltem Bier	kalten Getränken
	4格	kalten Wein	kalte Milch	kaltes Bier	kalte Getränke

5. 形容詞の比較変化

〈規則変化〉

原級	比較級	最高級
klein	kleiner	kleinst
warm	wärmer	wärmst
jung	jünger	jüngst
alt	älter	ältest
kurz	kürzer	kürzest
dunkel	dunkler	dunkelst
teuer	teurer	teuerst
sauer	saurer	sauerst
weise	weiser	weisest
heiter	heit(e)rer*	heiterst
trocken	trock(e)ner*	trockenst

*付加語的用法では e が三つつくことを避け, e を省略することが多い: ein trock(e)neres Wischtuch「もっとよく乾いたふきん」.

〈不規則変化〉

原級	比較級	最高級
gut	besser	best
groß	größer	größt
hoch	höher	höchst
nah(e)	näher	nächst
viel	mehr	meist
wenig	{ weniger { minder	{ wenigst { mindest

6. 副詞の比較変化

原級	比較級	最高級
bald	eher	am ehesten
oft	öfter	am öftesten
gern	lieber	am liebsten
wohl	{ wohler { besser	{ am wohlsten { am besten

不規則動詞変化表

1. 分類パターン

分類記号	パターン	例
1a	ei-ie-ie	schreiben-schrieb-geschrieben
1b	ei-i-i	greifen-griff-gegriffen
2a	ie-o-o	fließen-floss-geflossen
2b	ie-o-o	fliegen-flog-geflogen
3a	i-a-u	finden-fand-gefunden
3b	i-a-o	schwimmen-schwamm-geschwommen
4a	e-a-o/e-a-o	sprechen-sprach-gesprochen/bergen-barg-geborgen
4b	e-a-e	essen-aß-gegessen
5a	e-a-o	stehlen-stahl-gestohlen
5b	e-a-e	sehen-sah-gesehen
6	e-o-o/e-o-o	heben-hob-gehoben /schwellen-schwoll-geschwollen
7a	a-ie-a/a-ie-a/ a-i-a	lassen-ließ-gelassen /raten-riet-geraten/ fangen-fing-gefangen
7b	a-u-a/a-u-a	schaffen-schuf-geschaffen/tragen-trug-getragen
8a	au-ie-au	laufen-lief-gelaufen
8b	au-o-o	saugen-sog-gesogen
9	ä-o-o	gären-gor-gegoren
10	ü-o-o	lügen-log-gelogen
11	i-o-o	glimmen-glomm-geglommen

2. 不規則動詞一覧表

注　1)〔　〕内に別形を示した. また,（　）は省略可能であることを示す.
　　2）複合動詞は原則として省略した.
　　3）命令法については単数のみを示した.
　　4）不定詞の後に, 分類パターンを記号で示した. 混合変化動詞・話法の助動詞・一つのパターンに一語のみのものなどは空欄にした.

不定詞	分類	直説法現在	直説法過去	接続法 II	過去分詞	命令法
backen (ケーキを)焼く		du bäckst 〔backst〕 er bäckt 〔backt〕	backte 〔buk〕	backte 〔büke〕	gebacken	back(e)!
befehlen 命ずる	5a	du befiehlst er befiehlt	befahl	beföhle 〔befähle〕	befohlen	befiehl!
beginnen 始める	3b	du beginnst er beginnt	begann	begänne 〔begönne〕	begonnen	beginn(e)!
beißen 噛(か)む	1b	du beiß(es)t er beißt	biss	bisse	gebissen	beiß(e)!
bergen 隠す	4a	du birgst er birgt	barg	bärge	geborgen	birg!
bersten 割れる	4a	du birst 〔berstest〕 er birst 〔berstet〕	barst	bärste	geborsten	birst!
bewegen …する気にさせる	6	du bewegst er bewegt	bewog	bewöge	bewogen	beweg(e)!
biegen 曲げる	2b	du biegst er biegt	bog	böge	gebogen	bieg(e)!
bieten 提供する	2b	du biet(e)st er bietet	bot	böte	geboten	biet(e)!

不規則動詞変化表

不定詞	分類	直説法現在	直説法過去	接続法 II	過去分詞	命令法
binden 結ぶ	3a	du bindest er bindet	band	bände	gebunden	bind(e)!
bitten 頼む		du bittest er bittet	bat	bäte	gebeten	bitt(e)!
blasen 吹く	7a	du bläst er bläst	blies	bliese	geblasen	blas!
bleiben とどまる	1a	du bleibst er bleibt	blieb	bliebe	geblieben	bleib(e)!
bleichen (色が)あせる	[1b]	du bleichst er bleicht	bleichte [blich]	bleichte [bliche]	gebleicht [geblichen]	bleich(e)!
braten (肉などを)焼く	7a	du brätst er brät	briet	briete	gebraten	brat(e)!
brechen 折る	4a	du brichst er bricht	brach	bräche	gebrochen	brich!
brennen 燃える		du brennst er brennt	brannte	brennte	gebrannt	brenn(e)!
bringen 持って来る		du bringst er bringt	brachte	brächte	gebracht	bring(e)!
denken 考える		du denkst er denkt	dachte	dächte	gedacht	denk(e)!
dingen 雇う		du dingst er dingt	dingte [dang]	dingte [dänge]	gedungen [gedingt]	ding(e)!
dreschen 脱穀する	6	du drischst er drischt	drosch [drasch]	drösche [dräsche]	gedroschen	drisch!
dringen 押分けて進む	3a	du dringst er dringt	drang	dränge	gedrungen	dring(e)!
dünken 思われる		du dünkst [deuchst] er dünkt [deucht]	dünkte [deuchte]	dünkte [deuchte]	gedünkt	——
dürfen …してもよい		ich darf du darfst er darf	durfte	dürfte	gedurft [dürfen]	——
empfangen 受取る	7a	du empfängst er empfängt	empfing	empfinge	empfangen	empfang(e)!
empfehlen 勧める	5a	du empfiehlst er empfiehlt	empfahl	empföhle [empfähle]	empfohlen	empfiehl!
empfinden 感じる	3a	du empfindest er empfindet	empfand	empfände	empfunden	empfind(e)!
erschrecken 驚く	4a	du erschrickst er erschrickt	erschrak	erschräke	erschrocken	erschrick!
essen 食べる	4b	du isst er isst	aß	äße	gegessen	iss!
fahren (乗り物で)行く	7b	du fährst er fährt	fuhr	führe	gefahren	fahr(e)!
fallen 落ちる	7a	du fällst er fällt	fiel	fiele	gefallen	fall(e)!
fangen 捕える	7a	du fängst er fängt	fing	finge	gefangen	fang(e)!
fechten 戦う	6	du fichtst er ficht	focht	föchte	gefochten	ficht!
finden 見つける	3a	du findest er findet	fand	fände	gefunden	find(e)!
flechten 編む	6	du flichtst er flicht	flocht	flöchte	geflochten	flicht!
fliegen 飛ぶ	2b	du fliegst er fliegt	flog	flöge	geflogen	flieg(e)!
fliehen 逃げる	2b	du fliehst er flieht	floh	flöhe	geflohen	flieh(e)!
fließen 流れる	2a	du fließ(es)t er fließt	floss	flösse	geflossen	fließ(e)!

不規則動詞変化表

不定詞	分類	直説法現在	直説法過去	接続法 II	過去分詞	命令法
fressen (動物が)食う	4b	du frisst er frisst	fraß	fräße	gefressen	friss!
frieren 凍る	2b	du frierst er friert	fror	fröre	gefroren	frier(e)!
gären 発酵する	9	du gärst er gärt	gor 〔gärte〕	göre 〔gärte〕	gegoren 〔gegärt〕	gär(e)!
gebären 産む		du gebärst 〔gebierst〕 sie gebärt 〔gebiert〕	gebar	gebäre	geboren	gebär(e)! 〔gebier!〕
geben 与える	5b	du gibst er gibt	gab	gäbe	gegeben	gib!
gedeihen 成長する	1a	du gedeihst er gedeiht	gedieh	gediehe	gediehen	gedeih(e)!
gehen 行く		du gehst er geht	ging	ginge	gegangen	geh(e)!
gelingen 成功する	3a	es gelingt	gelang	gelänge	gelungen	geling(e)!
gelten 有効である	4a	du giltst er gilt	galt	gölte 〔gälte〕	gegolten	gilt!
genesen 回復する	5b	du genes(es)t er genest	genas	genäse	genesen	genes(e)!
genießen 楽しむ	2a	du genieß(es)t er genießt	genoss	genösse	genossen	genieß(e)!
geschehen 起こる	5b	es geschieht	geschah	geschähe	geschehen	——
gewinnen 獲得する	3b	du gewinnst er gewinnt	gewann	gewönne 〔gewänne〕	gewonnen	gewinn(e)!
gießen 注ぐ	2a	du gieß(es)t er gießt	goss	gösse	gegossen	gieß(e)!
gleichen 似ている	1b	du gleichst er gleicht	glich	gliche	geglichen	gleich(e)!
gleiten 滑る	1b	du gleitest er gleitet	glitt	glitte	geglitten	gleit(e)!
glimmen かすかな光を放つ	11	es glimmt	glomm 〔glimmte〕	glömme 〔glimmte〕	geglommen 〔geglimmt〕	glimm(e)!
graben 掘る	7b	du gräbst er gräbt	grub	grübe	gegraben	grab(e)!
greifen 掴む	1b	du greifst er greift	griff	griffe	gegriffen	greif(e)!
haben 持っている		du hast er hat	hatte	hätte	gehabt	hab(e)!
halten 保つ	7a	du hältst er hält	hielt	hielte	gehalten	halt(e)!
hängen 掛かっている		du hängst er hängt	hing	hinge	gehangen	häng(e)!
hauen 叩く		du haust er haut	haute 〔hiebe〕	haute 〔hiebe〕	gehauen 〔gehaut〕	hau(e)!
heben 持上げる	6	du hebst er hebt	hob 〔hub〕	höbe 〔hübe〕	gehoben	heb(e)!
heißen …という名である		du heiß(es)t er heißt	hieß	hieße	geheißen	heiß(e)!
helfen 助ける	4a	du hilfst er hilft	half	hülfe 〔hälfe〕	geholfen	hilf!
kennen 知っている		du kennst er kennt	kannte	kennte	gekannt	kenn(e)!
kiesen 選ぶ	2b	du kies(es)t er kiest	kor	köre	gekoren	kies(e)!
klimmen よじ登る	11	du klimmst er klimmt	klomm 〔klimmte〕	klömme 〔klimmte〕	geklommen 〔geklimmt〕	klimm(e)!
klingen 鳴る	3a	du klingst er klingt	klang	klänge	geklungen	kling(e)!

不規則動詞変化表

不定詞	分類	直説法現在	直説法過去	接続法 II	過去分詞	命令法
kneifen つねる	1b	du kneifst er kneift	kniff	kniffe	gekniffen	kneif(e)!
kommen 来る		du kommst er kommt	kam	käme	gekommen	komm(e)!
können …できる		ich kann du kannst er kann	konnte	könnte	gekonnt 〔können〕	——
kreischen 金切り声を上げる	〔1b〕	du kreischst er kreischt	kreischte 〔krisch〕	kreischte 〔krische〕	gekreischt 〔gekrischen〕	krische!
kriechen 這(は)う	2a	du kriechst er kriecht	kroch	kröche	gekrochen	kriech(e)!
küren 選ぶ	〔10〕	du kürst er kürt	kürte 〔kor〕	kürte 〔köre〕	gekürt 〔gekoren〕	kür(e)!
laden 積む	7b	du lädst er lädt	lud	lüde	geladen	lad(e)!
lassen …させる	7a	du lässt er lässt	ließ	ließe	gelassen 〔lassen〕	lass! 〔lasse!〕
laufen 走る	8a	du läufst er läuft	lief	liefe	gelaufen	lauf(e)!
leiden 苦しむ	1b	du leidest er leidet	litt	litte	gelitten	leid(e)!
leihen 貸す	1a	du leihst er leiht	lieh	liehe	geliehen	leih(e)!
lesen 読む	5b	du liest er liest	las	läse	gelesen	lies!
liegen 横たわっている		du liegst er liegt	lag	läge	gelegen	lieg(e)!
löschen 消える		du lisch(e)st er lischt	losch	lösche	geloschen	lisch!
lügen 嘘(うそ)をつく	10	du lügst er lügt	log	löge	gelogen	lüg(e)!
mahlen 碾(ひ)く		du mahlst er mahlt	mahlte	mahlte	gemahlen	mahl(e)!
meiden 避ける	1a	du meidest er meidet	mied	miede	gemieden	meid(e)!
melken 乳を搾る		du melkst 〔milkst〕 er melkt 〔milkt〕	melkte 〔molk〕	melkte 〔mölke〕	gemolken 〔gemelkt〕	melk(e)! 〔milk!〕
messen 測る	4b	du misst er misst	maß	mäße	gemessen	miss!
misslingen 失敗する	3a	es misslingt	misslang	misslänge	misslungen	——
mögen …かもしれない		ich mag du magst er mag	mochte	möchte	gemocht 〔mögen〕	——
müssen …しなければ ならない		ich muss du musst er muss	musste	müsste	gemusst 〔müssen〕	——
nehmen 取る		du nimmst er nimmt	nahm	nähme	genommen	nimm!
nennen 命名する		du nennst er nennt	nannte	nennte	genannt	nenn(e)!
pfeifen 口笛を吹く	1b	du pfeifst er pfeift	pfiff	pfiffe	gepfiffen	pfeif(e)!
preisen 褒める	1a	du preis(es)t er preist	pries	priese	gepriesen	preis(e)!
quellen 湧(わ)き出る	6	du quillst er quillt	quoll	quölle	gequollen	quill!
raten 助言する	7a	du rätst er rät	riet	riete	geraten	rat(e)!

不規則動詞変化表

不定詞	分類	直説法現在	直説法過去	接続法 II	過去分詞	命令法
reiben 擦(す)る	1a	du reibst er reibt	rieb	riebe	gerieben	reib(e)!
reihen 仮縫いする	[1a]	du reihst er reiht	reihte [rieh]	reihte [riehe]	gereiht [geriehen]	reih(e)!
reißen 引裂く	1b	du reißt er reißt	riss	risse	gerissen	reiß(e)!
reiten 馬に乗る	1b	du reitest er reitet	ritt	ritte	geritten	reit(e)!
rennen 走る		du rennst er rennt	rannte	rennte	gerannt	renn(e)!
riechen におう	2a	du riechst er riecht	roch	röche	gerochen	riech(e)!
ringen 格闘する	3a	du ringst er ringt	rang	ränge	gerungen	ring(e)!
rinnen 流れる	3b	du rinnst er rinnt	rann	ränne [rönne]	geronnen	rinn(e)!
rufen 呼ぶ		du rufst er ruft	rief	riefe	gerufen	ruf(e)!
salzen 塩味をつける		du salz(es)t er salzt	salzte	salzte	gesalzen [gesalzt]	salz(e)!
saufen (動物が)飲む		du säufst er säuft	soff	söffe	gesoffen	sauf(e)!
saugen 吸う	8b	du saugst er saugt	sog [saugte]	söge [saugte]	gesogen [gesaugt]	saug(e)!
schaffen 創造する	7b	du schaffst er schafft	schuf	schüfe	geschaffen	schaff(e)!
schallen 響く		du schallst er schallt	schallte [scholl]	schallte [schölle]	geschallt [geschollen]	schall(e)!
scheiden 分ける	1a	du scheidest er scheidet	schied	schiede	geschieden	scheid(e)!
scheinen 輝く	1a	du scheinst er scheint	schien	schiene	geschienen	schein(e)!
scheißen 糞(ふん)をする	1b	du scheiß(es)t er scheißt	schiss	schisse	geschissen	scheiß(e)!
schelten 叱(しか)る	4a	du schiltst er schilt	schalt	schölte	gescholten	schilt!
scheren 毛を刈る	6	du scherst [schierst] er schert [schiert]	schor [scherte]	schöre [scherte]	geschoren [geschert]	scher(e)! [schier!]
schieben 押す	2b	du schiebst er schiebt	schob	schöbe	geschoben	schieb(e)!
schießen 撃つ	2a	du schieß(es)t er schießt	schoss	schösse	geschossen	schieß(e)!
schinden 虐待する		du schindest er schindet	schindete [schund]	schindete [schünde]	geschunden	schind(e)!
schlafen 眠る	7a	du schläfst er schläft	schlief	schliefe	geschlafen	schlaf(e)!
schlagen 打つ	7b	du schlägst er schlägt	schlug	schlüge	geschlagen	schlag(e)!
schleichen 忍び歩く	1b	du schleichst er schleicht	schlich	schliche	geschlichen	schleich(e)!
schleifen 研ぐ	1b	du schleifst er schleift	schliff	schliffe	geschliffen	schleif(e)!
schleißen むしり取る	1b	du schleiß(es)t er schleißt	schliss [schleißte]	schlisse [schleißte]	geschlissen [geschleißt]	schleiß(e)!
schließen 閉じる	2a	du schließ(es)t er schließt	schloss	schlösse	geschlossen	schließ(e)!
schlingen 巻きつける	3a	du schlingst er schlingt	schlang	schlänge	geschlungen	schling(e)!
schmalzen ラードで調理する		du schmalz(es)t er schmalzt	schmalzte	schmalzte	geschmalzt [geschmalzen]	schmalz(e)!

不規則動詞変化表

不定詞	分類	直説法現在	直説法過去	接続法 II	過去分詞	命令法
schmeißen 投げる	1b	du schmeiß(es)t er schmeißt	schmiss	schmisse	geschmissen	schmeiß(e)!
schmelzen 溶ける	6	du schmilz(es)t er schmilzt	schmolz	schmölze	geschmolzen	schmilz!
schnauben 鼻息を立てる	[8b]	du schnaubst er schnaubt	schnaubte [schnob]	schnaubte [schnöbe]	geschnaubt [geschnoben]	schnaub(e)!
schneiden 切る	1b	du schneidest er schneidet	schnitt	schnitte	geschnitten	schneid(e)!
schreiben 書く	1a	du schreibst er schreibt	schrieb	schriebe	geschrieben	schreib(e)!
schreien 叫ぶ	1a	du schreist er schreit	schrie	schriee	geschrie(e)n	schrei(e)!
schreiten 歩む	1b	du schreitest er schreitet	schritt	schritte	geschritten	schreit(e)!
schweigen 黙っている	1a	du schweigst er schweigt	schwieg	schwiege	geschwiegen	schweig(e)!
schwellen 膨らむ	6	du schwillst er schwillt	schwoll	schwölle	geschwollen	schwill!
schwimmen 泳ぐ	3b	du schwimmst er schwimmt	schwamm	schwömme [schwämme]	geschwommen	schwimm(e)!
schwinden 消える	3a	du schwindest er schwindet	schwand	schwände	geschwunden	schwind(e)!
schwingen 揺れる	3a	du schwingst er schwingt	schwang	schwänge	geschwungen	schwing(e)!
schwören 誓う		du schwörst er schwört	schwor [schwur]	schwüre [schwöre]	geschworen	schwör(e)!
sehen 見る	5b	du siehst er sieht	sah	sähe	gesehen	sieh(e)!
sein ある		ich bin wir sind du bist ihr seid er ist sie sind	war	wäre	gewesen	sei!
senden 送る		du sendest er sendet	sandte [sendete]	sendete	gesandt [gesendet]	send(e)!
sieden 煮え立つ	2a	du siedest er siedet	sott [siedete]	sötte [siedete]	gesotten [gesiedet]	sied(e)!
singen 歌う	3a	du singst er singt	sang	sänge	gesungen	sing(e)!
sinken 沈む	3a	du sinkst er sinkt	sank	sänke	gesunken	sink(e)!
sinnen 考え込む	3b	du sinnst er sinnt	sann	sänne	gesonnen	sinn(e)!
sitzen 座っている		du sitzt er sitzt	saß	säße	gesessen	sitz(e)!
sollen …するべきである		ich soll du sollst er soll	sollte	sollte	gesollt [sollen]	——
spalten 割る		du spaltest er spaltet	spaltete	spaltete	gespalten [gespaltet]	spalt(e)!
speien 唾(つば)を吐く	1a	du speist er speit	spie	spiee	gespie(e)n	spei(e)!
spinnen 紡ぐ	3b	du spinnst er spinnt	spann	spönne [spänne]	gesponnen	spinn(e)!
sprechen 話す	4a	du sprichst er spricht	sprach	spräche	gesprochen	sprich!
sprießen 芽を吹く	2a	du sprieß(es)t er sprießt	spross	sprösse	gesprossen	sprieß(e)!
springen 跳ぶ	3a	du springst er springt	sprang	spränge	gesprungen	spring(e)!
stechen 刺す	4a	du stichst er sticht	stach	stäche	gestochen	stich!
stecken さし込んである		du steckst er steckt	steckte [stak]	steckte [stäke]	gesteckt	steck(e)!

不規則動詞変化表

不定詞	分類	直説法現在	直説法過去	接続法 II	過去分詞	命令法
stehen 立っている		du stehst er steht	stand	stünde 〔stände〕	gestanden	steh(e)!
stehlen 盗む	5a	du stiehlst er stiehlt	stahl	stähle 〔stöhle〕	gestohlen	stiehl!
steigen 登る	1a	du steigst er steigt	stieg	stiege	gestiegen	steig(e)!
sterben 死ぬ	4a	du stirbst er stirbt	starb	stürbe	gestorben	stirb!
stieben 飛散る	2b	du stiebst er stiebt	stob 〔stiebte〕	stöbe 〔stiebte〕	gestoben 〔gestiebt〕	stieb(e)!
stinken いやな臭いがする	3a	du stinkst er stinkt	stank	stänke	gestunken	stink(e)!
stoßen 突く		du stöß(es)t er stößt	stieß	stieße	gestoßen	stoß(e)!
streichen 撫でる	1b	du streichst er streicht	strich	striche	gestrichen	streich(e)!
streiten 争う	1b	du streitest er streitet	stritt	stritte	gestritten	streit(e)!
tragen 運ぶ	7b	du trägst er trägt	trug	trüge	getragen	trag(e)!
treffen 当る	4a	du triffst er trifft	traf	träfe	getroffen	triff!
treiben 追立てる	1a	du treibst er treibt	trieb	triebe	getrieben	treib(e)!
treten 踏む	5b	du trittst er tritt	trat	träte	getreten	tritt!
triefen 滴る	〔2a〕	du triefst er trieft	triefte 〔troff〕	triefte 〔tröffe〕	getrieft 〔getroffen〕	trief(e)!
trinken 飲む	3a	du trinkst er trinkt	trank	tränke	getrunken	trink(e)!
trügen 欺く	10	du trügst er trügt	trog	tröge	getrogen	trüg(e)!
tun する		du tust er tut	tat	täte	getan	tu(e)!
verderben 台なしにする	4a	du verdirbst er verdirbt	verdarb	verdürbe	verdorben	verdirb!
verdrießen 不愉快にさせる	2a	du verdrießt er verdrießt	verdross	verdrösse	verdrossen	verdrieß(e)!
vergessen 忘れる	4b	du vergisst er vergisst	vergaß	vergäße	vergessen	vergiss!
verlieren 失う	2b	du verlierst er verliert	verlor	verlöre	verloren	verlier(e)!
wachsen 成長する	7b	du wächs(es)t er wächst	wuchs	wüchse	gewachsen	wachs(e)!
wägen 慎重に考える	9	du wägst er wägt	wog 〔wägte〕	wöge 〔wägte〕	gewogen 〔gewägt〕	wäg(e)!
waschen 洗う	7b	du wäsch(e)st er wäscht	wusch	wüsche	gewaschen	wasch(e)!
weben 織る	〔6〕	du webst er webt	webte 〔wob〕	webte 〔wöbe〕	gewebt 〔gewoben〕	web(e)!
weichen 退く	1b	du weichst er weicht	wich	wiche	gewichen	weich(e)!
weisen 指示す	1a	du weis(es)t er weist	wies	wiese	gewiesen	weis(e)!
wenden 向ける		du wendest er wendet	wandte 〔wendete〕	wendete	gewandt 〔gewendet〕	wend(e)!
werben 募集する	4a	du wirbst er wirbt	warb	würbe	geworben	wirb!
werden …になる		du wirst er wird	wurde 〔ward〕	würde	geworden 〔worden〕	werd(e)!
werfen 投げる	4a	du wirfst er wirft	warf	würfe	geworfen	wirf!

不定詞	分類	直説法現在	直説法過去	接続法 II	過去分詞	命令法
wiegen 重さを量る	2b	du wiegst er wiegt	wog	wöge	gewogen	wieg(e)!
winden 巻きつける	3a	du windest er windet	wand	wände	gewunden	wind(e)!
wissen 知っている		ich weiß du weißt er weiß	wusste	wüsste	gewusst	wisse!
wollen …しようと思う		ich will du willst er will	wollte	wollte	gewollt 〔wollen〕	――
wringen 絞る	3a	du wringst er wringt	wrang	wränge	gewrungen	wring(e)!
zeihen 咎める	1a	du zeihst er zeiht	zieh	ziehe	geziehen	zeih(e)!
ziehen 引く	2b	du ziehst er zieht	zog	zöge	gezogen	zieh(e)!
zwingen 強制する	3a	du zwingst er zwingt	zwang	zwänge	gezwungen	zwing(e)!

主要参考文献

Agricola, E.: Wörter und Wendungen. Wörterbuch zum deutschen Sprachgebrauch. Leipzig 1970-73.

Agricola, Chr. u. E.: Wörter und Gegenwörter. Leipzig 1979.

Aktuell—Das Lexikon der Gegenwart. Dortmund 1984.

Aktuell'90—Das Lexikon der Gegenwart 6. Jg. Dortmund.

Baedekers Allianz Reiseführer Deutschland/Österreich/Schweiz. Stuttgart/Freiburg.

Bahlow, H.: Deutsches Namenlexikon. Frankfurt a. M. 1985.

Bauer, W.: Computer Grundwissen. Niederhausen/Ts. 1984.

Becker, H.: Stilwörterbuch. 2Bde. Leipzig 1970.

Bremer Biblische Hand-Konkordanz. Stuttgart 1984.

Brockhaus. Die Enzyklopädie. 24Bde. 1966-96.

Brockhaus der Naturwissenschaften und der Technik. Wiesbaden 1952.

Brockhaus-Wahrig. Deutsches Wörterbuch. 6Bde. Wiesbaden/Stuttgart 1980-84.

Der Brockhaus in einem Band. Wiesbaden 1985.

Der Große Brockhaus. 12Bde. 1977-1981;Ergänzungen: Bd. 13 1981, Bd. 14 1982, Bd. 15 1982.

Der Duden in 12 Bänden. Mannheim 1958-2001.

Der schnelle Weg zum richtigen Wort. München/Stuttgart 1992.

Der Sprach-Brockhaus. Deutsches Bildwörterbuch. Wiesbaden 1984.

Die Bibel nach der Übersetzung Martin Luthers. Stuttgart 1985.

dtv-Brockhaus-Lexikon. 20Bde. Mannheim 1988.

Duden. Das große Wörterbuch der deutschen Sprache. 6Bde. Mannheim/Wien/Zürich 1976-81.

Duden. Das große Wörterbuch der deutschen Sprache. 8Bde. Mannheim/Leipzig/Wien/Zürich 1993-95.

Duden. Das große Wörterbuch der deutschen Sprache. 10Bde. Mannheim/Leipzig/Wien/Zürich 1999.

Duden. Deutsches Universalwörterbuch. Mannheim/Wien/Zürich 1983-2003.

Duden. Einfach richtig schreiben! Mannheim/Wien/Zürich 1987.

Duden-Oxford. Großwörterbuch Englisch. Mannheim/Wien/Zürich 1990.

Duden-Taschenbücher. Sonderreihe zum Großen Duden. 21Bde. Mannheim/Wien/Zürich 1968-77.

Engel, U./Schumacher, H.: Kleines Valenzlexikon deutscher Verben. Tübingen 1976-78.

Gottschald, M.: Deutsche Namenkunde. Berlin/New York. 1982.

Grimm, J. u. W.: Deutsches Wörterbuch. 16 Bde. Leipzig 1854-1960 (Nachdruck Tokyo 1971).

Gräff, B./Spegele, H.: Wörterbuch des Umweltschutzes. Stuttgart 1972.

Großes Fremdwörterbuch. Bearb. v. der Dudenredaktion des VEB Bibliographisches Institut. Leipzig 1977.

Handwörterbuch der deutschen Gegenwartssprache. 2Bde. Hg. v. einem Autorenkollektiv G. Kempcke. u. a. Berlin 1984.

Helbig, G.: Deutsche Grammatik. Leipzig 1972.

Helbig, G./Schenkel, W.: Wörterbuch zur Valenz und Distribution deutscher Verben. Leipzig 1969-82.

Hellwig, G.: Kennen Sie die neuesten Wörter? München 1972.

Jones, T.: Harrap's Standard German and English Dictionary. Part I: German-English. 4Vols. Vols. 1-3. (A-R). London/Toronto/Wellington/Sydney 1963-74.

Klappenbach, R./Steinitz, W.: Wörterbuch der deutschen Gegenwartssprache. 6Bde. Berlin 1968-77.

Kluge, Fr./Seebold, E.: Etymologisches Wörterbuch der deutschen Sprache. Berlin/New York 1989.

Knaurs Grosses Wörterbuch der deutschen Sprache. München 1985.

Knaurs Rechtschreibung. München 1976.

Koblischke, H.: Abkürzungsbuch. Leipzig 1969.

Küpper, H.: Illustriertes Lexikon der deutschen Umgangssprache. 8Bde. Stuttgart 1982-84.

Küpper, H.: Wörterbuch der deutschen Umgangssprache. Stuttgart 1987.

Langen, A.: Der Wortschatz des deutschen Pietismus. Tübingen 1968.

Langenscheidts Großwörterbuch Deutsch als Fremdsprache. Berlin/München/Leipzig/Wien/Zürich/New York 1993.

Lennartz, F.: Deutsche Schriftsteller der Gegenwart. Stuttgart 1978.

Lexer, M.: Mittelhochdeutsches Taschenwörterbuch. Stuttgart 1972.

Lexikon der deutschen Geschichte. Hg. G. Taddy. Stuttgart 1983.

Mackensen, L.: Deutsches Wörterbuch. München 1965-82.

Mater, E.: Deutsche Verben. Leipzig 1966-1972.

Mater, E.: Rückläufiges Wörterbuch der deutschen Gegenwartssprache. Leipzig 1967.

Messinger, H.: Langenscheidt's New College German Dictionary. German-English. Berlin/München/Zürich 1973.

Messinger, H.: Langenscheidts Großwörterbuch der englischen und deutschen Sprache. „Der Kleine Muret-Sanders." Deutsch-Englisch. Berlin/München/Wien/Zürich 1982-88.

Meyers Enzyklopädisches Lexikon. 25Bde. Mannheim 1971-79.

主要参考文献

Meyers Großes Taschenlexikon. 24Bde. Mannheim/Wien/Zürich 1983.
Meyer-Nachschlagewerk. Wie funktioniert das? Die Umwelt des Menschen. Mannheim/Wien/Zürich 1975.
Meyers Taschenlexikon Geschichte in 6 Bänden. Mannheim/Wien/Zürich 1982.
Muthmann, G. : Rückläufiges deutsches Wörterbuch. Tübingen 1988.
Oxford-Duden. Bildwörterbuch.
Deutsch und Englisch. Mannheim/Wien/Zürich 1979.
Paul, H./Betz, W. : Deutsches Wörterbuch. Tübingen 1981.
Reisebuch DDR. Berlin/Leipzig 1987.
Rittershofer, W. : Das Lexikon Wirtschaft, Arbeit, Umwelt, Europa. Köln 1994[7].
Schülerduden Band 2 : Die richtige Wortwahl. Mannheim 1977.
Seibicke, W. : Die Personennamen im Deutschen. Berlin/New York 1982.
Sellner, A. : Latein im Alltag. Wiesbaden 1980.
Sommerfeldt, K-E./Schreiber, H. : Wörterbuch zur Valenz und Distribution deutscher Adjektive. Leipzig 1974-77.
Ullstein. Lexikon der deutschen Sprache. Hg. u. bearb. von R. Köster u. a. Frankfurt/Berlin 1969.
Wahrig, G. : Deutsches Wörterbuch. Gütersloh/München 1966-86.
Wahrig, G. : dtv-Wörterbuch der deutschen Sprache. München 1978.
Wilpert, G. v. : Sachwörterbuch der Literatur. Stuttgart 1964.
Wilpert, G. v. : Deutsches Dichterlexikon. Stuttgart 1988.

『医学用語辞典』南山堂　1976.
『岩波小辞典　西洋美術』岩波書店　1970.
『岩波心理学小辞典』岩波書店　1981.
『岩波数学辞典(第2版)』岩波書店　1968.
『岩波生物学辞典(第2版)』岩波書店　1977.
『岩波西洋人名辞典(増補版)』岩波書店　1981.
『岩波哲学小辞典』岩波書店　1981
『岩波動物学辞典』岩波書店　1935
『岩波理化学辞典(第3版)』岩波書店　1971.
『新版　印刷辞典』大蔵省印刷局　1974.
『オールカラー・6か国語大図典小学館　2004.
『化学大辞典(全10巻)』共立出版　1968.
『カトリック大辞典(全5巻)』冨山房　1968.
『カラー世界史百科』平凡社　1985.
『ギリシア・ラテン　引用語辞典』岩波書店　1968.
『ギリシア・ローマ神話事典』大修館書店　1988.
『ギリシア・ローマ神話辞典』岩波書店　1967.
『キリスト教大事典』教文館　1963.
『キリスト教用語辞典』東京堂出版　1967.
『キリスト教百科事典』エンデルレ書店　1960.
『経済学辞典』岩波書店　1968.
『言語学小辞典』同学社　1985.
『現代キリスト教用語辞典』大修館書店　1985.
『現代言語学辞典』成美堂　1988.
『コンサイス外国人名事典』三省堂　1989.
『コンサイス外国地名事典』三省堂　1985.
『コンサイス20世紀思想事典』三省堂　1989.
『社会学事典』弘文堂　1988.
『宗教学辞典』東京大学出版会　1979.
『舊新約聖書(引照附)』日本聖書協会　1967.
『心理学辞典』平凡社　1909.
『スポーツ基本用語辞典』同学社　1988.
『政治学事典』平凡社　1970.
『新編西洋史辞典』東京創元社　1984.
『世界大百科事典(全24巻)』平凡社　1968.
『地球環境の事典』三省堂　1992.
『地球環境用語辞典(第2版)』東京書籍　1992.
『哲学事典』平凡社　1972.
『ドイツ言語学辞典』紀伊國屋書店　1994.
『ドイツ語不変化詞辞典』白水社　1969.
岩崎英二郎編『ドイツ語副詞辞典』白水社　1998.
『ドイツハンドブック』三省堂　1984.
『ドイツ法律用語辞典』大学書林　1981.

『独英和活用大辞典』廣川書店　1987.
『土壌・植物栄養・環境事典』博友社　1994.
『日本大百科全書(全25巻)』小学館　1984-89.
『美学事典(増補版)』弘文堂　1978.
『世界美術大事典(全6巻)』小学館　1990.
『新潮世界美術辞典』新潮社　1985.
『廃棄物処理・リサイクル事典』産調出版　1995.
『標準音楽辞典』音楽之友社　1968.
『音楽大事典(全6巻)』平凡社　1983.
『法律基本用語辞典』同学社　1985.
『マグロウヒル科学技術用語大辞典』日刊工業新聞社　1974.
『イミダス』集英社　1989-2005.
『現代用語の基礎知識』自由国民社　1976-2005.
『知恵蔵』朝日新聞社　2005.
『地球環境ビジネス'96-'97』二期出版　1995.
『事典　現代のドイツ』大修館書店　1998.
大西健夫『現代のドイツ(全12巻)』三修社　1981-85.
川口洋子『キリスト教用語独和小辞典』同学社　1984.
クライン/アレクサンダー/曽我著　信岡監修『ビジネス・ドイツ語』三修社　1994.
関善造『増補　編集印刷デザイン用語辞典』誠文堂新光社　1980.
高山晃『最新経済ドイツ語の入門』白水社　1995.
田沢五郎『ドイツ政治経済法制制辞典』郁文堂　1990.
田沢五郎『独=日=英　ビジネス経済法制辞典』郁文堂　1999.
永井清彦『ジャーナリズムのドイツ語』第二書房　1986.
根本道也『東ドイツの新語』同学社　1981.
ミッタイス/リーベリッヒ著　世良訳『ドイツ法制史概説(改訂版)』創文社　1976.
『新訂独和辞典』博友社　1970.
『現代独和辞典』三修社　1975.
『独和広辞典』三修社　1987.
『独和辞典』郁文堂　1987-93.
『アルファ独和辞典』三修社　1989.
『独和大辞典』小学館　1990-2000.
『クラウン独和辞典』三省堂　1991-2002.
『アポロン独和辞典』同学社　1994.
『プログレッシブ独和辞典』小学館　1994.
『キャンパス独和辞典』郁文堂　1995.
『パスポート独和辞典』白水社　1996.
『フロイデ独和辞典』白水社　2003.

主要参考文献

『研究社 新英和大辞典』研究社　1980-2002.
『ジーニアス英和辞典』大修館書店　1988-2002.
『ライトハウス英和辞典〈第2版〉』研究社　1991.
『ランダムハウス英和大辞典』小学館　1990.
『リーダーズ英和辞典』研究社　1984.
『現代国語例解辞典』小学館　1985.

『広辞苑』岩波書店　1983.
『大辞林』三省堂　1988.
『日本国語大辞典(全20巻)』小学館　1972-76.〈第2版〉2000-02.
『日本国語大辞典』講談社　1989.
『地名・人名付　用字用語辞典』大修館書店　1988.

A

das **a**¹, **A**¹ [アー] 名 -/-(《口》-s/-s) **1**. ドイツ語アルファベットの第1字;初め,最初;重要事,核心: das *A* und (das) O 始めと終り;《口》重要〔主要〕な事. von *A* bis Z《口》始めから終りまで,例外なく. **2**.《楽》《慣用》Wer *A* sagt, muss auch B sagen. やりかけたことはやり通せ.

a² **1**. =a-Moll《楽》イ短調. **2**. =Ar アール(面積単位).

A² [アー] =Autobahn アウトバーン(道路番号とともにA1, A2のように用いる).『欧州自動車道路』はE〕

A³ [アー] =(貨幣に刻印されたベルリン・ウィーン・パリの)第一造幣局の記号.

A⁴ **1**. =A-Dur《楽》イ長調. **2**. =Ampere《電》アンペア. **3**. =Atomgewicht《化》原子量. **4**. =Avance (時計の緩急調速表示の)速.〔『遅』はR〕 **5**. =fünftausend (ローマ数字)5000.

a.¹, **A.** =anno, Anno 西暦紀元…年に.

a.² =am: Frankfurt ~ Main フランクフルト・アム・マイン(マイン河畔のフランクフルト).

das **ä**, **Ä** [エー] 名 -/-(《口》-s/-s) a¹, A¹の変音(Umlaut).

à [a ア] 前 〔+4格〕《口》《商》それぞれ…の, …ずつの: drei Packungen ~ sechs Stück 6個入り3箱.

Å =Ångström(einheit)《理》オングストローム.

@ [ɛt エト] = „at"-Zeichen アットマーク(メールアドレスに使用される記号).

das **Aa** [アア] 名 -/《幼》うんち.

AA [アー-] =Auswärtiges Amt (ドイツ)外務省.

a. a. =ad acta 済み.

(*das*) **Aa·chen** [アーヘン] 名 -/ 《地名》アーヘン(ノルトライン=ヴェストファーレン州の都市).

Aa·che·ner¹ [アーヘナー] 形 《無変化》アーヘンの: der ~ Friede アーヘンの和約(1668年;1748年).

der **Aal** [アール] 名 -(e)s/-e《魚》ウナギ: grüner ~ 蒸したウナギ.【慣用】glatt wie ein Aal sein どんな状況でもうまく抜け出すすべを心得ている. sich⁴ wie ein Aal winden 不利な状況からじょうずに逃げだそうとする.

aa·len [アーレン] 動 h. (sich⁴)《口》寝そべる.

aal·glatt [アール・グラット] 形 **1**. のらりくらりした,捉えどころのない. **2**.《稀》ぬるぬるした.

die **Aal·lei·ter** [アール・ライター] 名 -/-n ウナギのための魚梯(ぎょてい).

a. a. O. =am angeführten〔angegebenen〕 Ort 前述(前掲)の箇所で.

der **Aar** [アール] 名 -(e)s/-e《鳥》《詩・古》ワシ.

(*das*) **Aa·rau** [アーらウ] 名 -s/ 《地名》アーラウ(スイスの都市).

die **Aa·re** [アーれ] 名 -/ 〔川名〕アーレ川(スイス北部のライン川の支流).

der **Aar·gau** [アーァ・ガウ] 名 -s/ 《地名》アールガウ(スイスの州).

das **Aas** [アース] 名 -es/-e (Äser) **1**. (複 -e)(動物のみ)腐肉,死肉. **2**. (複 Äser)《口・蔑》(ずるがしこい卑劣なやつ,野郎,畜生.

aa·sen [アーゼン] 動 h. (mit (et³))《方》無駄に使う;die Geld ~ お金を浪費する.

die **Aas·flie·ge** [アース・ふりーゲ] 名 -/-n《昆》ニクバエ.

der **Aas·fres·ser** [アース・ふれッサー] 名 -s/-《動》腐肉をえさとする動物(ハイエナなど).

der **Aas·gei·er** [アース・ガイァー] 名 -s/-《鳥》(腐肉をあさる)ハゲワシ (俗にハゲタカ);《転》強欲な人.

aa·sig [アーズィヒ] 形 **1**. 腐肉の(ような). **2**. いやしい;《方》ひどく.

die **Aas·jä·ge·rei** [アース・イェーゲライ] 名 -s/- 狩猟慣習に反した猟.

ab [アップ] 前 〔+3格〕〔4格〕 **1**. 〔+3格〕(空間)…から;(時間)…から,以後: ~ Frankfurt 発. der Preis ~ Werk 工場渡し価格. **2**. 〔+3格〕〔4格〕(時間)…から,以後: ~ neun Uhr 9時から. ~ kommendem〔kommenden〕Montag 次の月曜日から. **3**. 〔+3格〕〔4格〕(数量)…以上: Kinder ~ sechs Jahre(n) 6歳以上の子供.
—— 副 **1. a**. (空間)離れて,はずれて;折れて〔劇〕退場: weit ~ von hier ここから遠く離れているところに. vom Weg ~ wohin gelangen 道に迷って. hinter dem Wald links ~ 森の後ろを左に折れて. Hamlet nach rechts ~ ハムレット上手に退場. A~!《口》行け. **b**. 取れている,はずれ落ちている: Der Knopf ist ~. ボタンがとれている. **c**. (時点)―発(時刻表など): Köln Hbf. ~ 8³⁰ ケルン中央駅発8時30分.【着せ an】(空間・時間の出発点を示す前置詞 von を強めて)《口》…から(先): von München ~ ミュンヘンから先. von heute ~ 今日から. **3**. (主に号令で)下へ: Hut ~! 脱帽.【慣用】**ab und an**《北独》時折. **ab und zu** 時折;《古》行ったり来たり. **ab sein**《転・口》くたびれている.

die **A·ba** [アバ] 名 -/-s《服》アバ(襟なしのゆったりしたアラビア人の衣装).

der **A·ba·kus** [アーバクス] 名 -/- **1**. (古代の)計算盤;遊戯盤. **2**.《建》アバクス(円柱上部の平板).

ab·än·der·lich [アップ・エンダーリヒ] 形 変更〔修正〕可能な.

ab·än·dern [アップ・エンダーン] 動 h. **1**.〔et⁴〕〕(部分的に)変える,修正する(決議案などを),変更する(プログラムなどを),(…に)手を入れる(原稿などに). **2**. (補短)《生》変異する.

die **Ab·än·de·rung** [アップ・エンデるング] 名 -/-en (一部の)変更,修正;《文》~en treffen 修正する.

der **Ab·än·de·rungs·an·trag** [アップエンデるングス・アン・トらーク] 名 -(e)s/..träge《議会》修正動議.

ab·ängs·ti·gen [アップ・エングスティゲン] 動 h. (sich⁴+ (um〔j³/et⁴〕/のこと/wegen 〔et²〕/のために〕) 思い悩む,煩悶(はんもん)する.

ab·ar·bei·ten [アップ・アるバイテン] 動 h. **1**. 〔et⁴〕〕果たす(日課などを),働いて返済する(借金などを),働き終える(所定の労働時間などを). **2**. (sich⁴)くたくたになるまで働く. **3**. (sich³) die Finger ~《口》身を粉にして働く. sich³ die Finger ~《口》身を粉にして働く. **4**. 〔et⁴〕〕取除く(ふぞろい・でこぼこなどを);《海》離礁させる.

ab·är·gern [アップ・エるゲーン] 動 h. (sich⁴+(mit 〔j³/et³〕→))《口》しょっちゅう腹が立ってうんざりする(くたびれ果てる).

die **Ab·art** [アップ・アート] 名 -/-en **1**.《生》変種. **2**. (切手)バラエティー(印刷ずれのある珍品).

ab·ar·ten [アップ・アーテン] 動 s. (von 〔et³〕から) + (in 〔et³〕に) 《文・稀》逸脱する,変種〔変質〕する.

ab·ar·tig [アップ・アーティヒ] 形 (性的に)変態の,倒錯症の;ひどく変な,不相応な.

ab·äs·ten [アップ・エステン] 動 h. 〔et⁴〕〕枝をおろす,刈り込む.

ab·ät·zen [アップ・エッツェン] 動 h. 〔et⁴〕〕焼灼(しょうしゃく)して取る;腐食剤で洗う.

Abb. =Abbildung 2 挿絵,図版.

(*der*) **Ab·ba** [アッバ] 名 -/ アバ(新約聖書では神,

A

東方教会では聖職者への呼びかけ).

ab|ba·cken$^{(*)}$ [アップ・バッケン] [動] **1.** *h.* 〔〈et^4〉ヲ〕焼上げる. **2.** *s.* 〔[補足なし]〕〖料〗こね鉢につかなくなる(生地が). **3.** *h./s.* 〔〈et^4〉ヲ〕《方》焼きすぎる.

der **Ab·ba·si·de** [アバズィーデ] [名] -n/-n 〖史〗アッバース王家の人;([複]のみ)アッバース王朝(750-1258, カリフ制王朝).

der **Ab·bau** [アップ・バウ] [名] -(e)s/-e〔-ten〕 **1.** ([単]のみ)取壊し, 解体;〖体操〗(人体ピラミッドなどの)解体. **2.** ([単]のみ)(人員・費用などの)整理, 削減;(漸次的)縮小;(物価・給料の)引下げ;〖農〗収穫減;(体力などの)衰え. **3.** ([単]のみ)〖鉱〗採掘. **4.** ([複] -e)採掘現場. **5.** ([単]のみ)〖化・生〗分解, 減成. **6.** ([複] -ten)《方》本村から離れた村〔農園〕.

ab·bau·bar [アップバウ・バーあ] [形] (生物的に)分解可能な.

ab|bau·en [アップ・バウエン] [動] *h.* **1.** 〔〈et^4〉ヲ〕解体する(建物・機械を), たたむ, 片づける(露店などを), 撤収する(陣地などを), 分解する(機械などを);〖鉱〗採掘する;〖体操〗解体する(ピラミッドを). **2.** 〔〈j^4/et^4〉ヲ〕削減する, (切)下げる, (段階的に)廃止する(既得権などを), (徐々に)取除く(憎悪などを). **3.** 〔〈et^4〉ヲ+(zu 〈et^3〉ニ)〕〖化・生〗分解する, 減成する. **4.** 〔[補足なし]〕〖農〗収穫が落ちる(農作物が). **5.** 〔[補足なし]〕力〔集中力〕が衰える(人が).

der **Ab·bau·pro·zess,** [旧]**Ab·bau·pro·zeß** [アップバウ・プロツェス] [名] -es/-e(緩慢な)廃止〔解消・衰え・減少〕の進行(過程);〖化・生〗分解〔異化減成〕作用.

die **Ab·bau·ten** [アップ・バウテン] [複名] = Abbau 6.

ab·bau·wür·dig [アップバウ・ヴュるディひ] [形] 〖鉱〗採掘して採算のとれる.

(*der*) **Ab·be** [アッベ] [名] **1.** 〖男名〗アッベ. **2.** 〖人名〗アッベ(Ernst ~, 1840-1905, 物理・光学学者).

der **Ab·bé** [abé: アベー] [名] -s/-s 〖フランス語〗神父, 師(フランスの教区下級聖職者).

ab|bei·ßen* [アップ・バイセン] [動] *h.* 〔〈et^4〉ヲ〕かみ切る, かじり取る: einen ~《北独》一杯やる.

ab|bei·zen [アップ・バイツェン] [動] *h.* **1.** 〔〈et^4〉ヲ〕溶剤で除去する(塗料などを). **2.** 〔〈et^4〉ヲ〕溶剤で(汚れを落して)きれいにする.

ab|be·kom·men* [アップ・ベコメン] [動] *h.* **1.** 〔〈et^4〉ヲ〕分けてもらう. **2.** 〔〈et^4〉ヲ〕受ける(損害・罰などを);(…のおかげを)受ける: etwas ~ 損害をこうむる. **3.** 〔〈et^4〉ヲ〕取る(しっかりくっついているものを).

ab|be·ru·fen* [アップ・べるーふェン] [動] *h.* 〔〈j^4〉ヲ〕召還する: ~ werden《文・婉》神のみもとに召される.

die **Ab·be·ru·fung** [アップ・べるーふング] [名] -/-en 召還;天国へ召されること.

ab|be·stel·len [アップ・ベシュテレン] [動] *h.* 〔〈j^4/et^4〉ヲ〕断る, (…の)予約〔注文〕を取消す: den Elektriker ~ (頼んだ)電気屋を断る. die Zeitung ~ 新聞をやめる.

die **Ab·be·stel·lung** [アップ・ベシュテルング] [名] -/-en 取消し, キャンセル.

ab|bet·teln [アップ・ベッテルン] [動] *h.* 〔〈j^3〉カラ+〈et^4〉ヲ〕《口》ねだって手に入れる.

ab|be·zah·len [アップ・ベツァーレン] [動] *h.* 〔〈et^4〉(ノ代金)ヲ〕分割払いで支払う.

ab|bie·gen* [アップ・ビーゲン] [動] **1.** *s.* 〔(〈方向〉へ(カラ))〕曲る(人・川などが);折れ曲がる, 分岐する(道・川などが): an der Kreuzung nach links ~ 交差点を左へ曲る. von der Autobahn ~ 高速道路から(それて)出る. **2.** *h.* 〔〈et^4〉ヲ〕折曲げる. **3.** *h.* 〔〈et^4〉ヲ〕《口》そらす, はぐらかす(話などを);避ける(危険などを).

das **Ab·bild** [アップ・ビルト] [名] -(e)s/-er コピー, 似姿.

ab|bil·den [アップ・ビルデン] [動] *h.* 〔〈j^4/et^4〉ヲ〕写し取る, 模写する;写真にとる;描写する.

die **Ab·bil·dung** [アップ・ビルドゥング] [名] -/-en **1.** (主に[単])模写, 写生, 描写. **2.** 挿絵, 図版(略 Abb.). **3.** 〖数〗写像;〖理〗結像.

ab|bin·den* [アップ・ビンデン] [動] *h.* **1.** 〔〈et^4〉ヲ〕ほどいて外す. **2.** 〔〈et^4〉ヲ〕縛って血を止める, 結紮(けっさつ)する;束ねる(髪を): ein Kind ~ 赤ん坊のへその緒を切る. **3.** 〔〈et^4〉ノ〕〖大工〗仮組立てをする. **4.** 〔〈et^4〉ニ〕たがをはめる. **5.** 〔〈et^4〉ヲ〕〖農〗離乳させる(子牛を). **6.** 〔〈et^4〉ニ+(mit 〈et^3〉デ)〕〖料〗とろみをつける. **7.** 〔[補足なし]〕〖土〗固まる(セメントなどが).

die **Ab·bit·te** [アップ・ビッテ] [名] -/-n (主に[単])謝罪, 陳謝: 〈j^3〉 ~ leisten 〈人に〉謝罪する.

ab|bit·ten* [アップ・ビッテン] [動] *h.* 〔〈j^3〉ニ+〈et^4〉ヲ〕わびる, 謝罪する.

ab|bla·sen* [アップ・ブラーゼン] [動] *h.* **1.** 〔〈et^4〉ヲ〕吹飛ばす;吹払う(ほこりなどを). **2.** 〔〈et^4〉ヲ〕〖工〗噴出させる, 抜く(ガス・蒸気などを);(…の)ガス〔蒸気〕を抜く(タンクなどの);(…の)火を消す(溶鉱炉などの). **3.** 〔〈et^4〉ノ〕〖狩・軍〗終了をらっぱで合図する;《口》(…を)取りやめる(計画されていたことを).

ab|blas·sen [アップ・ブラッセン] [動] *s.* 〔[補足なし]〕《文》あせる(色が): *abgeblasste* Erinnerungen《転》うすれた記憶.

ab|blät·tern [アップ・ブレッターン] [動] **1.** *s.* 〔[補足なし]〕葉〔花びら〕が落ちる;はげ落ちる(塗料などが). **2.** *h.* 〔〈et^4〉ノ〕《方》葉を取除く.

die **Ab·blen·de** [アップ・ブレンデ] [名] -/ 〖映〗フェードアウト, 溶暗.

ab|blen·den [アップ・ブレンデン] [動] *h.* **1.** 〔〈et^4〉ニ〕覆いをして暗くする(電灯・窓などに);(…を)減光する(ヘッドライトを). **2.** 〔[補足なし]〕〖写〗レンズを絞る;〖映〗フェードアウト〔溶暗〕する, 撮影を終る;減光する;消える(照明などが).

das **Ab·blend·licht** [アップブレント・リひト] [名] -(e)s/ (ヘッドライトの)減光, ロービーム.

der **Ab·blend·schal·ter** [アップブレント・シャルター] [名] -s/- 減光スイッチ.

ab|blit·zen [アップ・ブリッツェン] [動] *s.* 〔bei 〈j^3〉ニ+(mit 〈et^3〉ヲ)〕《口》はねつけられる(願いなどを): 〈j^4〉 ~ lassen 〈人の〉申出をはねつける, 〈人に〉ひじ鉄砲を食わせる.

ab|blo·cken [アップ・ブロッケン] [動] *h.* **1.** 〔〈et^4〉ヲ〕〖スポーツ〗ブロックする. **2.** 〔〈et^4〉ヲ〕はばむ(計画などを);拒む(質問などを).

ab|blü·hen [アップ・ブリューエン] [動] *h./s.* 〔[補足なし]〕《文》花盛りを過ぎる;《転》盛りを過ぎる.

ab|bö·schen [アップ・ベ̈ッシェン] [動] *h.* 〔〈et^4〉ニ〕傾斜をつける(岸・堤防などに).

der **Ab·brand** [アップ・ブラント] [名] -(e)s/..brände **1.** 〖核物理〗(核燃料の)燃焼, バーンアップ;(ロケットの)固体推進剤の燃尽. **2.** 〖冶金〗(金属の)焼き減り;(硫化鉱の)焙焼(ばいしょう) 残滓(ざんし). **3.** 《稀》燃焼, 焼却.

ab|brau·chen [アップ・ブラウヘン] [動] *h.* 〔〈et^4〉ヲ〕使い古す.

ab|brau·sen [アップ・ブラウゼン] [動] **1.** *h.* 〔〈j^4/et^4〉ニ〕(シャワー・じょうろで)水〔湯〕をかける: sich^4 ~ シャワーを浴びる. **2.** *s.* 〔[補足なし]〕《口》ごう音をたてて走り去る.

ab|bre·chen* [アップ・ブれっひェン] [動] **1.** *h.* 〔〈et^4〉ヲ〕折る;摘み取る(花などを);もぎ取る, 折る(取っ手などを). **2.** *h.* 〔〈et^4〉ヲ〕取り外す(足場などを);取壊す(家屋などを): die Brücken zur Vergangenheit ~ 過去と決別する. **3.** *h.* 〔〈et^4〉ヲ〕(途中で)中断する(仕事などを);断絶する(外交関係などを);断つ(関係などを). **4.** *s.* 〔[補足なし]〕折れ(て取れ)る(靴のかかとなど

が);崩れ落ちる(氷山など). **5.** *h.* 〔in〈et³〉ノ急にやめる:im Pfeifen ~ 口笛を急にやめる. **6.** *s.* 〔〓〓〕途中で切れる(電話などが), 中断する(手紙・音楽などが);切立っている(岩壁などが). **7.** *s.* 〔様態〕;〔軍〕隊伍を乱す. 【慣用】sich³ einen **abbrechen**〔口〕気張り〔頑張り〕過ぎる;格好をつける.

ạb|brem·sen[アッブ・ブレムゼン] 動 *h.* 〔〈et⁴〉ノ〕(停止するまで)ブレーキをかける;(…を)落す(速度などを):scharf ~ 急ブレーキをかける.

ạb|bren·nen*[アッブ・ブレネン] 動 1. *h.* 〔〈et⁴〉ノ〕焼き払う, 毛焼きする. 2. 〔〈et⁴〉ノ〕打上げる(花火などを). 〔古〕発射する(火器を). 3. *h.* 〔〈et⁴〉ノ〕〔冶金〕焼入れをする,(…を)酸洗いする. 4. *h.* 〔〈et⁴〉ノ〕〔料〕きつね色にいためる, フランべる(〔〓〓〓〕焼く(太陽が肌などを). 5. *s.* 〔〓〓〕焼失する, 焼け落ちる(建物が);燃え尽きる(ろうそくなどが);〔口〕焼け出される, 丸焼けにあう.

die **Ạb·bre·vi·a·tur**[アブれヴィアトゥーる] 名 -/-en 略語;〔楽〕省略法.

ạb|brin·gen*[アッブ・ブリンゲン] 動 *h.* 1. 〔〈j⁴〉ノ+von〈j³/et³〉〕思いとどまらせる, やめさせる, 思い切らせる. 2. 〔〈et⁴〉ノ+(von〈et³〉カラ)〕〔口〕取除く(よごれなどを). 3. 〔海〕離礁させる.

ạb|brọ̈·ckeln[アッブ・ブリョッケルン] 動 1. *s.* 〔〓〓〕ほろほろとはげ落ちる;次々に離脱する(団体などから). 〔金融〕下がる(相場が). 2. *h.* 〔〈et⁴〉ノ〕(稀)ほろほろに崩す.

der **Ạb·bruch**[アッブ・ブるッホ] 名 -(e)s/..brüche 1. (〓のみ)(建物の)取壊し, 解体, 撤去:〈et¹〉 auf ~ verkaufen 〔建物を〕廃材価格で売る. 2. 破片, スクラップ. 3. (主にの)(関係などの)断絶, 中断. 4. (〓のみ)損害:〈et¹〉 tut einer Sache keinen ~ 〔事・物〕であることを損なうものではない. 5. 崩落;崩落した氷塊〔岩石〕.

die **Ạb·bruch·bir·ne**[アッブブるッブ・ビるネ] 名 -/-n 建物解体用の鉄球.

ạb·bruch·reif[アッブブるッふらイふ] 形 取壊しの時期にきた.

ạb|brü·hen[アッブ・ブりューエン] 動 *h.* 〔〈et⁴〉ノ〕熱湯をかける(肉などに).

ạb|brụm·men[アッブ・ブるメン] 動 〔口〕1. *h.* 〔〈et⁴〉ノ〕う音をたてて走り(飛び)去る. 2. 〔〓〓〕ご(一定の刑期を).

ạb|bu·chen[アッブ・ブーヘン] 動 *h.* 〔〈et⁴〉ノ+von〈et³〉カラ〕〔銀行〕引落す(一定金額を口座から).

ạb|bü·geln[アッブ・ビューゲルン] 動 *h.* 1. 〔〈et⁴〉ノ〕〔服〕アイロン仕上げをする. 2. 〔〓〓〕〔〓〓〕(リフトの)ティーバーをはずす. 3. 〔〈j¹/et⁴〉ノ〕〔口〕拒否〔否決〕する.

ạb|bụm·meln[アッブ・ブメルン] 動 *h.* 〔〈et⁴〉ノ〕〔口〕代休をとる(無償の超過勤務の).

ạb|bụ̈rs·ten[アッブ・ビュるステン] 動 *h.* 1. 〔〈et⁴〉ノ+von〈et³〉カラ〕ブラシで払って落す. 2. 〔〈et⁴〉ノ〕(…に)ブラシをかけてきれいにする:sich⁴/(sich³) den Anzug ~ 自分の衣服に/(自分の)背広にブラシをかける. 3. 〔口〕むきになって言う.

ạb|bü·ßen[アッブ・ビューセン] 動 *h.* 〔〈et⁴〉ノ〕〔宗〕贖(〓〓)う(罪を);〔法〕勤め上げる(刑期を).

das **Ạbc**[ア(-)ベ(-)ツェー] 名 1. アー・ベー・ツェー, アルファベット. 2. いろは, 初歩, 基本.

ạb|che·cken[アッブ・チェッケン] 動 *h.* 〔〈j⁴/et⁴〉ノ/リストニ〕確認〔照合〕済みの印をつける.

die **ABC-Kạmpf·mit·tel**[アベツェー・カムプふ・ミッテル] 〓〓 =atomare, biologische, chemische Kampfmittel 原子・生物・化学兵器, ABC兵器.

der **Abc-Schụ̈t·ze**[アベツェー・シュッツェ] 名 -n/-n 小学校1年生;初学者.

die **ABC-Wạf·fen**[アベツェー・ヴァっふェン] 〓〓 = ABC-Kampfmittel.

ạb|da·chen[アッブ・ダっヘン] 動 *h.* (sich⁴)ゆるやかに傾斜している(土地などが).

die **Ạb·da·chung**[アッブ・ダっフング] 名 -/-en ゆるやかな傾斜;斜面.

ạb|dạ̈m·men[アッブ・デメン] 動 *h.* 1. 〔〈et⁴〉ノ〕せき止める;堤防で囲む. 2. 〔〈et⁴〉ノ〕はばむ, 阻止する.

die **Ạb·dạ̈m·mung**[アッブ・デムング] 名 -/-en (川などを)せき止めること;堤防, 堰堤.

der **Ạb·dampf**[アッブ・ダムプふ] 名 -(e)s/..dämpfe 〔工〕排気, 排出蒸気.

ạb|dạmp·fen[アッブ・ダムプふェン] 動 1. *s.* 〔〓〓〕湯気を出す(出しきる). 〔化〕蒸発する:〈et⁴〉 ~ lassen 〈物を〉さます. 2. *h.* 〔〈et⁴〉ノ〕〔化〕蒸発させる. 3. *s.* 〔〓〓〕〔口〕出発する(汽車・汽船・旅行者などが).

ạb|dạ̈mp·fen[アッブ・デムプふェン] 動 *h.* 1. 〔〈et⁴〉ノ〕弱くする(音・光などを);さます(おかゆなどを). 2. 〔〈et⁴〉ノ〕照りをとる(ぬれタオルを当ててアイロンをして).

ạb|dạn·ken[アッブ・ダンケン] 動 *h.* 1. 〔〓〓〕退位する, 退官〔退職〕する, 辞任する. 2. 〔〈j⁴〉ノ〕〔古〕解雇〔解任〕する.

die **Ạb·dan·kung**[アッブ・ダンクング] 名 -/-en 1. 退位, 退官, 退職;辞任;〔古〕解雇, 解任. 2. 〔スイ〕葬儀.

ạb|dạr·ben[アッブ・ダるベン] 動 *h.* 〔sich³+〈et⁴〉ノ〕〔文〕節約を重ねて手に入れる:sich³ am (vom) Munde ~ 食うものも食わずに〈物を〉手に入れる.

ạb|dẹ·cken[アッブ・デッケン] 動 *h.* 1. 〔〈et⁴〉ノ〕覆いを取る(はずす);〔古〕皮をはぐ:die Häuser ~ 家々の屋根を吹飛ばす(嵐などが). den Tisch ~ 食卓をきれいに片づけきる. 2. 〔〈et⁴〉ノ+(von〈et³〉カラ)〕取る, はずす(覆っている物を). 3. 〔〈et⁴〉ノ+(mit〈et³〉デ)〕覆う(保護のために);〔〓〓〕守る. 4. 〔〈j⁴/et⁴〉ノ〕覆いする, マークする. 5. 〔〈j⁴〉ノ+mit〈et³〉〕守る(覆い隠して). 6. 〔〈et⁴〉ノ〕満たす(需要を);〔商〕弁済する;支配する, カバーする.

der **Ạb·de·cker**[アッブ・デッカー] 名 -s/- 皮はぎ(職)人.

die **Ạb·de·cke·rei**[アッブ・デッケらイ] 名 -/-en 1. (〓のみ)皮はぎ業. 2. 皮はぎ場.

(*das*) **Ạb·de·ra**[アブデら] 名 -s/ 〔地名〕アブデラ(古代ギリシアの都市. 度量の狭い〔愚かな〕市民の町とされた).

der **Ạb·de·rit**[アブデリート] 名 -en/-en アブデラ市民;〔古〕度量の狭い〔愚かな〕人.

ạb|dịch·ten[アッブ・ディヒテン] 動 *h.* 〔〈et⁴〉ノ+mit〈et³〉デ〕ふさぐ(すき間などを), 密閉する(部屋などを);(…に)漏れ止めをする.

die **Ạb·dich·tung**[アッブ・ディヒトゥング] 名 -/-en 1. (〓のみ)密閉. 2. 充填(〓〓)材, パッキング.

ạb|die·nen[アッブ・ディーネン] 動 *h.* 〔〈et⁴〉ノ〕勤め上げる.

ạb|din·gen*[アッブ・ディンゲン] 動 *h.* 〔〈j³〉カラ+〈et⁴〉ノ〕交渉して手に入れる.

ạb·di·zie·ren[アブディツィーれン] 動 *h.* 〔〓〓〕〔古〕位〔職〕を退く.

das **Ạb·do·men**[アブドーメン] 名 -s/-, ..mina〔医〕腹, 腹部;〔動〕(節足動物の)腹.

ạb·do·mi·nal[アブドミナール] 形 〔医〕(下)腹部の;〔動〕(節足動物の)腹部の.

ạb|drạ̈n·gen[アッブ・ドれンゲン] 動 *h.* 〔〈j⁴〉ノ〕押しのける.

ạb|dre·hen[アッブ・ドれーエン] 動 1. *h.* 〔〈et⁴〉ノ〕消

す, 止める(水・電灯などを). **2.** *h.* 〖〈j^3/et^3〉ノ＋〈et^4〉ヲ〗ねじ切る：〈j^3〉 den Hals〔die Gurgel〕～《口》〈人を〉経済的に破綻(はたん)させる. **3.** *h.* 〖〈et^4〉ヲ＋(von 〈et^3〉カラ)〗ゆるめる, ゆるめて取る(ねじなどを). **4.** *h.* 〖〈et^4〉ヲ〗背ける(顔などを)：sich^4 ～ 体の向きを変える. **5.** *h./s.* 〖〈方向〉ヘ〗針路を変える(飛行機・船が). **6.** *h.* 〖〈et^4〉ヲ〗撮り終える(映画などを).

die **Ab·drift** [アっプ・ドりふト] [名] -/-en 《主に[単]》〖海・空〗偏流(角), ドリフト.

ab|dros·seln [アっプ・ドろっセルン] [動] *h.* **1.** 〖〈et^4〉ノ〗〖工〗流量を絞る(ガスなどの)；出力を絞る；(…を)閉める(ガス栓などを). **2.** 〖〈j^3〉ノ＋〈et^4〉ヲ〗《稀》絞める(首などを).

der **Ab·druck**[1] [アっプ・ドるっク] [名] -(e)s/..drücke **1.** 《[単]のみ》押型を取ること. **2.** 押型, (靴底などの)跡.

der **Ab·druck**[2] [アっプ・ドるっク] [名] -(e)s/-e **1.** 《[単]のみ》印刷, 復刻, リプリント；掲載. **2.** 印刷〔復刻・リプリント〕されたもの.

ab|dru·cken [アっプ・ドるっケン] [動] *h.* 〖〈et^4〉ヲ＋(in 〈et^3〉ニ)〗掲載する.

ab|drü·cken [アっプ・ドりゅっケン] [動] *h.* **1.** 〖〈j^3〉ノ＋〈et^4〉ヲ〗押えて止める：Es *drückte* ihm das Herz *ab.* それで彼は胸がつぶれる思いだった. **2.** 〖〈j^4/et^4〉ヲ＋von 〈j^3/et^3〉カラ〗押し離す. **3.** 〖(〈et^4〉ノ)〗引金を引く. **4.** 〖〈j^4〉ヲ〗《口》強く抱きしめてキスをする. **5.** 〖〈et^4〉ノ型ヲ＋in 〈et^3〉デ〗取る；(〈et^4〉が sich^4 の場合)(…に)跡(形)を残す. **6.** 〖補足なし〗〖サッカー〗強烈なシュートを放つ.

abds. ＝**abends** 晩に.

der **Ab·duk·tor** [アプドゥクトーあ] [名] -s/-en[アプドゥクトーれン] 〖医〗外転筋.

ab|dun·keln [アっプ・ドゥンケルン] [動] **1.** *h./s.* 〖〈et^4〉ヲ〗暗くする(部屋・明かりなどを)；濃くする(色を). **2.** *s.* 〖補足なし〗《稀》濃くなる(色が).

ab|eb·ben [アっプ・エっベン] [動] *s.* 〖補足なし〗引いていく(高潮などが)；徐々に鎮まる(興奮などが).

das **A·be·ce** [ア(－)ベ(－)ツェー] [名] -/ ＝Abc.

..a·bel [‥アーベル] [接尾] ..ieren に終る動詞の語幹につけて「可能」を表し, 名詞につけて「…がある」を表す形容詞を作る：diskut*abel* 論ずるに値する. komfort*abel* 快適な.

(*der*) **A·bel** [アーベル] [名] 〖旧約〗アベル(兄の Kain に殺された Adam の子).

abend [アーベント] ⇨ **Abend 1.**, Dienstagabend.

der **A·bend**[アーベント] [名] -s/-e **1.** 夕方, 晩：eines ～*s* ある晩に. gestern/heute/morgen ～ (《[旧]》abend)昨日/今日/明日の晩に. am ～ 晩に. gegen ～ 夕方頃. jeden ～ 毎晩. ～ für ～ 夜ごとに. vom Morgen bis zum ～ 朝から晩まで. **2.** 夕べのつどい. **3.** 人生の終り(Lebens～), 衰退期：am〔im〕～ des Lebens 晩年に. **4.** 《[単]のみ》《古》西：ge(ge)n ～ 西に向って. 【慣用】**der Heilige Abend** クリスマスイヴ. **Guten Abend!** 今晩は. **Schönen Abend!** (別れる際に)よい晩を. **zu Abend essen** 夕食をとる.

die **A·bend·an·dacht** [アーベント・アン・ダはト] [名] -/-en 夕べの祈り.

der **A·bend·an·zug** [アーベント・アン・ツーク] [名] -(e) s/..züge (男性用)夜会服(タキシード, 燕尾服など)

die **A·bend·aus·ga·be** [アーベント・アウス・ガーベ] [名] -/-n 夕刊.

das **A·bend·blatt** [アーベント・ブラっト] [名] -(e)s/..blätter 夕刊紙.

das **A·bend·brot** [アーベント・ブろート] [名] -(e)s/-e 《主に[単]》(軽い)夕食, 夕飯.

die **A·bend·däm·me·rung** [アーベント・デメるング] [名] -/-en 夕暮れ, 薄暮.

das **A·bend·es·sen** [アーベント・エっセン] [名] -s/- 夕食.

a·bend·fül·lend [アーベント・ふゅレント] [形] (上演・上映に)一晩かかる.

das **A·bend·ge·bet** [アーベント・ゲベート] [名] -(e)s/-e 就寝前の祈り, 晩禱(ばんとう).

die **A·bend·ge·sell·schaft** [アーベント・ゲゼルシャふト] [名] -/-en 夜会, 夜の催し.

das **A·bend·gym·na·si·um** [アーベント・ギュムナーズィウム] [名] -s/..sien 夜間ギムナジウム.

der **A·bend·him·mel** [アーベント・ヒメル] [名] -s/- 夕空.

die **A·bend·kas·se** [アーベント・カっセ] [名] -/-n (夜の公演前に開く)当日券売場.

das **A·bend·kleid** [アーベント・クライト] [名] -(e)s/-er (婦人用)夜会服, イヴニングドレス.

das **A·bend·kon·zert** [アーベント・コンツェるト] [名] -(e)s/-e 夜のコンサート.

der **A·bend·kurs** [アーベント・クるス] [名] -es/-e (主に社会人のための)夜間講習会〔講座〕.

der **A·bend·kur·sus** [アーベント・クるズス] [名] -/..kurse ＝Abendkurs.

das **A·bend·land** [アーベント・ラント] [名] -(e)s/ 西洋.

der **A·bend·län·der** [アーベント・レンダー] [名] -s/- 西洋人.

a·bend·län·disch [アーベント・レンディシュ] [形] 西洋の.

a·bend·lich [アーベントリひ] [形] 晩の, 夕方の.

das **A·bend·mahl** [アーベント・マール] [名] -(e)s/-e 《文・古》夕食, 晩餐(ばんさん)；《[単]のみ》(キリストの)最後の晩餐；〖プロテスタント〗聖餐(せいさん)式；〖カトリック〗聖体拝領.

die **A·bend·mes·se** [アーベント・メっセ] [名] -/-n 夕べのミサ.

das **A·bend·rot** [アーベント・ろート] [名] -s/ 夕焼け.

die **A·bend·rö·te** [アーベント・[れ]ーテ] [名] -/ ＝Abendrot.

a·bends [アーベンツ] [副] 晩に, 夕方に(略 abds.)：von morgens bis ～ 朝から晩まで. ～ um 8 Uhr〔um 8 Uhr ～〕晩の 8 時に.

die **A·bend·schu·le** [アーベント・シューレ] [名] -/-n 夜間学校, 夜学.

die **A·bend·son·ne** [アーベント・ゾネ] [名] -/ 夕日.

der **A·bend·stern** [アーベント・シュテるン] [名] -(e)s/ 宵の明星, 金星.

die **A·bend·zei·tung** [アーベント・ツァイトゥング] [名] -/-en 夕刊紙.

das **A·ben·teu·er** [アーベントイあー] [名] -s/- **1.** 冒険；異常な体験；(《蔑》にも)危険な企て. **2.** 情事, アバンチュール.

a·ben·teu·er·lich [アーベントイあーりひ] [形] **1.** 波乱万丈の. **2.** (《蔑》にも)向こうみずな. **3.** 異常な, 奇妙〔奇抜〕な. **4.** 《稀》冒険好きな.

die **A·ben·teu·er·lust** [アーベントイあー・ルスト] [名] -/ 冒険心.

a·ben·teu·ern [アーベントイあーン] [動] *s.* 〖補足なし〗冒険(旅行)に出かける, 冒険を求める.

der **A·ben·teu·rer** [アーベントイらー] [名] -s/- 《蔑》冒険家；向こう見ずな男；山師.

a·ber [アーバー] [接] 《並列》(文と文を結び, コンマで切って多くは後続文の文頭の前に置く. 後続文の成分で先行文と一致するものは省略する) **1.** 《対立》…だが(しかし)：Wir schliefen schon, ～ sie war noch auf. 私たちはもう寝ていたが, しかし彼女はまだ起きていた. **2.** 《予期に反して》ところが(しかし), …であるが, …だけれど, それでも：Ich hatte ihn in Verdacht, ～ wollte es niemandem sagen. 私は彼を疑っていたが, それをだれにも言うつもりはなかった. **3.** 《制限・補足・修正》ただし, とはいえ, …だが(しかし)：Mein Smaragd ist klein, ～ fein. 私のエメラルドは小さいが, 質はいい. **4.** 《継続》《古》それから, そして, そこで, す

ると：Es waren einmal zwei Brüder, der eine hieß Franz, der andere ~ Hans. 昔二人の兄弟がいた．一人はフランツ，(それから)もう一人はハンスといった．
── 副　**1.**《語groups》《動詞・形容詞・副詞・名詞を修飾》しかし：Samstags arbeitet man nicht. Peter arbeitet ~. 土曜日は仕事はしない．ペーターはしかし仕事をする．**2.**《話者の気持》**a.**《主張などを強めて》《まったく》…だなあ；(それも)…だよ：Das ist ~ schade! それはなんとも残念だなあ．**b.**《感心して》どうしてなかなか…だよ：Du hast ~ gut gesungen！君はどうしてなかなかうまく歌ったねえ．**c.**《驚いて》(それにしても)…だなあ：Der ist ~ groß! あいつは背がなかなかあ．**d.**《不快感を示して》ばかに〔えらく〕…じゃあないか：Er lässt uns ~ lange warten! 彼は(私たちを)ばかに長く待たせるじゃあないか．**e.**《なだめようとして》まあ(…して下さい)，おいおい：A~ so hören Sie doch! まあ聞いて下さいね．A~ Kinder! おいおい子供たち！【慣用】**Aber, aber!** まあまあ(おいおい)(なだめて)．**aber auch** ああそれにそれにまた．まったくもって．**aber doch** それにもかかわらず．**Aber ja!** そうだとも．**Aber natürlich!** もちろんですとも．**Aber nein!** とんでもないそんなことは．**aber und abermals** 再三再四．**besonders aber** だが，ことに．**Hunderte und aber Hunderte** 何百もの(人)．**nur aber** ところが．**oder aber** もしくは，でなければ．**wohl aber** だが，しかし(＝wohl 6b)．**wohl**(**zwar**)**…, aber** たしかに…ではあるが，しかし．

das **A·ber**［アーバー］图 -s/-(-s) 異議, 難点：das Wenn und ~ (多くの)制限や難点．

der **A·ber·glau·be**［アーバー・グラウベ］图 -ns/ 迷信．

a·ber·gläu·bisch［アーバー・グロイビシュ］形 迷信の, 迷信深い．

ab·er·ken·nen*［アップ・エアケネン］動 h.《まれに非分離も有》〈j³〉＋〈et⁴〉ツ〉剥奪(ﾊｸﾀﾞﾂ)する．

die **Ab·er·ken·nung**［アップ・エアケヌング］图 -/-en 剥奪(ﾊｸﾀﾞﾂ)．

a·ber·ma·lig［アーバー・マーリヒ］形 再度の．

a·ber·mals［アーバー・マールス］副 再度, もう一度．

ab·ern·ten［アップ・エアンテン］動 h.〈et⁴〉取入れを終える(作物・畑の)．収穫を終える．

die **Ab·er·ra·ti·on**［アップ・エラツィオーン］图 -/-en **1.**《生》変種；《医》異常．**2.**《光》光行差；《光》(レンズの)収差：tägliche ~ 日周光行差．

a·ber·tau·send, Abertausend［アーバー・タウゼント］数《不定》《文》幾千の．

der **A·ber·witz**［アーバー・ヴィッツ］图 -es/《文》ナンセンス, 狂気の沙汰．

a·ber·wit·zig［アーバー・ヴィッツィヒ］形《文》ナンセンスな, ばかげた．

ab·|es·sen*［アップ・エッセン］動 h. **1.**〈et⁴〉＋von〈j³〉取って食べる．**2.**〈et⁴〉ツ〉平らげる(皿のものなどを)．**3.**〈et⁴〉《口》飲み食いして使い果たす(金額を)．**4.**〈et⁴〉ツ〉食事をすませる．【慣用】**bei**〈j³〉**abgegessen haben**《口》〈人〉に愛想をつかされる．

(*das*) **A·bes·si·ni·en**［アベスィーニエン］图 -s/ **1.**《地名》アビシニア(エチオピアの旧称)．**2.**《古・冗》ヌーディスト用海岸．

der **A·bes·si·ni·er**［アベスィーニアー］图 -s/- アビシニア人．

ABF［アーベーエフ］略＝Arbeiter-und-Bauern-Fakultät〔旧東独〕労農学部．

ab·|fa·ckeln［アップ・ファッケルン］動 h.〈et⁴〉ツ〉《工》燃やして処分する(廃ガスを)．《口》焼き払う．

ab·|fah·ren*［アップ・ファーレン］動 **1.**(ﾎｼﾞｮ)s. **a.** 出発する(乗り物が・乗り物で), 発車する, 出航する．**b.**《口》(とっとと)うせる, 消える．**c.** 滑走する．**d.**《口》はねつけられる：(しばしば lassen とともに)はねつける．**2.** s.《mit〈j³〉》《口》ひどくあしらう〔叱責(ｼｯｾｷ)する〕．**3.** h.《et⁴》ツ〉運び去る(乗り物で・乗り物で), 搬出する．**4.** h./s.《et⁴》ツ〉乗り物で視察(パトロール)する．**5.** s.《et⁴》ツ〉乗り物で下(ｵ)りる．**6.** h.《et⁴》ツ〉**a.**(車で接触して)ひき取る；轢断(ﾚｷﾀﾞﾝ)する．**b.**(長時間走行して)すり減らす(タイヤなどを)；〈et⁴〉sich⁴ の場合〉すり減る．**c.**《口》使い切る(回数券などを)．**7.** h.《et⁴》ツ〉《映》放送〔放映〕を開始する(スタートさせる)．**8.** s.《auf〈j⁴/et⁴〉》《口》感激する, 夢中になる．

die **Ab·fahrt**［アップ・ふァーアト］图 -/-en **1.** 出発, 発車, 出航．**2.**(高速道路の)出口．**3.**《ｽｷｰ》滑降；滑降コース, 斜面．**4.**《官》搬出．

ab·fahrt·be·reit［アップ・ふァーアト・ベライト］形 出発準備のできた．

der **Ab·fahrts·lauf**［アップ・ふァーアツ・ラウふ］图 -(e)s/..läufe《ｽｷｰ》滑降競技．

die **Ab·fahrts·zeit**［アップ・ふァーアツ・ツァイト］图 -/-en (列車・バス・船の)出発〔発車・出航〕時刻．

der **Ab·fall**［アップ・ふァル］图 -(e)s/..fälle **1.**(団体のみ)離反, 分離：~ von der Partei 離党．**2.** ごみ, くず, 廃棄物．**3.**(団体のみ)傾斜．**4.**(団体のみ)低下．

die **Ab·fall·be·sei·ti·gung**［アップふァル・ベザイティグング］图 -/- 廃棄物処理(除去)．

der **Ab·fall·ei·mer**［アップふァル・アイマー］图 -s/- ごみバケツ．

ab·|fal·len*［アップ・ふァレン］動 s. **1.**(ﾎｼﾞｮ)(くずとして)出る(残る)(かんなくずジャガイモの皮などが)．**2.**《für〈j³〉》もうけとなる．**3.**(ﾎｼﾞｮ)(離れて・はがれて)落ちる．**4.**《von〈j³〉か》(消えて)なくなる(心配などが)．**5.**《von〈j³/et⁴〉か》離反する, 脱退する．**6.**(ﾎｼﾞｮ)傾斜している, 下り坂になる．**7.**(ﾎｼﾞｮ)低下する(成績・性能などが), 減少する(数量などが), 《稀》やせる；《ｽﾎﾟｰﾂ》離される(他の走者から), 力が落ちてくる(選手を買うの評価が下がる)．**8.**(ﾎｼﾞｮ)《海》風下に船首を向ける(帆船が)．【慣用】〈j³〉 **abfallen lassen**〈人〈の願い〉を〉はねつける．**gegen**〈j⁴〉(**neben**〈j³〉) **abfallen**〈人〉より能力が劣る．

die **Ab·fall·ent·sor·gung**［アップふァル・エントゾァグング］图 -/- 廃棄物(ゴミ)処理．

ab·fäl·lig［アップ・ふェリヒ］形 否定的な：sich⁴ ~ über〈et⁴〉 äußern〈人・物・事〉をこきおろす．

das **Ab·fall·pro·dukt**［アップふァル・プロドゥクト］图 -(e)s /-e リサイクル製品；製造〔作業〕くず利用製品．

der **Ab·fall·stoff**［アップふァル・シュトふ］图 -(e)s/-e (生産・消費エネルギー変換過程で生じる)廃棄物, 副産物, 残留物．

die **Ab·fall·ver·bren·nungs·an·la·ge**［アップふァル・ふェアブレンヌングス・アンラーゲ］图 ゴミ焼却場．

die **Ab·fall·wär·me**［アップふァル・ヴェルメ］图 -/《工》廃熱．

ab·|fan·gen*［アップ・ふァンゲン］動 h. **1.**〈j⁴/et⁴〉待伏せして捕える, 待受けてつかまえる, 途中で横取りする：《軍》迎え撃つ；ein Telegramm 電信を傍受する．den Ball ~《球》球を途中でインターセプトする．einen Gegner ~ 相手プレーヤーの攻撃を止める．seinen Angriff ~ 彼の攻撃を封じる．**2.**〈et⁴〉ツ〉《土・工》支える(家などを)．**3.**〈et⁴〉ツ〉正常な状態に戻す(スリップした車などを)．**4.**〈et⁴〉ツ〉《狩》とどめを刺す．

der **Ab·fang·jä·ger**［アップふァング・イェーガー］图 -s/- 《軍》迎撃戦闘機．

die **Ab·fang·ra·ke·te**［アップふァング・らケーテ］图 -/-n《軍》迎撃ミサイル．

der **Ab·fang·sa·tel·lit**［アップふァング・ザテリート］图 -en/-en《軍》要撃衛星．

ab·|fär·ben［アップ・ふェるベン］動 h. **1.**(ﾎｼﾞｮ)色あせ

abfasern

る；色落ちする．**2.**〔(auf〈et⁴〉ɜ)〕色が移る．**3.**〔auf〈j⁴〉ɜ〕影響を及ぼす（交際などが）．

ạb|fa·sern [アップ・ふぁーゼァン] 動 *h.* 〔慣用なし〕ほつれる．**2.**〈et⁴〉ɜ筋を取る（豆などの）．

ạb|fas·sen [アップ・ふぁっセン] 動 *h.* **1.**〈et⁴〉ɜ作成する，書く．**2.**〔j⁴〉ɜ〕〔口〕つかまる．

die **Ạb·fas·sung** [アップ・ふぁっスング] 名 -/-en（文書の）起草，作成．

ạb|fau·len [アップ・ふぁウレン] 動 *s.* 〔慣用なし〕腐って落ちる．

ạb|fe·dern [アップ・ふぇーダーン] 動 *h.* **1.**〈et⁴〉ɜ【工】スプリングをつける（自動車などに）．**2.**〈et⁴〉ɜスプリングでやわらげる（衝撃などを）．**3.**〈et⁴〉ɜ羽をむしる．

ạb|fe·gen [アップ・ふぇーゲン] 動 **1.** *h.*〈et⁴〉ɜ〈北独〉塵（ちり）を払う．**2.** *h.*〈et⁴〉ɜ+von〈et³〉ɦɐ〈北独〉払う（塵などを）．〔狩〕こすり落とす（鹿が袋角などを）．**3.** *s.* 〔慣用なし〕〔口〕素早く走り〔逃げ〕去る．

ạb|fei·ern [アップ・ふぁイアーン] 動 *h.* **1.**〈ジュー〉代休をとる．**2.**〈et⁴〉ɜ〔口・稀〕送別会をする．

ạb|fei·len [アップ・ふぁイレン] 動 *h.*〈et⁴〉ɜやすりで削り落す（切り取る）；やすりで磨く；（…に）やすりをかけて短くする．

ạb|fer·keln [アップ・ふぇるケルン] 動 *h.* 〔慣用なし〕【農】子を産む（豚が）．

ạb|fer·ti·gen [アップ・ふぇるティゲン] 動 *h.* **1.**〈et⁴〉ɜ発送手続きを終える（郵便物などの）．〈et⁴〉ɜ〔出航〕準備を終える．**2.**〔j⁴〉ɜ〕応待する（窓口などで）．〔口〕（…を）冷たくあしらう：〈j⁴〉an der Tür/mit Geld ～ 〈人〉ɜ門前払いする／金で追い払う．**3.**〈j⁴〉ɜ〔スポ〕圧勝する．

die **Ạb·fer·ti·gung** [アップ・ふぇるティグング] 名 -/-en **1.** 発送〔出発〕準備完了；発送〔出発〕手続き窓口．**2.**（冷淡な）応対；拒絶．

das **Ạb·fer·ti·gungs·ge·bäu·de** [アップふぇるティグングス・ゲボイデ] 名 -s/- 出発〔出航・搭乗〕専用の建物．

ạb|feu·ern [アップ・ふぉイアーン] 動 *h.*〈et⁴〉ɜ発砲〔発射〕する；〔転〕放つ（シュートを）．

ạb|fin·den* [アップ・ふぃンデン] 動 *h.* **1.**〔j⁴〉ɜ〕要求を満足させる，要求の（一部を）補償する：seinen Gläubiger ～ 債権者と話をつける（示談する）．〈j⁴〉mit Geld ～ 〈人〉ɜ金でかたをつける．**2.**〔sich⁴+mit〈j³/et³〉ɜ〕折合をつける，（…に）甘んじる．【慣用】sich⁴ bei〈j³〉für〈et⁴〉abfinden〔方〕〈人〉ɜ〈物・事〉に対して〈物・事〉を謝意を払う．

die **Ạb·fin·dung** [アップ・ふぃンドゥング] 名 -/-en 示談〔金〕，補償〔金〕．

die **Ạb·fin·dungs·sum·me** [アップふぃンドゥングス・ズメ] 名 -/-n 補償〔示談〕金，一時金．

ạb|fi·schen [アップ・ふぃっシェン] 動 *h.*〈et⁴〉ɜかいぼりをして魚を取り尽くす（池などの）．

ạb|fla·chen [アップ・ふらッヘン] 動 **1.** *h.*〈et⁴〉ɜ平たくする，（…の）傾斜を緩やかにする，（…の）高低差をする（建築材料・料理素材の）．**2.** *s.*〔sich⁴平たくなる，なだらかになる；小さくなる（はれものなどが）；低下する（能率などが）．**3.** *s.* 〔慣用なし〕平板になる（会話などが）；浅くなる（眠りなどが）．

ạb|flau·en [アップ・ふらウエン] 動 *s.* 〔慣用なし〕鎮まる（風・興奮・騒ぎなどが）；下がる（相場・価格などが，不振になる（商いが）；薄れる（関心が）．

ạb|flie·gen* [アップ・ふりーゲン] 動 **1.** *s.* 〔慣用なし〕飛び立つ〔去る〕（鳥・飛行機・飛行機で人が）．**2.** *s.* 〔慣用なし〕〔口〕飛ぶぶく（木の葉・帽子などが），はじけ飛ぶぶ（ボタンなどが）．**3.** *h.*〈et⁴〉ɜ偵察飛行する（地域などを）．**4.** *s.*〔j⁴〉ɜ〕飛行機で運び去る（救助の目的で）．

ạb|flie·ßen* [アップ・ふりーセン] 動 *s.* 〔慣用なし〕流れ出る（液体が）；はける；漏電する．〈in 方向〉へ流出する（資本が外国などへ）．

der **Ạb·flug** [アップ・ふるーク] 名 -(e)s/..flüge **1.**（魸のみ）飛び去ること．**2.**（飛行機の）離陸．

die **Ạb·flug·zeit** [アップ・ふるーク・ツァイト] 名 -/-en（飛行機の）出発時刻．

die **Ạb·fluss**, ⓂAb·fluß [アップ・ふるっス] 名 -es/..flüsse **1.**（魸のみ）排水；（資本などの）流出．**2.** 排水口，放水口，はけ口．

der **Ạb·fluss·gra·ben**, ⓂAb·fluß·gra·ben [アップふるッス・グラーベン] 名 -s/..gräben 排水溝．

das **Ạb·fluss·rohr**, ⓂAb·fluß·rohr [アップ・ふるっス・ろーァ] 名 -(e)s/-e 排水管．

ạb|foh·len [アップ・ふぉーレン] 動 *h.* 〔慣用なし〕【農】子を産む（馬が）．

die **Ạb·fol·ge** [アップ・ふぉルゲ] 名 -/-n （一定の）順番；in chronologischer ～ 年代順に．

ạb|for·dern [アップ・ふぉるダーン] 動 **1.**〔j³〉ɜ+〈et⁴〉ɜ要求する．**2.**〔j⁴〉ɜ〔文・古〕呼戻す，召す．

ạb|for·men [アップ・ふぉるメン] 動 *h.*〔j⁴/et⁴〉ɜ型をとる．

die **Ạb·fra·ge** [アップ・ふらーゲ] 名 -/-n 〔コンピュ〕データーの読み取り，データーの検索．

ạb|fra·gen [アップ・ふらーゲン] 動 **1.**〔j³(j⁴)ɜ+〈et⁴〉ɜnɪrɐɪɕɐɪ〕試問する．**2.**〈et⁴〉ɜ〔電話〕通話可能かどうか確認する（回線を）；〔コンピュ〕（データーを検索して）読取る（情報などを）．**3.**〔j³〉ɜnɐɪɐ+〈et⁴〉ɜ〔古〕聞きだす．

ạb|fres·sen* [アップ・ふれっセン] 動 *h.* **1.**〈et⁴〉ɜ食い尽くす（動物が）；さっぱり食う（人間が）．**2.**〈et⁴〉ɜ+von〈et³〉ɦɐɪ食いちぎって食う（全体の一部分を）取って食う．**3.**〔j³〉ɜ+〈et⁴〉ɜさいなむ．

ạb|frie·ren* [アップ・ふりーれン] 動 **1.** *s.* 〔慣用なし〕寒さで枯れる；凍傷にかかる．**2.** *h.* 〔sich³+〈et⁴〉ɜ〕〔口〕凍傷で失いそうになる（身体部分を）．【慣用】sich³ einen abfrieren〔口〕ひどく凍える．

die **Ạb·fuhr** [アップ・ふーァ] 名 -/-en **1.**（車などによる）搬出：die ～ von Müll ごみの回収．**2.**〔スポ〕敗北；（学生）〔決闘での〕負け．**3.** 拒絶：sich³ eine ～ holen 要求を拒絶される．

ạb|füh·ren [アップ・ふューれン] 動 *h.* **1.**〈j⁴〉ɜ連行する，留置する；（学生）（…に）決闘の負けを宣して連れ去る（負傷・反則のために）．**2.**〈et⁴〉ɜ（他の方向へ導いて）排出させる．**3.**〔von〈et³〉ɦɐɪ分岐している（道が）．**4.**〔j⁴〉ɜ+von〈et³〉ɦɐɪそれさせる．**5.**〔von〈et³〉ɦɐɪそれる．**6.**〈et⁴〉ɜ+(an〈j⁴/et⁴〉ɜ)払う．**7.**〔慣用なし〕便通を良くする（薬などが）；便通がある．**8.**〈et⁴〉ɜ〔印〕閉じの引用符をつける．

das **Ạb·führ·mit·tel** [アップふゅーァ・ミッテル] 名 -s/- 下剤．

die **Ạb·füh·rung** [アップ・ふゅーるング] 名 -/-en **1.** 連行／留置；（排気ガスなどの）排出；（学生）（負けを宣して）決闘場から学生を連れ去ること．**2.**（税などの）支払い．**3.**〔印〕閉じの引用符をつけること．

ạb|fül·len [アップ・ふゅレン] 動 *h.* **1.**〈et⁴〉ɜ+(mit〈et³〉ɜ)（次々に）詰める（工場でビールなどを）．**2.**〈et⁴〉ɜ+(in〔auf〕et³〉ɜ)詰める（大きな容器から小さな容器に）．

ạb|füt·tern¹ [アップ・ふゅッターン] 動 *h.*〔j⁴/et⁴〉ɜえさを与える，〔口〕飯を食わせる（何人かの人に）．

ạb|füt·tern² [アップ・ふゅッターン] 動 *h.*〈et⁴〉ɜ+(mit〈et³〉ɜ)裏地をつける．

Abg. = Abgeordnete（国会）議員．

die **Ạb·ga·be** [アップ・ガーベ] 名 -/-n **1.**（魸のみ）提出，引渡し．**2.**（主に複）税金，公共料金：～ erheben 税金を徴収する．**3.**〔経〕販売，（証券の）

売り：die ～ an ⟨j³⟩⟨人への⟩売り. **4.** (@のみ)発射, 発砲. **5.** 〖球〗パス;パスされたボール;(得点となるを)失うこと. **6.** (熱などの)放出, 放射. **7.** 述べること, 表明.

die **Ab·ben·be·las·tung** [アップガーベン·ベラストゥング] 图 -/-en 税負担, 租税公課の負担.

die **Ab·gaben·er·hö·hung** [アップガーベン·エあへーウング] 图 -/-en 公的負担(租税公課)の引き上げ.

ab·ga·ben·frei [アップガーベン·ふらイ] 形 税金のかからない.

ab·ga·ben·pflich·tig [アップガーベン·プふりヒティヒ] 形 納税義務のある, 課税対象となる.

der **Ab·gang** [アップガング] 图 -(e)s/..gänge **1.** (@のみ)去ること；発車, 出航；sich³ einen guten ～ verschaffen 良い印象を残して去る. **2.** 卒業[退学](者), 退職[辞任](者)；〖劇〗退場；〖軍·軍〗死亡. **3.** (@のみ)発送. **4.** 〖体操〗フィニッシュ. **5.** 〖医〗(結石などの)排出；死産, 流産. **6.** (@のみ)売行き. **7.** (@のみ)《古》損失；⟨ドッウ⟩欠損, 不足額.

ab·gän·gig [アップ·ゲンギヒ] 形 《方》余計な；《官》失踪(ムンツ)した.

die **Ab·gangs·prü·fung** [アップガングス·プリゅーふング] 图 -/-en 卒業試験.

das **Ab·gangs·zeug·nis** [アップガングス·ツォイクニス] 图 -ses/-se 卒業証書.

das **Ab·gas** [アップ·ガース] 图 -es/-e (主に@)排気ガス, 排(出)ガス.

die **Ab·gas·emis·si·on** [アップガース·エミスィオーン] 图 -/-en 排気ガスの放出.

die **Ab·gas·rei·ni·gung** [アップガース·らイニグング] 图 -/-en 排気ガスの浄化(法).

die **Ab·gas·son·der·un·ter·su·chung** [アップガース·ゾンダー·ウンターズーふング] 图 -/-en (自動車の)排気ガス特別検査[エンジン空転時での一酸化炭素濃度の測定, 略 ASU].

die **Ab·gas·un·ter·su·chung** [アップガース·ウンターズーふング] 图 -/-en (車の)排気ガス(中の一酸化炭素含有量)検査(略AU).

der **Ab·gas·wert** [アップガース·ヴェーあト] 图 -(e)s/-e (主に@)(空気中の)排気ガス濃度；排気ガス許容値.

ab|gau·nern [アップ·ガウナーン] 動 *h.* ⟨j³⟩カラ+⟨et⁴⟩ッ(口·蔑)だまし取る.

ABGB [アーベーゲーベー] =Allgemeines Bürgerliches Gesetzbuch (オーストリアの)一般民法典.

ab·ge·ar·bei·tet [アップ·ゲアるバイテット] 形 がさがさになった；過労の.

ab|ge·ben* [アップ·ゲーベン] 動 *h.* **1.** ⟨et⁴⟩ッ **a.** (手)渡す, 提出する, 届ける, 返却する. **b.** 預ける(クロークなどに). **c.** (安く)売る；賃貸する. **d.** 放出する《熱力ドを》 **f** 投げる(票を) **2.** ⟨et⁴⟩ッ述べる, 表明する, 発する. **3.** ⟨j³⟩ニ+⟨et⁴⟩ッまたは⟨et⁴⟩ッ+an ⟨j⁴⟩ニ, ⟨et⁴⟩ッニ+⟨et⁴⟩ッ(不本意ながら)譲る, 譲り渡す；⟨エンプ⟩(相手に)取らせる(点·セット·タイトルなどに). **5.** ⟨et⁴⟩ッ+⟨j³⟩ニ)〖球〗パスする. **6.** ⟨j⁴⟩ッ+⟨et⁴⟩ッ)ある：Er *gibt* einen guten Hausmann *ab*. 彼は家事をよくこなす夫である. **7.** ⟨j⁵⟩ッ(口)役を演じる. **8.** 〖trick⁴+mit⟨j³⟩/et³⟩ッ携わる；⟨口⟩つきあう、関係になる(子供·犬などの). **9.** 〖トリ〗〖シン〗最終ゲームのカードを配る. 【慣用】⟨j³⟩(et) was ⟨eins⟩ abgeben (口)⟨人を⟩ひっぱたく[殴る].

ab·ge·blasst, @ab·ge·blaßt [アップ·ガブラスト] 形 色あせた；青ざめた；空疎な.

ab·ge·brannt [アップ·ガブラント] 形 **1.** (口)焼け出された；燃えつきた；～ sein (口)一文無しである. **2.** 〖ドッチ·口〗日焼けした.

ab·ge·bro·chen [アップ·ガブろっヘン] 形 とぎれとぎれの, 支離滅裂な.

ab·ge·brüht [アップ·ゲブりゅート] 形 〖(gegen ⟨et⁴⟩ニ)〗(口)無神経な, すれっからしの.

ab·ge·dankt [アップ·ガダンクト] 形 《古》退役の, 暇を出された.

ab·ge·dro·schen [アップ·ガドろっシェン] 形 《口》陳腐な.

ab·ge·fah·ren [アップ·ガふぁーレン] 形 《口》すばらしい, 感動的な.

ab·ge·feimt [アップ·ガふぁイムト] 形 悪賢い.

ab·ge·gan·gen [アップ·ゲガンゲン] 形 使われなくなった.

ab·ge·gol·ten [アップ·ガゴルテン] 形 弁済された.

ab·ge·grif·fen [アップ·ガグりっふェン] 形 擦切れた；陳腐な.

ab·ge·hackt [アップ·ガハックト] 形 途切れ途切れの, ぎこちない.

ab·ge·half·tert [アップ·ガハルタート] 形 《口》首になった.

ab·ge·härmt [アップ·ガヘルムト] 形 悲しみにやつれた.

ab·ge·här·tet [アップ·ガヘるテット] 形 〖(gegen ⟨et⁴⟩ニ対シテ)〗鍛えられた, 慣れっこになった.

ab|ge·hen* [アップ·ゲーエン] 動 *s.* **1.** 〖地ニ〗 **a.** 立去る(退場する)；発車(出航)する. **b.** 発送される. **c.** はげ落ちる(モルタルなどが), 取れて[はがれて]しまう(ボタン·つめなどが)；落ちる(染みなどが)；下する(雪崩などが)；排出される(回虫·駆石などが). **d.** 発射される(砲弾などが). **2.** 〖von (aus) ⟨et⁴⟩カラ〗去る(職などから). **3.** 〖(von ⟨et³⟩カラ)〗〖体操〗着地する. **4.** 〖(場所)ガ/⟨方向⟩ニ+⟨カラ⟩〗分岐する, 曲る(道が). **5.** 〖von ⟨et³⟩ッ〗それる（...を）放棄する（計画などを）；（...を）撤回する（主張などを）. **6.** 〖＜様態＞ガ〗売行きである；（事が…に）運ぶ[et, es, das などが主語で]. **7.** 〖(von ⟨et⁵⟩カラ)〗差引[割引]される. **8.** 〖⟨et³⟩ガ〗欠けている(才能などが). **9.** 〖⟨et⁴⟩ッ〗巡察する(前線などを).

ab·ge·kämpft [アップ·ガケムプフト] 形 戦いに疲れた；疲れ果てた.

ab·ge·kar·tet [アップ·ガカるテット] 形 《口》示し合せた：ein ～es Spiel 八百長.

ab·ge·klärt [アップ·ガクレート] 形 円熟した；思慮深い.

die **Ab·ge·klärt·heit** [アップ·ガクレーあトハイト] 图 -/明澄, 円熟した思慮深さ.

ab·ge·la·gert [アップ·ガラーガート] 形 十分に寝かせた, 熟成した.

ab·ge·lau·fen [アップ·ガラウふェン] 形 期限の切れた；満了となった.

das **Ab·geld** [アップ·ゲルト] 图 -(e)s/-er 〖銀行〗逆打歩(ぶ).

ab·ge·lebt [アップ·ガレープト] 形 《文》老衰した；古い.

ab·ge·le·gen [アップ·ガレーゲン] 形 人里離れた.

ab·go·loi·ort [アップ·ゲライォー] 形 《口》陳腐な.

ab|gel·ten* [アップ·ゲルテン] 動 *h.* ⟨et⁴⟩ッ + (durch ⟨et⁴⟩ッ/mit ⟨et³⟩ッ)償う, 帳消しにする.

ab·ge·macht [アップ·ガマハト] 形 取決められた：～！ 決定.

ab·ge·ma·gert [アップ·ガマーガート] 形 やせ衰えた.

ab·ge·mer·gelt [アップ·ガメるゲルト] 形 憔悴した.

ab·ge·mes·sen [アップ·ガメッセン] 形 《文》規則正しい, 節度のある, 慎重な.

ab·ge·neigt [アップ·ガナイクト] 形 〖⟨j³⟩/et³⟩ッ/zu ⟨動⟩スルノヲ〗好まない, (…に)気がない：nicht ～ sein, ⟨et⁴⟩ zu tun 喜んで⟨事を⟩する.

ab·ge·nutzt [アップ·ガヌッツト] 形 使い古された.

der/die **Ab·ge·ord·ne·te** [アップ·ゲオるドネテ] 图 (形容詞的変化)代議士, 議員(略 Abg.)；(派遣)代表.

das **Ab·ge·ord·ne·ten·haus** [アップゲオるドネテン·ハウス] 图 -es/..häuser 議会；議事堂.

ab·ge·plat·tet [アップ·ガプラッテット] 形 平ら[偏平]にさ

abgerechnet

abgerechnet [アップ・ゲれヒネット] 形 (…を)差し引いた;(…を)別として: Das ~, bin ich einverstanden. それを別とすれば、私は承知しました.

ab·ge·rie·ben [アップ・グりーベン] 形 1. すり切れた,摩滅した. 2. 疲れ果てた;すれっからしの. 2. こねたケーキ生地の.

ab·ge·ris·sen [アップ・グりッセン] 形 1. ちぎれた. 2. ぼろぼろの;ぼろをまとった. 3. 支離滅裂な,途切れ途切れの.

ab·ge·run·det [アップ・グるンデット] 形 (角が取れて)丸くなった;円熟した;推敲した.

ab·ge·sagt [アップ・ゲザークト] 形 断固たる.

der/die **Ab·ge·sand·te** [アップ・ガザンテ] 名《形容詞的変化》《文》使者,使節.

der **Ab·ge·sang** [アップ・ゲザング] 名 -(e)s/..sänge 1.【詩】(ミンネザングや職匠歌の)後節. 2.《文》終り;最後の作品.

ab·ge·schabt [アップ・ゲシャーフト] 形 着古した,擦切れた.

ab·ge·schie·den [アップ・ゲシーデン] 形《文》1. 人里離れた;隔遠の. 2. 世を去った.

der/die **Ab·ge·schie·de·ne** [アップ・ゲシーデネ] 名《形容詞的変化》《文》故人.

ab·ge·schla·gen [アップ・ゲシュラーゲン] 形 1.《スポ》完敗した.《方》疲れ切った. 2. 欠けた.

ab·ge·schlif·fen [アップ・ゲシュリっふェン] 形 磨かれた;洗練された.

ab·ge·schlos·sen [アップ・ゲシュロッセン] 形 1. 孤立した. 2. まとまった.

ab·ge·schmackt [アップ・ゲシュマックト] 形 悪趣味な,いやな感じの;つまらない.

die **Ab·ge·schmackt·heit** [アップ・ゲシュマックトハイト] 名 -/-en 悪趣味,味気なさ;くだらない発言〔行動〕.

ab·ge·se·hen [アップ・ゲゼーエン] 副 (次の形で) ~ von ⟨j³/et³⟩ (von ⟨j³/et³⟩) ⟨人・物・事⟩を除いて,…は別として. ~ davon (davon ~) …は別として.

ab·ge·son·dert [アップ・ゲゾンダート] 形 離れた,隔離された,隔遠の.

ab·ge·spannt [アップ・ゲシュパント] 形 疲れ果てた.

ab·ge·stan·den [アップ・ゲシュタンデン] 形 気の抜けた,変質したよどんだ;陳腐な.

ab·ge·stor·ben [アップ・ゲシュトルベン] 形 枯死した,死に絶えた;壊死した;感覚の麻痺した.

ab·ge·stumpft [アップ・ゲシュトゥムプフト] 形 1. 切れ味の鈍った. 2. (gegen ⟨et⁴⟩に対シテ) 鈍感な.

ab·ge·ta·kelt [アップ・ゲターケルト] 形《口》お払い箱になった;うらぶれた.

ab·ge·tan [アップ・ゲターン] 形 片づいた,もう用のない.

ab·ge·tra·gen [アップ・ゲトらーゲン] 形 使い古した,(着)古した.

ab|ge·win·nen* [アップ・ゲヴィネン] 動 h. ⟨j³/et³⟩カラ+⟨et⁴⟩ 勝取る;(…に)美点〔魅力〕を見いだす: ⟨j³⟩ kein Wort ~ können (…)に話すチャンスを与えることができない. dem Meer ein Stück Land ~ 海を(干拓して)土地にする.

ab·ge·wirt·schaf·tet [アップ・ゲヴィルトシャふテット] 形 経済的に破綻(ﾊﾀﾝ)した.

ab·ge·wo·gen [アップ・ゲヴォーゲン] 形 慎重に比較考量された〔選ばれた〕.

ab|ge·wöh·nen [アップ・ゲヴェーネン] 動 h. ⟨j³⟩= + ⟨et⁴⟩ 習慣をやめさせる;⟨⟨j³⟩がsich³の場合⟩習慣をやめる.

ab·ge·wrackt [アップ・ゲヴらックト] 形 スクラップになった.

ab·ge·zehrt [アップ・ゲツェーあト] 形 やせ衰えた.

ab·ge·zir·kelt [アップ・ゲツィルケルト] 形 (物差しで測ったように)正確な;きちょうめんな.

ab·ge·zo·gen [アップ・ゲツォーゲン] 形 1.《稀》派生

的な;抽象的な. 2.《ｽｲｽ》着古した.

ab|gie·ßen* [アップ・ギーセン] 動 h. 1. ⟨et⁴⟩ 少し流して捨てる(余分な液体を);(…の)液体を少し流して捨てる(容器の). 2. ⟨et⁴⟩ッ (流して)捨てる;(…の)液体を(流して)捨てる: das Wasser vom Gemüse/das Gemüse ~ 野菜のゆで汁を捨てる. 3. ⟨et⁴⟩ッ【美・鋳】鋳造する,(…の)型をとる;【鋳】(…に)鋳込む〔鋳造〕.

der **Ab·glanz** [アップ・グランツ] 名 -es/ 1. 反映,反射,反照,照り返し. 2. 余韻,名残.

ab|glei·chen* [アップ・グライヒェン] 動 h. 1. ⟨et⁴⟩ッ 土 平らにする(壁面・コンクリートなどを). 2. 受信機を 合わせる(度量衡器を);【電】調整する(受信機を),⟨光⟩ (…の)度を合わせる(眼鏡の両眼のレンズの). 3. ⟨et⁴⟩ッ 清算する.

ab|glei·ten* [アップ・グライテン] 動 s.《文》 1. (von ⟨et³⟩カラ) (横の方へ)滑り落ちる,滑ってそれる. 2. (an⟨von⟩⟨j³⟩ﾆ関ｼﾃ) 素通りする,(…の)関心を呼ばない: Die Beleidigungen glitten von ihm ab. それらの侮辱的言動を彼は気にしなかった. 3. (von ⟨et⁴⟩カラ) 逸脱する,わき道にそれる(思考などが). 4. (von ⟨et⁴⟩カラ) 陥る(状態などに). 6. (in ⟨et³⟩ﾉｽﾃｲﾀｲ) 悪くなる(成績などが). 7.《慣用》身を持崩す;下がる(通貨などの).

der **Ab·gott** [アップ・ゴット] 名 -(e)s/..götter 偶像;崇拝の的.

die **Ab·göt·te·rei** [アップ・ｹﾞｯﾃらイ] 名 -/ 偶像崇拝;盲目的崇拝: mit ⟨j³/et³⟩ ~ treiben ⟨人・物⟩を盲目的に崇拝する.

ab·göt·tisch [アップ・ｹﾞｯﾃｨｯｼｭ] 形 偶像崇拝の;盲目的な.

ab|gra·ben [アップ・グらーベン] 動 h. ⟨et⁴⟩ッ 掘って取除く(土などを),掘り削けす;溝を掘って排水する(池などを).【慣用】⟨j³⟩ das Wasser abgraben ⟨人の⟩存在を危くする.

ab|grä·men [アップ・グれーメン] 動 h. (sich⁴+um ⟨j⁴⟩ ﾉｺﾄｦ) 心を痛める.

ab|gra·sen [アップ・グらーゼン] 動 h. 1. ⟨et⁴⟩ッ 草を食い尽す(草地などが). 2.《口》(…を)研究し尽す. 2. ⟨et⁴⟩ッ+(nach ⟨j³/et³⟩ｦﾓﾄﾒﾃ)《口》くまなく探し回る.

ab|grei·fen* [アップ・グらイふェン] 動 h. 1. ⟨et⁴⟩ッ 手で触れて調べる,触診する. 2. ⟨et⁴⟩ッ+(mit ⟨et³⟩ﾃﾞ)測る;包括的に調べる. 3. ⟨et⁴⟩ッ 擦減らず,擦切れさすて(多くの手が触れることで). 4. ⟨et⁴⟩ッ【電】タップで取出す(電圧・信号などを).

ab|gren·zen [アップ・グれンツェン] 動 h. 1. ⟨et⁴⟩ﾆ+(von ⟨et³⟩ﾄ)境をつける(地所などに). 2. ⟨et⁴⟩ッ 範囲をはっきりさせる(権限などの). 3. (sich⁴+(von ⟨j³/et³⟩ﾄ/gegen ⟨j⁴/et⁴⟩ﾄ))一線を画す.

die **Ab·gren·zung** [アップ・グれンツング] 名 -/-en 1. (﨎のみ)境界設定,区画決定;区分け. 2. 境界,区分.

der **Ab·grund** [アップ・グるント] 名 -(e)s/..gründe 深淵(ｴﾝ),奈落;崩壊;亀裂,対立: am Rande des ~s 破滅の瀬戸際.

ab·grün·dig [アップ・グりュンディヒ] 形《文》1. 謎めいた. 2. 計り知れない;途方もない.

ab·grund·tief [アップ・グるント・ティーふ] 形 計り知れぬほど深い.

ab|gu·cken [アップ・グッケン] 動 h. 1. (生徒)(bei ⟨von⟩ ⟨j³⟩ｶﾗ+(⟨et⁴⟩ｦ))カンニングする. 2. (bei ⟨von⟩ ⟨j³⟩ｶﾗ+⟨et⁴⟩ｦ)《口》よく見て学びとる(仕事のコツ・技術などを).【慣用】Ich guck' dir nichts ab.《口》何も見ないから(恥ずかしがらずに脱ぎなさい)(子供に向って言う).

der **Ab·guss,**⑨**Ab·guß** [アップ・グス] 名 -es/..güsse **1.** 〖美〗型に流し込んで成形したもの, 鋳像, 鋳物;〖鋳〗加工前の鋳物. **2.** 《方》流し(口).

Abh. =Abhandlung(学術)論文.

ạb|ha·ben* [アップ・ハーベン] [動] *h.* 《口》 **1.** 〖〈et^4〉ヲ/von 〈et^3〉(ノ一部)ヲ〗分けてもらう(主に不定詞でのみ用いる). **2.** 〖〈et^4〉ヲ〗脱いでいる, はずしている, 剃(ソ)っている, 取ってしまっている. **【慣用】 einen abhaben** 《口》酔っぱらっている;あまり利口でない.

ạb|ha·cken [アップ・ハッケン] [動] *h.* 〖〈et^4〉ヲ〗切落す.

ạb|ha·ken [アップ・ハーケン] [動] *h.* **1.** 〖〈et^4〉ヲ〗(✓印をつけて)点検する, チェックする;処理する(案件などを). **2.** 〖〈et^4〉ノ〗フック〔留め金〕をはずす, (…を)鉤(かぎ)からはずす.

ạb|half·tern [アップ・ハルふターン] [動] *h.* **1.** 〖〈et^4〉ノ〗《稀》頭絡(とうらく)をはずす(馬の). **2.** 〖〈j^4〉ヲ〗《口》首にする.

ạb|hal·ten* [アップ・ハルテン] [動] *h.* **1.** 〖〈et^4〉ヲ〗催す, 開催する, 行う(行事などを). **2.** 〖〈j^4/et^4〉ヲ+(von sich^3)〗(身から)離して持つ〔抱える〕: das Kleine ~ その幼い子を抱いて用便させる. **3.** 〖〈j^4/et^4〉ヲ+von 〈j^3/et^3〉カラ〗遠ざけておく. **4.** 〖〈j^4〉ガ+von 〈et^3〉ヲスルノヲ〗妨げる, 思いとどまらせる. **5.** 〖〈et^4〉ヲ〗防ぐ(水・空気などを): Diese dünne Jacke *hält* den Wind nicht gut *ab*. この薄いジャケットは風をあまり防がない. **6.** 〖〈et^4〉ダケ〗《方》我慢〔辛抱〕強い(人が), 長持ちする(物が)(〈et^4〉は viel, wenig など). **7.** 〖von〈et^3〉カラ〗〖海〗離れるように針路を取る(船が).

die **Ạb·hal·tung** [アップ・ハルトゥング] [名] -/-en **1.** 支障, 妨げ, 差し障り. **2.** 実施, 実行;開催.

ạb|han·deln [アップ・ハンデルン] [動] *h.* **1.** 〖〈et^4〉ヲ〗(学問的に)論じる, 論述する. **2.** 〖〈j^3〉カラ+〈et^4〉ヲ〗(値引きの交渉をして)買取る;(…に)まけさせる(ある金額を): sich^3 von seinem Recht nichts ~ lassen 彼の権利を少しもゆずらない.

ab·hạn·den [アップ・ハンデン] [副] (次の形で)(〈j^3〉) ~ kommen (〈人の手許から〉)なくなる.

die **Ạb·hand·lung** [アップ・ハンドルング] [名] -/-en (学術)論文(略 Abh.);(㊥のみ)論及, 論述: eine ~ über 〈et^4〉〈事・物に〉ついての論文.

der **Ạb·hang** [アップ・ハング] [名] -(e)s/..hänge 坂, 斜面, スロープ.

ạb|hän·gen^{1*} [アップ・ヘンゲン] [動] *h.* **1.** 〖von〈j^3/et^3〉ニ〗依存する, (…)次第である: Es *hängt* nur von mir *ab*, ob sie zusagt. 彼女が承知するかどうかは私の考え一つで決まる. Das *hängt* davon *ab*, wieviel Zeit wir haben. それはわれわれにどれだけ時間があるかにかかっている. **2.** 〖補足なし〗つり下げられて柔らかくなる(肉が). **3.** 〖補足なし〗《稀》傾斜している;垂れ下がっている.

ạb|hän·gen^2 [アップ・ヘンゲン] [動] *h.* **1.** 〖〈et^4〉ヲ〗取りはずす(掛かっているものを);切離す(車両を). **2.** 〖〈j^4〉ヲ〗《口》手を切る;〖スポーツ〗振切る(相手を). **【慣用】 (den Telefonhörer) abhängen** (受話器を置いて)電話を切る.

ạb·hän·gig [アップ・ヘンギひ] [形] **1.** 〖von〈j^3/et^3〉ニ〗依存した;左右される: von den Eltern ~ sein 親がかりの身である. **2.** 従属の: die ~*e* Rede 〖言〗間接説話. **3.** 《古》傾斜した.

der/die **Ạb·hän·gi·ge** [アップ・ヘンギゲ] [名] (形容詞的変化) 〖法〗被保護者;(統計などで)従属者, 被雇用者.

die **Ạb·hän·gig·keit** [アップ・ヘンギひカイト] [名] -/-en 依存, 従属.

ạb|har·ken [アップ・ハるケン] [動] *h.* 〖〈et^4〉ヲ〗《北独》熊手〔レーキ〕で掻く;熊手で掻いてきれいにする.

ạb|här·men [アップ・へるメン] [動] *h.* 〖sich^4+(um 〈j^4/et^4〉ノコトデ)〗悲しみにやつれる.

ạb|här·ten [アップ・へるテン] [動] *h.* 〖〈j^4/et^4〉ヲ〗鍛える: sich^4 gegen Krankheiten ~ 病気に対して抵抗力をつける.

ạb|has·peln [アップ・ハスペルン] [動] *h.* **1.** 〖〈et^4〉ヲ〗繰出す, 引出す(糸をリールなどから). **2.** 〖〈et^4〉ヲ〗ぺらぺら(機械的に)しゃべる〔唱える〕. **3.** 〖sich^4〗《方》走ってへとへとになる.

ạb|hau·en$^{(*)}$ [アップ・ハウエン] [動] (不規則変化は《古》) **1.** *h.* 〖〈et^4〉ヲ〗切落す, 切倒す;(たたき)落す(漆喰(しっくい)などを);〖鉱〗上から下へ掘り進む(坑道を). **2.** (規則変化)*h.* 〖〈et^4〉ヲ+(von〈j^3〉カラ)〗(こそこそ)書き写す(答案などを). **3.** (規則変化) *s.* 〖補足なし〗《口》とっとと逃げ〔消え〕うせる.

ạb|häu·ten [アップ・ホイテン] [動] *h.* 〖〈et^4〉ノ〗皮をはぐ.

ạb|he·ben* [アップ・ヘーベン] [動] *h.* **1.** 〖〈et^4〉ヲ+(von 〈et^3〉カラ)〗(持上げて)取る;引出す(お金を銀行から): den Hörer ~ 受話器を取る. Karten ~ 〖トランプ〗カードを切る. eine Masche ~ 〖編物〗一目減らす. **2.** 〖sich^4〗はがれる(かさぶたなどが). **3.** 〖〈et^4〉ヲ+von 〈et^3〉カラ/gegen 〈et^4〉カラ〗際立たせる. **4.** 〖sich^4+von 〈j^3/et^3〉カラ/gegen 〈j^4/et^4〉カラ〗くっきり浮出て見える, 際立って見える〔いる〕. **5.** 〖補足なし〗(空中に)上がる(飛行機・ロケットが). **6.** 〖auf 〈et^4〉ニ対シテ〗〖官〗注意を喚起する.

ạb|hef·ten [アップ・へふテン] [動] *h.* **1.** 〖〈et^4〉ヲ+(in 〈et^4〉ニ)〗とじ込む(ファイルに), ファイルする. **2.** 〖〈et^4〉ヲ〗しつけ糸で縫いつける(ダーツなどを).

ạb|hei·len [アップ・ハイレン] [動] *s.* 〖補足なし〗治る(傷などが).

ạb|hel·fen* [アップ・ヘルふェン] [動] *h.* 〖〈et^3〉ヲ〗正す, 除去する, 処理する(誤り・弊害などを).

ạb|het·zen [アップ・ヘッツェン] [動] *h.* **1.** 〖〈et^4〉ヲ〗駆り立てて〔追回して〕疲れ果てさせる(動物を). **2.** 〖sich^4〗急いで疲れ果てる.

die **Ạb·hil·fe** [アップ・ヒルふェ] [名] -/ (困難・欠陥などの)除去, 是正, 処理: ~ schaffen 是正する, 除去する.

ạb|ho·beln [アップ・ホーベルン] [動] *h.* **1.** 〖〈et^4〉ニ〗かんなをかける. **2.** 〖〈et^4〉ヲ〗かんなで削り取る;かんなで削って薄く〔小さく〕する.

ạb·hold [アップ・ホルト] [形] 〖〈j^3/et^3〉ヲ〗《文》好まない.

ạb|ho·len [アップ・ホーレン] [動] *h.* **1.** 〖〈j^4〉ヲ+(〈場所〉ヘ)〗迎えに行く〔行って来る〕: 〈j^4〉 am〔vom〕 Bahnhof ~ 〈人を〉駅へ迎えに行く. 〈j^4〉 zum Essen ~ 〈人を〉迎えに行って食事に連れだす. **2.** 〖〈et^4〉ヲ+(〈場所〉ヘ)〗受取りに行って来る: die Theaterkarten an der Kasse ~ 芝居の切符を売場へ受取りに行って来る. Briefe auf〔von〕 der Post ~ 郵便局で手紙を受取ってくる.

ạb|hol·zen [アップ・ホルツェン] [動] *h.* 〖〈et^4〉ノ〗木を伐採する(森の), (…を)皆伐する(森・ある地域を).

ạb|hor·chen [アップ・ホるひぇン] [動] *h.* **1.** 〖〈j^4/et^4〉ヲ〗聴診する. **2.** 〖〈et^4〉ニ〗耳を当てて聞く(床・壁などに);(…を)盗聴する.

ạb|hö·ren [アップ・㊃ーれン] [動] *h.* **1.** 〖〈j^4〔j^3〕〉ニ+〈et^4〉ヲ〗テストで言わせてみる: (〈j^4〉のみで)die Schüler ~ 生徒たちに暗記のテストをする. (〈et^4〉のみで)das Einmaleins ~ 九九の暗記のテストをする. **2.** 〖〈j^4/et^4〉ヲ〗聴診する. **3.** 〖〈et^4〉ヲ〗聴取する;試聴する;盗聴する, 傍受する.

der **Ạb·hub** [アップ・フーブ] [名] -(e)s/ くず, 残りかす.

ạb|hus·ten [アップ・フーステン] [動] *h.* 〖(〈et^4〉ヲ)〗咳をして切る(たんを).

das **Ạ·bi** [アビ] [名] -s/-s Abitur の短縮形.

ạb|ir·ren [アップ・イれン] [動] *s.* 〖(von 〈et^3〉カラ)〗《文》離れる, それる;外れる, 逸脱する.

das **A·bi·tur** [アビトゥーあ] [名] -s/-e (主に㊥)アビトゥーア(ギムナジウムの卒業資格試験): das ~ machen アビトゥーアを受ける.

A

Abiturient 10

der **A·bi·tu·ri·ent** [アビトゥリエント] 名 -en/-en ギムナジウム卒業試験受験者〔合格者〕.

ab|ja·gen [アプ・ヤーゲン] 動 h. **1.** 《〈j³〉カラ+〈j⁴〉/et⁴〉》(追いかけて)取返す, 奪い取る. **2.** 《〈et⁴〉ヲ》駆立てて疲れ果てさせる(馬などを). **3.** 〔sich⁴〕《口》大急ぎで走ってへとへとになる.

Abk. =Abkürzung 略語.

ab|kal·ben [アプ・カルベン] 動. 〔農〕子を産む(牛が).

ab|käm·men [アプ・ケメン] h. **1.** 《〈et⁴〉ヲ+〈von〈et⁴〉〉》櫛(↙)ですき取る. **2.** 《〈et⁴〉ヲ+(nach 〈j³/et³〉ヲモトメテ)》くまなく探索する(山などを横一列になって).

ab|kämp·fen [アプ・ケムプフェン] 動 h. **1.** 《〈j³〉カラ+〈et⁴〉ヲ》(古)戦い取る. **2.** 〔sich⁴〕戦い疲れる.

ab|kan·ten [アプ・カンテン] 動 h. **1.** 《〈et⁴〉ヲ》面取りをする(木材などの). **2.** 《〈et⁴〉ヲ》を折曲げる(ブリキ板などの). **3.** 《〈et⁴〉ニ》かど(へり)をつける.

ab|kan·zeln [アプ・カンツェルン] 動 h. 《〈j⁴〉ヲ》《口》しかりつける.

ab|kap·seln [アプ・カプセルン] 動 h. **1.** 《〈et⁴〉ヲ》カプセル(容器)に入れて密閉する. **2.** 〔sich⁴+in〈et³〉ニ〕包被される(腫瘍(ﾄﾞﾔｳ)が), 被嚢(ﾋﾉｳ)する(寄生虫などが). **3.** 〔sich⁴+gegen〈et⁴〉ニタｲｼﾃ/von〈et³〉カラ〕自分の殻に閉じこもる.

ab|kar·ten [アプ・カルテン] 動 h. 《〈et⁴〉ヲ+(mit〈j³〉ト)》《口》裏で示し合せる, こっそり共謀する.

ab|kas·sie·ren [アプ・カスィーレン] 動 h. 《(〈j³〉カラ/〈et⁴〉ヲ)》集金する, 料金を集めて回る.

ab|kau·en [アプ・カウエン] 動 h. 《〈et⁴〉ヲ》噛(ｶ)んできたようなにする(つめ・鉛筆などを); 噛んですりへらす(パイプの吸口などを).

ab|kau·fen [アプ・カウフェン] 動 h. **1.** 《〈j³〉カラ+〈et⁴〉ヲ》買取る; 《j³》die Courage ~〈人の〉勇気をそぐ. sich⁴ jedes Wort ~ lassen 口が重い. **2.** 《〈et⁴〉ヲ》使いきる(クーポン券などを). **3.** 《〈j³〉ノ+〈et⁴〉ヲ》〈転・口〉まにうける.

die **Ab·kehr** [アプ・ケーア] 名 -/ 〔顔などを〕そむけること; 転向, 離反: eine ~ von der Welt 世間に背を向けること.

ab|keh·ren¹ [アプ・ケーレン] 動 h. **1.** 《〈et⁴〉ヲ+(von〈j³/et³〉カラ)》そむける(顔などを), そらす(視線などを). **2.** 〔sich⁴+von〈j³/et³〉〕背を向ける.

ab|keh·ren² [アプ・ケーレン] 動 h. (南独) **1.** 《〈et⁴〉ヲ》掃いてきれいにする. **2.** 《〈et⁴〉ヲ+(von〈et³〉カラ)》掃き取る.

ab|ket·ten [アプ・ケッテン] 動 h. **1.** 《〈et⁴〉ノ》鎖を解く(犬などの). **2.** 《〈et⁴〉ヲ》編物に留める(編目を).

ab|kip·pen [アプ・キッペン] 動 **1.** s. 〔飛〕傾いて落下する;〔空〕機首が下がって横滑りする. **2.** h. 《〈et⁴〉ヲ》下に倒す(トラックの荷台の側板などを). **3.** 《〈et⁴〉ヲ》ダンプカーから降ろす(土砂などを).

ab|klap·pern [アプ・クラッペルン] 動 h. 《〈j⁴/et⁴〉ヲ》《口》回って歩く: die ganze Stadt nach 〈et³〉~〈物を〉探して町中をかけずり回る.

ab|klä·ren [アプ・クレーレン] 動 h. **1.** 《〈et⁴〉ヲ》澄ませる(液体を); 沈殿させる. **2.** 《〈et⁴〉ヲ》はっきりさせる, 究明する, 澱(ｵﾘ)が沈む;はっきりする(理由などが); 鎮まる(興奮が).

der **Ab·klatsch** [アプ・クラッチュ] 名 -(e)s/-e **1.** 〔芸術〕拓本. **2.** 〔蔑〕ものまね, 模放. **3.** 〔印〕(手刷りの)グラ刷り.

ab|klat·schen [アプ・クラッチェン] 動 h. **1.** 《〈j⁴〉ヲ》手をたたいて自分と踊ってくれるよう請う(ダンスで踊っている人に). **2.** 《〈j⁴/et⁴〉ヲ》〔劇・映〕手をたたいて演技をやめさせる. **3.** 《〈et⁴〉ヲ》〔球〕平手で防ぐ(はじく)(シュートをキーパーが). **4.** 《〈j⁴〉ヲ》〔ﾆﾁﾔﾝ〕ハイタッチする. 〔医〕拍打法を行う. **5.** 《〈et⁴〉ヲ》〔芸術〕拓本をとる. **6.** 《〈et⁴〉ヲ》〔蔑〕模倣する.

ab|klem·men [アプ・クレメン] 動 h. **1.** 《〈et⁴〉ヲ》(挟んで)切断する(指などを). **2.** 《〈et⁴〉ヲ》〔鉗子(ｶﾝｼ)で〕結紮(ｹﾂｻﾂ)する. **3.** 《〈et⁴〉ヲ+von〈et³〉カラ》(留め金をはずして)取りはずす, (端子をはずして)切離す.

ab|klin·geln [アプ・クリンゲルン] 動 h. 〔ﾁﾞｬﾝｼﾞ〕《口》(市街電車の)発車のベルを鳴らす: 通話の終了をベルで知らせる(昔の電話で).

ab|klin·gen* [アプ・クリンゲン] 動 h. 〔ﾁﾞｬﾝｼﾞ〕小さくなる(音が); 下がる(熱が); 和らぐ, 鎮まる(苦痛・興奮などが). 〔理〕減衰する.

ab|klop·fen [アプ・クロプフェン] 動 h. **1.** 《〈et⁴〉ヲ+von〈et³〉カラ中カラ》叩(ｻ)いて落す, 叩いて払う(ほこりなどを). **2.** 《〈j⁴/et⁴〉ヲ》軽く叩いて(汚れ)をはたいて落す. **3.** 《〈et⁴〉ヲ》叩いて愛撫する(馬などを). **4.** 《〈j⁴/et⁴〉ヲ》叩いて調べる(たる・壁などを); 〔医〕打診する. **5.** 《〈et⁴〉ヲ》指揮棒で譜面台を叩いて中止させる(演奏などを). **6.** 《〈et⁴〉ヲ》《口》〔順々に〕訪ね歩く〔回る〕. **7.** 〔ｽﾎﾟｰﾂ〕〔柔道〕まいったという合図を(手で畳・相手の身体を二度たたく).

ab|knab·bern [アプ・クナバーン] 動 h. 《〈et⁴〉ヲ》《口》少しずつ(ぽりぽり)かじる; すっかりかじり取る.

ab|knal·len [アプ・クナレン] 動 h. 《〈j⁴/et⁴〉ヲ》《口・蔑》平気で撃ち殺す.

ab|knap·sen [アプ・クナプセン] 動 h. 《〈j³〉カラ+〈et⁴〉ヲ+von〈et³〉ノ中カラ》《口》絞りとる, 捻出する(お金などを).

ab|knei·fen* [アプ・クナイフェン] 動 h. 《〈et⁴〉ヲ》切取る, 摘取る(ペンチやつめなどで).

ab|kni·cken [アプ・クニッケン] 動 **1.** h. 《〈et⁴〉ヲ》(ぽきりと)折り取る: (下向きに)折曲げる. **2.** s. 《〈et⁴〉ガ》折れ曲がる(道が); 屈曲する: abknickende Vorfahrt〔交通〕右折・左折優先. in der Hüfte ~〔体操〕屈身する.

ab|knöp·fen [アプ・ク⑥ップェン] 動 h. **1.** 《〈et⁴〉ヲ+von〈et³〉カラ》ボタンをはずして取る(脱ぐ). **2.** 《〈j³〉ノ+〈et⁴〉ヲ》《口》巻上げる.

ab|knut·schen [アプ・クヌーチェン] 動 h. 《〈j⁴〉ヲ》《口・蔑にも》抱きしめて長いキスをする.

ab|ko·chen [アプ・コッヘン] 動 h. **1.** 《〈et⁴〉ヲ》煮沸消毒する; 煎(ｾﾝ)じる;〔稀〕よく煮る. **2.** 〔ﾁﾞｬﾝｼﾞ〕野外で料理をする. **3.** 《〈j³〉カラ》《口》(精神的・肉体的に)参らせる;《… から》金を巻上げる. **4.** 《〈et⁴〉ヲ》〔ｽﾎﾟｰﾂ〕〔ﾎﾞｸｼﾝｸﾞ〕減量する.

die **Ab·ko·chung** [アプ・コッフング] 名 -/-en **1.** (薬のみ)煮出す(煎じる)こと. **2.** 煮出し汁; 煎じ薬.

ab|kom·man·die·ren [アプ・コマンディーレン] 動 h. 《〈j⁴〉ヲ+〈方向〉へ》〔軍〕派遣する.

die **Ab·kom·man·die·rung** [アプ・コマンディールング] 名 -/-en 派遣.

der **Ab·kom·me** [アプ・コメ] 名 -n/-n 〔古〕子孫, 後裔(ｺｳｴｲ).

ab|kom·men* [アプ・コメン] 動 s. **1.** 《von〈et³〉カラ》それる, はずれる. **2.** 《von〈et³〉ヲ》放棄する, やめる(計画などを). **3.** 《〔陸〕ｷﾞｰ+von〈et³〉カラ》スタートする(《〈j³〉ノ》飛出す(ジャンプ台から): gut/schlecht ~ スタートが良い/悪い. **4.** 〔様態ヲ〕〔射撃〕ねらい〔照準〕である. **5.** 《von〈et³〉カラ+(für〈et⁴〉ヲｻﾚｽﾞ)》都合をつけて放せる(主に können とともに). **6.** 〔ﾁﾞｬﾝｼﾞ〕すたれる(風俗などが). **7.** 〔ｼ〕(方)やせる.

das **Ab·kom·men** [アプ・コメン] 名 -s/- 協定, 取決め: ein ~ mit 〈j³〉über〈et⁴〉treffen〈人と〉〈事を〉協定する.

die **Ab·kom·men·schaft** [アプ・コメンシャフト] 名 -/

《古》《総称》子孫.
ạb·kömm·lich [アップ·㋘ムリヒ] [形] (仕事から)手が離せる, 居なくても済む.
der **Ạb·kömm·ling** [アップ·㋘ムリング] [名] -s/-e **1.** 〘法〙卑属. **2.** 〘化〙誘導体.
ạb|kön·nen* [アップ·㋘ネン] [動] *h.* 《北独》 **1.** 〔〈j^4/et^4〉ヲ〕我慢できる《主に否定文で用いる》. **2.** 〔〈et^4〉ニ〕耐えらえる, 受けつける.
ạb|kon·ter·fei·en [アップ·コンターふぁイエン] [動] *h.* 〔〈j^4/et^4〉ヲ〕《古》模写する, 写生〔スケッチ〕する;《口·冗》(…の)写真を撮る.
ạb|kop·peln [アップ·コッペルン] [動] *h.* **1.** 〔〈et^4〉ヲ〕つなぎ綱から離す《犬などを》; 剣帯からはずす. **2.** 〔〈et^4〉ヲ＋von〈et^3〉カラ〕切離す《車両を》.
ạb|krat·zen [アップ·クらっツェン] [動] **1.** *h.* 〔〈et^4〉ヲ＋von〈et^3〉カラ〕引っかいて取(去)る, かき落す《汚れなどを》. **2.** *h.* 〔〈et^4〉ノ〕汚れをかき落す《靴などの》. **3.** *s.* 〔補足なし〕《口》くたばる; ずらかる.
ạb|krie·gen [アップ·クリーゲン] [動] *h.* 《口》 **1.** 〔〈et^4〉ヲ〕分けてもらう. **2.** 〔〈et^4〉ヲ〕くらう《殴打などを》: etwas ～ 被害を受ける. **3.** 〔〈et^4〉ヲ＋(von〈et^3〉カラ)〕(やっとのことで)取る〔はがす〕.
ạb|küh·len [アップ·キューレン] [動] **1.** *h.* 〔〈j^4/et^4〉ヲ〕冷たくする, 冷ます; 鎮める. **2.** *h.*〔*s.*〕〔$sich^4$/補足なし〕冷める, 冷たくなる《人間関係が》, 鎮まる《興奮などが》: Es hat (sich) plötzlich *abgekühlt*. 急に空気が冷たくなった. Das Wasser ist nun *abgekühlt*. 湯はもう冷めた.
die **Ạb·küh·lung** [アップ·キュールング] [名] -/-en 《主に[単]》(関係の)冷却; (興奮の)鎮静; 温度の低下.
die **Ạb·kunft** [アップ·クンふト] [名] -/ 血筋, 素性, 家系; 由来.
ạb|kür·zen [アップ·キュるツェン] [動] *h.* 〔〈et^4〉ヲ〕短縮する, 早目に切上げる; 略す: den Weg ～ 近道をする.
die **Ạb·kür·zung** [アップ·キュるツング] [名] -/-en 短縮, 簡略, 省略; 近道; 略語(略 Abk.).
das **Ạb·kür·zungs·zei·chen** [アップキュるツングス·ツァイひぇン] [名] -s/- 省略記号.
ạb|küs·sen [アップ·キュっセン] [動] *h.* 〔〈j^4〉ニ〕キスを浴びせる.
ạb|la·den* [アップ·ラーデン] [動] *h.* **1.** 〔〈et^4〉ヲ＋(von〈et^3〉カラ)〕降ろす: 〈j^4〉 ～ 《冗》同乗の〈人ヲ〉降ろす. **2.** 〔〈et^4〉ノ〕積荷を降ろす. **3.** 〔〈et^4〉ニ〕積荷を積込む《遠洋航路の船に》. **4.** 〔〈et^4〉ヲ＋auf〈j^4〉ニ〕押しつける《罪·責任などを》. **5.** 〔〈et^4〉ヲ＋〈場所〉デ〕ぶちまける, 晴らす: bei〈j^3〉seinen Ärger ～ 〈人ニ〉怒りをぶちまける. **6.** 〔(〈j^3〉ニ)＋〈et^4〉ヲ〕《口》払う《お金を》.
der **Ạb·la·de·platz** [アップラーデ·プラッツ] [名] -(e)s/..plätze 荷おろし地〔場〕, 荷揚げ場〔地〕.
die **Ạb·la·ge** [アップラーゲ] [名] -/-n **1.** 《[単]のみ》(衣服を)脱ぐこと; (書類の)保管; 産卵. **2.** (書類などの)保管場所; 《主に[複]》《稀》保存文書. **3.** 《スイス》代理店, 支店.
ạb|la·gern [アップ·ラーガーン] [動] *h.* **1.** 〔〈et^4〉ノ〕堆積させる, 沈殿させる. **2.** 〔$sich^4$〕堆積する, 沈殿する; 沈着する. **3.** 〔補足なし〕貯蔵により品質が良くなる, 熟成する. **4.** 〔〈et^4〉ヲ〕貯蔵する.
der **Ạb·lass**, [旧] **Ạb·laß** [アップ·ラス] [名] -es/..lässe **1.** 排水(管), 放水(路). **2.** 〘カトリック〙(小罪の)贖宥(しょくゆう), 免罪.
der **Ạb·lass·brief**, [旧] **Ạb·laß·brief** [アップラス·ブリーふ] [名] -(e)s/-e 〘カトリック〙(中世の)贖宥(しょくゆう)状, 免罪符.
ạb|las·sen* [アップ·ラっセン] [動] *h.* **1.** 〔〈et^4〉ヲ＋(aus〈et^3〉カラ)〕抜く《水槽から水などを》; 出す《ボイラーが蒸気などを》. **2.** 〔〈et^4〉ヲ〕空にする, 干す《容器·池などを》. **3.** 〔〈et^4〉ヲ〕飛ばす《伝書鳩などを》, 発射する《ロケットなどを》; 発車させる. **4.** 〔〈j^3〉ニ＋〈et^4〉ヲ〕(好意的に安く)譲る; (分けて)あげる《食物などを》. **5.** 〔(〈j^3〉ニ)＋〈et^4〉ダケ＋(von〈et^3〉カラ)〕値引きする: 〈j^3〉 von dem Preis 10 % ～ 〈人ニ〉値段の10 %を値引きする. **6.** 〔von〈et^3〉ヲ〕放棄する, 断念する, やめる. **7.** 〔von〈j^3〉ヲ〕相手にすることをやめる. **8.** 〔〈et^4〉ヲ〕《口》はずしたままでいる《ネクタイ·バッジなどを》.
der **Ạ·b·la·tiv** [アブラティーフ, アプラティーフ] [名] -s/-e 〘言〙奪格《離脱·分離などを示す格》; 奪格語.
der **Ạ·b·la·ti·vus ab·so·lu·tus** [アブラティーヴス アプゾルートゥス, アプラティーヴス アプゾルートゥス] [名] --/Ablativi absoluti 〘言〙絶対奪格.
der **Ạb·lauf** [アップ·ラウふ] [名] -(e)s/..läufe **1.** 《[単]のみ》流出, 排水. **2.** 排水口〔管〕, 放水路. **3.** (時間が)過ぎること; 経過, 進行; (期限の)終了, 満了. **4.** 《[単]のみ》〘スポーツ〙スタート(地点). **5.** 〘海〙進水(式).
ạb|lau·fen* [アップ·ラウふぇン] [動] **1.** *s.* 〔補足なし〕〘スポーツ〙スタートする. **2.** *s.* 〔von〈et^3〉カラ〕《稀》走り去る. **3.** *s.* 〔補足なし〕〘海〙針路を変える. **4.** *s.* 〔(aus〈et^3〉カラ)〕流れ出る; 引く《潮などが》. **5.** *s.* 〔〈様態〉ニ〕水がはける, 水はけが(…で)ある. **6.** *s.* 〔von〈j^3/et^3〉カラ/an〈j^3/et^3〉ヲツタッテ〕滴(り落ち)る: An dem *läuft* alles *ab*! 《転》あの男ときたら何事にも心を動かされるということがない. **7.** *s.* 〔補足なし〕(水が滴り落ちて)乾く: das Geschirr ～ lassen 食器の水切りをする. **8.** *s.* 〔補足なし〕〘海〙進水する; 〘鉄道〙ハンプを下る《車両が》. **9.** *s.* 〔(von〈et^3〉カラ)〕(しまいまで)解ける《糸が糸巻などから》: das Tonband/den Film ～ lassen 録音テープを終りまで回す/映画を映写し終る. **10.** *s.* 〔補足なし〕止まる《ぜんまい仕掛けのおもちゃなどが》. **11.** *s.* 〔〈様態〉ニ〕進行する, 行われる, 経過をたどる. **12.** *s.* 〔補足なし〕満了〔満期〕となる《期限などが》, 終る《休暇などが》. **13.** *s.* 〔von〈et^3〉カラ〕《稀》分岐する《道などが》. **14.** *s.*〔*h.*〕〔〈et^4〉ニ〕沿って歩く〔走る〕. **15.** *s.*〔*h.*〕〔〈j^4/et^4〉ヲ〕訪ねて回る. **16.** *h.* 〔〈et^4〉ヲ〕履き減らす《靴のかかとなどを》. **17.** *h.* 〔$sich^4$〕すり減る《靴底などが》; 歩き疲れる, 走りくたびれる. 【慣用】 〈j^4〉 **ablaufen lassen** 《口》〈人ヲ〉冷たくはねつける〔あしらう〕. *h.* 〈j^3〉 **den Rang ablaufen** 〈人ヲ〉しのぐ.
der **Ạb·lauf·plan** [アップラウふ·プラーン] [名] -(e)s/..pläne 作業計画; 〘コンピュータ〙フローチャート.
ạb|lau·gen [アップ·ラウゲン] [動] *h.* 〔〈et^4〉ヲ〕灰汁(あく)洗いする《ドアなどを》; 灰汁で洗い落す《色などを》.
ạb|lau·schen [アップ·ラウシェン] [動] *h.* 〔〈j^3〉カラ＋〈et^4〉ヲ〕《文》聞出す《秘密などを》: Sein Roman ist dem Leben *abgelauscht*. 彼の小説は実生活から写し取ったものである.
der **Ạb·laut** [アップ·ラウト] [名] -(e)s/-e 《主に[単]》〘言〙母音交替.
ạb|lau·ten [アップ·ラウテン] [動] *h.* 〔補足なし〕〘言〙母音交替する.
ạb|läu·ten [アップ·ロイテン] [動] *h.* **1.** 〔補足なし〕発車のベルを鳴らす; 〘スポーツ〙レース終了のベル〔鐘〕を鳴らす; 受話器を置いてチーンと電話を切る. **2.** 〔〈et^4〉ノ〕〘スポーツ〙終りを鐘〔ゴング〕を鳴らして知らせる《試合などの》.
ạb|le·ben [アップ·レーベン] [動] **1.** *h.* 〔〈et^4〉ヲ〕生き続ける, 過す《一定の期間を》. **2.** *s.* 〔補足なし〕死ぬ, 息絶える.
das **Ạb·le·ben** [アップ·レーベン] [名] -s/ 《文》死.
ạb|le·cken [アップ·レッケン] [動] *h.* 〔〈j^4/et^4〉ヲ//〈j^3〉ノ＋〈et^4〉ヲ〕なめる, なめて取る〔きれいにする〕.
ạb|le·dern [アップ·レーダーン] [動] *h.* **1.** 〔〈et^4〉ヲ〕《口》セーム革で磨く〔拭く〕《家具や自動車を》. **2.** 〔〈j^4〉ヲ〕《方》たたきのめす.
ạb|le·gen [アップ·レーゲン] [動] *h.* **1.** 〔〈et^4〉ヲ〕 **a.**

Ableger

脱ぐ(コート・帽子などを)：(⟨et⁴⟩なしで)Wollen Sie nicht～? コートをお取りになりませんか. **b.** もはや身につけない：die Trauerkleidung ～ 喪服を脱ぐ. den Verlobungsring ～ 婚約指輪をはずす. **c.** (しかるべき所に)置く；ファイルする；[印]解版する. [諺]わきへ払っておく(いらないカードを). **2.** 〖⟨et⁴⟩ッ〗 **a.** 捨て去る(偏見などを)，やめる(悪い癖などを). **b.** する，行う：ein Examen ～ 試験を受ける. einen Eid ～ 宣誓する. ein Geständnis ～ 自白する. einen Beweis (für ⟨et⁴⟩) ～ 〈事の〉証明をする. **3.** 〖es+auf⟨et⁴⟩ッ〗ねらう，意図する. **4.** 〖燃〗=ablohnen. **5.** [商][海]出港する.

der **Ab·le·ger** [アップ·レーガー] -s/- **1.** 取り木の枝；挿し木の枝. **2.** 支社，支店；(口·冗)息子，子孫.

ab|leh·nen [アップ·レーネン] 動 h. **1.** 〖⟨et⁴⟩ッ〗断る，辞退する. **2.** 〖⟨et⁴⟩ッ〗却下する，否決する；拒む. **3.** 〖j⁴/et³)〗価値[正当性]を認めない. **4.** 〖⟨j³/et⁴⟩ッ〗拒否すると言う，忌避する.

ab|leh·nend [アップ·レーネント] 形 拒否の.

die **Ab·leh·nung** [アップ·レーヌング] 名 -/-en 拒絶；拒否；却下，否決.

ab|lei·ern [アップ·ライホーン] 動 h. 〖⟨et⁴⟩ッ〗(口)棒読みにする，単調にとなえる；繰返し述べる.

ab|leis·ten [アップ·ライステン] 動 h. 〖⟨et⁴⟩ッ〗果す(ノルマなどを)，勤め上げる(兵役などを).

ab|lei·ten [アップ·ライテン] 動 h. **1.** 〖⟨et⁴⟩ッ〗別の方向へ導く，そらす(aus ⟨et³⟩から…へ)(von ⟨et³⟩)：〖言〗派生させる；〖数〗展開する(方程式を). **3.** 〖⟨j⁴/et³⟩ッ+von ⟨j³/et³⟩〗…に由来すると言う. **4.** 〖sich⁴+aus⟨et³⟩〗起源を有する.

die **Ab·lei·tung** [アップ·ライトゥング] 名 -/-en **1.** (他)のみ)導くこと，誘導，排気，排水，アースの流を流すこと. **2.** 導き出すこと. **3.** 〖言〗派生(語). **4.** 導関数，微分係数. **5.** [電]漏電.

die **Ab·lei·tungs·sil·be** [アップ·ライトゥングス·ズィルベ] 名 -/-n 〖言〗接辞(接頭辞·接尾辞).

ab|len·ken [アップ·レンケン] 動 h. **1.** 〖⟨et⁴⟩ッ+(方向へ)(他…)〗それをそれ，別の方向へ向ける. **2.** 〖⟨et⁴⟩ッ+von ⟨j³/et³⟩〗(口)取除く，取りはずす，取る，解く. **3.** 〖⟨j⁴⟩ッ+von ⟨et³⟩ッ〗(気を散らさせて)妨げる. **4.** 〖⟨j⁴⟩ッ気分転換させる，(…に)気晴らしをさせる；(⟨j⁴⟩sich⁴の場合)気晴らしをする. **5.** [婉曲に]話題を変える.

die **Ab·len·kung** [アップ·レンクング] 名 -/-en **1.** 別の方向にそらすこと；気分転換，気晴らし. **2.** [理]偏向，屈折.

das **Ab·len·kungs·ma·nö·ver** [アップレンクングス·マ·⓪·ヴァー] 名 -s/- 陽動作戦.

ab|le·sen* [アップ·レーゼン] 動 h. **1.** 〖⟨et⁴⟩ッ〗すっかりつまみ[摘]取る. **2.** 〖⟨et⁴⟩ッ+(von ⟨et³⟩から)〗つまみ[摘]取る. **3.** 〖⟨et⁴⟩ッ〗読上げる，(⟨et⁴⟩なしで)原稿を見ながら話す，朗読する. **4.** 〖⟨et⁴⟩ッ〗目盛を読取る. **5.** 〖⟨et⁴⟩ッ〗計器で確かめる，(…の)検針をする(電気などの). **6.** 〖(⟨j³⟩)+⟨et⁴⟩ッ+an⟨et³⟩カラ〗読取る. **7.** 〖⟨et⁴⟩ッ+aus ⟨et³⟩カラ〗推論する.

ab|leuch·ten [アップ·ロイヒテン] 動 h. 〖⟨et⁴⟩ッ+(mit ⟨et³⟩ッ)〗あかりで探る.

ab|leug·nen [アップ·ロイグネン] 動 h. **1.** 〖⟨et⁴⟩ッ〗強く否認[否定]する. **2.** 〖⟨j³⟩ッ+⟨et⁴⟩ッ〗欠けていると言う.

ab|lich·ten [アップ·リヒテン] 動 h. 〖⟨et⁴⟩ッ〗コピー(写真複写)する；(口)写真にとる.

die **Ab·lich·tung** [アップ·リヒトゥング] 名 -/-en コピー，写真複写.

ab|lie·fern [アップ·リーフェーン] 動 h. 〖⟨j³⟩ニ/an ⟨j⁴⟩ニ+⟨et⁴⟩ッ〗配達する，納入する；届ける(拾得物などを)；供出する(農産物などを). **2.** 〖⟨j⁴⟩ッ+bei ⟨j³⟩ニ〗(口)送り届ける.

die **Ab·lie·fe·rung** [アップ·リー·フェルング] 名 -/-en 引渡し，配達.

ab|lie·gen* [アップ·リーゲン] 動 h. **1.** 〖⟨様態⟩ッ+von ⟨et³⟩〗離れている. **2.** 〖婉曲に〗(南独·オースト)熟成する(肉などが).

ab|lis·ten [アップ·リステン] 動 h. 〖⟨j³⟩ニ+⟨et⁴⟩ッ〗だまし取る，たくみにとりつける(約束などを).

ab|lo·cken [アップ·ロケン] 動 h. 〖⟨j³⟩カラ+⟨et⁴⟩ッ〗たくみに引き出す(情報などを)；引出す.

ab|loh·nen [アップ·ローネン] 動 h. 〖⟨j⁴⟩ニ〗(古)賃金を支払う；(…に)給金を払って解雇する.

ab|löh·nen [アップ·ローネン] 動 h. =ablohnen.

ab·lös·bar [アップ·Ⓛ·ス·バール] 形 **1.** 剝(は)ぎとれる. **2.** 交代可能な. **3.** 償還(償却)可能な.

ab|lö·schen [アップ·Ⓛッシェン] 動 h. **1.** 〖⟨et⁴⟩ッ〗消す(火事を)；[料]冷ます(冷たい水·ワインなどを加えて). **2.** 〖⟨et⁴⟩ッ〗拭き消す(黒板·黒板などに書かれたものなどを)；吸取紙で吸取る.

ab|lö·sen [アップ·Ⓛ·ゼン] 動 h. **1.** 〖⟨et⁴⟩ッ+(von ⟨et³⟩から)〗(注意深く)剝(は)いで取る；剝取る. **2.** 〖sich⁴+(von ⟨et³⟩から)〗剝がれる，(離れ)落ちる(木の葉などが). **3.** 〖⟨j⁴/et⁴⟩ッ〗交代する；(⟨j⁴/et⁴⟩が相互代名詞sich⁴(einander)の場合)代り合う. **4.** 〖⟨j⁴/et⁴⟩ッ〗償還する(債務を)，請出す(質を).

ab|luch·sen [アップ·ルクセン] 動 h. (口) **1.** 〖⟨j³⟩ニ+⟨et⁴⟩ッ〗だまし取る. **2.** 〖⟨j³⟩ニ+⟨et⁴⟩ッ〗(よく観察して)見抜く(癖などを)，覚える(技術などを).

die **Ab·luft** [アップ·ルフト] 名 -/. (他)のみ)換気された汚れた空気. [工](工場などから)排出された空気，排気.

ABM =Arbeitsbeschaffungsmaßnahme 雇用創出対策.

ab|ma·chen [アップ·マッヘン] 動 h. **1.** 〖⟨et⁴⟩ッ+(文)デアルコトオ+mit ⟨j³⟩ト〗取決める. **2.** 〖⟨et⁴⟩ッ+(von ⟨et³⟩)〗(口)取除く，取りはずす，取る，解く. **3.** 〖⟨et⁴⟩ッ+(口)場所に〗勤め上げる，終える. **4.** 〖⟨et⁴⟩ッ+⟨様態⟩/⟨場所⟩に〗処理する，片付ける.

die **Ab·ma·chung** [アップ·マッフング] 名 -/-en 取決め，協定，合意：mit ⟨j³⟩ über ⟨et⁴⟩ ～en treffen 〈人と〉〈事について〉協定する.

ab|ma·gern [アップ·マーガーン] 動 **1.** s. [婉曲に]やせこける. **2.** 〖⟨et⁴⟩ッ〗容量[中身]を減らす.

die **Ab·ma·ge·rungs·kur** [アップ·マーゲルングス·クーあ] 名 -/-en 痩身(そうしん)法，ダイエット.

ab|mä·hen [アップ·メーエン] 動 h. 〖⟨et⁴⟩ッ〗刈取る.

ab|ma·len [アップ·マーレン] 動 h. **1.** 〖⟨j⁴/et⁴⟩ッ〗写生する. **2.** 〖sich⁴+⟨場所⟩ニ〗(文)(ありありと)現れる(困惑が顔などに).

der **Ab·marsch** [アップ·マルシュ] 名 -(e)s/ (隊列を組んでの)出発，退去.

ab·marsch·be·reit [アップマルシュ·ベらイト] 形 出発準備のできた：sich¹ ～ machen 出発の準備をする.

ab|mar·schie·ren [アップ·マーシーレン] 動 **1.** s. [婉曲に]隊列を組んで出発(退場)する. **2.** s./h. 〖⟨et⁴⟩ッ〗隊列を組んでパトロールする(前線などを).

ab|mat·ten [アップ·マッテン] 動 h. **1.** 〖⟨et⁴⟩ッ〗体力を消耗させる，光沢を失わせる(金属などの). **2.** 〖sich⁴〗疲労困憊(こんぱい)する. **3.** [婉曲に]疲れ果てる(身体などが)，色あせる(色などが).

ab|meh·ren [アップ·メーレン] 動 h. 〖⟨et⁴⟩ッ〗(スイス)挙手による多数で否決する；挙手で表決する.

ab|mel·den [アップ·メルデン] 動 h. **1.** 〖⟨j⁴⟩ッ〗 **a.** 転出届を出す：sich¹ beim Ordnungsamt ～ 市の公安局に(自分の)転出届を出す. **b.** 退職を届出る(特に軍隊で). **2.** 〖⟨j⁴⟩ッ+von ⟨et³⟩カラ〗退去を届け

出る： seinen Sohn von der Schule ～ 息子の退学届を出す. sich^4 vom〔beim〕Verein ～ 協会に退会届を出す. **3.** 〘〈j^4〉ヲ〙〘スポーツ〙封じこめる,（…に）何もさせない. **4.** 〘〈et^4〉ノ〙廃棄〔使用中止〕を届出る（車・電話などの）. 【慣用】 **(bei 〈j^3〉) abgemeldet sein** 《口》（〈人に〉）相手にされない〔のけ者にされる〕.

die **Ab·mel·dung** [アップ・メルドゥング] [名] -/-en 転出届；（登録・申込みの）取消し；使用中止届.

ab|mes·sen [アップ・メッセン] [動] *h.* **1.** 〘〈et^4〉ヲ〙測定する；推し量る. **2.** 〘〈et^4〉ヲ＋(von 〈et^3〉カラ)〙量って取り分ける（一定量を）.

die **Ab·mes·sung** [アップ・メッスング] [名] -/-en **1.** （[単]のみ）測定, 測量, 計量. **2.** 寸法, 容量.

ab|mon·tie·ren [アップ・モンティーれン] [動] *h.* **1.** 〘〈et^4〉ヲ〙取りはずす（部品などを）, 撤去する. **2.** 〘補足なし〙はずれる.

ab|mü·hen [アップ・ミューエン] [動] *h.* 〘sich^4＋(mit 〈j^3/et^3〉デ/an 〈et^3〉デ)〙苦労する.

ab|murk·sen [アップ・ムるクセン] [動] *h.* 〘〈j^4/et^4〉ヲ〙《口》殺す： den Motor ～ 《転》エンストを起こさせる.

ab|mus·tern [アップ・ムスターン] [動] *h.* 〘海〙 **1.** 〘〈j^4〉ヲ〙解雇する（船員を）. **2.** 〘補足なし〙船員をやめる.

ab|na·beln [アップ・ナーベルン] [動] *h.* **1.** 〘〈j^4〉ノ〙へその緒を切る（新生児の）. **2.** 〘von 〈et^3〉ヲ〙《口・冗》断念する（将来の夢などを）.

ab|na·gen [アップ・ナーゲン] [動] *h.* 〘〈et^4〉ヲ＋(von 〈et^3〉カラ)〙かじり取る. 【慣用】 **Es nagt ihm das Herz ab.** 《文》彼は胸のはりさける思いをしている.

ab|nä·hen [アップ・ネーエン] [動] *h.* 〘〈et^4〉ニ〙〘服〙タック〔ギャザー・ダーツ〕をつける.

der **Ab·nä·her** [アップ・ネーあー] [名] -s/- 〘服〙タック, ギャザー, ダーツ.

die **Ab·nah·me** [アップ・ナーメ] [名] -/-n **1.** 取去ること, 除去；〘医〙切除. **2.** （主に[単]）減少, 減退；（月が）欠けること. **3.** （主に[単]）（商品の）購入： ～ finden 売れる. **4.** （主に[単]）受取ること. **5.** 検査員.

ab|neh·men* [アップ・ネーメン] [動] *h.* **1.** 〘〈et^4〉ヲ＋(von 〈et^3〉カラ)〙取る,（取り）はずす： den Hörer (von der Gabel) ～ 受話器を取る. den Hut ～ 帽子を脱ぐ. den Bart ～ ひげをそり落す. ein Bein ～ 脚を切除する. Erdbeere ～ イチゴを摘取る. **2.** 〘〈j^3〉ノ＋〈et^4〉ヲ〙（代りに）持ってあげる；（代りに）引受ける. 〈j^3〉 einen Weg ～ 〈人の〉代りに行く. **3.** 〘〈j^3〉カラ＋〈et^4〉ヲ〙 **a.** 買取る, 買上げる. **b.** 受取る： dem Briefträger das Päckchen ～ 郵便配達人から小包を受取る. 〈j^3〉 einen Eid ～ 〈人から〉誓約を取りつける. 〈j^3〉 die Beichte ～ 〈人の〉ざんげ〔告解〕を聴く. 〈j^3〉 die Geschichte nicht ～ 《口》〈人の〉話を信じない. **4.** 〘〈j^3〉ノ＋〈et^4〉ヲ〙奪う, 取りあげる. **5.** 〘〈et^4〉ヲ〙（基準・規格に合うかどうか）検査する. **6.** 〘〈et^4〉ヲ〙（写し）取る. **7.** 〘〈et^4〉ヲ＋aus 〈et^3〉カラ/an 〈et^3〉デ〙《古》判断する. **8.** 〘〈et^4〉ヲ〙〘編物〙減らす（編目を）. **9.** 〘補足なし〙体重が減る, やせる；減少する（大きさ・量・度合が）, 弱まる（光度・寒気が）, 減る（蓄えが）, 短くなる（日脚が）, 欠けてゆく（月が）, にぶる（注意力・判断力が） bei *abnehmendem* Mond 下弦の月の時に.

das **Ab·neh·men** [アップ・ネーメン] [名] -s/ あやとり遊び.

der **Ab·neh·mer** [アップ・ネーマー] [名] -s/- 買い手, 消費者.

die **Ab·nei·gung** [アップ・ナイグング] [名] -/-en （主に[単]）嫌悪, 反感： die ～ gegen 〈j^4/et^4〉 〈人・事・物に〉対する嫌悪.

ab|nib·beln [アップ・ニッベルン] [動] *s.* 〘補足なし〙《北独・口》死ぬ.

ab·norm [アプ・ノるム] [形] アブノーマルな, 異常な.

ab·nor·mal [アップ・ノるマール] [形] 《オーストリア・スイス》アブノーマルな.

die **Ab·nor·mi·tät** [アプ・ノるミテート] [名] -/-en **1.** （病的な）異常性；奇形. **2.** 奇形の人〔動物〕.

ab|nö·ti·gen [アップ・(ネ)ーティゲン] [動] *h.* 〘〈j^3〉ニ＋〈et^4〉ヲ〙《文》強要する, せざるを得なくさせる.

ab|nut·zen [アップ・ヌッツェン] [動] *h.* **1.** 〘〈et^4〉ヲ〙使い古す, 着古す, 履き古す. **2.** 〘sich^4〙使い古される, 傷む.

ab|nüt·zen [アップ・ニュッツェン] [動] *h.* 《南独・オーストリア・スイス》＝ab|nutzen.

das **A·bo** [アボ] [名] -s/-s Abonnement の短縮形.

die **A·bo·li·ti·on** [アボリツィオーン] [名] -/-en 〘法〙免訴；（米国の）奴隷制度廃止.

das **A·bon·ne·ment** [..nəmã: アボネマーン] [名] -s/-s （《スイス》 -s/-e） 定期予約（購入・購読）, 定期券： ein ～ für eine Zeitschrift 雑誌の定期購読予約. 〈et^4〉 im ～ beziehen 〈物を〉予約で購入する.

der **A·bon·nent** [アボネント] [名] -en/-en 予約購読者,（座席などの）定期予約者；定期券所持者.

a·bon·nie·ren [アボニーれン] [動] *h.* 〘〈et^4〉ヲ/auf 〈et^4〉ヲ〙予約購読する（auf 〈et^4〉は《スイス》）；予約購入する（劇場の通し切符などを）. 【慣用】 **auf 〈et^4〉 abonniert sein** 〈物を〉予約購読〔予約購入〕している.

ab|ord·nen [アップ・オるドネン] [動] *h.* 〘〈j^4〉ヲ＋〈方向〉ニ〙派遣する.

die **Ab·ord·nung** [アップ・オるドヌング] [名] -/-en **1.** （[単]のみ）派遣. **2.** 派遣団, 代表団.

die **A·b·o·ri·gi·nes** [アブオりーギネース, ɛbərídʒini:z エベりヂニーズ] [複名] アボリジニー（オーストラリア先住民）.

der **A·bort**[1] [アボるト, アプオるト] [名] -(e)s/-e 便所.

der **A·bort**[2] [アボるト] [名] -s/-e 〘医〙流産.

die **A·bort·gru·be** [アボるト・グるーベ, アプオるト・グるーベ] [名] -/-n 屎尿（しにょう）だめ.

der **A·bor·tus** [アボるトゥス, アプオるトゥス] [名] -/-[..トゥース] ＝Abort^2.

ab o·vo [アプ オーヴォ] 〘ラテン語〙始めから.

ab|pa·cken [アップ・パッケン] [動] *h.* 〘〈et^4〉ヲ〙〘商〙小分けにして包む.

ab|pas·sen [アップ・パッセン] [動] *h.* **1.** 〘〈et^4〉ノ〙到来を待つ（時期などの）. **2.** 〘〈j^4〉ヲ〙待ちうける. **3.** 〘〈et^4〉ヲ〙《古》ちょうどよくする（寸法などを合わせて）.

ab|pau·sen [アップ・パウゼン] [動] *h.* 〘〈et^4〉ヲ〙透写する, トレースする.

ab|pel·len [アップ・ペレン] [動] *h.* 〘〈et^4〉ノ〙《北独》皮をむく.

ab|per·len [アップ・ぺるレン] [動] *s.* 〘(an 〈et^3〉ヲツタッテ)〙玉になって滴る.

ab|pfei·fen* [アップ・プふぁイふぇン] [動] *h.* 〘スポーツ〙 **1** 〘(〈et^4〉ノ)〙中断の笛を吹く. **2.** 〘〈et^4〉ノ〙終了の笛を吹く.

der **Ab·pfiff** [アップ・プふぃふ] [名] -(e)s/-e 〘スポーツ〙試合終了〔中止〕のホイッスル

ab|pflü·cken [アップ・プふリュッケン] [動] *h.* 〘〈et^4〉ヲ〙摘取る；（…の）実〔花〕を摘取る.

ab|pla·cken [アップ・プラッケン] [動] *h.* 《口》＝ab|plagen.

ab|pla·gen [アップ・プラーゲン] [動] *h.* 〘sich^4＋(mit 〈j^3/et^3〉ノコトデ)〙さんざん苦労する.

ab|plat·ten [アップ・プラッテン] [動] **1.** *h.* 〘〈et^4〉ヲ〙平たく〔偏平に〕する. **2.** *s.* 〘補足なし〙平たく〔偏平に〕なる.

ab|plat·zen [アップ・プラッツェン] [動] *s.* 〘(von 〈et^3〉カラ)〙はじけて取れる（ボタンなどが）；（ひびが入って）はぜるようにはがれる（塗料などが）.

der **Ab·prall** [アップ・プラル] [名] -(e)s/-e （主に[単]）はね返り, 反動.

A

ab|pral·len [アップ・プラレン] [動] *s.* **1.** 〔an〔von〕〈et³〉ニ〕当ってはね返る. **2.** 〔an〈j³〉ニ〕受けつけられない.

der **Ab·pral·ler** [アップ・プララー] [名] -s/- 〖球〗リバウンドボール.

ab|pres·sen [アップ・プれっセン] [動] *h.* **1.** 〔〈et⁴〉ヲ〕しぼり取る. **2.** 〔〈j³〉ニ＋〈et⁴〉ヲ〕強要する;(〈j³〉がsich³の場合)無理にする. **3.** 〔〈j³〉ノ＋〈et⁴〉ヲ〕詰まらせる, 締めつける.

ab|prot·zen [アップ・プろっツェン] [動] *h.* **1.** 〔〈et⁴〉ヲ〕〖軍〗前車からはずして発射陣地に据える(大砲を). **2.** 〔補足なし〕《口》くそをする.

ab|put·zen [アップ・プッツェン] [動] *h.* **1.** 〔〈et⁴〉ノ〕汚れを(こすって)取る. **2.** 〔〈et⁴〉ニ〕モルタルを塗装する. **3.** 〔〈j⁴〉ヲ〕《方》しかる.

ab|quä·len [アップ・クヴェーレン] [動] *h.* **1.** 〔sich⁴＋(mit〈j³/et³〉ノコトデ)〕苦労する. **2.** 〔〈j³〉ニ＋〈et⁴〉ヲ〕強要する(返事などを);(〈j³〉がsich³の場合)無理につくる〔浮かべる〕(笑みなどを).

ab|qua·li·fi·zie·ren [アップ・クヴァリふぃツィーれン] [動] *h.* 〔〈j⁴/et⁴〉ヲ〕けなす, 否定的に評価する.

ab|quet·schen [アップ・クヴェっチェン] [動] *h.* 〔〈j³〉ノ＋〈et⁴〉ヲ〕挟んで〔押し潰して〕もぎ取る(機械が指などを).

ab|ra·ckern [アップ・らっケるン] [動] *h.* 〔sich⁴〕《口》身を粉にして働く.

(*der*) **A·bra·ham** [アーブらハム] [名] **1.** 〖男名〗アーブラハム. **2.** 〖旧約〗アブラハム(イスラエル人の祖. Isaak の父): wie in ～*s* Schoß sein 大事に〔安全に〕されている.

ab|rah·men [アップ・らーメン] [動] *h.* 〔〈et⁴〉ヲ〕脱脂する(牛乳を);《口》(…の)一番いいところをものにする.

das **A·bra·ka·da·bra** [アーブらカダーブら, アーブらカダーブら] [名] -s/ **1.** (無冠詞)アブラカダブラ(魔除けの呪文(じゅもん)). **2.** わけの分らない言葉.

ab|ra·sie·ren [アップ・らズィーれン] [動] *h.* **1.** 〔〈j³〉ノ＋〈et⁴〉ヲ〕剃(そ)り落す. **2.** 〔〈et⁴〉ヲ〕《口》完全に破壊する(爆弾が建物・道路などを).

die **Ab·ra·si·on** [アブらズィオーン, アブらズィオーン] [名] -/-en **1.** 削り〔かき〕落すこと;研磨;〖地質〗海食(作用). **2.** 〖医〗掻爬(そうは).

ab|ra·ten* [アップ・らーテン] [動] *h.* **1.** 〔〈j³〉ニ＋(von〈et³〉ヲ/zu〈[動]〉スルコトヲ)〕思いとどまるように忠告する. **2.** 〔〈j³〉ノ＋〈et⁴〉ヲ〕推測する.

der **Ab·raum** [アップ・らウム] [名] -(e)s/ 〖鉱〗鉱脈を覆う表土層;《方》くず, 廃物.

ab|räu·men [アップ・ろイメン] [動] *h.* **1.** 〔〈et⁴〉ヲ〕(食卓から)片づける,(〈et⁴〉なしで)卓上の後片づけをする;〖ボウリング〗全部倒す(ピンを);〖鉱〗はぎ取る(表土などを). **2.** 〔〈et⁴〉ノ上ヲ〕片づける(食卓の上を).

der **A·bra·xas** [アブらクサス] [名] -/ (無冠詞で)アブラクサス,(お守りに記した)呪文(じゅもん).

ab|re·a·gie·ren [アップ・れアギーれン] [動] *h.* **1.** 〔〈et⁴〉ヲ〕発散させる(怒りなどを). **2.** 〔sich⁴〕憂さばらしをする.

die **Ab·re·ak·ti·on** [アップ・れアクツィオーン] [名] -/-en 〖心〗解除反応.

ab|rech·nen [アップ・れひネン] [動] *h.* **1.** 〔〈et⁴〉ヲ＋(von〈et³〉カラ)〕差引く(給料から税金などを). **2.** 〔(〈et⁴〉ヲ)〕清算する, 締める;(収支)決算をする. **3.** 〔mit〈j³〉ト〕貸し借りの清算をする;決着をつける.

die **Ab·rech·nung** [アップ・れひヌング] [名] -/-en **1.** 控除, 差引:〈et⁴〉in ～ bringen〈事ヲ〉差引く. in ～ kommen 差引かれる. **2.** 決算(書). **3.** 決着;報復: mit〈j³〉～ halten〈人ト〉話をつける,〈人の〉責任を問う.

die **Ab·rech·nungs·stel·le** [アップれひヌングス・シュテレ] [名] -/-n 〖商〗手形交換所.

der **Ab·rech·nungs·ver·kehr** [アップれひヌングス・ふぇあケーあ] [名] -(e)s/ 清算取引;手形交換.

die **Ab·re·de** [アップ・れーデ] [名] -/-n **1.** (主に[単])《古》申合せ, 協定. **2.** (次の形で)〈et⁴〉in ～ stellen《硬》〈事ヲ〉否認〔否定〕する.

ab|re·den [アップ・れーデン] [動] *h.* 《古》 **1.** 〔〈j³〉ニ＋von〈et³〉ヲ〕やめるように説く. **2.** 〔〈et⁴〉ヲ＋(mit〈j³〉ト)〕《文》申合わせる.

ab|re·gen [アップ・れーゲン] [動] *h.* 〔sich⁴〕《口》興奮がさめる.

ab|rei·ben* [アップ・らイベン] [動] *h.* **1.** 〔〈et⁴〉ヲ＋(von〈et³〉カラ)〕こすって落す(汚れ・さびなどを). **2.** 〔〈et⁴〉ヲ＋mit〔an〕〈et³〉デ〕ふいて〔こすって〕汚れを取る(さび・ほこりを). **3.** 〔〈j⁴/et⁴〉ヲ＋mit〈et³〉デ〕ふいて乾かす;(…の)身体を摩擦する. **4.** 〔〈et⁴〉ヲ〕すり減らす;(〈et⁴〉がsich⁴の場合)すり減る. **5.** 〔〈et⁴〉(ノ皮)ヲ〕下ろし金でおろす. **6.** 〔〈et⁴〉ヲ〕《方》かき回す.

die **Ab·rei·bung** [アップ・らイブング] [名] -/-en **1.** 摩擦. **2.** 《口》殴打;叱責(しっせき).

die **Ab·rei·se** [アップ・らイゼ] [名] -/-n 旅立ち;出発.

ab|rei·sen [アップ・らイゼン] [動] *s.* **1.** 〔(〈方向〉ヘ)〕旅立つ. **2.** 〔補足なし〕帰路につく.

der **Ab·reiß·block** [アップ・らイス・ブロック] [名] -(e)s/-s〔..blöcke〕はぎ取り式メモ用紙ブロック.

ab|rei·ßen* [アップ・らイセン] [動] **1.** *h.* 〔〈et⁴〉ヲ＋(von〈et³〉カラ)〕(びりびりと)破り取る, はがす, もぎ取る, さっとはずす. **2.** *s.* 〔補足なし〕(ぶつんと)ちぎれる;(急に)途切れる. **3.** *h.* 〔〈et⁴〉ヲ〕取壊す, 解体する. **4.** *h.* 〔〈et⁴〉ヲ〕(ぼろぼろに)着古す. **5.** *h.* 〔〈et⁴〉ヲ〕《口》(完全に)勤め上げる(兵役義務・服役期間などを).

der **Ab·reiß·ka·len·der** [アップらイス・カレンダー] [名] -s/- 日〔月〕めくりカレンダー.

ab|rei·ten* [アップ・らイテン] [動] **1.** *s.* 〔補足なし〕馬に乗って去る. **2.** *h./s.* 〔〈et⁴〉ヲ〕馬で見回る(ある地域を). **3.** *h.* 〔〈et⁴〉ヲ〕 **a.** 乗回して疲れさせる(馬を). **b.** (次の形で)einen Sturm ～〖海〗(投錨して)嵐をやり過ごす.

ab|ren·nen* [アップ・れネン] [動] 《口》 **1.** *s.* 〔補足なし〕走り去る. **2.** *h.* 〔sich⁴〕走り疲れる. **3.** *h./s.* 〔〈j⁴/et⁴〉ヲ＋nach〈j³/et³〉ヲ求メテ〕あたふたと訪ねて回る, 駆けずり回る.

ab|rich·ten [アップ・りひテン] [動] *h.* **1.** 〔〈et⁴〉ヲ＋(〈様態〉ニ)〕調教する: einen Hund auf〔für〕die Jagd/als Blindenführer ～ 犬を狩猟用に/盲導犬として仕込む. **2.** 〔〈et⁴〉ニ〕仕上をする(板などに).

der **Ab·rich·ter** [アップ・りひター] [名] -s/- (動物の)訓練士, 調教師.

der **Ab·rieb** [アップ・リープ] [名] -(e)s/-e **1.** ([単]のみ)摩耗. **2.** こすれ落ちたくず.

ab·rieb·fest [アップリーブ・ふぇスト] [形] 摩滅〔摩耗〕しない.

ab|rie·geln [アップ・リーゲルン] [動] *h.* 〔〈et⁴〉ニ〕かんぬきをかける, 錠を下ろす;(…を)封鎖する(進入路などを).

ab|rin·gen* [アップ・リンゲン] [動] *h.* 〔〈j³/et³〉カラ＋〈et⁴〉ヲ〕やっと手に入れる, むりやり奪い取る: sich³ ein Lächeln ～ 無理して微笑を浮かべる.

ab|rin·nen* [アップ・リネン] [動] *s.* 〔補足なし〕したたり落ちる;流れ去る.

der **Ab·riss,** [旧]**Ab·riß** [アップ・リス] [名] -es/-e **1.** ([単]のみ)取壊し. **2.** (入場券の)半券. **3.** 概略, 大要, 概説;《古》見取図.

die **Ab·ro·ga·ti·on** [ap.. アブろガツィオーン, ab.. アブろガツィオーン] [名] -/-en 廃止, 廃案, 廃棄;取消し.

ab|rol·len [アップ・ろレン] [動] **1.** *h.* 〔〈et⁴〉ヲ〕巻きほぐす, 繰出す(巻いてある電線などを). **2.** *s.* 〔補足なし〕繰出される, ほどける(巻いてあるひもなどが), 巻き出され

る，上映される《フィルムが》；繰広げられる《試合などが》. **3.** *h.* 〘〈et^4〉ヲ〙運び去る〔出す〕《運送車が〔で〕》. **4.** *s.* 〘〈方向〉へ〙(車輪を回転させて)離れて行く.

ạb|rub·beln [アップ・るっベルン] [動] *h.* 〘〈j^4/et^4〉ヲ〙《北独》ごしごし拭いて乾かす.

ạb|rü·cken [アップ・りゅっケン] [動] **1.** *h.* 〘〈et^4〉ヲ＋(von 〈j^3/et^3〉カラ)〙(押して)ずらす. **2.** *s.* 〘von 〈j^3/et^3〉カラ〙(体をずらせて)離れる. **3.** *s.* 〘von 〈j^3/et^3〉カラ〙距離を置く. **4.** *s.* 〘〈方向〉へ〙〚軍〛隊列を組んで移動する〔出発する〕；《転》こっそり逃出す.

der **Ạb·ruf** [アップ・るーふ] [名] -(e)s/ 呼出し，召還；〚商〛納入の請求；〚金融〛(口座からの金銭)引出し： auf ～ 納入請求があり次第.

ạb·ruf·be·reit [アップるーふ・べライト] [形] 待機中の；すぐにでも納入請求に応じられる.

ạb|ru·fen* [アップ・るーふェン] [動] *h.* **1.** 〘〈j^4〉ヲ＋von〔aus〕〈et^3〉カラ〙呼出す. **2.** 〘〈j^4〉ヲ＋(von 〈et^3〉カラ)〙召還する，解任する. **3.** 〘〈et^4〉ニ〙発射〔発車〕の合図を送る《砲・列車などに》；〚空〛着陸を命ずる《航空機に》. **4.** 〘〈et^4〉ヲ〙取出す《証拠資料などを》；〚コンピュータ〛呼出す《データを》. **5.** 〘〈et^4〉ヲ〙〚商〛納品させる. **6.** 〘〈et^4〉ヲ＋von 〈et^3〉カラ〙〚銀行〛引出す，おろす.

ạb|run·den [アップ・るンデン] [動] *h.* **1.** 〘〈et^4〉ヲ〙丸くする《角・縁などを》. **2.** 〘〈et^4〉ヲ〙きちんとした形に整える《地所などを》. **3.** 〘〈et^4〉ノ〙端数を切捨てる. **4.** 〘〈et^4〉ヲ〙完全なものに仕上げる；(〈et^4〉がsich^{4}の場合)完全なものに仕上がる.

ạb|rup·fen [アップ・るっプふェン] [動] *h.* 〘〈et^4〉ヲ〙むしり取る《花・草などを》.

a·brụpt [ap.. アプるプト, ab.. アブるプト] [形] **1.** 唐突な，不意の. **2.** 支離滅裂な.

ạb|rüs·ten [アップ・りゅステン] [動] *h.* **1.** 〘補足なし〙軍備を縮小する. **2.** 〘〈et^4〉ヲ〙《稀》削減する《兵器などを》. **3.** 〘〈et^4〉ノ〙足場を取りはずす《建物などの》.

die **Ạb·rüs·tung** [アップ・りゅストゥング] [名] -/-en 軍備縮小.

das **Ạb·rüs·tungs·ab·kom·men** [アップりゅストゥングス・アップ・コメン] [名] -s/- 軍縮協定.

die **Ạb·rüs·tungs·kon·fe·renz** [アップりゅストゥングス・コンふェれンツ] [名] -/-en 軍縮会議.

ạb|rut·schen [アップ・るっチェン] [動] *s.* **1.** 〘〈j^3〉ノ手カラ/von 〈et^3〉カラ〙滑り落ちる. **2.** 〘補足なし〙横滑りする. **3.** 〘補足なし〙下に崩れ落ちる《土砂が》；下位に落ちる《チームが》；成績が下がる；堕落する.

ABS ＝Antiblockiersystem〚車〛アンチロック・ブレーキシステム.

Abs. **1.** ＝Absatz 節，項. **2.** ＝Absender 差出人，発送者.

ạb|sä·beln [アップ・ゼーベルン] [動] *h.* 〘〈et^4〉ヲ＋(von 〈et^3〉カラ)〙《口》不格好に切取る.

ạb|sa·cken[1] [アップ・ザッケン] [動] *h.* 〘〈et^4〉ヲ〙袋に詰める.

ạb|sa·cken[2] [アップ・ザッケン] [動] *s.* 《口》 **1.** 〘補足なし〙沈下する《地盤などが》；沈没する《船が》；平落ちする《飛行機が》；下がる《血圧・成績などが》；堕落する. **2.** 〘in 〈et^3〉ニオイテ〙(成績が)下がる《人が》.

der **Ạb·sa·cker** [アップ・ザッカー] [名] -s/- 《口》(集まりの終り・就寝前の)最後の一杯.

die **Ạb·sa·ge** [アップ・ザーゲ] [名] -/-n **1.** 断り，拒絶；取消し： eine ～ an 〈j^4/et^4〉〈人・事に〉対する拒絶. **2.** 放送終了のアナウンス.

ạb|sa·gen [アップ・ザーゲン] [動] *h.* **1.** 〘〈et^4〉ヲ〙取止めにする，取消す《参加などを》. **2.** 〘〈j^3〉ニ〙取消しの通知をする. **3.** 〘〈et^3〉ヲ〙《文》断つ《酒などを》，捨て去る《疑念などを》. **4.** 〘〈et^4〉ノ〙〚放送〛終了を告げる.

ạb|sä·gen [アップ・ゼーゲン] [動] *h.* **1.** 〘〈et^4〉ヲ〙のこぎりで切離す〔落す〕. **2.** 〘〈j^4〉ヲ〙《口》首にする.

ạb|sah·nen [アップ・ザーネン] [動] *h.* **1.** 〘〈et^4〉ノ〙《北独》乳脂を取除く《牛乳の》. **2.** 〘〈et^4〉ヲ〙《口》うまくせしめる： das Beste für sich^4 ～ 甘い汁を吸う.

ạb|sat·teln [アップ・ザッテルン] [動] *h.* 〘〈et^4〉ノ〙鞍(くら)をおろす.

der **Ạb·satz** [アップ・ザッツ] [名] -es/..sätze **1.** (文の)段落，節；(法令の)項(略 Abs.)： einen ～ machen 改行する. nach Art. 9 *Abs.* 3 GG (ドイツ連邦の)基本法第 9 条第 3 項によれば. **2.** (靴の)かかと(Schuh～). **3.** (階段の)踊り場(Treppen～)；岩棚，(城壁の)棚，壁段. **4.** 《主に[単]》販売： starken ～ finden 売行きが非常によい. **5.** 《主に[単]》〚地質〛沈殿(物)，堆積(たいせき)(物). 【慣用】**auf dem Absatz kehrtmachen** きびすを返す. **in Absätzen** とぎれとぎれに.

die **Ạb·satz·för·de·rung** [アップザッツ・[ふぇ]るデるング] [名] -/-en 販売促進.

das **Ạb·satz·ge·biet** [アップザッツ・ゲビート] [名] -(e)s/-e 〚商〛販路.

der **Ạb·satz·weg** [アップザッツ・ヴェーク] [名] -(e)s/-e 販路.

ạb·satz·wei·se [アップザッツ・ヴァイゼ] [副] 段落ごとに；断続的に.

ạb|sau·fen* [アップ・ザウふェン] [動] *s.* 〘補足なし〙《口》沈没する，溺死する；エンストする《エンジンが》；〚鉱〛浸水する《坑道が》.

ạb|sau·gen(*) [アップ・ザウゲン] [動] *h.* **1.** 〘〈et^4〉ヲ〙吸取る《水・ほこりなどを》. **2.** (規則変化)〘〈et^4〉ノ〙ほこり〔よごれ〕を吸取ってきれいにする.

die **Ạb·saug·me·tho·de** [アップザウク・メトーデ] [名] -/ 〚医〛吸引法《人工流産の方法など》.

die **Ạb·saug·pum·pe** [アップザウク・プムペ] [名] -/-n 〚工〛真空〔吸い出し〕ポンプ；(狭い海域での原油汚染などの場合に用いる)真空ポンプ式浮遊オイル除去装置.

ạb|scha·ben [アップ・シャーベン] [動] *h.* 〘〈et^4〉ヲ＋(von 〈et^3〉カラ)〙削り〔かき〕落す；《口》そり落す《ひげを》.

ạb|schaf·fen [アップ・シャッふェン] [動] *h.* **1.** 〘〈j^4/et^4〉ヲ〙廃止する《死刑などを》；世の中から追放する〔無くす〕《兵器などを》；手放す，処分する；廃車処分にする；《口》首にする. **2.** 〘sich^4〙《西南独・スイ》働き過ぎてくたびれ果てる.

ạb|schä·len [アップ・シェーレン] [動] *h.* 〘〈et^4〉ノ〙皮をむく〔はぐ〕；(〈et^4〉がsich^{4}の場合)皮膚がむける，樹皮がはがれる.

ạb|schal·ten [アップ・シャルテン] [動] *h.* **1.** 〘〈et^4〉ノ〙スイッチを切る. **2.** 〘補足なし〙《口》注意を向けなくなる；リラックスする.

ạb|schat·ten [アップ・シャッテン] [動] *h.* **1.** 〘〈et^4〉ヲ〙暗くする《部屋を》；(…に)明暗〔濃淡〕をつける《色彩などに》. **2.** 〘〈et^4〉ニ〙ニュアンスをつける.

ạb|schät·zen [アップ・シェッツェン] [動] *h.* **1.** 〘〈et^4〉ヲ〙見積もる. **2.** 〘〈j^4/et^4〉ヲ〙評価する，査定する.

ạb·schät·zig [アップ・シェッツィヒ] [形] 見くびった，軽視した.

der **Ạb·schaum** [アップ・シャウム] [名] -(e)s/ (煮物の)あく；〚冶金〛鉱滓(こうさい)；《転》(人間の)くず.

ạb|schäu·men [アップ・ショイメン] [動] *h.* 〘〈et^4〉ノ〙〚料〛あくをすくい取る.

ạb|schei·den* [アップ・シャイデン] [動] **1.** *h.* 〘sich^4＋von 〈j^3/et^3〉カラ〙《文》離れる，離脱する. **2.** *h.* 〘〈et^4〉ヲ〙分泌する；析出する. **3.** *s.* 〘補足なし〙《文》不帰の客となる.

der **Ạb·schei·der** [アップ・シャイダー] [名] -s/- 〚化・工〛分離器.

ạb|sche·ren* [アップ・シェーれン] [動] *h.* **1.** 〘〈j^3/et^3〉ノ＋〈et^4〉ヲ〙(すっかり)刈取る，そり落す《羊の毛など

を). **2.** 〔〈et^4〉ノ〕毛をすっかり刈取る(羊などの).

der **Ab·scheu** [アップ・ショイ] [名] -(e)s/ (《稀》die ~ -/) 嫌悪：~ vor 〔gegenüber〕 〈j^3/et^3〉 〈人・物・事に〉対する嫌悪.

ab|scheu·ern [アップ・ショイあーン] [動] *h.* **1.** 〔〈et^4〉ヲ〕(ブラシで)こすり落す(汚れなどを)；(ブラシで)こすってきれいにする(床などを)；擦りむく(肌などを). **2.** 〔〈et^4〉ヲ〕擦切らす；(〈et^4〉がsich⁴の場合)擦切れる.

ab·scheu·er·re·gend [アップショイ・エあれーゲント] [形] 嫌悪の念を催させる.

ab·scheu·lich [アップ・ショイりひ] [形] 嫌悪すべき；卑劣な；ひどく.

ab|schi·cken [アップ・シッケン] [動] *h.* 〔〈j^4/et^4〉ヲ〕送りだす, 派遣する, 発送する.

ab|schie·ben* [アップ・シーベン] [動] **1.** *h.* 〔〈et^4〉ヲ＋von 〈et^3〉カラ〕押してずらす〔離す〕. **2.** *h.* 〔〈et^4〉ヲ＋auf 〈j^4〉ニ〕転嫁する. **3.** *h.* 〔〈j^4〉ヲ＋(〈方向〉へ(カラ))〕(法的手段により)退去させる, 送還する, 追放する；《転》左遷する, 追いやる. **4.** *s.* 〔補足なし〕《口》出て行く, 立去る.

die **Ab·schie·bung** [アップ・シーブング] [名] -/-en (国外)追放；押しのけること；転嫁.

der **Ab·schied** [アップ・シート] [名] -(e)s/-e (主に[単]) **1.** 別れ, 別離, 告別：der ~ von 〈j^3/et^3〉 〈人・事・物との〉別れ. ~ nehmen 別れを告げる. 〈j^3〉 zum ~ winken 〈人に〉別れの際に手を振る. **2.** ([単]のみ)(軍人・官吏などの)辞職, 解雇：〈j^3〉 den ~ erteilen 〔geben〕 〈人を〉解雇する. seinen ~ erhalten〔bekommen〕 解雇される. **3.** 〘史〙(帝国)最終決議.

der **Ab·schieds·be·such** [アップシーツ・ベズーふ] [名] -(e)s/-e いとまごい〔別れを告げるため〕の訪問.

die **Ab·schieds·fei·er** [アップシーツ・ふぁイあー] [名] -/-n 送別会.

das **Ab·schieds·ge·such** [アップシーツ・ゲズーふ] [名] -(e)s/-e 《文》辞表, 辞職願.

die **Ab·schieds·vor·stel·lung** [アップシーツ・ふぉーあ・シュテルング] [名] -/-en 引退〔さよなら〕公演.

das **Ab·schieds·wort** [アップシーツ・ヴォルト] [名] -(e)s/-e 別れの言葉.

ab|schie·ßen* [アップ・シーセン] [動] **1.** *h.* 〔〈et^4〉ヲ〕発射〔発砲〕する, 射放つ(矢を). **2.** *h.* 〔〈j^4/et^4〉ヲ〕射殺する, 撃ちとめる, 撃墜〔撃破〕する；《口》失脚させる. **3.** *h.* 〔〈j^3〉ノ＋〈et^4〉ヲ〕銃撃でもぎ取る(腕・脚などを). **4.** *s.* 〔補足なし〕《オーストリア・南独》色があせる. **5.** *h.* 〔補足なし〕〘球〙(全力で)シュートする. **6.** *h.* 〔〈j^4〉ヲ〕〘ボクシング〙ノックアウトする. 【慣用】 **zum Abschießen sein** 《口》ひどく感じが悪い.

ab|schil·fern [アップ・シルふぁーン] [動] *s.* 〔補足なし〕《方》うろこ状に剝離(はくり)する(皮膚などが).

ab|schin·den(*) [アップ・シンデン] [動] *h.* **1.** 〔〈j^4/et^4〉ヲ〕酷使する(労働者・動物などを). **2.** 〔sich⁴＋(für 〈j^4〉ノタメニ/mit 〈et^3〉デ)〕《口》さんざん苦労する〔骨を折る〕. **3.** 〔sich³＋〈et^4〉ヲ〕《古》擦りむく.

der **Ab·schirm·dienst** [アップ・シるム・ディーンスト] [名] -es/-e 〘軍〙防諜機関.

ab|schir·men [アップ・シるメン] [動] *h.* **1.** 〔〈j^4/et^4〉ヲ＋gegen 〈j^4/et^4〉カラ/vor 〈j^3/et^3〉カラ〕護る. **2.** 〔〈et^4〉ヲ＋mit 〈et^3〉デ/durch 〈et^4〉デ〕遮蔽(しゃへい)する.

ab|schir·ren [アップ・シれン] [動] *h.* 〔〈et^4〉ノ〕馬具をはずす.

ab|schlach·ten [アップ・シュラはテン] [動] *h.* **1.** 〔〈et^4〉ヲ〕(やむなく)屠殺(とさつ)する. **2.** 〔〈j^4〉ヲ〕虐殺する.

ab|schlaf·fen [アップ・シュラっふぇン] [動] 《口》 **1.** *s.* 〔補足なし〕ぐったりする, だらける；くつろぐ. **2.** *h.* 〔〈j^4〉ヲ〕ぐったりさせる, だらけさせる.

der **Ab·schlag** [アップ・シュラーク] [名] -(e)s/..schläge **1.** 〘銀行〙逆打歩(うちぶ)；割賦, 分割払い：〈et^4〉 auf ~ kaufen 〈物を〉分割払いで買う. **2.** 〘商〙値下げ, 値下がり. **3.** 〘サッカー〙(ゴールキーパー)リリース(捕ったボールをペナルティエリアから出すこと)；〘ホッケー〙ブリー；〘ゴルフ〙ティーグラウンド. **4.** 〘考古〙打製石器. **5.** 導水；〘鉱〙発破(はっぱ)でできた空間.

ab|schla·gen* [アップ・シュラーゲン] [動] *h.* **1.** 〔〈et^4〉ヲ＋(von 〈et^3〉カラ)〕切落す, たたき落す(おのなどで)；ぶつけて欠いてしまう；はねる(首を). **2.** 〔〈et^4〉ヲ〕《方》取り払う, 解体する. **3.** 〔〈et^4〉ヲ〕〘サッカー〙ペナルティエリアから出す(ゴールキーパーが)；〘ホッケー〙ブリーする. **4.** 〔〈j^4/et^4〉ヲ〕撃退する(敵軍・敵方の攻撃を). **5.** 〔〈j^3〉ノ＋〈et^4〉ヲ〕断る(願いなどを). **6.** 〔sich⁴＋an 〈et^3〉ニ〕結露する.

ab·schlä·gig [アップ・シュレーギひ] [形] 〘官〙拒否〔拒絶〕の.

die **Ab·schlags·zah·lung** [アップシュラークス・ツァールング] [名] -/-en 割賦, 分割払い；割賦(初回)金.

ab|schlei·fen* [アップ・シュライふぇン] [動] *h.* **1.** 〔〈et^4〉ヲ〕磨いて〔研いで〕取除く(さびなどを)；改める(悪習などを). **2.** 〔〈et^4〉ヲ〕磨いてきれいにする, 研ぐ. **3.** 〔sich⁴〕すり減る；角がとれる, 穏やかになる, (段々に)是正される.

der **Ab·schlepp·dienst** [アップ・シュレップ・ディーンスト] [名] -es/-e レッカーサービス業.

ab|schlep·pen [アップ・シュレっペン] [動] *h.* **1.** 〔〈et^4〉ヲ〕引っぱって行く, 運び去る, 曳航(えいこう)する. **2.** 〔〈j^4〉ヲ＋(〈方向〉へ)〕《口》(むりやり)連れて行く. **3.** 〔sich⁴＋an〔mit〕〈et^3〉ヲ〕《口》苦労して運ぶ.

das **Ab·schlepp·seil** [アップシュレップ・ザイル] [名] -(e)s/-e 牽引(けんいん)(用)ロープ.

der **Ab·schlepp·wa·gen** [アップシュレップ・ヴァーゲン] [名] -s/- レッカー車, 牽引車.

ab|schlie·ßen* [アップ・シュリーセン] [動] *h.* **1.** 〔〈et^4〉ヲ〕鍵(かぎ)をかけて閉める；《方》(鍵のかかるところに)しまい込む. **2.** 〔〈j^4/et^4〉ヲ＋von 〈j^3/et^3〉カラ/gegen 〈j^4/et^4〉ニ対シテ〕隔離する：〈et^4〉 von der Luft 〔luftdicht〕 ~ 〈物を〉気密状態におく. sich⁴ gegen Einflüsse von außen ~ 外部の影響を受けないようにする. **3.** 〔〈et^4〉ヲ〕終える, 終了〔完了〕する, なしとげる. **4.** 〔〈et^4〉ヲ＋(mit〈j^3〉ト)〕契約する, 結ぶ, 締結する. **5.** 〔〈et^4〉ヲ〕締めくくる, 最後〔端(はし)〕が…である；〘商・銀行〙締める. **6.** 〔mit 〈et^3〉デ〕終る. **7.** 〔mit 〈j^3/et^3〉ト〕関係を絶つ：mit dem Leben/der Welt ~ 人生への望みを/世を捨てる.

ab·schlie·ßend [アップ・シュリーセント] [形] 締めくくりの：ein ~*es* Urteil 最終判断.

der **Ab·schluss**, [旧]**Ab·schluß** [アップ・シュルス] [名] -es/..schlüsse **1.** 閉じること〔もの・装置〕. **2.** ([単]のみ)終了, 終結；《口》卒業試験；〘球〙ゴールシュートで終わること：mittlerer ~ 中等教育修了(10年間の学業終了). zum ~ 終りに. zum ~ kommen 終了する. 〈et^4〉 zum ~ bringen 〈事を〉終了する. **3.** (衣服・じゅうたんなどの)ふち, へり. **4.** ([単]のみ)(条約などの)締結. **5.** 〘商〙(取引の)取り決め：mit 〈j^3〉 zum ~ kommen 〈人と〉商談がまとまる. **5.** 〘商・経〙帳締め. **6.** 隔離.

die **Ab·schluss·prü·fung**, [旧]**Ab·schluß·prü·fung** [アップシュルス・プりゅーふング] [名] -/-en 卒業試験；〘経〙年度末会計検査〔監査〕.

das **Ab·schluss·zeug·nis**, [旧]**Ab·schluß·zeug·nis** [アップシュルス・ツォイクニス] [名] -ses/-se 修了証書, 卒業証書.

ab|schmäl·zen [アップ・シュメルツェン] [動] *h.* 〔〈et^4〉ニ〕〘料〙(いためた玉ねぎ〔パン粉〕の入った)ブラウンソースをかける.

ab|schmat·zen [アップ・シュマっツェン] [動] *h.* 〔〈j^4/et^4〉ニ〕《口》チュッと何度もキスする.

ạb|schme·cken [アっプ・シュメっケン] [動] *h.* 〔〈et^4〉ノ〕味見をする, 味をととのえる.

ạb|schmei·cheln [アっプ・シュマイひぇルン] [動] *h.* 〔〈j^3〉カラ＋〈et^4〉ヲ〕お世辞を言って手に入れる.

ạb|schmel·zen* [アっプ・シュメルツェン] [動] **1.** *s.* 〔[補足なし]〕溶ける(氷・金属などが). **2.** *h.* 〔〈et^4〉ヲ〕溶かす.

ạb|schmie·ren [アっプ・シュミーれン] [動] **1.** *h.* 〔〈et^4〉ニ〕〘工〙潤滑油〔グリース〕をさす. **2.** *h.* 〔〈et^4〉ヲ＋(von〔bei〕〈j^3〉カラ)〕カンニングして書き写す; ぞんざいに書き写す. **3.** *s.* 〔[補足なし]〕〘空〙墜落する. **4.** *h.* 〔〈j^4〉ヲ〕《口》殴る; こきおろす.

ạb|schmin·ken [アっプ・シュミンケン] [動] *h.* **1.** 〔〈j^4/et^4〉ノ〕化粧を落す: sich^3 das Gesicht 〔sich^4〕～ 自分の顔の化粧を落す. **2.** 〔sich^3＋〈et^4〉ヲ〕《口》断念する.

ạb|schmir·geln [アっプ・シュミるゲルン] [動] *h.* **1.** 〔〈et^4〉ヲ〕布〔紙〕やすりで研磨する. **2.** 〔〈et^4〉ヲ〕布〔紙〕やすりで取る(凸凹などを).

Abschn. ＝Abschnitt (文章の)節, 段落; (法律の)章.

ạb|schnal·len [アっプ・シュナレン] [動] *h.* **1.** 〔(sich^3)＋〈et^4〉ノ〕留め金〔革ひも〕をはずして脱ぐ〔はずす・おろす〕. **2.** 〔sich^4〕シートベルトをはずす. **3.** 〔[補足なし]〕《口》(驚いて)ぼうっとしている; へたばっている.

ạb|schnei·den* [アっプ・シュナイデン] [動] *h.* **1.** 〔〈et^4〉ヲ〕切取る. **2.** 〔〈j^3〉ノ＋〈et^4〉ヲ〕短く切る, 刈る; 〘軍〙断つ(敵の補給路などを). **3.** 〔〈et^4〉ヲ〕途中でさえぎる, 断切る(可能性などを). **4.** 〔〈et^4〉ヲ〕近道する(人が), (…だけ)近道になる(道が). 【慣用】 **bei 〈et^3〉 gut/schlecht abschneiden** 〈事で〉成功/失敗する(試験などで).

ạb|schnel·len [アっプ・シュネレン] [動] **1.** *h.* 〔〈et^4〉ヲ〕射放つ(矢を). **2.** *h.* 〔sich^4＋(von 〈et^3〉カラ)〕飛上がる. **3.** *s.* 〔(von 〈et^3〉カラ)〕はじけたように飛んで行く; 飛上がる.

der **Ạb·schnitt** [アっプ・シュニっト] [名] -(e)s/-e **1.** (文章の)節, 段落; (法律の)章(略 Abschn.). **2.** (用紙などの)切取り部分, 控え, (切符などの)半券. **3.** 時期. **4.** 区域, 区間, 地域; 《旧東独》地区. **5.** 〘数〙弓形; 球欠.

der **Ạb·schnitts·be·voll·mäch·tig·te** [アっプシュニっツ・べふぉル・メひティひテ] [名] (形容詞的変化)(旧東独の)地区警察官.

ạb·schnitts·wei·se [アっプシュニっツ・ヴァイゼ] [副] 一節ずつ.

ạb·schnitt·wei·se [アっプシュニっト・ヴァイゼ] [副] ＝abschnittsweise.

das **Ạb·schnit·zel** [アっプ・シュニっツェル] [名] -s/- 《南独・オーストリア》(紙などの)切れはし; 肉のこま切れ.

ạb|schnü·ren [アっプ・シュニューれン] [動] *h.* **1.** 〔(〈j^3〉ノ)＋〈et^4〉ヲ〕(ひもで)縛って血行を止める, 結紮(けっさつ)する(腕などを). 〈j^0〉 die Luft ～ 〈人の〉首を締めて息を止める; 経済的に〈人の〉息の根を止める. **2.** 〔〈et^4〉ヲ〕封鎖する(道路などを).

ạb|schöp·fen [アっプ・[シェ]っプふぇン] [動] *h.* **1.** 〔〈et^4〉ヲ＋(von 〈et^3〉カラ)〕すくい取る; 〘経〙吸上げる(利潤などを): den Rahm 〔das Fett〕 ～ 《転》甘い汁を吸う. **2.** 〔〈j^4/et^4〉ヲ〕《ジャーゴン》(利己的に)利用する.

die **Ạb·schöp·fung** [アっプ・[シェ]っプふンぐ] [名] -/-en **1.** 《[単]のみ》すくい取ること. **2.** 輸入賦課金.

ạb|schot·ten [アっプ・ショっテン] [動] *h.* 〔〈et^4〉ヲ〕〘海〙防水隔壁で仕切る.

ạb|schrä·gen [アっプ・シュれーゲン] [動] *h.* 〔〈et^4〉ニ〕勾配(こうばい)〔傾斜〕をつける(屋根・壁などに).

ạb|schrau·ben [アっプ・シュらウベン] [動] *h.* 〔〈et^4〉ヲ＋(von 〈et^3〉カラ)〕ねじをはずして取りはずす(表札などを); ねじって取る(キャップをチューブなどから).

ạb|schre·cken [アっプ・シュれっケン] [動] *h.* **1.** 〔〈j^4〉ニ＋(von 〈et^3〉ヲ)〕おじけづかせてやめさせる, (…を)おじけづかせる: Er lässt sich durch nichts ～. 彼は何ものにもひるまない. 《[補足なし]で》Die Strafe soll ～. その罰は見せしめのつもりだ. **2.** 〔〈et^4〉ヲ＋(mit 〈et^3〉デ)〕〘料〙急に冷やす; 〘工〙冷硬する(金属を).

ạb·schre·ckend [アっプ・シュれっケント] [形] 見せしめの; おそろしく.

die **Ạb·schre·ckung** [アっプ・シュれっクング] [名] -/-en おじけづかせること, 威嚇〔抑止〕効果, 見せしめ.

das **Ạb·schre·ckungs·mit·tel** [アっプシュれっクングス・ミっテル] [名] -s/- 威赫〔抑止〕手段.

ạb·schreib·bar [アっプ・シュらイプ・バーあ] [形] 控除できる.

ạb|schrei·ben* [アっプ・シュらイベン] [動] *h.* **1.** 〔〈et^4〉ヲ＋(von〔aus〕〈et^3〉カラ)〕書き写す, 抜書きする; 盗作する, 剽窃(ひょうせつ)する. **2.** 〔〈et^4〉ヲ〕清書する, 転写する. **3.** 〔von 〈j^3〉ノ〕答案〔宿題〕を書き写す. **4.** 〔〈et^4〉ヲ〕減価償却する(機械設備などを). **5.** 〔〈et^4〉ヲ＋(von 〈et^3〉カラ)〕差引く, 帳消しにする. **6.** 〔〈j^3〉ニ〕断りの手紙を書く. **7.** 〔〈et^4〉ヲ〕書き減らす(鉛筆などを); (〈et^4〉がsich^{4}の場合)書き減る. **8.** 〔〈j^4/et^4〉ヲ〕《口》あきらめる.

der **Ạb·schrei·ber** [アっプ・シュらイバー] [名] -s/- 書き写す人; 盗作〔剽窃(ひょうせつ)〕者.

die **Ạb·schrei·bung** [アっプ・シュらイブング] [名] -/-en 〘経〙減価償却(額).

ạb|schrei·ten* [アっプ・シュらイテン] [動] 《文》 **1.** *h.* 〔*s.*〕 〔〈et^4〉ヲ〕視察して歩く(前線などを). **2.** *h.* 〔〈et^4〉ヲ〕歩幅で測る(距離などを). **3.** *s.* 〔[補足なし]〕(大またで悠然と)立去る.

die **Ạb·schrift** [アっプ・シュりふト] [名] -/-en 複写(したもの), 写し, コピー; 〘法〙謄本.

ạb·schrift·lich [アっプ・シュりふトりひ] [形] 写し〔コピー〕の.

ạb|schrub·ben [アっプ・シュるっベン] [動] *h.* 《口》 **1.** 〔〈j^4/et^4〉ヲ〕ブラシできれいにする. **2.** 〔〈et^4〉ヲ〕ブラシでこすり取る. **3.** 〔〈et^4〉ヲ〕後にする(ある距離を).

ạb|schuf·ten [アっプ・シュふテン] [動] *h.* 〔sich^4〕《口》あくせく働きとおす.

ạb|schup·pen [アっプ・シュっペン] [動] *h.* **1.** 〔〈et^4〉ノ〕うろこを落す. **2.** 〔(sich^4)〕落屑(らくせつ)する(皮膚が).

ạb|schür·fen [アっプ・シュるふぇン] [動] *h.* 〔sich^3＋〈et^4〉ヲ〕擦りむく.

die **Ạb·schür·fung** [アっプ・シュるふング] [名] -/-en 擦りむくこと; すり傷.

der **Ạb·schuss**, [旧] **Ạb·schuß** [アっプ・シュス] [名] -es/..schüsse **1.** 発射, 発砲. **2.** 《[単]のみ》撃墜, 撃破; (獣の)射殺. **3.** 〘軍〙撃墜〔撃破〕数; 〘狩〙捕獲量.

die **Ạb·schuss·ba·sis**, [旧] **Ạb·schuß·ba·sis** [アっプシュス・バーズィス] [名] -/..basen (ロケットの)発射基地.

ạb·schüs·sig [アっプ・シュっスィひ] [形] 急勾配(こうばい)の.

die **Ạb·schuss·lis·te**, [旧] **Ạb·schuß·lis·te** [アっプシュス・リステ] [名] -/-n 〘狩〙捕獲数制限表; 《転》解雇〔逮捕〕予定者リスト.

die **Ạb·schuss·ram·pe**, [旧] **Ạb·schuß·ram·pe** [アっプシュス・らムペ] [名] -/-n (ロケットの)発射台.

ạb|schüt·teln [アっプ・シュっテルン] [動] *h.* **1.** 〔〈et^4〉ヲ＋(von 〈j^3/et^3〉カラ)〕払い〔振るい〕落す. **2.** 〔〈et^4〉ノ〕くず〔ほこり・ごみ・ちり〕を振り払う(テーブルクロスなどの). **3.** 〔〈et^4〉ヲ〕振り払う(印象などを); 払いのける(束縛などを). **4.** 〔〈j^4〉ヲ〕追払う; (…から)うまく逃げきる.

ạb|schüt·ten [アっプ・シュっテン] [動] *h.* **1.** 〔〈et^4〉ヲ＋(aus 〈et^3〉カラ)〕こぼして捨てる. **2.** 〔〈et^4〉ノ〕中身をこぼして減らす. **3.** 〔〈et^4〉ノ〕ゆで汁を捨てる.

ab|schwä・chen [アップ・シュヴェッヒェン] 動 *h*. **1.** 〈〈et⁴ッ〉〉(効果などを)、和らげる(表現などを). **2.** 〔sich⁴〕弱まる.

die **Ab・schwä・chung** [アップ・シュヴェッヒゥング] 名 -/ 弱める〔弱まる〕こと、和らげる(和らぐ)こと.

ab|schwar・ten [アップ・シュヴァるテン] 動 *h*. **1.** 〈〈et⁴ッ〉〉(狩)皮を剥ぐ. **2.** 〔林〕背板〔樹皮〕を取る. **3.** 〈〈j³〉〉(方)さんざん叩く.

ab|schwat・zen [アップ・シュヴァッツェン] 動 *h*. 〈〈j³〉〉カラ+〈et⁴ッ〉〉(口)口車にのせてだまし取る.

ab|schwei・fen [アップ・シュヴァイフェン] 動 *s*. 〔von 〈et³〉カラ〕(文)それる(道などから);脱線する(話などで).

ab|schwel・len* [アップ・シュヴェレン] 動 *s*. 〔補足なし〕腫(は)れがひく;(次第に)弱まる(音などが).

ab|schwem・men [アップ・シュヴェメン] 動 *h*. 〈〈et⁴ッ〉〉流し去る(土砂などを);洗い流す.

ab|schwen・ken [アップ・シュヴェンケン] 動 *h*. 〈〈(方向)へ〉〉方向(転換する. **2.** 〈〈et⁴ッ〉〉方向を変える.

ab|schwim・men* [アップ・シュヴィメン] 動 **1.** *s*. 〔補足〕泳いで去る;(方)立去る. **2.** *h*. 〈〈et⁴ッ〉〉泳ぎきる(一定距離・時間を).

ab|schwin・deln [アップ・シュヴィンデルン] 動 *h*. 〈〈j³〉〉カラ+〈et⁴ッ〉〉だまし取る.

ab|schwin・gen* [アップ・シュヴィンゲン] 動 *h*. 〔補足なし〕(体操)体を振って(飛び)降りる;〔スキー〕(減速のため)シュヴングする.

ab|schwir・ren [アップ・シュヴィれン] 動 *s*. 〔補足なし〕羽音をたてて飛び去る(虫などが);(口)そそくさと立去る.

ab|schwö・ren* [アップ・シュヴェ(ヴェ)ーれン] 動 *h*. **1.** 〈〈j³/et³〉〉縁を切ることを誓う. **2.** 〈〈et⁴ッ〉〉(古)否認する.

der **Ab・schwung** [アップ・シュヴング] 名 -(e)s / ..schwünge **1.** 〔体操〕振り降り;〔スキー〕(減速のための)シュヴング. **2.** 〔経〕景気の後退.

ab|se・geln [アップ・ゼーゲルン] 動 **1.** *h*. 〈〈et⁴ッ〉〉帆走する(ある距離などを);(…に)沿って帆走する. **2.** *s*. 〔補足なし〕帆走して遠ざかる、出帆する. **3.** *h*. 〔補足なし〕シーズンの最後のセーリングをする.

ab・seh・bar [アップ・ゼー・バーあ、アップ・ゼー・バーあ] 形 見通せる、見極められる: in ~er Zeit 近いうちに.

ab|se・hen* [アップ・ゼーエン] 動 *h*. **1.** 〔von 〈j³/et³〉カラ〕度外視する、考慮に入れない、除外する. **2.** 〔von 〈et³〉カラ〕止めにする、思いとどまる. **3.** 〈〈et⁴ッ〉〉見とおす、予想〔予測〕する. **4.** 〈〈j³〉ノ+〈et⁴ッ〉〉見て覚える. **5.** 〈〈j³〉ノ+〈et⁴ッ〉〉+an 〈et³〉デ〕見てとる、察する. **6.** 〈〈et⁴ッ〉〉+〈j³〉ノ〉(口)から読み取る. **7.** 〔補足〕唇の動きでことばを理解する. **8.** 〈〈et⁴ッ〉〉+〈von(bei)〈j³〉カラ〉〉カンニングする. **9.** 〔es+auf〈et⁴ッ〉〉ねらう、意図する.

ab|sei・fen [アップ・ザイフェン] 動 *h*. 〈〈j⁴/et⁴ッ〉〉汚れを石けんで洗い落す.

ab|sei・hen [アップ・ザイエン] 動 *h*. 〈〈et⁴ッ〉〉濾(こ)す.

ab|sei・len [アップ・ザイレン] 動 **1.** 〈〈j⁴/et⁴ッ〉〉ザイルで降ろす: sich⁴ ~ 〔登山〕(ザイルを使って)懸垂下降(アプザイレン)する. **2.** 〔sich⁴〕(口)ずらかる.

ab sein, ⓓ**ab|sein*** [アップ ザイン] ▷ ab 副 1. a., b.,〔慣用〕.

die **Ab・sei・te**¹ [アップ・ザイテ] 名 -/-n 裏側;〔織〕裏.

die **Ab・sei・te**² [アップ・ザイテ] 名 -/-n (教会の)側廊.

ab・sei・tig [アップ・ザイティヒ] 形 **1.** 〔文〕脇の、遠く離れた. **2.** 風変りな、変態的な.

ab・seits [アップ・ザイツ] 前 (+2格)…から(少し)離れて: ~ des Gedränges 人ごみから離れて. ── 副 (わきに)離れて: ~ sein〔stehen〕〔球〕オフサイドの位置にいる. ~ sprechen〔劇〕傍白を言う.

das **Ab・seits** [アップ・ザイツ] 名 -/- 〔球〕オフサイドの位置;オフサイド規則違反.

die **Ab・sence** [apsɑ̃ːs アプサーンス] 名 -/-n 〔医〕アブサンス(一時的失神).

ab|sen・den⁽*⁾ [アップ・ゼンデン] 動 *h*. 〈〈j⁴/et⁴ッ〉〉(送り)出す(使いの者などを);出す、発送する.

der **Ab・sen・der** [アップ・ゼンダー] 名 -s/- 差出人、発送者(の住所氏名);発信人(略 Abs.).

die **Ab・sen・dung** [アップ・ゼンドゥング] 名 -/-en 派遣;発送;郵送.

ab|sen・gen [アップ・ゼンゲン] 動 *h*. **1.** 〈〈et⁴ッ〉〉+(von〈et³〉カラ〉〉焼き落す(羽毛を鳥から). **2.** 〈〈et⁴ッ〉〉毛焼きする(鳥を).

ab|sen・ken [アップ・ゼンケン] 動 *h*. **1.** 〔sich⁴〕沈下する. **2.** 〔sich⁴+〈(方向)へ〉〕斜面をなしている、下り坂になっている. **3.** 〈〈et⁴ッ〉〉〔土〕水面を下げる(地下水などの). **4.** 〈〈et⁴ッ〉〉沈下させる(潜函などを);(地中に)埋める(タンクなどを). **5.** 〈〈et⁴ッ〉〉〔園〕取り木をしてふやす(ブドウの株などを).

der **Ab・sen・ker** [アップ・ゼンカー] 名 -s/- 取り木用若枝.

ab・sen・tie・ren [アプゼンティーれン] 動 *h*. 〔sich⁴〕(古)その場所から引下がる;不在になる.

der **Ab・sen・tis・mus** [アプゼンティスムス] 名 -/.. men (昔の)地主の長期不在(制度).

die **Ab・senz** [アプゼンツ] 名 -/-en **1.** 〔文〕欠如、無いこと. **2.** 〔スイスᴢ・ォーストᴢ〕不在、欠席. **3.** 放心(状態). **4.** 〔医〕=Absence.

ab|ser・vie・ren [アップ・ゼるヴィーれン] 動 *h*. **1.** 〈〈et⁴ッ〉〉食卓から下げる(食器を). **2.** 〈〈et⁴ッ〉〉片づける(食卓を). **3.** 〈〈j⁴ッ〉〉(口)勢力を奪う;(…を)あっさり解任する;消す(殺す);〔球〕(…に)圧勝する.

ab・setz・bar [アップ・ゼッツ・バーあ] 形 控除できる;解任〔罷免〕できる、捌おとせる.

das **Ab・setz・becken** [アップゼッツ・ベッケン] 名 -s/- 沈殿池.

ab|set・zen [アップ・ゼッツェン] 動 *h*. **1.** 〈〈et⁴ッ〉〉はずす(眼鏡などを)、脱ぐ(帽子などを);下ろす(荷物などを);(構えていた位置から)下ろす(ヴァイオリンの弓・グラスなどを). **2.** 〈〈j⁴ッ〉〉下ろす(乗物から)(車から)降ろす. **3.** 〈〈j⁴〉〉振り落す(馬が). **4.** 〈〈et⁴ッ〉〉堆積(させる(川が小石などを);〈〈et⁴ッ〉sich⁴の場合〉堆積する、積もる. **5.** 〈〈j³〉〉辞職させる(閣僚などを);倒す(政府などを). **6.** 〈〈et⁴ッ〉〉+〈von〈et³〉カラ〉〉はずす(議題を議事日程から);〔税〕控除する、差引く. **7.** 〈〈et⁴ッ〉〉中止する(催しなどを). **8.** 〈〈et⁴ッ〉〉服用をやめる(薬の). **9.** 〔商〕(大量に)売りさばく. **10.** 〈〈et⁴ッ〉〉改行する(詩行などを);〔印〕活字に組む(原稿などを). **11.** 〈〈et⁴ッ〉〉+von〈et³〉カラ〕〔海〕離す(ボートを岸辺などから). **12.** 〈〈j³〉ノ+〈et⁴ッ〉〕〔手術で〕切断〔切除〕する. **13.** 〔sich⁴+〈方向〉へ(カラ)〕(口)(こっそり)逃去る;〔軍〕撤退する. **14.** 〔sich⁴+von〈j³/et³〉〕〔スキー〕大きくリードする;(…から)上位に立つ. **15.** 〈〈et⁴ッ〉=+mit〈et³〉〉縫いつける. **16.** 〈〈et⁴ッ〉〉〔農〕離乳させる(子牛・子豚などを). 【慣用】**Es setzt etwas ab.** (口)殴り合いが起こる.

die **Ab・set・zung** [アップ・ゼッツング] 名 -/-en 解任、罷免;中止.

ab|si・chern [アップ・ズィヒャーン] 動 *h*. **1.** 〈〈j⁴/et⁴ッ〉〉安全を確保する. **2.** 〔sich⁴+〈gegen〈et⁴〉ニタイシ〉〕安全策を講じる. **3.** 〈〈et⁴ッ〉〉+mit〈et³〉〉裏づける.

die **Ab・si・che・rung** [アップ・ズィッヒェるング] 名 -/-en 安全確保.

die **Ab・sicht** [アップ・ズィヒト] 名 -/-en **1.** 意図、もくろみ、意向: in der ~, 〈et⁴〉zu tun 〈事⁴〉するつもりで. mit ~ 故意に. **2.** 〈主に ⓓ〉計画、目標. 【慣用】(ernste) Absichten (auf j⁴) haben (口)〈(人

A

と>)結婚するつもりだ. **sich⁴ mit der Absicht tragen, 〈et⁴〉 zu tun** 〈事を〉しようと目論んでいる.

ab·sicht·lich [アップ・ズィひトリひ, アップ・ズィひトリひ] [形] 意図〔計画〕的な, 故意の.

ạb·sichts·los [アップズィひツ・ロース] [形] 特別な意図のない, 何気ない.

der **Ạb·sichts·satz** [アップズィひツ・ザッツ] [名] -es/..sätze 〚言〛目的文〔節〕.

ạb·sichts·voll [アップズィひツ・ふォル] [形] 故意の, 意図的な.

ạb|sin·gen* [アップ・ズィンゲン] [動] *h.* **1.** 〚〈et⁴〉ヲ〛(初めから)終りまで歌い通す. **2.** 〚〈et⁴〉ヲ＋(von 〈et³〉ヲ見テ)〛〚楽〛初見で歌う.

ạb|sin·ken* [アップ・ズィンケン] [動] *s.* **1.** 〔補足なし〕沈没する, 沈下する;下がる, 低下する, 弱まる, 小さくなる;堕落する. **2.** 〔in 〈et〉³ニオイテ〕(成績が)落ちる.

der **Ab·sịnth** [アプズィント] [名] -(e)s/-e アブサン(酒).

ạb|sit·zen* [アップ・ズィッツェン] [動] **1.** *h.* 〚〈et⁴〉ヲ＋(〈場所〉デ)〛《口》(いやいやながら)ただ座って過ごす《一定の時間を会社などで》;《口》勤め上げる《刑期を》. **2.** *s.* 〔von 〈et³〉カラ〕(ひょいと)降りる. **3.** *h.* 〔von 〈et³〉カラ〕離れて座っている. **4.** *h.* 〚〈et⁴〉ヲ〛(座って)すり減らす. **5.** *s.* 〔補足なし〕《スイス》座る, 腰を下ろす.

ab·so·lut [アブゾルート] [形] **1.** 専制〔独裁・絶対〕の: die ~*e* Monarchie 専制〔絶対〕君主制. **2.** (無条件に)絶対的な: ~*e* Gewissensfreiheit 絶対的良心の自由. **3.** (相対的でない)絶対の: ~*e* Mehrheit 絶対多数. ~*er* Komparativ 〚言〛絶対比較級. **4.** 〚哲〛絶対的な, 純粋の: das ~*e* Sein 絶対的存在. ~*e* Musik 絶対音楽. ~*es* Gehör 絶対音感. ~*e* Poesie 純粋詩. **5.** (これ以上ない)絶対の: ~*er* Alkohol 〚化〛無水アルコール. ~*er* Nullpunkt 〚理〛絶対零度(−273.15°C). **6.** 完全な, 全くの: ~*e* Ruhe 絶対安静.
—— [副] (語飾)(動詞・形容詞・否定詞を修飾)絶対に: Ich sehe das ~ nicht ein. 私はそれはどうしても納得がいかない.

die **Ab·so·lu·ti·on** [アブゾルツィオーン] [名] -/-en 〚カトリック〛罪の赦(ゆる)し(告解後の);赦免.

der **Ab·so·lu·tịs·mus** [アブゾルティスムス] [名] -/ 〚史〛絶対君主制(時代), 専制主義;絶対主義.

ab·so·lu·tịs·tisch [アブゾルティスティシュ] [形] 絶対君主制の, 専制主義の;絶対主義の.

der **Ab·sol·vent** [アブゾルヴェント] [名] -en/-en 卒業生;卒業見込者.

ab·sol·vie·ren [アブゾルヴィーれン] [動] *h.* **1.** 〚〈et⁴〉ヲ〛卒業する, 修了する《課程を》;(こなし)終える《8時間労働などを》;(…に)合格する. **2.** 〚〈j⁴〉ニ〛〚カトリック〛(キリストに代って)罪の赦(ゆる)しを告げる.

ab·sọn·der·lich [アップ・ゾンダーリひ] [形] 風変わりな, 奇妙な.

die **Ab·sọn·der·lich·keit** [アップ・ゾンダーリひカイト] [名] -/-en 《主に⊕》奇妙〔特異〕な性質;奇妙な行動〔習慣〕.

ạb|son·dern [アップ・ゾンダーン] [動] *h.* **1.** 〔sich⁴＋von 〈j³〉カラ〕離れる, (…を)避ける. **2.** 〚〈j⁴〉ヲ〛隔離する. **3.** 〚〈et⁴〉ヲ＋von 〈et³〉カラ〛隔てる;引離す. **4.** 〚〈et⁴〉ヲ〛分泌する;《転》口にする, 言う.

die **Ạb·son·de·rung** [アップ・ゾンデるング] [名] -/-en **1.** 分離, 隔離;孤立. **2.** 《主に⊕》分泌(物), 排泄(はいせつ). **3.** 〚地質〛(溶岩の)分脈.

das **Ab·sọr·bens** [アブゾるベンス] [名] -/..bentien[アブゾるベンツィエン]〔..bentia[アブゾるベンツィア]〕〚化・理〛吸収剤;吸収体.

der **Ab·sọr·ber** [アブゾるバー] [名] -s/- 吸収装置;〚化・理〛吸収体.

ab·sor·bie·ren [アブゾるビーれン] [動] *h.* **1.** 〚〈et⁴〉ヲ〛〚化・理〛吸収する《ガス・熱などを》. **2.** 〚〈j⁴〉ノ〛気力〔注意力〕をすっかり奪う.

die **Ab·sorp·ti·on** [アブゾるプツィオーン] [名] -/-en 〚化・理〛吸収.

ạb|spal·ten⁽*⁾ [アップ・シュパルテン] [動] *h.* **1.** 〚〈et⁴〉ヲ＋(von 〈et³〉カラ)〛割って〔裂いて〕取る《つけ木をまきなどから》;分割する《地域などを》;〚化〛分離する, 分裂させる《分子などを》. **2.** 〔sich⁴＋von 〈j³/et³〉カラ〕分離(独立)する.

die **Ạb·spal·tung** [アップ・シュパルトゥング] [名] -/-en 分裂, 分割.

ạb|span·nen [アップ・シュパネン] [動] *h.* **1.** 〚〈et⁴〉ヲ＋(von 〈et³〉カラ)〛外す《馬・車両などを》. **2.** 〚〈et⁴〉ノ〛《稀》緊張をほぐす《四肢・神経などの》. **3.** 〔sich⁴〕《稀》リラックスする, (自分の)緊張をほぐす. **4.** 〚〈et⁴〉ニ＋mit 〈et³〉デ〛〚工〛控綱を張る《煙突にワイヤーなどで》. **5.** 〚〈j³〉ノ＋〈j⁴〉ヲ〛《稀》横取りする, 奪う《恋人・顧客などを》.

die **Ạb·span·nung** [アップ・シュパヌング] [名] -/-en **1.** 疲労, 倦怠(けんたい). **2.** 控綱を張ること. **3.** 〚土〛控綱.

ạb|spa·ren [アップ・シュパーれン] [動] *h.* 〔sich³＋〈et⁴〉ヲ＋(von 〈et³〉カラ)〕倹約して残す;倹約して手に入れる〔実現させる〕.

ạb|spe·cken [アップ・シュペッケン] [動] *h.* 〚〈et⁴〉ダケ〛《口》体重を減らす.

ạb|spei·sen [アップ・シュパイゼン] [動] *h.* (《スイス》過分 abgespiesen も有) **1.** 〚〈j⁴〉ニ〛《口》食事を与える. **2.** 〚〈j⁴〉ヲ＋mit 〈et³〉デ〛《口》お茶を濁して追払う〔返す〕. **3.** 〔補足なし〕《文・稀》食事を終える.

ạb·spens·tig [アップ・シュペンスティひ] [形] (次の形で)〈j³〉〈j⁴〉/〈et⁴〉 ~ machen 〈人から〉〈人を〉奪い取る/〈人から〉〈物を〉無理に譲ってもらう.

ạb|sper·ren [アップ・シュペれン] [動] *h.* **1.** 〚〈et⁴〉ノ〛《南独・オーストリア》鍵(かぎ)を掛ける〔錠を下ろす〕. **2.** 〚〈et⁴〉ヲ〛立入禁止にする, 封鎖する. **3.** 〚〈j³〉ノ家ノ＋〈et⁴〉ヲ〛止める《ガスなどを》, 遮断する《光などを》. **4.** 〚〈et⁴〉ヲ〛〚工〛木目が交叉するように重ねて張る《ベニヤなどを》. **5.** 〚〈j⁴〉ヲ〛隔離する: sich⁴ von der Welt ~ 世間と交渉を断つ.

der **Ạb·sperr·hahn** [アップシュペる・ハーン] [名] -(e)s/..hähne 〚工〛止めコック.

die **Ạb·sper·rung** [アップ・シュペるング] [名] -/-en **1.** 封鎖, 閉鎖;遮断;隔離. **2.** 立入禁止柵(さく), 通行止(ロープ・バリケード): polizeiliche ~ (警察の)非常線.

ạb|spie·geln [アップ・シュピーゲルン] [動] *h.* **1.** 〚〈j⁴/et⁴〉ノ〛姿〔影〕を映す;(…を)忠実に再現する. **2.** 〔sich⁴＋in〔auf〕〈et³〉ニ〕映っている;表れている.

ạb|spie·len [アップ・シュピーレン] [動] *h.* **1.** 〚〈et⁴〉ヲ〛(始めから終りまで)かける《テープなどを》, (始めから終りまで)演奏する《歌を》;使い古す《トランプなどを》;すり減らす《レコードなどを》. **2.** 〚〈et⁴〉ヲ＋(von 〈et³〉ヲ見テ)〛初見で演奏する. **3.** 〚〈et⁴〉ヲ＋an 〈j³〉ニ/zu 〈j³〉ヘ〛〚球〛パスする《ボールを》. **4.** 〔sich⁴＋(〈様態〉ニ/〈場所〉デ/〈時点〉ニ)〕起こる, 行われる, 催される, 進行する, 経過する: Da 〔Hier〕 *spielt* sich nichts *ab*! 《口》そんなことは問題にならない〔うまくいきっこない〕.

ạb|spin·nen* [アップ・シュピネン] [動] *h.* **1.** 〚〈et⁴〉ヲ〛すっかり紡ぐ. **2.** 〔sich⁴〕起こる, 行われる.

ạb|split·tern [アップ・シュプリッターン] [動] **1.** *h.* 〚〈et⁴〉ヲ〛(こなごなに)裂く〔砕く〕. **2.** *s.* 〔補足なし〕(こなごなになって)はげ落ちる《ペンキなどが》. **3.** *h.* 〔sich⁴〕分裂する《政党などが》.

die **Ạb·spra·che** [アップ・シュプらーへ] [名] -/-n 申合わせ, 協定;談合: eine ~ treffen 協定を結ぶ.

ạb·spra·che·ge·mäß [アップシュプらーへ・ゲメース] [形]

absprechen

申合わせ〔協定〕通りの.

ab|spre・chen* [アップ・シュプれっヒェン] **動** h. **1.** 〔j³に＋et⁴を〕(判決により)剝奪(はく)する(国籍などを);認めない,否定する(権利などを). **2.** 〔mit ⟨j³⟩と〕約束する. **3.** 〔sich⁴＋(mit⟨j³⟩)〕〔打〕合わせる. **4.** 〔相互代名詞sich⁴〕互いに申合わせる.

ab|spre・chend [アップ・シュプれっヒェント] **形** 否定的な.

ab|sprei・zen [アップ・シュプライツェン] **動** h. 〔et⁴を〕横に伸ばす(両腕などを),横へ突き出す(親指・片脚を);〔土〕〔梁(はり)・桁を〕支える.

ab|spren・gen [アップ・シュプれンゲン] **動** h. **1.** 〔et⁴を〕爆破して削る. **2.** 〔j³より＋von ⟨et³⟩〕分断する.

ab|sprin・gen* [アップ・シュプリンゲン] **動** s. **1.** 〔補足なし〕はずみをつけて飛上がる,跳躍する. **2.** 〔sich⁴から〕飛降りる;はじけ飛ぶ,(ひびが入って)はげ落ちる;はね返る. **3.** 〔von ⟨et³⟩〕《口》(急に離れる;手を引く)(計画などから),(…)を止める(勉学などを),(…)に背く.

ab|sprit・zen [アップ・シュプリッツェン] **動** h. **1.** 〔j¹/et³に〕(ホースで)水をかけて洗う;(…)に薬液を散布する. **2.** 〔j⁴/et³を〕注射して殺す. **3.** s. 〔von ⟨et³⟩〕《口》《口》急ぎ足で立去る,(車で)走り去る;《口》射精する. **5.** h. 〔et³＋mit ⟨et³⟩〕〔料〕滴っから(調味料などを)る.

der Ab・sprung [アップ・シュプるング] **名** -(e)s/..sprünge. 跳躍,飛降り;飛込み;離脱. **2.** 《主に (難)》〔植〕(松類の)病的な若枝の落下.

ab|spu・len [アップ・シュプーレン] **動** h. **1.** 〔sich⁴＋von ⟨et³⟩〕ほどける. **2.** 〔et³から〕ほどく,(リールから)繰出す;映画にする;上映する. **3.** 《口》型どおりにこなす,単調な口調で唱える.

ab|spü・len [アップ・シュピューレン] **動** h. 〔et⁴を〕すすぐ,洗い流す. **2.** 〔et⁴を〕すすいできれいにする.

ab|stam・men [アップ・シュタメン] **動** h. (完了時称では通常用いられない)〔von ⟨j³/et³⟩〕血を引く;(…)に由来する.

die Ab・stam・mung [アップ・シュタムング] **名** -/ 由来,素性;血統:〔von〕adliger ～ sein 貴族の出だ.

die Ab・stam・mungs・leh・re [アップ・シュタムングス・レーれ] **名** -/-n 〔生〕進化論.

der Ab・stand [アップ・シュタント] **名** -(e)s/..stände **1.** 距離,隔たり;(時間の)間隔:in Abständen とびとびに;間をおいて. in 7 Meter ～ 7メートルの間隔で. in einem ～ von zwei Stunden 2時間おきに. von ⟨j³⟩ ～ halten〔wahren〕〈人・物から〉距離を保つ. nicht genug ～ zu ⟨et³⟩ haben〈事に対して〉充分冷静に判断できるまでになっていない. **2.** 《口》補償金. 《慣用》 mit Abstand はるかに,断然. von ⟨et³⟩ Abstand nehmen 《文》〈事を〉断念する.

die Ab・stands・sum・me [アップ・シュタンツ・ズメ] **名** -/-n 補償金.

ab|stat・ten [アップ・シュタッテン] **動** h. 〔j³に＋et⁴を〕する(感謝・報告などを).

ab|stau・ben [アップ・シュタウベン] **動** h. **1.** ほこりを払う. **2.** 〔et⁴を〕《口》くすねる. **3.** 〔補足なし〕〔ス〕ラッキーなシュートを決める. **4.** 〔j¹を〕《口》ひどくしかる.

ab|stäu・ben [アップ・シュトイベン] **動** h. 《方》 **1.** ほこりを払う.

der Ab・stau・ber [アップ・シュタウバー] **名** -s/- 〔ス⁸〕ラッキーなゴールを決めた人.

ab|ste・chen* [アップ・シュテッヒェン] **動** h. **1.** 〔von ⟨j³/et³⟩＋gegen ⟨j⁴/et⁴⟩〕著しく対照的である. **2.** 〔et⁴を＋(mit ⟨et³⟩)〕切取る. **3.** 〔et⁴を〕(取出し口から)流し落す;(…)の流出口を開ける. **4.** 〔et⁴を〕寸法をコンパスを使って書き写す(模様などの). **5.** 〔et⁴を〕(頸動脈を刺して)屠殺(とさつ)する.

der Ab・ste・cher [アップ・シュテッヒャー] **名** -s/- (旅先の)寄り道.

ab|ste・cken [アップ・シュテッケン] **動** h. **1.** 〔et⁴を〕杭〔旗〕で境界をつける;〔服〕まち針を刺す;(…)の概要を定める. **2.** 〔et⁴を〕はずす〔留められているものなどを〕;ピンをはずしてほどく〔髪を〕.

ab|ste・hen* [アップ・シュテーエン] **動** **1.** h.〔von ⟨j³/et³⟩から〕離れて〔立って〕いる. **2.** h.〔von ⟨j³/et³⟩から〕突き出ている. **3.** h.〔s.〕〔von ⟨et³⟩〕《文》とりやめる(計画などを). **4.** h.〔von ⟨et³⟩〕《口》立ったままで過ごす.

ab|stei・fen [アップ・シュタイフェン] **動** h. 〔et⁴を〕糊(のり)づけする(洗濯物を),芯(しん)を入れて固くする(襟を);〔土〕角材で補強する.

die Ab・stei・ge [アップ・シュタイゲ] **名** -/-n 《口》安宿;連込み宿.

ab|stei・gen* [アップ・シュタイゲン] **動** s. **1.** 〔方向 ～から〕降りる;下る. **2.** 〔補足なし〕〔ス⁸〕下位リーグに降格する. **3.** 〔in ⟨et³⟩/bei ⟨j³⟩所に〕《古》投宿する.

das Ab・stei・ge・quar・tier [アップ・シュタイゲ・クヴァるティーア] **名** -s/-e 宿泊所,安宿;連込み宿.

der Ab・stei・ger [アップ・シュタイガー] **名** -s/- 〔ス⁸〕下位のリーグに降格したチーム.

der Ab・stell・bahn・hof [アップ・シュテル・バーン・ホーフ] **名** -(e)s/..höfe 〔鉄道〕操車場.

ab|stel・len [アップ・シュテレン] **動** h. **1.** 〔et⁴を〕(スイッチを切って・栓を閉めて)止める(水道・ガスなどを),閉める(弁・栓を);降ろす(トランクなどを). **2.** 〔et⁴を＋⟨場所⟩に〕一時留めておく;しまう. **3.** 〔et⁴を＋von ⟨et³⟩から〕押して離す. **4.** 〔j⁴を＋für ⟨et³⟩/⟨方向⟩へ〕派遣する. **5.** 〔et⁴を〕取除く,やめる. **6.** 〔et⁴を＋auf ⟨et⁴⟩〕合せる(プログラムを聴衆の好みなどに). **7.** 〔auf ⟨et⁴⟩〕考慮に入れる. **8.** 〔j⁴を〕〔ス⁸〕(当該チーム外の)試合に貸出す(選手を). **9.** 〔補足なし〕〔ス⁸〕立つ.

das Ab・stell・gleis [アップ・シュテル・グライス] **名** -es/-e 〔鉄道〕側線,待避線,引込線:⟨j³⟩ aufs〔auf ein〕 ～ schieben〈人の〉影響力を奪う.

der Ab・stell・hahn [アップ・シュテル・ハーン] **名** -(e)s/..hähne〔機〕止めコック.

der Ab・stell・raum [アップ・シュテル・らウム] **名** -(e)s/..räume 物置部屋,納戸.

ab|stem・peln [アップ・シュテムペルン] **動** h. **1.** 〔et⁴に〕スタンプを押す. **2.** 〔j⁴/et⁴を＋zu ⟨j³/et³⟩/als ⟨j⁴/et⁴⟩/als ⟨形⟩〕烙印(らくいん)を押す,レッテルを貼る.

ab|step・pen [アップ・シュテッペン] **動** h. 〔et⁴を〕キルティングする.

ab|ster・ben* [アップ・シュテるベン] **動** s. **1.** 〔補足なし〕《文・古・稀》逝去する;徐々に死んで行く;枯れて行く;〔ズ〕(下位リーグへの)降格.

der Ab・stich [アップ・シュティヒ] **名** -(e)s/-e **1.** 切取ること;流出口から流し出すこと;流出口を開けること. **2.** 〔写〕対照,コントラスト.

der Ab・stieg [アップ・シュティーク] **名** -(e)s/-e **1.** 下ること,下降;下り道. **2.** 衰退;〔ス⁸〕(下位リーグへの)降格.

ab|stil・len [アップ・シュティレン] **動** h. 〔⟨j⁴⟩〕乳離れさせる.

ab|stim・men [アップ・シュティメン] **動** h. **1.** 〔(über ⟨et⁴⟩について/⟨様態⟩)〕投票する,票決する:geheim ～ 秘密投票する. **2.** 〔j⁴/et⁴を〕合せる;同調させる(受像機を周波数に). **3.** 〔sich⁴・über ⟨et⁴⟩について/in ⟨et³⟩について＋mit ⟨j³⟩と〕意見〔希望〕の調整を図る.

die Ab・stim・mung [アップ・シュティムング] **名** -/-en

1. 投票, 票決：die ～ über ⟨et⁴⟩ ⟨事⟩についての投票. ⟨et⁴⟩ zur ～ bringen ⟨事⟩を票決にかける. **2.** 調和, 一致；チューニング：die ～ auf ⟨et⁴⟩ ⟨mit et³⟩ ⟨事との⟩調和.

ab·sti·nent [アブスティネント] 形 禁酒〔節制〕している.

die **Ab·sti·nenz** [アブスティネンツ] 名 -/ 節制, 禁酒, 禁欲：～ üben〔halten〕節制する.

der **Ab·sti·nenz·ler** [アブスティネンツラー] 名 -s/- 禁酒〔禁欲〕主義者, 節制家.

ab|stin·ken [アップ·シュティンケン] 動 s. 〘補足なし〙〔口〕立去る.

ab|stop·pen [アップ·シュトッペン] 動 h. **1.** ⟨j⁴+⟩ストップさせる, 止める. 〘補足なし〙阻む. **2.** ⟨j⁴ノタイム⟩/⟨et⁴⟩ストップ·ウォッチで計る(タイムを). **3.** 〘補足なし〙ストップする, 止まる.

der **Ab·stoß** [アップ·シュトース] 名 -es/..stöße 突放すこと；〘スポ〙ゴールキック.

ab|sto·ßen* [アップ·シュトーセン] 動 **1.** ⟨j⁴/et⁴ッ⟩+ ⟨mit et³デ⟩ 突放す；〔sich⁴ mit den Füßen vom Boden ～ 足で地面をけって地上がる. **2.** s.〔h.〕⟨von et³カラ⟩(突かれて)離れて行く. ⟨ヘビが皮を⟩, 切捨てる(トカゲが尻尾を)；振捨てる(過去などを)；(…から)急速に回復する(病気から). 〘スポ〙ゴールキックする(ボールを). **4.** 〘ビリ〙(von et³カラ)突いて(ぶつかって)はがす 突いて(ぶつかって)ぶつける. **5.** h. ⟨j⁴ニ⟩ 嫌悪感〔不快感〕を催させる.

ab·sto·ßend [アップ·シュトーセント] 形 反感〔嫌悪感〕を起こさせる；ひどく.

die **Ab·sto·ßung** [アップ·シュトースング] 名 -/-en 切離す〔捨てる〕こと；(負債などの)返済；(証券などの)処分.

ab|stot·tern [アップ·シュトッターン] 動 h. **1.** ⟨et⁴ッ⟩〔口〕代金を分割して払う. **2.** ⟨et⁴ッ⟩分割して払う(ある金額を).

ab|stra·fen [アップ·シュトラーフェン] 動 h. ⟨j⁴ッ⟩ 処罰する, (…に)制裁を加える.

ab·stra·hie·ren [アプストラヒーレン] 動 h. **1.** ⟨aus et³⟩⟨et⁴ッ⟩ 抽象する. **2.** 〘補足なし〙抽象画を描く. **3.** ⟨von et³⟩ 度外視する.

ab|strah·len [アップ·シュトラーレン] 動 h. ⟨et⁴ッ⟩ 放射する.

die **Ab·strah·lung** [アップ·シュトラールング] 名 -/-en 放射, 輻射.

ab·strakt [アプストラクト] 形 抽象的な：～e Kunst 抽象芸術. ～es Rechtsgeschäft 〘法〙無因法律行為. ～e Zahl 〘数〙無名数.

die **Ab·strak·ti·on** [アプストラクツィオーン] 名 -/-en **1.** 〘哲〙の)抽象(化), 抽象(化). **2.** 抽象概念.

das **Ab·strak·tum** [アプストラクトム] 名 -s/..strakta 抽象概念；〘言〙抽象名詞.

ab|stram·peln [アップ·シュトランペルン] 動 h. ⟨sich⁴⟩ 〔口〕ひどく骨を折る；力いっぱい自転車をこぐ.

ab|stra·pa·zie·ren [アップシュトラパツィーレン] 動 h. 酷使する：⟨j⁴ が sich⁴ の場合⟩ へとへとになる.

ab|strei·chen* [アップ·シュトライヒェン] 動 **1.** h. ⟨et⁴ッ⟩ + ⟨von et³⟩ぬぐい取る, ふき取る. **2.** h. ⟨et⁴ッ⟩ ぬぐってきれいにする. **3.** ⟨et⁴ッ⟩ 〘数〙 差引まなく捜し回る. **4.** 〔狩〕飛んで逃げる(鳥を). **6.** h. ⟨et⁴ッ⟩ 〔狩〕(獲物を求めて)くまなく捜す(鷹などが).

ab|strei·fen [アップ·シュトライフェン] 動 **1.** h. ⟨et⁴ッ⟩ + ⟨von et³⟩はずし, 脱ぐ；(こすって)落す；摘取るに；棄て去る(偏見などを). **2.** h. ⟨et⁴ッ⟩ + ⟨nach et³/et³⟩アヲモトメテ⟩くまなく探し回る(ある地域を). **3.** h. ⟨et⁴ノ⟩ ⟨方⟩汚れをふいて落す. **4.** s. ⟨von

⟨et³⟩カラ⟩それて迷う(道から).

ab|strei·ten* [アップ·シュトライテン] 動 h. **1.** ⟨et⁴ッ⟩否認する. **2.** ⟨j³⟩+⟨et⁴ッ⟩認めない, 否定する(能力などを).

der **Ab·strich** [アップ·シュトリッヒ] 名 -(e)s/-e **1.** (主に)削減(転)要求の引き上げ；〘商〙のみ減少, 低下. **2.** (字の)下向線；〘楽〙下行号. **3.** 〘医〙(粘膜などの)採取；採取組織.

ab|strö·men [アップ·シュトレ—メン] 動 s. 〘補足なし〙流れ出〔落ちる〕；引く(水などが).

ab·strus [アプストルース] 形 混乱した, 分りにくい.

ab|stu·fen [アップ·シュトゥーフェン] 動 h. ⟨et⁴ッ⟩ 階段状にする；(…に)等級〔段階〕を設ける, 濃淡〔明暗〕をつける. ⟨j⁴ノ⟩ 給料の等級を下げる.

die **Ab·stu·fung** [アップ·シュトゥーフング] 名 -/-en **1.** 段階(づけ)；(賃金などの)等級を下げること. **2.** (明暗の)ニュアンス, 陰影.

ab|stump·fen [アップ·シュトゥンプフェン] 動 **1.** h. ⟨et⁴ッ⟩ 丸みをつける(角などに). **2.** h. ⟨et⁴ッ⟩ 無感覚〔無気力〕にする, 鈍感にする. **3.** s. 〘補足なし〙(稀)鈍磨する(刃が)；無感覚〔無気力〕になる, 鈍感になる.

der **Ab·sturz** [アップ·シュトゥルツ] 名 -es/..stürze 墜落；急斜面；〘コンピ〙ハングアップ, クラッシュ.

ab|stür·zen [アップ·シュテュルツェン] 動 s. 〘補足なし〙墜落〔転落〕する；急傾斜している；〘コンピ〙ハングアップ〔クラッシュ〕する.

ab|stüt·zen [アップ·シュテュッツェン] 動 h. **1.** ⟨et⁴⟩ッ + ⟨mit et³⟩デ⟩支える；裏づける. **2.** ⟨sich⁴⟩+⟨et³⟩支えをして体を離している.

ab|su·chen [アップ·ズーヘン] 動 h. ⟨et⁴⟩ッ + ⟨nach j³/et³⟩アヲモトメテ⟩捜し回る.

der **Ab·sud** [アップ·ズート, アップズート] 名 -(e)s/-e 〘薬〙煎じること；煎じ汁.

ab·surd [アプズルト] 形 不合理〔不条理〕な, ばかげた.

die **Ab·sur·di·tät** [アプズルディテート] 名 -/-en 不合理, 不条理, ばかげたこと, ナンセンス.

der **Ab·szeß**, ⓢ **Ab·szess** [アプスツェス] 名 -es/-e 〘医〙⟨das ～ も有り⟩ 〘医〙膿瘍(ウ).

die **Ab·szis·se** [アプスツィッセ] 名 -/-n 〘数〙横軸, x座標.

die **Ab·szis·sen·ach·se** [アプスツィッセン·アクセ] 名 -/-n 〘数〙横軸, x 軸.

der **Abt** [アプト] 名 -(e)s/Äbte 修道院長.

Abt. = Abteilung 部門.

ab|ta·keln [アップ·ターケルン] 動 h. ⟨et⁴⟩ッ⟩ 〘海〙艤装(ギ)をはずす, 廃船にする.

ab|tan·zen [アップ·タンツェン] 動 (口) **1.** s. 〘補足なし〙立去る；死ぬ. **2.** h. 〘補足なし〙踊り疲れる, 踊りまくる. **3.** h. ⟨sich³+et⁴⟩ッ⟩踊って克服する(はらや·発散する).

ab|ta·sten [アップ·タステン] 動 h. ⟨j⁴/et⁴⟩ッ⟩ + ⟨nach et³⟩アヲモトメテ⟩手探りに(...)調べる；ボディーチェックする；〘電〙調べる(スキャナーなどで)；探す(レーダーなどで)；〘コンピ〙検索する.

ab|tau·chen [アップ·タウヘン] 動 s. 〘補足なし〙潜水する(潜水艦が)；⟨ジシ⟩地下に潜る(政治犯などが)；〘ボクシ⟩ダッキングする, 体を沈める.

ab|tau·en [アップ·タウエン] 動 **1.** h. ⟨et⁴⟩ッ⟩ 霜〔氷·雪〕を取る. **2.** h. ⟨et⁴⟩ッ⟩ + ⟨von et³⟩カラ⟩解かして取除く(水を窓ガラスなどから). **3.** 〘補足なし〙(氷·雪)が解けてなくなる；解ける(氷などが)：Die Straße taute ab. 道路の雪が解けた.

der **Ab·tausch** [アップ·タウシュ] 名 -(e)s/-e 〘ボクシ〙パンチの応酬(Schlag=)；〘チェス〙相打ち；〘化〙交換.

ab|ta·xie·ren [アップ·タクスィーレン] 動 h. ⟨et⁴⟩ッ⟩ 見積もる, (…の)評価をする.

die **Ab·tei** [アプタイ] 名 -/-en 修道院(領).

Abteil

das **Ab·teil** [アップ・タイル, アップ・タイル] 名 -(e)s/-e コンパートメント(の乗客);仕切られた場所.

ab|tei·len [アップ・タイレン] 動 h. 〔〈j⁴/et⁴〉ッ+(in〈j⁴/et³〉ニ)〕分ける, 仕切る.

die **Ab·tei·lung** [アップ・タイルング, アップ・タイルング] 名 -/-en **1.** (アクセントは[—––]) (複のみ)区分, 区切, 仕切;仕切られた場所;分解. **2.** (アクセントは[–––])部門(略 Abt.);部;課;学科, 分科;病棟, 医局;【軍】部隊, 分隊:～ für Elektrowaren 電気製品売場. **3.** (アクセントは[—––])【生】(分類上の)門;【地質】(地質時代区分上の)統;【林】林区.

der **Ab·tei·lungs·lei·ter** [アップタイルングス・ライター] 名 -s/- 部(課・科)長.

der **Ab·tei·lungs·vor·stand** [アップタイルングス・ふぉあシュタント] 名 -(e)s/..vorstände 局[部・課・科]長.

ab|te·le·fo·nie·ren [アップ・テレフォニーレン] 動 h. 〔(〈j³〉ニ)〕取消しの電話をかける.

ab|te·le·gra·phie·ren [アップ・テレグらふぃーレン] 動 h. 〔(〈j³〉ニ)〕取消しの電報を打つ.

ab|teu·fen [アップ・トイふェン] 動 h. 〔〈et⁴〉ッ〕【鉱】掘り下げる.

ab|tip·pen [アップ・ティッペン] 動 h. 〔〈et⁴〉ッ〕《口》タイプで打つ.

die **Äb·tis·sin** [エプティッスィン] 名 -/-nen 女子修道院長.

ab|tö·nen [アップ・テ-ネン] 動 h. 〔〈et⁴〉ッ〕濃淡をつけ, ニュアンスをつける.

ab|tö·ten [アップ・テ-テン] 動 h. 〔〈et⁴〉ッ〕殺す(細菌など);抑える(感情・욕을).

die **Ab·tö·tung** [アップ・テ-トゥング] 名 -/ (微生物などを)殺すこと;抑制.

ab|tra·ben [アップ・トらーベン] 動 **1.** s. 〔慣用〕早足で立去る. **2.** h. 〔〈et⁴〉ッ〕早足で駆けさせる(馬を).

der **Ab·trag** [アップ・トらーク] 名 -(e)s/ **1.** 《文》損害:〈j³/et³〉に～ tun〈人・物〉に損害を与える. **2.** 〔はつ〕平らにすること.

ab|tra·gen* [アップ・トらーゲン] 動 h. 〔〈et⁴〉ッ〕 **1.** 平らにならす;押し流す(川が土などを);取壊す;《文》(食卓から)下げる;【医】切除する(腫瘍(しゅよう)を). **2.** 《文》分割払いで返済する;Dank ～《文》返礼する, 感謝する. **3.** 〔〈et⁴〉ッ〕着古す. **4.** 〔〈et⁴〉ッ+(auf〈et³〉ニ)〕【数】とる.

ab·träg·lich [アップ・トれ-クリヒ] 形 〔〈j³/et³〉ニ〕害の, 不利な.

die **Ab·tra·gung** [アップ・トらーグング] 名 -/-en 平らにすること;(河川の土砂の)運搬(作用);撤去;【医】切除;分割返済;【数】(長さなどを)取ること.

der **Ab·trans·port** [アップ・トらンスポるト] 名 -(e)s/-e 輸送, 運搬.

ab|trans·por·tie·ren [アップ・トらンスポるティーレン] 動 h. 〔〈j⁴/et⁴〉ッ+(mit〈et³〉デ)〕運び去る, 搬出する.

ab|trei·ben* [アップ・トらイベン] 動 h. **1.** 〔〈j⁴/et⁴〉ッ〕針路(進路)からそらせる, 押し流す;駆除する;(体外へ)排出する(出す)(胆石などを);堕胎する;(高原の放牧場から谷へ)追い下ろす(家畜を). **2.** s. 〔von〈et³〉カら〕逸れてしまう, 押し流される.

die **Ab·trei·bung** [アップ・トらイブング] 名 -/-en 堕胎, 妊娠中絶.

der **Ab·trei·bungs·pa·ra·graf, Ab·trei·bungs·pa·ra·graph** [アップ・トらイブングス・パら・グらーふ] 名 -en/-en 【法】妊娠中絶条項(刑法第 218 条).

ab·trenn·bar [アップ・トれン・バーあ] 形 切離せる, 区分できる.

ab|tren·nen [アップ・トれネン] 動 h. **1.** 〔〈et⁴〉ッ+(von[aus]〈et³〉カら)〕切離す〔取る〕;〔〈et⁴〉sich⁴の場合は切離される. **2.** 〔〈j³〉ニ+〈et⁴〉ッ〕切断する. **3.** 〔〈j⁴〉ッ+von〈j³〉カら〕引離す, 孤立させる. **4.** 〔〈et⁴〉ッ〕仕切る;分離〔分割〕する.

ab|tre·ten* [アップ・トれーテン] 動 **1.** s. 〔慣用〕去る, 退場する, 退出する. **2.** 〔von〈et³〉カら〕退く, 退陣する, 引退する;《口》死ぬ. **3.** h. 〔〈j³〉ッ+〈et⁴〉ッ〕譲る;《稀》(一时的に)貸す(掃除婦などを);譲渡する(領土・権利などを). **4.** h. 〔〈et⁴〉ッ〕(歩いて)すり減らす;〔〈et⁴〉sich⁴の場合すり減る. **5.** h. 〔(sich³)+〈et⁴〉ッ〕(足を踏んで)おとす(雪などを);(足を踏みつけて)ぬぐう(靴などを). **6.** h. 〔〈j³〉ッ〕踏んでいためる(靴のかかと・ドレスのすそなどを).

der **Ab·tre·ter** [アップ・トれーター] 名 -s/- ドアマット.

die **Ab·tre·tung** [アップ・トれートゥング] 名 -/-en 譲渡, 割譲.

der **Ab·trieb** [アップ・トリープ] 名 -(e)s/-e 家畜を高原の放牧場からおろすこと.

die **Ab·trift** [アップ・トりふト] 名 -/-en 【海・空】偏流〔角〕.

ab|trin·ken* [アップ・トりンケン] 動 h. 〔〈et⁴〉ッ〕そっと一口すする.

der **Ab·tritt** [アップ・トりット] 名 -(e)s/-e **1.** 退場;引退;《口》死. **2.** 《古》便所(Abort).

das **Ab·trock·nen·tuch** [アップ・トろッケン・トゥーふ] 名 -(e)s/..tücher 布巾(ふきん).

ab|trock·nen [アップ・トろックネン] 動 h. **1.** 〔〈j⁴/et⁴〉ッ〕拭く;乾かす(太陽などが). **2.** 〔〈j³〉ッ+〈et⁴〉ッ〕ぬぐう(涙などを). **3.** h./s. 〔慣用〕乾く.

ab|tröp·feln [アップ・トれップふェルン] 動 s. **1.** 〔von〈et³〉カら〕滴り落ちる. **2.** 〔〈et⁴〉ッ〕水(気)を切る.

ab|trop·fen [アップ・トろップふェン] 動 s. **1.** 〔von〈et³〉カら〕滴り落ちる;(球に当たって)真下に落ちる. **2.** 〔〈et⁴〉ッ〕水(気)を切る. 〔慣用〕水を滴り落とし, しずくが切れる(洗濯物などが).

ab|trot·ten [アップ・トろッテン] 動 s. 〔慣用〕《口》のろのろ立去る.

ab|trot·zen [アップ・トろッツェン] 動 h. 〔〈j³〉ニ+〈et⁴〉ッ〕しつこくせがんで手に入れる, 無理やり承諾させる.

ab|tru·deln [アップ・トるーデルン] 動 s. 〔慣用〕【空】きりもみ状態で落ちる;《口》ずらかる.

ab·trünn·ig [アップ・トりュニヒ] 形 〔(〈j³〉ニ)〕背いた, 変節の, 背信の.

ab|tun* [アップ・トゥン] 動 h. **1.** 〔〈et⁴〉ッ〕《口》はずす, 取る, 脱ぐ(身につけているものを). **2.** 〔〈j⁴/et⁴〉ッ+(mit〈et³〉ッ/als〈形〉トシテ)〕(あっさりと)片づけてしまう, 無視する. **3.** 〔〈et⁴〉ッ+(als〈形〉トシテ/als〈形〉トシテ)〕見下す, 軽視する, 無視する. **4.** 〔〈et⁴〉ッ+(〈樣態〉デ)〕処理する, 済ます. **5.** 〔〈j⁴〉ッ〕《方》殺す(動物を).

ab|tup·fen [アップ・トゥップふェン] 動 h. 〔〈et⁴〉ッ+mit〈et³〉デ〕軽くたたいてぬぐう(綿で傷口などを);軽くたたくようにしてふき取る(染みなどを).

a·bun·dant [アブンダント] 形 豊富な, 過剰な.

die **A·bun·danz** [アブンダンツ] 名 -/ **1.** 《文》豊富, 過剰. **2.** 【生態】数度. **3.** 冗語(法).

ab urbe con·di·ta [アップ ウるベ コンディタ] 〔ラ語〕(紀元前 753 年の)ローマ建都から数えて.

ab|ur·tei·len [アップ・ウるタイレン] 動 h. 〔〈j⁴/et⁴〉ッ〕有罪判決を下す;(…を)非難(弾劾)する.

der **Ab·usus** [アブースース] 名 -/ [アブウーズース] 濫用.

der **Ab·ver·kauf** [アップ・ふぇあカォふ] 名 -(e)s/..käufe 《オーストリア》(在庫一掃の)大売出し, 蔵払い.

ab|ver·lan·gen [アップ・ふぇあラングン] 動 h. 〔〈j³〉ニ+〈et⁴〉ッ〕(あつかましく)要求する(代価として).

ab|ver·mie·ten [アップ・ふぇあミーテン] 動 h. 〔〈et⁴〉ッ+(an〈j⁴〉ニ)〕また貸しする.

ab|wä·gen(*) [アップ・ヴェーゲン] 動 h. **1.** 〔〈et⁴〉ッ〕慎重に吟味する, 比較考量する(多くの意見を). **2.** 〔〈et⁴〉ッ〕《古》重さを量る.

ab|wäh·len [アップ・ヴェーレン] 動 h. 〔〈j⁴〉ッ〕投

A

票により解任する. **2.** 〔〈et^4〉ヲ〕〖教〗選択しない(特定の科目を).

ab|wäl·zen [アップ・ヴェルツェン] [動] *h.* **1.** 〔〈et^4〉ヲ＋von 〈et^3〉カラ〕転がして落す. **2.** 〔〈et^4〉ヲ＋auf 〈j^4〉ニ〕押しつける.

ab|wan·deln [アップ・ヴァンデルン] [動] *h.* 〔〈et^4〉ヲ〕部分的に変える, いろいろ変える;〖言〗《古》語形変化させる(単語を).

die **Ab·wan·de·lung** [アップ・ヴァンデルング] [名] −/−en 《稀》＝Abwandlung.

ab|wan·dern [アップ・ヴァンダーン] [動] **1.** *s.* 〔補足なし〕《稀》出発する(徒歩で). **2.** *h.*〔*s.*〕〔〈et^4〉ヲ〕くまなく歩き回る(ある地域を). **3.** *s.* 〔〈方向〉ニ〕移り住む;転職する;移る(客がライバル会社に);流出する(外貨が国外に);向く(視線がある人の方へ). **4.** *s.* 〔補足なし〕〖スポーツ〗移籍する;試合終了前に帰る(観客が).

die **Ab·wan·de·rung** [アップ・ヴァンデるング] [名] −/−en 《主に[単]》 **1.** 移住;転職, (労働力などの)流出;〖スポーツ〗移籍. **2.** (地域を)歩き回ること.

die **Ab·wand·lung** [アップ・ヴァンドルング] [名] −/−en (小さな)変化, 変更;ヴァリエーション;〖言〗語形変化.

die **Ab·wär·me** [アップ・ヴェるメ] [名] −/ 〖工〗廃熱, 余熱.

der **Ab·wart** [アップ・ヴァるト] [名] −s/−e〔..wärte〕《スイス》(家屋の)管理人.

ab|war·ten [アップ・ヴァるテン] [動] *h.* **1.** 〔〈j^4/et^4〉ガ〕来るのを待つ. **2.** 〔補足なし〕辛抱して待つ: Ich musste untätig ～. 私は何もせずにただ待っていなければならなかった. eine ～*de* Haltung 静観的な態度. **3.** 〔〈et^4〉ガ〕過ぎる〔終る〕のを待つ. 【慣用】**Abwarten und Tee trinken!** 《口》まあ辛抱して待て.

ab·wärts [アップ・ヴェるツ] [副] 下の方へ, 下って: Der Weg führt ～. 道は下り坂になっている. den Fluss ～ fahren 川を下る. vom Major (an) ～ 少佐以下.

ab·wärts ge·hen, [旧] **ab·wärts|ge·hen*** [アップヴェるツ ゲーエン] [動] *s.* 〔Es＋mit〈j^3/et^3〉ガ〕悪化する, 不振になる.

der **Ab·wasch** [アップ・ヴァッシュ] [名] −(e)s/ 《口》 **1.** 食器を洗うこと. **2.** 《総称》汚れた食器. 【慣用】 **Das ist ein Abwasch** 〔**geht in einem Abwasch**〕. それは一気にかたがつく.

ab·wasch·bar [アップヴァッシュ・バーあ] [形] 洗いのきく.

ab|wa·schen* [アップ・ヴァッシェン] [動] *h.* **1.** 〔〈et^4〉ヲ＋(von 〈et^3〉カラ)〕水(と石けん)で洗い落す;取消す(誓いを), そそぐ(汚名などを). **2.** 〔〈et^4〉ヲ〕水(と石けん)で洗う. **3.** 〔補足なし〕洗い物をする: Das ist ein *A*～. 《口》そんなことは一気にかたがつく.

das **Ab·was·ser** [アップ・ヴァッサー] [名] −s/..wässer 下水, 汚水, 廃水.

die **Ab·was·ser·be·las·tung** [アップヴァッサー・ベラストゥング] [名] −/−en (河湖などの)下〔汚〕水による汚染

der **Ab·was·ser·ka·nal** [アップヴァッサー・カナール] [名] −s/..näle 下水道.

die **Ab·was·ser·rei·ni·gung** [アップヴァッサー・らイニグング] [名] −/−en 下水〔汚水〕処理.

ab|wech·seln [アップ・ヴェクセルン] [動] *h.* 〔(sich^4)〕交互に代る;交替する: Freud und Leid *wechselten* sich *ab*. 喜びと悲しみが交互に訪れた. (sich^4) mit 〈j^3〉 am Steuer ～ 〈人ト〉運転を交替する.

ab·wech·selnd [アップ・ヴェクセルント] [形] 交互〔交替〕の;代る代る.

die **Ab·wech·se·lung** [アップ・ヴェクセルング] [名] −/−en 《稀》＝Abwechslung.

die **Ab·wechs·lung** [アップ・ヴェクスルング] [名] −/−en 気分転換, 気晴らし;(多様な)変化, 移り変り.

ab·wechs·lungs·los [アップヴェクスルングス・ロース] [形] 変化のない, 単調な.

ab·wechs·lungs·reich [アップヴェクスルングス・らイひ] [形] 変化に富む.

der **Ab·weg** [アップ・ヴェーク] [名] −(e)s/−e 《主に[複]》邪道: auf ～*e* geraten 邪道に陥る.

ab·we·gig [アップ・ヴェーギひ] [形] 間違った.

die **Ab·wehr** [アップ・ヴェーあ] [名] −/ 拒否, 拒絶;防御, 防衛, 低抗;〖軍〗防衛部隊, 防諜機関;〖スポーツ〗ディフェンス, ディフェンダー: auf ～ stoßen 抵抗にあう.

ab|weh·ren [アップ・ヴェーれン] [動] *h.* **1.** 〔〈j^4/et^4〉ヲ〕撃退する(敵軍・攻撃などを). **2.** 〔〈et^4〉ヲ〕かわす(殴打などを);〖スポーツ〗防ぐ(コーナーキックのボールなどを). **3.** 〔〈et^4〉ヲ〕防止する;断る, 退ける(抗議などを). **4.** 〔〈j^4/et^4〉ヲ＋(von 〈j^3〉カラ)〕追返す〔払う〕. **5.** 〔補足なし〕拒否的態度を取る.

der **Ab·wehr·stoff** [アップヴェーあ・シュトふ] [名] −(e)s/−e 《主に[複]》〖生〗抗体.

ab|wei·chen[1] [アップ・ヴァイひェン] [動] **1.** *h.* 〔〈et^4〉ヲ＋(von 〈et^3〉カラ)〕濡(ぬ)らしてはがす. **2.** *s.* 〔補足なし〕濡れてはがれる.

ab|wei·chen[2]* [アップ・ヴァイひェン] [動] *s.* **1.** 〔von 〈et^3〉カラ〕それる; 逸脱する. **2.** 〔von 〈et^3〉ト＋(in 〈et^3〉ノ点デ)〕相違する.

ab·wei·chend [アップ・ヴァイひェント] [形] 〔(von 〈et^3〉ト)〕異なる, (…から)逸脱した.

der **Ab·weich·ler** [アップ・ヴァイひラー] [名] −s/− 〖政〗偏向者.

die **Ab·wei·chung** [アップ・ヴァイひゅング] [名] −/−en 逸脱; 相違; 差異; (政治的)偏向;〖理〗偏差, 偏倚(へんい).

ab|wei·den [アップ・ヴァイデン] [動] *h.* **1.** 〔〈et^4〉ヲ〕食い尽す(動物が草を). **2.** 〔〈et^4〉ノ〕草を食い尽す.

ab|wei·sen* [アップ・ヴァイゼン] [動] *h.* 〔〈j^4/et^4〉ヲ〕断る, はねつける, 撃退する;〖法〗却下〔棄却〕する.

ab·wei·send [アップ・ヴァイゼント] [形] 拒否的な, そっけない.

ab|wel·ken [アップ・ヴェルケン] [動] *s.* 〔補足なし〕《文》しおれる, 枯れる.

ab·wend·bar [アップ・ヴェント・バーあ] [形] 回避〔防止・阻止〕可能な.

ab|wen·den(*) [アップ・ヴェンデン] [動] *h.* **1.** 〔〈et^4〉ヲ〕横に向ける, 逸(そ)らす, 背ける. **2.** 〔sich^4〕顔〔目〕を背ける. **3.** 〔sich^4＋von 〈j^3/et^3〉ヲ〕見限る, (…に)背を向ける, 見切りをつける. **4.** (規則変化)〔〈et^4〉ヲ〕かわす, よける;防止する. **5.** (規則変化)〔〈et^4〉ヲ//〈et^4〉カラ＋von 〈j^3〉ヲ〕防ぐ, (…から…を)未然に守る. **6.** (規則変化)〔von 〈et^3〉カラ〕〖体操〗下向き横飛び越しで着地する.

ab·wen·dig [アップ・ヴェンディひ] [形] 《次の形で》〈j^3〉〈j^4〉 ～ machen 《古》〈人カラ〉〈人ヲ〉奪い取る. 〈j^4〉〈et^3〉 ～ machen 《稀》〈人ヲ〉〈事カラ〉離反させる.

ab|wer·ben* [アップ・ヴェるベン] [動] *h.* 〔〈j^4〉ヲ〕引抜く;奪う(顧客を).

die **Ab·wer·bung** [アップ・ヴェるブング] [名] −/−en (人員の)引抜き.

ab|wer·fen* [アップ・ヴェるふェン] [動] *h.* **1.** 〔〈j^4/et^4〉ヲ〕投下する;脱ぎ捨てる, 払いのける;振り落す(馬が乗り手を);〖トランプ〗捨てる, 出す(カードを);はねのける(束縛などを). **2.** 〔〈j^4/et^4〉ニ〕〖スポーツ〗ボールを当ててアウトにする(ドッジボールなどで);(…を)落す(バーなどを);投げる(槍(やり)・円盤・砲丸を). **3.** 〔補足なし〕〖サッカー〗ボールをフィールドに投げ入れる(ゴールキーパーが). **4.** 〔〈et^4〉ヲ〕もたらす(利益などを).

ab|wer·ten [アップ・ヴェーあテン] [動] *h.* **1.** 〔〈et^4〉ノ〕平価を切下げる. **2.** 〔〈j^4/et^4〉ノ〕価値を低く見る, (…を)みくびる.

die **Ab·wer·tung** [アップ・ヴェーあトゥング] [名] −/−en 評価を低くすること;平価切下げ.

ab·we·send [アップ・ヴェーゼント] [形] **1.** 不在の, 留守の, 欠席の. **2.** 上の空の.

der/die **Ab·we·sen·de** [アッブ・ヴェーゼンデ] [名] ((形容詞的変化))不在者, 欠席者.

die **Ab·we·sen·heit** [アッブ・ヴェーゼンハイト] [名] -/-en ((主に[単]))不在, 欠席, 留守;放心状態 : in meiner ~ 私の不在中に.

ab|wet·zen [アッブ・ヴェッツェン] [動] *h.* **1.** 〔〈et^4〉ヲ＋(von 〈et^3〉カラ)〕((稀))研いで取除く((さびを)). **2.** *h.* 〔〈et^4〉ヲ〕擦切れさせる. **3.** *s.* 〔補足なし〕((口))急いで逃げる.

ab|wich·sen [アッブ・ヴィクセン] [動] *h.* **1.** 〔〈et^4〉ヲ〕〖劇〗何回となく演じる((役として)). **2.** (次の形で) sich^3 einen ~ ((口))自慰をする.

ab|wi·ckeln [アッブ・ヴィッケルン] [動] *h.* **1.** 〔〈et^4〉ヲ＋(von 〈et^3〉カラ)〕ほどく((糸などを)), 繰り出す((釣糸などを)). **2.** 〔〈et^4〉ヲ〕(手際よく)処理する;(手順どおりに)進行させる;履行する((債務などを)). **3.** 〔sich^4＋(〈様態〉デ)〕(順調に)進行〔進捗(しんちょく)〕する;流れる((交通が)).

die **Ab·wick·lung** [アッブ・ヴィックルング] [名] -/-en (手順どおりの)進行, 処理;〖経〗(会社などの)清算.

ab|wie·geln [アッブ・ヴィーゲルン] [動] *h.* 〔(〈j^4/et^4〉ヲ)〕なだめる, 鎮める.

ab|wie·gen* [アッブ・ヴィーゲン] [動] *h.* **1.** 〔〈j^4/et^4〉ヲ〕(厳密に)計量する. **2.** 〔〈et^4〉ヲ〕(必要な量だけ)目方を量って取る.

ab|wim·meln [アッブ・ヴィメルン] [動] *h.* 〔〈j^4/et^4〉ヲ〕((口))厄介払いする, (…から)(体よく)逃れる.

der **Ab·wind** [アッブ・ヴィント] [名] -(e)s/-e 〖気〗下降気流;〖空〗(主翼面の)下降気流.

ab|win·ken [アッブ・ヴィンケン] [動] *h.* (過分は abgewunken も有) **1.** 〔〈様態〉ニ〕(手を振って)拒否〔拒絶〕(の合図を)する. **2.** 〔〈et^4〉ノ〕〖モータースポーツ〗終了を旗を振って合図する((レースの)). **3.** 〔〈j^4〉ニ〕旗を振って止まるよう合図する((レーサーに)).

ab|wirt·schaf·ten [アッブ・ヴィるトシャふテン] [動] *h.* **1.** 〔〈et^4〉ヲ〕破産させる. **2.** 〔補足なし〕破産する;崩壊する((国などが)).

ab|wi·schen [アッブ・ヴィッシェン] [動] *h.* **1.** 〔(〈j^3〉ノ)＋〈et^4〉ヲ〕拭(ふ)き取る. **2.** 〔(〈j^3〉ノ)＋〈et^4〉ヲ〕拭いてきれいにする.

ab|woh·nen [アッブ・ヴォーネン] [動] *h.* **1.** 〔〈et^4〉ヲ〕使い古す((家などを)). **2.** 〔〈et^4〉ヲ〕家賃で清算する((前払金などを)).

ab|wra·cken [アッブ・ヴらッケン] [動] *h.* 〔〈j^4/et^4〉ヲ〕スクラップにする;ぼろぼろにする.

der **Ab·wurf** [アッブ・ヴるふ] [名] -(e)s/..würfe **1.** (爆弾などの)投下. **2.** 〖サッカー〗(ゴールキーパーの)スロー;スローされたボール;〖ドッジボール〗相手にボールを当てること.

ab|wür·gen [アッブ・ヴュるゲン] [動] *h.* 〔〈j^4/et^4〉ヲ〕絞め殺す;押えつける((ストライキなどを));((口))(…に)エンストを起こさせる.

a·bys·sisch [アビュスィシュ] [形] 〖地質〗地底の;深海の : ~*e* Gesteine 深成岩.

ab|zah·len [アッブ・ツァーレン] [動] *h.* **1.** 〔〈et^4〉ノ〕代金を分割で支払う. **2.** 〔〈et^4〉ヲ〕分割で返済する.

ab|zäh·len [アッブ・ツェーレン] [動] *h.* **1.** 〔〈j^4/et^4〉ノ〕数を確かめる. **2.** 〔〈et^4〉ヲ〕数えて一定数を取出す;数え歌を歌って決める((かくれんぼの鬼などを)). **3.** 〔〈et^4〉ヲ＋an 〈et^3〉ヲ〕数えて決める((花びらなどを)). **4.** 〔〈様態〉ノ〕番号を唱える : zu fünfen ~ 〖スポ・軍〗1番から5番まで番号を唱えて5人ずつの班に分れる.

die **Ab·zah·lung** [アッブ・ツァールング] [名] -/-en 分割払い, 割賦, 賦払(ぶばらい) : auf ~ 分割払いで.

das **Ab·zah·lungs·ge·schäft** [アッブツァールングス・ゲシェふト] [名] -(e)s/-e 〖経〗分割払い〔割賦・賦払〕取引〔売買〕, クレジット販売店.

der **Ab·zah·lungs·kauf** [アッブツァールングス・カウふ] [名] -(e)s/..käufe 分割払い〔割賦・賦払〕購入〔売買〕.

ab|zap·fen [アッブ・ツァッブふェン] [動] *h.* **1.** 〔〈et^4〉ヲ〕(栓を抜いて樽から)注ぎ出す : 〈j^3〉 Blut ~ ((口))〈人ニ〉瀉血(しゃけつ)を行う. 〈j^3〉 Geld ~ ((口))〈人から〉金をせびり取る. **2.** 〔〈et^4〉ヲ〕((稀))栓を抜いて空にする((樽を)).

ab|zap·peln [アッブ・ツァッペルン] [動] *h.* 〔sich^4〕((口))じたばたする;あがく.

ab|zäu·men [アッブ・ツォイメン] [動] *h.* 〔〈et^4〉カラ〕勒(ろく)をはずす((馬などから)).

ab|zäu·nen [アッブ・ツォイネン] [動] *h.* 〔〈et^4〉ヲ〕柵(さく)〔フェンス〕で仕切る〔かこむ〕((土地・建物などを)).

die **Ab·zäu·nung** [アッブ・ツォイヌング] [名] -/-en **1.** 柵を巡らすこと. **2.** 柵, フェンス.

ab|zeh·ren [アッブ・ツェーれン] [動] *h.* **1.** 〔〈j^4/et^4〉ヲ〕やせ衰えさせる, やつれさせる. **2.** 〔sich^4〕やせ衰える, やつれる.

das **Ab·zei·chen** [アッブ・ツァイひェン] [名] -s/- **1.** 記章, バッジ;目じるし. **2.** 〖動〗(白い)斑(はん)点.

ab|zeich·nen [アッブ・ツァイひネン] [動] *h.* **1.** 〔〈j^4/et^4〉ヲ〕スケッチする, 模写する;描写する. **2.** 〔〈et^4〉ニ〕(読んだしるしに)サインする((報告書などに)). **3.** 〔sich^4＋(gegen 〈et^4〉ニ/von 〈et^3〉カラ)〕くっきりと浮出ている;ほのかに見えてくる. **4.** 〔sich^4＋in〔auf〕〈et^3〉ニ〕表れる((苦悩が顔などに)).

das **Ab·zieh·bild** [アッブ・ツィー・ビルト] [名] -(e)s/-er 移し絵.

ab|zie·hen* [アッブ・ツィーエン] [動] **1.** *h.* 〔〈et^4〉ヲ＋(von 〈et^3〉カラ)〕抜取る, (引っ張って)外す((手袋などを));((方))脱ぐ;むく((トマトなどの皮を)). **2.** *h.* 〔〈et^3〉ノ＋〈et^4〉ヲ〕はぎ取る((動物の皮を)). **3.** *h.* 〔〈et^4〉ノ〕皮をはぎ取る;皮をむく((果物の));筋を取る((インゲン豆などの));(…を)はがす((シーツなどを));引き金を引く, 安全装置をはずす. **4.** *h.* 〔〈et^4〉ヲ＋mit 〈et^3〉デ〕磨く, 削る. **5.** *h.* 〔〈et^4〉ヲ＋auf 〈et^3〉デ〕研ぐ. **6.** *h.* 〔〈et^4〉カラ〕〖写〗ポジを作る((ネガから));(…を)焼増しをする((写真・フィルムなどを));刷る((版から));複写コピーする. **7.** *h.* 〔〈et^4〉ニ＋(mit 〈et^3〉デ)〕〖料〗とろみをつける. **8.** *h.* 〔〈et^4〉ヲ〕〖紡〗抜く((色を)). **9.** *h.* 〔〈j^4/et^4〉ヲ＋aus〔von〕〈et^3〉カラ〕〖軍〗撤退させる. **10.** *h.* 〔〈et^4〉ヲ＋(auf 〈et^4〉ニ)〕詰める((ワインを瓶などに)). **11.** *h.* 〔〈et^4〉ヲ＋von 〈et^3〉カラ〕そらす((注意などを));差引く. **12.** *h.* 〔〈et^4〉ヲ〕((口))催す((宴会などを)). **13.** *s.* 〔補足なし〕流れて行く((雲などが));隊列を組んで退去する. **14.** *s.* 〔(〈様態〉デ)〕((口))立去る. **15.** *h.* 〔補足なし〕〖球〗急に猛烈なシュートをする.

der **Ab·zie·her** [アッブ・ツィーあー] [名] -s/- 〖印〗校正〔試し〕刷り工;〖解〗外転筋.

die **Ab·zieh·pres·se** [アッブツィー・プれッセ] [名] -/-n 謄写版.

der **Ab·zieh·stein** [アッブツィー・シュタイン] [名] -(e)s/-e 砥石(といし).

ab|zie·len [アッブ・ツィーレン] [動] *h.* 〔auf 〈j^4/et^4〉ヲ〕目ざす, 目標とする, 志向する.

ab|zir·keln [アッブ・ツィるケルン] [動] *h.* 〔〈et^4〉ヲ〕精確に測定する : seine Worte ~ 言葉を慎重に選んで使う.

der **Ab·zug** [アッブ・ツーク] [名] -(e)s/..züge **1.** 差引くこと, 控除 : 〈et^4〉 in ~ bringen 〈物ヲ〉差引く. **2.** ((主に[単]))退却, 撤退. **3.** (ガスなどの)排出口;排出装置;((単のみ))排気, 排出. **4.** 〖写〗陽画, プリント, 焼増し. **5.** 〖印〗印刷〔リプリント〕されたもの. **6.** 引き金. **7.** ((複のみ))税金.

ab·züg·lich [アッブ・ツュークリひ] [前] 〔＋2格〕〖商〗…を差引いて〔控除して〕((冠詞類を伴わない名詞の場合, 2格語尾-(e)s はなし, また, 複は3格)) : ~ Rabatt 割引額を差引いて. ~ Getränken 飲物代を引いて.

ab|zugs·fä·hig [アップツークス・ふぇーイヒ] 形 控除できる.
ab|zugs·frei [アップツークス・ふらイ] 形 源泉徴収されない.
der **Abzugs·gra·ben** [アップツークス・グラーベン] 名 -s/..gräben 排水溝.
der **Abzugs·ka·nal** [アップツークス・カナール] 名 -s/..näle 〖土・工〗下水道, 排水路.
das **Abzugs·rohr** [アップツークス・ろーア] 名 -(e)s/-e 排水[排気]管.
ab|zup·fen [アップ・ツップふェン] 動 h. 〖et⁴〗つまみ取る(花弁などを);(…から)全部つまみ取ってしまう(枝から実などを).
ab|zwa·cken [アップ・ツヴァッケン] 動 h. 1. 〈et⁴〉ヮ+(mit 〈et³〉ヮ)はさみ切る(ペンチで針金などを). 2. 〈et⁴〉ヮ捻出(ねんしゅつ)する(時間・お金などを). 3. 〈j³〉ヮから〈et⁴〉ヮかすめ取る.
der **Abzweig** [アップ・ツヴァイク] 名 -(e)s/-e 分岐道路;(パイプの)分岐管.
die **Abzweig·do·se** [アップツヴァイク・ドーゼ] 名 -/-n 〖電〗接続箱, 分岐箱.
ab|zwei·gen [アップ・ツヴァイゲン] 動 1. s. 〈von 〈et³〉ヮ〈方向へ〉)分岐する; (稀)道路からそれて別の道に入る(人が). 2. h. 〈et⁴〉ヮ+(zu 〈et³〉=)取っておく.
die **Abzwei·gung** [アップ・ツヴァイグング] 名 -/-en 分岐点, 支線;枝分れしている区間[配管・配線].
ab|zwi·cken [アップ・ツヴィッケン] 動 h. 〈et⁴〉ヮ+(mit 〈et³〉ヮ)はさんで切る.
ab|zwin·gen* [アップ・ツヴィンゲン] 動 h. 〈j³〉=+〈et⁴〉ヮ強制する, (…から)…を無理やり奪う.
ab|zwit·schern [アップ・ツヴィッチャーン] 動 s. 〖口〗立去る.
Ac [アーツェー] 〖化〗アクチニウムの元素記号.
a c. =a conto 口座勘定で.
à c. =à condition 条件つきで.
a. c. =anni currentis 今年の.
a cappella [ア カペラ] 〖音語〗〖楽〗器楽伴奏なしで, アカペラで.
der **A-cappella-Chor** [ア・カペラ・コーる] 名 -(e)s/..Chöre 無伴奏合唱団.
acce·le·ran·do [atſele.. アチェレらンド] 副 〖楽〗アッチェレランド.
der **Ac·cent ai·gu** [aksã:tɛgỹ: アクサーンテギュー] 名 --/-s-s[アクサーンゼギュー] 〖言〗アクサン・テギュ(éの´).
der **Ac·cent cir·con·flexe** [aksã:sirkõfléks アクサーン スぃるコンふレックス] 名 --/-s-s[..ふレックス] 〖言〗アクサン・シルコンフレックス(âの^).
der **Ac·cent grave** [..grá:f アクサーン グらーフ] 名 --/-s-s[..グらーヴ] 〖言〗アクサン・グラーヴ(èの`).
das **Ac·ce·soire** [akseŏa:ɐ アクセソアーる] 名 -s/-s[..ソアーホ(ス)](主に⓪)アクセサリー.
die **Ac·ciac·ca·tu·ra** [atjakatúra アチャッカトゥーら] 名 -/..ren 〖楽〗アッチャカトゥーラ, 短前打音.
der **Ac·cro·cha·ge** [akrɔjá:ʒə アクろシャージュ] 名 /-n (画廊の)所蔵品展.
ac·cu·sa·ti·vus cum in·fi·ni·ti·vo [アクザティーヴス クム インふぃニティーヴォ] 〖ラテ語〗〖言〗不定詞つき主語them.
das **Ace·tat** [atse.. アツェタート] 名 -s/-e 〖化〗アセテート, 酢酸塩, 酢酸エステル;⓪酢酸繊維.
das **Ace·ton** [アツェトーン] 名 -s/- 〖化〗アセトン.
das **Ace·ty·len** [アツェテューレーン] 名 -s/- 〖化〗アセチレン.
der **Ace·tyl·rest** [アツェテュール・れスト] 名 -(e)s/-e 〖生化〗アセチル基.
die **Ach**¹ [アは] 名 -/-en 小川.
das **Ach**² [アは] 名 -s/-(s) 嘆息. 【慣用】mit Ach und Krach 〖口〗やっとのことで.

ach ! [アは !] 間 (驚き・歎き・当惑・不満・同情などの気持を表して)ああ, まあ: A~, du armes Kind ! まあ, かわいそうな子. A~, ist das schön ! へえ, それはすごい. A~, wie schade ! ほお, それは残念. A~ Gott [du lieber Gott)! まあ(なんということ), ああどうしよう. A~ ja(so) ! ああそうか. A~ nein ! とんでもない. A~ was[wo] ! 〖口〗そんなばかな. ~ und weh schreien 〖口〗嘆き悲しむ.
der **A·chä·er** [アヘーあー] 名 -s/- アカイア人(古代ギリシアの種族).
der **A·chat** [アはート] 名 -(e)s/-e 〖鉱〗瑪瑙(めのう).
die **A·che** [アー(へ)] 名 -/-n Ach¹.
a·cheln [アッヘルン] 動 h. 〖隠語〗〖方〗食べる.
der **A·chen·see** [アーヘン・ゼー] 名 -s/- 〖湖名〗アーヘンゼー(オーストリア, チロルの湖).
der **A·che·ron** [アヘろン] 名 -s/- 〖ギ神〗アケロン(冥界(めいかい)の川).
(*der*) **A·chil·les** [アひレス] 名 〖ギ神〗アキレス, アキレウス(トロイア戦争におけるギリシア第一の英雄).
die **A·chil·les·fer·se** [アひレス・ふェルゼ] 名 -/- アキレスのかかと ; 〈j³〉⁺ treffen〈人の〉弱点に触れる.
die **A·chil·les·seh·ne** [アひレス・ゼーネ] 名 -/-n 〖医〗アキレス腱(けん).
(*der*) **A·chil·leus** [アひロイス] 名 =Achill.
(*der*) **A·chim** [アひム] 名 〖男名〗アヒム.
a. Chr. (n.) =ante Christum (natum) キリスト生誕前, 西暦紀元前.
der **A·chro·mat** [アクろマート] 名 -(e)s/-e 〖光〗色消しレンズ(色収差の修正用).
a·chro·ma·tisch [アクろマーティシュ] 形 〖光〗色消しの, 収色性の.
der **A·chro·ma·tis·mus** [アクろマティスムス] 名 -/..men 〖光〗色消し, 収色性.
die **Ach·se** [アクセ] 名 -/-n 1. (物体の)軸;回転軸;〖工〗車軸, 心棒; 〖数〗座標軸, 対称軸;〖植〗葉軸; 〖地質〗地軸; 〖政〗枢軸. 2. (2地点を)結ぶ線. 【慣用】auf (der) Achse sein 〖口〗途中[旅行中]である. per Achse 〖経・交通〗陸上輸送で.
die **Ach·sel** [アクセル] 名 -/-n 1. 肩(かた), (広義で)肩 ; mit den ~n zucken 肩をすくめる. 〈et⁴〉 auf die leichte ~ nehmen 〈事⁴〉気楽に考える. 〈j¹〉 über die ~ ansehen 〈人⁴〉を見下すす, あなどる. 2. 〖植〗葉腋(ようえき).
die **Ach·sel·haa·re** [アクセル・ハーれ] 複名 腋(わき)毛.
die **Ach·sel·höh·le** [アクセル・ヘーレ] 名 -/-n 腋(わき)の下, 腋窩(えきか).
die **Ach·sel·klap·pe** [アクセル・クラッペ] 名 -/-n (主に⓪)肩章.
die **Ach·sel·schnur** [アクセル・シュヌーる] 名 -/..schnüre 肩章のたれ飾り[飾り緒(お)].
das **Ach·sel·stück** [アクセル・シュテュック] 名 -(e)s/-e (主に⓪)肩章.
das **Ach·sel·zucken** [アクセル・ツッケン] 名 -s/- 肩をすくめること(当惑・無関心などの表現).
ach·sel·zuckend [アクセル・ツッケント] 形 肩をすくめた.
das **Ach·sen·kreuz** [アクセン・クろイツ] 名 -es/-e 〖数〗座標系.
..ach·sig [..アクスィヒ] 接尾 数詞などにつけて形容詞を作る: dreiachsig 3軸の.
der **Achs·schen·kel** [アクス・シェンケル] 名 -s/- 〖機〗軸くび, ステアリングナックル.
der **Achs·stand** [アクス・シュタント] 名 -(e)s/..stände 〖工〗軸距, ホイールベース.
acht¹ [アはト] 数 〖基数〗8 : A~ und zwei ist [macht, gibt] zehn. 8たす2は10. Es ist ~

A

(Uhr). 8時だ. Seite ～ 第8ページ. die Linie ～ 8番系統(のバス・電車). ～ zu vier gewinnen 8対4で勝つ. halb ～ 7時半. ein Viertel vor/nach ～ 8時15分前/過ぎ. drei viertel ～ 7時45分. um ～ (Uhr) 8時に. gegen ～ Uhr 8時頃に. ～ Jahre alt sein 8歳である. Wir sind ～〔zu ～(*en*)/unser ～〕. 私たちは8人だ《zu ～*en* は《口》. unser ～ は《文》》. das Schicksal dieser ～ この8人の運命. eine Gruppe ～*er* Kinder〔von ～ Kindern〕子供8名のグループ. heute in ～ Tagen 来週の今日. alle ～ Tage 1週間〔8日目〕毎に.

acht[2] [アはト] [数]《序数》《形容詞的変化》8番目の, 第8の【数字表記は「8.」】: Heute ist der 8. (＝～*e*) Mai. 今日は5月8日だ. am 8. (＝～*en*) Juli 7月8日に. am *A*～*en* dieses Monats 今月の8日に. jeden ～*en* Tag 8日目毎に. zu ～ 8人で, 8人ずつ. zum ～*en* Mal 8回〔度〕目に. der/die *A*～*e* von hinten 後ろから8番目の男/女.

die **Acht**[1] [アはト] [名] -/-en **1.** (数・数字の) 8. **2.** 8の字の形. **3.** (トランプの) 8の札. **4.** 《口・冗》手錠. **5.** 《口》8番系統のバス〔市電〕.

die **Acht**[2] [アはト] [名] -/ 注意, 配慮【[旧]では, 成句内で普通小文字】: ～ geben 注意深くする. auf 〈j^4/et^4〉 ～ geben 〈人・物・事に〉気をつける〔注意する〕. auf 〈j^4/et^4〉 ～ haben《文》〈人・物・事に〉気をくばる, 注意を払う. 〈et^4〉 außer ～ lassen 〈物・事を〉顧慮しない. 〈et^4〉 in ～ nehmen 〈事を〉注意深くあつかう.

die **Acht**[3] [アはト] [名] -/ 〖史〗法律保護剝脱刑, アハト刑, 帝国追放刑; 追放: über 〈j^4〉 die ～ aussprechen 〈人に〉アハト刑を言い渡す. **【慣用】** **〈j^4〉 in Acht und Bann tun** 〖史〗アハト刑に処し, 聖俗界から破門する. 《文》(社会から)〈人を〉追放する.

achtbar [アはト・バーあ] [形] 《文》尊敬すべき, 称賛に値する.

das **Achteck** [アはト・エック] [名] -(e)s/-e 八角形.

achteckig [アはト・エッキひ] [形] 八角形の.

achteinhalb [アはト・アイン・ハルプ] [数] 《分数》＝achtundeinhalb.

achtel [アはテル] [数] 《分数》8分の1の: ein ～ Liter 8分の1リットル.

das **Achtel** [アはテル] [名] -s/- 《《スイ》der ～》8分の1.

das **Achtel** [アはテル] [名] -/- 〖楽〗8分音符.

achteln [アはテルン] [動] *h.* 〔〈et^4〉ヲ〕8(等)分する.

die **Achtelnote** [アはテル・ノーテ] [名] -/-n 〖楽〗8分音符.

die **Achtelpause** [アはテル・パウゼ] [名] -/-n 〖楽〗8分休止(符).

achten [アはテン] [動] *h.* **1.** 〔〈j^4〉ヲ〕尊敬する, 敬う. **2.** 〔〈et^4〉ヲ〕尊重する, 重んじる. **3.** 〔auf 〈j^4/et^4〉ニ〕気をつける, 注意を払う. **4.** 〔〈$et^{2(4)}$〉ヲ〕《文・古》顧みる. **5.** 〔〈j^4/et^4〉ヲ＋für 〈j^4/et^4〉ト/für 〈[形]〉ト〕《文・古》考える, みなす.

ächten [エひテン] [動] *h.* **1.** 〔〈j^4〉ノ〕〖史〗法律の保護を剝奪する, (…に)アハト刑〔帝国追放刑〕を科す; (…を)(社会から)追放する, 排斥する. **2.** 〔〈et^4〉ヲ〕(反社会的であると)厳しく非難する.

der **Achtender** [アはト・エンダー] [名] -s/- 〖狩〗角が(左右で)八枝の鹿.

achtens [アはテンス] [副] 第8に.

achtenswert [アはテンス・ヴェーあト] [形] 尊敬に値する.

der **Achter** [アはター] [名] -s/- **1.** 〖スポ〗(漕艇の)エイト; (フィギュアスケート・馬術の)エイト. **2.** 《方》(数・数字の) 8; 8番系統のバス〔市電〕.

achteraus [アはター・アウス] [副] 〖海〗後方へ, 船尾へ.

die **Achterbahn** [アはター・バーン] [名] -/-en (8の字形)ジェットコースター.

das **Achterdeck** [アはター・デック] [名] -(e)s/-s〔-e〕〖海〗後部甲板.

achterlei [アはターライ] [数] 《種数》8種類の; 八つのもの〔こと〕.

achtern [アはターン] [副] 〖海〗船尾に.

der **Achtersteven** [アはター・シュテーヴェン] [名] -s/- 〖海〗船尾材.

achtfach [アはト・ふぁっは] [形] 8倍〔8重〕の.【数字表記は「8 fach」】

das **Achtflach** [アはト・ふラっは] [名] -(e)s/-e 〖数〗八面体.

der **Achtflächner** [アはト・ふレっひナー] [名] -s/- 〖数〗八面体.

Acht geben*, [旧] **acht|geben*** [アはト ゲーベン] ⇨ Acht[2].

der **Achtgroschenjunge** [アはト・グろっシェン・ユンゲ] [名] -n/-n 《口・蔑》スパイ; 男娼, おかま.

Acht haben*, [旧] **acht|haben*** [アはト ハーベン] ⇨ Acht[2].

achthundert [アはト・フンダート] [数] 《基数》800.

achtjährig [アはト・イェーりひ] [形] 8年〔歳〕の; 8年間の.【数字表記は「8-jährig.」】

achtkantig [アはト・カンティひ] [形] 8稜の **【慣用】** 〈j^4〉 **achtkantig hinauswerfen** 〈人を〉たたき出す.

achtlos [アはト・ロース] [形] 不注意な.

die **Achtlosigkeit** [アはト・ローズィひカイト] [名] -/ 不注意, 無頓着(とんちゃく).

achtmal [アはト・マール] [副] 8回〔度・倍〕.【数字表記は「8-mal」】

achtmonatig [アはト・モーナーティひ] [形] 8か月の; 8か月間の.【数字表記は「8-monatig」】

achtmonatlich [アはト・モーナートリひ] [形] 8か月ごとの.【数字表記は「8-monatlich」】

die **Achtpunktschrift** [アはト・プンクト・シュりふト] [名] -/-en 〖印〗8ポイント活字.

achtsam [アはトザーム] [形] 《文》注意深い; 用心深い.

achtseitig [アはト・ザイティひ] [形] 8辺の; 8ページの.【数字表記は「8-seitig」】

der **Achtstundentag** [アはト・シュトゥンデン・ターク] [名] -(e)s/-e 1日8時間労働(制).

achtstündig [アはト・シュテュンディひ] [形] 8時間の.【数字表記は「8-stündig」】

achtstündlich [アはト・シュテュントリひ] [形] 8時間ごとの.【数字表記は「8-stündlich」】

achttägig [アはト・テーギひ] [形] 8日間の; まる1週間の.【数字表記は「8-tägig」】

achttäglich [アはト・テークリひ] [形] 8日ごとの.【数字表記は「8-täglich」】

achttausend [アはト・タウゼント] [数] 《基数》8000.

der **Achttausender** [アはト・タウゼンダー] [名] -s/- 8000メートル級の山.

achtteilig [アはト・タイリひ] [形] 8つの部分からなる.【数字表記は「8-teilig」】

achtundeinhalb [アはト・ウント・アイン・ハルプ] [数] 《分数》8と2分の1の.

die **Achtung** [アはトゥング] [名] -/ **1.** 注意, 留意: ～! 気をつけなさい; 気をつけ(号令). **2.** 尊敬, 敬意, 尊重: 〈j^3〉 ～ einflößen 〈人に〉尊敬の念を起こさせる. vor 〈j^3〉 große ～ haben 〈人を〉非常に尊敬する. in hoher ～ bei 〈j^3〉 stehen 〈人に〉尊敬されている. **【慣用】** **Alle Achtung!** それはすばらしい.

die **Ächtung** [エひトゥング] [名] -/ **1.** 〖史〗アハト刑〔帝国追放処分〕にすること. **2.** 非難, 弾劾; ボイコット.

achtunggebietend [アはトゥング・ゲビーテント] [形] 尊敬の念を起こさせる.

der **Achtungserfolg** [アはトゥングス・エあふぉルク] [名] -(e)s/-e 名ばかりの成功.

ach·tungs·voll [アはトゥングス・ふォル] [形] 敬意に満ちた.

acht·zehn [アは・ツェーン] [数] 《基数》18.

acht·zehnt [アは・ツェーント] [数]《序数》《形容詞的変化》【数字表記は「18.」】18 番目の, 第 18 の.

acht·zig [アはツィひ] [数] 《基数》80 : über ~ Jahre alt sein 80 歳を越えている. ~ fahren 《口》時速 80 キロで走る. 【慣用】〈j⁴〉 **auf achtzig bringen** 〈人を〉激怒させる. **auf achtzig sein/kommen** 《口》いきりたっている/いきりたつ.

die **Acht·zig** [アはツィひ] [名] -/-en (数字の) 80.

acht·zi·ger [アはツィガー] [形]《無変化》【数字表記は「80er」】 **1.** 80 の; (世紀の) 80 年の : Der Wein ist ein ~ Jahrgang. そのワインは 80 年産である. **2.** 80 歳代の; 80 年代の : in den ~ Jahren des vorigen Jahrhunderts 前世紀の 80 年代に.

der **Acht·zi·ger**[1] [アはツィガー] [名] -s/- **1.** 80 歳の男性; 80 歳代の男性. **2.** 80 年産のワイン. **3.** 《[複]のみ》80 歳代; 80 年代 : Mitte der ~ /in den ~*n* sein 80 代の半ば/80 代である. hoch in den ~*n* sein 80 歳をはるかに越えている.

die **Acht·zi·ger**[2] [アはツィガー] [名] -/- 《口》80 セント切手.

die **Acht·zi·ger·jah·re** [アはツィガー・ヤーれ] [複名] 80 歳〔年〕代.

acht·zigst [アはツィひスト] [数] 《序数》《形容詞的変化》80 番目の, 第 80 の.【数字表記は「80.」】

acht·zigs·tel [アはツィひステル] [数] 《分数》 80 分の 1 の.

das **Acht·zigs·tel** [アはツィひステル] [名] -s/- 《〘スイス〙der ~ も有》80 分の 1 .

der **Acht·zy·lin·der** [アはト・ツィリンダー] [名] -s/- 《口》 8 気筒エンジン; 8 気筒エンジンの自動車.

acht·zy·lin·drig [アはト・ツィリンドりひ] [形] 8 気筒の.【数字表記は「8-zylindrig」】

äch·zen [エひツェン] [動] *h.* 〘補足なし〙うめき苦しむ;《転》きしむ《ベッドなどが》.

a. c. i. =accusativus cum infinitivo 〘言〙不定詞つき主語的 4 格.

das **A·cid** [ɛ́sɪt エスィト] [名] -s/ 《〘ジャーゴン〙》アシド, 酸《LSD》

die **A·ci·di·tät** [atsi.. アツィディテート] [名] -/ 〘化〙酸(性)度.

der **A·cker** [アっカー] [名] -s/Äcker《単位を表す[複]は-》 **1.** 《[複] Äcker》畑, 耕地 : den ~ bestellen 畑を耕す. **2.** 《[複]-》アッカー《昔の耕作面積単位. 約 22-65 アール》.

der **A·cker·bau** [アっカー・バウ] [名] -s/ 農作, 農耕 : ~ treiben 農業を営む. die ~ treibenden Völker 農耕民族.

A·cker·bau trei·bend, [旧] **a·cker·bau·trei·bend** [アっカー・バウ・トらイベント] ⇨ Ackerbau.

die **A·cker·be·stel·lung** [アっカー・ベシュテルング] [名] -/-en 耕作.

der **A·cker·bo·den** [アっカー・ボーデン] [名] -s/..böden 耕地.

die **A·cker·flä·che** [アっカー・ふレっひェ] [名] -/-n 耕地.

der **A·cker·gaul** [アっカー・ガウル] [名] -(e)s/..gäule 《蔑》農耕馬.

das **A·cker·ge·rät** [アっカー・ゲれート] [名] -(e)s/-e《主に[複]》農機具, 農具.

die **A·cker·kru·me** [アっカー・クるーメ] [名] -/-n 〘農〙(農耕地の) 表土.

das **A·cker·land** [アっカー・ラント] [名] -(e)s/ 耕地.

a·ckern [アっカーン] [動] *h.* 〘補足なし〙畑を耕す, 耕作する;《口》あくせく働く.

das **A·cker·pferd** [アっカー・プふェるト] [名] -(e)s/-e 農耕馬.

der **Ack·ja** [アっクヤー] [名] -(s)/-s (救助用) スノーボート; (ラップ人の) ボート型ソリ.

à con·di·ti·on [a kõdisi̯õ: ア コンディスィオーン] 〘フランス語〙〘商〙条件つきで.

a con·to [ア コント] 〘イタリア語〙〘銀行〙口座勘定で《略 a c.》.

das **A·cryl·harz** [アクりゅール・ハーあツ] [名] -es/-e アクリル樹脂.

die **A·cryl·säu·re** [アクりゅール・ゾイれ] [名] -/ 〘化〙アクリル酸.

das **Ac·ti·ni·um** [アクティーニウム] [名] -s/ 〘化〙アクチニウム《記号 Ac》.

die **Ac·tion** [ɛ́kʃən エクション] [名] -/ (映画などの) アクションに富んだ筋(立て); アクション場面;《転》刺激, 活気; 騒ぎ.

der **Ac·tion·film** [エクション・ふィルム] [名] -(e)s/-e アクション映画.

das **Ac·tion-pain·ting** [.. pe:ntɪŋ エクション・ペーンティング] [名] -/ アクション・ペインティング.

a d. =a dato 日付後.

a. d. =an der : Frankfurt *a. d.* Oder フランクフルト・アン・デア・オーデル《オーデル河畔のフランクフルト》.

a. D. =außer Dienst 退役〔退職〕した.

A. D. =〘ラテン語〙Anno Domini 西暦紀元〔キリスト生誕後〕…年に.

ad ab·sur·dum [アト アプズるドゥム] 〘ラテン語〙《次の形で》〈et⁴/j⁴〉 ~ führen 《文》〈事が・人のいうことが〉不合理であることを論証する.

ADAC [アーデーアーツェー] =Allgemeiner Deutscher Automobil-Club 全ドイツ自動車クラブ.

ad ac·ta [アト アクタ] 〘ラテン語〙《次の形で》〈et⁴〉 ~ legen 《古》用済み書類の中に入れる;《文》〈事を〉処理済みと見なす.

a·da·gio [adá:dʒo アダーヂョ] [副] 〘楽〙アダージョ, ゆるやかに.

das **A·da·gio** [アダーヂョ] [名] -s/-s 〘楽〙アダージョ; アダージョの楽章〔曲〕.

die **A·dak·ty·lie** [アダクテュリー] [名] -/ 〘医〙無指(症).

(*der*) **A·dal·bert** [アーダルベルト] [名] 〘男名〙アーダルベルト.

der **A·dam** [アーダム] [名] -s/-s **1.** 《[単]のみ; 主に無冠詞》〘旧約〙アダム; (Eva とともに) 人類の始祖 : der alte ~ 昔からの弱点〔悪癖〕. den alten ~ ausziehen 《古》生れ変ったようになる. seit ~*s* Zeiten 太古の昔から. eine Geschichte bei ~ und Eva anfangen 事のはじめから長々と説き起こす. **2.** 《[単]のみ; 主に無冠詞》〘男名〙アーダム : nach ~ Riese 正確に計算すると《同名の計算の名人に由来》. **3.** 《口・冗》男.

der **A·da·mit** [アダミート] [名] -en/-en 〘キ教〙アダム派《裸で祈りをあげた 3 世紀の宗派》.

a·da·mi·tisch [アダミーティシュ] [形] アダム派の.

der **A·dams·ap·fel** [アーダムス・アプふェル] [名] -s/..äpfel 《口・冗》のどぼとけ.

das **A·dams·kos·tüm** [アーダムス・コステューム] [名] 《次の形で》 im ~ 《口・冗》(男性が) 裸で.

die **Ad·ap·ta·bi·li·tät** [アダプタビリテート] [名] -/ 適応能力.

die **A·d·ap·ta·ti·on** [アダプタツィオーン] [名] -/-en **1.** 《[単]のみ》〘生・社〙適応, 順応. **2.** 翻案, 脚色.

der **A·d·ap·ter** [アダプター] [名] -s/- 〘機〙アダプター.

a·d·ap·tie·ren [アダプティーれン] [動] *h.* **1.** 〘〈j⁴/et⁴〉ヲ〙〘生・社〙適応〔順応〕させる. **2.** 〘〈et⁴〉ヲ〙翻案〔脚色〕する; 現実に適合させる. **3.** 〘〈et⁴〉ヲ〙《〘オーストリア〙》改造する.

die **A·d·ap·ti·on** [アダプツィオーン] [名] -/-en = Adaptation.

a·d·ap·tiv [アダプティーふ] [形] 適応に基づく; 改造によ

る；翻案による．

die **Adäquanz** [アデクヴァンツ, アトエクヴァンツ] 名 -/ 妥当性．

adäquat [アデクヴァート, アトエクヴァート, アデクヴァート, アトエヴァート] 形《文》適切《適当》な，妥当な．

a dato [ア ダート]《ラテン語》《経》日付後．

ADB = Allgemeine Deutsche Biographie 全ドイツ伝記集成 (1875-1912 年).

ad calendas graecas [..grɛːkas アト カレンダースグレーカース]《ラテン語》いつまでも…しない; 無期限に…する《延期する，など》．

der **Addend** [アデント] 名 -en/-en《数》加数．

das **Addendum** [アデンドゥム] 名 -s/Addenda《古》追加，補足；（@のみ）補遺．

addieren [アディーレン] 動 h. 1.〈et⁴〉加算する. 2.〈et⁴〉zu〈et⁴〉加える. 3.〈sich⁴+auf〈et⁴〉〉合計して（…に）なる.

die **Addiermaschine** [アディーア・マシーネ] 名 -/-n 加算器．

die **Addition** [アディツィオーン] 名 -/-en 加算, 加法；付加．

die **Additionsmaschine** [アディツィオーンス・マシーネ] 名 -/-n 加算器．

additiv [アディティーフ] 形 付加による, 加法の．

das **Additiv** [アディティーフ] 名 -s/-e《化》添加剤．

der **Adduktor** [アドゥクトーア] 名 -s/Adduktoren [アドゥクトーレン]《医》内転筋．

ade [アデー] 間《古》ご機嫌よう．

..ade [..アーデ] 接尾 名詞につけて「行為・事業」を意味する女性名詞をつくる: Promen*ade* 散歩《道》. Mask*erade* 仮装《舞踏会》. Robins*onade* ロビンソン・クルーソー風の冒険《小説》.

das **Ade** [アデー] 名 -s/-s 別れのあいさつ．

der **Adebar** [アーデバル] 名 -s/-e《冗》コウノトリ．

der **Adel** [アーデル] 名 -s/ 1. 貴族《階級》: von ~ sein 貴族の出である. 2. 貴族の称号. 3.《内面的な》高貴, 気品, 気高さ．

(*der*) **Adelbert** [アーデルベルト]《男名》アーデルベルト．

(*die*) **Adele** [アデーレ]《女名》アデーレ．

(*die*) **Adelheid** [アーデルハイト]《女名》アーデルハイト．

adelig [アーデリヒ] 形《文》=adlig．

der/*die* **Adelige** [アーデリゲ] 名《形容詞的変化》貴族, 貴人．

adeln [アーデルン] 動 h. 1.〈j⁴〉貴族に列する. 2.〈j⁴/et⁴〉《文》気高くする．

der **Adelsbrief** [アーデルス・ブリーフ] 名 -(e)s/-e 爵位記．

das **Adelsprädikat** [アーデルス・プレディカート] 名 -(e)s/-e 爵位の名称；貴族の称号《姓の前の von など》．

die **Adelsprobe** [アーデルス・プローベ] 名 -/-n 貴族家系の証明．

der **Adelsstand** [アーデルス・シュタント] 名 -(e)s/..stände 貴族階級, 貴族の身分．

der **Adelstitel** [アーデルス・ティーテル] 名 -s/- 貴族の称号, 爵位．

die **Adelung** [アーデルング] 名 -/-en 叙爵．

(*der*) **Adenauer** [アーデナウアー]《人名》アーデナウアー (Konrad ~, 1876-1967, ドイツ連邦共和国の最初の首相, 1949-63).

das **Adenin** [アデニーン] 名 -s/-e《生化》アデニン（記号 A）.

adenoid [アデノイート] 形《医》アデノイドの．

das **Adenom** [アデノーム] 名 -s/-s《医》腺腫 (ˢʰ̤ʲᵘ), アデノーマ．

das **Adenosintriphosphat** [アデノズィーン・トリ・ふォスふぁート] 名 -(e)s/-e《生化》アデノシン三リン酸 (略 ATP).

die **Adenotomie** [アデノ・トミー] 名 -/-n《医》アデノイド〔咽頭扁桃〕切除（術）．

der **Adept** [アデプト] 名 -en/-en（秘教・錬金術で）奥義をきわめた人；【文・冗】大家．

die **Ader** [アーダー] 名 -/-n 1. 血管: 〈j⁴〉zur ~ lassen〈人に〉瀉血 (ˢʰᵃ) をする；《冗》〈人の〉金を搾り取る. 2.（@のみ）素質, 天分: eine ~ für〈et⁴〉〈事の〉才能. 3. 血管状のもの；【植】葉脈；【動】翅脈 (ˢʰᵐʸᵃᵏᵘ)；【木工】木目；【鉱】鉱脈 (Erz~)；【電】（ケーブルの）心線．

aderig [アーデリヒ] 形 血管のある《浮き出た》, 脈管状の．

äderig [エーデリヒ] 形 =aderig．

der **Aderknoten** [アーダー・クノーテン] 名 -s/-【医】静脈瘤 (ˢʰᵘ)．

der **Aderlass**, @ **Aderlaß** [アーダー・ラス] 名 -es/..lässe 1.【医】瀉血 (ˢʰᵃ), 刺絡 (ˢʰᵃᵏᵘ). 2. 損失, 損害．

ädern [エーダーン] 動 h.〈et⁴〉（稀）脈状の模様をつける《描く》．

à deux mains [adømɛ̃: ア・ドゥー・マーン]《フランス語》《楽》両手で．

die **Adgo** [átgo アトゴ] 名 -/ 全ドイツ医療費基準 (Allgemeine Deutsche Gebührenordnung für Ärzte)．

das **Adhärens** [アトヘーレンス] 名 ..renzien [アトヘレンツィエン] 粘着〔接着〕剤；《古》付着物．

adhärent [アトヘレント] 形 粘着性の；着性の．

die **Adhärenz** [アトヘレンツ] 名 -/-en 1. 付着, 粘着；癒着. 2. 愛着．

die **Adhäsion** [アトヘズィオーン] 名 -/-en 加盟；【理】付着；【医】癒着．

der **Adhäsionsverschluss**, @ **Adhäsionsverschluß** [アトヘズィオーンス・ふぇアシュルス] 名 -es/..schlüsse 何回でも開閉できる特殊接着剤つきではじめ, 開閉自在の封《開封都度便取用など》．

adhäsiv [アトヘズィーフ] 形 粘着〔付着〕力のある．

ad hoc [アト ホック, アト ホーク]《ラテン語》このために；臨時に．

die **Ad-hoc-Bildung** [アト ホック・ビルドゥング, アト ホーク・ビルドゥング] 名 -/-en 臨時〔特別〕に作られた語．

ad hominem [アト ホーミネム]《ラテン語》（理性よりも）感情や偏見に訴えて；人身攻撃的に．

ad honorem [アト ホノーレム]《ラテン語》名誉のために, 名誉をかけて．

der **Adhortativ** [アトホルタティーフ] 名 -s/-e【言】勧誘形, 勧奨法（1 人称複数形での誘い）．

adiabatisch [アディアバーティシュ] 形【理・気】断熱の．

die **Adiaphora** [アディアーふぉら] 複名【哲】アディアポラ（善でも悪でもないもの）．

adieu [adjǿ アディゆ—] 間《古》さようなら．

der **Ädil** [エディール] 名 -s(-en)/-en【史】（古代ローマの）按察 (ˢʰᵃ) 官, 造営官．

ad infinitum [アト インふぃニートゥム]《ラテン語》際限なく, 果てしなく．

die **Adipositas** [アディポーズィタス] 名 -/【医】脂肪（過多）症；肥満（症）．

das **Adjektiv** [アディェクティーふ] 名 -s/-e【言】形容詞．

adjektivisch [アトイェクティーヴィシュ, アディェクティーヴィシュ] 形 形容詞的な．

die **Adjudikation** [アトユディカツィオーン] 名 -/-en【法】判決．

adjudizieren [アトユディツィーレン] 動 h.【法】〈j³〉＋〈et⁴〉認める（裁判所が権利などを）．

der **Adjunkt** [アトユンクト] 名 -en/-en《トラッフ・スイ》補

(官職名)；(古)補佐.

adjustieren [アトユスティーレン] 動 *h*. **1.**《et⁴ッ》[工]調整する，調節する. **2.**《j⁴ン》[(ﾂｳ)官]制服を着用させる.

der **Adjutant** [アトユタント] -en/-en [軍]副官.

der **Adjutor** [アトユートーァ] -s/-en[アトユトーレン]《古》助手，補佐.

das **Adjutum** [アトユートゥム] -s/..ten 《古》補助金；[(ﾂｳ)官](公務員)見習生への暫定的手当.

der **Adlatus** [アトラートゥス, アドラートゥス] -/..ten ..ti)《古》補助役.

der **Adler** [アードラー] -s/- [鳥]ワシ；鷲の紋章；(♀のみ)[天]わし座.

der **Adlerblick** [アードラー・ブリック] -(e)s/-e ワシのように鋭い(刺すような)目.

der **Adlerhorst** [アードラー・ホルスト] -(e)s/-e ワシの巣.

die **Adlernase** [アードラー・ナーゼ] -/-n かぎ鼻, わし鼻.

ad libitum [アトリービトゥム]《ﾗﾃﾝ語》任意に；[楽]テンポを自由に.

adlig [アードリヒ] 形 **1.** 貴族(階級)の. **2.**《文》高貴な.

der/die **Adlige** [アードリゲ] (形容詞的変化)＝Adelige.

ad maiorem Dei gloriam [at majó:rɛm..アトマヨーレム デーイ グローリアム]《ﾗﾃﾝ語》神のより大いなる栄光のために(イエズス会の標語. 略 A. M. D. G.)

die **Administration** [アトミニストラツィオーン] -/-en 管理, 行政；[軍]軍政. **2.** 行政府, 行政機関, 政権. **3.** [旧東独](蔑)官僚的指令.

administrativ [アトミニストラティーフ] 形 管理(行政)(上)の；官庁の；[旧東独](蔑)官僚的な.

der **Admiral** [アトミラール] -s/-e[..räle] **1.** 海軍大将；提督. **2.** (♀-e)[昆]アカタテハチョウ. **3.** (♀のみ)(バニラ・卵の黄味入りの)ホットワイン.

die **Admiralität** [アトミラリテート] -/-en 海軍本部(海軍の最高機関)；海軍将官.

der **Admiralstab** [アトミラール・シュタープ] -(e)s/..stäbe (海軍)軍令部.

die **Admission** [アトミスィオーン] -/-en 《カト》(聖職への)叙任；[工](シリンダーへの)給気.

ADN [アーデーエン] ＝Allgemeiner Deutscher Nachrichtendienst 全ドイツ通信社(旧東独の通信社名).

ad notam [アトノータム]《ﾗﾃﾝ語》(次の形で)<et⁴>～ nehmen 〈事⁴〉心に留める.

der **Adobe** [アドーベ] -(s)/-s 乾して日干しれんが.

ad oculos [アトオークロース]《ﾗﾃﾝ語》(次の形で)〈j³〉<et⁴>～ demonstrieren〈人の目の前に〉(物的証拠として)〈物を〉つきつける.

adoleszent [アドレスツェント] 形 思春期の.

die **Adoleszenz** [アドレスツェンツ] -/ [医]思春期.

(*der*) **Adolf** [アードルフ] [男名]アードルフ.

der **Adonai** [アドナーイ] -/ [旧約]我が主よ(神に対する呼びかけ).

der **Adonis** [アドーニス] -/-se **1.**(♀のみ；無冠詞)[ギ神]アドニス(Aphrodite に愛された美少年). **2.**(♀)美少年.

adonisch [アドーニシュ] 形 **1.**(アドニスのように)美しい. **2.** (次の形で)der ～*e* Vers [詩]アドニス詩行.

das **Adonisröschen** [アドーニス・(ﾛ)ースヒェン] -s/- [植]フクジュソウ.

der **Adonius** [アドーニウス] -/- アドニス詩行. ⇨ adonisch 2.

adoptieren [アドプティーレン] 動 *h*.《j⁴ッ》養子に迎える. **2.**<et⁴> 借用する, 受入れる(生活

様式などを).

die **Adoption** [アドプツィオーン] -/-en 養子縁組.

die **Adoptiveltern** [アドプティーフ・エルターン] (複数) 養父母.

das **Adoptivkind** [アドプティーフ・キント] -(e)s/-er 養子.

die **Adoration** [アドラツィオーン] -/-en (文)崇拝；[(ﾂｳ)官](新教皇の枢機卿団による)の表敬.

das **ADP** [アーデーペー] ＝Adenosindiphosphat.

ad perpetuam memoriam [アトペルペートゥアム メモーリアム]《ﾗﾃﾝ語》永遠の記憶のために.

Adr. ＝**Adresse** 宛(ﾃ)名.

ad referendum [アトれふぇれンドゥム]《ﾗﾃﾝ語》暫定的な(に), さらに検討を要する.

ad rem ! [アトれム]《ﾗﾃﾝ語》本題に入れ.

adrenal [アドれナール] 形 [医]副腎の.

das **Adrenalin** [アドれナリーン] -(e)s/- [医]アドレナリン, 副腎髄質ホルモン.

der **Adressant** [アドれサント] -en/-en 差出人, 発送元, 発信者, 振出人.

der **Adressat** [アドれサート] -en/-en 受取人, 受信者；荷受人.

das **Adressbuch**, ⓑ **Adreßbuch** [アドれス・ブーフ] -(e)s/..bücher 住所録.

die **Adresse** [アドれッセ] -/-n **1.** 宛(ﾃ)名, 住所：per ～ Frau Schmidt シュミット夫人気付(略 p. A.[Adr.]). Dieser Vorwurf geht an Ihre eigene ～. この非難はあなた自身に向けられたものだ. **2.** 意見書, 建白書. **3.**《文》(文書による)あいさつの言葉, メッセージ. **4.** [ユピﾖｳ]アドレス. [慣用] **bei <j³> an die falsche Adresse geraten [kommen]**〈口〉〈人⁴〉頼みごとをして拒絶される. **sich⁴ an die richtige Adresse wenden**〈口〉しかるべき人に諮願する.

adressieren [アドれスィーレン] 動 *h*. **1.**《et⁴》宛名を書く. **2.**《et⁴》+an〈j⁴ン〉宛てる, (…を…)宛にする(送付する)；(…を)対象にして書く；(球⁴)する(バスなどを). **3.**《j⁴ン》《古》話しかける.

die **Adressiermaschine** [アドれスィーァ・マシーネ] -/-n 宛名(ﾃ)印刷機.

adrett [アドれット] 形 《古》こざっぱりとした, こぎれいな.

die **Adria** [アードリア] -/ [海名]アドリア海.

(*der*) **Adrian** [アードリアーン] [男名]アードリアン.

das **Adriatische Meer** [アドリアーティシェ メーァ] [海名]アドリア海.

adrig [アードリヒ] 形 ＝aderig.

ädrig [エードリヒ] 形 ＝äderig.

adsorbieren [アト・ゾルビーレン] 動 *h*.《et⁴》[化・理]吸着する.

die **Adsorption** [アト・ゾルプツィオーン] -/-en [化・理]吸着.

das **Adstringens** [アトストリンゲンス] -/..genzien [アトストリンゲンツィエン][..gentia][アトストリンゲンツィア]][医]収斂(ﾚﾝ)剤.

das **A Dur** [アー ドゥーァ, アー ドゥーァ] -/ [楽]イ長調(記号 A).

ad usum [アトウーズム]《ﾗﾃﾝ語》…使用の, …用に：～ Delphini 少年少女向きに編んだ古典(本来はルイ14世の皇子(Dauphin)用の版).

Adv. ＝**Adverb**[言]副詞.

ad valorem [アトヴァローれム]《ﾗﾃﾝ語》従価で.

der **Advent** [アトヴェント] -(e)s/-e 《キ教》待降節(クリスマス前の約4週間で4つの日曜日を含む)；待降節中の主日(日曜日)：der erste ～ 待降節の第1主日.

der **Adventist** [アトヴェンティスト] -en/-en キリスト再臨派信者.

der **Adventskalender** [アトヴェンツ・カレンダー] 名

-s/- 待降節の暦(12月1日～24日の日付の小窓を開くと絵などが現れる子供用暦).

der **Ad·vents·kranz** [アトヴェンツ・クらンツ] 名 -es/..kränze 待降節の(モミの小枝の)環飾り(4本の蠟燭を立て日曜日ごとに1本づつともす).

der **Ad·vents·sonn·tag** [アトヴェンツ・ゾンターク] 名 -(e)s/-e 待降節中の日曜日.

die **Ad·vents·zeit** [アトヴェンツ・ツァイト] 名 -/-en 待降節の時期.

das **Ad·verb** [アトヴェるブ] 名 -s/..bien 〖言〗副詞(略 Adv.).

ad·ver·bi·al [アトヴェるビアール] 形 〖言〗副詞的な.

die **Ad·ver·bi·al·be·stim·mung** [アトヴェるビアール・ベシュティムング] 名 -/-en 〖言〗副詞的規定, 状況語.

das **Ad·ver·bi·a·le** [アトヴェるビアーレ] 名 -s/..lien 〖言〗副詞的規定, 状況語.

der **Ad·ver·bi·al·satz** [アトヴェるビアール・ザッツ] 名 -es/..sätze 〖言〗状況語文, 副詞的従属文.

ad·ver·sa·tiv [アトヴェるザティーフ] 形 相反[反意]的な.

das **Ad·ver·tis·ing** [ɛ́tvərtaiziŋ エトヴァータイズィング] 名 -s/-s **1.** (新聞雑誌による)広告. **2.** 宣伝.

der **Ad·vo·ca·tus Dei** [アトヴォカートゥス デーイ] 名 --/..cati - 神の代弁者(列聖申請者).

der **Ad·vo·ca·tus Di·a·bo·li** [アトヴォカートゥス ディアーボリ] 名 --/..cati - 悪魔の代弁者(列聖調査審問検事);極端な反論を唱える人.

ad vo·cem [アト ヴォーツェム] 〖ラ語〗声に応じて, その言葉で.

der **Ad·vo·kat** [アトヴォカート] 名 -en/-en 《古》弁護士.

die **Ad·vo·ka·tur** [アトヴォカトゥーア] 名 -/-en **1.** 《ⓢのみ》弁護士の職, 弁護士業. **2.** 法律事務所.

das **Ad·vo·ka·tur·bü·ro** [アトヴォカトゥーア・ビュろー] 名 -s/-s 《ⓢ》法律事務所.

die **Ad·vo·ka·turs·kanz·lei** [アトヴォカトゥーアス・カンツライ] 名 -/-en 《ⓢ》法律事務所.

die **A·dy·na·mie** [アデュナミー] 名 -/-n 〖医〗(筋)無力症.

AE[1] =astronomische Einheit 天文単位.

Å·E[2] =Ångström(einheit) 〖理〗オングストローム.

AEG [アーエーゲー] =Allgemeine Elektrizitäts-Gesellschaft 〖商標〗(ドイツの)総合電機会社.

ae·ro.. [エーろ..], **ɛːro..** エーろ..] 接頭 名詞などにつけて「空気, 航空」などを表す. 母音の前では aer- は: *Aero*flot アエロフロート(ロシア航空).

a·e·rob [アエろープ] 形 〖生〗好気性の.

das **Aer·o·bic** [エろービク] 名 -s/ 〖スポ〗エアロビクス.

der **A·e·ro·bi·er** [アエろービあー] 名 -s/- 〖生〗好気性微生物, 好気菌.

a·e·rob [アエろープ] 形 〖医〗求心性の.

der **A·e·ro·bi·ont** [アエろ・ビオント] 名 -en/-en =Aerobier.

der **A·e·ro·bus** [アエーろ・ブス] 名 -ses/-se エアロバス(旅客送迎のための);空中ケーブルカー.

die **A·e·ro·dy·na·mik** [アエろ・デュナーミク] 名 -/ 〖理〗空気力学, 航空力学.

das **A·e·ro·gramm** [アエろ・グらム] 名 -s/-e 航空簡易書簡, アエログラム.

die **A·e·ro·nau·tik** [アエろ・ナウティク] 名 -/ 《古》航空術.

die **A·e·ro·no·mie** [アエろ・ノミー] 名 -/ 超高層大気(物理)学.

die **A·e·ro·pha·gie** [アエろ・ふぁギー] 名 -/ 〖医〗空気嚥下(えんか)(症), 呑気(どんき)(症).

die **A·e·ro·pho·bie** [アエろ・ふぉビー] 名 -/-n 〖医〗空(大気)恐怖症, 嫌気症.

das **A·e·ro·phon** [アエろ・ふォーン] 名 -s/-e 〖楽〗気鳴楽器.

der **A·e·ro·phyt** [アエろ・ふュート] 名 -en/-en 〖植〗着生〖気生〗植物.

das **A·e·ro·sol** [アエろ・ゾール] 名 -s/-e エアゾール, 煙霧質;〖医〗エアゾール剤.

die **A·e·ro·sta·tik** [アエろ・スターティク] 名 -/ 〖理〗気体静力学.

a. f. =〖ラ語〗anni futuri 翌年の.

die **Af·fä·re** [アふェーれ] 名 -/-n **1.** (不愉快な)事件：sich[4] aus der 〜 ziehen 事件から手をひく. **2.** 《古》情事. **3.** 《口》事柄.

der **Af·fe** [アふェ] 名 -n/-n **1.** 〖動〗サル. **2.** 《口》《罵》にもじばか者. **3.** 《口》うぬぼれたやつ;しゃれ者. 〖慣用〗einen Affen an〈j^3〉gefressen haben 《口》〈人〉が好きでたまらない. einen Affen (sitzen) haben 《口》酔っ払っている. (Ich denke,)mich laust der Affe! 《口》おどろいた. seinem Affen Zucker geben 《口》好きな話ばかりする, 浮かれる. (wie) vom wilden Affen gebissen sein 《口》頭が狂っている.

der **Af·fekt** [アふェクト] 名 -(e)s/-e 激情, 興奮;《ⓢのみ》情熱：im 〜 かっとして.

die **Af·fekt·hand·lung** [アふェクト・ハンドルング] 名 -/-en 激情的犯行, 発作的行為.

af·fek·tiert [アふェクティーあト] 形 気取った, わざとらしい.

die **Af·fek·tiert·heit** [アふェクティーあトハイト] 名 -/ **1.** 《ⓢのみ》気取り, わざとらしさ. **2.** 気取った発言〖行動〗.

af·fek·tiv [アふェクティーふ] 形 〖心〗情動的な.

äf·fen [エっふェン] 動 h. 《文》 **1.** 〈j^4〉《文》欺く, たぶらかす. **2.** 〈j^4〉《稀》猿まねをする.

af·fen·ar·tig [アっふェン・アーティヒ] 形 猿のような.

der **Af·fen·brot·baum** [アっふェン・ブろート・バウム] 名 -(e)s/..bäume 〖植〗バオバブ(アフリカ原産の落葉高木).

af·fen·geil [アっふェン・ガイル] 形 《口・若》すごい.

die **Af·fen·hit·ze** [アっふェン・ヒッツェ] 名 -/ 《口》うだるような暑さ.

die **Af·fen·lie·be** [アっふェン・リーベ] 名 -/ 盲愛, 溺愛(できあい).

der **Af·fen·pin·scher** [アっふェン・ピンシャー] 名 -s/- 〖動〗モンキーテリア.

die **Af·fen·schan·de** [アっふェン・シャンデ] 名 -/ 《口》けしからぬこと.

das **Af·fen·tem·po** [アっふェン・テムポ] 名 -s/ 《口》猛スピード.

das **Af·fen·the·a·ter** [アっふェン・テアーター] 名 -s/ 《口・蔑》猿芝居.

der **Af·fen·zahn** [アっふェン・ツァーン] 名 -(e)s/ 《口》猛スピード.

af·fe·rent [アふェれント] 形 〖医〗求心性の.

af·fet·tu·o·so [アふェットゥオーゾ] 副 〖楽〗アフェットゥオーソ, 情感をこめて.

die **Af·fi·cha·ge** [..ʃaːʒə アふぃシャージュ] 名 -/ 《ⓢ》ポスター広告.

die **Af·fi·che** [アふぃ(ー)シェ] 名 -/-n 《ⓢ・まれ》ポスター, 張り紙.

das **Af·fi·da·vit** [アふぃダーヴィト] 名 -s/-s 宣誓供述書;(移民の)身元保証.

af·fig [アっふぃヒ] 形 《口・蔑》見栄っ張りな, きざな.

die **Af·fig·keit** [アっふぃヒカイト] 名 -/ 《口・蔑》見栄を張った振舞い;《ⓢのみ》気取り.

af·fi·li·ie·ren [アふぃリイーれン] 動 h. 〈j^4/et^4〉〜 系列下に入れる, 加入〖入会〗させる.

die **Äf·fin** [エっふぃン] 名 -/-nen 〖動〗雌ザル.

die **Af·fi·ni·tät** [アふぃニテート] 名 -/-en 近似性, 相性(のよさ);〖法〗姻戚関係;〖哲・生〗親和性;〖化〗親和力;〖言〗類似性;〖数〗擬似変換：eine 〜 zu 〈j^3/et^3〉〈人・事・物〉に対する親近性.

af·fir·ma·tiv [アふぃるマティーふ] 形 〖論〗肯定的な.

ạf·fisch [エっふぃシュ] [形] 猿のような.

das **Af·fix** [アふぃクス, アふぃクス] [名] -es/-e 〘言〙接辞《接頭辞・接尾辞など》.

af·fi·zie·ren [アふぃツィーれン] [動] *h.* **1.** 〔〈j⁴/et⁴〉ヲ〕刺激する;感動〔感銘〕させる. **2.** 〔〈et⁴〉ヲ〕〘医〙冒す《器官などを》.

die **Af·fri·ka·ta** [アふりカータ] [名] -/..ten 〘言〙破擦音《[pf], [ts]など》.

die **Af·fri·ka·te** [アふりカーテ] [名] -/-n =Affrikata.

der **Af·front** [afrõ: アふろーン, afrɔ̃nt アふろント] [名] -s/-s[afrõ:s アふろーンス]《《スイ》-s/-e[アふろンテ]》《文》侮辱, 誹謗(ひぼう).

der **Af·gha·ne** [アふガーネ] [名] -n/-n アフガニスタン人.

af·gha·nisch [アふガーニシュ] [形] アフガニスタン(人)の.

(*das*) **Af·gha·ni·s·tan** [アふガーニスタ(ー)ン] [名] -s/ 〘国名〙アフガニスタン《アジア中西部の国》.

das **A·f·la·to·xin** [アふラトクスィーン] [名] -s/-e アフラトキシン.

à fonds per·du [a fõ:pɛrdý: ア ふぉーン ぺるデュー] 〘フラ語〙〘経〙損失勘定で.

AFP [アーエふペー] =Agence France Presse アーエフペー通信社《フランスの国際通信社》.

a fres·co [ア ふれスコ] 〘イタ語〙フレスコ(技法)で.

(*das*) **A·f·ri·ka** [ア(ー)ふりカ] [名] -s/ 〘地名〙アフリカ.

der **A·f·ri·kaan·der** [アふりカーンダー] [名] -s/- アフリカーナー《南アフリカ生れの白人》. ⇨Bure.

a·f·ri·kaans [アふりカーンス] [形] アフリカーンス(語)の.

das **A·f·ri·kaans** [アふりカーンス] [名] -/ アフリカーンス語《南アフリカ共和国の公用語. ボーア人の言語》.【用法は⇨Deutsch】⇨Bure.

der **A·f·ri·ka·ner** [アふりカーナー] [名] -s/- アフリカ人.

a·f·ri·ka·nisch [アふりカーニシュ] [形] アフリカ(人)の.

der **A·f·ri·ka·nist** [アふりカニスト] [名] -en/-en アフリカ学者.

die **A·f·ri·ka·nis·tik** [アふりカニスティク] [名] -/ アフリカ学.

der **A·f·ro·a·me·ri·ka·ner** [ア(ー)ふろ・アメりカーナー] [名] -s/- アフリカ系アメリカ人, アメリカの黒人.

a·f·ro·a·me·ri·ka·nisch [ア(ー)ふろ・アメりカーニシュ] [形] **1.** アフリカ系アメリカ人の, アメリカの黒人の. **2.** アフリカとアメリカの.

a·f·ro·a·si·a·tisch [ア(ー)ふろ・アズィアーティシュ] [形] アフリカとアジアの.

der **A·f·ro·look,** [旧] **Afro-Look** [á(:)frolʊk ア(ー)ふろ・ルック] [名] -s/-s アフロヘアー.

der **Af·ter** [アふター] [名] -s/- 肛門(こうもん).

die **Af·ter·flos·se** [アふター・ふロっセ] [名] -/-n 〘魚〙しり鰭(びれ).

die **Af·ter·mie·te** [アふター・ミーテ] [名] -/-n 《古》又貸し〔借り〕.

die **Af·ter·re·de** [アふター・れーデ] [名] -/-n 《古》陰口, 中傷.

die **Af·ter·shave·lo·tion, Af·ter-shave-Lo·tion** [á:ftərʃe:fló:ʃən アーふター・シェーフ・ローション] [名] -/-s アフターシェーブローション.

Ag [アーゲー] =Argentum 〘化〙銀(Silber).

AG **1.** =Aktiengesellschaft 株式会社. **2.** =Amtsgericht 区裁判所. **3.** =Arbeitsgemeinschaft 共同研究グループ.

a. G. **1.** =als Gast 客演者として. **2.** =auf Gegenseitigkeit 相互…《保険会社名などにつけて》.

der **A·ga** [アーガ] [名] -s/-e アーガ《昔のトルコの士官・官吏の称号》.

die **Ä·gä·is** [エゲーイス] [名] -/ 〘海名〙エーゲ海.

ä·gä·isch [エゲーイシュ] [形] エーゲ(海)の.

der **A·ga Khan** [アーガ カーン] [名] --s/--e 〘イ教〙アガハーン《イスラム教イスマイル派首長及びその称号》.

(*der*) **A·ga·mem·non** [アガメムノン] [名] 〘ギ神〙アガメムノン《トロイア戦争のギリシア軍の最高指揮者》.

die **A·ga·mo·go·nie** [アガモ・ゴニー] [名] -/ 〘生〙無性生殖〔繁殖〕.

die **A·ga·pe** [アガーペ] [名] -/-n 〘キ教〙 **1.** 愛餐(あいさん)《初期キリスト教徒の会食》. **2.** 《[単]のみ》アガペー, 神の愛;隣人愛.

der〔*das*〕 **A·gar-A·gar** [ア(ー)ガる・ア(ー)ガる] [名] -s/ 寒天, 培養基.

(*die*) **A·ga·the** [アガーテ] [名] 〘女名〙アガーテ.

(*der*) **A·ga·thon** [アーガトン] [名] 〘男名〙アーガトン, アガトン.

die **A·ga·ve** [アガーヴェ] [名] -/-n 〘植〙リュウゼツラン.

AGB [アーゲーベー] =Allgemeine Geschäftsbedingungen 普通取引約款.

die **A·gen·da** [アゲンダ] [名] -/..den 協議事項, 議事日程;メモ帳, 予定表.

die **A·gen·de** [アゲンデ] [名] -/-n **1.** 〘プロテスタント〙定式書;信者用便覧. **2.** 《[複]のみ》《オーストリア》債務.

das〔*der*〕 **A·gens** [アーゲンス] [名] -/Agenzien[アゲンツィエン]〔Agentia[アゲンツィア], -〕 **1.** 《[複] Agenzien》原動力. **2.** 《[複] Agenzien》〘哲〙作用者;《[複] Agenzien〔Agentia〕》〘医〙作用物質;病因. **3.** 《[複]-》〘言〙動作主.

der **A·gent** [アゲント] [名] -en/-en **1.** 代理人, エージェント. **2.** 秘密諜報員, スパイ.

der **A·gen·ten·füh·rer** [アゲンテン・ふゅーらー] [名] -s/- 国家秘密諜報員に情報提供する連絡員.

der **A·gent Pro·vo·ca·teur** [aʒɑ̃: provokatø:r アジャーン プろヴォカ[テ]ーあ] [名] --/-s-s (捜査の)おとり, 警察のまわし者.

die **A·gen·tur** [アゲントゥーあ] [名] -/-en 代理(業);代理店;通信社(Nachrichten ～).

die **Ag·fa** [アクふぁ] [名] -/ アグファ《ドイツの総合写真企業の社名及び商標名》.

der **AG-Ge·winn** [アーゲー・ゲヴィン] [名] -(e)s/-e 〘経〙親会社単独の利益;非連結利益.

das **Ag·gior·na·men·to** [adʒɔr.. アヂョるナメント] [名] -s/ 〘カトリック〙(体制や教えの)近代〔現代〕化.

das **Ag·glo·me·rat** [アグロメらート] [名] -(e)s/-e 《文》集積, 集塊, 団塊;〘金属〙凝塊;〘地質〙集塊岩.

die **Ag·glo·me·ra·ti·on** [アグロメらツィオーン] [名] -/-en 《文》塊状集積, 集塊;《スイ》人口・工業密集地域.

die **Ag·glu·ti·na·ti·on** [アグルティナツィオーン] [名] -/-en 〘医〙(赤血球などの)凝集反応;〘言〙膠着(こうちゃく);融合.

ag·glu·ti·nie·ren [アグルティニーれン] [動] *h.* **1.** 〔〈et⁴〉ニ〕〘医〙凝集反応を起こさせる. **2.** 〔補足なし〕〘言〙膠着(こうちゃく)を起こす.

das **Ag·gre·gat** [アグれガート] [名] -(e)s/-e **1.** 〘社〙集合(体);〘地質〙集合;〘数〙総計. **2.** 〘工〙ユニット, セット. **3.** 〘化〙凝集.

die **Ag·gre·gat·än·de·rung** [アグれガート・エンデるング] [名] -/-en 〘化〙(固体から液体へなどの)凝集状態の変化.

die **Ag·gre·ga·ti·on** [アグれガツィオーン] [名] -/-en 集積, 蓄積;〘化・医〙凝集.

der **Ag·gre·gat·zu·stand** [アグれガート・ツー・シュタント] [名] -(e)s/..stände 〘化〙凝集状態.

die **Ag·gres·si·on** [アグれスィオーン] [名] -/-en 攻撃;〘法〙(不当な)侵略;〘心〙攻撃的態度;攻撃性, 敵意.

ag·gres·siv [アグれスィーふ] [形] **1.** 攻撃的な, けんか好き〔腰〕の. **2.** どぎつい, 刺激の強い;〘化〙腐食性の. **3.** 〘薬〙侵食的な. **4.** 無暴な.

die **Ag·gres·si·vi·tät** [アグれスィヴィテート] [名] -/-en **1.** 《[単]のみ》攻撃的態度;攻撃欲;〘心〙攻撃性. **2.** 攻撃的行動.

der **Ag·gres·sor** [アグれっソーあ] [名] -s/-en [アグれソーれ

Aggriperlen 32

ン〕〔法〕侵略国.
die **Aggriperlen** [アグリ・ベるレン] 複名 アグリビーズ(17世紀に西アフリカで支払い手段だったガラス製ビーズ).
der **Agha** [アーガ] 名 -s/-s =Aga.
das **Agide** [エギーデ] 名 〔文〕保護, 庇護.
agieren [アギーれン] 動 h. **1.** 〔《様態》ヲ〕行動〔活動〕する. **2.** 〔ジャッ〕〔古〕演じる. **3.** 〔《略》ラ〕役者として登場する. **4.** 〔mit 〈et³ン〉〕盛んに動かす〔手などを〕.
agil [アギール] 形 〔文〕敏捷〔ビビゥ〕な, 俊敏な.
das **Agio** [á:d3o アーヂョ, á:3io アージョ] 名 -s/-s 〔銀行・金融〕打歩 (ダブ), 割増金, プレミアム, 両替差額.
die **Agiotage** [aʒjotá:ʒə アジオタージュ] 名 -/-n 投機;〔《古》〕違法な入場券売買.
der **Agioteur** [aʒjotɛ́:r アジオテーあ] 名 -s/-e 相場師;〔《略》〕だふ屋.
(*der*) **Ägir** [エーギる] 〔北欧神〕エーギル(海の巨神).
die **Ägis** [エーギス] 名 -/ 〔ギ神〕アイギス(ゼウスがアテネに授けた盾).
die **Agitation** [アギタツィオーン] 名 -/-en **1.** 〔蔑〕扇動, アジテーション: ~ gegen 〈j⁴/et³〉 betreiben 〈人・物・事に〉反対の扇動をする. **2.** 政治宣伝活動.
agitato [adʒi.. アヂタート] 副 〔楽〕アジタート, 激しく.
der **Agitator** [アギタートーあ] 名 -s/Agitatorén 〔蔑〕扇動者, アジテーター;〔旧東独〕政治宣伝活動家.
agitatorisch [アギタトーリシュ] 形 扇動〔アジ〕的な; 政治宣伝活動の;扇動者の.
agitieren [アギティーれン] 動 h. **1.**〈(für 〈j⁴/et⁴〉 二賛成シテ/gegen 〈j⁴/et³〉二反対シテ〉〉扇動する. **2.** 〈j⁴ッ〉扇動する, アジる.
der **Agitprop** [アギト・プろップ] 名 -(s)/-s アジプロ(階級闘争の宣伝活動).
(*die*) **Aglaia** [aglá:ja アグラーヤ, aglá:ia アグライア] 〔ギ神〕アグライア(優美の三女神の一人).
der **Agnat** [アグナート] 名 -en/-en 男系〔父系〕の親族.
(*die*) **Agnes** [アグネス] 名 〔女名〕アグネス.
der **Agnostiker** [アグノスティカー] 名 -s/- 不可知論者.
der **Agnostizismus** [アグノスティツィスムス] 名 -/ 〔哲〕不可知論.
das **Agnus Dei** [アグヌス デーイ] 名 --/-- **1.** 〔《のみ》〕〔聖〕神の小羊(キリストの象徴). **2.** 〔《カト》〕神羔誦 (コゥヨゥ)(ミサ祈禱 〔ミイ〕 文). **3.** (羊の姿と教皇名をしるした)神の小羊の蠟 〔ロゥ〕板.
die **Agogik** [アゴーギク] 名 -/ 〔楽〕アゴーギク, 緩急法.
der **Agon** [アゴーン] 名 -s/-e **1.** (古代ギリシアの)スポーツ・芸術の競技. **2.** アゴーン(古代ギリシア喜劇の論争(討論)部分).
die **Agonie** [アゴニー] 名 -/-n 〔医〕アゴニー, 死戦期: in ~ liegen 瀕死の状態である.
die **Agora** [アゴら-] 名 -/-s[Agoren[アゴーれン] (古代ギリシアの)市場, (人民集会)広場.
die **Agoraphobie** [アゴら・ふォビー] 名 -/-n 〔医・心〕広場恐怖(症).
die **Agraffe** [アグらっふェ] 名 -/-n 装身用留め金;〔医〕外科用クリップ;〔建〕装飾要石(カガイ).
die **Agrafie** [アグらふィー] = Agraphie.
die **Agrapha** [アグらふァ] 複名 〔キ教〕アグラファ(四福音書以外の文書で伝えられたイエスの言葉).
die **Agraphie** [アグろふィー] 名 -/-n 〔医〕失書(症), 書字不能(症).
die **Agrarbevölkerung** [アグらー・あ・ベフェルケるング] 名 -/-en 農業人口.

der **Agrarier** [アグらーりあ] 名 -s/- 農場経営者, (昔の)大地主;(ドイツ帝国)地主党の党員.
agrarisch [アグらーりシュ] 形 農業の.
das **Agrarland** [アグらー・あ・ラント] 名 -(e)s/..länder **1.** 農業国. **2.** 〔《のみ》〕(稀)農地.
der **Agrarmarkt** [アグらー・あ・マるクト] 名 -(e)s/..märkte 農産物市場.
die **Agrarpolitik** [アグらー・あ・ポリティーク] 名 -/ 農業政策, 農政.
der **Agrarstaat** [アグらー・あ・シュタート] 名 -(e)s/-en 農業国.
das **Agreement** [ɛgrí:.. エグリーメント] 名 -s/-s 〔法〕(議会の議決の不要な)合意, 協定.
das **Agrément** [agremã: アグれマーン] 名 -s/-s **1.** 〔政〕アグレマン. **2.** 〔《のみ》〕〔楽〕装飾音.
die **Agrikultur** [アグリ・クルトゥーあ] 名 -/ 農耕, 農業.
die **Agrobiologie** [アーグろ・ビオ・ロギー] 名 -/ 〔旧東独〕農業生物学.
der **Agronom** [アグろノーム] 名 -en/-en (農学士の)農場経営者;〔旧東独〕農業技術指導者.
die **Agronomie** [アグろ・ノミー] 名 -/ 農学.
agronomisch [アグろ・ノーミシュ] 形 農学の.
(*das*) **Ägypten** [エギュプテン] 名 -s/ 〔国名〕エジプト.
der **Ägypter** [エギュプター] 名 -s/- エジプト人.
ägyptisch [エギュプティシュ] 形 エジプト(人・語)の: die ~e Finsternis 真っ暗闇. die ~e Augenkrankheit トラコーマ.
das **Ägyptisch** [エギュプティシュ] 名 -(s)/ エジプト語.〔用法は ⇨ Deutsch¹〕
das **Ägyptische** [エギュプティシェ] 名 (形容詞的変化; 《のみ》) **1.** 〔《のみ》〕エジプト語. **2.** エジプト的なもの〔こと〕.〔用法は ⇨ Deutsche²〕
der **Ägyptologe** [エギュプト・ローゲ] 名 -n/-n エジプト学者.
die **Ägyptologie** [エギュプト・ロギー] 名 -/ エジプト学.
ägyptologisch [エギュプト・ローギシュ] 形 エジプト学の.
ah! [アー] 間 (驚き・喜び・突然の理解などを表して)ああ, まあ, おや: A~, wie schön！ ああ, なんてすばらしい. A~ so (ist das)！ ああ, そうなのか.
das **Ah** [アー] 名 -s/-s (ah! という)感嘆の声.
Ah = Amperestunde 〔電〕アンペア時.
A. H. = Alter Herr (学生組合の)旧組合員.
aha! [アハ(-)] 間 (了解を表して)ああ, ははあ, なるほど.
das **Aha-Erlebnis** [アハ(-).エあレープニス] 名 -ses/-se 〔心〕アハー体験(二つの出来事の関連の突然の認識など).
der **Ahasver** [アハスヴェーあ, アハスヴェーあ] 名 -s/-s [-e] **1.** 〔《のみ》〕〔《伝説の》永遠のユダヤ人. **2.** (定冠詞または無冠詞)アハシュエロス(ペルシア王 Xerxes. 紀元前 486-465.).
ahd. = althochdeutsch 古高ドイツ語の.
Ahd. = Althochdeutsch 古高ドイツ語.
die **Ahle** [アーレ] 名 -/-n 突き錐(ダ), 千枚通し, リーマー;(植字工用の錐).
der **Ahn** [アーン] 名 -(e)s[-en]/-en 〈主に《複》〉〔文〕先祖, 祖先;〔《の》〕祖父.
ahnden¹ [アーンデン] 動 h. 〈et⁴ッ〉〔文〕罰する.
ahnden² [アーンデン] 動 h. 〔文・古〕= ahnen.
die **Ahndung** [アーンドゥング] 名 -/-en 〔文〕処罰, 懲罰.
der **Ahne¹** [アーネ] 名 -n/-n 〔文〕先祖, 祖先.
die **Ahne²** [アーネ] 名 -/-n 〔文〕(女性の)先祖.
ähneln [エーネルン] 動 h. **1.** 〈j³/et³ン〉似ている.

2. 〔相互代名詞sich^3〕お互いに似ている.

ah·nen [アーネン] [動] *h.* **1.** 〘〈et^4〉ヲ/〈j^3〉ハ〙予感する《〈j^3〉は《文》》: Mir *ahnte* nichts Gutes. 私は不吉な予感がした. **2.** 〘〈et^4〉ヲ/〈j^3〉ハ〙おぼろげながら知っている, 推察できる《〈j^3〉は《文》》. 【慣用】 **(Ach,) du ahnst es nicht!** 《口》これは驚いた.

die **Ah·nen·for·schung** [アーネン・ふぉるシュング] [名] -/-en =Genealogie.

die **Ah·nen·ga·le·rie** [アーネン・ガレりー] [名] -/-n 祖先の肖像の陳列(室).

die **Ah·nen·pro·be** [アーネン・プろーベ] [名] -/-n 〘史〙(系図による)貴族の家門証明.

die **Ah·nen·rei·he** [アーネン・らイエ] [名] -/-n 家系.

die **Ah·nen·ta·fel** [アーネン・ターふぇル] [名] -/-n 《文》系図, 系譜;〘畜産〙(動物の)血統.

die **Ahn·frau** [アーン・ふらウ] [名] -/-en 《文・古》女の祖先.

der **Ahn·herr** [アーン・へる] [名] -(e)n/-(e)n 《文・古》男の祖先.

ähn·lich [エーンリひ] [形] 〘〈j^3/et^3〉ニ〙似た, 同じような: ~*e* Dreiecke〘数〙相似三角形. und *Ä*~*e*(*s*) 等々(略 u. Ä.). und dem *Ä*~*e*(*s*) など(略 u. d. Ä.). Sie ist 〔sieht〕 ihrer Mutter ~. 彼女は(外見が)母親似である. Er reagierte ~ wie ich. 彼は私と同じような反応を示した. Das sieht ihm ~. 《口》それはいかにも彼らしい. wie ein Ei ~ sein うり二つである. 《3格をとる前置詞として》 ~ der Feuerwehr. 消防隊同様に.

..ähn·lich [..エーンリひ] [接尾] 名詞の後につけて「…に似ている」という意味の形容詞を作る: gott*ähnlich* 神に似た〔のような〕.

die **Ähn·lich·keit** [エーンリひカイト] [名] -/-en 似ていること, 類似(点): mit 〈j^3/et^3〉 ~ haben 〈人・物・事と〉似ている.

die **Ah·nung** [アーヌング] [名] -/-en **1.** 予感. **2.** (直観的)知識〔想像〕: von 〈et^3〉 keine ~ haben 〈事・物を〉まったく知らない.

ah·nungs·los [アーヌングス・ロース] [形] 何も知らない, 何も予感〔予想〕しない.

ah·nungs·voll [アーヌングス・ふぉル] [形] 《文》予感を抱いた, 胸騒ぎを覚えた.

a·hoi! [アホイ] [間] 〘海〙おーい(船への呼びかけ).

der **A·horn** [アーホるン] [名] -s/-e 〘植〙カエデ(の木);(([単]のみ)カエデ材.

die **Äh·re** [エーれ] [名] -/-n (麦などの)穂;〘植〙穂状花序: ~*n* lesen 落穂を拾う.

die **Äh·ren·le·se** [エーれン・レーゼ] [名] -/-n 落穂拾い.

der **Äh·ren·le·ser** [エーれン・レーザー] [名] -s/- 落穂拾い(人).

das **Ai** [アーイ, アイー] [名] -s/-s 〘動〙ミツユビナマケモノ.

das **Aide-Mé·moire,** [旧]**Aide-mé·moire** [ɛ:t memoá:r エート・メモアーあ] [名] -/- (外交交渉の)覚書.

das **Aids** [ɛ:ts エーツ] [名] -/ 《主に無冠詞》〘医〙エイズ(acquired immune deficiency syndrome 後天性免疫不全症候群の略語).

aids·in·fi·ziert [エーツ・インふぃツィーあテ] [形] エイズウイルスに感染した.

der/*die* **Aids·kran·ke** [エーツ・クらンケ] [名] 《形容詞的変化》エイズ患者.

die **Ai·gret·te** [ɛgrɛ́tə エグれっテ] [名] -/-n 〘服〙イーグレット(頭髪や帽子の羽根飾り).

das **Ai·ki·do** [アイキード] [名] -(s)/ 合気道.

der **Ai·nu** [アイヌ] [名] -(s)/-(s) アイヌ人.

das **Air**[1] [ɛ:r エーあ] [名] -(s)/-s 《主に[単]》外見, 風采(ふうさい), 態度;気配, 雰囲気: sich^3 ein ~ geben もったいぶる.

das **Air**[2] [エーあ] [名] -s/-s 〘楽〙エール, エア, アリア.

der **Air·bag** [ɛ́:rbɛk エーあ・ベク] [名] -s/-s (自動車の)エアバッグ.

der **Air·bus** [エーあ・ブス] [名] -ses/-se 〘商標〙エアバス.

das **Air·con·di·tio·ning, Air-Con·di·tio·ning** [ɛ́:rkɔndɪʃnɪŋ エーあ・コンディショニング] [名] -(s)/-s エアコンディショナー.

der **Aire·dale·ter·ri·er** [ɛ́:rde:ltɛriər エーあデール・テりあー] [名] -s/- 〘動〙エアデールテリア(犬).

die **Air Force** [ɛ́:rfo:rs エーあ ふぉーあス] [名] --/--n 空軍.

die **Air·mail** [ɛ́:rme:l エーあ・メール] [名] --/ 航空便.

der **Air·port** [ɛ́:rpo:rt エーあ・ポーあト] [名] -s/-s 空港.

das **a·is, A·is** [アーイス] [名] -/- 〘楽〙嬰(えい)イ音.

die **A·ja** [アーヤ] [名] -/-s (昔の)女性家庭教師.

der **A·ja·tol·lah** [アヤトラ] [名] -(s)/-s 〘イ教〙アヤトラ(シーア派の最高聖職者の称号).

à jour [aʒú:r ア ジューあ] 〘フランス語〙 **1.** 現時点にあわせて;〘簿〙当日締めで. **2.** (宝石のデザインで)爪(つめ)止めの;〘建〙透かし彫りの;〘織〙透かし模様の.

die **A·jour·ar·beit** [アジューあ・アるバイト] [名] -/-en (宝石の)爪止め;〘建〙透かし彫り;〘織〙透かし模様細工.

AK **1.** =Aktienkapital 株式会社の資本金. **2.** =Armeekorps 軍団.

AKA =Ausfuhrkredit GmbH ドイツ輸出信用有限会社.

die **A·ka·de·mie** [アカデミー] [名] -/-n **1.** アカデミー(学術・文芸・美術の協会);アカデミーの建物. **2.** 単科大学, 専門学校. **3.** 《オーストリア》(文学・音楽などの)催し.

der **A·ka·de·mi·ker** [アカデーミカー] [名] -s/- 大学教育を受けた者;《稀》アカデミー会員.

a·ka·de·misch [アカデーミシュ] [形] **1.** 大学の;アカデミックな: ~ (vor)gebildet sein 大学で(予備)教育を受けている. **2.** 《蔑》(美術などの)型にはまった. **3.** 《蔑》無味感想な. **4.** 余計な. 【慣用】 **akademische Freiheit** 大学の自由. **akademisches Viertel** 大学の15分(定刻より15分遅れで講義を始める習慣).

der **A·kan·thus** [アカントゥス] [名] -/- 〘植〙アカンサス(観賞植物);〘美〙アカンサスの葉飾り.

das **A·ka·ri·zid** [アカりツィート] [名] -s/-e ダニ用殺虫剤.

die **A·ka·ro·lo·gie** [アカろ・ロギー] [名] -/ ダニ学.

a·kau·sal [アカウザール, アカウザール] [形] 〘哲〙因果関係のない.

die **A·ka·zie** [アカーツィエ] [名] -/-n 〘植〙アカシア: falsche ~ ニセアカシア(ハリエンジュ).

die **A·ke·lei** [アケライ, アーケライ] [名] -/-en 〘植〙オダマキ.

das **A·ki** [アーキ] [名] -s/-s Aktualitätenkino の短縮形.

die **A·ki·ne·sie** [アキネズィー] [名] -/ 〘医〙無動〔失動〕症.

Akk. =Akkusativ 〘言〙4格, 対格.

die **Ak·kla·ma·ti·on** [アクラマツィオーン] [名] -/-en 《オーストリア・スイス》喝采(かっさい);発声による採決;〘キ教〙聖職者の呼びかけ;会衆の応答.

ak·kla·mie·ren [アクラミーれン] [動] *h.* 《文》 **1.** 〘〈j^4/et^4〉ニ〙喝采(かっさい)を送る. **2.** 〘〈j^4〉ヲ〙口頭の賛意で選出する《投票ではなく》. **3.** 〘〈j^3〉ニ+〈[文]〉ト〙賛成〔同意〕して言う.

die **Ak·kli·ma·ti·sa·ti·on** [アクリマティザツィオーン] [名] -/-en 気候〔環境〕への順応.

ak·kli·ma·ti·sie·ren [アクリマティズィーれン] [動] *h.* 〘sich^4〙《文》(新しい)気候風土〔環境〕に慣れる.

die **Ak·ko·la·de** [アコラーデ] [名] -/-n (騎士任命式

の)抱擁のあいさつ;〖印〗中括弧;〖楽〗(楽譜の)ブレース.

die **Ak·kom·mo·da·ti·on** [アコモダツィオーン] 名 -/-en 1. 〖生理〗適応, 順応;(目の遠近調節). 2. 〖神〗(他宗教との)応化.

ak·kom·mo·die·ren [アコモディーレン] 動 h. 1. 〈et⁴〉ッ+〈et³〉ニ〗〖生理〗順応［適応］させる, (…の)遠近調節をする(目の). 2. 〔sich⁴+〈et³〉ッ〕〖生理〗順応［適応］する. 3. 〔sich⁴+mit〈j³〉ッ+über〈et⁴〉ニッィァ〕〈古〉折合いがつく.

ak·kom·pa·gnie·ren [..panjtːrən アコムパニイーレン] 動 h. 〔〈j⁴/et⁴〉ッ〕〖楽〗伴奏をする.

der **Ak·kord** [アコルト] 名 -(e)s/-e 〖楽〗和音;〖法〗和解, 協定;〈古〉合意;〖経〗出来高払い(制度): im ~ arbeiten 出来高［歩合給］で働く.

die **Ak·kord·ar·beit** [アコルト・アルバイト] 名 -/-en 出来高払いの仕事.

der **Ak·kord·ar·bei·ter** [アコルト・アルバイター] 名 -s/- 出来高払いの賃金労働者.

das **Ak·kor·de·on** [アコルデオン] 名 -s/-s 〖楽〗アコーディオン.

ak·kor·die·ren [アコルディーレン] 動 h. 1. 〔sich⁴+mit〈j³〉ッ〕和解する(債権者と). 2. 〔〈et⁴〉ッ+(mit〈j³〉ッ)〕取決める, 協定する(利潤分配などを).

der **Ak·kord·lohn** [アコルト・ローン] 名 -(e)s/..löhne 出来高払いの賃金.

ak·kre·di·tie·ren [アクレディティーレン] 動 h. 1. 〔〈j⁴〉ニ〗〖政〗信任状をもたせて派遣する, 全権を委任する. 2. 〔〈j³〉ニ+(für〈et⁴〉ッ)〕〖銀行〗クレジットを設定する, 信用状を開設する.

das **Ak·kre·di·tiv** [アクレディティーフ] 名 -s/-e 〖政〗信任状;〖銀行〗信用状.

der **Ak·ku** [アク] 名 -s/-s 蓄電池(~mulator).

die **Ak·kul·tu·ra·ti·on** [アクルトゥラツィオーン] 名 -/-en 〖民族・社会心理学〗(異文化との接触による)文化変容;文化受容.

ak·kul·tu·rie·ren [アクルトゥリーレン] 動 h. 〈et⁴〉ッ〗文化変容させる, 文化受容する.

die **Ak·ku·mu·la·ti·on** [アクムラツィオーン] 名 -/-en 1. 〈文〉集積, 蓄積. 2. 〖経〗(富・生産手段の)蓄積;〖地質〗堆積. 3. 〖修〗列叙法.

der **Ak·ku·mu·la·tor** [アクムラートル] 名 -s/-en[アクムラトーレン] 〖工〗蓄電池(略 Akku);圧力[水圧]タンク;〖コンピュ〗累算器.

ak·ku·mu·lie·ren [アクムリーレン] 動 h. 〔〈et⁴〉ッ〕蓄積する;〔〈et⁴〉ッsich⁴の場合〕蓄積[累積]される.

ak·ku·rat [アクらート] 形 きちょうめんな;正確な;〈方〉ちょうど.

die **Ak·ku·ra·tesse** [アクらテッセ] 名 -/ きちょうめん;正確;精確, 周到, 細密;〈北独〉事務鞄.

der **Ak·ku·sa·tiv** [アクザティーフ] 名 -s/-e[..ティーヴェ] 〖言〗1. (個のみ) 4格, 対格(略 Akk.). 2. 4格(対格)の語.

das **Ak·ku·sa·tiv·ob·jekt** [アクザティーフ・オプイェクト] 名 -(e)s/-e 〖言〗4格目的語.

die **Ak·me** [アクメー] 名 -/ 〖医〗(病気の)極期, アクメ.

die **Ak·ne** [アクネ] 名 -/-n 〖医〗アクネ, にきび.

der **A·ko·luth** [アコルート] 名 -en[-s]/-en 〈稀〉= Akolyth.

der **A·ko·lyth** [アコリュート] 名 -en[-s]/-en 〖カトリ〗祭壇奉仕者, 侍者;侍medium.

die **Ak·on·to·zah·lung** [アコント・ツァールング] 名 -/-en 〖銀行〗内金(ホエ)払い: eine ~ leisten 頭金を払う.

ak·qui·rie·ren [アクヴィリーレン] 動 h. 1. 〈ºッ〗〖経〗勧誘(外交員)をする. 2. 〈et⁴〉ッ〕手に入れる.

der **Ak·qui·si·teur** [..tø:r アクヴィズィテーる] 名 -s/-e 〖経〗外交員;〖新聞〗広告取り.

die **A·kri·bie** [アクリビー] 名 -/ 〈文〉極度の精確(綿密)さ.

a·kri·bisch [アクリービッシュ] 形 〈文〉きわめて精確(綿密)な.

a·kri·tisch [アクリーティシュ] 形 無批判な.

der **A·kro·bat** [アクロバート] 名 -en/-en 軽業(曲芸)師.

die **A·kro·ba·tik** [アクロバーティク] 名 -/ 軽業, 曲芸, アクロバット.

a·kro·ba·tisch [アクロバーティシュ] 形 軽業(曲芸)師の;軽業的な.

die **A·kro·me·ga·lie** [アクロ・メガリー] 名 -/-n 〖医〗先端(肢端)肥大症, 巨端症.

das **A·kro·nym** [アクロニューム] 名 -s/-e 頭字語(各語の頭字や頭音節で造った略語).

die **A·kro·po·lis** [アクローポリス] 名 -/..polen[アクロポーレン] アクロポリス(古代ギリシアの城砦).

das **A·kro·sti·chon** [アクロスティッヒォン] 名 -s/..chen [..cha] アクロスティック(各行または各連の頭の文字(音節・語)をつなぐと語や文になる詩, またはその語や文).

der **A·kro·ter** [アクロテーあ] 名 -s/-e = Akroterium.

die **A·kro·te·rie** [アクロテーリエ] 名 -/-n = Akroterium.

das **A·kro·te·ri·on** [アクロテーリオン] 名 -s/..rien = Akroterium.

das **A·kro·te·ri·um** [アクロテーリウム] 名 -s/..rien アクロテリオン(古代ギリシア神殿の棟の上などの彫刻装飾).

der **Akt**¹ [アクト] 名 -(e)s/-e 1. 行為, 行動;儀式, 式典;訴訟, 審理. 2. (サーカスなどの)出し物, 演目. 3. 性行為(Geschlechts~). 4. (劇やオペラの)幕. 5. 裸体画.

der **Akt**² [アクト] 名 -(e)s/-en 〈南独・オーストリア〉書類.

der **Ak·tant** [アクタント] 名 -en/-en 〖言〗共演成分(動詞に従属する成分).

die **Ak·te** [アクテ] 名 -/-n 書類, 文書:〈et¹〉kommt in die ~n〈事⁴〉記録される. 〈et⁴〉 zu den ~n legen〈事⁴〉処理済みとする. über〈et⁴〉~n schließen〈事⁴〉決着がついたものとする.

der **Ak·ten·bock** [アクテン・ボック] 名 -(e)s/..böcke 書類棚, ファイル用の戸棚.

der **Ak·ten·de·ckel** [アクテン・デッケル] 名 -s/- ファイルカバー.

der **Ak·ten·kof·fer** [アクテン・コッふぁー] 名 -s/- 書類トランク, アタッシェケース.

ak·ten·kun·dig [アクテン・クンディヒ] 形 文書によって明らかな.

die **Ak·ten·map·pe** [アクテン・マッペ] 名 -/-n 書類挟み;〈北独〉書類鞄.

der **Ak·ten·schrank** [アクテン・シュらンク] 名 -(e)s/..schränke 書類棚, ファイルケース.

der **Ak·ten·stoß** [アクテン・シュトース] 名 -es/..stöße 書類の山.

das **Ak·ten·stück** [アクテン・シュテュック] 名 -(e)s/-e (個々の)書類(文書).

die **Ak·ten·ta·sche** [アクテン・タッシェ] 名 -/-n 書類鞄(なェっ).

der **Ak·ten·wolf** [アクテン・ヴォルふ] 名 -(e)s/..wölfe シュレッダー.

das **Ak·ten·zei·chen** [アクテン・ツァイヒェン] 名 -s/- 書類整理記号(番号)(略 Az, AZ).

der **Ak·teur** [aktø:r アクテーる] 名 -s/-e 〈文〉1. 俳優, 役者;〖スポーツ〗プレーヤー. 2. 当事者.

die **Ak·tie** [áktsia アクツィエ] 名 -/-n 〖経〗株(式), 株券:〈j²〉~n steigen〈口〉人の株があがる. Wie stehen die ~n〈口〉調子はどうですか.

die **Ak·ti·en·bör·se** [アクツィエン・ベるゼ] 名 -/-n 〖経〗

株式取引所〔市場〕.
der **Ak·ti·en·fonds** [..fõː アクツィエン・ふぉーン] 名 -/[..fõː(s) ‥ふぉーン(ス)]/-[..fõːs ‥ふぉース] 〖経〗株式投資信託.
die **Ak·ti·en·ge·sell·schaft** [アクツィエン・ゲゼルシャふト] 名 -/-en 株式会社(略 AG).
der **Ak·ti·en·in·dex** [アクツィエン・インデックス] 名 -(es)/..indizes 〖金融〗株価指数.
der **Ak·ti·en·in·ha·ber** [アクツィエン・イン・ハーバー] 名 -s/- 株主.
das **Ak·ti·en·ka·pi·tal** [アクツィエン・カピタール] 名 -s/- 株式資本.
der **Ak·ti·en·kurs** [アクツィエン・クルス] 名 -es/-e 株価, 株式相場.
der **Ak·ti·en·markt** [アクツィエン・マルクト] 名 -(e)s/..märkte 株式市場.
die **Ak·ti·on** [アクツィオーン] 名 -/-en **1.** 行動;活動, 運動: in ~ treten 行動を開始する. **2.** 〖馬術〗馬の足の運び方. **3.** 〖理〗作用. **4.** 〖ダレ〗特売.
der **Ak·ti·o·när** [アクツィオネーア] 名 -s/-e 株主.
der **Ak·ti·o·nist** [アクツィオニスト] 名 -en/-en 行動(実践)主義者.
die **Ak·ti·ons·art** [アクツィオーンス・アート] 名 -/-en 〖言〗動作様態(完了・継続など).
die **Ak·ti·ons·ge·mein·schaft** [アクツィオーンス・ゲマインシャふト] 名 -/-en 統一行動.
der **Ak·ti·ons·ra·di·us** [アクツィオーンス・らーディウス] 名 -/- 行動(活動)範囲;航続距離.
ak·tiv [アクティーふ, アクティーふ] 形 **1.** 活動的な, 活発な, 積極的な, 能動的な: ~e Bestechung 贈賄. ~e Handelsbilanz 輸出超過. ~er Wortschatz (話し手・書き手が)実際に使用しうる語彙(ゴ). ~es Wahlrecht 選挙権. **3.** 効力のある. **4.** 〖スポ〗現役の: ein A~er (~er Sportler) 現役選手. **5.** 〖化〗活性的;〖医〗活動性の. **6.** 〖言〗能動(態)の.
das **Ak·tiv**¹ [アクティーふ] 名 -s/-e〔主に(略)〕〖言〗能動態.
das **Ak·tiv**² [アクティーふ] 名 -s/-s[-e] 〖旧東独〗活動分子のグループ.
die **Ak·ti·va** [アクティーヴァ] 複数 〖経〗(貸借対照表の)借方, 現在資産.
der **die Ak·ti·ve** [アクティーヴェ] 名 (形容詞的変化)現役選手;現役で活動している人.
die **Ak·ti·ven** [アクティーヴェン] 複数 =Aktiva.
ak·ti·vie·ren [アクティヴィーれン] 動 h. 〈j⁴/et⁴〉 **1.** 活動化させる, 活発にする. **2.** 〈et⁴〉〖化〗活性化する;〖理〗(…に)高エネルギー素粒子を照射して放射能を帯びさせる(原子核に). **3.** 〈et⁴〉〖経〗借方(資産の部)に記載する.
ak·ti·visch [アクティーヴィシュ] 形 〖言〗能動(態)の.
der **Ak·ti·vis·mus** [アクティヴィスムス] 名 -/ **1.** 積極性;(1915～1920年の文学的)行動主義.
der **Ak·ti·vist** [アクティヴィスト] 名 -en/-en 行動家, 活動家;〖旧東独〗模範労働者.
ak·ti·vis·tisch [アクティヴィスティシュ] 形 行動主義(者)の.
die **Ak·ti·vi·tas** [アクティーヴィタス] 名 -/ 〖学生〗学生組合の現役会員
die **Ak·ti·vi·tät** [アクティヴィテート] 名 -/-en **1.** (複のみ)活動性, 活力. **2.** (主に(略))活動, 行動. **3.** 〖化〗活性;〖理〗放射能(Radio～).
die **Ak·tiv·koh·le** [アクティーふ・コーレ] 名 -/- 〖化〗活性炭(略 A-Kohle).
das **Ak·tiv·rau·chen** [アクティーふ・らウヘン] 名 -s/ 能動的(直接)喫煙.
der **Ak·tiv·sal·do** [アクティーふ・ザルド] 名 -s/-s, ..den[..di] 〖簿〗(収支の)黒字, 借方残高.
die **Ak·tiv·sei·te** [アクティーふ・ザイテ] 名 -/ 〖簿〗借方, 積極側, 資産の部.
der **Ak·tiv·ur·laub** [アクティーふ・ウーアラウプ] 名 -(e)s/-e スポーツをする休暇.
die **Ak·tri·ce** [..sa アクトリーセ] 名 -/-n 女優.
ak·tu·a·li·sie·ren [アクトゥアリズィーれン] 動 h. 〈et⁴〉現代化する;現実化する.
die **Ak·tu·a·li·tät** [アクトゥアリテート] 名 -/-en **1.** (複のみ)現実性, 時事性. **2.** (複のみ)時事, 最新の出来事.
das **Ak·tu·a·li·tä·ten·ki·no** [アクトゥアリテーテン・キーノ] 名 -s/-s (古)ニュース映画館(略 Aki, AKI).
der **Ak·tu·ar** [アクトゥアーア] 名 -s/-e 保険数理士;〖古〗裁判所の書記;〖ジ〗書記, 記録係.
ak·tu·ell [アクトゥエル] 形 **1.** アクチュアルな, 時事的な: ~e Stunde (議会の)緊急討議. **2.** 最新流行の.
die **Aku·pres·sur** [アク・プれスーア] 名 -/-en 指圧療法.
aku·punk·tie·ren [アク・プンクティーれン] 動 h. 〈j⁴/et⁴〉(…に)鍼(ミミ)を打つ.
die **Aku·punk·tur** [アク・プンクトゥーア] 名 -/-en 〖医〗鍼(ミミ)療法, 鍼(ミミ)術.
die **A·kü·spra·che** [アキュ・シュプらーヘ] 名 -/-n 略語.
die **Akus·tik** [アクスティク] 名 -/ **1.** 〖理〗音響学. **2.** 音響効果.
der **Akus·ti·ker** [アクスティーカー] 名 -s/- **1.** 音響学者, 音響専門家. **2.** 聴覚鋭の人.
akus·tisch [アクスティシュ] 形 **1.** 音響(学上)の. **2.** 聴覚の.
a·kut [アクート] 形 **1.** 緊急の. **2.** 〖医〗急性の.
der **A·kut** [アクート] 名 -(e)s/-e 〖言〗鋭アクセント;〖印〗鋭アクセント記号(['|).
die **Ak·ze·le·ra·ti·on** [アクツェレらツィオーン] 名 -/-en 加速, 促進;早期成熟;(時計の進みがち;〖生〗促進;〖天〗永年加速(月の公転速度の増大).
der **Ak·ze·le·ra·tor** [アクツェレらートーア] 名 -s/-en[アクツェレらトーれン]〖核物理〗加速装置].
ak·ze·le·rie·ren [アクツェレリーれン] 動 h. 〈et⁴〉加速する, 速める;促進する.
der **Ak·zent** [アクツェント] 名 -(e)s/-e **1.** 〖言〗アクセント(符号). **2.** 強調, 力点. **3.** (複のみ)訛り, 独特の調子(抑揚).
ak·zent·frei [アクツェント・ふらイ] 形 なまりのない.
ak·zen·tu·ie·ren [アクツェントゥイーれン] 動 h. 〈et⁴〉アクセントをおく;はっきりと示す;強調する;〈et⁴ がsichの場合)はっきりあう;(…の)特色となっている.
die **Ak·zen·tu·ie·rung** [アクツェントゥイーるング] 名 -/-en 強調, アクセントを置くこと).
der **Ak·zept** [アクツェプト] 名 -(e)s/-e 〖銀行〗(手形の)引受け, 受領;引受手形.
ak·zep·ta·bel [アクツェプターベル] 形 (付は..bl..) 許容できる.
der **Ak·zep·tant** [アクツェプタント] 名 -en/-en 〖銀行〗手形引受人;〖文〗引受ける人.
die **Ak·zep·tanz** [アクツェプタンツ] 名 -/ (新製品などの市場への)受容, 受入れ.
ak·zep·tie·ren [アクツェプティーれン] 動 h. 〈j⁴/et⁴〉 受入れる, 受諾する.
die **Ak·zes·si·on** [アクツェシオーン] 名 -/-en **1.** 新規取得(受け入れ). **2.** 〖政〗(国際条約への)加盟.
ak·zes·so·risch [アクツェソーリシュ] 形 付随的な, 副次的な;〖法〗付従的な.
das **Ak·zi·dens** [アクツィデンス] 名 -/..denzien[..デンツィエン], ..dentia[..デンティア], ..dentien[..デンツィエン] 偶発事;〖哲〗偶有性;〖楽〗臨時記号.
ak·zi·den·tell [アクツィデンテル] 形 〖哲〗偶有的な;

akzidentiell

【医】偶発的な.
akzi·den·ti·ell [アクツィデンツィエル] 形 =akzidentell.
die **Ak·zi·denz** [アクツィデンツ] 名 -/-en **1.**【印】端物印刷物(名刺, ビラなど). **2.**【哲】偶有性. **3.** 副(臨時)収入;臨時注文.
der **Ak·zi·denz·druck** [アクツィデンツ・ドルック] 名 -(e)s/-e【印】(名刺などの)端物印刷.
die **Ak·zi·se** [アクツィーゼ] 名 -/-n【経】(昔の)消費〔通行〕税;(旧東独)価格割増し.
Al =Aluminium【化】アルミニウム.
AL =Albanien【国名】アルバニア.
Al. =Alinea【印】新行, 改行.
..al [..アール] 接尾 主として名詞につけてその特性を表す形容詞を作る. ial または ell となることがある: fundament*al* 基礎的な. äquatori*al* 赤道の. experiment*el* [experimental] 実験に基づく.
a. l. =ad libitum アドリブで.
à la [アラ]【フランス語】〔口〕…流に;〔料〕…風(ふう)に.
a·laaf ! [アラーフ] 間 万歳!(all-ab がなまったものでカーニヴァルの歓声): Kölle ~! ケルン万歳!
à la baisse [alabɛ́ːs アラ ベース]【フランス語】【経】株価の低下を予期して.
der **Al·a·bas·ter** [アラバスター] 名 -s/- **1.** (主に⑨)雪花石膏(ぜっか). **2.** (北独)ビー玉.
al·a·bas·ter·far·ben [アラバスター・ふぁるベン] 形 (透きとおるような)白の, 雪花石膏色の.
à la bonne heure ! [alabɔnǿːr アラ ボ ⓧ-ろ]【フランス語】(文)いいぞ, その調子, すばらしい.
à la carte [alakárt アラ カルト]【フランス語】【料】アラカルトで.
à la hausse [alaóːs アラ オース]【フランス語】【経】株価の上昇を予期して.
à la jardinière [alaʒardinjɛ́ːr アラ ジャるディニエーあ]【フランス語】【料】(温)野菜をつけ合わせた;各種野菜入りの(スープなど).
der **Al·am·boy·ant** [..bɔajáː アラムボアヤーン] 名 -/-s【植】ホウホウボク.
à la mode [alamɔ́t アラ モト]【フランス語】(古)最新流行の.
die **A·la·mo·de·li·te·ra·tur** [アラモーデ・リテらトゥーる] 名 -/ 17世紀ドイツのフランス風文学.
die **A·la·mo·de·zeit** [アラモーデ・ツァイト] 名 -/ 17世紀ドイツのフランス趣味の時代.
der **A·larm** [アラるム] 名 -(e)s/-e **1.** (非常)警報: blinder ~ 誤っての警報;空騒ぎ. ~ auslösen 警戒警報を出す. ~ schlagen 警鐘を打ち鳴らす. **2.** 警報発令状態.
die **A·larm·an·la·ge** [アラるム・アン・ラーゲ] 名 -/-n 警報装置.
a·larm·be·reit [アラるム・ベらイト] 形 出動態勢にある.
die **A·larm·be·reit·schaft** [アラるム・ベらイトシャふト] 名 -/ (警戒)出動態勢完了.
die **A·larm·glo·cke** [アラるム・グロッケ] 名 -/-n 非常ベル, 警鐘.
a·lar·mie·ren [アラるミーれン] 動 h. **1.** 〈j⁴ ニ〉(急報して)出動(救援)を求める(警察・消防隊など). **2.**〈j⁴ ヲ〉不安にさせる.
der **A·larm·zu·stand** [アラるム・ツー・シュタント] 名 -(e)s/ 非常警戒態勢.
(*das*) **A·las·ka** [アラスカ] 名 -s/【地名】アラスカ.
der **A·laun** [アラウン] 名 -s/-e【化】明礬(みょう).
der **A·laun·stein** [アラウン・シュタイン] 名 -(e)s/-e 明礬(みょう)石;(カリ)明礬.
der **Alb**[1] [アルプ] 名 -(e)s/-en (主に⑨)【ゲル神】(地の)妖精.
der **Alb**[2] [アルプ] 名 -(e)s/-e **1.** 夢魔. **2.** (⑨のみ)《文》(心の)重苦しさ, 鬱積(うっせき).
die **Alb**[3] [アルプ] 名 -/-en **1.** =Alm. **2.**【地名】アルプ, 山地, 山脈: die Fränkische ~ フランケン山地(バイエルン州北部). die Schwäbische ~ シュヴァーベン山地(南独の山脈).
der **Al·ba·ner** [アルバーナー] 名 -s/- アルバニア人.
(*das*) **Al·ba·ni·en** [アルバーニェン] 名 -s/【国名】アルバニア(バルカン半島の国).
al·ba·nisch [アルバーニシュ] 形 アルバニア(人・語)の.
das **Al·ba·nisch** [アルバーニシュ] 名 -(s)/ アルバニア語.【用法は⇨Deutsch¹】
das **Al·ba·ni·sche** [アルバーニシェ] 名 (形容詞の変化;⑨のみ) **1.** (定冠詞とともに)アルバニア語. **2.** アルバニア的なもの(こと).【用法は⇨Deutsche²】
die **Al·ba·no·lo·gie** [アルバノ・ロギー] 名 -/ アルバニア学.
der **Al·ba·tros** [アルバトロス] 名 -〔ses〕/-se【鳥】アホウドリ;アルバトロス.
der **Alb·druck** [アルプ・ドルック] 名 -(e)s/..drücke (主に⑨)(悪夢による)胸苦しさ.
das **Alb·drü·cken** [アルプ・ドリュッケン] 名 -s/ 悪夢にうなされること;(睡眠中の)胸苦しさ.
die **Al·be** [アルベ] 名 -/-n【キ教】【理】アルバ(白い祭服).
die **Al·be·do** [アルベードー] 名 -/【理】アルベド.
die **Al·ben** [アルベン] 複数 Alb[1,3], Album の複数.
die **Al·be·rei** [アルベらイ] 名 -/-en 愚行, (子供じみた)悪ふざけ.
(*der*) **Al·be·rich** [アルベりヒ] 名【ゲル伝】アルベリヒ(Nibelungen の宝の番人).
al·bern[1] [アルバーン] 形 **1.** たわいない, 愚かな: ~e Gänse はしが転んでもおかしい年頃の娘たち. **2.**〔口〕つまらない, 無価値な.
al·bern[2] [アルバーン] 動 h.(廃)子供っぽい振舞いをする, 悪ふざけをする, きゃっきゃっ笑う.
die **Al·bern·heit** [アルバーンハイト] 名 -/-en **1.** (⑨のみ)ばかげたこと;〔まね〕, 荒唐無稽(こうとう). **2.** 愚行, ばかげた言辞: ~en treiben ばかなことをする.
(*der*) **Al·bert** [アルベルト] 名【男名】アルベルト.
der **Al·bi·nis·mus** [アルビニスムス] 名 -/【医・生】色素欠乏症, 白皮症;【植】白化.
der **Al·bi·no** [アルビーノ] 名 -s/-s アルビノ, 白子(色素欠乏症の人・動物);白品種の植物.
(*das*) **Al·bi·on** [アルビオン] 名 -s/【地名】(詩)アルビオン(英国の雅称).
(*der*) **Al·brecht** [アルブれヒト] 名【男名】アルブレヒト.
der **Alp·traum** [アルプ・トらウム] 名 -(e)s/..träume 悪夢.
das **Al·bum** [アルブム] 名 -s/Alben アルバム;レコードアルバム, CD アルバム(二枚組み)を LP レコード.
das **Al·bu·men** [アルブーメン] 名 -s/【生】蛋白(たんぱ), 卵白.
das **Al·bu·min** [アルブミーン] 名 -s/-e【生】アルブミン(単純水溶性動物蛋白(たんぱ)質).
die **Al·bu·mi·no·se** [アルブミノーゼ] 名 -/-n【生】アルブミノーゼ(蛋白(たんぱ)の分解で生じる).
die **Al·can·tara** [アルカンタら] 名 -(s)/【商標】アルカンターラ(高級な人工ベロア).
der **Al·che·mie** [アルヒェミー] 名 -/ =Alchimie.
der **Al·che·mist** [アルヒェミスト] 名 -en/-en =Alchimist.
die **Al·chi·mie** [アルヒミー] 名 -/ 錬金術.
der **Al·chi·mist** [アルヒミスト] 名 -en/-en 錬金術師.
der **Al·co·test** [アルコ・テスト] 名 -(s)/【商標】アルコテスト(吐いた息で測る血中アルコール濃度測定器).
der **Al·de·ba·ran** [アルデバらーン] 名 -s/【天】アルデバラン(おうし座の赤色の α 星).
der **Al·de·hyd** [アルデヒュート] 名 -s/-e【化】アルデヒド.
al dente [アル デンテ]【イタリア語】【料】固ゆでの, 歯ごたえがある, シコシコした(パスタなどが).

das **Al·drin** [アルドリーン] [名] -s/ アルドリン(殺虫剤の一種).
das **Ale** [e:l エール] [名] -s/ 〖英語〗エール(淡色ビール).
a·lea ia·cta est [á:lea jákta .. アーレア ヤクタ エスト] 〖ラテン語〗賽(さい)は投げられた(ルビコン川でシーザーが言ったという).
a·le·a·to·risch [アレアトーリシュ] [形] 《文》偶然性の.
der **A·le·man·ne** [アレマネ] [名] -n/-n アレマン人(西ゲルマン族の一部族).
a·le·man·nisch [アレマニシュ] [形] アレマン(人・方言)の.
das **Aleman·nisch** [アレマニシュ] [名] -(s)/ アレマン語〔方言〕.
a·lert [アレるト] [形] 〖イタリア語〗活発な, 機敏な; 元気な; 利発な.
die **A·le·u·ten** [アレウーテン] [複名] 〖地名〗アリューシャン列島.
(*der*) **A·le·x·an·der** [アレクサンダー] [名] **1.** 〖男名〗アレクサンダー. **2.** ~ der Große アレクサンダー大王(紀元前 356-323 年).
der **A·le·x·an·der·ro·man** [アレクサンダー・ロマーン] [名] -s/-e 〖文芸学〗アレクサンダー小説.
(*die*) **A·le·x·an·d·ra** [アレクサンドら] [名] 〖女名〗アレクサンドラ.
(*das*) **A·le·x·an·d·ria** [アレクサンドリア] [名] -s/ 〖地名〗アレクサンドリア(ナイル川河口の都市).
(*das*) **A·le·x·an·dri·en** [アレクサンドりエン] [名] -s/ = Alexandria.
der **A·le·x·an·dri·ner** [アレクサンドりーナー] [名] -s/- **1.** アレクサンドリアの人. **2.** 〖詩〗アレクサンダー詩行(12 または 13 音節から成る短長〔弱強〕六脚の詩行).
a·le·x·an·dri·nisch [アレクサンドりーニシュ] [形] **1.** アレクサンドリアの. **2.** アレクサンダー詩行の.
der **A·le·x·an·drit** [アレクサンドりート] [名] -s/-e アレキサンドライト(宝石).
die **A·le·xie** [アレクスィー] [名] -/-n 〖医〗失読(症).
die **Al·fal·fa** [アルふァルふァ] [名] -/ 〖植〗アルファルファ, ムラサキウマゴヤシ.
al fi·ne [アル ふぃーネ] 〖イタリア語〗〖楽〗終わりまで.
(*der*) **Al·fons** [アルふォンス] [名] 〖男名〗アルフォンス.
(*der*) **Al·fred** [アルふれート] [名] 〖男名〗アルフレート.
al fres·co [アル ふれスコ] 〖イタリア語〗= a fresco.
die **Al·ge** [アルゲ] [名] -/-n 藻.
die **Al·ge·bra** [アルゲブら] [名] -/Algebren [アルゲーブれン] 〖数〗代数(学); 代数的構造.
al·ge·bra·isch [アルゲブらーイシュ] [形] 代数(学)の.
(*das*) **Al·ge·ri·en** [アルゲーりエン] [名] -s/ 〖国名〗アルジェリア(北アフリカ地中海に面する国).
al·ge·risch [アルゲーりシュ] [形] アルジェリア(人)の.
der **Al·gol** [アルゴール, アルゴール] [名] -s/ 〖天〗アルゴル(ペルセウス座の β 星で変光星).
das **ALGOL** [アルゴル] [名] -(s)/ 〖コンピュータ〗アルゴル(algorithmic language プログラム言語の一つ).
der **Al·gon·kin**[1] [アルゴンキン] [名] -(s)/- アルゴンキン族(カナダのインディアンの種族).
das **Al·gon·kin**[2] [アルゴンキン] [名] -(s)/ アルゴンキン語(族).
al·gon·kisch [アルゴンキシュ] [形] アルゴンキア〔原生〕界の.
das **Al·gon·ki·um** [アルゴンキウム] [名] -s/ 〖地質〗アルゴンキア〔原生〕界.
der **Al·go·rith·mus** [アルゴりトムス] [名] -/..men 〖数・コンピュータ〗アルゴリズム(演算の手順・方法).
die **Al·ham·b·ra** [アルハムブら] [名] -/ アルハンブラ(スペインのグラナダの王宮).
a·li·as [アーリアス] [副] またの名は, 本名は: Meyer ~ Müller マイヤーことミュラー.
das **A·li·bi** [アーリビー] [名] -s/-s **1.** 〖法〗現場不在(証明), アリバイ: ein ~ für die Tatzeit 犯行時間に対するアリバイ. **2.** 言い訳, 口実
die **A·li·e·na·ti·on** [アリエナツィオーン] [名] -/-en **1.** 疎遠, (自己)疎外; 〖医〗心神喪失. **2.** 譲渡, 売却.
das **A·li·g·ne·ment** [alınjəmã: アリニエマーン] [名] -s/-s (道路・線路建設のための)境界線設定.
a·li·men·tär [アリメンテーあ] [形] 栄養の; 食餌の.
die **A·li·men·te** [アリメンテ] [複名] (特に私生児のための)養育費.
a·li·men·tie·ren [アリメンティーれン] [動] *h.* 〖<j⁴>ヲ〗扶養する.
das **A·li·nea** [アリーネア] [名] -s/-s 〖印〗(一字下げた)新行, 新しい段落.
a·li·quant [アリクヴァント] [形] 〖数〗《古》整除できない.
a·li·quot [アリクヴォト] [形] 〖数〗《古》整除できる.
der **A·li·quot·ton** [アリクヴォト・トーン] [名] -(e)s/..töne (主に[複])〖楽〗倍音.
der **Alk** [アルク] [名] -(e)s〔-en〕/-e〔-en〕 〖鳥〗ウミスズメ(小形の海鳥).
der〔*das*〕 **Al·ka·hest** [アルカヘスト] [名] -(e)s/ アルカヘスト, 万物溶化液.
der **Al·kal·de** [アルカルデ] [名] -n/-n (スペインの)裁判官を兼ねる市〔町〕長.
das **Al·ka·li** [アルカーリ, アルカリ] [名] -s/-en 〖化〗アルカリ, 塩基.
al·ka·lisch [アルカーリシュ] [形] アルカリ性の.
das **Al·ka·lo·id** [アルカロイート] [名] -(e)s/-e 〖化〗アルカロイド, 植物塩基.
der **Al·ka·zar** [アルカーザる, アルカーツァる, アルカツァーあ] [名] -(s)/-es (スペイン〔昔のムーア人〕の)宮殿, 城塞.
(*der*) **Al·ki·bi·a·des** [アルキビーアデス] [名] 〖人名〗アルキビアデス(紀元前 450 頃-404, アテネの政治家・将軍).
alk·ma·nisch [アルクマーニシュ] [形] 〖詩〗アルクマン風の.
(*die*) **Alk·me·ne** [アルクメーネ] [名] 〖ギ神〗アルクメーネ(Amphitryon の妻. Herakles の母).
der **Al·ko·hol** [アルコホール] [名] -s/-e **1.** 〖化〗アルコール, 酒精: absoluter ~ 無水アルコール. **2.** ([単]のみ)アルコール液; (主に[単])アルコール飲料: ~ löst die Zunge. 酒を飲むと口数が多くなる. **【慣用】** **<et⁴> in Alkohol ertränken** 〈事を〉酒で憂さばらしする. **unter Alkohol stehen** 酔っぱらっている.
der/*die* **Al·ko·hol·ab·hän·gi·ge** [アルコホール・アップ・ヘンギゲ] [名] (形容詞的変化)アルコール依存症の人.
al·ko·hol·arm [アルコホール・アるム] [形] アルコール分の少ない.
al·ko·hol·frei [アルコホール・ふらイ] [形] アルコールを含まない; 酒類を出さない.
der **Al·ko·hol·ge·halt** [アルコホール・ゲハルト] [名] -(e)s/-e アルコール含有量.
al·ko·hol·hal·tig [アルコホール・ハルティひ] [形] アルコール分を含む.
die **Al·ko·ho·li·ka** [アルコホーリカ] [複名] アルコール飲料, スピリッツ類.
der **Al·ko·ho·li·ker** [アルコホーリカー] [名] -s/- 常習的な飲酒者, アルコール中毒者.
al·ko·ho·lisch [アルコホーリシュ] [形] **1.** アルコールの入った; アルコール飲料の. **2.** 〖化〗アルコール(生成)の.
al·ko·ho·li·sie·ren [アルコホリズィーれン] [動] *h.* **1.** 〖<et⁴>ニ〗アルコールを加える. **2.** 〖<j⁴>ヲ〗酔わせる.
al·ko·ho·li·siert [アルコホリズィーあト] [形] 酔っぱらった.
der **Al·ko·ho·lis·mus** [アルコホリスムス] [名] -/ 飲酒癖; 〖医〗アルコール中毒.

A

al·ko·hol·krank [アルコホール・クランク] [形] アル中患者の.

der **Al·ko·hol·schmugg·ler** [アルコホール・シュムグラー] [名] -s/- 酒類密輸(業)者.

der **Al·ko·hol·spie·gel** [アルコホール・シュピーゲル] [名] -s/- 血中アルコール濃度.

al·ko·hol·süch·tig [アルコホール・ズュヒティヒ] [形] アルコール依存症〔中毒〕の.

der **Al·ko·hol·test** [アルコホール・テスト] [名] -(e)s/-e〔-s〕 アルコールテスト(血中アルコール濃度測定).

das **Al·ko·hol·ver·bot** [アルコホール・ふぇあボート] [名] -(e)s/-e 飲酒禁止;酒類製造販売禁止.

die **Al·ko·hol·ver·gif·tung** [アルコホール・ふぇあギふトゥング] [名] -/-en 〘医〙アルコール中毒(症).

der **Al·ko·ven** [アルコーヴェン, アルコーヴェン] [名] -s/- アルコーブ(ベッドつきの床の間状の小部屋).

das **Al·kyl** [アルキュール] [名] -s/-e 〘化〙アルキル.

die **Al·kyl·grup·pe** [アルキュール・グるっぺ] [名] -/-n 〘化〙アルキル基.

al·ky·lie·ren [アルキュリーれン] [動] *h.* 〔⟨et⁴⟩ヲ〕〘化〙アルキル化する.

die **Al·ky·o·ne** [アルキュオーネ] [名] -/ **1.** (主に無冠詞)〘ギ神〙アルキュオーネ(カワセミに変えられた Äolus の娘). **2.** 〘天〙アルキュオーネ(プレアデス中の星).

al·ky·o·nisch [アルキュオーニシュ] [形] 《文》穏やかな, 平和な.

all [アル] [代] 《不定》(抽象名詞などには主に[単]で, 個別化できる名詞には主に[複]で付加される. 独立的用法では[単]は物・事について, [複]は人について用いられるが, [中][単]の alles は人にも物・事にも用いられる. 変化形は形容詞の強変化(ただし[男]・[中] 2 格は-en). 冠詞類がある場合はその前に置かれ, 語尾なしが多い. 後続の形容詞は弱変化.) **1.** ([単]で) **a.** すべての:(付加語的用法)die Wurzel *~en* Übels 諸悪の根源. *~* sein Geld 彼のすべての金. *A~* der Fleiß war vergebens あらゆる努力もすべて水の泡だった. (独立的用法) *A~es* in Ordnung! すべてオーケーだ. *~es,* was wir gesehen haben 私たちが見たすべて. dies(es) *~es* このすべて. Das *~es* geht Sie 〔Das geht Sie *~es*〕nichts an. それはいっさいあなたに関係がない(指示代名詞から離れた形は《口》). **b.** どの…も皆, あらゆる:(付加語的用法) *A~er* Anfang ist schwer. 何事によらず初めは難しい. Blumen *~er* Art あらゆる種類の花. (独立的用法) *A~es* hat zwei Seiten. 何事にも表と裏がある. **c.** ([中][単]で)《口》すべての人々: *A~es* aussteigen! どなた様もお降り下さい. **d.** (疑問代名詞と alles で)どういう人たち〔物・事〕, だれだれ, なになに: Wer *~es* ist denn da gewesen? いったいどういう顔ぶれだったのか. Was *~es* hast du 〔Was hast du *~es*〕im Urlaub unternommen? 君は休暇中に何をしたか(一つ一つ言ってごらん)(疑問代名詞から離れた形は《口》). **e.** (名詞で示された性質を強調して)まったく, 大いに, 非常に: *~en* Ernstes 大まじめに. bis in *~e* Ewigkeit 永遠に. **2.** ([複]で) **a.** すべての:(付加語的用法) *~e* Leute すべての人々. *~* die Jahre über その数年間を通じて. (独立的用法)wir *~e* 私たち皆. (2格で). vor *~er* Augen 衆人環視の中で. **b.** (それらの)どの…も皆, あらゆる:(付加語的用法) *A~e* beide haben recht. 両人のどちらが言うことも正しい. Das übersteigt *~e* Erwartungen. それはどんな期待をも上回った.(定動詞の後で強調して)Wir haben *~e* daran Schuld. 私たちはだれもがそれに責任がある. **3.** (alle と時間・度量を表す[複] 4 格で)…ごとに, …おきに: *~e* halbe(n) Jahre 半年ごとに. *~e(r)* 14 Tage 2週間ごとに(2格は《方》). **【慣用】alle und jeder** だれも彼も. **alles andere als ...** まったく…でない: Er ist *alles* andere als dumm. 彼はぜんぜんばかなんかではない. ⟨j³⟩ **alles Gute wünschen** (何事によらず)⟨人の⟩無事を願う. **alles in allem** 全部合せて, 要するに: *Alles* in allem war er ein Genie. 要するに彼は天才だった. **alles und jedes** 例外なくすべて. **auf alle Weise** どのような仕方であれ. **in aller Welt** 世界中で, いったいぜんたい. **mein Ein und Alles sein** 私の最も大切なものである. **trotz** 〔**bei**〕 **allem** 〔**all dem**〕 何といってもやはり, それにもかかわらず. **über alles** 何にもまして. **um alles in der Welt** (**nicht**) 何があろうと(…しない). **vor allem** とりわけ, なかんずく.

das **All** [アル] [名] -s/ 森羅万象, 万有, 宇宙;一切, 総体.

all·a·bend·lich [アル・アーベントリヒ] [形] 毎晩の.

al·la bre·ve [アラ ブれーヴェ] 〘イタリア語〙〘楽〙アラブレーヴェ, 2/2 拍子で(記号₵).

(*der*) **Al·lah** [ála アラ] [名] -s/ 〘イ教〙アラー(唯一神).

al·la po·lac·ca [アラ ポラカ] 〘イタリア語〙〘楽〙ポロネーズ風に.

al·la pri·ma [アラ プリーマ] 〘イタリア語〙〘美〙アラプリマ, 一気描きの手法で.

al·lar·gan·do [アラるガンド] [副] 〘楽〙アラルガンド, クレッシェンドしつつ速度をおとして.

al·la tur·ca [アラ トゥるカ] 〘イタリア語〙〘楽〙トルコ風に.

all·be·kannt [アル・ベカント] [形] 周知の.

all·dem [アル・デーム] [代] =alledem.

all·deutsch [アル・ドイチュ] [形] 〘史〙全ドイツ(主義)の.

all·die·weil [アル・ディー・ヴァイル] [接] 《従属》《古》…だから.

―― [副] 《古》そうこうするうちに.

al·le[1] [アレ] [副] 《口》(次の形で) ~ sein/werden (使いきって)おしまいになった/おしまいになる;疲れきっている/疲れきる. ⟨et⁴⟩/⟨j⁴⟩ ~ machen ⟨物を⟩使いきる〔全部食べてしまう・飲んでしまう〕/⟨人を⟩(社会的に)葬る;ばらす.

al·le[2] [アレ] [代] 《不定》 all の[単][女]および[複]の 1・4格. ⇨all.

al·le·dem [アレ・デーム] [代] (つねに 3 格支配の前置詞とともに)bei〔trotz〕~ それにもかかわらず. von ~ そういったこと(すべて)について.

die **Al·lee** [アレー] [名] -/-n [アレーエン] 並木道.

die **Al·le·go·re·se** [アレゴれーゼ] [名] -/-n 寓意(ぐう)的解釈.

die **Al·le·go·rie** [アレゴリー] [名] -/-n 〘美・文学〙寓意(ぐう), アレゴリー;たとえ話.

al·le·go·risch [アレゴーりシュ] [形] 寓意(ぐう)的な.

al·le·gret·to [アレグれット] [副] 〘楽〙アレグレット, やや軽快に.

al·le·gro [アレーグろ] [副] 〘楽〙アレグロ, 快速に.

al·lein [アライン] [形] **1.** 一人で, (…)だけで;自力〔独力〕で: Heute sind die Kinder ~ zu Hause. 今日は子供たちだけで家にいる. Lass mich ~! ほっといて〔一人にしておいて〕くれ. **2.** 孤独: sich⁴ ~ fühlen 自分が一人ぼっちなのを感じる. **【慣用】allein erziehend** 片親だけで子供を養育している. **allein stehen** 独身である, 身寄りがない. **allein stehend** 独身の, 身寄りのない. **von allein(e)** 《口》ひとりでに.

―― [副] 《語飾》(副詞・名詞を修飾) **1.** 《文》(ただ)…だけ: *A~* dort 〔Dort ~〕konnte er sicher leben. そこでだけ彼は安全に暮らせた. **2.** (もう)…だけで:(主に schon とともに)Schon der Gedanke ~〔~ der Gedanke〕ist Unsinn. そう考えただけでもばかばかしい. **【慣用】allein selig machend** 〘カトリック〙唯一神聖の. **nicht allein ..., sondern auch ...** …だけではなく, …もまた.

―― [接] 《並列》《文》(予期に反して)しかしながら: Ich wollte ihm Hilfe leisten, ~ das ging über meine Kräfte. 私は彼の力になろうとしたが，しかしながらそれは私の力にあまった．

der **Al·lein·be·sitz** [アライン・ベズィッツ] [名] -es/ 独占，専有．

der **Al·lein·er·be** [アライン・エるベ] [名] -n/-n 単独相続人．

al·lein er·zie·hend, [旧] **al·lein·er·zie·hend** [アライン エあツィーエント] ⇨ allein [形]【慣用】．

der **Al·lein·gang** [アライン・ガング] [名] -(e)s/..gänge 単独行動；独走；(サッカーなどの)単独突破；単独登攀(とうはん)；独断専行．

der **Al·lein·han·del** [アライン・ハンデル] [名] -s/ 専売．

die **Al·lein·herr·schaft** [アライン・へるシャフト] [名] -/ 独裁政治．

der **Al·lein·herr·scher** [アライン・へるシャー] [名] -s/- 独裁者．

al·lei·nig [アライニひ] [形] **1.** 唯一の，単独の，独占の． **2.** 《オーストリア》独身の，身寄りのない．

der **Al·lein·im·por·teur** [..tø:r アライン・イムポるテーあ] [名] -s/-e 独占輸入代理店．

das **Al·lein·sein** [アライン・ザイン] [名] -s/ 独居，水入らず；孤独．

al·lein se·lig ma·chend, [旧] **al·lein·se·lig·ma·chend** [アライン ゼーリひ マっヘント] ⇨ allein [副]【慣用】．

al·lein ste·hend, [旧] **al·lein·ste·hend** [アライン シュテーエント] ⇨ allein [形]【慣用】．

der/die **al·lein Ste·hen·de,** *der/die* **Al·lein·ste·hen·de** [アライン シュテーエンデ] [名]《形容詞的変化》独身者；身寄りのない人．

der **Al·lein·un·ter·hal·ter** [アライン・ウンターハルター] [名] -s/- 独演者．

der **Al·lein·ver·kauf** [アライン・ふぇあカウふ] [名] -(e)s/ 独占〔一手〕販売．

die **Al·lein·ver·tre·tung** [アライン・ふぇあトれートゥング] [名] -/ 独占代理(店)．

der **Al·lein·ver·trieb** [アラインふぇあトりーブ] [名] -(e)s/ 独占〔一手〕販売．

das **Al·lel** [アレール] [名] -s/-e《主に[複]》〖生〗対立遺伝子．

al·le·lu·ja! [アレルーヤ] [間] =halleluja!

das **Al·le·lu·ja** [アレルーヤ] [名] -s/-s =Halleluja.

al·le·mal [アレ・マール] [副] **1.** いつも，いつでも． **2.** 《文飾》《口》きっと，必ず，確かに；もちろん．【慣用】**ein für allemal** これを最後に，きっぱりと；(これからも)しっかり．

die **Al·le·man·de** [alәmã:dә アレマーンデ] [名] -/-n 〖楽〗アルマンド(①ドイツの古い民俗舞踏．②組曲に用いられる舞曲)．

al·len·falls [アレン・ふぁルス，アレン・ふぁルス] [副] **1.** 《語飾》(動詞・形容詞・副詞・名詞を修飾)せいぜい，多くて(も)： Der Kranke lebt ～ nur noch einige Monate. その病人はせいぜいあと数か月しかもたない． **2.** 《文飾》場合によっては，必要とあれば，もしかすると： So kannst du dich ～ sehen lassen. その格好なら君はまあなんとか人に見られても恥ずかしくないかも知れない．

al·lent·hal·ben [アレント・ハルベン] [副]《文・古》至る所で．

die **Al·ler** [アラー] [名] -/ 〖川名〗アラー川(ヴェーザー川の支流)．

al·ler·art [アラー・アーあト] [数]《種数》《古》=allerlei.

al·ler·äu·ßerst [アラー・オイサースト] [形] 一番遠い，最大〔最後・最悪〕の．

der **All·er·bar·mer** [アル・エあバるマー] [名] -s/ 〖キ教〗神，キリスト．

al·ler·best [アラー・ベスト] [形] 最良〔最上・最善〕の： Das ist das *A～e*, 〈et[4]〉 zu tun. 〈事を〉するのが最も良い．

al·ler·dings [アラー・ディングス] [副]《文飾》 **1.** もっとも，ただし： Der Wein ist sehr gut, er ist ～ teuer. このワインはとても良い，もっとも値も張るが． **2.** もちろん，確かに： Hast du das selbst gemacht? — *A～*! それは自分でやったのか．—もちろんだよ．

al·ler·erst [アラー・エーあスト] [形] 一番最初の；第一級の： zu ～ 真っ先きに．

das **All·er·gen** [アレるゲーン] [名] -s/-e《主に[複]》〖医〗アレルゲン，アレルギー抗原．

die **All·er·gie** [アレるギー] [名] -/-n 〖医〗アレルギー；過敏症： eine ～ gegen Hausstaub ハウスダストに対するアレルギー．

all·er·gisch [アレるギシュ] [形] **1.** 〖医〗アレルギー(性)の；《転》アレルギーの，病的に過敏な． **2.** 〖(gegen 〈j[4]/et[4]〉に)〗アレルギー体質の；《転》(…が)性にあわない．

die **All·er·go·lo·gie** [アレるゴ・ロギー] [名] -/ アレルギー学．

al·ler·hand [アラー・ハント] [数]《種数》《口》いろいろな；かなりの：〈j[3]〉 ～ Böses nachreden 〈人の〉陰口をいろいろと言う． Das kostet ～ Geld. それはかなり金がかかる． Das ist ja ～. それはひどい話だ．

(*das*) **Al·ler·hei·li·gen** [アラー・ハイリゲン] [名] -/ 〖カトリック〗万聖節(諸聖人の祝日．11 月 1 日)．

das **Al·ler·hei·ligs·te** [アラー・ハイリひステ] [名]《形容詞的変化》(寺院の)内陣；〖ユダヤ教〗至聖所；〖カトリック〗聖体；〖スポーツ〗《ジャーゴン》聖域(ゴールのこと)．

al·ler·höchst [アラー・ヘ(ö)ー ひスト] [形] 最高の： der *A～e*《文》至高の者(神)．

al·ler·höchs·tens [アラー・ヘ(ö)ーひステンス] [副] せいぜい，たかだか．

al·ler·lei [アラーライ] [数]《種数》多種多様な，さまざまの；さまざまなもの〔こと〕： ～ Pflanzen さまざまな植物．

das **Al·ler·lei** [アラーライ] [名] -s/ 種々雑多なもの： ein buntes ～ どんちゃん騒ぎ． Leipziger ～ ライプツィヒ風野菜料理．

al·ler·letzt [アラー・レット] [形] 一番最後の；《口》最低の．

al·ler·liebst [アラー・リープスト] [形] **1.** 最愛の． **2.** すごくかわいい．

al·ler·meist [アラー・マイスト] [代]《不定》《形容詞的変化》大多数の；最も多くの： Die *～en* denken nicht so. 大多数はそうは考えない． in den *～en* Fällen 大抵の場合には． am *～en* 最も多く；大抵は． —— [副] 大抵は．

al·ler·nächst [アラー・ネーヒスト] [形] 最も〔ごく〕近い．

al·ler·neu·est [アラー・ノイエスト] [形] 最新の．

al·ler·or·ten [アラー・オるテン] [副]《古》至る所で，どこでも．

al·ler·orts [アラー・オるツ] [副]《文》至る所で，どこでも．

al·ler·schönst [アラー・シェ(ö)ーンスト] [形] こよなく美しい．

(*das*) **Al·ler·see·len** [アラー・ゼーレン] [名] -/ 《付加語なしでは無冠詞》〖カトリック〗死者の記念日，万霊節(普通は 11 月 2 日)．

al·ler·seits [アラー・ザイツ] [副] **1.** 皆に： Guten Tag ～! 皆さん今日は． **2.** 至る所で，あらゆる方面へ〔から〕．

al·ler·wärts [アラー・ヴェるツ] [副] 至るところで．

al·ler·we·gen [アラー・ヴェーゲン] [副]《古》至る所で；いつも．

der **Al·ler·welts·kerl** [アラー・ヴェルツ・ケるル] [名] -(e)s/-e《口》何でも屋．

al·ler·we·nigst [アラー・ヴェーニひスト] [形] 最も〔ごく〕少ない．

der **Al·ler·wer·tes·te** [アラー・ヴェーあテステ] [名]《形容詞的変化》《口・婉・冗》おしり．

alles [アレス] 代《不定》all の⊛ ⊕ 1・4 格. ⇨ all.

al·le·samt [アレ・ザムト] 副《口》みんな一緒に, ひとり残らず.

der **Al·les·bren·ner** [アレス・ブれナー] 名 -s/- 万能炉〔ストーブ〕.

der **Al·les·fres·ser** [アレス・ふれッサー] 名 -s/-〖動〗雑食動物.

der **Al·les·kle·ber** [アレス・クレーバー] 名 -s/- 万能接着剤.

al·le·we·ge [アレ・ヴェーゲ] 副 =allerwegen.

al·le·weil [アレ・ヴァイル] 副 =allweil.

al·lez ! [alé: アレー] 間 進め, そら行け, さあ.

al·le·zeit [アレ・ツァイト]《古》常に.

das **All·gäu** [アルゴイ] 名 -s/〖地名〗アルゴイ(南独からオーストリアにまたがる高地).

die **All·ge·gen·wart** [アル・ゲーゲン・ヴァるト] 名 -/〖キ教〗(神の)遍在;《詩》常在.

all·ge·gen·wär·tig [アル・ゲーゲン・ヴェるティヒ] 形 遍在の;常に(至るところに)存在する.

all·ge·mach [アル・ゲマーハ] 副《文・古》次第に.

all·ge·mein [アル・ゲマイン] 形 **1.** 一般の;普遍的な; ～ bekannt 周知の. ～ bildend 一般教養の. ～ gültig 普遍妥当な. ～ verständlich だれにも分る. das A ～e und das Besondere 普遍と特殊. **2.** 全体の, 共通の, 公共の；das ～e Wohl 公益. das ～e Wahlrecht 普通選挙権. **3.** (特殊ではない)一般的な: Die Auskunft ist nur ～. この情報おおわりのものだ. **4.** ばく然とした;広範囲な. 【慣用】**im** Allgemeinen 一般に, 概して, 全体として.

der **All·ge·mein·arzt** [アルゲマイン・アーあット, アルゲマイン・アるット] 名 -es/..ärzte =Allgemeinmediziner.

das **All·ge·mein·be·fin·den** [アルゲマイン・ベふぃンデン] 名 -s/〖医〗全身的健康状態.

der **All·ge·mein·be·griff** [アルゲマイン・ベグりふ] 名 -(e)s/-e 〖哲・言〗普遍(一般)概念.

die **All·ge·mein·bil·dung** [アルゲマイン・ビルドゥング] 名 -/ 多面的な教養；(専門に対する)一般教養.

all·ge·mein gül·tig, ⊛ **all·ge·mein·gül·tig** [アルゲマイン ギュルティヒ] ⇨ allgemein 形 1.

das **All·ge·mein·gut** [アルゲマイン・グート] 名 -(e)s/..güter (主に⊛)(特に精神的)共有財産.

die **All·ge·mein·heit** [アルゲマインハイト] 名 -/ **1.** (⊛のみ)社会全般, 一般の人々. **2.** (⊛のみ)漠然としていること. **3.** (⊛のみ)一般論的な言辞, 決り文句.

die **All·ge·mein·me·di·zin** [アルゲマイン・メディツィーン] 名 -/ 一般医学.

der **All·ge·mein·me·di·zi·ner** [アルゲマイン・メディツィーナー] 名 -s/- 一般医.

der **All·ge·mein·platz** [アルゲマイン・プラッツ] 名 -es/..plätze (主に⊛)決り文句, 月並みな表現.

all·ge·mein ver·ständ·lich, ⊛ **all·ge·mein·ver·ständ·lich** [アルゲマイン ふぇあシュテントリヒ] ⇨ allgemein 形 1.

das **All·ge·mein·wohl** [アルゲマイン・ヴォール] 名 -(e)s/ 公共の福祉.

die **All·ge·walt** [アル・ゲヴァルト] 名 -/-en (主に⊛)《文》全能の権力.

all·ge·wal·tig [アル・ゲヴァルティヒ] 形《文》全能の;《口》絶大な権力を持つ.

das **All·heil·mit·tel** [アル・ハイル・ミッテル] 名 -s/- 万能薬.

all·hier [アル・ヒーあ] 副《古》まさにここに.

die **Al·li·ance** [aljá:s アリヤーンス] 名 -/-n =Allianz.

die **Al·li·anz** [アリアンツ] 名 -/-en **1.** 〖法〗同盟. **2.** 提携, 連合；《古》婚姻関係.

die **Al·li·ga·ti·on** [アリガツィオーン] 名 -/-en 〖冶金〗合金(させること), 混合(物), 添加(物).

der **Al·li·ga·tor** [アリガートあ] 名 -s/-en [アリガートーレン]〖動〗アリゲーター(ワニの一種).

al·li·ie·ren [アリイーれン] h. 〜 sich[4] (互いに)同盟を結ぶ〔連合する〕.

der **Al·li·ier·te** [アリイーあテ]《形容詞的変化》(主に⊛)同盟国；(⊛)(第 2 次大戦の)連合国.

die **Al·li·te·ra·ti·on** [アリテらツィオーン] 名 -/-en 〖詩〗頭韻.

all·jähr·lich [アル・イェーあリヒ] 形 毎年の, 例年の.

die **All·macht** [アル・マほト] 名 -/《文》全能；絶大な権力.

all·mäch·tig [アル・メヒティヒ] 形 全能の；絶大な権力を持つ.

all·mäh·lich [アル・メーリヒ] 形 ゆっくりとした, 漸次の；徐々に.

die **All·men·de** [アルメンデ] 名 -/-n 共用地, 入会(いりあい)地.

all·mo·nat·lich [アル・モーナトリヒ] 形 毎月の.

die **All·mut·ter** [アル・ムッター] 名 -/《詩》(母なる)自然.

all·näch·tlich [アル・ネヒトリヒ] 形 毎夜の.

al·loch·thon [アロ・ホトーン] 形 外来の；〖地質〗異地性の.

das **Al·lod** [アロート] 名 -(e)s/-e (中世の)自由地〔領〕.

die **Al·lo·ga·mie** [アロ・ガミー] 名 -/-n 〖植〗他花受粉.

die **Al·lo·ku·ti·on** [アロクツィオーン] 名 -/-en (教皇の)訓論演説.

die **Al·lon·ge** [alɔ̃:ʒə アローンジェ] 名 -/-n **1.** 〖経〗(手形の)付箋(ふせん). **2.** (書籍の)遊び紙. **3.** 誘導管.

die **Al·lon·ge·pe·rücke** [アローンジェ・ぺりュッケ] 名 -/-n (17-18 世紀の)肩まで垂れる巻き毛の男性用かつら.

das **Al·lo·nym** [アロニューム] 名 -s/-e 有名な人名を使った仮名〔偽名〕.

der **Al·lo·path** [アロ・パート] 名 -en/-en 逆症療法家.

die **Al·lo·pa·thie** [アロ・パティー] 名 -/ 逆症療法.

al·lo·pa·thisch [アロ・パーティシュ] 形 逆症療法の.

die **Al·lo·plas·tik** [アロ・プラスティク] 名 -/-en 〖医〗異物的形成(術).

das **Al·lo·tria** [アロートリア] 名 -s/- (主に⊛)悪ふざけ, 乱暴狼藉(ろうぜき) ～ treiben どんちゃん騒ぎをする.

die **All·par·tei·en·re·gie·rung** [アル・パるタイエン・れギーるング] 名 -/-en 〖政〗(全政党参加の)挙国一致内閣.

der **All·rad·an·trieb** [アル・らート・アン・トリープ] 名 -(e)s/-e 〖車〗全輪駆動.

der **All·rad·schlep·per** [アル・らート・シュレッパー] 名 -s/- 全輪駆動トラクター.

all right [o:lráɪt オール ライト]〖英語〗よろしい, 異常なし.

der **All·roun·der** [o:láʊndər オール ラウンダー] 名 -s/- 多芸(オールラウンド)の人；多用途の機器.

all·sei·tig [アル・ザイティヒ] 形 あらゆる方面(から)の, 多岐にわたる.

all·seits [アル・ザイツ] 副 至る所で, 各方面へ〔から〕.

der **All·strom** [アル・シュトローム] 名 -(e)s/〖電〗交直両流.

das **All·strom·ge·rät** [アル・シュトローム・ゲれート] 名 -(e)s/-e 〖電〗交直両用の電気機器.

der **All·tag** [アル・ターク] 名 -(e)s/-e **1.** (主に⊛)平日. **2.** (⊛のみ)《文》(単調な)毎日, 日常(生活).

all·täg·lich [アル・テークリヒ, アル・テークリヒ, アル・テークリヒ] 形 **1.**《アクセントは[-́--]》平凡な. **2.**《アクセン

トは[(ㄴ)ㄷ-–])毎日の. **3.** 《アクセントは[ㄷ--]》《稀》平日の, 普段(の日)の.
al·l·tags [アル・タークス] [副] 平日に, 普段(の日)は.
der **All·tags·an·zug** [アルタークス・アン・ツーク] [名] -(e)s/..züge 普段着の背広.
die **All·tags·din·ge** [アルタークス・ディングゲ] [複名] 日常的な〔日々の〕事柄, 普段の用事.
das **All·tags·le·ben** [アルタークス・レーベン] [名] -s/- 日常生活.
all·um·fas·send [アル・ウム・ふぁっセント] [形] 《文》すべてを包括する.
die **Al·lü·re** [アリューれ] [名] -/-n 《主に[複]》《(蔑)にも》風変わりな〔人目を引く〕態度〔振舞い〕.
al·lu·vi·al [アルヴィアール] [形] 〖地質〗沖積した;沖積世の.
die **Al·lu·vi·on** [アルヴィオーン] [名] -/-en 〖地質〗沖積地〔土〕.
das **Al·lu·vi·um** [アルーヴィウム] [名] -s/ 沖積世.
(*der*) **All·va·ter** [アル・ふぁーター] [名] -s/ 〖神話〗万物の父(最高神);〖キ教〗父なる神(創造主).
all·weil [アル・ヴァイル] [副] 《(オース)(トリア)》《口》常に.
all·wis·send [アル・ヴィっセント] [形] 全知の.
die **All·wis·sen·heit** [アル・ヴィっセンハイト] [名] -/ (神の)全知.
all·wö·chent·lich [アル・ヴェっひェントリひ] [形] 毎週の.
all·zeit [アル・ツァイト] [副] =allezeit.
all·zu [アル・ツー] [副] 《語飾》《形容詞を修飾》あまりにも: ~ oft あまりにも度々. ~ sehr あまりにも過度に. ~ viel あまりにも多く.
all·zu·mal [アルツ・マール] [副] 《稀》みんなそろって;常に.
all·zu oft, [旧]**all·zu·oft** [アルツ オふト] ⇨ allzu.
all·zu sehr, [旧]**all·zu·sehr** [アルツ ゼーあ] ⇨ allzu.
all·zu viel, [旧]**all·zu·viel** [アルツ ふぃール] ⇨ allzu.
die **Alm** [アルム] [名] -/-en (夏季の)高原の放牧場.
der **Alm·ab·trieb** [アルム・アップ・トりーブ] [名] -(e)s/-e 秋に家畜を高原の放牧場から畜舎へおろすこと.
die **Al·ma Ma·ter,** [旧]**Al·ma ma·ter** [アルマ マーター] [名] --/ 《文》(母校としての)大学, 出身大学.
der **Al·ma·nach** [アルマナは] [名] -s/-e (挿絵と読み物つきの)暦, 年鑑;年間出版目録.
der **Al·man·din** [アルマンディーン] [名] -s/-e 鉄礬(てつばん)ざくろ石, 貴ざくろ石.
der **Alm·auf·trieb** [アルム・アウふ・トりーブ] [名] -(e)s/-e 春に家畜を高原の放牧場へ追上げること.
das **Al·me·mor** [アルメモーあ] [名] -(s)/ 〖(ユダ)(ヤ)教〗ビーマー(シナゴーグ内の講壇).
al·men [アルメン] [動] *h.* 〔〈et⁴〉ヲ〕《(オース)(トリア)》高原の放牧場で放牧する(家畜を).
der **Al·men·rausch** [アルメン・らウシュ] [名] -/ =Almrausch.
das **Al·mo·sen** [アルモーゼン] [名] -s/- **1.** 《文》施し物, 喜捨(きしゃ). **2.** 《蔑》わずかな(賃)金.
der **Alm·rausch** [アルム・らウシュ] [名] -(e)s/ 〖植〗アルプスシャクナゲ.
die **Alm·wirt·schaft** [アルム・ヴィるトシャふト] [名] -/ (アルプスの)高原酪農経済.
die **A·loe** [á:loe アーロエ] [名] -/-n **1.** 〖植〗アロエ. **2.** 《[単]のみ》アロエ液汁.
a·lo·gisch [アローギシュ, アローギシュ] [形] 非論理的な.
(*der*) **A·lo·is** [アーロイ(-)ス] [名] 〖男名〗アーロイス.
die **A·lo·pe·zie** [アロペツィー] [名] -/-n 〖医〗脱毛症;禿頭(とくとう).
(*der*) **A·lo·ys** [アーロイ(-)ス] [名] =Alois.
der **Alp**¹ [アルプ] [名] -(e)s/-e =Alb².
die **Alp**² [アルプ] [名] -/-en 《(スイ)(ス)》高原の放牧場.
das 〔*der*〕 **Al·pa·ka**¹ [アルパカ] [名] -s/-s **1.** (das ~)〖動〗アルパカ;《[単]のみ》アルパカの毛. **2.** (der ~)《[単]のみ》アルパカの織物.
das **Al·pa·ka**² [アルパカ] [名] -s/- 〖商標〗アルパカ(洋銀).
die **Al·pa·ka·wol·le** [アルパカ・ヴォレ] [名] -/ アルパカの毛糸〔毛織物〕.
al pa·ri [アル パーり] 〖(イタ)(リア)語〗〖金融〗額面価値で;平価で.
der **Alp·druck** [アルプ・ドるっク] [名] -(e)s/..drücke =Albdruck.
das **Alp·drü·cken** [アルプ・ドりゅっケン] [名] -s/ =Albdrücken.
die **Al·pe** [アルペ] [名] -/-n 《(オース)(トリア)》高原の放牧場.
al·pen [アルペン] [動] *h.* 《(スイ)・(オース)(トリア)》 **1.** 〔〈et⁴〉ヲ〕高原の放牧場で放牧する(家畜を). **2.** 〔(補足)(なし)〕高原の放牧場にいる(家畜などが).
die **Al·pen** [アルペン] [複名] 〖山名・地名〗アルプス.
das **Al·pen·glü·hen** [アルペン・グリューエン] [名] -s/ アルプス山頂の夕〔朝〕焼け.
der **Al·pen·jä·ger** [アルペン・イェーガー] [名] -s/- **1.** 《稀》アルプスの猟師. **2.** 山岳部隊の兵士.
der **Al·pen·pass,** [旧]**Al·pen·paß** [アルペン・パス] [名] -es/..pässe アルプス(越え)の峠道.
die **Al·pen·ro·se** [アルペン・ろーゼ] [名] -/-n 〖植〗アルプスシャクナゲ.
der **Al·pen·sa·la·man·der** [アルペン・ザラマンダー] [名] -s/- 〖動〗アルプスサラマンダー(有尾類の一種).
das **Al·pen·veil·chen** [アルペン・ふぁイルひェン] [名] -s/- 〖植〗シクラメン.
der **Al·pen·ver·ein** [アルペン・ふぇあアイン] [名] -(e)s/-e 山岳会.
das **Al·pen·vor·land** [アルペン・ふぉーあ・ラント] [名] -(e)s/ 〖地名〗アルプス前地(アルプスの北側の丘陵地帯).
das **Al·pha** [アルふぁ] [名] -(s)/-s アルファ(ギリシア語アルファベットの第 1 字α, A);最初〔第一〕のもの: das ~ und das Omega 始めと終り, 全部.
das **Al·pha·bet** [アルふぁベート] [名] -(e)s/-e アルファベット.
al·pha·be·tisch [アルふぁベーティシュ] [形] アルファベット順の.
al·pha·be·ti·sie·ren [アルふぁベティズィーれン] [動] *h.* **1.** 〔〈et⁴〉ヲ〕アルファベット順にする. **2.** 〔〈j⁴〉ニ〕読み書きを教える.
al·pha·nu·me·risch [アルふぁ・ヌメーりシュ] [形] 〖(コン)(ピュータ)〗文字数字併用式の.
die **Al·pha·strah·len** [アルふぁ・シュトらーレン] [複名] 〖核物理〗アルファ線(略α-**Strahlen**).
die **Al·pha·strah·lung** [アルふぁ・シュトらールング] [名] -/-en 〖核物理〗アルファ〔α-〕線(放射).
das **Al·pha·teil·chen** [アルふぁ・タイルひェン] [名] -s/- 〖核物理〗アルファ粒子.
das **Al·pha·tier** [アルふぁ・ティーあ] [名] -(e)s/-e 〖動物行動〗(群れの)最高位にいる動物.
das **Alp·horn** [アルプ・ホるン] [名] -(e)s/..hörner アルプ〔アルペン〕ホルン(スイスの管楽器).
al·pin [アルピーン] [形] **1.** アルプス(風)の, 高山の. **2.** アルプスに生息する, 高山に分布する. **3.** (アルプス)登山の;〖(ス)(キー)〗アルペン競技の.
der **Al·pi·nis·mus** [アルピニスムス] [名] -/ アルプス登山, (高山の)登山.
der **Al·pi·nist** [アルピニスト] [名] -en/-en アルピニスト, 登山家.
die **Al·pi·nis·tik** [アルピニスティク] [名] -/ =Alpinismus.
das **Al·pi·num** [アルピーヌム] [名] -s/Alpinen 高山植物園.
der **Älp·ler** [エルプラー] [名] -s/ アルプス地方の農民;《古》アルプスの牧人.
der **Alp·traum** [アルプ・トらウム] [名] -(e)s/..träu-

Alraun

me =Albtraum.
der **Al·raun** [アルラウン] 名 -(e)s/-e =Alraune.
die **Al·rau·ne** [アルらウネ] 名 -/-n **1.**〔植〕マンドラゴラ(根をまじないに用いた). **2.** アルラウネ(小悪魔).
die **Al·raun·wur·zel** [アルらウン・ヴるツェル] 名 -/-l〔植〕=Alraune 1.
als[1] [アルス] 接〔従属〕 **1. a.**(主文と同時または前後して起こる過去の出来事を述べる副文を導いて)…したときに, …すると：A~ ich das Haus erreicht hatte, (da) fing es an zu regnen. 私が家に着くと雨が降りはじめた. **b.**(主文中にkaumを伴って)Kaum hatte sie sich umgezogen, ~ der Besuch eintraf. 彼女が着替えを終るや終らないうちにもう客が到着した. **c.**(時を表す副詞・名詞を限定して)damals, ~ er noch Kanzler war 彼がまだ首相であった当時. **2. a.**(比較級の後で比較の対象を示して)…よりも：Er ist größer ~ ich. 彼は私より大きい. **b.**(比較級の副文を導いて)Er ist älter, ~ er aussieht. 彼は見かけより(実は)年をとっている. **c.**(形容詞・副詞どうしを比較して)Sie ist mehr fleißig ~ begabt. 彼女は才能があるというよりむしろ勤勉なのである. **3.** (ander.., anders や nichts, kein の後で)Er ist alles andere ~ glücklich. 彼は全然幸せではない. Er ist anders ~ sein Vater. 彼は父親とは違う. Es blieb ihm nichts (anderes) übrig(,) ~ das zu tun. 彼はそうするしかなかった. Das kann kein anderer ~ du. それができるのは君だけだ. **4.**（資格・立場を示す語につけて）…として, …であった, であったでき：er ~ Arzt 医師としての彼. A~ Kind bin ich oft dort gewesen. 子供のころ私は何度もそこへ行ったことがある. Die Nachricht hat sich ~ falsch herausgestellt. その報道は誤りであることが分った. **5.** (ob〔wenn〕とともに主に接続法の副文を導いて)(あたかも)…であるかのように(alsの後のob〔wenn〕が省略され, alsの後の位置に定動詞がくることがある)：Er stellte sich, ~ ob er nichts hörte〔~ hörte er nichts〕. 彼は何も聞いていないというようなふりをした. **6.** (so+原級とともに同等を表して)…と同じく：so bald ~ möglich できるかぎり早く. **7.** (主文中のzu とともにdass文を導き結果を表して)(あまりに)…なので…できない：Er ist zu jung, ~ dass er das verstehen könnte. 彼は若すぎてそんなことは理解できない. **8.** (主文中のum so〔desto〕+比較級とともに副文を導いて, 副文が理由で, 主文がその結果)…なので(それだけいっそう)：Der Vorfall ist um so bedauerlicher, ~ er unserem Ansehen schadet. その出来事はわれわれの名声を汚すものだけにたいへん残念なことである. **9.** (insofern, insoweit を限定する副文を導いて)…であるかぎりで：Man tat ihm insofern unrecht, ~ er noch gar nichts davon wusste. 彼に下した判断が, 彼がそのことについてまだ何も知らなかったという点で, 不当なものだった. **10.** (da sindなどと)〔古〕例えば：eine Menge Obst, ~ da sind Äpfel, Pflaumen usw. たくさんの果物, 例えばリンゴ, プラム等々. 【慣用】 eher ... als ... …する前に, …であるよりむしろ：Das ist eher ein Sumpf als ein See. これは湖というよりむしろ沼地だ. sowohl ... als (auch) ... …も…も.
als[2] [アルス] 副 **1.** 絶えず, いつまでも. **2.** ときおり.
als·bald [アルス・バルト] 副〔古〕直ちに.
als·bal·dig [アルス・バルディヒ] 形〔硬〕即刻の, 即座の.
als·dann [アルス・ダン] 副〔古〕それから, その後；〔南独・スイス〕それじゃ.
(*das*) **Als·feld** [アルス・フェルト] 名 -s/〔地名〕アルスフェルト(ヘッセン州の都市).
al·so [アルゾ] 副 **1.** (帰結)(それ)故に, (それ)故

に；…というわけだ：Ich denke, ~ bin ich. われ思う, 故にわれあり(デカルトの言葉). Er war Direktor in einer Firma, ein tüchtiger Mensch ~. 彼はある会社の重役(取締役)だった, 手腕家だったというわけだ. **2.** つまり(言い換え)；それで, えー(言い直し)：(Die) Nummer(n) 1 bis 30, ~ die ersten drei Reihen, sind Ihre Plätze. 1番から30番まで, つまり最初の3列があなた方の席です. **3.**〔口〕(それ)では, (それ)じゃ：A~, gute Nacht！ では, お休みなさい. A~ los！じゃあ行こう〔始めよう〕. **4.**〔口〕(答えの催促)どう(です), うん：Welches nimmst du ~？ どれ〔どちら〕を取る. どう〔え〕. **5.**〔古〕かくのごとく：A~ sprach Zarathustra. ツァラトストラはかく語りき(ニーチェの著書の題名). 【慣用】 Also doch！〔口〕やはりそうか, やっぱり. Also gut！〔口〕じゃあ(それで)いいよ(仕方がない). Na, also！〔口〕そうら, それみろ.
al·so·bald [アルゾ・バルト] 副〔古〕すぐに.
al·so·gleich [アルゾ・グライヒ] 副〔文・古〕直ちに.
alt [アルト] 形 älter；ältest **1.** 年とった；老いた. **2. a.**〈et⁴ッ〉(生後・出来てから・始まってから)経た, …歳の：ein sieben Tage -es Baby 生後1週間の赤ん坊. Er ist 30 Jahre ~. 彼は30歳だ. Wie (et⁴ッとともに)Wie ~ sind Sie？ あなたは何歳ですか. **b.**〔et⁴ッガク〕(比較級で)年上の, より古い；(絶対比較級で)年輩の, 古くからの；一番年上の, 最も古い：Sie ist zwei Jahre *älter* als ich 彼女は私より2歳年上だ. eine *ältere* Frau 年輩の女性. der *älteste* der Jungen 少年たちのうちの最年長者. **3.** 古い, 使い古した；古くなった(新鮮でない)：eine ~e Wunde 古傷. **4.** 長年の(つき合いの), なじみの；昔からの. **5.** 昔の(ままの)；かつての：Wir bleiben die A~en. 私たちの考え〔好み・間柄〕は昔のままだ. **6.** 古い時代の(特に中世), 昔の；in -en Zeiten 昔. **7.** 古代の, 古典の；-e Sprachen 古典語. **8.** 年代物の；老練な：ein -er Hase 老練な玄人, ベテラン. **9.** 旧の(新に対して)：das ~e Jahr 旧年. **10. a.** 親愛な(主に男性の同輩間の呼びかけに)：Mein ~er Junge！おい, 君. **b.**〔口・蔑〕いまいましい：Der ~e Geizkragen！この(いまいましい)けちん坊め. 【慣用】 alles beim Alten lassen すべてそのままにしておく. Alles bleibt beim Alten. すべて昔のままだ. ⟨et⁴ッ⟩ alt kaufen〈物〉中古で買う. Alt und Jung〔Jung und Alt〕老いも若きも. Alter Herr (学生)(学生会などの)先輩, OB, おやじ. aus Alt Neu machen 旧式を改める. das Alte Testament 旧約聖書. die Alte Welt 旧世界(アメリカに対するヨーロッパ). Man ist so alt, wie man sich fühlt. 年は気の持ちよう. nicht alt werden〔口〕長居をしない〔長可できない〕.
der **Alt** [アルト] 名 -s/-e〔楽〕 **1.** アルト(女性・少年の声域). **2.**（のみ）(合唱団・独唱の)アルト. **3.** アルト(の譜). **4.**（稀)アルト(歌手).
der **Al·tai** [アルタイ] 名 -(s)/〔地名〕アルタイ山脈.
der **Al·tan** [アルターン] 名〔建〕バルコニー.
die **Al·ta·ne** [アルターネ] 名 -/-n =Altan.
der **Al·tar** [アルターあ] 名 -(e)s/Altäre **1.** 祭壇：⟨j⁴⟩ zum ~ führen 〈人と〉結婚する. **2.** （異教の）供犠場.
die **Al·tar·be·klei·dung** [アルターあ・ベクライドゥング] 名 祭壇前飾り.
das **Al·tar·bild** [アルターあ・ビルト] 名 -(e)s/-er 祭壇画.
das **Al·tar·blatt** [アルターあ・ブラット] 名 -(e)s/..blätter 祭壇画.
die **Al·tar·de·cke** [アルターあ・デッケ] 名 -/-n 祭壇の掛布.
das **Al·tar·ge·mäl·de** [アルターあ・ゲメールデ] 名 -s/- 祭壇画.
die **Al·tar·ker·ze** [アルターあ・ケルツェ] 名 -/-n 祭壇のろ

うそく.

das **Al·tar·sa·kra·ment** [アルターあ・ザクラメント] 名 -(e)s/ 聖体(の秘跡).

die **Al·tar·stu·fen** [アルターあ・シュトゥーふぇン] 複数 (教会の)祭壇前の階段.

der **Al·tar·tep·pich** [アルターあ・テッピヒ] 名 -s/-e 内陣の敷物.

das **Al·tar·tuch** [アルターあ・トゥーふ] 名 -(e)s/..tücher 祭壇布.

alt·ba·cken [アルト・バッケン] 形 **1.** (パンなどの)古くなった. **2.** 《蔑》古くさい.

der **Alt·bau** [アルト・バウ] 名 -(e)s/-ten 古い建物, 旧館; 旧築住居(~wohnung).

die **Alt·bau·woh·nung** [アルトバウ・ヴォーヌング] 名 -/-en 〖法〗旧築住居(公に定められた期日以前の建物).

alt·be·kannt [アルト・ベカント] 形 昔から知られた, 旧知の.

alt·be·währt [アルト・ベヴェーあト] 形 (長い間の実績から)信頼できる, 定評のある.

der **Alt·bier** [アルト・ビーる] 名 -s/-e アルトビール(多くは苦い黒ビールの一種).

der **Alt·bun·des·prä·si·dent** [アルト・ブンデス・プれズィデント] 名 -en/-en (存命中の)元連邦大統領.

alt·deutsch [アルト・ドイチュ] 形 古いドイツ(様式)の(特に15-16世紀).

(*das*) **Alt·dorf** [アルト・ドるふ] 名 -s/ 〖地名〗アルトドルフ(スイス, ウーリ州の州都).

(*der*) **Alt·dor·fer** [アルト・ドるふァー] 名 〖人名〗アルトドルファー(Albrecht ~, 1480-1538, 銅版画・画家).

der **Al·te**[1] [アルテ] 名 (形容詞的変化) **1.** 老人, 年寄. **2.** 《口》おやじ; 亭主; 上役. **3.** 《古》(発酵の始まった)去年のワイン.

die **Al·te**[2] [アルテ] 名 (形容詞的変化) **1.** 老女, 老婆. **2.** 《口》おふくろ; 女房; (女の)上役. **3.** 〖動〗雌親. **4.** 《若》女の子.

das **Al·te**[3] [アルテ] 名 (形容詞的変化) 古いもの, 昔のもの: am ~n hängen 保守的である.

alt·ehr·wür·dig [アルト・エーあ・ヴェるデｨヒ] 形 《文》古きが故に尊ぶべき.

alt·ein·ge·ses·sen [アルト・アイン・ゲゼっセン] 形 古くから住みついている.

das **Alt·ei·sen** [アルト・アイゼン] 名 -s/ くず鉄.

der **Alt·ei·sen·händ·ler** [アルトアイゼン・ヘンドラー] 名 -s/- くず鉄屋.

die **Al·ten** [アルテン] 複数 **1.** 老人たち, 古老; 《口》年寄りたち(両親のこと). **2.** 《古》祖先; 古代(ギリシア・ローマ)の人々. **3.** 〖スポ〗ベテラン選手たち; 元チャンピオンたち. **4.** 〖動〗動物の親たち.

das **Al·ten·heim** [アルテン・ハイム] 名 -(e)s/-e 老人ホーム.

die **Al·ten·hil·fe** [アルテン・ヒルふェ] 名 -/ 老齢扶助.

der **Al·ten·pfle·ger** [アルテン・プふレーガー] 名 -s/- 老人介護ヘルパー.

die **Al·ten·pfle·ge·rin** [アルテン・プふレーゲりン] 名 -/-nen (女性の)老人介護ヘルパー.

das **Al·ten·teil** [アルテン・タイル] 名 -(e)s/-e 隠居取分(住居と作物など): sich[4] aufs ~ zurückziehen 隠居する.

das **Al·ten·wohn·heim** [アルテン・ヴォーンハイム] 名 -(e)s/-e (個室つきの)老人ホーム.

das **Al·ter** [アルター] 名 -s/- **1.** 年齢, 年数: das ~ eines Baumes 樹齢. im ~ von 60 Jahren sterben 60歳で死亡する. ins schulpflichtige ~ kommen 就学年齢に達する. Er ist in meinem ~. 彼は私と同年輩である. **2.** 老齢, 老年; (特定の)年齢の人. **3.** 《古》時代.

äl·ter [エルター] 形 (altの比較級)年上の; より古い;《絶対比較級で》年輩の, 比較的古い.

die **Al·te·ra·ti·on** [アルテらツィオーン] 名 -/-en **1.** 〖医〗(病状の)変化. **2.** 〖楽〗変化音. **3.** 《古》興奮.

das **Al·ter E·go** [アルター エ(-)ゴ] 名 --/ 親密な間柄の人; 〖心〗第二の自我.

al·te·rie·ren [アルテりーれン] 動 h. **1.** 〈et[4]⁴〉《古》変化させる; 〖楽〗変化させる(和音を). **2.** 〈j[4]⁴〉《古》興奮させる. **3.** 〈sich[4]⁴〉《古》興奮する.

..al·te·rig [..アルテりヒ] 接尾 形容詞につけて「…な年齢」を表す: gleich*alterig* 同年齢の.

al·tern [アルターン] 動 **1.** s.(h.) 〖慣用〗年を取る, ふける. **2.** s.(h.) 〖慣用〗〈古〉熟成する; 変質する. **3.** h. 〈et[4]⁴〉熟成させる. **4.** h. 《ジ》〈稀〉(実際よりふけて見せる(服装などが).

al·ter·na·tiv [アルテるナティーふ] 形 《文》二者択一の; 代替の, 対案の; 対案提唱運動を支持する. 【慣用】 alternative Energien 代替エネルギー. alternative Gruppen 対案提唱運動グループ.

die **Al·ter·na·tiv·be·we·gung** [アルテるナティーふ・ベヴェーグング] 名 -/-en 対案提唱(オルターナティヴ)運動 一種のエコロジー運動).

die **Al·ter·na·ti·ve** [アルテるナティーヴェ] 名 -/-n 二者択一, 代りの方法; 対案.

die **Al·ter·na·tiv·e·ner·gie** [アルテるナティーふ・エネルギー] 名 -/-n 代替エネルギー.

die **Al·ter·na·tiv·kost** [アルテるナティーふ・コスト] 名 -/ 自然食品, 無添加食品.

al·ter·nie·ren [アルテるニーれン] 動 h. 〖慣用〗〈文〉交替する, 交互に入替わる.

al·ter·nie·rend [アルテるニーれント] 形 交互の, 交替の: ~e Besetzung 〖劇〗ダブルキャスト. ~er Strom 〖電〗交流.

al·ters [アルタース] 副 《次の形で》seit - /von ~ her 《文》昔から. vor ~ 《古》昔.

der **Al·ters·ab·stand** [アルタース・アプ・シュタント] 名 -(e)s/..stände 年齢差.

das **Al·ters·a·syl** [アルタース・アズュール] 名 -s/-e 〖スイ〗老人ホーム.

das **Al·ters·auf·bau** [アルタース・アウふ・バウ] 名 -s/ (人口の)年齢構成.

al·ters·be·dingt [アルタース・ベディングト] 形 年齢(加齢)からくる; 年齢に特有の.

die **Al·ters·er·schei·nung** [アルタース・エあシャイヌング] 名 -/-en 老化現象.

der **Al·ters·fleck** [アルタース・ふレック] 名 -(e)s/-e 《主に®》老人性色素斑, 老人斑.

die **Al·ters·für·sor·ge** [アルタース・ふューあ・ゾるゲ] 名 -/ 老人福祉(事業).

der **Al·ters·ge·nos·se** [アルタース・ゲノッセ] 名 -n/-n 同年齢の人〖生物〗.

die **Al·ters·glie·de·rung** [アルタース・グリーデるング] 名 -/ = Altersaufbau.

die **Al·ters·gren·ze** [アルタース・グれンツェ] 名 -/-n 年齢制限; 定年.

die **Al·ters·grup·pe** [アルタース・グるッペ] 名 -/-n 同年齢のグループ.

die **Al·ters·heil·kun·de** [アルタース・ハイル・クンデ] 名 -/ 老人医学.

das **Al·ters·heim** [アルタース・ハイム] 名 -(e)s/-e 老人ホーム.

die **Al·ters·klas·se** [アルタース・クラッセ] 名 -/-n 同年齢のグループの人; 〖スポ〗(総称)年齢別クラスの選手;〖林〗(森林の)樹齢別区分.

al·ters·mä·ßig [アルタース・メースィヒ] 形 年齢に応じた.

der **Al·ters·prä·si·dent** [アルタース・プれズィデント] 名 -en/-en (新議長が選出されるまでの)最年長議員(会員)による議長.

A

die **Al·ters·py·ra·mi·de** [アルタース・ピュらミーデ] [名] -/-n 人口ピラミッド, 人口年齢分布図.
die **Al·ters·ren·te** [アルタース・れンテ] [名] -/-n 老齢〔養老〕年金.
das **Al·ters·ru·he·geld** [アルタース・るーエ・ゲルト] [名] -(e)s/ 老齢〔養老〕年金.
der **Al·ters·ru·he·sitz** [アルタース・るーエ・ズィッツ] [名] -es/-e ＝Alterssitz.
al·ters·schwach [アルタース・シュヴァっは] [形] 老衰した; 老朽化した.
die **Al·ters·schwä·che** [アルタース・シュヴェっひぇ] [名] -/ 老衰; 老朽.
die **Al·ters·si·che·rung** [アルタース・ズィっひぇるング] [名] -/-en 老後の備え.
die **Al·ters·sich·tig·keit** [アルタース・ズィひティひカイト] [名] -/ 老眼.
der **Al·ters·sitz** [アルタース・ズィッツ] [名] -es/-e 老後の居所.
die **Al·ters·stu·fe** [アルタース・シュトゥーふぇ] [名] -/-n 年齢段階, 年齢層.
der **Al·ters·un·ter·schied** [アルタース・ウンターシート] [名] -(e)s/-e 年齢差.
die **Al·ters·ver·si·che·rung** [アルタース・ふぇあズィっひぇるング] [名] -/-en 養老保険.
die **Al·ters·ver·sor·gung** [アルタース・ふぇあゾるグング] [名] -/-en 老齢援護(恩給・老齢年金).
das **Al·ter·tum** [アルタートゥーム] [名] -s/ 古代: klassisches ~ (ギリシア・ローマの)古典古代.
die **Al·ter·tü·me·lei** [アルターテューメライ] [名] -/-en 過度な古代模倣, 好古〔擬古〕趣味.
die **Al·ter·tü·mer** [アルターテューマー] [複名] 古代の遺物; 古代の美術品.
al·ter·tüm·lich [アルターテュームリひ] [形] 古代の, 古風な.
der **Al·ter·tums·for·schung** [アルタートゥームス・ふぉるシュング] [名] -s/- 古代(文化)研究; 考古学.
die **Al·ter·tums·kun·de** [アルタートゥームス・クンデ] [名] -/ 古代(文化)学; 考古学.
der/*die* **Äl·tes·te** [エルテステ] [名] (形容詞的変化) **1.** 最年長者; 長老. **2.** 長男; 長女.
der **Äl·tes·ten·rat** [エルテステン・らート] [名] -(e)s/..räte **1.** (未開民族の)長老会議. **2.** (各党派代表者からなる)議会運営委員会; (㊥のみ)長老協議会(ドイツ連邦議会議長の補佐機関).
alt·frän·kisch [アルト・ふれンキシュ] [形] 《古》古風な, 時代おくれの.
alt·ge·dient [アルト・ゲディーント] [形] 永年勤続の, 古参の.
der **Alt·ge·sel·le** [アルト・ゲゼレ] [名] -n/-n 最古参の職人.
alt·ge·wohnt [アルト・ゲヴォーント] [形] 古くから慣れ親しんだ, なじみ深い.
der **Alt·händ·ler** [アルト・ヘンドラー] [名] -s/- 《古》古物(こぶ)商.
alt·her·ge·bracht [アルト・ヘーあゲブらはト] [形] 古くからの, 旧来の.
die **Alt·her·ren·mann·schaft** [アルト・ヘれン・マンシャふト] [名] -/-en 〘スポ〙(32 歳以上の)OB〔シニア〕チーム.
alt·hoch·deutsch [アルト・ホーほ・ドイチュ] [形] 古高ドイツ語の(略ahd.).
das **Alt·hoch·deutsch** [アルト・ホーほ・ドイチュ] [名] -(s)/ 古高ドイツ語(11 世紀中頃まで).
das **Al·ti·me·ter** [アルティ・メーター] [名] -s/- 高度計.
der **Al·tist** [アルティスト] [名] -en/-en (主に少年の)アルト歌手.
die **Al·tis·tin** [アルティスティン] [名] -/-nen (女性の)アルト歌手.
alt·jüng·fer·lich [アルト・ユングふぇーリひ] [形] 《蔑》オールドミスのような.
der **Alt·ka·tho·lik** [アルト・カトリーク] [名] -s/-en 古カトリック派教徒(教皇不可謬説に反対し, 1870 年教団設立).
alt·ka·tho·lisch [アルト・カトーリシュ] [形] 古カトリック派の.
alt·klug [アルト・クルーク] [形] ませた, こましゃくれた.
die **Alt·last** [アルト・ラスト] [名] -/-en (環境汚染源となる)産業廃棄物の山, ゴミ捨て場; 《転》過去の付け.
ält·lich [エルトリひ] [形] 年寄りじみた, 年を感じさせる.
das **Alt·ma·te·ri·al** [アルト・マテリアール] [名] -s/-ien (再生可能な)廃物, 廃品.
der **Alt·meis·ter** [アルト・マイスター] [名] -s/- **1.** 老大家; (昔の)同業組合の代表. **2.** 〘スポ〙元選手権保持者(の協会).
das **Alt·me·tall** [アルト・メタル] [名] -s/-e スクラップ, くず鉄.
alt·mo·disch [アルト・モーディシュ] [形] 時代遅れの, 古風な.
die **Alt·mühl** [アルト・ミュール] [名] -/ 〘川名〙アルトミュール川(ドナウ川の支流).
der **Al·to·ku·mu·lus** [アルト・クームルス] [名] -/..li 〘気〙高積雲.
der **Al·to·stra·tus** [..strá:tʊs アルト・ストらートゥス] [名] -/..ti 〘気〙高層雲.
das **Alt·pa·pier** [アルト・パピーあ] [名] -s/ 紙くず, 古紙.
der **Alt·phi·lo·lo·ge** [アルト・ふぃロ・ローゲ] [名] -n/-n 古典文献学者.
die **Alt·phi·lo·lo·gie** [アルト・ふぃロ・ロギー] [名] -/ 古典文献学.
alt·phi·lo·lo·gisch [アルト・ふぃロローギシュ] [形] 古典文献学の.
das **Alt·pro·te·ro·zo·i·kum** [アルト・プろテろ・ツォイクム] [名] -s/ 〘地質〙古原生代.
alt·ro·sa [アルト・ろーザ] [形] 紫色がかったバラ色の.
der **Al·tru·is·mus** [アルト・るイスムス] [名] -/ 《文》利他主義.
al·tru·is·tisch [アルト・るイスティシュ] [形] 利他主義の.
das **Alt·säch·sisch** [アルト・ゼクスィシュ] [名] -(s)/ 古ザクセン語.
das **Alt·sil·ber** [アルト・ズィルバー] [名] -s/ いぶし銀; 《古》一度使われた銀.
der **Alt·sprach·ler** [アルト・シュプらーはラー] [名] -s/- 古典語学者.
alt·sprach·lich [アルト・シュプらーはリひ] [形] 古典語の.
die **Alt·stadt** [アルト・シュタット] [名] -/..städte 旧市街〔市内〕.
die **Alt·stein·zeit** [アルト・シュタイン・ツァイト] [名] -/ 旧石器時代.
die **Alt·stim·me** [アルト・シュティメ] [名] -/-n 〘楽〙アルト(声種); アルト(声部)の音譜.
alt·tes·ta·men·ta·risch [アルト・テスタメンターりシュ] [形] 旧約聖書的な.
alt·tes·ta·ment·lich [アルト・テスタメントリひ] [形] 旧約聖書の.
alt·vä·te·risch [アルト・ふぇーターりシュ] [形] 古めかしい.
alt·vä·ter·lich [アルト・ふぇーターリひ] [形] 威厳のある.
die **Alt·vor·dern** [アルト・ふぉるダーン] [複名] 《文》祖先.
die **Alt·wa·ren** [アルト・ヴァーれン] [複名] 古道具, 古物(こぶつ).
der **Alt·wa·ren·händ·ler** [アルトヴァーれン・ヘンドラー] [名] -s/- 古物商.
das **Alt·was·ser** [アルト・ヴァッサー] [名] -s/- 河跡湖, 三日月湖.
die **Alt·wei·ber·fast·nacht** [アルト・ヴァイバー・ふぁスト・ナはト] [名] -/ 《方》灰の水曜日の前週の木曜日.
die **Alt·wei·ber·müh·le** [アルトヴァイバー・ミューレ] [名] -/-n 〘民俗〙老婆が入ると若返るとされる粉ひき小

A

屋.

der **Alt·wei·ber·som·mer** [アルトヴァイバー・ゾマー] [名] -s/- **1.** (晩夏・初秋の)晴れた暖かい日. **2.** (単のみ)(秋風に吹かれて)空中にただようクモの糸.

das **A·lu** [アール] [名] -s/ 《口》アルミ(Aluminium の短縮形).

die **A·lu·fo·lie** [アール・ふぉーリエ] [名] -/-n アルミフォイル, アルミ箔(Aluminiumfolieの短縮形).

das **A·lu·mi·ni·um** [アルミーニウム] [名] -s/ 〘化〙アルミニウム(記号Al).

die **A·lu·mi·ni·um·fo·lie** [アルミーニウム・ふぉーリエ] [名] -/-n アルミフォイル, アルミ箔.

das **A·lum·nat** [アルムナート] [名] -(e)s/-e 全寮制学校;寄宿舎;《オーストリア》神学校.

der **A·lum·ne** [アルムネ] [名] -n/-n 全寮制学校の生徒.

der **A·lum·nus** [アルムヌス] [名] -/..nen 全寮制学校の生徒.

al·ve·o·lar [アルヴェオラーあ] [形] 〘言〙歯茎音の.

der **Al·ve·o·lar** [アルヴェオラーあ] [名] -s/-e 〘言〙歯茎音(d, tなどの音).

die **Al·ve·o·le** [アルヴェオーレ] [名] -/-n 〘解〙(主に複)肺胞;歯槽.

die **Al·weg·bahn** [アルヴェーク・バーン] [名] -/-en 〘鉄道〙モノレール.

(*der*) **Alz·hei·mer**[1] [アルツハイマー] [名] 〘人名〙アルツハイマー(Alois ~, 1864-1915, 神経学者).

der **Alz·hei·mer**[2] [アルツハイマー] [名] -s/ 《口》アルツハイマー(病)(Alzheimerkrankheit).

die **Alz·hei·mer·krank·heit, Alz·hei·mer-Krankheit** [アルツハイマー・クらンクハイト] [名] -/ アルツハイマー病.

am [アム] =an+dem.

Am [アーエム] =Americium 〘化〙アメリシウム.

AM =Amplitudenmodulation 〘電〙振幅変調.

a. m. **1.** =〘ラテン語〙ante meridiem 午前(に). **2.** =〘ラテン語〙ante mortem 死の前(に).

(*der*) **A·ma·de·us** [アマデーウス] [名] 〘男名〙アマデーウス.

die **A·ma·ler** [アーマラー] [複名] アーマル王家(東ゴート族の王族で, 536年滅亡).

das **A·mal·gam** [アマルガーム] [名] -s/-e 〘化〙アマルガム;《転》融合(物).

die **A·mal·ga·ma·ti·on** [アマルガマツィオーン] [名] -/-en アマルガム法, 混汞(こんこう)法.

a·mal·ga·mie·ren [アマルガミーれン] [動] *h.* **1.** 〔<et[4]>ヲ〕〘工〙アマルガムにする. **2.** 〔<et[4]>ヲ〕〘工〙アマルガム法で精錬する(金・銀を). **3.** 〔<j[4]/et[4]>ヲ〕《文》融合させる, 一致させる.

(*die*) **A·ma·lie** [アマーリエ] [名] 〘女名〙アマーリエ.

die **A·ma·rel·le** [アマれレ] [名] -/-n 〘植〙アマレル(スミノミザクラの変種).

die **A·ma·ryl·lis** [アマりゅリス] [名] -/..ryllen 〘植〙アマリリス.

der **A·ma·teur** [..tǿːr アマテーあ] [名] -s/-e アマチュア.

der **A·ma·teur·film** [アマテーあ・ふぃルム] [名] -(e)s/-e アマチュア映画.

die **A·ma·teur·li·ga** [アマテーあ・リ・ガ] [名] -/..gen 〘スポーツ〙アマチュアリーグ.

die **A·ma·ti** [アマーティ] [名] -/-s アマーティ(イタリアの同名のヴァイオリン製作の家系の弦楽器).

die **A·mau·ro·se** [アマウろーゼ] [名] -/-n 〘医〙黒内障, 黒そこひ.

der **A·ma·zo·nas** [アマツォーナス] [名] -/ 〘川名〙アマゾン川.

die **A·ma·zo·ne** [アマツォーネ] [名] -/-n **1.** 〘ギ神〙アマゾン(女性戦士部族);《古》女傑. **2.** スポーツで鍛えたような体つきの美女;女性(馬術)騎手;女性カーレーサー.

das **A·ma·zo·nen·sprin·gen** [アマツォーネン・シュプりンゲン] [名] -s/ 〘馬術〙女子障害競技.

der **A·ma·zo·nit** [アマツォニート] [名] -s/-e 天河(てんが)石, アマゾナイト.

die **Am·be** [アムベ] [名] -/-n (宝くじで)二つの数が当たること;〘数〙二つの数字の組合せ.

der **Am·ber** [アムバー] [名] -s/-(n) 竜涎(りゅうぜん)香;竜涎香の香料.

der **Am·bi·dex·ter** [アムビ・デクスター] [名] -s/- 《ジャーゴン》両手ききの人.

das **Am·bi·en·te** [アムビエンテ] [名] -/ 環境;雰囲気.

am·big [アムビーク] [形] =ambigue.

am·bi·gu [ãbigýː アンビギュー] [形] =ambigue.

am·bi·gue [..guə アムビーグエ] [形] 多義的な, 二義的な;どちらともとれる.

die **Am·bi·gu·i·tät** [アムビグイテート] [名] -/-en 二重性, 多義性.

am·bi·gu·os [アムビグオース] [形] =ambigue.

die **Am·bi·ti·on** [アムビツィオーン] [名] -/-en (主に複)《文》野心;大望:~*en* auf <et[4]> haben <事に>対する野心がある.

am·bi·ti·o·niert [アムビツィオニーあト] [形] 《文》野心のある, 功名心に燃えた.

am·bi·ti·ös [アムビツィエース] [形] (主に《蔑》)野心のある.

am·bi·va·lent [アムビ・ヴァレント] [形] 〘医・心〙アンビバレントな;〘言〙二重音価の.

die **Am·bi·va·lenz** [アムビ・ヴァレンツ] [名] -/-en 〘心〙アンビバレンス(矛盾した感情);両面価値;〘言〙二重音価.

der **Am·bo** [アムボ] [名] -s/-nen[アムボーネン] 聖書朗読台.

der **Am·boss,** (旧)**Am·boß** [アムボス] [名] -es/-e (鍛冶屋の)金敷(かなしき), 金床;〘解〙(耳の)砧骨(ちんこつ).

die **Am·bra** [アムブら] [名] -/-s =Amber.

die **Am·bro·sia** [アムブろーズィア] [名] -/ アンブロシア(①〘ギ神〙神々の不老不死の食物. ②〘料〙果実・シェリー・砂糖でできたデザート).

(*der*) **Am·bro·si·us** [アムブろーズィウス] [名] 〘人名〙アンブロシウス(340頃-397, ミラノ司教).

am·bu·lant [アムブラント] [形] **1.** 巡業の;行商して歩く. **2.** 〘医〙外来の.

die **Am·bu·lanz** [アムブランツ] [名] -/-en 〘医〙移動診療所;救急車;野戦病院;救護〔医務〕室;救急外来科.

das **Am·bu·la·to·ri·um** [アムブラトーりウム] [名] -s/..rien[..りエン] (旧東独の)外来診療所.

die **A·mei·se** [アーマイゼ] [名] -/-n 〘昆〙アリ.

der **A·mei·sen·bär** [アーマイゼン・ベーあ] [名] -en/-en 〘動〙アリクイ.

der **A·mei·sen·hau·fen** [アーマイゼン・ハウふぇン] [名] -s/- アリ塚.

der **A·mei·sen·lö·we** [アーマイゼン・レーヴェ] [名] -n/-n 〘昆〙アリジゴク.

das **A·mei·sen·nest** [アーマイゼン・ネスト] [名] -(e)s/-er アリの巣.

die **A·mei·sen·säu·re** [アーマイゼン・ゾイれ] [名] -/ 〘化〙蟻酸(ぎさん).

der **A·mei·sen·staat** [アーマイゼン・シュタート] [名] -(e)s/-en アリ社会;《転》あくせく働く社会.

die **A·me·lie** [アメリー] [名] -/-n 〘医〙無肢症.

die **A·me·li·o·ra·ti·on** [アメリオらツィオーン] [名] -/-en (農地)改良;精錬.

a·me·li·o·rie·ren [アメリオリーれン] [動] *h.* 〔<et[4]>ヲ〕改良する(農地などを);精錬する(金属を).

a·men [アーメン] [副] 〘キ教〙アーメン(「かくあらしめ給

A

え」の意).
das **A·men** [アーメン] [名] -s/- (主に[単])アーメン：Das ist so sicher wie das ～ in der Kirche. それは確実だ. 【慣用】**zu allem Ja und Amen (ja und amen) sagen** 《口》何にでも同意する.
das **A·men·de·ment** [amãdəmã: アマンデマーン] [名] -s/-s 〖政・法〗法修正動議;法改正法案;(申立ての)変更.
die **A·me·nor·rhö** [アメノ[れ]ー] [名] -/-en 〖医〗無月経.
die **A·me·nor·rhöe** [..rǿ: アメノ[れ]ー] [名] -/-en = Amenorrhö.
das **A·me·ri·ci·um** [アメリーツィウム] [名] -s/ 〖化〗アメリシウム(記号Am).
(*das*) **A·me·ri·ka** [アメーりカ] [名] -s/ 〖地名・国名〗アメリカ;アメリカ合衆国;アメリカ大陸：die Vereinigten Staaten von ～ アメリカ合衆国.
der/die **A·me·ri·ka·deut·sche** [アメーりカ・ドイチェ] [名] (形容詞的変化)アメリカ在住〔生れ〕のドイツ人.
der **A·me·ri·ka·ner** [アメりカーナー] [名] -s/- **1.** アメリカ人. **2.** 砂糖〔チョコレート〕をかけた平たいケーキ.
die **A·me·ri·ka·ne·rin** [アメりカーネりン] [名] -/-nen アメリカ人女性.
a·me·ri·ka·nisch [アメりカーニシュ] [形] **1.** アメリカ(人)の. **2.** アメリカ英語の.
das **A·me·ri·ka·nisch** [アメりカーニシュ] [名] -(s)/ アメリカ英語, 米語.【用法は⇨Deutsch】
das **A·me·ri·ka·ni·sche** [アメりカーニシェ] [名] (形容詞的変化;[単]のみ) **1.** (定冠詞とともに)アメリカ英語, 米語. **2.** アメリカ的なもの〔こと〕.【用法は⇨Deutsche[2]】
a·me·ri·ka·ni·sie·ren [アメりカニズィーれン] [動] *h.* 〔〈j[4]/et[4]〉ッ〕アメリカナイズする;〖経〗(…に)アメリカ資本を導入する.
die **A·me·ri·ka·ni·sie·rung** [アメりカニズィーるング] [名] -/-en アメリカナイズ.
der **A·me·ri·ka·nis·mus** [アメりカニスムス] [名] -/..men **1.** 〖言〗アメリカ英語の特性;(他の外国語の)アメリカ語法. **2.** アメリカ的思考, アメリカ(人)気質, アメリカ様式.
der **A·me·ri·ka·nist** [アメりカニスト] [名] -en/-en アメリカ学者.
die **A·me·ri·ka·nis·tik** [アメりカニスティク] [名] -/ **1.** アメリカ学. **2.** アメリカインディアンの言語・文化研究.
a·me·ri·ka·nis·tisch [アメりカニスティシュ] [形] アメリカ学〔研究〕の.
der **A·me·thyst** [アメテュスト] [名] -(e)s/-e 紫水晶, アメジスト.
der **A·mi**[1] [アミー] [名] -/-s 友人;愛人.
der **A·mi**[2] [アミ] [名] -(s)/-(s) 《口》ヤンキー, アメリカ兵.
die **A·mi**[3] [アミ] [名] -/-s 《口》アメリカタバコ.
der **A·mikt** [アミクト] [名] -(e)s/-e 〖カトリック〗アミクトゥス, 肩衣(かたぎぬ).
das **A·min** [アミーン] [名] -s/-e 〖化・生〗アミン.
die **A·mi·no·säu·re** [アミーノ・ゾイれ] [名] -/-n アミノ酸.
die **A·mi·no·säu·re·se·quenz** [アミーノゾイれ・ゼクヴェンツ] [名] -/-en 〖化・生〗アミノ酸配列.
der **Am·mann** [アマン] [名] -(e)s/..männer 《スイス》(地方公共団体の)首長;(フライブルク州の)市長.
die **Am·me** [アメ] [名] -/-n 乳母(うば).
die **Am·men·bie·ne** [アメン・ビーネ] [名] -/-n 〖昆〗内勤〔保母〕バチ(幼虫の世話をする働きバチ).
das **Am·men·mär·chen** [アメン・メーあひぇン] [名] -s/- 作り話.
die **Am·mer**[1] [アマー] [名] -/-n (der ～ -s/-nも有) 〖鳥〗ホオジロ.
die **Am·mer**[2] [アマー] [名] -/-n 〖植〗アマレレ(サクランボの一種).
der **Am·mer·see** [アマー・ゼー] [名] -s/ 〖湖名〗アマーゼー(ミュンヒェンの西の湖).
(*der*) **Am·mon** [アモン] [名] アモン(古代エジプトの主神).
das **Am·mo·ni·ak** [アモニアク, アモニアク] [名] -s/ 〖化〗アンモニア.
das **Am·mo·ni·ak·was·ser** [アモニアク・ヴァッサー, アモニアク・ヴァッサー] [名] -s/- アンモニア水.
der **Am·mo·nit** [アモニート] [名] -en/-en 〖動〗アンモナイト;〖地質・考古〗アンモナイトの化石, アンモン貝.
das **Am·mo·ni·um** [アモーニウム] [名] -s/ 〖化〗アンモニウム.
die **Am·ne·sie** [アムネズィー] [名] -/-n 〖医〗記憶喪失(症), 健忘症.
die **Am·nes·tie** [アムネスティー] [名] -/-n 大赦：unter die ～ fallen大赦される.
am·nes·tie·ren [アムネスティーれン] [動] *h.* 〔〈j[4]〉ニ〕大赦を与える.
(*die*) **Am·nes·ty In·ter·na·tio·nal** [ɛ́mnəsti ɪntənǽʃənəl エムネスティ インテナショネル] [名] 国際アムネスティ(人権擁護団体).
die **Am·ni·o·zen·te·se** [アムニオツェンテーゼ] [名] -/-n 〖医〗羊水穿刺(せん).
die **A·mö·be** [ア[メ]ーベ] [名] -/-n アメーバ.
die **A·mö·ben·ruhr** [ア[メ]ーベン・るーあ] [名] -/-en 〖医〗アメーバ赤痢.
der **A·mok** [アーモク, アモク] [名] -s/ アモク(殺人衝動を伴う精神錯乱)：(次の形で) ～ laufen アモク状態で走り回って人を殺傷する. ～ fahren 破壊衝動にかられて車を走らせる.
der **A·mok·läu·fer** [アーモク・ロイふぁー, アモク・ロイふぁー] [名] -s/- アモク患者;殺人狂.
das **a-Moll** [アー・モル, アー・モル] [名] -/ 〖楽〗イ短調(記号 a).
(*der*) **A·mor** [アーモーあ] [名] 〖ロ神〗アモール(愛の神)：von ～*s* Pfeil getroffen sein 恋におちている. ～ fati 運命への愛(ニーチェの言葉).
a·mo·ra·lisch [アモらーリシュ] [形] 非道徳的な;道徳(的な評価)とは無関係な.
der **A·mo·ra·lis·mus** [アモらリスムス, アモらリスムス] [名] -/ 非道徳主義.
die **A·mo·ret·te** [アモれッテ] [名] -/-n 〖芸術学〗アモレット, キューピッド(愛の神).
a·morph [アモるふ] [形] **1.** 《文》はっきりした形のない. **2.** 〖理〗非晶質の;〖生〗無定形の.
die **A·mor·ti·sa·ti·on** [アモるティザツィオーン] [名] -/-en **1.** 〖経〗(公債などの計画的な)長期償還, 漸次〔計画〕償却, 割賦償還;(投下資本などの)回収, 消却;減額記入;〖旧東独〗減価償却. **2.** 〖法〗(証書の)無効宣言.
a·mor·ti·sie·ren [アモるティズィーれン] [動] *h.* 〖経〗 **1.** 〔〈et[4]〉ヲ〕(漸次的〔計画的〕に)償還(償却・返済)する, 収益によって取返す(費用などを). **2.** 〔sich[4]〕元が取れるだけ利益をあげる(投資などが). **3.** 〔〈et[4]〉ヲ〕〖旧東独〗減価償却する.
die **A·mor·ti·sie·rung** [アモるティズィーるング] [名] -/-en = Amortisation.
die **A·mou·ren** [amú:rən アムーれン] [複名] 《古》情事.
a·mou·rös [amurǿ:s アム[れ]ース] [形] 色恋の;好色な.
die **Am·pel** [アムペル] [名] -/-n **1.** 交通信号(Verkehrs～)：Die ～ steht auf Rot. 信号は赤だ. Die ～ ist auf Grün gesprungen. 信号が緑に変った. **2.** つりランプ. **3.** つり下げ型の花器〔植木鉢〕.
das **Am·pe·re** [..pɛ́:r アムペーあ] [名] -(s)/- アンペア

(記号A).

das **Am·pere·me·ter** [アムペーア・メーター] 名 -s/- 電流計.

die **Am·pere·se·kun·de** [アムペーア・ゼクンデ] 名 -/-n 〖電〗アンペア秒(記号 As).

die **Am·pere·stun·de** [アムペーア・シュトゥンデ] 名 -/-n 〖電〗アンペア時(記号 Ah).

der **Amp·fer** [アムプふぁー] 名 -s/- 〖植〗スイバ, スカンポ.

das **Am·phet·a·min** [アムふぇタミーン] 名 -s/-e 〖化・医〗覚醒アミン.

die **Am·phi·bie** [アムふィービエ] 名 -/-n 〖動〗両生類.

das **Am·phi·bi·en·fahr·zeug** [アムふィービエン・ふぁーア・ツォイク] 名 -(e)s/-e 水陸両用車.

das **Am·phi·bi·en·flug·zeug** [アムふィービエン・ふルーク・ツォイク] 名 -(e)s/-e 水陸両用飛行機.

der **Am·phi·bi·en·keim** [アムふィービエン・カイム] 名 -(e)s/-e 〖生〗両生類の胚.

am·phi·bisch [アムふィービシュ] 形 両生類(の);水陸両用(の);〖軍〗陸海両面の.

das **Am·phi·bi·um** [アムふィービウム] 名 -s/ = Amphibie.

die **Am·phi·bo·lie** [アムふぃボリー] 名 -/-n 〖修〗あいまい語法, 両義表現;〖哲〗二義〔両義〕性.

die **Am·phi·go·nie** [アムふィゴニー] 名 -/ 〖生〗両性生殖.

das **Am·phi·the·a·ter** [アムふィー・テーアター] 名 -s/- 円形劇場, 円形競技場.

(*die*) **Am·phi·tri·te** [アムふィトリーテ] 名 〖ギ神〗アンピトリテ(海の女王).

(*der*) **Am·phi·try·on** [アムふィートリュオン] 名 〖ギ神〗アムピトリュオン(Alkmene の夫).

die **Am·pho·ra** [アムふォら] 名 -/..phoren[アムふォーれン] = Amphore.

die **Am·pho·re** [アムふォーれ] 名 -/-n アンフォラ(古代ギリシア・ローマの両取っ手つきのつぼ).

am·pho·ter [アムふォテーあ] 形 〖化〗(酸と塩基)両性の.

die **Am·pli·fi·ka·ti·on** [アムプリふィカツィオーン] 名 -/-en 拡大, 拡張;〖修〗拡充, 敷衍(ぶん);〖心〗(宗教画などの)絵を使って夢を展開していくこと.

am·pli·fi·zie·ren [アムプリふィツィーれン] 動 h. 〈et⁴›ン〉 拡大する, 潤色する, 敷衍(ぶん)する;多角的に考察する.

die **Am·pli·tu·de** [アムプリトゥーデ] 名 -/-n 〖理〗振幅;〖数〗偏角.

die **Am·pul·le** [アムプレ] 名 -/-n 〖医〗アンプル(腸・管などの)膨大部;〖カト〗(ミサ用)小瓶, アンブラ.

die **Am·pu·ta·ti·on** [アムプタツィオーン] 名 -/-en 〖医〗(手足の)切断;ー vornehmen 切断を行う.

am·pu·tie·ren [アムプティーれン] 動 h. 1. 〈(j³ン)+(et⁴ン)〉(手術で)切断する(手・足を). 2. 〈j⁴ン〉切断手術をする.

der/*die* **Am·pu·tier·te** [アムプティーアテ] 名 〔形容詞的変化〕身体の一部を切断された人.

die **Am·sel** [アムゼル] 名 -/-n 〖鳥〗クロウタドリ.

(*das*) **Ams·ter·dam** [アムスターダム, アムスターダム] 名 -s/ 〖地名〗アムステルダム(オランダの首都).

der **Ams·ter·da·mer** [アムスターダマー, アムスターダマー] 名 -s/- アムステルダム市民.

(*das*) **Am·stet·ten** [アムシュテッテン] 名 -s/ 〖地名〗アムシュテッテン(オーストリア, ニーダーエースターライヒ州の都市).

das **Amt** [アムト] 名 -(e)s/Ämter 1. (官庁・教会などの)職務:ein ～ antreten 公職につく; ー sein 公職についている. 2. 職務:Das ist nicht meines ～es. それは私の職務ではない. 3. (官庁の)省, 庁, 局, 部, 署;(官公庁の)建物, 執務室.

4. 電話局(Telefon～). 5. 〖カト〗歌ミサ(Hoch～);〖プロテ〗聖餐式. 6. 市町村連合. 〖慣用〗Amt für Sicherheit der Bundeswehr 軍事安全保障局(略 ASBw). Auswärtiges Amt 外務省(略語 AA). in Amt und Würden 要職(重職)にある(しばしば地位変動に対する皮肉). kraft seines Amtes 〖文〗職権により. von Amts wegen 〖古〗職務上.

am·tie·ren [アムティーれン] 動 h. 〈als‹j¹›ン〉(公)職についている, (…として)在職している;代理〔代行〕をしている, (…の)役を務めている.

amt·lich [アムトリヒ] 形 1. 公式の:das ～e Kennzeichen 自動車のナンバー. 2. 公務(公用)の:in ～er Eigenschaft 公務上の資格で. 3. 確かな筋からの;〖口〗本当の. 4. まじめくさった:mit ～er Miene もったいぶった顔つきで.

der **Amt·mann** [アムト・マン] 名 -(e)s/..männer [..leute] 上級官吏, 司法官;〖史〗(中世の)代官;郡長.

die **Amts·an·ma·ßung** [アムツ・アン・マースング] 名 -/-en 〖法〗職権濫用.

der **Amts·an·tritt** [アムツ・アン・トりット] 名 -s/- (公職への)就任.

der **Amts·arzt** [アムツ・アーあツト, アムツ・アるツト] 名 -es/..ärzte 衛生技官, 公共医療機関の医師.

die **Amts·be·fug·nis** [アムツ・ベふークニス] 名 -/-se 職権.

der **Amts·be·reich** [アムツ・ベらイヒ] 名 -(e)s/-e 管轄(から)区域.

der **Amts·be·zirk** [アムツ・ベツィるク] 名 -(e)s/-e 管轄(から)区域;〖史〗(プロイセンの)郡;管区.

das **Amts·blatt** [アムツ・ブラット] 名 -(e)s/..blätter 官報, 公報.

der **Amts·bru·der** [アムツ・ブるーダー] 名 -s/..brüder (聖職者の)同僚.

die **Amts·dau·er** [アムツ・ダウあー] 名 -/ (《ぺイ》-/-n も有) (公職の)任期, 在職期間.

das **Amts·deutsch** [アムツ・ドイチュ] 名 -(s)/ 《蔑》(堅苦しく難解な)官庁ドイツ語.

der **Amts·die·ner** [アムツ・ディーナー] 名 -s/- (官公庁の)雇員.

der **Amts·eid** [アムツ・アイト] 名 -(e)s/-e 服務宣誓.

die **Amts·ent·he·bung** [アムツ・エントヘーブング] 名 -/-en 免官, 解任.

die **Amts·ent·set·zung** [アムツ・エントゼッツング] 名 -/-en (公職の)免官, 解任.

die **Amts·füh·rung** [アムツ・ふューるング] 名 -/ 職務執行.

das **Amts·ge·heim·nis** [アムツ・ゲハイムニス] 名 -ses/-se 1. (公のみ)(職務上の)守秘義務. 2. 職務上の秘密.

das **Amts·ge·richt** [アムツ・ゲりヒト] 名 -(e)s/-e 区裁判所(日本の簡易裁判所にあたる).

die **Amts·ge·schäf·te** [アムツ・ゲシェふテ] 〔複数〕公務.

die **Amts·ge·walt** [アムツ・ゲヴァルト] 名 -/ 職権.

die **Amts·hand·lung** [アムツ・ハントルング] 名 -/-en 職務行為.

die **Amts·hil·fe** [アムツ・ヒルふェ] 名 -/-n (官庁相互の)職務上の援助, 職務共助.

die **Amts·ket·te** [アムツ・ケッテ] 名 -/-n 首にかける役職を示す命鎖.

die **Amts·mie·ne** [アムツ・ミーネ] 名 -/ (主に〔嘲〕)役人面:eine ～ aufsetzen 役人面をする.

der **Amts·miss·brauch**, 〔旧〕 **Amts·miß·brauch** [アムツ・ミス・ブらウホ] 名 -(e)s/ 職権濫用.

amts·mü·de [アムツ・ミューデ] 形 職務がいやになった.

die **Amts·pe·ri·o·de** [アムツ・ペりオーデ] 名 -/-en 任期.

die **Amts·pflicht** [アムツ・プふリヒト] 名 -/-en (公務

Amtsrichter 48

員の)職責, 職務上の義務.

der Amts·rich·ter [アムツ・リヒター] 名 -s/-《口》区裁判所判事.

der Amts·schim·mel [アムツ・シメル] 名 -s/《冗》役所的形式主義: den ~ reiten 細かい形式にこだわる.

der Amts·schrei·ber [アムツ・シュライバー] 名 -s/-《古》書記官.

das Amts·sie·gel [アムツ・ズィーゲル] 名 -s/- 公印.

die Amts·spra·che [アムツ・シュプらーヘ] 名 -/-n 公用語; ((のみ))《蔑》にも)官庁用語, お役所言葉.

die Amts·stun·den [アムツ・シュトゥンデン] 複名 執務時間.

die Amts·tracht [アムツ・とらはト] 名 -/-en 職服(官服・法服・司祭服など).

das Amts·ver·bre·chen [アムツ・ふぇあブれっヒェン] 名 -s/- 汚職, 背任, 職務違反.

der Amts·vor·gän·ger [アムツ・ふぉーア・ゲンガー] 名 -s/- 前任者.

der Amts·vor·mund [アムツ・ふぉーア・ムント] 名 -(e)s/-e《法》後見人(少年保護所がその任にあたる).

der Amts·vor·ste·her [アムツ・ふぉーア・シュテーアー] 名 -s/- 役所の長.

das Amts·zei·chen [アムツ・ツァイヒェン] 名 -s/-(電話)の発信音.

das A·mu·lett [アムレット] 名 -(e)s/-e 護符, お守り.

der A·mur [アムーア] 名 -(s)/《川名》アムール川, 黒龍江.

a·mü·sant [アミュザント] 形 楽しい, 面白い.

das A·mü·se·ment [amyzəmã: アミュゼマーン] 名 -s/-s 楽しみ, 娯楽.

der A·mü·sier·be·trieb [アミュズィーア・ベトリープ] 名 -(e)s/-e ((蔑)にも) **1.** 低級なナイトクラブ. **2.** ((のみ) 娯楽の興行).

a·mü·sie·ren [アミュズィーれン] 動 h. **1.** (sich⁴+《様態》に…)楽しむ, 楽しく過ごす. **2.** ⟨j⁴/et⁴⟩が面白がらせる. **3.** (sich⁴+über ⟨j⁴/et⁴⟩で) 面白がる, からかって楽しむ.

das A·mü·sier·lo·kal [アミュズィーア・ロカール] 名 -(e)s/-e《蔑》にも)低級なナイトクラブ.

das A·mü·sier·vier·tel [アミュズィーア・ふぃるテル] 名 -s/- 歓楽街.

a·mu·sisch [アムーズィッシュ] 形《文》芸術を解さない.

an 前〔+ 4 格〕〔+ 3 格〕 **1. a.**〔+ 3 格〕(位置)…に接して, …のそばに, …のふちに: ~ der Wand stehen 壁際に立っている. am Tisch sitzen テーブルについている. Frankfurt *am* Main フランクフルト・アム・マイン. ~ ⟨et³⟩ entlang ⟨物³⟩沿って. **b.**〔+ 4 格〕(方向)…のそばへ, …のところへ: den Schrank ~ die Wand stellen 戸棚を壁際へ置く. **c.**〔+ 3 格〕(同じ語をつないで隣接を示して) …相接して: Tür ~ Tür wohnen 隣り合って住んでいる. **2.**〔+ 3 格〕(時点)…に: *am* 2. Januar 1 月 2 日に. *am* Ende der Ferien 休暇の終りに. **3.**〔+ 3 格〕**a.**(手段・手がかり)…をたよりに, …をつかんで: ~ Krücken gehen 松葉杖をたよりに歩く. das Seil ~ einem Ende halten 綱の端をにぎって. **b.**(従事中, 在職)…に携わって, …に在職して: ~ der Arbeit sein 仕事中である. ~ einem Theaterstück schreiben 脚本を書いている. der Lehrer ~ dieser Schule この学校の教師. ~ ⟨et³⟩ teilnehmen ⟨事³⟩に参加する. **c.**(判断の根拠)…で, …によって: ihn ~ der Stimme erkennen 声で彼だと分る. **d.**(病因・原因)…で: ~ Altersschwäche sterben 老衰で死ぬ. **e.**(関連)…に関して: ⟨j³⟩ einen guten Freund verlieren ⟨人とぃぅ⟩一人の良い友人をなくす. Mangel ~ ⟨et³⟩ haben ⟨物・事が⟩不足している.

reich ~ ⟨et³⟩ sein ⟨物・事に⟩富む. das Wichtigste ~ ⟨et³⟩ ⟨物・事に⟩関する最も重要な点. ~ ⟨et³⟩ fehlen ⟨物・事が⟩欠けている. **f.**(責任・任務)die Schuld ~ dem Misserfolg その失敗の責任. Es ist ~ ⟨j³⟩, ⟨et⁴⟩ zu tun.《文》⟨事⁴⟩するのが⟨人の⟩任務である. **4.**〔+ 4 格〕(行為・関心の対象)…に対して, …に向けて: der Brief ~ einen Freund 友人宛の手紙. Schönen Gruß ~ ⟨et⁴⟩! ⟨人によろしく. ~ die Arbeit gehen 仕事にとりかかる. ~ ⟨j³⟩ denken ⟨人を⟩思う. sich⁴ ~ ⟨j⁴⟩ wenden ⟨人⁴⟩に相談する. **5.**〔+ 4 格〕(bis とともに空間的・時間的に及ぶ範囲を示して)…まで: das Wasser bis ~ die Knie 膝までとどく水. bis ~ sein Lebensende 人生の終りまで. **6.**(形容詞・副詞の最高級とともに)am besten もっともよい. 【慣用】an (und für) sich それ自体, 本来. an sich⁴ halten 自分を抑える. etwas an sich³ haben《口》独特の面をもっている.

―― 副 **1.**《口》(主に die+数量で)およそ…, 約…: ~ (die) zwanzig Studenten およそ 20 人の学生. ~ die vierzig およそ 40 歳. **2.**(電灯・機器などが)ついて(いる); つける(an|machen などの省略形): Das Radio ist ~. ラジオがついている. Licht ~! 電灯をつけよ. **3.**《口》(衣類を)身につける(て) (an|ziehen などの省略形): ohne etwas ~ 何も身につけずに, 裸で. **4.**《交通》…着(時刻表などで): Nürnberg ~ : 16⁴⁰ ニュルンベルク着 16 時 40 分. **5.**(前置詞句…とともに): von Köln ~ ケルンから. von nun ~ 今から.

der A·na·bap·tis·mus [アナバプティスムス] 名 -/ 再洗礼論.

der A·na·bap·tist [アナバプティスト] 名 -en/-en 再洗礼派の人.

die A·na·bi·o·se [アナビオーゼ] 名 -/《生》(仮死状態の下等動物や種子の)蘇生.

das A·na·bo·li·kum [アナボーリクム] -s/..ka(主に(複))《医》筋肉増強剤.

der A·na·cho·ret [anaço..アナヒォれート, anaxo..アナほれート, anako..アナコれート] 名 -en/-en (初期キリスト教の)隠遁修士; 隠者.

der A·na·chro·nis·mus [anakr..アナクろニスムス] 名 -/..men《文》時代錯誤, アナクロニズム; 時代遅れ.

a·na·chro·nis·tisch [アナクろニスティシュ] 形 時代錯誤の; 時代遅れの.

die A·na·di·plo·se [アナディプローゼ] 名 -/-n《修》前辞反復.

die A·na·dro·me [アナドろーメ] 複名 昇河回遊魚.

(die) A·na·dy·o·me·ne [アナデュオメーネ, アナデュオメーネ] 名《ギ神》アナデュオメネ(Aphrodite の別名).

an·ae·rob [an'ae.. アン・アエローブ] 形《生》嫌気性の.

der An·ae·ro·bier [アン・アエろービぁー] 名 -s/-《生》嫌気性微生物, 嫌気菌.

der An·ae·ro·bi·ont [アン・アエろ・ビオント] 名 -en/-en =Anaerobier

die A·na·gly·phen [アナグリューふぇン] 複名《理》アナグリフ, 立体画像(写真・映画).

die A·na·gno·ri·sis [アナグノーりズィス] 名 -/ (古代ギリシア悲劇の)アナグノリシス, 認知.

die A·na·go·ge [アナゴゲー] 名 -/ **1.**(古代ギリシア修辞学の)神秘的解釈. **2.**(古代ギリシア哲学で)真・善・美・神を体験させるための)法悦.

das A·na·gramm [アナグらム] 名 -s/-e アナグラム; 文字謎.

das (der) A·na·ko·luth [アナコルート] 名 -s/-e《言》破格構文.

die A·na·kon·da [アナコンダ] 名 -/-s《動》アナコンダ (中南米の大蛇).

(*der*) **A·na·kre·on** [アナークれオン] [名] 〖人名〗アナクレオン《紀元前 500 頃, 酒と愛のギリシアの詩人》.
die **A·na·kre·ọn·tik** [アナクれオンティク] [名] -/ 〖文芸学〗アナクレオン派《酒と愛を歌った 18 世紀の文学》.
der **A·na·kre·ọn·ti·ker** [アナクれオンティカー] [名] -s/- 〖文芸学〗アナクレオン派の詩人.
a·na·kre·ọn·tisch [アナクれオンティシュ] [形] 〖文芸学〗アナクレオン風〔派〕の.
a·nal [アナール] [形] 〖医〗肛門の.
die **A·na·lẹk·ten** [アナレクテン] [複名] 《古》詩文選; 論文集.
das **An·al·ge·ti·kum** [アン・アルゲーティクム] [名] -s/..ka 〖医〗鎮痛剤.
an·al·ge·tisch [アン・アルゲーティシュ] [形] 鎮痛性の.
a·na·log [アナローク] [形] **1.** 〖(zu ⟨et³⟩ₓ/⟨et³⟩ₓ)〗《文》類似の. **2.** 〖ｺﾝﾋﾟｭｰﾀ〗アナログの.
—— [前] 〔+ 3 格〕…に応じて, …に従って, …に倣って.
die **A·na·lo·gie** [アナロギー] [名] -/-n 《文》類似, 類推: eine ～ aufweisen 類似している. in ～ zu ⟨et³⟩ ⟨物・事に⟩似せて. eine ～ ziehen 類推する.
die **A·na·lo·gie·bil·dung** [アナロギー・ビルドゥング] [名] -/-en 〖言〗類同形, 類推作用による造語《例えば abendlich から造られた morgendlich》.
der **A·na·lo·gie·schluss**, [旧] **A·na·lo·gie·schluß** [アナロギー・シュルス] [名] -es/..schlüsse 〖論〗類推, 類比推理.
der **A·na·lo·gis·mus** [アナロギスムス] [名] -/..men = Analogieschluss.
der **A·na·log·rech·ner** [アナローク・れひナー] [名] -s/- 〖ｺﾝﾋﾟｭｰﾀ〗アナログ計算機.
der **An·al·pha·bet** [アン・アルふぁベート, アン・アルふぁベート] [名] -en/-en 文盲の人; 《転》無学文盲.
das **An·al·pha·be·ten·tum** [アン・アルふぁベーテントゥーム] [名] -s/ **1.** (地域・国の)文盲率. **2.** 文盲, 無知.
der **An·al·pha·be·tịs·mus** [アン・アルふぁベティスムス] [名] -/ 文盲.
der **A·nal·ver·kehr** [アナール・ふぇあケーあ] [名] -(e)s/ 肛門性交.
die **A·na·ly·se** [アナリューゼ] [名] -/-n 《文》分析: eine qualitative/quantitative ～ 〖化〗定性/定量分析.
die **A·na·ly·sen·waa·ge** [アナリューゼン・ヴァーゲ] [名] -/-n 〖化〗化学天秤, 分析用天秤.
a·na·ly·sie·ren [アナリュズィーれン] [動] *h.* 〖⟨j⁴/et⁴⟩ｦ〗《文》分析する.
die **A·na·ly·sis** [アナーリュズィス] [名] -/ 〖数〗解析(学).
der **A·na·ly·ti·ker** [アナリューティカー] [名] -s/- 《文》分析者, アナリスト《特に精神分析医》.
a·na·ly·tisch [アナリューティシュ] [形] 《文》分析的な; 〖数〗解析の.
die **A·n·ä·mie** [アネミー] [名] -/-n 〖医〗貧血, 貧血症.
a·n·ä·misch [アネーミシュ] [形] 貧血(症)の.
die **A·nam·ne·se** [アナムネーゼ] [名] -/-n 〖医〗既往症, 病歴; 〖哲〗アナムネーシス, 想起.
die **A·na·nas** [アナナス] [名] -/-〔-se〕〖植〗パイナップル; パイナップルの実.
der **A·n·an·kas·mus** [アナンカスムス] [名] -/..men 〖心〗強迫観念.
der **A·n·an·kast** [アナンカスト] [名] -en/-en 〖医〗強迫神経症患者.
die **A·nan·ke** [アナンケ] [名] -/ 〖ギ哲〗 **1.** アナンケー《自然の運命的力》. **2.** 運命, 必然.
das **A·na·nym** [アナニューム] [名] -s/-e 本名を逆つづりにした偽名.
der **A·na·päst** [アナペースト] [名] -(e)s/-e 〖詩〗アナペスト《弱弱強〔短短長〕格》.
die **A·na·pher** [アナ(ー)ふぁー] [名] -/-n **1.** 〖修〗首句反復. **2.** 〖言〗前方照応《先行する名詞の代りの代名詞など》.
die **A·na·pho·ra** [アナーふぉら] [名] -/Anaphorä = Anapher.
das **A·n·a·phro·di·si·a·kum** [アン・アフろディズィーアクム] [名] -s/..ka 〖医〗性欲抑制剤.
die **A·na·phy·la·xie** [アナふゅラクスィー] [名] -/-n 〖医〗アナフィラクシー, (異種たんぱく質)過敏症.
die **A·n·ar·chie** [アナるひー] [名] -/-n 無政府状態, 混乱, 無秩序; 〖哲〗アナーキー.
a·n·ar·chisch [アナるひシュ] [形] 無政府状態の, 混沌とした.
der **A·n·ar·chịs·mus** [アナるひスムス] [名] -/ 無政府主義, アナーキズム.
der **A·n·ar·chịst** [アナるひスト] [名] -en/-en 無政府主義者, アナーキスト.
a·n·ar·chịs·tisch [アナるひスティシュ] [形] 無政府主義の.
der **A·n·ạr·cho** [アナるひょ] [名] -(s)/-(s) 《ｼﾞｬｰｺﾞﾝ》反社会暴力主義者.
(*der*) **A·nas·ta·si·us** [アナスターズィウス] [名] 〖男名〗アナスタージウス.
die **A·n·äs·the·sie** [アンエステズィー] [名] -/-n 〖医〗無感覚(症), 知覚消失; 麻酔(法).
a·n·äs·the·sie·ren [アンエステズィーれン] [動] *h.* 〖⟨j⁴⟩ﾆ〗〖医〗麻酔をかける.
die **A·n·äs·the·si·o·lo·gie** [アンエステズィオ・ロギー] [名] -/ 麻酔学.
der **A·n·äs·the·sịst** [アンエステズィスト] [名] -en/-en 麻酔科医, 麻酔専門医.
das **A·n·äs·the·ti·kum** [アンエステーティクム] [名] -s/..ka 〖医〗麻酔薬.
a·n·äs·the·ti·sie·ren [アンエステティズィーれン] [動] *h.* = anästhesieren.
die **A·nạs·tro·phe** [アナストろふぇ] [名] -/-n [アナストろーふぇン] 〖言〗倒置法.
das **A·na·the·ma** [アナーテマ] [名] -s/-ta [アナテーマタ] 〖ｶﾄﾘｯｸ〗破門, アナテマ.
der **A·na·tom** [アナトーム] [名] -en/-en 〖医〗解剖学者.
die **A·na·to·mie** [アナトミー] [名] -/-n 〖医〗 **1.** 《[単]のみ》解剖学; 人体構造. **2.** 解剖学の教科書; 解剖学研究所.
a·na·to·misch [アナトーミシュ] [形] 〖医〗人体構造(上)の; 解剖学(上)の.
(*der*) **A·na·xa·go·ras** [アナクサーゴらス] [名] 〖人名〗アナクサゴラス《紀元前 500 頃-428, ギリシアの自然哲学者》.
ạn·ba·cken(*)[1] [アン・バッケン] [動] **1.** *h.* 〖⟨et⁴⟩ｦ〗軽く焼く《ケーキなどを》. **2.** *h.* 〖補足なし〗軽く焼かれる. **3.** *s.* 〔an ⟨et³⟩ﾆ〕焼きつく《焼き型に》.
ạn·ba·cken[2] [アン・バッケン] [動] *s.* 〖(an ⟨et³⟩ﾆ)〗こびりつく.
ạn|bah·nen [アン・バーネン] [動] *h.* **1.** 〖⟨et⁴⟩ﾉ〗緒(いとぐち)をつける. **2.** 〔sich⁴〕きざす, 始まりかける.
die **Ạn·bah·nung** [アン・バーヌング] [名] -/-en 道を開くこと, 準備, 発展.
die **An·ban·de·lei** [アン・バンデライ] [名] -/-en 《口》恋愛関係を結ぶこと; けんかをすること.
die **An·bän·de·lei** [アン・ベンデライ] [名] -/-en = Anbandelei.
ạn|ban·deln [アン・バンデルン] [動] *h.* 《南独・ｵｰｽﾄﾘｱ》= an|bändeln.
ạn|bän·deln [アン・ベンデルン] [動] *h.* 《口》〔mit ⟨j³⟩ﾄ〕いい仲になる; けんかを始める.
der **Ạn·bau** [アン・バウ] [名] -(e)s/-ten **1.** 《[単]のみ》増築; 〖農〗栽培. **2.** 増築部分.

A

an|bau·en [アン・バウエン] [動] *h.* **1.** 〔⟨et^4⟩ヲ〕栽培する. **2.** 〔⟨et^4⟩ヲ＋(an ⟨et$^{4(3)}$⟩ニ)〕建増しする. **3.** 〔[補足なし]〕増築をする. **4.** 〔sich^4＋⟨場所⟩ニ〕住みつく, 入植する.

an·bau·fä·hig [アンバウ・ふぇーイひ] [形] 栽培可能な;増築できる.

die **An·bau·flä·che** [アンバウ・ふレっひぇ] [名] -/-n 作付面積, 耕地.

das **An·bau·mö·bel** [アンバウ・⊗ーベル] [名] -s/- ユニット家具.

die **An·bau·wand** [アンバウ・ヴァント] [名] -/..wände ユニット家具を取りつけた壁.

an|be·feh·len* [アン・べふぇーレン] [動] *h.* 《文》 **1.** 〔⟨j^3⟩ニ＋⟨et^4⟩ヲ〕強く勧める, 命ずる. **2.** 〔⟨j^4/et^4⟩ヲ＋⟨j^3/et^3⟩ニ〕ゆだねる.

der **An·be·ginn** [アン・ベギン] [名] -(e)s/ 《文》始まり, 発端: seit ～〔von ～ (an)〕最初から.

an|be·hal·ten* [アン・ベハルテン] [動] *h.* 〔⟨et^4⟩ヲ〕《口》着た〔着けた〕ままでいる, 脱がないでいる.

an·bei [アン・バイ, アン・バイ] [副] 〖官〗添えて, 同封して: *A*～ (senden wir Ihnen) die gewünschten Muster. ご希望の見本添付(してお送りします).

an|bei·ßen* [アン・バイセン] [動] *h.* **1.** 〔⟨et^4⟩ヲ〕一口かじる. **2.** 〔[補足なし]〕えさに食いつく(魚が);《転》誘い話にのる. **【慣用】zum Anbeißen sein〔aussehen〕**《口》食べてしまいたいほどかわいい.

an|be·lan·gen [アン・ベランゲン] [動] *h.* (次の形で) was ⟨j^4/et^4⟩ *anbelangt* ⟨人・物・事ニ⟩関しては〔関して言えば〕.

an|bel·len [アン・ベレン] [動] *h.* 〔⟨j^4/et^4⟩ニ〕ほえかかる;《転》(…を)怒鳴りつける.

an|be·que·men [アン・ベクヴェーメン] [動] *h.* 〔sich^4＋⟨et^3⟩ニ〕《古》順応する.

an|be·rau·men [アン・べらウメン] [動] *h.* 〔⟨et^4⟩ノ日取リヲ＋(⟨時点⟩ニ)〕〖官〗定める: die Aussprache für dreizehn Uhr/zum〔auf den〕5. April ～ 話合いを午後1時/4月5日にすることに決める.

an|be·ten [アン・ベーテン] [動] *h.* 〔⟨j^4/et^4⟩ヲ〕崇拝する;神のように崇(あが)める, 熱烈に賛美する.

der **An·be·ter** [アン・ベーター] [名] -s/- 崇拝者;熱狂的ファン.

(*der*) **An·be·tracht** [アン・ベトらはト] [名] (次の形で)in ～ ⟨et^2⟩ ⟨事ニ⟩かんがみ. in ～ dessen, dass ... …のことを考慮して.

an|be·tref·fen* [アン・ベトれっふぇン] [動] *h.* (次の形で) was ⟨j^4/et^4⟩*anbetrifft* ⟨人・物・事ニ⟩関しては〔関して言えば〕.

an|bet·teln [アン・ベっテルン] [動] *h.* 〔⟨j^4⟩ニ＋(um ⟨et^4⟩ヲ)〕請い求める, めぐんでくれと頼む.

die **An·be·tung** [アン・ベートゥング] [名] -/-en (主に[単]) 崇拝;熱烈な賛美.

an·be·tungs·wür·dig [アンベートゥングス・ヴュるディひ] [形] 崇拝に値する.

an|bie·dern [アン・ビーダーン] [動] *h.* 〔sich^4＋bei ⟨j^3⟩ニ〕《蔑》なれなれしくする, 取入ろうとする.

an|bie·ten* [アン・ビーテン] [動] *h.* **1.** 〔⟨j^3⟩ニ＋⟨j^4/et^4⟩ヲ〕提供すると申出る. **2.** 〔⟨j^3⟩ニ＋⟨et^4⟩ヲ/zu ⟨動⟩スルト〕申出る: ⟨j^3⟩ eine Ohrfeige ～ ⟨人ニ⟩びんたをお見舞するぞと言う. **3.** 〔⟨j^3⟩ニ＋⟨et^4⟩ヲ〕出す, すすめる(飲み物などを): Darf ich Ihnen ein Glas Bier ～? ビール一杯いかがですか. **4.** 〔⟨j^3⟩ニ＋⟨et^4⟩ヲ〕提案する. **5.** 〔(⟨j^3⟩ニ)＋⟨et^4⟩ヲ〕売りに出す, オファーする(サービスを). **6.** 〔sich^4〕(心に)浮かぶ. **7.** 〔sich^4＋für ⟨et^4⟩ニ〕適している.

an|bin·den* [アン・ビンデン] [動] *h.* **1.** 〔⟨j^4/et^4⟩ヲ＋(an ⟨et$^{3(4)}$⟩ニ)〕綱〔ひも〕でつなぎ止める: sich^4 nicht ～ lassen 《転》束縛を受けつけない. **2.** 〔⟨et^4⟩ヲ〕〖農〗(畜殺せずに)育てあげる(子牛などを). **3.** 〔mit ⟨j^3⟩ト〕《文》悶着を起こす;いい仲になる. **4.** 〔⟨et^4⟩ヲ＋an ⟨et^4⟩ト〕〖交通〗結ぶ.

an|blaf·fen [アン・ブラっふぇン] [動] *h.* 〔⟨j^4/et^4⟩ニ〕《口・蔑》ほえつく;(…を)怒鳴りつける.

an|bla·sen* [アン・ブラーゼン] [動] *h.* **1.** 〔⟨j^4⟩ニ＋(mit ⟨et^3⟩ヲ)〕吹きつける(風が);吹きかける(タバコの煙などを). **2.** 〔⟨j^4⟩ヲ〕《口》怒鳴りつける. **3.** 〔⟨et^4⟩ヲ〕〖楽〗吹き始める, かすかに吹き鳴らす(吹奏楽器・音などを). **4.** 〔⟨et^4⟩ヲ〕吹いて燃立たせる: den Hochofen ～ 溶鉱炉の運転を開始する. **5.** 〔⟨et^4⟩ノ〕開始のラッパを吹く.

an|ble·cken [アン・ブレっケン] [動] *h.* 〔⟨j^4⟩ニ〕歯〔きば〕をむきだす;(…を)こっぴどくしかりつける.

der **An·blick** [アン・ブリっク] [名] -(e)s/-e **1.** ([単]のみ)見つめること, 注視: beim ersten ～ 一見して. **2.** 眺め, 光景.

an|bli·cken [アン・ブリっケン] [動] *h.* 〔⟨j^4/et^4⟩ヲ＋(⟨様態⟩デ)〕見つめる.

an|blin·zeln [アン・ブリンツェルン] [動] *h.* **1.** 〔⟨j^4/et^4⟩ヲ＋⟨様態⟩デ〕目をしばたたきながら見る. **2.** 〔⟨j^4⟩ニ〕目くばせする.

an|blit·zen [アン・ブリっツェン] [動] *h.* 〔⟨j^4⟩ヲ〕鋭い〔きらきらした〕目つきで見つめる.

an|boh·ren [アン・ボーれン] [動] *h.* **1.** 〔⟨et^4⟩ニ〕穴をあけ始める. **2.** 〔⟨et^4⟩ヲ〕掘り当てる(温泉・油層などを). **3.** 〔⟨j^4⟩カラ〕《口》聞きだそうとする, (…に)さぐりを入れる.

das **An·bot** [アン・ボート] [名] -(e)s/-e 《オーストリア》=Angebot.

an|bra·ten* [アン・ブらーテン] [動] *h.* 〔⟨et^4⟩ヲ〕(強火で)さっと焼く.

an|bräu·nen [アン・ブろイネン] [動] **1.** *h.* 〔⟨et^4⟩ヲ〕〖料〗きつね色にいためる. **2.** *s.* 〔[補足なし]〕《口》小麦色に日焼けする.

an|brau·sen [アン・ブらウゼン] [動] *s.* 〔[補足なし]〕《口》轟音(ごうおん)をたてて来る.

an|bre·chen* [アン・ブれっひぇン] [動] **1.** *h.* 〔⟨et^4⟩ヲ〕(部分的に)こわす, 折る, 損う;(…の)封を切る, 口を開ける(ワインのびんなどの). **2.** *s.* 〔[補足なし]〕《文》始まる, 明ける(新しい時代などが).

an|bren·nen* [アン・ブれネン] [動] **1.** *h.* 〔⟨et^4⟩ニ〕火をつける. **2.** *s.* 〔[補足なし]〕(なべに)焦げつく. **3.** *s.* 〔[補足なし]〕燃え始める. **【慣用】nichts anbrennen lassen** 《口》何一つ見逃さない;〖スポ〗《ジャーゴン》ゴールを一つも許さない.

an|brin·gen* [アンブリンゲン] [動] *h.* **1.** 〔⟨j^4/et^4⟩ヲ〕《口》連れて来る, 運んで来る. **2.** 〔⟨et^4⟩ヲ＋(an ⟨et$^{3(4)}$⟩ニ)〕取りつける;《転》加える(修正などを). **3.** 〔⟨et^4⟩ヲ＋(bei ⟨j^3⟩ニ)〕持ち出す, 口にする(苦情などを), ひけらかす(知識などを). **4.** 〔⟨j^4⟩ヲ＋(⟨場所⟩ニ)〕《口》就職させる, 住み込ませる, 入れる(学校などに), 嫁に出す. **5.** 〔⟨et^4⟩ヲ〕売る. **6.** 〔⟨et^4⟩ヲ〕《口》履く〔着る〕ことができる.

der **An·bruch** [アン・ブるっふ] [名] -(e)s/..brüche **1.** ([単]のみ)《文》始まり, 開始: bei〔mit〕～ des Tages 夜明けとともに. **2.** ひび割れ;〖林〗腐りかけた木;〖狩〗腐りかけた獣の死体;〖鉱〗露出した鉱床〔鉱脈〕. **3.** 封を切る〔口を開ける〕こと.

an|brül·len [アン・ブりゅレン] [動] *h.* **1.** 〔⟨j^4⟩ニ〕ほえかかる;《口》(…を)怒鳴りつける. **2.** 〔gegen ⟨et^4⟩ニ負ケナイヨウニ〕《口》大声を出す.

an|brum·men [アン・ブるメン] [動] *h.* 〔⟨j^4⟩ニ〕うなりかかる;《口》ぶつぶつ文句を言う.

die **An·cho·vis** [アンひょーヴス, anʃóː.. アンショーヴィス] [名] -/- =Anschovis.

das **An·ci·en Ré·gime** [ãsiẽː reʒíːm アンスィアーン れジーム] [名] --/ アンシャンレジーム(フランス革命以前の旧体制).

AND =Andorra 〖国名〗アンドラ.

..and [‥アント] [接尾] 主に..ieren に終る動詞につけて, その動詞の行為が「行われるもの」という男性名詞を作る. ..end となることがある: Examin*and* 受験者. Divid*end* 〖数〗被除数.

die **Ạn·dacht** [アン・ダはト] [名] -/-en **1.** 《[単]のみ》信心, 敬虔(けいけん); 専心, 一心: mit ～ zuhören 熱心に聞く. **2.** (朝・晩の)短い礼拝.

ạn·däch·tig [アン・デひティひ] [形] **1.** 敬虔(けいけん)な. **2.** 熱心な, 気持を集中した. **3.** 荘重な.

das **Ạn·dachts·bild** [アンダはツ・ビルト] [名] -(e)s/-er 聖画像; 〖美〗マリア(の生涯の)像, (キリストの)受難像.

(*das*) **An·da·lu·si·en** [アンダルーズィエン] [名] -s/ 〖地名〗アンダルシア(スペイン南部の地方).

an·dạn·te [アンダンテ] [副] 〖楽〗アンダンテ, 歩くくらいの速さで.

das **An·dạn·te** [アンダンテ] [名] -(s)/-s 〖楽〗アンダンテ; アンダンテの曲.

an·dan·ti·no [アンダンティーノ] [副] 〖楽〗アンダンティーノ, アンダンテよりやや速く.

ạn|dau·ern [アン・ダウあーン] [動] *h.* 〔[補足なし]〕続く, 持続する.

ạn·dau·ernd [アン・ダウあーント] [形] 絶え間ない; 再三の.

die **Ạn·den** [アンデン] [複名] 〖地名〗(南米の)アンデス山脈.

das **Ạn·den·ken** [アン・デンケン] [名] -s/- **1.** 《[単]のみ》思い出, 追想; 記念: zum ～ an 〈et⁴〉〈物・事を〉記念して. **2.** 記念品, おみやげ, 形見.

ạn·der [アンダー] [代] 《不定》《形容詞的変化; 単独で名詞的にも用いる》 **1.** 別の, 異なった, 違った: Ich bin ～*er* Meinung als du. 私は君とは別の考えだ. Er ist ein ganz ～*er* geworden. 彼はまったく別人のようになった. Ich hätte ihm etwas ～*es* erzählt. 私だったら彼に違った言い方をして〔はっきり考えを言って〕やったのに. **2.** ほかの: Ihr blieb nichts ～*es* übrig. 彼女にはほかにどうしようもなかった. an einem ～*en* Tag 他日, 日を改めて. **3.** もう一方の, 他方の: der/die/das eine ..., der/die/das ～*e* ... 一方は…, 他方は…. das eine und das ～*e* 両方の事. am ～*en* Ufer 向う岸に. **4.** 《[複]で》他人: von sich³ auf ～*e* schließen 自分のことから他人を推し量る. Das kannst du ～*en* erzählen. (ほかの人ならともかく)私にはそんな話は通じないよ. **5.** 次の: am ～*en* Tag 翌日. von einem Tag zum ～(*e*)*n* 日1日と. 【慣用】**alles andere als ... sein** …どころではない: Das ist alles *andere* als die Wahrheit. それはまったく真実ではない. **ein Mal über 〔um〕 das andere** 一回おきに. **Ein Wort gibt das andere.** 売り言葉に買い言葉. **einen Tag um den anderen** 1日おきに, 《稀》毎日. **einer/eines nach dem anderen** 次々と人が/物事が. 〈j⁴〉 **eines anderen belehren** 〈人の〉誤った考えを悟らせる. **etwas anderes sagen** とんでもないことを言う. 〈et⁴〉 **in einem anderen Licht sehen** 〈物・事を〉別の見方で見る. **kein anderer als ...** 余人ならぬ…こそが〔…以外の人は(…)でない〕. **mit anderen Worten** 別の言葉で言えば. **nichts anderes als ...** …以外の何も(…)でない, …しかない: Ich konnte nichts *anderes* tun als warten. 私は待つより他にしようがなかった. **sich⁴ eines anderen besinnen** 考えを変える. **Sie ist in anderen Umständen.** 彼女は普通の体ではない(「妊娠している」の婉曲表現). **und andere(s)** など(略 u. a.). **und anderes mehr** などなど(略 u. a. m.). **unter anderem** とりわけ(物・事について. 略 u. a.). **unter anderen** とりわけ(人について. 略 u. a.). **von einem Tag auf den anderen** 一夜のうちに, 突然; 日1日と. **zum einen ... und zum anderen ...** 第一に…そして第二に….

ạn·de·ren·falls [アンデれン・ふぁルス] [副] そうでない場合には, さもなければ.

ạn·de·ren·orts [アンデれン・オるツ] [副] 《文》他の場所で.

ạn·de·ren·tags [アンデれン・タークス] [副] 《文》その翌日に.

ạn·de·ren·teils [アンデれン・タイルス] [副] 他方で, もう一方で.

ạn·de·rer·seits [アンデらー・ザイツ] [副] 他面, 他方では.

das **Ạn·der·kon·to** [アンダー・コント] [名] -s/..ten 信託〔受託者〕勘定.

ạn·der·mal [アンダー・マール] [副] 《次の形で》ein ～ いつか, 別の時に.

ạ̈n·dern [エンダーン] [動] *h.* **1.** 〔〈j⁴/et⁴〉ヲ〕変える, 改める, 作り替える, 変更する, 修正する. **2.** 〔sich⁴〕変わる, 変化する.

ạn·dern·falls [アンダーン・ふぁルス] [副] =anderenfalls.

ạn·dern·orts [アンダーン・オるツ] [副] =anderenorts.

ạn·dern·tags [アンダーン・タークス] [副] =anderentags.

ạn·dern·teils [アンダーン・タイルス] [副] =anderenteils.

ạn·der·orts [アンダー・オるツ] [副] =anderenorts.

ạn·ders [アンダース] [副] **1.** 別の仕方で, 別のように: Ich habe mir die Sache ～ überlegt. 私は考え直した. ～ ausgedrückt 別の表現で言えば. Ihm wurde ～. 《口》彼は気分が悪くなった. **2.** 《比較の接続詞 als とともに》…とは違って, 異なって: Sie ist ganz ～, als du denkst. 彼女は君が考えているような人ではない. Das Wetter ist ganz ～ als gestern. 天気は昨日とまったく違う. Früher war alles ganz ～. 以前は何もかもまったく違っていた〔もっと良かった〕. **3.** 《nicht とともに》そうする〔である〕しかない, ほかにすべはない, それ以外にない: Sie konnte nicht ～. 彼女はそうするしかなかった. Es ist nicht ～ möglich. ほかに仕様がない. **4.** 《口》そうでなければ, さもないと: *A*～ tut er es nicht. そうでなければ彼はそれをしない. **5.** 《不定代名詞・疑問代名詞・疑問副詞とともに》ほかの: jemand/irgendwo ～ ほかのだれか/どこか. niemand/nirgends ～ ほかのだれも/どこにも…ない. wer/wie ～ ほかのだれが/ほかにどのように. Wer ～ soll das gesagt haben? ほかのだれがそれを言ったというのだろう. Wo ～ soll er denn stecken? いったいほかのどこに彼はいるのだろう.

ạn·ders·ar·tig [アンダース・アーあティひ] [形] (性質の)異なる.

ạn·ders den·kend, [旧]**ạn·ders·den·kend** [アンダース デンケント] [形] 考えを異にする.

ạn·der·seits [アンダー・ザイツ] [副] =andererseits.

(*der*) **Ạn·der·sen** [アンダーゼン] [名] 〖人名〗アンデルセン《Hans Christian ～, 1805–75, デンマークの詩人・童話作家》.

ạn·ders ge·ar·tet, [旧]**ạn·ders·ge·ar·tet** [アンダース ゲアーあテット] [形] 性質の異なった.

ạn·ders ge·sinnt, [旧] **ạn·ders·ge·sinnt** [アンダース ゲズィント] [形] 考え〔志向〕の異なる.

ạn·ders·gläu·big [アンダース・グロイビひ] [形] 信仰〔信条〕を異にする.

der/die **Ạn·ders·gläu·bi·ge** [アンダース・グロイビゲ] [名] 《形容詞的変化》宗教〔信条〕の異なる人.

ạn·ders·he·rum [アンダース・へるム] [副] **1.** 逆の方向へ〔から〕, 反対向きに. **2.** 《口》ホモの.

ạn·ders·rum [アンダース・るム] [副] 《口》=andersherum.

das **Ạn·ders·sein** [アンダース・ザイン] [名] -s/ 《文》他と異なっていること; 〖哲〗他在.

ạn·ders·spra·chig [アンダース・シュプらーひひ] [形] 言語を異にする; 別の言語の.

ạn·ders·wie [アンダース・ヴィー] [副] 《口》何か別のやり方で.

ạn·ders·wo [アンダース・ヴォー] [副] 《口》どこかよそで.

ạn·ders·wo·her [アンダース・ヴォへーア] 副 《口》どこかほかの所から。

ạn·ders·wo·hin [アンダース・ヴォヒン] 副 《口》どこかほかの所へ。

ạn·dert·halb [アンダート・ハルプ] 数 《分数》1と2分の1の(ein(und)einhalb)：in ~ Stunden 1時間半後に。~ Liter Milch ミルク1リットル半。

ạn·dert·halb·fach [アンダートハルプ・ふァッけ] 形 1倍半の。

ạn·dert·halb·jäh·rig [アンダートハルプ・イェーりヒ] 形 1年〔歳〕半の。

ạn·dert·halb·mal [アンダートハルプ・マール] 副 1倍半。

ạn·dert·halb·stün·dig [アンダートハルプ・シュテュンディヒ] 形 1時間半の。

ạn·dert·halb·stünd·lich [アンダートハルプ・シュテュントりヒ] 形 1時間半ごの。

die **Ạn·de·rung** [エンデるング] 名 -/-en 変化, 変更; 修正：~en vorbehalten (予告なく)変更することがあります。

der **Ạn·de·rungs·an·trag** [エンデるングス・アン・トらーク] 名 -(e)s/..träge 《政》(法案の)修正動議。

der **Ạn·de·rungs·vor·schlag** [エンデるングス・ふォーア・シュラーク] 名 -(e)s/..schläge 《政》修正案。

ạn·der·wär·tig [アンダー・ヴェるティヒ] 形 よそ(から)の。

ạn·der·wärts [アンダー・ヴェるツ] 副 ほかの場所で。

ạn·der·weit [アンダー・ヴァイト] 副 《文》ほかの点(仕方)で。

ạn·der·wei·tig [アンダー・ヴァイティヒ] 形 ほかの；ほかの所への。

ạn|deu·ten [アン・ドイテン] 動 h. 1. 《et⁴ッ/《文》ダスルトョッテン》ほのめかす,(それとなく)分らせる,示唆する。2. 《et⁴ッ》概略を述べる(計画などの)。3. (sich⁴)はっきりしてくる,見えてくる。

die **Ạn·deu·tung** [アン・ドイトゥング] 名 -/-en 1. 暗示, ほのめかし：~en über ⟨et⁴⟩ machen 《事についてほ》ほのめかす。in ~en sprechen ほのめかして話す。ほらしきもの,かすかな気配：die ~ einer Verbeugung おじぎらしきもの。

ạn·deu·tungs·wei·se [アンドイトゥングス・ヴァイゼ] 副 暗示的に(な), それとなく(ない)。

ạn|dich·ten [アン・ディヒテン] h. 1. 《j³⟩≕ + ⟨et⁴ッ》あるとまことしやかに言う。2. 《j³⟩≕》歌に詠(よ)む。

ạn|die·nen [アン・ディーネン] h. 1. 《⟨j³⟩≕+⟨j⁴/et⁴ッ⟩》(しつこく)提供しようとする(あるポストなどを);売ろうとする。

Ạn·di·en [アンディーン] 形 アンデス山脈の。

ạn|do·cken [アン・ドッケン] h. 1. 《et⁴ッ+⟨an ⟨et³⟩≕⟩》ドッキングさせる。2. 《an ⟨et³⟩≕》ドッキングする。

ạn|don·nern [アン・ドナーン] 動 h. 《口》1. 《無人》轟音(ごう)を立ててやって来る：《次の形で》angedonnert kommen 轟音を立ててやって来る。2. 《et⁴ッ》怒鳴りつける。《慣用》wie angedonnert 雷に打たれたように。

(*das*) **Ạn·dor·ra** [アンドら] 名 -s/ 《国名》アンドラ(ピレネー山脈にある君主国)。

die **Ạn·dra·go·gik** [アンドらゴーギク] 名 -/ 成人教育(学)。

der **Ạn·drang** [アン・ドらング] 名 -(e)s/ 押寄せることと;押寄せる人波, 大混雑, 殺到：激しく流れ寄せること。

ạn|drän·gen [アン・ドれンゲン] 動 1. s. ((gegen ⟨j³/et⁴⟩≕))押寄せる。2. h. ⟨sich⁴+an ⟨j³/et⁴⟩≕⟩寄りすがる。

(*der*) **Ạn·dre·as** [アンドれ・アース] 名 1. 《男名》アンドレーアス。2. 《聖》アンドレアス(十二使徒の一人, Petrus の弟)。

das **Ạn·dre·as·kreuz** [アンドれーアス・クろイツ] 名 -es/-e アンドレアスの十字架(X形十字, キリストの受難の象徴)；《交通》X形踏切標識。

ạn|dre·hen [アン・ドれーエン] h. 1. 《et⁴ッ》スイッチを回してつける；(…を)ねじって締める：die Nachrichten ~ 《口》ニュースのスイッチを入れる。2. 《j³⟩≕+⟨et⁴ッ》《口》高く売りつける, 押しつける。3. 《et⁴ッ》《映》撮影開始する, クランクインする。

ạn·drer·seits [アンドらー・ザイツ] 副 =andererseits.

ạn|drin·gen* [アン・ドリンゲン] 動 s. ⟨gegen ⟨j⁴/et⁴⟩⟩ 《文》押し寄せる。

das **An·dro·gen** [アンドろ・ゲーン] 名 -s/-e 《医》アンドロゲン, 雄性ホルモン物質。

an·dro·gyn [アンドろ・ギューン] 形 男女両性具有の；《植》雌雄両花具有の。

die **An·dro·gy·nie** [アンドろ・ギュニー] 名 -/ 《医》男女両性具有, 半陰陽；《植》雌雄両花具有。

ạn|dro·hen [アン・ドろーエン] h. 《j³⟩≕+⟨et⁴ッ》タスルトョッテン》おどす, 威嚇する。

die **Ạn·dro·hung** [アン・ドろーウング] 名 -/-en 威嚇, おどし。

die **An·dro·i·de** [アンドろイーデ] 名 -n/-n 人造人間, アンドロイド。

die **An·dro·lo·gie** [アンドろ・ロギー] 名 -/ 男性病学。

(*die*) **An·dro·ma·che** [アンドろ・マッヘ] 名 《ギ神》アンドロマケ(Hektor の妃(きさき))。

die **An·dro·me·da** [アンドろ・メダ] 名 -/ 1. (主に無定詞)《ギ神》アンドロメダ(エチオピアの王女. Perseus に救われ, 妻となる)。2. 《天》アンドロメダ座。

der **An·dro·me·da·ne·bel** [アンドろーメダ・ネーベル] 名 -s/ 《天》アンドロメダ(大)星雲。

die **An·dro·pho·bie** [アンドろ・ふォビー] 名 -/-n 男性恐怖, 男嫌い。

der **Ạn·druck** [アン・ドるック] 名 -(e)s/-e 1. 《印》試し刷り, ゲラ刷り。2. (@のみ)《工》慣性力；(加速の際の)反動力。

ạn|dru·cken [アン・ドるッケン] 動 h. 1. 《et⁴ッ》《印》試し刷りをする。2. 《無意》印刷を始める。

ạn|drü·cken [アン・ドろッケン] h. 1. 《et⁴ッ+(an ⟨et³⟩≕)》押し当てる。2. 《et⁴ッ》ボタン〔スイッチ〕を押して作動させる。

(*der*) **Ä·ne·as** [エーネ・アース] 名 《ギ神・ロ神》アイネイアス, アエネアス(トロイアの英雄, ローマの始祖)。

ạn|e·cken [アン・エッケン] 動 1. 《(an ⟨et³⟩≕)》ぶつかる。2. 《j³⟩≕》《口》いやな思いをさせる。

die **Ä·ne·i·de** [エネイーデ] 名 -/ アエネーイス(Äneas が主人公の叙事詩. Vergil 作)。

ạn|ei·fern [アン・アイふェーン] 動 h. 《j⁴ッ》《南独・お》激励する, 励ます。

ạn|eig·nen [アン・アイクネン] h. 《sich³+et⁴ッ》横領〔着服〕する, 勝手に使う(特許などを)；習得する, 身につける(作法などを)。

die **Ạn·eig·nung** [アン・アイクヌング] 名 -/-en (主に@) 1. 横領, 着服；《法》先占。2. 《教》習得。

an·ein·an·der [アン・アイナンダー] 1. 互いに…(し合って)：~ denken お互いに相手のことを考える。2. 互いに相手のそばを：~ vorbeigehen/vorbeireiten すれ違う/話がかみ合わない。

an·ein·an·der fü·gen, @ **an·ein·an·der|fü·gen** [アンアイナンダー・ふューゲン] h. 《et⁴ッ》つなぎ合せる。

an·ein·an·der ge·ra·ten*, @ **an·ein·an·der|ge·ra·ten*** [アンアイナンダー・ゲらーテン] 動 s. 《(mit ⟨j³⟩≕)》けんかを始める。

die **Ä·ne·is** [エネーイス] 名 -/ =Äneide.

die **An·ek·do·te** [アネクドーテ] 名 -/-n 逸話。

an·ek·do·ten·haft [アネクドーテンハふト] 形 逸話風の。

ạn|e·keln [アン・エーケルン] 動 h. 《j⁴ッ》吐き気〔嫌悪感〕を催させる。

A

die **A·ne·mo·cho·ren** [..koːrən アネモ·コーれン] [複名] 〖植〗風散布植物, 風媒植物.

die **A·ne·mo·ga·mie** [アネモ·ガミー] [名] -/ 〖植〗風散布, 風媒.

das **A·ne·mo·me·ter** [アネモ·メーター] [名] -s/- 風速計.

die **A·ne·mo·ne** [アネモーネ] [名] -/-n 〖植〗アネモネ.

an|emp·feh·len* [アン·エムプふェーレン] [動] (非分離も有) *h.* 〔〈j^3〉ニ＋〈et^4〉ヲ〕《文》強く勧める〔勧告する〕.

an|emp·fin·den* [アン·エムプふィンデン] [動] *h.* 〔〈et^4〉ヲ〕感じとろうとする.

an·emp·fun·den [アン·エムプふンデン] [形] 気分的に自分で実感したかのような.

..a·ner [..アーナー] [接尾] 固有名詞につけて「…派の人」を表す男性名詞を作る: Luther*aner* ルター派の人. Kanti*aner* カント派の人. Wagneri*aner* ワグナー崇拝者.

der **An·er·be** [アン·エるベ] [名] -n/-n 〖法〗(農場の)単独相続人.

das **An·er·bie·ten** [アン·エあビーテン] [名] -s/- (主に[単])申出.

die **An·er·gie** [アン·エるギー] [名] -/-n アネルギー(①〖医〗抗原に対する免疫性の減少〔欠如〕. ②〖心〗無気力. ③〖理〗熱力学上の無効エネルギー).

an·er·kannt [アン·エあカント] [形] 定評のある, 公認された.

an·er·kann·ter·ma·ßen [アンエあカンター·マーセン] [副] 《文飾》だれもが認めるように.

an|er·ken·nen* [アン·エあケネン] [動] (非分離も有) *h.* **1.** 〔〈j^4/et^4〉ヲ/〈[文]〉デアルコトヲ〕承認する; 評価する, 称賛する, 尊重する. **2.** 〔〈j^4/et^4〉ヲ＋(als 〈j^4/et^4〉トシテ)〕(公に)承認する, 法的に有効と認める.

an·er·ken·nens·wert [アンエあケネンス·ヴェーあト] [形] 称賛に値する.

die **An·er·kennt·nis**[1] [アン·エあケントニス] [名] -/-se (主に[単])《文》承認; 是認.

das **An·er·kennt·nis**[2] [アン·エあケントニス] [名] -ses/-se 〖法〗認諾.

die **An·er·ken·nung** [アン·エあケヌング] [名] -/-en **1.** (価値を)認めること, 正当な評価, 称賛: in ～ seiner Verdienste 彼の功績を認めて〔称えて〕. **2.** (主に[単])承認, 認知, 認定; 是認.

das **A·ne·ro·id** [アネろイート] [名] -(e)s/-e 〖気〗アネロイド気圧計.

an|er·zie·hen* [アン·エあツィーエン] [動] *h.* 〔〈j^3〉ニ＋〈et^4〉ヲ〕教えこむ.

das **A·neu·rys·ma** [アノイりュスマ] [名] -s/..men 〖医〗動脈瘤(りゅう).

an|fa·chen [アン·ふァっヘン] [動] *h.* 〔〈et^4〉ヲ〕《文》(吹いて)おこす; 《転》あおる(火・憎しみなどを).

an|fah·ren* [アン·ふァーれン] [動] **1.** *s.* 〔[補足なし]〕 **a.** 動き出す, 発進する(乗り物が・乗り物で); 近寄って来る(乗り物が・乗り物で): *angefahren* kommen 乗りつける. **2.** *h.* 〔〈et^4〉ニ〕向かう(乗り物が・乗り物で); さしかかる, 進入する(乗り物が・乗り物で). **3.** *h.* 〔〈et^4〉ヲ〕運んで来る(乗り物が・乗り物で): Getränke ～ lassen 《転》飲み物をじゃんじゃん持ってこさせる〔振舞う〕 **4** *h.* 〔〈j^4/et^4〉ヲ〕はねる, (…に)接触する. **5.** *s.* 〔an 〈et^4〉ニ〕ぶつかる(乗り物で). **6.** *h.* 〔〈j^4〉ヲ＋(〈様態〉デ)〕しかりつける. **7.** *h.* 〔〈et^4〉ヲ〕〖工〗始動させる, (…の)運転を開始する(工場設備などの). **8.** *s.* 〔(in 〈et^4〉ニ)〕〖鉱〗入坑する. **9.** *h.* 〔[補足なし]〕〖鉱〗鉱床まで掘り進む.

die **An·fahrt** [アン·ふァーあト] [名] -/-en **1.** (乗物(で)の)到着, 接近; 接岸; 〖鉱〗入坑. **2.** 到着までの道のり〔時間〕. **3.** 進入路; 〖海〗波止場, 埠頭(ふとう).

der **An·fall** [アン·ふァル] [名] -(e)s/..fälle **1.** (感情に)襲われること; (病気の)発作: ein ～ von Fieber 激しい発熱. einen ～ bekommen〔kriegen〕《口》われを忘れる. in einem ～ von Eifersucht しっとにかられて. **2.** (《単》のみ)産出〔生産〕量, 収穫高. **3.** (《単》のみ)(付随的に)生じること, たまること.

an|fal·len* [アン·ふァレン] [動] **1.** *h.* 〔〈j^4〉ニ〕襲いかかる, (…を)襲撃する: 〈j^4〉 mit groben Worten ～ 《転》〈人ヲ〉口汚くののしる. **2.** *h.* 〔〈j^4〉ヲ〕襲う(病気・怒りなどが). **3.** *s.* 〔[補足なし]〕(付随的に・結果として)生じる, 発生する, たまる.

an·fäl·lig [アン·ふェリヒ] [形] 〔(für〔gegen〕〈et^4〉ニ)〕抵抗力のない.

die **An·fäl·lig·keit** [アン·ふェリヒカイト] [名] -/-en 抵抗力のなさ.

an·falls·wei·se [アンふァルス·ヴァイゼ] [副] 発作的に〔な〕.

der **An·fang** [アン·ふァング] [名] -(e)s/Anfänge **1.** (主に[単])初め, 始まり: am〔im/zu〕～ 最初に. von ～ an 初めから. von ～ bis Ende 始めから終りまで〔徹頭徹尾〕. ～ Mai 5月初旬. **2.** 開始, 始め, スタート; 冒頭, 発端, 初期段階. **3** (《単》のみ)(時期・時代の)初め, 初頭. **4.** (道路・区間などの)始まる所. **【慣用】** **den Anfang machen** (一番最初に)始める. **seinen Anfang nehmen** 《文》始まる.

an|fan·gen* [アン·ふァンゲン] [動] *h.* **1.** 〔〈et^4〉ヲ/mit 〈et^3〉ヲ/zu 〈[動]〉ヲ〕始める, (…に)着手する: einen Brief/eine Freundschaft ～ 手紙を書き始める/友交を始める. Wer *fängt an*? だれから始めてもらおうか(教室で指名する際などに). Er hat *angefangen*. 《口》彼の方が先に手を出したんだ(けんかなどで). **2.** 〔〈[文]〉ト/mit 〈et^3〉デ〕話し始める: Er *fing an* „Nun, ... " 「さて…」と彼は話しだした. mit diesen Worten ～ この言葉で話し始める. **3.** 〔von〔mit〕〈et^3〉ヲ〕《口》(話題に)持ち出す. **4.** 〔〈時点〉ニ/〈様態〉デ/als 〈j^1〉カラ〕始める(商売・職歴などを): Er *fing* von klein auf *an*. 彼はちっぽけな商売〔下積み〕から始めた. Der Industrielle *fing* als Tellerwäscher *an*. その工場主は皿洗いから始め(て後に大をなし)た. **5.** 〔〈時点〉ニ/〈場所〉デ/〈様態〉デ〕始まる. **6.** 〔〈et^4〉ヲ〕する, 行う. **【慣用】** **Das fängt ja gut an!** けっこうな出だしだよ(反語的表現). **nichts/viel mit 〈j^3/et^3〉 anzufangen wissen** 〈人・物・事ハ〉始末におえない/(…を)うまく片づける.

der **An·fän·ger** [アン·ふェンガー] [名] -s/- 初心者, 初学者.

an·fäng·lich [アン·ふェングリヒ] [形] 初めの; 当初は.

an·fangs [アン·ふァングス] [副] 初め(のうち): *A*～ ging alles gut. 初め(のうち)はすべてうまくいった.
—— [前] 〔＋2格〕《口》…のはじめに: ～ Juli/des Jahres 7月/年のはじめに.

der **An·fangs·be·stand** [アンふァングス·ベシュタント] [名] -(e)s/..stände 〖経〗期首在高; 期首在庫.

der **An·fangs·buch·sta·be** [アンふァングス·ブーふ·シュターベ] [名] -n/-n 頭文字.

das **An·fangs·ge·halt** [アンふァングス·ゲハルト] [名] -(e)s/..gehälter 初任給.

die **An·fangs·ge·schwin·dig·keit** [アンふァングス·ゲシュヴィンディヒカイト] [名] -/-en 初速(度).

die **An·fangs·grün·de** [アンふァングス·グりュンデ] [複名] 初歩(段階), 基礎知識.

das **An·fangs·sta·di·um** [アンふァングス·シュターディウム] [名] -s/..stadien 初期の段階.

an|fas·sen [アン·ふァっセン] [動] *h.* **1.** 〔〈j^4/et^4〉ヲ〕つかむ, (…に)触れる(手・指で). **2.** 〔sich^4＋〈様態〉ノ〕感触がする. **3.** 〔〈j^4〉ヲ＋〈様態〉デ〕扱う. **4.** 〔〈et^4〉ニ＋(〈様態〉デ)〕取りかかる. **5.** 〔〈j^4〉ヲ〕《文》襲う, (…の)心をとらえる(感情などが). **【慣用】** **(mit) anfassen** 手を貸す, 手助けをする.

an|fau·chen [アンふァゥヘン] 動 h.〖j⁴/et⁴〗ニ ふうとうなる(猫などが);がみがみ文句を言う.
an|fau·len [アンふァゥレン] 動 s.〖難〗腐りかける.
an·fecht·bar [アンふェヒト・バーる] 形 異論の余地のある〖法〗取消しできる.
an|fech·ten* [アンふェヒテン] 動 h. 1.〖et⁴〗異議を唱える,(…の)無効を主張する(契約などの),(…を)否定〖否認〗する. 2.〖j⁴ッ〗〖文〗不安にする(心配などの).
die **An·fech·tung** [アンふェヒトゥング] 名 -/-en 1.〖法〗取消し(の請求),否認. 2.〖文〗誘惑.
die **An·fech·tungs·kla·ge** [アンふェヒトゥングス・クラーゲ] 名 -/-n〖法〗取消しの訴え;否認の訴え(嫡出などの).
an|fein·den [アンふァインデン] 動 h.〖j⁴ニ〗敵対する,(…を)敵視する.
die **An·fein·dung** [アンふァインドゥング] 名 -/-en 敵対,敵視.
an|fer·ti·gen [アンふェるティゲン] 動 h.〖et⁴ッ〗製作する,作成する,仕立てる.
die **An·fer·ti·gung** [アンふェるティグング] 名 -/-en 1.〖®の〗製作,作成,仕立て. 2. 作品.
an|feuch·ten [アンふォィヒテン] 動 h.〖et⁴ッ〗湿らせる,ぬらす;(sich³) die Kehle ~〖口〗一杯やって喉をうるおす.
an|feu·ern [アンふォィアーン] 動 h. 1.〖et⁴ッ〗点火する. 2.〖j⁴/et⁴ッ〗激励する,かきたてる(勇気などを).
an|fle·hen [アンふレーエン] 動 h.〖j⁴ッ+(um et⁴ッ/〖口〗et⁴ッ)〗懇願[哀願]する.
an|fli·cken [アンふリッケン] 動 h.〖口〗 1.〖et⁴ッ+(an et⁴ッ)〗当てて繕う(つぎ布などを);縫いつける(ボタンなどを);継足させる(針金などを). 2.〖j³ッ+〖et⁴ッ〗陰で言う,うわさする(悪い点を).
an|flie·gen* [アンふリーゲン] 動 1. s.〖難〗飛んで来る;(次の形で)*angeflogen kommen* 飛んで来る. 2. h. ~ 飛行機を向かる,(…を)目指して飛ぶ: Die Lufthansa *fliegt* Bukarest *an.* ルフトハンザにはブカレスト行きの(定期)航路がある. 3. s.〖口〗たやすく身につけてしまう. 4.〖j⁴ッ/ッ〗〖文〗(急に)襲う(不安などが),とりこにする(恋などが).
der **An·flug** [アンふルーク] 名 -(e)s/..flüge 1.〖空〗飛来;進入飛行,アプローチ: im ~ auf Frankfurt フランクフルトへの着陸体勢中に. 2. (かすかな)痕跡,気配: ein ~ von Ironie かすかな皮肉. 3.〖林〗天下り種更新(風で種が飛び散るタネ・それにより発生した新たな林).
an|for·dern [アンふォるダーン] 動 h.〖j⁴/et⁴ッ〗要求[請求]する,注文する.
die **An·for·de·rung** [アンふォるデるング] 名 -/-en 1. 請求,注文. 2.(主に®)(業務などの)要求;高度の要求: hohe ~en an〖j⁴/et⁴〗stellen〈人・事ニ〉高度の要求をする.
die **An·fra·ge** [アンふラーゲ] 名 -/-n 問合せ,照会;(政府への)質問: eine ~ an〖j⁴〗richten〈人ニ〉問合せをする. kleine ~ (文書で回答される)小質問. große ~ (議会で審議される)大質問. eine ~ im Parlament einbringen 議会で質問する.
an|fra·gen [アンふラーゲン] 動 h.〖bei〖j³〗+um et⁴〗/wegen et²ッ/〖⊗〗〖ダフルカフ〗問合せる,照会する.
an|fres·sen* [アンふレッセン] 動 h.〖et⁴ッ〗かじる;腐食し始める;むしばむ(心などを).【慣用】 sich⁴ einen Bauch anfressen〖口〗大食いして腹が出てくる.
an|freun·den [アンふろィンデン] 動 h. 1.(sich⁴+mit〖j³〗)+(様態ッ)友達になる,親しくなる: sich⁴ leicht mit〖j³〗~ 〈人ニ〉すぐに友人になる. 2.〔相互代名詞sich⁴〕互いに親しくなる. 3.

(sich⁴+mit〖et³〗) 慣れる,なじむ.
an|frie·ren* [アンふリーレン] 動 1. s.〖an et⁴〗/auf et⁴〗ニ〗凍りつく;付着する. 2. s.〖難〗凍って傷めだす(花などが). 3. h.〖sich³+et⁴ッ〗しもやけになる,軽い凍傷にかかる. 4. h.〖et⁴ッ〗(少し)冷凍する.
an|fü·gen [アンふューゲン] 動 h.〖et⁴ニ+et⁴ッ〗付け加える.
an|füh·len [アンふューレン] 動 h. 1.〖et⁴ッ〗(手で)触ってみる. 2.〖sich⁴+〈様態〉〗手触り[肌触り]である.
die **An·fuhr** [アンふーア] 名 -/-en 搬入,運送,供給.
an|füh·ren [アンふューレン] 動 h. 1.〖j⁴/et⁴ッ〗先頭に立って進む,(…を)(他人に先立って)始める;(…を)指揮する(部隊などを);(…を)監督する. 2.〖et⁴ッ+als et⁴ッ/et⁴ッ〗挙げる. 3.〖j⁴/et⁴ッ〗〖j³/ッ〗挙げる. 4.〖j⁴/et⁴ッ〗(原文どおりに)引用する. 5.〖j⁴ッ〗〖口〗からかう,かつぐ. 6.〖et⁴ッ〗〖文書・印〗始めの引用符をつける.
der **An·füh·rer** [アンふューらー] 名 -s/- 《蔑》にも 首謀者,リーダー.
die **An·füh·rung** [アンふューるング] 名 -/-en 1. 指揮,引率. 2. 言及,列挙;引用,引用文[箇所]. 3.〖文書・印〗開始の引用符をつけること.
der **An·füh·rungs·strich** [アンふューるングス・シュトりッヒ] 名 -(e)s/-e = Anführungszeichen.
die **An·füh·rungs·zei·chen** [アンふューるングス・ツァイヒェン] 複数 引用符: ~ unten (auf), ~ oben (zu) 引用はじめ,引用とじ〔„…"〕. einen Satz in ~ setzen 文に引用符をつける.
an|fül·len [アンふュレン] 動 h.〖et⁴ッ+mit et³ッ〗満たし,いっぱいにする.
an|fun·ken [アンふンケン] 動 h.〖j⁴/et⁴ッ〗無線で呼出す.
die **An·ga·be** [アンガーベ] 名 -/-n 1. 申立て,申告,陳述;指図: nähere ~ über〖j⁴/et⁴〗machen〈人・事ニっぃて〉詳しく述べる. 2.〖言〗添加語,状況語: die freie ~ 任意の添加語. 3.(®のみ)〖口〗自慢,ほら. 4.〖球〗サーブ;サーブのボール. 5.(⼆ガク)頭金.
an|gaf·fen [アンガッふェン] 動 h.〖j⁴/et⁴ッ〗〖蔑〗ぽかんと見とれる.
an·gän·gig [アンゲンギヒ] 形 差し支えない,許されている,実行可能な.
das **An·ga·ri·en·recht** [アンガりーエン・れヒト] 名 -s/〖法〗非常徴用権(戦時に交戦国が自国内にある中立国の船舶を使用する国際法上の権利).
an|ge·ben* [アンゲーベン] 動 h. 1.〖et⁴ッ〗a. 述べる,知らせる;教える;挙げる(文献を);示す(理由を);申告する(資産などを);表示する(価格・内容などを);申立てる(法廷で). b. 指示する,決める: den Ton ~ 音の高さを指示する;イニシアチブを取る. c. 線示す(建物の概略などを);マーク〖点〗で示す(地図に位置などを). 2.〖j⁴/et⁴ッ+(bei〖j³〗)〗言いつける,告げ口する;通報する(盗難などを);密告する. 3.(mit et⁴ッ)自慢する,ほらを吹く. 4.〖難〗〖球〗先攻者としてサーブする,キック〖スロー〗オフする;〖ヶる〗最初のゲームのカードを配る,最初のゲームの親をつとめる.
der **An·ge·ber** [アンゲーバー] 名 -s/- 1. 密告者,裏切り者. 2.〖口〗自慢家,自慢屋.
die **An·ge·be·rei** [アンゲーベらィ] 名 -/-en 〖口〗 1.(®のみ)ほら. 2. 大言壮語,偉ぶった態度.
an·ge·be·risch [アンゲーベりシュ] 形 〖口〗ほら吹きの,偉ぶった.
der/die **An·ge·be·te·te** [アンゲベーテテ] 名 (形容詞的変化)〔主に冗〕恋人,崇拝される人.
das **An·ge·bin·de** [アンゲビンデ] 名 -s/-〖文・古〗

(小さな)贈り物.

angeblich [アン・ゲ・ブリヒ] 形 …と称する, 表向きの: sein ~*er* Onkel 彼のおじだという男.
—— 副 《文飾》…ということだ: Sie war ~ krank. 彼女は病気だったという言っている.

angeboren [アン・ゲ・ボーレン] 形 生れつきの, 生得の, 先天的な: eine ~ e Idee 〖哲〗生得観念.

das **Angebot** [アン・ゲ・ボート] 名 -(e)s/-e **1.** 申出, 提案: オファー, (取引の)申込み, 売込み; (競売での)付け値. **2.** (＠のみ)〖商〗供給(物), 提供(品);〖経〗供給: ein reichhaltiges ~ an (von) Möbeln 家具の大売出し. ~ und Nachfrage 供給と需要. **3.**〖法〗済(履行)の提供.

die **Angebotselastizität** [アン・ゲボーツ・エラスティツィテート] 名 -/〖経〗供給(価格)の弾力性.

der **Angebotsüberhang** [アン・ゲボーツ・ユーバー・ハング] 名 -(e)s/..hänge〖経〗過剰供給.

angebracht [アン・ゲブラハト] 形 当を得た, 適切な.
angebunden [アン・ゲブンデン] 形 **1.** 束縛されている, 暇がない. **2.** (次の形で)kurz ~ sein 無愛想である.

angedeihen* [アン・ゲ・ダイエン] 動 *h.* (次の形で)〈j³〉〈et¹〉 ~ lassen〈人に〉〈事を〉与える.

das **Angedenken** [アン・ゲデンケン] 名 -s/《古》記念品, (旅の)土産;《文》思い出, 追憶.

angeführt [アン・ゲフュールト] 形 引用[言及]された: am ~*en* Ort 上記引用個所で(略 a. a. O.).

angegangen [アン・ゲガンゲン] 形 **1.** (次の形で)kommen《口》歩いてやって来る. **2.**《方》腐りかけた.

angegeben [アン・ゲゲーベン] 形 告げられた, 言及された: am ~*en* Ort 前述の箇所で(略 a. a. O.).

angegossen [アン・ゲ・ゴッセン] 形 (主に次の形で)〈et¹〉 sitzt [passt] wie ~《口》〈物が〉ぴったりである.

angegraut [アン・ゲグラウト] 形 白くなりかかった.
angegriffen [アン・ゲグリッフェン] 形 疲れきった.
angeheiratet [アン・ゲハイラーテット] 形 姻戚関係にある.

angeheitert [アン・ゲハイタート] 形 ほろ酔いの.
angehen* [アン・ゲーエン] 動 (*h.* になるべきところでも《南独・ス̣̣イ・オ̣̣ス̣̣ト̣̣リ̣̣ア̣̣》も *s.*) **1.** *s.*〖燃〗《口》つく(明り・火などが). **2.** *s.*《時点⁴》〖口〗始まる. **3.** *s.*〈j²〉+〈et¹〉〉係わりがある:〈j³〉 nichts/viel〈人に〉何の係りもない/大いに関係がある. **4.** *h.*〈j²〉関係がある: was mich/diese Angelegenheit *angeht* 私に関して言えば/私としては]この件に関しては. **5.** *s.*〖植〗根づく(植物・移植された臓器などが);〖医生〗繁殖する(バクテリアなどが). **6.** *h.*〈j³〉襲いかかる;〖sp〗攻撃[アタック]する. **7.** *h.*〈j³〉〖馬術〗走りかかる(障害物に);〖競走・et²〗さしかかる, 進入する(カーブなどに). **8.** *h.*〈et¹〉取りかかる, 取組む. **9.** *s.*〖gegen et¹〗(兇服すべく)立向かう, 対処する. **10.** *h.*〈j³〉+um〈et¹〉求める. **11.** *s.*〖燃〗可能にある, 許容できる, 我慢できる(noch, gerade noch とともに): Mit der Kälte ist es noch *angegangen*. 寒さは まあ何とか我慢できる程度だった.

angehend [アン・ゲーエント] 形 なりかけの, なりたての.
angehören [アン・ゲ・ヘーレン] 動 *h.*〈j³/et³〉 **1.**〖所⁴〗所属する, (…の)一員である. **2.**〈j³〉固く結ばれている.

angehörig [アン・ゲ・ヘーリヒ] 形〈j³/et³〉所属する.

der/die **Angehörige** [アン・ゲ・ヘーリゲ] 名《形容詞的変化》**1.** (主に＠)家族(の一員);親族, 身内. **2.** (政党・会社などの)所員員.

angeknackst [アン・ゲクナックスト] 形《口》ひびの入った;思わしくない, 傷ついた[いる]状態の.

angekränkelt [アン・ゲクレンケルト] 形 **1.** 病弱な. **2.**〖von〈et³〉〗取りつかれた.

die **Angel** [アングル] 名 -/-n **1.** 釣り道具: die ~ auswerfen 釣糸を投げる, キャストする. einen Fisch an der ~ haben 魚を釣る. **2.** 蝶番(ちょうばん)(Tür~):〈et¹〉 aus den ~*n* heben〈物を〉蝶番からはずす;〖転〗〈事を〉根本的に変化させる. **3.** (刀の)中子(なかご).

das **Angelblei** [アングル・ブライ] 名 -(e)s/-e 釣り糸のおもり.

das **Angeld** [アン・ゲルト] 名 -(e)s/-er《古》手付金, 内金.

angelegen [アン・ゲレーゲン] 形《次の形で》sich³〈et¹〉 ~ sein lassen《文》〈事を〉気にかかる.

die **Angelegenheit** [アン・ゲレーゲンハイト] 名 -/-en (重要な)事柄, 要件, 問題, 用件.

angelegentlich [アン・ゲレーゲントリヒ] 形《文》執拗な, 切なる;切に, しきりに.

angelernt [アン・ゲレルント] 形 短期養成期間を終えにわか仕込みの.

das **Angelgerät** [アングル・ゲレート] 名 -(e)s/-e 釣り道具.

der **Angelhaken** [アングル・ハーケン] 名 -s/- 釣針.

(die) **Angelika**[1] [アンゲーリカ] 名〖女名〗アンゲーリカ.

die **Angelika**[2] [アンゲーリカ] 名 -/..ken〖植〗アンゼリカ, シシウド(セリ科, 薬用・料理用).

die **Angelleine** [アングル・ライネ] 名 -/-n 釣り糸, ライン.

angeln [アングルン] 動 *h.* **1.**〈et¹〉釣る(魚を). **2.**〈j¹/et¹〉〉手に入れる, 釣上げる(結婚相手などを). **3.**〖燃〗釣りをする: ~ gehen 釣りに行く. **4.**〖auf〈et¹〉〗ねらう(特定の魚を). **5.**〖nach〈j³/et³〉〗つかまえようとする.

die **Angelologie** [アンゲロ・ロギー] 名 -/〖神〗天使論.

der **Angelpunkt** [アングル・プンクト] 名 -(e)s/-e 要点, 核心.

die **Angelrute** [アングル・ルーテ] 名 -/-n 釣りざお, ロッド.

der **Angelsachse** [アングル・ザクセ] 名 -n/-n アングロサクソン人.

angelsächsisch [アングル・ゼクシッシュ] 形 アングロサクソン(人・語)の.

die **Angelschnur** [アングル・シュヌーア] 名 -/..schnüre 釣糸, ライン.

(der) **Angelus**[1] [アンゲルス] 名 **1.**〖男名〗アンゲルス. **2.** ~ Silesius アンゲルス・ジレージウス(1624-77, シュレージエンの宗教詩人).

der [das] **Angelus**[2] [アンゲルス] 名 -/-《カトリック》天使のお告げの祈り;アンジェラスの鐘(祈りの時鐘)(~läuten): ~ Domini 大天使ガブリエル(=Gabriel).

das **Angelusläuten** [アングルス・ロイテン] 名 -s/ アンジェラスの鐘(祈りの時鐘).

angemessen [アン・ゲメッセン] 形〖(〈j³/et³〉に)〗ふさわしい, 適切な, 妥当な: ein ihm ~*es* Arbeitszimmer 彼にふさわしい仕事部屋[書斎].

angenehm [アン・ゲネーム] 形 **1.** 快適な, 気持のいい, 楽しい, うれしい: Sie wäre mir sehr ~, wenn ... …なら好都合なのですが. **2.** 感じのいい, すばらしい.〖慣用〗**Angenehme Fahrt !** 快適なドライブを(特にガソリンスタンドで). **Angenehme Ruhe !** おやすみ下さい. **Es sitzt sich hier angenehm.** ここは居心地がいい. **(Sehr) angenehm !**《古》はじめまして. **sich**[4] **(bei)**〈j³〉 **angenehm machen**〈人に〉あいそよくする;

〈人に〉取り入る. **Sie sind uns stets angenehm.** いつでもお気になさらないでください.

an·ge·nom·men [アンゲノメン] 形 受け入れられた；仮の：ein ~es Kind 養子. ~er Name 仮名(偽名・ペンネーム).
—— 副 (主に dass 文とともに)(…と)仮定すれば.

an·ge·passt, ⓐ **an·ge·paßt** [アンゲパスト] 形 **1.** (〈et³〉に)合った, 適応した. **2.** 大勢順応型の.

der **An·ger** [アンガー] 名 -s/- (方)(村の)原っぱ, 草地, 牧草地.

an·ge·regt [アンゲレークト] 形 活発な.

an·ge·sagt [アンゲザークト] 形 (次の形で) ~ sein はやっている, 人気がある；もうすぐである, なされることになっている.

an·ge·säu·selt [アンゲゾイゼルト] 形 (口)ほろ酔い気分の.

an·ge·schla·gen [アンゲシュラーゲン] 形 こわれた；疲れ果てた；(イメージ)ダメージを受けた.

an·ge·schnit·ten [アンゲシュニッテン] 形 切ってある；提起された；スピンがかかった；(服)一枚裁たれた.

an·ge·schrie·ben [アンゲシュリーベン] 形 (次の形で) (bei 〈j³〉) gut/schlecht ~ sein (口)(〈人に〉)受けが良い/悪い.

der/die **An·ge·schul·dig·te** [アンゲシュルディクテ] 名 (形容詞的変化) 被告人(起訴された被疑者).

an·ge·se·hen [アンゲゼーエン] 形 名望のある, 名声の高い.

an·ge·ses·sen [アンゲゼッセン] 形 (場所)に)定住(居住)している.

das **An·ge·sicht** [アンゲズィヒト] 名 -(e)s/-er(〈(j³)〉-e) (文)顔, かんばせ：im ~ des Todes 死に直面して. im ~ dieser Tatsache この事実に鑑(かんが)みて. 【慣用】**im Schweiße seines Angesichts** 額に汗して, いっしょうけんめいになって.
—— 副 (次の形で) ~ von 〈et³〉〈物·事ヲ〉目の当りにして.

an·ge·sichts [アンゲズィヒツ] 前 (＋2格)(文)…を目の当りにして；…に鑑(かんが)みて.

an·ge·spannt [アンゲシュパント] 形 緊張した, 張りつめた；危機的な.

an·ge·stammt [アンゲシュタムト] 形 先祖伝来の；なじんだ.

der/die **An·ge·stell·te** [アンゲシュテルテ] 名 (形容詞的変化) (月給制の)従業員, 公務員, 職員；サラリーマン.

an·ge·sto·ßen [アンゲシュトーセン] 形 (輸送中に)傷のついた；感情を害した.

an·ge·strengt [アンゲシュトレングト] 形 精神を集中した.

an·ge·tan [アンゲターン] 形 (次の形で) es 〈j³〉 ~ haben 〈人ヲ〉魅了している. von 〈j³/et³〉 ~ sein 〈人·物·事に〉魅了されている. danach (dazu) ~ sein 〈…に〉適している：Die Situation war wenig danach ~, Späße zu machen. ほとんど冗談を言っている状況ではなかった.

an·ge·trun·ken [アンゲトゥルンケン] 形 ほろ酔いの.

an·ge·wandt [アンゲヴァント] 形 応用された.

an·ge·wie·sen [アンゲヴィーゼン] 形 **1.** (次の形で) auf 〈j⁴/et⁴〉 ~ sein 〈人·物·事ヲ〉頼り(当て)にしている. **2.** (次の形で) ~ sein, … zu 動 …するよう指示されている.

an|ge·wöh·nen [アンゲ(ヴェ)ーネン] 動 h. 〈j³〉に … 〈et⁴〉を習慣づける.

die **An·ge·wohn·heit** [アンゲヴォーンハイト] 名 -/-en (悪い)習慣, くせ.

an·ge·zeigt [アンゲツァイクト] 形 (文)当を得た.

an·ge·zo·gen [アンゲツォーゲン] 形 (様態ヲ)服装をした.

an|gie·ßen* [アンギーセン] 動 h. 〈et⁴〉に 初めて水をやる(植えたばかりの苗木などに)；(料)水(ソース・ワイン)をかける(焼いている肉などに)；(鋳造)〈…を〉鍛接(溶接)する.

an|gif·ten [アンギフテン] 動 h. 〈j⁴〉ヲ (口)口汚くののしる.

die **An·gi·na** [アンギーナ] 名 -/..ginen (医)アンギーナ, 口峡炎.

die **An·gi·na Pec·to·ris** [アンギーナ ペクトリス] 名 -/ (医)狭心症.

der **An·gio·lo·ge** [アンギオ·ローゲ] 名 -n/-n 脈管専門医.

die **An·gio·lo·gie** [アンギオ·ロギー] 名 -/ 脈管学.

an|glei·chen* [アングライヒェン] 動 h. 〈j⁴/et⁴〉ヲ + 〈j³/et³〉ニ /an 〈j⁴/et⁴〉ニ 合せる, 適合(適応)させる.

die **An·glei·chung** [アングライヒュング] 名 -/-en 順応, 適応, 同化.

der **Ang·ler** [アングラー] 名 -s/- 釣人, 釣師；(魚)アンコウ(~fisch).

an|glie·dern [アングリーダーン] 動 h. 〈et⁴〉ヲ+〈et³〉ニ 併合(合併)する, 付属(所属)させる.

der **An·gli·ka·ner** [アングリカーナー] 名 -s/- (キ教)英国国教会(聖公会)の信者.

an·gli·ka·nisch [アングリカーニシュ] 形 英国国教会(聖公会)の.

der **An·gli·ka·nis·mus** [アングリカニスムス] 名 -/ 英国国教会(聖公会)の教義.

an·gli·sie·ren [アングリズィーレン] 動 h. **1.** 〈j⁴/et⁴〉ヲ 英国風にする；英語風にする. **2.** =englisieren.

der **An·glist** [アングリスト] 名 -en/-en 英語英文学者.

die **An·gli·stik** [アングリスティク] 名 -/ 英語英文学.

an·gli·stisch [アングリスティシュ] 形 英語英文学の.

der **An·gli·zis·mus** [アングリツィスムス] 名 -/..men (言)(他の外国語の)英語的な語法.

der **An·glo·ame·ri·ka·ner** [アングロ·アメリカーナー, アングロ·アメリカーナー] 名 -s/- **1.** 英国系アメリカ人. **2.** アングロサクソン諸国の人々.

an·glo·fon [アングロ·ふォーン] 形 =anglophon.

der **An·glo·ma·ne** [アングロ·マーネ] 名 -n/-n 英国かぶれの人, 英国心酔(信奉)者.

die **An·glo·ma·nie** [アングロ·マニー] 名 -/ 英国かぶれ, 英国心酔(信奉)者.

an·glo·phil [アングロ·ふィール] 形 親英的な, 英国好きの.

die **An·glo·phi·lie** [アングロ·ふィリー] 名 -/ 親英的態度, 英国好き, 英国びいき.

an·glo·phob [アングロ·ふォープ] 形 反英的な, 英国嫌いの.

die **An·glo·pho·bie** [アングロ·ふォビー] 名 -/ 反英的態度, 英国嫌い.

an·glo·phon [アングロ·ふォーン] 形 (文)母国語として英語を話す.

an|glot·zen [アングロッツェン] 動 h. 〈j⁴/et⁴〉ヲ (口)じろじろ見る.

(*das*) **An·go·la** [アンゴーラ] 名 -s/ (国名)アンゴラ(アフリカ中南部の国).

das **An·go·ra·ka·nin·chen** [アンゴーラ·カニーンヒェン] 名 -s/- (動)アンゴラウサギ.

die **An·go·ra·kat·ze** [アンゴーラ·カッツェ] 名 -/-n (動)アンゴラネコ.

die **An·go·ra·wol·le** [アンゴーラ·ヴォレ] 名 -/-n モヘア.

der **An·gos·tu·ra** [アンゴストゥーら] 名 -s/-s (商標)アンゴスチュラ(苦味酒).

an·greif·bar [アングらイふ·バー] 形 攻撃できる；反論(批判)の余地ある.

an|grei·fen* [アングらイふェン] 動 h. **1.** (〈j⁴/et⁴〉

ヲ)＋(〈様態〉ﾃ)〕攻撃〔襲撃〕する, (…に)襲いかかる;〖ｽﾎﾟｰﾂ〗攻撃をかける;(激しく)批判する, 攻撃する. **2.** 〔〈et⁴〉ﾆ〕《方》手を触れる. **3.** 〔sich⁴＋〈[形]〉ﾉ〕《方》手触りである. **4.** 〔〈et⁴〉ﾆ〕(余儀なく)手をつける(貯蓄などに). **5.** 〔〈et⁴〉ﾆ＋(〈様態〉ﾃ)〕着手する;取組む. **6.** 〔an 〈et³〉ｶﾗ〕始まる;(…を)手がかりにする. **7.** 〔〈j⁴/et⁴〉ヲ〕衰弱させる;腐食させる, 傷める.

der **An·grei·fer** [アン・グライふぁー] [名] -s/- 攻撃者;批判者.

an|gren·zen [アン・グレンツェン] [動] *h.* 〔an 〈et⁴〉ﾄ〕境を接する, 隣り合っている.

der **An·griff** [アン・グリふ] [名] -(e)s/-e **1.** 攻撃, 襲撃, 非難, 批判;〖ｽﾎﾟｰﾂ〗攻撃, 攻撃陣〔チーム〕;(権利の)侵害, 毀損(きそん): ein ～ gegen 〔auf〕〈j⁴/et⁴〉〈人・物・事ﾆ〉対する攻撃〔非難〕. **2.** 開始, 着手: 〈et⁴〉 in ～ nehmen 〈事ﾆ〉着手する.

der **An·griffs·krieg** [アングりふス・クリーク] [名] -(e)s/-e 攻撃を仕掛ける戦争, 侵略戦争.

an·griffs·lus·tig [アングりふス・ルスティひ] [形] 攻撃的な.

der **An·griffs·punkt** [アングりふス・プンクト] [名] -(e)s/-e **1.** 〖軍〗攻撃(起)点. **2.** つけこまれる隙.

das **An·griffs·ziel** [アングりふス・ツィール] [名] -(e)s/-e 攻撃目標.

an|grin·sen [アン・グリンゼン] [動] *h.* 〔〈j⁴〉ﾆ〕にやりと笑いかける.

angst [アングスト] [形] 〔(Es)＋〈j³〉ﾊ〕不安な, 心配である, 怖い: Mir ist (es) ～ (und bange). 私は不安〔心配〕だ. 〈j³〉 ～ (und bange) machen 〈人ｦ〉不安にさせる.

die **Angst** [アングスト] [名] -/Ängste 不安, 恐れ, 心配, 憂慮: ～ vor 〈j³/et³〉 haben 〈人・物・事ｦ〉こわがる. ～ um 〈j⁴/et⁴〉 haben 〈人・事ｦ〉気づかう. 〈et⁴〉 aus ～ tun 〈事ｦ〉不安に駆られてする. 〈j⁴〉 in ～ (und Schrecken) versetzen 〈人ｦ〉恐怖に陥れる. mit großer ～ 非常に心配して. **【慣用】es mit der Angst (zu tun) bekommen〔kriegen〕** 突如不安になる, パニック状態になる.

angst·er·füllt [アングスト・エあふゅルト] [形] 不安に満ちた.

das **Angst·ge·fühl** [アングスト・ゲふゅール] [名] -(e)s/-e 不安感, 恐怖感.

das **Angst·ge·schrei** [アングスト・ゲシュらイ] [名] -(e)s/ 恐怖の叫び, 悲鳴;〖狩〗雄に追われる雌ジカの鳴き声.

der **Angst·ha·se** [アングスト・ハーゼ] [名] -n/-n 《口》臆病者.

ängs·ti·gen [エングスティゲン] [動] *h.* **1.** 〔〈j⁴〉ヲ〕不安にする, 怖がらせる. **2.** 〔sich⁴＋vor 〈j³/et³〉ヲ〕恐れる, (…に)不安を抱く. **3.** 〔sich⁴＋um 〈j⁴/et⁴〉ヲ〕気づかう.

der **Angst·kauf** [アングスト・カウふ] [名] -(e)s/..käufe (品不足を恐れての)買いあさり.

ängst·lich [エングストリひ] [形] **1.** 不安気な, 心配そうな;臆病(おくびょう)な, 心配性の. **2.** きちょうめんな: mit ～*er* Genauigkeit きわめて厳密に.

die **Ängst·lich·keit** [エングストリひカイト] [名] -/ 臆病(おくびょう), 不安;不安げな態度.

die **Angst·neu·ro·se** [アングスト・ノイろーゼ] [名] -/-n 〖医・心〗不安神経症.

die **Angst·röh·re** [アングスト・れーれ] [名] -/-n 《口・冗》シルクハット.

das **Ång·ström** [ɔ́ŋstrø:m オングスト[れ]ーム, áŋ.. アングスト[れ]ーム] [名] -〔s〕/- 〖理〗オングストローム(光の波長の単位. 記号Å).

die **Ång·ström·ein·heit** [オングスト[れ]ーム・アインハイト, アングスト[れ]ーム・アインハイト] [名] -/-en ＝Ångström.

der **Angst·schweiß** [アングスト・シュヴァイス] [名] -es/ ひや汗.

angst·voll [アングスト・ふぉル] [形] 不安にみちた, びくびくした.

an|gu·cken [アン・グッケン] [動] *h.* 《口》 **1.** 〔〈j⁴〉ヲ＋(〈様態〉ﾃ)〕見つめる. **2.** 〔(sich³)＋〈j⁴/et⁴〉ヲ〕しげしげと見る, 観察する. **3.** 〔〈et⁴〉ヲ〕見る(映画館・テレビなどで).

an·gu·lar [アングラーあ] [形] 角(かど)のある;〖数〗角(かく)に関する.

an|gur·ten [アン・グるテン] [動] *h.* 〔〈j⁴〉ヲ〕安全〔シート〕ベルトで座席に固定する;(〈j⁴〉がsich⁴の場合)安全〔シート〕ベルトを締める.

Anh. ＝Anhang 付録, 補遺.

an|ha·ben* [アン・ハーベン] [動] *h.* **1.** 〔〈et⁴〉ヲ〕《口》(身に)つけている, 着ている(かぶりものには用いない). **2.** (次の形で, 多く否定語とともに)〈j³/et³〉 (nichts) ～ können/wollen 〈人・物ﾆ〉害を加える(ことはない)/加えようとする〔とはしまい〕. **3.** 〔〈et⁴〉ﾉ〕《口》スイッチを入れている(テレビなどの), (…を)つけている.

an|haf·ten [アン・ハふテン] [動] *h.* **1.** 〔(an 〈j³/et³〉ﾆ)〕くっついている, 付着している(泥などが). **2.** 〔〈j³/et³〉ﾆ〕(必然的に)伴う, 付随する.

an|ha·ken [アン・ハーケン] [動] *h.* **1.** 〔〈et⁴〉ヲ ＋(an 〈et³〉ﾆ)〕掛け金具で固定する(ドア・窓などを). **2.** 〔〈et⁴〉ﾆ〕鉤(かぎ)印〔チェックマーク〕をつける(名前などに).

der **An·halt**[1] [アン・ハルト] [名] -(e)s/-e (主に[単])手がかり, 拠り所, 糸口: einen ～ für 〈et⁴〉 〔zu 〈et³〉〕 finden 〈事ﾉ〉手がかりを見つける.

(*das*) **An·halt**[2] [アン・ハルト] [名] -s/ 〖地名〗アンハルト(かつてのドイツ帝国の一州. 現在, ザクセン＝アンハルト州に所属).

an|hal·ten* [アン・ハルテン] [動] *h.* **1.** 〔〈j⁴/et⁴〉ヲ〕止める. **2.** 〔補足なし〕止まる, 停車する(車などが);中断する. **3.** 〔sich⁴＋an 〈j³/et³〉ﾆ〕つかまる. **4.** 〔〈j⁴〉ヲ＋zu 〈et³〉ﾍﾄ〕促す〔励ます〕. **5.** 〔(〈様態〉ﾃ)〕続く(雨・拍手などが). **6.** 〔〈et⁴〉ヲ＋(an 〈et⁴〉ﾆ)〕当てる(定規などを). **7.** 〔〈j³〉ﾆ＋〈et⁴〉ヲ〕当てて見る(服などを). **【慣用】um das Mädchen〔um die Hand des Mädchens〕anhalten** 《文》(少女の親に)少女との結婚の許しを求める.

an·hal·tend [アン・ハルテント] [形] 持続的な.

der **An·hal·ter** [アン・ハルター] [名] -s/- ヒッチハイカー: per ～ fahren ヒッチハイクをする.

der **An·hal·te·weg** [アンハルテ・ヴェーク] [名] -(e)s/-e (主に[単])〖交通〗(自動車の)運転停止距離.

der **An·halts·punkt** [アンハルツ・プンクト] [名] -(e)s/-e 拠り所, 根拠.

an·hand [アン・ハント] [前] 〔＋２格〕…に基づいて: ～ der Indizien さまざまな兆候に基づいて.

—— [副] (次の形で) ～ von 〈et³〉〈物・事ﾆ〉基づいて, 照らして.

der **An·hang** [アン・ハング] [名] -(e)s/..hänge **1.** (本などの)付録, 補遺;(契約書などの)付帯条項(略 Anh.). **2.** ([単]のみ)《口》親族;仲間;信奉者.

an|han·gen [アン・ハンゲン] [動] *h.* 《古》＝an|hängen[1].

an|hän·gen[1]* [アン・ヘンゲン] [動] *h.* 《文》 **1.** 〔〈j³/et³〉ﾆ〕つきまとう, ついて回る(困難などが). **2.** 〔〈j³/et³〉ﾆ〕愛着を持っている;(…を)信奉〔支持〕している(学説などを).

an|hän·gen[2] [アン・ヘンゲン] [動] *h.* **1.** 〔〈et⁴〉ヲ＋(an 〈et⁴〉ﾆ)〕掛ける;連結する. **2.** 〔sich⁴＋an 〈j⁴/et⁴〉ﾆ〕ぶら下がる, (しっかり)つかまる;《口》(…の)後にぴったりついて走る. **3.** 〔(an 〈et⁴〉ﾆ)＋〈et⁴〉ヲ〕つける, 添える(コメント・語尾などを). **4.** 〔〈j³〉ﾆ＋〈et⁴〉ヲ〕《口・蔑》なすりつける, (…の)罪を着せる;売りつける(粗悪品などを). **5.** 〔〈場所〉ﾆ〕くっつく(煮物が鍋に), くっついて焦げる.

der **An·hän·ger** [アン・ヘンガー] [名] -s/- **1.** 信奉者,

A

支持者. **2.** トレーラー, 連結車. **3.** ペンダント; (スーツケースなどの) 名札.

die **An·hän·ger·schaft** [アン・ヘンガーシャふト] [名] -/ 《総称》支持者, 同志, 一派.

das **An·hän·ge·schloss,** [旧] **An·hän·ge·schloß** [アンヘンゲ・シュロス] [名] -es/..schlösser 南京(なんきん)錠.

an·hän·gig [アン・ヘンギひ] [形] 〖法〗係属中の.

an·häng·lich [アン・ヘングリひ] [形] 忠実な, 愛着を感じている, なついている.

die **An·häng·lich·keit** [アン・ヘングリひカイト] [名] -/ 愛着, なついていること, 忠実.

das **An·häng·sel** [アン・ヘングゼル] [名] -s/- **1.** ペンダント. **2.** 添え物, つけ足し, 付随現象. **3.** 《口・蔑》取巻き, 腰ぎんちゃく.

an·hangs·wei·se [アンハングス・ヴァイゼ] [副] 付録〔補遺〕として.

der **An·hauch** [アン・ハウほ] [名] -(e)s/ 《文》 **1.** 息吹. **2.** 気配, かすかな光〔色・跡〕.

an|hau·chen [アン・ハウヘン] [動] *h.* **1.** 〔〈j^4〉(ノ顔)ニ/〈et^4〉ニ〕(はあーっと)息を吐きかける; 《転》現れる: Er ist vom Tod *angehaucht*. 彼には死相が現れている. rosig *angehaucht* sein ばら色に染まっている. **2.** 〔〈j^4〉ヲ〕《口》こっぴどくしかりつける.

an|hau·en(*) [アン・ハウエン] [動] (規則変化は《口》) **1.** 〔〈et^4〉ヲ〕切倒し〔出し〕にかかる(木・岩などを). **2.** 〔〈j^4〉ニ〕《口》変になれなれしく話しかける.

an|häu·fen [アン・ホイふェン] [動] *h.* **1.** 〔〈et^4〉ヲ〕蓄える, 築く(富を). **2.** 〔$sich^4$〕たまる.

die **An·häu·fung** [アン・ホイふング] [名] -/-en 蓄え, 蓄積(物).

an|he·ben* [アン・ヘーベン] [動] *h.* **1.** 〔〈et^4〉ヲ〕(少し)持上げる. **2.** 〔〈et^4〉ヲ〕上げる(賃金などを); 高める(水準を). **3.** 〔zu 〈動〉ヲ〕《文》始める. **4.** 〔補足なし〕《文》始まる.【3 および 4 の過去形は古形の hub an も有】

die **An·he·bung** [アン・ヘーブング] [名] -/-en 持上げること; (水準などを)上げる〔高める〕こと; 賃上げ, 値上げ.

an|hef·ten [アン・へふテン] [動] *h.* 〔〈et^4〉ヲ＋(an〈$et^{4(3)}$〉ニ)〕留める, 縫いつける.

an|hei·len [アン・ハイレン] [動] *s.* 〔補足なし〕(治って)癒着する.

an|hei·meln [アン・ハイメルン] [動] *h.* 〔〈j^4〉ヲ〕くつろいだ気持にさせる(部屋・雰囲気などが).

an·hei·melnd [アン・ハイメルント] [形] くつろげる.

an·heim fal·len*, [旧] **an·heim|fal·len*** [アン・ハイム ふァレン] [動] *s.* 〔〈j^3/et^3〉ノ〕《文》所有に帰する: der Vergessenheit ～ 忘れ去られる.

an·heim ge·ben*, [旧] **an·heim|ge·ben*** [アン・ハイム ゲーベン] [動] *h.* 《文》 **1.** 〔〈j^4〉ヲ＋〈j^3/et^3〉ニ〕委ねる. **2.** 〔$sich^4$＋〈j^3/et^3〉ニ〕身を委ねる, 身を任せる.

an·heim stel·len, [旧] **an·heim|stel·len** [アン・ハイム シュテレン] [動] *h.* 〔〈et^4〉ヲ＋〈j^3/et^3〉ニ〕《文》任せる, 委ねる.

an·hei·schig [アン・ハイシひ] [形] (次の形で) $sich^4$ ～ machen, ... zu [動] 《文》…する義務を負う, …すると申出る.

an|hei·zen [アン・ハイツェン] [動] *h.* **1.** 〔〈et^4〉ニ〕点火する(ストーブに). **2.** 〔補足なし〕暖房を入れる. **3.** 〔〈et^4〉ヲ〕《口》あおる, かき立てる(興味・インフレなどを). **4.** 〔〈j^4〉ヲ〕《口》興奮〔熱狂〕させる.

an|herr·schen [アン・ヘるシェン] [動] *h.* 《文》〔〈j^4〉ヲ＋(〈様態〉デ)〕怒鳴りつける.

an|heu·ern [アン・ホイあーン] [動] *h.* **1.** 〔〈j^4〉ヲ〕〖海〗雇う; 《口》募集して雇い入れる. **2.** 〔auf〈et^3〉ニ/bei〈et^3〉ニ〕〖海〗雇われる: auf einem Schiff nach Übersee ～ 外国航路の船に雇われる. **3.** 〔〈場所〉ニ〕《口》雇われる.

der **An·hieb** [アン・ヒーブ] [名] -s/ (剣の)最初の打込み. 【慣用】 **auf (den ersten) Anhieb** 《口》最初から, たちどころに.

an|him·meln [アン・ヒメルン] [動] *h.* 〔〈j^4〉ニ〕《口》見とれる; (…を)熱狂的に崇拝する.

die **An·hö·he** [アン・ヘーエ] [名] -/-n 丘, 高台.

an|hö·ren [アン・ヘーれン] [動] *h.* **1.** 〔($sich^3$)＋〈j^4〉ガ話スノヲ/〈et^4〉ヲ〕(親身になって)じっと聞いてやる; 傾聴する. **2.** 〔〈et^4〉ガ＋(mit)〕たまたま耳に入って来る: Das kann ich nicht mehr mit ～. 《口》もうこれ以上その話は聞くに耐えられない〔うるさくてかなわない〕. **3.** 〔〈j^3〉ノ声カラ/〈et^3〉カラ＋〈et^4〉ヲ〕感じ取る. **4.** 〔$sich^4$＋〈様態〉ノヨウニ〕聞こえる, 聞いた感じが…である: Es *hört* sich *an*, als ob es regnet. まるで雨が降っているように聞こえる. Dein Vorschlag *hört* sich nicht schlecht *an*. 君の提案は悪くない〔かなりいい〕.

die **An·hö·rung** [アン・ヘーるング] [名] -/-en 聴取; 公聴会, ヒアリング: öffentliche ～ 公聴会.

an|hus·ten [アン・フーステン] [動] *h.* **1.** 〔〈j^4〉ノ〕顔に咳を吹きかける. **2.** 〔〈j^4〉ヲ〕《口》叱りつける.

das **An·hy·drid** [アンヒュドリート] [名] -s/-e 〖化〗無水物.

das **Än·ig·ma** [エニグマ] [名] -s/-ta (..men) 《文・稀》謎.

än·ig·ma·tisch [エニグマーティシュ] [形] 《稀》謎めいた.

das **A·ni·lin** [アニリーン] [名] -s/ 〖化〗アニリン.

die **A·ni·ma** [アーニマ] [名] -/-s **1.** 〖哲〗霊魂. **2.** ([単]のみ)〖心〗アニマ(男性における抑圧された女性的特性). **3.** (メダル・硬貨の)地金.

a·ni·ma·lisch [アニマーリシュ] [形] 動物(性)の; 動物〔獣〕的な.

der **A·ni·ma·teur** [..tǿːr アニマテーあ] [名] -s/-e 接待係, 添乗員, レクリエーション係.

die **A·ni·ma·ti·on** [アニマツィオーン] [名] -/-en **1.** 〖映〗アニメーション; (コンピュータの)アニメーション. **2.** (バカンス村などの)レクリエーション.

a·ni·ma·to [アニマート] [副] 〖楽〗アニマート, 生き生きと.

die **A·ni·mier·da·me** [アニミーあ・ダーメ] [名] -/-n (バーの)ホステス.

a·ni·mie·ren [アニミーれン] [動] *h.* **1.** 〔〈j^4〉ニ＋zu 〈et^3〉ヲ〕するように勧める, したい気持にさせる. **2.** 〔〈et^4〉ヲ〕〖映〗アニメーション(映画)化する; (…の)アニメ映画を制作する.

das **A·ni·mier·lo·kal** [アニミーあ・ロカール] [名] -(e)s/-e ホステスのいるバー〔酒場〕.

das **A·ni·mier·mäd·chen** [アニミーあ・メートひェン] [名] -s/- ＝Animierdame.

der **A·ni·mis·mus** [アニミスムス] [名] -/ アニミズム, 精霊崇拝.

das **A·ni·mo** [アーニモ] [名] -s/ 《オーストリア》意欲; 愛好.

die **A·ni·mo·si·tät** [アニモズィテート] [名] -/-en 《文》 **1.** 敵意, 憎しみ: eine ～ gegen 〈j^4〉〈人への〉敵意. **2.** 敵意〔憎しみ〕の言葉.

der **A·ni·mus** [アーニムス] [名] -/ **1.** 〖心〗アニムス(女性における抑圧された男性的特性). **2.** 《口・冗》虫の知らせ.

der **A·nis** [アニース, アー(ー)ニス] [名] -(es)/-e 〖植〗アニス(香料・薬草); アニスの実; アニス酒.

der **A·ni·set·te** [アニゼッテ] [名] -s/-s アニス酒.

die **An·i·so·ga·mie** [アンイゾ・ガミー] [名] -/-n 〖生〗異形接合.

der **A·nis·schnaps** [アニース・シュナプス] [名] -es/..schnäpse アニスの火酒〔シュナップス〕.

Ank. ＝Ankunft 到着.

an|kämp·fen [アン・ケムプふェン] [動] *h.* 〔gegen 〈j^4/et^4〉ト〕戦う.

der **An·kauf** [アン・カウф] 名 -(e)s/..käufe 購入, 買入れ, 買付け, 仕入れ.

an|kau·fen [アン・カウфェン] 動 h. **1.** 〈et⁴〉買取る〔上げる〕, 買いつける〈高価品・大量の商品を〉. **2.** 〈sich⁴＋an sich⁴の場合〉服を着る.

die **An·kaufs·fi·nan·zie·rung** [アンカウфス・фィナンツィールング] 名 -/-en〖経〗仕入れ〔購入〕金融.

der **An·ke**¹ [アンケ] 名 -n/-n〖魚〗ヤマメ.

die **An·ke**² [アンケ] 名 -/-n **1.** 〖方〗首すじ, うなじ. **2.** 〖金属〗半球形打出し型.

der **An·ker**¹ [アンカー] 名 -s/- **1.** 〖海〗錨(いかり), ア ンカー: die ～ lichten 錨を上げる. sich⁴ vor ～ legen 停泊する. vor ～ liegen〔treiben〕停泊している. vor ～ gehen 停泊する. **2.** 〖土〗かすがい, 錨形飾り. **3.** 〖電〗電機子, 接極子, (モーターの)回転子. **4.** (時計の)アンクル.

der **An·ker**² [アンカー] 名 -s/- (昔の)液量単位(約34-39ℓ).

die **An·ker·bo·je** [アンカー・ボーイェ] 名 -/-n〖海〗アンカーブイ, 示錨(じめう)浮標.

die **An·ker·ge·bühr** [アンカー・ゲビューあ] 名 -/-en 停泊料.

das **An·ker·geld** [アンカー・ゲルト] 名 -(e)s/-er ＝An·kergebühr.

der **An·ker·grund** [アンカー・グルント] 名 -(e)s/〖海〗投錨(とうびょう)地.

die **An·ker·ket·te** [アンカー・ケッテ] 名 -/-n〖海〗アンカーチェーン, 錨鎖(びょうさ).

an|kern [アンカーン] 動 h.〖雅文〗錨(いかり)を下ろす, 停泊する; 停泊している.

der **An·ker·platz** [アン・カー・プラッツ] 名 -es/..plätze〖海〗投錨(とうびょう)地, 停泊地.

die **An·ker·win·de** [アンカー・ヴィンデ] 名 -/-n〖海〗キャプスタン, 錨(いかり)巻上機.

an|ket·ten [アン・ケッテン] 動 h.〈j⁴/et⁴〉ァ＋〈an〈et⁴⁽³⁾〉₃〉〉鎖でつなぐ; 鎖につなぐ: Ich bin jetzt *angekettet.*〈転・口〉私は今は時間的に拘束されている.

an|kit·ten [アン・キッテン] 動 h.〈et⁴〉ァ＋〈an〈et⁴〉₃〉〉パテ〔接着剤〕で接合する.

die **An·kla·ge** [アン・クラーゲ] 名 -/-n **1.**〈圓のみ〉公訴, 起訴; 検察(側): die ～ gegen 〈j⁴〉 erheben 〈人を〉起訴する. unter ～ stehen 起訴されている. **2.**〈文〉非難, 弾効.

die **An·kla·ge·bank** [アンクラーゲ・バンク] 名 -/..bänke 被告席: 〈j⁴〉 auf die ～ bringen〔setzen〕〈人を〉起訴する.

an|kla·gen [アン・クラーゲン] 動 h. **1.**〈j⁴〉ァ＋〈〈et²/wegen〈et²〉⁾ゲン〉〉起訴する. **2.**〈j⁴/et⁴〉ァ＋〈als〈j¹⁽⁴⁾〉デフル〉〉非難する, 責める, 告発する.

der **An·kla·ge·punkt** [アンクラーゲ・プンクト] 名 -(e)s/-e 起訴理由.

der **An·klä·ger** [アン・クレーガー] 名 -s/-〖刑事訴訟〗の〗起訴者, 原告; (一般に)告発者: der öffentliche ～ 検事.

die **An·kla·ge·schrift** [アンクラーゲ・シュリфト] 名 -/-en〖法〗起訴状.

der **An·kla·ge·zu·stand** [アンクラーゲ・ツー・シュタント] 名 -(e)s/ 被告としての状態:〈j⁴ in den ～ versetzen den ver·setzen〈人を〉起訴する.

an|klam·mern [アン・クラマーン] 動 h **1**〈et⁴〉ァ＋〈an〈et⁴⁽³⁾〉₃〉〉クリップ〔洗濯挟み〕で留める. **2.**〈sich⁴〉ァ＋〈an〈et³⁾〉₃〉〉ひしとしがみつく, すがりつく.

der **An·klang** [アン・クラング] 名 -(e)s/..klänge 思い出させるもの, 類似, 面影: Anklänge an〈j⁴/et⁴〉〈人・事物〉を思わせる物がある. 【慣用】bei 〈j³〉 *An·klang finden* 〈人の〉共感〔賛同〕を得る.

an|kle·ben [アン・クレーベン] 動 **1.** h.〈et⁴〉ァ＋〈an〈et⁴⁽³⁾〉〉〉(のりで)はりつける. **2.** s.〈an〈et³⁾〉₃〉〉こ

---

die **An·klei·de·ka·bi·ne** [アン・クライデ・カビーネ] 名 -/-n 更衣〔試着〕室.

an|klei·den [アン・クライデン] 動 h.〈j⁴〉服を着せる:〈sich⁴〉〖sich⁴の場合〗服を着る.

der **An·klei·de·raum** [アン・クライデ・らウム] 名 -(e)s/..räume 着替え部屋, (衣装が保管してある)更衣室.

an|klin·geln [アン・クリングェルン] 動 h.〈j⁴〉ァ＝/bei〈j³〉ッビーィ〗〖方〗電話する.

an|klin·gen* [アン・クリンゲン] 動 h. **1.** 〔in 〈et³〉₃〉〕(それとなく)現れる, 感じとれる, 聞きとれる. **2.** 〔an〈j⁴/et⁴〉ҕ〕思わせる, しのばせる.

an|klop·fen [アン・クロップфェン] 動 h. **1.** 〔(an〈et⁴⁽³⁾〉ҕ)〕ノックする(ドアなどを). **2.** 〔(bei〈j³〉ҕ)＋(um〈et⁴〉ィゥツォ〉₃〉〕〈口〉打診する.

an|knab·bern [アン・クナッバーン] 動 h.〈et⁴〉ҕかじ, かじり始める. 【慣用】zum Anknabbern *aussehen* 〈口〉(かぶりつきたいほど)魅力的に見える.

an|knip·sen [アン・クニプセン] 動 h.〈et⁴〉ҕ〈口〉スイッチを入れる.

an|knöp·fen [アン・㉔ップфェン] 動 h.〈et⁴〉ҕ＋〈an〈et⁴〉₃〉〉ボタンで留める.

an|knüp·fen [アン・クニュップфェン] 動 h. **1.**〈et⁴〉ҕ＋〈an〈et⁴〉₃〉〉結ぶ(ひもなどを):〈に〉結びつける. **2.** 〔an〈j³〉ҕ〕話の糸口にする, (…に)結びつけて話をする. **3.**〈et⁴〉ҕ始める(会話などを), 結ぶ(関係などを). **4.** 〔mit〈j³〉ҕ〕コンタクトをとる.

der **An·knüp·fungs·punkt** [アン・クニュップфングス・プンクト] 名 -(e)s/-e (話の)糸口:(人と人との)接点.

an|koh·len [アン・コーレン] 動 h.〈j⁴〉ҕ〈口〉嘘(うそ)をついてからかう, かつぐ.〈et⁴〉ҕ〈口〉〈部分的に〉焦がす.

an|kom·men* [アン・コメン] 動 *s.* **1.** 〔〈(場所)〉₃〕到着する, 着く; 届く, 〈転〉生れる(赤ん坊が). **2.** 〔〈j⁴〉ҕ〕〈文〉襲う(感情などが). **3.** 〔〈j⁴〉ҕ＋〈〈形〉〉〕起こる, (…と)なる: Die Entscheidung *kam* mich hart *an.* その決定は私にとってつらかった. **4.** 〔mit〈et³〉ҕҕッҕ〗〈口〉来る. **5.** 〔〈(場所)〉₃＋〔als〈j¹⁽ʸ⁾〉ユᴀтㄅ〕〕〈口〉雇われる, 就職する. **6.** 〔(bei〈j³〉ҕ)＋〈形〉〕〈口〉評判である: Die Sängerin *kommt* beim Publikum gut *an.* その女性歌手は聴衆に受けがいい. **7.** 〔gegen〈j⁴/et⁴〉ҕ〕かなう, 太刀打ちできる. 【慣用】*es auf*〈et⁴〉 *ankommen lassen* 〈事を〉辞さない〔いとわない〕. *es d(a)rauf ankommen lassen*〈口〉(あとは)成行きまかせにする. *Es kommt* 〈j³〉 *auf*〈j⁴/et⁴〉 *an.*〈人には〉〈人・物・事〉が重要〔問題〕である〈人・物・事〉次第である.

der **An·kömm·ling** [アン・㉰ムリング] 名 -s/-e 到着者; 新参者; 生まれたばかりの子.

an|kön·nen* [アン・㉰ネン] 動 h. 〔gegen〈j⁴/et⁴〉ҕ〕〈口〉対抗できる.

an|kop·peln [アン・コッペルン] 動 h.〈et⁴〉ҕ＋〈an〈et⁴〉₃〉〉連結する, 連結結合させる(数頭の犬などを).

an|kot·zen [アン・コッツェン] 動 h. **1.**〈口〉**1.**〈j⁴/et⁴〉ҕへどを吐きかける. **2.**〈j⁴〉ҕむかむかさせる(態度などが). **3.**〈口〉乱暴にしかりつける.

an|kral·len [アン・クラレン] 動 h. **1.** 〔sich⁴＋an〈j³⁽⁴⁾/et³⁽⁴⁾〉₃〉〕爪(つめ)でしがみつく(鳥がかごなどに); し がみつく. **2.**〈sich⁴＋wegen〈et³〉ҕ〕〖方〗腹を立てる.

an|krei·den [アン・クらイデン] 動 h. **1.** 〔〈j³〉ҕ＋〈et⁴〉ҕ〕非難する, 責める. **2.**〈et⁴〉ҕ〈古〉代金をつけておく(飲食物の).

an|kreu·zen [アン・クらイツェン] 動 **1.** h.〈et⁴〉ҕマークをつける. 【ドイツでは主に×チェックマークとして用いる】. **2.** h./s. 〔gegen〈et⁴〉ҕ〕向かって帆走する(風に).

an|ku·cken [アン・クッケン] 動 h.〈北独〉＝an|gu·cken.

A

an|kün·den [アン・キュンデン] [動] *h.* 《文・古》＝an|kündigen.

an|kün·di·gen [アン・キュンディゲン] [動] *h.* **1.** 〔<j⁴/et⁴>ヲ〕予告する(催しなどを), あらかじめ通知する(訪問などを)：das Buch in der Zeitung ～ その本の出版を新聞で予告する. sich⁴ <j³>〔bei <j³>〕～ 自分の訪問を<人に>あらかじめ通知する. **2.** 〔sich⁴〕近づいているのが感じられる：Der Frühling *kündigt* sich *an.* 春の気配がする.

die **An·kün·di·gung** [アン・キュンディグング] [名] -/-en 予告, 告知, 発表.

die **An·kunft** [アン・クンふト] [名] -/ 到着；《転》誕生：bei meiner ～ 私が着いたときに.

die **An·kunfts·zeit** [アンクンふツ・ツァイト] [名] -/-en 到着時刻.

an|kup·peln [アン・クっペルン] [動] *h.* 〔<et⁴>ヲ＋(an <et⁴>ニ)〕連結する；ドッキングさせる.

an|kur·beln [アン・クるベルン] [動] *h.* **1.** 〔<et⁴>ヲ〕クランクで始動させる. **2.** 〔<et⁴>ニ〕弾みをつける.

an|lä·cheln [アン・レっひぇルン] [動] *h.* 〔<j⁴>ニ＋(<様態>デ)〕ほほえみかける.

an|la·chen [アン・ラっヘン] [動] *h.* **1.** 〔<j⁴>ニ＋(<様態>デ)〕笑いかける. **2.** 〔sich³＋<j⁴>ト〕《口》いい仲〔恋仲〕になる.

die **An·la·ge** [アン・ラーゲ] [名] -/-n **1.** ([単]のみ)設置, 建設. **2.** 公園, 緑地；設備, 装置, 施設：sanitäre ～*n* 衛生設備(トイレ・浴室). **3.** (作品などの)構想, 構成. **4.** 資質, 天性(Natur～)；体質, 性向：eine ～ zur Kunst 芸術的才能. **5.** 投資；資本投下(Kapital～). **6.** (書簡などの)添付〔同封〕物：in der ～ 同封にて.

der **An·la·ge·be·ra·ter** [アンラーゲ・ベらーター] [名] -s/- 〘経〙投資コンサルタント.

der **An·la·ge·fonds** [..fõ: アンラーゲ・ふぉーン] [名] -[..fõ:(s) ..ふぉーン(ス)]/-[..fõ:s ..ふぉーンス] 〘経〙投資資金；(特にスイスで)投資信託.

die **An·la·ge·in·ves·ti·ti·on** [アンラーゲ・インヴェスティツィオーン] [名] -/-en 〘経〙固定資産投資；設備投資.

das **An·la·ge·ka·pi·tal** [アンラーゲ・カピタール] [名] -s/-e 〘経〙投下資本.

die **An·la·ge·kos·ten** [アンラーゲ・コステン] [複名] 設備費, 創業費.

das **An·la·ge·pa·pier** [アンラーゲ・パピーあ] [名] -(e)s/-e (主に[複])〘経〙(長期の)投資有価証券.

an|la·gern [アン・ラーガーン] [動] *h.* 〘化〙 **1.** 〔<et⁴>ト〕付加反応を起こす(他元素と). **2.** 〔sich⁴＋an <et⁴>ニ〕付加する.

das **An·la·ge·ver·mö·gen** [アンラーゲ・ふぇあ⊗ーゲン] [名] -s/- 〘経〙固定資産.

an|lan·den [アン・ランデン] [動] **1.** *h.* 〔<et⁴>ヲ〕上陸させる, 荷揚げする. **2.** *s.* 〔<場所>ニ〕たどり着く, 接岸する. **3.** *h./s.* 〔[補足なし]〕〘地質〙沖積によって大きくなる(砂州などが).

an|lan·gen [アン・ランゲン] [動] **1.** *s.* 〔(<場所>ニ)〕到着する, 到達する. **2.** *h.* 〔<et⁴>ニ〕《方》手を触れる. **3.** *h.* 〔<j⁴/et⁴>ニ〕関わる：Was dieses Problem *anlangt,* ... この問題に関しては, ….

der **An·lass,** [旧]**An·laß** [アン・ラス] [名] -es/..lässe **1.** きっかけ, いわれ, 機縁：<j³> ～ zu <et³> geben <人に><事の>きっかけを与える. <et⁴> zum ～ nehmen <事を>きっかけにする. **2.** 機会：aus gegebenem ～ この機会に. **3.** 《スイス》(楽しい)催し物.

an|las·sen* [アン・ラっセン] [動] *h.* **1.** 〔<et⁴>ヲ〕始動させる. **2.** 〔<et⁴>ヲ〕つけたままにしておく(電灯などを)；《口》着た〔履いた〕ままでいる；〘工〙焼き戻す. **3.** 〔sich⁴＋<様態>ノ〕《口》出だしである. **4.** 〔<j⁴>ヲ＋<様態>デ〕《文》叱責(しっせき)する.

der **An·las·ser** [アン・ラっサー] [名] -s/- (エンジンの)スターター.

an·läss·lich, [旧]**an·läß·lich** [アン・レスリひ] [前] 〔＋2格〕…の機会に, …に際して：～ unserer Verlobung 私たちの婚約に際して.

an|las·ten [アン・ラステン] [動] *h.* **1.** 〔<j³>ニ＋<et⁴>ノ〕責任〔罪〕を負わせる, (…の…を)非難する. **2.** 〔<j³>ニ＋<et⁴>ヲ〕《古》負担させる.

der **An·lauf** [アン・ラウふ] [名] -(e)s/..läufe **1.** 〘スポーツ〙助走；助走距離. **2.** ([単]のみ)(計画などの)開始：einen ～ zu <et³> nehmen <事を>始める. **3.** 試み：beim zweiten ～ 2度目に. **4.** 攻撃, 突撃：im ersten ～ 最初の攻撃で.

an|lau·fen* [アン・ラウふェン] [動] **1.** (次の形で)*angelaufen* kommen 走ってやって来る. **2.** *s.* 〔[補足なし]〕〘スポーツ〙助走する. **3.** *s.* 〔[補足なし]〕始動する；開始される；上映開始になる. **4.** *s.* 〔[補足なし]〕かさむ, 殖える；《方》膨れる. **5.** *s.* 〔[補足なし]〕曇る(ガラスなどが). **6.** *s.* 〔gegen <j⁴/et⁴>ニ〕ぶつかる；立向かう(偏見などに). **7.** *s.* 〔<et⁴>ヲ＋<様態>デ〕〘スポーツ〙走る：die 200m in 25 Sekunden ～ 200 m を25 秒で走る. **8.** *h.* 〔<et⁴>ニ〕針路を向ける. **9.** *s.* 〔<[形]>(ノ色)ニ〕なる. **10.** *s.* 〔bei <j³>ノ＋schlecht〔übel〕〕《古》不評を買う.

die **An·lauf·zeit** [アンラウふ・ツァイト] [名] -/-en **1.** 〘車〙暖気運転時間. **2.** 準備時間〔期間〕. **3.** 〘劇・映〙(封切映画の)上映期間, (初演の)上演期間.

der **An·laut** [アン・ラウト] [名] -(e)s/-e 〘言〙語頭音.

an|lau·ten [アン・ラウテン] [動] *h.* 〔mit <et³>デ〕〘言〙音節〔語〕が始まる.

an|läu·ten [アン・ロイテン] [動] *h.* **1.** 〔<j⁴⁽³⁾>ニ〕《南独・スイス》電話をかける(<j³>は《スイス》). **2.** 〔<et⁴>ノ〕〘スポーツ〙開始のベルを鳴らす.

die **An·le·ge·brü·cke** [アン・レーゲ・ブりゅっケ] [名] -/-n 桟橋.

an|le·gen [アン・レーゲン] [動] *h.* **1.** 〔<et⁴>ヲ＋(an <et⁴>ニ)〕当てがう(定規を)；はる(トランプのカードなどを場に)；立掛ける. **2.** 〔<et⁴>ヲ〕くべる(石炭などを)；ねかせる(犬が耳を)；《文》着用する；身につける. **3.** 〔<j³/et³>ニ＋<et⁴>ヲ〕つける. **4.** 〔(auf <j⁴>ヲ)〕銃を構えてねらう. **5.** 〔<et⁴>ヲ〕計画〔設計〕して作る, 建設〔敷設〕する；作成する. **6.** 〔<et⁴>ヲ＋<様態>ニ〕構想する(小説などを). **7.** 〔<et⁴>ヲ〕投資する. **8.** 〔<et⁴>ヲ＋<様態>デ〕運用する. **9.** 〔<et⁴>ヲ〕出す(金を). **10.** 〔es＋auf <j⁴/et⁴>ヲ〕ねらう, 目標〔目的〕とする：(es が alles の場合)alles darauf ～, zu [動] …をするために全力を尽す. **11.** 〔sich⁴＋mit <j³>ニ〕けんかを売る. **12.** 〔[補足なし]〕接岸する.

der **An·le·ge·platz** [アンレーゲ・プラッツ] [名] -es/..plätze ＝Anlegestelle.

der **An·le·ger** [アン・レーガー] [名] -s/- **1.** 〘経〙投資家. **2.** 〘印〙給紙工；紙送り機. **3.** 〘海〙船着き場.

die **An·le·ge·stel·le** [アンレーゲ・シュテレ] [名] -/-n 船着場.

an|leh·nen [アン・レーネン] [動] *h.* **1.** 〔<et⁴>ヲ＋an <et⁴>ニ〕立掛ける. **2.** 〔sich⁴＋an <j⁴/et⁴>ニ〕寄〔もたれ〕掛かる；《転》倣(なら)う, 従う. **3.** 〔<et⁴>ヲ〕少し開けて〔きっちり閉めないで〕おく.

die **An·leh·nung** [アン・レーヌング] [名] -/-en 支持, 支援；拠り所：in〔unter〕～ an <et⁴> <物・事に>依拠して, 倣って.

an·leh·nungs·be·dürf·tig [アンレーヌングス・ベデュるふティひ] [形] 依存心の強い.

die **An·lei·he** [アン・ライエ] [名] -/-n (長期の)借入(金)；国〔公・社〕債；借用：eine öffentliche ～ 公債. eine ～ aufnehmen 起債する. bei <j³> eine ～ machen <人から>借金をする；《転》<人から>借用する(思想・作品などを).

die **An·lei·he·auf·nah·me** [アンライエ・アウㇷ・ナーメ] 图 -/-n 〔経〕起債.
der **An·lei·he·markt** [アンライエ・マルクト] 图 -(e)s/..märkte 〔経〕債券市場.
der **An·lei·he·neh·mer** [アンライエ・ネーマ~] 图 -s/- 〔経〕起債者.
der **An·lei·he·schuld·ner** [アンライエ・シュルドナ~] 图 -s/- (債務の)債務者.
der **An·lei·he·zins** [アンライエ・ツィンス] 图 -es/-en 〔経〕債券金利.
an|lei·men [アン・ライメン] 動 h. **1.** 〔et⁴を〕+(an et³⁽⁴⁾に)膠(にゕ)で接着する. **2.** 〔j⁴を〕〈口〉騙(だま)す.
an|lei·nen [アン・ライネン] 動 h. **1.** 〔et⁴を〕+(an et³に)...綱でつなぐ. **2.** 〔et⁴を〕綱につなぐ.
an|lei·ten [アン・ライテン] 動 h. **1.** 〔j⁴を〕指導する. **2.** 〔j⁴を〕+zu〔et³を〕(指導して)身につけさせる.
die **An·lei·tung** [アン・ライトゥング] 图 -/-en 指導;手引き(書);取扱説明書.
der **An·lern·beruf** [アン・れるン・べる~ふ] 图 -(e)s/-e 短期養成可能な職業.
an|ler·nen [アン・れㇽネン] 動 h. **1.** 〔j⁴を〕仕事の手ほどきをする(見習工などに): ein *angelernter Arbeiter* 短期養成期間を終了した労働者. **2.** 〔sich³+et⁴を〕〈口〉速成で(習い)覚える.
der **An·lern·ling** [アン・れるンリング] 图 -s/-e (短期養成教育を受けている)見習工(店員).
an|le·sen [アン・レーゼン] 動 h. **1.** 〔et⁴を〕最初の数ページだけぱらぱらめくって読む. **2.** 〔sich³+et⁴を〕読んで身につける: *angelesene* Kenntnisse 読んだだけの(浅薄な)知識.
an|lie·fern [アン・リーふぇるン] 動 h. 〔(et⁴を)〕配達する,配送する.
die **An·lie·fe·rung** [アン・リーふぇルング] 图 -/-en 配送,配送;配達(配送)品.
an|lie·gen* [アン・リーゲン] 動 h. **1.** 〔(様態)で〕身体に合う(服が): ein eng ~*des* Kleid 体にぴったりのワンピース. **2.** 〔et³に〕まだ済んでいない. **3.** 〔j³に〕〈文〉懸案である. **4.** 〔j³に〕〈文〉煩わす,(…に)しつこくせがむ. **5.** 〔<方向>に〕海に針路を定める.
das **An·lie·gen** [アン・リーゲン] 图 -s/- 関心事,願い事.
an·lie·gend [アン・リーゲント] 形 隣接する;同封の.
der **An·lie·ger** [アン・リーガ~] 图 -s/- (道路の)隣接居住者: frei für ~ 居住者の車のみ通行可.
an|lo·cken [アン・ロッケン] 動 h. 〔j⁴/et⁴を〕おびき寄せる;〈転〉(関心をひいて)集める.
an|lö·ten [アン・①・テン] 動 h. 〔et⁴を〕+(an et⁴⁽³⁾に)はんだ付けする.
an|lü·gen* [アン・リューゲン] 動 h. 〔j⁴に〕(臆面もなく)うそをつく.
Anm. =Anmerkung 注(釈).
an|ma·chen [アン・マッヘン] 動 h. **1.** 〔et⁴を〕+〈場所に〉取りつける. **2.** 〔et⁴を〕〈口〉つける(スイッチを入れて)つける;〈口〉つける(ストーブなどの火を). **3.** 〔et⁴に〕(液体を混ぜて)作る(サラダなどを). **4.** 〔j⁴を〕〈口〉言寄る,(…を)誘う(あることを一緒にするように).
an|mah·nen [アン・マーネン] 動 h. 〔et⁴を〕催促(督促)する.
an|ma·len [アン・マーレン] 動 h. **1.** 〔j⁴/et⁴を〕+(an et⁴⁽³⁾に)〕描く(黒板・壁などに). **2.** 〔et⁴を〕〈口〉色を塗る. **3.** 〔et⁴に〕〈口〉〈厚〉化粧をする. **4.** 〔j⁴〕+〔et⁴を〕化粧する: Ich male mir die Lippen an. 私は口紅をぬる.
der **An·marsch** [アン・マるシュ] 图 -es/..märsche

1. 進軍,接近: im ~ sein 進軍〔接近〕中である. **2.** 〈口〉目的地までの距離,通勤距離(~weg).
an|mar·schie·ren [アン・マるシーれン] 動 s.〔<補足>進軍〔行進〕して来る: *anmarschiert* kommen どんどん近づいて来る(大勢の人が).
an|ma·ßen [アン・マーセン] 動 h. 〔sich³+et⁴を〕不当に行使する,僭称(せんしょう)する.
an·ma·ßend [アン・マーセント] 形 思い上がった,生意気な.
die **An·ma·ßung** [アン・マースング] 图 -/-en 僭越(えつ),不遜(ん);(権限などの)不当行使,僭称.
das **An·mel·de·for·mu·lar** [アンメルデ・ふぉるムラーあ] 图 -(e)s/-e 申告〔登録〕用紙,届け出用紙.
die **An·mel·de·ge·bühr** [アンメルデ・ゲビュー~] 图 -/-en 申告手数料,出願料.
an|mel·den [アン・メルデン] 動 h. **1.** 〔j⁴/et⁴を〕+(bei <j³>に)(前もって)知らせる,申込む(人の訪問・面会・到着などを. 〔j⁴を〕は主にsich⁴): sich⁴ zu einem Besuch ~ 訪問したいむねを知らせる. das Kind beim Zahnarzt ~ その子供の診療を歯医者に申込む. sich⁴ bei <j³> ~ lassen 〈人に〉取次いでもらう. **2.** 〔et⁴を〕+(bei <j³>に)〕届出を登録する,申請〔申告〕する,出願する. **3.** 〔j⁴を〕+zu(in/bei)〔et³に〕入れる〔参加させる〕手続きをとる: sich⁴ zum Sprachkurs/bei dem Verein ~ その語学講座に申込む/そのクラブに入会の手続きをとる. **4.** 〔et⁴を〕申出る.
die **An·mel·de·pflicht** [アンメルデ・プふリヒト] 图 -/-en 届出〔申告〕義務.
an·mel·de·pflich·tig [アンメルデ・プふリヒティヒ] 形 届出〔申告〕義務のある.
die **An·mel·dung** [アン・メルドゥング] 图 -/-en **1.** (前もっての)届出,通知,申込み,アポイントメント. **2.** 届出,申告,登録;(参加の)申込み;出願: polizeiliche ~ 警察への住民登録. **3.** (希望などの)申し出. **4.** 〈口〉受付,申告室.
an|mer·ken [アン・メるケン] 動 h. **1.** 〔<j³>ノ様子/<et³>ヲ+<et⁴>に〕気づく,感づく(立腹・不安・心配などに). **2.** 〔(sich³)+<et⁴>ヲ〕メモする,(…に)マークをつける. **3.** 〔(zu <et³>)+〔<et⁴>ヲ〕〕〈口〉申し述べる(補足的な所見として).
die **An·mer·kung** [アン・メるクング] 图 -/-en **1.** 注,注釈(略 Anm.). **2.** (口頭の)コメント.
an|mes·sen* [アン・メッセン] 動 h. **1.** 〔<j³>ノタメニ+<et⁴>ヲ〕寸法をとる. **2.** 〔<et⁴>マデン〕〔理〕距離を測定する(天体までの).
an|mie·ten [アン・ミーテン] 動 h. 〔<et⁴>ヲ〕(短期間)賃借りする(レンタカーなどを).
an|mot·zen [アン・モッツェン] 動 h. 〔<j⁴>ヲ〕〈口〉文句をつける,《にのしる.
an|mus·tern [アン・ムスタㇽン] 動 h. 〔海〕 **1.** 〔<j⁴>ヲ〕雇い入れる. **2.** 〔als <j¹>トシテ/auf <et³>ニ〕乗り組む.
die **An·mut** [アン・ムート] 图 -/ 優美,優雅,典雅.
an|mu·ten [アン・ムーテン] 動 h. **1.** 〔<j³>ニ+〈様態〉ニ〕印象を〔感じ〕を与える(物・事が主語で). **2.** 〔<j³>ニ+<et⁴>ヲ〕〈古〉不当な要求する.
an·mu·tig [アン・ムーティヶ] 形 優雅〔優美〕な.
(die) **An·na** [アナ] 图 〖女名〗アンナ(聖母マリアの母の名)
an|na·geln [アン・ナーゲるン] 動 h. 〔<et⁴>ヲ+(an <et⁴⁽³⁾>ニ)〕釘〈ぎ〉で打ちつける.
an|na·gen [アン・ナーゲン] 動 h. 〔<et⁴>ヲ〕かじる;〈転〉目減りさせる.
an|nä·hen [アン・ネーエン] 動 h. 〔<et⁴>ヲ〕縫いつける.
an|nä·hern [アン・ネーあ~ン] 動 h. **1.** 〔sich⁴+(<j³/et³>ニ)〕近づく;近づいて来る;接近する,(…と)近づきになる. **2.** 〔<et⁴>ヲ+<et³>ニ〕近づける,合せ

A

る.

ạn·nä·hernd [アン·ネーあーント] [副] 《語飾》(動詞·形容詞·副詞·数詞を修飾)ほぼ, およそ;およその.

die **Ạn·nä·he·rung** [アン·ネーエるング] [名] -/-en 接近;近づけること, 歩み寄り.

der **Ạn·nä·he·rungs·ver·such** [アンネーエるングス·ふぇあズーふ] [名] -(e)s/-e 接近工作;(異性に)言寄ること.

ạn·nä·he·rungs·wei·se [アンネーエるングス·ヴァイゼ] [副] =annähernd.

der **Ạn·nä·he·rungs·wert** [アンネーエるングス·ヴェーあト] [名] -(e)s/-e 近似値.

die **Ạn·nah·me** [アン·ナーメ] [名] -/-n **1.** 《主に[単]》受取ること, 受領;採択, 承認;引受け;採用;〖スポーツ〗(ボールを)受けること. **2.** (小包などの)受付窓口. **3.** 仮定, 想定: in der ~, dass ... …と仮定して. 【慣用】**Annahme an Kindes statt** 養子縁組.

die **Ạn·nah·me·stel·le** [アンナーメ·シュテレ] [名] -/-n 受付窓口.

die **An·na·len** [アナーレン] [複名] 年代記, 年史;年鑑.

(das) **Ạ̈nn·chen** [エンひぇン] [名] 〖女名〗エンヒェン.

(die) **Ạn·ne** [アネ] [名] 〖女名〗アネ.

ạn·nehm·bar [アン·ネーム·バーあ] [形] **1.** 受入れられる, 妥当な. **2.** まずまずの.

ạn|neh·men* [アン·ネーメン] [動] *h.* **1.** 〔〈et⁴〉ヲ〕受取る, 受領する;引受ける, 受取る(手形·小切手などを);〖スポーツ〗受ける(ボールを). **2.** 〔〈et⁴〉ヲ〕受入れる, (…に)応じる, (…に)従う, 採択する, 承認する, (…に)同意する;身につける, 帯びる, 取る(習慣·色·態度などを);(…に)なる(変化·発展してある形状になる). **3.** 〔〈et⁴〉ヲ+〈[形]〉ニ〕付着させる;吸う: Das Tuch *nimmt* den Schmutz leicht *an*. この布は汚れがつきやすい. **4.** 〔〈[文]〉ト/〈et⁴〉ト〕思う, 推察する. **5.** 〔〈et⁴〉ヲ+(〈様態〉デアルト)〕仮定する: eine Strecke als gegeben ~ 線分が与えられていると仮定する. Das kannst du ~! そう思っていい. **6.** 〔〈j⁴〉ヲ〕採用する, (…の)入学〔入園·入会〕を許可する;《口》養子にする. **7.** 〔sich⁴+〈j²/et²〉ノ〕面倒をみる. **8.** 〔sich³+〈et⁴〉ヲ〕《古》肝に銘じる. **9.** 〔〈et⁴〉ヲ〕〖狩〗かぎつけて追う(足跡を);食う(猟獣がえさを);通る(猟獣がけもの道を). **10.** 〔〈j⁴/et⁴〉ヲ〕〖狩〗襲う(猟獣が). 【慣用】**〈j⁴〉 (hart) annehmen** 《口》〈人ヲ〉厳しく批判する.

ạn·nehm·lich [アン·ネームリひ] [形] 《古》快適な;受入れられる.

die **Ạn·nehm·lich·keit** [アン·ネームリひカイト] [名] -/-en 《主に[複]》快適さ, 便利さ, 利点.

an·nek·tie·ren [アネクティーれン] [動] *h.* 〔〈et⁴〉ヲ〕併合する(国·地域を).

(die) **Ạn·ne·ma·rie** [アネ·マりー] [名] 〖女名〗アネマリー.

(die) **An·nẹt·te** [アネッテ] [名] 〖女名〗アネッテ.

der **An·nẹx** [アネックス] [名] -es/-e 《文》付属物, 付属書類;付属建造物, 増築部分(~bau).

die **An·ne·xi·on** [アネクスィオーン] [名] -/-en 併合.

ạn·ni cur·rẹn·tis [アニ クれンティス] 〖ラテン語〗今年の〔に〕.

ạn·ni fu·tu·ri [アニ ふトゥーり] 〖ラテン語〗翌年の〔に〕.

die **An·ni·hi·la·ti·on** [アニヒラツィオーン] [名] -/-en 取消し, 無効宣言;〖核物理〗(素粒子の)対(つい)消滅.

an·ni·hi·lie·ren [アニヒリーれン] [動] *h.* **1.** 〔〈et⁴〉ヲ〕廃棄する, 無効にする. **2.** 〔〈et⁴〉ヲ〕〖核物理〗対(つい)消滅させる.

ạn·ni prae·te·ri·ti [..prɛté:riti アニ プれテーりティ] 〖ラテン語〗前年の〔に〕.

das **An·ni·ver·sar** [アニヴェるザーあ] [名] -s/-e **1.** 《文》(毎年の)記念日, …周年祭. **2.** 〖カトリック〗記念日;年忌.

das **An·ni·ver·sa·ri·um** [アニヴェるザーりウム] [名] -s/..rien =Anniversar.

ạn·no, Ạn·no [アノ] [副] 《古》…年に(略 a.).

Ạn·no Do·mi·ni [アノ ドーミニ] 〖ラテン語〗西暦紀元〔キリスト生誕後〕…年に.

die **An·non·ce** [anɔ̃:sə アノーンセ, anɔ̃ŋsə アノンセ] [名] -/-n (新聞·雑誌の)広告.

an·non·cie·ren [anɔ̃sí:rən アノンスィーれン, anɔŋsí:rən アノンスィーれン] [動] *h.* **1.** 〔[補足なし]〕(新聞)広告を出す. **2.** 〔〈et⁴〉ヲ〕(新聞などで)広告する(新刊本などを).

die **An·no·ta·ti·on** [アノタツィオーン] [名] -/-en(主に[複]) **1.** 《古》注釈. **2.** 〖出版〗(司書用の)本の内容案内.

die **An·nu·i·tät** [アヌイテート] [名] -/-en 〖経〗年賦金;年金;([複])年収.

an·nul·lie·ren [アヌリーれン] [動] *h.* 〔〈et⁴〉ヲ〕無効とする, 取消す(判決などを).

die **An·nul·lie·rung** [アヌリーるング] [名] -/-en 《文》取消し;無効.

die **A·no·de** [アノーデ] [名] -/-n 〖理〗陽極, アノード.

ạn|ö·den [アン·エーデン] [動] *h.* 《口》 **1.** 〔〈j⁴〉ヲ〕退屈させる. **2.** 〔〈j⁴〉ニ〕しつこくからむ.

ạ·no·mal [アノマール] [形] 異常な.

die **A·no·ma·lie** [アノマリー] [名] -/-n **1.** ([単]のみ)異常. **2.** 〖生〗異常, 奇形;〖理〗偏差;〖天〗近点離角.

a·no·nym [アノニューム] [形] 匿名の;作者不明の.

die **A·no·ny·mi·tät** [アノニュミテート] [名] -/ 匿名, 無名;作者不詳.

der **A·no·ny·mus** [アノーニュムス] [名] -/..nymi[..ニュミ]〔..nymen[アノニューメン]〕 匿名(の筆者), 無名(氏).

die **A·no·phe·les** [アノーふぇレス] [名] -/- 〖昆〗ハマダラカ.

der **Ạ·no·rak** [アノらク] [名] -s/-s アノラック.

ạn|ord·nen [アン·オるドネン] [動] *h.* **1.** 〔〈et⁴〉ヲ+〈様態〉ニ〕配列する, 並べる. **2.** 〔〈et⁴〉ヲ〕指示する, 命令する.

die **Ạn·ord·nung** [アン·オるドヌング] [名] -/-en **1.** 配列, 配置. **2.** 命令, 指令, 指図, 指示: *~en* treffen 指図をする.

das **A·n·o·rek·ti·kum** [アノれクティクム] [名] -s/..ka 食欲抑制剤.

die **A·n·o·re·xie** [アノれクスィー] [名] -/ 〖医〗食欲不振.

an·or·ga·nisch [アン·オるガーニシュ, アン·オるガーニシュ] [形] **1.** 無機(物)の;無生物の. **2.** 変則な.

ạ·nor·mal [アノるマール] [形] 異常な.

die **A·n·os·mie** [アノスミー] [名] -/ 〖医〗無嗅覚(症).

ạn|pa·cken [アン·パッケン] [動] *h.* **1.** 〔〈j⁴/et⁴〉ヲ+(mit 〈et³〉デ)〕(しっかりと)摑(つか)む;(…に)襲いかかる: *Pack an!* かかれ(犬への命令). **2.** 〔〈j⁴〉ヲ〕襲う(恐怖などが). **3.** 〔〈et⁴〉ニ+(〈様態〉デ)〕取組む, 取掛かる. **4.** 〔〈j⁴〉ヲ+〈様態〉デ〕《口》扱う, (…に…な)態度でのぞむ. 【慣用】**mit anpacken** 協力する.

ạn|pas·sen [アン·パッセン] [動] *h.* **1.** 〔〈j⁴/et⁴〉ヲ+〈j³/et³〉ニ〕合せる, 適応〔適合〕させる. **2.** 〔sich⁴+〈j³/et³〉〈an〈et⁴〉〉ニ〕適応〔順応〕する, 同調する. **3.** 〔相互代名詞sich⁴〕互いに協調する.

die **Ạn·pas·sung** [アン·パッスング] [名] -/-en 《主に[単]》適合, 適応, 順応: die ~ an 〈et⁴/j⁴〉〈物·事·人ニ〉対する適応.

die **Ạn·pas·sungs·er·schei·nung** [アンパッスングス·エあシャイヌング] [名] -/-en 〖生〗適応〔応化〕現象.

ạn·pas·sungs·fä·hig [アンパッスングス·ふぇーイひ] [形] 適応能力〔順応性〕のある.

das **Ạn·pas·sungs·ver·mö·gen** [アンパッスングス·ふぇあ

(ﾒ)ーゲン] [名] -s/- 《主に[単]》適応(能)力, 順応性.

ạn|pei·len [アン・パイレン] [動] *h.* **1.** 〖〈j^4/et^4〉ニ〗〖空・海〗進路〔航路〕をとる《灯台・空港などに》;《転》目をつける《娘などに》, (…を)目指す. **2.** 〖〈j^4/et^4〉ノ〗〖無線〗位置を電波で測定する《飛行機などの》.

ạn|pel·len [アン・ペレン] [動] *h.* 〖〈j^4〉ニ〗《方・口》衣服を着せる.

ạn|pfei·fen* [アン・プふぁイふぇン] [動] *h.* **1.** 〖(〈et^4〉ノ)〗〖スポ〗開始の笛を吹く. **2.** 〖〈j^4〉ヲ〗《口》がみがみしかる.

der **Ạn·pfiff** [アン・プふぃふ] [名] -(e)s/-e **1.** 〖スポ〗(試合開始の)笛〔ホイッスル〕. **2.** 《口》叱責(しっせき).

ạn|pflan·zen [アン・プふランツェン] [動] *h.* **1.** 〖〈et^4〉ヲ〗植える《花などを》; 栽培する《穀物・コーヒーなどを》. **2.** 〖〈et^4〉ニ〗植えつけをする《菜園などに》.

die **Ạn·pflan·zung** [アン・プふランツング] [名] -/-en **1.** 植えつけ; 栽培. **2.** 栽培地, 農園, 植林地.

ạn|pflau·men [アン・プふラウメン] [動] *h.* 〖〈j^4〉ヲ〗《口》からかう; (…に)きつい小言を言う.

ạn|pflo·cken [アン・プふロッケン] [動] *h.* 〖〈et^4〉ヲ〗杭(くい)につなぐ《ボートなどを》; 杭で固定する《テントなどを》.

ạn|pflö·cken [アン・プふ(ﾛ)ッケン] [動] *h.* =an|pflocken.

ạn|pi·cken [アン・ピッケン] [動] *h.* 〖〈et^4〉ヲ〗ついばむ; (…に)ついばんで損害を与える《作物などに》.

ạn|pin·seln [アン・ピンゼルン] [動] *h.* 《口》 **1.** 〖〈j^4/et^4〉ニ〗塗料を塗る, 絵を描く《壁などに》. **2.** 〖〈et^4〉ヲ+(an 〈et^4〉ニ)〗塗料で書く《スローガンを壁などに》. **3.** 〖$sich^4$〗化粧をする.

ạn|pir·schen [アン・ピるシェン] [動] *h.* 〖狩〗 **1.** 〖〈et^4〉ニ〗忍びよる《獲物に》. **2.** 〖$sich^4$+(an 〈j^4/et^4〉ニ)〗忍びよる.

ạn|pö·beln [アン・(ペ)ーベルン] [動] *h.* 〖〈j^4〉ニ〗《口・蔑》言いがかりをつける, からむ.

ạn|po·chen [アン・ポっへン] [動] *h.* 〖bei〈j^3〉ノ戸ヲ〗《文》そっとたたく;《転》(…に)そっと打診する.

der **Ạn·prall** [アン・プラル] [名] -(e)s/-e 激突, 衝突.

ạn|pral·len [アン・プラレン] [動] *s.* 〖an〔gegen〕〈j^4/et^4〉ニ〗ぶつかる, 衝突する.

ạn|pran·gern [アン・プランガーン] [動] *h.* 〖〈j^4/et^4〉ヲ+(als 〈j^4/et^4〉トシテ)〗弾劾する, 公然と非難する.

ạn|prei·sen* [アン・プらイゼン] [動] *h.* 〖〈j^4/et^4〉ヲ〗推奨する, 吹聴する.

die **Ạn·pro·be** [アン・プろーベ] [名] -/-n 試着; 試着室.

ạn|pro·bie·ren [アン・プろビーれン] [動] *h.* **1.** 〖〈et^4〉ヲ〗試着する. **2.** 〖〈j^3〉ニ+〈et^4〉ヲ〗試着させる.

ạn|pum·pen [アン・プムペン] [動] *h.* 〖〈j^4〉ニ+(um 〈et^4〉ヲ)〗《口》せがんで借りる《お金などを》.

ạn|quas·seln [アン・クヴァっセルン] [動] *h.* =an|quatschen.

ạn|quat·schen [アン・クヴァっチェン] [動] *h.* 〖〈j^4〉ニ〗《口》無遠慮に話しかける.

der **Ạn·rai·ner** [アン・らイナー] [名] -s/- **1.** 隣接地の人;《転》隣接国. **2.** (道路の)隣接居住者.

ạn|ran·zen [アン・らンツェン] [動] *h.* 〖〈j^4〉ヲ〗《口》叱りつける.

ạn|ra·ten* [アン・らーテン] [動] *h.* 〖(〈j^3〉ニ)+〈et^4〉ヲ〗勧める: auf *A*~ des Arztes 医者の勧めで.

ạn|rau·chen [アン・らウヘン] [動] *h.* **1.** 〖〈et^4〉ヲ〗(火をつけて)吸い始める. **2.** 〖〈j^4/et^4〉ニ〗タバコの煙を吹きかける.

ạn|räu·chern [アン・ろイひゃーン] [動] *h.* 〖〈et^4〉ヲ〗軽くいぶす《肉・魚などを》.

ạn|rau·en, [旧] **ạn|rau·hen** [アン・らウエン] [動] *h.* 〖〈et^4〉ヲ〗ざらざらにする《皮革などを》, けばだたせる《布地などを》; しゃがれさせる《タバコなどが声を》.

ạn|rech·nen [アン・れひネン] [動] *h.* **1.** 〖(〈j^3〉ノ)+〈et^4〉ヲ〗(別途に)勘定につける《追加サービス分などを》; 成績〔評点〕に入れる. **2.** 〖〈et^4〉ヲ+(auf 〈et^4〉ニ)〗算入する. **3.** 〖〈et^4〉ヲ〗下取りする. **4.** 〖〈j^3〉ノ+〈et^4〉ヲ+〈様態〉ニ〗評価する, みなす.

die **Ạn·rech·nung** [アン・れひヌング] [名] -/-en 《主に[単]》算入: unter ~ der Transportkosten 輸送費込みで. 〈et^4〉 in ~ bringen 《硬》〈物・事ヲ〉勘定に入れる.

das **Ạn·recht** [アン・れひト] [名] -(e)s/-e **1.** (当然の)権利, 資格: ein ~ auf 〈et^4〉〈物・事ヲ〉要求する権利. **2.** (劇場などの)定期予約, 定期会員資格.

die **Ạn·re·de** [アン・れーデ] [名] -/-n **1.** 呼びかけ(の言葉)《du, Sie ; Herr Doktor など》. **2.** 《稀》話しかけ. **3.** 《スイ・古》スピーチ.

der **Ạn·re·de·fall** [アンれーデ・ふぁル] [名] -(e)s/..fälle 〖言〗呼格(Vokativ).

ạn|re·den [アン・れーデン] [動] *h.* **1.** 〖〈j^4〉ニ〗話しかける. **2.** 〖〈j^4〉ヲ+mit 〈et^3〉デ〗呼ぶ《特定の呼び方で》. **3.** 〖gegen 〈j^4/et^4〉ニ負ケナイヨウニ〗(大声で)話す.

ạn|re·gen [アン・れーゲン] [動] *h.* **1.** 〖〈j^4/et^4〉ヲ〗活気づける, 刺激する《食欲などを》, 興奮させる: ein *anregendes* Mittel 興奮剤. **2.** 〖〈j^4〉ニ+zu 〈et^3〉ヲ/zu 〈[動]〉〗する気にさせる《物・事が主語で》; するように促す《人が主語で》. **3.** 〖〈et^4〉ヲ〗提案〔提起〕する; (…の)きっかけを与える. **4.** 〖〈et^4〉ヲ〗〖理〗励起する《原子などを》.

ạn·re·gend [アン・れーゲント] [形] 刺激を与える.

die **Ạn·re·gung** [アン・れーグング] [名] -/-en 刺激, 激励, 鼓舞; 提起, 提案; 《[単]のみ》活気づけ: eine ~ zu 〈et^3〉 erhalten 〈事ヲ〉する気になる. eine ~ für 〈et^4〉 haben 〈事ヲ〉するきっかけを得る. ein Mittel zur ~ der Verdauung 消化促進剤. auf ~ von 〈j^3〉〈人ニ〉うながされて, 〈人ノ〉発議で.

das **Ạn·re·gungs·mit·tel** [アンれーグングス・ミッテル] [名] -s/- 刺激〔興奮〕剤.

ạn|rei·chern [アン・らイひゃーン] [動] *h.* **1.** 〖〈et^4〉ヲ〗蓄積する; (〈et^4〉が$sich^4$の場合)蓄積される: mit Rauch *angereicherte* Luft 煙が充満した空気. **2.** 〖〈et^4〉ヲ〗濃縮する《ウランなどを》, 強化する《食品などを》.

die **Ạn·rei·che·rung** [アン・らイひぇるング] [名] -/-en 蓄積; 濃縮, 強化.

der **Ạn·rei·che·rungs·ho·ri·zont** [アンらイひぇるングス・ホりツォント] [名] -(e)s/-e 〖地質〗(土壌中の塩などの)蓄積層.

ạn|rei·hen[1] [アン・らイエン] [動] *h.* **1.** 〖〈et^4〉ヲ+(an 〈et^4〉ニ)〗並べる, 付け加える: Perlen ~ 真珠に糸を通す. **2.** 〖$sich^4$+(an 〈et^4〉ニ)〗《文》(次々に)並ぶ; 列に加わる: Ein Unglück *reihte* sich ans andere *an.* 不幸が続いた.

ạn|rei·hen[2(*)] [アン・らイエン] [動] *h.* (主に不規則変化)〖〈et^4〉ヲ〗仮縫いする, (…の)ひだを取る《スカートなどの》.

die **Ạn·rei·se** [アン・らイセ] [名] -/-n 到着; 往路.

ạn|rei·sen [アン・らイゼン] [動] *s.* **1.** 〖補足なし〗(往路の)旅に出る. **2.** 〖(aus 〈et^3〉カラ)〗(乗り物で)到着する: *angereist* kommen 旅行でやって来る.

ạn|rei·ßen* [アン・らイセン] [動] *h.* **1.** 〖〈et^4〉ニ〗切れ目〔裂け目〕を入れる; 《口》(…の)封を切る《包みなどの》. **2.** 〖〈et^4〉ニ〗《口》手をつける《蓄えなどに》. **3.** 〖〈et^4〉ヲ〗ひもを引いて始動させる《船外モーターなどを》; 《方》擦る《マッチを》. **4.** 〖〈et^4〉ニ〗〖工〗罫書(けが)きする《金属材料に》; 〖林〗樹液を採るために刻み目をつける. **5.** 〖〈et^4〉ヲ〗話題にする. **6.** 〖〈j^4〉ニ〗《口》(しつこく)呼び声をかける《市場などで客に》.

der **Ạn·rei·ßer** [アン・らイサー] [名] -s/- **1.** 罫書(けが)き工. **2.** 《口》呼込みをする人; 目玉商品.

ạn·rei·ße·risch [アン・らイセりシュ] [形] 《口》誇大宣伝の.

Anreiz 64

der **An|reiz** [アン・らイツ] 名 -es/-e 刺激, 促し: ein ~ zur Beteiligung 参加へと促すこと.

an|rei|zen [アン・らイツェン] 動 h. **1.**〈j⁴=+(zu〈et³〉へ)〉〈励まし〉を与える. **2.**〈et⁴=ッ〉刺激する〈食欲などを〉.

an|rem|peln [アン・れムペルン] 動 h.〈j⁴=〉〈口〉(わざと)ぶつかる;〈口〉(侮辱する.

an|ren|nen* [アン・れネン] 動 **1.** 〈慣地〉駆寄って来る: angerannt kommen 駆けてやって来る. **2.** s. gegen〈j⁴/et³〉ッ〉〈向かって〉突進〔突撃〕する, 逆らって進む〈風などに〉. **3.** s.〔(mit〈et³〉ッ〉)gegen[an]〈j⁴/et²〉ッ〉〈口〉(うっかり)ぶつかる;走って来てぶつかる〈人などに〉. **4.**〈gegen〈j⁴/et⁴〉ッ〉対抗する;逆らう. **5.**〈j⁴/et²〉ッ〉+(mit〈et³〉ッ〉)〉〈方〉走って来てぶつける〈腕などに〉. **6.** h. 〈sich³+〈et⁴〉ッ〉+an〈et³〉ッ〉〈口〉ぶつける〈ひじを角などに〉.

die **An|rich|te** [アン・りヒテ] 名 -/-n 配膳(ぜん)用食器戸棚, サイドボード; 配膳室.

an|rich|ten [アン・りヒテン] 動 h. **1.**〈et⁴=ッ〉〈皿などに〉盛りつける: Es ist angerichtet. 〈文〉食事の用意が調いました. **2.**〈et⁴=ッ〉+mit〈et³〉ッ〉〈料〉加えて仕上げる. **3.**〈et⁴=ッ〉引き起こす〈禍い・混乱などを〉.

an|rol|len [アン・ろレン] 動 **1.** s. 〈慣地〉走り始める〈列車などが〉;開始される〈ある行動が〉;走って近づいてくる〈列車・車などが〉. **2.** h.〈et⁴=ッ〉転がしながら運んで来る〈たるなどを〉. **3.** s.〈gegen〈j⁴/et⁴〉=向かって〉突進する〈戦車などが〉.

an|ros|ten [アン・ろステン] 動 s. 〈慣地〉錆(さ)びはじめる.

an|rü|chig [アン・りゅヒヒ] 形 評判の悪い;(少々)いかがわしい, 感じの悪い.

an|ru|cken [アン・るッケン] 動 h. **1.**〈慣地〉がくんと動き出す〈列車などが〉. **2.**〈et⁴=ッ〉〈稀〉ぐいっと引っぱる〈綱などを〉.

an|rü|cken [アン・りゅッケン] 動 **1.** 〈慣地〉〈隊を組んで〉来る. **2.** h.〈et⁴=ッ〉+(an〈et³〉ヘ〉)〉押してずらす, 押し寄せる. **3.** s. 〈an〈j⁴〉ッ〉身をすり寄せる.

der **An|ruf** [アン・るーふ] 名 -(e)s/-e 呼びかけ, 誰何(すいか); 電話(をかけてくること): einen ~ erwarten 電話(ぐるま)を待っている.

an|ruf|bar [アン・るーふ・バー ル] 形 電話回線で呼出せる.

der **An|ruf|be|ant|wor|ter** [アン・るーふ・ベアントヴォるター] 名 -s/- 留守番電話.

an|ru|fen* [アン・るーふェン] 動 h. **1.**〈(j⁴)=/〈場所〉=〉電話をかける〈(慣・口)では〈j³〉〉: zu Hause/im Büro ~ 自宅/事務所に電話する. Hat jemand angerufen? だれか電話をかけてきたか. **2.**〈j⁴〉=〉声をあげる, 大声で呼びかける. **3.**〈j⁴〉=+(um〈et⁴〉ッ〉)〉懇願〔懇請〕する. **4.**〈et⁴=ッ〉懇願する;〈...に〉訴える.

der **An|ru|fer** [アン・るーふぇー] 名 -s/- 電話をかけて来た人.

die **An|ru|fung** [アン・るーふング] 名 -/-en 祈願, 嘆願, 懇願, 訴願, アピール.

an|rüh|ren [アン・りゅーれン] 動 h. **1.**〈j⁴/et⁴=ッ〉手を触れる;手をつける〈食事などに〉. **2.**〈j⁴〉=〉〈文〉心を動かす. **3.**〈et⁴=ッ+(mit〈et³〉ト〉)〉かき混ぜる.

ans [アンス] =an+das.

ANSA [アンザ] =Agenzia Nazionale Stampa Associata アーヌエスアー〔(イタリア)共同通信社〕.

an|sä|en [アン・ゼーエン] 動 h.〈auf〈et²〉=+〈et⁴〉ッ〉種をまく.

die **An|sa|ge** [アン・ザーゲ] 名 -/-n アナウンス, 発表, 通告; [トラ](ブリッジなどでの)ビッド, ビディング.

an|sa|gen [アン・ザーゲン] 動 h. **1.**〈(j³)+〈et⁴〉ッ〉アナウンスする, あらかじめ知らせる;[トラ]ビッドする,〈切り札を〉宣言する. **2.**〈sich⁴+〈時点〉=/〈場所〉ッ(ニ)〉訪問〔出勤〕すると予告する: beim Arzt angesagt sein 医者に診察の予約をしている. **3.**〈(j³)+〈et⁴〉ッ〉口述筆記させる. **4.**〈j³〉=+〈et⁴〉ッ〉〈古〉知らせる.

an|sä|gen [アン・ゼーゲン] 動 h.〈et⁴=〉鋸(のこ)で切込みを入れる.

der **An|sa|ger** [アン・ザーガー] 名 -s/- アナウンサー;(寄席などの)司会者.

an|sam|meln [アン・ザメルン] 動 h. **1.**〈et⁴=ッ〉蓄える, 収集する;高める〈原子のポテンシャルなどを〉. **2.**〈sich⁴〉集ま(って来る)る;たまる;積もる.

die **An|samm|lung** [アン・ザムルング] 名 -/-en 収集〔蓄積・堆積(たいせき)〕(物);人だかり.

an|säs|sig [アン・ゼッスィヒ] 形〔(《場所》=)〕定住〔在住〕している: ~ werden〔sich⁴ ~ machen〕居を定める.

der **An|satz** [アン・ザッツ] 名 -es/..sätze **1.** 端緒, 着手, 開始;芽, 萌芽;きざし, 兆候: einen ~ zu〈et³〉bringen 硬〉千ユーロを見積もる. außer ~ bleiben 硬〉計算などから除外されている. **5.**〔数〕数式(化). **6.**〔化〕沈殿(物).

der **An|satz|punkt** [アン・ザッツ・プンクト] 名 -(e)s/-e 手がかり, いとぐち, 出発点.

das **An|satz|rohr** [アン・ザッツ・ろーあ] 名 -(e)s/-e〔工〕連結パイプ;〔解〕声道.

das **An|satz|stück** [アン・ザッツ・シュテュック] 名 -(e)s/-e〔工〕連結部〔品〕, 継ぎ足し部分〔部品〕, 〈吹奏楽器の〉歌口.

an|sau|fen* [アン・ザオふェン] 動 h.〈sich³+〈et⁴〉=〉《口》酒を飲かって(...に)なる.《慣用》sich³ einen (Rausch) ansaufen〈口〉酔っ払う.

an|sau|gen(*) [アン・ザオゲン] 動 h.〈不規則変化も有〉. **1.**〈j⁴/et⁴〉ッ+(mit〈et³〉ッ〉)〉吸込む, 吸い上げる;〈転〉惹(ひ)きつける. **2.**〈et⁴=ッ〉口で吸う〈ホースなどを〉. **3.**〈sich⁴〉吸いつく〈ヒルなどが〉. **4.**〈j³〉乳を吸い始める〈赤ん坊が〉.

(*das*) **Ans|bach** [アンス・バッハ] 名 -s/ アンスバッハ〈バイエルン州の都市〉.

an|schaf|fen [アン・シャふェン] 動 h. **1.**〔(sich³)+〈et⁴〉ッ〕購入する〈耐久消費財・絵画などを〉. **2.**〈j⁴=ッ〉〈口〉作る〈子供・恋人などを〉. **3.**〈j³〉=+〈et⁴〉ッ〉〈南独・トラー〉命じる,〈...の〉命令を下す. **4.**〈et⁴=ッ〉〈南独〉注文する〈料理屋などで〉.〈口〉金を稼ぐ〈口〉(金のために)売春をする.《口》怪しんで金を作る.

die **An|schaf|fung** [アン・シャふング] 名 -/-en 購入;買い物, 購入物: ~en machen 買い物をする.

die **An|schaf|fungs|kos|ten** [アン・シャふングス・コステン] [複] 取得原価, 購入〔調達〕費〈資産となる物品の〉.

der **An|schaf|fungs|preis** [アン・シャふングス・プらイス] 名 -es/-e 取得〔購入〕価格.

an|schal|ten [アン・シャルテン] 動 h.〈et⁴=ッ〉スイッチ〔レバー〕を入れる〈ラジオなどの〉.

an|schau|en [アン・シャウエン] 動 h. 〈南独・トラー・スイス〉. **1.**〈j⁴/et⁴=ッ+(〈様態〉=)〉じっと見つめる. **2.**〔(sich³)+〈j⁴/et⁴〉ッ〕よく見る;診る〈患者を〉;見物する, 鑑賞〔観賞〕する.

an|schau|lich [アン・シャウリヒ] 形 目に見えるような, 具体的な.

die **An|schau|lich|keit** [アン・シャウリヒカイト] 名 -/具象性, 明瞭(めいりょう)さ.

die **An|schau|ung** [アン・シャウウング] 名 -/-en **1.**

A

《[単]のみ》じっと見ること, 観照, 直観. **2.** 見解, 意見, 見方: eine ~ über ⟨et⁴⟩ 〔zu ⟨et³⟩〕 ⟨物・事に⟩対する考え. **3.** 実見, 見ること: ⟨et⁴⟩ aus eigener ~ kennen ⟨物・事を⟩自分で見て知っている.

das **An·schau·ungs·ma·te·ri·al** [アンシャウウングス・マテりアール] [名] -s/-ien 視覚(教育用)教材, 実物教材.

der **An·schau·ungs·un·ter·richt** [アンシャウウングス・ウンターりひト] [名] -(e)s/ 〖教〗直観教授, 実物教授.

die **An·schau·ungs·wei·se** [アンシャウウングス・ヴァイゼ] [名] -/-n ものの見方〔考え方〕.

der **An·schein** [アン・シャイン] [名] -(e)s/ 外見, 見かけ, 気配: den ~ erwecken, als ob ... まるで…のような印象を与える. sich³ den ~ geben 見せかける, 振りをする. allem 〔dem〕 ~ nach 見受けるところ, どうやら.

an·schei·nend [アン・シャイネント] [副] 《文飾》(見たところ)どうも…のようだ: *A*~ wusste er das noch nicht. どうも彼はそれをまだ知らなかったようだ.

an|schei·ßen* [アン・シャイセン] [動] *h.* 《口》 **1.** 〔⟨j⁴⟩ヲ〕だます, ひっかける. **2.** 〔⟨j⁴⟩ヲ〕(口汚く)怒鳴りつける. 【慣用】**angeschissen kommen** 《口》都合の悪い時にやって来る.

an|schi·cken [アン・シッケン] [動] *h.* 〔sich⁴+zu ⟨et³⟩ヲ/zu ⟨[動]⟩ヲ〕《文》ちょうどしようとする.

an|schie·ben* [アン・シーベン] [動] *h.* **1.** 〔⟨j⁴/et⁴⟩ヲ〕押して動かす, (エンジンがかかるまで)押してやる(車を). **2.** 〔⟨et⁴⟩ヲ+an ⟨et⁴⟩ニ〕押しやる. 【慣用】**angeschoben kommen** 《口》ぶらぶらやって来る.

an|schie·len [アン・シーレン] [動] *h.* 〔⟨j⁴/et⁴⟩ヲ〕《口》横目で見る, 盗み見る.

an|schie·ßen* [アン・シーセン] [動] *h.* **1.** 〔⟨j⁴/et⁴⟩ヲ〕撃って〔射て〕傷を負わせる;《口》批判する, 悪く言う. **2.** 〔⟨j⁴⟩ニ向カッテ〕〖サッカー〗シュートする. **3.** 〔⟨et⁴⟩ノ〕〖軍・狩〗試射をする(銃・砲の). **4.** 〔⟨et⁴⟩ノ〕祝砲を打〔放〕つ(新年などの);〖スポーツ〗(…を)ピストルで合図する(スタートなどを). 【慣用】**angeschossen kommen** 猛然と突進して来る.

an|schir·ren [アン・シレン] [動] *h.* **1.** 〔⟨et⁴⟩ヲ〕馬車につなぐ(馬を). **2.** 〔⟨et³⟩ニ+⟨et⁴⟩ヲ〕つける(馬に馬具を).

der **An·schiss**, [旧]**An·schiß** [アン・シス] [名] -es/-e 《口》(激しい)叱責(しっせき).

der **An·schlag** [アン・シュラーク] [名] -(e)s/..schläge **1.** 《[単]のみ》ぶつかること;(波などが)打寄せること. **2.** 〖水泳〗タッチ;(隠れんぼの)タッチ, タッチする場所. **3.** 《[単]のみ》(ピアノ・キーなどの)タッチ;(主に[単])タッチ, 打鍵;《[複]のみ》キーを打つ回数;(主に[複])(行などの)字数. **4.** 掲示, 張り紙: einen ~ machen 掲示をする. **5.** (暗殺などの)襲撃, 攻撃: einen ~ auf ⟨j⁴⟩ verüben ⟨人を⟩襲撃する. **6.** 〖軍・狩〗射撃姿勢: das Gewehr im ~ haben (小)銃を構える. **7.** 〖商〗見積り: ⟨et⁴⟩ in ~ bringen ⟨物・事を⟩見積もる. **8.** 《主に[単]》(栓などの)止めがかかるところ, ストッパー;(電話の)指止め. **9.** 〖球〗(ゲーム開始の)第一打, サーブ. **10.** 〖手芸〗(編物の)最初の目. **11.** (釣りの)合わせ. **12.** 《稀》(犬の)短いほえ声.

das **An·schlag·brett** [アンシュラーク・ブれット] [名] -(e)s/-er 掲示板.

an|schla·gen* [アン・シュラーゲン] [動] **1.** *h.* 〔⟨et⁴⟩ヲ+(an ⟨et³⁽⁴⁾⟩ニ)〕掲示する;打ちつける(くぎで板などを);〖海〗畳んで縛りつける(帆を帆柱に), 固定する(いかりを鎖に);〖鉱〗引き綱に結びつける(ケージなどを). **2.** *s.* 〔mit⟨et³⟩ヲ+(an ⟨et⁴⟩ニ)〕ぶつける. **3.** *s.* 〔an ⟨et⁴⁽³⁾⟩ニ〕ぶつかる;打寄せる(波が岸に). **4.** *h.* 〔⟨j⁴⟩ヲ∥⟨j³⟩ノ+⟨et⁴⟩ヲ〕(なぐって)けがをさせる: sich³ den Kopf an der Tür ~ ドアにぶつけて頭にけがをする. den Gegner ~ (ボクシングなどで)相手にダメージを与える. schwer *angeschlagen* sein グロッキーである. **5.** *h.* 〔(an ⟨et³⟩ニ)〕〖水泳〗タッチする. **6.** *h.* 〔⟨j⁴⟩ヲ〕見つけたと叫ぶ(かくれんぼで取決めた物・場所にタッチしながら);(⟨j⁴⟩がsich⁴の場合)(だれかを見つけたので)自分は鬼じゃなくなったと叫ぶ. **7.** *h.* 〔⟨et⁴⟩ヲ〕ぶつけて欠いてしまう(皿・グラスなどを). **8.** *h.* 〔⟨et⁴⟩ニ〕(伐採のため)切込みをつける. **9.** *h.* 〔⟨et⁴⟩ヲ〕打って〔たたいて〕音を鳴らす(鐘などを);かき鳴らす(ギターなどを);たたく(タイプのキーを);サーブして試合を開始する(ボールを);(ピアノで)弾く, 鳴らす(標準音などを);あげる(笑い声などを);(…に)変える(速度・歩調などを);切出す(新たな話題などを). **10.** *h.* 〔⟨et⁴⟩(ノ最初ノ目)ヲ〕〖手芸〗作る. **11.** *h.* 〔(⟨et⁴⟩ヲ)〕打つ(時計が時を). **12.** *h.* 〔[補足なし]〕鳴響く(鐘が);ほえ声をあげる(犬が), さえずる(鳥が). **13.** *h.* 〔(⟨et⁴⟩ノ)〕《オーストリア》口を開ける(たるなどの). **14.** *h.* 〔⟨et⁴⟩ヲ+(auf ⟨j⁴/et⁴⟩ニ向ケテ)〕〖軍〗《古》構える(銃を). **15.** *h.* 〔⟨et⁴⟩ヲ+⟨様態⟩ニ〕《文》評価する;考慮に入れる. **16.** *h.* 〔(bei ⟨j³⟩ニ)〕効き目がある(薬などが);《口》(…を)肥らせる(ケーキなどが).

der **An·schlä·ger** [アン・シュレーガー] [名] -s/- 〖球〗(ファウストバルの)サーバー;〖鉱〗操車係.

die **An·schlag·säu·le** [アンシュラーク・ゾイレ] [名] -/-n (円筒形の)広告塔.

an|schlei·chen* [アン・シュライひェン] [動] **1.** *s.* 〔[補足なし]〕忍び寄る: *angeschlichen* kommen こっそり〔足音を忍ばせて〕近づいて来る;《口》邪魔な時にやって来る. **2.** *h.* 〔⟨j⁴/et⁴⟩ニ〕(ねらいをつけて)忍び寄る. **3.** *h.* 〔sich⁴+(an ⟨j⁴/et⁴⟩ニ)〕忍び寄る.

an|schlep·pen [アン・シュレっペン] [動] *h.* **1.** 〔⟨et⁴⟩ヲ〕引きずってくる, 苦労して持ってくる;引っ張って走る(エンジンをかけるために車を). **2.** 〔⟨j⁴⟩ヲ〕《転》引連れてくる.

an|schlie·ßen* [アン・シュリーセン] [動] *h.* **1.** 〔⟨j⁴/et⁴⟩ヲ+(an⟨et³⁽⁴⁾⟩ニ)〕つなぐ. **2.** 〔⟨et⁴⟩ヲ+(an ⟨et⁴⁽³⁾⟩ニ)〕接続する, コンセント〔電源〕につなぐ. **3.** 〔(⟨et³⟩ニ/an ⟨et⁴⟩ニ)+⟨et⁴⟩ヲ〕つけ加える. **4.** 〔(sich⁴)+an ⟨et⁴⟩ニ〕隣接している, 隣合っている. **5.** 〔(sich⁴)+an ⟨et⁴⟩ニ〕ひき続いて行われる. **6.** 〔sich⁴+⟨j³/et³⟩ニ〕参加する(旅行などに), くみする(ある人・党派などに);賛成〔賛同〕する(意見・理論などに);共鳴する;(…と)打解ける. **7.** 〔(an ⟨et³⟩ニ)〕ぴったりである(服が身体などに). 【慣用】**Darf ich mich Ihnen anschließen?** あなたの仲間に入れてもらえますか, あなたとご一緒してよろしいでしょうか. **sich⁴ schwer/leicht anschließen (können)** なかなか人と打解けない/すぐに人と打解ける.

an·schlie·ßend [アン・シュリーセント] [形] **1.** (時間)ひき続いての;ひき続いて. **2.** (空間)隣接する;体にぴったりの.

der **An·schluss**, [旧]**An·schluß** [アン・シュルス] [名] -es/..schlüsse **1.** (電気・交通・電話網などへの)接続, 連結: ~ nach Wien ウィーン行きの接続. ~ an die Kanalisation haben 下水道が完備している. keinen ~ bekommen 電話がつながらない. **2.** 《[単]のみ》(人との)つながり, コンタクト;結びつき;〖スポーツ〗= ~treffer. **3.** 加入;併合(特にナチスによるオーストリアの): ~ an eine Partei ある政党への入党. 【慣用】**im Anschluss an ⟨et⁴⟩** ⟨事に⟩すぐ続いて;(…を)手本にして.

die **An·schluss·bahn** [アンシュルス・バーン] [名] -/-en 接続線;支線.

die **An·schluss·do·se** [アンシュルス・ドーゼ] [名] -/-n コンセント.

das **An·schluss·gleis** [アンシュルス・グライス] [名] -es/-e 〖鉄道〗(工場の)接続〔引込み〕線.

das **An·schluss·ka·bel** [アンシュルス・カーベル] [名] -s/- 接続ケーブル;〖電〗加入者ケーブル.

A

die **An·schluss·stel·le** [アンシュルス・シュテレ] [名] -/-n (高速道路の)インターチェンジ.

die **An·schluss·stre·cke** [アンシュルス・シュトれッケ] [名] -/-n 〖鉄道〗接続区間.

das **An·schluss·tor** [アンシュルス・トーあ] [名] -(e)s/-e =Anschlusstreffer.

der **An·schluss·tref·fer** [アンシュルス・トれッふぁー] [名] -s/- 〖球〗1点差にせまるゴール.

an|schmach·ten [アン・シュマはテン] [動] h. 〔〈j^4〉ヲ〕せつない〔憧れの〕思いで見つめる.

an|schmie·den [アン・シュミーデン] [動] h. 〔〈j^4/et^4〉ヲ+(an 〈et^4〉ニ)〕鍛接する;鎖につなぐ(囚人などを): sich^4 nicht ～ lassen《口》拘束されない, しばられない.

an|schmie·gen [アン・シュミーゲン] [動] h. **1.** 〔〈et^4〉ヲ+(an〈j^4/et^4〉ニ)〕ぴったりくっつける;(〈et^4〉がsich^{4}の場合)身をすり寄せる. **2.** 〔sich^4+〈et^3〉ニ/an 〈et^4〉ニ〕ぴったりと合う(服が身体などに).

an·schmieg·sam [アン・シュミークザーム] [形] 柔軟な;甘えん坊の.

an|schmie·ren [アン・シュミーれン] [動] h. **1.** 〔sich^4〕うっかりして身体〔服〕を汚す;《口・蔑》厚化粧する. **2.** 〔〈et^4〉ニ〕《口》ペンキ〔絵の具〕を塗りたくる. **3.** 〔〈j^4〉ヲ〕《口》だまくらかす. **4.** 〔〈j^3〉ニ+〈et^4〉ヲ〕《口》ペテンにかけて高く買わせる(粗悪品を). **5.** 〔sich^4+bei 〈j^3〉ニ〕《口》取入る.

an|schnal·len [アン・シュナレン] [動] h. **1.** 〔〈j^3〉ニ+〈et^4〉ヲ〕バックル〔ベルト〕で固定する. **2.** 〔〈j^4〉ニ〕シート〔安全〕ベルトを締めてやる: sich^4 ～ シートベルトを締める.

der **An·schnall·gurt** [アンシュナル・グるト] [名] -(e)s/-e シートベルト.

die **An·schnall·pflicht** [アン・シュナル・プフリひト] [名] -/ シートベルト着用義務.

an|schnau·ben [アン・シュナウベン] [動] h. **1.** 〔〈j^4/et^4〉ニ〕すり寄って鼻を鳴らす. **2.** 〔〈j^4〉ヲ〕叱りとばす.

an|schnau·zen [アン・シュナウツェン] [動] h. 〔〈j^4〉ヲ〕《口》ひどくしかりつける, 怒鳴りつける.

der **An·schnau·zer** [アン・シュナウツアー] [名] -s/- 《口》きびしい叱責, 大目玉.

an|schnei·den* [アン・シュナイデン] [動] h. **1.** 〔〈et^4〉カラ〕最初の一切れを切取る(パンなどから), (…に)メスを入れる(はれものに);〖服〗(…を)一枚裁ちする(そでなどを). **2.** 〔〈et^4〉ヲ〕切出す(用件などを). **3.** 〔〈et^4〉ヲ〕〖交通・モータースポーツ〗内側すれすれに曲る(カーブを);〖スキ〗ポールすれすれに通過する(旗門を). **4.** 〔〈et^4〉ニ〕〖球〗スピンをかける, カットする. **5.** 〔〈et^4〉ノ〕〖写・映〗一部分(だけ)を写す〔画面に入れる〕. **6.** 〔〈et^4〉ヲ〕〖考古〗掘り当てる. **7.** 〔〈et^4〉ヲ〕〖狩〗食いにかかる(鳥獣が死んだ動物を).

der **An·schnitt** [アン・シュニット] [名] -(e)s/-e **1.** 最初の一切れ;切断面, 切口. **2.** 〖写・映〗一部分.

die **An·scho·vis** [アンショーヴィス] [名] -/- 〖料〗アンチョビ, 小イワシの油漬け.

an|schrau·ben [アン・シュらウベン] [動] h. 〔(〈et^4〉ヲ)〕ねじでとめる;(…の)ねじを締め直す.

an|schrei·ben* [アン・シュらイベン] [動] h. **1.** 〔〈et^4〉ヲ+an〈$et^{4(3)}$〉ニ〕書きつける. **2.** 〔〈et^4〉ヲ〕つけにして書留める(代金を): bei dem Geschäft immer ～ lassen その店ではいつもつけにしてもらう. **3.** 〔〈j^4〉ニ〕〖官〗文書を送る;書面で依頼する〔問合せる〕. **4.** 〔〈et^4〉ニ〕《スイス》標題〔上書き〕を書入れる(書類などに). 【慣用】**bei 〈j^3〉 gut/schlecht angeschrieben sein**《口》〈人に〉受けがいい/悪い.

das **An·schrei·ben** [アン・シュらイベン] [名] -s/- 〖官〗添え状.

an|schrei·en* [アン・シュらイエン] [動] h. 〔〈j^4〉ヲ〕《蔑》怒鳴りつける;(…に)大声で話しかける.

die **An·schrift** [アン・シュりふト] [名] -/-en 宛(あて)名(住所氏名).

an|schul·di·gen [アン・シュルディゲン] [動] h. 〔〈j^4〉ヲ+(wegen)〈et^2〉ノ罪デ〕《文》告発する.

die **An·schul·di·gung** [アン・シュルディグング] [名] -/-en 告発.

an|schü·ren [アン・シューれン] [動] h. 〔〈et^4〉ヲ〕かき起こす(火を);かき立てる(怒りなどを).

der **An·schuss**, [旧]**An·schuß** [アン・シュス] [名] -es/..schüsse **1.** 一発目の射撃. **2.** 〖狩〗(被弾時の)野獣の位置;弾丸の命中箇所.

an|schüt·ten [アン・シュッテン] [動] h. 〔〈et^4〉ヲ〕土を盛ってつくる(人工の島を), 土を盛って高くする(土地を).

an|schwär·men [アン・シュヴェるメン] [動] s. **1.** 〔補足なし〕群がって飛んで来る. **2.** h. 〔〈j^4〉ニ〕夢中になる.

an|schwär·zen [アン・シュヴェるツェン] [動] h. **1.** 〔〈et^4〉ヲ〕《稀》黒く塗る;汚す. **2.** 〔〈j^4〉ノコトヲ+(bei 〈j^3〉ニ)〕《口・蔑》悪く言う.

an|schwei·gen* [アン・シュヴァイゲン] [動] h. 〔〈j^4〉ニ〕わざと黙ったままでいる, 黙りこくっている;(〈j^4〉が相互代名詞 sich^{4}の場合)互いに黙ったままでいる.

an|schwei·ßen [アン・シュヴァイセン] [動] h. 〔〈et^4〉ヲ+(an〈$et^{4(3)}$〉ニ)〕〖工〗溶接する;〖医〗(レーザーなどで凝固させて)閉鎖する(剥離した網膜などを).

an|schwel·len[1]* [アン・シュヴェレン] [動] s. **1.** 〔補足なし〕はれる, むくむ;ふくらむ(つぼみが). **2.** 〔補足なし〕大きくなる(声などが). **3.** 〔補足なし〕増える(仕事などが), 増水する.

an|schwel·len[2] [アン・シュヴェレン] [動] h. 〔〈et^4〉ヲ〕ふくらませる(風が帆などを), 増水させる(長雨が川などを).

die **An·schwel·lung** [アン・シュヴェルング] [名] -/-en 腫れ物;膨張, 増大;増水.

an|schwem·men [アン・シュヴェメン] [動] h. 〔〈et^4〉ヲ〕岸〔浜〕へ打寄せる(流木などを), 沖積させる(土砂を).

die **An·schwem·mung** [アン・シュヴェムング] [名] -/-en 沖積;沖積地, 沖積された土砂.

an|schwim·men* [アン・シュヴィメン] [動] **1.** h. 〔〈et^4〉ヲ〕目ざして泳ぐ(岸などを). **2.** s. 〔補足なし〕泳いで近づいてくる: *angeschwommen* kommen 泳いでやってくる. 【慣用】*s.* **gegen den Strom anschwimmen** 流れに逆らって泳ぐ;時流に逆らう.

an|schwin·deln [アン・シュヴィンデルン] [動] h. 〔〈j^4〉ニ〕《口》臆面(おくめん)もなく嘘をつく.

an|schwir·ren [アン・シュヴィれン] [動] s. 〔補足なし〕羽音をたてて近づいて来る(鳥・昆虫などが). 【慣用】**angeschwirrt kommen**《口》だしぬけにやって来る.

an|se·geln [アン・ゼーゲルン] [動] **1.** h. 〔〈et^4〉ニ向カッテ〕帆走〔滑空〕する. **2.** s. 〔補足なし〕帆走〔滑空〕して近づいて来る: *angesegelt* kommen 帆走〔滑空〕してやってくる. **3.** h. 〔補足なし〕シーズンの初帆走〔滑空〕を行う(クラブなどが).

an|se·hen* [アン・ゼーエン] [動] h. **1.** 〔〈j^4/et^4〉ヲ+(〈様態〉デ)〕見つめる, (…に)視線を向ける: 〈j^4/et^4〉 groß ～ 〈人・物を〉目をまるくして見る. 〈j^4〉 nicht mehr ～ 〈人を〉(嫌気がさして)もう相手にしない. 〈et^4〉 nicht mehr mit ～ können 〈事を〉手をこまねいて〔黙って〕見ていられない. 〈j^4〉 von oben (herab) ～ 〈人を〉見下す, 恩着せがましく扱う. 〈et^4〉 so/anders ～ 〈事を〉そう(いうふうに)/違った見方でみる. **2.** 〔(sich^3)+〈j^4/et^4〉ヲ〕(注意深く)見る, 見物する, 観察〔観賞・鑑賞〕する;よく考えてみる. **3.** 〔〈j^3〉ノ+〈et^4〉ヲ//〈j^3〉カラ+〈[文]〉デアルト〕見てとる, 看取する. **4.** 〔〈j^4/et^4〉ヲ+als 〈$j^{4(1)}$/$et^{4(1)}$〉ト〔für 〈j^4/et^4〉ト〕/als〔für〕〈[形]〉ト〕見なす, 思う, 判断する. **5.** 〔sich^4+

〈様態〉ニ」）見える，（…な）様子である．【慣用】**anzusehen sein ...** ～*anzusehen*: Sie ist hübsch *anzusehen*. 彼女はかわいい様子をしている．**Das sehe sich einer an !** 《口》これは驚いた．**Sieh (mal) (einer) an !** 《口》そんなことがあろうとは(思いがけなかった).

das **An|se|hen** [アン・ゼーエン] 名 -s/ **1.** 名声，声望，尊敬：sich³ ～ verschaffen 名声を得る．bei ⟨j³⟩ in hohem ～ stehen ⟨人ニ⟩信望がある．**2.** 《文》外観，外見：dem ～ nach urteilen 外観で判断する．《古》その事実を顧慮して．**3.** 【慣用】⟨j⁴⟩ **(nur) von [vom] Ansehen kennen** ⟨人ノ⟩顔だけは知っている．**ohne Ansehen der Person** 《文》だれでも公平に．

an|se|hens|wert [アンゼーエンス・ヴェーアト] 形 一見に値する．

an|sehn|lich [アン・ゼーンリヒ] 形 **1.** かなりの．**2.** 堂々とした．

die **An|se|hung** [アン・ゼーウング] 名 -/ 《次の形で》**in ～ der Tatsache** 《古》その事実を顧慮して．

an|sei|len [アン・ザイレン] 動 *h*. ⟨j⁴/et⁴⟩ザイルに結びつける：『登山』アンザイレンする．

an sein*, ®**an|sein*** [アン ザイン] ⇨ **an** 副 **2.**

(der) **An|selm** [アンゼルム] 名 『男名』アンゼルム．

an|sen|gen [アン・ゼンゲン] 動 *h*. ⟨et⁴⟩ (少し)焦がす(髪・布などを)．

an|set|zen [アン・ゼッツェン] 動 *h*. **1.** ⟨et⁴⟩当てがう，当てる：das Glas ～ グラスを口もとに当てる．eine Leiter ～ はしごをかける．die Feder ～ (書くために)ペンを手に取る．**2.** ⟨et⁴⟩⟨an ⟨et⁴⟩³⟩⟩ ～ 縫いつける：継足す．**3.** ⟨zu ⟨et⁴⟩³⟩⟩しようとする．(…の)態勢に入る．**4.** ⟨et⁴⟩³⟩/mit ⟨et³⟩ ～ ⟨場所³⟩で始める．**5.** 〔場所³⟩で〕生える．**6.** ⟨et⁴⟩³つける(樹木が実などを)：表面に生ずる(さび・緑青・かびなどを)．**7.** ⟨sich⁴+場所³⟩付着する(石灰・歯石などが)；(方)座って番を待つ．**8.** 〔熊⟩出てくる(芽・つぼみなどが)；実をつける(果樹などが)．**9.** ⟨et⁴⟩⟨+⟨時点³⟩⟩決める．(…の日取りを)確定する．**10.** 〔et⁴⟩ヲ〕〈様態³ニ〕〕見積もる．**11.** ⟨et⁴⟩³(かき混ぜて)作る(ケーキのこね粉などを)，撹拌⟨ﾗﾝ⟩する(液状のにかわ・しっくいを)；(方)火にかける．**12.** ⟨et⁴⟩³〔数〕立てる(方程式などを)．**13.** ⟨⟨j⁴/et⁴⟩³⟩⟨auf ⟨j⁴/et⁴⟩⟩投入する，出動させる(警察などを)；〔運『サッカー』〕(…に)ぴったりつける(マークのために選手を相手選手に)．**14.** ⟨sich⁴⟩⟨ぷに⟩⟨こげつく(米・ソースなどが)．【慣用】**angesetzt kommen** 大きく跳びながらやって来る．

die **An|sicht** [アン・ズィヒト] 名 -/-en **1.** 見解，見方，意見：meiner ～ nach 私の見るところでは．eine ～ von ⟨j³/et³⟩ 〔über ⟨j⁴/et⁴⟩〕haben ⟨人・事・物ニ⟩ﾂｲﾃ」意見がある．der ～ sein, daß … …と思っている．**2.** 眺め，景観，風景(画・写真)；(建造物の)面．【慣用】**zur Ansicht** 見本に．

an|sich|tig [アン・ズィヒティヒ] 形 《次の形で》⟨j²/et²⟩ ～ werden 《文》⟨人・事³⟩目にとまる．

die **An|sichts|kar|te** [アンズィヒツ・カルテ] 名 -/-n 絵はがき．

die **An|sichts|post|kar|te** [アンズィヒツ・ポスト・カルテ] 名 -/-n 絵はがき．

die **An|sichts|sa|che** [アン・ズィヒツ・ザッヘ] 名 -/-n 《次の形で》⟨et⁴⟩ ist ～ ⟨事⁴⟩は見方〔見解〕の問題である．

die **An|sichts|sen|dung** [アンズィヒツ・ゼンドゥング] 名 -/-en 見本送付．

an|sie|deln [アン・ズィーデルン] 動 *h*. **1.** ⟨sich⁴+⟨場所³⟩⟩定住する；入植する；住みつく(動物が)．根をはる(植物などが)．**2.** ⟨j⁴⟩⟨+⟨場所³⟩⟩定住させる；入植させる；住みつかせる(動物種を)．

der **An|sied|ler** [アン・ズィードラー] 名 -s/- 定住者，入植者．

die **An|sied|lung** [アン・ズィードルング] 名 -/-en 定住(地)；入植(地)．

an|sin|gen* [アン・ズィンゲン] 動 *h*. **1.** ⟨et⁴⟩試しに通して歌ってみる．**2.** ⟨j⁴/et⁴⟩³たたえて歌う．**3.** 〔熊⟩合唱を始める．**4.** ⟨gegen ⟨j⁴/et⁴⟩⟩負けじと歌う．**5.** 〔j⁴⟩³〕(口)しかりつける．

das **An|sin|nen** [アン・ズィネン] 名 -s/- (無理な)要求．

der **An|sitz** [アン・ズィッツ] 名 -es/-e **1.** 『狩』待伏せ(場所)．**2.** 〔オーストリア〕邸宅，屋敷．

an|sit|zen* [アン・ズィッツェン] 動 *h*. ⟨auf ⟨et⁴⟩待受ケテ⟩『狩』待伏せ場所に座っている．

an|sons|ten [アン・ゾンステン] 副 《口》その他の点では；そうでなければ．

an|span|nen [アン・シュパネン] 動 *h*. **1.** ⟨et⁴⟩車につなぐ(馬などを)．(…に)馬〔牛〕をつなぐ(車に)．**2.** 〔熊〕車に馬〔牛〕をつなぐ．**3.** ⟨et⁴⟩ぴんと張る(綱・弦などを)；緊張させる(神経などを)；集中させる(注意力などを)．**4.** ⟨sich⁴⟩緊張する(筋肉など)．

die **An|span|nung** [アン・シュパヌング] 名 -/-en **1.** (⽤のみ)力を振絞ること．**2.** 緊張，集中：unter ～ aller Kräfte 全力を挙げて．

an|spa|ren [アン・シュパーレン] 動 *h*. ⟨et⁴⟩³(積立てて)貯める．

an|spei|en* [アン・シュパイエン] 動 *h*. ⟨j⁴⟩《文》つばを吐きかける．

der **An|spiel** [アン・シュピール] 名 -(e)s/-e **1.** 『スポ』パス．**2.** 〔スポ『球技』〕競技〔ゲーム〕の開始；(チェスなどの)初手．(トランプの)リード，キックオフ，スローオフ．

an|spie|len [アン・シュピーレン] 動 *h*. **1.** ⟨j⁴⟩『球』ボール〔パック〕をパスする．**2.** 〔熊〕『球・スポ』ゲーム〔競技〕を始める．**3.** ⟨et⁴⟩³最初の札として出す．**4.** ⟨et⁴⟩³ちょっと弾いてみる(楽器・曲などを)．**5.** ⟨auf ⟨j⁴/et⁴⟩⟩当てこする，ほのめかす．**6.** ⟨gegen ⟨j⁴/et⁴⟩⟩勝とうとする．

die **An|spie|lung** [アン・シュピールング] 名 -/-en ほのめかし，当てこすり：auf ⟨j⁴/et⁴⟩ eine ～ machen ⟨人・事⁴⟩当てこする．

an|spin|nen* [アン・シュピネン] 動 *h*. **1.** ⟨et⁴⟩³つむぎ合わせる(糸を)；結ぶ(関係を)，始める．**2.** ⟨sich⁴⟩(次第に)生ずる〔始まる〕(歓談・関係などが)．

an|spit|zen [アン・シュピッツェン] 動 *h*. **1.** ⟨et⁴⟩³先をとがらせる．**2.** ⟨j⁴⟩³(口)はっぱをかける．

der **An|sporn** [アン・シュポルン] 名 -(e)s/ 刺激，激励：ein ～ zur größeren Leistung より大きな成果のための刺激．

an|spor|nen [アン・シュポルネン] 動 *h*. **1.** ⟨et⁴⟩³拍車をかける(馬に)，〔転〕かき立てる(熱意などを)．**2.** ⟨j⁴⟩³(zu ⟨et⁴⟩⟨ﾆ⟩)励ます，鼓舞する．

die **An|spra|che** [アン・シュプラーヘ] 名 -/-n **1.** (短い)挨拶の言葉，式辞，スピーチ：eine ～ halten スピーチをする．**2.** 話しかけられること；《文・稀》呼びかけの言葉(愛称を含む；《南独・ｵｰｽﾄﾘｱ》親称，つき合い．**4.** 『軍・狩』(目標の)位置確認，標定，判別．

an|spre|chen* [アン・シュプレッヒェン] 動 *h*. **1.** ⟨j⁴⟩³話しかける，呼びかける(市民などに)．⟨j⁴⟩³＋〈様態³ﾆ〕〕呼びかける：⟨j⁴⟩ in der dritten Person ～ ⟨人ニ⟩3人称で呼びかける．**3.** ⟨j⁴⟩³＋auf ⟨et⁴⟩³ﾆﾂｲﾃ eine ～ um ⟨et⁴⟩ﾖ (して)くれと頼む．**5.** ⟨et⁴⟩³論ずる，話題にする．**6.** ⟨j⁴/et⁴⟩³+als ⟨j⁴/et⁴⟩〔als 〈形⟩〕見なす，考える．**7.** ⟨j⁴/et⁴⟩³+für ⟨j⁴/et⁴⟩(確認)〔確言〕する(野鳥・敵の部隊などを)．**8.** ((j⁴⟩³))心をとらえる，心を打つ．**9.** 〔auf ⟨et⁴⟩〕反応を示す．**10.** 〔(bei ⟨j³⟩)〕効果を現す(薬物などが)．**11.** 〔〈様態³ﾆ〕〕〔楽〕音を出す(楽器などが)．

an|spre|chend [アン・シュプレッヒェント] 形 好感を与える，好ましい．

Ansprechpartner 68

der An·sprech·part·ner [アンシュプレヒ・パルトナー] 名 -s/- 相談相手で，(会社の応対)担当者，応対係.

an|sprin·gen* [アン・シュプリンゲン] 動 1. h.〔j⁴/et⁴に〕襲いかかる；(じゃれて)飛びつく；(…を)襲う(不安などが). 2. s. 〔gegen 〈et⁴〉〕飛びつく(掛けむに). 3. h./s. 〔〈et⁴〉に〕(体操)飛乗る(器具に)；飛上がって(…を)する(宙返りなどを). 4. s. 〔((く様態))〕始動する(エンジンなどが). 5. s. 〔auf〈et⁴〉〕(口)(待ってましたとばかり)飛びつく(申出などに).【慣用】angesprungen kommen 飛び跳ねながらやってくる.

an|sprit·zen [アン・シュプリッツェン] 動 h. 1. 〔j⁴/et⁴に〕水をかける. 2. 〔〈j³〉+〈et⁴〉〕吹きかける(香水などを).【慣用】angespritzt kommen (口)急いで(すぐに)やって来る.

der An·spruch [アンシュプるフ] 名 -(e)s/..sprüche 要求；請求権；〜 auf 〈j⁴/et⁴〉〈人・物・事にたいする〉要求. 〈et⁴〉in 〜 nehmen 〈事⁴〉を要求とする；必要とする. 〈j⁴〉in 〜 nehmen 〈人⁴〉の手を煩わす.

an·spruchs·los [アンシュプるフス・ロース] 形 無欲な，慎ましやかな；つましい；内容空虚な.

an·spruchs·voll [アンシュプるフス・ふォル] 形 要求の多い；うるさ方の要求にこたえる，内容の豊かな.

der An·sprung [アン・シュプるング] 名 -(e)s/..sprünge (主に跳) 1. 飛びつく(あがる)こと；襲撃すること. 2. (体操)跳びつく(上る)こと；(両足跳びに移る前の)片足跳び.

an|spu·cken [アン・シュプケン] 動 h. 〔j⁴/et⁴に〕つばを吐きかける.

an|spü·len [アン・シュビューレン] 動 h. 〔j⁴/et⁴を〕岸(浜)に打寄せる〔漂着させる〕.

an|sta·cheln [アン・シュタヘルン] 動 h. 〔j⁴/et⁴を+(zu〈et³〉)〕あおりたてる，鼓舞する，たきつける.

die An·stalt [アン・シュタルト] 名 -/-en (公共)施設；企業，機関；(婉)施設(精神病者などのための).【慣用】Anstalten treffen 手はずを整える. keine Anstalten zu 〈et³〉 machen 〈事³〉をしようとしない.

der An·stand¹ [アン・シュタント] 名 -(e)s/..stände 1. (のみ)礼儀，作法，行儀正しさ：aus 〜 礼儀(義理)で. mit 〜 上品に，見苦しくなく. 2. (南独・オーストリア)面倒，いざこざ.【慣用】(keinen) Anstand an 〈et⁴〉 nehmen 〈事に〉不快を感じる(ない)，〈事を〉気にする(しない).

der An·stand² [アン・シュタント] 名 -(e)s/..stände 〔狩〕獲物を待伏せする場所.【慣用】ohne Anstand ためらわずに.

an·stän·dig [アン・シュテンディヒ] 形 1. 品行のよい，礼儀正しい，慎み深い：Das war nicht 〜 von ihm. 彼のやり方は礼儀にもとるものだった. 2.《口》満足のいく，申分のない. 3.《口》かなりの.

die An·stän·dig·keit [アン・シュテンディヒカイト] 名 -/ 礼儀正しさ，上品さ.

der An·stands·be·such [アン・シュタンツ・ベズーフ] 名 -(e)s/-e 儀礼的訪問，表敬訪問.

die An·stands·da·me [アン・シュタンツ・ダーメ] 名 -/-n (若い娘の礼儀作法を監督する昔の)付添いの婦人.

das An·stands·ge·fühl [アン・シュタンツ・ゲふュール] 名 -(e)s/ エチケット感覚.

an|stands·hal·ber [アンシュタンツ・ハルバー] 副 儀礼上.

an·stands·los [アンシュタンツ・ロース] 副 無雑作に，即座に，難なく.

An·stands·wau·wau [アンシュタンツ・ヴァウ・ヴァウ] 名 -s/-s (口・冗)(若い女性に対する)お目付役.

an·stands·wid·rig [アンシュタンツ・ヴィードりヒ] 形 礼儀作法に反する，不作法な.

an|star·ren [アン・シュタれン] 動 h. 〔j⁴/et⁴を〕凝視する，まじまじと見る：〈じが相互代名詞sich⁴の場合は sich⁴ (gegenseitig) 〜 互いにじっと見つめ合う.

an·statt [アン・シュタット] 接〔並列〕…の代りに，…しないで，…ではなく：dunkelblau 〜 schwarz 黒の代りにダークブルーで. Er las eine Zeitung, 〜 zu arbeiten〔dass er arbeitet〕. 彼は仕事をしないで新聞を読んでいた(dass〈文〉はやや〈古〉). Er schrieb ihr 〜 mir. 彼は私にではなく彼女に手紙を書いた.
—— 前〔+2格〔3格〕〕…の代りに：einen Anruf 〜 eines Briefes bekommen 手紙の代わりに電話をもらう.(語形から2格であることが明らかでない場合は3格で) 〜 Worten 言葉で言う代りに.

an|stau·en [アン・シュタウエン] 動 h. 1. 〈et⁴〉せき止める，溜(り)める(水などを). 2. 〔sich⁴〕溜まる，滞貨する，渋滞する，鬱血(いっ)する；(転)鬱積(うっぺん)する.

an·stau·nen [アン・シュタウネン] 動 h. 〈j⁴/et⁴〉感心して〔驚いて〕見る，〈…〉に見とれる.

an|ste·chen* [アン・シュテヒェン] 動 h. 1. 〈et⁴〉突き刺す，(煮えているか)刺してみる；刺して傷物にする：Autoreifen 〜 車のタイヤを刺してパンクさせる. ein angestochener Apfel 虫食いのリンゴ. wie angestochen arbeiten がむしゃらに働く. 2. 〈et⁴〉口を開ける(ビールのたるなどの). 3. 〔考古〕発掘のため掘り起こす；発掘して掘り当てる.

an|ste·cken [アン・シュテケン] 動 h. 1. 〈et⁴〉+an〈et³⁽⁴⁾〉(ピンで)留める. 2. 〈(〈j³〉/〈指に〉)+〈et⁴〉〉はめる(指輪を). 3. 〈et⁴〉火をつける(ともす)，点火する；放火する. 4. 〈et⁴〉+(mit〈et³〉)うつす(病気などを)；〈j⁴〉sich⁴の場合)病気をうつされる. 5. (医)伝染する(病気などが). 6. 〈et⁴〉(方)口を開ける(たるなどの).

an·ste·ckend [アン・シュテケント] 形 伝染性の.

die An·steck·na·del [アン・シュテック・ナーデル] 名 -/-n ブローチ，飾り針；バッジ.

die An·ste·ckung [アン・シュテックング] 名 -/-en (主に医)伝染，感染.

der An·ste·ckungs·herd [アン・シュテックングス・ヘーあト] 名 -(e)s/-e 伝染病の発生地，感染巣.

an|ste·hen* [アン・シュテーエン] 動 1. h.〔順番〕列に並んで順番を待つ：nach〈et³〉〔順番〕…を待って列に並ぶ. 2. h.〔解決〕解決を待っている，滞る. 3. h.〔auf〈et⁴〉に〕(法)確定されている(期日が). 4. h.〈et³〉〔+〈様態〉〕(文)ふさわしい，似つかわしい. 5. h.〔鉱〕(鉱・地質)露出している(炭層などが)，地上に突き出ている(岩などが). 6. s. 〔auf〈et⁴〉に〕(古)〔=〕〈頼〉にしている.【慣用】〈et⁴〉 anstehen lassen(文)〈事⁴〉を遅延させる，滞るままにしておく. nicht anstehen, 〈et⁴〉 zu tun(文)ためらわずに〈事⁴〉をする.

an·ste·hend [アン・シュテーエント] 形 未解決〔未処理〕の，さしせまった；(鉱)露出した.

an|stei·gen* [アン・シュタイゲン] 動 s. 1.〔傾斜〕上り坂〔上り勾配〕になっている；坂(道)を上る(人・車などが). 2.〔増加〕上がる(物価・気温などが)，伸びる，増大する(生産量などが).

an·stel·le [アン・シュテレ] 前 〔+2格〕…に代って：〜 〔an Stelle〕des Vaters 父の代りに.

an|stel·len [アン・シュテレン] 動 h. 1. 〈et⁴〉栓を開ける(ガスなどの)，スイッチを入れる(機器の). 2. 〈j⁴〉雇う，採用する. 3. 〔+(zu〈et³〉)〕《口》やらせる(仕事などを). 4. 〈et⁴〉+an〈et³⁽⁴⁾〉立てかける. 5. 〈et⁴〉〜する，行う. 6.《口》やってみる，しでかす. 7. 〔sich⁴〕列に並ぶ：sich⁴ nach Theaterkarten 〜 芝居の切符を買うために列に並ぶ. 8. 〔sich⁴+〈様態〉〕《口》振舞う.

an·stel·lig [アン・シュテリヒ] 形 器用な.

die An·stel·lung [アン・シュテルング] 名 -/-en 雇用；就職口.

die An·stel·lungs·be·din·gung [アンシュテルングス・ベディ

an|steu|ern [アン・シュトイホァン] 動 *h.* 〔et⁴ヲ〕向けて舵(⁽ﾀ⁾)〔針路〕をとる, 向って進む, (…を)目ざして歩いて行く. 〔転〕(…を)目ざして進む.

der **An|stich** [アン・シュティヒ] 名 -(e)s/-e (たるの)口をあけること; 口あけのビール〔ワイン〕.

der **An|stieg** [アン・シュティーク] 名 -(e)s/-e **1.** (⁽俺⁾のみ)上り(坂)になること; (数値の)上昇. **2.** 上り(坂); 山頂への道.

an|stie|ren [アン・シュティーレン] 動 〔j⁴/et⁴ヲ〕〔蔑〕じろじろ見る, 見すえる.

an|stif|ten [アン・シュティフテン] 動 *h.* **1.** 〔et⁴ヲ〕引起こす(戦争・災い・犯罪などを), 企てる(陰謀などを). **2.** 〔j⁴ヲツツラツニコト⁴ニ〕+zu〈et⁴〉させる.

der **An|stif|ter** [アン・シュティフター] 名 -s/- 教唆(⁽キヤヲヲ⁾)〔煽動〕者.

die **An|stif|tung** [アン・シュティフトゥンク] 名 -/-en 教唆(⁽キヤヲヲ⁾), 煽動.

an|stim|men [アン・シュティメン] 動 *h.* 〔et⁴ヲ〕歌い始める, 奏で始める; (どっと)あげる(叫び声などを).

an|stin|ken [アン・シュティンケン] 動 *h.* 〔j⁴ヲツツラ〕(口)不快にさせる, 鼻につく. 【慣用】**gegen** 〔j⁴/et⁴〕 **nicht anstinken können** (口)〈人・事ニ〉打つ手がない.

der **An|stoß** [アン・シュトース] 名 -es/..stöße **1.** 突くこと; 〔⁽スホーツ⁾〕キックオフ. **2.** 動因, きっかけ: den ~ zu 〈et³〉 geben〈事ﾉ〉きっかけを与える. **3.** (次の形で)der Stein des ~*es* つまずきの石(イザヤ書8, 14); 失敗の原因. bei 〈et³〉 ~ erregen 〈人ニ〉不快の気持を起こさせる. an 〈et³〉 ~ nehmen 〈物・事ニ〉不快感を持つ.

an|sto|ßen* [アン・シュトーセン] 動 **1.** *h.* 〔j⁴/et⁴ヲ〕(ちょっと)突く, 押す, 突つく, 突いて合図する. **2.** *h.* 〔et⁴ヲ〕; 〔⁽スホーツ⁾〕キックオフする(ボールを). **3.** *s.* 〔mit 〈et³〉ヲ〕+〔an〈et⁴〉ニ〕ぶつける, 当てる. **4.** 〔auf〈et⁴〉ヲ祝ツテ(祝ツテ)〕グラスをかちんと合わせる. **5.** *s.* 〔bei 〈j³〉〕機嫌を損ねる. *h.* 〔an〈et⁴〉ニ〕隣接する. 【慣用】*h.* (**mit der Zunge**) **anstoßen** 舌足らずの発音をする. *s.* überall anstoßen 方々で人々のひんしゅくを買う.

an|sto|ßend [アン・シュトーセント] 形 隣接する.

der **An|stö|ßer** [アン・シュ⁽テ⁾ーサー] 名 -s/- (⁽スｲス⁾)隣接居住地の住人, (土地や水路の)隣接居住者.

an|stö|ßig [アン・シュ⁽テ⁾ースィヒ] 形 ひんしゅくを買う, 良俗に反する.

an|strah|len [アン・シュトラーレン] 動 *h.* **1.** 〔j⁴/et⁴ヲ〕照明を当てる. **2.** 〔j⁴ヲツツラ〕目を輝かして〔うれしそうに〕見つめる.

an|stre|ben [アン・シュトレーベン] 動 *h.* **1.** 〔et⁴ヲ〕(文)得ようと〔達成しようと〕努める. **2.** 〔gegen 〈et⁴〉ニ〕逆らう, 抵抗する.

an|strei|chen* [アン・シュトライヒェン] 動 *h.* **1.** 〔et⁴ヲ〕塗料を塗る. **2.** 〔et⁴ヲ〕(下)線を引く. **3.** 〔et⁴ヲ〕擦る(マッチを); 〔楽〕弓で弾いてみる(弦楽のために弦を). **4.** 〔j³〉ヲ+〈et⁴〉ヲ〕〔方〕仕返しをする. **5.** 〔⁽狩⁾〕飛んで来る(猟鳥が).

der **An|strei|cher** [アン・シュトライヒャー] 名 -s/- ペンキ屋.

an|strei|fen [アン・シュトライフェン] 動 *h.* **1.** 〔j⁴/et⁴ヲ〕軽く触れる, (…を)かすめて通る(車などが). **2.** 〔(sich⁴)+〈et⁴〉ヲ〕さっと身につける. **3.** 〔an〈j⁴/et⁴〉ニ〕かすめて通る.

an|stren|gen [アン・シュトレンゲン] 動 *h.* **1.** 〔sich⁴〕(精いっぱい)努力する, 骨を折る. **2.** 〔et⁴ヲ〕大いに働かす, ふりしぼる(力などを). **3.** 〔et⁴ヲ〕〔法〕起こす(訴訟を). **4.** 〔j⁴/et⁴ヲ〕疲労させる(極度に小さな字が目などを), (…の)精力を消耗させる(長時間の運転などが).

an|stren|gend [アン・シュトレンゲント] 形 骨の折れる, 厄

介な.

die **An|stren|gung** [アン・シュトレンクング] 名 -/-en 努力, 骨折り; 疲労, 消耗: ~*en* machen 努力する.

der **An|strich** [アン・シュトリヒ] 名 -(e)s/-e **1.** (⁽俺⁾のみ)(ペンキを)塗ること, 塗装. **2.** (塗られた)色, 彩色. **3.** (⁽俺⁾のみ)外見, うわべ.

an|stri|cken [アン・シュトリッケン] 動 *h.* **1.** 〔et⁴ヲ〕+(an〈et⁴〉ニ)編み足す. **2.** 〔et⁴ヲ〕(口)編み足して長くする.

an|stü|ckeln [アン・シュテュッケルン] 動 =anstücken.

an|stü|cken [アン・シュテュッケン] 動 *h.* **1.** 〔et⁴ヲ〕継ぎを当てる; 継足しをして長くする(スカートなどに). **2.** 〔et⁴ヲ〕+(an〈et⁴〉ニ)継足す(ケーブルを電話線に).

der **An|sturm** [アン・シュトゥルム] 名 -(e)s/..stürme (主に⁽俺⁾)襲撃, 攻撃; 殺到: ein ~ auf die Opernkarte オペラの入場券への殺到.

an|stür|men [アン・シュテュルメン] 動 *s.* **1.** 〔gegen 〈j⁴/et⁴〉ニ〕攻撃をしかける; 打ち寄せる. **2.** 〔⁽軍⁾〕殺到する: *angestürmt* kommen すっとんで来る.

an|su|chen [アン・ズーヘン] 動 *h.* 〔(bei 〈j³〉)+um 〈et⁴〉ヲ〕願い出る.

das **An|su|chen** [アン・ズーヘン] 名 -s/- 申請, 請願: auf ~ von 〈j³〉〈人の〉願いにより.

..ant [..アント] 接尾 他の言語から終る動詞の語幹につけて〔…する者〕を表す男性名詞を作る. ..ent となることもある: Diskut*ant* 対論者. Stud*ent* 学生.

der **An|ta|go|nis|mus** [アンタコニスムス] 名 -/..nismen (文)対立, 反目, 敵対関係; 〔医・生化〕拮抗(⁽キツヲウ⁾)作用.

der **An|ta|go|nist** [アンタゴニスト] 名 -en/-en 敵対者, 反対者; 〔医〕拮抗筋; 〔生化〕拮抗物質.

an|ta|go|nis|tisch [アンタゴニスティシュ] 形 対立〔敵対〕する.

an|tan|zen [アン・タンツェン] 動 *s.* 〔⁽軍⁾〕(口)やって来る(招きや命令に応じて). 【慣用】**angetanzt kommen** 邪魔しに来る.

der **An|ta|res** [アンターれス, アンタレス] 名 -/〔天〕アンタレス(さそり座α星).

die **Ant|ark|ti|ka** [アント・アらクティカ] 名 -/ 南極大陸.

die **Ant|ark|tis** [アント・アらクティス] 名 -/ 南極(地方).

ant|ark|tisch [アント・アらクティシュ] 形 南極(地方)の.

an|tas|ten [アン・タステン] 動 *h.* **1.** 〔et⁴ヲ〕(手を)触れて(みる). **2.** 〔et⁴ニ〕軽く触れる(だけで詳しくは論じない)(問題などに). **3.** 〔et⁴ニ〕手をつける(貯金などに). **4.** 〔et⁴ヲ〕侵害する(人権などを), 傷つける(名誉などに).

(*der*) **An|tä|us** [アンテーウス] 名 〔ギ神〕アンタイオス(Heraklesに殺された巨人).

an|te Chris|tum (na|tum) [..クリストゥム (ナートゥム)] 〔⁽ラ⁾語〕キリスト生誕前, 西暦紀元前.

der **An|teil** [アンタイル] 名 -(e)s/-e **1.** 取り分, 持ち分, 出資〔配当・相続〕分: sein ~ am Erbe 遺産の彼の相続分. **2.** (⁽俺⁾のみ)関与, 関心: ~ an 〈et³〉 haben〈事ニ〉関与〔協力〕している. ~ an 〈j³/et³〉 nehmen〈事ニ〉関心, 同情を寄せる.

an|teil|mä|ßig [アンタイル・メースィヒ] 形 〔⁽硬⁾〕取り〔持ち〕分に応じた.

die **An|teil|nah|me** [アンタイル・ナーメ] 名 -/ 参加, 関与; 関心, 同情; お悔み.

der **An|teil|schein** [アンタイル・シャイン] 名 -(e)s/-e 〔経〕出資(持分・参加)証書〔証券〕.

der **An|teils|eig|ner** [アンタイルス・アイグナー] 名 -s/- 〔経〕持分所有者, 出資者; 出資証券の所有者; 株主.

A

an|te·le·fo·nie·ren, an|te·le·pho·nie·ren [アン・テレふぉニーれン] [動] *h.* 〘(〈j⁴〉ニ/bei 〈et³〉ニ)〙《口》電話する.

an·te me·ri·di·em [アンテ メりーディエム]《ラテン語》午前に(略 a. m.).

das **Ante·me·ti·kum** [アント・エメーティクム] [名] -s/..ka 〖医〗制吐〔鎮吐〕薬, 抗嘔吐剤.

die **An·ten·ne** [アンテネ] [名] -/-n アンテナ;〖動〗触角.

der **An·ten·nen·draht** [アンテネン・ドらート] [名] -(e)s/..drähte アンテナ線.

der **An·ten·tem·pel** [アンテン・テムペル] [名] -s/- 〖建〗インアンティス式神殿.

das **An·te·pen·di·um** [アンテペンディウム] [名] -s/..dien 〖芸術学〗祭壇前飾り(彫刻・絵画・垂れ布など).

an·te por·tas [アンテ ポるタース]《文》間近に(迫って);接近中.

das **An·te·ze·dens** [アンテツェーデンス] [名] -/..denzien [アンテツェデンツィエン] 先行する事柄, 原因;〖哲〗前件.

das **An·the·ri·di·um** [アンテりーディウム] [名] -s/..dien 〖植〗造〔蔵〕精器.

die **An·tho·lo·gie** [アント・ロギー] [名] -/-n 詞華集, アンソロジー.

der **An·thrax** [アントらクス] [名] -/ 〖医〗炭疽(たんそ).

an·thra·zit [アントらツィート] [形] (無変化)=anthrazitfarben.

der **An·thra·zit** [アントらツィート] [名] -s/-e (主に[単])無煙炭.

an·thra·zit·far·ben [アントらツィート・ふぁるベン] [形] チャコールグレイの.

die **An·thro·po·ge·ne·se** [アントろポ・ゲネーゼ] [名] -/ 人類発生論.

die **An·thro·po·ge·o·gra·fie, An·thro·po·ge·o·gra·phie** [アントろポ・ゲオグらふぃー] [名] -/ 人文地理学.

an·thro·po·id [アントろポイート] [形] 人間に似た.

der **An·thro·po·id** [アントろポイート] [名] -en/-en (主に[複])〖動〗類人猿.

der **An·thro·po·lo·ge** [アントろポ・ローゲ] [名] -n/-n 人類学者.

die **An·thro·po·lo·gie** [アントろポ・ロギー] [名] -/ 人類学;〖哲〗人間学.

an·thro·po·lo·gisch [アントろポ・ローギシュ] [形] 人類学の;〖哲〗人間学の.

die **An·thro·po·me·t·rie** [アントろポ・メトりー] [名] -/ 人体測定学.

an·thro·po·morph [アントろポ・モるふ] [形] 人間の姿をした, 擬人化された.

der **An·thro·po·mor·phis·mus** [アントろポ・モるふぃスムス] [名] -/..phismen (神などの)人間的特質;([単]のみ)擬人化, 擬人観.

der **An·thro·po·pha·ge** [アントろポ・ふぁーゲ] [名] -n/-n 人食い人種.

die **An·thro·po·pho·bie** [アントろポ・ふぉビー] [名] -/ 〖心〗対人恐怖症.

die **An·thro·po·so·phie** [アントろポ・ゾふぃー] [名] -/ 人智学(Rudolf Steiner, 1861-1925, の認識方法).

an·thro·po·so·phisch [アントろポ・ゾーふぃシュ] [形] 人智学の.

an·thro·po·zen·trisch [アントろポ・ツェントりシュ] [形] 人間中心(主義)の.

der **An·ti·al·ko·ho·li·ker** [アンティ・アルコホーリカー, アンティ・アルコホーリカー] [名] -s/- 禁酒主義者.

an·ti·au·to·ri·tär [アンティ・アウトりテーあ, アンティ・アウトりテーあ] [形] 反権威主義的な.

die **An·ti·ba·by·pil·le** [..bé:bipılə アンティ・ベービ・ピレ] [名] -/-n 《口》経口避妊薬, ピル.

das **An·ti·bi·o·ti·kum** [アンティ・ビオーティクム] [名] -s/..biotika 〖医〗抗生物質.

das **An·ti·blo·ckier·sys·tem** [アンティ・ブロっキーあ・ズュステーム] [名] -s/-e 〖車〗アンチロック・ブレーキシステム(略 ABS).

an·ti·cham·b·rie·ren [..ʃambrí:rən アンティ・シャムブりーれン] [動] *h.* **1.** 〔補足なし〕《古》控えの間で待つ. **2.** 〘(bei 〈j³〉ニ/in〈et³〉ニ)〙《文》たびたび願い出る;ぺこぺこする.

der **An·ti·christ**[1] [..krıst アンティ・クりスト] [名] -(s)/ 反キリスト, 悪魔.

der **An·ti·christ**[2] [アンティ・クりスト] [名] -en/-en 反キリスト教者.

das **An·ti·de·pres·si·vum** [アンティ・デプれスィーヴム] [名] -s/..siva (主に[複])〖医〗抗鬱(こううつ)剤.

das **An·ti·di·a·be·ti·kum** [アンティ・ディアベーティクム] [名] -s/..tika〖医〗糖尿病治療薬.

das **An·ti·di·ar·rho·i·kum** [アンティ・ディアろーイクム] [名] -s/..ka 〖医〗止瀉剤〔薬〕, 下痢止め.

das **An·ti·dot** [アンティ・ドート] [名] -(e)s/-e 〖医〗解毒剤.

das **An·ti·e·me·ti·kum** [アンティ・エメーティクム] [名] -s/..ka =Antemetikum.

der **An·ti·fa·schis·mus** [アンティ・ふぁシスムス, アンティ・ふぁシスムス] [名] -/ 反ファシズム;反ファシズム運動.

der **An·ti·fa·schist** [アンティ・ふぁシスト, アンティ・ふぁシスト] [名] -en/-en 反ファシスト, ファシズム反対者.

an·ti·fa·schis·tisch [アンティ・ふぁシスティシュ, アンティ・ふぁシスティシュ] [形] 反ファシズムの.

die **An·ti·fon** [アンティ・ふぉーン] [名] -/-e =Antiphon.

das **An·ti·gen** [アンティ・ゲーン] [名] -s/-e 〖医・生〗抗原.

(die) **An·ti·go·ne** [アンティーゴネ] [名] 〖ギ神〗アンティゴネ(Ödipus の娘).

das **An·ti·his·ta·mi·ni·kum** [アンティ・ヒスタミーニクム] [名] -s/..ka 〖医〗抗ヒスタミン薬〔剤〕.

an·tik [アンティーク] [形] **1.** 古典古代の, 古代ギリシア・ローマの. **2.** 古代様式の, 古風な.

die **An·ti·ke** [アンティーケ] [名] -/-n **1.** ([単]のみ)(ギリシア・ローマの)古典古代, 古典文化. **2.** (主に[複])古典古代の芸術作品.

an·ti·kle·ri·kal [アンティ・クレりカール, アンティ・クレりカール] [形] 反聖職者主義の.

das **An·ti·ko·a·gu·lans** [アンティ・コアーグランス] [名] -/..lantia[コアグランツィア]〔..lantien[コアグランツィエン]〕〖医〗抗凝血薬.

der **Anti·kom·mu·nis·mus** [アンティ・コムニスムス] [名] -/ 反共産主義.

die **An·ti·kon·zep·ti·on** [アンティ・コンツェプツィオーン] [名] -/ 〖医〗避妊.

an·ti·kon·zep·ti·o·nell [アンティ・コンツェプツィオネル] [形] 〖医〗避妊の.

das **An·ti·kon·zep·ti·vum** [アンティ・コンツェプティーヴム] [名] -s/..va 〖医〗避妊薬.

der **An·ti·kör·per** [アンティ・⑦るパー] [名] -s/- (主に[複])〖医〗抗体.

die **An·ti·kri·tik** [アンティ・クりティーク, アンティ・クりティーク] [名] -/-en 反批判, 反論.

die **An·til·len** [アンティレン] [複名] 〖地名〗アンチル列島〔諸島〕(西インド諸島).

die **An·ti·lo·pe** [アンティローペ] [名] -/-n 〖動〗アンテロープ, 羚羊(れいよう).

die **An·ti·ma·te·rie** [アンティ・マテーりエ, アンティ・マテーりエ] [名] -/ 〖理〗反物質.

der **An·ti·mi·li·ta·ris·mus** [アンティ・ミリタりスムス, アンティ・ミリタりスムス] [名] -/ 反軍国主義.

an·ti·mi·li·ta·ris·tisch [アンティ・ミリタりスティシュ, アンティ・ミリタりスティシュ] [形] 反軍国主義の.

das **An·ti·mon** [アンティモーン] [名] -s/ 〖化〗アンチモン(記号 Sb).

der **An·ti·mon·glanz** [アンティモーン・グランツ] 名 -es/ 輝安鉱.

das **An·ti·my·ko·ti·kum** [アンティ・ミュコーティクム] 名 -s/..ka〖医〗抗真菌薬.

das **An·ti·neur·al·gi·kum** [アンティ・ノイらルギクム] 名 -s/..gika〖医〗鎮痛剤, 神経痛治療剤.

die **An·ti·no·mie** [アンティノミー] 名 -/-n〖哲〗二律背反, アンチノミー.

an·ti·no·misch [アンティ・ノーミッシュ] 形 二律背反の.

der[das] **An·ti·pa·sto** [アンティ・パスト] 名 -(s)/..ti〖イタリア語〗前菜, アンティパスト.

die **An·ti·pa·thie** [アンティパティー] 名 -/-n 反感, 嫌悪; eine ~ gegen ⟨j⁴/et⁴⟩ haben ⟨人・物・事に⟩反感を持つ.

an·ti·pa·thisch [アンティ・パーティッシュ] 形 反感（嫌悪感）を抱いた.

die **An·ti·per·so·nen·mi·ne** [アンティ・ぺるゾーネン・ミーネ] 名 -/-n 対人地雷.

das **An·ti·phlo·gis·ti·kum** [アンティ・ふロギスティクム] 名 -s/..ka〖薬〗消炎剤.

die **An·ti·phon** [アンティ・ふォーン] 名 -/-en 交誦（こうしょう）（ミサの合唱隊や司祭のやりとり）.

die **An·ti·po·de** [アンティ・ポーデ] 名 -n/-n **1.**〖地〗対蹠（たいしょ）地の住人. **2.** 正反対の人.

an|tip·pen [アン・ティッペン] 動 h. **1.** ⟨j⁴/et⁴⟩ヲ軽くたたく. **2.** ⟨et⁴⟩ヲ軽く触れる（問題などに）. **3.** ⟨bei ⟨j³⟩⟩ニ⟨口⟩それとなく聞いてみる.

das **An·ti·py·re·ti·kum** [アンティ・ピュれーティクム] 名 -s/..ka〖医〗解熱剤.

die **An·ti·qua** [アンティークヴァ] 名 -/〖印〗ローマン体, ラテン文字.

der **An·ti·quar** [アンティクヴァーア] 名 -s/-e 古書籍商; 骨董（こっとう）商.

das **An·ti·qua·ri·at** [アンティクヴァリアート] 名 -(e)s/-e 古書店; ⓈⒷ中古のみ古書売買.

an·ti·qua·risch [アンティクヴァーリッシュ] 形 古書店の; 中古の.

an·ti·quiert [アンティクヴィーあト] 形（蔑）古くさくなった, 古れた.

die **An·ti·quiert·heit** [アンティクヴィーアトハイト] 名 -/-en **1.** ⓈⒷのみ古くささ. **2.** 古くさい言葉（習慣）.

die **An·ti·qui·tä·ten** [アンティクヴィテーテン] 名 -/-en（主にⓈⒷ）美術骨董（こっとう）品.

der **An·ti·qui·tä·ten·la·den** [アンティクヴィテーテン・ラーデン] 名 -s/- 骨董店.

das **An·ti·rheu·ma·ti·kum** [アンティ・ろイマーティクム] 名 -s/..ka〖医〗抗リューマチ薬.

der **An·ti·se·mit** [アンティ・ゼミート, アンティ・ゼミート] 名 -en/-en 反ユダヤ主義者.

an·ti·se·mi·tisch [アンティ・ゼミーティッシュ, アンティ・ゼミーティッシュ] 形 反ユダヤ主義の, ユダヤ人排斥の.

der **An·ti·se·mi·tis·mus** [アンティ・ゼミーティスムス, アンティ・ゼミーティスムス] 名 -/ 反ユダヤ主義; 反ユダヤ主義運動.

das **An·ti·sep·ti·kum** [アンティ・ゼプティクム] 名 -s/..tika〖医〗防腐剤.

an·ti·sep·tisch [アンティ・ゼプティッシュ] 形〖医〗殺菌（防腐）（性）の.

das **An·ti·spas·mo·di·kum** [アンティ・スパスモーディクム] 名 -s/..dika〖医〗鎮痙（ちんけい）剤.

an·ti·spas·tisch [アンティ・スパスティッシュ] 形 鎮痙（ちんけい）性の.

an·ti·sta·tisch [アンティ・スターティッシュ] 形〖理〗静電気防止の.

das **An·ti·teil·chen** [アンティ・タイルひェン] 名 -s/-〖理〗反粒子.

die **An·ti·the·se** [アンティ・テーゼ, アンティ・テーゼ] 名 -/-n 反対命題, 反定立, アンチテーゼ;〖修〗対照法（Tag und Nacht など）.

an·ti·the·tisch [アンティ・テーティッシュ] 形 対立的な, 正反対の, 対照的な.

das **An·ti·to·xin** [アンティ・トクスィーン, アンティ・トクスィーン] 名 -s/-e〖医〗抗毒素.

die **An·ti·zi·pa·ti·on** [アンティツィパツィオーン] 名 -/-en **1.** 先取り, 予見. **2.**（古）期限前の支払い.

an·ti·zi·pie·ren [アンティツィピーれン] 動 h. **1.** ⟨et⁴⟩ヲ先取りする（後世の思想などを）. **2.** ⟨et⁴⟩ヲ〖商〗期限前に支払う.

an·ti·zy·klisch [アンティ・ツューク リッシュ] 形 非周期的な;〖経〗景気（変動）抑制的な.

die **An·ti·zy·klo·ne** [アンティ・ツュクローネ, アンティ・ツュクローネ] 名 -/-n〖気〗高気圧圏.

das **Ant·litz** [アントリッツ] 名 -es/-e（主にⓈⒷ）〖文〗かんばせ, 顔.

(*der*) **An·ton** [アントーン] 名〖男名〗アントーン: blauer ~〖口〗菜っ葉服.

(*der*) **An·to·ni·us** [アントーニウス] 名 **1.**〖男名〗アントーニウス. **2.** Marcus ~ マルクス・アントニウス（紀元前 83 頃-30, 古代ローマの政治家）. **3.** ~ der Große 大アントニウス（356 没, エジプトの隠修士）.

das **An·to·ni·us·kreuz** [アントーニウス・クロイツ] 名 -es/-e アントニウスの十字架（T 形十字）.

die **An·to·no·ma·sie** [アントノマズィー] 名 -/-n〖言〗換称.

das **An·to·nym** [アントニューム] 名 -s/-e〖言〗対義語.

an|tör·nen [アン・テァネン] 動 h.〖j³⟩ヲ〖口〗麻薬で陶酔させる; 興奮（うっとり）させる.

der **An·trag** [アン・トらーク] 名 -(e)s/Anträge **1.** 申請（書）; 申請用紙: einen ~ auf ⟨j³⟩ stellen ⟨事の⟩申請書を出す. **2.**（決議するための）提案, 動議: auf ~ von ⟨j³⟩ ⟨人の⟩提案に基づいて. **3.** プロポーズ（Heirats~）.（文・古）申し出.

an|tra·gen* [アン・トらーゲン] 動 h.⟨j³⟩ニ⟨et⁴⟩ヲ（文）（物を）提供すると申出る.

das **An·trags·for·mu·lar** [アントらークス・ふぉるムラーあ] 名 -s/-e 申請用紙.

der **An·trag·stel·ler** [アントらーク・シュテラー] 名 -s/- 申請者, 出願者.

an|trans·por·tie·ren [アン・トらンスポるティーれン] 動 h.⟨et⁴⟩ヲ運んで来る, 届ける.

an|trau·en [アン・トらウエン] 動 h.⟨j³⟩ヲ+⟨j³⟩ト（古）娶（めと）らせる, 結婚させる.

an|tref·fen* [アン・トれふェン] 動 h.⟨j⁴/et⁴⟩ヲ+（様態）⟨アドヴェルプ⟩（場所）⟨ニイルノヲ⟩見いだす(…に…で)会う, 出会う: So etwas ist nicht oft *anzutreffen*. そんなもの（こと）にはめったにお目にかかれない.

an|trei·ben* [アン・トらイベン] 動 **1.** h.⟨et⁴⟩ヲ駆立てる（馬・牛・犬などを）. **2.** h.⟨et⁴⟩ヲ駆立つさせる. **3.** h.⟨j³⟩ヲ+zu ⟨動⟩/zu ⟨et³⟩ヲさせる, するきっかけとなる（好奇心・不安などが）. **4.** h.⟨et⁴⟩ヲ動かす. **5.** h.⟨j⁴/et⁴⟩ヲ+(an ⟨et⁴⁽³⁾⟩ニ)漂着させる（流木などを）. **6.** s.（an ⟨et⁽³⁾⟩ニ)流れ寄る, 漂着する（流木などが）. **7.** h.⟨et⁴⟩ヲ人工栽培で発芽させる.

an|tre·ten* [アン・トれーテン] 動 **1.** h.⟨et⁴⟩ヲ（軽く）踏み固める（土などを）. **2.** h.⟨et⁴⟩ヲスターターを踏んでエンジンをかける（オートバイなどの）. **3.** s.〖陸〗〖軍〗スパートをかける. **4.** s.〖様態〗ニ〗整列する, 位置につく. **5.** s. (gegen ⟨j³⟩)ト〖競〗対戦する（あるチームなど）, （…のために）到着（出頭）する: zum Dienst ~ 勤務につく. **7.** h.⟨et⁴⟩ヲ始める, 開始する;（…に）就く,（…に）就任する: eine Reise ~ 旅に出る. die Stelle ~ その勤め口について仕事を始める. die Nachfolge ~ 後任となる. sein dreißigstes Jahr ~（文）30 代に入る. das Erbe ~ 遺産を相続する. **8.** s.

〔an〈et⁴〉=〕〔言〕つく(語尾が語幹に). **9.** h.〈j⁴〉〈文〉風を舞うう〔死・不安なども〕.
der **An|trieb** [アン・トリープ] 名 -(e)s/-e **1.** (原)動力, 推進力；推進装置. **2.** 動機；刺激, 衝動：aus innerem ～ (heraus) 内面の衝動にかられて.
die **An|triebs|kraft** [アントリープス・くらふと] 名 -/..kräfte 〔工〕駆動力.
der **An|triebs|mo|tor** [アントリープス・モ(-)トーア] 名 -s/-en 〔工〕原動機.
der **An|triebs|rie|men** [アントリープス・リーメン] 名 -s/- 〔工〕駆動(伝動)ベルト.
die **An|triebs|wel|le** [アントリープス・ヴェレ] 名 -/-n 〔工〕原軸, 駆動軸.
an|trin|ken* [アン・トリンケン] 動 h. **1.** 〈et⁴〉ちょっとだけ口をつける(酒・グラスなどに). **2.** 〔sich³+〈et⁴〉〕(酒を飲んで)なる(ある状態に). **3.** 〔sich⁴〕〈ﾎﾞﾛｯﾄ・口〉酔っ払う. 〔慣用〕sich³ einen antrinken 〈口〉酔っ払う.
der **An|tritt** [アン・トリット] 名 -(e)s/-e 開始, 発足；引受けること, 就[着]任；相続；〔ﾆｮﾞ〕スパート(する力)：bei ～ der Reise 旅立ちの際に.
der **An|tritts|be|such** [アントリッツ・ベズーふ] 名 -(e)s/-e 就任[着任]のあいさつ回り.
die **An|tritts|re|de** [アントリッツ・れーデ] 名 -/-n 就任演説.
die **An|tritts|vor|le|sung** [アントリッツ・ふぉーア・レーズング] 名 -/-en 就任講義.
an|trock|nen [アン・トろっくネン] 動 s. 〔補足〕乾きはじめる. **2.** 〔補足〕乾いてこびりつく.
an|tun* [アン・トゥーン] 動 h. **1.** 〔〈j³〉=+〈et⁴〉〕加える(危害などを)；施す(恩恵などを). **2.** 〔es+〈j³〉〕魅了[魅惑]する. **3.** 〔sich³+〈et⁴〉〕〈文〉着る, 履く, つける(装身具などを). **4.** 〔sich⁴〕+〈様態〉〈文〉身なりをする. **5.** 〔sich⁴〕 mit einen neuen Kleid ～ 新しいドレスを身につける. 〔慣用〕sich³ etwas antun 〈婉〉自らの命を断つ. sich³ Gewalt antun 自制する.
an|tur|nen¹ [アン・トゥるネン] 動 s. 〔補足〕〈口〉騒ぎながら決する.
an|tur|nen² [アン・トゥるネン] 動 h. =antörnen.
(das) **Ant|wer|pen** [アントヴェるペン] 名 -s/ 〔地名〕アントワープ(ベルギーの港湾都市).
die **Ant|wort** [アントヴォると] 名 -/-en 答え, 回答, 返事；解答；(行動による)返答, お返し：eine umgehende ～ 折返しの返事. eine ～ auf die Frage geben 質問に答える. 〈j³〉 die ～ schuldig bleiben 〈人に〉返事をしないままでいる.
〔慣用〕〈j³〉 die Antwort in den Mund legen 〈人に〉誘導尋問をする. 〈j³〉 keiner Antwort würdigen 〈文〉〈人を〉黙殺する. 〈j⁴〉 über 〈et⁴〉 Rede und Antwort stehen 〈人に〉〈事の〉釈明[答弁]する. Um(am) Antwort wird gebeten. (招待状に)出欠の返事をお願い致します U. [u.] A. w. g.). **zur Antwort geben, dass ...** …と回答する.
ant|wor|ten [アントヴォるテン] 動 h. **1.** 〔((〈j³〉=) / auf 〈et⁴〉+〈et⁴〉ｦ/〈文⁴〉ﾄ〕〈人に〉〈…と〉返事をする；(手紙の)返事を書く. **2.** 〔(auf〈et⁴〉)+mit〈et⁴〉ﾃﾞ〕答える, 応酬する, 反応する.
die **Ant|wort|kar|te** [アントヴォると・カるテ] 名 -/-n 返信用はがき.
der **Ant|wort|schein** [アントヴォると・シャイン] 名 -(e)s/-e (次の形で)internationaler ～ 国際返信切手券.
das **Ant|wort|schrei|ben** [アントヴォると・シュらイベン] 名 -s/- 返書.
der **A|nu|lus** [アーヌルス] 名 -/..li **1.** 〔植〕(ハラタケの)菌輪, 環帯. **2.** 〔解〕(器官の)輪[環]状部. **3.** (@のみ)(ドーリア式柱頭の)輪状平縁.
die **A|nu|rie** [アヌ・リー] 名 -/-n 〔医〕無尿(症).

der **A|nus** [アーヌス] 名 -/Ani 〔医〕肛門(ﾐﾏﾝ).
an|ver|trau|en [アン・ふぇあトらウエン] 動 h. **1.** 〔〈j³〉/et³〉=+〈j⁴/et⁴〉ｦ〕任せる, ゆだねる. **2.** 〔〈j³〉 et³〉=+〈et⁴〉ｦ〕打明ける. **3.** 〔sich⁴+〈j³〉=〕心の内を明かす.
an|ver|wandt [アン・ふぇあヴァント] 形 〈文・古〉 **1.** 縁続きの. **2.** 類似の.
an|vi|sie|ren [アン・ヴィズィーれン] 動 h. **1.** 〈j⁴〉狙(ﾈﾗ)いをつける, 照準を定める. **2.** 〈et⁴〉ｦ目ざして努力する.
an|wach|sen* [アン・ヴァックセン] 動 s. **1.** 〔補足〕(きちんとつく(移植した皮膚などが)；根づく. **2.** 〔補足〕(絶えず)増え続ける.
an|wa|ckeln [アン・ヴァックルン] 動 s. 〔補足〕〈口〉よろよた(よたよた)近づく.
an|wäh|len [アン・ヴェーレン] 動 h. 〈j⁴/et⁴〉ｦ ダイヤル通話をする；(…を)(無線)信号で呼出す.
der **An|walt** [アン・ヴァルト] 名 -(e)s/..wälte 弁護士(Rechts～)；擁護者：sich⁴ durch einen ～ vertreten lassen 弁護士に代理させる. sich⁴ zum ～ für 〈et⁴/j⁴〉 machen 〈人・事・物の〉擁護者となる.
die **An|wäl|tin** [アン・ヴェルティン] 名 -/-nen Anwalt の女性形.
das **An|walts|bü|ro** [アンヴァルツ・ビュろー] 名 -s/-s 法律事務所, 弁護士事務所；合同法律事務所.
die **An|walts|schaft** [アン・ヴァルト シャふト] 名 -/-en **1.** (主に@)(総称)弁護士. **2.** (@のみ)弁護士業務；弁護, 擁護.
die **An|walts|ge|bühr** [アンヴァルツ・ゲビューア] 名 -/-en (主に@)弁護料.
die **An|walts|kam|mer** [アンヴァルツ・カマー] 名 -/-n 弁護士会.
der **An|walts|pro|zess** [アンヴァルツ・プロツェス] 名 -es/..zesse 〔法〕弁護士訴訟(弁護士を訴訟代理人に立てなければならない訴訟).
der **An|walts|zwang** [アンヴァルツ・ツヴァング] 名 -(e)s/ 〔法〕弁護士強制(Anwaltsprozess で弁護士を訴訟代理人に立てなければならない義務).
an|wan|deln [アン・ヴァンデルン] 動 h. 〈j⁴〉ｦ〈文〉(人)を襲う(恐怖などが), 頭に浮かぶ(考えなどが).
die **An|wand|lung** [アン・ヴァンドルング] 名 -/-en (突然の)感情, 発作, 気まぐれ：aus einer ～ heraus 気まぐれから.
an|wär|men [アン・ヴェるメン] 動 h. 〈et⁴〉ｦ少し温める.
der **An|wär|ter** [アン・ヴェるター] 名 -s/- (有力な)候補者：～ auf 〈et⁴〉 〈事の〉候補者.
die **An|wär|ter|schaft** [アン・ヴェると シャふト] 名 -/-en (主に@)見込み, 期待：die ～ auf ein Amt haben 任官の見込みがある.
an|we|hen [アン・ヴェーエン] 動 **1.** h. 〔(〈j⁴〉ﾉｶﾞ=) 〈文〉吹いてくる, 漂ってくる. **2.** h. 〔〈j⁴〉ｦ〕心を襲う(恐怖などが), 人をとらえる. **3.** h. 〈et⁴〉ｦ吹きだまりを作る(風が雪などを). **5.** s. 〔場所〕ﾆ吹き寄せられる(雪などが).
an|wei|sen* [アン・ヴァイゼン] 動 h. **1.** 〔((〈j³〉=)+〈et⁴〉ｦ〕割当てる；振込む(給与などを). **2.** 〔〈j⁴〉=+zu〈動〉ｽﾙｺﾄ〕指示[命令]する. **3.** 〔〈j⁴〉ｦ〕指導する.
die **An|wei|sung** [アン・ヴァイズング] 名 -/-en **1.** 指図, 命令, 指示；割当て；説明書：auf ausdrückliche ～ von 〈j³〉 〈人の〉厳命にしたがって. **2.** 送金：eine ～ auf ein Konto 口座への振込み. **3.** 〔銀行〕支払指図, 指図証券(小切手など)：eine ～ auf 1 000 Euro 1000 ユーロの為替.
an|wend|bar [アン・ヴェントバー] 形 使用[適用]できる, 応用のきく.
an|wen|den* [アン・ヴェンデン] 動 h. **1.** 〈et⁴〉

ッ+(auf⟨et⁴⟩₌))用いる, 使用〔利用〕する, 適用〔応用〕する. **2.**〔⟨et⁴⟩ッ+auf⟨j⁴/et³⟩₌〕適用〔応用〕する, 当てはめる.

die **An·wen·dung** [アン・ヴェンドゥング] 名 -/-en **1.** 使用;適用, 応用: die ~ der Bestimmung auf Ausländer その規定の外国人への適用. ~ finden 《硬》使用〔適用〕される. ⟨et⁴⟩ in (zur) ~ bringen 《硬》⟨事⁴⟩を使用〔適用〕する. zur ~ kommen 《硬》使用〔適用〕される. **2.**〔医〕処置:〖コンピュ〗アプリケーションプログラム.

der **An·wen·dungs·be·reich** [アンヴェンドゥングス・ベライヒ] 名 -(e)s/-e 適用〔使用・応用〕範囲.

an|wer·ben* [アン・ヴェルベン] 動 h.〔j⁴ッ〕募集する.

an|wer·fen* [アン・ヴェルフェン] 動 h.〔⟨et⁴⟩ッ+(an⟨et⁴⟩₌)〕投げつける, 塗りつける. **2.**〔⟨et⁴⟩ッ〕始動させる(〖口・冗〗(…の)スイッチを入れる. **3.**〖球技〗〔球〕競技開始のスローをする.

das **An·we·sen** [アン・ヴェーゼン] 名 -s/- 家屋敷.

an·we·send [アン・ヴェーゼント] 形 出席している, 居合せている: nicht ganz ~ sein 〖口〗うわの空である.

der/die **An·we·sen·de** [アン・ヴェーゼンデ] 名 〔形容詞的変化〕居合せている人, 出席者.

die **An·we·sen·heit** [アン・ヴェーゼンハイト] 名 -/ 出席;存在: bei (in) seiner ~ 彼のいる時に. die ~ von Giftstoffen 毒物の混在.

die **An·we·sen·heits·lis·te** [アンヴェーゼンハイツ・リステ] 名 -/-n 出席簿.

an|wi·dern [アン・ヴィーダルン] 動 h.〔j⁴₌〕(嫌)嫌悪〔不快〕感を催させる.

an|win·keln [アン・ヴィンケルン] 動 h.〔⟨et⁴⟩ッ〕(少し)曲げる(ひじ・ひざなどを).

der **An·woh·ner** [アン・ヴォーナー] 名 -s/- 隣接の住民, (…の)近所の人.

der **An·wurf** [アン・ヴルフ] 名 -(e)s/..würfe **1.**〖球技〗〔球〕(最初の)投球, スローオフ. **2.** 誹謗〔ヒボウ〕, 悪口. **3.**〖古〗上塗り.

an|wur·zeln [アン・ヴルツェルン] 動 s.〖稀に〗根をはる(樹木に). 〖慣用〗wie angewurzelt (da)stehen (stehen bleiben) 根が生えたように立ちすくむ.

die **An·zahl** [アン・ツァール] 名 -/ (一定の)数;総数: eine ~ Häuser 若干の家. eine ~ von Kindern 何人かの子供たち.

an|zah·len [アン・ツァーレン] 動 h. **1.**〔⟨et⁴⟩ッ〕頭金〔内金〕として払う. **2.**〔⟨et⁴⟩ッ〕頭金を払う.

die **An·zah·lung** [アン・ツァールング] 名 -/-en 初回金, 頭金: eine ~ leisten 頭金を払う.

an|zap·fen [アン・ツァップフェン] 動 h. **1.**〔⟨et⁴⟩ッ〕口を開ける(ビール・ワインだるなどに);(…に)樹液を採るために刻み目をつける;〖口〗(…に)〖盗聴のために〗タップをつなぐ(電話回線などに). **2.**〔⟨j⁴⟩ッカラ+um⟨et⁴⟩ッ〕〖口〗借りる, せびる(金を).

das **An·zei·chen** [アン・ツァイヒェン] 名 -s/- 前兆, 微候;兆配: Anzeichen für eine Krise 危機の前兆. ~ von Reue erkennen lassen 後悔の色をみせる.

an|zeich·nen [アン・ツァイヒネン] 動 h. **1.**〔⟨et⁴⟩ッ+(an⟨et⁴⟩₌)〕描く(垂直面のものに). **2.**〔⟨et⁴⟩ッ〕マークをつける.

die **An·zei·ge** [アン・ツァイゲ] 名 -/-n **1.** (新聞などの)広告, 告示, (結婚などが)通知, 届出: (役所・警察への)通報, 通知, 届け出;告訴;告発: eine ~ gegen ⟨j⁴⟩ wegen ⟨et²⟩ erstatten ⟨人⁴を〉⟨事²の〉かどで告発する. ⟨j⁴/et²⟩ zur ~ bringen 《硬》⟨人・事⁴を〉告発する. **2.** (目盛の)標示, 標示板. **3.** 〔医〕徴候.

an|zei·gen [アン・ツァイゲン] 動 h. **1.**〔⟨j⁴⟩ッ〕(警察に)届出る, 告発する. **2.**〔⟨et⁴⟩ッ〕広告する, 通知する. **3.**〔(⟨j³⟩₌)+⟨et⁴⟩ッ〕(合図で)知らせる;予告する. **4.**〔⟨et⁴⟩ッ〕指す, 示す(時計・計器が).

die **An·zei·gen·an·nah·me** [アンツァイゲン・アンナーメ] 名 -/-n 広告代理店.

das **An·zei·gen·blatt** [アンツァイゲン・ブラット] 名 -(e)s/..blätter 広告紙.

der **An·zei·gen·teil** [アンツァイゲン・タイル] 名 -(e)s/-e 広告欄.

die **An·zei·ge·pflicht** [アンツァイゲ・プフリヒト] 名 -/ 届け出の義務.

der **An·zei·ger** [アン・ツァイガー] 名 -s/- **1.** 計器. **2.** 通報(小型の新聞・雑誌名).

an|zet·teln [アン・ツェッテルン] 動 h.〔⟨et⁴⟩ッ〕(ひそかに)たくらむ(陰謀などを).

an|zie·hen* [アン・ツィーエン] 動 **1.** h.〔⟨j⁴⟩₌〕服を着せる(⟨j⁴⟩sich⁴の場合)服を着る. **2.** h.〔⟨et⁴⟩ッ〕着る, はく, はめる, かぶる. **3.**〔⟨et⁴⟩ッ〕引寄せる(つける)(脚・あごなどを);引きつける(磁石などが);吸う(食料品が湿気・におい等を);引く, ぴんと張る(弦などが);締める(ねじ・ベルトなどを). **4.** h.〔⟨j⁴⟩ッ〕ひきつける, とりこにする. **5.** h.〔⟨j⁴/et⁴⟩ッ〕〖古〗引用する. **6.** h.〔⟨様態ッ⟩〕加速する, スピードを上げる(車・走者などが). **7.** h.〖俗〗車を引き始める(馬が), 動きだす(列車が);〖スホ〗初手をさす;〔金融・商〕値上がりする. **8.** s.〖稀に〗〖古〗近づく: *angezogen* kommen 近づいて来る.

an·zie·hend [アン・ツィーエント] 形 魅力的な.

die **An·zie·hung** [アン・ツィーウング] 名 -/-en **1.** (⊕のみ)魅了すること;人を引きつける力, 魅力. **2.** 誘惑, 魅惑.

die **An·zie·hungs·kraft** [アンツィーウングス・クらフト] 名 -/..kräfte 〔理〕引力, 磁力, 重力;(⊕のみ)魅力.

an|zi·schen [アン・ツィッシェン] 動 h. **1.**〔⟨j⁴⟩₌〕しゅうしゅうと声をあげる(ヘビなどが). **2.** h.〔(…に)怒鳴りつける. **3.** h.〖稀に〗〖口〗急いで近づく: *angezischt* kommen さっと飛ぶようにして(近づいて)来る.

die **An·zucht** [アン・ツフト] 名 -/..züchte **1.** (⊕のみ)栽培, 飼育. **2.** 〔鉱〕排水溝.

der **An·zug** [アン・ツーク] 名 -(e)s/Anzüge **1.** 背広(Herren-), スーツ: ein einreihiger/zweireihiger ~ シングル/ダブルの背広. einen ~ von der Stange kaufen 既製の背広を買う. **2.** 加速能力. **3.**〖スホ〗初手. **4.**〔⊕〕(布団)カバー. **5.**〖スホ〗動議. 〖慣用〗aus dem Anzug fallen 〖口〗がりがりにやせる. ⟨j⁴⟩ aus dem Anzug stoßen 《口》⟨人⁴を⟩徹底的に殴りつける. im Anzug sein 近づいて来る(嵐などが).

an·züg·lich [アン・ツューク・リヒ] 形 当てつけがましい, 嫌みな;きわどい.

die **An·züg·lich·keit** [アン・ツューク・リヒカイト] 名 -/-en **1.** (⊕のみ)当てこすり, いやがらせ. **2.** 当てこすり〔いやがらせ〕の言葉.

an|zün·den [アン・ツュンデン] 動 h.〔⟨et⁴⟩ッ〕火をつける, 点火する;放火する.

der **An·zün·der** [アン・ツュンダー] 名 -s/- 点火器;ライター.

an|zwei·feln [アン・ツヴァイふェルン] 動 h.〔⟨et⁴⟩ッ〕疑念を抱く.

die **AOK** [アー・オー・カー] 名 -/-s アーオーカー(地域健康保険組合) (Allgemeine Ortskrankenkasse).

(*das*) **Ä·o·li·en** [エーオーリェン] 名 -s/ 《地名》アイオリス, エオリア(古代ギリシア時代の小アジアの北西海岸名).

der **Ä·o·li·er** [エーオーリぁー] 名 -s/- アイオリス人.

ä·o·lisch [エオーリシュ] 形 **1.** 風の;〔地質〕風成〔風食〕の. **2.** アイオリス地方の: die ~*e* Tonart 〔楽〕エオリア旋法.

die **Ä·ols·har·fe** [エーオルス・ハるふェ] 名 -/-n 風琴, エオリアンハープ(風で自然に鳴るハープ).

(*der*) **Ä·o·lus** [エーオルス] 名 《ギ神》アイオロス(風の

神).
- der **Ä·on** [エオーン, エーオン] 名 -s/-en [エオーネン]《主に》⑨《文》永劫, 永遠;時代: in ~*en* 永劫に.
- **ao. Prof., a. o. Prof.** [アーオ・プろふ] = außerordentlicher Professor 助教授, 員外教授.
- der **A·o·rist** [アオりスト] 名 -(e)s/-e〚言〛アオリスト(古典ギリシア語の不定過去などの時称).
- die **A·or·ta** [アオるタ] 名 -/Aorten〚医〛大動脈.
- die **AP** [eɪpí: エイピー] = Associated Press エーピー通信社(アメリカの国際通信社).
- **a. p.** = ⁽ʳᵃᵗ⁾anni praeteriti 前年の.
- die **APA** [アーペーアー] 名 -/ アーペーアー(オーストリア通信社)(Austria Presse Agentur).
- die **A·pa·na·ge** [...ʒə アバナージュ] 名 -/-n (定期的な)多額の金銭の援助;〚史〛(領主の扶養家族への)歳費.
- **a·part** [アパるト] 形 1. 独特な魅力のある. 2. (書籍を)ばらで, 個別に.
- die **A·part·heid** [アパーあトハイト] 名 -/ アパルトヘイト, 人種隔離(政策).
- das **A·part·ho·tel** [アパるト・ホテル] 名 -s/-s アパート式ホテル(アパート一戸分を貸す方式のホテル).
- das **A·part·ment** [アパるトメント] 名 -s (高級)アパートの住戸). ⇨ Appartement.
- das **A·part·ment·haus** [アパるトメント・ハウス] 名 -es/..häuser アパート(の建物).
- die **A·pa·thie** [アパティー] 名 -/ 無関心, 冷淡;〚医〛感情鈍麻;〚哲〛アパティア.
- **a·pa·thisch** [アパティシュ] 形 無感動の, 無関心な.
- **a·per** [アーパー] 形〚南独・ˢⁱˢʳ・ʳˢ〛雪のない.
- das **A·per·çu** [apersý: アペるスュ] 名 -s/-s 妙案.
- der **A·pe·ri·tif** [アペりティーふ] 名 -s/-s〔Aperitive〕アペリティフ(食前酒).
- **a·pern** [アーパーン] 動 h.〚南独・ˢⁱˢʳ・ʳˢ〛1.〔Es〕雪が解けて流れる(消える). 2.〚ᵉˢᵗ⁾〛積雪がなくなる.
- der **Ap·fel** [アプふェル] 名 -s/Äpfel 1.〚植〛リンゴ;《口》リンゴの木(~baum). 2.(⑨のみ;《婉》乳房.
【慣用】**für einen Apfel und ein Ei**《口》二束三文で. **in den sauren Apfel beißen**《口》いやなことを止むを得ずする.
- der **Ap·fel·baum** [アプふェル・バウム] 名 -(e)s/..bäume リンゴの木.
- der **Ap·fel·kern** [アプふェル・ケルン] 名 -(e)s/-e リンゴの芯.
- das **Ap·fel·korn** [アプふェル・コるン] 名 -(e)s/- りんごの蒸留酒(シュナップス).
- der **Ap·fel·ku·chen** [アプふェル・クーヘン] 名 -s/- アップルケーキ.
- der **Ap·fel·most** [アプふェル・モスト] 名 -(e)s/ リンゴジュース;《南独》(軽く発酵させた)リンゴ酒.
- das **Ap·fel·mus** [アプふェル・ムース] 名 -es/ アップルムース.
- der **Ap·fel·saft** [アプふェル・ザふト] 名 -(e)s/..säfte リンゴジュース.
- die **Ap·fel·säu·re** [アプふェル・ゾイレ] 名 -/ リンゴ酸.
- die **Ap·fel·scha·le** [アプふェル・シャーレ] 名 -/-n リンゴの皮.
- der **Ap·fel·schim·mel** [アプふェル・シメル] 名 -s/- 連銭葦毛⁽ᵃˢʰᵉ⁾の馬.
- die **Ap·fel·si·ne** [アプふェルズィーネ] 名 -/-n〚植〛オレンジ;オレンジの木(~baum).
- der **Ap·fel·si·nen·baum** [アプふェルズィーネン・バウム] 名 -(e)s/..bäume オレンジの木.
- der **Ap·fel·stru·del** [アプふェル・シュトるーデル] 名 -s/- 渦巻型アップルパイ.
- die **Ap·fel·tor·te** [アプふェル・トるテ] 名 -/-n アップルトルテ(パイ).

- der **Ap·fel·wein** [アプふェル・ヴァイン] 名 -(e)s/-e アップルワイン.
- der **Ap·fel·wick·ler** [アプふェル・ヴィックラー] 名 -s/-〚昆〛ハマキガ.
- die **Aph·ä·re·se** [アふぇれーぜ] 名 -/-n〚言〛語頭音消失〔脱落〕.
- die **A·pha·sie** [ア・ふァズィー] 名 -/-n〚医〛失語(症);〚哲〛判断停止.
- das **Ap·hel** [afé: アふェール] 名 -s/-e〚天〛遠日点.
- das **A·phe·li·um** [アふェーリウム] 名 -s/..lien = Aphel.
- die **A·pho·nie** [ア・ふォニー] 名 -/-n〚医〛失声(症), 無声(症).
- der **A·pho·ris·mus** [アふォりスムス] 名 -/..men アフォリズム, 警句, 箴⁽ˢʰⁱⁿ⁾言.
- das **A·phro·di·si·a·kum** [アふろディズィーアクム] 名 -s/..ka〚医〛性欲促進剤, 催淫⁽ˢᵃⁱⁱⁿ⁾剤.
- **a·phro·di·sisch** [アふろディーズィシュ] 形 1. アフロディテの;愛に関する. 2. 催淫⁽ˢᵃⁱⁱⁿ⁾の.
- (die) **A·phro·di·te** [アふろディーテ] 名〚ギ神〛アフロディテ(愛の女神).
- **a·phro·di·tisch** [アふろディーティシュ] 形 アフロディテの, 愛に関する.
- die **Aph·the** [アふテ] 名 -/-n〚医〛アフタ(性口内炎).
- das **A·pi·a·ri·um** [アピアーりウム] 名 -s/..rien 養蜂舎, ミツバチ小屋.
- **a·pi·kal** [アピカール] 形 1.〚植〛先端の;上に向かう. 2.〚言〛舌端の.
- der **A·pis** [アーピス] 名 -/ アピス(古代エジプトの聖牛).
- **apl.** 形 = außerplanmäßig.
- der **A·plomb** [aplɔ̃: アプろーン] 名 -s/-e 1.《文》沈着な態度;不遜⁽ᶠˢᵒⁿ⁾な態度. 2.〚ᵇᵃˡˡ〛アプロン(動作途中での静止).
- die **Ap·noe** [アプノーエ] 名 -/〚医〛呼吸停止, 呼吸麻痺.
- die **Apo, APO** [アーポ] 名 -/ (1960年代後半の)議会外反体制派, 議会外野党(außerparlamentarische Opposition).
- die **A·po·dik·tik** [アポディクティク] 名 -/〚哲〛論定学〔論〕.
- **a·po·dik·tisch** [アポディクティシュ] 形 1.〚哲〛反論の余地のない. 2.《文》反論を許さない.
- das **A·po·gä·um** [アポゲーウム] 名 -s/..gäen〚天〛遠地点.
- die **A·po·ka·lyp·se** [アポカリュプセ] 名 -/-n〚宗〛黙示;〚新約〛ヨハネ黙示録;《文》世界の終り, 災い.
- **a·po·ka·lyp·tisch** [アポカリュプティシュ] 形 1.〚宗〛黙示録の: die A~*en* Reiter ヨハネ黙示録の四騎士(疫病・戦争・飢餓・死). 2.《文》黙示録的な, この世の終りのような, 災禍に満ちた;不可解な.
- die **A·po·ko·pe** [アポーコペ] 名 -/-n [アポコーペン]〚言〛語末音消失〔脱落〕.
- **a·po·kryph** [アポクりゅーふ] 形 1.〚宗〛聖書外典の. 2.《文》疑わしい, 偽⁽ᵍⁱˢᵉ⁾の.
- das **A·po·kryph** [アポクりゅーふ] 名 -s/-en 1.〚宗〛聖書外典. 2.《文》偽書.
- die **A·po·kry·phe** [アポクりゅーふェ] 名 -/-n = Apokryph.
- das **A·po·kry·phon** [アポークりゅふォーン] 名 -s/..pha = Apokryph.
- **a·po·li·tisch** [アポリーティシュ, アポリーティシュ] 形 非政治的な.
- der **A·poll** [アポル] 名 -s/《文》= Apollo 2.
- **a·pol·li·nisch** [アポリーニシュ] 形 1. アポロンの(ような). 2.〚哲〛アポロ的な.
- der **A·pol·lo** [アポロ] 名 -s/-s 1.(⑨のみ;主に無

冠詞)〘ギ・ロ神〙アポロン, アポロ(光・予言・音楽・文芸・調和の神). **2.** 美青年.

der **A·pol·lo·fal·ter** [アポロ・ふぁルター] [名] -s/- 〘昆〙ウスバシロチョウ.

der **A·po·log** [アポローク] [名] -s/-e 〘文芸学〙教訓話;寓話.

der **A·po·lo·get** [アポロゲート] [名] -en/-en 《文》弁護家;〘宗〙護教家.

die **A·po·lo·ge·tik** [アポロゲーティク] [名] -/-en **1.** 《(単)のみ》〘神〙(キリスト教)護教論. **2.** 《文》弁証論.

die **A·po·lo·gie** [アポロギー] [名] -/-n 弁明, 弁護;弁明書〔演説〕.

das **A·poph·theg·ma** [アポふテグマ] [名] -s/..men〔-ta〕(含蓄に富んだ)格言〔警句〕.

die **A·po·ple·xie** [アポプレクスィー] [名] -/-n 〘医〙卒中;〘植〙(桃などの樹冠の)枯死.

die **A·po·rie** [アポリー] [名] -/-n **1.** 〘哲〙アポリア. **2.** 《文》解決困難〔不能〕, 行詰まり.

die **A·po·si·o·pe·se** [アポズィオペーゼ] [名] -/-n 〘修〙頓絶法.

die **A·po·s·tas·ie** [アポスタズィー] [名] -/-n 《文》背教, 離反;〘カトリック〙(誓約違反による)修院離脱.

der **A·po·s·tat** [アポスタート] [名] -en/-en 背教者, 離反者.

der **A·po·s·tel** [アポステル] [名] -s/- (イエスによって選ばれた)使徒;(初期キリスト教の)使徒;《文》(《皮》にも)熱烈な支持〔唱道〕者.

die **A·po·s·tel·ge·schich·te** [アポステル・ゲシひテ] [名] -/-n 〘神〙(新約聖書外典の)使徒物語;(《単》のみ)〘新約〙使徒行伝.

a pos·te·ri·o·ri [ア ポステリオーリ]〘ラテン語〙〘哲〙後天的に, 経験に基づく, 経験による.

das **A·pos·to·li·kum** [アポストーリクム] [名] -s/ 〘神〙使徒信条.

a·pos·to·lisch [アポストーリシュ] [形] 〘神〙使徒の;〘カトリック〙教皇の.

der **A·po·s·troph** [アポストろーふ] [名] -s/-e 省略記号, アポストロフィ(記号 ’).

die **A·po·s·tro·phe** [アポストろふぇ, アポストろーふぇ] [名] -/-n[アポストろーふぇン]〘修〙頓呼法.

a·po·s·tro·phie·ren [アポストろふぃーれン] [動] *h.* **1.** 〘補足なし〙省略記号〔アポストロフィー〕をつける. **2.** 〔〈j⁴/et⁴〉ヲ〕引合いに出す. **3.** 〔〈j⁴/et⁴〉ヲ+als〈j⁴〉ト/als〈形〉ト〕特徴〔性格〕づける, 見なす:〈j⁴〉 als intelligent ~〈人ヲ〉聡明と見なす.

die **A·po·the·ke** [アポテーケ] [名] -/-n **1.** 薬局;薬箱. **2.** 《口・蔑》値段の高い店.

die **A·po·the·ken·hel·fe·rin** [アポテーケン・ヘルふぇりン] [名] -/-nen (薬剤師免許を持たない)薬局の女店員.

a·po·the·ken·pflich·tig [アポテーケン・プふりひティひ] [形] 薬局でのみ入手できる

der **A·po·the·ker** [アポテーカー] [名] -s/- 薬剤師.

das **A·po·the·ker·buch** [アポテーカー・ブーふ] [名] -(e)s/..bücher 薬局方, 処方書.

die **A·po·the·ker·wa·ren** [アポテーカー・ヴァーれン] [複名] 医薬品.

die **A·po·the·o·se** [アポ・テオーゼ] [名] -/-n **1.** 《文》神格化;賛美;〘美〙神格化描写. **2.** 〘劇〙効果的なフィナーレ.

der **Ap·pa·rat** [アパらート] [名] -(e)s/-e **1.** 器具, 器械, 装置. **2.** 電話器(Telefon~);内線: Wer ist am ~? どなたですか. **3.** 学術文献;研究資料;本文校異一覧. **4.** (行政などの)機構, 組織. **5.** 〘解〙器官. **6.** 《口》びっくりするほど大きな〔変った〕もの.

der **Ap·pa·rat·schik** [アパらチク] [名] -s/-s 《蔑》(全体主義国家の)教条的党幹部.

die **Ap·pa·ra·tur** [アっパらトゥーあ] [名] -/-en 装置(一式), 設備;機構.

das **Ap·par·te·ment** [..təmã: アパるテマーン] [名] -s/-s (ホテルの)スイートルーム;高級アパート(の住居).

das **Ap·par·te·ment·haus** [アパるテマーン・ハウス] [名] -es/..häuser 賃貸アパート〔マンション〕.

ap·pas·si·o·na·to [アパスィオナート] [副] 〘楽〙アパショナート, 熱情的な.

der **Ap·peal** [ɛpí:l エピール] [名] -s/ 魅力;〘広告〙(人心に)アピールする特性.

das **Ap·pease·ment** [ɛpí:smənt エピースメント] [名] -s/ 〘政〙(《蔑》にも)宥和(ゆう わ)(政策).

der **Ap·pell** [アペル] [名] -s/-e **1.** 訴え, アピール;呼びかけ: ein ~ zur Humanität ヒューマニズムを守るための訴え. einen ~ an〈j⁴〉 richten〈人ニ〉訴える. **2.** 〘軍〙呼集, 整列(点検・受命のための).

die **Ap·pel·la·ti·on** [アペラツィオーン] [名] -/-en 〘法〙《スイス》控訴.

das **Ap·pel·la·ti·ons·ge·richt** [アペラツィオーンス・ゲりひト] [名] -(e)s/-e 〘法〙《古》控訴裁判所.

das **Ap·pel·la·tiv** [アペラティーふ] [名] -s/-e 〘言〙普通名詞.

der **Ap·pel·la·tiv·na·me** [アペラティーふ・ナーメ] [名] -ns/-n 〘言〙普通名詞化した固有名詞(レントゲンなど).

ap·pel·lie·ren [アペリーれン] [動] *h.* 〔an〈j⁴/et⁴〉ニ〕《文》訴える, アピールする;〘法〙《古》控訴する.

die **Ap·pen·dek·to·mie** [アペンデクトミー] [名] -/-n 〘医〙虫垂切除術.

der **Ap·pen·dix**[1] [アペンディクス] [名] -(es)/..dizes〔-e〕付属物;(本の)補遺.

die〔*der*〕**Ap·pen·dix**[2] [アペンディクス] [名] -/..dizes 〘解〙虫様突起, 虫垂;垂.

die **Ap·pen·di·zi·tis** [アペンディツィーティス] [名] -/..dizitiden [アペンディツィティーデン]〘医〙虫垂炎.

(*das*) **Ap·pen·zell** [アペンツェル, アっペンツェル] [名] -s/ 〘地名〙アッペンツェル(スイスの州).

der **Ap·pen·zel·ler** [アペンツェラー, アっペンツェラー] [名] -s/- アッペンツェルの人.

die **Ap·pe·tenz** [アペテンツ] [名] -/-en 〘動物行動〙(本能的)欲求, 生来の性向, 本能的欲求行動.

das **Ap·pe·tenz·ver·hal·ten** [アペテンツ・ふぇあハルテン] [名] -s/- 〘動物行動〙(本能的)欲求行動.

der **Ap·pe·tit** [アペティート] [名] -(e)s/-e **1.** 食欲: ~ auf〈et⁴〉 haben〈物ヲ〉食べたい. 〈et⁴〉 mit ~ essen〈物ヲ〉おいしく食べる. **2.** 欲望, 渇望. 【慣用】〈j³〉 **den Appetit an**〈et³〉 **verderben**〈人ニ〉〈事ヲ〉する気をなくさせる. **Der Appetit kommt beim**〔**mit dem**〕**Essen.** 仕事を始めるとやる気も起こってくる. **Guten Appetit!** 召上がれ;いただきます.

ap·pe·tit·an·re·gend [アペティート・アン・れーゲント] [形] 食欲をそそる;食欲を促進する.

ap·pe·tit·lich [アペティートリひ] [形] 食欲をそそる;清潔な, 衛生的な;《口》こざっぱりした.

ap·pe·tit·los [アペティート・ロース] [形] 食欲のない.

der **Ap·pe·tit·züg·ler** [アペティートツューグラー] [名] -s/- 食欲抑制剤.

der **Ap·pe·ti·zer** [ɛ́pətaɪzər エペタイザー] [名] -s/- **1.** 〘薬〙食欲促進剤. **2.** 食欲をそそるもの;アペタイザー;欲望をかきたてるもの

ap·plau·die·ren [アプラウディーれン] [動] *h.* **1.** 〔(〈j³〉ニ)〕(拍手)喝采(かっ さい)する. **2.** 〔〈j⁴/et⁴〉ニ〕賛成の拍手をする.

der **Ap·plaus** [アプラウス] [名] -es/-e (主に《単》)拍手喝采(かっ さい).

die **Ap·pli·ka·ti·on** [アプリカツィオーン] [名] -/-en **1.** 《文》適用, 応用;取付け, 張付け. **2.** 〘医〙投薬;塗布;(療法の)適用. **3.** 〘服〙アップリケ. **4.** 〘カト

Applikationsstickerei

ﾐｻ功徳適用. **5.**〖古〗請願(書);申込み. **6.**〖ｺﾝﾋﾟｭ〗ｱﾌﾟﾘｹｰｼｮﾝ.

die **Ap·pli·ka·ti·ons·sti·cke·rei** [ｱﾌﾟﾘｶﾂｨｵｰﾝｽ·ｼｭﾃｨｯｸらい] 名 -/-en〖織〗ｱｯﾌﾟﾘｹ刺繍.

die **Ap·pli·ka·tur** [ｱﾌﾟﾘｶﾄｩｰﾙ] 名 -/-en **1.** 使用,適用,運用,応用. **2.**〖楽〗運指法.

ap·pli·zie·ren [ｱﾌﾟﾘﾂｨｰれﾝ] 動 h. **1.**⟨et⁴⟩ｯ+(auf⟨et⁴⟩ｮ)応用する,適用する. **2.**⟨j³⟩ｯ+⟨et⁴⟩ｮ〖医〗与える(薬を),打つ(注射を),施す(治療を). **3.**⟨j⁴⟩an(auf)⟨et³⁽⁴⁾⟩ｯ,⟨文⟩取りつける〖服〗ｱｯﾌﾟﾘｹとして縫いつける;塗る(色を).

die **Ap·pog·gia·tu·ra** [apodʒa.. ｱﾎﾟｼﾞｬﾄｩｰら] 名 -/.. ren〖楽〗ｱｯﾎﾟｼﾞｬﾄｩーら,前打音,倚音⟨ｲｵﾝ⟩.

der **Ap·point** [apɔɛ̃: ｱﾎﾟｱｰﾝ] 名 -s/-s〖銀行〗小額貨幣;清算のための小額手形,債務補償手形.

der **Ap·port** [ｱﾎﾟｫﾄ] 名 **1.**⟨超心理⟩幻象(降霊術の心霊現象). **2.**〖狩〗犬が獲物を持ってくること.

ap·por·tie·ren [ｱﾎﾟｫﾃｨｰれﾝ] 動 h.〖狩〗**1.**⟨et⁴⟩ｯ(くわえて)持ってくる(犬が獲物などを). **2.**⟨獲物⟩獲物をくわえてくる.

die **Ap·po·si·ti·on** [ｱﾎﾟｼﾞﾂｨｵｰﾝ] 名 -/-en〖言〗同格.

ap·pre·tie·ren [ｱﾌﾟれﾃｨｰれﾝ] 動 h.⟨et⁴⟩ｯ仕上加工をする(織物などに).

die **Ap·pre·tur** [ｱﾌﾟれﾄｩｰﾙ] 名 -/-en(織物・皮革などの)仕上加工こと;仕上剤.

der **Ap·proach** [ɛprɔ:tʃ ｴﾌﾟﾛｰﾁｭ] 名 -(e)s/-s **1.** (学問などの)研究方法,取組み(方),ｱﾌﾟﾛｰﾁ(の仕方). **2.**〖宣伝文冒頭の〗ｷｬｯﾁﾌﾚｰｽﾞ. **3.**〖空〗(着陸)進入.

die **Ap·pro·ba·ti·on** [ｱﾌﾟﾛﾊﾞﾂｨｵｰﾝ] 名 -/-en (医師・薬剤師の)開業免許〖認可〗;⟨ｶﾄﾘｯｸ⟩教会認可.

ap·pro·ba·tur [ｱﾌﾟﾛﾊﾞｰﾄｩｫ] 形〖出版〗(教会から)出版認可を受けた.

ap·pro·bie·ren [ｱﾌﾟﾛﾋﾞｰれﾝ] 動 h.⟨j¹/et⁴⟩ｯ⟨ｶﾄﾘｯｸ⟩認可する(教科書・開業医などを).

ap·pro·biert [ｱﾌﾟﾛﾋﾞｰｱﾄ] 形 開業免許のある.

die **Ap·pro·xi·ma·ti·on** [ｱﾌﾟﾛｸｽｨﾏﾂｨｵｰﾝ] 名 -/-en⟨文⟩接近,近似;⟨数⟩近似(値).

ap·pro·xi·ma·tiv [ｱﾌﾟﾛｸｽｨﾏﾃｨｰﾌ] 形⟨文⟩近似の.

Apr. = April 4月.

après nous le déluge [aprɛnudely:ʒ ｱﾌﾟれ ﾇ ﾙ ﾃﾞﾘｭｰｼﾞｭ] 〖ﾌﾗﾝｽ語〗後は野となれ山となれ.

das **Après-Ski** [aprɛʃi: ｱﾌﾟれ·ｼｰ] 名 -s/-s ｱﾌﾀｰｽｷｰ·ﾊﾟｰﾃｨ⟨ーなど⟩;ｱﾌﾀｰｽｷｰｳｪｱ.

die **A·pri·ko·se** [ｱﾌﾟﾘｺｰｾﾞ] 名 -/-n〖植〗ｱﾝｽﾞ,ｱﾌﾟﾘｺｯﾄ;ｱﾝｽﾞの木(=*n*baum).

der **A·pri·ko·sen·baum** [ｱﾌﾟﾘｺｰｾﾞﾝ·ﾊﾞｳﾑ] 名 -(e)s/..bäume ｱﾝｽﾞの木.

die **A·pri·ko·sen·mar·me·la·de** [ｱﾌﾟﾘｺｰｾﾞﾝ·ﾏるﾒﾗｰﾃﾞ] 名 -/ ｱﾌﾟﾘｺｯﾄｼﾞｬﾑこしあん.

der **A·pril** [ｱﾌﾟﾘﾙ] 名 -(s)/-e **1.** 4月(略Apr.): der launische (unbeständige) ～ 天気の変りやすい 4月.【用法は⇒Januar】 **2.**⟨今の形で⟩der erste ～ ｴｲﾌﾟﾘﾙﾌｰﾙ,四月馬鹿.【慣用】⟨j¹⟩ **in den April schicken**⟨人を⟩ｴｲﾌﾟﾘﾙﾌｰﾙでかつぐ.

der **A·pril·scherz** [ｱﾌﾟﾘﾙ·ｼｪﾙﾂ] 名 -es/-e ｴｲﾌﾟﾘﾙﾌｰﾙの冗談.

das **A·pril·wet·ter** [ｱﾌﾟﾘﾙ·ｳﾞｪｯﾀｰ] 名 -s/ (変化の激しい) 4月の天気.

a pri·o·ri [ｱ ﾌﾟﾘｵｰﾘ]〖ﾗﾃﾝ語〗 **1.**〖哲〗ｱﾌﾟﾘｵﾘの,先験的の. **2.**⟨文⟩頭から:⟨et⁴⟩ ～ ablehnen ⟨事を⟩頭からはねつける.

das **A·pri·o·ri** [ｱﾌﾟﾘｵｰﾘ] 名 -/-〖哲〗ｱﾌﾟﾘｵﾘの,先天的⟨先験⟩性.

a·pri·o·risch [ｱﾌﾟﾘｵｰﾘｼｭ] 形〖哲〗先天〔先験〕の.

a·pro·pos [apropó: ｱﾌﾟﾛﾎﾟｰ] 副⟨文⟩ちなみに;ところで.

die **Ap·sis** [ｱﾌﾟｽｨｽ] 名 -/Apsiden [ｱﾌﾟｽｨーﾃﾞﾝ] **1.**〖建〗(教会の)後陣,ｱﾌﾟｽ. **2.** ﾃﾝﾄの張出し.

das **A·qua de·stil·la·ta** [ｱｰｸｳﾞｧ ﾃﾞｽﾃｨﾗｰﾀ] 名 -/〖化〗蒸留水.

der **A·qua·dukt** [ｱｸｳﾞｧﾄﾞｩｸﾄ] 名 -(e)s/-e (古代ﾛｰﾏの)水道橋.

die **A·qua·kul·tur** [ｱｰｸｳﾞｧ·ｸﾙﾄｩｰあ] 名 -/-en **1.**(のみ)水産養殖,養殖業. **2.** 養殖場.

das **A·qua·ma·ni·le** [ｱｸｳﾞｧ·ﾏﾆｰﾚ] 名 -s/-n〖ｶﾄﾘｯｸ〗手水〈ﾁｮｳｽﾞ〉盤.

der **A·qua·ma·rin** [ｱｸｳﾞｧ·ﾏﾘｰﾝ] 名 -s/-e ｱｸｱﾏﾘﾝ,藍玉⟨ｱｲｷﾞｮｸ⟩(宝石).

der **A·qua·naut** [ｱｸｳﾞｧ·ﾅｳﾄ] 名 -en/-en 海底研究者,ｱｸｱﾉｰﾄ.

das **A·qua·pla·ning** [ｱｸｳﾞｧ·ﾌﾟﾗｰﾆﾝｸﾞ] 名 -(s)/ ﾊｲﾄﾞﾛﾌﾟﾚｰﾆﾝｸﾞ(ぬれた道路でのﾀｲﾔの滑り).

das **A·qua·rell** [ｱｸｳﾞｧれﾙ] 名 -s/-e 水彩画.

die **A·qua·rell·far·be** [ｱｸｳﾞｧれﾙ·ふぁるべ] 名 -/-n 水彩絵の具.

a·qua·rel·lie·ren [ｱｸｳﾞｧれﾘｰれﾝ] 動 h.⟨et⁴⟩ｯ水彩で描く.

die **A·qua·rell·ma·le·rei** [ｱｸｳﾞｧれﾙ·ﾏｰﾚらい] 名 -/-en 水彩画;(のみ)水彩画で描くこと;水彩画法.

das **A·qua·ri·um** [ｱｸｳﾞｧｰﾘｳﾑ] 名 -s/..rien 養魚水槽;水族館.

die **A·qua·tin·ta** [ｱｸｳﾞｧﾃｨﾝﾀ] 名 -/..ten〖美〗(のみ)ｱｸｱﾁﾝﾄ(技法);⟨稀⟩ｱｸｱﾁﾝﾄ版画.

a·qua·tisch [ｱｸｳﾞｧｰﾃｨｼｭ] 形 水生の,水中の.

der **Äqua·tor** [ｴｸｳﾞｧｰﾄｰﾙ] 名 -s/-ren [ｴｸｳﾞｧｰﾄｰれﾝ] **1.** 赤道. **2.**⟨数⟩(球の)赤道.

äqua·to·ri·al [ｴｸｳﾞｧﾄﾘｱｰﾙ] 形 赤道の;赤道直下の.

(das) **Äqua·to·ri·al·gui·nea** [..ginea ｴｸｳﾞｧﾄﾘｱｰﾙ·ｷﾞﾈｱ] 名 -s/〖国名〗赤道ｷﾞﾆｱ(中部ｱﾌﾘｶの国).

der **Äqua·to·ri·al·strom** [ｴｸｳﾞｧﾄﾘｱｰﾙ·ｼｭﾄﾛｰﾑ] 名 -(es)/..ströme〖地〗赤道海流.

die **Äqua·tor·tau·fe** [ｴｸｳﾞｧｰﾄｰあ·ﾀｳふぇ] 名 -/-n 赤道祭.

der **Aqua·vit** [ｱｸｳﾞｧｳﾞｨｰﾄ] 名 -s/-e ｱｸｳﾞｨｯﾄ(ｽｶﾝｼﾞﾅｳﾞｨｱの蒸留酒).

der **Äqui·li·brist** [ｴｸｳﾞｨﾘﾌﾞﾘｽﾄ] 名 -en/-en ﾊﾞﾗﾝｽの曲芸師;綱渡り師.

das **Äqui·nok·ti·um** [ｴｸｳﾞｨﾉｸﾂｨｳﾑ] 名 -s/..tien〖地〗春分,秋分(昼夜平分時).

äqui·va·lent [ｴｸｳﾞｨ·ｳﾞｧﾚﾝﾄ] 形 等価の;〖化〗当量の;⟨数⟩対等の,等(面)積の.

das **Äqui·va·lent** [ｴｸｳﾞｨ·ｳﾞｧﾚﾝﾄ] 名 -(e)s/-e 等価のもの,(等価の)代償;⟨各国語間の⟩意味相当語;〖化〗当量.

die **Äqui·va·lenz** [ｴｸｳﾞｨ·ｳﾞｧﾚﾝﾂ] 名 -/-en⟨文⟩等価;〖論〗等価,同値,同等.

äqui·vok [ｴｸｳﾞｨｰｳﾞｫｰｸ] 形⟨文⟩二重の意味の,曖昧な;〖哲·言〗両義の;多義の.

Ar¹ [ｱｰｴｱ] 名 = Argon〖化〗ｱﾙｺﾞﾝ.

das⟨*der*⟩ **Ar²** [ｱｰ] 名 -s/-e (単位を表す⑬は-) ｱｰﾙ(面積の単位.記号 a).

..ar [..ｱー] 接尾 名詞·形容詞につけて『…に所属する人,…の』を表す名詞·形容詞を作る: Archivar 古文書館員. atomar 原子の.

..är [..ｴー] 接尾 名詞·形容詞につけて『…に所属する人,…の』を表す名詞·形容詞を作る: Aktionär 株主. primär 最初の.

der **Ara** [ｱーら] 名 -s/-s〖鳥〗ｺﾝｺﾞｳｲﾝｺ.

die **Ära** [ｴーら] 名 -/Ären **1.**〖史〗紀元. **2.**

(特徴ある)時代〔時期〕. **3.** 〖地質〗代.

der **A·ra·ber** [アらバー, アらーバー] [名] -s/- **1.** アラビア人, アラブ人. **2.** 〖動〗アラブ系の馬.

die **A·ra·bes·ke** [アらベスケ] [名] -/-n 〖美〗(アラビア風)唐草模様, アラベスク;〖楽〗アラベスク(①装飾法. ②装飾的な(ピアノ)小品).

die **A·ra·besque** [..bɛ́sk アらベスク] [名] -/-s[..bɛ́sk] アラベスク(クラシックバレエの型).

(*das*) **A·ra·bi·en** [アらービエン] [名] -s/ 〖地名〗アラビア.

a·ra·bisch [アらービシュ] [形] アラビア(人・語)の.

das **A·ra·bisch** [アらービシュ] [名] -(s)/ アラビア語. 【用法は⇨ Deutsch】

das **A·ra·bi·sche** [アらービシェ] [名] (形容詞的変化;[単]のみ) **1.** (定冠詞とともに)アラビア語. **2.** アラビア的なもの〔こと〕.【用法は⇨ Deutsche[2]】

die **A·ra·bi·schen E·mi·ra·te** [アらービシェン エミらーテ] [複名] 〖国名〗アラブ首長国連邦.

a·ra·bi·sie·ren [アらビズィーれン] [動] *h.* 〔〈j^4/et^4〉ヲ〕アラビア語化する;アラビア風にする.

der **A·ra·bist** [アらビスト] [名] -en/-en アラビア学者.

die **A·ra·bis·tik** [アらビスティク] [名] -/ アラビア語学文学研究.

a·ra·bis·tisch [アらビスティシュ] [形] アラビア語学文学研究の.

der **A·rach·no·lo·ge** [アらはノ・ローゲ] [名] -n/-n クモ学〔蛛形(ちゅけい)類学〕研究者.

die **A·rach·no·lo·gie** [アらはノ・ロギー] [名] -/ クモ学, 蛛形(ちゅけい)類学

die **A·rach·no·pho·bie** [アらはノ・ふォビー] [名] -/-n クモ恐怖症.

der **A·ra·mä·er** [アらメーあー] [名] -s/- アラム人(セム系の遊牧民族).

a·ra·mä·isch [アらメーイシュ] [形] アラム(人・語)の.

das **A·ra·mit** [アらミット] [名] -s/-e 〖農〗アラミト(殺虫剤の一種).

das **A·rä·o·me·ter** [アれオ・メーター] [名] -s/- 〖理〗浮秤(うきばかり), 液体比重計.

das **Ä·rar** [エらーあ] [名] -(e)s/-e 《オーストリア・古》〖官〗 **1.** 国庫, 国有財産. **2.** 国立文書館.

ä·ra·risch [エらーりシュ] [形] 《オーストリア・古》〖官〗国有の.

der **A·raz·zo** [アらッツォ] [名] -s/..zzi アラッツォ(絵模様のタペストリー).

die **Ar·beit** [アるバイト] [名] -/-en **1.** 労働, 仕事, 活動, 作業;([単]のみ)(職業としての)仕事, 職務, 職, 勤め口;勉強, 研究: die ～ an 〈et^3〉〈事についての〉仕事. gute ～ leisten 良い仕事をする. an der ～ sein 仕事をしている. an die 〔eine〕 ～ gehen 仕事にかかる. $sich^4$ an die ～ machen 仕事に着手する. auf ～ gehen 仕事に行く. bei der ～ sein 仕事中である. von der ～ kommen 仕事から帰ってくる. zur ～ gehen 仕事(場)に行く, 出勤する. **2.** ([単]のみ)苦労: viel ～ mit 〈j^3/et^3〉 haben 〈人・事で〉非常に骨を折る. **3.** (授業中の)課題の答. **4.** 製作物, 作品, 著作, 論文;(製作物の)品質, 種類, つくり. **5.** ([単]のみ)(機械などの)働き, 作用. **6.** 〖スポーツ〗([単]のみ)トレーニング;〖馬術・狩〗訓練, 調教. **7.** 〖理〗仕事. 【慣用】 **(bei 〈j^3〉) in Arbeit stehen** 〈人に〉雇われている. **ganze 〔gründliche〕 Arbeit leisten 〔tun〕** とことんまでやる(主に悪事に関して). **〈et^4〉 in Arbeit geben** 〈物を〉製作させる. **〈et^4〉 in Arbeit haben** 〈物を〉製作中である. **〈j^4〉 in Arbeit nehmen** 〈人を〉雇う. **nur halbe Arbeit machen** 中途半端にやる. **von seiner Hände Arbeit leben** 《文》(肉体)労働で生計を立てている.

ar·bei·ten [アるバイテン] [動] *h.* **1.** 〔補足なし〕働く, 労働する, 仕事をする, 研究する, 勉強する: für zwei ～ 2人分の働きをする. für 〔gegen〕 Geld ～ 賃金をもらって働く. über Goethe ～ ゲーテの研究をする. **2.** 〔〈場所〉ニ〕勤めている: bei der Bahn ～ 鉄道に勤めている. in der Fabrik ～ 工場に勤めている. **3.** 〔als 〈j^1〉トシテ〕働いている. **4.** 〔an 〈et^3〉ニ〕従事している, 取組んでいる, (…を)制作している;(…を)画策する(陰謀などを). **5.** 〔〈et^4〉ヲ〕作る, 製作する, 調製する. **6.** 〔$sich^4$+〈様態〉ニ〕働いて(…に)なる: $sich^4$ krank ～ 働いて病気になる. **7.** 〔$sich^3$+〈et^4〉ヲ+〈様態〉ニ〕働いて(…に)する: $sich^3$ die Hände schwielig ～ 手にたこができるほど仕事をする. **8.** 〔$sich^4$+〈場所〉ヲ/〈方向〉ニ〕苦労して進む. **9.** 〔〈様態〉デ〕全力をふりしぼる. **10.** 〔Es+$sich^4$+〈様態〉デ〕仕事がされる: Es *arbeitet* sich gut mit ihm. 彼とは仕事がしやすい. **11.** 〔補足なし〕作動している, 働いている, 動いている(機械・器官などが), 発酵する(ワインなどが), ふくらむ(パン生地などが), そる(木材が). **12.** 〔in 〈j^3〉ノ心ニ〕起こっている(感情が): Es *arbeitet* in ihm. 彼は興奮〔動揺〕している. **13.** 〔補足なし〕〖スポーツ〗トレーニングをする. **14.** 〔〈et^4〉ヲ〕〖馬術・狩〗調教する, 訓練する(馬・猟犬などを). 【慣用】 **an 〈j^3〉 arbeiten** 〈人を〉鍛える. **die arbeitende Bevölkerung** 就業人口. **Die Zeit arbeitet für uns.** 時の経過がわれわれ(の目的)にとって有利に働く. **für 〈et^4〉 arbeiten** 〈事のために〉運動する. **gegen 〈et^4〉 arbeiten** 〈事に〉反対の運動をする. **〈j^3〉 in die Hände arbeiten** 知らず知らずに〈人の〉手助け〔後押し〕をする.

der **Ar·bei·ter** [アるバイター] [名] -s/- 仕事をする人;労働者, 労務者, 工員: ein gelernter ～ 熟練工.

die **Ar·bei·ter·be·we·gung** [アるバイター・ベヴェーグング] [名] -/ 〖政〗労働運動.

die **Ar·bei·ter·bie·ne** [アるバイター・ビーネ] [名] -/-n 〖動〗ハタラキバチ.

die **Ar·bei·ter·fa·mi·lie** [アるバイター・ふぁミーリエ] [名] -/-n 労働者(階級)の家庭.

die **Ar·bei·ter·fra·ge** [アるバイター・ふらーゲ] [名] -/ 労働(者)問題.

die **Ar·bei·ter·für·sor·ge** [アるバイター・ふゅーあ・ゾるゲ] [名] -/ 労働者(のための)福利厚生事業.

die **Ar·bei·ter·ge·werk·schaft** [アるバイター・ゲヴェるクシャふト] [名] -/-en 労働組合.

die **Ar·bei·te·rin** [アるバイテりン] [名] -/-nen Arbeiter の女性形;〖動〗ハタラキバチ.

die **Ar·bei·ter·klas·se** [アるバイター・クラッセ] [名] -/ 労働者階級.

die **Ar·bei·ter·par·tei** [アるバイター・パるタイ] [名] -/-en 労働党.

der **Ar·bei·ter·pries·ter** [アるバイター・プリースター] [名] -s/- 〖カトリック〗労働司祭.

die **Ar·bei·ter·schaft** [アるバイターシャふト] [名] -/ (総称)労働者.

die **Ar·bei·ter·schutz·ge·setz·ge·bung** [アるバイター・シュッツ・ゲゼッツ・ゲーブング] [名] -/-en 労働者保護立法.

die **Ar·bei·ter-und-Bau·ern-Fa·kul·tät** [アるバイター・ウント・バウあーン・ふぁクルテート] [名] -/-en 〖旧東独〗労農学部(略 ABF).

die **Ar·bei·ter·un·fall·ver·si·che·rung** [アるバイター・ウンふぁル・ふぇあズィっひぇるング] [名] -/-en 労働者災害補償保険.

der **Ar·beit·ge·ber** [アるバイト・ゲーバー] [名] -s/- 使用者, 雇用者, 雇い主, 事業者.

der **Ar·beit·ge·ber·ver·band** [アるバイトゲーバー・ふぇあバント] [名] -(e)s/..bände 使用者〔雇用者〕団体.

der **Ar·beit·neh·mer** [アるバイト・ネーマー] [名] -s/- 被用者;労働者.

der **Ar·beit·neh·mer·ver·band** [アるバイトネーマー・ふぇあバント] [名] -(e)s/..bände 被用者団体.

ar·beit·sam [アるバイトザーム] [形] 《古》勤勉な.

die **Ar·beit·sam·keit** [アるバイトザームカイト] [名] -/

A

《文》勤勉, 勤労意欲.

das **Ar·beits·amt** [アるバイツ・アムト] [名] -(e)s/..ämter (地域)労働局, 職業安定所.

der **Ar·beits·an·fang** [アるバイツ・アン・ふぁング] [名] -(e)s/..fänge 始業.

der **Ar·beits·an·zug** [アるバイツ・アン・ツーク] [名] -(e)s/..züge 作業服, 仕事着.

die **Ar·beits·at·mo·sphä·re** [アるバイツ・アトモスふぇーれ] [名] -/-n 《主に[単]》職場の雰囲気.

der **Ar·beits·auf·wand** [アるバイツ・アウふ・ヴァント] [名] -(e)s/ 労働〔作業〕量;労働〔作業〕コスト.

der **Ar·beits·aus·schuss**, [旧] **Ar·beits·aus·schuß** [アるバイツ・アウス・シュス] [名] -es/..schüsse 特別審議委員会.

die **Ar·beits·be·din·gun·gen** [アるバイツ・ベディングンゲン] [複名] 労働条件.

der **Ar·beits·be·ginn** [アるバイツ・ベギン] [名] -(e)s/ 始業.

der **Ar·beits·be·reich** [アるバイツ・べらイひ] [名] -(e)s/-e **1.** 仕事の分野〔範囲〕;研究分野〔領域〕. **2.** 作業スペース, 仕事場.

die **Ar·beits·be·schaf·fung** [アるバイツ・ベシャっふング] [名] -/ 雇用創出.

die **Ar·beits·bie·ne** [アるバイツ・ビーネ] [名] -/-n **1.** 〖動〗ハタラキバチ. **2.** 《口》働き者の女性;《蔑》仕事中毒〔働き蜂〕の女性.

das **Ar·beits·buch** [アるバイツ・ブーふ] [名] -(e)s/..bücher (語学の)練習帳;労働者手帳.

der **Ar·beits·dienst** [アるバイツ・ディーンスト] [名] -(e)s/-e 勤労奉仕;勤労奉仕団体;(ナチスの)帝国勤労奉仕隊.

der **Ar·beits·di·rek·tor** [アるバイツ・ディれクトーあ] [名] -s/-en 労務担当取締役.

das **Ar·beits·ein·kom·men** [アるバイツ・アイン・コメン] [名] -s/- 勤労〔労働〕所得.

die **Ar·beits·ein·stel·lung** [アるバイツ・アイン・シュテルング] [名] -/-en **1.** 同盟罷業, ストライキ. **2.** 仕事に対する考え方.

das **Ar·beits·en·de** [アるバイツ・エンデ] [名] -s/ 終業.

die **Ar·beits·er·laub·nis** [アるバイツ・エあラウプニス] [名] -/ 就労許可.

das **Ar·beits·es·sen** [アるバイツ・エッセン] [名] -s/- 食事付き会合, (用談を伴う)会食.

ar·beits·fä·hig [アるバイツ・ふぇーイひ] [形] 労働〔就労〕可能な.

das **Ar·beits·feld** [アるバイツ・ふぇルト] [名] -(e)s/-er 《文》活動領域, 作業範囲;〖ｺﾝﾋﾟｭｰﾀ〗作業領域.

das **Ar·beits·för·de·rungs·ge·setz** [アるバイツ・ふぇるデるングス・ゲゼッツ] [名] -es/ 〖法〗雇用助成法, 雇用〔労働〕促進法.

ar·beits·frei [アるバイツ・ふらイ] [形] 勤めが休みの.

der **Ar·beits·gang** [アるバイツ・ガング] [名] -(e)s/..gänge 作業段階, 工程;《稀》仕事の進行.

das **Ar·beits·ge·biet** [アるバイツ・ゲビート] [名] -(e)s/-e 仕事の分野〔範囲〕;研究分野〔領域〕.

die **Ar·beits·ge·mein·schaft** [アるバイツ・ゲマインシャふト] [名] -/-en **1.** 研究会, 共同研究グループ, ワーキンググループ;共同事業体;協会(略 AG). **2.** (共同研究の)意見交換.

das **Ar·beits·ge·richt** [アるバイツ・ゲりひト] [名] -(e)s/-e 労働裁判所.

die **Ar·beits·grup·pe** [アるバイツ・グるっペ] [名] -/-n 作業班, 研究チーム〔グループ〕.

das **Ar·beits·haus** [アるバイツ・ハウス] [名] -es/..häuser 強制労働(収容)所, 更生施設;教護院.

die **Ar·beits·hy·po·the·se** [アるバイツ・ヒュポテーゼ] [名] -/-n 作業仮説.

der **Ar·beits·kampf** [アるバイツ・カムプふ] [名] -es/..kämpfe 労働争議.

die **Ar·beits·klei·dung** [アるバイツ・クライドゥング] [名] -/-en 《主に[単]》作業服〔衣〕, 仕事着.

das **Ar·beits·kli·ma** [アるバイツ・クリーマ] [名] -s/ 職場の雰囲気, 労働環境.

die **Ar·beits·kluft** [アるバイツ・クルふト] [名] -/-en 《口》作業服〔衣〕, 仕事着.

die **Ar·beits·kraft** [アるバイツ・クらふト] [名] -/..kräfte **1.** 仕事の能力, 労働力. **2.** 労働者, 働き手.

der **Ar·beits·kreis** [アるバイツ・クらイス] [名] -es/-e 研究サークル.

das **Ar·beits·la·ger** [アるバイツ・ラーガー] [名] -s/- 強制労働収容所.

die **Ar·beits·leis·tung** [アるバイツ・ライストゥング] [名] -/-en 労働〔仕事〕量, 作業能率;(薬の)効力;〖工〗出力.

die **Ar·beits·leuch·te** [アるバイツ・ロイひテ] [名] -/-n 仕事用の照明.

der **Ar·beits·lohn** [アるバイツ・ローン] [名] -(e)s/..löhne 労働賃金.

ar·beits·los [アるバイツ・ロース] [形] 失業している;労働と結びつかない: *～es* Einkommen 不労所得.

der/die **Ar·beits·lo·se** [アるバイツ・ローゼ] [名] 《形容詞的変化》失業者.

das **Ar·beits·lo·sen·geld** [アるバイツローゼン・ゲルト] [名] -(e)s/-er 失業給付金.

die **Ar·beits·lo·sen·hil·fe** [アるバイツローゼン・ヒルふぇ] [名] -/ 失業救済事業(団);失業救済(金)《失業給付対象外の人への》.

die **Ar·beits·lo·sen·quo·te** [アるバイツローゼン・クヴォーテ] [名] -/-n 失業率.

die **Ar·beits·lo·sen·ra·te** [アるバイツローゼン・らーテ] [名] -/ 失業率.

die **Ar·beits·lo·sen·un·ter·stüt·zung** [アるバイツローゼン・ウンターシュテュっツング] [名] -/ (昔の)失業手当.

die **Ar·beits·lo·sen·ver·si·che·rung** [アるバイツローゼン・ふぇあズィっひぇるング] [名] -/ 失業保険;(公的)失業保険機関.

die **Ar·beits·lo·sig·keit** [アるバイツ・ローズィひカイト] [名] -/ 失業;失業者の存在.

ar·beits·lus·tig [アるバイツ・ルスティひ] [形] 働く意欲のある.

der **Ar·beits·markt** [アるバイツ・マるクト] [名] -(e)s/..märkte 労働市場.

die **Ar·beits·ma·schi·ne** [アるバイツ・マシーネ] [名] -/-n 作業〔工作〕機械;《蔑》機械的に働く人.

die **Ar·beits·me·di·zin** [アるバイツ・メディツィーン] [名] -/ 労働医学.

der **Ar·beits·mi·nis·ter** [アるバイツ・ミニスター] [名] -s/- 労働大臣.

der **Ar·beits·nach·weis** [アるバイツ・ナーは・ヴァイス] [名] -es/-e 職業紹介;職業紹介所.

die **Ar·beits·nie·der·le·gung** [アるバイツ・ニーダー・レーグング] [名] -/-en 同盟罷業, ストライキ.

die **Ar·beits·norm** [アるバイツ・ノるム] [名] -/-en 労働基準量;(旧東独の)労働ノルマ.

die **Ar·beits·ord·nung** [アるバイツ・オるドヌング] [名] -/-en 《主に[単]》労働機構〔体制〕;就業規則.

der **Ar·beits·ort** [アるバイツ・オるト] [名] -(e)s/-e 勤務地.

das **Ar·beits·pa·pier** [アるバイツ・パピーあ] [名] -s/-e **1.** 〖政〗施政報告書. **2.** 《[複]のみ》就業証明書.

die **Ar·beits·pau·se** [アるバイツ・パウゼ] [名] -/-n 休憩時間.

das **Ar·beits·pferd** [アるバイツプ・ふぇーあト] [名] -(e)s/-e 役馬(えきば);《転》馬車馬のように働く人.

der **Ar·beits·plan** [アるバイツ・プラーン] [名] -(e)s/..pläne 作業計画.

Architrav

der **Ar·beits·platz** [アるバイツ・プラッツ] 名 -es/..plätze 仕事場, 作業場, 勉強部屋；職場, 職, 勤め口；就業の場所, 勤め（勤務）先.

der **Ar·beits·pro·zess**, ⓑ **Ar·beits·pro·zeß** [アるバイツ・プロツェス] 名 労働過程, 仕事のプロセス.

der **Ar·beits·raum** [アるバイツ・らウム] 名 -(e)s/..räume 仕事部屋, 作業室.

das **Ar·beits·recht** [アるバイツ・れヒト] 名 -(e)s/ 労働法.

ar·beits·recht·lich [アるバイツ・れヒトリヒ] 形 労働法（上）の.

ar·beits·scheu [アるバイツ・ショイ] 形 仕事嫌いの.

die **Ar·beits·scheu** [アるバイツ・ショイ] 名 -/ 仕事嫌い.

der **Ar·beits·schutz** [アるバイツ・シュッツ] 名 -es/ 労働者の保護（労働災害に対して）.

der **Ar·beits·spei·cher** [アるバイツ・シュパイヒャー] 名 -s/ 〖コンピュ〗主記憶装置.

die **Ar·beits·stät·te** [アるバイツ・シュテッテ] 名 -/-n **1.** 〘文〙仕事部屋, 仕事場. **2.** 務め（勤務）先.

die **Ar·beits·stel·le** [アるバイツ・シュテレ] 名 -/-n 職場；部署, ポスト；(研究所などの)部, 科.

die **Ar·beits·stun·de** [アるバイツ・シュトゥンデ] 名 -/-n 労働時間；〖経〗マンアワー, 人時（ﾆﾝｼﾞ）(1人1時間当りの仕事量を表す単位).

der/die **Ar·beits·su·chen·de** [アるバイツ・ズーヘンデ] 名 〘形容詞的変化〙求職者.

der **Ar·beits·tag** [アるバイツ・タ-ク] 名 -(e)s/-e 労働（就業）日, 平日： ein voller/halber ～ 全日/半日勤務の日.

das **Ar·beits·team** [アるバイツ・ティーム] 名 -s/-s 作業班, 研究（作業）チーム.

ar·beits·tei·lig [アるバイツ・タイリヒ] 形 分業による.

die **Ar·beits·tei·lung** [アるバイツ・タイルング] 名 -/-en 分業.

das **Ar·beits·tier** [アるバイツ・ティーア] 名 -(e)s/-e 役畜；(転)仕事の虫.

der **Ar·beits·tisch** [アるバイツ・ティッシュ] 名 -(e)s/-e 作業（仕事）机.

der/die **Ar·beit su·chen·de**, ⓑ **Ar·beit su·chen·de** [アるバイト ズーヘンデ] 名 〘形容詞的変化〙求職者.

die **Ar·beits·um·ver·tei·lung** [アるバイツ・ウム・ふぇアタイルング] 名 -/-en ワークシェアリング.

ar·beits·un·fä·hig [アるバイツ・ウン・ふェーイヒ] 形 労働（就労）不能の.

der **Ar·beits·un·fall** [アるバイツ・ウン・ふァる] 名 -(e)s/..fälle 労働災害.

das **Ar·beits·ver·hält·nis** [アるバイツ・ふェアヘルトニス] 名 -ses/-se 労働（雇用）関係；(ⓑのみ)職業状況〔事情〕, 労働環境： in einem ～ stehen 就職している.

die **Ar·beits·ver·mitt·lung** [アるバイツ・ふェあミットルング] 名 -/-en 職業紹介.

der **Ar·beits·ver·trag** [アるバイツ・ふェあトらーク] 名 -(e)s/..verträge 労働契約.

die **Ar·beits·wei·se** [アるバイツ・ヴァイゼ] 名 -/-n 仕事の方法；(機械の)作動の具合.

die **Ar·beits·welt** [アるバイツ・ヴェルト] 名 -/-en 職業環境.

ar·beits·wil·lig [アるバイツ・ヴィリヒ] 形 働く意志のある, 仕事好きな： die A～en スト不参加労働者達.

die **Ar·beits·wo·che** [アるバイツ・ヴォッヘ] 名 -/-n 勤務〔労働〕する週；週間勤務〔労働〕日数.

die **Ar·beits·wut** [アるバイツ・ヴート] 名 -/ 〘(冗)に〙猛烈な労働意欲.

die **Ar·beits·zeit** [アるバイツ・ツァイト] 名 -/-en 就業〔勤務〕時間, 労働時間： gleitende ～ フレックスタイム(制).

der **Ar·beits·zeit·kon·to** [アるバイツツァイト・コント] 名 -s/..ten 〔..ti, -s〕振替休暇(制度).

die **Ar·beits·zeit·ver·kür·zung** [アるバイツツァイト・ふぇアキュルツング] 名 -/ 労働時間の短縮.

das **Ar·beits·zeug** [アるバイツ・ツォイク] 名 -(e)s/ 〘口〙仕事の道具；作業着.

das **Ar·beits·zim·mer** [アるバイツ・ツィマー] 名 -s/- 書斎；仕事部屋.

der **Ar·ber** [アるバー] 名 -s/ 〘山名〙アルバー(Böhmerwaldの最高峰).

die **Ar·bi·tra·ge** [..ジュ アるビトらージュ] 名 -/-n **1.** 〖経〗さや取り売買, 裁定取引. **2.** 〖法〗仲裁裁判.

ar·bi·trär [アるビトれ-ア] 形 〘文〙任意の, 恣意(ｼｲ)的な.

die **Ar·bi·tra·ti·on** [アるビトらツィオーン] 名 -/-en 〖法〗仲裁裁判, 裁停；〖経〗さや取売買, 裁定取引.

das **Ar·bo·re·tum** [アるボれートゥム] 名 -s/..ten 〖植〗樹木の生態園.

arc 〔アーク〕 = Arkus 〖数〗弧.

ar·cha·isch [アるヒャーイシュ] 形 古代の；古風な；アルカイックの；〖心〙初期の.

der **Ar·cha·is·mus** [アるヒャイスムス] 名 /..men 〖言・修・芸術学〗 **1.** 古文体, 擬古的表現. **2.** (ⓑのみ)アルカイズム, 擬古主義.

die **Ar·chan·thro·pi·nen** [アるヒャントろピーネン] 複名 原人.

der **Ar·chä·o·lo·ge** [アるヒェオ・ロ-ゲ] 名 -n/-n 考古学者.

die **Ar·chä·o·lo·gie** [アるヒェオ・ロギー] 名 -/ 考古学.

ar·chä·o·lo·gisch [アるヒェオ・ロ-ギシュ] 形 考古学（上）の.

der (die) **Ar·chä·op·te·ryx** [アるヒェオ・プテりュクス] 名 -/-e [..teryges 〔アるヒェオ・プテりュ®ゲース〕] 〖生〗始祖鳥.

die **Ar·che** [アるヒェ] 名 -/-n **1.** (次の形で) die ～ Noah 〘聖〙ノアの箱舟. **2.** 〘口〙大型の乗り物.

das **Ar·che·go·ni·um** [アるヒェゴ-ニウム] 名 -s/..nien 〖植〗造(蔵)卵器.

der **Ar·che·typ** [アるヒェ・テューブ, アるヒェ・テューブ] 名 -s/-en **1.** 〖哲〗原型；〖心〗原型, アーキタイプ；〖生〗原型. **2.** 元祖；(作品の)原本, オリジナル.

ar·che·ty·pisch [アるヒェ・テュ-ビシュ, アるヒェ・テュ-ビシュ] 形 原型(どおり)の；典型的な.

der **Ar·che·ty·pus** [アるヒェ・テュ-ブス] 名 -/..typen = Archetyp.

der **Ar·chi·e·pi·sko·pus** [アるヒ・エピスコブス] 名 -/..pi 大司教.

der **Ar·chi·man·drit** [アるヒ・マンドりート] 名 -en/-en 〖ギ正教〗大修道院長；名誉修道士及びその称号.

(der) **Ar·chi·me·des** [アるヒメーデス] 名 〘人名〙アルキメデス(紀元前287頃-212, 古代ギリシアの数学者).

ar·chi·me·disch [アるヒメーディシュ] 形 アルキメデスの(名をつけた)： ～es Axiom アルキメデスの公理. ～es Prinzip アルキメデスの原理.

der **Ar·chi·pel** [アるヒペール] 名 -s/-e 多島海(特にエーゲ海)；群島.

der **Ar·chi·tekt** [アるヒテクト] 名 -en/-en 建築家, 建築士；(転)立案者, 創設者.

das **Ar·chi·tek·ten·bü·ro** [アるヒテクテン・ビュろ-] 名 建築事務所.

die **Ar·chi·tek·to·nik** [アるヒテクトーニク] 名 -/-en **1.** (ⓑのみ)建築学. **2.** (建築物などの)構造, 構成；(作品などの)構成的な構成.

ar·chi·tek·to·nisch [アるヒテクトーニシュ] 形 **1.** 建築学(上)の. **2.** 構造(上)の, 構成上の.

die **Ar·chi·tek·tur** [アるヒテクトゥーア] 名 -/-en **1.** (ⓑのみ)建築学〔術〕；(総称)建築物. **2.** 建築様式；構成.

der **Ar·chi·trav** [アるヒ・トらーふ] 名 -s/-e アーキトレー

Archiv 80

ブ；軒縁．
- *das* **Ar·chiv** [アるひーふ] 名 -s/-e 記録〔資料〕保管所，公文書館，文庫，アーカイブス；(保管されている)記録，資料，公文書．
- *der* **Ar·chi·var** [アるひヴァーあ] 名 -s/-e 記録〔資料〕保管所所員，公文書館員．
- *die* **Ar·chi·vol·te** [アるひヴォルテ] 名 -/-n 〖芸術学〗アーキボールト，飾り迫縁り．
- *der* **Ar·chont** [アるひょント] 名 -en/-en アルコン(古代ギリシア都市の9人の最高執政官の一人)．
- (*die*) **ARD** [アーエるデー] ＝Arbeitsgemeinschaft der öffentlich-rechtlichen Rundfunkanstalten der Bundesrepublik Deutschland ドイツ連邦共和国公共ラジオ放送局連合体．
- *die* **A·re** [アーれ] 名 -/-n (尺貫) ＝Ar².
- *das* **A·re·al** [アれアーる] 名 -s/-e 地面；地域，エリア；(動植物の)分布地域．
- *die* **A·re·ka·nuss**, **A·re·ka·nuß** [アれーカ・ヌス] 名 /...nüsse 〖植〗檳榔子(ビんろうじ)．
- **a·re·li·gi·ös** [アれリギぉース] 形 非宗教的な．
- *die* **A·re·na** [アれーナ] 名 /...Arenen 円形競技場；競技場，アレーナ；(サーカスの)円形演技場；闘牛場；(転)(活動の)舞台．
- *der* **A·rend·see** [アーれント・ゼー] 名 -s/ 〖湖名〗アレントゼー(ザクセン＝アンハルト州，マクデブルクの湖)．
- *der* **A·re·o·pag** [アれオパーク] 名 -s/ アレオパゴス(古代アテネの最高司法機関)．
- (*der*) **A·res** [アーれス] 名 -/ 〖ギ神〗アレス(戦いの神)．
- *die* **A·re·te** [アれテー] 名 -/ 〖ギ哲〗徳性，徳目，卓越．
- **arg** [アるク] 形 ärger；ärgst **1.** 《文・古》悪意のある：nichts *A~es* im Sinn haben 何の悪意もない．**2.** (方)ひどい，ひどい：es zu ～ treiben 《方》(あくどい)やり方をする．〈j³〉 mit ～ mitspielen 〈人を〉ひどい目にあわせる．das *Ärgste* befürchten 最悪の事態を懸念する．**3.** (方)(やけに)大きい，甚だしい，激しい；ひどく，とても．**【慣用】Es ist mir arg, dass** ... (方)私は…を残念だ〔気の毒に〕思う．〈et¹〉 liegt im Argen 〈事が〉混乱している(ひどい状態にある)．
- *das* **Arg** [アるク] 名 -(s)/ 《文・古》悪意：Es ist kein ～ an ihm. 彼に悪意はない．
- *die* **Ar·ge** [アるゲ] 名 -n/-n 《古》悪魔．
- (*das*) **Ar·gen·ti·ni·en** [アるゲンティーニエン] 名 〖国名〗アルゼンチン(国名の国)．
- *der* **Ar·gen·tit** [アるゲンティート] 名 -s/ 輝銀鉱(鉱物)．
- *das* **Ar·gen·tum** [アるゲントゥム] 名 -(s)/ 〖化〗銀(記号 Ag)．
- *der* **Är·ger** [エるガー] 名 -s/ **1.** 立腹，憤懣(ふんまん)，癪(しゃく)にさわること：〈j³〉 ～ erregen 〈人を〉立腹させる．seinem ～ Luft machen 怒りを爆発させる．seinen ～ an 〈j⁴/et⁴〉 auslassen 〈人・事に〉当たり散らす．～ über 〈j⁴/et⁴〉 empfinden 〈人・物・事に〉腹を立てる．〈et⁴〉 aus ～ tun 〈事を〉腹立ちまぎれにする．vor ～ 怒りのあまり．〈j³〉 zum ～ [zu j² ~] 〈人が〉いらいらすることに．**2.** いざこざ，わずらわしさ：viel ～ mit 〈j³/et³〉 haben 〈人・事に〉非常な不快を味わう．
- **är·ger·lich** [エるガーリヒ] 形 **1.** [(auf 〈j⁴〉＝über 〈j⁴/et⁴〉)] 腹を立てた，立腹の：Er ist ～ auf dich/darüber．彼は君に／そのことに腹を立てている．**2.** 腹立たしい．
- **är·gern** [エるガーン] 動 h. **1.** 〈j⁴〉 怒らせる，いら立たせる〈人・発言などを〉：〈j⁴〉 krank/zu Tode ～ 〈人を〉病気にさせる／死ぬほど怒らせる．**2.** 【sich⁴】 (über 〈j⁴/et⁴〉) 腹を立てる，怒る．**【慣用】Die Fliege ärgert die Fliege an der Wand** 《口》〈人が〉つまらないことですぐに腹を立てる．〈j⁴〉 **bis aufs Blut ärgern** 〈人を〉かんかんに怒らせる．**sich⁴ schwarz 〔grün und blau/gelb und grün〕 ärgern** 《口》血相を変えて怒る．**sich⁴**

über die Fliege an der Wand ärgern つまらないことでぐ腹を立てる．
- *das* **Är·ger·nis** [エるガーニス] 名 -ses/-se **1.** (主に®)腹立たしい〔やっかいな・不愉快な〕事柄．**2.** 腹の立つ(けしからぬ)こと，立腹の種．**3.** (®のみ)(道徳的・宗教的)不快感：Erregung öffentlichen ~ses 公序良俗に反すること．～ an 〈et³〉 nehmen 〈事に〉不快感を覚える．
- *die* **Arg·list** [アるクリスト] 名 -/ 《文》悪だくみ，奸計(かんけい)〖法〗悪意．
- **arg·lis·tig** [アるクリスティヒ] 形 悪賢い，奸知(かんち)にたけた：～e Täuschung 〖法〗詐欺．
- **arg·los** [アるク・ロース] 形 **1.** 悪意のない．**2.** 疑うことを知らない．
- *die* **Arg·lo·sig·keit** [アるク・ローズィヒカイト] 名 -/ 悪意のなさ；疑いをもたないこと，無邪気．
- *die* **Ar·go** [アるゴ] 名 -/ **1.** (主に無冠詞)〖ギ神〗アルゴー(号)(Jason が金羊毛皮を求めて乗った舟)．**2.** 〖天〗アルゴ座．
- *das* **Ar·gon** [アるゴン, アるゴーン] 名 -s/ 〖化〗アルゴン(記号 Ar)．
- *der* **Ar·go·naut** [アるゴナウト] 名 -en/-en **1.** 〖ギ神〗アルゴナウテス(Argo 号の勇者)．**2.** 〖動〗アオイガイ(イカの一種)．
- *das* [*der*] **Ar·got** [argó: アるゴー] 名 -s/-s **1.** (®のみ)(フランス語の)隠語．**2.** (特定社会・団体の)仲間内のことば，ジャーゴン．
- *das* **Ar·gu·ment** [アるグメント] 名 -(e)s/-e **1.** 論拠，論証：ein ～ für/gegen 〈et⁴〉 〈事に〉賛成/反対の論拠．**2.** 〖数〗独立変数．**3.** 〖言〗項．
- *die* **Ar·gu·men·ta·tion** [アるグメンタツィオーン] 名 -/-en 論証(の仕方)，立論．
- **ar·gu·men·tie·ren** [アるグメンティーれン] 動 h. **1.** [für 〈j¹/et¹〉 =ジゥゥヶン/gegen 〈j¹/et¹〉 ハチィン] 論証する．**2.** 【様態】ア 論証を行う．
- *der* **Ar·gus** [アるグス] 名 -/-se **1.** (®のみ；主に無冠詞)〖ギ神〗アルゴス(100 の目を持つ巨人)．**2.** 注意深い番人〔見張り〕．
- *die* **Ar·gus·au·gen** [アるグス・アウゲン] 複名 《文》アルゴスの目(鋭いまなざし)：〈j¹/et¹〉 mit ～ beobachten 〈人・物を〉注意深く見張る．
- *der* **Arg·wohn** [アるク・ヴォーン] 名 -(e)s/ 《文》邪推，疑念，猜疑心：～ gegen 〈j¹/et¹〉 hegen 〈人・事への〉不信感を抱く．
- **arg·wöh·nen** [アるク・ヴぇーネン] 動 h. 〈j¹/et¹〉 《文》不信感を抱く，疑念をもつ．
- **arg·wöh·nisch** [アるク・ヴぇーニシュ] 形 猜疑心(さいぎしん)の強い，疑い深い．
- (*die*) **A·ri·ad·ne** [アリアドネ, アリアトネ] 名 〖ギ神〗アリアドネ(Minos 王の娘．Theseus に迷宮脱出のための糸玉を与える)．
- *der* **A·ri·ad·ne·fa·den** [アリアドネ・ふぁーデン, アリアトネ・ふぁーデン] 名 -s/ 《文》アリアドネの糸(混乱状態を脱する手がかり)．
- *der* **A·ri·a·ner** [アリアーナー] 名 -s/- アリウス派の人(三位一体説に反論)．⇨ Arius．
- **a·ri·a·nisch** [アリアーニシュ] 形 アリウス派の．
- *der* **A·ri·a·nis·mus** [アリアニスムス] 名 -/ アリウス派(説)．⇨ Arius．
- **a·rid** [アリート] 形 〖地〗乾燥した．
- *die* **A·rie** [アーリエ] 名 -/-n 〖楽〗(オペラの)アリア，詠唱．
- (*der*) **A·ri·el** [アーリエ(ール)] 名 -s/ **1.** (主に無冠詞)〖旧約〗アリエル(天使の名)；(主に無冠詞)〖地名〗〖旧約〗アリエル(エルサレムの旧名)．**2.** (主に無冠詞)アリエル(空気の精)．**3.** 〖天〗アリエル(天王星の衛星)．
- *der* **A·ri·er** [アーリあー] 名 -s/- 〖言・民族〗アーリア人，

die **A·ri·et·ta** [アリエッタ] 名 -/..tten〖楽〗アリエッタ, 小詠唱.
(*der*) **A·ri·on** [アリーオン] 名 アリオン(紀元前620頃, 古代ギリシアの詩人).
das **A·ri·o·so** [アリオーゾ] 名 -s/-s[..si]〖楽〗アリオーゾ.
a·risch [アーリシュ] 形〖言·民族〗アーリア語派の; アーリア人種の(ナチの用語).
a·ri·sie·ren [アリズィーレン] 動 h.〈et⁴ を〉〖史〗アーリア化する(ナチの政策によりユダヤ人の所有物をアーリア人[ドイツ人]の所有に移す).
der **A·ri·sto·krat** [アリストクラート] 名 -en/-en 貴族(階級の人);高貴な精神の人.
die **A·ri·sto·kra·tie** [アリストクラティー] 名 -/ 1.(囫のみ)貴族制;貴族政治. 2. 貴族制国家. 3. 貴族階級. 4.(囫)気高さ,高貴さ.
a·ri·sto·kra·tisch [アリストクラーティシュ] 形 貴族制[国家]の. 2. 貴族の. 3. 貴族的な,高貴な.
(*der*) **A·ri·sto·pha·nes** [アリストーぁネス] 名〖人名〗アリストファネス(紀元前445頃-385頃,古代ギリシアの喜劇詩人).
a·ri·sto·pha·nisch [アリストふぁーニシュ] 形 アリストファネス(風)の;機知に富んだ.
(*der*) **A·ri·sto·te·les** [アリストーテレス] 名〖人名〗アリストテレス(紀元前384-322,古代ギリシアの哲学者).
der **A·ri·sto·te·li·ker** [アリストテーリカー] 名 -s/- アリストテレスの弟子;アリストテレス学派の人.
a·ri·sto·te·lisch [アリストテーリシュ] 形 アリストテレス(流)の.
der **A·ri·sto·te·lis·mus** [アリストテリスムス] 名 -/ アリストテレスに基づく哲学.
die **A·rith·me·tik** [アリトメーティク] 名 -/-en 1.(囫のみ)算数,算術. 2. 算数の教科書.
a·rith·me·tisch [アリトメーティシュ] 形 算数[算術]の.
der **A·ri·us** [アリーウス] 名 アリウス(336没,ギリシアの異端の神学者). ⇔ Arianer.
die **Ar·ka·de** [アルカーデ] 名 -/-n (列柱上の)アーチ;(主に囫)アーケード.
(*das*) **Ar·ka·di·en** [アルカーディエン] 名 -(s)/ 1.(2格は-s)〖地名〗アルカディア(古代ギリシアのペロポネソス半島の一地方). 2.〖文〗理想郷.
ar·ka·disch [アルカーディシュ] 形 アルカディア(風)の: ~e Landschaft 牧歌的理想郷. eine ~e Landschaft 牧歌的理想郷.
der **Ar·ka·nist** [アルカニスト] 名 -en/-en (18世紀の)陶磁器造りの秘法を伝授された人.
das **Ar·ka·num** [アルカーヌム] 名 -s/..na〖文〗 1. 秘密;奥義. 2. 秘薬,霊薬.
die **Ar·ke·bu·se** [アルケブーゼ] 名 -/-n 火縄銃.
die **Ark·tis** [アルクティス] 名 / 北極地方.
ark·tisch [アルクティシュ] 形 北極(地方)の;極寒の.
der **Ark·tur** [アルクトゥーあ] 名 /〖天〗アークトゥルス(牛飼い座の首星).
der **Ark·tu·rus** [アルクトゥールス] 名 /-=Arktur.
der **Ar·kus** [アルクス] 名 -/[..クース]〖数〗弧(記号 arc).
der **Ar·lec·chi·no** [arlekíːno アルレキーノ] 名 -s/-s[..ni] ノルレッキーノ[近世イタリア仮面即興喜劇の道化役].
arm [アるム] 形; ärmer; ärmst 1. a. 貧乏な,貧しい: A~ und Reich 貧富の別なく. b. (内容的に)貧弱な,つまらない: ein ~er Boden やせた土壌. ~es Erz 低品位の鉱石. an〈j³/et³〉: ein an Bodenschätzen ~es Land 地下資源に乏しい国. Er ist ~ an Mut. 彼は気迫に欠けている. 3. 哀れな,不運な: der ~e Kerl[Teufel]あの哀れな奴. ~ dran sein《口》気の毒である.

der **Arm** [アるム] 名 -(e)s/-e 1. 腕:〈j⁴〉am [beim] ~ nehmen〈人⁴の〉腕をつかむ.〈j³〉am ~ führen〈人⁴の〉腕をとって導く.〈j³〉in die ~e nehmen [schließen]〈人⁴を〉(両腕に)抱く. ein Kind auf dem [im] ~ haben 子供を抱いている.〈et⁴〉unter dem ~ haben〈物⁴を〉小わきに抱えている. mit〈j³〉~ in ~〈人³と〉腕を組んで歩く. 2. 人手,協力者;勢力,権能: der ~ des Gesetzes 法の力. der strafende ~ des Himmels 天罰. 3.(腕の形に似たもの)(天秤などの)横木,腕木,アーム,(燭台(,,)などの)枝,(クラゲなどの)触手(Fang~). 4. 袖(,,). 5.(口·婉)尻;まねけ.【慣用】〈j⁴〉am steifen Arm verhungern lassen《口》〈人⁴を〉反対できないまでに締上げる.〈j⁴〉auf den Arm nehmen《口》〈人⁴を〉手玉に取る. beide Arme voll haben (荷物で)両腕がいっぱいである. die Beine unter den Arm nehmen《口》一目散に逃げる. einen langen Arm haben 権勢がある.〈j³〉in den Arm fallen〈人⁴の〉妨害をする.〈j³〉in die Arme laufen《口》〈人³に〉偶然に出会う.〈j³/et³〉in die Arme treiben〈人⁴を〉〈人·事³の手中に追いやる.〈j³〉mit offenen Armen aufnehmen [empfangen]〈人⁴を〉もろ手をあげて歓迎する.〈et³〉mit verschränkten [gekreuzten] Armen zuschauen〈事⁴を〉手をこまねいて見ている. sich〈j³〉in die Arme werfen〈人·事³に〉身を委ねる,(…に)ふける.〈j³〉unter die Arme greifen (苦境にある)〈人³を〉助ける.
die **Ar·ma·da** [アルマーダ] 名 -/..den[-s]〖文〗大艦隊;大部隊;〖史〗(スペインの)無敵艦隊.
das **Ar·ma·ged·don** [アるマゲドン] 名 -/〖聖〗ハルマゲドン(世界の終末での善と悪の決戦場);《文》破壊的な大決戦;(政治的)破局;大災害.
der **Ar·ma·gnac** [armanják アるマニャック] 名 -(s)/-s アルマニャック(フランス,同地方産ブランデー).
die **Ar·ma·tur** [アるマトゥーあ] 名 -/-en (機器の)装備品;(主に囫)スイッチ,計器類;栓,コック.
das **Ar·ma·tu·ren·brett** [アるマトゥーれン·ぶれっト] 名 -(e)s/-er 計器板,ダッシュボード.
das **Arm·band** [アるム·バント] 名 -(e)s/..bänder ブレスレット.
die **Arm·band·uhr** [アるムバント·ウーあ] 名 -/-en 腕時計.
die **Arm·bin·de** [アるム·ビンデ] 名 -/-n 三角巾(,,);腕章.
das **Arm·blatt** [アるム·ブラット] 名 -(e)s/..blätter (わきの下の)汗除け.
der **Arm·bruch** [アるム·ぶるっホ] 名 -(e)s/..brüche 腕の骨折.
die **Arm·brust** [アるム·ブルスト] 名 -/..brüste 弩(,,,),ボーガン.
arm·dick [アるム·ディック] 形 腕の太さの.
der/*die* **Ar·me** [アるメ] 名《形容詞的変化》貧乏人;気の毒な人.
die **Ar·mee** [アるメー] 名 -/..meen[アるメーエン] 1. 軍隊;軍団: in die ~ eintreten 軍隊に入る. 2. 大勢,大群.
der **Ar·mee·be·fehl** [アるメー·ベふェール] 名 -(e)s/-e 軍命令.
das **Ar·mee·korps** [..koːr アるメー·コーあ] 名 -[..kuːr(s)コーあ(ル)]/..koːrs コーあス] 軍団(略 AK).
der **Är·mel** [エるメル] 名 -s/- (服の)袖(,,).【慣用】〈j⁴〉am Ärmel zupfen〈人⁴の〉袖を引く(そっと注意する). (sich)〈et⁴〉aus dem Ärmel [den Ärmeln] schütteln《口》意気込んで仕事に取りかかる. (sich³) die Ärmel hochkrempeln《口》意気込んで仕事に取りかかる.
der **Är·mel·auf·schlag** [エるメル·アウふ·シュラーク] 名 -(e)s/..schläge 袖口(,,)の折返し;カフス.

..är·me·lig [..エるメリヒ] [接尾] 形容詞などにつけて「…な袖（そで）の」を表す形容詞を作る： lang*ärmelig* 長袖の.

der **Är·mel·ka·nal** [エるメル・カナール] [名] -s/ 〚海名〛ドーヴァー海峡.

är·mel·los [エるメル・ロース] [形] 袖(そで)なしの.

der **Är·mel·scho·ner** [エるメル・ショーナー] [名] -s/- 袖(そで)カバー.

der **Är·mel·strei·fen** [エるメル・シュトらイふェン] [名] -s/- (階級を示す)袖章.

die **Ar·men·bi·bel** [アるメン・ビーベル] [名] -/ (中世の文盲のための)絵解き聖書.

das **Ar·men·haus** [アるメン・ハウス] [名] -es/..häuser (昔の)救貧院.

(*das*) **Ar·me·ni·en** [アるメーニエン] [名] -s/ 〚国名〛アルメニア(カスピ海と黒海の間の国).

die **Ar·men·kas·se** [アるメン・カっセ] [名] -/ (昔の)貧民救済基金： etwas aus der ~ kriegen 《方・婉・冗》ぶん殴られる.

die **Ar·men·pfle·ge** [アるメン・プふレーゲ] [名] -/ (昔の)貧民救済.

der **Ar·men·pfle·ger** [アるメン・プふレーガー] [名] -s/- (昔の)民生委員.

das **Ar·men·recht** [アるメン・れひト] [名] -(e)s/ 〚法〛(昔の)訴訟救助法..

die **Arm·höh·le** [アるム・ヘーレ] [名] -/-n わきの下, 腋窩(えきか).

ar·mie·ren [アるミーれン] [動] *h.* **1.** 〔<et⁴>ヲ〕〚土・工〛補強する;〚工〛(…に)装備品を取付ける： *armierter* Beton 鉄筋コンクリート. *armiertes* Kabel 外装ケーブル. **2.** 〔<j⁴/et⁴>ヲ〕〚軍〛《古》武装させる.

die **Ar·mie·rung** [アるミーるング] [名] -/-en 補強〔外装〕(すること);(コンクリートの)鉄筋.

..ar·mig [..アるミひ] [接尾] 数詞・形容詞につけて「…な腕の」を表す形容詞を作る： **zwei***armig* 二本腕の.

(*der*) **Ar·min** [アるミーン] [名] 〚男名〛アルミーン.

(*der*) **Ar·mi·ni·us** [アるミーニウス] [名] 〚人名〛 **1.** アルミニウス(独名 Hermann. 21 年頃没, ローマ軍を撃破) ⇨ Teutoburger Wald. **2.** Jakob ~ ヤーコプ・アルミニウス(1560-1609, オランダの神学者).

arm·lang [アるム・ラング] [形] 腕の長さの.

die **Arm·leh·ne** [アるム・レーネ] [名] -/-n (いすの)ひじ掛け.

der **Arm·leuch·ter** [アるム・ロイひター] [名] -s/- 腕木燭台(しょくだい);《口・蔑》ばか者;《婉》くそったれ.

ärm·lich [エるムリひ] [形] **1.** みすぼらしい; 乏しい. **2.** 《稀》貧しい.

das **Arm·loch** [アるム・ロっほ] [名] -(e)s/..löcher **1.** 袖(そで)ぐり. **2.** 《口・婉》くそったれ.

der **Arm·mus·kel** [アるム・ムスケル] [名] -s/-n 腕の筋肉;上腕二頭筋.

das **Ar·mo·ri·al** [アるモりアール] [名] -s/-e 紋章集.

die **Arm·pro·the·se** [アるム・プろテーゼ] [名] -/-n 義手.

der **Arm·reif** [アるム・らイふ] [名] -(e)s/-e 腕輪.

die **Arm·schie·ne** [アるム・シーネ] [名] -/-n (骨折用の)腕の副子〔そえ木〕;(よろいの)籠手(こて), 腕甲.

die **Arm·schwin·ge** [アるム・シュヴィンゲ] [名] -/-n 〚動〛次列風切羽, 腕羽.

arm·se·lig [アるム・ゼーリひ] [形] **1.** みすぼらしい, みじめな. **2.** 乏しい, 不十分な;力量不足な.

die **Arm·se·lig·keit** [アるム・ゼーリひカイト] [名] -/-en **1.** 《(単)のみ》貧しさ, みじめさ, 貧弱. **2.** 《(複)のみ》貧弱な〔みすぼらしい〕品々, 貧しい財産.

der **Arm·ses·sel** [アるム・ゼっセル] [名] -s/- ひじ掛けつきの安楽いす.

die **Arm·span·ge** [アるム・シュパンゲ] [名] -/-n (輪の一箇所があいている)腕輪.

der **Arm·stuhl** [アるム・シュトゥール] [名] -(e)s/..stühle ひじ掛けいす.

die **Arm·sün·der·mie·ne** [アるム・ズュンダー・ミーネ] [名] -/-n 《冗》(わざとらしい)痛ましい顔つき.

die **Ar·mut** [アるムート] [名] -/ **1.** 貧乏, 貧しさ, 貧困： in ~ leben 貧困のうちに生きる. **2.** 欠乏, 不足： die ~ an Gedanken 思想の貧困. **3.** 《古》《総称》貧しい人々.

das **Ar·muts·zeug·nis** [アるムーツ・ツォイクニス] [名] -ses/-se 〚法〛(昔の訴訟費用免除の)貧困証明書：sich³ mit <et³> ein ~ ausstellen 〈事について〉自分の無能をさらけ出す.

die **Ar·ni·ka** [アるニカ] [名] -/-s 〚植〛アルニカ(興奮作用のある薬草);《(単)のみ》アルニカのエキス.

(*der/die*) **Ar·nim** [アるニム] [名] **1.** 〚人名〛アルニム. **2.** Achim von ~ アッヒム・フォン・アルニム(1781-1831, 詩人). **3.** Bettina von ~ ベッティーナ・フォン・アルニム(1785-1859. 女流詩人. C. Brentano の妹で Achim の妻).

(*der*) **Ar·no** [アるノ] [名] 〚男名〛アルノ.

(*der*) **Ar·nold** [アるノルト] [名] 〚男名〛アルノルト.

(*der*) **Ar·nulf** [アるヌルふ] [名] 〚男名〛アルヌルフ.

das **A·ro·ma** [アろーマ] [名] -s/Aromen〔-s〕 芳香, 香り;(人工)香料.

a·ro·ma·tisch [アろマーティシュ] [形] 香りのいい;〚化〛芳香族の.

ar·peg·gio [arpɛ́dʒo アるペっヂョ] [副] 〚楽〛アルペッジョ, 分散和音で.

das **Ar·peg·gio** [アるペっヂョ] [名] -s/-s〔..ggien [..ヂエン]〕〚楽〛アルペッジョ, 分散和音.

die **Ar·peg·gio·ne** [..dʒóːnə アるペヂョーネ] [名] -/-n 〚楽〛アルペッヂョーネ(低音の 6 弦の楽器).

der **Ar·rak** [アらク] [名] -s/-s〔-e〕 アラク酒(蒸留酒).

das **Ar·ran·ge·ment** [arãʒəmɑ̃ː, araŋʒə.. アらンジェマーン] [名] -s/-s **1.** 支度, アレンジ;準備;(花束など)センスよく整え〔飾りつけ〕られたもの. **2.** 〚楽〛編曲(他の器楽曲などに);(ジャズの)アレンジ. **3.** 合意, 一致, 取決め, 協定;〚銀行〛決済.

der **Ar·ran·geur** [arãʒǿːr, araŋ.. アらンジェーあ] [名] -s/-e **1.** 〚楽〛編曲者. **2.** センスよく整える人;フラワーデザイナー;脚色家.

ar·ran·gie·ren [arãʒíːrən, araŋ.. アらンジーれン] [動] *h.* **1.** 〔<et⁴>ヲ〕手配する, (…の)手はずを整える, アレンジする, 全体をセンスよく〔芸術的に〕整える;(巧みに)構成する;〚楽〛編曲〔アレンジ〕する. **2.** 〔sich⁴+(mit <j³/et³>ト)〕折合いをつける;(…に)順応する.

die **Ar·ran·gier·pro·be** [arãʒíːr.., araŋ.. アらンジーあ・プろーベ] [名] -/-n 〚劇〛立ちげいこ.

der **Ar·rest** [アれスト] [名] -(e)s/-e **1.** 拘禁(所);放課後の居残り： in〔im〕~ sitzen 拘禁されている. **2.** 〚法〛仮差押え： Waren mit ~ belegen〔unter ~ stellen〕商品を仮差押えする.

der **Ar·res·tant** [アれスタント] [名] -en/-en 《古》被拘禁者;囚人.

ar·re·tie·ren [アれティーれン] [動] *h.* **1.** 〔<j⁴>ヲ〕《古》拘禁する, 逮捕する. **2.** 〔<et⁴>ヲ〕ロックする.

die **Ar·rhyth·mie** [アりゅトミー] [名] -/-n 不規則なリズム;〚医〛不整脈.

ar·ri·ve·der·ci [arivedɛ́rtʃi アりヴェデるチ] 〚イタリア語〛《口》さよなら, ではまた.

ar·ri·vie·ren [アりヴィーれン] [動] *s.* 〔(zu <j³>ニ)〕出世する;成上がる.

ar·ri·viert [アりヴィーあト] [形] 成功した;出世した.

der/die **Ar·ri·vier·te** [アりヴィーあテ] [名] 《形容詞的変化》成功〔出世〕した人.

ar·ro·gant [アろガント] [形] 《蔑》不遜(ふそん)〔尊大〕な.

die **Ar·ro·ganz** [アろガンツ] [名] -/ 《蔑》傲慢(ごうまん), 横

das **Ar·ron·dis·se·ment** [arɔ̃disəmɑ̃ː/ アɾɔンディスマーン] 名 -s/-s (フランスの)郡;(フランスの大都市の)区.

die **Ars** [アɾス] 名 -/Artes 芸術.

die **Ars a·man·di** [アɾス アマンディ] 名 -- 愛の技術(古代ローマの詩人 Ovid の詩).

der **Arsch** [アɾシュ] 名 -(e)s/Ärsche 《口》尻(ㄘㄤ),けつ:〈j³〉 geht der ~ mit Grundeis 〈人ㆁ〉 非常にこわがっている. Leck mich am ~! 《口》くたばれ. am ~ der Welt 世界の果てで. im ~ sein 破壊されている. 〈j³〉 in den ~ kriechen 〈人ᴺ〉 にぺこぺこする.

die **Arsch·ba·cke** [アɾシュ・バッケ] 名 -/-n (主に複)《口》尻(ㄘ),けつ.

der **Arsch·fi·cker** [アɾシュ・ふぃッカー] 名 -s/- 《卑・蔑》同性愛の男(同性愛),同性愛の男(同性愛の).

der **Arsch·krie·cher** [アɾシュ・クリー・ひゃー] 名 -s/- 《口・蔑》 おべっか使い.

das **Arsch·le·der** [アɾシュ・レーダー] 名 -s/- 〖鉱〗尻当て皮,あてし.

das **Arsch·loch** [アɾシュ・ロッㇹ] 名 -(e)s/..löcher 《口》尻(ㄘ)の穴;《罵》くそったれ.

der **Arsch·pau·ker** [アɾシュ・パウカー] 名 -s/- 《口》教師.

das **Ar·sen** [アɾゼーン] 名 -s/- 〖化〗砒素(ㄘ)(記号 As).

das **Ar·se·nal** [アɾゼナール] 名 -s/-e 兵器庫;集積,山;蓄え.

der **Ar·sen·kies** [アɾゼーン・キース] 名 -es/ 硫砒(ㄘㄧ)鉄鉱.

die **Ars mo·ri·en·di** [アɾス モリエンディ] 名 -/- (中世の)信心書.

die **Art** [アーɾト] 名 -/-en **1.** 種類,〖生〗種: die·se ~ von Menschen この種の人々. **2.** (複のみ)性質,本性,気質;特色: Sie ist von lebendiger ~. 彼女は活発な性格だ. Es liegt nicht in meiner ~, rücksichtslos zu handeln. 彼女はむしゃらに行動するたちではない. **3.** 方法,やり方,流儀,《口》 適切な作法(振舞・行儀): Das ist die einfachste ~, etwas⁴ zu tun. それが〈事ᴬ〉する最も簡単な方法だ. auf richtige ~ 正しい仕方で. Spaghetti nach neapolitanischer ~ スパゲッティ・ナポリタン. Ist das vielleicht eine ~? そんなことでいいのか?. 【慣用】**aus der Art schlagen** 家族の誰にも似ていない. **die Art und Weise** 方法,仕方. **eine Art (von) ...** 一種の···. **in der Art (von) ...** ···の様式で.

Art. =Artikel 条項;冠詞.

der [*das*] **Art dé·co** [aːɾ dekó アーɾ デコ] 名 アール・デコ(1920-30 年代の装飾様式).

das **Ar·te·fakt** [アɾテふぁㇰト] 名 -(e)s/-e **1.** (文)人工物,工芸品. **2.** 〖考古〗人工遺物. **3.** 〖医〗 アーチファクト(人為的に体に傷をつけたり,変形させること). **4.** 人為障害信号.

art·ei·gen [アーɾト・アイゲン] 形 〖生〗種に固有な.

(*die*) **Ar·te·mis** [アɾテミス] 名 〖ギ神〗アルテミス(狩猟の女神).

ar·ten [アーɾテン] 動 *s.* 〖nach 〈j³〉〗 (文)似てくる.

der **Ar·ten·schutz** [アーɾテン・シュッツ] 名 -es/ (絶滅に瀕する)動植物の種の保護(措置).

die **Ar·te·rie** [アɾテーɾイエ] 名 -/-n 〖医〗動脈.

die **Ar·te·ri·en·ver·kal·kung** [アɾテーɾイエン・ふぇあカルクング] 名 -/-en 《口》 動脈硬化症.

die **Ar·te·ri·o·skle·ro·se** [アɾテɾイオ・スクレɾㅗーゼ] 名 -/-n 〖医〗動脈硬化(症).

ar·te·sisch [アɾテーズィㇱュ] 形 アルトワ式の:~er Brunnen 自噴式井戸.

die **Ar·tes li·be·ra·les** [アɾテース リベɾㅏーレース] 複 (後期古代ギリシアと中世の)自由(学芸)七科,リベラルアーツ.

art·fremd [アーɾト・ふれㇺト] 形 〖生〗異質の,異種の.

die **Ar·thri·tis** [アɾトɾイーティス] 名 -/..tiden[アɾトɾイーデン] 〖医〗関節炎.

die **Ar·thro·pa·thie** [アɾトɾㅗ・パティー] 名 -/-n 〖医〗関節症,関節の疾患.

die **Ar·thro·po·den** [アɾトɾㅗ・ポーデン] 複名 〖動〗節足動物門.

die **Ar·thro·se** [アɾトɾㅗーゼ] 名 -/-n 〖医〗(慢性の)関節症.

(*der*) **Ar·thur** [アɾトゥɾ] 名 〖男名〗アルトゥɾ.

ar·ti·fi·zi·ell [アɾティふぃツィエル] 形 (文)人工的な;わざとらしい.

ar·tig [アーɾテㅣヒ] 形 **1.** 行儀の良い,言うことを聞く. **2.** (文・古)慇懃(ㅇ╇) な. **3.** (古)感じのいい.

..ar·tig [··アーɾテㅣヒ] 接尾 形容詞・名詞につけて「形状,性質,種類」などを表す形容詞を作る: schlan·gen*artig* 蛇のような. gleich*artig* 同種の.

die **Ar·tig·keit** [アーɾテㅣヒ・カイト] 名 -/-en **1.** (単のみ)(文・古)丁重,慇懃. **2.** (主に複)お世辞.

der **Ar·ti·kel** [アɾティ(-)ケル] 名 -s/- **1.** 記事,項目,論説,論文. **2.** (法律などの)条,項,箇条(略 Art.);信仰箇条: nach ~ 3 des Grundgesetzes 基本法第3条によれば. **3.** 物品,品目: einen ~ führen ある商品を扱っている. **4.** 〖言〗冠詞: der bestimmte/unbestimmte ~ 定冠詞/不定冠詞.

ar·ti·ku·lar [アɾティクラーあ] 形 〖医〗 関節の.

die **Ar·ti·ku·la·ti·on** [アɾティクラツィオーン] 名 -/-en **1.** 明晰(ㄘ╇)な発音;(言)発音. **2.** 言葉に表わすこと,表現. **3.** 〖楽〗アーティキュレーション. **4.** 〖医〗関節;咬合.

ar·ti·ku·lie·ren [アɾティクリーɾエン] 動 *h.* **1.** ((et⁴)ッ)〈様態ᵃ〉) 〖言〗(音節ごとにはっきりと)発音する. **2.** 〈et⁴ッ〉明確な言葉で表現する. **3.** (sich⁴) 自己の考え(思想)を明確に示す;明確に現れる.

die **Ar·til·le·rie** [アɾティレɾイー, アɾティレɾイー] 名 -/-n (主に複)〖軍〗大砲;砲兵隊.

der **Ar·til·le·rist** [アɾティレɾイスト] 名 -en/-en 〖軍〗砲兵,砲手.

die **Ar·ti·scho·cke** [アɾティショッケ] 名 -/-n 〖植〗 **1.** アーティチョーク,チョウセンアザミ. **2.** アーティチョーク(のつぼみ)(食用).

der **Ar·tist** [アɾティスト] 名 -en/-en 芸人;《稀》(技巧派の)芸術家.

die **Ar·tis·ten·fa·kul·tät** [アɾティステン・ふぁクルテート] 名 -/-en (中世の大学の)学芸学部(Artes liberales を教授).

die **Ar·tis·tik** [アɾティスティㇰ] 名 -/ 曲芸,寄席演芸;際立った技術.

ar·tis·tisch [アɾティスティㇱュ] 形 **1.** 寄席演芸の,芸人の. **2.** 非常に巧みな. **3.** 曲芸の.

die **Ar·to·thek** [アɾト・テーㇰ] 名 -/-en 美術工芸品の貸出センター.

(*der*) **Ar·tur** [アɾトゥɾ] 名 〖男名〗アルトゥɾ.

(*der*) **Ar·tus** [アɾトゥス] 名 アーサー王(ケルト民族の伝説的な王).

der **Ar·tus·ro·man** [アɾトゥス・ɾㅗマーン] 名 -s/-e 〖文芸学〗アーサー王物語.

die **Ar·tus·sa·ge** [アɾトゥス・ザーゲ] 名 -/-n アーサー王伝説.

art·ver·wandt [アーɾト・ふぇあヴァント] 形 似た種類の.

der **Ary·bal·los** [アɾイㆍバロス] 名 -/..loi アɾュバロス (古代ギリシアの香油・軟膏入れの壺).

die **Arz·nei** [アɾツナイ] 名 -/-en (古)薬.

das **Arz·nei·buch** [アɾツナイ・ブーㇹ] 名 -(e)s/..bücher 薬局方;処方書.

die **Arz·nei·fla·sche** [アɾツナイ・ふラッシェ] 名 -/-n 薬

瓶.

die **Arz·nei·kun·de** [アるツナイ・クンデ] [名] -/ 薬学.

das **Arz·nei·mit·tel** [アるツナイ・ミッテル] [名] -s/- 薬, 薬品.

die **Arz·nei·pflan·ze** [アるツナイ・プふランツェ] [名] -/-n 薬用植物.

der **Arz·nei·schrank** [アるツナイ・シュらンク] [名] -(e)s/ ..schränke 薬品(用)戸棚.

der **Arzt** [アーあツト, アるツト] [名] -es/Ärzte [エーあツテ, エるツテ] 医者, 医師： ein praktischer ～ 開業医. der behandelnde/diensthabende ～ 主治医/当直医.

die **Ärz·te·kam·mer** [エーあツテ・カマー, エるツテ・カマー] [名] -/-n 医師会.

die **Ärz·te·schaft** [エーあツテシャふト, エるツテシャふト] [名] -/ 《総称》医師.

die **Arzt·hel·fe·rin** [アーあツト・ヘルふぇりン, アるツト・ヘルふぇりン] [名] -/-nen (女性の)医療助手.

die **Arzt·hil·fe** [アーあツト・ヒルふぇ, アるツト・ヒルふぇ] [名] -/-n 医療助手.

die **Ärz·tin** [エーあツティン, エるツティン] [名] -/-nen 女医.

ärzt·lich [エーあツトリひ, エるツトリひ] [形] 医師の：sich⁴ ～ untersuchen/behandeln lassen (医者に)診察/治療してもらう.

das **as¹, As¹** [アス] [名] -/- 『楽』変イ音.

as² ＝as-Moll 『楽』変イ短調.

As² **1.** ＝Amperesekunde 『電』アンペア秒. **2.** ＝As-Dur 『楽』変イ長調.

As³ [アーエス] ＝Arsen 『化』砒素(ひそ).

der **As⁴** [アス] [名] -ses/-se アス(古代ローマの貨幣・重量の単位).

das **As⁵** [アス] ⇨ Ass.

ASA [アーザ] ＝ American Standards Association 米国規格協会(フィルム感光度の表示などに用いられる).

der **As·best** [アスベスト] [名] -(e)s/-e アスベスト, 石綿.

der **As·best·an·zug** [アスベスト・アンツーク] [名] -(e)s/ ..anzüge 耐火服.

die **As·bes·to·se** [アスベストーゼ] [名] -/-n 『医』石綿沈着症.

der **As·best·staub** [アスベスト・シュタウプ] [名] -s/ アスベスト〔石綿〕粉塵.

ASBw ＝Amt für Sicherheit der Bundeswehr 軍事安全保障局.

(das) **A·schaf·fen·burg** [アシャっふぇンブるク] [名] -s/ 『地名』アシャッフェンブルク(バイエルン州の都市).

asch·blond [アっシュ・ブロント] [形] 灰色がかったブロンドの.

die **A·sche** [アっシェ] [名] -/-n **1.** 灰：<et⁴> zu ～ verbrennen <物を>燃して灰にする. sich³ ～ aufs Haupt streuen (主に《冗》)後悔する. **2.** (⊕のみ)《口》小銭.

die **A·schen·bahn** [アっシェン・バーン] [名] -/-en 『スポーツ』シンダートラック.

der **A·schen·be·cher** [アっシェン・べっひゃー] [名] -s/- 灰皿.

das **A·schen·brö·del** [アっシェン・ブれーデル] [名] -s/- ＝Aschenputtel.

der **A·schen·kas·ten** [アっシェン・カステン] [名] -s/ ..kästen (炉の)灰受け皿.

der **A·schen·krug** [アっシェン・クるーク] [名] -(e)s/ ..krüge 骨壺(こつぼ).

das **A·schen·put·tel** [アっシェン・プっテル] [名] -s/- **1.** (⊕のみ;主に無冠詞)シンデレラ, 灰かぶり姫(グリム童話の主人公). **2.** おさんどん. **3.** 目立たない女の子.

der **A·scher** [アっシャー] [名] -s/- 《口》灰皿.

der **A·scher·mitt·woch** [アっシャー・ミっトヴォっほ] [名] -(e)s/-e 『カトリック』灰の水曜日(四旬節(Fastenzeit)の初日).

asch·fahl [アっシュ・ふぁール] [形] 青ざめた.

asch·grau [アっシュ・グらウ] [形] 灰色の：bis ins *A～e* 《口》延々と.

die **Asch·ke·na·sim** [アシュケナーズィーム, アシュケナズィーム] [複名] アシュケナージ(ヨーロッパ中東部のユダヤ人).

asch·ke·na·sisch [アシュケナーズィシュ] [形] アシュケナージの.

der **Asch·ram** [アーシュらム] [名] -s/-s インドの行者の隠棲所;インドの修業道場.

äschy·le·isch [エシュレーイシュ] [形] アイスキュロス風の.

(der) **Äschy·lus** [エ(-)シュルス] [名] 『人名』アイスキュロス(紀元前 525-456, 古代ギリシアの悲劇詩人).

die **A·s·cor·bin·säu·re** [アスコるビーン・ゾイれ] [名] -/ 『化』アスコルビン酸(ビタミンC).

das **As-Dur** [アス・ドゥーあ, アス・ドゥーあ] [名] 『楽』変イ長調(記号 As).

der **A·se** [アーゼ] [名] -n/-n (主に⊛)『ゲルマン神』アーゼ(Wodan が率いる最強の神族).

ä·sen [エーゼン] [動] *h.* 〔(sich⁴)〕『狩』草〔えさ〕を食う(猪・肉食獣以外の猟獣が).

die **A·sep·sis** [アゼプスィス] [名] -/ 『医』無菌(状態).

a·sep·tisch [アゼプティシュ] [形] 『医』無菌(状態)の;無菌性の.

der **Ä·ser** [エーザー] [名] -s/- 『狩』(猪・肉食獣以外の猟獣の)口.

der **A·si·at** [アズィアート] [名] -en/-en アジア人.

die **A·si·a·tin** [アズィアーティン] [名] -/-nen アジア人女性.

a·si·a·tisch [アズィアーティシュ] [形] アジアの.

(das) **A·si·en** [アーズィエン] [名] -s/ 『地名』アジア.

(der) **As·ka·ni·er** [アスカーニあー] [名] -s/- アスカーニエン家の人(ドイツの貴族).

der **As·ka·ri** [アスカーり] [名] -s/-s (旧ドイツ領東アフリカの)土民兵.

die **As·ke·se** [アスケーゼ] [名] -/ 禁欲(主義);苦行.

der **As·ket** [アスケート] [名] -en/-en 禁欲主義者;苦行者.

as·ke·tisch [アスケーティシュ] [形] 禁欲(主義)の;禁欲〔苦行〕者風の;修徳の.

(der) **As·k·le·pi·os** [アスクレーピオス] [名] ＝Äskulap.

die **As·ko·my·ze·ten** [アスコ・ミュツェーテン] [複名] 『植』子嚢(しのう)菌.

die **A·s·kor·bin·säu·re** [アスコるビーン・ゾイれ] [名] -/ -n＝Ascorbinsäure.

(der) **Äs·ku·lap** [エスクラープ] [名] 『ギ・ロ神』アスクレピオス(医学の神).

die **Äs·ku·lap·nat·ter** [エスクラープ・ナッター] [名] -/-n 『動』アスクレピオス・クサリヘビ(保護動物).

der **Äs·ku·lap·stab** [エスクラープ・シュターブ] [名] -(e)s/ ..stäbe アスクレピオスの杖(つえ)(蛇の巻きついた杖で医学の象徴).

das **as-Moll** [アス・モル, アス・モル] [名] -/ 『楽』変イ短調(記号 as).

a·so·ma·tisch [アゾマーティシュ] [形] 『哲』肉体のない.

die **A·som·nie** [アゾムニー] [名] -/-n 『医』不眠症, 睡眠障害.

(der) **Ä·sop** [エゾープ] [名] 『人名』イソップ(紀元前 6 世紀のギリシアの寓話(ぐうわ)作家).

ä·so·pisch [エゾーピシュ] [形] 《文・古》イソップ(風)の;機知に富んだ.

a·so·zi·al [アゾツィアール, アゾツィアール] [形] 非社交的な;反社会的な.

der/die **A·so·zi·a·le** [アゾツィアーレ, アゾツィアーレ] [名] (形容詞的変化) 反社会的な人;非社交的な人.

(die) **As·pa·sia** [アスパーズィア] [名] 『人名』アスパシア(古代ギリシアの才女で Perikles の愛妾(あいしょう)).

der **A·s·pekt** [アスペクト] [名] -(e)s/-e **1.** 《文》(問

題の)見方，観点；局面. **2.** 〖天〗星位；〖占〗星相. **3.** 〖言〗相，アスペクト.

der **As·phalt** [アスふぁルト，アスふぁルト] [名] -(e)s/-e アスファルト.

die **As·phạlt·de·cke** [アスふぁルト・デッケ] [名] -/-n アスファルト舗装.

die **As·phal·te̲·ne** [アスふぁルテーネ] [複名] 〖化〗アスファルテン.

as·phal·tie̲·ren [アスふぁルティーれン] [動] *h.* 〔〈et^4〉ヲ〕アスファルトで舗装する.

die **A·s·phy·xie̲** [アスふゅクスィー] [名] -/-n 〖医〗窒息；呼吸停止.

der **As·pik** [アスピーク，アスピック，アスピク] [名] -s/-e 《《オーストリア》das ～ も有》アスピック《煮汁をゼリー状にしたもの》.

der **A·s·pi·rạnt** [アスピらント] [名] -en/-en **1.** 候補者，志願者：ein ～ für einen Posten ある地位の候補者. **2.** 〖旧東独〗(大学の)後継研究者.

die **A·s·pi·ra̲·ta** [アスピらータ] [名] -/..ten〔..tä〕〖言〗帯気音.

die **A·s·pi·ra·tio̲n** [アスピらツィオーン] [名] -/-en **1.** 大望；野望；《主に[複]》《文》努力，追求：～*en* auf 〈et^4〉〔nach 〈et^3〉〕 haben 〈事ヲ〉志す. **2.** 〖医〗吸気，吸引. **3.** 〖言〗気音，帯気発音.

der **A·s·pi·ra̲·tor** [アスピらートーあ] [名] -s/-en[アスピらトーれン] (ガス・気体などの)吸引装置；〖医〗吸引器.

a·s·pi·rie̲·ren [アスピりーれン] [動] *h.* **1.** 〔〈et^4〉ヲ〕〖言〗気音を伴って発音する《閉鎖音などを》. **2.** 〔〈et^4〉ヲ〕〖医〗吸引する. **3.** 〔auf 〈et^4〉ニ〕《オーストリア》応募〔志願〕する.

das **A·s·pi·ri̲n** [アスピりーン] [名] -s/ 〖商標〗アスピリン.

das **Ạss,** [旧]**Ạs** [アス] [名] -es/-e **1.** 〖トランプ〗1 の札，エース. **2.** 《口》(各分野の)エース，第一人者；〖広告〗人気商品；〖スポーツ〗(テニスの)サービスエース；(ゴルフの)ホールインワン.

a̲ß [アース] [動] essen の過去形.

Ass. **1.** =Assessor(in) 上級公務員試補. **2.** =Assistent(in) 助手.

der **As·sa·ga̲i** [アサガイ] [名] -s/-e 細身の投げ槍《南アフリカのバンツー族の》.

der **As·sas·si̲·ne** [アサスィーネ] [名] -n/-n **1.** 《主に[複]》〖史〗アッサシン派信徒《暗殺によって企てを実行したイスラム教徒の秘密結社》. **2.** 《古》謀殺者.

das **As·saut** [asó: アソー] [名] -s/-s (フェンシングの)練習試合.

ä̲ße [エーセ] [動] essen の接続法 2 式.

die **As·se·ku·rạnz** [アセクらンツ] [名] -/-en 保険(会社).

die **Ạs·sel** [アっセル] [名] -/-n 〖動〗等脚目《ワラジムシなど》.

die **As·sem·b·la̲·ge** [asãblá:ʒə, アサンブラージェ] [名] -/-n 〖美〗アッサンブラージュ.

die **As·sem·b·le̲e** [asãblé: アサンブレー] [名] -/-n[..レーエン] 集会.

der **As·sẹm·b·ler** [ɛsɛ́mblər エセムブラー] [名] -s/- 〖コンピュータ〗アセンブリ〔アセンブラ〕言語；アセンブリ，アセンブラ.

as·ser·to̲·risch [アセるトーりシュ] [形] 〖哲〗断言的な.

das **As·ser·va̲t** [アセるヴァート] [名] -(e)s/-e 公的保管物《証拠物件など》.

der **As·sẹs·sor** [アセソーあ] [名] -s/-en [アセソーれン] 裁判官資格取得者；(昔の)上級公務員試補《略 Ass.》.

die **As·sig·na̲·te** [アスィグナーテ] [名] -/-n 《主に[複]》アシニア紙幣《フランスで 1789-96 年に使用された紙幣》.

die **As·si·mi·la·tio̲n** [アスィミラツィオーン] [名] -/-en **1.** 〖生・生理〗同化，同化作用. **2.** 〖言・社・心〗同化. **3.** 順応，適応.

die **As·si·mi·la·tio̲ns·ra·te** [アスィミラツィオーンス・らーテ] [名] -/-n 〖生〗同化率《異化に対する》；〖植〗炭酸同化率《呼吸による炭素の消費に対する》.

as·si·mi·lie̲·ren [アスィミリーれン] [動] *h.* **1.** 〔〈et^4〉ヲ〕〖生〗(吸収)同化する. **2.** 〔sich^4＋〈et^3〉ニ〔an 〈et^4〉ニ〕〕《文》順応〔適応〕する.

die **As·si·mi·lie̲·rung** [アスィミリーるング] [名] -/-en = Assimilation.

(*das*) **As·si̲·si** [アスィーズィ] [名] -s/ 〖地名〗アッシジ《イタリア中部の巡礼地》：Franz von ～ アッシジの聖フランシスコ《1181 頃-1226 年》.

der **As·sịst** [ɛsíst エスィスト] [名] -s/-s 《スイス》〖アイスホッケー・バスケットボール〗アシスト《得点を導くプレー》.

der **As·sis·tẹnt** [アスィステント] [名] -en/-en 助手《略 Ass.》.

die **As·sis·tẹnz** [アスィステンツ] [名] -/-en 《主に[単]》助力，協力，援助：unter ～ von 〈j^3〉〈人の〉助力で.

der **As·sis·tẹnz·arzt** [アスィステンツ・アーあツト，アスィステンツ・アるツト] [名] -es/..ärzte (医長の監督下にある)医員.

der **As·sis·tẹnz·pro·fes·sor** [アスィステンツ・プろふェっソーあ] [名] -s/-en 助教授.

as·sis·tie̲·ren [アスィスティーれン] [動] *h.* 〔(〈j^3〉ノ＋(bei 〈et^3〉ヲ)〕手伝う《手術などを》；助手を務める.

die **As·so·lu̲·ta** [アソルータ] [名] -/-s (オペラ・バレーの)女性トップスター.

die **As·so·nạnz** [アソナンツ] [名] -/-en 〖詩〗アソナンツ，母音押韻.

as·sor·tie̲·ren [アソるティーれン] [動] *h.* 〔〈et^4〉ノ〕〖商〗仕分け補充をする《在庫品の》：ein gut *assortiertes* Lager 豊富な品ぞろえ〔在庫〕.

die **As·so·zi·a·tio̲n** [アソツィアツィオーン] [名] -/-en **1.** 〖政〗連合. **2.** 《文》観念連合，連想. **3.** 〖化〗(分子の)会合. **4.** 〖植〗群集.

as·so·zi·a·ti̲v [アソツィアティーふ] [形] **1.** 連想的な：eine ～*e* Gedankenkette 連想的思考の連鎖. **2.** 連合的な.

as·so·zi·ie̲·ren [アソツィイーれン] [動] *h.* **1.** 〔mit 〈j^3/et^3〉カラ＋〈j^4/et^4〉ヲ〕《文》連想する：mit 〈et^3〉 *assoziiert* sein 〈物・事ヲ〉連想させる. **2.** 〔in 〈j^3〉ニ＋〈j^4/et^4〉ヲ〕《文》連想させる. **3.** 〔sich^4＋an 〈et^4〉ト/(mit) 〈et^3〉ト〕連合〔提携〕する，(…に)加盟する：die (mit) der EU *assoziierten* Staaten EU 加盟国.

as·so·zi·ie̲rt [アソツィイーあト] [形] 連合〔提携・加盟〕した.

die **As·so·zi·ie̲·rung** [アっソツィイーるング] [名] -/-en 連合.

die **As·sụn·ta** [アスンタ] [名] -/..ten マリア被昇天の図〔像〕.

(*das*) **As·sy̲·ri·en** [アスューりエン] [名] -s/ 〖地名〗アッシリア《メソポタミアの古代王国》.

a. St. =alten Stils 旧〔ユリウス〕暦の.

der **Ạst** [アスト] [名] -(e)s/Äste **1.** 大枝；枝状のもの；〖数〗(放物線などの)弧；(血管などの)分枝. **2.** (板・角材の)節目；《[単]のみ》《方》背中；曲った背中.

【慣用】 **auf dem absteigenden Ast sein** 能力が下り坂である，落ち目である. **den Ast absägen, auf dem man sitzt** 自分の生活基盤を奪う. **einen Ast durchsägen** 《口》大きないびきをかく. **sich^3 einen Ast lachen** 《口》大笑いをする.

der **ẠStA** [アスタ] [名] -(s)/-(s)〔Asten〕 全国学生連合(Allgemeiner Studentenausschuss).

(*die*) **As·tạr·te** [アスタるテ] [名] 〖セム神〗アスタルテ《豊穣・戦い・愛の女神》.

das **A·s·ta̲t** [アスタート] [名] -s/ 〖化〗アスタチン《記号 At》.

das **A·s·ta·ti̲n** [アスタティーン] [名] -s/ =Astat.

A

as·ten [アステン] [動] 《口》 **1.** *h.* 〔補足なし〕あくせく苦労する, 猛勉強する. **2.** *h.* 〔〈et⁴〉ｦ＋〈方向〉ﾍ〕苦労して運ぶ. **3.** *s.* 〔〈方向〉ﾍ〕はあはあ言いながら進む.
die **As·ter** [アスター] [名] -/-n 〖植〗エゾギク, アスター.
der **As·te·ris·kus** [アステリスクス] [名] -/..ken 星印, アステリスク(記号＊).
der **As·te·ro·id** [アステろイート] [名] -en〔-(e)s〕/-en 〖天〗小惑星.
das **As·te·ro·nym** [アステろニューム] [名] -s/-e 執筆者の匿名を表す三つ星印(＊＊＊).
die **Ast·ga·bel** [アスト・ガーベル] [名] -/-n 木の股, 枝の分かれめ.
die **A·s·the·nie** [アステニー] [名] -/-n 〖医〗 **1.** (㊥のみ)無力. **2.** 無力症.
a·s·the·nisch [アステーニシュ] [形] 無力(症)の.
die **As·the·no·pie** [アステノピー] [名] -/-n 〖医〗眼精疲労.
der **Äs·thet** [エステート] [名] -en/-en 美的感覚の鋭い人;耽美〔唯美〕主義者.
die **Äs·the·tik** [エステーティク] [名] -/ 美学;(㊥のみ)美, 様式美;美的感覚.
äs·the·tisch [エステーティシュ] [形] **1.** 美(学)的な. **2.** 美しい, 趣きのある, 魅力的な.
der **Äs·the·ti·zis·mus** [エステティツィスムス] [名] -/ 耽美〔唯美〕主義.
das **Asth·ma** [アストマ] [名] -s/ 喘息(ぜんそく).
der **Asth·ma·ti·ker** [アストマーティカー] [名] -s/- 喘息(ぜんそく)患者.
asth·ma·tisch [アストマーティシュ] [形] 喘息(ぜんそく)(性)の;喘息(持ち)の.
äs·tig [エスティヒ] [形] 節の多い;《稀》枝の多い.
der **A·s·tig·ma·tis·mus** [アスティグマティスムス] [名] -/ 〖医〗乱視;〖理〗非点収差.
äs·ti·mie·ren [エスティミーれン] [動] *h.* 〔〈j⁴/et⁴〉ｦ〕《古》高く評価する, 尊敬〔尊重〕する.
das **Ast·loch** [アスト・ロっほ] [名] -(e)s/..löcher 節穴.
der **As·tra·chan** [アストらは(ー)ン] [名] -s/-s アストラカン;アストラカン織り.
der **As·tra·gal** [アストらガール] [名] -s/-e 〖建〗玉縁(たまぶち), 定規縁.
der **As·tra·ga·lus** [アストらーガルス] [名] -/..li **1.** (羊の距骨で作った古典古代の)駒. **2.** 〖建〗玉縁(たまぶち), 定規縁.
as·tral [アストらール] [形] 星(座)の.
der **As·tral·leib** [アストらール・ライプ] [名] -(e)s/-er (心霊術の)星気体;(人智学の)心霊体;《口》(主に《皮》)(美しい)人体.
ast·rein [アスト・らイン] [形] 節のない;《口》(道徳的に)問題のない;本物の;《若》とてもすばらしい.
as·t·ro·gra·fisch, as·t·ro·gra·phisch [アストろ・グらーふぃシュ] [形] 天体写真の.
das **As·t·ro·la·bi·um** [アストろ・ラービウム] [名] -s/..bien アストロラーベ(昔の天体観測儀).
der **As·t·ro·lo·ge** [アストろ・ローゲ] [名] -n/-n 占星術師.
die **As·t·ro·lo·gie** [アストろ・ロギー] [名] -/ 占星術.
as·t·ro·lo·gisch [アストろ・ローギシュ] [形] 占星術の.
der **As·t·ro·naut** [アストろ・ナウト] [名] -en/-en 宇宙飛行士.
die **As·t·ro·nau·tik** [アストろ・ナウティク] [名] -/ 宇宙飛行学.
as·t·ro·nau·tisch [アストろ・ナウティシュ] [形] 宇宙飛行の.
die **As·t·ro·na·vi·ga·ti·on** [アストろ・ナヴィガツィオーン] [名] -/ 天測航法〔航行〕.
der **As·t·ro·nom** [アストろノーム] [名] -en/-en 天文学者.
die **As·t·ro·no·mie** [アストろノミー] [名] -/ 天文学.
as·t·ro·no·misch [アストろノーミシュ] [形] **1.** 天文学の. **2.** 《口》天文学的な, 莫大な.
die **As·t·ro·phy·sik** [アストろ・ふゅズィーク] [名] -/ 天体物理学.
das **Äs·tu·ar** [エストゥアーあ] [名] -s/-e〔-ien〕 ラッパ〔漏斗〕状河口(域).
das **Ast·werk** [アスト・ヴェるク] [名] -(e)s/ (総称)枝;〖建〗枝形装飾(ゴシック様式の枝模様).
die **Ä·sungs·pflan·ze** [エーズングス・プふランツェ] [名] -/-n 野生の草食動物が食べる植物.
das **A·syl** [アズュール] [名] -s/-e **1.** (主に㊥)庇護. **2.** 保護施設, 避難所.
der **A·sy·lant** [アズュラント] [名] -en/-en (政治〔宗教〕的)庇護(ひご)を求めている人, 難民.
a·syl·be·rech·tigt [アズュール・べれひティひト] [形] 庇護を受ける権利のある.
der **A·syl·be·wer·ber** [アズュール・ベヴェるバー] [名] -s/- ＝Asylant.
das **A·syl·recht** [アズュール・れひト] [名] -(e)s/ 庇護権(①被迫者が亡命先で庇護を受ける権利. ②亡命先の国家が被迫害者を庇護する権利.
die **A·sym·me·trie** [アズュメトりー] [名] -/-n 非対称;不釣合, 不均整.
a·sym·me·trisch [アズュメートりシュ, アズュメートりシュ] [形] 非対称の, 不均整の.
die **A·symp·to·te** [アズュムプトーテ] [名] -/-n 〖数〗漸近線.
a·sym·p·to·tisch [アズュムプトーティシュ] [形] 〖数〗漸近線の, 漸近的な.
a·syn·chron [アズュンクろーン, アズュンクろーン] [形] 非同時性の, 非同期の.
der **A·syn·chron·mo·tor** [アズュンクろーン・モ(ー)トーあ] [名] -s/-en 〖電〗非同期電動機.
a·syn·de·tisch [アズュンデーティシュ, アズュンデーティシュ] [形] 〖言〗接続詞を省略した.
das **A·syn·de·ton** [アズュンデトン] [名] -s/..ta 〖言〗接続詞省略.
der **A·szen·dent** [アスツェンデント] [名] -en/-en **1.** 〖系譜学〗先祖, 尊属. **2.** 〖天〗地平線に昇る天体;天体の上昇点. **3.** 〖占〗誕生時に東の地平線に昇る宮(きゅう).
die **A·szen·denz** [アスツェンデンツ] [名] -/ **1.** 〖系譜学〗先祖, 尊属. **2.** 〖天〗天体の上昇点.
at ＝Atmosphäre 《古》ゲージ圧.
At [アーテー] ＝Astat 〖化〗アスタチン.
A. T. ＝Altes Testament 旧約聖書.
der **A·ta·man** [アタマーン] [名] -s/-e コサックの隊長.
die **A·ta·ra·xie** [アタらクスィー] [名] -/ 落着き, 平静.
der **A·ta·vis·mus** [アタヴィスムス] [名] -/..men 〖生〗 **1.** (㊥のみ)隔世遺伝. **2.** 先祖返り.
a·ta·vis·tisch [アタヴィスティシュ] [形] 〖生〗隔世遺伝の;《口・蔑》先祖返りの.
die **A·ta·xie** [アタクスィー] [名] -/-n 〖医〗(筋肉などの)運動失調(症).
(*die*) **A·te** [アーテ] [名] 〖ギ神〗アーテ(禍い・傲慢(ごうまん)の女神).
das **A·te·li·er** [atelié:, atə.. アテリエー] [名] -s/-s アトリエ;(映画の)スタジオ.
der **A·tem** [アーテム] [名] -s/ 呼吸;息: gleichmäßiger ～ 規則正しい呼吸. ～ holen〔schöpfen〕息を吸う;一息入れる. den ～ anhalten 息を止める;かたずを飲む. außer ～ geraten〔kommen〕息切れがする. außer ～ sein 息を切らしている. nach ～ ringen あえぐ. wieder zu ～ kommen 息を吹返す. 【慣用】〈j³〉 **den Atem verschlagen** 〈人を〉あ然とさせる. **den letzten Atem aushauchen** 息を引取る. **einen kurzen Atem haben** 《文》呼吸困難である, 喘息(ぜんそく)である. **einen längeren Atem haben** (相手より)辛抱強い. 〈j³〉 **geht der Atem aus** 〈人の〉力〔資力〕が尽きる.

<j⁴> **in Atem halten** 《口》〈人に〉息つく暇を与えない. **in einem**〔**im selben/im gleichen**〕**Atem** 一息に, 一気に. **mit angehaltenem**〔**verhaltenem**〕**Atem** 《文》息をひそめて.

a·tem·be·rau·bend [アーテム・べらウベント] [形] 息をのむような, はっとするような.

die **A·tem·be·schwer·den** [アーテム・べシュヴェーあデン] [複名] 呼吸困難.

die **A·tem·gym·nas·tik** [アーテム・ギュムナスティク] [名] -/ 呼吸運動.

das **A·tem·ho·len** [アーテム・ホーレン] [名] -s/ 息を吸い込むこと;《転》一息つくこと.

a·tem·los [アーテム・ロース] [形] **1.** 息を切らした. **2.** 息もつかせぬ;息詰まるような;息を殺して: in ~*er* Folge 息つく暇もなく.

die **A·tem·not** [アーテム・ノート] [名] -/ 呼吸困難.

die **A·tem·öff·nung** [アーテム・㋓ふヌング] [名] -/-en 〖昆〗気門.

die **A·tem·pau·se** [アーテム・パウゼ] [名] -/-n 短い休憩.

a·tem·rau·bend [アーテム・らウベント] [形] =atemberaubend.

die **A·tem·ü·bung** [アーテム・ユーブング] [名] -/-en 呼吸運動.

der **A·tem·zug** [アーテム・ツーク] [名] -(e)s/..züge (1回の)呼吸, (1回)息を吸うこと. 【慣用】**bis zum letzten Atemzug** 《文》息を引取るまで. **in einem Atemzug** 一息に, 一気に.

AtG =Atomgesetz.

der **A·tha·na·si·a·ner** [アタナズィアーナー] [名] -s/- アタナシウス派の人.

a·tha·na·si·a·nisch [アタナズィアーニシュ] [形] アタナシウス派の: das *A~e* Glaubensbekenntnis アタナシウス信条.

die **A·tha·na·sie** [アタナズィー] [名] -/ 不死.

(*der*) **A·tha·na·si·us** [アタナーズィウス] [名] 〖人名〗アタナシウス(295頃-373, アレクサンドリアの教父. Arius 説に反論). ⇨Arianismus, Arius.

das **Ä·tha·nol** [エタノール] [名] -s/ 〖化〗エタノール.

der **A·the·is·mus** [アテイスムス] [名] -/ 無神論.

der **A·the·ist** [アテイスト] [名] -en/-en 無神論者.

a·the·is·tisch [アテイスティシュ] [形] 無神論の.

(*das*) **A·then** [アテーン] [名] -s/ 〖地名〗アテネ(ギリシアの首都): Eulen nach ~ tragen 余計なことをする.

das **A·the·nä·um** [アテネーウム] [名] -s/..näen アテネウム, アテネの神殿(詩人・学者の発表の場).

(*die*) **A·the·ne** [アテーネ] [名] 〖ギ神〗アテネ(英雄・都市・学芸の女神. アテネの守護神): Pallas ~ パラス・アテネ(Pallas はアテネの添名).

der **A·the·ner** [アテーナー] [名] -s/- アテネ市民.

der **Ä·ther** [エーター] [名] -s/ **1.** 《文》天空. **2.** 〖哲〗エーテル;〖理〗エーテル(宇宙空間を満たす仮想媒質). **3.** 〖化〗エーテル;〖医〗エーテル.

ä·the·risch [エテーりシュ] [形] **1.** 〖化〗エーテル(性)の. **2.** 天空の霊気のような, あえかな;《古》天上〔天空〕の.

die **Ä·ther·nar·ko·se** [エーター・ナるコーゼ] [名] -/-n エーテル麻酔.

das **A·the·rom** [アテろーム] [名] -s/-e 〖医〗アテローム, 粥腫(じゅくしゅ);動脈アテローム.

die **Ä·ther·wel·le** [エーター・ヴェレ] [名] -/-n 《主に[複]》〖理〗エーテル波.

(*das*) **Ä·thi·o·pi·en** [エティオーピエン] [名] -s/ 〖国名〗エチオピア(アフリカ東部の国).

der **Ath·let** [アトレート] [名] -en/-en **1.** 筋骨たくましい体格の男. **2.** 運動選手.

die **Ath·le·tik** [アトレーティク] [名] -/ 運動競技;体育理論;〖古代ギリシア〗競技, 闘技.

ath·le·tisch [アトレーティシュ] [形] **1.** 筋骨たくましい;鍛えられた. **2.** 運動競技の.

der **Ä·thyl·al·ko·hol** [エテュール・アルコホール] [名] -s/ 〖化〗エチルアルコール.

das **Ä·thy·len** [エテュレーン] [名] -s/ 〖化〗エチレン.

die **Ä·ti·o·lo·gie** [エティオ・ロギー] [名] -/ **1.** 《[単]のみ》《文》因果関係学;病因論. **2.** (特に病気の)原因.

ä·ti·o·lo·gisch [エティオ・ローギシュ] [形] 病因〔原因〕論の;原因〔由来〕づけの.

..a·ti·on [..アツィオーン] [接尾] 主に..ieren に終る動詞につけて女性名詞を作る: Explik*ation* 説明. Kombin*ation* 結合.

der **At·lant** [アトラント] [名] -en/-en 〖建〗男像柱.

der **At·lan·tik** [アトランティク] [名] -s/ 〖海名〗大西洋.

der **At·lan·tik·pakt** [アトランティク・パクト] [名] -(e)s/ 北大西洋条約(Nordatlantikpakt).

das **At·lan·ti·kum** [アトランティクム] [名] -s/ 〖地質〗アトランティック期.

at·lan·tisch [アトランティシュ] [形] 大西洋の;北大西洋条約機構の.

(*der*) **At·las**¹ [アトラス] [名] 〖ギ神〗アトラス(天を支える巨人).

der **At·las**² [アトラス] [名] -〔-ses〕/ 〖医〗第一頸椎(けいつい), 環椎(かんつい).

der **At·las**³ [アトラス] [名] -/ 〖山名〗アトラス山脈(アフリカ北西部に位置).

der **At·las**⁴ [アトラス] [名] -〔-ses〕/-se 繻子(しゅす) (Seiden~).

der **At·las**⁵ [アトラス] [名] -〔-ses〕/-se〔..lanten[アトランテン]〕 **1.** 地図帳. **2.** (学術)図解書. **3.** 《[単]のみ》〖天〗アトラス(プレアデス星団の星).

der **At·las·band**¹ [アトラス・バント] [名] -(e)s/..bände (百科事典等の別巻の)地図帳.

das **At·las·band**² [アトラス・バント] [名] -(e)s/..bänder 繻子(しゅす)のリボン.

atm. =Atmosphäre 〖理〗気圧.

der〔*das*〕**At·man** [アートマン] [名] -(s)/ (インド哲学で)アートマン, 宇宙我, 超越的自我.

at·men [アートメン] [動] *h.* **1.** 〔補足なし〕呼吸する, 息をする: frei atmen (können) 《転》安心していられる. **2.** 〔<et⁴>ニ〕《文》満ちている, (…を)ただよわせる. **3.** 〔<et⁴>ヲ〕《文》吸込む.

die **At·mo·sphä·re** [アトモスふぇーれ] [名] -/-n **1.** 《[単]のみ》大気, 大気圏. **2.** (天体の)ガス体. **3.** 雰囲気;情緒, 趣き. **4.** 気圧(圧力単位. 記号〖工〗at;〖理〗atm).

der **At·mo·sphä·ren·druck** [アトモスふぇーれン・ドるっク] [名] -(e)s/..drücke 〖理〗気圧.

die **At·mo·sphä·ri·li·en** [アトモスふぇりーリエン] [複名] 大気成分.

at·mo·sphä·risch [アトモスふぇーりシュ] [形] **1.** 大気の, 大気中にある. **2.** 雰囲気を醸し出す, 気分的な;あるかなきかの, 微妙な. 【慣用】**atmosphärische Elektrizität** 気象電気. **atmosphärische Störungen** 空電.

AT-Mo·tor [アーテー・モ(ー)トーあ] =Austauschmotor 交換〔代替〕エンジン.

die **At·mung** [アートムング] [名] -/-en 《主に[単]》呼吸: künstliche ~ 人工呼吸.

die **At·mungs·ket·te** [アートムングス・ケッテ] [名] -/-n 〖生〗呼吸鎖.

das **At·mungs·or·gan** [アートムングス・オるガーン] [名] -s/-e 《主に[複]》〖医・生〗呼吸器(官).

der **Ät·na** [エ(ー)トナ] [名] -(s)/ 〖地名〗エトナ山(シチリア島の活火山).

das **A·toll** [アトル] [名] -s/-e 環状珊瑚(さんご)礁, 環礁.

das **A·tom** [アトーム] [名] -s/-e 原子;微塵(みじん).

die **A·tom·angst** [アトーム・アングスト] [名] -/..ängste

Atomantrieb 88

核に対する恐怖.
der **A·tom·an·trieb** [アトーム・アン・トリープ] 名 -(e)s/ 原子力推進.
a·to·mar [アトマーる] 形 原子(力)の;核兵器の.
die **A·tom·auf·sicht** [アトーム・アウふ・ズィヒト] 名 -/-en 核の監視.
die **A·tom·bom·be** [アトーム・ボムベ] 名 -/-n 原子爆弾.
der **A·tom·bren·ner** [アトーム・ブれナー] 名 -s/- 原子炉.
der **A·tom·bun·ker** [アトーム・ブンカー] 名 -s/- 核シェルター.
der **A·tom·bu·sen** [アトーム・ブーゼン] 名 -s/- 〔口〕豊満な胸(バスト).
die **A·tom·en·er·gie** [アトーム・エネルギー] 名 -/ 原子エネルギー.
der **A·tom·for·scher** [アトーム・ふぉるシャー] 名 -s/- 原子核研究者.
die **A·tom·for·schung** [アトーム・ふぉるシュング] 名 -/-en 原子核研究.
das **A·tom·fo·rum** [アトーム・ふぉーるム] 名 -s/..fora 〔..foren〕原子力フォーラム(原子力の平和利用のための専門委員会).
das **A·tom·ge·setz** [アトーム・ゲゼッ] 名 -es/-e 〔法〕原子力(平和利用)法(略 AtG).
das **A·tom·ge·wicht** [アトーム・ゲヴィヒト] 名 -(e)s/-e 〔理〕原子量(記号 A).
der **A·to·mi·seur** [..zør アトミ㊉-あ] 名 -s/-e 噴霧器,霧吹き器;香水吹き.
a·to·mi·sie·ren [アトミズィーれン] 動 h. 1. 〈et⁴ッ〉粉々に破壊する;噴霧する. 2. 〈et⁴ッ〉細かくしすぎる(考えなどを).
der **A·tom·kern** [アトーム・ケルン] 名 -s/-e 原子核.
die **A·tom·kraft** [アトーム・くらふト] 名 -/ 原子力.
das **A·tom·kraft·werk** [アトームくらふト・ヴェるク] 名 -(e)s/-e 原子力発電所.
der **A·tom·krieg** [アトーム・クリーク] 名 -(e)s/-e 原子戦争.
die **A·tom·macht** [アトーム・マヒト] 名 -/..mächte 1. 核兵器保有国. 2. ㊈のみ㊉核戦力.
der **A·tom·mei·ler** [アトーム・マイラー] 名 -s/- 原子炉.
der **A·tom·müll** [アトーム・ミュル] 名 -s/- 放射性廃棄物.
die **A·tom·num·mer** [アトーム・ヌマー] 名 -/-n 原子番号.
die **A·tom·phy·sik** [アトーム・ふぃズィーク] 名 -/ 原子物理学.
der **A·tom·pilz** [アトーム・ピルッ] 名 -es/-e きのこ雲,原子雲.
der **A·tom·re·ak·tor** [アトーム・れアクトーあ] 名 -s/-en 原子炉.
a·tom·recht·lich [アトムれヒトリヒ] 形 原子力利用に関する法律の.
die **A·tom·spal·tung** [アトーム・シュパルトゥング] 名 -/-en (原子)核分裂.
der **A·tom·sperr·ver·trag** [アトーム・シュぺる・ふぇあトラーク] 名 -(e)s/ 核拡散防止条約,核不拡散条約.
der **A·tom·strom** [アトーム・シュトローム] 名 -(e)s/ 原子力発電による電力.
der **A·tom·test** [アトーム・テスト] 名 -(e)s/-s〔-e〕核実験.
das **A·tom-U-Boot** [アトーム・ウー・ボート] 名 -(e)s/-e 原子力潜水艦.
die **A·tom·uhr** [アトーム・ウーあ] 名 -/-en 原子時計.
der **A·tom·un·fall** [アトーム・ウン・ふぁル] 名 -(e)s/..fälle 放射線(漏れ)事故.
das **A·tom·un·ter·see·boot** [アトーム・ウンター・ゼー・ボート] 名 -(e)s/-e 原子力潜水艦(略 Atom-U-Boot).

die **A·tom·waf·fe** [アトーム・ヴァっふぇ] 名 -/-n (主に㊈)核兵器(独 A-Waffe).
a·tom·waf·fen·frei [アトーム・ヴァっふぇン・ふらイ] 形 非核武装の.
das **A·tom·zeit·al·ter** [アトーム・ツァイト・アルター] 名 -s/ 原子力時代.
der **A·tom·zer·fall** [アトーム・ツェあふぁル] 名 -(e)s/ 〔理〕原子核崩壊.
die **A·tom·zer·trüm·me·rung** [アトーム・ツェあトりュメルング] 名 -/-en 〔古〕原子核分裂.
a·to·nal [アトナール,アトナール] 形 〔楽〕無調の.
..a·tor [..アー(ト)-あ] 接尾 ..ieren に終る動詞の語幹につけて「…する者〔物〕」を表す男性名詞を作る. ..itor となることもある: Agit*ator* 扇動者. Isol*ator* 絶縁体. Exped*itor* 発送係.
à tout prix [atú:prí: アトゥー プリー] 〔ふラ語〕どんな代償を払ってでも.
das **ATP** = Adenosintriphosphat.
das **A·tri·um** [アートりウム] 名 -s/..ien アトリウム(①古代ローマの中央広間. ②初期キリスト教・ロマネスク教会の列柱に囲まれた前庭. ③中庭).
der **A·tri·um·bun·ga·low** [アートりウム・ブンガロ] 名 -s/-s 中庭つきバンガロー.
das **A·tri·um·haus** [アートりウム・ハウス] 名 -es/..häuser 中庭つきの家.
die **A·tro·phie** [アトろふぃー] 名 -/-n 〔医〕(器官・組織などの)萎縮(症)(栄養不良などによる).
a·tro·phisch [アトろーふぃッシュ] 形 〔医〕萎縮性の.
das **A·tro·pin** [アトろピーン] 名 -s/ アトロピン(薬).
(*die*) **A·tro·pos** [アートろポス] 名 〔ギ神〕アトロポス(運命の三女神の一人). ⇨Moira.
ätsch! [エーチュ!] 間 〔幼〕やーい,わーい(ざまみろ).
der **At·ta·ché** [アタシェー] 名 -s/-s アタッシェ(大使・公使館の専門担当官);外交官補.
die **At·ta·cke** [アタッケ] 名 -/-n 1. (騎兵・団体競技の)攻撃;鋭い批判,批判キャンペーン: eine ~ gegen〈j⁴/et⁴〉〈人・物・事ω〉に対する攻撃. 2. (病気の)発作. 3. 〔楽〕アタック(強烈な出だし). 【慣用】eine Attacke gegen〈j⁴/et⁴〉reiten〈人・物・事ω〉口を極めて攻撃する.
at·ta·ckie·ren [アタッキーれン] 動 h. 1. 〈〈j⁴/et⁴〉ッ〉攻撃する,(…に)襲いかかる; 〔軍〕騎馬で攻撃する. 2. 〈j⁴/et⁴〉ッ〉攻撃する,厳しく批判する.
das **At·ten·tat** [アテンタート,アテンタート] 名 -(e)s/-e 暗殺の企て,襲撃: ein ~ auf〈j⁴〉verüben〈人ω〉暗殺を企てる. 〔冗〕ein ~ auf〈j⁴〉vorhaben〈人に〉頼みがある.
der **At·ten·tä·ter** [アテンテーター,アテンテーター] 名 -s/- 暗殺者,刺客.
der **At·ter·see** [アッター・ゼー] 名 -s/ 〔湖名〕アッターゼー(オーストリア,ザルツブルクの東に位置).
das **At·test** [アテスト] 名 -(e)s/-e (健康)診断書; 〔古〕証明書.
at·tes·tie·ren [アテスティーれン] 動 h. 1. (〈〈j³/et³〉ノ〉+〈et⁴ッ〉)(文書で)証明(保証)する(能力・品質などを). 2. 〈j⁴ッ〉+als〈j⁴トシテ〉〔旧東独〕その資格を認定する.
(*das*) **At·ti·ka** [アッティカ] 名 -s/ 〔地名〕アッティカ(アテネが中心となるギリシアの半島).
(*der*) **At·ti·la**¹ [アッティラ] 名 〔人名〕アッティラ(453 没,フン族の王.ゲルマン伝説の Etzel).
die **At·ti·la**² [アッティラ] 名 -s/-s アッティラ服(ハンガリーの男子民族衣装の上着,軽騎兵の制服).
at·tisch [アッティッシュ] 形 アッティカ(風)の: ~es Salz 気のきいたウィット.
die **At·ti·tude** [..tý:t アティテュート] 名 -/-s 〔ぷ〕アティテュード.
die **At·ti·tü·de** [アティテューデ] 名 -/-n 〔文〕 1. (意

図的な)姿勢, ポーズ：eine ～ annehmen〔einnehmen〕ある態度を取る. **2.** (それらしい)態度. **3.** 〔*仏*〕アティテュード.

die **At·trac·tants** [ɛtrɛktɑnts アトれクテンッ] 複数 (害虫用の)誘引物質(剤).

die **At·trak·tan·zi·en** [アトらクタンツィエン] 複数 = Attractants.

die **At·trak·ti·on** [アトらクツィオーン] 名 -/-en **1.** (*物*)(物)(の)魅力. **2.** 呼び物, アトラクション.

at·trak·tiv [アトらクティーフ] 形 魅力的な; きれいな.

die **At·trak·ti·vi·tät** [アトらクティヴィテート] 名 -/ (人を)引きつける力, 魅力.

die **At·trap·pe** [アトらっぺ] 名 -/-n (展示用の)模造品, から包装.

das **At·tri·but** [アトりブート] 名 -(e)s/-e **1.** 特徴; シンボル. **2.** 〔*哲*〕属性. **3.** 〔*言*〕付加語.

at·tri·bu·tiv [アトりブティーフ] 形 〔*言*〕付加語的な.

der **At·tri·but·satz** [アトりブート·ザッツ] 名 -es/..sätze 〔*言*〕付加語文.

..a·tur [..アトゥーア] 接尾 ..ieren に終る動詞の語幹につけて「状態·行為」を表す女性名詞を作る. ..ur となることもある：Dikt*atur* 独裁(制). Ras*ur* ひげ剃り(の跡).

a·ty·pisch [アテュービッシ, アテュービッシ] 形 類型化できない, 異〔非定〕型の.

ätz·eln [アッツェルン] 動 *h*. 〈et³〉〔*方*〕盗む.

atz·en [アッツェン] 動 *h*. 〔*鳥*〕えさをやる(野鳥がひなに); 〔*転*·*冗*〕食い物をやる(人に).

ätz·en [エッツェン] 動 *h*. **1.** 〈et³〉＋(mit〈et³〉)〔*医*〕焼灼(する) ＋ の. **2.** 〔*職*〕腐食作用がある(酸などが). **3.** 〈et³〉＋auf(in)〈et³〉食刻する, エッチングする(図案を銅板などに).

ätz·end [エッツェント] 形 腐食性の;刺激性の;辛辣な;嫌な.

der **Ätz·kalk** [エッツ·カルク] 名 -(e)s/ 生石灰.

die **Ätz·kunst** [エッツ·クンスト] 名 -/ エッチング, 腐食法.

das **Ätz·mit·tel** [エッツ·ミッテル] 名 -s/ 腐食剤.

die **Ätz·ung** [エッツンク] 名 -/-en **1.** (のみ)腐食;食刻;焼灼(しゃく). **2.** 腐食銅版画, エッチング.

die **Au**[1] [アウ] 名 -/-en〔南独·*ス*〕＝Aue 1.

Au[2] [アーウ]＝Aurum [ラテン]金.

AU＝Abgasuntersuchung 排気ガス検査.

au! [アウ] 間〔苦痛·喜びを表して〕おお, うわっ.

au·ber·gine [obɛrʒi̍nə オベるジーネ] 形 茄子紺色の.

die **Au·ber·gi·ne** [オベるジーネ] 名 -/-n〔*植*〕ナス;ナスの実.

der **Au·bus·son** [obysɔ̍ オピュソーン] 名 -(s)/-(s) オーブュッソン(仏東中部の手織りのタベストリー).

a. u. c.＝ab urbe condita (紀元前753年の)ローマ建都から数えて.

auch [アウホ] 副 **1.** (語勢)〔動詞·形容詞·副詞·名詞を修飾〕**a.** …も(また), …も同様に：Kommen Sie ～ mit？ あなたも一緒にいらっしゃいますか. **b.** …でさえも, …ですら：Der ～ der Klügste kann sich irren. どんな賢い人間でも間違うことがある. A～ wenn wir ein Taxi nehmen, kommen wir zu spät. たとえタクシーで行っても, 私たちは間に合わない. 【慣用】auch との相違に注意⇨e】**c.** 事実, 本当に, 実際に：Ich habe keine Angst, es ist ～ kein Grund dazu. 私は怖くないし, 事実, 怖がる理由もない. **d.** (wer, was, wie, wo などにも用いて意味を一般化して) …も…でもない：Wer das ～ immer befohlen hat, ich tue es nicht. だれが命令したにせよ, 私はそれをしない. Was ～ (immer) geschieht, wir halten zusammen. 何が起ころうと, われわれは一致団結している. Wo er ～ steckt, wir werden ihn finden. どこにひそ

んでいようと, われわれは彼を捜し出す. **e.**〔wenn, wie, so などとともに認容的に〕(事実)…ではあるが, …であるにもかかわらず：Sie wurde, wenn ～ nicht krank, immer magerer. 彼女は病気でもないのに次第にやせていった. wie dem ～ sei それはさておき. So klug er ～ ist, … 彼は賢いとは言え, …〔auch wenn との相違に注意⇨**b**〕**2.** そのうえ, …しかも. Ich habe keine Lust. Ich habe auch keine Zeit. 私は時間がない. それに気もない. 【慣用】**nicht nur …, sondern auch …** …だけでなく, また…も. **sowohl …, als[wie]auch …** …と同様に…も. **Wenn auch !** (口) (たとえそうでも) かまうものか.

der **Au·di** [アウディ] -s/-s〔*商標*〕アウディ (同名の自動車会社の車).

au·di·a·tur et al·te·ra pars [アウディアートゥる エト アルテら パるス] 〔ラテン語〕相手の言い分も聞かれねばならない(訴訟の原則).

die **Au·di·enz** [アウディエンッ] 名 -/-en 謁見：〈j³〉 ～ empfangen〈人〉の謁見する.

das **Au·di·max** [アウディ·マックス, アウディ·マックス] 名 -/〔*学生*〕大講堂(Auditorium maximum).

die **Au·di·o·lo·gie** [アウディオ·ロギー] 名 -/〔*医*〕聴覚学.

das **Au·di·o·me·ter** [アウディオ·メーター] 名 -s/〔*医*〕オーディオメーター, 聴力計.

die **Au·di·o·me·trie** [アウディオ·メトリー] 名 -/〔*医*〕聴力測定(検査).

der **Au·di·on** [アウディオン] 名 -s/-s(-en[アウディオーネン]) 〔*電*〕オーディオン, 検波器.

die **Au·dio·vi·si·on** [アウディオ·ヴィズィオーン] 名 -/ 視聴覚機器(技術); 映像と音声による情報.

au·dio·vi·su·ell [アウディオ·ヴィズエル] 形 視聴覚の.

au·di·tiv [アウディティーフ] 形 〔*医*〕聴覚の; 聴力のある; 〔*心*〕聴覚のすぐれた.

der **Au·di·tor** [アウディートーア] 名 s/-en [アウディトーれン] **1.** (ローマ教皇庁の)控訴院判事；(教会裁判所の)尋問判事(ローマ聖庁の)の役人. **2.** 〔*ドイツ*〕(軍法会議)検事. **3.** 〔*スイス*〕(チューリヒ州の)司法修習者. **4.** 〔*独*〕経品質保全監督官.

das **Au·di·to·ri·um** [アウディトーりウム] 名 -s/..rien **1.** (大学の)講堂, 講義室の：～ maximum 大講堂(Audimax). **2.** (集)聴衆.

die **Aue** [アウエ] 名 -/-n (方) **1.** (詩)(水辺の)緑の沃野(ぼく). **2.** (川の)中州.

der **Au·en·wald** [アウエン·ヴァルト] 名 -(e)s/..wälder 川辺の森.

der **Au·er·hahn** [アウあ·ハーン] 名 -(e)s/..hähne 〔*鳥*〕オライチョウの雄.

die **Au·er·hen·ne** [アウあー·ヘネ] 名 -/-n 〔*鳥*〕オオライチョウの雌.

das **Au·er·huhn** [アウあ·フーン] 名 -(e)s/..hühner 〔*鳥*〕オオライチョウ.

das **Au·er·licht** [アウあー·りヒト] 名 -(e)s/ アウアー灯(ガス灯の一種).

der **Au·er·och·se** [アウあー·オクセ] 名 -n/-n 〔*動*〕オーロクス(ヨーロッパ野牛).

auf [アウふ] 前〔＋3格/4格〕**1. a.** 〔＋3格〕(位置)…の上に[で], …で：～ dem Tisch liegen 机の上にある. ～ dem Bauch schlafen うつぶせに寝ている. ～ dem Lande wohnen 田舎に住む. ～ der Universität sein 大学に在学中である. ～ der Reise 旅行中に. ～ dem Bau arbeiten 建築現場で働く. **b.** 〔＋4格〕(方向)…の上へ, …に：〈et⁴〉 ～ den Stuhl legen 〈物〉…をいすの上に置く. ～ das Blick ～ den Gipfel 頂上への眺め. ～ den Rücken fallen あお向けに倒れる. ～ einen Berg steigen 山へ登る. ～ die Bank gehen 銀行へ行く. Das Fenster geht ～ den Hof. 窓は中庭に面している. **2.** 〔＋4格〕**a.** 〔予

aufächzen 90

定期間)…の予定で,向う…の間：eine Rente ～ Lebenszeit 終身年金. ～t〉～ drei Jahre mieten 〈物を〉向う3年間借りる. **b.**〔未来の時点〕に：Das Taxi bestellt. タクシーは午後4時に頼んであります. ～t〉：von Dienstag ～ Mittwoch 火曜日から水曜日に. Tropfen ～ Tropfen 一滴一滴. Wein ～ Bier trinken ビールの次にワインを飲む. **3.**〔+4格〕手段・方法〕…で,によって：～ diese Weise このような方法で. ～ Deutsch ドイツ語で. ～e eigene Kosten 自費で. **4.**〔+4格〕〔目標・指向〕…に向かって,…へ：～s Tor schießen ゴール目がけてシュートする. ～t〉～s Zimmer bringen lassen〈物を〉部屋にもって来させる. ～ eine Tagung fahren 会議に出かける. ～〈j²〉 Wohl trinken〈人の〉健康を祝って乾杯する. **5.**〔+4格〕〔期待・覚悟〕…を当てにして,…を覚悟して. ～ die Gefahr (hin) 危険を覚悟して. A～ Wiedersehen！さようなら,ではまた(今度). **6.**〔+4格〕〔程度〕…まで：Die Uhr geht ～ die Sekunde genau. その時計は一秒も狂わぬ正確さだ. ～ 10 m herankommen 10 メートルまで近づいてくる. **7.**〔+4格〕〔分配〕…あたり：fünf Euro ～ den Kopf 頭割り5ユーロ. **8.**〔+4格〕〔起因〕…で,…に基づいて：～ seinen Befehl 彼の命令で. ～ einen Brief antworten 手紙に返事をする. **9.**〔形容詞の最高級とともに〕～s Schönste 〔schönste〕 とても美しく,まったく快適. 【慣用】**auf den ersten Blick** 一目で. **auf der Stelle** 即座に. **auf einmal**〔口〕突然に,一度に. **auf ewig**〔immer〕永久に. **auf jeden Fall** いずれにせよ. **Leben und Tod** 生死をかけて. **aufs Neue** あらたに. **Es hat nichts auf sich.** それはたいしたことではない.

― 副 **1.** 〔主に号令で〕上へ；立て. **2.** 〔開始・着手の促し〕始めよ,かかれ：A～ an die Arbeit！さあ仕事にかかろう！ **3.** 〔口〕開いて：Das Fenster/Der Laden ist ～. 窓/店は開いている. ～t！窓を開けろ. **4.** 〔口〕起きて：Der Vater ist noch ～. 父はまだ起きている. 【慣用】**auf und ab**〔nieder〕上下に,上に下に,行ったり来たり. **auf und davon**〔早く〕去る,行ってしまう. **von Grund auf** 根本から. **von Jugend/klein auf** 若い/小さいときから.

auf|äch·zen [アウふ・エヒツェン] 動 h. 〔_独〕うめき声を発する.

auf|ar·bei·ten [アウふ・アルバイテン] 動 h. **1.**〈et⁴を〉片づける,処理する. **2.**〈et⁴を〉総合的に考察する,見直す. **3.**〈et⁴を〉新品同様に直して,再生する. **4.**〈et⁴を〉使い切る〔加工用原料を〕. **5.**〔sich⁴〕やっとのことで立上がる.

auf|at·men [アウふ・アートメン] 動 h. 〔_独〕大きく息をする,ほっと一安心する.

auf|ba·cken(*) [アウふ・バッケン] 動 h. 〔_独〕焼き直してぱりっとさせる〔パンなどを〕. 〔方〕温め直す〔食物を〕.

auf|bah·ren [アウふ・バーレン] 動 h. 〈j⁴を〉安置する〔死者・遺体を〕.

die **Auf·bah·rung** [アウふ・バールング] 名 -/-en 遺体安置.

auf|bam·meln [アウふ・バメルン] 動 h. **1.**〈et⁴を〉〔方〕ぶら下げる. **2.**〈j⁴を〉〔口〕縛り首にする.

der **Auf·bau** [アウふ・バウ] 名 -(e)s/-ten **1.**〔⊕のみ〕建築,建設；再建；設立. **2.**〔⊕のみ〕構成,構造. **3.** 上層〔車〕車体.

die **Auf·bau·ar·beit** [アウふバウ・アルバイト] 名 -/-en 建設〔再建〕作業.

auf|bau·en [アウふ・バウエン] 動 h. **1.**〈et⁴を〉建設〔建築〕する；(一時的に)組立てる；再建する. **2.**〈et⁴を〉〈場所に〉並べる,飾る〔商品などを〕. **3.**〈et⁴を〉興す〔経済などを〕,立てる〔暮らしを〕,組織する〔政党などを〕；構想を練って作る〔論文などを〕；築き上げる〔販路などを〕. **4.**〈j⁴を〉もり立てる. **5.**〈et⁴を〉 ～ auf〈et³ノ上に〉築く. **6.**〈et⁴を〉 ～ auf〈et³に〉基づいている. **7.**〔sich⁴〕～ aus〈et³カラ〉化合成されている. **8.**〈et⁴を〉化合成する. **9.**〔sich⁴〕発生する高気圧などが；もくもくとわき起こる〔雷雲などが〕. **10.**〔sich⁴ ～ auf〈場所〉〕〈々様態〉(口)立つ,立ちはだかる.

auf|bau·meln [アウふ・バウメルン] 動 h. 〔口〕 **1.**〈j⁴を〉縛り首にする. **2.**〔sich⁴〕首を吊る.

auf|bäu·men [アウふ・ボイメン] 動 h. **1.**〔sich⁴〕棒立ちになる〔馬などが〕,鎌首をもたげる〔蛇が〕. **2.**〔sich⁴ ～ gegen〈j⁴/et⁴ニ〉〕反抗〔抵抗〕する.

das **Auf·bau·mit·tel** [アウふ・バウ・ミッテル] 名 -s/- 滋養強壮剤,栄養剤.

auf|bau·schen [アウふ・バウシェン] 動 h. **1.**〈et⁴を〉膨らませる〔風が帆などを〕. **2.**〔sich⁴〕膨らむ〔帆が風で〕. **3.**〈et⁴を〉～ zu〈et³ニ〉〕誇張する. **4.**〔sich⁴ ～ zu〈et³ニマデ〉〕発展する.

die **Auf·bau·schu·le** [アウふ・バウ・シューレ] 名 -/-n 上級学校〔① Hauptschule と Realschule からコースを変更し,入学できる短期ギムナジウム. ② Hauptschule からコースを変更し入学できる短期実科学校〕.

die **Auf·bau·ten** [アウふ・バウテン] 複数〔造船〕(船の)上甲板構造物.

auf|be·geh·ren [アウふ・ベゲーレン] 動 h. **1.**〔(gegen〈j⁴/et⁴ニ〉)〕〔文〕反抗する,逆らう. **2.**〔口〕憤慨する.

auf|be·hal·ten* [アウふ・ベハルテン] 動 h. 〔口〕〈et⁴を〉かぶったままでいる〔帽子などを〕,かけたままでいる〔眼鏡を〕；開いたままにしておく〔傘などを〕；〔古〕取っておく.

auf|bei·ßen* [アウふ・バイセン] 動 h. 〈et⁴を〉噛み割る,噛んで傷をつける.

auf|be·kom·men* [アウふ・ベコメン] 動 h. 〔口〕 **1.**〈et⁴を〉やっとのことで開けられる〔錠などを〕；やっとのことでかぶれる〔帽子などを〕. **2.**〈et⁴を〉平らげることができる〔食物を〕. **3.**〈et⁴を〉〔宿題として〕出される.

auf|be·rei·ten* [アウふ・ベライテン] 動 h. **1.**〈et⁴を〉浄化する〔水などを〕,選別〔選鉱〕する,精錬〔精製〕する〔鉱石などを〕. **2.**〈et⁴を〉解明〔考討〕する〔古文書などを〕；分析して結論〔判断〕を導き出す,処理する〔資料を〕.

die **Auf·be·rei·tung** [アウふ・ベライトゥング] 名 -/-en 仕上げ；選鉱；浄化；解明；資料の処理.

auf|bes·sern [アウふ・ベッセルン] 動 h. **1.**〈et⁴を〉改善する,向上させる. **2.**〈j⁴を〉〔口〕給料を上げる.

die **Auf·bes·se·rung** [アウふ・ベッセルング] 名 -/-en 改善,改良.

auf|be·wah·ren [アウふ・ベヴァーレン] 動 h. 〈et⁴を〉保管する,大切にしまっておく.

die **Auf·be·wah·rung** [アウふ・ベヴァールング] 名 -/-en 保存,保管；荷物預所：〈j³〉〈et⁴〉zur ～ übergeben〈人に〉〈物を〉預ける.

auf|bie·ten* [アウふ・ビーテン] 動 h. **1.**〈et⁴を〉奮い起こす〔力を〕,ふりしぼる〔知恵などを〕,尽す〔あらゆる手段を〕,駆使する〔雄弁などを〕,ふるう〔権威などを〕. **2.**〈et⁴を〉投入する〔軍隊などを〕,動員する. **3.**〈j⁴ヲ〉婚姻を予告する〔教会・役所などで〕. **4.**〈et⁴を〉 ～ mit〈et³ノ〉競りかける〔ある金額で〕.

die **Auf·bie·tung** [アウふ・ビートゥング] 名 -/〔⊕のみ〕(力の)傾注. **2.** 投入,動員；(婚姻の)公示.

auf|bin·den* [アウふ・ビンデン] 動 h. **1.**〔(〈j³/et³〉)+〈et⁴を〉〕ほどく；〔sich³〕die Krawatte ～ ネクタ

イをはずす. **2.** 〔〈et^4〉ヲ〕持上げて支柱に(ひもで)くくる《ブドウのつるなどを》, アップに結い上げる《髪を》. **3.** 〔〈et^4〉ヲ＋auf 〈et^4〉ノ上ニ〕縛りつける. **4.** 〔sich^3＋〈et^4〉ヲ〕《口》背負い込む《厄介事などを》. **5.** 〔〈j^3〉ニ＋〈et^4〉ヲ〕《口》信じ込ませる《作り話などを》. **6.** 〔〈et^4〉ヲ〕製本する.

auf|blä·hen [アウふ·ブレーエン] [動] *h.* **1.** 〔〈et^4〉ヲ〕膨らませる, 逆立てる《羽毛などを》; (過度に)膨張させる《組織などを》. **2.** 〔sich^4〕膨らむ, 逆立つ《毛などが》. **3.** 〔sich^4＋(mit 〈et^3〉デ)〕《蔑》威張る.

auf|bla·sen* [アウふ·ブラーゼン] [動] *h.* **1.** 〔〈et^4〉ヲ〕膨らませる《風船などを》; 舞上げる《風が髪などを》. **2.** 〔sich^4＋(mit 〈et^3〉デ)〕《口·蔑》威張る.

auf|blei·ben* [アウふ·ブライベン] [動] *s.* 《口》 **1.** 〔補足なし〕開けたままになっている《窓などが》. **2.** 〔補足なし〕寝ずに起きている.

die **Auf·blen·de** [アウふ·ブレンデ] [名] –/ 〘映〙フェードイン, 溶明.

auf|blen·den [アウふ·ブレンデン] [動] *h.* **1.** 〔補足なし〕ぱっと光る《灯台などが》; 〘映〙(ショットの)撮影を始める; フェードインする; 映り始める《シーンなどが》. **2.** 〔(〈et^4〉ヲ)〕〘交通〙上向きにする《ヘッドライトを》. **3.** 〔〈様態〉ニ〕〘写〙絞りを開く.

auf|bli·cken [アウふ·ブリッケン] [動] *h.* **1.** 〔(zu 〈j^3/et^3〉ヲ)〕見上げる, 仰ぎ見る; 目を上げる. **2.** 〔zu 〈j^3〉ヲ〕あがめる, 仰ぎ見る.

auf|blit·zen [アウふ·ブリッツェン] [動] **1.** *h.* 〔補足なし〕突然ぴかっと光る, ひらめく. **2.** *s.* 〔in 〈j^3〉ノ頭ニ〕ひらめく《アイデアなどが》.

auf|blü·hen [アウふ·ブリューエン] [動] *s.* **1.** 〔補足なし〕咲く: eine voll *aufgeblühte* Schönheit 《転·文》(女性などの)花盛りの美しさ. **2.** 〔補足なし〕栄える, 繁栄する, 繁盛する. **3.** 〔補足なし〕生気を取戻す《人が》.

auf|bo·cken [アウふ·ボッケン] [動] *h.* 〔〈et^4〉ヲ〕ジャッキで整備用架台に載せる《車を》, スタンドに立掛ける《オートバイなどを》.

auf|brau·chen [アウふ·ブラウヘン] [動] *h.* 〔〈et^4〉ヲ〕(すっかり)使い果たす《蓄えなどを》, (すっかり)消耗する《精力などを》.

auf|brau·sen [アウふ·ブラウゼン] [動] *s.* 〔補足なし〕激しく泡立つ, 沸騰する, 荒れ狂う《海などが》, ごうごうと音を立てる《風などが》; (大きく)わき起こる《歓声などが》; 激昂する: ein ～*des* Temperament 怒りっぽい気質.

auf·brau·send [アウふ·ブラウゼント] [形] 怒りっぽい.

auf|bre·chen* [アウふ·ブれっひぇン] [動] **1.** *h.* 〔〈et^4〉ヲ〕強引にこじ開ける《ドア·かぎなどを》; 掘り返す《地面·舗装などを》; 《文》(…の)封を急いで切る; 〘狩〙(…の)内臓を取り出す. **2.** *s.* 〔補足なし〕ほころぶ《つぼみなどが》; 割れる《氷面などが》; 口を開ける《傷などが》; 《文》生じる, 起こる《対立·論争などが》. **3.** *s.* 〔補足なし〕出発する, 旅立つ.

auf|bren·nen* [アウふ·ブれネン] [動] **1.** *h.* 〔〈et^3〉ニ＋〈et^4〉ヲ〕焼印でつける《家畜に農場の目印を》. **2.** *h.* 〔〈et^4〉ヲ〕焼切って開ける《金庫などを》; 〘醸〙硫黄燻蒸(くんじょう)する《たるを》. **3.** *s.* 〔補足なし〕焼失する; 燃上がる. **4.** *s.* 〔in 〈j^3〉ノ心ニ〕燃上がる《怒りなどが》.
【慣用】 *h.* 〈j^3〉 **eins aufbrennen** 《口》〈人に〉一発食らわす.

auf|brin·gen* [アウふ·ブリンゲン] [動] *h.* **1.** 〔〈et^4〉ヲ〕調達する, 工面する; 奮い起こす《気力などを》. **2.** 〔〈et^4〉ヲ〕広める, はやらせる《うわさ·流行などを》. **3.** 〔〈et^4〉ヲ〕やっとのことで開け(られ)る《錠·口などを》. **4.** 〔〈j^4〉ヲ〕かっとさせる; 扇動する. **5.** 〔〈et^4〉ヲ＋(auf 〈et^4〉ニ)〕塗る. **6.** 〔〈j^4/et^4〉ヲ〕《古》育てる. **7.** 〔〈et^4〉ヲ〕〘海〙強制入港させる; 拿捕(だほ)する.

auf|bro·deln [アウふ·ブろーデルン] [動] *s.* 〔補足なし〕立ちのぼる《蒸気などが》.

der **Auf·bruch** [アウふ·ブるっふ] [名] –(e)s/..brüche **1.** (主に[単])出発. **2.** (道路などの)割れ目. **3.** 〘狩〙(獲物の)内臓. **4.** 〘鉱〙掘り上がり. **5.** 《文》(精神的な)目覚め. **6.** こじ開けること.

auf|brü·hen [アウふ·ブりゅーエン] [動] *h.* 〔〈et^4〉ヲ〕(熱湯を注いで)いれる《コーヒー·紅茶などを》.

auf|brum·men [アウふ·ブるメン] [動] **1.** *h.* 〔補足なし〕急に〔短く〕ぼーと鳴る《霧笛などが》, うぉーと(一声)ほえる《熊などが》. **2.** *h.* 〔〈j^3〉ニ＋〈et^4〉ヲ〕《口》罰として科す, 宿題として課す. **3.** *s.* 〔auf 〈et^4〉ニ〕《口》衝突する. **4.** *s.* 〔補足なし〕〘海〙座礁する.

auf|bu·ckeln [アウふ·ブッケルン] [動] *h.* 〔〈j^3〉ニ＋〈et^4〉ヲ〕《口》背負わせる; 負わせる《責任などを》.

auf|bü·geln [アウふ·ビューゲルン] [動] *h.* **1.** 〔〈et^4〉ニ〕アイロンをかけて形を整える. **2.** 〔〈et^4〉ヲ＋auf 〈et^4〉ニ〕アイロンプリントする.

auf|bür·den [アウふ·ビュるデン] [動] *h.* 〔〈j^3/et^3〉ニ＋〈et^4〉ヲ〕《文》負わせる; 背負わせる.

auf|däm·mern [アウふ·デマーン] [動] *s.* 《文》 **1.** 〔補足なし〕明るくなる: Der Morgen *dämmert auf*. 空が白みはじめる. **2.** 〔in 〈j^3〉ノ心ニ〕浮かんで来る《疑惑などが》. **3.** 〔〈j^3〉ニ〕明らかになって来る.

auf|damp·fen [アウふ·ダムプふぇン] [動] **1.** *s.* 〔補足なし〕立ち昇る《霧などが》; 湯気が立つ. **2.** *h.* 〔(auf 〈et^4〉ニ)＋〈et^4〉ヲ〕〘工〙蒸着させる.

auf|de·cken [アウふ·デッケン] [動] *h.* **1.** 〔〈j^4/et^4〉ノ〕覆いを取る. **2.** 〔〈et^4〉ヲ〕〘トランプ〙開ける《カードを》. **3.** 〔〈et^4〉ヲ〕食卓に掛ける《テーブルクロスを》. **4.** 〔補足なし〕食卓の用意をする. **5.** 〔〈et^4〉ヲ〕暴露する; 明らかにする《原因などを》.

auf|don·nern [アウふ·ドナーン] [動] *h.* 〔sich^4〕《口·蔑》けばけばしく着飾る.

auf|drän·gen [アウふドれンゲン] [動] *h.* **1.** 〔〈j^3〉ニ＋〈et^4〉ヲ〕しつこく押しつけ(ようとす)る. **2.** 〔sich^4＋(〈j^3〉ニ)〕しつこくつきまとう. **3.** 〔sich^4＋(〈j^3〉ノ念頭ニ)〕しつこく浮かんでくる.

auf|dre·hen [アウふ·ドれーエン] [動] *h.* **1.** 〔〈et^4〉ヲ〕ひねって開ける《栓などを》; ねじって緩める《ねじなどを》; 《口》(…の)つまみを回して音量を上げる《ラジオなどの》; 《南独·オーストリア》スイッチをひねってつける《照明器具などを》; 《方》ぜんまいを巻いて動かす〔鳴らす〕《おもちゃなどを》. **2.** 〔(sich^3)＋〈et^4〉ヲ〕カーラーに巻きつける《髪を》; ねじって上に向ける《口ひげを》. **3.** 〔補足なし〕《口》車のスピードを上げる; スピードを上げる《走者などが》, 奮起する. **4.** 〔補足なし〕《口》陽気な気分になる; 《南独·オーストリア》怒り出す. **5.** 〔補足なし〕〘海〙風上〔流れ〕に向かって進路を転じる《船が》.

auf·dring·lich [アウふ·ドリングリひ] [形] あつかましい; 騒々しい; どぎつい, しつこい.

die **Auf·dring·lich·keit** [アウふ·ドリングリひカイト] [名] –/–en **1.** ([単]のみ)あつかましさ, 出しゃばり. **2.** あつかましい発言〔(人への)接近〕.

der **Auf·druck** [アウふ·ドるっク] [名] –(e)s/–e **1.** (便箋(びんせん)などに印刷された表示《社名など》, (切手の)加刷《価値の変更などを印刷すること》. **2.** 〘理〙浮力.

auf|dru·cken [アウふ·ドるっケン] [動] *h.* 〔〈et^4〉ヲ＋auf 〈et^4〉ニ〕印刷する, プリントする, 押す《模様を布地に》.

auf|drü·cken [アウふ·ドりゅっケン] [動] *h.* **1.** 〔〈et^4〉ノ〕押し開ける《ドアなどを》. **2.** 〔補足なし〕(ベルが押されて内側から)玄関のドアを開ける. **3.** 〔(〈j^3〉ノ)＋〈et^4〉ヲ〕《口》つぶす《吹出物などを》. **4.** 〔〈j^3〉ニ＋〈et^4〉ヲ〕《口》ぎゅっとかぶせる. **5.** 〔(〈et^4〉ヲ)＋auf 〈et^4〉ニ〕押す《判を書類に》. **6.** 〔〈et^4〉ヲ〕押しつけるようにして書く《ペンなどを》. 【慣用】〈j^3〉 **einen aufdrücken** 《口》〈人に〉キスをする.

auf·ei·n·an·der [アウふ·アイナンダー] [副] **1.** 互いに…(し合って): ～ angewiesen sein 互いに依存〔頼り

Aufeinanderfolge 92

die **Auf-ein-an-der-fol-ge** [アウふアイナンダー・ふォルゲ] 名 -/ 相次いで起こること、連続、順番、継起。

auf-ein-an-der fol-gen, ⑱ **auf-ein-an-der|fol-gen** [アウふアイナンダー ふォルゲン] 動 *s.* 《慣なし》相次いで起こる。

auf-ein-an-der fol-gend, ⑱ **auf-ein-an-der|fol-gend** [アウふアイナンダー ふォルゲント] 形 相次ぐ。

auf-ein-an-der häu-fen, ⑱ **auf-ein-an-der|häu-fen** [アウふアイナンダー ホイふェン] 動 *h.*〈et⁴ッ〉積み重ねる(本・石などを)。

auf-ein-an-der sta-peln, ⑱ **auf-ein-an-der|sta-peln** [アウふアイナンダー シュターペルン] 動 *h.*〈et⁴ッ〉(次々に)積み重ねる。

auf-ein-an-der sto-ßen, ⑱ **auf-ein-an-der|sto-ßen*** [アウふアイナンダー シュトーセン] 動 *s.*《慣なし》衝突する(複数の車・意見などが);出会う(複数の人が)。

auf-ein-an-der tür-men, ⑱ **auf-ein-an-der|tür-men** [アウふアイナンダー テュるメン] 動 *h.*〈et⁴ッ〉(次々に)積み上げる。

der **Auf-ent-halt** [アウふ・エントハルト] 名 -(e)s/-e **1.** 滞在(期間)/停車(時間);《文》遅滞、とどこおり、中断。 **2.**《文》滞在地。

die **Auf-ent-halts-dau-er** [アウふエントハルツ・ダウあー] 名 -/ 滞在期間/停車時間。

die **Auf-ent-halts-er-laub-nis** [アウふエントハルツ・エあラウプニス] 名 -/-se〈外国人に対する〉滞在許可。

die **Auf-ent-halts-ge-neh-mi-gung** [アウふエントハルツ・ゲネーミグング] 名 -/-en〈外国人に対する〉滞在許可。

der **Auf-ent-halts-ort** [アウふエントハルツ・オアト] 名 -(e)s/-e 滞在地、居所。

der **Auf-ent-halts-raum** [アウふエントハルツ・らウム] 名 -(e)s/..räume 談話室、休憩室。

auf|er-le-gen [アウふ・エあレーゲン] 動 *h.*〈j³ッ〉+〈et⁴ッ〉負わせる(責任などを)、科する(刑罰などを)、課する(税金などを)、命ずる(服従などを)。

auf|er-ste-hen* [アウふ・エあシュテーエン] 動 *s.*《慣なし》《宗》復活する、よみがえる;《転・冗》(病気から)回復する。

die **Auf-er-ste-hung** [アウふ・エあシュテーウング] 名 -/-en《宗》復活;《転・冗・皮》(すたれたものの)復活、蘇生〈ホッッ〉: die ~ Christi キリストの復活。

das **Auf-er-ste-hungs-fest** [アウふエあシュテーウングス・ふェスト] 名 -(e)s/-e《文》復活祭。

auf|er-we-cken [アウふ・エあヴェッケン] 動 *h.* **1.**〈j⁴ッ〉よみがえらせる。 **2.**〈et⁴ッ〉記憶をよみがえらせる。

die **Auf-er-we-ckung** [アウふ・エあヴェックング] 名 -/-en よみがえらせること。

auf|es-sen* [アウふ・エッセン] 動 *h.* **1.**〈(et⁴ッ)〉残さず食べる。 **2.**〈et⁴ッ〉ノモ/ッ《口》平らげる(皿のものを)。

auf|fä-deln [アウふ・ふェーデルン] 動〈et⁴ッ〉糸にも通す(真珠などを)。

auf|fah-ren* [アウふ・ふぁーれン] 動 **1.** *s.* 〈auf〈et⁴ッ〉〉追突する;乗上げる。 **2.** *s.*《慣なし》先行車との車間距離を詰める。 **3.** *s.*〈(vor〈et³ッ〉〉乗りつける、近づいてくる;《軍》一定の位置まで走行し砲撃態勢をとる(戦車などが)。 **4.**〈et⁴ッ〉《軍》一定の位置まで走行させ攻撃態勢に入らせる(砲列などを)。 **5.** *h.*〈et⁴ッ〉《口》ロテーブルに運んで来る(飲食物を);《稀》(トラックで)運んで来て積上げる(砂利などを)。 **6.** *h.*〈et⁴ッ〉走行して破損させる(道路などを)。 **7.** *s.*〈von〈et³ッ〉/aus〈et³ッ〉〉跳び上がる(椅子などから)、飛び起きる、はっとわれに返る。 **8.** *s.*〈(様態)ッ〉かっとなる: ein ~*des* Wesen haben かっとなりやすい性質だ。 **9.** *s.*《慣なし》《稀》突然巻起こる(嵐などが);《稀》突然ぱっと開く。 **10.** *s.*《慣なし》《キ教》昇天する。 **11.** *s.*〈(aus〈et³ッ〉〉《鉱》上がって来る(坑道から);坑内から出る。 **12.** *h.*〈et⁴ッ〉《鉱》掘り進む(横坑などを)。

auf-fah-rend [アウふ・ふぁーれント] 形 かっとなる。

die **Auf-fahrt** [アウふ・ふぁート] 名 -/-en **1.**(車で)登ること、乗りつけること;(高速道路へ登る)進入路;(車用の登りの)アプローチ。 **2.**(バトカーなどの)パレード;《古》行列。 **3.**《⑱のみ》《南西独・ぇッ》キリストの昇天;《南独・ぇッ》昇天祭。 **4.**《鉱》出坑。

der **Auf-fahr-un-fall** [アウふ・ふぁーあ・ウン・ふぁル] 名 -(e)s/..un-fälle 追突事故。

auf|fal-len* [アウふ・ふぁレン] 動 *s.* **1.**《慣なし》人目を引く、注目を集める(態度・才能などが)。 **2.**〈j³ッ〉目につく。 **3.**〈auf〈j⁴/et⁴〉〉落ちる;ぶつかる。

auf-fal-lend [アウふ・ふぁレント] 形 人目を引く、際立った: 際立って。

auf-fäl-lig [アウふ・ふぇリヒ] 形 目立つ;けばけばしい;奇抜な;不審な;並はずれた。

auf|fan-gen* [アウふ・ふぁンゲン] 動 *h.* **1.**〈et⁴ッ〉受止める(ボールなどを);抱留める(転びそうになった人などを);取押える(逃亡者などを)。 **2.**〈j⁴/et⁴ッ〉+〈in〈et³ッ〉〉収容する;受けためる(雨水をおけなどに)。 **3.**〈et⁴ッ〉正常な姿勢に戻す(飛行機などを)。 **4.**〈et⁴ッ〉防ぐ、阻止させる(パンチ攻撃などを);緩衝する、吸収する(衝撃などを)。 **5.**〈et⁴ッ〉抑制する(物価などを)。相殺する(損失などを)。 **6.**〈et⁴ッ〉《手芸》(編み棒で)拾い直す(編み目を)。 **7.**〈et⁴ッ〉ふと耳にする(話などを)。目ざとく目にとめる(表情などを);《無線》偶然傍受する(通信を)。

die **Auf-fang-ge-sell-schaft** [アウふふぁング・ゲゼルシャふト] 名 -/-en〈支払い不能会社の業務を吸収し続行する〉引継会社。

das **Auf-fang-la-ger** [アウふふぁング・ラーガー] 名 -s/-(難民などの)一時収容所。

auf|fär-ben [アウふ・ふぁるベン] 動〈et⁴ッ〉染め直す。

auf|fas-sen [アウふ・ふぁッセン] 動 *h.* **1.**〈et⁴ッ〉+ als〈et⁴ッ〉/〈様態〉ッ〉受けとる。解する。 **2.**〈et⁴ッ〉/〈形〉ッ理解する、把握する: leicht ~ すぐに理解する。

die **Auf-fas-sung** [アウふ・ふぁッスング] 名 -/-en 解釈、見解;《⑱のみ》理解力: Er ist der ~, dass ... 彼は…の意見である。

die **Auf-fas-sungs-ga-be** [アウふふぁッスングス・ガーベ] 名 -/ 理解力。

die **Auf-fas-sungs-kraft** [アウふふぁッスングス・クらふト] 名 -/ 理解力、把握力。

das **Auf-fas-sungs-ver-mö-gen** [アウふふぁッスングス・ふぇあ②ーゲン] 名 -s/ 理解力、把握力。

auf-find-bar [アウふ・ふぃント・バーあ] 形 見つけられる。

auf|fin-den* [アウふ・ふぃンデン] 動 *h.*〈j⁴/et⁴ッ〉見つけ出す、(偶然)発見する。

auf|fi-schen [アウふ・ふぃッシェン] 動〈j⁴/et⁴ッ〉《口》(水中から)引上げる;たまたま見つける、引っかける(異性を)。

auf|fla-ckern [アウふ・ふラッケるン] 動 *s.*《慣なし》燃上がる。

auf|flam-men [アウふ・ふラメン] 動 *s.*《慣なし》ばっと炎を上げる、ぱっとともる;燃上がる(恋などが);突如として起こる(暴動などが)。

auf|flech-ten* [アウふ・ふレヒテン] 動 *h.*〈et⁴ッ〉ほどく(髪などを);《稀》編上げる(髪などを)。

auf|flie-gen* [アウふ・リーゲン] 動 *s.*《慣なし》飛立つ、舞上がる;ぱっと開く;《口》(発覚して)壊滅する;《古》爆発して吹っ飛ぶ。

auf|for-dern [アウふ・ふぉるダン] 動 *h.* **1.**〈j³ッ〉+ zu〈et³ッ〉/zu〈動〉スルヨゥ〉要請[要求]する;頼む。

2. 〔〈j^4〉ニ〕ダンスを申込む.

die **Auf·for·de·rung** [アウふ・ふぉるデるング] [名] -/-en 要求, 請求, 催促; 勧誘: ～ zum Tanz ダンスの申込み.

auf|fors·ten [アウふ・ふぉるステン] [動] *h.* 〔〈et^4〉ニ＋(mit 〈et^3〉ヲ)〕植林する.

auf|fres·sen* [アウふ・ふれっセン] [動] *h.* **1.** 〔〈et^4〉ヲ〕残さずに食べる(動物が), 《口》残さず平らげる(人が). **2.** 〔〈j^4〉ヲ〕《口》かみつくようにどやしつける(人を). **3.** 〔〈j^4〉ヲ〕《口》へとへとにする(仕事などが). 【慣用】 **〈j^4〉 vor Liebe auffressen können** 《口》〈人ヲ〉食べてしまいたいほど愛している.

auf|frie·ren* [アウふ・ふりーれン] [動] **1.** *s.* [補足なし] 《方》氷がとける(池などの). **2.** *h.* 〔〈et^4〉ノ〕《方》氷をとかす(凍結した水道管などの), (…を)解凍する. **3.** *s.* [補足なし] 〘農・林〙凍害を受ける(土壌の凍結で).

auf|fri·schen [アウふ・ふりっシェン] [動] **1.** *h.* 〔〈et^4〉ヲ〕きれいにする(塗り直し・磨きをかけなどして), 修復する; 新たにする(記憶・知識・交友関係などを); 買い足して十分にする(備蓄品を). **2.** *h.*〔*s.*〕 [補足なし] 〘海〙強まる(風が).

auf·führ·bar [アウふ・ふゅーあ・バーあ] [形] 上演できる.

auf|füh·ren [アウふ・ふゅーれン] [動] *h.* **1.** 〔〈et^4〉ヲ〕上演〔上映〕する, 演奏する. **2.** 〔sich^4＋〈様態〉ニ〕振舞う. **3.** 〔〈j^4/et^4〉ヲ〕挙げる(例などを), 記載する(氏名などを). **4.** 〔〈et^4〉ヲ＋(aus 〈et^3〉デ)〕《文》建てる, 築く(塀などを). 【慣用】 **Du hast dich wieder einmal aufgeführt!** おまえはまたとんでもない振舞いをしでかしたな.

die **Auf·füh·rung** [アウふ・ふゅーるング] [名] -/-en **1.** 上演〔上映〕, 公演, 演奏, 興行: 〈et^4〉 zur ～ bringen 〈物ヲ〉上演する. **2.** (主に[単])《文》態度, 振舞. **3.** (例などを)挙げること. **4.** 《文》築くこと, 建築, 建設.

das **Auf·füh·rungs·recht** [アウふふゅーるングス・れひト] [名] -(e)s/-e 興行〔上演・上映〕権.

auf|fül·len [アウふ・ふゅレン] [動] *h.* **1.** 〔〈et^4〉ヲ〕補給する(ガソリンなどを); 補充する(蓄えなどを). **2.** 〔〈et^4〉ヲ＋(mit 〈et^3〉デ)〕(補充して)いっぱいにする(ポットを水などで), 満杯にする; 〘料〙(…に…を)たっぷりかける. **3.** 〔〈et^4〉ヲ〕嵩(かさ)上げする(堤防などを). **4.** 〔〈j^3〉ニ＋〈et^4〉ヲ〕《口》ついであげる(スープなどを) **5.** 〔sich^4〕〘気〙弱まる(低気圧が).

auf|fut·tern [アウふ・ふったーン] [動] *h.* 〔〈et^4〉ヲ〕《口》食べつくす.

die **Auf·ga·be** [アウふ・ガーベ] [名] -/-n **1.** 任務, 務め, 課題, 職責, 使命. **2.** 練習問題; 計算問題; (主に[複])宿題(Schul～). **3.** (主に[単])差し出し, 発送〔発信・広告〕の依頼. **4.** (主に[単])放棄, 断念; 〘スポーツ〙棄権: unter ～ all ihrer Habe 彼女の全財産を放棄して. **5.** 〘球〙サーブ: die ～ ausführen サーブをする. 【慣用】 **es sich^3 zur Aufgabe machen, 〈et^4〉zu tun** 〈事ヲ〉するのを自分の目標にする **〈j^4〉 vor eine Aufgabe stellen** 〈人ニ〉任務を負わせる.

auf|ga·beln [アウふ・ガーベルン] [動] *h.* **1.** 〔〈j^4/et^4〉ヲ〕《口》見つけて〔拾って・覚えて〕くる; 引っ掛ける(異性を). **2.** [補足なし] (干草用)フォークで干草を持上げる.

der **Auf·ga·ben·be·reich** [アウふガーベン・べらイひ] [名] -(e)s/-e 任務〔業務〕の範囲.

das **Auf·ga·ben·heft** [アウふガーベン・へふト] [名] -(e)s/-e (生徒の)練習〔宿題〕帳.

der **Auf·ga·ben·kreis** [アウふガーベン・クらイス] [名] -es/-e 任務〔業務〕の範囲.

der **Auf·ga·be·ort** [アウふガーベ・オるト] [名] -(e)s/-e 発送〔発信〕地.

der **Auf·ga·be·stem·pel** [アウふガーベ・シュテムペル] [名] -s/- 〘郵〙消印.

der **Auf·ga·lopp** [アウふ・ガロっプ] [名] -s/-s 〘馬術〙(スタート前の)練習ギャロップ; 〘スポーツ〙開幕試合.

der **Auf·gang** [アウふ・ガング] [名] -(e)s/..gänge **1.** 《[単]のみ》(月・太陽などの)出. **2.** (入口への)上り階段; 《稀》坂道. **3.** 〘スポーツ〙(器械体操の)マウント. **4.** 《[単]のみ》〘狩〙解禁.

auf|ge·ben* [アウふ・ゲーベン] [動] *h.* **1.** 〔〈et^4〉ヲ〕(差し)出す, 依頼する(郵送・運送・処理などのため); 《方》皿に盛る; 〘工〙コンベアに乗せる(加工されるものを); 〘商〙知らせる(数量などを). **2.** 〔〈j^3〉ニ＋〈et^4〉ヲ〕課する, 出す; 《文》命じる. **3.** 〔〈et^4〉ヲ〕やめる, 中止する. **4.** 〔〈et^4〉ヲ〕諦(あきら)める, 断念する, 放棄する. **5.** 〔〈j^4〉ヲ〕見放す, 見限る. **6.** [補足なし] 〘球〙ボールをサーブする; 〘スポーツ〙途中で棄権する.

auf·ge·bla·sen [アウふ・ゲブラーゼン] [形] 《口・蔑》思い上がった, 横柄な.

die **Auf·ge·bla·sen·heit** [アウふ・ゲブラーゼンハイト] [名] -/ 《口・蔑》威張ること, うぬぼれ.

das **Auf·ge·bot** [アウふ・ゲボート] [名] -(e)s/-e **1.** (主に[単])召集(人数), 動員(数), 投入; (《[単]のみ》)傾注: ein ～ an 〈j^3/et^3〉〈人・物ノ〉投入. unter 〔mit dem〕 ～ aller Kräfte 全力を尽して. **2.** (昔の)結婚の公示; 〘法〙公示催告: das ～ bestellen 公示を申請する. **3.** 〘軍〙(昔の)召集; 《スイス》兵役義務履行令.

auf·ge·bracht [アウふ・ゲブらはト] [形] 激昂した.

auf·ge·don·nert [アウふ・ゲドナート] [形] 《口・蔑》けばけばしく飾り立てた.

auf·ge·dreht [アウふ・ゲドれート] [形] うきうきした.

auf·ge·dun·sen [アウふ・ゲドゥンゼン] [形] むくんだ, はれた.

auf|ge·hen* [アウふ・ゲーエン] [動] *s.* **1.** [補足なし] 昇る, 出る(月・日などが); 飛立つ(鳥などが); 〘鉱〙水位が上がる(坑内水などが). **2.** [補足なし] 開く(窓などが); 口を開ける(おできなどが), 裂ける(唇などが); ほどけてしまう(包帯などが), ほころびる(縫い目が), 開いてしまう(ジッパーなどが). **3.** [補足なし] 芽を出す(種子などが), ほころぶ(芽・花などが); 〘医〙うまくつく(種痘が); 開く(落下傘が); (ふっくらと)膨らむ(パウンドケーキなどが). **4.** [補足なし] 〘狩〙解禁になる(猟が). **5.** 〔in 〈j^3〉ノ心ニ〕《文・稀》湧いてくる(希望などが). **6.** 〔〈j^3〉ニ〕明らかとなってくる(人生の意味などが) **7.** [補足なし] 〘数〙割切れる, きちんと解ける(計算問題などが); うまく運ぶ(事態などが). **8.** 〔in 〈j^3/et^3〉ニ〕生きがいを見いだす; 合併(吸収)される. **9.** 〔in 〈et^4〉ニ〕(溶けて・燃えて)なる(気体などに). 【慣用】 **Das Herz geht mir bei der Sache auf.** そのことで私の心は晴れ晴れする. **Mir ist ein Licht aufgegangen.** 《口》私はやっと分った. **Über die Sache sind mir die Augen aufgegangen.** 私はそのことの真相がはっきり分った.

auf|gei·len [アウふ・ガイレン] [動] *h.* 〔〈j^4〉ヲ〕《口》性的に興奮させる; (〈j^4〉がsich^{4}の場合)性的に興奮する.

auf·ge·klärt [アウふ・ゲクレーあト] [形] 啓蒙された; 性教育を受けた.

auf·ge·knöpft [アウふ・ゲク[ネ]っぷふト] [形] 《口》打解けた.

auf·ge·kratzt [アウふ・ゲクらっツト] [形] 上機嫌な, 陽気な.

das **Auf·geld** [アウふ・ゲルト] [名] -(e)s/-er **1.** 〘銀行・金融〙割増金, プレミアム. **2.** 追加料金. **3.** 《方》手付金.

auf·ge·legt [アウふ・ゲレークト] [形] **1.** 〔〈様態〉ナ〕気分である: gut/schlecht ～ sein 上機嫌/不機嫌である. **2.** 〔(zu 〈et^3〉ヲ/zu 〈[動]〉ヲ)〕する気になっている: Ich bin heute nicht (dazu) ～, 〈et^4〉 zu tun. 今日は〈事ヲ〉する気になれない. **3.** 《蔑》見え透いた.

auf·ge·löst [アウふ・ゲ[レ]ースト] [形] **1.** 我を忘れた, 気持の乱れた. **2.** 疲れ切った.

auf·ge·macht [アウふ・ゲマはト] [形] 〔〈様態〉ノ〕装いを

A

した;(…に)作られた〔整えられた〕.

auf·ge·räumt [アウふ·ゲろイムト] [形] 上機嫌な.

auf·ge·regt [アウふ·ゲれークト] [形] 興奮した.

der **Auf·ge·sang** [アウふ·ゲザング] [名] -(e)s/..sänge 〚詩〛(ミンネザングや職匠歌の)前節.

auf·ge·schlos·sen [アウふ·ゲシュロッセン] [形] (外界に)心の開かれた, 関心のある, 偏見のない: für politische Fragen ~ sein 政治問題に関心がある.

auf·ge·schmis·sen [アウふ·ゲシュミッセン] [形] 《口》(次の形で) ~ sein お手上げだ.

auf·ge·schos·sen [アウふ·ゲショッセン] [形] (背·丈が)急に伸びた.

auf·ge·schwemmt [アウふ·ゲシュヴェムト] [形] ぶくぶく太った.

auf·ge·sprun·gen [アウふ·ゲシュプるンゲン] [形] ひび割れた, あかぎれの;開いた.

auf·ge·weckt [アウふ·ゲヴェックト] [形] 利発な, 聡明な.

auf·ge·wor·fen [アウふ·ゲヴォるふェン] [形] 積上げられた;提起された;とがらせた.

auf·ge·wühlt [アウふ·ゲヴュールト] [形] **1.** 心の動揺した, ショックを受けた. **2.** ひどく汚い.

auf·ge·zo·gen [アウふ·ゲツォーゲン] [形] 張切った, 活気のある.

auf|gie·ßen* [アウふ·ギーセン] [動] *h.* **1.** 〔<et⁴>ヲ〕いれる(紅茶などを), 注ぐ(熱湯などを). **2.** 〔(<et⁴>ニ)+(mit <et³>ヲ)〕〚料〛入れる.

auf|glän·zen [アウふ·グレンツェン] [動] *h.* 〔補足なし〕(不意に)ぴかっと輝く.

auf|glie·dern [アウふ·グリーダーン] [動] *h.* 〔<et⁴>ヲ+in <et⁴>ニ〕分類する(動物を類に), 分節する, 区分する.

die **Auf·glie·de·rung** [アウふ·グリーデるング] [名] -/-en 区分, 分類.

auf|glü·hen [アウふ·グリューエン] [動] *h./s.* 〔補足なし〕灼熱して輝き始める;《転》紅潮する.

auf|gra·ben* [アウふ·グらーベン] [動] *h.* **1.** 〔<et⁴>ヲ〕掘り起こす(地面などを). **2.** 〔<et⁴>ヲ〕発掘する(墓などを).

auf|grei·fen* [アウふ·グらイふェン] [動] *h.* **1.** 〔<j⁴>ヲ〕逮捕する. **2.** 〔<et⁴>ヲ〕取上げる(話題などを).

auf·grund, auf Grund [アウふ·グるント] [前] 〔+2格〕…に基づいて: ~ dieses Berichtes この報告に基づいて.

—— [副] (次の形で) ~ von <et³>〈事に〉基づいて, (…の)ゆえに.

der **Auf·guss,** [旧] **Auf·guß** [アウふ·グス] [名] -es/..güsse 煎(せん)じ汁: ein zweiter ~ seines ersten Romans 《転·蔑》処女作の二番煎じ.

das **Auf·guss·tier·chen,** [旧] **Auf·guß·tier·chen** [アウふグス·ティーあひぇン] [名] -s/- (主に[複])〚生〛滴虫.

auf|ha·ben* [アウふ·ハーベン] [動] *h.* 《口》 **1.** 〔<et⁴>ヲ〕かぶっている(帽子を), かけている(眼鏡を). **2.** 〔<et⁴>ヲ〕課されている(宿題を). **3.** 〔<et⁴>ヲ〕開けておく(ドア·目などを). **4.** 〔<et⁴>ヲ〕(苦労してやっと)開けてある, ほどいてある(結び目などを). **5.** 〔補足なし〕開いている(店·郵便局などが). **6.** 〔<et⁴>ヲ〕《方》食べ終えている. **7.** 〔<様態>ニ〕〚狩〛角(つの)をつけている(雄鹿が).

auf|ha·cken [アウふ·ハッケン] [動] *h.* 〔<et⁴>ヲ〕(つるはしで)掘り起こす(厚い氷などを), 割る(鳥が木の実などを).

auf|ha·ken [アウふ·ハーケン] [動] *h.* 〔<et⁴>ノ〕ホック〔バックル·かぎ〕をはずす.

auf|hal·sen [アウふ·ハルゼン] [動] *h.* 〔<j³>ニ+<j⁴/et⁴>ヲ〕《口》押しつける.

auf|hal·ten* [アウふ·ハルテン] [動] *h.* **1.** 〔sich⁴+<場所>ニ〕滞在する, とどまる. **2.** 〔<j⁴/et⁴>ヲ〕阻止する;引きとめる, (…の)邪魔をする;取押える(暴れ馬を), 受止める(ボールを): Lassen Sie sich bitte durch mich nicht ~! どうぞ私にお構いなく. **3.** 〔sich⁴+mit〔bei〕<j³/et³>ニ〕関わり合う. **4.** 〔(<j³>ノタメニ)+<et⁴>ヲ〕《口》開けておく(ドア·袋などを). **5.** 〔sich⁴+über <j⁴/et⁴>ヲ〕けなす. **6.** 〔mit <et³>ヲ〕《北独》やめる.

auf|hän·gen [アウふ·ヘンゲン] [動] *h.* **1.** 〔<et⁴>ヲ〕掛ける(絵·受話器などを). **2.** 〔<j⁴>ヲ〕《口》つるす: sich⁴ ~ 首をつって自殺する. **3.** 〔<j³>ニ+<j⁴/et⁴>ヲ〕《口·蔑》売りつける, 信じ込ませてしまう, 押しつける: <j³> ein Kind ~ 〈人に〉子供をはらませる. **4.** 〔<et⁴>ヲ+an <et³>ヲ例ニ引イテ〕論述を展開する.

der **Auf·hän·ger** [アウふ·ヘンガー] [名] -s/- **1.** (上着などの)襟吊り, 吊りひも. **2.** (記事などの)ねた.

auf|hau·en⁽*⁾ [アウふ·ハウエン] [動] (規則変化の過去形は《口》) **1.** *h.* 〔<et⁴>ヲ〕(手荒く)割る. **2.** *s.* 〔mit <et³>ヲ+auf <et⁴⁽³⁾>ニ〕《口》ぶつける. **3.** *h.* 〔sich³+<et⁴>ヲ〕《口》(ぶつけて)けがをする. **4.** *h.* (過去分詞は aufgehaut)〔補足なし〕《オーストリア》《口》ぜいたくに〔たっぷり〕飲み食いする. **5.** *h.* 〔<et⁴>ヲ〕〚鉱〛掘上る.

auf|häu·fen [アウふ·ホイふェン] [動] *h.* **1.** 〔<et⁴>ヲ〕積上げる;蓄積する. **2.** 〔sich⁴〕(山と)積もる, たまる.

auf|he·ben* [アウふ·ヘーベン] [動] *h.* **1.** 〔<j⁴/et⁴>ヲ〕拾い上げる;助け起こす. **2.** 〔<et⁴>ヲ〕上げる(顔·目などを);持上げる;まくり上げる. **3.** 〔(<j³>ノタメニ)+<et⁴>ヲ〕とって置く, しまって置く, 保管する. **4.** 〔<et⁴>ヲ〕廃止する, 撤廃する(死刑·検閲などを);破棄する, 撤回する(判決などを);解除する, 解く(包囲などを);解散する(集会などを). **5.** 〔<et⁴>ヲ〕相殺する;〚哲〛止揚する. **6.** 〔<j⁴>ヲ〕《古》逮捕する. **7.** 〔sich⁴〕《文·古》起上がる, 立上がる. 【慣用】 **bei <j³> gut/schlecht aufgehoben sein** 〈人の所で〉よい/悪い扱いを受けている.

das **Auf·he·ben** [アウふ·ヘーベン] [名] -s/ (次の形で) viel ~ von <j³/et³> machen 〈人·物·事について〉大げさに騒ぎ立てる. ohne (jedes) ~ 騒ぎ立てずに, 大げさにせず.

die **Auf·he·bung** [アウふ·ヘーブング] [名] -/-en 廃止, 破棄;閉鎖;解除, 解散, 終了;《古》逮捕.

auf|hei·tern [アウふ·ハイターン] [動] *h.* **1.** 〔<j⁴>ヲ〕元気づける, 励ます. **2.** 〔(sich⁴)〕晴れる(天気·顔つきなどが). **3.** 〔Es+(sich⁴)〕空が晴れる.

die **Auf·hei·te·rung** [アウふ·ハイテるング] [名] -/-en 元気づけること;(天気の)晴れ(ること).

auf|hei·zen [アウふ·ハイツェン] [動] *h.* **1.** 〔<et⁴>ヲ〕〚理·工〛熱する;(…に)点火する. **2.** 〔sich⁴〕〚理·工〛熱を帯びる. **3.** 〔<et⁴>ヲ〕高揚させる(気分などを), 強める(不信感などを).

die **Auf·hei·zung** [アウふ·ハイツング] [名] -/-en 〚理·工〛加熱;(温排水による河川などの水の)温度上昇.

auf|hel·fen* [アウふ·ヘルふェン] [動] *h.* **1.** 〔<j³>ヲ〕助け起こす. **2.** 〔<et³>ヲ〕改善する, 高める, ひき立てる.

auf|hel·len [アウふ·ヘレン] [動] *h.* **1.** 〔<et⁴>ヲ〕明るくする, 晴れやかにする;解明する. **2.** 〔sich⁴〕晴れてくる(空が);晴れやかになる(顔が);明らかになる(意味·秘密などが).

auf|het·zen [アウふ·ヘッツェン] [動] *h.* **1.** 〔<j⁴>ヲ+zu <et³>ヘト〕そそのかす. **2.** 〔<j⁴>ヲ+(gegen <j⁴/et⁴>ニ)〕扇動する, 扇動して反抗させる.

auf|heu·len [アウふ·ホイレン] [動] *h.* 〔補足なし〕ほえ声をあげる;泣出す;鳴りひびく(サイレンなどが).

auf|ho·len [アウふ·ホーレン] [動] *h.* **1.** 〔<et⁴>ヲ〕取戻す(遅れなどを). **2.** 〔<et⁴>ヲ〕〚海〛上げる(帆·いかりを). **3.** 〔補足なし〕〚金融〛値を持直す.

auf|hor·chen [アウふ·ホるひぇン] [動] *h.* 〔補足なし〕聞き耳を立てる.

auf|hö·ren [アウふ·ヘーれン] [動] *h.* **1.** 〔補足なし〕止む,

終る(雨・道などが). **2.** 〖(zu 〈[動]〉スルノヲ/mit 〈et^3〉ヲ)〗やめる, よす, 中止する. 【慣用】**Da hört (sich) doch alles auf!** 《口》いい加減にしろ(憤慨の表現).

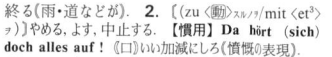

auf|ja·gen [アウふ・ヤーゲン] [動] *h.* 〖〈j^4/et^4〉ヲ〗狩出す, 追立てる;たたき起こす.

auf|jauch·zen [アウふ・ヤウほツェン] [動] *h.* 〖[補足なし]〗歓声をあげる.

der **Auf·kauf** [アウふ・カウふ] [名] -(e)s/..käufe 買占め, (企業の)買収, (通貨の)買支え.

auf|kau·fen [アウふ・カウふぇン] [動] *h.* 〖〈et^4〉ヲ〗買占める.

der **Auf·käu·fer** [アウふ・コイふぁー] [名] -s/- 買占めをする人, 買い集める人;バイヤー.

auf|kei·men [アウふ・カイメン] [動] *s.* **1.** 〖[補足なし]〗芽を出す, 発芽する. **2.** 〖(in 〈j^3〉ノ心ニ)〗生じる(疑惑などが).

auf|klap·pen [アウふ・クラっペン] [動] **1.** *h.* 〖〈et^4〉ヲ〗パタンと開ける(折畳みいす・本などを);立てる(襟などを). **2.** *s.* 〖[補足なし]〗ぱっと開く(窓などが).

auf|kla·ren [アウふ・クラーれン] [動] *h.* **1.** 〖[補足なし]〗〖気〗晴れ(上が)る. **2.** 〖〈et^4〉ヲ〗〖海〗片づける.

auf|klä·ren [アウふ・クレーれン] [動] *h.* **1.** 〖〈et^4〉ヲ〗解明する;明らかにする. **2.** 〖sich^4〗明らかになる, 解ける(誤解が);晴れる(空・天候が);晴れ晴れする(顔・表情が). **3.** 〖〈j^4〉ニ+über 〈j^4/et^4〉ニツイテ〗教える, 啓発〔啓蒙〕する. **4.** 〖〈j^4〉ニ〗性教育をする;〖旧東独〗政治教育をする. **5.** 〖〈et^4〉ヲ〗〖軍〗偵察する. 【慣用】**Es 〔Das Wetter〕 klärt sich auf zum Wolkenbruch.** 《口》どしゃぶりの雨が降りだす.

der **Auf·klä·rer** [アウふ・クレーらー] [名] -s/- **1.** 〖史〗啓蒙主義者. **2.** 〖軍〗偵察機, 斥候(せっこう). **3.** 〖旧東独〗政治宣伝活動家.

auf·klä·re·risch [アウふ・クレーれりシュ] [形] 啓蒙主義的な;啓蒙的な.

die **Auf·klä·rung** [アウふ・クレーるング] [名] -/-en **1.** (主に[単])解明;啓蒙, 教化;〖旧東独〗政治的宣伝活動;([単]のみ)性教育. **2.** ([単]のみ)啓蒙主義. **3.** 〖軍〗偵察.

der **Auf·klä·rungs·film** [アウふクレーるングス・ふぃルム] [名] -(e)s/-e 性教育映画.

das **Auf·klä·rungs·flug·zeug** [アウふクレーるングス・ふルーク・ツォイク] [名] -(e)s/-e 〖軍〗偵察機.

die **Auf·klä·rungs·pflicht** [アウふクレーるングス・プふりひト] [名] -/ 〖法〗説明の義務(医師・裁判官などの).

auf|klat·schen [アウふ・クラっチェン] [動] **1.** *s.* 〖(auf 〈et^4〉(ノ上)ニ)〗あたって音を立てる. **2.** *h.* 〖〈j^4〉ヲ〗《若》たたきのめす.

auf|klau·ben [アウふ・クラウベン] [動] *h.* 〖〈et^4〉ヲ〗《方》拾い集める(ジャガイモ・散らばっているものを).

das **Auf·kle·be·e·ti·kett** [アウふ・クレーベ・エティケっト] [名] -(e)s/-e(n)〔-s〕(商品の)貼付ラベル.

auf|kle·ben [アウふ・クレーベン] [動] *h.* 〖〈et^4〉ヲ+(auf 〈et^4〉ニ)〗張りつける.

der **Auf·kle·ber** [アウふ・クレーバー] [名] -s/- ステッカー.

das **Auf·kleb·eti·kett** [アウふ・クレーブ・エティケっト] [名] -(e)s/-e(n)〔-s〕=Aufklebeetikett.

auf|klin·gen* [アウふ・クリンゲン] [動] *s.* 〖[補足なし]〗(不意に)鳴り〔響き〕始める.

auf|klin·ken [アウふ・クリンクン] [動] *h.* 〖〈et^4〉ノ〗取っ手を押してあける(ドアなどの)

auf|kna·cken [アウふ・クナっケン] [動] *h.* 〖〈et^4〉ヲ〗割る(クルミなどを);《口》こじあける(金庫などを).

auf|kni·en [アウふ・クニー(エ)ン] [動] **1.** *h./s.* 〖(auf 〈et^3〉(ノ上)ニ)〗〖体操〗立ちひざになる. **2.** *h.* 〖sich^4+(auf 〈et^4〉ノ上ニ)〗ひざまずく.

auf|knöp·fen [アウふ・ク㋧っプふぇン] [動] *h.* **1.** 〖〈et^4〉ノ〗ボタンをはずす. **2.** 〖〈et^4〉ヲ+auf 〈et^4〉ニ〗ボタンで留める.

auf|kno·ten [アウふ・クノーテン] [動] *h.* **1.** 〖〈et^4〉ノ〗結び目を解く, ひもを解く. **2.** 〖〈et^4〉ヲ〗ほどく(小包などを).

auf|knüp·fen [アウふ・クニュっプふぇン] [動] *h.* **1.** 〖〈j^4〉ヲ〗縛り首にする: sich^4 ～ 首をつる. **2.** 〖〈et^4〉ヲ〗ほどく(ネクタイなどを).

auf|ko·chen [アウふ・コっヘン] [動] *h.* **1.** 〖〈et^4〉ヲ〗沸かす;沸かし直す;蒸返す(古い話を). **2.** 〖[補足なし]〗沸く, 沸騰する. 【慣用】**groß aufkochen** 《南独・オーストリア》大いにご馳走する.

auf|kom·men* [アウふ・コメン] [動] *s.* **1.** 〖[補足なし]〗生じる, 起こる, 現れる(風・疑念・新様式などが);起〔立〕上がる;《文》健康を取戻す;《方》露見する;〖スポーツ〗劣勢を挽回(ばんかい)する;〖海〗姿を現す(船が). **2.** 〖für 〈j^4/et^4〉ノ費用ヲ〗負担する. **3.** 〖für 〈et^4〉ノタメニ〗積極的に責任を負う(世界の平和のためなどに). **4.** 〖gegen 〈j^4/et^4〉ニ〗対抗する. **5.** 〖(auf 〈et$^{4(3)}$〉ノ上ニ)〗着地する(ジャンプ競技などで);落ちる(ボールなどが). 【慣用】**niemanden neben sich^3 aufkommen lassen** 他の追随を許さない.

das **Auf·kom·men** [アウふ・コメン] [名] -s/- **1.** 〖経〗収入;〖旧東独〗(農産物の)供出: ein sinkendes ～ an Steuereinnahmen 税収の減少. **2.** ([単]のみ)《文》(健康の)回復.

auf|krat·zen [アウふ・クらっツェン] [動] *h.* **1.** 〖(〈j^3〉ノ)+〈et^4〉ニ〗かき傷をつける;(…を)かき破る(治りかけた傷を);(…を)あらす(酸の強い酒がのどを). **2.** 〖〈j^4〉ヲ〗《口》陽気にさせる.

auf|krei·schen [アウふ・クらイシェン] [動] *h.* 〖[補足なし]〗(突然)金切り声をあげる;きいーと鳴る(ブレーキが).

auf|krem·peln [アウふ・クれムペルン] [動] *h.* 〖〈et^4〉ヲ〗まくり〔たくし〕上げる(そで・ズボンなどを).

auf|kreu·zen [アウふ・クろイツェン] [動] **1.** *s.* 〖〈場所〉ニ〗《口》突然現れる〔やってくる〕(人が). **2.** *s./h.* 〖gegen 〈et^4〉ニ対シテ〗〖海〗間切る.

auf|krie·gen [アウふ・クリーゲン] [動] *h.* 《口》=auf|bekommen.

auf|kün·di·gen [アウふ・キュンディゲン] [動] *h.* 〖(〈j^3〉ニ)+〈et^4〉ノ〗解消〔破棄〕を通告する.

die **Auf·kün·di·gung** [アウふ・キュンディグング] [名] -/-en 解約.

Aufl. =Auflage (出版物の)版.

auf|la·chen [アウふ・ラっヘン] [動] *h.* 〖[補足なし]〗笑い声をあげる.

auf|la·den* [アウふ・ラーデン] [動] *h.* **1.** 〖〈et^4〉ヲ+(auf 〈et^4〉ニ)〗積込む(荷物をトラックなどに). **2.** 〖〈et^4〉ニ〗〖理〗充電する. **3.** 〖〈et^4〉ノ〗〖工〗性能を過給器で高める(エンジンの). **4.** 〖〈j^3〉ニ+〈et^4〉ヲ〗《口》(背)負わせる;(〈j^3〉がsich^{3}の場合)背負い込む. **5.** 〖sich^4〗〖理〗滞電する.

der **Auf·la·der** [アウふ・ラーダー] [名] -s/- **1.** 荷積み人夫, 仲仕;荷積み機 **2.** 〖工〗過給器.

die **Auf·la·ge** [アウふ・ラーゲ] [名] -/-n **1.** (書物の)版(略 Aufl.), 刷;発行部数: die verbesserte/vermehrte ～ 改訂/増補版. **2.** 〖経〗生産数量. **3.** 付帯義務;〖法〗付帯条件;〖旧東独〗生産目標額: 〈j^3〉〈et^4〉 zur ～ machen 〈人に〉〈事を〉義務づける. **4.** 上敷き, カバー;被覆, メッキ. **5.** 支え, 書見〔譜面〕台.

die **Auf·la·gen·hö·he** [アウふラーゲン・㋬ーエ] [名] -/-n 発行部数.

auf|las·sen* [アウふ・ラっセン] [動] *h.* **1.** 〖〈et^4〉ヲ〗《口》開けたままにしておく. **2.** 〖〈et^4〉ヲ〗《口》被ったままでいる. **3.** 〖〈et^4〉ヲ〗空に放す;打上げる. **4.** 〖〈et^4〉ヲ〗〖法〗譲渡する. **5.** 〖〈j^4〉ヲ〗《口》起こしておく. **6.** 〖〈et^4〉ヲ〗《南独・オーストリア》廃業する, 廃止する;〖鉱〗閉鎖する.

auf|lau·ern [アウふ・ラウあーン] [動] *h.* 〖〈j^3〉ヲ〗待伏せる.

Auflauf

der **Auf|lauf** [アウふ・ラウふ] 名 -(e)s/..läufe **1.** 群衆が集まること;群衆;〖法〗不法集合. **2.** 〖料〗スフレ.

auf|lau•fen* [アウふ・ラウふェン] 動 **1.** *s.* 〔auf〈et⁴⑶〉=〕乗上げる. **2.** *s.* 〔auf〈j⁴/et⁴〉=〕ぶつかる,衝突する. **3.** *s.* 〔zu〈j³〉=〕[競]追いつく. **4.** *s.* [競]増える,溜まる;鬱積(うっせき)する(怒りなどが);(方)ふくらむ,沸く(血管などが);[治水]水位が上がる;〖農〗発芽する. 【慣用】〈j⁴〉 auflaufen lassen〈人と〉挫折(ざせつ)させる: den Gegenspieler *auflaufen* lassen [スポ]マークしている相手の選手にタックルをする. *h.* sich⁴ die Füße auflaufen 走って[歩いて]足を痛める.

die **Auf|lauf|form** [アウふラウふ・ふぉるム] 名 -/-en 〖料〗スフレ用焼皿.

auf|le•ben [アウふ・レーベン] 動 *s.* [機転(きてん)]生気を取戻す;(再び)活気を帯びる.

auf|le•cken [アウふ・レッケン] 動 *h.* 〔〈et⁴〉ッ〕きれいになめる(動物が).

auf|le•gen [アウふ・レーゲン] 動 **1.** 〔〈et⁴〉ッ〕(ある物の上に)載せる,置く,掛ける,塗る(口紅などを),貼る(絆創膏などを): mit *aufgelegten* Ellbogen 両ひじをついて. 場所の明示が必要なときには, auf〈et⁴〉 legen が用いる. **2.** 〔〈j³/et³〉= + 〈et⁴〉ッ〕当てて[つけて]やる,取っておく. **3.** 〔〈et⁴〉ッ〕電話を切る. **4.** 〔〈et⁴〉ッ〕電話を一方的に切る. **5.** 〔〈j³〉= + 〈et⁴〉ッ〕(稀)課する. **6.** 〔〈et⁴〉ッ〕〖印〗出版する;〖経〗大量生産する;〖財政〗発行する(有価証券を). **7.** 〔sich⁴ + (mit〈j³〉=)〕(方)かけん[争い]を始める. **8.** 〔〈et⁴〉ッ〕〖海〗係船する.

auf|leh•nen [アウふ・レーネン] 動 *h.* **1.** 〔sich⁴ + gegen〈j⁴/et⁴〉=〕反抗する. **2.** 〔〈et⁴〉ッ + (auf〈et⁴⑶〉=)〕(方)もたせかける(腕を).

die **Auf|leh•nung** [アウふ・レーヌング] 名 -/-en 反抗,反対.

auf|le•sen* [アウふ・レーゼン] 動 *h.* **1.** 〔〈et⁴/et⁴〉ッ〕拾い集める;(口)拾って[連れて]来る. **2.** 〔(sich³) + 〈et⁴〉ッ〕もらう(病気・ノミなどを).

auf|leuch•ten [アウふ・ロイヒテン] 動 *h.* 〔〈et⁴〉ッ〕ぱっと輝く,ぱっとつく. **2.** 〔in〈j³〉/顔=〕ひらめく.

auf|lich•ten [アウふ・リヒテン] 動 *h.* **1.** 〔〈et⁴〉ッ〕明るくする;明らかにする. **2.** 〔〈et⁴〉ッ〕間伐する(森を). **3.** 〔sich⁴〕明るくなる;明らかになる.

auf|lie•fern [アウふ・リーふぇルン] 動 *h.* 〔〈et⁴〉ッ〕発送する.

auf|lie•gen* [アウふ・リーゲン] 動 *h.* (1, 2, 3 では《南独・ｵｰｽﾄﾘｱ・ｽｲｽ》 *s.* も有) **1.** 〔(auf〈et³〉/上=)〕載っている. **2.** 〔〈j³〉〕(文・古)(重く)のしかかる(責任などが). **3.** [機転(きてん)]閲覧に供されている. **4.** [海]係船されている. **5.** 〔sich⁴/sich³ + 〈et⁴〉=〕(口)床擦れができる.

auf|lis•ten [アウふ・リステン] 動 *h.* 〔〈et⁴〉ッ + (in〈et³〉=)〕リストアップする.

auf|lo•ckern [アウふ・ロッカーン] 動 *h.* **1.** 〔〈et⁴〉ッ〕ほぐす(土・髪などを);やわらげる;変化をもたせる. **2.** 〔sich⁴〕体をほぐす,筋肉のこりをとる.

auf|lo•dern [アウふ・ローダーン] 動 *s.* [機転(きてん)]燃上がる.

auf|lös•bar [アウふ・レース・バール] 形 溶解する;解(と)くことのできる;解除できる.

auf|lö•sen [アウふ・レーゼン] 動 *h.* **1.** 〔〈et⁴〉ッ + (in〈et³〉/ﾅﾄﾞ=)〕溶かす. **2.** 〔sich⁴ + (in〈et³〉/ﾅﾄﾞ=)〕溶ける. **3.** 〔〈et⁴〉ッ〕解く(髪などを);[光・写]解像する. **4.** 〔sich⁴〕(文)解ける(髪などが). **5.** 〔〈et⁴〉ッ〕解散する(議会などを);解消する(契約などを);たたむ(店を). **6.** 〔〈et⁴〉ッ〕(霧などが);散り散りにする(群集などが),崩壊する(国家などが),解散する(団体などが). **7.** 〔sich⁴ + in〈et³〉=〕変る(雪がぬかるみなどに). **8.** 〔〈et⁴〉ッ〕解決する,解(と)く(謎(なぞ)などを);〖数〗はずす(括弧を);〖楽〗取消す;〖楽〗(変化記号などの本位記号によって)解決する〈不協和音を〉;〖光〗解像する. **9.** 〔sich⁴〕解ける(謎・誤解などが). 【慣用】 sich⁴ in Luft auflösen 消えてなくなる. sich⁴ in nichts auflösen 無に帰する. sich⁴ in Tränen auflösen 泣きくずれる. sich⁴ in Wohlgefallen auflösen 円満に解決する;壊れる,なくなる,駄目になる(計画などが).

die **Auf|lö•sung** [アウふ・レ・ーズング] 名 -/-en (主に(ｵｰｽﾄ)) **1.** 解消,解散;分解;錯乱. **2.** 解明,解答;〖数〗取割;〖楽〗(変化記号などの)取消し,(不協和音の)解決;〖光〗解像.

das **Auf|lö•sungs•mit•tel** [アウふ・レ・ーズングス・ミッテル] 名 -s/- 溶剤.

das **Auf|lö•sungs•zei•chen** [アウふ・レ・ーズングス・ツァイヒェン] 名 〖楽〗本位記号,ナチュラル(記号).

auf|ma•chen [アウふ・マッヘン] 動 *h.* **1.** 〔〈et⁴〉ッ〕(口)あける(窓・目などを),開く(手紙などを),ほどく(包みなどを);はずす(ボタンなどを). **2.** 〔〈場所〉= / 〈時間〉=〕(口)開かれる,開店する(店などが新規に);店を開ける,開店する(営業時間がきて). **3.** 〔〈et⁴〉ッ + 〈様態〉=〕飾る,飾りつける. **4.** 〔〈et⁴〉ッ + mit〈et³〉=〕〖新聞〗飾る(新聞を大見出しなどで). **5.** 〔sich⁴ + 〈様態〉=〕(口)装う. **6.** 〔sich⁴ + (方向へ)〕出掛ける;(時)吹き起こる(風が). **7.** [機転(きてん)][ﾜｲﾝ][ﾀﾞﾝｽ]踏切る. **8.** 〔〈et⁴〉ッ + (〈場所〉=)〕(口)掛ける,取り付ける. 【慣用】〈j⁴〉 aufmachen ある開ры手術する. Dampf aufmachen (機関車の)ピッチを上げる.

der **Auf|ma•cher** [アウふ・マッはー] 名 -s/- 〖新聞〗大見出し;トップ記事;[ﾃﾞﾝ]トップニュース.

die **Auf|ma•chung** [アウふ・マッフング] 名 -/-en 外装,外観;身なり,格好;〖新聞〗大見出し,トップ記事: über〈et⁴〉 in großer ~ berichten〈事〉を大々的に報道する.

der **Auf|marsch** [アウふ・マルシュ] 名 -es/..märsche パレード;行進.

auf|mar•schie•ren [アウふ・マルシーレン] 動 *s.* [競](大勢で)行進してくる(行進する).

auf|mei•ßeln [アウふ・マイゼルン] 動 *h.* 〔〈et⁴〉ッ〕のみで穴をあける.

auf|mer•ken [アウふ・メルケン] 動 *h.* **1.** 〔(auf〈j⁴/et⁴〉=)〕(文)注意を払う. **2.** [機転(きてん)](はっとして)聞き耳を立てる. 【慣用】(auf alles) gut aufmerken (何事にも)十分気をくばる.

auf|merk•sam [アウふ・メルクザーム] 形 **1.** 注意を集中している,注意深い: ~ er Zuhörer じっと聞きいる聴衆. **2.** こまかく気を配る,親切な: gegen〈j⁴〉[〈j⁴〉 gegenüber] ~ sein〈人に〉親切である. Das ist sehr ~ von Ihnen. 大変お気遣いなされましてありがとうございます. 【慣用】〈j⁴〉 auf〈j⁴/et⁴〉 aufmerksam machen〈人に〉〈人・物・事の〉注意を喚起する. (auf〈j⁴/et⁴〉) aufmerksam werden〈人・物・事に〉気づく.

die **Auf|merk•sam•keit** [アウふ・メルクザームカイト] 名 -/-en **1.** (のみ)注意,留意,関心: ~ für〈et⁴〉 zeigen〈物・事〉に関心を示す. **2.** (主に(ｵｰｽﾄ))親切,思いやり. **3.** 寸志,贈物.

auf|mes•sen* [アウふ・メッセン] 動 *h.* 〔〈et⁴〉ッ〕(詳細に)実測する(建造物を).

auf|mö•beln [アウふ・メ・ーベルン] 動 *h.* (口) **1.** 〔〈et⁴〉ッ〕(修理して)何とか見栄えをよくする. **2.** 〔〈j⁴〉ッ〕元気づける.

auf|mot•zen [アウふ・モッツェン] 動 *h.* (口) **1.** 〔(gegen〈j⁴/et⁴〉=)〕文句を言う. **2.** 〔〈et⁴〉ッ〕改造(改装)する,より効果的にする. **3.** 〔sich⁴〕めかしこむ.

auf|mu•cken [アウふ・ムッケン] 動 *h.* 〔gegen〈j⁴/et⁴〉

ニ〙《口》さからう, たてつく.

auf|mun·tern [アウふ·ムンターン] [動] *h.* **1.** 〘⟨j^4⟩ヲ〙元気〔勇気〕づける. **2.** 〘⟨j^4⟩ヲ＋(zu ⟨et^3⟩スルヨウ)〙励ます.

auf·müp·fig [アウふ·ミュップふぃひ] [形] 《方》反抗的な.

auf|nä·hen [アウふ·ネーエン] [動] *h.* 〘⟨et^4⟩ヲ＋(auf ⟨et^4⟩ニ)〙縫いつける.

die **Auf·nah·me** [アウふ·ナーメ] [名] -/-n **1.** 開始, 着手. **2.** (主に[単])受入れ;応接;収容;採用, 入会: ～ finden 迎えられる. **3.** (病院の)受付. **4.** (主に[単])取入れること;収録;受容;借入れ;([単]のみ)摂取: gute ～ finden 賛同を得る. **5.** (主に[単])記録(の作成). **6.** (主に[単])撮影, 録音, 録画. **7.** 写真, 録音〔録画〕されたもの.

die **Auf·nah·me·be·din·gung** [アウふナーメ·ベディングング] [名] -/-n(主に[複])採用条件.

auf·nah·me·be·reit [アウふナーメ·ベらイト] [形] 受入れる用意のある;撮影〔録音〕の準備のできた;植える用意のできた.

auf·nah·me·fä·hig [アウふナーメ·ふぇーイひ] [形] 〘(für ⟨et^4⟩ヲ)〙受容〔収容〕できる, (…に)感受能力のある.

die **Auf·nah·me·fä·hig·keit** [アウふナーメ·ふぇーイひカイト] [名] -/ 受容力, 収容力;記録能力.

die **Auf·nah·me·ge·bühr** [アウふナーメ·ゲビューあ] [名] -/-en 入会〔加入·入学〕金.

der **Auf·nah·me·lei·ter** [アウふナーメ·ライター] [名] -s/- 〘映〙撮影主任.

die **Auf·nah·me·prü·fung** [アウふナーメ·プりゅーふング] [名] -/-en 入学試験.

der **Auf·nah·me·raum** [アウふナーメ·らウム] [名] -(e)s/ ..räume 録音〔録画〕室, スタジオ.

der **Auf·nah·me·wa·gen** [アウふナーメ·ヴァーゲン] [名] -s/- (テレビなどの)中継車.

auf|neh·men* [アウふ·ネーメン] [動] *h.* **1.** 〘⟨j^4/et^4⟩ヲ〙取上げる, 拾い上げる;抱上げる, 助け起こす;〘球〙キャッチする;〘手芸〙拾う(目を);《北独》(床から)ふき取る. **2.** 〘⟨et^4⟩ヲ〙開始する, 始める. **3.** 〘⟨j^4⟩ヲ＋(⟨場所⟩ニ)〙迎入れる, 泊らせる, 引取る, 収容する;《オーストリア》雇入れる. **4.** 〘⟨j^4⟩ヲ＋in ⟨et^4⟩ニ〙受入れる, 入会させる, 入学させる. **5.** 〘⟨et^4⟩ヲ＋in ⟨et^4⟩ニ〙取上げる〔入れる〕(プログラムなどに). **6.** 〘⟨j^4/et^4⟩ヲ〙収容する, 受入れる(部屋などが). **7.** 〘⟨et^4⟩ヲ〙筆記する, 書く, (…の)記録を取る;(…の)地図〔図面〕を書く(土地などの). **8.** 〘⟨j^4/et^4⟩ヲ〙写真〔映画〕に撮る, 録画する. **9.** 〘⟨et^4⟩ヲ〙録音〔レコーディング〕する. **10.** 〘⟨et^4⟩ヲ＋(in sich$^{4(3)}$)〙(精神的に)吸収する, 受入れる(知識·思想などを). **11.** 〘⟨et^4⟩ヲ〙吸収する(気体·水などを), 摂取する(栄養などを). **12.** 〘⟨et^4⟩ヲ〙借入れる. **13.** 〘⟨et^4⟩ヲ＋⟨様態⟩ニ〙受止める. **14.** 〘⟨et^4⟩ノ〙〘馬術〙注意を集中させる(馬の). 【慣用】**es mit ⟨j^3⟩ (in ⟨et^3⟩) aufnehmen (können)** ⟨人ニ⟩⟨事デ⟩引けをとらない, (…と)張合える.

auf|no·tie·ren [アウふ·ノティーれン] [動] *h.* 〘(⟨j^3⟩ニ)＋⟨et^4⟩ヲ〙無理じいする, 押しつける.

auf|nö·ti·gen [アウふ·[ネ]ーティゲン] [動] *h.* 〘⟨j^3⟩ニ＋⟨et^4⟩ヲ〙無理に押しつける, 無理じいする.

auf|ok·t·ro·y·ie·ren [..trọaji:rən アウふ·オクトろアイーれン] [動] *h.* 〘⟨j^3/et^3⟩ニ＋⟨et^4⟩ヲ〙《文》押しつける.

auf|op·fern [アウふ·オッブふぁーン] [動] *h.* **1.** 〘⟨et^4⟩ヲ＋⟨j^3/et^3⟩ノタメニ/für ⟨j^4/et^4⟩ノタメニ〙《文》犠牲にする. **2.** 〘sich^4＋für ⟨j^4/et^4⟩ノタメニ〙一身を捧げる.

die **Auf·op·fe·rung** [アウふ·オッブふぇるング] [名] -/-en 《主に[単]》犠牲(的行為): die ～ für ⟨j^4/et^4⟩ ⟨人·事ニ対スル⟩自己犠牲.

auf|pa·cken [アウふ·パッケン] [動] *h.* **1.** 〘(⟨j^3/et^3⟩ニ)＋⟨et^4⟩ヲ〙背負わせる;積む;《転》負わせる(責任などを). **2.** 〘⟨et^4⟩ニ〙荷物を満載する. **3.** 〘[補足なし]〙《方》出発のための荷作りをする. **4.** 〘⟨et^4⟩ヲ〙《稀》開ける(小包などを).

auf|päp·peln [アウふ·ぺっペルン] [動] *h.* 〘⟨j^4⟩ニ＋(mit ⟨et^3⟩デ)〙栄養をつける(病人·子供などに).

auf|pas·sen [アウふ·パッセン] [動] *h.* **1.** 〘(auf ⟨j^4/et^4⟩ニ/⟨[文]⟩デアルコトニ)〙注意を払う, 気をつける, 見張る. **2.** 〘(⟨j^3/et^3⟩ニ)＋⟨et^4⟩ヲ〙《方》試しにかぶせてみせる(帽子·ふたなどを). **3.** 〘⟨j^3⟩ヲ〙《方》待伏せる.

der **Auf·pas·ser** [アウふ·パッサー] [名] -s/- 見張り, 監視人;《蔑》スパイ.

auf|peit·schen [アウふ·パイチェン] [動] *h.* **1.** 〘⟨et^4⟩ニ〙(鞭(むち)をあてて)立たせる(動物·波などを). **2.** 〘⟨j^4/et^4⟩ヲ〙興奮させる.

auf|pflan·zen [アウふ·プふランツェン] [動] *h.* 〘⟨et^4⟩ヲ〙立てる(旗などを);装着する(銃剣などを). 【慣用】**sich^4 vor ⟨j^3/et^3⟩ aufpflanzen** 《口》挑むように⟨人·物の前に⟩立ちはだかる.

auf|pfrop·fen [アウふ·プふろっプふぇン] [動] *h.* **1.** 〘⟨et^4⟩ヲ＋(auf ⟨et^4⟩ニ)〙接ぎ木する. **2.** 〘⟨j^3⟩ニ＋⟨et^4⟩ヲ〙無理に押しつける(国民に異質文化などを).

auf|pi·cken [アウふ·ピッケン] [動] *h.* **1.** 〘⟨et^4⟩ヲ〙ついばんで拾う. **2.** 〘⟨et^4⟩ニ〙くちばしで穴をあける. **3.** 〘⟨et^4⟩ヲ＋(auf ⟨et^4⟩ニ)〙《オーストリア·口》張りつける.

auf|plat·zen [アウふ·プラッツェン] [動] *s.* 〘[補足なし]〙ほころびる(縫い目·つぼみなどが), ぱっくりと口を開く(傷などが).

auf|plus·tern [アウふ·プルースターン] [動] *h.* **1.** 〘⟨et^4⟩ヲ〙逆立てる(鳥が羽を). **2.** 〘⟨et^4⟩ヲ〙《口》大げさに話す. **3.** 〘sich^4〙羽を逆立てる;《口·蔑》威張りくさる.

auf|po·lie·ren [アウふ·ポリーれン] [動] *h.* 〘⟨et^4⟩ヲ〙磨きあげる, 彫琢(ちょうたく)する(家具·知識·テキストなどを).

auf|pols·tern [アウふ·ポルスターン] [動] *h.* 〘⟨et^4⟩ノ〙詰め物を取り替える.

auf|prä·gen [アウふ·プれーゲン] [動] *h.* 〘⟨et^4⟩ヲ＋(auf ⟨et^4⟩ニ)〙刻印する. 【慣用】**⟨j^3/et^3⟩ seinen Stempel aufprägen** ⟨人·事ニ⟩強い影響を与える.

der **Auf·prall** [アウふ·プらル] [名] -(e)s/-e (主に[単])衝突.

auf|pral·len [アウふ·プらレン] [動] *s.* 〘(auf ⟨j$^{4(3)}$/et$^{4(3)}$⟩ニ)〙衝突〔激突〕する.

der **Auf·prall·schutz** [アウふ·プらル·シュッツ] [名] -es/-e **1.** シートベルト. **2.** (スキーのコース·オートレースのサーキットなどの)防御フェンス.

der **Auf·preis** [アウふ·プらイス] [名] -es/-e 割増価格, 追加料金.

auf|pro·bie·ren [アウふ·プろビーれン] [動] *h.* 〘⟨et^4⟩ヲ〙試しにかぶって〔掛けて〕みる(帽子·眼鏡などを).

auf|pul·vern [アウふ·プルヴァーン, アウふ·プルふぁーン] [動] *h.* 〘(⟨j^4/et^4⟩ニ)〙《口》元気を取り戻させる;(⟨j^4⟩がsich^{4}の場合)元気を取り戻す.

auf|pum·pen [アウふ·プムペン] [動] *h.* **1.** 〘⟨et^4⟩ニ〙空気を入れる. **2.** 〘sich^4〙《口》威張る;いきり立つ.

auf|put·schen [アウふ·プッチェン] [動] *h.* **1.** 〘⟨j^4⟩ヲ＋(zu ⟨et^3⟩ヲスルヨウニ)〙扇動する, (…を)そそのかして(…を)させる. **2.** 〘⟨j^4/et^4⟩ヲ〙興奮させる, 刺激する;(⟨j^4⟩がsich^{4}の場合)興奮する, 元気をつける.

das **Auf·putsch·mit·tel** [アウふプッチュ·ミッテル] [名] -s/- 興奮剤.

der **Auf·putz** [アウふ·プッツ] [名] -es/-e (主に[単]) 飾りたてること, 満艦飾.

auf|put·zen [アウふ·プッツェン] [動] *h.* **1.** 〘⟨j^4/et^4⟩ヲ〙着飾らせる, 厚化粧させる;《口》(主に《蔑》)飾る(自分のイメージなどを), 粉飾する;(⟨j^4⟩がsich^{4}の場合)めかしこむ. **2.** 〘⟨et^4⟩ヲ〙《方》拭いてきれいにする.

auf|quel·len$^{(*)}$ [アウふ·クヴェレン] [動] *s.* **1.** 〘[補足なし]〙膨れ(上が)る, ふやける. **2.** 〘[補足なし]〙《文》立ちのぼる, あふれ出る;《転》こみ上げる(怒りなどが).

auf|raf·fen [アウふ·らっふぇン] [動] *h.* **1.** 〘⟨et^4⟩ヲ〙か

aufragen 98

き集めして拾上げる);たくし上げる. **2.** 〔sich⁴+von ⟨et³⟩ヵラ〕やっとの思いで立[起]上がる. **3.** 〔sich⁴+zu ⟨et³⟩ヲシヨウト〕やっとの思いで決心する.
auf|ra·gen [アウふ・ラーゲン] 動 h. 〔雅文〕そびえ立つ.
auf|rap·peln [アウふらっぺルン] 動 h. 〔口〕 **1.** 〔sich⁴〕やっとのことで立上がる;元気になる. **2.** 〔sich⁴+(zu ⟨et³⟩ヲシヨウト)〕やっとのことで決心する.
auf|rau·chen [アウふ・ラウヘン] 動 h. 〔et⁴ヲ〕(すっかり)吸い尽す(葉巻一箱などを);吸い終る(葉巻などを).
auf|rau·en, ®**auf|rau·hen** [アウふ・ラウエン] 動 h. 〔et⁴ヲ〕表面をざらざらにする,(…を)けば立たせる.
auf|räu·men [アウふ・ロイメン] 動 h. **1.** 〔et⁴ヲ〕片づける,整理する. **2.** 〔mit ⟨et³⟩ヲ〕取除く,一掃する. **3.** 〔場所〕多数の犠牲者を出す(伝染病などが).
die **Auf·räu·mungs·ar·bei·ten** [アウふ・ロイムングス・アルバイテン] 複数 清掃(片づけ)作業.
auf|rech·nen [アウふ・レヒネン] 動 h. **1.** 〔et⁴ヲ+⟨et³⟩ヲ〕勘定を負担させる. **2.** 〔⟨et⁴⟩ヲ+gegen ⟨et⁴⟩ヲ〕相殺する.
auf·recht [アウふ・レヒト] 形 **1.** 直立の,しゃんとした. **2.** 真っ正直な;誠実な.【慣用】**ein aufrechter Gang** 直立歩行. **sich⁴ nicht mehr [kaum noch] aufrecht halten können** つかれ切[弱り]もう立っていられない.
auf·recht|er·hal·ten* [アウふレヒト・エルハルテン] 動 h. 〔j⁴/et⁴ヲ〕維持する(秩序などを),絶やさない(連絡などを),堅持する(主張などを).
auf|re·den [アウふ・レーデン] 動 h. 〔⟨j³⟩ニ+⟨et⁴ヲ⟩〕うまく言いくるめて押しつける(買わせる).
auf|re·gen [アウふ・レーゲン] 動 h. **1.** 〔⟨j⁴⟩ヲ〕興奮させる,動揺させる. **2.** 〔sich⁴+(über ⟨j⁴/et⁴⟩ニ)〕興奮する,動揺する;〔口〕憤慨する,憤慨してあれこれ言う.
die **Auf·re·gung** [アウふ・レーグング] 名 -/-en **1.** 興奮,動揺(物): in der ~ 興奮して. **2.** (人心の)動揺,混乱: in heller ~ 大騒ぎして.
auf|rei·ben* [アウふ・ライベン] 動 h. **1.** 〔sich³+⟨et⁴⟩ヲ〕擦りむく. **2.** 〔⟨et⁴⟩ヲ〕(心身を)消耗する. **3.** 〔⟨j⁴⟩ヲ〕心身ともに消耗させる. **4.** 〔j⁴/et⁴ヲ〕全滅させる. **5.** 〔⟨et⁴⟩ヲ〕磨滅させる(石などを);〔稀〕塗る(床を);(南独)すりおろす(野菜を).
auf|rei·hen [アウふ・ライエン] 動 h. **1.** 〔⟨et⁴⟩ヲ〕じゅずつなぎにする,(一列に)並べる;列挙する(名前などを). **2.** 〔sich⁴〕(一列に)並ぶ.
auf|rei·ßen* [アウふ・ライセン] 動 **1.** h. 〔⟨et⁴⟩ヲ〕一気に開ける(戸・窓などを);(破って)開ける;〔口〕大きく開ける(目・口を). **2.** h. 〔⟨et⁴⟩ヲ〕かき裂きをつくる;裂傷をつくる. **3.** h. 〔⟨et⁴⟩ヲ〕[工]立面図を描く(建物などの). **4.** s. 〔慣〕裂ける,破れる,裂け目ができる. **5.** h. 〔⟨et⁴⟩ヲ〕概略を述べる(問題などの).【慣用】*h.* **die gegnerische Abwehr aufreißen** 〔スポ〕相手チームのディフェンスに穴を開ける. *h.* **ein Mädchen aufreißen** 〔口〕女の子をひっかける. *h.* **einen Job aufreißen** 〔口〕仕事を手に入れる. *h.* **sich³ das Hemd/den Kragen aufreißen** かきむしるようにシャツの前をはだける/カラーをゆるめる.
auf|rei·zen [アウふ・ライツェン] 動 h. **1.** 〔⟨j⁴⟩ヲ+zu ⟨et⁴⟩ヲアルヨウニ〕扇動する,唆かす,(…を)扇動して(…をさせる. **2.** 〔⟨j⁴/et⁴⟩ヲ〕刺激する,かき立てる.
auf·rei·zend [アウふ・ライツェント] 形 刺激(挑発)的な.
die **Auf·rich·te** [アウふ・リヒテ] 名 -/-n 〔建〕上棟式.
auf|rich·ten [アウふ・リヒテン] 動 h. **1.** 〔⟨j⁴/et⁴⟩ヲ〕起こす,立たせる;真っすぐにする(上体などを). **2.** 〔sich⁴〕起[立]上がる;姿勢を真っすぐにする;真っすぐになる. **3.** 〔⟨et⁴⟩ヲ〕建てる,立てる;打立てる(国などを);(方)修繕する(家具などを). **4.** 〔⟨j⁴⟩ヲ〕元気づける. **5.** 〔sich⁴+(an ⟨j³/et³⟩ノナグサメデ)〕元気[勇気]を取戻す.
auf·rich·tig [アウふ・リヒティヒ] 形 率直な,正直な,心からの.
die **Auf·rich·tig·keit** [アウふ・リヒティヒカイト] 名 -/ 誠実,正直.
auf|rie·geln [アウふ・リーゲルン] 動 h. 〔⟨et⁴⟩ヲ〕閂(かんぬき)をはずして開ける.
der **Auf·riss**, ®**Auf·riß** [アウふ・リス] 名 -es/-e **1.** (建築)立面図. **2.** 概要,概説.
auf|rit·zen [アウふ・リッツェン] 動 h. **1.** 〔⟨et⁴⟩ヲ〕切目を入れて開ける. **2.** 〔sich³+⟨et⁴⟩ヲ〕ひっかき傷をつける.
auf|rol·len [アウふ・ロレン] 動 h. **1.** 〔⟨et⁴⟩ヲ〕(心棒に)巻く(糸などを);巻上げる(そでなどを): sich³ die Haare ~ (口)髪をカーラーに巻く. **2.** 〔⟨et⁴⟩ヲ〕広げる(巻いてあるものを);(ころがして)開ける(引戸などを);〔⟨et⁴⟩ガsich⁴の場合〕(巻いたものが)広がる. **3.** 〔⟨et⁴⟩ヲ〕【慣用】**eine feindliche Stellungen aufrollen**〔軍・古〕敵を側面攻撃して突破口を開く. **einen Prozess noch einmal aufrollen** 訴訟を再開する.
auf|rü·cken [アウふ・リュッケン] 動 s. **1.** 〔稀〕間隔をつめる. **2.** 〔in ⟨et⁴⟩ニ/zu ⟨j³⟩ニ〕昇進する;進級する.
der **Auf·ruf** [アウふ・るーふ] 名 -(e)s/-e 名前を呼ぶこと;公告,アピール;(銀行券の)無効回収布告;(証人)召喚;〔コンピュ〕コール,呼出し.
auf|ru·fen* [アウふ・ルーふェン] 動 h. **1.** 〔⟨j⁴⟩ヲ〕名前を呼ぶ. **2.** 〔⟨j⁴⟩ヲ〕[法]召喚する. **3.** 〔⟨et⁴⟩ニ+zu ⟨et³⟩ヲスルヨウニ〕呼びかける. **4.** 〔⟨et⁴⟩ヲ〕(文)訴える(良心などに). **5.** 〔⟨et⁴⟩ヲ〕呼ぶ(人の名前・番号などを),呼出す,呼出す. **6.** 〔⟨et⁴⟩ヲ〕(銀行)無効回収布告をする(銀行券の).
der **Auf·ruhr** [アウふ・るーあ] 名 -(e)s/-e (主に®) 騒乱,反乱,暴動;(®の)内乱興奮.
auf|rüh·ren [アウふ・りューレン] 動 h. **1.** 〔⟨et⁴⟩ヲ〕きまわして浮き上がらせる(お茶の葉などを),舞上がらせる. **2.** 〔⟨et⁴⟩ヲ〕(文)呼び覚ます,蒸返す. **3.** 〔⟨j⁴⟩ヲ〕(文)激しく動揺[興奮]させる(悪い知らせなどが). **4.** (稀)蜂起(ほうき)させる.
der **Auf·rüh·rer** [アウふ・りューらー] 名 -s/- 反乱者.
auf·rüh·re·risch [アウふ・りューれりシュ] 形 扇動的な;暴動を起こした.
auf|run·den [アウふ・るンデン] 動 h. 〔⟨et⁴⟩ヲ〕端数を切上げる: **die Summe von 6, 80 auf 7 Euro ~** 6ユーロ80セントの端数を切上げて7ユーロとする.
auf|rüs·ten [アウふ・リュステン] 動 h. **1.** 〔⟨et⁴⟩ヲ〕軍備を増強する. **2.** 〔⟨et⁴⟩ヲ〕軍備を持たせる(国に). **3.** 〔⟨j⁴⟩ヲ〕励ます. **4.** 〔⟨et⁴⟩ヲ〕組立てる(足場を).
auf|rüt·teln [アウふ・リュッテルン] 動 h. 〔j⁴/et⁴ヲ〕揺り起こす;呼び覚ます.
aufs [アウふス] =auf+das.
auf|sa·gen [アウふ・ザーゲン] 動 h. **1.** 〔⟨et⁴⟩ヲ〕暗唱する. **2.** 〔(⟨j³⟩ニ)+⟨et⁴⟩ヲ〕(文)解消を通告する.
auf|sam·meln [アウふ・ザメルン] 動 h. **1.** 〔⟨et⁴⟩ヲ+(von ⟨et³⟩カラ)〕拾い集める. **2.** 〔⟨j⁴⟩ヲ〕連行する(酔っぱらいやうろついている者を). **3.** 〔⟨et⁴⟩ヲ〕やめる;〔⟨et⁴⟩ガsich⁴の場合〕たまる.
auf·säs·sig [アウふ・ゼッシヒ] 形 反抗的な;反逆的な.
die **Auf·säs·sig·keit** [アウふ・ゼッシヒカイト] 名 -/ **1.** (のみ)反抗的であること. **2.** 反抗的な行動〔発言〕.
der **Auf·satz** [アウふ・ザッツ] 名 -es/..sätze **1.** 作文,(小)論文. **2.** (家具などの)上置き,上飾り;(テーブルの)置物,センターピース(Tafel ~);(オルガン

のパイプの)共鳴器;〖軍〗照準器.

das **Auf·satz·the·ma** [アウふ·ザっツ·テーマ] [名] -s/ ..themen 作文のテーマ.

auf|sau·gen$^{(*)}$ [アウふ·ザウゲン] [動] *h.* **1.** 〔〈et^4〉ヲ〕吸込む, 吸収する. **2.** 〔〈j^4/et^4〉ヲ〕消耗させる.

auf|schau·en [アウふ·シャウエン] [動] *h.* **1.** 〔補足なし〕《南独·オーストリア·スイス》見上げる, 仰ぎ見る: *Aufgeschaut!* 注目. **2.** 〔zu 〈j^3〉ヲ〕《文》尊敬する.

auf|schau·keln [アウふ·シャウケルン] [動] *h.* 〔sich^4〕揺れがひどくなる;《口》強まる, 高まる.

auf|schäu·men [アウふ·ショイメン] [動] **1.** *s.*〔*h.*〕〔補足なし〕泡立つ;《稀》(腹を立てて)いきり立つ. **2.** *h.* 〔〈et^4〉ヲ〕発泡させて膨らませる(スチロールなどを).

auf|schei·nen* [アウふ·シャイネン] [動] *s.* **1.** 〔補足なし〕《文》輝きだす. **2.** 〔in 〈et^3〉ニ〕《オーストリア》現れる(名前が紙面などに).

auf|scheu·chen [アウふ·ショイヘン] [動] *h.* 〔〈j^4/et^4〉ヲ+(aus 〈et^3〉カラ)〕おどして追[狩]立てる;《口》(…の…を)邪魔してできなくさせる.

auf|scheu·ern [アウふ·ショイあーン] [動] *h.* **1.** 〔〈j^3〉ノ+〈et^4〉ヲ〕すりむく(皮膚を). **2.** 〔sich^4〕すりむける.

auf|schich·ten [アウふ·シひテン] [動] *h.* **1.** 〔〈et^4〉ヲ〕積重ねる. **2.** 〔〈et^4〉ヲ〕積重ねて作る(まきの山などを).

auf|schie·ben* [アウふ·シーベン] [動] *h.* **1.** 〔〈et^4〉ヲ〕(横に引いて)開ける(引戸などを). **2.** 〔〈et^4〉ヲ〕延期する.

auf|schie·ßen* [アウふ·シーセン] [動] **1.** *s.* 〔補足なし〕噴上げる(水などが);ぐんぐん成長する(種などが);急に立上がる;急に飛上がる(鳥が). **2.** *s.* 〔in 〈j^3〉ノ心ニ〕《文》突然浮かぶ;ひらめく. **3.** *h.* 〔〈et^4〉ヲ〕〖海〗巻いて積上げる(索具などを);船首を風上に向けて停止させる(帆船などを).

der **Auf·schlag** [アウふ·シュラーク] [名] -(e)s/..schläge **1.** ([単]のみ)当ること, 衝突. **2.** 〖球〗サーブ. **3.** (衣服の)折返し;そで口, カフス. **4.** 追加料金, 付加金(Preis~);値上がり.

auf|schla·gen* [アウふ·シュラーゲン] [動] **1.** *s.* 〔auf 〈et$^{3(4)}$〉ニ〕(音を立てて)激しくぶつかる(転倒·墜落して身体部分が). **2.** *s.* 〔mit 〈et^3〉ヲ+auf 〈et$^{3(4)}$〉ニ〕激しくぶつける(人が身体部分を). **3.** *h.* 〔sich^3+〈et^4〉ヲ〕ぶつけて痛める[負傷する]. **4.** *h.* 〔〈et^4〉ヲ〕たたいて[ぶつけて]割る(卵などを). **5.** *h.* 〔〈et^4〉ヲ〕開く(本などを);見開く[上げる](目を). **6.** *h.* 〔〈et^4〉ヲ〕立てる(襟を);まくり上げる(そで·ズボンを);上へ曲げる(帽子のつばを). **7.** *h.* 〔〈et^4〉ヲ〕組み立てる(足場などを), 整える(ベッドを), 張る(テントを);〖編物〗作る(最初の目を). **8.** *h.* 〔補足なし〕〖スポーツ〗サーブをする. **9.** *s.* 〔補足なし〕勢いよく開く(戸などが);勢いよく燃上がる. **10.** *h.* 〔〈et^4〉ヲ/mit 〈et^3〉ヲ〕上げる(値段を);(〔補足なし〕で)値上げする. **11.** *h.* 〔〈et^4〉ヲ+auf 〈et^4〉ニ〕上乗せする(手数料を金額に). **12.** *h.*〔*s.*〕〔(um 〈et^4〉ダケ)〕値上がりする. **13.** *h.* 〔〈et^4〉ヲ+in 〈et^3〉ニ〕定める(住居·宿を).

auf|schlie·ßen* [アウふ·シュリーセン] [動] *h.* **1.** 〔〈et^4〉ノ〕鍵(かぎ)[錠]を開ける. **2.** 〔〈j^3〉ニ+〈et^4〉ヲ〕《文》解明[説明]する;打明ける. **3.** 〔sich^4+〈j^3〉ニ〕心を打明ける;開かれる(新しい世界などが). **4.** 〔〈et^4〉ノ〕〖鉱〗開発する(油田などを);〖冶金〗砕解する(鉱石を);〖化·生〗可溶性にする;〖官〗開設する(新開地に水道などを). **5.** 〔補足なし〕列の間隔を詰める. **6.** 〔zu 〈j^3/et^3〉ニ〕追いつく.

auf|schlit·zen [アウふ·シュリっツェン] [動] *h.* 〔〈et^4〉ヲ〕裂いて開ける.

auf|schluch·zen [アウふ·シュルふツェン] [動] *h.* 〔補足なし〕急にむせび泣く, しゃくり上げる.

auf|schlu·cken [アウふ·シュルっケン] [動] *h.* 〔〈et^4〉ヲ〕よく吸収する(音響などを);《稀》呑み込む.

der **Auf·schluss**, [旧]**Auf·schluß** [アウふ·シュルス] [名] -es/..schlüsse **1.** 解明, 説明, 情報: 〈j^3〉 über 〈j^4/et^4〉 ~ geben 〈人ニ〉〈人·事·物について〉説明する. **2.** 〖鉱〗(鉱山などの)開発. **3.** 〖冶金〗選鉱;〖地質〗(鉱脈などの)露出部. **4.** 〖化〗溶かすこと. **5.** (監房の)開扉.

auf|schlüs·seln [アウふ·シュリュっセルン] [動] *h.* **1.** 〔〈j^4/et^4〉ヲ+(nach 〈et^3〉ニ従ッテ)〕分類する. **2.** 〔〈et^4〉ヲ〕解読する.

auf·schluss·reich, [旧]**auf·schluß·reich** [アウふ·シュルス·ライひ] [形] 啓発するところの多い, 示唆に富む.

auf|schnal·len [アウふ·シュナレン] [動] *h.* **1.** 〔〈et^4〉ヲ+(auf 〈et^4〉ノ上ニ)〕(留金つきの)バンドでくくりつける. **2.** 〔〈et^4〉ノ〕留め金をはずす.

auf|schnap·pen [アウふ·シュナっペン] [動] **1.** *s.* 〔補足なし〕ぱちん[ぱっ]と開く(ドア·錠などが). **2.** *h.* 〔〈et^4〉ヲ〕ぱくっとくわえる(犬がえさを). **3.** *h.* 〔〈et^4〉ヲ〕《口》小耳にはさむ.

auf|schnei·den* [アウふ·シュナイデン] [動] *h.* **1.** 〔〈et^4〉ヲ〕切って開ける(封筒などを). **2.** 〔(〈j^3〉ノ)+〈et^4〉ヲ〕切開する, (…に)切り傷をつくる. **3.** 〔〈et^4〉ヲ〕スライスする. **4.** 〔補足なし〕《口·蔑》ほらを吹く.

der **Auf·schnei·der** [アウふ·シュナイダー] [名] -s/- 《口·蔑》ほら吹き.

die **Auf·schnei·de·rei** [アウふ·シュナイデらイ] [名] -/-en 《口·蔑》ほら, 大言壮語.

auf|schnel·len [アウふ·シュネレン] [動] *s.* 〔補足なし〕急に跳上がる;《稀》ぱっと開く(ドアなどが).

der **Auf·schnitt** [アウふ·シュニっト] [名] -(e)s/ (ハムなどの)薄切り.

auf|schnü·ren [アウふ·シュニューれン] [動] *h.* **1.** 〔〈et^4〉ノ〕ひもをほどく. **2.** 〔〈et^4〉ヲ+auf 〈et^4〉ノ上ニ〕《稀》ひもでしばりつける.

auf|schrau·ben [アウふ·シュらウベン] [動] *h.* **1.** 〔〈et^4〉ノ〕ふた[キャップ]をねじってはずす. **2.** 〔〈et^4〉ヲ〕ねじってはずす. **3.** 〔〈et^4〉ヲ+(auf 〈et^4〉(ノ上)ニ)〕ねじってはめる;ねじで取りつける.

auf|schre·cken^{1} [アウふ·シュれっケン] [動] *h.* 〔〈j^4/et^4〉ヲ〕驚かせて飛上がらせる, ぎょっとさせる.

auf|schre·cken$^{2(*)}$ [アウふ·シュれっケン] [動] *s.* 〔aus 〈et^3〉カラ〕ぎょっと[はっと]して飛上がる[飛起きる].

der **Auf·schrei** [アウふ·シュらイ] [名] -(e)s/-e 叫び声.

auf|schrei·ben* [アウふ·シュらイベン] [動] *h.* **1.** 〔(〈j^3〉ノタメニ)+〈et^4〉ヲ〕書きとめる, メモする. **2.** 〔〈j^3〉ニ+〈et^4〉ヲ〕《口》処方する. **3.** 〔〈j^4〉ノ〕《口》住所氏名を書きとめる.

auf|schrei·en* [アウふ·シュらイエン] [動] *h.* 〔補足なし〕叫び声を上げる.

die **Auf·schrift** [アウふ·シュりふト] [名] -/-en 上書き, 標題;レッテル, ラベル;《稀》宛名(あてな).

der **Auf·schub** [アウふ·シューブ] [名] -(e)s/..schube 延期, 猶予: ohne ~ 遅滞なく, 即刻.

die **Auf·schür·fung** [アウふ·シュるふング] [名] -/-en 擦り[掻き]傷をつけること;擦り[掻き]傷.

auf|schür·zen [アウふ·シュるツェン] [動] *h.* 〔〈et^4〉ヲ〕たくし上げる;《文》とがらす(唇を).

auf|schüt·teln [アウふ·シュっテルン] [動] *h.* 〔〈et^4〉ヲ〕振って[揺すって]ふんわりさせる(寝具などを).

auf|schüt·ten [アウふ·シュっテン] [動] *h.* **1.** 〔〈et^4〉ヲ〕注ぐ, ざーっとつぎたす. **2.** 〔〈et^4〉ヲ〕築く(ダムを);(土を盛って)高くする(道路を);敷く(わらを);堆積(たいせき)させて作る(川が扇状地を).

auf|schwat·zen [アウふ·シュヴァっツェン] [動] *h.* 〔〈j^3〉ニ+〈j^4/et^4〉ヲ〕言葉巧みに押しつける, 売りつける.

auf|schwel·len^{1*} [アウふ·シュヴェレン] [動] *s.* 〔補足なし〕膨れ上がる, はれ上がる;激しくなる, 盛大になる.

auf|schwel·len^{2} [アウふ・シュヴェレン] [動] *h.* 〔⟨et^{4}⟩ヲ〕(大きく)膨らませる.

auf|schwem·men [アウふ・シュヴェメン] [動] *h.* 〔(⟨j^{4}/et^{4}⟩ヲ)〕ぶくぶくに太らせる;水でやわらかくする.

auf|schwin·gen* [アウふシュヴィンゲン] [動] *h.* **1.** 〔sich^{4}+(⟨方向⟩へ)〕(勢いよく)飛〔舞〕上がる. **2.** 〔補足なし〕勢いよく開く;〘体操〙振り上がりをする. **3.** 〔sich^{4}+(zu ⟨j^{3}⟩ニ)〕努力して〔自分勝手に〕なる;実力で成り上がる. **4.** 〔sich^{4}+zu ⟨et^{3}⟩ヲ〕(頑張って)やっとする,思い切ってする.

der **Auf·schwung** [アウふ・シュヴング] [名] -(e)s/..schwünge **1.** 〘体操〙振り上がり. **2.** 《文》(感情の)高揚. **3.** 発展,好況: einen ~ nehmen 発展をする.

die **Auf·schwungs·ten·denz** [アウふシュヴングス・テンデンツ] [名] -/-en (景気などの)上昇傾向.

auf|se·hen* [アウふゼーエン] [動] *h.* **1.** 〔(von ⟨et^{3}⟩カラ)〕目を上げる. **2.** 〔zu ⟨j^{3}/et^{3}⟩ヲ〕見上げる,仰ぎ見る. **3.** 〔zu ⟨j^{3}⟩ヲ〕尊敬する.

das **Auf·se·hen** [アウふ・ゼーエン] [名] -s/ 評判,センセーション: ohne ~ 人目につかずに.

Auf·se·hen er·re·gend, [旧] **auf·se·hen·er·re·gend** [アウふゼーエン エあれーゲント] [形] 世間の注目を集める,センセーショナルな.

der **Auf·se·her** [アウふ・ゼーあー] [名] -s/- 監視人,看守.

auf sein*, [旧] **auf|sein*** [アウふ ザイン] ⇨ auf [副] **3, 4.**

auf|set·zen [アウふ・ぜっツェン] [動] *h.* **1.** 〔(⟨j^{3}⟩ニ)+⟨et^{4}⟩ヲ〕かぶせる(帽子などを);掛ける(眼鏡などを);顔につける(仮面などを). **2.** 〔⟨et^{4}⟩ヲ〕火にかける;(建増して)載せる;立てる(ボウリングのピンを);《方》積上げる;〘海〙陸に引上げる(ボートなどを);〘狩〙新しく生やす(鹿などが角を). **3.** 〔⟨j^{4}⟩ヲ〕起上がらせる;(⟨j^{4}⟩がsich^{4}の場合)起上がる. **4.** 〔⟨et^{4}⟩ヲ+(auf ⟨et^{4}⟩ニ)〕降ろす;着陸させる;縫いつける. **5.** 〔(auf ⟨et$^{3(4)}$⟩ニ)〕着地する,着陸する. **6.** 〔⟨et^{4}⟩ヲ〕作成する. **7.** 〔補足なし〕〘鉱〙出現する(鉱脈などが);〘サッカー・ハンドボール〙ボールをバウンドさせる;〘ラグビー〙ボールを地面にプレースする.

der **Auf·set·zer** [アウふ・ぜっツァー] [名] -s/- 〘球〙ゴール前でバウンドしたボール;〘ラグビー〙プレースキッカー.

auf|seuf·zen [アウふ・ゾイふツェン] [動] *h.* 〔補足なし〕(不意に短く)ため息をつく.

die **Auf·sicht** [アウふ・ズィひト] [名] -/-en **1.** ([単]のみ)監督,監視: ~ führend 監督の,監視の. die ~ über ⟨j^{4}/et^{4}⟩ führen ⟨人・物・事ヲ⟩監督する. **2.** (主に[単])監視人〔所〕. **3.** 上から見ること,俯瞰(ふかん): ⟨et^{4}⟩ in der ~ zeichnen ⟨物ノ⟩俯瞰図を描く.

der **Auf·sichts·be·am·te** [アウふズィひツ・ベアムテ] [名] (形容詞的変化)監督官,(美術館などの)監視人.

die **Auf·sichts·be·hör·de** [アウふズィひツ・ベ[へ]ーあデ] [名] -/-n 監督官庁.

der **Auf·sichts·rat** [アウふズィひツ・らート] [名] -(e)s/..räte (会社の)監査役(委員),監査役会.

auf|sit·zen* [アウふ・ズィっツェン] [動] **1.** *s.* 〔補足なし〕馬に乗る. **2.** *s.* 〔(auf ⟨et^{3}⟩ニ)〕同乗する(バイクなどに). **3.** *h.* 〔補足なし〕《口》起上がっている(病人などが);(寝ないで)起きている. **4.** *h.* 〔auf ⟨et^{3}⟩ノ上ニ〕載っている. **5.** *h.* 〔(auf ⟨et^{3}⟩ノ上ニ)〕〘海〙座礁している;《古》とまっている(鳥が). **6.** *h.* 〔⟨j^{3}⟩ノ〕《方》重荷になっている(人・事が). **7.** *s.* 〔⟨j^{3}/et^{3}⟩ニ〕だまされる. **8.** *s.* 〔補足なし〕《口》見捨てられる,待ちぼうけを食わされる.

auf|spal·ten$^{(*)}$ [アウふ・シュパルテン] [動] *h.* **1.** 〔⟨j^{4}/et^{4}⟩ヲ〕分割する,分解〔分裂〕させる. **2.** 〔sich^{4}+in ⟨et^{4}⟩ニ〕分解〔分裂〕する.

auf|span·nen [アウふ・シュパネン] [動] *h.* 〔⟨et^{4}⟩ヲ+(auf ⟨et^{4}⟩ニ)〕ぴんと張(って固定す)る;開く(傘などを).

auf|spa·ren [アウふ・シュパーれン] [動] *h.* 〔⟨et^{4}⟩ヲ〕とっておく,残しておく.

auf|spei·chern [アウふ・シュパイひゃーン] [動] *h.* **1.** 〔⟨et^{4}⟩ヲ〕貯蔵する;蓄える. **2.** 〔sich^{4}+in ⟨j^{3}⟩ノ心ニ〕鬱積(うっせき)する.

auf|sper·ren [アウふ・シュペれン] [動] *h.* 〔⟨et^{4}⟩ヲ〕《口》大きく開ける(口・窓などを);《方》(…の)かぎをあける.

auf|spie·len [アウふ・シュピーレン] [動] *h.* **1.** 〔(zu ⟨et^{3}⟩ノタメニ)〕音楽を演奏する. **2.** 〔⟨様態⟩ナ〕〘スポーツ〙プレーをする. **3.** 〔sich^{4}〕《口・蔑》偉そうな顔をする,大口をたたく. **4.** 〔sich^{4}+als ⟨j^{1}⟩ヲ〕《口・蔑》気取る.

auf|spie·ßen [アウふ・シュピーセン] [動] *h.* **1.** 〔⟨j^{4}/et^{4}⟩ヲ〕刺して持上げる(干草などを),突刺す;刺して留める(蝶などを). **2.** 〔⟨et^{4}⟩ヲ〕《口》やり玉にあげる.

auf|split·tern [アウふ・シュプリっターン] [動] **1.** *s.* 〔補足なし〕粉ごなに割れる〔砕ける〕. **2.** *h.* 〔⟨et^{4}⟩ヲ〕分裂させる(政党などを);(⟨et^{4}⟩がsich^{4}の場合)分裂する.

auf|spren·gen [アウふ・シュプれンゲン] [動] *h.* **1.** 〔⟨et^{4}⟩ヲ〕こじあける;(…に)爆破して穴をあける. **2.** 〔⟨et^{4}⟩ヲ〕〘狩〙狩立てる.

auf|sprie·ßen* [アウふ・シュプりーセン] [動] *s.* 〔補足なし〕《文》発芽する,生える;《転》芽生える(ある感情が),生じる.

auf|sprin·gen* [アウふ・シュプりンゲン] [動] *s.* **1.** 〔(von ⟨et^{3}⟩カラ)〕跳〔躍〕上がる;さっと立上がる. **2.** 〔auf ⟨et^{4}⟩ニ〕飛乗る(列車などに). **3.** 〔補足なし〕さっと開く;かちっと開く;はぜる(さやなどが);開く(つぼみが);ひび割れする(唇・肌などが). **4.** 〔補足なし〕バウンドする. **5.** 〔補足なし〕突然生じる(突風などが). **6.** 〔in ⟨j^{3}⟩ノ心ニ〕突然こみ上げてくる.

auf|sprit·zen [アウふ・シュプりっツェン] [動] **1.** *s.* 〔補足なし〕はね上がる(泥などが),吹上がる(血などが);《口》さっと立上がる. **2.** *h.* 〔⟨et^{4}⟩ヲ〕吹きつける(塗料を);〘料〙絞り出す(クリームなどを).

auf|spru·deln [アウふ・シュプるーデルン] [動] *s.* 〔補足なし〕わき〔吹〕上がる.

auf|sprü·hen [アウふ・シュプりゅーエン] [動] **1.** *s.* 〔補足なし〕上に高く飛散る. **2.** *h.* 〔⟨et^{4}⟩ヲ〕吹きつける.

der **Auf·sprung** [アウふ・シュプるング] [名] -(e)s/..sprünge 〘スポーツ〙跳躍,(飛び板・踏切板での)ジャンプ;着地.

auf|spu·len [アウふ・シュプーレン] [動] *h.* 〔⟨et^{4}⟩ヲ+(auf ⟨et^{4}⟩ニ)〕巻取る.

auf|spü·ren [アウふ・シュピューれン] [動] *h.* 〔⟨j^{4}/et^{4}⟩ヲ〕見つけ出す,つきとめる;かぎつける;掘出す(骨董(こっとう)品を).

auf|sta·cheln [アウふ・シュタっヘルン] [動] *h.* 〔⟨j^{4}/et^{4}⟩ヲ+(zu ⟨et^{3}⟩ニ)〕刺激する;激励する;(…を)扇動して(…)させる.

auf|stamp·fen [アウふ・シュタムプふェン] [動] *h.* 〔補足なし〕地だんだを踏む.

der **Auf·stand** [アウふ・シュタント] [名] -(e)s/..stände 蜂起(ほうき),暴動,反乱,一揆(いっき): ein ~ gegen die Regierung 反政府暴動.

auf·stän·disch [アウふ・シュテンディシュ] [形] 暴動〔反乱・一揆〕を起こした.

der/die **Auf·stän·di·sche** [アウふ・シュテンディシェ] [名] (形容詞的変化)反逆〔反乱〕者,暴徒.

auf|sta·peln [アウふ・シュターペルン] [動] *h.* 〔⟨et^{4}⟩ヲ〕積重ねる,積上げる.

auf|stäu·ben [アウふ・シュトイベン] [動] *s.* 〔補足なし〕舞上がる(埃・雪などが).

auf|stau·en [アウふ・シュタウエン] [動] *h.* **1.** 〔⟨et^{4}⟩ヲ〕せき止める. **2.** 〔sich^{4}〕(せき止められて)水かさが増す;堆積(たいせき)する(土砂が). **3.** 〔sich^{4}+in ⟨j^{3}⟩ノ心ニ〕鬱積(うっせき)する.

auf|ste·chen* [アウふ・シュテっひぇン] [動] *h.* **1.** 〘(〈j^3〉ノ)＋〈et^4〉ヲ〙針で刺してあける《水疱(すいほう)などを》. **2.** 〘〈et^4〉ヲ〙《口》ほじくり出す《他人の誤りなどを》; 掘起こす《土を》. **3.** 〘〈et^4〉ヲ〙〚狩〛狩出す.

auf|ste·cken [アウふ・シュテッケン] [動] *h.* **1.** 〘〈et^4〉ヲ〙掲げる《旗を》; 立てる《ろうそくなどを》; はめる; 《方》つるす《カーテンなどを》. **2.** 〘(〈j^3〉ノ)＋〈et^4〉ヲ〙上げてピンで留める《髪・裾などを》. **3.** 〘〈et^4〉ヲ〙《口》断念する《勉学などを》. **4.** 〘〈et^3〉ノ飼料棚ニ＋〈et^4〉ヲ〙《方》入れてやる《干草などを》. **5.** 〘〈et^4〉ヲ〙つくる《笑顔などを》. **6.** 〘〈et^4〉ヲ〙《方》手に入れる, 達成する. 【慣用】〈j^3〉 **ein Licht aufstecken** 〈人ニ〉真相を教えてやる.

auf|ste·hen* [アウふ・シュテーエン] [動] **1.** *s.* 〘(von 〈et^3〉カラ)〙立上がる, 起立する. **2.** *s.* 〘補足なし〙起きる, 起床する; 床上げする. **3.** *s.* 〘gegen 〈j^4/et^4〉ニ〙《文・古》反抗して立上がる. **4.** *s.* 〘in 〈j^3〉ノ心ニ〙《文》わき起こる. **5.** *h.* 〘補足なし〙開いている《ドア・窓などが》. **6.** *h.* 〘auf 〈et^3〉ノ上ニ〙立っている, 置かれている. 【慣用】*s.* **Da musst du früher aufstehen.** 君はもっとうまいことを考えつかなければ目的を遂げられないぞ, その手はもう古い. **mit dem linken Bein zuerst aufgestanden sein** 機嫌が悪い. *s.* **vor** 〈**j^3**〉 **aufstehen** 〈人ニ〉席を譲るため〔敬意を表して〕立上がる.

auf|stei·gen* [アウふ・シュタイゲン] [動] *s.* **1.** 〘auf 〈et^4〉ニ〙乗る. **2.** 〘〈方向〉ニ〙登る. **3.** 〘補足なし〙昇る; 立ちのぼる《煙・霧などが》; 飛立つ, 揚がる《飛行機などが》; 《文》そそり立つ; 上がる《歓声などが》, とどろく《嵐が》. **4.** 〘mit 〈et^3〉デ/in 〈et^3〉ニ乗ッテ〙空に昇る. **5.** 〘aus 〈et^3〉ノ中カラ/von 〈et^3〉カラ〙浮上する, 浮かび上がる. **6.** 〘in 〈j^3〉ノ心ニ〙《文》生じる, こみ上げる《疑念・涙などが》; 浮かぶ《考えなどが》. **7.** 〘補足なし〙出世する, 昇進〔昇格〕する.

auf·stei·gend [アウふ・シュタイゲント] [形] 上昇する, 上向きの; こみ上げて来る, 心に浮んで来る: sich^4 auf dem ~*en* Ast befinden《転》上り坂〔出世コース〕にある〔いる〕. Verwandte in der ~*en* Linie 尊属の人々.

auf|stel·len [アウふ・シュテレン] [動] *h.* **1.** 〘〈et^4〉ヲ＋〈場所〉ニ〙置く, 並べる, 配置〔配列〕する. **2.** 〘〈j^4〉ヲ＋〈場所〉ニ〙立たせる, 立てる, 配置する, 並ばせる. **3.** 〘sich^4＋〈場所〉ニ〙立つ, 並ぶ, 配置〔位置〕につく. **4.** 〘〈et^4〉ヲ〙(組み)建てる; 立てる《譜面台・襟などを》; 起こして立てる《倒れた物を》; 《方》火にかける. **5.** 〘sich^4〙立つ《動物の毛・髪の毛が》. **6.** 〘〈et^4〉ヲ〙編成する《チーム・部隊などを》. **7.** 〘〈j^4〉ヲ＋als 〈j^4〉トシテ〙指名する, 立てる. **8.** 〘〈et^4〉ヲ〙作成する, 書く; 組む《予算を》; 立てる《計画などを》. **9.** 〘〈et^4〉ヲ〙樹立する《最高記録などを》. **10.** 〘〈et^4〉ヲ〙する《主張・要求などを》; 《北独》しでかす《ばかげたことを》.

die **Auf·stel·lung** [アウふ・シュテルング] [名] -/-en **1.** (主に[単])置くこと; 立てること; 設置, 配置; 建設; (チームなどの)編成; (候補者の)指名; 立案; (リストなどの)作成: ~ nehmen 配置〔位置〕につく. **2.** 一覧表, リスト(Liste).

auf|stem·men [アウふ・シュテメン] [動] *h.* **1.** 〘〈et^4〉ヲ〙(かなてこなどで)こじ開ける. **2.** 〘〈et^4〉ヲ〙ふんばる, 突っ張る《足・腕を》. **3.** 〘sich^4〙体を支える; 〚体操〛前振り上がりをする.

der **Auf·stieg** [アウふ・シュティーク] [名] -(e)s/-e **1.** 登ること; 上り坂, 登り道; 《主に[単]》(空中への)上昇. **2.** 上昇, 向上, 発展, 昇進; 〚スポーツ〛昇格.

die **Auf·stiegs·mög·lich·keit** [アウふシュティークス・[メ]ークリひカイト] [名] -/-en 良くなるチャンス, 昇進の可能性〔見込み〕.

auf·stiegs·wil·lig [アウふシュティークス・ヴィリひ] [形] 上昇〔出世〕志向の.

auf|stö·bern [アウふ・シュ[テ]ーバーン] [動] *h.* 〘〈j^4/et^4〉ヲ〙狩り出す; 捜し出す, 探り出す.

auf|sto·cken [アウふ・シュトッケン] [動] *h.* **1.** 〘〈et^4〉ニ〙階を建増しする. **2.** 〘〈et^4〉ヲ〙増額する. **3.** 〘補足なし〙増資する.

die **Auf·sto·ckung** [アウふ・シュトックング] [名] -/-en (階上の)増築; 増額; 増資.

auf|stöh·nen [アウふ・シュ[テ]ーネン] [動] *h.* 〘補足なし〙うめき声を上げる.

auf|stö·ren [アウふ・シュ[テ]ーれン] [動] *h.* 〘〈j^4/et^4〉ヲ〙《稀》妨げる; 狩り出す.

auf|sto·ßen* [アウふ・シュトーセン] [動] **1.** *h.* 〘〈et^4〉ヲ〙押開ける. **2.** *h.* 〘〈et^4〉ヲ＋auf 〈et^4〉ノ上ニ〙勢いよく置く; 勢いよく突く《ステッキを》. **3.** *h.* 〘sich^3＋〈et^4〉ヲ〙激しくぶつけて痛める〔打撲傷を負う〕《ひざ・頭などを》. **4.** *s.* 〘mit 〈et^3〉ヲ＋auf 〈et^4〉ニ〙強くぶつける. **5.** *s.* 〘補足なし〙座礁する. **6.** *h.* 〘補足なし〙おくび〔げっぷ〕を出す. **7.** *s.*〔*h.*〕〘〈j^3〉ノ〙のど元にこみ上げてくる. **8.** *s.* 〘〈j^3〉ノ〙《口》目にとまる, 気に障る; 身に起こる.

auf|stre·ben [アウふシュトれーベン] [動] *h.* **1.** 〘補足なし〙《文》そびえ立つ. **2.** 〘(zu 〈et^3〉ヲ目指シテ)〙努力〔発展〕する.

auf|strei·chen* [アウふ・シュトらイひぇン] [動] *h.* 〘〈et^4〉ヲ＋auf 〈et^4〉ニ〙塗る.

auf|strei·fen [アウふ・シュトらイふぇン] [動] *h.* 〘〈et^4〉ヲ〙まくり上げる.

auf|streu·en [アウふ・シュトろイエン] [動] *h.* **1.** 〘〈et^4〉ヲ＋(auf 〈et^4〉ノ上ニ)〙まく, 振りかける. **2.** 〘〈et^3〉ニ＋〈et^4〉ヲ〙敷いてやる《動物にわらなどを》.

der **Auf·strich** [アウふ・シュトりっひ] [名] -(e)s/-e **1.** パンの上に塗るもの(Brot~); 塗り. **2.** 〚楽〛上げ弓(略 V). **3.** (筆記された文字の)上向きのはね〔細い線〕.

auf|stül·pen [アウふ・シュテュルペン] [動] *h.* **1.** 〘〈et^4〉ヲ＋(auf 〈et^4〉ニ)〙すっぽりとかぶせる. **2.** 〘〈j^3〉ニ＋〈et^4〉ヲ〙(ぞんざいに)かぶせる; (〈j^3〉がsich^{3}の場合)かぶる. **3.** 〘〈et^4〉ヲ〙まくり上げる, 立てる《襟を》.

auf|stüt·zen [アウふ・シュテュっツェン] [動] *h.* **1.** 〘〈et^4〉ヲ＋(auf 〈et$^{4(3)}$〉ニ)〙立てる, つく. **2.** 〘sich^4〙体を支える《腕などをついて》. **3.** 〘〈j^4〉ヲ〙支えて起こす; (〈j^4〉がsich^{4}の場合)起上がる《腕などをついて》.

auf|su·chen [アウふ・ズーヘン] [動] *h.* **1.** 〘〈j^4〉ヲ〙訪れる. **2.** 〘〈et^4〉ニ〙行く. **3.** 〘〈et^4〉ヲ＋(von 〈et^3〉カラ)〙拾い集める〔上げる〕. **4.** 〘〈et^4〉ヲ＋〈場所〉デ〙捜し出す《住所を手帳で》.

auf|ta·feln [アウふ・ターふぇルン] [動] *h.* 〘〈et^4〉ヲ〙《文》食卓に供する.

auf|ta·keln [アウふ・ターケルン] [動] *h.* **1.** 〘〈et^4〉ニ〙〚海〛索具〔帆〕を装備する. **2.** 〘sich^4〙《口・蔑》ごてごてと着飾る.

der **Auf·takt** [アウふ・タクト] [名] -(e)s/-e **1.** 〚楽〛上拍; 〚詩〛頭拍(詩句の最初の弱音節). **2.** (主に[単])発端, 幕開け.

auf|tan·ken [アウふ・タンケン] [動] *h.* **1.** 〘〈et^4〉ニ〙給油する. **2.** 〘補足なし〙燃料〔ガソリン〕を補給する, 給油をする; 《転》英気を養う.

auf|tau·chen [アウふ・タウヘン] [動] *s.* **1.** 〘補足なし〙(水面に)浮かび上がる; (意識に)浮かぶ〔昇る〕. **2.** 〘補足なし〙(不意に)現れる, 見つかる, 生じる《疑念などが》.

auf|tau·en [アウふ・タウエン] [動] **1.** *h.* 〘〈et^4〉ヲ〙解かす《氷・雪などを》; 解凍する; (…の)氷を解かす《窓などの》. **2.** *s.* 〘補足なし〙解ける, (…の)氷が解ける; うちとけ(て話をす)る.

auf|tei·len [アウふ・タイレン] [動] *h.* **1.** 〘〈et^4〉ヲ＋(unter〔an 〈j^4〉ニ〕)〙分ける, 分配する. **2.** 〘〈j^4/et^4〉ヲ＋in 〈j^4/et^4〉ニ〙組分けする, 分類する; 分割する, 区分する.

die **Auf·tei·lung** [アウふ・タイルング] [名] -/-en 配分, 分

A

配;組分け,分類;分割,区分.

auf|ti·schen [アウふ・ティッシェン] [動] *h.* **1.** 〔(〈j³〉ニ)+〈et⁴〉ヲ〕(食卓に)供する,ご馳走する. **2.** 〔〈j³〉ニ+〈et⁴〉ヲ〕《口・蔑》話す,言う(うそなどを).

der **Auf·trag** [アウふ・トらーク] [名] -(e)s/..träge **1.** 依頼,委託,委任,指図: im ~ von 〈j³/et³〉〈人・事の〉委任を受けて(手紙の末尾に.略 i. A., I. A.). **2.** (商品の)注文,用命:〈et⁴〉in ~ geben〈物・事を〉注文する. **3.** (主に[単])使命. **4.** (主に[単])(色の)塗り(Farb~).

auf|tra·gen* [アウふ・トらーゲン] [動] *h.* **1.** 〔〈et⁴〉ヲ〕《文》食卓に運ぶ: Es〔Das Essen〕ist *aufgetragen*! お食事の用意ができました. **2.** 〔〈et⁴〉ヲ〕すりきれるまで着る. **3.** 〔〈et⁴〉ヲ+(auf〈et⁴⁽³⁾〉ノ上ニ)〕塗る. **4.** 〔〈j³〉ニ+〈et⁴〉ヲ〕依頼する,託する. **5.** 〔[補足なし]〕着ると太って見える. 【慣用】**dick auftragen** 大げさに言う.

der **Auf·trag·ge·ber** [アウふトらーク・ゲーバー] [名] -s/- 委任者;注文主.

der **Auf·trags·be·stand** [アウふトらークス・ベシュタント] [名] -(e)s/..bestände 受注残高〔在高〕.

der **Auf·trags·ein·gang** [アウふトらークス・アイン・ガング] [名] -(e)s/..gänge **1.** ([単]のみ)受注. **2.** (主に[複])入荷受注商品.

die **Auf·trags·la·ge** [アウふトらークス・ラーゲ] [名] -/-n 〘商〙受注状況.

das **Auf·trags·pols·ter** [アウふトらークス・ポルスター] [名] -s/- 〘商〙手持ちの受注残高〔在高〕.

auf|tref·fen* [アウふ・トれっふぇン] [動] *s.* 〔auf〈et⁴⁽³⁾〉ニ〕ぶつかる,(突き)当る.

auf|trei·ben* [アウふ・トらイベン] [動] **1.** *h.* 〔〈et⁴〉ヲ〕舞上げる. **2.** *h.* 〔〈et⁴〉ヲ〕膨らます. **3.** *s.* 〔[補足なし]〕膨らむ. **4.** *h.* 〔〈j⁴〉ヲ+(aus〈et³〉カラ)〕追いたてる. **5.** *h.* 〔〈j⁴/et⁴〉ヲ〕《口》あちこち探して見つける〔手に入れる〕. **6.** *h.* 〔〈et⁴〉ヲ〕市場に出す(家畜を);山腹の放牧地へ連れて行く(家畜を).

auf|tren·nen [アウふ・トれネン] [動] *h.* **1.** 〔〈et⁴〉ノ〕縫い目をほどく. **2.** 〔〈et⁴〉ヲ〕《方》ほどく(セーターなどを).

auf|tre·ten* [アウふ・トれーテン] [動] **1.** *s.* 〔〈様態〉ニ〕足を踏出す;歩く. **2.** *h.* 〔〈et⁴〉ヲ〕け飛ばして開ける. **3.** *s.* 〔〈様態〉ナ〕態度を示す. **4.** *s.* 〔als〈j¹〉トシテ+〈場所〉ニ〕登場する. **5.** *s.* 〔gegen〈j⁴/et⁴〉ニ〕反対〔反論〕する. **6.** *s.* 〔mit〈et³〉ヲ〕掲げて登場する(学説などを). **7.** *s.* 〔als〈j¹〉ノ役デ(トシテ)/〈場所〉ニ/〈様態〉デ〕(舞台に)登場する,出演する. **8.** *s.* 〔[補足なし]〕生ずる(問題などが),発生する(問題・伝染病などが);産出する(鉱物などが);生息する(動植物が).

das **Auf·tre·ten** [アウふ・トれーテン] [名] -s/ 挙動,態度;登場,出現;(病気の)発生,(鉱物の)産出.

der **Auf·trieb** [アウふ・トりーブ] [名] -(e)s/-e **1.** ([単]のみ)〘理〙浮力,揚力. **2.** ([単]のみ)活力,生気. **3.** 家畜の追上げ;(屠畜の)出荷(量).

der **Auf·tritt** [アウふ・トりっト] [名] -(e)s/-e **1.** 出場,登場;〘劇〙登場,出(番);場(面). **2.** (激しい)争い,口論: einen ~ mit〈j³〉haben〈人と〉いさかいをする.

auf|trock·nen [アウふ・トろっクネン] [動] **1.** *h.* 〔〈et⁴〉ヲ〕拭き取る;(…の)水を拭き取る. **2.** *s.* 〔[補足なし]〕乾く.

auf|trump·fen [アウふ・トるムプふぇン] [動] *h.* **1.** 〔(mit〈et³〉ヲ)〕ふりかざす(経歴・知識などを),(…で)自分の優位をみせびらかす. **2.** 〔[補足なし]〕自分の意見〔要求〕を押通そうとする. **3.** 〔gegen〈j⁴〉ニ対シテ〕《口》高飛車に出る.

auf|tun* [アウふ・トゥーン] [動] *h.* **1.** 〔〈et⁴〉ヲ〕《文》開く(ドア・目・口などを);《方》開く(店を);《方》かぶる,かける(眼鏡を). **2.** 〔sich⁴〕《文》あく;《方》オープンする(店が). **3.** 〔sich⁴+〈j³〉ノ/vor〈j³〉ノ〕《文》眼前に開けてくる. **4.** 〔〈j⁴/et⁴〉ヲ〕《口》見つける. **5.** 〔〈j³〉ニ+〈et⁴〉ヲ〕取分けて〔よそって〕あげる(食物を).

auf|tür·men [アウふ・テュるメン] [動] *h.* **1.** 〔(〈et⁴〉ヲ)〕積重ねる. **2.** 〔sich⁴〕積重なる,山積みになる.

auf|wa·chen [アウふ・ヴァっヘン] [動] *s.* 〔aus〈et³〉カラ〕覚める,目が覚める.

auf|wach·sen* [アウふ・ヴァクセン] [動] *s.* **1.** 〔〈場所〉デ/〈様態〉デ〕育つ,成長する. **2.** 〔[補足なし]〕《文》(次第に)姿を現す.

auf|wal·len [アウふ・ヴァレン] [動] *s.* **1.** 〔[補足なし]〕沸騰する;《文》もくもくと立ちのぼる,わき起こる. **2.** 〔in〈j³〉ノ心ニ〕《文》ふつふつとこみ上げる.

die **Auf·wal·lung** [アウふ・ヴァルング] [名] -/-en (感情が)たぎる〔わき起こる・たかぶる〕こと.

der **Auf·wand** [アウふ・ヴァント] [名] -(e)s/ 消費,支出,使用;費用;出費(Kosten~);浪費: großen ~ treiben ぜいたくをする.

auf·wän·dig [アウふ・ヴェンディひ] [形] =aufwendig.

die **Auf·wands·ent·schä·di·gung** [アウふヴァンツ・エントシェーディグング] [名] -/-en (職務上の個人支出に対する)手当,経費補償(額).

die **Auf·wands·steu·er** [アウふヴァンツ・シュトイあー] [名] -/-n =Aufwandsteuer.

die **Auf·wand·steu·er** [アウふヴァント・シュトイあー] [名] -/-n 奢侈(しゃ)税(自動車税など).

auf|wär·men [アウふ・ヴェるメン] [動] *h.* **1.** 〔〈et⁴〉ヲ〕温め直す;《口》蒸返す(古い話などを). **2.** 〔sich⁴+an〈et³〉デ〔mit〈et³〉デ〕〕(冷えた)体を温める. **3.** 〔sich⁴〕〘スポ〙ウォーミングアップする.

die **Auf·war·te·frau** [アウふ・ヴァるテ・ふらウ] [名] -/-en 《方》(パートタイムの)掃除婦.

auf|war·ten [アウふ・ヴァるテン] [動] *h.* **1.** 〔〈j³〉ニ+mit〈et³〉ヲ〕《文》供する. **2.** 〔mit〈et³〉ヲ〕提供する(ニュースなどを). **3.** 〔〈j³〉ヲ〕《文・古》表敬訪問する;《古》(…に)給仕する.

der **Auf·wär·ter** [アウふ・ヴェるター] [名] -s/- 《方》召使い;(臨時雇いの)ウェーター.

die **Auf·wär·te·rin** [アウふ・ヴェるテりン] [名] -/-nen 《方》(女性の)召使い;(臨時雇いの)ウェートレス.

auf·wärts [アウふ・ヴェるツ] [副] 上(の方)へ,上がって: den Fluss ~ gehen 川をさかのぼって行く. die Nummer von zehn ~ 10 より上の番号.

die **Auf·wärts·ent·wick·lung** [アウふヴェるツ・エントヴィっクルング] [名] -/-en 上向きの傾向;(景気などの)上昇.

auf·wärts ge·hen*, [旧] **auf·wärts|ge·hen*** [アウふヴェるツ ゲーエン] [動] *s.* 〔Es+mit〈j³/et³〉ガ〕よくなる,上向きである.

der **Auf·wärts·ha·ken** [アウふヴェるツ・ハーケン] [名] -s/- 〘ボクシング〙アッパーカット.

die **Auf·war·tung** [アウふ・ヴァるトゥング] [名] -/-en **1.** 《古》給仕. **2.** 《方》掃除の仕事;掃除婦. **3.** 《文》儀礼的な訪問.

der **Auf·wasch** [アウふ・ヴァッシュ] [名] -(e)s/《方》 **1.** (使って)汚れたままの食器. **2.** 食器洗い. 【慣用】**Das geht〔Das machen wir〕in einem Aufwasch.** 《口》何もかもいっぺんにかたがつく.

auf|wa·schen* [アウふ・ヴァッシェン] [動] *h.* 〔(〈et⁴〉ヲ)〕《方》洗う;洗いものをしている. 【慣用】**Das geht〔Das machen wir〕in einem Aufwaschen.** 《口》それはみんなまとめていっぺんに片づけてしまえる. **Das ist ein Aufwaschen.** 《口》それはみんなまとめていっぺんに片づけてしまえる.

auf|we·cken [アウふ・ヴェっケン] [動] *h.* 〔〈j⁴〉ノ〕目を覚まさせる.

auf|wei·chen [アウふ・ヴァイひェン] [動] **1.** *h.* 〔〈et⁴〉ヲ〕柔らかにする,溶かす,ぬかるみにする;《転》(内部から)次第に切崩す(体制などを). **2.** *s.* 〔[補足なし]〕柔らか

auf|weisen* [アウふ・ヴァイゼン] 動 h.〖et⁴〗指摘する(重大性などを);示す.【慣用】〈et⁴〉 aufzuweisen haben〈事を〉(誇るべく)持っている.

auf|wen|den(*) [アウふ・ヴェンデン] 動 h.〖et⁴〗ヶ+(für〈et⁴〉ノタメニ)費やす(力・時間・費用などを).

auf|wen|dig [アウふ・ヴェンディヒ] 形 費用のかかる.

die **Auf|wen|dung** [アウふ・ヴェンドゥング] 名 -/-en **1.** 使う(費やす)こと: mit〖unter〗~ aller Kräfte 全力で. **2.** (のみ)費用, 経費.

auf|wer|fen* [アウふ・ヴェァふェン] 動 h. **1.**〖et⁴〗ヶ投上げる;巻上げる(ほこりを);さっともたげる;〖稀〗とがらす(唇を);火にくべる;テーブルの上に広げる(出す)(カードを);積上げる;土を盛上げて築く. **2.**〖et⁴〗ヶ勢いよく開ける. **3.**〖et⁴〗ヶ提起する(問題を). **4.**〖sich³+zu〈j³〉〗自分で勝手になる, (…と)自称する.

auf|wer|ten [アウふ・ヴェーァテン] 動 h.〖et⁴〗ヶ平価を切上げる, 額を引上げる;〖転〗(…を)高める(評価などを).

die **Auf|wer|tung** [アウふ・ヴェーァトゥング] 名 -/-en 平価切上げ.

auf|wi|ckeln [アウふ・ヴィッケルン] 動 h.〖et⁴〗ヶ巻きつける: sich³ die Haare ~〖口〗(自分の)髪をカーラーに巻きつける. **2.**〖et⁴〗ヶ包装(ひも)を解く(ほどく).

auf|wie|geln [アウふ・ヴィーゲルン] 動 h.〖j⁴〗+zu〈et³〉ダスルヨウニ/gegen〈j⁴〉ニ反抗スルヨウニ 扇動する, そそのかす.

die **Auf|wie|ge|lung** [アウふ・ヴィーゲルング] 名 -/-en 扇動.

auf|wie|gen* [アウふ・ヴィーゲン] 動 h.〖et⁴〗ヶ釣合う, (…の)埋合をする.

der **Auf|wieg|ler** [アウふ・ヴィーグラー] 名 -s/- 扇動者.

auf|wieg|le|risch [アウふ・ヴィーグレリシュ] 形 扇動的な.

die **Auf|wieg|lung** [アウふ・ヴィーグルング] 名 -/-en = Aufwiegelung.

der **Auf|wind** [アウふ・ヴィント] 名 -(e)s/-e〖気〗上昇気流;〖転〗活力, 生気.

auf|win|den* [アウふ・ヴィンデン] 動 h.〖et⁴〗ヶ(ウィンチで)巻上げる.

der **Aufwindschlauch** [アウふ・ヴィント・シュラオほ] 名 -(e)s/..schläuche〖気〗(柱状の)熱上昇気流.

auf|wir|beln [アウふ・ヴィァベルン] 動 **1.** h.〖et⁴〗ヶ舞上がらせる. **2.** s.〖稀〗舞上がる.

auf|wi|schen [アウふ・ヴィッシェン] 動 h. **1.**〖et⁴〗ヶふき取る(こぼれた水などを). **2.**〖et⁴〗ヶぞうきんでふく(床などを).

auf|wüh|len [アウふ・ヴューレン] 動 h. **1.**〖et⁴〗ヶ掘出す, 掘返す. **2.**〖j⁴〗ヶ激しく波立たせる;〖転〗(心の)感動の輪.

der **Auf|wurf** [アウふ・ヴふ] 名 -(e)s/..würfe〖稀〗**1.** 盛上げること;(土砂の)山. **2.**〖南独〗競売.

auf|zäh|len [アウふ・ツェーレン] 動 h. **1.**〖(〈j³〉=)+〈j⁴/et⁴〉〗ヶ数え上げる, 列挙する;〖稀〗一つ一つ数えながら払う. **2.**〖(j³)ヶ〗+〈et⁴〉ヶ並々と立ててる(殴りなどを).【慣用】〈j³〉 welche/ein paar aufzählen〈人の〉お尻に何回か/二三回たたく.

die **Auf|zäh|lung** [アウふ・ツェールング] 名 -/-en 数え上げること, 列挙.

auf|zäu|men [アウふ・ツォイメン] 動 h.〖et⁴〗ヶ馬勒(ば)をつける.【慣用】〈et⁴〉 verkehrt aufzäumen〖口〗〈事の〉やり方を誤る.

auf|zeh|ren [アウふ・ツェーレン] 動 h. **1.**〖et⁴〗ヶ使い果たす;食べ尽す. **2.**〖sich⁴〗精根尽き果てる.

auf|zeich|nen [アウふ・ツァイヒネン] 動 h.〖et⁴〗ヶ描く(図案などを);書留める, 記録(録画)する.

die **Auf|zeich|nung** [アウふ・ツァイヒヌング] 名 -/-en 略図, スケッチ;記録, 覚え書, 録画, 録音.

auf|zei|gen [アウふ・ツァイゲン] 動 h.〖((〈j³〉=)+〈et⁴〉)〗ヶ〖(父)デアルコト〗ヶはっきりと示す, 指摘する.

auf|zie|hen* [アウふ・ツィーエン] 動 **1.** h.〖et⁴〗ヶ(引っ張り)開ける;引いて開ける(幕・引出しなどを);(…の)コルク栓を抜く;ほどく;〖医〗注射器に吸上げる;準備する(注射器を). **2.** h.〖et⁴〗ヶ巻く(ゼンマイなどを). **3.** h.〖et⁴〗ヶ張る〈et⁴〉ヶ育てる. **5.** h.〖j⁴〗ヶ+mit〈et³〉ト/wegen〈et³〉ニ〖口〗からかう. **6.** h.〖et⁴〗ヶ+〈様態〉ニ〖口〗行う, アレンジする. **7.** s.〖稀〗行進して来る, 行進して部署につく;近づく(嵐などが);現れる(雲・星などが).【慣用】**Er ist sehr aufgezogen.** 彼はとても張切っている.

die **Auf|zucht** [アウふ・ツふト] 名 -/ 飼育, 栽培;飼育中の動物, 栽培中の植物.

der **Auf|zug** [アウふ・ツーク] 名 -(e)s/..züge **1.** 行進, 行列;接近. **2.** エレベーター. **3.**〖蔑〗(奇妙な)服装(格好); **4.**〖劇〗幕. **5.**〖織〗縦糸(を張ること);〖狩〗(キジなどの)飼育(場). **6.**〖体操〗プル・アップ.

auf|zwin|gen* [アウふ・ツヴィンゲン] 動 h.〖j³〗ヶ+〈et⁴〉ヶ押しつける. **2.**〖sich⁴+j³〗ニ/ニ■ヶ離れない.

Aug. =August 8月.

der **Aug|ap|fel** [アウゥ・アプふェル] 名 -s/..äpfel 眼球;〖j⁴/et⁴〗 wie seinen ~ hüten〈人・物を〉非常に大切にする.

das **Au|ge** [アウゲ] 名 -s/-n **1.** 目, 眼;目つき, まなざし;視力, 視覚;視線：ein künstliches ~ 義眼. ein blaues ~ (なぐられて)まわりが青くあざになった目. die ~n aufschlagen/niederschlagen 目を上げる/伏せる. feuchte〖nasse〗~n haben 目に涙にうるむ. mit bloßem ~ 肉眼で. mit verquollenen ~n 泣きはらした目で. mit verschlafenen ~n 寝ぼけまなこで. Die ~n brennen mir. 目がひりひり痛む. Kein ~ blieb trocken. 涙を流さない者はいなかった. so weit das ~ reicht 見渡すかぎり. auf einem ~ blind sein 片目が見えない. schwere ~n bekommen 目が重くなる(眠くなる). **2.** 観察(鑑賞・判断)力;表象能力;注意, 監視;見解, 意見：das innere〖geistige〗~ 心眼. ein ~ für〈et⁴〉 haben 〈事・物・事を〉良く分かっている. Er war ganz ~(und Ohr). (全身を目のようにして)一心に見つめていた.〈et⁴〉 steht〈j³〉 klar vor ~n〈物・事が〉ありありと目に浮かぶ.〈3.〉〖目の形に似た物〗(ジャガイモなどの)芽;(葉のつけ根の)潜伏芽;(スープに浮いた)脂肪の玉(Fett~);(クジャクの)尾羽の斑(ﾏ)(Pfauen~);(さいころなどの)目;(トランプなどの)点数;台風の目;(舵ﾄﾞﾘｰ)の丸窓(Bull-~);ハッチ;〖et⁴〗.【慣用】〈et⁴〉 an den Augen ablesen〈人の〉目を見て〈事を〉察知する. auf〈j⁴/et⁴〉 ein Auge haben〈人・物・事に〉目をつける. Auge in Auge 向い合って. Auge um Auge, Zahn um Zahn. 目には目を歯には歯を. Augen wie ein Luchs haben 視力がよい.〈j³〉 aus den Augen verlieren〈人と〉見失う, 〈人との〉関係がとだえる. das Auge des Gesetzes〖戯〗警察. Das tut etwas fürs Auge. それは目の保養になる. Das geht ins Auge. 悪い結果となる. Der Schalk sieht ihm aus den Augen. 彼はいたずらそうだ. die Augen aufmachen 万事に注意する. die Augen offen halten 注意を怠らない.〈j³〉 die Augen öffnen〈人の〉目を開く. die Augen vor〈et³〉 verschließen 故意に〈事を〉見ようとしない. ein Auge auf〈et⁴〉 werfen〈物を〉欲しがって目をつける. ein Auge zudrücken〖口〗見て見ぬふりをする. 大目に見る. ein

A

wachsames Auge auf 〈j⁴/et⁴〉 haben 〈人・物・事を〉油断なく見張っている. **einer Gefahr ins Auge sehen** 危険をものともしない. **〈et¹〉 fällt 〔springt〕 〈j³〉 in die Augen 〔ins Auge〕** 〈物・事が〉〈人の〉目につく, 目立つ. **〈j⁴〉 (fest) ins Auge fassen** 〈人を〉注視する, 見つめる. **Geh mir aus den Augen!** 消えうせろ! **〈j³〉 gehen die Augen auf** 〈人に〉事の真相が明らかとなる. **〈j³〉 gehen die Augen über** 圧倒されて目を見張る, 〈人の〉目に涙があふれる. **(große) Augen machen** 驚いて目を丸くする. **〈j⁴/et⁴〉 im Auge behalten** 〈人・物・事に〉気を配っている, 留意している. **〈et⁴〉 im Auge haben** 〈物・事を〉考慮している, 念頭におく. **〈et⁴〉 ins Auge fassen** 〈物・事に〉注目する, 〈物・事を〉目的とする. **kein Auge zutun** 一睡もしない, まんじりともしない. **magisches Auge** (ラジオの)マジックアイ. **〈j⁴/et⁴〉 mit anderen Augen (an)sehen** 〈人・物・事を〉前とは違った目で見る, 見直す. **mit einem blauen Auge davon kommen** からくも(軽傷で)免れる. **mit offenen Augen schlafen** 《口》ぼんやりしている, うっかりしている. **〈j⁴〉 nicht aus den Augen lassen** 〈人から〉目を離さない. **〈j³〉 nicht in die Augen sehen〔blicken〕 können** 〈人に対して〉やましいところがある. **nicht mehr aus den Augen sehen können** 《口》疲れてくたくたである. **〈j³〉 nicht mehr unter die Augen treten können** 〈人に〉合わす顔がない. **seine Augen überall haben** 四方に気を配る. **seinen (eigenen) Augen nicht trauen** 半信半疑である. **sich³ die Augen ausweinen** 目を泣きはらす. **〈et¹〉 sticht 〈j³〉 in die Augen 〔ins Auge〕** 〈物・事が〉〈人の〉欲望をそそる. **unter 〈j²〉 Augen** 〈人の〉いるところで;〈人の〉監督下で. **unter vier Augen** 二人きりで, 内密に. **vor aller Augen** 衆人環視の中で. **vor 〈j²〉 Augen** 〈人の〉目の前で. **〈j³〉 〈et⁴〉 vor Augen führen 〔halten〕** 〈人に〉〈物・事を〉明示〔説明〕する. **〈et⁴〉 vor Augen haben** 〈物・事を〉心に思い描く. **〈j³〉 wie aus den Augen geschnitten sein** 〈人に〉生き写しだ. **〈j³〉 wird es schwarz vor den Augen** 〈人の〉目の前がまっ暗になる, 〈人は〉気を失う.

das **Äu·gel·chen** [オイゲルひぇン] [名] -s/- 小さい目.

äu·geln [オイゲルン] [動] *h.* **1.** 〔nach 〈j³/et³〉ヲ〕こっそり見る, (…に)秋波を送る. **2.** 〔mit 〈j³〉ト〕目くばせする. **3.** 〔〈et⁴〉ヲ〕〘園〙芽つぎする.

äu·gen [オイゲン] [動] *h.* 〔(〈方向〉ヲ)〕うかがう, じっと見る.

der **Au·gen·arzt** [アウゲン・アーあツト, アウゲン・アるツト] [名] -es/..ärzte 眼科医.

der **Au·gen·auf·schlag** [アウゲン・アウふ・シュラーク] [名] -(e)s/ 目〔瞼〕を上げること, 上目づかい.

die **Au·gen·bank** [アウゲン・バンク] [名] -/-en 〘医〙アイバンク.

die **Au·gen·bin·de** [アウゲン・ビンデ] [名] -/-n 眼帯.

die **Au·gen·bin·de·haut·rei·zung** [アウゲンビンデ・ハウト・らイツング] [名] -/-en 〘医〙結膜の軽度の炎症.

der **Au·gen·blick** [アウゲン・ブリック, アウゲン・ブリック] [名] -(e)s/-e 瞬間, 一瞬;(特定の)時点, 時期: in einem ~ 一瞬のうちに. Einen ~, bitte! ちょっと待って下さい. im letzten ~ きわどいところで. 【慣用】**alle Augenblicke** いつでも, たびたび. **einen lichten Augenblick haben** 正気の時がある,《冗》妙案が浮かぶ. **im Augenblick** 目下のところ. **jeden Augenblick** 今すぐにでも.

au·gen·blick·lich [アウゲン・ブリっクリひ, アウゲン・ブリっクリひ] [形] **1.** 即座の, 即刻の. **2.** 目下の: der ~*e* Zustand 目下の状態. **3.** 一時的な.

au·gen·blicks [アウゲン・ブリックス] [副] すぐに, 即座に.

die **Au·gen·braue** [アウゲン・ブらウエ] [名] -/-n 眉(まゆ)毛.

der **Au·gen·brau·en·stift** [アウゲンブらウエン・シュティふト] [名] -(e)s/-e アイブローペンシル, ペンシル型まゆずみ.

die **Au·gen·ent·zün·dung** [アウゲン・エントツュンドゥング] [名] -/-en 眼炎.

au·gen·fäl·lig [アウゲン・ふぇリひ] [形] 目立った, 歴然たる.

das **Au·gen·glas** [アウゲン・グラース] [名] -es/..gläser **1.** (主に[複])《オーストリア》眼鏡. **2.** 《古》眼鏡(鼻〔片〕めがねも含む).

die **Au·gen·heil·kun·de** [アウゲン・ハイル・クンデ] [名] -/ 眼科学.

die **Au·gen·hö·he** [アウゲン・[へ]ーエ] [名] -/ (次の形で) in ~ 目の高さに.

die **Au·gen·höh·le** [アウゲン・[へ]ーレ] [名] -/-n 眼窩(がんか).

die **Au·gen·klap·pe** [アウゲン・クラっペ] [名] -/-n (黒色の)眼帯;([複]のみ)(馬の)目隠し.

die **Au·gen·kli·nik** [アウゲン・クリーニク] [名] -/-en 眼科病院.

das **Au·gen·lei·den** [アウゲン・ライデン] [名] -s/- 眼病.

das **Au·gen·licht** [アウゲン・リひト] [名] -(e)s/ 《文》視力.

das **Au·gen·lid** [アウゲン・リート] [名] -(e)s/-er まぶた, 眼瞼(がんけん).

das **Au·gen·maß** [アウゲン・マース] [名] -es/ 目測(の能力): nach dem ~ 目分量で.

der **Au·gen·mensch** [アウゲン・メンシュ] [名] -en/-en 《口》視覚型人間.

das **Au·gen·merk** [アウゲン・メるク] [名] -(e)s/ 注意, 注目: sein ~ auf 〈j⁴/et⁴〉 richten 〈人・物・事に〉注目する.

der **Au·gen·nerv** [アウゲン・ネるふ] [名] -s/-en 視神経.

der **Au·gen·op·ti·ker** [アウゲン・オプティカー] [名] -s/- 眼鏡屋;眼鏡・コンタクトレンズ製造業者.

die **Au·gen·pfle·ge** [アウゲン・プふレーゲ] [名] -/ 〘美容〙目(のまわり)の手入れ. 【慣用】**Augenpflege machen** 《口》ひと眠りする.

die **Au·gen·rin·ge** [アウゲン・リンゲ] [複名] 目の(下の)隈(くま).

der **Au·gen·schein** [アウゲン・シャイン] [名] -(e)s/ 《文》実見, 実地に見ること;外観, 外見. 【慣用】**〈j⁴/et⁴〉 in ~ nehmen** 〈人・物・事を〉厳密〔批判的〕に観察する.

au·gen·schein·lich [アウゲン・シャインリひ, アウゲン・シャインリひ] [形] 《文》明白な;明らかに(…らしい): *A*~ gefällt es ihm in Bonn. 明らかに彼はボンが気に入っている(らしい).

der **Au·gen·schirm** [アウゲン・シるム] [名] -(e)s/-e アイシェード, まびさし.

der **Au·gen·spie·gel** [アウゲン・シュピーゲル] [名] -s/- 〘医〙検眼鏡.

der **Au·gen·stern** [アウゲン・シュテるン] [名] -(e)s/-e 《詩》ひとみ;《転》最愛の人, 最も貴重なもの.

die **Au·gen·täu·schung** [アウゲン・トイシュング] [名] -/-en (目の)錯覚, 幻視.

der **Au·gen·trost** [アウゲン・トろースト] [名] -(e)s/ **1.** 〘植〙コゴメグサ. **2.** 《詩》最愛の人, 最も貴重なもの.

die **Au·gen·wei·de** [アウゲン・ヴァイデ] [名] -/ 目の保養, 美しい光景.

die **Au·gen·wim·per** [アウゲン・ヴィムパー] [名] -/-n まつ毛.

der **Au·gen·win·kel** [アウゲン・ヴィンケル] [名] -s/- 目の端(はし)(目頭・目尻).

der **Au·gen·zahn** [アウゲン・ツァーン] [名] -(e)s/..zähne (上あごの)犬歯, 糸切り歯.

der **Au·gen·zeu·ge** [アウゲン・ツォイゲ] [名] -n/-n 目撃者.

das **Au·gen·zit·tern** [アウゲン・ツィっターン] [名] -s/ 眼振, 眼球振盪(しんとう).

der **Au·gi·as·stall** [アウギーアス・シュタル, アウギアス・シュタル]

[名] (c)s/ **1.** 〘ギ神〙アウゲイアスの牛舎《同王が30年間掃除をしなかった牛舎》. **2.** 不潔な〔堕落した〕場所: den ～ ausmisten〔reinigen〕秩序をとりもどす, 宿弊を一掃する.

..äu·gig [‥オイギヒ] [接尾] 数詞・形容詞につけて「…な目の」を表す形容詞を作る: ein*äugig* 片目の. blau*äugig* 青い目の.

das **Aug·men·ta·tiv** [アウグメンタティーふ] [名] -s/-e 〘言〙拡大形, 指大形.

au gra·tin [o:gratɛ̃: オー グらターン] 〘フランス語〙〘料〙グラタン(料理)の.

(*das*) **Augs·burg** [アウクスブるク] [名] -s/ 〘地名〙アウクスブルク《バイエルン州の都市》.

Augs·bur·ger [アウクスブるガー] [形] 《無変化》アウクスブルクの: der ～ Religionsfriede アウクスブルク宗教和議《1555年》.

augs·bur·gisch [アウクスブるギシュ] [形] アウクスブルクの: die *A～e* Konfession アウクスブルク信仰告白《1530年》.

der **Au·gur** [アウグる] [名] -s〔-en〕/..guren[アウグーれン] **1.** (古代ローマの)卜占(ぼくせん), 鳥占者. **2.** 事情〔消息〕通.

das **Au·gu·ren·lä·cheln** [アウグーれン・レっひぇルン] [名] -s/- 《文》(事情を知っている者同士の)意味ありげな薄笑い.

(*der*) **Au·gust**[1] [アウグスト] [名] 〘男名〙アウグスト.

der **Au·gust**[2] [アウグスト] [名] -〔-(e)s〕/-e 《主に[単]》8月《略 Aug.》.【用法は⇨ Januar】

der **Au·gust**[3] [アウグスト] [名] -(e)s/-e 《次の形で》ein dummer ～ (サーカスの)道化師, おどけ者.

au·gus·te·isch[アウグステーイシュ] [形] (ローマ皇帝)アウグストゥス時代の(ような): ein ～*es* Zeitalter (文学・芸術の促進された)アウグストゥス時代のような時代.

(*der*) **Au·gus·tin** [アウグスティーン, アウグスティーン] [名] 〘男名〙アウグスティン.

(*die*) **Au·gus·ti·ne** [アウグスティーネ] [名] 〘女名〙アウグスティーネ.

der **Au·gus·ti·ner** [アウグスティーナー] [名] -s/- 〘カトリック〙アウグスチノ修道会士.

der **Au·gus·ti·ner·or·den** [アウグスティーナー・オるデン] [名] -s/- アウグスチノ修道会.

(*der*) **Au·gus·ti·nus** [アウグスティーヌス] [名] 〘人名〙アウグスティヌス《Aurelius ～, 354-430, キリスト教の聖人. 修辞学者》.

(*der*) **Au·gus·tus** [アウグストゥス] [名] **1.** 〘男名〙アウグストゥス. **2.** 〘人名〙アウグストゥス《初代ローマ皇帝 Gaius Octavius, 紀元前63-西暦14, の尊称》. **3.** 〘史〙アウグストゥス《神聖ローマ皇帝の尊称》: Semper ～ センペル・アウグストゥス《帝国拡張者の意味》.

die **Auk·ti·on** [アウクツィオーン] [名] -/-en 競売.

der **Auk·ti·o·na·tor** [アウクツィオナートーあ] [名] -s/..toren[アウクツィオナトーれン] 競売人.

auk·ti·o·nie·ren [アウクツィオニーれン] [動] *h.* 〔〈et[4]〉ヲ〕競売に付す.

auk·to·ri·al [アウクトりアール] [形] 〘文芸学〙著者〔作者〕の視点からの;著者〔作者〕の〔に特有の〕.

die **Au·la** [アウラ] [名] -/Aulen〔-s〕(大学などの)講堂;(古代の宮殿の)中庭;(ローマ皇帝時代の)宮殿;(バジリカ式教会堂の)前庭.

die **Au·le** [アウレ] [名] -/-n 《方・口》たん〔つば〕(を吐くこと).

der **Au·los** [アウロス] [名] -/..oi 〘楽〙アウロス《古代ギリシアの管楽器》.

AUMA [アウマ] =Ausstellungs- und Messe-Ausschuss der Deutschen Wirtschaft e. V. ドイツ産業展示会・見本市委員会.

au pair [o:pɛ́:r オー ペーあ] 〘フランス語〙オペアの, 食住つきである代わりに家事を手伝う.

das **Au·pair·mäd·chen,** [旧] **Au-pair-Mäd·chen** [オーペーあ・メートひぇン] [名] -s/- オーペアメートヒェン《住み込みで家事手伝いをしながら語学学習をする女の子》.

die **AU-Pla·ket·te** [アーウー・プラケッテ] [名] -/-n (ナンバープレートにはった車の)排気ガス(中の一酸化炭素含有量)検査ずみ証.

die **Au·ra** [アウら] [名] -/ **1.** 《文》オーラ, 独特な雰囲気. **2.** 〘医〙アウラ《てんかんの発作の前兆》. **3.** 〘オカルト〙人体オーラ〔霊気〕.

die **Au·re·o·le** [アウれオーレ] [名] -/-n **1.** (聖像の)後光, 光背. **2.** 〘気〙(太陽・月の)かさ. **3.** 〘鉱〙(ガス発生を示す安全燈の)青い光.

der **Au·re·us** [アウれウス] [名] -/..rei アウレウス《古代ローマの金貨》.

die **Au·ri·kel** [アウリーケル] [名] -/-n 〘植〙サクラソウ.

au·ri·ku·lar [アウりクラーあ] [形] 〘医〙耳の.

die **Au·ro·ra** [アウろーら] [名] -/ **1.** 《主に無冠詞》《詩》曙光(しょこう). **2.** 《[単]のみ;主に無冠詞》〘ロ神〙アウロラ《曙(あけぼの)の女神》.

der **Au·ro·ra·fal·ter** [アウろーら・ふぁルター] [名] -s/- 〘昆〙クモマツマキチョウ.

das **Au·rum** [アウるム] [名] -(s)/ 〘化〙金《記号 AU》.

aus [アウス] [前] 〔+3格〕 **1.** 《空間・方向》…から(外へ): ～ dem Zimmer kommen 部屋から出てくる. 〈et[4]〉 ～ dem Schrank nehmen 戸棚から〈物を〉取出す. **2.** 《出所・素性》…の, …の出の: Er kommt ～ Berlin. 彼はベルリン出身である. ein Lied ～ alter Zeit 昔の歌. **3.** 《状態の変化》 …から: ～ dem Schlaf wachen 眠りから覚める. ～ dem Gleichgewicht kommen バランスを失う. **4.** 《材料》…の, …で出来ている: der Tisch ～ Holz 木製のテーブル. das Haus ～ Fertigteilen プレハブの家. ～ 〈et[3]〉 bestehen 〈物・事から〉成立っている. **5.** 《原因・根拠》…から, …がもとで: ～ Liebe 愛情から. ～ Versehen うっかりして. *A～* welchem Grunde ? どんな理由で. 〈et[4]〉 ～ seinem Brief erfahren 〈事を〉彼の手紙で知る. 〈et[4]〉 ～ Erfahrung wissen 〈事を〉経験で知っている. 【慣用】**aus dem Kopf wissen** 暗記している. **aus den Augen verlieren** 見失う. **aus der Mode kommen** 流行遅れになる. **aus sich[3] heraus** 他人から言われずに, 自分から. **Geh mir aus den Augen !** 消え失せろ.

―― [副] **1.** 外に, 外出して: Der Ball ist ～. ボールがラインの外に出た. Er ist mit seinem Kind ～. 彼は子供を連れて外出した. **2.** 終って, なくなって, 消えて: Der Film ist ～. 映画は終った. Licht ～! 明りを消せ. **3.** 《前置詞 von とともに》…から: von Grund ～ 根本から. von Hause ～ 生れつき, もともと. von hier ～ ここから. von mir ～ 私としては(かまわない). 【慣用】**auf 〈et[4]〉 aus sein** 〈物・事を〉欲しがっている, もくろんでいる. **aus und ein** 出たり入ったり. **Mit ihm ist es aus.** 彼はもうだめだ. **nicht aus noch ein wissen** どうしてよいか分らない. **Zwischen uns ist es aus.** われわれの仲〔友情〕は終っている.

das **Aus** [アウス] [名] -/- **1.** 《[単]のみ》〘球〙(ライン)の外. **2.** 《[単]のみ》〘ごぎ〙敗退, 退場.

aus|a·gie·ren [アウス・アギーれン] [動] *h.* 〔〈et[4]〉ヲ〕〘心〙行動で発散させる.

aus|ar·bei·ten [アウス・アるバイテン] [動] *h.* **1.** 〔〈et[4]〉ヲ〕作成する;仕上げる, まとめる, 彫琢(ちょうたく)する. **2.** 〔sich[4]〕(たっぷり)運動をする〔体を動かす〕.

die **Aus·ar·bei·tung** [アウス・アるバイトゥング] [名] -/-en 作成;仕上げ, 完成;(身体の)運動.

aus|ar·ten [アウス・アーあテン] [動] *s.* **1.** 〔(in 〈et[4]〉

Ausartung

=/zu ⟨et³=⟩〕発展する, 変る(悪いことに). **2.** 〔🏛〕常規を逸する, 節度を失う. **3.** 〔🏛〕〖生・動〗退化する.

die **Aus·ar·tung** [アウス・アーあトゥング] 名 -/-en 〖生・動〗退化.

aus|at·men [アウス・アートメン] 動 *h.* **1.** 〔🏛〕吐く(息を). **2.** 〔🏛〕息を吐く;〈文・稀〉息を引きとる(完了時称でのみ).

aus|ba·cken(*) [アウス・バッケン] 動 *h.* 〖料〗 **1.** 〔⟨et⁴⟩ₐ〕揚げる. **2.** 〔⟨et⁴⟩ₐ〕焼き上げる;十分に焼く.

aus|ba·den [アウス・バーデン] 動 *h.* 〔⟨et⁴⟩ₐ〕(口)しりぬぐいをする.

aus|bag·gern [アウス・バッガーン] 動 *h.* 〔⟨et⁴⟩ₐ〕掘る(ショベルカーで穴などを);浚渫(しゅんせつ)する.

aus|ba·lan·cie·ren [..balāsi:rən,..balaŋsi:rən アウス・バランスィーれーン] 動 *h.* **1.** 〔⟨j⁴⟩/⟨et⁴⟩ₐ〕釣合いをとる, (…を)調整する. **2.** 〔sich⁴〕釣合いがとれる, 折合いがつく.

aus|bal·do·wern [アウス・バルドーヴァーン] 動 *h.* 〔⟨et⁴⟩ₐ〕(口)突止める, 探り出す.

der **Aus·bau** [アウス・バウ] 名 -(e)s/-ten **1.** (㊙のみ)拡張, 増築;改築, 改造;拡充, 拡大, 整備. **2.** (㊙のみ)(機械の)取外し. **3.** 〖鉱〗(安全に作業ができるように広げられた)鉱道;(方・古)集落から離れた農場(家屋敷).

aus|bau·chen [アウス・バウヘン] 動 *h.* **1.** 〔⟨et⁴⟩ₐ〕膨らみをつける(陶器などに);〔⟨et⁴⟩ₐがsich⁴の場合に〕膨らむ.

aus|bau·en [アウス・バウエン] 動 *h.* **1.** 〔⟨et⁴⟩ₐ+ (aus ⟨et³⟩=)〕取外す. **2.** 〔⟨et⁴⟩ₐ〕拡張(拡大・拡充・整備)する;広げる(差などを). **3.** 〔⟨et⁴⟩ₐ+zu ⟨et³⟩=〕改造する. **4.** 〔⟨et⁴⟩ₐ〕熟成させる. **5.** 〔⟨et⁴⟩ₐ+(in ⟨et³⟩=)〕〖鉱〗補強する.

aus|be·din·gen(*) [アウス・ベディンゲン] 動 *h.* 〔sich³+⟨et⁴⟩ₐ〕条件とする, (…の)権利を留保する.

aus|bei·ßen(*) [アウス・バイセン] 動 *h.* **1.** 〔sich³+⟨et⁴⟩ₐ〕折る(固い物をかんで歯を):sich³ an der Arbeit die Zähne ~ その仕事で手こずる. **2.** 〔⟨j⁴⟩ₐ〕(方)放逐する. **3.** 〔⟨場所⟩=〕〖地質〗露出している.

aus|bes·sern [アウス・ベッサーン] 動 *h.* 〔⟨et⁴⟩ₐ〕修繕〔修理・修復〕する, 繕う.

die **Aus·bes·se·rung** [アウス・ベッセるング] 名 -/-en 修理, 修繕.

aus|beu·len [アウス・ボイレン] 動 *h.* **1.** 〔⟨et⁴⟩ₐ〕丸くする(ズボンのひざなどを);〔⟨et⁴⟩ₐがsich⁴の場合に〕(ズボンのひざが)でる. **2.** 〔⟨et⁴⟩ₐ〕へこみを直す.

die **Aus·beu·te** [アウス・ボイテ] 名 -/-n (主に㊙)仕事の利益, 収穫(物);(鉱石などの)産出高.

aus|beu·ten [アウス・ボイテン] 動 *h.* **1.** 〔⟨et⁴⟩ₐ〕採掘する, (経済的に)利用する. **2.** 〔⟨j⁴/et⁴⟩ₐ〕〖マルクス主義〗搾取する;(蔑)(自己の利益のため)利用する;剝奪(はくだつ)する.

der **Aus·beu·ter** [アウス・ボイター] 名 -s/- (蔑)搾取者;〖マルクス主義〗搾取階級の人.

die **Aus·beu·tung** [アウス・ボイトゥング] 名 -/-en (主に㊙)活用, 利用;搾取;剝奪(りょう).

die **Aus·beu·tungs·pha·se** [アウスボイトゥングス・ふぁーゼ] 名 -/-n 〖環〗(農業発展史上の)搾取段階(多量の農薬を使い高収量種の単一栽培をする段階).

aus|be·zah·len [アウス・ベツァーレン] 動 *h.* **1.** 〔⟨et⁴⟩=〕支払う. **2.** 〔⟨j⁴⟩ₐ〕(仕事の)報酬を支払う;相殺分を現金で渡す.

aus|bie·gen(*) [アウス・ビーゲン] 動 *h.* **1.** 〔⟨et⁴⟩ₐ〕外側に曲げる, 真っすぐにする. **2.** *s.* 〔⟨j³/et³⟩ₐ〕〔⟨方向⟩へ〕(方)避ける, よける.

aus|bie·ten(*) [アウス・ビーテン] 動 *h.* **1.** 〔⟨et⁴⟩ₐ〕(稀)売りに出す;競りに出す.

aus|bil·den [アウス・ビルデン] 動 *h.* **1.** 〔⟨j⁴⟩ₐ〕訓練する, 養成する. **2.** 〔sich⁴〕職業訓練を受業する. **3.** 〔⟨et⁴⟩ₐ〕養う, 発達〔発展〕させる, 伸ばす(素質などを). **4.** 〔⟨et⁴⟩ₐ〕形成する, 作り出す.

der **Aus·bil·der** [アウス・ビルダー] 名 -s/- 養成者, 〖軍〗教官.

die **Aus·bil·dung** [アウス・ビルドゥング] 名 -/-en **1.** 養成, 職業教育(Berufs~), 訓練. **2.** 発達, 発展;形成.

die **Aus·bil·dungs·bei·hil·fe** [アウスビルドゥングス・バイ・ヒルふぇ] 名 -/-n 職業訓練生援助金.

die **Aus·bil·dungs·för·de·rung** [アウスビルドゥングス・ふぇるデるング] 名 -/-en 職業教育奨学振興;職業教育奨学金.

der **Aus·bil·dungs·gang** [アウスビルドゥングス・ガング] 名 -(e)s/..gänge 教育〔修業〕過程.

die **Aus·bil·dungs·zeit** [アウスビルドゥングス・ツァイト] 名 -/-en 養成〔職業訓練〕期間, 修業時代.

das **Aus·bil·dungs·zen·trum** [アウスビルドゥングス・ツェントるム] 名 -s/..tren 養成〔職業訓練〕センター.

aus|bit·ten(*) [アウス・ビッテン] 動 *h.* **1.** 〔sich³+⟨et⁴⟩ₐ〕要求する, 願う;〈文〉懇望する. **2.** 〔⟨j⁴⟩ₐ+zu ⟨et³⟩=〕(古)招待する.

aus|bla·sen(*) [アウス・ブラーゼン] 動 *h.* **1.** 〔⟨et⁴⟩ₐ〕火を吹消す;〖冶金〗運転を止める(溶鉱炉の). **2.** 〔⟨et⁴⟩ₐ+aus ⟨et³⟩=〕吹いて取出す(卵から黄味を);吹払う(ごみを). **3.** 〔⟨et⁴⟩ₐ〕ふうっと吐く(煙などを). **4.** 〔🏛〕吹止む(風が).

aus|blei·ben(*) [アウス・ブライベン] 動 *s.* **1.** 〔🏛〕(期待・予想に反して)起こらない, 生じない;来ない(客などが);詰まる(息が), 結滞する(脈が):nicht ~ 必ず引こらずにはすまない. **2.** 〔⟨時間⟩ⁿ〕家に戻ってこない.

aus|blei·chen(*) [アウス・ブライヒェン] 動 **1.** (規則変化)*h.* 〔⟨et⁴⟩ₐ〕退色させる;漂白する. **2.** (不規則変化)*s.* 〔🏛〕褪せる.

aus|blen·den [アウス・ブレンデン] 動 *h.* **1.** 〔⟨et⁴⟩ₐ〕〖ラジ・テレ・映〗フェイドアウト(ダウン)する. **2.** 〔sich⁴〕⟨et³⟩=(番組の)放送を終了する(局が).

der **Aus·blick** [アウス・ブリック] 名 -(e)s/-e **1.** 眺め, 眺望, 見晴らし:ein ~ auf (über) ⟨et⁴⟩ ⟨物に対する⟩眺望. **2.** (将来の)見通し.

aus|blü·hen [アウス・ブリューエン] 動 **1.** *h.* 〔🏛〕花盛りが過ぎる. **2.** *s.* 〔🏛〕吹出る(石の壁面から塩などが).

die **Aus·blü·hung** [アウス・ブリューウング] 名 -/-en **1.** 咲き終わる〔花盛りが過ぎる〕こと. **2.** 〖鉱〗白華.

aus|blu·ten [アウス・ブルーテン] 動 **1.** *s.* 〔🏛〕血抜きされる:ein *ausgeblutetes* Land (戦争で)疲弊した国. **2.** 〔🏛〕出血が止まる(傷などの). **3.** 〔sich⁴〕金を使い果たす.

aus|boh·ren [アウス・ボーれン] 動 *h.* **1.** 〔⟨et⁴⟩=〕穴をあける, (…を)掘る. **2.** 〔⟨et⁴⟩ₐ+aus ⟨et³⟩から〕えぐり出す.

aus|bom·ben [アウス・ボムベン] 動 *h.* (次の形で)ausgebombt werden 空襲で焼け出される〔破壊される〕.

aus|boo·ten [アウス・ボーテン] 動 *h.* **1.** 〔⟨j⁴/et⁴⟩ₐ〕(本船から)ボートで上陸させる;ボートで陸揚げする. **2.** 〔⟨j⁴⟩ₐ〕(口)追い落す.

aus|bor·gen [アウス・ボるゲン] 動 *h.* **1.** 〔(sich³)+⟨et⁴⟩ₐ+(von ⟨j³⟩から)〕借りる. **2.** 〔⟨j³⟩=+⟨et⁴⟩ₐ〕貸す.

aus|bra·ten(*) [アウス・ブラーテン] 動 **1.** *s.* (aus ⟨et³⟩=)炒めて〔焼いて〕出る(脂が). **2.** 〔⟨et⁴⟩ₐ〕炒めて〔焼いて〕脂を出す;十分に焼く.

aus|bre·chen(*) [アウス・ブれヒェン] 動 **1.** *h.* 〔⟨et⁴⟩ₐ〕欠き〔折〕取る:Steine aus der Mauer ~ 石壁か

ら石を抜取る．ein Fenster ～ 窓をくり抜く．sich³ einen Zahn ～ 歯を折る．**6．**〖慣〗抜ける(しるこなどが)．**3．***h．*〈et⁴ッ〉〖園〗剪定(ﾂﾙ)する；(…の)多すぎる芽を摘取る．《方》もぎ取って収穫する．**4．***h．*〈et⁴ッ〉吐く．**5．***s．*〔(aus 〈et⁴ッ〉)〕抜出る，離れる；〔軍〕包囲を突破する．**6．***s．*〔場所〕ｦ/〈様態〉ﾆ〕横ﾍすべりする(車が)；コースから外れる，逃避する(馬などが)．**7．***s．*〔慣〕突発(勃発)する，突然起こる，発生する，急に吹出る(汗が)．**8．***s．*〔慣〕爆発する(火山が)．**9．***h．*〈et⁴ッ〉突然激しく始める：in Tränen/Zorn ～ わっと泣出す(急に怒り出す．

der **Aus·bre·cher** [ｱｳｽ･ﾌﾞﾚﾋｬｰ] 名 -s/- **1．**〔口〕脱獄囚．**2．** 障害物を避ける癖のある馬．

aus|brei·ten [ｱｳｽ･ﾌﾞﾗｲﾃﾝ] 動 *h．* **1．**〈et⁴ッ〉広げる，(広げて)覆いかぶせる．**2．**〈et⁴ッ〉並べる．**3．**〈et⁴ッ〉(左右に)伸ばす(腕･枝などを)．**4．**〔sich⁴〕〔口〕体を長々と伸ばす．**5．**〔sich⁴〕広がる(火事などが)，蔓延(まんえん)する，広まる(流行などが)．**6．**〈et⁴ッ〉ﾆｦ〉(vor 〈j³〉ｦ〉開陳する．**7．**〔sich⁴ über 〈et⁴〉ﾆ〉〕長々としゃべる，とうとうと述べたてる．

aus|bren·nen* [ｱｳｽ･ﾌﾞﾚﾈﾝ] 動 **1．**〈et⁴ッ〉焼きつきる，(噴火口の)火が消える；(住居などの)内部が完全に焼ける；〔口〕消耗される；心身ともに疲労の極に達している〔慣〕体力的･精神的限界に達している．**2．**〈et⁴ッ〉〔方〕焼ききる〔医〕焼灼(しゃく)する，焼き取る(…に)腐食ペーストで模様を出す(混紡布地に)．**3．**〈et⁴ッ〉(稀)ひからびさせる(地面などを)；からからに乾かす．

aus|brin·gen* [ｱｳｽ･ﾌﾞﾘﾝｹﾞﾝ] 動 *h．* **1．**〈et⁴ッ〉述べる(乾杯の辞などを)．(古)(軽率に)もらしてしまう．**2．**〈et⁴ッ〉海に出す，海に降ろす．**3．**〈et⁴ッ〉〔口〕やっとの思いで脱ぐことができる(靴などを)．**4．**〈et⁴ッ〉〔印〕字間を広げて増やす(行を)．**5．**〈et⁴ッ〉狩出される子(ひな･卵を)．**6．**〈et⁴ッ〉〔鉱〕掘出す；冶金，精錬して取出す．**7．**〈et⁴ッ〉〔農〕(畑に)まく(肥料を)．

der **Aus·bruch** [ｱｳｽ･ﾌﾞﾙｯﾌ] 名 -(e)s/..brüche **1．** 突発，勃発；爆発；(感情の)爆発(危機･病気の)発生：zum ～ kommen 勃発する．**2．** (戦線の)突破；脱走，脱出；離脱：der ～ aus einem Gefängnis 刑務所からの脱走．**3．** (過熱の)房よりワイン，トレッセ．**4．**〔鉱〕爆破作業で生じた空洞．

aus|brü·ten [ｱｳｽ･ﾌﾞﾘｭｰﾃﾝ] 動 *h．* **1．**〈et⁴ッ〉かえす(ひな･卵を)．**2．**〈et⁴ッ〉考え出す，企む；〔口〕(…に)罹(かか)りかけている．

aus|bu·chen [ｱｳｽ･ﾌﾞｰﾍﾝ] 動 *h．* **1．**〈j⁴/et⁴ッ〉売り切る：Das Hotel ist bis Ende des Monats *ausgebucht*．ホテルは月末まで部屋がすべて予約済みである．**2．**〈et⁴ッ〉〔商･銀行〕(帳簿から)抹消する．

aus|bud·deln [ｱｳｽ･ﾌﾞﾄﾞﾙﾝ] 動 *h．*〈et⁴ッ〉〔方〕掘出す．

aus|bü·geln [ｱｳｽ･ﾋﾞｭｰｹﾞﾙﾝ] 動 *h．* **1．**〈et⁴ッ〉アイロンをかける．**2．**〈et⁴ッ〉アイロンかけてなくす(しわなどを)．**3．**〈et⁴ッ〉〔口〕正す(欠点などを)．**4．**〈et⁴ッ〉(口)の埋合せをする．

der **Aus·bund** [ｱｳｽ･ﾌﾞﾝﾄ] 名 -(e)s/..bünde 〔《薄･析》〕見本，典型：ein ～ von 〈an〉〈et³〉 sein 〈et³〉の見本［典型］である．

aus|bür·gern [ｱｳｽ･ﾋﾞｭﾙｶﾞｰﾝ] 動 *h．*〈j⁴ッ〉国籍を剥奪する．

aus|bürs·ten [ｱｳｽ･ﾋﾞｭﾙｽﾃﾝ] 動 *h．* **1．**〈et⁴ッ〉ブラシをかける；(…を)十分ブラッシングする(髪を)．**2．**〈et⁴ッ〉(aus 〈et³〉ｦ〉ブラシで払う(ほこりなどを)．

aus|bü·xen [ｱｳｽ･ﾋﾞｭｸｾﾝ] 動 *s．*〈(j³)ｦﾗ〉〔口･冗〕こっそり逃げ出す．

(das) **Ausch·witz** [ｱｳｼｭｳﾞｨｯﾂ] 名 -ʹ/〖地名〗ｱｳｼｭｳﾞｨｯﾂ(ﾎﾟｰﾗﾝﾄﾞ南部，ﾅﾁｽの強制収容所があった都市)．

die **Aus·dau·er** [ｱｳｽ･ﾀﾞｳｱｰ] 名 -/ 忍耐力，耐久力．

aus|dau·ern [ｱｳｽ･ﾀﾞｳｱｰﾝ] 動 **1．**〔慣〕辛抱する；持続する．**2．**〈et⁴ッ〉耐える．

aus·dau·ernd [ｱｳｽ･ﾀﾞｳｱｰﾝﾄ] 形 忍耐強い，持久〔耐久〕力のある；〔植〕多年生の．

aus|deh·nen [ｱｳｽ･ﾃﾞｰﾈﾝ] 動 *h．* **1．**〈et⁴ッ〉広げる，伸ばす(靴･手袋などを)，膨張させる．**2．**〔sich⁴〕膨張する．**3．**〈et⁴ッ+〈方向〉〉広げる，拡大〔拡大〕する．**4．**〈et⁴ッ+auf 〈et⁴〉ｦ〉広げる(規則の適用などを)．**5．**〔sich⁴+〈方向〉〉広がる，拡大する．**6．**〈et⁴ッ+〈時点〉ﾆ/〈時間〉ｦ」〕延長する．**7．**〔sich⁴+〈時点〉ﾆ/〈時間〉ｦ」〕延びる，長びく．**8．**〔sich⁴+〈場所〉ﾆ〕広がっている(平野･海などが)．

aus·deh·nung [ｱｳｽ･ﾃﾞｰﾇﾝｸﾞ] 名 -/-en **1．** 拡張，拡大；伸長；延長．**2．** 面積，広がり．

aus|den·ken* [ｱｳｽ･ﾃﾞﾝｹﾝ] 動 *h．* **1．**〔sich³+〈et⁴〉ｦ〉考え出す，案出する(遊びなどを)．**2．**〔(sich³)+〈j⁴/et⁴ッ+〈様態〉ﾄ〕想像する．**3．**〈et⁴ッ〉考え抜く(計画などを)．

aus|deu·ten [ｱｳｽ･ﾄﾞｲﾃﾝ] 動 *h．*〈et⁴ッ〉解釈する；判断する(夢などを)．

aus|die·nen [ｱｳｽ･ﾃﾞｨｰﾈﾝ] 動 *h．* (過去分詞･完了形でのみ)〔慣〕兵役を終える･〔口〕使い古される．

die **Aus·dif·fe·ren·zie·rung** [ｱｳｽ･ﾃﾞｨﾌｪﾚﾝﾂｨｰﾙﾝｸﾞ] 名 -/-en **1．**(﹢のみ)分化独立．**2．** 分離独立したもの．

aus|dis·ku·tie·ren [ｱｳｽ･ﾃﾞｨｽｸﾃｨｰﾚﾝ] 動 *h．*〈et⁴ッ〉徹底的に討論し尽す．

aus|dor·ren [ｱｳｽ･ﾄﾞﾚﾝ] 動 *s．*〔慣〕ひからびる，乾ききる．

aus|dör·ren [ｱｳｽ･ﾄﾞｪﾚﾝ] 動 **1．** *s．*〔慣〕ひからびる，乾ききる．**2．** *h．*〈et⁴ッ〉ひからびさせる(地面などを)，からからに乾かす(口･のどなどを)．

aus|dre·hen [ｱｳｽ･ﾄﾞﾚｰｴﾝ] 動 *h．* **1．**〈et⁴ッ〉スイッチ(栓)をひねって消す；(稀)ねじって外す(ヒューズなどを)．**2．**〈et⁴ッ〉〔工〕(旋盤で)削る．**3．**〈et⁴ッ〉〔方〕絞る(洗濯物を)；〔口〕脱臼(だっきゅう)させる．

der **Aus·druck¹** [ｱｳｽ･ﾄﾞﾙｯｸ] 名 -(e)s/..drücke **1．** 言葉，語句；言回し，口調；(﹢のみ)文体；表現力：*Ausdrücke* gebrauchen (im Munde führen/an sich³ haben) 下品な(の)言葉をつかう．**2．**(﹢のみ)表現；(内的状態の)現れ；(主に﹢)表情：〈et⁴〉 zum ～ bringen〈事〉ｦ表現する．in 〈et³〉 zum ～ kommen〈事〉ｦ表現される．mit ～ singen 表現豊かに歌う．**3．**〔数〕式．

der **Aus·druck²** [ｱｳｽ･ﾄﾞﾙｯｸ] 名 -(e)s/-e〔通信･ﾃﾞｰﾀ〕プリントアウト；アウトプット；〔印〕刷了．

aus|dru·cken [ｱｳｽ･ﾄﾞﾙｹﾝ] 動 *h．*〈et⁴ッ〉印刷し終える；省略せずに印刷する(名前を)；〔ｺﾝﾋﾟｭｰﾀ〕打出す．**2．**〈et⁴ッ〉〔印〕印刷し終る．

aus|drü·cken [ｱｳｽ･ﾄﾞﾘｭｹﾝ] 動 *h．* **1．**〈et⁴ッ〉絞り出す(膿(う)みなどを)；圧搾して果汁を取出す；(…の)うみを押出す(できものなどの)；絞る(タオルなど)；もみ消す(タバコ･火などを)．**3．**〈et⁴ッ+〈様態〉ﾄ〉表現する．**4．**〔sich⁴+〈様態〉ﾄ〉自分の考え〔気持ち〕を言い表す．**5．**〈j³〉+〈et⁴ッ〉述べる，表する．**6．**〈et⁴ッ〉表している(目が不安などを)．**7．**〔sich⁴+in 〈et³〉ﾆ〕表れている(気持が目などに)．

ausdrücklich [アウス・ドリュックリヒ, アウス・ドリュックリヒ] 形 はっきりした, 明確な; きっぱりと; 特に: auf seinen ~en Befehl 彼の厳命により.

ausdruckslos [アウスドゥルックス・ロース] 形 無表情な.

ausdrucksschwach [アウスドゥルックス・シュヴァッㇵ] 形 表現力の弱い.

ausdrucksstark [アウスドゥルックス・シュタルク] 形 表現力の豊かな.

der **Ausdruckstanz** [アウスドゥルックス・タンツ] 名 -es/ 表現舞踊.

ausdrucksvoll [アウスドゥルックス・フォル] 形 表情豊かな, 表現力の豊かな.

die **Ausdrucksweise** [アウスドゥルックス・ヴァイゼ] 名 -/-n 表現法, 言い回し.

aus|dünnen [アウス・デュネン] 動 h. 1. 〈et⁴ッ〉[園]摘果(摘花)をする; [農]間引きをする. 2. 〈et⁴ッ〉すく(髪を).

aus|dunsten [アウス・ドゥンステン] 動 h. =ausdünsten.

aus|dünsten [アウス・デュンステン] 動 h. 1. 〔憎じ〕湯気(霧)を立ちのぼらせる, 水分を発散する, 汗をかく. 2. 〈et⁴ッ〉発散する(臭気などを).

die **Ausdunstung** [アウス・ドゥンストゥング] 名 -/-en = Ausdünstung.

die **Ausdünstung** [アウス・デュンストゥング] 名 -/-en (においの)発散; 体臭, 臭気.

auseinander [アウスアイナンダー] 副 1. (空間・時間)(互いに)離れて[離して], 別々に, 解消して: Wir wohnen weit ~. 私たちは(互いに)遠く離れて住んでいる. Unsere Verlobung ist ~. 私たちの婚約は解消された. Die beiden sind im Alter fast drei Jahre ~. 両人は年が3歳ほど離れている. 2. 次から次へと: Behauptungen ~ entwickeln 主張を次から次へと発展させる.

auseinander breiten, ⒷⓄ **auseinander|breiten** [アウスアイナンダー ブライテン] 動 h. 〈et⁴ッ〉広げる(畳んだものなどを).

auseinander bringen*, ⒷⓄ **auseinander|bringen*** [アウスアイナンダー ブリンゲン] 動 h. 〈j⁴/et⁴ッ〉分け離す; 不和にする.

auseinander fallen*, ⒷⓄ **auseinander|fallen*** [アウスアイナンダー ファレン] 動 s. 〔憎じ〕ばらばらになる, 崩壊する.

auseinander falten, ⒷⓄ **auseinander|falten** [アウスアイナンダー ファルテン] 動 h. 1. 〈et⁴ッ〉開く, 広げる(畳んだものを). 2. 〔sich⁴+in 〈et⁴ッ〉〕分れる(各種のタイプに).

auseinander gehen*, ⒷⓄ **auseinander|-gehen*** [アウスアイナンダー ゲーエン] 動 s. 1. 〈時点³〉から〉(場所/ッ/様態³ニ)別れる, 散会する. 2. 〔場所/ッ〕分岐する(道が). 3. 左右に開く(幕などが); 分れ(ている)(意見などが). 4. 〔憎じ〕ばらばらに壊れる; 解消される(婚約などが). 5. 〔憎じ〕(口)太る.

auseinander halten*, ⒷⓄ **auseinander|-halten*** [アウスアイナンダー ハルテン] 動 h. 〈j⁴/et⁴ッ〉区別する.

auseinander jagen, ⒷⓄ **auseinander|jagen** [アウスアイナンダー ヤーゲン] 動 h. 〈j⁴/et⁴ッ〉追散らす, 引離す.

auseinander kennen*, ⒷⓄ **auseinander|kennen*** [アウスアイナンダー ケネン] 動 h. 〈j⁴/et⁴ッ〉(口)見分ける.

auseinander kommen*, ⒷⓄ **auseinander|kommen*** [アウスアイナンダー コメン] 動 s. 〔憎じ〕(口)離ればなれになる, 疎遠になる.

auseinander laufen*, ⒷⓄ **auseinander|-laufen*** [アウスアイナンダー ラウフェン] 動 1. 〔憎じ〕別れ別れになる; 分岐する(道などが). 2. 〔憎じ〕溶けて流れる(バターなど); にじむ(色が).

auseinander leben, ⒷⓄ **auseinander|leben** [アウスアイナンダー レーベン] 動 h. 1. 〔sich⁴+mit 〈j³〉〕気持が通わなくなる. 2. 〔相互代名詞 sich⁴〕互いに気持が通わなくなる.

auseinander nehmen*, ⒷⓄ **auseinander|nehmen*** [アウスアイナンダー ネーメン] 動 h. 1. 〈et⁴ッ〉分解する. 2. 〈j⁴ッ〉(口)徹底的に尋問する; 厳しくしかる; [ㇲﾎﾟ]撃破する.

auseinander platzen, ⒷⓄ **auseinander|-platzen** [アウスアイナンダー プラッツェン] 動 s. 〔憎じ〕割れてばらばらになる.

auseinander reißen*, ⒷⓄ **auseinander|-reißen*** [アウスアイナンダー ライセン] 動 h. 〈j⁴/et⁴ッ〉引裂く; ずたずたにする; 引離す.

auseinander setzen, ⒷⓄ **auseinander|setzen** [アウスアイナンダー ゼッツェン] 動 h. 1. 〈j³〉ニ+〈et⁴ッ〉説明する. 2. 〔sich⁴+mit 〈j³/et³〉ッ〕(真剣に)取組む; 議論をつくす. 3. 〈et⁴ッ〉[法]分割する(財産などを). 4. 〔相互代名詞 sich⁴〕[法](財産分与で)折合いがつく.

die **Auseinandersetzung** [アウスアイナンダー・ゼッツング] 名 -/-en 1. 論争; 口論; 争い; 紛争; (批判的)取組み: eine ~ mit 〈j³/et³〉〈人・事と〉の論争; 〈物・事と〉の取り組み. 2. [法](財産の)分割.

auseinander treiben*, ⒷⓄ **auseinander|-treiben*** [アウスアイナンダー トライベン] 動 1. h. 〈j⁴/et⁴ッ〉無理に引離す, 引延ばす. 2. s. 〔憎じ〕(風などで)離ればなしになる.

auseinander trennen, ⒷⓄ **auseinander|-trennen** [アウスアイナンダー トレネン] 動 h. 〈et⁴ッ〉縫い目をほどく.

auseinander ziehen*, ⒷⓄ **auseinander|-ziehen*** [アウスアイナンダー ツィーエン] 動 1. h. 〈j⁴/et⁴ッ〉引離す; (引伸ばして)左右に開く(カーテンなどを). 2. h. 〔sich⁴〕伸びる, 間隔が開く. 3. s. 〔憎じ〕別れ別れになる(人々が).

auserkoren [アウス・エあコーレン] 形 《文》選出された.

aus|erlesen¹* [アウス・エあレーゼン] 動 h. 〈j⁴ッ〉+ (zu 〈et³〉/ノタメニ/zu 〈et³〉スルタメニ) 《文・稀》選び出す.

auserlesen² [アウス・エあレーゼン] 形 《文》選りすぐった, 上等の.

aus|ersehen* [アウス・エあゼーエン] 動 h. 《文》 1. 〈j⁴ッ〉+(als 〈j⁴/et⁴〉/zu 〈j³/et³〉ニ)選任する, 選び出す. 2. 〔sich³+〈j⁴/et⁴〉ッ+zu 〈j³/et³〉ニ/für 〈et⁴〉ノタメニ〕選ぶ.

aus|erwählen [アウス・エあヴェーレン] 動 h. 《文》 1. 〔sich³〕〈j⁴ッ〉選び取る(出す). 2. 〈j⁴ッ〉(使命を負わすべく)選び出す.

auserwählt [アウス・エあヴェールト] 形 選び抜かれた: das ~e Volk 〖神〗神の選民(ユダヤ人).

der/die **Auserwählte** [アウス・エあヴェールテ] 名 (形容詞的変化) 《文》選ばれた者; 〖冗〗友達, 婚約者.

aus|essen* [アウス・エセン] 動 h. 1. 〈et⁴ッ〉残らず平らげる. 2. 〈et⁴ッ〉きれいに空にする(皿などを). 3. 〔憎じ〕食べ disposeる.

aus|fahren* [アウス・ふぁーれン] 動 1. s. 〔zu 〈et³〉ニ〕出かける, ドライブに行く; 出発する(人・乗り物が). 2. s. 〈et⁴ッ〉(ﾅﾘｨﾞ/から)(外へ)出る(乗り物が)(人・乗り物が). 3. h. 〈et⁴ッ〉(in 〈et⁴〉ニ乗せて)散歩(ドライブ)に連出する. 4. h. 〈et⁴ッ〉配達(発送)する(車で); 〖エ〗外へ出す(アンテナなどを機械操作によって); 〖海〗降ろす, ボートで係留地まで運ぶ(係留用ロープを). 5. h. 〈et⁴ッ〉開ける(橋げたなどを). 6. h. 〈et⁴ッ〉(走行によって)傷める. 7. h. 〈et⁴ッ〉大回りで曲がる. 8. h. 〈et⁴ッ〉〖ｽﾎﾟ〗

完走する(レースなどを). **9.** *h.*〈et⁴〉ッ〉全速力で走らせる;(限度いっぱい)働かせる. **10.** *s.*〈et³〉ッ〉走り通す(ある距離を). **11.** *s.*〈et³〉ッ〉さっと伸びる(髪·手などが);〔工〕外へ出る(アンテナなどが). 〔狩〕穴から出てくる(ウサギなどが). **12.** *s.*〈j³〉ノ/ヘチ〉〔方〕滑り落ちる. **13.** *s.* 〔aus〈j³〉/et³〉カラ〕離れる. **14.** *h.*〈et³〉ッ〉〔狩〕臓物を取出す.

die **Aus|fahrt** [アウス·ふぁーあト] 图 -/-en **1.** ドライブ. **2.** (高速道路·港などの)出口: ~ freihalten! 車の出口につき駐車禁止. **3.** 出発, 発車.

der **Aus|fall** [アウス·ふぁル] 图 -(e)s/..fälle **1.** (㊇のみ)(髪·歯·母音などの)脱落. **2.** (授業などの)休止, 中止, 欠席, 不在. **3.** 損失, 欠損;(㊇のみ)故障. **4.** 結果: der ~ der Ernte 収穫高. **5.** 〔ジン〕ランジ(攻撃の最終動作);〔重量挙げ〕スプリット;〔剣〕前脚を曲げて後脚を伸ばす姿勢. (包囲の)突破, 攻撃. **7.** 侮辱的な表現: strenge *Ausfälle* gegen〈j⁴〉machen 厳しい非難を〈人ニタイシテ〉する.

aus|fal|len* [アウス·ふぁレン] 動 **1.** *s.* 〔㊇〕抜落ちる(髪·毛などが), 殻にこぼれ落ちる(穀物·豆などが);〔言〕脱落する(母音·文字などが). **2.** 〔sich³+〈et³〉ッ〉〕(口)転んで折る(歯などを). **3.** *s.* 〔aus〈et³〉カラ〕〔化〕(分離して)沈殿する. **4.** *s.* 〔言〕中止になる;支払中止になる, 入らなくなる(収入などが);欠席する;使えなくなる(予定していた人員が);止まる(機械など);〈様態ニ=〉(結果として)なる:(出来上がった状態が…である). **5.** *s.* 〔㊇〕〔軍〕〈古〉敵の囲みを突破する.

aus|fäl|len [アウス·ふぇレン] 動 *h.* **1.** 〈et³〉ッ〉〔aus〈et³〉カラ〕〔化〕析出する. **2.** 〈et⁴〉ッ〉〔法〕科する(刑を).

aus|fal|lend [アウス·ふぁレント] 形 **1.** 無礼な, 侮辱的な. **2.** 突然の.

die **Aus|fall·er·schei·nung** [アウス·ふぁル·エあシャイヌング] 图 -/-en = Ausfallerscheinung.

aus|fäl|lig [アウス·ふぇリヒ] 形 侮辱的な.

die **Aus|falls·er·schei·nung** [アウス·ふぁルス·エあシャイヌング] 图 -/-en 〔医〕脱落〔欠落〕症状.

das **Aus|falls·tor** [アウス·ふぁルス·トーあ] 图 -(e)s/-e (城塞の)出撃門.

die **Aus|fall·stra·ße** [アウス·ふぁル·シュトらーセ] 图 -/-n (市内などから)外へ出る道路.

der **Aus|falls·win·kel** [アウス·ふぁルス·ヴィンケル] 图 -s/- 〔理〕反射角.

aus|fa·sern [アウス·ふぁーゼァン] 動 *s.*〔*h.*〕〔㊇〕端からほつれる(織物が).

aus|fech·ten* [アウス·ふぇヒテン] 動〈et⁴〉ッ〉戦い抜く.

aus|fe·gen [アウス·ふぇーゲン] 動 *h.* **1.** 〈et⁴〉ッ〉〔北独〕掃き出す;掃除する. **2.** 〈et³〉ッ〉〔方〕枝をはらう.

aus|fei·len [アウス·ふぁイレン] 動 *h.*〈et⁴〉ッ〉やすりで削る, (…に)やすりをかける;推敲(ホネッウ)する.

aus|fer·ti·gen [アウス·ふぇァティゲン] 動 *h.*〈et⁴〉ッ〉〔官〕作成する;交付する;認証する.

die **Aus|fer·ti·gung** [アウス·ふぇァティグング] 图 -/-en (証書などの)作成;作成書類;交付;謄本. (法令の)認証: ein Lebenslauf in doppelter ~ 正副二通の履歴書.

aus|fin·dig [アウス·ふぃンディヒ] 副 (次の形で)〈j⁴/et⁴〉ッ〉~ machen〈人·物·事〉をやっと見つけ出す.

aus|flag·gen [アウス·ふらッゲン] 動 *h.*〈et⁴〉ッ〉〔海〕旗で飾る. **2.**〈et⁴〉ッ〉〔海〕他国の旗を立てて航行させる. **3.**〈et⁴〉ッ〉旗を立てて標識する(コースなどを).

aus|flick·en [アウス·ふりッケン] 動 *h.*〈et⁴〉ッ〉一時のぎに修繕する(繕う).

aus|flie·gen* [アウス·ふりーゲン] 動 **1.** *s.* 〔㊇〕飛び出す;巣立つ;遠足に出かける. **2.** *s.* 〔㊇〕飛脱出する(飛行機が·飛行機で). **3.** *h.*〈j⁴〉ッ〉+〔aus〈et³〉カラ〕航空機で救出〔空輸〕する. **4.** *h.*〈et⁴〉ッ〉性能をフルに発揮させる(飛行機の).

aus|flie·ßen* [アウス·ふりーセン] 動 *s.* **1.** 〔aus〈et³〉ッ/durch〈et⁴〉ッ〕漏れる, 漏れ出る. **2.** 〔㊇〕漏れている, 漏れて空になる(容器が). **3.**(稀)にじむ(色が).

aus|flip·pen [アウス·ふりッペン] 動 *s.* 〔㊇〕(口)薬物を常用して現実逃避をする, 麻薬に溺れる;社会〔体制〕に背を向ける, ドロップアウトする;気が動転する;有頂天になる.

die **Aus|flucht** [アウス·ふルふト] 图 -/..flüchte **1.** (主に㊇)口実: *Ausflüchte* machen 言逃れをする. **2.** 回避, 逃避, 逃げ道.

der **Aus|flug** [アウス·ふルーク] 图 -(e)s/..flüge **1.** 遠足, ハイキング. **2.** (鳥·虫が)飛び立つこと, 巣立ち;〔養蜂〕(巣箱の)出入り.

der **Aus|flüg·ler** [アウス·ふりューグらァ] 图 -s/- ハイカー, 行楽客.

der **Aus|fluss**, ㊇ **Aus|fluß** [アウス·ふルス] 图 -es/..flüsse **1.** (㊇のみ)(液体·ガスの)流出, 漏出. **2.** 流出(漏出)量. **3.** 流出口;(川が湖などから)流れ出る所. **4.** 〔医〕分泌物;おりもの, こしけ. **5.** 〈文〉(感情の)現れ, 結果.

aus|fol·gen [アウス·ふォルゲン] 動 *h.*〈j³〉ニ+〈et⁴〉ッ〉〔官〕手渡す, 引渡す.

aus|for·men [アウス·ふォァメン] 動 *h.* **1.** 〈et⁴〉ッ〉(形に)作り上げる. **2.** 〈et⁴〉ッ〉+zu〈et³〉形ニ〕形造る. **3.** 〔sich⁴ (zu〈et³〉)〕形づくられる.

aus|for·mu·lie·ren [アウス·ふォァムリーれン] 動 *h.* 厳密に言葉で表現する.

aus|for·schen [アウス·ふォァシェン] 動 *h.* **1.** 〈j⁴/et⁴〉ッ〉根掘り葉掘り尋問する;探り出す. **2.** 〈j⁴〉ニ+über〈et⁴〉ノコト〉詳しく尋ねる.

aus|fra·gen [アウス·ふらーゲン] 動 *h.* **1.** 〈j⁴〉ニ+(über〈j⁴/et⁴〉ノコト/nach〈et³〉ノコト)問いただす, 根掘り葉掘り質問する. **2.** 〔㊇〕質問し終える, 質問し尽す.

die **Aus|fra·ge·rei** [アウス·ふらーゲらイ] 图 -/-en (口·贬)あれこれとしつこく尋ねること.

aus|fran·sen [アウス·ふらンゼン] 動 **1.** *s.* 〔㊇〕衣服の縁がほつれて房になる. **2.** *h.* 〔sich⁴〕衣服の縁がほつれて(房になる). **3.** 〈et⁴〉ッ〉縁をほぐして房にする.

aus|frä·sen [アウス·ふれーゼン] 動 *h.*〈et⁴〉ッ〉〔工〕フライス盤で取り除く(凹凸などを);フライス加工する.

aus|fres·sen* [アウス·ふれッセン] 動 *h.* **1.** 〈et⁴〉ッ〉+(aus〈et³〉カラ〕食い尽す(大きな獣が). **2.** 〈et⁴〉ッ〉(中味を)平らげる. **3.** 〔㊇〕えさを食べ尽す. **4.** 〈et⁴〉ッ〉浸食する(酸·川などが). **5.** 〈et⁴〉ッ〉(口)尻ぬぐいをする. **6.** 〈et⁴〉ッ〉(口)悪いことをする.

aus|frie·ren* [アウス·ふりーれン] 動 **1.** 〔㊇〕冷害で立枯れる;〈方〉冷えきる. **2.** *h.*〈et⁴〉ッ〉〔工〕凍結分離する.

die **Aus|fuhr** [アウス·ふーあ] 图 -/-en **1.** (㊇のみ)輸出. **2.** 輸出品.

aus|führ·bar [アウス·ふューあ·バーあ] 形 実行可能な;輸出むきの.

die **Aus|fuhr·be·schrän·kung** [アウス·ふーあ·ベ·シュれンクング] 图 -/-en 輸出制限.

die **Aus|fuhr·be·wil·li·gung** [アウス·ふーあ·ベヴィリグング] 图 -/-en 輸出認可.

aus|füh·ren [アウス·ふューれン] 動〈j⁴/et⁴〉ッ〉屋外〔散歩〕に連出す. **2.**〈j⁴〉ッ〉人前に連出す;遊び〔食事〕に連れて行く(特に女性を). **3.** 〈et⁴〉ッ〉輸出する;(口·冗)身につけて人前に出る.

A

4. 〔〈et^4〉ヲ〕実行する, 遂行する. 5. 〔〈et^4〉ヲ〕仕上げる(論文などを). 6. 〔〈et^4〉ヲ＋〈様態〉ニ(デ)〕作製する, 仕上げる. 7. 〔〈et^4〉ヲ/〈[文]〉デアルト〕(詳しく)述べる.

der/die **Aus·füh·ren·de** [アウス・ふゅーレンデ] [名] (形容詞的変化)(主に[複])出演者;演奏者.

die **Aus·fuhr·er·klä·rung** [アウスふーあ・エあクレーるング] [名] -/-en 輸出申請.

der **Aus·fuhr·ha·fen** [アウスふーあ・ハーふぇン] [名] -s/..häfen 輸出港.

der **Aus·fuhr·han·del** [アウスふーあ・ハンデル] [名] -s/ 輸出貿易.

das **Aus·fuhr·land** [アウスふーあ・ラント] [名] -(e)s/..länder 輸出国;輸出相手国.

aus·führ·lich [アウス・ふゅーありひ, アウス・ふゅーありひ] [形] 詳細な.

die **Aus·führ·lich·keit** [アウス・ふゅーありひカイト, アウス・ふゅーありひカイト] [名] -/ 詳細, 綿密.

die **Aus·fuhr·li·zenz** [アウスふーあ・リツェンツ] [名] -/-en 輸出許可.

die **Aus·füh·rung** [アウス・ふゅーるング] [名] -/-en 1. ([単]のみ)実行;遂行;施行, 執行;(仕事などの)処理, 済ますこと: 〈et^4〉 zur ～ bringen 〈事ヲ〉実行する. zur ～ kommen 実行される. 2. 仕様, 品質;([単]のみ)仕上げ: eine einfache ～ 普及品. Handtaschen in verschiedenen ～*en* 種々の型・サイズのハンドバック. 3. ([単]のみ)(動作を)すること: die ～ des Eckstoßes コーナーキックをすること. 4. (主に[複])詳述, 詳論.

die **Aus·füh·rungs·be·stim·mung** [アウスふゅーるングス・ベシュティムング] [名] -/-en (主に[複])施行規則.

das **Aus·fuhr·ver·bot** [アウスふーあ・ふぇあボート] [名] -(e)s/-e 輸出禁止.

der **Aus·fuhr·zoll** [アウスふーあ・ツォル] [名] -(e)s/..zölle 輸出税.

aus|fül·len [アウス・ふゅレン] [動] *h.* 1. 〔〈et^4〉ヲ＋(mit 〈et^3〉デ)〕塞(ふさ)ぐ, 埋める. 2. 〔〈et^4〉ニ〕記入する, 書き込む, (…の)空欄をうめる. 3. 〔〈et^4〉ヲ＋mit 〈et^3〉デ〕過ごす(休み時間をおしゃべりなどで). 4. 〔〈et^4〉ヲ〕すっかり取る〔占める〕(一定の時間を). 5. 〔〈et^4〉ヲ＋〈様態〉ニ〕務める. 6. 〔〈j^4〉ヲ〕満足させる, (…の)気持を充実させる(仕事などが). 7. 〔〈j^4〉ノ〕頭〔心〕をいっぱいにする.

aus|füt·tern[1] [アウス・ふゅッターン] [動] *h.* 〔〈j^4/et^4〉ヲ〕太らす, 肥育する(家畜を. 《冗》で人を).

aus|füt·tern[2] [アウス・ふゅッターン] [動] *h.* 〔〈et^4〉ニ＋mit 〈et^3〉ヲ〕(裏地として)つける.

Ausg. ＝Ausgabe (出版物の)版.

die **Aus·ga·be** [アウス・ガーベ] [名] -/-n 1. (本の)版;《稀》版(印刷発行の);(新聞・雑誌の)号(略 Ausg.);放送, 放映: eine verkürzte ～ 縮刷版. eine ～ letzter Hand 決定版. 2. ([単]のみ)手渡すこと;配ること, 配付, 支給;(通貨などの)発行;(命令などの)発表, 公表. 3. (主に[複])支出(Geld～), 出費;費用: ～*en* und Einnahmen 支出と収入. 4. 引渡〔交付〕所. 5. 〖コンピュータ〗アウトプット. 6. (製造)タイプ.

das **Aus·ga·be·buch** [アウスガーベ・ブーふ] [名] -(e)s/..bücher ＝Ausgabenbuch.

das **Aus·ga·ben·buch** [アウスガーベン・ブーふ] [名] -(e)s/..bücher 支出簿.

die **Aus·ga·be·stel·le** [アウスガーベ・シュテレ] [名] -/-n 発行〔交付〕所, 出札所, 引渡所.

der **Aus·gang** [アウス・ガング] [名] -(e)s/..gänge 1. 外出(許可);外出日: ～ haben 非番である. 2. 出口, 戸口;末端, 開口部: am ～ 出口で. 3. 結末;末尾;結果;([単]のみ)末期: ein Unfall mit tödlichem ～ 死亡事故. 4. ([単]のみ)出発点, 始まり. 5. ([単]のみ)発送, 出荷, 出庫;(主に[複])発送〔出荷・出庫〕物. 【慣用】**seinen Ausgang von 〈et^3〉 nehmen** 《文》〈物・事に〉由来する, 始まる.

aus·gangs [アウス・ガングス] [副] 外れに〔で〕: ～ von Hamburg ハンブルクの外れに〔で〕.

—— [前] 〔＋2格〕(空間)…の外れに〔で〕;(時間)…の終りに.

die **Aus·gangs·ba·sis** [アウスガングス・バーズィス] [名] -/..basen (物事の)出発点, (物事に取りかかる)基盤.

die **Aus·gangs·leis·tung** [アウスガングス・ライストゥング] [名] -/-en 〖電〗出力.

der **Aus·gangs·punkt** [アウスガングス・プンクト] [名] -(e)s/-e 出発点, 起点;起因.

die **Aus·gangs·stel·lung** [アウスガングス・シュテルング] [名] -/-en 〖スポーツ〗スターティングポジション;〖軍〗出撃基地.

der **Aus·gangs·stoff** [アウスガングス・シュトふ] [名] -(e)s/-e 原(材)料.

der **Aus·gangs·zoll** [アウスガングス・ツォル] [名] -(e)s/..zölle 輸出税.

das **Aus·ga·sen** [アウス・ガーゼン] [名] -s/ (倉庫などの)燻蒸(くんじょう);〖鉱〗(炭鉱での)石炭のガス抜き;〖地質〗(岩石などからの)ガス〔蒸気〕の噴出〔発散〕.

aus|ge·ben* [アウス・ゲーベン] [動] *h.* 1. 〔〈et^4〉ヲ〕支給する, 配る;〖銀行・郵〗発売〔発行〕する(切手・株・貨幣を). 2. 〔〈et^4〉ヲ＋〈場所〉デ〕引渡す. 3. 〔〈et^4〉ヲ〕出す, 発する(指示などを);〖コンピュータ〗打出す. 4. 〔(für 〈et^4〉ニ)＋〈et^4〉ヲ〕支出する, 支払う. 5. 〔sich^4＋〈様態〉デ〕力を使い果たす, 全力を尽す. 6. 〔〈j^4/et^4〉ヲ＋für〔als〕〈j^4/et^4〉ト/für〔als〕〈[形]〉ト〕(偽って)称する, 言う. 7. 〔〈et^4〉ヲ〕《方》外部に出す(仕事・洗濯物などを). 8. 〔〈et^4〉ノ〕《方》収穫になる(畑などが);量になる(原料が). 【慣用】**einen/eine Runde ausgeben** 《口》一杯おごる/一座の人たちにおごる.

aus·ge·bil·det [アウス・ゲビルデット] [形] 専門教育を受けた, 養成された.

aus·ge·bombt [アウス・ゲボムプト] [形] 空襲にやられた.

der/die **Aus·ge·bomb·te** [アウス・ゲボムプテ] [名] (形容詞的変化)空襲被災者.

aus·ge·brannt [アウス・ゲブラント] [形] 1. 燃え尽きた;切れた(電球);(内部が)焼落ちた;焼出された;からからに渇いた. 2. (精神的・肉体的に)燃え尽きた.

aus·ge·bucht [アウス・ゲブーふト] [形] 全席〔全室〕予約済みの;日程が詰まった.

aus·ge·bufft [アウス・ゲブふト] [形] 《口》老獪(ろうかい)な;力を失った, すたれた.

die **Aus·ge·burt** [アウス・ゲブーあト] [名] -/-en 《文》《文・蔑》産物(病める精神などの);典型, 申し子.

aus·ge·dehnt [アウス・ゲデーント] [形] 長時間の;広い.

aus·ge·dient [アウス・ゲディーント] [形] 《古》使えなくなった;退役の.

das **Aus·ge·ding** [アウス・ゲディング] [名] -(e)s/-e 《稀》 ＝Ausgedinge.

das **Aus·ge·din·ge** [アウス・ゲディンゲ] [名] -s/- 《方》(農民の)隠居取分(住居と作物など).

aus·ge·fah·ren [アウス・ゲふぁーれン] [形] (車両の通行で)傷んだ, 凸凹の, 摩滅した: ～*e* Gleise verlassen〔vermeiden〕新しい独創の道を歩む. sich^4 in ～*en* Gleisen bewegen 旧套を墨守する, 進取の気性に欠ける.

aus·ge·fal·len [アウス・ゲふぁレン] [形] 珍しい, 奇妙な, とっぴな.

aus·ge·feilt [アウス・ゲふぁイルト] [形] 磨きをかけた;推敲(すいこう)した.

aus·ge·feimt [アウス・ゲふぁイムト] [形] ずる賢い;こと細かに練り上げた.

aus·ge·flippt [アウス・ゲふリップト] [形] 社会に背を向けた, 社会からはみだした.

ausgefuchst [アウス・ゲフフクスト] 形 《口》ずる賢い.
ausgeglichen [アウス・ゲグリヒェン] 形 円満な;安定した;〔競技〕選手の力のバランスのとれた,互角の.
die **Ausgeglichenheit** [アウス・ゲグリヒェンハイト] 名 / 均衡,釣合い,互角;円満,調和.
der **Ausgehanzug** [アウス・ゲー・アン・ツーク] 名 -(e)s/..züge 〔軍〕外出〔休暇〕用軍装〔制服〕.
ausgehen* [アウス・ゲーエン] 動 s. 1. 〔{外出に}〕出掛ける,外出する;発送される. 2. (〈j³/et³〉)尽きる(貯え・忍耐心など);抜落ちる;消える;《方》色が落ちる. 3. (〈方〉〈=〉)脱げる. 4. 〔{様態に}〕結果〔結末〕になる,〔状態で〕終る. 5. 〔{時点に}〕《方》終る. 6. 〔auf〈et⁴〉ヵ〕〔言〕終る(母音など). 7. 〔auf〈et⁴〉ヵ〕狙(な)って〔目論(もく)んで〕いる. 8. 〔von〈et⁴〉ヵヵ〕出ている,始まる(ある場所を起点として). 9. 〔von〈j³/et³〉ヵヵ〕出ている(噂・提案などが). 10. 〔von〈et³〉ヵヵ〕出ている,発散している,漂い出ている. 11. 〔von〈et³〉ヵヵ〕出発する(事実・前提などから),(…を)基盤〔根底〕に置く. 12. 〔sich⁴〕({ぎりぎり})ぎりぎり足りる〔間に合う〕(金銭・時間などが). ‖慣用‖ **ausgehen wie das Hornberger Schießen** 《口》徒労に終る.
der **Ausgeher** [アウス・ゲーアー] 名 -s/- 《南独》メッセンジャーボーイ,使い走りの少年.
ausgehfertig [アウスゲー・ふぇアティヒ] 形 外出の支度のできた.
ausgehungert [アウス・ゲフンガート] 形 ひどく空腹な;飢えで弱った.
die **Ausgehuniform** [アウスゲー・ウニ・ふぉるム] 名 -/-en 〔軍〕外出用の軍服.
das **Ausgehverbot** [アウスゲー・ふぇあボート] 名 -(e)s/-e 外出禁止〔令〕.
ausgekocht [アウス・ゲコルト] 形 《口》抜け目のない.
ausgelassen [アウス・ゲラッセン] 形 大はしゃぎの,浮かれた.
die **Ausgelassenheit** [アウス・ゲラッセンハイト] 名 -/ (᠁のみ)大はしゃぎ,有頂天. 2.(主に᠁)ばか騒ぎ.
ausgelastet [アウス・ゲラステット] 形 フル操業の,余力のない,荷が満載された.
ausgeleiert [アウス・ゲライアート] 形 《口》がたのきた,たるんだ;言い古された.
ausgelernt [アウス・ゲレルント] 形 修業〔見習〕を終えた.
ausgemacht [アウス・ゲマハト] 形 1. 確かな,決着のついた. 2. まったくの;ひどく.
ausgemergelt [アウス・ゲメるゲルト] 形 疲れ〔やつれ〕果てた.
ausgenommen [アウス・ゲノメン] 接 《並列》…を除いて,…は別として: Alle wissen es, ~ dein Vater(dein Vater …). 君のお父さん以外は皆それを知っている. Der Ausflug findet statt, ~ es regnet. 雨降りでなければ遠足が行われる.
ausgepicht [アウス・ゲピヒト] 形 《口》海千山千の;ひどく凝った.
ausgeprägt [アウス・ゲプれークト] 形 際立った,特徴のはっきりした;際立って.
ausgepumpt [アウス・ゲプムプト] 形 《口》(一時的に)ばてた.
ausgerechnet [アウス・ゲれヒネット,アウス・ゲれヒネット] 副 〔冠飾〕(動詞・形容詞・副詞・名詞を修飾)より によって: ~ heute よりによって今日.
ausgerüstet [アウス・ゲリュステット] 形 〔mit〈et³〉ヵ〕 (特別の目的のため)備えている.
ausgeschlachtet [アウス・ゲシュラハテット] 形 (使用可能な部品を取出すために)解体された.
ausgeschlossen [アウス・ゲシュロッセン] 形 あり得ない,考えられない: A~! とんでもない.
ausgeschnitten [アウス・ゲシュニッテン] 形 襟ぐりの大きい.
ausgesprochen [アウス・ゲシュプろッヘン] 形 はっきりした,並外れた;至って.
ausgestalten [アウス・ゲシュタルテン] 動 h. 1. 〈et⁴〉ヵ+〔お祭〕手はずを整える(祝典などの). 2. 〈et⁴〉ヵ+〔形に〕しつらえる,飾りつける. 3. 〈et⁴〉ヵ+zu 〈et³〉ヵ〕拡張〔拡大〕する(ある考えをシステムなどに).
die **Ausgestaltung** [アウス・ゲシュタルトゥング] 名 -/-en 1. (᠁のみ)お膳立て,アレンジ;しつらえ,拡大. 2. 形態,形.
ausgestattet [アウス・ゲシュタテット] 形 〔mit〈et³〉ヵ〕(特別の目的のため)備えている.
ausgesteckt [アウス・ゲシュテクト] 形 《お祭》(次の形で)Es ist ~. 新酒ありの(印の)木の枝が出ている.
ausgestorben [アウス・ゲシュトるベン] 形 死滅した;ひと気のない,さびれた.
ausgesucht [アウス・ゲズーフト] 形 1. えり抜きの. 2. 特別な;格別な. 3. (良い物を選んだ後の)残り物(かす)の,売れ残りの.
ausgewachsen [アウス・ゲヴァクセン] 形 1. 成長しきった,ひとかどの;ひどい. 2. 《方》せむしの,奇形の.
der/die **Ausgewiesene** [アウス・ゲヴィーゼネ] 名 〔形容詞的変化〕国外追放者;強制送還者.
ausgewogen [アウス・ゲヴォーゲン] 形 釣合い〔均衡・調和〕のとれた.
die **Ausgewogenheit** [アウス・ゲヴォーゲンハイト] 名 -/ 釣合い,調和.
ausgezeichnet [アウス・ゲツァイヒネット,アウス・ゲツァイヒネット] 形 すばらしい,すぐれた,とびきり優秀〔上等〕な.
ausgiebig [アウス・ギービヒ] 形 1. たっぷりした. 2. 《古》収穫の多い.
ausgießen* [アウス・ギーセン] 動 h. 1. 〈et⁴〉ヵ 注ぎ出す. 2. 〈et⁴〉ヵ(中身を棄てて)空にする(瓶などを). 3. 〈et⁴〉ヵ水を注いで消す. 4. 〈et⁴〉ヵ+über〈j³/et³〉ヵ(文)注ぎかける(死者に香油などを),浴びせる(嘲笑(ちょうしょう)などを). 5. 〈et⁴〉ヵ+〔mit〈et³〉ヵ〕埋める(道路の穴などを).
der **Ausgleich** [アウス・グライヒ] 名 -(e)s/-e (主に᠁) 1. 均衡,釣合い,バランス;調停,和解;補償,埋合せ: einen ~ für 〈et⁴〉schaffen 〈et³に対する〉埋合せ〔調停〕をする. 2. 〔銀行〕収支清算(Konto~). 3. (᠁のみ)〔球〕同点ゴール. 4. 〔競馬〕ハンデ;ハンデキャップによる.
ausgleichen* [アウス・グライヒェン] 動 h. 1. 〔〈et⁴〉ヵ〕ならす(凸凹などを);(ならして)なくす(不ぞろいなどを);調停〔調整〕する(紛争などを). 2. 〔sich⁴〕平均化してなくなる(不均衡などが);相殺される;解消する;平準化される(格差などの). 3. 〈et⁴〉ヵ+durch〈et³〉ヵ補う(不足などを),(…の)埋合せをする. 4. 〈et⁴〉ヵ〔商〕支払う,弁済する;〔銀行〕(…の)借方と貨方の金額を同じにする,収支を合わせる. 5. 〔sich⁴〕〔銀行〕借方と貨方の金額が同じになる,差引ゼロになる. 6. (᠁のみ)〔球〕同点〔引分け〕に持込む.
das **Ausgleichgetriebe** [アウスグライヒ・ゲトリーベ] 名 -s/- =Ausgleichsgetriebe.
das **Ausgleichsgetriebe** [アウスグライヒス・ゲトリーベ] 名 -s/-〔工〕差動歯車,〔車〕ディノァレンシャルギア.
der **Ausgleichssport** [アウスグライヒス・シュポるト] 名 -(e)s/..sportarten(…の 体の)バランス回復運動.
ausgleiten* [アウス・グライテン] 動 s.《文》1. 〔᠁〕つるりと滑る. 2. 〔᠁〕滑って行って止まる. 3. 〈j³〉ヵ滑り落ちる.
ausgliedern [アウス・グリーダーン] 動 h. 〈et⁴〉ヵ(全体から)切離す,取除く.
ausglitschen [アウス・グリッチェン] 動 s. (᠁)《方》足を滑らす.

A

aus|glü·hen [アウス・グリューエン] [動] **1.** *h.* 〔〈et^4〉ヲ〕十分に赤熱する, 焼いて消毒する; からからにする(土地を); 《工》焼きなます. **2.** *h.* 〔[補足なし]〕燃えつきる, (赤熱の後)冷える. **3.** *s.* 〔[補足なし]〕(内部が)丸焼けになる.

aus|gra·ben* [アウス・グらーベン] [動] *h.* **1.** 〔〈j^4/et^4〉ヲ〕掘出す, 発掘する; 《稀》掘る(ジャガイモ・穴などを). **2.** 〔〈et^4〉ニ〕日の目を見させる(埋もれていた作品などに).

die **Aus·gra·bung** [アウス・グらーブング] [名] -/-en (考古学的な)発掘; 発掘物, 出土品.

aus|grei·fen* [アウス・グらイふェン] [動] *h.* 〔[補足なし]〕大またで歩く; 前足を大きく踏み出して歩く(馬が).

aus|gren·zen [アウス・グれンツェン] [動] *h.* 〔〈et^4〉ヲ+aus 〈et^3〉カラ〕排除する, 除外する.

aus|grü·beln [アウス・グりゅーベルン] [動] *h.* 〔〈et^4〉ヲ〕熟慮の末に考え出す.

der **Aus·guck** [アウス・グック] [名] -(e)s/-e **1.** 《口》見張り場所: ~ halten 見張りをする. **2.** 《海》檣楼(しょうろう); 見張番.

aus|gu·cken [アウス・グッケン] [動] *h.* **1.** 〔〈j^4/et^4〉ヲ〕探し求める. **2.** 〔nach 〈j^3/et^3〉ノ〕来るのを待って見張っている.

der **Aus·guss,** [旧] **Aus·guß** [アウス・グス] [名] -es/..güsse 流し; 排水口; 《方》(流しから)流れ出る水; 注ぎ口.

das **Aus·guss·rohr,** [旧] **Aus·guß·rohr** [アウスグス・ろーあ] [名] -(e)s/-e 排水管.

aus|ha·ben* [アウス・ハーベン] [動] *h.* **1.** 〔〈et^4〉ヲ〕《口》脱いでいる. **2.** 〔〈et^4〉ヲ〕《口》読んでしまっている; 《方》からにしてしまっている(料理の皿などを); 食べ〔飲み〕終えている. **3.** 〔[補足なし]〕《口》学校〔授業〕が終っている.

aus|ha·cken [アウス・ハッケン] [動] *h.* **1.** 〔〈et^4〉ヲ〕掘出す, 掘り起こす; 掘る. **2.** 〔〈j^3/et^3〉ノ+〈et^4〉ヲ〕くちばしでつつき出す(鳥が人の目などを). **3.** 〔〈et^4〉ヲ〕《オーストリア》解体する(豚・牛などを).

aus|ha·ken [アウス・ハーケン] [動] *h.* 〔〈et^4〉ノ〕留め〔掛け〕金を外して開ける(よろい戸などの), ホックをはずす; (〈et^4〉がsich^{4}の場合)(留金から)はずれる. **【慣用】** **Bei 〈j^3〉 hakt es aus.** 〈人ハ〉(他の人の振舞いについて)訳が分らなくなる; (話の途中で)先へ進めなくなる; 我慢しきれなくなる).

aus|hal·ten* [アウス・ハルテン] [動] *h.* **1.** 〔〈et^4〉ニ〕耐える, (…を)我慢する: Ich kann es vor Kälte nicht ~. 私は寒さに耐えられない. (Esが主語で) Es lässt sich ~. (それは)まあまあ我慢できる. **2.** 〔〈et^4〉ニ〕たじろがない, 負けない: den Vergleich mit 〈j^3/et^3〉 ~ können 〈人・物ニ〉ひけをとらない. **3.** 〔〈場所〉デ〕頑張りとおす. **4.** 〔〈j^4〉ヲ〕《口・蔑》養う, 囲う. **5.** 〔〈et^4〉ヲ〕《楽》保持する(音を音符の記号どおりに); 《林》規格に従って製材する. **6.** 〔sich^3+〈et^4〉ヲ〕《方》留保する(権利などを).

aus|han·deln [アウス・ハンデルン] [動] *h.* 〔〈et^4〉ヲ〕 交渉〔協議〕して決める.

aus|hän·di·gen [アウス・ヘンディゲン] [動] *h.* 〔〈j^3〉ニ+〈et^4〉ヲ//〈et^4〉ヲ+an 〈j^4〉ニ〕(公式に)手渡す, 交付する.

die **Aus·hän·di·gung** [アウス・ヘンディグング] [名] -/-en 手交, 交付.

der **Aus·hang** [アウス・ハング] [名] -(e)s/..hänge 掲示, 張り紙.

der **Aus·hän·ge·bo·gen** [アウス・ヘンゲ・ボーゲン] [名] -s/- 《印》一部抜き.

aus|hän·gen^1* [アウス・ヘンゲン] [動] *h.* 〔[補足なし]〕掲示してある.

aus|hän·gen^2 [アウス・ヘンゲン] [動] *h.* **1.** 〔〈j^4/et^4〉ヲ〕掲示する, 陳列する. **2.** 〔〈et^4〉ヲ〕蝶番(ちょうつがい)〔留金〕からはずす. **3.** 〔sich^4〕蝶番〔留金〕からはずれる. **4.** 〔sich^4〕つるして置く間にしわがのびる(衣服が). **5.** 〔sich^4+bei 〈j^3〉ト〕《口》組んでいた腕をはずす. **6.** 〔sich^3+〈et^4〉ヲ〕《口》脱臼(だっきゅう)する.

das **Aus·hän·ge·schild** [アウスヘンゲ・シルト] [名] -(e)s/-er (広告〔宣伝〕用)看板; 宣伝に役立つ人, 客寄せ.

aus|har·ren [アウス・ハれン] [動] *h.* 〔〈場所〉デ〕《文》辛抱づよく待ち続ける, 頑張りとおす.

aus|hau·chen [アウス・ハウヘン] [動] *h.* 〔〈et^4〉ヲ〕《文》(そっと)吐く; 放つ(芳香などを); (静かに)つぶやく. **【慣用】** **sein Leben〔seinen Geist〕 aushauchen** 息を引きとる.

aus|hau·en$^{(*)}$ [アウス・ハウエン] [動] (規則変化の過去分詞は《方》) *h.* **1.** 〔〈et^4〉ヲ+in 〈et^3〉ニ〕掘る. **2.** 〔〈et^4〉ヲ〕切開く, 作る(道などを). **3.** 〔〈j^4/et^4〉ヲ〕彫る. **4.** 〔〈et^4〉ヲ〕《林》間伐する, 伐採して根を掘り起こす(森などを); 剪定(せんてい)する; 《鉱》採掘する; 《方》解体する(牛・豚などを). **5.** 〔〈j^4〉ヲ〕《方・口》散々に殴る.

aus|he·ben* [アウス・ヘーベン] [動] *h.* **1.** 〔〈et^4〉ヲ〕掘って外に出す(砂などを); 掘る(穴などを). **2.** 〔〈et^4〉ヲ〕蝶番(ちょうつがい)からはずす. **3.** 〔〈et^4〉ヲ〕巣から取出す〔奪う〕(卵・ひなを); 空にする, 荒らす(卵・ひなを取出して巣を); 《方》(…の)取り集めをする(郵便ポストの). **4.** 〔〈et^4〉ヲ〕《印》ステッキからゲラに移す(活字の列を); 印刷機からはずす(刷版を). **5.** 〔〈j^4/et^4〉ノ〕手入れをする(盗賊の巣窟などの). **6.** 〔〈j^3〉ノ+〈et^4〉カラ〕《口》内容物を採取する(胃から). **7.** 〔sich^3+〈et^4〉ヲ〕《口》脱臼(だっきゅう)する. **8.** 〔〈j^4〉ヲ〕《レスリング》抱え上げてフォールに持込もうとする; 《古》召集する, 動員する.

aus|he·bern [アウス・ヘーバーン] [動] *h.* (次の形で) (〈j^3〉) den Magen ~ 《医》(〈人ノ〉)胃から内容物〔胃液〕を採取する.

die **Aus·he·bung** [アウス・ヘーブング] [名] -/-en **1.** 掘り出すこと; (穴などを)掘ること **2.** 《方》(ポストの郵便物の)取り集め. **3.** 手入れ, 摘発; 《古》召集 **4.** 《口》(胃液の)採取.

aus|he·cken [アウス・ヘッケン] [動] *h.* 〔〈et^4〉ヲ〕《口》たくらむ, 考え出す.

aus|hei·len [アウス・ハイレン] [動] **1.** *s.* 〔[補足なし]〕全治する(病気・患部が). **2.** *h.* 〔〈j^4〉(ノ病気)ヲ〕《稀》全治させる; (〈j^4〉がsich^{4}の場合)病気を完全に治す.

aus|hel·fen* [アウス・ヘルふェン] [動] *h.* **1.** 〔〈j^3〉ヲ+(mit〈et^3〉デ)〕急場をしのがせてやる. **2.** 〔〈場所〉デ〕臨時の手伝いをする.

die **Aus·hil·fe** [アウス・ヒルふェ] [名] -/-n **1.** ([単]のみ)(一時的な)助力: zur ~ 臨時で, 一時しのぎに. **2.** 臨時雇い.

die **Aus·hilfs·kraft** [アウスヒルふス・クらふト] [名] -/..kräfte 臨時雇い.

aus·hilfs·wei·se [アウスヒルふス・ヴァイゼ] [副] 臨時に(手伝いとして), 臨時の.

aus|höh·len [アウス・[へ]ーレン] [動] *h.* 〔〈j^4/et^4〉ヲ〕くり抜く, 空洞にする; 衰弱させる, 崩壊させる.

aus|ho·len [アウス・ホーレン] [動] *h.* **1.** 〔[補足なし]〕腕を後へ引いて構える, 腕を振りかぶる; 大またで進む. **2.** 〔(bei 〈et^3〉ノ際ニ)〕前にさかのぼって話す. **3.** 〔〈j^4〉ニ+über 〈j^4/et^4〉ニツイテ〕《口》探りを入れる. **4.** 〔〈et^4〉ヲ〕《海》張り出す(帆を).

aus|hor·chen [アウス・ホるひェン] [動] *h.* 〔〈j^4〉カラ+(über 〈et^4〉ヲ)〕それとなく聞出す.

der **Aus·hub** [アウス・フーブ] [名] -(e)s/..hübe 《土》(土砂の)掘削; (主に[単])(掘削した)土砂.

aus|hül·sen [アウス・ヒュルゼン] [動] *h.* 〔〈et^4〉ノ〕莢(さや)をむく.

aus|hun·gern [アウス・フンガーン] [動] *h.* 〔〈j^4/et^4〉ヲ〕飢えで苦しめる, 兵糧攻めにする.

aus|hus·ten [アウス・フーステン] [動] *h.* **1.** 〔〈et^4〉ヲ〕咳(せき)をして吐く(血や痰(たん)などを). **2.** 〔(sich^4)〕止むまで咳をする, 咳き止む.

aus|i·xen [アウス・イクセン] [動] *h.* **1.** 〔〈et^4〉ヲ〕《口》(タイプライターで)xを打って消す. **2.** 〔〈et^4〉ヲ〕《方》知恵を絞って考え出す.

aus|jä·ten [アウス・イェーテン] [動] *h.* **1.** 〔〈et^4〉ヲ〕根こそぎ取る(雑草を). **2.** 〔〈et^4〉ノ〕除草をする(畑などの).

aus|käm·men [アウス・ケメン] [動] *h.* **1.** 〔〈et^4〉ヲ〕櫛(くし)ですいて除く(髪のごみやほこりを);すく(髪を). **2.** 〔〈et^4〉ヲ〕しらみつぶしに捜索する.

aus|kau·en [アウス・カウエン] [動] *h.* **1.** 〔〈et^4〉ヲ〕味がなくなるまで噛む. **2.** 〔[補足なし]〕噛み終える.

aus|kau·fen [アウス・カウふェン] [動] *h.* **1.** 〔〈et^4〉ノ〕《口》品物を買い尽くす. **2.** 〔〈et^4〉ヲ〕《文・稀》利用する(時間などを). **3.** 〔〈j^4〉ヲ+(gegen 〈et^4〉ノ)〕金で押しのけてその地位に座る.

aus|ke·geln [アウス・ケーゲルン] [動] *h.* **1.** 〔〈et^4〉ヲ〕賭けて九柱戯をする. **2.** 〔sich^3+〈et^4〉ヲ〕脱臼する.

aus|keh·len [アウス・ケーレン] [動] *h.* 〔〈et^4〉ニ〕溝をつける(角材などに).

aus|keh·ren [アウス・ケーれン] [動] *h.* 《南独》 **1.** 〔〈et^4〉ヲ〕掃き出す(ゴミを). **2.** 〔〈et^4〉ノ〕掃除をする.

aus|kei·len [アウス・カイレン] [動] *h.* **1.** 〔[補足なし]〕鉱脈がくさび形に消滅する. **2.** 〔[補足なし]〕暴れてける(馬が).

aus|kel·tern [アウス・ケルターン] [動] *h.* 〔〈et^4〉ヲ〕搾る(ブドウなどを).

aus|ken·nen* [アウス・ケネン] [動] *h.* 〔sich^4+in 〈et^3〉ニ/mit 〈j^3/et^3〉ニ〕精通している.

aus|ker·nen [アウス・ケるネン] [動] *h.* **1.** 〔〈et^4〉ノ〕種を取る;《方》莢(さや)をむく. **2.** 〔〈et^4〉ノ〕内部を現代風に改装する.

aus|kip·pen [アウス・キッペン] [動] *h.* 〔〈et^4〉ヲ〕空にする, 空ける.

aus|kla·gen [アウス・クラーゲン] [動] *h.* **1.** 〔〈et^4〉ヲ〕《文》訴える(苦しみを). **2.** 〔sich^4〕《文》苦しみを訴える. **3.** 〔[補足なし]〕《文》苦しみを訴えることをやめる. **4.** 〔〈et^4〉ノ〕【法】請求訴訟を起こす. **5.** 〔〈j^4〉ニ〕【法】立退きを求める.

aus|klam·mern [アウス・クラマーン] [動] *h.* **1.** 〔〈et^4〉ヲ〕【数】括弧の外に出す;【言】枠構造の外に置く. **2.** 〔〈et^4〉ヲ〕除外する, 議論〔話題〕からはずす.

die **Aus·klam·me·rung** [アウス・クラメるング] [名] -/-en 除外, 排除;【数】括弧の外に出すこと;【言】枠構造外配置.

aus|kla·mü·sern [アウス・クラミューザーン] [動] *h.* 〔〈et^4〉ヲ〕《口》考え出す(方法などを).

der **Aus·klang** [アウス・クラング] [名] -(e)s/..klänge (主に[単])《稀》(曲の)終結部;《文》終り;締めくくり.

aus·klapp·bar [アウス・クラップ・バーあ] [形] 折り畳み式の.

aus|klau·ben [アウス・クラウベン] [動] *h.* 〔〈et^4〉ヲ〕《方》指でよりわける(豆などを).

aus|kle·ben [アウス・クレーベン] [動] *h.* 〔〈et^4〉ヲ+(mit 〈et^3〉デ)〕内張りする;ふさぐ(穴を).

aus|klei·den [アウス・クライデン] [動] *h.* **1.** 〔〈j^4〉ヲ〕《文》脱衣させる;(〈j^3〉がsich^{4}の場合)脱衣する. **2.** 〔〈et^4〉ヲ+mit 〈et^3〉デ〕内張りする.

aus|klin·gen* [アウス・クリンゲン] [動] **1.** *s.*〔*h.*〕〔[補足なし]〕鳴り〔響き〕やむ. **2.** *s.* 〔〈様態〉デ〕終る, 幕を閉じる.

aus|klin·ken [アウス・クリンケン] [動] **1.** *h.* 〔〈et^4〉ノ〕掛け金をはず(して解き放)す. **2.** *s.* 〔[補足なし]〕掛け金がはず(れて解き放た)れる. **3.** *h.* 〔sich^4〕掛け金がはずれる;《冗》脱け出す(会議の席からなど).

aus|klop·fen [アウス・クロップふェン] [動] *h.* **1.** 〔〈et^4〉ヲ+(aus 〈et^3〉カラ)〕たたいて落す. **2.** 〔〈et^4〉ノ〕ほこり〔灰〕をたたいて落す.

der **Aus·klop·fer** [アウス・クロップふぁー] [名] -s/- ほこりたたき, じゅうたんたたき.

aus|klü·geln [アウス・クリューゲルン] [動] *h.* 〔〈et^4〉ヲ〕知恵を絞って考え出す.

aus|knei·fen* [アウス・クナイふェン] [動] *s.* 〔(vor 〔aus〕)〈j^3/et^3〉カラ〕《口》こっそり逃げ出す.

aus|knip·sen [アウス・クニプセン] [動] *h.* **1.** 〔〈et^4〉ノ〕《口》スイッチをひねって消す. **2.** 〔〈et^4〉ヲ〕もみ消す.

aus|kno·beln [アウス・クノーベルン] [動] *h.* 《口》 **1.** 〔〈et^4〉ヲ/〈[文]デアルコトヲ〉〕さいころを振って決める. **2.** 〔〈et^4〉ヲ〕脳みそを絞って考え出す.

aus|kno·cken [アウス・クノッケン] [動] *h.* 〔〈j^4〉ヲ〕【ボクシング】ノックアウトする;《転》(…に)敗北を味わわせる.

aus·knöpf·bar [アウス・ク[ネ]ップふ・バーあ] [形] ボタンをはずして取外せる.

aus|ko·chen [アウス・コッヘン] [動] **1.** *h.* 〔〈et^4〉ヲ〕(スープを取るために)煮出す;煮沸消毒する;《稀》よく煮て汚れを取る(洗濯物を);《方》溶かす;【工】焼きもどす. **2.** *h.* 〔für 〈j^4〉ノタメニ〕《オーストリア》食事を作って出す. **3.** *h.* 〔〈et^4〉ヲ〕《口・蔑》考え出す(いたずらなどを). **4.** *s.* 〔aus 〈et^3〉カラ〕《稀》吹きこぼれる. **5.** *s.* 〔[補足なし]〕《口》決着〔解決〕がつく. **6.** *s.* 〔[補足なし]〕不発のまま燃えつきる.

aus|kom·men* [アウス・コメン] [動] *s.* **1.** 〔(mit 〈et^3〉デ)〕間に合せる, やりくりする. **2.** 〔ohne 〈j^4/et^4〉ナシデ〕済ませる, やって行く. **3.** 〔mit 〈j^3〉ト〕うまく〔仲よく〕やって行く. **4.** 〔(aus 〈et^3〉カラ)〕《南独・オーストリア》逃げる, 脱走する. **5.** 〔[補足なし]〕《方》かえる(卵・ひなが), 羽化する(さなぎが);発生する(火事が);世間に知れる(あることが).

das **Aus·kom·men** [アウス・コメン] [名] -s/ **1.** (十分な)収入, 生計. **2.** (次の形で) Mit 〈j^3〉 ist kein ～. 《口》〈人とは〉とてもつき合えない.

aus·kömm·lich [アウス・[ケ]ムリひ] [形] (暮らしに)十分な.

aus|kos·ten [アウス・コステン] [動] *h.* 〔〈et^4〉ヲ〕《文》満喫する, 十分に味わう(喜びなどを), なめる(苦しみを).

aus|kot·zen [アウス・コッツェン] [動] *h.* 《口》 **1.** 〔〈et^4〉ヲ〕吐く. **2.** 〔sich^4〕へどを吐く. **3.** 〔sich^4+bei 〈j^3〉ニ〕悩み〔恨み〕をぶちまける.

aus|kra·gen [アウス・クらーゲン] [動] *h.* 【建】 **1.** 〔[補足なし]〕張出している. **2.** 〔〈et^4〉ヲ〕張出させる.

aus|kra·men [アウス・クらーメン] [動] *h.* **1.** 〔〈et^4〉ヲ〕取出す;しゃべる. **2.** 〔〈et^4〉ヲ〕空にする.

aus|krat·zen [アウス・クらッツェン] [動] **1.** *h.* 〔〈et^4〉ヲ〕かき落す, かき取る. **2.** *h.* 〔〈et^4〉ヲ+aus 〈et^3〉カラ〕かき出す. **3.** *h.* 〔〈et^4〉ノ〕(中身をかき取って)きれいにする(瓶などの). **4.** *h.* 〔〈et^4〉ヲ〕【医】掻爬(そうは)する(子宮を). **5.** *s.* 〔vor 〈j^3〉カラ〕《口》逃げ出す.

aus|krie·chen* [アウス・クリーひェン] [動] *s.* 〔[補足なし]〕卵からはい出る(ひな・幼虫などが).

aus|kris·tal·li·sie·ren [アウス・クリスタリズィーれン] [動] **1.** *h.* 〔〈et^4〉ヲ〕晶出させる. **2.** *s.* 〔[補足なし]〕晶出する. **3.** *h.* 〔sich^4〕晶出する.

aus|ku·geln [アウス・クーゲルン] [動] *h.* 〔〈j^3〉ノ+〈et^4〉ヲ〕脱臼(だっきゅう)させる;(〈j^3〉がsich^{3}の場合)脱臼する.

aus|küh·len [アウス・キューレン] [動] **1.** *h.* 〔〈j^4/et^4〉ヲ〕冷えきらせる. **2.** *s.* 〔[補足なし]〕冷えきる.

die **Aus·kul·ta·ti·on** [アウス・クルタツィオーン] [名] -/-en 【医】聴診.

aus|kul·tie·ren [アウス・クルティーれン] [動] *h.* 〔〈et^4〉ヲ〕【医】聴診する.

aus|kund·schaf·ten [アウス・クントシャふテン] [動] *h.* 〔〈j^4/et^4〉ヲ〕突きとめる, 調べ上げる.

die **Aus·kunft** [アウス・クンふト] [名] -/..künfte **1.**

情報, 通知, 報知：eine ～ über 〈j⁴/et⁴〉 einholen 〈人・事・物の〉情報を得る. **2.** 《[単]のみ》(駅などの)案内所(～*s*stelle).

die **Aus·kunf·tei** [アウス・クンふタイ] [名] –/–en 興信所.

das **Aus·kunfts·bü·ro** [アウスクンふツ・ビュろー] [名] –s/–s (観光)案内所.

die **Aus·kunfts·pflicht** [アウスクンふツ・プふりひト] [名] –/ 《[単]のみ》〖法〗情報提供の義務.

die **Aus·kunfts·stel·le** [アウスクンふツ・シュテレ] [名] –/–n (官公庁の)案内所.

aus|kup·peln [アウス・クっペルン] [動] *h.* **1.** 〔[補足なし]〕ギアをニュートラルに入れる. **2.** 〔(〈et⁴〉ノ)〕クラッチを切る.

aus|ku·rie·ren [アウス・クりーれン] [動] *h.* 〔〈j⁴〉(ノ病気)ヲ/〈et⁴〉ヲ〕《口》完全に治す;(〈j⁴〉がsich⁴の場合)全快する.

aus|la·chen [アウス・ラっヘン] [動] *h.* **1.** 〔〈j⁴〉ヲ〕笑い物にする. **2.** 〔sich⁴〕思う存分に笑う. **3.** 〔[補足なし]〕笑うのをやめる.

aus|la·den¹* [アウス・ラーデン] [動] *h.* **1.** 〔〈j⁴/et⁴〉ヲ＋(aus 〈et³〉カラ)〕降ろす. **2.** 〔〈et⁴〉ノ〕積荷を降ろす. **3.** 〔[補足なし]〕張出している(屋根などが).

aus|la·den²* [アウス・ラーデン] [動] *h.* 〔〈j⁴〉ヘノ〕招待を取消す.

aus·la·dend [アウス・ラーデント] [形] 突き出た, 張出した;大げさな.

der **Aus·la·der** [アウス・ラーダー] [名] –s/– **1.** 荷おろし人夫, 仲仕;荷おろし機. **2.** 〖理〗放電器.

die **Aus·la·dung** [アウス・ラードゥング] [名] –/–en **1.** 荷下ろし, 陸揚げ. **2.** 〖建〗張出し, 突出部. **3.** 招待の取消し.

die **Aus·la·ge** [アウス・ラーゲ] [名] –/–n **1.** 陳列品;陳列ケース. **2.** (主に[複])立替金, 経費. **3.** 〖スポーツ〗基本の構え. **4.** 〖猟〗(鹿の)角幅.

aus|la·gern [アウス・ラーガーン] [動] *h.* **1.** 〔〈et⁴〉ヲ〕安全な場所に移す. **2.** 〔〈et⁴〉ヲ〕(出庫して)販売に供する.

das **Aus·land** [アウス・ラント] [名] –(e)s/ 外国, 他国.

der **Aus·län·der** [アウス・レンダー] [名] –s/– 外国人.

aus·län·der·feind·lich [アウスレンダー・ふぁイントりひ] [形] 外国人敵視の.

die **Aus·län·der·feind·lich·keit** [アウスレンダー・ふぁイントりひカイト] [名] –/–en 外国人への敵対行為;(《[単]のみ》)外国人敵視.

aus·län·disch [アウス・レンディシュ] [形] 外国(産)の;《稀》エキゾチックな.

die **Aus·lands·ak·ti·va** [アウスランツ・アクティーヴァ] [複名] 〖経〗対外資産.

die **Aus·lands·an·lei·he** [アウスランツ・アン・ライエ] [名] –/–n 〖銀行〗外(国)債.

die **Aus·lands·be·zie·hun·gen** [アウスランツ・ベツィーウンゲン] [複名] 対外関係.

der/die **Aus·lands·deut·sche** [アウスランツ・ドイチェ] [名] (形容詞的変化) 在外ドイツ人.

das **Aus·lands·ka·pi·tal** [アウスランツ・カピタール] [名] –s/ 〖経〗外国資本.

der **Aus·lands·kor·re·spon·dent** [アウスランツ・コれスポンデント] [名] –en/–en 在外通信員.

der **Aus·lands·markt** [アウスランツ・マるクト] [名] –(e)s/..märkte 〖経〗外国市場.

die **Aus·lands·nach·fra·ge** [アウスランツ・ナーは・ふらーゲ] [名] –/–n 〖経〗外需.

der **Aus·lands·pass,** [旧] **Aus·lands·paß** [アウスランツ・パス] [名] –es/..pässe パスポート, 旅券.

die **Aus·lands·rei·se** [アウスランツ・らイゼ] [名] –/–n 外国旅行.

die **Aus·lands·schul·den** [アウスランツ・シュルデン] [複名] 〖経〗対外債務.

der **Aus·lands·um·satz** [アウスランツ・ウム・ザッツ] [名] –es/..sätze 輸出額, 海外売上高.

die **Aus·lands·ver·bind·lich·kei·ten** [アウスランツ・ふぇあビントりひカイテン] [複名] 〖経〗対外債務.

aus|lan·gen [アウス・ランゲン] [動] *h.* **1.** 〔[補足なし]〕手を振りあげる. **2.** 〔[補足なし]〕足りる, 十分である：das 〔sein〕 *A*～ finden〔haben〕《オーストリア》生活していける.

der **Aus·lass,** [旧] **Aus·laß** [アウス・ラス] [名] –es/..lässe 〖工〗(配管の)出口;放水口, 排水〔排気〕口.

aus|las·sen* [アウス・ラっセン] [動] *h.* **1.** 〔〈et⁴〉ヲ＋(aus 〈et³〉カラ)〕放出する, 抜く. **2.** 〔〈j⁴/et⁴〉ヲ〕《南独・オーストリア》放す;そっとしておく(人を). **3.** 〔〈j⁴/et⁴〉ヲ〕抜かす, 飛ばす;除外する;逸する. **4.** 〔〈et⁴〉ヲ＋an 〈j³〉ニ〕ぶつける(怒りなどを). **5.** 〔sich⁴＋über 〈j⁴/et⁴〉ニツイテ＋〈[形]〉ト〕意見〔考え〕を(くどくど)述べる. **6.** 〔〈et⁴〉ヲ〕〖料〗溶かす;加熱して脂肪分を溶かす：*ausgelassener* Speck かりかりに焼いたベーコン. **7.** 〔〈et⁴〉ノ〕〖服〗丈を伸ばす, 幅を広げる(そでなどの). **8.** 〔〈et⁴〉ヲ〕《口》着ないで済ます, 脱いだままでいる. **9.** 〔〈et⁴〉ヲ〕《口》消したままにしておく(電灯などを).

die **Aus·las·sung** [アウス・ラっスング] [名] –/–en **1.** 省略. **2.** (主に[複])意見表明.

das **Aus·las·sungs·zei·chen** [アウスラっスングス・ツァイひぇン] [名] –s/– 省略符, アポストロフィ(記号 ’).

aus|las·ten [アウス・ラステン] [動] *h.* **1.** 〔〈et⁴〉ニ〕荷物〔乗員〕を満載する;(…を)フルに稼働させる. **2.** 〔〈j⁴〉ヲ〕フルに働かす, (…の)能力を十分に発揮させる;(…に)満足感を与える(仕事が).

aus|lat·schen [アウス・ラっチェン] [動] *h.* 〔〈et⁴〉ヲ〕《口》長い間履いてぶかぶかにする(靴・スリッパなどを).

der **Aus·lauf** [アウス・ラウふ] [名] –(e)s/..läufe **1.** 〖スポーツ〗(ゴールイン後やスキージャンプの着地後の)惰走スペース;〖フェンシング〗(コートの)延長部分. **2.** (《[単]のみ》)走り〔遊び〕回れること. **3.** 動き回れる場所. **4.** 流出口;(《[単]のみ》)流水. **5.** 終り(場所・時間の).

aus|lau·fen* [アウス・ラウふぇン] [動] **1.** *s.* 〔(aus 〈et³〉カラ)〕流れ出る, 漏れる. **2.** *s.* 〔[補足なし]〕漏れて空になる(容器などが). **3.** *s.* 〔[補足なし]〕出港する. **4.** *s.* 〔[補足なし]〕徐々に止まる(モーターなどが);〖スポーツ〗徐々にスピードを落す. **5.** *s.* 〔[補足なし]〕打切りになる, 終る. **6.** *s.* 〔[補足なし]〕にじむ, ぼやける. **7.** *s.* 〔〈場所〉デ〕終る. **8.** *s.* 〔〈時点〉デ〕切れる(契約などが). **9.** *s.* 〔in 〈et⁴〉ニ〕移行する, 最後には(…に)なる. **10.** *s.* 〔〈[形]〉ノ〕結果になる. **11.** *h.* 〔sich⁴〕(運動のために)歩き回る.

der **Aus·läu·fer** [アウス・ロイふぁー] [名] –s/– **1.** 山すそ, ふもと, 末端;〖植〗横に伸びる若芽〔枝〕;〖気〗(気圧の)張出し(た部分). **2.** 《スイス・オーストリア》使い走り.

aus|lau·gen [アウス・ラウゲン] [動] *h.* **1.** 〔〈et⁴〉ヲ＋(aus 〈et³〉カラ)〕浸出〔抽出〕する. **2.** 〔〈j⁴/et⁴〉ヲ〕疲れ果てさせる, 疲弊させる. **3.** 〔〈et⁴〉ヲ〕(アルカリ液で)洗う;〖地質〗溶かし流す.

der **Aus·laut** [アウス・ラウト] [名] –(e)s/–e 〖言〗尾音, 語末音.

aus|lau·ten [アウス・ラウテン] [動] *h.* 〔auf 〈et⁴〉デ〕終る(語・音節などが).

aus|läu·ten [アウス・ロイテン] [動] *h.* **1.** 〔〈et⁴〉ノ〕終りの鐘を鳴らす. **2.** 〔〈et⁴〉ヲ〕《古》鐘で触れ回る. **3.** 〔〈j⁴〉ヲ〕追悼して鐘〔弔鐘〕を鳴らす. **4.** 〔[補足なし]〕鳴り止む(鐘が).

aus|le·ben [アウス・レーベン] [動] *h.* **1.** 〔sich⁴〕人生を存分に享受する, 自由奔放に生きる. **2.** 〔〈et⁴〉ヲ〕生かしきる, 十分に伸ばす(才能などを).

aus|le·cken [アウス・レっケン] [動] *h.* **1.** 〔〈et⁴〉ヲ〕なめる(容器から). **2.** 〔〈et⁴〉ヲ〕きれいになめる(皿などを).

aus|lee·ren [アウス・レーれン] [動] *h.* **1.** 〔〈et⁴〉ヲ〕あ

ける(水などを). **2.** 〖et⁴〗空にする(容器を).
aus|le·gen [アウス・レーゲン] 動 h. **1.** 〖et⁴〗陳列する,展示する；閲覧に供する. **2.** 〖et⁴〗仕掛ける；植えつける；敷設する. **3.** 〖et⁴〗＋mit＜et³〗〗又は＋〖et⁴〗/für〈j⁴〉ノメ又＋〖et⁴〗立替える. **5.** 〖et⁴〗＋〈様態〉ト〗解釈する. **6.** 〖et⁴〗＋für〈et⁴〉ノ又ニ〖工〗設計する. **7.** 〖慣足〗〈方〉太る.
der **Aus·le·ger** [アウス・レーガー] 名 -s/- **1.** 解釈者,注釈者. **2.** 〖工〗張り出したもの,(クレーンの)ジブ,腕木；片持ち梁〈はり〉. **3.** 〖漕艇〗アウトリガー；オール受け.
die **Aus·le·gung** [アウス・レーグング] 名 -/-en 解釈,注釈；陳列,閲覧；(わななど)仕掛けること；(ケーブルなどの)敷設；種まき,植付け.
aus|lei·den [アウス・ライデン] 動 h. (((et⁴))〗〈稀〉最後まで耐え抜く(苦悩を)： Unser Vater hat *ausgelitten*. (長い闘病の末)父は死亡しました(死亡広告で).
aus|lei·ern [アウス・ライエーン] 動 〈口〉 **1.** 〖et⁴〗使いつぶす. **2.** s. 〖慣足〗がたがくる,のびてしまう(ゴムなどが). **3.** s. (sich⁴)のびてしまう(ゴムひもなどが).
die **Aus·lei·he** [アウス・ライエ] 名 -/-n **1.** (⊕のみ)(本の)貸出し. **2.** 貸出しカウンター.
aus|lei·hen [アウス・ライエン] 動 h. **1.** (sich³)＋〈et⁴〉＋bei〈von〈j³〉ノ〗貸与,借出す. **2.** 〈j³〉ニ/an〈j⁴〉＋〖et⁴/et³〗貸す,貸出す.
aus|ler·nen [アウス・れネン] 動 〖慣足〗修業(徒弟)期間を終える.
die **Aus·le·se** [アウス・レーゼ] 名 -/-n **1.** (⊕のみ)選別,選抜： eine natürliche ～ 自然陶汰〈とうた〉. eine strenge ～ treffen 厳選する. **2.** えり抜きの人,エリート；精選品；名作選. **3.** アウスレーゼ(えり抜きの房から作られたワイン).
der **Aus·le·se·me·cha·nis·mus** [アウスレーゼ・メヒャニスムス] 名 -/..men 〖生〗淘汰(とうた)のメカニズム.
aus|le·sen* [アウス・レーゼン] 動 h. **1.** 〖j⁴/et⁴〗〈文〉〈選抜〉選び,えりすぐる. **2.** 〖et⁴〗〖慣足〗(不良品を). **3.** 〖et⁴〗しまいまで読む. **4.** 〖慣足〗読むのをやめる. **5.** 〖et⁴〗〖コンピュ〗読み出す.
aus|leuch·ten [アウス・ロイヒテン] 動 h. 〖et⁴〗くまなく照らす；〈転〉解明する.
aus|lich·ten [アウス・リヒテン] 動 h. 〖et⁴〗枝をおろす.
aus|lie·fern [アウス・リーふぁーン] 動 h. **1.** 〖et⁴/et⁴〗＋〈j³〉ニ/an〈j⁴〉引渡す. **2.** 〖et⁴〗＋〈時点ニ〉店頭に出す,発送する.
die **Aus·lie·fe·rung** [アウス・リーふぇるング] 名 -/-en **1.** (商品の)出荷,発送；商品発送部. **2.** (犯人などの)引渡し.
der **Aus·lie·fe·rungs·an·trag** [アウスリーふぇるングス・アントらーク] 名 -(e)s/..träge 〖法〗犯罪者引渡請求.
der **Aus·lie·fe·rungs·schein** [アウスリーふぇるングス・シャイン] 名 -(e)s/-e 引渡証；(送金の)支払証.
der **Aus·lie·fe·rungs·ver·trag** [アウスリーふぇるングス・ふぇあトらーク] 名 -(e)s/..träge 〖法〗(国家間の)犯罪者引渡条約.
aus|lie·gen* [アウス・リーゲン] 動 h. **1.** (〈場所〉ニ)陳列してある,閲覧に供されている. **2.** 〖慣足〗仕掛けてある.
der **Aus·lie·ger** [アウス・リーガー] 名 -s/- 〖地質〗外塁層.
aus|lo·ben [アウス・ローベン] 動 h. **1.** (für〈et⁴〉ニ＋〖et⁴〗)〖法〗懸賞金として出す(ある金額を). **2.** 〖et⁴〗出す(懸賞クイズなどを).
aus|löf·feln [アウス・レッふぇルン] 動 h. **1.** 〖et⁴〗スプーンですっかり食べる. **2.** 〖et⁴〗(ノ中味〉)スプーンで食べて空にする(容器を).

aus|lö·schen¹ [アウス・レッシェン] 動 h. 〖et⁴〗消す；(…の)火を消す；(拭き)消す(文字などを)；〈文〉消す(電灯などを)；(転・文)ぬぐい去る(記憶などを).
aus|lö·schen²(*) [アウス・レッシェン] 動 s. 〖慣足〗〈文〉消える(火・希望などが).
die **Aus·lö·schung** [アウス・レッシュング] 名 -/- en 〖文〗抹消,抹殺.
aus|lo·sen [アウス・ローゼン] 動 h. 〈j⁴/et⁴〉くじ引きで決める.
aus|lö·sen [アウス・レーゼン] 動 h. **1.** 〖et⁴〗作動させる,切る(カメラのシャッターを). **2.** 〖sich⁴〗作動する. **3.** 〖et⁴〗呼起こす；ひき起こす. **4.** 〖et⁴〗＋(aus〈et³〉))〈方〉取出す. **5.** 〈j⁴〉〈古〉身代金を払って自由の身にする. **6.** 〖et⁴〗請出す(質物を).
der **Aus·lö·ser** [アウス・レーザー] 名 -s/- **1.** 〖工・写〗作動ボタン(レバー),レリーズ. **2.** きっかけ,原因；〖心・動物行動学〗解発因,リリーサー.
die **Aus·lö·sung** [アウス・レーズング] 名 -/-en **1.** 作動(させること)；(反応などを)呼び(ひき)起こすこと；請け出し,身請け. **2.** 外勤手当,滞在手当,出張手当.
aus|lo·ten [アウス・ローテン] 動 h. **1.** 〖et⁴〗〖海〗水深を測る,〈転〉奥底を究明する. **2.** 〖et⁴〗〖工〗垂直を(分銅で)定める.
aus|lüf·ten [アウス・リュふテン] 動 h. **1.** 〖et⁴〗換気する；虫干しする. **2.** 〖慣足〗外気に当てられる. **3.** 〖sich⁴〗〈口〉外気に当たりに散歩する.
der **Aus·lug** [アウス・ルーク] 名 -(e)s/-e 見張り場所；〖海〗見張り台.
aus|ma·chen [アウス・マッヘン] 動 h. **1.** 〖et⁴〗〈口〉消す,〈…〉の火を消す. **2.** 〖et⁴〗＋(mit〈j³〉))申合わせる,取決める. **3.** 〖et⁴〗＋〈様態〉デ〗決着をつける,(…を)解決する. **4.** 〖et⁴〗＝なる(金額の総計が). **5.** 〖j⁴/et⁴〗本質(内容)をなす,(…を)形成する. **6.** 〖et⁴〗重要である；〈口〉印象〈結果〉を左右する. **7.** 〖et⁴〗発見する,見分ける(遠方から注意深く観察して). **8.** 〖et⁴〗〈方〉掘出す(ジャガイモなどを). 【慣用】〈j³〉 etwas/nichts *ausmachen*〈人〉の迷惑になる/ならない.
aus|mah·len* [アウス・マーレン] 動 h. 〖et⁴〗製粉する.
aus|ma·len [アウス・マーレン] 動 h. **1.** 〖et⁴〗色を塗る. **2.** 〖et⁴〗内部に絵を描く；〈方〉内部をすっかり塗装する. **3.** 〖et⁴〗ありありと描き出す(叙述する). **4.** 〖sich³〗＋〖et⁴〗ありありと思い浮かべる(思い描く).
aus|ma·nö·vrie·ren [アウス・マ④ヴリーれン] 動 h. 〈j⁴〉出し抜く,巧妙な策略で負かす.
aus|mä·ren [アウス・メーれン] 動 〈方〉 **1.** 〖sich⁴〗のろのろしている；長話をする. **2.** 〖sich⁴〗のろのろのをやめる.
der **Aus·marsch** [アウス・マルシュ] 名 -es/..märsche 進発,出陣；退場行進.
aus|mar·schie·ren [アウス・マるシーれン] 動 s. 〖慣足〗進発する；行進して退場する.
das **Aus·maß** [アウス・マース] 名 -es/-e **1.** 大きさ,広さ. **2.** 範囲,規模,程度.
aus|mau·ern [アウス・マウえン] 動 h. 〖et⁴〗内壁を張る(れんが・ブロックなどで).
aus|mei·ßeln [アウス・マイセルン] 動 h. **1.** 〖et⁴〗(…のみで削り取る. **2.** 〖et⁴〗彫って仕上げる.
aus|mer·geln [アウス・メるゲルン] 動 〖j⁴/et⁴〗疲れ果てさせる.
aus|mer·zen [アウス・メるツェン] 動 h. 〖j⁴/et⁴〗排除する；駆除する；取除く；処分する(不用家畜を).

aus|mes·sen* [アウス・メッセン] 動 h. 〔et⁴ぅ〕体積〔面積〕を精確に測る;視界におさめる(目的).

aus|mie·ten [アウス・ミーテン] 動 h. 〔et⁴ぅ+(an 〈j³〉)〕〔文〕賃貸する.

aus|mis·ten [アウス・ミステン] 動 h. 〔et⁴ぅ〕掃除する(畜舎を);〔口〕整理する(引出しなどを);処分する.

aus|mün·den [アウス・ミュンデン] 動 h(s.)〔in 〈et⁴⁽³⁾〉=/auf〈et⁴⁽³⁾〉=〕注ぐ,通じている(川・道などが).

aus|mün·zen [アウス・ミュンツェン] 動 h. 1. 〔et⁴ぅ〕貨幣に鋳造する. 2. 〔et⁴ぅ+〈様態〉=〕利用する.

aus|mus·tern [アウス・ムスターン] 動 h. 1. 〔j⁴ぅ〕〔軍〕兵役に不適格とする. 2. 〔et⁴ぅ〕廃棄処分にする. 3. 〔et⁴ぅ〕〔服〕見本を作る(新作などの).

die **Aus·nah·me** [アウス・ナーメ] 名 -/-n 例外; 〈南独・スイス〉隠居取分: bei [mit]〈j³〉eine ~ machen〈人の場合を〉例外とする. mit ~ von〈j³/et³〉〈人・物・事を〉除いて.

die **Aus·nah·me·be·stim·mung** [アウスナーメ・ベシュティムング] 名 -/-en 例外規定.

der **Aus·nah·me·fall** [アウスナーメ・ふァル] 名 -(e)s/..fälle 例外的な場合,除外例,特例.

das **Aus·nah·me·ge·setz** [アウスナーメ・ゲゼッツ] 名 -es/-e 例外法,特例法.

der **Aus·nah·me·zu·stand** [アウスナーメ・ツー・シュタント] 名 -(e)s/..zustände 1. 例外の状態. 2. 〔法〕(国家の)非常事態.

aus·nahms·los [アウスナームス・ロース] 形 例外のない.

aus·nahms·wei·se [アウスナームス・ヴァイゼ] 副〔文飾〕例外的に〔な〕.

aus|neh·men* [アウス・ネーメン] 動 h. 1. 〔et⁴ぅ〕巣から取出す;空にする,荒らす(巣を);抜く,取出す(動物の内臓を);〔…の〕内臓を抜く. 2. 〔j⁴ぅ〕《口・蔑》金を巻上げる. 3. 〔j⁴ぅ〕《口・蔑》しつこく問いただす. 4. 〔j⁴ぅ+(von 〈et³〉)〕除外する,例外とする. 5. 〔sich⁴+〈場所〉ぅ+〈様態〉=〕《文》見える,感じられる. 6. 〔j⁴/et⁴ぅ〕《スイス》見分ける.

aus|neh·mend [アウス・ネーメント] 形《文》格別の;特に.

aus|nüch·tern [アウス・ニュヒターン] 動 h. 〔俗語〕酔いをさます.

aus|nut·zen [アウス・ヌッツェン] 動 h. 1. 〔et⁴ぅ〕(十分に)利用する,活用する. 2. 〔j⁴/et⁴ぅ〕(利己的に)利用する,食いものにする.

aus|nüt·zen [アウス・ニュッツェン] 動 h. =ausnutzen.

aus|pa·cken [アウス・パッケン] 動 h. 1. 〔et⁴ぅ+(aus〈et³〉ぅ)〕取出す,〔…の〕包みを解く. 2. 〔et⁴ぅ〕開けて中身を表わす. 3. 〔et⁴ぅ〕《口》打明ける,話す. 4. 〔無目〕《口》秘密をばらす;不満〔怒り〕をぶちまける.

aus|peit·schen [アウス・パイチェン] 動 h. 〔j⁴/et⁴ぅ〕(懲らしめに)情容赦なくむちで打つ.

aus|pel·len [アウス・ペレン] 動 h. 《方》1. 〔et⁴ぅ〕皮をむく. 2. 〔sich⁴〕《冗》服を脱ぐ.

aus|pfei·fen* [アウス・プふァイふェン] 動 h. 〔j⁴/et⁴ぅ〕口笛を吹いてつよく〔劇・俳優などを〕.

aus|pflan·zen [アウス・プふランツェン] 動 h. 1. 〔et⁴ぅ〕(苗床から畑に)移植する. 2. 〔et⁴ぅ〕移植する(臓器などを).

aus|pi·chen [アウス・ピッヒェン] 動 h. 〔et⁴ぅ〕=ピッチを塗って漏れを防ぐ.

das **Aus·pi·zi·um** [アウスピーツィウム] 名 -s/..zien (主に複) 1. 前兆,見込み. 2. 庇護(ひ): unter den *Auspizien* von〈j³〉〈人〉の庇護のもとで.

aus|plap·pern [アウス・プラッパーン] 動 h. 〔et⁴ぅ〕《口》口ばしる.

aus|plau·dern [アウス・プラウダーン] 動 h. 1. 〔et⁴ぅ〕(べらべらと)しゃべってしまう. 2. 〔sich⁴〕《方》心ゆくまでおしゃべりをする.

aus|plün·dern [アウス・プリュンダーン] 動 h. 1. 〔j⁴ぅ〕持ち物を一つ残らず略奪する. 2. 〔et⁴ぅ〕荒らす,空にする,乱開発する,乱掘する.

aus|pol·stern [アウス・ポルスターン] 動 h. 1. 〔et⁴ぅ〕詰物をする;パッドをつける(コートの肩に): gut *ausgepolstert* sein《冗》丸々と太っている.

aus|po·sau·nen [アウス・ポザウネン] 動 h. 〔et⁴ぅ〕《口》言い触らす,ふいちょうする.

aus|po·wern [アウス・ポーヴァーン] 動 h. 〔j⁴/et⁴ぅ〕(搾取して)疲弊させる.

aus|prä·gen [アウス・プれーゲン] 動 h. 1. 〔et⁴ぅ+(zu〈et³〉=)〕鋳造する. 2. 〔sich⁴+in〈et³〉=〕はっきりと形づくる. 3. 〔sich⁴〕形成される.

aus|pres·sen [アウス・プれッセン] 動 h. 1. 〔et⁴ぅ+(aus〈et³〉ぅ)〕しぼり出す. 2. 〔et⁴ぅ〕汁をしぼり出す. 3. 〔j⁴ぅ〕搾取する;〔…に〕根掘り葉掘りものを尋ねる.

aus|pro·bie·ren [アウス・プろビーれン] 動 h. 〔et⁴ぅ〕試験的に使ってみる.

der **Aus·puff** [アウス・プふ] 名 -(e)s/-e〔工〕(ガスの)排気;排気装置,排気管.

das **Aus·puff·gas** [アウスプふ・ガーゼ] 名 (主に複)排気ガス.

das **Aus·puff·rohr** [アウスプふ・ろーあ] 名 -(e)s/-e〔工〕排気管.

der **Aus·puff·topf** [アウスプふ・トップふ] 名 -(e)s/..töpfe 消音器,マフラー.

aus|pum·pen [アウス・プムペン] 動 h. 1. 〔et⁴ぅ+(aus〈et³〉ぅ)〕(ポンプで)くみ出す. 2. 〔et⁴ぅ〕水を(ポンプで)くみ出す.

aus|punk·ten [アウス・プンクテン] 動 〔et⁴ぅ〕〔スポーツ〕判定で勝つ.

aus|pus·ten [アウス・プーステン] 動 1.《口》〔et⁴ぅ〕火をふっと吹き消す. 2. 〔et⁴ぅ〕ふうーっと吐き出す.

aus|put·zen [アウス・プッツェン] 動 h. 1. 〔et⁴ぅ〕《方》刈込む(木を);〔…の〕中〔内側〕を掃除する(戸棚・耳などの). 2. 〔et⁴ぅ〕《口》食いものにする. 3. 〔j⁴/et⁴ぅ+(mit〈et³〉ぅ)〕《古》飾る. 4. 〔〈様態〉=〕〔スポーツ〕スイーパーを務める. 5. 〔j⁴ぅ〕《方》きつくしかる. 6. 〔et⁴ぅ〕《古》消す(ローソクなどを).

der **Aus·put·zer** [アウス・プッツァー] 名 -s/-〔スポーツ〕スイーパー. 2. 人をののしる人.

aus|quar·tie·ren [アウス・クヴァるティーれン] 動 h. 〔j⁴ぅ〕(寝泊まりしている)部屋を(一時的に)あけさせる.

aus|quet·schen [アウス・クヴェチェン] 動 h. 1. 〔et⁴ぅ+(aus〈et³〉ぅ)〕《稀》しぼり出す. 2. 〔et⁴ぅ〕汁をしぼり出す. 3. 〔j⁴ぅ〕《口》質問攻めにする.

aus|ra·die·ren [アウス・らディーれン] 動 h. 1. 〔j⁴/et⁴ぅ〕(消しゴムで)消し去る;(転)(記憶から)消す. 2. 〔et⁴ぅ〕完全に破壊する,抹殺する.

aus|ran·gie·ren [アウス・らンギーれン] 動 h. 1. 〔et⁴ぅ〕《口》お払い箱にする. 2. 〔j⁴ぅ〕《古》退役させる.

aus|ra·sie·ren [アウス・らズィーれン] 動 h. 1. 〔((j³)ぅ)〕剃り(そり)る(毛を);剃って形を整える(あごひげなどを). 2. 〔et⁴ぅ〕毛を剃る(襟元などの).

aus|ras·ten [アウス・らステン] 動 1. s.〔機械〕外れる. 2. h.〔sich⁴〕《方》休息する.【慣用】Bei〈j³〉rastet es aus.〈人が〉平静を失う.

aus|rau·ben [アウス・らウベン] 動 1. 〔et⁴ぅ〕中にあるものを残らず奪う. 2. 〔j⁴ぅ〕持ち物を残らず奪う.

aus|räu·bern [アウス・ロイバーン] 動 h. 1. 〔et⁴ョ〕荒らす, (…の)中にあるものをすっかり奪う. 2. 〔j⁴ョ〕持ち物をすっかり奪う.

aus|räu·chern [アウス・ロイヒャーン] 動 h. 1. 〔et⁴ョ〕いぶして駆除する;燻蒸する(消毒する). 2. 〔et⁴ョ〕香をたく. 3. 〔et⁴ョ+(aus⟨et³⟩ヵラ)〕〖狩〗いぶし出す: ein Diebesnest ～〈転〉泥棒の巣に手入れをする.

aus|rau·fen [アウス・ラウフェン] 動 h. 〔et⁴ョ〕むしり取る.

aus|räu·men [アウス・ロイメン] 動 h. 1. 〔et⁴ョ+(aus⟨et³⟩ヵラ)〕残らず外に出す. 2. 〔et⁴ョ〕中を空にする, 片づける;中身をすっかり盗む; 〖医〗後処置をする(流産の);取り除く(リンパ線などを). 3. 〔et⁴ョ〕すっかり取除く(誤解などを).

der Aus·räu·mungs·see [アウス・ロイムングス・ゼー] 名 -s/-n 〖地質〗浸食湖.

aus|rech·nen [アウス・れヒネン] 動 h. 1. 〔et⁴ョ〕計算する, 算定する(算出)する;計算して解く. 2. 〔sich³+⟨et⁴⟩ョ〕当てにする, 期待する. 3. 〔sich³+⟨文⟩デアルコトヲ/⟨et⁴⟩ョ〕予測する.

aus|re·cken [アウス・れッケン] 動 h. 1. 〔et⁴ョ〕伸ばす. 2. 〔sich⁴〕背伸びする, 体を伸ばす.

die Aus·re·de [アウス・れーデ] 名 -/-n 言逃れ, 口実.

aus|re·den [アウス・れーデン] 動 h. 1. 言いたいことを終りまで言う;話(演説)を終える. 2. 〔j³ョ+j⁴/et⁴ョ〕説得して断念させる:sich³ et⁴ nicht ～ lassen 何と言われても(事を)やめようとしない. 3. 〔sich⁴+(bei⟨j³⟩ニ)〕〈方〉気持ち(悩み)を打明ける. 4. 〔sich⁴mit⟨et³⟩/auf⟨et⁴⟩〕〈古〉〈口〉実にする, (…で)いい逃れをする.

aus|rei·ben* [アウス・らイベン] 動 h. 1. 〔et⁴ョ〕こすってきれいにする. 2. 〔et⁴ョ+(von⟨et³⟩ヵラ)〕こすり落とす. 3. 〔et⁴ョ〕拭き掃除をする.

aus|rei·chen [アウス・らイヒェン] 動 h. 1. 〔(für⟨et⁴⟩ニ/zu⟨et³⟩ニ)〕足りる, 十分である. 2. 〔(mit⟨et³⟩デ)〕〈口〉やってゆける(主語は人).

aus·rei·chend [アウス・らイヒェント] 形 十分な;(成績の)可〔4〕.

aus|rei·fen [アウス・らイフェン] 動 s. 〔補足ニ〕完熟する, 熟する;完成の域に達す(計画などが).

die Aus·rei·se [アウス・らイゼ] 名 -/-n 出国.

die Aus·rei·se·ge·neh·mi·gung [アウスらイゼ・ゲネーミグング] 名 -/-en 出国許可.

aus|rei·sen [アウス・らイゼン] 動 s. 〔補足ニ〕出国する.

aus|rei·ßen* [アウス・らイセン] 動 h. 1. 〔et⁴ョ〕引き抜く. 2. 〔補足ニ〕取れる(そでなどが);広がる(ボタン穴などが);ほころびる. 3. s. 〔⟨方向⟩ヵヘ〉/⟨j³⟩ヵラ〕〈口〉逃走する. 4. s. 〔スポ〕スパートしてリードする(陸上・自転車レース).

der Aus·rei·ßer [アウス・らイサー] 名 -s/- 〈口〉家出人. 2. 〔スポ〕スパートしてリードした選手. 3. 〔工〕飛抜けた数値, 異常な数値. 4. 〔射撃〕それ弾.

aus|rei·ten* [アウス・らイテン] 動 1. s. 〔補足ニ〕馬に乗って出かける;遠乗りに出る. 2. h. 〔et⁴ョ〕する(競馬レースを). 3. 〔et⁴ョ〕力をフルに出させる(馬). 4. h. 〔et⁴ョ〕運動に連れ出す(馬).

aus|ren·ken [アウス・れンケン] 動 h. 〔j³+et⁴/et⁴+⟨j³/et³⟩〕脱臼〔ダッキュウ〕させる: sich³ den Hals nach ⟨j³/et³⟩ ～ 〈人・事〉見ようと首をむける.

aus|rich·ten [アウス・りヒテン] 動 h. 1. 〔(⟨j³⟩ニ)+⟨et⁴⟩〕〈文〉デアルコトヲ〕伝える. 2. 〔et⁴ョ〕達成する, 成就する: viel/nichts ～ うまくいく/失敗する. 3. 〔j⁴ョ+⟨様態⟩ニ〕整列させる, きちんと並べる;⟨j⁴/et⁴⟩ョsichの場合ニ〕整列する. 4. 〔et⁴ョ〕〔工〕調整する. 5. 〔et⁴ョ+auf⟨j⁴/et⁴⟩/nach ⟨j³/et³⟩〕合せる. 6. 〔j⁴/et⁴ョ+⟨形〕傾向へ〕方向づける. 7. 〔(für⟨j⁴⟩ノタメニ)〕執り行う, 開催する. 8. 〔j⁴ョ〕〖鉱〗発見する(炭層などを). 9. 〔j⁴ョ〕〈南 独・オストリ〉悪く言う, けなす. 10. 〔et⁴ョ〕〈方〉絞る.

die Aus·rich·tung [アウス・りヒトゥング] 名 -/ 1. 整列;調整;統制. 2. 開催. 3. (人を)けなすこと.

aus|rin·gen* [アウス・リンゲン] 動 h. 1. 〔次の形で〕Er hat ausgerungen. 〈文・婉〉彼は(闘病の末)死んだ. 2. 〔et⁴ョ〕〈方〉絞る.

der Aus·ritt [アウス・りット] 名 -(e)s/-e 馬で出かけること, 遠乗り.

aus|ro·den [アウス・ローデン] 動 h. 〔et⁴ョ〕根こそぎにする(木を);開墾する(森を).

aus|rol·len [アウス・ろレン] 動 1. s. 〔(auf⟨et³⟩ノエニ/⟨et³⟩ニエニ)〕徐々に止まる. 2. h. 〔et⁴ョ〕ひろげる. 3. h. 〔et⁴ョ〕麺棒〔メンボウ〕でのばす.

aus|rot·ten [アウス・ろッテン] 動 h. 〔j⁴/et⁴ョ〕絶滅させる, 根絶やしにする, 一掃する.

die Aus·rot·tung [アウス・ろットゥング] 名 -/-en 根絶, 一掃.

aus|rü·cken [アウス・りュッケン] 動 1. s. 〔補足ニ〕出動(進発)する. 2. s. 〔(⟨方向⟩ヵヘ〉/⟨j³⟩ヵラ)〕〈口〉逃出す. 3. h. 〔et⁴ョ〕〖印〗欄外に印刷(タイプ)する. 4. 〔et⁴ョ〕〔工〕(駆動装置との連動状態から)はずす, 切る.

der Aus·ruf [アウス・るーふ] 名 -(e)s/-e 叫び(声), 絶叫;〈稀〉口頭による布告.

aus|ru·fen* [アウス・るーふェン] 動 h. 1. 〔⟨文〕ト〕叫ぶ. 2. 〔j⁴/et⁴ョ〕名前を呼ぶ;～を告げる(時刻などを). 3. 〔et⁴ョ〕大声をあげて売る;発売に付す. 4. 〔j⁴ョ+als⟨j⁴⟩トシテ/zu⟨j³⟩ト〕宣言(布告)する.

der Aus·ru·fer [アウス・るーふァー] 名 -s/- (大声で)告げる人, 呼込人.

das Aus·ru·fe·zei·chen [アウス・るーふェ・ツァイヒェン] 名 -s/- 感嘆符(記号!).

das Aus·ru·fungs·zei·chen [アウス・るーふングス・ツァイヒェン] 〈稀〉=Ausrufezeichen.

aus|ru·hen [アウス・るーエン] 動 h. 1. 〔(sich⁴)〕休む, 休息〔休養〕する, 疲れをいやす. 2. 〔et⁴ョ〕休める(体の一部を).

aus|rup·fen [アウス・るプフェン] 動 h. 〔et⁴ョ〕むしり取る;引き抜く(雑草・羽根などを).

aus|rü·sten [アウス・りュステン] 動 h. 1. 〔j⁴/et⁴ョ+(mit⟨et³⟩デ)〕装備する. 2. 〔et⁴ョ+⟨形〕ノ〕〔織〕加工をする(防水などの).

die Aus·rü·stung [アウス・りュストゥング] 名 -/-en 1. 装備〔艤装〕すること; 〔織〕加工. 2. (総称)装備〔艤装〕品, 装具, 器材. 3. 設備, 装置.

die Aus·rüs·tungs·gü·ter [アウスりュストゥングス・ギューター] 複数 設備財.

die Aus·rüs·tungs·in·ves·ti·ti·on [アウスりュストゥングス・インヴェスティツィオーン] 名 -/-en 設備投資.

aus|rut·schen [アウス・るッチェン] 動 s. 1. 〔auf ⟨et³⟩ノエデ〕足をすべらせる, 滑って転ぶ; 〔⟨口⟩ヘまきこる. 2. 〔(⟨j³⟩ノテヵラ)〕(つるりと)滑り落ちる: Mir ist die Hand ausgerutscht. 〈口〉ぼくは思わず手を出してしまった(殴ってしまった).

der Aus·rut·scher [アウス・るッチャー] 名 -s/- 〈口〉滑ること;無作法, 失態. 2. 思わぬ失敗.

die Aus·saat [アウス・ザート] 名 -/-en 1. 種まき, 播種〔ハシュ〕. 2. (種まき用の)種, 種子.

aus|sä·en [アウス・ゼーエン] 動 h. 〔et⁴ョ〕まく(種などを).

die Aus·sa·ge [アウス・ザーゲ] 名 -/-n 発言, 意見;言説;陳述, 証言, 供述: eine ～ über ⟨et⁴⟩ 〔zu ⟨et³⟩〕 machen 〈事ニツイテ〉証言する. 2. (作品の)

A

精神的内容.

die **Aus·sa·ge·kraft** [アウスザーゲ・クらふト] [名] -/ **1.** 証明力, 説得力. **2.** (芸術や作品の)表現力, (人の心に)訴える力.

aus·sa·ge·kräf·tig [アウスザーゲ・クれふティひ] [形] 人に訴える力のある.

aus|sa·gen [アウス・ザーゲン] [動] *h.* **1.** 〔<et⁴>ヲ〕述べる, (物)語る; 訴える(…が)ある(絵などが). **2.** 〔<様態>デ〕証言する, 供述する.

die **Aus·sa·ge·wei·se** [アウスザーゲ・ヴァイゼ] [名] -/-n 〘言〙法, 話法.

der **Aus·satz** [アウス・ザッツ] [名] -es/ 〘医〙ハンセン病.

aus·sät·zig [アウス・ゼッツィひ] [形] ハンセン病の.

der/die **Aus·sät·zi·ge** [アウス・ゼッツィゲ] [名] (形容詞的変化)ハンセン病患者.

aus|sau·fen* [アウス・ザウふェン] [動] *h.* **1.** 〔<et⁴>ヲ+(aus <et³>カラ)〕すっかり飲む(動物が). **2.** 〔<et⁴>ノ〕水をすっかり飲む.

aus|sau·gen(*) [アウス・ザウゲン] [動] *h.* (不規則変化は《文》) **1.** 〔<et⁴>ヲ〕吸う. **2.** 〔<et⁴>(ノ中ニアルモノ)ヲ〕吸う, 吸出す(傷口などを). **3.** 〔<j⁴/et⁴>ヲ〕搾取する, 疲弊させる.

Aussch. =Ausschuss 委員会.

aus|scha·ben [アウス・シャーベン] [動] *h.* **1.** 〔<et⁴>ヲ+aus <et³>カラ〕かき取る. **2.** 〔<et⁴>ヲ〕くりぬく; 〘医〙掻爬(そうは)する.

die **Aus·scha·bung** [アウス・シャーブング] [名] -/-en 〘医〙掻爬(そうは).

aus|schach·ten [アウス・シャはテン] [動] *h.* **1.** 〔<et⁴>ヲ〕掘る, 掘削する. **2.** 〔<et⁴>ヲ〕掘って作る.

die **Aus·schach·tung** [アウス・シャはトゥング] [名] -/-en **1.** 掘削. **2.** 壕(ごう), 縦坑.

aus|schä·len [アウス・シェーレン] [動] *h.* 〔<et⁴>ヲ〕殻〔莢(さや)〕からはずす〔むく〕; 取外す(肉から骨を); 〘医〙摘出する.

aus|schal·ten [アウス・シャルテン] [動] *h.* **1.** 〔<et⁴>ノ〕スイッチを切る; (<et⁴>がsich⁴の場合)スイッチが(自動的に)切れる. **2.** 〔<j⁴/et⁴>ヲ〕排除する, 退ける; 取除く(疑念などを), 度外視する(感情などを).

die **Aus·schal·tung** [アウス・シャルトゥング] [名] -/-en スイッチを切ること; (機器を)止めること; 除去, 排除.

der **Aus·schank** [アウス・シャンク] [名] -(e)s/..schän·ke **1.** (㊣のみ)(飲物を)注ぐこと; (酒類の)はかり売り. **2.** 酒場; (酒場の)カウンター.

aus|schar·ren [アウス・シャれン] [動] *h.* **1.** 〔<et⁴>ヲ〕地面からほじくり出す, 掘る. **2.** 〔<j⁴/et⁴>ヘノ〕不満を足で床をこすって表す.

die **Aus·schau** [アウス・シャウ] [名] -/ (次の形で) nach <j³/et³> ~ halten <人・物が>現れるのを見張っている.

aus|schau·en [アウス・シャウエン] [動] *h.* **1.** 〔nach <j³/et³>ガ〕現れるのを待って見張っている. **2.** 〔nach <et³>ヲ〕《方》探し求める. **3.** 〔<様態>ノヨウニ〕《南独・オーストリア》見える. **4.** 〔Es+mit <j³/et³>ハ+<様態>ノ〕《南独・オーストリア》状況にある: Wie schauts aus ? 《口》元気かね.

aus|schau·feln [アウス・シャウふェルン] [動] *h.* **1.** 〔<j⁴/et⁴>ヲ〕シャベルで掘出す. **2.** 〔<et⁴>ヲ〕シャベルで掘る.

aus|schei·den* [アウス・シャイデン] [動] **1.** *s.* 〔aus <et³>カラ/bei <j³>ノ所カラ〕引退する. **2.** *s.* 〔(aus <et³>カラ)〕失格になる, 敗退する. **3.** *s.* 〔補足なし〕問題にならない, 考慮の対象にならない(志願者・提案などが). **4.** *h.* 〔<j⁴/et⁴>ヲ+(aus <j³/et³>カラ)〕取除く, 除外する, より分ける. **5.** *h.* 〔<et⁴>ヲ〕排泄(はいせつ)〔排出〕する; 〘化〙析出する.

die **Aus·schei·dung** [アウス・シャイドゥング] [名] -/-en **1.** (㊣のみ)除外; 排泄(はいせつ); 〘スポーツ〙失格, 敗退. **2.** (主に㊥)排泄物. **3.** 〘スポーツ〙予選.

der **Aus·schei·dungs·kampf** [アウスシャイドゥングス・カムプふ] [名] -(e)s/..kämpfe 〘スポーツ〙予選.

das **Aus·schei·dungs·spiel** [アウスシャイドゥングス・シュピール] [名] -(e)s/-e 〘スポーツ〙予選.

aus|schel·ten* [アウス・シェルテン] [動] *h.* 〔<j⁴>ヲ〕(厳しく)しかりつける, ののしる.

aus|schen·ken [アウス・シェンケン] [動] *h.* 〔<et⁴>ヲ〕注いで出す, 飲ませる(酒場などで飲み物を); 注ぐ.

aus|sche·ren [アウス・シェーれン] [動] *s.* 〔(aus <et³>カラ)〕離れる(隊列などから); スリップして走路から外れる.

aus|schi·cken [アウス・シッケン] [動] *h.* 〔<j⁴/et⁴>ヲ〕派遣する, 遣(や)る.

aus|schie·ßen* [アウス・シーセン] [動] **1.** *h.* 〔<j³>ノ+<et⁴>ヲ〕撃抜く(目などを). **2.** *h.* 〔<et⁴>ヲ〕撃って傷める(銃身を). **3.** *h.* 〔<et⁴>ヲ〕全部撃ち尽す(猟獣・猟区(の猟獣)を). **4.** *h.* 〔<et⁴>ヲ〕《古》選(よ)り分ける(悪い物を). **5.** *h.* 〔<et⁴>ヲ〕〘印〙組つける. **6.** *h.* 〔<et⁴>ヲ〕〘射撃〙射撃で競う. **7.** 〔補足なし〕*s./h.* 〘海〙風が右向きに変る. **8.** *s.* 〔補足なし〕発芽する. **9.** *s.* 〔補足なし〕《南独・オーストリア》色があせる.

aus|schif·fen [アウス・シっふェン] [動] *h.* **1.** 〔<j⁴/et⁴>ヲ〕下船させる; 陸揚げする. **2.** 〔sich⁴〕下船する.

aus|schil·dern [アウス・シルダーン] [動] *h.* 〔<et⁴>ニ〕標識を完備する(道路に); (…を)標識で示す(迂回路などを).

aus|schimp·fen [アウス・シムプふェン] [動] *h.* 〔<j⁴>ヲ〕ののしる.

aus|schir·ren [アウス・シれン] [動] *h.* 〔<et⁴>カラ〕馬具〔輓き具〕を取り外す.

aus|schlach·ten [アウス・シュラはテン] [動] *h.* 〔<et⁴>ノ〕内臓を取出す; 《口》解体して利用できる部品を取りはずす(中古車などの); 《口・蔑》(身勝手に)利用する.

aus|schla·fen* [アウス・シュラーふェン] [動] **1.** *h./s.* 〔(sich⁴)〕十分に睡眠をとる, よく眠る. **2.** *h.* 〔<et⁴>ヲ〕眠ってとる(酔い・疲れなどを).

der **Aus·schlag** [アウス・シュラーク] [名] -(e)s/..schlä·ge (主に㊥) **1.** 発疹(はっしん), 吹出物(Haut~). **2.** (計測器の)針の振れ, (振子の)振幅.

【慣用】**für <et⁴> den Ausschlag geben** <事に>決定的な作用を及ぼす.

aus|schla·gen* [アウス・シュラーゲン] [動] **1.** *h.* 〔<j³/et³>ノ/aus <et³>カラ+<et⁴>ヲ〕たたき折る〔取る〕. **2.** *h.* 〔<et⁴>ヲ〕たたき延ばす; たたき消す; 《方》(…の)ほこりをはたく. **3.** *h.* 〔<et⁴>ニ+mit <et³>ヲ/<形>ニ〕内張りする. **4.** *h.* 〔<j⁴/et⁴>ヲ〕断る, はねつける. **5.** *h.* 〔補足なし〕暴れてける(馬などが). **6.** *h.* (完了時称でのみ)〔補足なし〕時鐘を打ち終る(時計が); 止まる(心臓が). **7.** *h./s.* 〔補足なし〕振れる(計器の針などが). **8.** *h./s.* 〔補足なし〕芽を出す(樹木が), 出る(芽が). **9.** *s.* 〔<j³/et³>ニトッテ+<様態>ノ〕結果になる, 結局は(…と)なる. **10.** *h.* 〔<et⁴>ヲ〕《稀》にじみ出させる(壁が塩などを). **11.** *s.* 〔an <et³>ニ〕にじみ出る, 生える(かびが).

aus·schlag·ge·bend [アウスシュラーク・ゲーベント] [形] 決定的な: von ~*er* Bedeutung sein 決定的な意味を持つ.

aus|schlie·ßen* [アウス・シュリーセン] [動] *h.* **1.** 〔<j⁴>ヲ〕(ドアの外に)締出す. **2.** 〔<j⁴>ヲ+aus <et³>カラ〕除名する, 締出す, 追放する. **3.** 〔<j⁴>ヲ+von <et³>カラ〕締出す, (…に)参加させない; (…に)あずからせない. **4.** 〔<j⁴/et⁴>ヲ〕例外とする, 除外する. **5.** 〔<et⁴>ヲ〕排除する, 生じさせない. 【慣用】**Das ist ausgeschlossen.** それは不可能です. <et¹> **ist vom Umtausch ausgeschlossen** (いったんお買上げの)<物は>お取替えいたしかねます. **Zeilen ausschließen** 〘印〙行を揃える.

A

aus·schließ·lich [アウス·シュリースリひ, アウス·シュリースリひ, アウス·シュリースリひ] [形] 独占的な, 唯一の, 専有〔専属〕の, 排他的な : das *~e* Recht auf 〈et^4〉 haben 〈事の〉専有権を持っている.
―― [副] 《語飾》《形容詞·副詞·名詞を修飾》もっぱら, ひたすら.
―― [前] 〔+2格〕…を除いて, 別として : ~ des Sonntags 日曜以外. 《名詞に冠詞·付加語が付かない時, [単]で無変化, [複]で3格》 der Preis ~ Porto 〔des Portos〕/Getränken〔der Getränke〕送料別の/飲物を含まない値段.

aus|schlüp·fen [アウス·シュリュップふェン] [動] *s.* 〔補足なし〕孵化(ふか)する; 羽化する; さなぎから出る(成虫が).

aus|schlür·fen [アウス·シュリュるふェン] [動] *h.* **1.** 〔〈et^4〉ヲ〕すすって飲干す. **2.** 〔〈et^4〉ヲ〕飲んで空にする.

der **Aus·schluss,** [旧] **Aus·schluß** [アウス·シュルス] [名] -es/..schlüsse **1.** 除外, 除名, 追放; 参加させないこと : der ~ aus der Partei 党からの除名. unter ~ der Öffentlichkeit 非公開で. **2.** 〖印〗スペース.

aus|schmel·zen$^{(*)}$ [アウス·シュメルツェン] [動] *h.* 〔〈et^4〉ヲ〕溶かす, いためて脂肪を出す; (鉱石を溶融して)抽出する.

aus|schmie·ren [アウス·シュミーれン] [動] *h.* **1.** 〔〈et^4〉ニ+(mit 〈et^3〉ヲ)〕くまなく塗る; (…を…で)塗りつぶす. **2.** 〔〈j^4〉ヲ〕《口》ペテンにかける.

aus|schmü·cken [アウス·シュミュッケン] [動] *h.* **1.** 〔〈et^4〉ヲ+(mit 〈et^3〉デ)〕飾る. **2.** 〔〈et^4〉ニ〕尾ひれをつける(話などに).

die **Aus·schmü·ckung** [アウス·シュミュックング] [名] -/-en 飾り, 装飾品; 飾りつけ, 装飾; (話の)尾ひれ.

aus|schnau·ben [アウス·シュナウベン] [動] *h.* **1.** 〔(〈et^4〉ヲ)〕《文》激しく鼻孔から吐く〔息を吐く〕. **2.** 〔sich^4〕鼻をすっかりかむ(sich^3 die Nase ~ でも).

aus|schnei·den* [アウス·シュナイデン] [動] *h.* **1.** 〔〈et^4〉ヲ+(aus 〈et^3〉カラ)〕切抜く; えぐり取る. **2.** 〔〈et^4〉ヲ〕切取って作る(切り絵などを). **3.** 〔〈et^4〉ヲ〕切取る; (…の)枝をおろす; 広げる(襟ぐりなどを), (…の)襟ぐりを大きくする; 切売りする.

der **Aus·schnitt** [アウス·シュニット] [名] -(e)s/-e **1.** (新聞などの)切抜き; 一部分, 一端; 〖数〗扇形 : ein Buch in *~en* lesen 本を部分読みする. **2.** 切り抜かれた部分; 襟ぐり : ein Kleid mit tiefem ~ 襟ぐりの深いドレス.

aus·schnitt·wei·se [アウスシュニット·ヴァイゼ] [副] 抜粋して〔的な〕.

aus|schöp·fen [アウス·[シェ]ップふェン] [動] *h.* **1.** 〔〈et^4〉ヲ+(aus 〈et^3〉カラ)〕くみ出す. **2.** 〔〈et^4〉ノ中ノ〕水をくみ出す. **3.** 〔〈et^4〉ヲ〕十分に利用する(手段などを).

aus|schrau·ben [アウス·シュらウベン] [動] *h.* 〔〈et^4〉ヲ+(aus 〈et^3〉カラ)〕ねじって抜取る.

aus|schrei·ben* [アウス·シュらイベン] [動] *h.* **1.** 〔〈et^4〉ヲ〕略さずに書く; 文字で書く(10 を zehn のように). **2.** 〔〈et^4〉ヲ+(aus 〈et^3〉カラ)〕抜き書きする. **3.** 〔〈j^4/et^4〉ヲ〕無断で引用する, (…から)剽窃(ひょうせつ)する. **4.** 〔〈et^4〉ニ〕記入する(願書などに). **5.** 〔(〈j^3〉ニ)+〈et^4〉ヲ〕交付する, 出す(領収書などを). **6.** 〔〈j^4/et^4〉ヲ〕公募〔公示·通知·広告〕する : in der Zeitung Stellen ~ 新聞に求人広告を出す. 〈j^4〉 polizeilich ~ 〈人の〉手配書〔人相書〕をはりだす.

die **Aus·schrei·bung** [アウス·シュらイブング] [名] -/-en **1.** 募集, 公募, 告知, 広告. **2.** 公募〔告知·公示〕の文.

aus|schrei·en* [アウス·シュらイエン] [動] *h.* **1.** 〔〈et^4〉ヲ〕叫んで知らせる; 言いふらす. **2.** 〔〈et^4〉ヲ〕大声で呼売りする. **3.** 〔sich^4〕思い切り叫ぶ. **4.** 《次の形で》sich^3 den Hals〔die Kehle〕/die Lunge ~ のど/胸も張り裂けんばかりに叫ぶ.

aus|schrei·ten* [アウス·シュらイテン] [動] 《文》 **1.** *s.* 〔補足なし〕大またで歩く. **2.** *h.* 〔〈et^4〉ヲ〕歩測する; 《転》検討する.

die **Aus·schrei·tung** [アウス·シュらイトゥング] [名] -/-en 《主に[複]》行き過ぎた行為, 暴力沙汰; 《文》奔放.

der **Aus·schuss,** [旧] **Aus·schuß** [アウス·シュス] [名] -es/..schüsse **1.** 委員会. **2.** 《[単]のみ》不良品, 規格外品. **3.** (貫通銃創の)射出口.

das **Aus·schuss·mit·glied,** [旧] **Aus·schuß·mit·glied** [アウスシュス·ミット·グリート] [名] -(e)s/-er 委員.

die **Aus·schuss·wa·re,** [旧] **Aus·schuß·wa·re** [アウスシュス·ヴァーれ] [名] -/-n 不良品.

aus|schüt·teln [アウス·シュッテルン] [動] *h.* **1.** 〔〈et^4〉ヲ+(aus 〈et^3〉カラ)〕払落す. **2.** 〔〈et^4〉ノ〕ちりを払落す.

aus|schüt·ten [アウス·シュッテン] [動] *h.* **1.** 〔〈et^4〉ヲ+(aus 〈et^3〉カラ)〕(全部)空ける; うっかりこぼす. **2.** 〔〈et^4〉ノ〕中身を全部空ける. **3.** 〔〈j^3〉ニ+〈et^4〉ヲ〕話す, ぶちまける. **4.** 〔〈et^4〉ヲ〕《口》分配する, 支払う; 《冗》出す(金を). 【慣用】**Geschenke über 〈j^4〉 ausschütten** 《文》〈人に〉たくさんの贈り物をする. **sich^4 vor Lachen ausschütten** 《口》大笑いする.

die **Aus·schüt·tung** [アウス·シュットゥング] [名] -/-en **1.** 分配; 分配金. **2.** 〖理〗放射性降下物.

aus|schwär·men [アウス·シュヴェるメン] [動] *s.* 〔補足なし〕群をなして飛出す(虫·鳥などが); 《転》大勢で出かけていく(人が); 〖軍〗散開する.

aus|schwat·zen [アウス·シュヴァッツェン] [動] *h.* 〔〈et^4〉ヲ〕口走る.

aus|schwe·feln [アウス·シュヴェーふェルン] [動] *h.* **1.** 〔〈et^4〉ヲ〕硫黄で燻蒸(くんじょう)する(部屋などを). **2.** 〔〈et^4〉ヲ〕いぶし出す(害虫などを).

aus|schwei·fen [アウス·シュヴァイふェン] [動] **1.** *s.* 〔補足なし〕度を過ごす; 脱線する(話の途中で). **2.** *h.* 〔〈et^4〉ヲ〕(外側へ)弓形に反らせる.

aus·schwei·fend [アウス·シュヴァイふェント] [形] 常軌を逸した, 奔放な, 放縦な.

die **Aus·schwei·fung** [アウス·シュヴァイふング] [名] -/-en 常軌の逸脱, 奔放, 放縦, 放蕩(ほうとう).

aus|schwei·gen* [アウス·シュヴァイゲン] [動] *h.* 〔sich^4+(über 〈et^4〉ニツイテ)〕黙秘し通す.

aus|schwen·ken [アウス·シュヴェンケン] [動] **1.** *h.* 〔〈et^4〉ヲ〕すすぎ洗いする. **2.** *h.* 〔〈et^4〉ヲ〕外へ旋回させる. **3.** *s.* 〔〈方向〉へ〕向きを変えて進む.

aus|schwit·zen [アウス·シュヴィッツェン] [動] **1.** *h.* 〔〈et^4〉ヲ〕分泌する; にじみ出させる. **2.** *h.* 〔〈et^4〉ヲ〕汗をかいて治す(風邪などを). **3.** *h.* 〔〈et^4〉ヲ〕〖料〗炒(い)める. **4.** *s.* 〔aus 〈et^3〉カラ〕にじみ出る.

aus|seg·nen [アウス·ゼーグネン] [動] *h.* 〖キ教〗 **1.** 〔〈j^4〉ニ〕最後の祝福〔祝別〕を与える(死者に). **2.** 〔〈et^4〉ヲ〕聖別する. **3.** 〔〈j^4〉ニ〕〖カトリック〗祝福を与える(以前産後の母親に).

aus|se·hen* [アウス·ゼーエン] [動] *h.* **1.** 〔〈様態〉ノヨウニ/〈[文]〉ノヨウニ〕見える, (…な)様子である, (…の)ようである : gut ~ 健康そうだ; 容姿端麗である. **2.** 〔Es+mit 〈j^3/et^3〉ハ+〈[形]〉ノ〕状況にある, 状態にある. **3.** 〔Es+nach 〈et^3〉ニ〕なりそうな気配である. **4.** 〔nach 〈j^3/et^3〉ヲ〕見張る, 待受ける. 【慣用】**nach etwas aussehen** 《口》見栄えがする. **nach nichts aussehen** 《口》見栄えがしない, 一見易しそうだ. **Sehe ich danach aus ?** 《口》ぼくがそんなふうに見えるかい. **sich^3 die Augen nach 〈j^3〉 aussehen** 《口》〈人の〉姿を探し求める. **So siehst du aus !** 《口》君はそう思っているようだがそれは見当違いだ. **Wie siehst du denn (bloß) aus !** おまえは一体なんて(ひどい)格好をしているんだ. **zum Fürchten aussehen** ひどい〔恐ろしげな〕様子をしている.

A

das **Aus·se·hen** [アウス・ゼーエン] [名] -s/ 外観, 容貌, 風采(ふうさい)：dem ~ nach 見かけでは.

aus sein*, ⓐ **aus|sein*** [アウス ザイン] ⇨ aus [副] 1, 2,【慣用】.

au·ßen [アウセン] [副] **1.** 外(側)に, 外部〔面〕に：Der Becher ist ~ vergoldet. その杯は外側に金めっきがしてある. nach ~ (hin) 外側に(向けて), 世間に向かって. von ~ 外〔外部〕から. **2.** 《オース》《トリア》戸外〔屋外〕で；《古》(内から見て)外で.【慣用】**außen hui und innen pfui** 外側は立派だが内はお粗末. **außen laufen** アウトコースを走る. **die außen Stehenden** 部外者, 局外者. **die Füße beim Gehen nach außen setzen** 外またで走る.

die **Au·ßen·an·ten·ne** [アウセン・アンテネ] [名] -/-n 屋外アンテナ.

die **Au·ßen·auf·nah·me** [アウセン・アウふ・ナーメ] [名] -/-n《主に[複]》【映】ロケーション, 野外撮影.

der **Au·ßen·bei·trag** [アウセン・バイ・トらーク] [名] -(e)s/..träge【経】対外部門の寄与.

der **Au·ßen·bor·der** [アウセン・ボるダー] [名] -s/-《口》船外〔アウトボート〕エンジン, 船外機；船外機付きボート.

der **Au·ßen·bord·mo·tor** [アウセン・ボるト・モ(ー)トーあ] [名] -s/-en 船外〔アウトボード〕エンジン, 船外機.

au·ßen·bords [アウセン・ボるツ] [副]【海】舷(げん)外に.

aus|sen·den(*) [アウス・ゼンデン] [動] *h.* **1.** 〔〈j⁴〉ヲ〕派遣する. **2.** 〔〈et⁴〉ヲ〕放射する；発信する.

der **Au·ßen·dienst** [アウセン・ディーンスト] [名] -(e)s/ 外勤.

der **Au·ßen·ha·fen** [アウセン・ハーふぇン] [名] -s/..häfen 外港.

der **Au·ßen·han·del** [アウセン・ハンデル] [名] -s/ 貿易.

die **Au·ßen·han·dels·bi·lanz** [アウセンハンデルス・ビランツ] [名] -/-en 貿易収支.

der **Au·ßen·han·dels·sal·do** [アウセンハンデルス・ザルド] [名] -s/..den〔-s, ..di〕【経】外国貿易残高.

die **Au·ßen·haut** [アウセン・ハウト] [名] -/..häute【船・空】外板.

die **Au·ßen·li·nie** [アウセン・リーニエ] [名] -/-n (コート・グラウンドなどの)アウトライン.

der **Au·ßen·mi·nis·ter** [アウセン・ミニスター] [名] -s/- 外務大臣.

das **Au·ßen·mi·nis·te·ri·um** [アウセン・ミニステーりウム] [名] -s/..rien 外務省.

die **Au·ßen·po·li·tik** [アウセン・ポリティーク] [名] -/ 外交(政策).

au·ßen·po·li·tisch [アウセン・ポリーティシュ] [形] 対外政策上の.

die **Au·ßen·sei·te** [アウセン・ザイテ] [名] -/-n 外側, 外面；外面(そとづら), 外見.

der **Au·ßen·sei·ter** [アウセン・ザイター] [名] -s/- **1.** アウトサイダー；門外漢；変人. **2.**【スポーツ】勝ち目の少ない選手〔チーム〕, 無印の馬.

der **Au·ßen·spie·gel** [アウセン・シュピーゲル] [名] -s/-【車】サイドミラー.

die **Au·ßen·stän·de** [アウセン・シュテンデ] [複名] 未回収金, 売掛金：~ **eintreiben** 売掛金を回収する.

der/die **Au·ßen·ste·hen·de** [アウセン・シュテーエンデ] [名]《形容詞的変化》部外者, 局外者.

der **Au·ßen·stür·mer** [アウセン・シュテュるマー] [名] -s/-【球】ウィング.

der **Au·ßen·ver·tei·di·ger** [アウセン・ふぇあタイディガー] [名] -s/-【サッカー】(アウト)サイドバック.

die **Au·ßen·wand** [アウセン・ヴァント] [名] -/..wände 外壁.

die **Au·ßen·welt** [アウセン・ヴェルト] [名] -/ 外界；世間.

die **Au·ßen·wer·bung** [アウセン・ヴェるブング] [名] -/ 屋外広告.

der **Au·ßen·wert** [アウセン・ヴェーあト] [名] -(e)s/-e【経】(貨幣の)対外価値.

der **Au·ßen·win·kel** [アウセン・ヴィンケル] [名] -s/-【数】外角.

die **Au·ßen·wirt·schaft** [アウセン・ヴィるトシャふト] [名] -/ 対外経済.

au·ßer [アウサー] [前]〔+3 格〕**1.**《追加・除外》…のほか〔以外〕に, …を除いて：~ ihm keinen Bekannten haben 彼のほかに知合いは一人もいない. ~ Bonn noch Berlin besuchen ボンの他にベルリーンも訪れる. **2.** …の外に〔で〕：~ der Zeit 時間外に. ~ Sicht sein 視野の外にある. ~ Dienst 退職〔退役〕した；仕事のない(非番の). ~ Atem sein 息を切らせている. ~ sich³ sein われを忘れる.《setzen, stellen などを伴い 4 格と》~ sich⁴⁽³⁾ geraten 自制心を失う. 〈et⁴〉 ~ jeden Zweifel setzen〈事ヲ〉まったく疑念の余地のないものにする.

—— [接]《従属》…を除いて：Ich komme, ~ (wenn) es regnet. 雨にでもならないかぎり私は参ります. Das tut keiner ~ er. そういうことをするのは彼ぐらいしかいない.

äu·ßer [オイサー] [形] **1.** 外(側)の. **2.** 外面的な：die ~*e* Erscheinung 外観. **3.** 外部(から)の, 外的な. **4.** 外国(関係)の：die ~*en* Angelegenheiten eines Staates 外交問題〔外務〕.

au·ßer·amt·lich [アウサー・アムトリひ] [形] 職務〔公務〕外の.

au·ßer·be·ruf·lich [アウサー・べるーふリひ] [形] 仕事外の.

au·ßer·dem [アウサー・デーム, アウサー・デーム] [副] そのうえ, そのほかに, おまけに.

au·ßer·deutsch [アウサー・ドイチュ] [形] ドイツ外の；ドイツ語でない.

au·ßer·dienst·lich [アウサー・ディーンストリひ] [形] 勤務外の.

das **Äu·ße·re** [オイセれ] [名]《形容詞的変化；[単]のみ》外面；外見, 風采(ふうさい).

au·ßer·e·he·lich [アウサー・エーエリひ] [形] 婚外の；正式の結婚によらない.

au·ßer·ge·wöhn·lich [アウサー・ゲ(ヴェ)ーンリひ] [形] **1.** 異常な, 特殊な. **2.** 非凡な, 抜群の；非常に.

au·ßer·halb [アウサー・ハルプ] [前]〔+2 格〕**1. a.**《空間》…の外に〔で〕：~ des Hauses 家の外に. **b.** …からはずれた：~ der Legalität sein 適法性からはずれている. **2.**《時間》…以外に：~ der Geschäftszeit 営業〔執務〕時間外に.

—— [副]（主に市・町・村などの）外に, 郊外に, 部外〔局外〕に；《稀》戸外に：Er wohnt ~. 彼は市外に住んでいる. Er hält sich〔steht〕~. 彼は局外者の立場をとっている. von ~ kommen (町・村などの)外から来る；よその出身である. ~ von Bonn wohnen ボンの市外に住んでいる.

au·ßer·häus·lich [アウサー・ホイスリひ] [形] 家庭外の.

au·ßer·ir·disch [アウサー・イるディシュ] [形] 地球の外にある.

äu·ßer·lich [オイサーリひ] [形] **1.** 外側の；外用の：(Nur) ~! 外用(のみ)《薬の注意書き》. **2.** 外面的な；皮相な, 重要でない：~ gesehen 外面的に見れば.

die **Äu·ßer·lich·keit** [オイサーリひカイト] [名] -/-en 外観, 外〔表〕面的な事柄；皮相, うわべ.

äu·ßern [オイサーン] [動] *h.* **1.** 〔〈et⁴〉ヲ〕述べる, 表明する. **2.** 〔sich⁴+(über 〈j⁴/et⁴〉ニツイテ)+〈様態〉ニ〕意見を述べる：sich⁴ dahin (gehend) ~, dass ... …という趣旨の意見を述べる. **3.** 〔zu 〈et³〉ニツイテ/über 〈et⁴〉ニツイテ〕立場を明らかにする. **4.** 〔sich⁴+〈様態〉デ〕現れる.

au·ßer·or·dent·lich [アウサー・オルデントリヒ] 形 **1.** 特別な. **2.** 臨時の, 正規での: ～*er* Professor (講座を主宰しない)助教授,嘱託教授(略 ao.(a. o.) Prof.). **3.** 非凡な;非常に.

au·ßer·par·la·men·ta·risch [アウサー・パルラメンターリシュ] 形 議会外の.

au·ßer·plan·mä·ßig [アウサー・プラーン・メースィヒ] 形 予定[計画]外の,(定)員外の;不定期の: ～*er* Professor 員外教授(略 apl. Prof.).

au·ßer·sinn·lich [アウサー・ズィンリヒ] 形 感覚では捉えられない.

äu·ßerst [オイサースト] 副 〔語飾〕(形容詞・副詞を修飾. 動詞の修飾には形容詞 äußerst の副詞的な形の) aufs äußerste/Äußerste を用いる) きわめて, 極端に〔極度〕に,非常に: Er ist ～ streng. 彼はきわめて厳格だ.

— 形(äußer の最高級)(副詞的には aufs äußerste/Äußerste) **1.** 一番遠い,一番外れの: am ～*en* Ende der Stadt 町の一番外れに. **2. a.** 最大〔最高〕の,極度の,極端な: in ～*er* Gefahr sein 極めて危険な状態にある. **b.** 極度に: aufs ～*e* 〔～*A*〕gespannt sein 極度に緊張している. **3.** 最終の;最後の;最低の,ぎりぎりの. **4.** 最悪の. 〔慣用〕 auf das Äußerste gefasst sein 最悪〔万一〕の事態を覚悟している. bis zum Äußersten gehen 極端に走る. das Äußerste wagen 全力を尽す. die äußerste Linke/Rechte 極左/右. im äußersten Norden 極北に〔で〕.

au·ßer·stan·de, au·ßer Stan·de [アウサー・シュタンデ,アウサー・シュタンデ] 副 (特定の動詞と結合して)…できる(状況に)ない: Ich fühle mich ～, ihm zu helfen. 私は彼に手を貸すことはできないと思う. 〈j⁴〉setzen,〈et⁴〉zu tun〈人₂〉〈事₂〉するのを不可能にする.

äu·ßers·ten·falls [オイサーステン・ふぁルス] 副 極端な〔最悪・万一の〕場合には.

die **Äu·ße·rung** [オイセルング] 名 -/-en 発言,意見;表出,現われ;〔言〕発話: eine ～ tun 発言する.

aus·set·zen [アウス・ゼッツェン] 動 h.〈j⁴/et⁴〉〕外に出す, 外に置く;捨てる(子供を);放す(動物を);放流する;移植する;降ろす(ボートを);上陸させる,ボートに移す;〔ワクチン〕する(聖体を);〔商〕開包〔包〕のために揃える;〔ビリ〕置く(突く球を). **2.** 〈et⁴〉⁷⁺〈et³〉₂に〕曝(さら)す. **3.** 〈(j³)₂〕+〈et⁴〉⁷〕約束をする. **4.** 〔医〕急に止まる(一時的に);休む,休憩する. **5.** 〔mit〈et³〉〕途中で休止する. **6.** 〈et⁴〉⁷⁺〔稀〕…に施す(中断)する;〔法〕停止する. **7.** 〔an〈j³/et³〉ニハ+〈et⁴〉⁷〕非難〔批判〕される点がある(sein, haben, geben などの動詞に zu ができ): Es gibt viel/wenig daran *auszusetzen*. そのことには非難〔批判〕される点が多い/あまりない.

die **Aus·set·zung** [アウス・ゼッツング] 名 -/-en **1.** (ある場所に)放置すること, (子供などを)捨てること; 〔法〕遺棄; (動物を)放すこと, (ボートなどを)水に降ろすこと; (乗客を)上陸させること; 〔ビリ〕(球を)置くこと. **2.** (報酬などの)約束. **3.** (一定期間の)中止, 中断; 〔法〕(訴訟・執行の)停止. **4.** 〔カト〕(聖体の)顕示: Amt mit ～ 降福式.

die **Aus·sicht** [アウスズィヒト] 名 -/-en **1.** 見込み, 望み, 希望; ～ auf〈et⁴〉haben〈物・事₂〉得る望みがある. Das sind ja schöne ～*en*. 〔反語的に〕 **2.** (主に 物 の)眺め,展望,眺望,景色: die ～ auf den Park 公園への眺望. 〔慣用〕〈j³〉 auf〈et⁴〉 Aussichten machen〈人₃〉〈事⁴₂に期待する〉期待を抱かせる.〈j⁴/et⁴〉 für〈j⁴/et⁴〉 in Aussicht nehmen〈人・事を〉〈人・事のために〉予定する.〈et⁴〉 in Aussicht haben〈物・事⁴〉入手する見込みがある. in Aussicht stehen 予定されている.〈j³〉〈et⁴〉 in Aussicht stellen〈人に〉〈物・事を〉約束する, 期待させる.

aus·sichts·los [アウスズィヒツ・ロース] 形 見込みのない.

der **Aus·sichts·punkt** [アウスズィヒツ・プンクト] 名 -(e)s/-e 眺望のよい地点.

aus·sichts·reich [アウスズィヒツ・ライヒ] 形 見込みのある.

der **Aus·sichts·turm** [アウスズィヒツ・トゥるム] 名 -(e)s/ ..türme 展望台.

der **Aus·sichts·wa·gen** [アウスズィヒツ・ヴァーゲン] 名 -s/- (二階建ての)展望車(両).

aus·sie·deln [アウス・ズィーデルン] 動 h.〈j⁴〉⁷〕(強制)移住させる.

die **Aus·sie·de·lung** [アウス・ズィーデルング] 名 -/-en 強制移住.

der **Aus·sied·ler** [アウス・ズィードラー] 名 -s/- 強制移住者.

die **Aus·sied·lung** [アウス・ズィードルング] 名 -/-en = Aussiedelung.

aus·sin·gen* [アウス・ズィンゲン] 動 h. **1.** 〔〈et⁴〉⁷〕歌い終る. **2.** 〔〈et⁴〉⁷〕内容を歌いつくす;(…を)歌で表す. **3.** 〔〈et⁴〉⁷〕〔海〕節をつけて唱える.

aus·sin·nen* [アウス・ズィネン] 動 h. **1.** (sich³) + 〈et⁴〉⁷〕(文)案出する.

aus·söh·nen [アウス・⑦ーネン] 動 h. **1.** 〔〈j⁴〉⁷₊(mit〈et³〉)〕和解させる. **2.** 〔sich⁴ + (mit〈j³〉)〕和解する. **3.** 〔sich⁴ + mit〈et³〉ニ〕甘んじる.

aus·son·dern [アウス・ゾンダーン] 動 h.〔〈et⁴〉⁷〕(見つけて)取りわける(きず物などを); 〔稀〕選び出す.

aus·sor·tie·ren [アウス・ゾるティーレン] 動 h.〔〈et⁴〉⁷〕(仕分けして)取りわける(不用品などを); 選び出す.

aus·spä·hen [アウス・シュペーエン] 動 h. **1.** 〔nach〈j³/et³〉〕出現をうかがう, (…が)来るのを待って見張る. **2.** 〔〈et⁴〉⁷〕探り出す, 探知する; 〔口〕ひそかに観察する(人を).

aus·span·nen [アウス・シュパネン] 動 h. **1.** 〔〈et⁴〉⁷〕張る(網などを); 広げる(腕などを). **2.** 〔〈j³〉₃⁺夕⁺〈j⁴/et⁴〉⁷〕(口)奪う, せしめる; 借りる. **4.** 〔睦用〕休養する.

die **Aus·span·nung** [アウス・シュパヌング] 名 -/- 休養.

aus·spa·ren [アウス・シュパーレン] 動 h.〔〈et⁴〉⁷〕あけておく(席などを); (…に)触れずにおく(問題などに).

aus·spei·en* [アウス・シュパイエン] 動 h.〔(X)〕 **1.** 〔〈et⁴〉⁷〕つばを吐く. **2.** 〔〈et⁴〉⁷〕吐く, 噴く(火を); どっと吐き出す(工場が労働者を).

aus·sper·ren [アウス・シュペれン] 動 h.〔〈j⁴〉⁷〕(錠を締めて)閉出す;〈j⁴〉がsich⁴の場合〉〉(鍵を忘れて)閉出される;〔経〕ロックアウトする(労働者を).

die **Aus·sper·rung** [アウス・シュペるング] 名 -/-en ロックアウト; 立入り禁止.

aus·spie·len [アウス・シュピーレン] 動 h. **1.** 〔睦用〕最初のカードを出す. **2.** 〔〈et⁴〉⁷〕〔ビリ〕(最初に)出す(カードを). **3.** 〔〈et⁴〉⁷〕〔スギー〕懸けて試合をする(タイトルやカップを). **4.** 〔〈et⁴〉⁷〕賞(景)として出す. **5.** 〔〈j⁴〉⁷〕〔スギー〕(うまく)かわす, 寄せつけない. **6.** 〔〈et⁴〉⁷〕〔劇〕丁寧〔完璧(恐ろ)〕に演ずる(ある場面ある役などを). 〈j⁴〉の役割を終えている. 〈j⁴〉 gegen〈j⁴〉 ausspielen〈人₂〉〈人と〉相争わせる(漁夫の利を占めるために). **seine Erfahrung ausspielen** (彼は)自分の経験を存分に生かす(トランプなどで).

die **Aus·spie·lung** [アウス・シュピールング] 名 -/-en くじの当たりを決めること; (宝くじ発行の)回.

aus·spin·nen* [アウス・シュピネン] 動 h.〔〈et⁴〉⁷〕(発展させて)引延ばす, 敷衍(これ)する; 考える, 繰り広げる.

aus·spi·o·nie·ren [アウス・シュピオニーれン] 動 h.〔〈et⁴〉⁷〕探り出す, スパイする; (…から)聞き出す.

die **Aus·spra·che** [アウス・シュプらーヘ] 名 -/-n **1.** (単のみ)(正しい)発音;発音(の仕方): eine feuch-

Aussprachebezeichnung 122

te ～ haben 話す際につばを飛ばしてしまう． **2．**話合い，意見交換，討議：eine offene ～ mit ⟨j³⟩ haben ⟨人と⟩腹蔵なく語り合う．

die **Aus|spra·che·be·zeich·nung** ［アウスシュプらーヘ・ベツァイひヌング］ 名 -/-en 発音記号［表記］．

aus|sprech·bar ［アウス・シュプれひ・バーあ］ 形 発音できる；言い表せる．

aus|spre·chen* ［アウス・シュプれっひェン］ 動 h. **1．**⟨et⁴ッ⟩発音する：Er *spricht* das Wort richtig *aus*. 彼はその単語を正しく発音する． **2．**〔魔終〕終りまで話す，話し終える． **3．**((⟨j³⟩=)+⟨et⁴ッ⟩)〔文デアルコト〕述べる，表明する，言渡す． **4．**(sich⁴+様態)+über ⟨j⁴/et⁴⟩=ニッイテ⟩意見［考え］を述べる． **5．**(sich⁴+in ⟨j³/et⁴⟩=ニッイテ⟩)表れている(気持などが)． **6．**(sich⁴+(bei ⟨j³⟩=))心を打明ける． **7．**〔相互代名詞sich⁴〕話合う． 【慣用】sich⁴ für/gegen ⟨j⁴/et⁴⟩ aussprechen ⟨人・事ニ⟩賛成／反対する． sich⁴ schwer/leicht aussprechen (lassen) 発音しにくい／しやすい．

aus|sprei·zen ［アウス・シュプらイツェン］ 動 h. ⟨et⁴ッ⟩ 大きく広げる(指や足などを)．

aus|spren·gen ［アウス・シュプれンゲン］ 動 h. **1．**⟨et⁴ッ⟩まき散らす(水・噂などを)． **2．**⟨et⁴ッ⟩爆破する． **3．**⟨et⁴ッ⟩爆破してあける(坑道などを)．

aus|sprin·gen* ［アウス・シュプリンゲン］ 動 s. **1．**〔魔終〕飛出す；はじけ飛ぶ(ばねが)． **2．**h.(次の形で) die Schanze voll ～〔スキー〕最長距離を飛ぶ．

aus|sprit·zen ［アウス・シュプリッツェン］ 動 **1．**h. ⟨et⁴ッ⟩噴出させる(噴き出す(昆虫が毒を)：Samen ～ 射精する．sein Gift gegen ⟨j⁴⟩ ～ ⟨人ニ⟩毒づく． **2．**⟨et⁴ッ⟩空にする． **3．**⟨et⁴ッ⟩(水の勢いで)洗浄する；(水の勢いで)消火する． **4．**〔魔終〕噴出する．

der **Aus·spruch** ［アウス・シュプるっふ］ 名 -(e)s/..sprüche 名言，格言，箴言(ひげん)；[意見の]開陳．

aus|spu·cken ［アウス・シュプっケン］ 動 h. ⟨et⁴ッ⟩つばを吐く． **2．**⟨et⁴ッ⟩吐き出す(種などを)；(口)吐く(食物を)；(転)出す(コンピュータがデータを)．

aus|spü·len ［アウス・シュピューレン］ 動 h. ⟨et⁴ッ⟩ (水で)洗い落す，すすぐ；洗い流す，浸食する(水が)．

aus|spü·ren ［アウス・シュピューれン］ 動 h. ⟨et⁴ッ⟩ 〔古〕探し出す，かぎつける．

aus|staf·fie·ren ［アウス・シュタふぃーれン］ 動 h. ⟨j⁴/et⁴⟩=+mit ⟨et⁴⟩ッ/(様態)=⟩飾り立て[つける]，扮装[させ]する；(…に…を)備えつける；⟨人ヲ⟩盛装させる．ein Zimmer mit neuen Möbeln ～ 部屋に新しい家具を備えつける．

der **Aus·stand** ［アウス・シュタント］ 名 -(e)s/..stände **1．**(主に@)ストライキ：im ～ stehen ストライキ中だ． **2．**(@のみ)(古)未回収金． **3．**(主に@)(南独・オーストリア)退学；退職；送別会．

aus|stän·dig ［アウス・シュテンディヒ］ 形 **1．**スト中の． **2．**(南独・オーストリア)未決済［未払い］の．

aus|stan·zen ［アウス・シュタンツェン］ 動 h. ⟨et⁴ッ⟩+ (aus ⟨et³⟩ッッ)打抜く，打抜いて作る．

aus|stat·ten ［アウス・シュタッテン］ 動 h. ⟨j⁴/et⁴⟩=+mit ⟨et⁴⟩/(様態)=⟩調えてやる，備えつけてやる：⟨j⁴⟩ mit Vollmacht ～ ⟨人ニ⟩全権を委任する．von der Natur reich *ausgestattet* sein 生来豊かな資質に恵まれている．ein gut *ausgestattetes* Buch 立派な装丁の本．（4格のみで）die Tochter ～ 娘が嫁入り支度をしてやる．

die **Aus·stat·tung** ［アウス・シュタットゥング］ 名 -/-en **1．**装備，設備，配備． **2．**装備[品]/された/の，調度，内装；装丁；舞台装置． **3．**〔法〕子供の自立のための費用；持参金；嫁入り支度．

der **Aus·stat·tungs·film** ［アウス・シュタットゥングス・ふぃルム］ 名 -(e)s/-e スペクタクル映画．

das **Aus·stat·tungs·stück** ［アウス・シュタットゥングス・シュテュック］ 名 -(e)s/-e スペクタクル劇；(非実用的)豪華家具．

aus|stau·ben ［アウス・シュタウベン］ 動 h. ⟨et⁴ッ⟩ちり(ほこり)を払う．

aus|ste·chen* ［アウス・シュテッひェン］ 動 h. **1．**⟨et⁴⟩ッ掘って[刺して]取出す． **2．**⟨j³⟩+⟨et⁴ッ⟩えぐり取る(目などを)． **3．**⟨et⁴ッ⟩掘る(溝などを)． **4．**⟨et⁴ッ⟩彫上げる；型抜きする． **5．**⟨j⁴ッ⟩しのぐ，打負かす．

aus|ste·hen* ［アウス・シュテーエン］ 動 **1．**h.⟨場所⟩陳列されている． **2．**h.〔魔終〕まだなされていない；まだ来ていない． **3．**⟨et⁴ッ⟩耐える，(…を)我慢する：Das ist endlich *ausgestanden*. それはやっと終った． **4．**s. 〔魔終〕(南独・オーストリア)職[地位]を退く；学校をやめる，卒業する． 【慣用】⟨j⁴/et⁴⟩ **nicht ausstehen können** ⟨人・事ガ⟩好きになれない〔我慢できない〕．

aus|stei·gen* ［アウス・シュタイゲン］ 動 s. **1．**(aus ⟨et³⟩ッカラ)降りる，下車する；(空)(パラシュートで)脱出する． **2．**(aus ⟨et¹⟩ッカラ)(口)手をひく，降りる；〔スポーッ〕ドロップアウトする．

der **Aus·stei·ger** ［アウス・シュタイガア］ 名 -s/- (ジャーナリスト用語)ドロップアウトした[する]人．

aus|stei·nen ［アウス・シュタイネン］ 動 h. ⟨et⁴ッ⟩種を取除く(すももなど)核実の．

aus|stel·len ［アウス・シュテレン］ 動 h. **1．**⟨et⁴ッ⟩展示する，出品する． **2．**⟨j⁴/et⁴⟩ッ立てる(見張り・表示板などを)． **3．**((⟨j³⟩=)+⟨et⁴ッ⟩)発行[発給]する，交付する，振出す． **4．**⟨et⁴ッ⟩(口)スイッチを切る． **5．**⟨et⁴ッ⟩(外側に押して)開ける． **6．**⟨et⁴ッ⟩(服)裾(すそ)広がりに裁断する(仕立てる)．

der **Aus·stel·ler** ［アウス・シュテラー］ 名 -s/- **1．**出品者． **2．**署名者．

die **Aus·stel·lung** ［アウス・シュテルング］ 名 -/-en **1．**(主に@)展示，陳列；(証書・手形などの)発行，交付，振出し． **2．**展覧会，展示会． **3．**(見張りなどを)立てること． 【慣用】Ausstellungen machen (文)非難する．

das **Aus·stel·lungs·da·tum** ［アウス・シュテルングス・ダートゥム］ 名 -s/..ten 発行[交付]日；(手形の)振出日．

das **Aus·stel·lungs·ge·län·de** ［アウス・シュテルングス・ゲレンデ］ 名 -s/- (屋外の)展覧[博覧]会会場．

die **Aus·stel·lungs·hal·le** ［アウス・シュテルングス・ハレ］ 名 -/-n (屋内の)展覧会場，展示ホール．

der **Aus·stel·lungs·ka·ta·log** ［アウス・シュテルングス・カタローク］ 名 -(e)s/-e 展覧会の出品目録[カタログ]．

der **Aus·stel·lungs·ort** ［アウス・シュテルングス・オルト］ 名 -(e)s/-e 発行場所；(手形の)振出地．

der **Aus·stel·lungs·raum** ［アウス・シュテルングス・らウム］ 名 -(e)s/..räume 展示室，陳列室．

das **Aus·stel·lungs·stück** ［アウス・シュテルングス・シュテュック］ 名 -(e)s/-e 展示品，出品物．

der **Aus·stel·lungs·tag** ［アウス・シュテルングス・ターク］ 名 -(e)s/-e 発行[交付]日；振出日．

der **Aus·ster·be·tat** ［..eta: アウス・シュテるベ・エターァ］ 名 -s/ (次の形で)auf dem ～ stehen (口)廃止の運命にある．⟨et⁴/⟩ auf den ～ setzen ⟨人ヲ⟩冷遇する⟨事ヲ⟩廃止する．

aus|ster·ben* ［アウス・シュテるベン］ 動 s. 〔魔終〕死に絶える，死滅する；(転)廃れる．

die **Aus·steu·er** ［アウス・シュトイァー］ 名 -/-n (主に@) 嫁入り道具(特にクロス・シーツ類)，結婚持参金．

aus|steu·ern¹ ［アウス・シュトイあーン］ 動 h. ⟨et⁴ッ⟩巧みに操作する(車などを)；〔電〕ひずみないように調節する．

aus|steu·ern² ［アウス・シュトイあーン］ 動 h. **1．**⟨j⁴⟩

ニ〕嫁入り支度を調えてやる. **2.** 〔〈j⁴〉ニ対スル〕〘保険〙(社会)保険金の給付を終了する.

der **Aus·stieg** [アウス・シュティーク] [名] -(e)s/-e **1.** 降りること, 下車, 下船. **2.** 降り口, 出口. **3.** (事業から)手を引くこと, (役を)降りること.

aus|stop·fen [アウス・シュトップふェン] [動] *h.* **1.** 〔〈et⁴〉ニ+(mit〈et³〉ヲ)〕詰める. **2.** 〔〈et⁴〉ニ〕詰め物をする. **3.** 〔〈et⁴〉ヲ〕剝製(はくせい)にする.

der **Aus·stop·fer** [アウス・シュトップふぁー] [名] -s/- 剝製(はくせい)師.

der **Aus·stoß** [アウス・シュトース] [名] -es/..stöße **1.** (単のみ)噴出, 突出. **2.** (主に単)生産高(Produktions~). **3.** (ビールの)口あけ.

aus|sto·ßen* [アウス・シュトーセン] [動] *h.* **1.** 〔〈et⁴〉ヲ〕吐き出す, 噴き出す(火山が煙などを), 発射する;あげる(叫び声などを), 吐く(ののしりの言葉などを), 発する(命令を). **2.** 〔〈j⁴/et⁴〉ヲ+(aus〈et³〉カラ)〕追放する, 除名する, 破門する;〘言〙脱落させる(単語が母音などを). **3.** 〔〈et⁴〉ヲ+〈時間〉ニ〕〘経〙生産する, 産出する(機械・工場などが). **4.** 〔(〈j³〉ノ)+〈et⁴〉ヲ〕(突いて)傷つける;はぎ取る.

aus|strah·len [アウス・シュトらーレン] [動] *h.* **1.** 〔〈et⁴〉ヲ〕発する, 放射する. **2.** 〔〈et⁴〉ヲ〕くまなく照らす. **3.** 〔〈et⁴〉ヲ〕〘ラジオ・テレビ〙放送〔放映〕する. **4.** 〔von〈et³〉カラ〕発している. **5.** 〔auf〈j⁴/et⁴〉ニ〕《文》影響を及ぼす.

die **Aus·strah·lung** [アウス・シュトらールング] [名] -/-en **1.** 放送, 放映. **2.** 影響(力).

aus|stre·cken [アウス・シュトれッケン] [動] *h.* **1.** 〔〈et⁴〉ヲ+(nach〈j³/et³〉ノ方ニ)〕(まっすぐに)伸ばす: die Hand nach〈j³/et³〉~《転》〈人・物を〉熱望する. **2.** 〔sich⁴〕のびのびと体を横たえる.

aus|strei·chen* [アウス・シュトらイひェン] [動] *h.* **1.** 〔〈et⁴〉ヲ+(auf〈et³〉ニ)〕薄くのばして塗る. **2.** 〔〈et⁴〉ヲ+mit〈et³〉デ〕塗りこめる〔つぶす〕. **3.** 〔〈et⁴〉ヲ〕のばす(しわなどを). **4.** 〔〈et⁴〉ヲ+(aus〈et³〉カラ)〕線を引いて削除する, 抹消する;《転》消し去る.

aus|streu·en [アウス・シュトろイエン] [動] *h.* **1.** 〔〈et⁴〉ヲ/〈文〉デアルト〕まく;ばらまく(噂などを), 言いふらす. **2.** 〔〈et⁴〉ニ+mit〈et³〉ヲ〕隅々までまく.

aus|strö·men [アウス・シュトⓡーメン] [動] **1.** *h.* 〔〈et⁴〉ヲ〕発する, 放つ, かもしだす. **2.** *s.* 〔補足なし〕大量に流出する. **3.** *s.* 〔von〈j³/et³〉カラ〕《文》発散する, あふれ出る.

aus|stu·die·ren [アウス・シュトゥディーれン] [動] *h.* 〔補足なし〕《口》大学での学業を終える.

aus·stu·diert [アウス・シュトゥディーあト] [形] 学業を終えた.

aus|stül·pen [アウス・シュテュルペン] [動] *h.* 〔〈et⁴〉ヲ〕外側へ折返す〔曲げる〕.

aus|su·chen [アウス・ズーヘン] [動] *h.* **1.** 〔(〈j³〉ノタメニ)+〈j⁴/et⁴〉ヲ〕選び出す. **2.** 〔〈et⁴〉ヲ+(nach〈et³〉ヲ求メテ)〕《古》くまなく捜す.

aus|ta·pe·zie·ren [アウス・タペツィーれン] [動] *h.* 〔〈et⁴〉ニ〕(一面に)壁紙を張る.

aus|ta·rie·ren [アウス・タリーれン] [動] *h.* **1.** 〔〈et⁴〉ヲ〕平衡にする(秤などを). **2.** 〔補足なし〕《オーストリア》容器〔袋〕の目方を量る.

der **Aus·tausch** [アウス・タウシュ] [名] -es/ 交換, 取替;交流, 交換: im ~ gegen〈et⁴〉〈物と〉交換に.

aus·tausch·bar [アウスタウシュ・バーあ] [形] 交換できる.

aus|tau·schen [アウス・タウシェン] [動] *h.* **1.** 〔〈j⁴/et⁴〉ヲ〕(相互に)交換する, 交わす(あいさつなどを). **2.** 〔〈j⁴/et⁴〉ヲ+(gegen〈j⁴/et⁴〉ト)〕交換する, 取〔入〕替える. **【慣用】sich⁴ über〈j⁴/et⁴〉austauschen** 互いに〈人・物・事について〉意見を交換する.

der **Aus·tausch·mo·tor** [アウスタウシュ・モ(ー)トーあ] [名] -s/-en 〘車〙交換〔代替〕エンジン(略 AT-Motor).

der **Aus·tausch·stoff** [アウスタウシュ・シュトふ] [名] -(e)s/-e 〘工・経〙代用素材, 代替材.

der **Aus·tausch·strom** [アウスタウシュ・シュトろーム] [名] -(e)s/..ströme 〘電〙交換電流;〘気〙(対流による)大気の上下の流れ.

der **Aus·tausch·stu·dent** [アウスタウシュ・シュトゥデント] [名] -en/-en 交換学生.

das **Aus·tausch·ver·hält·nis** [アウスタウシュ・ふぇあへルトニス] [名] -ses/-se 交換(交流)関係;〘銀行〙(通貨の交換比率;〘経〙交易条件.

aus|tei·len [アウス・タイレン] [動] *h.* 〔〈et⁴〉ヲ〕分配する, 配る, 分け与える: das Abendmahl/die Sakramente ~ 〘キ教〙聖体/秘跡を授ける. den Segen ~ 祝福を与える. Spitzen/den Prügel ~ 当てこする/ぶん殴る.

der **Aus·te·nit** [アウステニート] [名] -s/-e オーステナイト(炭素とガンマ鉄の固溶体).

die **Aus·ter** [アウスター] [名] -/-n カキ, 牡蛎.

die **Aus·te·ri·ty** [ɔstɛ́riti オステリティ] [名] -/ 《文》緊縮経済(政策), 耐乏生活.

die **Aus·tern·bank** [アウスターン・バンク] [名] -/..bänke カキ養殖床.

der **Aus·tern·fi·scher** [アウスターン・ふィッシャー] [名] -s/- 〘鳥〙ミヤコドリ.

aus|tif·teln [アウス・ティふテルン] [動] *h.* 〔〈et⁴〉ヲ〕《稀》頭をしぼって考え出す.

aus|til·gen [アウス・ティルゲン] [動] *h.* 〔〈et⁴〉ヲ〕駆除する, 根絶する;抹消〔削除〕する;《文》消し去る(記憶などを);そそぐ(汚名を).

aus|to·ben [アウス・トーベン] [動] *h.* **1.** 〔sich⁴〕思いきり遊ぶ;あり余った精力を発散させる. **2.** 〔〈et⁴〉ヲ+an〈j³〉ニ〕ぶちまけて憂さを晴らす(怒りなどを). **3.** 〔(sich⁴)〕(猛威をふるったあとで)治まる(嵐・病気などが).

aus|tol·len [アウス・トレン] [動] *h.* 〔sich⁴〕《口》存分にはしゃぎまわる.

der **Aus·trag** [アウス・トらーク] [名] -(e)s/..träge **1.** (争いなどの)解決, 決着: 〈et⁴〉zum ~ bringen〈事に〉決着をつける. **2.** 〘スポーツ〙(試合の)挙行, 開催. **3.** 《南独・オーストリア》(農家の)隠居者の財産の保留分: im ~ leben 隠居生活をする.

aus|tra·gen* [アウス・トらーゲン] [動] *h.* **1.** 〔〈et⁴〉ヲ〕配達する. **2.** 〔〈j⁴〉ヲ〕(障害を押して)臨月まで懐胎する. **3.** 〔〈et⁴〉ニ〕決着をつける(争いなどに);〘スポーツ〙(…を)行う(試合などを). **4.** 〔〈et⁴〉ヲ+(aus〈et³〉カラ)〕抹消する. **5.** 〔sich⁴+aus〈et³〉カラ〕自分の名前を削除してもらう. **6.** 〔sich³+〈et⁴〉ヲ〕《オーストリア》条件として要求する, 権利として留保する.

der **Aus·trä·ger** [アウス・トれーガー] [名] -s/- 配達人;《古》うわさを言いふらす人.

die **Aus·tra·gung** [アウス・トらーグング] [名] -/-en (主に単) **1.** 配達. **2.** 臨月まで懐胎すること. **3.** 〘スポーツ〙競技の開催.

aus·tra·lid [アウストらリート] [形] オーストラリア先住民の.

der/*die* **Aus·tra·li·de** [アウストらリーデ] [名] (形容詞的変化) オーストラリア先住民.

(*das*) **Aus·tra·li·en** [アウストらーリエン] [名] -s/ 〘国名〙オーストラリア.

der **Aus·tra·li·er** [アウストらーリあー] [名] -s/- オーストラリア人.

aus·tra·lisch [アウストらーリシュ] [形] オーストラリア(人)の.

aus·tra·lo·id [アウストらロイート] [形] オーストラロイドの.

der/*die* **Aus·tra·lo·i·de** [アウストらロイーデ] [名] (形容詞的変化) オーストラロイド(オーストラリア先住民系の人種).

A

aus|träu·men [アウス・トろイメン] [動] *h.* **1.** 〔〈et^4〉ヲ〕見終る(夢を). **2.** 〔[補足なし]〕夢を見終る;夢をすてる.

aus|trei·ben* [アウス・トらイベン] [動] *h.* **1.** 〔〈et^4〉ヲ〕放牧場へ連出す. **2.** 〔〈j^4/et^4〉ヲ＋(aus 〈et^3〉カラ)〕《文》立ちのかせる;《文》追払う(春が冬を). **3.** 〔〈et^4〉ヲ〕呪文で祓(はら)う. **4.** 〔(〈j^3〉ノ体内カラ)＋〈et^4〉ヲ〕分泌させる(汗などを). **5.** 〔〈et^4〉ヲ〕〖医〗娩出(べんしゅつ)する(胎児を). **6.** 〔〈j^3〉ノ＋〈et^4〉ヲ〕やめさせる, 矯正する. **7.** 〔[補足なし]〕芽吹く(樹・植物が), 出る(芽などが). **8.** 〔〈et^4〉ヲ〕咲かせる(花を). **9.** 〔〈et^4〉ヲ〕《オーストリア》(練り)のばす(ねり粉を). 【慣用】**zwei Zeilen austreiben**〖印〗字間を広めにあけて２行増しにして版を組む.

die **Aus·trei·bung** [アウス・トらイブング] [名] -/-en **1.** 《文》立ちのかせること;追放;呪文で祓(はら)うこと. **2.** (毛穴からの)分泌;〖医〗娩出(べんしゅつ).

aus|tre·ten* [アウス・トれーテン] [動] **1.** *h.* 〔〈et^4〉ヲ〕踏み固め(てつけ)る(道などを);踏消す;踏減らす, 履きつぶす. **2.** *s.* 〔aus 〈et^3〉カラ〕〖狩〗(えさを求めて)出て来る. **3.** *s.* 〔[補足なし]〕《口》用を足しに(部屋を)出る(手洗いに行く). **4.** *s.* 〔aus 〈et^3〉カラ〕離れる(党・列などから). **5.** *s.* 〔(〈方向〉ヘ〔カラ〕)〕流れ出る, 漏れる(ガス・オイルなどが), 氾濫(はんらん)する;はみ出る(ヘルニアで腸が). 【慣用】**ausgetretene Pfade gehen** 旧習を守る.

der **Aus·tri·a·zis·mus** [アウストりアツィスムス] [名] -/..men オーストリア語法.

aus|trick·sen [アウス・トりっクセン] [動] *h.* 〔〈j^4〉ヲ〕巧妙に締出す;〖球〗トリックプレイで(巧みに)かわす.

aus|trin·ken* [アウス・トりンケン] [動] *h.* **1.** 〔〈et^4〉ヲ〕飲干す(ビールなどを). **2.** 〔〈et^4〉ヲ〕飲んで空にする(グラス・瓶などを).

der **Aus·tritt** [アウス・トりっト] [名] -(e)s/-e **1.** (主に[単])出ること;流出. **2.** 脱退, 退会: der ~ aus der Partei 党からの脱退. **3.** 漏れ. **4.** (小さな)バルコニー;(階段の)踊り場.

die **Aus·tritts·er·klä·rung** [アウストりっツ・エあクレーるング] [名] -/-en 離党〔脱会〕宣言.

aus·tro·a·si·a·tisch [アウストろ・アズィアーティシュ] [形] オーストロアジアの.

aus|trock·nen [アウス・トろっクネン] [動] **1.** *h.* 〔〈et^4〉ヲ〕(からからに)乾燥させる;(…の)湿気をぬぐい取る;《稀》干拓する. **2.** *s.* 〔[補足なし]〕干上がる, 干からびる, かさかさになる, からからに乾く.

aus|trom·meln [アウス・トろメルン] [動] *h.* 〔〈et^4〉ヲ〕《古》太鼓を打鳴らして告げる;《口》言いふらす.

aus|trom·pe·ten [アウス・トろムペーテン] [動] *h.* 《口》＝aus|posaunen.

aus|tüf·teln [アウス・テュふテルン] [動] *h.* 〔(sich^3)＋〈et^4〉ヲ〕《口》(知恵を絞って)ひねり出す(計画などを).

aus|tun* [アウス・トゥーン] [動] *h.* **1.** 〔〈et^4〉ヲ〕《方》脱ぐ. **2.** 〔〈et^4〉ヲ〕《方》消す(火などを). **3.** (次の形で)sich^4 ~ können《口》存分に働ける.

aus|ü·ben [アウス・ユーベン] [動] *h.* **1.** 〔〈et^4〉ニ〕従事している, (…を)営んでいる. **2.** 〔〈et^4〉ヲ〕行使する, 行う. **3.** 〔〈et^4〉ヲ＋(auf 〈j^4〉ニ)〕及ぼす(影響などを), かける(圧力を).

aus·ü·bend [アウス・ユーベント] [形] 開業〔営業〕している, 業務を行う: die ~*e* Gewalt 行政〔執行〕権.

die **Aus·ü·bung** [アウス・ユーブング] [名] -/-en 営み, 従事;行使;(影響などを)及ぼすこと.

aus|u·fern [アウス・ウーふぁーン] [動] *s.* 〔[補足なし]〕岸をこえてあふれ出る(川の水などが);収拾がつかなくなる.

der **Aus·ver·kauf** [アウス・ふぇあカウふ] [名] -(e)s/..käufe 在庫一掃セール.

aus|ver·kau·fen [アウス・ふぇあカウふぇン] [動] *h.* 〔〈et^4〉ヲ〕売りつくす.

aus·ver·kauft [アウス・ふぇあカウふト] [形] 売切れた: Das Kino ist ~. その映画館の切符は売切れた.

aus·ver·schämt [アウス・ふぇあシェームト] [形] 《方》恥知らずな, 厚かましい.

aus|wach·sen* [アウス・ヴァクセン] [動] **1.** *s.* 〔[補足なし]〕(高温・多湿のため)穂の中で発芽してしまう(穀物が). **2.** *h.* 〔〈et^4〉ガ〕《稀》合わなくなる(服などが). **3.** *h.* 〔sich^4＋(zu 〈j^3/et^3〉ニ)〕成長する, 発展する. **4.** *h.* 〔sich^4〕成長するにつれて正常になる(奇形などが);大きくなる(不安が). **5.** *s.* 〔[補足なし]〕《口》(退屈で)頭に来る. 【慣用】**Das 〔Es〕 ist zum Auswachsen.** 《口》これじゃ頭にきちゃう.

aus|wä·gen* [アウス・ヴェーゲン] [動] *h.* **1.** 〔〈et^4〉ノ〕〖化・理〗重量を測定する. **2.** 〔〈et^4〉ヲ〕〖理〗検定する(分銅を).

die **Aus·wahl** [アウス・ヴァール] [名] -/ **1.** (([単]のみ)選択, 選抜: eine ~ treffen 選択する. **2.** 品数, とりそろえ: eine ~ an Stoffen 生地の品ぞろえ. **3.** 精選品;選集: eine ~ aus Kafkas Werken カフカ選集. **4.** 〖スポーツ〗選抜チーム.

aus|wäh·len [アウス・ヴェーレン] [動] *h.* 〔(sich^3)＋〈j^4/et^4〉ヲ〕選び出す, 選択〔選抜〕する: *ausgewählte* Werke (作家の)選集.

die **Aus·wahl·mann·schaft** [アウスヴァール・マンシャふト] [名] -/-en〖スポーツ〗選抜チーム.

die **Aus·wahl·sen·dung** [アウスヴァール・ゼンドゥング] [名] -/-en 〖経〗(選択のための)商品見本送付;送付見本.

aus|wal·zen [アウス・ヴァルツェン] [動] *h.* **1.** 〔〈et^4〉ヲ＋(zu 〈et^3〉ニ)〕圧延する;のばす(パン生地などを). **2.** 〔〈et^4〉ヲ＋zu 〈et^3〉ニ/〈様態〉ニ〕《口・蔑》冗漫に引きのばす.

der **Aus·wan·de·rer** [アウス・ヴァンデらー] [名] -s/- 国外移住者, 移民.

aus|wan·dern [アウス・ヴァンダーン] [動] *s.* 〔〈方向〉ヘ〕移住する.

die **Aus·wan·de·rung** [アウス・ヴァンデるング] [名] -/-en (主に[単])(他国への)移住.

aus·wär·tig [アウス・ヴェるティひ] [形] **1.** よその土地の, 在外の;よそからの, 外部の. **2.** 外交〔外務〕(上)の: das *A~e* Amt 外務省(略 AA). der Bundesminister für *A~es* ドイツ〔連邦〕外務大臣.

der/die **Aus·wär·ti·ge** [アウス・ヴェるティゲ] [名] (形容詞的変化)よそ者, 外国人.

aus·wärts [アウス・ヴェるツ] [副] **1.** 外(側)へ: Die Tür ist ~ zu öffnen. ドアは外開きだ. **2.** (家・町・村の)外で;(居住地から離れた)よそ(の場所)で: ~ essen 外食する. ~ spielen 〖スポーツ〗アウェーで試合をする. von ~ kommen よそから来る. 〈j^4〉 nach ~ schicken 〈人ヲ〉よそにやる. ~ reden 〔sprechen〕《口・冗》不慣れなよその土地訛がある.

aus|wa·schen* [アウス・ヴァッシェン] [動] *h.* **1.** 〔〈et^4〉ヲ＋(aus 〈et^3〉カラ)〕洗い落す. **2.** 〔〈et^4〉ノ〕汚れを洗い流す. **3.** 〔〈et^4〉ヲ〕洗う, 洗い清める;〖化〗洗浄する(沈殿物などを). **4.** 〔〈et^4〉ヲ〕ざっと洗う. **5.** 〔〈et^4〉ヲ〕浸食する.

aus·wech·sel·bar [アウス・ヴェクセル・バーあ] [形] 交換可能な.

aus|wech·seln [アウス・ヴェクセルン] [動] *h.* 〔〈j^4/et^4〉ヲ＋(gegen 〈j^4/et^4〉ト)〕取替える, 交換する, 交替させる.

der **Aus·weg** [アウス・ヴェーク] [名] -(e)s/-e 逃げ道, 打開策.

aus·weg·los [アウスヴェーク・ロース] [形] 逃げ道のない.

die **Aus·weg·lo·sig·keit** [アウスヴェーク・ローズィひカイト] [名] -/ 行詰まり〔絶望的〕状態.

aus|wei·chen* [アウス・ヴァイひェン] [動] *s.* **1.** 〔(〈j^3/et^3〉ヲ)〕避ける, かわす: eine ~*de* Antwort 言逃れの答. **2.** 〔auf 〈et^4〉ニ〕(やむを得ず)切換え

aus|wei·chend [アウス・ヴァイヒェント] 形 回避的な、言い逃れの.

die **Aus·weich·mög·lich·keit** [アウスヴァイヒ・メークリヒカイト] 名 -/-en (次の形で) keine ~ haben 回避できない.

die **Aus·weich·stel·le** [アウスヴァイヒ・シュテレ] 名 -/-n (道路の)対向車待避スペース.

aus|wei·den [アウス・ヴァイデン] 動 h. 〔et⁴ッ〕内臓をとる: ein *ausgeweidetes* Auto (転)(使える)部品を取外された車.

aus|wei·nen [アウス・ヴァイネン] 動 h. 1. 〔sich⁴〕思う存分泣く. 2. 〔et⁴ッ〕〔文〕泣いて紛らす. 3. 〔慣用〕思う存分泣く; 泣きやむ. 〔慣用〕sich³ die Augen (nach 〈j³〉) ausweinen 〈人恋しさのあまり〉目を泣はらす.

der **Aus·weis** [アウス・ヴァイス] 名 -es/-e 1. 身分証明書(Personal~); (各種の)証明書; 証明; (信念・古)成績証明書 2. 記載, 記述. 3. 〔銀行〕(発券銀行)の定期的報告書.

aus|wei·sen* [アウス・ヴァイゼン] 動 h. 1. 〔j⁴ッ〕国外に追放する(追放する). 2. 〔sich⁴〕自分の身分〔職業〕を証明する. 3. 〔sich⁴+als 〈j³〉デアルコトッ〕証明する. 4. 〔et⁴ッ〕〔文〕デアルコトッ証明する(計算により)明らかにする. 5. 〔j³+〈et⁴〉ッ〕設置〔建設〕を予定する. 6. 〔et⁴ッ+als〈様態〉デアルト〕(宣言)する. 7. 〔et⁴ッ+〈状態〉〕示す.

die **Aus·weis·pa·pie·re** [アウスヴァイス・パピーれ] 複名 (身分)証明書(類).

die **Aus·wei·sung** [アウス・ヴァイズング] 名 -/-en 1. 国外追放. 2. (公式の)宣言, 宣告.

der **Aus·wei·sungs·be·fehl** [アウスヴァイズングス・べフェール] 名 -(e)s/-e 追放命令, 退去令.

aus|wei·ten [アウス・ヴァイテン] 動 h. 1. 〔et⁴ッ〕(使って)ゆるめる〔だぶだぶ〕にする. 2. 〔sich⁴〕伸びてゆるく〔だぶだぶに〕なる. 3. 〔et⁴ッ+(zu〈et³〉ヘト)〕拡大〔拡張〕する. 4. 〔sich⁴+(zu〈et³〉ヘト)〕成長〔増大〕する, 発展する.

die **Aus·wei·tung** [アウス・ヴァイトゥング] 名 -/-en 拡大; 発展.

aus·wen·dig [アウス・ヴェンディヒ] 副 暗記して, そらで: ein Gedicht ~ lernen 詩を暗記する. ~ können/wissen 〈事⁴〉そらんじている/覚えている. 〈et⁴〉 schon ~ können 〈口〉〈物・事⁴〉もういやになるほど聞いて〔見て〕いる.

aus|wer·fen* [アウス・ヴェるフェン] 動 h. 1. 〔et⁴ッ〕(振って)投込む(釣糸を, 打つ(網を), 下ろす(錨を). 2. 〔et⁴ッ〕噴出する, ちらす(火花を). 3. 〔文〕(せきとともに)吐く. 4. 〔et⁴ッ+〈方向〉〕打上げる; 投げかける(光などを). 4. 〔et⁴ッ〕掘出す. 5. 〔et⁴ッ〕掘る(穴などを). 6. 〔et⁴ッ+(für et⁴)〕支出することを決定する(一定金額を). 7. 〔et⁴ッ+〈時間〉ハニ〕与える(単位時間当たり). 8. 〔et⁴ッ+〈場所〉ニ〕別にして記入する(金額など を).

aus|wer·ten [アウス・ヴェーるテン] 動 h. 〔et⁴ッ〕分析評価する, (分析評価して)利用する.

die **Aus·wer·tung** [アウス・ヴェーるトゥング] 名 -/-en 分析評価, 利用.

aus|wot·zen [アウス・ヴェッツェン] 動 h. 〔et⁴ッ〕研いで除く(刃こぼれを): die Scharte ~ 失敗を取返す, 過ちを償う.

aus|wi·ckeln [アウス・ヴィッケルン] 動 h. 1. 〔et⁴ッ〕包装を解く. 2. 〔j³/et⁴ッ+(aus〈et³〉カラ)〕取る, はずす〔et⁴など〕をとる.

aus|wie·gen* [アウス・ヴィーゲン] 動 h. 〔et⁴ッ〕正確に計量する. 2. 〔et⁴ッ〕量り分ける.

aus|wil·dern [アウス・ヴィルダーン] 動 h. 〔狩〕〔et⁴ッ〕(保護育成後)自然環境に戻す(動物を種の保存策として).

aus|win·den* [アウス・ヴィンデン] 動 h. 〔方〕=aus|wringen.

aus|wir·ken [アウス・ヴィるケン] 動 h. 1. 〔sich⁴+auf〈et⁴〉〕影響〔効果・作用〕を及ぼす. 2. 〔〈et⁴〉ッ〕〔料〕こねてつくる(生地を).

die **Aus·wir·kung** [アウス・ヴィるクング] 名 -/-en (作用の)結果, 成果, 影響: eine ~ auf 〈j⁴/et⁴〉〈人・物・事〉への影響.

aus|wi·schen [アウス・ヴィッシェン] 動 h. 1. 〔et⁴ッ〕+ (aus〈et³〉カラ)〕ふき取る, ぬぐう. 2. 〔et⁴ッ〕(ノ内側)ふく(グラス・戸棚などを). 〔…を〕ふいて消す. 3. s. 〔慣用〕〔方〕逃出す, 逃出す. 〔慣用〕h. 〈j³〉 eins auswischen 〔口〕(仕返しに)〈人〉を痛い目にあわせる.

aus|wit·tern [アウス・ヴィッターン] 動 1. s. 〔慣用〕〔地質〕風化する. 2. h. 〔et⁴ッ〕〔地質〕風化させる. 3. s. 〔慣用〕析出する(塩類などが). 4. h. 〔et⁴ッ〕析出をする: 表面に生じさせる.

aus|wrin·gen* [アウス・ヴリンゲン] 動 h. 〔et⁴ッ〕絞って水気を切る.

der **Aus·wuchs** [アウス・ヴークス] 名 -es/..wüchse 1. (動植物の)こぶ, はれもの, 肉腫(にくしゅ). 2. 〔農〕(穀物の)異常発芽. 3. (主に複)弊害, 行き過ぎ, 肥大, 誇大.

aus|wuch·ten [アウス・ヴュヒテン] 動 h. 〔et⁴ッ〕〔工〕釣合いを(バランス)をとる, 均衡を保たせる.

der **Aus·wurf** [アウス・ヴるフ] 名 - (e)s/..würfe 1. (単のみ)噴水, 噴出. 2. (主に単)〔医〕喀痰(かくたん). 3. 〔軽蔑〕(人間の)くず.

aus|wür·feln [アウス・ヴュるフェルン] 動 h. 〔j⁴/et⁴ッ〕骰子(さいころ)を振って決める, 賭(かけ)てさいを振る.

aus|zah·len [アウス・ツァーレン] 動 h. 1. 〔et⁴ッ+〈et⁴〉ッ〕支払う. 2. 〔j⁴〉ニ〕賃金〔報酬〕を(全額)支払う, 債務の一部を支払う. 3. 〔sich⁴〕報われる.

aus|zäh·len [アウス・ツェーレン] 動 h. 1. 〔j⁴〉ニ〕数を(正確に)数える. 2. 〔j⁴〉ニ〕〔ボクシング〕カウントアウトする. 3. 〔j⁴〉ニ〕〔方〕教えて選び出す(子供の遊びで).

die **Aus·zah·lung** [アウス・ツァールング] 名 -/-en 1. 支払い; 賃金〔報酬〕支払い. 2. 〔銀行〕外貨(払い), 銀行為替.

die **Aus·zäh·lung** [アウス・ツェールング] 名 -/-en 数えること.

aus|zan·ken [アウス・ツァンケン] 動 h. 〔j⁴ッ〕〔方〕のしる, 叱りつける.

aus|zeh·ren [アウス・ツェーれン] 動 h. 〔j⁴/et⁴ッ〕〔文〕消耗させる, 疲弊させる; (〈j⁴〉がsich⁴のとき)消耗する, 疲弊する.

aus|zeich·nen [アウス・ツァイヒネン] 動 h. 1. 〔et⁴ッ〕印をつける, 値札をつける. 2. 〔j⁴ッ〕特別扱いにする, 優遇する; 際立たせる. 3. 〔j⁴/et⁴ッ+mit〈et³〉〕表彰〔顕彰〕する. 4. 〔sich⁴〕際立つ, 傑出している. 5. 〔et⁴ッ+(durch〈et³〉)〕〔印〕目立たせる; (…に)活字〔組み〕指定をする(原稿に).

die **Aus·zeich·nung** [アウス・ツァイヒヌング] 名 -/-en 1. 特別扱い; 表彰; 勲章, (賞の)メダル: mit ~ 優秀な成績で. 2. 札をつけること. 3. 〔印〕目立たせること; 活字〔組版〕指定.

aus·zieh·bar [アウス・ツィー・バーあ] 形 引出し式の, 伸張式の.

aus|zie·hen* [アウス・ツィーエン] 動 1. h. 〔et⁴ッ〕(引)抜く; (漂白して)とる(色を), あせさせる; 抽出する. 2. h. 〔et⁴ッ〕(引出して)伸ばす(アンテナなどを). 3. h. 〔(sich³) + 〈et⁴〉ッ〕脱ぐ. 4. h.

Ausziehtisch 126

〈j³〉ノ+〈et⁴〉ッ〕脱がせてやる. **5.** *h.* 〔sich⁴〕服を脱ぐ. **6.** *h.* 〔〈j³〉/服〕脱がせてやる. **7.** *s.* 〔aus〈et³〉ッ〕引っ越して出る;撤退する(軍が);抜ける(香りなどが). **8.** *s.* 〔auf〈et⁴〉=zu〈et³〉〕出かける. **9.** *h.* 〔〈et⁴〉ッ+(aus〈et³〉ッ)〕書抜く,抜粋する. **10.** *h.* 〔〈j⁴〉/〈et⁴〉ッ〕抜粋を作る. **11.** 〔〈et⁴〉ッ〕トレースする. 【慣用】*h.* 〈j⁴〉 ausziehen 〔口〕〈人から〉法外な金をふんだくる. *h.* 〈j⁴〉 bis aufs Hemd ausziehen (勝負事などで)〈人を〉身ぐるみはぐ. *h.* die Uniform ausziehen 軍務から退役する.

der **Auszieh·tisch** [アウスツィー・ティッシュ] 名 -es/-e 伸張式テーブル.

die **Auszieh·tusche** [アウスツィー・トゥッシェ] 名 -/ 製図用黒インク.

aus·zirkeln [アウス・ツィるケルン] 動 *h.* 〔〈et⁴〉ッ〕正確にはかる(コース・時機などを).

aus·zischen [アウス・ツィッシェン] 動 **1.** 〔〈j⁴/et⁴〉ッ〕しゅーと言ってやじる. **2.** *s.* 〔煙に〕じゅっと消える(タバコなどが).

der/die **Auszubildende** [アウスツー・ビルデンデ] 名 (形容詞的変化)〔官〕(職業)訓練生, 見習い.

der **Auszug** [アウス・ツーク] 名 -(e)s/..züge **1.** 出かけること;立ちのき;退場. **2.** 抜粋,要約;抄本;(オペラなどの)ピアノ用スコア(Klavier-~);(器具の)引出せる部分:~ aus einer Abhandlung 論文の書抜き. **3.** (薬草の)抽出物,エキス;精選物. **4.** 〔南独〕隠居者の財産保留;〔古〕(昔の)第一兵役義務の年齢層(20-32歳位)

das **Auszugs·mehl** [アウスツーク・メール] 名 -(e)s/ 極上小麦粉.

aus·zugs·weise [アウスツーク・ヴァイゼ] 副 要約して[した], 抜粋して[的な].

aus·zupfen [アウス・ツッフェン] 動 *h.* (〈j³/et³〉ノ)+〈et⁴〉ッ〕抜取る(白髪などを).

aut·ark [アウタるク] 形 自給自足の;〔文〕自立的な.

die **Autarkie** [アウタるキー] 名 -/ 自給自足, アウタルキー;〔文〕(精神的な)自足.

authentisch [アウテンティシュ] 形 〔文〕信頼できる, 本物の;〔薬〕正統の.

die **Authentizität** [アウテンティツィテート] 名 -/-en 〔文〕信憑(ヒンピョウ)性, 確実さ, 信頼性, 真正さ.

der **Autismus** [アウティスムス] 名 -/ 〔医・心〕自閉症.

autistisch [アウティスティシュ] 形 〔医・心〕自閉症の.

das **Auto** [アウト] 名 -s/-s 自動車,車: mit dem ~ 自動車で.

das **Auto·abgas** [アウト・アップ・ガース] 名 -es/-e 自動車の排気ガス.

die **Auto·ausstellung** [アウト・アウス・シュテルング] 名 -/-en モーターショー.

die **Autobahn** [アウト・バーン] 名 -/-en アウトバーン, 高速自動車道路(記号A).

die **Autobahn·ausfahrt** [アウトバーン・アウス・ふぁーと] 名 -/-en アウトバーン(高速道路)の出口.

das **Autobahn·kreuz** [アウトバーン・クロイツ] 名 -es/-e アウトバーン(高速道路)の立体交差(点).

Auto·biografie, Auto·biographie [アウト・ビオ・ぐらふぃー] 名 -/-n 自叙伝, 自伝.

auto·bio·grafisch, auto·bio·graphisch [アウト・ビオ・ぐろーふぃシュ] 形 自伝(形式)の.

die **Auto·brille** [アウト・ブリレ] 名 -/-n ゴーグル.

der **Auto·bus** [アウト・ブス] 名 -ses/-se バス.

die **Autobus·haltestelle** [アウトブス・ハルテ・シュテレ] 名 -/-n バス停留所.

der **Auto·car** [..ka:r アウト・カーあ] 名 -s/-s (スイス)団体旅行用のバス.

die **Autochorie** [..korl: アウト・コリー] 名 -/ 〔植〕自己散布.

die **Autochthon** [アウト・ほトーン] 形 土着の;〔地質〕原地(現地)性の;〔生〕自所生(!)の.

das **Auto·cross, Auto·Cross** [アウト・クロス] 名 -/-e オートクロス(運転技術を競うカーレース).

das **Auto-da-fé** [..fe: アウト・ダ・ふぇー] 名 -s/-s **1.** 〔史〕アウトダフェ(宗教審問所の判決宣告;火刑). **2.** 焚書(フンショ).

der **Auto·didakt** [アウト・ディダクト] 名 -en/-en 独学者.

auto·didaktisch [アウト・ディダクティシュ] 形 独学の[による].

der **Auto·diebstahl** [アウト・ディープ・シュタール] 名 -(e)s/..stähle 自動車窃盗.

der **Auto·drom** [アウト・ドローム] 名 -s/-e **1.** (オートレース用)サーキット. **2.** (遊園地の)ゴーカート場.

die **Auto·droschke** [アウト・ドロシュケ] 名 -/-n 〔ウィーン・古〕タクシー, レンタカー.

die **Auto·erotik** [アウト・エロティク] 名 -/ 〔心〕自己性愛, 自体愛.

die **Auto·fähre** [アウト・ふぇーれ] 名 -/-n カーフェリー.

der **Auto·fahrer** [アウト・ふぁーらー] 名 -s/- 運転者, ドライバー.

die **Auto·fahrt** [アウト・ふぁーあト] 名 -/-en 自動車旅行, ドライブ.

die **Auto·falle** [アウト・ふぁレ] 名 -/-n (自動車強盗目的の)路上障害物;交通取締り,ねずみ捕り.

der **Auto·friedhof** [アウト・ふりート・ホーふ] 名 -(e)s/..höfe 〔口〕廃車場.

auto·gam [アウト・ガーム] 形 〔生〕自家生殖の, オート·ガミーの.

die **Auto·gamie** [アウト・ガミー] 名 -/-n 〔生〕自家受粉(受精), 自家生殖.

auto·gen [アウト・ゲーン] 形 〔工〕ガス(バーナーの炎)による;〔体·心〕自発(性)の;〔地質〕自生の:~es Training 自律訓練法.

das **Auto·giro** [..ʒi:ro アウト・ジーろ] 名 -s/-s 〔空〕オートジャイロ.

das **Auto·graf** [アウト・ぐらーふ] 名 = Autograph.

die **Auto·grafie** [アウト・ぐらふぃー] 名 = Autographie.

das **Auto·gramm** [アウト・グらム] 名 -s/-e 自筆署名.

der **Auto·gramm·jäger** [アウト・グらム・イェーガー] 名 -s/- サイン収集マニア.

das **Auto·graph** [アウト・ぐらーふ] 名 -s/-e[-en] 自筆原稿.

die **Auto·graphie** [アウト・ぐらふぃー] 名 -/-n 肉筆石版複写法.

der **Auto·hof** [アウト・ホーふ] 名 -(e)s/..höfe 駐車場.

die **Auto·hupe** [アウト・フーペ] 名 -/-n 〔車〕クラクション.

die **Auto·industrie** [アウト・インドゥストリー] 名 -/-n 自動車産業.

die **Auto·karte** [アウト・カるテ] 名 -/-n (自動車用)道路地図.

das **Auto·kennzeichen** [アウト・ケン・ツァイひェン] 名 -s/- = Autonummer.

auto·kephal [アウト・ケふぁール] 形 (ギリシア正教の国民教会が)独自の長を有する.

die **Auto·kinese** [アウト・キネーゼ] 名 -/ 〔心〕自動運動(現象).

das **Auto·kino** [アウト・キーノ] 名 -s/-s ドライブインシアター.

der **Auto·klav** [アウト・クラーふ] 名 -s/-en 〔工〕オートクレーブ;〔医〕加圧滅菌器.

die **Auto·kolonne** [アウト・コロネ] 名 -/-n 渋滞した車の列.

der **Autokrat** [アウトぐらート] 名 -en/-en 専制君主,

独裁者.

die **Au·to·kra·tie** [アウトクらティー] [名] -/-n 《文》独裁〔専制〕政治.

au·to·kra·tisch [アウトクらーティシュ] [形] 独裁的な, 専制的な;自分勝手な.

die **Au·to·mar·ke** [アウト・マるケ] [名] -/-n 自動車の車種;自動車のメーカー名.

der **Au·to·mat** [アウトマート] [名] -en/-en **1.** 自動販売機(Verkaufs~). **2.** 自動装置, オートマチック機〔器〕;自動安全装置;〖数・コンピュータ〗自己制御〔処理〕システム.

die **Au·to·ma·tie** [アウトマティー] [名] -/-n 〖生・医〗自動性, 自律運動;〖心〗自動症.

die **Au·to·ma·tik** [アウトマーティク] [名] -/-en 〖工〗自動装置, オートマティック;自動作用.

das **Au·to·ma·tik·ge·trie·be** [アウトマーティク・ゲトりーベ] [名] -s/- (自動車の)オートマチックギア.

die **Au·to·ma·ti·on** [アウトマツィオーン] [名] -/ オートメーション.

au·to·ma·tisch [アウトマーティシュ] [形] **1.** オートマチックの. **2.** 無意識な, 機械的な: eine ~*e* Reaktion 無意識な反応.

au·to·ma·ti·sie·ren [アウトマティズィーれン] [動] *h.* 〖〈et^4〉ヲ〗オートメーション〔自動〕化する.

die **Au·to·ma·ti·sie·rung** [アウトマティズィーるング] [名] -/-en オートメーション化, 自動化.

der **Au·to·ma·tis·mus** [アウトマティスムス] [名] -/..men 〖生・医〗自動性, 自動作用;〖心〗機械的〔無意識的〕行為;〖工〗(プログラムされた)自動制御装置.

die **Au·to·mi·nu·te** [アウト・ミヌーテ] [名] -/-n 1分間の自動車走行距離: 10 ~*n* 車で10分の距離.

das **Au·to·mo·bil** [アウト・モビール] [名] -s/-e《古》自動車.

au·to·nom [アウトノーム] [形] 自治の, 自主独立の, 自律の.

der/*die* **Au·to·no·me** [アウトノーメ] [名]《形容詞的変化》イデオロギーを持たない左翼過激派の人.

die **Au·to·no·mie** [アウトノミー] [名] -/-n《文》自治, 独立;〖哲〗自律;自治(権).

das **Au·to·num·mer** [アウト・ヌマー] [名] -/-n 車のナンバー.

der **Au·to·park·platz** [アウト・パるク・プラッツ] [名] -es/..plätze 駐車場.

der **Au·to·pi·lot** [アウト・ピロート] [名] -en/-en 〖工〗(飛行機・ロケットなどの)自動操縦装置.

die **Au·to·plas·tik** [アウト・プラスティク] [名] -/-en 〖医〗自家移植.

die **Au·top·sie** [アウトプスィー] [名] -/-n 検証;〖医〗死体解剖, 検死.

der **Au·tor** [アウトーあ] [名] -s/-ren [アウトーれン] 著者, 作家;《稀》作者《音楽・美術・映画などの》.

das **Au·to·ra·dio** [アウト・らーディオ] [名] -s/-s カーラジオ.

die **Au·to·re·du·p·li·ka·ti·on** [アウト・れドゥプリカツィオーン] [名] -/-en 〖生〗(デオキシリボ核酸の)自己複製.

der **Au·to·rei·fen** [アウト・らイふェン] [名] -s/- 自動車のタイヤ.

das **Au·to·ren·kol·lek·tiv** [アウトーれン・コレクティーふ] [名] -s/-e〔-s〕(旧東独の)共同執筆者(グループ).

das **Au·to·ren·nen** [アウト・れネン] [名] -s/- カーレース.

die **Au·to·ri·sa·ti·on** [アウトりザツィオーン] [名] -/-en 権限(付与);認可.

au·to·ri·sie·ren [アウトりズィーれン] [動] *h.* **1.** 〖〈j^4〉ニ+zu 〈[動]〉スル/zu 〈et^3〉ヘノ〗権限〔権利〕を与える. **2.** 〖〈et^4〉ヲ〗許可〔認可〕する.

au·to·ri·tär [アウトりテーあ] [形] **1.** 権力〔権威〕主義的な. **2.** 《古》権力に基づく.

der **Au·to·ri·ta·ris·mus** [アウトりタりスムス] [名] -/《文》権威主義.

die **Au·to·ri·tät** [アウトりテート] [名] -/-en **1.** (〔単〕のみ)権威, 威信;権力. **2.** 権威者, 大家.

au·to·ri·ta·tiv [アウトりタティーふ] [形] 権威のある.

au·to·ri·täts·gläu·big [アウトりテーツ・グロイビひ] [形] 権威に盲従する.

das **Au·tor·recht** [アウトーあ・れひト] [名] -(e)s/-e 著作権.

die **Au·to·schlan·ge** [アウト・シュランゲ] [名] -/-n 渋滞する車の(長蛇の)列.

der **Au·to·schlos·ser** [アウト・シュロっサー] [名] -s/- 自動車修理工.

der **Au·to·stopp** [アウト・シュトップ] [名] -s/ ヒッチハイク.

die **Au·to·stra·da** [アウト・ストらーダ] [名] -/-s 高速道路, 複車線の道路.

die **Au·to·stra·ße** [アウト・シュトらーセ] [名] -/-n 自動車道路.

die **Au·to·sug·ges·ti·on** [アウト・ズゲスツィオーン] [名] -/-en 〖心〗自己暗示.

das **Au·to·te·le·fon** [アウト・テ(ー)レふォーン] [名] -(e)s/-e 自動車電話, カーテレホン.

die **Au·to·to·mie** [アウト・トミー] [名] -/-n 〖生〗自己切断, 自切《トカゲなどの》.

die **Au·to·trans·fu·si·on** [アウト・トらンス・ふズィオーン] [名] -/-en 〖医〗 **1.** 自己輸血(法). **2.** (命にかかわる臓器への)血流促進緊急措置《大量出血の際, 四肢をあげたり, 包帯をすることなどによる》.

au·to·troph [アウト・トろーふ] [形] 〖生〗無機〔独立〕栄養の.

die **Au·to·ty·pie** [アウト・テュピー] [名] -/-n 〖印〗オートタイプ, 網(目)版.

der **Au·to·un·fall** [アウト・ウン・ふァル] [名] -(e)s/..fälle 自動車事故.

das **Au·to·vak·zin** [アウト・ヴァクツィーン] [名] -s/-e 〖医〗自家ワクチン.

der **Au·to·ver·kehr** [アウト・ふェあケーあ] [名] -(e)s/-e 自動車交通, 自動車の往来.

die **Au·to·ver·mie·tung** [アウト・ふェあミートゥング] [名] -/-en レンタカー業.

die **Au·to·werk·statt** [アウト・ヴェるク・シュタっト] [名] -/..stätten 自動車整備〔修理〕工場.

das **Au·to·wrack** [アウト・ヴらっク] [名] -(e)s/-s〔-e〕自動車の残骸.

das **Au·to·zu·be·hör** [アウト・ツー・ベ㋬ーあ] [名] -s/ カーアクセサリー, (車の)付属品.

autsch! [アウチュ] [間] あいたっ;あちち.

der **Au·wald** [アウヴァルト] [名] -(e)s/..wälder =Auenwald.

au·weh! [アウ・ヴェー] [間] おお痛い;残念だ, 大変だ.

au·xi·li·ar [アウクスィりアーあ] [形] 補助の.

das **Au·xi·li·ar·verb** [アウクスィりアーあ・ヴェるプ] [名] -s/-en 〖言〗助動詞.

der〔*das*〕 **A·val** [アヴァル] [名] -s/-e 〖銀行〗手形保証.

der **A·val·kre·dit** [アヴァル・クれディ(ー)ト] [名] -s/-e 〖商〗銀行保証による貸付.

die **A·van·ce** [avã:sə アヴァーンセ] [名] -/-n **1.** 《古》有利;利潤, 利益;前払い(金). **2.** 好意, 歓心: 〈j^3〉 ~*n* machen 〈人に〉取り入る, 《文》〈人に〉言い寄る. **3.** (時計の進みを)速くすること《記号 A で緩急調速装置の目盛に表示》.

das **A·van·ce·ment** [avãsəmã: アヴァンセマーン] [名] -s/-s 《文・古》昇進.

a·van·cie·ren [avãsí:rən アヴァンスィーれン] [動] *s.* 〖zu 〈j^3/et^3〉ニ〗なる《ベストセラーなどに》;《古》昇進する.

die **A·vant·gar·de** [avã:gardə アヴァーンガるデ, avãgá rdə アヴァンガるデ] [名] -/-n 前衛派, アバンギャルド;《古》(軍の)前衛.

A

Avantgardist

der **A·vant·gar·dist** [avã:.. アヴァンガるディスト] 名 -en/-en 前衛芸術家.

a·vant·gar·dis·tisch [avã:.. アヴァンガるディスティシュ] 形 前衛(芸術)の, アバンギャルドの.

a·van·ti! [アヴァンティ] 間 進め!.

AvD =Automobilclub von Deutschland ドイツ自動車クラブ.

avdp. =Avoirdupois 常衡(英・米で用いられる質量単位. 16 オンスを1ポンドとする).

das **A·ve** [アーヴェ] 名 -(s)/-(s) **1.** アヴェ・マリア (Ave-Maria). **2.** (無冠詞で)ご機嫌よう(あいさつの言葉).

das **A·ve-Ma·ria** [アーヴェ・マリーア] 名 -(s)/-(s) 〖カトリック〗アヴェ・マリア, 天使祝詞(聖母マリアへの祈り).

das **A·ven·tu·rin·glas** [アヴェントゥリーン・グラース] 名 -(e)s/..gläser アベンチュリンガラス(金色微粒子の混ったガラス).

die **A·ve·nue** [avənỹ: アヴェニュー] 名 -/-en [アヴェニューエン] 並木道.

der **A·vers** [アヴェるス] 名 -es/-e (硬貨・メダルの)表側.

die **A·ver·sion** [アヴェるズィオーン] 名 -/-en 反感, 嫌悪: gegen ⟨j⁴/et⁴⟩ eine ~ haben ⟨人・物・事に⟩嫌悪感をもつ.

das **AVG** 名 -s/ 被用者保険法(Angestelltenversicherungsgesetz).

das **A·vi·a·ri·um** [アヴィアーリウム] 名 -s/..rien (動物園の)大型の鳥小屋.

der **A·vi·a·ti·ker** [アヴィアティカー] 名 -s/- 航空技師; 飛行士/航空のエキスパート.

der [*das*] **A·vis** [アヴィー(ス)] 名 -(es)/-(e) **1.** 〖商〗(発送の)通知. **2.** 〖銀行〗(手形振出しの)通知.

a·vi·sie·ren [アヴィズィーれン] 動 h. (⟨j³⟩) ⟨et⁴⟩ を通知する.

das **A·vi·so** [アヴィーゾ] 名 -s/-s (略す) =Avis 1.

a vis·ta [ア ヴィスタ] 〖イタリア語〗〖銀行〗一覧払いの(略 av.); 〖楽〗初見で.

die **A·vi·ta·mi·no·se** [アヴィタミノーゼ] 名 -/-n 〖医〗ビタミン欠乏症.

die **A·vo·ca·do** [アヴォカード] 名 -s/-s 〖植〗アボカド.

das **Avo·ir·du·pois** [avoardypoá アヴォアるデュ・ポア, εvoardəpýs エヴォア・デ・ポイス] 名 -/ 常衡(英・米で用いられる質量単位. 16オンスを1ポンドとする. 記号 avdp.).

AWACS [á(:)vaks ア(-)ヴァックス, ένεks エヴェクス]= Airborne Warning and Control System 〖軍〗

(Nato の)空中早期警戒管制システム.

A-waf·fe [アー・ヴァッふェ] =Atomwaffe 核兵器.

die **A·wa·ta·ra** [アヴァターら] 名 -/-s 〖宗教〗神の化身, 権化(人や動物の姿をしたヴィシヌ神).

das **A·wes·ta** [アヴェスタ] 名 -s/ アヴェスタ(ゾロアスター教の聖典集).

der **A·xel** [アクセル] 名 -s/- 〖スケート〗アクセルポールゼン・ジャンプ.

a·xi·al [アクスィアール] 形 〖工〗軸方向の.

das **A·xi·om** [アクスィオーム] 名 -s/-e **1.** 〖哲〗公理 (①自明な命題. ②理論の前提となる仮定) **2.** 自明の理.

die **A·xi·o·ma·tik** [アクスィオマーティク] 名 -/ 公理論.

der **Ax·mins·ter·tep·pich** [έks.. エクスミンスター・テッピヒ] 名 -s/-e アクスミンスター・カーペット(英国産のパイルのじゅうたん).

das **A·xon** [アクソン] 名 -s/Axone(n) [アクソーネ(ン)] 〖生〗神経突起, 軸索.

die **Axt** [アクスト] 名 -/Äxte 斧(爺), まさかり.

der **A·ya·tol·lah** [ajatɔ́lla アヤトラ] 名 -(s)/-s = Ajatollah.

a. Z. =auf Zeit さしあたり.

die **A·za·lee** [アツァレーエ] 名 -/-n 〖植〗ツツジ, アザレア.

die **A·za·lie** [アツァーリエ] 名 -/-n =Azalee.

Az, AZ =Aktenzeichen 書類整理記号.

a·ze·o·trop [アツェオトろープ] 形 〖化〗アゼオトロープの, 共沸混合物の.

das **A·ze·tat** [アツェタート] 名 -s/-e 〖化〗=Acetat.

das **A·ze·ty·len** [アツェテューレーン] 名 -s/ 〖化〗アセチレン.

das [*der*] **A·zi·mut** [アツィムート] 名 -s/-e 〖天〗方位角.

a·zi·mu·tal [アツィムタール] 形 方位角に関する.

der **Az·te·ke** [アツテーケ] 名 -n/-n アステカ人(メキシコの原住民).

der **A·zu·bi** [アツービ, ア(-)ツビ] 名 -s/-s (die ~ -/-s も有) 〖口〗職業訓練生(Auszubildende).

die **A·zu·le·jos** [aʦuléxɔs アツレほス, asu.. アスレほス] 複名 (スペイン産の)壁用の化粧タイル.

die **A·zur** [アツーる] 名 -s/ 〖詩〗アズーブルー, 明るく澄んだ青色; 青天, 紺碧(ネネ)の空.

a·zur·blau [アツーる・ブラウ] 形 (明るく澄んだ)青色の.

a·zurn [アツーるン] 形 〖文〗(明るく澄んだ)青色の.

a·zy·klisch [アツュークリシュ, アツーウクリシュ] 形 **1.** 〖化〗非環式の; 〖植〗非輪生の. **2.** 〖医〗不順な.

B

das **b**¹, **B**¹ [be: ベー] 名 -/- 《(口)-s/-s》 **1.** ドイツ語アルファベットの第2字. **2.** 〖楽〗変ロ音;変記号, フラット.
b² [ベー] =b-Moll〖楽〗変ロ短調.
B² [ベー] =Bor〖化〗硼素(ぽう).
B³ **1.** [ベー] =B-Dur〖楽〗変ロ長調. **2.** =Bel〖工〗ベル. **3.** =Brief〖金融〗売り相場. **4.** =Bundesstraße 国道.
b. 1. =bei(m) …近郊(地名につけて): Neufahren ~(=bei) Freising フライジング近郊のノイファーレン. **2.** =bei …方, …気付(人名につけて).
B. =Bachelor 学士;学士号.
Ba [ベーアー] =Barium〖化〗バリウム.
(*der*) **Baal** [バール] 名 -s/ バール神(セム族の天候の神).
der **Baas** [バース] 名 -es/-e〖北独〗親方, ボス.
BAB =Bundesautobahn (ドイツ)連邦(高速)自動車道路.
babbeln [バベルン] 動 h.〖方〗(幼児が)〖軽蔑〗片言を〖で〗しゃべる(幼児が);〖軽蔑〗⁴つ⁾べちゃくちゃしゃべる: dummes Zeug ~ たわごとを言う.
der **Babbitt** [bǽbit バビット] 名 -s/-s 金もうけに熱心な(俗)人, 低俗な実業家.
(*das*) **Babel** [バーベル] 名 -s/- **1.** (冠のみ;主に無冠詞で)〖地名〗『聖』バベル(Babylon のヘブライ語名). **2.** 退廃の地;多民族・多言語の都市.
(*die*) **Babette** [バベッテ] 名〖女名〗バベッテ.
die **Babuschka** [バ(ー)ブシュカ] 名 -s〖方〗おばあさん, 老女.
das **Baby** [béːbi ベビー] 名 -s/-s 赤ん坊;子供(ペ);ベビー(恋人などに対する).
die **Babyausstattung** [ベービー・アウス・シュタットゥング] 名 -/-en ベビー用品.
das **Babyjahr** [ベービー・ヤーあ] 名 -(e)s/-e **1.** (子供一人ごとに主に母親に加算される)年金保険年. **2.** 1年間の育児休暇.
(*das*) **Babylon** [バービュロン] 名 -s/〖地名〗バビロン(バビロニア帝国の首都).
(*das*) **Babylonien** [バビューローニエン] 名 -s/〖国名〗バビロニア.
babylonisch [バビューローニッシュ] 形 バビロニアの: der *B*~*e* Turm バベルの塔. eine ~*e* Sprachverwirrung [ein ~*es* Sprachgewirr] バビロンの言語の混乱〖創世記 11, 9〗.
die **Babypause** [ベービー・パウゼ] 名 -/-n〖口〗産後休業.
babysitten [ベービー・ズィッテン] 動《不定詞でのみ》〖軽蔑〗《口》《口》Baby・Sitter をする.
der **Babysitter** [ベービー・ズィッター] 名 -s/- ベビーシッター.
das **Bacchanal** [baxaˈnaːl] 名 -s/-ien [-e] **1.** 《複 -ien》バッカス祭. **2.** 《複 -e》《口》狂宴.
der **Bacchant** [baxánt バハント] 名 -en/-en《文》バッカスの従者;酒に酔った男.
die **Bacchantin** [baxántin バハンティン] 名 -/-nen バッケ(Bacchus の侍女);半狂乱の女.
bacchantisch [バハンティッシュ] 形 乱痴気騒ぎの.
bacchisch [báxiʃ バッヒッシュ] 形 バッカスの.
der **Bacchius** [baxfː.. バヒーウス] 名 -/..chien [バヒューエン]〖詩〗バッカス格(短長長格).
(*der*) **Bacchus** [báxos バッふス] 名《口》〖神〗バッカス(酒神): (dem) ~ huldigen〖婉〗ワインを飲む.

(*der*) **Bach**¹ [バっは] 名〖人名〗バッハ(Johann Sebastian ~, 1685–1750, 作曲家).
der **Bach**² [バっは] 名 -(e)s/-e; Bäche 小川: (einen) ~〖(ein) Bächlein〗machen〖幼〗おしっこをする.
das **Bachbett** [バっは・ベット] 名 -es/-en 川床.
die **Bachblütentherapie**, **Bach-Blüten-Therapie** [バっは・ブリューテン・テラピー] 名 -/-n バッハ式芳香療法.
die **Bache** [バっへ] 名 -/-n〖狩〗(三歳以上の)雌のイノシシ.
der **Bachelor** [bǽtʃələr ベッチェラー] 名 -(s)/-s 学士;学士号.
der **Bachflohkrebs** [バっは・ふロー・クレープス] 名 -es/-e〖動〗(小川・泉などに生棲する)トビムシ(甲殻類ヨコエビ科).
das **Bächlein** [ベッヒライン] 名 -s/- Bach² の縮小形.
die **Bachstelze** [バっは・シュテルツェ] 名 -/-n〖鳥〗セキレイ.
back [バック] 副〖海〗後ろへ.
der **Back**¹ [bæk ベック] 名 -s/-s〖古〗(特にサッカーの)後衛, バック.
die **Back**² [バック] 名 -/-en〖海〗**1.** (食事用の木製の)鉢;(乗組員の)食卓仲間;(折り畳み式)食卓. **2.** 船首楼.
das **Backblech** [バック・ブレっは] 名 -(e)s/-e 天パン.
backbord [バック・ボルト] 副〖海・空〗左舷(げん)[左側]に.
das **Backbord** [バック・ボルト] 名 -(e)s/-e《主に〖海・空〗》左舷(げん), 左側: das Ruder nach ~ legen 取舵(どり)をとる.
backbords [バック・ボルツ] 副 =backbord.
die **Backe**¹ [バッケ] 名 -/-n **1.** 頬(ほほ): über beide ~*n* strahlen 顔を輝かす. **2.** (万力などの)あご;(スキーの)バッケン;(ブレーキの)制輪子;(銑床の)頬シュ.
die **Backe**² [バッケ] 名 -/-n〖口〗尻(しり)の片方.
backen⁽゜⁾ [バッケン] 動 *er bäckt*〖backt〗; *backte* [buk]; *hat gebacken* **1.** ケーキ〖パン・クッキー〗を焼く;焼き上がる(パンなどが). **2.《**et⁴》》焼く(ケーキ・パンなどを);〖方〗(油で)揚げる, 炒(いた)める;焼く(玉子を);〖方〗乾燥させる(果物・きのこなどを熟して);焼き固める(れんがなどを). **3.**〖時間〗/南〗焼かれる(オーブンの中で焼き上がる). **4.**《様態》》焼き上げる(オーブンなどが).【慣用】ein frisch gebackener Ehemann〖口〗新婚ほやほやの夫. sich⁴〖´i ⁴ /et⁴〗 backen lassen〖口〗《人・物・事を》特別に自分で捜し出す〖あつらえる〗: Da musst du dir wahrscheinlich eine Frau *backen* lassen. そんな高望みしてると君はたぶん自分の女の人を捜さなきゃならなくなる.
backen² [バッケン] 動 *h.*〖方〗**1.**《an 〈et³〉》》こびりつく. **2.《**et⁴》》《方向へ》》押しつける.
backen³ [バッケン] 動《次の形で》*B*~ und banken!〖海〗食卓につけ.
der **Backenbart** [バッケン・バーあト] 名 -(e)s/..bärte 頬髯(ほほひげ).
die **Backenbremse** [バッケン・ブれムゼ] 名 -/-n〖工〗ブロックブレーキ.
das **Backenfutter** [バッケン・ふっター] 名 -s/-〖工〗ジョー(顎)チャック.
der **Backenknochen** [バッケン・クノっへン] 名 -s/-《主に〖解〗》頬骨.
die **Backentasche** [バッケン・タッシェ] 名 -/-n《主に〖動〗》(猿などの)頬袋(ほほぶくろ).

Backenzahn 130

der **Ba·cken·zahn** [バッケン・ツァーン] 名 -(e)s/..zähne 奥歯,臼歯,白歯.
der **Bäcker** [ベッカー] 名 -s/- パン製造業者,パン屋.
die **Bäckerei** [ベッケライ] 名 -/-en **1.** ベーカリー,パン屋. **2.** (⊕のみ)パン焼き;パン製造業. **3.** (主に⊕)(南独,ホ゜⁻ス゛)クッキー.
der **Bäckergeselle** [ベッカー・ゲゼレ] 名 -n/-n パン焼き職人.
der **Bäckerladen** [ベッカー・ラーデン] 名 -s/..läden パン屋(の店).
der **Bäckermeister** [ベッカー・マイスター] 名 -s/- パン屋の親方(マイスター).
der **Backfisch** [バック・ふィッシュ] 名 -(e)s/-e **1.** 魚フライ,揚げた魚. **2.** 《古》小娘.
die **Backform** [バック・ふぉルム] 名 -/-en 焼き型.
der **Background** [bǽkgraʊnt ベック・グラウント] 名 -s/-s **1.** 〚文〛背景;(育った)環境;素姓. **2.** 経歴,職業経験. **3.** 〚映〛背景映写(拡大写真);〚楽〛バックグランドミュージック.
das **Backhaus** [バック・ハウス] 名 -es/..häuser (昔の)パン焼き小屋.
das **Backhendl** [..dəl バック・ヘンデル] 名 -s/- (ホ゜⁻ス゛)フライドチキン.
..backig [..バッキッヒ] 接尾 形容詞につけて「…の頬(ホホ)をした」を表す形容詞を作る: rot*backig* 赤い頬をした.
..bäckig [..ベッキッヒ] 接尾 = ..backig.
der **Backlash** [bǽklɪʃ ベック・レッシュ] 名 -/- 反動,反撃.
die **Backlist** [bǽklɪst ベック・リスト] 名 -/-s 既刊書目録,在庫リスト.
die **Backmulde** [バック・ムルデ] 名 -/-n 《方》= Backtrog.
das **Backobst** [バック・オープスト] 名 -(e)s/ 乾燥果実.
der **Backofen** [バック・オーふェン] 名 -s/..öfen パン焼き窯,パン焼き用オーブン;(レンジの)オーブン.
die **Backpfeife** [バック・プふぁいふェ] 名 -/-n 《方》びんた.
das **Backpfeifengesicht** [バックプふぁいふェン・ゲズィヒト] 名 -(e)s/-er 《口》生意気な(こにくらしい)顔つき.
die **Backpflaume** [バック・プふラウメ] 名 -/-n 乾燥プラム.
das **Backpulver** [バック・プルふぁー, バック・プルヴァー] 名 -s/- ベーキングパウダー.
die **Backröhre** [バック・ⓡ-れ] 名 -/-n (レンジの)天火,オーブン.
bäckst [ベックスト] 動 backen¹ の現在形2人称単数.
der **Backstein** [バック・シュタイン] 名 -(e)s/-e 煉瓦(レンカ゛).
die **Backstube** [バック・シュトゥーベ] 名 -/-n パン焼き場.
bäckt [ベックト] 動 backen¹ の現在形3人称単数.
der **Backtrog** [バック・トローク] 名 -(e)s/..tröge (パン生地の)こね桶(オケ).
die **Backware** [バック・ヴァーれ] 名 -/-n (主に⊕)パン(ケーキ・ビスケット).
der **Bacon** [béikən ベーケン] 名 -s/ ベーコン.
das **Bad** [バート] 名 -(e)s/Bäder **1.** 入浴,沐浴(モッヨク);水浴び;風呂(の湯水): ein ~ nehmen 入浴する. **2.** 浴場,浴室,バスルーム;プール,水浴場: das städtische ~ (市)の公営浴場(プール). ins ~ gehen プールに行く. **3.** 湯治場: ins ~ reisen 湯治に行く. **4.** 〚エ・化〛溶液.
die **Badeanstalt** [バーデ・アン・シュタルト] 名 -/-en (屋外)公営プール.
der **Badeanzug** [バーデ・アンツーク] 名 -(e)s/..anzüge (ワンピース形)水着.
der **Badearzt** [バーデ・アールット, バーデ・アラット] 名 -es/..ärzte 湯治場の医師.
der **Badegast** [バーデ・ガスト] 名 -es/..gäste 湯治客;プールの客,海水浴客.
das **Badehaus** [バーデ・ハウス] 名 -es/..häuser 湯治施設,クアハウス;(中世の)公衆浴場.
die **Badehose** [バーデ・ホーゼ] 名 -/-n 水泳パンツ.
die **Badekabine** [バーデ・カビーネ] 名 -/-n (プールの)更衣室.
die **Badekappe** [バーデ・カッペ] 名 -/-n = Bademütze.
die **Badekur** [バーデ・クーア] 名 -/-en 温泉治療,湯治.
der **Bademantel** [バーデ・マンテル] 名 -s/..mäntel 水浴用のガウン,バスローブ.
die **Badematte** [バーデ・マッテ] 名 -/-n バスマット.
der **Bademeister** [バーデ・マイスター] 名 -s/- (水泳場の)監視員.
die **Bademütze** [バーデ・ミュッツェ] 名 -/-n 水泳帽;バスキャップ.
baden [バーデン] 動 h. **1.** 〚他〛入浴する;水浴びする,泳ぐ. 〚⟨j⁴/et⁴⟩の場合〛風呂に入れる,水(液体)につける. 〚⟨j⁴⟩がsich⁴の場合〛風呂に入る. 〚慣用〛(bei[mit] ⟨et⁵⟩) baden gehen 《口》《軽蔑こ》失敗する. in Schweiß gebadet sein 汗だくになっている.
(*das*) **Baden** [バーデン] 名 -s/ 〚地名〛バーデン ① バーデン=ヴュルテンベルク州の西部地方. ② ~ (bei Wien) オーストリアの保養地. ③ ~ (in der Schweiz) スイスの町.
(*das*) **Baden-Baden** [バーデン・バーデン] 名 -s/ 〚地名〛バーデン=バーデン(バーデン=ヴュルテンベルク州の温泉地).
der **Badenser** [バデンザー] 名 -s/- 《口》バーデンの人.
(*das*) **Baden-Württemberg** [バーデン・ヴュるテムベルク] 名 -s/ 〚地名〛バーデン=ヴュルテンベルク(ドイツの州).
baden-württembergisch [バーデン・ヴュるテムベルギッシュ] 形 バーデン=ヴュルテンベルク(州)の.
der **Badeofen** [バーデ・オーふェン] 名 -s/..öfen 浴室用ボイラー.
der **Badeort** [バーデ・オルト] 名 -(e)s/-e (海)水浴場;湯治場,温泉(鉱泉)療養地.
der **Bader** [バーダー] 名 -s/- 《古》理髪師兼外科治療士;《古・古》やぶ医者.
die **Badesachen** [バーデ・ザッヘン] 複名 (海)水浴[水泳]用品.
die **Badesaison** [バーデ・ゼゾーン, バーデ・ゼゾング] 名 -/-s (海)水浴シーズン.
der **Badestrand** [バーデ・シュトらント] 名 -(e)s/..strände 水浴びをする水辺,海水浴場.
das **Badetuch** [バーデ・トゥーふ] 名 -(e)s/..tücher バスタオル.
die **Badewanne** [バーデ・ヴァネ] 名 -/-n 浴槽,バスタブ.
das **Badezimmer** [バーデ・ツィマー] 名 -s/- 浴室,バスルーム.
der **Badezusatz** [バーデ・ツーザッツ] 名 -es/..sätze 浴剤.
die **Badlands** [bǽdlændz ベッド・レンドス] 複名 〚地質〛悪地(ァクチ),不毛の地.
das **Badminton** [bǽtmɪntən ベトミンテン] 名 -s/ 〚スポ゜ー〛バドミントン.
der **Bad Trip** [bét trɪp ベット トリッブ] 名 -s/-s = Horrortrip.
der **Baedeker** [béːdəkər ベーデカー] 名 -s/- 〚商

標]ベーデカー《旅行案内書.創設者 Karl ～, 1801-59》.

baff [バふ] 形 《次の形で》～ sein《口》啞然としている.

das **BAföG, Bafög** [バー⓪ク] 名 -(s)/《ドイツ》連邦奨学金法;《口》連邦奨学金(Bundesausbildungsförderungsgesetz).

BAG =Bundesarbeitsgericht (ドイツ)連邦労働裁判所.

die **Ba·ga·ge** [..ʒə バガージェ] 名 -/-en **1.**《蔑》(くだらない)連中. **2.**《古》手荷物.

die **Ba·ga·tel·le** [バガテレ] 名 -/-n **1.** つまらない〔ささいな〕こと. **2.**『楽』バガテル(二部構成の小器楽曲).

ba·ga·tel·li·sie·ren [バガテリズィーれン] 動 *h.*〈et⁴ʒ〉軽視する,ささいなこととして扱う.

der **Ba·ga·tell·fall** [バガテル・ふぁル] 名 -(e)s/..fälle ささいな事柄;『法』ささいな事件.

(das) **Bag·dad** [バグダット] 名 -s/ 〖地名〗バグダッド(イラクの首都).

der **Bag·ger** [バッガー] 名 -s/- **1.** 浚渫(しゅんせつ)機〔船〕;パワーショベル,ショベルカー. **2.**『ʰ゙゙ローʰ゙゙ール』アンダーハンドトス[パス].

der **Bag·ger·füh·rer** [バッガー・ふゅーらー] 名 -s/- 浚渫(しゅんせつ)機〔パワーショベル〕の操作員.

bag·gern [バッガン] 動 *h.* **1.**『建設』パワーショベル〔掘削機・浚渫(しゅんせつ)機〕で作業をする. **2.**〈et⁴ʒ〉掘削〔浚渫〕して作る(運河・水路など). **3.**『ʰ゙゙ローʰ゙゙ール』アンダーハンドトス[パス]する.

der **Bag·ger·see** [バッガー・ゼー] 名 -s/-n 砂利〔土砂〕採取場跡の湖.

das **Ba·gno** [bánjo バニョ] 名 -s/-s〔..ni〕(昔のイタリア・フランスの)重罪人用の牢獄.

die **Bag·pipe** [bǽgpaip ベグ・パイプ] 名 -/-s〖楽〗バグパイプ,風笛.

die **Ba·guette** [baɡɛt バゲット] 名 -/-n (*das* ～ -s/-s も有) バゲット(フランスパン).

bah! [バー] 間 =bäh! 1.

bäh! [ベー] 間 **1.**〔嫌悪・軽蔑・嘲笑を表して〕げえ,やあーい. **2.**〔羊の鳴き声〕めぇー.

der **Ba·ha·is·mus** [バハイスムス] 名 -/ バハイ教(19世紀にイスラム教から派生した宗教).

die **Ba·ha·ma·in·seln** [バハーマ・インゼルン] 複名〖地名〗バハマ諸島.

die **Ba·ha·mas** [バハーマス] 複名〖国名〗バハマ(フロリダの南東に連なる諸島からなる国).

bä·hen [ベーエン] 動 *h.*〈et⁴ʒ〉《南独・ʰ゙゙ストリア・スイス》トーストにする(パンを).

die **Bahn** [バーン] 名 -/-en **1.** 道,進路〔天体などの〕軌道;走路,トラック,コース,レーン;車線(Fahr～): die ～ schlagen 進路を切開く. **2.** 鉄道(Eisen～),列車,電車(Straßen～);《口》(機関としての)鉄道;(路面)電車;《略》〈et⁴ʒ〉per ～ schicken〈物ʒ〉鉄道便で送る. mit der ～ fahren 電車で行く.〈j³〉zur ～ begleiten〔bringen〕〈人ʒ〉駅まで送って行く. **3.**(一定の幅をもった)帯状の布地〔壁紙〕. **4.**(ハンマーなどの)面. 【慣用】**auf der rechten Bahn sein** 正道にある,正しく生きている. **auf die schiefe Bahn geraten 〔kommen〕**邪道に陥る.〈j³〉**aus der Bahn bringen〔werfen〕**〈人ʒ〉人生を狂わせる. **freie Bahn haben**(困難を克服して)思うままにできる. **sich³ Bahn brechen** 認められるようになる.

die **Bahn·an·la·ge** [バーン・アン・ラーゲ] 名 -/-n 鉄道施設.

der **Bahn·ar·bei·ter** [バーン・アルバイター] 名 -s/- 鉄道作業員.

der **Bahn·be·am·te** [バーン・ベアムテ] 名〔形容詞的変化〕鉄道職員.

bahn·bre·chend [バーン・ブれっヒェント] 形 画期〔先駆〕的な.

der **Bahn·bre·cher** [バーン・ブれっヒャー] 名 -s/- 先駆者,パイオニア.

der **Bahn·bus** [バーン・ブス] 名 -ses/-se 鉄道経営のバス.

die **Bahn·card** [..kaːrd バーン・カーァド] 名 -/-s『商標』バーンカード(ドイツ鉄道運賃割引カード).

der **Bahn·damm** [バーン・ダム] 名 -(e)s/..dämme 軌道盛り土,鉄道用築堤.

bah·nen [バーネン] 動 *h.*〈j³/et³〉ʒ+〈et⁴ʒ〉切開いてやる(道などを).

die **Bahn·fahrt** [バーン・ふぁーアト] 名 -/-en 鉄道旅行.

bahn·frei [バーン・ふらイ] 形『商』貨車渡しの.

das **Bahn·gleis** [バーン・グライス] 名 -es/-e 鉄道線路.

der **Bahn·hof** [バーン・ホーふ] 名 -(e)s/..höfe(鉄道の)駅,停車場《略 Bhf., Bf.》;駅舎. 【慣用】〈j⁴〉**mit einem großen Bahnhof empfangen**《口》(駅や空港で)〈人ʒ〉大歓迎する.

die **Bahn·hofs·hal·le** [バーンホーふス・ハレ] 名 -/-n 駅のホール.

die **Bahn·hofs·mis·si·on** [バーンホーふス・ミスィオーン] 名 -/-en(宗教団体が駅構内で運営する)旅行者救護所.

der **Bahn·hofs·vor·ste·her** [バーンホーふス・ふぉーア・シュテーアー] 名 -s/- 駅長.

..bah·nig [..バーニヒ] 接尾 形容詞・数詞などにつけて「…の軌道をもつ」を表す形容詞を作る: zweibahnig 2車線の.

der **Bahn·kör·per** [バーン・ケルパー] 名 -s/- 軌道施設.

bahn·la·gernd [バーン・ラーガァント] 形 駅留めの.

die **Bahn·li·nie** [バーン・リーニエ] 名 -/-n(鉄道の)路線.

die **Bahn·meis·te·rei** [バーン・マイステらイ] 名 -/-en 保線区.

das **Bahn·netz** [バーン・ネッツ] 名 -es/-e 鉄道網.

die **Bahn·po·li·zei** [バーン・ポリツァイ] 名 -/ 鉄道公安警察.

die **Bahn·post** [バーン・ポスト] 名 -/- 列車内郵便局.

die **Bahn·schran·ke** [バーン・シュらンケ] 名 -/-n 踏切遮断機.

die **Bahn·schwel·le** [バーン・シュヴェレ] 名 -/-n 枕木(まくらぎ).

der **Bahn·steig** [バーン・シュタイク] 名 -(e)s/-e プラットホーム.

die **Bahn·steig·kar·te** [バーンシュタイク・カるテ] 名 -/-n (駅の)入場券.

die **Bahn·stre·cke** [バーン・シュトれっケ] 名 -/-n 鉄道路線の区間;鉄道の走行区間.

der **Bahn·über·gang** [バーン・ユーバー・ガング] 名 -(e)s/..gänge 踏切.

die **Bahn·ver·bin·dung** [バーン・ふぇあビンドゥング] 名 -/-en 列車の接続.

der **Bahn·wär·ter** [バーン・ヴェるター] 名 -s/- 踏切番;保線員.

der **Ba·höl** [バヘール] 名 -s/《ʰ゙゙ストリア・口》大騒ぎ.

(das) **Bah·rain** [baraɪn バらイン, baxraɪm バはらイン] 名 -s/〖国名〗バーレイン(ペルシア湾にある国).

die **Bah·re** [バーれ] 名 -/-n **1.** 担架(Trag～). **2.** 棺台(Toten～).

das **Bahr·tuch** [バーア・トゥーふ] 名 -(e)s/..tücher 棺覆い(の布).

die **Bai** [バイ] 名 -/-en 湾,入り海.

der **Bai·er** [バイあー] 名 -n/-n〖言〗バイエルン方言を話す人.

bai·risch [バイリシュ] 形〖言〗バイエルン方言(地域)

B

の.【「バイエルンの」は bayerisch】

das **Bai·ser** [bɛzé: ベゼー] [名] -s/-s ベーゼ(メレンゲ菓子).

die **Bais·se** [bɛ́:sə ベーセ] [名] -/-n 〖金融〗相場〔価格〕の下落.

der **Bais·si·er** [bɛsié: ベスィエー] [名] -s/-s 〖金融〗(投機の)弱気筋.

die **Ba·ja·de·re** [バヤデーれ] [名] -/-n (神前で舞うインドの)踊り子.

der **Ba·jaz·zo** [バヤッツォ] [名] -s/-s 道化役〔師〕.

das **Ba·jo·nett** [バヨネット] [名] -s/-e 銃剣.

der **Ba·jo·nett·ver·schluss,** [旧]**Ba·jo·nett·ver·schluß** [バヨネット・ふぇあシュルス] [名] -es/..schlüsse 〖工〗差込み継ぎ手.

der **Ba·ju·wa·re** [バユヴァーれ] [名] -n/-n 《古》 **1.** バヨウァリイ人(バイエルン人). **2.** 《冗》バイエルン人.

ba·ju·wa·risch [バユヴァーりシュ] [形] **1.** 《古》バヨウァリイ(方言)の. **2.** 《冗》バイエルン(方言)の.

die **Ba·ke** [バーケ] [名] -/-n **1.** 航路〔航空路〕標識, ビーコン;〖海〗立標. **2.** (高速道路の出口や踏切を示す)予告標識;車線規制標識. **3.** 〖測量〗標尺.

das **Ba·ke·lit** [バケリート] [名] -s/-e 〖商標〗ベークライト(合成樹脂).

das **Bak·ka·lau·re·at** [バカラウれアート] [名] -(e)s/-e バチェラー(英国・米国の大学の最低学位);(フランスの)バカロレア.

der **Bak·ka·lau·re·us** [バカラウれウス] [名] -/..laurei バチェラー〔バカロレア〕の取得者.

das **Bak·ka·rat** [bákara(t) バカら, バカらット, ..rá バから] [名] -s/ バカラ(トランプ賭博の一種).

der **Bak·ken** [バッケン] [名] -s/- 〖スキー〗シャンツェ;(ジャンプ台の)踏切台.

das **Bak·schisch** [バックシシュ] [名] -(e)s/-e チップ, 心付け.

die **Bak·te·rie** [バクテーりエ] [名] -/-n (主に[複])〖生・医〗バクテリア, 細菌.

bak·te·ri·ell [バクテりエル] [形] 〖生・医〗細菌の, 細菌による.

bak·te·ri·en·be·stän·dig [バクテーりエン・ベシュテンディひ] [形] 細菌に対して抵抗力のある, 抗菌性の.

der **Bak·te·ri·en·krieg** [バクテーりエン・クりーク] [名] -(e)s/-e 〖軍〗細菌戦.

der **Bak·te·ri·en·ver·such** [バクテーりエン・ふぇあズーふ] [名] -(e)s/-e 〖生〗細菌〔バクテリア〕を使う実験(突然変異原をふるい分けるためなどの).

der **Bak·te·ri·o·lo·ge** [バクテりオ・ローゲ] [名] -n/-n 細菌学者.

die **Bak·te·ri·o·lo·gie** [バクテりオ・ロギー] [名] -/ 細菌学.

bak·te·ri·o·lo·gisch [バクテりオ・ローギシュ] [形] 細菌学(者)の.

das **Bak·te·ri·um** [バクテーりウム] [名] -s/..rien 《古》=Bakterie.

bak·te·ri·zid [バクテりツィート] [形] 〖医〗殺菌性の.

die **Ba·la·lai·ka** [バラライカ] [名] -/-s〔..ken〕〖楽〗バラライカ(ロシアの民族楽器).

die **Ba·lan·ce** [balã́ŋs(ə) バランス, バランセ, balã́:s(ə) バラーンス, バラーンセ] [名] -/-n バランス.

ba·lan·cie·ren [balaŋsí:rən, balã.. バランスィーれン] [動] **1.** *h.* 〔〈et⁴〉ッ〕バランスを保つ. **2.** *h.* 〖補足なし〗バランスをとる. **3.** *s.* 〔über 〈et⁴〉ッ〕バランスをとりながら進む.

die **Ba·lan·cier·stan·ge** [balaŋsí:r.., balãsí:r.. バランスィーあ・シュタンゲ] [名] -/-n (綱渡りに使う)平衡をとるための棒.

die **Ba·la·ni·tis** [バラニーティス] [名] -/..tiden [バラニティーデン] 〖医〗亀頭炎.

bald [バルト] [副] eher 〔bälder〕; am ehesten 〔am bäldesten〕(bälder ; am bäldesten は《口》) **1.** 《時間》間もなく, 近いうちに;すぐに, 早く: ～ danach その後間もなく. möglichst ～〔so ～ wie 〔als〕 möglich〕できるだけ早く. (Ich bin) ～ zurück. すぐに戻ります. **2.** (次の形で)bald ..., bald ... 《文》あるいは…あるいは…: *B*～ weinte, ～ lachte sie vor Freude. 彼女は喜びのあまり, あるいは泣きあるいは笑ったりした. **3.** 《語飾》(動詞・形容詞・副詞・名詞を修飾)《口》ほとんど, もうちょっとで: Ich hätte ～ was gesagt. 私はもうちょっとで何か言うところだった.
【慣用】**Bis〔Auf〕 bald!** 《口》じゃあ, また.

der **Bal·da·chin** [バルダひーン, バルダひーン] [名] -s/-e 天蓋(てんがい)(寝台・聖体行列・説教壇などの).

die **Bäl·de** [ベルデ] [名] -/ (次の形で) in ～ 《文》間もなく.

bal·dig [バルディひ] [形] 近々の, 近いうちの.

bal·digst [バルディひスト] [副] できるだけ早く.

bald·mög·lichst [バルト・[メ]ークリひスト] [形] できるかぎり速やかな.

bal·do·wern [バルドーヴァーン] [動] *h.* 〖〈et⁴〉ッ〗《ベルリン》探り出す.

(*der*) **Baldr** [..dər バルダー] [名] 〖北欧神〗バルダー(光と豊穣の神).

der **Bal·dri·an** [バルドりアーン] [名] -s/-e〖植〗カノコソウ, 吉草(きっそう);([単]のみ)吉草油.

die **Bal·dri·an·trop·fen** [バルドりアーン・トろっプふぇン] [複名] 吉草(きっそう)滴剤(鎮静剤).

(*der*) **Bal·dur** [バルドゥる] [名] =Baldr.

die **Ba·le·a·ren** [バレアーれン] [複名] 〖地名〗バレアレス諸島(西地中海に位置し, マジョルカ島を含む).

die **Ba·les·tra** [バレストら] [名] -/..tren 〖フェンシング〗バレストラ(突きの攻撃の前に行う跳躍).

der **Balg**[1] [バルク] [名] -(e)s/Bälge **1.** (動物の)生皮;《口》(人間の)皮膚, 体. **2.** 《方》果皮. **3.** (人形の)胴(体). **4.** (オルガンなどの蛇腹式)送風器, ふいご;(カメラの)蛇腹;(車両連結部の)幌. 【慣用】〈j³〉 **auf dem Balg rücken** 〈人に〉せがむ.

der〔*das*〕 **Balg**[2] [バルク] [名] -(e)s/Bälge(r) 《口》(主に《蔑》)腕白小僧, (悪)がき.

die **Bal·ge** [バルゲ] [名] -/-n 《北独》 **1.** (洗い)桶;大桶. **2.** (干潟の中の)航行用水路.

bal·gen [バルゲン] [動] *h.* 〔sich⁴+(mit〈j³〉ト+um 〈et⁴〉ヲ)〕(取合って)取っ組合いをする(子供がはしゃいだりふざけたりして);地面を転げ回る(犬などが獲物を奪い合って).

der **Bal·gen** [バルゲン] [名] -s/- (写真機の)蛇腹.

die **Bal·ge·rei** [バルゲらイ] [名] -/-en 取っ組合い.

die **Bal·je** [バルイェ] [名] -/-n =Balge.

der **Bal·kan** [バルカーン] [名] -s/ 〖山名〗バルカン山脈;〖地名〗バルカン半島.

die **Bal·kan·halb·in·sel** [バルカーン・ハルプ・インゼル] [名] -/ 〖地名〗バルカン半島.

bal·ka·ni·sie·ren [バルカニズィーれン] [動] *h.* 〔〈et⁴〉ヲ〕バルカン化する(小国に分裂させ政治的に紛糾させる).

die **Bal·ka·ni·sie·rung** [バルカニズィーるング] [名] -/-en バルカン化.

der **Bal·ken** [バルケン] [名] -s/- **1.** 角材;〖土・建〗梁(はり), 桁(けた), 横木: lügen, dass die ～ biegen 大うそをつく. **2.** (天びんの)竿(さお);〖スポーツ〗平均台(Schwebe～);〖紋〗横帯;〖楽〗連桁(れんこう)(音符をつなぐ桁)(Quer～). **3.** 〖解・医〗脳梁(のうりょう).

die **Bal·ken·de·cke** [バルケン・デッケ] [名] -/-n 梁(はり)をむき出しにした天井.

die **Bal·ken·über·schrift** [バルケン・ユーバー・シュりふト] [名] -/-en 大見出し.

die **Bal·ken·waa·ge** [バルケン・ヴァーゲ] [名] -/-n 天秤

(てんびん).

der **Bal·kon** [balkõ:, ..kõ:n バルコーン, ..kɔ̃ŋ バルコング] [名] -s/-s〔-e〕 **1.** バルコニー;《転・口》豊満な胸. **2.** (劇場の)二階桟敷席.

der **Ball**[1] [バル] [名] -(e)s/Bälle **1.** ボール, 球, まり: (mit dem) ～ spielen 球技をする. jeden ～ halten どのようなシュートも受けとめる. **2.** 〖テニス・ベースボール〗得点. **3.** 球(の形をしたもの): ein ～ aus Wolle 毛糸の玉. **【慣用】am Ball sein〔bleiben〕**《口》物事を中途半端に終らせない. 〈j³/sich³〉 **die Bälle zuspielen〔zuwerfen〕** (話合いなどで)〈人を/相互に〉支援する.

der **Ball**[2] [バル] [名] -(e)s/Bälle 舞踏会, ダンスパーティー: einen ～ geben 舞踏会を催す.

bal·la·bal·la [バラバラ] [形]《若》頭がいかれた.

die **Bal·la·de** [バラーデ] [名] -/-n 物語詩, 譚(たん)詩;〖楽〗(ジャズ・ポップス)バラード.

der **Bal·last** [バラスト, バラスト] [名] -(e)s/-e《主に[単]》 **1.** バラスト, 底荷. **2.** 余計な物;重荷.

die **Bal·last·stof·fe** [バラスト・シュトっふェ, バラスト・シュトっふェ] [複名] バラスト成分《食物のうちの不消化の繊維質》.

bal·len [バレン] [動] *h.* **1.** 〔〈et⁴〉ヲ〕丸く固める《紙・こぶしなどを》. **2.** 〔sich⁴〕丸く固まる, 塊になる. **3.** 〔補足なし〕《方》ボールで遊ぶ, ボール投げをする.

der **Bal·len** [バレン] [名] -s/- **1.** 梱(こり): ein ～ Baumwolle 木綿一梱. **2.** バレン《皮などの数量単位》; 一巻きの布地(Stoff～);根のかたまり(Wurzel～). **3.** (手のひら・足の裏の)指球, 触球;(動物の)肉球;中足骨の肥厚箇所.

bal·len·wei·se [バレン・ヴァイゼ] [副] 梱(こり)で, 梱にして.

die **Bal·le·ri·na** [バレリーナ] [名] -/..rinen バレリーナ.

der **Bal·ler·mann** [バラー・マン] [名] -s/..männer《口》銃器, 連発拳銃(けんじゅう).

bal·lern [バラーン] [動] *h.*《口》 **1.** 〔(〈方向〉へ)〕ずどんずどんと砲撃〔銃撃〕する. **2.** 〔〈方向〉ヲ〕どんどんとたたく;(…に)どしんとぶつかる. **3.** 〔〈et⁴〉ヲ+〈方向〉へ〕どしんと投げつける;〖スポーツ〗どかんと打つ《ボールを》: die Tür ins Schloss ～ 扉をばたんと閉める. **4.** 〔補足なし〕(砲撃・落雷などの音が)とどろく. **【慣用】**〈j³〉 **eine ballern**《口》〈人に〉ばしっとびんたを食らわす. **einen ballern**《口》火酒を(一杯)ぐいっとやる.

das **Bal·lett** [バレット] [名] -s/-e **1.** 《[単]のみ》バレエ. **2.** バレエ(の作品);バレエ団.

die **Bal·let·teu·se** [..tǿ:zə バレ[テ]ーゼ] [名] -/-n《文》(女性の)バレエダンサー.

der **Bal·lett·meis·ter** [バレット・マイスター] [名] -s/- バレエの振付師.

die **Bal·lett·rat·te** [バレット・らッテ] [名] -/-n《冗》バレリーナの卵, 修業中〔半人前〕のバレリーナ.

der **Bal·lett·tän·zer, Bal·lett-Tän·zer,** [旧]**Bal·lett·än·zer** [バレット・テンツァー] [名] -s/- バレエダンサー.

die **Bal·lis·te** [バリステ] [名] -/-n (古代の)投石機.

die **Bal·lis·tik** [バリスティク] [名] -/ 弾道学.

bal·lis·tisch [バリスティシュ] [形] 弾道(学上)の.

der **Ball·jun·ge** [バル・ユンゲ] [名] -n/-n 〖テニス〗ボールボーイ.

das **Ball·kleid** [バル・クライト] [名] -(e)s/-er 舞踏会用ドレス.

der **Bal·lon** [balõ:, ..lõ:n バローン, ..lɔ̃ŋ バロング] [名] -s/-s〔-e〕 **1.** (軽)気球;風船. **2.** 胴の膨らんだ(籐巻きの)瓶. **3.** 〖化〗カルボイ《酸類を入れる風船型の大瓶》. **4.** 〖ヨット〗スピンネーカー. **5.** 《口》頭.

der **Bal·lon·füh·rer** [バローン・ふゅーらー, バロング・ふゅーらー] [名] -s/- 気球操縦士.

die **Bal·lon·müt·ze** [バローン・ミュッツェ, バロング・ミュッツェ] [名] -/-n バルーン・ハット《(つばのある)丸く大きい帽子》.

der **Bal·lon·rei·fen** [バローン・らイふェン, バロング・らイふェン] [名] -s/- 〖車〗バルーン〔低圧〕タイヤ.

die **Bal·lon·sper·re** [バローン・シュペれ, バロング・シュペれ] [名] -/-n 〖軍〗阻塞(そさい)気球.

die **Bal·lo·ta·de** [バロターデ] [名] -/-n 〖馬術〗バロタード《馬の跳躍の一種》.

die **Bal·lo·ta·ge** [..ʒə バロタージェ] [名] -/-n 白黒の球による秘密投票.

bal·lo·tie·ren [バロティーれン] [動] *h.* 〔補足なし〕白黒の玉で秘密投票する.

der **Ball·saal** [バル・ザール] [名] -(e)s/..säle 舞踏会用大広間.

das **Ball·spiel** [バル・シュピール] [名] -(e)s/-e 球技.

das **Bal·lungs·ge·biet** [バルングス・ゲビート] [名] -(e)s/-e 産業〔人口〕集中地域, 工業密集区域.

der **Bal·lungs·raum** [バルングス・らウム] [名] -(e)s/..räume ＝Ballungsgebiet.

die **Bal·me** [バルメ] [名] -/-n 〖地〗(古代人の)岩窟, 岩穴.

die **Bal·ne·o·lo·gie** [バルネオ・ロギー] [名] -/ 鉱泉学.

die **Bal·ne·o·the·ra·pie** [バルネオ・テラピー] [名] -/ 〖医〗鉱泉〔温泉〕療法.

das **Bal·sa** [バルザ] [名] -s/ バルサ材.

der **Bal·sam** [バルザーム] [名] -s/-e《主に[単]》バルサム《香膏(こう)・鎮痛剤用》;《文》慰め: 〈et¹〉 ist ～ für 〈j²〉 Seele 〈物・事は〉〈人の〉心の慰めである.

der **Bal·sam·es·sig** [バルザーム・エッスィひ] [名] -s/-e 〖料〗バルサミコ酢.

bal·sa·mie·ren [バルザミーれン] [動] *h.* **1.** 〔〈et⁴〉ヲ〕防腐処理する《死体を》. **2.** 〔〈j⁴/et⁴〉ニ〕《文》バルサムを塗る《香料・療法として》.

bal·sa·misch [バルザーミシュ] [形] **1.** 《文》馥郁(ふくいく)たる. **2.** バルサムを含む.

der **Bal·te** [バルテ] [名] -n/-n バルト三国の住民.

(*der*) **Bal·tha·sar** [バルタザる] [名] **1.** 〖男名〗バルタザル. **2.** 〖聖〗バルタザル《三博士の一人》.

das **Bal·ti·kum** [バルティクム] [名] -s/ 〖地名〗バルト三国(Estland, Lettland, Litauen).

bal·tisch [バルティシュ] [形] バルト(地方・語派)の.

der **Ba·lus·ter** [バルスター] [名] -s/- 手すり子, バラスター《手すりの支柱》.

die **Ba·lus·tra·de** [バルストらーデ] [名] -/-n 手すり, 欄干.

die **Balz** [バルツ] [名] -/-en (野鳥の)求婚動作;交尾期.

bal·zen [バルツェン] [動] *h.* 〔補足なし〕雌に求婚する《交尾期の野鳥が動作と声で》.

(*das*) **Bam·berg** [バムベるク] [名] -s/ 〖地名〗バンベルク《バイエルン州の都市》.

der **Bam·bi** [バムビー] [名] -s/-s 〖映〗バンビ賞《毎年最も人気の高い俳優と映画作品に贈られるドイツの映画賞》.

die **Bam·bu·le** [バムブーレ] [名] -/-n《主に無冠詞で》《口》囚人の暴動〔反乱〕.

der **Bam·bus** [バムブス] [名] -(ses)/-se 竹.

das **Bam·bus·rohr** [バムブス・ろーあ] [名] -(e)s/-e 竹の茎.

der **Bam·bus·spross,** [旧]**Bam·bus·sproß** [バムブス・シュプろス] [名] -es/..sprossen《主に[複]》(料理用の)たけのこ.

der **Bam·bus·vor·hang** [バムブス・ふォーあ・ハング] [名] -(e)s/..hänge 〖政〗竹のカーテン《特に東南アジア共産圏と他国との間にかつて存在した政治的・思想的障壁》.

das **Ba·mi·go·reng,** [旧]**Ba·mi-go·reng** [バミ・ゴれング] [名] -(s)/-s バミゴレン《インドネシアのめん料理》.

der **Bam·mel** [バメル] [名] -s/《口》不安, 恐怖:

bammeln

~ vor ⟨j³/et³⟩ haben⟨人・物・事を⟩恐れる.
bam·meln [バメルン] 動 h.《方》=baumeln 2, 3.
ba·nal [バナール] 形 月並な, 陳腐な; ありきたりの.
die **Ba·na·ne** [バナーネ] 名 -/-n **1.** バナナ. **2.**《口・冗》2枚ローターのヘリコプター.
der **Ba·na·nen·stecker** [バナーネン・シュテッカー] 名 -s/-《電》バナナプラグ.
der **Ba·nau·se** [バナウゼ] 名 -n/-n《蔑》芸術〔学問〕に理解のない人, 低俗な人.
das **Ba·nau·sen·tum** [バナウゼントゥーム] 名 -s/《蔑》芸術〔学問〕を解さぬ俗物根性〔態度〕.
ba·nau·sisch [バナウジシュ] 形 芸術〔学問〕を解さない, 低俗な.
band [バント] 動 binden の過去形.
der **Band**¹ [バント] 名 -(e)s/Bände (本の)巻, 冊 (®の略 Bde.): ein Werk in zwei *Bänden* 二巻本の作品.
die **Band**² [bɛnt ベント] 名 -/-s 楽団, バンド.
das **Band**³ [バント] 名 -(e)s/Bänder **1.** リボン, テープ, ベルト; (勲章の)綬(ﾋﾞ). **2.** (流れ作業の)ベルトコンベア (Fließ~); (運搬用)コンベアのベルト (Förder~); (ゴールの)テープ (Ziel~); (タイプ用)リボン (Farb~); 巻尺 (Meß~): am laufenden ~ arbeiten 流れ作業に従事している. **3.** 録音テープ (Ton~): auf ~ aufnehmen ⟨事を⟩テープに録音する. **4.**《通信》周波数帯, バンド. **5.** 靱帯(ｼﾞﾝﾀｲ). **6.** (金属製の)たが; (梱包用の)鋼帯; 蝶番(ﾁｮｳﾂｶﾞｲ); 短い刃先〔補強部材〕; 帯鋸(ｵﾋﾞﾉｺ)の刃(Säge~); 登山バンド, 岩棚.
das **Band**⁴ [バント] 名 -(e)s/-e 絆(ｷｽﾞﾅ): zarte ~e 恋の絆. **2.**《主に®》《古・詩》縛(ﾊﾞｸ)め; 桎梏(ｼｯｺｸ).
die **Ban·da·ge** [..ʒə バンダージェ] 名 -/-n 包帯; (ボクサーなどの)バンデージ.
ban·da·gie·ren [..ʒiːrən バンダジーレン] 動 h.⟨et⁴⟩包帯を⟨手・足に⟩, バンデージを巻く.
die **Band·aufnahme** [バント・アウフナーメ] 名 -/-n テープ録音.
die **Band·breite** [バント・ブライテ] 名 -/-n **1.** リボン(テープ)の幅. **2.**《理》振動数範囲幅; 《通信》周波数帯域幅. **3.** 領域, 範囲. **4.**《金融》(為替相場の)変動幅.
das **Bänd·chen** [ベントヒェン] 名 -s/- **1.** 小さなリボン. **2.** 小冊子.
die **Ban·de**¹ [バンデ] 名 -/-n 犯罪集団, 一味, 徒党; 《蔑・冗》不良仲間.
die **Ban·de**² [バンデ] 名 -/-n **1.** クッション (玉突き台の), (競技場の)クッション, (競技場の)柵. **2.**《理》縛.
bän·de [ベンデ] 動 binden の接続法2式.
das **Band·eisen** [バント・アイゼン] 名 -s/- 帯金, 鉄のたが.
der [*das*] **Bän·del**, ®**Ben·del** [ベンデル] 名 -s/-(ﾁｲ)《®》小さな(細い)リボン; 紐; 靴紐.
der **Ban·den·führer** [バンデン・ふューラー] 名 -s/-(ギャング団などの)ボス, 首領.
bän·dern [ベンデルン] 動 h. ⟨et⁴⟩⟨et⁴⟩《⟨et⁴⟩から》しま(模様)をつける. **2.** ⟨et⁴⟩カラ》リボン〔帯状のもの〕を作る.
die **Ban·de·ro·le** [バンデローレ] 名 -/-n 帯封; (中世絵画の)銘文を書いた帯〔リボン〕.
der **Band·för·derer** [バント・..る ふェらー] 名 -s/-《工》ベルトコンベアー.
der **Band·generator** [バント・ゲネらートあ] 名 -s/-en バンドグラフ起電機.
..bän·dig [..ベンディヒ] 接尾 数詞・形容詞について「全…巻の, (本が)…の」を表す形容詞を作る: drei*bändig* 三巻の. dick*bändig* 分厚い(本).
bän·di·gen [ベンディゲン] 動 h. ⟨j¹/et⁴⟩静かにさせ

る, 飼いならす; 《転》抑制する, 抑える.
die **Bän·di·gung** [ベンディグング] 名 -/-en 飼いならすこと, 手なずけること; 抑制, 制御.
der **Ban·dit** [バンディート] 名 -en/-en 追はぎ.
die **Band·ke·ra·mik** [バント・ケらーミク] 名 -/-en《考古》**1.** 帯状文土器. **2.**(®のみ)帯状文土器文化.
der **Band·lea·der** [bɛntliːdɐ ベント・リーダー] 名 -s/-《楽》(ジャズ音楽の)メロディーを吹くトランペット〔コルネット〕奏者; バンドのリーダー.
das **Band·maß** [バント・マース] 名 -es/-e 巻尺.
die **Band·nu·del** [バント・ヌーデル] 名 -/-n (主に®)平たいヌードル.
das **Ban·do·ne·on** [バンドーネオン] 名 -s/-s《楽》バンドネオン (タンゴ演奏用のアコーディオン).
die **Band·säge** [バント・ゼーゲ] 名 -/-n 帯鋸(ｵﾋﾞﾉｺ).
die **Band·scheibe** [バント・シャイベ] 名 -/-n《医》椎(ﾂｲ)間板.
der **Band·wurm** [バント・ヴルム] 名 -(e)s/..würmer《動》サナダムシ; 《転》長たらしい物〔事〕.
bang [バング] 形 = bange.
ban·ge [バンゲ] 形 banger[bänger]; bangst[bängst]不安な, 心配な, こわい: Mir ist ~. 私は不安である. ⟨j³⟩ ist um ⟨j⁴⟩ ~《方》⟨人は⟩⟨人のことが⟩気がかりである. ⟨j³⟩ ist ~ nach ⟨j³/et³⟩《方》⟨人は⟩⟨人・物・事を⟩心配でじっとしていられない. auf ⟨et⁴⟩/vor ⟨j³/et³⟩ ~ sein《方》⟨人・物・事が⟩どうなるか気が気でない／⟨人・物・事を⟩こわい.
die **Ban·ge** [バンゲ] 名 -/《方》不安, 恐れ: *B* ~ machen [Bangemachen] gilt nicht！心配することはないよ.
ban·gen [バンゲン] 動 h.《文》**1.** {(sich⁴)+um ⟨j⁴/et⁴⟩⟨j³/et³⟩心配する, 気遣う}《方》(sich⁴は). **2.** {(sich⁴)+nach ⟨j³/et³⟩}《方》恋しく思う. **3.** {Es+⟨j³⟩+vor ⟨et³⟩⟩不安 (恐れ)を感じる.
die **Ban·gigkeit** [バンギヒカイト] 名 -/不安, 心配, 恐れ.
(*das*) **Bang·kok** [バンコク] 名 -s/《地名》バンコク (タイの首都).
(*das*) **Ban·gla·desch** [バングラデッシュ] 名 -s/《国名》バングラディシュ (ベンガル湾に面する国).
der **Ban·gla·descher** [バングラデッシャー] 名 -s/- バングラディシュ人.
(*das*) **Ban·gla·desh** [..dɛʃ バングラデッシュ] 名 -s/= Bangladesch.
bäng·lich [ベングリヒ] 形 心配(不安)そうな.
das **Banjo** [bánjo, bɛndʒo ベンヂョ, bándʒo バンヂョ] 名 -s/-s《楽》バンジョー.
die **Bank**¹ [バンク] 名 -/Bänke **1.** ベンチ; 《話》(交代委員の)ベンチ (Auswechsel~): auf einer ~ sitzen ベンチに座っている. **2.** (工作・旋盤などの)台: an der ~ arbeiten 仕事台で働いている. **3.** 浅瀬, 砂州 (砂州); (サンゴなどの)堆積 (層). **4.**《地質》(岩の)層. **5.**《気》長い雲〔霧〕の層. **6.** (ナンバーくじなどの当選番号の) 前回と同じ予想; あたり. **7.**《ｽﾎﾟｰﾂ》(ひざと両手をついた)開始こ姿勢. 【慣用】⟨et⁴⟩ **auf die lange Bank schieben**《口》(不愉快な)⟨事を⟩延期する. **durch die Bank**《口》例外なしに, もれなく. **vor leeren Bänken** わずかな観客〔聴衆〕の前で.
die **Bank**² [バンク] 名 -/-en **1.** 銀行: ein Konto bei der ~ eröffnen 銀行に口座を開く. Geld auf die ~ bringen 金を銀行に持っていく. **2.** 賭博(ﾄﾊﾞｸ)の胴元の賭け金: die ~ halten/sprengen 賭博の胴元をあずかる／つぶす.
der/*die* **Bank·an·ge·stellte** [バンク・アン・ゲシュテルテ] 名 《形容詞的変化》銀行員.
die **Bank·an·wei·sung** [バンク・アン・ヴァイズング] 名 -/

Barbados

-en 銀行振出小切手, 銀行手形.
der **Bank·au·to·mat** [バンク・アウトマート] 名 -en/-en 現金自動預入払出機, ATM.
der **Bank·be·am·te** [バンク・ベアムテ] 名 《形容詞的変化》『古』銀行員.
der **Bank·di·rek·tor** [バンク・ディレクトーあ] 名 -s/-en 銀行頭取.
das **Bän·kel·lied** [ベンケル・リート] 名 -(e)s/-er 大道歌手の歌.
der **Bän·kel·sang** [ベンケル・ザング] 名 -(e)s/..sänge 大道歌手の歌を(芸術歌曲として)歌うこと.
der **Bän·kel·sän·ger** [ベンケル・ゼンガー] 名 -s/- (17-19世紀の)大道歌手.
der **Ban·ker** [バンカー] 名 -s/- 《口》銀行家, 銀行業者.
ban·ke·rott [バンケロット] 形 《稀》=bankrott.
der **Ban·kert** [バンカート] 名 -s/-e 《方・古・蔑》『下賤の子, 私生児.
das **Ban·kett**[1] [バンケット] 名 -(e)s/-e 《文》饗宴, 祝宴.
das **Ban·kett**[2] [バンケット] 名 -(e)s/-e (車道より一段高い)路側帯.
die **Ban·ket·te** [バンケッテ] 名 -/-n =Bankett[2].
das **Bank·fach** [バンク・ふぁっは] 名 -(e)s/ 1.《⑪のみ》銀行業務. 2. 貸金庫.
das **Bank·ge·heim·nis** [バンク・ゲハイムニス] 名 -ses/-se 銀行の守秘義務《権利》.
das **Bank·gut·ha·ben** [バンク・グート・ハーベン] 名 -s/- 銀行預金(残高).
der **Bank·hal·ter** [バンク・ハルター] 名 -s/- (賭博の)胴元.
der **Ban·ki·er** [..kjeː バンキエー] 名 -s/-s 銀行家.
der **Bank·kauf·frau** [バンク・カウふ・ふらウ] 名 -/-en Bankkaufmannの女性形.
der **Bank·kauf·mann** [バンク・カウふ・マン] 名 -(e)s/..leute 《銀行員資格の保有者》.
das **Bank·kon·to** [バンク・コント] 名 -s/..konten 銀行口座.
die **Bank·leit·zahl** [バンク・ライト・ツァール] 名 -/-en 銀行コード番号《略 BLZ》.
der **Bank·nach·bar** [バンク・ナっはバーあ] 名 -n[-s]/-n (クラスで)隣の席の生徒.
die **Bank·no·te** [バンク・ノーテ] 名 -/-n 銀行券, 紙幣.
der **Bank·o·mat** [バンコマート] 名 -en/-en =Bankautomat.
der **Bank·raub** [バンク・ラウプ] 名 -(e)s/-e 銀行強盗.
der **Bank·räu·ber** [バンク・ロイバー] 名 -s/- 銀行強盗(人).
bank·rott [バンク・ロット] 形 破産[倒産]した. 【慣用】**innerlich bankrott sein** 精神的に破綻(はた)をきたしている; **sich⁴ (für) bankrott erklären** 破産申立てをする;《転》(答えなどが)お手上げであると認める.
der **Bank·rott** [バンク・ロット] 名 -(e)s/-e 破産, 倒産;《転》破綻(はた):〜 **machen** 破産する; 行きづまる. 【慣用】**gehen** 《雅》〜 破産[倒産]する.
die **Bank·rott·er·klä·rung** [バンクロット・エあクレールング] 名 -/-en 破産宣告.
der **Bank·rot·teur** [..tøːr バンクロッ・トーあ] 名 -s/- 破産者.
die **Bank·über·wei·sung** [バンク・ユーバー・ヴァイズング] 名 -/-en 銀行振込.
das **Bank·we·sen** [バンク・ヴェーゼン] 名 -s/ 銀行業(務)/銀行制度.
der **Bann** [バン] 名 -(e)s/-e 1.《文》魔力, 魅力;呪縛:〈j⁴〉 **in 〜 schlagen[ziehen]** 〈人を〉とりこにする. 2.『史』破門(Kirchen〜);追放:〈j³〉 **mit dem 〜 belegen** 〈人を〉破門[追放]する.

die **Bann·bul·le** [バン・ブレ] 名 -/-n 『史』(教皇の)破門状.
ban·nen [バネン] 動 *h.* 1.〈j⁴〉『史』破門する, 追放する. 2.〈j⁴/et⁴〉**in**〈+《方向=》〉《文》金縛りにする; 釘付けにする, (精神的に)とりこにする: Seine Drohung *bannte* mich auf meinen Platz. 彼の威嚇で私は金縛りにあったように席から身動きできなくなった. eine Landschaft auf die Leinwand 〜 風景をキャンバス[映像]にとどめる. 3.〈j⁴/et⁴〉追い払う(悪魔・悪霊を), 解く(魔法・のろいなどを);防ぐ(危険・災厄などを).
das **Ban·ner** [バナー] 名 -s/- バナー, 幟(のぼ),軍旗, 旗印.
der **Ban·ner·trä·ger** [バナー・トれーガー] 名 -s/- 旗手.
der **Bann·fluch** [バン・ふルーふ] 名 -(e)s/..flüche 『史』(教皇の)呪いの加えられた破門.
der **Bann·kreis** [バンクライス] 名 -es/-e 《文》影響の及ぶ範囲, 勢力圏.
die **Bann·mei·le** [バン・マイレ] 名 -/-n 1.『史』(都市権に基づく)禁制区域. 2. 集会[デモ]禁止区域.
der **Bann·strahl** [バン・シュトラール] 名 -s/-en 《文》=Bannfluch.
der **Bann·wald** [バン・ヴァルト] 名 -(e)s/..wälder 保安林.
die **Bann·wa·re** [バン・ヴァーれ] 名 -/-n 『法』輸出入禁制品;密輸品.
das **Ban·tam·ge·wicht** [バンタム・ゲヴィヒト] 名 -(e)s/-e 《⑪のみ》1.《⑪のみ》バンタム級. 2. バンタム級の選手.
der **Bap·tis·mus** [バプティスムス] 名 -/《キ教》成年浸礼主義(幼児洗礼をしない教え);洗礼.
der **Bap·tist** [バプティスト] 名 -en/-en バプティスト教会派の信者, 浸礼主義者. ➡Baptismus.
das **Bap·tis·te·ri·um** [バプティステーリウム] 名 -s/..rien 《キ教・芸術学》洗礼堂;洗礼盤.
bar[1] [バー] 形 1. 現金の: 〜*es* **Geld** 現金. 〈et⁴〉**in 〜 bezahlen** 〈物〉の代金を現金で支払う. 〈et⁴〉 **gegen 〜 verkaufen** 現金で売る. 2.《文》まったくの, 純然たる. 3.《古》裸の, むき出しの.【慣用】〈et²〉 **bar sein**《文》〈物・事が〉ない: Ich bin *bar* aller Sorgen. ぼくにはなんの悩みもない.〈et⁴〉**für bare Münze nehmen**〈事を〉真に受ける.
bar[2] [バー] 副 =Bar[2]『理』バール.
das **Bar**[1] [バー] 名 -/-s (単位を表す⑪は-)バール《気圧の単位. 記号 b;『気』b》.
das **Bar**[2] [バー] 名 接尾 1. 動詞につけて「可能」を表す: brennbar 可燃性の. haltbar 長持ちする. 2. 名詞・形容詞につけて「状態」を表す: fruchtbar 実り豊かな. 不可思議な. offenbar 明らかな.
der **Bär** [ベーあ] 名 -en/-en 1.『動』クマ;《転》無骨者: der Große/Kleine 〜 大熊/小熊座. 2.《口》女性の陰毛;陰門.【慣用】〈j³〉**einen Bären aufbinden**《口》〈人に〉うそを八百並べる. **wie ein Bär**《口》非常に.
die **Ba·ra·cke** [バらッケ] 名 -/-n バラック, 仮小屋.
das **Ba·ra·cken·la·ger** [バらッケン・ラーガー] 名 -s/- バラックの宿営所.
der **Ba·ratt** [バらット] 名 -(e)s/ 《商》物々交換, バーター.
der **Ba·ratt·han·del** [バらット・ハンデル] 名 -s/ 交換貿易, バーター取引.
ba·rat·tie·ren [バらティーれン] 動 *h.* 〈et⁴〉ッ〉物々交換する.
(*das*) **Bar·ba·dos** [バるバードス, バるバドス] 名 -'/ 〔国名〕バルバドス(小アンティル諸島の国).

B

die **Bar·ba·ka·ne** [バるバカーネ] [名] -/-n (中世の城門前の)外堡(がいほう), 外塁(がいるい).

der **Bar·bar** [バるバーあ] [名] -en/-en 《蔑》 **1.** 野蛮人;無知な人. **2.** (古代ギリシアの)異国人.

(*die*) **Bar·ba·ra** [バるバら] [名] 〚女名〛バルバラ.

die **Bar·ba·rei** [バるバらイ] [名] -/-en 野蛮〔残酷〕な行為;(主に[単])野蛮, 未開;無知, 無教養.

bar·ba·risch [バるバーりシュ] [形] **1.** 残酷な. **2.** 野蛮な;あか抜けしない. **3.** ひどい;ひどく. **4.** 〚史〛(古代ギリシア人から見て)異国人の.

der **Bar·ba·ris·mus** [バるバりスムス] [名] -/..men 〚言〛古典ギリシア・ラテン語に取入れられた外来語(表現);ことばの誤用;〚芸術学・楽〛バーバリズム.

(*der*) **Bar·ba·ros·sa** [バるバろっサ] [名] 〚人名〛バルバロッサ, 赤髭(ひげ)王(Friedrich I. の添え名).

die **Bar·be**¹ [バるベ] [名] -/-n 〚魚〛バルブス(鯉科).

die **Bar·be**² [バるベ] [名] -/-n (昔の婦人用頭巾の)レースの垂れ布.

das **Bar·be·cue** [ba:ɐbɪkju: バーあビキュー] [名] -(s)/-s **1.** バーベキュー(パーティー). **2.** バーベキュー用焼き網;焼き(網で焼いた)肉.

bär·bei·ßig [ベーあ・バイスィひ] [形] 突っけんどんな, むっとした.

(*die*) **Bär·bel** [べるベル] [名] 〚女名〛ベアベル.

der **Bar·be·stand** [バーあ・ベシュタント] [名] -(e)s/..bestände 現金有高(ありだか).

die **Bar·bet·te** [バるベっテ] [名] -/-n **1.** 〚史〛(胸壁内の)砲座. **2.** (軍艦の)露砲塔, 露砲座.

der **Bar·bier** [バるビーあ] [名] -s/-e 《古》 **1.** 《冗》理髪師. **2.** 外科医.

bar·bie·ren [バるビーれン] [動] *h.* 〔<j⁴>ノ〕《古》髭(ひげ)をそる.

das **Bar·bi·tu·rat** [バるビトゥらート] [名] -s/-e 〚薬〛バルビツール剤.

die **Bar·bi·tur·säu·re** [バるビトゥーあ・ゾイれ] [名] -/-n 〚薬〛バルビツール酸.

(*das*) **Bar·ce·lo·na** [bartse.. バるツェローナ] [名] -s/ 〚地名〛バルセロナ(スペイン北東部の都市).

der **Bar·chent** [バるひェント] [名] -s/-e ファスティアン(片面が毛羽立った綾織の綿布).

die **Bar·da·me** [バーあ・ダーメ] [名] -/-n バーのホステス.

der **Bar·de**¹ [バるデ] [名] -n/-n **1.** (ケルトの)英雄歌謡吟唱詩人. **2.** 《皮》詩人. **3.** (ギター弾き語りの)社会批判的シンガーソングライター.

die **Bar·de**² [バるデ] [名] -/-n 〚料〛(焼く際に鳥肉をくるむ)薄切りベーコン.

bar·die·ren [バるディーれン] [動] *h.* 〔<et⁴>ッ〕〚料〛薄切りベーコンでくるむ.

der **Bä·ren·dienst** [ベーれン・ディーンスト] [名] (次の形で)<j³> einen ~ erweisen〔leisten〕《口》<人ₙ>ありがた迷惑となる.

der **Bä·ren·fang** [ベーれン・ふぁング] [名] -(e)s/ 蜂蜜のリキュール.

die **Bä·ren·haut** [ベーれン・ハウト] [名] -/..häute 熊の皮: auf der ~ liegen 《口・蔑》だらだら過ごす.

der **Bä·ren·hun·ger** [ベーれン・フンガー] [名] -s/ 《口》ひどい空腹.

die **Bä·ren·na·tur** [ベーれン・ナトゥーあ] [名] -/ 頑健であること: eine ~ haben 頑健である.

bä·ren·stark [ベーれン・シュタるク] [形] 《口》すごく強い;すごくいかす;すごく印象深い.

das **Ba·rett** [バれっト] [名] -(e)s/-e ビレッタ帽(大学教授・裁判官などのつばのない平たい帽子).

die **Bar·frei·ma·chung** [バーあ・ふらイ・マっふング] [名] -/-en 料金別納.

bar·fuß [バーあ・ふース] [形] はだしの, 素足の.

der **Bar·fuß·arzt** [バーあふース・アーあツト, バーあふース・アるツト] [名] -es/..ärzte (中国の農村で簡単な医療活動を行う)医務員.

bar·fü·ßig [バーあ・ふゅースィひ] [形] はだしの, 素足の.

barg [バるク] [動] bergen の過去形.

bär·ge [べるゲ] [動] bergen の接続法 2 式.

das **Bar·geld** [バーあ・ゲルト] [名] -(e)s/ 現金.

bar·geld·los [バーあゲルト・ロース] [形] (現金ではなく)小切手〔手形・振替・為替〕による.

bar·haupt [バーあ・ハウプト] [副] 《文》無帽で.

bar·häup·tig [バーあ・ホイプティひ] [形] 無帽の.

der **Bar·ho·cker** [バーあ・ホっカー] [名] -s/- (バーの)高いスツール〔腰掛け〕, 止まり木.

die **Bä·rin** [ベーりン] [名] -/-nen 雌グマ.

der **Ba·ri·ton** [バ(ー)りトン] [名] -s/-e[..トーネ] 〚楽〛 **1.** バリトン(声種). **2.** ([単]のみ)(合唱団・独唱・音譜の)バリトン. **3.** バリトン(歌手).

das **Ba·ri·um** [バーりウム] [名] -s/ 〚化〛バリウム(記号 Ba).

die **Bark** [バるク] [名] -/-en バーク型帆船(三・四本マストの大型帆船).

die **Bar·ka·ro·le** [バるカろーレ] [名] -/-n **1.** 〚楽〛バルカロール(①ゴンドラの舟歌. ②舟歌風の器楽曲). **2.** (地中海で昔用いられた)手こぎ船.

die **Bar·kas·se** [バるカっセ] [名] -/-n (軍艦搭載の)ランチ;大型のモーターボート.

der **Bar·kauf** [バーあ・カウふ] [名] -(e)s/..käufe 〚商〛現金買い.

die **Bar·ke** [バるケ] [名] -/-n (マストのない)小舟.

(*der*) **Bar·lach** [バるラっは] [名] 〚人名〛バルラッハ(Ernst ~, 1870-1938, 彫刻家・劇作家).

der **Bär·lapp** [ベーあ・ラっプ] [名] -s/-e 〚植〛ヒカゲノカズラ.

das **Bär·lapp·ge·wächs** [ベーあラっプ・ゲヴェックス] [名] -es/-e 〚植〛ヒカゲノカズラ属のシダ類.

die **Bär·me** [べるメ] [名] -/ 《ベルリン》酵母.

barm·her·zig [バるム・へるツィひ] [形] 《文》慈悲深い, 情け深い: *B~er* Gott〔Himmel〕! おやまあ, なむさん. die *B~en* Brüder/Schwestern 〚カトリック〛慈悲の修道会修道士/修道女.

die **Barm·her·zig·keit** [バるム・へるツィひカイト] [名] -/ 《文》慈悲, あわれみ: ~ üben 慈善の行動をする.

der **Bar·mi·xer** [バーあ・ミクサー] [名] -s/- バーテンダー.

der **Bar-Miz·wa**¹ [バーあ・ミッヴァ] [名] -s/-s バルミツバー(13 歳に達しユダヤ教の戒律を守る誓いをたてた少年).

die **Bar-Miz·wa**² [バーあ・ミッヴァ] [名] -/-s バルミツバー(Bar-Mizwa¹をユダヤ教信仰共同体に迎える式).

(*der*) **Bar·na·bas** [バるナバス] [名] 〚新約〛バルナバス(十二使徒の一人).

der **Bar·na·bit** [バるナビート] [名] -en/-en 〚カトリック〛バルナバ会士.

ba·rock [バろっク] [形] **1.** バロック(様式)の. **2.** 装飾過剰の. **3.** 風変わりな, 奇妙な.

das〔*der*〕**Ba·rock** [バろっク] [名] -(s)/ バロック様式(17-18 世紀前半の芸術);バロック時代.

die **Ba·rock·kir·che** [バろっク・キるひェ] [名] -/-n バロック様式の教会(堂).

die **Ba·rock·per·le** [バろっク・ぺるレ] [名] -/-n (主に[複])バロック真珠(形のいびつな真珠).

das **Ba·rock·the·a·ter** [バろっク・テアーター] [名] -s/- バロック演劇;バロック様式の劇場.

das〔*der*〕**Ba·ro·me·ter** [バろ・メーター] [名] -s/- 気圧計, 晴雨計;《転》(景気などの)バロメーター.

der **Ba·ro·me·ter·stand** [バろメーター・シュタント] [名] -(e)s/..stände 気圧計の示度.

der **Ba·ron** [バろーン] [名] -s/-e 男爵(人;([単]のみ)フランスの爵位).

die **Ba·ro·ness**, [旧] **Ba·ro·neß** [バろネス] [名] -/-en =Baronesse.

die **Ba·ro·nes·se** [バろネッセ] [名] -/-n 男爵令嬢.

die **Ba·ro·nin** [バろーニン] [名] -/-nen Baron の女性形.

der **Bar·ras** [バらス] [名] -/ 《兵》軍隊.

die **Bar·re** [バれ] [名] -/-n **1.** (河口の)砂州. **2.** 《古》横木;閂(かんぬき);遮断機.

das **Bar·rel** [bɛ́rəl べれル, bárəl バレル] [名] -s/-s 《単位を表す[複]は-》バレル《英・米の容量単位》.

der **Bar·ren** [バれン] [名] -s/- **1.** (貴金属の)延べ棒. **2.** 〖スポーツ〗平行棒.

die **Bar·ri·e·re** [バりエーれ] [名] -/-n 通行止めの柵(さく), バリアー;(心理的)障害;《方》(腕木式の)遮断機.

die **Bar·ri·ka·de** [バりカーデ] [名] -/-n バリケード: für 〈et^4〉 auf die ～*n* gehen〔steigen〕〈事のために〉闘う.

barsch [バるシュ] [形] 突っけんどんな, 無愛想な.

der **Barsch** [バーあシュ] [名] -(e)s/-e 〖魚〗スズキ.

die **Bar·schaft** [バーあシャふト] [名] -/-en 《主に[単]》(手持ちの)現金.

der **Bar·scheck** [バーあ・シェック] [名] -s/-s 現金払小切手.

die **Barsch·heit** [バるシュハイト] [名] -/-en **1.** 《[単]のみ》ぶっきらぼう, 無愛想. **2.** ぶっきらぼう〔無愛想〕な言葉.

der **Bar·soi** [バるゾイ] [名] -s/-s ボルゾイ《ロシア原産の大型猟犬》.

das **Bar·sor·ti·ment** [バーあ・ゾるティメント] [名] -(e)s/-e (出版社と本屋の間の)書籍取次販売会社.

barst [バるスト] [動] bersten の過去形.

bärs·te [べるステ] [動] bersten の接続法 2 式.

der **Bart** [バーあト] [名] -(e)s/Bärte **1.** ひげ〔髭・鬚・髯〕;(動物の)ひげ, (鳥の口元の)長い羽毛, (貝の)えら, (麦などの)のぎ, (彗星の)尾. **2.** (棒かぎの先端の)突起〔歯〕. **3.** 〖グライダー〗熱上昇気流. **【慣用】Der Bart ist ab!** 《口》もうおしまいだ, もうたくさんだ. 〈**et^1**〉 **hat (so) einen Bart** 《口》〈事は〉とっくに知られている〔もう古い〕. 〈**et^4**〉 **in seinen Bart (hinein) brummen〔murmeln〕** 《口》〈事を〉(口の中で)もぐもぐ言う. 〈**j^3**〉 **um den Bart gehen** 《口》〈人に〉へつらう.

die **Bar·tel** [バるテル] [名] -/-n 《主に[複]》(魚の)触鬚(しょくしゅ).

die **Bart·flech·te** [バーあト・ふレひテ] [名] -/-n **1.** 〖植〗サルオガセ. **2.** 〖医〗毛嚢(もうのう)炎.

das **Bart·haar** [バーあト・ハーあ] [名] -(e)s/-e 髭(ひげ)(の毛).

(*der*) **Bar·thel**[1] [バるテル] [名] 〖男名〗バルテル.

(*der*) **Bar·thel**[2] [バるテル] [名] 《次の形で》 wissen, wo ～ (den) Most holt 《口》あらゆる手を知っている.

(*der*) **Bar·tho·lo·mä·us** [バるトロメーウス] [名] **1.** 〖男名〗バルトロメーウス. **2.** 〖新約〗バルトロマイ《十二使徒の一人》.

die **Bar·tho·lo·mä·us·nacht** [バるトロメーウス・ナはト] [名] -/ 〖史〗サン・バルテルミーの夜《1572 年 8 月 23 日から 24 日にかけての夜, パリで多くのユグノー派信者が虐殺された》.

bär·tig [べーあティひ] [形] 髭を生やした, 髭をそっていない;〖植〗のぎのある.

bart·los [バーあト・ロース] [形] 髭(ひげ)のない.

die **Bart·wich·se** [バーあト・ヴィクセ] [名] -/-n 髭(ひげ)用ナック.

der **Bar·ver·kaufs·preis** [バーあ・ふぇあカウふス・プらイス] [名] -es/-e 現金販売価格.

der **Bar·wert** [バーあ・ヴェーあト] [名] -(e)s/-e 〖経〗割引現価, 現金価値〔価額〕, 現在価値.

das **Ba·ry·on** [バーりゅオン] [名] -s/-nen [バりゅオーネン] 〖核物理〗バリオン, 重粒子.

der **Ba·ryt** [バりゅート] [名] -(e)s/-e 重土, 酸化バリウム;重晶石, バライト.

das **Ba·ry·zen·trum** [バりゅ・ツェントるム] [名] -s/..tren 〖理〗重心.

die **Bar·zah·lung** [バーあ・ツァールング] [名] -/-en 現金払い.

der **Ba·salt** [バザルト] [名] -(e)s/-e 玄武岩.

die **Ba·sal·tem·pe·ra·tur** [バザール・テムペらトゥーあ] [名] -/ 〖医〗基礎体温.

ba·sal·ten [バザルテン] [形] 玄武岩(製)の.

die **Ba·sa·ne** [バザーネ] [名] -/-n 装丁用の羊皮革.

der **Ba·sar** [バザーあ] [名] -s/-e **1.** (中近東諸都市の)商店街, バザール. **2.** バザー, 慈善市.

die **Ba·se**[1] [バーゼ] [名] -/-n **1.** 《古》従姉妹(いとこ). **2.** 《オーストリア・スイス・古》伯〔叔〕母.

die **Ba·se**[2] [バーゼ] [名] -/-n 〖化〗塩基.

der **Base·ball** [béːsboːl ベース・ボール] [名] -s/ 野球.

der **Ba·se·dow** [..do バーゼド] [名] -s/ =Basedowkrankheit.

die **Ba·se·dow·krank·heit, Ba·se·dow-Krank·heit** [バーゼド・クらンクハイト] [名] -/ バセドウ病.

(*das*) **Ba·sel** [バーゼル] [名] -s/ 〖地名〗バーゼル《①スイスの州. ②同州の州都》.

der **Ba·se·ler** [バーゼラー] [名] -s/- バーゼルの人.

der **Base·man** [béːsmɛn ベース・メン] [名] -s/..men 〖野球〗塁手.

das **Base·ment** [béːsmənt ベースメント] [名] -s/-s 地階, (半)地下階.

die **Ba·sen·se·quenz** [バーゼン・ゼクヴェンツ] [名] -/-en 〖生〗(核酸の)塩基配列.

die **BASF** [ベーアーエスエフ] [名] =Badische Anilin- und Sodafabrik ベーアーエスエフ《ドイツの総合化学製造会社》.

das **BASIC** [béːsɪk ベースィック] [名] -(s)/ 〖コンピュータ〗ベーシック《パソコン用の対話型プログラム言語》.

der **Ba·si·di·o·my·zet** [バズィディオ・ミュツェート] [名] -en/-en 〖植〗担子菌類のキノコ《シイタケ・マツタケなど》.

ba·sie·ren [バズィーれン] [動] *h.* 《文》 **1.** 〔auf 〈et^3〉ニ〕基づく. **2.** 〔〈et^4〉ヲ+auf 〈et$^{4(3)}$〉ニ〕《稀》基づかせる.

der **Ba·si·li·a·ner** [バズィリアーナー] [名] -s/- 〖キ教〗(東方教会の)バシリオ会士.

die **Ba·si·li·ka** [バズィーリカ] [名] -/..ken バジリカ《古代ローマの長方形の公会堂》;バジリカ式教会堂.

das **Ba·si·li·kum** [バズィーリクム] [名] -s/-s〔..ken〕〖植〗バジル, バジリコ, メボウキ.

der **Ba·si·lisk** [バズィリスク] [名] -en/-en **1.** バジリスク《伝説上の邪視で鶏頭蛇尾の怪物》. **2.** 〖動〗セビレトカゲ, バジリスク.

der **Ba·si·lis·ken·blick** [バズィリスケン・ブリック] [名] -(e)s/-e バジリスクの目《射すくめるような無気味な目》.

(*der*) **Ba·si·li·us** [バズィーリウス, バズィリーウス] [名] 〖男名〗バシリウス《～ der Große 大バシリウス, 330 頃-379, カエサリアの司教》.

die **Ba·sis** [バーズィス] [名] -/Basen **1.** 《文》基礎, 基盤;〖建・土〗柱礎;〖植〗(根に近い)基部: eine ～ für 〈et^4〉 schaffen 〈事の〉基盤をつくる. **2.** 〖数〗底辺;底面;(対数の)底. **3.** 〖マルクス主義〗下部構造. **4.** (一般)党員, 組合員;一般大衆. **5.** 〖軍〗基地.

ba·sisch [バーズィシュ] [形] 〖化〗塩基性の.

die **Ba·sis·ein·hei·ten** [バーズィス・アインハイテン] [複名] 基礎単位《メートル・キログラムなど》.

die **Ba·sis·grup·pe** [バーズィス・グるっぺ] [名] -/-n 左翼(学生)活動グループ.

der **Bas·ke** [バスケ] [名] -n/-n バスク人.

die **Bas·ken·müt·ze** [バスケン・ミュッツェ] [名] -/-n ベレー帽.

der **Bas·ket·ball** [バ(ー)スケット・バル] [名] -(e)s/..bälle **1.** (⊕のみ；主に無冠詞)バスケットボール. **2.** バスケットボール用ボール.

baskisch [バスキシュ] 形 バスク人(語)の.

die **Bas·kü·le** [バスキューレ] 名 -/-n バスキューレ錠(取っ手を回すと上下横に開閉できる窓・ドア用金具).

die **Bas·qui·ne** [baskíːnə バスキーネ] 名 -/-n〖服〗(16・17世紀の)女性用胴衣；(19世紀の)女性用ジャケット.

das **Bas·re·lief** [barelief バれリェふ, バれリェふ] 名 -s/-s〔-e〕〖美〗浅彫浮き彫り.

bass, ⊕ **baß** [バス] 形〈次の形で〉~ erstaunt/verwundert sein ひどくびっくりしている/不思議に思っている. sich⁴ ~ (ver)wundern ひどく不思議に思う.

der **Bass,** ⊕ **Baß** [バス] 名 -es/Bässe〖楽〗**1.** バス(声種). **2.** (⊕のみ)(合唱団・重唱・音譜の)バス. **3.** バス(歌手). **4.** (主に⊕)(オルガンや管弦楽の)低音部. **5.** コントラバス；バスギター(~gitarre).

der **Bas·set** [basé: バセー, bɛ́sɪt ベスィット] 名 -s/-s バセットハウンド(短脚胴長の猟犬).

die **Bass·gei·ge,** ⊕ **Baß·gei·ge** [バス・ガイゲ] 名 -/-n コントラバス.

das **Bas·sin** [バセーン] 名 -s/-s 水槽, 水盤, プール, 噴水池.

der **Bas·sist** [バスィスト] 名 -en/-en〖楽〗バス歌手；コントラバス(バスギター)奏者.

die **Bass·kla·ri·net·te,** ⊕ **Baß·kla·ri·net·te** [バス・クラりネッテ] 名 -/-n〖楽〗バスクラリネット.

die **Bass·sai·te,** ⊕ **Baß·sai·te** [バス・ザイテ] 名 -/-n〖楽〗低音弦.

der **Bass·schlüs·sel, Bass·-Schlüs·sel,** ⊕ **Baß·schlüs·sel** [バス・シュリュッセル] 名 -s/-〖楽〗バス(ヘ音)記号.

die **Bass·stim·me, Bass·-Stim·me,** ⊕ **Baß·stim·me** [バス・シュティメ] 名 -/-n〖楽〗バス(声種)；(曲の)バス(声部).

die **Bass·tu·ba,** ⊕ **Baß·tu·ba** [バス・トゥーバ] 名 -/..tuben バスチューバ.

der **Bast** [バスト] 名 -(e)s/-e (樹皮の下の)靭皮；〖狩〗鹿の袋角の表皮.

bas·ta [バスタ] 間 (口)(これで)おしまい, もう沢山だ.

der **Ba·stard** [バスタルト] 名 -(e)s/-e (貴族の)落胤 (らくいん)；野郎(ののしり言葉)；〖生〗雑種.

ba·star·die·ren [バスタルディーれン] 動 h. 〈et⁴を〉交雑させる(動植物を).

die **Ba·stei** [バスタイ] 名 -/-en 稜堡(りょうほ)(城壁の突出部).

die **Ba·ste·lei** [バステライ] 名 -/-en 素人細工(で作ったもの)；〈蔑〉絶えず工作をすること.

ba·steln [バステルン] 動 h. **1.** 〈独語的〉(余暇に)工作をする. **2.** 〈et⁴を〉(趣味で)作る. **3.** 〔an〈et³〉〕いじくりまわす(修理などのために).

die **Ba·stil·le** [..tíːjə バスティーユ] 名 -/-n **1.** (⊕のみ)(パリの)バスティーユ監獄. **2.** (稀)牢獄(フランスの)城塞.

die **Ba·sti·on** [バスティオーン] 名 -/-en Bastei.

der **Bast·ler** [バストラー] 名 -s/- 素人細工(工作)が趣味の人.

die **Ba·sto·na·de** [バストナーデ] 名 -/-n (足裏に与える)棒打ちの刑.

die **Bast·sei·de** [バスト・ザイデ] 名 -/-n 柞蚕(さくさん)生糸；絹紬(けんちゅう).

bat [バート] 動 bitten の過去形.

BAT =Bundesangestelltentarif (ドイツ)連邦公務員給与表.

Bat. =Bataillon 大隊.

das **Ba·tail·lon** [bataljóːn バタリヨーン] 名 -s/-e〖軍〗大隊(略 Bat.).

der **Ba·tail·lons·kom·man·deur** [..døːɐ バタリヨーンス・コマンデアー] 名 -s/-e 大隊長.

die **Ba·ta·te** [バターテ] 名 -/-n〖植〗サツマイモ；サツマイモ(の芋).

bä·te [ベーテ] 動 bitten の接続法2式.

das **Ba·tho·me·ter** [バトメーター] 名 -s/- 測深器.

(die) **Bath·se·ba** [bátseba バツゼバ, batséːba バツセーバ] 名〖旧約〗バテシバ(Uria の妻. 後に David の妻となり Salomo を生む).

die **Ba·thy·gra·fie, Ba·thy·gra·phie** [バテュぐらふぃー] 名 -/- 深海学.

das **Ba·thy·me·ter** [バテュ・メーター] 名 -s/- 測深器.

der **Ba·thy·skaph** [バテュ・スカーふ] 名 -en/-en バチスカーフ(深海潜水艇).

die **Ba·thy·sphä·re** [バテュ・スフェーれ] 名 -/-n **1.** 深海帯. **2.** (深海用の)潜水球.

der **Ba·tik** [バーティク] 名 -s/-en (die ~ -/-en) **1.** (⊕のみ)ろうけつ染. **2.** ろうけつ染の布.

ba·ti·ken [バーティケン] 動 h. 〈(〈et⁴を〉)〉ろうけつ染をする.

der **Ba·tist** [バティスト] 名 -(e)s/-e バチスト(薄地の綿布).

das **Bat-Miz·wa** [バト・ミッツヴァ] 名 -/-s バトミッバー(13歳に達し, ユダヤ教の戒律を守る誓いをたてた少女).

ba·to·nie·ren [バトニーれン] 動 h. 〖馬術〗〖フェン〗(1.5 m の)棒で練習する.

Batt. =Batterie〖軍〗砲兵中隊.

die **Bat·te·rie** [バテりー] 名 -/-n **1.** 〖工〗電池, バッテリー. **2.** 〖工〗バッテリー(連結された炉・タンクなど). **3.** 〖軍〗砲兵中隊(略 Batt.). **4.** 砲列. **4.** 湯水混合水栓(Misch~). **5.** (口)大量のもの：eine ~ von〈et⁴〉大量の〈物〉. **6.** 打楽器群.

die **Bat·te·rie·hal·tung** [バテりー・ハルトゥング] 名 -/- ケージ飼育.

die **Bat·te·rie·zün·dung** [バテりー・ツュンドゥング] 名 -/-〖工〗(エンジンの)バッテリーによる点火.

Battr. =Batterie〖軍〗砲兵中隊.

der **Bat·zen** [バッツェン] 名 -s/- **1.** (口)(粘土・氷などの)塊；小さな塊. **2.** バッツェン(昔の硬貨. ドイツでは 4 Kreuzer；スイスの 10 Rappen 硬貨).

der **Bau** [バウ] 名 -(e)s/-e (〖⊕のみ〗) 建設, 建造, 建築；製造；(口)建築(建設)現場：im〔in〕~ sein 建築中である. auf dem ~ arbeiten 建築現場で働いている. **2.** (⊕のみ)建造(建築)物. **3.** (⊕のみ)構成, 構造；体格(Körper~)：von schlankem ~ sein すらっとした体つきをしている. **4.** (⊕-e)巣穴；(⊕のみ)(口)ねぐら；〖軍〗営倉入り：im ~ hocken 家に閉じこもっている. **5.** (⊕-e)〖鉱〗坑. **6.** (⊕のみ)〖農学・園芸〗(農作物の)栽培(An~). ▮ **慣用** vom Bau sein (口)専門家である.

das **Bau·amt** [バウ・アムト] 名 -(e)s/..ämter 建設局, 土木監督局.

die **Bau·ar·bei·ten** [バウ・アるバイテン] 複名 建設(建築)工事.

der **Bau·ar·bei·ter** [バウ・アるバイター] 名 -s/- 建築〔土木〕作業員.

die **Bau·art** [バウ・アート] 名 -/-en 建築方式(様式).

die **Bau·auf·sicht** [バウ・アウふ・ズィヒト] 名 -/- 建築基準監督.

die **Bau·auf·sichts·be·hör·de** [バウアウふズィヒツ・ベヘーアデ] 名 -/-n 建築基準監督局.

die **Bau·bie·ne** [バウ・ビーネ] 名 -/-n〖昆〗巣造りバチ(働きバチの営巣に従事する期間の名称).

der **Bauch** [バウほ] 名 -(e)s/Bäuche **1.** 腹,腹部;(太って)おなかが出てくる. sich⁴ auf den ～ legen 腹ばいになる. **2.** 〖口〗おなか,腹(内部): einen leeren ～ haben 腹ぺこだ. **3.** 船腹 (Schiffs～);(瓶などの)胴. 【慣用】**auf den Bauch fallen** 〖口〗徒労に終る,しくじる. **aus dem hohlen Bauch** 〖口〗準備なしに,いきなり. **einen schlauen Bauch haben** 〖口〗腹黒い. **sich³ den Bauch vor Lachen halten** 〖口〗腹を抱えて笑う. **vor** 〈j³〉 **auf dem Bauch liegen** [kriechen] 〈人〉の前にぺこぺこする,〈人に〉へつらう. **Wut im Bauch haben** 腹わたが煮えかえる.

die **Bauch·bin·de** [バウほ・ビンデ] 名 -/-n 腹帯,腹巻き;〖口〗(葉巻の)帯紙;(本の)帯.

die **Bauch·de·cke** [バウほ・デッケ] 名 -/-n 〖解〗腹壁.

das **Bauch·fell** [バウほ・ふェル] 名 -(e)s/-e 〖解〗腹膜.

die **Bauch·fell·ent·zün·dung** [バウほふェル・エントツュンドゥング] 名 -/-en 腹膜炎.

die **Bauch·flos·se** [バウほ・ふロッセ] 名 -/-n 〖魚〗腹びれ.

das **Bauch·grim·men** [バウほ・グリメン] 名 -s/ 〖古〗疝気 (せんき),腹いた.

der **Bauch·gurt** [バウほ・グルト] 名 -(e)s/-e (馬の)腹帯.

die **Bauch·höh·le** [バウほ・ヘーレ] 名 -/-n 腹腔 (ふっこう).

die **Bauch·höh·len·schwan·ger·schaft** [バウほヘーレン・シュヴァンガーシャフト] 名 -/-en 〖医〗腹腔妊娠.

bau·chig [バウひヒ] 形 胴の膨らんだ;〖稀〗腹の出た.

der **Bauch·la·den** [バウほ・ラーデン] 名 -s/..läden (売り子などが腹の前に抱える)商品箱.

die **Bauch·lan·dung** [バウほ・ランドゥング] 名 -/- en 〖空〗胴体着陸.

bäuch·lings [ボイひリングス] 副 腹ばいに,うつぶせに.

der **Bauch·mus·kel** [バウほ・ムスケル] 名 -s/-n (主に 複) 腹筋.

bauch·re·den [バウほ・レーデン] 動 h. (主に不定詞で) 〖腹話〗腹話術をする〔で話す〕.

der **Bauch·red·ner** [バウほ・レードナー] 名 -s/- 腹話術師.

der **Bauch·schmerz** [バウほ・シュメルツ] 名 -es/-en (主に 複) 腹痛.

die **Bauch·spei·chel·drü·se** [バウほ・シュパイひェル・ドリューゼ] 名 -/-n 膵臓 (すいぞう).

der **Bauch·tanz** [バウほ・タンツ] 名 -es/..tänze ベリーダンス.

die **Bau·chung** [バウふング] 名 -/-en ふくらみ.

das **Bauch·weh** [バウほ・ヴェー] 名 -(e)s/ 〖口〗腹いた.

(*die*) **Bau·cis** [..ツィス バウツィス] 名 〖ギ神〗バウキス (Philemon の妻).

die **Bau·de** [バウデ] 名 -/-n (東中独)山小屋;山宿.

das **Bau·denk·mal** [バウ・デンクマール] 名 -(e)s/ ..mäler (歴史的な)記念建造物.

das **Bau·ele·ment** [バウ・エレメント] 名 -(e)s/-e (建築・機械などの)構成部分,部品,部材.

bau·en [バウエン] 動 **1.** 〈et⁴〉建てる,建築する(建物などを),建設する(都市・鉄道・道路などを);〈巣などを〉〖擬人〗家を建てる. **2.** 〈et⁴〉組立てる,建造する,製作する(船・飛行機・機械などを);開発する,設計する. **3.** 〈et⁴〉〈稀〉栽培する;〈土〉耕す. **4.** 〈et⁴〉〔試験などを〕しでかす. **5.** 〈an 〈et³〉〉建設中〔建築〕に従事している. **6.** 〈et³〉〔auf 〈j¹/et⁴〉〉頼りにする,信用する. **7.** 〈様態に⁴〉建て方をする. 【慣用】**den Doktor bauen** 〖口〗博士号を取る.

der **Bau·ent·wurf** [バウ・エントヴふ] 名 -(e)s/..würfe 建築(建築)設計図.

der **Bau·er**¹ [バウあー] 名 -n/-n **1.** 農夫,農民;〖口・蔑〗いなか者. **2.** [₂゜⁻〕ポーン;〔₂゜⁻〕ジャック.

(*der/die*) **Bau·er**² [バウあー] 名 〖人名〗バウアー.

das (*der*) **Bau·er**³ [バウあー] 名 -s/- 鳥籠(かご).

..bau·er [..バウあー] 接尾 名詞につけて「建造者,建築者」を表す名詞をつくる: Brücken*bauer* 架橋技術者. Brunnen*bauer* 井戸掘り職人. Geigen*bauer* ヴァイオリン製作者. Häuser*bauer* 住宅建築技師. Klavier*bauer* ピアノ製造者. Instrumenten*bauer* 楽器製作者. Maschinen*bauer* 機械製作者. Ofen*bauer* 暖炉職人. Orgel*bauer* パイプオルガン製作者. Schiffs*bauer* 船大工. Städte*bauer* 都市計画技師. Wagen*bauer* 車大工.

das **Bäu·er·chen** [ボイあーひェン] 名 -s/- 小農民. 【慣用】(**ein**) **Bäuerchen machen** 〖口〗(赤ん坊が)げっぷをする.

die **Bäu·er·in** [ボイあエリン] 名 -/-nen 農婦.

bäu·e·risch [ボイあーリシュ] 形 =bäurisch.

bäu·er·lich [ボイあーリヒ] 形 農民の,農村風の.

das **Bau·ern·brot** [バウあーン・ブロート] 名 -(e)s/-e 農家風ライ麦パン;農家の自家製パン.

der **Bau·ern·bur·sche** [バウあーン・ブるシェ] 名 -n/-n 農家の若者.

das **Bau·ern·dorf** [バウあーン・ドるふ] 名 -(e)s/..dörfer 農村.

der **Bau·ern·fän·ger** [バウあーン・ふェンガー] 名 -s/- 〖蔑〗(無知につけこむ) 見えすいたペテン[詐欺]師.

die **Bau·ern·fän·ge·rei** [バウあーン・ふェンゲライ] 名 -/-en 見えすいたペテン[詐欺].

die **Bau·ern·frau** [バウあーン・ふらウ] 名 -/-en =Bäuerin.

das **Bau·ern·früh·stück** [バウあーン・ふりゅー・シュテュック] 名 -(e)s/-e 農家風朝食 (いり玉子とベーコン入りのいためたジャガイモ).

das **Bau·ern·gut** [バウあーン・グート] 名 -(e)s/..güter 大きな農場.

das **Bau·ern·haus** [バウあーン・ハウス] 名 -es/..häuser 農家の家屋,百姓家.

der **Bau·ern·hof** [バウあーン・ホーふ] 名 -(e)s/..höfe 農場,農家(建物・作業用中庭・放牧場の全体).

der **Bau·ern·ka·len·der** [バウあーン・カレンダー] 名 -s/- 農民暦 (Bauernregel を集めた格言集).

der **Bau·ern·krieg** [バウあーン・クリーク] 名 -(e)s/-e 農民戦争 (1524-25年).

das **Bau·ern·le·gen** [バウあーン・レーゲン] 名 -s/ 〖史〗(16-18世紀の)農地没収,農民追放.

die **Bau·ern·re·gel** [バウあーン・レーゲル] 名 -/-n (天候・農事に関する)農民の言いならわし.

die **Bau·ern·schaft** [バウあーン・シャふト] 名 -/ (総称)農民.

bau·ern·schlau [バウあーン・シュラウ] 形 (農民のように)抜け目のない.

die **Bau·ern·schläue** [バウあーン・シュロイエ] 名 -/- 抜け目なさ,狡猾 (こうかつ)さ.

der **Bau·ern·stand** [バウあーン・シュタント] 名 -(e)s/- 農民階級.

das **Bau·ern·tum** [バウあーン・トゥーム] 名 -s/ 農民気質;農民階級.

die **Bau·ers·frau** [バウあース・ふらウ] 名 -/-en =Bäuerin.

der **Bau·ers·mann** [バウあース・マン] 名 -(e)s/..leute (古) =Bauer¹.

das **Bau·er·war·tungs·land** [バウあー・ヴァるトゥングス・ラント] 名 -(e)s/ 建設予定地.

das **Bau·fach** [バウ・ふぁっは] 名 -(e)s/ 建築分野.

bau·fäl·lig [バウ・ふェリヒ] 形 今にも壊れそうな.

Baufirma 140

die **Bau·fir·ma** [バウ・ふぃるマ] 名 -/..firmen 建築会社.
die **Bau·flucht** [バウ・ふルュト] 名 -/-en 建築(境界)線.
der **Bau·füh·rer** [バウ・ふューらー] 名 -s/- 現場監督.
das **Bau·ge·län·de** [バウ・ゲレンデ] 名 -s/- 建築用地.
die **Bau·ge·neh·mi·gung** [バウ・ゲネーミグング] 名 -/-en 建築許可.
die **Bau·ge·nos·sen·schaft** [バウ・ゲノッセンシャふト] 名 -/-en 住宅組合.
das **Bau·ge·rüst** [バウ・ゲりュスト] 名 -(e)s/-e 建築用の足場.
die **Bau·ge·schich·te** [バウ・ゲシヒテ] 名 -/ (建築作品・建造物の)建造史.
das **Bau·ge·wer·be** [バウ・ゲヴェるベ] 名 -s/- 建築[建設]業.
die **Bau·gru·be** [バウ・グるーベ] 名 -/-n (工事の)基礎溝.
der **Bau·grund** [バウ・グルント] 名 -(e)s/..gründe 1. (㊤のみ)建築用地. 2. (ﾊﾞｳﾝ)建築(新築)予定地.
das **Bau·grund·stück** [バウ・グルント・シテュック] 名 -(e)s/-e 建築用地(法規が建築を許可している).
der **Bau·hand·wer·ker** [バウ・ハント・ヴェるカー] 名 -s/- 建築職人.
das **Bau·haus** [バウ・ハウス] 名 -es/ バウハウス(1919年 Gropius によってワイマールに創設された総合造形学校).
der **Bau·herr** [バウ・へる] 名 -n/-en 施工主.
das **Bau·her·ren·mo·dell** [バウ・ヘれン・モデル] 名 -s/-e 施工主(税優遇)モデル.
der **Bau·hof** [バウ・ホーふ] 名 -(e)s/..höfe 建築資材置き場.
das **Bau·holz** [バウ・ホルツ] 名 -es/ 建築用材.
die **Bau·hüt·te** [バウ・ヒュッテ] 名 -/-n 1. (建築現場の)仮設小屋,飯場. 2. (中世の)教会建築石工・彫刻職人組合.
die **Bau·in·dus·trie** [バウ・インドゥストリー] 名 -/-n 建設資材工業;(㊤のみ)建設(土木)産業.
der **Bau·in·ge·ni·eur** [バウ・インジェニーあ] 名 -s/-e 建築(土木)技師.
das **Bau·jahr** [バウ・ヤーあ] 名 -(e)s/-e 1. 建築[建設]製造年次. 2. 建築[建造]計画年. 3. (冗)誕生年.
der **Bau·kas·ten** [バウ・カステン] 名 -s/..kästen 積み木箱.
die **Bau·kos·ten** [バウ・コステン] 複名 建築[建設]費.
die **Bau·kunst** [バウ・クンスト] 名 -/..künste 建築(術).
das **Bau·land** [バウ・ラント] 名 -(e)s/ 建築用地(法規が建築を許可している).
der **Bau·lei·ter** [バウ・ライター] 名 -s/- 建築工事監理者.
die **Bau·lei·tung** [バウ・ライトゥング] 名 -/-en 1. 建築工事監理. 2. 建築工事監理事務所.
bau·lich [バウリヒ] 形 建築(上)の.
die **Bau·lich·keit** [バウリヒカイト] 名 -/-en (主に㊤)(硬)建造物.
der **Baum** [バウム] 名 -(e)s/Bäume 1. 木,樹木;喬木(きょうぼく). 2. (口)クリスマスツリー(Weihnachts~). 3. 丸太状のもの;(クレーン・てこの)腕木;マスト;遮断機;(織機の)綜巻. 4. (数・情報処理)ツリー,樹形図. 【慣用】 Bäume ausreißen (können). (口)何でもたやすくやってのける. **Der Baum wächst nicht in den Himmel.** 物事には限度がある. **Es [Das] ist, um auf die Bäume zu klettern.** (口)我慢ならない,やりきれない. **vom Baum der Erkenntnis es-**

sen 才知(才能)がある. **zwischen Baum und Borke sitzen(stecken/stehen)** (口)(ジレンマで)進退きわまっている.
baum·ar·tig [バウム・アーあティヒ] 形 樹木のような.
die **Bau·ma·schi·ne** [バウ・マシーネ] 名 -/-n 建設(土木)機械.
das **Bau·ma·te·ri·al** [バウ・マテリアール] 名 -s/-ien 建築資材.
die **Baum·blü·te** [バウム・ブリューテ] 名 -/-n 樹木(果樹)の開花;樹木(果樹)の開花期.
der **Bau·meis·ter** [バウ・マイスター] 名 -s/- 建築士;(古代・中世の)棟梁(とうりょう).
bau·meln [バウメルン] 動 h. (口) 1. (〈場所〉に)ぶら下がって揺れている. 2. (mit〈et³〉〉ぶらぶらさせる(足などを). 3. (慣)絞首台にぶらさがっている.
bäu·men [ボイメン] 動 1. (sich⁴)棒立ちになる(馬が);起上がる(人が);鎌首をもたげる(蛇が). 2. (sich⁴+gegen〈et⁴〉)(文)逆らう.
der **Baum·fre·vel** [バウム・ふれーふェル] 名 -s/- 〖法〗立木損傷(罪).
die **Baum·gren·ze** [バウム・グれンツェ] 名 -/-n (主に㊤)(山地の)樹木生育限界線.
die **Baum·grup·pe** [バウム・グるッペ] 名 -/-n 樹木群.
das **Baum·harz** [バウム・ハるツ] 名 -es/-e 樹脂.
die **Baum·kro·ne** [バウム・クろーネ] 名 -/-n 樹冠.
die **Baum·kro·nen·schicht** [バウムクろーネン・シヒト] 名 -/-en 〖生態〗高木(樹冠)層(森の中の最上層の生物生息場所).
der **Baum·ku·chen** [バウム・クーヘン] 名 -s/- バウムクーヘン.
baum·lang [バウム・ラング] 形 (口)のっぽの.
baum·los [バウム・ロース] 形 樹木の生えていない.
der **Baum·pfahl** [バウム・ブふァール] 名 -(e)s/..pfähle 添え木.
die **Baum·rin·de** [バウム・りンデ] 名 -/-n 樹皮.
die **Baum·sä·ge** [バウム・ゼーゲ] 名 -/-n 剪定(せんてい)用のこぎり.
die **Baum·schei·be** [バウム・シャイベ] 名 -/-n (下草をとるなど手入れされた)木の根もとの円形地面.
die **Baum·sche·re** [バウム・シェーれ] 名 -/-n 剪定(せんてい)ばさみ.
die **Baum·schu·le** [バウム・シューレ] 名 -/-n 苗木畑.
der **Baum·stamm** [バウム・シュタム] 名 -(e)s/..stämme 木の幹.
baum·stark [バウム・シュタるク] 形 がっしりした.
der **Baum·stumpf** [バウム・シュトゥンプふ] 名 -(e)s/..stümpfe 切り株.
die **Baum·wach·tel** [バウム・ヴァはテル] 名 -/-n 〖鳥〗コリンウズラ.
der **Baum·woll·an·bau** [バウム・ヴォル・アン・バウ] 名 -(e)s/〖農〗綿の栽培.
die **Baum·wol·le** [バウム・ヴォレ] 名 -/-n 1. 〖植〗ワタ,綿. 2. 綿毛,綿花,木綿(もめん). 3. 綿布.
baum·wol·len [バウム・ヴォレン] 形 木綿(製)の.
das **Baum·woll·garn** [バウムヴォル・ガるン] 名 -(e)s/-e 綿糸.
das **Baum·woll·ge·we·be** [バウムヴォル・ゲヴェーベ] 名 -s/- 綿織物.
die **Baum·woll·spin·ne·rei** [バウムヴォル・シュピネらイ] 名 -/-en 綿紡績工場.
der **Baum·woll·stoff** [バウムヴォル・シュトふ] 名 -(e)s/-e 綿布.
die **Baum·woll·wa·re** [バウムヴォル・ヴァーれ] 名 -/-n 綿製品.
der **Baum·woll·wurm** [バウムヴォル・ヴるム] 名 -(e)s/..würmer 〖昆〗ワタノミシン(綿の実につく害虫).
die **Baum·zucht** [バウム・ツフト] 名 -/-en 樹木栽培.
die **Bau·ord·nung** [バウ・オるドヌング] 名 -/-en 建築

法規〔条例〕.
der **Bau·plan** [バウ·プラーン] [名] -(e)s/..pläne 建築計画;建築設計図.
der **Bau·platz** [バウ·プラッツ] [名] -es/..plätze 建築〔新築〕予定地.
die **Bau·po·li·zei** [バウ·ポリツァイ] [名] -/ 建築監督局〔監督官〕.
der **Bau·rat** [バウ·らート] [名] -(e)s/..räte 建設局上級公務員.
bau·reif [バウ·らイふ] [形] 整地済みの;建築にかかれる.
bäu·risch [ボイりシュ] [形] ((蔑))田舎くさい, やぼったい.
die **Bau·ru·i·ne** [バウ·るイーネ] [名] -/-n ((口))建築途中で放置されたままの建物.
der **Bausch** [バウシュ] [名] -(e)s/Bäusche (衣服などの)ふくらみ;(綿などの)塊, 詰め物. 【慣用】**in Bausch und Bogen** 全部ひっくるめて.
bau·schen [バウシェン] [動] *h.* **1.** 〔⟨et⁴⟩ヲ〕ふくらます((風が帆などを)). **2.** 〔(sich⁴)〕ふくらむ((帆・カーテンなどが)).
bau·schig [バウシひ] [形] 膨らんだ.
der **Bau·schutt** [バウ·シュット] [名] -(e)s/ (建築現場の)瓦礫(がれき).
bau|spa·ren [バウ·シュパーれン] [動] *h.* ((主に不定詞で))〔(補足なし)〕住宅貯蓄をする.
der **Bau·spa·rer** [バウ·シュパーらー] [名] -s/- 住宅貯蓄組合加入者.
die **Bau·spar·kas·se** [バウ·シュパーあ·カッセ] [名] -/-n 住宅貯蓄金庫〔組合〕.
der **Bau·stein** [バウ·シュタイン] [名] -(e)s/-e **1.** 建築用石材;((主に[複]))積み木. **2.** 構成要素.
die **Bau·stel·le** [バウ·シュテレ] [名] -/-n 建築現場.
der **Bau·stil** [バウ·シュティール] [名] -(e)s/-e 建築様式.
der **Bau·stoff** [バウ·シュトふ] [名] -(e)s/-e **1.** 建築資材. **2.** 〖生〗構成物質((糖質など)).
die **Bau·sub·stanz** [バウ·ズプスタンツ] [名] -/ 建造物の主要部分.
die **Bau·tech·nik** [バウ·テひニク] [名] -/-en 建築技術.
der **Bau·tisch·ler** [バウ·ティッシュラー] [名] -s/- 指物大工.
der **Bau·trä·ger** [バウ·トれーガー] [名] -s/- 施工業者.
der **Bau·un·ter·neh·mer** [バウ·ウンターネーマー] [名] -s/- 建築業者.
das **Bau·vor·ha·ben** [バウ·ふぉーあ·ハーベン] [名] -s/- 建築計画;建築中の建物.
die **Bau·vor·schrift** [バウ·ふぉーあ·シュりふト] [名] -/-en 建築規定;((複のみ))建築法規〔条例〕.
die **Bau·wei·se** [バウ·ヴァイゼ] [名] -/-n (家の)建て方, 施工法;(機械の)組立て方;作り, 型.
das **Bau·werk** [バウ·ヴェるク] [名] -(e)s/-e 建造物.
das **Bau·we·sen** [バウ·ヴェーゼン] [名] -s/ 土木, 建築.
der **Bau·xit** [バウクスィート] [名] -s/-e ボーキサイト((アルミニウムの原料鉱石)).
bauz [バウツ] [間] どしん, ばたん.
der **Bau·zaun** [バウ·ツァウン] [名] -(e)s/..zäune 建築現場の囲い.
die **Bau·zeich·nung** [バウ·ツァイひヌング] [名] -/-en (建築)設計図.
die **Ba·va·ria** [バヴァーりア] [名] -/ バヴァリア((バイエルンを象徴する女性像)).
der **Bay·er** [バイあー] [名] -n/-n バイエルン人.
bay·e·risch [バイエりシュ] バイエルンの: *B~e* Motorenwerke AG バイエルン自動車製作所株式会社((略 BMW)).
das **Bay·er·land** [バイあー·ラント] [名] -(e)s/ 〖地名〗バイエルン. ⇨Bayern.
(*das*) **Bay·ern** [バイあーン] [名] -s/ 〖地名〗バイエルン((ドイツの州)).
(*das*) **Bay·reuth** [バイろイト] [名] -s/ 〖地名〗バイロイト((バイエルン州の都市)).
Bay·reu·ther [バイろイター] [形] ((無変化))バイロイトの.
bay·risch [バイりシュ] [形] =bayerisch.
der **Ba·zar** [バザーあ] [名] -s/-e =Basar.
der **Ba·zi** [バーツィ] [名] -s/-s ((南独・オーストリア))((主に((冗))))抜け目のないやつ, ろくでなし;((嘲・蔑))バイエルン野郎.
der **Ba·zil·len·trä·ger** [バツィレン·トれーガー] [名] -s/- 保菌者.
der **Ba·zil·lus** [バツィルス] [名] -/Bazillen **1.** ((主に[複]))〖医・生〗桿菌(かんきん), バチルス. **2.** ((単のみ))蔓延(まんえん)(するもの).
die **Ba·zoo·ka** [bazúːka バズーカ] [名] -/-s 〖軍〗バズーカ砲, 対戦車砲.
bb =Doppel-b 〖楽〗重変記号, ダブルフラット.
BBC [biːbiːsíː ビービースィー] =British Broadcasting Corporation イギリス放送協会.
B. c. =〖イタリア語〗Basso continuo 〖楽〗通奏低音.
Bd. =Band 巻, 冊. ⇨Bde.
BDA **1.** =Bund Deutscher Architekten ドイツ建築家連盟. **2.** =Bundesvereinigung der Deutschen Arbeitgeberbände ドイツ使用者団体全国連盟.
BdB =Bundesverband deutscher Banken ドイツ連邦銀行連盟.
Bde. =Bände (複数の)巻, 冊. ⇨ Bd.
BdL =Bank deutscher Länder ドイツ全州銀行((1948-1957, 現在のドイツ連邦銀行(Deutsche Bundesbank)の前身)).
BDLI =Bundesverband der Deutschen Luft-und Raumfahrtindustrie ドイツ連邦航空宇宙産業連盟.
der **BDM** [名] -/ =Bund Deutscher Mädel ドイツ少女連盟((ナチス政権下で, 14-18 歳の少女の組織)).
das **B-Dur** [ベー·ドゥーあ, ベー·ドゥーあ] [名] -/ 〖楽〗変ロ長調((記号 B)).
Be [ベーエー] =〖化〗Beryllium ベリリウム.
be.. [べ..] [接頭] 非分離動詞を作る. アクセント無. **1.** ((自動詞を他動詞にする)): *be*fahren 車で走る. *be*wohnen 住む. **2.** ((他動詞と結びつく)) **a.** 基礎語の意味を保全・強化する: *be*grüßen あいさつする. *be*malen 色を塗る. **b.** 基礎語の意味を変える: *be*legen 覆う. *be*suchen 訪問する. **3.** ((形容詞・名詞と結びつき, その基礎語の性質・内容があることを表す)): *be*feuchten 湿らす. *be*freien 自由にする. *be*seelen 魂を与える. ((過去分詞の形で))*be*bartet 髭(ひげ)のある. *be*amtet 官職にある.
be·ab·sich·ti·gen [ベアップズィひティゲン] [動] *h.* 〔zu ⟨[動]⟩スル/⟨et⁴⟩ヲスル〕つもりである, (…を)意図する.
be·ach·ten [ベアはテン] [動] *h.* **1.** 〔⟨j⁴/et⁴⟩ニ⟩/⟨[文]⟩デアルコトニ〕注意を払う, 注目する, (…を)気にとめる, (…を)考慮に入れる. **2.** 〔⟨et⁴⟩ヲ〕守る, 守るように気をつける.
be·ach·tens·wert [ベアはテンス·ヴェーあト] [形] 注目に値する.
be·acht·lich [ベアはトりひ] [形] かなりの;相当な;著しく: *B~es* leisten 著しい業績を上げる.
die **Be·ach·tung** [ベアはトゥング] [名] -/ 注意, 注目, 考慮;順守: ~ finden 注目される. ⟨j³/et³⟩ ~ schenken ⟨人・事に⟩考慮を払う. ⟨et¹⟩ verdient ~ ⟨物・事が⟩注目に値する.
be·ackern [ベアッカーン] [動] *h.* **1.** 〔⟨et⁴⟩ヲ〕((稀))耕す. **2.** 〔⟨et⁴⟩ヲ〕((口))徹底的に調べる((問題・文献などを)). **3.** 〔⟨j⁴⟩ヲ〕((口))(根気よく)説得する.
der **Bea·gle** [bíːgəl ビーゲル] [名] -s/-(s) ビーグル((英国原産の猟犬)).
der **Be·am·te** [ベアムテ] [名] ((形容詞的変化))公務員, (連邦・州の)官吏, (市町村の)吏員.

Beamtenbund 142

der **Be·am·ten·bund** [ベアムテン・ブント] 名 -(e)s/..bünde 官吏同盟.

die **Be·am·ten·schaft** [ベアムテンシャフト] 名 -/《総称》公務員, 官吏, 役人.

das **Be·am·ten·tum** [ベアムテントゥーム] 名 -s/ **1.** 公務員職(の身分);役人気質. **2.**《総称》公務員, 官吏, 役人.

be·am·tet [ベアムテット] 形《官》官職〔公職〕にある.

die **Be·am·tin** [ベアムティン] 名 -/-nen Beamteの女性形.

be·ängs·ti·gen [ベエングスティゲン] 動 h.〈j⁴ッ〉《古》不安〔心配〕にさせる, おじけづかせる.

be·ängs·ti·gend [ベエングスティゲント] 形 不安な, 気になる, こわいような;恐ろしいほど.

be·an·spru·chen [ベアンシュプるっヘン] 動 h. **1.**〈et⁴ッ〉要求する, 請求する(当然の権利として). **2.**〈et⁴ッ〉受ける, 利用する(サービス・援助などを). **3.**〈et⁴ッ〉必要とする. **4.**〈j⁴/et⁴ッ=＋様態ソ〉(気力〔体力〕の集中をさせる〔人が〕, 用事をさせる〔人が〕;負担をかける(機械・ブレーキなどに).

die **Be·an·spru·chung** [ベアンシュプるっフンゲ] 名 -/-en 要求, 負担, 負荷.

be·an·stan·den [ベアンシュタンデン] 動 h.〈j⁴/et⁴ッ〉《文》デアテル苦情を言う, 異議を唱える.

die **Be·an·stan·dung** [ベアンシュタンドゥング] 名 -/-en 苦情, 異議.

be·an·tra·gen [ベアントらーゲン] 動 h. **1.**〔(bei j³)ッ〕＋〈j⁴/et⁴ッ〉(書面で)申請する. **2.**〈et⁴ッ〉要求する, 請求する, 求刑する.

be·ant·wor·ten [ベアントヴぉるテン] 動 h. **1.**〔((j³)ッ)〕＋〈et⁴ッ〉答える. **2.**〈et⁴ッ〉返事をする〔書く〕. **3.**〈et⁴ッ〉＋(mit〈et³〉ッ〉応じる, 反応する.

die **Be·ant·wor·tung** [ベアントヴぉるトゥング] 名 -/-en 返事, 返答, 反応;in ～ Ihres Schreibens vom ...《官・商》…日付貴信に対する回答として.

be·ar·bei·ten [ベアるバイテン] 動 h.〈et⁴ッ〉**1.**〔(j³)ッ〕処理する(申請・課題などを);取扱う, 調査する(案件などを);捜査する(事件を). **2.**〈et⁴ッ〉＋(mit〈et³〉ッ〉加工する〔素材などを〕;手入れする(庭などを). **3.**〈et⁴ッ〉＋mit〈et³〉ッ〉磨き上げる, きれいにする. **4.**〈j⁴/et⁴ッ〉強く殴る. **5.**〈et⁴ッ〉手直しする(原稿・テキスト・文章などを);改訂する;脚色をる;編集する;編曲する;〔学問的にに〕改訂する. **6.**〈j⁴ッ〉(口)働きかける, 説得する.

der **Be·ar·bei·ter** [ベアるバイター] 名 -s/- 取扱者, 担当者;編集者;改訂者;編曲者;脚色者;研究者, 調査者.

die **Be·ar·bei·tung** [ベアるバイトゥング] 名 -/-en 審査, 処理, 調査;加工, 耕作;脚色, 翻案;編曲改〔校〕訂. **2.** 改作(翻案・編曲)されたもの, 改訂版.

be·arg·wöh·nen [ベアるヴ(ヴェ)ーネン] 動 h.〈j⁴/et⁴ッ〉《文》疑念〔不信〕を抱く.

der **Beat** [bi:t] 名 -s/-s《楽》(ジャズの)ビート;(のみ)ビート音楽(～musik).

(*die*) **Be·a·te** [ベアーテ] 名《女名》ベアーテ.

die **Be·a·ti·fi·ka·ti·on** [ベアティふィカツィオーン] 名 -/-en《カタッ》列福(式).

der **Beat·le** [bí:təl] 名 -s/-s《古》(ビートルズ風の)長髪の若者.

die **Be·at·mung** [ベアートムング] 名 -/-en 人工呼吸.

(*die*) **Be·a·tri·ce** [..trí:tʃe ベアトリーチェ] 名《女名》ベアトリーチェ(～ Portinari, 1266-90, Danteの恋人で, 理想の女性の象徴).

(*die*) **Be·a·trix** [ベアトリクス, ベーアトリクス] 名《女名》ベアトリクス.

der **Beat·schup·pen** [bi:t.. ビート・シュッペン] 名 -s/- 《口》踊れる店(演奏つきの)酒場.

der **Beau** [bo: ボー] 名 -/-s (主に《嘲》)だて男, しゃれ男.

die **Beau·fort·ska·la** [bóːfərt.. ボーフォート・スカーラ] 名 /《気》ビューフォート風力階級.

be·auf·sich·ti·gen [ベアウふズィヒティゲン] 動 h.〈j⁴/et⁴ッ〉監督〔監視〕する.

die **Be·auf·sich·ti·gung** [ベアウふズィヒティグング] 名 -/-en 監督, 監視.

be·auf·tra·gen [ベアウふトらーゲン] 動 h.〈j⁴ッ〉＋zu(動)スルヨウニ/mit〈et³〉ッ〉委託(委任)する, 頼む.

der/die **Be·auf·trag·te** [ベアウフトらークテ] 名《形容詞的変化》受託〔受任〕者, 代理(人), 全権(委員).

be·äu·geln [ベオイゲルン] 動 h.〈j⁴/et⁴ッ〉《口·冗》物珍しそうに見る.

be·äu·gen [ベオイゲン] 動 h.〈j⁴/et⁴ッ〉つぶさに眺める.

die **Beau Geste** [bozɛ́st ボゼスト] 名 --/-x-s [ボ ジェスト]《文》上品な〔優雅な〕振舞い;(みせかけの)寛大な態度.

(*der*) **Beau·mar·chais** [bomarʃɛ ボ・マるシェ] 名《人名》ボーマルシェ(1732-99, フランスの劇作家).

die **Beau·té** [boté: ボーテー] 名 -/-s《文》美人, 美女.

die **Beau·ty** [bjú:ti ビューティ] 名 -/-s ＝Beauté.

be·bau·en [ベバウエン] 動 h. **1.**〈et⁴ッ〉建てる(土地に建物を). **2.**〈et⁴ッ〉耕す(畑を).

die **Be·bau·ungs·dich·te** [ベバウウングス・ディヒテ] 名 -/ 建蔽(ペい)率.

der **Be·bau·ungs·plan** [ベバウウングス・プラーン] 名 -(e)s/..pläne (地区の)建設計画, 土地利用計画.

(*der*) **Be·bel** [ベーベル] 名《人名》ベーベル(August ～, 1840-1913, ドイツ社会民主党創設者).

be·ben [ベーベン] 動 h.〈et⁴ッ〉揺れる, 震動する(地面・建物などが);〈《文》震える(人・体・声などが).【慣用】um〈j⁴〉beben《文·古》〈人のことを〉ひどく心配している. vor〈j³〉beben〈ペッカ・人〉うかを見る.

das **Be·ben** [ベーベン] 名 -s/- 震動, 揺れ;地震;《文》(体·声の)震え.

be·bil·dern [ベビルダーン] 動 h.〈et⁴ッ〉絵(写真・イラスト)を入れる;挿絵をつける.

die **Be·bil·de·rung** [ベビルデるング] 名 -/-en 図解, イラスト, 挿絵;図解〔挿絵〕を入れること.

der **Be·bop** [bí:.. ビーボップ] 名 -(s)/-s **1.**《楽》(のみ)ビーバップ(ジャズの一種). **2.** ビーバップの曲〔ダンス〕.

be·brillt [ベブりルト] 形 眼鏡をかけた.

die **Bé·cha·mel·so·ße** [beʃaméːl.. ベシャメール・ゾーセ] 名 -/-n ベシャメルソース(ホワイトソースの一種).

der **Be·cher** [ベッヒャー] 名 -s/- 杯, カップ, グラス. **2.** 杯菜, 殻斗(ガく)(ドングリのはかま).

be·cher·för·mig [ベッヒャー・ふぉるミヒ] 形 グラス〔杯〕状の.

be·chern [ベッヒャーン] 動 h.《冗》《口·冗》痛飲する.

das **Be·cher·werk** [ベッヒャー・ヴェるク] 名 -(e)s/-e 《エ》バケット・コンベヤー.

be·cir·cen [bətsírtsən ベツィるツェン] 動 h.〈j⁴ッ〉《口》誘惑する(女性が色香で男性を);籠絡(ろうらく)する.

das **Be·cken** [ベッケン] 名 -s/- **1.** 水盤, 水槽, 洗面器, 便器. **2.** (噴水)池, プール;《地》盆地. **3.**《医》骨盤. **4.** (主に(のみ))《楽》シンバル.

(*der/die*) **Beck·mann** [ベッカーマン] 名 ベッカー.

die **Beck·mes·se·rei** [ベック・メッセらイ] 名 -/-en 《蔑》あら探し.

das **Bec·que·rel** [bɛkərɛ́l ベケれル] 名 -s/《理》ベクレル(放射線の単位. 記号 Bq).

be·da·chen [ベダッヘン] 動 h.〈et⁴ッ〉屋根をつける.

be·dacht [ベダハト] 形 **1.** 慎重な, 思慮深い. **2.**〔auf〕バケット・コンベヤー. 気を配った, (…を)念頭に置いた.

der **Be·dacht** [ベdanハト] 名 《文》《次の形で》mit ～ 慎重に. ohne ～ 軽率に. voll ～ 用心深く. auf ⟨et³⟩ ～ nehmen ⟨事に⟩留意する.

be·däch·tig [ベデヒティヒ] 形 **1.** 悠然とした. **2.** 慎重な, 思慮深い.

be·dacht·sam [ベダハトザーム] 形 《文》慎重な, 思慮深い.

die **Be·da·chung** [ベダァふング] 名 -/-en 屋根をつけること; 屋根.

Bed and Break·fast [bέt ɛnt brέkfəst ベッドエントブレックふぁスト] 《英語》(米・英国の)朝食つき宿泊.

be·dan·ken [ベダンケン] 動 *h.* **1.** 〔sich⁴ + (bei ⟨j³⟩=) + (für ⟨et⁴⟩=)〕感謝する, (…の)礼を言う. **2.** 〔⟨j⁴/et⁴⟩=〕(南独・⟨古⟩)感謝する, 礼を言う. **【慣用】** **Bedank dich bei ihm !** (口・皮)彼のせいだよ, 彼がことの張本人だ. **Dafür bedanke ich mich (bestens) !** (口・皮)そいつはまっぴらごめんだ.

der **Be·darf** [ベダふ] 名 -(e)s/-e 需要, 必要, 入用; 必要〔入用〕なもの〔こと〕: ～ an ⟨j³/et³⟩ haben ⟨人・物・事⟩が必要である. bei ～ 必要の際には. nach ～ 必要に応じて.

der **Be·darfs·ar·ti·kel** [ベダふス・アァティ(ー)ケル] 名 -s/- 必需品.

die **Be·darfs·de·ckung** [ベダふス・デックング] 名 -/-en 需要の充足.

der **Be·darfs·fall** [ベダふス・ふァル] 名 -(e)s/ 《次の形で》im ～ 必要な場合には. für den ～ 必要な場合に備えて.

das **Be·darfs·gut** [ベダふス・グート] 名 -(e)s/..güter (主に®)生活必需品.

die **Be·darfs·hal·te·stel·le** [ベダふス・ハルテ・シュテレ] 名 -/-n 臨時〔仮設〕停留所.

die **Be·darfs·mel·dung** [ベダふス・メルドゥング] 名 -/-en 購入申込み.

be·dau·er·lich [ベダウァーリヒ] 形 残念な, 惜しい, 遺憾な.

be·dau·er·li·cher·wei·se [ベダウァーリヒァー・ヴァイゼ] 副 《文飾》残念〔遺憾〕ながら.

be·dau·ern [ベダウァーン] 動 *h.* **1.** 〔⟨j³⟩=〕気の毒に思う. **2.** 〔⟨et⁴⟩=〕悔む, 残念に思う: *Bedaure,* ～. 残念ですが….

das **Be·dau·ern** [ベダウァーン] 名 -s/ 同情; 遺憾の念:〈j³⟩ sein ～ über ⟨et⁴⟩ ausdrücken ⟨人に⟩⟨事について⟩遺憾の意を表す. zu meinem ～ 残念ながら, 遺憾なことには.

be·dau·erns·wert [ベダウァーンス・ヴェーァト] 形 気の毒な, 同情すべき, 遺憾な.

be·dau·erns·wür·dig [ベダウァーンス・ヴュルディヒ] 形 《文》同情に値する.

be·de·cken [ベデッケン] 動 *h.* **1.** 〔⟨j⁴/et⁴⟩ₐ + mit ⟨et³⟩ₐ〕覆う, (…に…)をかぶせる. **2.** 〔⟨j⁴/et⁴⟩ₐ〕覆っている(雪が大地などを). **3.** 〔⟨j⁴⟩ₐ〕(軍)護衛〔掩護〕する. **4.** 〔⟨et⁴⟩ₐ〕(商)補填する, 裏づける, 埋める.

be·deckt [ベデックト] 形 覆われた; 曇った; ハスキーな.

die **Be·de·ckung** [ベデックング] 名 -/-en **1.** 覆うこと; 覆うもの. **2.** 護衛, 掩〔い〕護. **3.** (商)補填.

be·den·ken* [ベデンケン] 動 *h.* **1.** 〔⟨et⁴⟩ₐ〕よく考える, 熟考する. **2.** 〔《文》デルフテルムニテト〕考慮に入れる, 顧慮する. **3.** 〔⟨j⁴/et⁴⟩ₐ + mit ⟨et³⟩ₐ〕《文》贈る, 与える. **4.** 〔sich⁴〕あれこれ思案する(決断を下す前に).

das **Be·den·ken** [ベデンケン] 名 -s/- **1.** (®のみ)熟考, 考慮. **2.** (主に®)疑念, 懸念, 逡巡: ～ gegen ⟨et⁴⟩ haben ⟨事に⟩疑念がある.

be·den·ken·los [ベデンケン・ロース] 形 無思慮な; 疑念(ためらい)のない.

be·denk·lich [ベデンクリヒ] 形 **1.** 懐疑的な. **2.** いかがわしい, 疑わしい. **3.** 憂慮すべき, 気がかりな.

die **Be·denk·lich·keit** [ベデンクリヒカイト] 名 -/-en **1.** (®のみ)疑わしさ, いかがわしさ; 気がかり. **2.** (®のみ)⟨古⟩疑惑.

die **Be·denk·zeit** [ベデンク・ツァイト] 名 -/-en 考慮期間.

be·dep·pert [ベデッパート] 形 (口)途方に暮れた.

be·deu·ten [ベドイテン] 動 *h.* **1.** 〔⟨et⁴⟩ₐデルフテル〕意味する; (…で)ある(ある観点で); 必然的にもたらす; (…の)前兆である. **2.** 〔⟨et⁴⟩ₐ〕価値をもつ: viel/nichts ～ 非常に重要である/あまり重要ではない. **3.** 〔⟨j³⟩ₐ + ⟨⟨文⟩デルフテルムニテト〕《文》合図する.

das **Be·deu·ten** [ベドイテン] 名 -s/ 《次の形で》mit dem ～, dass … …という条件(前提)で.

be·deu·tend [ベドイテント] 形 **1.** 重要〔重大〕な. **2.** 著名な. **3.** 優れた. **4.** 莫大な, 著しい. **5.** 著しく: Sie ist ～ größer als ich. 彼女は私よりずっと背が高い.

be·deut·sam [ベドイトザーム] 形 **1.** 意味〔意義〕深い, 重大〔重要〕な. **2.** 意味ありげな.

die **Be·deut·sam·keit** [ベドイトザームカイト] 名 -/ 重要性, 重大さ; 《文》意味.

die **Be·deu·tung** [ベドイトゥング] 名 -/-en **1.** (単語などの)意味. **2.** (®のみ)(物事・行為などの)意味. **2.** (®のみ)意義, 重要性; 価値: ⟨et¹⟩ ist von geschichtlicher ～ ⟨事は⟩歴史的に重要である.

be·deu·tungs·los [ベドイトゥングス・ロース] 形 無意味な, つまらぬ.

be·deu·tungs·voll [ベドイトゥングス・ふォル] 形 **1.** 有意義な. **2.** 意味深長な, いわくありげな.

be·die·nen [ベディーネン] 動 *h.* **1.** 〔⟨et⁴⟩ₐ〕仕える. **2.** 〔⟨j³⟩ₐ=⟨様態⟩ₐ=⟨場所⟩ₐ〕応待する, 給仕する, サービスする: Sind Sie schon *bedient* ? もうご注文は承りましたか. Bitte, ～ Sie sich ! どうぞご自分で取って召上がって下さい. **3.** 〔⟨et⁴⟩ₐ〕操作する(機械などを). **4.** 〔sich⁴ + ⟨et²⟩ₐ〕《文》使用する, 用いる. **5.** 〔⟨et⁴⟩ₐ〕(ジ)出す(場札と同色のカードなどを). **6.** 〔⟨et⁴⟩ₐ〕(金融)利子を支払う(債券などの). **7.** 〔⟨j¹⟩ₐ〕(ジ)ボールをパスする. **【慣用】** **die Strecke Frankfurt-Tokio bedienen** フランクフルト-東京間の空路を客に提供している(航空会社が). ⟨j⁴⟩ **mit** ⟨et³⟩ **bedienen** ⟨人に⟩⟨事を⟩提供する(情報などを). **mit** ⟨et³⟩ **gut/schlecht bedient sein** (口)⟨物・事⟩に満足できる/できない. **(von** ⟨j³/et³⟩**) bedient sein** (口・皮)うんざりしている.

der **Be·die·ner** [ベディーナー] 名 -s/- オペレーター.

die **Be·die·ne·rin** [ベディーネリン] 名 -/-nen 女性オペレーター.

be·dienst·et [ベディーンステット] 形 《次の形で》bei ⟨j³⟩ ～ sein (ひな)⟨人に⟩雇われている.

der / die **Be·diens·te·te** [ベディーンステテ] 名 《形容詞的変化》 **1.** (官)役人. **2.** (個人の)使用人, 召使い.

der / die **Be·dien·te** [ベディーンテ] 名 《形容詞的変化》 ⟨古⟩召使い.

die **Be·die·nung** [ベディーヌング] 名 -/-en **1.** (®のみ)サービス, 接待, 世話; 看護; サービス料: Zur freien ～. ご自由にお持ち下さい. ～ inbegriffen サービス料込み. **2.** (機器の)取扱い操作, 作動. **3.** (主に®)ウェーター, ウェートレス; 店員, (ひな)家政婦. **4.** (ひな)家政婦の口(職). **5.** (軍)砲兵部隊. **6.** (金融)利払い.

das **Be·die·nungs·geld** [ベディーヌングス・ゲルト] 名 -(e)s/-er サービス料.

die **Be·die·nungs·mann·schaft** [ベディーヌングス・マンシャふト] 名 -/-en (軍)砲兵部隊(員).

die **Be·die·nungs·vor·schrift** [ベディーヌングス・ふォァシュリふト] 名 -/-en 使用法, 取扱い説明書.

der **Be·die·nungs·zu·schlag** [ベディーヌングス・ツーシュラ

bedingen

-ク] 名 -(e)s/..schläge サービス料.
be·din·gen¹ [ベディンゲン] 動 h. **1.** ⟨et⁴⟩ヲ引起こす,生じさせる,(…の)原因である. **2.** ⟨et¹⟩ヲ必要とする,前提とする:⟨et¹⟩ガ相互代名詞sich⁴の場合)相互に依存する,相関関係にある.
be·din·gen²* [ベディンゲン] 動 h. ⟨sich³+⟨et¹⟩ヲ⟩(古)取決める(契約などを).
be·dingt [ベディングト] 形 条件付きの,制限された;条件付きで: ein ～er Reflex 条件反射. eine ～e Entlassung 仮釈放.
die **Be·dingt·heit** [ベディングトハイト] 名 -/- 制約;前提,《稀》条件.
die **Be·din·gung** [ベディングング] 名 -/-en **1.** 条件;前提;約定: ⟨et³⟩ zur ～ machen ⟨事⁴⟩を条件にする. unter keiner ～ 絶対に(…)(し)ない. unter der ～, dass ... …という条件で. **2.** (主に複)(所与の)条件,状況,状態: unter guten ～en arbeiten 良い労働条件の下にある.【慣用】⟨j³⟩ Bedingungen auferlegen(vorschreiben) ⟨人に⟩条件を課する. sich⁴ an die Bedingungen halten (契約)条件を履行する.
be·din·gungs·los [ベディングングス・ロース] 形 無条件の;絶対的な.
der **Be·din·gungs·satz** [ベディングングス・ザッツ] 名 -es/..sätze [言]条件文.
be·din·gungs·wei·se [ベディングングス・ヴァイゼ] 副 条件付きで.
be·drän·gen [ベドレンゲン] 動 h. **1.** ⟨j⁴/et⁴⟩ヲ圧迫する,苦境に追込む;(…に)迫る;苦しめる(心配などが). **2.** ⟨j⁴⟩ヲしつこくつきまとう. **3.** ⟨j⁴⟩ヲ+(mit ⟨et³⟩ヲ)煩わす(質問などで).
die **Be·dräng·nis** [ベドレングニス] 名 -/-se 《文》困窮,苦難: in ～ geraten 苦境に陥る.
be·dripst [ベドリプスト] 形 (方)しょげた.
be·dro·hen [ベドローエン] 動 h. **1.** ⟨j⁴⟩ヲ+(mit ⟨et³⟩ヲ)脅す,脅迫する. **2.** ⟨j⁴/et⁴⟩ヲ脅かす,(…にとって)危険である(物・事が).
be·droh·lich [ベドロー リヒ] 形 切迫した,威嚇的な.
die **Be·dro·hung** [ベドロー ウング] 名 -/-en おどし,脅迫;脅威.
be·dru·cken [ベドルッケン] 動 h. ⟨et⁴⟩ニ+(mit ⟨et³⟩ヲ)印刷する;プリント染めをする.
be·drü·cken [ベドリュッケン] 動 h. ⟨j⁴/et⁴⟩ヲ圧迫する;抑圧(弾圧)する;悲しませる,(…の心に)重くのしかかる.
be·drü·ckend [ベドリュッケント] 形 心に重くのしかかる,重苦しい,うっとうしい.
der **Be·drü·cker** [ベドリュッカー] 名 -s/- (古)圧制者.
be·drückt [ベドリュックト] 形 ふさぎこんだ,意気消沈した.
die **Be·dru·ckung** [ベドルックング] 名 -/-en 印刷;プリント.
die **Be·drü·ckung** [ベドリュックング] 名 -/-en 圧迫,圧制;意気消沈,憂鬱(ぅっ).
der **Be·du·i·ne** [ベドゥイーネ] 名 -n/-n ベドウイン人(アラビアの遊牧民族).
be·dür·fen* [ベデュるフェン] 動 h. ⟨j²⁽⁴⁾/et²⁽⁴⁾⟩ヲ 《文》必要とする.
das **Be·dürf·nis** [ベデュるフニス] 名 -ses/-se **1.** 欲求,欲望,要求,需要,必要: ein ～ nach ⟨et³⟩ haben ⟨事⁴⟩ふしぃ. **2.** 《主に複》(生活・生存のための)必需品. **3.** 《古》生理的欲求,便[尿]意.
die **Be·dürf·nis·an·stalt** [ベデュるフニス・アン・シュタルト] 名 -/-en [官]公衆便所.
be·dürf·nis·los [ベデュるフニス・ロース] 形 欲のない.
be·dürf·tig [ベデュるフティヒ] 形 **1.** 困窮している. **2.** ⟨j²/et²⟩ヲ《文》必要としている.
..be·dürf·tig [..ベデュるフティヒ] 接尾 名詞の後につけ

て「…が必要な」という意味の形容詞を作る: hilfsbedürftig 援助が必要な.
der **Beef·eat·er** [bíːfiːtəɾ ビーフ・イーター] 名 -s/-s ロンドン塔の国王護衛兵.
das **Beef·steak** [bíːfsteːk ビーフ・ステーク] 名 -s/-s ビフテキ: deutsches ～ ハンバーグ.
be·eh·ren [ベエーれン] 動 h. ⟨j¹/et¹⟩ヲ+⟨mit ⟨et³⟩ヲ⟩《文》敬意を表す;栄誉を与える(臨席などで): B～ Sie uns bald wieder (mit Ihrem Besuch)! 近いうちにまたおこしください. **2.** ⟨sich⁴+zu ⟨動⟩ヲ⟩謹んでする(通知・案内・広告などでの形式張った言回し).
be·ei·den [ベアイデン] 動 h. ⟨et⁴⟩ガ/⟨文⟩ニ真実であることを誓う(宣誓する).
be·ei·di·gen [ベアイディゲン] 動 h. **1.** 《文》=beeiden. **2.** ⟨j⁴⟩ニ[官]宣誓させる.
be·ei·digt [ベアイディヒト] 形 [官]宣誓した.
be·ei·len [ベアイレン] 動 h. **1.** ⟨sich⁴+⟨et⁴⟩ヲ⟩急ぐ. **2.** ⟨sich⁴+zu ⟨動⟩ヲ⟩ためらわずにする.
die **Be·ei·lung** [ベアイルング] 名 -/ (次の形で)Etwas ～! 少し急いで.
be·ein·dru·cken [ベアインドるッケン] 動 h. ⟨j⁴⟩ニ強い印象を与える,感銘を与える,(…を)感動させる.
be·ein·flus·sen [ベアインふルッセン] 動 h. ⟨j⁴/et⁴⟩ニ影響を及ぼす.
die **Be·ein·flus·sung** [ベアインふルッスング] 名 -/-en 影響,感化,左右.
be·ein·träch·ti·gen [ベアイントれヒティゲン] 動 h. **1.** ⟨j⁴⟩ニ+in ⟨et³⟩ヲ妨げる(行動・行為を),損なう(自由・権利・感情などを). **2.** ⟨et⁴⟩ヲ妨げる;低下させる(能力・価値などを).
(*der*) **Be·el·ze·bub** [béːl... ベールツェブーブ, beʔél... ベエルツェブーブ] 名 [新約]ベルゼブブ,ベルゼブル(悪魔の長): den Teufel mit(durch) ～ austreiben 小難を逃れんとして大難を招く. **2.** [旧約]バアルゼブブ(ペリシテ人の神).
be·en·den [ベエンデン] 動 h. ⟨et⁴⟩ヲ終らせる,終える.
be·en·di·gen [ベエンディゲン] 動 h. =beenden.
die **Be·en·di·gung** [ベエンディグング] 名 -/ =Beendung.
die **Be·en·dung** [ベエンドゥング] 名 -/ 終了,終結.
be·en·gen [ベエンゲン] 動 h. ⟨j⁴/et⁴⟩ヲ窮屈にする,(…に)狭苦しい(窮屈な)感じを与える,狭める(空間・行動範囲などを).
die **Be·engt·heit** [ベエングトハイト] 名 -/ 窮屈,狭苦しさ.
be·er·ben [ベエーるベン] 動 h. ⟨j⁴⟩ノ遺産を相続する;《転》跡目をつぐ.
be·er·di·gen [ベエーるディゲン] 動 h. ⟨j⁴⟩ヲ埋葬する.
die **Be·er·di·gung** [ベエーるディグング] 名 -/-en 埋葬,葬式.【慣用】Beerdigung erster Klasse (口)大失敗,派手な最後. auf der falschen Beerdigung sein (口)場違いである;思い違いをしている.
das **Be·er·di·gungs·in·sti·tut** [ベエーるディグングス・インスティトゥート] 名 -(e)s/-e 葬儀社.
die **Be·er·di·gungs·ko·sten** [ベエーるディグングス・コステン] 複名 -(e)s/-e 葬儀費用.
die **Bee·re** [ベーれ] 名 -/-n 漿果(しょうか),ベリー.
die **Bee·ren·aus·le·se** [ベーれン・アウス・レーゼ] 名 -/ **1.** ブドウ粒を選び出すこと. **2.** ベーレンアウスレーゼ(粒選りの特上ワイン).
das **Bee·ren·obst** [ベーれン・オープスト] 名 -es/ 漿果(しょうか),ベリー(イチゴ・ブルーベリーなど).
der **Bee·ren·tang** [ベーれン・タング] 名 -(e)s/-e ホンダワラ属の海藻.
der **Bee·ren·wein** [ベーれン・ヴァイン] 名 -(e)s/-e ベリーの果実酒.

das **Beet** [ベート] [名] -(e)s/-e 苗床, 花壇.

(*der*) **Beet·ho·ven** [..fən ベートホーふぇン] [名] 〚人名〛ベートーヴェン(Ludwig van ~, 1770-1827, 作曲家).

be·fä·hi·gen [べふぇーイゲン] [動] *h.* 〔〈j⁴〉ニ+zu〈[動]〉スル/zu〈et³〉ヲスル〕能力〔資格・権能〕を与える.

be·fä·higt [べふぇーイヒト] [形] 〔(zu〈et³〉ノ)〕能力のある;(…に)適した: zu der Bewältigung der Aufgaben ~ sein その課題をこなす力がある.

die **Be·fä·hi·gung** [べふぇーイグング] [名] -/-en 資格, 能力, 技能: eine ~ zu einem Amt (官)職に就く資格.

der **Be·fä·hi·gungs·nach·weis** [べふぇーイグングス・ナーは・ヴァイス] [名] -es/-e 〚官〛資格証明(書).

be·fahl [べふぁール] [動] befehlen の過去形.

be·fäh·le [べふぇーレ] [動] befehlen の接続法 2 式.

be·fahr·bar [べふぁーあ・バーあ] [形] 通行〔航行〕可能な.

be·fah·ren[1]* [べふぁーれン] [動] *h.* **1.** 〔〈et⁴〉ヲ〕通行する, 走る, 航行する(乗り物が・乗り物で). **2.** 〔〈et⁴〉ニ+mit〈et³〉ヲ〕車で(走りながら)まく. **3.** 〔〈et⁴〉ニ〕〚鉱〛入る(坑道に).

be·fah·ren[2] [べふぁーれン] [形] **1.** 〚海〛航海の経験を積んだ. **2.** 〚狩〛獣の住んでいる. **3.** 車〔船〕の往来の多い.

der **Be·fall** [べふぁル] [名] -(e)s/ 病虫害.

be·fal·len* [べふぁレン] [動] *h.* 〔〈j⁴/et⁴〉ヲ〕(不意に)襲う(不快な感情・生理現象・病気などが);(…に)つく(植物などに害虫などが).

be·fan·gen [べふぁンゲン] [形] **1.** 気後れした, おずおずした. **2.** 先入観〔偏見〕のある;〚法〛不公正な. **【慣用】in 〈et³〉 befangen sein** 《文》〈事に〉とらわれている.

die **Be·fan·gen·heit** [べふぁンゲンハイト] [名] -/ わだかまり, 気後れ;偏見, 予断,〚法〛不公正.

be·fas·sen [べふぁっセン] [動] *h.* **1.** 〔sich⁴+mit〈j³/et³〉ト〕取組む, (…に)従事する;(…の)相手になる. **2.** 〔〈j⁴〉ニ+mit〈et³〉ヲ〕〚官〛委託する;(…を…に)携わらせる.

be·feh·den [べふぇーデン] [動] *h.*〔〈j⁴/et⁴〉ヲ〕《文》攻撃する;〚史〛(…に)私闘を挑む;(〈j⁴〉が相互代名詞 sich⁴ の場合)相争う.

der **Be·fehl** [べふぇール] [名] -(e)s/-e **1.** 命令, 指令;〚コンピュータ〛コマンド: der ~ zum Angriff 攻撃命令. auf ~ 〈et⁴〉 tun 命令で〈事を〉する. **2.** 指揮(権): den ~ über 〈et⁴/j⁴〉 haben 〈人・物・事の〉指揮権がある. unter 〈j²〉 ~ stehen 〈人の〉指揮下にいる. **【慣用】Zu Befehl!** 〚軍〛かしこまりました.

be·feh·len* [べふぇーレン] [動] er befiehlt; befahl; hat befohlen **1.** 〔(〈j³〉ニ)+〈et⁴〉ヲ/zu〈[動]〉スルヨウニ〕命じる. **2.** 〔〈j⁴/et⁴〉ニ+〈方向〉へ〕行く〔来る〕ように命じる, (…を)持ってこさせる. **3.** 〔〈j⁴/et⁴〉ニ/über〈j⁴/et⁴〉ニ〕指揮権を持っている. **4.** 〔〈j³/et³〉ニ+〈j⁴/et⁴〉ヲ〕《文・古》委(ゆだ)ねる. **【慣用】Gott befohlen!** ではご無事で. **Wie Sie befehlen!** 仰せのように致します(気取って).

be·feh·lend [べふぇーレント] [形] 命令的な, 高飛車な.

be·feh·le·risch [べふぇーレりシュ] [形] 命令するような, 高圧的な.

be·feh·li·gen [べふぇーリゲン] [動] *h.* 〔〈j⁴/et⁴〉ヲ〕〚軍〛指揮する(部隊・出撃などを).

die **Be·fehls·aus·ga·be** [べふぇールス・アウス・ガーベ] [名] -/-n 〚軍〛命令通達.

der **Be·fehls·be·reich** [べふぇールス・べらイひ] [名] -(e)s/-e 〚軍〛命令〔指揮権〕の及ぶ範囲.

der **Be·fehls·emp·fang** [べふぇールス・エムプふぁング] [名] -(e)s/..fänge 命令の受理.

die **Be·fehls·form** [べふぇールス・ふぉるム] [名] -/-en 〚言〛命令法.

be·fehls·ge·mäß [べふぇールス・ゲメース] [形] 命令どおりの〔に〕.

die **Be·fehls·ge·walt** [べふぇールス・ゲヴァルト] [名] -/ 指揮権.

der **Be·fehls·ha·ber** [べふぇールス・ハーバー] [名] -s/- 〚軍〛司令官.

be·fehls·ha·be·risch [べふぇールス・ハーベりシュ] [形] = befehlerisch.

der **Be·fehls·not·stand** [べふぇールス・ノート・シュタント] [名] -(e)s/..notstände 〚法〛命令強迫((モラルに反した)命令に従わざるをえない状態).

der **Be·fehls·ton** [べふぇールス・トーン] [名] -(e)s/ 命令調.

die **Be·fehls·ver·wei·ge·rung** [べふぇールス・ふぇあヴァイゲるング] [名] -/-en 命令拒否.

be·fehls·wid·rig [べふぇールス・ヴィードりひ] [形] 命令に違反した, 命令違反の.

be·fes·ti·gen [べふぇスティゲン] [動] *h.* **1.** 〔〈et⁴〉ヲ+(an〈et³〉ニ)〕固定する. **2.** 〔〈et⁴〉ヲ〕(補強して)強固にする(防波堤・道路などを);(…の)防備を固める(都市・国境などの). **3.** 〔〈et⁴〉ヲ〕確かなものにする, ゆるぎないものにする(名声・友情・権威などを). **4.** 〔sich⁴〕固まる, 強固になる, 安定する(地位・身分などが).

die **Be·fes·ti·gung** [べふぇスティグング] [名] -/-en **1.** (主に[単])固定;強化;ゆるぎないもの〔確実〕にすること;防御施設の建設〔改造〕. **2.** 防御施設.

die **Be·fes·ti·gungs·an·la·ge** [べふぇスティグングス・アン・ラーゲ] [名] -/-n 防御〔防備〕施設.

be·feuch·ten [べふぉイひテン] [動] *h.* 〔〈et⁴〉ヲ〕湿らせる, (少し)ぬらす.

be·feu·ern [べふぉイあーン] [動] *h.* **1.** 〔〈j⁴〉ヲ〕《文》鼓舞する. **2.** 〔〈et⁴〉ニ〕火を入れる(暖房・ボイラーなどに). **3.** 〔〈et⁴〉ニ〕〚海・空〛灯火標識を設置する(航路・滑走路・浅瀬などに). **4.** 〔〈et⁴〉ヲ〕砲撃する. **5.** 〔〈j⁴/et⁴〉ニ+mit〈et³〉ヲ〕《口》投げつける.

das **Beff·chen** [べふひぇン] [名] -s/- たれ襟飾り.

be·fiehl! [べふぃール] [動] befehlen の du に対する命令形.

be·fiehlst [べふぃールスト] [動] befehlen の現在形 2 人称単数.

be·fiehlt [べふぃールト] [動] befehlen の現在形 3 人称単数.

be·fin·den* [べふぃンデン] [動] *h.* **1.** 〔sich⁴+〈場所〉ニ〕いる, ある. **2.** 〔sich⁴+in〈et³〉ニ〕《文》ある(ある外的・内的状態に). **3.** 〔sich⁴+〈[形]〉ノ〕《文》気分〔体調・具合〕である. **4.** 〔〈j⁴/et⁴〉ヲ+für〔als〕〈[形]〉ト〕《文》見なす. **5.** 〔〈[文]〉デアルト〕《文》断言する, 表明する. **6.** 〔über〈j⁴/et⁴〉ニツイテ〕(主に〚官〛)判断を下す, 決定する.

das **Be·fin·den** [べふぃンデン] [名] -s/ **1.** 健康状態, 体調, 容態. **2.** 《文》判断, 考え: nach meinem ~ 私の思うに.

be·find·lich [べふぃントりひ] [形] 《硬》 **1.** 〔〈場所〉ニ〕ある: die im Archiv ~*en* Dokumente 資料保管所に存在する文書. **2.** 〔〈様態〉ニ〕ある: das in Kraft ~*e* Gesetz 効力を有する法律.

be·fin·gern [べふぃンガーン] [動] *h.* 〔〈et⁴〉ヲ〕《口》(ためすように)指で触れる.

be·flag·gen [べふラッゲン] [動] *h.* 〔〈et⁴〉ニ〕旗を掲げる〔飾る〕(建物・船・窓などに).

be·fle·cken [べふレッケン] [動] *h.* **1.** 〔〈et⁴〉ニ〕染みをつける(衣服などに). **2.** 〔〈et⁴〉ヲ〕汚す(名誉・名声などを).

be·flei·ßi·gen [べふライスィゲン] [動] *h.* 〔sich⁴+〈et²〉ニ/zu〈[動]〉スルヨウ〕《文》専心努力する, 努める.

be·flie·gen* [べふリーゲン] [動] *h.* **1.** 〔〈et⁴〉ヲ〕飛ぶ: eine Strecke ~ ある区間を飛ぶ. eine viel

beflissen 146

beflogene Linie 飛行の多い航空路. **2.**〔植〕飛来して受粉させる(ハチなどが花に).

be·flis·sen [ベフリッセン] 形〔〈et²〉=/um〈et⁴〉=〕《文》(異常に)熱意のある,打込んでいる,努めている; 努めて,わざと.

die **Be·flis·sen·heit** [ベフリッセンハイト] 名 -/ 熱心, 勤勉.

be·flis·sent·lich [ベフリッセントリヒ] 形 =geflissentlich.

be·flü·geln [ベフリューゲルン] 動 h.《文》**1.**〔〈j⁴〉+(zu〈et³〉)〕駆立てる,奮い立たせる. **2.**〔〈et⁴〉〕駆立てる(精神・空想力などを);速めさせる(足・歩行を).

be·flü·gelt [ベフリューゲルト] 形 翼のある.

be·flu·ten [ベフルーテン] 動 h.〔〈et⁴〉〕水びたしにする(満潮などが岸辺などを).

be·föh·le [ベフェーレ] 動 befehlen の接続法2式.

be·foh·len [ベフォーレン] 動 befehlen の過去分詞.

be·fol·gen [ベフォルゲン] 動 h.〔〈et⁴〉〕従う,従って行動する(命令・規則・忠告などに).

be·för·dern [ベフェルデルン] 動 h.〔〈et⁴〉〕**1.** 運ぶ,輸送する,運搬する(さまざまな輸送手段で〔で〕):〈j⁴〉ins Freie ~〔転〕〈人〉を追っ払う. **2.**〔〈j⁴〉=+(zu〈et³〉)〕〈人〉を〔昇任・昇格〕させる. **3.**〔〈et⁴〉〕助長する,促進する.

die **Be·för·de·rung** [ベフェルデルング] 名 -/-en **1.** 運ぶ,運送,輸送. **2.** 昇進,昇任,昇格.

die **Be·för·de·rungs·be·din·gun·gen** [ベフェルデルングス・ベディングンゲン] 複数 (運送業者が提示する)運送条件.

die **Be·för·de·rungs·kos·ten** [ベフェルデルングス・コステン] 複数 運送費,輸送費,運賃.

das **Be·för·de·rungs·mit·tel** [ベフェルデルングス・ミッテル] 名 -s/- 輸送機関(手段),交通機関.

be·frach·ten [ベフラハテン] 動 h.〔〈et⁴〉=+(mit〈et³〉)〕荷積みする(船・車などに):〔転〕詰込む.

der **Be·frach·ter** [ベフラハター] 名 -s/- 用船主;荷主.

be·frackt [ベフラックト] 形 燕尾(ぉ")服を着た.

be·fra·gen [ベフラーゲン] 動 h. **1.**〔〈j⁴〉〕(いろいろ)質問する,問いただす(専門家・当事者などに). **2.**〔〈et⁴〉〕《古》占いのカードなどを運行なわせる): das Orakel ~ 神のお告げを聞く. **3.**〔sich⁴+(bei〈j³〉)=+(über〈et⁴〉ニイテ/nach〔in〕〈et³〉)〕《古》問合せる,相談する(専門家に).

die **Be·fra·gung** [ベフラーグング] 名 -/-en 質問,問合せ,照会;〔社〕アンケート調査.

be·frei·en [ベフライエン] 動 h. **1.**〔〈j⁴〉=+(von〔aus〕〈j³/et³〉カラ)〕解放する,救い出す. **2.**〔〈j⁴/et⁴〉=+von〈et³〉〕取除く(汚れ・痛み・不安などを); 免除する(兵役などを). **3.**〔sich⁴+von〈et³〉〕脱する,克服する(ジレンマ・偏見などを).

der **Be·frei·er** [ベフライアー] 名 -s/- 解放者,救済〔救助〕者.

die **Be·frei·ung** [ベフライウング] 名 -/-en 解放,救出,免除.

der **Be·frei·ungs·krieg** [ベフライウングス・クリーク] 名 -(e)s/-e 民族解放戦争,(複のみ)〔史〕解放戦争(1813-15年の対ナポレオン戦争).

be·frem·den [ベフレムデン] 動 h.〔〈j⁴〉〕違和感〔奇異な感じ〕を与える,(異様さ・奇怪さで)不快感〔不審の念・反感〕を与える.

das **Be·frem·den** [ベフレムデン] 名 -s/ 不審の念, 奇異の感.

be·frem·dend [ベフレムデント] 形 奇異な感を与える.

be·fremd·lich [ベフレムトリヒ] 形《文》奇異な.

be·freun·den [ベフロインデン] 動 h. **1.**〔sich⁴+mit〈j³〉〕親交を結ぶ,友達になる. **2.**〔相互代名詞 sich⁴〕お互いに親しく〔友達に〕なる. **3.**〔sich⁴+mit〈et³〉=〕なじむ,慣れる(他人の考え・新しい流行などに).

be·freun·det [ベフロインデト] 形〔(mit〈j³〉)〕親しい,仲のよい:die ~en Staaten 友好国.

be·frie·den [ベフリーデン] 動 h. **1.**〔〈j⁴/et⁴〉〕《文》平和にする,平定する(国を);《古》落着かせる(人・気持などを). **2.**〔〈et⁴〉〕《古》〈土地〉に囲いをする.

be·frie·di·gen [ベフリーディゲン] 動 h. **1.**〔〈j⁴/et⁴〉〕満足させる,満たす(要求・願望などを),かなえてやる(希望を),いやす(飢え・渇きを),(人に)充実感を与える(仕事・生活などが). **2.**〔[古]〕満足〔納得〕の行くものである(業績・解決法などが).

be·frie·di·gend [ベフリーディゲント] 形 満足できる:(ドイツ・旧東独・オーストリアの成績の)良〔3〕.

die **Be·frie·di·gung** [ベフリーディグング] 名 -/ 満足させること(感);満足;(債務者への)弁済.

be·fris·ten [ベフリステン] 動 h.〔〈et⁴〉〕期限をつける.

be·fruch·ten [ベフルフテン] 動 h. **1.**〔〈j⁴〉〕〕受精させる,受粉させる,受胎させる;豊穣にする(土地・畑などを). **2.**〔〈j⁴/et⁴〉〕生産的な〔有益な〕刺激を与える.

be·fruch·tend [ベフルフテント] 形 実りをもたらす,生産的な,有効な.

die **Be·fruch·tung** [ベフルフトゥング] 名 -/-en 受精,受胎,受粉,結実;〔転〕有益な刺激を与えること: eine künstliche ~ 人工受精.

be·fu·gen [ベフーゲン] 動 h.〔〈j⁴〉=+(zu〈et³〉スル/zu〈et³〉ツゥアル)〕資格〔権限・許可〕を与える.

die **Be·fug·nis** [ベフークニス] 名 -/-se 権限,権能,資格: die ~ zu〔et³〕haben 〈事を〉する権限がある.

be·fugt [ベフークト] 形〔(zu 動 スル/zu〈et³〉)〕権限〔資格〕がある: Er ist ~, darüber zu entscheiden. 彼にはその決定権がある.

be·füh·len [ベフューレン] 動 h.〔〈et⁴〉〕触って調べる(布地・身体の痛む箇所などを).

be·fum·meln [ベフメルン] 動 h.《口》**1.**〔〈et⁴〉〕触って調べる,いじる(商品などを). **2.**〔〈j⁴〉〕身体を触って調べる(身体検査などで);身体に触る(性的興味から). **3.**〔〈et⁴〉〕やってのける(困難な仕事などを),片づける(用件を).

der **Be·fund** [ベフント] 名 -(e)s/-e (調査)結果,判定,所見: ohne ~〔医〕異状なし(略 o. B.).

be·fürch·ten [ベフュルヒテン] 動 h.〔〈et⁴〉/〈daß〉デアルコト〕恐れる,懸念する.

die **Be·fürch·tung** [ベフュルヒトゥング] 名 -/-en 危惧, 懸念.

be·für·wor·ten [ベフューアヴォルテン] 動 h.〔〈et⁴〉〕支援〔支持〕する,とりなす(隊情・昇進・政策などを).

die **Be·für·wor·tung** [ベフューアヴォルトゥング] 名 -/-en 支援,斡旋,推薦,支持.

der **Beg** [ベック,ベーク] 名 -(e)s/-s ベイ(トルコで高位・高官の称号);(かつてオスマン帝国の)地方長官.

be·ga·ben [ベガーベン] 動 h.〔〈j⁴〉=+mit〈et³〉〕《文》与える(分別・権利などを).

be·gabt [ベガープト] 形〔für〈et⁴〉/〈形〉+〕才能がある: für Kunst〔künstlerisch〕~ sein 芸術の才能がある.

der/die **Be·gab·te** [ベガープテ] 名 (形容詞的変化) 才能〔天分〕のある人,英才.

die **Be·gab·ten·för·de·rung** [ベガープテン・フェルデルング] 名 -/ 育英(事業).

die **Be·gab·ten·prü·fung** [ベガープテン・プリューフング] 名 -/-en 能力試験(大検のようなもの).

die **Be·ga·bung** [ベガーブング] 名 -/-en 才能,天分,英才: eine ~ für〈et⁴〉haben〈事の〉才能がある. ~ zum Dichter haben 詩人の才能がある.

be·gaf·fen [ベガッふェン] 動 h.〔〈j⁴/et⁴〉〕《口》ぽかんと見もる.

be·gan·gen [ベガンゲン] 形 人通りのある.
das **Be·gäng·nis** [ベゲングニス] 名 -ses/-se **1.** 《文・古》葬儀. **2.** 《方》にぎわい.
be·gann [ベガン] 動 beginnen の過去形.
be·gän·ne [ベゲネ] 動 beginnen の接続法2式.
be·ga·sen [ベガーゼン] 動 h.〔et⁴〕《農》有毒ガスで駆除する、燻蒸(ん)する(巣穴などを).
be·gat·ten [ベガッテン] 動 h. **1.** 〔et⁴〕交尾する(雄が雌と),交接する. **2.**〔sich⁴〕つるむ,交尾する,交接する(雄と雌が).
die **Be·gat·tung** [ベガットゥング] 名 -/-en 交尾,性交.
das **Be·gat·tungs·or·gan** [ベガットゥングス・オるガーン] 名 -s/-e 生殖器官.
be·gau·nern [ベガウナーン] 動 h.〔j⁴〕《口》だます.
be·ge·ben* [ベゲーベン] 動 h. **1.**〔sich⁴+〈方向〉へ〕《文》赴く: sich⁴ auf den Heimweg ~ 帰途に着く. sich⁴ in ärztliche Behandlung ~ 医者にかかる. sich⁴ zu Bett〔zur Ruhe〕~ 床に就く. **2.**〔sich⁴+an〈et³〉〕《文》始める,(…に)とりかかる. **3.**〔sich⁴〕《文》起こる,生じる. **4.**〔sich⁴+〈et²〉〕《文》断念〔放棄〕する(権利・可能性・利益などを). **5.**〔et⁴〕《銀行》発行する(有価証券などを).
die **Be·ge·ben·heit** [ベゲーベンハイト] 名 -/-en《文》出来事,事件.
das **Be·geb·nis** [ベゲープニス] 名 -ses/-se《文・古》= Begebenheit.
be·geg·nen [ベゲーグネン] 動 s. **1.**〔j³/et³〕(偶然)(出)会う,遭遇する. **2.**〔j³〕起こる. **3.**〔j³〕=+〈様態〉〔態度で〕《文》接する. **4.**〔et³〕=+〈様態〉〔ように〕《文》対処する,(…に)防ぐ. **5.**〔相互代名詞 sich³+in〈et³〉〕一致する. **6.**〔et³〕=+〈場所〉デ/〈時点〉=〕出会う: Dieser Ansicht kann man gelegentlich ~. この見解はときどき耳にする. 〔et³〕=〈場所〉=/〈時点〉=〕《文》出てくる: Diese Ansicht *begegnet* in seinem Werk. この見解は彼の作品の中に出てくる.
die **Be·geg·nung** [ベゲーグヌング] 名 -/-en 出会い,遭遇;試合.
be·geh·bar [ベゲー・バー] 形 通行できる.
be·ge·hen* [ベゲーエン] 動 h. **1.**〔et⁴〕歩く,歩いて行く(橋などを);パトロールする(国境・線路などを). **2.**〔et⁴〕行う,犯す(愚行・悪事を);《文》挙行する,祝う(祝典などを): Selbstmord ~ 自殺する.
das〔*der*〕**Be·gehr** [ベゲーる] 名 -s/《文》= Begehren.
be·geh·ren [ベゲーれン] 動 h.《文》 **1.**〔j³/et⁴〕欲する,切望する(…の獲得・達成を). **2.**〔zu〈動〉スルコトヲ〕欲する. **3.**〔et³〕請い求める(許可などを).
das **Be·geh·ren** [ベゲーれン] 名 -s/-(主に⊕)《文》切望,願望;要求.
be·geh·rens·wert [ベゲーれンス・ヴェーあト] 形 求めるに価値がある,望ましい.
be·gehr·lich [ベゲーありヒ] 形《文》物欲しげな.
die **Be·gehr·lich·keit** [ベゲーあリヒカイト] 名 -/-en 貪欲(ぶん),欲望;願望.
be·gehrt [ベゲーあト] 形 人気のある;需要のある.
be·gei·fern [ベガイフェーン] 動 h. **1.**〔j⁴/et⁴〕口汚くののしる(けなす);毀損(損)する(名誉を). **2.**〔j⁴/et⁴〕〔樽〕口から吹き飽〔よだれ〕で汚す.
be·geis·tern [ベガイスターン] 動 h. **1.**〔j⁴/et⁴〕感激させる,うっとりさせる. **2.**〔j⁴〕+für〈et⁴〉=〕熱中させる. **3.**〔sich⁴+von〈et³〉〕感銘を覚える. **4.**〔sich⁴+für〈et⁴〉=〕興味を抱く,熱中する.
be·geis·tert [ベガイスタート] 形 熱狂的な,感激した.
die **Be·geis·te·rung** [ベガイステるング] 名 -/ 感激,熱狂: seine ~ über〈j⁴/et⁴〉ausdrücken〈人・物

事への〉彼の感動を示す. mit ~ 夢中で.
die **Be·gier** [ベギーあ] 名 -/ 《文》= Begierde.
die **Be·gier·de** [ベギーあデ] 名 -/-n 欲望,熱望;肉欲: ~ nach Macht 権力欲.
be·gie·rig [ベギーりヒ] 形 〔auf〈et⁴〉ヲ〕切望〔熱望〕した;〔…に〕熱心な.
be·gie·ßen* [ベギーセン] 動 h. **1.** 〔j⁴/et⁴〕=+(mit〈et³〉)〕注ぐ: Blumen(mit Wasser) ~ 花に水をやる. Er stand da wie *begossen*.《口》彼はあっけにとられて立っていた. **2.**〔et⁴〕《口》祝って飲む.
die **Be·gi·ne** [ベギーネ] 名 -/-n ベギン会修道女(中世に創設された半俗の修道会).
der **Be·ginn** [ベギン] 名 -(e)s/ 始まり,開始,発端;初期: am〔bei/zu〕 ~ 初めに.
be·gin·nen* [ベギネン] 動 begann; hat begonnen **1.**〔et⁴〕/mit〈et³〉/zu〈動〉スルコトヲ〕始める,(…に)取りかかる. **2.**〔et⁴〕《慣》始まる(授業などが). **3.**〔〈場所〉デ/=〈et³〉デ〕始まる: Hier *beginnt* die Mozartstraße. ここからがモーツァルト通りである.【慣用】**Was soll ich nun damit beginnen ?** これをどうしたらよいか. **Was willst du nun beginnen ?** 君はこれから何をするつもりだ.
das **Be·gin·nen** [ベギネン] 名 -s/《文》行為,行動;企て;努力.
be·glän·zen [ベグレンツェン] 動 h.〔j⁴/et⁴〕《詩》照り輝かす.
be·glau·bi·gen [ベグラウビゲン] 動 h. **1.**〔et⁴〕ヲ公証する,認証する(文書などを). **2.**〔j⁴〕ヲ+bei〈et³〉〕信任状を与えて派遣する(大使などをある国に).
be·glau·bigt [ベグラウビヒト] 形 認証〔証明〕された;信任された.
die **Be·glau·bi·gung** [ベグラウビグング] 名 -/-en **1.** 証明,認証. **2.** 信任(状).
das **Be·glau·bi·gungs·schrei·ben** [ベグラウビグングス・シュらイベン] 名 -s/-(外交官などの)信任状.
be·glei·chen* [ベグライヒェン] 動 h.〔et⁴〕《商》支払う(勘定・借金を),片づける(問題などを).
die **Be·gleit·adres·se** [ベグライト・アドれッセ] 名 -/-n = Begleitschein.
der **Be·gleit·brief** [ベグライト・ブリーふ] 名 -(e)s/-e 添え状,添え書,送り状.
be·glei·ten [ベグライテン] 動 h. **1.**〔j⁴/et⁴〕=+〈方向〉=〕同行する,つき添って行く(来る);(…を)護衛〔護送〕する. **2.**〔j⁴/et⁴〕=〕《文》付いて回る(幸運などが),つきまとう(不快な事が). **3.**〔et⁴〕=+mit〈et³〉〕《文》つけ加える(コメントなどを). **4.**〔j⁴/et⁴〕《楽》伴奏をする.
der **Be·glei·ter** [ベグライター] 名 -s/- **1.** 同行者,同伴者,お供,随員;護衛;《婉》愛人. **2.** 伴奏者.
die **Be·glei·ter·schei·nung** [ベグライト・エあシャイヌング] 名 -/-en 付随〔随伴〕現象.
das **Be·gleit·flug·zeug** [ベグライト・ふルーク・ツォイク] 名 -(e)s/-e いっしょについて飛ぶ飛行機;護衛機.
die **Be·gleit·mann·schaft** [ベグライト・マンシャふト] 名 -/-en 護衛隊.
das **Be·gleit·pa·pier** [ベグライト・パピーあ] 名(主に⊕) -s/-e(荷物の)添付書類.
der **Be·gleit·schein** [ベグライト・シャイン] 名 -(e)s/-e 通関証.
das **Be·gleit·schiff** [ベグライト・シふ] 名 -(e)s/-e いっしょについて航行する船;護衛艦.
das **Be·gleit·schrei·ben** [ベグライト・シュらイベン] 名 -s/-= Begleitbrief.
die **Be·gleit·stim·me** [ベグライト・シュティメ] 名 -/-n《楽》伴奏声部.
der **Be·gleit·um·stand** [ベグライト・ウム・シュタント] 名

-(e)s/..umstände 《主に®》付随状況.
die Be·glei·tung [ベグライトゥング] 名 -/-en **1.** 同伴, 同行; in ~ seines Sohnes. 彼の息子を伴って. **2.** 同伴者, 同行者, お供, 随員; 護衛. **3.** 伴奏; 伴奏曲, 伴奏部(パート).
die Be·gleit·wor·te [ベグライト・ヴォルテ] 複名 (送付品の)添え状の文句(文面).
be·glot·zen [ベグロッツェン] 動 h. 〔j⁴/et⁴ッ〕《口》じっと見つめる;(j⁴が相互代名詞sich⁴の場合)互いにじっと見つめ合う.
be·glü·cken [ベグリュッケン] 動 h. 〔j⁴ッ+(mit〈et³ッ〉)〕《文》幸せにする, 喜ばせる.
be·glück·wün·schen [ベグリュック・ヴュンシェン] 動 h. 〔j⁴ッ=+zu〈et³ッ〉〕お祝いを言う;(j⁴が相互代名詞sich⁴の場合)お互いにお祝いを述べる.
die Be·glück·wün·schung [ベグリュック・ヴュンシュング] 名 -/-en 祝いの言葉, 祝辞;祝賀.
be·gna·den [ベグナーデン] 動 h. 〔j⁴ッ=+(mit〈et³ッ〉)〕《文》恵む, 授ける.
be·gna·det [ベグナーデット] 形 天賦の才に恵まれた.
be·gna·di·gen [ベグナーディゲン] 動 h. 〔j⁴ッ=〕恩赦を与える.
die Be·gna·di·gung [ベグナーディグング] 名 -/-en 恩赦.
das Be·gna·di·gungs·ge·such [ベグナーディグングス・ゲズーフ] 名 -(e)s/-e 恩赦の請願.
das Be·gna·di·gungs·recht [ベグナーディグングス・レヒト] 名 -(e)s/-e 恩赦権.
be·gnü·gen [ベグニューゲン] 動 h. **1.** 〔sich⁴+mit〈et³ッ〉〕満足する, (…に)甘んじる. **2.** 〔sich⁴+(mit〈et³ッ〉)〕我慢する.
die Be·go·nie [ベゴーニエ] 名 -/-n〔植〕ベゴニア.
be·gön·ne [ベゲネ] 動 beginnen の接続法2式.
be·gon·nen [ベゴネン] 動 beginnen の過去分詞.
be·gön·nern [ベゲナーン] 動 h. 〔j⁴ッ〕ひいきにする, 後援する;(パトロンぶって)恩きせがましく扱う.
be·gos·sen [ベゴッセン] 形 《次の形で》wie ~ (ein ~er Pudel)ひどくあっけにとられて;恥じ入って.
be·gra·ben* [ベグラーベン] 動 h. **1.** 〔j⁴/et³ッ〕埋葬する;《古》地中に隠す(宝物などを). **2.** 〔et⁴ッ〕断念する(希望などを); 胸に葬る(事件などを); 胸に秘める(秘密などを). **3.** 〔j⁴/et³ッ=+unter〈et³ッ〉〕下敷にする, (…の下に)生埋めにする(雪崩・倒壊した家屋などが).【慣用】Damit kannst du dich begraben lassen.《口》そんなことはやめるとしなさい. Du kannst dich begraben lassen.《口》君はものの役にも立たない.
das Be·gräb·nis [ベグレープニス] 名 -ses/-se 埋葬, 葬式, 埋葬地;《稀》墓地.
die Be·gräb·nis·stät·te [ベグレープニス・シュテッテ] 名 -/-n《文》埋葬地, 墓所.
be·gra·di·gen [ベグラーディゲン] 動 h. 〔et⁴ッ〕真っすぐにする(川・道などを).
be·grei·fen* [ベグライフェン] 動 h. **1.** 〔j⁴/et⁴ッ〕《父》〔デトルエルッ〕理解する, 把握する, 分る. **2.** 〔et⁴ッ〕(状態に)理解する. **3.** 〔方〕触る;触って調べる.【慣用】Es begreift sich, dass ... …のことは明らかである. 〔et⁴ッ in sich begreifen〕《古》〈事ッ〉含む.
be·greif·lich [ベグライフリヒ] 形 理解しうる, もっともな.
be·greif·li·cher·wei·se [ベグライフリヒャー・ヴァイゼ] 副 《文脈》当然の(事ながらの).
be·gren·zen [ベグレンツェン] 動 h. **1.** 〔et⁴ッ〕境(境界)になる. **2.** 〔et⁴ッ=+(auf〈et⁴ッ〉)〕制限する[限定する](スピード・時間などを).
be·grenzt [ベグレンツト] 形 制限された, 限られた.
die Be·gren·zung [ベグレンツング] 名 -/-en 制限, 限定;境界.
der Be·gren·zungs·fak·tor [ベグレンツングス・ファクトーア]

der Be·griff [ベグリフ] 名 -(e)s/-e **1.** 概念. **2.** 理解(力), 考え, 観念, 想像; sich³ einen ~ von〈et³〉machen〈et³〉を想像[理解]する.【慣用】〈et⁴〉auf den Begriff bringen〈事を〉正確に言いあらわす[言いあてる].(〈j³〉) ein Begriff sein《〈人に〉》知られている. im Begriff sein(stehen),〈et³〉zu tun〈事を〉今まさにしようとしている. schwer von Begriff sein《口》理解が遅い.
be·grif·fen [ベグリッフェン] 形 《様態ッ》最中の: der in der Entwicklung ~e Plan 進行中のプラン. mitten in der Vorbereitung ~ sein 準備の真っ最中である. auf der Reise ~ sein 旅行中である.
be·griff·lich [ベグリフリヒ] 形 概念的な, 抽象〔観念〕的な.
die Be·griffs·be·stim·mung [ベグリフス・ベシュティムング] 名 -/-en 概念規定, 定義.
die Be·griffs·bil·dung [ベグリフス・ビルドゥング] 名 -/-en 概念構成.
der Be·griffs·in·halt [ベグリフス・イン・ハルト] 名 -(e)s/-e 概念の内容, (概念の)内包.
be·griffs·stut·zig [ベグリフス・シュトゥッツィヒ] 形《蔑》のみ込みの悪い.
das Be·griffs·ver·mö·gen [ベグリフス・フェァメーゲン] 名 -s/ 理解力.
die Be·griffs·ver·wir·rung [ベグリフス・フェァヴィルング] 名 -/-en 概念の混乱.
be·grün·den [ベグリュンデン] 動 h. **1.** 〔et⁴ッ〕基礎を作る, (…を)築く. **2.** 〔et⁴ッ=+(mit〈et³ッ〉)〕根拠[理由]をあげる. **3.** 〔sich⁴+in〈et³ッ〉/aus〈et³ッ〉〕説明がつく, (…の)理由である.
der Be·grün·der [ベグリュンダー] 名 -s/- 創始〔創設・創立〕者.
be·grün·det [ベグリュンデット] 形 根拠のある.【慣用】durch〈et⁴〉begründet sein〈事に〉よって根拠づけられている. in〈et³〉begründet sein[liegen]〈事に〉その根拠がある.
die Be·grün·dung [ベグリュンドゥング] 名 -/-en **1.** 根拠づけ, 理由づけ; eine ~ für〈et⁴〉anführen〈事の〉根拠をあげる. **2.** 設立, 創始.
der Be·grün·dungs·satz [ベグリュンドゥングス・ザッツ] 名 -es/..sätze〔言〕原因文.
be·grü·nen [ベグリューネン] 動 h. **1.** 〔et⁴ッ〕緑で覆う, 緑化する. **2.** 〔et⁴ッ=+mit〈et³ッ〉〕植える(庭に芝生・樹木などを). **3.** 〔sich⁴〕緑になる(春が来て森などが).
be·grü·ßen [ベグリューセン] 動 h. **1.** 〔j⁴ッ〕(歓迎の)挨拶(愛)する, (…を)迎える. **2.** 〔et⁴ッ〕歓迎する. **3.** 〔j⁴ッ〕《方》意見を求める, 相談する.
be·grü·ßens·wert [ベグリューセンス・ヴェーアト] 形 歓迎すべき.
die Be·grü·ßung [ベグリューサング] 名 -/-en 挨拶(熱), 歓迎.
die Be·grü·ßungs·an·spra·che [ベグリューサングス・アン・シュプラーヘ] 名 -/-n 歓迎の辞.
die Be·grü·ßungs·for·mel [ベグリューサングス・ふぉるメル] 名 -/-n 挨拶言葉の(決まり文)句.
be·gu·cken [ベグッケン] 動 h. 〔j⁴/et⁴ッ〕《口》じろじろ見る, よく観察する.
die Be·gum [ベーグム] 名 -/-en ベガム(インドの王妃・王女の称号).
be·güns·ti·gen [ベギュンスティゲン] 動 h. **1.** 〔j⁴/et⁴ッ〕有利に働く, (…を)支援する, 助長する. **2.** 〔j⁴ッ〕ひいきにする. **3.** 〔j⁴ッ〕〔法〕対物援助をする(犯人に盗品を隠しとやったりして).
die Be·güns·ti·gung [ベギュンスティグング] 名 -/-en 優遇, ひいき;助長, 支援;〔法〕対物援助.

be·gut·ach·ten [ベグートアハテン] 動 h. **1.**〈et⁴ッ〉鑑定する,査定する,評定する,審査して判断を下す(専門家が). **2.**〈j⁴/et⁴ッ〉(口)(主に(冗))よく観察するものであるかのように.

die **Be·gut·ach·tung** [ベグートアハトゥング] 名 -/-en 鑑定;(稀)所見.

be·gü·tert [ベギュータート] 形 財産〔資産〕のある;((古))田舎に領地を所有している.

be·gü·ti·gen [ベギューティゲン] 動 h.〈j⁴ッ〉宥(な)める,落着かせる.

be·haa·ren [ベハーレン] 動 h.〈sich⁴〉毛が生えてくる(人・動物・身体部分が主語).

be·haart [ベハールト] 形 毛の生えた.

die **Be·haa·rung** [ベハールング] 名 -/-en 発毛;毛皮;体毛.

be·hä·big [ベヘービヒ] 形 **1.** でっぷりした;どっしりした. **2.** ゆったりとした,のんびりした. **3.**((スイス・古))裕福な;堂々とした.

die **Be·hä·big·keit** [ベヘービヒカイト] 名 -/ 肥満,飽満;ゆったりしていること;落着き;立派さ.

be·haf·tet [ベハフテット] 形〔mit〈j³/et³〉〕とりつかれた,(…を)かかえた: ein Mann mit zehn Kindern ~er Mann 10 人の子持ちの男.

be·ha·gen [ベハーゲン] 動 h.〈j³ッ〉気に入る,(…に)満足感を与える.

das **Be·ha·gen** [ベハーゲン] 名 -s/ 心地よさ,満足感.

be·hag·lich [ベハークリヒ] 形 **1.** 快適な,居〔座〕心地のよい: es sich³ ~ machen くつろぐ. **2.** のんびりした.

die **Be·hag·lich·keit** [ベハークリヒカイト] 名 -/-en **1.**(®のみ)心地よさ,快適さ,くつろいだ気分. **2.**(稀)感じのよい調度品.

be·hal·ten* [ベハルテン] 動 h. **1.**〈et⁴ッ〉(ずっと)持っている,手許においておく. **2.**〈et⁴ッ〉失わない,持ち続ける. **3.**〈j⁴/et⁴ッ〉+〈場所〉〈様態〉ッ〕留(シ)めておく: Wir hätten unsere Eltern gern noch länger ~. 両親はもっと長生きしてほしかった.〈j⁴/et⁴〉im Auge ~〈人・物ぁも〉目を離さない. **4.**〈et⁴ッ〉記憶しておく. **5.**〈et⁴ッ〉+ von〈et³ッゥ〉後遺症として受ける.【慣用】〈et⁴ für sich⁴ behalten〈事ぁを〉自分の胸にしまっておく(口外しない).

der **Be·häl·ter** [ベヘルター] 名 -s/ 入れ物,容器,タンク;コンテナー.

das **Be·häl·ter·schiff** [ベヘルター・シふ] 名 -(e)s/-e コンテナ船;水上コンテナ輸送船.

der **Be·häl·ter·wa·gen** [ベヘルター・ヴァーゲン] 名 -s/ タンクローリー;〔鉄道〕タンク車.

das **Be·hält·nis** [ベヘルトニス] 名 -ses/-se ((文)) =Behälter.

be·häm·mert [ベヘマート] 形 (口)頭がいかれている.

be·händ, ® **be·hend** [ベヘント] =behände.

be·hän·de, ® **be·hen·de** [ベヘンデ] 形 すばやい,巧みな,機敏な;抜け目のない.

be·han·deln [ベハンデルン] 動 h. **1.** 〈et⁴ッ〉+〈様態〉ッ〕(取り)扱う. **2.**〈et⁴ッ〉治療する,加工する. **3.**〈j⁴/et⁴ッ〉+〔mit〈et³ッ〕治療する,手当する. **4.**〈et⁴ッ〉論じる,扱う.

die **Be·hand·ig·keit, Be·hen·dig·keit** [ベヘンディヒカイト] 名 -/ 敏捷(ど᠀)さ,機敏さ,器用さ.

die **Be·hand·lung** [ベハンドルング] 名 -/-en **1.** 取扱い,待遇. **2.** 治療,処置,手当. **3.** 処理,加工. **4.**(テーマなどの)扱い,取り上げ;論評;詳述,論述,叙述.

der **Be·hand·lungs·stuhl** [ベハンドルングス・シュトゥール] 名 -(e)s/..stühle 診察台.

der **Be·hang** [ベハング] 名 -(e)s/..hänge 壁掛け;(家畜の背の)掛け布;(つり下げる)飾り;(樹)の果実;(稀)垂れこめた雲;〔狩〕(猟犬の)垂れ耳.

be·hän·gen [ベヘンゲン] 動 h.〈et⁴ッ/〈場所〉=〉いっぱいに〕垂下がった: ein mit Teppichen ~es Zimmer 壁掛けが飾られている部屋. Die Zweige sind dicht ~. 枝にはびっしりと実(ふ)がついている.

be·hän·gen [ベヘンゲン] 動 h. **1.**〈j⁴/et⁴ッ〉+ mit〈et³ッ〕ぶら下げる,つるす(複数の物をあちこちに). **2.**〈j⁴ッ〉+〔mit〈et³ッ〕飾り立てる.〈j⁴ッ〉が再帰代名詞sich⁴の場合)身を飾り立てる.

be·har·ken [ベハルケン] 動 h.〈j⁴/et⁴ッ〉〔兵〕掃射する;〈j⁴/et⁴ッ〉(口)(主に(冗))〈j⁴ッ〉が相互代名詞sich⁴の場合)(口)撃ち合う;(口)非難し合う.

be·har·ren [ベハレン] 動 h. **1.**〔auf〈et³〉ッ/bei〈et³〉ッ〕主張して譲らない,(…に)固執する. **2.**〔場所〕=/〈様態〉ッ〕(稀)とどまっている. **3.**〔(文)=〕言い張る.

be·har·rlich [ベハルリヒ] 形 ねばり強い,頑強な.

die **Be·har·rlich·keit** [ベハルリヒカイト] 名 -/ 根気のよさ,辛抱強さ,強情さ.

die **Be·har·rung** [ベハルング] 名 -/ 固執;言い張ること.

das **Be·har·rungs·ge·setz** [ベハルングス・ゲゼッ] 名 -es/〔理〕慣性の法則.

das **Be·har·rungs·ver·mö·gen** [ベハルングス・ふぇあモー・ゲン] 名 -s/ 根気,忍耐〔耐久〕力;〔理〕慣性.

be·hau·chen [ベハウヘン] 動 h. **1.**〈et⁴ッ〉息を吐きかける,息を吐きかけて曇らせる. **2.**〈et⁴ッ〉〔言〕気音を伴って発音する(子音を): behauchte Laute 帯気音.

be·hau·en(*) [ベハウエン] 動 h.〈et⁴ッ〉加工する,(切って)形を整える(木・石などのみを).

be·haup·ten [ベハウプテン] 動 h. **1.**〔(文)デフルト/〈et⁴ッ〉主張する,言い張る. **2.**〈et⁴ッ〉守り抜く,確保する. **3.**〈sich⁴〉頑張り抜く,持ちこたえる(試合に)勝つ.

die **Be·haup·tung** [ベハウプトゥング] 名 -/-en 主張;〔数〕証明すべき定理;(主に®)固守,確保,保持.

be·hau·sen [ベハウゼン] 動 h.〈j³ッ〉((文))泊める.

die **Be·hau·sung** [ベハウズング] 名 -/-en ((文))すみか;(仮の)宿.

der **Be·ha·vi·o·ris·mus** [bihevjərˈɪsmus] 名 -/〔心〕行動主義.

be·he·ben* [ベヘーベン] 動 h. **1.**〈et⁴ッ〉取除く(欠陥・障害・疑念などを);修理する(故障などを). **2.**〈et⁴ッ〉(オーストリア)引出す(預金を);取って来る.

be·hei·ma·ten [ベハイマーテン] 動 h.〈j⁴/et⁴〉ッ+〈場所〉=〕住みつかせる,定住させる;馴化させる.

be·hei·ma·tet [ベハイマーテット] 形〈〈場所〉=〕定住している,(…)産の,(…)が母港の.

be·hei·zen [ベハイツェン] 動 h.〈et⁴ッ〉暖房する(部屋・住居などを);〔工〕加熱する.

der **Be·helf** [ベヘルふ] 名 -(e)s/-e 間に合せ,一時しのぎ,(臨時の)処置〔手段〕;口実.

be·hel·fen* [ベヘルふェン] 動 h. **1.**〔sich⁴+(mit〈et³〉ッ)〕間に合せる,何とかやって行く. **2.**〔sich⁴+ohne〈j⁴/et⁴〉ッ〕済ます,何しなしで行く.

die **Be·helfs·brü·cke** [ベヘルふス・ブリュケ] 名 -/-n 仮橋.

das **Be·helfs·heim** [ベヘルふス・ハイム] 名 -(e)s/-e 仮設住宅.

be·helfs·mä·ßig [ベヘルふス・メースィヒ] 形 仮の,応急の.

die **Be·helfs·maß·nah·me** [ベヘルふス・マース・ナーメ] 名 -/-n 臨時〔暫定〕措置,応急処置.

be·hel·li·gen [ベヘリゲン] 動 h.〈j⁴ッ〉+(mit〈et³〉

behend [ベヘント] 形 ⇨ behände.
behende [ベヘンデ] 形 =behend.
die **Behendigkeit** [ベヘンディヒカイト] 名 ⇨ Behändigkeit.

beherbergen [ベヘルベるゲン] 動 h. 1.〈j⁴を〉泊める,宿泊させる. 2.〈j⁴/et⁴を〉泊めて〔入れて〕いる(部屋などが一定の人数を),収容する(建物がある数の世帯・事務所などを). 3.〈et⁴を〉抱く(気持・考えなどを).

das **Beherbergungsgewerbe** [ベヘるベるグングスゲヴェるベ] 名 -s/ ホテル業,旅館業.

beherrschen [ベヘるシェン] 動 h. 1.〈j⁴/et⁴を〉支配する,統治する(民族・国などを);〈転〉支配する(心・市場などを). 2.〈et⁴を〉抑制する(欲望・衝動などを). 3.〈sich⁴〉自分を抑える,自制する. 4.〈et⁴を〉使いこなす(道具・方法などを),乗りこなす(車を);(…に)うまく対処できる(情況などに);マスターしている(外国語・技術・楽器などを). 5.〈et⁴を〉(特徴的に)形づくっている;見おろすようにそびえている(建物などが). 【慣用】**Ich kann mich beherrschen!**《口》決してそんなことはしない〔そんなことするつもりはない〕.

der **Beherrscher** [ベヘるシャー] 名 -s/- 支配者,統治者.

beherrscht [ベヘるシュト] 形 自制(抑制)した.

die **Beherrschung** [ベヘるシュング] 名 -/ 支配;抑制;熟達: mit ~ 抑制して,落着いて.

beherzigen [ベヘるツィゲン] 動 h.〈et⁴を〉肝に銘ずる.

beherzigenswert [ベヘるツィゲンス・ヴェーあト] 形 肝に銘ずべき.

beherzt [ベヘるツト] 形 勇敢な,恐れを知らぬ.

die **Beherztheit** [ベヘるツトハイト] 名 -/ 勇敢,大胆.

behexen [ベヘクセン] 動 h.〈j⁴/et⁴を〉魔法をかける;(…を)魅惑する.

behilflich [ベヒルフりヒ] 形 〔(〈j³〉ノ)+(bei〈et³〉ニ/zu〈動〉スルノニ)〕手を貸す: einer Dame beim Aussteigen ~ sein ある婦人の下車に手を貸す.

behindern [ベヒンダーン] 動 h.〈j⁴/et⁴を〉+(in〔bei〈et³〉ニ〕)妨げる,妨害する:〈j⁴〉bei seiner Arbeit ~〈人の〉仕事の邪魔をする.

behindert [ベヒンダート] 形 (心身に)障害のある.

der/die **Behinderte** [ベヒンダーテ] 名《形容詞的変化》(官)(心身)障害者.

die **Behinderteneinrichtung** [ベヒンダーテ・アイン・リヒトゥング] 名 -/-en 障害者施設.

die **Behinderung** [ベヒンデるング] 名 -/-en 妨害;妨害物;(心身の)障害,ハンディキャップ.

das **Behmlot** [ベーモロート] 名 -(e)s/-e ベーム音響測深機(水深や高さを測同).

behorchen [ベホるヒェン] 動 h.〈j⁴/et⁴を〉《口》話を盗み聞きする;聴診する(人の胸などを).

die **Behörde** [ベ⊖ーデ] 名 -/-n 官庁,役所,当局;庁舎.

behördlich [ベ⊖ーあトりヒ] 形 官庁〔役所〕の,当局の.

der **Behuf** [ベフーふ] 名 -(e)s/-e〔次の形で〕: zu diesem〔dem〕~(e)《古》この〔その〕(目的)のために.

behufs [ベフーふス] 前〔+2格〕〔官〕《古》…の目的で,…のため.

behumpsen [ベフムプセン] 動 h. =behumsen.

behumsen [ベフムゼン] 動 h.〈j⁴を〉《東中独・口》だます.

behüten [ベヒューテン] 動 h. 1.〈j⁴/et⁴を〉守る,大事する,(…の)番をする. 2.〈j⁴を〉+vor〈et³〉カラ〉守る,保護する(危険・悪影響などから): (Gott)

behüte (mich davor)! 絶対ごめんだ,とんでもない.

behutsam [ベフートザーム] 形 慎重な,用心深い.

die **Behutsamkeit** [ベフートザームカイト] 名 -/ 用心深さ,慎重.

bei [バイ] 前〔+3格〕 1.〔空間〕**a.**(近接・接触・混入)…の近くに,…の中に: Potsdam liegt ~ Berlin. ポツダムはベルリン近郊にある. das Kind ~ der Hand nehmen 子供の手を取る. ~ den Zuschauern sein 観客の中に混じっている. **b.**(身辺・居住・職場)…のところで:〈j³〉wohnen〈人の所に〉住んでいる.〈j³〉Deutsch lernen〈人に〉ドイツ語を教わる. ~ einer Firma arbeiten ある会社で働いている. ~ uns zu Hause われわれの家〔国〕で. **c.**(典拠)…の作品に: Dieses Zitat fand ich ~ Goethe. この引用はゲーテの作品にあった. **2.**〔sich³とともに次の形で〕〈et⁴〉~ sich³ haben〈物を〉持合せている. ~ sich³ denken ひそかに思う. nicht ganz ~ sich³ sein ぼんやりしている,どうかしている. **3.**〔時間〕**a.**(時点)…に際して: ~ der Abfahrt 出発に際して. *beim* Tod des Vaters 父の死に際して. **b.**(持続)…のあいだ: ~ Tag und Nacht 昼夜を通して. ~ einer Party あるパーティーの〔間〕際に. **c.**(同時)…のときに: *Beim* Eintritt des Lehrers wurde es still. 先生が入ってくると静かになった. **4.**(状態)…の状態で: ~ guter Gesundheit sein 良い健康状態である. *beim* Leben sein 存命中である. **5.**(従事)…中で: ~ der Arbeit sein 仕事中である. **6.**(条件)…の場合なら: B~ offenem Fenster schläft man gut. 窓を開けて寝るとよく眠れる. ~ gleicher Arbeitszeit 同じ労働時間で. ~ jedem Wetter どんな天候でも. **7.**(原因・理由)…だから: B~ dieser Hitze bleiben wir lieber zu Hause. この暑さでは家にいるほうがいい. **8.**(認容)…にもかかわらず: ~ aller Vorsicht 十分注意したのに. *beim* besten Willen 善意を十分あるが. **9.**(誓言)…にかけて: B~ Gott! 神かけて. B~ meiner Ehre! 私の名誉にかけて.

der **Bei** [バイ] 名 -s/-e〔-s〕=Beg.

beibehalten* [バイ・ベハルテン] 動 h.〈et⁴を〉保ち続ける(方向・制度・習慣などを).

beibiegen* [バイ・ビーゲン] 動 h. 1.〔〈j³〉ニ+〈et⁴〉ヲ〕《口》(根気よく説明して)分らせる. 2.〔〈j³〉ニ+〈et⁴〉ヲ〕《口》うまく話す〔伝える〕(言いにくいことを). 3.〔船舶〕〈海〉方向転換なさる〔減速(停止)する.

das **Beiblatt** [バイ・ブラット] 名 -(e)s/..blätter 付録,折込み.

das **Beiboot** [バイ・ボート] 名 -(e)s/-e 船載ボート,救命艇.

beibringen* [バイ・ブりンゲン] 動 h. 1.〔〈j³〉ニ+〈et⁴〉ヲ〕教える;《口》それとなく伝える(悪い知らせなどを): Dem werde ich's schon noch ~.《口》あいつにはそのうちきっと思い知らせてやる. 2.〔〈j³〉ニ+〈et⁴〉ヲ〕与える(損害・敗北・傷などを). 3.〔〈j⁴/et⁴〉ヲ〕連れて来る(証人を);提出する(紹介状・必要な物件などを);提供する(研究資料などを);あげる(証拠・例などを).

die **Beichte** [バイヒテ] 名 -/-n 告白,懺悔(ザンゲ);〔宗〕告解: die ~ ablegen 告解する.〈j³〉die ~ abnehmen〈人の〉告解を聞く.

beichten [バイヒテン] 動 h. 1.〔(〈et⁴〉ヲ)〕〔宗〕告解する. 2.〔(〈j³〉ニ)+〈et⁴〉ヲ〕告白する,打明ける(悪事・悩みなどを).

das **Beichtgeheimnis** [バイヒト・ゲハイムニス] 名 -ses/-se 1.〔⊕のみ〕(聴罪司祭の)守秘義務. 2. 告解で打明けられた秘密.

das **Beichtkind** [バイヒト・キント] 名 -(e)s/-er〔宗〕告解者.

B

das **Beicht·sie·gel** [バイヒト・ズィーゲル] [名] -s/- = Beichtgeheimnis.
der **Beicht·stuhl** [バイヒト・シュトゥール] [名] -(e)s/..stühle 〘ｶﾄﾘｯｸ〙告解室.
der **Beicht·va·ter** [バイヒト・ふぁーター] [名] -s/..väter 〘ｶﾄﾘｯｸ〙聴罪司祭.
beid·ar·mig [バイト・アるミひ] [形] 〘ｽﾎﾟｰﾂ〙両腕を用いた; 両腕利きの.
bei·de [バイデ] [代] 《不定》(形容詞的変化; 後続の形容詞は弱変化) **1.** (無冠詞で; アクセント有) (同種のものについて, 一方だけでなくもう一方も) 二人〔二つ〕とも, 両人〔両方〕とも: (付加語的用法) mit ~*n* Händen 両手で. (独立的用法) Ich habe zwei Bücher gekauft, ~ sind in Leinen gebunden. 私は二冊本を買った. 両方ともクロース装だ. (複の名詞・代名詞と同格で) Diese Maler sind ~ sehr berühmt. この画家たちは両者とも大変有名だ. **2.** (冠詞類とともに) (二人〔二つ〕を一緒にして) 二人〔二つ〕の: (付加語的用法) die ~*n* ersten Bücher auf der Liste リストの最初の二冊の本. Meine ~*n* Söhne sind wieder gesund. 私の息子二人はまた健康を取戻した. (形容詞の語尾変化をして単独で名詞的に) Wo sind Herr und Frau Meyer? — Die ~*n* sind schon ausgegangen. マイヤー夫妻はどこにいるのですか. — 二人はもう出かけました. **3.** (複の人称代名詞と同格で) wir/ihr ~(*n*) 私たち/君たち二人. unser ~*r* Leben 私たち二人の生活. **4.** (中単で, 二つの性・数の異なるものを一緒にして) 両方とも: Raucht er Zigaretten oder Pfeife? — *B~s*. 彼は紙巻かそれともパイプを吸うのか. — 両方だ.
bei·de Mal, [旧] **bei·de·mal** [バイデ マール] [副] 二度とも.
bei·der·lei [バイダーライ] [数] 《種数》両種の.
bei·der·sei·tig [バイダー・ザイティひ] [形] 両側の; 双方の.
bei·der·seits [バイダー・ザイツ] [前] 〔+2格〕…の両側に〔で〕: ~ der Straße 通りの両側に〔で〕.
—— [副] 両側で; 双方とも.
beid·hän·dig [バイト・ヘンディひ] [形] 両手利きの; 両手を使った.
bei|dre·hen [バイ・ドれーエン] [動] *h.* 〘補足なし〙〘海〙船首を風上に向ける; 方向を変えながら減速する; 《転》意見を変える, 妥協する.
bei·ei·n·an·der [バイ・アイナンダー] [副] **1.** (相) 並んで, 一緒に, 集まって. **2.** きちんとしている (物事が); (心身とも) 健康である: Im ihrer Wohnung ist alles ordentlich ~. 彼女の住まいはすべてがきちんと整理されている. 【慣用】**gut/schlecht beieinander sein** 健康状態〔気分〕がよい/優れない. **nicht ganz beieinander sein** 少し頭がおかしい.
bei·ei·n·an·der ha·ben*, [旧] **bei·ei·n·an·der|ha·ben*** [バイアイナンダー ハーベン] [動] *h.* 〔〈et⁴〉ヲ〕一緒にして〔集めて〕持っている: sie nicht richtig 〔nicht alle〕 ~ 《口》どうかしている.
bei·ei·n·an·der sein*, [旧] **bei·ei·n·an·der|sein*** [バイアイナンダー ザイン] [動] *s.* ⇨ beieinander 2, 【慣用】.
beif. =beifolgend 同封〔添付〕の.
der **Bei·fah·rer** [バイ・ふぁーらー] [名] -s/- 助手席の同乗者; 運転助手.
der **Bei·fah·rer·sitz** [バイふぁーらー・ズィッツ] [名] -es/-e 助手席.
der **Bei·fall** [バイ・ふぁル] [名] -(e)s/ 拍手喝采 (かっさい), 称賛; 同意, 賛成: ~ klatschen 拍手喝采する. viel ~ ernten 喝采される. 〈j²〉 ~ finden 〈人の〉賛同を得る.
bei·fäl·lig [バイ・ふぇりひ] [形] 賛成の; 好意的な.
die **Bei·falls·be·zei·gung** [バイふぁルス・ベツァイグング] [名] -/-en 《主に複》(拍手) 喝采すること; 称賛〔賛同〕を表わすこと.
der **Bei·falls·ruf** [バイふぁルス・るーふ] [名] -(e)s/-e 喝采 (かっさい).
der **Bei·falls·sturm** [バイふぁルス・シュトゥるム] [名] -(e)s/..stürme 嵐のような拍手喝采 (かっさい).
der **Bei·film** [バイ・ふぃルム] [名] -(e)s/-e 併映映画.
bei·fol·gend [バイ・ふぉルゲント] [形] 《古》同封〔添付〕の (略 beif.).
bei|fü·gen [バイ・ふゅーゲン] [動] *h.* **1.** 〔〈et³〉ニ+〈et⁴〉ヲ〕添付 (てんぷ) する, 同封する, 書添える. **2.** 〔〈文〉ト〕つけ加えて言う.
die **Bei·fü·gung** [バイ・ふゅーグング] [名] -/-en **1.** 同封, 添付 (てんぷ): unter ~ von 〈et³〉 〈物を〉添付して. **2.** 〘言〙《古》付加語.
der **Bei·fü·gungs·satz** [バイふゅーグングス・ザッツ] [名] -es/..sätze 付加語文.
der **Bei·fuß** [バイ・ふース] [名] -es/ 〘植〙ヨモギ.
die **Bei·ga·be** [バイ・ガーベ] [名] -/-n **1.** 添加, 付加. **2.** 添加物, 添え物, おまけ; 〘考古〙副葬品.
beige [beːʃ, bɛːʃ ベーシュ, béːʒə, bɛ́ːʒə ベージェ] [形] (《口》以外は無変化) ベージュ (色) の.
bei|ge·ben* [バイ・ゲーベン] [動] *h.* 《文》 **1.** 〔〈et³〉ニ+〈et⁴〉ヲ〕 つけ加える, 添加する, 添付 (てんぷ) する. **2.** 〔〈j³〉ニ+〈j⁴〉ヲ〕随伴させる (案内人などを). 【慣用】**klein beigeben** 《口》抵抗をやめる, 屈伏する.
der/die **Bei·ge·ord·ne·te** [バイ・ゲオるドネテ] [名] (形容詞的変化) (市の) 吏員, 職員.
der **Bei·ge·schmack** [バイ・ゲシュマック] [名] -(e)s/ (本来のものでない) 別の味; 《転》副次的〔背後の〕意味.
bei|ge·sel·len [バイ・ゲゼレン] [動] *h.* 《文》 **1.** 〔〈j³〉ニ+〈j⁴〉ヲ〕つけてやる (同伴者などを), 仲間として加える. **2.** 〔sich⁴+〈j³〉ノ〕仲間になる; (…に) 加わる (グループに).
das **Bei·heft** [バイ・へふト] [名] -(e)s/-e 別冊.
die **Bei·hil·fe** [バイ・ヒルふぇ] [名] -/-n **1.** 補助金, 援助; 《古》助力. **2.** (単のみ) 〘法〙幇助 (ほうじょ), 従犯: ~ zum Mord 殺人幇助.
(*das*) **Bei·jing** [beidʑíŋ ベイドヂング] [名] -s/ 〘地名〙ペキン, 北京.
der **Bei·klang** [バイ・クラング] [名] -(e)s/..klänge (主に単) (耳障りな) 付随音; (単のみ) 《転》(話し方などから) 察せられる調子, 含み.
bei|kom·men* [バイ・コメン] [動] *s.* **1.** 〔〈j³/et³〉ニ〕立向かう, 対処する. **2.** 〔〈et³〉ヲ〕処理する (困難な問題などを). **3.** 〔〈j³〉ノ〕《文》念頭に浮かぶ. **4.** 〔〈j³/et³〉ニ〕《方》追いつく, 手が届く; 匹敵する. **5.** 〘補足なし〙《方》やって来る. 【慣用】**Es kommt 〈j³〉 bei, ... zu** [動] 《文》〈人は〉…することを思いつく.
die **Bei·kost** [バイ・コスト] [名] -/ (栄養) 補助食品.
beil. =beiliegend 同封〔添付〕の.
das **Beil** [バイル] [名] -(e)s/-e 手斧 (ちょうな); ギロチン.
die **Bei·la·ge** [バイ・ラーゲ] [名] -/-n **1.** (料理の) 付合せ, 添え物: ~ zum Steak ステーキの付合せ. **2.** (新聞・雑誌の) 付録. **3.** 添付, 同封. **4.** 《オーストリア・スイス》同封物.
bei·läu·fig [バイ・ロイふぃひ] [形] **1.** ついでの, 付随的な; さりげない. **2.** 《オーストリア》およその.
die **Bei·läu·fig·keit** [バイ・ロイふぃひカイト] [名] -/-en **1.** ささいな事, 些事; 付随現象. **2.** 平然, 無頓着さ.
bei|le·gen [バイ・レーゲン] [動] *h.* **1.** 〔〈et³〉ニ+〈et⁴〉ヲ〕添える, 添付する, 同封する. **2.** 〔〈j³/et³〉ニ+〈et⁴〉ヲ〕認める (価値・意味などを); 与える (名称・称号などを). **3.** 〔〈et⁴〉ヲ〕解決する, 収拾する, 調停する (不快な事・紛争・意見の相違などを). **4.** 〘補足なし〙〘海〙とも綱を投げて接岸する.

die **Bei·le·gung** [バイ・レーグング] 名 -/-en 調停.
bei·lei·be [バイ・ライベ] 副 《否定詞》（否定文を修飾）断じて、決して、絶対に：Das habe ich ～ nicht getan. そんなことは断じて私はしていない.
das **Bei·leid** [バイ・ライト] 名 -(e)s/ お悔み, 弔意.
der **Bei·leids·be·such** [バイライツ・ベズーふ] 名 -(e)s/-e 弔問.
die **Bei·leids·be·zei·gung** [バイライツ・ベツァイグング] 名 -/-en お悔みの言葉.
der **Bei·leids·brief** [バイライツ・ブリーふ] 名 -(e)s/-e お悔みの手紙, 弔慰状.
die **Bei·leids·kar·te** [バイライツ・カルテ] 名 -/-n お悔みの葉書.
das **Bei·leids·schrei·ben** [バイライツ・シュライベン] 名 -s/- ＝Beileidsbrief.
bei·lie·gen* [バイ・リーゲン] 動 h. **1.** 《et³》＝ 添えてある, 添付されている. 同封されている. **2.** 《j³ と》《文》同床する. **3.** 《船舶》《海》減速して向きを変え停泊している.
bei·lie·gend [バイ・リーゲント] 形 《硬》同封の（略 beil.）.
beim＝bei+dem
bei·men·gen [バイ・メンゲン] 動 h. 《et³》＝＋《et⁴》加えて混ぜる, 混入させる.
die **Bei·men·gung** [バイ・メングング] 名 -/-en **1.**（⑪のみ）添加, 混合. **2.** 添加物, 混合物.
bei·mes·sen* [バイ・メッセン] 動 h. 《j³/et³》＋《et⁴》＝ 認める（価値・意味などを）, 帰する.
bei·mi·schen [バイ・ミッシェン] 動 h. 《et³》＝＋《et⁴》＝《et⁴》＝混ぜる《et³》＝《et³》＝混ぜる（の場合同様）, 混じる.
das **Bein** [バイン] 名 -(e)s/-e（《方・南独・⟨トル⟩》-er も有）**1.** 脚（足首から上の部分）, 足；（机などの）脚；（ズボンの）脚（Hosen～）；（車の）足まわり：ein ～ über das andere schlagen 足を組む. auf einem ～ stehen 片足で立っている. **2.**（北独・中独》骨.《南独・⟨トル⟩》以外は《俗》骨.【慣用】alles, was Beine hat《口》歩ける人だれでも.《et⁴》mit Beinen haben《口》《物》支払しわばれ ている. 《et⁴》ans Bein binden《口》《事》損失とあきらめる.《j³/sich³》《et⁴》ans Bein binden（hängen）《口》《人》《事》を押しつける《自分》《事》を背負い込ませる.《et⁴》auf die Beine bringen（stellen）《事》を成立（実現）させる.《j⁴》/sich⁴ (wieder) auf die Beine bringen（stellen）《人》を立ち上がらせる, 立直らせる《自分》で立ち上がり, 立直る.《j³》auf die Beine helfen《人》を助けて立ち上がらせる；健康を回復させる；（経済的に）立直らせる. auf eigenen Beinen stehen 自立している. Beine machen《口》《人》に迫ってくる. die Beine in den Bauch stehen 長いこと立って待ち続ける. die Beine in die Hand（unter die Arme）nehmen《口》急いで逃げる. die Beine unter《j³》Tisch strecken《口》《人》のすねをかじる.《j³》ein Bein stellen 足を出して《人》をつまずかせる《口》陥れる. in die Beine gehen《口》足にくる（酒が）, 足に負担となる（道の）；踊りへといざなう（音楽が）.《et⁴》hat Beine bekommen（gekriegt）《口》《物》が盗まれた（なくなる）. immer wieder auf die Beine fallen（困難を）いつもうまく切抜ける. mit beiden Beinen im Leben（fest）auf der Erde）stehen 現実主義的に行動する, 足が地に着いている. mit dem linken Bein zuerst aufgestanden sein《口》気嫌が悪い. mit einem Bein im Grabe/Gefängnis stehen 片足を棺桶に突っ込んでいる/法的に危険な橋を渡っている. sich³ die Beine nach《et³》ablaufen（abrennen）《口》足を棒にして《物》を探しまわる. sich³ die Beine vertreten《口》（長く座っていた後）少し歩を回す. sich³ kein Bein ausreißen《口》それほど熱心に（仕事を）しない. von einem Bein aufs andere treten《口》気をもみながら待っている. wieder auf den Beinen sein 健康を回復している.

bei·nah [バイ・ナー, バイ・ナー, バイ・ナー] 副《口》＝beinahe.
bei·na·he [バイ・ナーエ, バイ・ナーエ, バイ・ナーエ] 副《語飾》《動詞・形容詞・副詞・名詞を修飾》ほとんど：～ mannshohe Wellen 人の背丈ほどの波. ～ immer ほとんどいつも. **2.**（主に接続法2式とともに）すんでのところ《口》. B～ wäre er umgefallen 彼は少しひっくり返りそうでした.
der **Bei·na·me** [バイ・ナーメ] 名 -ns/-n 添え名, 別名, 異名, ニックネーム, 通称.
die **Bein·ar·beit** [バイン・アルバイト] 名 -/-en **1.**（⑪のみ）《スポ》フットワーク. **2.**（主に⑪）（象牙の代用の）角（骨）細工（品）.
der **Bein·bruch** [バイン・ブルっふ] 名 -(e)s/..brüche 脚の骨折.【慣用】Das ist (doch) kein Beinbruch.《口》大したことではない. Hals-und Beinbruch!《口》幸運を祈る（困難・危険に立ち向う人に）.
bei·nern [バイナーン] 形 **1.** 骨（製）の；骨ばった. **2.** 象牙（製）の.
das **Bein·fleisch** [バイン・フライシュ] 名 -(e)s/《オーストリア》牛の脛（骨）肉煮.
bein·hal·ten [ベインハルテン] 動 h.《et⁴》＝《硬》内容として含む.
bein·hart [バイン・ハルト] 形《口》非常に堅い.
das **Bein·haus** [バイン・ハウス] 名 -es/..häuser 納骨堂.
die **Bein·haut** [バイン・ハウト] 名 -/《医》骨膜.
..bei·nig [..バイニヒ] 接尾 数詞・形容詞につけて「…な（の）足（脚）の」を表す：achtbeinig 八本足の. kurzbeinig 短足の.
das **Bein·kleid** [バイン・クライト] 名 -(e)s/-er（主に⑪）《古》ズボン.
der **Bein·ling** [バイン・リング] 名 -s/-e **1.**《古》（衣類の）脚部. **2.**《服》ズボンの型紙.
die **Bein·mus·ku·la·tur** [バイン・ムスクラトゥーア] 名 -/-en《医》脚部の筋肉.
die **Bein·pro·the·se** [バイン・プロテーゼ] 名 -/-n 義足.
die **Bein·schie·ne** [バイン・シーネ] 名 -/-n（甲冑の）すね当て；《スポ・野球》レガース；《医》下肢副木.
bei·ord·nen [バイ・オルドネン] 動 h. **1.**《j³》＋《j³》つける（随員などとして）；《法》国選弁護人として）つける. **2.**《et³》＝＋《et⁴》つける（注釈などを）；《言》並列させる（語・句・文を）.
der **Bei·pack** [バイ・パック] 名 -(e)s/（貨車の隙間を埋める）混載荷物；《電》（広帯域ケーブルの）外部導体.
das **Bei·pferd** [バイ・プフェールト] 名 -(e)s/-e そえ馬（二頭立て馬車の右側の馬）；《方》予備の馬.
bei·pflich·ten [バイ・プフリヒテン] 動 h.《j³/et³》＝ 賛成《同意》する.
das **Bei·pro·gramm** [バイ・プログラム] 名 -s/-e 同時上映映画（ニュース・短編映画など）.
der **Bei·rat** [バイ・ラート] 名 -(e)s/..räte 諮問委員会, 審議会, 顧問団, 参与；《古》助言者.
bei·ren [ベイルン] 動 h.《j⁴》＝ 惑わせる, 困惑させる：sich⁴ ～ lassen 惑わされる.
(*das*) **Bei·rut** [バイる-ト, バイる-ト] 名 -s/【地名】ベイルート（レバノンの首都）.
bei·sam·men [バイ・ザメン] 副 一緒に, 集まって：Morgen ist die ganze Familie ～. 明日家族全員が集まる.【慣用】beisammen sein（心身とも）壮健である. nicht richtig beisammen sein 少々頭がおかしい.
bei·sam·men|ha·ben* [バイザメン・ハーベン] 動 h.《et⁴》＝集めて持っている：nicht alle ～《口》《頭》どうかしている.
bei·sam·men sein*, ⑪ bei·sam·men|sein* [バイザメン ザイン] 動 s. ⇒ beisammen.
das **Bei·sam·men·sein** [バイザメン・ザイン] 名 -s/

beiwohnen

集い, 集まり;隙間なく並んで[集まって]いること.

der **Bei·satz** [バイ・ザッツ] 名 -es/..sätze 〖言〗同格.

der **Bei·schlaf** [バイ・シュラーふ] 名 -(e)s/ 〖文〗同衾(どうきん);〖法〗性交, 情交: den ～ ausüben[vollziehen]肉体関係を結ぶ.

der **Bei·schläfer** [バイ・シュレーふぁー] 名 -s/- 《稀》(男性の)同衾者;〖口〗相客, 同宿者.

bei·schließen* [バイ・シュリーセン] 動 h. 〈et³〉+〈et⁴〉ヮ〖ドゥ〗同封する.

die **Bei·schrift** [バイ・シュリふト] 名 -/-en 追記, 追伸.

das **Bei·segel** [バイ・ゼーゲル] 名 -s/- 〖海〗補助帆.

das **Bei·sein** [バイ・ザイン] 名 -s/ (次の形で) im ～ von 〈j³〉[in 〈j²〉 ～]〈人〉の同席で.

bei·seite [バイ・ザイテ] 副 **1.** わきへ, かたわらへ, そばへ(方向性を持つ運動の動詞とともに):〈et⁴〉～ bringen 〈物を〉(自分の目的のため)取りつける〈かくす〉,〈物を〉くすねる.〈et⁴〉～ lassen 〈事を〉(さしあたり)考えに入れ[言及し]ないでおく.〈et⁴〉～ legen 〈物を〉かたわらに置く;〈物を〉とっておく〈いくらか貯金する〉;やりかけた〈事を〉中断する.〈j³〉/〈et⁴〉～ schaffen 〈人を〉片づける(殺す)/〈物を〉隠す.〈et⁴〉～ setzen 〈事を〉軽視[無視]する. わきにまで, そばに(静止の動詞とともに): ～ stehen わきに引っ込んでいる. ～ sprechen わきぜりふを言う.【慣用】Spaß [Scherz] beiseite！冗談はさておき.

das **Bei·sel** [バイゼル] 名 -s/-(n) 〖オースト〗居酒屋.

bei·setzen [バイ・ゼッツェン] 動 h. **1.** 〖文〗埋葬する. **2.** 〈et³〉+〈et⁴〉〖古〗つけ加える. **3.** 〈et⁴〉ヮ〖海〗追加して揚げる(予備の帆を).

die **Bei·setzung** [バイ・ゼッツング] 名 -/-en 〖文〗埋葬.

der **Bei·sitz** [バイ・ズィッツ] 名 -es/-e 陪席(裁判官の職務). 助手席(オートバイの)後部座席.

der **Bei·sitzer** [バイ・ズィッツァー] 名 -s/- 陪席裁判官;(会議の)委員, 理事.

das **Beisl** [..zəl バイゼル] 名 -s/-(n) =Beisel.

das **Bei·spiel** [バイ・シュピール] 名 -(e)s/-e 例, 実例, 例証: ein ～ für 〈et⁴〉 nennen〈事・物の〉例を挙げる.〈et⁴〉 an einem ～ erklären〈事を〉例を挙げて説明する. **2.** 人, 事物, 模範: sich³ ein ～ an 〈j³/et³〉 nehmen 〈人・事・物を〉手本にする.【慣用】〈et¹〉 **ist ohne Beispiel**〈事に〉前例(先例)がない(前代未聞だ). **mit gutem Beispiel vorangehen** 率先して範を示す.**(wie) zum Beispiel** 例えば(略z.B.).

bei·spiel·haft [バイシュピールハふト] 形 模範的な.

bei·spiel·los [バイシュピール・ロース] 形 例のない, 未曾有の.

bei·spiels·halber [バイシュピールス・ハルバー] 副 例として, 例えば.

bei·spiels·weise [バイシュピールス・ヴァイゼ] 副 (語飾)(動詞・副詞・名詞を修飾)例えば.

bei·springen* [バイ・シュプリンゲン] 動 s. 〖文〗 **1.** 〈j³〉の助けに駆けつける. **2.** 〈j³〉ニ+mit 〈et³〉ヮ 当座の助けに与える(特に金銭を).

bei·ßen* [バイセン] 動 h. biss ; hat gebissen **1.** (in 〈et⁴〉ニ)かぶりつく. **2.** (auf 〈et⁴〉ニ)歯が当たる(かんでいて加に). **3.** 〈et⁴〉ヮ)かみ砕く(飲み下せるように) **4.** 〈j³/et⁴〉ニ/〈j⁽⁴⁾〉ニ(〈方向〉ニ)かむ(かんで傷をつける). **5.** 〈方向〉ニ かみつこうとする. **6.** 〖口〗かみつく癖がある. **7.** 〖口〗えさに食いつく(魚が)刺す(昆虫が). **8.** (in 〈et⁽³⁾〉ニ)しみる, 刺す(焼けるように痛い(薬・寒さ・煙などが). **9.** 〈sich⁴〉〈j³〉ニ 合わない(二つの色が互いに). **10.** **nichts/nicht viel zu beißen (und zu brechen) haben** 食べる物がまったく/少ししかない, 飢餓に苦しむ.

bei·ßend [バイセント] 形 刺すような, 身を切るような, つんとくる, ひりひりする, (目に)しみる;辛辣(しんらつ)な.

der **Bei·ßer** [バイサー] 名 -s/- **1.** 噛みつく癖のある犬(動物). 〖冗〗歯. **2.** 〖ドゥ〗かなてこ.

das **Bei·ßer·chen** [バイサーひェン] 名 -s/- 《主に複》〖口〗乳歯.

der **Beiß·korb** [バイス・コるプ] 名 -(e)s/..körbe 口籠(くちかご).

der **Beiß·zahn** [バイス・ツァーン] 名 -(e)s/..zähne = Schneidezahn.

die **Beiß·zange** [バイス・ツァンゲ] 名 -/-n やっとこ;けんか早い[口うるさい]人.

der **Bei·stand** [バイ・シュタント] 名 -(e)s/..stände **1.** 《複のみ》〖文〗援助, 補佐: 〈j³〉～ leisten 〈人を〉支援する. **2.** (訴訟の)補佐人;介添え人;〖オースト・古〗結婚立会人.

die **Bei·stand·schaft** [バイ・シュタントシャふト] 名 -/-en 〖法〗補佐人;訴訟補助人;〖スイス〗後見, 保護.

der **Bei·stands·kredit** [バイシュタンツ・クれディート] 名 -(e)s/-e 〖銀行〗スタンドバイ・クレジット.

der **Bei·stands·pakt** [バイ・シュタンツ・パクト] 名 -(e)s/-e〖政〗軍事援助協定(条約).

bei·stehen* [バイ・シュテーエン] 動 h. 〈j³〉ニ 助力する, 支援する;((相互代名詞sich³の場合)互いに助け合う.

bei·stellen* [バイ・シュテレン] 動 h. **1.** 〈et⁴〉ヮ 〖方〗付けたす;〖鉄道〗増結する. **2.** 〈j⁴/et⁴〉ヮ〖オースト〗提供(使用)する.

der **Bei·stell·tisch** [バイ・シュテル・ティッシュ] 名 -(e)s/-e ユニット[サイド・補助]テーブル.

die **Bei·steuer** [バイ・シュタイあー] 名 -/ 〖南独〗寄付金, 援助金.

bei·steuern [バイ・シュタイあーン] 動 h. **1.** 〈et⁴〉ヮ+(zu〈et³〉ニ)寄付する;寄稿する;提供する(着想などを討論会談笑に). **2.** 〈zu〈et³〉ニ=(mit 〈et³〉ニ)寄与する.

bei·stimmen [バイ・シュティメン] 動 h. 〈j³/et³〉ニ 賛成(同意)する.

der **Bei·strich** [バイ・シュトりッヒ] 名 -(e)s/-e コンマ.

der **Bei·trag** [バイ・トらーク] 名 -(e)s/..träge **1.** 寄与, 貢献: einen ～ zu 〈et³〉 leisten 〈事に〉貢献する. **2.** (新聞・雑誌などへの)寄稿(文・論文);(放送の)演目, 出し物. **3.** 会費, 保険料, 分担[負担]金: 50 Euro ～ pro Jahr für die Mitgliedschaft 年会費50ユーロ.

bei·tragen* [バイ・トらーゲン] 動 h. **1.** 〈et⁴〉ヮ(zu 〈et³〉ニ)貢献する, 寄与する. **2.** 〈et⁴〉ヮ+zu 〈et³〉ノタメニ 役立てる.

bei·trags·pflichtig [バイトらークス・プふリヒティヒ] 形 負担金[会費納入]の義務のある.

der **Bei·trags·zahler** [バイトらークス・ツァーラー] 名 -s/- 会費支払者.

bei·treiben* [バイ・トらイベン] 動 h. 〈et⁴〉ヮ〖法〗徴収する, 強制執行で取立てる;〖軍〗徴発する.

bei·treten* [バイ・トれーテン] 動 s. 〈et³〉ニ 加わる, 加入する, 加盟する(協定・党派などに);〖法〗加わる(進行中の訴訟手続きに);〖古〗賛成する(提案などに).

der **Bei·tritt** [バイ・トりット] 名 -(e)s/-e 加入, 入会, 加盟: ～ zu einer Partei 入党.

die **Bei·tritts·erklärung** [バイ・トりッツエるクレールング] 名 -/-en (文書による)入会[入党・加盟]宣言.

die **Bei·tritts·gebühr** [バイ・トりッツ・ゲビューあ] 名 -/-en 入会[入党・加盟]金.

der **Bei·wagen** [バイ・ヴァーゲン] 名 -s/- (オートバイの)サイドカー, (地下鉄などの)連結車両.

das **Bei·werk** [バイ・ヴェるク] 名 -(e)s/ 補助的なもの, 添え物, 付属品, アクセサリー.

bei·wohnen [バイ・ヴォーネン] 動 h. **1.** 〈et³〉ニ 〖文〗参列する, 列席する;居合せる(ある出来事の現

B

場に). **2.** 〔<j³>ト〕《古・文・婉》同床する(女性と).

das **Bei·wort** [バイ・ヴォるト] [名] -(e)s/..wörter **1.** 〖言〗《稀》形容詞. **2.** 付加語.

die **Beiz** [バイツ] [名] -/-en 《スイ》居酒屋, 飲み屋.

bei|zäh·len [バイ・ツェーレン] [動] *h.* 〔<j⁴/et⁴>ヲ+<j³/et³>ノ中ニ〕《稀》数える.

die **Bei·ze** [バイツェ] [名] -/-n **1.** (木目を浮き立たせる)着色剤, ステイン; (織物の)媒染剤; (皮革処理の)酵素剤; (金属の)表面処理剤; 〖農〗(種子の)消毒剤; (タバコの)発酵促進剤. **2.** 〖料〗マリネ液. **3.** (主に[単])薬剤〔溶液〕処理; 〖料〗マリネすること. **4.** 〖狩〗鷹狩(たかがり) (Falken~).

bei·zei·ten [バイ・ツァイテン] [副] ちょうどよい時に, 遅れないように.

bei·zen [バイツェン] [動] *h.* **1.** 〔<et⁴>ニ〕ステインを塗る(木材・木工品に); 表面処理を行う(金属に); (…を)媒染する(布地などを); ベーチング〔酵素でタンパク分解〕する(皮を); 消毒する(種子を); 発酵処理する(タバコの葉を); マリネにする(肉・魚肉を). **2.** 〔<et⁴>ニ〕ひりひりしみる(目に煙などが). **3.** [補足なし] 〖狩〗鷹狩(たかがり)をする.

bei·zend [バイツェント] [形] (目に)しみる, つんとくる.

bei|zie·hen* [バイ・ツィーエン] [動] *h.* 《南独・オーストリア・スイス》 **1.** 〔<j⁴>ニ〕相談する, 助力を求める(専門家などに). **2.** 〔<et⁴>ヲ〕援用する, 参考にする(資料・文献などを).

die **Beiz·jagd** [バイツ・ヤークト] [名] -/-en 鷹狩り.

das **Beiz·mit·tel** [バイツ・ミッテル] [名] -s/- ステイン; 発酵促進剤; (表面)処理剤; 媒染剤; 消毒剤; マリネ液.

be·ja·hen [ベヤーエン] [動] *h.* **1.** 〔<et⁴>ニ〕肯定の答えをする, „Ja" 〔はい〕と答える(質問に). **2.** 〔<j⁴/et⁴>ヲ〕肯定〔是認〕する.

be·ja·hend [ベヤーエント] [形] 肯定の.

be·ja·hen·den·falls [ベヤーエンデン・ふぁルス] [副] 肯定〔是認〕の場合には.

be·jahrt [ベヤーあト] [形] 《文》老齢の, 年経た.

der **Be·ja·hungs·fall** [ベヤーウングス・ふぁル] [名] (次の形で) im ~e 《硬》是認〔賛成〕の場合には.

be·jam·mern [ベヤマーン] [動] *h.* 〔<j⁴/et⁴>ヲ〕(《蔑》にも)嘆き悲しむ(死者・不幸などを).

be·jam·merns·wert [ベヤマーンス・ヴェーあト] [形] 悲しむべき, 嘆かわしい.

be·ju·beln [ベユーベルン] [動] *h.* 〔<j⁴/et⁴>ニ〕歓声を上げる, (…を)歓声を上げて迎える.

be·ka·keln [ベカーケルン] [動] *h.* 〔<et⁴>ニツイテ〕《口》気楽に話し合う.

be·kämp·fen [ベケムプふェン] [動] *h.* 〔<j⁴/et⁴>ト〕戦う(敵・病気・偏見などと); (…に)反駁(はんばく)する(意見などに).

be·kannt [ベカント] [形] **1.** 〔(<j³>ニ/<場所>デ)〕(よく)知られた; 有名な: die allen ~*e* Melodie 皆が知っているメロディー. **2.** 〔<j³>ニ〕(すでに)知られている: Das ist der Polizei ~ geworden. それは警察に知れてしまった. **3.** 〔für <et⁴>デ〕評判の, 有名な: ein für seinen Eifer ~*er* Lehrer 熱心さで評判の先生. **4.** 〔mit <j³/et³>ト〕知合いである; (…に)精通した: ein mit ihm ~*er* Arzt 彼と知合いの医者.
【慣用】 **<j⁴> mit <j³> bekannt machen** <人ヲ><人ニ>引き合わせる. **sich⁴/<j⁴> mit <et³> bekannt machen** <物・事ニ>精通する/<人ヲ><物・事ニ>精通させる.

der/die **Be·kann·te** [ベカンテ] [名] (形容詞的変化) 知人, 知合い; 《婉》恋人.

der **Be·kann·ten·kreis** [ベカンテン・クらイス] [名] -es/-e 知人仲間, 交際範囲.

be·kann·ter·ma·ßen [ベカンター・マーセン] [副] 《硬》周知のごとく.

die **Be·kannt·ga·be** [ベカント・ガーベ] [名] -/-n (主に[単])公表, 公示, 告示.

be·kannt ge·ben*, [旧] **be·kannt|ge·ben*** [ベカント ゲーベン] [動] *h.* 〔<et⁴>ヲ〕公示〔告示〕する, 公表する.

be·kannt·lich [ベカントリひ] [副] 《文飾》周知のように.

be·kannt ma·chen*, [旧] **be·kannt|ma·chen** [ベカント マっヘン] [動] *h.* 〔<et⁴>ヲ〕公表〔発表〕する, 公布〔公告〕する.

die **Be·kannt·ma·chung** [ベカント・マっふング] [名] -/-en 通知, 掲示, お知らせ; 公示, 公布, 告示.

die **Be·kannt·schaft** [ベカント・シャふト] [名] -/-en **1.** (主に[単])知合いになること, 知己, 面識: <j²> ~ machen <人ト>知合いになる. mit <et³> ~ machen 《口》(不愉快な)<事ト>関わり合いになる. **2.** 知人, 知合い; 交際仲間.

be·kannt wer·den*, [旧] **be·kannt|wer·den*** [ベカント ヴェーあデン] [動] *s.* [補足なし] 知れ渡る.

die **Be·kas·si·ne** [ベカスィーネ] [名] -/-n 〖鳥〗タシギ.

be·ka·tern [ベカーターン] [動] *h.* 〔<et⁴>ニツイテ〕《口》気楽に話し合う.

be·keh·ren [ベケーれン] [動] *h.* **1.** 〔<j⁴>ヲ+(zu <et³>ニ)〕改宗〔回心〕させる; 転向させる(ある考えに). **2.** 〔sich⁴+(zu <et³>ニ)〕改宗〔回心〕する; 転向する(ある考えに).

die **Be·keh·rung** [ベケーるング] [名] -/-en 回心, 改宗; 転向.

be·ken·nen* [ベケネン] [動] *h.* **1.** 〔<et⁴>ヲ/<[文]>デアルト〕告白する, 認める(罪・間違いなどを); 告白する(信仰・信条を): die *B~de* Kirche 告白教会(ドイツ新教の反ナチ運動). **2.** 〔sich⁴+zu <j³/et³>ヲ〕信奉〔支持〕することを表明する(宗祖・宗教・学説などを); (…に)責任を持つと断言する(自分の行動・約束などに); (…に)味方する. **3.** 〔sich⁴+als <j¹⁽⁴⁾>ト〕称する(als <j⁴> は《古》). **4.** 〔sich⁴+(als〔für〕)<[形]>(デアルト)〕(自分が…であると)認める.

der **Be·ken·ner** [ベケナー] [名] -s/- 信仰告白者, (宗教の)信奉者; 〖カトリック〗証聖者.

der **Be·ken·ner·mut** [ベケナー・ムート] [名] -(e)s/ (危険を恐れず)自らの信念を公にする勇気.

das **Be·kennt·nis** [ベケントニス] [名] -ses/-se **1.** (信条・信奉の)表明: ein ~ zur Demokratie 民主主義支持の表明. **2.** (罪の)告白; 懺悔(ざんげ) (Sünden~); ([複]のみ)回想: ein ~ ablegen 告白する. **3.** 信仰告白(Glaubens~); 宗派.

die **Be·kennt·nis·frei·heit** [ベケントニス・ふらイハイト] [名] -/ 信教の自由.

die **Be·kennt·nis·kir·che** [ベケントニス・キるひぇ] [名] -/ 告白教会(ドイツ新教のナチス反対運動).

die **Be·kennt·nis·schu·le** [ベケントニス・シューレ] [名] -/-n 宗派(別)学校.

be·kla·gen [ベクラーゲン] [動] *h.* **1.** 〔<j⁴/et⁴>ヲ〕《文》嘆き悲しむ, 遺憾に思う, 悼む: den Toten ~ 故人を悼む. Menschenleben waren nicht zu ~. 死者は出なかった(事故などで). **2.** 〔sich⁴+über <j⁴/et⁴>ニツイテ/wegen <et²>ノコトデ+bei <j³>ニ〕苦情〔不平〕を言う.

be·kla·gens·wert [ベクラーゲンス・ヴェーあト] [形] 嘆かわしい, 悲しむべき.

be·kla·gens·wür·dig [ベクラーゲンス・ヴュるディひ] [形] 《文》＝beklagenswert.

der/die **Be·klag·te** [ベクラークテ] [名] (形容詞的変化) (民事訴訟の)被告.

be·klat·schen [ベクラっチェン] [動] *h.* **1.** 〔<j⁴/et⁴>ニ〕称賛の拍手を送る. **2.** 〔<j⁴/et⁴>ノ〕《口》内輪のことをしゃべる, 陰口をきく.

be·kle·ben [ベクレーベン] [動] *h.* 〔<et⁴>ニ+(mit <et³>ヲ)〕張りつける(壁にポスターなどを).

be·kle·ckern [ベクレっカーン] [動] *h.* 〔<j⁴/et⁴>ヲ//<j³>

ノ+⟨et⁴⟩ヲ⟩《口》汚す.
be-kleck-sen [ベクレックセン] 動 h. 《j⁴/et⁴⟩ヲ⟨j³⟩ノ+⟨et⁴⟩ヲ⟩汚す.
be-klei-den [ベクライデン] 動 h. **1.** 《j³⟩ニ+(mit⟨et³⟩デ)⟩着せる:leicht *bekleidet* sein 軽装である;ほとんど何も身につけていない. **2.** 《et⁴⟩ヲ+mit⟨et³⟩デ⟩《文》覆う(祭壇を花などで). **3.** 《j³⟩ニ+mit⟨et³⟩デ⟩《文・古》付与する(権力・位階・尊称などを). **4.** 《et⁴⟩ヲ⟩《文》占めている(官職・地位などを).
die **Be-klei-dung** [ベクライドゥング] 名 -/-en **1.** 衣類,衣服. **2.** (稀)(壁などの)外装. **3.** (㉘のみ)(稀)役職を占めていること.
der **Be-klei-dungs-ge-gen-stand** [ベクライドゥングス・ゲーゲン・シュタント] 名 -(e)s/..stände (主に㉘)衣類.
die **Be-klei-dungs-in-dus-trie** [ベクライドゥングス・インドゥストリー] 名 -/-n 衣料産業.
be-klem-men [ベクレメン] 動 h. 《j⁴/et⁴⟩ヲ⟨j³⟩ノ+⟨et⁴⟩ヲ⟩重苦しい気持にさせる;圧迫する.
be-klem-mend [ベクレメント] 形 息苦しい,重苦しい.
die **Be-klem-mung** [ベクレムング] 名 -/-en 締めつけられる感じ,胸苦しさ,不安.
be-klom-men [ベクロメン] 形 重苦しい,不安な.
be-klop-fen [ベクロップふェン] 動 h. 《j⁴/et⁴⟩ヲ⟩たたいて調べる;《医》打診する.
be-kloppt [ベクロップト] 形 《口》頭がおかしい.
be-knackt [ベクナックト] 形 《口》ばかげた;不愉快な.
be-knien [ベクニーン] 動 h. 《j⁴⟩ヲ+(zu⟨動⟩スルコトヲ)⟩《口》ひたすら願う,しつこくねだる.
be-ko-chen [ベコッヘン] 動 h. 《j⁴⟩ノ⟩食事を作る,食事の面倒を見る(臨時に).
be-kom-men* [べコメン] 動 (受動態不可) **1.** h. 《et⁴⟩ヲ+(von⟨j³⟩カラ)⟩もらう,受け(取)る. **2.** h. 《j⁴/et⁴⟩ヲ⟩(自分から働きかけて)獲得する,得る(仕事・席などを). **3.** h. 《et⁴⟩ヲ⟩受ける,(…を)される(手ひどい・ふさわしい・罰などを). **4.** h. 《et⁴⟩ヲ⟩間に合う(電車などに). **5.** h. 《et⁴⟩ヲ+zu⟨動⟩スルコトヲ⟩できる,…させられる:Wir ~ heute nichts zu essen. われわれは今日は食べものにありつけない. von ⟨j³⟩ etwas zu hören ~ 《j³⟩カラ⟩さんざん文句を聞かされる. **6.** h. 《j⁴/et⁴⟩ヲ+⟨様態⟩⟩してもらう(受動態の代りに用いる):Er *bekam* ein Buch geschenkt. 彼は本を1冊プレゼントしてもらった. ⟨j³⟩ vorgestellt ~ ⟨人ニ⟩紹介してもらう. ⟨et⁴⟩ geliehen ~ ⟨物ヲ⟩貸してもらう. das Geld ausgezahlt ~ お金を支払ってもらう. **7.** h. 《et⁴⟩ヲ⟩(身体的・生理的状態に):Angst ~ 不安になる. einen Bauch ~ ふとる. Lust ~ …する気になる. Kopfschmerzen/Fieber ~ 頭痛をおこす/熱を出す.(物が主語で)Die Mauer *bekommt* Risse. 壁に割れ目ができる. **8.** s. 《j³⟩ノ⟩(身体・健康などの)ためになる. 【慣用】Besuch bekommen 来客がある. h. ein Kind bekommen 赤ん坊ができる.《現在my分》(妊娠中に)《過去my分》(生れた)). h. es mit ⟨j³⟩ zu tun bekommen ⟨人ニ⟩いざこざを起こす. h. es nicht über sich⁴ bekommen,⟨zu tun⟩…する事ができない:Sie *bekam* es nicht über sich, ja zu sagen. 彼女はどうしてもイエスとは言えなかった. h. ⟨et⁴⟩ in die Hand bekommen ⟨物ヲ⟩ふとしたきっかけで手に入れる. h. ⟨j⁴⟩ fertig bekommen ⟨人ヲ⟩疲れさせる. h. ⟨j⁴⟩ frei/satt bekommen ⟨人ヲ⟩自由の身にする/⟨人ニ⟩うんざりする. h. ⟨j⁴⟩ nicht aus dem Bett bekommen ⟨人ヲ⟩起こすことができない. h. seinen Willen bekommen 意志を通す,自分の思いどおりにする. Was bekommen Sie? 何をお求めですか(召上がりますか)(店員が客に);いくらになります?(店員に). h. wieder Farbe bekommen 顔色が再びよくなる,健康になる. h. Wir bekommen schönes Wetter. いい天気になる. Wohl bekomm's! さあ召上がれ,健康を祝して! h. ⟨j⁴⟩

et⁴⟩ zu Gesicht/zum Reden bekommen ⟨人ニ⟩会うことができる,⟨物ヲ⟩目にする/⟨人ニ⟩口を開かせる.
be-kömm-lich [ベ㉓ムリヒ] 形 体に良い,消化の良い.
be-kös-ti-gen [ベ㉓スティゲン] 動 h. 《j⁴⟩ニ⟩(毎度の)食事をあてがう[与える].
die **Be-kös-ti-gung** [ベ㉓スティグング] 名 -/-en (主に㉘)賄い,(毎度の)食事の世話;(賄いの)食事.
be-kräf-ti-gen [ベクレふティゲン] 動 h. **1.** ⟨et⁴⟩ヲ+mit⟨et³⟩デ/durch⟨et⁴⟩ニヨッテ⟩(正しいと)保証する. **2.** ⟨et⁴⟩ヲ+in⟨et³⟩デ⟩強固にする,支持する(友情・推測などを).
be-krän-zen [ベクレンツェン] 動 h. 《j⁴/et⁴⟩ヲ⟩冠[花輪]で飾る.
be-kreu-zen [ベクロイツェン] 動 h. 《クトリ》 **1.** 《j⁴⟩ニ⟩十字を切って祝福する. **2.** ⟨sich⁴⟩十字を切る.
be-kreu-zi-gen [ベクロイツィゲン] 動 h. **1.** (sich⁴)十字を切る. **2.** ⟨sich⁴+vor⟨j³/et³⟩ニタイシテ⟩十字を切る(忌避・迷信による恐れの印として).
be-krie-gen [ベクリーゲン] 動 h. 《j⁴/et⁴⟩ヲ⟩戦争をする(民族・国などと);(…を)攻撃する(個人に対して精神的に);《j⁴/et⁴⟩が相互代名詞sich⁴の場合》お互いに争う.
be-krit-teln [ベクリッテルン] 動 h. 《et⁴⟩ニ+(mit⟨et³⟩デ)⟩小うるさく文句をつける,難癖をつける.
be-krit-telt [ベクリッテルト] 形 けちをつけられた.
be-krit-zeln [ベクリッツェルン] 動 h. 《et⁴⟩ニ⟩乱雑に書き込む;いたずら書きをする.
be-krö-nen [ベクレーネン] 動 h. **1.** 《j⁴⟩ニ+(mit⟨et³⟩ノ)⟩冠をかぶせる. **2.** ⟨et⁴⟩ヲ⟩頂きを飾る,頂点をなす.
be-ku-cken [ベクッケン] 動 h. 《j⁴/et⁴⟩ヲ⟩《北独》じろじろ見る.
be-küm-mern [ベキュマーン] 動 h. **1.** 《j⁴⟩ヲ⟩心配させる. **2.** ⟨sich⁴+über⟨j⁴/et⁴⟩ノ⟩《文・古》悲しむ. **3.** ⟨sich⁴+um⟨j⁴/et⁴⟩ノ⟩面倒を見る,(…を)気にかける. 【慣用】Das braucht dich nicht zu bekümmern. それは君には関係がない. Was bekümmert Sie das? それはあなたに何の関係があるのか.
die **Be-küm-mer-nis** [ベキュマーニス] 名 -/-se 《文・古》憂慮,心配(の種),悩み.
be-küm-mert [ベキュマート] 形 憂えた,心配そうな:über ⟨et⁴⟩ ~ sein ⟨事⟩ヲ気に病んでいる.
be-kun-den [ベクンデン] 動 h. **1.** 《et⁴⟩ヲ⟩《文》(言葉・身振り・表情で)はっきり示す;表明する(感情・欲求などを). **2.** 《㉚ァキュト》《法》供述する. **3.** ⟨sich⁴+(in⟨et³⟩デ/durch⟨et⁴⟩ヲ通ジテ)⟩《文》表れる,明らかになる(感情・事物などが).
das **Bel** [ベル] 名 -s/- (㉘は単位)《工》ベル(記号B).
be-lä-cheln [ベレッヒェルン] 動 h. 《j⁴/et⁴⟩ヲ⟩面白がってにこにこする;あざ笑っていやがみ見ている.
be-la-chen [ベラッヘン] 動 h. 《j⁴/et⁴⟩ヲ⟩面白がって笑う;あざ笑う.
be-la-den* [ベラーデン] 動 h. **1.** 《et⁴⟩ヲ+(mit⟨et³⟩ノ)⟩積込む(車両・船などに);いっぱいに載せる(盆などに). **2.** 《j⁴/et⁴⟩ヲ+mit⟨et³⟩ノ⟩持たせる,担わせる(人・ロバに荷物などを);負わせる(人に責仟などを):mit Schmuck ~ sein (㉚)ごてごて飾り立てている. **3.** ⟨et⁴⟩ヲ⟩《核物理》核燃料を取りつける(炉心に).
der **Be-lag** [ベラーク] 名 -(e)s/Beläge **1.** (表面をおおう)薄い膜,錆,かび;(鏡などの)曇り;《医》舌苔,さぶた. **2.** 被覆(するもの),舗装;コーティング;フローリング;(ブレーキの)ライニング(内張り). **3.** (パンにのせる)具(ハムなど),ケーキのっているもの(果物など),トッピング. **4.** 《服》縁飾り,折返し;かがり.
der **Be-la-ge-rer** [ベラーゲら-] 名 -s/- (主に㉘)包囲

軍.

be·la·gern [ベラーガーン] [動] *h.* **1.** 〔〈et⁴〉ヲ〕『軍』攻囲〔包囲〕する《都市・要塞などを》. **2.** 〔〈j⁴/et⁴〉ヲ〕《口》取り囲む《大勢の人がスターなどを》.

die **Be·la·ge·rung** [ベラーゲるング] [名] -/-en 包囲《攻撃》;《単のみ》《口》取り囲むこと.

der **Be·la·ge·rungs·zu·stand** [ベラーゲるングス・ツー・シュタント] [名] -(e)s/ 『法』《昔の》戒厳状態 : den ~ über eine Stadt verhängen ある町に戒厳令をしく.

der **Be·la·mi** [ベラミー] [名] -(s)/-s 女性にもてる男, 色男.

be·läm·mern, [旧] **be·lem·mern** [ベレマーン] [動] *h.* **1.** 〔〈j⁴〉ヲ〕《北独》煩わす. **2.** 〔〈j⁴〉ヲ〕《方》たぶらかす.

be·läm·mert, [旧] **be·lem·mert** [ベレマート] [形] 《口》しゅんとした;嫌な.

der **Be·lang** [ベラング] [名] -(e)s/-e **1.** 《単のみ》重要性 : von/ohne ~ sein 重要である/でない. **2.** 《単のみ》《硬》観点 : in diesem ~ この点において. **3.** 《複のみ》利益, 利害.

be·lan·gen [ベランゲン] [動] *h.* 〔〈j⁴〉ヲ+(wegen 〈et²〉ノカドデ/für 〈et⁴〉ニ対シテ)〕『法』訴える, (…の)釈明を求める. 【慣用】 **Was mich belangt, so ...** 《古》私に関しては〔私としては〕…である.

be·lang·los [ベラング・ロース] [形] 重要でない, ささいな.

die **Be·lang·lo·sig·keit** [ベラング・ローズィひカイト] [名] -/-en **1.** 《単のみ》重要でない〔ささいな〕こと. **2.** 重要でない〔ささいな〕事柄〔言葉〕.

be·las·sen* [ベラっセン] [動] *h.* **1.** 〔〈j⁴/et⁴〉ヲ+〈場所〉ニ/〈様態〉ニ〕そのままにしておく. **2.** 〔〈j³〉ニ+〈et⁴〉ヲ〕《文》委ねる《権限などを》, 任せる. 【慣用】 **alles beim Alten belassen** 何もかも元のままにしておく. **es dabei belassen** そのくらいにしておく.

be·last·bar [ベラスト・バーあ] [形] 重み〔荷重・要求〕に耐えられる.

be·las·ten [ベラステン] [動] *h.* **1.** 〔〈et⁴〉ニ〕荷重をかける;積む. **2.** 〔〈et⁴〉ヲ+(mit 〈et³〉デ/durch 〈et⁴〉ニヨッテ)〕損なう, 害する《物の価値などを》. **3.** 〔〈j⁴/et⁴〉ニ+mit 〈et³〉デ〕重い負担をかける : mit Schulden belastet sein 借金をしょいこんでいる. **4.** 〔〈j⁴/et⁴〉ヲ〕苦しめる, (…の)負担になる. **5.** 〔〈j⁴〉ヲ〕『法』有罪と思わせる《証言・証拠などが》. **6.** 〔〈j⁴/et⁴〉ニ+mit 〈et³〉ヲ〕『金融』負担させる《債務などを》, 課する《税などを》, (…の)借方に記入する, (…から)引き落す : 〈et⁴〉 mit einer Hypothek ~ 〈物を〉抵当に入れる.

be·läs·ti·gen [ベレスティゲン] [動] *h.* **1.** 〔〈j⁴〉ヲ+(mit 〈et³〉デ)〕煩わす, 悩ます. **2.** 〔〈j⁴〉ニ〕不快な思いをさせる;付きまとう.

die **Be·läs·ti·gung** [ベレスティグング] [名] -/-en 煩わすこと, 煩わされること, いやがらせ;厄介, 迷惑.

die **Be·las·tung** [ベラストゥング] [名] -/-en **1.** 積載, 荷重, 負荷;積荷 : die zulässige ~ 許容荷重. **2.** (精神的・肉体的)重荷, 負担;疾患. **3.** 『金融』借方記入, 引き落し;負債;『法』物権の設定, 負担. **4.** (被告を)不利にすること. **5.** (大気・水などの)汚染.

die **Be·las·tungs·pro·be** [ベラストゥングス・プろーベ] [名] -/-n 荷重〔負荷〕試験;試練.

der **Be·las·tungs·zeu·ge** [ベラストゥングス・ツォイゲ] [名] -n/-n 『法』(検察側の)被告に不利な供述をする証人.

be·lat·schern [ベラーチャーン] [動] *h.* 《ベルリン・口》 **1.** 〔〈j⁴〉ヲ+(〈[文]〉ヲスルヨウニ)〕説得する. **2.** 〔〈et⁴〉ヲ〕相談する.

be·lau·ben [ベラウベン] [動] *h.* 〔sich⁴〕葉をつける《樹木が》.

be·lau·ern [ベラウあーン] [動] *h.* 〔〈j⁴/et⁴〉ノ〕様子をうかがう《犯人・獲物などの》.

der **Be·lauf** [ベラウふ] [名] -(e)s/..läufe **1.** 《古》《次の形で》im ~ von… …の金額の. **2.** 『狩』《林務官の》担当猟区.

be·lau·fen*¹ [ベラウふェン] [動] **1.** *h.* 〔sich⁴+auf 〈et⁴〉ニ〕達する《ある金額・数値・年齢に》. **2.** *h.* 〔〈et⁴〉ヲ〕巡回〔パトロール〕する《区間・地域などを》;《方》せっせと歩いて回る《店・観光地などを》. **3.** *s.* 〔[補足なし]〕《方》曇る《窓ガラスなどが》.

be·lau·fen² [ベラウふェン] [形] 人《通り》の多い.

be·lau·schen [ベラウシェン] [動] *h.* 〔〈j⁴/et⁴〉ヲ〕盗み〔立〕聞きする;(ひそかに)観察する.

der **Bel·can·to** [ベルカント] [名] -s/ =Belkanto.

der **Bel·chen** [ベルひェン] [名] -s/ ベルヒェン《Schwarzwald や Vogesen の山頂の名》.

be·le·ben [ベレーベン] [動] *h.* **1.** 〔〈j⁴/et⁴〉ヲ〕生き生きさせる, 元気〔活気〕づける, 興奮させる. **2.** 〔〈et⁴〉ヲ+(mit 〈et³〉デ/durch 〈et⁴〉ニヨッテ)〕生き生きさせる, 多彩にする, 飾る. **3.** 〔〈j⁴/et⁴〉ヲ〕生返らせる, 蘇(よみがえ)らせる, (…の)元気を回復させる. **4.** 〔〈et⁴〉ニ〕生息する《生物がある場所に》. **5.** 〔sich⁴〕生き生きしてくる, 元気〔活気〕づく;生気〔活気〕を取戻す;蘇る《記憶が》;再び生命で満たされる《自然が》;にぎやかになる, 活気にあふれる, いっぱいになる《ある場所が人などで》.

be·le·bend [ベレーベント] [形] 元気を回復させる.

be·lebt [ベレープト] [形] **1.** 往来〔人通り〕の激しい;活気のある. **2.** 生命のある : die ~*e* Natur 有機的世界.

der **Be·lebt·schlamm** [ベレープト・シュラム] [名] -(e)s/-e 活性スラッジ〔汚泥〕.

das **Be·le·bungs·be·cken** [ベレーブングス・ベッケン] [名] -s/- (下水処理場の)活性汚泥槽.

be·le·cken [ベレッケン] [動] *h.* **1.** 〔〈j⁴/et⁴〉ヲ〕なめる, なめてぬらす. **2.** 〔sich⁴〕なめてきれいにする《動物が自分の身体を》. 【慣用】 **von keiner Kultur beleckt sein** 《口》文化の影響を受けていない.

der **Be·leg** [ベレーク] [名] -(e)s/-e 証拠《書類・物件》, 領収書;(語法などの)典拠, 例証;『考古』発見物 : einen ~ für 〈et⁴〉 haben 〈事・物の〉典拠がある.

be·leg·bar [ベレーク・バーあ] [形] (典拠によって)証明しうる.

be·le·gen [ベレーゲン] [動] *h.* **1.** 〔〈et⁴〉ニ+mit 〈et³〉ヲ〕敷く, 張る, 載せる;『軍』(…を…で)砲撃〔爆撃・銃撃〕する. **2.** 〔〈j⁴/et⁴〉ニ+mit 〈et³〉ヲ〕科す, 課す;浴びせる《非難などを》;つける《あだ名を》. **3.** 〔〈et⁴〉ヲ〕確保する, 予約する;(履修)登録する;『スポーツ』占める《順位を》. **4.** 〔〈et⁴〉ニ+mit 〈j³〉ヲ〕泊まらせる. **5.** 〔〈et⁴〉ヲ+(mit 〈et³〉デ/durch 〈et⁴〉ニヨッテ)〕証明する, 正当化する. **6.** 〔〈et⁴〉ヲ〕『海』係留する《ボートなどを》;(巻き)留める《綱を》.

das **Be·leg·ex·em·plar** [ベレーク・エクセムプラーあ] [名] -s/-e 出版〔発行〕証明本《著者・図書館への送付が義務づけられている》.

die **Be·leg·schaft** [ベレークシャふト] [名] -/-en 全従業員;全同室者.

die **Be·leg·stel·le** [ベレーク・シュテレ] [名] -/-n 引用〔例証〕箇所.

das **Be·leg·stück** [ベレーク・シュテュック] [名] -(e)s/-e **1.** =Belegexemplar. **2.** 出版証明に使われる(個々の)本.

be·legt [ベレークト] [形] 具を載せた;舌苔(ぜったい)のできた;かすれた;(予約で)ふさがった;証明された;砲撃〔銃撃・爆撃〕された : ~*e* Brötchen オープンサンド.

die **Be·le·gungs·dich·te** [ベレーグングス・ディひテ] [名] -/ 収容密度《ある場所に収容されている人・物の数と単位面積との割合》.

be·leh·nen [ベレーネン] [動] *h.* **1.** 〔〈j⁴〉ニ〕『史』封

土を授ける. **2.** 〖⟨j⁴⟩ニ＋mit ⟨et³⟩ヲ〗(ﾀｲ)授ける(称号などを).

be·leh·ren [ベレーれン] [動] *h.* **1.** 〖⟨j⁴⟩ヲ〗《文》指導する, 教える: sich⁴ ～ lassen 他人の忠告〔意見〕を聞く. **2.** 〖⟨j⁴⟩ニ＋über ⟨et⁴⟩ニツイテ〗教える, 知識を与える. **3.** 〖⟨j⁴⟩ノ〗間違いを正す, 蒙(もう)を啓(ひら)く.

die **Be·leh·rung** [ベレーるング] [名] -/-en 教えられること, 教訓; 注意, 叱責(しっせき).

be·leibt [ベライプト] [形] 肉づきのいい; 《婉》太った.

die **Be·leibt·heit** [ベライプトハイト] [名] -/ 肥満.

be·lei·di·gen [ベライディゲン] [動] *h.* **1.** 〖⟨j⁴/et⁴⟩ヲ〗侮辱する, (…の)感情〔気持〕を傷つける; 傷つける(自尊心などを). **2.** 〖⟨et⁴⟩ニ〗不快感を与える(目・耳などに): das Auge/das Ohr ～ 目障り/耳障りである.

der **Be·lei·di·ger** [ベライディガー] [名] -s/- 侮辱する人.

die **Be·lei·di·gung** [ベライディグング] [名] -/-en **1.** 侮辱: ⟨j³⟩ eine ～ zufügen ⟨人ヲ⟩侮辱する. **2.** 侮辱的な発言〔行動〕: eine ～ für das Auge/das Ohr sein 目/耳障りだ.

die **Be·lei·di·gungs·kla·ge** [ベライディグングス・クラーゲ] [名] -/-n 名誉毀損(きそん)の訴え.

be·lei·hen [ベライエン] [動] *h.* **1.** 〖⟨et⁴⟩ヲ〗担保にしてお金を貸す. **2.** 《古》＝belehnen 2.

be·lem·mern [ベレマーン] ⇨ belämmern.

be·lem·mert [ベレマート] ⇨ belämmert.

be·le·sen [ベレーゼン] [形] 〖(in〔auf〕⟨et³⟩ニ)〗精通した, 博識な.

die **Be·le·sen·heit** [ベレーゼンハイト] [名] -/ 多読〔博識〕なこと, 博覧強記.

die **Bel·e·ta·ge** [..ʒə ベレタージェ] [名] -/-n〖建〗二階.

be·leuch·ten [ベロイひテン] [動] *h.* **1.** 〖⟨j⁴/et⁴⟩ヲ〗照らす(ある光源が). **2.** 〖⟨et⁴⟩ニ〗照明を施す. **3.** 〖⟨et⁴⟩ニ〗光を当てる(ある問題などに).

der **Be·leuch·ter** [ベロイひター] [名] -s/- 照明係.

die **Be·leuch·tung** [ベロイひトゥング] [名] -/-en (主に[単]) **1.** 照明; 明かり. **2.** 解明.

der **Be·leuch·tungs·ef·fekt** [ベロイひトゥングス・エふェクト] [名] -(e)s/-e 照明効果.

der **Be·leuch·tungs·kör·per** [ベロイひトゥングス・ケるパー] [名] -s/- 照明の光源体, 灯火, ランプ, 電球.

be·leum·det [ベロイムデット] [形] 〖⟨様態⟩ナ〗評判の.

be·leu·mun·det [ベロイムンデット] [形] ＝beleumdet.

bel·fern [ベルふぁーン] [動] *h.* 《口》 **1.** 〖補足なし〗わんわん〔きゃんきゃん〕ほえる(犬が); とどろく(大砲などが). **2.** 〖⟨et⁴⟩ヲ〗がなる(命令などを).

der **Bel·fried** [ベルふりート] [名] -(e)s/-e 鐘楼, 鐘つき堂; 《古》(中世の城塞の)塔.

(*das*) **Bel·gi·en** [ベルギエン] [名] -s/ 〖国名〗ベルギー.

der **Bel·gi·er** [ベルギあー] [名] -s/- **1.** ベルギー人. **2.** ベルギー種のウマ(大型で温和).

bel·gisch [ベルギシュ] [形] ベルギー(人)の.

(*das*) **Bel·grad** [ベルグらート] [名] -s/ 〖地名〗ベオグラード(旧ユーゴスラヴィアの首都).

be·lich·ten [ベリひテン] [動] *h.* **1.** 〖⟨et⁴⟩ヲ〗〖写〗露出する. **2.** 〖⟨様態⟩ニ〗〖写〗露出を行う. **3.** 〖⟨et⁴⟩ニ〗《ジャーゴン》照明を当てる.

die **Be·lich·tung** [ベリひトゥング] [名] -/-en 〖写〗露出; 《ジャーゴン》照明をあてる〔あてられる〕こと.

die **Be·lich·tungs·dau·er** [ベリひトゥングス・ダウあー] [名] -/ 〖写〗露出時間.

der **Be·lich·tungs·mes·ser** [ベリひトゥングス・メッサー] [名] -s/- 〖写〗露出計.

die **Be·lich·tungs·ta·bel·le** [ベリひトゥングス・タベレ] [名] -/-n 〖写〗露出表.

die **Be·lich·tungs·zeit** [ベリひトゥングス・ツァイト] [名] -/-en 〖写〗露出時間.

be·lie·ben [ベリーベン] [動] *h.* 《文》 **1.** 〖⟨j³⟩ノ〗気に入っている: *Beliebt* es Ihnen, einen Spaziergang zu machen ? 今, 散歩をなさるお気持がございますか. Wie/Was *beliebt* ? 《古》何とおっしゃいましたか/何をお望みですか. **2.** 〖zu ⟨動⟩スル〗(主に《皮》)傾向がある: Sie ～ zu scherzen. ご冗談でしょう.

das **Be·lie·ben** [ベリーベン] [名] -s/ 好み, 意向: nach ～ 好きなように. ⟨et¹⟩ steht ganz in ⟨j²⟩ ～ ⟨事ガ⟩⟨人ニ⟩まかされている.

be·lie·big [ベリービひ] [形] 任意〔随意〕の; 好みのままに.

be·liebt [ベリープト] [形] **1.** 〖(bei ⟨j³⟩ニ)〗好かれている, 人気のある: sich⁴ bei ⟨j³⟩ ～ machen ⟨人ニ⟩取入る. **2.** よく用いられる.

die **Be·liebt·heit** [ベリープトハイト] [名] -/ 人気, 好評.

be·lie·fern [ベリーふぁーン] [動] *h.* 〖⟨j⁴⟩ニ＋(mit ⟨et³⟩ヲ)〗納める, 納入する, 納品する.

der **Bel·kan·to** [ベルカント] [名] -s/ 〖楽〗ベルカント(歌唱法).

die **Bel·la·don·na** [ベラ・ドナ] [名] -/..donnen〖植〗ベラドンナ; ベラドンナ薬剤.

die **Belle Époque** [bɛlepɔ́k ベレポック] [名] --/ ベル・エポック(20 世紀初頭のフランスの文化興隆期).

bel·len [ベレン] [動] *h.* **1.** 〖補足なし〗吠(ほ)える(犬・キツネ・オオカミが); 激しくせき込む; とどろく(雷・大砲などが). **2.** 〖⟨et⁴⟩ヲ〗どなる(命令などを).

der **Bel·le·trist** [ベレトりスト] [名] -en/-en 大衆作家.

die **Bel·le·tris·tik** [ベレトりスティク] [名] -/ 大衆文学, 文芸.

bel·le·tris·tisch [ベレトりスティシュ] [形] 大衆文学の.

das **Belle·vue** [bɛlvý: ベルヴュー] [名] -(s)/-s ベルヴュー(絶景に建つ宮殿・ホテルの名称).

der **Bel·li·zist** [ベリツィスト] [名] -en/-en 主戦論者, 好戦主義者; 戦争扇動者.

(*die*) **Bel·lo·na** [ベローナ] [名] 〖ロ神〗ベローナ(戦いの女神).

be·lo·bi·gen [ベロービゲン] [動] *h.* 〖⟨j⁴/et⁴⟩ヲ〗表彰する, 称賛する.

das **Be·lo·bi·gungs·schrei·ben** [ベロービグングス・シュらイベン] [名] -s/- 表彰状; 推薦状.

be·loh·nen [ベローネン] [動] *h.* **1.** 〖⟨j⁴⟩ヲ＋(für ⟨et⁴⟩ニ対シテ)＋(mit ⟨et³⟩デ/⟨形⟩ニ)〗ねぎらう, 報酬を与える. **2.** 〖⟨et⁴⟩ニ〗報いる(信頼などに).

die **Be·loh·nung** [ベローヌング] [名] -/-en **1.** 報いること. **2.** 報酬, 賞金, 謝礼金: ⟨et⁴⟩ zur ～ für ⟨et⁴⟩ bekommen ⟨物・事ヲ⟩⟨事ノ⟩褒賞としてもらう.

(*das*) **Be·lo·russ·land**, [旧]**Be·lo·ruß·land** [ベロ・るスラント, ベーロ・るスラント, ベロ・るスラント] [名] -s/ 〖国名〗ベラルーシ(共和国); ベロルシア, 白ロシア.

(*der*) **Bel·sa·zar** [ベルザーツァる] [名] 〖旧約〗ベルシャザル(バビロン最後の王).

be·lüf·ten [ベリュふテン] [動] *h.* 〖⟨et⁴⟩ノ〗換気をする; (…に)空気を入れる〔送り込む〕.

die **Be·lüf·tung** [ベリュふトゥング] [名] -/ 換気.

der **Be·lu·ga**[1] [ベルーガ] [名] -s/ チョウザメのキャビア.

die **Be·lu·ga**[2] [ベルーガ] [名] -/-s 〖魚〗チョウザメ; 〖動〗シロイルカ.

be·lü·gen* [ベリューゲン] [動] *h.* 〖⟨j⁴⟩ニ〗嘘(うそ)を言う, 嘘をついてだまそうとする.

be·lus·ti·gen [ベルスティゲン] [動] *h.* **1.** 〖⟨j⁴⟩ヲ＋(mit ⟨et³⟩デ)〗面白がらせる, 笑わせる(冗談などで). **2.** 〖sich⁴＋über ⟨j⁴/et⁴⟩ヲ〗《文》面白がる; あざ笑う, からかう. **3.** 〖sich⁴〗《古》楽しむ.

die **Be·lus·ti·gung** [ベルスティグング] [名] -/-en 娯楽; 楽しい催し, (民衆の)祭り; ([単]のみ)面白がっていること.

das **Bel·ve·de·re** [ベルヴェデーれ] [名] -(s)/-s **1.** 見晴し台, 展望台, 眺望の利く高台. **2.** ＝Bellevue.

Bem. ＝Bemerkung.

das **Be·ma** [ベーマ] [名] -s/-ta **1.** (古代ギリシア

の)演壇. **2.** (初期キリスト教教会堂の)内陣, ベーマ;〖ギ正教〗聖堂内陣.

be·mäch·ti·gen [ベメヒティゲン] 動 h. 《文》 **1.** 〔sich⁴+〈j²/et³〉ヲ〕(無理やりに)自分のものにする, 奪取する. **2.** 〔sich⁴+〈j²〉〕襲う(ある考え・感情などが).

be·mä·keln [ベメーケルン] 動 h. 〔〈j⁴/et⁴〉ッ〕《口》難癖をつける, あら捜しする.

be·ma·len [ベマーレン] 動 h. **1.** 〔〈et⁴〉ニ〕絵を描く, 彩色する;色を塗る. **2.** 〔sich⁴/〈j⁴〉ニ〕《口》厚化粧をする.

be·män·geln [ベメンゲルン] 動 h. 〔〈et⁴〉ッ〕(十分でないと)非難する, (…に)けちをつける.

be·man·nen [ベマンネン] 動 h. **1.** 〔〈et⁴〉ッ〕乗組員を搭乗させる, 人員を配置する(船・航空機などに). **2.** 〔sich⁴〕《口・冗》結婚する(女性が).

be·mannt [ベマント] 形 **1.** (乗組員を)乗せた, 有人の. **2.** 《口・冗》(女性が)結婚している;男友達を持っている.

die **Be·man·nung** [ベマヌング] 名 -/-en 乗組員の配置;乗組員, クルー.

be·män·teln [ベメンテルン] 動 h. 〔〈et⁴〉ッ〕《文》取り繕う, 糊塗(ニ)する;隠す, 隠蔽(ネミ)する.

der **Bem·bel** [ベンベル] 名 -s/- 《方》鐘の舌;小さな鐘;〖リンゴ酒用ジョッキ.

be·meis·tern [ベマイスターン] 動 h. 《文》 **1.** 〔〈et⁴〉ッ〕克服する(困難な状況などを), 抑える(怒りなどを). **2.** 〔sich⁴〕自制する. **3.** 〔sich⁴+〈j²〉〕襲う(怒り・不安などが).

be·merk·bar [ベメルク・バー] 形 目につく, 目立つ. 【慣用】**sich⁴ bemerkbar machen** (仕ぐさで)注意(人目)を引くように現れる.

be·mer·ken [ベメるケン] 動 h. **1.** 〔〈j⁴/et⁴〉ニ〕《文》ヵァィヵニ気がつく. **2.** 〔《文》ダテルヵ〈et⁴〉ッ〕(短く)述べる, (…と)コメントする.

be·mer·kens·wert [ベメるケンス・ヴェーアト] 形 注目すべき;非常に.

die **Be·mer·kung** [ベメるクング] 名 -/-en **1.** (短い)論評, 発言, コメント, 所見;**—über**〈j⁴/et⁴〉**machen**〈人・物・事ﾆﾂｨﾃ〉コメントする. **2.** 《古・稀》気づくこと.

be·mes·sen* [ベメッセン] 動 h. **1.** 〔〈et⁴〉ッ〕(計算して)決める, 割振る. **2.** 〔sich⁴+nach〈et³〉ﾆﾖｯﾃ〕《文》決まる(あるものの量・額などが).

be·mit·lei·den [ベミットライデン] 動 h. 〔〈j⁴〉ニ〕同情する, (…を)哀れむ.

be·mit·lei·dens·wert [ベミットライデンス・ヴェーアト] 形 同情すべき.

be·mit·telt [ベミッテルト] 形 資産のある.

die **Bem·me** [ベメ] 名 -/-n 《東中独》バターを塗ったパン(切れ), オープンサンド.

be·mo·geln [ベモーゲルン] 動 h. 〔〈j⁴〉〕《口・冗》ちょろまかす.

be·moost [ベモースト] 形 苔(ﾞ)むした.

be·mü·hen [ベミューエン] 動 h. **1.** 〔sich⁴+(zu⟨動⟩ｼｮｳﾄ)〕努力する, 骨折る. **2.** 〔sich⁴/〈j⁴〉〕面倒をみる, 世話をする. **3.** 〔sich⁴+um〈et⁴〉ッ〕心がける, (…に)気を配る. **4.** 〔sich⁴+um〈j⁴/et⁴〉ッ〕得ようと努力する. **5.** 〔sich⁴+〈方向〉ヘ〕《文》足を運ぶ, 赴く. **6.** 〔〈j⁴/et⁴〉ッ〕《文》煩わす, (…に)ご足労を願う;使う:**um ein altes Sprichwort zu** — 古いことわざを援用すれば. 【慣用】**Bitte bemühen Sie sich nicht !** どうぞお構いなく.

be·müht [ベミュート] 形 努力している;多忙である: **~ sein,**〈et⁴zu⟨方向〉〉…しようと努力する.

die **Be·mü·hung** [ベミューウング] 名 -/-en **1.** (主に⟨機⟩)努力, 骨折り, 苦労. **2.** (⟨機⟩のみ)(報酬に係わ る)職務遂行(医師の診療・弁護士の法律事務な ど):**Der Arzt hat seine ~en nicht in Rechnung gestellt.** 医者は診療報酬を請求しなかった.

be·mü·ßigt [ベミュースィヒト] 形 《次の形で》**sich⁴ ~ sehen(fühlen/finden), ... zu⟨動⟩**《文》(…)せざるを得ないと思う.

be·mus·tern [ベムスターン] 動 h. 〔〈et⁴〉ッ〕見本をつける(カタログなどに).

be·mut·tern [ベムターン] 動 h. 〔〈j⁴〉ッ〕母親のように世話をする, 母親代りに面倒みる.

be·nach·bart [ベナッハバート] 形 〔(〈j³/et³〉ｶ)〕隣の, 近くの, 隣接した.

be·nach·rich·ti·gen [ベナーはりヒティゲン] 動 h. 〔〈j⁴/et⁴〉ニ+(von〈et³〉ｦ)〕知らせる, 通報〔報告〕する(警察に事故があると).

die **Be·nach·rich·ti·gung** [ベナーはりヒティグング] 名 -/-en 報告〔通知〕すること;報告, 通報.

das **Be·nach·rich·ti·gungs·schrei·ben** [ベナーはりヒティグングス・シュらイベン] 名 -s/- 通知状, 報告書.

be·nach·tei·li·gen [ベナーはタイリゲン] 動 h. 〔〈j⁴〉ッ〕(他の人より)不利に扱う, 冷遇する.

der/die **Be·nach·tei·lig·te** [ベナーはタイリヒテ] 名 《形容詞的変化》社会的弱者, 不利な立場の人.

be·na·gen [ベナーゲン] 動 h. 〔〈et⁴〉ッ〕かじる;浸食する(水が岸を).

be·nam·sen [ベナームゼン] 動 h. 〔〈j⁴/et⁴〉ニ+(mit〈j³/et³〉ﾄｨｳ)〕《口・冗》(あだ)名をつける.

be·näs·sen [ベネッセン] 動 h. 〔〈j⁴/et⁴〉ッ〕《文》濡(ﾇ)らす.

die **Bench·mark** [bɛntʃmark ベンチ・マるク] 名 -/-s 〖経〗ベンチマーク(成果を比較〔評価〕するための基準).

der [das] **Ben·del** [ベンデル] 名 ⇨ **Bändel**.

be·ne·beln [ベネーベルン] 動 h. 〔〈j⁴〉ッ/〈j³〉ニ〕+〈et⁴〉ｦ〕酔わせる, 朦朧(ﾓｳ)とさせる(酒が);軽く酔わせる(芳香などが).

be·ne·belt [ベネーベルト] 形 酔ってぼうっとした.

be·ne·dei·en [ベネダイエン] 動 benedeite; hat gebenedeit(benedeit) 〔〈j⁴〉ッ〕〖聖〗《古》祝福する:**die Gebenedeite** 聖母マリア.

das **Be·ne·dic·tus** [ベネディクトゥス] 名 -/- 〖キ教〗ベネディクトゥス(①ルカ福音書によるザカリア頌歌. ②ミサの Sanctus の最後の部分).

(der) **Be·ne·dikt** [ベーネディクト] 名 **1.** 〖男名〗ベーネディクト. **2.** **~ von Nursia** ヌルシアのベネディクトゥス(480 頃–547 頃, ベネディクト会の設立者).

der **Be·ne·dik·ti·ner** [ベネディクティーナー] 名 -s/- **1.** ベネディクト修道会士. **2.** (ⓢのみ)ベネディクト酒(⟨機⟩薬草酒).

der **Be·ne·dik·ti·ner·or·den** [ベネディクティーナー・オるデン] 名 -s/ ベネディクト修道会. ⇨ **Benedikt 2**.

die **Be·ne·dik·ti·on** [ベネディクツィオーン] 名 -/-en 〖カト〗祝福, 祝別.

be·ne·di·zie·ren [ベネディツィーれン] 動 h. 〔〈j⁴/et⁴〉ッ〕〖カト〗祝福〔祝別〕する.

das **Be·ne·fiz** [ベネふィーツ] 名 -es/-e **1.** 《古》顕彰興行. **2.** 慈善興行, チャリティーショウ. **3.** = **Benefizium 2, 3**.

das **Be·ne·fi·zi·um** [ベネふィーツィウム] 名 -s/..zien **1.** 《古》慈善. **2.** (中世の)封土. **3.** 〖カト〗聖職禄.

be·neh·men* [ベネーメン] 動 h. **1.** 〔sich⁴+〈様態〉〕振舞う. **2.** 〔sich⁴〕行儀よくする. **3.** 〔〈j³〉ニ+〈et⁴〉ッ〕《文》奪う(視界・思考力などを).

das **Be·neh·men** [ベネーメン] 名 -s/ 立居振舞い, 作法. 【慣用】**sich⁴ mit〈j³〉ins Benehmen setzen**《文》〈人ﾄ〉接触する(交渉をもつ).

be·nei·den [ベナイデン] 動 h. 〔〈j⁴〉ッ+(um〈j⁴/et⁴〉ッ/wegen〈j²/et²〉ｦ)〕うらやむ(人の富・成功・家族な

Bequemlichkeit

どを).
be·nei·dens·wert [ベナイデンス・ヴェーあト] 形 うらやむべき.
die **Be·ne·lux·län·der** [ベーネルクス・レンダー, ベネルクス・レンダー] 複名 =Beneluxstaaten.
die **Be·ne·lux·staa·ten, Be·ne·lux-Staa·ten** [ベーネルクス・シュターテン, ベネルクス・シュターテン] 複名 ベネルクス三国(Belgique,Nederland,Luxembourg).
be·nen·nen* [ベネネン] 動 h. 1. ⟨j⁴/et⁴⟩ニ+nach⟨j³/et³⟩ニチナンテ⟩名前をつける. 2. ⟨et⁴⟩ヮ⟩名称を(正しく)言う(植物などを). 3. ⟨j⁴⟩ヮ+(als ⟨j⁴⟩トシテ/zu⟨j³⟩ニ)指定(指名)する(人を証人・候補者などとして).
die **Be·nen·nung** [ベネヌング] 名 -/-en 1. ((®の み)命名;指名. 2. 名称.
be·net·zen [ベネッツェン] 動 h. ⟨et⁴⟩ヮ⟩(文)(軽く)濡(ぬ)らす(額などを),湿らす(唇などを).
der **Ben·ga·le** [ベンガーレ] 名 -n/-n ベンガル人.
(das) **Ben·ga·len** [ベンガーレン] 名 -s/ 『地名』ベンガル.
das **Ben·ga·li** [ベンガーリ] 名 -(s)/ ベンガル語.
ben·ga·lisch [ベンガーリシュ] 形 ベンガル(人・語)の: ~es Feuer ベンガル花火(青色の信号・花火).
der **Ben·gel** [ベンゲル] 名 -s/- 1. 若造;腕白小僧. 2. (古)棍棒(こん).
be·ni·gne [ベニグネ] 形 【医】良性の.
(das) **Be·nin** [ベニーン] 名 -s/ 『国名』ベナン(アフリカ,ギニア湾岸の国).
der **Ben·ja·min** [ベンヤミーン] 名 -s/-e 1. (冗)(家族などの)最年少者. 2. ((®のみ;主に無冠詞)『男名』ベンヤミン. 3. ((®のみ;主に無冠詞)『旧約』ベニヤミン(ヤコブの末子).
(der) **Benn** [ベン] 『人名』ベン(Gottfried ~, 1886-1956, 詩人).
(der) **Ben·no** [ベノ] 『男名』ベノ.
be·nom·men [ベノメン] 形 朦朧(ろう)とした.
be·no·ten [ベノーテン] 動 h. (官) 1. ⟨et⁴⟩ヮ⟩評価する,採点する. 2. ⟨j⁴/et⁴⟩ニ+mit 形⟩ヮ/(様態)ニ)評点をつける.
be·nö·ti·gen [ベネ-ティゲン] 動 h. ⟨j⁴/et⁴⟩ヮ⟩必要とする.
das **Ben·thos** [ベントス] 名 -/ 【生】底生生物.
be·nutz·bar [ベヌッツ・バー] 形 使用(利用)できる.
be·nu·tzen [ベヌッツェン] 動 h. 1. ⟨et⁴⟩ヮ⟩使う, 使用する(道具・車・部屋・表現などを). 2. ⟨j⁴/et⁴⟩ヮ+als⟨et³⟩ニ⟩…として使う. 3. ⟨j⁴/et⁴⟩ヮ+zu ⟨et³⟩ニ/für⟨et⁴⟩ノタメニ⟩利用する.
be·nü·tzen [ベニュッツェン] 動 h. =(南独・オース・スィ)benutzen.
der **Be·nu·tzer** [ベヌッツァー] 名 -s/- 利用(使用)者.
der **Be·nü·tzer** [ベニュッツァー] 名 -s/- (南独・オース・スィ)=Benutzer.
be·nu·tzer·freund·lich [ベヌッツァー・ふろイントリヒ] 形 使用者に親切な.
die **Be·nu·tzung** [ベヌッツング] 名 -/ 使用,利用.
die **Be·nü·tzung** [ベニュッツング] 名 -/ (南独・オース・スィ)=Benutzung.
die **Be·nu·tzungs·ge·bühr** [ベヌッツングス・ゲビューア] 名 -/-en 使用料.
die **Be·nü·tzungs·ge·bühr** [ベニュッツングス・ゲビューア] 名 -/-en (南独・オース・スィ)=Benutzungsgebühr.
(der) **Benz** [ベンツ] 『人名』ベンツ(Carl Friedrich ~, 1844-1929, 自動車の開発者).
das **Benz·an·thra·zen** [ベンツ・アントらツェーン] 名 -s/-e 【化】ベンズアントラセン(発癌性芳香族炭化水素).
das **Ben·ze·drin** [ベンツェドリーン] 名 -s/ 【商標】ベンゼドリン(覚醒剤アンフェタミン).
das **Ben·zin** [ベンツィーン] 名 -s/-e 1. ガソリン.

2. ベンジン.
der **Ben·zin·dampf** [ベンツィーン・ダムプふ] 名 -(e)s/..dämpfe 【環】ガソリン(揮発油)蒸気.
der **Ben·zi·ner** [ベンツィーナ-] 名 -s/- ((ジs-))ガソリン車.
der **Ben·zin·hahn** [ベンツィーン・ハーン] 名 -(e)s/..hähne (古い型の車の)燃料コック.
der **Ben·zin·ka·nis·ter** [ベンツィーン・カニスタ-] 名 -s/-携帯用ガソリンタンク.
der **Ben·zin·mo·tor** [ベンツィーン・モ(-)トーあ] 名 -s/-en ガソリンエンジン.
der **Ben·zin·tank** [ベンツィーン・タンク] 名 -s/-s ガソリンタンク.
die **Ben·zin·uhr** [ベンツィーン・ウ-あ] 名 -/-en 〔車〕燃料計.
der **Ben·zin·ver·brauch** [ベンツィーン・ふぇあブらウほ] 名 -(e)s/ ガソリン消費量.
der **Ben·zin·wa·gen** [ベンツィーン・ヴァーゲン] 名 -s/- タンクローリー.
die **Ben·zoe** [ベンツォエ] 名 -/ 安息香,ベンゾイン樹脂.
die **Ben·zoe·säu·re** [ベンツォエ・ゾイれ] 名 -/ 【化】安息香酸.
das **Ben·zol** [ベンツォール] 名 -s/-e (®の種類)【化】ベンゾール,ベンゼン.
das **Benz·py·ren** [ベンツ・ピュれーン] 名 -s/ 【化】ベンゾピレン(発癌性芳香族炭化水素).
be·o·bach·ten [ベオバほテン] 動 h. 1. ⟨j⁴/et⁴⟩ヮ/(文)ダブルエスヒ⟩観察する,見守る;見張る,監視する. 2. ⟨et⁴⟩ヮ/(文)ダブルエスヒ⟩認める,目撃する. 3. ⟨et⁴⟩ヮ⟩(文)遵守する(規則などを).
der **Be·o·bach·ter** [ベオーバほタ-] 名 -s/- 観察者;目撃者.
die **Be·o·bach·tung** [ベオーバほトゥング] 名 -/-en 1. 観察,監視;見たこと,観察の結果. 2. (文)遵守.
die **Be·o·bach·tungs·ga·be** [ベオーバほトゥングス・ガーベ] 名 -/ 観察力.
der **Be·o·bach·tungs·pos·ten** [ベオーバほトゥングス・ポステン] 名 -s/- 監視(見張り)所.
(das) **Beo·grad** [be.ɔgrad ベオグらド] 名 -s/ 『地名』ベオグラード(Belgrad のセルビア語名).
be·or·dern [ベオ*る*ダーン] 動 h. 1. ⟨j⁴/et⁴⟩ヮ+⟨方向⟩へ⟩行くように命ずる. 2. ⟨et⁴⟩ヮ+⟨方向⟩カラ/ニ⟩【商】取寄せる. 3. ⟨j³⟩ニ+zu⟨et³⟩ニ⟩スルヨウニ⟩命ずる.
be·pa·cken [ベパッケン] 動 h. ⟨j⁴/et⁴⟩ニ+mit⟨et⁴⟩ヮ⟩積む,負わせる,持たせる.
be·pflan·zen [ベふランツェン] 動 h. ⟨et⁴⟩ヮ+mit⟨et³⟩ニ⟩植えつける.
be·pflas·tern [ベふラスターン] 動 h. ⟨et⁴⟩ヮ+(mit ⟨et³⟩ニ)⟩(口)はる(絆創膏(ばんそう)・膏薬(こう)を);(…を…で)舗装する;(兵)雨あられと浴びせる(弾丸・爆弾を).
be·pin·seln [ベピンゼルン] 動 h. 1. ⟨et⁴⟩ニ+(mit ⟨et³⟩ヮ)⟩(口)(刷毛で)塗りつける;(口・蔑)塗りたくる. 2. ⟨et⁴⟩ヮ+mit⟨et³⟩ニ⟩雑然と(やたらと)書きなぐる. 3. [sich⁴](口・蔑)厚化粧をする.
be·pu·dern [ベプーダーン] 動 h. ⟨j⁴/et⁴⟩ヮ⟩粉おしろい(粉薬)をふりかける.
be·quem [ベクヴェーム] 形 1. 快適な,楽な: Machen Sie es sich ~! どうぞお楽に. 2. 無理のない;楽に. 3. 無精な.
be·que·men [ベクヴェーメン] 動 h. 1. [sich⁴+zu 動]ヮ/zu⟨et³⟩ヮ⟩(文)気丈にやっとなる. 2. [sich⁴+et³]ニ⟩(古)順応する,慣れる.
die **Be·quem·lich·keit** [ベクヴェームリヒカイト] 名 -/-en 1. 安楽,快適さ;快適な設備;【婉】トイレ.

2. ([単]のみ)無精, 怠惰: aus ～ 無精なため.

be·rap·pen[1] [べらっペン] [動] *h.* 〔〈et^4〉ヲ〕〖土〗粗面塗りにする(壁を);〖林〗(…の)皮をはぐ(木の).

be·rap·pen[2] [べらっペン] [動] *h.* 〔〈et^4〉ヲ〕(しぶしぶ)払う(金を).

be·ra·ten* [べらーテン] [動] *h.* **1.** 〔〈j^4〉ニ〕助言する: sich^4 ～ von 〈j^3〉 ～ lassen 〈人ノ〉助言を求める. gut/schlecht ～ sein. 《口》うまくやった/へまをした. **2.** 〔〈et^4〉ヲ/über 〈et^4〉ニツイテ〕審議する, 協議する(議会・委員会などで). **3.** 〔mit 〈j^3〉ト+〈et^4〉ヲ/〈[文]〉ヲ〕相談する: Wir haben miteinander ～, ob es geschehen soll. それをどうすべきかをわれわれは相談した. **4.** 〔sich^4+mit 〈j^3〉ト+(über 〈et^4〉ニツイテ)〕話し合う, 相談する(主に専門家と).

be·ra·tend [べらーテント] [形] 助言〔顧問・審議〕の: 〈j^3〉 ～ zur Seite stehen 〈人ノ〉コンサルタントの役をしている.

der **Be·ra·ter** [べらーター] [名] -s/- 顧問, コンサルタント, 助言者, 補佐官.

be·rat·schla·gen [べらートシュラーゲン] [動] *h.* 〔mit〈j^3〉ト+(über)〈et^4〉ニツイテ〕協議する, 相談する.

die **Be·rat·schla·gung** [べらートシュラーグング] [名] -/-en 協議, 相談.

die **Be·ra·tung** [べらートゥング] [名] -/-en **1.** 助言, 指導;相談所. **2.** 審議, 協議: eine ～ über 〈et^4〉 〈事ニツイテノ〉審議.

der **Be·ra·tungs·punkt** [べらートゥングス・プンクト] [名] -(e)s/-e 協議〔審議〕事項.

die **Be·ra·tungs·stel·le** [べらートゥングス・シュテレ] [名] -/-n 相談所.

be·rau·ben [べらウベン] [動] *h.* **1.** 〔〈j^4〉カラ〕金品を強奪する: Ich möchte Sie nicht ～! こんなにいただくわけにはまいりません. **2.** 〔〈j^4〉ノ+〈et^2〉ヲ〕《文》奪う(金・自由などを).

die **Be·räu·mung** [べろイムング] [名] -/-en (主に[単])〖官〗除去;整理;整地;清算.

be·rau·schen [べらウシェン] [動] *h.* 《文》 **1.** 〔〈j^4〉ヲ〕酔わせる, 陶然とさせる. **2.** 〔sich^4+an 〈et^3〉ニ〕酔う, 興奮する.

be·rau·schend [べらウシェント] [形] 酔わせる, うっとりするような. 【慣用】**nicht berauschend sein** 《口》それほどでもない.

be·rauscht [べらウシュト] [形] 酔った;うっとりした.

der **Ber·ber** [べるバー] [名] -s/- **1.** ベルベル人(北アフリカの種族). **2.** ベルベルじゅうたん. **3.** バーバリ馬(北アフリカで飼育されている乗用馬). **4.** 《ジャーゴン》浮浪者.

die **Ber·be·rit·ze** [べるべりっツェ] [名] -/-n 〖植〗メギ(属).

die **Ber·ceu·se** [bɛrsǿːzə べる㋝ーゼ] [名] -/-n 〖楽〗子守歌;ベルスーズ(揺りかごの揺れに似たリズムの器楽曲).

(*das*) **Berch·tes·ga·den** [べるひテスガーデン] [名] -s/ 〖地名〗ベルヒテスガーデン(バイエルン州の保養地. ヒトラーの山荘の地).

be·re·chen·bar [べれっひぇン・バーあ] [形] 計算〔予測〕できる.

be·rech·nen [べれひネン] [動] *h.* **1.** 〔〈et^4〉ヲ〕計算する, 算出〔算定〕する(費用・面積・距離などを);あらかじめ考慮する. **2.** 〔(〈j^3〉ニ)+〈et^4〉ノ〕金額〔費用〕を請求する: Für die Verpackung *berechne* ich nichts. 包装代は無料です. Wie viel ～ Sie mir ? 勘定はおいくらですか. **3.** 〔〈j^4/et^4〉ヲ+auf 〈et^4〉ト〕見積もる.

be·rech·nend [べれひネント] [形] 《蔑》打算的な, 計算ずくの.

die **Be·rech·nung** [べれひヌング] [名] -/-en **1.** 計算, 算出, 算定;請求;見積り: ～*en* anstellen 計算する. **2.** ([単]のみ)打算;思惑, 予測: 〈et^4〉 aus ～ tun 〈事ヲ〉打算でする.

be·rech·ti·gen [べれひティゲン] [動] *h.* 〔(〈j^4〉ニ)+zu 〈et^3〉ノ/zu 〈[動]〉スル〕権利〔資格〕を与える.

be·rech·tigt [べれひティヒト] [形] 〔zu 〈et^3〉ノ/zu〈[動]〉スル〕権利〔権限・資格〕のある;正当な.

der/die **Be·rech·tig·te** [べれひティヒテ] [名] (形容詞的変化)有権者, 有資格者.

die **Be·rech·ti·gung** [べれひティグング] [名] -/ (主に[単])権利, 権限, 資格;正当性: die ～ zu 〈et^3〉 〈事ノ〉権利.

der **Be·rech·ti·gungs·schein** [べれひティグングス・シャイン] [名] -(e)s/-e 資格証明書.

be·re·den [べれーデン] [動] *h.* **1.** 〔〈et^4〉ヲ+(mit 〈j^3〉ト)〕協議する. **2.** 〔sich^4+(mit 〈j^3〉ト)〕相談する. **3.** 〔相互代名詞sich^4〕相談し合う. **4.** 〔〈j^4/et^4〉ヲ〕《口》とやかく言う, (…の)悪口を言う, (…に)けちをつける. **5.** 〔〈j^4〉ヲ+(zu 〈[動]〉スルヨウニ/zu 〈et^3〉ヲスルヨウニ)〕説き伏せる.

be·red·sam [べれートザーム] [形] 雄弁な, 話し好きな.

die **Be·red·sam·keit** [べれートザームカイト] [名] -/ 雄弁, 能弁.

be·redt [べれート] [形] 雄弁な, 能弁な;いわくありげな: ein ～*es* Schweigen 意味深長な沈黙.

die **Be·reg·nung** [べれーグヌング] [名] -/-en 散水灌漑(かんがい).

der **Be·reich** [べらイひ] [名] -(e)s/-e **1.** 区域, 地域, 地帯. **2.** (専門)分野, (任務の)範囲, 領域, 部門.

be·rei·chern [べらイひゃーン] [動] *h.* **1.** 〔〈j^4/et^4〉ヲ+(mit 〈et^3〉デ)〕豊かなものにする, 充実させる;(…の)心を豊かにする. **2.** 〔sich^4+(an 〈j^3/et^3〉ヲ利用シテ)〕私腹を肥やす.

die **Be·rei·che·rung** [べらイひぇるング] [名] -/-en (主に[単])豊かにすること;私腹を肥やすこと;利益, 利得.

be·rei·fen[1] [べらイふェン] [動] *h.* 〔〈et^4〉ニ〕タイヤをつける(車輪・自動車に);たがをはめる(樽に).

be·rei·fen[2] [べらイふェン] [動] *h.* 〔〈et^4〉ヲ〕霜で覆う.

be·reift [べらイふト] [形] **1.** タイヤのついた. **2.** 霜の降りた;霜をおいた(髪);粉(こ)を吹いた.

die **Be·rei·fung** [べらイふング] [名] -/-en タイヤ.

be·rei·ni·gen [べらイニゲン] [動] *h.* **1.** 〔〈et^4〉ヲ〕解決する(事件などを), 処理する(紛争などを), 訂正する(テキストの誤りなどを), 清算する(借金などを). **2.** 〔sich^4〕解決〔解消〕される.

be·rei·sen [べらイゼン] [動] *h.* 〔〈et^4〉ヲ〕旅行して回る;(仕事のために)あちこち訪れる.

be·reit [べらイト] [形] **1.** 〔(zu 〈et^3〉ノ/für 〈j^4/et^4〉ノタメノ)〕用意〔準備〕ができた: Es ist alles für seinen Empfang ～. 彼の接待のための準備万端が整った. **2.** 〔(zu 〈et^3〉ニ/zu〈[動]〉スル)〕心の準備ができた: Ich bin gern ～, dir zu helfen. 私は喜んで君のお手伝いをします. 【慣用】〈et^4〉 **bereithaben** 〈物・事ヲ〉用意しておく. **sich^4 bereithalten** 待機する. **sich^4 zu 〈et^3〉 bereit finden/erklären〔zeigen〕** 〈事ヲ〉する気になっている/する意志を表明する.

..bereit [..べらイト] [接尾] 名詞の後につけて「…の準備〔心構え〕ができている」という意味の形容詞を作る: abfahr*bereit* 出発の準備ができている(人・乗り物が), opfer*bereit* 犠牲をいとわない.

be·rei·ten[1] [べらイテン] [動] *h.* **1.** 〔(〈j^3〉ニ)+〈et^4〉ノ〕支度〔用意〕をする. **2.** 〔(〈j^3〉ニ)+〈et^4〉ヲ〕もたらす(喜び・苦痛などを). **3.** 〔sich^4+(zu 〈et^3〉ニ対シテ)〕《文》心の準備をととのえる, (…を)覚悟する.

be·rei·ten[2]* [べらイテン] [動] *h.* **1.** 〔〈et^4〉ヲ〕調教する(馬を). **2.** 〔〈et^4〉ヲ〕騎馬で通過〔巡視〕する(地域を).

be·reit|hal·ten*, [旧]**be·reit hal·ten*** [べらイト・ハルテ

ン] [動] *h*. 〘〈et⁴〉ヲ〙(すぐ使えるように)用意しておく〔ある〕.

be·reit|le·gen [べらイト・レーゲン] [動] *h*. 〘(〈j³〉ニ/für 〈j⁴〉ノタメニ)＋〈et⁴〉ヲ〙(すぐ使えるように)用意して置いておく(所定の場所に).

be·reit|ma·chen [べらイト・マっヘン] [動] *h*. 〘〈et⁴〉ノ〙用意をする.

be·reits [べらイツ] [副] 《文》すでに;《スイ》ほとんど.

die **Be·reit·schaft** [べらイトシャふト] [名] -/-en **1.** (主に[単])用意〔準備〕ができていること, 支度;待機: ～ zu 〈et³〉 〈事ヲ〉する用意. 〈et⁴〉 in ～ halten 〈物ヲ〉準備しておく. in ～ sein 用意〔準備〕ができている. **2.** 待機部隊, (特に警察の)機動隊.

der **Be·reit·schafts·dienst** [べらイトシャふツ・ディーンスト] [名] -(e)s/-e 待機〔当直〕勤務.

die **Be·reit·schafts·po·li·zei** [べらイトシャふツ・ポリツァイ] [名] -/ 機動隊.

be·reit|ste·hen* [べらイト・シュテーエン] [動] *h*. 〘補足なし〙用意〔準備〕ができている(食事などが), 待機している(乗り物などが).

be·reit|stel·len [べらイト・シュテレン] [動] *h*. 〘〈et⁴〉ヲ〙提供〔供給〕する(資金などを), 用意〔準備〕する(機械などを), 待機させる(軍隊などを).

der **Be·reit·stel·lungs·preis** [べらイト・シュテルングス・プらイス] [名] -es/-e 基本料金.

die **Be·rei·tung** [べらイトゥング] [名] -/-en (主に[単])《文》調理, 調製, 調合;製造;準備.

be·reit·wil·lig [べらイト・ヴィリひ] [形] 進んで〔喜んで〕する.

die **Be·reit·wil·lig·keit** [べらイト・ヴィリひカイト] [名] -/ 進んで〔喜んで〕する気持, 乗り気.

be·ren·nen* [べれネン] [動] *h*. 〘〈et⁴〉ニ〙突撃する(城などに).

be·reu·en [べろイエン] [動] *h*. 〘〈et⁴〉ヲ/zu 〈[動]〉シタコトヲ〙後悔する(行為・発言などを), 悔いる(罪などを).

der **Berg** [べるク] [名] -(e)s/-e **1.** 山: auf einen ～ steigen 山に登る. **2.** ([複]のみ)山岳地方, 山地(Gebirge): in die ～*e* fahren 山へ行く. **3.** (山のような)堆積. **4.** ([複]のみ)〘鉱〙ぼた(くずの岩石).
【慣用】 **mit 〈et³〉 nicht hinter dem Berg halten** 《口》〈事ヲ〉隠し立てしない. **über alle Berge sein** 《口》すでに遠くまで逃げのびている. **über den Berg sein** 《口》困難を克服している. **zu Berg fahren** (船が川を)遡る.

berg·ab [べるク・アっプ] [副] 山を下って, 下方に: Der Weg geht hier steil ～. 道はここで急な下りになっている. Es geht mit 〈j³〉/〈et³〉 immer mehr ～. 〈人の〉健康〔経済〕状態/〈事の〉状態は悪化する一方だ.

der **Berg·ab·hang** [べるク・アっプ・ハング] [名] -(e)s/..abhänge 山の斜面.

berg·ab·wärts [べるク・アっプ・ヴェるツ] [副] 山を下って.

die **Berg·aka·de·mie** [べるク・アカデミー] [名] -/-n 鉱山大学.

die **Ber·ga·mot·te** [バーガモっテ] [名] -/-n 〘植〙 **1.** ベルガモット(ミカン科);ベルガモットの実. **2.** ベルガモット種のナシ.

das **Ber·ga·mott·öl** [バーガモット・㋓ール] [名] -(e)s/-e ベルガモット(香)油.

das **Berg·amt** [べるク・アムト] [名] -(e)s/..ämter 鉱山監督局.

berg·an [べるク・アン] [副] 山を上って, (高い方へ)上って: Die Straße steigt ～. 道路は上り坂になっている.

der **Berg·ar·bei·ter** [べるク・アるバイター] [名] -s/- 鉱山労働者, 坑夫.

berg·auf [べるク・アウふ] [副] 山を上って, 上方へ: Der Pfad führt steil ～. 小道は急な上りになっている. Es geht mit 〈j³〉/〈et³〉 (wieder) ～. 〈人の〉健康〔経済〕状態/〈事の〉状態は(また)上向いている.

berg·auf·wärts [べるク・アウふ・ヴェるツ] [副] 山を登って.

die **Berg·bahn** [べるク・バーン] [名] -/-en 登山鉄道.

der **Berg·bau** [べるク・バウ] [名] -(e)s/ 鉱業.

der **Berg·be·woh·ner** [べるク・ベヴォーナー] [名] -s/- 山地の住民.

ber·ge·hoch [べるゲ・ホーほ] [形] ＝berghoch.

der **Ber·ge·lohn** [べるゲ・ローン] [名] -(e)s/..löhne 〘海〙海難救助料.

ber·gen* [べるゲン] [動] er birgt; barg; hat geborgen **1.** 〘〈j⁴〉ヲ〙救出する, 収容する. **2.** 〘〈et⁴〉ヲ〙安全な場所に移す(火事の際に家財などを);納屋に入れる(雨が降る前に穀物などを);〘海〙たたむ(嵐の前に帆を);《文》(覆い)隠す. **3.** 〘〈j⁴〉ヲ〙《文》(守り)隠す, かくまう. **4.** 〘〈et⁴〉ヲ＋(in sich³)〙《文》(内部に)含んでいる, はらんでいる, 埋蔵〔所蔵〕している.

(*der*) **Ber·gen·gruen** [..gryːn べるゲン・グりゅーン] [名] 〘人名〙ベルゲングリューン(Werner ～, 1892-1964, 小説家).

die **Ber·ge·re** [..ʒéːrə べるジェーれ] [名] -/-n ベルジェール(18 世紀フランスの安楽椅子).

ber·ge·wei·se [べるゲ・ヴァイゼ] [副] 山のように(たくさん).

das **Berg·fach** [べるク・ふぁっは] [名] -(e)s/ 鉱業の専門分野.

die **Berg·fahrt** [べるク・ふぁーあト] [名] -/-en **1.** (船の)遡行(そこう), 川をさかのぼること. **2.** (ロープウェーなどの)上り;(高山の)登山.

das **Berg·fest** [べるク・ふぇスト] [名] -(e)s/-e 《口》(兵役期間などの)前半終了祝い〔パーティー〕.

der **Berg·fex** [べるク・ふぇックス] [名] -es/-e 《南独・オーストリア》登山狂, 熱狂的登山家.

der **Berg·fried** [べるク・ふりート] [名] -(e)s/-e (中世の城の)大櫓(やぐら), 防御塔.

der **Berg·füh·rer** [べるク・ふゅーらー] [名] -s/- 登山の案内人〔ガイド〕;登山案内書.

der **Berg·gip·fel** [べるク・ギプふェル] [名] -s/- 山の頂上, 山頂.

der **Berg·grat** [べるク・グらート] [名] -(e)s/-e 尾根.

berg·hoch [べるク・ホーほ] [形] 山のように高い.

die **Berg·hüt·te** [べるク・ヒュッテ] [名] -/-n 山小屋.

ber·gig [べるギひ] [形] 山の多い.

der **Berg·kamm** [べるク・カム] [名] -(e)s/..kämme 鋸歯(きょし)状の尾根〔山稜(さんりょう)〕.

die **Berg·ket·te** [べるク・ケッテ] [名] -/-n 連山, 山脈.

die **Berg·krank·heit** [べるク・クらンクハイト] [名] -/ 高山病.

der **Berg·kris·tall** [べるク・クりスタル] [名] -s/-e **1.** 〘地質〙水晶(石英の透明な結晶). **2.** 水晶(貴石).

das **Berg·land** [べるク・ラント] [名] -es/..länder 山国, 山地.

der **Berg·mann** [べるク・マン] [名] -(e)s/..leute 坑夫.

die **Berg·manns·spra·che** [べるクマンス・シュプらーへ] [名] -/ 坑夫〔鉱員〕用語.

der **Berg·misch·wald** [べるク・ミッシュ・ヴァルト] [名] -(e)s/..wälder 〘林〙山岳混合林(アルプスなどの針葉樹と広葉樹の混在している森林).

die **Berg·not** [べるク・ノート] [名] -/ (山での)遭難の危機.

der **Berg·pass** [べるク・パス] [名] -es/..pässe 峠.

die **Berg·pre·digt** [べるク・プれーディひト] [名] -/ 〘新約〙山上の垂訓〔説教〕(マタイ福音書 5-7).

das **Berg·recht** [べるク・れひト] [名] -(e)s/ 鉱業法.

das **Berg·ren·nen** [べるク・れネン] [名] -s/- (自動車・自転車の)山岳ラリー, モトクロス, ヒルクライム.

der **Berg·rü·cken** [べるク・りゅッケン] [名] -s/- 山の背, 尾根.

der **Berg·rutsch** [べるク・るッチュ] [名] -(e)s/-e 山崩れ,

山津波.

der **Bergschaden** [べるク・シャーデン] [名] -s/..schäden 《主に[複]》(陥没などによる)鉱害.

der **Bergschuh** [べるク・シュー] [名] -(e)s/-e 登山靴.

die **Bergspitze** [べるク・シュピッツェ] [名] -/-n 山頂.

die **Bergstation** [べるク・シュタツィオーン] [名] -/-en (登山鉄道の)山頂駅.

berg|steigen* [べるク・シュタイゲン] [動] *s./h.* 《不定詞・分詞でのみ》〔[補足なし]〕登山をする.

der **Bergsteiger** [べるク・シュタイガー] [名] -s/- 登山者〔家〕.

der **Bergstock** [べるク・シュトック] [名] -(e)s/..stöcke **1.** 登山用の杖, アルペンストック. **2.** 山塊.

die **Bergstraße** [べるク・シュトらーセ] [名] -/-n **1.** 山岳道路. **2.** 《[単]のみ》〘地名〙ベルクシュトラーセ(Darmstadt から Heidelberg へ至る山岳道路とその地方).

der **Bergsturz** [べるク・シュトゥるツ] [名] -es/..stürze 山崩れ.

das **Berg-Talwind-System** [べるク・タール・ヴィント・ズュステーム] [名] -s/-e 〘気〙山谷風システム〔風系〕(内陸部の小規模風系の一つ).

die **Bergtour** [べるク・トゥーあ] [名] -/-en 山旅, 山歩き.

die **Berg-und-Tal-Bahn** [べるク・ウント・タール・バーン] [名] -/-en ジェットコースター.

die **Bergung** [べるグング] [名] -/-en 救出, 救助, 海難救助;《方》(穀物の)取込み.

die **Bergwacht** [べるク・ヴァはト] [名] -/ 山岳救助〔保全〕.

die **Bergwand** [べるク・ヴァント] [名] -/..wände 絶壁.

das **Bergwerk** [べるク・ヴェるク] [名] -(e)s/-e 鉱山, 鉱業所;鉱坑.

das **Bergwesen** [べるク・ヴェーゼン] [名] -s/ 鉱業.

der **Bergwind** [べるク・ヴィント] [名] -(e)s/-e 〘気〙山風.

die **Beriberi** [ベりベーり] [名] -/ 〘医〙脚気(かっけ).

der **Bericht** [べりひト] [名] -(e)s/-e レポート, 報告(書), 報道;(公式の)報告, 声明: einen ~ über ⟨et⁴⟩〔von ⟨et³⟩〕 erstatten ⟨事について⟩報告する.

berichten [べりひテン] [動] *h.* **1.** 〔(⟨j³⟩ニ)+⟨[文]⟩デアルト/⟨et⁴⟩ヲ〕報告〔報道〕する, 知らせる. **2.** 〔über ⟨j⁴/et⁴⟩ニツイテ/von ⟨j³/et³⟩ニツイテ+(⟨et⁴⟩ヲ)〕報告〔報道〕する, 語る;《古》教える.

der **Berichter** [べりひター] [名] -s/- **1.** 報告者. **2.** 取材記者, 報道員, レポーター.

der **Berichterstatter** [べりひト・エあシュタッター] [名] -s/- 取材記者, 特派員レポーター, ニュースキャスター.

die **Berichterstattung** [べりひト・エあシュタットゥング] [名] -/-en 報道;報告.

berichtigen [べりひティゲン] [動] *h.* **1.** 〔⟨et⁴⟩ヲ〕訂正〔修正〕する. **2.** 〔⟨j⁴⟩ノ〕誤りを正す;(⟨j⁴⟩が sich⁴の場合)(自分の)発言を訂正する.

die **Berichtigung** [べりひティグング] [名] -/-en **1.** 訂正, 修正, 校正. **2.** 訂正〔校正・修正〕されたもの.

das **Berichtsjahr** [べりひツ・ヤーあ] [名] -(e)s/-e (営業)報告年度.

beriechen* [べりーひぇン] [動] *h.* 〔⟨j⁴/et⁴⟩ノ〕においを(しきりに)かぐ(人・動物が);(⟨j⁴/et⁴⟩が sich⁴の場合)《口》互いに探りを入れる(初対面で).

berieseln [べりーゼルン] [動] *h.* **1.** 〔⟨et⁴⟩ニ〕散水する(畑・庭などに). **2.** 〔⟨j⁴⟩ニ+mit ⟨et³⟩ヲ〕《口》流し続ける(音楽などを): sich⁴ mit Werbung ~ lassen コマーシャル漬けになる.

die **Berieselungsanlage** [べりーゼルングス・アン・ラーゲ] [名] -/-n 散水設備, スプリンクラー.

(*der*) **Bering** [ベーりング] [名] 〘人名〙ベーリング(Vitus ~, 1680〔81〕-1741, デンマークの探検家).

beringen [べりンゲン] [動] *h.* 〔⟨et⁴⟩ニ〕リングをつける.

das **Beringmeer** [ベーりング・メーあ] [名] -(e)s/ 〘海名〙ベーリング海(太平洋の最北部).

die **Beringstraße** [ベーりング・シュトらーセ] [名] -/ 〘海名〙ベーリング海峡(アラスカと北東シベリアの間).

die **Beringung** [べりングング] [名] -/-en (標識)リング(足環・指輪など);(標識)リングをつけること.

beritten [べりッテン] [形] 馬に乗った;騎馬の.

das **Berkelium** [べるケーリウム] [名] -s/ 〘化〙バークリウム(記号 Bk).

(*das*) **Berlin** [べるリーン] [名] -s/ 〘地名〙ベルリン(ドイツ連邦共和国の首都. 略 BLN).

die **Berlinale** [べるリナーレ] [名] -/-n ベルリン映画祭.

die **Berline** [べるリーネ] [名] -/-n ベルリーネ(四人乗り馬車).

Berliner[1] [べるリーナー] [形] (無変化)ベルリンの: der ~ Bär ベルリンの紋章の熊. das ~ Blau ベルリン・ブルー(顔料). die ~ Blockade 〘史〙ベルリン封鎖(1948-49). ~ Ensemble ベルリーナー・アンサンブル(B. Brecht が創設した劇場). die ~ Mauer ベルリンの壁(1961-89 年). die ~ Philharmoniker ベルリン・フィルハーモニー管弦楽団. ~ (Pfannkuchen)ベルリン風揚げパン. ~ Weiße(mit Schuss) ベルリーナー・ヴァイセ(低アルコールのビール).

der **Berliner**[2] [べるリーナー] [名] -s/- **1.** ベルリン市民, ベルリンっ子. **2.** ベルリン風揚げパン(~ Pfannkuchen).

berlinern [べるリーナーン] [動] *h.* 〔[補足なし]〕ベルリンなまりで話す.

berlinisch [べるリーニシュ] [形] ベルリン(風)の;ベルリン方言の.

die **Berme** [べるメ] [名] -/-n (堤防の)小段(こだん).

die **Bermudas** [べるムーダス] [複名] **1.** 〘地名〙バーミューダ諸島. **2.** 〘服〙バーミューダ(パンツ).

(*das*) **Bern** [べるン] [名] -s/ 〘地名〙ベルン(スイス連邦共和国の首都で, 同州の州都).

der **Bernhard** [べるンハるト] [名] -s/ **1.** (主に無冠詞)〘男名〙ベルンハルト. **2.** 〘地名〙der Große Sankt ~ 大サン・ベルナール峠(スイス, イタリア国境に位置). der Kleine Sankt ~ 小サン・ベルナール峠(フランス, イタリア国境に位置).

der **Bernhardiner** [べるンハるディーナー] [名] -s/- **1.** 〘動〙セントバーナード(犬). **2.** 〘カトリック〙シトー修道会士. ⇨ Zisterzienser.

der **Bernhardinerhund** [べるンハるディーナー・フント] [名] -(e)s/-e 〘動〙セントバーナード犬.

(*der*) **Bernold** [べるノルト] [名] 〘男名〙ベルノルト.

der **Bernstein**[1] [べるン・シュタイン] [名] -(e)s/-e 琥珀(こはく).

(*der*) **Bernstein**[2] [べるン・シュタイン] [名] 〘人名〙ベルンシュタイン(Eduard ~, 1850-1932, 社会民主主義者).

bernsteinfarben [べるンシュタイン・ふぁるベン] [形] 琥珀(こはく)色の.

die **Bernsteinsäure** [べるンシュタイン・ゾイれ] [名] -/-n 〘化〙琥珀(こはく)酸.

die **Berolina** [べろリーナ] [名] -/..nen(《口》-/-s も有) **1.** 《[単]のみ》ベロリーナ(ベルリンのシンボルの女性像). **2.** 《ベルリン》ふくよかな格幅のいい女性.

der **Berserker** [べるぜるカー, べるぜるカー] [名] -s/- **1.** 〘北欧神〙ベルゼルカー(熊の毛皮をまとった狂暴な戦士). **2.** 荒々しい男;たくましい男.

die **Berserkerwut** [べるぜるカー・ヴート, べるぜるカー・ヴート] [名] -/ 怒り狂うこと, 激昂;狂暴.

bersten* [べるステン] [動] er birst 〔berstet〕; barst 〔borst/berstete〕; ist geborsten《文》 **1.** 〔[補足なし]〕砕ける(グラスなどが), (ひび)割れる(氷・壁などが), 炸裂(さくれつ)する: (bis) zum *B*~ voll 〔gefüllt〕 sein はちきれ

んばかりにいっぱいである. **2.** 〔vor〈et³〉 〕いっぱいである：vor Lachen ～ ぶっと吹きだす. vor Wut ～ かんしゃく玉を破裂させる.

(die) **Ber·ta** [ベるタ] 名《女名》.

(die) **Ber·tha** [ベるタ] 名《女名》ベルタ.

die **Ber·the** [ベるテ] 名 -/-n《服》ケープカラー（両肩にかかる飾り襟）.

(der) **Bert·hold** [ベるトルト, ベるトホルト] 名《男名》ベルトルト, ベルトホルト.

(der) **Ber·told** [ベるトルト] 名 ＝Berthold.

(der) **Ber·tram** [ベるトらム] 名 **1.**《男名》ベルトラム. **2.**《人名》Meister ～ マイスター・ベルトラム (1340頃-1414(15), 画家・彫刻家).

be·rüch·tigt [ベりュヒティヒト] 形 悪名高い, 評判の悪い.

be·rü·cken [ベりュッケン] 動 h.〈j⁴ ⌐〉《文》魅惑する,(…の)心をとりこにする.

be·rü·ckend [ベりュッケント] 形 魅惑《魅力》的な.

be·rück·sich·ti·gen [ベりュックズィヒティゲン] 動 h.〈j⁴/et⁴ ⌐〉顧慮する, 考慮に入れる；尊重する.

die **Be·rück·sich·ti·gung** [ベりュックズィヒティグング] 名 -/-en 顧慮, 考慮：in(unter) ～ des Umstandes, dass … …の事情を考慮して.

der **Be·ruf** [ベる-ふ] 名 -(e)s/-e **1.** 職業, 職務；本職：im ～ stehen 職業に就いている. Was sind Sie von ～? あなたの職業は何ですか. **2.**《古》天職, 使命.

be·ru·fen¹* [ベる-ふェン] 動 h. **1.**〈j⁴ ⌐＋方向〉へ/zu〈j³〉…に任命する, 招聘(ﾎｳ)する. **2.**〈j⁴/et⁴ ⌐〉招集する（議会などを）. **3.**〈sich⁴＋auf〈j⁴/et⁴〉⌐〉引合いに出す.【慣用】**Ich will es nicht berufen, aber …**《古》むやみに口に出して, その逆の結果にならぬように…

be·ru·fen² [ベる-ふェン] 形〈(zu〈j³/et³〉=)〉適任の；(…が)天職の；天性の：sich⁴ zum Missionar ～ fühlen 宣教師を天職と感じる.【慣用】**aus berufenem Munde** 信頼すべき筋から.

be·ruf·lich [ベる-ふりヒ] 形 職業上の.

die **Be·rufs·aus·bil·dung** [ベる-ふス・アウス・ビルドゥング] 名 -/ 職業訓練《教育》.

die **Be·rufs·be·am·te** [ベる-ふス・ベアムテ] 名《形容詞的変化》職業公務員(名誉職, 臨時雇いなどとの区別).

der **Be·rufs·be·ra·ter** [ベる-ふス・ベらーター] 名 -s/- 職業指導員.

die **Be·rufs·be·ra·tung** [ベる-ふス・ベらートゥング] 名 -/-en 職業指導.

die **Be·rufs·be·zeich·nung** [ベる-ふス・ベツァイヒヌング] 名 -/-en 職業名.

die **Be·rufs·er·fah·rung** [ベる-ふス・エあふぁーるング] 名 -/-en 職業経験.

das **Be·rufs·ethos** [ベる-ふス・エートス] 名 -/《文》職業倫理.

die **Be·rufs·fach·schu·le** [ベる-ふス・ふぁㇵ・シューレ] 名 -/-n 職業専門学校.

der **Be·rufs·fah·rer** [ベる-ふス・ふぁーらー] 名 -s/- 職業運転手；テストドライバー；プロのレーサー.

be·rufs·fremd [ベる-ふス・ふれムト] 形 専門外の, 素人の.

das **Be·rufs·ge·heim·nis** [ベる-ふス・ゲハイムニス] 名 -ses/-se 職務上の守秘義務.

die **Be·rufs·ge·nos·sen·schaft** [ベる-ふス・ゲノッセンシャふト] 名 -/-en 同業組合(産業別労災保険組合).

die **Be·rufs·ge·werk·schaft** [ベる-ふス・ゲヴェるクシャふト] 名 -/-en《社》職業別労働組合.

die **Be·rufs·klei·dung** [ベる-ふス・クライドゥング] 名 -/ 仕事服, 作業着.

die **Be·rufs·krank·heit** [ベる-ふス・クらンクハイト] 名 -/-en 職業病.

be·rufs·kund·lich [ベる-ふス・クントりヒ] 形 職業理論の.

das **Be·rufs·le·ben** [ベる-ふス・レーベン] 名 -s/ 職業生活.

be·rufs·mä·ßig [ベる-ふス・メースィヒ] 形 職業上の, 本職の.

be·rufs·qua·li·fi·zie·rend [ベる-ふス・クヴァリふィツィーれント] 形 職業の資格を認定する.

die **Be·rufs·schu·le** [ベる-ふス・シューレ] 名 -/-n 職業学校.

der **Be·rufs·sol·dat** [ベる-ふス・ゾルダート] 名 -en/-en 職業軍人.

der **Be·rufs·spie·ler** [ベる-ふス・シュピーラー] 名 -s/- プロ選手；ギャンブラー.

der **Be·rufs·sport·ler** [ベる-ふス・シュポるトラー] 名 -s/- プロスポーツ選手.

be·rufs·tä·tig [ベる-ふス・テーティヒ] 形 職業についている.

der/die **Be·rufs·tä·ti·ge** [ベる-ふス・テーティゲ] 名《形容詞的変化》職業人.

die **Be·rufs·tä·tig·keit** [ベる-ふス・テーティヒカイト] 名 -/ 就業.

be·rufs·über·grei·fend [ベる-ふス・ユーバー・グらイふェント] 形 職業間にまたがる.

be·rufs·un·fä·hig [ベる-ふス・ウン・ふェーイヒ] 形 就業不能の.

der **Be·rufs·ver·band** [ベる-ふス・ふぇあバント] 名 -(e)s/..bände 職業別《職能別》団体《組合》.

das **Be·rufs·ver·bot** [ベる-ふス・ふぇあボート] 名 -(e)s/-e **1.** 業務《営業》停止. **2.** 就業禁止, 公職禁止令.

der **Be·rufs·ver·bre·cher** [ベる-ふス・ふぇあブれっヒャー] 名 -s/- 職業的犯罪者.

der **Be·rufs·ver·kehr** [ベる-ふス・ふぇあケーア] 名 -(e)s/ 通勤ラッシュ.

die **Be·rufs·wahl** [ベる-ふス・ヴァール] 名 -/ 職業の選択.

der **Be·rufs·wech·sel** [ベる-ふス・ヴェクセル] 名 -s/-《主に陶》転職.

die **Be·ru·fung** [ベる-ふング] 名 -/-en **1.** 招聘(ﾎｳ), 任命；《古》(議会などへの)招集：die ～ an eine Universität 大学への招聘. **2.** 使命, 天職；《宗》召命, 召出し：die ～ zu〈et³〉…への使命. **3.** 援用：unter ～ auf〈et⁴〉〈物･事を〉引合いに出して. **4.**《法》控訴：gegen〈et⁴〉～ einlegen〈事を〉対して控訴する. **5.**《北独》とがめたて, 叱責.

das **Be·ru·fungs·ge·richt** [ベる-ふングス・ゲりヒト] 名 -(e)s/-e《法》控訴裁判所.

die **Be·ru·fungs·in·stanz** [ベる-ふングス・インスタンツ] 名 -/-en《法》控訴審.

be·ru·hen [ベる-エン] 動 h.〔auf〈et³〉 ⌐〕基づく, 起因する.〈et⁴〉auf sich³ ～ lassen〈事を〉そのままにしておく.

be·ru·hi·gen [ベる-イーゲン] 動 h. **1.**〈j⁴/et⁴ ⌐〉静める, 安心させる, 落着かせる, 和らげる. **2.**〔sich⁴〕気を静める, 落着く, 静まる.

die **Be·ru·hi·gung** [ベる-イーグング] 名 -/-en 落着かせること, 鎮静；安心；変化.

das **Be·ru·hi·gungs·mit·tel** [ベる-イーグングス・ミッテル] 名 -s/- 鎮静剤.

die **Be·ru·hi·gungs·pil·le** [ベる-イーグングス・ピレ] 名 -/-n (錠剤の)鎮静剤.

be·rühmt [ベりューㇺト] 形 名高い, 有名な：nicht (gerade) ～ sein《口》大したものではない.

die **Be·rühmt·heit** [ベりューㇺトハイト] 名 -/-en **1.**《単のみ》有名(であること), 名声：～ erlangen 有名になる. **2.** 有名人, 名士.

B

be·rüh·ren [べりゅーれン] [動] *h.* **1.** 〔〈j⁴/et⁴〉ニ〕(手を)触れる, 接触する; 立ち寄る; 言及する(問題などに); (〈j⁴/et⁴〉が相互代名詞sich⁴の場合)(互いに)触れ合う, 合致する. **2.** 〔〈j⁴〉ノ心ニ+〈様態〉ニ〕触れる: Es *berührt* mich schmerzlich, dass ... …で私は悲痛な思いをする.

die **Be·rüh·rung** [べりゅーるング] [名] -/-en **1.** 接触: mit 〈j³/et³〉 in ~ kommen 〈人・事・物と〉接触する. **2.** ((単のみ))言及.

die **Be·rüh·rungs·li·nie** [べりゅーるングス・リーニエ] [名] -/-n 〘数〙接線.

der **Be·rüh·rungs·punkt** [べりゅーるングス・プンクト] [名] -(e)s/-e **1.** 〘数〙接点. **2.** (考えなどの)共通点.

der **Be·rüh·rungs·reiz** [べりゅーるングス・らイツ] [名] -es/-e 〘生〙圧〔接触〕刺激.

der **Be·ryll** [べりゅル] [名] -s/-e 緑柱石.

das **Be·ryl·li·um** [べりゅリウム] [名] -s/ 〘化〙ベリリウム(記号 Be).

bes. =besonders 特に.

be·sab·bern [ベザっバーン] [動] *h.* 〔〈j⁴/et⁴〉ヲ〕((口))よだれだらけにする; (〈j⁴〉がsich⁴の場合)(自分が)よだれだらけになる.

be·sä·en [ベゼーエン] [動] *h.* 〔〈et⁴〉ニ+(mit〈et³〉ノ)〕種をまく. **【慣用】mit 〔von〕 〈et³〉 besät sein** 〈物で〉いっぱいである.

be·sa·gen [ベザーゲン] [動] *h.* 〔〈et⁴〉ヲ〕意味する, 述べている: viel/nichts ~ 意味深重だ/少しも重要でない.

be·sagt [ベザークト] [形] ((硬))前述の.

be·sag·ter·ma·ßen [ベザークター・マーセン] [副] 既に述べたように.

be·sai·ten [ベザイテン] [動] *h.* 〔〈et⁴〉ニ〕〘楽〙弦を張る; ((稀))ガットを張る(ラケットに).

be·sai·tet [ベザイテット] [形] **1.** 〘楽〙弦を張った. **2.** ⇨ zartbesaitet.

die **Be·sa·mung** [ベザームング] [名] -/-en (雄の魚の)放精; (人工)授精.

be·sänf·ti·gen [ベゼンふティゲン] [動] *h.* **1.** 〔〈j⁴〉ヲ〕落着かせる, (…の)怒りを静める. **2.** 〔sich⁴〕(興奮を鎮めて)落着く, 静まる.

der **Be·san·mast** [ベザーン・マスト] [名] -(e)s/-en 〘海〙後檣(こうしょう), ミズンマスト.

der **Be·satz** [ベザッツ] [名] -es/Besätze **1.** (衣服の)縁飾り, 装飾(レースなど) **2.** 〘狩〙(猟区内の)獣の数; 〘農〙(牧場面積当りの)家畜の数; 〘漁〙(川・池の)魚の数.

der **Be·sat·zer** [ベザっツァー] [名] -s/- ((口・蔑))進駐軍兵士.

die **Be·sat·zung** [ベザっツング] [名] -/-en **1.** ((総称))乗組員, 搭乗員, クルー. **2.** 〘軍〙占領軍; (要塞などの)守備隊.

die **Be·sat·zungs·kos·ten** [ベザっツングス・コステン] [複名] 占領駐留費, 占領地負担金.

die **Be·sat·zungs·macht** [ベザっツングス・マはト] [名] -/..mächte 占領国.

das **Be·sat·zungs·sta·tut** [ベザっツングス・シュタトゥート] [名] -(e)s/-en 占領規約.

die **Be·sat·zungs·trup·pen** [ベザっツングス・トるっペン] [複名] 〘軍〙占領軍.

die **Be·sat·zungs·zo·ne** [ベザっツングス・ツォーネ] [名] -/-n 〘軍〙占領地域.

be·sau·fen* [ベザウふェン] [動] *h.* 〔sich⁴〕((口))酔っ払う.

die **Be·säuf·nis**¹ [ベゾイふニス] [名] -/-se ((口))酩酊.

das **Be·säuf·nis**² [ベゾイふニス] [名] -ses/-se (die ~ -/-se も有) ((口))酒盛り; 酔っぱらうこと.

be·säu·seln [ベゾイゼルン] [動] *h.* 〔sich⁴〕((口))ほろ酔い気分になる.

be·schä·di·gen [ベシェーディゲン] [動] *h.* 〔〈et⁴〉ニ〕傷をつける, (…を)破損する, (…の)外観を損ねる.

die **Be·schä·di·gung** [ベシェーディグング] [名] -/-en **1.** 損傷, 破損, 毀損(きそん). **2.** 損傷〔破損〕箇所.

be·schaf·fen¹ [ベシャっふェン] [動] *h.* 〔(〈j³〉ニ)+〈et⁴〉ヲ〕(困難を排して)調達〔工面〕してやる; (〈j³〉がsich³の場合)調達〔入手〕する.

be·schaf·fen² [ベシャっふェン] [形] 〔〈様態〉ナ〕性質〔状態〕の: 〈et¹〉 ist so ~, dass ... 〈物・事は〉…のような性質のものである. Mit ihm〔seiner Gesundheit〕 ist es schlecht ~. 彼は体の具合が悪い.

die **Be·schaf·fen·heit** [ベシャっふェンハイト] [名] -/ 性質, 状態.

die **Be·schaf·fung** [ベシャっふング] [名] -/ 調達, 入手, 工面.

der **Be·schaf·fungs·markt** [ベシャっふングス・マるクト] [名] -(e)s/..märkte (半製品)調達市場.

be·schäf·ti·gen [ベシェふティゲン] [動] *h.* **1.** 〔〈j⁴〉ヲ〕雇う. **2.** 〔sich⁴+mit 〈j³/et³〉ニ〕従事する, 取組む, 時間を割く, (…を)相手にする. **3.** 〔sich⁴+mit 〈et³〉ヲ〕じっくり考える, (…に)かかずらう. **4.** 〔〈j⁴〉ノ心ヲ〕占める, 煩わす: Die Politik *beschäftigt* diese Leute nicht. これらの人々は政治には関心がない. **5.** 〔〈j⁴/et⁴〉ヲ〕活動させる, 働かせる. **【慣用】〈j¹〉 ist bei 〈et³〉 beschäftigt** 〈人は〉〈事に〉雇われている(会社・官庁などに). **〈j¹〉 ist beschäftigt** 〈人は〉忙しい.

der/die **Be·schäf·tig·te** [ベシェふティひテ] [名] ((形容詞的変化)) 従業員.

die **Be·schäf·ti·gung** [ベシェふティグング] [名] -/-en **1.** 職, 職業; 仕事, (余暇の)活動: ohne ~ sein 定職がない. **2.** ((単のみ))熟考, 従事, 取り組み: die ~ mit 〈et³〉 〈事を〉熟慮すること; 〈事に〉従事すること **3.** ((単のみ))雇用.

das **Be·schäf·ti·gungs·för·de·rungs·ge·setz** [ベシェふティグングス・ふぇるデるングス・ゲゼッツ] [名] -es/-e 雇用促進法.

be·schäf·ti·gungs·freund·lich [ベシェふティグングス・ふろイントりひ] [形] 雇用にプラスに働く.

die **Be·schäf·ti·gungs·hil·fe** [ベシェふティグングス・ヒルふぇ] [名] -/-n 雇用促進援助.

be·schäf·ti·gungs·los [ベシェふティグングス・ロース] [形] 仕事〔活動の場〕のない; 失業中の.

der **Be·schäf·ti·gungs·pakt** [ベシェふティグングス・パクト] [名] -(e)s/-e 包括雇用創出協定.

das **Be·schäf·ti·gungs·pro·gramm** [ベシェふティグングス・プろグらム] [名] -s/-e 雇用政策.

der **Be·schäf·ti·gungs·stand** [ベシェふティグングス・シュタント] [名] -(e)s/ 雇用状況〔水準〕.

die **Be·schäf·ti·gungs·the·ra·pie** [ベシェふティグングス・テらピー] [名] -/-n 〘医〙作業療法.

be·schä·len [ベシェーレン] [動] *h.* 〔〈et⁴〉ト〕交尾する(雄馬が雌馬と).

der **Be·schä·ler** [ベシェーラー] [名] -s/- **1.** 種馬. **2.** ((口))種馬(セックスの相手).

be·schal·len [ベシャレン] [動] *h.* **1.** 〔〈et⁴〉ニ〕(スピーカーで)音〔言葉〕を響き渡らせる(広間・広場などに). **2.** 〔〈j⁴/et⁴〉ヲ〕〘医〙超音波で治療〔検査〕する. **3.** 〔〈et⁴〉ヲ〕〘工〙超音波で検査〔加工〕する.

be·schä·men [ベシェーメン] [動] *h.* 〔〈j⁴〉ヲ+(durch 〈et⁴〉デ)〕恥じ入らせる, 恐縮させる.

be·schä·mend [ベシェーメント] [形] 恥ずかしい(ほどの), きまりの悪い: ein ~*es* Gefühl 屈辱感.

be·schämt [ベシェームト] [形] **1.** 〔über 〈j⁴/et⁴〉ニツイテ/wegen 〈j²/et²〉ノセイデ〕恥じ入った. **2.** 〔von 〈et³〉デ/durch 〈et⁴〉デ〕恐縮した.

be·schat·ten [ベシャっテン] [動] *h.* **1.** 〔〈j⁴/et⁴〉ヲ〕((文))日陰にする; ((転))陰気なものにする: die Augen mit der Hand ～ 目〔額〕に手をかざす. **2.** 〚〈j^4〉ヲ〛尾行する;〘スポ〙マークする.

die **Be·schat·tung** [ベシャットゥング] [名] -/-en 《主に㊥》日陰にすること;尾行;マーク.

die **Be·schau** [ベシャウ] [名] -/ (職権による)検査.

be·schau·en [ベシャウエン] [動] *h.* 〚(sich^3)+〈j^4/et^4〉ヲ〛《方》観察する.

der **Be·schau·er** [ベシャウあー] [名] -s/- 観察者;検査官.

be·schau·lich [ベシャウリひ] [形] 静観的な, 平穏な, 穏やかな, のんびりとした;〘カトリック〙観想の.

die **Be·schau·lich·keit** [ベシャウリひカイト] [名] -/ 観想, 沈思, 瞑想;平穏.

das **Be·schau·zei·chen** [ベシャウ·ツァイひぇン] [名] -s/- (貴金属の純度などを示す)刻印, 極印.

der **Be·scheid** [ベシャイト] [名] -(e)s/-e **1.** 知らせ, 情報 : über 〈et^4〉 ～ geben 〈事について〉知らせる. **2.** (官庁などの)決定, 回答, 通達. 【慣用】〈j^3〉 **Bescheid sagen** 〈人に〉知らせる, 《口》〈人に〉はっきりと文句を言う. 〈j^3〉 **Bescheid stoßen** 《口》〈人に〉ずけずけものを言う. 〈j^3〉 **Bescheid tun** 《文》〈人に〉乾杯の返礼をする. **über** 〈j^4/et^4〉 **Bescheid wissen** 〈人·事·物について〉知っている, 精通している.

be·schei·den^{1*} [ベシャイデン] [動] *h.* **1.** 〔sich^4+(mit 〈et^3〉ニ)〕《文》甘んじる, (…で)満足する(結果·返答などに). **2.** 〚〈j^3〉ニ+〈et^4〉ヲ〛《文》授ける(主に受動態で). **3.** 〚〈j^4/et^4〉ニ+〈様態〉ニ〛〘官〙回答する. **4.** 〚〈j^4〉ヲ+〈方向〉ヘ〛《文》呼出す.

be·schei·den^2 [ベシャイデン] [形] **1.** 控え目な, 謙虚な. **2.** 質素な, つましい. **3.** ささやかな. **4.** 《口》ひどく嫌な.

die **Be·schei·den·heit** [ベシャイデンハイト] [名] -/ 謙虚, 慎み深さ, 謙遜(けんそん), 遠慮;質素 : aus ～ 遠慮して.

be·schei·nen* [ベシャイネン] [動] *h.* 〚〈j^4/et^4〉ヲ〛照らす.

be·schei·ni·gen [ベシャイニゲン] [動] *h.* 〚(〈j^3〉ニ)+〈et^4〉ヲ〛(文書で)証明する.

die **Be·schei·ni·gung** [ベシャイニグング] [名] -/-en **1.** (㊥のみ)証明. **2.** 証明書 : eine ～ über 〈et^4〉 ausstellen 〈事の〉証明書を交付する.

be·schei·ßen* [ベシャイセン] [動] *h.* 〚〈j^4〉ヲ〛《口》ペテンにかける : 〈j^4〉 um 1000 Euro ～ 〈人から〉1000 ユーロだまし取る.

be·schen·ken [ベシェンケン] [動] *h.* 〚〈j^4〉ニ+(mit 〈et^3〉ヲ)〛贈る.

be·sche·ren [ベシェーれン] [動] *h.* **1.** 〚〈j^3〉ニ+〈et^4〉ヲ〛クリスマスに贈る. **2.** 〚〈j^4〉ニ+(mit 〈et^3〉ヲ)〛《稀》クリスマスに贈る. **3.** 〚〈j^4〉ニ+〈時点〉ニ〛クリスマスプレゼントを配る. **4.** 〚〈j^3〉ニ+〈j^4/et^4〉ヲ〛授ける, もたらす(運命が幸運などを).

die **Be·sche·rung** [ベシェーるング] [名] -/-en クリスマスプレゼントを配る祝い;《稀》(配られる)クリスマスの贈り物;《口·皮》有難いこと.

be·scheu·ert [ベショイあート] [形] 《口》頭の変な;嫌な.

be·schich·ten [ベシひテン] [動] *h.* 〚〈et^4〉ニ+(mit 〈et^3〉デ)〛〘工〙被膜を作る, コーティングする.

be·schi·cken [ベシッケン] [動] *h.* **1.** 〚〈et^4〉ニ+(mit 〈et^3〉ヲ)〛出品する(展覧会などに);代表を派遣する(会議·競技会などに). **2.** 〚〈et^4〉ニ+(mit 〈et^3〉ヲ)〛〘工〙装入をする. **3.** 〚〈et^4〉ヲ〛《方》整理する, 手入れする.

be·schi·ckert [ベシッカート] [形] 《口》ほろ酔い気分の.

die **Be·schi·ckung** [ベシックング] [名] -/-en **1.** 《主に㊥》出品;(代表者の)派遣. **2.** 〘工〙(高炉への)装入(物).

be·schie·ßen* [ベシーセン] [動] *h.* 〚〈j^4/et^4〉ニ+(mit 〈et^3〉デ)〛砲撃〔射撃·銃撃·攻撃〕を加える;〘理〙(…に…を)当てる : 〈j^4〉 mit Fragen ～ 《転》〈人を〉質問攻めにする.

be·schif·fen [ベシッふぇン] [動] *h.* 〚〈et^4〉ヲ〛航行する.

be·schil·dern [ベシルダーン] [動] *h.* 〚〈et^4〉ニ〛(交通)標識を設置する(道路に).

die **Be·schil·de·rung** [ベシルデるング] [名] -/-en **1.** (交通)標識の設置. **2.** (地域全体の)道路〔交通〕標識.

be·schimp·fen [ベシムプふぇン] [動] *h.* 〚〈j^4〉ヲ〛罵(ののし)る, 罵倒(ばとう)する, 侮辱する.

die **Be·schimp·fung** [ベシムプふング] [名] -/-en 罵倒(ばとう), 侮辱;罵詈(ばり)雑言.

be·schir·men [ベシるメン] [動] *h.* **1.** 〚〈j^4〉ヲ〛《文》庇護(ひご)する **2.** 〚〈et^4〉ニ〛かさをつける. **3.** 〚〈et^4〉ヲ+(mit 〈et^3〉デ)〛《文》覆う.

der **Be·schiss,** ㊊ **Be·schiß** [ベシス] [名] -es/ 《口》ごまかし, いんちき, ペテン.

be·schis·sen [ベシッセン] [形] 《口》ひどく嫌な.

be·schla·fen* [ベシュラーふぇン] [動] *h.* **1.** 〚〈j^4〉ト〛《口》寝る. **2.** 〚(sich^3)+〈et^4〉ヲ〛《口》(即決せずに)一晩(寝ながら)考えてみる.

der **Be·schlag** [ベシュラーク] [名] -(e)s/..schläge **1.** 《主に㊥》(取りつけ用)金具, 留め金;石突き;《主に㊥》蹄鉄(ていてつ). **2.** (金属の表面の)曇り;(果実の表面の)粉(こ);かび;さび. **3.** 〘狩〙(鹿·猪などの)交尾. 【慣用】〈j^4/et^4〉 **in Beschlag nehmen** 〔**mit Beschlag belegen**〕〈人·物を〉独占する.

be·schla·gen^{1*} [ベシュラーゲン] [動] **1.** *h.* 〚〈et^4〉ニ+(mit 〈et^3〉ヲ)〛打ちつける : ein Pferd ～ 馬に蹄鉄(ていてつ)を打つ. ein Fass mit Reifen ～ たるにたがをはめる. **2.** *s.* 〚補足なし〛曇る(ガラスなどが);かびる(食品が);さびる. **3.** *h.* 〚sich^4〛曇る(ガラスなどが). **4.** *h.* 〚〈et^4〉ヲ〛覆う, 曇らせる(湯気がガラスなどを).

be·schla·gen^2 [ベシュラーゲン] [形] 〚(in〔auf〕 〈et^3〉ニ)〛《口》精通している, 詳しい.

die **Be·schlag·nah·me** [ベシュラーク·ナーメ] [名] -/-n 押収, 没収, 差押え.

be·schlag·nah·men [ベシュラーク·ナーメン] [動] *h.* **1.** 〚〈et^4〉ヲ〛差押さえる, 押収する. **2.** 〚〈j^4〉ヲ〛《冗》独占する.

be·schlei·chen* [ベシュライひぇン] [動] *h.* 〚〈j^4/et^4〉ニ〛忍び寄る;《文》(…の心に)忍び寄る.

be·schleu·ni·gen [ベシュロイニゲン] [動] *h.* **1.** 〚〈et^4〉ヲ〛速める(速度·歩みなどを);(〈et^4〉がsich^{4}の場合)速くなる. **2.** 〚〈様態〉ニ〛加速力がある : Der Wagen *beschleunigt* leicht. この車は楽に加速する. **3.** 〚〈et^4〉ヲ〛早める(時期·出発などを).

der **Be·schleu·ni·ger** [ベシュロイニガー] [名] -s/- **1.** 〘核物理〙加速装置〔器〕. **2.** 〘化〙助触媒, (化学反応)促進剤.

die **Be·schleu·ni·gung** [ベシュロイニグング] [名] -/-en 速めること, 速まること, 加速;急ぐこと;〘理〙加速度;《口》(車の)加速性能.

das **Be·schleu·ni·gungs·prin·zip** [ベシュロイニグングス·プリンツィープ] [名] -s/-ien〔-e〕〘経〙加速度原理.

das **Be·schleu·ni·gungs·ver·mö·gen** [ベシュロイニグングス·ふぇあ⊗ーゲン] [名] -s/ 〘工〙(車の)加速性能.

be·schlie·ßen* [ベシュリーセン] [動] *h.* **1.** 〚〈et^4〉ヲ/〈[文]〉ダヽ ルト〛決心〔決定〕する(慎重に考えた上で);決議する, 可決する(審議の上で). **2.** 〚über 〈et^4〉ヲ〛(審議の上)採決する. **3.** 〚〈et^4〉ヲ+(mit 〈et^3〉デ)〛終える, 締めくくる.

der **Be·schlie·ßer** [ベシュリーサー] [名] -s/- 《古》管理人.

der **Be·schluss,** ㊊ **Be·schluß** [ベシュルス] [名] -es/..schlüsse **1.** 決定, 決議, 採決 : einen ～ über 〈et^4〉 fassen 〈事について〉決議する. auf ～ der Sitzung 会議の決定により. einen Antrag zum ～

erheben 法案を議決する. **2.** 《[単]のみ》《古》終り, 最後: zum ～ 終りに.

be·schlus·fä·hig, [旧]**be·schluß·fä·hig** [ベシュルス・ふぇーイひ] [形] (定足数に達して)議決能力のある.

die **Be·schluss·fä·hig·keit,** [旧]**Be·schluß·fähig·keit** [ベシュルス・ふぇーイひカイト] [名] -/ 議決能力.

die **Be·schluss·fas·sung,** [旧]**Be·schluß·fas·sung** [ベシュルス・ふぁっスング] [名] -/-en 《官》議決.

be·schluss·reif, [旧]**be·schluß·reif** [ベシュルス・らイふ] [形] 決議〔議決〕の機が熟した.

be·schmie·ren [ベシュミーれン] [動] *h.* **1.** 〔〈et⁴〉ニ＋(mit 〈et³〉ヲ)〕塗りつける《グリース・軟膏(なんこう)などを》. **2.** 〔〈j⁴/et⁴〉ヲ＋mit 〈et³〉デ〕汚(よご)す《べとべとしたもので》;汚(けが)す《名などを》. **3.** 〔〈et⁴〉ニ＋(mit 〈et³〉ヲ)〕書きなぐる, 塗りたくる, 落書きする《本・壁などに》.

be·schmut·zen [ベシュムッツェン] [動] *h.* **1.** 〔〈j⁴/et⁴〉ヲ〕汚(よご)す;《〈j⁴〉がsich⁴の場合》服〔体〕を汚す. **2.** 〔〈et⁴〉ヲ〕汚(けが)す《名誉などを》.

be·schnei·den* [ベシュナイデン] [動] *h.* **1.** 〔〈et⁴〉ヲ〕(短く)切る《つめなどを》, 刈込む《生垣などを》;切りそろえる《紙などを》. **2.** 〔〈et⁴〉ヲ〕削減する, カットする《賃金などを》, 制限する《権利などを》. **3.** 〔〈j⁴〉ノ＋(in 〈et³〉ヲ)〕減らす, 制限する《給料・自由などを》. **4.** 〔〈j⁴〉ニ〕割礼〔包茎手術〕を施す.

be·schneit [ベシュナイト] [形] 雪に覆われた.

be·schnüf·feln [ベシュニュっふぇルン] [動] *h.* 〔〈j⁴/et⁴〉ヲ〕くんくん鼻を鳴らしてかぐ《犬などが》;《口》(かぎ分けるようにして)吟味する《人物・書類などを》;《口》かぎ回る.

be·schnup·pern [ベシュヌっパーン] [動] *h.* ＝beschnüffeln.

be·schö·ni·gen [ベ[シェ]ーニゲン] [動] *h.* 〔〈et⁴〉ヲ〕言い繕う, 美化する.

be·schot·tern [ベショっターン] [動] *h.* 〔〈et⁴〉ニ〕《道路工事・鉄道》砂利〔砕石〕を敷く.

be·schran·ken [ベシュらンケン] [動] *h.* 〔〈et⁴〉ニ〕《鉄道》遮断機をつける.

be·schrän·ken [ベシュれンケン] [動] *h.* **1.** 〔〈et⁴〉ヲ〕制約〔制限〕する《権利・自由などを》. **2.** 〔〈j⁴〉ノ＋in 〈et³〉ヲ〕制限する. **3.** 〔〈et⁴〉ヲ＋auf 〈j⁴/et⁴〉ニ〕制限する, 限定する. **4.** 〔sich⁴＋auf 〈j⁴/et⁴〉ニ〕限られる;(…で)我慢する.

be·schrankt [ベシュらンクト] [形] 遮断機のある.

be·schränkt [ベシュれンクト] [形] **1.** 限られた, 制限された;切詰めた. **2.** 頭の弱い;偏狭な.

die **Be·schränkt·heit** [ベシュれンクトハイト] [名] -/ **1.** 偏狭, 狭量;愚昧(ぐまい). **2.** 制限されていること, 窮乏.

die **Be·schrän·kung** [ベシュれンクング] [名] -/-en **1.** 《[単]のみ》制限, 限定, 制約. **2.** 制限〔制約〕するもの.

be·schrei·ben* [ベシュらイベン] [動] *h.* **1.** 〔〈et⁴〉ニ〕字を書く《紙・黒板などに》. **2.** 〔〈j⁴/et⁴〉ヲ/〈[文]〉デアルト〕(言葉で詳しく)描写する, 記述〔叙述・説明〕する, (…の)特徴を述べる: kaum〔nicht〕zu ～ sein 筆舌に尽し難い. sich⁴ mit Worten nicht ～ lassen 言葉では表現できない. **3.** 〔〈et⁴〉ヲ〕描く《道・川などが円・弧などを》.

die **Be·schrei·bung** [ベシュらイブング] [名] -/-en **1.** 《[単]のみ》記述, 叙述, 描写. **2.** 記述〔描写〕されたもの;(品物の)説明書;人相書(Personen～). 【慣用】**jeder Beschreibung spotten** お話にならない.

be·schrei·ten* [ベシュらイテン] [動] *h.* 〔〈et⁴〉ヲ〕歩む, 取る《道・方向などを》.

be·schrif·ten [ベシュりふテン] [動] *h.* 〔〈et⁴〉ニ〕(名前・番号・説明の)文字を記す, 表示ラベルをはる.

die **Be·schrif·tung** [ベシュりふトゥング] [名] -/-en **1.** 文字を記す〔刻む〕こと;ラベルをはること. **2.** 記した〔刻んだ〕文字, 銘, 標題, 署名;レッテル, ラベル.

be·schu·hen [ベシューエン] [動] *h.* **1.** 〔〈j⁴/et⁴〉ニ〕靴を履かせる. **2.** 〔〈et⁴〉ノ〕《工》先端に金具の覆いを取りつける《杭などの》.

be·schuht [ベシュート] [形] 靴をはいた;先端に金具の覆いを取りつけた.

be·schul·di·gen [ベシュルディゲン] [動] *h.* 〔〈j⁴〉ノ＋(〈et²〉ヲ)〕責める, とがめる, (…に…の)罪を帰す.

der/die **Be·schul·dig·te** [ベシュルディひテ] [名] 《形容詞的変化》被疑者, 容疑者.

die **Be·schul·di·gung** [ベシュルディグング] [名] -/-en 告発: ～*en* gegen 〈j⁴〉 erheben 〈人を〉告発する.

be·schu·len [ベシューレン] [動] *h.* 《官》 **1.** 〔〈et⁴〉ニ〕学校を設置する. **2.** 〔〈j⁴〉ニ〕学校教育を授ける.

be·schum·meln [ベシュメルン] [動] *h.* 《口》 **1.** 〔〈j⁴〉カラ＋um 〈et⁴〉ヲ〕だましとる, ちょろまかす. **2.** 〔(〈j⁴〉ヲ)〕うまくごまかす;いんちきをする.

be·schup·pen [ベシュっペン] [動] *h.* 《方》＝beschupsen.

be·schup·sen [ベシュプセン] [動] *h.* 〔(〈j⁴〉ヲ)〕《口》ごまかす.

der **Be·schuss,** [旧] **Be·schuß** [ベシュス] [名] -es/ 射撃, 砲撃;試射;《理》衝撃;《転》批難, 攻撃.

be·schüt·ten [ベシュッテン] [動] *h.* 〔〈j⁴/et⁴〉ニ＋mit 〈et³〉ヲ〕注ぐ, まく, 振りかける, (誤って)こぼす.

be·schüt·zen [ベシュッツェン] [動] *h.* 〔〈j⁴〉ヲ＋(vor 〈j³/et³〉カラ)〕守る.

der **Be·schüt·zer** [ベシュッツァー] [名] -s/- 保護者, 後援者, パトロン;《婉》保護者《売春婦のひも》.

be·schwat·zen [ベシュヴァッツェン] [動] *h.* 《口》 **1.** 〔〈j⁴〉ヲ＋(zu 〈et³〉ヘト)〕うまく言いくるめる: sich⁴ ～ lassen 口車に乗せられる. **2.** 〔〈et⁴〉ヲ〕あれこれおしゃべりする〔うわさし合う〕.

be·schwät·zen [ベシュヴェッツェン] [動] *h.* 《南独》＝beschwatzen.

die **Be·schwer·de** [ベシュヴェーあデ] [名] -/-n **1.** 苦情;不服;訴願, 異議;《法》抗告: ～ einlegen 抗告する. gegen 〈j⁴〉/über 〈et⁴〉 ～ führen 〈人ニ対スル〉/〈事ニツイテ〉苦情を申し立てる. **2.** 《[複]のみ》(肉体的)痛み, 苦しみ. **3.** 《主に[複]》《稀》苦労, 難儀, 骨折り.

das **Be·schwer·de·buch** [ベシュヴェーあデ・ブーふ] [名] -(e)s/..bücher (ホテルなどの)苦情記入帳.

der **Be·schwer·de·füh·rer** [ベシュヴェーあデ・ふゅーらー] [名] -s/- 苦情を訴える人;《法》抗告〔控訴・上告〕人.

be·schwe·ren [ベシュヴェーれン] [動] *h.* **1.** 〔sich⁴＋(bei 〈j³〉ニ)＋über 〈j⁴/et⁴〉ニツイテ/wegen 〈j²/et²〉ノコトデ〕苦情を訴える, クレームをつける. **2.** 〔〈j⁴/et⁴〉ヲ＋(mit 〈et³〉デ)〕煩わす, (…に)負担をかける. **3.** 〔〈et⁴〉ニ〕重しを載せる.

der **Be·schwe·rer** [ベシュヴェーらー] [名] -s/- 文鎮.

be·schwer·lich [ベシュヴェーあリひ] [形] 厄介な, 骨の折れる, 困難な: 〈j³〉 ～ fallen 《文》〈人ニトッテ〉つらい;〈人ニ〉厄介をかける.

die **Be·schwer·lich·keit** [ベシュヴェーあリひカイト] [名] -/-en 《[単]のみ》厄介であること;《[複]のみ》面倒, 苦労.

die **Be·schwer·nis** [ベシュヴェーあニス] [名] -/-se (das -ses/-se も有)《文》労苦, 辛苦.

be·schwich·ti·gen [ベシュヴィひティゲン] [動] *h.* 〔〈j⁴/et⁴〉ヲ〕なだめる, 和らげる, 静める.

die **Be·schwich·ti·gungs·po·li·tik** [ベシュヴィひティグングス・ポリティーク] [名] -/ 宥和(ゆうわ)政策.

be·schwin·deln [ベシュヴィンデルン] [動] *h.* 〔〈j⁴〉ヲ〕《口》だます, ごまかす.

be·schwin·gen [ベシュヴィンゲン] [動] *h.* 〔〈j⁴〉ヲ〕うきうきさせる.

be·schwingt [ベシュヴィングト] [形] **1.** 軽快な, 軽やか

な. **2.** 《文》翼をそなえた.
be-schwipst [ベショヴィップスト] 形 《口》ほろ酔いの.
be-schwören* [ベシュヴェ-レン] 動 *h.* **1.** 〈et⁴ﾇ〉真実であることを誓う〔宣誓する〕. **2.** 〈j⁴ﾂ〉＋zu 《動 不定詞》懇願する. **3.** 〈et⁴ﾂ〉《魔法・暗示などで〉意のままにあやつる〈蛇などを〉;呼びさます《記憶などを》;祓(はら)う《悪魔などを》.
der **Be-schwörer** [ベシュヴェ-ラ-] 名 -s/- 魔法使い,呪術師,祈祷(きとう)師.
die **Be-schwörungs-for-mel** [ベシュヴェ-ルングス・ふぉるメル] 名 -/-n 呪文.
be-see-len [ベゼ-レン] 動 *h.* 〈j⁴/et⁴ﾂ〉生命〔魂〕を吹込む;生気〔活気〕を与える;《…の》心を満たす.
be-se-hen* [ベゼ-エン] 動 *h.* 〔(sich³)＋〈j⁴/et⁴ﾂ〉〕よく見る, よく調べる.
be-sei-ti-gen [ベザィティゲン] 動 *h.* 〈j⁴/et⁴ﾂ〉取る《染みなどを》,片づける《ごみなどを》,取除く《障害などを》;《婉》消す〔殺す〕.
die **Be-sei-ti-gung** [ベザィティグング] 名 -/-en 除去,排除.
be-se-li-gen [ベゼ-リゲン] 動 *h.* 〈j⁴ﾂ〉《文》この上なく幸せにする,有頂天にさせる.
der **Be-sen** [ベ-ゼン] 名 -s/- **1.** ほうき,掃除用ブラシ. **2.** 《口・蔑》つんけんした女. **3.** 〔楽〕《ドラムの》ブラシ《Stahl～》. **4.** 〔口〕ペニス. 〖慣用〗 **auf den Besen laden** 《人を》担ぐ《からかう》. **mit eisernem Besen (aus) kehren** 徹底的にやる.
der **Be-sen-bin-der** [ベ-ゼン・ビンダ-] 名 -s/- ほうき屋〔職人〕.
die **Be-sen-hei-de** [ベ-ゼン・ハイデ] 名 -/-n 〔植〕Heidekraut.
be-sen-rein [ベ-ゼン・ラィン] 形 〔工事の〕汚れをきれいにした,清掃した.
der **Be-sen-stiel** [ベ-ゼン・シュティール] 名 -(e)s/-e ほうきの柄: steif wie ein ～ sein 《口》堅く〔ぎこちなく〕なっている. einen ～ verschluckt haben 《口》棒を呑んだようになっている.
be-ses-sen [ベゼ-セン] 形 〔(von 〈et³ﾂ〉)〕憑(つ)かれた;夢中の.
der/die **Be-ses-se-ne** [ベゼッセネ] 名 《形容詞的変化》悪魔憑(つ)き;狂人.
die **Be-ses-sen-heit** [ベゼッセンハィト] 名 -/ 《悪魔・妄想などに》つかれていること;夢中.
be-set-zen [ベゼッツェン] 動 *h.* **1.** 〈et⁴ﾂ〉占める,確保する《パーティ・テーブルなどで》: Die Leitung ist *besetzt*. お話し中〔電話〕. Ist dieser Platz *besetzt* ? この席はふさがっておりますか. Morgen bin ich *besetzt*. 明日は予定があります. *besetzt* ! 使用中〔トイレなどの表示〕,満員〔バスなどの表示〕. **2.** 〈et⁴ﾂ〉占領する,占拠する. **3.** 〈et⁴ﾂ〉〈mit 〈j³ﾆ〉〉割振る〔地位・役割などを〕,《…を…で》埋める. **4.** 〈et⁴ﾂ＋mit 〈et³ﾂ〉〉縫い〔取り〕つける. 〈et⁴ﾂ＋mit 〈et³ﾂ〉〉取つ《動物を》,放流する.
der **Be-set-zer** [ベゼッツァ-] 名 -s/- 占拠〔占領〕者.
das **Be-setz-zei-chen** [ベゼッツ・ツァイヒェン] 名 -s/- 〔電話の〕話し中の信号音.
die **Be-set-zung** [ベゼッツング] 名 -/-en **1.** 〔席などを取る〔占る〕こと;占拠, 占領. **2.** 〔人の配置,配役;キャスト;〔スポ〕チーム〔編成〕,メンバー,〔吹・漁〕〔動物の〕放つこと,放流.
be-sich-ti-gen [ベズィヒティゲン] 動 *h.* 〈j⁴/et⁴ﾂ〉見学〔見物〕する;検分する;〔軍〕視察する.
die **Be-sich-ti-gung** [ベズィヒティグング] 名 -/-en 見物,見学;視察, 検閲.
be-sie-deln [ベズィ-デルン] 動 *h.* 〈et⁴ﾂ〉＋mit 〈j³ﾆ〉〉入植させる. **2.** 〈et⁴ﾂ〉入植する,定住する. **3.** 〈et⁴ﾂ〉生息している《動物が》,生えている《植物が》.

be-sie-geln [ベズィ-ゲルン] 動 *h.* **1.** 〈et⁴ﾂ〉＋(mit 〈et³ﾂ〉)固める, 確認〔確定〕する;決定する, 不可避にする. **2.** 〈et⁴ﾂ〉《古》封印する.
be-sie-gen [ベズィ-ゲン] 動 *h.* **1.** 〈j⁴/et⁴ﾂ〉打負かす,征服する. **2.** 〈et⁴ﾂ〉克服する,《…に》打勝つ《困難などに》.
der/die **Be-sieg-te** [ベズィ-クテ] 名 《形容詞的変化》敗者,被征服者.
be-sin-gen* [ベズィンゲン] 動 *h.* **1.** 〈j⁴/et⁴ﾂ〉歌に詠む. **2.** 〈et⁴ﾂ〉歌を吹込む〔レコードなどに〕.
be-sin-nen* [ベズィネン] 動 *h.* **1.** 〔sich⁴〕思案する,考えてみる. **2.** 〔sich⁴＋〈様態〉ﾆ＋〈et³ﾂ〉〕考える. **3.** 〔sich⁴ (auf 〈j⁴/et⁴〉ﾂ)〕思い出す, 意識する: sich⁴ auf sich⁴ ～ われに返る.
be-sinn-lich [ベズィンリヒ] 形 瞑想(めいそう)的な.
die **Be-sin-nung** [ベズィヌング] 名 -/ **1.** 熟慮,思慮,静思: zur ～ kommen 冷静に考える. **2.** 想起: die ～ auf das Wesentliche 本質の自覚. **3.** 意識: nicht bei ～ sein 意識がない. wieder zur ～ kommen 意識を回復する.
der **Be-sin-nungs-auf-satz** [ベズィヌングス・アウふ・ザッツ] 名 -es/..sätze 考察文〔学校作文の〕.
be-sin-nungs-los [ベズィヌングス・ロ-ス] 形 **1.** 意識不明の. **2.** 思慮分別を失った;度外れの.
der **Be-sitz** [ベズィッツ] 名 -es/-e **1.** 所有(物);財産;〔法〕占有: in 〈j²〉 ～ sein 〈人の〉所有物である. in 〈j²〉 ～ übergehen 〈人の〉所有物になる. 〈et⁴〉 in seinen ～ bringen 〈物を〉手に入れる. 〈et⁴〉 in ～ haben〔im ～ von 〈et³〉 sein〕〈物を〉所有している. von 〈et³〉 ～ ergreifen 〈物を〉入手する. 〈et¹〉 ergreift (nimmt) von 〈j³〉 ～ 〈事が〉〈人の〉心を奪うことなる〕. **2.** 《古》所有地;土地所有.
be-sitz-an-zei-gend [ベズィッツ・アン・ツァィゲント] 形 《次の形で》 ～es Fürwort 所有代名詞.
be-sit-zen* [ベズィッツェン] 動 *h.* **1.** 〈j⁴/et⁴〉ﾂ持っている,所有している;具(そな)えている《才能などを》;得ている《信頼などを》. **2.** 〈et⁴ﾂ〉《文・婉》〈自分の〉ものにする《女性を》. **3.** 〈j⁴ﾂ〉《稀》心を占める《名誉感などが》.
der **Be-sit-zer** [ベズィッツァ-] 名 -s/- 所有者;〔法〕占有者.
die **Be-sit-zer-grei-fung** [ベズィッツ・エあグライふング] 名 -/ 獲得, 取得;〔法〕占有獲得.
die **Be-sitz-ge-sell-schaft** [ベズィッツ・ゲゼルシャフト] 名 -/-en 〔経・法〕持株会社.
be-sitz-los [ベズィッツ・ロ-ス] 形 財産のない.
die **Be-sitz-nah-me** [ベズィッツ・ナ-メ] 名 -/ 入手, 取得,占有.
der **Be-sitz-stand** [ベズィッツ・シュタント] 名 -(e)s/ 財産,資産.
das **Be-sitz-tum** [ベズィッツトゥ-ム] 名 -s/..tümer 財産;所有地;所有物.
die **Be-sit-zung** [ベズィッツング] 名 -/-en 《文》所有地,領地;《古》所有.
der **Be-sitz-wech-sel** [ベズィッツ・ヴェクセル] 名 -s/- 所有者変更,占有の交替.
be-sof-fen [ベゾッふェン] 形 《口》泥酔した.
be-soh-len [ベゾ-レン] 動 *h.* 〈et⁴ﾂ〉底革をつける《靴に》, 《…の》底革を張替える.
be-sol-den [ベゾルデン] 動 *h.* 〈j⁴ﾂ〉俸給を払う《公務員・軍人に》.
die **Be-sol-dung** [ベゾルドゥング] 名 -/-en 《公務員・軍人の》俸給, 給与;《国のみ》俸給の支払い.
be-son-der [ベゾンダ-] 形 **1.** 特別〔特殊〕な,個別の. **2.** 特異な,独特な. **3.** 並外れた. 〖慣用〗 **im Allgemeinen und im Besonderen** 一般的にも個別的にも. **im Besonderen** 特に,個々に.
die **Be-son-der-heit** [ベゾンダ-ハィト] 名 -/-en 特別

besonders

be·son·ders [ベゾンダース] 副 **1.**《語飾》**a.**（形容詞・副詞・名詞を修飾）特に，とりわけ：B~ auffallend war, dass ... ことに目についたのは…だった。~ heute 特に今日．B~ wenn es regnet, ... 特に雨のときには，…．**b.**（形容詞・副詞・名詞を修飾）非常に：Es dauerte ~ lange. それは非常に長くかかった．**2.** 強く，きっぱりと；大変，甚だしく：〈j³〉〈et⁴〉~ untersagen〈人に〉〈事を〉強く禁止する．**3.** 別(々)に，別個に：das Thema ~ behandeln そのテーマを別に取扱う．**4.**（nicht ~ の形で）それほどよくない：Wie geht es dir ? — Nicht ~ ! どうだい．— それほどよくない．

be·son·nen¹ [ベゾネン] 動 h.〈j⁴/et⁴〉= ）日光を当てる．

be·son·nen² [ベゾネン] 形 思慮深い，慎重な．

die **Be·son·nen·heit** [ベゾネンハイト] 名 -/ 思慮深さ，慎重．

be·sonnt [ベゾント] 形 日の当たった，日当りのよい．

be·sor·gen [ベゾるゲン] 動 h. **1.**〈〈j³〉ノタメニ＋〈j⁴/et⁴〉ヲ〉手に入れる，調達する，買う；世話する（働き口などを）；（口・婉）盗む，くすねる．**2.**〈〈et⁴〉ヲ〉行う，処理する．**3.**〈j⁴/et⁴〉ヲ〉世話をする，面倒を見る．**4.**〈et⁴〉ヲ〉（文・古）心配する，気遣う．〖慣用〗es 〈j³〉besorgen（口）〈人に〉仕返しをする；〈人に〉いいたいことをずけずけ言う；〈人を〉性的に満足させてやる．

die **Be·sorg·nis** [ベゾるクニス] 名 -/-se 心配，憂慮，不安，懸念：~ um〈j⁴〉[über〈et⁴〉] empfinden〈人について〉〈事について〉心配する．

be·sorg·nis·er·re·gend, Be·sorg·nis er·re·gend [ベゾるクニス・エルれーゲント] 形 気遣わしい．

be·sorgt [ベゾるクト] 形 **1.**（[über〈j⁴/et⁴〉]）心配した．**2.**（um〈j⁴/et⁴〉=）気を配った，配慮の行届いた．

die **Be·sorgt·heit** [ベゾるクトハイト] 名 -/ 心配，懸念；気遣い．

die **Be·sor·gung** [ベゾるグング] 名 -/-en **1.** 買い物：~en machen 買い物をする．**2.**（働のみ）処理，調達；世話．

be·span·nen [ベシュパネン] 動 h.〈et⁴〉+ (mit〈et³〉ヲ) 張る（ラケットの網）を；張る（壁にクロスを）；つなぐ（馬車に馬などを）．

die **Be·span·nung** [ベシュパヌング] 名 -/-en **1.**（働のみ）張り替え；シート・シェードなどの）（馬などを車に）つなぐこと．**2.** 張ったもの，外装，覆い，壁紙．（楽器の）弦，（ラケットの）ガット，（つながれた）馬（牛）．

be·spei·en* [ベシュパイエン] 動 h.〈j⁴/et⁴〉に（文）つばを吐きかける．

be·spi·cken [ベシュピッケン] 動 h. **1.**〈et⁴〉ヲ〉脂身を差込む．**2.**〈j⁴/et⁴〉ヲ+mit〈et³〉ヲ〉飾立てる．

be·spie·geln [ベシュピーゲルン] 動 h. **1.**〈et⁴〉ヲ〉鏡に映す，鏡で照らす．**2.**〈sich⁴〉鏡で自分の姿を見る〈姿に見とれる〉；うぬぼれる．**3.**〈et⁴〉ヲ+〈et⁴〉ニ〉写し出す（実際の事件を小説などで）．

be·spie·len [ベシュピーレン] 動 h. **1.**〈et⁴〉ヲ+ (mit〈et³〉ヲ) 録音する．**2.**〈et⁴〉ニ〉客演する．

be·spit·zeln [ベシュピッツェルン] 動 h.〈j⁴〉スパイする．

be·spöt·teln [ベシュ⊗ッテルン] 動 h.〈j⁴/et⁴〉ヲ〉（嘲り）笑う．

be·spre·chen* [ベシュプれッヒェン] 動 h. **1.**〈et⁴〉ニツイテ〉話合う，相談する．**2.**〈sich⁴+mit〈j³〉〉話合う，相談する．**3.**〈相互代名詞sich⁴〉互いに話合う，相談する．**4.**〈et⁴〉ヲ〉論評， 批評する．**5.**〈et⁴〉ニ〉吹込む（テープなどに）．**6.**〈j⁴/et⁴〉ヲ〉お祓い（ぬさ）をする，(…を)呪文（じゅもん）で治そうとする（病人・いぼなどを）．

die **Be·spre·chung** [ベシュプれッヒュング] 名 -/-en 話合い，協議，討議；批評（本・劇・コンサートなどの）；呪文（じゅもん）．

das **Be·spre·chungs·ex·em·plar** [ベシュプれッヒュングス・エクセムプラーる] 名 -s/-e《出版》書評用献呈本．

be·spren·gen [ベシュプれンゲン] 動 h.〈j⁴/et⁴〉ヲ+ (mit〈et³〉ヲ) 注ぎかける，まく（芝生に水などを）．

be·sprin·gen* [ベシュプリンゲン] 動 h.〈et⁴〉ト〉交尾する（雄が）．

be·sprit·zen [ベシュプリッツェン] 動 h.〈j⁴/et⁴〉ヲ〉水をかけてぬらす；はねをかけて汚す．

be·sprü·hen [ベシュプりューエン] 動 h.〈et⁴〉ヲ+mit〈et³〉ヲ〉（噴霧器で）(吹き)かける．

be·spu·cken [ベシュプッケン] 動 h.〈j⁴/et⁴〉ヲ〉（べっと）つばを吐きかける．

be·spü·len [ベシュピューレン] 動 h.〈et⁴〉ヲ〉洗う（水・波が岸辺などを）．

die **Bes·se·mer·bir·ne** [ベッセマー・ビるネ] 名 -/-n ベッセマー転炉（鋼鉄製造用）．

der **Bes·se·mer·stahl** [ベッセマー・シュタール] 名 -(e)s/ ..stähle ベッセマー鋼．

das **Bes·se·mer·ver·fah·ren** [ベッセマー・ふぁあふぁーれン] 名 -s/ ベッセマー製鉄法．

bes·ser《gutの比較級》[ベッサー] 形 **1.** より良い：Heute ist das Wetter ~ als gestern. 今日は昨日より天気がよい．〈j⁴〉~ stellen〈人を〉もっとよい給与の地位につける；〈人の〉給与を改善する．**2.**（絶対的比較級）比較的良い：Sie stammt aus sog. ~en Kreisen. 彼女はいわゆる上流階級の出身である．Er ist nur ein ~er Hilfarbeiter. 彼は未熟練労働者も同然だ．〖慣用〗alles besser wissen wollen 何でも知ったかぶりをする．besser als nichts 何もないよりまし．besser gesagt もっと適切に言えば．Besser ist besser. 用心するにこしたことはない．besser spät als nie 遅くてもしないよりはまし．
—— 副《文飾》…するほうがよい：Du kommst ~ sofort. 君はすぐ行くほうがよい．

das **Bes·se·re** [ベッセれ] 名《形容詞的変化》よりよいもの(事)：~s zu tun haben こんなことにかかわってはいられない〈j⁵〉eines ~n belehren《文》〈人の〉誤りを正す．sich⁴ eines ~n besinnen《文》考え直す．

bes·ser stel·len, ⓟ **bes·ser/stel·len** [ベッサーシュテレン] ⇨ **besser** 1.

der/die **Bes·ser·ge·stell·te, bes·ser Ge·stell·te** [ベッサー・ゲシュテルテ] 名《形容詞的変化》高給取り，裕福な人．

bes·sern [ベッサーン] 動 h. **1.**〈j⁴/et⁴〉ヲ〉改心させる，改善する．**2.**〈sich⁴〉改心する，向上する（成績が）；回復する，好転する（健康・天気などが）．

die **Bes·se·rung** [ベッセるング] 名 -/-en **1.** 良好になること，回復，快方：Gute ~ ! どうぞお大事に（病気の人に）．**2.** より良いものにすること，改善．

die **Bes·se·rungs·an·stalt** [ベッセるングス・アン・シュタルト] 名 -/-en（古）感化院，矯正院．

der **Bes·ser·wis·ser** [ベッサー・ヴィッサー] 名 -s/- 知ったかぶりの人．

die **Bes·ser·wis·se·rei** [ベッサー・ヴィッセらイ] 名 -/ 知ったかぶり．

best《gutの最高級》[ベスト] 形《述語的には der/die/das ~e か am ~en，副詞的には am ~en》最も良い：mein ~er Freund 私の最良の友．Es ist das B~e〖am ~en〗,wenn...（）ならば一番いい．（erst とともに）「手近な，最寄りの，手当り次第の」の意味で）Sie gingen in das erste ~e Café. 彼らは（行き当たりばったりに）手近な喫茶店に入った．Diese Mannschaft ist die B~e〖am ~en〗 von Deutschland. このチームはドイツのベストチームである．（主語が，ある条件下で「最も良い」という場合は am ~en）Diese

Mannschaft war vor zwei Jahren am ~en. このチームは2年前が最も良かった。Du weißt das am ~en. 君がそれを一番良く知っている。(aufs B~e〔~e〕の形で副詞的最大級で)Sie pflegt ihre Mutter aufs B~e〔~e〕. 彼女は年老いた母親の世話をとてもよくする。(単独で名詞的に)der/die B~e in der Mannschaft チームで最もすぐれた男/女の選手。das B~e 最も良いもの〔こと〕。sein B~es tun ベストをつくす。Ich habe nur dein B~es im Sinn. 君のためを思えばこそだ。ein Konzert zum B~en der Behinderten 障害者のためのコンサート。【慣用】 **auf dem besten Weg sein, ... zu tun** しそうである〔しようとしている〕。**mit besten Willen** どんなにそうしようとしても。**ein Mann in den besten Jahren** 男盛り。**im besten Fall** うまくいって。**mit den besten Grüßen** 敬具。**nach bestem Wissen und Gewissen** 誠心誠意。〈et⁴〉 **zum Besten geben** 〈古〉〈事を〉(座興に)披露する。〈物を〉振る舞う。〈j⁴〉 **zum Besten halten〔haben〕**〈人を〉からかう。

——— 副 《文飾》(am ~en の形で)…するのが一番良い: Sie erledigen das am ~en sofort. あなたはすぐに処理をなさるのが一番いい。

be**stal**len [ベシュタレン] 動 《j⁴〉ッ＋（zu〈j³〉ニ）〕〔官〕任命〔任用〕する(裁判官などに)。
die Be**stal**lung [ベシュタルング] 名 -/-en **1.** 任命, 任用;(医師などの)開業免許. **2.** 辞令.
der Be**stand** [ベシュタント] 名 -(e)s/..stände **1.** (㊝の)在庫,持続,耐久;〔商〕(これまでの)存続期間: ~ haben〔von ~ sein〕長続きする。**2.** 在庫量,現在高: der ~ an Büchern 書籍の在庫。der eiserne ~ 非常用備蓄。den ~ aufnehmen 在庫を補充する/棚卸しする。**3.** 〔林〕林分(ぶん) (ひとまとまりの林). **4.** (南独・オ-ス)(農地の)賃借料.
be**stan**den [ベシュタンデン] 形 **1.** 〔mit〈et³〉ッ/〈様態〉〕(…に)生い茂った: Wand mit Gras ~er Wall 草の生えている土手。**2.** (☆)かなりの年の.
be**stän**dig [ベシュテンディヒ] 形 **1.** 絶え間ない。**2.** 始終変らぬ,安定した。**3.** 〔(gegen〈et⁴〉ッ〕〕耐性のある.
..be**stän**dig [..ベシュテンディヒ] 接尾 名詞の後につけて「(抵抗力・持久力)のある」という意味の形容詞を作る: feuerbeständig 耐火性の. form**bestän**dig 形崩れのしない.
die Be**stän**dig**keit** [ベシュテンディヒカイト] 名 -/ 安定,持続(性),不変(性)/耐性.
die Be**stands**auf**nah**me [ベシュタンツ・アウフ・ナーメ] 名 -/-n **1.** 棚卸し,商品品調べ。**2.** 総括.
der Be**stand**teil [ベシュタント・タイル] 名 -(e)s/-e 構成要素〔部品〕,成分.
be**stär**ken [ベシュテルケン] 動 h. **1.** 〔〈j⁴〉ッ＋in〈et³〉ッ〕支持する,力づける,強める。**2.** 〔sich⁴＋in〈j³〉ニ〕(の)強まる〔疑念ながら〕.
be**stä**ti**gen** [ベシュテーティゲン] 動 h. **1.** 〔〈et⁴〉ッ〕真実であることを認める,(…を)証明する;〔〈et⁴〉が sich⁴の場合〕正しいことが立証される。**2.** 〔商〕(受取ったことを)通知する(発送人に)。**3.** 〔〈et⁴〉ッ〕承認する(官職任命などを)。**4.** 〔〈j⁴〉ッ＋(als〈j³〉ニ)〕任命する,選任する.
die Be**stä**ti**gung** [ベシュテーティグング] 名 -/-en 証明(書);承認;(受取)通知(書);確認(書).
be**stat**ten [ベシュタッテン] 動 h. 〔〈j⁴〉ッ〕〈文〉(荘重に)埋葬する.
der Be**stat**ter [ベシュタッター] 名 -s/- 葬儀屋.
die Be**stat**tung [ベシュタットゥング] 名 -/-en 〈文〉埋葬(式),葬礼.
das Be**stat**tungs**in**sti**tut** [ベシュタットゥングス・インスティトゥート] 名 -(e)s/-e 葬儀社.

be**stau**ben [ベシュタウベン] 動 h. **1.** 〔〈j⁴/et⁴〉ッ〕ほこりまみれにする。**2.** 〔sich⁴〕ほこりまみれになる.
be**stäu**ben [ベシュトイベン] 動 h. **1.** 〔〈et⁴〉ッ＋(mit〈et³〉ッ〕振りかける(粉状のものを)。**2.** 〔〈et⁴〉ッ〕受粉させる(植物に).
be**staubt** [ベシュタウプト] 形 ほこりだらけの.
be**stau**nen [ベシュタウネン] 動 h. 〔〈j⁴/et⁴〉ニ〕目を見はる,感心〔感服〕する,(…を)賛嘆する.
der/die **Bes**te [ベステ] 名 (形容詞的変化) 最優秀者;最愛の人;〈口〉君.
be**ste**chen* [ベシュテッヒェン] 動 h. **1.** 〔〈j⁴〉ッ〕買収する,(…に)賄賂(ホィ)を贈る。**2.** 〔(〈j⁴〉ッ)＋durch〈et³〉ッ〕魅了する.
be**stech**lich [ベシュテッヒリヒ] 形 賄賂(ホィ)のきく.
die Be**ste**chung [ベシュテッヒュング] 名 -/-en 買収: aktive/passive ~ 〔法〕贈賄/収賄.
das Be**ste**chungs**geld** [ベシュテッヒュングス・ゲルト] 名 -(e)s/-er (主に㊝)賄賂(ホィ)のお金.
der Be**ste**chungs**ver**such [ベシュテッヒュングス・ふぇあズーふ] 名 -(e)s/-e 買収の企て.
das Be**steck** [ベシュテック] 名 -(e)s/-e〔-s〕/㊝ -s は〔(口)〕 **1.** 食事用具(Ess-)一式(ナイフ・フォーク・スプーンのセット);(㊝のみ)〔口〕食器。**2.** (㊝-e)(手術用などの)器具一式。**3.** (㊝-e)〔海〕(海図上の)船の位置: das ~ nehmen 船の位置を決める.
be**ste**cken [ベシュテッケン] 動 h. 〔〈et⁴〉ニ＋mit〈et³〉ッ〕つける,さして飾る.
be**ste**hen* [ベシュテーエン] 動 h. **1.** 〔(〈時間〉/㊝)〕存続する。**2.** 〔㊝〕存在する,ある。**3.** 〔aus〈et³〉から〕成り立っている,(…)製である。**4.** 〔in〈et³〉ニ〕(その内容・本質が)ある。**5.** 〔〈et⁴〉ッ〕(…を)乗り切る。**7.** 〔vor〈j³/et³〉ニ〕耐える。**8.** 〔auf〈et³〉ニ〕主張して譲らない;強硬に要求する. 【慣用】 **vor Gott bestehen** 神に罪なきを認められる。**zu Recht bestehen** 有効〔合法〕である,もっともである.
das Be**ste**hen [ベシュテーエン] 名 -s/ 存続,存在,存立;固執;耐えること;切抜けること.
be**steh**len* [ベシュテーレン] 動 h. 〔〈j⁴〉からッ＋(um〈et⁴〉ッ〕盗む,奪う.
be**stei**gen* [ベシュタイゲン] 動 h. 〔〈et⁴〉ッ〕登る(山などに),またがる(馬・自転車などに),乗込む(列車などに).
das Be**stell**buch [ベシュテル・ブーふ] 名 -(e)s/..bücher 注文書(控え)帳.
be**stel**len [ベシュテレン] 動 h. **1.** 〔〈et⁴〉ッ〕注文する;予約する。**2.** 〔〈j⁴〉ッ＋(〈時点〉)＋〈場所〉ニ/方向へ〕来るように言う。**3.** 〔〈j³〉ニ/an〈j⁴〉ニ＋〈et⁴〉ッ〕伝える,ことづける。**4.** 〔〈j⁴〉ッ＋(zu〈j³〉ニ/als〈j⁴〉ニ)〕任命する,選任する。**5.** 〔〈et⁴〉ッ〕耕す。**6.** 〔〈et⁴〉ッ〕整理する(家などを長期の不在または死にそなえて)。**7.** 〔〈et⁴〉ッ＋mit〈et³〉ッ〕〈稀〉配置する. 【慣用】 **Es ist mit ihm〔um seine Gesundheit〕gut/schlecht bestellt.** 彼の健康状態は良い/悪い。**nichts zu bestellen haben** たいした役割を果たせない.
der Be**stel**ler [ベシュテラ-] 名 -s/- 注文者,予約者.
das Be**stell**geld [ベシュテル・ゲルト] 名 -(e)s/-er 配達料,送料.
die Be**stell**liste, Be**stell**-liste, ㊝ Be**stell**liste [ベシュテル・リステ] 名 -/-n (注文)商品リスト.
die Be**stell**menge [ベシュテル・メンゲ] 名 -/-n 注文量.
die Be**stell**nummer [ベシュテル・ヌマ-] 名 -/-n (カタログ・注文票の)商品番号.
der Be**stell**schein [ベシュテル・シャイン] 名 -(e)s/-e 注文用紙,注文票;(図書館の)貸出票.

B

die **Be·stel·lung** [ベシュテルング] [名] -/-en **1.** 注文, 予約, あつらえ;注文の品;(診察などの)予約者：eine ~ auf〔über〕〈et^4〉〈物の〉注文. eine ~ aufgeben 注文をする. **2.** 伝言, 伝達;配達. **3.** 任用, 任命, 委託：die ~ zum Richter 判事への任用. **4.** 耕作.

der **Be·stell·zeit·punkt** [ベシュテル・ツァイト・プンクト] [名] -(e)s/-e 注文時期.

der **Be·stell·zet·tel** [ベシュテル・ツェッテル] [名] -s/- 注文票.

bes·ten·falls [ベステン・ふぁルス] [副] 《文飾》一番うまくいって(も), たかだか, せいぜい.

bes·tens [ベステンス] [副] 非常によく;心から, くれぐれも：Er ist ~ unterrichtet. 彼は非常によく事情に通じている. Er lässt (Sie) ~ grüßen. 彼が(あなたに)くれぐれもよろしくとのことです.

be·sternt [ベシュテるント] [形] 星をちりばめた.

be·steu·ern [ベシュトイあーン] [動] *h.* 〔〈j^4/et^4〉ニ〕課税する.

die **Best·form** [ベスト・ふぉるム] [名] -/ 《スポーツ》ベストコンディション.

best·ge·hasst, [旧] **best·ge·haßt** [ベスト・ゲハスト] [形] 最も憎まれて〔嫌われて〕いる.

best·ge·meint [ベスト・ゲマイント] [形] 最も好意的な.

be·sti·a·lisch [ベスティアーリシュ] [形] **1.** 《蔑》野獣のような, 残忍な. **2.** 《口》ひどい;ひどく.

die **Be·sti·a·li·tät** [ベスティアリテート] [名] -/-en **1.** (単のみ)獣性, 残忍さ. **2.** 残忍非道な行為.

das **Bes·ti·a·ri·um** [ベスティアーリウム] [名] -s/..rien (中世の)動物寓話.

be·sti·cken [ベシュティッケン] [動] *h.* **1.** 〔〈et^4〉ニ+(mit 〈et^3〉ヲ)〕刺繍(ししゅう)する. **2.** 〔〈et^4〉ノ〕《土》外側を補強する(堤防の).

die **Bes·tie** [ベスティエ] [名] -/-n 野獣;《蔑》残忍非道な人.

be·stimm·bar [ベシュティム・バーあ] [形] 決められる;規定〔定義〕できる;影響を与えうる.

be·stim·men [ベシュティメン] [動] *h.* **1.** 〔〈et^4〉ヲ/〈[文]〉デアルコトヲ/〈場所〉ヲ〕決める, 定める, 決定する;決定権を持つ. **2.** 〔〈et^4〉ヲ+für 〈j^4/et^4〉ニ〕与えることに〔使うことに〕決める. **3.** 〔〈j^4〉ヲ+zu 〈j^3/et^3〉ニ/als 〈j^4/et^4〉ニ〕することに決める, 指名する. **4.** 〔〈et^4〉ヲ〕(科学的に)決定する, 定義する, 規定する, 算定する. **5.** 〔über 〈j^4/et^4〉ヲ〕意のままにする. **6.** 〔〈j^4/et^4〉ニ〕決定的に影響を及ぼす, (…を)特徴づける. **7.** 〔〈j^4〉ニ+zu 〈[動]〉スルヨウニ/zu 〈et^3〉ヲスルヨウニ〕させる. **8.** 〔sich^4+nach 〈et^3〉ノ〕影響を受ける, (…で)決まる.

be·stimmt [ベシュティムト] [形] **1.** ある(特定の), 一定の, 規定の：~*e* Leute ある人々. der ~*e* Artikel 《言》定冠詞. zur ~*en* Zeit 決められた時刻に. **2.** 明確な：Ich kann es nicht ~ sagen. 私はそれをはっきりとは言えない. **3.** 断固とした：auf das *B~este* 断固として.

—— [副] 《文飾》確かに, きっと：Wir werden ~ kommen. 私たちは必ずまいります. (推量の意味が加わって) Er hat die Verabredung ~ vergessen. 彼はきっと約束を忘れたんだ.

die **Be·stimmt·heit** [ベシュティムトハイト] [名] -/ 断固としていること;確実性：mit ~ きっぱりと;確実に.

die **Be·stim·mung** [ベシュティムング] [名] -/-en **1.** (単のみ)決定, 確定. **2.** 規定, 定義. **3.** 指令, 指定, 指示. **4.** (単のみ)(使用)目的, 用途：〈et^4〉 seiner ~ übergeben 〈物を〉使用させる. **5.** 《古》送り先, 目的地. **6.** (単のみ)使命, 定め. **7.** 《言》規定(語)：eine adverbiale ~ 副詞規定.

der **Be·stim·mungs·bahn·hof** [ベシュティムングス・バーン・ホーふ] [名] -(e)s/..höfe 《鉄道》仕向け駅.

der **Be·stim·mungs·ha·fen** [ベシュティムングス・ハーふぇン] [名] -s/..häfen 仕向け港.

der **Be·stim·mungs·ort** [ベシュティムングス・オるト] [名] -(e)s/-e 送り先, 仕向け地, (旅行などの)目的地.

das **Be·stim·mungs·wort** [ベシュティムングス・ヴォるト] [名] -(e)s/..wörter 《言》(複合語の)規定語.

be·stirnt [ベシュティるント] [形] 《文》星をちりばめた.

die **Best·leis·tung** [ベスト・ライストゥング] [名] -/-en 《スポーツ》最高記録.

best·mög·lich [ベスト・[メ]ークリひ] [形] できるだけ良い.

be·sto·ßen* [ベシュトーセン] [動] *h.* 〔〈et^4〉ヲ〕ぶつけて傷つける;《木工》削り上げる(かんなで木材の角を);《印》突きそろえる(印刷した紙などを).

be·stra·fen [ベシュトらーふぇン] [動] *h.* 〔〈j^4/et^4〉ヲ+(für 〈et^4〉ノ故ニ/wegen 〈et^2〉ノ故ニ)+(mit 〈et^3〉ニ)〕処罰する, (…に…を)科する.

die **Be·stra·fung** [ベシュトらーふング] [名] -/-en 罰, 刑罰, 処罰.

be·strah·len [ベシュトらーレン] [動] *h.* 〔〈j^4/et^4〉ヲ+(mit 〈et^3〉デ)〕照らす, (…に)照射する.

die **Be·strah·lung** [ベシュトらールング] [名] -/-en 照らすこと, 照射, 放射;《医》照射治療.

die **Be·strah·lungs·lam·pe** [ベシュトらールングス・ラムペ] [名] -/-n 《医》(治療用の)照射灯.

be·stre·ben [ベシュトれーベン] [動] *h.* 〔sich^4+zu 〈[動]〉ショウト〕努める.

das **Be·stre·ben** [ベシュトれーベン] [名] -s/ 努力, 志向.

be·strebt [ベシュトれープト] [形] 《次の形で》~ sein, ... zu [動] …しようと努めている.

die **Be·stre·bung** [ベシュトれーブング] [名] -/-en (主に[複])努力.

be·strei·chen* [ベシュトらイひェン] [動] *h.* **1.** 〔〈et^4〉ニ+(mit 〈et^3〉ヲ)〕塗る(バター・軟膏(なんこう)・色などを). **2.** 〔〈et^4〉ヲ〕なでる, かすめる(風・サーチライトなどが);《軍》(…を)掃射する.

be·strei·ken [ベシュトらイケン] [動] *h.* 〔〈et^4〉ニ〕スト(ライキ)を打つ(会社・工場などに).

be·strei·ten* [ベシュトらイテン] [動] *h.* **1.** 〔〈et^4〉ヲ/〈[文]〉デアルコトヲ〕否認する, (…に)異議を唱える. **2.** 〔〈et^4〉ノ〕費用を負担する;(…を)受持つ, 担当する(番組などを). **3.** 〔〈j^3〉ト+〈et^4〉ヲメグッテ〕争う(優先権・分け前などをめぐって).

be·streu·en [ベシュトろイエン] [動] *h.* 〔〈et^4〉ニ+mit 〈et^3〉ヲ〕振りかける(粉状のものを), (ふり)まく(道に砂利などを).

be·stri·cken [ベシュトりッケン] [動] *h.* **1.** 〔〈j^4〉ヲ〕魅惑する. **2.** 〔〈j^4〉ニ〕《口》編物を編んでやる.

der **Best·sel·ler** [ベスト・ゼラー] [名] -s/- ベストセラー.

be·stü·cken [ベシュテュッケン] [動] *h.* 〔〈et^4〉ニ+mit 〈et^3〉ヲ〕装備する, 装着する.

die **Be·stü·ckung** [ベシュテュックング] [名] -/-en 装備, 装着;設備.

be·stuh·len [ベシュトゥーレン] [動] *h.* 〔〈et^4〉ニ〕座席〔いす〕を備えつける(ホールなどに).

be·stür·men [ベシュテュるメン] [動] *h.* **1.** 〔〈et^4〉ヲ〕襲撃する(要塞(ようさい)などを), (…に)突進する. **2.** 〔〈j^4〉ニ+mit 〈et^3〉デ〕執拗(しつよう)に迫る.

be·stür·zen [ベシュテュるツェン] [動] *h.* 〔〈j^4〉ヲ〕びっくりさせる, ろうばいさせる.

be·stürzt [ベシュテュるツト] [形] 〔(über 〈et^4〉ニ)〕動転した.

die **Be·stür·zung** [ベシュテュるツング] [名] -/ 狼狽, 動天：die ~ über 〈et^4〉〈事・物に関する〉ショック.

der **Best·wert** [ベスト・ヴェーあト] [名] -(e)s/-e 最高値.

die **Best·zeit** [ベスト・ツァイト] [名] -/-en 《スポーツ》ベストタイム.

der **Be·such** [ベズーふ] [名] -(e)s/-e **1.** 訪問, 見

舞い;(客としての)滞在;(医者の)往診: bei ⟨j³⟩ einen ~ machen ⟨人を⟩訪問する. bei ⟨j³⟩ auf [zu] ~ kommen ⟨人を⟩訪問する. ⟨j³⟩ einen ~ abstatten ⟨人を⟩訪問する. bei ⟨j³⟩ auf [zu] ~ sein ⟨人の所に⟩滞在している. **2.** 見学, 見物, 見学(旅行)の入り: der ~ der Schule 通学. **3.** (劇のみ)訪問客, 客: ~ haben 来客がある.

be·su·chen [ベズーヘン] 動 h. **1.** ⟨j⁴ʊ⟩訪問する;往診する, 見舞う. **2.** ⟨et⁴ʊ⟩通う, 通学する;見学[見物]に行く, 行く(音楽会・芝居などに), 出席する(講義・講演会などに). 【慣用】gut/schlecht besucht sein 客の入りがよい/悪い.

der **Be·su·cher** [ベズーハー] 名 -s/- 訪問者, 来客, 見舞客;参加者, 来場(入場)者, 見物人, 観客.

die **Be·suchs·kar·te** [ベズーホス・カルテ] 名 -/-n 名刺.
der **Be·suchs·tag** [ベズーホス・ターク] 名 -(e)s/-e 面会日.
die **Be·suchs·zeit** [ベズーホス・ツァイト] 名 -/-en 面会時間.
das **Be·suchs·zim·mer** [ベズーホス・ツィマー] 名 -s/- 面会室.

be·su·deln [ベズーデルン] 動 h. ⟨j⁴/et⁴ʊ⟩+(mit ⟨et³ʊ⟩)汚(ｹｶﾞ)す;汚(ｹｶﾞ)す(名誉などを): sich⁴ mit Blut ~ 殺人を犯す.

das **Be·ta** [ベータ] 名 -(s)/-s ベータ(ギリシア語アルファベットの第2字 β, B).
der **Be·ta·blo·cker** [ベータ・ブロッカー] 名 -s/- [医・化]ベータ(受容体)遮断剤.
be·tagt [ベタークト] 形 (文)老齢の;古色蒼然たる.
be·ta·keln [ベターケルン] 動 h. **1.** ⟨et⁴ʊ⟩艤装(ｷﾞｿｳ)する(船を). **2.** ⟨j⁴ʊ⟩(口語)だます.
be·tan·ken [ベタンケン] 動 h. ⟨et⁴ʊ⟩燃料を補給する, 給油する(航空機・車などに).
be·tas·ten [ベタステン] 動 h. ⟨j⁴/et⁴ʊ⟩手を触れ(て みる);(…を)触診する.
die **Be·ta·strah·len, β-Strah·len** [ベータ・シュトラーレン] 複数 [核物理]ベータ線.
die **Be·ta·strah·lung, β-Strah·lung** [ベータ・シュトラールング] 名 -/-en [核物理]ベータ(β)線(放射).
be·tä·ti·gen [ベテーティゲン] 動 h. **1.** ⟨sich⁴⟩活動する, 働く. **2.** ⟨et⁴ʊ⟩作動させる. **3.** ⟨et⁴ʊ⟩(文)実践する(信念などを).
die **Be·tä·ti·gung** [ベテーティグング] 名 -/-en 活動, 仕事;(例のみ)(機械などを)作動させること.
das **Be·tä·ti·gungs·feld** [ベテーティグングス・フェルト] 名 -(e)s/-er 活動分野.
das **Be·ta·tron** [ベータ・トローン] 名 -s/-e [理・工]ベータトロン.
be·tat·schen [ベタッチェン] 動 h. ⟨et⁴ʊ⟩+(mit ⟨et³ʊ⟩)(口語)べたべた触る(汚い手などで).
be·täu·ben [ベトイベン] 動 h. **1.** ⟨j⁴/et⁴ʊ⟩麻酔をかける;(…を)朦朧(ﾓｳﾛｳ)と(失神)させる. **2.** ⟨et⁴ʊ⟩+durch ⟨et⁴ʊ⟩/mit ⟨et³ʊ⟩紛らす(悩みを酒で), 和らげる(苦しみなどを). 【慣用】sich⁴ durch Arbeit betäuben 仕事で気を紛らす.
be·täu·bend [ベトイベント] 形 耳を聾(ﾛｳ)する;気の遠くなるような;[医]麻酔(性)の.
die **Be·täu·bung** [ベトイブング] 名 -/-en 麻酔;麻酔状態, 意識朦朧(ﾓｳﾛｳ)(失神)状態.
das **Be·täu·bungs·mit·tel** [ベトイブングス・ミッテル] 名 -s/- 麻酔剤.
be·taut [ベタウト] 形 (露に)濡(ﾇ)れた.
der **Bet·bru·der** [ベート・ブルーダー] 名 -s/..brüder (蔑)信心家ぶった男.
die **Be·te** [ベーテ] 名 -/-n [植]トウヂシャ.
be·tei·li·gen [ベタイリゲン] 動 h. **1.** ⟨j⁴ʊ⟩+an ⟨et³ʊ⟩分け前を与える(利益などの);(…を…に)参加させる(事業などに). **2.** [sich⁴]+an ⟨et³ʊ⟩参加する, 加わる(会話・討論・試合などに), 共同出資する(事業などに).

der/die **Be·tei·lig·te** [ベタイリヒテ] 名 (形容詞的変化)参加者, (利害)関係者, 出資者.
die **Be·tei·li·gung** [ベタイリグング] 名 -/-en 参加, 関与;配分, 分与: die ~ am Gewinn 利益配当.
der **Be·tel** [ベーテル] 名 -s/- ベテル(キンマの葉にビンロウの実などを包んだ, 東南アジアの嗜好品).
die **Be·tel·nuss, ⓐ Be·tel·nuß** [ベーテル・ヌス] 名 -/..nüsse 檳榔子(ﾋﾞﾝﾛｳ), ビンロウの実.
be·ten [ベーテン] 動 h. **1.** ⟨(zu ⟨et³ʊ⟩)⟩祈り(を捧げる)(神に). **2.** ⟨für ⟨j⁴/et⁴ʊ⟩ｿﾉﾀﾒﾆ/um ⟨et⁴ʊ⟩ｦｵﾈｶﾞｲｼﾃ⟩神に祈る. **3.** ⟨⟨et⁴ʊ⟩⟩唱えて祈る(祈りの言葉を).
der **Be·ter** [ベーター] 名 -s/- 祈る人.
be·teu·ern [ベトイアーン] 動 h. ⟨(j³ʊ)⟩+⟨et⁴ʊ⟩/⟨文ʊ⟩誓う, 誓言(断言・言明)する.
die **Be·teu·e·rung** [ベトイエルング] 名 -/-en 断言;誓い.
das **Bet·haus** [ベート・ハウス] 名 -es/..häuser [旧約]祈りの家;シナゴーグ.
(das) **Beth·le·hem** [ベートレヘム] 名 -s/ [地名]ベツレヘム(キリスト生誕の地).
die **Be·ti·se** [ベティーゼ] 名 -/-n (文)愚かさ, 愚行.
be·ti·teln [ベティーテルン] 動 h. **1.** ⟨et⁴ʊ⟩タイトルをつける. **2.** ⟨j⁴ʊ⟩+mit ⟨et³ʊ⟩(称号をつけて)呼ぶ;(口).
be·töl·peln [ベテルペルン] 動 h. ⟨j⁴ʊ⟩だます.
der **Be·ton** [betɔŋ ベトング, betɔ:, betɔ:n ベトーン] 名 -s[ベトングス, ベトーンス]/-s[ベトングス, ベトーンス] [-e[ベトーネ]/(例のみ)種類]コンクリート.
der **Be·ton·bau** [ベトン・バウ, ベトーン・バウ] 名 -(e)s/-ten コンクリート建造物;(例のみ)コンクリート建築(造り).
be·to·nen [ベトーネン] 動 h. ⟨et⁴ʊ⟩強勢(アクセント)を置いて発音する;(…を)強調(力説)する;(…に)重点を置く.
be·to·nie·ren [ベトニーレン] 動 h. **1.** ⟨et⁴ʊ⟩コンクリートを打つ. **2.** ⟨et⁴ʊ⟩固定化する(ある状態を). **3.** (慣用)⟨ｼﾞｲﾂﾊﾞﾝ⟩守りを固める.
der **Be·ton·klotz** [ベトング・クロッツ, ベトーン・クロッツ] 名 -es/..klötze コンクリートブロック;(口・蔑)コンクリートの(醜い)建物.
der **Be·ton·mi·scher** [ベトン・ミッシャー, ベトーン・ミッシャー] 名 -s/- コンクリートミキサー.
die **Be·ton·misch·ma·schi·ne** [ベトング・ミッシュ・マシーネ, ベトーン・ミッシュ・マシーネ] 名 -/-n コンクリートミキサー.
be·tont [ベトーント] 形 アクセントのある;わざとらしい.
die **Be·to·nung** [ベトーヌング] 名 -/-en **1.** アクセント, 強勢. **2.** 強調, 力説.
be·tö·ren [ベテーレン] 動 h. ⟨et⁴ʊ⟩(文)魅惑する, うっとりさせる.
betr. =betreffend, betreffs [官・商]…に関して.
Betr. =Betreff [官・商]…に関しての, …の件.
der **Be·tracht** [ベトラハト] 名 -(e)s/ (次の形で)außer ~ bleiben 考慮されていない;問題外である. ⟨j⁴/et⁴ʊ⟩ außer ~ lassen ⟨人・物・事を⟩考慮に入れない. für ⟨et⁴ʊ⟩ in ~ kommen ⟨事ｶﾞ⟩考慮される. ⟨j⁴/et⁴ʊ⟩ in ~ ziehen ⟨人・物・事を⟩考慮に入れる.
be·trach·ten [ベトラハテン] 動 h. **1.** ⟨j⁴/et⁴ʊ⟩じっと見つめる, 観察する;研究対象にする. **2.** ⟨j⁴/et⁴ʊ⟩+als +⟨j⁴(ﾏﾚﾆ)/et⁴ʊ⟩/als ⟨形⟩(…と)見なす. **3.** ⟨et⁴ʊ⟩+⟨様態⟩ﾆ(ｶﾗ)⟩考察する. 【慣用】genau [bei Licht] betrachtet 厳密にみれば.
der **Be·trach·ter** [ベトラハター] 名 -s/- 観察者;考察者.

be·trächt·lich [ベトレヒトリヒ] 形 かなりの, 相当な.
── 副 (語ača)(形容詞の比較級を修飾) はるかに: Er lief ~[um ein B~es] schneller als ich. 彼は私よりはるかに速く走った.
die Be·trach·tung [ベトラハトゥング] 名 -/-en 1. (㏛のみ)熟視, 注視, 観察. 2. 考察: ~en über ⟨et⁴⟩ anstellen ⟨事を⟩考察する.
die Be·trach·tungs·wei·se [ベトラハトゥングス・ヴァイゼ] 名 -/-n 考察〔観察〕の方法, (ものの)見方.
der Be·trag [ベトラーク] 名 -(e)s/..träge (金)額: eine Rechnung im ~ (e) von 1000 Euro 1000 ユーロの額の請求書.
be·tra·gen* [ベトラーゲン] 動 h. 1. ⟨et⁴⟩ 額(値)に達する. 2. ⟨sich⁴ + 様態⟩ 態度をとる, (…に)振舞う.
das Be·tra·gen [ベトラーゲン] 名 -s/ 振舞い, 態度.
be·trau·en [ベトラウエン] 動 h. ⟨j⁴ = + mit ⟨et³⟩⟩ 委ねる, 託す.
be·trau·ern [ベトラウアーン] 動 h. ⟨j⁴/et⁴⟩ 悼む, 悲しむ.
be·träu·feln [ベトロイふェルン] 動 h. ⟨et⁴⟩ = + mit ⟨et³⟩ 滴らす.
be·treff [ベトれっふ] 前 (官・商) ⇨ Betreff.
der Be·treff [ベトれっふ] 名 -s/ (官・商)関係事項(略 Betr.): Ihr Schreiben vom 8. 8. 8月8日の貴信の件. in dem ~ この点に関して. in dieser Angelegenheit この件に関して.
be·tref·fen* [ベトれっふェン] 動 h. 1. ⟨j⁴/et⁴⟩= 関係する: Was mich betrifft, bin ich[ich bin] einverstanden, aber … 私に関して言えば[私として は]賛成ですが, しかし…. 2. ⟨j⁴/et⁴⟩(文)見舞う (不幸などが). 3. ⟨j³⟩= + 様態⟩ 精神的打撃を与える. 4. ⟨j⁴ + 様態⟩(文・古)現場を押える.
be·tref·fend [ベトれっふェント] 形 当(該)の(略 betr.).
der/die Be·tref·fen·de [ベトれっふェンデ] 名 (形容詞的変化) 該当者, 当事者, 当人.
be·treffs [ベトれっふス] 前 (+ 2格)(官・商)…に関して(略 betr.).
be·trei·ben* [ベトらイベン] 動 h. 1. ⟨et⁴⟩ 進める, 進捗(しんちょく)させる(訴訟・計画・改造などを). 2. ⟨et⁴⟩ 営む, (職業として)行う. 3. ⟨et⁴⟩ 経営する(酒場などを). 4. ⟨et⁴ + 様態⟩ 動かす. 【慣用】 auf ⟨j³⟩ Betreiben (hin) ⟨人に⟩勧められて.
der Be·trei·ber [ベトらイバー] 名 -s/- 事業主, 経営者;企業, 会社.
be·tre·ten¹* [ベトれーテン] 動 h. 1. ⟨et⁴⟩の中へ入る; (…に)立入れる, 足を踏み入れる, (…に)登場する(舞台に). 2. ⟨et⁴⟩の上(현장)で取締ることえる. 【慣用】 (Das) Betreten der Baustelle (ist) verboten. 建設現場立入禁止.
be·tre·ten² [ベトれーテン] 形 当惑(困惑)した.
be·treu·en [ベトろイエン] 動 h. ⟨j⁴/et⁴⟩ 世話をする, 看護をする; (…を)担当する.
der Be·treu·er [ベトろイアー] 名 -s/- 世話係, トレーナー.
der/die Be·treu·te [ベトろイテ] 名 (形容詞的変化) 世話を受ける人.
die Be·treu·ung [ベトろイウング] 名 -/-en 1. 世話, 看護. 2. 世話をする人, 付き添い.
der Be·trieb [ベトリープ] 名 -(e)s/-e 1. 経営体, 企業, 会社, 事務所, 工場;企業の全従業員: ein landwirtschaftlicher ~ 大農場. 2. (㏛のみ)操業, 経営, 営業; (稀)運転: in ~ sein 運転(操業)中である. außer ~ sein 休止している, 操業していない. eine Maschine in ~ nehmen/außer ~ setzen 機械の運転を開始する/休止する. den ~ aufnehmen 営

業を開始する. 3. (㏛のみ)(口)活気, 喧噪(けんそう), 騒ぎ, にぎわい.
be·trieb·lich [ベトリープリヒ] 形 企業の, 経営上の.
be·trieb·sam [ベトリープザーム] 形 活動的な;せかせかした.
die Be·trieb·sam·keit [ベトリープザームカイト] 名 -/ 活動的な(活発)なこと.
der/die Be·triebs·an·ge·hö·ri·ge [ベトリープス・アンゲ-ヘーリゲ] 名 (形容詞的変化) (企業の)従業員.
die Be·triebs·an·lei·tung [ベトリープス・アンライトゥング] 名 -/-en 取扱説明書(機械などの).
der Be·triebs·arzt [ベトリープス・アーアット, ベトリープス・アルツト] 名 -es/..ärzte 企業専属〔嘱託〕医師.
der Be·triebs·aus·schuss, ⑳Be·triebs·aus·schuß [ベトリープス・アウス・シュス] 名 -es/..schüsse 経営協議会.
be·triebs·be·reit [ベトリープス・ベらイト] 形 操業(運転)の準備ができた.
be·triebs·blind [ベトリープス・ブリント] 形 (慣れて)職場(仕事)の欠陥に気づかなくなった.
der Be·triebs·di·rek·tor [ベトリープス・ディれクトーア] 名 -s/-en = Betriebsleiter.
be·triebs·ei·gen [ベトリープス・アイゲン] 形 企業所有の.
die Be·triebs·er·laub·nis [ベトリープス・エアラウプニス] 名 -/-se (機械などの)運転許可.
be·triebs·fä·hig [ベトリープス・ふェーイヒ] 形 操業(運転)可能な.
die Be·triebs·fe·ri·en [ベトリープス・ふェーリエン] 複名 (社員全員が同時にとる)一斉休暇.
be·triebs·fer·tig [ベトリープス・ふェるティヒ] 形 = betriebsbereit.
be·triebs·fremd [ベトリープス・ふれムト] 形 企業外の.
der Be·triebs·füh·rer [ベトリープス・ふューらー] 名 -s/- = Betriebsleiter.
die Be·triebs·füh·rung [ベトリープス・ふューるング] 名 -/-en = Betriebsleitung.
das Be·triebs·ge·heim·nis [ベトリープス・ゲハイムニス] 名 -ses/-se 企業秘密.
die Be·triebs·ge·neh·mi·gung [ベトリープス・ゲネーミグング] 名 -/-en 営業〔操業〕許可(認可)(書).
der Be·triebs·ge·winn [ベトリープス・ゲヴィン] 名 -(e)s/-e (経)営業利益.
der Be·triebs·hof [ベトリープス・ホーふ] 名 -(e)s/..höfe (バス・電車などの)車庫.
das Be·triebs·jahr [ベトリープス・ヤーア] 名 -(e)s/-e 営業〔事業〕年度.
das Be·triebs·ka·pi·tal [ベトリープス・カピタール] 名 -s/ 経営資本.
das Be·triebs·kli·ma [ベトリープス・クリーマ] 名 -s/ (企業の)職場の雰囲気.
der Be·triebs·kol·lek·tiv·ver·trag [ベトリープス・コレクティーふ・ふェあトらーク] 名 -(e)s/..träge (旧東独)事業所内集団協約(略 BKV).
die Be·triebs·kos·ten [ベトリープス・コステン] 複名 経営費用; (機械・装置などの)運転依持費.
die Be·triebs·kran·ken·kas·se [ベトリープス・クらンケンカッセ] 名 -/-n 企業疾病保険金庫.
der Be·triebs·lei·ter [ベトリープス・ライター] 名 -s/- (企業の)経営責任者.
die Be·triebs·lei·tung [ベトリープス・ライトゥング] 名 -/-en 企業経営, (ビジネス)マネジメント;企業の経営陣.
das Be·triebs·ma·te·ri·al [ベトリープス・マテリアール] 名 -s/-ien 経営〔営業〕資材.
die Be·triebs·mit·tel [ベトリープス・ミッテル] 複名 (建物・機械など)生産手段, 経営資材.
be·triebs·not·wen·dig [ベトリープス・ノートヴェンディヒ] 形 営業〔操業・運転〕に必要な.
die Be·triebs·ord·nung [ベトリープス・オルドヌング] 名

-en 就業規則.

das **Be·triebs·per·so·nal** [ベトリーブス・ペるゾナール] [名] -s/ 《総称》(操業・営業の)従業員.

der **Be·triebs·plan** [ベトリーブス・プラーン] [名] -(e)s/..pläne 〖旧東独〗企業別経済計画.

die **Be·triebs·psy·cho·lo·gie** [ベトリーブス・プスュひょ・ロギー] [名] -/ 経営心理学.

der **Be·triebs·rat** [ベトリーブス・らート] [名] -(e)s/..räte 事業所従業員代表委員会(委員), 経営協議会(委員).

die **Be·triebs·ren·te** [ベトリーブス・れンテ] [名] -/-n 企業年金.

be·triebs·si·cher [ベトリーブス・ズィっひゃー] [形] 安全率の高い.

die **Be·triebs·si·cher·heit** [ベトリーブス・ズィっひゃーハイト] [名] -/ (機械の)信頼性〔安全性〕の高さ.

der **Be·triebs·stoff** [ベトリーブス・シュトふ] [名] -(e)s/-e 動力用燃料;(工場で使用する)原料.

die **Be·triebs·stö·rung** [ベトリーブス・シュ[テ]ーるング] [名] -/-en 生産〔営業〕の停滞.

das **Be·triebs·sys·tem** [ベトリーブス・ズュステーム] [名] -s/-e 〖コンピュータ〗オペレーティング・システム, OS(効率よく作動させるための基本プログラム).

die **Be·triebs·ver·ein·ba·rung** [ベトリーブス・ふぇあアインバーるング] [名] -/-en 事業所内合意, 事業所協定.

die **Be·triebs·ver·fas·sung** [ベトリーブス・ふぇあふぁっスング] [名] -/-en 事業所組織規則.

das **Be·triebs·ver·fas·sungs·ge·setz** [ベトリーブスふぇあふぁっスングス・ゲゼっツ] [名] -es/ (従業員の)事業所組織法.

die **Be·triebs·ver·samm·lung** [ベトリーブス・ふぇあザムルング] [名] -/-en 事業所被用者総会.

der **Be·triebs·wirt** [ベトリーブス・ヴィるト] [名] -(e)s/-e 経営学を修めた人.

die **Be·triebs·wirt·schaft** [ベトリーブス・ヴィるトシャふト] [名] -/ =Betriebswirtschaftslehre.

die **Be·triebs·wirt·schafts·leh·re** [ベトリーブスヴィるトシャふツ・レーれ] [名] -/ 経営経済学, インダストリアルマネージメント.

be·trin·ken* [ベトりンケン] [動] *h.* 〘sich^4〙酔っ払う.

be·trof·fen [ベトろっふぇン] [形] 狼狽(ろうばい)した, うろたえた.

der/die **Be·trof·fe·ne** [ベトろっふぇネ] [名] 《形容詞的変化》係わりになった人, 巻き添えになった人.

die **Be·trof·fen·heit** [ベトろっふぇンハイト] [名] -/ 狼狽(ろうばい);当惑, 困惑.

be·trü·ben [ベトりゅーベン] [動] *h.* **1.** 〘〈j^4〉ヲ+(mit 〈et^3〉デ/durch 〈et^4〉デ)〙悲しませる, (…の)心を暗くさせる. **2.** 〘sich^4+(über 〈et^4〉ヲ)〙嘆き悲しむ.

be·trüb·lich [ベトりゅープりひ] [形] 気を滅入らせる, 悲しい.

die **Be·trüb·nis** [ベトりゅープニス] [名] -/-se 《文》悲しみ, 悲哀, 悲嘆.

be·trübt [ベトりゅープト] [形] 悲しんでいる, 暗然たる.

die **Be·trübt·heit** [ベトりゅープトハイト] [名] -/ 悲しみ.

der **Be·trug** [ベトるーク] [名] -(e)s/ 詐欺, 欺瞞(ぎまん): ein frommer ~ 善意の嘘.

be·trü·gen* [ベトりゅーゲン] [動] *h.* **1.** 〘〈j^4〉ヲ〙だます, 欺く;(…に)不貞を働く: sich^4 selbst ~ 自分をごまかす, 勘違いする, 幻想を抱く. **2.** 〘〈j^4〉カラ+um 〈et^4〉ヲ〙だまし取る, 詐取する.

der **Be·trü·ger** [ベトりゅーガー] [名] -s/- 詐欺師, ペテン師.

die **Be·trü·ge·rei** [ベトりゅーゲらイ] [名] -/-en 欺瞞(ぎまん), ごまかし;詐欺.

be·trü·ge·risch [ベトりゅーゲりシュ] [形] いんちきな, 詐欺の.

be·trun·ken [ベトるンケン] [形] 酔った;正気を失った.

der/die **Be·trun·ke·ne** [ベトるンケネ] [名] 《形容詞的変化》酔っ払い.

die **Be·trun·ken·heit** [ベトるンケンハイト] [名] -/ 酩酊(めいてい).

die **Bet·schwes·ter** [ベート・シュヴェスター] [名] -/-n 《蔑》信心家ぶった女.

das **Bett** [ベっト] [名] -es/-en **1.** ベッド, 寝台, 寝床: ein französisches ~ ツインベッド. das ~ machen〔richten〕ベッドメーキングをする. ins〔zu〕~ gehen 寝る. sich^4 ins ~ legen 寝る, 床に就く. im ~ liegen 寝ている. **2.** 掛布団, 羽根布団(Feder~): die ~*en* frisch beziehen 掛布団のカバーを取替える. **3.** 河床(Fluss~). **4.** (機械の)台. 【慣用】**ans Bett gefesselt sein** (病気で)起きられない. **das Bett hüten** (病気のため)床についている. **das Bett mit 〈j^3〉 teilen** 《文》〈人と〉床を共にしている. **mit 〈j^3〉 ins Bett gehen〔steigen〕** 《口》〈人と〉寝る. **sich^4 ins gemachte Bett legen** 苦労しないで安楽な生活をする.

der **Bett·be·zug** [ベっト・ベツーク] [名] -(e)s/..bezüge 掛布団のカバー.

die **Bett·couch** [ベっト・カウチュ] [名] -/-en ソファーベッド.

die **Bett·de·cke** [ベっト・デッケ] [名] -/-n 上掛け, 掛布団;ベッドカバー.

der **Bet·tel** [ベっテル] [名] -s/ 《古》物乞い;《口》がらくた: 〈j^3〉 den (ganzen) ~ vor die Füße schmeißen 〈人に〉その人のために働く気のないことをはっきりと分からせる. den (ganzen) ~ hinwerfen 仕事を放り出す.

bet·tel·arm [ベっテル・アるム] [形] こじき同然の.

der **Bet·tel·brief** [ベっテル・ブリーふ] [名] -(e)s/-e (金銭の)無心状.

die **Bet·te·lei** [ベっテライ] [名] -/-en 《蔑》 **1.** ([単]のみ)しつこく物乞いすること. **2.** しつこくねだる〔懇願する〕こと.

der **Bet·tel·mönch** [ベっテル・[メ]ンひ] [名] -(e)s/-e 〖カトリック〗托鉢(たくはつ)修道会(の会)士.

bet·teln [ベっテルン] [動] *h.* **1.** 〘(um 〈et^4〉ヲ乞ウテ)〙こじきをする. **2.** 〘(bei 〈j^3〉ニ)+um 〈et^4〉ヲ/〈[文]〉デアルヨウニ〙しつこくねだる, せがむ.

der **Bet·tel·or·den** [ベっテル・オるデン] [名] -s/- 〖カトリック〗托鉢(たくはつ)修道会(フランシスコ会など).

der **Bet·tel·stab** [ベっテル・シュタープ] [名] 《次の形で》〈j^4〉 an den ~ bringen 〈人を〉落ちぶれさせる. an den ~ kommen 落ちぶれる.

das **Bet·tel·volk** [ベっテル・ふぉルク] [名] -(e)s/ 《蔑》乞食(こじき)ども, 物乞いの奴ら.

bet·ten [ベっテン] [動] *h.* 《文》 **1.** 〘〈j^4/et^4〉ヲ〙(そっと)寝かせる. **2.** 〘〈et^4〉ヲ+in 〈et^4〉ノ中ニ〙埋込む, 埋設する. 【慣用】**den Toten zur letzten Ruhe betten** 《文》死者を最後の眠りにつかせる(埋葬する). **weich gebettet sein** 快適な生活を送っている.

die **Bett·fe·der** [ベっト・ふぇーダー] [名] -/-n ベッドのスプリング;([複]のみ)(まくらなどの)詰め物の羽毛.

die **Bett·fla·sche** [ベっト・ふラッシェ] [名] -/-n 《方》湯たんぽ.

das **Bett·ge·stell** [ベっト・ゲシュテル] [名] -(e)s/-e ベッドの枠.

der **Bett·him·mel** [ベっト・ヒメル] [名] -s/- ベッドの天蓋(てんがい).

das **Bett·hup·ferl** [ベっト・フップふぇるル] [名] -s/- 《方》(子供が)就寝前にもらう菓子.

(die) **Bet·ti** [ベっティ] [名] 〖女名〗ベッティ.

(die) **Bet·ti·na** [ベティーナ] [名] 〖女名〗ベッティーナ.

die **Bett·ja·cke** [ベっト・ヤっケ] [名] -/-n ベッドジャケット.

die **Bett·kan·te** [ベっト・カンテ] [名] -/-n ベッドの縁.

B

die **Bett·la·de** [ベっト・ラーデ] [名] -/-n 《南独・オーストリア》= Bettgestell.
bett·lä·ge·rig [ベっト・レーゲりひ] [形] 寝たきりの.
das **Bett·la·ken** [ベっト・ラーケン] [名] -s/- =Betttuch.
die **Bett·lek·tü·re** [ベっト・レクテューれ] [名] -/ 寝る前のベッドでの読書;寝る前にベッドで読む(軽い)読み物.
der **Bett·ler** [ベっトラー] [名] -s/- 乞食(こじき).
der **Bett·ler·zin·ken** [ベっトラー・ツィンケン] [名] -s/- (戸口につけられた)こじき仲間の符牒(ふちょう).
das **Bett·näs·sen** [ベっト・ネっセン] [名] -s/ 寝小便.
der **Bett·näs·ser** [ベっト・ネっサー] [名] -s/- 寝小便をする人.
die **Bett·pfan·ne** [ベっト・プふぁネ] [名] -/-n (病人用)差込み便器.
der **Bett·pfos·ten** [ベっト・プふぉステン] [名] -s/- ベッドの(四隅の)支柱.
bett·reif [ベっト・らイふ] [形] すぐベッドに入りたいほど眠い.
die **Bett·ru·he** [ベっト・るーエ] [名] -/ 安静.
die **Bett·schwe·re** [ベっト・シュヴェーれ] [名] 《次の形で》die nötige ~ haben (酔って)眠くなっている.
die **Bett·statt** [ベっト・シュタっト] [名] -/..stätten 《南独・オーストリア・スイス》=Bettgestell.
die **Bett·stel·le** [ベっト・シュテレ] [名] -/-n =Bettgestell.
der **Bett·ü·ber·zug** [ベっト・ユーバー・ツーク] [名] -(e)s/..überzüge =Bettbezug.
das **Bett·tuch, Bett-Tuch,** [旧] **Bettuch** [ベっト・トゥーふ] [名] -(e)s/..tücher 敷布, シーツ.
die **Bett·um·ran·dung** [ベっト・ウムらンドゥング] [名] -/-en ベッドの脇に敷く細長いじゅうたん, (ベッド)ランナー.
der **Bett·vor·le·ger** [ベっト・ふぉーあ・レーガー] [名] -s/- ベッドサイドマット.
der **Bett·wär·mer** [ベっト・ヴェるマー] [名] -s/- 湯たんぽ;《口・冗》共寝の相手, 同衾(どうきん)者.
die **Bett·wä·sche** [ベっト・ヴェっシェ] [名] -/ シーツ〔カバー〕類.
das **Bett·zeug** [ベっト・ツォイク] [名] -(e)s/ 寝具.
be·tucht [ベトゥーふト] [形] 《口》裕福な.
be·tu·lich [ベトゥーりひ] [形] **1.** (うるさいほど)世話好きな. **2.** のんびりとした.
be·tup·fen [ベトゥっプふぇン] [動] *h.* **1.** 〔<et⁴>ヲ+mit <et³>デ〕軽くたたく(傷を脱脂綿などで). **2.** 〔<et⁴>ニ〕斑点〔水玉〕模様をつける.
be·tü·tern [ベテューターン] [動] *h.* 《北独》 **1.** 〔<j⁴>ノ〕おせっかいを焼く. **2.** 〔sich⁴〕ちょっと酔う.
die **Beu·ge** [ボイゲ] [名] -/-n (ひじの内側の)くぼみ, (ひざの後の)膕(ひかがみ);〘体操〙上体の前屈〔後屈・側屈〕(Rumpf~);《稀》曲げること.
die **Beu·ge·haft** [ボイゲ・ハふト] [名] -/ 〘法〙強制拘禁.
beu·gen [ボイゲン] [動] *h.* **1.** 〔<et⁴>ヲ〕(屈折させて)曲げる(腕などを), 下げる(頭などを), かがめる(上体などを). **2.** 〔sich⁴+<方向>ヘ〕身をかがめる. **3.** 〔<j⁴/et⁴>ヲ〕屈従させる, くじけさせる(気持などを). **4.** 〔sich⁴+<j³/et³>ニ〕屈する. **5.** 〔<et⁴>ヲ〕〘法〙曲げる(法を). **6.** 〔<et⁴>ヲ〕〘言〙語形変化させる(動詞などを). **7.** 〔<様態>ニ〕〘言〙語形変化をする. **8.** 〔<et⁴>ヲ〕〘理〙回折させる(光線などを).
der **Beu·ger** [ボイガー] [名] -s/- 〘解〙屈筋.
die **Beu·gung** [ボイグング] [名] -/-en **1.** 曲げられる〔曲がる〕こと, 屈曲; 屈従. **2.** 〘法〙法の曲解. **3.** 〘言〙語形変化, 屈折. **4.** 〘理〙(光などの)回折.
die **Beu·le** [ボイレ] [名] -/-n **1.** 瘤(こぶ), 腫(は)れ: eine ~ am Kopf haben 頭に瘤がある. **2.** (衝撃による)出っ張り, へこみ, でこぼこ.
die **Beu·len·pest** [ボイレン・ペスト] [名] -/ 腺(せん)ペスト.
be·un·ru·hi·gen [ベウンるーイゲン] [動] *h.* **1.** 〔<j⁴>ヲ〕不安にする, 悩ます: eine ~de Nachricht 気がかりな知らせ. Es ist ~d, dass ... …は気がかりである. **2.** 〔sich⁴+(um <j⁴/et⁴>ヲ/wegen <j²/et²>ヲ)〕案じる, 心配する.
die **Be·un·ru·hi·gung** [ベウンるーイグング] [名] -/-en 不安にすること;不安, 心配.
be·ur·kun·den [ベウーあクンデン] [動] *h.* **1.** 〔<et⁴>ヲ〕登録〔登記〕する;(文書などで)証明する. **2.** 〔<et⁴>ヲ〕《古》証明する. **3.** 〔sich⁴+in <et³>ニ〕《古》現れる.
die **Be·ur·kun·dung** [ベウーあクンドゥング] [名] -/-en 登録, 登記;登録〔登記〕証書;文書〔証書〕作成.
be·ur·lau·ben [ベウーあラウベン] [動] *h.* **1.** 〔<j⁴>ニ〕休暇を与える, (…を)休職〔休学〕させる. **2.** 〔sich⁴+(bei <j³>ニ)〕《古》暇(いとま)を告げる, 辞去する.
die **Be·ur·lau·bung** [ベウーあラウブング] [名] -/-en 休暇を与えること;休暇をもらっていること;休職.
be·ur·tei·len [ベウーあタイレン] [動] *h.* 〔<j⁴/et⁴>ヲ+(<様態>デ(ニ))〕判断する, 評価を下す.
die **Be·ur·tei·lung** [ベウーあタイルング] [名] -/-en 判断, 判定, 評価;判定書.
das **Beu·schel** [ボイシェル] [名] -s/- **1.** 《オーストリア・バイエルン》ボイシェル(特に子牛の心臓と肺などの臓物料理). **2.** 《オーストリア・口》肺;人間の内臓.
die **Beu·te**[1] [ボイテ] [名] -/ 獲物, 略奪品, 盗品;《文》犠牲: ~ machen 略奪する. <j³> zur ~ fallen <人の>餌食になる.
die **Beu·te**[2] [ボイテ] [名] -/-n (パン生地の)こね桶(おけ)(Back~);ミツバチの巣箱.
beu·te·gie·rig [ボイテ・ギーりひ] [形] 獲物〔略奪品〕に飢えた.
das **Beu·te·gut** [ボイテ・グート] [名] -(e)s/..güter 略奪品.
die **Beu·te·kunst** [ボイテ・クンスト] [名] -/ 《口》(戦時の)略奪美術品.
der **Beu·tel** [ボイテル] [名] -s/- **1.** 袋;《口》財布(Geld~): seinen ~ füllen ふところを肥やす. den ~ zuhalten 財布のひもを閉める. tief in den ~ greifen müssen 大金を払うことになる. Das reißt ein großes Loch in seinen ~. それで彼はたいへんな失費をする. **2.** (有袋類の)育児嚢(のう). **3.** 《オーストリア・口》間抜け. **4.** 《古》粉篩(こなふるい).
beu·teln [ボイテルン] [動] *h.* **1.** 〔<j⁴>ヲ〕《南独・オーストリア》(しかって)揺すぶる;《方》(…の)金を巻上げる. **2.** 〘補足なし〙(着古して)よれよれになる. **3.** 〔<et⁴>ヲ〕《古》篩(ふるい)にかける.
die **Beu·tel·rat·te** [ボイテル・らっテ] [名] -/-n 〘動〙フクロネズミ.
der **Beu·tel·schnei·der** [ボイテル・シュナイダー] [名] -s/- 《口》すり, 巾着(きんちゃく)切り;暴利をむさぼる人.
die **Beu·tel·schnei·de·rei** [ボイテル・シュナイデらイ] [名] -/-en 《古》すりを働くこと;暴利をむさぼること.
das **Beu·tel·tier** [ボイテル・ティーあ] [名] -(e)s/-e 有袋類の動物.
das **Beu·te·stück** [ボイテ・シュテュっク] [名] -(e)s/-e 略奪品, 盗品.
der **Beu·te·zug** [ボイテ・ツーク] [名] -(e)s/..züge 略奪行為〔実行〕(中).
be·völ·kern [ベ[ふぇ]ルカーン] [動] *h.* **1.** 〔<et⁴>ニ〕住んでいる(民族が地方・国などに);生息している(動物がある地帯に);あふれている(旅行者が街などに). **2.** 〔<et⁴>ニ+(mit <j³>ヲ)〕入植させる. **3.** 〔sich⁴〕人〔群衆〕であふれている(ホールなどが).
die **Be·völ·ke·rung** [ベ[ふぇ]ルケるング] [名] -/-en **1.**

(地域の)住民, 人口. **2.** 〖⑪のみ〗〖稀〗住んでいること；人であふれていること.

die **Be·völ·ke·rungs·dich·te** [ベ(ふぇ)ルケルングス・ディヒテ] 名 -/-n 人口密度.

die **Be·völ·ke·rungs·ex·plo·si·on** [ベ(ふぇ)ルケルングス・エクスプロズィオーン] 名 -/-en 人口爆発[激増].

die **Be·völ·ke·rungs·po·li·tik** [ベ(ふぇ)ルケルングス・ポリティーク] 名 -/ 人口政策.

das **Be·völ·ke·rungs·pro·blem** [ベ(ふぇ)ルケルングス・プロブレーム] 名 -s/-e 人口問題.

das **Be·völ·ke·rungs·wachs·tum** [ベ(ふぇ)ルケルングス・ヴァックストゥーム] 名 -s/ 人口増加.

die **Be·völ·ke·rungs·zahl** [ベ(ふぇ)ルケルングス・ツァール] 名 -/ 人口(数).

der **Be·völ·ke·rungs·zu·wachs** [ベ(ふぇ)ルケルングス・ツーヴァックス] 名 -es/ 人口増加.

der **Be·völ·ke·rungs·zy·klus** [ベ(ふぇ)ルケルングス・ツュークルス] 名 -/.. zyklen 人口(増減)周期.

be·voll·mäch·ti·gen [べふぉルメヒティゲン] 動 h. ⟨j⁴⟩+zu ⟨動⟩/zu ⟨et³⟩ 全権を委任する.

der/die **Be·voll·mäch·tig·te** [べふぉルメヒティヒテ] 名 (形容詞的変化) 全権代理人〔委員〕；全権使節.

die **Be·voll·mäch·ti·gung** [べふぉルメヒティグング] 名 -/-en 全権委任.

be·vor [べふぉーァ] 接 〖従属〗…する前に；…しない限り. B～ wir abreisen, müssen wir noch viel erledigen. 私たちは旅行に発つ前に、片づけなければならないことがたくさんある. Sie bekommen das Geld nicht, ～ Sie (nicht) unterschrieben haben. あなたはサインしなければ、このお金は受取れません(nichtの有無にかかわらず意味は同じ).

be·vor·mun·den [べふぉーァ・ムンデン] 動 h. ⟨j⁴/et⁴⟩ッ 後見する(年少者を)；保護監督下に置く(国などを)；(…に)干渉する.

die **Be·vor·mun·dung** [べふぉーァ・ムンドゥング] 名 -/ 後見, 干渉.

be·vor·ra·ten [べふぉーァ・ラーテン] 動 h. **1.** ⟨j⁴/et⁴⟩=+ (mit ⟨et³⟩ッ) (硬)蓄え[備蓄]を持たせる. **2.** ⟨et⁴⟩ッ ストックしておく.

be·vor·rech·ten [べふぉーァ・れヒテン] 動 h. 〖古〗=bevorrechtigen.

be·vor·rech·ti·gen [べふぉーァ・れヒティゲン] 動 h. ⟨j⁴/et⁴⟩ッ 優先権〔特権〕を与える.

die **Be·vor·rech·ti·gung** [べふぉーァ・れヒティグング] 名 -/-en 特権, 優先権.

die **Be·vor·rech·tung** [べふぉーァ・れヒトゥング] 名 -/-en = Bevorrechtigung.

be·vor·schus·sen [べふぉーァ・シュッセン] 動 h. ⟨j⁴/et⁴⟩ッ 前払いする(給料などを)；融資する(企業などに).

be·vor|ste·hen* [べふぉーァ・シュテーエン] 動 h. ⟨(j³)ッ⟩ 目前に迫っている.

be·vor·ste·hend [べふぉーァ・シュテーエント] 形 間近に迫った.

be·vor·zu·gen [べふぉーァツーゲン] 動 h. ⟨j⁴/et⁴⟩ッ+ (vor ⟨j³/et³⟩ョリ) 優先的に扱う, 優遇する；好む, (…のほうを)取る.

be·vor·zugt [べふぉーァツークト] 形 優遇された, 優先的な.

die **Be·vor·zu·gung** [べふぉーァツーグング] 名 -/-en 優先, 優遇.

be·wa·chen [べヴァッヘン] 動 h. ⟨j⁴/et⁴⟩ッ 監視する, 見張る；警備〔警護〕する；〖球〗マークする.

be·wach·sen*¹ [べヴァクセン] 動 h. ⟨et³⟩= 生い茂る.

be·wach·sen² [べヴァクセン] 形 〖(von ⟨et³⟩=/mit ⟨et³⟩ッ)〗覆われた, (…)が一面に生えた.

die **Be·wa·chung** [べヴァッフング] 名 -/-en **1.** (⑪のみ) 監視, 見張り；〖球〗マーク：⟨j⁴/et⁴⟩ unter ～ stellen ⟨人・物⟩ッ 監視下に置く. **2.** 監視人, 警備員.

be·waff·nen [べヴァッフネン] 動 h. **1.** ⟨j⁴⟩ッ+ (mit ⟨et³⟩ッ) 武装させる. ⟨sich⁴+mit ⟨et³⟩ッ⟩ 武装する. 〖慣用〗 ein bewaffneter Aufstand 武装蜂起〔ホウキ〕. Ich bewaffne mich mit einem Regenschirm. 〖冗〗傘を武装して〔持って〕行くことにしよう. mit bewaffnetem Auge 〖冗〗装備をつけた目で〔双眼〔望遠〕鏡で〕.

die **Be·waff·nung** [べヴァッフヌング] 名 -/-en **1.** 武装. **2.** (総称) (装備された)武器, 兵器.

be·wah·ren [べヴァーレン] 動 h. **1.** ⟨j⁴/et⁴⟩ッ+ vor ⟨et³⟩ッ 守る(運命・神などが). **2.** ⟨et⁴⟩ッ+ in ⟨et³⟩ッ 〖文〗(大事に)しまって置く, 保存する. **3.** ⟨et⁴⟩ッ 保持する〔平静さなどを〕. 〖慣用〗(Gott) bewahre! とんでもない〔まさか〕. I bewahre! 〖口〗まさかだ.

be·wäh·ren [べヴェーレン] 動 h. **1.** ⟨sich⁴⟩+ (⟨様態⟩ッ) 真価を示す, (…であることを)実証する. **2.** ⟨et⁴⟩ッ 〖古〗実証する.

be·wahr·hei·ten [べヴァーァハイテン] 動 h. ⟨sich⁴⟩ 真実であることが証明される.

be·währt [べヴェーァト] 形 定評のある, 信頼できる.

die **Be·wah·rung** [べヴァールング] 名 -/-en 守ること；保管, 保存, 保持.

die **Be·wäh·rung** [べヴェールング] 名 -/-en **1.** (能力などの)実証. **2.** 〖法〗保護観察, 執行猶予：eine Strafe zur ～ aussetzen 刑の執行を停止し, 保護観察に処する.

die **Be·wäh·rungs·frist** [べヴェールングス・ふりスト] 名 -/-en **1.** 〖法〗保護観察〔執行猶予〕期間. **2.** 実証期間.

der **Be·wäh·rungs·hel·fer** [べヴェールングス・ヘルふぁー] 名 -s/- 〖法〗保護観察官.

die **Be·wäh·rungs·pro·be** [べヴェールングス・プローベ] 名 -/-n 試金石, 試練, 真価が問われること.

be·wal·den [べヴァルデン] 動 h. **1.** ⟨sich⁴⟩ 森林で覆われる(丘などが). **2.** ⟨et⁴⟩ッ 植林する(伐採した跡地などに).

be·wal·det [べヴァルデット] 形 森林で覆われた.

be·wäl·ti·gen [べヴェルティゲン] 動 h. ⟨et⁴⟩ッ 克服する(困難などを)；片づける(課題などを)：食べきる, 平らげる；さばく(人の殺到などを).

die **Be·wäl·ti·gung** [べヴェルティグング] 名 -/-en 克服；達成；平らげること；さばくこと.

be·wan·dern [べヴァンデルン] 動 h. ⟨et⁴⟩ッ 旅して回る.

be·wan·dert [べヴァンデァト] 形 〖(in⟨auf ⟨et³⟩=)〗精通した, 経験豊かな.

be·wandt [べヴァント] 形 〖様態⟩+ 〗状態〔事情〕の.

die **Be·wandt·nis** [べヴァントニス] 名 -/ 事情：Mit ⟨j³/et³⟩ hat es folgende ～. ⟨人・事・物にツイテ⟩次のような事情がある.

be·wäs·sern [べヴェッセルン] 動 h. ⟨et⁴⟩ッ 水を引く, 灌漑〔ガイ〕する.

die **Be·wäs·se·rung** [べヴェッセルング] 名 -/-en 灌漑〔ガイ〕.

die **Be·wäs·se·rungs·an·la·ge** [べヴェッセルングス・アンラーゲ] 名 -/-n 灌漑〔ガイ〕設備.

be·weg·bar [べヴェークバール] 形 動かしうる.

be·we·gen¹ [べヴェーゲン] 動 h. **1.** ⟨j⁴/et⁴⟩ッ+ (⟨方向⟩ヘ) 動かす. **2.** ⟨et⁴⟩ッ 動く；運動する. **3.** ⟨sich⁴+⟨方向⟩ヘ/⟨場所⟩デ⟩ 動いて行く. **4.** ⟨j⁴⟩ッ 感動させる, (…)の心を動かす. **5.** ⟨sich⁴+⟨様態⟩ニ⟩ 振舞う, 行動する. **6.** ⟨j⁴⟩ッ 心を占める. **7.** ⟨et⁴⟩ッ 〖文〗とくと考える.

be·we·gen²(*) [べヴェーゲン] 動 h. ⟨j⁴⟩=+zu ⟨動⟩スル/zu ⟨et³⟩スル気にさせる, 決心させる.

Beweggrund 176

der **Be·weg·grund** [ベヴェーク・グルント] 名 -(e)s/..gründe 動機, 動因, モチーフ: der ~ für ⟨et⁴⟩ ⟨事を⟩する動機.

be·weg·lich [ベヴェークリヒ] 形 1. 動かせる, 可動の: ~e Glieder (人形などの)動く手足. ~e Feste 移動祝日. ~e Güter 動産. 2. 活発な, 敏捷(び̊ょ)な;臨機応変の. 3. 《古》感動的な.

die **Be·weg·lich·keit** [ベヴェークリヒカイト] 名 -/-en 可動性, 機動性;活発, 機敏.

be·wegt [ベヴェークト] 形 1. 波乱に富んだ, 激動の;活発な. 2. 感動に震える.

die **Be·we·gung** [ベヴェーグング] 名 -/-en 1. 動き, (物理的)な)運動, 進行;移動;動作, 身振り: elegante ~en エレガントな身振り. ⟨j⁴⟩ in ~ bringen ⟨人を⟩行動(活動)させる. ⟨et⁴⟩ in ~ setzen ⟨物を⟩作動させる. sich⁴ in ~ setzen 動き出す. sich³ ~ machen (散歩などで)体を動かす. 2. 感動, 感激, 興奮, 動揺 3. (政治的・思想的)運動;運動家集団.

das **Be·we·gungs·bad** [ベヴェーグングス・バート] 名 -(e)s/..bäder 【医】(温水)運動浴.

die **Be·we·gungs·en·er·gie** [ベヴェーグングス・エネるギー] 名 -/ 【理】運動エネルギー.

die **Be·we·gungs·fä·hig·keit** [ベヴェーグングス・フェーイヒカイト] 名 -/ 運動能力;可動性.

die **Be·we·gungs·frei·heit** [ベヴェーグングス・ふらイハイト] 名 -/ 活動(行動)の自由;体を自由に動かせること.

die **Be·we·gungs·krank·heit** [ベヴェーグングス・クらンクハイト] 名 -/ 【医】加速度病(船酔い・航空病など).

der **Be·we·gungs·krieg** [ベヴェーグングス・クリーク] 名 -(e)s/-e 【軍】機動戦.

die **Be·we·gungs·leh·re** [ベヴェーグングス・レーれ] 名 -/ 【理】運動学; (生体の)運動力学.

be·we·gungs·los [ベヴェーグングス・ロース] 形 動かない, 不動の.

die **Be·we·gungs·lo·sig·keit** [ベヴェーグングス・ローズィヒカイト] 名 -/ 不動.

das **Be·we·gungs·spiel** [ベヴェーグングス・シュピール] 名 -(e)s/-e 運動遊戯.

die **Be·we·gungs·stu·die** [ベヴェーグングス・シュトゥーディエ] 名 -/-n 1. (効率的な)動作研究. 2. 《主に絵》運動表現研究.

be·we·gungs·un·fä·hig [ベヴェーグングス・ウン・フェーイヒ] 形 動けない.

das **Be·werk·stel·li·gen** [ベヴェるクシュテリゲン] 動 h. ⟨et⁴⟩ジッ⟨硬⟩成就する.

be·weh·ren [ベヴェーれン] 動 h. 1. ⟨j⁴/et⁴⟩ッ+ mit ⟨et³⟩ッ武装させる, 防備する. 2. ⟨et⁴⟩ッ+ mit ⟨et³⟩ッ補強(強化)する.

be·wehrt [ベヴェーるト] 形 武装した; 鉄筋で補強した.

die **Be·weh·rung** [ベヴェーるング] 名 -/-en 1. 武装, 防備;補強. 2. 鉄筋(ケーブルなど)の外装.

be·wei·ben [ベヴァイベン] 動 h. ⟨sich⁴⟩《冗》女房をもらう.

be·weibt [ベヴァイプト] 形 《古・冗》女房持ちの.

be·wei·den [ベヴァイデン] 動 h. ⟨et⁴⟩ッ【農】草を(放牧されて)食べる(家畜が草地などの).

be·weih·räu·chern [ベヴァイろイヒェーン] 動 h. ⟨j⁴/et⁴⟩ッ香をたきしめる;《口・蔑》(…を)べたぼめする.

be·wei·nen [ベヴァイネン] 動 h. ⟨j⁴/et⁴⟩ッ《文》(泣いて)悼む, 嘆き忍ぶ.

der **Be·weis** [ベヴァイス] 名 -es/-e 証明, 証拠;しるし: den ~ für ⟨et⁴⟩ antreten ⟨事を⟩証明する. den ~ für ⟨et⁴⟩ führen ⟨et⁴⟩ unter ~ stellen ⟨事を⟩立証する.

die **Be·weis·auf·nah·me** [ベヴァイス・アウふ・ナーメ] 名 -/-n 【法】証拠調べ.

be·weis·bar [ベヴァイス・バーア] 形 証明[立証]できる.

be·wei·sen* [ベヴァイゼン] 動 h. 1. ⟨⟨j³⟩ニ⟩+ ⟨et⁴⟩ッ/⟨⟨文⟩⟩ダルコトッ⟩証明する, 立証する, 論証する. 2. ⟨⟨j³⟩ニ⟩+⟨et⁴⟩ッ/⟨⟨文⟩⟩ダルコトッ示す, 明らかにする⟨能力・特性などを⟩.

die **Be·weis·er·he·bung** [ベヴァイス・エァヘーブング] 名 -/-en 【法】証拠調べ, 証拠収集.

die **Be·weis·füh·rung** [ベヴァイス・ふゅーるング] 名 -/-en 1. 立証, 挙証. 2. 論証.

der **Be·weis·grund** [ベヴァイス・グルント] 名 -(e)s/..gründe 立証の根拠, 論拠.

die **Be·weis·kraft** [ベヴァイス・クらふト] 名 -/ 証明力, 証拠力.

be·weis·kräf·tig [ベヴァイス・クれふティヒ] 形 証明力のある.

die **Be·weis·last** [ベヴァイス・ラスト] 名 -/ 【法】立証責任.

das **Be·weis·ma·te·ri·al** [ベヴァイス・マテりアール] 名 -s/-ien 【法】証拠物件.

das **Be·weis·mit·tel** [ベヴァイス・ミッテル] 名 -s/- 【法】立証(証明)手段, 証拠物件.

die **Be·weis·not** [ベヴァイス・ノート] 名 -/ 立証困難.

das **Be·weis·stück** [ベヴァイス・シュテュック] 名 -(e)s/-e 証拠品.

be·wen·den* [ベヴェンデン] 動 h. (次の形で) es bei [mit] ⟨et⁴⟩ ~ lassen ⟨事で⟩十分であるとする, ⟨事で⟩済ませておく.

be·wer·ben* [ベヴェるベン] 動 h. 1. ⟨sich⁴+(um ⟨j⁴/et⁴⟩ッ)⟩得ようと努める(特に職などを), (得ようと)申込む, 志願する, (…に)応募する; ⟨⟨文⟩⟩ (…に)取入る. 2. ⟨et⁴⟩ッ【商】宣伝[広告]をする(商品・サービスなどの).

der **Be·wer·ber** [ベヴェるバー] 名 -s/- 志願者, 応募者, 申込者; 《古》求婚者.

die **Be·wer·bung** [ベヴェるブング] 名 -/-en 1. 応募, 志願, 申込(特に職・名誉などへの); um das Stipendium 奨学金の出願. 2. 願書, 申込書 (~ss-chreiben). 3. 【商】宣伝.

das **Be·wer·bungs·schrei·ben** [ベヴェるブングス・シュらイベン] 名 -s/- 願書, 申込書.

be·wer·fen* [ベヴェるふェン] 動 h. 1. ⟨j⁴/et⁴⟩ッ+ mit ⟨et³⟩ッ投げつける(人に石などを). 2. ⟨et⁴⟩ッ=+mit ⟨et³⟩ッ【土】塗る(堀にモルタルなどを). 【慣用】⟨j⁴⟩ mit Schmutz bewerfen ⟨人を⟩中傷する.

be·werk·stel·li·gen [ベヴェるクシュテリゲン] 動 h. ⟨et⁴⟩ッ《硬》成就する.

be·wer·ten [ベヴェーるテン] 動 h. ⟨⟨j⁴/et⁴⟩ッ+⟨様態⟩ッ(ニ)⟩評価(査定)する.

die **Be·wer·tung** [ベヴェーるトゥング] 名 -/-en 評価, 査定;評点; 評価(査定)額.

be·wet·tern [ベヴェッターン] 動 h. ⟨et⁴⟩ッ【鉱】通気する.

be·wil·li·gen [ベヴィリゲン] 動 h. ⟨⟨⟨j³⟩ニ⟩+⟨j⁴/et⁴⟩ッ⟩承認(認可)する. 【慣用】⟨j³⟩ eins [eine/ein Ding] bewilligen 《口》⟨人ニ⟩一発食らわせる.

die **Be·wil·li·gung** [ベヴィリグング] 名 -/-en 承認, 認可; 承諾書.

be·will·komm·nen [ベヴィルコムネン] 動 h. ⟨j⁴⟩ッ《文》歓迎する.

die **Be·will·komm·nung** [ベヴィルコムヌング] 名 -/-en 《文》歓迎.

be·wir·ken [ベヴィるケン] 動 h. ⟨et⁴⟩ッ(結果として)引起こす, もたらす.

be·wir·ten [ベヴィるテン] 動 h. 1. ⟨j⁴⟩ッもてなす. 2. ⟨et⁴⟩ッ(ミッ)耕作する.

be·wirt·schaf·ten [ベヴィるトシャふテン] 動 h. ⟨et⁴⟩ッ経営する(会社・農場・飲食店などを);耕作する;統制する(外国為替の流通などを).

die **Be·wir·tung** [ベヴィるトゥング] 名 -/-en 接待, もてなし;《稀》(接待用)飲食物.

der **Be·wir·tungs·ver·trag** [ベヴィるトゥングス・ふぇあとらー

ク] [名] -(e)s/..träge 〖法〗(飲食店と客の間の)接待契約.

be·wịt·zeln [ベヴィッツェルン] [動] *h.* 〖⟨j^4/et^4⟩ヲ〗からかう.

be·wog [ベヴォーク] [動] bewegen²の過去形.

be·wö̱·ge [ベ[ヴェ]ーゲ] [動] bewegen²の接続法２式.

be·wo̱·gen [ベヴォーゲン] [動] bewegen²の過去分詞.

be·wo̱hn·bar [ベヴォーン・バーあ] [形] 住むことができる.

be·wo̱h·nen [ベヴォーネン] [動] *h.* 〖⟨et^4⟩ニ〗住んでいる《人が家・町などに》, 生息している《動植物がある地域に》.

der **Be·wo̱h·ner** [ベヴォーナー] [名] -s/- 居住者, 住人;〖生〗(特定地域の)生息動物, 生育植物;《[複]のみ》《口・冗》寄生虫.

be·wö̱l·ken [ベ[ヴェ]ルケン] [動] *h.* 〖sich⁴〗曇る《空・顔つきが》, 雲で覆われる：Seine Stirn *bewölkte* sich. 彼の顔つきが曇った.

be·wö̱lkt [ベ[ヴェ]ルクト] [形] 曇った.

die **Be·wö̱l·kung** [ベ[ヴェ]ルクング] [名] -/-en **1.** 《[単]のみ》曇ること. **2.** 《主に[単]》曇り, 曇天;雲《空にかかる雲全体》.

der **Be·wụchs** [ベヴークス] [名] -es/ (ある場所を)覆った植物群.

der **Be·wụn·de·rer** [ベヴンデらー] [名] -s/- 賛美者;崇拝者, 心酔者, ファン.

be·wụn·dern [ベヴンダーン] [動] *h.* 〖⟨j^4/et^4⟩ニ〗感嘆〔称賛〕する, 賛美する, 尊敬する.

be·wụn·derns·wert [ベヴンダーンス・ヴェーあト] [形] 感嘆〔称賛〕すべき.

be·wụn·derns·wür·dig [ベヴンダーンス・ヴュるディひ] [形] 感嘆〔称賛〕すべき.

die **Be·wụn·de·rung** [ベヴンデるング] [名] -/ 感嘆, 称賛.

be·wụn·de·rungs·wür·dig [ベヴンデるングス・ヴュるディひ] [形] =bewundernswürdig.

der **Be·wụrf** [ベヴるふ] [名] -(e)s/Bewürfe (壁の)漆喰(しっくい).

be·wụsst, [旧] **be·wụßt** [ベヴスト] [形] **1.** 意識的な, 故意の;確信した：ein ~*er* Anhänger 本心からの信奉者. **2.** 〖(⟨et^2⟩ヲ)〗自覚した, 意識した, 意識の高い：《２格は次の形のみ》sich³ ⟨et^2⟩ ~ sein/werden ⟨事ヲ⟩自覚している/自覚する. ~ oder unbewusst 意識するにせよしないにせよ. **3.** 〖⟨j^3⟩ニ〗(はっきり)覚えのある, (…の)意識に上った：Mir ist nicht ~, was ich getan habe. 私は何をしたか覚えがない. **4.** 既述の, 例の. 【慣用】⟨j^3⟩ ⟨et^4⟩ **bewusst machen** ⟨人ニ⟩⟨事ヲ⟩意識させる. **sich³** ⟨et^4⟩ **bewusst machen** ⟨事ヲ⟩意識する.

die **Be·wụsst·heit,** [旧] **Be·wụßt·heit** [ベヴストハイト] [名] -/ 意識〔自覚〕(していること).

be·wụsst·los, [旧] **be·wụßt·los** [ベヴスト・ロース] [形] **1.** 意識不明の. **2.** 《稀》無意識〔無自覚〕の.

die **Be·wụsst·lo·sig·keit,** [旧] **Be·wụßt·lo·sig·keit** [ベヴスト・ローズィひカイト] [名] -/ 意識不明, 失神, 人事不省;《稀》無意識：in tiefer ~ liegen 昏睡状態になっている. bis zur ~ 《口》うんざりするまで.

be·wụsst ma·chen, [旧] **be·wụßt|ma·chen** [ベヴスト マっヘン] [動] *h.* ⇨ bewusst【慣用】

das **Be·wụsst·sein,** [旧] **Be·wụßt·sein** [ベヴスト・ザイン] [名] -s/《主に[単]》 **1.** 意識：wieder zu ~ kommen 意識を回復する. bei ~ sein 意識がはっきりしている. **2.** (物事に対する)意識;自覚：mit ~ 意識して, 故意に. ⟨et^1⟩ kommt ⟨j^3⟩ zum ~ ⟨事ガ⟩⟨人ニ⟩はっきり分る. ⟨j^3⟩ ⟨et^4⟩ zum ~ bringen ⟨人ニ⟩⟨事ヲ⟩自覚させる. **3.** 〖心〗意識.

die **Be·wụsst·seins·spal·tung,** [旧] **Be·wụßt·seins·spal·tung** [ベヴストザインス・シュパルトゥング] [名] -/-en 〖心〗精神分裂病.

bez. **1.** =bezüglich 《文》…に関して. **2.** =bezahlt 〖商〗出来.

Bez. **1.** =Bezeichnung 名称, 名前. **2.** =Bezirk 地域, 区域.

be·za̱h·len [ベツァーレン] [動] *h.* **1.** 〖⟨et^4⟩ノ〗代金を払う《⟨et^4⟩なしで》Ich möchte ~. 勘定をお願いします. **2.** 〖⟨j^4⟩ニ+(für ⟨et^4⟩ノ)〗報酬を支払う. **3.** 〖⟨et^4⟩ヲ+(für ⟨et^4⟩ニ)〗払う《代金・負債などを》. 【慣用】**..., als ob er's bezahlt bekäme** 《口》(出来高払いの報酬でももらえるかのように)勢い込んで, …. **bezahlter Urlaub** 有給休暇. **(für)** ⟨et^4⟩ **teuer bezahlen müssen** ⟨事のために⟩大きな犠牲を払う羽目になる. ⟨et^4⟩ **mit dem Leben bezahlen** ⟨事ヲ⟩生命で償う. **sich⁴ bezahlt machen** (値段だけの)値打ちがある;報われる.

be·za̱hlt [ベツァールト] [形] 支払われた, 返済した;有給の.

die **Be·za̱h·lung** [ベツァールング] [名] -/-en 《主に[単]》支払い;支払金, 報酬.

be·zäh·men [ベツェーメン] [動] *h.* 〖⟨j^4/et^4⟩ヲ〗抑える《怒りなどを》, こらえる《空腹などを》;《古》飼い慣らす《動物を》.

be·zau·bern [ベツァウバーン] [動] *h.* 〖⟨j^4⟩ヲ〗魅惑する, うっとりさせる.

be·zau·bernd [ベツァウバーント] [形] 魅惑〔魅力〕的な.

be·zẹ·chen [ベツェっひぇン] [動] *h.* 〖sich⁴〗酔っ払う.

be·zeich·nen [ベツァイひネン] [動] *h.* **1.** 〖⟨et^4⟩ニ〗印〔記号〕をつける. **2.** 〖⟨j^4/et^4⟩ヲ+als ⟨$j^{4(1)}$/$et^{4(1)}$⟩ト/als ⟨[形]⟩ト〗呼ぶ, 言う. **3.** 〖⟨j^4/et^4⟩ヲ〗意味する. **4.** 〖⟨j^4/et^4⟩ヲ+mit ⟨et^3⟩デ〗表す. **5.** 〖⟨j^4/et^4⟩ノ〗特徴を示す〔述べる〕.

be·zeich·nend [ベツァイひネント] [形] 〖(für ⟨j^4/et^4⟩ニ)〗特徴的な, 独特な.

be·zeich·nen·der·wei·se [ベツァイひネンダー・ヴァイゼ] [副] 《文飾》いかにも…らしく, 特徴的なことに.

die **Be·zeich·nung** [ベツァイひヌング] [名] -/-en **1.** 名称, 表示;《[単]のみ》標識〔しるし〕をつけること. **2.** 標識, 記号(略 Bez.)：eine ~ für ⟨et^4⟩⟨物・事の⟩表示.

be·zei·gen [ベツァイゲン] [動] *h.* **1.** 〖(⟨j^3⟩ニ)+⟨et^4⟩ヲ〗(言葉で)述べる《感謝の念などを》;示す《喜び・勇気などを》. **2.** 〖sich⁴+⟨[形]⟩ノ気持〔態度〕ヲ〗表す, 表明する.

be·zeu·gen [ベツォイゲン] [動] *h.* **1.** 〖⟨et^4⟩ヲ〗証言する, 証明する. **2.** 〖⟨j^3⟩ニ+⟨et^4⟩ヲ〗示す《敬意・関心などを》.

be·zịch·ti·gen [ベツィひティゲン] [動] *h.* 〖⟨j^4⟩ニ+zu ⟨[動]⟩シタ/⟨et^2⟩ノ〗罪を着せる《盗みなどの》.

be·zie̱h·bar [ベツィー・バーあ] [形] 入居できる.

be·zie̱·hen* [ベツィーエン] [動] *h.* **1.** 〖⟨et^4⟩ニ+(mit ⟨et^3⟩ヲ)〗張る, 敷く. **2.** 〖⟨et^4⟩ニ〗引移る;つく《ある部署に》, (…を)とる《立場を》. **3.** 〖⟨et^4⟩ヲ〗(定期的に)受取る. **4.** 〖sich⁴+auf ⟨j^4/et^4⟩ヲ〗引合いに出す;(…に)関係がある, 結びつく. **5.** 〖⟨et^4⟩ヲ+auf ⟨j^4/et^4⟩ト〗関連させる, 結びつける.

der **Be·zie̱·her** [ベツィーあー] [名] -s/- (新聞などの)定期購読者, (注文配達の)購入者;(給料・年金などの)受給者.

die **Be·zie̱·hung** [ベツィーウング] [名] -/-en **1.** 《主に[複]》関係：die ~*en* zu ⟨j^3⟩ unterhalten ⟨人との⟩関係を保つ. überall (gute) ~*en* haben. どこにでもコネがある. intime ~*en* zu〔mit〕⟨j^3⟩ haben ⟨人と⟩ねんごろな関係にある. **2.** 関連：die ~ zwischen Wohlfahrt und Geburtenziffer 福祉と出生率の関係. ⟨et^4⟩ zu ⟨et^3⟩〔mit ⟨et^3⟩〕in ~ bringen ⟨物・事ヲ⟩⟨物・事ト⟩関連づける. 【慣用】**in dieser/jeder Beziehung** この/すべての点で **(mit) Beziehung auf** ⟨j^4/et^4⟩ ⟨人・事ニ⟩関して.

be·zie̱·hungs·los [ベツィーウングス・ロース] [形] 無関係の.

B

be·zie·hungs·wei·se [ベツィーウングス・ヴァイゼ] 接 《並列》(略 bzw.) **1.** あるいは. というよりはむしろ, (もっと)正確に言えば: Er wohnt in Berlin, ～ im Randgebiet von Berlin. 彼はベルリン, というよりはベルリンのはずれに住んでいる. **2.** (…について)もしくは, ないし, 並びに, それぞれ: Sie hat zwei Kinder, sie sind 10 ～ 5 Jahre alt. 彼女には子供が二人いて, それぞれ 10 歳と 5 歳だ.

be·zif·fern [ベツィふぁーン] 動 h. **1.** 〔et⁴っ〕数字〔番号〕をつける. **2.** 〈et⁴〉っ+auf〈et⁴〉ト〕見積る.

der **Be·zirk** [ベツィるク] 名 -(e)s/-e **1.** 地域, 区域;範囲. **2.** 行政管区, (バイエルン州の)郡市連合区, (ベルリンなどの)区, 〔旧東独〕県(州(Land))に相当する行政単位);〔ガㇽ・スィ〕郡.

das **Be·zirks·ge·richt** [ベツィるクス・ゲリひト] 名 -(e)s/-e 管区裁判所, 〔旧東独〕地方裁判所, 〔ガㇽ・スィ〕区裁判所(第一審裁判所).

be·zirks·wei·se [ベツィるクス・ヴァイゼ] 形 地区〔地域〕ごとの.

be·zir·zen [ベツィるツェン] 動 h. =becircen.

der / die **Be·zo·ge·ne** [ベツォーゲネ] 名 《形容詞的変化》(銀行)(手形などの)名宛人, 支払人.

be·zug [ベツーク] ⇨ Bezug 4.

der **Be·zug** [ベツーク] 名 -(e)s/Bezüge **1.** 覆(鴅)い, カバー;(楽器の)弦;(ラケットの)ガット. **2.** (ㆎのみ)(定期的な)購入;受給. **3.** (㆟のㆎも有)(官吏などの)俸給, 収入. **4.** 関連, 関係: auf〈et⁴〉～ nehmen 〔官・商〕〔事ニ〕関係づける. in ～ auf〈j⁴ / et⁴〉〔人・物・事ニ〕関して. mit 〔unter〕 auf〈et⁴〉〔事ニ〕関連して.

be·züg·lich [ベツューク・リヒ] 前 (+ 2 格) (硬)…に関連して(略 bez.): ～ Ihres Schreibens vom 10. Mai 5 月 10 日付貴信に関連して.
―― 形 〔(auf〈et⁴〉ニ)〕(硬)関連する: ein darauf ～es Schreiben その件に関連する書簡;das ～e Fürwort 〔言〕関係代名詞.【普通は Relativpronomen】

die **Be·zug·nah·me** [ベツーク・ナーメ] 名 -/-n (硬)関連;参照: unter ～ auf Ihr Schreiben vom 8. 8. 8 月 8 日付の貴信に関連して.

die **Be·zugs·be·din·gung** [ベツークス・ベディングング] 名 -/-en (主にㆎ)購入条件.

be·zugs·be·rech·tigt [ベツークス・べれひティヒト] 形 (年金などの)受給〔受取〕資格のある.

die **Be·zugs·be·rech·ti·gung** [ベツークス・べれヒティグング] 名 -/ 受給〔受取〕資格.

be·zugs·fer·tig [ベツークス・ふぇティヒ] 形 即時入居可能.

der **Be·zugs·preis** [ベツークス・プらイス] 名 -es/-e 購入価格.

die **Be·zugs·quel·le** [ベツークス・クヴェレ] 名 -/-n 仕入れ〔買入れ〕先, 購入先.

das **Be·zugs·recht** [ベツークス・れヒト] 名 -(e)s/-e 新株引受権.

der **Be·zugs·schein** [ベツークス・シャイン] 名 -(e)s/-e 購入券.

das **Be·zugs·sys·tem** [ベツークス・ズュステーム] 名 -s/-e 座標系;基準系.

be·zu·schus·sen [ベツーシュッセン] 動 h. 〔et⁴っ〕(硬)補助〔助成〕金を与える.

be·zwe·cken [ベツヴェッケン] 動 h. 〔et⁴っ〕目的とする, 意図する.

be·zwei·feln [ベツヴァイふェルン] 動 h. 〔et⁴〕/〈文〉〔デアㇽコㇳっ〕疑う, (…に)疑念を持つ.

be·zwin·gen* [ベツヴィンゲン] 動 h. 〔j⁴ / et⁴〕っ〕打ち負かす, 征服する, 屈服させる;攻略する(要塞などを);抑える(感情などを), こらえる(苦痛などを): die Strecke ～ そのコースを踏破(ドʷ破)する. einen Berg ～ ある山の頂上をきわめる. sich⁴ ～ 自制する.

der **Be·zwin·ger** [ベツヴィンガー] 名 -s/- 征服者, 勝利者;克服者.

Bf. =Bahnhof 駅.
BfA =Bundesversicherungsanstalt für Angestellte (ドイツの)連邦職員保険施設.
BFH =Bundesfinanzhof (ドイツ)連邦財政裁判所.
BGB =Bürgerliches Gesetzbuch (ドイツの)民法典.
BGBI =Bundesgesetzblatt (ドイツ・オーストリアの)連邦官報.
BGH =Bundesgerichtshof (ドイツ)連邦通常裁判所.
BGS =Bundesgrenzschutz (ドイツ)連邦国境警備隊.

der **BH** [ベー・ハー] 名 -(s)/-(s) (口)ブラジャー(Büstenhalter).

die **Bhak·ti** [バクティ] 名 -/ 〔ヒンズー教〕神への信愛, 無私の信仰.

Bhf. =Bahnhof 駅.

der **Bhik·ku** [ビク] 名 -s/-s 仏教僧;比丘(ビ)(出家して具足戒を受けた男子).

(das) **Bhu·tan** [ブータン] 名 -s/ 〔国名〕ブータン(ヒマラヤ山中の国).

bi [ビー] =bisexuell (口)両性愛の.

Bi [ベーイー] =Bismutum 〔化〕ビスマス, 蒼鉛(ゾᵘ).

(die) **Bi·an·ka** [ビアンカ] 名 〔女名〕ビアンカ.

das **Bi·as** [báiəs バイエス, biːas ビーアス] 名 -/- 〔統計〕(誤った調査による)数値のかたより, バイアス.

das **Bi·ath·lon** [ビー・アトロン] 名 -s/-s バイアスロン.

bib·bern [ビッバーン] 動 h. **1.** ((く様態))〔ぶるぶる震える. **2.** 〔um〈et⁴〉っ〕心配する.

die **Bi·bel** [ビーベル] 名 -/-n **1.** (ㆎのみ)聖書, バイブル(に同じ); 絶対的模範: auf die ～ schwören 聖書に誓う. Das steht schon in der ～. それは昔から知られていることだ. **2.** (印刷物としての)聖書.

die **Bi·bel·aus·le·gung** [ビーベル・アウス・レーグング] 名 -/-en 聖書解釈.

bi·bel·fest [ビーベル・ふぇスト] 形 聖書に詳しい.

der **Bi·bel·for·scher** [ビーベル・ふぉるシャー] 名 -s/- 〔宗〕《古》〔エホバの証人〕(ものみの塔)の信者.

die **Bi·bel·ge·sell·schaft** [ビーベル・ゲゼㇽシャふト] 名 -/-en 聖書(普及)協会.

der **Bi·bel·spruch** [ビーベル・シュプるッㇷ] 名 -(e)s/..sprüche 聖書の言葉.

die **Bi·bel·stel·le** [ビーベル・シュテレ] 名 -/-n 聖書中の箇所.

die **Bi·bel·stun·de** [ビーベル・シュトゥンデ] 名 -/-n (祈祷を伴う)聖書講義;聖書研究会.

der **Bi·ber¹** [ビーバー] 名 -s/- **1.** 〔動〕ビーバー. **2.** ビーバーの毛皮. **3.** 顔一面のひげ;顔中ひげの男.

der [das] **Bi·ber²** [ビーバー] 名 -s/- ビーバー(木綿地).

das **Bi·ber·geil** [ビーバー・ガイㇽ] 名 -(e)s/ ビーバー香.

der **Bi·ber·pelz** [ビーバー・ベルツ] 名 -es/-e ビーバーの毛皮.

der **Bi·ber·schwanz** [ビーバー・シュヴァンツ] 名 -es/..schwänze ビーバーの尾;平瓦(ヒǠ).

der **Bi·bi** [ビビ] 名 -s/-s (口)(つばの狭い)紳士帽;かぶりもの(帽子, スカーフなど).

die **Bi·blia pau·pe·rum** [ビーブリア パウぺるム] 名 -/..bliae [..プリエ..] (中世の文盲のための)絵解き聖書.

der **Bi·b·li·o·graf, Bi·b·li·o·graph** [ビブリオ·グらーふ] [名] -en/-en 書誌学者;文献(目録)編集者.

die **Bi·b·li·o·gra·fie, Bi·b·li·o·gra·phie** [ビブリオ·グらふぃー] [名] -/-n 図書〔文献〕目録;書誌学.

bi·b·li·o·gra·fisch, bi·b·li·o·gra·phisch [ビブリオ·グらーふぃシュ] [形] 図書〔文献〕目録の;書誌学(上)の.

die **Bi·b·li·o·la·trie** [ビブリオ·ラトリー] [名] -/ 聖書狂信;書籍崇拝;文字信仰.

die **Bi·b·li·o·ma·nie** [ビブリオ·マニー] [名] -/ 〘心〙蔵書癖,蔵書収集癖.

die **Bi·b·li·o·man·tie** [ビブリオ·マンティー] [名] -/ 書物占い,聖書占い(任意に開いたページの文章で占う).

bi·b·li·o·phil [ビブリオ·ふぃール] [形] 書籍を愛好する;愛書家向きの.

der/die **Bi·b·li·o·phi·le** [ビブリオ·ふぃーレ] [名] (形容詞的変化)愛書家,蔵書家.

die **Bi·b·li·o·phi·lie** [ビブリオ·ふぃリー] [名] -/ 愛書趣味,書籍愛好癖.

die **Bi·b·li·o·thek** [ビブリオ·テーク] [名] -/-en 図書館(施設・建物);(個人の)蔵書;《古》叢書(そうしょ).

der **Bi·b·li·o·the·kar** [ビブリオ·テカーあ] [名] -s/-e 図書館員,司書.

bi·b·li·o·the·ka·risch [ビブリオ·テカーりシュ] [形] 司書の.

das **Bi·b·li·o·theks·we·sen** [ビブリオテークス·ヴェーゼン] [名] -s/ 図書館制度(組織,運営など).

bi·b·lisch [ビーブリシュ] [形] 聖書の;聖書に関する: ein ~*es* Alter 非常な高齢.

das **Bi·car·bo·nat** [ビー·カるボナート] [名] -(e)s/-e = Bikarbonat.

das **Bi·det** [bidé: ビデー] [名] -s/-s ビデ.

das **Bi·don·vil·le** [bidõvíl ビドン·ヴィル] [名] -s/-s トタン葺きの建物の貧民窟(特にアフリカ北部大都市周辺の);スラム街.

bie·der [ビーダー] [形] **1.** 愚直な,ばか正直な,お人好しの. **2.** 《古》実直な.

der **Bie·der·mann** [ビーダー·マン] [名] -(e)s/..männer **1.** 《古》正直〔誠実〕な人. **2.** 俗物,小市民.

das **Bie·der·mei·er** [ビーダー·マイあー] [名] -(s)/ ビーダーマイアー(1815-48年頃の小市民的な文化・芸術の一時期);ビーダーマイアー様式.

bie·der·mei·er·lich [ビーダー·マイあーりひ] [形] ビーダーマイアー(風・様式)の.

das **Bie·der·mei·er·mö·bel** [ビーダーマイあー·⊗ーベル] [名] -s/- 《主に[複]》ビーダーマイアー様式〔時代〕の家具.

der **Bie·der·mei·er·stil** [ビーダーマイあー·シュティール] [名] -(e)s/ ビーダーマイアー様式.

die **Bie·der·mei·er·zeit** [ビーダーマイあー·ツァイト] [名] -/ ビーダーマイアー時代(特に三月革命前期,1815-48年頃).

der **Bie·der·sinn** [ビーダー·ズィン] [名] -(e)s/ 実直,正直.

bieg·bar [ビーク·バーあ] [形] 曲げられる.

die **Bie·ge** [ビーゲ] [名] -/-n 《方》カーブ,湾曲(部). 【慣用】**eine Biege drehen/fahren** 《口》散歩/ドライブする. **die Biege machen** 《口》早々に立ち去る.

bie·gen* [ビーゲン] [動] bog; hat/ist gebogen **1.** *h.* 〘〈et^{4}〉ヲ〙曲げる,たわめる;(〈et^{4}〉がsich^{4}の場合)曲る,たわむ(樹が風で・枝が重みでなど) **2.** *s.* 〘〈方向〉へ〙曲って行く. 【慣用】**auf Biegen oder Brechen** 《口》何が何んでも. **Es geht auf Biegen oder Brechen.** 《口》のるか反るかだ. *h.* **sich^{4} vor Lachen biegen** 《口》体をよじって笑う.

bieg·sam [ビークザーム] [形] 曲りやすい,しなやかな,柔軟な;《転》従順な.

die **Bieg·sam·keit** [ビークザームカイト] [名] -/ 曲り〔たわみ〕やすさ,柔軟さ,しなやかさ;従順さ.

die **Bie·gung** [ビーグング] [名] -/-en (川・道路などの)曲り,カーブ,屈曲(部);〘言〙《オーストリア》語形変化,屈折.

(das) **Biel** [ビール] [名] -s/ 〘地名〙ビール(スイスの都市).

(das) **Bie·le·feld** [ビーレ·ふェルト] [名] -s/ 〘地名〙ビーレフェルト(ノルトライン=ヴェストファーレン州の都市).

die **Bie·ne** [ビーネ] [名] -/-n **1.** 〘昆〙ミツバチ(Honig~);ハチ: fleißig wie eine ~ ミツバチのように勤勉な. **2.** 《口・古》女の子. 【慣用】**eine Biene drehen〔machen〕** 《口》急いで〔こっそり〕立去る.

die **Bie·nen·beu·te** [ビーネン·ボイテ] [名] -/-n ミツバチの巣箱.

der **Bie·nen·fleiß** [ビーネン·ふライス] [名] -es/ (ミツバチのような)勤勉さ.

bie·nen·flei·ßig [ビーネン·ふライスィひ] [形] 非常に勤勉な.

das **Bie·nen·haus** [ビーネン·ハウス] [名] -es/..häuser ミツバチの巣箱,養蜂(ようほう)舎.

die **Bie·nen·kö·ni·gin** [ビーネン·[ケ]ーニギン] [名] -/-nen 〘昆〙女王バチ.

der **Bie·nen·korb** [ビーネン·コるプ] [名] -(e)s/..körbe (麦わら製の)ミツバチの巣.

der **Bie·nen·schwarm** [ビーネン·シュヴァるム] [名] -(e)s/..schwärme ミツバチの群れ.

die **Bie·nen·spra·che** [ビーネン·シュプらーへ] [名] -/-n ミツバチの言語(働きバチ同士が花のありかなどを知らせるのに用いるダンス).

der **Bie·nen·stich** [ビーネン·シュティっひ] [名] -(e)s/-e **1.** ハチの刺し傷. **2.** ビーネンシュティッヒ(アーモンド粒をまぶしたケーキ).

der **Bie·nen·stock** [ビーネン·シュトック] [名] -(e)s/..stöcke ハチの巣箱: Es wimmelt wie in einem ~. 《転》人でごったがえしている.

der **Bie·nen·va·ter** [ビーネン·ふぁーター] [名] -s/..väter 〘養蜂〙養蜂(ようほう)家.

das **Bie·nen·volk** [ビーネン·ふォルク] [名] -(e)s/..völker ミツバチの群.

das **Bie·nen·wachs** [ビーネン·ヴァックス] [名] -es/ 蜜蝋(みつろう).

die **Bie·nen·wei·de** [ビーネン·ヴァイデ] [名] -/-n 〘養蜂〙(養蜂業の)蜜源となる森〔草地〕.

die **Bie·nen·zucht** [ビーネン·ツふト] [名] -/ 養蜂(ようほう).

der **Bie·nen·züch·ter** [ビーネン·ツュひター] [名] -s/- 養蜂家.

bi·enn [ビエン] [形] 〘植〙二年生の.

bi·en·nal [ビエナール] [形] 2年間の;2年目ごとの.

die **Bi·en·na·le** [ビエナーレ] [名] -/-n ビエンナーレ(2年ごとの展覧会・映画祭).

das **Bi·en·ni·um** [ビエニウム] [名] -s/Biennien 二年間.

das **Bier** [ビーあ] [名] -(e)s/-e ビール: helles/dunkles ~ (普通の)淡色/濃色ビール. 【慣用】**Das ist nicht mein Bier.** 《口》それは私の関知する問題ではない. **<et^{4}> wie sauer〔saures〕Bier anpreisen〔ausbieten〕** 《口》だれも欲しがらないものを熱心に売込む.

der **Bier·arsch** [ビーあ·アるシュ] [名] -(e)s/..ärsche 《口》大きな〔でっかい〕尻.

der **Bier·bank·po·li·ti·ker** [ビーあ·バンク·ポリティカー] [名] -s/- 《蔑》居酒屋政談家.

der **Bier·bass,** [旧] **Bier·baß** [ビーあ·バス] [名] -es/..bässe 《口》低い声.

der **Bier·bauch** [ビーあ·バウほ] [名] -(e)s/..bäuche 《口・嘲》ビール腹.

der **Bier·brau·er** [ビーあ·ブらウあー] [名] -s/- ビール醸造者.

die **Bier·brau·e·rei** [ビーあ·ブらウエらイ] [名] -/-en **1.** 《[単]のみ》ビール醸造. **2.** ビール醸造所〔工場〕.

der **Bier·deckel** [ビーア・デッケル] 名 -s/- ビアグラスのコースター.

der **Bier·eifer** [ビーア・アイふぁー] 名 -s/ 《口・嘲》過剰な熱心さ,張切り過ぎ.

bier·ernst [ビーア・エルンスト] 形 《口》くそまじめな.

das **Bierfass**, ⑩ **Bierfaß** [ビーア・ふぁス] 名 -es/..fässer ビヤだる.

der **Bier·filz** [ビーア・ふぃルツ] 名 -es/-e (フェルト製の)ビールジョッキ〔グラス〕のコースター.

die **Bier·flasche** [ビーア・ふらッシェ] 名 -/-n ビール瓶.

der **Bier·garten** [ビーア・ガルテン] 名 -s/..gärten ビヤガーデン.

das **Bier·glas** [ビーア・グラース] 名 -es/..gläser ビヤグラス.

die **Bier·hefe** [ビーア・ヘーふぇ] 名 -/-n ビール酵母.

der **Bier·keller** [ビーア・ケラー] 名 -s/- 地下のビール貯蔵室;(地下の)ビアホール.

der **Bier·krug** [ビーア・クるーク] 名 -(e)s/..krüge ジョッキ.

die **Bier·leiche** [ビーア・ライひぇ] 名 -/-n 《口・冗》ビールで酔いつぶれた人.

das **Bier·lokal** [ビーア・ロカール] 名 -(e)s/-e ビアバー,(小さい)ビアホール.

die **Bier·reise** [ビーア・ライゼ] 名 -/-n 《口》ビヤホールのはしご.

die **Bier·ruhe** [ビーア・るーエ] 名 -/ 《口》やけに落着いたさま.

die **Bier·stube** [ビーア・シュトゥーベ] 名 -/-n (小さい)ビヤバー.

der **Bier·verlag** [ビーア・ふぇアラーク] 名 -(e)s/-e ビール卸売業.

der **Bier·verleger** [ビーア・ふぇアレーガー] 名 -s/- ビール卸売業者.

der **Bier·zapf** [ビーア・ツァップふ] 名 -(e)s/..zäpfe (ビヤホールなどの)ビールのつぎ出し栓.

die **Bier·zeitung** [ビーア・ツァイトゥング] 名 -/-en (仲間内で読まれる)面白い(内容の)新聞.

der **Bier·zipfel** [ビーア・ツィップふぇル] 名 -s/- (特に懐中時計につけて学生組合別の所属を示す)飾りひも.

die **Biese** [ビーゼ] 名 -/-n (制服のズボンの飾り色縁(ふち));(衣服の)バイピング,タック;(靴の)飾り縫い.

das **Biest**[1] [ビースト] 名 -(e)s/ =Biestmilch.

das **Biest**[2] [ビースト] 名 -(e)s/-er 《口・蔑》嫌な〔困った〕動物;ひどい〔卑劣な〕やつ;しゃくの種.

die **Biest·milch** [ビースト・ミルヒ] 名 -/ 雌牛の初乳.

das **Biet** [ビート] 名 -(e)s/-e 《スイ》(都市の周辺)地域.

bieten* [ビーテン] 動 bot; hat geboten 1. 〈j³ニ+et⁴ヲ〉与えよう〔提供しよう〕と申出る;与える,提供する; 〈文〉差出す(手・腕などを). 2. 《〈et⁴ヲ〉/auf 〈et⁴ヲ〉》値をつける(競売で). 3. 〈et⁴ヲ〉上映〔上演・演奏〕する;示す(成績などを),呈する(光景などを). 4. 〈j³ヲ〉 =et⁴ヲ〉ニ〉 不当に要求する. 5. 〈sich⁴+〈j³/et³〉ニ〉出て来る,現れる,生じる. 【慣用】 〈j³/et³〉 die Stirn〔die Spitze〕bieten 〈人・事ニ〉敢然として立ち向かう. 〈j³〉 eine Blöße bieten 〈人ニ〉すき〔弱み〕を見せる.

der **Bieter** [ビーター] 名 -s/- (競売の)競り手.

das **Bifokal·glas** [ビ・ふぉカール・グラース] 名 -es/..gläser (遠近両用の)二重焦点レンズ.

die **Bifurkation** [ビふるカツィオーン] 名 -/-en 【医】(気管・歯根の)分岐, 二叉;【地】(河川の)分流(点).

die **Biga** [ビーガ] 名 -/..gen (古代ローマの)二頭立て馬車(行進・競技用).

die **Bigamie** [ビ・ガミー] 名 -/-n 重婚.

der **Bigamist** [ビ・ガミスト] 名 -en/-en 重婚者.

die **Bigband, Big Band** [bík bǽnt ビッグ・バント] 名 -,--/-s,--s【楽】ビッグバンド(大編成のダンスバンド).

die **Bignonie** [ビグノーニエ] 名 -/-n 【植】ツリガネカズラ.

bigott [ビゴット] 形 《文・蔑》信心にこり固まった;殊勝らしい.

die **Bigotterie** [ビゴテリー] 名 -/-n 1. (⑩のみ)こり固まった信心;信心ぶる〔狂信的な〕こと. 2. 信心にこり固まった〔狂信的な〕行動〔発言〕.

die **Bijouterie** [biʒutərí: ビジュテリー] 名 -/-n (安物の)装身具;〈スイ〉装身具店.

das **Bikarbonat** [ビ・カるボナート, ビ・カるボナート] 名 -(e)s/-e 【化】重炭酸塩.

der **Bikini** [ビキーニ] 名 -s/-s ビキニ(型の水着).

bi·labi·al [ビ・ラビアール, ビー・ラビアール] 形 【言】両唇で調音される.

der **Bi·labi·al** [ビ・ラビアール, ビー・ラビアール] 名 -s/-e 【言】両唇音.

die **Bilanz** [ビランツ] 名 -/-en 1. 【経・商】貸借対照表, 決算: eine ~ aufstellen 貸借対照表を作成する. eine ~ frisieren 粉飾決算をする. ~ machen 《口》手持ちの資金を調べる. 2. 総決算: die ~ (aus 〈et³〉) ziehen 〈事ヲ〉総決算をする.

das **Bilanz·ergebnis** [ビランツ・エあゲープニス] 名 -ses/-se 【経】貸借対照表損益.

der **Bilanz·gewinn** [ビランツ・ゲヴィン] 名 -(e)s/-e 【経】貸借対照表利益, 当期末処分利益.

bilanzieren [ビランツィーれン] 動 h. 【経・商】 1. (収支の)バランスが取れる. 2. 〈et⁴ヲ〉貸借対照をする;総括をする.

der **Bilanz·prüfer** [ビランツ・プりゅーふぁー] 名 -s/- 会計監査人.

die **Bilanz·verschleierung** [ビランツ・ふぇあシュライエるング] 名 -/-en 粉飾決算.

bi·lateral [ビ・ラテラール, ビー・ラテラール] 形 1. 【政】双務的な, 二国間の: ~e Verträge 双務契約. 2. 【生】左右相称の.

das **Bild** [ビルト] 名 -(e)s/-er 1. 絵, 画像, 彫像, 挿絵: ein ~ auf Leinwand カンバス画. ein ~ aus Marmor 大理石像. ein ~ in Öl 油絵. 2. 写真;画像, 映像. 3. 比喩: in ~ern sprechen 比喩を使って話す. 4. (映った)姿;似姿(Eben~): Sie ist ganz das ~ ihrer Mutter. 彼女は母親に生写しだ. Gott schuf den Menschen ihm zum ~e. 神は人間を自分の姿として創り給えり(創世記 1, 27). 5. 光景, 眺め, 場面: ein ~ des Jammers bieten 見るも哀れな光景である. ein ~ für〔die〕Götter sein 《口・冗》神々しいばかりの〔グロテスクな〕光景である. 6. 【劇】場. 7. 心象, 像, イメージ, 観念: ein falsches ~ von 〈et³〉 haben 〈事について〉誤ったイメージを持っている. 8. 【数】図表, グラフ. 【慣用】 ein Bild von ... sein 絵のように美しい…. sich³ ein Bild von 〈j³/et³〉 machen 〈人・物・事ヲ〉心に思い描く. über 〈et⁴〉 im Bilde sein 〈物事の〉様子が分っている. 〈j³〉 über 〈et⁴〉 ins Bild setzen 〈人ニ〉〈事ヲ〉知らせる〔分らせる〕.

die **Bild·agentur** [ビルト・アゲントゥーあ] 名 -/-en 写真提供機関.

das **Bild·archiv** [ビルト・アるひーふ] 名 -s/-e 写真資料館.

der **Bild·atlas** [ビルト・アトラス] 名 -[-ses]/-se [..lanten] (学術)図解書.

der **Bild·band** [ビルト・バント] 名 -(e)s/..bände 画集, 写真集.

die **Bild·beilage** [ビルト・バイ・ラーゲ] 名 -/-n 写真付録.

der **Bild·bericht** [ビルト・ベりひト] 名 -(e)s/-e 写真報道.

der **Bild·berichterstatter** [ビルトべりひト・エあシュタッタ

Bildung

bil·den [ビルデン] 動 h. **1.** 〈et⁴ッ〉作る, 形成する. **2.** 〈et⁴ッ〉(形)作る. **3.** 〈et⁴ッ〉つくる (委員会・基金などを). **4.** 〔sich⁴＋〈et⁴ッ〉持つようになる(考えなどを). **5.** 〈et⁴ッ〉生じさせる(枝が芽などを); (〈et⁴ッ〉sich⁴の場合)生じる. **6.** 〈et⁴ッ〉成している, (…の)形を成している. **7.** 〈j⁴/et⁴ッ〉(精神的に)教育する, 陶冶(ヨウ)する; (〈et⁴ッ〉sich⁴の場合)自己形成をする, 教養を身につける(人が), 育まれる(才能などが). **8.** 〔人間形成に役立つ. **[慣用]** die bildende Kunst 造形芸術(彫刻・絵画・グラフィックアート・建築など).

die **Bil·der·an·be·tung** [ビルダー・アン・ベートゥング] 名 -/ 偶像崇拝.

der **Bil·der·bo·gen** [ビルダー・ボーゲン] 名 -s/- 図説, 絵物語.

das **Bil·der·buch** [ビルダー・ブーフ] 名 -(e)s/..bücher 絵本.

die **Bil·der·buch·kar·rie·re** [ビルダーブーフ・カりーれ] 名 -/-en 輝かしい経歴.

die **Bil·der·buch·lan·dung** [ビルダーブーフ・ランドゥング] 名 -/-en 模範的な着陸.

der **Bil·der·buch·tor** [ビルダーブーフ・トーあ] 名 -(e)s/-e 素晴らしいゴール[シュート].

der **Bil·der·dienst** [ビルダー・ディーンスト] 名 -(e)s/-e **1.** 映像ライブラリー. **2.** 偶像[聖画像]崇拝.

die **Bil·der·ga·le·rie** [ビルダー・ガレリー] 名 -/-n 画廊, 絵画館.

die **Bil·der·ge·schich·te** [ビルダー・ゲシヒテ] 名 -/-n 絵物語, (説明文つきの)続き絵.

der **Bil·der·händ·ler** [ビルダー・ヘンドラー] 名 -s/- 画商.

das **Bil·der·rät·sel** [ビルダー・れーツェル] 名 -s/- 判じ絵.

bil·der·reich [ビルダー・らイヒ] 形 絵(写真)のたくさん入った; 比喩(ユ)に富んだ.

die **Bil·der·schrift** [ビルダー・シュりフト] 名 -/-en 絵文字.

die **Bil·der·spra·che** [ビルダー・シュプらーへ] 名 -/-n 比喩的な言葉(づかい).

der **Bil·der·stür·mer** [ビルダー・シュテュるマー] 名 -s/- (特に宗教改革時代の)聖画像破壊主義者; 〈転〉因襲打破主義者.

die **Bild·flä·che** [ビルト・ふレッヒェ] 名 -/-n スクリーン, 画面. **[慣用]** auf die Bildfläche erscheinen 《口》突如として姿を現す. von der Bildfläche verschwinden 《口》さっと姿を消す; 忘れ去られる.

die **Bild·fol·ge** [ビルト・ふォルゲ] 名 -/-n **1.** (映のみ)写真(絵)の連続. **2.** シリーズ物の絵(写真).

das **Bild·for·mat** [ビルト・ふおるマート] 名 -(e)s/-e 絵[写真]のサイズ;(写・映)フィルムのサイズ.

die **Bild·fre·quenz** [ビルト・ふれクヴェンツ] 名 -/-en 〔映〕秒間コマ数; 〔テ〕秒間フレーム数.

der **Bild·funk** [ビルト・ふンク] 名 -s/- ファクシミリ.

bild·haft [ビルトハフト] 形 具象[具体]的な.

der **Bild·hau·er** [ビルト・ハウアー] 名 -s/- 彫刻家.

die **Bild·hau·e·rei** [ビルト・ハウエらイ] 名 -/-en **1.** (映のみ)彫刻, 彫塑(ゾ). **2.** 〔芸〕彫刻作品.

die **Bild·hau·er·kunst** [ビルト・ハウア クンスト] 名 / 彫刻術.

bild·hübsch [ビルト・ヒュプシュ] 形 絵のように可愛い.

die **Bild·kar·te** [ビルト・カるテ] 名 -/-n 絵はがき; 絵札; (建物などが立体的に描かれた)絵地図.

bild·lich [ビルトリヒ] 形 絵による; 比喩(ユ)的な.

das **Bild·ma·te·ri·al** [ビルト・マテりアル] 名 -s/-ien (主に映)写真資料.

der **Bild·ner** [ビルトナー] 名 -s/- **1.** 〈文〉彫刻家. **2.** 〈古〉教育者.

das **Bild·nis** [ビルトニス] 名 -ses/-se 〈文〉肖像(画), 画像.

die **Bild·plat·te** [ビルト・プラッテ] 名 -/-n 〔コ〕ビデオディスク.

der **Bild·plat·ten·spie·ler** [ビルトプラッテン・シュピーラー] 名 -s/- ビデオディスク・プレーヤー.

die **Bild·re·por·ta·ge** [...ジェ ビルト・れぽるタージェ] 名 -/-n 映像ルポルタージュ.

der **Bild·re·por·ter** [ビルト・れぽるター] 名 -s/- 写真報道記者, 映像レポーター.

die **Bild·röh·re** [ビルト・ロゥ-れ] 名 -/-n 《テ》ブラウン管.

bild·sam [ビルトザーム] 形 〈文〉形づくりやすい; 教育しやすい, 頭の柔軟な.

die **Bild·säu·le** [ビルト・ゾイレ] 名 -/-n 立像, 装飾円柱: vor Schreck zur ~ erstarren 《口》驚きのあまり立ちすくむ.

die **Bild·schär·fe** [ビルト・シェるふェ] 名 -/ (テレビ・写真の)画像の鮮明度.

der **Bild·schirm** [ビルト・シるム] 名 -(e)s/-e (テレビなどの)スクリーン, ディスプレイ: vor dem [am] ~ sitzen 《口》テレビを見ている.

der **Bild·schirm·ar·beits·platz** [ビルトシるム・アるバイツ・プラッツ] 名 -es/..plätze コンピューターディスプレイを見て作業をする仕事場.

der **Bild·schirm·scho·ner** [ビルトシるム・ショーナー] 名 -s/- 〔コンピュ〕スクリーンセーバー.

das **Bild·schirm·spiel** [ビルトシるム・シュピール] 名 -(e)s/-e テレビゲーム.

der **Bild·schirm·text** [ビルトシるム・テクスト] 名 -es/-e ビデオテックス.

der **Bild·schnit·zer** [ビルト・シュニッツァー] 名 -s/- (木や象牙などを彫る)彫刻家.

die **Bild·schnit·ze·rei** [ビルト・シュニッツェらイ] 名 -/-en **1.** (映のみ)(木などの)彫刻. **2.** 彫刻家の工房. **3.** 彫刻作品.

bild·schön [ビルト・ショゥ-ン] 形 絵のように美しい.

die **Bild·sei·te** [ビルト・ザイテ] 名 -/-n **1.** (貨幣などの)画像のある面. **2.** (本・新聞の)写真(絵・図版)のページ, (雑誌の)グラビアページ.

die **Bild·stel·le** [ビルト・シュテレ] 名 -/-n 映像ライブラリー.

der **Bild·stock** [ビルト・シュトック] 名 -(e)s/..stöcke **1.** 《南独・オゥ》(路傍の)キリスト十字架像(聖人像). **2.** 〔印〕線画凸版.

der **Bild·strei·fen** [ビルト・シュトらイふェン] 名 -s/- **1.** 〔映〕フィルムストリップ. **2.** (こま)続き漫画; 〔写〕1本のフィルム.

die **Bild·strei·fen·ge·schich·te** [ビルトシュトらイふェン・ゲシヒテ] 名 -/-n コミックス, ストーリー漫画, 劇画.

der **Bild·su·cher** [ビルト・ズーホァ] 名 -s/- 〔写〕ファインダー.

das **Bild·te·le·fon** [ビルト・テ(-)レ・ふォーン] 名 -s/-e テレビ電話.

das **Bild·te·le·gramm** [ビルト・テレグらム] 名 -s/-e 電送写真.

die **Bild·te·le·gra·fie, Bild·te·le·gra·phie** [ビルト・テレグらふィー] 名 -/ 写真電送.

die **Bild·über·tra·gung** [ビルト・ユーバートらーグング] 名 -/-en 〔テ〕画像中継, 放映.

der **Bild·um·wand·ler** [ビルト・ウム・ヴァンドラー] 名 -s/- ネガ・ポジコンバーター.

die **Bil·dung** [ビルドゥング] 名 -/-en **1.** (映のみ)教育, 陶冶(ヨウ); 教養; (稀)行儀作法: ein Mann von ~ 教養のある人. **2.** 作る, 形成, 組織すること, 発生: die ~ von Sätzen 文構成. die ~ einer Regierung 組閣. **3.** 形, 形態; 〔言語〕造語: eine organische ~ 有機体.

B

die **Bịl·dungs·an·stalt** [ビルドゥングス・アン・シュタルト] [名] -/-en 〘官〙教育施設.

bịl·dungs·be·flis·sen [ビルドゥングス・べふりっセン] [形] 教養を身につけるのに熱心な.

die **Bịl·dungs·chan·cen** [ビルドゥングス・シャ(ー)ンセン] [複名] 教育の機会(均等).

bịl·dungs·fä·hig [ビルドゥングス・ふぇーイひ] [形] 教育〔教化〕できる.

die **Bịl·dungs·frei·stel·lung** [ビルドゥングス・ふらイ・シュテルング] [名] -/-en (職員などの)研修休暇.

der **Bịl·dungs·gang** [ビルドゥングス・ガング] [名] -(e)s/..gänge 教育の過程, 人間形成の過程.

der **Bịl·dungs·grad** [ビルドゥングス・グらート] [名] -(e)s/-e 教育程度.

der **Bịl·dungs·gut·schein** [ビルドゥングス・グート・シャイン] [名] -(e)s/-e 〘大学〙在学延期許可証.

die **Bịl·dungs·po·li·tik** [ビルドゥングス・ポリティーク] [名] -/ 文教政策.

die **Bịl·dungs·rei·se** [ビルドゥングス・らイゼ] [名] -/-n 教養を身につけるための旅行.

die **Bịl·dungs·stät·te** [ビルドゥングス・シュテッテ] [名] -/-n 《文》=Bildungsanstalt.

die **Bịl·dungs·stu·fe** [ビルドゥングス・シュトゥーふぇ] [名] -/-n 教育の段階, 教育程度.

der **Bịl·dungs·ur·laub** [ビルドゥングス・ウーあ・ラウプ] [名] -(e)s/-e 研修休暇.

der **Bịl·dungs·weg** [ビルドゥングス・ヴェーク] [名] -(e)s/-e 教育過程: der zweite ~ 第二の教育の道.

das **Bịl·dungs·we·sen** [ビルドゥングス・ヴェーゼン] [名] -s/ 教育制度, 教育組織.

die **Bịld·un·ter·schrift** [ビルト・ウンター・シュりふト] [名] -/-en 挿絵〔写真〕の説明文.

die **Bịld·wand** [ビルト・ヴァント] [名] -/..wände スクリーン.

der **Bịld·wer·fer** [ビルト・ヴェるふぁー] [名] -s/- 映写機, プロジェクター.

das **Bịld·werk** [ビルト・ヴェるク] [名] -(e)s/-e 《文》彫刻作品.

das **Bịld·wör·ter·buch** [ビルト・ヴェるター・ブーふ] [名] -(e)s/..bücher 図解辞典.

die **Bịl·ge** [ビルゲ] [名] -/-n 〘海〙ビルジ, 艙底(そうてい).

das **Bịl·ge·was·ser** [ビルゲ・ヴァっサー] [名] -s/ 〘海〙(船底にたまった)汚水, 淦(あか).

die **Bil·har·zi·o·se** [ビルハるツィオーゼ] [名] -/-n 〘医〙ビルハルツ住血吸虫病.

bi·lin·gu·al [ビ・リングアール, ビー・リングアール] [形] バイリンガルの.

der **Bi·lin·gu·is·mus** [ビ・リングイスムス] [名] -/ 〘言〙バイリンガル, 二か国語〔二言語〕併用.

das **Bịl·lard** [bíljart ビリヤるト] [名] -s/-e〔《オーストリア》-s〕 **1.** 《㊀のみ》玉突き, ビリヤード. **2.** 玉突き台.

die **Bịl·lard·ku·gel** [ビリヤるト・クーゲル] [名] -/-n 玉突きの玉.

der **Bịl·lard·stock** [ビリヤるト・シュトック] [名] -(e)s/..stöcke (玉突きの)キュー.

der **Bil·le·teur** [bɪljɛtǿːr ビリエテーあ] [名] -s/-e **1.** 《オーストリア》(劇場などの)座席案内係. **2.** 《スイス》(昔の)車掌.

das **Bil·lẹtt** [bɪljɛ́t ビリエット] [名] -s/-s〔-e〕 《スイス》乗車券; 入場券; 《オーストリア》短い手紙, メモ; グリーティングカード.

die **Bil·li·ạr·de** [bɪli̯árdə ビリアるデ] [名] -/-n 1000 兆.

bịl·lig [ビリひ] [形] **1.** 安い; 《蔑》安物の. **2.** 《蔑》いいかげんな, 下らない, へたな. **3.** 〘法〙正当な, 公正な.

bịl·lig·den·kend [ビリひ・デンケント] [形] 《古》公正な考えの.

bịl·li·gen [ビリゲン] [動] *h.* 〔<et⁴>ヲ〕承認する, 是認する.

bịl·li·ger·wei·se [ビリガー・ヴァイゼ] [副] 《文飾》正当に.

der **Bịl·lig·job** [ビリひ・ヂョッブ] [名] -s/-s 《口》低賃金の仕事〔職〕.

die **Bịl·lig·keit** [ビリひカイト] [名] -/ 廉価; 《古》公正, 正当.

das **Bịl·lig·lohn·land** [ビリひ・ローン・ラント] [名] -(e)s/..länder 低賃金国.

die **Bịl·li·gung** [ビリグング] [名] -/-en 《主に㊀》是認, 承認.

die **Bil·li·on** [ビリオーン] [名] -/-en 1 兆.

bil·li·ons·tel [ビリオーンステル] [数] 《分数》1 兆分の 1 の.

das **Bil·li·ons·tel** [ビリオーンステル] [名] -s/-(《スイス》der ~) 1 兆分の 1.

bil·li·on·tel [ビリオーンテル] [数] 《分数》=billionstel.

das **Bil·li·on·tel** [ビリオーンテル] [名] -s/- =Billionstel.

der〔*das*〕 **Bil·lon** [bɪljõː ビリヨーン] [名] -s/ (銀または金に銅などを混ぜた)貨幣用合金.

die **Bi·lo·ka·ti·on** [ビロカツィオーン] [名] -/-en 同時に二つの場所にいられる能力.

das **Bịl·sen·kraut** [ビルゼン・クらウト] [名] -(e)s/ 〘植〙ヒヨス(ナス科の毒草).

der **Bịm·bam**¹ [ビム・バム] [名] 《次の形で》(Ach du) heiliger ~! 《口》こいつは驚いた.

das **Bịm·bạm**² [ビム・バム] [名] -s/-s 《幼》がらんがらん(鐘のこと).

das **Bi·mẹs·ter** [ビメスター] [名] -s/- 2 か月間.

das **Bi·me·tall** [ビー・メタル] [名] -s/-e 〘工〙バイメタル.

der **Bi·me·tal·lịs·mus** [ビ・メタリスムス] [名] -/ 〘経〙金銀複本位制.

die **Bịm·mel** [ビメル] [名] -/-n 《口》鈴, ベル.

bịm·meln [ビメルン] [動] *h.* 〔補足なし〕《口》ちりんちりんと鳴る(鈴・ベルなどが).

bịm·sen [ビムゼン] [動] *h.* **1.** 〔<j⁴/et⁴>ヲ〕《古》軽石で擦る〔磨く〕. **2.** 〔<j⁴>ヲ〕〘軍〙しごく; 《口》ぶん殴る. **3.** 〔<j⁴/et⁴>ヲ〕《口》頭にたたき込む(単語・九九などを).

der **Bịms·stein** [ビムス・シュタイン] [名] -(e)s/-e **1.** 軽石. **2.** 軽石石材; (研磨用)軽石.

bịn [ビン] [動] sein の現在形 1 人称単数.

bi·nä̱r [ビネーあ] [形] 二つの単位〔部分・要素〕から成る; 〘数〙二進法の: ~*e* Verbindung 〘化〙二元化合物.

das **Bi·när·sys·tem** [ビネーあ・ズュステーム] [名] -s/ 〘数〙二進法.

das **Bi·nä̱r·zei·chen** [ビネーあ・ツァイひぇン] [名] -s/- 〘数・コンピュータ〙二進数字, ビット.

die **Bịn·de** [ビンデ] [名] -/-n 帯状のもの; 包帯, 三角巾; 眼帯(Augen~); 腕章(Arm~); 生理用ナプキン(Damen~); 《古》ネクタイ(Hals~): <j³> eine ~ anlegen <人に>包帯をする. den Arm in der ~ tragen 腕を三角巾でつっている. 【慣用】 **<j³> fällt die〔eine〕 Binde von den Augen** 《文》<人に>事の真相が明らかとなる. **(sich³) einen hinter die Binde gießen〔kippen〕** 《口》酒を飲む.

der **Bịn·de·draht** [ビンデ・ドらート] [名] -(e)s/ 〘工〙緊結鋼線.

das **Bịn·de·ge·we·be** [ビンデ・ゲヴェーベ] [名] -s/- 〘医〙結合組織.

das **Bịn·de·glied** [ビンデ・グリート] [名] -(e)s/-er (鎖の)つなぎの輪, 連鎖; 《転》接合具; 仲介者, 仲立ち.

die **Bịn·de·haut** [ビンデ・ハウト] [名] -/..häute 〘医〙結膜.

die **Bịn·de·haut·ent·zün·dung** [ビンデハウト・エントツュンドゥング] [名] -/-en 結膜炎.

Biomasse

der **Bin·de·mä·her** [ビンデ・メーあー] 名 -s/- 〖農〗刈取り結束機.
das **Bin·de·mit·tel** [ビンデ・ミッテル] 名 -s/- (モルタルなどの)結合剤,接着剤;(塗料の)触媒包体.
bin·den* [ビンデン] 動 band; hat gebunden **1.**〈j⁴/et⁴ɔɔ〉束ねる(花などを),結びつける(人を). **2.**〈j⁴/et⁴ɔɔ〉(束ねて)作る(花輪・たるなどを). **3.**〈j⁴/et⁴ɔɔ〉縛る;束縛する,拘束する(約束などが人を). **4.**〈j⁴/et⁴ɔɔ〉〈+方向ɔ〉結びつける: sich⁴ an 〈j⁴/et⁴ɔɔ〉〈人ɔɔ〉関係を結ぶ. **5.**〈et⁴ɔɔ〉結ぶ(ネクタイ・靴ひもなどを),巻く(マフラーなどを),結んで作る(リボンなどを). **6.**〈et⁴ɔɔ〉結合させる,固める(細い根が土などを);〖料〗(…に)とろみをつける(ソースなどに);〖楽〗レガートで奏する(歌う). **7.**〈様態ɔ〉固まる(ペンキなどが),つく(にかわなどが). **8.**〖製本〗製本する,装丁する.
bin·dend [ビンデント] 形 結びつける;拘束力のある.
der **Bin·der** [ビンダー] 名 -s/- **1.**《古》ネクタイ(Krawatte). **2.** 結ぶ(束ねる)人〖物〗,製本工(Buch~), フラワーデザイナー(Blumen~), 〖南独・オストリア〗桶(樽)職人(Fass~), ほうき職人(Besen~), 刈取り結束機(Mäh~). **3.**〖土〗(積み石やれんがの)小口;梁(はり);(塗料の)結合剤.
das **Bin·de-s** [ビンデ・エス] 名 -/- 〖言〗接合のs(例えば Eintrittskarte の s).
der **Bin·de·strich** [ビンデ・シュトリッヒ] 名 -(e)s/-e ハイフン.
der **Bin·de·vo·kal** [ビンデ・ヴォカール] 名 -s/-e 〖言〗つなぎ母音,語幹形成母音.
das **Bin·de·wort** [ビンデ・ヴォるト] 名 -(e)s/..wörter 〖言〗接続詞.
der **Bind·fa·den** [ビント・ふぁーデン] 名 -s/..fäden (細い)ひも: Es regnet *Bindfäden*.《口》どしゃ降りだ.
die **Bin·dung** [ビンドゥング] 名 -/-en **1.** 結びつき,(精神的な)関係,きずな;(責務のある)関係: eine ~ an 〈j⁴/et⁴ɔɔ〉〈人ɔɔ〉関係を結ぶ. **2.** (スキーの)ビンディング;(木材などの)組み;(つづりの字の)続け方;〖織〗織り;〖理・化〗結合.
bin·dungs·los [ビンドゥングス・ロース] 形 拘束[束縛]されない.
(*das*) **Bin·gen** [ビンゲン] 名 -s/ 〖地名〗ビンゲン(ライン河畔の都市).
das **Bin·go** [ビンゴ] 名 -(s)/ ビンゴ(くじ).
bin·nen [ビネン] 前 〈+3格/2格〉…以内に(2格は《文》): ~ drei Tagen 3日以内に. ~ kurzem 近い内に.
das **Bin·nen·eis** [ビネン・アイス] 名 -es/ 〖地質〗内陸氷.
das **Bin·nen·ge·wäs·ser** [ビネン・ゲヴェッサー] 名 -s/- 内水(内陸の河川・湖沼).
der **Bin·nen·ha·fen** [ビネン・ハーふェン] 名 -s/..häfen 内陸港.
der **Bin·nen·han·del** [ビネン・ハンデル] 名 -s/ 国内取引.
das **Bin·nen·land** [ビネン・ラント] 名 -(e)s/ 内陸.
der **Bin·nen·markt** [ビネン・マるクト] 名 -(e)s/..märkte 〖経〗国内市場, 域内市場.
das **Bin·nen·meer** [ビネン・メーア] 名 -(e)s/-e 内海.
der **Bin·nen·reim** [ビネン・らイム] 名 -(e)s/-e 〖詩〗行内韻.
die **Bin·nen·schiff·fahrt**, ⓇBin·nen·schiffahrt [ビネン・シふぁーあト] 名 -/ (川・湖などの)内水航行,内航海運.
der **Bin·nen·see** [ビネン・ゼー] 名 -s/-n 内陸湖.
der **Bin·nen·ver·kehr** [ビネン・ふぇあケーア] 名 -(e)s/ 国内交通.
die **Bin·nen·wan·de·rung** [ビネン・ヴァンデるング]

-/-en 国内人口移動.
die **Bin·nen·wirt·schaft** [ビネン・ヴィるトシャフト] 名 -/ 国内経済.
der **Bin·nen·zoll** [ビネン・ツォル] 名 -(e)s/..zölle 域内関税.
das **Bi·no·kel** [ビノ(-)ケル] 名 -s/- **1.**《古》眼鏡;双眼鏡;双眼顕微鏡. **2.** (der ~ も有)〖トランプ〗ビノーケル(スイスのカードゲーム).
bi·no·ku·lar [ビノクラーる] 形 両眼の;双眼用の.
der **Bi·nom** [ビ・ノーム] 名 -s/-e 〖数〗二項式.
bi·no·misch [ビ・ノーミシュ] 形 〖数〗二項式の.
die **Bin·se** [ビンゼ] 名 -/-n 〖植〗イグサ. 【慣用句】 in die Binsen gehen《口》なくなる;こわれる;失敗する.
die **Bin·sen·wahr·heit** [ビンゼン・ヴァーあハイト] 名 -/-en 周知のこと, 分りきったこと, 自明の理.
die **Bin·sen·weis·heit** [ビンゼン・ヴァイスハイト] 名 -/-en = Binsenwahrheit.
bio·ak·tiv [ビオ・アクティーふ, ビーオ・アクティーふ] 形 バイオ活性化の.
die **Bio·che·mie** [ビオ・ひェミー] 名 -/ 生化学.
der **Bio·che·mi·ker** [ビオ・ひェミーカー] 名 -s/- 生化学者.
bio·che·misch [ビオ・ひェーミシュ] 形 生化学の.
der **Bio·chip** [..tʃip ビーオ・チップ] 名 -s/-s バイオチップ,バイオ素子.
die **Bio·cho·re** [biokóːrə ビオ・コーれ] 名 -/-n 〖生態〗ビオコーレ(ビオトープの中で特定生物にとって最適な環境条件が備わっている場所).
das **Bio·cho·ri·on** [biokóː.. ビオ・コーりオン] 名 -s/..rien = Biochore.
die **Bio·ethik** [ビーオ・エーティク] 名 -/ 生命倫理(学), バイオエシックス.
die **Bio·farm** [ビーオ・ふぁるム] 名 -/-en 有機農業;有機農場.
das **Bio·feed·back** [..fiːtbɛk ビーオ・ふぃートベック] 名 -s/-s 〖生〗バイオフィードバック, 生体自己制御.
das **Bio·gas** [ビーオ・ガース] 名 -es/-e 生物ガス(有機物の腐敗により発生する気体燃料).
bio·gen [ビオ・ゲーン] 形 生物(の活動)で生じた, (死んだ)生物できてた.
die **Bio·ge·ne·se** [ビオ・ゲネーゼ] 名 -/ 生物発生(史).
bio·ge·ne·tisch [ビオ・ゲネーティシュ] 形 生物発生(史)の.
die **Bio·geo·gra·fie**, **Bio·geo·gra·phie** [ビオ・ゲオグらふぃー] 名 -/ 生物地理学.
bio·geo·gra·fisch, **bio·geo·gra·phisch** [ビオ・ゲオ・グらーふぃシュ] 形 生物地理学の.
der **Bio·graf**, **Bio·graph** [ビオ・グらーふ] 名 -en/-en 伝記作者.
die **Bio·gra·fie**, **Bio·gra·phie** [ビオ・グらふぃー] 名 -/-n 伝記;経歴, 履歴.
bio·gra·fisch, **bio·gra·phisch** [ビオ・グらーふぃシュ] 形 伝記(体)の.
die **Bio·kost** [ビーオ・コスト] 名 -/ 自然食品の食事.
der **Bio·la·den** [ビーオ・ラーデン] 名 -s/..läden《口》自然食品専門店.
der **Bio·lo·ge** [ビオ・ローゲ] 名 -n/-n 生物学者.
die **Bio·lo·gie** [ビオ・ロギー] 名 -/ 生物学;生物(学)に関すること.
bio·lo·gisch [ビオ・ローギシュ] 形 生物(学)の;自然素材の.
bio·lo·gisch-dy·na·misch [ビオローギシュ・デュナーミシュ] 形 自然農法による.
die **Bio·lu·mi·nes·zenz** [ビオルミネスツェンツ] 名 -/ 〖生〗生物発光(ホタルなどの発光現象).
die **Bio·mas·se** [ビーオ・マッセ] 名 -/ 〖生〗生物量, バイオマス.

bio·me·di·zi·nisch [ビオ・メディツィーニシュ] 形 生物医学的な.

die **Bi·o·nik** [ビオーニク] 名 -/ バイオニクス, 生体電子工学.

die **Bi·o·phy·sik** [ビオ・ふぉズィーク] 名 -/ 生物物理学.

die **Bi·op·sie** [ビオプスィー] 名 -/-n 〖医〗バイオプシー, 生検.

der **Bi·o·re·ak·tor** [ビーオ・れアクトーア] 名 -s/-en 〖生〗バイオリアクター, 生物反応器〔槽〕.

der **Bi·o·rhyth·mus** [ビーオ・リュトムス] 名 -/ バイオリズム, 生体リズム.

das **Bi·o·skop** [ビオ・スコープ] 名 -s/-e ビオスコープ (初期の映画映写機).

die **Bi·o·sphäre** [ビオ・ふぇーれ] 名 -/ 生物圏.

das **Bi·o·sphären·re·ser·vat** [ビオふぇーれン・れぜるヴァート] 名 -(e)s/-e (ユネスコによって定められた) 生物圏保護区.

die **Bi·o·syn·the·se** [ビオ・ズュンテーゼ, ビーオ・ズュンテーゼ] 名 -/-n 〖生〗生合成.

die **Bi·o·tech·nik** [ビオ・テひニク] 名 -/ バイオテクニク, 生物工学.

die **Bi·o·tech·no·lo·gie** [ビオ・テひノロギー] 名 -/ バイオテクノロジー, 生命 〔生物〕工学.

bi·o·tisch [ビオーティシュ] 形 生物〔生命〕に関する.

die **Bi·o·ton·ne** [ビーオ・トネ] 名 -/-n 〖環〗分別収集用の生ごみ容器 (コンポスト化のため).

der [*das*] **Bi·o·top** [ビオ・トープ] 名 -s/-e 〖生〗ビオトープ, (動植物の) 生息空間.

die **Bi·o·zö·no·se** [ビオ・ツェノーゼ] 名 -/-n 〖生〗群集.

der **Bi·pe·de** [ビ・ペーデ] 名 -n/-n 〖動〗二足動物.

das **Bi·phe·nyl** [ビ・ふぇニール] 名 -s/-e 〖化〗ビフェニル, ジフェニル (カビ防止剤に使用): Polychlorierte ~e ポリ塩化ビフェニル (略 PCB).

bi·po·lar [ビ・ポラール] 形 双極〔両極〕(性)の.

das **Bi·rett** [びれット] 名 -(e)s/-e 〖カトリック〗ビレタ (聖職者用の四角い帽子).

birg [ビるク] 動 bergen の du に対する命令形.

birgst [ビるクスト] 動 bergen の現在形2人称単数.

birgt [ビるクト] 動 bergen の現在形3人称単数.

die **Bir·ke** [ビるケ] 名 -/-n 〖植〗シラカバ; (⌀のみ) シラカバ材.

bir·ken [ビるケン] 形 シラカバ (製) の.

das **Bir·ken·holz** [ビるケン・ホルツ] 名 -es/..hölzer シラカバ材.

der **Bir·ken·pilz** [ビるケン・ビルツ] 名 -es/-e 〖植〗ヤマイグチ (白樺と共生するキノコ).

der **Birk·hahn** [ビるク・ハーン] 名 -(e)s/..hähne 〖鳥〗クロライチョウ.

das **Birk·huhn** [ビるク・フーン] 名 -(e)s/..hühner 〖鳥〗クロライチョウ.

(*das*) **Bir·ma** [ビるマ] 名 -s/ 〖国名〗ビルマ (ミャンマーの旧国名). ⇨ Myanmar.

der **Birn·baum** [ビるン・バウム] 名 -(e)s/..bäume セイヨウナシの木; (⌀のみ) ナシ材.

die **Bir·ne** [ビるネ] 名 -/-n 1. 〖植〗セイヨウナシ (洋梨(な))の実; 洋梨の木; (⌀のみ) ナシ材. 電球 (Glüh~): Die ~ ist durchgebrannt. 電球が切れている. 3. 〖口頭〗: eine weiche ~ haben 〖蔑〗頭が悪い.

bir·nen·för·mig [ビるネン・ふぉるミヒ] 形 セイヨウナシ形の.

birst [ビるスト] 動 bersten の現在形2・3人称単数.

birst ! [ビるスト] 動 bersten の du に対する命令形.

bis [ビス] 前 〔+4格〕 1. (時間)…まで: ~ heute/fünf Uhr 今日/5時まで. ~ nächstes Jahr 来年まで. B~ wann brauchen Sie das Buch? いつまでこの本が要りますか. B~ nachher/Sonntag ! ではのちほど/日曜日にまた (別れる際に). 《他の前置詞とともに. 格支配は後続の前置詞による. 3・4格支配の場合は4格》~ nach Mitternacht 真夜中過ぎまで. ~ zum nächsten Mal 次回まで. ~ in die Nacht hinein 夜中まで. 2. (空間)…まで: ~ München ミュンヘンまで. von unten ~ oben 下から上まで. 《他の前置詞とともに》~ an den Rhein ライン川まで. ~ nach Spanien スペインまで. ~ zur Haltestelle. 停留所まで. 3. (前置詞とともに) a. (包含)…まで (含めて): Der Saal war ~ auf den letzten Platz besetzt. 会場は最後の座席まで占められていた. b. (除外)…を除いて: B~ auf zwei waren alle da. 二人を除いてみんなそこにいた. 4. (上限) 〔前置詞 zu および数詞とともに〕…まで: Städte ~ zu 50 000 Einwohnern 人口五万人までの市. Jugendliche ~ zu 18 Jahren 〔~ 18 Jahre〕18歳までの青少年.
―― 接 1. (並列) 《数詞・形容詞の間に置いて》…か…ぐらい: vier ~ fünf Kilometer 4-5キロメーター. Das Konzert war mittelmäßig ~ schlecht. そのコンサートは中か下の出来だった. 2. (従属) a. …まで: Er wartete, ~ ich kam. 彼は私が行くまで待っていた. b. ((方))…するやいなや.

der **Bi·sam** [ビーザム] 名 -s/-e(-s) 1. 麝香 (じゃこう). 2. ジャコウネズミの毛皮.

die **Bi·sam·rat·te** [ビーザム・らッテ] 名 -/-n 〖動〗ジャコウネズミ.

der **Bi·schof** [ビショ(ー)ふ] 名 -s/Bischöfe 1. 〖カトリック〗司教; 〖プロテスタント〗 (聖公会などの) 主教. 2. ビショップ酒 (赤ワインにダイダイの皮・砂糖を入れたもの).

bi·schöf·lich [ビショ(ー)ふリヒ] 形 司教 (監督・主教) の.

das **Bi·schofs·amt** [ビショ(ー)ふス・アムト] 名 -(e)s/..ämter 司教 (監督・主教) 職.

der **Bi·schofs·hut** [ビショ(ー)ふス・フート] 名 -(e)s/..hüte (執務中以外にかぶる) 司教帽.

die **Bi·schofs·müt·ze** [ビショ(ー)ふス・ミュッツェ] 名 -/-n 1. 司教冠, ミトラ. 2. 〖植〗ランボウギョク (サボテン).

der **Bi·schofs·ring** [ビショ(ー)ふス・リング] 名 -(s)s/-e 司教指輪.

der **Bi·schofs·sitz** [ビショ(ー)ふス・ズィッツ] 名 -es/-e 司教座所在地; 監督管区所在地.

der **Bi·schofs·stab** [ビショ(ー)ふス・シュターブ] 名 -(e)s/..stäbe 司教杖(じょう); (聖公会の) 牧杖.

die **Bi·schofs·wür·de** [ビショ(ー)ふス・ヴュるデ] 名 -/-n 司教位.

die **Bi·se** [ビーゼ] 名 -/-n ((方))北風, 北東の風.

die **Bi·se·xua·li·tät** [ビ・ゼクスアリテート, ビー・ゼクスアリテート] 名 -/ 〖生〗両性具有; 〖医・心〗両性愛.

bi·se·xu·ell [ビ・ゼクスエル, ビー・ゼクスエル] 形 〖生〗両性を有する, 雌雄同体の; 〖医・心〗両性愛の.

bis·her [ビス・ヘーア] 副 これまで, 今まで, 従来: wie ~ 今までどおり.

bis·he·rig [ビス・ヘーリヒ] 形 これまでの, 今までの, 従来の: im B~en には今までの個所で.

die **Bis·ka·ya** [ビスカーヤ] 名 -/ 〖海名〗ビスケー湾 (北部スペインと西フランスの間).

das [*der*] **Bis·kuit** [biskvi:t, biskvı́:t, bıskuít] 名 -(e)s/-s(-e) 1. ビスケット. 2. 素焼きの陶器 (~porzellan).

bis·lang [ビス・ラング] 副 ((方))= bisher.

(*der*) **Bis·marck** [ビスマるク] 名 〖人名〗ビスマルク (Otto Fürst von ~, 1815-98 ドイツ帝国の初代宰相).

der **Bis·marck·ar·chi·pel** [ビスマるク・アるひペール] 名

-s/ ビスマーク諸島(ニューギニアの北東に位置する).

der **Bis·marck·he·ring** [ビスマるク・ヘーりング] [名] -s/-e ニシンのビスマルク漬(骨を抜いたニシンのマリネ).

das **Bis·mu·tum** [ビスムートゥム] [名] -s/ 〖化〗ビスマス.

der **Bi·son** [ビーゾン] [名] -s/-s 〖動〗バイソン(野牛).

biss, [旧] **biß** [ビス] [動] beißen の過去形.

der **Biss,** [旧] **Biß** [ビス] [名] -es/-e **1.** かむこと. **2.** かみ傷. **3.** 《口》闘志, やる気;辛辣さ.

biss·chen, [旧] **biß·chen** [ビスひぇン] [代] 《不定》少し(ばかり)の, わずかな, ちょっとの: ein ~ Brot 少しばかりのパン. das ~ Geld そのわずかなお金. mit ein klein ~ Geduld ほんのちょっとの辛抱で.
—— [副] 《語飾》(動詞・形容詞を修飾)(主に次の形で) ein ~ 少しばかり, ちょっと: ein ~ schlafen ちょっと眠る.

das **Biss·chen,** [旧] **Biß·chen** [ビスひぇン] [名] -s/- 少し, わずか.

bis·se [ビっセ] [動] beißen の接続法 2 式.

bis·sel [ビっセル] [形] 《南独・オーストリア・口》=bißchen.

der **Bis·sen** [ビっセン] [名] -s/- **1.** (食物の)一口: ein ~ Brot 一口のパン. **2.** 軽い食事. 【慣用】〈j^3〉 **bleibt der Bissen im Hals(e) stecken** 《口》〈人が〉あぜんとする. 〈j^3〉 **die〔jeden〕 Bissen in den〔im〕 Mund zählen** 《口》〈人が〉どれくらい食べるかよく見ている. 〈j^3〉 **keinen Bissen (Brot) gönnen** 《口》(けちな心根やねたみ心から)〈人に〉何も〔パンの一かけも〕分けてやらない. **ein fetter Bissen** 《口》ぼろもうけ, もうけ仕事. **sich^3 jeden〔den letzten〕 Bissen vom Mund(e) absparen** 《口》飲まず食わずで節約する.

bis·sig [ビっスィひ] [形] **1.** かみつく癖のある;刺すような. **2.** 辛辣(しんらつ)な;〖スポ〗《ジャーゴン》闘志むきだしの.

die **Bis·sig·keit** [ビっスィひカイト] [名] -/-en **1.** ([単]のみ)かみつく癖(犬などの);辛辣さ. **2.** 辛辣な批評〔コメント〕. **3.** 〖スポ〗《ジャーゴン》闘志.

die **Biss·wun·de,** [旧] **Biß·wun·de** [ビス・ヴンデ] [名] -/-n かみ傷.

bist [ビスト] [動] sein の現在形 2 人称単数.

der〔*das*〕 **Bis·ter** [ビスター] [名] -s/ ビスタ〔褐〕色の水彩絵具.

der〔*das*〕 **Bis·tou·ri** [bɪstúːri ビストゥーり] [名] -s/-s (刃の交換可能な)外科用メス.

das **Bis·tro** [ビストろ, ビストろー] [名] -s/-s ビストロ, 居酒屋.

das **Bis·tum** [ビストゥーム] [名] -s/..tümer 〖カトリック〗司教区.

bis·wei·len [ビス・ヴァイレン] [副] 《文》(普段はそうでもないが)時に, 時たま.

bit [ビット] =Bit.

das **Bit** [ビット] [名] -(s)/-(s) 〖コンピュータ〗ビット(二進数字. 情報の基本単位. 記号 bit).

der **Bit·tag** [ビット・ターク] ⇨ Bitttag.

bit·te [ビっテ] [副] (Ich bitte の短縮形) **1.** (頼み・質問・要求に添えて)どうぞ, どうか: *B*~(,) bedienen Sie sich! どうぞ召上がれ. *B*~ herein! どうぞお入り下さい. Der Nächste ~! お次の方どうぞ. *B*~ wenden! 裏面をご覧下さい(略 b.w.). **2.** (問いに肯定的に答えて)はい, お願いします: Wünschen Sie noch ein Glas Bier? — *B*~ (ja)! ビールをもう一杯いかがですか. —はい, いただきます. **3.** どう致しまして: Ich danke Ihnen für Ihre Bemühungen. —*B*~ schön〔sehr〕! お骨折りをありがとうございました. —どう致しまして. **4.** (聞返して)え: (Wie) ~? え(何とおっしゃいましたか). 【慣用】**bitte, bitte machen** 《幼》ちょうだい, ちょうだいをする. **Na bitte!** ほらね(言ったとおりでしょう).

die **Bit·te** [ビっテ] [名] -/-n 願い(事), 頼み, 懇願, 請願: eine ~ um 〈et^4〉〈事を〉求める願い. eine ~ an 〈j^4〉 richten〔stellen〕〈人に〉願いごとをする.

bit·ten* [ビっテン] [動] bat; hat gebeten **1.** 〔〈j^4〉ニ+um 〈et^4〉ヲ(クレト)/〈[文]〉ト〕頼む, 求める, 願う, 請う. **2.** 〔〈j^4〉ヲ+zu 〈et^3〉ニ〕招待する, 誘う. **3.** 〔〈j^4〉ニ+〈方向〉ヘ〕来る〔行く〕ように頼む. **4.** 〔(bei 〈j^3〉ニ)+für 〈j^4〉ノ〕《文》とりなしをする. 【慣用】**(Aber) ich bitte Sie〔Ich muss Sie doch (sehr) bitten〕!** 何ということをおっしゃるんですか, とんでもないですよ. 〈j^4〉 **auf ein Glas Wein bitten** 〈人を〉夕食の後で一杯飲みに来ないかと誘う. **bitten und betteln** 切にお願いする. **wenn ich bitten darf** もしお願いしてよろしければ(主に強要的に): Ruhe, wenn ich *bitten* darf! 静かにして頂けないのですか. 〈j^4〉 **zur Kasse bitten** 〈人に〉お金を(払って)下さいと言う. **Darum möchte ich doch sehr gebeten haben.** 《口》それはぜひともお願いしたい.

bit·ter [ビっター] [形] **1.** 苦(にが)い: einen ~*en* Beigeschmack haben 苦みがある. **2.** 苦しい, 辛い, 痛ましい, むごい. **3.** 暗い(性格の), (鬱々(うつうつ)として)楽しまない: ~ antworten 不機嫌に答える. **4.** 辛辣(しんらつ)な: ~*e* Ironie 辛辣な皮肉. **5.** 極端な: ~*e* Kälte 厳寒. ~*er* Ernst/Feind 真剣そのもの/不倶戴天(ふぐたいてん)の敵. zum ~*en* Ende gehen 最後の最後まで行く. **6.** ひどく, 非常に.

bit·ter·bö·se [ビっター・ベーゼ] [形] ひどく怒った;極悪の.

die **Bit·ter·er·de** [ビっター・エーあデ] [名] -/ 〖化〗苦土, 酸化マグネシウム.

bit·ter·ernst [ビっター・エるンスト] [形] ひどく真剣〔重大〕な.

der **Bit·ter·kalk** [ビっター・カルク] [名] -(e)s/-e 白雲石, 苦土石灰.

bit·ter·kalt [ビっター・カルト] [形] ひどく寒〔冷た〕い.

die **Bit·ter·keit** [ビっターカイト] [名] -/-en **1.** ([単]のみ)苦さ, 苦味. **2.** 苦々しさ, 苦い思い, 辛さ.

bit·ter·lich [ビっターりひ] [形] **1.** ほろ苦い, 苦みのある. **2.** 激しく, ひどく.

der **Bit·ter·ling** [ビっターリング] [名] -s/-e 〖魚〗バラタナゴ;〖植〗ビッターリング(リンドウ科の植物);ニガイグチ(きのこ).

das **Bit·ter·man·del·öl** [ビっター・マンデル・エール] [名] -(e)s/-e 苦扁桃(くへんとう)油.

die **Bit·ter·nis** [ビっターニス] [名] -/-se 《文》 **1.** 苦味. **2.** 辛さ, 苦しさ;苦々しいこと.

die **Bit·ter·o·ran·ge** [..orɑ̃ːʒə ビっター・オらーンジェ, ..oraŋʒə ビっター・オらンジェ] [名] -/-n 〖植〗ダイダイ.

das **Bit·ter·salz** [ビっター・ザルツ] [名] -es/ 〖化〗瀉利塩(しゃりえん).

der **Bit·ter·stoff** [ビっター・シュトふ] [名] -(e)s/-e (主に[複])苦味素.

bit·ter·süß, bit·ter-süß [ビっター・ズュース] [形] 苦くて甘い;苦くて甘美な.

das **Bit·ter·was·ser** [ビっター・ヴァっサー] [名] -s/..wässer 苦味鉱泉水(治療用の飲用鉱水).

der **Bitt·gang** [ビット・ガング] [名] -(e)s/..gänge 陳情〔懇願〕に行くこと;〖カトリック〗祈願行列.

das **Bitt·ge·such** [ビット・ゲズーふ] [名] -(e)s/-e 請願〔陳情〕.

die **Bitt·pro·zes·si·on** [ビット・プろツェスィオーン] [名] -/-en 〖カトリック〗祈願行列.

das **Bitt·schrei·ben** [ビット・シュらイベン] [名] -s/- 請願〔陳情〕書.

die **Bitt·schrift** [ビット・シュりふト] [名] -/-en 《古》請願〔陳情〕書.

der **Bitt·stel·ler** [ビット・シュテラー] [名] -s/- 請願〔陳情〕者.

der **Bitt·tag, Bitt-Tag** [ビット・ターク] [名] -(e)s/-e (主に[複])〖カトリック〗祈願日(キリスト昇天の前の三日間).

das **Bi·tu·men** [ビトゥーメン] [名] -s/-〔..mina〕〖化〗瀝

青(%%).
bi·tu·mi·nös [ビトゥミネース] 形 瀝青(%%)を含む.
die Bi·wa [ビーヴァ] 名 -/-s〖楽〗琵琶(%)(和楽器).
das Bi·wak [ビーヴァック] 名 -s/-s[-e]〖軍・登山〗露営, ビバーク: ein ～ errichten 野営させる.
bi·wa·kie·ren [ビヴァキーレン] 動 h.〖慣用〗露営[野宿]する, ビバークする.
BIZ [ベーイーツェト, bɪts ビッツ] =Bank für Internationalen Zahlungsausgleich 国際決済銀行.
bi·zarr [ビツァル] 形 奇怪な, 異様な(形の); 風変わりな, 気まぐれな.
der Bi·zeps [ビーツェプス] 名 -(es)/-e 上腕二頭筋.
Bk [ベーカー] 記号〖化〗バークリウム.
BKA =Bundeskriminalamt 連邦刑事庁.
BKV [ベーカーファォ] =Betriebskollektivvertrag〖旧東独〗事業者内集団協約.
Bl. =Blatt (…)枚(の紙).
das Bla·bla [ブラブラー] 名 -(s)/〖口〗無内容な話.
die Black-box, Black Box, ⓔ**Black box** [blɛk bɔks ブレック ボックス] 名 -,--/-es,--es ブラックボックス(内部構造のわからない装置).

das Black-out, Black-out [blɛk'aʊt ブレック・アゥト, ブレック・アウト, ブラック・アウト] 名 -(s)/-s **1.**〖劇〗暗転; 暗転で終る寸前. **2.** ブラックアウト(宇宙船と地上との間の一時的断絶). **3.**〖医〗瞬眩(%%); 一時的意識喪失. **4.**〖軍〗灯火管制. **5.** 大停電.
Black·pow·er, Black Power [blɛk paʊər ブレック パウアー] 名 -,--/ ブラック・パワー(人種平等を目ざす米国黒人運動).
blaff! [ブラッフ] 間 わん(犬のほえ声), ぱん(銃声).
blaf·fen [ブラッフェン] 動 h.〖慣用〗〖口〗わんわん[きゃんきゃん]ほえる(犬が); ぱんと鳴る(銃が).
bläf·fen [ブレふェン] 動 h. =blaffen.
das Blag [ブラーク] 名 -s/-en〖口〗悪がき.
die Bla·ge [ブラーゲ] 名 -/-n =Blag.
blä·hen [ブレーエン] 動 h. **1.**〈et⁴ッ〉膨らませる. **2.**〈sich⁴〉(風で)膨らむ. **3.**〈sich⁴+〈様態⁼〉〉〖文〗威張る. **4.**〖慣用〗ガスを生じさせる(食物が).
die Blä·hung [ブレーゥング] 名 -/-en 鼓腸.
bla·ken [ブラーケン] 動 h.〖慣用〗(北独)油煙を立てる, 煤(%)を出す, くすぶる.
der Bla·ker [ブラーカー] 名 -s/- (壁に掛ける)反射板つき燭台(%%).
bla·ma·bel [ブラマーベル] 形 〖ⓔⓐⓐ..bl..〗恥ずべき.
die Bla·ma·ge [..ʒə ブラマージェ] 名 -/-n 恥さらしな事件, 醜態.
bla·mie·ren [ブラミーレン] 動 h. **1.**〈j⁴〉=〈様態⁼〉〉〉恥をかかせる, (…を)物笑いにする. **2.**〈sich⁴+〈様態⁼〉〉〉恥をかく, 物笑いになる, 醜態をさらす.
blan·chie·ren [blãʃiːrən ブランシーレン] 動 h.〈et⁴ッ〉〖料〗さっと熱湯に通す.
blank [ブランク] 形 **1.** ぴかぴかの, つるつるの, きらきら輝く;〖文〗明るい;〖口〗(着古してかてかの). **2.** 露き出しの, 裸の, 抜身の,〖慣用〗なしで: das ～e Holz 白木. mit der ～en Hand 素手で. eine Farbe ～ haben 〖腹〗ある組の札しか持っていない. auf der ～en Erde sitzen 地べたに(じかに)座っている. **3.** まったくの: ～er Unsinn 愚の骨頂.〖慣用〗**blank sein** 一文無しである. **der Blanke Hans** 〖詩〗(しけの)白波逆巻く北海.
das Blan·kett [ブランケット] 名 -(e)s/-e **1.**〖経〗(署名した文書の)白紙の部分; 白地(%%)小切手[手形]. **2.**〖工〗(フライス盤の)植刀.

blan·ko [ブランコ] 副 印刷されて[書かれて]いない, 空欄を残して; 白地で.
der Blan·ko·kre·dit [ブランコ·クレディート] 名 -(e)s/-e〖経〗白地信用.
der Blan·ko·scheck [ブランコ·シェック] 名 -s/-s[-e] 白地小切手(金額などが無記入).
die Blan·ko·voll·macht [ブランコ·フォル·マはト] 名 -/-en 白紙委任(状):〈j³〉～ geben〈人に〉白紙委任する.
der Blank·vers [ブランク·ふェルス] 名 -es/-e〖詩〗弱強五脚の無韻詩.
blank|zie·hen* [ブランク·ツィーエン] 動 h.〈et⁴ッ〉さやから抜き放つ(サーベル·短刀などを).
das Bläs·chen [ブレースひェン] 名 -s/- 小さな泡; 小水疱(%%), 水ぶくれ.
die Bla·se [ブラーゼ] 名 -/-n **1.** 泡, あぶく: ～n werfen(ziehen) 泡をたてる. ～n ziehend 発泡性の. **2.** 水ぶくれ: sich³ eine ～ laufen 走って[歩いて]まめができる. **3.** 袋状組織, 膀胱〖医〗(Harn～); 〖医〗胎胞, 羊膜囊(%)(Frucht～); 胆囊(Gallen～); (魚の)浮き袋: die ～ entleeren 小便をする. **4.** 〖口·蔑〗(ならず者の)一味, 一団.〖慣用〗**Blasen ziehen**〖口〗悪い結果をもたらす. **Blasen werfen**〖口〗センセーションをひきおこす.
der Bla·se·balg [ブラーゼ·バルク] 名 -(e)s/..bälge ふいご(オルガンなどの)送風器.
bla·sen* [ブラーゼン] 動 h. **1.** 息を(吹き)かける, blies; hat geblasen. **2.**〈方向⁴〉+〈方向⁴〉〉吹飛ばす; 吹きかける, 吹きつける:〈j³〉〈et⁴〉in Ohr ～〈人に〉事を〈人の〉耳に入れる. **3.** 〈〈et⁴ッ〉〈方向⁴〉〉(方)吹いて冷ます(コーヒー·スープなどを). **4.**〖慣用〗強く吹く(風が); 吹奏する(トランペット奏者などが). **5.**〈et⁴ッ〉吹奏する, 吹く(管楽器を). **6.**〈et⁴ッ〉吹く(ソロなどを): eine Melodie auf der Flöte ～ あるメロディーをフルートで吹く. **7.** 〈et⁴ッ〉吹き出してガラスを吹く.〖慣用〗**Ich blas' dir (et) was!**(おまえの言うことなんか)真っ平ご免だよ.〈j³〉**in die Ohren blasen**〈人に〉お世辞を言って頼む. **Trübsal blasen** 悲しんでいる, ふさぎ込んでいる. **zum Angriff/Sammeln blasen** 突撃/集合らっぱを吹く.
die Bla·sen·ent·zün·dung [ブラーゼン·エントツゥンドゥング] 名 -/-en〖医〗膀胱炎.
der Bla·sen·ka·tarr, Bla·sen·ka·tarrh [ブラーゼン·カタル] 名 -s/-e〖医〗膀胱カタル.
der Bla·sen·krebs [ブラーゼン·クレープス] 名 -es/-e〖医〗膀胱癌.
das Bla·sen·lei·den [ブラーゼン·ライデン] 名 -s/- 慢性膀胱疾患.
der Bla·sen·stein [ブラーゼン·シュタイン] 名 -(e)s/-e〖医〗膀胱結石.
der Bla·sen·wurm [ブラーゼン·ヴルム] 名 -(e)s/..würmer 囊虫(%%%)(条虫の幼虫).
Bla·sen·zie·hend, ⓔ**bla·sen·zie·hend** [ブラーゼン·ツィーエント] 形 ➡Blase 1.
der Blä·ser [ブレーザー] 名 -s/- **1.**〖楽〗管楽器奏者. **2.** ガラス吹き職人(Glas～). **3.**〖鉱〗坑内ガスが噴出する裂け目.
bla·siert [ブラズィーあト] 形 〖腹〗(珍しくもないと人を)馬鹿にする, うぬぼれた.
die Bla·siert·heit [ブラズィーあトハイト] 名 -/-en **1.**〖ⓔのみ〗うぬぼれ. **2.** 高慢な言葉[態度].
bla·sig [ブラーズィヒ] 形 泡の浮く; 水疱状の.
das Blas·in·stru·ment [ブラース·インストルメント] 名 -(e)s/-e 管楽器, 吹奏楽器.
(der) Bla·si·us [ブラーズィゥス] 名〖人名〗ブラージウス(316年没, 十四救護聖人の一人).
die Blas·ka·pel·le [ブラース·カペレ] 名 -/-n 吹奏楽団, ブラスバンド.

bla·so·nie·ren [ブラゾニーレン] 動 h. ⟨et³ʒ⟩[紋章]説明する；描く（紋章を）．

die **Blas·phe·mie** [ブラスふぇミー] 名 -/-n 冒瀆(ぼう)，瀆神(しん)．

blas·phe·misch [ブラスふぇーミシュ] 形 冒瀆(ぼう)的な，瀆神(しん)的．

das **Blas·rohr** [ブラース・ろーあ] 名 -(e)s/-e **1.** 吹き矢の筒．**2.** (蒸気機関車の)吐出管．

blass, ⓐ **bläß** [ブラス] 形 blasser；blassest ⦅まれに blässer；blässest⦆ **1.** 青ざめた，血の気の失せた．**2.** 淡い，かすかな：nur eine ~e Ahnung von ⟨et³⟩ haben ⟨事について⟩わずかしか知らない．**3.** 精彩を欠いた．**4.** あらわな，むきだしの．

die **Bläs·se** [ブレッセ] 名 -/ 青ざめていること，蒼白；淡い色．

bläss·lich, ⓐ **bläß·lich** [ブレスリひ] 形 **1.** やや青ざめた；ぱっとしない，さえない．**2.** 生気のない，色あせた．

bläst [ブレースト] 動 blasen の現在形 2・3 人称単数．

das **Blas·tom** [ブラストーム] 名 -s/-e [医]芽細胞腫，真正腫瘍(しゅ)．

das **Blatt** [ブラット] 名 -(e)s/Blätter ⦅単位を表すば-⦆ **1.** (植物の)葉：Der Baum treibt neue *Blätter*. 樹木が新しい葉を出す．**2.** (一枚の紙 (略Bl.)，一枚・ノートなどの紙)一枚：(アート紙に印刷した)美術複製画の一枚：drei ~ Papier 三枚の紙，lose *Blätter* ルーズリーフ．~ für⦅um⦆ 一枚一枚．**3.** 新聞，雑誌．**4.** (金属・木などの)薄板，薄片，箔；刃，刃身；(オールの)ブレード，(プロペラの)羽根，(管楽器の)吹き口，(織機の)おさ．**5.** [トラ]カード；手札：カード一組：ein gutes ~ haben よいカードを持っている．**6.** (牛の)肩肉，[狩](鹿などの)肩甲部；雄のノロジカをおびきよせる笛．【慣用】**Das Blatt hat sich gewendet.** ⟨口⟩局面が一変した．⟨et¹⟩ **steht auf einem anderen Blatt.** ⟨事は⟩別問題だ．⟨j¹⟩ **ist (noch) ein unbeschriebenes Blatt** ⟨人は⟩まだ未熟だ；まだよく知られていない．**kein Blatt vor den Mund nehmen** 歯にきぬ着せずにものを言う．**vom Blatt singen/spielen** ⟨楽⟩初見で歌う/演奏する．

das **Blätt·chen** [ブレットちゅん] 名 -s/- 小さな葉；小さな紙；小新聞．

blat·ten [ブラッテン] 動 h. ⦅猟⦆[狩]笛を吹く(雄のノロジカをおびきよせるために)．

der **Blat·ter**¹ [ブラッター] 名 -s/- 雄のノロジカをおびきよせる笛．

die **Blat·ter**² [ブラッター] 名 -/-n ⦅古⦆(天然痘の)膿疱，あばた，⦅稠のみ⦆天然痘，疱瘡(ほう)．

blät·te·rig [ブレッテりひ] 形 葉の多い；薄く剥離(はく)しやすい．

der **Blät·ter·ma·gen** [ブレッター・マーゲン] 名 -s/- [動]葉胃(反芻(すう)動物の第三胃)．

blät·tern [ブレッターン] 動 **1.** h. [in ⟨et³⟩]⟨ばらばらと⟩めくる，拾い読みする．**2.** s. ⦅稠⦆薄片となってはがれる⟨ラッカー・しっくいなど⟩，剥離(はく)する(粘板岩・ぬり粉などが)．**3.** h. ⟨et³+auf ⟨et⁴ʒ⟩⟩ 一枚一枚置く⟨カード・紙等をテーブルの上などに⟩．**4.** h. ⟨et³ʒ⟩⦅農⦆葉をかきとる．

die **Blat·ter·nar·be** [ブラッター・ナルべ] 名 -/-n あばた，痘痕(とう)．

blat·ter·nar·big [ブラッター・ナビひ] 形 あばたのある．

der **Blät·ter·teig** [ブレッター・タイク] 名 -(e)s/-e パイ生地．

der **Blät·ter·wald** [ブレッター・ヴァルト] 名 -(e)s/-e ⦅口・冗⦆(多くの)新聞：Es rauscht ⦅raunt⦆ im ~. 新聞の声に騒ぎ立てる．

die **Blatt·fe·der** [ブラット・ふぇーダー] 名 -/-n [工]板ばね．

blatt·för·mig [ブラット・ふぉるミひ] 形 葉の形をした．

das **Blatt·ge·mü·se** [ブラット・ゲミューゼ] 名 -s/- 葉菜類．

das **Blatt·gold** [ブラット・ゴルト] 名 -(e)s/ 金箔(ぱく)．

das **Blatt·grün** [ブラット・グりューン] 名 -s/ 葉緑素．

die **Blatt·laus** [ブラット・ラウス] 名 -/..läuse [昆]アブラムシ．

die **Blatt·laus·schlupf·wes·pe** [ブラットラウス・シュルプふ・ヴェスペ] 名 -/-n [昆]アブラムシシヒメバチ(アブラムシの成虫に卵を産み付ける天敵)．

blatt·los [ブラット・ロース] 形 葉のない．

die **Blatt·pflan·ze** [ブラット・プふランツェ] 名 -/-n [植]観葉植物．

blätt·rig [ブレットりひ] 形 =blätterig．

der **Blatt·schuss**, ⓐ **Blatt·schuß** [ブラット・シュス] 名 -es/-e [狩]肩甲部への射撃．

das **Blatt·sil·ber** [ブラット・ズィルバー] 名 -s/ 銀箔(ぱく)．

die **Blatt·stel·lung** [ブラット・シュテルング] 名 -/-en [植]葉序．

der **Blatt·stiel** [ブラット・シュティール] 名 -(e)s/-e [植]葉柄．

die **Blatt·suk·ku·len·te** [ブラット・ズクレンテ] 名 -/-n [植]葉多肉植物．

die **Blatt·ver·gol·dung** [ブラット・ふぇあゴルドゥング] 名 -/-en 金箔(ぱく)を置くこと．

blatt·wei·se [ブラット・ヴァイゼ] 副 一枚ずつの．

das **Blatt·werk** [ブラット・ヴェるク] 名 -(e)s/-e **1.** ⦅主に稠⦆(樹木全体の)葉．**2.** (柱・額縁などの)葉形装飾．

die **Blatt·zeit** [ブラット・ツァイト] 名 -/ [狩]ノロジカの交尾期．

blau [ブラウ] 形 青い：die ~e Blume 青い花(ドイツロマン派のあこがれの象徴)．~e Lippen 血の気の失せた唇．ein ~es Auge haben 目のまわりに青あざをくっている．Aal ~ [料]アールブラウ(ウナギのクールブイヨン煮)．das ~e Kreuz 青十字(禁酒運動を推進する団体の名前とそのマーク)．【慣用】**blau sein**（**wie ein Veilchen**）⟨口⟩べろんべろんに酔っ払っている．**die blauen Jungs** ⟨口⟩船員達(青服から)．**blaue Milch** (低脂肪の)薄い牛乳．⟨j³⟩ **blauen Dunst vormachen** ⟨口⟩人を煙にまく．**blauen Montag machen** ⟨口⟩月曜日も仕事を休む．**blaues Blut in den Adern haben** 貴族の血が流れている．**Der Blaue Planet** 地球．**der Blaue Reiter** 青騎士(表現主義の絵画団体)．**die blaue Ferne** はるか彼方．**die blaue Stunde** たそがれ時．**ein blauer Anton** 青い作業着(作業服)．**ein blauer Brief** (進級に関する)警告状，進級不許可の通知，解雇通知書．**ein blauer Lappen** ⟨口⟩100マルク紙幣．**eine blaue Zone** 青色ゾーン(一定時間駐車可能な区域)．**eine Fahrt ins Blaue** 目的地を決めないドライブ．**Es wird** ⟨j³⟩ **grün und blau vor den Augen.** ⟨人が⟩気分が悪くて目がくらくらする．⟨j¹⟩ **sich grün und blau schlagen** ⟨人が⟩青あざができるほど殴る．**mit einem blauen Auge davonkommen** たいしたこともなく済む．**sein blaues Wunder erleben** ⟨口⟩びっくり仰天する．**sich⁴ grün und blau ärgern** 顔色を変えて怒る．

das **Blau** [ブラウ] 名 -s/-(s) 青(色)：ganz in ~ kommen 青い服でくる．

die **Blau·al·ge** [ブラウ・アルゲ] 名 -/-n ⦅キに稠⦆[植]藍藻(植物)．

blau·äu·gig [ブラウ・オイギひ] 形 青い目の，うぶな．

die **Blau·äu·gig·keit** [ブラウ・オイギひカイト] 名 -/ **1.** 青い目であること．**2.** うぶなこと(ナイーブ)なこと．

der **Blau·bart** [ブラウ・バート] 名 -(e)s/-e 青髭(ひげ)⦅次々と妻を殺す童話の人物⦆；妻殺し．

die **Blau·bee·re** [ブラウ・べーレ] 名 -/-n [植]ブルーベリー．

blau·blü·tig [ブラウ・ブリューティひ] 形 ⦅主に皮⦆貴族の血をひいた．

B

der **Blaue**[1] [ブラウエ] [名]《形容詞的変化》《口》 1.《古》警官. 2. 青い紙幣(100 マルク紙幣).

das **Blaue**[2] [ブラウエ] [名]《形容詞的変化;㊥のみ;定冠詞とともに》青色, 青み: ins ～ spielen 青みがかっている. 【慣用】**das Blaue vom Himmel (herunter) lügen**《口》平気でうそをつく. **das Blaue vom Himmel (herunter) reden**《口》どうでもいいことをぺらぺらしゃべる. ⟨j³⟩ **das Blaue vom Himmel (herunter) versprechen**《口》⟨人に⟩できもしない約束をする. **ins Blaue (hinein)**《口》とりとめ〔目的〕もなく.

die **Bläue** [ブロイエ] [名] -/ 《文》青色, (海や空の)青さ.

blau·en [ブラウエン] [動] *h.* 〔補足なし〕青ずむ, 青ずんでいる(空・海などが).

bläu·en[1] [ブロイエン] [動] *h.* 〔⟨et⁴⟩ヲ〕青く染める(繊維製品を), 青くする(リトマス紙などを);洗剤用の螢光染料で漂白する(洗濯物を).

bläu·en[2], ⑪**bleu·en** [ブロイエン] [動] *h.* 〔⟨j⁴⟩ヲ〕《口》殴る.

der **Blau·fel·chen** [ブラウ・ふぇルひェン] [名] -s/- 〖魚〗ホワイトフィッシュ(ボーデン湖の淡水魚).

der **Blau·fuchs** [ブラウ・ふっクス] [名] -es/..füchse 〖動〗アオギツネ(北極ギツネの俗称).

blau·grau, blau-grau [ブラウ・グラウ] [形] 青灰色の.

das **Blau·hemd** [ブラウ・ヘムト] [名] -(e)s/-en 〖旧東独〗自由ドイツ青年団(FDJ)の青シャツ;《口》FDJのメンバー.

das **Blau·holz** [ブラウ・ホルツ] [名] -es/..hölzer 〖植〗ロッグウッド.

die **Blau·ja·cke** [ブラウ・ヤッケ] [名] -/-n 《口》水兵, 水夫.

das **Blau·kraut** [ブラウ・クラウト] [名] -(e)s/ 〖植〗《南独・オーストリア》ムラサキキャベツ.

das **Blau·kreuz** [ブラウ・クロイツ] [名] -es/ 青十字ガス(猛毒).

der **Blau·kreuz·ler** [ブラウ・クロイツラー] [名] -s/- 《口》青十字(禁酒)会会員.

bläu·lich [ブロイリひ] [形] 青味がかった.

das **Blau·licht** [ブラウ・リひト] [名] -(e)s/-er 1. (パトカー・消防車・救急車の)青色警告灯. 2. (㊥のみ)(医療用の)青色光.

blau|ma·chen [ブラウマっヘン] [動] *h.* 〔⟨時間⟩ノ間〕《口》仕事をさぼる.

die **Blau·mei·se** [ブラウ・マイゼ] [名] -/-n 〖鳥〗アオガラ.

die **Blau·pau·se** [ブラウ・パウゼ] [名] -/-n 青写真.

blau·rot, blau-rot [ブラウ・ろート] [形] 青みがかった赤の.

die **Blau·säu·re** [ブラウ・ゾイれ] [名] -/ 〖化〗青酸.

der **Blau·stift** [ブラウ・シュティふト] [名] -(e)s/-e 青鉛筆.

der **Blau·strumpf** [ブラウ・シュトるムプふ] [名] -(e)s/..strümpfe 青鞜(教養を鼻にかける女性).

die **Blau·sucht** [ブラウ・ズふト] [名] -/ 〖医〗チアノーゼ, 青色症.

der **Bla·zer** [blé:zər ブレーザー] [名] -s/- ブレザー(クラブの青い上着;単色スポーツジャケット).

das **Blech** [ブレっひ] [名] -(e)s/-e 1. 金属の薄板, 板金, ブリキ;オーブンプレート(Back～). 2. (㊥のみ)〖楽〗(オーケストラの)金管楽器(群). 3. (㊥のみ)《口・蔑》勲章, メダル;ばかげたこと: So ein ～! くだらない.

der **Blech·blä·ser** [ブレっひ・ブレーザー] [名] -s/- 金管奏者.

das **Blech·blas·in·s·tru·ment** [ブレっひ・ブラース・インストるメント] [名] -(e)s/-e 金管楽器.

die **Blech·büch·se** [ブレっひ・ビュクセ] [名] -/-n ブリキ缶.

die **Blech·do·se** [ブレっひ・ドーゼ] [名] -/-n (丸い)ブリキ缶.

der **Blech·ei·mer** [ブレっひ・アイマー] [名] -s/- ブリキのバケツ.

ble·chen [ブレっひェン] [動] *h.* 〔(⟨et⁴⟩ヲ)〕《口》(しぶしぶ)支払う(一定金額を).

ble·chern [ブレっひャーン] [形] 1. ブリキ(製)の. 2. 金属的な響きの;薄っぺらな, うつろな.

der **Blech·ka·nis·ter** [ブレっひ・カニスター] [名] -s/- (箱型の)ブリキの容器.

die **Blech·kis·te** [ブレっひ・キステ] [名] -/-n ブリキ箱;《口・蔑》ポンコツ車, おんぼろ車.

die **Blech·leh·re** [ブレっひ・レーれ] [名] -/-n 〖工〗板ゲージ.

die **Blech·mu·sik** [ブレっひ・ムズィーク] [名] -/ (《蔑》も有)(ちっぽけな同好会などの)吹奏楽.

der **Blech·scha·den** [ブレっひ・シャーデン] [名] -s/..schäden 〖車〗(自動車の)ボディー〔車体〕損傷.

die **Blech·sche·re** [ブレっひ・シェーれ] [名] -/-n 金切りばさみ.

der **Blech·schmied** [ブレっひ・シュミート] [名] -(e)s/-e 板金工.

das **Blech·walz·werk** [ブレっひ・ヴァルツ・ヴェるク] [名] -(e)s/-e 〖工〗薄板〔ブリキ〕圧延工場.

die **Blech·wa·ren** [ブレっひ・ヴァーれン] [複名] ブリキ製品.

ble·cken [ブレッケン] [動] *h.* 1. 〔補足なし〕ぱっと見えてくる(火などが). 2. 〔⟨et⁴⟩ヲ〕むき出す(歯・きばなどを).

der **Blei**[1] [ブライ] [名] -(e)s/-e 〖魚〗ブリーム(コイ科).

der 〔*das*〕**Blei**[2] [ブライ] [名] -(e)s/-e〔s〕《口》＝Bleistift.

das **Blei**[3] [ブライ] [名] -(e)s/-e 1. (㊥のみ)鉛(記号Pb). 2. 測鉛(Senk～). 3.《古》弾丸. 【慣用】**Blei gießen** 鉛で占う(⇨Bleigießen). ⟨j³⟩ **liegt es wie Blei in den Gliedern** ⟨人の⟩手足が鉛のように重い.

der **Blei·ak·ku·mu·la·tor** [ブライ・アクムラートーあ] [名] -s/-en 〖理〗鉛蓄電池.

die **Blei·be** [ブライベ] [名] -/-n (主に㊥)宿泊場所.

blei·ben* [ブライベン] [動] blieb; ist geblieben 1. 〔(⟨場所⟩ニ)〕とどまる, 残る, 滞在する: *Bleibst* du mal eben beim Gepäck? ちょっと荷物を見ててくれないか. am Apparat ～ 電話を切らずにそのまま待つ. Das *bleibt* unter uns! それはわれわれだけの話にしておこう. 2. 〔⟨形⟩ノ〕ままである, (…で)あり続ける. 3. 〔⟨j¹/et¹⟩デ〕あり続ける, (…の)ままである. 4. 〔⟨j³/et¹⟩ガ〕残っている. 5. 〔bei ⟨et³⟩ヲ〕変えない. 6. 〔⟨動⟩シタ〕ままでいる(状態を表す動詞とともに用いる): auf dem Sofa sitzen ～ ソファーに座ったままでいる. 7. 〔zu ⟨動⟩スルコトガ〕まだできる, まだ(…しなければ)ならない. 【慣用】**am Leben bleiben** 生きている. ⟨et⁴⟩ **bleiben lassen**《口》⟨事を⟩やらないでおく, やめる(喫煙などを). ⟨j³⟩ **auf den Fersen bleiben** ⟨人の⟩すぐ後について行く〔つけて行く〕. **auf der Strecke bleiben**《口》落後する, 失敗に終る(計画などが). **bei der Sache bleiben** 本題からそれない. **beim Alten bleiben** 変わらない〔昔のままである〕. **Er ist auf See/im Krieg geblieben.**《文》彼は海/戦争で命を落した. ⟨j³⟩ **in Erinnerung bleiben** ⟨人の⟩記憶に残っている. **Kein Stein bleibt auf dem anderen.** 跡形もなく破壊される. ⟨j³⟩ **mit ⟨et³⟩ vom Hals(e)〔Leib(e)〕bleiben** ⟨人を⟩⟨事で⟩煩わさない.

blei·bend [ブライベント] [形] あとあとまで残る, 永続する: von ～*em* Wert sein 不変の価値がある.

blei·ben las·sen*, ⑪**blei·ben|las·sen*** [ブライベン ラッセン] [動] ⇨bleiben【慣用】.

bleich [ブライひ] [形] 1. 青ざめた. 2.《文》蒼(あお)白い, 淡い;血の気がひくような.

die **Blei·che** [ブライひェ] [名] -/-n 1. (㊥のみ)《詩》

青白さ;色あせていること. **2.**(昔の)天日さらし場.
bleichen[1] [ブライヒェン] 動 *h.* ⟨et⁴ッ⟩漂白する,さらす;脱色してブロンドにする(髪を).
bleichen[2(*)] [ブライヒェン] 動 bleichte[blich] ; ist gebleicht[geblichen] [慣用]あせる,変色する(…の色が).
die **Bleich-er-de** [ブライヒ・エーアデ] 名 -/-n 〖地〗漂白層.
das **Bleich-ge-sicht** [ブライヒ・ゲジヒト] 名 -(e)s/-er 《口》顔の青白い人;(《冗》も有)白人.
das **Bleich-mit-tel** [ブライヒ・ミッテル] 名 -s/- 漂白剤.
der **Bleich-platz** [ブライヒ・プラッツ] 名 -es/..plätze さらし場(作業)場.
die **Bleich-sucht** [ブライヒ・ズフト] 名 -/ 〖医〗萎黄(ぃぉぅ)病.
bleich-süch-tig [ブライヒ・ズュヒティヒ] 形 萎黄(ぃぉぅ)病の.
blei-ern [ブライエーン] 形 **1.** 鉛(製)の.《文》鉛色の. **2.** (鉛のように)重苦しい.
das **Blei-erz** [ブライ・エルツ] 名 -es/-e 鉛鉱.
blei-frei [ブライ・フライ] 形 鉛をふくまない.
der **Blei-fuß** [ブライ・フース] 名 -es/..füße 《次の形で》mit ~ fahren 《口》アクセルを踏みっぱなしで走る.
das **Blei-gie-ßen** [ブライ・ギーセン] 名 -s/- 鉛占い (溶かした鉛を水中に注ぎ,出来た形で占う).
der **Blei-glanz** [ブライ・グランツ] 名 -es/-e 方鉛鉱.
das **Blei-glas** [ブライ・グラース] 名 -es/..gläser 鉛(フリント)ガラス.
blei-hal-tig [ブライ・ハルティヒ] 形 鉛を含んだ.
die **Blei-in-du-strie** [ブライ・インドゥストリー] 名 / 鉛(関連)工業.
das **Blei-kri-stall** [ブライ・クリスタル] 名 -s/ 高級鉛ガラス,クリスタルガラス.
die **Blei-ku-gel** [ブライ・クーゲル] 名 -/-n 鉛の弾丸.
das **Blei-lot** [ブライ・ロート] 名 -(e)s/-e 測鉛;重り.
das **Blei-phos-phat** [ブライ・ふぉスふァート] 名 -s/ 〖化〗燐酸鉛.
der **Blei-saum** [ブライ・ザウム] 名 -(e)s/..säume 〖医〗鉛縁(門歯の周囲歯肉に生じる帯状の青灰白色着色.硫化鉛による中毒症状).
blei-schwer [ブライ・シュヴェーア] 形 鉛のように重い.
der **Blei-sol-dat** [ブライ・ゾルダート] 名 -en/-en 鉛の兵隊(玩具).
der **Blei-stift** [ブライ・シュティフト] 名 -(e)s/-e 鉛筆.
der **Blei-stift-ab-satz** [ブライ・シュティフト・アップザッツ] 名 -es/..sätze 《口》先のとがった高い(ハイ)ヒール.
der **Blei-stift-spit-zer** [ブライシュティフト・シュピッツァー] 名 -s/- 鉛筆削り.
die **Blei-stift-zeich-nung** [ブライシュティフト・ツァイヒヌング] 名 -/-en 鉛筆画.
das **Blei-te-tra-äthyl** [ブライ・テトラ・エテュール] 名 -s/ 〖化〗テトラ[4]エチル鉛.
das **Blei-te-tra-me-thyl** [ブライ・テトラ・メテュール] 名 -s/ 〖化〗テトラ[4]メチル鉛.
die **Blei-ver-gif-tung** [ブライ・ふぇギふトゥング] 名 -/-en 鉛中毒.
das **Blei-was-ser** [ブライ・ヴァッサー] 名 -s/- 〖医〗ゴウルド水.
das **Blei-weiß** [ブライ・ヴァイス] 名 -es/ 鉛白(絵具).
der **Blei-zucker** [ブライ・ツッカー] 名 -s/ 〖化〗鉛糖,酢酸鉛.
der(*das*) **Blend** [ブレント] 名 -s/-s (酒・紅茶などの)ブレンド[言]混淆(ごぅ).
die **Blen-de** [ブレンデ] 名 -/-n **1.** 日よけ,ブラインド;遮光装置. **2.** 〖映・写〗絞り;絞りの値;〖映〗フェード,映像の漸移. **3.** 〖建〗(外壁の)装飾窓

〔アーチ〕;(壁の)めくら窓;〖造船〗(船室の)めくら蓋. **4.** 飾り折り襟,飾り襟縁. **5.** 〖化〗閃(せん)亜鉛鉱.
blen-den [ブレンデン] 動 *h.* **1.** ⟨⟨j³/et⁴ッ⟩⟩まぶしがらせる. **2.** 〖雅〗まぶしく輝く. **3.** ⟨j³ッ⟩眩惑(げんゎく)する;たぶらかす,だます;(…の)目を(一時的に)見えなくする;(目をえぐっいで)盲目にする(昔の刑罰). **4.** ⟨et⁴ッ⟩ブラインドをつける;(…を)黒く染める(毛皮を);〖軍〗擬装する. **5.** [in(auf⟨et⁴ッ⟩](ランプで)照らす. [慣用] ⟨j³ッ⟩ ins Gesicht blenden ⟨人の⟩顔をまぶしく照らす.
blen-dend [ブレンデント] 形 **1.** すばらしい. **2.** まぶしいほど: ~ weiß まぶしいほど白い.
blen-dend weiß, (ⓑ) **blen-dend-weiß** [ブレンデント ヴァイス] ⇨ blendend.
die **Blen-den-ein-stel-lung** [ブレンデン・アイン・シュテルング] 名 -/-en 〖写〗絞りの調節.
der **Blen-der** [ブレンダー] 名 -s/- はったり屋.
blend-frei [ブレント・ふライ] 形 まぶしくない,無反射の.
die **Blend-la-ter-ne** [ブレント・ラテネル] 名 -/-n (明暗調節ができる)遮光装置つきのランタン.
das **Blend-le-der** [ブレント・レーダー] 名 -s/- (馬の)目隠し.
der **Blend-ling** [ブレントリング] 名 -s/-e 〖生〗雑種.
der **Blend-rah-men** [ブレント・ラーメン] 名 -s/- カンバスの木枠;(壁の)窓(戸)枠.
das **Blend-werk** [ブレント・ヴェルク] 名 -(e)s/-e 見せかけ,まやかし;《雅》魔法,魔力.
die **Ble-pha-ri-tis** [ブレふァリーティス] 名 -/..tiden [ブレふァリティーデン] 〖医〗眼瞼(がんけん)炎.
die **Bles-se** [ブレセ] 名 -/-n (牛馬の額や鼻の)白毛模様;顔に白毛模様のある動物.
bles-sie-ren [ブレスィーレン] 動 *h.* ⟨j⁴ッ⟩《古》負傷させる,傷つける.
die **Bles-sur** [ブレスーア] 名 -/-en《古》負傷.
bleu [blø: ブレー] 形《無変化》薄青の,水色の,空色の.
bleu-en [ブロイエン] 動 ⇨ bläuen[2].
blich [ブリヒ] 動 《古》bleichen[2]の過去形.
bli-che [ブリヒェ] 動 《古》bleichen[2]の接続法2式.
der **Blick** [ブリック] 名 -(e)s/-e **1.** 一見,一瞥(いちべつ),まなざし,視線: auf den ersten/zweiten ~ 一目で den ~ auf ⟨j⁴/et⁴⟩ richten ⟨人・物に⟩視線を向ける. ⟨j³⟩ ~ fällt auf ⟨et⁴⟩ ⟨人の⟩視線が物に止まる. **2.** 《ⓑのみ》目の表情,目つき. **3.** 《ⓑのみ》見晴らし,眺め: ein Zimmer mit auf den See 湖の見える部屋. **4.** 《ⓑのみ》洞察力,炯眼(けいがん): den richtigen ~ für ⟨et⁴⟩ haben ⟨事に〉目が利く[正しい眺めがある]. [慣用] **der böse Blick** 邪眼. **einen Blick hinter die Kulissen werfen (tun)** 物事の裏を知る. **keinen Blick für ⟨j¹/et⁴⟩ haben** ⟨人・事を〉理解しない;⟨人・事を〉無視する.
blicken [ブリッケン] 動 *h.* **1.** ⟨方向⟩ノカだ(に)⟩見る,(…の方へ)目を向ける: auf die Uhr ~ 時計を見る. aus dem Zimmer ~ 部屋から外を見る. zu Boden/zur Seite ~ 目を伏せる/目をそらす. **2.** 〖形〗ノョゥナ⟩目つきをしている. **3.** ⟨aus⟨et³⟩カラ/ durch⟨et⁴⟩開コウ⟩(ちらりと)見える. [慣用] **dem Tod ins Gesicht blicken** 《文》死を恐れず直視する. **sich⁴⟨bei⟨j³⟩⟩ blicken lassen** ⟨人の〉ところへ〉姿〔顔〕を見せる(訓令で来る).
der **Blick-fang** [ブリック・ふァング] 名 -(e)s/..fänge 人目を引く物;目玉商品.
das **Blick-feld** [ブリック・ふェルト] 名 -(e)s/-er 視界,視野; ⟨j⁴/et⁴⟩ ins ~ rücken ⟨人・事・物への〉世間の関心を喚起する.
der **Blick-punkt** [ブリック・プンクト] 名 -(e)s/-e **1.** 注目的: im ~ stehen 注目的である. **2.** 視点,観点.

Blickwinkel 190

der **Blick·win·kel** [ブリック・ヴィンケル] 名 -s/- 視角, 視点.

blieb [ブリープ] 動 bleiben の過去形.
blie·be [ブリーベ] 動 bleiben の接続法 2 式.
blies [ブリース] 動 blasen の過去形.
blie·se [ブリーゼ] 動 blasen の接続法 2 式.
blind [ブリント] 形 1. 盲目の; 見る目がない; 予測できない. Er war ~ für ihre wahre Absicht. 彼は彼女の真意が見抜けなかった. durch ~en Zufall まったく偶然に. 2. 盲目的な, 無分別な: ~er Glaube 盲信. 3. 隠れた(目に見えない)の: ein ~er Passagier 無賃乗車客. eine ~e Klippe 暗礁. 4. 曇った(金属などが). 5. 見せかけの: ein ~es Fenster めくら窓. ein ~e Tasche 飾りポケット.【慣用】blind schreiben(blindschreiben) キーを見ずに文字を打つ. Die Straße endet blind. この通りは行止まりだ. ins Blinde hinein めくら滅法.
der **Blind·band** [ブリント・バント] 名 -(e)s/..bände (実物大の)装丁見本, 束(そく)見本.
der **Blind·darm** [ブリント・ダルム] 名 -(e)s/..därme 1.【解】盲腸. 2. 盲腸(虫垂の俗称).
die **Blind·darm·ent·zün·dung** [ブリントダルム・エントツュンドゥング] 名 -/-en〔口〕盲腸炎(虫垂炎の俗称).
der/die **Blin·de** [ブリンデ] 名 (形容詞的変化)盲人.
(die) **Blin·de·kuh** [ブリンデクー] 名 -/ 〈次の形で〉 ~ spielen 目隠し鬼ごっこをする.
die **Blin·den·an·stalt** [ブリンデン・アンシュタルト] 名 -/-en 盲人ホーム.
der **Blin·den·hund** [ブリンデン・フント] 名 -(e)s/-e 盲導犬.
die **Blin·den·schrift** [ブリンデン・シュリフト] 名 -/-en 点字.
blind flie·gen*, blind|flie·gen* [ブリント・フリーゲン] 動 s.【空】盲目(計器)飛行する.
der **Blind·flug** [ブリント・フルーク] 名 -(e)s/..flüge【空】盲目(計器)飛行.
der **Blind·gän·ger** [ブリント・ゲンガー] 名 -s/- 不発弾;〔口〕期待はずれの人; 無能な人.
blind ge·bo·ren, ⓔ blind|ge·bo·ren [ブリント ゲボーレン] 形 生れつき盲目の.
blind·gläu·big [ブリント・グロイビヒ] 形 盲信的な.
die **Blind·heit** [ブリントハイト] 名 -/ 盲目; 蒙昧(もうまい), 無批判な態度.【慣用】⟨j³⟩ ist mit Blindheit geschlagen〔口〕⟨人 は⟩ 重要なことに気がつかない.
die **Blind·lan·dung** [ブリント・ランドゥング] 名 -/-en【空】盲目(計器)着陸.
blind·lings [ブリントリングス] 副 盲目的に, やみくもに.
der **Blind·schacht** [ブリント・シャハト] 名 -(e)s/..schächte【鉱】地上へ通じていない縦坑.
die **Blind·schlei·che** [ブリント・シュライヒェ] 名 -/-n【動】アシナシトカゲ(爬虫類).
blind schrei·ben*, blind|schrei·ben* [ブリント シュライベン] 動 h.【慣用】キーを見ずに文字を打つ.
blind·wü·tig [ブリント・ヴューティヒ] 形 怒りに目がくらんだ.
die **Bli·ni** [ブリ(-)ニ] 複名 ブリニ(ソバ粉で出来たロシアのパンケーキ).
blin·ken [ブリンケン] 動 h. 1.【慣用】きらきら(ぴかぴか)と光る(輝く)⟨星·灯火·金·鏡 などが⟩. 2. ⟨et⁴⟩ ₃ 点滅(信号)で送る(SOSなどを).【慣用】mit den Augen blinken 目をしばたく, まばたきをする.
der **Blin·ker** [ブリンカー] 名 -s/- 1.【交通】ウィンカー. 2. (釣りの)スプーン(金属製擬餌(ぎじ)).
das **Blink·feu·er** [ブリンク・ふォイアー] 名 -s/-【交通】明滅(信号)灯, 閃光灯.
das **Blink·ge·rät** [ブリンク・ゲレート] 名 -(e)s/-e【軍】(モールス信号を送る)回光信号機.
die **Blink·leuch·te** [ブリンク・ロイヒテ] 名 -/-n【車】ウィンカー.
das **Blink·licht** [ブリンク・リヒト] 名 -(e)s/-er【交通】点滅灯.
das **Blink·zei·chen** [ブリンク・ツァイヒェン] 名 -s/-明滅信号.
blin·zeln [ブリンツェルン] 動 h.【慣用】目をしばたく, 目くばせをする, まばたきをする; 目をしばたいて見る.
der **Blitz** [ブリッツ] 名 -es/-e 1. 稲光, 稲妻. 2.〔口〕フラッシュ(~licht).【慣用】wie der Blitz(wie ein geölter Blitz) 〔口〕電光石火のごとく. wie ein Blitz aus heiterem Himmel 青天の霹靂(へきれき)のように. wie vom Blitz getroffen (雷に打たれたように)びっくりして.
der **Blitz·ab·lei·ter** [ブリッツ・アップ・ライター] 名 -s/- 避雷針; ⟨j⁴⟩als ~ benutzen ⟨人 に⟩八つ当たりする.
blitz·ar·tig [ブリッツ・アーティヒ] 形 電光石火の.
blitz·blank [ブリッツ・ブランク] 形 清潔でぴかぴかの.
blit·zen [ブリッツェン] 動 h. 1. (Es)稲光りがする, 稲妻がする.【慣用】⟨冗⟩下着がちらちらする. 2.【慣用】かっと光る(ガラス·ダイヤなどが). 3. ⟨aus(in)⟩ ⟨et⁴⟩ ₃ 現れる. 4. ⟨j⁴/et⁴⟩ ₃ フラッシュ撮影する. 5.【慣用】〔口〕ストリーキングをする.
die **Blit·zes·schnel·le** [ブリッツェス・シュネレ] 名 〈次の形で〉 in (mit) ~ 電光石火に.
das **Blitz·ge·spräch** [ブリッツ・ゲシュプレーヒ] 名 -(e)s/-e (10 倍料金の)特別至急通話.
der **Blitz·krieg** [ブリッツ・クリーク] 名 -(e)s/-e 電撃戦.
das **Blitz·licht** [ブリッツ・リヒト] 名 -(e)s/-er【写】フラッシュ.
die **Blitz·licht·auf·nah·me** [ブリッツリヒト・アウふ・ナーメ] 名 -/-n フラッシュ撮影.
der **Blitz·licht·schuh** [ブリッツリヒト・シュー] 名 -(e)s/-e【写】フラッシュシュー.
blitz·sau·ber [ブリッツ・ザウバー] 形 清潔でぴかぴかの;(南独)(文句なしに)すばらしい(女性).
der **Blitz·schlag** [ブリッツ・シュラーク] 名 -(e)s/..schläge 電光, 落雷; 電撃.
blitz·schnell [ブリッツ・シュネル] 形〔口〕稲妻の如く早い.
der **Blitz·strahl** [ブリッツ・シュトラール] 名 -(e)s/-en 稲妻, 電光.
das **Blitz·te·le·gramm** [ブリッツ・テレ・グラム] 名 -s/-e (10 倍料金の)特別至急電報, ウナ電.
der **Blitz·wür·fel** [ブリッツ・ヴュるふェル] 名 -s/-【写】さいころ形のフラッシュ.
der **Bliz·zard** [blizərt ブリザート] 名 -s/-s (北米の)猛吹雪, ブリザード.
der (das) **Bloch** [ブロッホ] 名 -(e)s/Blöcher(-e)(南独;オーストリア)丸太.
der **Block** [ブロック] 名 -(e)s/Blöcke(-s) 1.(⑨ Blöcke)大きな塊, ブロック. 2.(⑨-s)【鉄道】(衝突回避のための)閉塞(へいそく)装置. 3.(⑨-s(Blöcke)) 街区, 区画, ブロック. 4.(政治·経済上の)連合, ブロック, 圏, 陣営. 5.(メモ用紙などの)ペーパーブロック. 6.(⑨-s(Blöcke)) 小型の特別切手シート(Briefmarken~). 7.(⑨ Blöcke)滑車. 8.(⑨-s)⟨ポース·パスケ⟩ ブロック. 9.(⑨ Blöcke)【印刷】ブロック. 10.(⑨ Blöcke)【医】心ブロック(Herz~). 11.(⑨ Blöcke)ブロックフレーの吹きこむ口の木栓. 11.(観客席)の区画.
die **Blo·cka·de** [ブロカーデ] 名 -/-n 1. 封鎖, 閉鎖: eine ~ über ein Land verhängen ある国を封鎖する. 2.【印】伏字(ふせじ)(げた)の箇所. 3.(回路などの一時的)遮断. 4.【医】神経ブロック.
der **Blo·cka·de·bre·cher** [ブロカーデ・ブれっヒャー] 名 -s/- 封鎖突破の人(船·軍事行動).
blo·cken [ブロッケン] 動 h. 1. ⟨et⁴⟩ ₃【鉄道】閉塞(へいそく)する(一定区間を). 2. ⟨j⁴/et⁴⟩ ₃【球】ブロックする. 3.(南独)=bohnern.

Blumengewinde

die **Block·flö·te** [ブロック・ふレーテ] 名 -/-n ブロックフレーテ, リコーダー.

block·frei [ブロック・ふらイ] 形 どのブロックにも属さない, 非同盟の.

das **Block·haus** [ブロック・ハウス] 名 -es/..häuser 丸太小屋.

die **Block·hüt·te** [ブロック・ヒュッテ] 名 -/-n 小さな丸太小屋.

blo·ckie·ren [ブロッキーレン] 動 h. **1.** ⟨et⁴ッ⟩閉鎖する(車線などを);封鎖する(国境・港などを);ふさぐ, 遮断する(道路などを);止める(流れ・供給・流通などを);制動する(ブレーキが車輪などを);阻止する(法案・交渉などを). **2.** ⟨j⁴ッ⟩沈黙させてしまう;行為不能にしてしまう. **3.** 〖機〗動かない, 機能しない(エンジンなどが). **4.** ⟨et⁴ッ⟩〖印〗伏字(げた)にする.

der **Block·kon·den·sa·tor** [ブロック・コンデンザートーる] 名 -s/-en 〖電〗ブロックコンデンサー.

der **Blocks·berg** [ブロックス・ベるク] 名 -(e)s/ 〖山名〗ブロッケン山(Brockenの俗名).

die **Block·scho·ko·la·de** [ブロック・ショコラーデ] 名 -/ (クッキング用)厚板チョコレート.

die **Block·schrift** [ブロック・シュりふト] 名 -/ 〖印〗ブロック体.

die **Block·spei·cher·hei·zung** [ブロック・シュパイヒャー・ハイツング] 名 -/-en 蓄熱式地域(中央)暖房装置.

die **Block·stel·le** [ブロック・シュテレ] 名 -/-n 〖鉄道〗閉塞(へいそく)扱所.

die **Block·stun·de** [ブロック・シュトゥンデ] 名 -/-n 二時限連続授業.

blöd [ブレート] 形 (南独・⟨くだ⟩)ばかな, 下らない;いまいましい.

blö·de [ブレーデ] 形 **1.** (古)精神薄弱の;(口)ばかな, 下らない. **2.** (口)いまいましい. **3.** (古)内気な;弱視の.

blö·deln [ブレーデルン] 動 h. 〖罵〗などわざとばかげたことを言う(する).

der **Blö·di·an** [ブレーディアーン] 名 -(e)s/-e (口・蔑)ばか者, 間抜け.

der **Blöd·mann** [ブレート・マン] 名 -(e)s/..männer 〖罵〗ばか者.

der **Blöd·sinn** [ブレート・ズィン] 名 -(e)s/ (口・蔑)ばかげた話(こと), 愚行.

blöd·sin·nig [ブレート・ズィニヒ] 形 (古)白痴の;(口)ばかげた.

blö·ken [ブレーケン] 動 h. 〖擬〗めぇと鳴く(羊が), もーと鳴く(牛が).

blond [ブロント] 形 **1.** ブロンド(金髪)の. **2.** 淡黄色の.

der/die **Blon·de**¹ [ブロンデ] 名 《形容詞的変化》金髪の人. ⇨ Blondine.

die **Blon·de**² [ブロンデ] 名 -/-n 模様入り絹レース.

das/die **Blon·de**³ [ブロンゲ] 名 《形容詞的変化》(口)ブロンデ(普通の淡色ビール).

blon·die·ren [ブロンディーレン] 動 h. ⟨et⁴ッ⟩ブロンドに染める(髪を).

die **Blon·di·ne** [ブロンディーネ] 名 -/-n 金髪の女性.

der **Blond·kopf** [ブロント・コップふ] 名 -(e)s/..köpfe 金髪の頭;(口)金髪の子供.

die **Bloo·dy Ma·ry** [bládi mέːri ブラディ メーり] 名 -/- Maries [メーりス] ブラディメリー.

bloß [ブロース] 形 **1.** むき出しの: mit ~*en* Füßen 素足で. ~*er* Fels (植物などの生えていない)むき出しの岩. nackt und ~ まる裸で. **2.** (器具などを用いない・それに伴うべきものの)ない, ただの: mit ~*em* Auge 眼鏡をかけずに. im ~*en* Unterhemd アンダーシャツだけで. nach dem ~*en* Augenschein urteilen 見かけだけで判断する. mit ~*en* Worten 口

先だけで.
—— 副 **1.** 《語倒》(動詞・形容詞・副詞・名詞を修飾)(口)ただ, たんに, …しか: Sie hat ~ geweint. 彼女は泣くだけだった. **2.** 《話者の気持》 **a.** (命令を強めて)ともかく…しろよ: Geh mir ~ aus dem Wege! ともかく道をあけてくれよ. **b.** (疑問を強めて)一体全体: Was hat er ~？ 一体全体彼はどうしたんだ. 〖慣用〗 **nicht bloß ... , sondern auch ...** …だけでなく, …も.

die **Blö·ße** [ブレーセ] 名 -/-n **1.** (文)裸, 露出. **2.** 〖皮革〗(なめす前の)皮. **3.** (森の中の)空地. **4.** 〖スポ〗有効面, すき. 〖慣用〗 ⟨j⁴⟩ **eine Blöße bieten** ⟨人に⟩弱みを見せる. **sich³ eine Blöße geben** 弱点をさらけ出す.

bloß·le·gen [ブロース・レーゲン] 動 h. ⟨et⁴ッ⟩発掘する;暴くこと人の失策・事件の背景などを.

bloß·stel·len [ブロース・シュテレン] 動 h. ⟨j⁴ッ⟩弱点をさらす, (…を)笑いものにする;⟨j⁴ッsich⁴の場合⟩恥をかかす, 物笑いになる.

die **Bloß·stel·lung** [ブロース・シュテルング] 名 -/-en 笑い物にする(される)こと, 恥さらし.

bloß·stram·peln [ブロース・シュトらムペルン] 動 h. ⟨sich⁴⟩足をばたばたさせて布団をはいでしまう(赤ん坊・子供などが).

das **Blou·son** [bluzɔ̃ː ブルゾーン] 名 -s/-s ブルゾン.

blub·bern [ブルッバーン] 動 h. (口) **1.** 〖擬〗ぶくぶくと泡立つ(かゆ・波などが). **2.** (⟨et⁴ッ⟩)(怒って)ぶつぶつと言う.

die **Blue·jeans, Blue Jeans,** ⓑ **Blue jeans** [blúːdʒiːns ブルー・チーンス] 複名 〖服〗ブルージーンズ.

der **Blues** [bluːs ブルース] 名 -/- ブルース(歌曲・ダンス);(ジャズの)ブルース.

der **Bluff** [blʊf, blaf ブラっふ, bloef ブレっふ] 名 -s/-s はったり, こけおどし.

bluf·fen [blʊfən, bláfən ブラふェン, blǿfən ブレふェン] 動 h. (⟨j⁴ッ⟩)はったりを言う.

blü·hen [ブリューエン] 動 h. **1.** 〖擬〗咲いている, 花盛りである;栄える;(商売が)繁盛する. **2.** ⟨j⁴ッ⟩ (口)身にふりかかる(災難などが).

blü·hend [ブリューエント] 形 **1.** はつらつとした;花盛りの;繁栄している. **2.** 途方もない.

das **Blüm·chen** [ブリュームヒェン] 名 -s/- 小さい花.

der **Blüm·chen·kaf·fee** [ブリューム・ヒェン・カふェー] 名 -s/ (口・冗)(カップの底の花模様が見えるほど)薄いコーヒー.

die **Blu·me** [ブルーメ] 名 -/-n **1.** 花, 花卉(き)(花の咲く植物);花(開花部分と茎): ~*n* pflanzen/ stecken 花を植える/生ける. **2.** (口)植木鉢の花. **3.** (ワインの)芳香;(ビールの)泡. **4.** 〖狩〗(ウサギの)尾. 〖慣用〗 ⟨j⁴⟩⟨et⁴⟩ **durch die Blume sagen** ⟨人に⟩⟨事を⟩婉曲に言う. **vielen Dank für die Blumen** 花をそえてくれて有難う(批判に対して)(皮).

die **Blu·men·bank** [ブルーメン・バンク] 名 -/..bänke 花台.

das **Blu·men·beet** [ブルーメン・ベート] 名 -(e)s/-e 花壇.

der **Blu·men·bin·der** [ブルーメン・ビンダー] 名 -s/- フラワー デザイナー.

das **Blu·men·blatt** [ブルーメン・ブラット] 名 -(e)s/ ..blätter 花弁, 花びら.

der **Blu·men·draht** [ブルーメン・ドらート] 名 -(e)s/ ..drähte 花束用針金.

die **Blu·men·er·de** [ブルーメン・エーあデ] 名 -/-n 花壇用の土, 培養土.

das **Blu·men·ge·schäft** [ブルーメン・ゲシェふト] 名 -(e)s /-e 花屋.

das **Blu·men·ge·win·de** [ブルーメン・ゲヴィンデ] 名 -s/

Blumenkasten 192

― 《文》花輪, 花綵(き).

***der* Blu·men·kas·ten** [ブルーメン・カステン] 名 -s/..kästen (出窓用)フラワー・ボックス, (ベランダ用)プランター.

***der* Blu·men·kohl** [ブルーメン・コール] 名 -(e)s/-e 【植】カリフラワー, 花キャベツ; カリフラワーの玉.

***der* Blu·men·kranz** [ブルーメン・クランツ] 名 -es/..kränze 花輪, 花冠.

***das* Blu·men·muster** [ブルーメン・ムスター] 名 -s/- 花模様, 花柄.

blu·men·reich [ブルーメン・ライヒ] 形 **1.** 花の多い. **2.** 美辞麗句の多い.

***der* Blu·men·schmuck** [ブルーメン・シュムック] 名 -(e)s/..schmücke 花飾り.

***die* Blu·men·sprache** [ブルーメン・シュプラーヘ] 名 -/ 花言葉.

***der* Blu·men·ständer** [ブルーメン・シュテンダー] 名 -s/- フラワースタンド, 鉢植え棚.

***der* Blu·men·stock** [ブルーメン・シュトック] 名 -(e)s/..stöcke 鉢植えの花.

***der* Blu·men·strauß** [ブルーメン・シュトラウス] 名 -es/..sträuße 花束.

***das* Blu·men·stück** [ブルーメン・シュテュック] 名 -(e)s/-e **1.**《美》花を描いた静物画. **2.** 花壇.

***der* Blu·men·topf** [ブルーメン・トップフ] 名 -(e)s/..töpfe 植木鉢;《口》鉢植えの花[植物].

***die* Blu·men·vase** [ブルーメン・ヴァーゼ] 名 -/-n 花瓶.

***die* Blu·men·zwiebel** [ブルーメン・ツヴィーベル] 名 -/-n 鱗茎(ぎ), 球根.

blu·mig [ブルーミヒ] 形 **1.** 花の香りの, ブーケ〔芳香〕のある. **2.** 美文調の.

***die* Blu·se** [ブルーゼ] 名 -/-n **1.** ブラウス. **2.**《若・古》女の子.

***das* Blut** [ブルート] 名 -(e)s/-e (褐は医学用語) **1.** 血, 血液; 気質: ~ stillen 止血する. ~ übertragen 輸血する. Das ~ stieg ihm in den Kopf. 彼は頭に血が上った. Das ~ erstarrte [stockte] ihm in den Adern. 彼は血が凍る思いだった. feuriges[heißes] ~ haben 熱血漢である. **2.** 血統, 血筋: Die Bande des ~es《文》血のきずなで. **3.**《文》人間: ein junges ~ 若人.【慣用】~ **bis aufs Blut reizen**〔**quälen**〕〈人を〉極度に刺激する〔苦しめる. blaues Blut in den Adern haben 貴族の出である. Blut und Boden 血と土(ナチの人種主義の理念). Blut und Eisen 血と鉄(ビスマルクの鉄血政策). Blut und Wasser schwitzen《口》びくびくしている; ひどく苦労しなければならない. das Blut Christi 聖餐(さん)用赤ワイン.〈j¹〉hat Blut geleckt《口》〈人が〉味をしめて止められない.〈et³〉 im Blut ersticken《事を》流血によって抑圧する. kaltes Blut bewahren 冷静を保つ.〈et¹〉von Blut liegt〈j³〉im Blut〈事が〉〈人が〉生れつきである. **Nur ruhig Blut!**《口》まあ落着け.〈et¹〉 **schafft** [**macht/erregt**] **böses Blut**〈事が〉不満や敵対感情を引起こす.

***die* Blut·ader** [ブルート・アーダー] 名 -/-n 静脈.

***der* Blut·an·drang** [ブルート・アンドラング] 名 -(e)s/ 充血, 鬱血(ぃつ).

blut·arm¹ [ブルート・アルム] 形 貧血(症)の.

blut·arm² [ブルート・アルム] 形《口》赤貧の.

***die* Blut·armut** [ブルート・アルムート] 名 -/ 貧血(症).

***das* Blut·bad** [ブルート・バート] 名 -(e)s/..bäder (主に褐)大虐殺.

***die* Blut·bank** [ブルート・バンク] 名 -/-en 【医】血液銀行.

blut·be·fleckt [ブルート・ベふレックト] 形 血のついた.

***das* Blut·bild** [ブルート・ビルト] 名 -(e)s/-er 【医】血液像.

***die* Blut·bil·dung** [ブルート・ビルドゥング] 名 -/ 造血(作用).

***die* Blut·bla·se** [ブルート・ブラーゼ] 名 -/-n 血豆, 血腫.

***die* Blut·bu·che** [ブルート・ブーヘ] 名 -/-n 【植】(葉の赤い)ヨーロッパブナ.

***der* Blut·druck** [ブルート・ドゥルック] 名 -(e)s/ 【医】血圧.

***der* Blut·durst** [ブルート・ドゥルスト] 名 -(e)s/《文》血に飢えていること, 殺意, 残虐(性).

blut·dürs·tig [ブルート・デュるスティヒ] 形《文》血に飢えた.

***die* Blü·te** [ブリューテ] 名 -/-n **1.** 花(開花し, 実・種が生じる部分; 多くは果樹): ~n treiben 開花する. voller ~ sein 満開である. **2.** (褐のみ)開花, 花盛り: zur ~ kommen 咲く. **3.** (褐のみ)《文》全盛, 繁栄: in der ~ seiner Jahre 人生の盛りの. in hoher ~ stehen 高度に繁栄している. **4.** 発疹(しん), 吹出物. **5.**《口》贋札(がん);《俗》役立たず(な人).

***der* Blut·egel** [ブルート・エーゲル] 名 -s/-【動】チスイビル(環形動物. 吸血治療に使用).

blu·ten [ブルーテン] 動 h.（褐）出血する; 樹脂を出す(樹木が): Mir blutet das Herz. 私は胸がはり裂けそうだ.【慣用】**eine große Summe** [**ganz schön**] [**schwer**] **bluten müssen**《口》多額の金を[ひどく](金を)搾り取られる. **sich² zu Tode bluten** 出血多量で死ぬ.

***das* Blü·ten·blatt** [ブリューテン・ブラット] 名 -(e)s/..blätter 花弁, 花びら.

***der* Blü·ten·boden** [ブリューテン・ボーデン] 名 -s/..böden 花托(かた), 花床.

***die* Blü·ten·dolde** [ブリューテン・ドルデ] 名 -/-n 散形花序.

***der* Blü·ten·kelch** [ブリューテン・ケルヒ] 名 -(e)s/-e 【植】萼(がく).

***die* Blü·ten·knospe** [ブリューテン・クノスペ] 名 -/-n 蕾(つぼみ), 花芽.

***die* Blü·ten·lese** [ブリューテン・レーゼ] 名 -/-n 詞華集.

***die* Blü·ten·pflanze** [ブリューテン・プふランツェ] 名 -/-n 【植】顕花植物.

***der* Blü·ten·stand** [ブリューテン・シュタント] 名 -(e)s/..stände 【植】花序.

***der* Blü·ten·staub** [ブリューテン・シュタウプ] 名 -(e)s/ 【植】花粉.

***der* Blü·ten·stiel** [ブリューテン・シュティール] 名 -(e)s/-e 【植】花柄(かへい).

***die* Blut·entnah·me** [ブルート・エントナーメ] 名 -/ 採血.

blü·ten·weiß [ブリューテン・ヴァイス] 形 真っ白な.

***der* Bluter** [ブルーター] 名 -/- 【医】血友病患者.

***der* Blut·erguss**, 褐 **Bluterguß** [ブルート・エあグス] 名 -es/..güsse 血腫.

***die* Blut·erkrank·heit** [ブルーター・クらンクハイト] 名 -/【医】血友病.

***die* Blü·te·zeit** [ブリューテ・ツァイト] 名 -/-en 開花期; 全盛期.

***die* Blut·fahne** [ブルート・ふぁーネ] 名 -/ 血の旗(①中世の流血裁判権を象徴する旗. ②ナチスの最も神聖な党旗).

***der* Blut·farb·stoff** [ブルート・ふぁるプ・シュトふ] 名 -(e)s/-e 【医】ヘモグロビン.

***der* Blut·fleck** [ブルート・ふレック] 名 -(e)s/-e 血痕(こん).

***das* Blut·ge·fäß** [ブルート・ゲふェース] 名 -es/-e 【医】血管.

***das* Blut·ge·rinn·sel** [ブルート・ゲりンゼル] 名 -s/- 凝血塊, 血栓.

***das* Blut·ge·rüst** [ブルート・ゲりゅスト] 名 -(e)s/-e《文》処刑台.

***die* Blut·gier** [ブルート・ギーあ] 名 -/ 血に飢えていること, 殺意.

Bobbahn

blut-gie-rig [ブルート・ギーりリフ] 形 血に飢えた.
die **Blut-grup-pe** [ブルート・グルッペ] 名 -/-n 血液型：Das ist nicht meine ～.《口》それは私の好みではない.
der **Blut-hoch-druck** [ブルート・ホーホ・ドるック] 名 -(e)s/ 〚医〛高血圧(症).
die **Blut-hoch-zeit** [ブルート・ホーホ・ツァイト] 名 -/ = Bartholomäusnacht.
der **Blut-hund** [ブルート・フント] 名 -(e)s/-e 〚動〛ブラッドハウンド；《転》残忍な人, 暴君.
blu-tig [ブルーティヒ] 形 1. 血まみれの：sich³ die Hände ～ machen 手を血で汚す, 殺人を犯す. 2. 流血の, 血なまぐさい. 3. まったくの, ひどい：～e Träne weinen 血涙を流す. ～er Ernst 大まじめ. ein ～er Laie ずぶの素人.
blut-jung [ブルート・ユング] 形 非常に若い, うら若い.
die **Blut-kon-ser-ve** [ブルート・コンぜるヴェ] 名 -/-n 〚医〛保存血液.
das **Blut-kör-per-chen** [ブルート・⑦るパーヒェン] 名 -s/ - 血球：rote/weiße ～ 赤血球/白血球.
der **Blut-krebs** [ブルート・クれープス] 名 -es/-e 白血病.
der **Blut-kreis-lauf** [ブルート・クらイス・ラウフ] 名 -(e)s/..läufe 〚医〛血液循環.
der **Blut-ku-chen** [ブルート・クーヘン] 名 -s/ 〚医〛血餅(けっ), 凝血塊.
die **Blut-la-che** [ブルート・ラッヘ] 名 -/-n 血の海.
blut-leer [ブルート・レーア] 形 血の気の失せた；生気のない.
die **Blut-lee-re** [ブルート・レーれ] 名 -/ 〚医〛虚血.
die **Blut-oran-ge** [..oraːʒə ブルート・オらンジェ, ..oranʒə ブルート・オらンジェ] 名 -/-n 〚植〛ブラッドオレンジ.
der **Blut-pa-ra-sit** [ブルート・パらズィート] 名 -en/-en 〚生〛血管内寄生虫(住血吸虫, マラリア原虫など).
das **Blut-plas-ma** [ブルート・プラスマ] 名 -s/..men 〚医〛血漿(けっしょう).
die **Blut-pro-be** [ブルート・プローベ] 名 -/-n 〚医〛血液検査；血中アルコール度の検査.
die **Blut-ra-che** [ブルート・らッヘ] 名 -/ 血縁者による復讐.
der **Blut-rausch** [ブルート・らウシュ] 名 -(e)s/ 激しい殺意.
blut-rei-ni-gend, Blut rei-ni-gend [ブルート・らイニゲント] 形 浄血作用のある.
blut-rot [ブルート・ろート] 形 (血のように)真っ赤な.
blut-rüns-tig [ブルート・リュンスティヒ] 形 血に飢えた；血なまぐさい.
der **Blut-sau-ger** [ブルート・ザウガー] 名 -s/ - 1. 〚動〛吸血動物. 2. 吸血鬼；強欲な搾取者.
der **Bluts-bru-der** [ブルーツ・ブるーダー] 名 -s/..brüder 血盟の友.
die **Bluts-brü-der-schaft** [ブルーツ・ブりューダーシャフト] 名 -/-en 血盟関係.
die **Blut-schan-de** [ブルート・シャンデ] 名 / 1. 《古》近親相姦(そうかん). 2. (ナチ時代の)異人種との肉体関係.
der **Blut-schän-der** [ブルート・シェンダー] 名 -s/ - 近親相姦(そうかん)者.
blut-schän-de-risch [ブルート・シェンデリシュ] 形 近親相姦の.
die **Blut-schuld** [ブルート・シュルト] 名 -/ 《文》殺人の罪.
der **Blut-schwamm** [ブルート・シュヴァム] 名 -(e)s/ ..schwämme 〚医〛血管層.
die **Blut-sen-kung** [ブルート・ゼンクング] 名 -/-en 〚医〛血沈；血沈(検査)；血沈検査の採血.
das **Blut-se-rum** [ブルート・ぜーるム] 名 -s/..seren(..sera) 〚医〛血清.
der **Blut-spen-de-dienst** [ブルート・シュペンデ・ディーンスト]

名 -(e)s/-e 血液センター《血液を保管・供給する》.
der **Blut-spen-der** [ブルート・シュペンダー] 名 -s/ - 献血者.
die **Blut-spur** [ブルート・シュプーア] 名 -/-en 血痕(こん).
die **Blut-stau-ung** [ブルート・シュタウウング] 名 -/-en 鬱血(うっけつ).
blut-stil-lend, Blut stil-lend [ブルート・シュティレント] 形 止血の.
das **Blut-stil-lung** [ブルート・シュティルング] 名 -/ 止血(法).
der **Bluts-trop-fen** [ブルーツ・トろップフェン] 名 -s/ - 血の滴.
der **Blut-sturz** [ブルート・シュトゥるツ] 名 -es/ (口・鼻などからの)大量の出血.
bluts-ver-wandt [ブルーツ・フェアヴァント] 形 血縁の, 血族の.
die **Bluts-ver-wandt-schaft** [ブルーツ・フェアヴァントシャフト] 名 -/-en 血族関係, 血縁.
die **Blut-tat** [ブルート・タート] 名 -/-en 《文》殺人.
die **Blut-trans-fu-si-on** [ブルート・トらンス・フジオーン] 名 -/-en 〚医〛輸血.
die **Blut-über-tra-gung** [ブルート・ユーバートらーグング] 名 -/-en = Bluttransfusion.
die **Blu-tung** [ブルートゥング] 名 -/-en 1. 出血：innere ～en 内出血. 2. 月経.
blut-un-ter-lau-fen [ブルート・ウンターラウフェン] 形 皮下出血した, 充血した.
die **Blut-un-ter-su-chung** [ブルート・ウンターズーフング] 名 -/-en 〚医〛血液検査.
das **Blut-ver-gie-ßen** [ブルート・フェアギーセン] 名 -s/ 《文》流血(の惨事).
die **Blut-ver-gif-tung** [ブルート・フェアギフトゥング] 名 -/-en 敗血症.
der **Blut-ver-lust** [ブルート・フェアルスト] 名 -(e)s/-e 失血.
die **Blut-wä-sche** [ブルート・ヴェッシェ] 名 -/-n 〚医〛血液透析；交換輸血.
das **Blut-was-ser** [ブルート・ヴァッサー] 名 -s/ = Blutserum.
blut-we-nig [ブルート・ヴェーニヒ] 副 ごくわずか.
die **Blut-wurst** [ブルート・ヴルスト] 名 -/..würste ブラッドソーセージ(豚の肉・脂身・血などで作る).
die **Blut-zel-le** [ブルート・ツェレ] 名 -/-n 〚医〛血球.
der **Blut-zeu-ge** [ブルート・ツォイゲ] 名 -n/-n 《文》殉教者.
der **Blut-zu-cker** [ブルート・ツッカー] 名 -s/ 〚医〛血糖.
der **Blut-zu-cker-spie-gel** [ブルートツッカー・シュピーゲル] 名 -s/ - 血糖値.
BLZ = Bankleitzahl 銀行コード番号.
b. m. = brevi manu 即座に, さっと.
das **b-Moll** [ベーモル, ベー・モル] 名 -/ 〚楽〛変ロ短調(記号 b).
BMT = Biomedizinische Technik 生体医用工学.
der **BMW** [ベーエムヴェー] 名 -(s)/-s (Bayerische Motorenwerke バイエルン自動車製作所の略称による)〚商標〛ビー・エム・ダブリュー(同名の自動車会社の車).
BND = Bundesnachrichtendienst (ドイツの)連邦情報局.
die **Bö** [ベー] 名 -/-en 突風.
die **Boa** [ボーア] 名 -/-s 1. 〚動〛ボア, 王蛇. 2. 《口》ボア(婦人用の毛皮の襟巻).
die **Boat-peop-le, Boat Peop-le** [bóːtpiːpəl ボート・ピープル] 複数 ボート・ピープル(船で故国を脱出した難民).
der **Bob** [ボップ] 名 -s/-s = Bobsleigh.
die **Bob-bahn** [ボッブ・バーン] 名 -/-en ボブスレーのコー

ス.

der **Bo̱b·by** [bɔ́bi ボビ] 名 -s/-s〔..bies〔‥ビーズ〕〕(イギリスの)警官(俗称).

der **Bo̱b·fahrer** [ボッブ・ふぁーら-] 名 -s/- ボブスレー選手.

der **Bo̱·bi·net** [ボービネット, ボビネット] 名 -s/-s〘織〙ボビネット(カーテンなどに用いる六角網目の薄い布地).

das **Bo̱b·ren·nen** [ボッブ・れネン] 名 -s/- ボブスレー競走.

der **Bo̱b·sleigh** [bɔ́psle ボップスレ] -s/-s ボブスレー(競争用のそり).

(*der*) **Boc·cac·cio** [bɔkátʃo ボカッチョ]〘人名〙ボッカチオ(Giovanni ~, 1313-75, イタリアの詩人).

das(*die*) **Boc·cia** [bɔ́tʃa ボッチャ] 名 -/-s ボッチャ(戸外で行うイタリアの玉当て競技).

(*das*) **Bo̱·chum** [ボーふム] 名 -s/〘地名〙ボーフム(ルール地方の都市).

der **Bock**[1] [ボック] 名 -(e)s/Böcke **1.** (哺乳類の)雄(雄):(蔑)男:ein kapitaler ~ 大型のノロジカの雄. ein geiler ~ 好色な男. **2.** (四本脚の)台,架台:(本などの)棚. **3.** 跳馬:den ~ machen 馬跳び遊びの馬となる. **4.** 御者席(Kutsch~). **5.**〘動〙カミキリムシ(~käfer).【慣用】**einen Bock haben** 反抗的だ. **einen Bock schießen**〔口〕しくじる,不手際をする. **den Bock zum Gärtner machen**〔口〕猫にかつおぶしの番をさせる. **keinen Bock auf** ⟨et⁴⟩ **haben**〈物・事に〉興味がない. ⟨j³⟩ **stößt der Bock**〔口〕〈人が〉泣きわめく.

das **Bock**[2] [ボック] 名 -s/- =Bockbier.

bọck·bei·nig [ボック・バイニヒ] 形〔口〕強情[頑固]な, 反抗的な.

das **Bọck·bier** [ボック・ビーあ] 名 -(e)s/-e ボックビール(強いビールの一種).

das **Bọck·chen** [⊗ックひェン] 名 -s/- 子ヤギ.

bọck·en [ボッケン] 動 *h.* **1.**〔獣〕足を突っ張って動きうとしない(馬・牛などが). (転・口) (ちゃんと)動かない(車などが):〔口〕だだをこねる. **2.**〔獣〕〘農〙発情している(羊・山羊が). **3.**(sich⁴)〔方〕退屈する.

bọck·ig [ボッキヒ] 形 強情[頑固]な, 反抗的な;〔方〕退屈な.

der **Bọck·käfer** [ボック・ケーふぁ-] 名 -s/-〘昆〙カミキリムシ.

(*der*) **Böck·lin** [⊗ックリーン] 名〘人名〙ベックリーン(Arnold ~, 1827-1901, スイスの画家).

der **Bọcks·bart** [ボックス・バーあト] 名 -(e)s/..bärte **1.** 山羊のひげ. **2.**〘植〙バラモンジン.

der **Bọcks·beutel** [ボックス・ボイテル] 名 -s/- ボックスボイテル(①山羊の陰嚢(ユん)の形をしたワインの瓶. ②(地のみ)同形の瓶のフランケンワイン).

das **Bọcks·horn** [ボックス・ホルン] 名 -es/..hörner 山羊の角.【慣用】**sich⁴ ins Bockshorn jagen lassen**〔口〕びくびくする.

das **Bọck·sprin·gen** [ボック・シュプリンゲン] 名 -s/〘体操〙跳馬.

der **Bọck·sprung** [ボック・シュプるング] 名 -(e)s/..sprünge **1.**〘体操〙跳馬;馬跳び. **2.** こっけいな跳び方;(車の)ノッキング.

bọck·steif [ボック・シュタイふ] 形〔口〕こちこちに固い.

die **Bọck·wurst** [ボック・ヴるスト] 名 -/..würste ボックソーセージ(長目の細いソーセージ).

der **Bọd·den** [ボッデン] 名 -s/-(バルト海沿岸の)浅い入江.

die **Bo̱·de·ga** [ボデーガ] 名 -/-s(スペインの)地下ワイン貯蔵室;(スペインの)ワイン酒場.

der **Bo̱·den** [ボーデン] 名 -s/Böden **1.** 土地, 土壌:den ~ bebauen[bestellen] 土地を耕す. **2.** 地面;床(Fuß~): am[auf dem] ~ liegen 床に横たわっている. zu ~ gehen (ボクシングで)ダウンする. **3.**(のみ)領域:auf deutschem ~ ドイツの領内で. **4.** 底, 底面, 底部:eine Moral mit doppeltem ~ ご都合主義的な道徳. **5.**(のみ)基盤, 根拠, 根底:auf dem ~ der Verfassung stehen 憲法に基づいている. festen ~ unter den Füßen haben しっかりした基盤がある. **6.**(東中独・北独)屋根裏部屋(Dach~). **7.** トルテの台(Torten~).【慣用】(an) **Boden gewinnen/verlieren**(比喩的に)地盤を固める/失う. **auf fruchtbaren Boden fallen** 素直に受入れられる, 反響がある. ⟨et⁴⟩ **aus dem Boden stampfen**〈事が〉造作なくできる, 〈物を〉無からつくりだす. ⟨j³⟩ **brennt der Boden unter den Füßen**〔口〕〈人が〉いたたまれなくなる. **wie aus dem Boden gestampft**[**gewachsen**] 降ってわいたように. ⟨j⁴⟩ **zu Boden drücken**[**strecken**] 〈人を〉屈服させる.

die **Bo̱den·abwehr** [ボーデン・アップ・ヴェーあ] 名 -/〘軍〙対空防衛.

der **Bo̱den·anzeiger** [ボーデン・アン・ツァイガ-] 名 -s/-〘環〙(土壌の性質を示す)指標植物.

die **Bo̱den·bakterie** [ボーデン・バクテーりエ] 名 -/-n 土壌細菌[バクテリア].

die **Bo̱den·bearbeitung** [ボーデン・ベアるバイトゥング] 名 -/-en 耕作;耕耘(ぷん).

der **Bo̱den·belag** [ボーデン・ベラ-ク] 名 -(e)s/..beläge 敷物;床張り;床材.

die **Bo̱den·belastung** [ボーデン・ベラストゥング] 名 -/-en(建物などの)地面にかかる荷重;(廃棄物などの)土にかかる負担.

die **Bo̱den·beschaffenheit** [ボーデン・ベシャッふェンハイト] 名 -/ **1.** 地質, 土壌. **2.**〘スポ〙グラウンド・コンディション.

die **Bo̱den-Bo̱den-Rake·te** [ボーデン・ボーデン・らケーテ] 名 -/-n〘軍〙地対地ミサイル.

die **Bo̱den·eigenschaft** [ボーデン・アイゲンシャふト] 名 -/-en 土質.

die **Bo̱den·erosion** [ボーデン・エろズィオーン] 名 -/-en〘理〙土壌浸食.

der **Bo̱den·ertrag** [ボーデン・エるトら-ク] 名 -(e)s/..träge 土地収穫高, 土地収益.

die **Bo̱den·fauna** [ボーデン・ふぁウナ] 名 -/..nen〘動〙地中動物相.

das **Bo̱den·fenster** [ボーデン・ふェンスタ-] 名 -s/- 天窓.

die **Bo̱den·fläche** [ボーデン・ふレッひェ] 名 -/-n 土地(面積), 耕地(面積);床面積.

die **Bo̱den·flora** [ボーデン・ふロ-ら] 名 -/..ren〘植〙地中植物相.

die **Bo̱den·freiheit** [ボーデン・ふらイハイト] 名 -/〘工〙(車の)最低地上高(車体の床と地面の間隔).

der **Bo̱den·frost** [ボーデン・ふろスト] 名 -(e)s/..fröste 地表の凍結, 霜.

die **Bo̱den·fruchtbarkeit** [ボーデン・ふるふトバーあカイト] 名 -/ 土壌の肥沃度(生産力・多機能性).

die **Bo̱den·haftung** [ボーデン・ハふトゥング] 名 -/〘車〙ロードホールディング.

der **Bo̱den·horizont** [ボーデン・ホりツォント] 名 -(e)s/-e〘地質〙(土壌の)層位;(帯水層内の)土壌層.

die **Bo̱den·kammer** [ボーデン・カマ-] 名 -/-n(東中独・北独)屋根裏部屋.

die **Bo̱den·kapillare** [ボーデン・カピラ-れ] 名 -/-n〘地質〙(土壌中の)孔隙;地中の毛管(毛細管現象で地下水が上昇する岩石の空隙).

das **Bo̱den·kolloid** [ボーデン・コロイ-ト] 名 -(e)s/-e〘地質〙土壌コロイド(膠質物).

die **Bo̱den·kunde** [ボーデン・クンデ] 名 -/ 土壌学.

die **Bo̱den·lockerung** [ボーデン・ロッケるング] 名 -/-en(耕したり, 土を砕いて)土壌をやわらかくほぐすこと;〘地質〙土壌の膨軟(化).

bodenlos [ボーデン・ロース] 形 底なしの；《口》ひどい．
die **Boden-luft** [ボーデン・ルフト] 名 -/..lüfte 《理》土壌空気．
die **Boden-Luft-Ra-ke-te** [ボーデン・ルフト・ラケーテ] 名 -/-n 《軍》地対空ミサイル．
der **Bodenmikroorganismus** [ボーデン・ミクロ・オルガニスムス] 名 -/..men 土壌微生物．
bodennah [ボーデン・ナー] 形 地表［底］に近い(ところの)．
die **Boden-nähe** [ボーデン・ネーエ] 名 -/ 地表に近いところ．
der **Boden-nebel** [ボーデン・ネーベル] 名 -s/ 地表の霧．
die **Boden-oberfläche** [ボーデン・オーバーふれっひぇ] 名 -/-n 地表，地面．
der **Bodenorganismus** [ボーデン・オルガニスムス] 名 -/..men 《環》土壌生物．
das **Boden-personal** [ボーデン・ぺるゾナール] 名 -s/ 《空》地上勤務員．
die **Boden-re-form** [ボーデン・れふぉるム] 名 -/-en 《法》土地改革．
der **Boden-satz** [ボーデン・ザッツ] 名 -es/ 1．沈殿物，かす．2．社会の最下層(の人々)．
die **Boden-schätze** [ボーデン・シェッツェ] 複名 地下資源．
die **Boden-schicht** [ボーデン・シヒト] 名 -/-en 《地質》地層．
der **Boden-see** [ボーデン・ゼー] 名 -s/ 《湖名》ボーデンゼー，ボーデン湖(ドイツ南部国境の湖)．
die **Boden-sicht** [ボーデン・ズィヒト] 名 -/ 《空》対地視界．
bodenständig [ボーデン・シュテンディヒ] 形 土着の，生え抜きの，地元特有の．
die **Boden-station** [ボーデン・シュタツィオーン] 名 -/-en (人工衛星などの)地上監視センター．
bodenstet [ボーデン・シュテート] 形 《植》特定の土壌でのみ育つ．
die **Boden-streit-kräfte** [ボーデン・シュトライト・クれふテ] 複名 《軍》地上軍[部隊]，地上戦力．
die **Boden-strömung** [ボーデン・シュトゥレーームング] 名 -/-en 《海》(極地方から赤道へ向う低温の)海底海流．
die **Boden-tem-pe-ra-tur** [ボーデン・テムぺらトゥーア] 名 -/-en 《気》地表温度．
das **Boden-tier** [ボーデン・ティーア] 名 -(e)s/-e 《地》土壌動物．
das **Boden-tur-nen** [ボーデン・トゥるネン] 名 -s/ 《体操》床運動．
die **Boden-un-ter-su-chung** [ボーデン・ウンターズーフンク] 名 -/-en 土壌[地質]調査．
die **Boden-ve-ge-ta-tion** [ボーデン・ヴェゲタツィオーン] 名 -/-en (森などの)地表の植生．
die **Boden-ver-schmutzung** [ボーデン・ふぇあシュムッツンク] 名 -/ 土壌汚染．
das **Boden-was-ser** [ボーデン・ヴァッサー] 名 -s/ 《理》土壌水．
die **Boden-welle** [ボーデン・ヴェレ] 名 -/-n 1．《電》地上波．2．土地の起伏．
die **Boden-wet-ter-kar-te** [ボーデン・ヴェッターカるテ] 名 -/-n 《気》地上天気図．
der **Bu-dhi-satt-wa** [ボディザットヴァ] 名 -(s)/-s 《仏教》菩薩，菩提薩埵．
die **Bod-me-rei** [ボドメらイ] 名 -/-en 《海》冒険貸借，船舶抵当貸借．
der **Body** [bɔ́di ボディ] 名 -s/-s ボディースーツ(Bodysuit の短縮形)．
das **Body·build·ing** [..bɪldɪŋ ボディ・ビルディング] 名 -(s)/ ボディ・ビル．
das **Body·check** [..tjɛk ボディ・チェック] 名 -s/-s 《スポーツ》ボディーチェック．
der **Body·guard** [..gaːrt ボディ・ガーあト] 名 -s/-s ボディーガード，親衛隊士，護衛の人．
die **Böe** [ﾍﾞｰ-ｴ] 名 -/ =Bö．
(*der*) **Boe-thi-us** [..tsjos ボエーツィウス, ..tjos ボエーティウス] 名 《人名》ボエティウス(Anicius ~, 480 頃-524 頃，ローマの政治家・哲学者)．
der **Bo·fist** [ボーふィスト] 名 -(e)s/-e 《植》ホコリタケ，キツネノチャブクロ．
bog [ボーク] 動 biegen の過去形．
böge [ﾍﾞｰｹﾞ] 動 biegen の接続法 2 式．
der **Bo·gen** [ボーゲン] 名 -s/- ((南独・オーストリア)-/ Bögen) 1．(円の)弧；湾曲，カーブ：einen ~ ma-chen カーブしている．in hohem ~ einen ~ um ⟨et³⟩ herumfahren ⟨物³⟩迂回(ｳﾁｬ)する．2．《建》アーチ，丸天井，弓形門．3．《楽》(弦楽器の)弓；タイ(Halte-)．4．定形の紙；タイプ用紙，包装紙，質問用紙，切手シート；《印》全紙：ein ~ Briefpapier 便箋(ﾋﾞﾝｾﾝ) 1 枚．《慣用》den Bogen heraushaben 《口》熟練している，心得ている．den Bogen überspannen 度を過ごす．einen (großen) Bogen um ⟨j¹/et¹⟩ machen 《口》〈人・事⁴〉回避する．große Bogen spucken 《口》偉ぶる．
die **Bo·gen-brü·cke** [ボーゲン・ブりュッケ] 名 -/-n アーチ橋．
das **Bo·gen·feld** [ボーゲン・ふェルト] 名 -(e)s/-er 《建》テュンパノン．
das **Bo·gen·fens·ter** [ボーゲン・ふェンスター] 名 -s/- アーチ形の窓．
bo·gen·för·mig [ボーゲン・ふぁﾙﾐﾋﾞ] 形 アーチ〔弓〕形の．
die **Bo·gen·füh·rung** [ボーゲン・ふューるンク] 名 -/ 《楽》ボーイング，運弓法．
der **Bo·gen·gang** [ボーゲン・ガンク] 名 -(e)s/..gänge 1．《建》アーケード．2．《解》半規管．
der **Bo·gen·grad** [ボーゲン・グらート] 名 -(e)s/- 《数》(角)度(単位)．
die **Bo·gen·lam·pe** [ボーゲン・ラムぺ] 名 -/-n 1．《電》アーク灯．2．ボールの弧を描いたシュート．
das **Bo·gen·licht** [ボーゲン・リヒト] 名 -(e)s/-er アーク灯の光．
die **Bo·gen·li·nie** [ボーゲン・リーニエ] 名 -/-n 弧，曲線．
die **Bo·gen·mi·nu·te** [ボーゲン・ミヌーテ] 名 -/-n 《数》分(角度の単位)．
der **Bo·gen·pfei·ler** [ボーゲン・プふぁイラー] 名 -s/- フライングバットレス，飛び梁(ﾊﾘ)．
die **Bo·gen·sä·ge** [ボーゲン・ゼーゲ] 名 -/-n 糸鋸(ﾉｺ)．
das **Bo·gen·schie·ßen** [ボーゲン・シーセン] 名 -s/ ⟨ｽﾎﾟｰﾂ⟩アーチェリー，弓術．
der **Bo·gen·schüt·ze** [ボーゲン・シュッツェ] 名 -n/-n (弓の)射手．
die **Bo·gen·seh·ne** [ボーゲン・ゼーネ] 名 -/-n 弓の弦．
die **Bo·gen·se·kun·de** [ボーゲン・ゼクンデ] 名 -/-n 《数》秒(角度の単位)．
die **Bo·heme** [boˈɛːm, ..ˈɛːm ボエーム, ボヘーム] 名 -/ 自由奔放な芸術家の生き方［世界］．
der **Bo·he·mi·en** [bo(h)emjɛ̃; ボエミエーン, ボヘミエン] 名 -s/-s ボヘミアン，自由奔放な生活をする人．
die **Boh·le** [ボーレ] 名 -/-n 1．厚板．2．(ﾇﾏ)丘．
(*der*) **Böhm** [ﾍﾞｰﾑ] 名 《人名》ベーム(Karl ~, 1894-1981，オーストリアの指揮者)．
der **Böh·me** [ﾍﾞｰﾒ] 名 -n/-n ボヘミア人．
(*das*) **Böh·men** [ﾍﾞｰﾒﾝ] 名 《地名》ボヘミア，ベーメン(チェコのプラハを中心とする地方)．
(*das*) **Böh·mer·land** [ﾍﾞｰﾏｰ・ラント] 名 -(e)s/ = Böhmen．

Böhmerwald

der **Böh-mer-wald** [ベーマー・ヴァルト] 名 -(e)s/ 『山名』ボヘミアの森, ボヘミアヴァルト(バイエルン州とチェコの国境にある山脈).

die **Böh-min** [ベーミン] 名 -/-nen Böhmeの女性形.

böh-misch [ベーミシュ] 形 ボヘミアの, ベーメンの. 【慣用】〈et¹〉 kommt 〈j³〉 böhmisch vor 〈口〉〈事は〉〈人には〉ちんぷんかんぷんだ. böhmisch einkaufen 〖ウィーン〗〈口〉くすねる.

die **Boh-ne** [ボーネ] 名 -/-n 1. 豆(科の植物). 2. (さやに入った)豆: grüne ~n サヤインゲン. ~n abfädeln 豆のさやの筋を取る. 3. 豆(粒): dicke ~n ソラ豆. 4. (コーヒー)豆(Kaffee~). 【慣用】blaue Bohnen 鉄砲玉. Bohnen in den Ohren haben 〈口〉人の言葉に耳を貸さない. nicht die Bohne 〈口〉全然…でない.

der **Boh-nen-kaffee** [ボーネン・カフェー] 名 -s/ 焙煎(ばいせん)したコーヒー豆; レギュラーコーヒー.

das **Boh-nen-kraut** [ボーネン・クラウト] 名 -(e)s/ ..kräuter 『植』キダチハッカ.

die **Boh-nen-stan-ge** [ボーネン・シュタンゲ] 名 -/-n 豆のつるの支柱; 〈口〉やせの背高のっぽ.

das **Boh-nen-stroh** [ボーネン・シュトロー] 名 -(e)s/ (次の形で)dumm wie ~ sein 〈口〉度しがたいばかである.

der **Boh-ner** [ボーナー] 名 -s/ 柄つき床ブラシ.

der **Boh-ner-be-sen** [ボーナー・ベーゼン] 名 -s/ = Bohner.

die **Boh-ner-bürs-te** [ボーナー・ビュルステ] 名 -/-n = Bohner.

boh-nern [ボーナーン] 動 h. 〈et⁴ッ〉ワックスでみがく(床・階段などを).

das **Boh-ner-wachs** [ボーナー・ヴァックス] 名 -es/-e 床用ワックス.

(der) **Bohr** [ボーあ] 名 『人名』ボーア(Niels ~, 1885-1962, デンマークの理論物理学者).

boh-ren [ボーレン] 動 h. 1. 〈et⁴ッ〉+(in(durch)〈et³ッ〉)あける, うがつ(穴などを). 2. 〈et⁴ッ〉穴をあける(ドリルなどで). 3. 〈et⁴ッ〉掘る(井戸を作って). 4. 〈(in〈et³ッ〉)穴をあける; ほじる(鼻などを). 5. 〈an〈et³ッ〉〉穴をあける作業をする. 6. 〈et⁴〉ッ+in〈et⁴ッ〉突きさす: ein Schiff in den Grund ~ 船を沈める. 7. 〈sich⁴+in〈et⁴ッ〉〉突きささる, しみ(くい)込む. 8. 〈in〈j³/et³〉〉さいなむ. 9. 〈nach〈et³〉/auf〈et⁴ッ〉〉試掘をする(石油などを). 10. 〈(an(bei)〈j³〉)〉〈口〉しつこく求める, しつこく質問する. 【慣用】Er bohrte seinen Blick in meine Augen. 彼は食い入るような鋭い視線で私の目をのぞいた.

boh-rend [ボーレント] 形 刺すような, えぐるような: ~e Blicke 食い入るような目つき. eine ~e Frage 鋭い質問.

der **Boh-rer** [ボーら] 名 -s/ 錐(きり), ドリル, ボーリング機; ドリル(ボーリング)工.

der **Bohr-ham-mer** [ボーあ・ハマー] 名 -s/..hämmer 〖鉱〗削岩機.

die **Bohr-in-sel** [ボーあ・インゼル] 名 -/-n 海上掘削基地.

das **Bohr-loch** [ボーあ・ロッホ] 名 -(e)s/..löcher 中ぐり孔; 〖鉱〗ボーリング孔.

die **Bohr-ma-schi-ne** [ボーあ・マシーネ] 名 -/-n 電気ドリル; 〖工〗穿孔盤; 〖鉱〗掘削機.

der **Bohr-mei-ßel** [ボーあ・マイセル] 名 -s/ ボーリングビット.

der **Bohr-turm** [ボーあ・トゥるム] 名 -(e)s/..türme 〖鉱〗ボーリング櫓(やぐら), 油井塔.

die **Boh-rung** [ボーるング] 名 -/-en 穴をあけること, ボーリング; ボーリング孔.

bö-ig [ベーイヒ] 形 突風の.

der **Boi-ler** [ボイラー] 名 -s/- ボイラー.

der **Bo-jar** [ボヤーあ] 名 -en/-en (中世ロシアの)大貴族; (ルーマニアの)大地主貴族.

die **Bo-je** [ボーイェ] 名 -/-n ブイ, 浮標.

das **Bok-mål** [bo:kmo:l ボークモール] 名 -(s)/ ボクモール(ノルウェーの二大公用語の一つ).

die **Bo-la** [ボーラ] 名 -/-s ボーラ(南米原住民が使う狩猟用の石玉つき投げ縄).

der **Bo-le-ro** [ボレーろ] 名 -s/-s 〖楽〗ボレロ(スペインの民族舞踊); ①〖服〗民族衣装の短い上着. ②ウェスト丈の短いジャケット.

das **Bo-le-ro-jäck-chen** [ボレーろ・イェックヒェン] 名 -s/ 〖服〗ボレロ(丈の短い)上着.

der **Bo-lid** [ボリート] 名 -en/-en 1. 〖天〗火球. 2. (単座でフェンダー付きの)レーシングカー.

der **Bo-li-de** [ボリーデ] 名 -n/-n =Bolid.

der **Bo-li-vi-a-ner** [ボリヴィアーナー] 名 -s/- ボリビア人.

(das) **Bo-li-vi-en** [ボリーヴィエン] 名 -s/ 〖国名〗ボリビア(南米の国).

der **Bo-li-vi-er** [ボリーヴィーあ] 名 -s/- ボリビア人.

(der) **Böll** [ベル] 名 『人名』ベル(Heinrich ~, 1917-85, ドイツの小説家).

die **Bol-le** [ボレ] 名 -/-n 〖方〗1. タマネギ; 球根; 茎(くき); 蕾. 2. 靴下の穴.

der **Böl-ler** [ベラー] 名 -s/- 小白砲(こうはくほう)(礼砲用); 白硝(石弾用); 発射音を立てる花火.

bol-lern [ボレルン] 動 〖方〗1. s. 〈方向〉〖方〗ごろごろ転がり落ちる; 〖スポーツ〗〖ジャーゴン〗やみくもにシュートする. 2. s. 〈場所〉〖方〗音を立てて転がる. 3. h. 〖擬声語〗〖方〗ぼこぼこ音を立てる(湯などが).

böl-lern [ベレルン] 動 h. 祝砲(礼砲・号砲)を鳴らす; ごぼごぼ(ごろごろ)と音をたてる.

die **Bol-let-te** [ボレッテ] 名 -/-n 〖オーストリア〗〖官〗通関(納税)証明書.

das **Boll-werk** [ボル・ヴェるク] 名 -(e)s/-e (昔の)要塞(ようさい), 堡塁(ほうるい), 砦(とりで); 〖海〗岸壁, 堤頭(ていとう).

der **Bol-sche-wik** [ボルシェヴィーク] 名 -en/-i(-en) 1. 〖歴〗ボリシェヴィキ(ロシア社会民主労働党); ロシア(ソ連)共産党(1952年まで); (麗-en)〈古・蔑〉共産党員.

bol-sche-wi-sie-ren [ボルシェヴィズィーれン] 動 h. 〈et⁴ッ〉ボリシェヴィズム化する.

der **Bol-sche-wis-mus** [ボルシェヴィスムス] 名 -/ レーニン主義; 〈蔑〉ボリシェヴィズム(ソ連の共産主義).

der **Bol-sche-wist** [ボルシェヴィスト] 名 -en/-en = Bolschewik.

bol-sche-wis-tisch [ボルシェヴィスティシュ] 形 ボリシェヴィズムの, ボリシェヴィキの.

der **Bo-lus** [ボーるス] 名 -/..li 1. (ூのみ)〖地質〗ボール, 膠泥(こうでい), 粘土. 2. 〖医〗食塊; 〖獣医〗大丸薬.

bol-zen [ボルツェン] 動 h. 1. 〖擬声語〗〈口〉むちゃくちゃなサッカーをする(理論を無視した試合をする); 力まかせに投げる(投擲(とうてき)競技で技術を無視して). 2. 〈et⁴ッ+〈方向〉〉〈口〉やみくもにけとばす. 3. 〈相互代名詞sich⁴〉〖方〗つかみ合い(殴り合い)をする.

der **Bol-zen** [ボルツェン] 名 -s/- 1. ボルト. 2. 弩(いしゆみ)の矢. 3. 焼きごて(昔のアイロン).

bol-zen-ge-ra-de [ボルツェン・グらーデ] 形 真っすぐな.

der **Bolz-platz** [ボルツ・プラッツ] 名 -es/..plätze サッカーのための遊び場.

die **Bom-bar-de** [ボムバるデ] 名 -/-n 1. (中世後期の)射石砲. 2. 〖楽〗ボンバルド(ブルターニュ地方の民俗楽器).

das **Bom-bar-de-ment** [..mã: ボムバるデマーン] 名 -s/-s 〖軍〗爆撃; 〖軍〗〈古〉連続砲撃; 〖比ゆ〗連続攻撃.

bom·bar·die·ren [ボมบัรディーレン] 動 h. 1.〈et⁴ッ〉爆撃〔砲撃〕する(都市などを). 2.〈j⁴/et⁴ン〉＝(mit〈et³〉ッ)投げつける;(口)浴びせる(質問・非難などを).
das **Bom·bar·don** [..dõ: ボムバるドーン] 名 -s/-s〖楽〗ボンバルドン(バス音域のチューバ).
der **Bom·bast** [ボムバスト] 名 -(e)s/〖蔑〗大言壮語.
bom·bas·tisch [ボムバスティシュ] 形〖蔑〗大げさな, 仰々しい, 誇張した.
die **Bom·be** [ボมべ] 名 -/-n 1. 爆弾: ~n auf〈et⁴〉abwerfen 爆弾を〈物に〉投下する. 2.〖スポ〗(ジン)強烈なシュート. 3. (力わざを見せる芸の)鉄亜鈴. 4.〖地質〗火山弾. 5. (ガス)ボンベ;(口)山高帽.〖慣用〗Die Bombe ist geplatzt.(口)恐れていたことがついに起きた. **mit Bomben und Granaten durchfallen**(口)(試験などに)ものの見事に失敗する. **wie eine Bombe einschlagen**(口)たいへんな驚きをもたらす.
bom·ben [ボンベン] 動 h. 1.〈et⁴ッ〉(口)爆撃する. 2.〖掩⁴〗(口)爆弾を仕掛ける. 3.〈et⁴〉ッ+〈方向ッ〉〖スポ〗(ジン)強烈にシュートする.
der **Bom·ben·ab·wurf** [ボムベン・アッフ・ヴるフ] 名 -(e)s/..würfe 爆弾投下.
der **Bom·ben·an·griff** [ボムベン・アングりふ] 名 -(e)s/-e 爆撃.
der **Bom·ben·an·schlag** [ボムベン・アン・シュラーク] 名 -(e)s/..schläge 爆弾による襲撃.
das **Bom·ben·at·ten·tat** [ボムベン・アテンタート] 名 -(e)s/-e 爆弾による暗殺.
der **Bom·ben·er·folg** [ボムベン・エふぉルク] 名 -(e)s/-e (口)(爆発的な)大成功.
bom·ben·fest¹ [ボムベン・ふェスト] 形 爆撃に耐える.
bom·ben·fest² [ボムベン・ふェスト] 形(口)絶対に確実な.
das **Bom·ben·flug·zeug** [ボムベン・ふルーク・ツォイク] 名 -(e)s/-e 爆撃機.
das **Bom·ben·ge·schäft** [ボムベン・ゲシェふト] 名(口)大もうけできる(ぼろい)商売.
die **Bom·ben·rol·le** [ボムベン・ろレ] 名 -/-n 当り役.
bom·ben·si·cher¹ [ボムベン・ズィッヒァー] 形 爆撃に耐える.
bom·ben·si·cher² [ボムベン・ズィッヒァー] 形(口)絶対に確実〔安全〕な.
der **Bom·ben·split·ter** [ボムベン・シュプリッター] 名 -s/- 爆弾の破片.
der **Bom·ben·tep·pich** [ボムベン・テッピヒ] 名 -s/-e 絨毯(ジン)爆撃.
der **Bom·ben·ter·ror** [ボムベン・テろーあ] 名 -s/ 爆弾テロ.
der **Bom·ben·tref·fer** [ボムベン・トれッふァー] 名 -s/-[ボムベント・れッふァー] 命中〔直撃〕弾;[ボムベントれッふァー](口)強烈なシュートによるゴール.
der **Bom·ben·trich·ter** [ボムベン・トりヒター] 名 -s/- 爆弾によるすり鉢状の穴.
der **Bom·ber** [ボムバー] 名 -s/- 爆撃機;(ジン)(サッカーなどの)シュート力のある強力な選手;(口)爆弾による襲撃者.
bom·big [ボムビヒ] 形(口)素晴らしい.
die **Bom·mel** [ボメル] 名 -/-n (der ~ -s/-も有)(方)ふさ飾り.
der **Bon** [bɔŋ ボン, bõ: ボーン] 名 -s/-s 1. 食券, 引換券. 2. (レジの)レシート.
bo·na fide [゛ナ フィーデ]〖ラ語〗善意で.
der **Bo·na·par·tis·mus** [ボナパるティスムス] 名 -/ ボナパルチズム(Napoleon 1 世と 3 世の統治思想).
der **Bo·na·par·tist** [ボナパるティスト] 名 -en/-en ボナパルティスト(ボナパルチズム〔ボナパルト家〕の信奉者).

der **Bon·bon** [bɔŋbɔ̃ŋ ボンボン, bõbõ: ボーンボーン] 名 -s/-s ((ジュッ)das ~)ボンボン, キャンディー;特別な楽しみ.
die **Bon·bon·nie·re, Bon·bon·nie·re** [bɔŋbɔnjɛːro, bõbõ.. ボンボニエール] 名 -/-n キャンディーの詰合せ;キャンディー入れ.
der **Bond** [ボント] 名 -s/-s〖銀行〗確定利付証券〔債券〕.
bon·gen [ボンゲン] 動 h.〈et⁴ッ〉値段をレジで(伝票〔レシート〕に)打ち込む.
das **Bon·go** [ボンゴー] 名 -(s)/-s (die ~ -/-s も有) (⊛)ボンゴ(ラテンアメリカの打楽器).
(*der*) **Bo·ni·fa·ti·us** [ボニふァーツィウス] 名 1.〖男名〗ボニファーツィウス. 2. ボニファーティウス(本名 Winfrid, 672〔73〕-754,「ドイツ人の使徒」と称された聖人).
(*der*) **Bo·ni·faz** [ボニふァーツ, ボーニふァーツ] 名〖男名〗ボニファーツ. ▷ Bonifatius.
die **Bo·ni·fi·ka·ti·on** [ボニふィカツィオーン] 名 -/-en〖商〗補償(金), 手数料;割戻金;(輸出)奨励金.
die **Bo·ni·tät** [ボニテート] 名 -/-en 1.〖商〗支払い能力, 資力, 信用状態. 2.〖林・農〗地味, 地位(産出量を示す程度).
das **Bon·mot** [bõ:mo: ボンモー] 名 -s/-s 軽妙酒脱(ダッ)な言葉〔名言〕.
(*das*) **Bonn** [ボン] 名〖地名〗ボン(ノルトラインヴェストファーレン州, 1945年からドイツ統合の 1990年まで, 事実上のドイツ連邦共和国(旧西独)の首都).
der **Bon·ner** [ボナー] 名 -s/- ボン市民.
die **Bon·ne·te·rie** [ボネテリー] 名 -/-n ((ス⁴))手芸〔裁縫〕用品;((⊛の)編み手芸〔裁縫〕用品店.
der **Bon·sai** [ボンザイ] 名 -(s)/-s 盆栽.
der **Bo·nus** [ボーヌス] 名 -(ses)/-(se)[Boni] 1.〖商〗特別配当金, 特別手当;奨励金. 2. (無事故車への)保険金割引. 3.〖学校・スポ〗(条件の不利な者に与えられる)プラス点.
der **Bon·vi·vant** [bõvivã: ボン・ヴィヴァーン] 名 -s/-s 1. (古)道楽者. 2.〖劇〗優雅で楽天的な役.
der **Bon·ze** [ボンツェ] 名 -n/-n 1.〖蔑〗有力者, お偉方, ボス. 2. (仏教の)僧侶.
der **Boo·gie-Woo·gie** [bõgivógi ブギ・ヴギ] 名 -(s)/-s〖楽〗ブギウギ(①ピアノによるブルースの一形式. ②社交ダンスの一種).
das **Book·let** [bóklıt ブックリット] 名 -(s)/-s 小冊子, ブックレット.
der **Boom** [bu:m ブーム] 名 -s/-s 1. にわか景気;ブーム. 2. 相場の値上がり.
boo·men [bú:man ブーメン] 動 h.〖掩³〗(口)ブームになっている;好景気である(特定の産業などに).
der **Boos·ter** [búːstɐr ブースター] 名 -s/- ブースター ①〖空・宇〗離陸〔打ち上げ〕用補助推進装置. ②〖電〗(テレビ・ラジオの)増幅器.
das **Boot** [ボート] 名 -(e)s/-e〔Böte〕ボート, 小舟;小型船: im gleichen ~ sitzen 苦境を共にしている.
der **Boo·tes** [ボオーテス] 名〖天〗牛飼い座.
der **Boot·leg·ger** [bútlεgɐr ブート・レガー] 名 -s/-(米国の禁酒法時代の)酒類密輸〔密造〕者.
das **Boots·deck** [ボーッ デック] 名 -(e)s/-s〔-e〕ボートデッキ, 上甲板.
der **Boots·gast** [ボーツ・ガスト] 名 -(e)s/-en〖海〗救命ボート係;救命ボートの漕ぎ手.
der **Boots·ha·ken** [ボーツ・ハーケン] 名 -s/- ボート用鉤竿(ᢆᢆ).
das **Boots·haus** [ボーツ・ハウス] 名 -es/..häuser 艇庫;(水上スポーツの)クラブハウス.
die **Boots·län·ge** [ボーツ・レンゲ] 名 -/-n 艇身.

B

der **Boots·mann** [ボーツ·マン] [名] -(e)s/..leute 甲板長, ボースン;(海軍の)一等兵曹(人;(単のみ)位).
der **Boots·steg** [ボーツ·シュテーク] [名] -(e)s/-e ボート〔小船〕用の桟橋.
das **Bor** [ボーあ] [名] -s/ 〘化〙硼素(ほうそ)(記号 B).
die **Bo·ra** [ボーら] [名] -/-s ボラ(アドリア海沿岸に吹く冷たく乾燥した北東の風).
der **Bo·rax** [ボーらクス] [名] -(es)/ 〘化〙硼砂(ほうしゃ).
der **Bord**[1] [ボるト] [名] -(e)s/-e **1.** (主に単)船べり;甲板:〈et⁴〉 über ~ werfen 〈物を〉船から投げ捨てる;〈事を〉捨て去る(偏見·懸念などを). **2.** 船内;車内;機内. **【慣用】 an Bord gehen** 乗船〔搭乗〕する. 〈j⁴〉 **an Bord nehmen** 〈人を〉乗船〔搭乗〕させる. **über Bord gehen** (船から)落ちる. **von Bord gehen** 船〔飛行機〕から降りる.
das **Bord**[2] [ボるト] [名] -(e)s/-e (壁の)棚.
das **Bord**[3] [ボるト] [名] -(e)s/-e 《スイス》縁;斜面.
das〔*der*〕 **Bord·case** [..ke:s ボるト·ケース] [名] -/-(s) ボードケース.
die **Bör·de** [ベるデ] [名] -/-n 沃(よく)地, 沃野
der **Bor·deaux**[1] [bɔrdó: ボるドー] [名] -[ボるドー(ス)]/-[ボるドース] (種は種類)ボルドーワイン.
(*das*) **Bor·deaux**[2] [ボるドー] [名] -'/ 〘地名〙ボルドー(フランスの都市).
bor·deaux·rot [ボるドー·ろート] [形] ワインカラーの.
das **Bor·dell** [ボるデル] [名] -s/-e 売春宿, 女郎屋.
bör·deln [べるデルン] [動] *h.* 〔〈et⁴〉に〕フランジをつける(ブリキなどに).
der **Bord·funk** [ボるト·ふンク] [名] -s/ (船·飛行機の)無線.
der **Bord·fun·ker** [ボるト·ふンカー] [名] -s/- (船·飛行機の)無線通信士.
bor·die·ren [ボるディーれン] [動] *h.* 〔〈et⁴〉ヲ+(mit 〈et³〉デ)〕〘裁縫〙縁取りする(そで口をレースなどで), (…に)縁飾りをつける(カーテンなどに).
die **Bord·ka·no·ne** [ボるト·カノーネ] [名] -/-n 搭載砲.
die **Bord·kan·te** [ボるト·カンテ] [名] -/-n 歩道の縁石の角.
der **Bord·kof·fer** [ボるト·コっふぁー] [名] -s/- ボードケース.
der **Bord·stein** [ボるト·シュタイン] [名] -(e)s/-e 歩道の縁石.
der **Bor·dun** [ボるドゥーン] [名] -s/-e 〘楽〙 **1.** (パイプオルガンの)ブルドン音栓. **2.** 持続低音. **3.** バグパイプの低音管.
die **Bor·dü·re** [ボるデューれ] [名] -/-n 飾り縁, 縁(取り).
die **Bord·wand** [ボるト·ヴァント] [名] -/..wände 舷側(げんそく);(飛行機の)側面;(トラックの)側板.
bo·re·al [ボれアール] [形] (ユーラシア·アメリカの)北方の.
der **Bo·re·as** [ボーれアス] [名] -/ エーゲ海の北風;《詩》冷たい北風.
der **Borg** [ボるク] [名] (次の形で)auf ~ つけで, 掛けで.
bor·gen [ボるゲン] [動] *h.* **1.** 〔(〈j³〉ニ)+〈et⁴〉ヲ〕貸す. **2.** 〔(sich³)+(bei〔von〕〈j³〉カラ)+〈et⁴〉ヲ〕借りる;借用〔盗用〕する(思想などを).
(*der*) **Bor·gia** [bɔ́rdʒa ボるヂャ] [名] 〘人名〙ボルジア(Cesare ~, 1475-1507, Machiavelli の『君主論』のモデル).
die **Bor·ke** [ボるケ] [名] -/-n 《北独》樹皮;(傷の)かさぶた;(こびりついた)垢(あか).
der **Bor·ken·kä·fer** [ボるケン·ケーふぁー] [名] -s/- 〘昆〙キクイムシ.
bor·kig [ボるキひ] [形] 《北独》(樹皮のように)ざらざらした;かさぶたになった.
(*das*) **Bor·kum** [ボるクム] [名] -s/ 〘地名〙ボルクム島(東フリース諸島の島).
der **Born** [ボるン] [名] -(e)s/-e 《詩》泉.
bor·niert [ボるニーあト] [形] 偏狭な, 狭量な.
die **Bor·niert·heit** [ボるニーあトハイト] [名] -/-en **1.** (単のみ)偏狭, 頑迷. **2.** 偏狭な行動〔発言〕.
der **Bor·retsch** [ボれっチュ] [名] -(e)s/ 〘植〙ルリチシャ.
die **Bor·sal·be** [ボーあ·ザルベ] [名] -/-n 硼酸(ほうさん)軟膏.
die **Bor·säu·re** [ボーあ·ゾイれ] [名] -/ 〘化〙硼酸(ほうさん).
der **Borschtsch** [ボるシチュ] [名] -/ ボルシチ.
die **Bör·se**[1] [べるゼ] [名] -/-n 〘経〙 **1.** (証券·商品の)取引所, 市場(しじょう):an der ~ 証券〔商品〕取引所で. **2.** 取引所の建物.
die **Bör·se**[2] [べるゼ] [名] -/-n **1.** 《文·古》財布. **2.** 〘ボクシング〙ファイトマネー.
der **Bör·sen·be·richt** [べるゼン·べりひト] [名] -(e)s/-e 市況報告.
bör·sen·fä·hig [べるゼン·ふぇーイひ] [形] 取引き資格のある.
der **Bör·sen·kurs** [べるゼン·クるス] [名] -es/-e 取引所相場.
der **Bör·sen·mak·ler** [べるゼン·マークラー] [名] -s/- (取引所の)仲立〔仲買〕人.
das **Bör·sen·ma·nö·ver** [べるゼン·マネーヴァー] [名] -s/- 相場操作, 株価操作.
die **Bör·sen·no·tie·rung** [べるゼン·ノティーるング] [名] -/-en 取引所相場付け, 取引所相場(表).
der **Bör·sen·pro·spekt** [べるゼン·プろスペクト] [名] -(e)s/-e 〘経〙上場目論見書.
der **Bör·sen·spe·ku·lant** [べるゼン·シュペクラント] [名] -en/-en 相場師, 投機家.
der **Bör·sen·zet·tel** [べるゼン·ツェっテル] [名] -s/- 相場表.
die **Bör·sen·zu·las·sung** [べるゼン·ツー·ラっスング] [名] -/ (取引所での)上場許可.
der **Bör·si·a·ner** [べるズィアーナー] [名] -s/- 《口》相場師;仲買人.
die **Bors·te** [ボるステ] [名] -/-n **1.** (豚·猪などの)剛毛. **2.** (複のみ)《口·冗》(人の)硬い頭髪, 胸毛. **3.** (ブラシの)毛.
der **Bors·ten·pin·sel** [ボるステン·ピンゼル] [名] -s/- 剛毛製絵筆.
das **Bors·ten·tier** [ボるステン·ティーあ] [名] -(e)s/-e 《口》豚.
das **Bors·ten·vieh** [ボるステン·ふぃー] [名] -(e)s/..viecher 《口·冗》豚.
der **Bors·ten·wurm** [ボるステン·ヴるム] [名] -(e)s/..würmer 〘動〙(主に複)多毛類.
bors·tig [ボるスティひ] [形] 剛毛の生えた;もじゃもじゃの;《転》つっけんどんな.
die **Bor·te** [ボるテ] [名] -/-n (衣服などの)飾り縁.
bös·ar·tig [べース·アーあティひ] [形] たちの悪い;悪性の.
die **Bös·ar·tig·keit** [べース·アーあティひカイト] [名] -/ 意地悪さ, 悪意;悪性.
(*der*) **Bosch** [ボっシュ] [名] 〘人名〙ボッシュ(① Carl ~ 1874-1940, 化学者. ② Hieronymus ~ 1450 頃-1516, オランダの画家. ③ Robert ~ 1861-1942, 工業経営者).
die **Bö·schung** [べっシュング] [名] -/-en 斜面.
bö·se [べーゼ] [形] **1.** 悪い(道徳的に):der ~ Feind 悪魔. ein ~*s* Gewissen haben 良心にやましいところがある. jenseits von gut und ~ 善悪の彼岸. **2.** 嫌な, 不快な, 厄介な, 悪い:~ Zeiten 嫌な時代. eine ~ Zunge 毒舌. der ~ Blick 邪視. die ~ Sieben 不吉な 7. Meine Worte waren nicht *bös*(*e*) gemeint. 私は悪気があって言ったのではなかった. **3.** 〔(auf 〈j⁴〉ニ/über 〈et⁴〉ニ)〕《口》腹を立てた, 敵意をいだいた:~ über den Scherz sein 冗談に腹を立てている. im *B*~*n* auseinander gehen 喧嘩別れす

る. **4.** 〖(mit 〈j³〉と)〗付き合わない, (…のことを)怒っている: Bist du (mit) mir wirklich nicht *bös(e)*? 君はぼくのことを本当に怒っていないかい. **5.** (行儀の)悪い《特に子供が》. **6.** 《口》炎症を起こした: ein ~*r* Zahn 虫歯. **7.** 《口》ひどい;ひどく: einen ~*n* Schrecken bekommen ひどくびっくりする.

der **Bö·se**¹ [㋬ーゼ] [名] 《形容詞的変化》《詩》悪魔.

das **Bö·se**² [㋬ーゼ] [名] 《形容詞的変化》悪, 悪事.

der **Bö·se·wicht** [㋬ーゼ・ヴィひト] [名] -(e)s/-er (《(オーストリア)》-(e)s/-e) 《口・冗》いたずら小僧;《古》悪人, 犯罪者.

bos·haft [ボースハふト] [形] 意地悪な.

die **Bos·haf·tig·keit** [ボースハふティひカイト] [名] -/-en **1.** 《[単]のみ》意地悪さ;嘲笑(ちょうしょう)癖. **2.** 意地の悪い行動〔発言・評言〕.

die **Bos·heit** [ボースハイト] [名] -/-en **1.** 《[単]のみ》悪意: 〈et⁴〉 aus ~ tun 〈事を〉悪意からする. mit konstanter ~ 性こりもなく. **2.** 悪意ある行動〔発言・評言〕.

das **Bos·kett** [ボスケット] [名] -s/-e 植込み, 木立ち《特にルネサンス・バロック時代の庭園の》.

der **Bos·kop** [ボスコップ] [名] -s/- 〖植〗ボスコープ産リンゴ《冬に貯蔵できるリンゴの一品種》.

bös·lich [㋬ースリひ] [形] 《稀》=böswillig.

(*das*) **Bos·ni·en** [ボスニエン] [名] -s/ 〖地名〗ボスニア《旧ユーゴスラヴィアの地方名》.

das **Bo·son** [ボーゾン] [名] -s/-en[ボゾーネン] 〖理〗ボソン, ボース粒子.

der **Boss,** [旧] **Boß** [ボス] [名] -es/-e 《口》ボス《社長・上司・リーダー》.

bos·se·lie·ren [ボセリーれン] [動] *h.* =bossieren.

bos·seln [ボっセルン] [動] *h.* **1.** 〔an 〈et³〉に〕《口》丹念に細工を施す《模型などに》. **2.** 〔〈et⁴〉ヲ〕《口》(手細工で)作り上げる;彫琢(ちょうたく)する《文章などを》;練る《計画を》. **3.** =bossieren.

das **Bos·sen·werk** [ボっセン・ヴェるク] [名] -(e)s/ 粗面仕上げの石壁.

bos·sie·ren [ボスィーれン] [動] *h.* 〔〈et⁴〉ヲ〕荒削りする《石切り場で石材を》;(…に)型をつける《蠟(ろう)・石膏(せっこう)などに》.

das **Bos·ton** [ボストン] [名] -s/ ボストン《4人で行うトランプ遊び》.

bös·wil·lig [㋬ース・ヴィリひ] [形] 〖法〗悪意のある.

die **Bös·wil·lig·keit** [㋬ース・ヴィリひカイト] [名] -/ 悪意, 敵意.

bot [ボート] [動] bieten の過去形.

die **Bo·ta·nik** [ボターニク] [名] -/ 植物学;《口・冗》緑の自然.

der **Bo·ta·ni·ker** [ボターニカー] [名] -s/- 植物学者.

bo·ta·nisch [ボターニシュ] [形] 植物学の.

bo·ta·ni·sie·ren [ボタニズィーれン] [動] *h.* 〔補足なし〕植物採集をする.

die **Bo·ta·ni·sier·trom·mel** [ボタニズィーあ・トろメル] [名] -/-n (植物採集の)胴乱.

der **Bo·te** [ボーテ] [名] -n/-n 使い, 使者;メッセンジャーボーイ;《転》(物事の)兆し.

bö·te [㋬ーテ] [動] bieten の接続法2式.

der **Bo·ten·gang** [ボーテン・ガング] [名] -(e)s/..gänge 使い走り.

der **Bo·ten·lohn** [ボーテン・ローン] [名] -(e)s/..löhne 使いの駄賃.

bot·mä·ßig [ボート・メースィひ] [形] 〖(〈j³〉に)〗《古》家来(臣下)の;(…に)従順な.

die **Bot·mä·ßig·keit** [ボート・メースィひカイト] [名] -/ 《古》支配.

die **Bot·schaft** [ボートシャふト] [名] -/-en **1.** 大使館《組織・建物》. **2.** 《文》知らせ;公式メッセージ, 教書: eine ~ für 〈j⁴〉 〈人への〉知らせ. eine ~ an 〈j⁴〉 〈人への〉公式メッセージ. 【慣用】**die Frohe Botschaft** 〖キ教〗福音.

der **Bot·schaf·ter** [ボートシャふター] [名] -s/- 大使.

der **Bot·schafts·rat** [ボートシャふツ・らート] [名] -(e)s/..räte 大使館参事官.

der **Bot·schafts·se·kre·tär** [ボートシャふツ・ゼクれテーあ] [名] -s/-e 大使館付書記官.

(*das*) **Bot·su·a·na** [ボツアーナ] [名] -s/ 〖国名〗ボツワナ《アフリカの共和国》.

(*das*) **Bo·ts·wa·na** [ボッヴァーナ] [名] -s/ 〖国名〗《(スイス)》ボツワナ《アフリカの共和国》.

der **Bött·cher** [㋬っトひャー] [名] -s/- 桶(おけ)職人, 樽(たる)職人, 桶屋, 樽屋.

die **Bött·che·rei** [㋬っトひぇらイ] [名] -/-en **1.** 《[単]のみ》桶(おけ)職, 樽(たる)職. **2.** 桶〔樽〕屋の仕事場.

(*der*) **Bot·ti·cel·li** [bottitʃɛ́lli ボッティチェルリ] [名] 〖人名〗ボッティチェリ《Sandro ~, 1445-1510, イタリアの画家》.

der **Bot·tich** [ボっティひ] [名] -(e)s/-e 大型の桶(おけ).

die **Bot·tle·par·ty, Bot·tle-Par·ty** [bɔ́tl.. ボトル・パーあティ] [名] -/..ties 酒類〔飲み物〕持ち寄りパーティー.

der **Bo·tu·lis·mus** [ボトゥリスムス] [名] -/ 〖医〗ボツリヌス中毒.

der **Bou·c·lé**¹, **Bu·k·lee**¹ [buklé: ブクレー] [名] -s/-s 輪奈糸(わないと)織地;輪奈糸織じゅうたん.

das **Bou·c·lé**², **Bu·k·lee**² [ブクレー] [名] -s/-s 輪奈糸(わないと).

das **Bou·doir** [budoá:r ブドアーあ] [名] -s/-s 《古》婦人の瀟洒(しょうしゃ)な部屋.

die **Bou·gie** [buʒí: ブジー] [名] -/-s 〖医〗ブジー, 消息子.

die **Bouil·la·baisse** [bujabɛ́:s ブヤベース] [名] -/-s 〖料〗ブイヤベース.

die **Bouil·lon** [bʊljɔ́ŋ ブルヨン, ..jɔ̃: ブルヨーン, bujɔ̃: ブヨーン] [名] -/-s ブイヨン, 肉汁.

der **Bouil·lon·wür·fel** [ブルヨン・ヴュるふェル, ブルヨーン・ヴュるふェル, ブヨーン・ヴュるふェル] [名] -s/- 《古》固形ブイヨン.

das **Boule** [bu:l ブール] [名] -(s)/ (die ~ -/ も有)ブール《フランスの鉄球ゲーム》.

der **Bou·le·vard** [buləvá:r ブレヴァーあ] [名] -s/-s 広い並木道, (特にパリの)大通り.

das **Bou·le·vard·blatt** [ブレヴァーあ・ブラット] [名] -(e)s/..blätter =Boulevardzeitung.

die **Bou·le·vard·pres·se** [ブレヴァーあ・プれっセ] [名] -/ 《蔑》《総称》(主に街頭売りの)大衆新聞.

das **Bou·le·vard·stück** [ブレヴァーあ・シュテュック] [名] -(e)s/-e 〖劇〗大衆劇.

die **Bou·le·vard·zei·tung** [ブレヴァーあ・ツァイトゥング] [名] -/-en 大衆新聞.

das **Bou·quet** [buké: ブケー] [名] -s/-s **1.** 《文》(大きな)花束, ブーケ. **2.** ワインの芳香, ブーケ.

der **Bou·qui·nist** [bukiníst ブキニスト] [名] -en/-en (特にパリのセーヌ河岸の)古本屋,古本商.

der **Bour·bon** [burbṍ ブるボン, bə́:bən ベーベン] [名] -s/-s バーボンウィスキー.

der **Bour·bo·ne** [burbó:nə ブるボーネ] [名] -n/-n ブルボン家の人《昔のフランスの王家》.

bour·bo·nisch [burbó:nɪʃ ブるボーニシュ] [形] ブルボン家〔王朝〕の.

der **Bour·don** [burdɔ̃: ブるドーン] [名] -s/-s 〖楽〗=Bordun.

bour·geois [burʒoá ブるジョア] [形] 《[付]では[ブるジョアーズ..]》《古》ブルジョワ〔資本家階級〕の.

der **Bour·geois** [ブるジョア] [名] -/- 《文・蔑》ブルジョア, 資本家階級の人.

die **Bour·geoi·sie** [..zí: ブるジョアズィー] [名] -/-n

《文・古》裕福な市民階級;[ﾏﾙｸｽ主義]ブルジョアジー.
die **Bour·ret·te** [burɛ́tə, bo.. ブれっテ] 名 -/[絹]ブレット(①絹糸のくずれ繊維.②くず絹糸で織った生地).
die **Bou·teil·le** [butɛ́:jə ブテーユ, ..tɛ́ljə ブテれエ] 名 -/-n 《古》瓶.
die **Bou·tique** [butí:k ブティーク] 名 -/-n[-s] ブティック.
der **Bou·ton** [butṍ ブトン] 名 -s/-s **1.** ボタン〔つぼみ〕型のイヤリング〔ペンダント〕.
der **Bo·vist** [bó:vɪst, bovɪ́st] 名 -(e)s/-e 〔植〕ホコリタケ, キツネノチャブクロ(きのこ).
der **Bow·den·zug** [bóudan.. ボーデン・ツーク, báyden.. バウデン・ツーク] 名 -(e)s/..züge 〔工・車〕バウデンワイヤー, ボーデンケーブル.
das **Bo·wie·mes·ser** [bó:vi.. ボーヴィ・メッサー] 名 -s/- ボーイフ(さや付きの長い猟刀).
die **Bow·le** [bó:lə ボーれ] 名 -/-n パンチ(ワイン・果物・砂糖などを混ぜた飲み物);パンチ用ボウル(容器).
der **Bow·ler** [bó:lɐr ボーラー] 名 -s/- 山高帽.
das **Bow·ling** [bó:lɪŋ ボーリング] 名 -s/-s ボウリング;(イギリスのローン)ボウリング.
die **Box** [bɔ́ks ボックス] 名 -/-en **1.** 仕切られた場所;馬房;(大ガレージの)仕切られた駐車場;(レーシングカーの)ピット. **2.** 収納的, 箱型容器. **3.** (簡単な)箱型カメラ. **4.** (スピーカー)ボックス(Lautsprecher~).
der **Bo·x·ball** [ボックス・バル] 名 -(e)s/..bälle パンチングボール(ボクシング練習用).
das **Box·calf** [ボックス・カルフ] 名 -s/- =Boxkalf.
die **Bo·xe** [ボクセ] 名 -/-n =Box 1.
bo·xen [ボクセン] 動 h. **1.** 〔俗に〕ボクシングをする. **2.** 〔j-n〕ボクシングの試合をする;(…を)こぶしで殴る, 突く. **3.** 〔j³⁽⁴⁾〕+in〈et⁴〉〕パンチを食らわす(胸・脇腹などに), 軽くこぶしで打つ(親愛の印に). **4.** (相互代名詞式)〔(口)殴り合う. **5.** 〈et⁴〉+〈方向へ〉(口)こぶしで飛ばす(ボールをコーナーなどへ). **6.** 〔sich⁴+durch〈j³/et⁴〉〕かき分けて進む(群衆などを);(転)苦労しての経(人生などを).
das **Bo·xen** [ボクセン] 名 -s/ ボクシング.
der **Bo·xer** [ボクサー] 名 -s/- **1.** ボクサー, 拳闘(けんとう)選手;(口)こぶしで殴ること. **2.** 〔動〕ボクサー(犬).
der **Bo·xer·mo·tor** [ボクサー・モ(一)トーあ] 名 -s/-en 〔工〕水平対向エンジン.
der **Box·hand·schuh** [ボックス・ハント・シュー] 名 -(e)s/-e ボクシンググローブ.
das **Box·kalf** [ボックス・カルフ] 名 -s/- ボックス革, ボックスカーフ.
der **Box·kampf** [ボックス・カムプふ] 名 -(e)s/..kämpfe **1.** (®のみ)ボクシング(スポーツの種目として). **2.** ボクシングの試合.
der **Box·ring** [ボックス・リング] 名 -(e)s/-e ボクシングのリング.
der **Boy** [bɔy ボイ] 名 -s/-s (ホテルの)ボーイ;《若》少年.
der **Boy·kott** [ボイコット] 名 -(e)s/-s[-e] ボイコット.
boy·kot·tie·ren [ボイコティーれン] 動 h. 〔j⁴/et⁴〕ボイコットする.
(*das*) **Bo·zen** [ボーツェン] 名 -s/ 〔地名〕ボーツェン(イタリア北部, 南チロル地方の都市).
BPA = Presse- und Informationsamt der Bundesregierung 連邦政府新聞情報部.
Bq = Becquerel 〔理〕ベクレル.
Br [ベーエる] 名 〔化〕臭素.
BR = Bayerischer Rundfunk バイエルン放送.
Br. **1.** = Breite 〔地〕緯度. **2.** = Bruder 兄, 弟;〔ｶﾄﾘｯｸ〕修道士.

brab·beln [ブらッベルン] 動 h. 〔瞬こ〕(口)ぶつぶつ独り言を言う.
brach¹ [ブら-は] 動 brechen の過去形.
brach² [ブら-は] 形 休閑(休耕)中の;使われていない.
die **Bra·che** [ブらーへ] 名 -/-n 休閑地;休閑期.
brä·che [ブれーひェ] 動 brechen の接続法2式.
das **Brach·feld** [ブらー は・ふェルト] 名 -(e)s/-er 休閑地.
bra·chi·al [ブらひアール] 形 **1.** 〔医〕上腕(じょうわん)の. **2.** (文)腕ずくの.
die **Bra·chi·al·ge·walt** [ブらひアール・ゲヴァルト] 名 -/(文)腕力, 暴力; mit ~ 腕ずくで.
die **Bra·chi·al·gie** [ブらひアルギー] 名 -/-n 〔医〕(上)腕痛.
das **Brach·land** [ブらー は・ラント] 名 -(e)s/- 休閑地.
brach·lie·gen* [ブらー は・リーゲン] 動 h. 〔瞬こ〕休閑地にしてある(畑・耕地が);(転)活用されずにいる(才能・知識などが).
brach·te [ブらハテ] 動 bringen の過去形.
bräch·te [ブれハテ] 動 bringen の接続法2式.
der **Brach·vo·gel** [ブらー は・ふぉーゲル] 名 -s/..vögel 〔鳥〕ダイシャクシギ.
die **Bra·chy·dak·ty·lie** [ブらひュ・ダクテュリー] 名 -/-n 〔医〕(先天性)短指症.
bra·chy·ke·phal [ブらひュ・ケふァール] 形 = brachyzephal.
bra·chy·ze·phal [ブらひュ・ツェふぁール] 形 〔人類・医〕短頭(症)の.
der **Bra·cke** [ブらッケ] 名 -n/-n (《稀》die ~ -/-n) ブラッケ(猟犬の一種).
bra·ckig [ブらッキり] 形 塩分を含んだ(飲めない).
das **Brack·was·ser** [ブらック・ヴァッサー] 名 -s/- 汽水.
die **Bra·dy·kar·die** [ブらデュ・カルディー] 名 -/-n 〔医〕徐脈, 心拍緩徐.
der **Brä·gen** [ブれーゲン] 名 -s/- = Bregen.
(*der*) **Bra·gi** [ブらーギ] 名 **1.** 〔北欧神〕ブラ(一)ギ(Wodan の息子. 詩の神). **2.** 〔人名〕ブラーギ(9世紀のノルウェーの宮廷詩人).
(*der*) **Brah·ma** [ブらーマ] 名 〔インド神〕ブラフマ, 梵天(ぼんてん)(バラモン教の主神).
der **Brah·ma·is·mus** [brama.. ブらマイスムス] 名 -/ = Brahmanismus.
das **Brah·man** [ブらーマン] 名 -s/ ブラフマン, 梵(ぼん)(バラモン教の宇宙の創造と支配の原理).
der **Brah·ma·ne** [bra.. ブらマーネ] 名 -n/-n ブラモン, 婆羅門(インド四姓中の最高位で僧侶階級).
das **Brah·ma·nen·tum** [ブらマーネントゥーム] 名 -s/ ブラモン[婆羅門]教, ブラモン信仰.
brah·ma·nisch [ブらマーニシュ] 形 ブラモン[婆羅門](教)の.
der **Brah·ma·nis·mus** [ブらマニスムス] 名 -/ ブラモン[婆羅門]教;《稀》ヒンズー教.
der **Brah·ma·pu·tra** [brama.. ブらマプ(一)トら] 名 -s/ 〔川名〕ブラマプトラ川(チベット・インド・バングラディッシュを流れる).
(*der*) **Brahms** [ブらームス] 名 〔人名〕ブラームス(Johannes ~, 1833-97, 作曲家).
die **Braille·schrift** [brájə.. ブらーイェ・シュりフト] 名 -/ ブレイユ点字. 〔点字〕は Blindenschrift.
das **Brain·stor·ming** [bre:nstɔ́ːrmɪŋ ブれーン・ストーあミング] 名 -s/-s 〔経〕ブレーンストーミング(グループで自由にアイディアを出し合う問題解決法).
der **Brain·trust, Brain-Trust** [bré:ntrast ブれーントらスト] 名 -(s)/-s ブレーントラスト(政治・経済分野での専門委員会(専門の顧問団)).
der **Brak·te·at** [ブらクテアート] 名 -en/-en **1.** (片面打刻の)中世ドイツの硬貨;(片面打刻の)古代ギリシアの金メッキ硬貨. **2.** 〔考古〕片面型押し(加工

の)ペンダント.
die **Brak·tee** [ブラクテーエ] [名] -/-n 〖植〗苞葉(ほうよう).
der **Bra·mar·bas** [ブラマるバス] [名] -/-se 《文》大ぼら吹き(18 世紀の風刺詩の主人公の名による).
bra·mar·ba·sie·ren [ブラマるバズィーれン] [動] *h.* 〔補足なし〕《文》大ぼらを吹く, 大言壮語する.
das **Bram·se·gel** [ブラーム・ゼーゲル] [名] -s/- 〖海〗トガンスル(トガンヤードにかける帆).
die **Bram·sten·ge** [ブラーム・シュテンゲ] [名] -/ トガンマスト(上から二番目の継ぎ足しマスト).
die **Bran·che** [brã:ʃə ブラーンシェ] [名] -/-n **1.** 〖経〗部門. **2.** 《口》専門分野.
die **Bran·che·kennt·nis** [ブラーンシェ・ケントニス] [名] -/-se =Branchenkenntnis.
bran·che·kun·dig [ブラーンシェ・クンディひ] [形] 業務部門に詳しい.
die **Bran·chen·kennt·nis** [brã:ʃən.. ブラーンシェン・ケントニス] [名] -/-se 専門知識.
der **Bran·chen·mix** [ブラーンシェン・ミックス] [名] -/-e 〖経〗多角的事業展開.
bran·chen·üb·lich [ブラーンシェン・ユーブリひ] [形] 各部門で慣習となっている.
das **Bran·chen·ver·zeich·nis** [ブラーンシェン・ふぇあツァイひニス] [名] -ses/-se 部門〔職業〕別名簿.
die **Bran·chie** [ブランひエ] [名] -/-n (主に[複])〖動〗鰓(えら).
der **Brand** [ブラント] [名] -(e)s/Brände **1.** 火事, 火災;炎上;(主に[複])燃えているもの: einen ~ legen 放火する. 〈et⁴〉 in ~ stecken〔setzen〕〈物に〉火をつける〔放火する〕. **2.** (れんが・陶器などの)焼成. **3.** 《方》(暖房用の)燃料. **4.** 《口》ひどいのどの渇き. **5.** ([単]のみ)〖医〗壊疽(えそ);〖生〗黒穂病.
die **Brand·bla·se** [ブラント・ブラーゼ] [名] -/-n 〖医〗火ぶくれ, 火傷性水泡.
die **Brand·bom·be** [ブラント・ボムベ] [名] -/-n 焼夷(しょうい)弾.
der **Brand·brief** [ブラント・ブリーふ] [名] -(e)s/-e 《口》火急の手紙.
der **Brand·di·rek·tor** [ブラント・ディれクトーあ] [名] -s/-en 消防署長.
brand·ei·lig [ブラント・アイリひ] [形] 火急の.
bran·den [ブランデン] [動] *h.* 《文》 **1.** 〔an〔gegen〕〈et⁴〉に〕砕け(散)る. **2.** 〔um 〈j⁴〉ノ周リニ〕わき起こる(拍手・歓声の声などが).
(*das*) **Bran·den·burg** [ブランデン・ブるク] [名] -s/ 〖地名〗ブランデンブルク(① Havel 河畔の古都. ②ドイツの州).
Bran·den·bur·ger [ブランデン・ブるガー] [形] (無変化)ブランデンブルクの: das ~ Tor ブランデンブルク門.
die **Brand·fa·ckel** [ブラント・ふぁっケル] [名] -/-n (火つけ用の)火のついたたいまつ;《転・文》(紛争の)火種.
der **Brand·ge·ruch** [ブラント・ゲるっふ] [名] -(e)s/..gerüche 焦げ臭いにおい.
brand·heiß [ブラント・ハイス] [形] 最新の.
der **Brand·herd** [ブラント・ヘーあト] [名] -(e)s/-e (火事の)火元.
bran·dig [ブランディひ] [形] **1.** 焼け焦げた, 焦げ臭い. **2.** 〖医〗壊疽(えそ)の;〖植〗黒穂病の.
das **Bran·ding** [brɛ́ndɪŋ ブれンディング] [名] -/ **1.** 〖経〗登録商標名の考案〔開発〕. **2.** 焼印をつけること.
die **Brand·kas·se** [ブラント・カッセ] [名] -/-n 火災保険組合.
die **Brand·le·gung** [ブラント・レーグング] [名] -/-en 《オーストリア》放火, 失火.
das **Brand·mal** [ブラント・マール] [名] -(e)s/-e〔..mäler〕 (家畜の)焼き印, (中世の罪人の)烙印;《文》やけどの跡;あざ.
die **Brand·ma·le·rei** [ブラント・マーレらイ] [名] -/-en (板に描く)焼き絵.
brand·mar·ken [ブラント・マるケン] [動] *h.* **1.** 〔〈j⁴/et⁴〉ヲ〕公然と非難する. **2.** 〔〈j⁴〉ニ+(als 〈j¹〉ノ)〕烙印(らくいん)を押す(中世の罪人に;人に泥棒などの).
die **Brand·mau·er** [ブラント・マウあー] [名] -/-n 防火壁.
brand·neu [ブラント・ノイ] [形] 《口》真新しい, 新品の.
das **Brand·op·fer** [ブラント・オっプふぁー] [名] -s/- **1.** 〖ユダヤ教〗燔祭(はんさい). **2.** 火災の犠牲者.
die **Brand·re·de** [ブラント・れーデ] [名] -/-n アジ演説.
die **Brand·ro·dung** [ブラント・ろードゥング] [名] -/-en 〖農〗焼畑(農業).
brand·rot [ブラント・ろート] [形] 燃えるように赤い.
die **Brand·sal·be** [ブラント・ザルベ] [名] -/-n やけど用軟膏(なんこう).
der **Brand·scha·den** [ブラント・シャーデン] [名] -s/..schäden 火災の被害〔損害〕.
brand·schat·zen [ブラント・シャっツェン] [動] *h.* 〔〈j⁴/et⁴〉ヲ〕焼払うと脅して軍用金を取りたてる〔略奪する〕(都市・住民などを).
die **Brand·schat·zung** [ブラント・シャっツング] [名] -/-en 町や村を焼き払うと脅して金を取ること.
die **Brand·soh·le** [ブラント・ゾーレ] [名] -/-n 靴の中底.
die **Brand·stät·te** [ブラント・シュテッテ] [名] -/-n **1.** 火災現場, 焼け跡. **2.** 炭焼きがま.
die **Brand·stel·le** [ブラント・シュテレ] [名] -/-n 火災現場, 焼け跡.
der **Brand·stif·ter** [ブラント・シュティふター] [名] -s/- 放火犯人, 失火者;《転・文》煽動者.
die **Brand·stif·tung** [ブラント・シュティふトゥング] [名] -/-en 放火, 失火.
(*der*) **Brandt** [ブラント] [名] 〖人名〗ブラント(Willy ~, 1913-1992, 旧西独の首相(1969-74)).
die **Bran·dung** [ブランドゥング] [名] -/-en (主に[単])(岸・岩に)砕ける波.
die **Brand·wa·che** [ブラント・ヴァっヘ] [名] -/-n (再出火に備える)火災監視(員).
die **Brand·wun·de** [ブラント・ヴンデ] [名] -/-n 火傷(やけど).
das **Brand·zei·chen** [ブラント・ツァイひェン] [名] -s/- 焼き印.
brann·te [ブランテ] [動] brennen の過去形.
der **Brannt·kalk** [ブラント・カルク] [名] -(e)s/ 生石灰.
der **Brannt·wein** [ブラント・ヴァイン] [名] -(e)s/-e 蒸留酒.
der **Brannt·wein·bren·ner** [ブラントヴァイン・ブれナー] [名] -s/- 蒸留酒製造業者.
die **Brannt·wein·bren·ne·rei** [ブラントヴァイン・ブれネらイ] [名] -/-en 蒸留酒製造業.
der **Bra·sil**[1] [ブらズィール] [名] -s/-e〔-s〕 ブラジルタバコ;ブラジルコーヒー.
die **Bra·sil**[2] [ブらズィール] [名] -/-(s) ブラジル葉巻.
das **Bra·sil·holz** [ブらズィール・ホルツ] [名] -es/..hölzer 〖植〗ブラジルスオウ(赤色顔料の原料).
(*das*) **Bra·si·lia** [ブらズィーリア] [名] -s/ 〖地名〗ブラジリア(ブラジルの首都).
der **Bra·si·li·a·ner** [ブらズィリアーナー] [名] -s/- ブラジル人.
bra·si·li·a·nisch [ブらズィリアーニシュ] [形] ブラジル(人)の.
(*das*) **Bra·si·li·en** [ブらズィーリエン] [名] -s/ 〖国名〗ブラジル(南アメリカの国).
das **Bra·si·lin** [ブらズィリーン] [名] -s/ ブラジリン(赤色染料).
die **Bras·se**[1] [ブらっセ] [名] -/-n 〖魚〗ブリーム(コイ科).
die **Bras·se**[2] [ブらっセ] [名] -/-n 〖海〗転桁(てんこう)索(帆げたを回す綱).
das **Bras·se·lett** [ブらセレっト] [名] -s/-e **1.** 《古》ブ

レスレット. **2.** 《(ジスン))手錠.

bras·sen [ブらセン] 動 h. 〈et⁴〉〉〖海〗回す(帆げたを転桁(ミネミ)索で).

der **Bras·sen** [ブらッセン] 名 -s/- =Brasse¹.

die **Bras·se·rie** [ブらスリー] 名 -/-n ビアバー.

brät [ブれート] 動 braten の現在形 3 人称単数.

das **Brät** [ブれート] 名 -s/ 《スィ》(ソーセージに詰める)生の豚ひき肉.

der **Brat·ap·fel** [ブらート・アップふェル] 名 -s/..äpfel 焼きリンゴ.

bra·ten* [ブらーテン] 動 er brät; briet; hat gebraten **1.** 〈et⁴〉〉焼く, 炒(ホュ)める, 揚げる. **2.** 〖慣〗焼ける, 揚がる. 【慣用】sich⁴ in [von] der Sonne braten lassen 《口》日光で肌を焼く.

der **Bra·ten** [ブらーテン] 名 -s/- 焼肉;ロースト用の肉;ein fetter ~ 《口》大もうけ. 【慣用】den Braten riechen 《口》いやな(うさん臭い)感じがする;好機をうかがう. dem Braten nicht trauen 《口》不信感を抱く.

das **Bra·ten·fett** [ブらーテン・ふェット] 名 -(e)s/ 焼肉から出る脂.

die **Bra·ten·plat·te** [ブらーテン・プラッテ] 名 -/-n 肉料理用プレート.

der **Bra·ten·rock** [ブらーテン・ロック] 名 -(e)s/..röcke 《古・冗》フロックコート.

der **Bra·ten·wen·der** [ブらーテン・ヴェンダー] 名 -s/- ロースターナー.

der **Brä·ter** [ブれーター] 名 -s/- 《方》深なべ.

der **Brat·fisch** [ブらート・ふィッシュ] 名 -(e)s/-e 魚の空揚げ;空揚げ用の魚.

das **Brat·hähn·chen** [ブらート・ヘーンヒェン] 名 -s/- ローストチキン.

das **Brat·hendl** [ブらート・ヘンドル] 名 -s/-(n) 《ᢅバイエ・オ・》=Brathähnchen.

der **Brat·he·ring** [ブらート・ヘーリング] 名 -s/-e ニシンの空揚げ.

das **Brat·huhn** [ブらート・フーン] 名 -(e)s/..hühner =Brathähnchen.

die **Brat·kar·tof·fel** [ブらート・カルトッふェル] 名 -/-n (主に《複》)ベークドポテト;《複のみ》ベークドポテトの料理.

der **Brat·ling** [ブらートリング] 名 -s/-e **1.** 〖料〗油で焼いた野菜[豆]団子. **2.** 〖植〗ハラタケ.

der **Brat·ofen** [ブらート・オーふェン] 名 -s/..öfen オーブン.

die **Brat·pfan·ne** [ブらート・プふァネ] 名 -/-n フライパン.

die **Brat·röh·re** [ブらート・れーれ] 名 -/-n オーブン.

der **Brat·rost** [ブらート・ロスト] 名 -(e)s/-e 焼き網, グリル.

die **Brat·sche** [ブらーチェ] 名 -/-n 〖楽〗ビオラ.

der **Brat·scher** [ブらーチャー] 名 -s/- ビオラ奏者.

die **Brat·schist** [ブらーチスト] 名 -en/-en ビオラ奏者.

der **Brat·spieß** [ブらート・シュピース] 名 -es/-e 焼き串(ぐし).

brätst [ブれーツト] 動 braten の現在形 2 人称単数.

die **Brat·wurst** [ブらート・ヴルスト] 名 -/..würste 焼き(用)ソーセージ.

das **Bräu** [ブろイ] 名 -(e)s/-e [-s] 《南独》**1.** 醸造された飲物, ビール;(1 回に醸造される)ビールの量. **2.** ビール醸造所;(醸造所の)ビヤホール.

der **Brauch** [ブらウホ] 名 -(e)s/Bräuche (社会の)慣習, 風習;nach altem ~ 古い習慣に従って.

brauch·bar [ブらウホ・バー] 形 使用できる, 有用な.

die **Brauch·bar·keit** [ブらウホバーカイト] 名 -/ 有用性.

brau·chen [ブらウヘン] 動 h. **1.** 〈j⁴/et⁴〉〉必要とする;(…の時間が)かかる; Sie ~ zehn Minuten bis zur Haltestelle. (あなたは)停留所まで 10 分かかります. Ich kann dich jetzt nicht ~. 《口》今は君にかまっている暇はないよ. **2.** (過去分詞は brau-chen)〖nicht+zu〟動〟スル〗必要ない, (…するには)及ばない:Das hätte nicht zu sein ~. そのことは(避けようと思えば)避けられたであろうに. 《《口》ではしばしば zu なしで)Du hast dich nicht aufregen ~. 君は怒るには及ばなかった. **3.** 〖nur+zu 《動》シェ〗すればいい. **4.** 〈j⁴/et⁴〉〉使う(gebrauchen). **5.** 〈et²〉消費する;使い果たす(金・原料などを). **6.** 〈j²/et⁴〉〉《文・古》必要とする.

das **Brauch·tum** [ブらウホトゥーム] 名 -s/ 《主に《単》)風俗, 慣習.

das **Brauch·was·ser** [ブらウホ・ヴァッサー] 名 -s/ 用水.

die **Braue** [ブらウエ] 名 -/-n 眉(ごき), 眉毛(Augen-~):die ~n runzeln 眉をひそめる.

brau·en [ブらウエン] 動 h. **1.** 〈et⁴〉〉醸造する;《口》いれる(コーヒーなどを), 作る(パンチを). **2.** 〖慣〗《文》もうもうと立ちのぼる(霧などが), 荒れ狂う(海・嵐などが).

der **Brau·er** [ブらウアー] 名 -s/- ビール醸造者.

die **Brau·e·rei** [ブらウエらイ] 名 -/-en **1.** (《単》のみ)ビールの醸造. **2.** ビール醸造所, ビール会社.

das **Brau·haus** [ブらウ・ハウス] 名 -es/..häuser ビール醸造所.

der **Brau·meis·ter** [ブらウ・マイスター] 名 -s/- ビール醸造マイスター.

braun [ブらウン] 形 **1.** 褐色の, 茶色の, とび色の;日焼けした. **2.** ナチの(褐色の制服から):die ~e Epoche ナチの時代.

(der) **Braun**¹ [ブらウン] 名 《人名》ブラウン(Wernher von ~, 1912–77, ロケット開発者).

das **Braun**² [ブらウン] 名 -s/- 《《口》-s/-s) 褐色, 茶色:Meister ~ (寓話での)熊. in ~ erscheinen 茶色の服を着て現れる.

braun·äu·gig [ブらウン・オイギヒ] 形 茶(とび)色の目の.

der **Braun·bär** [ブらウン・ベーア] 名 -en/-en 〖動〗ヒグマ.

das **Braun·bier** [ブらウン・ビーア] 名 -(e)s/-e 麦芽《濃色》ビール.

der **Braune**¹ [ブらウネ] 名 《形容詞的変化》**1.** 栗毛の馬. **2.** 《オー》ミルク(生クリーム)入りのコーヒー. **3.** 《口》50(1000)マルク紙幣.

der/die **Braune**² [ブらウネ] 名 《形容詞的変化》(髪・皮膚が)褐色の人.

das **Braune**³ [ブらウネ] 名 《形容詞的変化;《単》のみ;定冠詞とともに》褐色[茶色](であること);茶色の部分.

die **Bräu·ne** [ブろイネ] 名 -/ **1.** (肌の)褐色. **2.** 《古》扁桃(ᢅとう)炎.

das **Braun·ei·sen·erz** [ブらウン・アイゼン・エルツ] 名 -es/褐鉄鉱.

bräu·nen [ブろイネン] 動 **1.** h. 〈j⁴/et⁴〉〉小麦色[褐色]に日焼けさせる;こんがり焼く(いためる)(パン・肉などを). **2.** s. 小麦色[褐色]に日焼けする;こんがり[きつね色に]焼き上がる. **3.** h. 〈sich⁴〉紅葉する;日焼けする.

braun ge·brannt, 《旧》**braun·ge·brannt** [ブらウン・ゲブらント] 形 褐色に日焼けした.

braun·haa·rig [ブらウン・ハーリヒ] 形 茶色の髪の.

der **Braun·kohl** [ブらウン・コール] 名 -(e)s/-e 《方》=Grünkohl.

die **Braun·koh·le** [ブらウン・コーレ] 名 -/-n 褐炭.

bräun·lich [ブろインリヒ] 形 茶色がかった.

Braunsch [ブらウンシュ] 形 ブラウン(氏)の:~e Röhre ブラウン管.

(das) **Braun·schweig** [ブらウン・シュヴァイク] 名 -s/〖地名〗ブラウンシュヴァイク(ニーダーザクセン州の都市とその地方).

die **Bräu·nung** [ブろイヌング] 名 -/-en 褐色にする(な

る〕こと；褐色の色.

der **Braus** [ブらウス] [名] -es/ 《次の形で》 in Saus und ～ leben 《口》ぜいたくな暮らしをする.

die **Brau·se** [ブらウゼ] [名] -/-n **1.** 《古》シャワー. **2.** シャワー〔じょうろ〕のヘッド. **3.** 《口・古》炭酸入りレモネード(～limonade).

das **Brau·se·bad** [ブらウゼ・バート] [名] -(e)s/..bäder 《古》シャワーを浴びること.

der **Brau·se·kopf** [ブらウゼ・コップふ] [名] -(e)s/..köpfe シャワーのヘッド；《古》怒りっぽい人, かんしゃく持ち.

die **Brau·se·li·mo·na·de** [ブらウゼ・リモナーデ] [名] -/-n 炭酸入りレモネード.

brau·sen [ブらウゼン] [動] **1.** *h.* 〔[補足なし]〕ごうごう〔ざわざわ〕と鳴る《風・海などが》, 大音響をとどろかせる《パイプオルガンなどが》, 万雷のように響く《拍手などが》；音を立てて泡立つ《波などが》. **2.** *h.* 〔(sich⁴)〕《古》シャワーを浴びる. **3.** *s.* 〔〈場所〉ヲ/〈方向〉へ〕ごう音を立てて走って〔飛んで〕行く〔来る〕. 【慣用】 **Es braust mir in den Ohren.** 私は耳鳴りがする.

das **Brau·se·pul·ver** [ブらウゼ・プルふぁー, ブらウゼ・プルヴァー] [名] -s/- 粉末ソーダ, ソーダ水の素.

die **Braut** [ブらウト] [名] -/Bräute **1.** 新婦, 花嫁；(女の)婚約者：～ Christi キリストの花嫁《修道女》. **2.** 《若》女の子《性的欲望の対象として》.

die **Braut·aus·stat·tung** [ブらウト・アウス・シュタっトゥング] [名] -/-en 嫁入り支度.

das **Braut·bett** [ブらウト・ベっト] [名] -(e)s/-en 新床(にいどこ).

der **Braut·füh·rer** [ブらウト・ふゅーらー] [名] -s/- 花嫁の介添人.

der **Bräu·ti·gam** [ブろイティガム] [名] -s/-e〔-s〕 新郎, 花婿；(男の)婚約者(Verlobter)：der himmlische ～ 天国の花婿《キリスト》.

die **Braut·jung·fer** [ブらウト・ユングふぁー] [名] -/-n 花嫁介添の未婚の女性〔親戚の女性〕.

das **Braut·kleid** [ブらウト・クライト] [名] -(e)s/-er 花嫁衣装, ウエディングドレス.

der **Braut·kranz** [ブらウト・クらンツ] [名] -es/..kränze 花嫁の花冠《ミルテの冠》.

die **Braut·leu·te** [ブらウト・ロイテ] [複名] ＝Brautpaar.

bräut·lich [ブろイトりひ] [形] 花嫁の(ような).

die **Braut·nacht** [ブらウト・ナはト] [名] -/..nächte 新婚初夜.

das **Braut·paar** [ブらウト・パーあ] [名] -(e)s/-e 婚約中の男女；新郎新婦.

die **Braut·schau** [ブらウト・シャウ] [名] -/ 《次の形で》 auf (die) ～ gehen 《口・冗》嫁探しをする.

der **Braut·schlei·er** [ブらウト・シュライあー] [名] -s/- 花嫁のヴェール.

der **Braut·stand** [ブらウト・シュタント] [名] -(e)s/ 《古》婚約(期間).

brav [ブらーふ] [形] **1.** おとなしい, 行儀のよい. **2.** 《古》実直な. **3.** 地味な. **4.** 《古》勇敢な.

der **Bra·vo**[1] [ブらーヴォ] [名] -s/-s〔..vi〕 強盗；殺し屋.

das **Bra·vo**[2] [ブらーヴォ] [名] -s/-s ブラボー〔喝采〕(の声).

bra·vo! [ブらーヴォ] [間] いいぞ, ブラボー：～ rufen ブラボーと叫ぶ.

der **Bra·vo·ruf** [ブらーヴォ・るーふ] [名] -(e)s/-e ブラボー〔喝采〕の声.

die **Bra·vour** [..vúːr ブらヴーあ] [名] -/-en **1.** 《[単]のみ》完璧(かんぺき)な技術, 絶妙さ；《[複]のみ》完璧な演技〔演奏〕, 見事な業. **2.** 《[単]のみ》勇敢さ.

bra·vou·rös [..vurǿːs ブらヴるース] [形] 勇猛果敢な；巧みな〔華麗な〕.

das **Bra·vour·stück** [ブらヴーあ・シュテュック] [名] -(e)s/-e **1.** 〖楽〗難曲. **2.** 傑作.

die **Bra·vur** [ブらヴーあ] [名] -/-en ＝Bravour.

bra·vu·rös [ブらヴるース] [形] ＝bravourös.

das **Bra·vur·stück** [ブらヴーあ・シュテュック] [名] -(e)s/-e ＝Bravourstück.

die **BRD** [ベーエるデー] ＝Bundesrepublik Deutschland ドイツ連邦共和国.

der(*das*) **Break** [breːk ブれーク] [名] -s/-s **1.** 〖アイスホッケー〗ブレーク(急反撃)；〖テニス〗サービスブレーク. **2.** (das ～)〖ボクシング〗ブレーク. **3.** 〖楽〗ブレーク《ジャズの短い中間ソロ》. **4.** ブレーク《アマチュア無線回路へのアクセス》.

brech·bar [ブれっひ・バーあ] [形] 破れる, 折れる, 割れる；〖理〗屈折する.

die **Brech·boh·ne** [ブれっひ・ボーネ] [名] -/-n 〖植〗インゲンマメ.

der **Brech·durch·fall** [ブれっひ・ドゥるひ・ふぁル] [名] -(e)s/..fälle 欧州コレラ《急性胃腸カタル》.

das **Brech·ei·sen** [ブれっひ・アイゼン] [名] -s/- バール, かなてこ.

bre·chen* [ブれっひェン] [動] er bricht; brach; hat/ist gebrochen **1.** *h.* 〔〈et⁴〉ヲ〕折る, 《文》手折る《花を》；壊す, 割る, 砕く, 裂く；切出す《石を》；はね返す, 反射〔反響〕させる《光線・音を》, 屈折させる《光線を》. **2.** *s.* 〔[補足なし]〕折れる；壊れる, 割れる, 砕ける, 裂ける, ひびが入る. **3.** *h.* 〔sich⁴＋〈場所〉ニアタッテ〕はね返る, 反射〔反響〕する《音波が》, 屈折する《光線が》, 砕ける. **4.** *h.* 〔〈et⁴〉ヲ〕破る, 打破する. **5.** *h.* 〔mit 〈j³/et³〉ト〕縁を切る, 関係を絶つ. **6.** *h.* 〔〈et⁴〉ヲ〕破る, (…に)違反する：die Ehe ～ 姦通(かんつう)する. sein Wort ～ 約束を破る. **7.** *s.* 〔durch 〈et⁴〉カラ/aus 〈et³〉カラ〕《文》(突然)現れ出る. **8.** *h.* 〔(〈et⁴〉ヲ)〕《口》吐く. **9.** *h.* 〔[補足なし]〕〖狩〗地面をほじる《イノシシなどがえさを求めて鼻先で》. 【慣用】 *h.* **〈et¹〉 bricht 〈j³〉 das Genick〔den Hals〕** 《口》〈事が〉〈人を〉破滅させる. *h.* **einer Flasche den Hals brechen** 《口》酒を一本空にする. *h.* **Streit vom Zaun(e) brechen** けんかを始める. *h.* **〈et⁴〉 übers Knie brechen** 〈事の〉処理〔決定〕を急ぎすぎる. **zum Brechen voll sein** (床が落ちそうなほど)超満員である.

der **Bre·cher** [ブれっひゃー] [名] -s/- **1.** (岩や船べりに)砕ける高波. **2.** 破砕機, 砕石機.

das **Brech·mit·tel** [ブれっひ・ミッテル] [名] -s/- 催吐剤.

der **Brech·reiz** [ブれっひ・らイツ] [名] -es/-e 吐き気.

die **Brech·stan·ge** [ブれっひ・シュタンゲ] [名] -/-n かなてこ：mit der ～ 《口》全力をこめて；何が何でも.

(*der*) **Brecht** [ブれひト] [名] 〖人名〗ブレヒト(Bertolt ～, 1898-1956, 劇作家).

die **Bre·chung** [ブれっひゅング] [名] -/-en **1.** 〖理〗(光・音波の)屈折. **2.** 〖言〗母音混和《隣接音の影響による母音の変化》.

der **Bre·chungs·win·kel** [ブれっひゅングス・ヴィンケル] [名] -s/- 〖光〗屈折角

die **Bre·douil·le** [bredṍljə ブれドゥルエ] [名] -/-n 《口》困惑：in die ～ kommen 困惑する.

die **Bree·ches** [brítʃəs ブりチェス] [複名] (ひざまでの)乗馬用ズボン.

der **Bre·gen** [ブれーゲン] [名] -s/- **1.** 《北独》(食用)脳みそ《牛・豚などの》. **2.** 《口・冗》頭蓋, 頭.

(*das*) **Bre·genz** [ブれーゲンツ] [名] -s/ 〖地名〗ブレーゲンツ《オーストリアの都市》.

der **Brei** [ブらイ] [名] -(e)s/-e 粥(かゆ)；どろどろの物：～ aus Haferkorn オートミールの粥. 【慣用】 **〈j³〉 Brei ums Maul schmieren** 《口》人にお世辞を言う. **um den (heißen) Brei herumreden** 《口》肝心なことは避けて話す. **〈j⁴〉 zu Brei schlagen** 《口》〈人を〉目茶苦茶になぐる.

brei·ig [ブらイイひ] [形] どろどろの.

der **Breis·gau** [ブらイスガウ] [名] -s/ 〖地名〗ブライス

ガウ(ドイツ南西部, ライン川上流の地方).

breit [ブライト] [形] **1.** 〔(〈et⁴〉ダケ)〕幅の広い: Dieses Regalbrett ist zehn Zentimeter zu ~. この棚板は10センチ幅が広すぎる. **2.** 〔〈et⁴〉ノ〕幅の: ein fünf Zentimeter ~*es* und zehn Zentimeter langes Brettchen 横5センチ縦10センチの小さな板. zwei Finger ~ 指2本の幅の. **3.** 広範囲の: die ~*e* Masse des Volkes 国民の大多数. ein ~*es* Echo finden 広く反響を呼ぶ. **4.** 冗長な. **5.** 間のびした(発音);大きく口を開けた. **6.** 〘楽〙ゆっくりと表情豊かな. **7.** 《口》酔っぱらった;麻薬が効いている. 【慣用】**groß und breit** くわしく;でかでかと. **lang und breit** 長々と. **so breit wie lang** 縦横同じ, どちらにしても同じ;《冗》ひどく太った. **weit und breit** 見渡すかぎり.

das **Breit·band·an·ti·bi·o·ti·kum** [ブライト・バント・アンティ・ビオーティクム] [名] -s/..ka 〘医〙広域抗生物質.

breit·ban·dig [ブライト・バンディヒ] [形] 〘電〙広帯域の.

breit·bei·nig [ブライト・バイニヒ] [形] 脚を広げた, 大股の.

breit·blät·te·rig [ブライト・ブレッテリヒ] [形] 広葉の.

breit drü·cken, [旧] **breit|drü·cken** [ブライト ドりゅッケン] [動] *h.* 〔〈et⁴〉ヲ〕押しひろげる, ぺしゃんこにする.

die **Brei·te** [ブライテ] [名] -/-n **1.** 幅: ein Weg von zwei Meter ~ 2メートル幅の道. **2.** (〔単〕のみ)冗長さ: in die ~ gehen. だらだらと長くなる. **3.** 〘地〙緯度(略 Br.);(〔複〕のみ)(ある緯度の)地帯〔地域〕: München liegt (auf) 48° nördlicher ~. ミュンヘンは北緯48度に位置する. 【慣用】**in die Breite gehen** 《口》太る.

brei·ten [ブライテン] [動] *h.* 《文》 **1.** 〔〈et⁴〉ヲ+über 〈et⁴〉ノ上ニ〕広げる. **2.** 〔〈et⁴〉ヲ〕(左右に)ひろげる(翼などを), 伸ばす(両腕を). **3.** 〔sich⁴+〈方向/場所〉ニ〕広がる.

der **Brei·ten·grad** [ブライテン・グらート] [名] -(e)s/-e 〘地〙緯度: auf dem 40. nördlichen ~ liegen 北緯40度のところにある.

der **Brei·ten·kreis** [ブライテン・クらイス] [名] -es/-e 〘地〙緯線.

der **Brei·ten·sport** [ブライテン・シュポるト] [名] -(e)s/ 大衆的スポーツ.

breit ma·chen, [旧] **breit|ma·chen** [ブライト マッヘン] [動] *h.* 《口》 **1.** 〔sich⁴+〈場所〉ヲ〕(不当に)広い場所を占める(人がソファーなどで);大きな顔をする;広まる;居座る. **2.** 〔sich⁴+bei 〈j³〉ニ〕(ごまをすって)とり入る.

breit·ran·dig [ブライト・らンディヒ] [形] つばの広い;余白の多い.

breit|schla·gen* [ブライト・シュラーゲン] [動] *h.* 《口》 **1.** 〔〈j⁴〉ヲ〕言いくるめる. **2.** 〔〈et⁴〉ヲ〕(〔スイ〕)過大視する.

breit·schul·te·rig [ブライト・シュルテりヒ] [形] =breitschultrig.

breit·schult·rig [ブライト・シュルトりヒ] [形] 肩幅の広い.

der **Breit·schwanz** [ブライト・シュヴァンツ] [名] -es/..schwänze ブロードテール(アストラカン〔カラクール〕毛皮の一種).

die **Breit·sei·te** [ブライト・ザイテ] [名] -/-n **1.** (机などの)長辺側: die ~ eines Schiffes 船の舷側(げんそく). **2.** 片舷の砲(全体);片舷斉射.

die **Breit·spur** [ブライト・シュプーあ] [名] -/-en 〘鉄道〙広軌;〘車〙広い輪距.

breit·spu·rig [ブライト・シュプーりヒ] [形] 〘鉄道〙広軌の;《転》横柄な.

breit|tre·ten* [ブライト・トれーテン] [動] *h.* 〔〈et⁴〉ヲ〕《口》くどくどしゃべる(昔のことなどを).

die **Breit·wand** [ブライト・ヴァント] [名] -/..wände 〘映〙ワイドスクリーン.

der **Breit·wand·film** [ブライトヴァント・ふィルム] [名] -(e)s/-e ワイドスクリーンの映画.

die **Brek·zie** [ブれクツィエ] [名] -/-n 〘地質〙角礫(かくれき)岩.

(*das*) **Bre·men** [ブれーメン] [名] -s/ 〘地名〙ブレーメン(ドイツ最小の州, 並びにその州都. 略 HB.).

Bre·mer¹ [ブれーマー] [形] (無変化)ブレーメン(風)の: „Die ~ Stadtmusikanten" 『ブレーメンの音楽隊』(グリム童話).

der **Bre·mer**² [ブれーマー] [名] -s/- ブレーメン市民.

(*das*) **Bre·mer·ha·ven** [..fən ブれーマー・ハーふェン] [名] 〘地名〙ブレーマーハーフェン(ブレーメン州の港湾都市).

die **Brems·ba·cke** [ブれムス・バッケ] [名] -/-n 〘車〙ブレーキ片, ブレーキシュー.

der **Brems·be·lag** [ブれムス・ベラーク] [名] -(e)s/..beläge 〘車〙ブレーキライニング.

die **Brem·se**¹ [ブれムゼ] [名] -/-n ブレーキ, 制動機;抑制, 抑止: die ~ betätigen/lösen ブレーキをかける/はずす〔ゆるめる〕. auf die ~ treten ブレーキを踏む.

die **Brem·se**² [ブれムゼ] [名] -/-n 〘昆〙アブ.

brem·sen [ブれムゼン] [動] *h.* **1.** 〔補足なし〕ブレーキをかける(運転者・車が). **2.** 〔(〈j⁴/et⁴〉ニ)〕ブレーキをかけ(て止め)る;(…を)抑制する. 【慣用】**mit den Ausgaben bremsen** 《口》支出にブレーキをかける.

der **Brem·ser** [ブれムザー] [名] -s/- 〘鉄道〙(昔の)制動手;〘スポーツ〙(ボブスレーの)ブレーカー.

das **Brem·ser·häus·chen** [ブれムザー・ホイスひぇン] [名] -s/-〔..häuserchen〕〘鉄道〙制動手室.

die **Brems·flüs·sig·keit** [ブれムス・ふりュッスィひカイト] [名] -/-en 〘車〙ブレーキオイル.

der **Brems·klotz** [ブれムス・クロッツ] [名] -es/..klötze 制輪子, ブレーキシュー;車輪止め〔用くさび〕.

das **Brems·licht** [ブれムス・リひト] [名] -(e)s/-er ブレーキランプ.

das **Brems·mo·ment** [ブれムス・モメント] [名] -(e)s/ 〘工〙制動トルク.

das **Brems·pe·dal** [ブれムス・ペダール] [名] -s/-e ブレーキペダル.

die **Brems·ra·ke·te** [ブれムス・らケーテ] [名] -/-n (ロケット)速度制御装置;逆推進ロケット.

der **Brems·schuh** [ブれムス・シュー] [名] -(e)s/-e 〘鉄道〙(線路の)車輪止め.

die **Brems·spur** [ブれムス・シュプーあ] [名] -/-en 急ブレーキの跡.

die **Brems·vor·rich·tung** [ブれムス・ふォーあ・りひトゥング] [名] -/-en 制動装置.

der **Brems·weg** [ブれムス・ヴェーク] [名] -(e)s/-e 制動距離.

brenn·bar [ブれン・バーあ] [形] 燃えやすい;可燃性の.

die **Brenn·bar·keit** [ブれンバーあカイト] [名] -/ 燃えやすさ;可燃性.

die **Brenn·dau·er** [ブれン・ダウあー] [名] -/ 燃焼時間, 加熱時間;(電球などの)寿命.

das **Brenn·ei·sen** [ブれン・アイゼン] [名] -s/- ヘアアイロン;焼き印;〘医〙焼灼(しょうしゃく)器.

das **Brenn·e·le·ment** [ブれン・エレメント] [名] -(e)s/-e 〘核物理〙燃料棒.

bren·nen* [ブれネン] [動] brannte; hat gebrannt **1.** 〔補足なし〕燃え(てい)る;ともっている(灯が): (Es が主語で) Es *brennt*! 火事だ. Wut *brannte* in ihm. 彼の心の中に怒りが燃えていた. **2.** 〔〈et⁴〉ヲ〕燃やす(暖房用燃料として), ともしておく(電灯などを). **3.** 〔〈j⁴〉ニ〕《稀》火傷(やけど)を負わせる: sich⁴ (am ofen) ~. (ストーブで)火傷する. **4.** 〔〈et⁴〉ヲ+auf〔in〕〈et⁴〉ニ〕焼きつける(焼き印などを). **5.** 〔〈et⁴〉ヲ〕焼く(磁器などを);蒸留する;煎(い)る, 焙(ほう)じる;《古》(…に)ウエーブをかける(髪にアイロンで). **6.** 〔補足なし/〈j³〉ハ〕(焼けつくように)痛む(傷・目などが). **7.** 〔(〈j³〉ノ)+auf〔in 〈et³〉ニ〕〕ぴりぴりする: Der

Tabasco *brennt* auf der Zunge. タバスコが舌にぴりぴりする. **8.** 〔auf ⟨et⁴⟩ﾉ〕したくてうずうずする. **9.** 〔vor ⟨et³⟩ﾃ〕じりじりしている《焦躁感などで》. **10.** 〔⟨et⁴⟩ﾉ〕〖ｺﾝﾋﾟｭｰﾀ〗焼く《CD に》. 【慣用】**⟨et¹⟩ brennt ⟨j³⟩ auf den Nägeln** 〈事ﾊ〉〈人ﾆ〉とって火急のことだ. **⟨et¹⟩ brennt ⟨j³⟩ auf der Seele** 〈人ｶﾞ〉〈事ｦ〉したくてしかたがない. **⟨j³⟩ brennt der Boden unter den Füßen** 《口》〈人ﾉ〉身に危険が迫っている,〈人ｶﾞ〉いたたまれなくなる. **⟨j³⟩ eins auf den Pelz brennen** 《口》〈人ﾆ〉弾丸を一発ぶち込む〔ぶっ放す〕. **Wo brennt's denn ?** 《口》いったい何をそんなに騒いでいるんだ〔何事が起こったのだ〕.

der **Bren·ner**[1] [ブれナー] –s/ 〖地名〗ブレンナー峠《アルプス越えの峠》.

der **Bren·ner**[2] [ブれナー] [名] –s/– **1.** 燃焼器, バーナー, 火口 (ほくち). **2.** 蒸留業者. **3.** 〖ｺﾝﾋﾟｭｰﾀ〗CD を焼く〔読み取る〕装置.

die **Bren·ne·rei** [ブれネらイ] [名] –/–en 蒸留酒製造所;《単のみ》蒸留酒製造.

die **Brennes·sel** [ブれン・ネっセル] ⇨ Brennnessel.

das **Brenn·gas** [ブれン・ガース] [名] –es/–e 燃料ガス.

das **Brenn·glas** [ブれン・グラース] [名] –es/..gläser 〖光〗集光レンズ.

das **Brenn·holz** [ブれン・ホルツ] [名] –es/ 薪, まき.

die **Brenn·kam·mer** [ブれン・カマー] [名] –/–n 〖工〗(エンジン・タービン内の)燃焼室.

das **Brenn·ma·te·ri·al** [ブれン・マテりアール] [名] –(e)s/–ien 燃料.

die **Brenn·nes·sel, Brenn-Nes·sel,** [旧] **Bren·nes·sel** [ブれン・ネっセル] [名] –/–n 〖植〗イラクサ.

der **Brenn·ofen** [ブれン・オーふぇン] [名] –s/..öfen 窯, 窯炉.

das **Brenn·öl** [ブれン・[エ]ール] [名] –(e)s/–e 灯油, 燃料油.

der **Brenn·punkt** [ブれン・プンクト] [名] –(e)s/–e **1.** 〖光・数〗焦点;〖化〗発火点;《転》中心(点). **2.** (注目〔関心〕の)的.

die **Brenn·sche·re** [ブれン・シェーれ] [名] –/–n ヘアアイロン.

der **Brenn·spie·gel** [ブれン・シュピーゲル] [名] –s/– 〖光〗集光鏡.

der **Brenn·spi·ri·tus** [ブれン・シュピーりトゥス] [名] –/ 工業用アルコール.

der **Brenn·stab** [ブれン・シュターブ] [名] –(e)s/..stäbe 〖核物理〗燃料棒.

der **Brenn·stoff** [ブれン・シュトふ] [名] –(e)s/–e 燃料;〖核物理〗核燃料.

brenn·te [ブれンテ] [動] brennen の接続法 2 式.

die **Brenn·wei·te** [ブれン・ヴァイテ] [名] –/–n 〖光〗焦点距離.

(*der*) **Bren·ta·no** [ブれンターノ] [名] 〖人名〗ブレンターノ《Clemens ~, 1778–1842, 詩人》.

brenz·lich [ブれンツりひ] [形] 《ｵｰｽﾄﾘｱ》= brenzlig.

brenz·lig [ブれンツりひ] [形] **1.** 《古》焦げ臭い. **2.** 《口》危険な, きな臭い.

die **Brenz·trau·ben·säu·re** [ブれンツ・トらウベン・ゾイれ] [名] –/ 〖生化〗ビルビン酸, 焦性ブドウ酸.

die **Bre·sche** [ブれっシェ] [名] –/–n (城壁などの)大きな裂け目: für ⟨j⁴/et⁴⟩ eine ~ schlagen 〈人・事ﾉﾀﾒﾆ〉突破口を作る. 【慣用】**für ⟨j⁴⟩ in die Bresche springen** 〈人ﾉﾀﾒﾆ〉身を挺(てい)する. **sich⁴ für ⟨j⁴⟩ in die Bresche werfen** 〈人ﾉﾀﾒﾆ〉身を挺して助ける.

(*das*) **Bres·lau** [ブれスラウ] [名] –s/ 〖地名〗ブレスラウ《ポーランドの都市》.

brest·haft [ブれストハふト] [形] 《古》虚弱な.

die **Bre·ta·gne** [brətánjə, bre.. ブれタニエ] [名] –/ 〖地名〗ブルターニュ《フランスの半島》.

der **Bre·to·ne** [ブれトーネ] [名] –n/–n ブルターニュ人.

bre·to·nisch [ブれトーニシュ] [形] ブルトン人〔語〕の.

das **Brett** [ブれっト] [名] –(e)s/–er **1.** 板. **2.** (チェスなどの)盤;《古》盆. **3.** 《複のみ》スキー(の板). **4.** 《複のみ》舞台;〖ボクシング〗(リングの)キャンバス, マット: über die ~*er* gehen 上演される. den Gegner auf die ~*er* schicken 相手をダウンさせる. 【慣用】**⟨et⁴⟩ auf einem Brett bezahlen** 即金で払う. **bei ⟨j³⟩ einen Stein im Brett haben** 《口》〈人ﾆ〉受けがいい. **das Brett bohren, wo es am dünnsten ist** 《口》安易な仕方をする. **das schwarze Brett** 掲示板. **ein Brett vor dem Kopf haben** 《口》物事が分らない, 愚鈍である.

die **Bret·ter·bu·de** [ブれっター・ブーデ] [名] –/–n (板囲いの)仮小屋.

bret·tern [ブれっターン] [形] 板造りの.

der **Bret·ter·ver·schlag** [ブれっター・ふぇあシュラーク] [名] –(e)s/..ver·schläge 板張りの部屋.

die **Bret·ter·wand** [ブれっター・ヴァント] [名] –/..wände 板壁.

der **Bret·ter·zaun** [ブれっター・ツァウン] [名] –(e)s/..zäune 板塀, 板垣.

das **Brettl** [..təl ブれっテル] [名] –s/– **1.** 寄席, 小劇場. **2.** 《南独・ｵｰｽﾄﾘｱ》板きれ;スキー(の板).

das **Brett·spiel** [ブれっト・シュピール] [名] –(e)s/–e 盤を使ってするゲーム《チェス・碁など》.

(*der*) **Breu·ghel** [ブろイゲル] [名] –s/ =Bruegel.

das **Bre·ve** [ブれーヴェ] [名] –s/–n〔–s〕〖ｶﾄﾘｯｸ〗教皇の小勅書.

das **Bre·vet** [brevé:, brə.. ブれヴェー] [名] –s/–s **1.** (フランス王の)允許(いんきょ)状, 勅許状. **2.** 《ｽｲｽ》免許状;特許状;辞令.

das **Bre·vier** [ブれヴィーあ] [名] –s/–e **1.** 〖ｶﾄﾘｯｸ〗聖務日課(書). **2.** 《古》(文芸作品の)文選, 抜粋;(簡単な)手引き書.

bre·vi ma·nu [ブれーヴィ マーヌ] 〖ラテン語〗即座に, さっと.

die **Bre·zel** [ブれーツェル] [名] –/–n (《ｵｰｽﾄﾘｱ》das ~ –s/– も有)ブレーツェル《結び目形で塩味のパン》.

die **Bre·zen** [ブれーツェン] [名] –/– (der ~ も有 –s/–) 《ﾊﾞｲｴﾙﾝ・ｵｰｽﾄﾘｱ》=Brezel.

brich ! [ブりっひ] [動] brechen の du に対する命令形.

brichst [ブりひスト] [動] brechen の現在形 2 人称単数.

bricht [ブりひト] [動] brechen の現在形 3 人称単数.

das **Bridge** [brɪtʃ ブりっチュ] [名] –/ 〖ﾄﾗﾝﾌﾟ〗ブリッジ.

der **Brie** [ブりー] [名] –(s)/–s ブリーチーズ《白色で柔らかいフランス産チーズ》.

der **Brief** [ブりーふ] [名] –(e)s/–e **1.** 手紙, 書簡, 封書: **2.** (封筒形の)包み袋. **3.** 〖金融〗売り相場(~kurs)(略 B). 【慣用】**blauer Brief** 警告状(落第しそうな生徒の親宛て);解雇〔免官〕通知. **⟨j³⟩ Brief und Siegel auf ⟨et⁴⟩ geben** 〈人ﾆ〉〈物・事ｦ〉しっかりと保証する. **ein offener Brief** 公開(質問)状.

der **Brief·adel** [ブりーふ・アーデル] [名] –s/ 位記貴族《授爵状による貴族》.

der **Brief·be·schwe·rer** [ブりーふ・ベシュヴェーらー] [名] –s/– 文鎮, ペーパーウェイト.

der **Brief·block** [ブりーふ・ブロック] [名] –(e)s/..blöcke 〔–s〕(1 冊の)便箋(びんせん).

der **Brief·bo·gen** [ブりーふ・ボーゲン] [名] –s/–〔..bögen〕便箋.

die **Brief·druck·sa·che** [ブりーふ・ドるっク・ザっへ] [名] –/–n 印刷物郵便.

der **Brief·ein·wurf** [ブりーふ・アイン・ヴるふ] [名] –(e)s/..würfe 郵便物差入口.

der **Brief·freund** [ブりーふ・ふろイント] [名] –(e)s/–e ペンフレンド.

die **Brief·freund·schaft** [ブりーふ・ふろイントシャふト] [名] –/–en 文通(による)交際.

das **Brief·ge·heim·nis** [ブリーフ・ゲハイムニス] 名 -ses/ 信書の秘密.

das **Brie·fing** [ブリーふィング] 名 -s/-s **1.** 〖軍〗(作戦開始直前の)要旨説明, 簡単な指令. **2.** (広告主と広告会社との)打合せ. **3.** 簡単な状況報告.

die **Brief·kar·te** [ブリーふ・カテ] 名 -/-n (封筒に入れて出す)レターカード, グリーティングカード.

der **Brief·kas·ten** [ブリーふ・カステン] 名 -s/..kästen **1.** 郵便ポスト;(門・戸口の)郵便受け. **2.** (新聞・雑誌の)投書欄.

der **Brief·kopf** [ブリーふ・コップ] 名 -(e)s/..köpfe レターヘッド.

der **Brief·kurs** [ブリーふ・クス] 名 -es/-e 〖金融〗売り(為替)相場, 相場売価.

brief·lich [ブリーふリヒ] 形 手紙による.

die **Brief·mar·ke** [ブリーふ・マルケ] 名 -/-n 郵便切手.

die **Brief·mar·ken·kun·de** [ブリーふマルケン・クンデ] 名 -/ 切手集研究.

der **Brief·mar·ken·samm·ler** [ブリーふマルケン・ザムラー] 名 -s/- 切手収集家.

die **Brief·mar·ken·samm·lung** [ブリーふマルケン・ザムルング] 名 -/-en 切手収集.

der **Brief·öff·ner** [ブリーふ・エふナー] 名 -s/- (開封用)ペーパーナイフ.

der **Brief·ord·ner** [ブリーふ・オルドナー] 名 -s/- レターファイル, 書状ばさみ.

das **Brief·pa·pier** [ブリーふ・パピーア] 名 -s/-e 便箋(びんせん)(と封筒).

das **Brief·por·to** [ブリーふ・ポルト] 名 -s/-s[..porti] 郵便料金.

der **Brief·ro·man** [ブリーふ・ろマーン] 名 -s/ 書簡体小説.

die **Brief·schaf·ten** [ブリーふシャふテン] 複 書簡類.

der **Brief·schrei·ber** [ブリーふ・シュらイバー] 名 -s/- 手紙を書く人.

die **Brief·schuld** [ブリーふ・シュルト] 名 -/-en (主に⊛)手紙の返事をしないでいること.

der **Brief·stel·ler** [ブリーふ・シュテラー] 名 -s/- 手紙文例集.

der **Brief·stem·pel** [ブリーふ・シュテムペル] 名 -s/- (郵便の)消印.

der **Brief·stil** [ブリーふ・シュティール, ブリーふ・スティール] 名 -(e)s/-e 書簡体.

die **Brief·ta·sche** [ブリーふ・タッシェ] 名 -/-n 札〔入れ〕.

die **Brief·tau·be** [ブリーふ・タウベ] 名 -/-n 伝書鳩.

das **Brief·te·le·gramm** [ブリーふ・テレグらム] 名 -s/-e 書信電報.

der **Brief·trä·ger** [ブリーふ・トれーガー] 名 -s/- 郵便配達人.

der **Brief·um·schlag** [ブリーふ・ウム・シュラーク] 名 -(e)s/..schläge 封筒.

der **Brief·ver·kehr** [ブリーふ・ふぇケーア] 名 -(e)s/- 文通.

die **Brief·waa·ge** [ブリーふ・ヴァーゲ] 名 -/-n 郵便物のはかり.

die **Brief·wahl** [ブリーふ・ヴァール] 名 -/-en 郵送投票.

der **Brief·wech·sel** [ブリーふ・ヴェクセル] 名 -s/- 文通, 往復書簡(集); mit ⟨j³⟩ in ~ stehen ⟨人と⟩文通をしている.

der **Brief·zu·stel·ler** [ブリーふ・ツー・シュテラー] 名 -s/〔官〕郵便配達人.

der **Brie·kä·se** [ブリー・ケーゼ] 名 -s/- ブリーチーズ.

das **Bries** [ブリース] 名 -es/-e (子牛の)胸腺(きょうせん).

briet [ブリート] 動 braten の過去形.

brie·te [ブリーテ] 動 braten の接続法2式.

(*das*) **Brig** [ブリーク] 名 -s/ 〖地名〗ブリーク(スイスの町).

die **Bri·ga·de** [ブリガーデ] 名 -/-n 〖軍〗旅団;〖旧東独〗作業班;〖料〗(総称)(レストランの)調理場の従業員.

der **Bri·ga·de·ge·ne·ral** [ブリガーデ・ゲネらール] 名 -s/-e[..räle] 〔陸・空軍の〕准将(人;(⊛のみ)位).

der **Bri·ga·dier**¹ [..djé: ブリガディエー] 名 -s/-s 〖軍〗旅団長.

der **Bri·ga·dier**² [..djé: ブリガディエー, ..di:ɐ ブリガディーア] 名 -s/-s[-e[..ディーレ]] 〖旧東独〗作業班長.

der **Bri·gant** [ブリガント] 名 -en/-en 盗賊, 追いはぎ.

die **Brigg** [ブリック] 名 -/-s ブリッグ(二本マストの帆船).

(*die*) **Bri·git·ta** [ブリギッタ] 名 -s/ 〖女名〗ブリギッタ.

(*die*) **Bri·git·te** [ブリギッテ] 名 -/ 〖女名〗ブリギッテ.

das **Bri·kett** [ブリケット] 名 -s/-s[-e] ブリケット(練炭・たどんの一種);褐炭ブリケット.

die **Bri·ket·tier·bar·keit** [ブリケティーアバルカイト] 名 -/ ブリケット(練炭)製造への適性(褐炭の利用価値にとって重要).

die **Bri·ko·le** [ブリコーレ] 名 -/-n **1.** 〖ビリヤード〗ワンクッションで取り. **2.** (中世の)弩(ど)・砲.

das **Bri·ko·lla·re-Ver·fah·ren** [ブリコラーレ・ふぇあふぁーれン] 名 -s/ 〖環〗ブリコラーレ方式(家庭ゴミをコンポスト(堆肥)化する方式の一つ).

brillant [briljánt ブリルヤント] 形 輝かしい, すばらしい.

der **Bril·lant**¹ [ブリルヤント] 名 -en/-en ブリリアントカットのダイヤモンド.

die **Bril·lant**² [ブリルヤント] 名 -/ 〖印〗ブリリアント活字(3ポイント活字).

bril·lan·ten [briljántən ブリルヤンテン] 形 ブリリアント形ダイヤ入りの; ブリリアント形ダイヤのような.

die **Bril·lan·ti·ne** [brilja.. ブリルヤンティーネ] 名 -/-n ブリリアンティン(頭髪用ポマード).

der **Bril·lant·ring** [ブリルヤント・リング] 名 -s/-e[-(e)s] ブリリアントカットのダイヤの指輪.

die **Bril·lanz** [briljánts ブリルヤンツ] 名 -/ **1.** 卓越した技術. **2.** 〖写〗画像の鮮明度;〖音響〗ひずみのない再生.

die **Bril·le** [ブリレ] 名 -/-n **1.** 眼鏡;(動物の)めがね瞳: eine ~ für die Ferne/Nähe 遠視用/近視用眼鏡. die ~ aufsetzen/abnehmen 眼鏡をかける/はずす. eine ~ tragen 眼鏡をかけている. **2.** 〖口〗便座(Klosett~). 〖慣用〗⟨et⁴⟩ durch die rosarote/schwarze Brille sehen ⟨事⁴を⟩楽観的に/悲観的に見る. ⟨et⁴⟩ durch eine gefärbte Brille sehen ⟨事⁴を⟩色眼鏡で見る.

das **Bril·len·etui** [ブリレン・エトゥヴィー, ブリレン・エトゥイー] 名 -s/-s 眼鏡ケース.

die **Bril·len·fas·sung** [ブリレン・ふぁッスング] 名 -/-en = Brillengestell.

das **Bril·len·fut·te·ral** [ブリレン・ふッテらール] 名 -s/-e 眼鏡ケース.

das **Bril·len·ge·stell** [ブリレン・ゲシュテル] 名 -(e)s/-e 眼鏡フレーム.

das **Bril·len·glas** [ブリレン・グラース] 名 -es/..gläser 眼鏡レンズ.

die **Bril·len·schlan·ge** [ブリレン・シュランゲ] 名 -/-n 〖動〗コブラ(蛇);〖口・蔑〗眼鏡をかけた人.

der **Bril·len·trä·ger** [ブリレン・トれーガー] 名 -s/- 眼鏡をかけた男.

bril·lie·ren [briljí:rən ブリルイーれン] 動 *h.* 〔(mit ⟨et³⟩で)異彩を放つ, 人目につく.

das **Brim·bo·ri·um** [ブリムボーリウム] 名 -s/ 《口・蔑》大騒ぎ, 仰々しさ.

brin·gen* [ブリンゲン] 動 brachte; hat gebracht **1.** ⟨et⁴⟩ヲ+⟨方向⟩ヘ 持って来る[行く], 運ぶ.

2. 〘(〈j^3〉ニ)＋〈et^4〉ヲ〙持って来て〔行って〕手渡す, もたらす. **3.** 〘〈j^4〉ヲ＋〈方向〉ヘ〙連れて来る〔行く〕, 送る；(…を…)させる：〈j^4〉 zum Lachen ～〈人を〉笑わせる. **4.** 〘〈j^4/et^4〉ヲ＋〈方向〉ニ〙導く, 来るようにする；(…の状態に)する：〈j^4〉 aus der Fassung ～〈人を〉あわてさせる. 〈j^4〉 in Gefahr ～〈人を〉危険な目にあわす. 〈j^4/et^4〉 in Sicherheit ～〈人・物を〉安全な場所に移す. 〈et^4〉 auf den Markt ～〈物を〉売りに出す. 〈et^4〉 hinter sich^4 ～〈事を〉済ませる〔片づける〕. 〈et^4〉 ans Licht ～〈事を〉公にする, 明るみに出す. 〈et^4〉 zur Aufführung ～〈事を〉上演する. 〈et^4〉 zum Ausdruck ～〈事を〉表現する. 〈et^4〉 zu Ende ～〈事を〉終らせる. 〈j^3〉〈et^4〉 zur Kenntnis ～〈人に〉〈事を〉知らせる. **5.** 〔es＋zu 〈j^3〉ニ〕成(上がる). **6.** 〔es＋auf 〈et^4〉ニ〕達する. **7.** 〘〈j^4〉ノ＋um 〈et^4〉ヲ〙奪う, 失わせる. **8.** 〘〈et^4〉ヲ〙《口》掲載する, 放送する, 上演する. **9.** 〘〈j^3〉ニ＋〈et^4〉ヲ〙捧げる, 与える. **10.** 〘〈et^4〉ヲ〙もたらす(利益を). **11.** 〘〈j^3〉ニ＋〈et^4〉ヲ〙引起こす. **12.** 〘〈et^4〉ヲ〙《口》することができる. **13.** 〘〈j^4/et^4〉ヲ＋〈様態〉ニ〙《口》する：〈j^4〉 satt ～〈人を〉満腹にする. das Kleid sauber/in Ordnung ～ ドレスをきれいにする/整える. 【慣用】〈et^4〉 **an sich^4 bringen** 《口》〈物を〉獲得する. **Das bringt nichts!** それは何の役にも立たない. **Das bringt's!** 《口》まったくすばらしい〔立派だ〕. **es weit bringen** 人生で多くのものを達成する. 〈et^4〉 **ins Reine bringen** 〈事を〉解決する. 〈et^4〉 **mit sich^3 bringen** 〈事を〉必然的に伴う, 〈事を〉必要とする. 〈et^4〉 **nicht über die Lippen bringen** 〈事を〉口に出せない. 〈et^4〉 **nicht über sich^4 bringen** 〈事の〉決心がつかない, 〈事が〉とてもできない.

die **Bring·schuld** [ブりング・シュルト] [名] -/-en 〘法〙持参債務.

die **Bri·oche** [briɔ́ʃ ブりオシュ] [名] -/-s ブリオッシュ(イーストを使ったパン菓子の一種).

bri·sant [ブりザント] [形] 爆発力の強い；《文》論議を呼ぶ.

die **Bri·sanz** [ブりザンツ] [名] -/-en **1.** 〘軍〙爆破力. **2.** 《[単]のみ》《文》(論争などの)火種, (爆発的な)影響力.

die **Bri·se** [ブりーゼ] [名] -/-n (海上・海岸の)微風, 軟風.

das **Bri·tan·ni·a·me·tall** [ブりタニア・メタル] [名] -s/ ブリタニア合金(スズ・アンチモンなどの合金).

(*das*) **Bri·tan·ni·en** [ブりタニエン] [名] -s/ 〘地名〙 **1.** ブリテン(Groß～). **2.** ブリタニア(イングランド・スコットランドの古代の呼称).

bri·tan·nisch [ブりタニシュ] [形] ブリタニア(人・語)の.

der **Bri·te** [ブり(ー)テ] [名] -n/-n **1.** ブリタニア人(ケルト系の住人). **2.** イギリス人(ブリテン島・北アイルランドの住人).

die **Bri·tin** [ブり(ー)ティン] [名] -/-nen Briteの女性形.

bri·tisch [ブり(ー)ティシュ] [形] イギリスの, 英国の：das *B～e* Reich 大英帝国.

(*der*) **Broch** [ブろっほ] [名] 〘人名〙ブロッホ(Hermann ～, 1886-1951, オーストリアの作家).

das **Bröck·chen** [ブ[れ]っクひェン] [名] -s/- 小片, かけら：～ husten〔lachen〕《口》吐く.

brö·cke·lig [ブ[れ]っケリひ] [形] ぼろぼろに砕ける, もろい.

brö·ckeln [ブ[れ]っケルン] [動] **1.** *h* 〘補足なし〙ぼろぼろと崩れる(パンなどが). **2.** *s.* 〘(von 〈et^3〉カラ)〙ぼろぼろとはがれ〔くずれ〕落ちる(しっくいが壁などから) **3.** *h.* 〘〈et^4〉ヲ〙細かく砕く(パンなどを).

bro·cken [ブろっケン] [動] *h.* **1.** 〘〈et^4〉ヲ〙細かく砕く(パンなどを). **2.** 〘〈et^4〉ヲ〙《南独・オーストリア》摘取る.

der **Bro·cken**[1] [ブろっケン] [名] -s/- **1.** 破片, かけら：ein ～ Brot パンの一かけら. ein fetter ～ うま味のある仕事. ein harter ～ 困難な状況；手強い相手. ein paar ～ Russisch sprechen 片言のロシア語を話す. die ～ hinwerfen 《口》すべてをあきらめる. **2.** 《口》ずんぐりした人.

der **Bro·cken**[2] [ブろっケン] [名] -s/ 〘山名〙ブロッケン山(Harz 山脈の最高峰).

das **Bro·cken·ge·spenst** [ブろっケン・ゲシュペンスト] [名] -(e)s/-er ブロッケンの妖怪(ようかい)(霧に映る(人)影).

das **Bro·cken·haus** [ブろっケン・ハウス] [名] -es/..häuser 《スイス》リサイクル・ショップ.

bro·cken·wei·se [ブろっケン・ヴァイゼ] [副] (砕いて)少しずつ；《転》断片的に, ぽつりぽつりと.

der **Brock·haus** [ブろっク・ハウス] [名] -es/ **1.** 〘商標〙ブロックハウス(同名の百科事典). **2.** 《[単]のみ；主に無冠詞》〘人名〙ブロックハウス(Friedrich Arnold ～, 1772-1823, 同名の出版社の創設者).

bröck·lig [ブ[れ]っクリひ] [形] ＝bröckelig.

bro·deln [ブろーデルン] [動] *h.* 〘補足なし〙 **1.** 沸き立つ, (ぶくぶくと)泡立つ(溶岩などが), (もくもくと)立ちのぼる(霧などが). **2.** 〘補足なし〙《オーストリア・口》時間をぼんやり過ごす. **3.** 〔Es＋〈場所〉ニ〕不穏な動きがある.

der **Bro·dem** [ブろーデム] [名] -s/- 《方》湯気, もや, 蒸気.

der **Broi·ler** [ブろイラー] [名] -s/- **1.** 《方》ローストチキン. **2.** ブロイラー.

der **Bro·kat** [ブろカート] [名] -(e)s/-e 錦(にしき), きんらん.

bro·ka·ten [ブろカーテン] [形] 《文》錦(織り)の.

der **Bro·ker** [ブろーカー] [名] -s/- 〘金融〙(英国・米国の)ブローカー.

die **Brok·ko·li** [ブろっコリ] [複名] 〘植〙ブロッコリー.

das **Brom** [ブろーム] [名] -s/ 〘化〙臭素, ブロム(記号 Br).

die **Brom·bee·re** [ブろム・ベーれ] [名] -/-n 〘植〙キイチゴ；キイチゴの実.

der **Brom·beer·strauch** [ブろムベーあ・シュトらウほ] [名] -(e)s/..sträucher キイチゴの株.

die **Brom·säu·re** [ブろーム・ゾイれ] [名] -/ 〘化〙臭素酸.

das **Brom·sil·ber** [ブろーム・ズィルバー] [名] -s/ 〘化〙臭化銀.

bron·chi·al [ブろンひアール] [形] 気管支の.

der **Bron·chi·al·ka·tarr, Bron·chi·al·ka·tarrh** [ブろンひアール・カタる] [名] -s/-e (主に[単])気管支カタル.

der **Bron·chi·al·krebs** [ブろンひアール・クれープス] [名] -es/-e 〘医〙気管支癌.

die **Bron·chie** [ブろンひエ] [名] -/-n 《主に[複]》〘解〙気管支.

die **Bron·chi·tis** [ブろンひーティス] [名] -/..tiden[ブろンひティーデン] 〘医〙気管支炎.

der **Bronn** [ブろン] [名] -(e)s/-en ＝Bronnen.

der **Bron·nen** [ブろネン] [名] -s/- 《古・詩》井戸, 泉.

die **Bron·ze** [brõ:sə ブろーンセ, brɔ́ŋsə ブろンセ] [名] -/-n **1.** 《[単]のみ》ブロンズ, 青銅. **2.** ブロンズ像, 青銅製品. **3.** ブロンズ色の塗料〔顔料〕(赤茶色). **4.** 《[単]のみ；無冠詞》銅メダル.

bron·ze·far·ben [ブろーンセ・ふぁるベン, ブろンセ・ふぁるベン] [形] ブロンズ色の.

die **Bron·ze·me·dail·le** [ブろーンセ・メダルエ, ブろンセ・メダルエ] [名] -/-n 銅メダル.

bron·zen [brõ:sən ブろーンセン, brɔ́ŋsən ブろンセン] [形] ブロンズ(色)の.

die **Bron·ze·zeit** [ブろーンセ・ツァイト, ブろンセ・ツァイト] [名] -/ 青銅器時代.

bron·zie·ren [brõsí:rən, brɔŋsí:rən ブろンスィーれン] [動] *h.* 〘〈et^4〉ニ〙ブロンズめっきをほどこす, (…を)ブロンズ色に染上げる.

die **Bro·sa·me** [ブろーザーメ] [名] -/-n 《主に[複]》《文・古》パン屑(くず).

brosch. ＝broschiert 仮とじの.

die **Bro·sche** [ブろっシェ] [名] -/-n ブローチ.

das **Brös·chen** [ブれースひぇン] [名] -s/- 子牛の胸腺の団子料理.

bro·schie·ren [ブろシーれン] [動] *h.* 〔<et⁴>ヲ〕〖製本〗仮とじにする(本を);〖織〗紋織にする(布を).

bro·schiert [ブろシーあト] [形] 仮とじの(略brosch.).

die **Bro·schur** [ブろシューあ] [名] -/-en 〖製本〗 **1.** (⦅単⦆のみ)仮とじ製本. **2.** 仮とじ本.

die **Bro·schü·re** [ブろシューれ] [名] -/-n 小冊子, パンフレット.

der **Brö·sel** [ブれーゼル] [名] -s/- (《ｵｰｽﾄﾘｱ》das ~ も有)(主に⦅複⦆)パン屑(ｸｽﾞ);(⦅複⦆のみ)パン粉.

brö·seln [ブれーゼルン] [動] *h.* **1.** 〔<et⁴>ヲ〕細かく砕く(乾いたパンなどを). **2.** 〔補足なし〕ぼろぼろ砕ける(ケーキなどが).

das **Brot** [ブろート] [名] -(e)s/-e **1.** (⦅単⦆のみ)パン: dunkles ~ 黒パン. **2.** (一塊・一枚の)パン: ein Laib ~ 一塊のパン. ein belegtes ~ オープンサンドイッチ. **3.** (一般に) 生計, 命の糧: sich³ sein ~ mit <et³> verdienen <事で>生活の資を得る. das tägliche ~ 日用の糧. 【慣用】**ein hartes Brot** つらい仕事. **flüssiges Brot** 《口》ビール. **für ein Stück Brot** わずかの報酬を得るために. **mehr können als Brot essen** 《口》並ではない(秀れた)能力がある. **sein eigenes Brot essen** 《文》自分で生計を立てている.

der **Brot·auf·strich** [ブろート・アウふ・シュトりっひ] [名] -(e)s/-e パンに塗るもの(バターやジャムなど).

der **Brot·beu·tel** [ブろート・ボイテル] [名] -s/- 携帯食袋.

das **Bröt·chen** [ブれートひぇン] [名] -s/- ブレートヒェン(小形の丸いパン).

der **Brot·er·werb** [ブろート・エあヴェるプ] [名] -(e)s/ 生計の道, 生業.

die **Brot·fa·brik** [ブろート・ふぁブりーク] [名] -/-en 製パン工場.

die **Brot·frucht** [ブろート・ふるふト] [名] -/..früchte パンノキの果実.

das **Brot·ge·trei·de** [ブろート・ゲトらイデ] [名] -s/ パン用穀物.

der **Brot·herr** [ブろート・へる] [名] -(e)n/-(e)n 《古》雇い主.

der **Brot·kas·ten** [ブろート・カステン] [名] -s/..kästen パンケース.

der **Brot·korb** [ブろート・コるプ] [名] -(e)s/..körbe パンかご. 【慣用】《口》<j³> **den Brotkorb höher hängen** <人に>食物を少ししか与えない;<人に>つらくあたる.

die **Brot·kru·me** [ブろート・クるーメ] [名] -/-n パン屑(ｸｽﾞ).

die **Brot·krus·te** [ブろート・クるステ] [名] -/-n パンの固い表面, パンの皮.

der **Brot·laib** [ブろート・ライプ] [名] -(e)s/-e (円形〔長円形〕の)一塊のパン.

brot·los [ブろート・ロース] [形] 食っていけない;お金にならない.

das **Brot·mes·ser** [ブろート・メッサー] [名] -s/- パン切りナイフ.

der **Brot·neid** [ブろート・ナイト] [名] -(e)s/ (他人の)地位〔収入〕へのねたみ.

die **Brot·rin·de** [ブろート・りンデ] [名] -/-n パンの皮.

der **Brot·rös·ter** [ブろート・れースター] [名] -s/- トースター.

die **Brot·schei·be** [ブろート・シャイベ] [名] -/-n (スライスした)一切れのパン.

die **Brot·schnei·de·ma·schi·ne** [ブろート・シュナイデ・マシーネ] [名] -/-n パン用スライサー.

die **Brot·schnit·te** [ブろート・シュニッテ] [名] -/-n パン一切れ.

die **Brot·schrift** [ブろート・シュりふト] [名] -/-en 〖印〗本文活字.

das **Brot·stu·di·um** [ブろート・シュトゥーディウム] [名] -s/..dien 就職のための大学での勉学.

die **Brot·sup·pe** [ブろート・ズッペ] [名] -/-n 〖料〗パン(入り)スープ.

der **Brot·teig** [ブろート・タイク] [名] -(e)s/-e パン生地.

der **Brot·tel·ler** [ブろート・テラー] [名] -s/- パン皿.

die **Brot·zeit** [ブろート・ツァイト] [名] -/-en 《方》間食の時間;間食の飲食物.

brot·zeln [ブろっツェルン] [動] *h.* =brutzeln.

der **Brow·ning** [bráunɪŋ ブらウニング] [名] -s/-s ブローニング式自動小銃.

der **Brow·ser** [bráuzər ブらウザー] [名] -s/- 〖ｺﾝﾋﾟｭｰﾀ〗ブラウザー.

brr! [br ブる] [間] (嫌悪・寒さなどを表して)ぶるる;(牛馬を止める掛け声)どう.

BRT =Bruttoregistertonne (船舶の)登録総トン数.

der **Bruch**¹ [ブるっふ] [名] -(e)s/Brüche **1.** 折れること, 破損, 破壊;破損個所, 断面: zu ~ gehen壊れる. **2.** 〖医〗骨折(Knochen~);ヘルニア, 脱腸: ein einfacher/komplizierter ~ 単純骨折/複雑骨折. einen ~ einrichten接骨する. **3.** (主に⦅単⦆)(約束などを)破ること, 違反;(関係の)断絶, 断交: ein ~ mit der Vergangenheit 過去との断絶. **4.** (布・紙などの)折り目: einen scharfen ~ in die Hose bügelnズボンにアイロンで折り目をつける. **5.** 〖商〗破損品;《転》がらくた. **6.** 〖数〗分数: ein echter/unechter ~ 真分数/仮分数. einen ~ kürzen 約分する. **7.** 《古》採石場 (Stein~);〖地質〗断層. **8.** 〖狩〗(獲物の数や足跡などを示すための)折った枝. **9.** 《ｼﾞｬｰｺﾞﾝ》押込み(強盗). 【慣用】**Bruch machen** 《口》ぶっこわす, (不時着で)機体を損傷する. **in die Brüche gehen** 破損する, 破綻(ﾊﾀﾝ)する.

der〔*das*〕**Bruch**² [ブるっふ] [名] -(e)s/Brüche〔Brücher〕沼沢地, 湿原.

das **Bruch·band** [ブるっふ・バント] [名] -(e)s/..bänder 〖医〗脱腸〔ヘルニア〕帯.

die **Bruch·bu·de** [ブるっふ・ブーデ] [名] -/-n 《口・蔑》あばら家.

bruch·fest [ブるっふ・ふぇスト] [形] 壊れにくい.

die **Bruch·flä·che** [ブるっふ・ふレっひぇ] [名] -/-n 断面;〖地質〗断層面.

brü·chig [ブりゅっひひ] [形] **1.** もろい. **2.** かすれた.

die **Brü·chig·keit** [ブりゅっひひカイト] [名] -/ 壊れやすい〔もろい〕こと.

bruch|lan·den [ブるっふ・ランデン] [動] *s.* (不定詞・分詞でのみ)〔補足なし〕着陸〔不時着〕の際に機体を破損する.

die **Bruch·lan·dung** [ブるっふ・ランドゥング] [名] -/-en (機体の損傷を伴う)着陸〔不時着〕.

bruch·rech·nen [ブるっふ・れひネン] [動] *h.* (不定詞・分詞でのみ)〔補足なし〕分数計算をする.

die **Bruch·rech·nung** [ブるっふ・れひヌング] [名] -/-en 〖数〗分数計算.

der **Bruch·scha·den** [ブるっふ・シャーデン] [名] -s/..schäden 破損による損害;〖医〗ヘルニアによる損傷.

bruch·si·cher [ブるっふ・ズィっひゃー] [形] 壊れないようにした.

der **Bruch·stein** [ブるっふ・シュタイン] [名] -(e)s/-e 荒石, 切り石.

die **Bruch·stel·le** [ブるっふ・シュテレ] [名] -/-n 破損個所.

der **Bruch·strich** [ブるっふ・シュトりっひ] [名] -(e)s/-e 〖数〗分数線(分母と分子の間の線).

die **Bruch·stü·cke** [ブるっふ・シュテュっケ] [複名] 破片, かけら, 断片;(作品の)断編, フラグメント.

bruch·stück·haft [ブるっふ・シュテュックハふト] [形] 断片的な.

der **Bruch·teil** [ブるっふ・タイル] [名] -(e)s/-e 小部分, 一部分, 小片: im ~ einer Sekunde 瞬時に.

der **Bruch·wald·torf** [ブるっふ・ヴァルト・トるふ] [名] -(e)s/ 〖地質〗湿地林泥炭(土)(構成植物が湿地林を形成

die **Bruch·zahl** [ブるっフ・ツァール] 名 -/-en《数》分数.
die **Brücke** [ブりュッケ] 名 -/-n **1.** 橋；eine ~ über den Fluss schlagen(bauen) 川に橋をかける. **2.** 船橋, 艦橋, ブリッジ(Kommando~); 桟橋. **3.**《歯》架工義歯, ブリッジ(Zahn~);《解》脳橋. **4.** 小さな幅のせまいじゅうたん. **5.**《ジャ・体操》ブリッジ.【慣用】alle Brücken hinter sich³ abbrechen 過去とのつながりをすべて断つ. eine Brücke zwischen 〈j³/et³〉 schlagen〈人・事の〉橋渡しをする.〈j³〉 goldene Brücken bauen〈人に〉〔和解・妥協のために〕逃げ道をつくってやる.
der **Brü·cken·bau** [ブりュッケン・バウ] 名 -(e)s/-ten 橋, 橋梁({きょうりょう});(㊤のみ)架橋.
der **Brü·cken·bo·gen** [ブりュッケン・ボーゲン] 名 -s/-(《南独》..bögen)橋脚間のアーチ.
das **Brü·cken·ge·län·der** [ブりュッケン・ゲレンダー] 名 -s/- 橋の欄干.
der **Brü·cken·jọch** [ブりュッケン・ヨッホ] 名 -(e)s/-e 橋桁({けた});(橋の)格間({ごう}).
der **Brü·cken·kopf** [ブりュッケン・コップふ] 名 -(e)s/..köpfe《軍》橋頭堡({きょうとうほ}).
der **Brü·cken·pfei·ler** [ブりュッケン・プふァイラー] 名 -s/- 橋脚.
die **Brü·cken·waa·ge** [ブりュッケン・ヴァーゲ] 名 -/-n 台秤({だいばかり}).
der **Brü·cken·zoll** [ブりュッケン・ツォル] 名 -(e)s/..zölle(昔の)橋の通行税.
(*der*) **Brụck·ner** [ブるックナー] 名《人名》ブルックナー(Anton~, 1824-96, オーストリアの作曲家).
der **Brụ·der** [ブるーダー] 名 -s/Brüder **1.** 兄弟, 兄, 弟；mein älterer/jüngerer ~ 私の兄/弟. **2.**《文》同胞, 同志, 同僚. **3.**《口・蔑》やつ; ein warmer ~ 同性愛のやつ. **4.** 修道士(Kloster~)(〈司祭〉をもたない); ein geistlicher ~ 平修士.【慣用】der große Bruder(パートナーの)兄貴分;(全体主義国家の)独裁者;(㊤)(ある物の)大判. unter Brüdern《口・冗》正直いって.
das **Brụ·der·herz** [ブるーダー・ヘるツ] 名 -ens/《古・口・冗》愛する兄(兄弟・親友に対して).
der **Brụ·der·krieg** [ブるーダー・クりーク] 名 -(e)s/-e 内戦, 内乱.
der **Brụ·der·kuss**,㊨ **Brụ·der·kuß** [ブるーダー・クス] 名 -es/..küsse(両兄弟の)友情固めのキス.
brü·der·lich [ブりューダーりヒ] 形 兄弟のような.
die **Brü·der·lich·keit** [ブりューダーりヒカイト] 名 -/ 友愛, 同胞愛.
die **Brụ·der·lie·be** [ブるーダー・リーベ] 名 -/ 兄弟愛; 隣人愛.
der **Brụ·der·mọrd** [ブるーダー・モると] 名 -(e)s/-e 兄弟殺し.
die **Brụ·der·schaft** [ブるーダー・シャふト] 名 -/-en《宗》信心会;《方》親友関係.
die **Brü·der·schaft** [ブりューダー・シャふト] 名 -/-en **1.**(㊤のみ)(duで呼びあう)親友関係; mit 〈j³〉 ~ trinken 〈人と〉兄弟の杯を取交わす. **2.**(稀)信心会.
das **Brụ·der·volk** [ブるーダー・ふォるク] 名 -(e)s/..völker 同種族の民族.
der **Brụ·der·zwist** [ブるーダー・ツヴィスト] 名 -(e)s/-e 兄弟げんか；同一民族の間の内乱.
(*der*) **Brue·g(h)el** [br˘ɔygəl ブろイグる] 名《人名》ブリューゲル(父子とも同名のオランダの画家. 父 Pieter d. Ä., 1525[30]-1569, 長男 Pieter d. J., 1564年-1638頃).
(*das*) **Brụ̈g·ge** [ブりュッゲ] 名 -s/《地名》ブリュージュ(ベルギーの都市).
die **Brü·he** [ブりゅーエ] 名 -/-n **1.** ブイヨン, 肉汁；

野菜スープ. **2.**《口・蔑》薄いコーヒー〔紅茶〕. **3.**《口》汚濁した水;汗.【慣用】eine lange Brühe um 〈et³〉 machen《口》《事について》長々としゃべる. in der Brühe sitzen(stecken)《口》困っている.
brü·hen [ブりゅーエン] 動 h.〈et⁴〉湯通しする(野菜など);(…に)熱湯を注ぐ(いれる)(コーヒー・紅茶を).
brüh·heiß [ブりゅー・ハイス] 形 熱湯のように熱い.
die **Brüh·kar·tof·feln** [ブりゅー・カるトッふェルン] 複名 汁で煮たジャガイモ.
brüh·warm [ブりゅー・ヴァるム] 形《口》ほやほやの;ただ;eine ~e Neuigkeit ホットニュース.
der **Brüh·wür·fel** [ブりゅー・ヴュるふェル] 名 -s/- 固形ブイヨン.
der **Brụ̈ll·af·fe** [ブりゅル・アッふェ] 名 -n/-n **1.**《動》ホエザル. **2.**《罵》吠猿(わめき散らす人).
brụ̈l·len [ブりゅレン] 動 h. **1.**《獣》吼(ほ)える(野獣など);咆哮({ほうこう})する(荒海などが);《口》泣きわめく. **2.**((j³=) +〈et⁴〉/《文》) 叫ぶ, 怒鳴る;〈sich⁴+形〉(vor 〈et³〉/《文》)大声をあげる. ~ sich⁴ heiser ~ 叫んで声をからす.【慣用】Das ist (ja) zum Brüllen!《口》こりゃおかしくて笑わずにはいられない. Er brüllt vor Dummheit.《口》彼のばかさ加減ときたら大変なもんだ. Gut gebrüllt, Löwe!よくぞ言った(シェイクスピアの『真夏の夜の夢』のWell roared, lion!による).
der **Brụmm·bär** [ブるム・ベーあ] 名 -en/-en《口》気難し屋, 不平家.
der **Brụmm·bart** [ブるム・バーあト] 名 -(e)s/..bärte《口》気難し屋, 不平家, ぶつぶつ文句を言う人.
der **Brụmm·bass**,㊨ **Brụmm·baß** [ブるム・バス] 名 -es/..bässe《口》非常に低い男の声;コントラバス.
brụm·meln [ブるメルン] 動 h. **1.**《獣》ぶつぶつつぶやく；vor sich hin ~ ぶつぶつ独り言を言う. **2.**〈et⁴〉ぼそぼそと言う.
brụm·men [ブるメン] 動 h. **1.**《獣》ブーんと音をたてる(ハエなどが);ブーっとうなる(熊などが), ブーんとうなる(エンジンなどが);音程を間違えて歌う. **2.** s.《〈方向〉へ》ブーんと音をたてて通って行く(ハチなどが). **3.** h.〈et⁴〉/《文》) ハミングする(歌などを);ぼそぼそ言う. **4.** h.《獣》豚箱に入る;居残り勉強をさせられる.【慣用】(eine Bombe) auf den Kasten brummen《球》《ジャ》ゴールに向けて猛烈なシュートを放つ.
der **Brụm·mer** [ブるマー] 名 -s/-《口》**1.** ぶんぶんいう虫(クロバエなど);轟音({ごうおん})を立てるもの(トラックなど). **2.** 太った鈍重そうな人;魅力的な女の子;(人目を引く)すごく大きな物(宝石など). **3.**《蔑》調子はずれの低い声(の歌手).《口》閉校.
der **Brụm·mi** [ブるミ] 名 -s/-s《口》トレーラートラック, 重量級トラック.
brụm·mig [ブるミヒ] 形 不機嫌な.
der **Brụmm·krei·sel** [ブるム・クらイゼル] 名 -s/- うなり独楽({こま}).
der **Brụmm·schä·del** [ブるム・シェーデル] 名 -s/-《口》(二日酔の)痛む頭.
der **Brụnch** [brʌntʃ ブらんチ, branʃ ブらンシュ] 名 -[-(e)s]/-e[-(e)s] ブランチ.
brü·nẹtt [ブりュネット] 形 ブルネットの.
die **Brü·nẹt·te** [ブりュネッテ] 名 -/-n ブルネットの髪の(浅黒い肌の)女.
die **Brụnft** [ブるンふト] 名 -/Brünfte《狩》発情(交尾)(期).
brụnft·ig [ブるンふティヒ] 形《狩》発情(交尾)期の.
die **Brụnft·zeit** [ブるンふト・ツァイト] 名 -/-en《狩》発情(交尾)期.
(*die*) **Brụn·hild** [ブる(ー)ンヒるト] 名《女名》ブルーンヒルト. ⇨Brunhilde.
(*die*) **Brụn·hil·de** [ブる(ー)ンヒるデ] 名《女名》ブルーンヒルデ(Nibelungenlied等に登場する女傑. Walküre

brünieren — 210

brü·nie·ren [ブリューニーレン] 動 h. 〔et⁴ን〕〔工〕ブルーイングする.
die **Brün·ne** [ブリュネ] 名 -/-n (中世の)鎖帷子(かたびら).
der **Brun·nen** [ブるネン] 名 -s/- 1. 井戸, 噴水, 泉. 2. 鉱泉水, 井戸水.
das **Brun·nen·becken** [ブるネン・ベッケン] 名 -s/- 井戸水の貯水槽, 噴水池, 噴水盤.
die **Brun·nen·kres·se** [ブるネン・クれッセ] 名 -/-n 〔植〕オランダガラシ, クレソン.
die **Brun·nen·kur** [ブるネン・クーア] 名 -/-en 鉱泉飲用療法.
der **Brun·nen·schacht** [ブるネン・シャはト] 名 -(e)s/..schächte 井戸の穴.
die **Brun·nen·ver·gif·tung** [ブるネン・ふぇあギふトゥンク] 名 -/-en 井戸(飲料水)への毒物混入;《蔑》中傷.
das **Brun·nen·was·ser** [ブるネン・ヴァッサー] 名 -s/- 井戸水.
(*der*) **Bru·no** [ブるーノ] 名 〔男名〕ブルーノ.
die **Brunst** [ブるンスト] 名 -/Brünste (動物の)交尾期; 発情, さかり; 《古》情熱.
brüns·tig [ブリュンスティヒ] 形 1. 発情した; 性的に興奮した. 2. 《文・稀》熱烈な.
brüsk [ブりュスク] 形 そっけない.
brüs·kie·ren [ブりュスキーレン] 動 h. 〔j⁴ን〕そっけなくあしらう.
(*das*) **Brüs·sel** [ブりュッセル] 名 -s/ 〔地名〕ブリュッセル(ベルギーの首都).
die **Brust** [ブるスト] 名 -/Brüste 1. (🄐のみ)胸, 胸部; 肺; 〔j⁴〕 an die ~ drücken 〈人₄を〉胸に抱きしめる. an 〈j³〉 ~ sinken 〈人₃の〉胸に抱かれる. aus voller ~ singen 大声を張り上げて歌う. ~ heraus! 胸を張れ. 〔et⁴〕 in seiner ~ verschließen 〈事₄を〉胸に秘めておく. 2. 乳房; dem Säugling die ~ geben 新生児に乳を飲ませる. 3. (🄐のみ)(動物の)胸肉. 4. (🄐のみ; 無冠詞; 数詞とともに)平泳ぎ(~schwimmen); 200m ~ 200 メートル平泳ぎ. 【慣用】**Brust an Brust** 真正面に向かい合って. **einen zur Brust nehmen** 《口》酒を飲む. **mit geschwellter Brust** 《口》胸を張って, 誇らしげに. **schwach auf der Brust sein** 《口》胸(肺)が弱い; 所持金が少ない; (ある分野の)知識に欠けている. **sich⁴ an die Brust schlagen** (悔んで)胸を打つ. **sich⁴ in die Brust werfen** 威張る.
das **Brust·bein** [ブるスト・バイン] 名 -(e)s/-e 胸骨.
der **Brust·beu·tel** [ブるスト・ボイテル] 名 -s/- (首からつるす)財布(バッグ).
das **Brust·bild** [ブるスト・ビルト] 名 -(e)s/-er 上半身画像(写真), 胸像.
die **Brust·drü·se** [ブるスト・ドりューゼ] 名 -/-n 〔解〕乳腺(にゅうせん).
die **Brust·drü·sen·ent·zün·dung** [ブるストドりューゼン・エントツュンドゥンク] 名 -/-en 〔医〕乳腺(にゅうせん)炎.
brüs·ten [ブりュステン] 動 h. 〔sich⁴+(mit 〈et³〉ን)〕《蔑》威張る.
das **Brust·fell** [ブるスト・ふェル] 名 -(e)s/-e 〔医〕胸膜.
die **Brust·fell·ent·zün·dung** [ブるストふェル・エントツュンドゥンク] 名 -/-en 〔医〕胸膜炎.
die **Brust·flos·se** [ブるスト・ふロッセ] 名 -/-n (魚の)胸びれ.
der **Brust·har·nisch** [ブるスト・ハるニシュ] 名 -(e)s/-e (よろいの)胸当て.
brust·hoch [ブるスト・ホーは] 形 胸の高さの.
die **Brust·höh·le** [ブるスト・ヘ-レ] 名 -/-n 〔医〕胸腔(きょうこう).
der **Brust·kas·ten** [ブるスト・カステン] 名 -s/..kästen 《口》=Brustkorb.
das **Brust·kind** [ブるスト・キント] 名 -(e)s/-er 《口》母乳栄養児.
der **Brust·korb** [ブるスト・コるプ] 名 -(e)s/..körbe 〔医〕胸郭(きょうかく).
der **Brust·krebs** [ブるスト・クれープス] 名 -es/- 乳癌(がん).
der **Brust·mus·kel** [ブるスト・ムスケル] 名 -s/-n (主に🄐)〔解〕胸筋.
brust|schwim·men* [ブるスト・シュヴィメン] 動 h. (主に不定詞のみで)〔競〕平泳ぎをする.
das **Brust·schwim·men** [ブるスト・シュヴィメン] 名 -s/ 平泳ぎ.
die **Brust·stim·me** [ブるスト・シュティメ] 名 -/-n 〔楽〕胸声.
das **Brust·stück** [ブるスト・シュテュック] 名 -(e)s/-e 〔料〕胸肉; 〔動〕腹甲.
die **Brust·ta·sche** [ブるスト・タッシェ] 名 -/-n 胸ポケット.
der **Brust·tee** [ブるスト・テー] 名 -s/-s 気管疾患用せんじ薬.
der **Brust·ton** [ブるスト・トーン] 名 -(e)s/..töne 〔楽〕胸声音. 【慣用】**im Brustton der Überzeugung** 自信たっぷりに.
der **Brust·um·fang** [ブるスト・ウム・ふぁンク] 名 -(e)s/..umfänge 〔服〕胸囲, バスト.
die **Brüs·tung** [ブリュストゥンク] 名 -/-en 胸壁, 手すり, 壁; 窓下の腰壁(Fenster~).
die **Brust·war·ze** [ブるスト・ヴァるツェ] 名 -/-n 乳頭, 乳首.
die **Brust·was·ser·sucht** [ブるスト・ヴァッサー・ズーはト] 名 -/ 〔医〕胸水症.
die **Brust·wehr** [ブるスト・ヴェーア] 名 -/-en 〔軍〕胸壁, 胸櫓(きょうろ); (中世の城の)囲壁の上端.
der **Brust·wir·bel** [ブるスト・ヴィるベル] 名 -s/- 〔解〕胸椎(きょうつい).
die **Brut** [ブるート] 名 -/-en 1. 抱卵: die künstliche ~ 人工孵化(ふか). 2. (主に🄐)一腹のひな(稚魚・幼虫); 《転・冗》子供たち. 3. (🄐のみ)《口・蔑》(悪党の)一味, やから, 徒党.
bru·tal [ブるタール] 形 冷酷な, 残忍な, 残酷な; 情け容赦のない, 苛酷な; 《若》すごくいい.
der **Bru·ta·lis·mus** [ブるタリスムス] 名 -/ 〔建〕ブルータリズム.
die **Bru·ta·li·tät** [ブるタリテート] 名 -/-en 1. (🄐のみ)残忍性; 暴言さ. 2. 残虐(残酷)な行為.
der **Brut·ap·pa·rat** [ブるート・アパらート] 名 -(e)s/-e 孵卵(ふらん)器, 人工孵化(ふか)器.
brü·ten [ブりューテン] 動 h. 1. 〔鳥類〕抱卵する. 2. ((über 〈et⁴〉ን)ን)《文》重苦しく覆う. 3. 〔über 〈et⁴〉ን〕じっくりと考える. 4. 〔et⁴〕企む(悪事・謀反などを). 5. 〔et⁴ን〕〔核物理〕増殖する(核分裂性物質を).
der **Brü·ter** [ブりューター] 名 -s/- 1. 〔稀〕抱卵中の鳥. 2. 〔核物理〕増殖炉.
der **Brut·fleck** [ブるート・ふレック] 名 -(e)s/-e 〔動〕抱卵斑(はん).
die **Brut·hen·ne** [ブるート・ヘネ] 名 -/-n 抱卵中の雌鶏(めんどり).
die **Brut·hit·ze** [ブるート・ヒッツェ] 名 -/ 《口》猛暑.
der **Brut·kas·ten** [ブるート・カステン] 名 -s/..kästen 〔医〕保育器.
der **Brut·re·ak·tor** [ブるート・れアクトーア] 名 -s/-en 〔核物理〕増殖炉.
die **Brut·stät·te** [ブるート・シュテッテ] 名 -/-n 孵化(ふか)場; 《文》(伝染病や悪の)温床.
brut·to [ブるット] 副 〔商〕風袋込みで, 総体で, グロスで; 額面で, 税〔経費〕込みで(略 btto).
das **Brut·to·ein·kom·men** [ブるット・アイン・コメン] 名 -s/- (税・経費込み)総収入, 総所得.

Bücherverzeichnis

das **Brut·to·ge·halt** [ブルット・ゲハルト] 名 -(e)s/..hälter 税込みの給料, 総支給額.

das **Brut·to·ge·wicht** [ブルット・ゲヴィヒト] 名 -(e)s/-e (風袋込みの)総重量, グロス.

der **Brut·to·ge·winn** [ブルット・ゲヴィン] 名 -(e)s/-e 〖経〗売買差益, グロス・マージン, 粗利益.

das **Brut·to·in·lands·pro·dukt** [ブルット・インランツ・プロドゥクト] 名 -(e)s/-e 〖経〗国内総生産(高), GDP.

der **Brut·to·lohn** [ブルット・ローン] 名 -(e)s/..löhne 税込み賃金.

der **Brut·to·preis** [ブルット・プライス] 名 -es/-e (値引きなしの)総価格.

die **Brut·to·re·gis·ter·ton·ne** [ブルット・れギスタ・トネ] 名 -/-n 〖海〗登録総トン数(略 BRT).

das **Brut·to·so·zi·al·pro·dukt** [ブルット・ゾツィアール・プロドゥクト] 名 -(e)s/-e 〖経〗国民総生産, GNP.

das **Brut·to·ver·mö·gen** [ブルット・ふぇアメーゲン] 名 -s/- (負債を含む)総財産.

die **Brut·zeit** [ブルート・ツァイト] 名 -/- 抱卵期, 孵化(か)期.

brut·zeln [ブルッツェルン] 動 h. **1.** 〖他に〗じゅうじゅうと焼ける(肉などが). **2.** 〈et⁴〉ッ+ じゅうじゅうと焼く(肉などを).

die **Bru·yè·re·pfei·fe** [bryjɛːr プリゥイエール・プふァイふェ] 名 -/-n ブライヤーパイプ(タバコ用パイプの一種).

die **BSE** [ベーエスエー] 名 -/ =bovine spongiforme Enzephalopathie 牛海綿状脳症, BSE.

BSG =Bundessozialgericht (ドイツの)連邦社会裁判所.

btto. =brutto 風袋込みで.

der **Btx** 名 =Bildschirmtext ビデオテックス.

der **Bub** [ブープ] 名 -en/-en 〖南独・芬ス・オス〗男の子, 少年.

bub·bern [ブッベルン] 動 h. 〖他に〗〖口〗どきどきする(興奮・不安などで心臓が).

das **Büb·chen** [ビューブひェン] 名 -s/- 小さな男の子.

der **Bu·be** [ブーベ] 名 -n/-n **1.**〖古・蔑〗悪党, ならず者. **2.** (トランプの)ジャック.

der **Bu·ben·streich** [ブーベン・シュトらイひ] 名 -(e)s/-e (子供の)いたずら；〖古〗悪事.

das **Bu·ben·stück** [ブーベン・シュテュック] 名 -(e)s/-e 〖古〗悪事.

die **Bü·be·rei** [ビューベらイ] 名 -/-en 〖文・古〗=Bubenstück.

der **Bu·bi** [ブービ] 名 -s/-s **1.** (Bub の愛称形)坊や. **2.** 〖口・蔑〗若造, 未熟者.

der **Bu·bi·kopf** [ブービ・コップふ] 名 -(e)s/..köpfe 〖古〗(女性のボーイッシュな)ショートカット.

bü·bisch [ビュービシュ] 形 〖文・古〗 **1.** 卑劣な. **2.** いたずらっぽい.

der **Bu·bo** [ブーボ] 名 -s/-en[ブボーネン] 〖医〗横痃(げん), よこね.

die **Bu·bo·nen·pest** [ブボーネン・ペスト] 名 -/ 〖医〗腺(せん)ペスト.

der **Buc·che·ro** [bókero ブッケロ] 名 -s/-s[..ri] 〖考古〗ブッケロ式土器(エトルリアの黒色土器).

das **Buch** [ブーふ] 名 -(e)s/Bücher **1.** 本, 書物, 書籍, 図書；(本にされた)テキスト：ein ~ aufschlagen/zumachen 本を開ける/閉じる. **3.**〖古〗(書物の)巻, 篇；〖旧〗(法令の)編：das ~ Genesis 〖聖〗創世記, 日本(Dt)編. **4.** ノート：über〈et⁴〉~ führen 〈事〉をノートにつけておく. **5.**(主に 廊)帳簿(Geschäfts-~)；会計簿(Rechnungs-~)；(現金の)出納帳(Kassen-~)：Die *Bücher* stimmen [sind in Ordnung.] 帳簿は合っている. die *Bücher* führen 帳簿をつける. **6.** 〖スザ〗(競馬の)わり馬台帳. **7.** 〖印・商〗帖紙(紙・金箔(ば)・銀箔)の数量単位). 【慣用】 das Buch der Bücher 聖書. das Goldene Buch (町の)来客署名帳. ein schlaues Buch 〖口〗手引, 虎の巻. 〈et⁴〉 ist 〈j³〉〖für 〈j³〉〗 ein Buch mit sieben Siegeln 〈事は〉〈人にとって〉なぞめいている, 不可解である. zu Buch(e) schlagen 重要である, 有効である；予算にひびく. wie ein Buch reden 《口》べらべら話す, しゃべる. sein, wie 〈j¹/et¹〉 im Buche steht 〈人・物・事が〉思っていたとおりである.

der **Bu·cha·ra** [ブは-ら] 名 -(s)/-s ブハラじゅうたん.

die **Buch·aus·stat·tung** [ブーふ・アウス・シュタットゥング] 名 -/-en (本の)装丁.

die **Buch·be·spre·chung** [ブーふ・ベシュプれっひゥング] 名 -/-en 書評.

der **Buch·bin·der** [ブーふ・ビンダー] 名 -s/- 製本工〔屋〕.

die **Buch·bin·de·rei** [ブーふ・ビンデらイ] 名 -/-en **1.** (廊のみ)製本(業). **2.** 製本所.

der **Buch·de·ckel** [ブーふ・デッケル] 名 -s/- 本の表紙.

der **Buch·druck** [ブーふ・ドるック] 名 -(e)s/ (活版)印刷.

der **Buch·dru·cker** [ブーふ・ドるッカー] 名 -s/- (活版)印刷工〔業者〕.

die **Buch·dru·cke·rei** [ブーふ・ドるッケらイ] 名 -/-en **1.** (廊のみ)印刷(業). **2.** (活版)印刷所.

die **Buch·dru·cker·kunst** [ブーふドるッカー・クンスト] 名 -/ (活版)印刷術.

die **Bu·che** [ブーへ] 名 -/-n 〖植〗ブナ(の木)；(廊のみ)ブナ材.

die **Buch·ecker** [ブーふ・エッカー] 名 -/-n ブナの実.

der **Buch·ein·band** [ブーふ・アイン・バント] 名 -(e)s/..einbände (本の)装丁.

das **Bü·chel·chen** [ビューヒェルひェン] 名 -s/- 小型本.

bu·chen¹ [ブーヘン] 動 h. **1.** 〈et⁴〉+ (auf〈et⁴〉=))記帳する. **2.** 〈et⁴〉+ 予約する(客が), (…の)予約を受けつける(業者側が). **3.** 〈et⁴〉+als 〈et⁴〉+ 認める.

bu·chen² [ブーヘン] 形 ブナ材(製)の.

das **Bu·chen·holz** [ブーヘン・ホルツ] 名 -es/ ブナ材.

der **Bu·chen·wald** [ブーヘン・ヴァルト] 名 -(e)s/..wälder ブナの森.

das **Bü·cher·bord** [ビューひャー・ボルト] 名 -(e)s/-e 本棚；書架用の棚板.

das **Bü·cher·brett** [ビューひャー・ブれット] 名 -(e)s/-er 壁に取り付けた本棚.

die **Bü·che·rei** [ビューひェらイ] 名 -/-en (小)図書館, 文庫.

der **Buch·erfolg** [ブーふ・エアふォルク] 名 -(e)s/-e ベストセラー.

der **Bü·cher·freund** [ビューひャー・ふろイント] 名 -(e)s/-e 愛書家, 蔵書家.

das **Bü·cher·ge·stell** [ビューひャー・ゲシュテル] 名 -(e)s/-e 本棚, 書棚, 書架.

die **Bü·cher·kun·de** [ビューひャー・クンデ] 名 -/ 書誌学.

der **Bü·cher·narr** [ビューひャー・ナる] 名 -en/-en 読書狂；書物気ちがい, 蔵書狂.

das **Bü·cher·re·gal** [ビューひャー・れガール] 名 -s/-e 本棚, 書架.

der **Bü·cher·re·vi·sor** [ビューひャー・れヴィーゾーア] 名 -s/-en -Buchprüfer.

der **Bü·cher·schrank** [ビューひャー・シュらンク] 名 -(e)s/..schränke 本箱.

die **Bü·cher·sen·dung** [ビューひャー・ゼンドゥング] 名 -/-en 書籍小包(割引料金の).

die **Bü·cher·stüt·ze** [ビューひャー・シュテュッツェ] 名 -/-n ブックエンド.

die **Bü·cher·ver·bren·nung** [ビューひャー・ふぇアブれヌング] 名 -/-en 焚書.

das **Bü·cher·ver·zeich·nis** [ビューひャー・ふぇアツァイひニス]

[名] -ses/-se 図書目録.

der **Bü·cher·wurm** [ビューひゃー・ヴるム] [名] -(e)s/..würmer **1.** 《冗》本の虫(人). **2.** 『昆』シミ.

B

der **Buch·fink** [ブーふ・ふぃンク] [名] -en/-en 『鳥』アトリ.

die **Buch·füh·rung** [ブーふ・ふゅーるンク] [名] -/-en 簿記: einfache/doppelte ~ 単式/複式簿記.

die **Buch·füh·rungs·ab·tei·lung** [ブーふふゅーるングス・アっプタイルンク] [名] -/-en 経理部門.

das **Buch·geld** [ブーふ・ゲルト] [名] -(e)s/ 『経』帳簿貨幣.

die **Buch·ge·lehr·sam·keit** [ブーふ・ゲレーあザムカイト] [名] -/ 机上の学問, 本からの知識.

die **Buch·ge·mein·schaft** [ブーふ・ゲマインシャふト] [名] -/-en ブッククラブ(定期的に本を頒布する組織).

das **Buch·ge·wer·be** [ブーふ・ゲヴェるベ] [名] -s/ 出版関連産業.

der **Buch·hal·ter** [ブーふ・ハルター] [名] -s/- 簿記〔会計〕係.

buch·hal·te·risch [ブーふ・ハルテりシュ] [形] 簿記の.

die **Buch·hal·tung** [ブーふ・ハルトゥンク] [名] -/-en **1.** (主に[単])簿記. **2.** 会計課, 経理部, 帳場.

der **Buch·han·del** [ブーふ・ハンデル] [名] -s/ 書籍(出版)販売業.

der **Buch·händ·ler** [ブーふ・ヘンドラー] [名] -s/- 書籍商, 本屋の店員.

die **Buch·hand·lung** [ブーふ・ハンドルンク] [名] -/-en 本屋, 書店.

die **Buch·hül·le** [ブーふ・ヒュレ] [名] -/-n ブックカバー.

die **Buch·hy·po·thek** [ブーふ・ヒュポテーク] [名] -/-en 『法』登記抵当(権).

der **Buch·klub** [ブーふ・クルっプ] [名] -s/-s 書籍廉価販売クラブ.

die **Buch·kri·tik** [ブーふ・クりティーク] [名] -/-en 書評.

der **Buch·la·den** [ブーふ・ラーデン] [名] -s/..läden 本屋, 書店.

das **Büch·lein** [ビューひライン] [名] -s/- 小型本;小さな本.

der **Buch·ma·cher** [ブーふ・マっはー] [名] -s/- 私設馬券屋, ノミ屋.

die **Buch·mes·se** [ブーふ・メっセ] [名] -/-n 国際書籍見本市.

(*der*) **Büch·ner** [ビューひナー] [名] 『人名』ビュヒナー(Georg ~, 1813-37, 劇作家).

der **Buch·prü·fer** [ブーふ・プりゅーふぁー] [名] -s/- 帳簿監査〔検査〕士: verteidigter ~ 宣誓帳簿監査士.

der **Buch·rü·cken** [ブーふ・りゅっケン] [名] -s/- 本の背.

der **Buchs** [ブックス] [名] -es/-e 『植』=Buchsbaum.

der **Buchs·baum** [ブックス・バウム] [名] -(e)s/..bäume 『植』ツゲ(の木).

die **Buch·se** [ブクセ] [名] -/-n 『電』コンセント, ジャック;『機』軸受筒, スリーブ.

die **Büch·se** [ビュクセ] [名] -/-n **1.** (金属製)容器, 箱, 缶;缶詰: eine ~ für Kaffee コーヒー豆の容器. **2.** 《口》貯金箱(Spar~), 募金箱(Sammel~). **3.** 猟銃;(昔の)鉄砲.

das **Büch·sen·fleisch** [ビュクセン・ふライシュ] [名] -(e)s/ 缶詰の肉.

der **Büch·sen·lauf** [ビュクセン・ラウふ] [名] -(e)s/..läufe 銃身.

das **Büch·sen·licht** [ビュクセン・りひト] [名] -(e)s/ 『狩』射撃のできる明るさ.

der **Büch·sen·ma·cher** [ビュクセン・マっはー] [名] -s/- 猟銃製造工.

die **Büch·sen·milch** [ビュクセン・ミルひ] [名] -/ (缶入りの)コンデンスミルク.

der **Büch·sen·öff·ner** [ビュクセン・エふナー] [名] -s/- 缶切り.

der **Buch·sta·be** [ブーふ・シュタ－ベ] [名] 2格 -ns〔-n〕, 3格 -n,4格 -n/[複] -n 文字: ein großer/kleiner ~ 大文字/小文字. deutsche/lateinische ~*n* ドイツ文字/ラテン文字. sich⁴ an den ~*n* halten 字義にこだわる. 【慣用】**die Bedingungen bis auf den letzten Buchstaben erfüllen** 条件を完全に満たす. **einen Vertrag (nur) dem Buchstaben nach erfüllen** 契約を形式的に果たす. 〈j⁴〉 **nach dem (toten) Buchstaben verurteilen** 〈人を〉条文どおりに(情状を酌量せずに)裁く. **sich⁴ auf seine vier Buchstaben setzen** 《口・冗》腰をおろす.

die **Buch·sta·ben·fol·ge** [ブーふシュターベン・ふぉルゲ] [名] -/-n 文字順, アルファベット順: nach der ~ アルファベット順に.

buch·sta·ben·ge·treu [ブーふシュターベン・ゲトろイ] [形] 文字〔字義〕どおりの, 非常に正確〔厳密〕な.

das **Buch·sta·ben·rät·sel** [ブーふシュターベン・れーツェル] [名] -s/- つづりを入れ換え別の語を作るゲーム, アナグラム.

die **Buch·sta·ben·rech·nung** [ブーふシュターベン・れひヌンク] [名] -/ 『数』代数.

das **Buch·sta·ben·schloss**, [旧] **Buch·sta·ben·schloß** [ブーふシュターベン・シュロス] [名] -es/..schlösser 文字合せ錠.

das **Buch·sta·bier·al·pha·bet** [ブーふシュタビーあ・アルふぁベート] [名] -(e)s/-e (電報などで用いる)アルファベットの通信用語(A wie Anton, B wie Bertaなど).

buch·sta·bie·ren [ブーふ・シュタビーれン] [動] *h.* 〔〈et⁴〉ヲ〕スペルを言う;(…を)判読する(銘・筆跡などを).

die **Buch·sta·bier·ta·fel** [ブーふシュタビーあ・ターふぇル] [名] -/-n 通信用語表(各アルファベットを頭文字に持つ語の一覧表).

buch·stäb·lich [ブーふ・シュテーブリひ] [形] 《稀》字句どおりの.

—— [副] (語飾)(動詞・形容詞・副詞・名詞を修飾)文字〔字義〕どおり, まさに.

die **Buch·stüt·ze** [ブーふ・シュテュっツェ] [名] -/-n ブックエンド, 本立て.

die **Bucht** [ブふト] [名] -/-en **1.** 湾, 入り江;三方を山で囲まれた平地;(歩道に入りこんだ)駐〔停〕車帯. **2.** 『海』ロープの結び目;舷側の湾曲. **3.** (特に豚の)家畜小屋.

der **Buch·ti·tel** [ブーふ・ティ(ー)テール] [名] -s/- 書名;(本の)扉.

die **Bu·chung** [ブーふンク] [名] -/-en **1.** (帳簿への)記入, 記帳. **2.** (旅行・座席の)予約, ブッキング.

der **Buch·wei·zen** [ブーふ・ヴァイツェン] [名] -s/ 『植』ソバ.

das **Buch·zei·chen** [ブーふ・ツァイひェン] [名] -s/- (本の)しおり.

der **Bu·ckel** [ブっケル] [名] -s/- **1.** 《口》背中: einen krummen ~ machen 平身低頭する. **2.** (背の)こぶ, 猫背. **3.** 《口》小高い丘;(路面などの)出っ張り. **4.** (die ~ -/-n も有)(盾などの)浮き上げ装飾. 【慣用】**den Buckel hinhalten** 《口》全責任を負う. **einen breiten Buckel haben** 《口》(批判などに対して)平気である. **(schon) viele Jahre auf dem Buckel haben** 《口》年寄りである.

bu·cke·lig [ブっケリひ] [形] =bucklig.

bu·ckeln [ブっケルン] [動] *h.* 《口》 **1.** 〔補足なし〕背中を丸める(猫などが). **2.** 〔vor 〈j³〉ニ〕《蔑》へいこらする. **3.** 〔〈et⁴〉ヲ+〈方向〉ヘ〕背負う, 背負って運ぶ(商品を市場などへ).

das **Bu·ckel·rind** [ブっケル・りント] [名] -(e)s/-er 『動』コブウシ.

bü·cken [ビュっケン] [動] *h.* **1.** 〔sich⁴+〈方向〉ヘ〕身をかがめる. **2.** 〔sich⁴+vor 〈j³〉ニ〕ぺこぺこする.

der **Bü·cking** [ビュっキング] [名] -s/-e 《方》=Bückling².

buck·lig [ブックリヒ] 形 せむしく猫背)の;《口》でこぼこの,起伏の多い.

der/die **Bucklige** [ブックリゲ] 名《形容詞的変化》せむし;猫背の人.

der **Bückling**¹ [ビュックリング] 名 -s/-e《口・冗》おじぎ.

der **Bückling**² [ビュックリング] 名 -s/-e 薫製ニシン.

(das) **Budapest** [ブーダペスト] 名 -s/《地名》ブダペスト(ハンガリーの首都).

die **Buddel** [ブッデル] 名 -/-n《口》(酒)瓶.

die **Buddelei** [ブッデライ] 名 -/-en《口・蔑》(うんざりする)掘り返しく穴掘り)作業.

buddeln [ブッデルン] 動 h.《口》 **1.**《児》土を掘り返す. **2.** 〈et⁴〉掘って作る(穴・通路などを). **3.** 〈et⁴〉+aus〈et³〉掘り出す. **4.** 〈et⁴〉《方》掘るくジャガイモなどを).

das **Buddelschiff** [ブッデル・シっフ] 名 -(e)s/-e《海》ボトル・シップ(模型船の入っている飾もり).

der **Buddha** [bóda ブッダ] 名 -s/-s **1.**《仏》主に無冠詞)仏陀(釈迦牟尼(しゃかむに)の尊称). **2.** 仏陀(ぶっだ)像.

der **Buddhismus** [bodís.. ブディスムス] 名 -/ 仏教.

der **Buddhist** [ブディスト] 名 -en/-en 仏教徒.

buddhistisch [ブディスティシュ] 形 仏教(徒)の.

die **Bude** [ブーデ] 名 -/-n **1.** 屋台,露店,売店. **2.** (建築現場の)仮設小屋. **3.**《口・蔑》あばら屋;《口》家具つきの部屋,住居;《口》店,飲み屋. 【慣用】〈j³〉 **auf die Bude rücken**《人のところに》呼ばれもしないのに〈交渉に)行く. **die Bude auf den Kopf stellen**《口》どんちゃん騒ぎをする. 〈j³〉 **die Bude einrennen**《口》しつこく〈人にものごとを〉お願いに行く.

der **Budenbesitzer** [ブーデン・ベズィッツァー] 名 -s/- 屋台(店)の主人.

der **Budenzauber** [ブーデン・ツァウバー] 名 -s/-《口》自宅(自室)の陽気なパーティー.

das **Budget** [bydʒé ビュヂェー] 名 -s/-s《政・経》予算,予算案;《口・冗》(個人の)資金:das ~ aufstellen 予算を組む.

die **Budgetberatung** [ビュヂェー・ベらートゥング] 名 -/-en 予算審議.

die **Budike** [ブディーケ] 名 -/-n《方》小さな店;こぢんまりした飲み屋.

der **Budoka** [ブドーカ] 名 -(s)/(-s) 武道家.

(das) **Buenos Aires** [ブエーノス アイれス] 名 -/《地名》ブエノスアイレス(アルゼンチンの首都).

das **Büfett** [ビュふぇット] 名 -(e)s/-s[-e] **1.** 食器棚,サイドボード. **2.** (酒場などの)スタンド(レストランなどの)カウンター. **3.** 立食用テーブル,ビュッフェ:kaltes ~ 立食テーブルの冷たい料理. **4.**《ス1》駅の食堂.

das **Büfettfräulein** [ビュふぇット・ふろイライン] 名 -s/-《カウンターの)ウエイトレス.

der **Büfettier** [..tié: ビュふぇティエー] 名 -s/-s バーテン(ダー).

der **Büffel** [ビュッふェル] 名 -s/- 水牛,野牛;《口・蔑》荒っぽい男.

die **Büffelei** [ビュッふェライ] 名 -/-en《口》猛勉.

büffeln [ビュッふェルン] 動 h.〈et⁴〉《口》がり勉する;がり勉で頭に詰め込む.

das **Buffet** [byfé: ビュふェー] 名 -s/-s《ス1》=Büfett.

das **Büffet** [byfé: ビュふェー] 名 -s/-s《ス1》=Büfett.

der **Buffo** [ブっふぉ] 名 -s/-[Buffi](オペラの)道化役歌手.

der **Bug** [ブーク] 名 -(e)s/-e[Büge] **1.**《樹 -e》船首,機首. **2.** (牛・馬の)肩の部分;肩肉. **3.**

《樹 Büge》[土](屋根の)筋かい.

der **Buganker** [ブーク・アンカー] 名 -s/-《海》主錨(おもいかり),船首の錨(いかり).

der **Bügel** [ビューゲル] 名 -s/- **1.** ハンガー(Kleider~). **2.** あぶみ(Steig~). **3.** 眼鏡のつる(Brillen~). **4.** (ハンドバックが)がまぐちの口金;留め金. **5.**用心金(銃の引き金を覆う安全装置). **6.**(電車の)パンタグラフ. **7.** (糸のこの)フレーム.

das **Bügelbrett** [ビューゲル・ブれット] 名 -(e)s/-er アイロン台.

das **Bügeleisen** [ビューゲル・アイゼン] 名 -s/- アイロン.

die **Bügelfalte** [ビューゲル・ふァルテ] 名 -/-n (主に樹)(アイロンでつけたズボンの)折り目.

bügelfrei [ビューゲル・ふらイ] 形《織》ノーアイロンの.

bügeln [ビューゲルン] 動 h. **1.**《et⁴》アイロンをかける(衣類に). **2.**《機》アイロンがけをする. 【慣用】〈j⁴〉 **bügeln** 〈人に〉圧勝する. **gebügelt sein**《口》ほうぜんとする.

der **Bügelriemen** [ビューゲル・リーメン] 名 -s/- あぶみ革,力革.

die **Bügelsäge** [ビューゲル・ゼーゲ] 名 -/-n 弓鋸(ゆみのこ).

das **Bügelscharnier** [ビューゲル・シャるニーあ] 名 -s/-e (眼鏡の)弦(つる)のちょうつがい.

das **Bugfahrwerk** [ブーク・ふぁー・ヴェるク] 名 -(e)s/- (飛行機の)前輪.

der **Buggy** [bági バギ] 名 -s/-s **1.** 一頭立て軽装馬車. **2.** バギーカー(オフロード用小型車). **3.** (折りたたみ式)乳母車.

die **Büglerin** [ビューグレリン] 名 -/-nen (女性の)アイロンかけ職人.

der **Bugsierdampfer** [ブクスィーァ・ダムプふぁー] 名 -s/-《古》ひき船.

bugsieren [ブクスィーれン] 動 h. **1.**〈et⁴〉+〈方向〉《海》曳航(えいこう)する. **2.**〈j⁴/et⁴〉+〈方向〉へ[カラ]/durch〈et⁴〉ヲ[ヅウヲ]《口》(やっとこさっとこ)引きずっていく,〈…から)引き引り出す.

der **Bugspriet** [ブーク・シュプリート] 名 -(e)s/-e《海》船首斜檣(しゃしょう), バウスプリット.

die **Bugwelle** [ブーク・ヴェレ] 名 -/-n《海》船首の波.

buh! [ブー] 間 (観客の不満の声)ぶー.

das **Buhei** [buhái ブハイ] 名 -s/《方》大騒ぎ.

buhen [ブーエン] 動 h.《標口》ぶーと言う(不満の気持から).

der **Buhle**¹ [ブーレ] 名 -n/-n《古・詩》愛人,恋人(男性).

die **Buhle**² [ブーレ] 名 -/-n《古・詩》愛人,恋人(女性).

buhlen [ブーレン] 動 h. **1.**《um〈et⁴〉ヲ得ヨウトシテ》《文・蔑》媚(こ)へつらう(同情などを得ようと). **2.**《mit〈j³〉》《古》情を通ずる,戯れる. **3.**《mit〈j³〉+um〈et⁴〉ヲタガイニ》張り合う.

die **Buhlerei** [ブーレらイ] 名 -/-《古》情事.

das **Bühler-Gerät** [ビューラー・ゲれート] 名 -(e)s/-e《農》ビューラー散布機(急傾斜面のブドウ畑に粒状コンポスト[堆肥]などを散布するのに用いる).

die **Buhlerin** [ブーレリン] 名 -/-nen《古》愛人(女性).

buhlerisch [ブーレリシュ] 形《古・蔑》淫(いん)らな;媚(こ)を売る.

die **Buhlschaft** [ブールシャフト] 名 -/-en《文》恋愛関係;《古・詩》愛人,恋人.

der **Buhmann** [ブー・マン] 名 -(e)s/..männer《口》スケープゴート.

die **Buhne** [ブーネ] 名 -/-n (護岸用の)突堤.

die **Bühne** [ビューネ] 名 -/-n **1.** 舞台,ステージ;

〈et⁴〉 auf die ～ bringen〈事ₑ〉上演する. hinter der ～ 舞台裏で, 秘密に. **2.** 劇場: zur ～ gehen 役者になる. **3.** 〘鉱〙足場;〘冶金〙(溶鉱炉の)装入台. **4.** 《方》屋根裏;干草置場. **5.** リフティング・ジャッキ(Hebe～). 【慣用】〈et⁴〉 **über die Bühne bringen** 《口》〈事ₑ〉首尾よくやりとげる. **über die Bühne gehen** 経過をたどる, 進行する. **von der Bühne abtreten** 公の活動から姿を消す.

die **Büh·nen·an·wei·sung** [ビューネン・アン・ヴァイズング] [名] -/-en ト書き, 舞台構成の指定.

der **Büh·nen·ar·bei·ter** [ビューネン・アるバイター] [名] -s/- 道具方.

die **Büh·nen·aus·spra·che** [ビューネン・アウス・シュプらーへ] [名] -/ 舞台発音.

die **Büh·nen·aus·stat·tung** [ビューネン・アウス・シュタっトゥング] [名] -/-en 舞台装置.

die **Büh·nen·be·ar·bei·tung** [ビューネン・ベアるバイトゥング] [名] -/-en (舞台のための)脚色.

das **Büh·nen·bild** [ビューネン・ビルト] [名] -(e)s/-er 舞台装置.

der **Büh·nen·bild·ner** [ビューネン・ビルドナー] [名] -s/- 舞台装置家.

der **Büh·nen·dich·ter** [ビューネン・ディひター] [名] -s/- 劇作家.

die **Büh·nen·dich·tung** [ビューネン・ディひトゥング] [名] -/-en 演劇作品.

büh·nen·ge·recht [ビューネン・ゲれひト] [形] 舞台向きの.

die **Büh·nen·ge·stalt** [ビューネン・ゲシュタルト] [名] -/-en 劇の登場人物.

der **Büh·nen·künst·ler** [ビューネン・キュンストラー] [名] -s/- 舞台俳優.

der **Büh·nen·ma·ler** [ビューネン・マーラー] [名] -s/- 舞台装置の画家.

büh·nen·reif [ビューネン・らイふ] [形] 上演可能な;(修業して)舞台に立てるようになった.

das **Büh·nen·stück** [ビューネン・シュテュック] [名] -(e)s/-e 舞台作品;戯曲, 脚本.

der **Büh·nen·vor·hang** [ビューネン・ふぉーあ・ハング] [名] -(e)s/..hänge 舞台の幕, 緞帳(どんちょう).

büh·nen·wirk·sam [ビューネン・ヴィるクザーム] [形] 舞台効果のある.

die **Büh·nen·wir·kung** [ビューネン・ヴィるクング] [名] -/-en (主に㊥)舞台効果.

der **Buh·ruf** [ブー・るーふ] [名] -(e)s/-e ブーイング.

der **Bu·hurt** [bú:hort ブーフるト] [名] -(e)s/-e (中世騎士の2人または集団の)(馬上)試合.

buk [ブーク] [動] backen の過去形.

der **Bu·ka·nier** [..niər ブカーニあー, ..ní:r ブカニーあ] [名] -s/- バカニーア(17世紀の西インド諸島の海賊).

(*das*) **Bu·ka·rest** [ブーカれスト] [名] -s/ 〘地名〙ブカレスト(ルーマニアの首都).

das **Bu·kett** [ブケット] [名] -(e)s/-e〔-s〕 **1.** 《文》(大きな)花束, ブーケ. **2.** ブーケ(①熟成したワインの芳香. ②《古》香水の香り.)

die **Bu·ko·lik** [ブコーリク] [名] -/ 〘文芸学〙 **1.** (古典古代の)田園文学;牧歌;田園詩. **2.** 《文》牧歌的なたたずまい〔風情〕.

der **Bu·klee**[1] [ブクレー] [名] -s/-s ⇨ Bouclé[1].

das **Bu·klee**[2] [ブクレー] [名] -s/-s ⇨ Bouclé[2].

der **Bu·ko·li·ker** [ブコーリカー] [名] -s/- 〘文芸学〙牧歌〔田園〕詩人.

bu·ko·lisch [ブコーリシュ] [形] 〘文芸学〙牧歌〔田園〕詩〕(風)の.

die **Bu·le** [ブレー] [名] -/-n ブーレー(古代ギリシアの立法会議・評議会).

die **Bu·let·te** [ブレッテ] [名] -/-n 《方》(特にベルリンで)ハンバーグステーキ. 【慣用】**Ran an die Buletten!** 《口》さあ(仕事に)取りかかれ.

der **Bul·ga·re** [ブルガーれ] [名] -n/-n ブルガリア人.

(*das*) **Bul·ga·ri·en** [ブルガーりエン] [名] -s/ 〘国名〙ブルガリア.

die **Bul·ga·rin** [ブルガーりン] [名] -/-nen ブルガリア人女性.

bul·ga·risch [ブルガーりシュ] [形] ブルガリア(人・語)の.

das **Bul·ga·risch** [ブルガーりシュ] [名] -(s)/ ブルガリア語.【用法は⇨ Deutsch】

das **Bul·ga·ri·sche** [ブルガーりシェ] [名] (形容詞的変化;㊥のみ) **1.** (定冠詞とともに)ブルガリア語 **2.** ブルガリア的なもの〔こと〕.【用法は⇨ Deutsche[2]】

die **Bu·li·mie** [ブリミー] [名] -/ 〘医〙過食症.

das **Bull·au·ge** [ブル・アウゲ] [名] -s/-n 船の円窓.

der **Bull·dog** [ブル・ドック] [名] -s/-s 〘商標〙ブルドッグ(小型トラクター).

die **Bull·dog·ge** [ブル・ドッゲ] [名] -/-n ブルドッグ(犬).

der **Bull·do·zer** [ブル・ドーザー] [名] -s/- ブルドーザー.

der **Bul·le**[1] [ブレ] [名] -n/-n **1.** 雄牛, 種牛;(大型野獣の)雄. **2.** 《口》(主に《蔑》)がっしりした粗野な男;警官, 刑事, でか.

die **Bul·le**[2] [ブレ] [名] -/-n (中世の金属製カプセル入りの)封印;封印つきの文書;〘カトリック〙(教皇の)大勅書: die Goldene ～ (カール4世の)金印勅書.

der **Bul·len·bei·ßer** [ブレン・バイサー] [名] -s/- **1.** ブルドック(犬). **2.** 《口・蔑》口やかましいいやな人.

die **Bul·len·hit·ze** [ブレン・ヒッツェ] [名] -/ 《口》猛暑.

das **Bul·len·kalb** [ブレン・カルプ] [名] -(e)s/..kälber 雄の子牛.

bul·lern [ブラーン] [動] *h.* 〔補足なし〕《口》ぼこぼこ音をたてる(お湯が), ぱちぱち〔ごうごう〕と音をたてる(火などが), どんどん〔どすんどすん〕音を出す.

das **Bul·le·tin** [byltɛ̃: ビュルテーン] [名] -s/-s (官庁の)公報, 日報;(公人の)容態報告書;会報, 紀要(タイトルとして).

der **Bull·finch** [..fɪntʃ ブル・ふぃンチュ] [名] -s/-s 〘馬術〙(障害競争用の)高い生垣.

bul·lig [ブリひ] [形] 《口》 **1.** がっしりした, ごつい. **2.** すごい;すごく.

der **Bull·ter·ri·er** [ブル・テりあー] [名] -s/- ブルテリア(ブルドッグとテリアの交配種).

das **Bul·ly** [..li ブリ] [名] -s/-s 〘ホッケー〙ブリー(試合を開始または再開する方法).

bum! [ブム] [間] (砲声・落下・打撃などの鈍い音)どん, どすん.

der **Bu·me·rang** [ブ(ー)メらング] [名] -s/-s(-e) ブーメラン.

der **Bum·mel**[1] [ブメル] [名] -s/- 《口》 **1.** ぶらぶら歩き;(飲み屋の)はしご. **2.** 散歩道.

die **Bum·mel**[2] [ブメル] [名] -/-n 《方》=Bommel.

der **Bum·me·lant** [ブメラント] [名] -en/-en 《口・蔑》のろのろ仕事をする人, ぐず, 怠け者.

die **Bum·me·lei** [ブメライ] [名] -/-en 《口・蔑》のろのろ仕事をすること, のらくらしていること.

bum·me·lig [ブメリひ] [形] 《口・蔑》ぐずぐずした, のろのろした, ずぼらな.

das **Bum·mel·le·ben** [ブメル・レーベン] [名] -s/ 《口》のらくら生活.

bum·meln [ブメルン] [動] **1.** *s.* 〔(durch 〈et⁴〉ₒ)〕《口》ぶらつく(繁華街などを). **2.** *s.* 〔補足なし〕(あちこちの店を)遊び〔飲み〕歩く. **3.** *h.* 〔補足なし〕《口・蔑》だらだら仕事をする;のらくら暮す.

der **Bum·mel·streik** [ブメル・シュトらイク] [名] -(e)s/-s 順法闘争, (労働争議手段としての)怠業.

der **Bum·mel·zug** [ブメル・ツーク] [名] -(e)s/..züge 《口》鈍行(列車).

der **Bumm·ler** [ブムラー] [名] -s/- 《口》ぶらぶら散歩する人;飲み歩く人;《蔑》のろま;怠け者.

der **Bums** [ブムス] [名] -es/-e **1.** 鈍い打撃〔衝突〕

音. **2.** 《口・蔑》いかがわしいバー〔キャバレー〕;大騒ぎをするダンスパーティー. **3.** 〖㌠〗〖㌢〗強烈なシュート力. **4.** 《口》性交.

bums! [ブムス] 間 〔落下・衝突などの鈍い音〕どしん, どん.

bum·sen [ブムゼン] 動 **1.** h. 〖㌠〗《口》どかん(とし ん)と音がする. **2.** h. 〔an(gegen)〈et⁴ダ〉〕《口》どんどんたたく(ドアなどを). **3.** 〈方向ズ〉〔〈j³ダ〉〕(激しく)ぶつかる. mit dem Kopf an den Türpfosten ~ 頭を戸の門柱にぶつける. **4.** h. 〔(mit〈j³〉)/〈j⁴ダ〉〕《口》セックスをする.【慣用】*h.* **den Ball in den Kasten bumsen** 〖㌠〗ゴールに強烈なシュートをする.

das **Bums·lo·kal** [ブムス・ロカール] 名 -(e)s/-e 《蔑》いかがわしいバー〔キャバレー〕.

der **Bund**¹ [ブント] 名 -(e)s/Bünde **1.** 結びつき, 結合, 契り, 絆〔ガ〕. **2.** 同盟, 連盟, 連合;連邦国家;結社: mit 〈j³〉 im ~ sein〔stehen〕〈人ᵗ〉同盟を結んでいる. der ~ und die Länder 連邦と各州. **3.** 《口》(ドイツ)連邦国防軍(Bundeswehr). **4.** ウエストバンド(ズボン・スカートの上縁). **5.** (製本の)かがり, バンド. **6.** (ギターなどの)フレット.【慣用】 **den Bund der Ehe** 〔**fürs Leben**〕**eingehen** 〔**schließen**〕《文》結婚する. **der Alte/Neue Bund** 旧約/新約(聖書).

das **Bund**² [ブント] 名 -(e)s/-e 束: zwei ~(e) Spargel アスパラガス 2 束.

das **Bünd·chen** [ビュントヒェン] 名 -s/- シャツなどのそで口, カフス;襟ള袋, 立て襟.

das **Bün·del** [ビュンデル] 名 -s/- **1.** 束: ein ~ Zeitungen 一束の新聞. **2.** 包み, 荷物;《口》おむつをした赤ん坊. **3.** 〖理〗光束, ビーム(Strahlen~); 〖幾何〗(直線・平面の)束〔ʦ〕.【慣用】**sein Bündel packen**〔**schnüren**〕(出ていくために)荷物をまとめる, 職場をやめる.

bün·deln [ビュンデルン] 動 h. 〔〈et⁴ダ〉〕ひもでくくって束にする(麦わら・手紙などを).

der **Bün·del·pfei·ler** [ビュンデル・プふァイラー] 名 -s/- 〖建〗束柱.

bün·del·wei·se [ビュンデル・ヴァイゼ] 副 束にして(の), 束で(の).

das **Bun·des·amt** [ブンデス・アムト] 名 -(e)s/..ämter (ドイツの)連邦官庁(連邦上級官庁の呼称).

der **Bun·des·an·ge·stell·ten·ta·rif** [ブンデス・アンゲシュテルテン・タリーふ] 名 -s/-e (ドイツの)連邦職員給与表(略 BAT).

die **Bun·des·an·lei·he** [ブンデス・アン・ライエ] 名 -/-en 連邦債.

die **Bun·des·an·stalt** [ブンデス・アン・シュタルト] 名 -/-en (ドイツの)連邦(官)庁(直接行政機関);連邦(行政)施設(間接行政機関).

der **Bun·des·an·walt** [ブンデス・アン・ヴァルト] 名 -(e)s/..wälte (ドイツの)連邦検察官〔検事〕.

das **Bun·des·ar·beits·ge·richt** [ブンデス・アルバイツ・ゲリひト] 名 -(e)s/ (ドイツの)連邦労働裁判所(略 BAG).

die **Bun·des·au·to·bahn** [ブンデス・アウト・バーン] 名 -/-en (ドイツの)連邦(高速)自動車道路(略 BAB).

die **Bun·des·bahn** [ブンデス・バーン] 名 -/-en (ドイツ・オーストリア・スイスの)連邦鉄道 * die Deutsche ~ ドイツ連邦鉄道(略 DB. 1994 年からは同じ略号で「ドイツ鉄道」となる). ⇨ DB.

die **Bun·des·bank** [ブンデス・バンク] 名 -/ (ドイツの)連邦銀行(Deutsche ~).

die **Bun·des·be·hör·de** [ブンデス・ベ〰ーアデ] 名 -/-n (ドイツの)連邦官庁.

der **Bun·des·bru·der** [ブンデス・ブルーダー] 名 -s/..brüder (同じ)学生組合の仲間.

bun·des·deutsch [ブンデス・ドイチュ] 形 連邦ドイツの.

der/die **Bun·des·deut·sche** [ブンデス・ドイチェ] 名 (形容詞的変化)ドイツ連邦共和国国民.

die **Bun·des·e·be·ne** [ブンデス・エーベネ] 名 -/ (ドイツの)連邦政府レベル.

bun·des·ei·gen [ブンデス・アイゲン] 形 (ドイツの)連邦固有(所有)の.

das **Bun·des·er·zie·hungs·geld·ge·setz** [ブンデス・エアツィーウングス・ゲルト・ゲゼッツ] 名 -es/-e 連邦育児手当法.

die **Bun·des·fern·stra·ße** [ブンデス・ふェルン・シュトらーセ] 名 -/-n 連邦遠距離道路(Bundesautobahn と Bundesstraße の総称).

der **Bun·des·fi·nanz·hof** [ブンデス・ふィナンツ・ホーふ] 名 -(e)s/ (ドイツの)連邦財政裁判所(略 BFH).

das **Bun·des·ge·biet** [ブンデス・ゲビート] 名 -(e)s/ (ドイツの)連邦(全)領域.

der **Bun·des·ge·nos·se** [ブンデス・ゲノッセ] 名 -n/-n 同盟者, 盟友, 同盟国.

das **Bun·des·ge·richt** [ブンデス・ゲリひト] 名 -(e)s/-e (ドイツの)連邦裁判所.

der **Bun·des·ge·richts·hof** [ブンデスゲリひツ・ホーふ] 名 -(e)s/ (ドイツの)連邦通常裁判所(民事[刑事]事件の連邦最高裁判所. 略 BGH).

das **Bun·des·ge·setz·blatt** [ブンデス・ゲゼッツ・ブラット] 名 -(e)s/ (ドイツ・オーストリアの)連邦官報(略 BGBl).

der **Bun·des·grenz·schutz** [ブンデス・グれンツ・シュッツ] 名 -es/ 連邦国境警備隊(略 BGS).

die **Bun·des·haupt·stadt** [ブンデス・ハウプト・シュタット] 名 -/..städte 連邦首都.

das **Bun·des·haus** [ブンデス・ハウス] 名 -es/ (ドイツ・スイスの)連邦議会議事堂.

das **Bun·des·ka·bi·nett** [ブンデス・カビネット] 名 -s/- (ドイツの)連邦内閣.

die **Bun·des·kan·zlei** [ブンデス・カンツライ] 名 -/ (スイスの)連邦官房(連邦集会・参事会事務局).

der **Bun·des·kan·zler** [ブンデス・カンツラー] 名 -s/- **1.** (ドイツの)連邦総理大臣〔首相〕. **2.** (スイスの)連邦官房長官. **3.** 〖史〗(北ドイツ連邦の)連邦宰相(1867-71年).

das **Bun·des·kan·zler·amt** [ブンデス・カンツラー・アムト] 名 -(e)s/ **1.** (ドイツの)連邦総理大臣庁〔首相〕府, 連邦総理大臣庁〔官房〕. **2.** (オーストリアの)連邦総理大臣府.

das **Bun·des·kar·tell·amt** [ブンデス・カルテル・アムト] 名 -(e)s/ 連邦カルテル庁.

das **Bun·des·kri·mi·nal·amt** [ブンデス・クリミナール・アムト] 名 -(e)s/ 連邦刑事庁(略BKA).

die **Bun·des·la·de** [ブンデス・ラーデ] 名 -/ 〖旧約〗契約の聖櫃〔ひつ〕(モーセの十戒を刻んだ石を納めた箱).

das **Bun·des·land** [ブンデス・ラント] 名 (e)s/..länder (連邦国家の)州.

die **Bun·des·li·ga** [ブンデス・リーガ] 名 -/..ligen 連邦リーグ, ブンデスリーガ(サッカーなどのドイツの最高リーグ).

der **Bun·des·mi·nis·ter** [ブンデス・ミニスター] 名 -s/- (ドイツ・オーストリアの)連邦大臣.

das **Bun·des·mi·nis·te·ri·um** [ブンデス・ミニステーリウム] 名 -s/..rien (ドイツ・オーストリアの)連邦省.

der **Bun·des·nach·rich·ten·dienst** [ブンデス・ナーフリヒテン・ディーンスト] 名 -(e)s/ (ドイツの)連邦情報局(略 BND).

die **Bun·des·post** [ブンデス・ポスト] 名 -/ (ドイツの)連邦郵便(Deutsche ~)(略 DBP). ⇨ Postbank, Telekom.

der **Bun·des·prä·si·dent** [ブンデス・プれズィデント] 名 -en/-en (ドイツ・オーストリア・スイスの)連邦大統領.

B

das **Bun·des·prä·si·di·al·amt** [ブンデス・プれズィディアール・アムト] [名] -(e)s/ 連邦大統領府.

der **Bun·des·rat** [ブンデス・らート] [名] -(e)s/..räte **1.** 《⑬のみ》(ドイツの)連邦参議院;(オーストリアの)連邦評議会;(スイスの)連邦参事〔評議〕会《内閣》. **2.** (ドイツの)連邦参議院議員;(オーストリアの)連邦評議会議員;(スイスの)連邦参事〔評議〕会員《閣僚》.

das **Bun·des-Raum·ord·nungs·programm** [ブンデス・らウム・オるドヌングス・プろグらム] [名] -s/ 連邦国土利用計画基本方針.

die **Bun·des·re·gie·rung** [ブンデス・れギーるング] [名] -/-en (ドイツ・オーストリアの)連邦政府.

die **Bun·des·re·pu·b·lik** [ブンデス・れプブリーク] [名] -/-en **1.** 連邦共和国《普通はドイツの略称》. **2.** 《⑬のみ》〘国名〙die ~ Deutschland ドイツ連邦共和国《1949 年に同名の旧西ドイツが成立. 1990 年からは統一ドイツの正式名称》.

die **Bun·des·schwes·ter** [ブンデス・シュヴェスター] [名] -/-n (同じ)女子学生組合の仲間.

das **Bun·des·so·zi·al·ge·richt** [ブンデス・ゾツィアール・ゲりひト] [名] -(e)s/ 連邦社会裁判所《略 BSG》.

der **Bun·des·staat** [ブンデス・シュタート] [名] -(e)s/-en 連邦(国家);(連邦国家の)支分国.

die **Bun·des·stadt** [ブンデス・シュタット] [名] -/ (スイスの)連邦首都《所在地は Bern》.

die **Bun·des·stra·ße** [ブンデス・シュトらーセ] [名] -/-n (ドイツ・オーストリアの)連邦道路〔国道〕.

der **Bun·des·tag** [ブンデス・ターク] [名] -(e)s/ (ドイツの)連邦議会.

der **Bun·des·tags·ab·ge·ord·ne·te** [ブンデスタークス・アップ・ゲオるドネテ] [名] 《形容詞的変化》(ドイツの)連邦議会議員.

der **Bun·des·tags·prä·si·dent** [ブンデスタークス・プれズィデント] [名] -en/-en (ドイツの)連邦議会議長.

die **Bun·des·tags·wahl** [ブンデスタークス・ヴァール] [名] -/-en (ドイツの)連邦議会選挙.

der **Bun·des·trai·ner** [ブンデス・トれーナー] [名] -s/- 連邦国家のナショナルチームのコーチ.

das **Bun·des·um·welt·mi·nis·te·ri·um** [ブンデス・ウム・ヴェルト・ミニステーりウム] [名] -s/ (ドイツの)連邦環境省.

das **Bun·des·ver·dienst·kreuz** [ブンデス・ふぇあディーンスト・クろイツ] [名] -es/-e (ドイツの)連邦功労十字章.

die **Bun·des·ver·fas·sung** [ブンデス・ふぇあふぁっスング] [名] -/-en 連邦憲法.

das **Bun·des·ver·fas·sungs·ge·richt** [ブンデスふぇあふぁっスングス・ゲりひト] [名] -(e)s/(ドイツの)連邦憲法裁判所《略 BVerfG》.

die **Bun·des·ver·samm·lung** [ブンデス・ふぇあザムルング] [名] -/-en **1.** (ドイツの大統領を選出する)連邦集会〔総会〕, 連邦会議. **2.** 〘史〙(ドイツ連盟の)連盟議会《1815-66 年》. **3.** (スイスの)連邦集会〔総会〕.

das **Bun·des·ver·wal·tungs·ge·richt** [ブンデス・ふぇあヴァルトゥングス・ゲりひト] [名] -(e)s/ (ドイツの)連邦行政裁判所《略 BVerwG》.

die **Bun·des·wehr** [ブンデス・ヴェーあ] [名] -/ (ドイツの)連邦国防軍.

bun·des·weit [ブンデス・ヴァイト] [形] 連邦レベルの, 連邦全体にわたる.

die **Bund·ho·se** [ブント・ホーゼ] [名] -/-n ニッカーボッカー.

bün·dig [ビュンディひ] [形] **1.** 簡潔な;説得力のある, 的確な. **2.** 〘土〙同一平面上に揃った.

der **Bünd·ner** [ビュンドナー] [名] -s/- 《スイ》=Graubündner.

das **Bünd·nis** [ビュントニス] [名] -ses/-se 同盟: ein ~ mit ⟨j³⟩ eingehen ⟨人と⟩同盟を結ぶ. ~ 90/Die Grünen 同盟 90, 緑の党.

der **Bund·schuh** [ブント・シュー] [名] -(e)s/-e **1.** (中世の)農民靴. **2.** 〘史〙ブントシュー《16 世紀初期の百姓一揆(いっき)の呼称》.

der **Bun·ga·low** [..lo ブンガロ] [名] -s/-s バンガロー.

das **Bun·gee·sprin·gen** [bándʒɪ.. バンヂ・シュプりンゲン] [名] -s/ バンジージャンプ.

der **Bun·ker** [ブンカー] [名] -s/- **1.** 地下待避壕(ごう);防空壕;掩蔽(えんぺい)壕;(石油・穀物などの)貯蔵庫. **2.** 〘ゴルフ〙バンカー.

die **Bunk·er·de** [ブンク・エーあデ] [名] -/-n 〘地〙高位泥炭層の表土《植物の生育が可能》.

bun·kern [ブンカーン] [動] *h.* **1.** 〚⟨et⁴⟩ヲ〛貯蔵庫に入れる《石炭などを》;《口》大量にため込む. **2.** 〚補足なし〛〘海〙燃料補給する《船が石炭・石油などを》. **3.** 〚⟨et⁴⟩ヲ+⟨場所⟩ニ〛《ジャーゴン》隠す.

der **Bun·sen·bren·ner** [ブンゼン・ブれナー] [名] -s/- ブンゼンバーナー《ガスバーナーの一種》.

bunt [ブント] [形] **1.** (黒・灰・白に対して)色物の;色とりどりの, 色どり鮮やかな;ぶちの: wie ein ~*er* Hund bekannt sein ぶち犬のようにどこでも知られている. **2.** 変化に富んだ, 色々入り交じった: ein ~*es* Leben 波乱に富んだ人生. ein ~*er* Abend/Teller 多彩な催しの夕べ/(菓子・果物などの)盛り合せ. in ~*er* Reihe 男女交互に. **3.** 雑然とした: ein ~*es* Gewühl 雑踏. 【慣用】**es zu bunt treiben** 《口》やりすぎる. ⟨**et¹**⟩ **wird** ⟨**j³**⟩ **zu bunt** 《口》⟨事に⟩⟨人は⟩我慢ならなくなる.

das **Bunt·buch** [ブント・ブーふ] [名] -(e)s/..bücher (政府の)公式外交報告書, 外交白書.

der **Bunt·druck** [ブント・ドるっク] [名] -(e)s/-e 多色刷り.

bunt·far·big [ブント・ふぁるビひ] [形] カラフルな.

der **Bunt·film** [ブント・ふぃルム] [名] -(e)s/-e カラー映画〔フィルム〕.

die **Bunt·heit** [ブントハイト] [名] -/ 多色, 多彩;多種多様.

das **Bunt·mes·ser** [ブント・メっサー] [名] -s/- 波形庖丁《チーズなどを波形に切るための》.

das **Bunt·me·tall** [ブント・メタル] [名] -s/-e 非鉄金属.

das **Bunt·pa·pier** [ブント・パピーあ] [名] -s/-e 色紙(いろがみ).

der **Bunt·sand·stein** [ブント・ザント・シュタイン] [名] -(e)s/-e 〘地質〙赤色砂岩;《⑬のみ》斑砂(はんさ)〔ブンター〕統.

bunt·sche·ckig [ブント・シェっキひ] [形] まだらの;玉虫色の.

bunt schil·lernd, ⓐ **bunt·schil·lernd** [ブント シラーント] [形] 玉虫色の.

der **Bunt·specht** [ブント・シュペひト] [名] -(e)s/-e 〘鳥〙アカゲラ.

der **Bunt·stift** [ブント・シュティふト] [名] -(e)s/-e 色鉛筆.

(*der*) **Burck·hardt** [ブるクハるト] [名] 〘人名〙ブルクハルト《Jacob ~, 1818-97, スイスの芸術史家》.

die **Bür·de** [ビュるデ] [名] -/-n 《文》重い荷, 重み;《転》負担, 苦労: eine ~ tragen 重荷を負う.

der **Bu·re** [ブーれ] [名] -n/-n ブール〔ボーア〕人《オランダ系の南アフリカ人》.

das **Bu·reau** [byró: ビュろー] [名] -s/-s〔-x [・・ろース]〕 =Büro.

die **Bü·ret·te** [ビュれッテ] [名] -/-n 〘化〙ビュレット.

die **Burg** [ブるク] [名] -/-en **1.** (中世の)居城, 城郭. **2.** (砂浜に作る円形の)砂の囲い(Strand~, Sand~). **3.** 〘狩〙ビーバーの巣. **4.** die ~ 《口》 =Burgtheater.

der **Bür·ge** [ビュるゲ] [名] -n/-n 保証する人〔もの〕;〘法〙保証人: einen ~*n* stellen 保証人を立てる.

bür·gen [ビュるゲン] [動] *h.* **1.** 〖für ⟨j⁴⟩ノ〗〖法〗保証人となる. **2.** 〖⟨j³⟩ニ＋für ⟨j⁴/et⁴⟩ヲ〗保証する.
(*das*) **Bur·gen·land** [ブるゲン・ラント] [名] -s/ 〖地名〗ブルゲンラント(オーストリアの州).
die **Bur·gen·stra·ße** [ブるゲン・シュトらーセ] [名] -/-n 古城街道(マンハイムからニュルンベルクまで).
der **Bür·ger** [ビュるガー] [名] -s/- **1.** 市民, 公民; 国民(Staats～); (市町村の)住民: ～ in Uniform ドイツ国防軍の兵士. **2.** 市民〔中産〕階級の人.
das **Bür·ger·haus** [ビュるガー・ハウス] [名] -es/..häuser **1.** (15-17 世紀の)市民の家; 《古》市民階級の家庭. **2.** 公民館.
die **Bür·ger·i·ni·ti·a·ti·ve** [ビュるガー・イニツィアティーヴェ] [名] -/-n 市民運動.
der **Bür·ger·krieg** [ビュるガー・クリーク] [名] -(e)s/-e 内戦.
die **Bür·ger·kun·de** [ビュるガー・クンデ] [名] -/ ＝ Staatsbürgerkunde.
bür·ger·lich [ビュるガーリひ] [形] **1.** 市民の, 公民の, 民間の, 民事の: das *B～e* Gesetzbuch (ドイツ)民法典(略 BGB). das *～e* Recht 民法; 市民権. die *～e* Ehe 民事〔市民〕婚. **2.** 中産〔市民・ブルジョワ〕階級の, 平民の, 庶民的な: das *～e* Trauerspiel 市民悲劇. **3.** 《蔑》偏狭な, 俗物的な.
der **Bür·ger·meis·ter** [ビュるガー・マイスター, ビュるガー・マイスター] [名] -s/- 市〔町・村〕長.
das **Bür·ger·meis·ter·amt** [ビュるガーマイスター・アムト] [名] -(e)s/..ämter **1.** 市〔町・村〕長職. **2.** 市役所, 町〔村〕役場.
bür·ger·nah [ビュるガー・ナー] [形] 市民サイドに立った.
die **Bür·ger·pflicht** [ビュるガー・ぷふりひト] [名] -/-en 市〔公〕民の義務.
das **Bür·ger·recht** [ビュるガー・れひト] [名] -(e)s/-e (主に[複])市民〔公民〕権.
der **Bür·ger·recht·ler** [ビュるガー・れひトラー] [名] -s/- 公民権運動者.
die **Bür·ger·rechts·be·we·gung** [ビュるガーれひツ・ベヴェーグング] [名] -/-en 公民権運動.
die **Bür·ger·schaft** [ビュるガーシャふト] [名] -/-en **1.** 《総称》市民. **2.** (Bremen, Hamburg の)市州民会; (Lübeck などの)市議会.
der **Bür·ger·schreck** [ビュるガー・シュれック] [名] -(e)s/ (市民生活を脅す)挑発家, 扇動家.
der **Bür·ger·sinn** [ビュるガー・ズィン] [名] -(e)s/ 市民精神〔気質(かたぎ)〕.
der **Bür·ger·steig** [ビュるガー・シュタイク] [名] -(e)s/-e 歩道.
das **Bür·ger·tum** [ビュるガートゥーム] [名] -s/ 市民階級.
die **Bür·ger·wehr** [ビュるガー・ヴェーあ] [名] -/ (中世の)(市の自衛組織としての)市民軍.
die **Burg·frau** [ブるク・ふらウ] [名] -/-en (中世の)城主の奥方.
der **Burg·frie·de** [ブるク・ふりーデ] [名] -ns/-n **1.** (政党間抗争の)一時的休戦. **2.** (中世の)城内平和(城壁内での私闘の禁止).
der **Burg·frie·den** [ブるク・ふりーデン] [名] -s/- ＝Burgfriede.
der **Burg·gra·ben** [ブるク・グらーベン] [名] -s/..gräben 城の堀.
der **Burg·graf** [ブるク・グらーふ] [名] -en/-en (中世の)城伯(城市の司令官).
der **Burg·herr** [ブるク・へる] [名] -(e)n/-(e)n (中世の)城主.
der **Burg·hof** [ブるク・ホーふ] [名] -(e)s/..höfe 城の中庭.
die **Bürg·schaft** [ビュるクシャふト] [名] -/-en **1.** 保証; 〖法〗保証: für ⟨j⁴/et⁴⟩ ～ leisten ⟨人・事ヲ⟩保証する. **2.** 保証〔保釈〕金.
das **Burg·the·a·ter** [ブるク・テアーター] [名] -s/ ブルク劇場(ウィーンの国立劇場).
das **Burg·tor** [ブるク・トーあ] [名] -(e)s/-e 城門.
(*das*) **Bur·gund** [ブるグント] [名] -s/ 〖地名〗ブルゴーニュ(フランスの南東部地方); 〖史〗ブルグント王国.
der **Bur·gun·de** [ブるグンデ] [名] (形容詞的変化) 〖史〗＝Burgunder 1.
der **Bur·gun·der** [ブるグンダー] [名] -s/- **1.** ブルグント人(東ゲルマンの一種族). **2.** ブルゴーニュ地方の人; ブルゴーニュ産のワイン.
bur·gun·disch [ブるグンディシュ] [形] ブルグント〔ブルゴーニュ〕(風)の.
das **Burg·ver·lies** [ブるク・ふぇあリース] [名] -es/-e 城内の地下牢.
der **Burg·vogt** [ブるク・ふぉークト] [名] -(e)s/..vögte 城代.
bur·lesk [ブるレスク] [形] おどけた, こっけいな, どたばたの.
die **Bur·les·ke** [ブるレスケ] [名] -/-n バーレスク; 笑劇.
(*das*) **Bur·ma** [ブるマ] [名] -s/- ＝Birma.
der **Bur·nus** [ブるヌス] [名] -(ses)/-se (ベドウィン族の)頭巾つきマント.
das **Bü·ro** [ビュろー] [名] -s/-s **1.** 事務所, 事務室; 営業所, 支所. **2.** 《総称》事務員.
der/*die* **Bü·ro·an·ge·stell·te** [ビュろー・アン・ゲシュテルテ] [名] (形容詞的変化)事務員.
die **Bü·ro·ar·beit** [ビュろー・アるバイト] [名] -/-en 事務, オフィスワーク.
der **Bü·ro·be·darf** [ビュろー・ベダるふ] [名] -(e)s/ 事務用品.
die **Bü·ro·klam·mer** [ビュろー・クラマー] [名] -/-n クリップ.
die **Bü·ro·kraft** [ビュろー・クらふト] [名] -/..kräfte 事務職員.
der **Bü·ro·krat** [ビュろクらート] [名] -en/-en 《蔑》官僚(的な人).
die **Bü·ro·kra·tie** [ビュろクらティー] [名] -/-n (主に[単])官僚機構; 《総称》官僚; (([単]のみ)《蔑》官僚主義.
bü·ro·kra·tisch [ビュろクらーティシュ] [形] 官僚の; 《蔑》官僚的な.
der **Bü·ro·kra·tis·mus** [ビュろクらティスムス] [名] -/ 《蔑》官僚主義.
die **Bü·ro·ma·schi·nen** [ビュろー・マシーネン] [複名] 事務機器.
der **Bü·ro·schluss**, [旧] **Bü·ro·schluß** [ビュろー・シュルス] [名] -es/ 終業時間, 退社〔退庁〕時刻.
die **Bü·ro·stun·den** [ビュろー・シュトゥンデン] [複名] (事務所の)勤務時間.
die **Bur·sa** [ブるザ] [名] -/..sae [ブるゼ] **1.** 〖医〗嚢(のう), 滑液嚢. **2.** 〖キ教〗聖体布入れ.
der **Bursch** [ブるシュ] [名] -en/-en **1.** 〖学生組合〗正会員. **2.** 《方》少年; 若者.
das **Bürsch·chen** [ビュるシュひぇン] [名] -s/- 若僧, 小僧.
der **Bur·sche** [ブるシェ] [名] -n/-n **1.** 少年; 若者; 《蔑》やつ: Alter ～! ねえ君(友人に). **2.** (昔の)従卒(Offiziers～); 《古》徒弟; (学生組合の)正会員. **3.** 《口》(動物の)大きなやつ.
die **Bur·schen·schaft** [ブるシェンシャふト] [名] -/-en 学友会(Befreiungskrieg 時代(1815 年以降)の創設).
bur·schi·kos [ブるシコース] [形] おてんばな; 無遠慮な.
die **Bur·se** [ブるゼ] [名] -/-n (昔の)学生寮.
die **Bur·si·tis** [ブるズィーティス] [名] -/..tiden [ブるズィティーデン] 〖医〗滑液嚢炎.
die **Bürs·te** [ビュるステ] [名] -/-n **1.** ブラシ, 刷毛(はけ). **2.** 〖電〗ブラシ. **3.** (([単]のみ)角刈り.
bürs·ten [ビュるステン] [動] *h.* **1.** 〖⟨et⁴⟩ニ〗ブラシをかける; (…を)ブラシで磨く. **2.** 〖⟨et⁴⟩ヲ＋von ⟨et³⟩

カラ]ブラシで払いのける.

der **Bür·sten·ab·zug** [ビュるステン·アップ·ツーク] [名] -(e)s/..abzüge 〖印〗《古》校正刷り, ゲラ刷り.

der **Bür·sten·bin·der** [ビュるステン·ビンダー] [名] -s/- 《古》ブラシ・筆職人: wie ein ～ 前後の見境いなく.

der **Bür·sten·ma·cher** [ビュるステン·マっはー] [名] -s/- ブラシ・筆職人.

(*das*) **Bu·run·di** [ブるンディ] [名] -s/ 〖国名〗ブルンジ《アフリカの国》.

der **Bür·zel** [ビュるツェル] [名] -s/- **1.** 〖動〗(鳥の)尾部. **2.** 〖狩〗(熊・猪などの短い)尾.

der **Bus** [ブス] [名] -ses/-se **1.** バス(Omni～). **2.** 〖コンピュータ〗集線装置, ハブ.

der **Busch** [ブっシュ] [名] -(e)s/Büsche **1.** 灌木(かんぼく), 低木, やぶ, 茂み. **2.** 〖地〗熱帯叢林(そうりん); 《方》小さな森. **3.** 大きな花の束; (毛などの)束, ふさ. 【慣用】**bei ⟨j³⟩ auf den Busch klopfen** 《口》⟨人の⟩腹を探る. **mit ⟨et³⟩ hinterm Busch halten** 《口》⟨事を⟩内緒にしておく.

die **Busch·boh·ne** [ブっシュ·ボーネ] [名] -/-n 〖植〗ツルナシインゲンマメ《インゲンマメ属の一種》.

das **Bü·schel** [ビュっシェル] [名] -s/- (細く長いものの)束: ein ～ Heu 一束の乾草.

die **Bü·schel·ent·la·dun·gen** [ビュっシェル·エントラードゥンゲン] [複名] セント・エルモの火《マスト・塔の先端などでの放電現象》.

bü·schel·wei·se [ビュっシェル·ヴァイゼ] [副] 束〔房〕になって.

der **Bu·schen** [ブっシェン] [名] -s/- 《南独・オーストリア・口》大きな花の束; 切り枝の束.

die **Bu·schen·schän·ke, Bu·schen·schen·ke** [ブっシェン·シェンケ] [名] -/-n 《オーストリア》自家醸造のワインを売る酒場.

das **Busch·holz** [ブっシュ·ホルツ] [名] -es/..hölzer 低木林; 《単のみ》下生え.

bu·schig [ブっシひ] [形] 毛深い; 低木の茂った.

der **Busch·klep·per** [ブっシュ·クレっパー] [名] -s/- 《古》追いはぎ.

der **Busch·mann** [ブっシュ·マン] [名] -(e)s/..männer ブッシュマン《アフリカ原住民の種族》.

das **Busch·mes·ser** [ブっシュ·メっサー] [名] -s/- 蛮刀(ばんとう).

der **Busch·ne·ger** [ブっシュ·ネーガー] [名] -s/- 西インド諸島・南米の山中の黒人《脱走奴隷の子孫たち》.

die **Busch·trom·mel** [ブっシュ·トろメル] [名] -/-n (ジャングルの)通信手段としての太鼓; 《転》うわさ〔情報〕の伝達.

das **Busch·werk** [ブっシュ·ヴェるク] [名] -(e)s/ やぶ, 茂み.

das **Busch·wind·rös·chen** [ブっシュ·ヴィント·れースひぇン] [名] -s/- 〖植〗アネモネ.

der **Bu·sen** [ブーゼン] [名] -s/- **1.** (女性の)胸: ein üppiger ～ ふくよかな胸. **2.** 《古・詩》胸, ふところ; 胸の内; 胸《婦人服の胸部》: am ～ der Natur 自然の懐に.

bu·sen·frei [ブーゼン·ふらイ] [形] トップレスの.

der **Bu·sen·freund** [ブーゼン·ふろイント] [名] -(e)s/-e 《主に《皮》》親友.

der **Bus·fah·rer** [ブス·ふぁーらー] [名] -s/- バスの運転手.

die **Bus·hal·te·stel·le** [ブス·ハルテ·シュテレ] [名] -/-n バス停留所.

das **Busi·ness,** [旧] **Busi·neß** [bíznɪs ビズニス, ..nɛs ビズネス] [名] -/ **1.** 《蔑》金もうけ主義. **2.** 実業界.

die **Bus·li·nie** [ブス·リーニエ] [名] -/-n バス路線.

der **Bus·sard** [ブっサるト] [名] -s/-e 〖鳥〗ノスリ《タカの一種》.

die **Bu·ße** [ブーセ] [名] -/-n **1.** 《単のみ》〖宗〗贖罪(しょくざい). **2.** 〖カトリック〗償いの祈り〔苦行〕. **3.** 〖法〗賠償金, 過料.

bus·seln [ブっセルン] [動] *h.* 〈⟨j⁴/et⁴⟩に〉《南独・オーストリア》キスする.

bü·ßen [ビューセン] [動] *h.* **1.** 〘(für)⟨et⁴⟩ノ〙〖宗〗贖罪〔償い〕をする. **2.** 〘(für)⟨et⁴⟩ノ〙(罰として)償いをする. **3.** 〘⟨j⁴⟩ニ+(mit ⟨et³⟩ノ)〙《スイス》〖法〗罰金を課する. **4.** 〘⟨et⁴⟩ヲ〙《古》満たす《欲望などを》.

der **Bü·ßer** [ビューサー] [名] -s/- 〖宗〗贖罪(しょくざい)者.

das **Bü·ßer·hemd** [ビューサー·ヘムト] [名] -(e)s/-en 贖罪着(しょくざいぎ).

das **Bus·serl** [ブっサール] [名] -s/-(n) 《南独・オーストリア・口》キス.

buß·fer·tig [ブース·ふぇるティひ] [形] 贖罪(しょくざい)の気持のある.

das **Buß·ge·bet** [ブース·ゲベート] [名] -(e)s/-e 〖宗〗償いの祈り.

das **Buß·geld** [ブース·ゲルト] [名] -(e)s/-er 〖法〗過料.

der **Buß·geld·be·scheid** [ブースゲルト·ベシャイト] [名] -(e)s/-e 〖法〗過料裁定.

das **Bus·si** [ブっスィ] [名] -s/-s 《南独・オーストリア》=Busserl.

die **Bus·so·le** [ブソーレ] [名] -/-n 〖海〗磁気コンパス, 羅針儀.

die **Bus·spur** [ブス·シュプーあ] [名] -/-en バス(優先)レーン.

der **Buß·tag** [ブース·ターク] [名] -(e)s/-e 〖カトリック〗贖罪日(しょくざいび); 〖プロテスタント〗=Buß- und Bettag.

die **Buß·ü·bung** [ブース·ユーブング] [名] -/-en 〖カトリック〗償いの苦行〔祈り〕.

der **Buß- und Bet·tag** [ブース ウント ベート·ターク] [名] -(e)s/ 〖プロテスタント〗懺悔(ざんげ)と祈りの日《教会暦最後の日曜日の前の水曜日》.

die **Bü·ste** [ビュステ] [名] -/-n 胸像, 半身像; (婦人の)バスト; 〖服〗ボディ(スタンド).

der **Bü·sten·hal·ter** [ビュステン·ハルター] [名] -s/- ブラジャー(略 BH).

das **Bus·tro·phe·don** [ブストろふぇドン] [名] -s/ 犂耕(りこう)体(書方)《1行ずつ交互に反対方向から書く古代ギリシアの書き方》.

die **Bu·su·ki** [ブズーキ] [名] -/-s ブズーキ《リュートに似たギリシアの民俗楽器》.

das **Bu·tan** [ブターン] [名] -s/-e 〖化〗ブタン.

bu·ten [ブーテン] [副] 《北独》(海の)堤防の外で〔に〕, (境界を越えて)外で〔に〕.

der **But·ler** [bátlər バトラー, bœtlər ⊘トラー] [名] -s/- (特に英国の)執事, 召使い頭.

der **Butt** [ブっト] [名] -(e)s/-e 〖魚〗ヒラメ.

die **Bütt** [ビュっト] [名] -/-en 《方》たる形の演壇《謝肉祭用》.

die **But·te** [ブっテ] [名] -/-n 《南独・オーストリア・スイス》 **1.** =Bütte. **2.** 背負い桶(おけ).

die **Büt·te** [ビュっテ] [名] -/-n (大型の)たらい; 紙すき用桶.

der **Büt·tel** [ビュっテル] [名] -s/- **1.** 《古》廷丁, 捕吏; 《古・蔑》警官. **2.** 《蔑》手下.

das **Büt·ten** [ビュっテン] [名] -s/ =Büttenpapier.

das **Büt·ten·pa·pier** [ビュっテン·パピーあ] [名] -s/-e 手すき紙.

die **Büt·ten·re·de** [ビュっテン·れーデ] [名] -/-n (ライン地方の)カーニバルの漫談〔演説〕.

der **Büt·ten·red·ner** [ビュっテン·れードナー] [名] -s/- (ライン地方の)カーニバルの漫談〔演説〕家.

die **But·ter** [ブっター] [名] -/ バター: ⟨et⁴⟩ in ～ braten ⟨物を⟩バターでいためる. weich wie ～ sein 情にもろい. 【慣用】**(Es ist) alles in Butter.** 《口》すべてがうまくいっている. **⟨j³⟩ fällt fast die Butter vom Brot** 《口》⟨人が⟩あぜんとする. **sich³ nicht die Butter vom Brot** nehmen lassen 自分の不利になることを放っておかない.

der **Bụt·ter·berg** [ブッター・べるク] [名] -(e)s/ 《口》(国が保管する)生産過剰の大量のバター.

die **Bụt·ter·bir·ne** [ブッター・ビるネ] [名] -/-n 〖植〗バターナシ.

die **Bụt·ter·blu·me** [ブッター・ブルーメ] [名] -/-n 〖植〗黄色い花の植物(タンポポ・キンポウゲなど).

das **Bụt·ter·brot** [ブッター・ブろート] [名] -(e)s/-e バターを塗ったパン. 【慣用】〈j³〉〈et⁴〉 aufs Butterbrot schmieren 《口》〈人に〉〈事を〉何度も非難する. für ein Butterbrot arbeiten 《口》ただ同然に働く.

das **Bụt·ter·brot·pa·pier** [ブッターブろート・パピーあ] [名] -s/-e (パンを包む)パラフィン紙.

die **Bụt·ter·do·se** [ブッター・ドーゼ] [名] -/-n バター入れ.

das **Bụt·ter·fass,** [旧] **Bụt·ter·faß** [ブッター・ふぁス] [名] -es/..fässer バター用の桶(おけ);(昔の)バター製造用の桶.

der **Butter·fly** [bátərflaɪ バター・ふライ] [名] -s/-s **1.** 〖フィギュアスケート〗バタフライ. **2.** 《単のみ》〖水泳〗バタフライ(泳法). **3.** 〖体操〗(床運動の)伸身宙返り.

der **Bụt·ter·kä·se** [ブッター・ケーゼ] [名] -s/ バターチーズ(全脂肪の柔らかいチーズ).

die **Bụt·ter·ma·schi·ne** [ブッター・マシーネ] [名] -/-n バター製造機.

das **Bụt·ter·mes·ser** [ブッター・メッサー] [名] -s/- バターナイフ.

die **Bụt·ter·milch** [ブッター・ミルひ] [名] -/ バターミルク.

bụt·tern [ブッターン] [動] *h.* **1.** 〔補足なし〕バターを作る. **2.** 〔〈et⁴〉に〕バターを塗る(トースト・ケーキの型などに). **3.** 〔〈et⁴〉ヲ+in 〈et⁴〉ニ〕《口》(無益に)つぎ込む(財産を事業などに). **4.** 〔〈et⁴〉ヲ〕《方》食べる(持参した朝食などを). **5.** 〔補足なし〕《方》膿(う)む. 【慣用】den Ball aufs Tor buttern 〖サッカー〗《ジャーゴン》ゴールに向けてボールを力いっぱいシュートする.

die **Bụt·ter·säu·re·gä·rung** [ブッター・ゾイれ・ゲーるング] [名] -/-en 〖化・生〗酪酸発酵.

das **Bụt·ter·schmalz** [ブッター・シュマルツ] [名] -es/ 溶かしバター;乳脂肪.

der **Bụt·ter·teig** [ブッター・タイク] [名] -(e)s/-e バター入りの生地.

bụt·ter·weich [ブッター・ヴァイひ] [形] バターのように柔らかい;思いやりのある;気骨のない;〖スポーツ〗《ジャーゴン》気持のこもったやわらかい(パス).

der **But·ton** [bátən バテン] [名] -s/-s (政治的・宗教的立場を表す)バッジ,記章.

der **But·ton-down-Kra·gen** [bátəndaʊn.. バテン・ダウン・クラーゲン] [名] -s/- ボタン・ダウンの〔えり先をボタンで留める〕ワイシャツのカラー.

der **Bụtz**¹ [ブッツ] [名] -en/-en 《方》お化け,コーボルト.

der **Bụtz**² [ブッツ] [名] -en/-en 《方》リンゴの芯.

die **Bụt·ze** [ブッツェ] [名] -/-n 《北独》(農家の)壁のくぼみに作り付けのベッド.

der **Bụt·ze·mann** [ブッツェ・マン] [名] -(e)s/..männer 家の精;(子供をおどかすための)お化け.

der **Bụt·zen** [ブッツェン] [名] -s/- **1.** 《方》(リンゴの)芯(しん). **2.** 小さな塊. **3.** 《方》(レンズの)膨らみ. **4.** 膿(うみ);目くそ,鼻くそ. **5.** 〖鉱〗不均質鉱塊.

die **Bụt·zen·schei·be** [ブッツェン・シャイベ] [名] -/-n 中央のふくらんだ円形窓ガラス.

die **Bụ·xe** [ブクセ] [名] -/-n 《北独・口》ズボン.

(*der*) **Bux·te·hu·de**¹ [ブクステフーデ] [名] 〖人名〗ブクステフーデ(Dietrich ～, 1637 頃-1707, 作曲家・オルガン奏者).

(*das*) **Bux·te·hu·de**² [ブクステフーデ] [名] -s/ 〖地名〗ブクステフーデ(ニーダーザクセン州の都市): in/nach ～ どこか知らないところで/ところへ.

der **Bu·zen·taur** [..taʊər ブツェンタウあー] [名] -en/-en **1.** 〖ギ神〗ブケンタウロス(半牛半人の怪物). **2.** 〖史〗ブチントロ(ヴェネチア総督の豪華船).

BV =Bundesverfassung (スイスの)連邦憲法.

BVerfG =Bundesverfassungsgericht (ドイツの)連邦憲法裁判所.

BVerwG =Bundesverwaltungsgericht (ドイツの)連邦行政裁判所.

BVG =Betriebsverfassungsgesetz (ドイツの)事業所組織法.

b. w. =bitte wenden! 裏面をご覧下さい.

dir **BWL** [ベーヴェーエル] [名] -/ Betriebswirtschaftslehre 経営学.

der **By·pass** [báɪpas バイ・パス] [名] -/..pässe 〖工〗側管,補助管;〖電〗側路;〖医〗バイパス(①血管の迂回路. ②バイパスのための人工〔代用〕血管).

die **By·pass·o·pe·ra·ti·on** [バイパス・オペらツィオーン] [名] -/-en 〖医〗バイパス手術.

das **Byte** [baɪt バイト] [名] -(s)/- 〖コンピュータ〗バイト(8ビットで構成される単位).

by·zan·ti·nisch [ビュツァンティーニシュ] [形] **1.** ビザンチン(様式)の: das *B*～e Reich ビサンチン帝国〔東ローマ帝国〕. **2.** 《文・古》追従(ついしょう)の.

der **By·zan·ti·nis·mus** [ビュツァンティニスムス] [名] -/ **1.** ビザンチン様式. **2.** 《蔑》追従(ついしょう),へつらい.

das **By·zanz** [ビュツァンツ] [名] -/ 〖地名〗ビザンチン(イスタンブールの旧称).

bz =bezahlt 〖商〗出来.

Bz. =Bezirk.

bzw. =beziehungsweise または,もしくは,それぞれ.

C

das **c¹, C¹** [tseː: ツェー] 名 -/- 《口》-s/-s **1.** ドイツ語アルファベットの第3字. **2.** 〖楽〗ハ音.

c² **1.** =Cent セント(アメリカなどの貨幣単位). **2.** =Centime サンチーム(フランスなどの旧貨幣単位). **3.** =c-Moll 〖楽〗ハ短調. **4.** =Kubik 〖数〗立方, 3乗. **5.** =Zenti‥センチ‥.

C² [ツェー] =Carboneum 〖化〗炭素(Kohlenstoff).

C³ 1. =C-Dur 〖楽〗ハ長調. **2.** =Celsius 〖理〗摂氏. **3.** =Coulomb〖電〗クーロン. **4.** =C-Schlüssel 〖楽〗ハ音記号; 4分の4拍子. **5.** =hundert (ローマ数字で)100. **6.** =Zentrum 〖郵〗(都市の)中心部.

Ca [ツェーアー] =Calcium〖化〗カルシウム.

ca. =circa, zirka 約, およそ.

Ca. =Carcinoma 癌(腫), 悪性腫瘍(しゅよう).

der **Ca·bal·le·ro** [kabalˈjɛːro カバリエーロ, kavaˈ‥ カヴァリエーろ] 名 -s/-s **1.** (昔の, スペインの)騎士, 紳士. **2.** あなた(男性への呼びかけ).

der **Ca·ban** [kabã: カバーン] 名 -s/-s パイロットコート(短めの男性用コート); 長めの女性用ジャケット.

das **Ca·ba·ret** [‥rɛː カバれー] 名 -s/-s[-e] =Kabarett.

der **Ca·bo·clo** [カボクロ] 名 -s/-s 〖民族〗最初のポルトガル移民とブラジルのインディオ女性との混血児の子孫.

das **Ca·bret·ta** [カブれッタ] 名 -s/ カブレッタ(スペインの山羊ギの高級ナッパ革).

das **Ca·bri·o·let** [‥leː カブリオレー] 名 -s/-s =Kabriolett.

das **Ca·chet** [kaʃeː カシェー] 名 -s/-s **1.** 〖古〗印章, 印鑑; 封印. **2.** 〖古〗特徴, 特性.

das **Ca·chou** [kaʃuː カシュー] 名 -s/-s カテキュー(収斂(しゅうれん)剤・皮なめし剤); カテキュートローチ(清涼剤).

(die) **Cä·ci·lia** [tsɛtsiː‥ ツェツィーリア] **1.** 〖女名〗ツェツィーリア. **2.** die heilige ~ 聖セシリア(3世紀の殉教者. 音楽の守護聖人).

(die) **Cä·ci·lie** [ツェツィーリエ] 〖女名〗ツェツィーリエ.

der **Ca·cio·ca·val·lo** [katʃokaˈvalo カチョカヴァロ] 名 (-s)-s/-s カッチョカバロ(イタリア産チーズ).

das **CAD** [kɛt ケット] 名 -s/ =computer-aided design コンピュータ利用による設計(システム).

der **Cad·die** [kɛdi ケディ] 名 -s/-s **1.** キャディー; ゴルフカート. **2.** 〖商標〗(スーパーマーケットの)ショッピングカート. **3.** 〖コンピ〗=Caddy.

der **Cad·dy** [kɛdi ケディ] 名 -s/-s 〖コンピ〗キャディ(CD-ROMの保護ケース).

das **Cad·mi·um** [kadmiʊm カドミウム] 名 -s/ 〖化〗カドミウム(記号 Cd). ⇨ Kadmium.

das **Ca·dre** [カードれ] 名 -s/-s 〖ビリヤ〗ボークラインゲーム.

das **Ca·fé** [kafeː カフェー] 名 -s/-s 喫茶店.

der **Ca·fé com·plet** [kafekõˈplɛ カフェ コンプレ] 名 --/-s[kafəˈ‥ カフェ コンプレ] 〖スイ〗カフェ・コンプレ(コーヒーにパン・バター・ジャムがついた朝食セット).

der **Ca·fé crème** [kafekrɛːm カフェ クれーム] 名 --/-s[‥ カフェ クれーム] 〖スイ〗生クリーム入りコーヒー.

die **Ca·fe·te·ria** [カフェテリーア] 名 -/-s[‥rien ‥リーエン] カフェテリア.

der **Ca·fu·so** [カフーゾ] 名 -s/-s 〖民族〗(ブラジルで)黒人とインディオとの混血児.

der **Cais·son** [kɛsõː ケソーン] 名 -s/-s 〖土〗(水中工事用)潜函(かん), ケーソン.

die **Cais·son·krank·heit** [ケソーン・クらンクハイト] 名 -/ 〖医〗ケーソン病, 潜函病.

cal =Kalorie カロリー.

die **Ca·la·ma·res** [カラマーれス] 複名 〖料〗イカの輪切りのフライ.

der **Ca·la·mus** [カーラムス] 名 -/‥mi (古代ギリシア・ローマの)葦(あし)のペン.

das **Cal·ci·um** [‥tsiʊm カルツィウム] 名 -s/ 〖化〗カルシウム(記号 Ca). ⇨ Kalzium.

die **Cal·de·ra** [カルデーら] 名 -/‥ren 〖地質〗カルデラ.

(der) **Cal·de·rón** [‥rɔn カルデろン] 名 〖人名〗カルデロン(Pedro ~ de la Barca, 1600-81, スペインの劇作家).

das **Ca·li·for·ni·um** [カリふぉニウム] 名 -s/ 〖化〗カリフォルニウム(放射性金属. 記号 Cf).

das **Call-by-Call** [kɔːlbaɪkɔːl コール・バイ・コール] 名 -s/ (主に無冠詞)マイライン選択操作(電話会社選択のための操作で, 普通, 電話会社の識別番号をプッシュしてから通話相手の番号につなげる).

das **Call·cen·ter, Call-Cen·ter** [kɔːlsɛntər コール・センター] 名 -s/- コールセンター(電話による顧客対応窓口).

das **Call·geld** [kɔːl‥ コール・ゲルト] 名 -es/-er 〖経〗コールマネー.

die **Cal·ling·card, Cal·ling-Card** [kɔːlɪŋkaːrd コーリング・カード] 名 -/-s 国際テレフォンカード.

der **Cal·va·dos** [カルヴァドス] 名 -/- カルヴァドス(フランスのリンゴ酒のブランデー).

(der) **Cal·vin** [カルヴィーン] 名 〖人名〗カルヴァン, カルヴィン(Johann〔仏名 Jean〕~, 1509-64, スイスの宗教改革者).

cal·vi·nisch [カルヴィーニシュ] 形 =kalvinisch.

der **Cal·vi·nis·mus** [カルヴィニスムス] 名 -/ =Kalvinismus.

der **Cal·vi·nist** [カルヴィニスト] 名 -en/-en =Kalvinist.

der **Cal·vin-Zy·klus** [カルヴィーン・ツュークルス] 名 -/‥klen 〖生化〗カルビン回路(光合成).

das **CAM** [kɛm ケム] 名 -s/ =computer-aided manufacturing コンピュータ利用の製造(システム).

die **Ca·ma·ieu** [kamajøː カマ(イ)ユー] 名 -/-en **1.** (濃淡の層からなる)貴石カメオ. **2.** 〖美〗単色画.

der **Ca·mem·bert** [kãmambɛːr, ‥bɛːr カメンベーあ, kamãbɛːr カマンベーる] 〖料〗カマンベールチーズ.

die **Ca·me·ra ob·scu·ra** [カメら オプスクーら] 名 --/‥rae ‥rae[‥, ‥n] 〖写〗カメラ・オプスクラ, ピンホールカメラ.

der **Ca·mer·len·go** [カメるレンゴ] 名 -s/-s **1.** 〖史〗(イタリア国庫の)財務管理長官. **2.** 〖カトリ〗カメルレンゴ(①枢機卿団の財務官.②教皇座空位時の代行者).

der **Ca·mi·on** [kamjõː カミオーン] 名 -s/-s 〖スイ〗トラック.

die **Ca·mor·ra** [カモら] 名 -/ カモッラ(19世紀ナポリの犯罪秘密結社).

der **Camp** [kɛmp ケムプ] 名 -s/-s キャンプ場, 野営地; 捕虜収容所.

der **Cam·pa·ni·le** [カムパニーレ] 名 -/- =Kampanile.

der **Campari** [カムパーり] [名] -s/- 〘商標〙カンパリ《イタリア産の食前酒》.
campen [kɛ́m.. ケムペン] [動] *h.* 《補足なし》キャンプをする.
der **Camper** [kɛ́m.. ケムパー] [名] -s/- キャンパー.
campieren [カムピーれン] [動] *h.* 《補足なし》《オーストリア・スイス》キャンプする.
das **Camping** [kɛ́mpɪŋ ケムピング] [名] -s/ キャンプ.
der **Campingbus** [ケムピング・ブス] [名] -ses/-se キャンピングバス《台所・宿泊設備付きの小型バス》.
der **Campingplatz** [ケムピング・プラッツ] [名] -es/..plätze キャンプ場.
der **Camposanto** [カムポザント] [名] -s/-s〔..ti〕(共同)墓地.
der **Campus** [カムプス, kɛ́mpəs ケムペス] [名] -/ (大学の)キャンパス.
die **Canadienne** [..diɛ́n カナディエン] [名] -/-s カナディエンヌ・ジャケット.
das **Canasta** [カナスタ] [名] -s/ 〘トランプ〙カナスタ《南米のトランプ遊び》.
cand. =candidatus 大学卒業〔修了〕試験の受験者.
die **Candela** [カンデーラ] [名] -/- 〘理〙カンデラ《光度の単位. 記号 cd》
(*der*) **Canetti** [カネッティ] [名] 〘人名〙カネッティ《Elias ~, 1905-1994, スペイン系ユダヤ人作家》.
der **Cannabis** [カナビス] [名] -/ **1.** 〘植〙大麻. **2.** 《ジャーゴン》ハシッシュ.
die **Cannelloni** [カネローニ] [複名] カネローニ《肉を詰め, チーズをのせたパスタ料理》.
der **Cañon** [kánjɔn カニヨン, ..jó:n カニヨーン] [名] -s/-s (北米西部の)峡谷, キャニオン.
das **Canossa** [カノッサ] [名] -s/-s =Kanossa.
der **Canotier** [..tiéː カノティエー] [名] -(s)/-s 〘服〙カノチエ《縁が平らなムギワラ帽》.
cantabile [カンタービレ] [副] 〘楽〙カンタービレ, 歌うように.
der **Cantal** [kɑ̃tál カンタル] [名] -s/-s カンタル《フランス・カンタル地方産の硬質チーズ》.
(*der*) **Cantor** [カントーあ] [名] 〘人名〙カントール《Georg ~, 1845-1918, 数学者, 集合論の創始者》.
der **Cantus firmus** [カントゥス ふぃるムス] [名] --/-..mi[..トゥース ふぃるミ] 〘楽〙定旋律.
das **Canvassing** [kɛ́nvəsɪŋ ケンヴェスィング] [名] -s/ 〘政〙《ジャーゴン》(大物)政治家の戸別訪問による選挙運動; 選挙宣伝.
das **Canyoning** [kɛ́njənɪŋ ケニイェニング] [名] -s/ (渓谷を登る)キャニオニング.
das **Cape** [keːp ケープ] [名] -s/-s (フード付きの)ケープ.
der **Capeador** [カペアドーあ] [名] -s/-es カペアドール《赤いケープをあやつる闘牛士》.
der **Cappuccino** [kaputʃíːno カプチーノ] [名] -(s)/-s カプチーノ《コーヒー》.
(*das*) **Capri** [カープり] [名] -s/ 〘地名〙カプリ島《イタリアのナポリ湾入口の島》.
das **Capriccio** [kaprítʃo カプりッチョ] [名] -s/-s 〘楽〙カプリッチョ, 奇想曲, 狂想曲.
die **Captatio Benevolentiae**, [旧] **Captatio benevolentiae** [..tsiɛ カプターツィオ ベネヴォレンツィエ] [名] --/ 〘修〙迎合的表現法.
der **Capuchon** [kapyʃɔ̃ː カピュショーン] [名] -s/-s フードつきの女性用コート.
das **Caquelon** [kakəlɔ̃ː カケローン] [名] -s/-s 《スイス》チーズフォンデュー用の土鍋.
der **Car** [カーあ] [名] -s/-s 《スイス》観光バス(Autocar).
der **Carabiniere** [カらビニエーれ] [名] -(s)/..ri (イタリアの)警察官.
der **Caravan** [ká(ː)ravan カ(ー)らヴァン, karaváːn カらヴァーン] [名] -s/-s キャンピングカー; ライトバン; 小売販売車.
das **Carboneum** [カるボネーウム] [名] -s/ 《古》炭素《記号 C》.
der **Cardigan** [カるディガン] [名] -s/-s カーディガン.
care of [kɛ́ːr ɔf ケーあ オふ] 〘英語〙…気付, …方.
das **Carepaket** [kɛ́ːr.. ケーあ・パケート] [名] -(e)s/-e 救援物資.
der **Cargo** [カるゴ] =Kargo.
das **Carillon** [karijɔ̃ː カりヨーン] [名] -(s)/-s **1.** カリヨン, 組み鐘. **2.** 〘楽〙カリヨンの音色の楽曲; カリヨンによる演奏曲.
(*die*) **Carina** [カりーナ] [名] 〘女名〙カリーナ.
die **Caritas** [カーりタス] [名] -/ (ドイツ)カリタス会《正式名称は Deutscher Caritasverband》. ⇨Karitas.
(*der*) **Carl** [カるル] [名] 〘男名〙カール.
das **Carnet** [karnéː カるネー] [名] -/-s [..ネー] = Carnet de Passages.
das **Carnet de Passages**, [旧] **Carnet de passages** [..dəpasáːʒə カるネー ド パサージェ] [名] ---/-s-- [カるネー ド ..] 〘交通〙(国境税関の)自動車通行証.
(*die*) **Carola** [カろーラ, カーろラ] [名] 〘女名〙カローラ.
(*die*) **Caroline** [カろリーネ] [名] 〘女名〙カロリーネ.
(*der*) **Carossa** [カろッサ] [名] 〘人名〙カロッサ《Hans ~, 1878-1956, 詩人・小説家》.
carpe diem! [カるペ ディーエム] 《文》この日をとらえよ, 今〔現在〕を楽しめ.
der **Carrara** [カらーら] [名] -s/ **1.** 〘地名〙カララ《イタリア・トスカナ地方の都市》. **2.** カララ産の大理石.
das **Carsharing, Car-Sharing** [káːrʃɛːrɪŋ カーあ・シェありング] [名] -(s)/ カーシェアリング《車の共同利用》.
die **Carte blanche** [kárt blɑ̃ːʃ カるト ブラーンシュ] [名] --/-s -s [カるト ブラーンシュ] 白紙委任(状).
cartesianisch [カるテズィアーニシュ] [形] =kartesianisch.
Cartesianismus [カるテズィアニスムス] [形] =Kartesianismus.
cartesisch [カるテーズィシュ] [形] =kartesisch.
(*der*) **Cartesius** [カるテーズィウス] [名] 〘人名〙デカルト《Descartes のラテン語名》.
der〔*das*〕**Cartoon** [..túːn カるトゥーン] [名] -(s)/-s **1.** 戯画, 風刺漫画. **2.** 続き〔こま割り〕漫画, コミック.
der **Casanova** [カザノーヴァ] [名] -(s)/-s **1.** 女たらし. **2.** 《[単]のみ; 主に無冠詞》〘人名〙カサノヴァ《Giacomo ~, 1725-98, イタリアの漁色家》.
der **Cäsar** [tsɛ́ːzar ツェーザる] [名] ..saren [ツェザーれン]/..saren [ツェザーれン] **1.** カエサル《ローマ皇帝の称号》. **2.** 《[単]のみ; 主に無冠詞》〘人名〙カエサル, シーザー《Gaius Julius ~, 紀元前 100-44, 古代ローマ最大の政治家》. **3.** 《[単]のみ; 主に無冠詞》〘男名〙ツェーザル.
die **Cäsarenherrschaft** [ツェザーれン・へるシャふト] [名] -/ 独裁.
der **Cäsarenwahn** [ツェザーれン・ヴァーン] [名] -(e)s/ 皇帝誇大妄想《独裁者の異常な権力欲》.
cäsarisch [ツェザーりシュ] [形] 《文》皇帝の; 独裁的な.
Cäsarisch [ツェザーりシュ] [形] カエサルの, シーザーの.
der **Cäsarismus** [ツェザりスムス] [名] -/ 独裁君主制〔政治〕.
der **Cäsaropapismus** [ツェザろ・パピスムス] [名] -/ 皇帝教皇主義《皇帝が教皇権も保有》.
cash and carry [kɛ́ʃ ɛnt kɛ́ri ケシュ エント ケり] 〘英語〙〘経〙現金払い持帰り《略 C und C》.

die **Ca·shew·nuss,** [旧] **Ca·shew·nuß** [kέʃu.. ケシュ・ヌス] [名] -/..nüsse カシューナッツ.

das **Cä·si·um** [tsέ:.. ツェーズィウム] [名] -s/ 〖化〗セシウム(記号 Cs).

die **Cas·sa·ta** [カサータ] [名] -/-s カサータ(イタリアのアイスクリーム).

der **Cas·sis** [カスィース] [名] -/- カシス・リキュール;カシス・ブランデー.

das **Cast** [カースト] [名] -/ 〖映〗キャスト, 出演者(全員).

der **Cas·ti·ze** [カスティーツェ] [名] -n/-n 白人とメスティーソとの混血児.

das **Cas·to·re·um** [カストーれウム] [名] -s/ 〖ジャーゴン〗カストリウム, 海狸香(かいりこう)(香水・薬品の原料).

der **Cas·tris·mus** [カストりスムス] [名] -/ カストロ主義.

der **Ca·sus Bel·li,** [旧] **Ca·sus bel·li** [カーズス ベリ] [名] --/-- [カーズース..] 《文》戦争の場合;開戦理由となる事件.

der **Ca·sus o·b·li·quus** [..oblí:kvʊs カーズス オブリークヴス] [名] --/- ..qui 〖言〗斜格, 従属格.

das **Catch-as-catch-can** [kέtʃ' ɛs kέtʃ kέn ケッチュ・エス・ケッチュ・ケン] [名] -/ **1.** 〖レスリング〗フリースタイル. **2.** 《蔑》強引なやり口.

cat·chen [kέtʃən ケッチェン] [動] *h.* 〔補足なし〕プロレスリングをする.

der **Cat·cher** [kέtʃər ケッチャー] [名] -s/- プロレスラー;〖野球〗キャッチャー.

der **Ca·te·nac·cio** [..nátʃo カテナッチョ] [名] -(s)/ 〖サッカー〗カテナッチオ(イタリアの守備形態の一つ).

die **Ca·the·dra** [カーテドら] [名] -/..drae [..ドれ] **1.** 〖カトリック〗司教座;教皇座. **2.** (大学の)講座;教授のポスト.

(*der*) **Ca·to** [カート] [名] 〖人名〗カトー(① Marcus Porcius ~ der Ältere, 紀元前 234-149, 大カトー. 古代ローマの政治家, ラテン散文文学の祖. ② Marcus Porcius ~ der Jüngere, 紀元前 95-46, 小カトー. 大カトーの曾孫で政治家).

der **Cau·dil·lo** [..díljo カウディリョ] [名] -(s)/-s (軍事・政治上の)独裁者, 権力者;軍司令官.

die **Cau·sa** [カウザ] [名] -/..sae[..ゼ] 〖法〗原因, 事由.

die **Cause cé·lè·bre** [kó:sselέ:brə コース セレーブれ] [名] --/-s -s [コース セレーブれ] センセーショナルな訴訟事件;とかくの風評のある出来事.

der **Ca·va·li·e·re** [カヴァリエーれ] [名] -/..ri (イタリアの)騎士;騎士勲章.

ca·ve ca·nem! [カーヴェ カーネム] 〖ラテン語〗猛犬注意.

der **Ca·yen·ne·pfef·fer** [kajέn.. カイェン・プふぇっふぁー] [名] -s/ カイエンヌペッパー(粉末の赤トウガラシ).

der **CB-Funk** [tse:bé:.. ツェーベー・ふンク] [名] -s/ 〖通信〗(トランシーバーなどの)市民無線.

cbkm =Kubikkilometer 立方キロメートル.

cbm =Kubikmeter 立方メートル.

ccm =Kubikzentimeter 立方センチメートル.

cd =Candela カンデラ(光度の単位).

Cd [ツェーデー]=Cadmium 〖化〗カドミウム.

CD[1] [ツェーデー] =Corps diplomatique 外交団.

die **CD**[2] [ツェーデー] [名] -/-(s) CD(略① Compact Disc. ② CD-ROM).

c.d. =colla destra 〖楽〗右手で.

der **CD-Bren·ner** [ツェーデー・ブれナー] [名] -s/- 〖コンピュータ〗CD-Rドライブ.

cdm =Kubikdezimeter 立方デシメートル.

die **CD-Plat·te** [tse:dé:.. ツェーデー・プラッテ] [名] -/-n コンパクトディスク.

der **CD-Play·er** [..ple:ər ツェーデー・プレーあー] [名] -s/- CD プレーヤー.

die **CD-Rom** [ツェーデー・ろム] [名] -/-(s) 〖コンピュータ〗CD ロム(CD を用いた読み取り専用記憶システム).

der **CD-Spie·ler** [ツェーデー・シュピーラー] [名] -s/- =CD-Player.

die **CDU** [ツェーデーウー] [名] -/ =Christlich-Demokratische Union(Deutschlands) (ドイツ)キリスト教民主同盟.

das **C-Dur** [ツェー・ドゥーあ, ツェー・ドゥーあ] [名] -/ 〖楽〗ハ長調(記号 C).

Ce [ツェーエー] =Cer 〖化〗セリウム.

die **Ce·dil·le** [sedí:jə セディーイェ] [名] -/-n 〖言〗セディーユ(フランス語の ç の下部の符号など).

(*der*) **Ce·lan** [tse.. ツェラーン] [名] 〖人名〗ツェラーン(Paul ~, 1920-70, オーストリアのユダヤ系詩人).

die **Ce·les·ta** [tse.. ツェレスタ, tʃe.. チェレスタ] [名] -/-s[..ten] 〖楽〗チェレスタ(小型の鍵盤楽器).

die **Cel·la** [tsέla ツェラ] [名] -/-e [..lε] **1.** 聖室, セラ(古典古代の神殿で神像が安置された所). **2.** 《古》僧房. **3.** 〖医〗細胞.

(*das*) **Cel·le** [tsέlə ツェレ] [名] -s/ 〖地名〗ツェレ(ニーダーザクセン州の都市).

der **Cel·list** [tʃɛ.. チェリスト] [名] -en/-en チェリスト, チェロ奏者.

das **Cel·lo** [tʃέlo チェロ] [名] -s/-s〔Celli〕 チェロ (Violon~).

das **Cel·lo·kon·zert** [チェロ・コンツェるト] [名] -(e)s/-e チェロ協奏曲.

das **Cel·lo·phan** [tsɛ.. ツェロふぁーン] [名] -s/-e 〖商標〗セロハン.

die **Cel·lu·lo·se** [tsɛ.. ツェルローゼ] [名] -/-n ([複]は種類)セルロース, 繊維素.

(*das*) **Cel·si·us** [tsέl.. ツェルズィウス] [名] -/- 〖理〗摂氏, セ氏 : 8 Grad ~ 摂氏 8 度(8°C).

das **Cem·ba·lo** [tʃέm.. チェムバロ] [名] -s/-s〔..li〕 〖楽〗チェンバロ.

der **Cent** [sɛnt セント, tsɛnt ツェント] [名] -(s)/-(s) セント(ユーロ及び米国その他の補助通貨単位で 1/100 ドルなど. 略 c, ct;[複] cts).

der **Cen·time** [sãtí:m サンティーム] [名] -s[..ティーム(ス)]/-s [..ティーム(ス)] (単位を表す[複]は-)サンチーム(フランス・ベルギーなどの旧補助通貨単位で1/100フラン. 略 c, ct;[複] ct, cts).

der **Cen·tre·court, Cen·t·re-Court,** [旧] **Cen·tre Court** [séntərkó:rt センター・コーあト] [名] --s/--s 〖テニス〗センターコート.

das **Cent·weight** [séntve:t セント・ヴェート] [名] -/-s (単位を表す[複]は-)ハンドレッドウェイト(重量単位. 略 cwt.). ⇨ Hundredweight.

das **Cer** [tse:r ツェーあ] [名] -s/ 〖化〗セリウム(記号 Ce).

die **Ce·re·a·lie** [tse.. ツェれアーリエ] [名] -/-n **1.** ([複]のみ)ケレス祭(古代ローマの祭礼で 4 月 12 日から 19 日に行われた). **2.** =Zerealie 1.

das **Ce·re·b·rum** [tsé:.. ツェーれブるム] [名] -s/..bra 〖解〗大脳.

(*die*) **Ce·res** [tsé:.. ツェーれス] [名] 〖ロ神〗ケレス(農作・豊穣の女神).

ce·rise [sərí:s セりース] [形] つややかに赤い.

das **Ce·ri·um** [tsé:.. ツェーりウム] [名] -s/ =Cer.

(*der*) **Cer·van·tes** [sɛrvántɛs せるヴァンテス] [名] 〖人名〗セルヴァンテス(Miguel de ~ Saavedra, 1547-1616, スペインの作家).

die **Cer·vix** [tsέrvɪks ツェるヴィクス] [名] -/..vices [ツェるヴィーツェース] 〖解〗首, 頸部;(子宮などの)頸(部).

das **ces, Ces**[1] [tsɛs ツェス] [名] -/- 〖楽〗変ハ音.

Ces[2] [ツェス] =Ces-Dur 〖楽〗変ハ長調.

das **Ces-Dur** [ツェス・ドゥーあ, ツェス・ドゥーあ] [名] -/ 〖楽〗変ハ長調(記号 Ces).

c'est la vie [sɛlaví セラ ヴィ] それが人生さ(あきらめを表して).
ce·te·ris pa·ri·bus [tsé:teri:s.. ツェーテリース パーリブス]〖ラ語〗他の事情[条件]が同じならば.
ce·te·rum cen·seo [tsé:terum tsɛnzeo ツェーテルム ツェンゼオ]〖ラ語〗とにかく私の考えでは(持論を導く).
die **Ce·vap·ci·ci, Če·vap·či·či** [tʃevápt͡ʃit͡ʃi チェヴァプチチ] 複名 チェバプチチ(ひき肉料理).
(das) **Cey·lon** [tsáɪlon ツァイロン] 名 -s/〖地名〗セイロン島. ⇨ Sri Lanka.
cf =cost and freight 〖商〗運賃込み値段.
Cf [ツェーエふ] =Californium 〖化〗カリフォルニウム.
cf. =〖ラ語〗confer 参照せよ.
c & f =cost and freight ⇨ cf.
der **CFK** [ツェーエふカー] 名 -(e)s/-e 炭素繊維樹脂(Carbonfaser-Kunststoff).
cfr. =〖ラ語〗confer 参照せよ.
cg =Zentigramm センチグラム.
das **CGS-Sys·tem** [tse:ge:'és.. ツェーゲーエス・ズュステーム] 名 -s/〖理〗シージーエス単位系(センチメートル・グラム・秒を基準単位とする単位系).
ch [ツェーハー] 母音字の a, o, u, au の後で [x], 前舌母音・子音の後, 語頭で[ç]と発音する.
CH =Confoederatio Helvetica スイス連邦.
der **Cha·blis** [ʃablí: シャブリー] 名 -/-[リー(ス)]/-[..リース] シャブリ(ブルゴーニュ産の白ワイン).
der **Cha·grin**[1] [ʃagrɛ́: シャグラーン] 名 -s/〖古〗悲しみ, 悩み, 不安.
das **Cha·grin**[2] [ʃagrɛ́: シャグラーン] 名 -s/ シャグリン, 粒起なめし革.
der **Chair·man** [tʃɛ́:rmɛn チェーア・メン] 名 -/..men [..メン] (英国・米国の)議長, 委員長.
die **Chaise** [ʃɛ:zə シェーゼ] 名 -/-n 1.〖古〗安楽いす;いす;寝いす. 2.〖古〗半有蓋[2〔4〕輪 (駅伝)]馬車. 3.〖口・蔑〗おんぼろ車.
die **Chaise·longue** [ʃɛzəlɔ́:ŋk シェゼ・ローンク] 名 -/-n [..ロンゲン, ..ローンゲン][-s[..ロンクス]] ((〖口〗das ~ -s/-s) 寝いす.
die **Cha·la·zi·on** [ça.. ひゃラーツィオン] 名 -s/..zia [..zien]〖医〗霰粒腫(さんりゅう).
das **Cha·let** [ʃalé: シャレー] 名 -s/-s シャレー(スイス山地の牧人小屋). 山荘風の別荘.
das **Cha·lu·meau** [ʃalymóː シャリュモー] 名 -s/-s 〖楽〗シャリュモー(中世の1枚リードの木管楽器. クラリネットの前身)
das **Cha·mä·le·on** [ka.. カメーレオン] 名 -s/-s 〖動〗カメレオン. (転・蔑)節操のない人.
(der) **Cha·mis·so** [ʃa.. シャミッソ] 名 〖人名〗シャミッソー(Adelbert von ~, 1781-1838, 作家).
cha·mois [ʃamɔ́á シャモア] 形 (無変化)黄褐色の.
das **Cha·mois** [シャモア] 名 -/ 1. 黄褐色. 2. セーム皮, シミース皮.
die **Cham·pa·gne** [ʃampánjə シャムパーニェ] 名 -/〖地名〗シャンパーニュ(フランスの地方).
der **Cham·pa·gner** [ʃampánjɐ シャムパニャー] 名 -s/- シャンペン(シャンパーニュ地方産の発泡性ワイン). ⇨ Sekt.
cham·pa·gner·far·ben [シャムパニャー・ふぁるベン] 形 シャンパン色(淡黄色の).
der **Cham·pi·gnon** [ʃámpinjɔ̃ シャムピニョン, ʃɑ̃ˈpɪnjɔ̃ シャンピニョン] 名 -s/-s 〖植〗シャンピニオン, マッシュルーム.
der **Cham·pi·on** [tʃémpiən チェムピエン] 名 -s/-s チャンピオン, 選手権保持者: der ~ im Federball バドミントンのチャンピオン.
das **Cham·pi·o·nat** [ʃam.. シャムピオナート] 名 -(e)s/-e 選手権, チャンピオンシップ.
der **Cham·sin** [xam.. ハムズィーン] 名 -s/-e =Kamsin.
der **Chan** [ka:n カーン, xa:n はーン] 名 -s/-s [-e] =Khan.
die **Chance** [ʃɑ̃:s(ə) シャーンス, ʃɑ̃ns(ə) シャンス, ʃɑ̃ŋs(ə) シャングス] 名 -/-n 好機, チャンス; (成功の)見込み, 勝ち目: eine letzte ~ für 〈j⁴〉 〈人にとっての〉最後のチャンス. eine ~ auf Erfolg haben 成功の見込みがある. bei 〈j³〉 ~en haben 〈人にとって〉魅力がある.
die **Chan·cen·gleich·heit** [シャ(ー)ンセン・グライヒハイト] 名 -/〖教・社〗機会均等.
chan·geant [ʃɑ̃ʒɑ̃: シャンジャーン] 形 (無変化)玉虫色の.
der **Changeant** [シャンジャーン] 名 -(s)/-s 1. 玉虫色の織物. 2. 玉虫色に輝く宝石;雲珠(うず)石.
chan·gie·ren [ʃɑ̃ʒíːrən シャンジーレン] 動 h. 1. 〈〈(様態)ɣ〉〉玉虫色に光る. 2. 〖馬術〗〖古〗(ギャロップ中に)踏み足を変える. 〖狩〗追跡路を変える〈猟犬が〉. 3. 〈〈et⁴〉〉〖古〗小銭に替える, 両替する〈支〉; 変える〈習慣・計画などを〉.
die **Chan·son**[1] [ʃɑ̃sɔ̃ シャンソン] 名 -/-s シャンソン(①中世フランスの叙事的・叙情的歌謡. ② 15-17世紀フランスの世俗歌曲): ~ de Geste (中世の)武勲詩.
das **Chan·son**[2] [シャンソーン] 名 -s/-s (現在の)シャンソン(主に時代・社会風刺の内容).
die **Chan·so·net·te, Chan·so·net·te** [ʃɑ̃sɔ.. シャンソネッテ] 名 -/-n 1. 滑稽(軽薄)なシャンソン. 2. 女性シャンソン歌手.
der **Chan·so·nier, Chan·son·nier** [ʃɑ̃sɔnjé: シャンソニエー] 名 -s/-s 1. シャンソン歌手[詩人]. 2. (中世フランスの)吟遊詩人. 3. トルバドゥール(Troubadour)の歌集.
die **Chan·son·niere, Chan·son·niè·re** [..niɛ́:rə, ..jɛ́:rə シャンソニエーれ] 名 -/-n 女性シャンソン歌手.
die **Chan·tage** [ʃɑ̃tá:ʒə シャンタージェ] 名 -/-s[..タージェ] (秘密をばらすと脅しての)ゆすり, 恐喝.
die **Chan·teuse** [ʃɑ̃tǿ:zə シャントーゼ] 名 -/-n 女性歌手, (女性の)声楽家.
die **Chan·til·ly·spit·ze** [ʃɑ̃tijí.. シャンティイ・シュピッツェ] 名 -/-n シャンティイレース(花柄模様が編み込まれたボビンレース).
die **Cha·nuk·ka** [xa.. はヌカー] 名 -/〖ユダヤ教〗ハヌカー祭(12月に8日間行う神殿清めの記念祭).
der **Cha·nuk·ka·leuch·ter** [はヌカー・ロイヒター] 名 -s/-〖ユダヤ教〗(ハヌカー祭で使う)八枝の燭台.
das **Cha·os** [káːɔs カーオス] 名 -/ (大)混乱, 無秩序;〖神話〗(天地創造以前の)混沌(え); カオス.
der **Cha·ot** [kaóːt カオート] 名 -en/-en 1. 秩序を守る意志[能力]のない人. 2. 過激派.
cha·o·tisch [kaóː.. カオーティシュ] 形 混乱した.
der **Cha·peau Claque, Cha·peau claque** [ʃapóːklák シャポー・クラック] 名 -s/-x -s [シャポー・クラック] オペラハット(折りたたみ式シルクハット).
der **Cha·rak·ter** [ka.. からクター] 名 -s/..tere [からクテーれ] 1. (人の)性格, 性質, (特定の)性格の人;(作品の)登場人物; ein Mann von ~ 気骨のある人物. keinen ~ haben 根性がすわっていない. 2. 〈〈複〉〉(物・事・集団の)特質, 特色, 特徴(芸術表現などの)独自性, 独特; der ~ eines Volkes 民族性. Sein Spiel hat ~. 彼の演技は独特である. 3. 〈(主に)〈複〉〉〖古〗文字. 4. 〈〈単のみ〉〉身分, 地位, 資格.
der **Cha·rak·ter·an·la·ge** [からクター・アン・ラーゲ] 名 -/-n 〈〈主に〉〈複〉〉性格, 気質, 気性.
die **Cha·rak·ter·art** [からクター・アート] 名 -/-en〖生態〗(特定の生息場所(ビオトープ)の)代表的生物種(そのビオトープにのみ生息する).

C

die **Cha·rak·ter·bil·dung** [カらクター・ビルドゥング] [名] –/ 人格形成; 人間教育, 徳育.

der **Cha·rak·ter·dar·stel·ler** [カらクター・ダー・シュテラー] [名] –s/– 性格俳優.

der **Cha·rak·ter·feh·ler** [カらクター・ふぇーラー] [名] –s/– 性格上の欠陥, 短所.

cha·rak·ter·fest [カらクター・ふぇスト] [形] 性格がしっかりした.

cha·rak·te·ri·sie·ren [カらクテリズィーれン] [動] *h.* **1.** 〔<j⁴/et⁴>ノ〕特性〔特徴〕を描く. **2.** 〔<j⁴/et⁴>ヲ〕特徴づける, (…の)特徴となっている.

die **Cha·rak·te·ris·tik** [カらクテリスティク] [名] –/–en 特徴の描写; 〖数〗(対数の)指標; 〖工〗特性曲線.

das **Cha·rak·te·ris·ti·kum** [カらクテリスティクム] [名] –s/ ..ka 特徴, 特色.

cha·rak·te·ris·tisch [カらクテリスティシュ] [形] 〔(für <j⁴/et⁴>ニ)〕特徴的な, 特有な.

der **Cha·rak·ter·kopf** [カらクター・コっプふ] [名] –(e)s/ ..köpfe 特徴のある〔個性的な〕顔.

cha·rak·ter·lich [カらクターリひ] [形] 性格(上)の.

cha·rak·ter·los [カらクター・ロース] [形] これといった特徴のない.

die **Cha·rak·ter·lo·sig·keit** [カらクター・ローズィひカイト] [名] –/ **1.** (㊀のみ)これといった特徴のないこと, 無定見. **2.** これといった特徴のない〔無定見〕な発言〔行動〕.

die **Cha·rak·te·ro·lo·gie** [カらクテろ・ロギー] [名] –/ (昔の)性格学.

die **Cha·rak·ter·rol·le** [カらクター・ろレ] [名] –/–n 〖劇〗個性的な役柄.

das **Cha·rak·ter·stück** [カらクター・シュテュっク] [名] –(e)s/–e **1.** 〖劇〗性格劇. **2.** 〖楽〗キャラクターピース(標題のあるピアノ用の小品など).

der **Cha·rak·ter·zug** [カらクター・ツーク] [名] –(e)s/ ..züge 性質, 特徴, 特性.

die **Char·ge** [ʃárʒə シャるジェ] [名] –/–n **1.** 地位, 官職; 〖軍〗階級; (ある)階級の人; (学生組合の)議長. **2.** 〖劇〗一面的に誇張された性格の脇役. **3.** 〖工〗(原料の)装入(量); 〖薬〗(一工程でできる)薬剤量.

der **Char·gé d'af·faires** [ʃarʒé:dafɛ́:r シャるジェー ダふぇーあ] [名] ––/–s–[シャるジェー..] 代理大使〔公使〕.

char·gie·ren [ʃarʒí:rən シャるジーれン] [動] *h.* **1.** 〔補足なし〕〖学生組合〗(学友会議長として)正装で現れる. **2.** 〔補足なし〕〖劇〗誇張した演技をする; 一面的に誇張された性格の脇役を演じる. **3.** 〔<et⁴>ニ〕装入する(溶鉱炉に原料を); 弾薬を装塡する(銃に).

der **Char·gier·te** [ʃarʒí:rtə シャるジーあテ] [名] (形容詞的変化)〖学生組合〗学友会議長.

die **Cha·ris** [ひゃ(ー)りス] [名] –/ ..riten[ひゃりーテン] **1.** (㊀のみ)優雅. **2.** (主に㊫)〖ギ神〗カリス(典雅・優美・友愛の三女神).

das **Cha·ris·ma** [çá(:)rɪs.. ひゃ(ー)りスマ, çarísma ひゃりスマ] [名] –s/Charismen[ひゃりスメン]〔Charismata[ひゃりスマタ]〕 カリスマ(①超人的影響力. ②〖神〗神与の超能力).

cha·ris·ma·tisch [ひゃりスマーティシュ] [形] カリスマの; カリスマ的な.

die **Cha·ri·té** [ʃarité: シャりテー] [名] –/ (古)病院, 養護院.

die **Cha·ri·tin** [ひゃりーティン] [名] –/–nen =Charis 2.

der **Charles·ton** [tʃárlstən チャるルステン] [名] –/–s チャールストン(① 1920 年代に米国で流行したダンス. ②チャールストンのリズムをもつ音楽).

die **Char·lot·te** [ʃar.. シャるロっテ] [名] –/–n **1.** (㊀のみ; 主に無冠詞)〖女名〗シャルロッテ. **2.** 〖料〗シャルロット(フルーツムースなどをビスケット〔パン〕にのせた菓子).

(*das*) **Char·lot·ten·burg** [ʃar.. シャるロっテン・ブるク] [名] –s/ 〖地名〗シャルロッテンブルク(ベルリンの地区).

char·mant [ʃar.. シャるマント] [形] 魅力的な.

der **Char·me** [ʃarm シャるム] [名] –s/ 魅力: seinen ~ spielen lassen 媚(こ)びを売る.

der **Char·meur** [ʃarmǿ:r シャるメーあ] [名] –s/–s〔–e〕 女性を魅了する男性.

die **Char·meuse** [ʃarmǿ:s シャるメース] [名] –/ シャルムーズ(繻子(しゅ)に似た織物).

(*der*) **Cha·ron** [ひゃーろン] [名] 〖ギ神〗カロン(冥府(めい)の川の渡し守).

der(*das*) **Chart** [tʃart チャるト, tʃá:ərt チャーあート, ʃart シャるト, ʃá:ərt シャーあート] [名] –s/–s **1.** 図表. **2.** (㊫のみ)(ポップスの)ヒットチャート.

die **Char·ta** [kárta カるタ] [名] –/–s 憲章.

die **Char·te** [ʃártə シャるテ] [名] –/–n =Charta.

der **Char·ter** [tʃártər チャるター, tʃá:rtər チャーあター, ʃár.. シャるター, ʃá:r.. シャーあター] [名] –s/–s **1.** 貸切契約, チャーター. **2.** 特許状, 許可状.

der **Char·te·rer** [tʃártərər チャるテらー, tʃá:rtərər チャーあテらー, ʃár.. シャるテらー, ʃá:r.. シャーあテらー] [名] –s/– (船舶・飛行機の)チャーター主.

der **Char·ter·flug** [チャるター・ふルーク, チャーあター・ふルーク, シャるター・ふルーク, シャーあター・ふルーク] [名] –(e)s/ ..flüge チャーター便.

das **Char·ter·flug·zeug** [チャるター・ふルーク・ツォイク, チャーあター・ふルーク・ツォイク, シャるター・ふルーク・ツォイク, シャーあター・ふルーク・ツォイク] [名] –(e)s/–e チャーター機.

die **Char·ter·ma·schi·ne** [チャるター・マシーネ, チャーあター・マシーネ, シャるター・マシーネ, シャーあター・マシーネ] [名] –/–n チャーター機.

char·tern [tʃártərn チャるターン, tʃá:rtərn チャーあターン, ʃár.. シャるターン, ʃá:rtərn シャーあターン] [動] *h.* 〔<et⁴>ヲ〕チャーターする(船・飛行機などを).

der **Char·treu·se**[1] [ʃartrǿ:zə シャるトるーゼ] [名] –/ 〖商標〗シャルトルーズ(薬草入りリキュール).

die **Char·treu·se**[2] [シャるトるーゼ] [名] –/–n シャルトルーズ(肉・野菜のプディング).

(*die*) **Cha·ryb·dis** [çarýp.. ひゃりゅプディス] [名] 〖ギ神〗カリュブディス(渦潮を擬人化した女の怪物). ⇨Szylla.

der **Cha·san** [xa.. はザーン] [名] –s/–e 〖ユダヤ教〗ハザン(礼拝での賛美歌先唱者).

die **Chas·mo·ga·mie** [ひゃスモ・ガミー] [名] –/–n 〖植〗開花受粉.

die **Chas·se** [ʃas シャス] [名] –/ **1.** 〖ビリヤード〗ポケットゲーム. **2.** 〖楽〗カッチア(14 世紀の 3 声のカノン).

der **Chas·seur** [ʃasǿ:r シャセーあ] [名] –s/–e **1.** (主に㊫)(フランス陸軍の)猟歩兵〔部隊〕. **2.** (制服を着た)ボーイ.

die **Chas·si·dim** [xa.. はスィディーム] [複名] ハシディズム信奉者.

der **Chas·si·dis·mus** [はスィディスムス] [名] –/ ハシディズム(18 世紀, 東欧の律法主義に反対した東欧の敬虔的ユダヤ教).

das **Chas·sis** [ʃasí: シャスィー, ʃási シャスィ] [名] –[シャスィー(ス), シャスィ(ース)]/–[シャスィース, シャスィース] 〖車・電〗シャーシー.

das **Cha·su·ble** [ʃazý:bəl シャズューベル] [名] –s/–s ジャンパードレス.

das **Cha·teau, Châ·teau** [ʃató: シャトー] [名] –s/–s **1.** (フランスの)城, 宮殿, 領主館. **2.** (フランスのワイン産地の)ぶどう園.

das **Cha·teau·bri·and** [ʃatobriã́ シャトブりアン] [名] –s/–s 〖料〗シャトーブリアン(ヒレ肉のステーキ).

die **Cha·te·laine** [ʃatəlɛ́:n シャテレーン] [名] –/–s(das –s/–s も有)帯飾り鎖(16 世紀に女性がカギ・祈禱書をつるした); (古)時計の鎖.

die **Cha·ton·fas·sung** [ʃatõ:.. シャトーン・ふぁっスング] [名] -/-en 〘宝飾〙(宝石を留める)金〔銀〕箔(ぱく)の枠どめ.

chat·ten [tʃǽtən チェッテン] [動] 〘コンピュータ〙チャットする.

(*der*) **Chau·cer** [tʃɔ́:sə チョーセ] [名] 〘人名〙チョーサー(Geoffrey ~, 1340 頃-1400, イギリスの作家).

das **Chau·deau** [ʃodó: ショドー] [名] -(s)/-s 〘料〙ショードー(白ワイン・卵・砂糖のソース).

der **Chauf·feur** [ʃɔfǿ:*r* ショ[ふぇ]ーあ] [名] -s/-e (乗用車の職業)運転手.

chauf·fie·ren [ʃɔfí:rən ショふぃーれン] [動] *h.* **1.** 〘(<et⁴>ッ)〙運転する(車を). **2.** 〔<j⁴>ッ〕車で送る.

die **Chaus·see** [ʃosé: ショセー] [名] -/-n 舗装道路.

der **Chau·vi** [ʃó:vi ショーヴィ] [名] -s/-s 《口》男性優越主義者.

der **Chau·vi·nis·mus** [ʃovi.. ショヴィニスムス] [名] -/..men **1.** 《[単]のみ》ショーヴィニズム(①排他的国粋主義②男性優越主義): männlicher ~ 男性優越主義. **2.** ショーヴィニズム的発言〔行動〕.

der **Chau·vi·nist** [ʃovi.. ショヴィニスト] [名] -en/-en **1.** ショーヴィニスト, 排他的国粋主義者. **2.** 男性優越主義者.

chau·vi·nis·tisch [ʃovi.. ショヴィニスティシュ] [形] **1.** ショーヴィニズムの, 排他的国粋主義の. **2.** 男性優越主義の.

der **Check**¹ [ʃɛk シェック] [名] -s/-s 《スイス》=Scheck¹.

der **Check**² [tʃɛk チェック] [名] -s/-s 〘アイスホッケー〙チェック(相手の選手を妨害すること).

che·cken [tʃɛ́kən チェッケン] [動] *h.* **1.** 〔<j⁴>ッ〕〘アイスホッケー〙チェックする(相手の選手を). **2.** 〔<et⁴>ッ〕〘工〙点検する. **3.** 〘<et⁴>ッ〙《口》理解する, よく分る.

das **Check-in** [tʃɛ́k'ın チェック・イン, tʃɛk'ín チェック・イン] [名] -(s)/-s 〘空〙搭乗手続き.

die **Check·list** [チェック・リスト] [名] -/-s =Checkliste 1.

die **Check·lis·te** [チェック・リステ] [名] -/-n **1.** 〘工〙(機器の)チェックリスト. **2.** 〘空〙乗客リスト.

der **Check·point** [..pɔynt チェック・ポイント] [名] -s/-s 国境検問所.

der **Ched·dar·kä·se** [tʃɛ́də*r*.. チェダー・ケーゼ] [名] -s/- チェダーチーズ.

die **Che·der·schu·le** [xɛ́.. ヘダー・シューレ] [名] -/-n 小学校(4 歳からのユダヤ人男子のための).

chee·rio! [tʃí:rio チーりオ] [間] 《口》 **1.** 健康を祝して, おめでとう. **2.** さようなら.

der **Chef** [ʃɛf シェふ] [名] -s/-s 長(局・部・課などの), 主任, チーフ; 指揮者, リーダー; 《口》(呼びかけで)旦那, 大将.

der **Chef·arzt** [シェふ・アーあツト, シェふ・アるツト] [名] -es/..ärzte 医長, (病)院長.

die **Che·fin** [ʃɛ.. シェふィン] [名] -/-nen **1.** Chef の女性形. **2.** 《口》長〔チーフ〕の奥さん.

der **Chef·koch** [シェふ・コっほ] [名] -(e)s/..köche コック長, 料理長.

der **Chef·re·dak·teur** [シェふ・れダク[テ]ーあ] [名] -s/-e 編集長.

die **Chei·lo·schi·sis** [çailosçí:zıs ひゃイロスひーズィス] [名] -/..schisen 〘医〙口唇裂, みつくち.

die **Chei·ro·to·nie** [ひゃイろトニー] [名] -/-n **1.** 〘カトリック〙按手(あんしゅ). **2.** (古代ギリシアの)挙手による採決.

die **Che·mie** [ひぇミー] [名] -/ 化学;《口》化学物質: die angewandte ~ 応用化学.

die **Che·mie·fa·ser** [ひぇミー・ふぁーザー] [名] -/-n 化学繊維.

die **Che·mi·ka·lie** [ひぇミカーリエ] [名] -/-n 《主に[複]》化学物質〔製品〕.

der **Che·mi·ker** [ひぇーミカー] [名] -s/- 化学者.

das **Che·mi·née** [ʃəminé シュミネ] [名] -s/-s 《スイス》(壁に作りつけの)暖炉, マントルピース.

che·misch [ひぇーミシュ] [形] 化学の; 化学的な: ~*e* Zeichen 化学記号. die ~*e* Reinigung ドライクリーニング.

das **Che·mi·sett** [ʃəmizɛ́t シェミゼット] [名] -(e)s/-s 〔-e〕 =Chemisette.

die **Che·mi·set·te** [ʃəmizɛ́tə シェミゼッテ] [名] -/-n 〘服〙 **1.** (男子礼服の)ディッキー, 胸あて. **2.** シュミゼット(女性用胸飾り布).

(*das*) **Chem·nitz** [kɛ́mnıts ケムニッツ] [名] -'/ 〘地名〙ケムニッツ(ザクセン州の都市).

che·mo·au·to·troph [ひぇモ・アウト・トろーふ] [形] 〘生〙栄養を化学合成する, 化学合成無機栄養の.

die **Che·mo·syn·the·se** [ひぇモ・ズュンテーゼ] [名] -/ 〘生化〙化学合成.

das **Che·mo·the·ra·peu·ti·kum** [ひぇモ・テらポイティクム] [名] -s/..ka 《主に[複]》化学治療薬.

che·mo·the·ra·peu·tisch [ひぇモ・テらポイティシュ] [形] 化学療法の.

die **Che·mo·the·ra·pie** [ひぇモ・テらピー] [名] -/-n 〘医〙化学療法.

..**chen** [..ひぇン] [接尾] 主に名詞につけて中性の縮小名詞を作り,「小さいもの, かわいいもの」を表す. ときに皮肉をこめて用いる. 基礎語の母音 a, o, u, au はたいてい変音する: Väter*chen* とうちゃん. Problem*chen* 取るに足らない問題. ⇨..lein.

die **Che·nil·le** [ʃəníljə シェニリイェ, ..ní:jə シェニーイェ] [名] -/-n シュニール(糸), 毛虫糸, モール糸.

(*der*) **Che·ops** [çé:ɔps ひぇーオプス] [名] 〘人名〙ケオプス(エジプト第 4 王朝のクフ(Chufu)王のギリシア名).

der **Cher·ry·bran·dy, Cher·ry-Bran·dy,** [旧] **Cher·ry Bran·dy** [tʃɛ́ribrɛ́ndi チェりブれンディ, ʃɛ.. シェりブれンディ] [名] -s,--s/-s,--s 〘酒〙チェリー・ブランデー.

der **Che·rub** [çé:.. ひぇーるプ, ké:.. ケーるプ] [名] -s/-im [..ビーム] 〔..binen ひぇるビーネン, ケるビーネン〕〘旧約〙ケルビム, 智天使(有翼の人面獣体の天国の守護天使).

der **Ches·ter·field** [tʃɛ́stə*r*fi:lt チェスターふぃールト] [名] -(s)/-s チェスターフィールド(隠しボタンつきの男性用コート).

der **Ches·ter·kä·se** [tʃɛ́stə*r*.. チェスター・ケーゼ] [名] -s/- チェスター・チーズ(硬質のイギリス産チーズ).

che·va·le·resk [ʃəva.. シェヴァレれスク] [形] 騎士らしい, 騎士道にかなった.

der **Che·va·li·er** [ʃəvalié: シェヴァリエー] [名] -s/-s シュバリエ章, 騎士章; シュバリエ佩(は)勲者, 騎士章受勲者.

der **Che·vi·ot** [ʃɛ́viɔt シェヴィオト, tʃɛ́viɔt チェヴィオト, ʃé:.. シェーヴィオト] [名] -s/-s チェビオット(羊毛織物).

das **Che·v·reau** [ʃəvró: シェヴろー, ʃɛ́vro シェヴろ] [名] -s/-s 山羊革, キッド.

CHF スイスフラン(Franken¹)の国際通貨コード.

das **Chi** [çi: ひー] [名] -(s)/-s キー(ギリシア語アルファベットの第 22 字 χ, Χ).

der **Chi·an·ti** [kiánti キアンティ] [名] -(s)/ キャンティ(イタリア, トスカナ地方産の赤ワイン).

das **Chi·ar·os·cu·ro** [kiarɔskú:ro キアろスクーろ] [名] -(s)/ キアロスクーロ, 明暗法; キアロスクーロ画.

der **Chi·as·mus** [çiás.. ひアスムス] [名] -/..men 〘修〙交錯配列法, 交差対句法.

chic [ʃık シック] [形] =schick.

der **Chi·ca·no** [tʃıká:no チカーノ] [名] -(s)/-s チカーノ(メキシコ系米国人).

das **Chi·chi** [ʃiʃí: シシー] [名] -(s)/-(s) 《文》(不必要に)派手な装飾;《[単]のみ》わざとらしい〔気取った〕態

度.

der **Chic·le** [tʃíklə チクレ] [名] -(s)/ チクル(チューインガムの原料).

der (*die*) **Chi·co·rée, Schi·ko·ree** [ʃíkore シコれ, ..reː シコれー] [名] -s/ 〖植〗キクニガナ, チコリー(野菜).

C

der **Chiem·see** [kíːm.. キーム·ゼー] [名] -s/ 〖湖名〗キームゼー(バイエルン州の湖).

der **Chif·fon** [ʃífõ シふぉン, ʃifõː シふぉーン] [名] -s/-s (《オーストリア》-s/-e も有)シフォン(薄い絹織物).

die **Chif·fon·nie·re** [ʃifɔniéːrə シふぉニエーれ] [名] -/-n **1.** 裁縫台;(縦長の)整理だんす. **2.** 《スイス》洋服だんす.

die **Chif·f·re** [ʃífrə シふれ, ʃífər シふぁー] [名] -/-n **1.** 数字. **2.** シフレ, 暗号(現代詩の解読が必要なメタファー);符号;モノグラム.

chif·frie·ren [ʃifríː.. シふりーれン] [動] *h.* 〖<et⁴>ヲ〗暗号で書く, 暗号文にする.

der **Chi·g·non** [ʃinjõː シニヨーン] [名] -s/-s シニヨン(後部にゆるく巻き束ねた髪型).

der **Chi·hu·a·hua** [tʃiuáua チウアウア] [名] -s/-s 〖動〗チワワ(メキシコ原産の超小型犬).

(*das*) **Chi·le** [tʃíːle チーレ, çíːle ひーレ] [名] -s/ 〖国名〗チリ(南アメリカの国).

der **Chi·le·ne** [tʃi.. チレーネ, çi.. ひレーネ] [名] -n/-n チリ人.

die **Chi·le·nin** [tʃi.. チレーニン, çi.. ひレーニン] [名] -/-nen チリ人女性.

chi·le·nisch [tʃi.. チレーニシュ, çi.. ひレーニシュ] [形] チリ(人)の.

der **Chi·le·sal·pe·ter** [tʃiː.. チーレ·ザル·ペーター, çiː.. ひーレ·ザル·ペーター] [名] -s/ チリ硝石.

der **Chi·li** [tʃíːli チーリ] [名] -s/ **1.** 〖植〗チリトウガラシ(香辛料). **2.** チリソース.

der **Chi·li·as·mus** [ひリアスムス] [名] -/ 〖キ教〗千年至福説, 千年王国説(キリストが再臨して千年間統治するという説. ヨハネ黙示録 20, 4).

die **Chi·mä·re** [ひメーれ] [名] -/-n **1.** 〖ギ神〗キマイラ(頭はライオン, 胴体は牝山羊, 尾は竜〔蛇〕の怪獣). **2.** 〖生〗キメラ(遺伝子の異なる細胞から構成された生物〔植物〕). **3.** 《文》幻想, 妄想.

(*das*) **Chi·na** [ひーナ] [名] -s/ 〖国名〗中国: die Volksrepublik ～ 中華人民共和国(略 TJ, VRC). die Republik ～ 中華民国(略 RC).

das **Chi·na·gras** [ひーナ·グらース] [名] -es/..gräser 〖植〗カラムシ, チョマ, ラミー;〖紡〗ラミー繊維.

der **Chi·na·kohl** [ひーナ·コール] [名] -(e)s/-e 〖植〗サントウサイ, ハクサイ〔白菜〕.

die **Chi·na·rin·de** [ひーナ·リンデ] [名] -/-n 〖薬〗キナ皮.

die **Chin·chil·la**¹ [tʃıntʃíla チンチラ] [名] -/-s 〖動〗チンチラ(良質の毛皮の齧歯(げっ)類の動物).

das **Chin·chil·la**² [チンチラ] [名] -s/-s **1.** 〖動〗チンチラウサギ(チンチラに似た飼いウサギの一種). **2.** チンチラの毛(皮);(加工した)チンチラの毛皮.

der **Chi·ne·se** [ひネーゼ] [名] -n/-n 中国人.

die **Chi·ne·sin** [ひネーズィン] [名] -/-nen 中国人女性.

chi·ne·sisch [ひネーズィシュ] [形] 中国(人·語)の: die *C～e* Mauer 万里の長城. 【慣用】**chinesisch für <j⁴> sein** 《口》<人には>ちんぷんかんぷんである.

das **Chi·ne·sisch** [ひネーズィシュ] [名] -(s)/ 中国語. 【用法は⇨Deutsch】

das **Chi·ne·si·sche** [ひネーズィシェ] [名] (形容詞的変化;㊥のみ) **1.** 《定冠詞とともに》中国語. **2.** 中国風のもの〔こと〕.【用法は⇨Deutsche²】

das **Chi·nin** [ひニーン] [名] -s/ 〖薬〗キニーネ(解熱剤).

die **Chi·noi·se·rie** [ʃinoa.. シノアゼりー] [名] -/-n 中国風の美術工芸(品);シノワズリー(18 世紀ヨーロッパ美術の中国趣味).

der **Chintz** [tʃınts チンツ] [名] -(es)/-e 木綿更紗(さらさ), チンツ(光沢のある平織綿布).

der **Chip** [tʃıp チップ] [名] -s/-s **1.** 〖電〗チップ. **2.** (ルーレットの)チップ. **3.** (主に㊥)ポテトチップス.

die **Chip·kar·te** [tʃíp.. チップ·カるテ] [名] -/-n ICカード.

das **Chip·pen·dale** [tʃípəndeːl チっペンデール, ʃíp.. シっペンデール] [名] -(s)/ チッペンデール様式(18 世紀イギリスの家具様式).

das **Chi·ra·g·ra** [ひーらグら] [名] -s/ 〖医〗手痛風.

das **Chi·ro·graf, Chi·ro·graph** [ひろ·グらーふ] [名] -s/-en **1.** (古典古代後期の)自筆証書;(中世の)文書. **2.** 〖カトリック〗教皇自筆の書簡.

chi·ro·gra·fisch, chi·ro·gra·phisch [ひろ·グらーふぃシュ] [形] 手書きの.

die **Chi·ro·lo·gie** [ひろ·ロギー] [名] -/ **1.** 手相学. **2.** 手話法.

der **Chi·ro·mant** [ひろマント] [名] -en/-en 手相見(人).

die **Chi·ro·man·tie** [ひろマンティー] [名] -/ 手相見, 手うら(ない).

die **Chi·ro·prak·tik** [ひろ·プらクティク] [名] -/ カイロプラクティック(指圧療法).

der **Chi·rurg** [ひるるク] [名] -en/-en 外科医.

die **Chi·rur·gie** [ひるるギー] [名] -/-n **1.** (㊥のみ)外科(学). **2.** (病院の)外科.

chi·rur·gisch [ひるるギシュ] [形] 外科(学)の, 外科的な.

das **Chi·tin** [ひティーン] [名] -s/ キチン質(節足動物などの外皮を形成する物質).

der **Chi·tin·pan·zer** [ひティーン·パンツァー] [名] -s/- (昆虫·甲殻類の)キチン質でできた甲(殻).

der **Chi·ton** [ひトーン] [名] -s/-e キトン(古代ギリシアのゆるい下着兼衣服).

die **Chla·mys** [ひラーミュス] [名] -/- クラミス(古代ギリシアの兵士が着た肩で留める短いマント).

das **Chlo·as·ma** [kloás.. クロアスマ] [名] -s/..men 〖医〗褐色斑, 肝斑.

(*die*) **Chloe** [klóːə クローエ, çlóːə ひローエ] [名] **1.** 〖ギ神〗クロエ(青い穀物の守護女神). **2.** 〖女名〗クローエ(田園詩の女羊飼いに多い名).

das **Chlor** [kloːr クローあ] [名] -s/ 〖化〗塩素(記号 Cl).

das **Chlo·ral** [klo.. クロらール] [名] -s/ 〖化〗クロラール(昔の睡眠薬).

das **Chlo·rat** [klo.. クロらート] [名] -(e)s/-e 〖化〗塩素酸塩.

chlo·ren [klóː.. クローれン] [動] *h.* 〖<et⁴>ヲ〗塩素で処理〔殺菌〕する;〖化〗塩素で置換する.

das **Chlor·flu·or·me·than** [クローあ·ふルーオーあ·メターン] [名] -s/-e 〖化·環〗クロロフルオロメタン(ジクロロジフルオロメタン(CF_2Cl_2)など. いわゆるフロンガス).

das **Chlo·rid** [klo.. クロりート] [名] -(e)s/-e 〖化〗塩化物.

chlo·rie·ren [クロりーれン] [動] *h.* =chloren.

chlo·rig [klóː.. クローりひ] [形] 塩素を含む;塩素の.

der **Chlor·kalk** [クローあ·カルク] [名] -(e)s/ さらし粉.

das **Chlor·na·tri·um** [クローあ·ナートりウム] [名] -s/ 〖化〗塩化ナトリウム.

das **Chlo·ro·form** [klo.. クロろ·ふぉるム] [名] -s/ クロロホルム.

chlo·ro·for·mie·ren [klo.. クロろ·ふぉるミーれン] [動] *h.* 〖<j⁴>ニ〗クロロフォルムで麻酔をかける;(…を)もうろうとさせる.

das **Chlo·ro·phyll** [klo.. クロろ·ふゅル] [名] -s/-e 〖植〗クロロフィル, 葉緑素.

die **Chlo·ro·phy·zee** [klo.. クロろ·ふゅツェーエ] [名] -/-n 《主に[複]》〘植〙緑藻類.
der **Chlo·ro·plast** [klo.. クロろ·プラスト] [名] -en/-en 《主に[複]》〘植〙葉緑体.
die **Chlo·rung** [klóː.. クローるング] [名] -/-en 塩素処理.
der **Choke** [tʃoːk チョーク] [名] -s/-s〘車〙チョーク.
der **Cho·ker** [tʃóːkər チョーカー] [名] -s/- チョーカー《のどもとぴったりの首飾り》;〘車〙チョーク.
der **Cho·le·lith** [ひょレ·リート] [名] -(e)s〔-en〕/-e(n) 〘医〙胆石.
die **Cho·le·ra** [kóː.. コーレら] [名] -/ 〘医〙コレラ.
der **Cho·le·ri·ker** [ko.. コレーりカー] [名] -s/- 胆汁質の人;激しやすい〔怒りっぽい〕人.
cho·le·risch [ko.. コレーりシュ] [形] 胆汁質の, 激しやすい.
das **Cho·les·te·rin** [ko.. コレ·ステりーン] [名] -s/ 〘医〙コレステリン, コレステロール.
die **Cho·le·zys·tek·to·mie** [ひょレ·ツュステクトミー] [名] -/-n 〘医〙胆嚢(のう)切除(術).
die **Cho·le·zys·ti·tis** [ひょレ·ツュスティーティス] [名] -/..titiden 〘医〙胆嚢(のう)炎.
der **Cho·lo** [tʃóː.. チョーロ] [名] -(s)/-s チョロ《南米インディオとメスティーソの混血児》.
(*der*) **Cho·pin** [ʃɔpɛ̃ ショパン] [名]〘人名〙ショパン(Frédéric ~, 1810-49, ポーランドの作曲家).
der **Chop·per** [tʃɔ́pər チョッパー] [名] -s/-(s) 《口》 **1.** 石斧. **2.**〘電〙チッパー. **3.** 改造オートバイ.
das **Chop·suey**, [旧] **Chop-suey** [tʃɔpsúːi チョプ·スーイ] [名] -(s)/-s 〘料〙チャプスイ《いためた野菜や肉にとろみをつけた中国料理》.
der **Chor**[1] [koːr コーあ] [名] -(e)s/Chöre **1.** 合唱団(Sänger~);合唱, コーラス;合唱曲. **2.** (オーケストラの各)セクション;〘楽〙(同じ音程の)複弦;(オルガンの一つの鍵盤(けんばん)に属する)複数のパイプ. **3.**〘劇〙(ギリシア悲劇などの)合唱隊, コロス. **【慣用】** **im Chor** 声をそろえて.
der〔*das*〕**Chor**[2] [コーあ] [名] -(e)s/Chöre〔-e〕 (教会の)内陣;聖歌隊席.
der **Cho·ral** [koráːl コらール] [名] -s/Choräle (合唱)聖歌;〘プロテスタント〙賛美歌, コラール.
die **Cho·rea** [ko.. コれーあ] [名] -/ **1.**〘医〙舞踏病. **2.** コレア《中世の輪舞または舞踏歌》.
der **Cho·re·o·graf, Cho·re·o·graph** [ko.. コれオ·グらーふ] [名] -en/-en (バレエの)振付師, コレオグラフ.
die **Cho·re·o·gra·fie, Cho·re·o·gra·phie** [ko.. コれオ·グらふぃー] [名] -/-n **1.** 《[単]のみ》振付. **2.** 振付譜, コレオグラフィー.
die **Chor·frau** [コーあ·ふらウ] [名] -/-en 〘カトリック〙修道参事会修道女.
der **Chor·ge·sang** [コーあ·ゲザング] [名] -(e)s/..sänge 合唱(曲).
das **Chor·ge·stühl** [コーあ·ゲシュテュール] [名] -(e)s/ (教会内陣の)聖職者席.
das **Chor·hemd** [コーあ·ヘムト] [名] -(e)s/-en (聖職者・聖歌隊などの)礼拝用白衣.
der **Chor·herr** [コーあ·へる] [名] -(e)n/-en 〘カトリック〙司教座参事会員;修道参事修士.
der **Cho·rist** [ko.. コりスト] [名] -en/-en (オペラ・コンサートなどの)合唱団員.
der **Chor·kna·be** [コーあ·クナーベ] [名] -n/-n 少年合唱団員;〘カトリック〙ミサの侍者, ミサ答え.
der **Chor·lei·ter** [コーあ·ライター] [名] -s/- 合唱団指揮者.
die **Cho·ro·gra·fie, Cho·ro·gra·phie** [ひょろ·グらふぃー, ko.. コろ·グらふぃー] [名] -/-n 地誌学.
cho·ro·gra·fisch, cho·ro·gra·phisch [ひょろ·グらーふぃシュ, ko.. コろ·グらーふぃシュ] [形] **1.**〘地〙地誌学の. **2.**〘生〙生物分布学の.
der **Chor·sän·ger** [コーあ·ゼンガー] [名] -s/- (歌劇場の)合唱団員.
der **Chor·stuhl** [コーあ·シュトゥール] [名] -(e)s/..stühle 《主に[複]》(教会内陣の)聖職者席.
der **Chor·um·gang** [コーあ·ウム·ガング] [名] -(e)s/..gänge 〘建〙(教会)内陣の回廊.
der **Cho·rus** [kóː.. コーるス] [名] -/-se **1.** (発音は[kɔ́ːrəs[コーれス]])〘楽〙コーラス《①ジャズの主題の即興部分. ②(軽音楽の)リフレイン》. **2.** 《古》合唱団, コーラス.
die **Cho·se** [ʃóːzə ショーゼ] [名] -/ 《主に[単]》《口》用件, 事柄;物, 物事;厄介事(Schose).
der **Chow-Chow** [tʃaʊtʃáʊ チャウ·チャウ, ʃaʊʃáʊ シャウ·シャウ] [名] -s/-s 〘動〙チャウチャウ犬《中国犬の一種》.
die **Chres·to·ma·thie** [krɛs.. クれストマティー] [名] -/-n (教材用の)選集, 名文集.
das〔*der*〕**Chri·sam** [ひりーザム] [名] -s/ =Chrisma.
das **Chris·ma** [ひりスマ] [名] -s/ 〘カトリック〙聖油, 聖香油.
der **Christ**[1] [krɪst クりスト] [名] -en/-en キリスト教徒, クリスチャン.
der **Christ**[2] [クりスト] [名] -/ **1.** 《古》キリスト《賛美歌などで》. **2.** 《次の形で》der Heilige ~ 幼児キリスト《①クリスマス. ②クリスマスの贈り物を持って来ると子供たちが想像する幼児》: zum Heiligen ~ クリスマスに.
(*die*) **Chris·ta** [krís.. クりスタ] [名]〘女名〙クリスタ(Christiane の短縮形).
der **Christ·a·bend** [クりスト·アーベント] [名] -s/-e クリスマスイヴ, 聖夜.
der **Christ·baum** [クりスト·バウム] [名] -(e)s/..bäume **1.** 《方》クリスマスツリー. **2.** 《口》(爆撃機が投下する)照明弾.
der **Christ·baum·schmuck** [クりストバウム·シュムック] [名] -(e)s/ クリスマスツリーの飾り.
die **Christ·blu·me** [クりスト·ブルーメ] [名] -/-n =Christrose.
der **Christ·de·mo·krat** [クりスト·デモクらート] [名] -en/-en キリスト教民主党の党員.
der **Christ·dorn** [クりスト·ドるン] [名] -(e)s/-en = Christusdorn.
die **Chris·ten·ge·mein·de** [クりステン·ゲマインデ] [名] -/-n キリスト教徒の集団;《[単]のみ》《総称》キリスト教徒.
die **Chris·ten·ge·mein·schaft** [クりステン·ゲマインシャふト] [名] -/ キリスト者教会(1922年, R. Rittelmeyer により創設).
der **Chris·ten·glau·be** [クりステン·グラウベ] [名] -ns/ = Christenglauben.
der **Chris·ten·glau·ben** [クりステン·グラウベン] [名] -s/ キリスト教の信仰.
die **Chris·ten·heit** [クりステンハイト] [名] -/ 《総称》キリスト教徒.
die **Chris·ten·leh·re** [クりステン·レーれ] [名] -/ (青少年のための)キリスト教教育;〘旧東独〙キリスト教の宗教授業.
der **Chris·ten·mensch** [クりステン·メンシュ] [名] -en/-en キリスト教徒, キリスト者.
die **Chris·ten·pflicht** [クりステン·プふりひト] [名] -/-en キリスト教徒〔者〕の義務, 隣人愛.
die **Chris·ten·see·le** [クりステン·ゼーレ] [名] -/-n 《古》キリスト者: keine ~ だれも…ない〔いない〕.
das **Chris·ten·tum** [クりステントゥーム] [名] -s/ キリスト教;キリスト教信仰.
die **Chris·ten·ver·fol·gung** [クりステン·ふぇあふぉルグング] [名] -/-en (特に古代ローマの)キリスト教迫害.

C

C

das **Christ·fest** [クリスト・ふぇスト] [名] -(e)s/-e《方》クリスマス.

Chris·ti [krísti クリスティ] [名] ⇨ Christus.

(*der*) **Chris·ti·an** [krístian クリスティアン] [名]〖男名〗クリスチャン.

(*die*) **Chris·ti·a·na** [krıstiá:na クリスティアーナ] [名]〖女名〗クリスティアーナ.

(*die*) **Chris·ti·a·ne** [krıstiá:nə クリスティアーネ] [名]〖女名〗クリスチアーネ.

(*das*) **Chris·ti·a·nia** [kristiá:.. クリスティアーニア] [名] -s/ 〖地名〗クリスティアニア.

chris·ti·a·ni·sie·ren [krıs.. クリスティアニズィーれン] [動] *h*. **1.** 〔<j⁴>ヲ〕キリスト教に改宗させる, キリスト教化する. **2.** 〔<et⁴>ニ〕キリスト教的外観を与える.

die **Chris·tin** [クリスティン] [名] -/-nen Christ¹ の女性形.

(*die*) **Chris·ti·na** [krıs.. クリスティーナ] [名]〖女名〗クリスティーナ.

(*die*) **Chris·ti·ne** [krıs.. クリスティーネ] [名]〖女名〗クリスティーネ.

christ·ka·tho·lisch [クリスト・カトーリシュ] [形]《スイス》古カトリックの.

das **Christ·kind** [クリスト・キント] [名] -(e)s/-er **1.** (主に[単])幼児キリスト(①誕生時の絵・像. ②([単]のみ)クリスマスの贈り物を持って来ると子供たちが想像する幼児). **2.** ([単]のみ)《南独・オーストリア》クリスマスプレゼント.

das **Christ·kind·chen** [クリスト・キントひぇン] [名] -s/ Christkind の縮小形.

das **Christ·kindl** [..dəl クリスト・キンデル] [名] -s/ 《南独・オーストリア》 Christkind の縮小形.

das **Christ·kind·lein** [クリスト・キントライン] [名] -s/ Christkind の縮小形.

der **Christ·kindl·markt** [クリスト キンデル・マるクト] [名] -(e)s/..märkte クリスマスの市, 年〔歳(とし)〕の市.

das **Christ·kö·nigs·fest** [クリスト・ケーニひス・ふぇスト] [名] -(e)s/-e 〖カトリック〗王たるキリストの祝日(10 月最後の日曜日).

christ·lich [クリストリひ] [形] キリスト(教)の, キリスト教徒の;教会の:<et⁴> ~ teilen <物ヲ>他人に多く分ける. *C~er* Verein Junger Menschen キリスト教青年会, YMCA(略 CVJM). die *C~*-Demokratische Union(Deutschlands) (ドイツ)キリスト教民主同盟(略 CDU). die *C~*-Soziale Union キリスト教社会同盟(略 CSU).

die **Christ·lich·keit** [クリストリひカイト] [名] -/ キリスト教的であること, キリスト教精神.

die **Christ·mes·se** [クリスト・メッセ] [名] -/-n 〖カトリック〗クリスマスミサ. ⇨Christmette.

die **Christ·met·te** [クリスト・メッテ] [名] -/-n クリスマスミサ(12 月 24 日から 25 日の深夜礼拝).

der **Christ·mo·nat** [クリスト・モーナト] [名] -(e)s/-e (主に[単])《古》12 月(Dezember).

der **Christ·mond** [クリスト・モーント] [名] -(e)s/-e = Christmonat.

die **Christ·nacht** [クリスト・ナはト] [名] -/ ..nächte (12 月 24 日から 25 日にわたる)クリスマスの夜.

Chris·to [krísto クリスト] [名] ⇨Christus.

die **Chris·to·la·trie** [クリスト・ラトリー] [名] -/ キリスト崇拝.

die **Chris·to·lo·gie** [クリスト・ロギー] [名] -/-n 〖神〗キリスト論.

chris·to·lo·gisch [クリスト・ローギシュ] [形] キリスト論の.

(*der*) **Chris·toph** [krís.. クリストふ] [名]〖男名〗クリストフ.

(*der*) **Chris·to·pho·rus** [krıs.. クリストーふぉるス] [名]〖人名〗クリストフォルス(巡礼・交通の守護聖人).

die **Christ·ro·se** [クリスト・ろーぜ] [名] -/-n 〖植〗クリスマスローズ(12 月に薄い赤の花が咲く).

die **Christ·stol·le** [クリスト・シュトレ] [名] -/-n =Christstollen.

der **Christ·stol·len** [クリスト・シュトレン] [名] -s/- クリスマス用シュトレン(ケーキ). ⇨Stollen.

(*der*) **Chris·tus** [クリストゥス] [名] (無変化またはラテン語変化:2 格 Christi, 3 格 Christo, 4 格 Christum, 呼格 Christe !;[単]のみ)〖人名〗キリスト(イエス(Jesus)の尊称): Jesus ~ イエス・キリスト. in *Christi* Namen キリストの御名において. 1190 nach ~〔*Christo*〕西暦 1190 年(略 1190 n. Chr.(G.)). 58 vor ~〔*Christo*〕紀元前 58 年(略 58 v. Chr. (G.)). ein romanischer ~ ロマネスク様式のキリスト像.

das **Chris·tus·bild** [クリストゥス・ビルト] [名] -(e)s/-er キリスト像.

der **Chris·tus·dorn** [クリストゥス・ドるン] [名] -(e)s/-e 〖植〗キリストの茨(いばら)(西洋ヒイラギや野生のバラなど).

das **Chris·tus·mo·no·gramm** [クリストゥス・モノ・グラム] [名] -s/-e キリストの名の組合せ文字(キリストの名を示す象徴的記号. ☧, IHS など).

der **Chris·tus·or·den** [クリストゥス・オるデン] [名] -s/- **1.** 〖カトリック〗聖庁最高勲章. **2.** キリスト騎士修道会(1300 年頃ポルトガルで創設).

das **Chrom** [kro:m クろーム] [名] -s/ クロム(記号 Cr).

die **Chro·ma·tik** [kro.. クろマーティク] [名] -/ 〖楽〗半音階法;〖理〗色彩学〔論〕.

chro·ma·tisch [クろマーティシュ] [形]〖楽〗半音階の;〖理〗色彩(学・論)の.

das **Chro·ma·to·phor** [kro.. クろマト・ふぉーあ] [名] -s/-en (主に[複])〖動〗色素胞;〖植〗色素体.

das **Chrom·gelb** [クろーム・ゲルプ] [名] -s/ 黄鉛(顔料).

das **Chrom·le·der** [クろーム・レーダー] [名] -s/- クロムなめしの革.

das **Chro·mo·som** [kro.. クろモゾーム] [名] -s/-en (主に[複])〖生〗染色体.

die **Chro·mo·so·men·mu·ta·ti·on** [クろモゾーメン・ムタツィオーン] [名] -/-en 〖生〗染色体突然変異.

der **Chro·mo·so·men·satz** [クろモゾーメン・ザッツ] [名] -es/..sätze 〖生〗(総称)(細胞・核の全)染色体.

die **Chro·mo·sphä·re** [クろモ・スふぇーれ] [名] -/ 彩層(太陽〔恒星〕を取り巻くガス層).

die **Chro·nik** [kró:.. クろーニク] [名] -/-en **1.** 年代記;年表. **2.** ([単]のみ)〖旧約〗歴代志.

die **Chro·ni·ka** [クろーニカ] [複名]〖旧約〗歴代志上下.

die **Chro·nique scan·da·leuse** [kroník skãdalǿ:s クろニク スカンダ(レ)ース] [名] --/-s-s[クろニク スカンダ(レ)ース] (時代〔階層〕別の)ゴシップ〔スキャンダル〕集.

chro·nisch [kró:.. クろーニシュ] [形]〖医〗慢性の;《口》長く続く.

der **Chro·nist** [kro.. クろニスト] [名] -en/-en 年代記作者〔編者〕;出来事の記録者.

der **Chro·no·graf, Chro·no·graph** [krono.. クろノ・グらーふ] [名] -en/-en **1.** クロノグラフ;ストップウォッチつき腕時計. **2.** 年代記編者.

der **Chro·no·lo·ge** [kro.. クろノ・ローゲ] [名] -n/-n 年代学者.

die **Chro·no·lo·gie** [kro.. クろノ・ロギー] [名] -/-n **1.** 年代順;年代計算. **2.** ([単]のみ)年代学.

chro·no·lo·gisch [kro.. クろノ・ローギシュ] [形] 年代順の, 年代学の.

das **Chro·no·me·ter** [kro.. クろノ・メーター] [名] -s/- クロノメーター, 経線儀;(誤差検査に合格した)腕〔懐中〕時計;《冗》懐中時計.

die **Chro·no·me·trie** [kro.. クロノ・メトリー] [名] -/-n 時間〔時刻〕測定法.
die **Chry·sa·lis** [ひりゅーザリス] [名] -/ 〘動〙さなぎ.
die **Chry·s·an·the·me** [kryzan.. クりゅザンテーメ] [名] -/-n 〘植〙キク.
das **Chry·s·an·the·mum** [ひりゅザンテムム, kry.. クりゅザンテムム] [名] -s/-(s) 〘植〙キク.
der **Chry·so·be·ryll** [ひりゅゾ・べりゅル] [名] -s/-e 金緑石.
die **Chry·so·gra·fie, Chry·so·gra·phie** [ひりゅゾ・グラふぃー] [名] -/ 金泥文字書法《中世の写本などの》.
der **Chry·so·lith** [ひりゅゾ・リート] [名] -s〔-en〕/-e〔-en〕(貴)橄欖(かんらん)石.
der **Chry·so·pras** [ひりゅゾプらース] [名] -es/-e 緑玉髄(ずい)《半貴石》.
chthonisch [ひトーニシュ] [形] 大地の, 地下の;冥府(めいふ)の.
(*das*) **Chur** [ku:r クーあ] [名] -s/ 〘地名〙クール《スイスの都市》.
das **Chut·ney** [tʃátni チャトニ] [名] -(s)/-s チャツネ《果物と香辛料で作った薬味》.
die **Chuz·pe** [xʊ́tspə ふツペ] [名] -/《口・蔑》厚かましさ.
der **Chy·lus** [ひゅールス] [名] -/ 〘医〙乳糜(にゅうび).
das **Chy·mo·sin** [ひゅモズィーン] [名] -s/ 〘生化〙キモシン.
der **Chy·mus** [ひゅームス] [名] -/ 〘医〙糜汁(びじゅう), キームス.
Ci [ツェーイー] =Curie 〘理〙キュリー《放射性物質量の単位》.
die〔*der*〕**CIA** [si:aɪéɪ スィーアイエイ] [名] -/ =Central Intelligence Agency (アメリカ合衆国の)中央情報局.
ciao! [tʃaʊ チャウ] [間]《口》バイバイ(tschau!).
(*der*) **Ci·ce·ro**[1] [tsí:tsero ツィーツェろ] [名] 〘人名〙キケロ《Marcus Tullius ~, 紀元前 106-43, 古代ローマの政治家・雄弁家》.
die **Cicero**[2] [ツィーツェろ] [名] -/ 〘印〙シセロ《12 ポイント活字》.
der **Ci·ce·ro·ne** [tʃitʃe.. チチェろーネ] [名] -(s)/-s〔..ni〕観光案内書;《冗》雄弁なガイド.
der **Ci·ce·ro·ni·a·ner** [tsitse.. ツィツェろニアーナー] [名] -s/- 〘修〙キケロの文体崇拝者.
ci·ce·ro·nisch [tsítse.. ツィツェろーニシュ] [形] 〘修〙キケロ風の;完全な文体の.
el **Cid** [tsi:t ツィート, si:t スィート] [名] 〘人名〙(エル・)シッド《本名: Rodrigo Días de Vivar, 1043 頃-99, スペインの民族的英雄》.
der **Ci·d·re** [sí:drə スィードれ, ..dər スィーダー] [名] -(s)/ シードル《フランス産のりんご酒》.
Cie. =Compagnie, Kompanie 《スイス》(商事)会社《スイス以外では Co.》.
cif [tsɪf ツィふ, sɪf スィふ] =cost, insurance, freight 保険料運賃込み値段.
c.i.f. [tsɪf ツィふ, sɪf スィふ] =cif.
die **Cin·cho·na** [sɪntʃó:.. スィンチョーナ] [名] -/..nen 〘植〙キナノキ. ⇨Chinarinde.
das **Cin·cho·nin** [sɪntʃo.. スィンチョニーン] [名] -s/ 〘薬〙シンコニン.
der **Ci·ne·ast** [sineást スィネアスト] [名] -en/-en 映画製作者;映画評論家;映画ファン.
das **Ci·ne·ma·gic** [sinemɛ́dʒɪk スィネ・メヂック] [名] -/ 〘映〙特殊〔トリック〕撮影を組込む編集技術.
das **Ci·ne·ma·scope** [スィネマ・スコープ] [名] -/ 〘商標〙〘映〙シネマスコープ.
die **Ci·ne·ma·thek** [スィネマテーク] [名] -/-en 〘映〙フィルムライブラリー.
das **Ci·ne·ra·ma** [スィネらーマ] [名] -(s)/ 〘商標〙〘映〙シネラマ.
das **Cin·que·cen·to** [tʃɪŋkvetʃɛ́nto チンクヴェ・チェント] [名] -(s)/ 〘芸術学〙チンクエチェント《16 世紀イタリアの美術・建築様式》.
der **Ci·pol·lin** [tʃi.. チポリーン] [名] -s/ シポリン, 雲母大理石《イタリア産のしま模様の大理石》.
der **Ci·pol·li·no** [tʃi.. チポリーノ] [名] -s/ =Cipollin.
cir·ca [tsɪ́rka ツィるカ] [副] 《語飾》約, およそ《略 ca.》: ~ eine Stunde 約 1 時間.
die **Cir·ce** [tsɪ́rtsə ツィるツェ] [名] -/-n **1.** 《[単]のみ;主に無冠詞》〘ギ神〙キルケー《Odyseus を誘惑する魔女》. **2.** 魔女, 妖婦(ようふ).
das **Cir·cuit·trai·ning** [sǿ:rkɪt.. [セ]ーあキット・トれーニング, sœ́rkɪt.. [セ]るキット・トれーニング] [名] -s/ 〘スポーツ〙サーキット・トレーニング.
der **Cir·cu·lus vi·ti·o·sus** [tsɪ́rkulʊs vitsió:zʊs ツィるクルス ヴィツィオーズス] [名] --/Circuli vitiosi 《文》循環論法〔論証〕;悪循環.
die **Cire per·due** [sí:rpɛrdý: スィーあ ぺるデュ] [名] --/ 〘冶金〙蠟(ろう)型《ブロンズ鋳造の際の》.
das **cis**[1], **Cis**[1] [tsɪs ツィス] [名] -/- 〘楽〙嬰(えい)ハ音.
cis[2] [ツィス] =cis-Moll 〘楽〙嬰(えい)ハ短調.
Cis[2] [ツィス] =Cis-Dur 〘楽〙嬰(えい)ハ長調.
das **Cis-Dur** [ツィス・ドゥーあ, ツィス・ドゥーあ] [名] -/ 〘楽〙嬰(えい)ハ長調《記号 Cis》.
das **cis-Moll** [ツィス・モル, ツィス・モル] [名] -/ 〘楽〙嬰(えい)ハ短調《記号 cis》.
die **Ci·ty** [síti スィティ] [名] -/-s〔Cities[スィティース]〕繁華街, 都心.
das **Ci·ty·bike** [sítibaɪk スィティ・バイク] [名] -s/-s (市内走行用の)小型オートバイ.
das **Ci·vet** [sivé: スィヴェー] [名] -s/-s 〘料〙シヴェ《ウサギのシチュー》.
ck [ツェーカー] ドイツ語のつづり字で, 旧正書法では分綴(ぶんてつ)の場合には k-k となる.
cl =Zentiliter センチリットル.
Cl [ツェーエル] =Chlor 〘化〙塩素.
c. l. =〘ラテン語〙citato loco 上述の個所で.
das **Claim** [kle:m クレーム] [名] -(s)/-s (権利の)請求;請求権;(金脈の)採鉱権の持ち分《株など》.
das **Clair-ob·scur** [klɛrɔpský:r クレろプスキューあ] [名] -(s)/ キアロスクーロ, 明暗法;キアロスクーロ画.
das **Clai·ron** [klɛrṍ: クレろーン] [名] -s/-s **1.** (軍隊などの)信号らっぱ. **2.** =Clarino.
der **Clan** [kla:n クラーン, klɛ(:)n クレ(ー)ン] [名] -s/-e〔-s〕(スコットランドの)氏族;(《皮》も有)一族, 派閥(はばつ).
die **Cla·que** [klak(ə) クラック, クラッケ] [名] -/-n (劇場の)さくらの集団.
der **Cla·queur** [klakǿ:r クラ[ケ]ーあ] [名] -s/-e (雇われて拍手喝采する)さくら.
das **Cla·ri·no** [クラりーノ] [名] -s/-s〔..ni〕クラリーノ《昔の高音トランペット》;(オルガンの)クラリオン音栓.
(*der*) **Clau·di·us** [クラウディウス] [名] 〘人名〙クラウディウス《Matthias ~, 1740-1815, 詩人》.
(*der*) **Clau·se·witz** [クラウゼヴィッツ] [名] 〘人名〙クラウゼヴィッツ《Carl von ~, 1780-1831, プロイセンの将軍》.
clean [kli:n クリーン] [形] 《無変化》《ジャー》(麻薬に依存しない)クリーンな.
das **Clea·ring** [klí:rɪŋ クリーりング] [名] -s/-s 〘経〙清算, 手形交換.
der **Clea·ring·ver·kehr** [クリーりング・ふぇあケーあ] [名] -(e)s/ 〘経〙手形交換.
(*der*) **Cle·mens** [クレーメンス] [名] 〘男名〙クレーメンス.
die **Cle·men·ti·ne** [クレメンティーネ] [名] -/-n 〘植〙クレメンティーネ《種なしのマンダリンオレンジ》.

C

clever [klέvər クレヴァー] 形 利口な；抜け目のない，やり手の；[雅]頭脳的な，巧みな．

der **Cliffhanger, Cliffhänger** [..hεŋər クリふ・ヘンガー] 名 -s/- (次回に興味を持たせるような終り方をする)連続サスペンス番組．

der **Clinch** [klintʃ クリンチ, klinʃ クリンシュ] 名 -(e)s/-es **1.** [スポーツ]クリンチ；[比] mit ⟨j³⟩ in den ~ gehen ⟨人と⟩クリンチになる． **2.** 争い，けんか．

der **Clip** [クリップ] 名 -s/-s = Klipp.

der **Clipper** [クリパー] 名 -s/- [商標][古]クリッパー(大洋横断中の長距離飛行機)．

die **Clique** [klíkə クリク, kli:.. クリーケ] 名 -/-n **1.** [蔑]閥，党． **2.** (青少年の)友人仲間．

die **Cliquenwirtschaft** [クリクン・ヴィるトシャふト, クリーケン・ヴィるトシャふト] 名 -/ [蔑]閥による支配．

die **Clivia** [クリーヴィア] 名 -/..vien [植]クンシラン．

der **Clochard** [klɔʃá:r クロシャール] 名 -(s)/-s (特にフランス大都市の)浮浪者．

der **Clog** [klɔk クロック] 名 -s/-s (主に⑨)木製サンダル．

der **Clou** [klu: クルー] 名 -s/-s 《口》クライマックス，ハイライト．

der **Clown** [klaʊn クラウン, klo:n クローン] 名 -s/-s 道化師，クラウン．

der **Club** [klɔp クルップ] 名 -s/-s = Klub.

der **Cluster** [klástər クラスター] 名 -s/-(s) **1.** [核物理]クラスター． **2.** [言]子音結合，子音群． **3.** [楽]トーンクラスター，密集音群． **4.** [医](ガン細胞などの)細胞の異常な増殖；発作的な痛み． **5.** (稀)房，かたまり．

cm = Zentimeter センチメートル．

Cm [ツェーエム] = Curium [化]キュリウム．

cm² = Quadratzentimeter 平方センチメートル．

cm³ = Kubikzentimeter 立方センチメートル．

CMB [ツェーエムベー] = Caspar, Melchior, Balthasar 悪魔を払う呪文 ((祝))(東方の三博士の名をとったもの)．

cmm = Kubikmillimeter 立方ミリメートル．

das **c-Moll** [ツェー・モル, ツェー・モル] 名 -/ [楽]ハ短調(記号 c)．

Co [ツェーオー] = Cobaltum [化]コバルト(Kobalt)．

Co, Co. [コー] = Compagnie (商事)会社(Kompanie)．

c/o = [英語] care of …方，気付．

der **Coach** [kotʃ コーチ] 名 -(s)/-s コーチ，トレーナー．

coachen [kó:tʃən コーチェン] 動 h. ⟨j⁴⟩ァ⟩コーチする．

das **Cobalt** [コーバルト] 名 -s/ [化]コバルト(記号 Co)．

das **Cobaltum** [コバルトゥム] 名 -s/ = Kobalt.

der **Cobbler** [kɔblər コブラー] 名 -s/-s コブラー(果物入りのカクテルの一種)．

das **COBOL, Cobol** [コーボル] 名 -s/ [コンピ]コボル(事務処理用共通プログラム言語)(common business oriented language)．

(das) **Coburg** [コーブルク] 名 -s/ [地名]コーブルク(バイエルン州の都市)．

das **Coca-Cola** [コカ・コーラ] 名 -(s)/- (die ~ -/-s も有) [商標]コカコーラ．

der **Cockerspaniel** [コッカー・シュパーニエル, ..spénjəl コッカー・スペニエル] 名 -s/-s コッカースパニエル(犬)．

der **Cockney¹** [kɔkni コックニ] 名 -s/-s コクニー(ロンドンなまり)を話す人．

das **Cockney²** [コックニ] 名 -(s)/ コクニー，ロンドンなまり．

das **Cockpit** [コック・ピット] 名 -s/-s コックピット(①飛行機・レーシングカーの操縦室．②ヨット・モーターボートなどの無蓋((蓋))の艇尾座席)．

der **Cocktail** [..te:l コックテール] 名 -s/-s カクテル(混合酒)；[料]カクテルソースの前菜；カクテルパーティー；[旧西独](外交上の)歓迎レセプション．

das **Cocktailkleid** [コックテール・クライト] 名 -(e)s/-er カクテルドレス．

die **Cocktailparty** [コックテール・パーあティ] 名 -/-s [..parties] カクテルパーティー．

die **Cocktailschürze** [コックテール・シュるツェ] 名 -/-n カクテルエプロン(色つきで小さめの給仕用エプロン)．

die **Cocktailso·ße** [コックテール・ソーセ] 名 -/-n [料]カクテルソース．

der **Code** [ko:t コート] 名 -s/-s **1.** 記号[暗号]コード． **2.** 法典．

das **Codein** [コディイーン] 名 -s/ [薬]コデイン．

der **Codex** [コーデックス] 名 -/..dices [..ディツェース] = Kodex.

der **Codex Iuris Canonici, ⑨ Codex Juris Canonici** [...] 名 ---/ [カト]教会法典(1918年に施行された現行法)．

codieren [コディーれン] 動 h. = kodieren.

codiert [コディーあト] 形 (パー)コードのついた．

das **Codon** [コードン] 名 -s/..done(n) [コドーネ(ン)] [遺]コドン(遺伝暗号の単位)．

das **Cœur** [kœ:r ケーあ] 名 -(s)/-(s) [トランプ]ハート．

cogito, ergo sum [コギト, エるゴ ズム] [ラテン語]我思う，ゆえに我あり(デカルトの哲学原理)．

der **Cognac** [kɔnjak コニャク] 名 -(s)/ [商標]コニャック．

das **Cognomen** [kɔg.. コグノーメン] 名 -s/-[..mina] (古代ローマの)第三名．

der **Coiffeur** [kɔafœ:r コアふェーあ] 名 -s/-e [ス⁴] (スイス以外では[文])理髪師．

das **Coir** [kɔyər コイあー, ko:r コーア] 名 -(s)/ (die ~ -/ も有)コイア(ココヤシの繊維)．

der **Coitus** [コーイトゥス] 名 -/-[..トゥース](-se) = Koitus.

der **Coitus interruptus** [コーイトゥス インテるプトゥス] 名 --/-..ti [..トゥース..](-se..ti) 膣外射精．

col. = columna [印]段，欄．

die **Cola** [コーラ] 名 -/-s (die ~ -/-s も有) 《口》(コカ)コーラ(Coca-~)．

colla destra [コラ デストら] [音楽語][楽]右手で(演奏すること)(略 c. d.)．

die **Collage** [kɔlá:ʒə コラージェ] 名 -/-n **1.** [美・文学・楽]コラージュ(種々の素材で構成される作品)． **2.** (⑨のみ)コラージュ(制作技術)．

colla sinistra [コラ ズィニストら] [音楽語][楽]左手で(演奏すること)(略 c. s.)．

das **College** [kɔlitʃ コリチュ] 名 -(s)/-s **1.** (イギリスの)カレッジ(①寮のある教育・研究共同体で，大学に所属．②単科大学．③寮のある私立中等学校，パブリック・スクール)． **2.** (アメリカの)カレッジ(①総合大学の前期課程，学部．②単科大学)．

der **Collie** [kɔli コリ] 名 -s/-s コリー(スコットランド原産の牧羊犬)．

das **Collier** [kɔljé: コリエー] 名 -s/-s = Kollier.

der **Colt** [コルト] 名 -s/-s [商標]コルト(式拳銃((銃))．

die **Combo** [コムボ] 名 -/-s コンボ(ジャズ，タンゴの小編成グループ)．

das **Come-back, Comeback** [kamb̀ɛk カム・ベック, カム・ベック] 名 -s/-s カムバック，再起．

der [das] **COMECON, Comecon** [コメコン] 名 -/ コメコン(ソ連・東欧諸国の経済統合機構．1949-91年)(Council for Mutual Economic Assistance)．

der **Co·mic** [コミック] [名] -s/-s 《主に[複]》=Comicstrip.

der **Co·mic·strip, Co·mic Strip,** [旧]**Co·mic strip** [..strɪ́p コミック・ストりップ] [名] -s,--s/-s,--s《主に[複]》連続漫画, コミック, 劇画.

das **Co·ming-out** [kamɪŋ'ʔáʊt カミング・アウト] [名] -(s)/-s (あることを)公にすること《同性愛者であることなど》.

die **Com·me·dia dell'Ar·te,** [旧] **Com·me·dia dell'ar·te** [..dɛl'ártə コメーディア デル・アるテ] [名] --/ 〖劇〗コメディア・デラルテ《16-18 世紀イタリアの即興仮面喜劇》.

comme il faut [kɔmɪlfóː コミル ふぉー] 《文・古》申し分のない; ふさわしい, 適切な.

das **Com·mon·wealth** [kɔ́mənvɛlθ コメン・ヴェルス] [名] -/ イギリス連邦.

das **Com·mu·ni·qué** [kɔmynikéː コミュニケー] [名] -s/-s =Kommuniqué.

die **Com·mu·nis opi·nio** [コムーニス オピーニオ] [名] --/ 《文》=Opinio communis.

die **Com·pact·disc, Com·pact Disc** [kɔmpáktdɪ́sk コムパクト・ディスク, kɔmpɛ́kt.. コムペクト・ディスク] [名] -,--/-s,--s コンパクトディスク《略 CD》.

der **Com·pu·ter** [kɔmpjúːtər コムピューター] [名] -s/- コンピュータ, 電子計算機.

der **Com·pu·ter·blitz** [コムピューター・ブリッツ] [名] -es/-e 〖写〗エレクトロニック・フラッシュ; ストロボ.

com·pu·ter·ge·stützt [コムピューター・ゲシュテュッツト] [形] コンピュータによる.

die **Com·pu·ter·gra·fik, Com·pu·ter·gra·phik** [コムピューター・グらーふぃク] [名] -/-en コンピュータ・グラフィックス.

com·pu·te·ri·sie·ren [コムピュテりズィーれン] [動] *h.* **1.** 〔<et^4>ヲ〕コンピュータ化する. **2.** 〔<et^4>ヲ〕コンピュータに入れる; コンピュータで読み取れるようにする.

die **Com·pu·ter·si·mu·la·ti·on** [コムピューター・ズィムラツィオーン] [名] -/-en コンピュータ・シミュレーション《コンピュータ利用の模擬実験》.

das **Com·pu·ter·spiel** [コムピューター・シュピール] [名] -(e)s/-e コンピュータ・ゲーム, パソコン・ゲーム.

die **Com·pu·ter·spra·che** [コムピューター・シュプらーへ] [名] -/-n コンピュータ言語.

die **Com·pu·ter·to·mo·gra·fie, Com·pu·ter·to·mo·gra·phie** [コムピューター・トモ・グらふぃー] [名] -/-n コンピュータ断層撮影, CT スキャン《略 CT》.

der〔*das*〕**Com·pu·ter·vi·rus** [コムピューター・ヴィーるス] [名] -/..ren 〖コンピュータ〗コンピュータ・ウィルス.

der **Comte** [kõːt コーント] [名] -/-s (フランスの)伯爵.

die **Com·tesse** [kɔmtɛ́s コムテス, kõtɛ́s コンテス] [名] -/-n **1.** 伯爵令嬢. **2.** (フランスの)伯爵夫人; 女伯爵.

con brio [コン ブリーオ] [副] 〖楽〗コン・ブリオ, 生き生きと.

das **Con·cer·ti·no** [kɔntʃɛrtíːno コンチェるティーノ] [名] -s/-s 〖楽〗コンチェルティーノ《①小協奏曲. ②コンチェルト・グロッソの独奏楽器群》.

das **Con·cer·to gros·so** [kɔntʃɛ́rto .. コンチェるト グろッソ] [名] --/..ti ..ssi 〖楽〗コンチェルト・グロッソ《①合奏協奏曲 ②合奏協奏曲のオーケストラ》.

der〔*die*〕**Con·ci·erge** [kõsiɛ́rʃ コンスィエるシュ] [名] -/-s〔-n[..エるジェン]〕管理人, 守衛.

die **Con·di·tio si·ne qua non** [kɔndíːtsio.. コンディーツィオ ズィーネ クヴァー ノーン] [名] ----/ 〖哲〗必須条件.

der **Con·dot·tie·re** [コンドティエーれ] [名] -s/..ri = Kondottiere.

conf. =confer 参照せよ.

con·fer [コンふぇる] 〖ラテン語〗参照せよ.

der **Con·fé·ren·ci·er** [kõferãsiéː コンふぇらンスィエー] [名] -s/-s (娯楽演芸の)司会者.

die **Con·fes·sio** [コンふぇッスィオ] [名] -/..siones [コンふぇスィオーネース] 〖キ教〗罪の告白, 告解; (宗教改革時の)信条書; 《[単]のみ》信仰告白.

das **Con·fi·te·or** [コンふぃーテオーあ] [名] -/ コンフィテオル, 告白の祈り.

die **Con·foe·de·ra·tio Hel·ve·ti·ca** [konføderáːtsio hɛlvéːtika コン[ふぇ]デらーツィオ ヘルヴェーティカ] [名] --/ 〖国名〗スイス連邦《略 CH》. ⇨Schweiz.

die **Con·ga** [コンガ] [名] -/-s コンガ《①キューバの踊り. ②中南米音楽用の手打ちドラム》.

die **Con·nec·tion** [kɔnɛ́kʃən コネクション] [名] -/-s (密接な)関係, つながり; 結びつき; 関連.

das **Con·si·li·um Ab·e·un·di,** [旧]**Con·si·li·um ab·e·un·di** [..abeúndi コンズィーリウム アベウンディ] [名] --/ 退学勧告.

con spi·ri·to [コン スピーりト] [副] 〖楽〗コン・スピリト, 元気よく.

der **Con·stable** [kánstəbəl カンステベル] [名] -/-s (英国の)警官, 巡査.

(*die*) **Con·stan·ze** [コンスタンツェ] [名] 〖女名〗コンスタンツェ.

die **Con·s·ti·tu·ante** [kõstitỹáːt コンスティテュアーント] [名] -/-s [..アーント] (1789 年フランスの)憲法制定議会.

der **Con·tai·ner** [kɔntéːnər コンテーナー] [名] -s/- (輸送用の)コンテナ; (送本用の)段ボール箱.

das **Con·tain·ment** [kɔntéːn.. コンテーンメント] [名] -s/-s **1.** 〖核物理〗炉心の格納(容器). **2.** 《[単]のみ》〖政〗封じ込め政策.

die **Conte** [kõːt コーント] [名] -/-s 〖文芸学〗短篇小説, コント《フランスの文学ジャンルの一つ》.

die **Con·te·nance** [kõtənáːs(ə) コンテナーンス, コンテナーンセ] [名] -/ 《文》(困難な状況下での)平常心, 平静さ, 落着き.

das **Con·ter·gan·kind** [コンテルガーン・キント] [名] -(e)s/-er 《口》サリドマイド児.

die **Con·t·ra·dic·tio in Ad·jec·to** [コントらディクツィオ イン アトイェクト] [名] ---/ 〖修〗形容矛盾.

con·tra le·gem [コントら レーゲム] 〖ラテン語〗〖法〗法律(の文言)に反して, 違法で.

der **Con·trol·ler** [コントろーラー] [名] -s/- 〖経〗経理部長, 会計部長.

cool [kuːl クール] [形] 《ジャーゴン》クールな; 安全な; 文句のつけようのない; 非常に気に入った.

der **Cool·jazz, Cool Jazz** [kúːldʒɛ́z クール・ヂェズ] [名] -,--/ クールジャズ《1950 年代に流行した米国のモダンジャズ》.

der **Cop** [コップ] [名] -s/-s 《口》(英国・米国の)警官.

das **Co·py·right** [kɔ́piraɪt コピ・らイト] [名] -s/-s 著作権, 版権《記号©》.

die **Co·quille** [kokíːjə コキーイェ] [名] -/-n 《主に[複]》貝殻; 〖料〗コキーユ.

co·ram pu·b·li·co [コーらム プーブリコ] 〖ラテン語〗公衆の前で, 公然と.

der **Cord** [コるト] [名] -(e)s/-e〔-s〕=Kord.

das **Cor·don bleu** [kɔrdɔ̃ː blǿː コるドーン ブ[レ]ー] [名] --/-s -s[コるドーン ブ[レ]ー] 〖料〗コルドンブルー《ハム・チーズ入り子牛肉のカツレツ》.

der **Cor·don sa·ni·taire** [kɔrdõːzanitɛ́ːr コるドーン ザニテーあ] [名] --/-s-s 《文》防疫線; 《転》(思想上の)緩衝地帯.

der **Cord·samt** [コるト・ザムト] [名] -(e)s/-e 〖織〗コール天, コーデュロイ.

das **Core** [kɔːr コーあ] [名] -(s)/-s 〖核物理〗(原子

C

炉の)炉心.
die **Co·rio·lis·kraft** [kɔrjolís.. コるヨリス·クらふト] [名] -/..kräfte 〖理〗コリオリの力.
das **Cor·ned·beef, Cor·ned Beef,** ⑱ **Cor·ned beef** [kɔ́:rnətbí:f コーあねト·ビーふ] [名] -,--/ コンビーフ.
(der) **Cor·neille** [kɔrnɛ́j コるネユ] [名] 〖人名〗コルネーユ(Pierre ~, 1606-84, フランスの劇作家).
(die) **Cor·ne·lia** [コるネーリア] [名] 〖女名〗コルネーリア.
der **Cor·ner** [kɔ́:rnər コーあなー] [名] -s/- **1.** 〖金融〗計画的な相場の上昇(買占めなどによる). **2.** 〖ボクシング〗コーナー;《オーストリア・スイス》(サッカーの)コーナーキック.
die **Corn·flakes** [kɔ́:rnfle:ks コーあン·ふレークス] [複名] コーンフレーク.
das **Cor·ni·chon** [kɔrniʃɔ̃: コるニショーン] [名] -s/-s 小きゅうりのピクルス.
die **Co·ro·na** [コろーナ] [名] -/..nen =Korona.
das **Corps** [kɔ́:r コーあ] [名] -[コーあ(ス)]/-[コーあス]=Korps.
das **Corps de Bal·let,** ⑱ **Corps de bal·let** [kɔ́:rdəbalé: コーあ ド バレー] [名] ---/--- コールド·バレエ(群舞踊り手たちの一団).
das **Cor·pus** [コるプス] [名] -/..pora **1.** 〖医〗体(身体·器官の主要部分): ~ Christi 〖カトリック〗キリストの体, 聖体. **2.** (文書などの)集成, 大全: ~ Iuris 法典. **3.** 〖言〗コーパス(用例などの収集資料). 〖法〗物件: ~ Delicti 証拠物件.
das **Cor·pus De·lic·ti,** ⑱ **Cor·pus de·lic·ti** [コるプス デリクティ] [名] --/..pora-〖法〗有罪認定証拠(犯罪の実体).
das **Cor·pus Iu·ris Ca·no·ni·ci,** ⑱ **Cor·pus Ju·ris Ca·no·ni·ci** [..tsi コるプス ユーりス カノーニツィ] [名] ---/ 〖カトリック〗教会法大全(旧教会法典 1918 年まで有効).
die **Cor·ri·da (de To·ros)** [コりーダ (ド トーろス)] [名] -/-s 闘牛.
Cor·ri·gen·da [コりゲンダ] [複名] =Korrigenda.
cor·ri·ger la for·tune [kɔriʒelafɔrtýn コりジェ ラ ふぉるテュン] 〖フランス語〗《文》いかさまをする.
der **Cor·tex** [コるテクス] [名] -(es)/-e〔..tizes [..ティツェース]〕=Kortex.
das **Cor·ti·or·gan** [コるティ·オるガーン] [名] -s/-e 〖解〗コルチ器(官).
das **Cor·ti·son** [コるティゾーン] [名] -s/ =Kortison.
cos =Kosinus 〖数〗コサイン.
die **Co·sa Nos·tra** [コーザ ノストら] [名] --/ コーザノストラ(米国の秘密犯罪組織).
cosec =Kosekans 〖数〗コセカント.
(das) **Cos·ta Ri·ca** [コスタ リーカ] [名] --s/ 〖国名〗コスタリカ(中央アメリカの国).
cot =Kotangens 〖数〗コタンジェント.
cotg =Kotangens ⇨ cot.
das **Cot·tage** [kɔ́tɪtʃ コッティチュ] [名] -/-s **1.** 田舎の別荘;田舎家. **2.** 《オーストリア》高級住宅街.
(das) **Cott·bus** [コットブス] [名] -'/ 〖地名〗コットゥブス(①ブランデンブルク州の都市. ②旧東独時代の同市を中心とする県).
der **Cott·bus·ser** [コットブサー] [名] -s/- コットゥブスの人.
die **Couch** [kaʊtʃ カウチュ] [名] -/-es〔-en〕(《スイス》der ~ -/-s〔-en〕も有) ソファーベッド.
der **Couch·tisch** [カウチュ·ティッシュ] [名] -(e)s/-e 応接テーブル.
(der) **Cou·den·ho·ve-Ka·ler·gi** [kudənhó:və..クデンホーヴェ·カレるギ] [名] 〖人名〗クーデンホーヴェ·カレルギ(Richard N. Graf von ~, 1894-1972, オーストリアの政治学者)
die **Cou·leur** [kulǿ:r クレーあ] [名] -/-s **1.** (㊥の
み)(思想的)色合い, 傾向. **2.** 〖トランプ〗切り札. **3.** 〖学生組合〗シンボルカラーの肩帯と帽子.
der 〔*das*〕 **Cou·loir** [kuloá:r クロアーあ] [名] -s/-s **1.** 〖登山〗岩溝, (山腹の)峡谷, ルンゼ, ガリー. **2.** 〖馬術〗跳躍の練習場.
das **Cou·lomb** [kulɔ̃: クローン, kulɔ́mp クロムプ] [名] -s/- 〖電〗クーロン(電気量の単位. 記号 C).
der 〔*das*〕 **Count-down, Count·down** [káʊntdáʊn カウント·ダウン] [名] -(s)/-s 秒読み;最終チェック.
der **Coun·ter·te·nor** [káʊn.. カウンター·テノーあ] [名] -s/..nöre 〖楽〗カウンターテナー;(少年の)アルト歌手.
die **Coun·t·ry·mu·sic,** ⑱ **Coun·try-mu·sic** [kántrimju:zɪk カントり·ミューズィック] [名] -/ (米国の)カントリー·ミュージック.
die **Coun·ty** [káʊnti カウンティ] [名] -/..ties [..ティース] (米国の)郡;(英国の)州.
der **Coup** [ku: クー] [名] -s/-s (上首尾の)大胆な企て: einen ~ gegen <j⁴/et⁴> starten〔landen〕<人·物·事に対して>思いきったことをしてのける.
die **Cou·pa·ge** [kupá:ʒə クパージェ] [名] -/ (ワイン·ブランデーの)混入;ブレンド·ブランデー.
das **Cou·pé** [kupé: クペー] [名] -s/-s クーペ型自動車;二人乗り馬車;《古》(列車の)コンパートメント.
das **Cou·plet** [kuplé: クプレー] [名] -s/-s クプレ(時事風刺的な小歌).
der **Cou·pon** [kupɔ̃: クポーン, ..pɔ̃ŋ クポング] [名] -s/-s **1.** クーポン券;〖銀行〗利札. **2.** 《スイス》記入用紙の切り取り部分.
die **Cour** [ku:r クーあ] [名] -/ 《古》(次の形で)einer Dame die ~ machen〔schneiden〕婦人に慇懃(いんぎん)な態度を取る.
die **Cou·ra·ge** [kurá:ʒə クらージェ] [名] -/ 《口》勇気, 勇敢さ;《方》体力, 腕力, 筋力.
cou·ra·giert [kuraʒí:rt クらジーあト] [形] 勇気のある, 大胆な.
die **Cour·ta·ge** [kurtá:ʒə クるタージェ] [名] -/-n (証券の)委託〔仲買〕手数料.
das **Cous·cous** [kɔ́skʊs クスクス] [名] -/- クスクス(蒸した粗びき粉の北アフリカ料理).
der **Cou·sin** [kuzɛ̃: クザーン] [名] -s/-s 従兄弟(いとこ).
die **Cou·si·ne** [ku.. クズィーネ] [名] -/-n 従姉妹(いとこ).
die **Cou·si·nen·wirt·schaft** [クズィーネン·ヴィるトシャふト] [名] -/ 《蔑》(《冗》にも)(採用の際の)縁者びいき, 同族採用.
der **Cou·tu·ri·er** [kutyrié: クテュりエー] [名] -s/-s オートクチュール〔高級婦人服〕のデザイナー.
die **Cou·va·de** [kuvá:.. クヴァーデ] [名] -/-n 〖民族〗擬娩(出産時に夫が妻を模す風習).
das **Cou·vert** [kuvɛ́:r, ..vɛ́:r クヴェーあ] [名] -s/-s **1.** (表がひし形などにあいている)布団カバー. **2.** 封筒. **3.** 一人前の食器セット.
die **Cou·veu·se** [kuvǿ:zə クヴェーゼ] [名] -/-n 〖医〗(未熟児の)保育器.
das **Co·ver** [kávər カヴァー] [名] -s/-s **1.** レコードジャケット. **2.** (雑誌の)表紙.
der **Co·ver·coat** [..ko:t カヴァー·コート] [名] -(s)/-s 〖織〗カバート;〖服〗(七分丈の)カバートのコート.
das **Co·ver·girl** [..gørl カヴァー·ゲーあル, ..gœrl カヴァー·ゲるル] [名] -s/-s カバーガール(雑誌などの表紙のモデル女性).
die **Co·ver·sto·ry** [..sto:ri カヴァー·ストーり, ..stɔri カヴァー·ストり] [名] -/-s〔..ies〕カバーストーリー(雑誌の表紙に関連した特集記事).
der **Cow·boy** [káʊbɔy カウ·ボイ] [名] -s/-s カウボーイ.

das **CPU** [ツェーペーウー, siːpiːjúː スィーピーユー] [名] -/ =central processing unit (コンピュータの)中央処理装置.
Cr [ツェーエる] =Chrom 〘化〙クロム.
cr. =currentis この年(月)の.
der **Crack** [krɛk クれック] [名] -s/-s 〘スポ〙名選手; (厩舎)最高の競争馬.
das **Crack** [krɛk クれック] [名] -s/ クラック(麻薬).
der **Cra·cker** [krɛ́kər クれッカー] [名] -s/-(s) **1.** クラッカー(食品). **2.** (《複》-)(悪意の)ハッカー.
(*der*) **Cra·nach** [クらーナは] [名] 〘人名〙クラーナハ (Lucas ~(, d.Ä), 1472-1553, 画家).
das **Cra·que·lé** [krakəléː クらケレー] [名] -s/-s **1.** (der ~ も有)(縮みのある)クレープ生地. **2.** (陶器・グラスの表面の)細かいひび割れ.
die **Cra·que·lu·re** [krakəlýːrə クらケリューれ] [名] -/-n (主に《複》)(古い絵画の絵の具・ニスの)細かいひび割れ.
der **Crash** [krɛʃ クれッシュ] [名] -s/-s **1.** (カーレースでの)激突; (飛行機の)墜落. **2.** 〘経〙(相場の)暴落; (企業の)大型倒産.
der **Crash·kurs** [クれッシュ・クるス] [名] -es/-e 速修コース.
der **Crash·test** [クれッシュ・テスト] [名] -(e)s/-s(-e) (自動車の)衝撃度テスト.
das **Cre·do** [クれード] [名] -s/-s =Kredo.
der **Creek** [kríːk クリーク] [名] -s/-s 〘地〙(東アフリカの)入江; (北米の)小川, 細流; (オーストラリアで雨期にできる)小川.
creme [kreːm, krɛːm クれーム] [形] (無変化)クリーム色の.
die **Creme** [クれーム] [名] -/-s (《スイ・オーストリア》-/-n) **1.** クリーム; 生クリーム; クレーム(濃いリキュール酒). **2.** (化粧)クリーム. **3.** (《単》のみ)(《文》)(《皮》にも)上流(階級).
die **Crème de la Crème**, [旧] **Crème de la crème** [krɛ́ːm də la krɛ́ːm クれーム ド ラ クれーム] [名] ----/ (《文》)(《皮》にも)上流階級のえり抜きの人々, 社交界の名士たち.
creme·far·ben [クれーム・ふぁるベン] [形] クリーム色の.
cre·men [kréː.., krɛ́ː.. クれーメン] [動] *h.* **1.** 〘<j³>ノ+<et⁴>ニ〙クリームをすり込む. **2.** 〘sich³+<et⁴>ヲ+in<et⁴>ニ〙すり込む.
die **Cre·o·le** [クれオーレ] [名] -/-n (主に《複》)クレオール((小さい)飾りを通せる大型の丸いイヤリング).
der **Crêpe**[1] [krɛp クれプ] [名] -s/-s 〘織〙クレープ, ちぢみ: ~ Georgette クレープジョーゼット.
die **Crêpe**[2] [クれプ] [名] -/-s 〘料〙クレープ.
der **Crêpe de Chine** [krɛ́pdəʃíːn クれプ ド シーン] [名] ---/-s --[クれプ ド シーン] クレープデシン, フランスちりめん.
der **Crêpe ma·ro·cain** [..kɛ̃ː クれプ マろケーン] [名] --/-s-s [クれプ マろケーン] クレープ・マロケーン(絹などのクレープ服地).
cresc. =crescendo 〘楽〙クレッシェンド.
cre·scen·do [krɛʃɛ́ndo クれシェンド] [副] 〘楽〙クレッシェンド, 次第に強く(略 cresc.)
das **Cre·scen·do** [クれシェンド] [名] -s/-s(..di)〘楽〙クレッシェンド,
die **Cre·vet·te** [クれヴェッテ] [名] -/-n 小エビ.
die **Crew** [kruː クるー] [名] -/-s **1.** クルー(①(船の)乗組員. ②(飛行機の)搭乗員. ③漕艇のチーム). **2.** (任務遂行)グループ. **3.** (海軍の)同期の士官候補生.
das **Crois·sant** [krọasã́ː クろアサーン] [名] -(s)/-s [..サーン] クロワッサン(三日月形のパン).
der **Crom·lech** [クろム・レひ, ..lɛk クろム・レク] [名] -s/-e(-s) =Kromlech.
der **Cross** [クろス] [名] -/- **1.** 〘スポ〙(ボクシングの)クロスパンチ, クロスカウンター; (テニスの)クロスボール. **2.** クロスカントリー(レース).
der **Crou·pi·er** [krupiéː クるピエー] [名] -s/-s (賭博台の)胴元, クルピエ.
der **Croû·ton** [krutṍː クるトーン] [名] -(s)/-s (主に《複》)〘料〙クルトン.
das **Cru** [kryː クりゅー] [名] -(s)/-s (フランスの)ワイン生産地, ぶどう畑.
das **Cruise·mis·sile, Cruise-Mis·sile** [krúːsmísaɪl クるース・ミサイル] [名] -s/-s 〘軍〙巡航ミサイル.
die **Crux** [クるックス] [名] -/ 《文》困難なこと, 悩みの種, 難点.
Cs [ツェーエス] =Cäsium 〘化〙セシウム(Zäsium).
c.s. =colla sinistra 〘楽〙左手で.
der **Csar·das, Csár·dás** [tʃárdas チャるダス] [名] -/- チャルダシュ(ハンガリーの民俗舞曲).
der **C-Schlüs·sel** [tséː.. ツェー・シュリュッセル] [名] -s/- 〘楽〙ハ音記号.
ČSFR [tʃeːˈɛsˈɛfˈɛr チェーエスエふエる] =Česká a Slovenská Federativná Republika チェコ・スロヴァキア連邦共和国(1993 年にチェコとスロヴァキアに分離独立).
die **CSU** [ツェーエスウー] [名] -/ =Christlich-Soziale Union キリスト教社会同盟(バイエルン州のキリスト教政党).
ct **1.** =Cent セント. **2.** =Centime サンティーム.
CT =Computertomografie コンピュータ断層撮影, CT スキャン.
Ct. =Centime (《スイ》)サンティーム.
c. t. =〘ラテン語〙cum tempore 定刻より 15 分遅れて.
ctg =Kotangens 〘数〙コタンジェント.
Cu [ツェーウー] =Cuprum 〘化〙銅(Kupfer).
cui bo·no ? [kúːi.. クーイ ボーノ] 〘ラテン語〙それによってだれが得をするか.
cu·ius re·gio, eius re·li·gio [kúːjʊs réːgio éːjʊs .. クーユス れーギオ エーユス れりーギオ] 〘ラテン語〙領主の宗教が領民の宗教(1555 年のアウクスブルク宗教和議の原則).
der **Cul de Pa·ris** [kýːdəparíː キュー ド パりー] [名] ---/-s --[キュー ド パりー] キュ・ドゥ・パリ(19 世紀終りに流行した下着の腰あて).
die **Cu·lot·te** [kylɔ́t キュロット] [名] -/-n (17-8 世紀の貴族男性用の)半ズボン.
das **Cul·tu·ral lag** [kʌ́ltʃərəllɛ́k カルチュれル レック] [名] --/--s 〘社〙文化遅滞.
cum gra·no sa·lis [クム グらーノ ザーリス] 〘ラテン語〙文字どおりにとらずに, いくらか控え目に.
cum lau·de [クム ラウデ] 〘ラテン語〙良で(学位試験で三番目に良い評価).
cum tem·po·re [クム テムポれ] 〘ラテン語〙(講義などの開始が)定刻より 15 分遅れて.
der **Cu·mu·lo·nim·bus** [クムロ・ニムブス] [名] -/-se 〘気〙積乱雲.
der **Cu·mu·lus** [クームルス] [名] -/..li 〘気〙積雲.
C und C [tséː ʊnt tséː ツェー ウント ツェー] =cash and carry 〘商〙現金払い持帰り.
der **Cun·ni·lin·gus** [クニリングス] [名] -/- クンニリングス(性戯).
der **Cup** [kap カップ] [名] -s/-s **1.** 優勝杯; 優勝杯争奪戦. **2.** (ブラジャーの)カップ.
(*der*) **Cu·pi·do** [クピード, クーピド] [名] 〘ロ神〙キューピッド(愛の神). ⇨Eros.
das **Cu·prum** [クープるム] [名] -s/ 〘化〙銅(記号 Cu).
der **Cu·ra·çao** [kyrasáːo キュらサーオ] [名] -(s)/-s 〘商標〙キュラソー(リキュール酒).

das **Cu·ra·re** [クらーれ] 名 -(s)/ =Kurare.
das **Cu·rie** [ky.. キュり] 名 -/- 【理】キューリー《放射能の単位. 記号 Ci》.
das **Cu·ri·um** [クーりウム] 名 -s/ 【化】キュリウム《記号 Cm》.
das **Cur·ling** [kő̆rlɪŋ ⑦あリング, kœ́rlɪŋ ⑦るリング] -s/ カーリング《円形の石を氷上で的まで滑らせるゲーム》.
cur·ren·tis [クれンティス] 〖ラ語〗《古》この年〔月〕の《略 cr.》.
das **Cur·ri·cu·lum** [クりークルム] 名 -s/..la 《教》カリキュラム.
das **Cur·ri·cu·lum Vi·tae,**⑪ **Cur·ri·cu·lum vi·tae** [..vítɛ クりークルム ヴィーテ] 名 --/..la -《古》履歴〔書〕.
das〔*der*〕 **Curry** [kári カり, kœri りり] 名 -s/-s カレー粉;《das ～》カレーライス.
der **Cur·sor** [kŏ̆rzər ⑦ーあザー, kœ́rzər りるザー] 名 -s/-s 〖コンピ〗カーソル.
der **Cur·tain-wall** [kŏ̆rtɪnvɔːl ⑦ーあティン·ヴォール, kœ́rt..りるティン·ヴォール] 名 -s/-s 〖建〗カーテンウォール, 帳壁.
der **Cut** [kœt ⑦っト, kat カット] 名 -s/-s **1.** = Cutaway. **2.** 〖ボクシ〗カット《裂傷》. **3.** [kat] 〖ゴル〗《ゴルフトーナメントの》カット.
der **Cut·a·way** [kœ́təve ⑦ッテヴェ, ká..カッテヴェ] 名 -(s)/-s モーニングコート.
der **Cutter** [kátər カッター] 名 -s/- 〖映·ネジ·など〗編集者.
die **Cu·vée** [kyvéː キュヴェー] 名 -/-s 《das ～ s/-s も有》キュヴェ《ワインの混合》.
der **CVJM** [ツェーふぁウヨットエム] 名 - s/ YMCA (Christlicher Verein Junger Menschen)《以前は Männer》.
die **C-Waf·fen** [tsé:.. ツェー·ヴァっふぇン] 複名 = Chemische Waffen 化学兵器.
cwt. =centweight ハンドレットウェイト《重量の単位》(Hundredweight).
das **Cy·cla·mat** [tsy. ツュクラマート] 名 -s/-e チクロ, シクラメート《人工甘味料》.
die **Cym·bal** [tsýːm.. ツュムバル] 名 -s/-e〔-s〕シンバロン《東欧の民族音楽で用いられる撥〔弓〕弦楽器》.
〔*der*〕 **Czer·ny** [tʃɛ́rni チェるニ] 〖人名〗チェルニー《Carl ～, 1791-1857, オーストリアのピアニスト·作曲家》.

D

das d¹, D¹ [de: デー] 名 -/-(《口》-s/-s) 1. ドイツ語アルファベットの第4字. 2. 〖楽〗ニ音: in d/D ニ短調/二長調で.

d² 1. =Denar デナリウス(古代ローマなどの銀貨). 2. =dextrogyr〖理・化〗右旋性の. 3. =Dezi‥ デシ‥(10分の1を表す単位). 4. =Differenzial〖数〗微分. 5. =d-Moll〖楽〗ニ短調. 6. =Penny, Pence 〖古〗ペニー, ペンス(イギリスの貨幣単位).

d =Durchmesser〖数〗直径.

D² [デー] =Deuterium〖化〗重水素.

D³(硬貨の)貨幣造幣局の刻印.

D⁴ 1. =Damen 婦人用(トイレなど). 2. =D-Dur〖楽〗ニ長調. 3. =Deutschland ドイツの自動車ナンバーのマーク. 4. =Dinar ディナール(ユーゴスラヴィア・イラク・ヨルダンの貨幣単位). 5. =fünfhundert (ローマ数字)500.

D. =Doktor der ev. Theologie (プロテスタントの)名誉神学博士.

da¹ [ダー] 副 1. (空間) **a.** (主に話者の近くを指して)そこに[で]: Wer ist denn ~? そこにいるのはだれだ. Das Auto ~ そこの自動車. ~ draußen/unten そこの外/下で. (関係副詞 wo の相関詞として) Ich wohne jetzt ~, wo er früher gewohnt hat. 私はいまだに彼が以前住んでいたところに住んでいる. Das ist noch nicht ~ gewesen. それはまだ現実になっていなかった. von ~ そこから. **b.** (既述の場所)そこに[で]: Im Deutschen, ~ ist er sehr gut. ドイツ語では, 彼はとても優秀だ. **c.** (話し手の位置を示して)ここに[で]: D~ bin ich. 私はここにいます. Ich bin gleich wieder ~. すぐに戻ってきます. **d.** (物を渡すときに)ほら, さあ: D~ nimm das Geld mit! ほら, このお金を持ってお行き. 2. (時点) **a.** (既述の時点)そのとき, 当時: Vor zehn Jahren war er Student, ~ wohnte er bei uns. 10年前彼は学生で, 当時私たちの家に住んでいた. (時の従属接続詞 als, bevor, nachdem, während などの相関詞として) Als er noch klein war, ~ verlor er seine Eltern. 彼はまだ小さかったとき両親を亡くした. **b.** (既述の事柄, 続く出来事の開始時点になって)すると, そのとき: Er sagte „Bitte sehr!" D~ setzten sich alle hin. 彼は「どうぞ」と言った. すると, そのとき皆が座った. (kaum ..., da の形で)Kaum war ich im Büro, ~ klingelte schon das Telefon. 私が事務所に着くやいなや, もう電話が鳴った. ~と同時に以外/以後. 3. (既述の状態・条件・原因などを示して) **a.** (状態)それ[あれ・これ]で[は]: Das Auto war kaputtgegangen. D~ musste er zu Fuß gehen 車が壊れてしまった. それで彼は歩かなければならなかった. **b.** (条件)それなら, そうすれば: Man muss sehr strikt mit ihnen sein, und ~ spüren sie auch. 彼らには厳しくしてやらなければいけない. そうすれば彼らも言うことをきく. **c.** (原因)それで, そのために: Es gab einen Verkehrsstockung. D~ sind sie zu spät gekommen 交通が渋滞していた. それで彼らは遅れて来た. **d.** (noch とともに)それでも: Der Stürmer spielt immer mit voller Kraft, und ~ sagt man noch, er sei nicht einsatzfreudig genug. そのフォワードは力いっぱいやるのに, それでもまだ彼が十分でないと言われる. 4. (既述の事柄全体を受けて)その点では: Mein Monatsgehalt ist dreitausend (Euro). D~ habe ich natürlich nichts einzuwenden. 私の月給は3000ユーロだ. その点ではもちろん何の文句もない.

5. (指示的な意味がうすれて) **a.** (文頭を埋める es と同じ役割で) D~ ist zunächst die Frage, wieviel Leute damit einverstanden sind. まず問題は何人が それに賛成であるかだ. **b.** (後に生じる前置詞の融合形の da の部分をあらかじめ文側で示して) D~ habe ich nichts dagegen. 《口》そのことだったら私は反対ではない. **c.** (dabei, dafür などの融合形から前置詞が別れ, 文末に置かれて) D~ bin ich auch für. 《北独》それには私も賛成だ. 【慣用】**Da haben wir's.** 思ったとおりだ, 困ったことになった. **Da, horch!** ほらよく聞いてこらん. **Da hört (sich⁴) doch alles auf!** 《口》もうたくさんだ, そんな話ってあってたまるか. **da und da** しかじかの所に, ある所に. **da und dort** そこここで;時おり. **hie[hier] und da** あちらこちらで. **Sieh da!** ほらね.

da² [ダー] 接〔従属〕 1. (理由)…なので, …という理由で;…である以上(今となっては);(主文が疑問文で)のに: ~なのに: D~ sie krank war, konnte sie nicht kommen. 彼女は病気だったので, 来ることができなかった. 2. (時点)〔文〕…した〔であった〕とき〖普通:als〗: D~ er noch jung war, ... 彼がまだ若かった頃…. An dem Tag, ~ er zum ersten Mal die Alpen erblickte, ... 彼が初めてアルプスを眺めたその日に….

da³ 1. =Deka‥ デカ‥(10を表す単位). 2. =Deziar デジアール(1/10 Ar).

d. Ä. =der Ältere シニア, 年長の方.

DAAD [デーアーアーデー] =Deutscher Akademischer Austauschdienst ドイツ学術交流会.

DAB [デーアーベー] =Deutsches Arzneibuch ドイツ薬局方.

da|be·hal·ten* [ダー・ベハルテン] 動 h. ⟨j⁴/et⁴ッ⟩引き止めておく, 手元に置く.

da·bei [ダ・バイ, 指示的にはダー・バイ] 副 1. (空間) **a.** (近接)そのそばに: Er braucht nur fünf Minuten bis zur Schule. Er wohnt direkt ~. 彼は学校へ行くのに5分しかかからない. 彼はそのすぐそばに住んでいる. **b.** (付属)それに一緒に: Ich habe das Paket geöffnet, die Rechnung lag ~. 私はその小包を開けた. 計算書もついていた. 2. (付随・同時)その際, そのとき: Sie nähte und hörte ~ Radio. 彼女は縫い物をしながらラジオを聞いていた. Ich bin schon ~. もう始めております. 3. (付加)そのうえ, しかも; (前後の内容の矛盾を示して)そのくせ: Sie ist schön und ~ klug. 彼女は美しく, そのうえ頭がいい. Er ist reich und ~ einfach. 彼は金持ちでそれでいて素朴だ. 4. (関連)それに関して: Aus dem Flugzeug stiegen einige Männer aus, aber ~ handelte es sich nicht um meine Freunde. 飛行機から何人かの男たちが降りてきたが, その中には私の友人はいなかった. 5. (前置詞 bei と固定の結びつきを持つ動詞・形容詞の補足語として) ~ helfen 〔behilflich sein〕 それを手伝う. 6. (後続の dass 文, zu 動などとの相関詞として) Er bleibt ~, dass er es selbst gesehen hat. 彼はそれを自分自身で見たと言ってきかない. Als ich kam, war er gerade ~, die Koffer in den Wagen zu laden. 私が来た時, 彼はちょうど車にそれらのスーツケースを積んでいるところだった. 【beiをdaから分離して用いることがある: Da ist nichts bei. 《北独》それはたいしたこともかまわない〔たいしたことはない〕.】【慣用】**Es bleibt dabei!** そうしておこう, それに決めた. **Es ist doch nichts dabei.** それはかまわない〔たいしたことはない〕. **Ich bin dabei!** はい, そうします. **nichts dabei finden** それはかまわない〔たいしたことはない〕と思う.

Was ist (schon) dabei ? それがどうしたというのだ.

da·bei|blei·ben* [ダバイ・ブライベン] [動] *s.* (不定詞・過去分詞以外は副文中でも分離して用いる) 〔補足なし〕…し続ける, そこに居続ける.

da·bei|ha·ben* [ダバイ・ハーベン] [動] *h.* 《口》 **1.** 〔〈j⁴/et⁴〉ヲ〕連れている, 持ち合わせて〔携えて〕いる. **2.** 〔〈j⁴〉ヲ〕参加させる.

da·bei|sein* [ダバイ・ザイン] ⇨ dabei 2, 6,【慣用】.

da·bei|sit·zen* [ダバイ・ズィッツェン] [動] *h.* 〔補足なし〕その場に座っている.

da·bei|ste·hen* [ダバイ・シュテーエン] [動] *h.* 〔補足なし〕その場に立っている.

da|blei·ben* [ダー・ブライベン] [動] *s.* (不定詞・過去分詞以外は副文中でも分離して用いる) 〔補足なし〕そこに残る〔留まる〕.

da ca·po [ダ カーポ] 〖イタリア語〗 **1.** 〖楽〗ダカーポ, 曲頭から反復せよ. **2.** アンコール!.

das **Dach** [ダっは] [名] -(e)s/Dächer **1.** 屋根. **2.** 屋根形のもの;(上部の)覆い: das ~ der Welt 世界の屋根(パミール高原). 【慣用】 **〈j³〉 aufs Dach steigen** 《口》〈人を〉叱責(しっせき)する〔とっちめる〕. **〈j³〉 eins aufs Dach geben** 《口》〈人の〉頭に一発食らわす, 〈人を〉叱責する. **eins aufs Dach kriegen** 〔**bekommen**〕《口》頭をたたかれる, 叱責される. **kein Dach über dem Kopf haben** 《口》泊まるところ〔住む家〕がない. **〈et⁴〉 unter Dach und Fach bringen** 〈物を〉安全な場所に入れる;〈事を〉うまくやりとげる.

die **Dach·an·ten·ne** [ダっは・アンテネ] [名] -/-n 屋上アンテナ.

(*das*) **Da·chau** [ダっはウ] [名] -s/ 〖地名〗ダッハウ(ナチスの強制収容所(1933-45)があったドイツ南部の町).

der **Dach·bal·ken** [ダっは・バルケン] [名] -s/- 小屋梁(ばり), 棟木.

der **Dach·bo·den** [ダっは・ボーデン] [名] -s/..böden 《東中独・北独》屋根裏(部屋).

der **Dach·de·cker** [ダっは・デッカー] [名] -s/- 屋根ふき職人.

das **Dach·fens·ter** [ダっは・ふェンスター] [名] -s/- 屋根窓, 天窓.

der **Dach·first** [ダっは・ふィるスト] [名] -(e)s/-e (屋根の)棟.

der **Dach·gar·ten** [ダっは・ガるテン] [名] -s/..gärten 屋上庭園;屋上テラス.

das **Dach·ge·schoss,** ⓐ**Dach·ge·schoß** [ダっは・ゲショス] [名] -es/-e 屋根裏部屋.

die **Dach·ge·sell·schaft** [ダっは・ゲゼルシャふト] [名] -/-en 〖経〗親会社.

das **Dach·ge·sims** [ダっは・ゲズィムス] [名] -es/-e 軒蛇腹.

der **Dach·gie·bel** [ダっは・ギーベル] [名] -s/- 切妻壁(切妻屋根の下の三角形の部分).

die **Dach·glei·che** [ダっは・グライひェ] [名] -/-n 《オーストリア》上棟式.

der **Dach·ha·se** [ダっは・ハーゼ] [名] -n/-n 《冗》ネコ.

die **Dach·kam·mer** [ダっは・カマー] [名] -/-n 屋根裏部屋.

die **Dach·lu·ke** [ダっは・ルーケ] [名] -/-n (突き上げ)天窓.

die **Dach·or·ga·ni·sa·ti·on** [ダっは・オるガニザツィオーン] [名] -/-en 上部組織.

die **Dach·pap·pe** [ダっは・パっペ] [名] -/-n ルーフィングシート〔ボード〕(屋根ふき用のタール紙).

die **Dach·pfan·ne** [ダっは・プふァネ] [名] -/-n 桟瓦(さんがわら).

der **Dach·rei·ter** [ダっは・らイター] [名] -s/- 棟の上の小塔.

die **Dach·rin·ne** [ダっは・りネ] [名] -/-n 軒樋(のきどい), 雨樋(あまどい).

der **Dachs** [ダっクス] [名] -es/-e 〖動〗アナグマ: wie ein ~ schlafen ぐっすり眠る. 【慣用】**ein junger Dachs** 《口》未熟な若者, 若造.

der **Dachs·bau** [ダっクス・バウ] [名] -(e)s/-e アナグマの巣穴.

der **Dach·scha·den** [ダっは・シャーデン] [名] -/..schäden **1.** 屋根の破損(箇所). **2.** (⑩のみ)《口》頭がいかれていること.

der **Dach·schie·fer** [ダっは・シーふァー] [名] -s/- (屋根ふき用の)スレート.

die **Dach·schin·del** [ダっは・シンデル] [名] -/-n (屋根用)こけら板.

der **Dachs·hund** [ダっクス・フント] [名] -(e)s/-e =Dackel.

der **Dach·spar·ren** [ダっは・シュパレン] [名] -s/- 垂木(たるき).

der **Dach·stuhl** [ダっは・シュトゥール] [名] -(e)s/..stühle 屋根の骨組み.

dach·te [ダはテ] [動] denken の過去形.

däch·te [デひテ] [動] denken の接続法 2 式.

die **Dach·trau·fe** [ダっは・トらウふェ] [名] -/-n (傾斜屋根の)軒先;《方》雨樋(あまどい).

die **Dach·woh·nung** [ダっは・ヴォーヌング] [名] -/-en 屋根裏部屋.

der **Dach·zie·gel** [ダっは・ツィーゲル] [名] -s/- 屋根瓦(がわら).

der **Da·ckel** [ダッケル] [名] -s/- 〖動〗ダックスフント(犬);《口・罵》うすのろ, 間抜け.

der **Da·da·is·mus** [ダダイスムス] [名] -/ ダダイズム(1920 年頃の反伝統的芸術運動).

der **Da·da·ist** [ダダイスト] [名] -en/-en ダダイスト.

da·da·is·tisch [ダダイスティシュ] [形] ダダイズムの.

(*der*) **Dä·da·lus** [デーダルス] [名] 〖ギ神〗ダイダロス(クレタ島に迷宮を建てた名工. Ikaros の父).

da·durch [ダ・ドゥるひ, 指示的には ダー・ドゥるひ] [副] **1.** (発音は[dáːdʊrç])(空間)そこ〔そちら〕を通って〔通して・通じて〕: Diese Tür ist geschlossen. Man muss ~ gehen. このドアは締切りだ. そちらを通らなければならない. **2.** (手段・原因・事情・方法)それによって, そうすることで, そのために;(dass [文]の相関詞として)…によって, …が原因で: Der Streit entsteht ~, dass ... その争いは…が原因で起こった.

da·für [ダ・ふューあ, 指示的には ダー・ふューあ] [副] **1.** (目的)そのために: Er will allein nach Europa reisen. Aber ~ ist er schon zu alt. 彼は一人でヨーロッパへ旅行しようとしている. しかしそれには彼は年を取りすぎている. die Voraussetzung ~ そのための前提. **2.** (賛意)それに賛成して: Alle sind ~. 全員それに賛成である. Die Stimmen ~ sind 30 und die dagegen zehn. 賛成票は 30 票で, 反対票は 10 票である. **3.** (代償)その代りに, それに対して: Fußball spielt er zwar schlecht, aber ~ gut Tennis. 彼はサッカーはへただが, その代りテニスはじょうずだ. der Dank ~ それに対するお礼〔報酬〕. **4.** (関連)それに(関して)は, それに対して: Ich habe das Angebot abgelehnt. *D*~ gibt es mehrere Gründe. 私はその申出を断った. それにはいくつか理由がある. der Beweis ~ それの証拠. **5.** (対照)その割に, それにしては: Dieses Buch hat nur hundert Seiten. *D*~ finde ich es zu teuer. この本は 100 ページしかない. その割には私は高すぎると思う. **6.** 《口》(対抗)それに対して: Ich habe Kopfschmerzen. Haben Sie ~ ein wirksames Mittel ? 私は頭痛がする. それによく効く薬がありますか. Tabletten ~ それに効く錠剤. **7.** 《口》(理由)なにしろ…なのだから: Sie hat das Lied sehr gut gesungen. Aber ~ ist sie ja auch Sängerin. 彼女はその歌をとてもじょうずに歌っ

た. なにしろ歌手なのだから. **8.**《前置詞 für と固定の結びつきを持つ動詞・形容詞の補足語として》〈j³〉~ danken〈人₃〉そのことを感謝する. sich⁴ ~ interessieren それに関心を持つ. ~ charakteristisch sein それに特有である. ~ geeignet sein それに適している. **9.**《後続の dass 文, zu などとの相឴関詞として》Mein Mann hat kein Verständnis ~, wie viele häusliche Arbeiten ich machen muss. 私の夫は私がどれほどたくさんの家事をしなければならないかが分っていない. **10.**《für を da から分離して用いることがある》Da hat er keinen Sinn *für*.《北独》それに対しては彼はセンスがない.【慣用】〈j¹〉 **kann nichts dafür** 〈人₃〉それに責任がない〔それをどうしようもない〕. **~ spricht dafür**〈事₃〉それを証拠立てている. **dafür da sein, zu 動/dass ...** ~する/...のことのためにある〔いる〕.

da·für|hal·ten*, da·für hal·ten* [ダふューア・ハルテン] 動 *h*.《文》〔テフテル〕《文》考える.

das **Da·für·hal·ten** [ダふューア・ハルテン] 名 -s/《次の形で》考え.

da·für|kön·nen*, da·für kön·nen* [ダふューア・ケネン] 動 *h*.《次の形で》etwas/nichts ~ それに責任がある/ない.

dag =Dekagramm.〔テーカーク〕デカグラム.

DAG =Deutsche Angestelltengewerkschaft ドイツ職員労働組合.

da·ge·gen [ダ・ゲーゲン, 指示的には ダー・ゲーゲン] 副 **1.**《方向》それに向かって: In der Kurve stand ein Baum, und er fuhr ~. カーブで一本の木が立っていて, 彼は車でそれにぶつかった. **2.**《反対・対抗》それに反対〔対抗〕して, それに対して: Alle sind ~. 全員反対である. Haben Sie Kopfschmerzen? D~ habe ich ein wirksames Mittel. 頭が痛いのですか, それによく効く薬があります. Abscheu ~ empfinden それに嫌悪を感じる. **3.**《交換》それと引換えに, その代りに: Geben Sie mir den Gepäckschein! Nur ~ kann ich Ihnen das Gepäck aushändigen. 手荷物預証を下さい. それと引換えにしか荷物はお引渡しできません. im Tausch ~ それと交換に. **4.**《比較》それに比べて: Der Aufstieg dieses Berges ist schwer, ~ ist dieser hier ein Kinderspiel. 向うの登りに非常に難しい. それに比べれば, これなんかお遊びみたいなものだ. **5.**《発音は[dagé:gən]》《対比》それに反して: Er raucht seine Pfeife, ~ aber Zigarren. 彼はパイプは吸うが, 葉巻はやる. **6.**《前置詞 gegen と固定の結びつきを持つ動詞・形容詞の補足語として》~ kämpfen それと戦う. ~ stimmen それに反対票を投じる. ~ verstoßen それに違反する.〈et⁴〉 ~ tauschen〈物⁴〉それと交換する. sich⁴ ~ wehren それに抵抗する. ~ gleichgültig sein それに無関心である. ~ misstrauisch sein それを疑っている. ~ taub sein それに耳を貸さない. **7.**《後続の dass 文, zu などとの相឴関詞として》Ich bin ~, heute abzureisen. 私, 今日は旅立つことに反対だ.【gegen を da から分離して用いることがある: *Da* kann man nichts *gegen* tun.《北独》こればかりはどうしようもない.】【慣用】**etwas/ nichts dagegen haben** それに異存がある〔それに異存がない〕〔それはかまわない〕.〈et¹〉 **spricht dagegen** 〈事₃〉それにマイナスの材料を提供する.

da·ge·gen|hal·ten* [ダゲーゲン・ハルテン] 動 *h* **1.**〈et⁴〉うき合せる〔原典などを〕. **2.**《〈j³〉に》+〈et⁴〉~ 〔〈et⁴〉で〕〔〈人₃〉に〕答える.

da·ge·gen|stel·len [ダゲーゲン・シュテレン] 動 *h*.〔sich⁴〕〔それに反対する.

da·ge·gen|wir·ken [ダゲーゲン・ヴィルケン] 動 *h*.《様態》~ 反対する, 防害する.

die **Da·guer·reo·ty·pie** [dagεrotypí:] 名 -/-n《写》**1.**《のみ》銀板写真法, ダゲレオタイプ. **2.** 銀板写真.

die **Da·ha·bi·je** [ダハビーイェ] 名 -/-n（ナイル川の）屋形船, 渡し船.

da·heim [ダ・ハイム] 副《南独・オーストリア・スイス》家に〔で〕, 故郷に〔で〕.

das **Da·heim** [ダ・ハイム] 名 -s/《南独・オーストリア・スイス》わが家; 故郷.

der/die **Da·heim·ge·blie·be·ne, da·heim Ge·blie·be·ne** [ダハイム・ゲブリーベネ] 名《形容詞的変化》家〔故郷〕に残った者.

da·her [ダ・ヘーア, 指示的には ダー・ヘーア] 副 **1.**《空間》そこから;《方》こちらへ: D~ komme ich gerade. そこから私はちょうど来たところだ. **2.**《発音は[dá:he:r]》《出典・原因・事情》そこから;《dass 文との相឴関詞として》...から: Das Zitat stammt ~. その引用はそこから来ている. Seine Unzufriedenheit kommt ~, dass ... のところから来ている. **3.**《理由》それ故: Er hatte einen Unfall und kam ~ zu spät. 彼は事故に遭って, それで遅れてきた.【*her* を da から分離して用いることがある: Ah, *da* kommt das *her*.《口》そうか, それはそこから来ているのか.

da·her·ge·lau·fen [ダヘーア・ゲラウふェン] 形《蔑》素性の知れない.

da·her|kom·men* [ダヘーア・コメン] 動 *s*.《様態》で〕近づいて来る; 姿を現す.

da·her|re·den [ダヘーア・レーデン] 動 *h*.《蔑》**1.**〔補足語〕ばかなことをしゃべる. **2.**〈et⁴〉ッ〕軽率に口にする.

da·hin [ダ・ヒン, 指示的には ダー・ヒン] 副 **1.**《方向》そこへ: Wien ist weltbekannt. D~ kommen viele Touristen aus der Welt. ウィーンは世界的に知られている. 世界中から多くの観光客がそこへやって来る. Ist es noch weit ~? そこまではまだ遠いのですか. der Weg ~ そこへの道. **2.**《時間》〔bis との相឴関詞として, そのときまで〕: Die Vorlesung beginnt um neun Uhr. Bis ~ haben wir noch genug Zeit. 講義は9時に始まる. それまではまだ十分時間がある. **3.**《志向》その方向へ, それを目ざして: Die Sitzung soll auf morgen verschoben werden. Wir haben uns ~ geeinigt. 会議は明日に延期する. 我々はその方向で意見は一致した. **4.**《消滅》(sein とともに)なくなった, 過ぎ〔消え〕去った, 壊れた, 死んだ: Meine Jugend ist ~. 私の青春は終った. **5.**《後続の dass 文, zu 動などとの相឴関詞として》Meine Meinung geht〔ist〕 ~, dass er unschuldig ist. 私の意見は, 彼に責任はないというものだ. Er hat mich bis ~ geführt, wo ... 彼は私を...のところまで連れていってくれた.【慣用】**Also, bis dahin!** じゃあ, それまで〔さようなら〕.〈j⁴〉 **dahin bringen, dass ...**〈人₄〉〔説き伏せて〕...する〔である〕ようにさせる. **dahin und dorthin** あちこちへ. **Es kommt dahin, dass ...** ...という事態にまでいたる.〈et¹〉 **gehört dahin**〈物・事₁〉それと関係がある,〈物₁〉そこに置いておくものだ.

da·hin·auf [ダ・ヒナウふ, 指示的には ダー・ヒナウふ] 副 そこを上へ.

da·hin·aus [ダ・ヒナウス, 指示的には ダー・ヒナウス] 副 そこから外へ.

da·hin|däm·mern [ダヒン・デマーン] 動 *s*.〔*h*.〕〔補足語〕うつらうつらしている, 意識がもうろうとしている;〔人₁〕半ば中ぶ火薬に死に近づく.

da·hin|ei·len [ダヒン・アイレン] 動 *s*.〔補足語〕急いで行く〔急ぐ〕; 速く過ぎる（時が）.

da·hin·ein [ダ・ヒナイン, 指示的には ダー・ヒナイン] 副 その中へ.

da·hin|fah·ren* [ダヒン・ふァーレン] 動 *s*. **1.**〔補足語〕《詩》走り去る; 通り過ぎる〔乗物を; 乗物で〕. **2.**〔補足語〕《文・古》他界する.

da·hin|flie·gen* [ダヒン・ふリーゲン] 動 *s*.〔補足語〕《文》飛ぶ去る;（高速で）走り去る〔通過する〕〔列車などが〕.

速く過ぎ去る(時間が).

da·hin|ge·ben* [ダヒン・ゲーベン] [動] *h.* 〔〈et^4〉ヲ〕《詩》放棄する, 犠牲にする.

da·hin·ge·gen [ダヒン・ゲーゲン, 指示的には ダーヒン・ゲーゲン] [副] 《文》それに反して, それにひきかえ.

da·hin|ge·hen* [ダヒン・ゲーエン] [動] *s.* 〔補足なし〕《文》通り過ぎる, 歩いて行く; 過去る(時が); 死去する.

da·hin·ge·stellt [ダヒン・ゲシュテルト] [形] (次の形で) ～ sein/bleiben 未決定である/未決定のままである. 〈et^4〉 ～ sein lassen 〈事ヲ〉決定せずにおく.

da·hin|le·ben [ダヒン・レーベン] [動] *h.* 〔補足なし〕単調で平穏な生活を送る〔日々を過ごす〕.

da·hin|schwin·den* [ダヒン・シュヴィンデン] [動] *s.* 〔補足なし〕《文》なくなる(物・金などが), 消える(興味・気力などが); 過去る(年月が).

da·hin|sie·chen [ダヒン・ズィーヒェン] [動] *s.* 〔補足なし〕《文》長患いで病み衰える.

da·hin|ste·hen* [ダヒン・シュテーエン] [動] *h.* (《南独・オーストリア・スイス》では *s.* も有)〔補足なし〕不確かである, 未解決〔未定〕である.

da·hin|stel·len [ダヒン・シュテレン] [動] *h.* ⇨ dahingestellt.

da·hin·ten [ダ・ヒンテン, 指示的には ダー・ヒンテン] [副] その向う〔後ろ・奥〕に.

da·hin·ter [ダ・ヒンター, 指示的には ダー・ヒンター] [副] **1.** その後ろに〔へ〕: In dem Schrank sind Teller, ～ (sind) Gläser. 戸棚の中にはお皿が入っていて, その後ろにグラスがある. **2.** 背後に, 裏に: Es ist was ～. 裏に何かある. **3.** (次の形で) sich^4 ～ klemmen 〔knien/setzen〕《口》懸命に努力する, 没頭する. ～ kommen (*s*) 《口》探り出す, (それに)気づく. ～ sein 〔stecken〕 隠されている, 背後にある: Es steckt etwas/nicht viel dahinter. それには何か裏がある/見かけほど実はない. ～ stehen 支持する.

da·hin·ter·her [ダヒンター・ヘーあ] [副] 《口》(次の形で) ～ sein, dass... …であるよう気を配る〔努力する〕.

da·hin·ter knien, [旧]**da·hin·ter|knien** [ダヒンター・クニーン] ⇨ dahinter 3.

da·hin·ter kom·men*, [旧]**da·hin·ter|kom·men*** [ダヒンター・コメン] ⇨ dahinter 3.

da·hin·ter set·zen, [旧]**da·hin·ter|set·zen** [ダヒンター・ゼッツェン] ⇨ dahinter 3.

da·hin·ter ste·cken$^{(*)}$, [旧]**da·hin·ter|ste·cken$^{(*)}$** [ダヒンター・シュテッケン] ⇨ dahinter 3.

da·hin·ter ste·hen*, [旧]**da·hin·ter|ste·hen*** [ダヒンター・シュテーエン] ⇨ dahinter 3.

da·hin·über [ダ・ヒニューバー, 指示的には ダー・ヒニューバー] [副] そこから向う側へ.

da·hin·un·ter [ダ・ヒヌンター, 指示的には ダー・ヒヌンター] [副] そこを下って.

da·hin|ve·ge·tie·ren [ダヒン・ヴェゲティーれン] [動] *h.* 〔補足なし〕(《蔑》にも)かろうじて生き続ける.

da·hin|zie·hen* [ダヒン・ツィーエン] [動] **1.** *s.* 〔補足なし〕ゆっくりと間断なく動いて行く(主に複数の人・雲などが). **2.** *h.* 〔sich^4〕延びている(道などが).

die **Dah·lie** [ダーリエ] [名] -/-n 〖植〗ダリア.

die **Dai·ly Soap** [dé:li zó:p デーリ ゾープ] [名] --/--s 《ジャーゴン》(娯楽的なありふれた)連続テレビドラマ.

(*der*) **Daim·ler** [ダイムラー] [名] 〖人名〗ダイムラー(Gottlieb ～, 1834-1900, 自動車発明者).

Daim·ler-Benz [ダイムラー・ベンツ] [名] -/- ダイムラー=ベンツ(自動車製造会社名).

das **Da·ka·po** [ダカーポ] [名] -s/-s **1.** 〖楽〗ダ・カーポ, 反復. **2.** アンコール.

die **Dak·ty·lo** [ダクテュロ] [名] -/-s 《スイス》=Daktylographin の略.

die **Dak·ty·lo·gra·fin, Dak·ty·lo·gra·phin** [ダクテュロ・グらーふぃン] [名] -/-nen 《スイス》女性タイピスト.

die **Dak·ty·lo·lo·gie** [ダクテュロ・ロギー] [名] -/-n 手話法.

die **Dak·ty·lo·sko·pie** [ダクテュロ・スコピー] [名] -/-n 指紋(同定)法, 指紋鑑定法.

der **Dak·ty·lus** [ダクテュルス] [名] -/..tylen[ダクテューレン]〖詩〗ダクテュロス(長短短〔強弱弱〕格).

der **Da·lai-La·ma** [ダーライ・ラーマ] [名] -(s)/-s ダライ・ラマ.

da|las·sen* [ダー・ラッセン] [動] *h.* 〔〈j^4/et^4〉ヲ〕《口》(そこに)置いておく, 残しておく.

die **Dal·be** [ダルベ] [名] -/-n 係船用の杭.

die **Dal·ben** [ダルベン] [名] -s/- =Dalbe.

da|lie·gen* [ダー・リーゲン] [動] *h.* **1.** 〔補足なし〕横たわっている. **2.** 〔(〈様態〉ニ)〕ある(物がある状態に).

der **Dal·les** [ダレス] [名] -/ 《口》 **1.** 金欠病: den ～ haben 金詰まりである; 壊れている. **2.** 体の不調; 風邪.

dal·li [ダリ] [副] 《口》急いで, 早く.

(*das*) **Dal·ma·ti·en** [ダルマーツィエン] [名] -s/ 〖地名〗ダルマチア(アドリア海東岸の地方).

die **Dal·ma·ti·ka** [ダルマーティカ] [名] -/..ken 〖カトリック〗ダルマティカ(助祭のための儀式用祭衣).

der **Dal·ma·ti·ner** [ダルマティーナー] [名] -s/- ダルマチア人; ダルマチア犬; ダルマチア産ワイン.

dal se·gno [..zénjo ダル ゼーニョ]〖イタリア語〗〖楽〗ダルセーニョ(𝄋からくり返せ. 記号 d.s.).

der **Dal·to·nis·mus** [ダルトニスムス] [名] -/ 〖医〗先天性(赤緑)色盲.

da·ma·lig [ダー・マーリひ] [形] 当時の.

da·mals [ダー・マールス] [副] その頃, 当時: *D*～ war er Student. 当時彼は学生だった. *D*～, als er noch ledig war, ... 彼がまだ独身だった頃, …. seit ～ そのとき以来.

(*das*) **Da·mas·kus** [ダマスクス] [名] -'/ 〖地名〗ダマスカス(シリアの首都): sein ～ 〔seinen Tag von ～〕 erleben 回心する(使徒行伝 9).

der **Da·mast** [ダマスト] [名] -(e)s/-e ダマスク織り(紋織りの薄い織物).

da·mas·ten [ダマステン] [形] 《文》ダマスク織り〔紋織り〕の.

die **Da·mas·ze·ner·pflau·me** [ダマスツェーナー・プふラウメ] [名] -/-n 〖植〗セイヨウスモモ.

die **Da·mas·ze·ner·ro·se** [ダマスツェーナー・ろーぜ] [名] -/-n 〖植〗ダマスクローズ(香水用のバラ).

da·mas·zie·ren [ダマスツィーれン] [動] *h.* 〔〈et^4〉ニ〕〖冶金〗ダマスク紋様〔波紋〕をつける.

das **Däm·chen** [デームひェン] [名] -s/- 小柄な女性; 気取った少女; 《蔑》めかしこんだ娼婦(しょうふ).

die **Da·me** [ダーメ] [名] -/-n **1.** 女性, 婦人; 淑女; 女子選手: die feine ～ spielen 貴婦人ぶる. **2.** 〖チェス・トランプ〗クィーン; 〖チェッカー〗成駒; ([単]のみ)チェッカー. 【慣用】〈j^2〉 **Alte Dame** 《口・冗》〈人の〉母親, おふくろ. **die Dame des Hauses** (ホステス役の)婦人. **eine Dame von Welt** 世故にたけた女性. **Meine Damen und Herren!** みなさん(聴衆に対する呼びかけ).

das **Da·me·brett** [ダーメ・ブれット] [名] -(e)s/-er チェッカー盤.

die **Da·men·be·glei·tung** [ダーメン・ベグライトゥング] [名] -/ 女性同伴.

der **Da·men·be·such** [ダーメン・ベズーふ] [名] -(e)s/-e (男性のところへの)女性の来客.

die **Da·men·bin·de** [ダーメン・ビンデ] [名] -/-n 生理用ナプキン.

das **Da·men·dop·pel** [ダーメン・ドッペル] [名] -s/- 〖スポーツ〗女子ダブルス.

das **Da·men·ein·zel** [ダーメン・アインツェル] [名] -s/- 〖スポーツ〗女子シングルス.

der **Da·men·fri·seur** [ダーメン・ふりゼーあ] [名] -s/-e

(女性専門の)美容師.

die **Da·men·ge·sell·schaft** [ダーメン・ゲゼルシャふト] [名] -/-en **1.** 女性サークル, 女性の集まり. **2.** ([単]のみ)女性同伴.

da·men·haft [ダーメンハふト] [形] 淑女らしい;品のいい.

der **Da·men·hut** [ダーメン・フート] [名] -(e)s/..hüte 婦人帽.

die **Da·men·klei·dung** [ダーメン・クライドゥング] [名] -/ 婦人服.

die **Da·men·kon·fek·ti·on** [ダーメン・コンふェクツィオーン] [名] -/-en **1.** 既製婦人服. **2.** 婦人服産業.

die **Da·men·mann·schaft** [ダーメン・マンシャふト] [名] -/-en 〘スポ〙女子チーム.

der **Da·men·sa·lon** [ダーメン・ザローン, ダーメン・ザロング] [名] -s/-s 美容院.

der **Da·men·sat·tel** [ダーメン・ザッテル] [名] -s/..sättel 婦人用の鞍(くら).

der **Da·men·schnei·der** [ダーメン・シュナイダー] [名] -s/- 婦人服裁縫師〔仕立屋〕.

das **Da·men·stift** [ダーメン・シュティふト] [名] -(e)s/-e〔-er〕(財団による)婦人養老院.

die **Da·men·toi·let·te** [ダーメン・トアレッテ] [名] -/-n **1.** 女性用トイレ. **2.** (女性の)エレガントな衣服, 盛装.

die **Da·men·un·ter·wä·sche** [ダーメン・ウンター・ヴェッシェ] [名] -/ 婦人用肌着, ランジェリー.

die **Da·men·wahl** [ダーメン・ヴァール] [名] -/ 女性からのダンスの申込み.

die **Da·men·welt** [ダーメン・ヴェルト] [名] -/ 《冗》ご婦人方.

das **Da·me·spiel** [ダーメ・シュピール] [名] -(e)s/-e **1.** ([単]のみ)チェッカー. **2.** チェッカーの試合.

der **Da·me·stein** [ダーメ・シュタイン] [名] -(e)s/-e チェッカーの駒.

der **Dam·hirsch** [ダム・ヒるシュ] [名] -(e)s/-e 〘動〙ダマシカ(スコップ状の角と白いはん点のある鹿).

da·misch [ダーミシュ] [形] 《南独・オーストリア・口》 **1.** 愚かな. **2.** 頭がぼうっとした.
―― [副] 《語飾》(形容詞と動詞を修飾)ものすごく.

da·mit^1 [ダ・ミット, 指示的には ダー・ミット] [副] **1.** (道具・手段・方法)それを用いて, それによって: Er nahm den Hammer und zerschlug ～ den Stein. 彼はハンマーを取って, その石を打砕いた. Was meinen Sie ～? それはどういう意味ですか, それで何をおっしゃりたいんですか. **2.** (所持・着装)それを持って, それをつけて: Sie kaufte sich ein schönes Kleid und ging ～ zur Party. 彼女はきれいなドレスを買い, それを着てパーティーへ行った. Dies ist ein selbst gemachtes Obstgelee. Probieren Sie mal eine Schnitte ～. これは自家製のゼリーです. それをつけたパンを一枚食べてみて下さい. **3.** (同時)それと同時に, それにすぐ続いて: Der Vorhang öffnete sich, und ～ begann das Spiel. 幕があいて芝居が始まった. **4.** (関連)それに関して〔ついて〕: Muss ich dieses Buch gleich zurückgeben? ―Nein, ～ hat es keine Eile. この本はすぐ返さなければいけませんか. ―いいえ, それは急ぎません. **5.** (理由)(それ)だから, したがって: Diese Schauspielerin ist krank, und ～ springt Lotte für sie ein. この女優は病気だ. だからロッテが彼女の代役をやる. **6.** (前置詞 mit と固定の結びつきを持つ動詞・形容詞の補足語として) ～ anfangen それに取りかかる. sich^4 ～ beschäftigen それに従事する. ～ einverstanden sein それに同意している. ～ zufrieden sein それに満足している. **7.** (後続の dass[文], zu[動]などとの相関詞として)Ich hatte nicht ～ gerechnet, dass er so reagierte. 私は彼があのような反応を示すとは予期していなかった. **8.** (mit を da から分離して用いることがある)*Da* habe ich nicht *mit* gerechnet. 《北独》それは(私は)予期していなかった.
【慣用】**Es geht nicht damit.** それは役に立たない. **Es ist aus damit.** それはもうだめだ. **Her damit!** 《口》それをよこせ. **Heraus damit!** 《口》それを出せ, それを言ってしまえ. **Und damit basta!** これでおしまい. **Weg damit!** 《口》それをどけろ. **Wie steht es damit?** それはどうなっているのか〔どんな具合か〕.

da·mit^2 [ダ・ミット] [接] 《従属》…するために: Sie erzählte dem Kind eine Geschichte, ～ es schneller einschlief〔einschliefe/einschlafe〕. 彼女はその子が早く寝入るようにお話をしてやった(接続法は《文》).

der **Däm·lack** [デーム・ラック] [名] -s/-e〔-s〕《口》ばか者.

däm·lich [デームりひ] [形] 《口》間抜けな, ばかげた.

der **Damm** [ダム] [名] -(e)s/Dämme **1.** 堤防, ダム;土手, 築堤, (鉄道の路盤の)盛土;《北東独・ベルリン》車道. **2.** 〘医〙会陰. 【慣用】**nicht auf dem Damm sein** 《口》体の調子がよくない.

der **Damm·bruch** [ダム・ブるっふ] [名] -(e)s/..brüche ダム〔堤防〕の決壊.

däm·men [デメン] [動] *h.* 〔<et^4>ヲ〕《文》堰(せ)き止める(流れを), 抑える(涙などを), 防ぐ(伝染病などを);〘工〙遮断する(音・熱などを): das Feuer ～ 火をくい止める.

der **Däm·mer** [デマー] [名] -s/ 《詩》薄明り, 薄暗がり.

däm·me·rig [デメりひ] [形] =dämmrig.

das **Däm·mer·licht** [デマー・りひト] [名] -(e)s/ (夜明け・夕方の)薄明り, 薄暗がり, ほのかな光.

däm·mern [デマーン] [動] *h.* **1.** 〔Es〕薄明るくなる;薄暗くなる: Es *dämmert.* 夜明け〔夕暮れ〕になる. **2.** 〔<j^3>ニ〕《口》(段々に)明らかになる, 思い出される. **3.** 〔補足なし〕夢うつつである. 【慣用】**Jetzt dämmert es ihm〔bei ihm〕.** 《口》彼にもやっと分って来た. **vor sich^4 hin dämmern** 意識がぼんやりしている.

der **Däm·mer·schlaf** [デマー・シュラーふ] [名] -(e)s/ まどろみ;〘医〙半麻酔状態.

der **Däm·mer·schop·pen** [デマー・ショッペン] [名] -s/- 夕方に仲間と軽く一杯飲むこと.

die **Däm·mer·stun·de** [デマー・シュトゥンデ] [名] -/-n 《文》たそがれ時, 夕ぐれ時.

die **Däm·me·rung** [デメるング] [名] -/-en 薄明;夜明け(Morgen～);日暮れ(Abend～);([単]のみ)薄明り, 薄暗がり.

der **Däm·mer·zu·stand** [デマー・ツー・シュタント] [名] -(e)s/ 夢うつつの〔半睡〕状態;朦朧(もうろう)とした状態.

dämm·rig [デムりひ] [形] 薄明るい, 薄暗い(朝方, 夕方);薄暗い, どんよりした: Es wird ～. 夜が白む;夕暮れになる.

der **Damm·riss,** [旧]**Damm·riß** [ダム・りス] [名] -es/-e 〘医〙(分娩の際の)会陰裂傷.

der **Damm·schnitt** [ダム・シュニット] [名] -(e)s/-e 〘医〙(分娩時の)会陰切開術.

der **Damm·see** [ダム・ゼー] [名] -s/-n 〘地質〙堰(せ)止め湖.

der **Dämm·stoff** [デム・シュトふ] [名] -(e)s/-e 〘工〙断熱材;遮音材.

die **Däm·mung** [デムング] [名] -/-en 〘工〙(熱・音などの)遮断;断熱;遮音.

das **Da·mo·kles·schwert** [ダーモクレス・シュヴェーあト] [名] -(e)s/ 《文》ダモクレスの剣, 今にも現実化しそうな危険.

der **Dä·mon** [デーモン] [名] -s/-en[デモーネン] **1.** 悪霊, 魔神, 鬼神. **2.** デーモン(超人的力).

dä·mo·nen·haft [デモーネンハふト] [形] 悪霊〔魔神〕のような, デーモンのような.

die **Dä·mo·nie** [デモニー] [名] -/-n 魔力(にとりつかれ

ていること).

dä·mo·nisch [デモーニシュ] [形] 魔的な, 悪魔にとりつかれたような, 魔力のある, 超自然的な.

der **Dä·mo·nis·mus** [デモニスムス] [名] -/ 悪霊信仰.

das **Dä·mo·ni·um** [デモーニウム] [名] -s/..nien ダイモンの声(ソクラテスに警告する内なる声).

die **Dä·mo·no·lo·gie** [デモノ・ロギー] [名] -/-n 悪霊〔鬼神〕学.

D

der **Dampf** [ダムプふ] [名] -(e)s/Dämpfe **1.** 蒸気, 水蒸気(Wasser~); 湯気; もや, 霧: voller ~ sein. 湯気がこもっている. unter ~ stehen〔sein〕《古》出発準備ができている(船・蒸気機関車が). **2.** 《口》勢い, 活気: mit ~ 熱心に. 【慣用】〈j³〉 **Dampf machen** 《口》〈人を〉せかす. **Dampf hinter** 〈et³〉 **machen** 〔**setzen**〕《口》〈事を〉特に急いでする. **Dampf ablassen** 《口》怒りを爆発させる. **Aus** 〈et³〉 **ist der Dampf raus.** 《口》〈事が〉つまらなくなる. **unter Dampf stehen** 《口》エネルギーにあふれている.

das **Dampf·bad** [ダムプふ・バート] [名] -(e)s/..bäder 蒸し風呂; 蒸気浴.

das **Dampf·boot** [ダムプふ・ボート] [名] -(e)s/-e 小型蒸気船, 小汽船.

der **Dampf·druck** [ダムプふ・ドるっク] [名] -(e)s/..drücke 〖工〗蒸気圧.

damp·fen [ダムプふぇン] [動] **1.** *h.* 〔補足なし〕湯気を立てている; 汗をかいている. **2.** *s.* 〔(〈方向〉へ)〕蒸気〔煙〕を出して走る(汽船などが); 《口》旅行する(汽車などで).

dämp·fen [デムプふぇン] [動] *h.* **1.** 〔〈et⁴〉ヲ〕ふかす, 蒸す(ジャガイモなどを); (…に)スチームアイロンをかける; 蒸気で処理する. **2.** 〔〈et⁴〉ヲ〕弱める, 和らげる, 抑える(音・光などを); 緩和する(振動・衝撃などを). **3.** 〔〈j⁴/et⁴〉ヲ〕静める, 鎮静させる(興奮などを).

der **Damp·fer** [ダムプふぁー] [名] -s/- 汽船: auf dem falschen ~ sein〔sitzen/sich befinden〕《口》思い違いをしている.

der **Dämp·fer** [デムプふぁー] [名] -s/- **1.** (楽器の)弱音器, ダンパー. **2.** 《方》蒸器. **3.** 〖工〗ショックアブソーバー(Stoß~). 【慣用】〈j³〉/〈et³〉 **einen Dämpfer aufsetzen** 《口》〈人の〉興を/〈事の〉勢をそぐ. **einen Dämpfer bekommen** 《口》気勢をそがれる.

die **Damp·fer·li·nie** [ダムプふぁー・リーニエ] [名] -/-n 汽船航路.

der **Dampf·ham·mer** [ダムプふ・ハマー] [名] -s/..hämmer 〖工〗蒸気〔スチーム〕ハンマー.

die **Dampf·hei·zung** [ダムプふ・ハイツング] [名] -/-en スチーム暖房.

damp·fig [ダムプふぃひ] [形] 湯気〔もや〕の立ちこめた.

dämp·fig [デムプふぃひ] [形] 呼吸困難症の(馬); 《方》蒸暑い.

der **Dampf·kes·sel** [ダムプふ・ケッセル] [名] -s/- ボイラー.

der **Dampf·koch·topf** [ダムプふ・コっほ・トっプふ] [名] -(e)s/..töpfe 圧力釜(がま).

die **Dampf·lo·ko·mo·ti·ve** [ダムプふ・ロコ・モティーヴェ] [名] -/-n 蒸気機関車.

die **Dampf·ma·schi·ne** [ダムプふ・マシーネ] [名] -/-n 〖工〗蒸気機関.

der **Dampf·ne·bel** [ダムプふ・ネーベル] [名] -s/- 〖気〗蒸気霧.

die **Dampf·nu·del** [ダムプふ・ヌーデル] [名] -/-n 《南独》蒸し団子: aufgehen wie eine ~ 《口》でぶになる.

das **Dampf·ra·dio** [ダムプふ・らーディオ] [名] -s/-s 《口・冗》(古くさい)ラジオ(テレビなどの現代メディアに対して).

das **Dampf·ross,** [旧]**Dampf·roß** [ダムプふ・ろス] [名] -es/-e〔..rösser〕《冗》蒸気機関車.

das **Dampf·schiff** [ダムプふ・シふ] [名] -(e)s/-e 汽船.

das **Dampf·te·le·fon** [ダムプふ・テ(ー)レふぉーン] [名] -s/-e 旧式電話.

die **Dampf·tur·bi·ne** [ダムプふ・トゥるビーネ] [名] -/-n 〖工〗蒸気タービン.

die **Dämp·fung** [デムプふング] [名] -/-en 弱める〔和らげる〕こと; 抑制; 〖医〗(打診の)濁音.

die **Dampf·wal·ze** [ダムプふ・ヴァルツェ] [名] -/-n スチームローラー; 《口・冗》(特に女性の)でぶ.

das **Dam·wild** [ダム・ヴィルト] [名] -(e)s/ =Damhirsch.

da·nach [ダ・ナーは, 指示的には ダー・ナーは] [副] **1.** (順序) **a.** (時間)それから, そのあと: gleich〔kurz〕/bald ~ すぐそのあと/それから間もなく. eine Woche ~ その1週間後. **b.** (空間)そのあと, その後ろ: Voran ging die Kapelle, ~ kamen die Festwagen. 先に楽隊が行って, そのあとパレードの車が来た. der Personenwagen ~ その後ろの客車. **c.** (順位)その次に: Er war der Beste im Sportverein, ~ kam ich. 彼がそのスポーツクラブで一番優れていて, その次が私だった. **2.** (目標)それに向かって, それを求めて: Das Baby sah eine Uhr und streckte seine Hand ~ aus. 赤ん坊は時計があるのを見て, それに手を伸ばした. sein Streben ~ 彼のそれを得ようとする努力. **3.** (準拠)それに従って, それに基づいて, それによると: Er hat Grundsätze und handelt auch ~. 彼には主義主張があり, 行動もそれに基づいている. **4.** (相応)それ相応に, それに比例〔匹敵〕して: Die Ware ist zwar billig, aber sie ist auch ~. その品は確かに安いが, やはり値段相応だ. der Mann ~ それに適した男. **5.** (前置詞 nach と固定の結びつきを持つ動詞・形容詞の補足語として) ~ forschen それを調査する. 〈j⁴〉 ~ fragen 〈人に〉それを尋ねる. sich⁴ ~ erkundigen それを問合せる. ~ gierig sein それをほしがっている. **6.** (後続の ob [文], als ob [文], zu [動]などとの相関詞として)Er fragte danach, ob es möglich ist. 彼はそれが可能かどうか尋ねた. Sie sehnte sich ~, in Deutschland zu studieren. 彼女はぜひドイツで学びたいと思っている. **7.** (nach を da から分離して用いることがある) *Da* richtet er sich nicht *nach.* 《北独》それには彼は従わない. 【慣用】〈j³〉 **ist nicht danach** 〈人に〉その気がない. 〈j³〉 **steht danach nicht der Sinn** 〈人は〉その気になれない.

(*die*) **Da·nae** [..nae ダーナエ] [名] 〖ギ神〗ダナエ(黄金の雨となった Zeus と交わり Perseus を産む).

der **Da·na·er** [ダーナあー] [名] -s/- 《文》ギリシア人(ホメロスにおける名称).

das **Da·na·er·ge·schenk** [ダーナあー・ゲシェンク] [名] -(e)s/-e 《文》危険な贈り物(トロイアの木馬に由来).

die **Da·na·i·de** [ダナイーデ] [名] -/-n (主に[複])〖ギ神〗ダナイ(デ)ス(Danaus の50人の娘).

die **Da·na·i·den·ar·beit** [ダナイーデン・アるバイト] [名] -/-en 《文》際限のない無駄骨折り, 徒労.

das **Da·na·i·den·fass,** [旧]**Da·na·i·den·faß** [ダナイーデン・ふぁス] [名] -es/..fässer 《文》無益な浪費.

(*der*) **Da·na·us** [ダーナウス] [名] 〖ギ神〗ダナオス(アルゴス王. ギリシア人の祖).

das **Dan·cing** [..sɪŋ ダーンスィング] [名] -s/-s **1.** 《オーストリア》ダンスができる酒場. **2.** ダンスパーティー.

der **Dan·dy** [dɛ́ndi デンディ] [名] -s/-s 《文》ダンディな男; しゃれた身なりの男.

dan·dy·haft [デンディハふト] [形] 《文》ダンディーな.

der **Dä·ne** [デーネ] [名] -n/-n デンマーク人.

da·ne·ben [ダ・ネーベン, 指示的には ダー・ネーベン] [副] **1.** (空間)その横に〔へ〕, その隣に〔へ〕, そのそばに〔へ〕: links/gleich ~ 左隣に/すぐ横に. Er wohnt im Haus ~. 彼は隣の家に住んでいる. **2.** (追加)そのほかに, 同時に: *D*~ wollen wir noch andere

Fragen aufwerfen. そのほかに私たちはさらにいくつかの問題を提起するつもりです. **3.** 《比較》それと並べて〔比べて〕: Ihr Spiel war hervorragend, ～ fiel das der übrigen Schauspieler stark ab. 彼女の演技はすぐれていたが, それと比べると他の俳優のはとても見劣りした.

da·ne·ben|be·neh·men* [ダネーベン・ベネーメン] [動] *h.* 〔sich^4〕《口》無作法な振舞いをする.

da·ne·ben|fal·len* [ダネーベン・ふぁレン] [動] *s.* 〔[補足なし]〕そのそばに落ちる.

da·ne·ben|ge·hen* [ダネーベン・ゲーエン] [動] *s.* 〔[補足なし]〕的をはずれる;《口》うまく行かない.

da·ne·ben|grei·fen* [ダネーベン・グライふぇン] [動] *h.* 〔[補足なし]〕つかみ損なう, ミスタッチする;《口》しくじる.

da·ne·ben|hau·en$^{(*)}$ [ダネーベン・ハウエン] [動] *h.* 〔[補足なし]〕たたき〔弾き〕損なう;《口》間違える.

da·ne·ben|schie·ßen* [ダネーベン・シーセン] [動] *h.* 〔[補足なし]〕撃ち損なう;《口》間違える.

da·ne·ben|tip·pen [ダネーベン・ティッペン] [動] *h.* 〔[補足なし]〕《口》(言い)当て損なう.

der **Da·ne·brog** [ダーネブろーク] [名] -s/ デンマーク国旗(赤地に白の十字).

(das) **Dä·ne·mark** [デーネマるク] [名] -s/ 〚国名〛デンマーク.

das **Da·ne·werk** [ダーネヴェるク] [名] -(e)s/ デンマーク堡塁(ほうるい)(古いデンマークの国境堡塁).

dang [ダング] [動] dingen の過去形.

dän·ge [デンゲ] [動] dingen の接続法 2 式.

da·nie·der|lie·gen* [ダ・ニーダー・リーゲン] [動] *h.* 〔[補足なし]〕《文》病気でふせっている;不振である(経済などが).

(der) **Da·ni·el** [ダーニエ(ー)ル] [名] **1.** 〚男名〛ダーニエル. **2.** 〚旧約〛預言者ダニエル;ダニエル書.

(die) **Da·ni·e·la** [ダニエーラ] [名] 〚女名〛ダニエーラ.

die **Dä·nin** [デーニン] [名] -/-nen Däne の女性形.

dä·nisch [デーニシュ] [形] デンマーク(人・語)の.

das **Dä·nisch** [デーニシュ] [名] -(s)/ デンマーク語. 【用法は⇨Deutsch】

das **Dä·ni·sche** [デーニシェ] [名] (形容詞的変化;[単]のみ) **1.** (定冠詞とともに)デンマーク語. **2.** デンマーク的なもの〔こと〕.【用法は⇨Deutsche^2】

dank [ダンク] [前] 〔＋2 格/3 格〕([複]では主に 2 格) …のお蔭で, …のせいで: ～ seinem Fleiß 〔seines Fleißes〕 彼の勤勉な努力のお蔭で. ～ seiner Unpünktlichkeit 彼が時間を守らなかったせいで.

der **Dank** [ダンク] [名] -(e)s/ 感謝(の気持), お礼: 〈j^3〉 für 〈et^4〉 ～ sagen 〈人に〉〈物・事に対して〉お礼を言う. 〈j^3〉 ～ schulden 〈人に〉感謝せねばならない. 〈j^3〉 zu ～ verpflichtet sein 〈人に〉感謝せねばならない. Vielen〔Besten〕～! どうもありがとう. 【慣用】**Gott sei Dank!** ありがたや(安心と感謝の表現). **〈j^3〉 Dank wissen** 《文》〈人に〉感謝している.

die **Dank·a·dres·se** [ダンク・アドれっセ] [名] -/-n 感謝状.

dank·bar [ダンク・バーあ] [形] **1.** 〔(〈j^3〉ニ)＋(für 〈et^4〉ヲ)〕感謝している: Der Sohn ist seinem Vater für das Geschenk ～. 息子は父親に贈り物をもらって感謝している. **2.** やりがいのある, 割のいい;《口》持ちのよい, しっかりした(材質の);手間のかからない(植物).

die **Dank·bar·keit** [ダンクバーあカイト] [名] -/ **1.** 感謝の気持, 謝意;《稀》やりがいのある〔割のいい〕こと: in〔mit〕・ 感謝の念をこめて. **2.** 《口》丈夫さ;手間のかからないこと.

das **Dank·bar·keits·ge·fühl** [ダンクバーあカイツ・ゲふゅール] [名] -(e)s/-e 感謝の気持, お礼の心.

der **Dank·brief** [ダンク・ブりーふ] [名] -(e)s/-e 礼状.

dan·ke! [ダンケ!] [間] (ich danke の短縮形)(相手に感謝したり, 申出を断って)ありがとう;結構です.

dan·ken [ダンケン] [動] *h.* **1.** 〔(〈j^3〉ニ)＋(für 〈et^4〉ノ)〕礼を言う, 感謝する. **2.** 〔〈j^3〉ノ＋〈et^4〉ニ＋(〈様態〉ニ)〕報いる. **3.** 〔〈j^3〉ニ＋(〈様態〉デ)〕あいさつを返す. **4.** 〔〈j^3/et^3$〉ニ＋〈$et^4$〉ヲ〕《文》負うている, (…の)お蔭で(…を)得ている. 【慣用】**Betrag dankend erhalten.** 金額まさに拝受(領収書で). **Danke der〔für die〕Nachfrage.** 《文》親切なお尋ねありがとう存じます(容体を聞かれて). **Danke schön〔sehr〕!** どうもありがとう. **für 〈et^4〉 (bestens) danken** 〈物・事を〉大変ありがたいと感謝する, ありがたいけれどもと言って断る. **(Ich) danke!** ありがとう. **(Na,) ich danke.** まっぴらごめんです. **Nein danke.** いいえ結構です. **Nichts zu danken!** どう致しまして(主に目下の人に).

dan·kens·wert [ダンケンス・ヴェーあト] [形] 感謝に値する.

dank·er·füllt [ダンク・エあふゅルト] [形] 《文》感謝に満ちた.

die **Dan·kes·be·zei·gung** [ダンケス・ベツァイグング] [名] -/-en (主に[複])感謝のことば〔表明〕.

das **Dan·ke·schön** [ダンケ・シェーン] [名] -s/ 感謝の言葉〔贈り物〕.

das **Dank·ge·bet** [ダンク・ゲベート] [名] -(e)s/-e 感謝の祈り.

der **Dank·got·tes·dienst** [ダンク・ゴッテス・ディーンスト] [名] -(e)s/-e 感謝の祭儀〔ミサ〕;感謝の礼拝.

das **Dank·op·fer** [ダンク・オプふぁー] [名] -s/- (神への)感謝の捧げ物.

dank·sa·gen, Dank sa·gen [ダンク・ザーゲン] [動] danksagte, sagte Dank; hat dankgesagt, Dank gesagt; dankzusagen, Dank zu sagen 〔〈j^3〉ニ〕《稀》感謝の言葉を述べる, 謝意を表明する(口頭もしくは書面で).

die **Dank·sa·gung** [ダンク・ザーグング] [名] -/-en 謝辞, 礼状(特にお悔みに対して).

das **Dank·schrei·ben** [ダンク・シュらイベン] [名] -s/- 礼状.

dann [ダン] [副] **1.** (順序)それから, そのあと, その次に: Vorweg fuhren die Motorräder, ～ folgte der Wagen des Präsidenten. オートバイが先導し, そのあとに大統領の車が続いた. Und was ～? それでそのあとどうなるの. **2.** (先行する文などを前提として)その場合に: Wenn das Wetter schön ist, ～ werden wir einen Ausflug machen. 天気がよければ, 遠足をしましょう. **3.** (付加)その上, さらに: *D*～ kommt noch hinzu, dass ... そのうえさらに…のことがある. **4.** (先行する文などの示す時点を受けて)そうしたら, その時: Noch ein Jahr, ～ ... もう 1 年, そうしたら…. 【慣用】**bis dann** 《口》じゃあまた. **dann und dann** これこれの時間〔日時〕に, いついつに. **dann und wann** ときどき. **von dann bis dann** いずれそのうちに.

dan·nen [ダネン] [副] (次の形で)von ～ 《文・古》そこから(去って).

der **Danse ma·ca·bre** [dã:smakáːbrə ダーンス マカーブれ] [名] --/-s -s[ダーンス マカーブれ] 《文》死の舞踏(Totentanz).

(der) **Dan·te** [ダンテ] [名] 〚人名〛ダンテ(～ Alighieri, 1265-1321, イタリアの詩人).

(der) **Dan·ton** [dãtõ ダントン] [名] 〚人名〛ダントン(Georges Jacques ～, 1759-94, フランスの急進的政治家).

(das) **Dan·zig** [ダンツィヒ] [名] -s/ 〚地名〛ダンツィヒ(ポーランドの都市. ポーランド名グダニスク).

(die) **Daph·ne**^{1} [ダふネ] [名] 〚ギ神〛ダフネ(Apollo を逃れ月桂樹に変身した妖精).

die **Daph·ne**^{2} [ダふネ] [名] -/-n 〚植〛セイヨウオニシバリ(ジンチョウゲの一種). ⇨Seidelbast.

die **Daph·nia** [ダふニア] [名] -/ ..nien＝Daphnie.

die **Daph·nie** [ダふニエ] [名] -/-n (主に[複])〚動〛ミジンコ(甲殻動物). ⇨Wasserfloh.

D

daran [ダらン, 指示的には ダーらン] 副 **1.**（空間）そのそばに［へ］：Da steht die Kirche, und täglich komme ich ～ vorbei. そこに教会があって, 私は毎日そのそばを通る. ein Hut mit einer Feder ～ 羽根飾りのついた帽子. **2.**（関連）それに関して：Er hat viel gesagt. Aber ～ ist kein Wort wahr. 彼はたくさんしゃべった. しかしその一言も真実ではない. viel Freude ～ haben それを大いに楽しんでいる. **3.**（原因）そのために：Er litt an Krebs und ist ～ gestorben. 彼は癌(がん)にかかり, そのために死んだ. **4.**（前置詞 an と固定の結びつきを持つ動詞・形容詞の補足語として）～ denken そのことを思う［思い出す］. ⟨j³⟩ sich⁴ ～ erinnern ⟨人に⟩それを思い出させる／それを思い出す. ⟨j³⟩ ～ hindern ⟨人に⟩それをするのを妨げる. arm ～ sein それに乏しい. Schuld ～ haben [schuld ～ sein] それに責任がある. **5.**（後続の dass 文, zu 動などとの相関詞として）Mir liegt nichts ～, dass er kommt. 私は彼が来てくれなくてもいい.【慣用】gerade daran sein, ⟨et⁴⟩ zu tun ⟨事⁴⟩しているところである. gut daran sein, ⟨et⁴⟩ zu tun ⟨事⁴⟩した方がよい. **Ich denke gar nicht daran !** そんなことは思いもよらない［問題外だ］. im Anschluss daran [daran anschließend] それに続いて. ⟨j³⟩ liegt viel/nichts daran ⟨人にとって⟩それは重大なことだ／なんでもない. nahe [dicht] daran sein, ⟨et⁴⟩ zu tun いまにも⟨事⁴⟩しそうである. ⟨j³⟩ sitzt noch daran ⟨口⟩⟨人は⟩まだそれをやっている［終らない］. **Was liegt daran !** それがどうしたというのだ. ⟨j³⟩ will nicht recht daran ⟨人は⟩それにかかわりたくない, ⟨人は⟩それをする気がない.

dar|an|ge·ben* [ダらンゲーベン] 動 h.（et⁴）⟨文⟩それに犠牲にする.

dar|an|ge·hen* [ダらンゲーエン] 動 s.（zu 動）始める,（…に）取りかかる.

dar|an|ma·chen [ダらンマッヘン] 動 h. {sich⁴+(zu ⟨動⟩ₓ)}⟨口⟩始める,（…に）取りかかる.

dar|an|set·zen [ダらンゼッツェン] 動 h. **1.**（et⁴）賭（と）する, 投じる（あることを達成するために, 生命・名誉・財産などを）. **2.**{sich⁴+zu ⟨動⟩ₓ}⟨口⟩取りかかる,（…を）始める.

dar·auf [ダらウふ, 指示的には ダーらウふ] 副 **1.**（空間）その上に［へ］：Dort ist eine schöne Wiese. D～ liegen viele Leute. 向うにきれいな草地がある. その上にたくさんの人が寝ころんでいる. ein Hut mit einer Feder ～ 上に羽根のついた帽子. **2.**（順序）それから, それに続いて, その次に：bald ～ それから間もなく. den Tag ～ その翌日に. am ～ folgenden Tag その次の日に. im Jahr ～ その翌年に. Voran ging die Kapelle, ～ kamen die Festwagen. 先に楽隊が行き, それからパレードの車が来た. dieses und das ～ folgende Auto これとそれに続く車. **3.**（原因）それで, それゆえに：Der Beifall wollte nicht enden. Der Pianist spielte ～ noch ein Stück. 拍手は鳴り止もうとしなかった. ピアニストはそれから一曲弾いた. **4.**（前置詞 auf と固定の結びつきを持つ動詞・形容詞の補足語として）～ hoffen それを望む. sich⁴ ～ vorbereiten それの準備をする. ～ begierig sein それを熱望している. **5.**（後続の dass 文, zu 動などとの相関詞として）Ich kann nich ～ kommen, wie er heißt. 私は彼がどういう名前か思い浮かばない.【慣用】**darauf zu sprechen kommen** それに話が及ぶ. **die Hand darauf geben** それを誓う. **ein Recht darauf haben** その権利がある. **Es kommt darauf an.** それ次第〔それが重要〕だ. **großen Wert darauf legen** それに重きを置く. ⟨j³⟩ **ist darauf aus** ⟨人は⟩それを熱望している. **viel darauf geben** それを重んじる. ⟨j³⟩ **will darauf hinaus** ⟨人は⟩それを意図する.

dar·auf folgend, ⓓ**dar·auf·fol·gend** [ダらウふ ふぉルゲント] ⇨ darauf 2.

dar·auf·hin [ダらウふヒン, 指示的には ダーらウふヒン] 副 **1.** それによって, それについて, その結果：Ich hatte die Anzeige gelesen und bin ～ hingegangen. 私は広告を見て, それで出掛けて行った. **2.** その観点から：Er analysierte den Kraftstoff ～, wie hoch der Bleigehalt ist. 彼はどれほどの鉛が入っているかどうかに関して燃料を分析した.

dar·aus [ダらウス, 指示的には ダーらウス] 副 **1.**（空間）その中から, そこから：Sie öffnete die Handtasche und holte einen Brief ～ hervor. 彼女はハンドバッグを開けて, その中から一通の手紙を取出した. **2.**（出所・由来・材料）そこから, そのことから, それで：Sie kaufte einen Stoff und machte ein Kleid ～. 彼女は布地を買って, それでドレスを仕立てた.（machen, werden とともに）Mach dir nichts ～ ! そのことを気にするな. Sie wollte verreisen, aber es wird nichts ～. 彼女は旅に出るつもりだったが, そうはいかない. nicht klug ～ werden そのことが理解できない. Was ist ～ geworden ? どうなったか. **3.**（前置詞 aus と固定の結びつきを持つ動詞・形容詞の補足語として）～ bestehen それから成る. sich⁴ ～ ergeben それから生じる〔明らかになる〕. ～ gebürtig sein そこの生まれである. **4.**（後続の dass 文, zu 動などとの相関詞として）Er macht sich gar nichts ～, dass … 彼は…をまったく気にしない.

dar·ben [ダるベン] 動 h.（選択的）⟨文⟩窮乏生活を送る, 飢えに苦しむ.

dar|bie·ten* [ダーあビーテン] 動 h.（文）**1.**（et⁴）ₓ上演する, 演奏する, 朗読する. **2.**{sich⁴+(et⁴)ₓ}現れる, 姿を現す（光景などが）. **3.**⟨j³⟩ₓ=+⟨et⁴⟩ₓ 差出す（手・飲み物など）.

die **Dar·bie·tung** [ダーあビートゥング] 名 -/-en **1.**（動の名）上演, 演奏, 朗読. **2.** 演目, 出し物.

dar|brin·gen* [ダーあブりンゲン] 動 h.（⟨j³⟩ₓ）+⟨et⁴⟩ₓ（文）捧げる, 献じる（贈り物・祝辞などを）.

die **Dar·da·nel·len** [ダるダネレン] 名〔海名〕ダーダネルス海峡（エーゲ海とマルマラ海を結ぶ）.

dar·ein [ダらイン, 指示的には ダーらイン] 副（文・古）その中に［へ］, そこへ.

dar·ein|fin·den* [ダらインふィンデン] 動 h. {sich⁴+⟨文⟩ᵈᵃᵏᵒᵗᵒⁿᵢ}〈文〉慣れる, 甘んずる.

dar·ein|mi·schen [ダらインミッシェン] 動 h. {sich⁴}〈文〉それに干渉する.

dar·ein|re·den [ダらインれーデン] 動 h.（⟨j³⟩ₓ）〈文・古〉口出しする, 口をはさむ.

darf [ダるふ] dürfen の現在形 1・3人称単数.

darfst [ダるふスト] dürfen の現在形 2人称単数.

dar·in [ダりン, 指示的には ダーりン] 副 **1.**（位置）その中に［で］, そこに［で］：Dort sehen Sie ein großes Gebäude. D～ findet heute Abend ein Konzert statt. あそこに大きな建物が見えるでしょう. そこで今晩コンサートが開かれます. ein Zimmer mit Möbeln ～ 家具の入っている部屋. **2.**（観点）その点に［で］：D～ ist er mir überlegen. その点で彼は私に勝っている. **3.**（前置詞 in と固定の結びつきを持つ動詞・形容詞の補足語として）sich⁴ ～ verlieren それに夢中になる. ～ geschickt sein それがじょうずである. **4.**（後続の dass 文, zu 動などとの相関詞として）Der Unterschied besteht ～, dass … 相違は…の点にある.

dar·in·nen [ダりネン, 指示的には ダーりネン] 副〈文〉=darin 1.

das **Dark horse** [dáːrk hɔ́ːrs ダーあク ホーあス] 名 --/--s[.ホースィズ]〔競馬〕ダークホース（番狂わせを演じるかもしれない競争馬）.

dar|le·gen [ダーあレーゲン] 動 h.（⟨j³⟩ₓ）+⟨et⁴⟩ₓ 詳しく（分るように）説明する.

die **Dar·le·gung** [ダーあレーグング] 名 -/-en **1.**

(詳しく)説明すること. **2.** 説明, 詳述.

das **Dar|lehen** [ダーレーエン] 名 -s/- 貸付(金), ローン, 借款, (法的な)消費貸借: ein staatliches ~ 公債. ein ~ aufnehmen 借入れる.

der **Dar|lehens|ge|ber** [ダーレーエンス・ゲーバー] 名 -s/- 〖銀行〗貸付供与者, 貸手; 消費貸主.

die **Dar|lehns|kas|se** [ダーあレーエンス・カッセ] 名 -/-n 貸付金庫, 金融公庫.

der **Dar|lehns|ver|trag** [ダーあレーンス・ふぇあトゥらーク] 名 -(e)s/..träge 消費貸借契約.

der **Darm** [ダあム] 名 -(e)s/Därme 腸; (ソーセージや腸線に用いる動物の)腸.

die **Darm|bak|te|rie** [ダるム・バクテーりエ] 名 -/-n ((主に複))腸内細菌[バクテリア].

das **Darm|bein** [ダるム・バイン] 名 -(e)s/ 〖解〗腸骨.

die **Darm|ent|zün|dung** [ダるム・エントツュンドゥング] 名 -/-en 腸炎.

die **Darm|flo|ra** [ダるム・フローら] 名 -/ 〖医〗腸菌群落.

der **Darm|in|halt** [ダるム・イン・ハルト] 名 -(e)s/ 腸内物.

der **Darm|ka|nal** [ダるム・カナール] 名 -s/..näle 〖解〗腸管.

der **Darm|ka|tarr, Darm|ka|tarrh** [ダるム・カタる] 名 -s/-e 腸カタル.

die **Darm|sai|te** [ダるム・ザイテ] 名 -/-n ガット, 腸線.

(*das*) **Darm|stadt** [ダるム・シュタット] 名 -s/ 〖地名〗ダルムシュタット (ヘッセン州の都市).

der **Darm|städ|ter** [ダるム・シュテーター, ダるム・シュテッター] 名 -s/- ダルムシュタットの人.

die **Darm|ver|schlin|gung** [ダるム・ふぇあシュリングング] 名 -/-en 腸捻転(%).

der **Darm|ver|schluss, ⓓDarm|ver|schluß** [ダるム・ふぇあシュルス] 名 -es/..verschlüsse 〖医〗腸閉塞(&), イレウス.

die **Darm|wand** [ダるム・ヴァント] 名 -/-en 腸壁.

der **Darm|wind** [ダるム・ヴィント] 名 -(e)s/-e おなら, 屁.

dar|nach [ダるム・ナーは, 指示的には ダー・ナーは] 副 = danach.

dar|nie|der|lie|gen* [ダる・ニーダー・リーゲン] 動 *h.* = daniederliegen.

dar|ob [ダーろップ, 指示的には ダーろップ] 副 《古》 そのゆえに; それ故に.

die **Dar|re** [ダれ] 名 -/-n **1.** (農作物の)乾燥器; 乾燥. **2.** 《古》 (馬などの)栄養失調.

dar|rei|chen [ダーあらイヒェン] 動 *h.* 〈j³〉 ＋ 〈et⁴〉 《文》差出す (食物などを), 贈る.

dar|ren [ダれン] 動 *h.* 〈et⁴〉 (乾燥場で)乾燥させる.

dar|stel|len [ダーあ・シュテレン] 動 *h.* **1.** 〈j⁴/et⁴〉 描く, 表現する; (舞台で)演じる; 叙述する. **2.** 〈et⁴〉 意味する, (…で)ある. **3.** 〈sich⁴＋形〉ㇹ゙ルアルス/als〈j¹/et¹〉トシテ〉 明らかになる. **4.** 〈sich⁴〉 目立とうとする. **5.** 〈sich⁴＋〈j³/et³〉ッ〉 《文》 が身をさらす, (…の)眼前に姿を現す. **6.** 〈et⁴〉 〖化〗作り[とり]出す, 合成する. 【慣用】 〈j¹〉 stellt etwas/nichts dar 〈人が〉良い/悪い印象を与える [見栄え がする/しない].

der **Dar|stel|ler** [ダーあ・シュテラー] 名 -s/- 演技者, 俳優.

dar|stel|le|risch [ダーあ・シュテレりシュ] 形 演技の, 役者の.

die **Dar|stel|lung** [ダーあ・シュテルング] 名 -/-en **1.** 描写, 表現; 演技, 上演; 叙述: zur ~ kommen 描写される. 〈et⁴〉 zur ~ bringen 〈物・事を〉描写する. **2.** 〖化〗作り[とり]だすこと, 合成.

das **Darts** [ダーツ] 名 -/ ダーツ, 矢投げ.

dar|tun* [ダーる・トゥーン] 動 *h.* 《文》 **1.** 〈(〈j³〉=)＋〈et⁴〉ッ/〈〈j³〉デアルコト〉 明示する, 証明する. **2.** [sich⁴] 明示される.

dar|über [ダる・りゅーバー, 指示的には ダー・りゅーバー] 副 **1.** (空間)その上に[へ]; それを越えて: ein Haus mit einem flachen Dach ~ 平屋根の(のった)家. Die Geschenke lagen auf dem Tisch. D~ hatte sie Tücher gedeckt. 贈り物がテーブルの上にあった. 彼女はその上に布をかけた. Das Haus umgab ein hoher Zaun. Er kletterte ~ hinweg. その家のまわりに高い柵(%)がしてあった. 彼はそれをよじ登って越えた. **2.** (対象) それについて: D~ besteht nicht der geringste Zweifel. それについていささかの疑いもない. **3.** (時間) その間に, そうするうちに: Er hat (sich) eine Schallplatte angehört und ist ~ eingeschlafen. 彼はレコードを聞いていたが, その間に眠込んでしまった. **4.** (超過) それ以上: Das Buch kostet 30 Euro oder etwas ~. その本は 30 ユーロか, あるいはもう少しする. **5.** (原因) そのために: Plötzlich klingelte das Telefon. Er ist ~ aufgewacht. 突然電話が鳴った. 彼はそれで目が覚めた. **6.** (前置詞 über と固定の結びつきを持つ動詞・形容詞の補足語として) ~ hinweggehen それを無視する. sich⁴ ~ freuen それを喜ぶ. ~ ärgerlich sein それに腹を立てている. **7.** (後続の dass 文, zu 動などとの相関詞として) Kein Zweifel besteht ~, dass ... …にはまったく疑いない. 【慣用】 **darüber hinaus** それを越えて, それだけでなく, さらに. **darüber hinaus sein** 《口》 それを乗越え[克服し]ている. **mit der Hand/mit einem Lappen darüber fahren** (s) 手で/ぞうきんで拭く. **sich⁴ darüber machen** 《口》 それに取りかかる, それを始める. **darüber stehen** それを超越している, 超越している. **Es geht 〈j³〉 nichts darüber.** 〈人に〉それに勝るものはない. **lange darüber sitzen** それに長く時間をかけている.

dar|über fah|ren*, ⓓ**dar|über|fah|ren*** [ダりゅーバー ふぁーれン] ➪ darüber 【慣用】.

dar|über ma|chen, ⓓ**dar|über|ma|chen** [ダりゅーバー マヘン] ➪ darüber 【慣用】.

dar|über ste|hen, ⓓ**dar|über|ste|hen*** [ダりゅーバー シュテーエン] ➪ darüber 【慣用】.

dar|um [ダる・ム, 指示的には ダー・ム] 副 **1.** (空間) そのまわりに: Um die Wunde zu schützen, legte er einen Verband ~ an. 傷をかばうために, 彼はそのまわりに包帯をした. Das Haus mit dem Garten ~ そのために庭のあるその家. **2.** (発音は [ダーるム]) (理由) そのために, それ故に: Das Auto hatte einige Mängel, ~ hat er es nicht gekauft. その自動車にはいくつか欠陥があったので, 彼は買わなかった. (doch とともに前文の内容を制限して) Sie ist nicht groß, aber ~ doch nicht klein. 彼女は背は高くないが, だからといって小さいというほどではない. Warum tust du das? - D~! 《口》 なぜ, そんなことをするんだ. 一理由はあるんだ(特に子供などの反抗的な返事). **3.** (前置詞 um と固定の結びつきを持つ動詞・形容詞の補足語として) ~ bitten それを頼む. sich⁴ ~ bemühen それを得ようと努力する. ~ besorgt sein それを気づかっている. **4.** (後続する dass 文, zu 動などが well ..., damit ... などの相関詞として) Sie ist nur ~ getan, weil/damit ... 彼はそれを…だから/…のためにしただけだ.

dar|um|kom|men* [ダるム・コメン] 動 *s.* 〈(zu〈動〉)ッ〉 逸する, やれなくなる.

dar|um|le|gen [ダるム・レーゲン] 動 *h.* 〈et⁴〉ッ〉 そのまわりに巻く.

dar|um|ste|hen* [ダるム・シュテーエン] 動 *h.* 〈 順〉 そのまわりに立っている.

dar|un|ter [ダ・るンター, 指示的には ダー・るンター] 副

darunter fallen   244

1.（空間）その下に〔へ〕: Er trug nur ein Oberhemd und nichts ~. 彼はワイシャツだけで、その下は何もつけていなかった. der Name mit der Adresse ~ 下に住所が記された名前. Guck bitte einmal ~! ちょっとその下をのぞいてみて. **2.**（数量・程度）それ以下: *D*~ kann ich das Buch nicht verkaufen. それ以下（の値段）ではこの本は売ることはできない. **3.**（混在）そのなか〔あいだ〕に: Er kaufte viele Bücher, ~ waren einige seltene. 彼はたくさん本を買ったが、そのなかには稀覯(きこう)本も数冊あった. **4.** そのこと〔もと〕で: Was verstehst du ~? このことで君は何を理解しているのですか；それはどういう意味ですか. **5.**（前置詞 unter と հանder との結びつきを持つ動詞の補足語として）~ leiden それに悩む. **6.**（後続の dass 文, zu 動 などとの相関related として）Er leidet ~, dass ... 彼は...に悩んでいる. 【慣用】 **darunter fallen** (s) それに属する（グループなどに), それに該当する（条件などに). **darunter gehen** (s) それを下回る;《口》その下に入りうる. **darunter liegen** それに下である, それより劣っている. 〈et⁴〉 **darunter mischen** 物をそれに混ぜる. **sich⁴ darunter mischen** それに紛れ込む. 〈et⁴〉 **darunter setzen** その下にする（署名など).

darunter fallen*, ⊕**darunter|fallen*** [ダるンター ふぁレン] ⇨ darunter 【慣用】.
darunter gehen*, ⊕**darunter|gehen*** [ダるンター ゲーエン] ⇨ darunter 【慣用】.
darunter liegen*, ⊕**darunter|liegen*** [ダるンター リーゲン] ⇨ darunter 【慣用】.
darunter mischen, ⊕**darunter|mischen** [ダるンター ミッシェン] ⇨ darunter 【慣用】.
darunter setzen, ⊕**darunter|setzen** [ダるンター ゼッツェン] ⇨ darunter 【慣用】.

(der) **Darwin** [ダるヴィーン] 《人名》ダーウィン (Charles Robert ~, 1809-82, 英国の進化論首唱者).
darwinisch [ダるヴィーニシュ] 形 ダーウィン流の.
der **Darwinismus** [ダるヴィニスムス] 名 -/ ダーウィニズム, ダーウィンの進化論.
der **Darwinist** [ダるヴィニスト] 名 -en/-en ダーウィニストの進化論者.
darwinistisch [ダるヴィニスティシュ] 形 ダーウィニズムの, ダーウィンの進化論の.

*das*¹ [ダス] 冠 《定》 der¹の⊕ ⊕ 1・4格.
*das*² [ダス] 代 《指示》 der²の⊕ ⊕ 1・4格. **1.**（付加語的用法）(つねにアクセント có) その, この, あの: Zeigen Sie mir einmal ~ Buch da! そこにある本をちょっと見せて下さい. **2.**（独立的用法）**a.**（先行の中性名詞を受けて）それ, これ, あれ: mein Bett und ~ meines Bruders 私のベッドと私の兄(弟)のそれ（ベッド). **b.**（主語の強いで, それは手近にあるものを性・数に関係なく「それ」「これ」「あれ」として指すことができる. その際 sein, werden, bleiben の定動詞は述語の人称や数に従う）Was ist ~? これは何ですか. ——あれは市庁舎です. *D*~ ist das Rathaus. あれは何ですか. ——あれは市庁舎です. *D*~ bin ich. これが私です（写真などを指して). *D*~ sind meine Schüler. これは私の生徒たちです. **c.**（先行する文の内容を指して）それ: *D*~ habe ich nicht gesagt. そんなことを言った覚えはない. **d.**（形容詞を受けて）そう: Er ist gesund, ~ bin ich nicht. 彼は健康だが, 私はそうではない. **e.**（非人称の es の代りに）*D*~ hagelt ganz schön. すごくあられが降っている. **f.**（関係代名詞 was を先行詞として）*D*~, was ich Ihnen vorher gesagt habe, ist bestimmt wahr. 私が前にあなたに申し上げたことは, 確かに真実です. 【慣用】 **Auch das noch !** この上にまた何という（不幸な）ことか. **das heißt** 〔**das ist**〕（略 d. h. 〔d. i.〕）すなわち.

*das*³ [ダス] 代 《定関係》 der³の⊕ ⊕ 1・4格. ⇨ der³.

---

da|sein* [ダー・ザイン] ⇨ da la, c, sein, dafür 【慣用】, dazu 1.
das **Dasein** [ダー・ザイン] 名 -s/-e **1.**（⊕のみ）《文》存在;『哲』現存在, 定有. **2.**（主に⊕）生存, 生活: der Kampf ums ~ 生存競争. ins ~ treten 生まれる. **3.**（⊕のみ）《文》居（合わせ）ること.
die **Daseinsberechtigung** [ダーザインス・べれヒティグング] 名 -/ 《文》生存権, 存在理由.
die **Daseinsform** [ダーザインス・ふぉるム] 名 -/-en 《文》存在形態, 生き方.
der **Daseinskampf** [ダーザインス・カムふ] 名 -(e)s/..kämpfe 《文》生存競争.
daselbst [ダーゼルプスト] 副 《文》同所で.
da|sitzen* [ダー・ズィッツェン] 動 h. (慣用) 座ったままでいる. 【慣用】 **ohne jede Unterstützung dasitzen** 《口》孤立無援の状態にある.
*das*jenige [ダス・イェーニゲ] 代 《指示》 derjenige の⊕ ⊕ 1・4格.
dass, ⊕**daß** [ダス] 接 《従属》 **1.**（名詞的用法）ということ: **a.**（主語文を導いて）*D*~ du gekommen bist, freut mich sehr 〔=Es freut mich sehr, ~ du gekommen bist〕. あなたが来てくれた（という）ことが私にはとてもうれしい. **b.**（述語文を導いて）Mein größter Wunsch ist, ~ meine Familie gesund bleibt. 私の最大の願いは家族が無事であることです. **c.**（4格の他の格の目的語文を導いて）Er weiß, ~ sie heute nicht kommt. 彼女が今日は来ないことを彼は知っている.（目的語文が 2格または 3格に相当するとき dass 文を受ける指示代名詞 dessen または dem が主文中に置かれることがある）Er war sich dessen bewusst, ~ ... ...ということを（事実）を彼は知っていた. **d.**（相関詞 da(r)..とともに前置詞格目的語文を導いて）Das liegt daran, ~ du nicht aufgepasst hast. それは君がよく気をつけなかったからだ.（da(r)..が省略されることがある）Ich bitte Sie (darum), ~ ... ...をお願いします. **e.**（相関詞 da(r)..とともに添加語文を導いて）Ich bin dadurch zu spät gekommen, ~ das Glatteis war. 路面凍結で（私は）遅刻しました. **f.**（接続法による副詞文だけで話し手の願望や非難の感情を表して）*D*~ ihn der Teufel hole! あんなやつはくたばってしまえ! *D*~ ich nicht lache! 笑わせるな, うそつけ. Ist er krank ? —Nicht, ~ ich wüsste. 彼は病気なのかい ——さあ, 知らないよ. **2.**（付加語的用法）という: Unter der Bedingung, ~ du schweigst, ... 君が口外しないという条件で. **3.**（副詞的用法）**a.**（結果を示して）その結果: Der Chor sang (so), ~ es im Saale widerhallte. 合唱団が歌うホールにこだました. **b.**（感情を表す語に続けてその原因を示して）（...なのは）...だからです: Er war ärgerlich, ~ der Zug sich verspätete. 彼が怒っていたのは列車が遅れたからなんだ. **c.**（目的を示して）...するために〔...とかのように〕: Nimm dich in Acht, ~ du nicht noch einmal betrogen wirst ! 二度とだまされないように気をつけるんだよ. **d.**（次の形で）so ... , ~ ... ...であるくらいに...: Ich habe gestern einen so schönen Film gesehen, ~ ich ganz begeistert war. 私は昨日すばらしい映画を見てすっかり感動した. **e.**（次の形で）so ~ ... その結果 ... ということになる: Ich musste lange warten, so ~ ich ganz nervös geworden war. 私は長い時間待っていて, すっかりいらいらしてしまった. **f.**（次の形で）zu+形, als ~ ... ...するにしては(あまりにも): Sie ist zu klug, als ~ ihr ein solcher Fehler unterlaufen könnte. 彼女は利口だからそんなミスをするはずがない. 【慣用】 **angenommen** 〔**vorausgesetzt**〕, **dass** ... ...であると（仮定）して, （仮に）...の場合は. **außer** 〔**nur**〕 **dass** ... ただ...だけ, ...である以外は: Das Zimmer ist sehr bequem, außer *dass* es

zu dunkel ist. その部屋は暗すぎる点を除いてはたいへん快適である. **dass du's weißt, ...** 実をいうと. **dass ich es nur kurz sage** 手短にいえば, 要するに. **kaum dass ...** …するとすぐ, ほとんど…ということがないまでに: Kaum *dass* sie mich sah, ... 彼女は私を見るやいなや…. Es war dunkel, kaum *dass* man die Umrisse erkennen konnte. 暗くて物の輪郭が識別できないほどだった. **ohne dass ...** …ということなしに, …しないのに: Sie redet, ohne *dass* sie gefragt ist. 彼女は聞かれもしないのにしゃべりまくる. **(an) statt dass ...** …である代りに, …するどころか.

das·sel·be [ダス・ゼルベ] [代] 《指示》 derselbe の [単] [中] 1・4 格.

da|ste·hen* [ダー・シュテーエン] [動] *h.* **1.** 〔補足なし〕(目の前に)立続けている;立ちすくんでいる. **2.** 〔〈様態〉ニ〕ある(状態・状況・立場などに), (…の様子〔態度〕を)している: allein ~ だれ一人身寄りがない. mit leeren Händen ~ 無一文である. 【慣用】**Nun, wie stehe ich jetzt da ?** 《口》どうだい, うまくやっただろう〔立派なものだろう〕.

das **DAT** [ダット] [名] -(s)/ =digital audio tape ディジタルオーディオテープ(音声を PCM 化して録音・再生するテープ).

Dat. =Dativ 〚言〛3 格, 与格.

das **Date** [de:t デート] [名] -(s)/-s 《若》デート; デートの相手.

die **Da·tei** [ダタイ] [名] -/-en 〚コンピュータ〛データファイル.

die **Da·tel·diens·te** [ダーテル・ディーンステ] [複名] 《総称》(ドイツ連邦郵便の)情報通信サービス.

die **Da·ten** [ダーテン] [複名] (単 は Datum) **1.** 資料, (実験・測定などの)データ, 数値: statistische ~ 統計資料. **2.** 〚数〛既知数. **3.** (コンピュータの)データ: ~ verarbeitende Maschinen 情報処理の器機. ~ eingeben データを入れる.

der **Da·ten·ab·ruf** [ダーテン・アップ・るーふ] [名] -(e)s/ 〚コンピュータ〛データ呼出し.

der **Da·ten·aus·tausch** [ダーテン・アウス・タウシュ] [名] -(e)s/ 〚コンピュータ〛データ交換.

die **Da·ten·au·to·bahn** [ダーテン・アウト・バーン] [名] -/-en 〚コンピュータ〛情報〔データ〕ハイウェイ.

die **Da·ten·bank** [ダーテン・バンク] [名] -/-en 〚コンピュータ〛データバンク.

die **Da·ten·ba·sis** [ダーテン・バーズィス] [名] -/..basen 〚コンピュータ〛データベース.

die **Da·ten·er·fas·sung** [ダーテン・エあふぁっスング] [名] -/ 〚コンピュータ〛データ収集.

der **Da·ten·high·way** [..haɪve: ダーテン・ハイ・ヴェー] [名] -s/-s =Datenautobahn.

das **Da·ten·netz** [ダーテン・ネッツ] [名] -es/-e 〚コンピュータ〛データネットワーク.

der **Da·ten·schutz** [ダーテン・シュッツ] [名] -es/ 〚法〛情報保護.

das **Da·ten·ter·mi·nal** [ダーテン・テーあミネル, ダーテン・テるミネル] [名] -s/-s 〚コンピュータ〛データ端末装置.

der **Da·ten·trä·ger** [ダーテン・トれーガー] [名] -s/- 〚コンピュータ〛媒体(ディスケットなど).

die **Da·ten·ty·pis·tin** [ダーテン・テュピスティン] [名] -/-nen 〚コンピュータ〛女性のデータ入力係.

die **Da·ten·über·tra·gung** [ダーテン・ユーバートらーグング] [名] -/-en 〚コンピュータ〛データ通信, オンライン情報処理.

die **Da·ten·ver·ar·bei·tung** [ダーテン・ふぇあアるバイトゥング] [名] -/ 〚コンピュータ〛データ処理(略 DV).

die **Da·ten·ver·ar·bei·tungs·an·la·ge** [ダーテンふぇあアるバイトゥングス・アン・ラーゲ] [名] -/-n 〚コンピュータ〛データ処理装置.

der **Da·ten·ver·kehr** [ダーテン・ふぇあケーあ] [名] -(e)s/ データ通信.

da·tie·ren [ダティーれン] [動] *h.* **1.** 〔〈et⁴〉ニ〕日付を入れる(手紙・証明書などに); (…の)成立〔制作〕年代を決める(出土品などの). **2.** 〔seit 〈et³〉カラ〕存続している, 始まっている. **3.** 〔aus〔von〕〈et³〉ニ〕由来〔起因〕する(時点・出来事に).

die **Da·tie·rung** [ダティーるング] [名] -/-en 日付(記入); 成立年代決定; 成立年代の申し立て.

der **Da·tiv** [ダーティーふ] [名] -s/-e 〚言〛3 格, 与格(略 Dat.); 3 格の語.

das **Da·tiv·ob·jekt** [ダーティーふ・オプイェクト] [名] -(e)s/-e 〚言〛3 格目的語.

da·to [ダート] [副] 〚商〛《古》本日: bis ~ 本日まで.

der **Da·to·wech·sel** [ダート・ヴェクセル] [名] -s/- 〚銀行〛日付後定期払い手形.

die **Dat·scha** [ダッチャ] [名] -/-s〔..schen〕 =Datsche.

die **Dat·sche** [ダッチェ] [名] -/-n 週末用の別荘.

die **Dat·tel** [ダッテル] [名] -/-n ナツメヤシの実.

die **Dat·tel·pal·me** [ダッテル・パルメ] [名] -/-n 〚植〛ナツメヤシ, フェニックス.

das **Da·tum** [ダートゥム] [名] -s/..ten **1.** 日付, 年月日; 時点. **2.** 事実; (複のみ)データ, 数値, 資料. ⇨ Daten.

die **Da·tums·gren·ze** [ダートゥムス・グれンツェ] [名] -/ 日付変更線.

der **Da·tums·knopf** [ダートゥムス・クノっプふ] [名] -(e)s/..knöpfe (時計の)日付ボタン.

der **Da·tums·stem·pel** [ダートゥムス・シュテムペル] [名] -s/- =Datumstempel.

der **Da·tum·stem·pel** [ダートゥム・シュテムペル] [名] -s/- 日付印; 押印された日付.

die **Dau** [ダウ] [名] -/-en ダウ(2 本マストの東アフリカ・アラビア沿岸の貿易帆船).

die **Dau·be** [ダウベ] [名] -/-n **1.** たる〔おけ〕板. **2.** (カーリングの)標的.

die **Dau·er** [ダウあー] [名] -/ (持続)期間; (単のみ)持続, 永続: für die ~ von einem Jahr 1 年の期限で. von langer ~ sein 長続きする. 【慣用】**auf Dauer** 永久に. **auf die Dauer** 長い間には, ついには.

der **Dau·er·ap·fel** [ダウあー・アプふぇル] [名] -s/..äpfel 貯蔵用リンゴ.

der **Dau·er·auf·trag** [ダウあー・アウふ・トらーク] [名] -(e)s/..träge 〚銀行〛継続(振替・送金)委託, 定額自動送金依頼.

die **Dau·er·aus·stel·lung** [ダウあー・アウス・シュテルング] [名] -/-en 常設展示(会).

die **Dau·er·be·las·tung** [ダウあー・べラストゥング] [名] -/-en 連続的な負担; 〚工〛連続荷重.

die **Dau·er·be·schäf·ti·gung** [ダウあー・べシェふティグング] [名] -/-en 継続雇用.

der **Dau·er·brand·o·fen** [ダウあー・ブらント・オーふぇン] [名] -s/..öfen 連続燃焼ストーブ.

der **Dau·er·bren·ner** [ダウあー・ブれナー] [名] -s/- **1.** 連続燃焼ストーブ. **2.** 《口》ロングランの映画〔芝居〕, 長くヒットを続ける流行歌. **3.** 《口・冗》長いキス.

die **Dau·er·fahrt** [ダウあー・ふぁーあト] [名] -/-en 耐久レース.

der **Dau·er·flug** [ダウあー・ふルーク] [名] -(e)s/..flüge 連続飛行.

die **Dau·er·form** [ダウあー・ふぉるム] [名] -/-en (主に複)〚生〛耐久型(耐久卵, 包子など).

dau·er·haft [ダウあーハふト] [形] 耐久性のある; 永続的な.

die **Dau·er·haf·tig·keit** [ダウあーハふティひカイト] [名] -/ 耐久性, 持続〔永続〕性.

die **Dau·er·kar·te** [ダウあー・カるテ] [名] -/-n 定期券.

der **Dau·er·lauf** [ダウあー・ラウふ] [名] -(e)s/..läufe 持久走, ジョギング.

der **Dau·er·ma·gnet** [ダウあー・マグネート] [名] -en

[-(e)s]/-e(n) 永久磁石.
der **Dau・er・marsch** [ダウあー・マルシュ] 图 -es/..märsche 長距離行軍.
dau・ern¹ [ダウあーン] 動 h. **1.** 〈(時間)が(/の)〉かかる, 続く. Wie lange *dauert* der Flug？ 飛行時間はどれほどかかるのか.（Es が主語で）Es *dauerte* nicht lange, dann kam er. ほどなく彼がやって来た. **2.** (歴)(文)長続きする,（いつまでも）残る.
dau・ern² [ダウあーン] 動 h. 〈j³に〉(文)憐憫(欱)の情を催させる;惜しいと思わせる.
dau・ernd [ダウあーント] 形 永続的な, 常設の, 間断のない;常に;(植)多年生の.
die **Dau・er・stel・lung** [ダウあー・シュテルング] 图 -/-en 定職.
die **Dau・er・wel・le** [ダウあー・ヴェレ] 图 -/-n パーマネント.
die **Dau・er・wurst** [ダウあー・ヴるスト] 图 -/..würste 貯蔵用ソーセージ（サラミなど）.
der **Dau・er・zu・stand** [ダウあー・ツー・シュタント] 图 -(e)s /..stände 永続的状態.
der **Dau・men** [ダウメン] 图 -s/-（手の）親指.【慣用】am Daumen lutschen 親指をしゃぶる, ひもじい思いをしている. den Daumen auf ⟨et³⟩ halten (haben)《口》〈物・事を〉他の人に使わせない,〈物・事に〉よく気をつける. 〈j³〉den Daumen aufs Auge drücken (halten)〈人を〉屈服させる. (die) Daumen drehen《口》退屈する. 〈j³〉den Daumen drücken (halten)〈人の〉幸運を願う. ⟨et³⟩ über den Daumen peilen《口》〈物・事を〉大ざっぱに見積もる.
der **Dau・men・ab・druck** [ダウメン・アップ・ドるック] 图 -(e)s/..drücke 親指の指紋, 拇印(ボシ).
dau・men・breit [ダウメン・ブらイト] 形 親指の幅の.
dau・men・dick [ダウメン・ディック] 形 親指の太さの.
das **Dau・men・ki・no** [ダウメン・キーノ] 图 -s/-s パラパラ漫画.
die **Dau・men・schrau・be** [ダウメン・シュらウベ] 图 -/-n（主に(複)）（昔の）親指締付器（拷問道具）: 〈j³〉~ ansetzen《口》〈人に〉無理強いをする.
der **Däum・ling** [ドイムリング] 图 -s/-**1.** 親指の指サック;(方)手袋の親指. **2.**（複のみ;主に無冠詞）親指太郎（グリム童話の主人公）.
die **Dau・ne** [ダウネ] 图 -/-n（主に(複)）綿毛, ダウン.
das **Dau・nen・bett** [ダウネン・ベット] 图 -(e)s/-en 羽毛布団.
die **Dau・nen・de・cke** [ダウネン・デッケ] 图 -/-n 羽毛布団.
dau・nen・weich [ダウネン・ヴァイヒ] 形 綿毛(ダウン)のように柔らかな.
der **Dau・phin** [dofɛ̃: ドフェーン] 图 -s/-s (史)フランス王太子の称号;(転)後継者.
der **Daus**¹ [ダウス] 图 (古)（次の形で）Ei der ~！, それは驚きだ.
das **Daus**² [ダウス] 图 -es/Däuser[-ɐ]**1.**（ドイツ式トランプの）エース. **2.**（さいころの目の）2.
(*der*) **David** [..fɪt ダーふぃット, ..vɪt ダーヴィット] 图**1.**（男名）ダーフィ（ヴィ）ット. **2.**（旧約）ダヴィデ（イスラエルの王）.
der **Da・vids・stern** [ダーふぃッツ・シュテるン, ダーヴィッツ・シュテるン] 图 -(e)s/-e ダヴィデの星（ユダヤの象徴✡）.
der **Da・vid・stern** [ダーふぃット・シュテるン, ダーヴィット・シュテるン] 图 -(e)s/-e ＝Davidsstern.
der **Da・vit** [déːvɪt デーヴィット] 图 -s/-s (海)ダビット（ボートやいかりなどの昇降装置）.
da・von [ダーふぉン, 指示的には ダー・ふぉーン] 副 **1.**（空間）そこから（へ）: Hier ist das Hotel, und die Haltestelle ist nicht weit ~ entfernt. ここがホテルで, 停留所からそう遠くない. Wir sind noch weit ~ entfernt. 私達はそれにはまだ遠い;(転)解決策はみつ

からない. **2.**（全体量の一部）そのうちに: In unserer Fachrichtung gibt es 200 Studenten. D~ sind zwei Drittel Frauen. 私たちの学科には 200 名の学生がいる. その3分の2は女性だ. **3.**（材料・手段・原因）それから, それで; で: Sie will Wolle kaufen und sich ~ einen Pullover stricken. 彼女は毛糸を買って, それでセーターを編むつもりだ. **4.**（関連）それについて; で: D~ ist die Rede. そのことを言っているのではない. Kein Wort mehr ~！このことはもう話すな. Was habe ich ~？それが私になんの役に立つのか. das Gegenteil ~ それの反対. **5.**（前置詞と固定の結びつきを持つ動詞・形容詞の補足語として）～ abhängen それにかかっている. ～ überzeugt sein それを確信している. **6.**（後続の dass 文, zu 動などとの相関詞として）Das ist nur die Folge ~, dass ... それは…の結果にすぎない. **7.**（von で da から分離して用いることがある）Da habe ich nichts von. (北独)それは私には何の役にも立たない.
da・von|blei・ben* [ダふぉン・ブライベン] 動 s. (完)(な)それに関わらないでいる[手を触れないでいる].
da・von|ei・len* [ダふぉン・アイレン] 動 s. (完)(な)急いで立ち去る.
da・von|ge・hen* [ダふぉン・ゲーエン] 動 s. (完)(な)その場を立ち去る;(文・婉)この世を去る.
da・von|ja・gen* [ダふぉン・ヤーゲン] 動 **1.** (完)(な)すごい速さで走り去る. **2.** h. 〈j¹/et⁴を〉追い払う; (転・口)即刻首にする.
da・von|kom・men* [ダふぉン・コメン] 動 s. (完)(な)難を免れる: mit dem Leben ~ 命拾いする. mit dem Schrecken ~ びっくりしただけで済む.
da・von|las・sen* [ダふぉン・ラッセン] 動 h. （次の形で）die Finger ~ (口)そのことには関わらない.
da・von|lau・fen* [ダふぉン・ラウふェン] 動 **1.** (完)(な)（その場から）走り去る[逃げる]. **2.** 〈j³〉(口)振り切る（追手などを）;（…のもとから）突然いなくなる. **3.** 〈⟨(j³/et³)⟩〉手に負えなくなる.【慣用】zum Davonlaufen sein (口)耐えられなくなる.
da・von|ma・chen* [ダふぉン・マッヘン] 動 h. 〈sich⁴〉(口)こっそりその場を逃出す(婉)死ぬ.
da・von|steh・len* [ダふぉン・シュテーレン] 動 h. 〈sich⁴〉(口)こっそり立ち去る.
da・von|tra・gen* [ダふぉン・トらーゲン] 動 h. **1.** 〈j¹/et⁴を〉（その場から）運び去る. **2.** 〈et⁴を〉(文) 獲得する（報酬・勝利などを）;被る（損害などを）,（…に）かかる（病気などに）.
da・vor [ダーふぉーあ, 指示的には ダー・ふぉーあ] 副 **1.**（空間）その前に（へ）: Dort sehen Sie das Rathaus. D~ ist die Haltestelle. あそこに市庁舎が見えるでしょう. その前が停留所です. **2.**（時間）その前に: Sie fahren um zehn Uhr ab. Haben Sie ~ keine Zeit？あなたは 10 時に出発するのですね. その前に暇はありませんか. **3.**（動詞・形容詞・名詞の前置詞つき補足語として）Sie fürchtete sich ~, allein im Haus zu sein. 彼女は一人家にいるのを怖がった. ～ sicher sein それに対して安全である. 〈j³〉 ~ warnen〈人に〉それを注意するよう警告する. Ich habe Angst ~. 私はそれが心配だ. **4.**（vor で da から分離して用いることがある）Da habe ich keine Angst vor. (北独)それは私は心配ない.
da・vor ste・hen* , ⓐ**da・vor|ste・hen*** [ダーふぉーあ シュテーエン] 動 h. (完)(な)その前に立っている;それを目前に控えている.
(*das*) **Da・vos** [ダヴォース] 图 -/ [地名]ダヴォース（スイスの保養地）.
der **Dawes・plan** [dɔ́ːz.. ドーズ・プラーン] 图 -(e)s/ ドーズ案（1924 年のドイツの賠償に関する国際条約）.
da・wi・der [ダ・ヴィーダー, 指示的には ダー・ヴィーダー] 副 それに反対して, それに逆らって.

der **DAX** [ダックス] 名 -/ 〚商標〛=Deutscher Aktienindex ドイツ株式指数.

da·zu [ダ·ツー, 指示的には ダー·ツー] 副 **1.** 〈目的〉その(それらの)ために: D~ fehlt ihm noch die Erfahrung. そのためには彼にはまだ経験が足りない. **2.** 〈付加〉それに加えて, そのうえ: noch ~ それに加えて, Sie ist sehr begabt und ~ noch fleißig. 彼女はたいへん才能があり, そのうえ勤勉である. **3.** 〈関係〉それに関して, それに対して: Ich habe ~ keine Lust/Zeit. 私はそれをする気もない/時間がない. Ich bin ~ nicht in der Lage. 私はそれができる状態ではない. das Recht ~ haben それをする権利がある. **4.** 〈前置詞 zu と固定的結びつきを持つ動詞·形容詞の補足語として〉 ~ gehören それの一部(員)である. ~ bereit sein その用意がある. **5.** 〈後続の dass 文, zu 動詞との相関詞として〉das Geld ~, ... のためのお金. dazu da sein, zu/dass ... ... する/... のことのためにある(いる). **6.** (zu を da から分離して用いることがある) Da habe ich keine Lust *zu*. (北独) そをする気は私にはない.

da·zu·ge·hö·ren [ダツー·ゲ(∩)·れン] 動 h. 〚帰〛それに(所)属している, それに不可欠である.

da·zu·ge·hö·rig [ダツー·ゲ(∩)·りヒ] 形 それに(付)属する.

da·zu|hal·ten* [ダツー·ハルテン] 動 h. 〈sich⁴〉(方)急ぐ.

da·zu|kom·men* [ダツー·コメン] 動 s. 〚帰〛その場にやって来る, 来合わせる(事件現場などに); 加わる(すでにいる人々に), つけ加わる(すでにある物·事に): Kommt noch etwas *dazu*? 他に何か入用でしょうか.

da·zu·mal [ダー·ツ·マール] 副 〈古〉当時は: Anno ~ 《俗·冗》かつて.

da·zu|schla·gen* [ダツー·シュラーゲン] 動 h. 〈et⁴〉加算する.

da·zu|tun* [ダツー·トゥーン] 動 h. 〈et⁴〉ッ (口) (それに)加える.

das **Da·zu·tun** [ダツー·トゥーン] 名 (次の形で) ohne 〈j²〉~ 〈人の〉手を借りずに.

da·zu|ver·die·nen [ダツー·ふぁぁディーネン] 動 h. 〚帰〛別途に稼ぐ.

da·zwi·schen [ダ·ツヴィッシェン, 指示的には ダー·ツヴィッシェン] 副 **1.** 〈空間〉その間に〔へ〕, その中間に〔へ〕: D~ muss auch noch ein anderer Weg sein. その中間にもう一つ別の方法があるに違いない. Stellen Sie sich ~! その間に立って下さい. **2.** 〈多数の人·物の〉その中に〔へ〕(混じって): Wir haben viel Post, aber von ihm ist kein Brief ~. 私たちにたくさん郵便が来たが, 彼からの手紙はその中に一通もない. **3.** 〈時間·出来事〉その間に〔へ〕, その合間に〔に〕: Wir machen ~ eine Pause. 私たちはその間に一休みする.

da·zwi·schen|fah·ren* [ダツヴィッシェン·ふぁーれン] 動 s. 〚帰〛割って入る(けんかなどに); 話に割込む.

da·zwi·schen|fun·ken [ダツヴィッシェン·ふンケン] 動 h. 〈〈j³〉=〉(口) 余計なお節介をする.

da·zwi·schen|kom·men* [ダツヴィッシェン·コメン] 動 s. **1.** 〚帰〛巻込まれる: mit den Fingern ~ 指を挟まれる. **2.** 〈〈j³〉=〉起こる, 突発する.

die **Da·zwi·schen·kunft** [ダツヴィッシェン·クンふト] 名 -/..künfte 《古》不測の事態; 干渉, 介入.

da·zwi·schen|mi·schen [ダツヴィッシェン·ミッシェン] 動 h. 〈sich⁴〉干渉する.

da·zwi·schen|re·den [ダツヴィッシェン·れーデン] 動 h. **1.** 〚帰〛(話に横から)口をはさむ. **2.** 〈〈j³〉=〉干渉する.

da·zwi·schen|ru·fen* [ダツヴィッシェン·るーふェン] 動 h. 〈〈j³〉=〉野次を飛ばす.

da·zwi·schen|schie·ben* [ダツヴィッシェン·シーベン] 動 h. **1.** 〈〈et⁴〉ッ〉割込ませる. **2.** 〈sich⁴〉その間に(押し)分けて入る.

da·zwi·schen|schla·gen* [ダツヴィッシェン·シュラーゲン] 動 h. 〚帰〛実力を行使する(事を鎮めるために).

da·zwi·schen|ste·hen* [ダツヴィッシェン·シュテーエン] 動 h. 〚帰〛その間に立っている; 中立の立場をとる; じゃまする[している].

da·zwi·schen|tre·ten* [ダツヴィッシェン·トれーテン] 動 s. 〚帰〛仲裁に入る; 間に入る〔割込む〕, 不和のもとになる.

dB =Dezibel デシベル.

DB 1. =Deutsche Bahn AG ドイツ鉄道株式会社(1994 年-). **2.** =Deutsche Bundesbahn ドイツ連邦(国有)鉄道(-1993 年). **3.** =Deutsche Bücherei (国立)ドイツ国立図書館.

DBB =Deutscher Beamtenbund ドイツ官吏同盟.

DBGM =Deutsches Bundes-Gebrauchsmuster ドイツ連邦実用新案.

DBP 1. =Deutsche Bundespost (旧西独の)ドイツ連邦郵便. **2.** =Deutsches Bundespatent ドイツ連邦特許庁.

d. c. =da capo 〔楽〕ダカーポ.

Dd. =Doktorand 博士号取得志願者.

die **DDR** [デー·デー·エる] 名 -/ 〚国名〛=Deutsche Demokratische Republik ドイツ民主共和国(1949-90 年).

das **DDT** [デー·デー·テー] 名 -/ 〚商標〛ディーディーティー(殺虫剤)(Dichlordiphenyltrichloräthan).

das **D-Dur** [デー·ドゥーあ, デー·ドゥーあ] 名 -/ 〚楽〛ニ長調(記号 D).

das **Dead·weight** [dédvɛt デッド·ヴェート] 名 -(s)/-s (船に積載可能な)載貨重量.

dea·len [dí:lən ディーレン] 動 h. 〚帰〛麻薬の売買〔取引〕をする.

der **Dea·ler** [dí:lər ディーラー] 名 -s/- 〚金融〛(ロンドン市場の)場内仲買人; 相場師; 〚帰〛麻薬の売人.

das **De·ba·kel** [デバーケル] 名 -s/- 《古》崩壊, 瓦解; 〚軍〛(壊滅的な)敗北.

die **De·bat·te** [デバッテ] 名 -/-n 討論, ディベート, (議会の)討議を開く. 〈et⁴〉in die ~ werfen 〈事について〉議論に付す. nicht zur ~ stehen 討議されない. 〈et⁴〉zur ~ stellen 〈et⁴〉討議に付す.

de·bat·tie·ren [デバティーれン] 動 h. 〈et⁴〉ッ/über 〈et⁴〉コニツイテ討論〔討議〕する.

das **De·bet** [デーベト] 名 -s/-s 〚銀行〛借方.

de·bil [デビール] 形 《古》軽愚の.

die **De·bi·li·tät** [デビリテート] 名 -/ 《古》軽度精神薄弱.

de·bi·tie·ren [デビティーれン] 動 h. **1.** 〈j⁴〉ノロ座ニ/〈et⁴〉ッ〉借方に記入する(口座の). **2.** 〈et⁴〉販売する.

der **De·bi·tor** [デービトーあ] 名 -s/-en [デビトーれン] (主に複) 〚銀行〛債務者; 未払債務.

das **De·büt** [debý: デビュー] 名 -s/-s デビュー: ~ geben 初舞台を踏む.

der **De·bü·tant** [デビュタント] 名 -en/-en デビューする人, 初出場者.

die **De·bü·tan·tin** [デビュタンティン] 名 -/-nen デビューする(初出場の)女性; 社交界に初めて正式に出る娘.

der **De·bü·tan·tin·nen·ball** [デビュタンティネン·バル] 名 -(e)s/..bälle (社交界に初めて正式に出る娘たちの)披露舞踏会.

de·bü·tie·ren [デビューティーれン] 動 h. 〈〈様態〉デ〉デビューする.

die **De·car·b·oxy·lie·rung** [デカるボクスューリールング] 名 -/-en 〚生化〛脱カルボキシル〔炭酸〕反応.

das **De·cha·nat** [デひゃナート] [名] -(e)s/-e 〘カトリック〙首席司祭職;首席司祭教区.
der **De·chant** [デひゃント,デひゃント] [名] -en/-en 〘カトリック〙首席司祭.
die **De·chan·tei** [デひゃンタイ] [名] -/-en 《オーストリア》首席司祭教区.
das〔*der*〕**De·cher** [デっひゃー] [名] -s/- 〘史〙デヒャー(毛皮の数量単位. 1 デヒャー=毛皮10枚).
de·chif·frie·ren [deʃɪfríːrən デシふりーれン] [動] *h.* 〔⟨et⁴⟩ヲ〕解読する.

D

das **Deck** [デっク] [名] -(e)s/-s〔-e〕甲板,デッキ;(二階建てバスの)上の階;(パーキングビルの)階: Alle Mann an ~! 総員甲板へ(号令). nicht (recht) auf ~ sein 《口》体が本調子ではない.
die **Deck·a·dres·se** [デっク・アドれっセ] [名] -/-n (本当の住所を知られないように使う)仮のあて名.
die **Deck·an·schrift** [デっク・アン・シュりふト] [名] -/-en 仮のあて名.
der **Deck·an·strich** [デっク・アン・シュトりっひ] [名] -(e)s/-e (ペンキなどの)上塗り.
das **Deck·bett** [デっク・ベっト] [名] -(e)s/-en 掛布団.
das **Deck·blatt** [デっク・ブラっト] [名] -(e)s/..blätter **1.** オーバーレイ(地図・写真の上に挿入される透明な紙);(訂正などの)貼紙;(本の)とびら. **2.** 〘植〙苞葉(ほうよう). **3.** (葉巻の)巻き葉. **4.** 一番上のカード.
die **De·cke** [デっケ] [名] -/-n **1.** テーブルクロス(Tisch~);覆い,カバー. **2.** 毛布(Woll~),掛布団: sich⁴ in eine ~ hüllen 毛布にくるまる. Die Wiese liegt unter einer weißen ~. 《転》野原は白く雪に覆われている. **3.** (チューブを包む)タイヤ;舗装路面. **4.** 天井(Zimmer~). **5.** 〘狩〙(鹿・熊などの)毛皮;皮. **6.** (本の)表紙. **7.** 〘楽〙(弦楽器の)共鳴表板. 【慣用】**an die Decke gehen** 《口》激怒する. ⟨j³⟩ **fällt die Decke auf den Kopf** 《口》⟨人にとって⟩圧迫感がある,⟨人が⟩家で退屈している. **mit ⟨j³⟩ unter einer Decke stecken** ⟨人と⟩共謀する. **sich⁴ nach der Decke strecken** 《口》分相応に暮す. **vor Freude (bis) an die Decke springen** 《口》躍り上がって喜ぶ.
der **De·ckel** [デっケル] [名] -s/- (容器・器具の)ふた;本の表裏表紙(Buch~);《口》帽子. 【慣用】⟨j³⟩ **eins auf den Deckel geben** 《口》⟨人に⟩こごとを言う. **eins auf den Deckel kriegen** 《口》こごとをくらう;敗北する.
der **De·ckel·korb** [デっケル・コるプ] [名] -(e)s/..körbe ふたつきバスケット.
de·ckeln [デっケルン] [動] *h.* **1.** 〔⟨et⁴⟩ニ〕ふたをする. **2.** 〔⟨j⁴⟩ヲ〕《口》叱る,とがめる.
die **De·cke·lung** [デっケルング] [名] -/-en 《口》(支出などの)削減.
de·cken [デっケン] [動] *h.* **1.** 〔⟨et⁴⟩ヲ+über ⟨j⁴/et⁴⟩ニ〕被せる. **2.** 〔⟨et⁴⟩ヲ+(mit ⟨et³⟩デ)〕覆う: das Dach mit Ziegeln ~ 屋根を瓦(かわら)でふく. ein Haus ~ 建物に屋根をふく. ein *gedeckter* Waggon 有蓋(ゆうがい)貨車. **3.** 〔(⟨et⁴⟩ノ)〕食事の準備をする(テーブルクロスを掛けたり,食器を並べて). **4.** 〔(⟨et⁴⟩ヲ)+(⟨[形]⟩ニ)〕塗り隠す(塗料が). **5.** 〔⟨j⁴/et⁴⟩ヲ〕覆っている(雪などが). **6.** 〔⟨j⁴/et⁴⟩ヲ〕守る,援護(えんご)する;〘ボクシング〙ガードする;〘チェス〙カバーする. **7.** 〔⟨j⁴/et⁴⟩ヲ〕かばう,かくまう,隠す. **8.** 〔⟨et⁴⟩ヲ〕満たす(必要などを);保証する(ローンなどを),補填(ほてん)する(赤字などを),補償する(損害などを): Der Scheck ist nicht *gedeckt*. この小切手は不渡りだ. **9.** 〔⟨et⁴⟩ヲ〕正確に言表している(名称などが). **10.** 〔相互代名詞sich⁴〕〘数〙合同である. **11.** 〔sich⁴+(mit ⟨et³⟩ト)〕一致する. **12.** 〔⟨j⁴⟩ヲ〕〘スポーツ〙マークする,防ぐ. **13.** 〔⟨et⁴⟩ト〕交尾する(鳥類を除く家畜が). **14.** 〔⟨et⁴⟩ニ〕〘狩〙かみつく(犬が獲物に).
die **De·cken·be·leuch·tung** [デっケン・ベロイひトゥング] [名] -/-en 天井の電灯による照明.
der **De·cken·flu·ter** [デっケン・ふルーター] [名] -s/- シェードが天井に向いたフロアスタンド,天井に向けた照明の光源.
das **De·cken·ge·mäl·de** [デっケン・ゲメールデ] [名] -s/- 天井画.
die **De·cken·lam·pe** [デっケン・ラムペ] [名] -/-n 天井灯.
die **Deck·far·be** [デっク・ふぁるベ] [名] -/-n 不透明絵の具.
die **Deck·fe·der** [デっク・ふぇーダー] [名] -/-n (鳥の)雨覆羽(あまおおいばね).
der **Deck·flü·gel** [デっク・ふりューゲル] [名] -s/- (昆虫の)鞘翅(しょうし).
der **Deck·hengst** [デっク・へングスト] [名] -es/-e 種馬.
die **Deck·la·dung** [デっク・ラードゥング] [名] -/-en 〘海〙甲板積み荷.
der **Deck·man·tel** [デっク・マンテル] [名] -s/ 口実,隠れみの: unter dem ~ von ⟨et³⟩ ⟨事に⟩かこつけて.
der **Deck·na·me** [デっク・ナーメ] [名] -ns/-n 偽名,変名;暗号名: unter einem ~*n* 偽名で.
der **Deck·of·fi·zier** [デっク・オふぃツィーあ] [名] -s/-e 〘軍〙(旧独軍の)海軍准士官.
die **De·ckung** [デっクング] [名] -/-en (主に⑩) **1.** 覆(おお)い,遮蔽(しゃへい);掩蔽(えんぺい),援護;(不法な)隠蔽: ⟨j³⟩ ~ geben ⟨人の⟩援護射撃をする. volle ~ nehmen 完全に身を掩蔽する. **2.** 〘スポーツ・チェス〙ディフェンダー,ディフェンス陣;マーク,ディフェンス;防御,ガード;カバー;(総称)ガードの選手. **3.** 〘商〙保証,担保;充当,補充,充足: die ~ in bar 保証金. **4.** 一致;〘数〙合同:⟨et⁴⟩ mit ⟨et³⟩ zur ~ bringen ⟨事を⟩⟨事と⟩一致させる. **5.** (雄による)交尾.
de·ckungs·gleich [デっクングス・グライひ] [形] 〘数〙合同の.
das **Deck·weiß** [デっク・ヴァイス] [名] -(es)/ 白色不透明絵の具.
das **Deck·wort** [デっク・ヴォるト] [名] -(e)s/..wörter 暗号.
die **Deck·zel·le** [デっク・ツェレ] [名] -/-n 〘生・解〙上皮細胞.
der **De·co·der** [デコーダー] [名] -s/- 〘電〙復号〔解読〕器,デコーダー.
de·co·die·ren [デコディーれン] [動] =dekodieren.
decresc. =decrescendo 〘楽〙デクレッシェンド.
de·cre·scen·do [dekrɛʃɛ́ndo デクれシェンド] [副] 〘楽〙デクレッシェンド,次第に弱く(略 decresc.).
das **De·cre·scen·do** [デクれシェンド] [名] -s/-s〔..di〕〘楽〙デクレッシェンド(すること).
die **De·di·ka·ti·on** [デディカツィオーン] [名] -/-en **1.** 献辞. **2.** 贈呈,寄贈;贈物.
das **De·di·ka·ti·ons·ex·em·plar** [デディカツィオーンス・エクセムプラーあ] [名] -s/-e 献本,贈呈本.
de·di·zie·ren [デディツィーれン] [動] *h.* 〔⟨j³⟩ニ+⟨et⁴⟩ヲ〕捧げる,献呈する(著書などを);贈呈する.
die **De·duk·ti·on** [デドゥクツィオーン] [名] -/-en 〘哲〙演繹(えんえき)(論);〘サイバネティクス〙演繹的推論(法).
de·duk·tiv [デドゥクティーふ] [形] 演繹的な.
de·du·zie·ren [デドゥツィーれン] [動] *h.* 〔⟨et⁴⟩ヲ〕〘哲〙演繹〔推論〕する.
die **Deern** [デーあン] [名] -/-(s) 《北独》娘,少女.
die **De·es·ka·la·ti·on** [デエスカラツィオーン] [名] -/-en 段階的縮小〔緩和〕.
de fạc·to [デー ふぁクト] 〘ラテン語〙事実上.
die **De-fạc·to-An·er·ken·nung** [デ・ふぁクト・アン・エあケヌング] [名] -/-en (暫定的な)事実上の承認.

der **De·fai·tis·mus** [defɛtís.. デふぇティスムス] [名] –/ ＝Defätismus.

die **De·fä·ka·ti·on** [デふぇカツィオーン] [名] –/–en 〘医〙排便.

der **De·fä·tis·mus** [デふぇティスムス] [名] –/ 《文・蔑》敗北主義.

der **De·fä·tist** [デふぇティスト] [名] –en/–en 《文・蔑》敗北主義者.

de·fä·tis·tisch [デふぇティスティシュ] [形] 《文・蔑》敗北主義の.

de·fekt [デふぇクト] [形] 欠陥のある, 故障した.

der **De·fekt** [デふぇクト] [名] –(e)s/–e **1.** 欠陥; 故障. **2.** 〘医・心〙(心身の)欠陥. **3.** (⑱のみ)〘印〙(数が足らない)ふぞろい活字; 〘出版〙落丁.

der **De·fekt·bo·gen** [デふぇクト・ボーゲン] [名] –s/– 〘出版〙落丁.

das **De·fek·ti·vum** [デふぇクティーヴム] [名] –s/..va 〘言〙欠如語.

de·fen·siv [デふぇンズィーふ] [形] 防衛の; 安全第一の; 〘スポーツ〙守りの.

das **De·fen·siv·bünd·nis** [デふぇンズィーふ・ビュントニス] [名] –ses/–se 防衛同盟.

die **De·fen·si·ve** [デふぇンズィーヴェ] [名] –/–n 防御, 防衛; 〘スポーツ〙守備.

der **De·fen·siv·krieg** [デふぇンズィーふ・クリーク] [名] –(e)s/..e 防衛戦争.

der **De·fi·bril·la·tor** [デふぃブりラートーあ] [名] –s/–en[デふぃブりラトーれン] 〘医〙(心臓の)細動除去器.

das **De·fi·cit-Spen·ding, De·fi·cit·spen·ding** [dɛ́fɪsɪtspɛ́ndɪŋ デふぃスィット・スペンディング] [名] –(s)/ 〘経〙(政府の)赤字財政〔支出〕.

das **De·fi·lé, De·fi·lee** [..lé: デふぃレー] [名] –s/–s〔–n[デふぃレーエン]〕分列行進.

de·fi·lie·ren [デふぃリーれン] [動] *s.*〔*h.*〕〘⟨場所⟩ヲ〙分列行進する.

der **De·fi·lier·marsch** [デふぃリーあ・マるシュ] [名] –(e)s/..märsche 観閲〔分列〕行進.

de·fi·nie·ren [デふぃニーれン] [動] *h.* **1.** 〘⟨et^4⟩ヲ〙定義する《概念などを》. **2.** 〘⟨j^4/et^4⟩ヲ〙言表す. **3.** 〘sich^4＋durch〔über〕⟨et^4⟩ニヨッテ〙自分の(社会的)地位を判断する.

die **De·fi·ni·ti·on** [デふぃニツィオーン] [名] –/–en 定義; 自己評価〔認識〕; 〘カトリック〙教理の決定: eine ～ von ⟨et^3⟩ geben ⟨事の⟩定義をする.

de·fi·ni·tiv [デふぃニティーふ] [形] 最終的な, 決定的な.

de·fi·ni·to·risch [デふぃニトーりシュ] [形] 定義の.

de·fi·zi·ent [デふぃツィエント] [形] 不完全な.

das **De·fi·zit** [デーふぃツィット] [名] –s/–e 赤字, 欠損; 不足.

de·fi·zi·tär [デふぃツィテーあ] [形] 赤字の; 赤字になる.

die **De·fi·zit-O·ber·gren·ze** [デーふぃツィット・オーバー・グれンツェ] [名] –/–n 財政赤字上限.

die **De·fla·gra·ti·on** [デふラグらツィオーン] [名] –/–en 〘化〙爆燃, 突燃; ゆっくりと焼失すること.

die **De·fla·ti·on** [デふラツィオーン] [名] –/–en 〘経〙デフレーション; 〘地質〙(風による)浸食.

die **De·flo·ra·ti·on** [デふロらツィオーン] [名] –/–en 処女〔純潔〕を奪うこと.

de·flo·rie·ren [デふロりーれン] [動] *h.* 〘⟨j^4⟩ノ〙処女を奪う.

die **De·for·ma·ti·on** [デふぉるマツィオーン] [名] –/–en 変形, いびつにすること; 〘医〙奇形(化); 〘理〙ゆがみ.

de·for·mie·ren [デふぉるミーれン] [動] *h.* **1.** 〘⟨et^4⟩ノ〙形を変える, (…を)デフォルメする. **2.** 〘⟨j^4/et^4⟩ヲ〙ゆがめる, 醜くする, 奇形にする.

die **De·for·mi·tät** [デふぉるミテート] [名] –/–en 〘医〙(器官・肢体の)奇形, 変形.

der **De·frau·dant** [デふらウダント] [名] –en/–en 《古》詐欺師, 横領者, 脱税者.

die **De·frau·da·ti·on** [デふらウダツィオーン] [名] –/–en 《古》詐欺, 横領, 脱税.

de·frau·die·ren [デふらウディーれン] [動] *h.* 《古》 **1.** 〘⟨et^4⟩ヲ〙横領する; ごまかす《税を》. **2.** 〘⟨j^4⟩ヲ〙欺く.

def·tig [デふティひ] [形] **1.** 栄養〔量〕がたっぷりの. **2.** 下品な, 粗野な; 《口》ものすごい, ひどい.

der **De·gen**[1] [デーゲン] [名] –s/– 《文》戦士, 勇士.

der **De·gen**[2] [デーゲン] [名] –s/– 剣; 〘フェンシング〙エペ; (⑩のみ)エペ(競技)(～fechten).

die **De·ge·ne·ra·ti·on** [デゲネらツィオーン] [名] –/–en **1.** 〘生〙退化; 〘医〙変性. **2.** 堕落, 退廃.

de·ge·ne·rie·ren [デゲネりーれン] [動] *s.* 〘補足なし〙 **1.** 〘生〙退化する; 〘医〙変性する. **2.** 退歩する, 堕落する.

de·ge·ne·riert [デゲネりーあト] [形] 〘生〙退化した; 〘医〙変性〔変質〕した; 衰弱した.

das **De·gen·fech·ten** [デーゲン・ふぇひテン] [名] –s/ 〘フェンシング〙エペ.

der **De·gen·griff** [デーゲン・グりふ] [名] –(e)s/–e (剣の)柄(つか).

die **De·gen·schei·de** [デーゲン・シャイデ] [名] –/–n (剣の)鞘(さや).

der **De·gout** [degú: デグー] [名] –s/ 《文》嫌悪(感), 不快(感), いやけ.

de·gra·die·ren [デグらディーれン] [動] *h.* **1.** 〘⟨j^4⟩ヲ〙降格〔降等〕させる; 〘カトリック〙(…の)聖職を剝奪(はくだつ)する. **2.** 〘⟨j^4/et^4⟩ヲ＋zu ⟨j^3/et^3⟩ニ〙格下げする. **3.** 〘⟨et^4⟩ヲ〙〘農〙やせさせる《土地を》.

die **De·gra·die·rung** [デグらディーるング] [名] –/–en 降格, 降等, 格下げ; 〘カトリック〙聖職剝奪(はくだつ).

die **De·gres·si·on** [デグれスィオーン] [名] –/–en 〘税〙(税率の)逓減(ていげん); 〘経〙(量産による価格の)逓減.

de·gres·siv [デグれスィーふ] [形] 〘銀行・経〙逓減的な.

die **De·gus·ta·ti·on** [デグスタツィオーン] [名] –/–en 《スイス》 **1.** 試飲; 試食; (飲食物の)鑑定. **2.** 試飲〔試食〕が行われる所〔部屋〕.

de gus·ti·bus non est dis·pu·tan·dum [デー グスティブス ノーン エスト ディスプタンドゥム] 〘ラテン語〙たで食う虫も好き好き.

de·gus·tie·ren [デグスティーれン] [動] *h.* 〘⟨et^4⟩ノ〙《スイス》味見をする, 香りを調べる.

dehn·bar [デーン・バーあ] [形] 伸縮性のある; 拡大解釈できる.

die **Dehn·bar·keit** [デーンバーあカイト] [名] –/ 伸長性, 延性, 伸縮性; 《転》(概念などの)曖昧(あいまい)さ.

deh·nen [デーネン] [動] *h.* **1.** 〘⟨et^4⟩ヲ〙伸〔延〕ばす. **2.** 〘sich^4〙伸びる, 長びく; 広がっている.

die **Deh·nung** [デーヌング] [名] –/–en 伸〔延〕ばすこと; 伸〔延〕びること; 伸〔延〕ばされたもの.

das **Deh·nungs·zei·chen** [デーヌングス・ツァイひぇン] [名] –s/– 〘言〙長母音符号; 〘楽〙フェルマータ.

die **De·hy·d·ra·ta·ti·on** [デヒュドらタツィオーン] [名] –/–en 脱水; 乾燥《食物などの》.

de·hy·d·rie·ren [デヒュドりーれン] [動] *h.* 〘⟨et^4⟩ノ〙〘化〙水素を取除く《化合物の》.

der **Deich** [ダイひ] [名] –(e)s/–e 堤防. 土手

der **Deich·bruch** [ダイひ・ブるっふ] [名] –(e)s/..brüche 堤防の決壊.

dei·chen [ダイひぇン] [動] *h.* **1.** 〘補足なし〙堤防工事に従事する. **2.** 〘⟨et^4⟩ニ〙堤防を築く.

der **Deich·graf** [ダイひ・グらーふ] [名] –en/–en 堤防管理組合長.

der **Deich·gräf** [ダイひ・グれーふ] [名] –en/–en ＝Deichgraf.

der **Deich·haupt·mann** [ダイひ・ハウプト・マン] [名] –(e)s/..leute 堤防管理組合長.

die **Deich·sel** [ダイクセル] [名] -/-n 轅(ながえ).

deich·seln [ダイクセルン] [動] *h.* 〔〈et⁴〉ヲ〕《口》うまく取計う, アレンジする.

Dei gra·tia [デーイ グラーツィア] 〖ラテン語〗〖カトリック〗神の恩寵によりて(司教・領主の肩書につける. 略 D. G.).【ドイツ語では von Gottes Gnaden】

deik·tisch [ダイクティシュ, deík.. デイクティシュ] [形] 実物による;〖言〗指示的な.

dein [ダイン] [代] 《所有》2人称親称[単](変化形は mein に準じる)【[旧]で, 手紙では語頭大文字で Dein】 **1.** (付加語的用法)君の, おまえの, あなたの: *~e* Worte und Taten 君の言行. Herzliche Grüße! *D~* Peter/*D~e* Eva さようなら, (あなたの)ペーター/エヴァより(親しい相手に対する手紙の結びで個人名の前につける). ~ Zug 君の(いつも)乗る列車. **2.** (独立的用法) 君〔あなた〕のもの, おまえのもの: Das ist nicht mein Kugelschreiber, sondern *~er*〔der *~e*〕. これはぼくのボールペンではなく, 君のだ. 【定冠詞とともに形容詞の弱変化での用法は文語】(無変化で述語として)Sie ist ~. 《文》彼女はおまえのものだ. (語頭大文字, または小文字・[中][単]で)das *D~e*〔*~e*〕 君の義務〔財産〕. (語頭大文字, または小文字・[複]で) die *D~en*〔*~en*〕 君の家族〔親戚・身内〕.

dei·ner [ダイナー] [代] **1.** 《人称》2人称親称[単] du の2格.【[旧]で, 手紙では語頭大文字で Deiner. 用法は⇨ meiner 1.】 **2.** 《所有》 dein の[女] 2・3格, [複] 2格.【用法は⇨ meiner 2.】

dei·ner·seits [ダイナー・ザイツ] [副] 君の側〔方〕で: Bestehen ~ irgendwelche Einwände dagegen? それに対して君の側では何か異議があるのですか.

dei·nes·glei·chen [ダイネス・グライひぇン] [代] 《不定》(無変化)(職業・地位・性格などに関して)君のような人.

dei·net·hal·ben [ダイネト・ハルベン] [副] 《古》君ゆえに.

dei·net·we·gen [ダイネト・ヴェーゲン] [副] 君のために.

dei·net·wil·len [ダイネト・ヴィレン] [副] (次の形で)um ~ 君のために, 君のことを思って.

der/die/das **dei·ni·ge** [ダイニゲ] [代] 《所有》2人称親称[単].《文・古》=dein 2. の定冠詞付き用法.

der **De·is·mus** [デイスムス] [名] -/ 理神論.

der **De·ist** [デイスト] [名] -en/-en 理神論者.

de·is·tisch [デイスティシュ] [形] 理神論の.

der **Dei·wel** [ダイヴェル] [名] -s/- 《方・口》悪魔.

das **Déjà-vu-Er·leb·nis** [deʒavý:.. デジャ・ヴュー・エあレープニス] [名] -ses/-se 〖心〗既視〔デジャビュー〕体験.

das **De·jeu·ner** [deʒøné: デ(ジュ)ネー] [名] -s/-s **1.** 《古》朝食;《文》軽い昼食. **2.** コーヒー〔ティー〕セット, 二人用の朝食セット.

de ju·re [デー ユーれ] 〖ラテン語〗法律上, 法的に.

die **De-ju·re-An·er·ken·nung** [デ・ユーれ・アン・エあケヌング] [名] -/-en 法的承認.

das **De·ka** [デカ] [名] -(s)/- 《オーストリア》デカグラム(~gramm).

die **De·ka·de** [デカーデ] [名] -/-n 10の数(のもの), 10個〔十巻, 十篇〕一組み;十日〔週・月・年〕.

de·ka·dent [デカデント] [形] 退廃的な, デカダンの.

die **De·ka·denz** [デカデンツ] [名] -/ 退廃, デカダン.

de·ka·disch [デカーディシュ] [形] 10の: *~es* System 十進法. *~er* Logarithmus 常用対数.

das **De·ka·gramm** [デカ・グラム, デ(-)カ・グラム] [名] -s/-e (単位を表す[複]は-) デカグラム(記号 Dg, 《オーストリア》dag, dkg).

der **De·ka·log** [デカ・ローク] [名] -(e)s/ 〖キ教〗(モーセの)十戒.

das **De·ka·me·ron** [デカーメろン] [名] -s/ デカメロン(Bocaccio の短編小説集).

der **De·kan** [デカーン] [名] -s/-e (大学の)学部長;〖カトリック〗デヒャント(首席司祭など);〖プロテスタント〗教区監督.

das **De·ka·nat** [デカナート] [名] -(e)s/-e 学部長職;学部長室〔事務局〕;〖カトリック〗首席司祭職〔管区〕,〖プロテスタント〗地方監督職〔管区〕.

de·kan·tie·ren [デカンティーれン] [動] *h.* 〔〈et⁴〉ノ〕〖化〗上澄みを取出す(溶液の): Wein ~ (澱(おり)をとるため)ワインをデカンターに入れる.

die **De·ka·pi·ta·ti·on** [デカピタツィオーン] [名] -/-en 〖医〗(胎児の)断頭術.

de·ka·tie·ren [デカティーれン] [動] *h.* 〔〈et⁴〉ヲ〕〖紡〗ホットプレスする(布地を).

die **De·kla·ma·ti·on** [デクラマツィオーン] [名] -/-en 朗読;(空虚な)熱弁;〖楽〗デクラマチオーン(歌詞強調の歌唱法).

der **De·kla·ma·tor** [デクラマートーあ] [名] -s/-en[デクラマトーれン] 朗読家;《口》熱弁家.

de·kla·ma·to·risch [デクラマトーりシュ] [形] **1.** 朗読調の. **2.** 大げさな(表現の);〖楽〗デクラマチオーンの.

de·kla·mie·ren [デクラミーれン] [動] *h.* **1.** 〔〈et⁴〉ヲ〕朗読する(詩などを). **2.** 〔補足なし〕熱弁をふるう(時に空疎な);〖楽〗意味が伝わるように歌う.

die **De·kla·ra·ti·on** [デクラらツィオーン] [名] -/-en **1.** 宣言, 布告. **2.** (税などの)申告;〖経〗(発送品の)内容〔価格〕表記.

de·kla·ra·to·risch [デクラらトーりシュ] [形] 宣言の;〖法〗宣言的な.

de·kla·rie·ren [デクラりーれン] [動] *h.* **1.** 〔〈et⁴〉ヲ〕宣言する. **2.** 〔〈et⁴〉ヲ〕〖経〗申告する. **3.** 〔〈j⁴/et⁴〉ヲ+als 〈j⁴/et⁴〉ト〕呼ぶ. **4.** 〔〈j⁴〉ヲ+zu 〈j³〉ニ〕指名する. **5.** 〔〈j⁴/et⁴〉ヲ+als 〈j⁴/et⁴〉ト〕称する, 詐称する.

de·klas·sie·ren [デクラスィーれン] [動] *h.* **1.** 〔〈j⁴〉ヲ〕下の階級〔階層〕に落す;〖スポーツ〗段違いの強さで負かす. **2.** 〔〈et⁴〉ヲ〕価値の低いものにする, 打負かす.

de·kli·na·bel [デクリナーベル] [形] ([付]は..bl..)〖言〗(格)変化する.

die **De·kli·na·ti·on** [デクリナツィオーン] [名] -/-en **1.** 〖言〗(名詞・代名詞・形容詞の格)変化. **2.** 〖理〗(地磁気の)偏角, 方位角;〖天〗赤緯.

de·kli·nier·bar [デクリニーあ・バーあ] [形] =deklinabel.

de·kli·nie·ren [デクリニーれン] [動] *h.* 〔〈et⁴〉ヲ〕〖言〗(格)変化させる.

de·ko·die·ren [デコディーれン] [動] *h.* 〔〈et⁴〉ヲ〕〖コンピュータ・言〗解読する;デコード〔普通の文に〕する(符号〔記号〕化された情報などを).

das **De·kokt** [デコクト] [名] -(e)s/-e 煎剤, 煎じ薬.

das **De·kol·le·té, De·kol·le·tee** [dekɔlté: デコルテー] [名] -s/-s デコルテ(胸と背の大きくあいたドレス).

de·kol·le·tie·ren [dekɔltí:rən デコルティーれン] [動] *h.* **1.** 〔〈et⁴〉ヲ〕デコルテにする. **2.** 〔sich⁴〕《口》恥をさらす, さらし者になる.

de·kol·le·tiert [dekɔltí:ɐt デコルティーあト] [形] 襟ぐりの大きな;デコルテの(服を着た).

die **De·ko·lo·ni·sa·ti·on** [デコロニザツィオーン] [名] -/-en 非植民地化.

de·kom·po·nie·ren [デコムポニーれン] [動] *h.* 〔〈et⁴〉ヲ〕分解する.

die **De·kon·struk·ti·on** [デコンストるクツィオーン] [名] -/-en 〖哲・文芸学〗脱構築, デコンストラクション.

der **De·kon·struk·ti·vis·mus** [デコンストるクティヴィスムス] [名] -s/ **1.** 〖建〗脱構築. **2.** 〖哲〗脱構築論;〖文芸学〗脱構築的テキスト分析.

die **De·kon·ta·mi·na·ti·on** [デコンタミナツィオーン] [名] -/-en (主に[単])〖理・軍〗(毒物・放射性物質・細菌などによる)汚染の除去, 除染.

die **De·kon·zen·tra·ti·on** [デコンツェントらツィオーン] [名] -/-en 分散, 拡散;解体.

de·kon·zen·t·rie·ren [デコンツェントりーれン] [動] *h.*

Demagogie

〔〈et⁴〉ッ〕分散させる；解体する．

der [das] **De·kor** [デコーる] 名 -s/-e[-] **1.** 装飾，絵模様，図柄． **2.** 舞台装置，背景，セット．

der **De·ko·ra·teur** [..tǿːr デコらテ᷄ーる] 名 -s/-e 室内装飾家，インテリアデザイナー；舞台〔セット〕美術家．

die **De·ko·ra·ti·on** [デコらツィオ᷄ーン] 名 -/-en **1.** (⊛のみ)装飾，飾りつけ． **2.** 装飾品，飾り；[劇・映]舞台装置，セット． **3.** 叙勲；勲章．

der **De·ko·ra·ti·ons·ma·ler** [デコらツィオ᷄ーンス・マーラー] 名 -s/- (室内)装飾画家，背景画家．

de·ko·ra·tiv [デコらティーふ] 形 装飾的な；舞台装置の，映画のセットの．

de·ko·rie·ren [デコリ᷄ーれン] 動 h. **1.** 〔〈et⁴〉ッ+(mit〈et³〉ッ)〕飾る，飾りつける． **2.** 〔〈j⁴〉ッ+(mit〈et³〉ッ)〕勲章を授ける．

der **De·kort** [..kɔ́ːr デコ᷄ーる, ..kɔ́rt デコ᷄ると] 名 -s/-e[-..コるテ]．[経]値引き；割引き．

das **De·ko·rum** [デコ᷄ーるム] 名 -s/ 礼儀．

das **De·kret** [デクれ᷄ート] 名 -(e)s/-e (官庁・裁判所などの)指令，指示，命令，決定．

das **De·kre·ta·le** [デクれターレ] 名 -/..lien (die ~ -/-n も有り)(主に⊛)[カ᷄ト᷉ッ]教皇教令；教皇教令集．

de·kre·tie·ren [デクれティ᷄ーれン] 動 h. 〔〈et⁴〉ッ〕指令〔命令〕する，決定する；定める．

de·ku·v·rie·ren [デクヴり᷄ーれン] 動 h. **1.** 〔〈et⁴〉ッ〕あばく． **2.** 〔〈j⁴〉ッ正体ヲ+(als〈j⁴〉デアル)〕あばく；(〈j⁴〉ッsich⁴の場合)正体を現す．

del. **1.** =[ラテン語]deleatur [印]トル，削除せよ． **2.** =[ラテン語]delineavit …作(絵画の署名とともに)．

de·le·a·tur [デレアートッる] [ラテン語]〔印〕トル，削除せよ．

der **De·le·gat** [デレガ᷄ート] 名 -en/-en 全権使節，代表委員．

die **De·le·ga·ti·on** [デレガツィオ᷄ーン] 名 -/-en **1.** 派遣；使節団，代表団． **2.** [法](権能などの)委任．

de·le·gie·ren [デレギ᷄ーれン] 動 h. **1.** 〔〈j⁴〉ッ〕(代表として)派遣する． **2.** 〔〈et⁴〉ッ+(an[auf]〈j⁴〉ニ)〕委任する(権限・仕事などを)．

der/die **De·le·gier·te** [デレギ᷄ーあテ] 名 〔形容詞的変化〕代表派遣委員，代表委員．

die **De·le·gier·ten·kon·fe·renz** [デレギ᷄ーあテン・コンふェれンツ] 名 -/-en 代表者会議．

de·lek·tie·ren [デレクティ᷄ーれン] 動 h. (文) **1.** 〔〈j⁴〉ッ+(mit〈et³〉ッ)〕楽しませる． **2.** 〔sich⁴+(an〈et³〉ッ)〕楽しむ(特に飲食物を)．

(das) **Dé·le·mont** [dəlemɔ̃ デレモ᷄ン] 名 -s/ 〔地名〕Delsberg．

der **Del·fin** [デるふィ᷄ーン] 名 -s/-e ⇨ Delphin¹⁻².

das **Del·fi·na·ri·um** [デるふィナ᷄ーリウム] 名 -s/..rien ⇨ Delphinarium．

De·li·cious [dɪ́lɪʃəs ディリ᷄シェス] 名 -/-[植]デリシャス(リンゴの品種)．

de·li·kat [デリカ᷄ート] 形 **1.** 美味な． **2.** 繊細な，慎重な． **3.** デリケートな，微妙な，きわどい． **4.** (稀)(食事に)うるさい．

die **De·li·ka·tes·se** [デリカテ᷄ッセ] 名 -/-n **1.** 美味〔高級〕食品，デリカテッセン(ソーセージ・チーズなど)． **2.** (⊛のみ)(文)繊細さ．

das **De·li·ka·tes·sen·ge·schäft** [デリカテ᷄ッセン・ゲシェふト] 名 -(e)s/ ◑ *das* **De·li·ka·teß·ge·schäft**, ⊛ **De·li·ka·teß·ge·schaft** [デリカテ᷄ス・ゲシェふト] 名 -(e)s/-e 高級食料品店．

das **De·likt** [デリ᷄クト] 名 -(e)s/-e 不法行為．

de·lin. =[ラテン語]delineavit …画，…作．

de·li·ne·a·vit [デリネア᷄ーヴィト] [ラテン語]…画，…作(作に銅版画の署名につけて，略 del., delin.)．

de·lin·quent [デリンクヴェ᷄ント] 形 処罰に値する．

der **De·lin·quent** [デリンクヴェ᷄ント] 名 -en/-en 法律違反者，犯罪者．

de·li·rie·ren [デリり᷄ーれン] 動 h. [医᷄ッ](文)うわ言を言う，錯乱状態にある．

das **De·li·ri·um** [デリ᷄ーリウム] 名 -s/..rien 譫妄(トッ)，精神錯乱．

das **De·li·ri·um tre·mens** [デリ᷄ーリウム トれ᷄ーメンス] 名 --/ [医](アルコール中毒による)振顫譫妄(トッキレ)症．

de·li·zi·ös [デリツィオ᷄ース] 形 **1.** (文)美味な． **2.** すばらしい；魅力的な．

das **Del·kre·de·re** [デるクれ᷄ーでれ] 名 -/- [経]支払保証；貸倒引当金．

die **Del·le** [デ᷄レ] 名 -/-n (方)へこみ，くぼみ．

de·lo·gie·ren [..ʃiːrən デロジ᷄ーれン] 動 h. 〔〈j⁴〉ッ+(aus〈et³〉カラ)〕[オスト᷉ッ]強制的に立ち退かせる．

(das) **Del·phi** [デるふィ] 名 -s/ 〔地名〕デルフォイ(Apolloの神託所のある古代ギリシアの都市)．

der **Del·phin**¹ [デるふィ᷄ーン] 名 -s/-e [動]イルカ；(⊛のみ)[天]いるか座．

der **Del·phin**² [デるふィ᷄ーン] 名 -s/ (主に無冠詞)バタフライ泳法(~schwimmen)．

das **Del·phi·na·ri·um** [デるふィナ᷄ーリウム] 名 -s/..rien イルカの飼育；曲芸用プール．

del·phisch [デるふィシュ] 形 デルフォイの；(デルフォイの神託のように)あいまいな．

(das) **Dels·berg** [デるスベるク] 名 -s/ 〔地名〕デルスベルク(フランス名：デレモン(Délémont)．スイスの都市)．

das **Del·ta**¹ [デ᷄るタ] 名 -(s)/-s **1.** デルタ(ギリシア語アルファベットの第4字 δ, Δ)． **2.** 〔数〕三角形の記号(Δ)．

das **Del·ta**² [デ᷄るタ] 名 -s/-s[..ten] 三角州；デルタ地帯．

der **Del·ta·flü·gel** [デ᷄るタ・ふりューゲル] 名 -s/- (飛行機の)三角翼．

der **Del·ta·mus·kel** [デ᷄るタ・ムスケる] 名 -s/-n [解]三角筋．

del·to·id [デるトイ᷄ート] 名 -(e)s/-e 〔幾何〕偏菱(ヘン᷉ッ)形．

de Luxe [dəlýks デリュ᷄ックス] 副 デラックスな，豪華な(銘柄名の後につけて)．

dem¹ [デム] 冠 《定》 der¹の⊛⊕3格，⊕3格．

dem² [デーム] 代 《指示》 der²の⊛⊕3格，⊕3格． **1.** 《付加語的用法》(つねにアクセント有)この，その，あの：An ~ Tage war ich zu Hause. その日だったら家にいました． **2.** 《独立的用法》これ，それ，あれ，この〔その・あの〕人：Arbeiten Sie mit Herrn Schulz zusammen？ — Nein, mit ~ arbeite ich nicht mehr zusammen. あなたはシュルツ氏と一緒に仕事をしているのですか．—いいえ，あの人とはもう一緒に仕事をしていません．(関係代名詞の先行詞として)Mit ~, der da steht, bin ich lange vertraut. あそこに立っているあの人とは私は旧知の仲です．Wem nicht zu raten ist, (~) ist auch nicht zu helfen. 忠告を聞こうとしない人は助けようもない． D~, was er sagte, war nichts hinzuzufügen. 彼が言ったことには何もつけ加えることはなかった． [慣用] **an dem und dem Tag** これこれの日に．**aus dem und jenem Grund** しかじかの理由から．**bei dem und dem (allem)** それにもかかわらず．**bei dem und jenem Anlass** しかるべき折に．**Dem ist so.** そのとおり．**Es ist an dem.** それは本当だ．**wenn dem so ist** (事態が)そうだとすれば．**wie dem auch sei** (事態が)どうあろうと．

dem³ [デム] 代 《定関係》 der³の⊛⊕3格，⊕3格．

der **De·m·a·go·ge** [デマゴ᷄ーゲ] 名 -n/-n 《蔑》デマゴーグ，扇動家．

die **De·m·a·go·gie** [デマゴギ᷄ー] 名 -/-n 《蔑》民衆扇

動, 扇動行為.
de·ma·go·gisch [デマゴーギシュ] [形] 《蔑》扇動的な, デマの.
der **De·mant** [デーマント, デマント] [名] -(e)s/-e 《詩》ダイヤモンド.
de·man·ten [デマンテン] [形] 《詩》＝diamanten.
der **De·man·to·id** [デマントイート] [名] -(e)s/-e 翠(すい)ざくろ石.
die **De·mar·che** [demárʃ(ə) デマるシュ, デマるシェ] [名] -/-n 〖外交〗(口頭の)異議申立て.
die **De·mar·ka·ti·on** [デマるカツィオーン] [名] -/-en 境界設定.
die **De·mar·ka·ti·ons·li·nie** [デマるカツィオーンス·リーニエ] [名] -/-n 暫定国境線.
de·mas·kie·ren [デマスキーれン] [動] *h.* **1.** 〔sich⁴〕仮面をはずす;正体がばれる. **2.** 〔〈j⁴/et⁴〉ノ〕仮面をはぐ, 正体を暴く. **3.** 〔〈et⁴〉ノ〕〖軍〗偽装を取払う.
die **De·mas·kie·rung** [デマスキーるング] [名] -/-en 仮面をはぐこと, 正体を現す〔暴露する〕こと.
das **De·men·ti** [デメンティ] [名] -s/-s (公式の)訂正, 取消し, 否認.
die **De·men·tia** [デメンツィア] [名] -/..tiae[..ツィエ]＝Demenz.
de·men·tie·ren [デメンティーれン] [動] *h.* 〔〈et⁴〉ヲ〕(公式に)訂正する, 否認する, 撤回する(説·報道などを).
dem·ent·spre·chend [デーム·エントシュプれっひぇント] [形] それに応じた.
die **De·menz** [デメンツ] [名] -/-en 〖医〗後天的精神薄弱, 痴呆(ちほう).
(*die*) **De·me·ter** [デメーター] [名] 〖ギ神〗デメテル(大地と豊穣の女神).
dem·ge·gen·über [デーム·ゲーゲン·ユーバー] [副] それに反して〔対して〕.
dem·ge·mäß [デーム·ゲメース] [副] それ相応に〔な〕, それに応じて〔た〕.
der **De·mi·john** [..dʒɔn デーミ·ヂョン] [名] -s/-s 籠(かご)入り〔籐(とう)巻き〕の大ビン(運搬用).
de·mi·li·ta·ri·sie·ren [デミリタりズィーれン] [動] *h.* 《稀》＝entmilitarisieren.
die **De·mi·li·ta·ri·sie·rung** [デミリタりズィーるング] [名] -/-en 非武装化.
die **De·mi·mon·de** [dəmimõ:də デミ·モーンデ] [名] -/ ＝Halbwelt.
die **De·mis·si·on** [デミスィオーン] [名] -/-en (大臣などの)辞任, 辞職, (内閣の)総辞職.
de·mis·si·o·nie·ren [デミスィオニーれン] [動] *h.* 〔補足なし〕辞任〔辞職〕する(大臣が), 総辞職する(内閣が);《スイス》辞職願を出す.
der **De·mi·urg** [デミウるク] [名] -en〔-s〕/ 〖哲〗デミウルゴス(プラトンの考えた世界の創造主).
die **De·mi·vi·er·ge, De·mi-vi·er·ge** [dəmiviɛ́rʃ デミ·ヴィエるシュ] [名] -/-n [..ヴィエるシュ] 《文》(男性と関係しているが処女を失っていない)半処女.
dem·je·ni·gen [デーム·イェーニゲン] [代] 《指示》derjenige の[単][男]3格, [中]3格.
dem·nach [デーム·ナーは] [副] それに従えば, それ故に.
dem·nächst [デーム·ネーヒスト] [副] 近いうちに.
die **De·mo** [デ(ー)モ] [名] -/-s 《ジャーゴン》デモ.
die **De·mo·bi·li·sa·ti·on** [デモビリザツィオーン] [名] -/-en 動員解除;(産業界の)戦時体制解除.
de·mo·bi·li·sie·ren [デモビリズィーれン] [動] *h.* **1.** 〔〈et⁴〉ノ〕戦時体制〔動員〕を解く. **2.** 〔〈j⁴〉ヲ〕《古》除隊させる.
die **De·mo·bi·li·sie·rung** [デモビリズィーるング] [名] -/-en 動員解除, 復員;(産業界の)戦時体制解除.
die **De·mo·gra·fie, De·mo·gra·phie** [デモ·グらふィー] [名] -/-n 人口動態の統計学的記述;人口統計学.
de·mo·gra·fisch, de·mo·gra·phisch [デモ·グらーふィシュ] [形] 人口動態記述の.
der **De·mo·krat** [デモクらート] [名] -en/-en 民主主義者;民主党員.
die **De·mo·kra·tie** [デモクらティー] [名] -/-n **1.** ([単]のみ)民主主義;民主制〔政治〕;(職場などの)民主制. **2.** 民主主義国家.
de·mo·kra·tisch [デモクらーティシュ] [形] 民主(主義)的な;民主党の.
de·mo·kra·ti·sie·ren [デモクらティズィーれン] [動] *h.* 〔〈et⁴〉ヲ〕民主化する;大衆化する.
die **De·mo·kra·ti·sie·rung** [デモクらティズィーるング] [名] -/-en 民主化;大衆化.
(*der*) **De·mo·krit** [デモクりート] [名] 〖人名〗デモクリトス(紀元前460頃-370頃, ギリシアの哲学者).
(*der*) **De·mo·kri·tos** [デモークりトス] [名] 〖人名〗＝Demokrit.
de·mo·lie·ren [デモリーれン] [動] *h.* 〔〈et⁴〉ヲ〕壊す, 破壊する(暴力をふるって);《オーストリア》取壊す.
die **De·mo·lie·rung** [デモリーるング] [名] -/-en 破壊;取壊し.
der **De·mons·trant** [デモンストらント] [名] -en/-en デモ参加者.
die **De·mons·tra·ti·on** [デモンストらツィオーン] [名] -/-en **1.** デモ;示威運動: eine ～ für den Frieden/gegen den Krieg 平和を求める/戦争反対のデモ. **2.** 明示, 表明, 表示;具体的に示す〔例証する〕こと, 実演.
de·mons·tra·tiv [デモンストらティーふ] [形] **1.** 示威的な. **2.** 具体的に示す. **3.** 〖言〗指示的な.
das **De·mons·tra·tiv** [デモンストらティーふ] [名] -s/-e 〖言〗指示代名詞.
das **De·mons·tra·tiv·pro·no·men** [デモンストらティーふ·プろノーメン] [名] -s/-〔..mina〕〖言〗指示代名詞.
de·mons·trie·ren [デモンストりーれン] [動] *h.* **1.** 〔補足なし〕デモをする: für/gegen 〈et⁴〉 ～ 〈物·事に〉賛成/反対のデモをする. **2.** 〔〈et⁴〉ヲ＋(〈j³〉ニ)〕明白に示す(態度·意志などを);実演して見せる(扱い方などを), 具体的に説明する(理論などを).
die **De·mon·ta·ge** [..ʒə デモンタージェ] [名] -/-n 解体, 分解, 撤去.
de·mon·tie·ren [デモンティーれン] [動] *h.* **1.** 〔〈et⁴〉ヲ〕解体する, 取壊す;分解する;取外す(部品などを). **2.** 〔〈et⁴〉ヲ〕徐々になくして行く.
die **De·mo·ra·li·sa·ti·on** [デモらリザツィオーン] [名] -/-en (主に[単])道徳の退廃, 風俗壊乱;士気喪失.
de·mo·ra·li·sie·ren [デモらリズィーれン] [動] *h.* 〔〈j⁴〉ノ〕道徳を退廃させる, (…を)堕落させる;戦意〔士気〕を阻喪させる.
die **De·mo·ra·li·sie·rung** [デモらリズィーるング] [名] -/-en 道徳〔風紀〕の退廃;戦意〔士気〕の喪失.
de mor·tu·is nil ni·si be·ne [デー モるトゥイース ニール ニーズィ ベーネ] 〖ラテン語〗死者をむち打つなかれ.
der **De·mos** [デーモス] [名] -/..men **1.** (古代ギリシアの)市民, 市区. **2.** (ギリシアの)最小行政区域.
der **De·mo·skop** [デモ·スコープ] [名] -en/-en 世論調査専門家.
die **De·mo·sko·pie** [デモ·スコピー] [名] -/-n 世論調査;([単]のみ)世論調査(の方式).
de·mo·sko·pisch [デモ·スコーピシュ] [形] 世論調査の〔による〕.
(*der*) **De·mos·the·nes** [デモステネス] [名] 〖人名〗デモステネス(紀元前384-322, ギリシアの雄弁家).
de·mos·the·nisch [デモステーニシュ] [形] デモステネスのような.
de·mo·tisch [デモーティシュ] [形] 民衆の, 庶民の: ～*e* Schrift 古代エジプトの実用文字.
dem·sel·ben [デム·ゼルベン] [代] 《指示》derselbe の

㊥㊙ 3格, ㊦ 3格.
dem·un·er·ach·tet [デーム・ウネあアハテット, デーム・ウンエアアハトット] 副 =dessenungeachtet.
dem·un·ge·ach·tet [デーム・ウンゲアハテット, デーム・ウンゲアハトット] 副 =dessenungeachtet.
die **De·mut** [デームート] 名 -/ 謙遜, 謙虚; 恭順: in ～ vor ⟨j³/et³⟩ ⟨人·物·事にたいして⟩謙遜した.
de·mü·tig [デーミューティヒ] 形 謙遜［謙虚］な, へり下った.
de·mü·ti·gen [デーミューティゲン] 動 *h.* 1. ⟨j⁴⟩ɔ 貶⟨ゲん⟩［辱］める. 2. ⟨sich⁴+vor ⟨j³⟩ニガレフ⟩ へり下る, 卑下する.
die **De·mü·ti·gung** [デーミューティグング] 名 -/-en 侮辱.
dem·zu·fol·ge [デーム・ツ・ふォルゲ] 副 その結果, そのため, (それに)従って.
den¹ [デン] 冠 ⟨定⟩der¹の㊥㊙ 4格, ㊦ 3格.
den² [デーン] 代 ⟨指示⟩der²の㊥㊙ 4格, ㊦ 3格.
1. ⟨付加語的用法⟩(つねにアクセント有)この, その, あの: Sie kennen doch das Gerät in Ihrem Büro. D～ Typ möchte ich gern haben. あなたの事務所の器機をご存知でしょう。 あの型のがほしいのです。 Sein Fernbleiben hatte aber ～ Grund, dass ... 彼の欠席には…という理由があったのです。 Wie konntest du ～ Leuten nur vertrauen！どうしておまえはそんな人たちを信用したんだ。 2. ⟨独立的用法⟩(㊥㊙ 4格のみ。㊙ 3格は⇨ denen¹) これ, あれ, それ, この（あの・その）人: Sie sehen dort einen Sportwagen. D～ möchte ich gern haben. あそこにスポーツカーが見えるだろう。 あんなのがほしいのさ。 （関係代名詞の先行詞として） Auch ～, der da sitzt, kenne ich gut. あそこに座っているあの人も私はよく知っています。 Wer das tut, ～ wird man reich belohnen. それをする者にはたっぷり報酬が与えられるだろう。
den³ [デン] 代 ⟨定関係⟩der³の㊥㊙ 4格.
der **De·nar** [デナール] 名 -s/-e デナリウス貨(古代ローマおよびフランク王国の銀貨).
de·na·tu·ra·li·sie·ren [デナトぁらリズィーれン] 動 *h.* ⟨j⁴⟩ン 国籍を剝奪〈はさ⟩する.
de·na·tu·rie·ren [デナトゥリーれン] 動 1. *h.* ⟨j⁴/et⁴⟩ɔ 本性［特性］を失わせる; 変質させる (食物などを), 変性させる (核燃料・アルコールなどを), 凝固させる (卵白などを). 2. *s.* {zu ⟨et³⟩ニ} 変質［変性］する, 凝固する; ⟨文⟩堕落する.
der **Den·drit** [デンドリート] 名 -en/-en 1. 模樹⟨もじゅ⟩石, しのぶ石. 2. ⟨解⟩(神経細胞の)樹状突起.
die **Den·dro·chro·no·lo·gie** [デンドろ·クろノ·ロギー] 名 -/-n [地質]年輪年代法; 年輪年代学.
die **Den·dro·lo·gie** [デンドろ·ロギー] 名 -/ 樹木学.
de·nen¹ [デーネン] 代 ⟨指示⟩der²の㊦ 3格. ⟨独立的用法⟩その人たちに, それらに: Wie konntest du ～ nur vertrauen！どうしておまえはそんな人たちを信頼したんだ。 （関係代名詞の先行詞として） Wir wurden von ～ geführt, die schon oft den Berg bestiegen hatten. われわれはすでに何度もその山に登ったことのある人たちに案内された.
de·nen² [デーネン] 代 ⟨定関係⟩der³の㊦ 3格.
den·geln [デングルン] 動 *h.* ⟨et⁴⟩ɔ 刃を鍛える (鎌・すきなどの).
das **Den·gue·fie·ber** [dɛŋgə..·デング・ふィーバー] 名 -s/ [医]デング熱(蚊が媒介する熱病).
Den Haag [デーン·ハーク] 名 [地名]ハーグ(オランダの都市): im {in (*Den*)} *Haag* ハーグで.
die **De·ni·tri·fi·ka·ti·on** [デニトリふぃカツィオーン] 名 -/ [化]脱窒素.
den·je·ni·gen [デーン·イェーニゲン] 代 ⟨指示⟩derjenige の㊥㊙ 4格, ㊦ 3格.

der **Denk·an·stoß** [デンク·アン·シュトース] 名 -es/..stöße 考える動機.
die **Denk·art** [デンク·アーあト] 名 -/-en 1. ⟨主に㊥⟩考え方, 思考方法. 2. 心情, 気質.
die **Denk·auf·ga·be** [デンク·アウふ·ガーベ] 名 -/-n なぞなぞ, 判じ物.
denk·bar [デンク·バーあ] 形 考えられる(限りの), ありうるきわめて, 非常に.
den·ken* [デンケン] 動 dachte; hat gedacht 1. {⟨様態⟩ニ} 考える, 思考する, 思索する. 2. ⟨様態⟩ɔ 考え方である: konservativ ～ 考え方が保守的である. 3. ⟨et¹⟩ɔ/⟨㊦⟩デフルト]思う, 考える. 4. ⟨様態⟩ニ+von ⟨j³/et³⟩ニワイテ/über ⟨j⁴/et⁴⟩ニワイテ⟩考える: gut/schlecht von ⟨j³⟩ ～ ⟨人を⟩よく/悪く思う. anders darüber ～ それについて違った考え方をしている. 5. ⟨sich³+⟨j⁴/et⁴⟩ɔ/⟨㊦⟩デフルトコトナト ⟨様態⟩ニ⟩想像する, 思い浮かべる. 6. ⟨an ⟨et⁴⟩ɔ⟩ 思い出す, 忘れない; 意図する. 7. {an ⟨j/et⁴⟩ɔ⟩ 考える, 念頭におく, (…)に関心を持つ. 8. ⟨sich⁴+in{an ⟨et⁴⟩ɔ} 想像の中に立ち入る. ⟨慣用⟩ **Das hast du dir (so) gedacht!**《口》それは君の思い違いだ. **Das hätte ich nie von ihm gedacht.** 彼がよもやそんなことをするとは思わなかった。 **Denk mal**, ...という のなあ…. ⟨et¹⟩ **gibt** ⟨j³⟩ **zu denken** ⟨事⟩⟨人⟩を考えさせる. **nichts Böses denken** 悪くとらない, 悪い意図を持たない. **solange ich denken kann** 私の覚えている限りでは. **Was {Wieviel} haben Sie denn gedacht?** いくら位だと考えているのですか. **Wo denkst du hin!** 君は何を考えているんだ(, 見当違いだよ).
das **Den·ken** [デンケン] 名 -s/ 考え, 思考, 思索.
der **Den·ker** [デンカー] 名 -s/ 思想家, 哲学者.
den·ke·risch [デンケリシュ] 形 思想家の, 思索的な.
die **Den·ker·stirn** [デンカー·シュティるン] 名 -/-en ⟨⟨冗⟩⟩⟨も⟩学者風の(はば上がった広い)額.
die **Denk·fa·brik** [デンク·ふぁブリーク] 名 -/-en 頭脳集団, シンクタンク.
denk·faul [デンク·ふォウル] 形 考えることの嫌いな.
der **Denk·feh·ler** [デンク·ふぇーラー] 名 -s/- 誤った考え.
die **Denk·frei·heit** [デンク·ふらイハイト] 名 -/ 思想の自由.
der **Denk·in·halt** [デンク·イン·ハルト] 名 -(e)s/-e 思考内容.
das **Denk·mal** [デンク·マール] 名 -(e)s/..mäler[-e] 1. 記念碑, 記念像: sich³ ein ～ setzen 金字塔を打ちたてる. 2. 記念物, 文化財.
die **Denk·mal·pfle·ge** [デンクマール·プふレーゲ] 名 -/ 記念物［文化財］保護.
der **Denk·mal·schutz** [デンクマール·シュッツ] 名 -es/ (法律による)文化財保護.
der **Denk·mals·schutz** [デンクマールス·シュッツ] 名 -es/ =Denkmalschutz.
das **Denk·mo·dell** [デンク·モデル] 名 -s/-e 思考モデル.
die **Denk·mün·ze** [デンク·ミュンツェ] 名 -/-n 記念硬貨［コイン］.
die **Denk·pau·se** [デンク·パウゼ] 名 -/-n (会議などの)熟考のための休憩; 頭を休めた休息.
der **Denk·pro·zess**, ⑤ **Denk·pro·zeß** [デンク·プろツェス] 名 -es/-e 思考過程.
die **Denk·schrift** [デンク·シュリふト] 名 -/-en 意見書, 建白書.
der **Denk·sport** [デンク·シュポるト] 名 -(e)s/ 頭脳ゲーム, 頭の体操.
die **Denk·sport·auf·ga·be** [デンクシュポるト·アウふ·ガーベ] 名 -/-n =Denkaufgabe.
der **Denk·spruch** [デンク·シュプるッふ] 名 -(e)s/..sprüche 格言, 金言.

der **Denk·stein** [デンク・シュタイン] [名] -(e)s/-e 記念碑.
die **Denkungs·art** [デンクングス・アーあト] [名] -/-en《古》考え方, 思考法；心情, 気質.
das **Denk·ver·bot** [デンク・ふぇあボート] [名] -(e)s/-e (脱路線的)思考〔意見表明〕の禁止.
das **Denk·ver·mö·gen** [デンク・ふぇあ[メ]ーゲン] [名] -s/ 思考力.
die **Denk·wei·se** [デンク・ヴァイゼ] [名] -/-n《主に[単]》考え方, 思考法.

D

denk·wür·dig [デンク・ヴュるディひ] [形] 記憶すべき, 重要な.
die **Denk·wür·dig·keit** [デンク・ヴュるディひカイト] [名] -/ **1.**《[単]のみ》記憶すべき〔重要な〕こと. **2.**《[複]のみ》《古》回想録.
der **Denk·zet·tel** [デンク・ツェッテル] [名] -s/- 見せしめ的な罰；苦い経験.
denn[1] [デン] [接]《並列》 **1.**《先行文の発言の根拠・理由を示して》というのは(なぜかというと)…だからである： Gestern blieb ich zu Hause, ~ das Wetter war schlecht. 昨日私は家にいた, というのは何しろ天気が悪かったものだから. **2.**《次の形で》比較級＋~ je 〔zuvor〕前より一層…： Er war seinem Ziel näher ~ je. 彼は目標に前よりいっそう近づいていた. **3.**《比較の als の代りに用いて》： Er ist als Künstler berühmter ~ als Arzt. 彼は医者としてよりも(むしろ)芸術家として有名である.
denn[2] [デン] [副] **1.**《話者の気持》《疑問文で, 知りたい気持をこめて》(いったい)…なのですか〔だろう〕： Was ist ~ das? これは何なの. Warum ~? なぜだろう. **2.**《平叙文で先行文などの帰結を示して. 文頭の so とともに》そう言うわけで： Ich habe noch etwas vor, so muss ich ~ jetzt gehen. 私はまだ予定があります, それでもう行かなければなりません. **3.**《先行文に対する条件を示して》…でない限り, …でなければ： Ich werde mit ihm nie mehr reden, er müsste sich ~ gründlich ändern. 彼が根本的に態度を改めない限り, 彼とは決して話合いはしない. 【慣用】**auf**〔**nun**〕**denn** さあさあ. **denn auch** はたして, 事実また. **denn doch** やはり, しかし結局, それにしても： Das war ihm *denn* doch unmöglich. それは彼にはやはり無理だった. **es sei denn** …の場合は別として, …でもない限り： Er kommt, es sei *denn*, es käme ihm etwas dazwischen. 何か都合が悪くならない限り彼は来る. **geschweige denn** ましてや〔いわんや〕…などはない. **Wohlan denn!**《古》しからばいざ.
denn[3] [デン] [副]《北独》それでは, それなら： Na, ~ nicht. そうか, それでは(しなくて)いいよ. Na, ~ prost! さて, それでは乾杯.
den·noch [デノっほ] [副] それにもかかわらず, それでも： Er ist jung und ~ erfahren. 彼は若いが, それにもかかわらず経験豊かだ.
das **De·no·mi·na·tiv** [デノミナティーふ] [名] -s/-e 〘言〙名詞派生語.
die **De·no·ta·ti·on** [デノタツィオーン] [名] -/-en 〘論〙外延；〘言〙外延, デノテーション.
de·no·ta·tiv [デノタティーふ] [形] 〘言〙明示的な.
den·sel·ben [デン・ゼルベン] [代]《指示》derselbe の[単][男] 4 格, [複] 3 格.
die **Den·si·tät** [デンズィテート] [名] -/-en 〘理〙密度；〘化〙濃度.
den·tal [デンタール] [形] 〘医〙歯の；〘言〙歯音の.
der **Den·tal** [デンタール] [名] -s/-e 〘言〙歯音.
den·te·lie·ren [dãtə.. ダンテリーれン] [動] *h.* 〖<et4>ニ〗〘織〙ぎざぎざ(の刻み目)を入れる.
der **Den·tist** [デンティスト] [名] -en/-en (大学教育を受けていない昔の)歯科医師.
die **Den·ti·ti·on** [デンティツィオーン] [名] -/-en 〘医〙生歯(せい), 歯牙発生.
der **De·nun·zi·ant** [デヌンツィアント] [名] -en/-en《蔑》密告者.
die **De·nun·zi·a·ti·on** [デヌンツィアツィオーン] [名] -/-en《蔑》密告.
de·nun·zi·a·to·risch [デヌンツィアトーりシュ] [形] 密告の.
de·nun·zie·ren [デヌンツィーれン] [動] *h.* **1.** 〖<j4>ヲ〗密告する, 告発する《私利・私欲から》. **2.** 〖<j4/et4>ヲ〗悪く言う, 誹謗(ひぼう)する.
das **De·o·do·rant** [デオドらント] [名] -s/-e〔-s〕 体臭防臭剤.
de·o·do·rie·ren [デオドりーれン] [動] *h.* 〖<et4>ヲ〗消臭する.
Deo gra·ti·as! [デーオ グらーツィアース] 〘ラテン語〙神に感謝《ミサ典礼用語》；ありがたい. 【ドイツ語では Gott sei Dank!】
die **De·on·to·lo·gie** [デオント・ロギー] [名] -/ 〘哲〙義務論.
das **De·par·te·ment** [..təmã: デパるテマーン] [名] -s/-s 〔《スイス》-e〕 **1.** (フランスの)県. **2.**《スイス》省；部門, 部, 局.
die **De·pen·dance** [depãdã:s デパンダーンス] [名] -/-n 支社, 支店；(ホテルの)別館.
die **De·pen·denz** [デペンデンツ] [名] -/-en 〘哲・言〙依存(関係).
die **De·pe·sche** [デペッシェ] [名] -/-n《古》電報.
de·pe·schie·ren [デペシーれン] [動] *h.* 〖(<j3>ニ/<方向>ヘ＋<et4>ヲ)〗《古》電報で知らせる.
die **De·pi·la·ti·on** [デピラツィオーン] [名] -/-en 〘医〙脱毛(症).
de·pi·lie·ren [デピリーれン] [動] *h.* 〖<et4>ノ〗〘医〙脱毛〔除毛〕をする.
das **De·place·ment** [deplasəmã: デプラセマーン] [名] -s/-s 〘海〙排水(量).
de·pla·ciert [deplasí:rt デプラスィーあト, ..tsí:rt デプラツィーあト] [形] 場違いな.
de·plat·ziert, [旧]**de·pla·ziert** [デプラツィーあト] [形] ＝ deplaciert.
das **De·po·nens** [デポーネンス] [名] -/..nentia[デポネンツィア]〔..nenzien[デポネンツィエン]〕〘言〙形式所相〔異相・異態〕動詞.
der **De·po·nent** [デポネント] [名] -en/-en 預け主；寄託〔供託〕者.
die **De·po·nie** [デポニー] [名] -/-n ごみ集積場(Müll~)；ごみを集積所に置くこと.
die **De·po·nie·bahn** [デポニー・バーン] [名] -/-en ダストシュート.
de·po·nie·ren [デポニーれン] [動] *h.* 〖<et4>ヲ＋<場所>ニ〗預ける；(決った場所に)置く.
der **De·po·nie·ver·dich·ter** [デポニー・ふぇあディひター] [名] -s/- 〘環〙(ごみ捨て場の)ごみ圧縮機〔装置〕.
der **De·port** [デポるト, depó:r デポーあ] [名] -s/-e〔-s〕 〘銀行〙引渡延期(金), 逆日歩；(外国為替取引の)先物ディスカウント.
die **De·por·ta·ti·on** [デポるタツィオーン] [名] -/-en 強制移送, 追放, 流刑.
de·por·tie·ren [デポるティーれン] [動] *h.* 〖<j4>ヲ＋<方向>ヘ〗追放する, 流刑に処する.
die **De·po·si·ten** [デポズィーテン] [複名] 〘銀行〙預金；供託金；保証金.
die **De·po·si·ten·bank** [デポズィーテン・バンク] [名] -/-en 預金銀行.
die **De·po·si·ten·kas·se** [デポズィーテン・カッセ] [名] -/-n (銀行の)預金部, 預金銀行の支店.
das **De·po·si·ten·kon·to** [デポズィーテン・コント] [名] -s/..ten〔..ti, -s〕 預金口座.
das **De·po·si·tum** [デポーズィトゥム] [名] -s/..ten 〘法・銀行〙供託〔寄託〕物. ⇨Depositen.

das **De·pot** [depó: デポー] [名] -s/-s **1.** (国家の)保管所, 貯蔵庫. **2.** (有価証券の)寄託; (銀行の)保管課. **3.** 保管物, 貯蔵品. **4.** (電車・バスなどの)車庫. **5.** (特に赤ワインの)沈殿物. **6.** 〘医〙(器官・組織などの)蓄積物質.

das **De·pot·prä·pa·rat** [デポー・プれパらート] [名] -(e)s/-e 〘医〙デポー製剤(効果が長続きする注射液).

der **De·pot·schein** [デポー・シャイン] [名] -(e)s/-e 〘銀行〙寄託〔保管〕証書.

der **Depp** [デップ] [名] -en〔-s〕/-en〔-e〕 (南独・オーストリア・スイス)間抜け, のろま; (方・蔑)白痴.

dep·pert [デッパート] [形] (南独・オーストリア)ばかな.

die **De·pra·va·ti·on** [デプらヴァツィオーン] [名] -/-en **1.** (文)堕落, 退廃. **2.** (貨幣の)品質低下. **3.** 〘医〙病状悪化.

die **De·pres·si·on** [デプれスィオーン] [名] -/-en **1.** 憂鬱(ゆううつ), 意気消沈. **2.** 〘経〙不景気, 不況. **3.** 〘気〙低気圧(地帯). **4.** 〘医〙陥没; 〘地〙(海抜より下の)低地, 陥没地. **5.** 〘天〙(天体の)俯角(ふかく); 負高度.

de·pres·siv [デプれスィーふ] [形] 鬱(うつ)いだ; 〘経〙不景気な.

de·pri·mie·ren [デプりミーれン] [動] *h.* 〔〈j⁴〉ノ〕気持を滅入らせる, 意気を阻喪〔消沈〕させる.

das **De·pu·tat** [デプタート] [名] -(e)s/-e **1.** 現物給与. **2.** 授業担当時間数.

die **De·pu·ta·ti·on** [デプタツィオーン] [名] -/-en 派遣団, 代表団.

de·pu·tie·ren [デプティーれン] [動] *h.* 〔〈j⁴〉ヲ〕派遣する.

der/die **De·pu·tier·te** [デプティーあテ] [名] (形容詞的変化)派遣員, (代表団の)委員; (フランスなどの)議員.

der[1] [デあ] [冠] (定) [単][男]1格, [女]2・3格, [複]2格. (定冠詞 der は指示代名詞 der から指示力が失われたものである. 定冠詞にはアクセントがない. 変化形は⇨「諸品詞の変化」) **1.** (一般に既出・既知の名詞につけて)Dort steht ein Mann. *D*~ Mann wartet sicher auf ein Taxi. あそこに男が立っている. あの男はタクシーを待っているんだろう. **2.** (唯一の存在) **a.** (具象・集合名詞)*die* Sonne 太陽. *die* Menschheit 人類. **b.** (抽象名詞) ~ Tod 死. *die* Liebe 愛. **c.** (四季・月・曜日・一日の区分・方位・食事) ~Frühling 春. ~ Juni 6月. ~ Montag 月曜日. ~ Morgen 朝. ~ Westen 西. *das* Frühstück 朝食. **3.** (類全体を代表して)*Das* Auto ist ein Verkehrsmittel. 自動車(というもの)は交通機関である. *D*~ Italiener liebt die Oper. イタリア人はオペラ好きです. **4.** (付加語などにより特定化されたもの) **a.** (付加語・同格語つきの名詞) ~ Anzug von Karl カールの背広. ~ Maler Holbein 画家ホルバイン. (形容詞の最高級と序数つきの名詞)einer ~ bedeutendsten Schriftsteller. 大作家の一人. Heute ist ~ 3. Mai. 今日は5月3日です. (関係代名詞の先行詞)*Das* Schloss, das in diesem Garten liegt, ist baufällig. この庭園にある宮殿は今にも崩れ落ちそうだ. **b.** (本来は無冠詞の物質・固有名詞) *das* Holz dieses Tisches この机の(材料の)木材. *das* Japan von heute 今日の日本. **5.** ([中][複]以外の地名・国名など)*die* Schweiz スイス. *die* Bundesrepublik Deutschland ドイツ連邦共和国. *die* USA アメリカ合衆国. *die* Pfalz プファルツ. (まれに中性の地名にも)*das* Elsass エルザス. **6.** (山・川・海・湖)~ Harz ハールツ山地. ~ Rhein ライン川. *die* Ostsee バルト海. ~ Bodensee ボーデンゼー(湖). ~ Schwarzwald シュヴァルツヴァルト. **7.** (街路・建物・船名)*die* Robert-Koch-Straße ローベルト・コッホ通り. *die* Thomaskirche トーマス教会. *die* „Europa" 「ヨーロッパ」号. **8.** (普通名詞化された地名・人名)Bayreuth ist *das* Mekka der Wagnerfreunde. バイロイトはワーグナーファンのメッカである. Das ist ~ Dürer, den ich gekauft habe. これは私が買ったデューラー(の絵)です. **9.** (人名の作品名・役名) *den* „Faust" lesen『ファウスト』を読む. *den* Siegfried spielen ジークフリートを演じる. **10.** (君主や名家の一族など複数の人名) *die* Ottonen オットー朝の王族たち. **11. a.** (単に格を明示するために)Ich würde Bier *dem* Wein vorziehen. 私はワインよりビールの方がいいのですが. **b.** (特に有名人の場合, [女]の姓名であることを示すために)*die* Droste-Hülshoff (作家)ドロステ=ヒュルスホフ女史. **c.** (〘方〙・〘官〙で人名につける)*die* Petra 〘南独〙ペトラ. die Vorladung *des* Anton Meier 〘官〙アントン・マイヤーの召喚. **12.** (単位当りの表示. 数量は1格, 暦日は4格)zwei Euro *das* Kilo キロ当り2ユーロ. dreimal *den* Monat 月3回.

der[2] [デーあ] [代] (指示) [単][男]1格, [女]2・3格, [複]2格. (定冠詞と区別するために付加語的用法では常にアクセントをつける(das, dessen以外は長音). 筆記体では下線を施し, 印刷では1字あけの隔字体を用いることがある. 変化形は付加語的用法では定冠詞と同じ. 独立的用法では⇨「諸品詞の変化」. [複]2格の別形dererは関係代名詞の先行詞として「人々」を意味する場合にしか用いない. 指示代名詞は前置詞との融合形は作らない) **1.** (付加語的用法)(つねにアクセント有)その, この, あの, そのような: *D*~ Gedanke ist Unsinn. そんな考えはばかげている. **2.** (独立的用法)それ, これ, あれ, (〘口〙)この〔その・あの〕人: **a.** (話し手たちの間では既知のものについて)Was will denn ~ da? いったいあそこにいるやつはどういうつもりなんだろう. *D*~ und arbeiten! あいつが働くなんて. ~ und ~ しかじかの男. **b.** (先行の語句を受けて)Wo ist denn Fritz? —*D*~ ist in seinem Zimmer. フリッツはどこなの. —あれは彼の部屋にいるよ. dieser Hut und ~ mit dem roten Bandこの帽子と(あの)赤いリボンの付いた帽子. **c.** (〘口〙は特に指示性がなくても, 人を指す人称代名詞の代りに用いられることがある)Willst du Fritz sprechen? *D*~〔Er〕kommt gleich. フリッツに会いたいの? だったらすぐ来るよ. **d.** (関係代名詞の先行詞として)Dies ist ~, von dem ich das gehört habe. 私がそのことを聞いたのはこちらのこの方からです. (関係代名詞と一体. ただし(〘古〙)*D*~ das getan hat, ist lange weg. それをした当人はとっくにいない. **e.** (後続の文を指して)Der eigentliche Grund ist ~, dass ... 本当の理由は…ということである.

der[3] [デーあ] [代] (定関係) [単][男]1格, [女]3格. (先行する名詞または代名詞(先行詞)を受け, それをさらに説明する副文(関係文)を導く. 原則として副文の文頭にあり, 先行詞とは性・数で一致しなければならない. 主文と副文との境目は必ずコンマで切る. 変化形は独立的用法の指示代名詞der²と同じであるが, [複]2格はderenだけを用いる) **1** (単独で用いて)Hier ist ein Stuhl, ~ kaputt ist. ここに壊れたいすが(1脚)ある. die Mittel, *deren* ihr euch bedient君たちが用いている手段. Es ist die Adresse des Herrn, *dem* Sie schreiben wollen. あなたが手紙を出そうと思っている先方の住所がこれです. Die Wohnung, *die* wir gemietet haben, ist in der Leopoldstraße. 私たちが借りている住居はレオポルト通りにある. **2.** (2格の付加語として後続の名詞にかかるとき, この名詞は無冠詞)die Mutter, *deren* einziger Sohn gestorben ist, ... 一人息子に死なれた母親は…. **3.** (前置詞が関係代名詞を支配して)das Kind, mit *dem* du gespielt hast 君が一緒に遊んであげた子供. (前置詞が後置されて)das Gesetz, *dem* zufolge es verboten ist, dass ... …を禁ずる法律. (場所を表す名詞が先行詞のとき, in+3格の代りに関係副詞woを用いることもできる)die Schule, wo〔in ~〕ich Deutsch

D

gelernt habe 私がドイツ語を学んだ学校. **4.**《文》(1・2人称の人称代名詞を先行詞とする関係代名詞が主語になるとき) **a.**(関係代名詞の性・数は自然の性・数に従い, その後で人称代名詞の主語をくり返せば, 関係文の定動詞はこれに準ずる)Ich, ～〔*die*〕ich schon zehn Jahre hier wohne, verlasse diese Stadt nicht gern. もう10年もここに住んでいる私は, この町を離れたくない. **b.**(2人称敬称Sieは必ずくり返す)Wir danken Ihnen, ～〔*die*〕Sie uns geholfen haben. 私たちに助力して下さったあなたに感謝します. **c.**(esが先行詞のとき, 関係代名詞の性・数は主文の主語の自然の性・数に従う)Ich bin es, ～〔*die*〕an der Tür geklopft hat. ドアをノックしたのは私です. **5.**(指示代名詞を先行詞として)Die Namen derer, *die* nicht gekommen sind, habe ich ausgestrichen. 出席しなかった人の名前を私は(名簿から)消した. (先行詞としての指示代名詞と一体になって)*D*～ sich immer wieder für mich einsetzte, war mein Freund Peter. 私のためにたびたび尽してくれたのは友人のペーターです.

de·ran·gie·ren [derãʒíːrən, deraŋ.. デランジーれン] [動] *h.* 〖⟨j⁴⟩(ノ頭)ヲ/⟨et⁴⟩ヲ〗混乱させる, 乱す(髪・服装などを).

de·ran·giert [デランジーあト] [形] 頭の混乱した;乱れた.

der·art [デーあ·アーあト] [副] そんなにも, これほどに:(dass[文]とともに) Er ist ～ erschöpft, dass ... …のほどに彼は疲れ果てている.

der·ar·tig [デーあ·アーあティひ] [形] このような, この種の:etwas *D～es* 何かこのようなもの〔こと〕.

derb [デるプ] [形] **1.** 頑丈な, 強靱(きょうじん)な;栄養たっぷりの;力のこもった. **2.** 粗野な, 野卑な;無愛想な. **3.** 〖地質〗粒の荒い.

die **Derb·heit** [デるプハイト] [名] -/-en 無愛想な〔そっけない〕言い方;([単]のみ)粗野, がさつさ.

das **Der·by** [dɛ́rbi デるビ] [名] -(s)/-s **1.** ダービー(3歳馬の競馬). **2.** 大いに関心を呼ぶ試合.

der·einst [デーあ·アインスト] [副]《文》いつの日か;《古》かつて.

de·ren[1] [デーれン] [代]《指示》der²の[単][女]2格, [複]2格. その人(たち)の, それ(ら)の:Sie begrüßte meine Mutter und ～ Freundin. 彼女は私の母とその(母の)友人にあいさつした(所有代名詞ihrを用いるとsieの友人になる). Er hat ～ drei. 彼はそれを三つ持っている.

de·ren[2] [デーれン] [代]《定関係》der³の[単][女]2格, [複]2格.

de·rent·hal·ben [デーれントハルベン] [副]《古》＝derentwegen.

de·rent·we·gen [デーれントヴェーゲン] [副]《指示・関係》([女][単]および[複]の名詞・代名詞を受けて)その〔それらの〕ために.

de·rent·wil·len [デーれントヴィレン] [副]《指示・関係》([女][単]および[複]の名詞・代名詞を受けて)(次の形で)um ～ その〔それら〕のために.

de·rer [デーらー] [代]《指示》der²の[複]2格(関係代名詞の先行詞として, または前置詞つきの名詞を伴って)…の人たちの:Er kämpfte für die Rechte ～, denen man Hab und Gut genommen hatte. 彼は全財産を奪われた人々の権利のために戦った. das Schloss ～ von Hohenzollernホーエンツォレルン家の城館.

der·ge·stalt [デーあ·ゲシュタルト] [副]《文》かくのごとく:(dass[文]とともに) Das Gespräch verlief ～, dass ... …のようにその談話は進んだ.

der·glei·chen [デーあ·グライひェン] [代]《指示》(無変化) **1.**(付加語的用法)そのような(略dgl.):*D*～ Dinge kommen immer wieder vor. そういうことは何度でもくり返し起こる. **2.**(独立的用法)そのようなもの〔こと〕:und ～ mehr 等々(略u. dgl. m.). nicht ～ tun 知らん顔をする. Ich habe nichts ～ gehört. 私はそんなことは聞いていない.

das **De·ri·vat** [..váːt デリヴァート] [名] -(e)s/-e **1.**〖化〗誘導体. **2.**〖言〗派生語;〖生〗派生器官;〖銀行〗派生商品.

die **De·ri·va·ti·on** [デリヴァツィオーン] [名] -/-en 〖言〗派生;〖軍〗(弾道の)定偏.

de·ri·va·tiv [デリヴァティーふ, デーりヴァティーふ] [形]〖言〗派生した.

das **De·ri·va·tiv** [デリヴァティーふ, デーりヴァティーふ] [名] -s/-e 〖言〗派生語.

der·je·ni·ge [デーあ·イェーニゲ] [代]《指示》[単][男]1格. (der..の部分は定冠詞の変化, -jenigeの部分は形容詞の弱変化をする. 指示代名詞der, die, dasより指示力が強く, 後続の関係文および2格名詞によって規定される場合にだけ用いられる) **1.**(付加語的用法)その:*Diejenigen* Leute, die hier studieren, kommen aus Japan. ここで研究している人びとは, 日本から来ている. **2.**(独立的用法)それ, その人:*D*～, der das getan hat, soll sich melden. これをした人は申出なさい.

der·je·ni·gen [デーあ·イェーニゲン] [代]《指示》derjenigeの[単][女]2格・3格, [複]2格.

der·lei [デーあライ] [代]《指示》(無変化) **1.**(付加語的用法)そのようなたぐいの, その種の:Auf ～ Gerede höre ich nicht. そんな無駄話は聞いていられない. **2.**(独立的用法)そのようなもの〔こと〕:*D*～ ist mir völlig egal. そういうことは私にはまったくどうでもいい.

der·mal [デる·マール] [形]〖医〗皮膚の.

der·mal·einst [デーあ·マール·アインスト] [副]《文》＝dereinst.

der·ma·ßen [デーあ·マーセン] [副]《語飾》(動詞・形容詞・副詞・名詞を修飾)このように:(dass[文]とともに)Er war ～ überrascht, dass ... 彼は…するほどびっくりした.

die **Der·ma·ti·tis** [デるマティーティス] [名] -/..titiden [デるマティティーデン]〖医〗皮膚炎.

der **Der·ma·to·lo·ge** [デるマト·ローゲ] [名] -n/-n 皮膚科医.

die **Der·ma·to·lo·gie** [デるマト·ロギー] [名] -/ 皮膚病学.

das **Der·ma·tom** [デるマトーム] [名] -s/-e 〖医〗デルマトーム, 採皮刀;〖解〗皮膚分節, 皮節.

die **Der·ma·to·plas·tik** [デるマト·プラスティク] [名] -/-en 〖医〗皮膚形成術, 植皮術.

die **Der·ma·to·se** [デるマトーゼ] [名] -/-n 〖医〗皮膚病.

die **Der·mo·plas·tik** [デるモ·プラスティク] [名] -/-en **1.**〖医〗皮膚形成術, 植皮術. **2.** 剝製(はくせい)製作術.

der **Der·ni·er Cri,** [仏]**Der·nier cri** [dɛrnjéːkríː デるニエー クリー] [名] --/-s-s [デるニエー クリー] 最新流行.

de·ro [デーろ] [代]《指示》《古》derの[複]2格.【普通はderer】

der **Der·rick·kran** [デりック·クらーン] [名] -(e)s/..kräne〔-e〕デリッククレーン(船荷の積み降ろし用;地上〔地下〕建築工事用).

der·sel·be [デーあ·ゼルベ] [代]《指示》[単][男]1格(der..の部分は定冠詞の変化, -selb..の部分は形容詞の弱変化をする) **1. a.**(付加語的用法)同じ:Sie trägt *denselben* Rock wie gestern. 彼女は昨日と同じスカートをはいている. (ein undを前につけて同一性を強調して) Beide sind ein und *derselben* Meinung. 二人は完全に同意見である. (定冠詞の部分が前置詞と融合すると, selb..の部分は独立する) Wir wohnten im *selben* Hotel. われわれは同じホテルに泊まった. ⇨selb. **b.**(独立的用法)同じ人〔男・

女〕, 同一物：Er ist immer noch ～ wie damals. 彼は未だにあの頃と変らない. Das ist doch ein und *dasselbe.* それはまったく同じことさ. **2.** 《口》同じような：Sie hat *dieselbe* 〔die gleiche〕 Handtasche wie ich. 彼女は私と同じハンドバックを持っている.

der·sel·bi·ge [デーあ·ゼルビゲ] [代] 《指示》《古》= derselbe.

der·weil [デーあ·ヴァイル] [副] その間に, そうするうちに. —— [接] 《従属》…している間に.

der·wei·len [デーあ·ヴァイレン] [副] [接] =derweil.

der **Der·wisch** [デるヴィシュ] [名] -(e)s/-e 『イ教』托鉢(たく)(はつ)僧《音楽と踊りの祭式を行う》.

der·zeit [デーあ·ツァイト] [副] 目下〔現在〕(のところ)；《古》かつて, 当時.

der·zei·tig [デーあ·ツァイティひ] [形] 現在の；《古》当時の.

des[1] [デス] [冠] 《定》der[1]の[単][男] 2 格, [中] 2 格.

des[2] [デス] [代] 《指示》《付加語的用法；アクセント有》der[2] の[単][男] 2 格, [中] 2 格：der Wagen ～ Mannes dort あそこのあの男の車.【独立的用法ではdesは古くdessenを用いる】

des[3] [デス] [代] 《定関係》《古》der[3]の[単][男] 2 格, [中] 2 格.【普通はdessen】

das **des**[4], **Des**[1] [デス] [名] -/- 『楽』変ニ音.

Des[2] [デス] =Des-Dur 『楽』変ニ長調.

das **De·sas·ter** [デザスター] [名] -s/- 不運, 災難.

de·s·a·vou·ie·ren [dɛs'avuíːrən デスアヴイーれン, deza.. デザヴイーれン] [動] *h.* **1.** 〔〈j[4]〉ニ〕(公に)恥をかかせる. **2.** 〔〈et[4]〉ヲ〕是認〔承認〕しない《決議・他人の行為などを》.

(*der*) **Des·cartes** [dekárt デカるト] [名] 『人名』デカルト《René ～, 1596-1650, フランスの哲学者・数学者》.

das **Des-Dur** [デス·ドゥーあ, デス·ドゥーあ] [名] -/ 『楽』変ニ長調《記号Des》.

de·sen·si·bi·li·sie·ren [デゼンズィビリズィーれン] [動] *h.* **1.** 〔〈et[4]〉ヲ〕『写』減感する. **2.** 〔〈j[4]〉ヲ〕『医』脱感作する.

die **De·sen·si·bi·li·sie·rung** [デゼンズィビリズィーるング] [名] -/-en 『写』減感；『医』(アレルギーの)脱〔除〕感作.

der **De·ser·teur** [..tǿːr デゼるテーあ] [名] -s/-e 脱走兵.

de·ser·tie·ren [デゼるティーれン] [動] *s.*〔*h.*〕〔補足なし〕(軍隊から)逃亡する, 脱走する.

die **De·ser·ti·on** [デゼるツィオーン] [名] -/-en 『軍』逃亡, 脱走.

desgl. =desgleichen 同様に.

des·glei·chen [デス·グライひぇン] [副] 同様に.

des·halb [デス·ハルプ] [副] それだから, そのために：《後続のweilの文と共に》Er hat nicht ～ geleugnet, weil er Angst hatte. 彼が否認したのは, 怖かったからではなかった. aber ～ ... だからといって….

das **De·sign** [dizáin ディザイン] [名] -s/-s デザイン, 図案.

der **De·si·g·ner** [dizáinər ディザイナー] [名] -s/- デザイナー.

die **De·si·g·ner·dro·ge** [ディザイナー·ドろーゲ] [名] -/-n 合成麻薬.

das **De·si·g·ner·food** [..fuːt ディザイナー·ふート] [名] -(s)/ **1.** 調合栄養食品. **2.** 遺伝子組換え食品.

die **De·si·g·ner·kla·mot·ten** [ディザイナー·クラモッテン] [複名] 《口》=Designermode.

die **De·si·g·ner·mo·de** [ディザイナー·モーデ] [名] -/-n 有名デザイナーブランドの服.

de·si·g·nie·ren [デズィグニーれン] [動] *h.* 〔〈j[4]/et[4]〉ヲ＋zu〈j[3]/et[3]〉ニ〕指名する, 予定する.

die **Des·il·lu·si·on** [デス·イルズィオーン, デズィルズィオーン] [名] -/-en **1.** 《[単]のみ》幻滅. **2.** 幻滅的体験.

des·il·lu·si·o·nie·ren [デス·イルズィオニーれン, デズィルズィオニーれン] [動] *h.* 〔〈j[4]〉ノ〕迷いをさまさせる；(…に)幻滅を感じさせる.

die **Des·in·fek·ti·on** [デス·インふぇクツィオーン, デズィンふぇクツィオーン] [名] -/-en 殺菌, 消毒；《[単]のみ》殺菌〔消毒〕済み.

das **Des·in·fek·ti·ons·mit·tel** [デス·インふぇクツィオーンス·ミッテル, デズィンふぇクツィオーンス·ミッテル] [名] -s/- 殺菌剤, 消毒薬.

der **Des·in·fek·tor** [デス·インふぇクトーあ, デズィンふぇクトーあ] [名] -s/-en 消毒〔殺菌〕係；消毒器.

des·in·fi·zie·ren [デス·インふぃツィーれン, デズィンふぃツィーれン] [動] *h.* 〔〈j[4]/et[4]〉ヲ〕消毒〔殺菌〕する.

die **Des·in·for·ma·ti·on** [デス·インふぉるマツィオーン, デズィンふぉるマツィオーン] [名] -/-en (故意に)誤報を流すこと.

die **Des·in·te·gra·ti·on** [デス·インテグらツィオーン, デズィンテグらツィオーン] [名] -/-en 分裂；《[単]のみ》分裂状態.

das **Des·in·te·res·se** [デス·インテレっセ, デズィンテレっセ, デス·インテレっセ] [名] -s/ 無関心, 冷淡.

des·in·te·res·siert [デス·インテレスィーあト, デズィンテレスィーあト, デス·インテレスィーあト] [形] 〔(an〈j[3]/et[3]〉ニ)〕興味のない, 無関心な, 冷淡な.

des·je·ni·gen [デス·イェーニゲン] [代] 《指示》derjenigeの[単][男] 2 格, [中] 2 格.

de·s·k·rip·tiv [デスクりプティーふ] [形] 記述的な.

der **De·s·k·rip·ti·vis·mus** [デスクりプティヴィスムス] [名] -/ 『言』記述主義.

das **De·so·do·rant** [デス·オドらント, デゾドらント] [名] -s/ -s〔-e〕 =Deodorant.

de·s·o·do·rie·ren [デス·オドりーれン, デゾドりーれン] [動] *h.* 〔〈et[4]〉ヲ〕脱臭する.

de·so·lat [デゾラート] [形] 荒涼とした；絶望的な；惨めな.

die **Des·or·ga·ni·sa·ti·on** [デス·オるガニザツィオーン, デゾるガニザツィオーン] [名] -/-en **1.** (組織・秩序の)破壊, 解体. **2.** ずさんな計画.

des·or·ga·ni·sie·ren [デス·オるガニズィーれン, デゾるガニズィーれン] [動] *h.* 〔〈et[4]〉ヲ〕解体する, 破壊する《組織・秩序などを》.

des·o·ri·en·tie·ren [デス·オりエンティーれン, デゾりエンティーれン] [動] *h.* 〔〈j[4]〉ヲ〕混乱させる, (…に)間違った情報を与える.

des·o·ri·en·tiert [デス·オりエンティーあト, デゾりエンティーあト] [形] まごついた, 混乱した；勝手のわからない.

die **Des·o·xy·ri·bo·nu·k·le·in·säu·re** [デス·オクスュりボ·ヌクレイーン·ゾイれ, デゾクスュりボ·ヌクレイーン·ゾイれ] [名] -/-n 『生化』デオキシリボ核酸《略 DNA》.

de·s·pek·tier·lich [デス·ペクティーありひ] [形] 《文》礼を失した.

der **Des·pe·ra·do** [デスぺらード] [名] -s/-s 《文》(政治的)過激分子；(米国開拓時代の)無法者, ならず者.

des·pe·rat [デスぺらート] [形] 絶望的な.

der **Des·pot** [デスポート] [名] -en/-en 専制君主, 独裁者；《蔑》暴君.

die **Des·po·tie** [デスポティー] [名] -/-n 専制, 独裁, 圧制.

des·po·tisch [デスポーティシュ] [形] 専制的な；《蔑》横暴な.

der **Des·po·tis·mus** [デスポティスムス] [名] -/ 専制〔独裁〕政治, 圧制.

die **Des·qua·ma·ti·on** [デスクヴァマツィオーン] [名] -/-en 『地質』鱗剝(りん)(はく)作用；『医』(表皮)落屑(らく)(せつ), ふけ；(月経時の子宮内膜)剝離(はく)(り).

(*das*) **Des·sau** [デっサウ] [名] -s/ 『地名』デッサウ《ザクセン=アンハルト州の都市》.

der **Des·sau·er** [デっサウあー] [名] -s/- デッサウ市民：

der Alte ～ デッサウ翁(レオポルト(Leopold)1世, 1676-1747).

des·sel·ben [デス・ゼルベン] [代] 《指示》derselbeの[単][男]2格, [中]2格.

des·sen[1] [デッセン] [代] 《指示》der[2]の[単][男]2格, [中]2格. その人の, それの: Er begrüßte seinen Freund und ～ Schwester. 彼は彼の友人とその(友人の)姉〔妹〕にあいさつした(所有代名詞seinを用いるとerの姉〔妹〕になる). Ich bedarf ～ nicht. 《文》私にはそれはいらない.

D

des·sen[2] [デッセン] [代] 《定関係》der[3]の[単][男]2格, [中]2格.

des·sent·hal·ben [デッセント・ハルベン] [副] ＝dessentwegen.

des·sent·we·gen [デッセント・ヴェーゲン] [副] 《指示・関係》(男性・中性の名詞・代名詞を受けて)その〔その人〕のために.

des·sent·wil·len [デッセント・ヴィレン] [副] 《指示・関係》(男性・中性の名詞・代名詞を受けて)(次の形で)um ～ その〔その人〕のために.

des·sen un·ge·ach·tet, [旧]**des·sen·un·ge·ach·tet** [デッセン ウン・ゲアはテット, デッセン ウン・ゲアはテット] [副] それにもかかわらず.

das **Des·sert** [dɛsέːr, ..sέːr デセーあ, ..sέrt デセるト] [名] -s/-s デザート.

der **Des·sert·löf·fel** [デセーあ・㋹っふぇル, デセるト・㋹っふぇル] [名] -s/- デザートスプーン.

der **Des·sert·wein** [デセーあ・ヴァイン, デセるト・ヴァイン] [名] -(e)s/- デザートワイン(デザート用の甘口ぶどう酒).

das **Des·sin** [dɛsέː デセーン] [名] -s/-s **1.** 柄(がら), 図案. **2.** デッサン, 素描.

das **Des·sous** [dɛsúː デスー] [名] -[デスー(ス)]/-[デスース] (主に[複])婦人用の下着.

das **De·stil·lat** [デスティラート] [名] -(e)s/-e 〖化〗蒸留物〔液〕.

die **De·stil·la·ti·on** [デスティラツィオーン] [名] -/-en **1.** 〖化〗蒸留. **2.** 蒸留酒製造所;居酒屋.

der **De·stil·la·ti·ons·rück·stand** [デスティラツィオーンス・りゅック・シュタント] [名] -(e)s/..stände 〖化〗蒸留(の際の)残留物.

die **De·stil·le** [デスティレ] [名] -/-n 《方・口・古》(小ぢんまりした蒸留酒専門の)居酒屋;蒸留酒製造所.

der **De·stil·lier·ap·pa·rat** [デスティリーあ・アパらート] [名] -(e)s/-e 蒸留器.

de·stil·lie·ren [デスティリーれン] [動] *h.* 〔(aus 〈et[3]〉カラ)+〈et[4]〉ヲ〕〖化〗蒸留する;《転》要約する.

die **De·sti·na·ti·on** [デスティナツィオーン] [名] -/-en 使命, 目的;〖空〗行先, 目的〔到着〕地.

des·to [デスト] [副] 《語飾》(比較級を修飾)それだけいっそう, ますます:(je+比較級(の副文)と共に)Je eher, ～ besser. 早ければ早いほどいい. (alsに導かれる副文と共に)Sie las die Werke des Schriftstellers ～ lieber, als sie ihn persönlich kannte. 彼女はその作家を親しく知っていただけに, いっそう彼の作品を愛読した. (先行文に答える形で)Die Sache ist bereits erledigt. ―*D*～ besser! あの件はもう片づいている. ―それならますます結構.

de·stra ma·no [デストら マーノ] 〖楽〗右手(で).

der **De·stru·ent** [デストるエント] [名] -en/-en 〖生態〗(有機化合物の)分解者.

de·struk·tiv [デストるクティーふ] [形] 破壊的な;〖医〗破壊性の.

des un·ge·ach·tet, [旧]**des·un·ge·ach·tet** [デス ウン・ゲアはテット, デス・ウン・ゲアはテット] [副] ＝dessen ungeachtet.

des·we·gen [デス・ヴェーゲン] [副] それ故.

der **De·szen·dent** [デスツェンデント] [名] -en/-en **1.** 〖系譜〗子孫, 後裔(こうえい). **2.** 〖天〗地平線へ沈む天体;下降点. **3.** 〖占〗下降宮.

de·ta·chie·ren[1] [..ʃiːrən デタシーれン] [動] *h.* **1.** 〔〈et[4]〉ヲ〕〖工〗細かく砕く. **2.** 〔〈j[4]/et[4]〉ヲ〕《古》特別任務のため派遣する(部隊などを).

de·ta·chie·ren[2] [デタシーれン] [動] *h.* 〔〈et[4]〉ノ〕しみ抜きをする.

das **De·tail** [detáɪ デタイ] [名] -s/-s 細部, 細目, 詳細: im ～ 個々に. ins ～ gehen 細目にわたる.

der **De·tail·han·del** [デタイ・ハンデル] [名] -s/ 《スイス》小売(業).

de·tail·lie·ren [detajíːrən デタイーれン] [動] *h.* **1.** 〔〈et[4]〉ヲ〕詳述する;細かく描写する. **2.** 〔〈et[4]〉ヲ〕《古》小売りする.

der **De·tail·list** [detajíst デタイスト] [名] -en/-en 《スイス》小売商(人), 小売業者.

der **De·tail·preis** [デタイ・プらイス] [名] -es/-e 小売値.

die **De·tek·tei** [デテクタイ] [名] -/-en 探偵事務所;興信所.

der **De·tek·tiv** [デテクティーふ] [名] -s/-e (私立)探偵;(英国などの)私服刑事, 秘密警察官.

das **De·tek·tiv·bü·ro** [デテクティーふ・ビュろー] [名] -s/-s 探偵事務所;興信所.

der **De·tek·tiv·ro·man** [デテクティーふ・ろマーン] [名] -s/-e 探偵小説, 推理小説.

der **De·tek·tor** [デテクトーあ] [名] -s/-en[デテクトーれン] 〖工〗探知器;〖ラジオ・無線〗検波〔検電〕器.

der **De·tek·tor·emp·fän·ger** [デテクトーあ・エムプふぇンガー] [名] -s/- 〖電〗鉱石検波受信機, 鉱石ラジオ.

die **Dé·tente** [detɑ̃ːt デターント] [名] -/ 〖政〗緊張緩和, デタント.

das **De·ter·gens** [デテるゲンス] [名] -/..gentia[デテるゲンツィア]〔..genzien[デテるゲンツィエン]〕〖医〗洗浄剤, 清浄剤.

de·te·ri·o·rie·ren [デテりオりーれン] [動] *h.* 〔〈et[4]〉ノ〕《古》価値を低下させる.

die **De·ter·mi·nan·te** [デテるミナンテ] [名] -/-n 《文》決定要素;〖生〗決定因子;〖数〗行列式.

die **De·ter·mi·na·ti·on** [デテるミナツィオーン] [名] -/-en **1.** 〖哲〗限定, 規定. **2.** 〖生〗(胚の)発生的運命の決定. **3.** 〖心〗心理事象の決定. **4.** 《文》決定, 確定.

de·ter·mi·na·tiv [デテるミナティーふ] [形] 《文》限定〔確定〕的な;断固〔決然〕とした.

de·ter·mi·nie·ren [デテるミニーれン] [動] *h.* 〔〈et[4]〉ヲ〕決定する, 規定する, 限定する.

der **De·ter·mi·nis·mus** [デテるミニスムス] [名] -/ 〖哲〗決定論, 運命論.

(*der*) **Det·lef** [デ(ー)トレふ] [名] 〖男名〗デ(ー)トレフ.

(*das*) **Det·mold** [デトモルト] [名] -s/ 〖地名〗デトモルト(ノルトライン＝ヴェストファーレン州の都市).

die **De·to·na·ti·on**[1] [デトナツィオーン] [名] -/-en 爆発.

die **De·to·na·ti·on**[2] [デトナツィオーン] [名] -/-en 〖楽〗調子外れ.

der **De·to·na·ti·ons·druck** [デトナツィオーンス・ドるック] [名] -(e)s/..drücke 爆風(の圧力).

de·to·nie·ren[1] [デトニーれン] [動] *s.* 〔補足なし〕(大音響とともに)爆発〔破裂〕する.

de·to·nie·ren[2] [デトニーれン] [動] *h.* 〔補足なし〕調子はずれの演奏をする, 調子はずれに歌う.

det·to [デット] [副] 《バイエルン・オーストリア》＝dito.

die **De·tu·mes·zenz** [デトゥメスツェンツ] [名] -/ 〖医〗腫脹(しゅちょう)の減退.

das **Deuce** [djúːs デュース] [名] -/ 〖スポ〗ジュース.

deucht [ドイひト] [動] 《古》dünkenの現在形3人称単数.

deuch·te [ドイひテ] [動] dünkenの過去形.

(*der*) **Deu·ka·li·on** [ドイカーリオン] [名] 〖ギ神〗デウカリオン(Prometheusの子. 新しい人類の祖).

deu·ka·li·o·nisch [ドイカリオーニシュ] [形] 〘ギ神〙デウカリオンの：～*e* Flut デウカリオンの洪水.

der **De·us ex Ma·chi·na,** [旧]**De·us ex ma·chi·na** [デーウス エクス マひナ] [名] ‒‒‒/Dei ‒‒[デーイ..] 《主に[単]》(ギリシア悲劇の)機械仕掛の神(突如登場し事件を解決する);《文》思いがけない救い主, 不意の解決.

der **Deut** [ドイト] [名] ‒s/‒e 《次の形で》keinen〔nicht einen〕～ まったく…でない.

die **Deu·te·lei** [ドイテライ] [名] ‒/‒en 《蔑》へ理屈, こじつけ.

deu·teln [ドイテルン] [動] *h.* 〔an ⟨et^3⟩ニ〕こじつけの解釈をする, へ理屈をつける.

deu·ten [ドイテン] [動] *h.* **1.** 〔(mit⟨et^3⟩デ)+⟨方向⟩ヲ〕指示す, 指さす. **2.** 〔auf ⟨et^4⟩ノ〕前兆〔前ぶれ〕である. **3.** 〔⟨et^4⟩ヲ+(⟨様態⟩ニ)〕解釈する, 説明する(詩などを),判断する(夢などを).

das **Deu·te·ri·um** [ドイテーりウム] [名] ‒s/ 〘化〙重水素, ジューテリウム(記号D).

das **Deu·te·ri·um·o·xid** [ドイテーりウム・オクスィート] [名] ‒/ 〘化〙酸化ジューテリウム.

die **Deu·te·ri·um-Tri·ti·um-Ver·schmel·zung** [ドイテーりウム・トりーティウム・ふぇあシュメルツング] [名] ‒/‒en 〘核物理〙重水素と三重水素の融合(核融合).

die **Deu·te·ro·a·no·ma·lie** [ドイテろ・アノマリー] [名] ‒/‒n 〘医〙緑色盲, 第二色盲.

..deu·tig [..ドイティひ] [接尾] 数詞につけて「…義的な」を表す形容詞を作る：ein*deutig* 一義的な.

deut·lich [ドイトリひ] [形] **1.** はっきりした, 分りやすい：Daraus wird ～, dass ... そのことから…ということが分る. ⟨j^3⟩⟨et^4⟩ ～ machen ⟨人に⟩⟨事を⟩はっきり分らせる. **2.** 明白〔明瞭〕な：klar und ～ sein 明明白白である. **3.** あからさまな：sehr ～ werden ひどくずけずけとものを言うようになる.

die **Deut·lich·keit** [ドイトリひカイト] [名] ‒/‒en **1.** (([単]のみ)明瞭;明白. **2.** (([複]のみ)無遠慮な態度;ぶしつけな言葉〔こと〕.

deutsch [ドイチュ] [形] **1.** ドイツの, ドイツ人の, ドイツ的〔風〕な：das ～*e* Volk ドイツ民族. die ～*e* Sprache ドイツ語. ein ～*er* Lehrer ドイツ人教師. die ～*e* Staatsangehörigkeit besitzen ドイツ国籍を持っている. **2.** ドイツ語の：eine ～*e* Übersetzung von Shakespeares Werken シェイクスピアの作品のドイツ語訳. die ～*e* Schweiz スイスのドイツ語地域. ～ sprechen/schreiben ドイツ語で話す/書く.【「ドイツ語を話す」などについては⇨Deutsch】【慣用】**der Deutsche Bundestag** ドイツ連邦議会. **der Deutsche Orden** ドイツ騎士団. **Deutsche Angestellten-Gewerkschaft** ドイツ職員労働組合(略DAG). **Deutsche Bahn** ドイツ鉄道(略DB). **Deutsche Bundesbank** ドイツ連邦銀行. **Deutsche Post** ドイツ連邦郵便(略DP). **Deutsche Industrie-Norm(en)** ドイツ工業規格(略DIN). **Deutscher Akademischer Austauschdienst** ドイツ学術交流会(略DAAD). **Deutscher Gewerkschaftsbund** ドイツ労働組合連盟(略DGB). **Deutscher Industrie- und Handelstag** ドイツ商工会議所(略DIHT). **Deutsche Welle** ドイッチェ・ヴェレ(ドイツの国外向け放送)(略DW). **die Deutsche Demokratische Republik** ドイツ民主共和国(旧東独)(1949‒90年. 略DDR). **die Deutsche Mark** ドイツマルク(略DM). **mit ⟨j^3⟩ deutsch reden〔sprechen〕**《口》⟨人に⟩率直に考えを言う.

das **Deutsch** [ドイチュ] [名] ‒(s)/ **1.** ドイツ語(個人または集団の)：gutes ～ 良いドイツ語. in modernem〔im modernen〕～ 現代ドイツ語で. Sein ～ ist akzentfrei. 彼のドイツ語はなまりがない. (auf, in, zu とともに)Wie heißt das auf ～? それはドイツ語で何と言いますか. Der Brief ist in ～ geschrieben. 手紙はドイツ語で書かれている. lateinisch „confer“ zu ～ „Vergleiche !“ ラテン語の「コンファー」, ドイツ語で〔に訳すと〕「参照」. **2.** (主に動詞の目的語として;無冠詞)ドイツ語(一般的意味で)：fließend ～ sprechen. 流暢(りゅうちょう)にドイツ語を話す. ～/kein ～ verstehen ドイツが解る/解らない. **3.** (無冠詞)ドイツ語(授業科目)：ein Lektor für ～ドイツ語の先生. Er unterrichtet in ～. 彼はドイツ語を教えている.【Deutsche[2]との違いに注意】【慣用】**auf (gut) Deutsch** 《口》はっきり言うと. **nicht mehr Deutsch verstehen** 他人の言うことをもはや聞こうとしない.

der **Deutsch·a·me·ri·ka·ner** [ドイチュ・アメりカーナー, ドイチュ・アメりカーナー] [名] ‒s/‒ ドイツ系アメリカ人.

deutsch·a·me·ri·ka·nisch[1] [ドイチュ・アメりカーニシュ, ドイチュ・アメりカーニシュ] [形] ドイツ系アメリカ人の.

deutsch·a·me·ri·ka·nisch[2], **deutsch-a·me·ri·ka·nisch** [ドイチュ・アメりカーニシュ] [形] 独米(両国間)の.

deutsch·blü·tig [ドイチュ・ブリューティひ] [形] ドイツ出身〔系〕の.

deutsch·bür·tig [ドイチュ・ビュるティひ] [形] ドイツ生れの.

deutsch-deutsch [ドイチュ・ドイチュ] [形] (1949‒1990年までの)東西ドイツ(間)の.

der/die **Deut·sche**[1] [ドイチェ] [名] (形容詞的変化)ドイツ人：ich ～*r* ドイツ人の私. wir ～*n* 私たちドイツ人. viele ～ 多くのドイツ人. alle ～*n* すべてのドイツ人. Er ist ～*r*. 彼はドイツ人だ.

das **Deut·sche**[2] [ドイチェ] [名] (形容詞的変化;[単]のみ) **1.** (定冠詞とともに)ドイツ語(一般的意味で)：die Aussprache des ～*n* ドイツ語の発音. ⟨et^4⟩ aus dem ～*n* ins Japanische/aus dem Japanischen ins ～ übersetzen ⟨事を⟩ドイツ語から日本語へ/日本語からドイツ語へ翻訳する. **2.** ドイツ的なもの〔こと〕：das typische ～ an dir 君にある典型的なドイツ人らしさ.【Deutschとの違いに注意】

die **Deut·sche De·mo·kra·ti·sche Re·pu·b·lik** [ドイチェ デモクらーティシェ れプブりーク] [名] ‒n‒n‒/ 〘国名〙ドイツ民主共和国(1949年から1990年までの旧東独の正式呼称. 略DDR).

der **Deut·schen·feind** [ドイチェン・ふぁイント] [名] ‒(e)s/‒e 反独家.

der **Deut·schen·freund** [ドイチェン・ふろイント] [名] ‒(e)s/‒e 親独家.

deutsch·eng·lisch, deutsch-eng·lisch [ドイチュ・エングリシュ] [形] 独英(両国間)の.

der **Deut·schen·hass,** [旧]**Deut·schen·haß** [ドイチェン・ハス] [名] ‒es/ 反独感情.

deutsch·feind·lich [ドイチュ・ふぁイントリひ] [形] 反独的な, ドイツ嫌いの.

deutsch·fran·zö·sisch, deutsch-fran·zö·sisch [ドイチュ・ふらン[ツェ]ーズィシュ] [形] 独仏(両国間)の：der *Deutsch-Französische* Krieg 普仏戦争(1870‒71年).

deutsch·freund·lich [ドイチュ・ふろイントリひ] [形] 親独的な, ドイツびいきの.

die **Deutsch·heit** [ドイチュハイト] [名] ‒/ ドイツ的本性, ドイツ気質〔精神〕, ドイツの国民性.

die **Deutsch·her·ren** [ドイチュ・へれン] [複名] 〘史〙ドイツ騎士団の騎士.

die **Deutsch·kun·de** [ドイチュ・クンデ] [名] ‒/ ドイツ(言語・文化)学.

deutsch·kund·lich [ドイチュ・クントリひ] [形] ドイツ学の.

(*das*) **Deutsch·land** [ドイチュ・ラント] [名] ‒s/ 〘国名〙ドイツ：die beiden ～(s)東西両ドイツ. das geteilte ～ 分裂したドイツ. das Junge ～ 青年ドイツ派(1830‒50年頃).【「ドイツ連邦共和国(1990年10月3日, 東西ドイツ統一), 旧西独(1949‒90)」はdie Bundesrepublik Deutschland,「旧東独」はdie Deut-

D

der **Deutschlandfunk** [ドイチュラント・ふンク] 名 -s/ ドイツ放送(東欧向けの海外放送局).

das **Deutschlandlied** [ドイチュラント・リート] 名 -(e)s / ドイツの歌(ドイツ国歌, Hoffmann von Fallersleben作. 現在は第三節の„Einigkeit und Recht und Freiheit ..."がドイツ連邦共和国の国歌).

die **Deutschlandpolitik** [ドイチュラント・ポリティーク] 名 -/ 対ドイツ政策.

der **Deutschlandsender** [ドイチュラント・ゼンダー] 名 -s/ ドイツ放送(①ナチ政権の国際宣伝放送, 1932-45. ②旧東独の国際放送, 1948-71).

der **Deutschlehrer** [ドイチュ・レーらー] 名 -s/- ドイツ語(文学)教師.

der **Deutschmeister** [ドイチュ・マイスター] 名 -s/-〖史〗 1. ドイツ騎士団のドイツ管区団長. 2. (®のみ;定冠詞とともに)(昔のオーストリアの)連隊.

der/die **Deutschnationale** [ドイチュ・ナツィオナーレ] 名 (形容詞的変化)ドイツ国家人民党員:die ~ Volkspartei ドイツ国家人民党(1918-33年).

der **Deutschordensritter** [ドイチュ・オるデンス・リッター] 名 -s/-〖史〗ドイツ騎士団員.

der **Deutschritterorden** [ドイチュ・リッター・オるデン,ドイチュ・リッター・オるデン] 名 -s/〖史〗ドイツ騎士団.

der **Deutschschweizer** [ドイチュ・シュヴァイツァー] 名 -s/- ドイツ語を母語とするスイス人.

deutschschweizerisch¹ [ドイチュ・シュヴァイツェリシュ] 形 ドイツ語圏スイスの.

deutschschweizerisch², **deutsch-schweizerisch** [ドイチュ・シュヴァイツェリシュ] 形 ドイツとスイス(両国間)の.

deutschsprachig [ドイチュ・シュプらーひひ] 形 ドイツ語を話す,ドイツ語による.

deutschsprachlich [ドイチュ・シュプらーはリひ] 形 ドイツ語の.

das **Deutschsprechen** [ドイチュ・シュプれっひェン] 名 -s/ ドイツ語を話すこと,ドイツ語会話.

deutschstämmig [ドイチュ・シュテミひ] 形 ドイツ系の.

die **Deutschstunde** [ドイチュ・シュトゥンデ] 名 -/-n ドイツ語の授業時間.

das **Deutschtum** [ドイチュトゥーム] 名 -s/ 1. ドイツ的本性(特性), ドイツ気質(精神). 2. ドイツ人であること;在外ドイツ人.

die **Deutschtümelei** [ドイチュテューメライ] 名 -/〖蔑〗ドイツかぶれ, ドイツ主義.

der **Deutschunterricht** [ドイチュ・ウンターりひト] 名 -(e)s/ ドイツ語(文学)の授業.

die **Deutung** [ドイトゥング] 名 -/-en 解釈, 説明.

die **Devaluation** [デヴァルアツィオーン] 名 -/-en = Devalvation.

die **Devalvation** [デヴァルヴァツィオーン] 名 -/-en 〖財政〗平価切下げ.

die **Devastierung** [デヴァスティールング] 名 -/ 破壊, 荒廃.

deverbal [デヴェるバール] 形 動詞派生の.

deviant [デヴィアント] 形〖社〗(規範から)逸脱した.

die **Deviation** [デヴィアツィオーン] 名 -/-en 偏向,ずれ;〖社〗逸脱;〖海〗(羅針の)自差;〖言〗逸脱;〖統計〗偏差.

die **Devise** [デヴィーゼ] 名 -/-n 1. 標語, スローガン, モットー. 2. (®のみ)外国通貨;外国為替;(主に®)外貨.

die **Devisenbeschränkung** [デヴィーゼン・ベシュれンクング] 名 -/-en 為替管理(外国為替購入の制限).

die **Devisenbestimmung** [デヴィーゼン・ベシュティムング] 名 -/-en (主に®)外国為替管理規定.

die **Devisenbewirtschaftung** [デヴィーゼン・ベヴィるトシャふトゥング] 名 -/ 〖政〗外国為替管理.

die **Devisenbilanz** [デヴィーゼン・ビランツ] 名 -/-en 外国為替収支(金・外貨準備の増減).

die **Devisenbörse** [デヴィーゼン・(ⓡ)ルゼ] 名 -/-n 外国為替市場(取引所).

der **Devisenhandel** [デヴィーゼン・ハンデル] 名 -s/ 外国為替取引.

die **Devisenkontrolle** [デヴィーゼン・コントロレ] 名 -/-n 為替管理.

der **Devisenkurs** [デヴィーゼン・クるス] 名 -es/-e〖金融〗外国為替相場.

der **Devisenmarkt** [デヴィーゼン・マるクト] 名 -(e)s/..märkte 外国為替市場.

die **Devisenreserven** [デヴィーゼン・れぜるヴェン] 複名 外貨保有高.

das **Devon** [デヴォーン] 名 -(s)/〖地質〗デボン紀.

devon [デヴォーン] 形〖文・稀・蔑〗卑屈な;〖古〗(ばかに)謙虚な.

die **Devotion** [デヴォツィオーン] 名 -/〖文〗卑下, 卑屈;恭順.

die **Devotionalien** [デヴォツィオナーリエン] 複名〖宗〗信心用具(ロザリオ・立像・十字架など).

die **Dexiografie, Dexiographie** [デクスィオ・ぐらふぃー] 名 -/ 左書き(法)(左から右へ書く書式).

das **Dextrin** [デクストりーン] 名 -s/-e〖化〗糊精(ᢁせい), デキストリン.

dextrogyr [デクストろギューあ] 形〖理・化〗右旋性の(記号 d).

die **Dextrose** [デクストろーゼ] 名 -/〖生・化〗ブドウ糖.

der **Dez** [デーツ] 名 -es/-e〖方〗頭.

Dez. =Dezember 12月.

der **Dezember** [デツェムバー] 名 -(s)/- 12月(略 Dez.).

das **Dezennium** [デツェニウム] 名 -s/..nien 10年(間).

dezent [デツェント] 形 品のいい, 慎しみ深い,控え目な;地味な, 抑えた(照明など),淡い(色).

dezentral [デツェントらール] 形 中心から離れた;分散的な.

dezentralisieren [デツェントらリズィーれン] 動 h. 〈et⁴ᴺを〉分散させる(権限などを);(…の)権限の分散を行う,地方分権化する.

die **Dezentralisierung** [デツェントらリズィールング] 名 -/-en 分散化, 地方分権化;分権〔分権〕化されていること.

das **Dezernat** [デツェるナート] 名 -(e)s/-e (官庁の)部門,局.

der **Dezernent** [デツェるネント] 名 -en/-en (官庁の)部門〔部局〕の長.

das **Deziar** [デツィアーあ,デーツィアーあ] 名 -s/-e 《単位を表す®は-)デシアール(1/10アール. 記号 da).

das **Dezibel** [デツィベル,デーツィベル] 名 -s/- デシベル(記号 dB).

dezidieren [デツィディーれン] 動 h. 〈et⁴ᴺを〉決定する.

dezidiert [デツィディーあト] 形 断固とした,はっきりした.

das **Dezigramm** [デツィ・ぐらム,デーツィ・ぐらム] 名 -s/-e 《単位を表す®は-)デシグラム(1/10グラム. 記号 dg).

der (das) **Deziliter** [デツィ・リーター,デーツィ・リーター,デーツィ・リター] 名 -s/- デシリットル(1/10リットル. 記号 dl).

dezimal [デツィマール] 形 十進法の.

der **Dezimalbruch** [デツィマール・ぶるっふ] 名 -(e)s/..brüche〖数〗小数.【小数点は Komma】

die **Dezimale** [デツィマーレ] 名 -/-n〖数〗小数位:

die erste ～ 小数第1位.
die **De・zi・mal・klas・si・fi・ka・ti・on** [デツィマール・クラスィふぃカツィオーン] 名 -/-en (図書の)十進分類法(略 DK).
die **De・zi・mal・rech・nung** [デツィマール・れひヌング] 名 -/ 〚数〛小数の計算.
das **De・zi・mal・sys・tem** [デツィマール・ズュステーム] 名 -s/ 〚数〛十進法.
die **De・zi・mal・waa・ge** [デツィマール・ヴァーゲ] 名 -/-n 十分度の秤(はかり)(量る物の重さの1/10の分銅で釣合う秤).
die **De・zi・mal・zahl** [デツィマール・ツァール] 名 -/-en 〚数〛小数.
die **De・zi・me** [デーツィメ, デツィーメ] 名 -/-n 〚楽〛10度(の音程);〚詩〛十行詩.
der [*das*] **De・zi・me・ter** [デツィ・メーター, デーツィ・メーター] 名 -s/- デシメートル(1/10メートル. 記号 dm).
de・zi・mie・ren [デツィミーれン] 動 *h.* 〈j^4/et^4〉 1. 多くの命を奪う, (…に)大損害を与える;〚史〛(…の)10人に1人の割合で死刑にする. 2. 〈sich^4〉(…の数が)激減する.
de・zi・siv [デツィズィーふ] 形 決定的な.
der **DFB** [デーエふベー] 名 -/ =Deutscher Fußball-Bund ドイツサッカー連盟.
DFG [デーエふゲー] =Deutsche Forschungsgemeinschaft ドイツ研究協会.
dg =Dezigramm デシグラム(1/10グラム).
Dg =Dekagramm デカグラム(10グラム).
D. G. =〚ラ語〛Dei Gratia 〘きょう〙神の恩寵によって.
DGB [デーゲーベー] =Deutscher Gewerkschaftsbund ドイツ労働組合連盟.
dgl. =dergleichen そのような(事).
d. Gr. =der Große 大帝(固有名詞に添えて).
d. h. =das heißt すなわち.
der **Dhar・ma** [ダるマ] 名 -(s)/-s 〘ヒンこ教〙法;〚仏教〛教法.
die **Dhau** [ダウ] 名 -/-en =Dau.
der **Dho・ti** [ドーティ] 名 -(s)/-s ドーティ(インドの男性用腰布).
Di. =Dienstag 火曜日.
di・・ [ディ・・] 接頭 名詞・形容詞などにつけ「二重の…, 複…」を意味する: *Dichroismus* 二色性.
d. i. =das ist すなわち.
das **Dia** [ディーア] 名 -s/-s 〚写〛スライド(Diapositiv).
der **Di・a・be・tes** [ディアベーテス] 名 -/ 〚医〛糖尿病;真性糖尿病(～ mellitus).
der **Di・a・be・tes mel・li・tus** [ディアベーテス メリートゥス] 名 -/ 〚医〛真性糖尿病.
der **Di・a・be・ti・ker** [ディアベーティカー] 名 -s/- 〚医〛糖尿病患者.
di・a・be・tisch [ディアベーティシュ] 形 〚医〛糖尿病の.
di・a・bo・lisch [ディアボーリシュ] 形 〘文〙悪魔的な.
das **Di・a・bo・lo** [ディアーボロ] 名 -s/-s ディアボロ, 空中ごま遊び.
der **Di・a・bo・lus** [ディアーボルス] 名 -/ 〘文〙悪魔.
di・a・chron [..krṓːn ディア・クローン] 形 〚言〛通時態の;通時(論)的な.
die **Di・a・chro・nie** [ディア・クローニー] 名 -/ 〚言〛通時態;通時論.
di・a・chro・nisch [ディア・クローニシュ] 形 通時(論)的な.通時論的な.
das **Di・a・dem** [ディアデーム] 名 -s/-e ダイアデム(額や頭につける環状の飾り).
die **Di・a・do・chen** [ディアドヘン] 複 1. ディアドコイ(アレキサンダー大王の後継者たち). 2. 〘文〙(実力者の跡目をねらって争う)後継者たち.
die **Di・a・gno・se** [ディア・グノーゼ] 名 -/-n 1. 〚医・心〛診断;〚転〛判断: eine ～ stellen 診断を下す. 2. 〚生〛(分類の)総合的な特徴の記述;〚気〛(各気象の)総合判断.
die **Di・a・gnos・tik** [ディア・グノスティク] 名 -/ 〚医・心〛診断法, 診断学.
di・a・gnos・tisch [ディア・グノスティシュ] 形 診断の(による).
di・a・gno・sti・zie・ren [ディア・グノスティツィーれン] 動 *h.* 〈et^4〉/auf〈et^4〉診断する.
di・a・go・nal [ディア・ゴナール] 形 斜めの;〚幾何〛対角線の.
die **Di・a・go・na・le** [ディア・ゴナーレ] 名 -/-n 〚幾何〛対角線.
das **Di・a・gramm** [ディア・グらム] 名 -s/-e 1. ダイアグラム, グラフ, 図表. 2. 〚植〛花式図. 3. (チェスなどの)棋譜. 4. 魔除けの印.
der **Di・a・kon** [ディアコーン] 名 -s(en)/-e(-en) (カトリックなどの)助祭;〚プロテスタンと〛執事.
die **Di・a・ko・nie** [ディアコニー] 名 -/ 〚プロテスタンと〛社会奉仕.
di・a・ko・nisch [ディアコーニシュ] 形 助祭の, 執事の;奉仕活動の.
die **Di・a・ko・nis・se** [ディアコニッセ] 名 -/-n 〚プロテスタンと〛奉仕女.
die **Di・a・ko・nis・sin** [ディアコニッスィン] 名 -/-nen 〚プロテスタンと〛=Diakonisse.
di・a・kri・tisch [ディアクリーティシュ] 形 区別(識別)する: ～es Zeichen 〚言〛発音区分符.
der **Di・a・lekt** [ディアレクト] 名 -(e)s/-e 方言;〚言〛地域語, 地域的方言.
di・a・lekt・frei [ディアレクト・ふらイ] 形 なまりのない.
die **Di・a・lek・tik** [ディアレクティク] 名 -/ 1. 〚哲〛弁証法;〚修〛雄弁(弁論)術. 2. (本来的な)対立.
di・a・lek・tisch [ディアレクティシュ] 形 1. 方言の. 2. 〚哲〛弁証法的な. 3. 〚哲〛矛盾(総合)にこだわる.
die **Di・a・lek・to・lo・gie** [ディアレクト・ロギー] 名 -/ 〚言〛方言学.
der **Di・a・log** [ディアローク] 名 -(e)s/-e 対話, 対談, 話合い;(脚本などの)対話部分;〚コンピュ〛対話形式.
di・a・log・fä・hig [ディアローク・ふェーイヒ] 形 〚コンピュ〛対話のできる.
di・a・lo・gisch [ディア・ローギシュ] 形 対話(体)の.
der **Di・a・ly・sa・tor** [ディア・リュザートア] 名 -s/-en[ディアリュザトーれン] 〚化〛透析器(装置).
die **Di・a・ly・se** [ディアリューゼ] 名 -/-n 〚化〛透析;〚医〛人工透析: an der ～ hängen 人工透析をしている.
der **Di・a・mant**[1] [ディアマント] 名 -en/-en 1. ダイヤモンド;(主に〘鉱〙)ダイヤモンドのはめられた装飾品: schwarze ～*en* 黒ダイヤ(石炭). 2. (レコードの)ダイヤモンド針.
die **Di・a・mant**[2] [ディアマント] 名 -/ 〚印〛ダイヤモンド活字(4ポイント).
di・a・man・ten [ディアマンテン] 形 ダイヤモンド(製)の;ダイヤモンド入りの;ダイヤモンドのような.
der **Di・a・mant・glanz** [ディアマント・グらンツ] 名 -es/- 〘ちゅう〙ダイヤモンドのような輝き(透明で屈折率が大きい鉱石に特徴的な輝き).
die **Di・a・mant・sei・fe** [ディアマント・ザイふェ] 名 -/-n 〚鉱〛ダイヤモンド砂鉱床.
der **DIAMAT, Di・a・mat** [ディアマット] 名 -/ 弁証法的唯物論(dialektischer Materialismus).
der **Di・a・me・ter** [ディア・メーター] 名 -s/- 〚幾何〛直径.
di・a・me・tral [ディア・メトらール] 形 1. 〚幾何〛直径(上)の;正反対の方向にある. 2. 〘文〙対蹠的な.
di・a・me・trisch [ディア・メトリシュ] 形 直径の.
(die) **Di・a・na** [ディアーナ] 名 〚ロ神〛ディアナ, ダイアナ(狩猟と月の女神).

di·a·phan [ディアふぁーン] [形] 〖芸術学〗透明な, 透き通った.

das **Di·a·pho·re·ti·kum** [ディア·ふぉれーティクム] [名] -s/..ka 〖医〗発汗剤.

das **Di·a·phrag·ma** [ディア·ふらグマ] [名] -s/..men 〖解〗横隔膜;〖医〗ペッサリー;〖化〗隔膜;〖光〗絞り.

die **Di·a·phy·se** [ディア·ふゅーゼ] [名] -/-n 〖解〗骨幹.

das **Di·a·po·si·tiv** [ディア·ポズィティーふ, ディーア·ポズィティーふ] [名] -s/-e 〖写〗スライド.

D

das **Di·a·ri·um** [ディアーりウム] [名] -s/..rien 《古》 **1.** 日記, 日誌. **2.** 帳簿. **3.** (固い表紙の厚い)ノート.

die **Di·ar·rhö** [ディアれー] [名] -/-en〖医〗下痢.

die **Di·ar·rhöe** [ディアれー] [名] =Diarrhö.

das **Di·a·s·kop** [ディア·スコープ] [名] -s/-e 《古》スライド映写機.

die **Di·a·s·po·ra** [ディア·スポら] [名] -/ ディアスポラ(①少数民族·少数派宗徒が住む地域. ②その地域に住む少数民族·少数派宗徒).

die **Di·as·ta·se** [ディア·スターゼ] [名] -/-n **1.** (〔単〕のみ)〖化〗ジアスターゼ, アミラーゼ. **2.** 〖解·医〗骨端離開.

das **Di·as·te·ma** [ディア·ステーマ] [名] -s/-ta 〖医〗正中離開, 歯隙(しげき).

die **Di·a·s·to·le** [ディア·ストレ, ディア·ストーレ] [名] -/-n[ディアストーレン] **1.** 〖医〗心拡張(期). **2.** 〖詩〗音節延長.

di·a·s·to·lisch [ディア·ストーリシュ] [形] 〖医〗拡張期の: ~*er* Blutdruck 拡張期血圧(最小血圧).

di·ät [ディエート] [形] 食餌(しょくじ)療法にかなった.

die **Di·ät** [ディエート] [名] -/-en(〔複〕は種類)食餌(しょくじ)療法, 病人食: 〈j⁴〉 auf ~ setzen 〈人に〉食餌療法をさせる.

die **Di·ä·ten** [ディエーテン] [複名] **1.** (代議士などの)日当. **2.** (大学の)非常勤講師料.

die **Di·ä·te·tik** [ディエテーティク] [名] -/-en 〖医〗食餌〔食事〕療法学, 食養学.

di·ä·te·tisch [ディエテーティシュ] [形] 食餌(しょくじ)療法に従った.

die **Di·a·ther·mie** [ディア·テるミー] [名] -/ 〖医〗ジアテルミー(高周波利用の透熱療法).

die **Di·ät·kü·che** [ディエート·キュっひぇ] [名] -/-n 規定〔ダイエット〕食調理室;(〔単〕のみ)規定〔ダイエット〕食;規定〔ダイエット〕食の料理法.

die **Di·a·to·nik** [ディア·トーニク] [名] -/ 〖楽〗全音階法.

di·a·to·nisch [ディア·トーニシュ] [形] 〖楽〗全音階の.

dib·beln [ディっベルン] [動] *h.* 〔〈et⁴〉ヲ〕〖農〗点播(てんぱ)する.

der **Dib·bel·stock** [ディっベル·シュトック] [名] -(e)s/..stöcke(苗を植えるための)穴あけ棒.

der **Dib·buk** [ディブック] [名] -(s)/-s (ユダヤ民話で)人にとりつく悪魔〔怨霊〕.

dich [ディひ] [代] 《人称·再帰》2人称親称〔単〕du の4格.【〔旧〕で, 手紙では語頭大文字で Dich. 用法は ⇨ mich】

das **Di·chlor·di·phe·nyl·tri·chlor·ä·than** [ディクロー あ·ディふぇニュール·トりクローあ·エターン] [名] -s/ 〖化〗ジクロロジフェニルトリクロロエタン(略 DDT).

die **Di·cho·to·mie** [ディひょ·トミー] [名] -/-n **1.** 〖植〗二叉(にさ)分枝. **2.** 〖哲〗《文》二分法.

der **Di·chro·is·mus** [dikro.. ディ·クろイスムス] [名] -/ 〖理〗二色性.

dicht [ディひト] [形] **1.** 密生〔密集〕した, 目のつんだ, 間隔の狭い: ~*es* Haar 濃い髪. ein ~*es* Programm 密度の高い〔盛り沢山の〕番組. ~ bevölkert 人口の密な. ~ an〔bei〕~ stehende Tulpen びっしり立ち並ぶチューリップ. Der Nebel wurde immer ~*er*. 霧がますます濃くなった. **2.** すき間のない, (空気·水·光が)漏れない;秘密を漏らさない: ein ~*es* Boot 水の漏れないボート. Meine Schuhe halten nicht mehr ~. 私の靴は水がしみてくるようになった. (前置詞句などとともに空間·時間的に近いことを示して) ~ an der Wand 壁にぴったりとついて. ~ daneben そのすぐ横で. ~ bevorstehen 目前に迫っている. ~ daran sein, ... zu tun まさに…しようとしている. 【慣用】 **nicht ganz dicht sein** 《口》頭がどうかしている.

..dicht [..ディひト] [接尾] 名詞の後につけて「…を通さない〔防ぐ〕」という意味の形容詞を作る: luft*dicht* 気密性の. schall*dicht* 防音性の.

dicht be·völ·kert, 〔旧〕**dicht·be·völ·kert** [ディひト べ(ふぇ)ルカート] ⇨ dicht 1.

die **Dich·te** [ディひテ] [名] -/-n(主に〔単〕) **1.** (闇·霧などの)濃さ, 深さ;(森·交通などの)密であること. **2.** 〖理〗密度;濃度.

die **Dich·te·a·no·ma·lie** [ディひテ·アノマリー] [名] -/ 〖理〗(水の)密度の異常性(水は他の物質と異なって融解すると密度は大きくなり, 3.945℃で最大となる).

das **Dich·te·ma·xi·mum** [ディひテ·マクスィムム] [名] -s/..maxima 〖理〗最大密度.

dich·ten¹ [ディひテン] [動] *h.* **1.** 〔〈et⁴〉ノ〕すき間〔穴〕をふさぐ, (…を)密閉〔密封〕する. **2.** 〔〈様態〉ニ〕ふさぐ.

dich·ten² [ディひテン] [動] *h.* 〔(〈et⁴〉ヲ)〕詩作する, 創作する;《口》夢想する;(話を)でっちあげる. 【慣用】 **das Dichten und Trachten** すべての思いと図り(創世記 6, 5).

der **Dich·ter** [ディひター] [名] -s/- 詩人, (文芸)作家.

dich·te·risch [ディひテりシュ] [形] 詩的な, 詩人〔作家〕の.

der **Dich·ter·ling** [ディひターリング] [名] -s/-e 《蔑》へぼ詩人, 三文文士.

das **Dich·ter·tum** [ディひタートゥーム] [名] -s/ 詩人〔作家〕であることの特質, 詩人〔作家〕魂.

dicht|hal·ten* [ディひト·ハルテン] [動] *h.* 〔補足なし〕《口》沈黙〔秘密〕を守る, 他言しない.

die **Dicht·kunst** [ディひト·クンスト] [名] -/ 詩作, 文学的創作;創作能力;(芸術の一分野としての)詩, 文学.

dicht|ma·chen [ディひト·マっヘン] [動] *h.* 《口》 **1.** 〔〈et⁴〉ヲ〕閉める(店などを). **2.** 〔(〈j³〉ノ)+〈et⁴〉ヲ〕閉めさせる, 営業停止にする. **3.** 〔補足なし〕閉まる(店などが); 〖スポ〗《ジャーゴン》ディフェンスを固める.

die **Dich·tung**¹ [ディひトゥング] [名] -/-en 詩, 文学作品;(〔単〕のみ)文学, 文芸;詩作, 創作: eine lyrische/epische ~ 叙情詩/叙事詩.

die **Dich·tung**² [ディひトゥング] [名] -/-en **1.** (〔単〕のみ)密封, 充填(てん), 漏れ止め. **2.** パッキング.

dick [ディック] [形] **1.** 太い, 太った. **2.** 〔(〈et⁴〉ダケ)〕厚い: Dieses Brett ist fünf Millimeter ~*er*. この板の方が5ミリ厚い. **3.** 《口》腫(は)れた: Seine Drüsen sind ~ (geschwollen). 彼のリンパ腺(せん)ははれている. **4.** (どろっと)濃い: ~*e* Milch 凝乳. **5.** 《口》濃い, ぎっしりつまった: ~*er* Rauch 濃い煙. mitten im ~*sten* Verkehr 交通が一番混んでいる最中に. **6.** 《口》親しい: mit 〈j³〉 eine ~*e* Freundschaft haben 〈人と〉親しく交わる. **7.** 《口》どえらい, 大層な: ~ auftragen えらく大げさに言う. 【慣用】 **Das dicke Ende kommt noch〔nach〕.** 《口》一番厄介なことがまだ残っている, あとが怖い. **〈j⁴/et⁴〉 dick haben〔kriegen〕**《口》〈人·物·事に〉うんざりする. **〈j⁴〉 dick machen** 《口》〈女を〉はらませる. **dick sein** 《口》はらんでいる. **mit 〈j³〉 durch dick und dünn gehen** 《口》どんな(に苦しい)時も〈人と〉行を共にする. **ein dickes Fell haben** 《口》面の皮が厚い. **einen dicken Kopf haben** 《口》悩みごとで頭がいっぱいだ, 二日酔で頭が重い. **Es ist dicke Luft.** 《口》空気が濁ってい

る；空気が険悪である．**es nicht so dick haben**《口》それほどお金が自由にならない．**sich^4 dick (und rund) essen**《口》たらふく食う．**sich^4 (mit ⟨et^3⟩) dick machen** (⟨物・事$_を$⟩) 自慢する．

..dick ［..ディック］ [接尾] 名詞の後につけて「…の太さの」という形容詞を作る：finger*dick* 指の太さの．

der **Dịck·bauch** ［ディック・バウほ］ [名] –(e)s/..bäuche《冗》たいこ腹の人．

dịck·bäu·chig ［ディック・ボイひひ］ [形] たいこ腹の．

das **Dịck·blatt·ge·wächs** ［ディック・ブラット・ゲヴェックス］ [名] –es/–e 〚植〛ベンケイソウ科．

der **Dịck·darm** ［ディック・ダるム］ [名] –(e)s/..därme 大腸．

der **Dịck·darm·krebs** ［ディックダるム・クれーブス］ [名] –es/–e 〚医〛大腸癌．

die **Dị·cke** ［ディッケ］ [名] –/–n **1.**《主に[単]》厚さ，太さ；肥満．**2.**《[単]のみ》(液体の) 濃さ．

das **Dị·cker·chen** ［ディッカーひぇン］ [名] –s/–《口・冗》おでぶちゃん．

dị·cke|tun* ［ディッケ・トゥーン］ [動] *h.* ＝dick|tun.

dịck·fel·lig ［ディック・ふぇりひ］ [形]《口・蔑》面の皮の厚い．

dịck·flüs·sig ［ディック・ふりュッスィひ］ [形] どろっとした．

der **Dịck·häu·ter** ［ディック・ホイター］ [名] –s/–〚動〛厚皮類(象など)；《転》鈍感な人．

das **Dị·ckicht** ［ディッキひト］ [名] –s/–e 茂み，やぶ，鬱蒼(うっそう)とした森；《転》錯綜(さくそう)．

der **Dịck·kopf** ［ディック・コップふ］ [名] –(e)s/..köpfe《口》頑固者；頑固な態度：einen ～ haben 強情っ張りである．

dịck·köp·fig ［ディック・ケップふぃひ］ [形]《口》頑固な．

dịck·lei·big ［ディック・ライビひ］ [形] でっぷりした；《転》分厚い．

dịck·lich ［ディックりひ］ [形] 太り気味の；濃いめの．

die **Dịck·milch** ［ディック・ミルひ］ [名] –/ 凝乳，サワーミルク．

der **Dịck·schä·del** ［ディック・シェーデル］ [名] –s/–《口》石頭，強情っ張り．

dịck·schä·de·lig ［ディック・シェーデりひ］ [形] 強情な，頑固な．

die **Dịck·te** ［ディクテ］ [名] –/–n **1.**〚工〛厚さ；太さ．**2.**〚印〛(活字) 幅．**3.** 合板．

dịck|tun* ［ディック・トゥーン］ [動] *h.*《口・蔑》**1.** 〔sich^4〕偉そうにする，大言壮語する．**2.** 〔sich^4＋mit ⟨et^3⟩$_ヲ$〕自慢する，ひけらかす．

der **Dịck·wanst** ［ディック・ヴァンスト］ [名] –es/..wänste《口・蔑》でぶ，ふとっちょ．

die **Di·dạk·tik** ［ディダクティク］ [名] –/–en **1.**《[単]のみ》教授学．**2.** 教授法；教授法の論文〔本〕．

di·dạk·tisch ［ディダクティシュ］ [形] **1.** 教授法(上)の．**2.** 教訓的な．

di·del·dụm! ［ディーデルドゥム］ [間]《古》らんらんらん(歌などの言葉)．

(*der*) **Di·de·rọt** ［didró: ディドろ］ [名]〚人名〛ディドロ (Denis ～, 1713–84, フランスの思想家)．

(*die*) **Dị·do** ［ディード］ [名]〚ギ神〛ディド(Äneas に恋したカルタゴ建国の女王)．⇨Äneas.

die **Di·dọt·an·ti·qua** ［didó:.. ディドー・アンティークヴァ］ [名] –/ 〚印〛ディド式ロマン字体(フランス人の印刷業者F. Didot, 1764–1836, による)．

di̲e^1 ［ディー］ [冠]《定》der^{1}の[単][女] 1・4 格，[複] 1・4 格．

di̲e^2 ［ディー］ [代]《指示》der^{2}の[単][女] 1・4 格，[複] 1・4 格 **1.**《付加語的用法》《アクセント有》この，その，あの：*D*～ Dame war es. その女性がその人だったのです．～ Männer da あそこにいる男たち．um ～ und ～ Zeit これこれの時刻に．**2.**《独立的用法》これ(ら)，それ(ら)，この〔その・あの〕女の人〔人たち〕：Wer ist ～ da? そこの女の人はだれですか．Ach ～! ああ，あの女〔人たち〕ね．*D*～ da oben sind Idioten. 上の連中は無能ぞろいだ．

di̲e^3 ［ディー］ [代]《定関係》der^{3}の[単][女] 1・4 格，[複] 1・4 格．

der **Di̲eb** ［ディーブ］ [名] –(e)s/–e 泥棒，窃盗：wie ein ～ in der Nacht《文》こっそりと，不意に．

die **Die·be·rei** ［ディーベらイ］ [名] –/–en《口・蔑》盗み癖，しょっちゅう盗みを働くこと．

die **Di̲e·bes·ban·de** ［ディーベス・バンデ］ [名] –/–n《蔑》窃盗団．

die **Di̲e·bes·beu·te** ［ディーベス・ボイテ］ [名] –/ 盗品．

das **Di̲e·bes·gut** ［ディーベス・グート］ [名] –(e)s/..güter 盗品．

di̲e·bes·si·cher ［ディーベス・ズィひゃー］ [形] 盗難の恐れのない．

di̲e·bisch ［ディービシュ］ [形] **1.** ひそかな，(他人の不幸に) ほくそ笑む；《口》非常な．**2.**《古》盗癖のある，手癖の悪い．

der **Di̲eb·stahl** ［ディーブ・シュタール］ [名] –(e)s/..stähle 盗み，窃盗(罪)：geistiger ～ 剽窃(ひょうせつ)．einen ～ begehen 盗みを働く．

di̲e·je·ni·ge ［ディー・イェーニゲ］ [代]《指示》derjenige の[単][女] 1・4 格．

di̲e·je·ni·gen ［ディー・イェーニゲン］ [代]《指示》derjenige の[複] 1・4 格．

das **Diel·drin** ［ディールドりーン］ [名] –s/ ディルドリン(有機塩素系殺虫剤)．

die **Di̲e·le** ［ディーレ］ [名] –/–n **1.** 玄関ホール．**2.** (北独の家の) 広間．**3.** 床板．**4.** ダンスのできる酒場 (Tanz～)．

di̲e·len ［ディーレン］ [動] *h.* 〔⟨et^4⟩$_ニ$〕床板を張る．

di̲e·nen ［ディーネン］ [動] *h.* **1.** 〔⟨j^3/et^3⟩$_ニ$〕仕える，奉仕する．**2.** 〔bei ⟨et^3⟩$_デ$〕兵役に服する．**3.** 〔⟨j^3/et^3⟩$_ニ$〕尽力する；役立つ．**4.** 〔als ⟨et^1⟩$_{トシテ}$/zu ⟨et^3⟩$_ニ$〕使われている．**5.** 〔(⟨j^3⟩$_ニ$)＋mit ⟨et^3⟩$_ヲ$〕用立てる：Womit kann ich (Ihnen) ～? (お客様は) 何をお求めでしょうか(店で)．【慣用】**(Ihnen) zu dienen!** かしこまりました．**sich^4 in die Höhe dienen** 努力して高い地位につく．**⟨j^3⟩ zum Gelächter dienen** ⟨人$_の$⟩笑いを誘う．

der **Di̲e·ner** ［ディーナー］ [名] –s/– **1.** 召使，従僕；《文》僕(しもべ)；奉仕者，後援者：ein ～ des Staates 公僕．ein stummer ～ 給仕台．**2.** (子供の) おじぎ：einen ～ machen おじぎをする．

die **Di̲e·ne·rin** ［ディーネりン］ [名] –/–nen Diener の女性形．

di̲e·ne·risch ［ディーネりシュ］ [形]《稀》召使いのような；《転》卑屈な．

di̲e·nern ［ディーナーン］ [動] *h.* 〔[補足なし]〕《蔑》ぺこぺこする．

di̲en·lich ［ディーンりひ］ [形] 〔(⟨j^3/et^3⟩$_ニ$)〕役立つ．

der **Di̲enst**^{1} ［ディーンスト］ [名] –(e)s/–e **1.**《[単]のみ》勤め，勤務，仕事：der ～ habende〔tuende〕Arzt 当直医．～ machen〔tun〕勤務する．im ～ sein 勤務についている．der Chef vom ～ 編集部のデスク．der Offizier vom ～ 当直将校．zum ～ gehen 仕事に行く．**2.**《主に[単]》雇用関係，職，ポスト；就役：seinen ～ antreten 職に就く．⟨j^4⟩ in ～ nehmen ⟨人$_を$⟩職に就ける．in ⟨j^2⟩ ～ stehen ⟨人$_{のもとで}$⟩働いている．ein Schiff in ～/außer ～ stellen 船を就役/退役させる．im ～ von ⟨et^3⟩ stehen ⟨事$_に$⟩尽力している．**3.**《[単]のみ》公職での活動範囲：der öffentliche ～ 公務．im diplomatischen ～ arbeiten 外交官として働いている．der/die Beschäftigte im öffentlichen ～ 公務員．**4.** 助力，援助；奉仕：～ am Kunden 顧客サービス．gute ～*e* leisten 非常に役に立つ．⟨j^3⟩ einen ～ tun ⟨人$_に$⟩助力する．⟨j^3⟩ einen ～ erweisen ⟨人$_に$⟩尽す．zu ⟨j^2⟩ ～*en*〔⟨j^3⟩ zu ～*en*〕stehen

D

〈人の〉役に立っている. Was steht zu *～en* ?（店員が）何かご入用ですか. **5.**（特定の業務のための）機関, 集団. **6.**〘芸術学〙(ゴシック様式の)添え柱. **【慣用】außer Dienst** 退職〔退役〕した(略 a. D.). **〈j³〉 einen guten/schlechten Dienst mit 〈et³〉 erweisen** 〈事で〉〈人の〉役に立つ/ありがた迷惑になる. **Dienst nach Vorschrift** 遵法闘争. **〈et¹〉 versagt 〈j³〉 den Dienst** 〈物が〉〈人の〉言うことを聞かなくなる〔動かなくなる〕.

der **Dienst**² [ディーンスト] [名] -en/-en《古》召使.

D

das **Dienst·ab·teil** [ディーンスト・アップ・タイル] [名] -(e)s/-e（鉄道の）乗務員室.

der **Diens·tag** [ディーンス・ターク] [名] -(e)s/-e 火曜日《略 Di.》.【用法は⇨Montag】

der **Diens·tag·a·bend** [ディーンスターク・アーベント, ディーンスターク・アーベント] [名] -s/-e 火曜日の晩(am) ～《[旧] Dienstag abend》火曜日の晩に.

diens·tag·a·bends [ディーンスターク・アーベンツ, ディーンスターク・アーベンツ] [副] 火曜日の晩に.

diens·tä·gig [ディーンス・テーギひ] [形] 火曜日の.

diens·täg·lich [ディーンス・テークリひ] [形] 火曜日ごとの.

diens·tags [ディーンス・タークス] [副]（毎）火曜日に.

das **Dienst·al·ter** [ディーンスト・アルター] [名] -s/ 在職年数.

der/die **Dienst·äl·tes·te** [ディーンスト・エルテステ] [名]《形容詞的変化》最古参者, 最長老.

der **Dienst·an·tritt** [ディーンスト・アン・トりっト] [名] -(e)s/-e 就任, 就職.

die **Dienst·an·wei·sung** [ディーンスト・アン・ヴァイズング] [名] -/-en 服務規定.

dienst·bar [ディーンスト・バーあ] [形] 役に立つ, 仕える：ein *～er* Geist《口》重宝な人. sich³ 〈j⁴/et⁴〉 ～ machen 自分に〈人・物・事を〉従わせる, 自分のために〈人・物・事を〉利用する.

die **Dienst·bar·keit** [ディーンストバーあカイト] [名] -/-en **1.**（人に）役立つ行為, 奉仕, サービス;（[単]のみ）《稀》(召使いとして)仕えていること. **2.**（[単]のみ）《文》依存;〘史〙臣民, 農奴身分. **3.**〘法〙役権(えきけん).

dienst·be·flis·sen [ディーンスト・べふりっセン] [形] サービス熱心な.

der **Dienst·be·ginn** [ディーンスト・ベギン] [名] -(e)s/ 始業.

dienst·be·reit [ディーンスト・べらイト] [形] **1.** 時間外に営業している. **2.**《古》精勤な;面倒見のいい.

die **Dienst·be·schä·di·gung** [ディーンスト・ベシェーディグング] [名] -/-en 公務傷病.

die **Dienst·be·zü·ge** [ディーンスト・ベツューゲ] [複名]（公務員の）給与.

der **Dienst·bo·te** [ディーンスト・ボーテ] [名] -n/-n《古》召使い.

der **Dienst·eid** [ディーンスト・アイト] [名] -(e)s/-e 服務宣誓.

dienst·eif·rig [ディーンスト・アイふりひ] [形] 仕事熱心な, サービスのいい.

dienst·fä·hig [ディーンスト・ふぇーイひ] [形]（健康上）勤務〔兵役〕能力のある.

dienst·fer·tig [ディーンスト・ふぇるティひ] [形] 世話好きな;仕事熱心な.

dienst·frei [ディーンスト・ふらイ] [形] 勤務のない：～ haben〔sein〕非番である.

der **Dienst·ge·brauch** [ディーンスト・ゲブらウほ] [名] -(e)s/ 公用.

das **Dienst·ge·heim·nis** [ディーンスト・ゲハイムニス] [名] -ses/-se 職務上の秘密;（[単]のみ）職務上の守秘義務.

das **Dienst·ge·spräch** [ディーンスト・ゲシュプれーひ] [名] -(e)s/-e 公務〔職務〕上の話;公用〔社用〕の電話.

der **Dienst·grad** [ディーンスト・グらート] [名] -(e)s/-e（軍人の）階級;下士官(人).

das **Dienst·grad·ab·zei·chen** [ディーンストグらート・アップ・ツァイひぇン] [名] -s/-（制服の）階級章.

Dienst ha·bend, [旧] **dienst·ha·bend** [ディーンスト ハーベント] ⇨ Dienst¹ 1.

der/die **Dienst·ha·ben·de** [ディーンスト・ハーベンデ] [名]《形容詞的変化》当直の人.

der **Dienst·herr** [ディーンスト・へる] [名] -(e)n/-(e)n 雇用者;監督官庁.

das **Dienst·jahr** [ディーンスト・ヤーあ] [名] -(e)s/-e《主に[複]》勤続年数.

die **Dienst·klei·dung** [ディーンスト・クライドゥング] [名] -/-en（職業上の）制服.

die **Dienst·leis·tung** [ディーンスト・ライストゥング] [名] -/-en 職務(遂行);奉仕, 世話;〘経〙非生産分野の業務, サービス業.

die **Dienst·leis·tungs·bi·lanz** [ディーンストライストゥングス・ビランツ] [名] -/-en〘経〙貿易外収支, サービス取引き収支.

das **Dienst·leis·tungs·ge·wer·be** [ディーンストライストゥングス・ゲヴェるベ] [名] -s/-n〘経〙サービス業.

dienst·lich [ディーンストリひ] [形] 職務〔勤務〕上の, 公用〔社用〕の;形式張った, 堅苦しい.

das **Dienst·mäd·chen** [ディーンスト・メートひぇン] [名] -s/-《古》女中, お手伝いさん.

der **Dienst·mann** [ディーンスト・マン] [名] -(e)s/..mannen〔..männer/..leute〕 **1.**（[複] ..mannen）〘史〙(封建領主の)家臣. **2.**（[複] ..männer〔..leute〕）《古》赤帽, ポーター.

die **Dienst·mar·ke** [ディーンスト・マるケ] [名] -/-n（私服刑事などの）身分証明バッジ;（官庁の）公用郵便用切手(1945年まで).

die **Dienst·müt·ze** [ディーンスト・ミュッツェ] [名] -/-n（警官などの）制帽.

die **Dienst·ord·nung** [ディーンスト・オるドヌング] [名] -/-en 服務規定.

die **Dienst·pflicht** [ディーンスト・プふりひト] [名] -/-en 職務上の義務;国民の義務, 兵役義務.

der **Dienst·plan** [ディーンスト・プラーン] [名] -(e)s/..pläne 勤務予定.

die **Dienst·rei·se** [ディーンスト・らイゼ] [名] -/-n 公務出張.

die **Dienst·sa·che** [ディーンスト・ざっへ] [名] -/-n 公務;公文書.

der **Dienst·schluss,** [旧] **Dienst·schluß** [ディーンスト・シュルス] [名] -es/ 終業(時刻).

die **Dienst·stel·le** [ディーンスト・シュテレ] [名] -/-n 役所, 官庁.

die **Dienst·stel·lung** [ディーンスト・シュテルング] [名] -/-en 職務範囲〔権限〕, 職能.

die **Dienst·stun·de** [ディーンスト・シュトゥンデ] [名] -/-n（主に[複]）勤務〔執務〕時間;（[複]のみ）事務取扱時間.

dienst·taug·lich [ディーンスト・タウクリひ] [形] ＝dienstfähig.

Dienst tu·end, [旧] **dienst·tu·end** [ディーンスト トゥーエント] ⇨ Dienst¹ 1.

dienst·un·fä·hig [ディーンスト・ウン・ふぇーイひ] [形]（健康上）勤務〔兵役〕に耐えられない.

dienst·un·taug·lich [ディーンスト・ウン・タウクリひ] [形] ＝dienstunfähig.

das **Dienst·ver·hält·nis** [ディーンスト・ふぇあヘルトニス] [名] -ses/-se 雇用関係.

dienst·ver·pflich·ten [ディーンスト・ふぇあプふりひテン] [動] *h.*（主に不定詞・過去分詞で）〔〈j⁴〉ヲ〕徴用する, 兵役につかせる.

die **Dienst·ver·pflich·tung** [ディーンスト・ふぇあプふりひトゥング] [名] -/-en 徴兵, 徴用.

der **Dienst·ver·trag** [ディーンスト・ふぇあトらーク] [名] -(e)s/..träge〘法〙雇用契約.

Differenzialgleichung

die **Dienst·vor·schrift** [ディーンスト・ふぉーア・シュリふト] 名 -/-en (公務員・軍人の)勤務規程.

der **Dienst·wa·gen** [ディーンスト・ヴァーゲン] 名 -s/- 公用車.

der **Dienst·weg** [ディーンスト・ヴェーク] 名 -(e)s/- **1.** (役所の)事務手続：auf dem ～ 正規の手続で. **2.** 業務用(使用人)通路.

dienst·wil·lig [ディーンスト・ヴィリヒ] 形 職務熱心な；兵役に就く用意のある；進んで援助する.

die **Dienst·woh·nung** [ディーンスト・ヴォーヌング] 名 -/-en 官舎, 公務員住宅；社宅.

die **Dienst·zeit** [ディーンスト・ツァイト] 名 -/-en (官吏・軍人の)勤務(服務)年限；(一日の)勤務時間.

das **Dienst·zeug·nis** [ディーンスト・ツォイクニス] 名 -ses/-se (離職時に得る)勤務(服務)証明書.

dies [ディース] 代 《指示》dieser の中1・4 格 dieses の短縮形. よりぞんざいな表現.

der **Di·es** [ディーエス] 名 -/ 日；大学の休日（祝日）（～ academicus）.

dies·be·züg·lich [ディース・ベツュークリヒ] 形 これに関する.

die·se [ディーゼ] 代 《指示》dieser の中1・4 格, 中・4 格.

der **Die·sel** [ディーゼル] 名 -(s)/- (口) **1.** ディーゼルエンジン(～motor). **2.** ディーゼル車(カー). **3.** (中のみ)ディーゼルエンジン用燃料(~kraftstoff).

(der) **Diesel** [ディーゼル] 名 〔人名〕ディーゼル(Rudolf ～, 1858‐1913, ディーゼルエンジンの発明者).

der **Die·sel·an·trieb** [ディーゼル・アン・トリープ] 名 -(e)s/-e ディーゼル駆動.

die·sel·be [ディーゼルベ] 代 《指示》derselbe の中1・4 格.

die·sel·ben [ディー・ゼルベン] 代 《指示》derselbe の中1・4 格.

die **Die·sel·lo·ko·mo·ti·ve** [ディーゼル・ロコモティーヴェ] 名 -/-n ディーゼル機関車.

der **Die·sel·mo·tor** [ディーゼル・モ(ー)トーア] 名 -s/-en ディーゼルエンジン.

das **Die·sel·öl** [ディーゼル・エール] 名 -(e)s/-e ディーゼルエンジン用燃料.

der **Die·sel·trieb·wa·gen** [ディーゼル・トリープ・ヴァーゲン] 名 -s/- ディーゼルカー.

die·sem [ディーゼム] 代 《指示》dieser の中3格, 中3格.

die·sen [ディーゼン] 代 《指示》dieser の中4格, 中3格.

die·ser [ディーザー] 代 《指示》中1格, 中・2・3格, 中2格. (既知のことがすぐ前に述べてた, またはこれから言おうとすることで, 空間的・時間的・観念的に身近なもの, あるいは明確に指示したいものを指す場合に用いる. 変化形は➩「諸品詞の変化」. 中性1・4格のdieses は特に独立的用法で dies となることが多い) **1.** (付加語的用法)この：D～ Platz (hier) ist frei. こちらの席があいている. (所有代名詞を dieser と並列させて) dieses sein erstes Buch 彼の最初の著作であるこの本. diese Nacht 今夜(の朝から見て)昨夜. Anfang dieses Jahres 今年の初め. in diesen Tagen この頃, 近日中に. D～ Hans hat schon wieder eine Eins gekriegt. あのハンスがまた優の成績を取った. **2.** (独立的用法)これ, このこと, 次のこと：**a.** (指示して) Dies(es) hier ist mein Zimmer. ここが私のお部屋です. Welche von diesen Krawatten passt denn wohl am besten？―Diese da. これらのネクタイのうちでどれがいちばん似合いますか―これです. (公用文で) Schreiber dieses 本状の差出人. 〔普通に dieses Briefes〕 **c.** (jener とともに)Hier sind zwei Wege：D～ führt zur Hölle, jener zum Himmel. ここに二つの道がある. 一方は地獄へ, 他方は天国に通じる. (具体的な人・物を指すと名詞をくり返す方がよい)Mutter und Tochter waren da. Diese (Die Tochter) trug ein helles Kostüm, jene (die Mutter) ein dunkles. 母と娘が来た. 後者(娘)は明るい色の, 前者(母)は暗い色のスーツを着ていた. **3.** (dies(es)だけの用法)**a.**(前に述べたこと, またはこれから述べることを指して)Dieses habe ich bereits oben erwähnt. そのことは私が上に述べた. Aber dies(es) wissen wir sicher, dass ... しかしこのことは, つまり…ということは, われわれは確実に知っている. **b.** (sein, werden, bleiben の主語のとき, 定形は述語の人称と数に従う) Dies ist mein Sohn. これが私の息子です. Dies(es) sind meine Gründe：Erstens ..., zweitens ... 以下に私の理由を申します, と, 第一に…, 第二に…. 【慣用】**dies und das** いろいろ(など). **dies(es) und jenes** あれこれ(のこと). **dieser und jener** あれやこれやの人.

die·ses [ディーゼス] 代 《指示》dieser の中2格, 中1・2・4格.

die·sig [ディーズィヒ] 形 どんよりした, 湿っぽい.

das **Di·es Irae**, 中**Di·es irae** [..ːrɛ ディーエス イーれ] 名 -/ **1.** ディエス・イレ, 怒りの日(最後の審判を歌ったレクイエム；その冒頭句). **2.** 〔楽〕ディエス・イレをもとに作られた同名の曲.

dies·jäh·rig [ディース・イェーリヒ] 形 今年の.

dies·mal [ディース・マール] 副 今度は, 今回は：für ～ 今度(こそ)は, 今回(のところ)は.

dies·ma·lig [ディース・マーリヒ] 形 今度の, 今回の.

dies·sei·tig [ディース・ザイティヒ] 形 **1.** こちら側の. **2.** (文)現世(俗世)の.

dies·seits [ディース・ザイツ] 前 〔+2 格〕…のこちら側に(で)：～ des Gebirges 山のこちら側に.
―― 副 こちら側に(で)：～ vom Fluss 川のこちら側(の岸)に.

das **Dies·seits** [ディース・ザイツ] 名 -/ 現世, この世.

(der) **Die·ter** [ディーター] 名 〔男名〕ディーター.

(der) **Die·ther** [ディーター] 名 〔男名〕ディーター.

(der) **Diet·rich**[1] [ディートリヒ] 名 **1.** 〔男名〕ディートリヒ. **2.** ～ von Bern ディートリヒ・フォン・ベルン(伝説の東ゴート族の王). ➩ Theoderich.

der **Diet·rich**[2] [ディートリヒ] 名 -s/-e 万能鍵 ⑫ 開け(針金状の道具).

die **Dif·fa·ma·ti·on** [ディふァマツィオーン] 名 -/-en 中傷.

dif·fa·mie·ren [ディふァミーれン] 動 h. 〈j⁴〉⁺⁺ (als j³₃⁺⁺) 中傷する.

die **Dif·fa·mie·rung** [ディふァミーるング] 名 -/-en 中傷, 悪口.

dif·fe·ren·ti·al [ディふェれンツィアール] ➩ differenzial.

das **Dif·fe·ren·ti·al** [ディふェれンツィアール] ➩ Differenzial.

das **Dif·fe·ren·ti·al·ge·trie·be** [ディふェれンツィアール・ゲトリーべ] ➩ Differenzialgetriebe.

die **Dif·fe·ren·ti·al·glei·chung** [ディふェれンツィアール・グライヒュング] ➩ Differenzialgleichung.

die **Dif·fe·ren·ti·al·rech·nung** [ディふェれンツィアール・れヒヌング] ➩ Differenzialrechnung.

die **Dif·fe·renz** [ディふェれンツ] 名 -/-en **1.** (引き算の)差, 差額：um 15 Minuten 15 分の差. **2.** (主に中)意見の相違, 不和.

dif·fe·ren·zi·al [ディふェれンツィアール] 形 差異を示す, 異なる.

das **Dif·fe·ren·zi·al** [ディふェれンツィアール] 名 -s/-e **1.** 〔数〕微分(記号 d). **2.** 〔車〕ディファレンシャルギア(~getriebe).

das **Dif·fe·ren·zi·al·ge·trie·be** [ディふェれンツィアール・ゲトリーべ] 名 -s/- 〔車〕ディファレンシャルギア.

die **Dif·fe·ren·zi·al·glei·chung** [ディふェれンツィアール・グラ

ｲひゅﾝｸﾞ] [名] -/-en 〖数〗微分方程式.

die **Dif·fe·ren·zi·al·rech·nung** [ディふぇれンツィアール・れひヌンｸﾞ] [名] -/-en 〖数〗微分計算;(㊥のみ)微分法.

die **Dif·fe·ren·zi·a·ti·on** [ディふぇれンツィアツィオーン] [名] -/-en **1.** 〖地質〗分解, 分化作用. **2.** 〖数〗微分. **3.** 〖言〗(祖語からの)派生.

dif·fe·ren·zie·ren [ディふぇれンツィーれン] [動] *h.* **1.** 〔〈様態〉ﾆ〕(《文》)区別する. **2.** 〔〈et⁴〉ｦ〕(《文》)識別する. **3.** 〔sich⁴〕(《文》)(細)分化する, 特殊化する(職業・分野・生物などが). **4.** 〔〈et⁴〉ｦ〕〖数〗微分する. **5.** 〔〈et⁴〉ｦ〕〖生〗弁色〔分別〕する(組織を).

dif·fe·ren·ziert [ディふぇれンツィーあト] [形] 細分化された, 細かな(差異のある);多種多様な.

die **Dif·fe·ren·zie·rung** [ディふぇれンツィーるンｸﾞ] [名] -/-en 区別, 区分, 細分;〖生〗分化;〖数〗微分.

dif·fe·rie·ren [ディふぇりーれン] [動] *h.* 〔(補足なし)〕(互いに)異なる(意見などが), 食い違う(データなどが), 差がある(値段などが).

dif·fi·zil [ディふぃツィール] [形] 厄介な;ひどく厳密な;気難しい.

die **Dif·frak·ti·on** [ディふらクツィオーン] [名] -/-en 〖理〗回析.

dif·fun·die·ren [ディふンディーれン] [動] **1.** *s.* 〔(in 〈et⁴〉ﾆ)〕〖化・理〗混和する. **2.** *h.* 〔(補足なし)〕〖理〗拡散する.

dif·fus [ディふース] [形] **1.** 〖理・化〗拡散した, 散光した: *~er* Nebel 〖天〗散光星雲. **2.** 散慢な, 不明確な, おぼろげな.

die **Dif·fu·si·on** [ディふズィオーン] [名] -/-en **1.** 〖理〗拡散, 散乱;〖化・理〗浸透, 浸出, 混和. **2.** (糖分の)抽出;〖鉱〗坑内換気.

die **Dif·fu·si·ons·pum·pe** [ディふズィオーンス・プムペ] [名] -/-n 〖理〗拡散ポンプ.

der〔*das*〕**Di·gest** [dáɪdʒɛst ダイヂェスト] [名] -(s)/-s ダイジェスト, 要約雑誌;要約.

die **Di·ges·ten** [ディゲステン] [複名] 〖法〗学説彙集(いしゅう)(ローマ法大全の主要部分).

die **Di·ges·ti·on** [ディゲスツィオーン] [名] -/-en 〖化〗温浸, 浸出;〖医〗消化.

di·ges·tiv [ディゲスティーふ] [形] 〖医〗消化促進の;消化の.

di·gi·tal [ディギタール] [形] 〖理〗デジタル方式の;〖医〗指による(診察);〖工〗数字で表示する, デジタルの.

die **Di·gi·tal·an·zei·ge** [ディギタール・アン・ツァイゲ] [名] -/-n デジタル表示.

das **Di·gi·tal-Dis·play** [..dɪsple: ディギタール・ディスプレー] [名] -s/-s デジタル表示.

die **Di·gi·ta·lis** [ディギターリス] [名] -/ 〖植〗キツネノテブクロ, ジギタリス;〖薬〗ジギタリス強心剤.

di·gi·ta·li·sie·ren [ディギタリズィーれン] [動] *h.* 〔〈et⁴〉ｦ〕デジタル表示する(データなどを);デジタル化する(アナログ信号を).

die **Di·gi·ta·li·sie·rung** [ディギタリズィーるンｸﾞ] [名] -/-en デジタル化.

der **Di·gi·tal·rech·ner** [ディギタール・れひナー] [名] -s/- 〖コンピュータ〗デジタル計算機.

die **Di·gi·tal·uhr** [ディギタール・ウーあ] [名] -/-en デジタル時計.

die **Di·gni·tät** [ディグニテート] [名] -/-en **1.** (㊥のみ)尊厳. **2.** 〖カトリック〗高位聖職(者).

der〔*das*〕**Di·graf, Di·graph** [ディ・グらーふ] [名] -s/-e〔-en〕〖言〗二重字, 二字一音字(ch など).

DIHT =Deutscher Industrie- und Handelstag ドイツ商工会議所.

(*die*) **Di·ke** [ディーケ] [名] 〖ギ神〗ディケ(正義の女神で, Horen の一人).

di·klin [ディクリーン] [形] 〖植〗雌雄異花の, 単性(花)の.

die **Di·ko·ty·le·do·ne** [ディコテュレドーネ] [名] -/-n 〖植〗双子葉植物.

das **Dik·ta·fon, Dik·ta·phon** [ディクタ・ふぉーン] [名] -s/-e ディクタフォン, 口述用録音機.

das **Dik·tat** [ディクタート] [名] -(e)s/-e **1.** 口述;(学校での)書取り;口述文書: nach ~ schreiben 口述筆記をする. **2.** 《文》無理強い, 逆らえない命令.

der **Dik·ta·tor** [ディクタートーあ] [名] -s/-ren [ディクタトーれン] 独裁者;〖史〗(古代ローマの)独裁官.

dik·ta·to·risch [ディクタトーりシュ] [形] (主に《蔑》)独裁的な;権威主義的な.

die **Dik·ta·tur** [ディクタトゥーあ] [名] -/-en **1.** (㊥のみ)独裁. **2.** 独裁国家. **3.** (㊥のみ)(《蔑》)専横. **4.** 〖史〗独裁官の職〔在職期間〕.

dik·tie·ren [ディクティーれン] [動] *h.* **1.** 〔(〈j³〉ﾆ)+〈et⁴〉ｦ〕口述筆記させる, 書取らせる. **2.** 〔〈j³〉ﾆ+〈et⁴〉ｦ〕押しつける. **3.** 〔〈et⁴〉ｦ〕決定する.

das **Dik·tier·ge·rät** [ディクティーあ・ゲれート] [名] -(e)s/-e 口述用録音機.

die **Dik·ti·on** [ディクツィオーン] [名] -/ 《文》語法, 言回し.

das **Dik·tum** [ディクトゥム] [名] -s/..ta 《文》金言, 格言, 名言;《古》命令, 指示.

di·la·ta·bel [ディラターベル] [形] (㊀㊁は..bl..)伸ばしうる.

die **Di·la·ta·ti·on** [ディラタツィオーン] [名] -/-en **1.** 〖理〗膨張. **2.** 〖植〗(幹の)成長. **3.** 〖医〗拡張(症).

di·la·to·risch [ディラトーりシュ] [形] 引延しを図る: eine *~e* Einrede〖法〗延期的抗弁.

das **Di·lem·ma** [ディレマ] [名] -s/-s〔-ta〕板ばさみ, ジレンマ.

der **Di·let·tant** [ディレタント] [名] -en/-en 《文》ディレッタント, 素人愛好家;《蔑》(熟達していない)素人.

di·let·tan·tisch [ディレタンティシュ] [形] ディレッタントの;《蔑》素人くさい.

der **Di·let·tan·tis·mus** [ディレタンティスムス] [名] -/ ディレッタンティズム;《蔑》素人芸.

di·let·tie·ren [ディレティーれン] [動] *h.* 〔in 〈et³〉ｦ〕(《文》)素人(芸)としてする.

die **Di·li·gence** [diliʒã:s ディリジャーンス] [名] -/-n[..セン] 速達郵便馬車.

der **Dill** [ディル] [名] -s/-e 〖植〗イノンド(セリ科).

(*der*) **Dil·they** [dɪ́ltaɪ ディルタイ] [名] 〖人名〗ディルタイ(Wilhelm ~, 1833-1911, 哲学者).

di·lu·vi·al [ディルヴィアール] [形] 〖地質〗洪積層の.

dim. =diminuendo 〖楽〗ディミヌエンド.

die **Di·men·si·on** [ディメンズィオーン] [名] -/-en **1.** 〖理〗次元: drei *~en.* 三次元. die vierte ~ 第四次元. **2.** 寸法;大きさ, 規模.

di·men·si·o·nal [ディメンズィオナール] [形] 次元の;広大な.

di·men·si·o·nie·ren [ディメンズィオニーれン] [動] *h.* 〔〈et⁴〉ﾉ〕〖工〗寸法を計算して決める.

di·mi·nu·en·do [ディミヌエンド] [副] 〖楽〗ディミヌエンド, 次第に弱く(略 dim.).

das **Di·mi·nu·en·do** [ディミヌエンド] [名] -s/-s〔..di〕〖楽〗ディミヌエンド.

di·mi·nu·tiv [ディミヌティーふ] [形] 〖言〗縮小の.

das **Di·mi·nu·tiv** [ディミヌティーふ] [名] -s/-e 〖言〗縮小名詞.

die **Di·mis·si·on** [ディミスィオーン] [名] -/-en 《古》=Demission.

di·mis·si·o·nie·ren [ディミスィオニーれン] [動] *h.* 《古》=demissionieren.

der **Dim·mer** [ディマー] [名] -s/- 〖電〗制光〔調光〕装置.

das **Dim·mer·licht** [ディマー・リひト] [名] -(e)s/-er =Dimmer.

die **Di·mor·phie** [ディ・モるふぃー] 名 -/-n 1. 〖化〗同質二像〖二形〗(性). 2. 〖生〗二形性.
der **Di·mor·phis·mus** [ディ・モるふぃスムス] 名 -/..men 〖生〗二形性.
Din =Dinar ディナール.
DIN [ディーン] =Deutsche Industrie-Norm(en) ドイツ工業規格.
der **Di·nar** [ディナーあ] 名 -s/-e 〈単位を表す㊛は-〉ディナール(ユーゴスラヴィア・イラクなどの貨幣単位. 略Din).
das **Di·ner** [diné; ディネー] 名 -s/-s 〘文〙ディナー, 正餐(⁽ˢⁱˢ⁾), 晩餐(⁽ˢⁱˢ⁾).
das **Ding**¹ [ディング] 名 -(e)s/-e 1. (㊛ -e)物, 物事; alltägliche ~e 日用品. leckere ~e おいしい食べ物. das ~ an sich³ 物自体(カントの用語). seine privaten ~e mitbringen 私物を持っていく. 2. (㊛ -er)〘口〙(名称を言えない〖言いたくない〗)事物; so ein kleines blaues ~ 小さくて青いものだ. Was sind das für ~er ? ここにあるくだらないものはなんだ. Mach keine ~er ! 驚かすのではない. 3. (㊛ -e;主に㊛)事, 事柄; bedeutende ~e 重大なことがら. 4. (㊛ -e;主に㊛)出来事, 事態, 事情; so, wie die ~e (nun einmal) liegen 現在の状態では. 5. (㊛ -er)〘口〙女の子, やつ(親しみや軽蔑を表して言う). 6. (次の形で)〘口〙女性の胸; Du dummes ~ ! おばかさん. Sie ist ein hübsches ~. 彼女はとても性格などが明るい; 上機嫌である; 希望に満ちあふれている. 【慣用】**Aller guten Dinge sind drei.** 三度目の正直. **Das geht nicht mit rechten Dingen zu.** それはただごとではない, どこか怪しいところがある. **Das ist ein Ding !** 〘口〙これはすごい!これはしゃくだ. **die Dinge beim (rechten) Namen nennen** 物事をあからさまに言う. **die letzten Dinge** 四終(キリスト教で死・審判・天国・地獄のことを言う). **ein Ding drehen**〔krumme Dinger machen〕〘口〙不正なことをする. **Es ist ein Ding der Unmöglichkeit.** それは不可能だ. **über den Dingen stehen** 超然としている. **unverrichteter Dinge** 目的を達せずに. **vor allen Dingen** とりわけ.
das **Ding**² [ディング] 名 -(e)s/-e 〖史〗(古代ゲルマンの)民会.
das **Din·gel·chen** [ディンゲルヒェン] 名 -s/- (Dingerchen)(Dingの縮小形)小さな物;ささいなこと;ちび, かわい子ちゃん.
din·gen⁽*⁾ [ディンゲン] 動 dingte〔dang〕; hat gedungen〔gedingt〕(dang, gedingt はまれ)〈j⁴を〉〘方・古〙雇う〈-义·賤〉金で雇って殺し屋となる.
ding·fest [ディング・ふぇスト] 形 (次の形で)⟨j⁴⟩ ~ machen ⟨人を⟩逮捕〖拘留〗する.
das **Din·ghi, Din·gi** [ディンギ] 名 -s/-s ディンギー(競技用小型ヨット;艦載ボート).
ding·lich [ディングリヒ] 形 1. 具体的な, 物的な. 2. 〖法〗物権(上)の. ~es Recht 物権.
der **Din·go** [ディンゴ] 名 -s/-s ディンゴ(オーストラリアの中型野生犬).
der/die/das **Dings** [ディングス] 名 -/ 〘口〙(der/die ~)何とかいう人, あいつ〖方〙中性名詞も有;(das ~)何とかいうもの, 〈無冠詞〉何とかいうところ.
der/die/das **Dings·bums** [ディングス・ブムス] 名 -/ 〘口〙=Dings.
der/die/das **Dings·da** [ディングス・ダー] 名 -/ 〘口〙=Dings.
das **Dings·kir·chen** [ディングス・キるヒェン, ディングス・キるヒェン] 名 -s/ 〘口〙(無冠詞)なんとかいうところ.
das **Dings·wort** [ディング・ヴォるト] 名 -(e)s/..wörter 名詞.
di·nie·ren [ディニーれン] 動 h. 〖⁽ᵐᵉⁱ⁾〗〘文〙正餐(⁽ˢⁱˢ⁾)〔晩餐(⁽ˢⁱˢ⁾)〕をとる.

der **Din·kel** [ディンケル] 名 -s/- (㊛は品種)〖植〗スペルトコムギ.
(das) **Din·kels·bühl** [ディンケルスビュール] 名 -s/ 〖地名〗ディンケルスビュール(バイエルン州の都市).
das **Din·ner** [ディナー] 名 -s/-(s) 晩餐(⁽ˢⁱˢ⁾)会;(米国・英国の)夕食.
der **Di·no·sau·ri·er** [ディノ・ザウりあー] 名 -s/- 〖古生〗ディノサウルス(中生代の恐竜).
die **Di·o·de** [ディ・オーデ] 名 -/-n 〖電〗ダイオード.
(der) **Di·o·ge·nes** [ディオーゲネス] 名 〖人名〗ディオゲネス(~ von Sinope, 紀元前 323 頃没, ギリシアの哲学者) = in der Tonne たるのなかのディオゲネス.
di·o·kle·ti·a·nisch [ディオクレツィアーニッシュ] 形 残忍な, 虐虐な.
die **Di·o·naea** [..nέa ディオネア] 名 -/..naeen〔..näen〕〖植〗ハエジゴク(食虫植物).
(der) **Di·o·nys** [ディオニュス] 名 〖男名〗ディオニュス.
die **Di·o·ny·si·en** [ディオニューズィ(エン)] 複数 ディオニソス祭(古代アテネで 3 月, 4 月に行われた).
di·o·ny·sisch [ディオニューズィシュ] 形 1. ディオニソスの. 2. 〖哲〗ディオニソス的な.
(der) **Di·o·ny·sos** [ディオニューゾス] 名 〖ギ神〗ディオニソス(酒の神).
di·o·phan·tisch [ディオふぁンティシュ] 形 (次の形で) ~e Gleichung 〖数〗ディオファントスの方程式, 不定方程式.
die **Di·op·trie** [ディオプトりー] 名 -/-n 〖光〗ジオプトリー(レンズの屈折力の単位. 略 dpt, Dptr., dptr.).
das **Di·o·ra·ma** [ディオらーマ] 名 -s/..men ジオラマ, 透視画;立体模型.
die **Di·os·ku·ren** [ディオスクーれン] 複数 1. 〖ギ神〗ディオスクロイ(Zeus の息子で双子の Kastor と Pollux). 2. 〔互いに離れられない〕友人同士の二人.
(die) **Di·o·ti·ma** [ディオーティマ, ディオティーマ] 名 〖女名〗ディオティーマ(Platon の『饗宴』, Hölderlin の『ヒュペリオン』に登場の女性).
das **Di·o·xid** [ディー・オクスィート, ディ・オクスィート] 名 -s/-e =Dioxyd.
das **Di·o·xin** [ディ・オクスィーン] 名 -s/ 〖化〗ダイオキシン.
das **Di·o·xyd** [ディー・オクスュート, ディ・オクスュート] 名 -s/-e 〖化〗二酸化物.
der **Di·ö·ze·san** [ディ・ｵﾂェザーン] 名 -en/-en ⁽ᵏᵃᵗʰ⁾(司)教区信徒.
die **Di·ö·ze·se** [ディ・ｵﾂェーゼ] 名 -/-n ⁽ᵏᵃᵗʰ⁾司教区;⁽ᵖʳᵒᵗ⁾監督教区, 教区.
di·ö·zisch [ディ・ｵｰﾂィｼｭ] 形 〖植〗雌雄異株の.
der **Dip** [ディップ] 名 -/ 〖料〗ディップ.
die **Diph·the·rie** [ディふテりー] 名 -/-n 〖医〗ジフテリア.
der **Diph·thong** [ディふトング] 名 -s/-e 〖言〗複(二重)母音.
diph·thon·gie·ren [ディふトンギーれン] 動 h. 〖言〗1. ⟨et⁴⟩ ~ (zu ⟨et³⟩) 複母音〖二重母音〗化する(例えば, 単母音„i"を複母音„ei"に). 2. ⟨(zu ⟨et³⟩)⟩ 複母音〖二重母音〗化する.
die **Di·phthon·gie·rung** [ディふトンギーるング] 名 -/ 〖言〗複母音〖二重母音〗化.
Dipl. =Diplom ディプローム.
Dipl.-Ing. =Diplomingenieur(in) 工学士.
Dipl. Kff(r). =Diplomkauffrau 商学士.
Dipl.-Kfm. =Diplomkaufmann 商学士.
Dipl.-Ldw. =Diplomlandwirt(in) 農学士.
die **Di·ploe** [ディプローエ] 名 -/ 〖解〗板間層.
di·plo·id [ディプロイート] 形 〖生〗二倍体の.
der **Di·plo·kok·kus** [ディプロ・コックス] 名 -/..kokken 〖医〗双球菌.
das **Di·plom** [ディプローム] 名 -(e)s/-e 1. 免状;学位記. 2. ディプローム(大学の各課程を修了し試験に

合格した者に与えられる学位. 略 Dipl.). **3.** 賞状 : ein ～ für 〈et⁴〉 erhalten 〈事に対する〉 表彰状を得る.

der **Di·plo·mand** [ディプロマント] [名] -en/-en ディプローム試験の受験準備者. ⇨Diplom.

die **Di·plom·ar·beit** [ディプローム・アるバイト] [名] -/-en ディプローム論文.

der **Di·plo·mat** [ディプロマート] [名] -en/-en 外交官; 外交的手腕のある人.

D

der **Di·plo·ma·ten·aus·weis** [ディプロマーテン・アウス・ヴァイス] [名] -es/-e 外交官証明書.

der **Di·plo·ma·ten·kof·fer** [ディプロマーテン・コっふぁー] [名] -s/- アタッシュケース.

die **Di·plo·ma·ten·lauf·bahn** [ディプロマーテン・ラウふ・バーン] [名] -/ 外交官のキャリア〔経歴〕.

die **Di·plo·ma·tie** [ディプロマティー] [名] -/ **1.** 外交; 外交的手腕. **2.** 外交団.

die **Di·plo·ma·tik** [ディプロマーティク] [名] -/ 古文書学.

di·plo·ma·tisch [ディプロマーティシュ] [形] **1.** 外交(上)の; 外交官の. **2.** 如才ない. **3.** 古文書学の.

di·plo·mie·ren [ディプロミーれン] [動] *h.* 〔〈j⁴〉に〕ディプロームを与える.

der **Di·plom·in·ge·ni·eur** [ディプローム・インジェニ㋓ーあ] [名] -s/-e 工学士(略 Dipl.-Ing.).

die **Di·plom·kauf·frau** [ディプローム・カウふ・ふらう] [名] -/-en (女性の)商学士(略 Dipl.-Kff(r).).

der **Di·plom·kauf·mann** [ディプローム・カウふ・マン] [名] -(e)s/..leute 商学士(略 Dipl.-Kfm.).

der **Di·plom·land·wirt** [ディプローム・ラント・ヴィるト] [名] -(e)s/-e 農学士(略 Dipl.-Ldw.).

die **Di·plom·prü·fung** [ディプローム・プりゅーふング] [名] -/-en ディプローム試験.

der **Di·plom·volks·wirt** [ディプローム・ふぉルクス・ヴィるト] [名] -(e)s/-e 経済学士(略 Dipl.-Volksw.).

Dipl.-Volksw. ＝Diplomvolkswirt 経済学士.

der **Di·pol** [ディーポール] [名] -s/-e 〖電・理〗双極子; ダイポールアンテナ.

dip·pen [ディっペン] [動] *h.* **1.** 〔〈et⁴〉ヲ＋in 〈et⁴〉ニ〕《方》浸す, 漬ける. **2.** 〔〈et⁴〉ヲ〕〖海〗少し下げてまたすぐ揚げる(船旗・国旗などを. 他船への敬礼を意味する).

der〔*die*〕**Dip·so·ma·ne** [ディプソ・マーネ] [名] -n/-n 〖医〗渇酒症患者(周期的に飲酒癖におちいる人).

die **Dip·so·ma·nie** [ディプソ・マニー] [名] -/-n 〖医〗渇酒症.

das **Dip·ty·chon** [ディプテュひょン] [名] -s/..chen〔..cha〕 **1.** (古代ギリシア・ローマの)二つ折の書板. **2.** 祭壇の二つ折聖画像.

dir [ディーあ] [代] 《人称・再帰》 2人称親称[単] du の3格. 【[旧]で手紙では語頭大文字で Dir. 用法は⇨ mir】

Dir. ＝Direktor[in] …長.

di·rekt [ディれクト] [形] **1.** 直通〔直行〕の : ein ～*er* Weg nach Paris まっすぐパリへ通じる道. in ～*er* Linie von 〈j³〉 abstammen〈人の〉直系の子孫である. **2.** (間を置かずに)すぐ : Mit diesem Zug haben Sie ～〔～*en*〕 Anschluss. この列車に乗ればすぐ接続があります. (前置詞句とともに空間・時間的に近いことを示して) ～ am Bahnhof 駅のすぐそばに. ～ nach der Arbeit 仕事のあとすぐ. **3.** (介在するもののない)直接の : 〈et⁴〉 ～ vom Bauern kaufen 〈物を〉直接農家から買う. **4.** 直接的な : ～*e* Rede 〖言〗直接説話. **5.** 《口》ざっくばらんな : eine ～*e* Frage 単刀直入な質問.

—— [副] 《語飾》(動詞・形容詞を修飾)《口》まったく.

der **Di·rekt·flug** [ディれクト・ふルーク] [名] -(e)s/..flüge (ノンストップの)直行便.

die **Di·rekt·in·ves·ti·ti·on** [ディれクト・インヴェスティツィオーン] [名] -/-en 〖経〗直接投資.

die **Di·rek·ti·on** [ディれクツィオーン] [名] -/-en **1.** ([単]のみ)管理, 監督, 指導. **2.** 管理部; 幹部, 首脳部. **3.** 《スイス》(州の)省. **4.** 《古》方向(性).

die **Di·rek·ti·ve** [ディれクティーヴェ] [名] -/-n 指令, 指示, 訓令.

das **Di·rekt·man·dat** [ディれクト・マンダート] [名] -(e)s/-e 〖政〗直接(選挙)議席(二票制選挙の連邦議会の議員議席).

das **Di·rekt·mar·ke·ting** [ディれクト・マるケティング, ディれクト・マーあケティング] [名] -(s)/ 〖広告・経〗ダイレクトマーケティング.

der **Di·rek·tor** [ディれクトーあ] [名] -s/-en[ディれクトーれン] 校長, 学長; 所長, 館長; 取締役, 重役; (企業・官庁の)部長, 課長; 支店長(略 Dir.).

das **Di·rek·to·rat** [ディれクトらート] [名] -(e)s/-e 校長〔学長〕職; 校長〔学長〕の在職期間; 校長〔学長〕室.

das **Di·rek·to·ri·um** [ディれクトーりウム] [名] -/..rien (企業・団体の)重役会; 理事会, 《カトリック》聖務案内.

die **Di·rek·tri·ce** [..tríːsə ディれクトりーセ] [名] -/-n (衣料品企業の)女性主任デザイナー.

die **Di·rekt·sen·dung** [ディれクト・ゼンドゥング] [名] -/-en 《ラジオ・テレビ》生放送.

die **Di·rekt·über·tra·gung** [ディれクト・ユーバートらーグング] [名] -/-en 《ラジオ・テレビ》生中継.

der **Di·rekt·ver·trieb** [ディれクト・ふぇあトりーブ] [名] -(e)s/ 直接販売.

die **Di·rekt·wahl** [ディれクト・ヴァール] [名] -/-en 直接選挙; ([単]のみ)ダイヤル直通.

die **Di·rekt·wer·bung** [ディれクト・ヴェるブング] [名] -/-en 〖経〗(ダイレクトメールなどによる)直接宣伝〔広告〕.

die **Di·ret·tis·si·ma** [ディれティっスィマ] [名] -/-s〔..men〕〖登山〗直線登攀(とうはん)ルート.

der **Di·ri·gent** [ディりゲント] [名] -en/-en (オーケストラ・合唱団の)指揮者; リーダー, 統率者.

der **Di·ri·gen·ten·stab** [ディりゲンテン・シュタープ] [名] -(e)s/..stäbe 指揮棒.

di·ri·gie·ren [ディりギーれン] [動] *h.* **1.** 〔(〈j⁴/et⁴〉ヲ)〕指揮する(オーケストラ・曲などを). **2.** 〔〈j⁴/et⁴〉ヲ〕指揮(監督)する(業務・従業員などを), 統制する(経済などを), 統轄する(団体などを), 整理する(交通を). **3.** 〔〈j⁴/et⁴〉ヲ＋〈方向〉へ〕指示を与えて導く, 送(り届け)る.

der **Di·ri·gis·mus** [ディりギスムス] [名] -/ 〖経〗統制経済; (国家による)経済統制.

die **Dirn** [ディるン] [名] -/-en 《北独》女の子, 少女; 《バイエルン・オーストリア》(特に)農家の女中〔下女〕.

das **Dirndl** [..dəl ディるンデル] [名] -s/-(n) **1.** ([複]-)⇨Dirndlkleid. **2.** ([複]-n)《バイエルン・オーストリア》若い娘. **3.** ([複]のみ; [複]-)《オーストリア》〖植〗セイヨウサンシュユの実.

das **Dirndl·kleid** [ディるンデル・クライト] [名] -(e)s/-er ディルンドル(南独, オーストリアの婦人用民族衣装).

die **Dir·ne** [ディるネ] [名] -/-n 売春婦; 《古》少女.

das **Dirt-Track-Ren·nen** [dǿːrttrɛk.. ㋢ーあト・トれっク・れネン, dœ́rt.. ㋢るト・トれっク・れネン] [名] -s/- ダート・トラック・レース(オートバイの泥土トラック・レース)

das **dis**[1], **Dis**[1] [ディス] [名] -/- 〖楽〗嬰(えい)ニ音.

dis[2] [ディス] ＝dis-Moll 〖楽〗嬰(えい)ニ短調.

Dis[2] [ディス] ＝Dis-Dur 〖楽〗嬰(えい)ニ長調.

das **Dis·a·gio** [..'áːdʒo ディスアーヂョ, ..'áːʒio ディスアージオ] [名] -s/-s 〖銀行・金融〗逆打歩(うちぶ).

der **Disc·jo·ckey** [dískdʒɔke ディスク・ヂョっケ, ..ki ディスク・ヂョっキ] [名] -s/-s ＝Diskjockey.

die **Dis·co** [ディスコ] [名] -/-s ディスコ(Diskothek); ディスコパーティー(レコード, CD によるダンスパーティー).

der **Dis·count** [..káu̯nt ディスカウント] [名] -s/-s

1. 安売り, 値引き. 2. =Discountgeschäft.

der **Dis·coun·ter** [..káuntər ディスカウンター] [名] -s/- 1. 安売り店の店主, 割引業者. 2. =Discountgeschäft.

das **Dis·count·ge·schäft** [ディスカウント・ゲシェふト] [名] -(e)s/-e ディスカウントショップ.

der **Dis·count·la·den** [ディスカウント・ラーデン] [名] -s/..läden =Discountgeschäft.

das **Dis-Dur** [ディス・ドゥーあ, ディス・ドゥーあ] [名] -/ 〖楽〗嬰(えい)ニ長調(記号 Dis).

das **Dis·en·gage·ment** [dɪsˈɪŋgeːtʃmənt ディス・インゲーチュメント, ディス・インゲーチュメント] [名] -s/ 〖政〗(両軍事ブロックからの)軍隊の撤退.

der **Di·seur** [dizǿːr ディ㋝ーあ] [名] -s/-e (演芸などの)朗読家, はなし家.

die **Di·seu·se** [..zǿːzə ディ㋝ーゼ] [名] -/-n (演芸などの)女性朗読家, 女性はなし家.

die **Dis·har·mo·nie** [ディス・ハるモニー] [名] -/-n 1. 〖楽〗不協和音. 2. (色・形の)不調和;《文》(考えの)不一致.

dis·har·mo·nisch [ディス・ハるモーニシュ] [形] 1. 〖楽〗不協和の. 2. 不調和な;しっくりいかない.

die **Dis·junk·ti·on** [ディスユンクツィオーン] [名] -/-en 1. 〖論〗選言(命題). 2. 〖生〗(動植物分布圏の)離断;(染色体)分離.

dis·junk·tiv [ディスユンクティーふ] [形] 〖論〗選言的な;〖言〗離接的な: eine ~*e* Konjunktion 離接的接続詞(oder など).

der **Dis·kant** [ディスカント] [名] -s/-e 1. 〖楽〗最高声〔音〕部;鍵盤(けんばん)の右半分;定旋律の対声. 2. 甲高い声.

die **Dis·ket·te** [ディスケッテ] [名] -/-n 〖コンピ〗ディスケット.

das **Dis·ket·ten·lauf·werk** [ディスケッテン・ラウふ・ヴェるク] [名] -(e)s/-e 〖コンピ〗ドライブ.

der **Dis·jo·ckey** [dɪ́skdʒɔke ディスク・ヂョッケ, ..ki ディスク・ヂョッキ] [名] -s/-s ディスクジョッキー.

die **Dis·ko** [ディスコ] [名] -/-s =Disco.

die **Dis·ko·gra·fie, Dis·ko·gra·phie** [ディスコ・グらふぃー] [名] -/-n レコード目録, ディスコグラフィー.

der **Dis·kont** [ディスコント] [名] -s/-e 〖銀行〗(手形)割引料;割引率(~satz);割引, ディスカウント.

die **Dis·kont·ab·rech·nung** [ディスコント・アップ・れひヌング] [名] -/-en 〖銀行〗手形割引;割引手形.

die **Dis·kont·er·hö·hung** [ディスコント・エあ㋬ーウング] [名] -/-en 〖銀行〗割引歩合の引上げ.

dis·kon·tie·ren [ディスコンティーれン] [動] *h.* 〔〈et⁴〉ヲ〕〖銀行〗割引く.

die **Dis·kon·tie·rung** [ディスコンティーるング] [名] -/-en 〖銀行〗手形割引.

dis·kon·ti·nu·ier·lich [ディス・コンティヌイーありひ] [形] 不連続の, 断続的な.

die **Dis·kon·ti·nu·i·tät** [ディス・コンティヌイテート] [名] -/-en 1. 不連続, 断続. 2. (次会期への)法案審議不継続の原則. 3. 〖地質〗不連続層.

der **Dis·kon·to** [ディスコント] [名] -(s)/-s〔..konti〕=Diskont.

der **Dis·kont·satz** [ディスコント・ザッツ] [名] -es/..sätze 〖銀行〗割引率.

die **Dis·kor·danz** [ディスコるダンツ] [名] -/-en 1. 不一致, 不調和. 2. 〖音〗(主に[複])不協和. 3. 〖地質〗不整合.

die **Dis·ko·thek** [ディスコテーク] [名] -/-en ディスコ(テーク);レコード〔テープ〕ライブラリー.

dis·kre·di·tie·ren [ディスクれディティーれン] [動] *h.* 〔〈j⁴/et⁴〉ノ〕信用〔評判〕を失わせる.

die **Dis·kre·panz** [ディスクれパンツ] [名] -/-en 《文》矛盾, 不一致, 食違い.

dis·kret [ディスクれート] [形] 1. 内密の;地味な;慎重な, 思いやりのある. 2. 〖工・理・数〗離散した, 不連続の.

die **Dis·kre·ti·on** [ディスクれツィオーン] [名] -/ 守秘, 内密;控え目なこと, 押しつけがましくないこと;配慮, 気づかい: 〈et⁴〉 mit ~ behandeln 〈事ヲ〉内々に扱う. auf ~ お好きなように.

dis·kri·mi·nie·ren [ディスクりミニーれン] [動] *h.* 1. 〔〈j⁴/et⁴〉ヲ〕《文》誹謗(ひぼう)する. 2. 〔〈j⁴〉ヲ〕《文》差別する, 蔑視する. 3. 〔(zwischen〈et³〉の間の)〕〖心〗弁別をする(類似のものを).

dis·kri·mi·niert [ディスクりミニーあト] [形] 《文》誹謗(ひぼう)された;差別された.

die **Dis·kri·mi·nie·rung** [ディスクりミニーるング] [名] -/-en 1. 《文》誹謗(ひぼう);差別;〖心〗弁別. 2. 《文》差別扱い, 差別的発言〔行動〕.

der **Dis·kurs** [ディスクるス] [名] -es/-e 1. 《文》論説, 論考, 論文. 2. 《文》討論, 討議, 論争. 3. 〖言〗談話, ディスコース.

dis·kur·siv [ディスクるズィーふ] [形] 〖哲〗論証的な.

der **Dis·kus** [ディスクス] [名] -(ses)/..ken〔-se〕〖スポ〗円盤;円盤投げ;〖植〗花盤;〖キ教〗聖体拝領皿.

die **Dis·kus·her·nie** [ディスクス・へるニエ] [名] -/-n 〖医〗椎(つい)間板ヘルニア.

die **Dis·kus·si·on** [ディスクスィオーン] [名] -/-en 議論;討論(会): mit 〈j³〉 in eine ~ über 〈et⁴〉 kommen 〈人と〉〈事について〉討論となる. 〈et⁴〉 zur ~ stellen 〈事を〉議題とする. 〈et¹〉 steht zur ~ 〈事が〉議題となっている.

der **Dis·kus·si·ons·bei·trag** [ディスクスィオーンス・バイ・トらーク] [名] -(e)s/..träge 討論での有意義な発言.

der **Dis·kus·si·ons·ge·gen·stand** [ディスクスィオーンス・ゲーゲン・シュタント] [名] -(e)s/ 討論のテーマ, 議題.

das **Dis·kus·wer·fen** [ディスクス・ヴェるふェン] [名] -s/ 〖スポ〗円盤投げ.

der **Dis·kus·wurf** [ディスクス・ヴるふ] [名] -(e)s/ 〖スポ〗(円盤投げでの)投擲(とうてき);([単]のみ)円盤投げ.

dis·ku·ta·bel [ディスクターベル] [形] ([付][比]は..bl..)《文》論じる価値のある.

dis·ku·tie·ren [ディスクティーれン] [動] *h.* 1. 〔〈et⁴〉ヲ〕討議する. 2. 〔über 〈et⁴〉ニツイテ〕議論する;話し合う. 3. 〔〈様態〉ニ〕議論をする. **【慣用】Darüber lässt sich diskutieren.** それは話合いで解決できる.

das **dis-Moll** [ディス・モル, ディス・モル] [名] -/ 〖楽〗嬰(えい)ニ短調(記号 dis).

dis·pa·rat [ディスパらート] [形] 《文》異なる, 異種の, 相容れない.

der **Dis·pat·cher** [..pɛ́tʃər ディスペっチャー] [名] -s/- 〖経〗(工場の)作業主任;〖旧東独〗(工場の)管制主任.

der **Dis·pens** [ディスペンス] [名] -es/-e (《オーストリア》と〖カトリック〗die ~ -/-en)(法や規定適用の)免除.

das **Dis·pen·sa·to·ri·um** [ディスペンザトーりウム] [名] -s/..rien 薬局方.

dis·pen·sie·ren [ディスペンズィーれン] [動] *h.* 〔〈j⁴〉ニ+von 〈et³〉ヲ〕《文》免除する.

die **Dis·per·si·on** [ディスペるズィオーン] [名] -/-en 1. 〖理・化〗分散;分光. 2. 〖統計〗ばらつき;散布度. 3. 〖生〗(生態)分布.

die **Dis·placed Per·son, ⓔDis·placed person** [dɪspléːst pǿːrsən ディスプレースト ㋑ーあセン, ..pœrsən ディスプレースト ㋑るセン] [名] --/--s (第二次世界大戦中のドイツへの)強制移住外国人, 故国を追われた難民(略 D. P.).

das **Dis·play** [dɪspleː ディスプレー] [名] -s/-s (商品などの)展示〔陳列〕;展示の際の宣伝手段;〖コンピ〗ディスプレイ, 画面.

der **Dis·po·nent** [ディスポネント] [名] -en/-en (劇場の)

支配人；〖経〗(商社などの)主任, 支配人.
di·spo·ni·bel [ディスポニーベル] 形 (⊕⊕は..bl..) 自由に使える[処理できる].
di·spo·nie·ren [ディスポニーレン] 動 h. (文) **1.** [über ⟨j⁴/et⁴⟩=] 自由[勝手]にすることができる. **2.** 〖靈〗あらかじめ計画する. **3.** ⟨et³⟩(古)整える, 分類する.
di·spo·niert [ディスポニーアト] 形 (文) **1.** ⟨様態⟩+調子が良い: gut ~ sein 調子が良い. **2.** [zu ⟨et³⟩=/für ⟨et³⟩=] かかりやすい(体質の). **3.** [zu ⟨et³⟩=]素質がある.
die **Di·spo·si·ti·on** [ディスポズィツィオーン] 名 -/-en **1.** (自由な)処理, 処分: die freie ~ über ⟨et⁴⟩ haben ⟨物・事⟩を自由に処分[裁量]できる. ⟨et⁴⟩ zu seiner ~ haben ⟨物・事⟩を自由に使える. Das steht mir zur ~. それを私は自由にできる. ⟨j⁴⟩ zur ~ stellen ⟨人⟩を休職させる. **2.** (心の)準備, 構想, 計画. **3.** 素質, 気質；素因: eine ~ für ⟨et⁴⟩ [zu ⟨et³⟩] haben ⟨…⟩の素因.
der **Di·spo·si·ti·ons·kre·dit** [ディスポズィツィオーンス・クレディート] 名 -(e)s/-e 〖銀行〗過振り信用貸し, 当座貸越し.
dis·pro·por·ti·o·niert [ディスプロポるツィオニーアト] 形 (文)不釣合い[均衡]な.
der **Dis·put** [ディスプート] 名 -(e)s/-e (文)論争, 議論.
dis·pu·ta·bel [ディスプターベル] 形 (⊕ ⊕は..bl..) (文)議論の余地のある.
die **Dis·pu·ta·ti·on** [ディスプタツィオーン] 名 -/-en (文)(学術)論争；(学位取得のための)公開討論.
dis·pu·tie·ren [ディスプティーレン] 動 h. (文)論争する, 議論を闘わす.
die **Dis·qua·li·fi·ka·ti·on** [ディス・クヴァリふィカツィオーン] 名 -/-en 不適格の認定；〖靈〗(規則違反による)失格.
dis·qua·li·fi·zie·ren [ディス・クヴァリふィツィーレン] 動 h. **1.** ⟨j⁴⟩[〖靈〗]出場資格を奪う；⟨j⁴⟩⟨…を⟩不適格と宣告する. **2.** [sich⁴+für ⟨et⁴⟩=]不適任[不適格]であることを示す.
Diss. =Dissertation 学位請求(ドクター)論文.
der **Dis·sens** [ディセンス] 名 -es/-e (文)意見[見解]の相違, 不合意.
die **Dis·ser·ta·ti·on** [ディセるタツィオーン] 名 -/-en 学位請求論文, ドクター論文(略 Diss.).
der **Dis·si·dent** [ディスィデント] 名 -en/-en 無宗教者, 離教者；異分子体制批判者.
die **Dis·si·mi·la·ti·on** [ディスィミラツィオーン] 名 -/-en **1.** 〖言〗異化. **2.** 〖生理〗異化作用, 分解代謝. **3.** 〖社〗民族[集団]としてのアイデンティティーの再確立.
dis·so·lu·bel [ディソルーベル] 形 (⊕は..bl..)〖化〗溶解[分解]しうる.
dis·so·nant [ディソナント] 形 〖楽〗不協和音の；(文)不調和の.
die **Dis·so·nanz** [ディソナンツ] 名 -/-en 不協和音；不調和, 不一致.
di·stal [ディスタール] 形 〖医〗末梢[末端]の, 遠位の.
die **Di·stanz** [ディスタンツ] 名 -/-en **1.** (文)距離；(⊕のみ)(人間関係の)距離, (社会階層の)隔たり: eine ~ von 300 Metern 300メートルの距離. auf 500 Meter ~ 500 メートル離れて. ~ wahren [halten] 距離を保つ, 親しくない. ~ zu ⟨et³⟩ gewinnen ⟨事に⟩(精神的な)距離を置く. **2.** 〖ｽﾎﾟ〗(競走の距離；(ボクシングの)リーチ；(試合の)ラウンド数.
di·stan·zie·ren [ディスタンツィーレン] 動 h. **1.** [sich⁴+von ⟨j³/et³⟩ヵﾗ](文)遠ざかる；⟨…を⟩敬遠する；⟨…と⟩意見を異にすることを示す. **2.** ⟨j⁴⟩[〖ｽﾎﾟ〗]引離す.
di·stan·ziert [ディスタンツィーアト] 形 (文)控え目な；打

ちとけない.
der **Di·stanz·wech·sel** [ディスタンツ・ヴェクセル] 名 -s/-〖銀行〗隔地手形, 他地払手形.
die **Di·stel** [ディステル] 名 -/-n〖植〗アザミ.
der **Di·stel·fink** [ディステル・ふィンク] 名 -en/-en〖鳥〗ゴシキヒワ.
das **Di·sti·chon** [ディスティひョン] 名 -s/..chen〖詩〗二行連詩(Hexameter と Pentameter からなる).
di·stin·gu·iert [..gi̇̊:ɐt ディスティンギーあト, ディスティンギーアト] 形 (文)ひときわ洗練された[上品な].
die **Di·stink·ti·on** [ディスティンクツィオーン] 名 -/-en **1.** (文)区別, 識別；差違. **2.** 〖‥‥〗階級(章). **3.** (文・古)尊敬, 尊重；(⊕のみ)高貴, 気品.
di·stink·tiv [ディストるぃクティーふ] 形 (文)他との区別を示す, 弁別的な.
die **Di·stor·si·on** [ディストるズィオーン] 名 -/-en **1.** 〖医〗捻挫(ねんさ), 捻転. **2.** 〖光〗(像の)ゆがみ, 歪曲.
die **Di·stri·bu·ti·on** [ディストリブツィオーン] 名 -/-en〖経〗分配, 配分；配布, 販売；〖言〗分布；〖数〗超関数.
di·stri·bu·tiv [ディストリブティーふ] 形 〖言〗配分の；〖数〗分配の.
das **Di·stri·bu·ti·vum** [ディストリブティーヴム] 名 -s/..va〖言〗配分数詞(je zwei など).
der **Di·strikt** [ディストリクト] 名 -(e)s/-e 地域, 地方；(特に英米の)行政区.
das **Di·sul·fid** [ディ・ズルふィ(ー)ト] 名 -(e)s/-e〖化〗二硫化物.
die **Dis·zi·plin** [ディスツィプリーン] 名 -/-en **1.** (⊕のみ)規律；自制. **2.** 専門領域, 部門；〖ｽﾎﾟ〗種目.
dis·zi·pli·när [ディスツィプリネーあ] 形 〖‥‥〗規律上の, 服務[懲戒]規定上の.
das **Dis·zi·pli·nar·ge·richt** [ディスツィプリナーあ・ゲリひト] 名 -(e)s/-e 懲戒裁判所.
die **Dis·zi·pli·nar·ge·walt** [ディスツィプリナーあ・ゲヴァルト] 名 -/- 懲戒権.
dis·zi·pli·na·risch [ディスツィプリナーりシュ] 形 規律上の, 服務[懲戒]規定上の；厳しい: ~e Maßnahme 懲戒処分.
die **Dis·zi·pli·nar·maß·nah·me** [ディスツィプリナーあ・マース・ナーメ] 名 -/-n 懲戒処分.
die **Dis·zi·pli·nar·stra·fe** [ディスツィプリナーあ・シュトらーふェ] 名 -/-n **1.** (古)懲戒処分. **2.** 〖ｽﾎﾟ〗内規罰[処分]；〖ﾋﾞｼﾞﾈｽ〗ミスコンダクトペナルティー.
das **Dis·zi·pli·nar·ver·fah·ren** [ディスツィプリナーあ・ふェあーレン] 名 -s/- 懲戒手続.
dis·zi·pli·niert [ディスツィプリニーアト] 形 (文)規律のある；しつけの行届いた；節度のある.
dis·zi·plin·los [ディスツィプリーン・ロース] 形 規律[節度]のない.
die **Di·thy·ram·be** [ディテュらムベ] 名 -/-n〖文芸学〗ディオニソス賛歌；(頌歌風の)熱狂的な詩.
di·thy·ram·bisch [ディテュらムビシュ] 形 **1.**〖文芸学〗ディオニソス賛歌の. **2.** 熱狂的な, 陶酔的な.
der **Di·thy·ram·bus** [ディテュらムブス] 名 -/..ben = Dithyrambe.
di·to [ディート] 副 (口)(先に述べたことをくり返して)同上, 同じく(略 do. dto.).
das **Di·u·re·ti·kum** [ディウれーティクム] 名 -s/..ka〖医〗利尿剤.
di·u·re·tisch [ディウれーティシュ] 形 〖医〗利尿作用のある.
die **Di·va** [ディーヴァ] 名 -/-s(Diven) ディーバ(①偉大な女性歌手[女優]. ②人目を引く人).
di·ver·gent [ディヴェるゲント] 形 **1.** 分散[分岐]する, 反対の. **2.** 〖数〗発散(性)の.
die **Di·ver·genz** [ディヴェるゲンツ] 名 -/-en **1.** (文)

分岐, 分散, 拡散;相違：große ~ en in den Meinungen 意見の大幅な差. **2.**〖理・数〗発散;〖生〗分岐;〖植〗開度.

di·ver·gie·ren [ディヴェるギーレン] 動 h. **1.**〖幾何〗〈文〉分れる(見解などが);発散する(光線などが);〖数〗発散する. **2.**〈von〈et⁴〉〉〈文〉相違する(他人の見解などと).

di·vers [ディヴェるス] 形 幾つ〈幾人〉かの、いろいろな(種類の).

die **Di·ver·sa** [ディヴェるザ] 複名 雑多〖種々〗のもの.

die **Di·ver·se** [ディヴェるゼ] 複名 =Diversa.

di·ver·si·fi·zie·ren [ディヴェるズィふィツィーレン] 動 h.〈et⁴〉〖経〗多角化する.

das **Di·ver·ti·kel** [ディヴェるティーケル] 名 -s/-〖医〗憩室(シッ).

die **Di·ver·ti·ku·li·tis** [ディヴェるティクリティーティス] 名 -/..ti·den [ディヴェるティクリティーデン]〖医〗憩室(シッ)炎.

das **Di·ver·ti·men·to** [ディヴェるティメント] 名 -s/-s[..ti]〖楽〗ディヴェルティメント, 嬉遊(ホッ)曲.

das **Di·ver·tis·se·ment** [divɛrtisəmɑ̃: ディヴェるティセマーン] 名 -s/-s〖楽〗**1.**(17-18世紀フランスオペラの幕間の)余興的な出し物. **2.**〈稀〉=Divertimento.

di·vi·de et im·pe·ra ! [ディーヴィデ エト イムペラ]〖ラ語〗分割し, 統治せよ！(古代ローマの統治方法).

der **Di·vi·dend** [ディヴィデント] 名 -en/-en〖数〗被除数, 分子.

die **Di·vi·den·de** [ディヴィデンデ] 名 -/-n〖経〗配当(金).

die **Di·vi·den·den·ren·di·te** [ディヴィデンデン・れンディーテ] 名 -/-n〖経〗配当利回り.

di·vi·die·ren [ディヴィディーレン] 動 h.〈et⁴〉ゥ+durch〈et⁴〉ゥ〗〖数〗除する, 割る.

die **Di·vi·na·tion** [ディヴィナツィオーン] 名 -/-en《文》予見;予知能力, 予感.

di·vi·na·to·risch [ディヴィナトーリシュ] 形 予知能力のある.

die **Di·vi·si·on** [ディヴィズィオーン] 名 -/-en **1.**〖数〗割り算, 除法. **2.** 師団;戦隊;〖スッ〗(特に英・仏のリーグの)クラス, 部.

der **Di·vi·si·o·när** [ディヴィズィオネーア] 名 -s/-e **1.**〖ㇲツ〗師団長. **2.**〈スィス〉師団所属の選手.

der **Di·vi·si·ons·kom·man·deur** [ディヴィズィオーンス・コマンデーァ] 名 -s/-e〖ㇲツ〗師団長.

der **Di·vi·sor** [ディヴィーゾーぁ] 名 -s/-en [ディヴィゾーレン]〖数〗除数, 約数, 分母.

DIW =Deutsches Institut für Wirtschaftsforschung ドイツ経済研究所.

der **Di·wan** [ディーヴァーン] 名 -s/-e **1.**〈古〉(背もたれのない)寝台, 長いす. **2.**〖文芸学〗東洋の詩集. **3.** (オスマントルコなどの)官房, 枢密院.

di·xi [ディクシー]〖ㇻ語〗以上, 終り(演説の終りに).

d. J. 1. =der Jüngere ジュニア, …の子(人名の後につけて). **2.** =dieses Jahres 今年の.

die **DJH** -/ =Deutsche Jugendherberge ドイツ・ユースホステル.

die **DK** 名 -/ =Dezimalklassifikation 十進分類法(図書の分類法).

Dkfm. =Diplomkaufmann 〈ミショ〉商学士(Dipl.-Kfm. も有し).

dkg =Dekagramm 〈ミシロ〉デカグラム(10 g).

die **DKP** [デーカーペー] -/ =Deutsche Kommunistische Partei(第二次大戦後の)ドイツ共産党.

dkr =dänische Krone デンマーク・クローネ(貨幣単位).

dl =Deziliter デシリットル(1/10 ℓ).

der **DLF** 名 -/ =Deutschlandfunk ドイツ放送局.

die **DLG** -/ =Deutsche Landwirtschaftsgesellschaft ドイツ農業協会.

die **DLRG** -/ =Deutsche Lebens-Rettungs-Gesellschaft ドイツ人命救助協会(水難者救出を目的).

dm¹ =Dezimeter デシメートル(1/10m).

dm² =Quadratdezimeter 平方デシメートル(1/10m²).

dm³ =Kubikdezimeter 立方デシメートル(1/10m³).

DM [デー・マㇽク] =Deutsche Mark ドイツ・マルク(ユーロ導入以前のドイツの通貨で 100 Pfennig): ~ 9,20 (=neun Mark zwanzig) 9 マルク 20 ペニ.【普通 DM を省略して発音する】

d. M. =dieses Monats 今月の(に).

die **D-Mark** [デー・マㇽク] 名 -/ ドイツ・マルク(Deutsche Mark).

die **DM-Aus·lands·an·lei·he** [デーマㇽク・アウスランツ・アンライエ] 名 -/-n〖経〗マルク建て外債.

das **d-Moll** [デー・モル, デー・モㇽ] 名 -/〖楽〗ニ短調(記号 d).

der **DNA**¹ [デー・エン・アー] 名 -/ =Deutscher Normenausschuss ドイツ(工業)規格委員会.

DNA² [デー・エン・アー] = 〖英語〗 deoxyribonucleic acid 〖生〗デオキシリボ核酸(Desoxyribonukleinsäure).

DNS [デー・エン・エス] =Desoxyribonukleinsäure〖生〗デオキシリボ核酸.

do. =dito 同上, 同じく.

Do. =Donnerstag 木曜日.

d. O. =der〔die〕Obige 上記〔前記〕の者.

der **Dö·bel** [デーベル] 名 -s/-〖魚〗ウグイ.

der **Do·ber·mann** [ドーバーマン] 名 -(e)s/..männer ドーベルマン犬(番犬・警察犬).

(der) **Döb·lin** [デプリーン] 名〖人名〗デブリーン(Alfred ~, 1878-1957, ユダヤ系作家).

die **Do·bos·tor·te** [ドボス・トるテ] 名 -/-n ドボス・トルテ(チョコクリームを挟んだ何層ものスポンジ生地にカラメルをかけたケーキ).

doch¹ [ドㇵ] 副 **1.**《文中に置かれ, アクセント有》それにもかかわらず: Dem Kranken war es zwar verboten worden, aber er kann ~ nicht mit dem Rauchen aufhören. その病人は禁止されたにもかかわらず, タバコを吸うのをやめられない.《und, aber, denn とともに》Er sagte es höflich und ~ entschieden. 彼はそれを丁重に, だがきっぱりと言った. Diese Krankheit ist schlimm, aber ~ nicht unheilbar. この病気は容易ならぬものだが, しかしそれでも不治ではない. Das scheint mir denn ~ nicht wahr. それは私には(どれにしても)やはり本当とは思えない.《also とともに》Du hast es also ~ getan. 君がそれをやっぱりやったんだな. **2.**《否定の決定疑問文・叙述文に対する打消しの答えに用いて, アクセント有》いいえ, いやいや: Kommst du nicht mit ? ―D~ ! 一緒に行かないのだろう. ―いいや(行くよ). **3.**《定動詞を文頭に置いて, 先行する文で言われた原因・理由を示して》〈文〉…なので: Sie sah blass aus, war sie ~ seit gestern verkältet. 彼女は顔色が青かった. 昨日から風邪を引いていたからだ. **4.**《話者の気持》**a.**《反論しようとして》…なのだよ, …ではないか: Das ist ~ wahr. それは本当なんだよ. **b.**《叙述文の形の決定疑問文で》肯定的答えを期待して》…だろうねえ: Du kommst ~ mit ? 君は一緒に行くんだろうねえ.《doch nicht ならば否定の答えを期待》Sie ist ~ nicht etwa krank ? 彼女は病気なんかじゃないだろうねえ. **c.**《命令文で, いらだって》…しろよ: Komm ~ endlich ! いいかげんに来いよ. Lass mich ~ in Ruhe ! かまわないでくれたもう. **d.**《命令文または接続法 2 式の文で, 強く希望して》ぜひ, どうか: …ならば: Besuch uns ~ einmal ! ぜひ一度私たちのところを訪ねてくれたまえ.《接続法 2 式ではほとんど実現不可能な

願望）Käme er ～〔Wenn er ～ käme〕！ 彼が来てくれたらなあ. **e.**《感嘆文で. 驚いたり憤慨したりして》それにしても, なんとまあ： Das ist ～ zu arg！それにしてもそれはひどすぎるじゃないか. Was ist das ～ für ein frecher Kerl！ なんとまあこいつはずうずうしいやつだろう. **f.**《自問の補足疑問文で. 思い出そうとして》…だったかなあ, …だっけかなあ： Was wollte ich ～ kaufen？ 何を買うのだったかなあ. 【慣用】**Also doch！** やっぱりねえ, 言ったとおりだろう. **Das ist doch nicht dein Ernst！**〔?〕まさか本気じゃないだろうね, 冗談だろう. **Doch ja.** そうねえ, そうだなあ, まあいいよ. **Gewiss doch！** もちろんだとも. **Ja doch！** そう, そのとおり. **Nein doch！** いいや違うよ. **Nicht doch！** やめなさいよ.

doch[2]［ドほ］[接]《並列》《先行する文と対立・相反する文を導いて》しかし(ながら)： Ich wurde eingeladen, ～ ich hatte〔hatte ich〕keine Zeit. 私は招待を受けた. しかしながら暇がなかった《倒置は《古》》.《文の一部を省略して》Die Luft ist kalt, ～ (sie ist) rein. 空気は冷たい. しかしながら澄んでいる.

der **Docht**［ドほト］[名] -(e)s/-e 芯(しん), 灯心.

das **Dock**［ドック］[名] -(e)s/-s〔-e〕(船の)ドック; 係船ドック; (飛行機の整備用)足場.

die **Docke**［ドッケ］[名] -/-n **1.** (糸の)束; (乾燥用の)穀物の束. **2.** 欄干〔手すり〕の小柱〔支柱〕. **3.**《方》人形; 豚.

docken[1]［ドッケン］[動] *h.*〔〈et4〉ヲ〕綛(かせ)に造る《糸を》, 束ね合せる《穀類を》.

docken[2]［ドッケン］[動] *h.* **1.**〔〈et4〉ヲ〕ドックに入れる《船を》. **2.**〔補足なし〕ドックに入っている《船が》. **3.**〔(〈et4〉ヲ)〕ドッキングさせる《宇宙船を》.

das **Docking**［ドッキング］[名] -s/-s (宇宙船の)ドッキング, 連結.

das **Dodekaeder**［ドデカ・エーダー］[名] -s/- 十二面体; 五角十二面体.

die **Dodekafonie, Dodekaphonie**［ドデカ・ふぉニー］[名] -/ 〔楽〕十二音音楽.

der **Doge**［dó:ʒə ドージェ, dó:dʒə ドーヂェ］[名] -n/-n〔史〕(ヴェネツィア・ジェノヴァ共和国の)総督.

die **Dogge**[1]［ドッゲ］[名] -/-n 大型犬; ブルドッグ (Bull～)： die deutsche ～ グレートデン.

die **Dogge**[2]［ドッゲ］[名] -/-n (宝石研磨用の)枠.

die **Doggerbank**［ドッガー・バンク］[名] -/〔海名〕ドッガーバンク《北海の中央部の浅瀬》.

das **Dogma**［ドグマ］[名] -s/..men (教会の)教理, 教義;《蔑》ドグマ, 独断.

die **Dogmatik**［ドグマーティク］[名] -/〔神〕教義学;《文》(《蔑》も有)独断論, 独善性.

der **Dogmatiker**［ドグマーティカー］[名] -s/- 教義学者;《文》(主に《蔑》)独断論者, 教条主義者.

dogmatisch［ドグマーティシュ］[形] 教義〔教理〕上の;《文》(主に《蔑》)独断的な.

der **Dogmatismus**［ドグマティスムス］[名] -/《文》(主に《蔑》)独断論, 教条主義.

die **Dohle**［ドーレ］[名] -/-n〔鳥〕コクマルガラス;《方》流行遅れの黒い帽子.

die **Dohne**［ドーネ］[名] -/-n 鳥用の括罠(くくりわな).

doktern［ドクターン］[動] *h.*〔補足なし〕《口》医者のまねをする, 素人治療をする.

der **Doktor**［ドクトーあ］[名] -s/-en［ドクトーれン］ **1.**(㊊のみ)ドクターの学位, 博士号： seinen ～ machen〔bauen〕 博士号を得る. **2.** 博士(人; 略Dr.; ㊊ Dres.)： Herr/Frau ～！ 先生《学位を持つ男性/女性への呼びかけ》.【女性でも Doktorin とはいわない】 **3.**《口》医者.

der **Doktorand**［ドクトらント］[名] -en/-en 博士号〔ドクターの学位〕取得志願者《略 Dd.》.

die **Doktorarbeit**［ドクトーあ・アるバイト］[名] -/-en 学位請求論文.

das **Doktorat**［ドクトらート］[名] -(e)s/-e 博士号; 博士号取得の試験.

das **Doktordiplom**［ドクトーあ・ディプローム］[名] -s/-e 博士の学位記.

die **Doktorfrage**［ドクトーあ・ふらーゲ］[名] -/-n《口》難題.

der **Doktorgrad**［ドクトーあ・グらート］[名] -(e)s/-e 博士〔ドクター〕の学位.

der **Doktorhut**［ドクトーあ・フート］[名] -(e)s/..hüte ドクターの帽子;《口》博士号.

doktorieren［ドクトリーれン］[動] *h.*〔補足なし〕《古》ドクターの学位を取得する.

der **Doktorvater**［ドクトーあ・ふぁーター］[名] -s/..väter 博士論文指導教授.

die **Doktorwürde**［ドクトーあ・ヴュるデ］[名] -/-n 博士の学位.

die **Doktrin**［ドクトリーン］[名] -/-en **1.** 学説, 教義, 教理. **2.**〔政〕主義, 原則： Hallstein-～ ハルシュタイン原則.

doktrinär［ドクトリネーあ］[形]《文》教条的な;《蔑》教義一辺倒の.

die **Doku**［ドーク］[名] -/-s《口》 **1.** 記録文書〔資料〕の作成; 資料〔記録〕集 (Dokumentation). **2.** ドキュメント番組, 記録物 (Dokumentarbericht). **3.** 記録映画, ドキュメンタリー・フィルム (Dokumentarfilm).

das **Dokument**［ドクメント］[名] -(e)s/-e 記録, (証拠)文書, 書類; 証書, 証拠;〔旧東独〕党員登録簿.

der **Dokumentarbericht**［ドクメンターあ・べりひト］[名] -(e)s/-e ドキュメント番組, 記録物.

der **Dokumentarfilm**［ドクメンターあ・ふぃルム］[名] -(e)s/-e 記録映画, ドキュメンタリー・フィルム.

dokumentarisch［ドクメンターリシュ］[形] **1.** 文書〔書類〕による. **2.** 記録(上)の, ドキュメンタリーの; 立証力のある.

das **Dokumentartheater**［ドクメンターあ・テアーター］[名] -s/-〔劇〕ドキュメント劇《記録文書をもとに政治問題や社会批判を扱う》.

die **Dokumentation**［ドクメンタツィオーン］[名] -/-en **1.** 記録文書〔資料〕の作成; 資料〔記録〕集： eine ～ über 〈et4〉〔zu 〈et3〉〕〈事の〉資料. **2.** 証明, (明確な)表現. **3.** 資料保管所.

das **Dokumentenakkreditiv**［ドクメンテン・アクれディティーふ］[名] -s/-e 荷為替信用状.

dokumentieren［ドクメンティーれン］[動] *h.* **1.**〔〈et4〉ヲ〕はっきりと示している. **2.**〔sich4＋in 〈et3〉ニ〕明瞭に現れている. **3.**〔〈et4〉ヲ〕文書〔文献〕で証明する; 記録する.

die **Dokusoap, Doku-Soap**［..zo:p ドーク・ソープ］[名] -/-s〔テレビ〕(娯楽的な)ドキュメント風連続ドラマ.

das **Dolby-System**［dɔ́lbi.. ドルビ・ズュステーム］[名] -s/-e〔電〕ドルビー方式《録音時に雑音を少なくする方式》.

dolce［dɔ́ltʃə ドルチェ］[副]〔楽〕ドルチェ, 甘く, 柔らかに.

das **Dolcefarniente**［ドルチェ・ふぁーあニエンテ］[名] -/ 無為の楽しみ, 安逸.

das **Dolce Vita,** ㊐ *das*〔*die*〕**Dolce vita**［dɔ́ltʃə .. ドルチェ ヴィータ］[名] --/ 甘い生活《上流階級の遊蕩(ゆうとう)生活》.

der **Dolch**［ドルひ］[名] -(e)s/-e 短剣;《口》ナイフ.

der **Dolchstoß**［ドルひ・シュトース］[名] -es/..stöße 短剣で刺すこと; だまし打ち, 裏切り.

die **Dolchstoßlegende**［ドルひシュトース・レゲンデ］[名] -/ 匕首(あいくち)伝説《①第一次大戦の敗北を国内の革命分子のせいにする軍部擁護論. ②敗北や失敗を内部の裏切りのためとする主張》.

die **Dọl·de** [ドルデ] [名] -/-n 散形花序.

der **Dọl·den·blüt·ler** [ドルデン・ブリュートラー] [名] -s/- 〖植〗散形〔頭状〕花序の植物.

die **Dọl·drums** [ドルドるムス] [複名] 〖海〗赤道無風帯.

do·li·cho·ke·phal [ドリひょ・ケふぁール] [形] =dolichozephal.

do·li·cho·ze·phal [ドリひょ・ツェふぁール] [形] 〖生・医〗長頭(症)の.

die **Do·li·ne** [ドリーネ] [名] -/-n 〖地質〗ドリーネ《石灰岩台地のすり鉢状の穴》.

dọll [ドル] [形] 《口》とてつもない;すごい.

der **Dọl·lar** [dɔ̃lar ドラる] [名] -s/-s 《単位を表す[複]は-》ドル《アメリカなどの貨幣単位. 記号$》.

das **Dọll·bord** [ドルボるト] [名] -(e)s/-e オール受けが取りつけられたボートの船べり.

die **Dọl·le** [ドレ] [名] -/-n オール受け.

der **Dọl·men** [ドルメン] [名] -s/- 〖考古〗ドルメン《先史時代の支石墓》.

der **Dọl·metsch** [ドルメっチュ] [名] -(e)s/-e **1.** 《オーストリア》通訳. **2.** 《文》代弁者, スポークスマン.

dọl·met·schen [ドルメっチェン] [動] *h.* **1.** 〔<et⁴>ヲ〕通訳する. **2.** 〔補足なし〕通訳をする.

der **Dọl·met·scher** [ドルメっチャー] [名] -s/- 通訳.

der **Do·lo·mit** [ドロミート] [名] -s/-e 苦灰石, 白雲石, 苦灰岩, 白雲岩.

die **Do·lo·mi·ten** [ドロミーテン] [複名] 〖地名〗ドロミテアルプス, 白雲岩山脈《南チロルに位置する》.

der **Do·lus** [ドールス] [名] -/ 〖法〗悪意, 故意, 犯意.

der **Dom**[1] [ドーム] [名] -(e)s/-e 司教座聖堂, 大聖堂 : der ~ des Himmels 《詩》大空.

der **Dom**[2] [ドーム] [名] -(e)s/-e **1.** ドーム, 丸屋根. **2.** 〖地質〗円頂丘. **3.** (ボイラー・蒸留器の)蒸気ドーム.

der **Dom**[3] [ドーム] [名] -/ 《無冠詞で》..様, …さん《ポルトガル男性の名に冠した敬称》.

die **Do·mä·ne** [ドメーネ] [名] -/-n **1.** 国有地;領有地. **2.** 専門分野, 得意な領域.

der **Do·mes·tik** [ドメスティーク] [名] -en/-en **1.** 《古》召使い. **2.** 花形選手を優勝させる役回りの自転車選手.

die **Do·mes·ti·ka·ti·on** [ドメスティカツィオーン] [名] -/-en (野生動物の)家畜化;(野生植物の)栽培植物化.

do·mes·ti·zie·ren [ドメスティツィーれン] [動] *h.* **1.** 〔<et⁴>ヲ〕家畜化する;栽培植物化する. **2.** 〔<et⁴>ヲ〕穏健化する《過激思想などを》.

die **Dom·frei·heit** [ドーム・ふらイハイト] [名] -/ 〖史〗教会の裁判権管轄区域.

der **Dom·herr** [ドーム・へる] [名] -(e)n/-(e)n 〖カトリック〗司教座聖堂参事会員.

die **Do·mi·na** [ドーミナ] [名] -/..nä〔-s〕 **1.** 《[複]..nä》女子修道院長. **2.** 《[複]-s》《婉》(マゾの男を相手に)サディスト的行為をする売春婦.

do·mi·nạnt [ドミナント] [形] 〖生〗優性(遺伝)の;優勢な, 支配的な.

die **Do·mi·nạn·te** [ドミナンテ] [名] -/-n **1.** 主要な特徴. **2.** 〖楽〗属音;属和音.

die **Do·mi·nạnz** [ドミナンツ] [名] -/-en **1.** 〖生〗(遺伝的)優性. **2.** 優勢, 優位;支配.

der〔*das*〕**Do·mi·nat** [ドミナート] [名] -(e)s/-e 神聖ローマ帝国の帝政〔帝位〕, ドミナツス.

do·mi·nie·ren [ドミニーれン] [動] *h.* **1.** 〔in <et³>ニオイテ〕優勢である, 支配的である. **2.** 〔<j⁴/et⁴>ヲ〕支配している, 制圧している.

(*der*) **Do·mi·nik** [ドーミニク] [名] 〖男名〗ドーミニク.

der **Do·mi·ni·ka·ner** [ドミニカーナー] [名] -s/- **1.** 〖カトリック〗ドミニコ会(修道)士. **2.** ドミニカ人.

der **Do·mi·ni·ka·ner·or·den** [ドミニカーナー・オるデン] [名] -s/ 〖カトリック〗ドミニコ(修道)会.

do·mi·ni·ka·nisch [ドミニカーニシュ] [形] **1.** 〖カトリック〗ドミニコ(修道)会の. **2.** ドミニカの.

(*der*) **Do·mi·ni·kus** [ドミーニクス] [名] 〖人名〗ドミニクス, ドミニコ《1170 頃-1221, スペインの聖人》.

das **Do·mi·ni·on** [..niən ドミニエン] [名] -s/-s〔..nien〕〖史〗(旧英連邦)自治領.

der **Do·mi·no**[1] [ドーミノ] [名] -s/-s ドミノ仮装衣装(の人)《仮面舞踏会用の頭巾(ずきん)つき衣服》.

das〔*der*〕**Do·mi·no**[2] [ドーミノ] [名] -s/-s **1.** 《das ~》ドミノ(ゲーム). **2.** 《der ~》《オーストリア》ドミノゲームの牌(はい).

der **Do·mi·no·stein** [ドーミノ・シュタイン] [名] -(e)s/-e ドミノの牌(はい);チョコレートでコーティングしたさいころ状の菓子.

das **Do·mi·zil** [ドミツィール] [名] -s/-e 《文》(《冗》も有)住所, 居住〔滞在〕地;〖銀行〗(手形の)支払地;〖占〗(獣帯の)宮.

do·mi·zi·lie·ren [ドミツィリーれン] [動] *h.* **1.** 〔<場所>ニ〕(主に《冗》)居住している. **2.** 〔<et⁴>ノ〕〖銀行〗支払地を指定する.

der **Do·mi·zil·wech·sel** [ドミツィール・ヴェクセル] [名] -s/- 移転;〖銀行〗他地払い手形.

das **Dom·ka·pi·tel** [ドーム・カピテル] [名] -s/- 〖カトリック〗司教座聖堂参事会.

der **Dom·ka·pi·tu·lar** [ドーム・カピトゥラーあ] [名] -s/-e 〖カトリック〗司教座聖堂参事会員.

der **Dom·pfaff** [ドーム・プふぁふ] [名] -en〔-s〕/-en 〖鳥〗ウソ.

der **Dom·propst** [ドーム・プろーブスト] [名] -es/..pröpste 〖カトリック〗司教座聖堂参事会会長.

der **Domp·teur** [..tøːr ドムプテーあ] [名] -s/-e 猛獣使い.

die **Domp·teu·se** [..tøːzə ドムプテーゼ] [名] -/-n 女性猛獣使い.

Dọn [ドン] [名] -(s)/-s ドン《①スペインで洗礼名につける敬称. ②イタリアで聖職者, 一部の貴族に対する敬称》.

(*der*) **Do·nar** [ドーナる] [名] 〖ゲルマン神〗ドーナル《雷の神》

(*der*) **Do·na·tus** [ドナートゥス] [名] 〖人名〗ドナートゥス《Aelius ~, 350 頃, ローマの文法学者》.

die **Do·nau** [ドーナウ] [名] -/ 〖川名〗ドナウ川, ダニューブ川《ドイツ・オーストリア・南部東欧諸国を経て黒海に注ぐ》.

die **Do·nau·mo·nar·chie, Do·nau-Mo·nar·chie** [ドーナウ・モナるひー] [名] -/ ドナウ帝国《オーストリア・ハンガリー帝国, 1869-1918》.

der **Dö·ner** [デーナー] [名] -s/- 〖料〗ドネル(~kebab)《回転焼肉》.

der **Dö·ner·ke·bab** [デナー・ケバップ] [名] -(s)/-s ドネルケバブ《中近東諸国の羊肉・チキンの回転焼肉》.

die **Dọn·ja** [ドンヤ] [名] -/-s **1.** 《文》女中. **2.** 《冗》愛人, 恋人.

der **Don·jon** [dõʒõː ドンジョーン] [名] -s/-s (中世フランスの城の)主塔.

der **Don Ju·an** [dɔn xu̯án ドン ほアン, dɔn júːan ドンユーアン] [名] --s/--s **1.** 《[単]のみ;主に無冠詞》〖人名〗ドン・ファン《スペインの漁色家の貴族》. **2.** 漁色家.

die **Dọn·na** [ドナ] [名] -/-s〔Donnen〕 **1.** 《無冠詞》ドンナ《イタリアで貴婦人の洗礼名につける敬称》. **2.** 《口・蔑》女中.

der **Dọn·ner** [ドナー] [名] -s/- 《主に[単]》雷, 雷鳴;雷のような音 : Der ~ rollt〔grollt〕. 雷がごろごろ鳴る. wie vom ~ gerührt 雷に打たれたように.

der **Dọn·ner·bal·ken** [ドナー・バルケン] [名] -s/- 〖兵〗仮設便所, 仮設便所の止まり木.

der **Dọn·ner·gott** [ドナー・ゴット] [名] -(e)s/ 〖ゲルマン神〗雷神.

D

der Donnerkeil [ドナー・カイル] 名 -(e)s/-e **1.** 〖考古〗矢石(古生物の化石);(先史時代の)石斧(￥). **2.** (口)すっごい(驚きの叫び).

donnern [ドナーン] 動 **1.** *h.* [Es]雷が鳴る. **2.** *h.* 〖機〗轟音(𠮟)をとどろかす(エンジンなどが). **3.** *s.* 〈場所〉ッ/〈方向〉へ〉轟音をとどろかせて行く. **4.** *h.* 〖⟨et⁴⟩ッ+⟨方向⟩ッ〉(口)すごい音を立てて〔勢いよく〕投げつける. **5.** *h.* 〖⟨方向⟩ッ〉(口)大きな音を立ててたたく:mit der Faust auf den Tisch/gegen die Scheiben ～ こぶしでテーブル/窓ガラスをたたく.eine *gedonnert* kriegen びんたを一発食らう. **6.** *s.* 〖gegen⟨et⁴⟩〉(口)大きな音を立ててぶつかる. **7.** *h.* 〖⟨⟩ッ〉(口)怒鳴る.

der Donnerschlag [ドナー・シュラーク] 名 -(e)s/..schläge **1.** 雷,雷鳴. **2.** [‐‐‐](無冠詞)(口)何てことだ(驚きの表現).

der Donnerstag [ドナース・ターク] 名 -(e)s/-e 木曜日(略 Do.).〖用法は⇨Montag〗

donnerstägig [ドナース・テーギク] 形 木曜日の.
donnerstäglich [ドナース・テークリク] 形 木曜日ごとの.
donnerstags [ドナース・タークス] 副 (毎)木曜日に.
die Donnerstimme [ドナー・シュティメ] 名 -/-n 怒鳴り声.

das Donnerwetter [ドナー・ヴェッター,ドナー・ヴェッター] 名 -s/- **1.** [‐‐‐‐](口)𠮟責(ُ꜀ـ),大目玉,大騒動. **2.** [‐‐‐‐](口)こいつはすごい(驚きの叫び);ちくしょう(呪い・怒りの叫び):Zum ～ (noch mal)!えい,ちくしょう. **3.** [‐‐‐‐](古)雷雨(Gewitter).

der Don Quichotte [dɔnkiʃɔt, do.. ドン キショッテ] 名 -s/--s **1.** ドン・キホーテのような人,世間知らずの愚かな理想家. **2.** (⓱のみ;主に無冠詞)〖人名〗ドン・キホーテ(Cervantesの悪漢小説の主人公).

die Donquichotterie [dɔn.., dõ.. ドン・キショテリー] 名 -/-n ドン・キホーテ的な試み.

doof [ド-フ] 形 **1.** (口・蔑)間抜けな,とんまな. **2.** (方)うんざりするな;いまいましい.

dopen [ド-ペン, ドペン] 動 *h.* 〖⟨j⁴⟩/⟨et⁴⟩⟩ドーピングする.

das Doping [ドーピング, ドピング] 名 -s/-s ドーピング(スポーツ選手の興奮剤の使用).

das Doppel [ドッペル] 名 -s/- **1.** 写し,複写. **2.** (テニスなどの)ダブルス;ダブルスのペア:ein gemischtes ～ 混合ダブルス.

der Doppeladler [ドッペル・アードラー] 名 -s/- 双頭の鷲(ݖ)(紋章・貨幣の模様).

der Doppelagent [ドッペル・アゲント] 名 -en/-en 二重スパイ.

das Doppelalbum [ドッペル・アルブム] 名 -s/..alben 2枚組 LPレコード,ダブルアルバム.

das Doppel-b [..be; ドッペル・ベー] 名 -s/-s 〖楽〗重変記号,ダブルフラット.

der Doppelband [ドッペル・バント] 名 -(e)s/..bände 〖印〗合本;(シリーズ本の中で)分厚い巻.

das Doppelbesteuerungsabkommen [ドッペル・ベシュトイエルングス・アップ・コメン] 名 -s/- 〖経・法〗二重課税防止協定.

das Doppelbett [ドッペル・ベット] 名 -(e)s/-en ダブルベッド.

das Doppelbier [ドッペル・ビーア] 名 -(e)s/-e ドッペルビール(麦汁エキス濃度の高いビール).

der Doppelblindversuch [ドッペル・ブリント・ふぇアズーフ] 名 -(e)s/-e 〖心〗二重盲検法.

der Doppelbock [ドッペル・ボック] 名 -s/- (四旬節に醸造する)特に強いボックビール.

der Doppelboden [ドッペル・ボーデン] 名 -s/..böden 二重底.

der Doppeldecker [ドッペル・デッカー] 名 -s/- **1.** 複葉機. **2.** (口)二階建てバス.

doppeldeutig [ドッペル・ドイティク] 形 どちらともとれる;(意図的に)二重の意味を持たせた.

die Doppelehe [ドッペル・エーエ] 名 -/-n 重婚.
das Doppelfenster [ドッペル・フェンスター] 名 -s/- 二重窓.

die Doppelflinte [ドッペル・ふリンテ] 名 -/-n 二連銃.
der Doppelgänger [ドッペル・ゲンガー] 名 -s/- 生写しよく似た人;分身.

doppelgleisig [ドッペル・グライズィク] 形 **1.** 複線(軌道)の. **2.** どっちつかずの,はっきりしない.

der Doppelgriff [ドッペル・グリふ] 名 -(e)s/-e (主に⓱)〖楽〗(弦楽器などの)重音奏法.

das Doppelhaus [ドッペル・ハウス] 名 -es/..häuser 〖土〗二戸建て住宅.

die Doppelkandidatur [ドッペル・カンディダトゥーア] 名 -/-en 重複立候補.

das Doppelkinn [ドッペル・キン] 名 -(e)s/-e 二重顎(ڰ).

der Doppelklick [ドッペル・クリック] 名 -s/-s 〖ｺﾝﾋﾟｭｰﾀ〗ダブルクリック.

der Doppelkonsonant [ドッペル・コンゾナント] 名 -en/-en 〖言〗子音重複,重子音.

das Doppelkonzert [ドッペル・コンツェルト] 名 -(e)s/-e 〖楽〗二重協奏曲.

der Doppelkopf [ドッペル・コップふ] 名 -(e)s/- ドッペルコップ(4人から6人が2人一組になってするトランプゲーム).

das Doppelkreuz [ドッペル・クロイツ] 名 -es/-e **1.** 〖楽〗重嬰(ᕑ)記号,ダブルシャープ. **2.** 二重交差の十字架.

der Doppellaut [ドッペル・ラウト] 名 -(e)s/-e 〖言〗重音(⓵ auなどの複母音,二重母音.⓶ ffなどの重子音,⓷ aaなどの重母音).

das Doppelleben [ドッペル・レーベン] 名 -s/- 二重人格的生活.

die Doppelmonarchie [ドッペル・モナるひー] 名 -/-n 二重帝国:die ～ Österreich-Ungarn オーストリア=ハンガリー二重帝国.

doppeln [ドッペルン] 動 *h.* 〖⟨et⁴⟩ッ〉二重にする;新しい革底を張る. **2.** 〖ｺﾝﾋﾟｭｰﾀ〗複製する(パンチカードを).

der Doppelname [ドッペル・ナーメ] 名 -ns/-n 複合名(二つの姓〈名前〉をつなげたもの).

das Doppelpaddel [ドッペル・パッデル] 名 -s/- ダブルブレードパドル(カヌーなどの).

der Doppelpass, ⓜDoppelpaß [ドッペル・パス] 名 -es/..pässe **1.** 〖ｽﾎﾟｰﾂ〗(出されたパスを同じ相手に返す)ワンツーパス. **2.** (口)二重国籍.

der Doppelpunkt [ドッペル・プンクト] 名 -(e)s/-e コロン(記号:);長母音記号(:);〖楽〗複符点.

doppelreihig [ドッペル・らイイク] 形 **1.** 2列の. **2.** (背広などの)ダブルの.

die Doppelrolle [ドッペル・ろレ] 名 -/-n 二役.
der Doppelschlag [ドッペル・シュラーク] 名 -(e)s/..schläge **1.** 〖楽〗ターン,回音(記号∽). **2.** 〖ｽﾎﾟｰﾂ・ﾋﾞﾘｬｰﾄﾞ〗ドリブル.

doppelseitig [ドッペル・ザイティク] 形 両側の;両ページの;〖新聞〗二ページ大の,見開きの.

der Doppelsinn [ドッペル・ズィン] 名 -(e)s/-e 二重の意味.

doppelsinnig [ドッペル・ズィニク] 形 =doppeldeutig.
das Doppelspiel [ドッペル・シュピール] 名 -(e)s/-e **1.** (蔑)裏表のある態度;mit ⟨j³⟩ ein ～ treiben 〈人を〉だます. **2.** 〖ｽﾎﾟｰﾂ〗ダブルス.

die Doppelspitze [ドッペル・シュピッツェ] 名 -/-n **1.** 高位の官職の二頭体制. **2.** 〖ｽﾎﾟｰﾂ〗ツートップ.

der Doppelstecker [ドッペル・シュテッカー] 名 -s/- 〖電〗二連プラグ〔アダプター〕.

der **Dop·pel·stern** [ドっぺル・シュテるン] [名] -(e)s/-e 二重星.

die **Dop·pel·stra·te·gie** [ドっぺル・シュトらテギー] [名] -/-n 両面作戦.

dop·pelt [ドっぺルト] [形] **1.** (二)倍の, 二重の, 重複した: *~e* Buchführung 複式簿記. Ich bin ~ so alt wie er. ぼくは彼の倍の年だ. Der Stoff liegt ~ (breit). その布地はダブル幅だ(約 1.42 メートル). Das Buch habe ich ~. その本なら私は二部(ダブって)持っている. „Weißer Schimmel" ist ~ gemoppelt. 《口》「白い白馬」は無用なくり返しだ. **2.** 表裏〔二心〕のある, いんちきな: eine *~e* Moral〔eine Moral mit *~em* Boden〕(状況次第で)どうにでも変るモラル. mit *~er* Zunge sprechen 二枚舌を使う. mit ⟨j³⟩ ein *~es* Spiel treiben〔spielen〕⟨人を⟩裏切る〔ペテンにかける〕. **3.** 特別な, 非常な: mit *~em* Eifer 非常に熱心に. 【慣用】**Die Preise sind ums〔auf das〕Doppelte gestiegen.** 物価は倍に上がった. **doppelt sehen** 《口》(酔って)物が二重に見える. **doppelt und dreifach** 《口》(必要以上に)二重三重に. **einen Doppelten trinken** 《口》ダブルで飲む.

der **Dop·pel-T-Stahl** [ドっぺル・テー・シュタール] [名] -(e)s/..Stähle 〘工〙二重 T 形鋼.

die **Dop·pel·tür** [ドっぺル・テューあ] [名] -/-en 二重扉〔ドア〕.

der **Dop·pel·ver·die·ner** [ドっぺル・ふぇあディーナー] [名] -s/- **1.** 二重所得者. **2.** 《主に[複]》共働きの夫婦〔二人・人〕.

der **Dop·pel·vo·kal** [ドっぺル・ヴォカール] [名] -s/-e 母音重複, 重母音.

die **Dop·pel·wäh·rung** [ドっぺル・ヴェーるング] [名] -/-en (主に金銀の)複本位制.

der **Dop·pel·zent·ner** [ドっぺル・ツェントナー] [名] -s/- 2 ツェントナー(100 キログラム. 記号 dz, 《オーストリア・スイス》q).

das **Dop·pel·zim·mer** [ドっぺル・ツィマー] [名] -s/- 二人部屋.

dop·pel·zün·gig [ドっぺル・ツュンギひ] [形] 《蔑》二枚舌の.

die **Dop·pel·zün·gig·keit** [ドっぺル・ツュンギひカイト] [名] -/-en 《蔑》二枚舌の〔矛盾した〕発言;(《単のみ》)二心.

die **Dop·pik** [ドっピっク] [名] -/ 複式簿記.

(der) **Dopp·ler** [ドっプラー] [名] 〘人名〙ドップラー(Christian ~, 1803-1853, オーストリアの物理学者).

der **Dopp·ler·ef·fekt** [ドっプラー・エふぇクト] [名] -(e)s/ 〘理〙ドップラー効果(距離による音波〔光波〕の変化現象).

(die) **Do·ra** [ドーら] [名] 〘女名〙ドーラ.

das **Do·ra·do** [ドらード] [名] -s/-s エルドラド, 黄金郷.

das **Dorf** [ドるふ] [名] -(e)s/Dörfer **1.** 村, 村落: auf dem ~ wohnen 村〔田舎〕に住んでいる. aufs ~ ziehen 村〔田舎〕へ引っ越す. **2.** 《総称》村民, 村人. 【慣用】**auf〔über〕die Dörfer gehen** 《口》回りくどいことをする, 長々と話す. **Das sind mir〔für mich〕böhmische Dörfer.** 私には何のことかさっぱり分らない. **nie aus seinem Dorf herausgekommen sein** 精神的視野がせまい.

der **Dorf·be·woh·ner** [ドるふ・ベヴォーナー] [名] -s/- 村民.

die **Dorf·ge·mein·de** [ドるふ・ゲマインデ] [名] -/-n 村, 村(そん)(一つまたは複数の村からなる地方自治体).

die **Dorf·kir·che** [ドるふ・キるひぇ] [名] -/-n 村の教会.

der **Dörf·ler** [デるふラー] [名] -s/- 村民, 村人.

dörf·lich [デるふりひ] [形] 村の, 田舎の.

die **Dorf·schen·ke, Dorf·schän·ke** [ドるふ・シェンケ] [名] -/-n 村の居酒屋.

die **Dorf·schu·le** [ドるふ・シューレ] [名] -/-n (田舎の)小学校.

der **Dorf·schul·ze** [ドるふ・シュルツェ] [名] -n/-n 《古》村長.

(der/die) **Do·ria** [ドーりア] [名] 〘人名〙ドーリア(イタリア貴族の家系): Donner und ~! 驚きだ.

der **Do·ri·er** [ドーりあー] [名] -s/- ドーリス人.

(die) **Do·ris**[1] [ドーりス] [名] **1.** 〘女名〙ドーリス. **2.** 〘ギ神〙ドーリス(Okeanos の娘で, Nereus の妻).

(das) **Do·ris**[2] [ドーりス] [名] -'/ 〘地名〙ドーリス地方(古代ギリシアの中部地方).

do·risch [ドーりシュ] [形] ドーリス人の, ドーリス〔ドーリア・ドリア〕式の.

die **Dor·meu·se** [..mǿːzə ドるメーゼ] [名] -/-n **1.** 寝いす. **2.** (ロココ時代の)髪型保護のための帽子.

das **Dor·mi·to·ri·um** [ドるミトーりウム] [名] -s/..rien 修道院の共同寝室;修道院内の私室棟.

der **Dorn** [ドるン] [名] -(e)s/-en〔-e〕 **1.** (《複》-en) とげ;(《詩》)茨(いばら)の茂み;《転》苦労, 苦痛: sich[4] an einem ~ stechen とげを刺す. **2.** (《複》-e)突き錐(きり), 千枚通し, 穿孔(せんこう)器;蝶番(ちょうつがい)のピン;(尾錠などの)留め針;(靴の)スパイク;〘工〙丸鋼. 【慣用】⟨j³⟩ **ein Dorn im Auge sein** ⟨人の⟩しゃくの種だ.

der **Dorn·busch** [ドるン・ブッシュ] [名] -(e)s/..büsche 茨(いばら)の茂み.

die **Dor·nen·he·cke** [ドるネン・ヘッケ] [名] -/-n 茨(いばら)の生垣.

die **Dor·nen·kro·ne** [ドるネン・クろーネ] [名] -/-n (キリストの)茨(いばら)の冠(苦悩の象徴).

dor·nen·reich [ドるネン・らイひ] [形] 多難な(人生など), いばらの(道など).

dor·nen·voll [ドるネン・ふぉル] [形] 苦難に満ちた.

der **Dorn·fel·der** [ドるン・ふぇルダー] [名] -s/- **1.** (《単》のみ)ドルンフェルダー種のブドウ. **2.** ドルンフェルダー種のブドウによる赤ワイン.

der **Dorn·fort·satz** [ドるン・ふぉるト・ザッツ] [名] -es/..sätze 〘解〙(脊椎(せきつい)の)棘(きょく)突起.

dor·nig [ドるニひ] [形] とげの多い;《文》多難な.

das **Dorn·rös·chen** [ドるン・れースひぇン] [名] 〘女名〙茨(いばら)姫, 眠り姫(茨に囲まれて 100 年間眠る王女).

der **Dorn·rös·chen·schlaf** [ドるン・れースひぇン・シュラーふ] [名] -(e)s/ 長い眠り;長い間無為に過ごすこと.

(die) **Do·ro·thea** [ドろテーア] [名] 〘女名〙ドロテーア.

(die) **Do·ro·thee** [dóːrote ドーろテ, doroté:(ə) ドろテー(エ)] [名] 〘女名〙ドーロテ, ドロテー.

dor·ren [ドれン] [動] *s.* 〔補足なし〕《文》乾く, 乾燥する;枯死する, ひからびる.

dör·ren [デれン] [動] **1.** *h.* 〔⟨et⁴⟩ヲ〕乾かす, 乾燥させる, 干上がらせる. **2.** *s.* 〔補足なし〕乾く, 乾燥する, 干上がる;枯死する, ひからびる, しなびる.

das **Dörr·fleisch** [デる・ふライシュ] [名] -(e)s/ 乾燥肉, 赤身のベーコン.

das **Dörr·ge·mü·se** [デる・ゲミューゼ] [名] -s/- 乾燥野菜.

das **Dörr·obst** [デる・オープスト] [名] -(e)s/ ドライフルーツ.

dor·sal [ドるザール] [形] **1.** 〘医〙背(中)の;背側の. **2.** 〘言〙舌背の.

der **Dorsch** [ドるシュ] [名] -(e)s/-e 〘魚〙タラの幼魚;(バルト海産の)小形のタラ;タラ科の魚.

dort [ドるト] [副] あそこに〔で〕, そちらで: Wer ist ~? (電話の相手に)そちらはどなたですか. das Buch ~ あそこの本. ~ oben/an der Straßenecke あそこの上で/街角で. *D~*, wo das Haus steht, wartet er. あそこのあの建物のところで彼は待っている. von ~ (aus) そこから. Ich möchte bis Freitag ~ bleiben. 私は金曜日までそこに留まりたい.

dort blei·ben*, ⓔ**dort|blei·ben*** [ドるト ブライベン] ⇨ dort.

dort・her [ドると・ヘーあ, ドると・ヘーあ, 指示的にはドるト・ヘーあ] 副 (あ)そこから(こちらへ)(主に von とともに): von ~ (あ)そこから(こちらへ).

dort・hin [ドると・ヒン, 指示的にはドるト・ヒン] 副 (方向)そこへ, あそこへ; bis ~ そこまで. D~ ist es mit ihm gekommen！そこまで彼は落ちぶれてしまった.

dort・hin・aus [ドると・ヒナうス, ドると・ヒナウス, 指示的にはドるト・ヒナウス] 副 あそこから外へ.

dor・tig [ドるティひ] 形 (あ)そこの, あの(その)地の.

(das) **Dortmund** [ドるトムント] 名 -s/ [地名]ドルトムント(ノルトライン=ヴェストファーレン州の都市): der ~-Ems-Kanal ドルトムント・エムス運河.

dortzulande, dort zu Lande [ドるト・ツ・ランデ] 副 (文)かの地で.

die **Dos** [ドース] 名 -/Dotes[ドーテース] [法]持参金.

die **Do・se** [ドーゼ] 名 -/-n **1.** (円筒形の)容器. **2.** (缶詰の)缶(Konserven): Bier in ~n 缶入りビール. **3.** コンセント, プラグソケット(Steck~). **4.** (稀)(薬の)服用量. **5.** (卑)= Vulva.

dö・sen [デーゼン] 動 h. [聖祭](口)うとうとする; ぼやっとしている.

das **Do・sen・bier** [ドーゼン・ビーあ] 名 -(e)s/-e 缶ビール.

die **Do・sen・milch** [ドーゼン・ミルヒ] 名 -/ コンデンスミルク.

der **Do・sen・öff・ner** [ドーゼン・①ふナー] 名 -s/- 缶切り.

do・sie・ren [ドズィーれン] 動 h. 〈et⁴ゥ〉適量に分ける[計る], 適量で投与する(Dosis).

die **Do・sie・rung** [ドズィーるンゲ] 名 -/-en 適量に(計り)分けること;配分量, 適正量.

dö・sig [デーズィヒ] 形 (口)眠い, もうろうとした;ぼんやりとした.

die **Do・sis** [ドーズィス] 名 -/Dosen (薬の)服用量;1服;また gehörige ~ (転)かなり多く. 〈j³〉etwas in kleinen Dosen verabreichen (転)〈人に〉〈事を〉いたわりから少しずつ知らせる.

das **Dos・sier** [dosje; ドスィエー] 名 -s/-s 一件についての(大量の)書類.

(der) **Dos・to・jew・ski** [..jéfski ドストイェふスキ] [人名]ドストエフスキー(Fjodor Michailowitsch ~, 1821-81, ロシアの小説家).

die **Do・ta・tion** [ドタツィオーン] 名 -/-en (文)寄付(金), 贈与(金);(稀)持参金.

do・tie・ren [ドティーれン] 動 h. **1.** 〈et⁴〉= mit〈et³ッ/様態ン〉支給う;つける(レース・賞などに賞金を);寄付する(一定の機関・財団などに基金を). **2.** 〈j³〉=(古)給料[報酬]を支払う;持参金を持たせる. **3.** 〈et⁴〉=[エ]他の元素を組込む.

do・tiert [ドティーあと] 形 [mit〈et³〉/様態ン]額の報酬の;額が設定された: Der Preis ist mit 10 000 Euro ~. その賞金は10 000ユーロだ. ein hoch ~er Posten 高額の報酬のポスト.

der (das) **Dot・ter** [ドッター] 名 -s/- 黄身, 卵黄;[動]卵黄(卵細胞に含まれる胚の養分).

die **Dot・ter・blu・me** [ドッター・ブルーメ] 名 -/-n [植]黄色の花の植物.

dot・ter・gelb [ドッター・ゲルプ] 形 卵黄色の.

dot・zen [ドッツェン] 動 h. [聖祭](方)弾む(ボールなどが).

dou・beln [dú:bəln ドゥーベルン] 動 h. [映] **1.** ((⟨j³ゥ⟩/様態ン)スタンドイン(代役)をつとめる. **2.** 〈et⁴〉=スタンドインを起用する.

das **Doub・le** [dúːbəl ドゥーベル] 名 -s/-s **1.** [映]スタンドイン, 代役. **2.** 生き写し. **3.** [楽]ドゥブル(変奏の一種). **4.** [スポ]二冠.

das **Doub・lé** [dublé: ドゥブレー] 名 -s/-s = Dublee.

der (das) **Dou・ble・face** [dú:bəlfɛːs; ドゥーベル・ふぇース, dábəlfes ダベル・ふぇース] 名 -/-s [..ふース/..ふぇースィズ] [紡]両面仕上げの織物;(コート用の)太い紡毛織物.

die **Doub・lette** [du.. ドゥブレッテ] 名 -/-n = Dublette.

der **Dow-Jones-In・dex** [dáudʒɔ:ns.. ダウ・ヂョーンス・インデックス] 名 -(es)/ [経]ダウ(ジョーンズ)平均株価指数.

down [daʊn ダウン] 副 (口)ダウンして.

die **Downing Street** [dáunɪŋ strí:t ダウニング ストリート] 名 -/ **1.** (ロンドンの)ダウニング街. **2.** (無冠詞で)イギリス政府.

der **Down・load** [dáunloːt ダウン・ロート] 名 -s/-s [コンピュ]ダウンロード.

down・loa・den [dáunlo:dən ダウン・ローデン] 動 h. 〈et⁴ゥ〉[コンピュ]ダウンロードする.

das **Downsyndrom, Down-Syndrom** [dáʊn .. ダウン・ズュンドろーム] 名 -s/ ダウン症候群.

der **Doy・en** [dɔajẽː ドアイェーン] 名 -s/-s (主に(外))外交団首席;(団体の)最古参者.

der **Do・zent** [ドツェント] 名 -en/-en (大学・市民大学などの)講師;私講師(Privat~).

die **Do・zen・tur** [ドツェントゥーあ] 名 -/-en (大学の)講師の職[ポスト].

do・zie・ren [ドツィーれン] 動 h. **1.** [聖祭]講義をする. **2.** [聖祭]説教じみた口調で語る.

die **DP** [略] **1.** = Deutsche Post(AG)ドイツ郵便(株式会社). **2.** = Deutsche Post ドイツ郵便(1947-50, ドイツ連邦郵便の前身);[旧東独]ドイツ国営郵便.

D.P. = Displaced Person(第二次世界大戦中のドイツへの)強制移住外国人, 故国をはなれた難民.

dpa [デーペーアー] = Deutsche Presse-Agentur ドイツ通信社.

dpt = Dioptrie[光]ジオプトリー(レンズの屈折力の単位).

dptr., Dptr. = Dioptrie[光]ジオプトリー(レンズの屈折力の単位).

die **DR** 名 -/ Deutsche Reichsbahn ドイツ国鉄鉄道(1945年まで);(ドイツ国有鉄道[ドイツ東独地域]).

Dr = Drachme ドラクマ(ギリシアの旧貨幣単位).

Dr. = Doktor 博士, ドクター.

d. R. **1.** = der Reserve (2格)(兵役の)予備役の. **2.** =des Ruhestandes (2格)[役所]恩給生活の.

der **Dra・che** [ドらッヘ] 名 -n/-n 龍, ドラゴン;(口・蔑)口うるさい女.

der **Dra・chen** [ドらッヘン] 名 -s/- 凧(だこ);[スポ]ハンググライダー;ドラゴン級ヨット;(口・蔑)口うるさい女.

das **Dra・chen・blut** [ドらッヘン・ブルート] 名 -(e)s/-e 龍血樹の樹脂(塗料の原料);(伝説)龍の血.

das **Dra・chen・boot** [ドらッヘン・ボート] 名 -(e)s/-e[..böte] ドラゴン級ヨット.

das **Dra・chen・flie・gen** [ドらッヘン・ふリーゲン] 名 -s/ [スポ]ハンググライディング(ハンググライダーの滑空).

die **Dra・chen・saat** [ドらッヘン・ザート] 名 -/-en (文)不和[争い]の種.

die **Drach・me** [ドらㇵメ] 名 -/-n **1.** ドラクマ(ギリシアの旧貨幣単位. 記号 Dr). **2.** (昔の)薬量単位.

das **Dra・gee, Dragée** [draʒé: ドらジェー] 名 -s/-s **1.** ドラジェー(砂糖やチョコレートで覆われた菓子). **2.** 糖衣錠.

der **Drag・gen** [ドらッゲン] 名 -s/- [海]四つ爪いかり.

der **Dra・go・man** [ドらーゴマーン] 名 -s/-e (中近東の)通訳, ガイド.

der **Dra・go・ner** [ドらゴーナー] 名 -s/- [史]龍騎兵(小銃を持った騎兵);(口・蔑)男のような女.

der **Drag·ster** [drǽgstər ドれグスター] [名] -s/- ドラッグレース用の自動車.

der **Draht** [ドらート] [名] -(e)s/Drähte **1.** 針金,ワイヤー：～ (aus)ziehen 針金を製造する,伸線する. **2.** 電話線;電信線;電信,電報：per ～《古》電報〔電話〕で. **3.** 連絡,関係：den ～ zu 〈j³〉 nicht abreißen lassen/verlieren 〈人との〉関係を絶やさない/失う. **4.**〘兵〙鉄条網. 【慣用】〈j⁴〉 **auf Draht bringen** 〈人を〉機敏に活動できるようにさせる. **heißer Draht** ホットライン. 〈j¹〉 **ist auf Draht** 〈人が〉機敏に状況を利用する;しっかり者である.

die **Draht·an·schrift** [ドらート・アン・シュりふト] [名] -/-en 電報〔電信〕の宛名略号.

die **Draht·ant·wort** [ドらート・アントヴォるト] [名] -/-en 返電.

der **Draht·aus·lö·ser** [ドらート・アウス・⑫ーザー] [名] -s/-〘写〙ケーブルレリーズ.

die **Draht·bürs·te** [ドらート・ビュるステ] [名] -/-n ワイヤブラシ.

drah·ten [ドらーテン] [形] 針金でできた.

der **Draht·funk** [ドらート・ふンク] [名] -s/ 有線放送.

das **Draht·ge·flecht** [ドらート・ゲふレひト] [名] -(e)s/-e 金網.

das **Draht·ge·we·be** [ドらート・ゲヴェーベ] [名] -s/- 四角い網目の金網.

das **Draht·git·ter** [ドらート・ギッター] [名] -s/- 金網格子.

das **Draht·glas** [ドらート・グラース] [名] -es/ 金網入り板ガラス.

das **Draht·haar** [ドらート・ハーあ] [名] -(e)s/-e (犬の)ワイヤヘアー.

der **Draht·haar·ter·ri·er** [ドらートハーあ・テりあー] [名] -s/-〘動〙ワイヤヘアードテリア.

drah·tig [ドらーティひ] [形] 針金のような;筋肉の引締まった.

der **Draht·korb** [ドらート・コるプ] [名] -(e)s/..körbe 針金製の籠.

die **Draht·leh·re** [ドらート・レーれ] [名] -/-n ワイヤゲージ.

draht·los [ドらート・ロース] [形] 無線〔ワイヤレス〕の.

die **Draht·nach·richt** [ドらート・ナーは・りひト] [名] -/-en 電報.

das **Draht·netz** [ドらート・ネッツ] [名] -es/-e 金網.

die **Draht·sche·re** [ドらート・シェーれ] [名] -/-n 針金切り〔ばさみ〕.

das **Draht·seil** [ドらート・ザイル] [名] -(e)s/-e ワイヤロープ,鋼索.

die **Draht·seil·bahn** [ドらート・ザイル・バーン] [名] -/-en ロープウェー,空中ケーブル;ケーブルカー.

das **Draht·sieb** [ドらート・ズィープ] [名] -(e)s/-e 金網篩(ふるい).

der **Draht·stift** [ドらート・シュティふト] [名] -(e)s/-e 丸釘(まるくぎ).

der〔*das*〕 **Draht·ver·hau** [ドらート・ふぇあハウ] [名] -(e)s/-e **1.** 鉄条網. **2.**〘兵〙乾燥野菜.

der **Draht·wurm** [ドらート・ヴるム] [名] -(e)s/..würmer〘昆〙ハリガネムシ(コメツキムシの幼虫).

die **Draht·zan·ge** [ドらート・ツァンゲ] [名] -/-n ペンチ.

der **Draht·zie·her** [ドらート・ツィーあー] [名] -s/- **1.** 針金製造工. **2.** 裏で糸を引く人,黒幕.

die **Drai·na·ge** [drɛnáːʒə ドれナージェ] [名] -/-n ＝ Dränage.

drai·nie·ren [drɛníːrən ドれニーれン] [動] *h.* ＝ dränieren.

die **Drai·si·ne** [ドらイズィーネ, drɛ.. ドれズィーネ] [名] -/-n ドライジーネ(①自転車の前身.②保線用のトロッコ).

dra·ko·nisch [ドらコーニシュ] [形] 苛酷(かこく)な,仮借ない.

drall [ドらル] [形] むっちりと肉づきのいい.

der **Drall** [ドらル] [名] -(e)s/-e (主に[単]) **1.** (銃身内部の)旋条,腔綫(こうせん);(弾丸の)回転運動. **2.**〘理〙回転運動,旋回;角運動量. **3.** (糸の)より数. **4.**《口》傾向：einen ～ nach links haben 左翼的傾向がある.

das **Dra·ma** [ドらーマ] [名] -s/..men **1.** 劇,ドラマ;戯曲;([単]のみ)演劇(ジャンル). **2.** (主に[単])劇的な事柄,劇的事件.

die **Dra·ma·tik** [ドらマーティク] [名] -/ **1.** 演劇,劇文学. **2.** 劇的緊張.

der **Dra·ma·ti·ker** [ドらマーティカー] [名] -s/- 劇作家.

dra·ma·tisch [ドらマーティシュ] [形] 劇〔戯曲〕の;劇的な.

dra·ma·ti·sie·ren [ドらマティズィーれン] [動] *h.*〔〈et⁴〉ヲ〕劇〔戯曲〕化する;潤色する.

die **Dra·ma·tis Per·so·nae** [..nɛ ドらーマティス・ぺるゾーネ] [複名]《文》(劇の)登場人物.

der **Dra·ma·turg** [ドらマトゥるク] [名] -en/-en (劇団・放送局の)演劇顧問,文芸部員.

die **Dra·ma·tur·gie** [ドらマトゥるギー] [名] -/ **1.** 演劇論. **2.** 劇〔(テレビ)映画・放送劇〕の脚色,構成. **3.** (劇団・放送局の)文芸部,演劇制作部.

dran [ドらン] [副]《口》(次の形で)an 〈j³/et³〉 ist was〔etwas〕/nichts ～ 〈人・物・事には〉何かある/何もいいところがない. 【慣用】**Da ist alles dran!**《口》これはすごい〔いいことずくめだ〕(《皮》も). **dran glauben müssen**《口》観念しなければならない. 〈j¹〉 **ist am dransten**《口》〈人の〉番である;〈人が〉責任を取る番である. 〈j¹〉 **ist dran**《口》〈人の〉番である. **nicht wissen, wie man mit 〈j³〉 dran ist** 〈人に〉どう対したら〔〈人を〉どう考えたら〕いいのか分らない.

der **Drän** [ドれーン] [名] -s/-s〔-e〕〘工〙排水溝〔管〕;〘医〙排膿(はいのう)管.

die **Drä·na·ge** [..ʒə ドれナージェ] [名] -/-n **1.**〘工〙排水設備. **2.**〘医〙排膿(はいのう)(法).

der **Drän-Ein·stau** [ドれーン・アイン・シュタウ] [名] -(e)s/-s〔-e〕〘農〙地下灌漑(かんがい)法(地下の土管網に貯水し,地下水の水位を調節する).

drang [ドらング] [動] dringen の過去形.

der **Drang** [ドらング] [名] -(e)s/Dränge **1.** 衝動,切望,熱望,生理的欲求：der ～ nach Rache 復讐(ふくしゅう)欲. 〈et⁴〉 aus innerem ～ tun 〈事を〉内心の欲求からする. **2.** ([単]のみ)圧迫,切迫：im ～ der Arbeit 仕事に追われて.

drän·ge [ドれンゲ] [動] dringen の接続法 2 式.

dran|ge·ben* [ドらン・ゲーベン] [動] *h.*〔〈et⁴〉ヲ＋(für 〈et⁴〉ノタメニ)〕犠牲にする.

die **Drän·ge·lei** [ドれンゲライ] [名] -/-en《蔑》押合いへし合い;無理強い.

drän·geln [ドれンゲルン] [動] *h.*《口》 **1.**〔(〈j⁴〉ヲ)〕かき分けて進む. **2.**〔〈j⁴〉ヲ＋〈方向〉ヘ(カラ)〕(雑踏の中で)押しやる,押しだす. **3.**〔sich⁴〕人込みをかき分けて進む. **4.**〔(〈j⁴〉ニ)＋(zu 〈et³〉ヲ(スルヨウニ))〕せがむ,せきたてる.

drän·gen [ドれンゲン] [動] *h.* **1.**〔補足なし〕前へ進もうとひしめく〔押合う〕;切迫する(時間・状況などが);〘球〙激しく攻撃的に試合を進める. **2.**〔sich⁴＋〈場所〉ヲ〕ひしめき合う. **3.**〔〈j⁴〉ヲ＋〈方向〉ニ(カラ)〕無理に押す〔動かす〕,押しつける,押しやる,押出す. **4.**〔(sich⁴)＋〈方向〉ニ〕押寄せる,殺到する. **5.**〔sich⁴＋〈方向〉ヘ〕人をかき分けて進む. **6.**〔〈j⁴〉ヲ＋zu 〈[動]〉スルヨウニ/zu 〈et³〉ヘ〕せきたてる,(…に…を)強要する：(Es が主語で)Es *drängt* mich, Ihnen zu danken. あなたにお礼申上げたいと思います〔申上げなければなりません〕. **7.**〔auf 〈et⁴〉ヲ〕強く求める,迫る.

drän·gend [ドれンゲント] [形] 緊急の.

die **Drän·ge·rei** [ドレンゲライ] 名 -/-en 《蔑》押し合いへし合い;強要する[せきたてる]こと.
die **Drang·sal** [ドランクザール] 名 -/-e (das ～ -(e)s/-e も有) 《文》困窮, 難儀.
drang·sa·lie·ren [ドランクザリーレン] 動 h. 《j⁴ッァ + mit 〈et³〉ヶ》《蔑》苦しめる, 悩ませる.
drang·voll [ドランク·フォル] 形 1. 《文》(人·動物が)ひしめいている. 2. 《文》困窮した, 重苦しい. 3. 《球》攻撃的な.
drä·nie·ren [ドレニーレン] 動 h. 《et⁴ッァ》[工]排水をする;[医]排膿(まきの)をする.
dran|kom·men* [ドラン·コメン] 動 s. 《婉気》《口》自分の番がくる, 順番がくる;当てられる(教室で).
dran|krie·gen [ドラン·クリーゲン] 動 h. 《j⁴ッァ》《口》断りきれなくさせる(巧みな説得[工作]をして).
die **Drä·nung** [ドレーヌング] 名 -/-en (排水溝·暗渠(***)などによる)土地の排水(施設)(農地などの).
dra·pie·ren [ドラピーレン] 動 h. 1. 《et⁴ッ=》ゆるやか(優美)なひだをつける. 2. 《j⁴/et⁴ッァ + (mit 〈et⁴〉ヶ)》飾る.
dras·tisch [ドラスティッシュ] 形 露骨な;思い切った, 激しい.
die **Drau** [ドラウ] 名 -/ 『川名』ドラウ川(ドナウ川の支流, オーストリアを流れる).
dräu·en [ドロイエン] 動 h. 《詩》 1. 《j³ッァ》 脅す, 威嚇する. 2. 《〈j³/et³〉=》さし迫る.
drauf [ドラウフ] 副 =darauf 1, 2, 4. 【慣用】 Drauf! 《口》やれやれ(けしかけ). 〈et⁴〉 drauf haben 《口》《事ッ》マスターしている;(…の)速度で走る:40 Kilometer (Sachen) drauf haben 時速 40キロで走る. drauf und dran sein, … zu 動 《口》もう少しで…するところである. nichts drauf haben 無能である.
die **Drauf·ga·be** [ドラウフ·ガーベ] 名 -/-n 1. 手付金. 2. 《方》おまけ;《切替》アンコール(曲).
der **Drauf·gän·ger** [ドラウフ·ゲンガー] 名 -s/- 向こうみずな男, 猪突猛進する男.
drauf·gän·ge·risch [ドラウフ·ゲンゲリシュ] 形 向こうみずな.
das **Drauf·gän·ger·tum** [ドラウフ·ゲンガートゥーム] 名 -s/ 向こうみず, 猪突猛進.
drauf|ge·ben* [ドラウフ·ゲーベン] 動 1. h. 《j³ッァ = + et⁴ッァ》おまけする;《婉気》アンコールとして演奏する(歌う). 2. 《次の形で》《j³》 eins ～ 《口》《人ッ》軽くぶつ;きつく𠮟る.
drauf|ge·hen* [ドラウフ·ゲーエン] 動 s. 《婉気》《口》死んでしまう;(使い果たして)なくなってしまう;だめになる.
das **Drauf·geld** [ドラウフ·ゲルト] 名 -es/-er 手付金, 内金.
drauf|le·gen [ドラウフ·レーゲン] 動 h. 《et⁴ッァ》《口》その上に置く;追加して支払う.
drauf·los [ドラウフ·ロース] 副 (ためらわずに)どんどんと:Immer ～! どんどんやれ[進め].
drauf·los|ge·hen* [ドラウフロース·ゲーエン] 動 s. 《婉気》《口》(目標へと)がむしゃらに突進する.
drauf·los|schimp·fen [ドラウフロース·シンプフェン] 動 h. 《婉気》《口》言いたい放題悪口を言う[言い始める].
drauf|sat·teln [ドラウフ·ザッテルン] 動 h. 《et⁴ッァ + (auf 〈et⁴〉=)》[政]《口》上乗せする.
die **Drauf·sicht** [ドラウフ·ズィヒト] 名 -/-en 俯瞰(ふかん)(図).
draus [ドラウス] 副 《口》《次の形で》sich³ nichts ～ machen 何とも思わない, 腹を立てない.
drau·ßen [ドラウセン] 副 1. 外に[で], 戸外に[で]:Bleib ～! 外にいなさい. ～ vor der Tür 戸の前で. von/nach ～ 外から/外[戸外·郊外]へ. 2. (ここから)遠く離れて:～ in der Welt 広い世間で. ～ auf dem Meer sein 海に出ている. Er ist ～ geblieben. 彼は戦争に行ったきりである(「戦死」の婉曲表現).

Dr.disc.pol. =doctor disciplinarum politicarum 社会科学博士.
die **Drech·sel·bank** [ドレクセル·バンク] 名 -/..bänke ろくろ, 木工旋盤.
drech·seln [ドレクセルン] 動 h. 《et⁴ッァ》ろくろ[木工旋盤]で加工して作る;《転》技巧をこらして作る(詩などを).
der **Drechs·ler** [ドレクスラー] 名 -s/- ろくろ[ひきもの]師, 木工旋盤工.
die **Drechs·le·rei** [ドレクスレライ] 名 -/-en ろくろ師の工房;《複のみ》ろくろ細工.
der **Dreck** [ドレック] 名 -(e)s/ 《口》汚いもの, 泥, ぬかるみ, 汚物;《蔑》(くだらない)こと[もの];がらくた:Kümmere dich um deinen ～! 自分のことをしろ. 【慣用】 《j³》 aus dem Dreck ziehen 《人ッ》窮状から救い出す. der letzte Dreck sein 《口》ごみ同然で何の価値もない. Dreck am Stecken haben 《口》身にやましいことがある. einen Dreck 《口》全然…でない. 《j⁴/et⁴》 in den Dreck ziehen 《人·事ッ》ぼろくそに言う. jeder Dreck さいなことすべて. mit Dreck und Speck 汚れのついたままで.
der **Dreck·fink** [ドレック·フィンク] 名 -en/-en 汚いやつ;けがらわしいやつ.
dre·ckig [ドレッキヒ] 形 1. 《口》汚い, 不潔な. 2. 《口·蔑》厚かましい. 3. 《口·蔑》卑劣な. 【慣用】《j³》 geht es dreckig 《口》《人ッ》(経済的に)うまくいっていない.
das **Dreck·nest** [ドレック·ネスト] 名 -(e)s/-er 《口·蔑》ちっぽけな(退屈な)所.
der **Dreck·sack** [ドレック·ザック] 名 -(e)s/..säcke 《口·蔑》《罵》も有)けがれた野郎.
die **Dreck·sau** [ドレック·ザウ] 名 -/..säue 《口·蔑》汚いやつ;けがらわしいやつ.
die **Dreck·schleu·der** [ドレック·シュロイダー] 名 -/- 1. 《口》きたない口きき;《罵》も有)口ぎたない人. 2. 《口》環境破壊[汚染]企業.
der **Dreck·spatz** [ドレック·シュパッツ] 名 -en(-es)/-en 《口》きたない子;下劣なやつ.
das **Dreck·wet·ter** [ドレック·ヴェッター] 名 -s/- 《口·蔑》(長雨の)いやな天気.
die **Dreg·ge** [ドレッゲ] 名 -/-n [海]四つ爪(ヴ)いかり.
der **Dreh** [ドレー] 名 -s/-s(-e) 1. 《口》巧妙な手, こつ, 思いつき:den richtigen ～ finden うまい方法を見つける. auf den ～ kommen うまい手を思いつく. 2. 《次の形で》im ～ sein 仕事に没頭している. (so) um den ～ およその頃に. 3. 《稀》ひねること, 回転. 4. 《口》(映画の)撮影.
Dr. E. h. =Doktor Ehren halber 名誉博士(号) (Ehrendoktor).
die **Dreh·ach·se** [ドレー··アクセ] 名 -/-n 回転軸.
die **Dreh·ar·beit** [ドレー··アルバイト] 名 -/-en (主に複)映画撮影.
die **Dreh·bank** [ドレー··バンク] 名 -/..bänke 旋盤.
dreh·bar [ドレー··バー] 形 回転式の.
die **Dreh·be·we·gung** [ドレー··ベヴェーグンク] 名 -/-en 回転運動.
der **Dreh·blei·stift** [ドレー··ブライ·シュティフト] 名 -(e)s/-e 回転式シャープペンシル.
der **Dreh·boh·rer** [ドレー··ボーラー] 名 -s/- [工]回転ドリル.
die **Dreh·brü·cke** [ドレー··ブリュッケ] 名 -/-n 旋開[回旋]橋.
das **Dreh·buch** [ドレー··ブーフ] 名 -(e)s/..bücher 撮影台本, コンテ;映画の脚本, シナリオ.
die **Dreh·büh·ne** [ドレー··ビューネ] 名 -/-n 回り舞台.
dre·hen [ドレーエン] 動 h. 1. 《j⁴/et⁴ッァ》回す, 回

転させる,ひねる,ねじる. **2.**〔et⁴ッァ+〈方向〉へ〕向ける. **3.**〔sich⁴〕回転する,回る. **4.**〔sich⁴+〈方向〉へ〕向きを変える. **5.**〔〈方向〉へ〕向きを変える,方向転換する;Uターンをする(車・運転者が). **6.**〈an⁴ッァ〉回す,ひねる. **7.**〔et⁴ッァ〕〖映〗撮影する. **8.**〔et⁴ッァ〕(機械などで)回転させて)製作する,巻く,撚(よ)る. **9.**〔sich⁴+um〈j⁴ッァ〉〕話題(問題)になっている,中心になっている:〈Es が主語で〉Es *dreht* sich darum, dass ... ···が問題だ. **10.** Daran ist nichts zu drehen und deuteln. それは明々白々だ. **Das hat er sehr geschickt gedreht.** 彼は抜け目なく事を運んだ.〈j⁴〉*dreht* sich alles〈人⁴〉めまいがする.

dre̱hend〔ドレーエント〕形 **1.** 回転する. **2.**〔方〕めまいのする.

der **Dre̱her**〔ドレーアー〕名 -s/- **1.** 旋盤工. **2.** ドレーアー(オーストリアの3/4拍子の民族舞踊). **3.**〔口〕回転.

das **Dre̱hfeuer**〔ドレー・ふぉィアー〕名 -s/- 回転灯.

das **Dre̱hflügelflugzeug**〔ドレー・ふリューゲル・ふルーク・ツォィク〕名 -(e)s/-e〔口〕(ヘリコプターなど).

das **Dre̱hgestell**〔ドレー・ゲシュテル〕名 -(e)s/-e ボギー台車.

der **Dre̱hknopf**〔ドレー・クノッぷ〕名 -(e)s/..knöpfe 回転ノブ.

der **Dre̱hkolbenmotor**〔ドレー・コルベン・モ(-)トーア〕名 -s/-en〔工〕ロータリーエンジン.

der **Dre̱hkondensator**〔ドレー・コンデンザートーア〕名 -s/-en〖電〗可変コンデンサー,バリコン.

der **Dre̱hkran**〔ドレー・クラーン〕名 -(e)s/..kräne〔-e〕〔工〕ジブクレーン.

die **Dre̱hkrankheit**〔ドレー・クランクハイト〕名 -/(羊などの)旋回病.

das **Dre̱hkreuz**〔ドレー・クロィツ〕名 -es/-e(改札口などの)十字形回転機(バー).

das **Dre̱hmoment**〔ドレー・モメント〕名 -(e)s/-e〖理〗トルク,回転モーメント.

die **Dre̱horgel**〔ドレー・オるゲル〕名 -/-n 手回オルガン.

die **Dre̱hpause**〔ドレー・パウゼ〕名 -/-n 撮影の中休み.

der **Dre̱hpunkt**〔ドレー・プンクト〕名 -(e)s/-e 旋回点,支点;〈転〉中心,要点.

der **Dre̱hschalter**〔ドレー・シャルター〕名 -s/- ひねり(式)スイッチ.

die **Dre̱hscheibe**〔ドレー・シャィベ〕名 -/-n **1.**(陶芸用の)ろくろ. **2.**(鉄道などの)転車台.

der **Dre̱hstahl**〔ドレー・シュタール〕名 -(e)s/..stähle〔古〕旋盤バイト.

der **Dre̱hstrom**〔ドレー・シュトローム〕名 -(e)s/〖電〗三相交流.

der **Dre̱hstuhl**〔ドレー・シュトゥール〕名 -(e)s/..stühle 回転いす.

der **Dre̱htisch**〔ドレー・ティッシュ〕名 -(e)s/-e 回転テーブル.

die **Dre̱htür**〔ドレー・テューア〕名 -/-en 回転ドア.

die **Dre̱hung**〔ドレー・ウング〕名 -/-en 回転,旋回.

der **Dro̱hwurm**〔ドれー ヴるム〕〖慣用〗einen〔den〕Drehwurm haben(kriegen)〔口〕めまいがする.

die **Dre̱hzahl**〔ドレー・ツァール〕名 -/-en 回転数.

der **Dre̱hzahlmesser**〔ドレー・ツァール・メッサー〕名 -s/- 回転速度計,タコメーター.

dre̲i〔ドらィ〕数〖基数〗3:nicht bis ~ zählen können 頭がよくない.für ~ arbeiten 三人前も(人並以上に)働く.Es ist ~ viertel fünf. 4時45分だ.in ~ viertel Stunden 45分で.Die Aula war ~ viertel voll. 講堂の席は4分の3うまっていた.【他の用法は⇨ʰacht¹】

die **Drei**〔ドらィ〕名 -/-en **1.**(数・数字の)3. **2.**(トランプの)3の札 **3.**(さいころの目の)3;(成績の)3. **4.**〔口〕3番(系統)の(バス.市電).

dre̱iachsig〔ドらィ・アクスィヒ〕形 三軸の.

der **Dre̱iachteltakt**〔ドらィ・アはテル・タクト〕名 -(e)s〖楽〗8分の3拍子.

der **Dre̱iakter**〔ドらィ・アクター〕名 -(s)/- 三幕物.

dre̱iaktig〔ドらィ・アクティヒ〕形 三幕の.

dre̱iarmig〔ドらィ・アるミヒ〕形 三本腕の.

das **Dre̱ibein**〔ドらィ・バィン〕名 -(e)s/-e〔口〕三脚.

dre̱ibeinig〔ドらィ・バィニヒ〕形 三脚の.

das **Dre̱iblatt**〔ドらィ・ブラット〕名 -(e)s/..blätter〖植〗三葉植物(クローバなど);〖建〗クローバ形装飾.

dre̱iblätterig〔ドらィ・ブレッテりヒ〕形 三葉の.

dre̱iblättrig〔ドらィ・ブレットりヒ〕形 三葉の.

der **Dre̱ibund**〔ドらィ・ブント〕名 -(e)s〖史〗(ドイツ,オーストリア=ハンガリー,イタリアの)三国同盟(1882-1915).

dre̱idimensional〔ドらィ・ディメンズィオナール〕形 三次元の,立体的な.

das **Dre̱ieck**〔ドらィ・エック〕名 -(e)s/-e 三角形;〖ৰ〗(ゴールの上右(左))隅.

dre̱ieckig〔ドらィ・エッキヒ〕形 三角形の.

die **Dre̱ieckschaltung**〔ドらィエック・シャルトゥング〕名 -/-en〖電〗三角(デルタ)結線(接続).

dre̱ieinig〔ドらィ・アィニヒ〕形〖キ教〗三位一体の.

die **Dre̱ieinigkeit**〔ドらィ・アィニヒカィト〕名 -/〖キ教〗三位一体.

der **Dre̱ier**〔ドらィあー〕名 -s/- **1.**(昔の)3ぺニヒ硬貨. **2.**〔口〕(ナンバーくじの)三つの当りの数字. **3.**〔方〕=Drei 1, 3, 4.

dre̱ierlei〔ドらィあー・ラィ〕数〖種数〗三種類の;三種類のもの(こと).

die **Dre̱ierreihe**〔ドらィあー・らィエ〕名 -/-n 三列.

dre̱ifach〔ドらィ・ふぁっは〕形 三倍(三重)の.

die **Dre̱ifaltigkeit**〔ドらィ・ふぁルティヒカィト〕名 -/〖キ教〗三位一体.

der **Dre̱ifarbendruck**〔ドらィ・ふぁるベン・ドるック〕名 -(e)s/-e **1.**(㊤のみ)〖三原色による)三色刷り. **2.**(三原色の)カラー印刷物.

dre̱ifarbig〔ドらィ・ふぁるビヒ〕形 3色の.

die **Dre̱ifelderwirtschaft**〔ドらィ・ふぇルダー・ヴィるトシャふト〕名 - 三圃(ほ)式農業.

der **Dre̱ifuß**〔ドらィ・ふース〕名 -es/..füße 三脚のいす;(三脚の)五徳(ごとく);三脚の器具.

dre̱ifüßig〔ドらィ・ふース1ヒ〕形 三本足(三脚)の;〖詩〗三詩脚の.

das **Dre̱igespann**〔ドらィ・ゲシュパン〕名 -(e)s/-e 三頭立ての馬車;〔口〕(仲のよい)三人組.

dre̱ihundert〔ドらィ・フンダート〕数〖基数〗300.

dre̱ijährig〔ドらィ・イェーりヒ〕形 3年〔歳〕の;3年間の.

dre̱ijährlich〔ドらィ・イェーァりヒ〕形 3年ごとの.

der **Dre̱ikampf**〔ドらィ・カンプふ〕名 -(e)s/..kämpfe〖ৰ〗三種目競技.

dre̱i〔*das*〕 **Dre̱ikant**〔ドらィ・カント〕名 -(e)s/-e 三面の.

dre̱ikantig〔ドらィ・カンティヒ〕形 三稜(ょう)の.

der **Dre̱ikäsehoch**〔ドらィ・ケーゼ・ホーホ〕名 -s/(-s)〔口・冗〕ちび(背の低い少年).

der **Dre̱iklang**〔ドらィ・クラング〕名 -(e)s/..klänge 三和音.

(*die*) **Dre̱ikönige**〔ドらィ・ケーニゲ〕複名 =Dreikönigsfest.

das **Dre̱ikönigsfest**〔ドらィ・ケーニヒス・ふぇスト〕名 -(e)s/-e〖キ教〗ご公顕の祝日,顕現日(1月6日,

東方の三博士の記念日).
das **Drei·kö·nigs·spiel** [ドらイ・㋘ーニひス・シュピール] [名] -(e)s/-e 三王来朝劇(東方の三博士の宗教劇).
drei·mal [ドらイ・マール] [副] 3回〔度・倍〕.
drei·ma·lig [ドらイ・マーりひ] [形] 3回〔3度〕の.
der **Drei·mas·ter** [ドらイ・マスター] [名] -s/- **1.** 三本マストの帆船. **2.** (昔の)三角帽.
drei·mas·tig [ドらイ・マスティひ] [形] 三本マストの.
drei·mo·na·tig [ドらイ・モーナティひ] [形] 生後三か月の; 3か月間の.
drei·mo·nat·lich [ドらイ・モーナトリひ] [形] 三か月ごとの.
das **Drei·mo·nats·geld** [ドらイ・モーナツ・ゲルト] [名] -es/-er 〖経〗三か月物資金.
drein [ドらイン] [副] 《口》=darein.
drein|bli·cken [ドらイン・ブリッケン] [動] *h.* 〔〈様態〉ナ〕目つきをする, 顔つきをしている.
die **Drein·ga·be** [ドらイン・ガーベ] [名] -/-n 《方》付録, おまけ.
drein|re·den [ドらイン・れーデン] [動] *h.* 《口》=darein|reden.
drein|schau·en [ドらイン・シャウエン] [動] *h.* =dreinblicken.
drein|se·hen* [ドらイン・ゼーエン] [動] *h.* =dreinblicken.
der **Drei·pha·sen·strom** [ドらイ・ふぁーゼン・シュトろーム] [名] -(e)s/ 〖電〗三相交流.
drei·pro·zen·tig [ドらイ・プろツェンティひ] [形] 3パーセントの.
das **Drei·rad** [ドらイ・らート] [名] -(e)s/..räder (子供の)三輪車, (運搬用)オート三輪(～wagen).
drei·räd·rig [ドらイ・れードりひ] [形] 三輪の.
der **Drei·rad·wa·gen** [ドらイらート・ヴァーゲン] [名] -s/- オート三輪.
der **Drei·satz** [ドらイ・ザッツ] [名] -es/ 〖数〗三(数)率法(例えば2:3=4:x).
drei·sei·tig [ドらイ・ザイティひ] [形] 三辺の, 三ページの.
drei·sil·big [ドらイ・ズィルビひ] [形] 三音節の.
drei·spal·tig [ドらイ・シュパルティひ] [形] 〖印〗三段組の.
drei·spän·nig [ドらイ・シュペニひ] [形] 三頭立ての.
der **Drei·spitz** [ドらイ・シュピッツ] [名] -es/-e トライコーン(18世紀の三角帽子).
drei·spra·chig [ドらイ・シュプらーひひ] [形] 三か国語を話す; 三か国語の.
der **Drei·sprung** [ドらイ・シュプるング] [名] -(e)s/..sprünge 〖スポーツ〗 **1.** ([単]のみ)三段跳び(種目). **2.** 三段跳び(競技).
drei·ßig [ドらイスィひ] [数] 《基数》30.
die **Drei·ßig** [ドらイスィひ] [名] -/-en (数字の)30.
drei·ßi·ger [ドらイスィガー] [形] 《無変化》【数字表記は「30er」】 **1.** 《口》30の; (世紀の)30年の. **2.** 30歳代の; 30年代の.【用例は⇨ achtziger】
der **Drei·ßi·ger** [ドらイスィガー] [名] -s/- **1.** 30歳の男性; 30歳代の男性. **2.** 30年産のワイン. **3.** ([複]のみ)30歳代; 30年代.【用例は⇨ Achtziger[1] 3】
drei·ßig·jäh·rig [ドらイスィひ・イェーりひ] [形] 30年〔歳〕の: der *D～e* Krieg 30年戦争(1618-48年).
drei·ßigst [ドらイスィひスト] [数] 《序数》(形容詞的変化)30番目の, 第30の.【数字表記は「30.」】
drei·ßigs·tel [ドらイスィひステル] [数] 《分数》30分の1の.
das **Drei·ßigs·tel** [ドらイスィひステル] [名] -s/- (《スイス》der ～)30分の1.
dreist [ドらイスト] [形] 厚かましい, 不遜(ふそん)な: ～ und gottesfürchtig 《口》ひどく厚かましい.
drei·stel·lig [ドらイ・シュテリひ] [形] 三桁(けた)の.
die **Dreis·tig·keit** [ドらイスティひカイト] [名] -/-en **1.** ([単]のみ)図々しさ, 厚かましさ. **2.** 図々しい〔厚かましい〕行動.
drei·stim·mig [ドらイ・シュティミひ] [形] 三部の, 三声の.
drei·stö·ckig [ドらイ・シュ㋢ッキひ] [形] 四〔三〕階建ての.
drei·stün·dig [ドらイ・シュテュンディひ] [形] 3時間の.
drei·stünd·lich [ドらイ・シュテュントリひ] [形] 3時間ごとの.
der **Drei·ta·ge·bart** [ドらイ・ターゲ・バーあト] [名] -(e)s/..bärte 無精ひげ(三日間剃っていない程の).
drei·tä·gig [ドらイ・テーギひ] [形] 生後3日の; 3日間の.
drei·täg·lich [ドらイ・テークりひ] [形] 3日ごとの.
drei·tau·send [ドらイ・タウゼント] [数] 《基数》3000.
drei·tei·lig [ドらイ・タイりひ] [形] 三部からなる; スリーピースの.
die **Drei·tei·lung** [ドらイ・タイルング] [名] -/-en 三分割.
drei vier·tel, [旧]**drei·vier·tel** [..fírtəl ドらイ ふぃるテル] ⇨ drei.
der **Drei·vier·tel·är·mel** [ドらイふぃるテル・エルメル] [名] -s/- 七分袖.
drei·vier·tel·lang [ドらイふぃるテル・ラング] [形] 七分丈の.
die **Drei·vier·tel·stun·de** [ドらイふぃるテル・シュトゥンデ] [名] -/-n 45分.
der **Drei·vier·tel·takt** [ドらイふぃるテル・タクト] [名] -(e)s/ 4分の3拍子.
drei·wer·tig [ドらイ・ヴェーあティひ] [形] 〖化・言〗3価の.
drei·wö·chent·lich [ドらイ・[ヴェ]っひェントりひ] [形] 3週間ごとの.
drei·wö·chig [ドらイ・[ヴェ]っひひ] [形] 生後3週間の; 3週間にわたる.
der **Drei·zack** [ドらイ・ツァック] [名] -s/-e **1.** 三つまたの矛(ほこ). **2.** 〖植〗シバナ属.
drei·za·ckig [ドらイ・ツァッキひ] [形] 三つまたの.
drei·zehn [ドらイ・ツェーン] [数] 《基数》13: Jetzt schlägt's (aber) ～! 《口》もうたくさんだ.
drei·zehnt [ドらイ・ツェーント] [数] 《序数》(形容詞的変化)13番目の, 第13の.【数字表記は「13.」】
die **Drei·zim·mer·woh·nung** [ドらイ・ツィマー・ヴォーヌング] [名] -/-en 三部屋構成の住居.
der **Drell** [ドれル] [名] -s/-e =Drillich.
Dres. =doctores(Doktor 2.の複数形).
die **Dre·sche** [ドれっシェ] [名] -/ 《口》殴ること: ～ bekommen〔kriegen〕殴られる.
dre·schen* [ドれっシェン] [動] er drischt; drosch; hat gedroschen **1.** 〔〈et^4〉ヲ〕脱穀〔打穀〕する: leeres Stroh ～ 無駄なことをする, 無駄口をたたく. (leere) Phrasen ～ 美辞麗句を並べたてる. Skat ～ (トランプの)スカートに熱中する. **2.** 〔auf〈et^4〉ヲ〕《口》乱暴にたたく. **3.** 〔〈j^4〉ヲ〕《口》ぶん殴る.【慣用】**den Ball ins Tor dreschen** 猛烈なシュートをきめる.
der **Dre·scher** [ドれっシャー] [名] -s/- 脱穀者.
der **Dresch·fle·gel** [ドれっシュ・ふレーゲル] [名] -s/- (打穀用の)殻ざお.
die **Dresch·ma·schi·ne** [ドれっシュ・マシーネ] [名] -/-n 脱穀機.
(*das*) **Dres·den** [ドれースデン] [名] -s/ 〖地名〗ドレスデン(①ザクセン州の州都②旧東独時代の県).
der **Dres·de·ner** [ドれースデナー] [名] -s/- ドレスデンの人.
der **Dresd·ner** [ドれースドナー] [名] -s/- =Dresdener.
der **Dress,** [旧]**Dreß** [ドれス] [名] -〔-es〕/-e (《オーストリア》die ～ -/-en も有)(主に[単]) スポーツ服, スポーツ用ユニフォーム; 《口》流行の人目をひく服.
der **Dres·seur** [drɛsǿːr ドれ㋝ーあ] [名] -s/-e 調教師.
dres·sie·ren [ドれスィーれン] [動] *h.* **1.** 〔〈j^4/et^4〉ヲ〕調教する; 《蔑》(規律ずくめで)しつける(子供などを). **2.** 〔〈et^4〉ヲ〕〖料〗盛りつける, 飾る(クリームでケーキなどを); 糸でロールする(肉などを). **3.** 〔〈et^4〉ヲ〕〖服〗プレスして形を整える(帽子などを); 〖工〗圧延する(金

属を).
das **Dres·sing** [ドれっスィング] [名] -s/-s ドレッシング;(肉料理の)詰め物.
der〔*das*〕**Dres·sing-gown** [..gaʊn ドれっスィング・ガウン] [名] -s/-s (男性用)部屋着, ガウン.
der **Dress·man** [ドれス・マン] [名] -s/..men 男性モデル.
die **Dres·sur** [ドれスーあ] [名] -/-en **1.** (単のみ)調教;《蔑》厳格な教育. **2.** (動物の)芸, 曲芸.
der **Dres·sur·akt** [ドれスーあ・アクト] [名] -(e)s/-e (動物の)曲芸;《蔑》訓練, しつけ.
die **Dres·sur·prü·fung** [ドれスーあ・プりゅーふング] [名] -/-en 調教テスト.
Dr. h. c. [dɔ́kto:r ha:tsé: ドクトーあ・ハーツェー] = doctor honoris causa 名誉博士(号).
drib·beln [ドりっベルン] [動] *h.* 〔(〈方向〉へ)〕〖球〗ドリブルする.
das **Dribb·ling** [ドりっブリング] [名] -s/-s 〖球〗ドリブル.
die **Drift** [ドりふト] [名] -/-en **1.** 〖海〗吹送流(風による潮流);(船の)偏流, 偏流角. **2.** 漂流物.
drif·ten [ドりふテン] [動] *s.* 〔〈方向〉へ〕漂流する;流される(人が).
der **Drill**[1] [ドりル] [名] -(e)s/ 軍事訓練;反復練習, ドリル;〖釣〗(かかった魚を泳がせて)疲れさすこと.
der **Drill**[2] [ドりル] [名] -s/-e =Drillich.
der **Drill**[3] [ドりル] [名] -s/-e 〖動〗ドリル(西アフリカのヒヒの一種).
der **Drill·boh·rer** [ドりル・ボーらー] [名] -s/- らせんドリル.
dril·len [ドりレン] [動] *h.* **1.** 〔〈j⁴/et⁴〉ヲ〕きびしく訓練する, (反復練習で)きびしく鍛える. **2.** 〔〈et⁴〉ニ〕ドリルで穴をあける. **3.** 〔〈et⁴〉ヲ〕〖農〗筋まきする(種を). **4.** 〔〈et⁴〉ヲ〕泳がせて弱らせる(食いついた魚を). 【慣用】**auf 〈et⁴〉 gedrillt sein** 《口》〈事に〉即応できるようによく訓練されている.
der **Dril·lich** [ドりりひ] [名] -s/-e (複は種類)ドリル織り.
das **Dril·lich·zeug** [ドりりひ・ツォイク] [名] -(e)s/ 厚手の綿布〔亜麻布〕の作業服.
der **Dril·ling** [ドりリング] [名] -s/-e **1.** 三つ子の一人;(複のみ)三つ子. **2.** 三連猟銃.
die **Drill·ma·schi·ne** [ドりル・マシーネ] [名] -/-n 〖農〗条播(じょうは)機, 筋まき機.
drin [ドりン] [副] 《口》=darin, drinnen. 【慣用】**〈et¹〉 ist drin** 《口》〈事は〉可能である: Bei 3:2 (=drei zu zwei) ist noch alles *drin*. 3対2なら(試合は)まだなんとでもなる. **〈j¹〉 ist (in 〈et³〉) drin** 《口》〈人は〉(〈事に〉)慣れている.
drin·gen* [ドりンゲン] [動] drang; ist/hat gedrungen **1.** *s.* 〔〈方向〉ニ〕押分けて進む〔通る〕;入り込む, しみ込む, 突きささる: 〈j³〉 in die Augen ~ 〈人の〉目に飛込む. Wasser *dringt* durch die Schuhe. 靴に水がしみ込む. Das Gerücht ist bis zu ihm *gedrungen*. うわさが彼の耳にまで達した. **2.** *s.* 〔〈方向〉カラ〕もれ出ている(水・光などが);ほとばしり〔わき〕出る(涙などが). **3.** *s.*〔*h.*〕〔in 〈j³〉ニ+(mit 〈et³〉デ)〕しつこく迫る, (…を)せめたてる. **4.** *h.* 〔auf 〈et⁴〉ヲ〕あくまでも主張する, どこまでも要求する(支払い・答えなどを). 【慣用】**sich⁴ gedrungen fühlen, zu** [動] 《古》…せずにはいられない気持である.
drin·gend [ドりンゲント] [形] **1.** 緊急の: ein ~*es* Geschäft 急用. **2.** たっての, 切なる. **3.** (嫌疑などの)明白な: Er ist der Tat ~ verdächtig. 彼がそれをした疑いは濃厚である.
dring·lich [ドりングリひ] [形] 緊急の, 切なる.
die **Dring·lich·keit** [ドりングリひカイト] [名] -/ 緊急.
der **Dring·lich·keits·an·trag** [ドりングリひカイツ・アン・トらーク] [名] -(e)s/..träge 〖政〗緊急動議.
der **Drink** [ドりンク] [名] -(s)/-s (アルコール)飲料.
drin·nen [ドりンネン] [副] 中に〔で〕, 室〔屋〕内に〔で〕: ~ (im Zimmer) sein (部屋の)中にいる〔ある〕. von ~ 中から. von draußen nach ~ 外から屋〔室〕内へ. ~ und draußen (国の)内外に〔で〕.
drin|sit·zen* [ドりン・ズィっツェン] [動] *h.*〔《南独・オーストリア・スイス》 *s.*〕〔補足なし〕《口》困っている, 苦境にいる.
drisch! [ドりっシュ] [動] dreschen の du に対する命令形.
dri·schest [ドりっシェスト] [動] 《古》dreschen の現在形 2 人称単数.
drischst [ドりっシュスト] [動] dreschen の現在形 2 人称単数.
drischt [ドりっシュト] [動] dreschen の現在形 3 人称単数.
dritt [ドりっト] [数] 《序数》《形容詞的変化》3 番目の, 第 3 の【数字表記は「3.」】: Heinrich III. (der *D~e*) ハインリヒ 3 世. ein *D~er* 第三者. der lachende *D~e* 漁夫の利を得る人.【他の用法は⇨ acht [2]】
drit·tel [ドりっテル] [数] 《分数》3 分の 1 の.
das **Drit·tel** [ドりっテル] [名] -s/- (《スイス》主に der ~) 3 分の 1.
drit·tel·mo·na·tig [ドりっテル・モーナティひ] [形] 3 分の 1 か月の.
drit·tel·mo·nat·lich [ドりっテル・モーナトリひ] [形] 3 分の 1 か月ごとの.
drit·teln [ドりっテルン] [動] *h.* 〔〈et⁴〉ヲ〕三つに分ける.
drit·tens [ドりっテンス] [副] 第 3 に.
dritt·klas·sig [ドりっト・クラスィひ] [形] 三流の.
das **Dritt·land** [ドりっト・ラント] [名] -(e)s/..länder (主に複) 第三国.
der **Drive** [draɪf ドらイふ] [名] -s/-s **1.** 《文》衝動, 動因, 意欲;活力, 活気, 躍動感. **2.** (単のみ)〖楽〗(ジャズの)ドライブ. **3.** 〖球〗(ゴルフ・テニスの)ドライブ.
das **Drive-in-Ki·no** [draɪvín.. ドらイヴィン・キーノ, draɪf'ín.. ドらイふ・イン・キーノ] [名] -s/-s ドライブイン・シアター
das **Drive-in-Res·tau·rant** [ドらイヴィン・れストらーン, ドらイふ・イン・れストらーン] [名] -s/-s ドライブイン(レストラン).
DRK [デーエるカー] =Deutsches Rotes Kreuz ドイツ赤十字社.
Dr. med. [dɔ́kto:r mé:t ドクトーあ・メート, ..mɛ́t ドクトーあ・メっト] =doctor medicinae 医学博士.
Dr.med.univ. =doctor medicinae universae(《オーストリア》)総合医学博士.
dro·ben [ドろーベン] [副] 《南独・オーストリア》《文》あの上で.
Dr.oec. =doctor oeconomiae 経済学博士.
die **Dro·ge** [ドろーゲ] [名] -/-n 薬種(薬の原料), 生薬;麻薬;《古》薬, 薬剤.
dro·gen·ab·hän·gig [ドろーゲン・アップ・ヘンギひ] [形] 薬物〔麻薬〕依存の.
die **Dro·gen·ab·hän·gig·keit** [ドろーゲン・アップ・ヘンギひカイト] [名] -/ 麻薬〔薬物〕中毒, 麻薬〔薬物〕依存.
der **Dro·gen·han·del** [ドろーゲン・ハンデル] [名] -s/..händel 麻薬取引.
die **Dro·gen·sucht** [ドろーゲン・ズふト] [名] -/ 麻薬中毒.
die **Dro·ge·rie** [ドろゲりー] [名] -/-n ドラッグストア, 薬屋.
der **Dro·gist** [ドろギスト] [名] -en/-en 薬屋(人).
der **Droh·brief** [ドろー・ブりーふ] [名] -(e)s/-e 脅迫状.
dro·hen [ドろーエン] [動] *h.* **1.** 〔(〈j³〉ヲ)〕脅す, 威嚇する. **2.** 〔〈j³〉ヲ+mit 〈et³〉デ〕脅かす. **3.** 〔(〈j³/et³〉ニ)〕迫っている(嵐・危険などが). **4.** 〔zu 〈動〉ヲ〕今にもしそうである.

dro・hend [ドローエント] 形 脅迫的な; 差し迫った.

die **Drohne** [ドローネ] 名 -/-n **1.**（ミツバチの）雄, 雄バチ. **2.**《蔑》無為徒食者.

dröh・nen [ドレーネン] 動 h. **1.**〖騒音〗轟音（ラゎ）を立てる, とどろく（エンジンなどが）, 鳴り響く（鐘・声などが）. **2.**〖騒音〗鳴動する（ホール・大地などが）;〖転〗がんがんする（頭などが）. **3.**〖方言〗《北独》だらだらしゃべる. **4.**〖騒音〗〖ジャン〗麻薬をやる;（麻薬によって）酔った状態にする.

die **Dro・hung** [ドローウング] 名 -/-en 脅し, 脅迫, 強迫.

die **Drolerie** [ドロレリー] 名 -/-n **1.**《文》こっけいさ, おかしさ, 冗談. **2.**〖芸術学〗（ゴシック期の）こっけい（グロテスク）な人物（動物）像.

drol・lig [ドロリヒ] 形 **1.**（面白）おかしい, おどけた;おかしな. **2.**（おどけて）かわいい.

das **Dromedar** [ドロメダール, ドロ・メダール] 名 -s/-e〖動〗ヒトコブラクダ（アラビア産）.

der **Dropkick** [ドロップ・キック] 名 -s/-s〖ラグ・フト〗ドロップキック.

der **Drop-out** [..aot ドロップ・アウト, ドロプ・アウト] 名 -(s)/- **1.**（社会からの）脱落者, 落後者;中退者. **2.**〖コンピュ・エ〗ドロップアウト.

der [*das*] **Drops** [ドロップス] 名 -/-（菓子の）ドロップ.

drosch [ドロッシュ] 動 dreschen の過去形.

drö・sche [ドレッシェ] 動 dreschen の接続法 2 式.

die **Droschke** [ドロシュケ] 名 -/-n 辻馬車 (Pferde-~);《古》タクシー (Taxi).

der **Droschkengaul** [ドロシュケン・ガウル] 名 -(e)s/ ..gäule（口・蔑）馬車馬.

der **Droschkenkutscher** [ドロシュケン・クッチャー] 名 -s/-《古》辻馬車の御者.

die **Drosera** [ドロ・ぜら] 名 -/-[..rae[..n]]〖植〗モウセンゴケ（食虫植物）.

die **Drosophila** [ドロゾー・ふぃラ] 名 -/..lae[..レ]〖昆〗ショウジョウバエ.

die **Drossel**[1] [ドロッセル] 名 -/-n〖鳥〗ツグミ.

die **Drossel**[2] [ドロッセル] 名 -/-n〖狩〗内笛;〖エ〗スロットルバルブ;〖電〗チョーク・コイル.

die **Drosselader** [ドロッセル・アーダー] 名 -/-n 頸（ぼ）静脈.

der **Drosselbart** [ドロッセル・バート] 〖人名〗König～ ツグミの髭の王様（ドイツ童話の登場人物）.

die **Drosselklappe** [ドロッセル・クラッペ] 名 -/-n〖エ〗絞り弁, スロットルバルブ.

drosseln [ドロッセルン] 動 h. **1.**〈et⁴〉フ〉流れ（回転）を（絞り弁で）絞える,（…を）絞る;抑制する. **2.**〈j⁴〉フ〉《古》首を絞める.

die **Drosselspule** [ドロッセル・シュプーレ] 名 -/-n〖電〗チョークコイル.

die **Drosselung** [ドロッセルング] 名 -/-en（弁を）締めること, 出力（効率）を落とすこと;（速度などを）おさえること;〖輸入〗制限.

das **Drosselventil** [ドロッセル・ヴェンティル] 名 -s/-〖エ〗絞り弁, スロットルバルブ.

die **Drosslung**, (*die*) **Droßlung** [ドロスルング] 名 -/-en ⇨ Drosselung.

(*die*) **Droste-Hülshoff** [ドロステ・ヒュルスホフ]〖人名〗ドロステ＝ヒュルスホフ (Annette Freiin von ~, 1797-1848, 女流詩人).

Dr. pharm. =doctor pharmaciae 薬学博士.

Dr. phil. [d5kto:r ff:l ドクトーアふぃール..fl ドクトーアふぃル] =doctor philosophiae 哲学博士.

Dr.rer.comm. =doctor rerum commercialium 商学博士.

Dr.rer.mont. =doctor rerum montanarum 鉱山（工）学博士.

Dr.rer.soc.oec. =doctor rerum socialium oeconomicarumque (〖ラテン〗) 社会経済学博士.

Dr.rer.techn. =doctor rerum technicarum 工学博士.

Dr.sc.agr. =doctor scientiarum agrarium 農学博士.

Dr.sc.math. =doctor scientiarum mathematicarum 数学博士.

Dr.sc.nat. =doctor scientiarum naturalium [doctor scientiae naturalis] 自然科学博士.

Dr.techn. =doctor rerum technicarum (〖ラテン〗) 工学博士.

drü・ben [ドリューベン] 副 向う（側）に: da (dort) ~ 向うの方で[側で]. das Ufer～ あちらの岸. nach ~ 向うへ. von ～ kommen 向うからやって来る（特にアメリカ・旧東独から）.【慣用】**hüben und (wie) drüben** あちら側でもこちら側でも.

drü・ber [ドリュー・バー] 副《口》=darüber.

der **Druck**[1] [ドるック] 名 -(e)s/Drücke[-e] **1.**（圏のみ）押すこと;圧迫（感）: ein ～ auf den Knopf ボタンを押すこと. der feste ～ seiner Hand 彼のかたい握手. einen ～ im Magen haben 胃が重い. **2.**〖理〗圧力;圧力が加えられている. **3.**（圏のみ）（精神的）重圧, 重荷, 困窮;強制, 強要: den ～ auf〈j⁴〉ausüben〈人⁴〉に圧力をかける. unter ～ stehen 強制されている. mit〈et³〉in ~ kommen〈事³〉が逼迫（は⁴っ）する. in(im) ～ sein《口》時間が切迫している.【慣用】**Druck hinter〈et⁴〉machen**《口》〈事⁴〉を速やかに行われるよう手段を講じる.

der **Druck**[2] [ドるック] 名 -(e)s/-e[-s] **1.**（圏のみ）印刷すること;（活字の）字体:〈et¹〉geht in ~〈物¹〉が印刷される. im ～ erschienen〈物・事¹〉が活字になった. **2.**（圏-e）印刷物, 出版物, 書籍. **3.**（圏-e）版画, 複製画. **4.**（圏-s）プリント（生）地.

der **Druckanzug** [ドるック・アン・ツーク] 名 -(e)s/..züge 与圧服.

der **Druckbleistift** [ドるック・ブライ・シュティふト] 名 -[e]s/-e ノック式シャープペン.

der **Druckbogen** [ドるック・ボーゲン] 名 -s/- 印刷用紙.

der **Druckbuchstabe** [ドるック・ブーふ・シュターベ] 名 -ns/-n 活字体の文字.

der **Drückeberger** [ドリュッケ・べるガー] 名 -s/-（義務などを）ずるける者, 横着者.

drucken [ドるッケン] 動 h. **1.**〈et⁴〉+ (auf〈et⁴〉ニ)印刷する, プリントする（記事・模様などを）. **2.**〈et⁴〉発行する（本を）.

drücken [ドリュッケン] 動 h. **1.**〈auf〈et⁴〉ン〉押す: auf den Druckknopf ～ プッシュボタンを押す. Die Nachricht hat auf die Stimmung *gedrückt*. その知らせはその場の雰囲気を重苦しいものにした. Die Mannschaft *drückt* (auf das Tor). そのチームは押せ押せで攻めている. **2.**〈j⁴/et⁴〉フ〉握りしめる, 抱きしめる;押す. **3.**〈et⁴〉aus〈et³〉から〉絞り出す. **4.**〈j⁴/et⁴〉フ〉〈方向〉＝〉押しつける, 押しやる. **5.**〈sich⁴〉フ〉〈方向〉へ(から)〉《口》姿をくらます. **6.**（〈j⁴〉フ〉）（精神的・肉体的に）苦しめる: Die Schuhe ～ (mich). この靴は窮屈だ. Ihn *drückt* der Magen. 彼は胃が重苦しい. **7.**〈et⁴〉引下げる（値段・水準などを）;縮める（記録などを）;〖空〗(…の) 機首を下げる. **8.**〈sich⁴ + vor/von〈et³〉〉《口》ずるける. **9.**（〈et⁴〉フ〉）〖ジャ〗伏せて出す. **10.**〈et⁴〉プレスする（重量挙げで）.

drückend [ドリュッケント] 形 重苦しい, うっとうしい;ひどく.

der **Drucker** [ドるッカー] 名 -s/- 印刷工, 印刷業者;〖コンピュ〗プリンター.

der **Drücker** [ドリュッカー] 名 -s/- **1.**（ドアの）取っ

手, ノブ;(ドアの)掛け金, 鍵(穀);(猟銃の)引き金;押しボタン.　**2.**〘口〙(雑誌などの)勧誘員, 戸別訪問販売員.【慣用】**am Drücker sitzen**〔sein〕決定権を握っている.　**auf den letzten Drücker**〘口〙最後の瞬間に, ぎりぎりのところで.

die **Druc·ke·rei** [ドゥッケらイ] 名 -/-en 印刷所;印刷業.

die **Druck·er·laub·nis** [ドゥック・エアラウプニス] 名 -/-se (著者などからの)印刷許可.

die **Druc·ker·pres·se** [ドゥッカー・プれッセ] 名 -/-n 印刷機.

die **Druc·ker·schwär·ze** [ドゥッカー・シュヴェるツェ] 名 -/ 印刷用黒インク.

druck·fä·hig [ドゥック・フェーイヒ] 形 印刷できる.

die **Druck·fah·ne** [ドゥック・ファーネ] 名 -/-n 〘印〙ゲラ〔校正〕刷り.

die **Druck·far·be** [ドゥック・ファるべ] 名 -/-n 印刷インキ.

die **Druck·fe·der** [ドゥック・フェーダー] 名 -/-n 〘工〙圧縮ばね.

der **Druck·feh·ler** [ドゥック・フェーラー] 名 -s/- 誤植, ミスプリント.

der **Druck·feh·ler·teu·fel** [ドゥックフェーラー・トイフェル] 名 -s/- 〘冗〙誤植魔(誤植の原因とされる魔物).

das **Druck·feh·ler·ver·zeich·nis** [ドゥック・フェーラー・フェあツァイヒニス] 名 -ses/-se 正誤表.

druck·fer·tig [ドゥック・フェるティヒ] 形 校了の.

druck·fest [ドゥック・フェスト] 形 圧力に強い.

die **Druck·fes·tig·keit** [ドゥック・フェスティヒカイト] 名 -/ 圧縮〔耐圧〕強度.

die **Druck·form** [ドゥック・フォるム] 名 -/-en 〘印〙印刷版.

druck·frisch [ドゥック・ふりッシュ] 形 刷りたての.

die **Druck·ka·bi·ne** [ドゥック・カビーネ] 名 -/-n 与圧室, 気密室.

der **Druck·knopf** [ドゥック・クノップふ] 名 -(e)s/..knöpfe (衣服の)スナップ;(機器の)押しボタン.

die **Druck·le·gung** [ドゥック・レーグング] 名 -/-en 印刷(作業);印刷に回すこと.

die **Druck·luft** [ドゥック・ルふト] 名 -/ 〘理〙圧縮〔圧搾〕空気.

die **Druck·luft·brem·se** [ドゥックルふト・ブれムゼ] 名 -/-n エアブレーキ.

die **Druck·ma·schi·ne** [ドゥック・マシーネ] 名 -/-n 印刷機.

der **Druck·mes·ser** [ドゥック・メッサー] 名 -s/- 〘理〙圧力計.

das **Druck·mit·tel** [ドゥック・ミッテル] 名 -s/- 圧力手段.

die **Druck·plat·te** [ドゥック・プラッテ] 名 -/-n 〘印〙印刷版.

der **Druck·pos·ten** [ドゥック・ポステン] 名 -s/- 〘冗〙(戦争などで)危険のない部署〔地位〕.

die **Druck·pro·be** [ドゥック・プローベ] 名 -/-n **1.** 〘印〙試し刷り.　**2.**〘工〙圧力試験.

die **Druck·pum·pe** [ドゥック・プムペ] 名 -/-n 〘工〙圧縮ポンプ.

der **Druck·punkt** [ドゥック・プンクト] 名 -(e)s/-e 引き金などの作動点;〘医〙(裏の)圧力作用点.

druck·reif [ドゥック・らイふ] 形 印刷に回してよい.

die **Druck·sa·che** [ドゥック・ザッヘ] 名 -/-n 〘郵〙印刷物(以前の, 郵便物の種類);〘印〙印刷物(名刺など).

die **Druck·schrift** [ドゥック・シュりふト] 名 -/-en **1.** 〘印〙活字体;活字で書体：in ~ schreiben 活字体で書く.　**2.** 綴じてない印刷物.

druck·sen [ドゥックセン] 動 *h*. 〔鱷(な)〕〘口〙口ごもる, 言いよどむ.

der **Druck·stock** [ドゥック・シュトック] 名 -(e)s/..stöcke 〘印〙(活版印刷用の)版.

die **Druck·tas·te** [ドゥック・タステ] 名 -/-n キー, 押しボタン.

druck·tech·nisch [ドゥック・テヒニシュ] 形 印刷技術の.

der **Druck·ver·band** [ドゥック・フェあバント] 名 -(e)s/..bände 圧迫包帯.

das **Druck·ver·fah·ren** [ドゥック・フェあふァーれン] 名 -s/- 版式.

die **Druck·wal·ze** [ドゥック・ヴァルツェ] 名 -/-n 〘印〙印刷ローラー.

der **Druck·was·ser·re·ak·tor** [ドゥック・ヴァッサー・れアクトーあ] 名 -s/-en 加圧水型動力〔原子〕炉.

die **Druck·wel·le** [ドゥック・ヴェレ] 名 -/-n 〘理〙(爆風などの)圧力波.

das **Druck·werk** [ドゥック・ヴェるク] 名 -(e)s/-e 印刷物.

die **Dru·de** [ドゥーデ] 名 -/-n 〘ゲ神〙夜の妖精, 夢魔.

der **Dru·den·fuß** [ドゥーデン・ふース] 名 -es/..füße 夜の妖精の足跡の星形(魔除け).

der **Drug·store** [drákstoːɐ ドらック・ストーア] 名 -s/-s (特に米国の)ドラッグストア.

der **Dru·i·de** [ドるイーデ] 名 -n/-n ドルイド(古代ケルト族のドルイド教の司祭).

drum [ドるム] 副 〘口〙=darum.【慣用】**alles**〔**das ganze**〕**Drum und Dran** それに付随するすべてのもの. **(alles) das, was drum und dran ist** それに伴う〔付随する〕こと.　**Sei's drum!** それでよかろう.

drum·her·um [ドるム・へるム] 副 その周りに.

der **Drum·lin** [ドるリン, drámlm ドらムリン] 名 -s/-s 〘地質〙氷堆(ダ)丘, ドラムリン.

drun·ten [ドるンテン] 副 〘南独・オーストリア〙あの下〔の方〕に.

drun·ter [ドるンター] 副 〘口〙=darunter.【慣用】**Es**〔**Alles**〕**geht drunter und drüber.** 大混乱の状態である.

der **Drusch** [ドるシュ] 名 -(e)s/-e 脱穀;脱穀された穀粒.

der **Dru·se**[1] [ドるーゼ] 名 -n/-n 〘イ教〙ドルーズ派の人(レバノン・シリアの宗派).

die **Dru·se**[2] [ドるーゼ] 名 -/-n **1.** 晶洞(岩石などの空洞).　**2.** 〘∞の〙鼻疽(ゲ)(馬の病気).

die **Drü·se** [ドりューゼ] 名 -/-n 〘解〙腺(ゼ).

das **Drü·sen·fie·ber** [ドりューゼン・ふィーバー] 名 -s/- 〘医〙腺熱.

das **Drü·sen·haar** [ドりューゼン・ハーあ] 名 -(e)s/-e (主に◎)〘植〙(モウゼンゴケの葉などの)腺毛(ジ).

die **Dry·a·de** [ドりュアーデ] 名 -n/-n 〘ギ神〙ドリュアス(木の精).

das **Dry·far·ming** [drái.. ドらイ・ふぁミング] 名 -(s)/ 乾燥地農法.

d.s. =dal segno 〘楽〙ダルセーニョ, 記号のところから演奏せよ〔くり返せ〕.

DSB 名 -(s)/-(s) = Deutscher Sportbund ドイツスポーツ連盟.

der **Dsche·bel** [チェ(-)ベル] 名 -(s)/ 〘地〙山.

die **Dschel·la·ba** [チェラバ] 名 -/-s ジェラバ(アラブ人男性用の長い羊毛外衣).

(das) **Dschi·bu·ti** [ヂブーティ] 名 -s/ 〘国名〙ジブチ(東アフリカの国とその首都).

der **Dschi·had** [ヂハート] 名 -s/ 〘イ教〙イスラム教擁護の聖戦, ジハード.

der **Dschinn** [ヂン] 名 -s/-(en) 〘ḭ̃神〙ジン, 悪霊(千一夜物語に登場).

der[*das*] **Dschun·gel** [ヂュンゲル] 名 -s/- ジャングル, 熱帯雨林.

die **Dschun·ke** [ヂュンケ] 名 -/-n ジャンク(帆船).

DSG =Deutsche Schlafwagen- und Speisewagen-Gesellschaft ドイツ寝台・食堂車有限会社.

dt. =deutsch ドイツの.

D

DTB [名] -/ =Deutscher Turnerbund ドイツ体育協会.

dto. =dito, detto 同上, 同じく.

Dtzd. =Dutzend ダース.

du [ドゥー] [代]《人称》2 人称親称㊥ 1 格.(家族, 親友, 恋人, (政党の)同志, (義務教育年齢までの)子供, 超自然的・聖なるもの, 動物あるいは(詩的表現で)物や概念に対して用い, その他の相手には㊥・㊥とも Sie(敬称)を用いる)【㊐で, 手紙では語頭大文字で Du】 **1.** 君, おまえ, あなた, 汝(なんじ) : *D*～ hast Recht! 君の言うとおりだ. *D*～, meine Vaterstadt! わが故郷の町よ. mit ⟨j³⟩ auf *D*～ und *D*～ stehen ⟨人と⟩おれ・おまえの(親しい)関係にある. ～〔*D*～〕 zueinander sagen 互いに du で呼び合う. **2.** (一般的に人を指す man の代りとして) : Wenn ～ niemals anderen hilfst, kannst ～ selbst nicht auf Hilfe rechnen. 他人を助けなければ, 他人からも助けてもらえない. Die Kinder rannten, (was) hast ～, was kannst ～, davon. 《口》子供たちはあっという間に走り去った.

das **Du** [ドゥー] [名] -(s)/-(s) 君, 相手 : ⟨j³⟩ das ～ anbieten ⟨人に⟩親称 „Du" を使うことを提案する. das ideale ～ 理想的な相手.

d. U. =der/die Unterzeichnete 署名者.

der **Du·al** [ドゥーアール, ドゥアール] [名] -s/-e[ドゥアーレ]〘言〙両数(2 個・一対を表す文法上の数).

du·al [ドゥアール] [形] **1.** 2 の, 二元の, 二重の : ein ～es Ausbildungssystem 職業教育の二元〔複線〕システム. **2.** 〘数〙双対(そうつい)の;〘論〙二元の.

das **Du·al-Band-Han·dy** [djuːəlbænd.. デューエル・ベンド・ハンディ] [名] -s/-s デュアルネットワーク対応携帯電話.

der **Du·a·lis·mus** [ドゥアリスムス] [名] -/ 対立;〘哲〙二元論;〘政〙二大勢力の対立.

du·a·lis·tisch [ドゥアリスティシュ] [形] 対立する; 二元論の; 二元的な.

das **Du·al·sys·tem** [ドゥアール・ズュステーム] [名] -s/-e〘数〙二進法.

der **Dü·bel** [デューベル] [名] -s/- **1.** 〘土〙太柄(だぼ). **2.** 柄(ほぞ)(釘などが打てるように壁にうめ込むもの); アンカー(Spreiz～).

dü·beln [デューベルン] [動] *h.* 〔⟨et⁴⟩ヲ+(an〔auf ⟨et⁴⟩ニ)〕太柄(だぼ)で固定する.

du·bi·os [ドゥビオース] [形]《文》怪しげな, いかがわしい.

die **Du·bi·o·sa** [ドゥビオーザ] [複名]〘経〙焦げつき債権.

die **Du·bi·o·sen** [ドゥビオーゼン] [複名] =Dubiosa.

das **Du·blee** [ドゥブレー] [名] -s/-s 金〔銀〕張りの金属; (ビリアードの)空クッション.

das **Du·blee·gold** [ドゥブレー・ゴルト] [名] -(e)s/ 金張り(の金属).

die **Du·blet·te** [ドゥブレッテ] [名] -/-n (収集品の)重複品, ダブリ; (張り合せによる宝石の)イミテーション;〘ボクシング〙ダブルパンチ.

(das) **Dub·lin** [dáblɪn ダブリン] [名] -s/ 〘地名〙ダブリン(アイルランドの首都).

der **Duc** [dyk デュク] [名] -(s)/-s (フランスの)公爵(人); (㊥のみ)公爵(位).

der **Du·ce** [dúːtʃe ドゥーチェ] [名] -s/ ドゥーチェ, 首領(B. Mussolini の称号).

die **Du·ches·se** [dyʃɛ́s デュシェス] [名] -/-n **1.** (フランスの)公爵夫人, 女公爵. **2.** (㊥のみ)ダッチェス(高級サテンの一種).

die **Du·ches·se·spit·ze** [デュシェス・シュピッツェ] [名] -/-n ダッチェスレース(高級ボビンレース).

die **Ducht** [ドゥフト] [名] -/-en 〘海〙(ボート・ヨットの)こぎ手〔漕手(そうしゅ)〕席.

die **Duck·dal·be** [ドゥック・ダルベ] [名] -/-n 《主に㊥》〘海〙係船用の杭(くい).

die **Dück·dal·be** [デュック・ダルベ] [名] -/-n 《主に㊥》《稀》=Duckdalbe.

der **Duck·dal·ben** [ドゥック・ダルベン] [名] -s/- 《主に㊥》=Duckdalbe.

der **Dück·dal·ben** [デュック・ダルベン] [名] -s/- 《主に㊥》=Duckdalbe.

du·cken [ドゥッケン] [動] *h.* **1.** 〔sich⁴〕(打撃などをかわして)身をかがめる; 屈従する. **2.** 〔⟨j⁴⟩ヲ〕《蔑》屈従させる, 押えつける. **3.** 〔⟨et⁴⟩ヲ〕ひっ込める, すくめる(頭・肩を).

der **Duck·mäu·ser** [ドゥック・モイザー] [名] -s/- 《蔑》(人と相反する)自分の考えを言おうとしない者.

duck·mäu·se·risch [ドゥック・モイゼりシュ] [形]《蔑》(人と相反する)自分の考えを言おうとしない.

die **Du·de·lei** [ドゥーデライ] [名] -/-en 《主に㊥》《口・蔑》(一本調子の)うんざりとする演奏〔歌・音〕.

du·deln [ドゥーデルン] [動] *h.* 《口・蔑》 **1.** 〔⟨et⁴⟩ヲ〕長々と単調に鳴らす〔歌う〕. **2.** 〔補足なし〕長々と単調な音を出す(手回しオルガンなどが).

der **Du·del·sack** [ドゥーデル・ザック] [名] -(e)s/..säcke バグパイプ.

der **Du·den** [ドゥーデン] [名] -(s)/- **1.** ドゥーデン(ドイツの出版社. Bibliographisches Institut の辞典・事典の名称. 主にドイツ語正書法辞典を指す). **2.** (㊥のみ; 主に無冠詞)〘人名〙ドゥーデン(Konrad ～, 1829-1911, ドイツの言語学者).

das **Du·ell** [ドゥエル] [名] -s/-e 決闘; 論争(Rede～);〘スポーツ〙(二人・二チームによる)試合 : ein ～ auf Pistolen ピストルによる決闘.

der **Du·el·lant** [ドゥエラント] [名] -en/-en 決闘者.

du·el·lie·ren [ドゥエリーれン] [動] *h.* 〔sich⁴+mit ⟨j³⟩ト〕決闘をする.

die **Du·ell·pis·to·le** [ドゥエル・ピストーレ] [名] -/-n 決闘用ピストル.

das **Du·ett** [ドゥエット] [名] -(e)s/-e 〘楽〙二重奏〔唱〕曲; 二重奏〔唱〕;《皮》二人組.

die **Du·four·kar·te** [dyfúːr.. デュふーる・カるテ] [名] -/-n デュフール式地形図(山岳地図).

der **Duft** [ドゥふト] [名] -(e)s/Düfte **1.** 香り, 芳香; 雰囲気. **2.** 《文》霞(かすみ), 靄(もや). **3.** 《スイス》〘林〙霧氷.

das **Düft·chen** [デュふトひぇン] [名] -s/- ほのかな香り, かすかなにおい.

duf·te [ドゥふテ] [形]《口》すごくいい.

duf·ten [ドゥふテン] [動] *h.* **1.** 〔補足なし〕におう, 香る, 香りを放つ. **2.** 〔Es+nach ⟨et³⟩ノ〕においがする.

duf·tig [ドゥふティひ] [形] 薄手の;《詩》薄もや〔霧〕にかすんだ.

das **Duft·kis·sen** [ドゥふト・キッセン] [名] -s/- (ポプリなどの入った)におい袋.

die **Duft·mar·ke** [ドゥふト・マるケ] [名] -/-n 〘生〙においづけの臭い物質.

der **Duft·stoff** [ドゥふト・シュトふ] [名] -(e)s/-e 香料; 〘生〙(においづけの)臭い物質.

(das) **Duis·burg** [dýːsbʊrk デュースブるク] [名] -s/ 〘地名〙デュースブルク(ノルトライン=ヴェストファーレン州の都市).

der **Du·ka·ten** [ドゥカーテン] [名] -s/- ドゥカーテン(13-19 世紀の金貨).

das **Du·ka·ten·gold** [ドゥカーテン・ゴルト] [名] -(e)s/ ドゥカーテン金(純度の高い金).

der **Duke** [djuːk デューク] [名] -/-s (英国の)公爵(人); (㊥のみ)公爵(位).

duk·til [ドゥクティール] [形] 〘工〙延性の, 展性の.

der **Duk·tus** [ドゥクトゥス] [名] -/- 《文》筆法; 書体.

dul·den [ドゥルデン] [動] *h.* **1.** 〔⟨j⁴/et⁴⟩ヲ/⟨j⁴/et⁴⟩ガ+⟨場所⟩ニイル(アル)ノヲ〕許容する, 許す, 黙認する. **2.** 〔⟨様態⟩デ〕《文》耐える, 忍ぶ. **3.** 〔⟨et⁴⟩ニ〕

《稀》耐える.
der **Dul·der** [ドゥルダー] [名] -s/- 耐える人, 受難者.
die **Dul·der·mie·ne** [ドゥルダー・ミーネ] [名] -/-n 《主に[単]》《皮》(同情をひくための)つらそうな顔つき.
dul·d·sam [ドゥルトザーム] [形] 〘(gegen ⟨j⁴/et⁴⟩ₙ)〙寛大〔寛容〕な.
die **Dul·d·sam·keit** [ドゥルトザームカイト] [名] -/ 忍耐; 寛容, 寛大.
die **Dul·dung** [ドゥルドゥング] [名] -/-en 《主に[単]》許す〔大目に見る〕こと, 寛容; 黙認.
die **Dult** [ドゥルト] [名] -/-en 《バイエ・オース ルン・トリア》年〔歳(と)〕の市.
die **Dul·zi·nea** [ドゥルツィネーア] [名] -/..neen[..ネーエン] **1.** 《[単]のみ; 主に無冠詞》〘女名〙ドゥルシネア(ドン・キホーテの恋人). **2.** 《冗・蔑》恋人, 女友達.
das **Dum·dum** [ドゥム・ドゥム] [名] -(s)/-(s) ダムダム弾.
das **Dum·dum·ge·schoss**, [旧] **Dum·dum·ge·schoß** [ドゥムドゥム・ゲショス] [名] -es/-e ダムダム弾.
dumm [ドゥム] [形] dümmer; dümmst **1.** ばかな, 愚かな: sich⁴ ~ stellen 《口》何も知らない〔分らない〕ふりをする. **2.** 《口》くだらない, 間抜けな: ein ~*er* Kerl 〔Esel〕とん馬〔どじ〕なやつ. Du bist schön ~, wenn du ihm alles glaubst. 彼の言うことを全部信じるなんて君はたいした間抜けだよ. **3.** 《口》嫌な, 不快な: Das ist mir zu ~. それはもうたくさんだ. **4.** 《口》(頭が)ぼうっとなった: Mir ist ganz ~ im Kopf. 私は頭がまったくぼうっとしている. **【慣用】 der dumme August** (サーカスの)道化師. **dumm aus der Wäsche gucken** 《口》(あっけにとられて)ぽかんとした顔をする. ⟨j³⟩ **dumm kommen** 《口》⟨人に対して⟩ずうずうしくなる. **dumm und dämlich** 馬鹿丸出しに, くどくど. **Dummes Zeug!** ばかばかしい, くだらん(拒否して). **einen Dummen finden** いい鴨(かも)を見つける. **(immer) der Dumme sein** 《口》(いつも)ばかをみる. ⟨j⁴⟩ **für dumm verkaufen** 《口》⟨人を⟩虚仮(こけ)にする. ⟨j¹⟩ **ist dumm wie Bohnenstroh**〔**dümmer als die Polizei erlaubt**〕《口》⟨人は⟩まるっきりばかだ. **sich⁴ nicht für dumm verkaufen lassen** 《口》虚仮(こけ)にたどされない.
dumm·dreist [ドゥム・ドらイスト] [形] 愚かで厚かましい.
der **Dum·me·jun·gen·streich** [ドゥメ・ユンゲン・シュトらイひ] [名] -(e)s/-e わるふざけ, いたずら.
der **Dum·me-Jun·gen-Streich** [ドゥメ・ユンゲン・シュトらイひ] [名] Dummen-Jungen-Streich[e]s/ Dummen-Jungen-Streiche 《Dumm-は形容詞的変化》=Dummejungenstreich.
der **Dum·mer·jan** [ドゥマー・ヤーン] [名] -s/-e 《口》ばか者.
die **Dumm·heit** [ドゥムハイト] [名] -/-en **1.** 《[単]のみ》愚かさ. **2.** ばかな発言〔行動〕.
der **Dumm·kopf** [ドゥム・コップふ] [名] -(e)s/..köpfe ばか者.
dümm·lich [デュムりひ] [形] 少々頭の弱そうな.
der **Dum·my** [dámi ダミ] [名] -s/-s 〔Dummies [ダミース]〕 **1.** ダミー(自動車の衝突テスト用人体模型). **2.** (das ~ も有)(展示用)模造品, 見本品.
düm·peln [デュムペルン] [動] *h.* 〘補足なし〙〘海〙横揺れする.
dumpf [ドゥムプふ] [形] **1.** 鈍い, こもった: mit ~*er* Stimme 陰にこもった声で **2.** かび臭い, むっとするような. **3.** 生気〔活気〕のない, 無気力な. **4.** 漠然とした: eine ~*e* Ahnung おぼろげな予感. **5.** 《古》もうろうとした.
die **Dumpf·ba·cke** [ドゥムプふ・バッケ] [名] -/-n 《口》愚か者.
dumpf·fig [ドゥムプふぃひ] [形] かび臭い, むっとする.
das **Dum·ping** [dámpɪŋ ダムピング] [名] -s/ 〘経〙ダンピング.
dun [ドゥーン] [形] 《方》酔った.

(*der*) **Du·nant** [dynã デュナン] [名] 〘人名〙デュナン (Henri ~, 1828-1910, 赤十字の創立者. スイス人).
die **Du·ne** [ドゥーネ] [名] -/-n 《北独》=Daune.
die **Dü·ne** [デューネ] [名] -/-n 砂丘.
der **Dung** [ドゥング] [名] -(e)s/ 堆肥(たいひ), 厩肥(きゅうひ).
das **Dün·ge·mit·tel** [デュンゲ・ミッテル] [名] -s/- 肥料.
dün·gen [デュンゲン] [動] *h.* **1.** 〘⟨et⁴⟩ₙ〙肥料をやる, 施肥する(畑・作物に). **2.** 〘補足なし〙肥料となる.
der **Dün·ger** [デュンガー] [名] -s/- 肥料, こやし.
der **Dung·hau·fen** [ドゥング・ハウふェン] [名] -s/- 堆肥(たいひ).
die **Dün·gung** [デュングング] [名] -/-en 《主に[単]》施肥.
dun·kel [ドゥンケル] [形] 《[付][比]は..kl..》 **1.** 暗い: im *D*~*n* 暗闇で. **2.** (色彩)黒(っぽ)い, (色の)濃い: ein *dunkler* Anzug ダークスーツ. *dunkles* Bier 濃色ビール. Bitte, ein *Dunkles!* 濃色ビールを一杯ください. ein *dunkles* Blau 藍色, 紺色. **3.** (音声)低い(響きの): mit *dunkler* Stimme 低く響く声で. **4.** おぼろげな, 漠然とした: eine *dunkle* Ahnung おぼろげな予感. ⟨j⁴⟩ über ⟨et⁴⟩ im *D*~*n* lassen ⟨人に⟩⟨事を⟩はっきりさせずに〔知らせずに〕おく. Das liegt noch im *D*~*n*. それはまだはっきりしていない. **5.** 不明の, 不可解な: eine *dunkle* Stelle im Text テキストの不明の箇所. **6.** いかがわしい, うさんくさい: *dunkle* Geschäfte machen いかがわしい商売をする. eine *dunkle* Vergangenheit haben 暗い過去を持っている. **【慣用】 der Sprung ins Dunkle** 向うみずの冒険. **im Dunkeln bleiben** 匿名〔無名〕のままである. **im Dunkeln tappen** 暗中模索する.
das **Dun·kel** [ドゥンケル] [名] -s/ **1.** 《文》暗闇. **2.** 不可解, 不明瞭.
der **Dün·kel** [デュンケル] [名] -s/ 思い上がり, 高慢.
dun·kel·äu·gig [ドゥンケル・オイギひ] [形] 黒い〔濃い色の〕目の.
dun·kel·blau [ドゥンケル・ブラウ] [形] 紺色の.
dun·kel·far·big [ドゥンケル・ふぁるビひ] [形] 暗い色合いの.
dun·kel·grau [ドゥンケル・グらウ] [形] 濃い灰色の.
dun·kel·grün [ドゥンケル・グりゅーン] [形] 暗緑色の.
dün·kel·haft [デュンケルハふト] [形] 《文》高慢な.
dun·kel·häu·tig [ドゥンケル・ホイティひ] [形] 肌の浅黒い.
die **Dun·kel·heit** [ドゥンケルハイト] [名] -/ 《主に[単]》暗さ, 闇; 不明確さ; 《文》暗い色調: bei Einbruch der ~ 夕闇のせまるときに.
die **Dun·kel·kam·mer** [ドゥンケル・カマー] [名] -/-n 暗室.
der **Dun·kel·mann** [ドゥンケル・マン] [名] -(e)s/..männer **1.** 黒幕, 怪しげな人物. **2.** 《古》反啓蒙〔反進歩〕主義者.
dun·keln [ドゥンケルン] [動] **1.** *h.* 〘Es〙《文》日が暮れる. **2.** *s.* 〘補足なし〙黒ずむ. **3.** *h.* 〘⟨et⁴⟩ₐ〙暗色にする〔染める〕, 黒っぽく〔濃く〕する. **4.** *h.* 〘⟨場所⟩ₙ〙《詩》黒々と現われる **【慣用】** *h.* **Der Abend**〔**Die Nacht**〕**dunkelt.** 《詩》夜のとばりが下りる.
die **Dun·kel·re·ak·ti·on** [ドゥンケル・れアクツィオーン] [名] -/-en 〘生化〙暗反応(光合成).
dun·kel·rot [ドゥンケル・ろート] [形] 暗赤色の.
die **Dun·kel·zif·fer** [ドゥンケル・ツィっふぁー] [名] -/-n 公の統計には表れない数値.
dün·ken(*) [デュンケン] [動] dünkte 〔deuchte〕; hat gedünkt 〔gedeucht〕(不規則変化は《古》) **1.** 〘⟨j⁴⁽³⁾⟩ₙ+⟨様態⟩ₜ〙思われる(3格は《稀》). **2.** 〘Es+⟨j⁴⁽³⁾⟩ₙ+⟨[文]⟩ₜ〙思われる(3格は《稀》). **3.** 〘sich⁴⁽³⁾+⟨j¹/et⁴⟩(デアル)ト/⟨様態⟩(デアル)ト+(zu sein)〙自分のことをうぬぼれている, (…の)つもりでいる(sich³は《稀》): sich⁴ ein einsamer Mensch (zu sein) ~ 自分のことを孤独な人間(である)と思っている.
dünn [デュン] [形] **1.** 〘(⟨et⁴⟩ダケ)〙薄い, 細い, やせた: Dieses Buch ist einen Zentimeter ~*er*. この本

の方が1センチ薄い. sich^4 ～ machen 体をすぼめる(⇨dünn|machen). **2.** まばらな, 薄い, 希薄な：ein ～ besiedeltes Land 人口の希薄な土地. ～ bevölkert sein 人口希薄である. **3.** か細い：mit ～*er* Stimme か細い声で. **4.** 薄い, 水っぽい：eine ～*e* Suppe 薄いスープ. 【慣用】**dünn gesät** 《口》わずかな, まれな.

dụnn be·sie·delt, [旧]dụnn·be·sie·delt [デュン ベズィーデルト] ⇨ dünn 2.

D

dụnn be·völ·kert, [旧]dụnn·be·völ·kert [デュン ベ[ふぇ]ルカート] ⇨ dünn 2.

das **Dụnn·bier** [デュン・ビーあ] [名] -(e)s/-e 《口》水っぽい〔アルコール分の少ない〕ビール.

der **Dụnn·darm** [デュン・ダるム] [名] -(e)s/..därme 小腸.

der **Dụnn·druck** [デュン・ドるっク] [名] -(e)s/-e 〖印〗 **1.** ([単]のみ)インディア紙への印刷. **2.** インディア紙の印刷物.

die **Dụnn·druck·aus·ga·be** [デュンドるっク・アウス・ガーベ] [名] -/-n 〖印〗インディアペーパー版.

das **Dụnn·druck·pa·pier** [デュンドるっク・パピーあ] [名] -s/-e インディア紙.

der **Dụ̈n·ne**^{1} [デュネ] [名] -n/-n 《口》下痢.

die **Dụ̈n·ne**^{2} [デュネ] [名] -/ 薄さ.

dụ̈n·ne|ma·chen [デュネ・マっヘン] [動] *h.* ＝dünnmachen.

dụnn·flüs·sig [デュン・ふリュっスィひ] [形] (液体が)さらっとした.

dụnn ge·sät, [旧]dụnn·ge·sät [デュン ゲゼート] ⇨ dünn【慣用】.

die **Dụnn·heit** [デュンハイト] [名] -/ ＝Dünne^2.

dụnn|ma·chen [デュン・マっヘン] [動] *h.* 〔sich^4〕《口》こっそり逃出す.

der **Dụnn·pfiff** [デュン・プふぃふ] [名] -(e)s/ 《口》下痢.

der **Dụnn·schiss, [旧]Dụnn·schiß** [デュン・シス] [名] -es/ 《口》腹下り.

dụnn·wan·dig [デュン・ヴァンディひ] [形] 薄手の(容器など).

der **Dụnst** [ドゥンスト] [名] -(e)s/Dünste **1.** ([単]のみ)靄(もや), 霞(かすみ)：Ein leichter ～ liegt über dem Dorf. 靄が村に薄くかかっている. **2.** むっとする空気：ein ～ von Tabakrauch タバコの煙のたちこめた空気. **3.** ([単]のみ)〖狩〗小粒散弾. 【慣用】〈j^3〉**blauen Dunst vormachen** 《口》〈人を〉煙にまく. **keinen (blassen) Dunst von** 〈et^3〉 **haben** 《口》〈事を〉少しも知らない.

dụns·ten [ドゥンステン] [動] *h.* 〔補足なし〕《文》湯気〔蒸気・霧〕を立ちのぼらせる；(嫌な)臭いを発する. 【慣用】〈j^4〉 **dunsten lassen** 《オーストリア・口》〈人を〉わざとじらす.

dụ̈ns·ten [デュンステン] [動] *h.* **1.** 〔〈et^4〉ヲ〕蒸す. **2.** ＝dunsten.

die **Dụnst·glo·cke** [ドゥンスト・グロッケ] [名] -/-n (工業地帯や都市をおおう)スモッグ.

die **Dụnst·hau·be** [ドゥンスト・ハウベ] [名] -/-n ＝Dunstglocke.

dụns·tig [ドゥンスティひ] [形] **1.** 靄(もや)のかかった. **2.** 空気の濁った, 煙のたちこめた.

der **Dụnst·kreis** [ドゥンスト・クライス] [名] -es/ 《文》靄(もや)〔霞(かすみ)〕のかかっている所；雰囲気；勢力範囲.

die **Dụ̈·nung** [デューヌング] [名] -/-en 波のうねり.

das **Duo** [ドゥーオ] [名] -s/-s 二重奏曲；二重奏の奏者；(《皮》にも)二人組.

du·o·de·nal [ドゥオデナール] [形] 〖医〗十二指腸の.

das **Du·o·de·num** [ドゥオデーヌム] [名] -s/..na 〖医〗十二指腸.

das **Du·o·dez** [ドゥオデーツ] [名] -es/ 〖印〗十二枚折判(記号12°).

der **Du·o·dez·fürst** [ドゥオデーツ・ふゅるスト] [名] -en/-en 小国の君主.

du·o·de·zi·mal [ドゥオデツィマール] [形] 十二進法の.

das **Du·o·de·zi·mal·sys·tem** [ドゥオデツィマール・ズュステーム] [名] -s/ 〖数〗十二進法.

die **Du·o·de·zi·me** [ドゥオデーツィメ] [名] -/-n 〖楽〗12度(音程).

der **Du·o·dez·staat** [ドゥオデーツ・シュタート] [名] -(e)s/-en 小国.

die **Du·o·le** [ドゥオーレ] [名] -/-n 〖楽〗二連音符.

dü·pie·ren [デュピーれン] [動] *h.* 〔〈j^4〉ヲ〕《文》欺く.

die **Du·plik** [ドゥプリーク] [名] -/-en 〖法〗《古》(被告の)再々抗弁.

das **Du·pli·kat** [ドゥプリカート] [名] -(e)s/-e 複写, 写し, コピー；副本, 謄本.

du·pli·zie·ren [ドゥプリツィーれン] [動] *h.* 〔〈et^4〉ヲ〕《文》二重〔二倍〕にする, (…の)写しを作る.

die **Du·pli·zi·tät** [ドゥプリツィテート] [名] -/-en 二重性, 重複, (同じ事の)同時発生；《古》二義性.

das **Dur** [ドゥーあ] [名] -/- 〖楽〗長調.

du·ra·bel [ドゥらーベル] [形] ([付][比]は..bl..)耐久性のある.

das **Du·ra·lu·min** [ドゥーらルミーン] [名] -s/ 〖商標〗ジュラルミン.

du·ra·tiv [ドゥーらティーふ, ドゥらティーふ] [形] 〖言〗継続相の：～*e* Aktionsart 継続動作様態(bleiben など).

durch [ドゥるひ] [前] 〔＋4格〕 **1.** (空間) **a.** (通過・貫通)…を通って, …を横切って, …を貫いて：～ die Tür gehen ドアを通って行く. ein Tunnel ～ das Gebirge その山脈を抜けるトンネル. ～ die Nase atmen 鼻で息をする. ～ das Fernrohr sehen 望遠鏡で見る. ～ den Bach waten 小川を歩いて渡る. ～*s* Ziel gehen ゴールインする. für 〈j^4〉 ～*s* Feuer gehen 〈人のために〉水火も辞さない. **b.** (全域)…じゅう, …くまなく：～ die Welt reisen 世界中を旅行する. **2.** (時間)…の間ずっと：～ den ganzen Tag 一日中. ein Jahr ～ 一年中. **3.** (手段・仲介者・媒体)…によって, …を介して；〖数〗割る(と)：〈et^4〉 ～ 〈j^4〉 bekommen 〈物を〉〈人を通じて〉手に入れる. 〈et^4〉 ～ Zufall erfahren 〈事を〉偶然に知る. das Geld ～ meine Arbeit verdienen その金を働いて稼ぐ. eine Zahl ～ eine andere dividieren ある数をある他の数で割る. Sechs ～ zwei ist drei. 6割る2は3. **4.** **a.** (受動態において, 論理的主語が行為の間接的原因(仲介・媒体)であったり, 自然現象の場合に von に代えて)…によって：Die Nachricht wurde ～ einen Boten überbracht. その知らせは使いの者によって伝えられた. Die Stadt wurde ～ Bomben zerstört. この町は爆撃で破壊された. **b.** (2格付加語のある動詞派生名詞の行為主体とともに)…による：die Ermordung Cäsars ～ Brutus ブルートゥスによるカエサルの殺害. **5.** (原因)…によって：～ einen Unfall ums Leben kommen 事故で一命を失う.

—— [副] **1.** 《口》(時間)…過ぎ, 少し過ぎて：Es ist schon 2 Uhr ～. もう2時過ぎだ. **2.** *s.* 〔sein〕《口》通り抜けている；通過している：Endlich sind wir durch den Wald ～. 私達はやっと森を通り抜けた. Der Zug nach München ist ～. ミュンヘン行きの列車は通過している. **3.** 《口》*s.* 〔sein〕危機を脱している, 困難を克服している：Er ist ～. 彼は危機を乗り越えた(病気や, 危険な企てで)；彼は試験に合格した. **4.** 《口》*s.* 〔sein〕終えている(仕事や読書などを) Jetzt bin ich mit dem dicken Buch ～. 今や私は厚い本を読みこなした. **5.** 《口》*s.* 〔sein〕すり切れる(衣類などが), 焼き切れる(ヒューズなどが)：Die Sohlen sind ～. 靴底に穴があいている. **6.** *s.* 〔sein〕熟成している, 充分に焼けている：Der Käse ist ～. チーズは熟成して柔らかくなっている. Das Fleisch ist ～. 肉はよく焼けている. 【慣用】 durch und durch 完全に〉 geht 〈j³〉 durch und durch 〈事を〉〈人を〉〔感覚的の〔意識的に〕完全にとらえ尽くす. bei 〈j³〉 unten durch sein 〈人の〉好意を失ってしまっている.

durch|a·ckern [ドゥるひ·アッケァン] 動 h. 〖口〗 **1.** 〈et¹〉十分に耕す〔畑を〕; 徹底的に研究〔検討〕する, 精読する. **2.** 〈sich⁴+durch〈et⁴〉〉苦労して最後までつき進む, 読破する.

durch|ar·bei·ten [ドゥるひ·アァバイテン] h. **1.** 〈時間〉/無休みなく働く. **2.** 〈et⁴〉精読して利用する〈本などを〉. **3.** 〈et⁴〉入念に仕上げる〈草稿などを〉. **4.** 〈et⁴〉十分に捏(こ)ねる〈パン生地などを〉. **5.** 〈sich⁴〉苦労して進む〈通り抜ける〉.

durch|at·men [ドゥるひ·アートメン] 動 h. 〖口〗深呼吸をする; ～ können ほっとしている.

durch·aus [ドゥるひ·アウス, ドゥるひ·アウス] 副 〖語飾〗〈動詞·形容詞·否定詞を修飾〉 (主に mögen, wollen とともに〉ぜひとも; まったく, 完全に; 全然; Ich möchte ～ mitkommen. 私はぜひとも一緒に行きたい. ～ nicht 決して〔全く〕…でない.

durch|ba·cken¹⁽*⁾ [ドゥるひ·バッケン] 動 h. **1.** 〖口〗十分に焼く〈パン·クッキーなどを〉. **2.** 〈時間〉/無パン〈ケーキ〉を焼き続ける.

durch·ba·cken² [ドゥるひバッケン] 形 〈mit 〈et³〉〉/シラレテ〉焼いた: ein mit Rosinen ～es Brot レーズンパン.

durch|bei·ßen¹* [ドゥるひ·バイセン] 動 h. **1.** 〈et⁴〉〈歯で二つに〉かみ切る〔かみ割る〕, 食いちぎる. **2.** 〈sich⁴〉〖口〗歯をくいしばって頑張り抜く, 困難を乗切る.

durch·bei·ßen²* [ドゥるひバイセン] 動 h. 〈j³/et³ン+〈et⁴〉〉食いやぶる.

durch|be·kom·men* [ドゥるひ·ベコメン] 動 h. 〖口〗 **1.** 〈j⁴/et⁴〈場所〉〉(うまく)通り抜けさせる; 通過させる〈法案などを〉. **2.** 〈et⁴〉切断する.

durch|be·ra·ten* [ドゥるひ·ベラーテン] 動 h. 〈et⁴〉〉徹底的に審議する; 逐次審議する.

durch|bet·teln [ドゥるひ·ベッテルン] 動 h. 〈sich⁴〉乞食〈こじき〉をして暮す.

durch|beu·teln [ドゥるひ·ボイテルン] 動 h. 〈j⁴〉さんざんつき回す.

durch|bie·gen* [ドゥるひ·ビーゲン] 動 h. **1.** 〈et⁴〉〉できるだけ曲げる. **2.** 〈sich⁴〉(重みで)たわむ.

durch|bil·den [ドゥるひ·ビルデン] 動 h. 〈et⁴〉〉完成の域にまで形づくる, 十分に鍛える.

durch|blät·tern [ドゥるひ·ブレッターン] 動 h. (非分離を有して)ぱらぱらとめくる,〈…に〉ざっと目を通す.

durch|bläu·en, ⓐ**durch|bleu·en** [ドゥるひ·ブロイエン] 動 h. 〖口〗さんざん殴る.

der **Durch·blick** [ドゥるひ·ブリック] 名 -(e)s/-e (間からの)見晴らし〔眺め〕; 〖口〗概観, 見通し.

durch|bli·cken [ドゥるひ·ブリッケン] 動 h. **1.** 〔(durch 〈et⁴〉ヲ通シテ)〕のぞく. **2.** 〔(bei 〈et³〉))〕〖口〗わけが分る. 【慣用】〈et¹〉 durchblicken lassen 〈事を〉ちらつかせる〔ほのめかす〕.

durch·blu·tet [ドゥるひブルーテット] 形 血行〔血の巡り〕の, 血のにじんだ.

die **Durch·blu·tung** [ドゥるひブルートゥング] 名 -/-en 血行, 血の巡り.

durch|boh·ren¹ [ドゥるひ·ボーレン] 動 h. **1.** 〈et⁴〉〉/durchつき突抜けて〉穴をあける. **2.** 〈et⁴〉あける〈穴を〉. **3.** 〈sich¹+durch〈et⁴〉〉穴をあける〈虫などが〉.

durch·boh·ren² [ドゥるひ·ボーレン] 動 h. 〈j⁴/et⁴〉〉突刺す, 貫く〈剣·弾丸などが〉.

durch|bo·xen [ドゥるひ·ボクセン] 動 h. **1.** 〈et⁴〉〉〖口〗強引に通す〈法案などを〉. **2.** 〈sich⁴+〈方向〉ニ〉)人を押分けて進む, 殴到する.

durch|bra·ten* [ドゥるひ·ブラーテン] 動 h. **1.** 〈et⁴〉〉十分に焼く〈肉を〉. **2.** s.〖擬熱〗十分に焼ける.

durch|bre·chen¹* [ドゥるひ·ブれっヒェン] 動 h. **1.** 〈et⁴〉〉二つに割る〔折る〕. **2.** s.〖擬熱〗二つに割れる〔折れる〕. **3.** s. (durch 〈et⁴〉〉下に落込む〈窓などを〉. **5.** 〈et⁴〉出る, 顔を出す〈芽·太陽などが〉, 生える〈歯が〉, (転)表に現れる(抑えていた感情が).

durch·bre·chen²* [ドゥるひ·ブれっヒェン] 動 h. **1.** 〈et⁴〉〉突破する〈封鎖などを〉, 破る〈洪水が堤防を〉. **2.** 〈et⁴〉〉破る〈規則·協定などを〉.

durch|bren·nen* [ドゥるひ·ブれネン] 動 **1.** s.〖擬熱〗(焼)切れる〈電球·ヒューズなどが〉; 完全に火がついて真っ赤になる〈石炭などが〉. **2.** h.〖擬熱〗燃えつづける〈ストーブなどが〉. **3.** s.〖擬熱〗〖口〗こっそり逃げる. **4.** s. (〈j³〉ヵラ)〖大扮〗かわす.

durch|brin·gen* [ドゥるひ·ブリンゲン] 動 h. **1.** 〈j³/et⁴+〈場所〉〉通すことができる〈狭い所を〉. **2.** 〈j⁴/et⁴ニ+〈場所〉ニ〉通過させる. **3.** 〈j⁴〉〉合格させる, 当選させる. **4.** 〈et⁴〉〉通過させる〈法案などを〉. **5.** 〈j⁴ヲ+〈様態〉デ〉(なんとか)養う; 〈j⁴がsich⁴の場合〉どうにか暮す. **6.** 〈j⁴〉〉(集中的な治療で)危険な病状を切抜けさせる. **7.** 〈et⁴〉〉使い果たす〈金など〉.

durch·bro·chen [ドゥるひブろっヘン] 形 透かし編みの, メッシュの, 透かし彫りの.

der **Durch·bruch** [ドゥるひ·ブるっふ] 名 -(e)s/..brüche **1.** (主に〈et³〉〉突破こと, 突破, 打破; 成功, 突破口: zum ～ kommen 出現する; 世間に認められる. **2.** 破壊箇所.

durch|den·ken¹* [ドゥるひ·デンケン] 動 h. 〈et⁴〉〉考え抜く.

durch·den·ken²* [ドゥるひデンケン] 動 h. 〈et⁴〉〉じっくりと考える.

durch|drän·gen [ドゥるひ·ドれンゲン] 動 h. **1.** 〈sich⁴+durch 〈j⁴/群衆〉〉(むりやりに)押分けて通り抜ける〈群衆などの間を〉. **2.** 〈sich⁴+〈方向〉へ〉かき分けて進む〈人込みを前になど〉.

durch|dre·hen [ドゥるひ·ドれーエン] 動 h. **1.** 〈et⁴〉〉挽(ひ)く〈肉などを〉, 絞り機で絞る〈洗濯物を〉. **2.** h.(s.)〖擬熱〗〖口〗平静さ〔度〕を失う. **3.** h.〖擬熱〗(車輪が)空回りする, 空転する. **4.** h. 〈et⁴〉〉〖映〗ワンショットで撮る〈シーンなどを〉.

durch|drin·gen¹* [ドゥるひ·ドりンゲン] 動 s. **1.** 〖擬熱〗染みとおる〈水が〉, 射す〈日が〉.**2.**〖擬熱〗耳にまで入る〈うわさが〉. **3.** 〖擬熱〗(全体に)通る. **4.** 〖mit 〈et³〉〉押通す〈考えなどを〉.

durch·drin·gen²* [ドゥるひドりンゲン] 動 h. **1.** 〈et⁴〉〉貫通する, 貫く〈光が闇などを〉, 透過する〈X線が物体などを〉, かき分けて歩む〈密林などを〉. **2.** 〈j⁴〉〉浸透する, 染み込む, 満ち満ちている〈責任感·友情などで〉. 【慣用】von〈et³〉 durchdrungen sein〈事に〉満ち満ちている.

durch·drin·gend [ドゥるひ·ドりンゲント] 形 身にしみる, 鼻をつく, 耳をつんざく, 鋭い.

die **Durch·drin·gung** [ドゥるひドりングング] 名 -/ 浸透, 貫通, 侵入; 把握, 洞察.

durch|drü·cken [ドゥるひ·ドりゅッケン] 動 h. **1.** 〈et⁴〉+durch〈et⁴〉〉押し通す. **2.** 〈et⁴〉〉まっすぐに(ぴんと)伸ばす〈腰などを〉; 十分に押す〈ペダルなどを〉. **3.** 〈et⁴〉〉押し洗いする. **4.** 〈et⁴〉〉押通す〈意志などを〉.

durch|ei·len¹ [ドゥるひ·アイレン] 動 s.〖擬熱〗急いで通り抜ける.

durch·ei·len² [ドゥるひアイレン] 動 h. **1.** 〈et⁴〉〉通り〔駆け〕抜ける〈ある場所·ある距離などを〉. **2.** 〈et⁴〉〉〖口〗さっと片づける,〈…に〉ざっと目を通す.

durch·ein·an·der [ドゥるひ·アイナンダー] 副 ごちゃごち

ゃに、入り乱れて、(頭が)混乱して：Er trinkt alles ～. 彼はなにもかもごちゃまぜに飲む. Ich bin ganz ～ gekommen. 私は全く混乱してしまった. Ihm geht alles ～. 彼はすべてを混同している.〈et⁴〉～ bringen〈物・事〉をごちゃごちゃにする；〈物・事〉を取り違える.〈j⁴〉～ bringen〈人〉の頭を混乱させる. ～ geraten ごちゃごちゃになる. ～ laufen 右往左往する、入り乱れて走る. ～ reden めいめいが勝手にしゃべる；訳の分からないことをしゃべる.〈et⁴〉～ werfen〈物〉を投げ散らかす；〈物・事〉を取り違える.

das **Durch|ein|an|der** [ドゥるひ・アイナンダー, ドゥるひ・アイナンダー] 名 -s/. 混乱；乱雑.

durch|ein|an|der bringen*, ⑬**durch|ein|an|der|bringen*** [ドゥるひアイナンダー ブリンゲン] ⇨ durcheinander.

durch|ein|an|der gehen*, ⑬**durch|ein|an|der|ge·hen*** [ドゥるひアイナンダー ゲーエン] ⇨ durcheinander.

durch|ein|an|der geraten*, ⑬**durch|ein|an|der|ge|ra|ten*** [ドゥるひアイナンダー グらーテン] ⇨ durcheinander.

durch|ein|an|der laufen*, ⑬**durch|ein|an|der|lau|fen*** [ドゥるひアイナンダー ラウフェン] ⇨ durcheinander.

durch|ein|an|der reden*, ⑬**durch|ein|an|der|re·den** [ドゥるひアイナンダー れーデン] ⇨ durcheinander.

durch|ein|an|der werfen*, ⑬**durch|ein|an|der|wer|fen*** [ドゥるひアイナンダー ヴェるフェン] ⇨ durcheinander.

durch|es·sen* [ドゥるひ・エッセン] 動 *h.*《口》 **1.**〔sich⁴+bei〈j³〉〕食事をおごってもらう；寄食してくらす. **2.**〔sich⁴+(durch〈et⁴〉ッ)〕みんな食べてみる (出ている料理を).

durch|ex|er|zie·ren [ドゥるひ・エクセるツィーれン] 動 *h.*〔〈et⁴〉ッ〕《口》徹底的に〔最初から最後まで〕練習〔演習〕する(規則・戦術などを)、徹底的に検討する.

durch|fah·ren¹* [ドゥるひ・ふぁーれン] 動 *s.* **1.**〔場所〕ッ〕通り抜ける、通過する(乗り物が、乗り物で). **2.**〔時間〕ッ/bis〈et⁴〉ッ〕走り続ける(乗り物が・人が乗り物で)、乗換えなしで行く.

durch|fah·ren²* [ドゥるひ・ふぁーれン] 動 *h.* **1.**〔〈et⁴〉ッ〕走り抜ける(乗り物が〈人が乗り物で〉国・地帯などを). **2.**〔〈et⁴〉ッ+〈様態〉ッ〕走破する(区間・道のりを). **3.**〔人⁴〕急に生じる(考えなどが).

die **Durch|fahrt** [ドゥるひ・ふぁーあト] 名 -/-en **1.**（⑬のみ）(特に自動車の)通過、通行：～ verboten！通り抜け禁止. freie ～ haben 通行自由である. auf der ～ sein 旅行の途中である. **2.**（通過）出入口.

der **Durch|fall** [ドゥるひ・ふぁル] 名 -(e)s/..fälle **1.**下痢：～ haben 下痢である. **2.**（⑬）落第、落選；(上演などの)失敗、不評.

durch|fal·len* [ドゥるひ・ふぁレン] 動 *s.* **1.**〔(durch〈et⁴〉ッ)〕通り抜けて落ちる. **2.**（⑬）《口》失敗する、落ちる、観客の不評を買う；失速降下する(飛行機が).

die **Durch|fall|quo·te** [ドゥるひ・ふぁル・クヴォーテ] 名 -/-n 不合格率.

durch|fau·len [ドゥるひ・ふぁウレン] 動 *s.*（⑬）すっかり腐る.

durch|fech·ten* [ドゥるひ・ふぇひテン] 動 *h.* **1.**〔〈et⁴〉ッ〕最後まで〔勝つまで〕戦い抜く(戦争・裁判などを)；貫き通す(主張などを). **2.**〔sich⁴〕人生を戦い抜く；血路を切り開く；《口》こじきをしてどうにか生きて行く.

durch|fei·len [ドゥるひ・ふぁイレン] 動 *h.* **1.**（非分離も有り）〔〈et⁴〉ッ〕やすりで切断する. **2.**〔〈et⁴〉ッ〕磨きをかける、推敲(ホッ)する.

durch|feuch·ten [ドゥるひふぉイヒテン] 動 *h.*〔〈et⁴〉ッ〕ぐっしょりぬらす.

durch|fin·den* [ドゥるひ・ふぃンデン] 動 *h.* **1.**〔(sich⁴)+(〈場所〉ッ)〕たどり着く；行く道が分る. **2.**（主に否定文で）〔(sich⁴)〕勝手が分る、見当がつく.

durch|flie·gen¹* [ドゥるひ・ふリーゲン] 動 *s.* **1.**〔(durch〈et⁴〉ッ)〕飛んで通過する；ノンストップで飛ぶ(航空機・旅客が). **2.**〔in[bei]〈et³〉ニ〕《口》落ちる(試験に).

durch|flie·gen²* [ドゥるひ・ふリーゲン] 動 *h.*〔〈et⁴〉ッ〕飛んで通過する(区間・距離を)；(…にざっと)目を通す(新聞・本などに).

durch|flie·ßen¹* [ドゥるひ・ふリーセン] 動 *s.*〔(durch〈et⁴〉ッ)〕(通り抜けて)流れる(管などを).

durch|flie·ßen²* [ドゥるひ・ふリーセン] 動 *h.*〔〈et⁴〉ッ〕(通り抜けて)流れる、貫流する(河が地方などを).

der **Durch|fluss**, ⑬**Durch|fluß** [ドゥるひ・ふルッス] 名 -es/..flüsse **1.**（通って）流れること、貫流. **2.**流出口.

durch|flu·ten [ドゥるひ・ふルーテン] 動 *h.*（文）**1.**〔〈et⁴〉ッ〕とうとうと貫流する(河が地方などを). **2.**〔〈j⁴/et⁴〉ッ〕満たす(不快感が人を、光が部屋などを).

durch|for·schen [ドゥるひ・ふぉるシェン] 動 *h.* **1.**〔〈et⁴〉ッ〕研究〔調査〕する. **2.**〔〈et⁴〉ッ〕くまなく探る.

durch|fors·ten [ドゥるひ・ふぉるステン] 動 *h.* **1.**〔〈et⁴〉ッ〕《林》間伐する. **2.**〔〈et⁴〉ッ〕整理する(書類・蔵書などを).

durch|fra·gen [ドゥるひ・ふらーゲン] 動 *h.* **1.**〔(ポッ)〕全員に質問する、聞きまわる. **2.**〔sich⁴+(zu[nach]〈j³/et³〉〜/行き方カゲ)〕尋ねまわってたどりつく、(…へ)行き着くまでに何度も道を尋ねる.

durch|fres·sen* [ドゥるひ・ふれッセン] 動 *h.* **1.**〔〈et⁴〉ッ〕かじって穴をあける(板などに)；(…を)腐食する(さびが鉄などを). **2.**〔sich⁴+durch〈et⁴〉ニ〕穴を食いあけながら進む；腐食が進む；(陰)火が燃え広がる；(…を)苦労して読通する. **3.**〔sich⁴+(bei〈j³〉ノポニ)〕《口》寄食する.

durch|frie·ren* [ドゥるひ・ふりーれン] 動 *s.*（⑬ヒ）完全に凍結する(湖などが)；すっかり冷え切る〔凍える〕(人が).

die **Durch|fuhr** [ドゥるひ・ふーあ] 名 -/-en 《経》(第三国を経る)通過運送、トランジット.

durch|führ·bar [ドゥるひ・ふューあ・バーる] 形 実行できる.

die **Durch|führ·bar·keits|un·ter·su·chung** [ドゥるひふューあバーるカイツ・ウンターズーフング] 名 -/-en フィージビリティー調査.

durch|füh·ren [ドゥるひ・ふューれン] 動 *h.* **1.**〔〈j⁴/et⁴〉ッ+(durch〈et⁴〉ッ通ッテ)〕連れて〔運んで〕行く；案内して回る(展覧会・建物などを). **2.**〔〈場所〉ッ〕通り抜ける、通っている(道路などが). **3.**〔〈et⁴〉ッ〕実行する、実施する；貫徹する.

die **Durch|füh·rung** [ドゥるひ・ふューあ・るング] 名 -/-en 実行、実施；遂行；《楽》展開部：zur ～ kommen (gelangen) 実行される.〈et⁴〉zur ～ bringen〈事⁴〉を実行する.

die **Durch|füh·rungs|be·stim·mung** [ドゥるひふューあるングス・ベシティッムング] 名 -/-en 施行規則；（⑬のみ）《法》施行令.

der **Durch|fuhr|zoll** [ドゥるひ・ふーあ・ツォル] 名 -(e)s/..zölle 通過(関)税.

durch|fur·chen [ドゥるひ・ふるヒェン] 動 *h.*〔〈et⁴〉ニ〕溝をつける、しわを刻む、航跡(わだち)をつける.

durch|furcht [ドゥるひふるヒト] 形 (深い)しわの刻まれた；航跡(わだち)のついた.

durch|füt·tern [ドゥるひ・ふゅッターン] 動 *h.*〔〈j⁴/et⁴〉ニ〕《口》食べさせてやる(困窮時に)、飼料を与えてやる(冬家畜などに).

die **Durch|ga·be** [ドゥるひ・ガーベ] 名 -/-n (放送・電

話などによる、直接的な)伝達,通達.

***der* Durch·gang** [ドゥるヒ・ガング] 名 -(e)s/..gänge **1.** (㊨のみ)通り抜け,通過：~ verboten！通り抜け禁止. **2.** 通路,廊下. **3.** (一定期間内の)区分；回；(交替制の)組＝ im ersten ～ 第一回目で. **4.** 〘天〙(水星・金星の)太陽の前の通過.

***der* Durch·gän·ger** [ドゥるヒ・ゲンガー] 名 -s/- **1.** 逸走する馬. **2.** 〚古〛逃亡者.

durch·gän·gig [ドゥるヒ・ゲンギヒ] 形 一貫した,例外のない.

***der* Durch·gangs·bahn·hof** [ドゥるヒガングス・バーン・ホーふ] 名 -(e)s/..höfe 通過線路のある駅.

***das* Durch·gangs·la·ger** [ドゥるヒガングス・ラ・ゲル] 名 -s/- 一時収容所.

***die* Durch·gangs·stra·ße** [ドゥるヒガングス・シュトらーセ] 名 -/-n 通り抜け道路.

***der* Durch·gangs·ver·kehr** [ドゥるヒガングス・ふぇケール] 名 -(e)s/ 通過交通；通過運送.

***der* Durch·gangs·wa·gen** [ドゥるヒガングス・ヴァーゲン] 名 -s/- 〘鉄道〙片側に通路のある〔隣と通路でつながっている〕車両.

***der* Durch·gangs·zoll** [ドゥるヒガングス・ツォル] 名 -(e)s/..zölle 通過(関)税.

***der* Durch·gangs·zug** [ドゥるヒガングス・ツーク] 名 -(e)s/..züge 急行列車［普通は略して D-Zug］.

durch|ge·ben* [ドゥるヒ・ゲーベン] 動 伝達する.

durch·ge·bra·ten [ドゥるヒ・ゲブらーテン] 形 十分に火の通った.

durch|ge·hen¹* [ドゥるヒ・ゲーエン] 動 s. **1.** ((durch⟨et⁴⟩ッ))通り抜ける；〘口〙通れる〔狭い所を〕；しみ通る(雨などが). **2.** (bis ⟨et⁴⟩マデ/bis zu ⟨et³⟩マデ/⟨時間⟩)(列車などが)通しで続く(会議・道などと)；歩き〔乗り〕続ける：bis zum Abend ～ 夕方まで続く. Der Weg geht (bis zum Ufer) *durch*. この道は(岸まで)ずっと続いている. **3.** 〚略〛通過する(法案などが)；許容される,大目に見られる；認められる,通用する,通る. **4.** ⟨et⁴⟩ッ 丹念に読む(書類などを). **5.** ッ (mit ⟨j³/et³⟩トトモニ)暴走する；〘口〙ひそかに逃げる，(…を)持逃げする：Die Nerven *gehen* ihm *durch*. 彼は自制を失っている.

durch|ge·hen²* [ドゥるヒ・ゲーエン] 動 h. ⟨et⁴⟩ッ 〚古〛歩いて通り抜ける.

durch·ge·hend [ドゥるヒ・ゲーエント] 形 連続した,休憩〔昼休み〕のない；直通の.

durch·ge·hends [ドゥるヒ・ゲーエンツ] 副 ぶっ通しで.

durch·ge·eis·tigt [ドゥるヒ・ガイスティヒト] 形 〚文〛知的な.

durch|gie·ßen* [ドゥるヒ・ギーセン] 動 ⟨et⁴⟩ッ＋(durch ⟨et⁴⟩ッ)漉(こ)して入れる.

durch|glü·hen¹ [ドゥるヒ・グリューエン] 動 **1.** h. ⟨et⁴⟩ッ 真赤に灼熱(しゃくねつ)させる(鉄などを). **2.** s. 〚略〛真赤に灼熱する.

durch·glü·hen² [ドゥるヒグリューエン] 動 ⟨j⁴/et⁴⟩ッ 〚文〛燃立たせる；茜色(あかねいろ)に染める(空などを).

durch|grei·fen* [ドゥるヒ・グらイふェン] 動 **1.** [durch ⟨et⁴⟩ッ] 手を突込む(格子などに). **2.** (gegen ⟨et⁴⟩ッ) 断固たる処置を取る.

durch·grei·fend [ドゥるヒ・グらイふェント] 形 断固たる,徹底的な.

durch|hal·ten* [ドゥるヒ・ハルテン] 動 h. **1.** 〚略〛(最後まで)持ちこたえる. **2.** ⟨et⁴⟩ッ 耐え抜く,守り抜く,戦い抜く,頑固に守り続ける(学説などを).

***der* Durch·hang** [ドゥるヒ・ハング] 名 -(e)s/..hänge たるみ.

durch|hän·gen* [ドゥるヒ・ヘンゲン] 動 〚略〛たるんでいる(電線など),たわんでいる(板などが下に)；〘口〙ぐったりしている,がっくり来ている.

durch|hau·en¹* [ドゥるヒ・ハウエン] 動 hieb durch〔haute durch〕；hat durchgehauen(haute durch)〘口〙 **1.** ⟨et⁴⟩ッ 二つにたたき切る,両断する. **2.** (sich⁴)強引に進む(やぶをかき分けて). **3.** (過去は haute durch)⟨j⁴ッ/⟨口⟩⟩散々に殴る. **4.** (過去は haute durch)⟨et⁴⟩ッ/⟨口⟩ 破損させる(雷が電線・安全器など).

durch|hau·en²(₩) [ドゥるヒ ハウエン] 動 durchhieb 〔durchhaute〕；hat durchhauen(durchhaute は ⟨口⟩) **1.** ⟨et⁴⟩ッ 〘林〙林道をつける. **2.** = durch|hauen¹.

durch|he·cheln [ドゥるヒ・ヘッヒェルン] 動 h. **1.** ⟨et⁴⟩ッ 梳(す)く(亜麻を). **2.** ⟨j⁴/et⁴⟩ッ 〘口・蔑〙(散々に)こきおろす.

durch|hei·zen [ドゥるヒ・ハイツェン] 動 **1.** ⟨et⁴⟩ッ 全館暖房する. **2.** (時間)/ン ずっと暖房し続ける.

durch|hel·fen* [ドゥるヒ・ヘルふェン] 動 **1.** ⟨j³⟩= 手を貸して苦境を救う. **2.** (sich³)苦境を切り抜ける.

durch|hö·ren [ドゥるヒ・㊀-れン] 動 h. ⟨et⁴⟩ッ (壁などを通して)聞く(話声などを). **2.** ⟨et⁴⟩ッ＋(durch ⟨et⁴⟩ッ₯ロシテ)感じ取る.

durch|hun·gern [ドゥるヒ・フンガーン] 動 h. (sich⁴＋(durch ⟨et⁴⟩ッ)食うや食わずで何とか切り抜ける(生き抜く)(戦時などを).

durch|ir·ren [ドゥるヒイれン] 動 h. ⟨et⁴⟩ッ さ迷い歩く.

durch|ja·gen¹ [ドゥるヒ・ヤーゲン] 動 **1.** s. ((durch ⟨et⁴⟩ッ)) 駆け抜ける. **2.** ⟨j⁴/et⁴⟩ッ＋(durch ⟨et⁴⟩ッ)追いたてる. **3.** ⟨et⁴⟩ッ 大急ぎで処理する.

durch·ja·gen² [ドゥるヒヤーゲン] 動 ⟨et⁴⟩ッ **1.** すばやく通り抜ける(場所を). **2.** ⟨j⁴/ッ⟩全身をのっと震えさせる(恐怖などが).

durch|käm·men¹ [ドゥるヒ・ケメン] 動 **1.** ⟨j⁴/et⁴⟩ッ 髪(毛)を入念にすく. **2.** =durchkämmen².

durch·käm·men² [ドゥるヒケメン] 動 h. ⟨et⁴⟩ッ くまなく捜索する〔場所を〕.

durch|kämp·fen¹ [ドゥるヒ・ケムふェン] 動 **1.** ⟨時間⟩/ン 戦い抜く. **2.** ⟨et⁴⟩ッ 耐え抜く(困難などを)；勝取る(権利などを). **3.** ⟨et⁴⟩ッ＋durch ⟨j⁴⟩ッ 押分けて進む. **4.** (sich⁴＋⟨時間⟩/ン)苦労して生き抜く. **5.** (sich³＋zu ⟨et³⟩ッズニ)決心を固める.

durch·kämp·fen² [ドゥるヒケムふェン] 動 ⟨et⁴⟩ッ 苦しんで過ごす(ある期間・時間を).

durch|kau·en [ドゥるヒ・カウエン] 動 h. **1.** ⟨j⁴/et⁴⟩ッ よくかむ(食物を). **2.** ⟨et⁴⟩ッ 〘口〙口が酸っぱくなるほど話す(言う).

durch|klet·tern [ドゥるヒ・クレッターン] 動 s. ((durch ⟨et⁴⟩ッ))よじ登ってける〔入る〕.

durch|kne·ten [ドゥるヒ・クネーテン] 動 **1.** ⟨et⁴⟩ッ 十分にこねる. **2.** ⟨j⁴/et⁴⟩ッ 〘口〙十分にもみほぐす.

durch|kom·men* [ドゥるヒ・コメン] 動 s. **1.** ((durch ⟨et⁴⟩ッ))通り抜ける；漏れてくる(水・光などが)；浮いて来る(さびが)；出てくる(芽などが). **2.** 〚略〛切り抜ける：mit der Arbeit ～ 仕事をやりとげる. bei der Wahl ～ 選挙に勝つ. Der Kranke ist *durchgekommen*. その病人は危機を乗越えた. **3.** ⟨j³⟩= 間に合わせる. **4.** 〚略〛伝えられる(ニュースなどが)；〘口〙電話が通じる.

durch|kos·ten [ドゥるヒ・コステン] 動 ⟨et⁴⟩ッ 〚文〛すべて味わって見る(転)知め尽す(辛酸などを).

durch·kos·ten [ドゥるヒコステン] 動 ⟨et⁴⟩ッ 〚文〛味わい尽す(あらゆる楽しみなどを).

durch|kreu·zen¹ [ドゥるヒ・クろイツェン] 動 h. ⟨et⁴⟩

ニ〕×印をつけて消す.
durch·kreu·zen[2] [ドゥるひクろイツェン] [動] *h.* **1.** 〔<et⁴>ヲ〕縦横に行交う(大陸・海などを). **2.** 〔<et⁴>ヲ〕妨害する(計画などを).
durch|krie·chen* [ドゥるひ・クりーひェン] [動] *s.* 〔(durch <et⁴>ノ間ヲ/unter <et³>ノ下ヲ)〕はって通り抜ける.
der **Durch·lass, Durch·laß** [ドゥるひ・ラス] [名] -es/..lässe **1.** 《[単]のみ》通り抜けさせること. **2.** (狭い)通路, 出入り口;(道路の下を通る)暗渠(あんきょ), 導管.

D

durch|las·sen* [ドゥるひ・ラッセン] [動] *h.* **1.** 〔<j⁴/et⁴>ニ+(durch <et⁴>ヲ)〕通るのを許す, 通らせる(国境を). **2.** 〔<et⁴>ヲ〕通す(カーテンが光などを). **3.** 〔(<j³>ニ)+<et⁴>ヲ〕《口》許す, 大目に見る. **4.** 〔[補足なし]〕〔[スポーツ]〕ゴールを許す.
durch·läs·sig [ドゥるひ・レっスィひ] [形] **1.** 水が漏る〔染みる〕, 光を通す, 多孔性の, つつ抜けの. **2.** 転校〔転部・転科〕の可能な, 進路変更のできる.
die **Durch·laucht** [ドゥるひ・ラウほト, ドゥるひ・ラウほト] [名] -/-en 殿下, 妃殿下(Fürst, Fürstin の尊称とその人): Seine/Ihre ～ 殿下/妃殿下.
der **Durch·lauf** [ドゥるひ・ラウふ] [名] -(e)s/..läufe (液体が)通り抜けること;〔[コンピュータ]〕ラン, 実行;〔[テレビ・ラジオ]〕(放送の可, 不可を決めるための)試演;(放送直前の)リハーサル;〔[スポーツ]〕回.
durch|lau·fen[1]* [ドゥるひ・ラウふェン] [動] **1.** *s.* 〔(durch <et⁴>ヲ)〕走り抜ける;通り抜ける(液体が). **2.** *s.* 〔<場所>ヲ〕通過する(ある地点を). **3.** *s.* 〔<時間>ノ間/<場所>ヲ〕走り続ける〔通す〕. **4.** *s.* 〔[補足なし]〕端から端まで通っている(バルコニー・フリーズなどが);〔球〕相手の守備を突破する. **5.** *h.* 〔<et⁴>ヲ〕履きつぶす(靴を).
durch·lau·fen[2]* [ドゥるひラウふェン] [動] *h.* **1.** 〔<et⁴>ヲ〕走る(ある距離を). **2.** 〔<et⁴>ヲ〕走り抜ける. **3.** 〔<j⁴/et⁴>ヲ〕《文》走り抜ける: Ein Zittern *durchlief* mich〔meinen Körper〕. 身震いがぼくの体を走った. (Es が主語で)Es *durchlief* mich eiskalt. 私は冷たい戦慄(せんりつ)を感じた. **4.** 〔<et⁴>ヲ〕卒業する, 修了する(学校・課程・段階などを).
durch·lau·fend [ドゥるひ・ラウふェント] [形] 連続した, 通しの.
der **Durch·lauf·er·hit·zer** [ドゥるひラウふ・エあヒっツァー] [名] -s/- 瞬間湯沸かし器.
durch·le·ben [ドゥるひレーベン] [動] *h.* 〔<et⁴>ヲ〕生き抜く, 過ごす(時代などを).
durch|le·sen* [ドゥるひ・レーゼン] [動] *h.* (非分離も有)〔<et⁴>ヲ〕読みとおす.
durch|leuch·ten[1] [ドゥるひ・ロイひテン] [動] *h.* 〔(durch <et⁴>ヲ)〕通って光がさす〔漏れる〕.
durch·leuch·ten[2] [ドゥるひロイひテン] [動] *h.* **1.** 〔<j⁴/et⁴>ヲ〕レントゲンで検査する. **2.** 〔<et⁴>ヲ〕詳しく調べる〔解明する〕. **3.** 〔<et⁴>ヲ〕《文》くまなく輝かせる.
die **Durch·leuch·tung** [ドゥるひロイひトゥング] [名] -/-en レントゲン透視;光で満たすこと;(徹底的)解明.
durch|lie·gen* [ドゥるひ・リーゲン] [動] *h.* **1.** 〔<et⁴>ヲ〕(へこむほど)使い古す(ベッドなどを). **2.** 〔sich⁴〕床ずれができる.
durch·lo·chen [ドゥるひロっヘン] [動] *h.* 〔<et⁴>ニ〕穴をあける.
durch·lö·chern [ドゥるひ(レ)っひゃーン] [動] *h.* **1.** 〔<j⁴/et⁴>ヲ〕穴だらけにする. **2.** 〔<et⁴>ヲ〕骨抜きにする(法案などを).
durch·lö·chert [ドゥるひ(レ)っひゃート] [形] 穴だらけの.
durch|lüf·ten[1] [ドゥるひ・リュふテン] [動] *h.* (非分離も有)〔(<et⁴>ヲ)〕十分に換気する.
durch·lüf·ten[2] [ドゥるひリュふテン] [動] *h.* 〔<et⁴>ニ〕空気を補給する.
die **Durch·lüf·tungs·drä·nung** [ドゥるひリュふトゥングス・ドれーヌング] [名] -/-en 通気用縦坑付暗渠(あんきょ) 排水施設.
durch|ma·chen [ドゥるひ・マっヘン] [動] *h.* **1.** 〔<et⁴>ヲ〕修了する. **2.** 〔<et⁴>ヲ〕生き〔耐え〕抜く, 経験する. **3.** 〔<時間>ノ間〕《口》休みなしに続ける, 徹夜する(酒宴などで).
der **Durch·marsch** [ドゥるひ・マるシュ] [名] -(e)s/..märsche **1.** 通過行進. **2.** 《[単]のみ》《口》下痢.
durch|mar·schie·ren [ドゥるひ・マるシーれン] [動] *s.* 〔(durch <et⁴>ヲ)〕行進して通過する.
durch|mes·sen[1]* [ドゥるひ・メっセン] [動] *h.* 〔<et⁴>ヲ〕端から端まで測る.
durch·mes·sen[2]* [ドゥるひメっセン] [動] *h.* 〔<et⁴>ノ〕端から端まで歩く, (…を)踏破する.
der **Durch·mes·ser** [ドゥるひ・メっサー] [名] -s/- 直径(記号 *d*, φ).
durch|mi·schen [ドゥるひ・ミっシェン] [動] *h.* 〔<et⁴>ヲ〕よく混ぜあわせる.
durch|mo·geln [ドゥるひ・モーゲルン] [動] *h.* 〔sich⁴〕《口・蔑》うまくごまかして切抜ける〔得をする〕;いんちきをして目的を果す.
durch|mus·tern [ドゥるひ・ムスターン] [動] *h.* (非分離も有)〔<et⁴>ヲ〕詳しく調べる〔点検する〕.
durch·näs·sen [ドゥるひネっセン] [動] *h.* 〔<j⁴/et⁴>ヲ〕びしょぬれにする.
durch·nässt, [旧]**durch·näßt** [ドゥるひネスト] [形] ずぶぬれの.
durch|neh·men* [ドゥるひ・ネーメン] [動] *h.* **1.** 〔<j⁴/et⁴>ヲ〕(授業で)取上げる, 詳しく論じる. **2.** 〔<j⁴>ノ〕《口》陰口をたたく.
durch|num·me·rie·ren, [旧]**durch|nu·me·rie·ren** [ドゥるひ・ヌメりーれン] [動] *h.* 〔<et⁴>ニ〕通し番号をつける.
durch|pas·sie·ren [ドゥるひ・パスィーれン] [動] *h.* 〔<et⁴>ヲ〕裏ごしする.
durch|pau·sen [ドゥるひ・パウゼン] [動] *h.* 〔<et⁴>ヲ〕透写する, トレースする.
durch|peit·schen [ドゥるひ・パイチェン] [動] *h.* **1.** 〔<j⁴/et⁴>ヲ〕鞭(むち)で(ひどく)打つ;鞭で罰する. **2.** 〔<et⁴>ヲ〕《口・蔑》強引に通過させる(法案などを).
durch|pres·sen [ドゥるひ・プれっセン] [動] *h.* **1.** 〔<et⁴>ヲ〕裏ごしにする. **2.** 〔<j⁴/et⁴>ヲ〕強引に推進する, 押通す(考え・計画などを).
durch|pro·bie·ren [ドゥるひ・プろビーれン] [動] *h.* 〔<et⁴>ヲ〕次々に試してみる.
durch|prü·fen [ドゥるひ・プりゅーふェン] [動] *h.* 〔<et⁴>ヲ〕十分に調べる.
durch|prü·geln [ドゥるひ・プりゅーゲルン] [動] *h.* 〔<j⁴>ヲ〕《口》ひどくぶちのめす.
durch·que·ren [ドゥるひクヴェーれン] [動] *h.* 〔<et⁴>ヲ〕横切る, 横断する(場所を).
durch|quet·schen [ドゥるひ・クヴェっチェン] [動] *h.* 《口》 **1.** ＝durch|pressen 1. **2.** 〔sich⁴〕もみくちゃになりながら押進む.
durch|ras·seln [ドゥるひ・らっセルン] [動] *s.* 〔[補足なし]〕《口》試験に落第する.
durch|rech·nen [ドゥるひ・れひネン] [動] *h.* 〔<et⁴>ヲ〕きちんと計算する;綿密に検討する.
durch|reg·nen [ドゥるひ・れーグネン] [動] *h.* 〔Es+<場所>デ〕雨漏りがする.
durch|rei·ben* [ドゥるひ・らイベン] [動] *h.* 〔(sich³)+<et⁴>ヲ〕すり減らす〔切らす〕.
die **Durch·rei·che** [ドゥるひ・らイひェ] [名] -/-n (調理場と食堂の間の)ハッチ.
die **Durch·rei·se** [ドゥるひ・らイゼ] [名] -/-n (旅行中の)通過: auf der ～ 旅の途中に.

durch|rei·sen[1] [ドゥろひ・らイゼン] 動 s. 1.〔(durch 〈et⁴〉ヲ)〕旅行中に通り過ぎる，素通りする. 2.〔〈時間〉ヲ/hin/〈方向〉ニ〕旅行を続ける.

durch|rei·sen[2] [ドゥろひらイゼン] 動 h.〔〈et⁴〉ヲ〕くまなく旅行する(国・地域などを).

der/die **Durch·rei·sen·de** [ドゥるひ・らイゼンデ] 名〔形容詞的変化〕旅行中の人.

durch|rei·ßen* [ドゥろひ・らイゼン] 動 1. h.〔〈et⁴〉ヲ〕二つに引裂く〔切る〕(布・紙・ひもなどを). 2. s.〔補足なし〕(時間)切れる. 3. h.〔軍〕〔軍〕慌てて引き金を引く.

durch|rei·ten[1]* [ドゥろひ・らイテン] 動 1. s.〔(durch 〈et⁴〉ヲ)〕馬で通り抜ける. 2. h.〔〈et⁴〉ヲ〕馬で走りつづける. 3. h.〔(sich³)+〈et⁴〉ヲ/〈口〉〕馬に乗ってすり減らす(ズボンなどを). 4.〔(sich⁴)〕乗馬で鞍(くら)ずれができる. 5.〔〈et⁴〉ヲ〕乗り慣らす(馬を).

durch|rei·ten[2]* [ドゥろひらイテン] 動 h.〔〈et⁴〉ヲ〕馬で通り抜ける(森などを).

durch|rie·seln[1] [ドゥろひ・りーゼルン] 動 s.〔補足なし〕さらさらと流れ落ちる.

durch|rie·seln[2] [ドゥろひりーゼルン] 動 h.〔〈j⁴〉ヲ〕襲う，(…の)内身を走る(感情などが).

durch|rin·gen* [ドゥろひ・リンゲン] 動 h.〔sich⁴+zu〈et³〉〕踏切る. 2.〔(sich⁴)〕(ようやく)世間に受けいれられる(考え方などが).

durch|ros·ten [ドゥろひ・ロステン] 動 s.〔補足なし〕錆(さ)びてほろぼろになる.

durch|rüh·ren [ドゥろひ・リューれン] 動〔〈et⁴〉ヲ〕十分にかきまぜる，かきまぜて麗(?)する.

durch|rut·schen [ドゥろひ・ルッチェン] 動 s.〔口〕 1.〔補足なし〕すり抜ける. 2.〔〈j³〉ヲ〕口をすべらす，うっかり(つい)してしまう.

durch|rüt·teln [ドゥろひ・リュッテルン] 動 h.〔〈j⁴〉ヲ〕激しく揺さぶる(乗り物などを).

durchs [ドゥろひス] =durch+das.

durch|sa·cken [ドゥろひ・ザッケン] 動〔補足なし〕〔空〕失速する.

die **Durch·sa·ge** [ドゥろひ・ザーゲ] 名 -/-n(テレビ・ラジオなどによる)通報，アナウンス.

durch|sa·gen [ドゥろひ・ザーゲン] 動 h.〔〈et⁴〉ヲ〕知らせる(電話・放送・連絡網などで)；(人から人へと)口づてに伝える.

durch|sä·gen [ドゥろひ・ゼーゲン] 動 h.〔〈et⁴〉ヲ〕鋸(のこ)で二つに切る.

durch|sau·sen [ドゥろひ・ザウゼン] 動 s.〔口〕 1.〔(durch 〈et⁴〉ヲ)〕猛烈なスピードで通り抜ける；(…に)落第する.

durch|schal·ten [ドゥろひ・シャルテン] 動 h. 1.〔(〈et⁴〉ヲ)〕終端まで接続する(回線などを)；端末まで送る(電流などを). 2.〔補足なし〕ギア(変速装置)を一気にシフトアップする.

durch·schau·bar [ドゥろひシャウ・バーあ] 形 見抜くことができる，見通せる.

durch|schau·en[1] [ドゥろひ・シャウエン] 動 h.〔方〕=durch|sehen.

durch·schau·en[2] [ドゥろひシャウエン] 動 h. 1.〔〈et⁴〉ヲ〕正体(真意)を見抜く. 2.〔〈et⁴〉ヲ〕見破る(意図などを)，理解する(関係などを).

durch·schau·ern [ドゥろひシャウあーン] 動〔〈j⁴〉ヲ〕震撼(しんかん)させる(恐怖・敬畏などが)：Es *durchschauerte* mich.〔文〕私はぞっとした.

durch|schei·nen[1]* [ドゥろひ・シャイネン] 動 h.〔(durch 〈et⁴〉ヲ)〕わずかさす〔漏れる〕；透けて見える(言葉を通して態度・気持ちなどが).

durch·schei·nen[2]* [ドゥろひシャイネン] 動〔〈et⁴〉ヲ〕隅々まで照らす(部屋などを).

durch·schei·nend [ドゥろひシャイネント] 形 光を通す，半透明な.

durch|scheu·ern [ドゥろひ・ショイあーン] 動 h.〔〈et⁴〉ヲ〕擦切れさす(ズボン・そでなどを).

durch|schie·ßen[1]* [ドゥろひ・シーセン] 動 h.〔(〈et⁴〉ヲ)+durch〈et⁴〉ヲ通じて〕撃つ(弾丸を)，射る(矢を)，シュートする(ボールを).

durch·schie·ßen[2]* [ドゥろひシーセン] 動 h. 1.〔〈et⁴〉ヲ〕撃ち抜く，射抜く. 2.〔〈j⁴〉ヲ〕頭に浮かぶ〔ひらめく〕(考えなどが)；全身を走る(戦慄(せん)などが). 3.〔〈et⁴〉ヲ〕〔印〕印間紙を入れる(本などに). 4.〔〈et⁴〉ヲ〕〔印〕行間を拡げる(ページの). 5.〔〈et⁴〉ヲ+mit〈et³〉ヲ〕〔織〕織込む(布地に色違いの糸を).

durch|schim·mern [ドゥろひ・シマーン] 動 h.〔補足なし〕光が漏れる；透けて見える(文字などが)；にじみ出る(気持などが).

durch|schla·fen[1]* [ドゥろひ・シュラーふェン] 動 h.〔〈時間〉ヲ/hin〕眠り続ける.

durch·schla·fen[2]* [ドゥろひシュラーふェン] 動 h.〔〈et⁴〉ヲ〕眠って過ごす(夜などを).

der **Durch·schlag** [ドゥろひ・シュラーク] 名 -(e)s/..schläge 1.(カーボン紙による)複写，コピー，. 2.(料理用)こし器. 3. 穴あけ器，パンチ. 4.〔電〕絶縁破壊. 5.〔鉱〕坑道間を結ぶ箇所；〔車〕タイヤの穴.

durch|schla·gen[1]* [ドゥろひ・シュラーゲン] 動 1. h.〔〈et⁴〉ヲ〕たたいて(二つに)割る；(…に)たたいて穴を開ける(壁などに)；裏ごしにする(ジャガイモなどを). (…の)コピーを取る(カーボン紙を使って). 2.〔〈et⁴〉ヲ+(durch 〈et⁴〉ヲ通じて)〕打込む(釘を)，通す(針を). 3.〔bei〈j³〉ニ〕下痢を催させる(薬・食品などが). 4.〔〈et⁴〉ヲ〕切れる(ヒューズが)；焼切れる(電線などが)；がくんと衝撃を与える. 5. s.〔(durch 〈et⁴〉ヲ)〕染み出，浸透する(液体が). 6. s.〔(auf〈j⁴/et⁴〉ニ)〕影響を及ぼす. 7. s.〔bei〈in〈j³〉ニ〕現れる(気質などが). 8. h.〔(sich⁴)+〈方 向〉ニ〕たどり着く. 9. h.〔sich⁴〕苦しい生活を生き抜く.

durch·schla·gen[2]* [ドゥろひシュラーゲン] 動 h.〔〈et⁴〉ヲ〕貫通する(弾丸などが).

durch·schla·gend [ドゥろひ・シュラーゲント] 形 決定的な，著しい.

das **Durch·schlag·pa·pier** [ドゥろひシュラーク・パピーあ] 名 -s/-e (薄い)複写用タイプ用紙；カーボン紙.

die **Durch·schlags·kraft** [ドゥろひシュラークスクらふト] 名 -/(弾丸などの)貫通力；〔転〕説得力.

durch|schlän·geln [ドゥろひ・シュレングルン] 動 h.〔sich⁴〕巧みにすり抜けて〔切抜けて〕ゆく.

durch|schlei·chen[1]* [ドゥろひ・シュライヒェン] 動 s./h.〔(sich⁴)+(durch 〈et⁴〉ヲ)〕こっそり通り抜ける.

durch·schlei·chen[2]* [ドゥろひシュライヒェン] 動 h.〔〈et⁴〉ヲ〕こっそり通り抜ける.

durch|schlep·pen [ドゥろひ・シュレッペン] 動 h. 1.〔〈j⁴〉ヲ+(mit)〕〔口〕引っ張って〔助けて〕ゆく. 2.〔〈et⁴〉ヲ+(durch 〈et⁴〉ヲ通じて)〕引きずってゆく.

durch|schleu·sen [ドゥろひ・シュロイゼン] 動 h. 1.〔〈et⁴〉ヲ〕水門を通過させる(船を). 2.〔〈j⁴/et⁴〉ヲ+(durch 〈et⁴〉ヲ通じて)〕〔口〕やっと連れていく，こっそり通す.

der **Durch·schlupf** [ドゥろひ・シュルっぷ] 名 -(e)s/-e 抜け穴，くぐり口，小さな出入口.

durch|schlüp·fen [ドゥろひ・シュリュップふェン] 動 s.〔(場所)〕するりと通り抜ける.

durch|schme·cken [ドゥろひ・シュメッケン] 動 h.〔〈et⁴〉ヲ〕味を見分ける，味がする.

durch|schmug·geln [ドゥろひ・シュムッグルン] 動 h.〔〈j⁴/et⁴〉ヲ〕ひそかに連れ[持ち]こむ；密輸入する；〔〈j⁴〉がsich⁴の場合〕密入国する.

durch|schnei·den[1]* [ドゥろひ・シュナイデン] 動 h.

〔〈et^4〉ヲ〕二つに切る(パンなどを), 切断する(ひも・テープ・電話線などを), 切裂く, かみ切る.

durch·schnei·den^{2*} [ドゥるひシュナイデン] [動] *h.* 〔〈et^4〉ヲ〕切断する, 切離す(テープなどを);《文》横切っている(道路・川などが), 切って進む(船が波を).

der **Dụrch·schnitt** [ドゥるひ・シュニット] [名] -(e)s/-e **1.** 平均;《数》平均値;標準, 大半, 大多数: den ~ ermitteln 平均を出す. guter ~ sein 標準以上である. im ~ 平均して. über/unter dem ~ liegen 平均以上/以下である. **2.** 断面(図).

dụrch·schnitt·lich [ドゥるひ・シュニットリひ] [形] 平均の, 平均的な, 普通の, 並の.
—— [副] 《語飾》(副詞・名詞を修飾)平均して: ~ dreimal in der Woche 平均して週3回.

das **Dụrch·schnitts·al·ter** [ドゥるひシュニッツ・アルター] [名] -s/- 平均年齢.

das **Dụrch·schnitts·ein·kom·men** [ドゥるひシュニッツ・アイン・コメン] [名] -s/- 平均収入〔所得〕.

die **Dụrch·schnitts·ge·schwin·dig·keit** [ドゥるひシュニッツ・ゲシュヴィンディひカイト] [名] -/-en 平均速度.

die **Dụrch·schnitts·leis·tung** [ドゥるひシュニッツ・ライストゥング] [名] -/-en 並みの出来栄え, 普通の成績〔業績〕;平均仕量事, 平均生産高.

der **Dụrch·schnitts·lohn** [ドゥるひシュニッツ・ローン] [名] -(e)s/..löhne 平均賃金.

der **Dụrch·schnitts·mensch** [ドゥるひシュニッツ・メンシュ] [名] -en/-en 平均的な人間, 凡人.

der **Dụrch·schnitts·wert** [ドゥるひシュニッツ・ヴェーあト] [名] -(e)s/-e 平均値.

dụrch|schnüf·feln [ドゥるひ・シュニュっふぇルン] [動] *h.* (非分離も有)〔〈et^4〉ヲ〕《蔑》(ひそかに)嗅ぎ回る, 隅々まで探る.

dụrch|schrei·ben* [ドゥるひ・シュらイベン] [動] *h.* 〔〈et^4〉ヲ〕コピーする(カーボン紙で);テレタイプで送信する.

das **Dụrch·schrei·be·pa·pier** [ドゥるひ・シュらイベ・パピーあ] [名] -s/-e (主に[単]) 複写用紙.

durch·schrei·ten* [ドゥるひシュらイテン] [動] *h.* 〔〈et^4〉ヲ〕《文》通り抜けてゆく(広間などを).

die **Dụrch·schrift** [ドゥるひ・シュりふト] [名] -/-en (カーボン紙による)写し, コピー.

der **Dụrch·schuss**, [旧]**Dụrch·schuß** [ドゥるひ・シュス] [名] -es/..schüsse **1.** (弾丸の)貫通;貫通銃創. **2.** 《印》行間, インテル. **3.** 《織》横糸.

dụrch|schüt·teln [ドゥるひ・シュっテルン] [動] *h.* 〔〈j^4/et^4〉ヲ〕さんざんに揺する〔ゆさぶる〕, よく振る(容器を).

durch·schwär·men [ドゥるひシュヴェるメン] [動] *h.* 〔〈et^4〉ヲ〕《文》どんちゃん騒ぎをして過ごす(時を);一団となって騒ぎまわる(道路などを).

durch·schwei·fen [ドゥるひシュヴァイふぇン] [動] *h.* 〔〈et^4〉ヲ〕《文》さまよい歩く(森などを);さまよう(視線が).

dụrch|schwim·men^{1*} [ドゥるひ・シュヴィメン] [動] *s.* **1.** 〔〈場所〉ヲ〕泳いで通り抜ける. **2.** 〔〈et^4〉ヲ〕泳ぎ続ける(ある時間・距離を).

durch·schwịm·men^{2*} [ドゥるひシュヴィメン] [動] *h.* 〔〈et^4〉ヲ〕泳いで渡る(川などを).

dụrch|schwit·zen [ドゥるひ・シュヴィッツェン] [動] *h.* (非分離も有)〔〈et^4〉ヲ〕汗まみれにする.

dụrch|se·hen* [ドゥるひ・ゼーエン] [動] *h.* **1.** 〔(durch 〈et^4〉ヲ通シテ)〕見る, のぞく(望遠鏡・ガラスなどを). **2.** 〔〈et^4〉ヲ〕点検する(手紙・ノート・在庫などを);ざっと目を通す(雑誌などに). **3.** 〔補足なし〕《口》見通しがつく, わけが分る.

dụrch|sei·hen [ドゥるひ・ザイエン] [動] *h.* 〔〈et^4〉ヲ〕濾(こ)す.

dụrch sein, [旧]**dụrch|sein*** [ドゥるひ ザイン] ⇨ durch [副].

dụrch|set·zen^1 [ドゥるひ・ゼっツェン] [動] *h.* **1.** 〔〈j^4〉ヲ〕(強引に)当選させる, 合格させる, 採用させる. **2.** 〔〈et^4〉ヲ〕(反対を押切って)断行する(改革・命令などを), (押)通す(法案・申請・要求などを). **3.** 〔sich^4〕(広く)受入れられる, 価値が認められる;(徐々に)普及〔定着・浸透〕する. **4.** 〔sich^4＋(gegen 〈j^4〉ニ対シテ)〕自分の意志〔要求・主張〕を押通す;《スポーツ》勝つ. **5.** 〔〈et^4〉ヲ〕処理する(ある量の原料を).

durch·sẹt·zen^2 [ドゥるひゼっツェン] [動] *h.* 〔〈et^4〉ノ中ニ＋mit 〈j^3/et^3〉ヲ〕(数多く)配(置)する, 散りばめる;点在〔混在〕させる.

die **Dụrch·sicht** [ドゥるひ・ズィひト] [名] -/ 目を通すこと, 校閲, 点検;ざっと目を通すこと.

dụrch·sich·tig [ドゥるひ・ズィひティひ] [形] **1.** 透明な;透き通った. **2.** 明白な, 分かりやすい;見えすいた.

dụrch|si·ckern [ドゥるひ・ズィっケるン] [動] *s.* **1.** 〔(durch 〈et^4〉ヲ通シテ)〕漏れる, にじみ出る, 滴る(液体が). **2.** 〔補足なし〕漏れる(情報などが).

dụrch|sie·ben^1 [ドゥるひ・ズィーベン] [動] *h.* 〔〈j^4/et^4〉ヲ〕ふるいにかける.

durch·sie·ben^2 [ドゥるひズィーベン] [動] *h.* 〔〈j^4/et^4〉ヲ〕穴だらけにする.

dụrch|sin·gen* [ドゥるひ・ズィンゲン] [動] *h.* 〔〈et^4〉ヲ〕終りまで歌う.

dụrch|spie·len [ドゥるひ・シュピーレン] [動] *h.* **1.** 〔〈et^4〉ヲ〕通しで演じる〔上演する〕, 通しで演奏する;徹底的に検討する(提案・可能性などを). **2.** 〔〈時間〉ノ間〕演じ続ける, 演奏し続ける, ゲームをし続ける. **3.** 〔sich^4〕《サッカー》相手のディフェンスを突破する.

dụrch|spre·chen* [ドゥるひ・シュプれっひぇン] [動] *h.* 〔〈et^4〉ヲ〕詳しく論じる〔話合う〕.

dụrch|star·ten [ドゥるひ・シュタるテン] [動] *s.* 〔補足なし〕《空》着陸態勢から再上昇する;《車》止まる寸前に急にまたアクセルを踏む;始動させるために強くアクセルを踏む.

dụrch|ste·chen^{1*} [ドゥるひ・シュテっひぇン] [動] *h.* 〔(durch 〈et^4〉ニ)〕刺し通す.

durch·ste·chen^{2*} [ドゥるひシュテっひぇン] [動] *h.* 〔〈et^4〉ニ〕穴をあける;(…を)開削する(トンネルなどを).

die **Durch·ste·che·rei** [ドゥるひ・シュテっひぇらイ] [名] -/-en 詐欺, 陰謀.

dụrch|ste·cken [ドゥるひ・シュテっケン] [動] *h.* 〔〈et^4〉ヲ＋(durch 〈et^4〉ノ間カラ)〕差し込む〔入れる〕.

dụrch|ste·hen* [ドゥるひ・シュテーエン] [動] *h.* **1.** 〔〈et^4〉ニ〕耐え抜く, 持ちこたえる;合格する(商品テストなどに). **2.** 〔〈et^4〉ヲ〕《スキー》転倒せずに滑りきる.

dụrch|stei·gen* [ドゥるひ・シュタイゲン] [動] *s.* **1.** 〔(durch〈et^4〉ヲ)〕(よじ)登って通り抜ける(窓などを). **2.** (主に否定文)〔補足なし〕《口》分る, 理解できる.

dụrch|stel·len [ドゥるひ・シュテレン] [動] *h.* 〔(〈et^4〉ヲ)＋〈方向〉ニ〕切換える〔つなぐ〕(電話を).

der **Dụrch·stich** [ドゥるひ・シュティっひ] [名] -(e)s/-e **1.** 切開き, 開削. **2.** 切通し, トンネル, 掘割.

durch·stö·bern [ドゥるひシュテーバーン] [動] *h.* 《口》 **1.** (分離も有)〔〈et^4〉ヲ＋(nach〈et^3〉ヲ求メテ)〕くまなく捜す. **2.** 〔〈et^4〉ノ中ヲ＋(nach 〈et^3〉ヲ求メテ)〕あちこち捜し回る.

dụrch|sto·ßen^{1*} [ドゥるひ・シュトーセン] [動] **1.** *h.* 〔〈et^4〉ヲ＋(durch 〈et^4〉ニ)〕突通す. **2.** *h.* 〔〈et^4〉ヲ〕着古して擦切れさせる. **3.** *h.* 〔sich^4〕擦切れる. **4.** *s.* 〔〈方向〉ニ〕《軍》進撃する.

durch·sto·ßen^{2*} [ドゥるひシュトーセン] [動] *h.* 〔〈j^4/et^4〉ヲ〕突破る(窓ガラスなどを), 突刺す(ナイフなどで), 突破する(敵陣などを), 突抜ける(厚い雲などを);通り抜ける(ある段階などを).

dụrch|strei·chen^{1*} [ドゥるひ・シュトらイひぇン] [動] *h.* **1.** 〔〈et^4〉ヲ〕線を引いて抹消する. **2.** 〔〈et^4〉ヲ＋(durch 〈et^4〉デ)〕裏ごしする.

durch·strei·chen^{2*} [ドゥるひシュトらイひぇン] [動] *h.* 《古》 **1.** ＝durch|streichen^1 1. **2.** 〔〈et^4〉ヲ〕《文》流浪

する，さまよい歩く．

durch|streifen [ドゥルヒシュトゥライフェン] 動 h. 〘et⁴ヲ〙《文》あてどなく歩き回る；くまなく巡回（パトロール）する．

durch|strömen¹ [ドゥルヒ・シュトゥ(ル)ーメン] 動 s. 〘場所ヲ〙どっと流れ出る（水が）；どっと押寄せる（人波などが）．

durch|strömen² [ドゥルヒシュトゥ(ル)ーメン] 動 h. **1.** 〘et⁴ヲ〙貫流する（川などが）． **2.** 〘j³ヲ／心ヲ／et⁴ヲ〙流れる（ある種の感情が）．

durch|suchen [ドゥルヒ・ズーヘン] 動 h. 〘j⁴ヲ＋(nach 〘j³/et³ヲ探シテ〙)〙捜索する，厳しく調べる；ボディーチェックする．

die Durch|suchung [ドゥルヒズーフング] 名 -/-en 捜索；ボディーチェック，身体検査.

der Durch|suchungs|befehl [ドゥルヒズーフングス・ベフェール] 名 -(e)s/-e 家宅捜索命令〔令状〕．

durch|tanzen¹ [ドゥルヒ・タンツェン] 動 h. **1.** 〘et⁴ヲ〙踊り通す． **2.** 〘et⁴ヲ〙踊ってすり減らす〔傷める〕（靴などを）．

durch|tanzen² [ドゥルヒタンツェン] 動 h. 〘et⁴ヲ〙踊って過ごす．

durch|tasten [ドゥルヒ・タステン] 動 h. 〘sich⁴〙手探りで進む．

durch|toben [ドゥルヒトーベン] 動 h. **1.** 〘et⁴ヲ〙荒れ狂って通る（戦乱の町などを）；騒いで過ごす（一定の時間を）． **2.** 〘j⁴ヲ〙《文》心の中を荒れ狂う（恐れなどが）．

durch|trai|nieren [ドゥルヒ・トレニーレン] 動 h. 〘j⁴/et⁴ヲ〙鍛えあげる．

durch|tränken [ドゥルヒトレンケン] 動 h. 〘et⁴ヲ＋(mit 〘et³ヲ〙)〙《文》すっかりぬらす，（…で…を）たっぷりしみ込ませる．

durch|treiben* [ドゥルヒ・トゥライベン] 動 h. **1.** 〘et⁴ヲ＋(立テテ＋(durch 〘et⁴ヲ〙)〙通らせる． **2.** 〘et⁴ヲ＋(durch 〘et⁴ヲ〙)〙打ち込む．

durch|trennen [ドゥルヒトゥレンネン] 動 h. 〘et⁴ヲ〙(非分離も有)〘et⁴ヲ〙切断する．

durch|treten* [ドゥルヒ・トレーテン] 動 **1.** h. 〘et⁴ヲ〙いっぱいに踏む（ブレーキなどを）． **2.** h. 〘et⁴ヲ〙履きつぶす（靴などを）：sich³ den Fuß ~ 偏平足(ペンペイソク)になる． **3.** s. 〘(durch 〘et⁴ヲ〙)〙漏れる（液体・ガスが）． **4.** s. 〘場所ヲ〙《口》（乗り物の）奥の方へ進む．

durch|trieben [ドゥルヒトリーベン] 形 ずる賢い，抜け目のない．

durch|wachen¹ [ドゥルヒ・ヴァッヘン] 動 h. 〘(《時間》ノ間)〙眠らずに起きている．

durch|wachen² [ドゥルヒヴァッヘン] 動 h. 〘(《時間》ノ間)〙寝ずに過ごす．

durch|wachsen¹* [ドゥルヒ・ヴァクセン] 動 s. 〘(durch 〘et⁴ヲ〙)〙突抜けて生える（植物が金網などが）．

durch|wachsen²* [ドゥルヒヴァクセン] 動 h. 〘et⁴ヲ〙繁茂する（森などに）．

durch|wachsen³ [ドゥルヒヴァクセン] 形 **1.** 〘(mit 〔von〕〘et³ヲ〙)〙混った：ein von Gebüsch ~er Hochwald 下生えの混った高木林．~er Speck 赤身混りのベーコン． **2.** 《口》まあまあである：Wie geht's dir? — Danke, ~! どうだい — うん，まあまあだ．

die Durch|wahl [ドゥルヒ・ヴァール] 名 -/ ダイヤル通話．

durch|wählen [ドゥルヒ・ヴェーレン] 動 h. **1.** 〘(方向)ヲ〙ダイヤル電話をかける． **2.** 〘場所ヲ〙内線から外線に直接ダイヤルする．

durch|walken [ドゥルヒ・ヴァルケン] 動 h. **1.** 〘et⁴ヲ〙十分に縮絨(シュクジュウ)する（毛皮・布などを）． **2.** 〘j⁴ヲ〙《口》さんざんぶん殴る．

durch|wandern¹ [ドゥルヒヴァンダーン] 動 s. 〘《時間》ノ間〙歩き続ける．

durch|wandern² [ドゥルヒヴァンダーン] 動 h. 〘et⁴ヲ〙

---

293 **durchziehen**

歩いて横切る，くまなく歩き回る（地域などを）；うろうろ歩き回る（部屋などを）．

durch|wärmen [ドゥルヒ・ヴェルメン] 動 h. (非分離も有)〘j⁴/et⁴ヲ〙すっかり暖める．

durch|waschen* [ドゥルヒ・ヴァッシェン] 動 h. 〘et⁴ヲ〙《口》(洗濯物とは別に)洗う（ハンカチ・靴下など小物を）．

durch|waten¹ [ドゥルヒ・ヴァーテン] 動 s. 〘(durch 〘et⁴ヲ〙)〙歩いて渡る（川などを）．

durch|waten² [ドゥルヒヴァーテン] 動 h. 〘et⁴ヲ〙《文》歩いて渡る（川などを）．

durch|weben¹ [ドゥルヒ・ヴェーベン] 動 h. 〘et⁴ヲ〙両面織りにする（じゅうたんなどを），両面に織出す（模様を）．

durch|weben²(*) [ドゥルヒヴェーベン] 動 h. 〘et⁴ヲ＋mit 〘et³ヲ〙〙織込む（模様・金〔銀〕糸などを）．

durch|weg [ドゥルヒ・ヴェック, ドゥルヒ・ヴェック] 副 例外なく，すべて．

durch|wegs [ドゥルヒ・ヴェークス, ドゥルヒ・ヴェークス] 副 〘南ド〙《口》＝durchweg.

durch|weichen¹ [ドゥルヒ・ヴァイヒェン] 動 s. 〘場所ヲ〙ぐしょぐしょになる．

durch|weichen² [ドゥルヒヴァイヒェン] 動 h. 〘et⁴ヲ〙《文》ぐしょぐしょにする．

durch|wichsen [ドゥルヒ・ヴィクセン] 動 h. 〘j⁴ヲ〙《口》さんざん殴る．

durch|winden* [ドゥルヒ・ヴィンデン] 動 h. **1.** 〘sich⁴＋(zwischen 〘j³/et³ノ間ヲ〙)〙ぬって進む． **2.** 〘sich⁴＋(durch 〘et⁴ヲ〙)〙身をよじって無理に通る（狭い部分を）．【慣用】sich⁴ durch Schwierigkeiten durchwinden 困難を切抜ける．

durch|wirken¹ [ドゥルヒ・ヴィルケン] 動 h. 〘et⁴ヲ〙十分にこねる（パン種などを）．

durch|wirken² [ドゥルヒヴィルケン] 動 h. 〘et⁴ヲ＋mit 〘et³ヲ〙〙《文》織込む．

durch|wühlen¹ [ドゥルヒ・ヴューレン] 動 h. **1.** ＝durchwühlen² 1. **2.** 〘sich⁴＋(durch 〘et⁴ヲ〙)〙《口》掘って進む（モグラが土などを）；《転》片端から読んで行く（たくさんの書物などを）．

durch|wühlen² [ドゥルヒヴューレン] 動 h. **1.** 〘et⁴ヲ＋(nach 〘et³ヲ求メテ〙)〙ひっかき回す（戸棚・ポケットなどを）． **2.** 〘et⁴ヲ〙穴をあける（砲弾が地面などに）．

durch|wursch|teln [ドゥルヒ・ヴルシュテルン] 動 h. 〘sich⁴〙《口》なんとか切抜けてゆく．

durch|wurs|teln [ドゥルヒ・ヴルステルン] 動 h. ＝durch|wurschteln.

durch|zählen [ドゥルヒ・ツェーレン] 動 h. **1.** 〘場所ヲ〙順に番号を言う：D~! 番号（号令）． **2.** 〘et⁴ヲ〙数え上げる，通算する．

durch|zeich|nen [ドゥルヒ・ツァイヒネン] 動 h. **1.** ＝durch|pausen. **2.** 〘et⁴ヲ〙丹念に仕上げる（絵などを）．

durch|ziehen¹* [ドゥルヒ・ツィーエン] 動 **1.** h. 〘et⁴ヲ＋(durch 〘et⁴ヲ〙)〙引く（ひもを輪などに）． **2.** h. 〘et⁴ヲ〙一気に限度いっぱいまで引く（オール・のこぎりなどを）；真っすぐ引く（線などを）． **3.** h. 〘et⁴ヲ〙(最後まで)やり遂げる（計画などを）；通過させる（法案などを）． **4.** s. 〘(《場所》ヲ)〙通り過ぎる（人・動物が群をなして，また雷雨などが）． **5.** h. 〘sich⁴＋durch 〘et⁴ヲ〙〙貫いている． **6.** s. 〘場所ヲ〙よく漬かる（ピクルス・肉などが），味がよくなじんでいる．

durch|ziehen²* [ドゥルヒツィーエン] 動 h. **1.** 〘et⁴ヲ〙通過〔横断〕する，あちこちと移動する（群をなして）；貫いて走っている（川などが）；（…に）走っている（亀裂・線などが）；貫いている（テーマなどが作品全体を），（…に）行渡る（芳香などが）． **2.** 〘j⁴ヲ〙全身を走る（痛みなどが），心を満たす（感情などが）．

durch|zu·cken [ドゥるヒツックęン] 動 h. **1.** 《et⁴》=〉ひらめく(稲妻が空などに). **2.** 《j⁴》)頭にひらめく《考えなどが》;心をよぎる(感情が);身体に走る(痛みなどが).

der **Durch·zug** [ドゥるヒ・ツーク] 名 -(e)s/..züge **1.** 通過. **2.** (㊐のみ)通気, 通風: ~ machen 風通しをする. auf ~ schalten 他人の言葉を聞き流す.

durch|zwän·gen [ドゥるヒ・ツヴェンゲン] 動 h. **1.** 《et⁴》)押入れる. **2.** (sich⁴)かき分けて進む.

(der) **Dü·rer** [デューらー] 名 〖人名〗デューラー(Albrecht ~, 1471-1528, ドイツの画家).

dür·fen* [デュるふェン] 動 《話法》ich darf, du darfst, er darf; durfte; hat ... dürfen (本動詞の不定詞と共に用いる. 文脈などから明らかな不定詞は省略される. 不定詞が省略された場合の過去分詞は gedurft) **1.** 〔許可・権利〕…してもよい, …して差支えない, …することができる;…する権利がある: *Darf* ich am Sonntag unseren Wagen haben? —Ja, du *darfst* (ihn haben). 日曜日にうちの車を使ってもいい. —ああ, いいよ. *Darf* (*Dürfte*) ich das Fenster öffnen? 窓を開けてもよろしいでしょうか. Ich *darf* Sie bitten, hier Ihren Namen einzutragen. ここにお名前をご記入願います. Der Patient *darf* schon aufstehen. その患者はもう起きて差支えない(医者の許可により). Ab 18 Jahren *darf* jeder wählen. 18歳以上の人はだれでも選挙権がある. 〔否定詞を伴って禁止を表す〕Hier *darf* nicht geparkt werden. ここは駐車禁止です. 【①dürfenで許可を求められた場合, 最近の口語では「…してさしつかえない」という意味でkönnenで許可を与える傾向がある. ②「…していいですか」と許可を求める言い方は, Darf ich ...? が普通. 接続法2式を用いた *Dürfte* ich ...? は丁寧な言い方. *Darf* ich Sie bitten, ... は, Ich bitte Sie, ... より丁寧な言い方. Ich *darf* Sie bitten, ... は形式ばった言い方であるが, 相手に断らせない強圧的なニュアンスがある】 **2.** 〔接続法2式で確実度の高い推量・婉曲な主張〕(たぶん)…でしょう, …ではないでしょう: Er *dürfte* jetzt im Büro sein. 彼は今会社にいるでしょう. Das *dürfte* ein Irrtum sein. それは思い違いではないでしょうか. **3.** 〔適切な取扱い〕…するのがよい: Geparkte Wagen ~ nicht unverschlossen bleiben. 駐車中の車はかぎをかけておくのはよくない. **4.** 〔常に否定詞を伴って話者の希望・願望・要求を表す〕…してほしくない, …であってほしくない: So *darfst* du mir nicht kommen. ぼくにそういう態度はとってほしくない. Ihm *darf* nichts passieren. 彼の身に何事も起こってくれなければいいが. **5.** 〔ほとんどが否定詞を伴って, 道徳的要求を表す〕…してはならない: Du *darfst* keine Tiere quälen. 君は動物を虐待してはならない. 〔否定詞なしは(稀)〕*Darf* man manchmal lügen? ときにはうそをついてもいいだろうか. **6.** 〔十分な根拠・理由〕…するのももっともだ, …してよい: Sie ~ ruhig auf Ihren Sohn stolz sein. あなたが息子さんを自慢なさるのももっともだ. Ich *darf* annehmen, daß er diesmal kommt. 今度こそきっと彼がやってくると思う. **7.** 〔古〕(nur, bloß を伴って必要を表す)…しさえすればいい: Sie ~ ihn nur anrufen. あなたは彼に電話をかけさえすればいいのです. 〔通常はこの意味では brauchen, zu 動を用いる〕【慣用】*Darf* es etwas mehr sein? ちょっと目方を越えてもいかが(量り売りのときに店員が言う). *Darf* ich bitten? いかがですか(お取り下さい);どうぞ(お入り下さい);恐縮ですがお願いできますか. Das durfte (jetzt) nicht kommen (Das hätte (jetzt) nicht kommen dürfen). これはひどく具合が悪いことになってしまった. *Was darf es sein?* 何に致しましょうか(店の客に対して).

—— 動 ich darf, du darfst, er darf; durfte; hat

gedurft **1.** 〔((et⁴)=)〕してもよい, 許可されている: *Darf* ich das? そうしてもいいかい. Warum ist er nicht gekommen? —Er hat nicht *gedurft*. なぜ彼はやってこなかったか—許しが得られなかったんだ. **2.** 〔〈方向〉へ(から)〕行っても〔来ても・出ても〕よい: Jeder *darf* zu mir herein. だれでも私の部屋に入って来てよい.

durfte [ドゥるふテ] 動 dürfenの過去形.

dürfte [デュるふテ] 動 dürfenの接続法2式.

dürf·tig [デュるふティヒ] 形 **1.** みすぼらしい. **2.** 不十分な;内容の乏しい. **3.** 〔古〕やせた, 弱々しい.

dürr [デュる] 形 **1.** 枯れた, 乾燥した;不毛の, 実りなき. **2.** そっけない, わずかな: in〔mit〕~en Worten 言葉少なに. **3.** やせこけた.

die **Dürre** [デュれ] 名 -/-n **1.** 旱魃(かんばつ), 日照り;不毛(文化・議論などの). **2.** (㊐のみ)乾燥(状態).

(der) **Dür·ren·matt** [デュれンマット] 名 〖人名〗デュレンマット(Friedrich ~, 1921-90, スイスの劇作家).

der **Durst** [ドゥるスト] 名 -(e)s/ **1.** のどの渇き: ~ haben のどが渇いている, 酒が飲みたい. ~ auf Bier haben ビールが飲みたい. eins〔einen〕 über den ~ trinken 飲みすぎる. **2.** 〔詩〕渇望, 欲望: ein ~ nach 〈et³〉〈事・物〉に対する渇望.

durs·ten [ドゥるステン] 動 h. **1.** 〔雅〕〔文〕のどの渇きに苦しむ. **2.** =dürsten.

dürs·ten [デュるステン] 動 h. **1.** 〔(Es) と〈j⁴〉〕のどの渇きが苦しめる. **2.** 〔nach〈et³〉〕渇望〔熱望〕する.

durs·tig [ドゥるスティヒ] 形 **1.** のどの渇いた, 乾ききった. **2.** 〔nach 〈et³〉〕〔文〕渇望している: der ~e Leser 書物に飢えた人. Er ist ~ nach Wissen. 彼は知識に飢えている.

durst·stil·lend [ドゥるスト・シュティレント] 形 渇きをいやす.

die **Durst·strec·ke** [ドゥるスト・シュトれッケ] 名 -/-n 耐乏の時.

die **Dur·ton·art** [ドゥーあ・トーン・アーあト] 名 -/-en 〖楽〗長調.

das **Dusch·bad** [ドゥ(-)シュ・バート] 名 -(e)s/..bäder シャワー室;シャワー浴.

die **Du·sche** [ドゥ(-)シェ] 名 -/-n シャワー(装置);シャワー浴: unter die ~ gehen〔sich⁴ unter die ~ stellen〕シャワーを浴びる. 【慣用】eine kalte Dusche für 〈j⁴〉 sein 〈人〉の興ざめになる.

du·schen [ドゥ(-)シェン] 動 h. **1.** 〔(sich⁴)〕シャワーを浴びる. **2.** 〔〈j⁴/et⁴〉=〕シャワーを浴びせる.

die **Dusch·ka·bi·ne** [ドゥ(-)シュ・カビーネ] 名 -/-n (小さな)シャワー室, シャワーボックス.

die **Düse** [デューゼ] 名 -/-n 〖工〗ノズル, 噴射口.

der **Du·sel** [ドゥーゼル] 名 -s/ (㊐) **1.** 思わぬ幸運: ~ haben 運が良い. **2.** (方)めまい, もうろう;ほろ酔い状態.

du·se·lig [ドゥーゼリヒ] 形 (㊐)ぼうっとした, 夢うつつの.

du·seln [ドゥーゼルン] 動 h. (雅)(㊐)夢うつつである, まどろむ.

der **Dü·sen·an·trieb** [デューゼン・アン・トリープ] 名 -(e)s/-e ジェット推進.

der **Dü·sen·clip·per** [デューゼン・クリッパー] 名 -s/- ジェット機.

das **Dü·sen·flug·zeug** [デューゼン・ふルーク・ツォイク] 名 -(e)s/-e ジェット機.

der **Dü·sen·jä·ger** [デューゼン・イェーガー] 名 -s/- ジェット戦闘機.

das **Dü·sen·trieb·werk** [デューゼン・トリープ・ヴェるク] 名 -(e)s/-e ジェットエンジン.

dus·lig [ドゥースリヒ] 形 =duselig.

der **Dus·sel** [ドゥッセル] 名 -s/- (㊐)ばか.

(das) **Düs·sel·dorf** [デュッセル・ドるふ] 名 -s/ 〖地名〗

デュッセルドルフ《ノルトライン=ヴェストファーレン州の州都》.

dus·se·lig [ドゥっセりひ] [形] =dusslig.

dus·slig, [旧]**duß·lig** [ドゥスりひ] [形] 《口》ばかな;《方》頭がぼうっとした.

der **Dust** [ドゥスト] [名] -(s)/ 《北独》塵(ちり);靄(もや).

dus·ter [ドゥースター] [形] 《方》=düster.

düs·ter [デュースター] [形] **1.** 薄暗い;無気味な;悲観的な: Im *D*～*n* wird mir angst. 暗がりでは私は怖くなる. eine ～*e* Prognose stellen 悲観的予想を立てる. **2.** 陰気な,憂鬱(ゆううつ)な;重苦しい. **3.** 《稀》不明瞭な,おぼろげな.

die **Düs·ter·heit** [デュースターハイト] [名] -/ 薄暗さ;陰気さ,憂鬱(ゆううつ)さ;重苦しさ.

die **Düs·ter·keit** [デュースターカイト] [名] -/ =Düsterheit.

die **Düs·ter·nis** [デュースターニス] [名] -/ 《文》=Düsterheit.

der **Dutt** [ドゥット] [名] -(e)s/-s(-e) 《方》髷(まげ).

der **Du·ty·free·shop, Du·ty·free-Shop** [djú:tifrí:ʃɔp デューティ・ふりー・ショップ] [名] -(s)/-s (空港などの)免税品売店.

das **Dut·zend** [ドゥっツェント] [名] -s/-e **1.** ([複]-)ダース(12 個. 略 Dtzd.): ein halbes ～ frische(r) Eier 生みたての玉子半ダース. zwei ～ Bleistifte 鉛筆 2 ダース. im ～ kaufen ダースで買う. **2.** ([複]のみ)多数の,たくさんの: ～*e*(dutzende) von 〈j³/et³〉 多数の〈人・物〉. zu(in) ～*en*(dutzenden) 大量に.

dut·zend·fach [ドゥっツェント・ふぁっは] [形] 多くの,しばしばの.

—— [副] しばしば.

das **Dut·zend·ge·sicht** [ドゥっツェント・ゲズィひト] [名] -(e)s/-er (どこにでもある)ありふれた顔.

dut·zend·mal [ドゥっツェント・マール] [副] 何度も.

der **Dut·zend·mensch** [ドゥっツェント・メンシュ] [名] -en/-en 凡人.

die **Dut·zend·wa·re** [ドゥっツェント・ヴァーれ] [名] -/-n 《蔑》(大量販売の)安物.

dut·zend·wei·se [ドゥっツェント・ヴァイゼ] [副] ダースで;大量に.

das **Du·vet** [dʏvέ デュヴェ] [名] -s/-s 《スイス》羽(羽毛)布団.

der **Duve·ti·ne** [dʏftí:n デュふティーン] [名] -s/-s デュベティン(ビロードに似た織物).

der **Dü·wel** [デューヴェル] [名] -s/ 《北独》=Teufel.

der **Duz·bru·der** [ドゥーツ・ブるーダー] [名] -s/..brüder =Duzfreund.

du·zen [ドゥーツェン] [動] *h.* 〔〈j⁴〉ヲ〕du で呼ぶ.

der **Duz·freund** [ドゥーツ・ふろイント] [名] -(e)s/-e 互いに du で呼び合う友人.

DV =Datenverarbeitung 《コンピュータ》データ処理.

die **DVD** [デーふぁウデー] [名] -/-s =digital versatile disc DVD,デジタル多目的ディスク.

(*der*) **Dvo·řák** [dvɔ́rʒak ドヴォるジャク] [名] 《人名》ドヴォルザーク(Antonín ～, 1841-1904,チェコの作曲家).

DW =Deutsche Welle ドイッチェ・ヴェレ(ドイツの国外向け放送).

dwars [ドヴァるス] [副] 《北独》横に,横切って;《海》(船の)真横に.

die **Dwars·li·nie** [ドヴァるス・リーニエ] [名] -/-n 《海》横列(航行).

der **Dwars·wind** [ドヴァるス・ヴィント] [名] -(e)s/ 《海》横風.

Dy [デーユプスィロン] =Dysprosium 《化》ジスプロシウム.

(*der*) **Dyck** [dáɪk ダイク] [名] 《人名》ヴァン・ダイク(Anthonis van ～, 1599-1641,オランダの画家).

dyn [デューン] =Dyn 《理》ダイン.

das **Dyn** [デューン] [名] -s/ 《理》ダイン(力の CGS 単位. 記号 dyn).

die **Dy·na·mik** [デュナーミク] [名] -/-en **1.** ([単]のみ)《理》力学,動力学. **2.** (主に[単])力動性,推進力,原動力;([単]のみ)ダイナミズム. **3.** 《楽》強弱法.

dy·na·misch [デュナーミシュ] [形] **1.** 《理》(動)力学(上)の;《楽》強弱法の. **2.** ダイナミックな: ～*e* Rente 動的年金.

dy·na·mi·sie·ren [デュナミズィーれン] [動] *h.* 〔〈et⁴〉ヲ〕動き出させる,推進(促進)する;賃金の変化に合せて改定する(年金・給付金などを).

der **Dy·na·mis·mus** [デュナミスムス] [名] -/..men **1.** ([単]のみ)《哲》力本説,力動説;《民俗》超自然力,神秘的な力. **2.** 力強さ,活発さ,迫力;([単]のみ)力動性,推進力,ダイナミズム.

das **Dy·na·mit** [デュナミート] [名] -s/ ダイナマイト.

der **Dy·na·mo** [デュナーモ,デューナモ] [名] -s/-s 発電機,ダイナモ(～maschine).

die **Dy·na·mo·ma·schi·ne** [デュナーモ・マシーネ,デューナモ・マシーネ] [名] -/-n 《電》発電機.

das **Dy·na·mo·me·ter** [デュナモ・メーター] [名] -s/- 力量計,筋力計;《理》動力計.

der **Dy·nast** [デュナスト] [名] -en/-en (小国の)領主,君主.

die **Dy·nas·tie** [デュナスティー] [名] -/-n 《文》王朝,王家;勢力のある家(集団).

dy·nas·tisch [デュナスティシュ] [形] 王朝(王家)の.

die **Dys·chro·ma·top·sie** [dʏskro.. デュスクろマトプスィー] [名] -/-n 《医》色弱,色盲.

die **Dys·en·te·rie** [デュスエンテリー] [名] -/-n 《医》赤痢(せきり).

die **Dys·le·xie** [デュスレクスィー] [名] -/-n 《医》失読症,読字障害.

die **Dys·pep·sie** [デュスペプスィー] [名] -/-n 《医》消化不良.

die **Dys·pha·gie** [デュスふぁギー] [名] -/-n 《医》燕下(えんげ)困難(障害).

die **Dys·pnoe** [デュスプノーエ] [名] -/ 《医》呼吸困難.

das **Dys·pro·si·um** [デュスプろーズィウム] [名] -s/ 《化》ジスプロシウム(希土類元素の一つ. 記号 Dy).

dys·troph [デュストろーふ] [形] **1.** 《医》ジストロフィーの. **2.** 《生》腐植栄養型の.

die **Dys·tro·phie** [デュストろふぃー] [名] -/-n 《医》ジストロフィー,異栄養症;栄養失調症.

dz =Doppelzentner 2ツェントナー(100 kg).

dz. =derzeit 目下のところ;かつて.

der **D-Zug** [デー・ツーク] [名] -(e)s/D-Züge (以前の)急行列車.

der **D-Zug-Zu·schlag** [デーツーク・ツー・シュラーク] [名] -(e)s/..schläge 急行料金.

E

das **e**[1], **E**[1] [eː エー] 名 -/- (《口》-s/-s) **1.** ドイツ語アルファベットの第5字. **2.** 〖楽〗ホ音.

e[2] =e-Moll〖楽〗ホ短調.

E[2] =Europastraße 欧州自動車道路.

E[3] **1.** =East 東. **2.** =E-Dur〖楽〗ホ長調. **3.** =Eilzug〖鉄道〗準急行列車.

€ Euro ユーロ(欧州共通通貨の単位).

der **Ea·gle** [íːɡəl イーグル] 名 -s/-s **1.** 米国の10ドル金貨. **2.**〖ゴルフ〗イーグル.

der **Earl** [əːl エール] 名 -s/-s (英国の)伯爵.

das (die) **Eau de Co·log·ne** [óːdəkolɔ́njə オー・ド・コロニェ] 名 ---/--- Eaux --[オー..] オーデコロン(Kölnischwasser).

das (die) **Eau de Ja·vel** [óːdəʒavέl オー・ド・ジャヴェル] 名 ---/--x --[オー..]〖化〗ジャベル水.

das (die) **Eau de La·bar·ra·que** [óːdəlabarák オー・ド・ラバラク] 名 ---/--x --[オー..]〖化〗《古》次亜塩素酸ナトリウム漂白液.

das **Eau de Par·fum**, ⓇⒺ**Eau de parfum** [óːdəparfɔ̃̌ː オー・ド・パルファン] 名 ---/---オード・パルファン(オードトワレと香水の中間の賦香率をもつ).

das (die) **Eau de Toi·let·te**, ⓇⒺ**Eau de toi·lette** [óːdətoalέt オー・ド・トアレット] 名 ---/--x --[オー..] オードトワレ.

die **Eb·be** [エッベ] 名 -/-n 引き潮, 干潮;《転》衰退, 不景気.

eb·ben [エッベン] 動 h. 《雅》潮が引く;《転》(徐々に)鎮まる: (Es が主語で)Es *ebbt*. 潮が引く.

ebd. =ebenda その同じところに, そのところに.

e·ben [エーベン] 形 **1.** 平らな: zu~er Erde wohnen 一階に住んでいる. **2.** (でこぼこのない)なめらかな: ein Beet ~ machen 花壇をならす. **3.**《古》安定した, 一様な.
—— 副 **1. a.** ちょうど(その時), たった今: Ich wollte ~ ins Bett gehen, als er mich anrief. 私がちょうど床につこうとしたとき, 彼女から電話があった. **b.** ついさっき: Sie war ~ noch hier. 彼女はついさっきまでここにいた. **2.** かろうじて, ぎりぎりのところで: Das Geld reicht (so) ~ aus. その金で何とか足りる. **3.**《方》ちょっと: Hilf mir doch bitte ~! ちょっと手伝ってくれ. **4.** (相づちを打って)(確かに)そのとおり, まったくだ:そうだよ: Er kommt noch nicht. Es ist schon zehn Uhr. — Ja ~! 彼はまだ来ない. もう10時です. — そうだね. **5.**《語勢》《動詞・形容詞・副詞・名詞を修飾》**a.** ちょうど, まさに: ~ jetzt まさに今. ~ deshalb まさにその理由で. E~ dieses Buch musst du lesen. まさにこの本こそ君は読まなければならない. **b.** (nicht とともに)必ずしも…でない, それほど…でない:《動詞を修飾するときは~nicht》Das will ich ~ nicht behaupten. わたしは必ずしもそう主張するつもりはない.《動詞以外を修飾するときは nicht ~》Er ist nicht ~ ein Feigling. 彼は必ずしも臆病者とは言えない. **6.**《話者の気持》(変更しがたい既成事実であることを認めて. アクセント無)ともかく〔なんといっても〕…なのだ: Es bleibt uns ~ nichts übrig als das zu übernehmen. 私たちはともかくそれを引き受けるしかないのだ.

das **E·ben·bild** [エーベン・ビルト] 名 -(e)s/-er《文》生き写し, 似姿.

e·ben·bür·tig [エーベン・ビュるティヒ] 形 **1.** ((〈j³〉=) + (an〈et³〉/〈//形〉=)) 対等の: Sie ist ihm an Geist/geistig ~. 彼女は精神において/精神的に彼に匹敵する. **2.** 同じ(高貴な)家柄の.

die **E·ben·bür·tig·keit** [エーベン・ビュるティヒカイト] 名 -/ 対等, 同じ家柄.

e·ben·da [エーベン・ダー, 指示的にはエーベン・ダー] 副 ちょうどそこに〔で〕; 同書, 同ページに(略 ebd.).

e·ben·da·her [エーベン・ダー・ヘーあ, 指示的にはエーベン・ダー・ヘーあ] 副 ちょうどそこから; まさにその理由から.

e·ben·da·hin [エーベン・ダー・ヒン, 指示的にはエーベン・ダー・ヒン] 副 ちょうどそこに; まさにそのことを目差して.

e·ben·dann [エーベン・ダン, 指示的にはエーベン・ダン] 副 ちょうどその時に.

e·ben·dar·um [エーベン・ダるム, 指示的にはエーベン・ダるム] 副 まさにその理由で.

e·ben·da·selbst [エーベン・ダー・ゼルプスト] 副《雅》=ebenda.

e·ben·der [エーベン・デーあ, 指示的にはエーベン・デーあ] 代《指示》(..der の部分は der[2]と同じ変化)⒨⒲ 3格. まさにその;まさしくその人〔もの・こと〕.

e·ben·der·sel·be [エーベン・デーあ・ゼルベ, 指示的にはエーベン・デーあ・ゼルベ] 代《指示》(..derselbe の部分は derselbe と同じ変化)⒨⒲ 1格. まさにその;まさにその人〔もの・こと〕.

e·ben·des·halb [エーベン・デス・ハルプ, 指示的にはエーベン・デス・ハルプ] 副 まさにそれ故に.

e·ben·dort [エーベン・ドるト, 指示的にはエーベン・ドるト] 副 ちょうどそこに〔で〕.

die **E·be·ne** [エーベネ] 名 -/-n **1.** 平地, 平野. **2.**〖数・理〗平面: eine schiefe ~ 斜面. **3.** 水準, レベル: auf höchster ~ トップ・レベルで.

e·ben·er·dig [エーベン・エーあディヒ] 形 地面と同じ高さの, 一階の.

e·ben·falls [エーベン・ふぁるス] 副《語飾》《動詞・形容詞・副詞・名詞を修飾》《文》同様に, 同じく: Schönes Wochenende! — Danke, ~! よい週末を. — ありがとう, あなたも.

das **E·ben·holz** [エーベン・ホルツ] 名 -es/..hölzer 黒檀(こくたん).

e·ben·holz·far·ben [エーベンホルツ・ふぁるベン] 形 黒檀(こくたん)色の, 漆黒の.

das **E·ben·maß** [エーベン・マース] 名 -es/ 均整, 釣合い.

e·ben·mä·ßig [エーベン・メースィヒ] 形 均整のとれた, 整った.

die **E·ben·mä·ßig·keit** [エーベン・メースィヒカイト] 名 -/ 均整(のとれていること).

e·ben·so [エーベン・ゾー] 副《語飾》《動詞・形容詞・副詞・名詞を修飾》 同じように, 同じくらい: Er verehrt Goethe, und ich (verehre ihn) ~. 彼はゲーテを尊敬している. 私も同様に.《(wie の相関語として)Sie spielt ~ gut Klavier wie Geige. 彼女はピアノもヴァイオリンと同じようにじょうずに弾く.【gut にアクセントがない場合は「腕前が同じくらい」の意で, とりたてて「じょうず」というわけではない)】Sie hätten ~ gut früher kommen können. あなたは(以前と)同様にもっと早く来られたでしょうに. Man ist mit dem Bus ~ lange unterwegs wie der Straßenbahn. バスでも路面電車でも同じぐらい時間がかかる. Ich habe es ~ oft probiert wie du. 私は君と同様にそれを何度か試みた. Wir haben es ~ sehr genossen wie die anderen. 私達は他の人々と同じようにそれらをたのしんだ. ~ viel Arbeitskraft wie immer いつもと同じだけの労働力〔人員〕. Du musst heute ~ viel leisten wie gestern. 君は今日昨日と同じだけの仕事をしなくてはならない.

Das weiß er ~ wenig wie ich. それを彼は私と同じように知らない.
e͟ben·so gut, ⑮**e͟ben·so·gut** [エーベンゾー グート] ⇨ ebenso.
e͟ben·so lan·ge, ⑮**e͟ben·so·lan·ge** [エーベンゾー ランゲ] ⇨ ebenso.
e͟ben·so oft, ⑮**e͟ben·so·oft** [エーベンゾー オふト] ⇨ ebenso.
e͟ben·so sehr, ⑮**e͟ben·so·sehr** [エーベンゾー ゼーあ] ⇨ ebenso.
e͟ben·so viel, ⑮**e͟ben·so·viel** [エーベンゾー ふぃール] ⇨ ebenso
e͟ben·so we·nig, ⑮**e͟ben·so·we·nig** [エーベンゾー ヴェーニひ] ⇨ ebenso.
der **E͟·ber** [エーバー] [名] -s/- 雄ブタ.
die **E͟·ber·e·sche** [エーバー・エッシェ] [名] -/-n 〖植〗ナナカマド.
(*der*) **E͟·ber·hard** [エーバー・ハるト] [名] 〖男名〗エーバーハルト.
(*das*) **E·bers·wạl·de-Fi·now** [..fí:no エーバースヴァルデ・ふぃーノ] [名] -s/ 〖地名〗エーバースヴァルデ・フィーノ(ブランデンブルク州の都市).
(*der*) **E͟·bert** [エーバート] [名] 〖人名〗エーベルト(Friedrich ~, 1871–1925, ワイマール共和国の初代大統領).
e͟b·nen [エーブネン] [動] *h.* 〔〈et⁴〉ヲ〕平らにする, ならす(道・地面などを). 【慣用】〈j³〉 **den Weg ebnen** 〈人のために〉障害〔困難〕を取除いてやる.
(*die*) **E͟b·ner-Ẹ·schen·bach** [エーブナー・エッシェンバっは] [名] 〖人名〗エーブナー・エシェンバッハ(Marie Freifrau von ~, 1830–1916, オーストリアの女流作家).
EC [エーツェー] =Eurocity-Zug ユーロシティー特急列車.
e. c. = 〖ラテン語〗exempli causa 例えば.
das **E·car·té** [..té: エカるテー] [名] -s/-s =Ekarté.
das **Ẹc·ce-Ho͟·mo** [ɛ́ktsə.. エクツェ・ホーモ] [名] -(s)/-(s) エッケ・ホモ, この人を見よ(ヨハネ福音書 19, 5); キリスト受難像.
die **Ec·cle͟·sia** [ɛklé:.. エクレーズィア] [名] -/ 〖キ教〗教会; 〖美〗エクレシア(新約聖書のアレゴリーとしての女性像).
die **E·chạr·pe** [eʃárp エシャるプ] [名] -/-s 《スイス》肩かけ, ショール.
e·chauf·fie͟·ren [eʃɔfí:rən エショふぃーれン] [動] *h.* 〔〈j⁴〉ヲ〕火照らせる; 興奮させる; (〈j⁴〉が sich の場合) 火照る; 興奮する.
e·chauf·fie͟rt [eʃɔfí:ɐt エショふぃーあト] [形] 《古》 **1.** 火照った. **2.** 〔(über 〈et⁴〉ニ〔zu 〈et³〉ニ〕)〕興奮した.
der **E·che·lon** [eʃəlɔ̃: エシェローン] [名] -s/-s 〖軍〗《古》梯形(ていけい)編隊, 梯陣.
der **E·chi·no·kọk·kus** [エひノ・コックス] [名] -/..kokken 〖医〗エキノコックス, 包虫.
(*die*) **Ẹ·cho**[1] [エひょ] [名] 〖ギ神〗エコー(こだま, 山の精).
das **Ẹ·cho**[2] [エひょ] [名] -s/-s 反響(音); 反応; こだま, 山びこ; 〖工〗エコー, 共鳴; 〖楽〗エコー(①次第に弱くなる楽句の繰り返し. ②エコーを模倣した標題音楽): das ~ auf 〈et⁴〉 〈物・事に対する〉反響. ein großes ~ finden 大反響を呼ぶ.
ẹ·cho·en [エひょエン] [動] *h.* **1.** 〔補足なし〕こだまする, 反響する; こだまが聞える: (Es が主語で) Es *echot* von den Bergen. (山から)こだまが返る. **2.** 〔〈et⁴〉ヲ〕口まねして言う.
das **Ẹ·cho·lot** [エひょ・ロート] [名] -(e)s/-e 〖工〗音響測深器.
die **Ẹ·cho·lo·tung** [エひょ・ロートゥング] [名] -/-en **1.** 〖工〗音響測深器による測定. **2.** 〖動〗(こうもりなどの)反響定位.
die **Ẹ·cho·pei·lung** [エひょ・パイルング] [名] -/-en 〖動〗反響定位.
die **Ẹch·se** [エクセ] [名] -/-n 〖動〗トカゲ.
ẹcht [エひト] [形] **1.** 本物の; 純血種の. **2.** (見せかけでない)本当の; 《口》本当に. **3.** 生粋の; 紛れもなく: Das ist ~ deutsch. それはいかにもドイツ的だ. **4.** 〖化〗堅牢度の高い(色). 【慣用】**ein echter Bruch**〖数〗真分数.
..echt [..エひト] [接尾] 名詞の後につけて「抵抗〔持久〕力がある」という意味の形容詞を作る: licht*echt* 光で変色しない. farb*echt* 退色〔変色〕しない. wasch*echt* 洗濯のきく.
die **Ẹcht·heit** [エひトハイト] [名] -/ 本物; 純血; 本当; 生粋; (色の)堅牢さ.
die **Ẹcht·zeit** [エひト・ツァイト] [名] -/ 〖コンピュータ〗リアルタイム(~betrieb).
der **Ẹcht·zeit·be·trieb** [エひトツァイト・ベトリープ] [名] -(e)s/-e 〖コンピュータ〗リアルタイム〔実時間〕処理.
das **Ẹck** [エック] [名] -(e)s/-e(《オーストリア》-(e)s/-en) **1.** 《南独・オーストリア》角: übers ~ 斜めに. im ~ sein (スポーツで)調子が悪い. Deutsches ~ ドイチェスエック(コーブレンツにあるライン川とモーゼル川の合流する三角地帯). **2.** 〖球〗(ゴールの)隅.
(*der*) **Ẹ·ckard** [エッカるト] [名] 〖男名〗エッカルト.
(*der*) **Ẹ·ckardt** [エッカるト] [名] 〖男名〗エッカルト.
(*der*) **Ẹ·ckart** [エッカるト] [名] 〖男名〗エッカルト: ein getreuer ~ 忠実な男, 忠義者.
der **Ẹck·ball** [エック・バル] [名] -(e)s/..bälle 〖球〗コーナー(キック・スロー・ヒット).
(*der*) **Ẹck·bert** [エックベルト] [名] 〖男名〗エックベルト.
das **Ẹck·brett** [エック・ブれっト] [名] -(e)s/-er (三角形の)隅棚.
die **Ẹ·cke** [エッケ] [名] -/-n **1.** 角(かど): sich⁴ an der ~ des Tisches stoßen 机の角にぶつかる. **2.** 街角(Straßen~), 曲り角: um die ~ biegen 角を曲る. an der ~ auf 〈j⁴〉 warten 街角で〈人を〉待つ. gleich um die ~ wohnen (角を曲った)すぐ近くに住んでいる. **3.** 隅; 片隅; 《方》地方; (先の細くなった)切れ端, 一かけら: 〈et⁴〉 in die ~ des Zimmers stellen 〈物を〉部屋の隅におく. in einer entfernten ~ der Welt 地の果てに. eine ~ Käse チーズの一かけら. **4.** (㊥のみ)《口》道のり: Wir haben noch eine ganze ~ zu laufen. 私たちはさらにかなりの道のりを歩く. **5.** 〖球〗コーナー(キック・スロー・ヒット); 〖ボクシング〗(リングの)コーナー. 【慣用】**an allen Ecken und Enden** 至るところで. **mit** 〈j³〉 **um**〔**über sechs/sieben**〕**Ecken verwandt sein** 《口》〈人と〉遠縁である. 〈j³〉 **nicht um die Ecke trauen** 《口》〈人を〉あまり信用しない. 〈et⁴〉 **um die Ecke bringen** 《口》〈物を〉くすねる. 〈j⁴〉 **um die Ecke bringen** 《口》〈人を〉殺す.
(*der*) **Ẹ·cke·hard** [エッケ・ハるト] [名] 〖男名〗エッケハルト.
(*der*) **Ẹ·cke·hart** [エッケ・ハるト] [名] 〖男名〗エッケハルト.
der **Ẹ·cken·ste·her** [エッケン・シュテーあー] [名] -s/- 《口・古》(街角を)ぶらついている人, のらくら者.
die **Ẹ·cker** [エッカー] [名] -/-n **1.** ブナの実(Buch~); 《稀》ドングリ. **2.** (㊥のみ; 無冠詞; 単数扱い)(ドイツのトランプの)エッカー(Eichel).
(*der*) **Ẹ·cker·mann** [エッカー・マン] [名] 〖人名〗エッカーマン(Johann Peter ~, 1792–1854, 著述家. 『ゲーテとの対話』の著者).
die **Ẹck·fah·ne** [エック・ふぁーネ] [名] -/-n 〖スポーツ〗コーナーフラッグ.
das **Ẹck·fens·ter** [エック・ふぇンスター] [名] -s/- 角〔隅〕の窓.
(*der*) **Ẹck·hart** [エッカるト, エック・はるト] [名] **1.** 〖男名〗エックハルト. **2.** Meister ~ マイスター・エックハルト(1260 頃–1327, 神秘主義者).

das **Eck·haus** [エック・ハウス] 名 -es/..häuser 角の家.

eckig [エッキヒ] 形 **1.** 角(形)の,角張った. **2.** ぎこちない. **3.** ぶっきらぼうな.

der **Eck·lohn** [エック・ローン] 名 -(e)s/..löhne 〖経〗基理賃金.

die **Eck·mann·schrift** [エック・マン・シュリフト] 名 -/〖印〗エックマン体(装飾活字).

der **Eck·pfei·ler** [エック・プふァイラー] 名 -s/- 角〔隅〕の柱;〔転〕(理論などの)支え,支柱.

der **Eck·platz** [エック・プラッツ] 名 -es/..plätze 端の席.

der **Eck·schrank** [エック・シュランク] 名 -(e)s/..schränke(三角形の)コーナーボード.

der **Eck·stein** [エック・シュタイン] 名 -(e)s/-e **1.** (建物の)隅石,(道路の)縁石(ふち),境界石;〔転〕(理論などの)基礎. **2.** (®のみ;無定冠詞;単数扱い)(トランプの)ダイヤ(Karo).

der **Eck·stoß** [エック・シュトース] 名 -es/..stöße 〖サッカー〗コーナーキック.

der **Eck·wert** [エック・ヴェーアト] 名 -(e)s/-e 〖経〗基準値.

der **Eck·zahn** [エック・ツァーン] 名 -(e)s/..zähne 犬歯,糸切歯.

der **Eck·zins** [エック・ツィンス] 名 -es/-en 〖金融〗標準金利.

das **E·clair** [eklέːr エクレーあ] 名 -s/-s エクレア.

der **E-Com·merce** [íːkɔmɛːs イー・コメース] 名 -/ =Electronic Commerce 電子商取引.

die **E·co·no·my·klas·se** [ik'ɔnəmɪ... イコネミ・クラッセ] 名 -/-n (旅客機の)エコノミークラス.

der **E·cu, ECU** [ekýː エキュー] 名 -(s)/-(s)(die -/- も有) エキュー,欧州通貨単位(1979 年にはじまる欧州共同体の通貨計算の単位で, 1999 年にユーロに転換される)(European Currency Unit).

(*das*) **E·cu·a·dor** [エクアドーア] 名 -s/ 〖国名〗エクワドル(南米太平洋岸の国).

ed. =editit …編(1人の編者名の前で).

Ed. =Edition …版.

der **E·da·mer** [エーダマー] 名 -s/ エダムチーズ.

das **E·da·phon** [エーダふォン] 名 -s/ 〖生〗土壌微生物,エダフォン.

edd. =ediderunt …編(複数の編者名の前で).

die **Ed·da** [エッダ] 名 -/Edden 〖文芸学〗エッダ: die ältere (Lieder) ~ 古エッダ〔歌謡エッダ〕(古代北欧神話と英雄伝説集); die jüngere (Snorra) ~ 新エッダ(スノリのエッダ)(1225 年頃, Snorri Sturluson の詩学書).

ed·disch [エッディシュ] 形 エッダの.

e·del [エーデル] 形 (®のはedl..) **1.** 《文》(®の)気高い,高貴な;美しい,高雅な;〔転〕崇高な,気品のある. **2.** 《古》貴族の,名門の;純良種の. **3.** 貴重な,高級な: *edle* Metalle 貴金属.

die **E·del·da·me** [エーデル・ダーメ] 名 -/-n 〖史〗貴族の婦人.

e·del·den·kend [エーデル・デンケント] 形 高潔な考えの.

die **E·del·fäu·le** [エーデル・ふォイレ] 名 -/ (ブドウの)貴腐.

die **E·del·frau** [エーデル・ふラウ] 名 -/-en 〖史〗貴族の婦人.

das **E·del·gas** [エーデル・ガース] 名 -es/-e 〖化〗希ガス.

e·del·ge·sinnt [エーデル・ゲズィント] 形 気高い〔高潔な〕心の.

e·del·her·zig [エーデル・ヘルツィヒ] 形 《文》気高い心の.

der **E·del·hirsch** [エーデル・ヒルシュ] 名 -(e)s/-e 〖動〗アカシカ.

das **E·del·holz** [エーデル・ホルツ] 名 -es/..hölzer 銘木,高級木材.

die **E·del·ka·sta·nie** [エーデル・カスターニエ] 名 -/-n(ヨーロッパ産の)クリの木;クリの実;(®のみ)クリの木材.

der **E·del·kna·be** [エーデル・クナーベ] 名 -n/-n 〖史〗小姓.

der **E·del·mann** [エーデル・マン] 名 -(e)s/..leute 〖史〗貴族.

das **E·del·me·tall** [エーデル・メタル] 名 -s/-e 貴金属.

der **E·del·mut** [エーデル・ムート] 名 -(e)s/ 《文》高潔な心.

e·del·mü·tig [エーデル・ミューティヒ] 形 《文》高潔な.

die **E·del·nut·te** [エーデル・ヌッテ] 名 -/-n 《口》(主に嘲)高級売春婦.

das **E·del·obst** [エーデル・オープスト] 名 -es/ 〖園〗高級果物.

die **E·del·rau·te** [エーデル・らウテ] 名 -/-n 〖植〗(アルプス地方に原生する)ヨモギ(保護植物).

der **E·del·rost** [エーデル・ろスト] 名 -(e)s/ 《雅》青さび.

der **E·del·stahl** [エーデル・シュタール] 名 -(e)s/..stähle 特殊鋼.

der **E·del·stein** [エーデル・シュタイン] 名 -(e)s/-e 宝石.

der **E·del·stein·schlei·fer** [エーデルシュタイン・シュライふァー] 名 -s/- 宝石研磨工.

die **E·del·tan·ne** [エーデル・タネ] 名 -/-n 〖植〗オウシュウモミ.

das **E·del·weiß** [エーデル・ヴァイス] 名 -(es)/- 〖植〗エーデルワイス.

das **E·del·wild** [エーデル・ヴィルト] 名 -(e)s/ =Rotwild.

der **E·del·zwi·cker** [エーデル・ツヴィッカー] 名 -s/ エーデルツヴィッカー(アルザス地方産の白ワイン).

das **E·den** [エーデン] 名 -s/ **1.** 《文》楽園. **2.** (無冠詞)〖聖書〗エデン: der Garten ~ エデンの園.

die **E·der** [エーダー] 名 -/ 〖川名〗エーダー川(主にヘッセン州北部を流れる).

..e·der [..'eːdɐr.. エーダー] 接尾 数詞などにつけて「…面体」を表す名詞を作る: Rhomboeder 〖数〗菱面(リョウ)体. Dekaeder 十面体.

e·die·ren [エディーれン] 動 h. 〈et⁴ッ〉編集〔編纂(ナサン)〕する.

das **E·dikt** [エディクト] 名 -(e)s/-e 〖史〗勅令,布告: das ~ von Nantes ナントの勅令(1598 年).

(*die*) **E·dith** [エーディト] 名 〖女名〗エーディト.

die **E·di·ti·on** [エディツィオーン] 名 -/-en **1.** 編集;版(本の特定の形式.略 Ed.). **2.** (稀)…出版社(多くを社名として).

der **E·di·tor**¹ [エーディトーあ, エディートーあ] 名 -s/-en[エディトーれン] 編集者;発行者, 出版者.

der **E·di·tor**² [éditər エディター] 名 -s/-s 〖コンピュータ〗エディター,編集ソフト.

der/die **Ed·le** [エードレ] 名 (形容詞的変化) (昔の)貴族(人);…卿;《文》気高い心の人.

(*der*) **Ed·mund** [エトムント] 名 〖男名〗エトムント.

EDS [エー・デー・エス] =exchangeable disk store 〖コンピュータ〗交換可能磁気ディスク装置.

(*der*) **E·du·ard** [エードゥアルト] 名 〖男名〗エードゥアルト.

das **E·dukt** [エドゥクト] 名 -(e)s/-e **1.** 〖化〗抽出物,遊離体. **2.** 〖地質〗源岩.

das **E-Dur** [エー・ドゥーあ, エー・ドゥーあ] 名 -/ 〖楽〗ホ長調(記号 E).

die **EDV** [エー・デー・ふァウ] 名 -/ =elektronische Datenverarbeitung 電子データ(情報)処理.

(*der*) **Ed·win** [エトヴィン] 名 〖男名〗エトヴィーン.

die **EEA** [エー・エー・アー] =Einheitliche Europäische Akte 単一欧州議定書(モノ・サービス取引の EU 域内障壁撤廃).

das **EEG** [エー・エー・ゲー] 名 -s/-s =Elektroenzephalogramm 脳波(図).

der **E·fen·di** [エふェンディ] 名 -s/-s エフェンディ,先生(昔のトルコの官吏などの称号及び敬称).

der **E·feu** [エーふォイ] 名 -s/ 〘植〙キヅタ.
e·feu·be·wach·sen [エーふォイ・ベヴァクセン] 形 キヅタに覆われた.
das **Eff·eff** [エふ・エふ, エふ・エふ, エふ・エふ] 〘次の形で〙⟨et aus dem ~ beherrschen [können]⟩《口》本当によくマスターしている.
der **Ef·fekt** [エふェクト] 名 -(e)s/-e 効果, 作用; 効率: einen großen ~ auf die Zuschauer machen 観衆に多大な感銘を与える.
die **Ef·fek·ten** [エふェクテン] 複名 〘金融〙有価証券, 債券; 〘雅〙動産, 持ち物.
die **Ef·fek·ten·bank** [エふェクテン・バンク] 名 -/-en 証券銀行.
die **Ef·fek·ten·bör·se** [エふェクテン・⓫ーゼ] 名 -/-n 証券取引所.
das **Ef·fek·ten·ge·schäft** [エふェクテン・ゲシェふト] 名 -(e)s/-e 証券取引〔業務〕.
der **Ef·fek·ten·han·del** [エふェクテン・ハンデル] 名 -s/ 証券取引.
der **Ef·fek·ten·händ·ler** [エふェクテン・ヘンドラー] 名 -s/- 証券業者.
die **Ef·fekt·ha·sche·rei** [エふェクト・ハッシェらイ] 名 -/-en 〘蔑〙《独のみ》効果のねらいすぎ; 《主に独》効果をねらいすぎた発言〔外観〕.
ef·fek·tiv [エふェクティーふ] 形 **1.** 効果的な, 有効な. **2.** 得るところの多い. **3.** 実際の, 実質的な, 実効の; 《口》本当に.
die **Ef·fek·ti·vi·tät** [エふェクティヴィテート] 名 -/ 効果; 有効〔性〕, 効力, 実効〔性〕.
der **Ef·fek·tiv·lohn** [エふェクティーふ・ローン] 名 -(e)s/..löhne 実質賃金.
die **Ef·fek·tiv·ver·zin·sung** [エふェクティーふ・ふぇあツィンスング] 名 -/ 実効利回り.
der **Ef·fek·tor** [エふェクトーァ] 名 -s/-en[エふェクトーレン] 《主に独》〘生理〙効果器, 作動体;〘生・医〙エフェクター《酵素活性に関わる物質》.
ef·fekt·voll [エふェクト・ふォル] 形 効果満点の.
ef·fe·mi·niert [エふェミニーァト] 形 〘医・心〙女性化した.
ef·fe·rent [エふェれント] 形 〘生理・医〙遠心性の.
der [*das*] **Ef·fet** [εfé: エふェー] 名 -s/-s 《ボールなどの》スピン, ひねり, ねじれ.
ef·fi·li·ie·ren [エふィリーれン] 動 h. ⟨et⁴ップ⟩《すき鋏などで》すく《髪を》.
die **Ef·fi·lier·sche·re** [エふィリーア・シェーれ] 名 -/-n 《髪用の》すきばさみ.
ef·fi·zi·ent [エふィツィエント] 形 能率〔効果〕のよい.
die **Ef·fi·zi·enz** [エふィツィエンツ] 名 -/-en 能率, 効率.
das **Ef·flu·vi·um** [エふルーヴィウム] 名 -s/..vien 〘医〙《体液の》滲出, 分泌; 体臭.
die **Ef·fu·si·on** [エふズィオーン] 名 -/-en 〘地質〙《溶岩などの》噴出, 流出.
das **Ef·fu·si·ve·stein** [エふズィーふ・シュタイン] 名 -(e)s/-e 〘地質〙噴出岩, 火山岩.
die **EFTA** [éfta エふタ] 名 -/ ヨーロッパ自由貿易連合(European Free Trade Association).
eG, e.G. [エーゲー] =eingetragene Genossenschaft 登録協同組合(農協のような組合のこと).
die **EG** [エーゲー] =Europäische Gemeinschaft ヨーロッパ[欧州]共同体, EC.
e·gal [エガール] 形 **1.** 等しい, 均等な:⟨et⁴ップ⟩ schneiden 《物を》均等に切る. **2.** どうでもいい: Das ist mir ~. それは私にはどうでもいい. Mach es noch heute fertig, ~ wie！ それを今日じゅうにしてもってくれ, やり方はどうでもいい.
—— [エーガル, エーガール] 副 《方》絶えず.
e·ga·li·sie·ren [エガリズィーれン] 動 h. **1.** ⟨et⁴ップ⟩タイに持ち込む: den Punktvorsprung des Geg-

ners ~ 相手とタイスコアに持ち込む. den Weltrekord ~ 世界タイ記録を出す. **2.** ⟨et⁴ップ⟩〘工〙均質化〔均等化〕する;〘紡〙均等に染める.
e·ga·li·tär [エガリテーァ] 形 平等を目ざす.
die **E·gart** [エーガルト] 名 -/ ⟨ﾊﾞﾊﾞｲｴﾙ･ﾁﾛﾙ⟩〘史〙休閑地.
der **E·gel** [エーゲル] 名 -s/- 〘動〙ヒル.
die **E·ger**¹ [エーガー] 名 -/ 〘川名〙エーガー川《ドイツ南東部からチェコまで流れる川. エルベ川の支流》.
(*das*) **E·ger**² [エーガー] 名 -s/ 〘地名〙エーガー《チェコ共和国西の町ヘブ Cheb のドイツ語名》.
die **Eg·ge**¹ [エッゲ] 名 -/-n 《織物の》耳, へり.
die **Eg·ge**² [エッゲ] 名 -/-n 馬鍬《ｸﾜ》, ハロー.
eg·gen [エッゲン] 動 h. **1.** ⟨et⁴ップ⟩馬鍬《ｸﾜ》ですく. **2.** 〘農〙馬鍬ですく作業をする.
der **Egg·head** [ɛkhɛd エック・ヘッド] 名 -s/-s 《文》《元》《蔑》《米国の》インテリ, 知識人.
der **Egg·nog** [ɛknɔɡ エック・ノック] 名 -s/-s エッグノッグ《卵とラムなどの飲物》.
die **EGKS** [エーゲーカーエス] 名 -/ =Europäische Gemeinschaft für Kohle und Stahl 欧州石炭鉄鋼共同体.
eGmBH, EGmbH [エーゲーエムベーハー] =eingetragene/Eingetragene Genossenschaft mit beschränkter Haftpflicht 登録有限責任共同組合《現在の略は eG, e. G.》.
(*der*) **Eg·mont** [エクモント] 名 〘人名〙エグモント (Lamoraal Graf von ~, 1522-68, ゲーテの戯曲の主人公).
eGmuH, EGmuH [エーゲーエムウーハー] =eingetragene/Eingetragene Genossenschaft mit unbeschränkter Haftpflicht 登録無限責任共同組合《現在の略は eG, e. G.》.
das **E·go** [エーゴ] 名 -/-s 〘哲·心〙我, 自我.
der **E·go·is·mus** [エゴイスムス] 名 -/..men **1.** 《単のみ》利己〔自己中心〕主義, エゴイズム. **2.** 《独のみ》利己的な行為〔行動の仕方〕.
der **E·go·ist** [エゴイスト] 名 -en/-en 利己主義者, エゴイスト.
e·go·is·tisch [エゴイスティシュ] 形 利己主義の, 利己的な.
die **E·go·ma·nie** [エゴ・マニー] 名 -/ 《病的な》自己中心癖; 異常な自負心.
der **E·go·tis·mus** [エゴティスムス] 名 -/ 《文》自我主義, 自己中心癖.
der **E·go·trip** [エーゴ・トリップ] 名 -s/-s ⟨ｼﾞｬｰﾅﾘｽﾞﾑ⟩身勝手な振舞い: auf dem ~ sein 自分本位に振舞う〔生きる〕.
die **E·go·zent·rik** [エゴ・ツェントリク] 名 -/ 自己中心的な流儀.
der **E·go·zent·ri·ker** [エゴ・ツェントリカー] 名 -s/- 自己中心的な人.
e·go·zent·risch [エゴ・ツェントリッシュ] 形 自己中心的な.
die **E·gyp·ti·enne** [εʒipsiέn エジプスィェン, ..tsjén エジプツィエン] 名 -/ 〘印〙エジプシャン《太さ均一のローマン体》.
eh [エー] 副 **1.** 《南独·ﾁﾛﾙ》どっちみち, いずれにせよ. **2.** 《次の形で》seit ~ und je《記憶するかぎり》ずっと《前から》. wie ~ und je今までどおり.
eh！ [エー] 間 《口》 **1.** 《呼びかけて》ねえ;おい: E~, wartet doch noch！ ねえ《君たち》ちょっと待ってくれよ. **2.** 《驚きを表して》.
e. h. 1. =ehrenhalber 名誉のために. **2.** ⟨ﾗﾃﾝ語⟩=eigenhändig:《次の形で》~ abzugeben 親展.
E.h. =Ehren halber《以前の表記法》名誉のために, 敬意を表して: Dr. ~ 名誉博士.
e·he [エーエ]《短縮形は eh'》接 《従属》 **1.** ...

する以前に: E~ sie zur Arbeit geht, bringt sie das Kind ins Kinderheim. 彼女は仕事に出かける前に,子供を保育園に連れていく. (時の名詞を規定して)Kommen Sie zu mir, eine Stunde ~ ich abfahre! 私が出発する1時間前に私のところへ来て下さい. **2.** …しないうは(条件を強調する否定の副文が先行し,主文も否定文で): E~ das Kind nicht eingeschlafen ist, kann ich nicht fernsehen. 子供が眠ってしまわないうちは,私はテレビが見られない.

die **E·he** [エーエ] 图 -/-n 結婚,婚姻;結婚生活: die ~ mit ⟨j³⟩ schließen ⟨人と⟩結婚する. eine ~ scheiden 離婚する. die ~ brechen 姦通 (第2) する. eine glückliche ~ führen 幸せな結婚生活を送る. ein Sohn aus erster ~ 最初の結婚の息子. in zweiter ~ verheiratet sein 再婚している. 【慣用】**eine Ehe zur linken Hand** [**morganatische Ehe**] 身分の低い女性との結婚. **wilde Ehe** 《古》内縁関係.

das **E·he·an·bah·nungs·in·sti·tut** [エーエ·アン·バーヌングス·インスティトゥート] 图 -(e)s/-e 結婚斡旋 (あっせん) 〔紹介〕所.

die **E·he·be·ra·tung** [エーエ·ベらトゥング] 图 -/-en (教会·公けの機関の)結婚相談;結婚相談所.

das **E·he·bett** [エーエ·ベット] 图 -(e)s/-en 夫婦の(ダブル)ベッド.

e·he·brech·en [エーエ·ブれヒェン] 動 (不定詞·現在分詞のみ) (第2)(文·古)姦淫 (教治) する.

der **E·he·bre·cher** [エーエ·ブれヒャー] 图 -s/- 姦通者,不貞をはたらく夫.

die **E·he·bre·che·rin** [エーエ·ブれヒェりン] 图 -/-nen 不貞をはたらく妻,姦婦 (禁) .

e·he·bre·che·risch [エーエ·ブれヒェりッシュ] 形 不貞の,不義の.

der **E·he·bruch** [エーエ·ブるッふ] 图 -(e)s/..brüche 不貞,姦通 (第2): ~ begehen 不貞をはたらく.

der **E·he·bund** [エーエ·ブント] 图 -(e)s/..bünde 《文》夫婦の契り.

e·he·dem [エーエ·デーム] 副 《文》かつて.

der **E·he·dra·chen** [エーエ·ドらッヘン] 图 -s/- (口·俗) (がみがみと)口やかましい女房,山の神様.

die **E·he·frau** [エーエ·ふらウ] 图 -/-en 妻,既婚の女性.

der **E·he·gat·te** [エーエ·ガッテ] 图 -n/-n **1.**《文》=Ehemann. **2.**《法》配偶者.

die **E·he·gat·tin** [エーエ·ガッティン] 图 -/-nen 《文》=Ehefrau.

der **E·he·ge·mahl** [エーエ·ゲマール] 图 -(e)s/-e 《古》=Ehemann.

das **E·he·glück** [エーエ·グリュック] 图 -(e)s/ 結婚の幸せ.

die **E·he·hälf·te** [エーエ·ヘルふテ] 图 -/-n (口·冗)妻.

das **E·he·hin·der·nis** [エーエ·ヒンダーニス] 图 -ses/-se 《法》婚姻障害.

das **E·he·joch** [エーエ·ヨッふ] 图 -(e)s/ (口·冗)結婚という首かせ.

der **E·he·krüp·pel** [エーエ·クりュッペル] 图 -s/- (口)《(蔑)·(冗)も有》女房の尻に敷かれている亭主,恐妻家.

das **E·he·le·ben** [エーエ·レーベン] 图 -s/ 結婚生活.

die **E·he·leu·te** [エーエ·ロイテ] 〔複名〕 夫婦,夫妻.

e·he·lich [エーエリヒ] 形 **1.** 嫡出の(子). **2.** 結婚の,婚姻の,夫婦の.

e·he·li·chen [エーエリヒェン] 動 h. ⟨et⁴⟩ (古)結婚する.

e·he·los [エーエ·ロース] 形 未婚の,独身の.

e·he·ma·lig [エーエ·マーリヒ] 形 以前の,昔の,かつての: seine E~e (口)彼の前の妻(愛人).

e·he·mals [エーエ·マールス] 副 かつて.

der **E·he·mann** [エーエ·マン] 图 -(e)s/..männer 夫,既婚の男性.

e·he·mün·dig [エーエ·ミュンディヒ] 形 《法》婚姻適齢の.

der **E·he·na·me** [エーエ·ナーメ] 图 -ns/-n 《官》婚姻名.

das **E·he·paar** [エーエ·パーる] 图 -(e)s/-e 夫妻,夫婦.

der **E·he·part·ner** [エーエ·パるトナー] 图 -s/- 配偶者,夫.

e·her [エーあー] 副 **1.**(baldの比較級)より早く;より以前に. **2.**《語飾》(動詞·形容詞·副詞·名詞を修飾)(…)よりむしろ,どちらかといえば: ~ heute als morgen 明日よりむしろ今日. Das ist ~ eine Frage des Geschmacks. それはむしろ好みの問題だ.

das **E·he·recht** [エーエ·れヒト] 图 -(e)s/ 《法》婚姻法.

der **E·he·ring** [エーエ·リング] 图 -(e)s/-e 結婚指輪.

e·hern [エーあーン] 形 《文》**1.**《詩》青銅(鉄)の. **2.** 鉄のような. 【慣用】**mit eherner Stirn** 鉄面皮に.

die **E·he·sa·che** [エーエ·ザッヘ] 图 -/-n 《法》婚姻(訴訟)事件.

die **E·he·schei·dung** [エーエ·シャイドゥング] 图 -/-en 離婚.

die **E·he·schei·dungs·kla·ge** [エーエ·シャイドゥングス·クラーゲ] 图 -/-n 《法》離婚訴訟.

die **E·he·schlie·ßung** [エーエ·シューリースング] 图 -/-en 婚姻締結.

e·hest¹ [エーエスト] 形 (比較級 eherの最高級) 一番〔できるだけ〕早い: mit ~er Gelegenheit できるだけ早い機会に.

—— 副 (am ~en の形で) **1.**(baldの最高級)最も早く: Wer ist am ~en gekommen? 一番早く来たのはだれですか. **2.**《語飾》(形容詞を修飾)一番: Das ist noch am ~en brauchbar. これがやはり一番役に立つ. **3.**《語飾》(…が)何よりである;(…が)最も容易である: Am ~en würde ich zu Hause bleiben. なるべくなら私は家にいたい.

e·hest² [エーエスト] 副 (第2) できるだけ早く.

der **E·he·stand** [エーエ·シュタント] 图 -(e)s/ 婚姻状態: in den ~ treten 結婚する.

das **E·he·stands·dar·le·hen** [エーエ·シュタンツ·ダーあ·レーエン] 图 -s/- 結婚貸付金.

e·hes·tens [エーエステンス] 副 **1.**《語飾》(副詞を修飾)早くても. **2.**《第2》できるだけ早く.

der **E·he·stif·ter** [エーエ·シュティふター] 图 -s/- (結婚の)仲人.

der **E·he·streit** [エーエ·シュトらイト] 图 -(e)s/-e 夫婦げんか.

die **E·he·ver·mitt·lung** [エーエ·ふぇあミットルング] 图 -/-en (主に®)結婚の斡旋(烏)(紹介);結婚斡旋所.

das **E·he·ver·spre·chen** [エーエ·ふぇあシュプれッヒェン] 图 -s/- 結婚の約束.

der **E·he·ver·trag** [エーエ·ふぇあトらーク] 图 -(e)s/..träge 《法》夫婦財産契約.

das **E·he·weib** [エーエ·ヴァイプ] 图 -(e)s/-er 《古》妻,かみさん.

e·he·wid·rig [エーエ·ヴィードりヒ] 形 夫婦の道に反する.

der **Ehr·ab·schnei·der** [エーあ·アップ·シュナイダー] 图 -s/- 誹謗 (%) 者.

ehr·bar [エーあ·バーあ] 形 《文》尊敬すべき,名誉ある,立派な.

die **Ehr·bar·keit** [エーあバーあカイト] 图 -/ 尊敬すべき(立派)なこと.

der **Ehr·be·griff** [エーあ·ベグりふ] 图 -(e)s/-e 名誉に対する観念.

die **Eh·re** [エーれ] 图 -/-n **1.** 名誉,誉れ;体面,面目;敬意: ein Mann von ~ 信義を重んずる人,

⟨j³⟩ ~ antun ⟨人に⟩敬意を表する. seine ~ darein setzen, dass … …のために名誉をかける. auf ~ 〔und Gewissen〕名誉にかけて. bei meiner ~ 私の名誉にかけて,誓って. zu ⟨et⁴⟩ in ~n halten ⟨人・物・事を⟩尊重する. zu seiner ~ 彼の名誉のために. ⟨j³⟩ zu ~ 〈人に⟩敬意を表して. (Ich) hab'〔habe〕 die ~! 〔南独・オーストリア〕今日は,ご機嫌よう. Es ist mir eine ~, ⟨et⁴⟩ zu tun. ⟨事を⟩するのは光栄です. Mit wem habe ich die ~? どなた様ですか. Was verschafft mir die ~? ご用は何でございますか. **2.** 〖単のみ〗自尊心：⟨j³⟩ bei seiner ~ packen⟨人の⟩自尊心に訴える. **3.** 〖古〗処女性,純潔. **4.** 〖単のみ〗〖ﾃﾞｧｰ〗オナー. 〖慣用〗**der Wahrheit die Ehre geben** 〖文〗歯に衣〔きぬ〕着せずものを言う. ⟨j³⟩ **die letzte Ehre erweisen** ⟨人の⟩葬儀に参列する. **mit Ehren** 立派に.

ehren [エーレン] 動 h. **1.** 〖j⁴〗尊敬する,称える,祝う. **2.** ⟨j³⟩ニトッテ 名誉となる,誉れとなる〔ある事が〕. **3.** 〖et⁴ｦﾂｳ〗〖古〗考慮に入れる〔相手の気持ちなど〕.

das **Eh·ren·amt** [エーレン・アムト] 图 -(e)s/..ämter 名誉職.

eh·ren·amt·lich [エーレンアムトリヒ] 形 名誉職の.

die **Eh·ren·be·lei·di·gung** [エーレン・ベライディグング] 图 -/-en 名誉毀損.

die **Eh·ren·be·zei·gung** [エーレン・ベツァイグング] 图 -/-en 敬礼.

der **Eh·ren·bür·ger** [エーレン・ビュルガー] 图 -s/- 名誉市民(人)；(単のみ)〈口〉名誉市民の称号.

das **Eh·ren·bür·ger·recht** [エーレンビュルガーレヒト] 图 -(e)s/-e 名誉市民権.

der **Eh·ren·dok·tor** [エーレン・ドクトア] 图 -s/-en 名誉博士(称号)〔略 Dr. h. c.；工学博士の場合 Dr. E. h.〕；名誉博士(人).

die **Eh·ren·er·klä·rung** [エーレン・エアクレールング] 图 -/-en 〖法〗公式陳謝.

die **Eh·ren·ga·be** [エーレン・ガーベ] 图 -/-n 名誉表彰の記念品.

der **Eh·ren·gast** [エーレン・ガスト] 图 -es/..gäste 貴賓,主賓.

das **Eh·ren·ge·leit** [エーレン・グライト] 图 -(e)s/-e (貴賓を迎える側の)随行者.

das **Eh·ren·ge·richt** [エーレン・グリヒト] 图 -(e)s/-e (職務の義務違反者を懲罰する)名誉裁判所.

eh·ren·haft [エーレンハフト] 形 立派な, 名誉ある.

die **Eh·ren·haf·tig·keit** [エーレンハフティヒカイト] 图 -/ 立派であること.

eh·ren·hal·ber [エーレン・ハルバー] 副 名誉のために,敬意を表して(略 e. h.)：Doktor ~ 名誉博士.

der **Eh·ren·han·del** [エーレン・ハンデル] 图 -s/..händel 名誉(毀損)に関する争手.

der **Eh·ren·hof** [エーレン・ホーフ] 图 -(e)s/..höfe (バロック宮殿の)正面広場；(偉人・戦没者の)記念館.

die **Eh·ren·kom·pa·nie** [エーレン・コムパニー] 图 -/-n 儀仗〔ｷﾞｼﾞｮｳ〕隊.

die **Eh·ren·krän·kung** [エーレン・クレンクング] 图 -/-en 〖法〗名誉毀損.

die **Eh·ren·le·gi·on** [エーレン・レギオーン] 图 -/ (フランスの)レジオンドヌール勲章.

das **Eh·ren·mal** [エーレン・マール] 图 -(e)s/..mäler〔-e〕顕彰記念碑,忠魂碑.

der **Eh·ren·mann** [エーレン・マン] 图 -(e)s/..männer 信義を重んずる人：ein dunkler ~ 信用のおけない人物.

das **Eh·ren·mit·glied** [エーレン・ミットグリート] 图 -(e)s /-er 名誉会員.

die **Eh·ren·pflicht** [エーレン・プフリヒト] 图 -/-en 名誉を保つための義務.

die **Eh·ren·pfor·te** [エーレン・プフォルテ] 图 -/-n 凱旋〔ｶﾞｲｾﾝ〕門.

der **Eh·ren·platz** [エーレン・プラッツ] 图 -es/..plätze 貴賓席,上座.

der **Eh·ren·preis¹** [エーレン・プライス] 图 -es/-e 褒賞.

das〔*der*〕**Eh·ren·preis²** [エーレン・プライス] 图 -es/- 〖植〗クワガタソウ.

die **Eh·ren·rech·te** [エーレン・レヒテ] 複数 (次の形で) bürgerliche ~ 公民〔市民〕権. Aberkennung der bürgerlichen ~ 公民権剥奪〔ﾊｸﾀﾞﾂ〕.

die **Eh·ren·ret·tung** [エーレン・レットゥング] 图 -/-en 名誉回復.

eh·ren·rüh·rig [エーレン・リューリヒ] 形 名誉毀損〔ｷｿﾞﾝ〕の.

die **Eh·ren·run·de** [エーレン・ルンデ] 图 -/-n 優勝者の場内一周：eine ~ drehen 〈生徒〉落第する.

die **Eh·ren·sa·che** [エーレン・ザッヘ] 图 -/-n 名誉にかかわる問題；当然の義務.

die **Eh·ren·sal·ve** [エーレン・ザルヴェ] 图 -/-n 礼砲,祝砲.

die **Eh·ren·schuld** [エーレン・シュルト] 图 -/-en 信用借り〔かけごとなど〕.

der **Eh·ren·sold** [エーレン・ゾルト] 图 -(e)s/-e 功労金.

der **Eh·ren·tag** [エーレン・ターク] 图 -(e)s/-e〖文〗記念日.

der **Eh·ren·ti·tel** [エーレン・ティ(ー)テル] 图 -s/- 名誉称号；尊称.

eh·ren·voll [エーレン・フォル] 形 名誉ある.

die **Eh·ren·wa·che** [エーレン・ヴァッヘ] 图 -/-n 儀仗〔ｷﾞｼﾞｮｳ〕兵；儀仗兵の勤務.

eh·ren·wert [エーレン・ヴェーァト] 形〖文〗立派な.

das **Eh·ren·wort** [エーレン・ヴォルト] 图 -(e)s/ 誓約：⟨j³⟩ sein ~ auf⟨et⁴⟩ geben⟨人に⟩誓って⟨事を⟩約束する.

das **Eh·ren·zei·chen** [エーレン・ツァイヒェン] 图 -s/- 名誉〔功労〕章.

ehr·bie·tig [エーァ・エァビーティヒ] 形〖文〗恭しい.

die **Ehr·er·bie·tung** [エーァ・エァビートゥング] 图 -/ 〖文〗敬意,尊敬の念；恭しさ：mit ~ 恭しく.

die **Ehr·furcht** [エーァ・フルヒト] 图 -/ 畏敬〔ｲｹｲ〕,畏怖；vor ⟨j³⟩ haben ⟨人に⟩畏敬の念をいだく. eine ~ gebietende Tragödie 畏敬の念を起こさせる悲劇.

Ehr·furcht ge·bie·tend, ehr·furcht·ge·bie·tend [エーァフルヒト ゲビーテント] 形 畏敬〔ｲｹｲ〕の念を起こさせる.

ehr·fürch·tig [エーァ・フュルヒティヒ] 形 畏敬〔ｲｹｲ〕の念をいだいた.

ehr·furchts·voll [エーァフルヒツ・フォル] 形〖文〗畏敬〔ｲｹｲ〕の念に満ちた.

das **Ehr·ge·fühl** [エーァ・ゲフュール] 图 -(e)s/ 名誉心,自尊心.

der **Ehr·geiz** [エーァ・ガイツ] 图 -es/-e (主に単)功名心,野心.

ehr·gei·zig [エーァ・ガイツィヒ] 形 功名心の強い,野心的な.

ehr·lich [エーァリヒ] 形 **1.** 正直な,率直な,誠実な：Was hast du getan? E~! —Ich habe nichts getan, ~!〖口〗何をしたんだ. 正直に言え. —何もしていないってば. ほんとだよ. **2.** 信頼〔信用〕できる；堅気の. **3.** 〖古〗恥ずかしくない,立派な. 〖慣用〗**ehrlich gesagt** 正直に言えば. **eine ehrliche Haut** 〖口〗律儀者. **es mit**⟨j³⟩ **ehrlich meinen** ⟨人のことを⟩本気で考えている.

〔*der*〕**Ehr·lich** [エーァリヒ] 图〖人名〗エールリヒ(Paul ~, 1854–1915, 細菌学者・化学者).

die **Ehr·lich·keit** [エーァリヒカイト] 图 -/ 正直,誠実；公正,信頼性.

ehr·los [エーァ・ロース] 形 不名誉な,破廉恥な.

Ehrlosigkeit

die **Ehr·lo·sig·keit** [エーあ・ローズィ(ひ)カイト] 图 -/-en 不名誉, 破廉恥.
ehr·sam [エーあザーム] 形《文・古》誉れ高い.
die **Ehr·sam·keit** [エーあザームカイト] 图 -/《文・古》尊敬すべき〔立派〕であること.
die **Ehr·sucht** [エーあ・ズふト] 图 -/ 名誉欲, 功名心.
ehr·süch·tig [エーあ・ズュヒティひ] 形 功名心〔野心〕の強い.
die **Eh·rung** [エーるング] 图 -/-en 表彰, 顕彰; 栄誉, 褒賞.
ehr·ver·ges·sen [エーあ・ふぇあゲッセン] 形《文》恥知らずの.
ehr·ver·let·zend [エーあ・ふぇあレッツェント] 形《文》名誉毀損の.
der **Ehr·ver·lust** [エーあ・ふぇあルスト] 图 -es/《法》公民権喪失.
Ehr·wür·den [エーあ・ヴュるデン] 图 -(s)/《カトリック》師, 尊師〈修道士〔女〕の敬称, 略 Ew.〉.
ehr·wür·dig [エーあ・ヴュるディひ] 形 尊敬すべき, 由緒ある: E~er Vater!《カトリック》尊師よ.
das **Ei** [アイ] 图 -(e)s/-er **1.** 卵, 玉子; 鶏卵 (Hühner~); 卵子 (ºº~). ein paar ~er in die Pfanne schlagen フライパンに玉子を二三個落す. **2.**《口》爆弾; (ºº~)(サッカー・バスケットなどの)ボール. **3.**(㊨のみ)《口》金; マルク. **4.**(主に㊨)《口》きんたま. **5.**《口・蔑》いやなやつ.【慣用】Das ist ein (dickes) Ei!《口》そいつはいやなことだ〔難題だ〕. sich³ (einander) gleichen wie ein Ei dem andern 瓜二つである. ungelegte Eier まだ決定を下せないこと. wie auf Eiern gehen (laufen)《口》慎重に足を運ぶ〔行動する〕. wie aus dem Ei gepellt《口》こざっぱりとした身なりをしている.〈j⁴et⁴〉wie ein rohes Ei behandeln〈人・物⁴〉丁寧にあつかう.
ei! [アイ] 間 **1.**(驚きを表して)あれっ. **2.**(幼)よしよし: ~ ~ (~) machen ないない子する.
ei·a·po·peia [アイアポパイア, アイアポパイア] 間(子供を寝かしつけるときの言葉)ねんねんよ, おころりよ: ~ machen ねんねんこするよを歌う.
EIB =Europäische Investitionsbank 欧州投資銀行.
die **Ei·be** [アイベ] 图 -/-n《植》イチイ.
der **Ei·bisch** [アイビシュ] 图 -(e)s/-e《植》タチアオイ; ハイビスカス.
der **Eib·see** [アイプ・ゼー] 图 -s/《湖名》アイプゼー(バイエルン州の湖).
das **Eich·amt** [アイひ・アムト] 图 -(e)s/..ämter 度量衡検定局.
der **Eich·ap·fel** [アイひ・アプふェル] 图 -s/..äpfel《植物》の虫こぶ.
der **Eich·baum** [アイひ・バウム] 图 -(e)s/..bäume オーク(カシ・カシワ・ナラなどの総称).
die **Ei·che** [アイヒェ] 图 -/-n《植》オーク(カシ・カシワ・ナラなどの総称); (㊨のみ)オーク材.
die **Ei·chel** [アイひェル] 图 -/-n **1.** ドングリ(オークの実). **2.**(㊨のみ;無冠詞, 単数扱い)《ドイツ式トランプ》のアイヒェル(クラブに相当). **3.** 亀頭; 陰核亀頭.
der **Ei·chel·hä·her** [アイひェル・ヘーあー] 图 -s/-《鳥》カケス, カシドリ.
ei·chen¹ [アイひェン] 形 オーク(材)の.
ei·chen² [アイひェン] 動 h.〈et⁴を〉検定する〈度量衡器具を〉: auf〈et⁴〉geeicht sein《口》〈事に〉通じている〔熟練している〕.
das **Ei·chen** [アイひェン] 图 -s/-(Eierchen) Ei の縮小形.
das **Ei·chen·blatt** [アイひェン・ブラット] 图 -(e)s/..blätter オークの葉.
das **Ei·chen·boh·le** [アイひェン・ボーレ] 图 -/-n オーク材の厚板.
(*der*) **Ei·chen·dorff** [アイひェン・ドるふ]《人名》アイヒェンドルフ(Joseph Freiherr von ~, 1788-1857, 詩人).
das **Ei·chen·holz** [アイひェン・ホルツ] 图 -es/..hölzer オーク材.
das **Ei·chen·laub** [アイひェン・ラウプ] 图 -(e)s/ オークの葉; (ナチス時代の)柏葉十字軍敷章.
die **Ei·chen·lo·he** [アイひェン・ローエ] 图 -/-n オークの樹皮粉末(なめし剤).
das **Eich·horn** [アイひ・ホるン] 图 -(e)s/..hörner《動》リス.
das **Eich·hörn·chen** [アイひ・ヘるンひェン] 图 -s/- リス.
der **Eich·ka·ter** [アイひ・カーター] 图 -s/-《方》リス.
das **Eich·kätz·chen** [アイひ・ケッツひェン] 图 -s/- リス.
das **Eich·maß** [アイひ・マース] 图 -es/-e 規準器.
(*das*) **Eich·stätt** [アイひ・シュテット] 图 -s/《地名》アイヒシュテット(バイエルン州の都市).
die **Ei·chung** [アイひュング] 图 -/-en(計量器の)検定.
der **Eid** [アイト] 图 -(e)s/-e 誓い, 約約, 宣誓: einen ~ ablegen 誓いをする.〈j³〉einen ~ abnehmen〈人に〉宣誓させる.〈et⁴〉an ~es statt versichern《法》〈事の真実を〉宣誓にかえて保証する.〈et⁴〉unter ~ aussagen〈事を〉宣誓して証言する.〈et⁴〉auf seinen ~ nehmen〈事⁴〉保証する.
der **Ei·dam** [アイダム] 图 -(e)s/-e《古》娘婿.
der **Eid·bruch** [アイト・ブるふ] 图 -(e)s/..brüche 宣誓〔誓約〕違反, 偽証(罪), 偽誓.
eid·brü·chig [アイト・ブりゅひひ] 形 宣誓〔誓約〕に違反した.
die **Ei·dech·se** [アイデクセ] 图 -/-n《動》トカゲ.
die **Ei·der** [アイダー] 图 -/ アイダー川(シュレースヴィヒとホルシュタインの境を流れる).
die **Ei·der·dau·ne** [アイダー・ダウネ] 图 -/-n ケワタガモの綿毛(ふとん用).
die **Ei·der·du·ne** [アイダー・ドゥーネ] 图 -/-n《北独》Eiderdaune.
die **Ei·der·en·te** [アイダー・エンテ] 图 -/-n《鳥》ケワタガモ.
die **Ei·der·gans** [アイダー・ガンス] 图 -/..gänse《鳥》ケワタガモ.
die **Ei·des·for·mel** [アイデス・ふぉるメル] 图 -/-n《法》宣誓方式, 宣誓文言.
die **Ei·des·leis·tung** [アイデス・ライストゥング] 图 -/《法》宣誓(をすること).
ei·des·statt·lich [アイデス・シュタットリひ] 形《法》宣誓にかえた.
die **Ei·de·tik** [アイデーティク] 图 -/ **1.**《心》直観像. **2.**《哲》形相学.
eidg. =eidgenössisch スイス連邦の; 同盟の.
der **Eid·ge·nos·se** [アイト・ゲノッセ] 图 -n/-n **1.** スイス連邦の国民: die ~n(サッカーの)スイスチーム. **2.** 同盟〔盟約〕を結んだ人, 盟友.
die **Eid·ge·nos·sen·schaft** [アイト・ゲノッセンシャふト] 图 -/-en 同盟; (国名)スイス連邦(正式名: die Schweizerische ~ スイス連邦).
eid·ge·nös·sisch [アイト・ゲ(ネ)ッスィシュ] 形 スイス連邦の.
eid·lich [アイトリひ] 形 宣誓(上)の.
der (*das*) **Ei·dot·ter** [アイ・ドッター] 图 -s/- 卵黄, 卵身.
der **Ei·er·be·cher** [アイあ・ベッひゃー] 图 -s/- エッグカップ.
das **Ei·er·bri·kett** [アイあ・ブりケット] 图 -s/-s〔-e〕(主に㊨)卵形豆炭.
die **Ei·er·frucht** [アイあ・ふるふト] 图 -/..früchte《植》ナスの実.

die **Ei·er·hand·gra·na·te** [アイあー・ハント・グらナーテ] [名] -/-n 卵形手榴弾(りゅうだん).

die **Ei·er·ket·te** [アイあー・ケッテ] [名] -/-n 〖電〗玉碍子(がいし).

der **Ei·er·kopf** [アイあー・コップふ] [名] -(e)s/..köpfe **1.** 《口》《蔑・冗》卵形の頭;はげ頭. **2.** 《《蔑》も有》(世間知らずの)知識人,インテリ.

der **Ei·er·ku·chen** [アイあー・クーヘン] [名] -s/- パンケーキ.

der **Ei·er·li·kör** [アイあー・リケーあ] [名] -s/-e 卵リキュール.

der **Ei·er·löf·fel** [アイあー・レっふぇル] [名] -s/- エッグスプーン.

ei·ern [アイあーン] [動] 《口》 **1.** *h.* 〔補足なし〕ゆがんで回る(レコード・車輪などが). **2.** *h.* 〔補足なし〕よろよろ歩く. **3.** *s.* 〔〈方向〉へ/〈場所〉ヲ〕よろよろ歩いて行く.

die **Ei·er·pflan·ze** [アイあー・プふランツェ] [名] -/-n 〖植〗ナス.

die **Ei·er·scha·le** [アイあー・シャーレ] [名] -/-n 卵の殻: noch die ~*n* hinter den Ohren haben まだ青二才だ.

der **Ei·er·schnee** [アイあー・シュネー] [名] -s/ 〖料〗泡《稀》立てた卵白.

der **Ei·er·schwamm** [アイあー・シュヴァム] [名] -(e)s/ ..schwämme 《オーストリア・スイ》〖植〗アンズタケ.

der **Ei·er·stab** [アイあー・シュターブ] [名] -(e)s/..stäbe 〖建〗卵鏃(らんぞく)飾り.

der **Ei·er·stich** [アイあー・シュティっひ] [名] -(e)s/ 〖料〗ロワイヤル(卵豆腐風のスープの浮き身).

der **Ei·er·stock** [アイあー・シュトック] [名] -(e)s/..stöcke (主に[複])卵巣.

der **Ei·er·tanz** [アイあー・タンツ] [名] -es/..tänze 卵踊り(置いた卵の間を踊る);《転・口》(難局を切抜けるための)この上なく慎重な離れ業〔立回り〕.

die **Ei·er·uhr** [アイあー・ウーあ] [名] -/-en ゆで卵用(砂)時計.

die **Ei·fel** [アイふぇル] [名] -/ 〖地名〗アイフェル(ライン左岸,モーゼル川の北の高原).

der **Ei·fer** [アイふぁー] [名] -s/ 熱心,熱意;熱中,興奮: in ~ geraten 興奮する. im ~ des Gefechts 急ぎ過ぎて;興奮して. mit missionarischem ~ 使命感に燃えて.

der **Ei·fe·rer** [アイふぇらー] [名] -s/- 狂信者,熱狂者.

ei·fern [アイふぁーン] [動] *h.* **1.** 〔(für〈j⁴/et⁴〉ノタメニ/gegen〈j⁴/et⁴〉ニ反対シテ)〕熱弁をふるう. **2.** 〔nach〈et³〉ヲ〕《文》獲得しようと努める(財産・名声などを).

die **Ei·fer·sucht** [アイふぁー・ズふト] [名] -/..süchte (主に[単])嫉妬(しっと),ねたみ,やきもち: ~ auf〈j⁴〉〈人に対する〉嫉妬.

die **Ei·fer·süch·te·lei** [アイふぁー・ズュひテライ] [名] -/-en (主に[複])嫉妬〔ねたみ〕からの嫌がらせ〔いさかい〕.

ei·fer·süch·tig [アイふぁー・ズュひティひ] [形] 〔(auf〈j⁴/et⁴〉ヲ)〕嫉妬(しっと)している.

der **Eif·fel·turm** [アイふぇル・トゥるム] [名] -(e)s/ エッフェル塔.

ei·för·mig [アイ・ふぇるミひ] [形] 卵形の.

eif·rig [アイふりひ] [形] 熱心な,熱意のある,熱中した.

das **Ei·gelb** [アイ・ゲルプ] [名] -(e)s/-e (数詞の後では-)〖料〗卵黄,黄身.

ei·gen [アイゲン] [形] **1.** 自分の,自身の: mit ~*en* Augen 自分の目で. auf ~*e* Gefahr 危険は自己の責任で. **2.** 〔(〈j³/et³〉ニ)〕独特な,特有な: die ihm ~*e* Sprechweise 彼独特の話し方. **3.** 《古》変な,奇妙な,風変わりな. **4.** 〔in〔bei/mit〕〈et³〉ニ〕《方》きちょうめんな,やかましい: Er ist sehr ~ in〔bei〕der Arbeit. 彼は仕事にたいへんきちょうめんだ. 【慣用】**auf eigene Faust** 独力で. **auf eigenen Beinen**〔**Füßen**〕**stehen** 自立〔独立〕している. **eigener Wechsel**〖商〗約束手形.

das **Ei·gen** [アイゲン] [名] -s/ 《文》財産,所有物: Das ist sein ~ それは彼の所有するものだ. 【慣用】〈**et⁴**〉**sein Eigen nennen**〈物を〉所有する. **sich³**〈**et⁴**〉**zu Eigen machen**〈事を〉習得する;〈事を〉自分のものとする. 〈**j³**〉〈**et⁴**〉**zu Eigen geben**〈人に〉〈物を〉与える. 〈**et⁴**〉**zu Eigen haben**〈物を〉所有する.

die **Ei·gen·art** [アイゲン・アーあト] [名] -/-en **1.** ([単]のみ)(全体的)特性,特質. **2.** (個々の・独特な)特徴,独自性,個性,癖.

ei·gen·ar·tig [アイゲン・アーあティひ] [形] 独特な,風変わりな,妙な.

der **Ei·gen·be·darf** [アイゲン・ベダるふ] [名] -(e)s/ 自家〔自国〕の需要,自家用.

die **Ei·gen·brö·te·lei** [アイゲン・ブれーテライ] [名] -/ 風変り〔独りよがり〕な行動,奇行.

der **Ei·gen·bröt·ler** [アイゲン・ブれートラー] [名] -s/- (《蔑》も有)奇人,変人.

der **Ei·gen·dün·kel** [アイゲン・デュンケル] [名] -s/ 《文》うぬぼれ.

das **Ei·gen·ge·wicht** [アイゲン・ゲヴィひト] [名] -(e)s/-e それ自体の重さ;〖工〗自重;〖経〗正味の目方.

ei·gen·hän·dig [アイゲン・ヘンディひ] [形] 自筆の;手ずから.

das **Ei·gen·heim** [アイゲン・ハイム] [名] -(e)s/-e 個人小住宅,自己住宅.

die **Ei·gen·heit** [アイゲンハイト] [名] -/-en (個々の)特徴,個性,癖.

das **Ei·gen·ka·pi·tal** [アイゲン・カピタール] [名] -s/-e (-s/-ien も有)〖経〗自己資本;自己資金.

das **Ei·gen·le·ben** [アイゲン・レーベン] [名] -s/ 個人の生活.

die **Ei·gen·leis·tung** [アイゲン・ライストゥング] [名] -/-en 自己負担.

die **Ei·gen·lie·be** [アイゲン・リーベ] [名] -/ 自己愛,利己心,虚栄心.

das **Ei·gen·lob** [アイゲン・ローブ] [名] -(e)s/-e 自画自賛,自慢.

ei·gen·mäch·tig [アイゲン・メひティひ] [形] 自分勝手な,独断的な.

die **Ei·gen·mäch·tig·keit** [アイゲン・メひティひカイト] [名] -/-en **1.** ([単]のみ)独断,勝手. **2.** 独断的な〔勝手な〕行動.

das **Ei·gen·mit·tel** [アイゲン・ミッテル] [名] -s/- (主に[複])自己資金.

der **Ei·gen·na·me** [アイゲン・ナーメ] [名] -ns/-n 固有名詞.

der **Ei·gen·nutz** [アイゲン・ヌッツ] [名] -es/ 利己心,私利私欲.

ei·gen·nüt·zig [アイゲン・ニュッツィひ] [形] 利己的な,自己本位の.

ei·gens [アイゲンス] [副] わざわざ,ことさらに.

die **Ei·gen·schaft** [アイゲンシャふト] [名] -/-en (固有の)性質,特性;資格: in seiner ~ als Vorsitzender 彼の議長としての資格で.

das **Ei·gen·schafts·wort** [アイゲンシャふツ・ヴォるト] [名] -(e)s/..wörter 〖言〗形容詞.

der **Ei·gen·sinn** [アイゲン・ズィン] [名] -(e)s/ 頑固,強情,わがまま.

ei·gen·sin·nig [アイゲン・ズィニひ] [形] 強情な,頑固な,わがままな.

ei·gen·stän·dig [アイゲン・シュテンディひ] [形] 自立的な.

ei·gen·süch·tig [アイゲン・ズュひティひ] [形] 利己的な.

ei·gent·lich [アイゲントリひ] [形] 本来の,本当の,もともとの.

—— [副] **1.** 《文飾》本当は,本来は. **2.** 《話者の気持》(想像がつかなくて)いったい,そもそも: Was wollen Sie ~ von mir? いったい私に何のご用

ですか.

das **Ei·gen·tor** [アイゲン・トーあ] [名] -(e)s/-e 〖球〗自殺点, オウンゴール(自軍のゴールに球を入れてしまうこと);《転》自殺行為.

das **Ei·gen·tum** [アイゲントゥーム] [名] -s/-e(主に[単]) **1.** 所有物, 財産;《古》所有地: sich⁴ an fremdem ~ vergreifen 他人の財産を横領する. **2.** 所有(権): geistiges ~ 〖法〗精神的〔無形〕所有権, 知的財産権〔所有権〕. das ~ an ⟨et³⟩ haben ⟨物の⟩所有権を有する.

der **Ei·gen·tü·mer** [アイゲンテューマー] [名] -s/- 持ち主, 所有(権)者.

ei·gen·tüm·lich [アイゲンテュームリひ] [形] **1.** 〔⟨j³/et³⟩に〕特有の, 独特な: der ihm ~*e* Stil 彼独自のスタイル. **2.** 奇妙な, 風変わりな.

die **Ei·gen·tüm·lich·keit** [アイゲンテュームリひカイト] [名] -/-en **1.** ([単]のみ)特質, 特性;風変わり〔奇妙〕なこと. **2.** 特異性;風変わり〔奇妙〕な特徴, 奇妙な癖.

das **Ei·gen·tums·de·likt** [アイゲントゥームス・デリクト] [名] -(e)s/-e 〖法〗所有権侵害(所有権に対する不法行為).

der **Ei·gen·tums·er·werb** [アイゲントゥームス・エあヴェるプ] [名] -(e)s/-e 〖法〗所有権の取得.

das **Ei·gen·tums·recht** [アイゲントゥームス・れひト] [名] -(e)s/ 所有権.

die **Ei·gen·tums·ü·ber·tra·gung** [アイゲントゥームス・ユーバートらーグング] [名] -/-en 〖法〗所有権の移転.

der **Ei·gen·tums·vor·be·halt** [アイゲントゥームス・ふぉーあ・べハルト] [名] -(e)s/-e 〖法〗所有権留保.

die **Ei·gen·tums·woh·nung** [アイゲントゥームス・ヴォーヌング] [名] -/-en (分譲マンションなどの)持ち家〔所有部分〕.

die **Ei·gen·vor·sor·ge** [アイゲン・ふぉーあ・ゾるゲ] [名] -/-n (病気・老齢化に対する)自らの備え.

die **Ei·gen·wär·me** [アイゲン・ヴェるメ] [名] -/ 固体の温度, 体温.

der **Ei·gen·wech·sel** [アイゲン・ヴェクセル] [名] -s/- 〖金融〗約束手形.

der **Ei·gen·wil·le** [アイゲン・ヴィレ] [名] -ns/-n 強い自分の意志, 我意, 強情.

ei·gen·wil·lig [アイゲン・ヴィリひ] [形] 我の強い, 個性的な;わがままな.

die **Ei·gen·wil·lig·keit** [アイゲン・ヴィリひカイト] [名] -/-en **1.** ([単]のみ)我の強さ, 独自性;わがまま. **2.** わがままな行動.

der **Ei·ger** [アイガー] [名] -s/ 〖山名〗アイガー(山)(スイス中南部のアルプスの高峰. 3970 m).

eig·nen [アイグネン] [動] *h.* **1.** 〔⟨j³/et³⟩に〕《文》特有である. **2.** 〔sich⁴+für ⟨et⁴⟩に/zu ⟨et³⟩に〕適している, ふさわしい. **3.** 〔sich⁴+als ⟨j¹/et¹⟩に/zu ⟨j³/et³⟩に〕向いている.

der **Eig·ner** [アイグナー] [名] -s/- 所有者;船主(Schiffseigner).

die **Eig·nung** [アイグヌング] [名] -/-en 適性: ~ für ⟨et⁴⟩ [zu ⟨et³⟩] ⟨事の⟩適性.

die **Eig·nungs·prü·fung** [アイグヌングス・プりゅーふング] [名] -/-en 適性検査.

der **Eig·nungs·test** [アイグヌングス・テスト] [名] -(e)s/-s 〔-e〕 適性検査.

eigtl. =eigentlich 本来の, 本当の, 実際の.

das **Ei·klar** [アイ・クラーあ] [名] -s/- 《オーストリア》卵白.

der **Ei·ko·kon** [アイ・ココン] [名] -s/-s 〖動〗(ミミズなどの)受精卵を被覆する繭(まゆ).

das **Ei·land** [アイ・ラント] [名] -(e)s/-e 《詩》島.

der **Eil·auf·trag** [アイル・アウふ・トらーク] [名] -(e)s/..träge 至急注文, 急ぎの依頼.

die **Eil·be·stel·lung** [アイル・ベシュテルング] [名] -/-en 至急注文〔依頼〕.

der **Eil·bo·te** [アイル・ボーテ] [名] -n/-n 速達配達人.

der **Eil·brief** [アイル・ブりーふ] [名] -(e)s/-e 速達(郵便)の手紙.

die **Ei·le** [アイレ] [名] -/ 急ぐこと;せくこと, 性急: in ~ sein 急いでいる. in (aller) ~ 大急ぎで. ⟨et¹⟩ hat ~ ⟨事が⟩急を要する. Mit ⟨et³⟩ hat es ~. ⟨事は⟩急を要する.

der **Ei·lei·ter** [アイ・ライター] [名] -s/- (輸)卵管.

die **Ei·lei·ter·ent·zün·dung** [アイライター・エントツュンドゥング] [名] -/ 〖医〗卵管炎.

ei·len [アイレン] [動] **1.** *s.* 〔⟨方向⟩へ〕急いで行く, 急ぐ;駆けめぐる(うわさ・情報などが): *Eile* mit Weile! 急がばまわれ. **2.** *h.* 〔(補足なし)〕急いでいる, 急を要する(仕事・用件などが): *Eilt!* 至急(書類などに書く). Es *eilt* mir nicht damit. その件は(私にとっては)急ぎません. **3.** *h.* 〔sich⁴+mit ⟨et³⟩ヲ〕急ぐ, 急いでする(食事などを).

ei·lends [アイレンツ] [副] 急いで.

eil·fer·tig [アイル・ふぇるティひ] [形] 《文》性急な, 慌ただしい;まめまめしい.

die **Eil·fracht** [アイル・ふらはト] [名] -/-en 急行便貨物.

das **Eil·gut** [アイル・グート] [名] -(e)s/..güter 急行便の鉄道貨物.

ei·lig [アイリひ] [形] **1.** 急いだ: Nur nicht so ~! そんなに急ぐな. **2.** 急を要する, さし迫った. 【慣用】 **⟨j¹⟩ hat es eilig mit ⟨et³⟩** ⟨人は⟩⟨事を⟩急いでいる. **⟨j¹⟩ hat nichts Eiligeres (zu tun), als ⟨et⁴⟩ zu tun** ⟨人は⟩何をさしおいても⟨事を⟩したくてたまらない〔しなければならない〕.

der **Eil·marsch** [アイル・マるシュ] [名] -(e)s/..märsche 〖軍〗急行軍, 強行軍.

das **Eil·pa·ket** [アイル・パケート] [名] -(e)s/-e 速達小包.

die **Eil·post** [アイル・ポスト] [名] -/-en 速達郵便.

die **Eil·schrift** [アイル・シュりふト] [名] -/ (極度に省略された)速記〔法〕.

der **Eil·schritt** [アイル・シュりっト] [名] -(e)s/-e 早足, 速歩.

der **Eil·zug** [アイル・ツーク] [名] -(e)s/..züge 準急〔快速〕列車(略 E).

die **Eil·zu·stel·lung** [アイル・ツー・シュテルング] [名] -/-en 〖郵〗速達便.

der **Ei·mer** [アイマー] [名] -s/- バケツ;手おけ;《口・蔑》ぼろ船〔車〕;《罵》馬鹿者;〖工〗バケット: Es gießt wie aus ~*n*. 土砂降りだ. 【慣用】 **im Eimer sein** 《口》こわれている, 駄目だ.

der **Ei·mer·bag·ger** [アイマー・バッガー] [名] -s/- 〖工〗バケット浚渫(しゅんせつ)機.

ei·mer·wei·se [アイマー・ヴァイゼ] [副] バケツ一杯;バケツに入れて(何杯も).

ein[1] [アイン] [冠] (不定) [単][男] 1 格, [中] 1・4 格. (不定冠詞は, 基数の 1 から来たので, 数えられる事物の名詞の[単]だけにつき, [複]では無冠詞となる. アクセントなし) **1. a.** (初出・未知の名詞であることを示して) Dort kommt ~ Mann. そこに(一人の)男がやって来る. **b.** (ある類の中の一つであることを示して) Wir haben auch ~ Auto. うちにも車はある. Die Tanne ist ~ Nadelbaum. モミは針葉樹(の一種)である. **2.** (付加語などにより個別化されて) **a.** (本来定冠詞の具象・集合名詞) Das war ~ Mond, wie wir ihn nie gesehen hatten. それは私たちが見たこともなかった月であった. ~*e* neue Regierung 新政府. **b.** (本来定冠詞の抽象名詞) ~ einsames Leben 孤独な生活. **c.** (四季・月・曜日・一日の区分・食事など) In diesem Jahr hatten wir ~*en* heißen Sommer. 今年は暑い夏だった. ~ Frühstück für die Gäste geben 客たちに朝食を出す. **3.** (ある類の任意の一例

として)(…は)だれ〔どれ〕も：*E*~*e* Dame tut so etwas nicht. そういうことはレディのすることではありません. **4.** (種類・量などを示してつけて)Das ist ~ guter Wein. これはいいワインだ. Herr Ober, ~*en* Kaffee bitte! ボーイさん, コーヒーを(一つ)お願いします. **5.** (haben の 4 格補足語の数量表示につけて)Die Bundesrepublik hat ~*e* Nord-Süd-Ausdehnung von 850km. (ドイツ)連邦共和国は南北 850 キロある. **6.** (付加語のついた人名の作品名につけて) ~ Hamlet, wie man ihn noch nie gesehen hat これまで見たこともないハムレット(の芝居). **7.** (人名につけて)*E*~ Herr/*E*~*e* Frau Lehmann hat sich gemeldet. レーマンさんという男の方/ご婦人がお見えになりました〔電話を下さいました〕. Dies konnte nur ~ Beethoven komponieren. これを作曲できるのはベートーヴェンのような人だけです. Er besitzt ~*en* Picasso. 彼はピカソ(の絵)を持っている. **8.** (程度を表す付加語とともに)Sie führen ~ angenehmes Leben. 彼らは快適な生活を送っている. **9.** (抽象名詞につけて) **a.** (個別の例を強調して)Ich möchte dir ~*e* Freude machen. ぼくは君を(あることで)ひとつ喜ばせてやりたい. **b.** 《口》(たいそうな, ひどいの意)Ich habe (vielleicht) ~*en* Hunger. 腹がへったなんてもんじゃない!

ein² [アイン] [数] (基数)(アクセント有)[単][男] 1 格, [中] 1・4 格 【「1」を数として単独で用いるときは⇨eins¹】 **1.** (付加語的用法. 変化形は不定冠詞と同じ. 無変化もある) **a.** 1, 一つの, 一人の：~ Viertel 4 分の 1. ~*e* Million 100 万. ~ Euro dreißig (€ 1, 30) 1 ユーロ 30(セント). die Arbeit ~*es* Mannes 一人分の仕事(量). (時刻や, 他の数詞と接続詞などで結ばれた場合は無変化) Es ist ~ Uhr. 1 時です. in ~(*em*) und ~*em* viertel Jahr (これから) 1 年 3 か月で. in ~ bis zwei Tagen 一両日中に ~undzwanzig 21. (ein の前に冠詞類があれば, ein は形容詞的変化) der ~*e* Gott 唯一の神. sein ~*es* Bein 彼の片方の脚. **b.** 同一の：Wir sind ~*er* Meinung. 私たちは同意見です. ~ Herz und ~*e* Seele 心は一つ. unter ~(*em*) und demselben Dach wohnen 一つ屋根の下に住む. **2.** (独立的用法. 変化形は不定代名詞 einer と同じ)一人の男〔女〕, 一つのもの〔こと〕：~*er*〔~*e*〕von (den) beiden 二人のうちの一人〔一人の女〕. nur noch ~(*e*)*s* (最後に)もう一つだけ. 【慣用】**ein für alle Mal** これっきり：Damit ist *ein* für alle Mal Schluss. こんど限りだぞ(二度とくり返さない). ⟨j²⟩ **Ein und Alles** ⟨人の⟩(幸福の)すべて：Der Hund ist sein *Ein* und Alles. 犬が彼のすべてである. **in einem fort** ひっきりなしに.

ein³ [アイン] [副] **1.** (次の形で)weder ~ noch aus wissen どうしていいかわからない. bei ⟨j³⟩ ~ und aus gehen ⟨人のところに⟩出入りしている. **2.** スイッチを入れる：Licht ~! 明りをつけろ. ~-aus 入一切(スイッチの標示).

der **Ein·ak·ter** [アイン・アクター] [名] -s/- 一幕物.

ein·ak·tig [アイン・アクティひ] [形] 一幕の.

ei·n·an·der [アイナンダー] [代] (相互)《文》互いに：Sie helfen ~. 彼らは互いに助け合う. Sie grüßen ~. 彼らはあいさつを交す.【今日では einander より sich が普通：Wir treffen uns morgen. われわれは明日会おう. ただし相互代名詞を前置詞が支配するときは aufeinander, durcheinander, gegeneinander などを用いる】

ein|ar·bei·ten [アイン・アるバイテン] [動] *h.* **1.** 〔⟨j⁴⟩ニ〕仕事〔仕方〕を教え込む. **2.** 〔sich⁴+(in ⟨et⁴⟩ニ)〕慣れる, 習熟する(仕事などに). **3.** 〔⟨et⁴⟩ヲ+in ⟨et⁴⟩ニ〕入れる, 加える, 組込む, 織込む, 埋め込む. **4.** 〔⟨et⁴⟩ヲ〕取返す(遅れなどを).

ein·ar·mig [アイン・アるミひ] [形] **1.** 片腕しかない. **2.** 片腕〔片手〕(だけで)の.

ein|ä·schern [アイン・エッシャーン] [動] *h.* **1.** 〔⟨et⁴⟩ヲ〕焼き払う, 灰燼に帰せしめる. **2.** 〔⟨j⁴/et⁴⟩ヲ〕火葬にする.

die **Ein·ä·sche·rung** [アイン・エッシェるング] [名] -/-en 焼き払うこと; 火葬.

die **Ein·ä·sche·rungs·hal·le** [アインエッシェるングス・ハレ] [名] -/-n 火葬場.

ein|at·men [アイン・アートメン] [動] *h.* **1.** 〔補足なし〕息を吸う. **2.** 〔⟨et⁴⟩ヲ〕吸込む(空気・香・ガスなどを).

ein·a·to·mig [アイン・アトーミひ] [形] 〖化・理〗一原子の.

ein|ät·zen [アイン・エッツェン] [動] *h.* 〔⟨et⁴⟩ヲ+(in ⟨et⁴⟩ニ)〕食刻する;(⟨et⁴⟩がsich⁴の場合)腐食してしみ込む;《転》刻み込まれる(記憶などに).

ein·äu·gig [アイン・オイギひ] [形] 片目の, 単眼の, 一眼の.

ein·bah·nig [アイン・バーニひ] [形] 〖交通〗一方通行の.

die **Ein·bahn·stra·ße** [アインバーン・シュトらーセ] [名] -/-n 〖交通〗一方通行路.

ein|bal·sa·mie·ren [アイン・バルザミーれン] [動] *h.* **1.** 〔⟨j⁴⟩ニ〕バルサム〔防腐剤〕を塗り込む(人・死体に). **2.** 〔sich⁴〕《口・冗》べたべたにクリーム〔塗薬・オイル〕を塗る, たっぷり香水を振りかける. 【慣用】**sich⁴ einbalsamieren lassen können** 《口》まったくの役立たずである.

der **Ein·band** [アイン・バント] [名] -(e)s/..bände (本の)表紙：ein lederner ~ 革表紙.

die **Ein·band·de·cke** [アインバント・デッケ] [名] -/-n (シリーズ本などの)綴じ込み用の表裏表紙.

ein·bän·dig [アイン・ベンディひ] [形] 一巻本の, 全一巻の.

ein|bau·en [アイン・バウエン] [動] *h.* **1.** 〔⟨et⁴⟩ヲ+(in ⟨et⁴⟩ニ)〕取りつける, 組み入れる, 内蔵させる. **2.** 〔⟨j⁴/et⁴⟩ヲ+(in ⟨j⁴/et⁴⟩ニ)〕うまくつけ加える;〖スポ〗とけ込ませる(新しい選手をチームに).

die **Ein·bau·kü·che** [アインバウ・キュッひェ] [名] -/-n システムキッチン.

der **Ein·baum** [アイン・バウム] [名] -(e)s/..bäume 丸木舟.

das **Ein·bau·mö·bel** [アインバウ・メーベル] [名] -s/- (主に[複])システム〔作り付けの〕家具.

der **Ein·bau·schrank** [アインバウ・シュらンク] [名] -(e)s/..schränke 作り付け戸棚.

ein|be·grei·fen* [アイン・ベグらイふェン] [動] *h.* 〔⟨j⁴/et⁴⟩ヲ+(in⟨et³⁽⁴⁾⟩ニ)+(mit)〕含めて考える.

ein·be·grif·fen [アイン・ベグりっふェン] [形] 〔in ⟨et³⟩ニ+(mit)〕算入した, 含めた：Porto und Verpackung sind im Preis (mit) ~. 郵送料と包装代は値段に(一緒に)含まれている.

ein|be·hal·ten* [アイン・ベハルテン] [動] *h.* **1.** 〔⟨et⁴⟩ヲ〕渡さないでおく(相殺などをすることで支払金などを). **2.** 〔⟨j⁴/et⁴⟩ヲ〕〖官〗拘留する, 返さないでおく.

ein·bei·nig [アイン・バイニひ] [形] 片脚しかない;〖スポ〗利き足が片脚(だけ)の.

ein|be·ken·nen* [アイン・ベケネン] [動] *h.* 〔⟨et⁴⟩ヲ〕《オーストリア》認める(敗北・失策などを), 白状〔告白〕する.

ein|be·ru·fen* [アイン・べるーふェン] [動] *h.* **1.** 〔⟨et⁴⟩ヲ〕招集する(会議などを). **2.** 〔⟨j⁴⟩ヲ+(zu ⟨et³⟩ニ)〕召集する, 動員する.

die **Ein·be·ru·fung** [アイン・べるーふング] [名] -/-en 招集, 召集.

der **Ein·be·ru·fungs·be·fehl** [アインべるーふングス・べふェール] [名] -(e)s/-e 召集令状.

ein|bet·ten [アイン・ベッテン] [動] *h.* 〔⟨et⁴⟩ヲ+in ⟨et⁴⁽³⁾⟩ニ〕埋め込む; うまく挿入する(エピソードなどを);〖言〗挿入する(関係文などを).

das **Ein·bett·zim·mer** [アイン・ベット・ツィマー] [名] -s/- シングルルーム.

ein|beu·len [アイン・ボイレン] [動] *h.* **1.** 〔⟨et⁴⟩ヲ〕へこませる. **2.** 〔sich⁴〕へこむ.

ein|be·zie·hen* [アイン・ベツィーエン] [動] *h.* **1.** 〔〈j^4〉ヲ+in 〈j^4/et^4〉ニ+(mit)〕(一緒に)引入れる, 加わらせる, 巻込む(グループ・会話・事件などに). **2.** 〔〈et^4〉ヲ+in〈$et^{4(3)}$〉ニ+(mit)〕(一緒に)入れる, 算入する. **3.** 〔〈j^4/et^4〉ヲ+(mit)〕(一緒に)考慮に入れる, 含めて考える.

die **Ein·be·zie·hung** [アイン・ベツィーウング] [名] -/ 加えること, 含めること, 算入.

ein|bie·gen* [アイン・ビーゲン] [動] **1.** *s.* 〔〈方向〉へ〕曲る(人・車などが). **2.** *h.* 〔〈et^4〉ヲ〕内側に曲げる(指・帽子のつばなどを); 折曲げる, たわめる(鉄の棒などを). **3.** *h.* 〔sich^4〕折れ曲がる, たわむ.

E

ein|bil·den [アイン・ビルデン] [動] *h.* **1.** 〔sich^3+〈et^4〉ヲ/〈[文]〉デアルト〕(誤って・根拠なしに)想像する, (勝手に)思い込む. **2.** 〔sich^3+viel/nichts+(auf 〈j^4/et^4〉ヲ)〕ひどく自慢にしている/少しも鼻にかけない. **3.** 〔sich^3+〈et^4〉ヲ〕《方》無性にほしがる. 【慣用】 **Bilde dir nur keine Schwachheiten ein!** 《口》そう簡単に思いどおりに行くと思うな. **die eingebildete Schwangerschaft** 想像妊娠. **sich^3 allerlei einbilden** (現実離れした)夢想〔幻想〕にふける.

die **Ein·bil·dung** [アイン・ビルドゥング] [名] -/-en **1.** 妄想; (⑩のみ)空想. **2.** (⑩のみ)うぬぼれ, 高慢.

die **Ein·bil·dungs·kraft** [アインビルドゥングス・クらふト] [名] -/ 想像力.

ein|bin·den* [アイン・ビンデン] [動] *h.* **1.** 〔〈et^4〉ヲ+(in〈$et^{4(3)}$〉デ)〕包む; (…に…の)表紙をつける. **2.** 〔〈j^4/et^4〉ヲ+in 〈et^4〉ニ〕組入れる, 組込む, 引入れる. **3.** 〔[補足なし]〕《スイス》代父として贈り物をする.

ein|bla·sen* [アイン・ブラーゼン] [動] *h.* **1.** 〔〈et^4〉ヲ+(in 〈et^4〉ニ)〕吹込む(空気を高炉などに). **2.** 〔〈j^3〉ニ+〈et^4〉ヲ〕《蔑》吹込む(考えなどを); こっそり教える(答えなどを). **3.** 〔〈et^4〉ヲ〕吹いて慣らす(フルートなどを音程を定めるために). **4.** 〔sich^4+(auf 〈et^3〉デ)〕吹き慣らしをする(トランペットなどで). **5.** 〔〈et^4〉ヲ〕吹倒す(風が家などを).

der **Ein·blä·ser** [アイン・ブレーザー] [名] -s/- **1.** 《口・蔑》こっそり教える〔入れ知恵する〕人. **2.** 〘劇〙プロンプター.

der **Ein·blatt·druck** [アイン・ブラット・ドるック] [名] -(e)s/-e 〘美〙一枚刷り.

ein|bläu·en, ⑪**ein|bleu·en** [アイン・ブロイエン] [動] *h.* 〔〈j^3〉ニ+〈et^4〉ヲ/zu [動]スルヨウニ/[文]デアルコトヲ〕覚え込ませる, くり返し教える〔言って聞かせる〕, 身につけさせる.

ein|blen·den [アイン・ブレンデン] [動] *h.* 〘ラジオ・テレビ・映〙 **1.** 〔〈et^4〉ヲ+in 〈et^4〉ニ〕入れる, 挿入する, フェードインする. **2.** 〔sich^4+(in 〈et^4〉ノ)〕(放送に)入る(放送局が).

ein|bleu·en [アイン・ブロイエン] ⇨ einbläuen.

der **Ein·blick** [アイン・ブリック] [名] -(e)s/-e 中〔内〕を見ること; 目を通すこと; 洞察, 認識: ～ in die Akten nehmen 書類に目を通す. einen ～ in 〈et^4〉 bekommen 〈事の〉実体を知る.

ein|bre·chen* [アイン・ブれっひぇン] [動] **1.** *s.* 〔in 〈et^4〉ニ〕侵入する(盗みを目的に建物・部屋などに); 侵入する(国・敵陣などに); どっと浸入する. **2.** *h.* 〔in 〈et^3〉ニ/bei 〈j^3〉ノ所ニ〕盗みに入る, 押し入る. **3.** *s.* 〔[補足なし]〕急に訪れる〔始まる〕(夜・冬など暗く重苦しいものが); 折れて落ちる(梁(はり)・橋などが); 崩れ落ちる(天井・アーチなどが内側に); 突抜けて落ちる(氷・床などが割れたりして); 《口》大敗する(選挙・試合などで). **4.** *h.* 〔〈et^4〉ヲ〕押し〔突き〕破る(扉・壁などを). **5.** *h.* 〔〈et^4〉ヲ〕〘馬術〙乗り馴らす.

der **Ein·bre·cher** [アイン・ブれっひゃー] [名] -s/- (家宅)侵入者.

die **Ein·bren·ne** [アイン・ブれネ] [名] -/-n 《南独・オーストリア》(バターと小麦粉でできたきつね色の)ルー.

ein|bren·nen* [アイン・ブれネン] [動] **1.** *h.* 〔〈et^4〉ヲ+auf〔in〕〈et^4〉ニ〕焼きつける(タイルに模様などを). **2.** *h.* 〔〈et^3〉ニ+〈et^4〉ヲ〕焼印でつける(家畜に印などを). **3.** *h.* 〔sich^4+〈j^3/et^3〉ニ/in 〈et^4〉ニ〕忘れられない印象〔感銘〕を与える; 焼きつく. **4.** *h.* 〔〈et^4〉ヲ〕《南独・オーストリア》いためる(小麦粉をバターなどで); いためた小麦粉を入れて作る(スープなどを). **5.** *s.* 〔[補足なし]〕《方》肌を日に焼く.

ein|brin·gen* [アイン・ブりンゲン] [動] *h.* **1.** 〔〈et^4〉ヲ+(in 〈et^4〉ニ)〕入れる, 運び込む. **2.** 〔〈j^4〉ヲ〕捕えて連れ戻す. **3.** 〔〈et^4〉ヲ〕提出する(法案などを). **4.** 〔〈et^4〉ヲ+(in 〈et^4〉ニ)〕〘官〙持参する, 持ち込む; 提供する, 尽くす. **5.** 〔(〈j^3〉ニ)+〈et^4〉ヲ〕もたらす. **6.** 〔〈et^4〉ヲ〕取戻す(遅れ・損失などを); 〘印〙減らす(行を).

ein·bring·lich [アイン・ブりングリひ] [形] 利益のあがる, 有利な.

ein|bro·cken [アイン・ブろッケン] [動] *h.* **1.** 〔〈et^4〉ヲ+in 〈et^4〉ニ〕砕いて〔ちぎって〕入れる(パンをスープなどに). **2.** 〔〈j^3〉ニ+〈et^4〉ヲ〕引起こす(いやな事・困難な事態などを).

der **Ein·bruch** [アイン・ブるっふ] [名] -(e)s/..brüche **1.** 侵入, 家宅侵入; 押入り; (敵陣などへの)侵攻. **2.** (突然の)始まり. **3.** 崩れ落ちること; 侵入; 〘経〙(相場の)暴落; 〘地質〙陥没; 《口》敗北.

der **Ein·bruchs·dieb·stahl** [アインブるっふス・ディーブ・シュタール] [名] -(e)s/..stähle 侵入盗.

die **Ein·bruchs·dieb·stahl·ver·si·che·rung** [アインブるっふスディーブシュタール・ふぇあズィっひぇるング] [名] -/-en 盗難保険.

ein·bruch·si·cher [アインブるっふ・ズィっひゃー] [形] 侵入〔盗難〕を防ぐ.

ein·bruchs·si·cher [アインブるっふス・ズィっひゃー] [形] = einbruchsicher.

die **Ein·bruchs·ver·si·che·rung** [アインブるっふス・ふぇあズィっひぇるング] [名] -/-en 盗難保険.

ein|buch·ten [アイン・ブふテン] [動] *h.* **1.** 〔〈j^4〉ヲ〕《口》ブタ箱に入れる. **2.** 〔〈et^4〉ヲ〕へこませる(金属版などを).

die **Ein·buch·tung** [アイン・ブふトゥング] [名] -/-en **1.** へこみ, くぼみ; 湾入していること, 入り江. **2.** 《口》監禁, 投獄.

ein|bud·deln [アイン・ブッデルン] [動] *h.* 〔〈j^4/et^4〉ヲ〕《口》穴を掘って埋める; (〈j^4〉がsich^{4}の場合)〘軍〙たこつぼに隠れる.

ein|bü·geln [アイン・ビューゲルン] [動] *h.* 〔〈et^4〉ヲ+(in 〈et^4〉ニ)〕アイロンでつける(ひだを).

ein|bun·kern [アイン・ブンカーン] [動] *h.* **1.** 〔〈et^4〉ヲ〕貯蔵庫に入れる. **2.** 〔〈j^4〉ヲ〕《口》投獄する.

ein|bür·gern [アイン・ビュるガーン] [動] *h.* **1.** 〔〈j^4〉ヲ+(in 〈$et^{4(3)}$〉ニ)〕帰化させる; (…に)国籍〔市民権〕を与える. **2.** 〔〈et^4〉ヲ+(in 〈et^3〉ニ)〕帰化させる(動植物を). **3.** 〔〈et^4〉ヲ〕取入れて定着させる(外来の風習・概念などを). **4.** 〔sich^4+(in 〈et^3〉ニ/bei 〈j^3〉ノ所デ)〕帰化する(動植物が); 定着する(外来語などが).

die **Ein·bür·ge·rung** [アイン・ビュるゲるング] [名] -/-en 国籍〔市民権〕取得, 帰化; (動植物の)帰化.

die **Ein·bu·ße** [アイン・ブーセ] [名] -/-n 失う〔損なう〕こと, 損失, 損害.

ein|bü·ßen [アイン・ビューセン] [動] *h.* **1.** 〔〈j^4/et^4〉ヲ〕失う, 無くす(財産・友人・生命・視力・自由などを). **2.** 〔an 〈et^3〉ヲ〕(いくらか)失う, 損なう(名声・価値などを).

das **Ein·cent·stück** [アイン・セント・シュテュック, アイン・ツェント・シュテュック] [名] -(e)s/-e 1セント硬貨. 【数字表記は「1-Cent-Stück」】

ein|che·cken [アイン・チェッケン] [動] *h.* 〘空〙 **1.** 〔〈j^4/et^4〉ノ〕チェックインをする. **2.** 〔[補足なし]〕チェックイン

をする.

ein|cre·men [アイン・クれーメン] [動] *h.* **1.** 〖⟨j^3⟩ノ＋⟨et^4⟩ニ〗クリームを擦込む《顔・背中などに》;《⟨j^4⟩がsich^{4}の場合》自分の体にクリームを塗る. **2.** 〖⟨et^4⟩ニ〗クリームを擦込む《皮革製品に》.

ein|däm·men [アイン・デメン] [動] *h.* **1.** 〖⟨et^4⟩ヲ〗せき止める, 堤防で防ぐ《川・高潮などを》. **2.** 〖⟨et^4⟩ヲ〗食止める《火事・伝染病・インフレなどを》.

die **Ein·däm·mung** [アイン・デムング] [名] -/-en **1.** 《流れを》せき止めること;食止めること. **2.** ダム.

ein|dampf·en [アイン・ダムプふぇン] [動] *h.* 〖⟨et^4⟩ヲ〗〘化〙濃縮する《水分を蒸発させて》.

ein|de·cken [アイン・デッケン] [動] *h.* **1.** 〖sich^4＋mit ⟨et^3⟩ヲ＋(für ⟨et^4⟩ノタメニ)〗備蓄する, 買い込む. **2.** 〖⟨j^4⟩ニ＋mit ⟨et^3⟩ヲ〗山ほど与える《仕事などを》;たっぷり見舞う《パンチなどを》,《口》しこたま浴びせる《質問などを》. **3.** 〖⟨et^4⟩ヲ＋(mit ⟨et^3⟩デ)〗覆って保護する《バラをわらなどで》;ふく《屋根を》;《方》準備する《食卓を》.

der **Ein·de·cker** [アイン・デッカー] [名] -s/- 〘空〙単葉機;〘海〙一層(甲板)船.

ein|dei·chen [アイン・ダイひぇン] [動] *h.* 〖⟨et^4⟩ヲ〗堤防で囲む, (…に)堤防を築く.

ein·deu·tig [アイン・ドイティひ] [形] 明らかな;はっきりした;一義的な.

die **Ein·deu·tig·keit** [アイン・ドイティひカイト] [名] -/-en **1.** 《主に[単]》一義性;明白. **2.** あからさまな発言〔行動の仕方〕.

ein|deut·schen [アイン・ドイチェン] [動] *h.* **1.** 〖⟨et^4⟩ヲ〗ドイツ語化する《外国語の発音などを》, ドイツ語に取入れる《外国語の単語などを》. **2.** 〖⟨j^4/et^4⟩ヲ〗ドイツ化する.

die **Ein·deut·schung** [アイン・ドイチュング] [名] -/-en **1.** 《[単]のみ》ドイツ語化. **2.** ドイツ語化した語〔表現〕.

ein|di·cken [アイン・ディッケン] [動] **1.** *h.* 〖⟨et^4⟩ヲ〗濃縮する;煮つめる. **2.** *s.* 《補足なし》濃くなる《液体・色などが》.

ein|dö·sen [アイン・㋢ーゼン] [動] *s.* 《補足なし》《口》うとうとと眠り込む.

ein|drän·gen [アイン・ドれンゲン] [動] **1.** *h.* 〖⟨et^4⟩ヲ〗押し破る《ドアなどを》. **2.** *s.* 〖auf ⟨j^4⟩ヲメガケテ〗殺到する, どっと押寄せる;《転》(…の頭に)一時に浮かんで来る《さまざまな思い出などが》. **3.** *h.* 〖sich^4＋in ⟨j^4/et^4⟩ニ〗強引に入る《グループなどに》;《転》でしゃばって介入する〔口をはさむ〕.

ein|dre·hen [アイン・ドれーエン] [動] *h.* **1.** 〖⟨et^4⟩ヲ＋(in⟨et^4⟩ニ)〗ねじ込む《電球・ねじくぎなどを》. **2.** 〖⟨et^4⟩ヲ〗内側にねじる〔向ける〕《髪などを》: sich^3 die Haare ～ 髪をカーラーに巻く. **3.** 〖⟨方向⟩へ〗〘海・空〙向き〔進路〕を変える: zum Angriff ～〘軍〙反転して攻撃する.

ein|dril·lon [アイン・ドりレン] [動] *h.* 《口》 **1.** 〖⟨j^4⟩ヲ〗鍛える. **2.** 〖(⟨j^3⟩ニ)＋⟨et^4⟩ヲ〗厳しく教えこむ, たたきこむ.

ein|drin·gen* [アイン・ドりンゲン] [動] *s.* **1.** 〖in ⟨et^4⟩ニ〗入り込む《人・物がある所に》, 浸入する《水が地下室などに》, 分け入る《密林などに》, 食込む《ガラスの破片が脚などに》, しみ込む《塗薬が肌などに》;《転》通じる《事情・学問などに》;浸透する《人々の意識などに》. **2.** 〖in ⟨et^4⟩ニ/bei ⟨j^3⟩ノ所ニ〗侵入する《泥棒などが》;侵入〔侵攻〕する《国・敵陣などに》;割込む《グループなどに》. **3.** 〖auf ⟨j^4⟩ニ＋(mit ⟨et^3⟩デ)〗迫る, (…を)脅かす《ナイフ・げんこつなどで》;《転》せめたてる《質問などで》.

ein·dring·lich [アイン・ドりングリひ] [形] 切々たる, かんでふくめるような;印象的な.

die **Ein·dring·lich·keit** [アイン・ドりングリひカイト] [名] -/ 力説, 説得力, 強烈さ, 迫力.

der **Ein·dring·ling** [アイン・ドりングリング] [名] -s/-e 侵入〔闖入(ちんにゅう)〕者.

der **Ein·druck** [アイン・ドるック] [名] -(e)s/..drücke **1.** 印象, 感銘;感じ, 感想: Ich habe den ～, dass ... 私の印象では…. einen guten ～ auf ⟨j^4⟩ machen ⟨人に⟩良い印象を与える. einen ～ von ⟨j^3/et^3⟩ gewinnen ⟨人・事・物について⟩印象を得る. bei ⟨j^3⟩ ～ schinden wollen 《口》⟨人に⟩良い印象を与えようとする. **2.** 跡.

ein|dru·cken [アイン・ドるッケン] [動] *h.* **1.** 〖⟨et^4⟩ヲ＋in ⟨et^4⟩ニ〗プリントする《模様などを布地・壁紙〔布〕などに》, 刷込む. **2.** 《オーストリア・口》＝ein|drücken 1.

ein|drü·cken [アイン・ドりゅッケン] [動] *h.* **1.** 〖⟨et^4⟩ヲ〗《押して内側へ》へこます, 曲げる, 潰(つぶ)す, 破る, 壊す;押下げる《価格などを》. **2.** 〖⟨et^4⟩ヲ＋(in ⟨et^4⟩ニ)〗押しつける《泥・石膏(せっこう)などに》, 残す《足跡などを》. **3.** 〖sich^4＋in ⟨et^4⟩ニ〗跡を残す;残る《記憶・心などに》. **4.** 《補足なし》〘球〙ボールをゴールに押込む.

ein·drucks·los [アインドるックス・ロース] [形] 印象の薄い.

ein·drucks·voll [アインドるックス・ふぉル] [形] 印象的な, 感銘深い.

ein|du·seln [アイン・ドゥーゼルン] [動] *s.* 《補足なし》《口》うとうとと眠込む.

ei·ne^1 [アイネ] [冠] 《不定》 ein^{1}の[単][女]1・4格.

ei·ne^2 [アイネ] [数] 《基数》《アクセント有》 ein^2 1の[単][女]1・4格, 定冠詞類とともに用いるとき, [単][男]1格, [女]1・4格, [中]1・4格, 所有代名詞とともに用いるとき, [単][女]1・4格, ein^2 2の[単][女]1・4格.

ei·ne^3 [アイネ] [代] 《不定》《アクセント有》 einer^3 の[単][女]1・4格.

ein|eb·nen [アイン・エーブネン] [動] *h.* 〖⟨et^4⟩ヲ〗周囲と同じ高さにする, 平らにする《地面の凸凹などを》;《転》調整する《音量のばらつき・意見の相違などを》.

die **Ein·e·he** [アイン・エーエ] [名] -/ 〘民族〙一夫一婦制.

ein·ei·ig [アイン・アイイひ] [形] 一卵性の.

ein·ein·halb [アイン・アイン・ハルプ] [数] 《分数》1と2分の1(einundeinhalb, anderthalb): ～ Stunden 1時間半.

ei·nem^1 [アイネム] [冠] 《不定》 ein^1 の[単][男]3格, [中]3格.

ei·nem^2 [アイネム] [数] 《基数》《アクセント有》ein^2 1, 2の[単][男]3格, [中]3格: mit ～ Wort 一言で言えば. in ～ fort 引続き.

ei·nem^3 [アイネム] [代] 《不定》《アクセント有》einer^{3}の[単][男]3格, [中]3格, man^{1}の3格.

ei·nen^1 [アイネン] [冠] 《不定》 ein^1 の[単][男]4格.

ei·nen^2 [アイネン] [数] 《基数》《アクセント有》 ein^2 1の[単][男]4格, 冠詞類とともに用いるとき[単][男]2・3・4格, [女]2・3格, [中]2・3格, ein^2 2の[単][男]4格.

ei·nen^3 [アイネン] [代] 《不定》《アクセント有》einer^{3}の[単][男]4格, 冠詞類とともに用いるとき[男]2・3・4格, [女]2・3格, [中]2・3格, man^{1}の4格.

ein|en·gen [アイン・エンゲン] [動] *h.* **1.** 〖⟨j^4⟩ニ〗窮屈な思いをさせる《服などが》. **2.** 〖⟨et^4⟩ヲ〗狭める《部屋・視野・行動範囲などを》, 制限する《権利・自由などを》.

ei·ner^1 [アイナー] [冠] 《不定》 ein^{1}の[単][女]2・3格.

ei·ner^2 [アイナー] [数] 《基数》《アクセント有》 ein^2 1の[単][女]2・3格, ein^2 2の[単][男]1格, [女]2・3格.

ei·ner^3 [アイナー] [代] 《不定》《アクセント有》[単][男]1格, [女]2・3格.《変化形は⇨「諸品詞の変化」. 但し, 前に冠詞類がつけば形容詞的変化》 **1.** ある男〔女〕, あるもの〔こと〕, だれか, 何(ごと)か: Das ist die Ansicht *eines*, der die Lage nicht kennt. それは情況を知らない人の意見である. so *eine* wie sie 彼

E

女のような女. Das dürfte kaum ~ glauben. そんなことはほとんどだれも信じないだろう. 《同じ性の名詞を受けて》Wo sind Kugelschreiber? —Hier ist ~. ボールペンはどこにある. —ここに一本ある. Ich habe einen neuen Wagen gekauft. —Was für *einen*? ぼくは新車を買ったよ. —どんなのだい? ~ 〔*eine*〕 von euch 君たちの中のだれか. Es ist *ein(e)s* der interessantesten Bücher, die ich gelesen habe. それは私が読んだ本の中でもっとも面白いものの一つです. **2.** 《[男]で一般的に人をさす man の代りとして》人: Das soll ~ wissen. それくらいは知っていなくては. Das stört *einen*. それは差障りがある. **3.** **a.** 《ander と相関的に》一方: Sie helfen ~ dem ander(e)n. 彼らは互いに助け合う. ~ nach dem ander(e)n 〔*eine* nach der ander(e)n〕 (人が)次々と. ~ 〔der *eine*〕 oder 〔und〕 der andere だれや彼や. weder der *eine* noch der andere 一方も他方も…でない. Die *einen* kommen, die anderen gehen. 来る者もあれば, 去る者もある. ein(e)s zum anderen 次々に《出来事などが》. **b.** 《口》片方の: sein *eines* Bein 彼の片方の足. **4.** 《特定の動詞とともに》〈j³〉 *eine* langen 〔kleben〕 〈人に〉一発お見舞する. *einen* trinken 《口》一杯飲む. *eins* abbekommen 《口》一発殴られる. **5.** 《会話の状況では話し手自身をさして》Das tut *einem* wohl. それは(私には)気分がいい. 【慣用】**Du bist (mir) einer!** 《口》君もたいしたものだ《肯定・否定とも》. **einer für alle, alle für einen** 人は相身互い. **Ein(e)s schickt sich nicht für alle.** 十人十色. **Er ist geschickt wie nur einer.** 彼は(他に比較する者がいないくらいの)熟達者だ. **manch einer** 何人かの人. **solch 〔so〕 einer 〔eine/ein(e)s〕** そのような男〔女/もの・こと〕.

der **Ei·ner** [アイナー] [名] -s/- **1.** 《主に[複]》1の位の数. **2.** 〖スポーツ〗(ボートの)シングルスカル.

ei·ner·lei [アイナーライ] [形] どうでもいい.
—— [数] 《種数》同一(種類)の; 単調な, 同じ: ~ Recht 同一権利.

das **Ei·ner·lei** [アイナーライ] [名] -s/ 一様なこと, 単調さ.

ein|ern·ten [アイン・エるンテン] [動] *h.* 〔〈et⁴〉ヲ〕《稀》取り入れる《作物を》; 《転》獲得する《称賛などを》.

ei·ner·seits [アイナー・ザイツ] [副] 一方では: ~ ..., ander(er) seits... 一方では…, 他方では….

die **Ei·ner·stel·le** [アイナー・シュテレ] [名] -/-n 〖数〗1の位.

ei·nes[1] [アイネス] [冠] 《不定》ein¹ の[単][男]2格, [中]2格.

ei·nes[2] [アイネス] [数] 《基数》《アクセント有》ein² 1の[単][男]2格, [中]2格, 所有代名詞とともに用いるとき ein² 1の[単][中]1・4格, ein² 2の[単][男]2格, [中]1・2・4格.

ei·nes[3] [アイネス] [代] 《不定》《アクセント有》einer³の[単][男]2格, [中]1・2・4格. 【[中]1・4格は eins となることが多い⇨eins³】

ei·nes·teils [アイネス・タイルス] [副] 一方では: ~ ..., ander(e)nteils... 一方では…, 他方では….

das **Ein·eu·ro·stück** [アイン・オイろ・シュテュック] [名] -(e)s/-e 1ユーロ硬貨. 【数字表記は「1-Euro-Stück」】

ein|e·xer·zie·ren [アイン・エクセるツィーれン] [動] *h.* **1.** 〔(〈j³〉ニ)+〈et⁴〉ヲ〕教え込む. **2.** 〔〈j⁴〉ヲ〕仕込む.

ein·fach [アイン・ふぁっは] [形] **1.** 単一の, 一重(ひとえ)の: eine ~*e* Fahrkarte 片道切符. ~*e* Buchführung 単式簿記. ~*e* Mehrheit 過半数に達しない多数. Das Papier ist nur ~ gefaltet. その紙は二つに折ってあるだけだ. **2.** 簡単な, 単純な, 分り〔取扱い〕やすい: eine ~*e* Maschine 簡単な機械. So ~ geht es nicht. そう簡単にはいかない. **3.** 質素な, 素朴な, 地味な: sich⁴ ~ kleiden 質素な身なりをする.
—— [副] 《語飾》《動詞・形容詞・名詞を修飾》 **1.** まったく, とにかく, およそ: Ich verstehe dich ~ nicht! 君の言うことはさっぱり分らない. Die Sache ist ~ die, dass ... 事は要するに…ということだ. **2.** さっさと, どんどん, あっさりと: Geh doch ~ zum Lehrer und frag ihn danach! さっさと先生のところへ行って, それを質問してみろよ.

die **Ein·fach·heit** [アイン・ふぁっはハイト] [名] -/ 簡単さ, 単純, 平易; 簡素さ, 素朴.

ein|fä·deln [アイン・ふぇーデルン] [動] *h.* **1.** 〔〈et⁴〉ヲ〕針に通す《糸を》. **2.** 〔〈et²〉ニ〕糸を通す《針に》. **3.** 〔〈et⁴〉ヲ+(in 〈et⁴〉ニ)〕通す《ザイルを輪などに》; 装塡(そうてん)する《テープ・フィルムなどを》. **4.** 〔sich⁴+in 〈et⁴〉ニ〕〖交通〗入る《走行車線・車の列に》. **5.** 〖補足なし〗〖スキー〗《ジャーゴン》スキーを旗門に引っ掛ける. **6.** 〔〈et⁴〉ヲ〕《口》軌道に乗せる, うまくやってのける《仕事・陰謀などを》.

ein|fah·ren* [アイン・ふぁーれン] [動] **1.** *s.* 〖補足なし〗入る《乗り物が・人が乗り物で》. **2.** *h.* 〔〈et⁴〉ヲ〕納屋〔サイロ〕に運び入れる《農作物を》; 引っ込める《航空機のフラップ・車輪, 可動アンテナなどを》. **3.** *h.* 〔〈et⁴〉ニ〕車をぶつけて壊す. **4.** *h.* 〔〈et⁴〉ヲ〕慣らし運転する《新車を》; (…に)馬車を引く練習をさせる《馬に》. **5.** *h.* 〔sich⁴〕乗り慣れる; 習慣〔日常〕化する, 定着化する《新しい仕事・方法などが》. **6.** *h.* 〖補足なし〗《口》たくさん食べる. **7.** *s.* 〖補足なし〗〖狩〗巣穴に入る《キツネ・ノウサギなどが》.

die **Ein·fahrt** [アイン・ふぁーあト] [名] -/-en **1.** 《[単]のみ》(車などの)進入. **2.** (建物への)車道, 進入路, (ガレージの)入口; (高速道路の)入口.

der **Ein·fall** [アイン・ふぁル] [名] -(e)s/..fälle **1.** 思いつき, 着想: einen ~ haben 思いつきがある. Er kam auf den ~ 〔Ihm kam der ~〕, dass ... …を彼は思いついた. *Einfälle* wie ein altes Haus 〔ein alter (Back)ofen〕 haben 《口》変なことを思いつく. **2.** 侵入, 侵攻: ein ~ in ein fremdes Land 外国への侵攻. **3.** 《[単]のみ》(光が)さし込むこと. **4.** 《[単]のみ》《文》突然の始まり. **5.** 〖狩〗(野鳥が)(舞い)降りること.

ein|fal·len* [アイン・ふぁレン] [動] *s.* **1.** 〔〈j³〉ノ〕念頭に浮かぶ, (…は)思いつく; 記憶に浮かぶ, ふと思い出す. **2.** 〖補足なし〗倒壊する《建物などが》; おちくぼむ《目・ほおなどが》; さし込む《光が》; 《文》(急に)始まる, 襲って来る《夜・嵐・寒さなどが》; 〖鉱〗傾斜している《坑道・地層などが》. **3.** 〔in 〈et⁴〉ニ〕加わる《他人の話・祈りなどに》; (途中から加わって)演奏し〔歌い〕出す《楽器・合唱のパートなどが》. **4.** 〔in 〈et⁴〉ニ〕侵入する《軍隊が国などに》. **5.** 〔auf 〈et⁴⁽³⁾〉ニ〕〖狩〗降り立つ《カモが湖などに》. 【慣用】**sich³ etwas einfallen lassen (müssen)** 何か解決〔打開〕策を見いだす(必要がある). **Was fällt dir denn ein!** 何ということをする〔言う〕んだ.

ein·falls·reich [アインふぁルス・らイひ] [形] 着想に富む.

der **Ein·falls·win·kel** [アインふぁルス・ヴィンケル] [名] -s/- 〖光〗入射角.

die **Ein·falt** [アイン・ふぁルト] [名] -/ 《口》 **1.** 単純, 素朴, 愚直. **2.** 純粋, 純真, 無邪気.

ein·fäl·tig [アイン・ふぇルティひ] [形] お人よしの; 愚かな, 単純な.

der **Ein·falts·pin·sel** [アインふぁルツ・ピンゼル] [名] -s/- 《口・蔑》単純な人.

das **Ein·fa·mi·li·en·haus** [アイン・ふぁミーリエン・ハウス] [名] -es/..häuser 一世帯用住宅.

ein|fan·gen* [アイン・ふぁンゲン] [動] *h.* **1.** 〔〈j⁴/et⁴〉ヲ〕捕える, 捕獲する. **2.** 〔sich³+〈et⁴〉ヲ〕《口》もらう《インフルエンザ・平手打ちなどを》. **3.** 〔〈et⁴〉ヲ〕《文》的確に表現する.

ein·far·big [アイン・ふぁるビひ] [形] 一色の, 単色の, 無地

ein|fas·sen [アイン・ふぁッセン] 動 h. 〔⟨et⁴⟩ッ+(mit ⟨et³⟩ッ)〕囲む(庭を垣根などで), 縁どる(毛布を縁飾りなどで).

die **Ein·fas·sung** [アイン・ふぁッスング] 名 -/-en **1.** 囲むこと, 縁をつけること. **2.** 囲み, 縁どり.

ein|fet·ten [アイン・ふぇッテン] 動 h. 〔⟨et⁴⟩ッ+(mit ⟨et³⟩ッ)〕塗る(顔にクリームなどを).

ein|fin·den* [アイン・ふィンデン] 動 **1.** 〔sich⁴+⟨(場所)ッ=⟩〕現れる, 到着する(パーティーなどに). **2.** 〔sich⁴+in⟨et⁴⟩ッ〕〚口・稀〛慣れる.

ein|flech·ten* [アイン・ふレヒテン] 動 h. **1.** 〔⟨et⁴⟩ッ+in ⟨et⁴⟩ッ〕編み込む(リボンをお下げ髪などに). **2.** 〔⟨et⁴⟩ッ+(in ⟨et⁴⟩ッ)〕差しはさむ(言葉・引用文などを). **3.** 〔⟨et⁴⟩ッ〕編む(お下げ髪などを).

ein|fli·cken [アイン・ふリッケン] 動 h. 〔⟨et⁴⟩ッ+(in ⟨et⁴⟩ッ)〕補修のために継ぎ足す(転)とってつけたようにはさむ(演説に引用文などを).

ein|flie·gen* [アイン・ふリーゲン] 動 **1.** *s.* 〔(in ⟨稀〕飛んで入る(鳩・ミツバチなどが鳩舎・巣箱に). **2.** *s.* 〔⟨方向〕〕(飛んで)入る, 飛来する(航空機が(で)敵地に). **3.** *h.* 〔⟨et⁴⟩ッ+⟨方向〕〕空輸する. **4.** *h.* 〔sich⁴〕飛行訓練をする. **5.** *h.* 〔⟨et⁴⟩ッ〕テスト飛行する. **6.** 〔⟨et⁴⟩ッ〕手に入れる, 航空事業で利益を上げる.

ein|flie·ßen* [アイン・ふリーセン] 動 *s.* 〔(in ⟨et⁴⟩ッ)〕流込む(川が海・湖などに);〚気〛流込む(寒気団などが); ⟨et⁴⟩ッ~lassen ⟨et⁴⟩ッ〔転〕さりげなく口にする〔差しはさむ〕(話しの中などに).

ein|flö·ßen [アイン・ふリューセン] 動 h. **1.** 〔⟨j³⟩ッ=+⟨et⁴⟩ッ〕ゆっくり飲ませてやる(病人に流動食などを). **2.** 〔⟨j³⟩ッ=+⟨et⁴⟩ッ〕抱かせる(不安・勇気・信頼感などを).

der **Ein·flug** [アイン・ふルーク] 名 -(e)s/..flüge (航空機などが)飛んで入ること, 飛来.

der **Ein·fluss,** Ⓐ**Ein·fluß** [アイン・ふルス] 名 -es/..flüsse **1.** 影響, 感化; 勢力, 影響力; ~ auf ⟨j⁴⟩ ausüben ⟨人ニ⟩影響を及ぼす. unter dem ~ von ⟨j³⟩ stehen ⟨人・事ニ⟩影響を受けている. ein Mann von großem ~ 有力者. **2.** 〔稀〕流入.

der **Ein·fluss·be·reich,** Ⓐ**Ein·fluß·be·reich** [アインふルス・ベらイヒ] 名 影響範囲, 勢力圏.

ein·fluss·reich, Ⓐ**ein·fluß·reich** [アインふルス・らイヒ] 形 影響力の強い, 有力な.

ein|flüs·tern [アイン・ふリュステルン] 動 h. **1.** ⟨j³⟩ッ=+⟨et⁴⟩ッ〕耳打ちする; 吹込む, 植えつける. **2.** 〔auf ⟨j⁴⟩ッ〕(〚蔑〛も有り)小声でくどくど話しかける.

ein|for·dern [アイン・ふォるデルン] 動 h. 〔⟨et⁴⟩ッ〕強く求める(支払いなど).

ein·för·mig [アイン・ふぉるミヒ] 形 単調な.

die **Ein·för·mig·keit** [アイン・ふぉるミヒカイト] 名 -/-en 単調さ, 一様さ, 画一(性).

ein|fres·sen* [アイン・ふれッセン] 動 h. 〔sich⁴+in ⟨j⁴/et⁴⟩ッ〕染みつく, 食い込む; (…に)腐食する.

ein|frie·den [アイン・ふリーデン] 動 h. 〔⟨et⁴⟩ッ〕(垣や壁などで)囲む.

ein|frie·di·gen [アイン・ふリーディゲン] 動 h. =einfrieden.

die **Ein·frie·dung** [アイン・ふリードゥング] 名 /-en 囲いをすること; 囲い, 垣根, 柵, 壁.

ein|frie·ren* [アイン・ふリーれン] 動 **1.** *s.* 〔凝〕凍りつく(水道などが), 氷に閉ざされる(船などが); 〔転〕凍りつく(微笑などが); 進展しない(交渉などが); 焦げつく(資金などが) **2.** 〔⟨et⁴⟩ッ〕冷凍する. **3.** *h.* 〔⟨et⁴⟩ッ〕(現状のまま)凍結する(賃金・資産などを), 進展させない(プロジェクトなどを).

ein|fü·gen [アイン・ふューゲン] 動 h. 〔⟨et⁴⟩ッ+ (in ⟨et⁴⟩ッ)〕はめ〔差〕込む, 挿入する. **2.** 〔sich⁴+ in ⟨j⁴/et⁴⟩ッ〕とけ込む, 順応する.

die **Ein·fü·gung** [アイン・ふューグング] 名 -/-en **1.** はめ込み, 挿入. **2.** はめ込まれた物, 挿入物. **3.** 順応.

ein|füh·len [アイン・ふューレン] 動 h. 〔sich⁴+in ⟨j⁴/et⁴⟩ッ〕気持になってみる, (…に)感情移入する(詩などに).

ein·fühl·sam [アイン・ふュールザーム] 形 人の身になれる, 思いやりのある, 感情移入できる.

die **Ein·füh·lung** [アイン・ふューるング] 名 -/ 感情移入.

das **Ein·füh·lungs·ver·mö·gen** [アインふューるングス・ふェるメーゲン] 名 -/ 感情移入の能力.

die **Ein·fuhr** [アイン・ふーあ] 名 -/-en **1.** (Ⓐのみ)輸入. **2.** 輸入品.

der **Ein·fuhr·ar·ti·kel** [アインふーあ・アるティ(-)ケル] 名 -s/- 輸入品.

die **Ein·fuhr·be·schrän·kung** [アインふーあ・ベシェルンクング] 名 -/-en 輸入制限.

die **Ein·fuhr·be·stim·mung** [アインふーあ・ベシュティムング] 名 -/-en 輸入規定.

ein|füh·ren [アイン・ふューれン] 動 h. **1.** 〔⟨et⁴⟩ッ+ in ⟨et⁴⟩ッ〕(慎重に正しく)入れる. **2.** 〔⟨et⁴⟩ッ+ (aus ⟨et³⟩カラ)〕輸入する. **3.** 〔⟨et⁴⟩ッ〕導入する (新しい制度などを); 採用する(教科書などを). **4.** 〔sich⁴+(gut)〕〚商〛人気が出てよく売れる(商品が). **5.** 〔⟨j⁴⟩ッ=+(in ⟨et⁴⟩ッ)〕指導をする(新任者に職務を). **6.** 〔⟨j⁴⟩ッ=+bei ⟨j³⟩ッ=〕紹介する. **7.** 〔sich⁴+⟨様態⟩〕印象をあたえる.

die **Ein·fuhr·er·laub·nis** [アインふーあ・エアらウブニス] 名 -/-se (国の)輸入許可.

die **Ein·fuhr·ge·neh·mi·gung** [アインふーあ・ゲネーミグング] 名 -/-en 輸入の承認.

der **Ein·fuhr·ha·fen** [アインふーあ・ハーふェン] 名 -s/..häfen 輸入港.

der **Ein·fuhr·han·del** [アインふーあ・ハンデル] 名 輸入貿易.

die **Ein·fuhr·li·zenz** [アインふーあ・リツェンツ] 名 -/-en 輸入認可.

die **Ein·fuhr·sper·re** [アインふーあ・シュぺれ] 名 -/- n (国の)輸入禁止.

die **Ein·füh·rung** [アイン・ふューるング] 名 -/-en **1.** 序論, 入門指導; ~ in die Philosophie 哲学入門. **2.** (新任者への)職務指導. **3.** 挿入. **4.** 紹介. **5.** 導入, 採用.

der **Ein·füh·rungs·preis** [アイン・ふューるングス・プらイス] 名 -es/-e 新製品売出し特別価格.

die **Ein·füh·rungs·wer·bung** [アインふューるングス・ヴェるブング] 名 -/-en 紹介広告.

das **Ein·fuhr·ver·bot** [アインふーあ・ふぇあボート] 名 -(e)s/-e (国の)輸入禁止.

der **Ein·fuhr·zoll** [アインふーあ・ツォル] 名 -(e)s/..zölle 輸入関税.

ein|fül·len [アイン・ふューレン] 動 h. 〔⟨et⁴⟩ッ+in ⟨et⁴⟩ッ〕いっぱいに入れる, 満たす(容器・袋などに).

die **Ein·ga·be** [アイン・ガーベ] 名 -/-n **1.** 請願書, 陳情書; eine ~ beim Stadtrat machen 請願書を市議会に提出する. **2.** 〚コンピ〛入力データ; (Ⓐのみ)インプット, 入力. **3.** (Ⓐのみ)(薬の)投与. **4.** 〚Ⓐ〛クロス(ボール).

das **Ein·ga·be·ge·rät** [アインガーベ・ゲれート] 名 -(e)s/-e 〚コンピ〛入力装置.

der **Ein·gang** [アイン・ガング] 名 -(e)s/..gänge **1.** 入口, 戸口; am ~ 入口で. **2.** 入ること, 入場, 入室, 入会;(Ⓐのみ)始まり, 冒頭; in ⟨et⁽³⁾⟩ ~ finden ⟨物・事ニ⟩受け入れられる. am ~ 冒頭で. **3.** (Ⓐのみ)(郵便物の)到着, 入荷; (主にⒶ)受信郵便物, 入荷商品.

ein・gän・gig [アイン・ゲンギヒ] 形 頭に入りやすい.
ein・gangs [アイン・ガングス] 副 始めに, 冒頭で.
―― 前 〔+2格〕〔空間・時間〕…の始めに.
das **Ein・gangs・da・tum** [アイン・ガングス・ダートゥム] 名 -s/..ten（郵便物・商品などの）受信［到着］日.
die **Ein・gangs・hal・le** [アイン・ガングス・ハレ] 名 -/-n 玄関ホール.
der **Ein・gangs・steu・er・satz** [アイン・ガングス・シュトイあー・ザッツ] 名 -es/..sätze（累進税の）最低税率.
die **Ein・gangs・stu・fe** [アイン・ガングス・シュトゥーふぇ] 名 -/-n〔教〕オリエンテーション段階（第5，6学年に設けられている）;入学段階（5歳で始まる教育制度の最初の二年間）.
ein・ge・baut [アイン・ゲバウト] 形 作り付けの;内蔵された.
ein・ge・ben* [アイン・ゲーベン] 動 h. 1.〔⟨j³⟩=+⟨et⁴⟩ッ〕投与する(薬を). 2.〔⟨et⁴⟩ッ+in⟨et⁴⟩ッ〕〔コンピュ〕インプットする. 3.〔⟨et⁴⟩ッ+(bei⟨j³⟩=)〕(古)提出する(請願書を当局などに). 4.〔⟨j³⟩=+⟨et⁴⟩ッ〕(文)抱かせる(考え・願いなどを), …するようにうながす.
ein・ge・bet・tet [アイン・ゲベッテット] 形 埋め［包み・織り］込まれた.
ein・ge・bil・det [アイン・ゲビルデット] 形〔(auf⟨et⁴⟩ッ)〕〔蔑〕鼻にかけた, 思い上がった, うぬぼれた.
das **Ein・ge・bin・de** [アイン・ゲビンデ] 名 -s/-(スイス)代父母からの贈物(洗礼・堅信式の際の).
ein・ge・bo・ren¹ [アイン・ゲボーレン] 形 1. 土着の. 2.〔(⟨j³⟩=)〕(文)生得の: ~e Idee 生得観念.
ein・ge・bo・ren² [アイン・ゲボーレン] 形 神の独りの子として生れた: Gottes ~er Sohn 神のひとり子(キリスト).
der/die **Ein・ge・bo・re・ne** [アイン・ゲボーレネ] 名（形容詞的変化）(古)原住民, 土着民.
die **Ein・ge・bung** [アイン・ゲーブング] 名 -/-en (文)インスピレーション, 霊感.
ein・ge・denk [アイン・ゲデンク] 形〔次の形で〕⟨et²⟩~ sein(文)⟨事⟩を心に留めている, 覚えている.
ein・ge・fal・len [アイン・ゲふァレン] 形 こけた(頬等), 落ちくぼんだ(眼), やせた.
ein・ge・fleischt [アイン・ゲふライシュト] 形 1. 根っからの. 2. 身に染みついた, ぬき難い.
ein・ge・hen* [アイン・ゲーエン] 動 s. 1.〔(in⟨et⁴⟩=)〕(文・稀)入る(建物などに). 2.〔(in⟨et⁴⟩=)〕(文)入る,受け入れられる. 3.〔(bei⟨j³⟩=)〕届く(郵便・情報などが). 4.〔⟨j³⟩=⟨様態〉〕(口)伝わる, 理解される(ある事が);(口)(すんなり)受入れられるほめ言葉などで. 5.〔繊〕縮む(布地・衣類などが);死ぬ(動物が),(口)では人にも用いる);枯れる(植物が);(口)つぶれる(店・新聞などが);(口)貧乏くじを引く;(口)罰せられる. 6.〔(bei⟨et⁴⟩ッ)〕損をする(取引・かけなどで). 7.〔⟨et³⟩ッ〔スポ〕〔ゲーム〕〕完敗する(試合で). 8.〔(auf⟨j⟩ッ)〕相手になる(子供などの). 9.〔(auf⟨et⁴⟩ッ)〕取組む, 同意する, (…)を取上げる(問題・計画・提案などに). 10.〔⟨et⁴⟩ッ+(mit⟨j³⟩ト)〕結ぶ(同盟・契約などを), する(結婚・かけなどを). 11.〔⟨et⁴⟩ッ〕引受ける, 負う(義務・リスクなどを).【慣用】Darauf gehe ich jede Wette ein.《口》それは確かに,賭[ケ]ても.
ein・ge・hend [アイン・ゲーエント] 形 詳細な, 綿密な.
ein・ge・legt [アイン・ゲレークト] 形 漬けた(野菜);象眼の, はめ込みの;同封された;装填⟨テン⟩された.
ein・ge・macht [アイン・ゲマハト] 形 瓶づめの.
das **Ein・ge・mach・te** [アイン・ゲマハテ] 名（形容詞的変化）〔ジャム・ピクルスなどの〕瓶詰めの保存食品.【慣用】ans Eingemachte gehen（その解決には）大変な努力と出費をせざるを得ない.
ein・ge・mein・den [アイン・ゲマインデン] 動 h.〔⟨et⁴⟩ッ+(in ⟨et⁴⟩=/nach ⟨et³⟩=)〕合併する.

ein・ge・nom・men [アイン・ゲノメン] 形 1.〔次の形で〕von sich³ ~ sein うぬぼれている. 2.〔von ⟨j³⟩/⟨et³⟩〕熱中した, 心を奪われた.
ein・ge・passt, ⓐ**ein・ge・paßt** [アイン・ゲパスト] 形 環境に順応した.
ein・ge・pfercht [アイン・ゲプふェルヒト] 形 ぎゅうぎゅう詰めの.
ein・ge・ros・tet [アイン・ゲロステット] 形 さびついた.
ein・ge・schlech・tig [アイン・ゲシュレヒティヒ] 形〔植〕単性の.
ein・ge・schnappt [アイン・ゲシュナップト] 形（口）立腹した, 感情を害した.
ein・ge・schränkt [アイン・ゲシュレンクト] 形 1. 制限された. 2. 切り詰めた.
ein・ge・schrie・ben [アイン・ゲシュリーベン] 形 1. 書留（郵便）の. 2.（正式に）登録された.
ein・ge・schwo・ren [アイン・ゲシュヴォーレン] 形〔auf ⟨j⁴/et⁴⟩〕忠誠を誓っている;（…を絶対的に支持している.
ein・ge・ses・sen [アイン・ゲゼッセン] 形 土着の, （数世代来）そこに住みついている, （創業来）そこにある.
ein・ge・stan・de・ner・ma・ßen [アイン・ゲシュタンデナーマーセン] 副《文飾》本人の認めるところでは, 白状すると.
das **Ein・ge・ständ・nis** [アイン・ゲシュテントニス] 名 -ses/-se 自認, 白状, 自白, 告白.
ein・ge・ste・hen* [アイン・ゲシュテーエン] 動 h.〔⟨et⁴⟩ッ〕認める（過ちなどを）, 白状する, 打明ける.
ein・ge・stellt [アイン・ゲシュテルト] 形〔様態〕考え方を持った, （…）の立場にある: ein liberal ~er Mann リベラルな考えの男. auf⟨j⁴⟩~ sein〈事・(心の)〉準備ができている;⟨事〉ねらいを定めている. gegen ⟨j⁴/et⁴⟩ ~ sein⟨人・事に〉反対の立場をとっている.
ein・ge・tra・gen [アイン・ゲトラーゲン] 形 登録［登記］された: ein ~er Verein 登録済社団（略e. V., E. V.）. ein ~es Warenzeichen 登録商標.
das **Ein・ge・wei・de** [アイン・ゲヴァイデ] 名 -s/-（主に複）内臓, はらわた.
ein・ge・weiht [アイン・ゲヴァイト] 形〔(in ⟨et⁴⟩=)〕通じた, 消息通の.
der/die **Ein・ge・weih・te** [アイン・ゲヴァイテ] 名（形容詞的変化）その道に通じている人,事情［消息］通.
ein・ge・wöh・nen [アイン・ゲヴェーネン] 動 h. 1.〔sich⁴+(⟨場所⟩=)〕慣れる. 2.〔⟨et⁴⟩ッ+(⟨場所⟩=)〕慣れさせる（動物を）.
die **Ein・ge・wöh・nung** [アイン・ゲヴェーヌング] 名 -/ 慣れる［順応する］こと.
ein・ge・wur・zelt [アイン・ゲヴゥツェルト] 形 根づいた;（転）根深い.
ein・ge・zo・gen [アイン・ゲツォーゲン] 形（稀）引きこもった.
ein・gie・ßen* [アイン・ギーセン] 動 h. 1.〔⟨j³⟩=+⟨et⁴⟩ッ〕注いでやる. 2.〔⟨et⁴⟩ッ+in ⟨et⁴⟩=〕注ぎ入れる（グラスなどに）.
das **Ein・glas** [アイン・グラース] 名 -es/..gläser《古》片眼鏡.
ein・glei・sig [アイン・グライズィヒ] 形 単線の;一面的な;〔スポ〕（地域別グループに分かれていない）単一の（リーグ）.
ein・glie・dern [アイン・グリーダーン] 動 h. 1.〔⟨j⁴/et⁴⟩ッ+(in ⟨j⁴⟩=/et⁴³⟩)〕組入れる, 編入する,（吸収）合併させる. 2.〔sich⁴+(in ⟨j⁴³⟩/et⁴³⟩)〕順応する, とけ込む.
die **Ein・glie・de・rung** [アイン・グリーデルング] 名 -/-en 組入れ, 編入.
ein・gra・ben* [アイン・グラーベン] 動 h. 1.〔⟨et⁴⟩ッ〕土の中に埋める;植える. 2.〔sich⁴+(in ⟨et⁴⟩=)〕

(穴を掘って)潜り込む；めり込む(車輪が泥などに). **3.**〘et⁴ɔ+in〈et³ɔ〙〘文〙彫り込む(石に碑文などを). **4.**〘et⁴ɔ+in〈et³ɔ〙残す(車輪が跡などを). **5.**〘sich⁴+in〈et³ɔ〙刻み込まれる(しわが顔に，あることが記憶される)；溝(穴)を掘る(流れが岩石などに).

ein|gra·vie·ren [アイング・ラヴィーレン] 動 h. 〘et⁴ɔ〙刻む(彫り)込む.

ein|grei·fen* [アイング・ライフェン] 動 h. **1.**〘(in〈et⁴ɔ)〙介入(干渉)する，口出しをする，(決定的な)影響を及ぼす. **2.**〘in〈et⁴ɔ〙〘工〙かみ合う(歯車が).

ein·grei·fend [アイン・グライフェント] 形 決定的な；断固たる.

die **Ein·greif·trup·pe** [アイン・グライフ・トゥルッペ] 名 -/-n 〘軍〙(紛争地帯への特別の)派遣部隊.

ein|gren·zen [アイン・グレンツェン] 動 h. **1.**〘et⁴ɔ〙周囲を囲む，境界を示しる(垣根などに). **2.**〘et⁴ɔ+auf〈et⁴ɔ〙限定する，しぼる(問題などに). **3.**〘et⁴ɔ〙はっきりさせる，突きとめる.

der **Ein·griff** [アイン・グリフ] 名 -(e)s/-e **1.**〘(in〈et⁴ɔ)〙介入，干渉：ein ～ in die private Sphäre 私的領域の侵害. **2.**〘医〙(特に内臓の)手術. **3.**〘ズボンの〙前あき.

ein|ha·ken [アイン・ハーケン] 動 h. **1.**〘et⁴ɔ+(in〈et⁴ɔ)〙鉤〔留め金・ホック〕で固定する(結ぶ). **2.**〘bei〈j³ɔ〕/〈j³ɔ〙腕を組む. **3.**〘⸨推量⸩〙〘口〙話に口をはさむ.

der **Ein·halt** [アイン・ハルト] 名 -(e)s/〘次の形で〕〈j³ɔ〙～ gebieten(tun〙〘文〙〈人・事ɔ阻止する，抑止する.

ein|hal·ten* [アイン・ハルテン] 動 h. **1.**〘in(mit〈et³ɔ)〙止める，中断する. **2.**〘et⁴ɔ〙守る(時間・規則古いなどを)；保つ(間隔・制限速度などを). **3.**〘et⁴ɔ〙〘古〙停止させる(馬な どɔ）こらえる；〘服〙ギャザー(タック)をとって縫める. 【慣用】**es nicht mehr einhalten können** 〘方〙用便がまんできない.

ein|häm·mern [アイン・ヘマーン] 動 h. **1.**〘et⁴ɔ+(in〈et⁴ɔ/⸨hinein⸩)〙ハンマーで刻み込む；〘稀〙ハンマーで打ち込む. **2.**〘auf〈j⁴/et³ɔ〙ハンマーで何度も打つ；〘転〙連打する，(…に)たて続けにパンチを浴びせる. **3.**〘j³ɔ+〈et⁴ɔ〙〘口〙叩込む.

ein|han·deln [アイン・ハンデルン] 動 h. **1.**〘et⁴ɔ+gegen(für〈et⁴ɔ⸨引換に⸩)〙入 手 する. **2.**〘sich³+〈et⁴ɔ〙〘口〙食らう(叱責などを)；もらう(病気など).

ein·hän·dig [アイン・ヘンディヒ] 形 片手しかない；片手(だけ)の.

ein|hän·di·gen [アイン・ヘンディゲン] 動 h.〘j³ɔ+〈et⁴ɔ〙渡す，委ねる(全権などを).

der **Ein·hand·seg·ler** [アイン・ハント・ゼーグラー] 名 -s/- 一人乗りのヨット，単独航走者.

ein|hän·gen [アイン・ヘンゲン] 動 h. **1.**〘et⁴ɔ〙(蝶番⸨ちょうつがい⸩・鉤などに)掛ける，取りつける. **2.**〘(〈et⁴ɔ/⸨auch⸩)〙掛ける，置く(受話器を). **3.**〘sich⁴+bei〈j³ɔ〙腕を組む.

ein|hau·chen [アイン・ハオヘン] 動 h. 〘j³ɔ+〈et⁴ɔ〙〘文〙吹込む(新しい生命などを).

ein|hau·en* [アイン・ハオエン] 動 haute ein(hieb ein)；hat eingehauen(hieb ein is 〘古〙) **1.**〘⸨過去形は haute ein⸩〙〘et⁴ɔ+in〈et⁴ɔ〙彫る(受動態では in〈et³ɔも用いられる)；たたき(打ち)込む(くぎを木の壁に). **2.**〘⸨過去形は haute ein⸩〙〘et⁴ɔ〙壊す(砕く)，〘窓ガラスなどを). **3.**〘auf〈j⁴/et⁴ɔ〙続けざまにたたく(打つ)，めちゃくちゃに殴る. **4.**〘⸨推量⸩〙〘口〙がつがつ食う.

ein·häu·sig [アイン・ホイズィヒ] 形〘植〙雌雄同株の.

ein|hef·ten [アイン・ヘフテン] 動 h. 〘et⁴ɔ+(in〈et⁴ɔ)〙ファイルする(受動態では in〈et³ɔも用いられる)；しつけ糸で縫いつける.

ein|he·gen [アイン・ヘーゲン] 動 h. 〘et⁴ɔ+(mit〈et³ɔ)〙囲む.

ein·hei·misch [アイン・ハイミッシュ] 形 土着の；国内(産)の；地元の；在来種の.

der/die **Ein·hei·mi·sche** [アイン・ハイミッシェ] 名〘形容詞的変化〙土着の人，土地の人.

ein|heim·sen [アイン・ハイムゼン] 動 h. 〘et⁴ɔ〙せっせと取入れる(収穫したものを)；〘口〙(大量に)獲得する(賃金・仕事などを).

die **Ein·hei·rat** [アイン・ハイ・ラート] 名 -/-en 婚姻によって家族(経営者)の一員に加わること.

ein|hei·ra·ten [アイン・ハイ・ラーテン] 動 h. 〘in〈et⁴ɔ〙結婚による加わる(特に男性が家族などに).

die **Ein·heit** [アイン・ハイト] 名 -/-en **1.**〘⸨のみ⸩〙統一，一致，統一体：die ～ von Theorie und Praxis 理論と実践の統一． die drei ～*en* 〘劇〙三 一 律． eine ～ bilden 一体をなす． Tag der Deutschen ～ ドイツ統一の日(1990年の東西ドイツ統一を記念する日)． **2.**(度量衡などの)単位． **3.**(構成)単位；〘軍〙部隊.

ein·heit·lich [アイン・ハイトリヒ] 形 **1.**統一のある，一貫した． **2.**画一的な，そろいの，均一の．

die **Ein·heit·lich·keit** [アイン・ハイトリヒカイト] 名 -/ 統一性；画一性，均一性．

die **Ein·heits·ge·werk·schaft** [アインハイツ・ゲヴェルクシャフト] 名 -/-en 統一労働組合．

die **Ein·heits·kurz·schrift** [アインハイツ・クルツ・シュリフト] 名 -/ 統一〔標準〕速記文字．

die **Ein·heits·lis·te** [アインハイツ・リステ] 名 -/-n 〘政〙統一候補者リスト(全政党の立候補者名簿)．

der **Ein·heits·preis** [アインハイツ・プライス] 名 -es/-e 統一〔標準〕価格．

die **Ein·heits·schu·le** [アインハイツ・シューレ] 名 -/-n 統一学校(機会均等と一貫教育を目ざした制度)．

der **Ein·heits·staat** [アインハイツ・シュタート] 名 -(e)s/-en 単一国家．

die **Ein·heits·ver·si·che·rung** [アインハイツ・ふぇあズィッヒルング] 名 -/-en 総合保険．

der **Ein·heits·wert** [アインハイツ・ヴェーあト] 名 -(e)s/-e 〘税〙課税標準評価額．

ein|hei·zen [アイン・ハイツェン] 動 h. **1.**〘et⁴ɔ〙点火する(ストーブなどに)；(…を十分に)暖める(部屋などを)． **2.**〘⸨推量⸩〙ストーブをたく，暖房を入れる；〘転〙〘口〙酒を飲む；身体を暖める(酒・コーヒーなどで)． **3.**〘j³ɔ〙〘口〙気合いを入れる．

ein·hel·lig [アイン・ヘリヒ] 形 全員〔満場〕一致の．

ein·her.. [アイン・ヘーあ..]〘接頭〕分離動詞を作る．アクセントを持つ． **1.**こちらへ，向うへ，あたりを…回る：einher|schreiten ゆっくりと歩いて来る〔行く〕，ゆっくりと歩き回る． **2.**一緒に〔同時に〕：einher|gehen 一緒〔同時〕に生じる．

ein·her|fah·ren* [アインヘーあ・ふぁーレン] 動 s.〘様態〙〘文〙(車で)走(回)る，走る．

ein·her|ge·hen* [アインヘーあ・ゲーエン] 動 s.〘文〙 **1.**〘様態〙歩く，歩き回る． **2.**〘mit〈et³ɔ〙伴う，(…と)一緒〔同時〕に生じる．

ein·höck·rig [アイン・⸨ひ⸩クリヒ] 形 一こぶの．

ein|ho·len [アイン・ホーレン] 動 h. **1.**〘et⁴ɔ〙追いつく，追い抜く． **2.**〘et⁴ɔ〙取返す，取戻す． **3.**〘et⁴ɔ〙下ろす(旗・帆などを)；引上げる(網・いかりなどを)． **4.**〘et⁴ɔ〙〘口〙買って来る． **5.**〘et⁴ɔ〙盛大に出迎える(貴賓などを)． **6.**〘et⁴ɔ〙もらう，得る，手に入れる(承認・情報などを)．

das **Ein·horn** [アイン・ホるン] 名 -(e)s/..hörner 一角獣，ユニコーン(純潔の象徴)．

der **Ein·hu·fer** [アイン・フーふぁー] [名] -s/- 〘動〙奇蹄(きてい)類の動物.

ein|hül·len [アイン・ヒュレン] [動] *h.* 〔〈j⁴/et⁴〉ヲ+(in〈et⁴〉ニ)〕くるむ, 包む;(〈j⁴/et⁴〉がsich⁴の場合)くるまる, 包まれる.

die **Ein·hül·lung** [アイン・ヒュルング] [名] -/-en 包むこと; 被覆, 外装.

ein·hun·dert [アイン・フンダート] [数] (基数) =hundert.

ei·nig [アイニひ] [形] **1.** 〔(sich³)+(mit〈j³〉ト)+(in〈et³〉デ〔über〈et⁴〉デ〕)〕一致した, 同意見の: Darin〔Darüber〕bin ich (mir) mit ihm ~. その点で私は彼と同意見だ. Über den Termin sind wir miteinander ~ geworden. 期日に関しては私たちは折合いがついた. **2.** 統一された, (一致)団結した. 【慣用】**Die beiden sind sich einig.** 《口》両人は互いに考え〔気持〕が一致している;《口》二人は結婚するつもりだ. **mit sich³ selbst nicht einig sein** 決心がつかないでいる.

ei·ni·ge [アイニゲ] [代] (不定)(変化形は形容詞の強変化. 後続の形容詞も主に強変化だが, [男]・[中]の2格では弱変化が多く, [中]の1・4格と[複]2格では弱変化もある) **1.** ([単]で)多少の, 少々の, 何がしかの(物・事):(付加語的用法) *~s* Geld 少々の金. nach *~r* Zeit すこし時間が経ってから. in *~r* Entfernung すこし離れたところで. (独立的用法) *E~s* davon kenne ich schon. 私はそれについて多少のことはすでに知っている. **2.** ([複]で)いくつかの, いく人かの, 二三の, 若干の:(付加語的用法) ~ Leute 若干名. ~ Male 数回, 二三回. ~ hundert〔Hundert〕/tausend〔Tausend〕Menschen 数百/数千の人たち. (独立的用法)*E~* standen noch herum. まだ数人があたりに立っていた. **3.** ([単]・[複]で)(普通とくらべて)かなりの, 相当なもの〔こと〕:(付加語的用法)Das macht ~ Schwierigkeiten. これはかなり厄介だ. (独立的用法)Ich habe dazu noch *~s* zu sagen. 私はそれについてはまだいろいろと言わなければならないことがある. **4.** ([複]で. 10位の基数とともに)《口》…より少し多い: ~ zwanzig Leute 20数人の人々.

ein|i·geln [アイン・イーゲルン] [動] *h.* **1.** 〔sich⁴〕身体を丸くする;〘軍〙(全面防御体制で)陣地に立てこもる. **2.** 〔sich⁴+(〈場所〉ニ)〕引きこもる;隠棲(いんせい)する.

ei·ni·ge Mal, [旧]**ei·ni·ge·mal** [アイニゲ マール, アイニゲマール] [副] 数回, 二三回.

ei·ni·gen [アイニゲン] [動] *h.* **1.** 〔〈j⁴〉ヲ〕統一〔統合〕する(民族・複数の団体などを). **2.** 〔相互代名詞sich⁴+(auf〈et⁴〉ニ/über〈et⁴〉ニツイテ)〕意見〔考え〕が一致する, 合意に達する. **3.** 〔sich⁴+(mit〈j³〉ト)〕和解する.

ei·ni·ger·ma·ßen [アイニガー・マーセン] [副] (語飾)(動詞・形容詞を修飾)ある程度, 幾分, なんとか, まあまあ;(形容詞を修飾)《口》かなり.

ei·nig ge·hen, [旧]**ei·nig|ge·hen*** [アイニひ ゲーエン] [動] *s.* **1.** 〔mit〈j³〉ト+in〈et³〉デ〕考え〔意見〕を同じくする. **2.** 〔mit〈et³〉ニ〕同意する(論拠などに).

die **Ei·nig·keit** [アイニひカイト] [名] -/ 一致, 合意; 団結: Es herrscht ~ darüber, dass... …について合意している.

die **Ei·ni·gung** [アイニグング] [名] -/-en 統一, 統合; 一致, 合意.

der **Ei·ni·gungs·ver·trag** [アイニグングス・ふぇあトらーク] [名] -es/..träge (東西両ドイツ間の)統一条約.

ein|imp·fen [アイン・イムプふぇン] [動] *h.* **1.** 〔〈j³/et³〉ニ+〈et⁴〉ヲ〕接種する. **2.** 〔〈j³〉ニ+〈et⁴〉ヲ〕《口》植えつける(考えなどを).

ein|ja·gen [アイン・ヤーゲン] [動] *h.* 〔〈j³〉ニ+〈et⁴〉ヲ〕(不意に)抱かせる(不安・恐怖などを).

ein·jäh·rig [アイン・イェーりひ] [形] 1年〔歳〕の, 〘植〙一年生の; 1年間の.

ein·jähr·lich [アイン・イェーありひ] [形] 1年ごとの.

ein|kal·ku·lie·ren [アイン・カルクリーれン] [動] *h.* **1.** 〔〈et⁴〉ヲ〕計算〔勘定・価格〕に入れる(包装代などを). **2.** 〔〈j⁴/et⁴〉ヲ〕前もって考慮に入れる.

das **Ein·kam·mer·sys·tem** [アイン・カマー・ズュステーム] [名] -s/-e 〘政〙(議会制度の)一院制.

ein|kap·seln [アイン・カプセルン] [動] *h.* **1.** 〔〈et⁴〉ヲ〕カプセルに入れる(薬剤などを), カプセルで密閉する(機械装置などを). **2.** 〔sich⁴〕引きこもって暮す;〘生〙被嚢(ひのう)する.

ein|kas·sie·ren [アイン・カスィーれン] [動] *h.* **1.** 〔〈et⁴〉ヲ〕集金する; 徴収する, 取立てる. **2.** 〔〈et⁴〉ヲ〕《口》ちゃっかり自分のものにする. **3.** 〔〈j⁴〉ヲ〕《口》捕えて投獄する.

der **Ein·kauf** [アイン・カウふ] [名] -(e)s/..käufe **1.** 購入;(主に[複])買ったもの: *Einkäufe* machen 買い物をする. **2.** 仕入れ;([単]のみ)〘商〙仕入部: einen ~ tätigen 仕入れをする. **3.** スカウト; スカウトされた人. **4.** (有料の)入会, 加入.

ein|kau·fen [アイン・カウふぇン] [動] *h.* **1.** 〔(補足なし)〕買い物をする. **2.** 〔〈et⁴〉ヲ〕買入れる; 仕入れる. **3.** 〔〈j⁴〉ヲ〕スカウトする. **4.** 〔sich⁴+in〈et⁴〉ニ〕金を払って入る. **5.** 〔sich⁴+in〔bei〕〈et³〉ノ権利ヲ〕金を払って取得する(継承〔会員・共同経営〕の権利などを). **6.** 〔sich⁴+〈場所〉ニ〕土地を買入れる. 【慣用】**einkaufen gehen/fahren** 買い物に行く/車で買い物に行く. **ohne Geld〔kostenlos〕einkaufen** 《冗》万引きする.

der **Ein·käu·fer** [アイン・コイふぁー] [名] -s/- 仕入係; スカウト(人).

die **Ein·kaufs·ab·tei·lung** [アインカウふス・アップタイルング] [名] -/-en 商品仕入部, 購入部門.

die **Ein·kaufs·ge·nos·sen·schaft** [アインカウふス・ゲノッセンシャふト] [名] -/-en (小売商などの)仕入協同組合.

der **Ein·kaufs·korb** [アインカウふス・コるプ] [名] -(e)s/..körbe 買い物籠.

der **Ein·kaufs·lei·ter** [アインカウふス・ライター] [名] -s/- 仕入部部長.

das **Ein·kaufs·netz** [アインカウふス・ネッツ] [名] -es/-e 買い物用網袋.

der **Ein·kaufs·preis** [アインカウふス・プらイス] [名] -es/-e 〘商〙仕入値.

der **Ein·kaufs·rol·ler** [アインカウふス・ろラー] [名] -s/- 買物用のキャスター付きキャリーバッグ.

die **Ein·kaufs·stra·ße** [アインカウふス・シュトらーセ] [名] -/-n ショッピング街.

die **Ein·kaufs·ta·sche** [アインカウふス・タッシェ] [名] -/-n 買い物袋.

der **Ein·kaufs·wa·gen** [アインカウふス・ヴァーゲン] [名] -s/- **1.** ショッピングカート. **2.** 買物用のキャスター付きキャリーバッグ.

das **Ein·kaufs·zen·trum** [アインカウふス・ツェントるム] [名] -s/..zentren ショッピングセンター.

die **Ein·kehr** [アイン・ケーあ] [名] -/ **1.** 立寄ること: in einem Gasthaus ~ halten 飲食店に立寄る. **2.** 《文》内省, 反省: ~ bei sich³ halten 《文》内省する.

ein|keh·ren [アイン・ケーれン] [動] *s.* **1.** 〔in〈et³〉ニ〕立寄る(レストランなどに). **2.** 〔bei〈j³〉ノ所ニ〕立寄る. **3.** 〔(補足なし)〕《文》訪れる(季節・平和・喜びなどが).

ein|kei·len [アイン・カイレン] [動] *h.* **1.** 〔〈et⁴〉ヲ+(in〈et⁴〉ニ)〕《稀》くさびで固定する. **2.** 〔〈j⁴/et⁴〉ヲ〕(取囲んで)動けなくさせる.

die **Ein·keim·blätt·ri·ge** [アイン・カイム・ブレットりゲ] [名] -/ 〘植〙単子葉植物.

ein|kel·lern [アイン・ケラーン] [動] *h.* 〔〈et⁴〉ヲ〕地下室に貯蔵する.

ein|ker·ben [アイン・ケるベン] [動] *h.* **1.** 〔〈et⁴〉ニ〕刻み目〔ぎざぎざ〕をつける(柄などに). **2.** 〔〈et⁴〉ヲ+

(in 〈et^4〉ニ)〕刻み込む(印などを).

ein|ker·kern [アイン・ケるカーン] [動] *h.* 〘〈j^4〉ヲ〙《文》投獄する, 獄舎につなぐ.

ein|kes·seln [アイン・ケっセルン] [動] *h.* 〘〈j^4/et^4〉ヲ〙〖軍〗包囲する;《転》すっかり取囲んでいる(山々が村などを).

die **Ein·kind·fa·mi·lie** [アイン・キント・ふぁミーリエ] [名] -/-n ひとりっ子家庭.

ein|kla·gen [アイン・クラーゲン] [動] *h.* **1.** 〘〈et^4〉ノ〙請求の訴訟を起こす(債務・賠償・代金などの). **2.** 〘〈et^4〉ヲ〙強く要求する.

ein|klam·mern [アイン・クラマーン] [動] *h.* 〘〈et^4〉ヲ〙括弧に入れる(語・文などを).

der **Ein·klang** [アイン・クラング] [名] -(e)s/..klänge (主に[単]) **1.** 〖楽〗同音, 同度, ユニゾン. **2.** 《文》調和, 和合, 一致: 〈et^4〉 mit 〈et^3〉 in ~ bringen 〈事ヲ〉〈事ト〉一致させる. 〈et^1〉 steht mit 〈et^3〉 in〔im〕 ~ 〈事ガ〉〈事ト〉一致している.

ein|kle·ben [アイン・クレーベン] [動] *h.* 〘〈et^4〉ヲ+(in 〈et^4〉ニ)〙貼る(アルバム・スタンプシートなどに).

ein|klei·den [アイン・クライデン] [動] *h.* **1.** 〘〈j^4〉ニ〙(新調の)衣服を着せる, 制服を支給する;(〈j^4〉がsich^{4}の場合)(新調の)服を着る. **2.** 〘〈et^4〉ヲ+in 〈et^4〉デ〙《文》表現する.

ein|klem·men [アイン・クレメン] [動] *h.* 〘〈j^4/et^4〉ヲ+(〈場所〉ニ/〈方向〉ニ)〙挟み込む: den Schwanz ~ 尻尾を両脚の間に挟む(犬が). sich^3 den Finger in der Tür ~ 指をドアに挟む.

ein|klin·ken [アイン・クリンケン] [動] **1.** *h.* 〘〈et^4〉ノ〙掛け金をかける. **2.** *s.* 〘補足なし〙掛け金がかかる(ドアなどが). **3.** *h.* 〘〈j^4〉ヲ〙《口》まっとうな生活に連戻す;(〈j^4〉がsich^{4}の場合)まっとうな生活に戻る.

ein|kni·cken [アイン・クニっケン] [動] **1.** *h.* 〘〈et^4〉ヲ〙折(曲げ)る, (内側に)軽く折曲げる(紙・ページなどを);捻挫(ねんざ)する(指・手・足などを). **2.** *s.* 〘補足なし〙折れ(曲が)る.

ein|knöp·fen [アイン・クネっプふぇン] [動] *h.* 〘〈et^4〉ヲ+in 〈et^4〉ノ内側ニ〙ボタンで取りつける.

ein|ko·chen [アイン・コっヘン] [動] **1.** *h.* 〘〈et^4〉ヲ〙煮つめる, 煮て瓶詰にする. **2.** *s.* 〘補足なし〙煮詰まって濃くなる. **3.** *h.* 〘〈j^4〉ヲ〙《オーストリア・冗》口説き落す;だます.

ein|kom·men* [アイン・コメン] [動] *h.* **1.** 〘補足なし〙《古》入る(金銭が);〖スポーツ〗ゴールインする;〖海〗入港する. **2.** 〘um 〈et^4〉ヲ〙《文》願い出る(有給休暇・転任などを). **3.** 〘〈j^3〉ノ〙《方》念頭に浮かぶ.

das **Ein·kom·men** [アイン・コメン] [名] -s/- 収入, 所得.

die **Ein·kom·mens·po·li·tik** [アインコメンス・ポリティーク] [名] -/-en (主に[単])〖政・経〗所得政策.

ein·kom·mens·schwach [アインコメンス・シュヴァっは] [形] 低所得の.

ein·kom·mens·stark [アインコメンス・シュタるク] [形] 高所得の.

die **Ein·kom·mens·steu·er** [アインコメンス・シュトイあー] [名] -/-n 〖税〗所得税.

die **Ein·kom·mens·steu·er·er·klä·rung** [アインコメンス・シュトイあー・エあクレーるング] [名] -/-en 〖税〗所得税申告.

die **Ein·kom·men·steu·er** [アインコメン・シュトイあー] [名] -/ =Einkommenssteuer.

ein|krat·zen [アイン・クらっツェン] [動] *h.* **1.** 〘〈et^4〉ヲ+(in〈et^4〉ニ)〙刻みつける(名前・印などを). **2.** 〘sich^4+bei 〈j^3〉ニ〙《口》取入る.

ein|krei·sen [アイン・クらイゼン] [動] *h.* **1.** 〘〈et^4〉ヲ〙丸で囲む(重要箇所などを);絞って行く(テーマなどを). **2.** 〘〈j^4/et^4〉ヲ〙包囲する(都市・獲物などを);〖政〗封鎖する(国などを). **3.** 〘〈et^4〉ヲ〙〖官〗郡に編入する(郡に属していない市を).

die **Ein·krei·sungs·po·li·tik** [アインクらイズングス・ポリティーク] [名] -/ 封鎖〔封じ込め〕政策.

ein|kre·men [アイン・クれーメン] [動] *h.* =ein|cremen.

ein|krie·gen [アイン・クリーゲン] [動] *h.* 《口》 **1.** 〘〈j^4〉ニ〙追いつく. **2.** 〘sich^4〙落着き〔自制心〕を取戻す, 冷静になる.

die **Ein·künf·te** [アイン・キュンふテ] [複名] 収入, 所得.

ein|kup·peln [アイン・クっペルン] [動] *h.* 〘補足なし〙〖車〗ギアを入れる.

ein|la·den[1]* [アイン・ラーデン] [動] *h.* 〘〈j^4〉ヲ+(zu 〈動〉スルヨウニ/zu 〈j^3/et^3〉ニ/in 〈et^4〉ニ)〙招待する, 招く, (費用を負担して)誘う, (…に…を)おごる;《スイ》(…に…を)要請する.

ein|la·den[2]* [アイン・ラーデン] [動] *h.* 〘〈et^4〉ヲ+(in 〈et^4〉ニ)〙積込む.

ein·la·dend [アイン・ラーデント] [形] 気をそそる, 魅力的な;おいしそうな.

die **Ein·la·dung** [アイン・ラードゥング] [名] -/-en **1.** 招待, 勧誘, 招聘(しょうへい): eine ~ zur Party パーティーへの招待. **2.** 招待状(~skarte). **3.** 客を招いての催し. **4.** 《スイス》要請. **5.** 〖フェンシング〗誘い.

die **Ein·la·ge** [アイン・ラーゲ] [名] -/-n **1.** 中に入れた物, 同封された物;(靴の)中敷き;象眼;〖服〗芯(しん);〖料〗(スープの)実;〖医〗(歯の一時的な)充塡物: 〈et^4〉 als ~ in den Brief legen 〈物ヲ〉手紙に同封する. **2.** (プログラムの合間に)挿入される出し物. **3.** 〖金融〗預金, 貯金, (銀行口座への)振込金;(企業への)出資(金).

ein|la·gern [アイン・ラーガーン] [動] *h.* **1.** 〘〈et^4〉ヲ+(in 〈et^3〉ニ)〙貯蔵〔保管〕する. **2.** 〘sich^4+in 〈et$^{4(3)}$〉ニ〙堆積(たいせき)〔沈殿〕する.

der **Ein·lass, ⓗEin·laß** [アイン・ラス] [名] -es/..lässe **1.** ([単]のみ)入れること, 入場, 開場: sich^3 ~ verschaffen 入れてもらう. **2.** 入口.

ein|las·sen* [アイン・ラっセン] [動] *h.* **1.** 〘〈j^4〉ヲ〙(中に)入れる. **2.** 〘〈et^4〉ヲ+(in 〈et^4〉ニ)〙入れる, 満たす(湯を浴槽などに). **3.** 〘〈et^4〉ヲ+in 〈et^4〉ニ〙はめ〔埋〕込む(宝石を白金の台などに). **4.** 〘〈et^4〉ニ+(mit 〈et^3〉ヲ)〙《南独・オーストリア》ワックスをかける(床などに);塗る(ワニスなどを家具に). **5.** 〘sich^4+mit 〈j^3〉ト〙関わり合う, 関係する. **6.** 〘sich^4+auf〔in〕〈et^4〉ニ〙関わり合う, 一役買う, 加わる(事件・論争などに).

die **Ein·lass·kar·te, ⓗEin·laß·kar·te** [アインラス・カるテ] [名] -/-n 入場券.

der **Ein·lauf** [アイン・ラウふ] [名] -(e)s/..läufe **1.** 〖スポーツ〗([単]のみ)ゴールイン;走って入場すること;(最終コーナーなどへの)進入. **2.** 〖スポーツ〗(競争の)ゴール;着順. **3.** 浣腸(かんちょう): 〈j^3〉 einen ~ machen 〈人ニ〉浣腸をする. **4.** (郵便物の)到着, (商品の)入荷;(到着)郵便物, 入荷品. **5.** 〖料〗スープに流し込む(卵その他で作った)実. **6.** 〖狩猟〗(柵内への野獣の)追込み口. **7.** 《稀》流入口.

ein|lau·fen* [アイン・ラウふぇン] [動] **1.** *s.* 〘(in 〈et^4〉ニ)〙〖スポーツ〗走って入場する;入る(ランナーが3周目などに). **2.** *s.* 〘(〈場所〉ニ/〈方向〉ニ)〙入る(列車・船が;人が列車・船で). **3.** *s.* 〘(in 〈et^4〉ニ)〙流れ込んでいる, 流れ込む. **4.** *s.* 〘(bei 〈j^3〉ノ所ニ)〙届く, 送付〔配達〕される. **5.** *s.* 〘補足なし〙縮む(布・服などが). **6.** *h.* 〘〈et^4〉ヲ〙履き慣らす. **7.** *h.* 〘sich^4〙ウォーミングアップのため走る;(動き始めてからしばらくして)本格的運転に入る(機械などが);軌道に乗る(企業・仕事などが).

ein|läu·ten [アイン・ロイテン] [動] *h.* 〘〈et^4〉ノ〙始まりを鐘が告げる(新年・平和・ミサなどの).

ein|le·ben [アイン・レーベン] [動] *h.* **1.** 〘sich^4+〈場所〉ニ〙慣れる. **2.** 〘sich^4+in 〈et^4〉ニ〙順応する;没入する, 感情移入する(詩・絵などに).

die **Ein·le·ge·ar·beit** [アイン・レーゲ・アるバイト] [名] -/-en 〖工芸〗象眼細工;象眼細工品.

ein|le·gen [アイン・レーゲン] [動] *h.* **1.** 〔〈et^4〉ヲ+(in 〈et^4〉ニ)〕入れる(敷皮を靴などに),同封する,装塡(そうてん)する(フィルムをカメラに). **2.** 〔〈et^4〉ヲ〕〖車〗入れる(ギアを). **3.** 〔〈et^4〉ヲ〕〖料〗漬汁に漬ける. **4.** 〔〈et^4〉ニ+(mit 〈et^3〉デ)//〈et^4〉ヲ+(in 〈et^4〉ニ)〕象眼する. **5.** 〔〈et^4〉ヲ〕〖銀行〗(口座に)振込む,預け入れる(お金・金額を);《スイ》投じる(票を). **6.** 〔〈et^4〉ヲ〕追加(挿入)する. **7.** 〔〈et^4〉ヲ〕(正式に)申立てる(異議などを);行使する(拒否権などを): Berufung/Revision ~ 控訴/上告する. **8.** 〔(〈j^3〉ノ)+〈et^4〉ヲ〕セットする(髪を). **9.** 〔〈et^4〉ヲ〕《古》構える(やり・弓矢などを). 【慣用】**bei 〈j^3〉 ein gutes Wort〔Fürbitte〕 für 〈j^4〉 einlegen** 〈人ニ〉〈人ヲ〉とりなしてやる. **mit 〈j^3/et^3〉 Ehre einlegen** 〈人・事のおかげで〉面目を施す.

die **Ein·le·ge·soh·le** [アイン・レーゲ・ゾーレ] [名] -/-n (靴の)中敷き.

ein|lei·ten [アイン・ライテン] [動] *h.* **1.** 〔〈et^4〉ノ〕準備をする,糸口を開く(研究調査・方策などの);開始を告げる(音楽が祝典などの);序言を書く: ein Verfahren gegen 〈j^4〉 ~ 〖法〗〈人ニ対シテ〉訴訟手続きをとる. eine Geburt künstlich ~ 〖医〗人工的に陣痛を促進する. **2.** 〔〈et^4〉ヲ+mit 〈et^3〉デ〕始める(式典を音楽などで). **3.** 〔〈et^4〉ヲ+in 〈et^4〉ニ〕導き入れる(排水を河川などに).

die **Ein·lei·tung** [アイン・ライトゥング] [名] -/-en **1.** 序文,序論;(曲の)導入部,序奏. **2.** 導入. **3.** (催しなどの)開始,冒頭.

ein|len·ken [アイン・レンケン] [動] **1.** *s.* 〔〈方向〉ニ〕曲る(車が・人が車で). **2.** *h.* 〔〈et^4〉ヲ+〈方向〉ニ〕向ける(車・ロケットなどを). **3.** *h.* 〖補足なし〗譲歩する,態度を和らげる.

ein|ler·nen [アイン・レるネン] [動] *h.* 〔〈j^3〉ニ+〈et^4〉ヲ〕まる暗記させる;(〈j^3〉がsich^{3}の場合)まる暗記する.

ein|le·sen* [アイン・レーゼン] [動] *h.* **1.** 〔sich^4+in 〈j^4/et^4〉ニ〕よく読んで慣れ親しむ〔詳しくなる〕(作家・作品などに). **2.** 〔〈et^4〉ヲ〕〖コンピュータ〗読取って記憶装置〔メモリー〕に入れる.

ein|leuch·ten [アイン・ロイひテン] [動] *h.* 〔〈j^3〉ニ〕はっきり分る,納得がいく(説明・論証などが).

ein·leuch·tend [アイン・ロイひテント] [形] 納得のいく.

ein|lie·fern [アイン・リーふぁーン] [動] *h.* **1.** 〔〈j^4〉ヲ+in 〈et$^{4(3)}$〉ニ〕送り込む,引渡す(病院・刑務所などに)(〈et^3〉は《オーストリア》). **2.** 〔〈et^4〉ヲ+(bei 〈et^3〉ニ)〕差出す,提出する(小包を郵便局などに).

die **Ein·lie·fe·rung** [アイン・リーふぇるング] [名] -/-en **1.** ([単]のみ)引渡し,提出. **2.** 引渡された人〔物〕,提出物.

der **Ein·lie·fe·rungs·schein** [アインリーふぇるングス・シャイン] [名] -(e)s/-e 引渡証,受領証.

ein·lie·gend [アイン・リーゲント] [形] 同封の,添付の.

die **Ein·lie·ger·woh·nung** [アイン・リーガー・ヴォーヌング] [名] -/-en (一家屋内に造られた)賃貸用小住宅.

ein|lo·chen [アイン・ロっヘン] [動] *h.* **1.** 〔〈j^4〉ヲ〕《口》刑務所に入れる. **2.** 〔〈et^4〉ヲ〕〖ゴルフ〗ホールに入れる(ボールを).

ein|lö·sen [アイン・[レ]ーゼン] [動] *h.* **1.** 〔〈et^4〉ヲ〕現金に換える(小切手などを);請出す(抵当品を). **2.** 〔〈et^4〉ヲ〕《文》果す(約束などを).

die **Ein·lö·sung** [アイン・[レ]ーズング] [名] -/-en **1.** 現金化;請け出し. **2.** (約束の)履行.

ein|lul·len [アイン・ルレン] [動] *h.* **1.** 〔〈j^4〉ヲ〕《口》子守歌を歌って寝かしつける;眠込ませる(単調な音楽・物音が). **2.** 〔〈j^4〉ヲ+(mit 〈et^3〉デ)〕《口》なだめる,黙らせる(苦情などを言う人を甘言・空約束などで).

die **Ein·mach** [アイン・マっは] [名] -/ 《オーストリア》(バターなどの油に小麦粉を混ぜてつくる)ルー.

die **Ein·ma·che** [アイン・マっへ] [名] -/ 《オーストリア》 =Einmach.

ein|ma·chen [アイン・マっヘン] [動] *h.* 〔〈et^4〉ヲ〕煮て貯蔵用瓶に詰める: Lass dich ~! 《口》おまえはどうしようもないやつだな.

das **Ein·mach·glas** [アインマっは・グラース] [名] -es/..gläser 貯蔵瓶.

ein·mäh·dig [アイン・メーディひ] [形] 〖農〗年1回刈りの.

ein|mah·nen [アイン・マーネン] [動] *h.* 〔〈et^4〉ヲ〕督促〔催促〕する(借金・会費・回答などを).

ein·mal [アイン・マール] [副] **1.** (アクセントは[⌐‐]) 1回〔度・倍〕: ~ in der Woche 週に一回. Ich sage es dir noch ~. それを君にもう一度だけ〔これを最後に〕言っておく(einmal にアクセントがなければ「再度,もう一度」⇨3). Er ist noch ~ so alt wie ich. 彼は私の倍の年だ. *E*~ fünf ist fünf. 5の1倍は5〔1×5=5〕. ~ übers〔ums〕 andere たえず,再三再四. auf ~ 急に;一度に. ~ mehr またもや,もう一度. ~ und nicht wieder 一度だけで二度とはしない. erst ~ まずもって. für ~ 今度ばかりは. mehr als ~ 一度ならず. ~ für allemal これっきり. ~ links (herum), ~ rechts (herum) ある時は左(まわりで),ある時は右(まわりで). **2.** (アクセントは[‐⌐]) **a.** (過去)かつて,むかし,ある時,一度: Es war ~ ein König. むかし一人の王様がいました. **b.** (未来)いつか,そのうち,一度: Besuchen Sie uns doch ~! ぜひ一度〔そのうち〕私たちをお訪ね下さい. **3.** (アクセント無)《語飾》(副詞を修飾・強調)erst ~ まず初めに. Sagen Sie es bitte noch ~! (それを)もう一度言って下さい(einmal にアクセントがあれば「もう一度だけ」⇨1). wieder ~ またもや. nicht ~ すら…ない. **4.** (アクセント無)《話者の気持》 **a.** (命令文でぜひにと求めて)ちょっと,まあ…してごらんよ: Komm ~ her! ちょっとこっちへ来いよ. **b.** (主に nun とともに既成の事実を動かせないものと見て)ともかく,なんといっても: Er ist nun ~ so. 彼はともかくそうなんだから(しかたがないよ).

das **Ein·mal·eins** [アインマール・アインス] [名] -/ (掛け算の)九九;基本知識: das kleine/große ~ 1から10/1から20までの掛け算表.

ein·ma·lig [アイン・マーリひ] [形] **1.** (アクセントは[⌐‐‐])一度〔回〕の;一度〔回〕かぎりの. **2.** (アクセントは[‐⌐‐])唯一無二の,またとないほど優れた;《口》すごく.

das **Ein·mark·stück** [アイン・マるク・シュテュック] [名] -(e)s/-e 1マルク硬貨(ユーロ導入前のドイツの貨幣).

der **Ein·marsch** [アイン・マるシュ] [名] -(e)s/..märsche 入場行進;進駐.

ein|mar·schie·ren [アイン・マるシーれン] [動] *s.* 〔in 〈et^4〉ニ〕行進して入場する;進駐する.

ein|mas·sie·ren [アイン・マスィーれン] [動] *h.* 〔〈et^4〉ヲ+(in 〈et^4〉ニ)〕擦込む(クリームなどを).

ein·mas·tig [アイン・マスティひ] [形] 一本マストの.

ein|mau·ern [アイン・マウあーン] [動] *h.* **1.** 〔〈j^4/et^4〉ヲ〕壁の中に閉じ込める. **2.** 〔〈et^4〉ヲ+(in 〈et^4〉ニ)〕取りつける(壁にかぎなどを);埋め込む(定礎式で文書を土台などに).

ein|mei·ßeln [アイン・マイセルン] [動] *h.* 〔〈et^4〉ヲ+in 〈et^4〉ニ〕のみで彫り込む(碑文を碑などに).

ein|men·gen [アイン・メンゲン] [動] =ein|mischen.

das **Ein·me·ter·brett** [アイン・メーター・ブれット] [名] -(e)s/-er (水面上)1m(の高さの)飛び板(1-Meter-Brett).

ein|mie·ten [アイン・ミーテン] [動] *h.* **1.** 〔〈j^4〉ニ+(in 〈et^3〉ノ/bei 〈j^3〉ノ所ノ)〕部屋を借りてやる. **2.** 〔〈et^4〉ヲ〕〖農〗室(むろ)に貯蔵する.

ein|mi·schen [アイン・ミっシェン] [動] *h.* **1.** 〔〈et^4〉

ヲ＋(in 〈et^4〉ニ)〕《稀》交ぜ(入れ)る. **2.** 〔sich^4＋in 〈et^4〉ニ〕干渉〔介入〕する；(余計な)口出しをする.

die **Ein·mi·schung** [アイン・ミッシュング] [名] -/-en 混入；介入, 干渉.

ein·mo·na·tig [アイン・モーナティひ] [形] 生後1か月の；1か月間の.

ein·mo·nat·lich [アイン・モーナトリひ] [形] 月に一度の.

ein·mo·to·rig [アイン・モトーりひ] [形] 単発の.

ein|mot·ten [アイン・モッテン] [動] *h.* 〔〈et^4〉ヲ〕防虫剤を入れてしまう；保管する(兵器などを).

ein|mum·meln [アイン・ムメルン] [動] *h.* 〔〈j^4〉ヲ＋〈[形]〉ニ〕《口》くるむ(子供を温かくなど)；(〈j^4〉がsich^{4}の場合)くるまる.

ein|mum·men [アイン・ムメン] [動] ＝ein|mummeln.

ein|mün·den [アイン・ミュンデン] [動] *h./s.* 〔in 〈et^4〉ニ〕注ぐ(川が海などに), 合流する(川・道路などが)；通じている(道路が広場などに)；帰着する(核心的問題などに).

ein·mü·tig [アイン・ミューティひ] [形] (意見の)一致した.

die **Ein·mü·tig·keit** [アイン・ミューティひカイト] [名] -/ (意見・態度の)一致.

ein|na·geln [アイン・ナーゲルン] [動] *h.* **1.** 〔〈et^4〉ヲ＋(in〈et^4〉ニ)〕釘(くぎ)で打ちつける. **2.** 〔〈et^4〉ヲ〕打込む(くぎなどを).

ein|nä·hen [アイン・ネーエン] [動] *h.* **1.** 〔〈et^4〉ヲ＋(in 〈et^4〉ニ)〕縫いつける, 縫込む. **2.** 〔〈et^4〉ヲ〕縫い縮める.

die **Ein·nah·me** [アイン・ナーメ] [名] -/-n **1.** (主に[複])収入. **2.** ([単]のみ)(食物の)摂取, (薬の)服用. **3.** ([単]のみ)占領, 奪取.

die **Ein·nah·me·quel·le** [アインナーメ・クヴェレ] [名] -/-n 財源, 収入源.

ein|ne·beln [アイン・ネーベルン] [動] *h.* **1.** 〔〈j^4/et^4〉ニ〕〖軍〗煙幕を張る. **2.** 〔Es＋sich^4〕《口》霧が立ちこめる.

ein|neh·men* [アイン・ネーメン] [動] *h.* **1.** 〔〈et^4〉ヲ〕受取る, 稼ぐ, 儲(もう)ける；徴収する(税金・会費などを). **2.** 〔〈et^4〉ヲ〕《文》とる(食物を), 服用する(薬を)；《古》積込む(船が貨物などを)；占領する；占める(場所を)；《転》頭を占める(ある考えなどが)： von sich^3 *eingenommen* sein うぬぼれている. **3.** 〔〈et^4〉ニ〕着く((所定の)場所・位置などに), 座る(座席などに)；就く(地位などに)；(…を)取る(立場・態度を). **4.** 〔〈j^4〉ニ＋für 〈j^4/et^4〉ニ対スル〕好感を抱かせる. **5.** 〔〈j^4〉ニ＋gegen 〈j^4/et^4〉ニ対スル〕反感を抱かせる.

ein·neh·mend [アイン・ネーメント] [形] 好感のもてる；《冗》がめつい.

ein|ni·cken [アイン・ニッケン] [動] *s.* 〔補足なし〕《口》居眠りをする.

ein|nis·ten [アイン・ニステン] [動] *h.* 〔sich^4＋〈場所〉ニ〕《稀》巣を作る；〖医〗着床する；《転》図々しく住みつく；《文》巣くう(疑念などが).

ein|nor·den [アイン・ノるデン] [動] *h.* 〔〈et^4〉ノ〕北を磁石の北に合わせる(地図の).

die **Ein·ö·de** [アイン・㋓ーデ] [名] -/-n 寂寥(せきりょう)とした所.

ein|ö·len [アイン・㋓ーレン] [動] *h.* **1.** 〔〈j^4/et^4〉ニ〕(たっぷり)油を塗り込む；(〈j^4〉がsich^{4}の場合)自分の体〔肌〕に油を塗る. **2.** 〔〈et^4〉ニ〕油をさす.

ein|ord·nen [アイン・オるドネン] [動] *h.* **1.** 〔〈et^4〉ヲ＋(in〈et^4〉ニ)〕整理して入れる(書棚・カード・ボックスなどに). **2.** 〔〈j^4/et^4〉ヲ＋(in 〈et^4〉ニ)〕分類する(ジャンルなどに). **3.** 〔sich^4〕指定車線に移る. **4.** 〔sich^4＋(in 〈et^4〉ニ)〕順応〔適応〕する.

ein|pa·cken [アイン・パッケン] [動] *h.* **1.** 〔〈et^4〉ヲ＋(in 〈et^4〉ニ)〕詰める, 入れる；荷造りする；包む, 包装する. **2.** 〔〈j^4〉ヲ＋in 〈et^4〉ニ/〈[形]〉ニ〕《口》くるむ, 包む. 【慣用】**Damit kannst du einpacken〔dich einpacken lassen〕.** 《口》それではうまく行かないよ. **Er kann einpacken〔sich einpacken lassen〕.** 《口》彼はどうしようもないやつだ〔役立たずだ〕. **Pack doch mit deinen alten/dummen Witzen ein!** 《口》いい加減に古くさい/くだらない洒落(しゃれ)はやめろ. **Pack ein!** 《口》やめろ；うせろ！

ein|par·ken [アイン・パるケン] [動] *h.* 〔補足なし〕車と車の間に入れて駐車する.

das **Ein·par·tei·en·sys·tem** [アイン・パるタイエン・ズュステーム] [名] -s/-e 〖政〗一党独裁体制.

das **Ein·par·tei·sys·tem** [アイン・パるタイ・ズュステーム] [名] -s/-e ＝Einparteiensystem.

ein|pas·sen [アイン・パッセン] [動] *h.* **1.** 〔〈et^4〉ヲ＋(in 〈et^4〉ニ)〕ぴったりはめ込む. **2.** 〔sich^4＋(in 〈et^4〉ニ)〕順応〔適応〕する.

ein|pau·ken [アイン・パウケン] [動] *h.* 《口》 **1.** 〔〈j^3〉ニ＋〈et^4〉ヲ〕たたき込む, 覚えさせる(単語・規則・技術などを). **2.** 〔sich^3＋〈et^4〉ヲ〕(しゃにむに)覚える, 習得する. **3.** 〔〈j^4〉ニ〕《古》詰込み教育をする.

ein|peit·schen [アイン・パイチェン] [動] *h.* 《稀》 **1.** 〔auf 〈j^4/et^4〉ニ〕鞭(むち)を加える. **2.** 〔〈j^3〉ニ＋〈et^4〉ヲ〕たたき込む(スローガンなどを).

der **Ein·peit·scher** [アイン・パイチャー] [名] -s/- (英国下院の)院内幹事(議員に登院を励行させる)；(熱心な)督励者.

ein|pen·deln [アイン・ペンデルン] [動] *h.* **1.** 〔sich^4〕安定する(物価などが)；スムーズに運用されるようになる(新しい方法・法規などが), スムーズに行われるようになる(共同作業などが). **2.** 〔sich^4＋auf 〈et$^{4(3)}$〉ニ〕(次第に)落着く(激しい事象などが).

ein|pen·nen [アイン・ペネン] [動] *s.* 〔補足なし〕《文》眠込む.

der **Ein·per·so·nen·haus·halt** [アイン・ペるゾーネン・ハウス・ハルト] [名] -(e)s/-e 一人所帯, 単身者世帯.

ein|pfer·chen [アイン・プふぇるヘン] [動] *h.* **1.** 〔〈et^4〉ヲ〕囲いの中に追込む(家畜を). **2.** 〔〈j^4〉ヲ＋in 〈et^4〉ニ〕ぎゅうぎゅう詰込む.

ein|pflan·zen [アイン・プふランツェン] [動] *h.* **1.** 〔〈et^4〉ヲ＋(in〈et$^{4(3)}$〉ニ)〕植える. **2.** 〔〈et^4〉ヲ＋〈j^3〉ノ心ニ〕植えつける. **3.** 〔〈j^3〉ニ＋〈et^4〉ヲ〕〖医〗移植する.

ein|pfrop·fen [アイン・プふろっプふェン] [動] *h.* **1.** 〔〈et^4〉ヲ〕〖園〗接ぐ. **2.** 〔〈j^3〉ニ＋〈et^4〉ヲ〕教え込む(知識・きまりなどを).

ein|pin·seln [アイン・ピンゼルン] [動] *h.* 〔〈et^4〉ニ＋mit 〈et^3〉ヲ〕はけで塗る(傷にヨードチンキなどを).

ein|pla·nen [アイン・プラーネン] [動] *h.* 〔〈j^4/et^4〉ヲ〕計画に入れる, 計画を立てる際に考慮に入れる.

ein|pö·keln [アイン・[ペ]ーケルン] [動] *h.* ＝ein|salzen.

ein·po·lig [アイン・ポーりひ] [形] 〖電〗単極の.

ein|prä·gen [アイン・プれーゲン] [動] *h.* **1.** 〔〈et^4〉ヲ＋in 〈et$^{4(3)}$〉ニ〕彫り込む, 刻印する. **2.** 〔〈j^3〉ニ＋〈et^4〉ヲ〕覚え込ませる, 脳裏に刻み込ませる. **3.** 〔sich^4＋〈j^3〉ノ〕記憶〔印象〕に残る(体験などが). 【慣用】**sich^4 leicht einprägen** 覚えやすい(メロディーなどが). **sich^3〔seinem Gedächtnis〕〈et^4〉einprägen** 〈事ヲ〉忘れないように覚える.

ein·präg·sam [アイン・プれークザーム] [形] 覚えやすい, 記憶に残る, 感銘を覚える.

ein|pres·sen [アイン・プれっセン] [動] *h.* 〔〈et^4〉ヲ＋(in 〈et^4〉ニ)〕プレス〔圧印〕する.

ein|pu·dern [アイン・プーダーン] [動] *h.* 〔〈j^4/et^4〉ニ〕パウダーをつける.

ein|pup·pen [アイン・プッペン] [動] *h.* **1.** 〔sich^4〕さなぎになる(幼虫が). **2.** 〔〈j^4〉ニ＋〈[形]〉ナ〕《ベルリン》衣服を着せる(シックな・身体に合ったなど)；(〈j^4〉がsich^{4}の場合)衣服を着る.

ein|quar·tie·ren [アイン・クヴァるティーれン] [動] *h.* **1.** 〔〈j^4〉ヲ＋(bei 〈j^3〉ノ所ニ/in 〈et^3〉ニ)〕宿泊させる, 〖軍〗宿営させる. **2.** 〔sich^4＋bei 〈j^3〉ノ所ニ/in 〈et^3〉ニ〕泊

Einquartierung

まる.

die Ein·quar·tie·rung [アイン・クヴァるティーるング] 名 -/-en 宿泊, 宿営; (㊥のみ)宿泊(宿営)者.

ein|quet·schen [アイン・クヴェッチェン] 動 h. 〈j³〉+〈et⁴〉 挟んでつぶす(指などを).

das Ein·rad [アイン・らート] 名 -(e)s/..räder 一輪車.

ein|rah·men [アイン・らーメン] 動 h. 1. 〈et⁴〉ヲ枠(額)に入れる(写真・絵などを), 〈…に〉枠をつける(鏡など に); 取囲んでいる(山々が町などを). 〈転〉両側から挟む(人を).

die Ein·rah·mung [アイン・らームング] 名 -/-en 1. 縁〔枠〕づけ; 取り囲むこと. 2. 額縁, 枠.

ein|ram·men [アイン・らメン] 動 h. 〈et⁴〉+〈in〈et⁴〉〉 打込む; 〈et⁴〉ヲ突き破る.

ein|ras·ten [アイン・らステン] 動 s. 〔㊥〕〔工〕(固定装置が作動して)固定される, ロックされる(施錠装置などが); 〈口・蔑〉(いわゆる)むくれる.

ein|räu·men [アイン・ろイメン] 動 h. 1. 〈et⁴〉+〈in〈et⁴〉〉片づける, しまう. 2. 〈et⁴〉ヲ家具(調度品)を入れる(住いなどに), 衣類を入れる(タンスに), 本を入れる(書棚に). 3. 〈j³〉ニ+〈et⁴〉ヲ譲る(席などを), 空けてやる(場所・使っていた部屋などを). 4. 〈j³〉ニ+〈et⁴〉ヲ与える, 容認する(地位・権限・自由などを), 供与する(クレジット・割引などを), 認める(権利・優先権などを). 5. 〈〈j³〉ニ〉+〈文〉デフル〉認める.

ein|räu·mend [アイン・ろイメント] 形 〖言〗認容の.

die Ein·räu·mung [アイン・ろイムング] 名 -/-en 1. (㊥のみ)容認, 承認; 譲歩. 2. 容認〔承認・譲歩〕の言葉.

der Ein·räu·mungs·satz [アイン・ろイムングス・ザッツ] 名 -es/..sätze 〖言〗認容文.

ein|rech·nen [アイン・れヒネン] 動 h. 〈et⁴〉+〈mit〉 (一緒に)勘定〔請求書〕に入れる(人件費などを), 数〔計算〕に入れる; 考慮に入れる.

die Ein·re·de [アイン・れーデ] 名 -/-n 〖法〗抗弁(権).

ein|re·den [アイン・れーデン] 動 h. 1. 〈j³〉ニ+〈et⁴〉ヲ/zu 〈動〉スルヨウニ〉 説き聞かせる, 信じさせる(考え・му́ысцへを); 吹込む(観念などを). 2. 〈sich³+〈et⁴〉〉 (自分で勝手に)思い込む. 3. 〈auf〈j⁴〉〉 説得する, 〈…に〉しきりに説く.

ein|reg·nen [アイン・れーゲネン] 動 h. 1. 〈et⁴〉+〈in〈et⁴〉〉 雨でびしょぬれにする. 2. 〈s.〉 〔㊥〕〈場所ヲ/時間ョ/㊥〉雨に降りこめられる. 3. h. 〈Es+sich⁴〉雨が本降りになる, 雨が降りやまない.

ein|rei·ben* [アイン・らイベン] 動 h. 1. 〈et⁴〉ヲ+〈in〈et⁴〉〉 クリームを肌などに). 2. 〈〈j³〉〉+〈et⁴〉ヲ+mit〈et⁴〉〉 擦込む(顔にクリームなどを).

ein|rei·chen [アイン・らイヒェン] 動 h. 1. 〈et⁴〉ヲ+〈bei〈j³/et³〉ニ/〈j³〉ニ〉 提出する(申請などを). 2. 〈j⁴〉ヲ〈口〉(文書で)推薦する(昇進・叙勲などのために).

ein|rei·hen [アイン・らイエン] 動 h. 〈j⁴/et⁴〉ヲ+〈in〈j⁴/et⁴〉ニ〉加える.

der Ein·rei·her [アイン・らイあー] 名 -s/- 〖服〗シングル(の背広).

einrei·hig [アイン・らイヒ] 形 一列の; シングルの〈服〉.

die Ein·rei·se [アイン・らイゼ] 名 -/-n 入国. (~erlaubnis).

die Ein·rei·se·er·laub·nis [アインらイゼ・エあラウプニス] 名 -/-se 入国許可(証).

die Ein·rei·se·ge·neh·mi·gung [アインらイゼ・ゲネーミグング] 名 -/-en 入国許可(証).

ein|rei·sen [アイン・らイゼン] 動 s. 〈方向〉ニ〉入国する.

ein|rei·ßen* [アイン・らイセン] 動 h. 1. 〈et⁴〉ヲ取壊する(家屋などを), 決壊させる(洪水が堤防などを); 崩落

させる(年月が城壁などを); 破って裂目をつくる(紙などを). 2. 〈sich³+〈et⁴〉〉刺し入れる(とげ・ガラスの破片などを). 3. s. 〔㊥〕裂け目ができる; 悪習となる, 広まる.

ein|rei·ten* [アイン・らイテン] 動 1. h. 〈et⁴〉ヲ乗りならす(馬を). 2. 〈sich〉乗馬の練習をする. 3. s. 〔in〈et⁴〉〕馬を乗入れる.

ein|ren·ken [アイン・れンケン] 動 h. 1. 〈et⁴〉ヲ+〈mit〈et⁴〉〉整復する(脱臼した足・腕・肩などを). 2. 〈et⁴〉ヲ〔口〕元どおりにする(人間関係などを); 〈et⁴〉ヲsich⁴の場合)元どおりになる.

ein|ren·nen* [アイン・れネン] 動 h. 1. 〈j³〉ニ+〈mit〈et⁴〉〉ぶつけて壊す. 2. 〈sich³+〈et⁴〉〉〈口〉(ぶつけて)痛める. 【慣用】〈j³〉 **das Haus〔die Bude/die Tür〕einrennen**〈口〉〈人の〉家にしつこく押しかける.

ein|re·xen [アイン・れクセン] 動 h. 〈et⁴〉ヲ〈南独・オーストリア〉瓶詰めにする(ジャムなどを).

ein|rich·ten [アイン・りヒテン] 動 h. 1. 〈et⁴〉ヲ+〈mit〈et⁴〉〉備えつける(家具調度を). 2. 〈et⁴〉ヲ+〈様態〉ニ〉しつらえる. 3. 〈sich⁴+〈形〉ニ/mit〈et⁴〉〉自分の住まいのインテリアを整える. 4. 〈et⁴〉ヲ〖医〗整復する(脱臼した・骨折した足・腕などを). 5. 〈sich⁴〉境遇に適応する; 少ない収入で何とかやって行く. 6. 〈sich⁴+〈et⁴〉〉調整する(機械・行為などを), 〈…の〉手はずを決める. 7. 〈sich⁴+auf〈j⁴/et⁴〉〉迎える(心の)準備をする, 〈…に対する〉心構えをする. 8. 〈et⁴〉ヲ開設する(支店・講座などを). 9. 〈et⁴〉ヲ+〈für〈et⁴〉ニ〉改訂する(教科書などを). 10. 〈et⁴〉ヲ〖数〗通分(分する.

die Ein·rich·tung [アイン・りヒトゥング] 名 -/-en 1. (㊥のみ)家具調度を調えること; (施設などの)設立, 設置; 翻案, 脚色; 通訳. 〖医〗整復. 2. 家具調度品; 装置, 設備, 設置物; (公共)施設. 3. 制度, 習慣, 慣行: zu einer ständigen ~ werden 習慣となる.

der Ein·rich·tungs·ge·gen·stand [アインりヒトゥングス・ゲーゲン・シュタント] 名 -(e)s/..stände 家具, 調度.

ein|rit·zen [アイン・りッツェン] 動 h. 〈et⁴〉+〈in〈et⁴〉ニ〉刻み込む(碑文などを).

ein|rol·len [アイン・ろレン] 動 h. 1. 〈et⁴〉ヲ巻く(地図などを); カールさせる(髪を). 2. 〈sich⁴〉体を丸める(猫などが). 3. s. 〔㊥〕ゆっくり入って来る(列車などが). 4. 〈et⁴〉〔球〕ロールインする(ボールを).

ein|ro·sten [アイン・ろステン] 動 s. 〔㊥〕さびつく(錠・ねじなどが); 〈転・口〉動きが鈍る(選手などが), 硬くなる(身体が), 頭の働きが鈍る.

ein|rü·cken [アイン・りュッケン] 動 1. s. 〔in〈et⁴〉ニ〕移動する, 進入する(主に軍隊が); 入営する. 2. s. 〔㊥〕兵役に就く. 3. 〔in〈et⁴〉〕昇進〔昇格〕する. 4. 〈et⁴〉ヲ〖工〗入れる(ギヤなどを). 5. h. 〈et⁴〉ヲ一文字分右へずらす(引用文などを). 6. h. 〈et⁴〉ヲ+〈in〈et⁴〉ニ〉掲載する, 新聞に載せる.

ein|rüh·ren [アイン・りゅーれン] 動 h. 1. 〈et⁴〉ヲ+〈in〈et⁴〉ニ〉混ぜながら入れる(卵をスープなどに). 2. 〈j³〉ニ+〈et⁴〉ヲ〔口〕でかす.

ein|rü·sten [アイン・りュステン] 動 h. 〈et⁴〉〖土〗まわりに足場を組む(建物などの).

eins¹ 〖数〗〖基数〗 1. 1【名詞とともに用いて】一つの, 一人の男〔女〕, 一つのもの〔こと〕の意味のとき, また 21, 31…の場合については ➡ **ein²**: hundert (und) ~ 101. Das Spiel ging 1 : 0 (=eins zu null) aus. 競技の結果は1対0であった. **halb ~** 0 時半. **gegen ~** 1 時頃. 2. 一級, 一番: Wandern ist mein Hobby Nummer ~. ハイキングが私の一番の趣味です. **~ a** 特選, 逸品(もとは商業用語で, たい

ていIaと書く). Der Wein schmeckt ~ a!《口》このワインはとびきりうまい. 【慣用】**Eins zu null für dich**！（その点では）君の勝ちだ. **Eins zu null für mich！** うだ,ぼくの言ったとおりだろう. (in) **eins, zwei, drei**《口》あっという間に.

eins[2] ［アインス］ 形 同一［一体］の, 同じ；Wir sind uns ~ darüber, dass ... …という点でわれわれは意見が一致している. Blitz und Donner waren ~. 稲妻と雷鳴が同時だった. 【慣用】〈j³〉**eins sein**〈人と…〉どうでもいい. **in eins sein** 一体である. **mit**〈j³/et³〉**eins sein**〈人と…〉意見が一致している〈の/物・事と〉一体になっている.

eins[3] ［アインス］ 代（不定）（einer³の中⊕⊕・1・4格einesの縮小形）一つのもの［こと］；E~ muss ich dir noch sagen. もう一つ君に言わねばならないことがある. Das kommt auf ~ heraus[läuft auf ~ hinaus]. 結局は同じである. ~ nach dem andern 一つ, また一つと. mit ~ 突然. 〈j³〉~ auswischen《口》〈人を〉(仕返しで)ひどい目にあわせる. ~ trinken 一杯やる. ~ singen 一曲歌う.

die **Eins** ［アインス］ 名 -/-en **1.** 数字の1；(サイコロの)1；《口》(市電などの)1番系統〔＝die römische ~ ローマ数字の1. eine ~ werfen さいころの1の目を出す. mit der ~ fahren《口》1番(系統の電車・バス)で行く. eine Prüfung mit einer „1" bestehen「優」の成績で合格する.

ein·sa·cken[1] ［アイン・ザッケン］ 動 h.《et⁴ッ》袋に詰める；《口》ねこばばする.

ein·sa·cken[2] ［アイン・ザッケン］ 動 s.《俗に》《口》崩れ落ちる, 陥没する.

ein·sa·gen ［アイン・ザーゲン］ 動 h.《j³ッ＝〈et⁴ッ〉》《南独》耳打ちする(特に学校で).

ein·sal·ben ［アイン・ザルベン］ 動 h.《j⁴/et⁴ッ》塗薬〔香油〕を塗込む.

ein·sal·zen(*) ［アイン・ザルツェン］ 動 h.《et⁴ッ》塩漬けにする. 【慣用】**Der kann sich einsalzen lassen.** あいつはものの役に立たない.

ein·sam ［アインザーム］ 形 **1.** 孤独な, 一人〔一つ〕きりの, ぽつんとある；sich⁴ ~ fühlen 孤独を感じる. **2.** へんぴな；人けのない.

die **Ein·sam·keit** ［アインザームカイト］ 名 -/-en（主に⊕）独りでいること, 孤独；寂しい場所.

das **Ein·sam·keits·ge·fühl** ［アインザームカイツ・ゲフュール］ 名 -(e)s/-e 孤独感.

ein·sam·meln ［アイン・ザメルン］ 動 h. **1.**《et⁴ッ》(拾い)集める〈リンゴをかごなどに〉；収集する〈情報・データなどを〉. **2.**《j⁴ッ》連れて行く, 拾って行く〈スクールバスが生徒などを〉. **3.**《et⁴ッ》集める〈お金・回答用紙などを〉.

ein·sar·gen ［アイン・ザルゲン］ 動 h.《j⁴/et⁴ッ》棺に納める.

der **Ein·satz** ［アイン・ザッツ］ 名 -es/..sätze **1.**（職務などの)果すこと；《j⁴ッ》投入, 配備使用. Im sozialen ~ stehen 社会活動をしている. unter ~ seines Lebens 命がけで.《j⁴/et¹》zum ~ bringen〈人・物を〉投入する. zum ~ kommen 投入される. den vollen ~ verlangen 全力を尽すことが必要だ. **2.**〔軍〕(前線への)出撃；im ~ sein 出撃している. vom ~ nicht zurückkehren 戦没する. **3.**（鍋・トランクなどの)入れ子, 中子；(生地などに縫い付けたり)はめ込み, パネル. **4.** 賭(か)け金；担保. **5.**〔楽〕(演奏・歌の)入り；入りの合図. **6.**《j¹》(新任者の)職務指導.

ein·satz·be·reit ［アインザッツ・ベらイト］ 形 出動〔出撃〕態勢にあるすぐに使える；進んで協力する.

einsatzhärten ［アインザッツ・ヘるテン］ 動 einsatzhärtete; hat einsatzgehärtet《et⁴ッ》〔金属〕焼きを入れる.

das **Ein·satz·kom·man·do** ［アインザッツ・コマンド］ 名 -s/-s《j⁴ッ》s/..den（特別)出動隊.

ein·sau·gen(*) ［アイン・ザウゲン］ 動 h. **1.**《et⁴ッ》吸う(赤ん坊がミルクを, 海綿が水分などを). **2.**〔不規則変化〕《et⁴ッ》深く吸込む(空気などを).

ein·säu·men ［アイン・ゾイメン］ 動 h. **1.**《et⁴ッ》〔服〕縁どりをする. **2.**《et⁴ッ》取囲む(木が広場などを).

ein·schach·teln ［アイン・シャはテルン］ 動 h. **1.**《j⁴/et⁴ッ》+ (in〈et³〉ッ) きっちりと詰込む；押込む；《j⁴》sich⁴の場合)詰〔押〕込まれる. **2.**[sich⁴] 引きこもる.

ein·schal·ten ［アイン・シャルテン］ 動 h. **1.**《et⁴ッ》スイッチを入れる, (…に)ギアを入れる. **2.**（自動的に）スイッチが入る〔作動する〕. **3.**《et⁴ッ》(…に)狭む, 加える(説明の言葉・休息などを). **4.**《j⁴》+ (in〈et⁴〉ッ)（途中から)参加させる, 加える（専門家を調査などに). **5.** [sich⁴] + (in〈et⁴〉ッ)〈j⁴〉ッ + (in〈et⁴〉ッ) 介入する, 口を挟む.

die **Ein·schalt·quo·te** ［アインシャルト・クヴォーテ］ 名 -/-n〔ラジオ・テレビ〕聴取率, 視聴率.

ein·schär·fen ［アイン・シェるフェン］ 動 h.《j³》＝〈et⁴ッ〉/zu 動〔スルように〕厳しく言いつける, 守るように厳しく言聞かせる(規則・命令などを).

ein·schar·ren ［アイン・シャレン］ 動 h. **1.**《j⁴ッ》慌ただしく[ひそかに]埋葬する. **2.**《et⁴ッ》地面を掘って埋める(動物が餌を).

ein·schät·zen ［アイン・シェッツェン］ 動 h.《j⁴》=〈様態〕デフォルト〕評価〔判断〕する；(…の税額を…に)査定する.

die **Ein·schät·zung** ［アイン・シェッツング］ 名 -/-en 評価；査定.

ein·schen·ken ［アイン・シェンケン］ 動 h. **1.**《j³》=, 〈et⁴ッ〉注ぐ, 注いでやる；《j³》がsich⁴の場合)自分に注ぐ. **2.**《et⁴ッ》注ぐ.

ein·sche·ren ［アイン・シェーレン］ 動 h. **1.**（〈方向〉へ）〔交通〕(走行車線に)戻る. **2.**《et⁴ッ》〔海〕滑車[支持具]に通す(ロープを).

ein·schich·tig ［アイン・シヒティヒ］ 形 **1.** 単層の；一交替制の. **2.**《南独・オーストリア》人里離れた；片方だけの；独身の.

ein·schi·cken ［アイン・シッケン］ 動 h. **1.**《et⁴ッ》+ /an〈et⁴〉ッ送付する. **2.**《et⁴ッ》+ in〈et⁴〉ッ〔工〕送り込む（天然ガスをパイプなどに).

ein·schie·ben* ［アイン・シーベン］ 動 h. **1.**《et⁴ッ》押込む. **2.**《j⁴/et⁴》ッ+ (in〈et⁴(3)〉ッ) 割り込ませる. **3.** [sich⁴ + (in〈et⁴〉ッ)] 割り込む(列などに).

das **Ein·schieb·sel** ［アイン・シープセル］ 名 -s/- 挿入物；書込み.

die **Ein·schie·nen·bahn** ［アイン・シーネン・バーン］ 名 -/-en モノレール.

ein·schie·ßen* ［アイン・シーセン］ 動 **1.** h.《et⁴ッ》砲弾〔銃弾〕で破壊する(城壁などを). **2.** h.《et⁴ッ》ならし撃ちする(新しい銃を). **3.** h. [sich⁴ + (auf〈j⁴〉ッ)]（何度も繰り返し命中できるように)くり返し撃って照準（射程）を合せる(敵陣などに). **4.** h. [sich⁴ + auf〈j⁴〉ッ]執拗に攻撃する(新聞などで論戦を張って). **5.**《et⁴ッ》打ち込む(びょう・リベットなどを). **6.** h.《(et⁴)ッ》〔スポーツ〕シュートして入れる；シュートを決める. **7.**《et⁴ッ》〔印〕挿入する(間紙［インテル］を); 〔紡〕横に織込む(糸を); 〔方〕焼きいれる(パンの). **8.**《et⁴ッ》出資〔拠出〕する. **9.** s.〔医〕(産婦の)乳房が張ってきた；(どっと)流込む：Die Milch ist eingeschossen.

ein·schif·fen ［アイン・シッふェン］ 動 h. **1.**《j⁴/et⁴ッ》乗船させる, 船積みする. **2.** [sich⁴] 乗船する.

die **Ein·schif·fung** [アイン·シっふング] [名] -/-en《主に㊥》乗船;船積み.

einschl. =einschließlich …を含めて.

ein|schla·fen* [アイン·シュラーふぇン] [動] *s.* **1.** 〔補足なし〕眠込む, 寝つく;《婉》眠りにつく(永眠する). **2.** 〔補足なし〕次第に途切れてやむ(文通·関係などが). **3.** 〔(⟨j³⟩ハ)〕しびれる(腕などが).

ein·schlä·fe·rig [アイン·シュレーふぇりひ] [形] =einschläfig.

ein|schlä·fern [アイン·シュレーふぁーン] [動] *h.* **1.** 〔⟨j⁴/et⁴⟩ヲ〕眠込ませる(単調な音楽·物音などが);油断〔安心〕させる(敵などを);(…に)麻酔をかける;薬殺する. **2.** 〔⟨et⁴⟩ヲ〕麻痺させる(良心を), 鈍らせる(責任感·警戒心などを).

ein·schlä·fernd [アイン·シュレーふぁーント] [形] 催眠の,(動物)薬殺の.

ein·schlä·fig [アイン·シュレーふぃひ] [形] シングルの(ベッド).

ein·schläf·rig [アイン·シュレーふりひ] [形] =einschläfig.

der **Ein·schlag** [アイン·シュラーク] [名] -(e)s/..schläge **1.** 弾着;着弾点, 弾痕;落雷;落雷箇所. **2.** 〖林〗伐採;伐採木. **3.** 〖服〗折返し, ヘム;タック, ひだ. **4.** (特徴などの)混入, 加味. **5.** 〖車〗(前輪の)旋回. **6.** 〖農〗(土に)埋(い)けること;埋(い)けておく土.

ein|schla·gen* [アイン·シュラーゲン] [動] *h.* **1.** 〔⟨et⁴⟩ヲ+(in ⟨et⁴⟩ニ)〕打込む(くぎを壁などに), 割入れる(卵を). **2.** 〔⟨et⁴⟩ヲ〕たたいて壊す(窓ガラスなどを);〖林〗計画的に伐採する;〖服〗内側に縫込む(すそ·そでなどを). **3.** 〔補足なし〕落ちて炸裂(さくれつ)する:Es〔Der Blitz〕hat irgendwo *eingeschlagen.* どこかに落雷した. **4.** 〔auf ⟨j⁴/et⁴⟩ヲ〕殴り〔たたき〕続ける(馬をむちなどで). **5.** 〔⟨et⁴⟩ヲ+(in ⟨et^{4(3)}⟩ニ)〕包む, くるむ(贈り物などを). **6.** 〔⟨et⁴⟩ヲ〕〖農〗(土に)埋(い)ける(根菜などを保存のためなどに). **7.** 〔⟨et⁴⟩ヲ〕選んで進む(道などを);選択する(方法·政策などを). **8.** 〔補足なし〕同意する. **9.** 〔⟨方向⟩ヘ〕〖交通〗ハンドルを切る. **10.** 〔補足なし〕進歩〔成長〕する(新人が職場などで);急速に人気を博する(新商品·映画などが).

ein·schlä·gig [アイン·シュレーギひ] [形] その関係の, 当該の:~ vorbestraft sein 同じ前科がある.

das **Ein·schlag·pa·pier** [アインシュラーク·パピーあ] [名] -s/ 包装紙, 包み紙.

ein|schlei·chen* [アイン·シュライひぇン] [動] *h.* **1.** 〔sich⁴+(in ⟨et⁴⟩ニ)〕忍び込む;まぎれ込む(間違いなどが). **2.** 〔⟨et⁴⟩ノ〕〖医·薬〗服用量を徐々に増やす.

ein|schlep·pen [アイン·シュレっペン] [動] *h.* **1.** 〔⟨et⁴⟩ヲ+(in ⟨et⁴⟩ニ)〕曳航(えいこう)する. **2.** 〔⟨j⁴/et⁴⟩ヲ+⟨方向⟩ニ〕持込む(禁制品·伝染病などを), ひそかに連込む.

ein|schleu·sen [アイン·シュロイゼン] [動] *h.* 〔⟨j⁴/et⁴⟩ヲ+(in ⟨et⁴⟩ニ)〕潜入させる(スパイを隣国などに), ひそかに持込む(麻薬などを);(⟨j⁴⟩がsich⁴の場合)潜入する.

ein|schlie·ßen* [アイン·シュリーセン] [動] *h.* **1.** 〔⟨j⁴⟩ヲ+(in ⟨et^{3(4)}⟩ニ)〕(鍵(かぎ)をかけて)閉じ込める;(⟨j⁴⟩がsich⁴の場合)閉じこもる. **2.** 〔⟨et⁴⟩ヲ+(in ⟨et⁴⟩ニ)〕しまって鍵をかける(お金を金庫などに). **3.** 〔⟨j⁴/et⁴⟩ヲ〕取囲む, 取囲んでいる;〖軍〗包囲する(要塞(ようさい)·部隊などを). **4.** 〔⟨j⁴/et⁴⟩ヲ+(in ⟨et⁴⟩ニ)〕含める.

ein·schließ·lich [アイン·シュリースリひ] [前]〔+2格〕…を含めて, …込みで:acht Kilo ~ Verpackung 包装を含めて8キロ. Asien ~ Japans日本を含めたアジア. (冠詞または付加語がない場合は普通2格の-sはつかない)die Kosten ~ Porto 郵送料込み実費.(㊥では3格も用いる)der Preis ~ Getränken飲み物を含んだ価格.

—— [副] 含めて, 合算して:bis zum 15. August ~〔bis ~ 15. August〕8月15日当日を含めて同日まで.

ein|schlum·mern [アイン·シュルマーン] [動] *s.* 〔補足なし〕《文》すこやかな眠りに落ちる;《婉》穏やかに眠りにつく(永眠する);《口》徐々に鈍って〔衰えて〕なくなる(才能·友情などが).

ein|schlür·fen [アイン·シュリュるふぇン] [動] *h.* 〔⟨et⁴⟩ヲ〕すする.

der **Ein·schluss,** ㊐**Ein·schluß** [アイン·シュルス] [名] -es/..schlüsse **1.** (次の形で) mit〔unter〕~ von ⟨et³⟩ 〈物·事ヲ〉含めて. **2.** 〖地質〗捕獲岩. **3.** 閉じ込めること, 監房に入れること;閉じこめる場所, 囲い.

ein·schluss·wei·se, ㊐**ein·schluß·wei·se** [アインシュルス·ヴァイゼ] [副] 含めて.

ein|schmei·cheln [アイン·シュマイひぇルン] [動] *h.* 〔sich⁴+bei ⟨j³⟩ニ〕取入る, こびへつらう.

ein·schmei·chelnd [アイン·シュマイひぇルント] [形] 心をくすぐる, 快い.

ein|schmei·ßen* [アイン·シュマイセン] [動] *h.* 《口》 **1.** 〔⟨et⁴⟩ヲ+(mit⟨et³⟩ヲ投ゲテ)〕こわす. **2.** 〔⟨et⁴⟩ヲ〕服用する, 摂(と)る.

ein|schmel·zen* [アイン·シュメルツェン] [動] *h.* 〔⟨et⁴⟩ヲ〕溶かす, 鋳つぶす;《転》融け込ませる(雰囲気などに).

ein|schmie·ren [アイン·シュミーれン] [動] *h.* 〔⟨j⁴/et⁴⟩ニ〕《口》油を塗込む;油をさす(機械に);(…を)べとべとにする(口をジャムなどで).

ein|schmug·geln [アイン·シュムっゲルン] [動] *h.* **1.** 〔⟨et⁴⟩ヲ+(in ⟨et⁴⟩ニ)〕密輸入する. **2.** 〔⟨j⁴⟩ヲ+(in ⟨et⁴⟩ニ)〕《口》(こっそり)潜り込ませる, 連込む(密航者を船などに);(⟨j⁴⟩がsich⁴の場合)こっそり入って来る.

ein|schnap·pen [アイン·シュナっペン] [動] *s.* 〔補足なし〕きちんと閉まる, かちんとかかる(錠などが);《口·蔑》(ささいなことで)気を悪くする.

ein|schnei·den* [アイン·シュナイデン] [動] *h.* **1.** 〔⟨et⁴⟩ニ〕切れ目を入れる(紙などに). **2.** 〔⟨et⁴⟩ヲ+in ⟨et⁴⟩ニ〕刻みつける(名前を樹皮などに). **3.** 〔⟨et⁴⟩ヲ+(in ⟨et⁴⟩ニ)〕〖料〗刻んで入れる(リンゴをサラダなどに);《ポスタ·トリマ》寸法を合せて切って枠に入れる(鏡などを);〖映〗挿入する(記録写真を劇映画などに). **4.** 〔(in ⟨et⁴⟩ニ)〕深く食込む(細ひもがのどなどに);《転》深い影響を与える.

ein·schnei·dend [アイン·シュナイデント] [形] 痛切な, 決定的な, 徹底的な.

ein|schnei·en [アイン·シュナイエン] [動] *s.* 〔補足なし〕雪に埋もれる, 雪に閉じ込められる.

der **Ein·schnitt** [アイン·シュニっト] [名] -(e)s/-e **1.** 切込み, 切開. **2.** 切り口, 切込まれた箇所. **3.** (物事の)切れ目, 区切り;決定的な〔転機となる〕出来事.

ein|schnü·ren [アイン·シュニューれン] [動] *h.* **1.** 〔⟨j⁴/et⁴⟩ヲ〕締めつける(ベルトなどが人の胴などを);《方》ひもで縛る(小包などを). **2.** 〔補足なし〕肌に食込んで跡をつける.

ein|schrän·ken [アイン·シュれンケン] [動] *h.* **1.** 〔⟨et⁴⟩ヲ〕縮小する, 減らす, 節減する(権限·支出·食事などを). **2.** 〔⟨j⁴⟩ノ+in ⟨et³⟩ヲ〕制限する. **3.** 〔sich⁴〕(それまでより)つましく暮す.

die **Ein·schrän·kung** [アイン·シュれンクング] [名] -/-en 縮小, 制限;留保:mit/ohne ~ 条件つき/無条件で.

ein|schrau·ben [アイン·シュらウベン] [動] *h.* 〔⟨et⁴⟩ヲ+(in ⟨et⁴⟩ニ)〕ねじで留める;ねじって入れる.

der **Ein·schreib·brief** [アイン·シュらイプ·ブりーふ] [名]

-(e)s/-e〔郵〕書留の手紙.
der **Ein·schrei·be·brief** [アイン・シュライベ・ブリーふ] 名 -(e)s/-e＝Einschreibbrief.
die **Ein·schrei·be·ge·bühr** [アイン・シュライベ・ゲビューあ] 名 -/-en (大学の)入学金, 登録料; 入会金;〔郵〕書留料.
ein|schrei·ben* [アイン・シュライベン] 動 *h.* **1.**〈et⁴ッ〉+(in〈et³ッ〉)書き込む; 清書する;〔ユニㇲ〕打ち込む. **2.**〔in〈et¹⁽³⁾〉+〈j⁴ッ〉〕登録する(名簿に参加者などを);〈j³ッ〉sich⁴の場合)署名〔記帳〕する. (大学の)入学手続きをする. **3.**〈et⁴ッ〉〔郵〕書留にする. **4.**〈et⁴ッ〉書きならす(万年筆などを). **5.**〔sich⁴〕書くこつが分る, 書きなれる.
das **Ein·schrei·ben** [アイン・シュライベン] 名 -s/- 書留; 書留郵便物: per[als] ～ 書留で.
die **Ein·schrei·be·ge·bühr** [アイン・シュライベ・ゲビューあ] 名 -/-en＝Einschreibegebühr.
ein|schrei·ten [アイン・シュライテン] 動 *s.* **1.**〔gegen〈j⁴et³〉〕断固とした処置をとる(密輸入などに), 介入する(警察などが).
ein|schrump·fen [アイン・シュるムプふェン] 動 *s.*〔慣用など〕しぼむ, しなびる;〔転〕少なくなる(蓄えなどが).
der **Ein·schub** [アイン・シューブ] 名 -(e)s/..schübe **1.**〔文書・印〕書込み; 挿入文. **2.**〔工〕(断熱などの)挿入板.
ein|schüch·tern [アイン・シュヒターン] 動 *h.*〈j⁴ッ〉+mit〈et³ッ〉/durch〈et⁴ッ〉おじけづかせる.
die **Ein·schüch·te·rung** [アイン・シュヒテるング] 名 -/-en おじけづかせること, ひるませること, 脅縮させること.
der **Ein·schüch·te·rungs·ver·such** [アイン・シュヒテるングス・ふぇあズーふ] 名 -(e)s/-e 恐喝未遂.
ein|schu·len [アイン・シューレン] 動 *h.* **1.**〈j⁴ッ〉+(in〈et³ッ〉)就学させる. **2.**〈et⁴ッ〉業務に慣れさせる.
die **Ein·schu·lung** [アイン・シューるンヶ] 名 -/-en 就学; (仕事の)仕込み.
der **Ein·schuss**, ⓐ **Ein·schuß** [アイン・シュス] 名 -es/..schüsse **1.** 弾丸の命中箇所; 射入口. **2.** 混入(物): Der Vortrag enthält ironische Einschüsse. その講演は皮肉が混っていた. **3.**〔字〕軌道への打上げ;〔球〕ゴールに入ったシュート. **4.**〔紡〕横糸. **5.**〔銀行〕拠出金. **6.**〔獣医・農〕(馬の)後脚の腫瘍(ぷ).
ein|schüt·ten [アイン・シュテン] 動 *h.* **1.**〈et⁴ッ〉+(in〈et³ッ〉)入れる. **2.**〈j³/et³〉=+〈et⁴ッ〉注(つ)いでやる, ざーっと入れてやる.
ein|schwei·ßen [アイン・シュヴァイセン] 動 *h.* **1.**〈et⁴ッ〉+(in〈et³ッ〉)溶接して固定する. **2.**〈et⁴ッ〉透明フィルムでパックする.
ein|schwen·ken [アイン・シュヴェンケン] 動 **1.** *s.*〔慣用〕曲る, 方向を変える. **2.** *h.*〈et⁴ッ〉内側へ回す(クレーンなどを).
ein|schwö·ren* [アイン・シュ(ヴェ)ーれン] 動 *h.* **1.**〈j⁴ッ〉忠誠を誓わせる. **2.**〈j⁴ッ〉=+auf〈j⁴/et⁴〉=支持することを約束させる, 義務づける.
ein|seg·nen [アイン・ゼーグネン] 動 *h.* **1.**〈j⁴ッ〉堅信礼を施す. **2.**〔j⁴/et⁴〉ッ〕祝福(祝別・聖別)を与える.
die **Ein·seg·nung** [アイン・ゼーグヌンヶ] 名 -/-en **1.** 堅信礼. **2.** 祝別, 祝福.
ein|se·hen* [アイン・ゼーエン] 動 *h.* **1.**〈et⁴ッ〉のぞき見る, (…の)中を見る. **2.**〈et⁴ッ〉目を通す(文書などに). **3.**〈et⁴ッ〉悟る(誤りなどを), 理解する.
das **Ein·se·hen** [アイン・ゼーエン] 名〔次の形で〕ein/kein ～ haben 理解〔思いやり〕がある/ない.
ein|sei·fen [アイン・ザイふェン] 動 *h.* **1.**〈j⁴/et⁴〉ッ〉石けんを塗りつける. **2.**〈j⁴ッ〉〔口〕まんまとペテンにかける.

ein·sei·tig [アイン・ザイティヶ] 形 **1.** 片面の, 片側(から)の: eine ～e Lähmung 半身不随. ～e Kopfschmerzen 偏頭痛. **2.** 一面的な; 一方的な; 一党に偏した, 片手落ちの; 偏った: eine ～e Ernährung 偏食. eine ～e Liebe 片思い. ein ～er Vertrag 片務契約.
die **Ein·sei·tig·keit** [アイン・ザイティヶカイト] 名 -/-en (主に⑪) 一方的; 一面的; 偏り.
ein|sen·den(*) [アイン・ゼンデン] 動 *h.*〈et⁴ッ〉=/an〈et⁴ッ〉ァ＝〕送付する, 投稿する.
der **Ein·sen·der** [アイン・ゼンダー] 名 -s/- 送付者, 投稿〔投書〕者.
die **Ein·sen·de·schluss**, ⓐ **Ein·sen·de·schluß** [アインゼンデ・シュルス] 名 -es/..schlüsse 送付締切り.
die **Ein·sen·dung** [アイン・ゼンドゥンヶ] 名 -/-en **1.** (⑪のみ)送付; 投書, 投稿. **2.** 送付物; 投書〔投稿〕物.
ein|sen·ken [アイン・ゼンケン] 動 *h.*〈et⁴ッ〉+(in〈et³ッ〉=)沈める, 埋める: sich⁴〔j³〕Seele ～〔詩〕〈人のこに〉忘れがたい印象を残す. **2.**〔工〕(型を押しつけて)製造する(押し型などを).
die **Ein·sen·kung** [アイン・ゼンクンヶ] 名 -/-en 沈める〔埋める〕こと; (地面などの)陥没, 窪地(ぢ).
ein|set·zen [アイン・ゼッツェン] 動 *h.* **1.**〈et⁴ッ〉+〈in〈et³ッ〉=〉はめる, はめ込む. **2.**〈et⁴/j⁴ッ〉任命する(委員などを), 設置する(委員会などを). **3.**〔j⁴/et⁴ッ〉+zu〈j³ッ〉=/als〈j³ッ〉=〕指定〔任命〕する. **4.**〔j⁴/et⁴ッ〉=〕投入する(警察・武器・全力などを). **5.**〔j⁴ッ〉=+in〈et³ッ〉=〕就ける(官職などに). **6.**〔et⁴ッ〉=〕懸ける(命・金などを). **7.**〔sich⁴〕+〔für〈j⁴/et⁴〉/zu〈et³ッ〉=〕力を尽す. **8.**〔et⁴ッ〉=〕〔楽〕(演奏に)入る. 【慣用】einen Spieler einsetzen 選手を(試合に)出す. Entlastungszüge einsetzen 増発列車を出す. Fische (in einen Teich) einsetzen 魚を(養魚池に)放つ. junge Bäume einsetzen 若木を植える.
die **Ein·sicht** [アイン・ズィヒト] 名 -/-en **1.** (⑪)閲覧, 閲覧: ～ in die Akten 書類の閲覧. in〈et³ッ〉 ～ nehmen〈事ッ〉=目を通してチェック〔閲読〕する. **2.** 洞察, 認識, (専門的な)知識; 分別, 理解: neue ～ in die Psyche 心情に対する新しい認識. zur ～ kommen 納得する; 分別がつく.
ein·sich·tig [アイン・ズィヒティヶ] 形 洞察力のある, 分別のある; わかりやすい:〈j³〉〈et⁴〉 ～ machen〈人に〉〈事を〉理解させる.
die **Ein·sicht·nah·me** [アインズィヒト・ナーメ] 名 -/-n (硬) (文書の)閲覧, 閲読.
ein·sichts·los [アインズィヒツ・ロース] 形 無分別な, 物分りの悪い.
ein·sichts·voll [アインズィヒツ・ふぉル] 形 分別のある, 物分りのよい.
ein|si·ckern [アイン・ズィッケるン] 動 *s.*〔慣用など〕しみ込む; 潜入する(スパイなどが); 次第次第に到着する(客などが); ようやく届く(報告などが).
die **Ein·sie·de·lei** [アイン・ズィーデライ] 名 -/-en 隠者の庵(ぢ);〔口〕(訪問者の少ない)寂しい家.
der **Ein·sied·ler** [アイン・ズィードラー] 名 -s/- 隠者; 世捨人.
ein·sied·le·risch [アイン・ズィードレりシュ] 形 世捨人〔隠者の〕.
ein·sil·big [アイン・ズィルビヶ] 形 **1.** 一〔単〕音節の, 単綴(なつ)の. **2.** 口数の少ない.
die **Ein·sil·big·keit** [アイン・ズィルビヶカイト] 名 -/ 単音節; 無口, 寡黙.
ein|sin·ken* [アイン・ズィンケン] 動 *s.* **1.**〔(in〈et³〉=)〕はまり込む(足が泥などに), 沈下する. **2.**〔慣用〕崩れ落ちる, 落ちくぼむ.

Einsitzer 320

der **Ein|sit·zer** [アイン・ズィッツァー] 名 -s/- 一人乗りの乗物, 単座機.

ein|sit·zig [アイン・ズィッツィヒ] 形 一人乗りの, 一人用の.

ein|spal·tig [アイン・シュパルティヒ] 形 〔印〕一段組みの.

ein|span·nen [アイン・シュパネン] 動 h. **1.** 〔〈j⁴/et⁴〉ッ〕車につなぐ〈馬などを〉. **2.** 〔〈et⁴〉ッ+in 〈et⁴〉=〕装填(ﾃﾝ)〔装着〕する〈フィルム・ドリルなどを〉, 挟(み込)む〈タイプ用紙などを〉. **3.** 〔〈j⁴〉ッ+(für〈j⁴/et⁴〉ッ/ﾀﾒﾆ=)〕動員する〈仕事など〉.

der **Ein|span·ner** [アイン・シュペナー] 名 -s/- **1.** 一頭立て馬車. **2.** 人間嫌い;〈口・冗〉ひとり者. **3.** 《ｵｰｽﾄ》(グラスに入れた)ウインナーコーヒー;(一本立つの)ソーセージ.

ein|spän·nig [アイン・シュペニヒ] 形 一頭立ての;〈口・冗〉独身の.

ein|spa·ren [アイン・シュパーレン] 動 h. 〔〈et⁴〉ッ〕節約〔削減〕する.

die **Ein|spa·rung** [アイン・シュパールング] 名 -/-en 倹約, 削減.

ein|spei·chern [アイン・シュパイヒャーン] 動 h. **1.** 〔〈et⁴〉ッ+(in〈et⁴〉=)〕〖ｺﾝﾋﾟ〗入力して記憶させる. **2.** 〔〈et⁴〉ッ〕(稀)蓄える.

ein|spei·sen [アイン・シュパイゼン] 動 h. **1.** 〔〈et⁴〉ッ+in〈et⁴〉=〕〔工〕供給する, 送り込む〈電気・ガス・水などを配線〔配管〕網・装置などに〉. **2.** 〔〈et⁴〉ッ〕入れる, インプットする.

ein|sper·ren [アイン・シュペレン] 動 h. **1.** 〔〈j⁴/et⁴〉ッ+in〈et³⁽⁴⁾〉=〕閉じ込める. **2.** 〔〈j⁴〉ッ〕〈口〉刑務所に入れる.

ein|spie·len [アイン・シュピーレン] 動 h. **1.** 〔〈et⁴〉ッ〕弾き〔吹き〕慣らす〈楽器を〉. **2.** 〔〈j⁴〉ッ〕(十分練習させて)鍛えあげる〈チームなどを〉;〔〈j⁴〉ッがある場合)準備運動をする. **3.** 〔相互代名詞 sich⁴+aufeinander〕息の合った演奏〔プレー・仕事〕をする. **4.** 〔sich⁴〕なじむ, 軌道に乗る〈新しい規定・方法など が〉. **5.** 〔〈et⁴〉ッ〕レコードに吹き込む〈曲・作品などを〉;〖ﾃﾚﾋﾞ〗入れる〈テレビの場面などに音楽などを〉. **6.** 〔sich⁴〕上げる〈映画が興行収益などを〉: die Kosten ～ 元を取る. **7.** 〔sich⁴〕釣り合う〈はかりが〉.

ein|spin·nen* [アイン・シュピネン] 動 h. 〔〈et⁴〉ッ〕〈口〉ポストに入れる. **3.** 〔〈et⁴〉ッ〕(ポケットなどに入れて)持ってくる. **4.** 〔〈et⁴〉ッ〕〈口・戯〉自分のポケットに入れて(独り占めする(もうけなどを). **5.** 〔〈et⁴〉ッ〕甘受する〈軽蔑など〉. **6.** 〔〈j⁴〉ッ〕〈口〉〈楽に〉上まわる, (…)より勝れている. **7.** 〔〈j⁴〉ッ〕〈口〉刑務所に入れる. 【慣用】sich⁴ in Gedanken/Träumereien einspinnen 物思い/夢想にふける.

die **Ein|spra·che** [アイン・シュプラーヘ] 名 -/-n 《ｵｰｽﾄ》異議(申立て), 抗議.

ein|spra·chig [アイン・シュプラーヒヒ] 形 単一言語(一か国語)の, 一言語しか話さない.

ein|spre·chen* [アイン・シュプレッヒェン] 動 h. **1.** 〔auf〈j⁴〉ッ〕説得する. **2.** 〔bei〈j³〉ッ〕吹き込む〈レコード・テープなどに〉. **3.** 〔bei〈j³〉ッ/ﾍﾙ〕〈古〉立ち寄る. **4.** 〔gegen〈et⁴〉ッ〕〈古〉異議を唱える.

ein|spren·gen [アイン・シュプレンゲン] 動 h. **1.** 〔〈et⁴〉ッ=〕霧を吹く〈洗濯物などに〉, 水をまく〈芝生などに〉. **2.** 〔〈et⁴〉ッ〕爆破してあける〈岩に穴などを〉;(稀)破る〈門などを〉. **3.** 〔〈et⁴〉ッ〕まき散らす.

ein|sprin·gen* [アイン・シュプリンゲン] 動 **1.** s.〔(für〈j⁴〉ッ〕代役(代理)を務める. **2.** h.〔sich⁴〕(試合前にジャンプの練習をする〈陸上・スキーなどで〉. **3.** s.《ｵｰｽﾄ》ばちんとかかる〈錠が〉. **4.** 《ｵｰｽﾄ》引っ込む, へこむ〈壁など〉.

die **Ein|spritz·dü·se** [アイン・シュプリッツ・デューゼ] 名 -/-n 〔車〕噴射ノズル.

ein|sprit·zen [アイン・シュプリッツェン] 動 h. **1.** 〔〈j³〉=+〈et⁴〉ッ〕注射する. **2.** 〔〈et⁴〉ッ〕〔車〕噴射する. **3.** 〔〈et⁴〉ッ〕霧を吹く.

der **Ein|spritz·mo·tor** [アイン・シュプリッツ・モ(ー)トーア] 名 -s/-en 燃料噴射エンジン.

die **Ein|spritz·pum·pe** [アイン・シュプリッツ・プムペ] 名 -/-n〔車〕噴射ポンプ.

die **Ein|sprit·zung** [アイン・シュプリッツング] 名 -/-en 注射;〔車〕(燃料などの)噴射.

der **Ein|spruch** [アイン・シュプルッフ] 名 -(e)s/..sprü·che 異議, 抗議;〔官・法〕異議〔故障〕の申立て: ～ gegen〈et⁴〉erheben〈事〉に異議を申立てる.

das **Ein|spruchs·recht** [アインシュプるっふス・れﾋﾄ] 名 -(e)s/-e〔法〕異議〔故障〕の申立ての権利, 異議提出権.

ein|spu·rig [アイン・シュプーりヒ] 形 単線の;一車線の, 一車線しか走れない.

einst [アインスト] 副〈文〉かつて;他日.

das **Einst** [アインスト] 名 -/ 過去, 昔.

ein|stamp·fen [アイン・シュタムプふェン] 動 h. **1.** 〔〈et⁴〉ッ+(in〈et⁴〉ﾅｶﾆ)〕踏んで(突いて)詰込む〈石炭をたるの中などへ〉. **2.** 〔〈et⁴〉ッ〕搗砕(ﾄｳｻｲ)する〈古紙などを〉.

der **Ein|stand** [アイン・シュタント] 名 -(e)s/..stände **1.** 《南独・《ｵｰｽﾄ》就任, 入学; 就任祝い: seinen ～ geben 就任祝いをする. **2.** 《ﾃﾆｽのみ》〖ﾃﾆｽ〗〔選手・チームの〕同点の試合: (テニスなどの)ジュース. **3.** 〔狩〕(猟獣の)隠れ場所.

der **Ein|stands·preis** [アインシュタンツ・プライス] 名 -es/-e〔商〕仕入原価.

ein|stan·zen [アイン・シュタンツェン] 動 h.〔〈et⁴〉ッ+(in〈et⁴〉=)〕打刻する.

ein|stau·ben [アイン・シュタウベン] 動 **1.** s.《ﾗﾝﾄﾞ》(次第に)ほこりをかぶる〈本などが〉. **2.** h.〔sich³+〈et⁴〉ッ〕ほこりだらけにする〈履いている靴などを〉. **3.** h.〔〈j⁴/et⁴〉ッ+mit〈et³〉ッ〕〖ﾗﾝﾄﾞ〗振りかける.

ein|stäu·ben [アイン・シュトイベン] 動 h. **1.** 〔〈et⁴〉=+mit〈et³〉ッ〕振りかける. **2.** 〔〈et⁴〉ッ+in〈et⁴〉ﾉ中ニ〕まく.

ein|ste·chen* [アイン・シュテッヒェン] 動 h. **1.** 〔(mit〈et³〉ッ/ﾃﾞ)+〈et⁴〉ッ+(in〈et⁴〉=)〕突刺す. **2.** 〔(in〈et⁴〉=)〕刺さる. **3.** 〔〈et⁴〉ッ+〈et⁴〉=〕あける(穴などを). **4.** 〔〈et⁴〉ッ〕穴をあける. **5.** 〔auf〈j⁴〉ッ〕襲う. **6.** 〔〈j⁴〉ッ〕〖ｶｰﾄﾞ〗切り札で切る.

ein|stec·ken [アイン・シュテッケン] 動 h. **1.** 〔〈et⁴〉ッ+(in〈et⁴〉=)〕差込む; 挟み込む. **2.** 〔〈et⁴〉ッ〕〈口〉ポストに入れる. **3.** 〔〈et⁴〉ッ〕(ポケットなどに入れて)持ってくる. **4.** 〔〈et⁴〉ッ〕〈口・戯〉自分のポケットに入れて(独り占めする(もうけなどを). **5.** 〔〈et⁴〉ッ〕甘受する〈軽蔑など〉. **6.** 〔〈j⁴〉ッ〕〈口〉〈楽に〉上まわる, (…)より勝れている. **7.** 〔〈j⁴〉ッ〕〈口〉刑務所に入れる.

der **Ein|steck·kamm** [アインシュテック・カム] 名 -(e)s/..kämme さし櫛(ｸｼ), 飾り櫛.

ein|ste·hen* [アイン・シュテーエン] 動 **1.** h./s.〔〈j⁴/et⁴〉ッ〕保証する, (…の)責任をもつ; (…の)負債〔借金〕を補償〔弁償〕する. **2.** s.〖ﾗﾝﾄﾞ〗《ｵｰｽﾄ・口》就職する; 就学する.

ein|steh·len* [アイン・シュテーレン] 動 h.〔sich⁴+(in〈et⁴〉=)〕忍び込む.

ein|stei·gen* [アイン・シュタイゲン] 動 s. **1.** 〔(in〈et⁴〉=)〕乗込む; 〈登って〉侵入する;〔登山〕とりつく〈岩壁に〉. **2.** 〔in〈et⁴〉=〕加わる〈事業などに株主として〉; 介入する〈政治などに〉; (…)を始める. **3.** 〖ｽﾎﾟｰﾂ〗〈様態〉激しく攻撃をする.

der **Ein|stei·ger** [アイン・シュタイガー] 名 -s/-〈口〉初心者, (職場の)新入り.

(der) **Ein·stein** [アイン・シュタイン] 名 〘人名〙アインシュタイン(Albert ～, 1879-1955, ドイツ生れのアメリカの物理学者).

das **Ein·stei·ni·um** [アインシュタイニウム] 名 -s/ 〘化〙アインシュタイニウム(超ウラン元素, 記号 Es).

ein|stel·len [アイン・シュテレン] 動 h. **1.** 〔〈et⁴〉ッ+(in〈et³⁽⁴⁾〉=)〕入れる, しまう〈本・車などを〉. **2.**

〔j⁴〕ッ〕雇い入れる. **3.** 〔et⁴〕ッ〕調節する；合せる；調整する(器具・音量など). **4.** 〔et⁴〕ッ〕中止〔中断〕する(作業・捜索など), 停止する(支払いなどを). **5.** 〔sich⁴+〈時間〉ノ門/〈場所〉ニ〕姿を現す, 来る, 到来する(人・春などが)；生じる(疑念・痛みなどが), 出る(熱が). **6.** 〔sich⁴+auf 〈j⁴/et⁴〉ニ対シテ〕心の準備をする；適応する, 合致する. **7.** 〔et⁴〕ッ〕タイ記録を出す(世界記録など). **8.** 〔j⁴〕ッ+〈様態〉ニ/auf〈et⁴〉ニ向ケテ〕〔ﾟ̈〕調整する(チームなどを). **9.** 〔für〈et⁴〉ニ対シテ〕〔官〕予定する, 見込む. **10.** 〔j⁴〕ッ+in〈et⁴〉ッ〕〔ﾟ̈〕停止する；〔法〕剥奪する.

ein|stel·lig [アイン・シュテリヒ] 形 一桁の.
der Ein·stell·platz [アイン・シュテル・プラッツ] 名 -es/..plätze (屋根つきの)駐車場.
die Ein·stell·ska·la [アイン・シュテル・スカーラ] 名 -/..len 〔-s〕(受信機の)周波数目盛り.
die Ein·stel·lung [アイン・シュテルング] 名 -/-en **1.** 入れる〔置く・しまう〕こと, 収納. **2.** 雇用, 採用. **3.** (機器の)調節, 調整；ピント(ダイヤル)合せ. **4.** 中止, 休止. **5.** 見込む(考慮する)こと. **6.** 考え, 見解. **7.** 〔映〕カット, ショット. **8.** 〔ﾟ̈〕〔法〕剥奪する. **9.** 〔ｽﾎﾟ〕タイ記録を出すこと；(チームなどの)調整.

ein|stem·men [アイン・シュテメン] 動 h. **1.** 〔et⁴〕ッ+(in〈et⁴〉ニ)〕うがつ. **2.** 〔et⁴〕ッ+(in〈et⁴〉ッ)〕突っ張る.
ein·stens [アインステンス] 副 〔文・古〕=einst.
ein|sti·cken [アイン・シュティケン] 動 h. 〔et⁴〕ッ+(in〈et⁴〉ッ)〕刺繍(ﾕ̈ﾕ̇)する.
der Ein·stieg [アイン・シュティーク] 名 -(e)s/-e **1.** 乗車, 乗船；(建物などへ)登って入ること. **2.** 乗車口, (建物などの)入口. **3.** 〔登山〕取りつき(岩の). **4.** 取り組み；開始：der ～ in die Problematik 問題へのアプローチ.
die Ein·stiegs·dro·ge [アインシュティークス・ドローゲ] 名 -/-n さらに強いものにエスカレートする危険のある麻薬.
ein·stig [アインスティヒ] 形 かつての, 昔の.
ein|stim·men [アイン・シュティメン] 動 h. **1.** 〔et⁴〕ッ〔楽〕音律〔調弦〕する(弦楽器と). **2.** 〔j⁴〕ッ+(auf〈et⁴〉ッ)〕(歌・演奏などに)加わる. **3.** 〔j⁴〕ッ+(auf〈et⁴〉ッ)〕気分にさせる, (…に…への)心の準備をさせる；〔j⁴〕sich⁴の場合〕(…への)心の準備をする. **4.** 〔in〈et⁴〉ニ〕〔古〕同意する.
ein·stim·mig [アイン・シュティミヒ] 形 **1.** 〔楽〕単声の, ユニゾンの, 斉唱の. **2.** 全員一致の.
die Ein·stim·mig·keit [アイン・シュティミヒカイト] 名 -/ **1.** 全会〔満場〕一致. **2.** 〔楽〕単旋律.
einst·mals [アインスト・マールス] 副 〔文・古〕かつて；〔稀〕いずれ.
ein·stö·ckig [アイン・シュテ(ｯ)ｷヒ] 形 二〔一〕階建ての.
ein|sto·ßen* [アイン・シュトーセン] 動 h. **1.** 〔et⁴〕ッ+(in〈et⁴〉ッ)〕打込む(くいなどを), 突き立てる(シャベルを地面などに). **2.** 〔et⁴〕ッ〕取りこわす(戸などを). **3.** 〔j⁴〕ッ+〈et⁴〉ッ〕割る(額を), 折る(歯・肋骨(ﾛｯｺﾂ)などを). **4.** 〔mit〈et⁴〉ッ+auf〈j⁴/et⁴〉ッ〕何度も突き刺す. **5.** 〔sich⁴〕何度か投げてウォーミングアップをする(砲丸投げで).

ein|strah·len [アイン・シュトラーレン] 動 h. **1.** 〔(durch〈et⁴〉ｦ通ｼﾃ) in〈et⁴〉ニ〕さし込む. **2.** 〔et⁴〕ッ〕〔気〕放射する；〔理・工〕放出によってもたらす. **3.** 〔方向〉ニ〕〔ﾗｼﾞｵ・ﾃﾚﾋﾞ〕放送〔放映〕される.
ein|strei·chen* [アイン・シュトライヒェン] 動 h. **1.** 〔et⁴〕ッ+(mit〈et⁴〉ニ)〕(一面に)塗る. **2.** 〔et⁴〕ッ〕かき集めて財布〔手の中〕に入れる(金など

を). **3.** 〔et⁴〕ッ〕〔口〕(〔蔑〕も有)平気で自分のものにする(特別報酬・高い利子など). **4.** 〔et⁴〕ッ〕〔劇〕削って短くする(台本など).
ein|streu·en [アイン・シュトロイエン] 動 h. **1.** 〔et⁴〕ッ〕まく. **2.** 〔et⁴〕ッ+(mit〈et⁴〉ッ)〕いっぱいにふりまく. **3.** 〔et⁴〕ッ+(in〈et⁴〉ニ)〕ちりばめる(スピーチに引用など), (…の中に)点々と配する.
ein|strö·men [アイン・シュトﾛ̈ーメン] 動 s. 〔(in〈et⁴〉ノ中へ)〕流れ込む(水・空気などが), 続々とつめかける.
ein|stu·die·ren [アイン・シュトゥディーレン] 動 h. **1.** 〔et⁴〕ッ〕リハーサルをする, 稽古をする, (…を)暗記するなど. **2.** 〔et⁴〕ッ+〈et⁴〉ッ〕覚え込ませる, 訓練する(役などを).
ein|stu·fen [アイン・シュトゥーフェン] 動 h. 〔j⁴/et⁴〕ッ+in〈et⁴〉ニ〕格づけする, ランクづける.
ein·stu·fig [アイン・シュトゥーフィヒ] 形 一段(式)の.
die Ein·stu·fung [アイン・シュトゥーフング] 名 -/-en 等級〔格〕づけ.
ein·stün·dig [アイン・シュテュンディヒ] 形 1時間の.
ein·stünd·lich [アイン・シュテュントリヒ] 形 1時間ごとの.
ein|stür·men [アイン・シュテュルメン] 動 s. **1.** 〔auf〈j⁴〉ッ〕襲いかかる；〔文〕次々と押寄せる(思い出などが). **2.** 〔auf〈j⁴〉ッ+mit〈et⁴〉ッ〕矢つぎ早に攻めたてる(質問などで).
der Ein·sturz [アイン・シュトゥルツ] 名 -es/..stürze 倒壊, 崩壊, 陥没.
ein|stür·zen [アイン・シュテュルツェン] 動 **1.** s. 〔ﾌﾞﾔ〕倒壊〔崩壊〕する. **2.** 〔auf〈j⁴〉ッ〕圧倒される(事件などが). **3.** h. 〔et⁴〕ッ〕倒壊〔崩壊〕させる.
die Ein·sturz·ge·fahr [アインシュトゥルツ・ゲﾌｧーア] 名 -/ 倒壊〔崩壊・陥没〕の危険.
einst·wei·len [アインスト・ヴァイレン] 副 **1.** さし当たり, 当分の間. **2.** その間(に).
einst·wei·lig [アインスト・ヴァイリヒ] 形 〔官〕暫定的な, 当面の, 仮の：eine ～e Verfügung 仮処分.
ein·tä·gig [アイン・テーギヒ] 形 生後1日の；1日間の.
ein·täg·lich [アイン・テークリヒ] 形 1日ごとの.
das Ein·tags·fie·ber [アイン・タークス・ﾌｨーバー] 名 -s/ 〔医〕一日熱.
die Ein·tags·flie·ge [アイン・タークス・ﾌﾘーゲ] 名 -/-n 〔昆〕カゲロウ；(転・口)はかないもの, 短命〔一時的〕なもの.
das Ein·tags·kü·ken [アイン・タークス・キューケン] 名 -s/- 〔農〕孵化(ﾌ̈)1日目のひよこ.
der Ein·tän·zer [アイン・テンツァー] 名 -s/- (ダンスホールで女性の相手をする)職業ダンサー.
ein|tas·ten [アイン・タステン] 動 h. **1.** 〔et⁴〕ッ〕キーをたたいてインプットする. **2.** 〔et⁴〕ッ〕入力ボタンを押して入れる. **3.** 〔sich⁴〕(キーボードを通して)インプットされる；(自動押しボタンで)スイッチが入る.
ein|tau·chen [アイン・タウヘン] 動 **1.** h. 〔et⁴〕ッ+(in〈et⁴〉ノ中ニ)〕浸す, 漬ける, 沈める. **2.** s. (in〈et⁴〉ノ中ヘ)潜る, 飛込む.
ein|tau·schen [アイン・タウシェン] 動 h. 〔et⁴〕ッ+(gegen〔für〕〈et⁴〉ッ)〕交換する, 取替える.
ein·tau·send [アイン・タウゼント] 数 〔基〕ﾀﾞ〕=tausend.
ein|tei·len [アイン・タイレン] 動 h. **1.** 〔j⁴/et⁴〕ッ+in〈et⁴〉ニ/nach〈et⁴〉ﾆ̈〕分ける. **2.** 〔(sich⁴)+〈et⁴〉ッ〕配分する, (うまく)やりくりする(金・時間など). **3.** 〔j⁴〕ッ+für〈et⁴〉ニ/zu〈et⁴〉ッ〕割当てる.
ein·tei·lig [アイン・タイリヒ] 形 一つの部分でできた, ワンピースの.
die Ein·tei·lung [アイン・タイルング] 名 -/-en 区分, 分類；(時間の)配分(人員の)振割り.
das Ein·tel [アインテル] 名 -s/- (〔j⁴〕der ～)〔数〕全体, 1分の1.

ein·tö·nig [アイン・テーニヒ] 形 単調な, 一本調子の, 退屈な.

die **Ein·tö·nig·keit** [アイン・テーニヒカイト] 名 -/ 単調；退屈.

der **Ein·topf** [アイン・トプフ] 名 -(e)s/..töpfe =Eintopfgericht.

das **Ein·topf·ge·richt** [アイン・トプフ・ゲリヒト] 名 -(e)s/-e 煮込み, ごった煮.

die **Ein·tracht** [アイン・トらはト] 名 -/ 一致, 調和, 和合: ~ stiften 争いを調停する.

ein·träch·tig [アイン・トれヒティヒ] 形 仲むつまじい, 和やかな.

die **Ein·träch·tig·keit** [アイン・トれヒティヒカイト] 名 -/ 和やかなこと.

der **Ein·trag** [アイン・トらーク] 名 -(e)s/..träge 1. 《のみ》記入, 記載；登録, 登記. 2. 記入されたもの；（官）覚書, メモ. 3. 入り込まれた物質（特に生態系に影響する物質など）；（のみ）（汚染物質などを）入り込ますこと. 【慣用】〈et³〉Eintrag tun〈事に〉損害〔影響〕を与える.

ein|tra·gen* [アイン・トらーゲン] 動 1. 〈j⁴/et⁴〉 + in〈et⁴〉記入〔記載・記帳〕する；〈j⁴〉がsich⁴の場合）記名する. 2. [(auf〈et⁴〉)登録〔登記〕する. 3. 〈et⁴〉＋＋in〈et⁴〉（集めて）運んで来る（鳥が小枝を巣などに）. 4. 〈et⁴〉+in〈et⁴〉入り込ませる, もたらす（汚染物質などを）. 5. 〈et⁴〉利益をもたらす. 6. 〈j³〉＋〈et⁴〉もたらす〔利害による〕.

ein·träg·lich [アイン・トれークリヒ] 形 もうかる, 利益のあがる.

die **Ein·träg·lich·keit** [アイン・トれークリヒカイト] 名 -/ 利益のある〔有利な〕こと.

die **Ein·tra·gung** [アイン・トらーグング] 名 -/-en 1. 《のみ》記入, 記載；登録. 2. 記入されたもの, メモ.

ein|trän·ken [アイン・トれンケン] 動 h. 1. 〈et⁴〉ぬらす. 2. 〈j³〉＋〈et⁴〉《口》仕返しをする.

ein|träu·feln [アイン・トろイふェルン] 動 h. 〈et⁴〉+ (in〈et⁴〉)点滴〔注入〕する.

ein|tref·fen* [アイン・トれふェン] 動 s. 1. 《燃に》到着する. 2. 《燃に》現実となる, 的中する（予言・予告などが）.

ein|trei·ben* [アイン・トらイベン] 動 1. 〈et⁴〉（放牧場から）小屋に追込む. 2. 〈et⁴〉+in〈et⁴〉打込む（杭を地中などに）. 3. 〈et⁴〉取立てる（税金などを）.

ein|tre·ten* [アイン・トれーテン] 動 1. s. (in〈et³〉)入る（部屋などに）. 2. h. 〈et⁴〉で破る（ドアなどを）. 3. h. 〈sich³＋〈et⁴〉）踏抜く, 踏んで足の裏に刺すくぎなどを）. 4. h. 〈et⁴〉+(in〈et⁴〉)踏みつけて埋める（石を地中などに）. 5. s. (in〈et⁴〉)入る（クラブ・党・局面・交際などに）；《の》（宇宙船が軌道に）. 6. s. 《燃に》起こる（危機・天候の急変などが）, (…に)なる. 7. s. (für〈j¹/et¹〉)支持する, (…の)味方をする. 8. s. 〈et⁴〉何度も履ける. 9. 〈auf〈et⁴〉〉《公》立ち入る, (…を)問題にする. 10. h. 〈et⁴〉履き慣らす.

ein|trich·tern [アイン・トりヒタァン] 動 h. 〈j³〉=+〈et⁴〉〉《口》苦労して飲ませる（子供に薬などを）；かみ含めるようにして覚え込ませる.

der **Ein·tritt** [アイン・トりット] 名 -(e)s/-e 1. （場所・組織・段階などへ）入ること, 入学, 入社, 加入: viele ~e in den Verein 協会への多くの入会. 2. 入場；入場料: ~ frei! 入場無料. 3. 開始, 始まり, 出現: bei ~ der Dunkelheit 暗くなり始めたとき. 4. 支持, 味方. 5. 《球》出場権.

das **Ein·tritts·geld** [アイントりッツ・ゲルト] 名 -(e)s/-er 入場料, 入会金.

die **Ein·tritts·kar·te** [アイントりッツ・カるテ] 名 -/-n 入場券.

ein|trock·nen [アイン・トろックネン] 動 s. 《燃に》乾く, 干からびる, しなびる, 干物になる.

ein|trom·meln [アイン・トろメルン] 動 h. 《口》 1. 〈j³〉＋〈et⁴〉〉《⑦》デブロッ」（繰返し教えて）叩き込む. 2. 〈auf〈et⁴〉〉絶えず影響を与える. 3. 〈auf〈j³〉〉続けざまに殴る.

ein|trü·ben [アイン・トりュ―ベン] 動 h. 1. 〈et⁴〉濁らせる, 曇らせる（水・窓ガラスなどを）. 2. 〈sich⁴〉曇る（空・天気が）: Es *trübt* sich *ein*. 空が曇る.

ein|tru·deln [アイン・トるーデルン] 動 s. 《燃に》《口》ゆっくりと（遅れて）やって来る.

ein|tun·ken [アイン・トゥンケン] 動 h. 《口》=ein|tauchen.

ein|üben [アイン・ユ―ベン] 動 h. 1. 〈et⁴〉習い覚える, 稽古して覚える（歌・役などを）. 2. 〈j³〉= / mit〈j³〉= +〈et⁴〉〉教え込む〈j³〉に《口》. 3. 〈et⁴〉実地に体験して身につける. 4. 〈sich⁴+in〈et⁴〉〉習得する.

ein·und·ein·halb [アイン・ウント・アイン・ハルプ] 数 《分数》=eineinhalb.

ein|ver·lei·ben [アイン・ふぇアライベン] 動 h. （現在形・過去形では非分離も有） 1. 〈et⁴〉+〈et³〉併合する（国に地域などを）. 2. 〈sich³+〈et⁴〉〉《口》平らげる（食物を）：自分のものにする（新しい知識などを）.

die **Ein·ver·lei·bung** [アイン・ふぇアライブング] 名 -/-en 併合, 合併；吸収；摂取.

die **Ein·ver·nah·me** [アイン・ふぇアナーメ] 名 -/-n （秋）《方》《法》尋問, 審問.

das **Ein·ver·neh·men** [アイン・ふぇアネーメン] 名 -s/ （意見の）一致, 合意；協調, 和合: im ~ mit〈j³〉〈人と〉合意〔協調〕して.

ein·ver·nehm·lich [アイン・ふぇアネームリヒ] 形 合意の上の.

ein·ver·stan·den [アイン・ふぇアシュタンデン] 形 1. [mit〈et³〉]了解〔承知〕した: Sind Sie damit ~ ? それでご承知いただけますか. sich⁴ mit〈et³〉~ erklären〈事に〉了承したと表明する. 2. [mit〈j³〉]同意した, 好きな《口》(…が)好きだ: die mit ihm ~en Mitglieder 彼に同意した会員たち.

ein·ver·ständ·lich [アイン・ふぇアシュテントリヒ] 形 合意の上の.

das **Ein·ver·ständ·nis** [アイン・ふぇアシュテントニス] 名 -ses/-se 《主に》同意, 了解；一致: im ~ mit〈j³〉〈人の〉もとに. sein ~ zu〈et³〉erklären〈事に〉同意することを言明する.

die **Ein·waa·ge** [アイン・ヴァーゲ] 名 -/ 《商》 1. （計量して分ける際の）量り減り, 目減り. 2. （缶詰などの）正味の重量.

ein|wach·sen¹* [アイン・ヴァクセン] 動 s. 《様態》=/〈方向〉=根づく.

ein|wach·sen² [アイン・ヴァクセン] 動 h. 〈et⁴〉ワックスを塗る.

der **Ein·wand** [アイン・ヴァント] 名 -(e)s/..wände 異議, 異論, 反論: einen ~ gegen〈et⁴〉erheben〈事に〉異議を唱える.

der **Ein·wan·de·rer** [アイン・ヴァンデらー] 名 -s/- （他国からの）移住者, 移民.

ein|wan·dern [アイン・ヴァンダァン] 動 s. [nach〈et³〉/in〈et⁴〉〉（他国から）移住する.

die **Ein·wan·de·rung** [アイン・ヴァンデるング] 名 -/-en （他国からの）移住, 移民.

ein·wand·frei [アイン・ヴァント・ふらイ] 形 1. 非の打ちどころのない, 完璧な. 2. 疑問の余地のない.

ein·wärts [アイン・ヴェるッ] 副 内（側）へ: ~ gehen 内またで歩く.

der **Ein·wärts·dre·her** [アインヴェるツ・ドれ-あ-] -s/- 〖解〗回内〔内転〕筋.

ein|wäs·sern [アイン・ヴェッサーン] 動 h. 〖〈et⁴〉ッ〗水に漬ける.

ein|we·ben [アイン・ヴェーベン] 動 h. 〖〈et⁴〉ッ+in〈et⁴〉₃〗織込む.

ein|wech·seln [アイン・ヴェクセルン] 動 h. **1.**〖〈et⁴〉ッ〗〖紙幣などを〗換金する. **2.**〖〈j⁴〉ッ〗〖スポーツ〗メンバーチェンジして出場させる.

ein|we·cken [アインヴェッケン] 動 h.〖〈et⁴〉ッ〗瓶詰めにする.

das **Ein·weck·glas** [アイン・ヴェック・グラース] 名 -es/..gläser 食品保存瓶.

die **Ein·weg·bahn** [アイン・ヴェーク・バーン] 名 -/-en モノレール.

die **Ein·weg·fla·sche** [アイン・ヴェーク・ふラッシェ] 名 -/-n 使い捨ての瓶.

das **Ein·weg·glas** [アイン・ヴェーク・グラース] 名 -es/..gläser 使い捨てのガラス容器.

der **Ein·weg·hahn** [アイン・ヴェーク・ハーン] 名 -(e)s/..hähne [-en]〖化〗ワンウェイコック.

der **Ein·weg·spie·gel** [アイン・ヴェーク・シュピーゲル] 名 -s/- マジックミラー.

die **Ein·weg·ver·pa·ckung** [アイン・ヴェーク・ふぇあパックング] 名 -/-en 使い捨て包装〔容器〕.

ein|wei·chen [アイン・ヴァイヒェン] 動 h.〖〈et⁴〉ッ〗水に漬ける(洗濯物を),ふやかす(豆などを).

ein|wei·hen [アイン・ヴァイエン] 動 h. **1.**〖〈et⁴〉ッ〗献堂式を行う,(…を)聖別する(教会を),落成〔開通・除幕〕式を行う. **2.**〖〈et⁴〉ッ〗〖口・冗〗着〖使い〗ぞめをする(新しいドレスなどの). **3.**〖〈et⁴〉ッ〗打ち明ける,知らせる,伝授する(技能などを).

die **Ein·wei·hung** [アイン・ヴァイウング] 名 -/-en **1.** 落成〔献堂・開通・除幕〕式. **2.**(秘密などの)打明けること.

ein|wei·sen* [アイン・ヴァイゼン] 動 h. **1.**〖〈j⁴〉ッ+in〈et⁴〉₄〗入れるように指示する(少年を施設などに). **2.**〖〈j⁴〉₃〗教え込む,指導する(…を)(官職に)任命する. **3.**〖〈j⁴/et⁴〉ッ〗誘導する.

die **Ein·wei·sung** [アイン・ヴァイズング] 名 -/-en 指示,指図;手ほどき;任命;誘導.

ein|wen·den* [アイン・ヴェンデン] 動 h.〖〈et⁴〉ッ+gegen〈et⁴〉ハ〗反論として持ちだす.

die **Ein·wen·dung** [アイン・ヴェンドゥング] 名 -/-en 異議,反論;〖法〗抗弁.

ein|wer·fen* [アイン・ヴェるふェン] 動 h. **1.**〖〈et⁴〉ッ+in〈et⁴〉₄〗(投げ)入れる(手紙・コインなどを). **2.**〖〈et⁴〉ッ〗(投げつけて)壊す(窓ガラスなどを). **3.**〖〈et⁴〉ッ〗差しはさむ(言葉などを). **4.**〖〈et⁴〉ッ〗〖球〗スローインする(サッカー・ラグビーなどでボールを),投入する(アイスホッケーでレフリーがパックを);シュートする(ハンドボールなどでボールを). **5.**〖sich⁴〗正確に投入れられるように練習する.

ein·wer·tig [アイン・ヴェーアティヒ] 形 〖言・化〗一価の.

ein|wi·ckeln [アイン・ヴィッケルン] 動 h. **1.**〖〈j⁴/et⁴〉ッ+in〈et⁴〉₄〗包む,くるむ(〈j⁴〉がsich⁴の場合)くるまる. **2.**〖〈et⁴〉ッ〗〖口〗言いくるめる,丸め込む.

das **Ein·wi·ckel·pa·pier** [アイン・ヴィッケル・パピーあ] 名 -s/-a 包装紙.

ein|wie·gen¹ [アイン・ヴィーゲン] 動 h.〖〈j⁴〉ッ〗揺籠(ゆりかご)で寝かしつける;うまくなだめる.

ein|wie·gen²* [アイン・ヴィーゲン] 動 h.〖〈et⁴〉ッ〗量って入れる.

ein|wil·li·gen [アイン・ヴィリゲン] 動 h. (in〈et⁴〉₄)同意する,(…を)承諾する.

die **Ein·wil·li·gung** [アイン・ヴィリグング] 名 -/-en 同意,承諾,了解：seine ～ zu〈et³〉geben〈事₃〉同意する.

ein|wir·ken¹ [アイン・ヴィるケン] 動 h. (auf〈j⁴/et⁴〉₄+(〈様態〉ッ))影響を及ぼす;作用する.

ein|wir·ken² [アイン・ヴィるケン] 動 h.〖〈et⁴〉ッ+(in〈et⁴〉₄)〗織込める(布地に模様などを).

die **Ein·wir·kung** [アイン・ヴィるクング] 名 -/-en 影響;作用.

ein·wö·chent·lich [アイン・ヴェっヒェントリひ] 形 1週間ごとの.

ein·wö·chig [アイン・ヴェっヒヒ] 形 生後1週間の;1週間にわたる.

ein|woh·nen [アイン・ヴォーネン] 動 h.〖稀〗 **1.**((bei〈j³〉ットコロニ/in〈et³〉₃))同居する. **2.**〖〈j³/et³〉₃〗内在する.

der **Ein·woh·ner** [アイン・ヴォーナー] 名 -s/- 住民,居住者;〖稀〗ある家の住人.

das **Ein·woh·ner·äqui·va·lent** [アインヴォーナー・エクヴィ・ヴァレント] 名 -(e)s/-e 〖環〗(工場排水などの汚染量を)住民一人当りの下水の汚染量に換算した数値.

das **Ein·woh·ner·mel·de·amt** [アインヴォーナー・メルデ・アムト] 名 -(e)s/..ämter 住民登録局,戸籍課.

die **Ein·woh·ner·schaft** [アイン・ヴォーナーシャふト] 名 -/ (総称)住民,居住者.

die **Ein·woh·ner·zahl** [アインヴォーナー・ツァール] 名 -/-en 人口,住民数.

der **Ein·wurf** [アイン・ヴるふ] 名 -(e)s/..würfe **1.**(㊙のみ)投入,投函. **2.** 投入〔投函〕口. **3.** 口出し：einen kritischen ～ machen 異議を差しはさむ. **4.**〖球〗スローイン.

ein|wur·zeln [アイン・ヴるツェルン] 動 **1.** s.〖慣用句〗根を下ろす(植物・〈転〉人・考えなどが). **2.** h. [sich⁴]しっかりと根ざく.

die **Ein·zahl** [アイン・ツァール] 名 -/-en (主に㊙)〖言〗単数.

ein|zah·len [アイン・ツァーレン] 動 h.〖〈et⁴〉ッ+auf〈et⁴〉₄〗払〔振〕込む;預け入れる,預金する.

die **Ein·zah·lung** [アイン・ツァールング] 名 -/-en (口座への)払〔振〕込み,預け入れ;払〔振〕込み額,預金額.

das **Ein·zah·lungs·for·mu·lar** [アインツァールングス・ふぉるムラー] 名 -s/-e 払込票,振込用紙.

der **Ein·zah·lungs·schein** [アインツァールングス・シャイン] 名 -(e)s/-e 払込〔振込〕証;〖郵〗郵便振替払込票.

ein|zäu·nen [アイン・ツォイネン] 動 h.〖〈et⁴〉₄+(mit〈et³〉ッ)〗囲いをする.

die **Ein·zäu·nung** [アイン・ツォイヌング] 名 -/-en (塀などで)囲うこと;塀,柵,垣.

ein|zeich·nen [アイン・ツァイヒネン] 動 h. **1.**〖〈et⁴〉ッ+auf〈et⁴〉₄/in〈et³(⁴)〉₃〗書入れる(走行路を地図などに),記入する(記号・点などを). **2.**[sich⁴(₃)]自分の名前を記入する.

ein·zei·lig [アイン・ツァイリヒ] 形 行の;一列に並んだ.

das **Ein·zel** [アインツェル] 名 -s/- 〖球〗シングルス.

die **Ein·zel·an·fer·ti·gung** [アインツェル・アン・ふぇるティグング] 名 -/-en 特注品の製作;特注品.

die **Ein·zel·aus·ga·be** [アインツェル・アウス・ガーベ] 名 -/-n 分冊版.

die **Ein·zel·dar·stel·lung** [アインツェル・ダーるシュテルング] 名 -/-en 個々の論文〔記述〕.

das **Ein·zel·ding** [アイン・ツェル・ディング] 名 -(e)s/-e (全体の中の)個々の物;〖哲〗個物.

die **Ein·zel·do·sis** [アインツェル・ドーズィス] 名 -/..dosen (薬の)一回量;〖環〗(有害物質などの)一回の暴露〔摂取〕量.

der **Ein·zel·fahr·schein** [アインツェル・ふぁー・シャイン] 名 -(e)s/-e 片道乗車券.

der **Ein·zel·fall** [アインツェル・ふぁる] 名 -(e)s/..fälle 個々の場合；唯一〔例外〕の事例.

Einzelfirma 324

die **Ein·zel·fir·ma** [アインツェル・ふぃるマ] 名 -/..firmen 〚商〛個人会社.
der **Ein·zel·ga·be** [アインツェル・ガーベ] 名 -/-n (薬の)1回服用量.
der **Ein·zel·gän·ger** [アインツェル・ゲンガー] 名 -s/- 独立独歩の人,一匹狼;群を離れた動物.
die **Ein·zel·haft** [アインツェルハふト] 名 -/-en 独房拘留.
der **Ein·zel·han·del** [アインツェル・ハンデル] 名 -s/ 小売り.
der **Ein·zel·han·dels·preis** [アインツェルハンデルス・プライス] 名 -es/-e 小売値.
der **Ein·zel·händ·ler** [アインツェル・ヘンドラー] 名 -s/- 小売商人.
die **Ein·zel·heit** [アインツェルハイト] 名 -/-en 個々の部分, 細部, 細目;(圈のみ)詳細,詳説: auf ~en eingehen 細部に立入る.〈et⁴〉 in allen ~en/bis in die kleinsten ~en erklären〈物·事を〉詳細に/微に入り細をうがって説明する.
der **Ein·zel·kampf** [アインツェル・カムプふ] 名 -(e)s/..kämpfe 〚スポ〛個人戦;〚軍〛白兵戦.
das **Ein·zel·kind** [アインツェル・キント] 名 -(e)s/-er ひとりっ子.
die **Ein·zel·leis·tung** [アインツェル・ライストゥング] 名 -/-en 個人の業績;個人の特別な業績.
der **Ein·zel·ler** [アイン・ツェラー] 名 -s/- 〚生〛単細胞生物.
ein·zel·lig [アイン・ツェリヒ] 形 〚生〛単細胞の.
ein·zeln [アインツェルン] 形 **1.** (単数で)一人(一つ)の,単一の,単独の,孤立した: Ein ~er Mann stand an der Straßenecke. 一人ぽつんと男が街角に立っていた.〘名詞的用法〙Ein E~er ist machtlos. 一人だけでは無力だ.〘副詞的に〙Bitte ~ eintreten！一人ずつ入って下さい. ein ~ stehender Baum 孤立して立っている一本の木. **2.** (定冠詞または jeder とともに)一つ一つの,一人一人(一つ一つ)の,個々の,個別の: der E~e 個人. jeder E~e 各人. die ~en Teile der Maschine 機械の個々の部分. im E~en 個々に. bis ins E~e gehen 細部にわたる. vom E~en ins Ganze/zum Allgemeinen 個から全体/普遍へ. **3.** (無冠詞の圈または圉で)(そのうちの)いくつかの,若干の,少数の: E~e Häuser sind abgebrannt. 数軒が全焼した.〘名詞的用法〙E~e haben die strenge Prüfung bestanden. 数名がその厳しい試験に合格した. E~es hat mir gefallen. いくつかが私には気に入った.
die **Ein·zel·per·son** [アインツェル・ぺるゾーン] 名 -/-en 個〈々〉人.
die **Ein·zel·rad·auf·hän·gung** [アインツェル・ラート・アウふ・ヘングング] 名 -/-en 〚車〛独立懸架（装置）.
der **Ein·zel·rich·ter** [アインツェル・リヒター] 名 -s/- 単独裁判官.
das **Ein·zel·spiel** [アインツェル・シュピール] 名 -(e)s/-e 〚スポ〛シングルス;(圈のみ)個人プレー;〚楽〛ソロ,独奏.
das **Ein·zel·teil** [アインツェル・タイル] 名 -(e)s/-e 個々の部分(品).
der **Ein·zel·un·ter·richt** [アインツェル・ウンターリヒト] 名 -(e)s/-e 個人教授.
der **Ein·zel·ver·kauf** [アインツェル・ふぇあカうふ] 名 -(e)s/..käufe 小売り.
die **Ein·zel·wer·bung** [アインツェル・ヴェるブング] 名 -/-en (訪問販売などによる)直接広告.
das **Ein·zel·we·sen** [アインツェル・ヴェーゼン] 名 -s/- 個体,個人.
die **Ein·zel·zel·le** [アインツェル・ツェレ] 名 -/-n 独房;〚生〛(群体中の)個々の細胞..
das **Ein·zel·zim·mer** [アインツェル・ツィマー] 名 -s/- (ホテルの)シングルルーム;(病院の)一人部屋.

ein·zieh·bar [アイン・ツィー・バー] 形 引っ込めることのできる;召集できる;徴収(没収)可能な;廃止(撤廃)可能な.
ein·zie·hen* [アイン・ツィーエン] 動 **1.** h.〈et⁴〉+(in〈et⁵〉)通す;入れる(間仕切り壁などを). **2.** h.〈et⁴〉引っ込める(頭·腹·飛行機の脚などを), 下ろす(旗·帆などを),上げる(網などを);〚印〛字下げする(行を). **3.** h.〈et⁴〉吸込む,吸収する(空気·湿気などを). **4.** s. 〈in〈et⁴〉〉しみ込む,浸透する(水が砂地に·クリームが肌などに). **5.** s.〈in〈et⁴〉〉入場する(チームがスタジアムなどに);やって来る(季節などが). **6.** s. 〈in〈et⁴〉〉進出する(決勝·議会などに). **7.** h.〚軍〛召集する. **8.** s.〈in〈et⁴〉〉入居する,移る. **9.** h.〈et⁴〉徴収する,取立てる(税金·貸金などを);没収する(財産などを). **10.** h.〈et⁴〉回収する(通貨などを);廃止する(部局などを). **11.** h.〈et⁴〉〚官〛収集する(情報など).
ein·zig [アインツィヒ] 形 **1.** 唯一の,ただ一つ〔一人〕の: Wir waren die ~en Gäste. 私たちが唯一の客だった. Er ist der E~e, der sie versteht. 彼は彼女を理解するたった1人の人だ.〘(口)では最高級も可〙Das ist das E~ste, was ich für dich tun kann. これが私が君にしてやれるたった一つのことだ. **2.**〚文〛唯一無二の,優れた: Darin ist er ~. その点では彼は非常に優れている.
——— 副 (語倒) (形容詞·副詞·名詞を修飾)(ただ)一つっただけ: Er ist der ~e Mann ist daran schuld. この男だけが責任がある.〚慣用〛**einzig und allein** ただひたすら,ひとえに.
ein·zig·ar·tig [アインツィヒ·アーるティヒ, アインツィヒ·アーるティヒ] 形 比類のない.
das **Ein·zim·mer·ap·part·ment** [アイン・ツィマー・アパるトマン] 名 -s/-s =Einzimmerwohnung.
die **Ein·zim·mer·woh·nung** [アイン・ツィマー・ヴォーヌング] 名 -/-en ワンルームマンション(アパート).
ein|zu·ckern [アイン・ツッカーン] 動 h.〈et⁴〉砂糖漬けにする,(…に)砂糖をまぶす.
der **Ein·zug** [アイン・ツーク] 名 -(e)s/..züge **1.** 引っ込めること,下ろすこと;入居,引っ越し;〚文〛入場,進出. **2.** 徴収,取立て. **3.**〚印〛(行頭の)字下げ〔下がり〕. **4.** 給紙装置,シートフィーダ(Papier~).
der〔*das*〕**Ein·zugs·be·reich** [アインツークス・べらイヒ] 名 -(e)s/-e =Einzugsgebiet とも.
die **Ein·zugs·er·mäch·ti·gung** [アインツークス・エあメヒティグング] 名 -/-en (口座からの)取立権限の授与.
ein·zugs·fer·tig [アインツークス・ふぇるティヒ] 形 すぐ入居できる.
das **Ein·zugs·ge·biet** [アインツークス·ゲビート] 名 -(e)s/-e **1.** 市場範囲,経済圏;交通圏. **2.**〚地〛流域.
ein|zwän·gen [アイン・ツヴェンゲン] 動 h.〈j⁴/et⁴〉+(in〈et⁵〉ノ中へ)むりやり押〔詰〕込む(荷物をトランクなどに).
das **Ei·pul·ver** [アイ·プルふぁー, アイ·プルヴァー] 名 -s/- 粉末卵.
(*das*) **Eire** [é:ri エーり] 名 -s/〚国名〛エール(アイルランド共和国のゲール語名).
(*das*) **Éire** [á:iri アーり,í:ri イーり] 名 =Eire.
(*die*) **Ei·re·ne** [アイれ-ネ] 名〚ギ神〛エイレーネ(平和の女神で, Horen の一人).
das **Eis**¹ [アイス] 名 -es/ **1.** 氷;〚スポ〛(スケート)リンク: Das ~ trägt noch nicht. 氷は薄くてまだ渡れない. ~ laufen アイススケートをする. aufs ~ gehen スケートに行く. **2.** アイスクリーム(~krem),氷菓子(Speise~): ~ mit Früchten und Sahne フルーツパフェ. ~ am Stiel アイスキャンデー.〚慣用〛〈et⁴〉

auf Eis legen 《口》〈事に〉冷却期間をおく,〈物を〉蓄める. **Das Eis ist gebrochen.** わだかまりが氷解した.

das **eis, Eis**² [エース] 名 -/- 【楽】嬰(ㇱ)ホ音.
die **Eis・bahn** [アイス・バーン] 名 -/-en スケートリンク.
der **Eis・bär** [アイス・ベーア] 名 -en/-en 【動】シロクマ, ホッキョクグマ.
der **Eis・be・cher** [アイス・ベッヒャー] 名 -s/- アイスクリームカップ;アイスクリームカップに盛ったアイスクリーム, パフェ.
das **Eis・bein** [アイス・バイン] 名 -(e)s/-e **1**. アイスバイン(塩漬の豚の脚をゆでた料理). **2**. (甌のみ) 《口・冗》冷えた足.
der **Eis・berg** [アイス・ベルク] 名 -(e)s/-e 氷山.
der **Eis・beu・tel** [アイス・ボイテル] 名 -s/- 氷嚢(ㇳぅ).
eis・blau [アイス・ブラウ] 形 青緑色の.
die **Eis・blu・me** [アイス・ブルーメ] 名 -/-n (主に 甌)(窓などの)氷の結晶.
die **Eis・bom・be** [アイス・ボンベ] 名 -/-n (半)球形のアイスクリーム.
der **Eis・bre・cher** [アイス・ブれッヒャー] 名 -s/- 砕氷船; (橋の)流氷よけ.
die **Eis・bu・de** [アイス・ブーデ] 名 -/-n (屋台の)アイスクリーム屋.
der **Eis・schnee** [アイ・シュネー] 名 -s/ 【料】泡立てた卵白.
die **Eis・creme** [アイス・クれーム] 名 -/-s アイスクリーム.
die **Eis・decke** [アイス・デッケ] 名 -/-n 張りつめた氷.
die **Eis・die・le** [アイス・ディーレ] 名 -/-n アイスクリームバーラー.
ei・sen [アイゼン] 動 **1**. *h.* 〈et⁴ァ〉冷凍する;氷で冷やす. **2**. *s*. (甌) 凍る.
das **Eisen** [アイゼン] 名 -s/- **1**. (甌のみ)鉄(記号 Fe);〈j¹〉**ist wie von ～〈人に〉**頑健だ. **2**. 鉄製の器具;蹄鉄(ㇳぃ),【ㇱㇳ】刀身,【詩】刃, 鎖, 【登山】アイゼン,【狩】鉄罠(ㇴき),【ㇺㇻ】アイアン;(甌のみ)手かせ,足かせ(Fessel). **3**. 【薬】鉄分, 鉄含有量. 【慣用】**ein heißes Eisen** 微妙な[触れたくない]問題. 〈j⁴/et⁴〉**zum alten Eisen werfen** 《口》〈人を〉お払い箱にする/〈物・事を〉不要として取除く. **zwei/mehrere Eisen im Feuer haben** 《口》二つ/いくつかの方策がある.
(*das*) **Ei・se・nach** [アイゼナㇵ] 名 -s/ 【地名】アイゼナハ(テューリンゲン州の都市).
die **Ei・sen・bahn** [アイゼン・バーン] 名 -/-en 鉄道;鉄道路;鉄道(組織);鉄道模型 : **mit der ～** 汽車(鉄道)で. 【慣用】**Es ist höchste Eisenbahn.** 《口》もうぎりぎりの時間だ.
die **Ei・sen・bahn・brü・cke** [アイゼンバーン・ブリュッケ] 名 -/-n 鉄(道)橋;跨線橋.
die **Ei・sen・bahn・di・rek・ti・on** [アイゼンバーン・ディれクツィオーン] 名 -/-en 鉄道管理局.
der **Ei・sen・bah・ner** [アイゼン・バーナー] 名 -s/- 《口》鉄道員.
die **Ei・sen・bahn・fäh・re** [アイゼンバーン・フェーれ] 名 -/-n 鉄道連絡船,鉄道フェリー.
die **Ei・sen・bahn・fahrt** [アイゼンバーン・ふァーㇳ] 名 -/-en 鉄道旅行,列車の旅.
der **Ei・sen・bahn・kno・ten・punkt** [アイゼンバーン・クノーテン・プンクㇳ] 名 -(e)s/-e (各線の集まる)鉄道接続駅.
die **Ei・sen・bahn・li・nie** [アイゼンバーン・リーニエ] 名 -/-n 鉄道路線.
das **Ei・sen・bahn・netz** [アイゼンバーン・ネッツ] 名 -es/-e 鉄道網.
der **Ei・sen・bahn・schaff・ner** [アイゼンバーン・シャㇷナー] 名 -s/- (鉄道の)車掌.
die **Ei・sen・bahn・schwel・le** [アイゼンバーン・シュヴェレ] 名 -/-n 枕木.
die **Ei・sen・bahn・sta・ti・on** [アイゼンバーン・シュタツィオーン] 名 -/-en 鉄道駅.
der **Ei・sen・bahn・ta・rif** [アイゼンバーン・タリーㇷ] 名 -s/-e 鉄道運賃表.
der **Ei・sen・bahn・über・gang** [アイゼンバーン・ユーバー・ガング] 名 -(e)s/..gänge 線路の踏切.
das **Ei・sen・bahn・un・glück** [アイゼンバーン・ウン・グリュック] 名 -(e)s/-e 鉄道事故,列車事故.
der **Ei・sen・bahn・ver・kehr** [アイゼンバーン・ふェアケーア] 名 -(e)s/-e 鉄道交通,鉄道運輸.
der **Ei・sen・bahn・wa・gen** [アイゼンバーン・ヴァーゲン] 名 -s/- 鉄道の車両,客車.
der **Ei・sen・bahn・zug** [アイゼンバーン・ツーク] 名 -(e)s/..züge 列車.
(*der*) **Ei・sen・bart(h)** [アイゼン・バーㇳ] 名 (次の形で)**Doktor ～**《冗》荒療治をする医者(外科医の名にちなむ).
das **Ei・sen・berg・werk** [アイゼン・ベルク・ヴェるク] 名 -(e)s/-e 鉄鉱山.
der **Ei・sen・be・schlag** [アイゼン・ベシュラーク] 名 -(e)s/..schläge 鉄製の金具.
ei・sen・be・schla・gen [アイゼン・ベシュラーゲン] 形 鉄金具を打った.
der **Ei・sen・be・ton** [アイゼン・ベトーン, アイゼン・ベトング] 名 -s/-s(-e) 鉄筋コンクリート.
das **Ei・sen・blech** [アイゼン・ブレッㇸ] 名 -(e)s/-e 薄鉄板.
der **Ei・sen・draht** [アイゼン・ドらーㇳ] 名 -(e)s/..drähte 鉄線,針金.
das **Ei・sen・erz** [アイゼン・エるツ, アイゼン・エーアツ] 名 -es/-e 【鉱】鉄鉱石.
der **Ei・sen・fres・ser** [アイゼン・ふれッサー] 名 -s/- 《口》大ぼら吹き.
der **Ei・sen・ge・halt** [アイゼン・ゲハルㇳ] 名 -(e)s/-e 鉄含有量.
die **Ei・sen・gie・ße・rei** [アイゼン・ギーセらイ] 名 -/-en **1**. (甌のみ)鋳物の製作. **2**. 鋳鉄工場.
das **Ei・sen・git・ter** [アイゼン・ギッター] 名 -s/- 鉄格子.
der **Ei・sen・guss**, (旧) **Ei・sen・guß** [アイゼン・グス] 名 -es/- **1**. 鉄の鋳造. **2**. 鋳造された鉄.
ei・sen・hal・tig [アイゼン・ハルティㇰ] 形 鉄(分)を含む.
der **Ei・sen・ham・mer** [アイゼン・ハマー] 名 -s/..hämmer 鍛造所;鉄の加工用動力ハンマー;《古》鍛冶屋の作業場.
ei・sen・hart [アイゼン・ハルㇳ] 形 鉄のように堅い.
der **Ei・sen・hut** [アイゼン・フーㇳ] 名 -(e)s/..hüte **1**. 【植】トリカブト. **2**. (中世の)鉄かぶと.
die **Ei・sen・hüt・te** [アイゼン・ヒュッテ] 名 -/-n 製鉄所.
(*das*) **Ei・sen・hüt・ten・stadt** [アイゼンヒュッテン・シュタッㇳ] 名 -s/ 【地名】アイゼンヒュッテンシュタット(ブランデンブルク州の都市).
die **Ei・sen・in・dus・trie** [アイゼン・インドゥストリー] 名 -/-n 製鉄業.
das **Ei・sen・kraut** [アイゼン・クらウㇳ] 名 -(e)s/ 【植】クマツヅラ.
das **Ei・sen・o・xid** [アイゼン・オクスィーㇳ] 名 -(e)s/-e ⇨ Eisenoxyd.
das **Ei・sen・o・xyd** [アイゼン・オクスューㇳ] 名 -(e)s/-e 酸化鉄;ベンガラ.
das **Ei・sen・phos・phat** [アイゼン・ふォスふァーㇳ] 名 -(e)s/-e 燐酸(ㇼﾝ)鉄.
ei・sen・schüs・sig [アイゼン・シュッスィㇰ] 形 【鉱】酸化鉄を含んでいる.
(*das*) **Ei・sen・stadt** [アイゼン・シュタッㇳ] 名 -s/ 【地名】アイゼンシュタット(オーストリアの都市).
die **Ei・sen・stan・ge** [アイゼン・シュタンゲ] 名 -/-n 鉄棒.
das **Ei・sen・sul・fat** [アイゼン・ズルふァーㇳ] 名 -(e)s/-e 硫酸鉄.
das **Ei・sen・sul・fid** [アイゼン・ズルふィーㇳ] 名 -(e)s/-e

硫化鉄.

die **Ei·sen·wa·ren** [アイゼン・ヴァーれン] [複名] 鉄製品, 鉄器(類).

das **Ei·sen·werk** [アイゼン・ヴェるク] [名] -(e)s/-e **1.** (装飾用の)鉄製品. **2.** 製鉄所.

die **Ei·sen·zeit** [アイゼン・ツァイト] [名] -/ 鉄器時代.

ei·sern [アイザーン] [形] **1.** 鉄(製)の: ein *~er* Vorhang(劇場の)耐火緞帳(どんちょう). **2.** 揺るぎない, 鉄のような: eine *~e* Gesundheit 鉄のような頑健さ. **3.** 厳しい, 仮借のない: mit *~em* Besen kehren びしびし取締まる. mit *~er* Faust durchgreifen 断固たる処置をとる. mit *~er* Hand 苛酷に. mit *~er* Stirn 鉄面皮に. 【慣用】(**Aber**) **eisern!** 《口》もちろんですとも. **der Eiserne Kanzler** 鉄血宰相(Otto von Bismarck). **der Eiserne Vorhang** (東西両陣営間の)鉄のカーテン. **das Eiserne Kreuz** 鉄十字勲章(略 EK). **die eiserne Jungfrau** 鉄の処女(中世の拷問具). **eiserne Hochzeit** 鉄婚式(65 年目). **die eiserne Lunge**〖医〗人工心肺. **eiserne Ration** 非常用携帯食糧.

das **Eis·feld** [アイス・ふぇルト] [名] -(e)s/-er 氷原.

eis·frei [アイス・ふらイ] [形] 氷結しない, 不凍の.

der **Eis·gang** [アイス・ガング] [名] -(e)s/ (早春に)氷結した川の氷が流れ出すこと.

eis·ge·kühlt [アイス・ゲキュールト] [形] 氷〔冷蔵庫〕で冷やした.

eis·glatt [アイス・グラット] [形] (アクセントは[⌐–])凍ってつるつるの;(アクセントは[⌐⌐])《口》氷のようにつるつるした.

eis·grau [アイス・グらウ] [形] (氷のように)白い.

die **Eis·hei·li·gen** [アイス・ハイリゲン] [複名] (定冠詞とともに)氷の聖者たち(よく寒気がぶり返す 5 月 11 日と 15 日の間(北ドイツ 11 日-13 日, 南ドイツ 12 日-15 日)の日々.).

das **Eis·ho·ckey** [アイス・ホッケ, アイス・ホッキ] [名] -s/ 〖スポーツ〗アイスホッケー.

der **Eis·ho·ckey·schlä·ger** [アイスホッケ・シュレーガー, アイスホッキ・シュレーガー] [名] -s/- アイスホッケーのスティック.

ei·sig [アイズィひ] [形] **1.** 氷のように冷たい;冷水を浴びせられたような. **2.** 冷淡な, 冷やかな.

der **Eis·kaf·fee** [アイス・カふぇー] [名] -s/-s コーヒーフロート.

eis·kalt [アイス・カルト] [形] **1.** 氷のように冷たい. **2.** 冷やかな;冷静な.

der **Eis·kel·ler** [アイス・ケラー] [名] -s/- 氷室, 貯氷庫.

die **Eis·krem** [アイス・クれーム] [名] -/-s アイスクリーム.

die **Eis·kre·me** [..kre:m, ..krɛ:m アイス・クれーム] [名] -/-s ⇨ Eiskrem.

der **Eis·kris·tall** [アイス・クりスタル] [名] -s/-e (主に[複])〖気〗氷晶.

der **Eis·kü·bel** [アイス・キューベル] [名] -s/ アイスペール.

der **Eis·kunst·lauf** [アイス・クンスト・ラウふ] [名] -(e)s/ 〖スポーツ〗フィギュアスケート.

der **Eis·lauf** [アイス・ラウふ] [名] -(e)s/ (アイス)スケート.

Eis lau·fen, [旧]**eis|lau·fen*** [アイス ラウふぇン] ⇨ Eis¹ 1.

der **Eis·läu·fer** [アイス・ロイふぁー] [名] -s/- スケーター.

(*das*) **Eis·le·ben** [アイス・レーベン] [名] -s/ 〖地名〗アイスレーベン(ザクセン=アンハルト州の都市).

die **Eis·ma·schi·ne** [アイス・マシーネ] [名] -/-n アイスクリームフリーザー.

das **Eis·meer** [アイス・メーあ] [名] -(e)s/-e 氷海: das Nördliche〔Südliche〕~ 北〔南〕氷洋.

der **Eis·pi·ckel** [アイス・ピッケル] [名] -s/- 〖登山〗ピッケル.

der **Ei·sprung** [アイ・シュプるング] [名] -(e)s/..sprünge 〖動・医〗排卵.

die **Eis·re·vue** [アイス・れヴュー] [名] -/-n アイススケートショー.

der **Eis·sa·lat** [アイス・ザラート] [名] -(e)s/-e 〖植〗イタリアレタス.

das **Eis·schie·ßen** [アイス・シーセン] [名] -s/ 〖スポーツ〗カーリング.

der **Eis·schnell·lauf, Eis·schnell-Lauf,** [旧]**Eis·schnel·lauf** [アイス・シュネル・ラウふ] [名] -(e)s/ 〖スポーツ〗スピードスケート競技.

die **Eis·schol·le** [アイス・ショレ] [名] -/-n 流氷の大きな塊.

der **Eis·schrank** [アイス・シュらンク] [名] -(e)s/..schränke (昔の)氷の冷蔵庫;《古》冷蔵庫.

das **Eis·sta·di·on** [アイス・シュターディオン] [名] -s/..dien スケート競技場, スケートリンク.

das **Eis·stock·schie·ßen** [アイス・シュトック・シーセン] [名] -s/ 〖スポーツ〗カーリング(氷上で円盤を的に向けて滑らせるゲーム).

der **Eis·vo·gel** [アイス・ふぉーゲル] [名] -s/..vögel〖鳥〗カワセミ;〖昆〗イチモンジチョウ.

das **Eis·was·ser** [アイス・ヴァッサー] [名] -s/ 冷水;氷水.

der **Eis·wein** [アイス・ヴァイン] [名] -(e)s/-e アイスワイン(凍りついたブドウから作る高級甘口ワイン).

der **Eis·wür·fel** [アイス・ヴュるふぇル] [名] -s/- 角氷.

der **Eis·zap·fen** [アイス・ツァップふぇン] [名] -s/- 氷柱, つらら.

die **Eis·zeit** [アイス・ツァイト] [名] -/-en 氷(河)期;([単]のみ)(俗称)氷河時代.

eis·zeit·lich [アイス・ツァイトリひ] [形] 氷期の;氷河時代の.

ei·tel [アイテル] [形] ([付][比]は eitl..) **1.** 《蔑》虚栄心の強い, 見栄っ張りの, うぬぼれた: auf ⟨et⁴⟩ ~ sein 《古》⟨事を⟩鼻にかけている. **2.** 《文・古》空虚な, むなしい, 無益な. **3.** (無変化)《古》純粋な.

die **Ei·tel·keit** [アイテルカイト] [名] -/-en (主に[単]) **1.** 《蔑》虚栄心, うぬぼれ. **2.** 《文・古》むなしさ.

der **Ei·ter** [アイター] [名] -s/ 膿(うみ).

die **Ei·ter·beu·le** [アイター・ボイレ] [名] -/-n 膿瘍(のうよう), おでき.

das **Ei·ter·bläs·chen** [アイター・ブレースひぇン] [名] -s/- 小膿疱(のうほう).

die **Ei·ter·flech·te** [アイター・ふレひテ] [名] -/-n とびひ, 膿痂疹(のうかしん).

ei·te·rig [アイテりひ] [形] =eitrig.

ei·tern [アイターン] [動] *h.* 〔補足なし〕化膿(かのう)する, 膿(う)む.

die **Ei·te·rung** [アイテるング] [名] -/-en 化膿(かのう).

eit·rig [アイトりひ] [形] 化膿(かのう)性の, 化膿した.

das **Ei·weiß** [アイ・ヴァイス] [名] -es/-e **1.** (主に[単]; 数詞付きの[複]は-)卵白, 白身: ~ zu Schnee schlagen 玉子の白身を泡立てる. **2.** 〖化・生〗蛋白(たんぱく)(質).

der **Ei·weiß·ge·halt** [アイヴァイス・ゲハルト] [名] -(e)s/ 蛋白(たんぱく)質含有量.

ei·weiß·hal·tig [アイヴァイス・ハルティひ] [形] 蛋白(たんぱく)質を含む.

der **Ei·weiß·man·gel** [アイヴァイス・マンゲル] [名] -s/ 蛋白(たんぱく)質不足.

der **Ei·weiß·stoff** [アイヴァイス・シュトッふ] [名] -(e)s/-e (主に[複]) 蛋白(たんぱく)質.

der **Ei·weiß·trä·ger** [アイヴァイス・トれーガー] [名] -s/- 蛋白(たんぱく)性食品.

die **Ei·zel·le** [アイ・ツェレ] [名] -/-n 卵細胞.

die **E·ja·ku·la·ti·on** [エヤクラツィオーン] [名] -/-en 〖医〗射精.

EK =Eisernes Kreuz 鉄十字勲章.

das **E·kar·té** [..té: エカるテー] [名] -s/-s エカルテ(32 枚の札を使うトランプ遊び).

die **EKD** [エーカーデー] 名 -/ =Evangelische Kirche in Deutschland ドイツ福音教会.

ekel [エーケル] 形 (⑪ ⑪ ist ekl..}(文)吐き気を催させるような;非難すべき.

der **Ekel**[1] [エーケル] 名 -s/ 吐き気,むかつき;嫌悪;嫌悪感:vor ⟨j³/et³⟩ ~ bekommen ⟨人・物⟩大嫌いである.⟨j³⟩ zum ~ sein ⟨人に⟩いやでいやでたまらない.

das **Ekel**[2] [エーケル] 名 -s/ (口・蔑)大嫌いな人間.

Ekel erregend, ekelerregend [エーケル あれーゲント] 形 吐き気を催す.

ekelhaft [エーケルハふト] 形 吐き気を催すような,不快な;(口)いやな,ひどく.

ekelig [エーケリヒ] 形 =eklig.

ekeln [エーケルン] 動 h. **1.** ⟨sich⁴+vor ⟨j³/et³⟩₃⟩嫌悪を感じる,胸がむかむかする. **2.** ⟨(Es)+⟨j⁴⁽³⁾⟩ₐ+vor ⟨j³/et³⟩₃⟩いやでたまらない **3.** ⟨(j³)₃⟩嫌悪感(吐き気)を催させる. **4.** ⟨(j³)+aus ⟨et³⟩ₐᵤₛ⟩(口)いびり出す(家・組織などから).

das **Ekg, EKG** [エーカーゲー] 名 -s/-s =Elektrokardiogramm 心電図.

die **Ekklesia** [エクレーズィア] 名 -/ **1.** 〔神〕(信者集団としての)キリスト教会会. **2.** (古代ギリシアの)民会,市民集会.

die **Ekklesiastik** [エクレズィアスティク] 名 -/ =Ekklesiologie.

die **Ekklesiologie** [エクレズィオ・ロギー] 名 -/ 教会学,教会論.

die **Eklampsie** [エクラムプスィー] 名 -/-n 〔医〕子癇(かん).

der **Eklat** [eklá: エクラー] 名 -s/-s センセーション,スキャンダル:Es kommt zu einem ~. 衝撃的事件となる.

eklatant [エクラタント] 形 目立つ;センセーショナルな.

eklektisch [エクレクティシュ] 形 (文) **1.** 折衷主義(者)の;(蔑)亜流の. **2.** (蔑)統一性のない.

der **Eklektizismus** [エクレクティツィスムス] 名 -/ 折衷主義.

eklig [エークリヒ] 形 吐き気のする,不快な;(口)卑劣な態度の;(口)ひどく.

die **Eklipse** [エクリプセ] 名 -/-n 〔天〕食(日食・月食).

die **Ekliptik** [エクリプティク] 名 -/-en 〔天〕黄道.

ekliptisch [エクリプティシュ] 形 〔天〕食の.

die **Ekloge** [エクローゲ] 名 -/-n 〔文芸学〕詩選;(古代ローマの)牧歌,田園詩.

ekrü [エクリュー] 形 自然色(無漂白)の;黄色っぽい白の.

die **Ekrüseide** [エクリュー・ザイデ] 名 -/ 〔紡〕生糸,ローシルク.

die **Ekstase** [エクスターゼ] 名 -/-n 恍惚(こうこつ),エクスタシー.

ekstatisch [エクスターティシュ] 形 忘我の,恍惚(こうこつ)とした.

das **Ektoplasma** [エクト・プラスマ] 名 -s/..men 〔生〕外質,細胞質外層.

(das) **Ekuador** [エクアドーあ] 名 -s/ =Ecuador.

das **Ekzem** [エクツェーム] 名 -s/-e 〔医〕湿疹(しっしん).

..el[1] [..エル] 接尾 **1.** 動詞につけて「…する道具」を表す名詞を作る:Deckel ふた. **2.** (南独)名詞につけて縮小形を作る:Mädel 少女.

..el[2] [..エル] 接尾 序数詞につけて「…分の」を表す分数を作る:viertel 4分の1.

das **Elaborat** [エラぼらート] 名 -(e)s/-e **1.** (蔑)(論文などの)駄作. **2.** (文)苦心作,労作,完成稿.

elaboriert [エラボリーあト] 形 〔言〕精密な:~er Kode 精密コード.

der **Elan** [elá:n, elá: エラーン] 名 -s/ (文)高揚,感激.

elastisch [エラスティシュ] 形 伸縮〔弾力〕性のある;ばねの効いた,しなやかな;融通性のある,柔軟な.

die **Elastizität** [エラスティツィテート] 名 -/ **1.** 弾力(性),伸縮性. **2.** (体の)しなやかさ,柔軟性;融通性.

das **Elastomere** [エラスト・メーれ] 名 -n/-n (主に⑪)〔化〕弾性物質,エラストマー(合成ゴムなど).

der **Elativ** [エーラーティーふ] 名 -s/-e 〔言〕絶対最上〔最高〕級;出格(フィン・ウゴル諸語の運動の方向を示す格).

(das) **Elba** [エルバ] 名 -s/ 〔地名〕エルバ島(イタリア半島とコルシカ島の間にある島).

die **Elbe** [エルベ] 名 -/ 〔川名〕エルベ川(チェコからドイツを北上し,北海へ至る河川).

der **Elch** [エルヒ] 名 -(e)s/-e 〔動〕オオジカ,ヘラジカ.

Elder statesman, ⑪Elder statesman [ɛ́ldərstéːtsmən エルダー・ステーツマン] 名 --/..men ⟨口⟩政界の長老(元老).

das **Eldorado** [エルドラード] 名 -s/-s[..den] 黄金郷.

der **Eleate** [エレアーテ] 名 -n/-n エレア学派の哲学者(紀元前6世紀,Parmenidesの創設した学派).

eleatisch [エレアーティシュ] 形 エレア学派の.

das **Electronic Cash** [ılek..kæʃ イレクトろニク ケッシュ] 名 --/ 電子マネー.

der **Electronic Commerce** [..k5məːs イレクトろニク コメース] 名 --/ 電子商取引.

der **Elefant** [エレふァント] 名 -en/-en 〔動〕ゾウ:sich⁴ wie ein ~ im Porzellanladen benehmen 《口》ひどく不器用に振舞う.

der **Elefantenbulle** [エレふァンテン・ブレ] 名 -n/-n 雄の象.

die **Elefantenhochzeit** [エレふァンテン・ホッホ・ツァイト] 名 -/-en 《口》巨大合併.

die **Elefantenkuh** [エレふァンテン・クー] 名 -/..kühe 雌の象.

die **Elefantenrunde** [エレふァンテン・るンデ] 名 -/-n (選挙後などの)大物政治家による(テレビ)討論会.

der **Elefantenrüssel** [エレふァンテン・りュッセル] 名 -s/-象の鼻.

elegant [エレガント] 形 **1.** 上品な,あか抜けした,エレガント〔優雅〕な:die ~e Welt 上流階級(の人々). **2.** 巧みな,スマートな:eine ~e Lösung des Problems 巧みな問題の解決. **3.** 洗練された.

die **Eleganz** [エレガンツ] 名 -/ 優雅,上品.

die **Elegie** [エレギー] 名 -/-n 〔詩〕悲歌,哀歌,エレジー;(古代)の二行連詩〔詩体〕. **2.** 《文》悲哀.

elegisch [エレーギッシュ] 形 **1.** 悲(歌)歌の;悲歌体の. **2.** 哀調を帯びた.

(die) **Elektra** [エレクトら] 名 〔ギ神〕エレクトラ(Agamemnonの娘.父を殺した母に復讐(ふくしゅう)する).

der **Elektrakomplex** [エレクトら・コムプレクス] 名 -es/ 〔心〕エレクトラコンプレックス《女性の父親への異常な執着心》.

elektrifizieren [エレクトりふィツィーれン] 動 h. ⟨et⁴⟩ₐ 電化する(鉄道・工場などを).

die **Elektrifizierung** [エレクトりふィツィーるング] 名 -/-en 電化.

die **Elektrik** [エレクトりク] 名 -/-en 電気設備;(⑪のみ)(口)電気工学(Elektrotechnik).

der **Elektriker** [エレクトリカー] 名 -s/- 電気(設備)工.

elektrisch [エレクトリシュ] 形 **1.** 電気の:~e Spannung 電圧.ein ~er Schlag 感電,電撃,電気ショック.Der Zaun ist ~ geladen. この柵(さく)は電

elektrisieren 328

流が通じている. **2.** 電動(式)の, 電気仕掛けの: ein ~er Rasierapparat 電気かみそり.

e·lek·tri·sie·ren [エレクトリズィーレン] 動 *h*. **1.** 《j⁴/et⁴》帯電させる. **2.** 《j⁴/et⁴》電気療法を施す, 電気をかける(身体部分などに). **3.** {sich⁴+an ⟨et³⟩二無レン} 感電する. **4.** 《j⁴》興奮〔感動〕させる.

die **E·lek·tri·zi·tät** [エレクトリツィテート] 名 -/ 電気; 電流, 電力: statische ~ 静電気.

der **E·lek·tri·zi·täts·be·darf** [エレクトリツィテーツ·ベダルふ] 名 -(e)s/- 電力需要.

die **E·lek·tri·zi·täts·ge·sell·schaft** [エレクトリツィテーツ·ゲゼルシャふト] 名 -/-en 電力会社.

die **E·lek·tri·zi·täts·ver·sor·gung** [エレクトリツィテーツ·ふぇァゾルグング] 名 -/ 電力供給.

das **E·lek·tri·zi·täts·werk** [エレクトリツィテーツ·ヴェェルク] 名 -(e)s/-e 発電所.

der **E·lek·tri·zi·täts·zäh·ler** [エレクトリツィテーツ·ツェーラー] 名 -s/- (積算)電力計.

der **E·lek·tro·a·na·ly·se** [エレクトロ·アナリューゼ, エレクトロ アナリューゼ] 名 -/-n 電気分析.

das **E·lek·tro·au·to** [エレクトロ·アウト] 名 -s/-s 電気自動車.

die **E·lek·tro·che·mie** [エレクトロ·ひぇミー, エレクトロ·ひぇミー] 名 -/ 電気化学.

e·lek·tro·che·misch [エレクトロ·ひぇーミシュ, エレクトロ·ひぇーミシュ] 形 電気化学の.

die **E·lek·tro·de** [エレクトローデ] 名 -/-n 電極: die negative/positive ~ 陰極/陽極.

die **E·lek·tro·dy·na·mik** [エレクトロ·デューナミク, エレクトロ·デューナミク] 名 -/ 〖理〗電気力学.

e·lek·tro·dy·na·misch [エレクトロ·デューナミシュ, エレクトロ·デューナミシュ] 形 電気力学の.

der **E·lek·tro·ent·stau·ber** [エレクトロ·エントシュタウバー] 名 -s/- 電気集〔除〕塵(じん)機.

der **E·lek·tro·en·ze·pha·lo·graf, E·lek·tro·en·ze·pha·lo·graph** [エレクトロ·エンツェふぁロ·グらふ] 名 -en/-en 〖医〗脳波計.

das **E·lek·tro·en·ze·pha·lo·gramm** [エレクトロ·エンツェふぁロ·グらム] 名 -s/-e 〖医〗脳波図(略 Eeg, EEG).

das **E·lek·tro·fahr·zeug** [エレクトロ·ふぁーァ·ツォイク] 名 -(e)s/-e 電気(軌道を走るもの以外の)電動乗り物.

das **E·lek·tro·ge·rät** [エレクトロ·ゲれート] 名 -(e)s/-e 電気器具.

die **E·lek·tro·gi·tar·re** [エレクトロ·ギタれ] 名 -/-n エレキ(電気)ギター.

der **E·lek·tro·herd** [エレクトロ·ヘーァト] 名 -(e)s/-e 電気レンジ.

die **E·lek·tro·in·dus·trie** [エレクトロ·インドゥストリー] 名 -/ 電気工業.

der **E·lek·tro·in·ge·ni·eur** [エレクトロ·インジェニ①ーァ] 名 -s/-e 電気技師.

der **E·lek·tro·kar·di·o·graf, E·lek·tro·kar·di·o·graph** [エレクトロ·カルディオ·グらふ] 名 -en/-en 〖医〗心電計.

das **E·lek·tro·kar·di·o·gramm** [エレクトロ·カルディオ·グらム] 名 -s/-e 〖医〗心電図(略 Ekg, EKG).

der **E·lek·tro·kar·ren** [エレクトロ·カれン] 名 -s/- 電動運搬車.

die **E·lek·tro·ly·se** [エレクトロ·リューゼ] 名 -/-n 〖理·化〗電気分解, 電解.

der **E·lek·tro·lyt** [エレクトロリュート] 名 -s/-e 〖理·化〗電解質, 電解液.

e·lek·tro·ly·tisch [エレクトロリューティシュ] 形 電解の.

der **E·lek·tro·ma·gnet** [エレクトロ·マグネート, エレクトロ·マグネート] 名 -en/-(e)s/-en/-e 電磁石.

e·lek·tro·ma·gne·tisch [エレクトロ·マグネーティシュ, エレクトロ·マグネーティシュ] 形 電磁気の.

der **E·lek·tro·me·cha·ni·ker** [エレクトロ·メヒャーニカー] 名 -s/- 電気機械工.

e·lek·tro·me·cha·nisch [エレクトロ·メヒャーニシュ, エレクトロ·メヒャーニシュ] 形 電気工学の/機械的な.

das **E·lek·tro·me·ter** [エレクトロ·メーター] 名 -s/- 〖電〗電位計.

das **E·lek·tro·mo·bil** [エレクトロ·モビール] 名 -s/-e 電気自動車.

der **E·lek·tro·mo·tor** [エレクトロ·モ(ー)トーァ] 名 -s/-en 〖工〗電動機, (電気)モーター.

e·lek·tro·mo·to·risch [エレクトロ·モトーリシュ] 形 電動の, 起電の.

der **E·lek·tro·my·o·graf, E·lek·tro·my·o·graph** [エレクトロ·ミュオグらーふ] 名 -en/-en 〖医〗筋電計.

das **E·lek·tron**[1] [エーレクトろン, エレクトろン, エレクトローン] 名 -s/-en[elɛktróːnən] 〖核物理〗電子, エレクトロン.

das **E·lek·tron**[2] 名 -s/ **1.** 天然の金銀合金. **2.** エレクトロン(マグネシウム合金).

der **E·lek·tro·nen·blitz** [エレクトローネン·ブリッツ] 名 -es/-e 〖写〗エレクトロニックフラッシュ; (はな) ストロボ.

das **E·lek·tro·nen·blitz·ge·rät** [エレクトローネン·ブリッツゲレート] 名 -(e)s/-e 〖写〗ストロボ.

das **E·lek·tro·nen·ge·hirn** [エレクトローネン·ゲヒるン] 名 -(e)s/-e 〔口·古〕電子頭脳, 電子計算機.

das **E·lek·tro·nen·mi·kro·skop** [エレクトローネン·ミクロスコープ] 名 -s/-e 電子顕微鏡.

die **E·lek·tro·nen·or·gel** [エレクトローネン·オルゲル] 名 -/-n 電子オルガン.

der **E·lek·tro·nen·rech·ner** [エレクトローネン·れひナー] 名 -s/- 電子計算機, コンピュータ.

die **E·lek·tro·nen·röh·re** [エレクトローネン·れ-れ] 名 -/-n 電子管.

die **E·lek·tro·nen·schleu·der** [エレクトローネン·シュロイダー] 名 -/-n 電子発射装置.

das **E·lek·tro·nen·volt** [エレクトローネン·ヴォルト] 名 -[-(e)s]/- 電子ボルト(記号 eV).

die **E·lek·tro·nik** [エレクトローニク] 名 -/ **1.** (単のみ)電子工学, エレクトロニクス. **2.** 電子機器.

e·lek·tro·nisch [エレクトローニシュ] 形 電子(工学)の.

der **E·lek·tro·ofen** [エレクトロ·オーふェン] 名 -s/..öfen **1.** 〖工〗電気炉. **2.** 電気オーブン.

der **E·lek·tro·ra·sie·rer** [エレクトロ·らズィーラー] 名 -s/- 電気かみそり.

der **E·lek·tro·schock** [エレクトロ·ショック] 名 -(e)s/-s 〖医〗電気ショック.

die **E·lek·tro·schock·the·ra·pie** [エレクトロショック·テらピー] 名 -/-n 〖医〗電気ショック療法.

die **E·lek·tro·schwei·ßung** [エレクトロシュヴァイスング] 名 -/-en 電気溶接.

das **E·lek·tro·skop** [エレクトロ·スコープ] 名 -s/-e 〖理〗検電器.

die **E·lek·tro·sta·tik** [エレクトロ·スターティク] 名 -/ 〖理〗静電気学; (繊維の)帯電.

e·lek·tro·sta·tisch [エレクトロ·スターティシュ] 形 静電(学)の.

der [das] **E·lek·tro·staub·fil·ter** [エレクトロ·シュタウプ·ふィルター] 名 -s/-e 電気粉塵 (じん) フィルター〔濾過(ろか) 装置〕.

die **E·lek·tro·tech·nik** [エレクトロ·テヒニク, エレクトロ·テヒニク] 名 -/ 電気工学.

der **E·lek·tro·tech·ni·ker** [エレクトロ·テヒニカー] 名 -s/- 電気工学者; 電気設備工, 電気技師.

e·lek·tro·tech·nisch [エレクトロ·テヒニシュ, エレクトロ·テヒニシュ] 形 電気工学の.

die **E·lek·tro·the·ra·pie** [エレクトロ·テらピー, エレクトロ·テらピー] 名 -/ 〖医〗電気療法.

die **E·lek·tro·ty·pie** [エレクトロ·テュピー] 名 -/-n 〖印〗電気製版.

das **E·lẹk·trum** [エレクトるム] [名] -s/ 天然の金銀合金.

das **E·le·mẹnt** [エレメント] [名] -(e)s/-e 1. 〖化〗元素;〖数〗(集合の)要素,元;〖電〗電池: ein chemisches ～ 化学元素. 2. 《主に複》自然力: die vier ～*e* (地・水・火・風の)四大元素. das nasse ～ 水. das Toben der ～*e* 自然の猛威. 3. (本質的・基本的)要素,構成要素. 4. 《複のみ》(学問の)基礎,初歩. 5. 《単のみ》(適した)活動領域: (ganz) in seinem ～ sein 自分の本領を発揮している. 6. 《主に複》《蔑》反社会的分子: subversive ～*e* 破壊分子. 7. (建築などの)部分,部品.

e·le·men·tar [エレメンターあ] [形] 1. 基本的な;初歩的な. 2. 原初的な,激しい,荒々しい: mit ～*er* Gewalt 抗しがたき力で. 3. 〖化〗元素の.

das **E·le·men·tar·buch** [エレメンターあ·ブーふ] [名] -(e)s/..bücher 入門書.

das **E·le·men·tar·er·eig·nis** [エレメンターあ·エあアイグニス] [名] -ses/-se 天災,自然災害.

die **E·le·men·tar·ge·walt** [エレメンターあ·ゲヴァルト] [名] -/-en 自然力,自然の猛威.

die **E·le·men·tar·schu·le** [エレメンターあ·シューレ] [名] -/-n (昔の)初等学校.

das **E·le·men·tar·teil·chen** [エレメンターあ·タイルひぇン] [名] -s/- 素粒子.

der **E·le·men·tar·un·ter·richt** [エレメンターあ·ウンターりひト] [名] -(e)s/ 初等教育.

das〔*der*〕**E·len** [エーレン] [名] -s/- =Elch.

der **E·lẹn·chus** [エレンひゅス] [名] -/..chi〔..chen〕〖哲〗エレンコス,反対論証.

e·lend [エーレント] [形] 1. 惨めな,哀れな. 2. みすぼらしい. 3. 体の具合が悪い,気分が悪い. 4. 《蔑》卑しい,あさましい,くだらぬ. 5. 《口》ひどい,非常な;《口》ひどく,すごく.

das **E·lend** [エーレント] [名] -(e)s/ 惨め,悲惨,哀れ;窮状,不幸,貧困: sich⁴ ins ～ bringen 惨めになる. wie das leibhaftige ～ aussehen 重病のように見える. 【慣用】 **das heulende Elend kriegen** 《口》悲惨な気持になる. **ein langes Elend** 《口》ひょろ長いやつ.

e·len·dig [エーレンディひ,エーレンディひ] [形] 《方》=elend.

e·len·dig·lich [エーレンディクリひ,エーレンディクリひ] [形] 《文》=elend.

das **E·lends·vier·tel** [エーレンツ·ふぃるテル] [名] -s/- スラム街.

(*die*) **E·le·o·no·re** [エレオノーれ] [名] 〖女名〗エレオノーレ.

die **E·leu·si·ni·en** [エロイズィーニエン] [複名] エレウシス祭(古代ギリシアのエレウシスで豊穣の女神 Demeter のために催された秘儀).

die **E·leu·si·ni·schen Mys·te·ri·en** [エロイズィーニシェン ミュステーりエン] [複名] =Eleusinien.

(*das*) **E·leu·sis** [エロイズィス] [名] -'/ 〖地名〗エレウシス(ギリシアの都市).

die **E·le·va·ti·on** [エレヴァツィオーン] [名] -/-en 1. 《文》(精神の)高揚;高めること;〖超心理学〗空中浮揚. 2. 〖カトリック〗(ミサの)聖体奉挙. 3. 〖天〗高度,仰角. 4. 〖弾道学〗射角. 5. 〖バレエ〗空中跳躍.

der **E·le·va·tor** [エレヴァートーあ] [名] -s/-en[エレヴァトーれン] 〖工〗(土砂・穀物などを運ぶ)バケットコンベヤー.

der **E·le·ve** [エレーヴェ] [名] -n/-n (演劇・舞踊学校の)生徒;農業〔林業〕実習生;《古》弟子,徒弟.

ẹlf [エルふ] [数] 《基数》11.【用法は⇨ acht¹】

der **Ẹlf**¹ [エルふ] [名] -en/-en 《稀》=Elfe.

die **Ẹlf**² [エルふ] [名] -/-en 1. (数・数字の)11. 2. 〖スポーツ〗(サッカーなどの)イレブン. 3. 《口》11番〔系統〕(のバス・市電).

die **Ẹl·fe** [エルふぇ] [名] -/-n 〖ゲルマン伝〗エルフ(妖精).

das **Ẹl·fen·bein** [エルふぇン·バイン] [名] -s/-e 1. 《主に単》象牙(ぞうげ);(マンモスなどの)牙(きば): schwarzes ～ 黒人奴隷. 2. 《主に複》〖芸術学〗象牙細工製品.

die **Ẹl·fen·bein·ar·beit** [エルふぇンバイン·アるバイト] [名] -/-en 象牙細工品.

ẹl·fen·bei·nern [エルふぇン·バイナーン] [形] 象牙(ぞうげ)(製)の.

ẹl·fen·bei·nisch [エルふぇン·バイニシュ] [形] 象牙(ぞうげ)海岸の.

(*das*) **Ẹl·fen·bein·küs·te** [エルふぇンバイン·キュステ] [名] -s/ 《*die*》～ -/ も有)〖国名〗コートジボアール(西アフリカの国).

die **Ẹl·fen·bein·küs·te** [エルふぇンバイン·キュステ] [名] -/ 〖地名〗象牙(ぞうげ)海岸.

die **Ẹl·fen·bein·schnit·ze·rei** [エルふぇンバイン·シュニッツェらイ] [名] -/-en 象牙(ぞうげ)彫刻品;《単のみ》象牙彫刻.

der **Ẹl·fen·bein·turm** [エルふぇンバイン·トゥるム] [名] -(e)s/..türme 《主に単》 象牙(ぞうげ)の塔(現実離れの象徴).

ẹl·fen·haft [エルふぇンハふト] [形] 妖精のような,優雅な.

der **Ẹl·fen·rei·gen** [エルふぇン·らイゲン] [名] -s/- 妖精の輪舞.

der **Ẹl·fer** [エルふぁー] [名] -s/- 1. 〖サッカー〗=Elfmeter. 2. 《方》(数・数字の)11.

ẹl·fer·lei [エルふぁーライ] [数] 《種数》11種類の;11種類のもの〔こと〕.

der **Ẹl·fer·rat** [エルふぁー·らート] [名] -(e)s/..räte 11人から成る謝肉祭準備委員会.

ẹlf·fach [エルふ·ふぁっは] [形] 11倍〔重〕の.

ẹl·fisch [エルふぃシュ] [形] 妖精の.

ẹlf·mal [エルふ·マール] [副] 11回〔度・倍〕.

der **Elf·me·ter** [エルふ·メーター] [名] -s/- 〖サッカー〗ペナルティキック.

der **Elf·me·ter·punkt** [エルふメーター·プンクト] [名] -(e)s/-e 〖サッカー〗ペナルティースポット.

ẹlf·mo·na·tig [エルふ·モーナティひ] [形] 生後11か月の;11か月間の.

ẹlf·mo·nat·lich [エルふ·モーナトリひ] [形] 11か月ごとの.

(*die*) **El·frie·de** [エルふりーデ] [名] 〖女名〗エルフリーデ.

ẹlft [エルふト] [数] 《序数》(形容詞的変化)【数字表記は「11.」】11番目の,第11の: in der ～*en* Stunde 最後の瞬間に,どたんばで.【他の用法は⇨ acht²】

ẹlf·tel [エルふテル] [数] 《分数》11分の1の.

das **Ẹlf·tel** [エルふテル] [名] -s/- 《(スイス)der ～)11分の1.

ẹlf·tens [エルふテンス] [副] 第11に.

(*der*) **E·li·as** [エリーアス] [名] 1. 〖男名〗エリーアス. 2. 〖旧約〗エリア(紀元前9世紀頃のイスラエルの預言者): der feurige ～ 《口・冗・古》蒸気機関車.

e·li·mi·nie·ren [エリミニーれン] [動] *h.* 1. 〔<et⁴>ヲ〕《文》除去する(誤りなどを);取りのける,除外する(個々に扱うために). 2. 〔<j⁴>ヲ〕排除する,退ける(競争相手などを). 3. 〔<et⁴>ヲ〕〖数〗消去する.

(*der*) **E·li·sa** [エリーザ] [名] 〖旧約〗エリシャ(イスラエルの預言者).

(*die*) **E·li·sa·beth** [エリーザベト] [名] 1. 〖女名〗エリーザベト. 2. Elisabeth I エリザベス1世(1533-1603,イギリスの女王).

e·li·sa·be·tha·nisch [エリザベターニシュ] [形] エリザベス女王時代〔王朝〕の(1558-1603年).

(*die*) **E·li·se** [エリーゼ] [名] 〖女名〗エリーゼ(Elisabeth の短縮形).

die **E·li·si·on** [エリズィオーン] [名] -/-en 〖言〗音の脱落(アクセントのない母音の省略).

e·li·tär [エリテーあ] [形] エリートの〔的な〕;エリートぶった.

die **E·li·te** [エリーテ] [名] -/-n 1. えり抜き,精鋭,エリート. 2. 《単のみ》(タイプライターの)エリート(活字の

大きさのひとつ).
die **E·li·te·trup·pe** [エリーテ・トるっぺ] 名 -/-n 〖軍〗精鋭部隊.
das **E·li·xier** [エリクスィーあ] 名 -s/-e 霊薬, 万能薬.
..ell ‥エル 接尾 = ..al.
der **Ell·bo·gen** [エルボーゲン] 名 -s/- 肘: die ~ auflegen [aufstützen] 肘をつく. 【慣用】 keine Ellbogen haben 自説を貫くことができない〔行動の自由. seine Ellbogen (ge)brauchen 遠慮会釈なくやる.
die **Ell·bo·gen·frei·heit** [エルボーゲン・ふらイハイト] 名 -/ ひじを動かせる余地;(人を押しのけたりする)行動の自由.
die **Ell·bo·gen·ge·sell·schaft** [エルボーゲン・ゲゼルシャふト] 名 -/ 〈蔑〉(強引に意志を押通す人が出世する)ごり押しの社会.
die **El·le** [エレ] 名 -/-n **1.** 尺骨(前腕の内側の長骨). **2.** エレ(昔の尺度, 約55-85 cm);1エレの物差: alles mit der gleichen ~ messen 〖口〗何でも一律に扱う.
der **El·len·bo·gen** [エレン・ボーゲン] 名 -s/- =Ellbogen.
el·len·lang [エレン・ラング] 形 〖口〗長たらしい.
die **El·lip·se** [エリプセ] 名 -/-n **1.** 〖数〗楕円(だ゛ん), 長円. **2.** 〖言・修〗(文成分の)省略;省略文.
el·lip·tisch [エリプティシュ] 形 〖数〗楕円(だ゛ん)(形)の;〖言・修〗省略の.
das **Elms·feu·er** [エルムス・ふォィあー] 名 -s/- セント・エルモの火(マストなどの尖端の放電現象).
der **E·lo·ah** [elóa エローア] 名 -(s)/Elohim[エロヒーム] 〖旧約〗神. ⇨ Elohim.
die **E·lo·ge** [..ろ エロージェ] 名 -/-n 〖文〗賛辞, ほめること;追従, おべっか.
die **E·lo·him** [エロヒーム] 名 -/ 〖旧約〗エロヒム(Jahwe の別称). ⇨ Jahwe, Eloah.
die **E·lon·ga·ti·on** [エロンガツィオーン] 名 -/-en **1.** 〖天〗(太陽と惑星の)離角. **2.** 〖理〗(振子の)振幅.
e·lo·quent [エロクヴェント] 形 雄弁な, 能弁な.
die **E·lo·quenz** [エロクヴェンツ] 名 -/ 雄弁, 能弁.
die **El·rit·ze** [エルりっェ] 名 -/-n 〖魚〗ヒメハヤ.
(*die*) **El·sa** [エルザ] 名 〖女名〗エルザ(Elisabeth の短縮形).
(*das*) **El Sal·va·dor** [エル ザルヴァドーあ] 名 -s/ 〖国名〗エル・サルヴァドル(中米の国).
das **El·sass**, ⓢ **El·saß** [エルザス] 名 -[es]/ 〖地名〗エルザス, アルザス(フランスの地方).
der **El·säs·ser** [エルゼッサー] 名 -s/- エルザス〔アルザス〕人;エルザス〔アルザス〕産のワイン.
el·säs·sisch [エルゼッスィシュ] 形 エルザス〔アルザス〕(方言)の.
(*das*) **El·saß-Loth·rin·gen**, ⓢ **El·saß-Loth·rin·gen** [エルザス・ロートリンゲン] 名 〖地名〗エルザス・ロートリンゲン, アルザス・ロレーヌ(フランスの地域, かつてのドイツ領).
die **El·se** [エルゼ] 名 -/-n 〖魚〗イワシ(の一種);〖植〗ハンノキ.
die **El·ster**[1] [エルスター] 名 -/-n 〖鳥〗カササギ: wie eine ~ 鵲(カササギ)のように(手癖の悪い・おしゃべりな).
die **El·ster**[2] [エルスター] 名 -/ 〖川名〗エルスター川: die Weiße ~ 白エルスター(ザーレ川の支流). die Schwarze ~ 黒エルスター(エルベ川の支流).
das [*der*] **El·ter** [エルター] 名 -s/-n 〖生〗(片方の)親.
el·ter·lich [エルターリヒ] 形 親の, 両親の: die ~e Gewalt 〖法〗親権.
die **El·tern** [エルターン] 複名 両親, 父母. 【慣用】 nicht von schlechten Eltern sein 〖口〗(やり方・状態が)悪くない, なかなかよい, すごい.
der **El·tern·abend** [エルターン・アーベント] 名 -s/-e (夕方の)父母会.

das **El·tern·ak·tiv** [エルターン・アクティーふ] 名 -s/-s [-e]〔旧東独〕父母クラス活動委員会.
der **El·tern·bei·rat** [エルターン・バィらート] 名 -(e)s/ ..räte 父母役員(会).
das **El·tern·haus** [エルターン・ハゥス] 名 -es/..häuser 両親の家, 実家;(養育の場としての)家庭.
die **El·tern·i·ni·ti·a·ti·ve** [エルターン・イニツィアティーヴェ] 名 -/-n イニシアティブをとる父母会.
die **El·tern·lie·be** [エルターン・リーベ] 名 -/ 親の愛.
el·tern·los [エルターン・ロース] 形 親のない, 両親のない.
das **El·tern·recht** [エルターン・れヒト] 名 -(e)s/-e (子供に対する法的な)親の権利;ⓢ の 〖法〗親権.
die **El·tern·schaft** [エルターンシャふト] 名 -/-en (主にⓢ)(子供達についての共通の関心で結ばれた)父母一同;ⓢ のみ 親であること.
die **El·tern·ver·tre·tung** [エルターン・ふぇあトれートゥング] 名 -/-en 父母代表.
die **El·tern·zeit** [エルターン・ツァィト] 名 -/-en 〖官〗(育児のための3年間を限度とする)親の就業免除期間(2001年-).
(*die*) **El·vi·ra** [エルヴィーら] 名 〖女名〗エルヴィーラ.
das **E·ly·see** [elizé: エリゼー] 名 -s/ エリゼー宮(パリのフランス大統領官邸).
das **E·ly·si·um** [エリューズィゥム] 名 -s/..sien **1.** ⓢ のみ 〖ギ神話〗至福(祝福を受けた者たちの地下の国). **2.** 〖詩〗至福の境地.
Em [エー・エム] =Emanation 〖化〗エマネーション.
em. =emeritiert 定年退職した.
das **E·mail** [emáj エマィ] 名 -s/-s エナメル, ほうろう, 七宝.
die **E-Mail** [í:me1 イー・メール] 名 -/-s Eメール.
die **E-Mail-Ad·res·se** [イー・メール・アドれっせ] 名 -/-n Eメールアドレス.
e·mai·len, e·mai·len [í:me1ən イー・メーレン] 動 h. (過去分詞は geemailt)〈etwas〉Eメールで送る: eine Information ~ 情報をメールで送る.
der **E·mail·lack** [エマィ・ラック] 名 -(e)s/-e エナメルラッカー.
die **E·mail·le** [emáljə エマルエ, emáj エマィ] 名 -/-n =Email.
e·mail·lie·ren [ema(l)ti:.. エマ(ル)イーれン] 動 h. 〈etwas〉ほうろう引きにする, (…に)エナメル(うわ薬)を塗る.
die **E·ma·na·ti·on** [エマナツィオーン] 名 -/-en 発散, 放射;〖哲〗流出(説), エマナチオ;ⓢ のみ 〖化〗〈古〉エマネーション(Radon の旧称. 記号 Em).
(*der*) **E·ma·nu·el** [エマーヌエ(ー)ル] 名 〖男名〗エマーヌエル.
die **E·man·ze** [エマンツェ] 名 -/-n 〖口〗(ⓢ 〈蔑〉にも)(若い)女性の男女同権論者.
die **E·man·zi·pa·ti·on** [エマンツィパツィオーン] 名 -/-en (依存状態からの)解放;(男女)同等.
e·man·zi·pa·to·risch [エマンツィパトーりシュ] 形 解放を目ざした.
e·man·zi·pie·ren [エマンツィピーれン] 動 h. e. 〈sich⁴〉自立する. **2.** 〈j⁴〉解放する;自立させる.
die **E·mas·ku·la·ti·on** [エマスクラツィオーン] 名 -/-en **1.** 〖医〗去勢:ペニスと睾丸の切除. **2.** 〈文〉柔弱化;無力化.
die **Em·bal·la·ge** [ãbalá:ʒə アンバラージェ] 名 -/-n 〖商〗(有料の)包装(梱包(コンハ゜ウ))容器(木箱など).
das **Em·bar·go** [エムバるゴ] 名 -s/-s 〖法〗輸出入禁止;(商船・商品の)差押え, 船舶抑留.
das **Em·blem** [エムブレーム, ãble:m アンブレーム] 名 -s/-e 象徴, シンボル;国章;〖文芸学〗エンブレム(短文付きの寓意画).
die **Em·bo·lie** [エムボリー] 名 -/-n 〖医〗塞栓(症).

der **Em·bo·lus** [エんボルス] 名 -/..li 〖医〗栓子.
die **Em·bou·chu·re** [ābufý:rə アンブシューれ] 名 -/-n 〖楽〗(管楽器の)マウスピース, 吹口; 唇の構え.
der **Em·bryo** [エんブりォ] 名 -s/-s [..onen[エんブりオーネン]](((⒮))das 〜 も有) 〖人類・動〗胚, 胎芽; 〖医〗(稀)胎児; 〖植〗胚(ば*).
em·bry·o·nal [エんブりオナール] 形 **1.** 〖医〗胎芽(胎児)の;〖生〗胚(ば*)の;未成熟な, 未発達の. **2.** 最も初期の.
(das) **Em·den** [エムデン] 名 -s/ 〖地名〗エムデン(ニーダーザクセン州の港湾都市).
der **Em·der** [エムダー] 名 -s/- エムデン市民.
die **Emen·da·tion** [エメンダツィオーン] 名 -/ 〖文芸学〗校訂;(古)修正, 訂正.
emen·die·ren [エメンディーれン] 動 h. **1.** 〈et⁴ を〉〖文芸学〗校訂する. **2.** 〈et⁴ を〉(古)訂正する.
..ement [..(ə)mãː..(エ)マーン..(ə)mɛnt (エ)メント] 接尾 ⇨ ..ment.
die **Eme·ri·ta** [エメりタ] 名 -/..tae [..テー] (大学教授の)女性定年退職者.
eme·ri·tie·ren [エメりティーれン] 動 h. 〈j⁴ ッ〉定年退職させる(特に大学教授を), 引退させる(聖職者を).
eme·ri·tiert [エメりティーアト] 形 定年退職した(略 em.).
die **Eme·ri·tie·rung** [エメりティーるング] 名 -/-en 定年退職.
der **Eme·ri·tus** [エメーりトゥス] 名 -/..ti (大学教授の)定年退職者.
die **Eme·sis** [エーメズィス] 名 -/ 〖医〗嘔吐(ぉ*).
der **Emi·grant** [エミグラント] 名 -en/-en (他国への)移住者, 亡命者.
die **Emi·gra·tion** [エミグラツィオーン] 名 -/-en (他国への)移住, 亡命;((のみ))移住地, 亡命地;((のみ))(総称)国外移住者, 亡命者: innere 〜 国内亡命(活動を止めることで示す抵抗運動). in die 〜 gehen 亡命する.
emi·grie·ren [エミグりーれン] 動 s. ((nach ⟨et³⟩ へ/in ⟨et⁴⟩ へ)) 移住する, 亡命する.
(der) **Emil** [エーミール] 名 〖男名〗エーミール.
(die) **Emi·lia** [エミーリア] 名 〖女名〗エミーリア.
(die) **Emi·lie** [エミーリエ] 名 〖女名〗エミーリエ.
emi·nent [エミネント] 形 **1.** ((ひ&に)) 卓越した, 重要な. **2.** きわめて, 非常に.
die **Emi·nenz** [エミネンツ] 名 -/-en ((のみ)) **1.** ((のみ)) 猊下(げ*)(枢機卿(ぎ*)の尊称). **2.** 枢機卿: eine graue 〜 ((転))(政界の)黒幕.
der **Emir** [éːmɪr エーミる, emíːr エミーる] 名 -s/-e (イスラム地域の)首長, 太守, 軍司令官.
der **Emis·sär** [エミセーる] 名 -s/-e 密使, 特使.
die **Emis·sion** [エミスィオーン] 名 -/-en **1.** 〖銀行〗(有価証券の)発行. **2.** (汚染物質の)排出;〖理〗放射, 放出. **3.** (な*)ラジオ放送.
das **Emis·sions·agio** [エミスィオーンス·アーチォ, エミスィオーンス·アジオ] 名 -s/-s[..agien[..アーチエン, ..アジエン]] 〖銀行〗発行プレミアム.
die **Emis·sions·kurs** [エミスィオーンス·クるス] 名 -es/-e 〖銀行〗(有価証券の)発行価格, 発行レート.
emit·tie·ren [エミティーれン] 動 h. **1.** 〈et⁴ を〉〖銀行〗発行する(有価証券などを). **2.** 〈et⁴ を〉出す(廃水·排気ガスなどを);〖理〗放出する(米·電子などを).
(die) **Em·ma** [エマ] 名 〖女名〗エマ(Erm(en)gart, Irm(en)gart の短縮形).
das **Em·men·tal** [エメンタール] 名 -s/ 〖地名〗エメンタール(スイス, ベルン州の地方).
der **Em·men·ta·ler** [エメンターラー] 名 -s/- **1.** エメンタールの人. **2.** 〖エメンタール·チーズ.

der **Em·mer** [エマー] 名 -s/ 《南独》エンマー(小麦の一種).
(der) **Em·me·rich** [エメりヒ] 名 〖男名〗エメリヒ.
die **Em·me·tro·pie** [エメトロピー] 名 -/ 〖医〗正視(眼), 正常視.
(die) **Em·mi** [エミ] 名 〖女名〗エミ.
das **e-Moll** [エー·モル, エー·モル] 名 〖楽〗ホ短調(記号 e).
das **Emo·ti·con** [エモーティコン] 名 -s/-s 〈い字〉エモティコン, 顔文字, フェイスマーク.
die **Emo·ti·on** [エモツィオーン] 名 -/-en 〖文〗感情, 情緒;〖心〗情動.
emo·ti·o·nal [エモツィオナール] 形 《文》感情的な, 情緒的の;〖心〗情動の.
emo·ti·ons·los [エモツィオーンス·ローズ] 形 感情のこもらない.
emp.. [エムプ..] 接頭 ⇨ ent...
die **Em·pa·thie** [エムパティー] 名 -/ 〖心〗感情移入(能力), 共感(能力).
(der) **Em·pe·do·kles** [エムペードクレス] 名 〖人名〗エンペドクレス(紀元前 483 頃-430 頃, 古代ギリシアの哲学者).
emp·fahl [エムプふァール] 動 empfehlen の過去形.
emp·fäh·le [エムプふェーレ] 動 empfehlen の接続法 2 式.
emp·fand [エムプふァント] 動 empfinden の過去形.
emp·fän·de [エムプふェンデ] 動 empfinden の接続法 2 式.
der **Emp·fang** [エムプふァング] 名 -(e)s/..fänge **1.** ((のみ))受取ること, 受領, 受理: ⟨et⁴⟩ in 〜 nehmen ⟨物を⟩受取る. **2.** ((のみ))《文》迎えること, 歓迎, 接待: ⟨j⁴⟩ in 〜 nehmen ⟨人を⟩迎える. **3.** 歓迎会, レセプション;引見: für ⟨j⁴⟩ einen 〜 geben ⟨人の⟩レセプションをする. ein 〜 beim Papst ローマ教皇の謁見. **4.** ((のみ))〖無線·テ*〗受信, 受像. **5.** (ホテルの)フロント: am 〜 フロントで.
emp·fan·gen¹ [エムプふァンゲン] 動 h. 〈et⁴ を〉《文》受取る, 受ける(手紙·報酬·命令などを). **2.** 〈et⁴ を〉〖無線·テ*〗受信する. **3.** 〈et⁴ を〉《文》得る(印象·刺激などを). **4.** 〈j⁴ をナ ⟨客地に⟩⟩《文》迎える. **5.** 〈j⁴ を⟩《文》受胎する, 身ごもる. 【慣用】〈j⁴⟩ in Audienz empfangen 《文》〈人に〉拝謁を賜わる.
emp·fan·gen² [エムプふァンゲン] 動 empfangen の過去分詞.
der **Emp·fän·ger** [エムプふェンガー] 名 -s/- 受取人, 受領者, 荷受人, 受信人;〖無線·テ*〗受信機, 受像機.
emp·fäng·lich [エムプふェングリヒ] 形 ((für ⟨et⁴⟩ に)) 感じやすい, (…に)受けやすい(外からの影響を): 〜es Gemüt 感じやすい心. die für alles 〜e Jugend 何事にも感じやすい青春期. 〜 für Erkältung sein 風邪を引きやすい.
die **Emp·fäng·lich·keit** [エムプふェングリヒカイト] 名 -/ 感受性, 敏感さ.
die **Emp·fäng·nis** [エムプふェングニス] 名 -/-se 妊娠, 受胎.
emp·fäng·nis·ver·hü·tend [エムプふェングニス·ふェあヒュートェント] 形 避妊の.
die **Emp·fäng·nis·ver·hü·tung** [エムプふェングニス·ふェあヒュートゥング] 名 -/-en 避妊.
die **Emp·fangs·an·ten·ne** [エムプふァングス·アンテネ] 名 -/-n 〖無線·テ*〗受信アンテナ.
die **Emp·fangs·be·schei·ni·gung** [エムプふァングス·ベシャイニグング] 名 -/-en 受領証, 受取.
die **Emp·fangs·be·stä·ti·gung** [エムプふァングス·ベシュテーティグング] 名 -/-en ＝Empfangsbescheinigung.
das **Emp·fangs·bü·ro** [エムプふァングス·ビュろー] 名 -s/-

(会社の正面玄関の)受付;(ホテルの)フロント.

der **Emp·fangs·chef** [エムプふぁングス・シェふ] [名] -s/-s 応接係, 受付係.

die **Emp·fangs·da·me** [エムプふぁングス・ダーメ] [名] -/-n (女性の)応接係, 受付嬢.

die **Emp·fangs·hal·le** [エムプふぁングス・ハレ] [名] -/-n (ホテルの)フロントロビー.

die **Empfangs·per·son** [エムプふぁングス・ぺるゾーン] [名] -/-en 応接係.

der **Emp·fangs·raum** [エムプふぁングス・らウム] [名] -(e)s /..räume 応接室, 接見〔引見〕の間.

der **Emp·fangs·schein** [エムプふぁングス・シャイン] [名] -(e)s/-e 受領書.

die **Emp·fangs·stö·rung** [エムプふぁングス・シュ[テ]ーるング] [名] -/-en 〚無線・ラジオ・テレビ〛受信妨害.

emp·fängst [エムプふぇングスト] [動] empfangen の現在形 2 人称単数.

der **Emp·fangs·tag** [エムプふぁングス・ターク] [名] -(e)s/-e 面会日.

das **Emp·fangs·zim·mer** [エムプふぁングス・ツィマー] [名] -s/- 応接室, 接見〔引見〕室.

emp·fängt [エムプふぇングト] [動] empfangen の現在形 3 人称単数.

emp·feh·len* [エムプふぇーレン] [動] er empfiehlt; empfahl; hat empfohlen **1.** 〔$\langle j^3\rangle$に+$\langle j^4/et^4\rangle$ヲ/zu 〈[動]〉スルヨウニ〕勧める, 推薦〔推奨〕する. **2.** 〔$sich^4$+als 〈[形]〉デアルト〕分る. **3.** 〔$sich^4$+als $\langle j^1\rangle$デアルト〕自薦する, 売込む. **4.** 〔Es+$sich^4$+zu 〈[動]〉スルノガ〕得策である, (…するほうが)いい. **5.** 〔$\langle j^4/et^4\rangle$ヲ+$\langle et^3\rangle$ニ〕《文》委(ゆだ)ねる. **6.** 〔$sich^4$〕《文》いとまを告げる. **【慣用】Empfehlen Sie mich bitte Ihrer Gattin!** 《文・古》どうぞ奥様によろしくお伝え下さい.

emp·feh·lend [エムプふぇーレント] [形] 好感を与える.

emp·feh·lens·wert [エムプふぇーレンス・ヴェーあト] [形] 推薦〔推奨〕に値する, 得策である.

die **Emp·feh·lung** [エムプふぇールング] [名] -/-en **1.** 勧め, 推奨, 助言;勧告: auf ~ des Arztes 医師の勧めで. **2.** 推薦(状), 紹介(状). **3.** 《文》あいさつ: Eine ~ an Ihre Frau Gemahlin! 奥様によろしく. mit den besten ~*en* 敬具(手紙の結び).

der **Emp·feh·lungs·brief** [エムプふぇールングス・ブリーふ] [名] -(e)s/-e 推薦状, 紹介状.

das **Emp·feh·lungs·schrei·ben** [エムプふぇールングス・シュらイベン] [名] -s/- 推薦状, 紹介状.

emp·fiehl! [エムプふぃール] [動] empfehlen の du に対する命令形.

emp·fiehlst [エムプふぃールスト] [動] empfehlen の現在形 2 人称単数.

emp·fiehlt [エムプふぃールト] [動] empfehlen の現在形 3 人称単数.

emp·fin·den* [エムプふぃンデン] [動] *h.* **1.** 〔$\langle et^4\rangle$ヲ〕感じる(寒さ・空腹などを). **2.** 〔$\langle et^4\rangle$ヲ〕覚える(不安・喜びなどを), (…の)気持を抱く(嫌悪・同情などの). **3.** 〔$\langle j^4/et^4\rangle$ヲ+als $\langle j^4/et^4\rangle$ト/als 〈[形]〉ト〕感じる. **【慣用】nichts für $\langle j^4\rangle$ empfinden** 〈人ニ〉特別な感情を抱いていない(愛情または憎しみなど).

das **Emp·fin·den** [エムプふぃンデン] [名] -s/ **1.** 《文》(特別な)感情, 気持. **2.** 感覚, 感じ.

emp·find·lich [エムプふぃントリひ] [形] **1.** 敏感な;《転》感度のいい(器機・フィルムなど). **2.** 〔(gegen $\langle et^4\rangle$ニ)〕(心の)傷つきやすい, 繊細な(神経の), 感じやすい: ~ gegen harte Worte sein きつい言葉に傷つきやすい. ~ gegen Schnupfen sein 鼻風邪をひきやすい. $\langle j^4\rangle$ an seiner ~*sten* Stelle treffen 〈人ノ〉最も痛いところをつく. **3.** 怒りっぽい, 短気な. **4.** 傷みやすい, 汚れやすい, こわれやすい. **5.** 手痛い, 厳しい, 痛烈な;ひどく: Heute ist es ~ kalt. 今日はひどく寒い.

die **Emp·find·lich·keit** [エムプふぃントリひカイト] [名] -/-en **1.** 《主に[単]》敏感, 感じやすさ;繊細さ, 傷つきやすさ;(フィルムなどの)感度. **2.** 《主に[複]》過敏な反応. **3.** 《[単]のみ》病気にかかりやすいこと;(物の)もろさ, 弱さ.

emp·find·sam [エムプふぃントザーム] [形] 感情の細やかな, 思いやりのある;感傷的な.

die **Emp·find·sam·keit** [エムプふぃントザームカイト] [名] -/ 感情の細やかさ;(文芸の)感傷主義.

die **Emp·fin·dung** [エムプふぃンドゥング] [名] -/-en 感覚, 感じ;感情: die ~ von Kälte 冷たさの感覚.

emp·fin·dungs·los [エムプふぃンドゥングス・ロース] [形] 無感覚な;感情のない, 冷たい.

die **Emp·fin·dungs·lo·sig·keit** [エムプふぃンドゥングス・ローズィひカイト] [名] -/ 無感覚;無感情, 冷淡さ.

das **Emp·fin·dungs·ver·mö·gen** [エムプふぃンドゥングス・ふぇあ[メ]ーゲン] [名] -s/ 《文》感覚力, 感受能力.

das **Emp·fin·dungs·wort** [エムプふぃンドゥングス・ヴォるト] [名] -(e)s/..wörter 〚言〛間投詞, 感嘆詞.

emp·fing [エムプふぃング] [動] empfangen の過去形.

emp·fin·ge [エムプふぃンゲ] [動] empfangen の接続法 2 式.

emp·föh·le [エムプ[ふぇ]ーレ] [動] empfehlen の接続法 2 式.

emp·foh·len [エムプふぉーレン] [動] empfehlen の過去分詞.

emp·fun·den [エムプふンデン] [動] empfinden の過去分詞.

die **Em·pha·se** [エムふぁーゼ] [名] -/-n 《主に[単]》(文・語の)強調, 強勢.

em·pha·tisch [エムふぁーティシュ] [形] 強い調子の, 力をこめた.

das **Em·phy·sem** [エムふゅゼーム] [名] -s/-e 〚医〛気腫(きしゅ);肺気腫.

das **Em·pire**[1] [ãpí:r アンピーあ] [名] -s/ **1.** (第一・第二帝政期の)フランス帝国. **2.** アンピール様式(1810–30 年頃の装飾様式).

das **Em·pire**[2] [ɛ́mpaɪər エムパイあー] [名] -(s)/ 大英帝国.

der **Em·pire·stil** [アンピーあ・シュティール] [名] -(e)s/ = Empire 2.

die **Em·pi·rie** [エムピりー] [名] -/ 《文》経験的知識;(知識を得るための)経験的方法, 経験に基づく手法.

der **Em·pi·ri·ker** [エムピーりカー] [名] -s/- 経験論〔主義〕者.

em·pi·risch [エムピーりシュ] [形] 経験による, 経験的な.

der **Em·pi·ris·mus** [エムピりスムス] [名] -/ 〚哲〛経験論.

em·por [エムポーあ] [副] 《詩》上(方)へ, (高い所へ)向かって.

em·por|ar·bei·ten [エムポーあ・アるバイテン] [動] *h.* 〔$sich^4$+(von $\langle j^3/et^3\rangle$カラ)+(zu $\langle j^3/et^3\rangle$ヘ)〕《文》努力して出世する.

em·por|bli·cken [エムポーあ・ブリッケン] [動] *h.* 〔(zu $\langle j^3/et^3\rangle$ヲ)〕《文》仰ぎ見る.

die **Em·po·re** [エムポーれ] [名] -/-n (聖堂内の)二階席;(劇場の)桟敷席.

em·pö·ren [エム[ペ]ーれン] [動] *h.* **1.** 〔$\langle j^4\rangle$ヲ〕憤慨させる. **2.** 〔$sich^4$+(über $\langle j^4/et^4\rangle$ニ)〕憤慨する. **3.** 〔$sich^4$+gegen $\langle j^4/et^4\rangle$ニ〕反抗する, 立ち向かう(圧制者・権力になど).

em·pö·rend [エム[ペ]ーれント] [形] 腹立たしい.

der **Em·pö·rer** [エム[ペ]ーらー] [名] -s/- 《文》反抗〔反逆〕者, 反乱者, 暴徒.

em·por|fah·ren* [エムポーあ・ふぁーれン] [動] *s.* 〔補足なし〕上昇する, (エレベーターで)上にあがる;飛上がる, 憤激する.

em·por|kom·men* [エムポーあ・コメン] [動] *s.* [補足なし] 《文》高みに昇る，(再び)上に現れる；昇進〔出世〕する；生れる《流行などが》.

der **Em·por·kömm·ling** [エムポーあ・ケムリング] [名] -s/-e 《蔑》成上がり者，成金.

em·por|ra·gen [エムポーあ・らーゲン] [動] *h.* [補足なし] 《文》そびえる.

em·por|schau·en [エムポーあ・シャウエン] [動] *h.* [補足なし] 《文》仰ぎ見る.

em·por|schwe·ben [エムポーあ・シュヴェーベン] [動] *s.* [補足なし] 《文》上方へ漂って行く.

em·por|stei·gen* [エムポーあ・シュタイゲン] [動] *s.* **1.** [補足なし] 上がる，登る；(ゆらゆら)のぼる《月・気球などが》. **2.** [補足なし] 出世する.

em·por|stre·ben [エムポーあ・シュトれーベン] [動] *s.* [補足なし] 《文》出世〔向上〕に努める；そびえる.

die **Em·pö·rung** [エムペーるング] [名] -/-en **1.** ([単]のみ)憤激，怒り. **2.** 反乱，暴動，一揆(いっき).

das **Em·py·em** [エムピュエーム] [名] -s/-e 〖医〗膿胸(のうきょう)；蓄膿症.

das **Em·py·re·um** [エムピュれーウム] [名] -s/ 〖哲〗最高天《古代ギリシア・中世の宇宙論で》.

die **Ems** [エムス] [名] -/ 〖川名〗エムス川《ドイツ北西部を流れる》.

die **Em·scher** [エムシャー] [名] -/ 〖川名〗エムシャー川《ルール地方を流れるライン川の支流》.

em·sig [エムズィひ] [形] せっせと働く；勤勉な，たゆみない.

der **E·mu** [エーム] [名] -s/-s 〖鳥〗エミュー《オーストラリアのダチョウに似た鳥》.

der **E·mul·ga·tor** [エムルガートーあ] [名] -s/-en[エムルガトーれン] 〖化〗乳化剤.

die **E·mul·si·on** [エムルズィオーン] [名] -/-en 〖化〗乳濁液，エマルジョン；〖写〗(感光)乳剤.

die **E-Mu·sik** [エー・ムズィーク] [名] -/ =ernste Musik クラシック音楽.

..en[1] [..エン] [接尾] 名詞につけて「…製の，…の」を意味する形容詞を作る. ..n, ..ern となることもある： gold*en* 金製の. silber*n* 銀の. hölz*ern* 木の.

..en[2] [..エン] [接尾] 〖化〗「不飽和炭化水素」を意味する中性名詞を作る： Butadi*en* ブタジエン.

die **E·na·ki·ter** [エナキーター] [複名] 〖旧約〗アナク人(びと)《カナンの巨人族》.

die **E·naks·kin·der** [エーナクス・キンダー] [複名] =Enakiter.

die **E·naks·söh·ne** [エーナクス・ゼーネ] [複名] =Enakiter.

das **E·n·an·them** [エンアンテーム，エナンテーム] [名] -s/-e 〖医〗粘膜疹.

en bloc [ã:blɔ́k アーン ブロック] 〖フランス語〗まとめて，全体として.

..end [..エント] [接尾] =..and

der **End·bahn·hof** [エント・バーン・ホーふ] [名] -(e)s/..höfe 終着駅.

der **End·be·scheid** [エント・ベシャイト] [名] -(e)s/-e 最終的な決定〔回答〕.

der **End·be·stand** [エント・ベシュタント] [名] -(e)s/..stände 期末残高〔在高〕.

der **End·buch·sta·be** [エント・ブーふ・シュターベ] [名] -ns/-n 末尾の字母.

(*der*) **En·de**[1] [エンデ] [名] 〖人名〗エンデ(Michael ~, 1929-95,小説家).

das **En·de**[2] [エンデ] [名] -s/-n **1.** ([単]のみ)終り，終末，最後；《古》目標，目的；《文・婉》死： Er ist ~ vierzig. 彼は 40 代の終りだ. ein ~ nehmen〔finden〕終る. ⟨et[4]⟩ zu ~ bringen ⟨事を⟩終らせる. ~ April 4 月の終りに. ~ der achtziger Jahre 80 年代の終り. am ~ des Monats 月末に. am ~ 終りに，結局. gegen ~ des Jahres 年末にかけて. letzten ~*s* 結局. ohne ~ 終りのない，果てしない. ⟨et[1]⟩ ist zu ~ ⟨事は⟩終りだ. ⟨et[1]⟩ geht zu ~ ⟨事が⟩終ろうとしている，⟨物が⟩なくなりそうだ. ⟨et[4]⟩ zu ~ lesen ⟨事を⟩読み終える. mit ⟨et[3]⟩ zu ~ kommen ⟨事を⟩済ます. ⟨et[3]⟩ ein ~ machen〔setzen〕⟨事を⟩終らせる. ⟨et[4]⟩ zu ~ bringen ⟨事を⟩しとげる. Zu welchem ~ ...? 何の目的で…? **2.** 末端，末尾： die beiden ~*n* einer Schnur ひもの両端. **3.** (主に[複])終端，先端，果て： am ~ der Welt へんぴな所に. **4.** 《方》一片，切れ端. **5.** ([単]のみ)道のり. **6.** 〖狩猟〗(鹿の)枝角. **7.** 〖海〗ロープ. 【慣用】**am Ende sein** 疲れ果てている. **an allen Enden** 至るところで. **⟨et[4]⟩ beim rechten Ende anpacken** ⟨事に⟩正しく着手する. **Das dicke Ende kommt noch.** 困難はいよいよこれからだ. **das Ende vom Lied** 《口》期待はずれの結末. **Es geht mit ⟨j[3]⟩ zu Ende.** ⟨人は⟩もうおしまいだ〔死期が迫っている〕. **⟨j[1]⟩ ist mit seiner Weisheit am Ende** 《口》⟨人の⟩知恵が尽きている，⟨人は⟩途方に暮れている. **vom Anfang bis zum Ende** 始めから終りまで.

der **En·de·ca·sil·la·bo** [エンデカ・ズィラボ] [名] -(s)/..bi 〖詩〗(イタリアの)11 音節の詩行.

die **En·de·mie** [エンデミー] [名] -/-n 〖医〗風土病.

en·de·misch [エンデーミシュ] [形] その土地固有の；〖生〗一地域に特有の；〖医〗風土病の.

en·den [エンデン] [動] **1.** *h.* 〔⟨場所⟩で〕終る，尽きる《道などが》，(…が)終点である《列車・バス路線などで》. **2.** *h.* [補足なし] 終る《上演などが》. **3.** *h.* 〔⟨様態⟩に〕終る，(…で)話し終える. **4.** *h.*〔*s.*〕〔⟨様態⟩で〕生涯を終える. **5.** *h.* 〔⟨et[4]⟩ヲ〕《文・稀》終らせる.

das **End·er·geb·nis** [エント・エあゲープニス] [名] -ses/-se 最終結果.

der/*die* **En·des·un·ter·zeich·ne·te** [エンデス・ウンターツァイひネテ] [名] 《形容詞的変化》《硬》署名者.

en dé·tail [ã:detáɪ アーン デタイ] 〖フランス語〗詳しく；〖商〗小売で.

die **End·ge·schwin·dig·keit** [エント・ゲシュヴィンディひカイト] [名] -/-en 最高速度.

end·gül·tig [エント・ギュルティひ] [形] 最終的な，決定的な.

die **End·gül·tig·keit** [エント・ギュルティひカイト] [名] -/ 最終的〔決定的〕なこと，決着.

en·di·gen [エンディゲン] [動] *h.* 《古》=enden.

die **En·di·vie** [エンディーヴィエ] [名] -/-n 〖植〗エンダイブ.

der **End·kampf** [エント・カムプふ] [名] -(e)s/..kämpfe 決戦；〖スポーツ〗決勝戦.

das **End·la·ger** [エント・ラーガー] [名] -s/- (放射性物質)最終貯蔵所.

die **End·la·ge·rung** [エント・ラーゲるング] [名] -/-en (放射性廃棄物の)最終保管.

der **End·lauf** [エント・ラウふ] [名] -(e)s/..läufe (競争・スキーの)決勝レース，ファイナル.

end·lich [エントリひ] [副] **1.** とうとう，やっと，ついに： Er ist ~ gekommen. 彼はやっと来た. Na ~! 《口》やれやれ，やっとか. **2.** 結局，最後には： *E*~ mussten wir das als richtig erkennen. 結局われわれはそれを正しいと認めなければならなかった. **3.** 《話者の気持》(待ちきれなくて)さっさと，いい加減に，もう(そろそろ)： Komm doch ~! さっさと来いったら.
—— [形] 〖哲・数〗(空間・時間・数が)有限の： eine ~*e* Zahl 有限数.

die **End·lich·keit** [エントリひカイト] [名] -/-en (主に[単])有限(性).

end·los [エント・ロース] [形] **1.** 継目のない，エンドレスの. **2.** 無限の，果てしない，絶えることのない.

die **End·lo·sig·keit** [エント・ローズィひカイト] [名] -/ 終り〔果てし〕のないこと，際限のなさ，無限.

die **End·lö·sung** [エント・レーズング] [名] -/-en 《婉》最終的解決《ナチスのユダヤ人絶滅計画》；《稀》最終的

解決.

die **Ẹnd·mo·rä·ne** [エント・モれーネ] [名] -/-n 〘地質〙氷堆石(ひょうたいせき), 終〔末端〕堆石.

die **En·do·ga·mie** [エンド・ガミー] [名] -/-n 〘社〙同族結婚, 族内結婚.

en·do·gen [エンド・ゲーン] [形] 〘心・医〙内因性の;〘植〙内生の;〘地質〙内成の.

en·do·krin [エンド・クリーン] [形] 〘医〙内分泌の.

die **En·do·kri·no·lo·gie** [エンド・クりノ・ロギー] [名] -/ 〘医〙内分泌学.

die **En·do·me·t·ri·tis** [エンド・メトりーティス] [名] -/ ..tritiden [エンド・メトりティーデン] 〘医〙子宮内膜炎.

das **En·dor·phin** [エンドるふぃーン] [名] -s/-e 〘医・生〙(主に[複])エンドルフィン《脳で分泌される鎮静作用のあるペプチド》.

das **En·do·s·kop** [エンド・スコープ] [名] -s/-e 〘医〙内視鏡.

die **En·do·s·ko·pie** [エンド・スコピー] [名] -/-n 〘医〙内視鏡検査.

en·do·therm [エンド・テるム] [形] 〘化・理〙吸熱性の.

die **Ẹnd·pha·se** [エント・ふぁーゼ] [名] -/-n 最終段階, 最終局面.

das **Ẹnd·pro·dukt** [エント・プろドゥクト] [名] -(e)s/-e 最終生産物.

der **Ẹnd·punkt** [エント・プンクト] [名] -(e)s/-e 終点, 末端;目的地.

der **Ẹnd·reim** [エント・らイム] [名] -(e)s/-e 〘詩〙脚韻.

das **Ẹnd·re·sul·tat** [エント・れズルタート] [名] -(e)s/-e 最終結果.

die **Ẹnd·run·de** [エント・るンデ] [名] -/-n 〘スポ〙決勝戦, 最終ラウンド.

die **Ẹnd·sil·be** [エント・ズィルベ] [名] -/-n 語末〔末尾〕音節.

das **Ẹnd·spiel** [エント・シュピール] [名] -(e)s/-e 〘スポ〙決勝戦, ファイナル;(チェスの)終盤戦.

der **Ẹnd·spurt** [エント・シュプるト] [名] -(e)s/-s〔-e〕 ラストスパート;([単]のみ)ラストスパートの能力.

die **Ẹnd·sta·ti·on** [エント・シュタツィオーン] [名] -/-en 終点, 終着駅.

das **Ẹnd·stück** [エント・シュテュック] [名] -(e)s/-e 末端, 切れ端.

die **Ẹnd·sum·me** [エント・ズメ] [名] -/-n 総計.

die **Ẹn·dung** [エンドゥング] [名] -/-en 〘言〙語尾;接尾辞.

die **En·du·ro** [エンドゥーろ] [名] -/-s オフロード用のオートバイ.

das **Ẹnd·ur·teil** [エント・ウるタイル] [名] -s/-e 〘法〙終局判決.

das **Ẹnd·ziel** [エント・ツィール] [名] -(e)s/-e 最終目標.

die **Ẹnd·zif·fer** [エント・ツィっふぁー] [名] -/-n 末尾数字〔番号〕.

der **Ẹnd·zweck** [エント・ツヴェック] [名] -(e)s/-e 最終目的.

die **E·ner·ge·tik** [エネるゲーティク] [名] -/ 〘哲〙エネルゲーティク, エネルギー一元論;〘理〙エネルギー論.

die **E·ner·gie** [エネるギー] [名] -/-n **1.** ([単]のみ)精力;活力: mit aller ~ 全力で. **2.** (稀)力をこめるさま, 断固たること. **3.** 〘理〙エネルギー: elektrische ~ 電気エネルギー saubere ~ クリーンエネルギー.

e·ner·gie·arm [エネるギー・アるム] [形] エネルギーに乏しい.

der **E·ner·gie·aus·tausch** [エネるギー・アウス・タウシュ] [名] -(e)s/ 〘理〙エネルギーの交換《宇宙と地球の間などの》.

der **E·ner·gie·be·darf** [エネるギー・ベダるふ] [名] -(e)s/ エネルギー需要.

e·ner·gie·be·wusst, [旧]**e·ner·gie·be·wußt** [エネるギー・ベヴスト] [形] 省エネを意識した.

die **E·ner·gie·bi·lanz** [エネるギー・ビランツ] [名] -/-en エネルギー収支《エネルギーの獲得量と消費〔放出〕量の差引勘定》.

die **E·ner·gie·ein·spa·rung** [エネるギー・アイン・シュパーるング] [名] -/-en エネルギーの節約, 省エネルギー.

der **E·ner·gie·haus·halt** [エネるギー・ハウス・ハルト] [名] -(e)s/-e エネルギーの需給関係;〘生〙(生体内の)エネルギー収支〔バランス〕.

e·ner·gie·los [エネるギー・ロース] [形] 活力のない.

die **E·ner·gie·pla·nung** [エネるギー・プラーヌング] [名] -/-en エネルギー(供給)計画.

die **E·ner·gie·po·li·tik** [エネるギー・ポリティーク] [名] -/ エネルギー政策.

e·ner·gie·po·li·tisch [エネるギー・ポリーティシュ] [形] エネルギー政策の.

die **E·ner·gie·quel·le** [エネるギー・クヴェレ] [名] -/-n エネルギー源.

die **E·ner·gie·re·ser·ve** [エネるギー・れゼるヴェ] [名] -/-n (主に[複])備蓄エネルギー《身体・国・地球全体などの》.

der **E·ner·gie·roh·stoff** [エネるギー・ろー・シュトっふ] [名] -(e)s/-e エネルギー用原料《石炭・石油など》.

e·ner·gie·spa·rend [エネるギー・シュパーれント] [形] 省エネルギーの.

der **E·ner·gie·trä·ger** [エネるギー・トれーガー] [名] -s/- エネルギー物質〔原料・源〕.

der **E·ner·gie·um·satz** [エネるギー・ウム・ザッツ] [名] -es/..sätze 〘生〙エネルギー代謝.

der **E·ner·gie·ver·brauch** [エネるギー・ふぇあブらウほ] [名] -(e)s/ エネルギー消費(量).

die **E·ner·gie·ver·knap·pung** [エネるギー・ふぇあクナっプング] [名] -/-en エネルギー不足〔欠乏〕.

der **E·ner·gie·ver·lust** [エネるギー・ふぇあルスト] [名] -es/-e エネルギーの損失.

die **E·ner·gie·ver·sor·gung** [エネるギー・ふぇあゾるグング] [名] -/-en エネルギー供給.

die **E·ner·gie·ver·schwen·dung** [エネるギー・ふぇあシュヴェンドゥング] [名] -/-en エネルギー浪費.

der **E·ner·gie·vor·rat** [エネるギー・ふぉーあ・らート] [名] -(e)s/..räte (主に[複])エネルギーの備蓄〔ストック〕.

die **E·ner·gie·wirt·schaft** [エネるギー・ヴィるトシャふト] [名] -/ エネルギー経済.

e·ner·gisch [エネるギシュ] [形] **1.** 精力的な, エネルギッシュな. **2.** 毅然とした. **3.** 断固とした.

e·ner·viert [エネるヴィーあト] [形] 疲労困憊(こんぱい)した.

en face [ãːfás アーン ふぁス] 正面〔前面〕から《特に肖像画を描く際に》.

en fa·mille [ãːfamíː アーン ふぁミー] 内輪で, 内々で.

das **En·fant ter·ri·ble** [ãfãːtɛríːbəl アンふぁーン テリーベル] [名] --/-s -s[アンふぁーン テリーベル] (文)アンファンテリブル, 異端児.

ẹng [エング] [形] **1.** 狭(苦し)い: eine ~*e* Straße 狭い通り. **2.** ぴっちりした: ~*e* Jeans ぴっちりしたジーパン. ein ~ anliegendes T-Shirt 体にぴったり合ったTシャツ. Diese Schuhe sind zu ~. この靴はきつすぎる. **3.** 間のつまった, 密接〔密集〕した: ~ sitzen (間をつめて)ぎっしりと座っている. **4.** 狭い, 偏狭な: einen ~*en* Gesichtskreis 〔Horizont〕 haben 視野が狭い. im ~*eren* Sinne 狭い意味で, 狭義で. **5.** 親密な, 密接な: ~*e* Beziehungen 親密な関係. ~befreundet sein 親しい交友関係である. in ~*em* Zusammenhang mit 〈et³〉 sein 〈事と〉密接な関係がある. im ~*sten* Kreis ごく親しい仲間内で. 【慣用】**in die engere Wahl kommen** さらにしぼった選考に残る. **in engen Verhältnissen leben** かつかつの生活をする.

das **En·ga·din** [エンガディーン, エンガディーン] [名] -s/ 〘地名〙エンガディーン《スイスの渓谷地》.

das **En·ga·ge·ment** [ãgaʒəmãː アンガジェマーン] [名]

-s/-　**1.**（®のみ）《文》社会〔政治〕参加,関与,責務.　**2.**（芸能人などの）契約,雇用：ein ～ im Theater haben 劇場との契約がある.　**3.**〖金融〗証券売買契約の履行保証金.　**4.**〈古〉〔ダンスの〕申込み.　**5.**〖ﾌﾗﾝｽ〗アンガジュマン（構えた että触れ合うこと）.

en・ga・gie・ren [ãgaʒí:rən アンガジーレン] 動 h.　**1.**〔sich⁴〕関与する,参加する.　**2.**〔sich⁴〕コミットする,（軍事・商業面などで）責任を負う.　**3.**〈j⁴ｦ〉契約する（芸術家と）；（…を）雇用する（家庭教師などを）.　**4.**〈j⁴ｦ〉〈古〉〔ダンスの〕申込みを.

en・ga・giert [ãgaʒí:rt アンガジーアト] 形　**1.**政治〔社会〕参加の,参加した.　**2.**（様態ﾆ）関与した：politisch ～ sein 政治的に関与している.

en garde [ã:gárt アーン ガルト] 《ﾌﾗﾝｽ》アンガルド,構えて.

eng・brüs・tig [エング・ブリュスティヒ] 形 胸幅の狭い；息切れのする.

die **En・ge** [エンゲ] 名 -/-n　**1.**（®のみ）狭さ,窮屈.　**2.**狭い場所（通路）.【慣用】〈j⁴〉**in die Enge treiben**〈人を〉窮地に陥れる.

der **En・gel** [エンゲル] 名 -s/-　〖宗〗天使：ein gefallener ～ 堕天使（悪魔）. Ein ～ fliegt〔geht〕durchs Zimmer. 天使が部屋を通る（会話が突然とだえた時の言葉）. 助けて〔救って〕くれる人；純真無垢な人：ein rettender ～ 救いの主(のような人).【慣用】**die Engel im Himmel singen hören**〈口〉激痛を感じる. **ein Engel mit einem B davor**〈口・冗〉無作法〔粗野〕な子供. **die gelben Engel** ドイツ自動車連盟（ADAC）のロード・サービス員.

en・gel・gleich [エンゲル・グライヒ] 形 《文》天使のごとき.

en・gel・haft [エンゲルハフト] 形 天使のような.

die **En・gel・ma・che・rin** [エンゲル・マッヘリン] 名 -/-nen〈口・婉〉（違法な）堕胎をする女（産婆）.

(*der*) **En・gels** [エンゲルス] 名 〖人名〗エンゲルス（Friedrich ～, 1820-95,イギリスに移住したドイツの社会主義思想家, マルクスの協力者）.

die **En・gel・schar** [エンゲル・シャーア] 名 -/-en 天使の群れ.

die **En・gels・ge・duld** [エンゲルス・ゲドゥルト] 名 -/　天使の忍耐（非常に大きな忍耐の意）.

das **En・gels・haar** [エンゲルス・ハーア] 名 -(e)s/-e クリスマスツリー飾りの金糸・銀糸.

der **En・ger・ling** [エンガーリング] 名 -s/-e〖昆〗ジムシ.

eng・her・zig [エング・ヘルツィヒ] 形 心の狭い,狭量な.

die **Eng・her・zig・keit** [エング・ヘルツィヒカイト] 名 -/　心の狭いこと,狭量.

(*das*) **Eng・land** [エングラント] 名 -s/　〖地名〗イングランド.〖国名〗（俗称）イギリス,英国.

der **Eng・län・der** [エングレンダー] 名 -s/-　**1.**イギリス人,英国人,イングランド人.　**2.**モンキースパナ.　**3.**〖ｽｲｰﾂ〗エングレンダー（アーモンドかピーナッツ入りの菓子）.

die **Eng・län・de・rin** [エングレンデリン] 名 -/-nen イギリス人女性.

eng・lisch¹ [エングリシュ] 形　**1.**イギリス（人・風）の,イングランドの：die E～in ein Fräulein メリー・ウォード修道女会. der ～e Garten イギリス式庭園（自然風の造園）. ～e Krankheit くる病. ～ soß ウスターソス. ～ braten ミディアムに焼く. ～ einkaufen〈口〉咳ﾏ.　**2.**英語の.

eng・lisch² [エングリシュ] 形 〈古〉天使の(ような).

das **Eng・lisch** [エングリシュ] 名 -(s)/　英語.用法は⇨Deutsch¹

das **Eng・li・sche** [エングリシュ] 名 (形容詞的変化;®のみ)　**1.**（定冠詞とともに）英語.　**2.**英国的なもの（こと）.【用法は⇨Deutsche²】

das **Eng・lisch・horn** [エングリシュ・ホルン, エングリシュ・ホルン] 名 -(e)s/..hörner〖楽〗イングリッシュホルン（アルト音域のオーボエ）.

das **Eng・lisch・le・der** [エングリシュ・レーダー, エングリシュ・レーダー] 名 -s/-　モールスキン（労働者用の厚手の綿布）.

das **Eng・lisch・pflas・ter** [エングリシュ・プフラスター, エングリシュ・プフラスター] 名 -s/-　イギリス絆創膏（ﾊﾞﾝｿｳｺｳ）《タフト製》.

das **Eng・lisch・rot** [エングリシュ・ロート, エングリシュ・ロート] 名 -s/　ベンガラ（赤色顔料）.

eng・lisch・spra・chig [エングリシュ・シュプラーヒヒ] 形 英語を話す,英語で書かれた.

der En・g・lisch-waltz, ® **Eng・lish-Waltz** [ɪŋɡlɪʃvɔ́:lts イングリシュ・ヴォールツ] 名 -/-　イングリッシュワルツ（ゆっくりとしたテンポのワルツ）.

eng・li・sie・ren [エングリズィーレン] 動 h.〈et⁴ｦ〉英国風にする：ein Pferd ～ 馬を英国風にする（尾を下げる筋肉を切断して尾が高く上がるようにする）.

eng・ma・schig [エング・マシヒ] 形 目のつんだ.

die **En・go・be** [ãgó:bə アンゴーベ] 名 -/-n　**1.**化粧土（ﾄﾞ）（陶磁器用の釉薬）,化粧掛け用のスリップ.

der **Eng・pass**, ® **Eng・paß** [エング・パス] 名 -es/..pässe　**1.**道の狭い箇所,隘路（ｱｲﾛ）.　**2.**供給不足.

en gros [ã:gró アーン グロー] 《ﾌﾗﾝｽ語》〖商〗卸で.

der **En・gros・han・del** [ã:gró アーングロ・ハンデル] 名 -s/　〖商〗卸売業.

der **En・gros・händ・ler** [アーングロ・ヘンドラー] 名 -s/-　卸商人,卸売り業者.

der **En・gros・preis** [アーングロ・プライス] 名 -es/-e 〖商〗卸値.

eng・stir・nig [エング・シュティるニヒ] 形 考えの狭い,偏狭な.

en・har・mo・nik [エンハルモーニク] 名 -/　〖楽〗異名同音(程).

en・har・mo・nisch [エンハルモーニシュ] 形 〖楽〗異名同音の.

e・nig・ma・tisch [エニグマーティシュ] 形 =änigmatisch.

das **En・jam・be・ment** [ãʒãbəmã: アンジャンブマーン] 名 -s/-s 〖詩〗句またがり.

die **En・kau・stik** [エンカウスティク] 名 -/　〖美〗蠟（ﾛｳ）画法.

der **En・kel¹** [エンケル] 名 -s/-　**1.**孫.　**2.**子孫.

der **En・kel²** [エンケル] 名 -s/-　くるぶし.

die **En・ke・lin** [エンケリン] 名 -/-nen 孫娘.

das **En・kel・kind** [エンケル・キント] 名 -(e)s/-er 孫.

die **En・kla・ve** [エンクラーヴェ] 名 -/-n 飛び領土,飛び地（自国内にある他国の領土）.

das **En・kli・ti・kon** [エンクリーティコン] 名 -s/..ka 〖言〗前接語.

das **En・ko・mi・on** [エンコーミオン] 名 -s/, mien 〖修〗賛辞,ほめ言葉,称賛の詩.

en masse [ã:más アーン マス] 《ﾌﾗﾝｽ語》〈口〉たくさん.

en mi・ni・a・ture [ã:minjatý:r アーン ミニアテューあ] 《ﾌﾗﾝｽ語》ミニチュアで,縮尺して.

en・net [エネット] 前 [＋3格（2格）]《ｽｲｽ》…のかなた〔向こう〕に〔で〕.

die **Enns** [エンス] 名 -/〖川名〗エンス川（オーストリア中北部のドナウ川の支流）.

der **En・nui** [ãnýi アニュイー] 名 -s/　《文》退屈,ものうさ;不快,うんざり感,いや気.

en・nu・yant [ãnyjánt アンニュイヤント, any..アニュイヤント, ..jã:アニュヤーン] 形 退屈なわずらわしい.

die **E・nol・brenz・trau・ben・säu・re** [エノール・ブれンツ・トらウベン・ゾイれ] 名 -/-n 〖生化〗エノールビルビン酸（解糖作用中間化合物）.

e・norm [エノるム] 形 法外な,巨大な;《口》すごく.

en pas·sant [ã:pasã: アーン バサーン] 《フランス語》ついでに;通りすがりに.

en pro·fil [ã:prɔfi:l アーン プろふぃール] 《フランス語》側面から(特に肖像画を描く際に).

die **En·quete** [ãkɛ:t(ə), ãkɛ:.. アンケート,アンケーテ] 名 -/-n アンケート調査,(…に関する)研究会.

die **En·quete·kom·mis·sion** [ãsã:bəl アンケート・コミッスィオーン, アンケーテ・コミッスィオーン] 名 -/-en (ドイツ連邦議会の)専門調査委員会.

..ens [..エンス] 接尾 形容詞・副詞の最上級及び序数の後につけて副詞を作る: spätestens遅くとも. meistensたいてい. erstensまず第一に.

das **En·sem·ble** [ãsã:bəl アンサンブル] 名 -s/-s
1. グループ, 小劇団, 小楽団;[楽]アンサンブル(重奏・重唱). 2. アンサンブル(組合せの衣服). 3. (文)(建築物などの)調和のとれた全体.

die **En·si·la·ge** [ãsilá:ʒə アンスィらージュ] 名 -/ [農]エンシレージ, 埋蔵飼料;埋蔵飼料の製造(原料をサイロに詰めること).

en suite [ãsyí:t アーン スヴィート] (文)引き続き, 続けて;絶え間なく.

ent.. [エント..] 接頭 非分離動詞を作る. fの前でempとなることがある. アクセント無. 1. (除去)= entkorken (瓶の)コルクを抜く. 2. (開始)= entflammen (火が)燃上がる. 3. (離脱)= entfliehen 逃走する. 4. (生成)= entstehen 発生する. 5. (対応)= entsprechen 相応じる. empfehlen 推薦する. 6. (基礎語の表す意味の状態にする)= entleeren 空にする.

..ent [..エント] 接尾 ⇨ ..ant.

ent·ar·ten [エントアーるテン] 動 s. 1. 〔熟語〕(悪い方に)移行[変性]する, 堕落[頽廃]する, 退化する. 2. 〈zu〈et³〉=/in〈et³〉=〉変質する, 堕する.

die **Ent·ar·tung** [エントアーるトゥング] 名 -/-en 1. (②のみ)退化. 2. 退化[堕落]現象.

die **En·ta·sis** [エンタズィス] 名 -/..tasen[エンターゼン] [建]エンタシス.

ent·äu·ßern [エントオイザーン] 動 h. 1. 〈sich⁴+〈et³〉=〉(文)放棄[断念]する;人手に渡す, 手放す.

ent·beh·ren [エントベーれン] 動 h. 1. 〈〈j⁴/et⁴〉=〉(文)いない[ない]のが残念である[つらい]. 2. 〈〈j⁴/et⁴〉=〉なしで済ます. 3. 〈〈et²〉=〉(文)欠いている.

ent·behr·lich [エントベーありヒ] 形 なくて済む, 必要のない.

die **Ent·beh·rung** [エントベーるング] 名 -/-en 欠乏, 不足;窮乏: große ~en auf sich⁴ nehmen 窮乏生活をする.

ent·bie·ten* [エントビーテン] 動 h. 1. 〈〈j³〉=+〈et⁴〉=〉(文)伝える(あいさつなどを), (人を通して)述べる. 2. 〈〈j⁴〉=+zu sich³〉(文)呼寄せる.

ent·bin·den* [エントビンデン] 動 h. 1. 〈〈j⁴〉=+〈et²〉=〉(から)(文)解く, 解放する, (…に ─ を)免除する〈et²〉=は(文)). 2. 〈〈et⁴〉=〉(文・古)解き放つ(情熱などを). 3. 〈〈j⁴〉=〉分娩(ぶん)させる. 4. 〔熟語〕お産をする.

die **Ent·bin·dung** [エントビンドゥング] 名 -/-en 1. 分娩(ぶん), 出産. 2. (義務の)免除.

die **Ent·bin·dungs·an·stalt** [エントビンドゥングス・アン・シュタるト] 名 -/-en 産院.

das **Ent·bin·dungs·heim** [エントビンドゥングス・ハイム] 名 -(e)s/-e 産院.

ent·blät·tern [エントブれッターン] 動 h. 1. 〈〈et⁴〉=〉葉を落す, (…を)落葉させる. 2. 〈sich⁴〉落葉する; (口・冗)身にまとっているものを脱ぐ.

ent·blö·den [エントブㇾ―デン] 動 h. 〈次の形で〉 sich⁴ nicht ~, 〈et⁴〉 zu tun 〈文〉臆面(おく)もなく〈事〉をする.

ent·blö·ßen [エントブㇾーセン] 動 h. 1. 〈〈et⁴〉=〉露出させる, あらわにする(身体部分を);むき出しにする(歯などを);さらけだす(内心などを). 2. 〈sich⁴〉裸になる;本心を打明ける. 3. 〈〈j⁴/et⁴〉=から+〈j²/et²〉=〉奪う;撤退させる(〈j²/et²〉=は文語). 【慣用】 die Abwehr entblößen [発音](ディフェンダーが攻撃に上がって)ディフェンスをがら空きにする.

ent·blößt [エントブㇾースト] 形 mit ~em Kopf 無帽で. 2. (次の形で)von〈et³〉= sein〈物〉をなくした.

ent·bren·nen* [エントブれネン] 動 s. (文) 1. 〔熟語〕勃発(ぼっ)する(戦争が). 2. 〔in[von]〈et³〉=〕燃上がる(恋・憎悪などに).

ent·de·cken [エントデッケン] 動 h. 1. 〈〈et⁴〉=〉発見する. 2. 〈〈j⁴/et⁴〉=〉(思いがけなく)見つける;見つけ出す(探していた犯人・誤りなどを). 3. 〈〈j³〉=+〈et⁴〉=〉(文・古)打明ける. 4. 〈sich⁴+〈j³〉=〉(文・古)自分の気持を打明ける.

der **Ent·de·cker** [エントデッカー] 名 -s/- 発見者.
die **Ent·de·ckung** [エントデックング] 名 -/-en 1. 発見. 2. 発見されたもの, 発見物.

die **Ent·de·ckungs·rei·se** [エントデックングス・らイゼ] 名 -/-n 探険旅行.

ent·dra·ma·ti·sie·ren [エントドらマティズィーれン] 動 h. 〈〈et⁴〉=〉劇的でなくする, (…の)劇性を取除く.

die **En·te** [エンテ] 名 -/-n 1. [鳥]カモ(Wild~), アヒル(Haus~);雌ガモ, 雌のアヒル;(◎のみ)(無冠詞)カモの焼肉(Zeitungs~): wie eine ~ watscheln よたよた歩く. eine lahme ~ (口)動きの鈍いやつ[車]. wie ein bleiernes ~ schwimmen 泳ぎがへただ. 2. (口)誤報, 虚報(Zeitungs~). 3. (口)尿瓶(びん). 4. (次の形で) kalte ~ カルテエンテ ①ワイン・シャンペン・スペクト・レモンスライスのパンチ. ②[兵]不発弾.

ent·eh·ren [エントエーれン] 動 h. 〈〈j⁴/et⁴〉=〉けがす, 辱める, 凌辱(りょう)する.

ent·eig·nen [エントアイグネン] 動 h. 1. 〈〈et⁴〉=〉没収する(財産を), 接収[収用]する(土地を). 2. 〈〈j⁴〉=〉財産を没収する, 土地を接収[収用]する.

die **Ent·eig·nung** [エントアイグヌング] 名 -/-en (土地・財産などの)公用徴収, 没収, 収用.

ent·ei·len [エントアイれン] 動 s. 〔熟語〕急いでその場を立去る.

ent·ei·sen [エントアイゼン] 動 h. 〈〈et⁴〉=〉氷[霜]を取除く.

ent·ei·se·nen [エントアイゼネン] 動 h. 〈〈et⁴〉=〉鉄分を取除く(飲料水などの).

die **En·te·le·chie** [エンテれヒー] 名 -/-n [哲]エンテレケイア(アリストテレス哲学の用語).

der **En·ten·bra·ten** [エンテン・ブらーテン] 名 -s/- カモのロースト, ローストダック.

der **En·ten·schna·bel** [エンテン・シュナーベル] 名 -s/ ..schnäbel カモのくちばし;(主に◎)(15世紀の)先のとがった靴.

die **En·ten·te** [ãtã:t(ə アンタント, アンターンテ] 名 -/-n [政](国家間の)協約, 協商.

der **En·ten·teich** [エンテン・タイヒ] 名 -(e)s/-e カモのいる池.

das[der] **En·ter·** [エンター-] 名 -s/-(s) (北独)一歳馬.

en·te·ral [エンテらール] 形 [医]腸の.

das **En·ter·beil** [エンター・バイル] 名 -(e)s/-e (昔の)引っ掛け斧(おの)(敵船の装具とする武器).

ent·er·ben [エントエるベン] 動 h. 〈〈j⁴〉=〉廃嫡(はいちゃく)する, 勘当する.

der **En·ter·ha·ken** [エンター・ハーケン] 名 -s/- (昔の)引っ掛け鉤(かぎ)(敵船を引寄せるための).

der **En·te·rich** [エンテりヒ] 名 -s/-e 雄ガモ.

die **En·te·ri·tis** [エンテりーティス] 名 -/..tiden[エンテりーデン] [医]腸炎.

ẹn·tern [エンターン] [動] **1.** *h.* 〖〈et⁴〉ヲ〗乗っ取る(敵船などを). **2.** *s.* 〖補足なし〗〖海〗登る. **3.** *h.* 〖〈et⁴〉ニ〗《口》よじ登る.

die **En·te·ro·bak·te̲·rie** [エンテろ·バクテーりエ] [名] -/-n 《主に[複]》腸内細菌(サルモネラ菌など).

die **En·te·ro·ze̲·le** [エンテろ·ツェーレ] [名] -/-n 〖医〗ヘルニア, 脱腸.

ent·fa̲·chen [エントふぁっへン] [動] *h.* 〖〈et⁴〉ヲ〗《文》あおる, 燃上がらせる(火·火事などを);たきつける, あおり立てる(争い·欲望などを).

ent·fa̲h·ren* [エントふぁーれン] [動] *s.* **1.** 〖〈j³〉ノロカラ〗(思わず)もれる(嘆息·うめきなどが). **2.** 〖〈et³〉ノ間カラ〗(突如として)漏れる(稲妻が雲間などから).

ent·fa̲l·len* [エントふぁレン] [動] *s.* **1.** 〖〈j³/et³〉(ノ手)カラ〗《文》落ちる. **2.** 〖〈j³〉ノ〗記憶から抜落ちる. **3.** 〖auf 〈j⁴/et⁴〉ノ〗取分になる. **4.** 〖補足なし〗なくなる(理由などが), 省略される(討論などが時間の関係で).

ent·fa̲l·ten [エントふぁルテン] [動] *h.* **1.** 〖〈et⁴〉ヲ〗広げる(新聞などを);(〈et⁴〉がsich⁴の場合)開く(花·落下傘などが). **2.** 〖sich⁴〗発展〔発達〕する, 才能を伸ばす;発揮される(能力·個性などが). **3.** 〖〈et⁴〉ヲ〗発揮する(能力などを). **4.** 〖〈et⁴〉ヲ〗開陳する(考えなどを). **5.** 〖〈et⁴〉ヲ〗展開する, 繰広げる(活動などを).

die **Ent·fa̲l·tung** [エントふぁルトゥング] [名] -/ 展開, 発展;開くこと:zur ～ kommen 発展する. 〈et⁴〉 zur ～ bringen 〈事ヲ〉発展させる.

ent·fä̲r·ben [エントふぇるベン] [動] *h.* **1.** 〖〈et⁴〉ヲ〗脱色する, (…の)色を抜く. **2.** 〖sich⁴〗色があせる;青白くなる.

das **Ent·fä̲r·bungs·mit·tel** [エントふぇるブングス·ミッテル] [名] -s/- 脱色〔漂白〕剤.

ent·fe̲r·nen [エントふぇるネン] [動] *h.* **1.** 〖〈j⁴/et⁴〉ヲ〗遠ざける, 取除く. **2.** 〖sich⁴+von〔aus〕〈et³〉カラ〗遠ざかる, それる.

ent·fe̲rnt [エントふぇるント] [形] **1.** 〖(〈et⁴〉ダケ)〗遠く離れた(場所):Die U-Bahn ist einen Kilometer *～er* als die Bushaltestelle. 地下鉄はバス停より1キロ遠い. **2.** 〖〈et⁴〉ダケ+von 〈j³/et³〉カラ/〈場所〉カラ〗離れた(距離·時間):3 Kilometer vom Dorf ～ sein 村から3キロ離れている. **3.** 遠い(血縁·関係):Mit ihm bin ich nur ～ verwandt. 彼とは私は遠い親戚でしかない. **4.** かすかな:Ich kann mich nur ～ an ihn erinnern. 私はかすかにしか彼のことを思い出せない. 【慣用】〈j¹〉 **ist weit davon entfernt,** 〈et⁴〉 **zu tun** 〈人ハ〉〈事ヲ〉するなどとはまったく考えていない. **nicht entfernt** 〔**im Entferntesten**〕 全然…ない.

die **Ent·fe̲r·nung** [エントふぇるヌング] [名] -/-en **1.** 距離, 隔たり;遠方:auf große ～ (hin) 非常に遠くまで. bei diesen *～en* この距離の場合. in einer 〔auf eine〕 ～ von 3 Meter(n) 3メートルくらい離れた所で. aus 〔in〕 der ～ 遠くから〔離れて〕見ると. **2.** 遠ざけること, 除去, (患部などの)摘出;解任, 罷免. **3.** 退去, 離脱

der **Ent·fe̲r·nungs·mes·ser** [エントふぇるヌングス·メッサー] [名] -s/- 距離計.

ent·fe̲s·seln [エントふぇっセルン] [動] *h.* **1.** 〖〈et⁴〉ヲ〗引〔巻〕起こす(争いなどを);爆発させる(激情などを);(一挙に)放出させる(エネルギーなどを). **2.** 〖〈j⁴〉ヲ〗《文》鎖から解き放す.

ent·fe̲s·selt [エントふぇっセルト] [形] 解き放たれた

der **Ent·fe̲s·se·lungs·künst·ler** [エントふぇっセルングス·キュンストラー] [名] -s/- 鎖·縄抜けの芸人, 脱出技の奇術師.

ent·fe̲t·ten [エントふぇっテン] [動] *h.* 〖〈et⁴〉ノ〗(余計な)脂肪分を取除く, (…を)脱脂する.

die **Ent·fe̲t·tungs·kur** [エントふぇっトゥングス·クーあ] [名] -/-en 減量〔痩身〕療法.

ent·fla̲m·men [エントふラメン] [動] **1.** *h.* 〖〈et⁴〉ニ〗《文·稀》火をつける. **2.** *h.* 〖sich⁴〗《文》かき立てられる(感情などが). **3.** *h.* 〖〈j⁴/et⁴〉ヲ〗《文》燃上がらせる(怒りなどを);感激させる, 夢中にさせる. **4.** *s.* 〖補足なし〗(火が)燃上がる, 《稀》火を噴く(戦いなどが).

ent·fle̲ch·ten(*) [エントふレひテン] [動] *h.* **1.** 〖〈et⁴〉ヲ〗〖経〗解体する(大企業·コンツェルンなどを). **2.** 〖〈et⁴〉ヲ〗簡素〔単純〕にする, すっきりさせる(複雑な組織·関係などを), 解明する(複雑な問題などを). **3.** 〖〈et⁴〉ヲ〗ほどく.

die **Ent·fle̲ch·tung** [エントふレひトゥング] [名] -/-en (経済力の)集中排除, (カルテルなどの)解体;解明;(絡み合ったものを)解きほぐすこと.

ent·fli̲e·gen* [エントふリーゲン] [動] *s.* 〖〈j³〉カラ/aus 〈et³〉カラ〗飛去る(小鳥などが).

ent·fli̲e·hen* [エントふリーエン] [動] *s.* **1.** 〖〈j³〉カラ/aus 〈et³〉カラ〗脱走する;(…を)逃れる. **2.** 〖補足なし〗《文》つかの間に(過ぎ)去る, 矢の如く過ぎ(去)る.

ent·fre̲m·den [エントふれムデン] [動] *h.* **1.** 〖〈j⁴/et⁴〉ヲ+〈j³/et³〉ト〗疎遠にする, (…を…から)疎外する. **2.** 〖sich⁴+〈j³/et³〉ト〗疎遠になる. 【慣用】〈**et⁴**〉 **seinem Zweck entfremden** 〈物ヲ〉本来の目的以外のことに使用する.

die **Ent·fre̲m·dung** [エントふれムドゥング] [名] -/-en 疎遠, 疎外.

der **Ent·fro̲s·ter** [エントふろスター] [名] -s/- 霜取り装置, デフロスター.

ent·fü̲h·ren [エントふゅーれン] [動] *h.* **1.** 〖〈j⁴/et⁴〉ヲ〗誘拐する, 乗っ取る. **2.** 〖〈j³〉ノ+〈et⁴〉ヲ〗《冗》持って行く, 失敬する.

der **Ent·fü̲h·rer** [エントふゅーらー] [名] -s/- 誘拐〔乗っ取り〕犯人.

die **Ent·fü̲h·rung** [エントふゅーるング] [名] -/-en 誘拐;乗っ取り.

ent·ge̲·gen [エントゲーゲン] [前] 〖+3格〗…に反して, …とは逆に:～ meinem Rat 〔meinem Rat ～〕 私の忠告に逆らって.
—— [副] **1.** 《次の形で》〈j³/et³〉 ～ 〈人·物·事の方に〉向かって:der Sonne ～ 太陽に向かって. **2.** 《次の形で》〈j³/et³〉 ～ 〈人の意に/事に〉反して:seinen Wünschen ～ sein 彼の希望に反している.

ent·ge̲·gen|ar·bei·ten [エントゲーゲン·アるバイテン] [動] *h.* 〖〈j³/et³〉ニ〗反対〔反論〕する.

ent·ge̲·gen|bli·cken [エントゲーゲン·ブリッケン] [動] *h.* 〖〈j³/et³〉ノ方ヲ〗《文》見る.

ent·ge̲·gen|brin·gen* [エントゲーゲン·ブリンゲン] [動] *h.* 〖〈j³/et³〉ニ+〈et⁴〉ヲ〗示す(人に好意などを).

ent·ge̲·gen|ei·len [エントゲーゲン·アイレン] [動] *s.* 〖〈j³/et³〉ニ〗駆けよる, (…を)迎えに行く.

ent·ge̲·gen|fah·ren* [エントゲーゲン·ふぁーれン] [動] *s.* 〖〈j³/et³〉ニ〗(乗り物で)向かって行く, (…を)車で迎えにゆく.

ent·ge̲·gen|ge·hen* [エントゲーゲン·ゲーエン] [動] *s.* 〖〈j³/et³〉ニ〗向かって行く, (…を)迎えにゆく.

ent·ge̲·gen·ge·setzt [エントゲーゲン·ゲゼッツト] [形] 反対(側)の;逆の;対立した.

ent·ge̲·gen|hal·ten* [エントゲーゲン·ハルテン] [動] *h.* 〖〈j³/et³〉ニ+〈et⁴〉ヲ〗差出す(人に手などを);向ける(太陽に顔などを);(…に…の)異論を差しはさむ.

ent·ge̲·gen|han·deln [エントゲーゲン·ハンデルン] [動] *h.* 〖〈j³/et³〉ニ〗反する行動をする.

ent·ge̲·gen|kom·men* [エントゲーゲン·コメン] [動] *s.* **1.** 〖〈j³〉ニ〗向かって来る, (…を)迎えに来る. **2.** 〖〈j³〉ニ+〈様態〉ナ〗態度で接する, (…に)振舞う. **3.** 〖〈j³/et³〉ニ〗合う(希望·好みなどに), (…を)満足させる.

das **Ent·ge̲·gen·kom·men** [エントゲーゲン·コメン] [名] -s/ 好意(的な態度);譲歩.

E

entgegenkommend [エントゲーゲン・コメント] 形 好意的な.

entgegen|laufen* [エントゲーゲン・ラウふぇン] 動 s. 〈j³/et³〉ニ走り寄る,(…を)迎えに走り寄る;反する(希望・意図などに).

die **Entgegennahme** [エントゲーゲン・ナーメ] 名 -/ 受領,受入れ.

entgegen|nehmen* [エントゲーゲン・ネーメン] 動 h. 〈et⁴〉ッ受取る(郵便・贈り物などを);受け付ける(苦情などを);受ける(注文・祝詞などを).

entgegen|schicken [エントゲーゲン・シッケン] 動 h. 〈j³〉ニ+〈j⁴/et⁴〉ッ差向ける.

entgegen|sehen* [エントゲーゲン・ゼーエン] 動 h. **1.**〈et³〉ッ+〈様態〉ッ気持ち待ち受ける. **2.**〈j³/et³〉ン(来る方を)見(続けう).

entgegen|setzen [エントゲーゲン・ゼッツェン] 動 h. 〈j³/et³〉ニ+〈et⁴〉ッ対置[対抗]させる.

entgegen|stehen* [エントゲーゲン・シュテーエン] 動 h. 〈j³/et³〉ン障害[邪魔]となる,(…を)阻む;(…と)対立[矛盾]している.

entgegen|stellen* [エントゲーゲン・シュテレン] 動 h. **1.**〈j³/et³〉ニ+〈j⁴/et⁴〉ッ対抗させる,対置する. **2.** sich⁴+〈j³/et³〉ン妨害する,阻む,(…の)行く手を遮る.

entgegen|strecken [エントゲーゲン・シュトれッケン] 動 h. 〈j³/et³〉ニ+〈j⁴/et⁴〉ッ差し出す;〈et⁴〉がsich⁴の場合〉差しのべられる,伸びる.

entgegen|treten* [エントゲーゲン・トれーテン] 動 s. **1.**〈j³/et³〉ン立ち向かう(悪漢・病気・不当な要求などに). **2.**〈j³〉ッ起こる.

entgegen|wirken [エントゲーゲン・ヴィるケン] 動 h. 〈j³/et³〉ニ反対する,立ち向かう,(…を)阻む.

entgegnen [エントゲーグネン] 動 h. 〈j³〉ニ+〈et⁴〉ッ (相手に反対して)答える,抗弁する.

die **Entgegnung** [エントゲーグヌング] 名 -/-en 応答,返答;反論.

entgehen* [エントゲーエン] 動 s. 〈j³/et³〉ッ逃れる,(…に)気付かれない;(…の)目[耳]にとまらない.

entgeistert [エントガイスタート] 形 茫然(ぼう)自失の,呆然(ぼう)とした.

das **Entgelt** [エントゲルト] 名 -(e)s/-e (主に⓺)報酬,報償: für (gegen) ein geringes ~ arbeiten わずかな報酬で働く.

entgelten* [エントゲルテン] 動 h. **1.**〈et⁴〉ッ償いをする(罪・ミスなどの). **2.**〈j³〉+〈et⁴〉ニ報いる.

entgeltlich [エントゲルトリヒ] 形 有料の,有償の.

entgiften [エントギふテン] 動 h. 〈j⁴/et⁴〉ッ無毒化する,解毒する,消毒する;(比)柔らげる(雰囲気などを).

entgleisen [エントグライゼン] 動 s. **1.**〔鉄〕脱線する;本題からそれる(論者・議論が). **2.**〈様態〉ッ常軌を逸した発言をする.

die **Entgleisung** [エントグライズング] 名 -/-en **1.** 脱線. **2.** 逸脱した〔不穏当な〕発言〔行動〕.

entgleiten* [エントグライテン] 動 s. 〈j³〉+〈et³〉カら〈文〉滑り落ちる(ナイフなどが);(…の)手におえなくなる(子供などが),(…の…が)効かなくなる(コントロールなどが).

entgräten [エントグれーテン] 動 h. 〈et⁴〉ッ小骨をとる.

enthaaren [エントハーれン] 動 h. 〈et⁴〉ッ毛を抜く(すね・わきの下などの).

das **Enthaarungsmittel** [エントハーるングス・ミッテル] 名 -s/- 脱毛剤.

enthalten¹* [エントハルテン] 動 h. 〈et⁴〉ッ含む,含有する.

enthalten²* [エントハルテン] 動 h. 〈sich⁴+〈et²〉ニ〉〈文〉控える(酒などを),放棄する(権利などを),抑える.

enthaltsam [エントハルトザーム] 形【(in〈et³〉)】節制している;禁欲的な: im Essen ~ sein 節食している.

die **Enthaltsamkeit** [エントハルトザームカイト] 名 -/ 節制,禁欲;禁酒: ~ üben 節制する.

die **Enthaltung** [エントハルトゥング] 名 -/-en 棄権(Stimm~);(⓺のみ)節制.

enthärten [エントヘるテン] 動 h. 〈et⁴〉ッ軟らかくする(水・鋼鉄などを).

enthaupten [エントハウプテン] 動 h. 〈j⁴〉ッ〈文〉斬首(さんしゅ)(刑)にする.

die **Enthauptung** [エントハウプトゥング] 名 -/-en 打ち首,斬首(さんしゅ).

enthäuten [エントホイテン] 動 h. 〈et⁴〉ッ皮をはぐ[むく](動物・タマネギなどの).

entheben* [エントヘーベン] 動 h. 〈j⁴〉ッ+〈et²〉ッ〈文〉解放する(義務などから),(…の…を)免除する;(…を…から)罷免する.

entheiligen [エントハイリゲン] 動 h. 〈et⁴〉ッ神聖を汚す〔奪う〕.

enthemmen [エントヘメン] 動 h. **1.**〔心〕抑圧から解放する,(…の)自制心を失わせる. **2.**〈et⁴〉ッ制動装置をはずす.

die **Enthemmung** [エントヘムング] 名 -/-en 抑制〔抑圧〕の除去;(機械の)制動の解除.

enthüllen [エントヒュレン] 動 h. **1.**〈et⁴〉ッ〈文〉覆いを取る(顔・タイプライターなどの),除幕する. **2.**〈sich⁴〉〈文〉姿を現す(ロ・ロ)の衣服を脱ぐ. **3.**〈j³〉ニ+〈et⁴〉ッ〈文〉打明ける(秘密・計画などを);〈et⁴〉がsich⁴の場合〉明らかになる. **4.**〈j⁴/et⁴〉ッ+als〈j⁴/et⁴〉ッ〈文〉暴露する;〈j⁴/et⁴〉がsich⁴の場合〉(…の正体を)現す,(…であることが)明らかになる.

die **Enthüllung** [エントヒュルング] 名 -/-en **1.** 覆いを取ること;除幕(式);打明けること,暴露. **2.** (主に⓺)暴露されたこと〔秘密〕.

enthülsen [エントヒュルゼン] 動 h. 〈et⁴〉ッ殻[莢(さや)]をむく.

enthusiasmieren [エントゥズィアスミーれン] 動 h. **1.**〈j⁴〉ッ感激〔熱狂〕させる. **2.**〈sich⁴+für〈j⁴/et⁴〉〉熱狂する.

der **Enthusiasmus** [エントゥズィアスムス] 名 -/ 熱狂,感激,熱中.

der **Enthusiast** [エントゥズィアスト] 名 -en/-en 熱狂者.

enthusiastisch [エントゥズィアスティシュ] 形 熱狂的な.

entjungfern [エントユングふェるン] 動 h. 〈j⁴〉ッ処女を奪う.

entkalken [エントカルケン] 動 h. 〈et⁴〉ッ石灰分を除去する.

entkeimen [エントカイメン] 動 **1.** h.〈et⁴〉ッ摘芽する(ジャガイモなどの);殺菌[消毒]する(飲料水・ミルクなどを). **2.** s.〔詩〕芽ばえる.

entkernen [エントケるネン] 動 h. 〈et⁴〉ッ芯をとる[種]を取る(果物などの).

entkleiden [エントクライデン] 動 h.〈文〉 **1.**〈j⁴〉ッ衣服を脱がせる(子供などの);〈j⁴〉がsich⁴の場合〉服を脱ぐ. **2.**〈j⁴/et⁴〉カら+〈et²〉ッ剝奪(はくだつ)する(官位などを).

entkoffeiniert [エントコふェイニーアト] 形 カフェインを抜いた.

entkolonialisieren [エントコロニアリズィーれン] 動 h. 〈et⁴〉ッ非植民地化する.

die **Entkolonialisierung** [エントコロニアリズィールング] 名 -/-en 非植民地化,植民地の解放[独立].

entkommen* [エントコメン] 動 s. **1.**〈j³〉/

〈方向〉カラ(ヘ)〕逃れる. **2.**〔〈et³〉ノ〕免がれる.

entkoppeln [エントコッペルン] 動 h.〔〈et⁴〉ノ〕連結をとく.

entkorken [エントコルケン] 動 h.〔〈et⁴〉ノ〕(コルク)栓を抜く.

entkräften [エントクれふテン] 動 h. **1.**〔〈j⁴/et⁴〉ヲ〕衰弱させる. **2.**〔〈et⁴〉ヲ〕論破する.

entkrampfen [エントクラムフェン] 動 h. **1.**〔〈et⁴〉ノ〕痙攣(けい)〔引きつり〕をなおす〔ほぐす〕(筋肉などの), 緊張をほぐす(身体の). **2.**〔〈sich⁴〉痙攣〔引きつり〕がなおる. **3.**〔〈et⁴〉ノ〕緩和する(危機的状況・緊張状態などを);(…の)緊張を緩和する(両国間の関係などの).

entkuppeln [エントクッペルン] 動 h.《稀》=aus|kuppeln.

entladen* [エントラーデン] 動 h. **1.**〔〈et⁴〉ノ〕積荷を下ろす(船・車などの). **2.**〔〈et⁴〉ノ〕弾を抜く(銃などの). **3.**〔〈et⁴〉ノ〕放電させる(蓄電池などを);〔〈et⁴〉がsich⁴の場合〕放電する. **4.**〔sich⁴〕突如激しく(せきを切ったように)降りそそぐ(雷雨が);爆発する(感情などの).

die Entladung [エントラードゥング] 名 -/-en 荷おろし, 荷揚げ;(火器の)弾抜き;放電;突然の強雨;(感情などの)爆発.

entlang [エントラング] 前〔+4格〔3格〕/3格〔2格〕〕…に沿って, 平行して〔後置では4格.前置では3格が普通〕: Das Schiff fährt den Fluss ~. 船は流れに沿って進む. E~ dem Weg stehen hübsche Häuser. 道路際にきれいな家が並んでいる.
—— 副 …に沿って. den Weg am Fluss ~ nehmen 川沿いの道をとる. sich⁴ an den Fenstern ~ aufstellen 窓際に並ぶ. Hier ~! (長い廊下などで)こちらへどうぞ.

entlarven [エントラるふェン] 動 h.〔〈j⁴/et⁴〉ノ〕仮面をはぐ, 正体〔本性〕を暴く.

entlassen* [エントラッセン] 動 h. **1.**〔〈j⁴〉ヲ+(aus〈et³〉カラ)〕(許可を与えて)出す(学校・病院などから);解放する(職務・義務などから). **2.**〔〈j⁴〉ヲ〕解雇する;《文》退出させる, 送り出す.

die Entlassung [エントラッスング] 名 -/-en **1.** 解雇, 免職;釈放, 退院, 退学, 除隊. **2.** 解雇〔免職〕通知書.

das Entlassungsgesuch [エントラッスングス・ゲズーふ] 名 -(e)s/-e (大臣の)辞表.

die Entlassungspapiere [エントラッスングス・パピーれ] 複名 除隊〔退役〕関係書類.

der Entlassungsschein [エントラッスングス・シャイン] 名 -(e)s/-e 退院許可証, 釈放証, 除隊証明書.

entlasten [エントラステン] 動 h.〔〈j⁴/et⁴〉ノ〕負担(重荷)を軽減する;〖法〗嫌疑を晴らす;〖商〗営業〔業務〕報告を承認する.【慣用】den Verkehr entlasten 交通〔渋滞〕を緩和する. ein Konto entlasten 口座の赤字を帳消しにする.

die Entlastung [エントラストゥング] 名 -/-en 負担の軽減, 緩和;(重荷からの)解放;(刑の)軽減, 免責;負債の帳消し.

der Entlastungszeuge [エントラストゥングス・ツォイゲ] 名 -n/-n 〖法〗被告に有利な証言をする人.

entlauben [エントラウベン] 動 h. **1.**〔〈et⁴〉ノ〕葉を(すべて)落す〔取る〕(枝・樹木・森などの). **2.**〔sich⁴〕落葉する.

entlaubt [エントラウブト] 形 落葉した.

entlaufen* [エントラウフェン] 動 s.〔(〈j³/et³〉カラ/aus〈et³〉カラ)〕走り去る, 脱走する.

entlausen [エントラウゼン] 動 h.〔〈j⁴/et⁴〉ノ〕シラミを駆除する.

entledigen [エントレーディゲン] 動 h.《文》**1.**〔sich⁴+〈j²/et²〉ノ〕かたをつける(借金などの), (…か

ら)解放される(重荷などから), (…を)片づける(敵などを). **2.**〔〈sich⁴+〈et²〉ノ〕脱ぐ(服などを). **3.**〔sich⁴+〈et²〉ノ〕果す(任務などを).

entleeren [エントレーれン] 動 h. **1.**〔〈et⁴〉ノ〕からにする(瓶・ポケットなどを). **2.**〔sich⁴〕排泄(はいせつ)する, 吐く. **3.**〔〈et⁴〉ノ〕意味内容を空疎にする;〔〈et⁴〉がsich⁴の場合〕空疎になる, うつろになる.

die Entleerung [エントレーるング] 名 -/-en からにすること;排泄(はいせつ);空疎にする(なる)こと.

entlegen [エントレーゲン] 形 へんぴな, とっぴな.

entlehnen [エントレーネン] 動 h.〔〈et⁴〉ヲ+aus〈et³〉カラ〕借用する(言葉を外国語などから).

die Entlehnung [エントレーヌング] 名 -/-en 借用;借用語.

entleiben [エントライベン] 動 h.〔sich⁴〕《文》自害する.

entleihen* [エントライエン] 動 h. **1.**〔〈et⁴〉ヲ+(von〈j³〉カラ)〕借りる(金銭・図書などを). **2.** =entlehnen.

entloben [エントローベン] 動 h.〔sich⁴〕婚約を解消〔破棄〕する.

die Entlobung [エントローブング] 名 -/-en 婚約解消.

entlocken [エントロッケン] 動 h.〔〈j³/et³〉カラ+〈et⁴〉ヲ〕誘い出す(笑いなどを), (巧みに)聞出す.

entlohnen [エントローネン] 動 h. **1.**〔〈j⁴〉ニ〕賃金〔報酬〕を支払う. **2.**〔〈et⁴〉ニ対シテ〕《稀》報酬を払う.

entlöhnen [エントレーネン] 動 h.〔スイ〕 =entlohnen.

entlüften [エントリュフテン] 動 h.〔〈et⁴〉ノ〕換気する(部屋などを);〖工〗(…から)気体を取除く.

der Entlüfter [エントリュフター] 名 -s/- 換気〔排気〕装置.

die Entlüftung [エントリュフトゥング] 名 -/-en 換気(排気・通風);気体除去(装置).

die Entlüftungsanlage [エントリュフトゥングス・アン・ラーゲ] 名 -/-n 換気〔排気〕装置.

entmachten [エントマテン] 動 h.〔〈j⁴〉ノ〕権力を奪う, (…を)無力化する.

entmannen [エントマネン] 動 h. **1.**〔〈j⁴〉ヲ〕去勢する. **2.**〔〈j⁴〉ノ気力ヲ/〈et⁴〉ヲ〕弱める(憎しみ・怒りなどを).

entmenschen [エントメンシェン] 動 h.〔〈j⁴〉ノ〕人間性を失わせる.

entmenscht [エントメンシュト] 形 人でなしの, 人間性の失われた.

entmilitarisieren [エントミリタリズィーれン] 動 h. 非武装化する(都市などを).

die Entmilitarisierung [エントミリタリズィールング] 名 -/-en 非武装化.

entmündigen [エントミュンディゲン] 動 h.〔〈j⁴〉ニ〕禁治産の宣告をする.

die Entmündigung [エントミュンディグング] 名 -/-en 禁治産宣告.

entmutigen [エントムーティゲン] 動 h.〔〈j⁴〉ヲ〕意気込みをくじけさせる, (…を)がっかりさせる.

die Entmythologisierung [エントミュトロギズィーるング] 名 -/-en 非神話化.

die Entnahme [エントナーメ] 名 -/-n 取出す〔引出す〕こと, 採取.

die Entnazifizierung [エントナティふィツィーるング] 名 -/-en 非ナチ化.

entnazifizieren [エントナツィふィツィーれン] 動 h.〔〈et⁴〉ヲ〕非ナチ化する;元ナチ分子として追放する.

entnehmen* [エントネーメン] 動 h. **1.**〔〈j³/et³〉カラ+〈aus〈et³〉カラ+〈et⁴〉ヲ〕取出す, 引出す, 採取する, 引用する. **2.**〔〈et⁴〉カラ+〈et⁴〉ヲ〕読〔見て〕取る, 推測〔推察・察知〕する.

entnerven [エントネルるェン] 動 h.〈j⁴ッ〉神経を消耗させる.

entölen [エントエーレン] 動 h.〈et⁴ッ〉脱脂する.

die **Entomogamie** [エントモ・ガミー] 名 -/〘植〙虫媒.

die **Entomologie** [エントモ・ロギー] 名 -/ 昆虫学.

die **Entourage** [ãtuːráːʒə アントゥらージェ] 名 -/〈文〉取巻き,お伴の人々,随員〔の一行〕.

entpersönlichen [エントぺるゼーンリひェン] 動 h. 1.〈j⁴ッ〉個性〔人格〕を失わせる. 2.〈et⁴ッ〉非個性的にする,脱個人化する.

entpflichten [エントプふリひテン] 動 h.〈j⁴ッ〉(停年)退官〔退職〕させる.

entpolitisieren [エントポリティズィーれン] 動 h.〈et⁴ッ〉非政治化する,政争〔政略〕の外におく.

entpuppen [エントプッペン] 動 h. 1.〔sich⁴〕〘生〙羽化する. 2.〔sich⁴+als〈j¹/et³ッ〉/〈形〉〕ﾃﾞｱﾙｺﾄ〈意外にも〉(正体が)分る.

entrahmen [エントらーメン] 動 h.〈et⁴ッ〉脱脂する.

entraten* [エントらーテン] 動 h.〈j²/et²ッ〉〈文〉欠いている,なしですます.

enträtseln [エントれーツェルン] 動 h. 1.〈et⁴ッ〉解明する(秘密などを),解読する,(…の)謎を解く. 2.〔sich⁴〕(…の謎が)明らかになる,解明〔解読〕される.

der **Entreakt** [ãtrəˈakt アントら・アクト, ãtrákt アントらクト] 名 -(e)s/-e〘楽〙間奏曲(オペラ・劇の).

der **Entrechat** [ãtrəʃá(ː) アントる・シャ(-)] 名 -s/-s 〘ﾊﾞﾚｴ〙アントルシャ.

entrechten [エントれひテン] 動 h.〈j⁴ッ〉権利〔公民権〕を剥奪(⁵ˊ)する.

das **Entrée** [ãtré アントれー] 名 -s/-s 1. 玄関の間,入口ホール. 2. 登場;出現,姿を現すこと;〘ﾃﾞﾊﾟ〙入場(料). 3. 前菜,アントレ. 4.〘楽〙アントレ(①バレーの踊り手の登場曲.②オペレッタなどの主要人物登場の歌).

entreißen* [エントらイセン] 動 h. 1.〈j³〉〈j⁴+et³ッ〉〈et⁴ッ〉奪い取る,もぎとる. 2.〈j⁴+〈et³ッ〉〈et⁴ッ〉〉〈文〉救い出す. 3.〈j⁴/et³ッ+〈et⁴ッ〉〉〈文〉引出す.

der **Entremetier** [ãtrametjé アントるメティエー] 名 -s/-s スープとアントロ専門のコック.

entre nous [ãːtrənúː アーントる ヌー]〘ﾌﾗﾝｽ語〙〈口〉内々で.

entrichten [エントリひテン] 動 h.〈et⁴ッ〉〘官〙納付する,払込む.

entriegeln [エントリーゲルン] 動 h.〈et⁴ッ〉閂(ˢˊˡˊ)を抜いてあける.

entringen* [エントリンゲン] 動 h. 1.〈文〉〈j³ｶˊｯ〉奪い取る(武器などを),聞出す(秘密などを). 2.〔sich⁴+〈et³ッ〉〕身を振りほどく《腕などから》. 3.〔sich⁴+〈et³ッ〉〕もれる《叫び声などが》.

entrinnen* [エントリンネン] 動 s. 1.〈et³ッ〉〈文〉逃れる,免れる(危険・死などを). 2.〈j³ッ〉逃れる. 3.〈j³/et³ッ+ｶˊｯ〉溢れ出る《涙が目からなど》. 4.〘ｱｶ〙〘詩〙流れ去る(時が).

entrollen [エントろレン] 動〈文〉 1. h.〈et⁴ッ〉広げる(巻いたものを). 2. h.〈et⁴ッ〉繰広げる(光景などを). 3. s.〈et³ッ+ｶˊｯ〉転がり落ちる《金貨が財布などから》.

die **Entropie** [エントろピー] 名 -/-n〘理・情報理論〙エントロピー.

entrosten [エントろステン] 動 h.〈et⁴ッ〉さびを取る.

entrücken [エントりュッケン] 動 h.〈文〉 1.〈j³ッ+〈et⁴ッ〉〉引離す,遠ざける(現実などから). 2.〈j⁴ッ〉恍惚(ｺˊｵｺˊ)とさせる,うっとりさせる.

die **Entrückung** [エントりュックング] 名 -/-en〈文〉離れる〔遠ざかる〕こと;恍惚(ｺˊｵｺˊ),忘我.

entrümpeln [エントりュムペルン] 動 h.〈et⁴ッ〉がらくたを片づける〔処分する〕.

entrüsten [エントりュステン] 動 h. 1.〔sich⁴+(über〈j⁴/et⁴ッ〉)〕憤慨する. 2.〈j⁴ッ〉憤慨させる.

die **Entrüstung** [エントりュストゥング] 名 -/-en (主に ⑨) 怒り,憤激.

entsaften [エントザふテン] 動 h.〈et⁴ッ〉汁を搾る(果実の).

der **Entsafter** [エントザふター] 名 -s/- ジューサー.

entsagen [エントザーゲン] 動 h.〈et³ッ〉〈文〉(克己して)断念する,(禁欲して)断つ.

die **Entsagung** [エントザーグング] 名 -/-en〈文〉あきらめ,断念.

entsagungsvoll [エントザーグングス・ふォル] 形 没我的な,献身的な.

entsalzen [エントザルツェン] 動 h.〈et⁴ッ〉脱塩する(海水などを).

die **Entsalzung** [エントザルツング] 名 -/-en 脱塩.

der **Entsatz** [エントザッツ] 名 -es/ 解放,救出.

entschädigen [エントシェーディゲン] 動 h. 1.〈j⁴ッ=für〈et⁴ッ〉/mit〈et⁴ッ/様態〉〉償いをする,弁償する,賠償する,補償する. 2.〈et⁴ッ+mit〈et³ッ〉〉弁償する.

die **Entschädigung** [エントシェーディグング] 名 -/-en 弁償,賠償,補償.

entschärfen [エントシェるふェン] 動 h. 1.〈et⁴ッ〉発火装置(信管)を取外して不発にする. 2.〈et⁴ッ〉激しさを和らげる(討論などの),(政治的・性的に)過激な箇所を削除する.

die **Entschärfung** [エントシェるふング] 名 -/-en 信管撤去;和らげること,緊張緩和.

der **Entscheid** [エントシャイト] 名 -(e)s/-e 決定,判断.

entscheiden* [エントシャイデン] 動 h. 1.〈et⁴=/〈文〉ﾃﾞｱﾙｺﾄｺﾞﾂｲﾃ〉(最終的)判断〔判定〕を下す;裁定を下す. 2.〈et⁴ッ/〈文〉ﾃﾞｱﾙｺﾄ/über〈et⁴ッ〉ﾆﾂｲﾃ〉決定する. 3.〔sich⁴+für〈j⁴/et⁴ッ=/様態〉〕決める. 4.〔sich⁴+gegen〈j⁴/et⁴ッ〉〕断る(止めることに決める). 5.〔sich⁴〕決着がつく,決る.

entscheidend [エントシャイデント] 形 決定的な.

die **Entscheidung** [エントシャイドゥング] 名 -/-en 1. 判定,裁定;決定,決着;eine gerichtliche ~ 判決. ~ treffen 決定を下す. 2. 決心,決意;zu einer ~ kommen 決心する.

die **Entscheidungsfrage** [エントシャイドゥングス・ふらーゲ] 名 -/-n〘言〙決定疑問.

der **Entscheidungskampf** [エントシャイドゥングス・カムプふ] 名 -(e)s/…kämpfe 決戦,決勝戦.

die **Entscheidungsschlacht** [エントシャイドゥングス・シュラハト] 名 -/-en 決戦.

das **Entscheidungsspiel** [エントシャイドゥングス・シュピール] 名 -(e)s/-e〘球〙優勝決定戦,同点決勝戦.

entschieden [エントシーデン] 形 1. 断固とした,きっぱりとした. 2. 明白な;明らかに.

die **Entschiedenheit** [エントシーデンハイト] 名 -/ 断固とした態度: mit aller ~ 断固として.

entschlacken [エントシュラッケン] 動 h.〈et⁴ッ〉鉱滓(ｺˊｯ)を除去する;代謝老廃物の排出を促進する(身体・身体組織の).

entschlafen* [エントシュラーふェン] 動 s.〘ｶﾝｴﾝ〙〈文〉眠込む;〈婉〉永眠する.

der/die **Entschlafene** [エントシュラーふェネ] 名〔形容詞的変化〕〈婉〉故人.

entschleiern [エントシュライアーン] 動 h.〈文〉 1.〈j⁴/et⁴ッ〉ヴェールを取る;〈j⁴/sich⁴の場合〉ヴェールを脱ぐ. 2.〈et⁴ッ〉暴く(秘密などを);〈et⁴ッ+sich⁴の場合〉明らかになる,ヴェールを脱ぐ.

ent·schlie·ßen* [エントシュリーセン] [動] *h.* **1.** 〘sich^4＋(zu 〈[動]〉スルコトヲ/zu〈et^3〉ヲ)〙決心する. **2.** 〘sich^4＋〈[形]〉ニ〙決心する.

die **Ent·schlie·ßung** [エントシュリースング] [名] –/–en 決心;決定, 決議： eine ～ einbringen 決議案を上程する.

ent·schlos·sen [エントシュロっセン] [形] 決心〔決意〕した, 断固とした.

die **Ent·schlos·sen·heit** [エントシュロっセンハイト] [名] –/ 断固〔決然〕たること： mit ～ 断固として.

ent·schlum·mern [エントシュルマーン] [動] *h.* 〘[補足なし]〙《文》眠込む;《婉》永眠する.

ent·schlüp·fen [エントシュリュっプふェン] [動] *s.* **1.** 〘〈j^3〉ノ手カラ/durch 〈et^4〉カラ〙(するすると)逃去る《泥棒などが》. **2.** 〘〈j^3/et^3〉(ノ口)カラ〙(うっかり)漏れてしまう.

der **Ent·schluss,** [旧]**Ent·schluß** [エントシュルス] [名] –es/..schlüsse 決心, 決定： einen ～ fassen 決心する.

ent·schlüs·seln [エントシュリュっセルン] [動] *h.* 〘〈et^4〉ヲ〙解読する《暗号文などを》;解明する《秘密などを》.

ent·schluss·freu·dig, [旧]**ent·schluß·freu·dig** [エントシュルス・ふろイディひ] [形] 決断力のある.

ent·schuld·bar [エントシュルト・バーあ] [形] 許容範囲内の.

ent·schul·den [エントシュルデン] [動] *h.* 〘〈j^4/et^4〉ノ〙債務を免除する.

ent·schul·di·gen [エントシュルディゲン] [動] *h.* **1.** 〘sich^4＋(bei 〈j^3〉ニ)＋(für 〈et^4〉ヲ/wegen 〈et^2〉ヲ/mit 〈et^3〉デ)〙謝る, 詫(わ)びる, 釈明する. **2.** 〘〈j^4〉ノタメニ＋(bei 〈j^3〉ニ)＋(für 〈et^4〉ヲ/wegen 〈et^2〉ヲ/mit 〈et^3〉デ)〙詫びる, 謝る, 釈明する;欠席の許しを願う. **3.** 〘〈et^4〉ヲ＋(bei 〈j^3〉ニ)〙釈明する, 弁解する, (…の)言訳をする. **4.** 〘〈j^4/et^4〉ヲ〙許す, 勘弁する, 大目に見る, とがめない. **【慣用】Entschuldigen Sie bitte!** すみませんが, 失礼ですが《ものをたずねたり, 頼んだりするときの丁寧な話しかけ》. **Er fehlt entschuldigt/unentschuldigt.** 彼は届を出して/無届で休んでいる. **Er ließ sich entschuldigen.** 彼は欠席するからよろしくと言ってました. **für 〈j^4〉 entschuldigende Worte bereit haben** 〈人のために〉弁解するつもりでいる. **Ich möchte mich (vielmals) entschuldigen, dass ...** …のことをお許し下さい《謝るときの丁寧な言い方》. **sich^4 entschuldigen lassen** (ほかの人を通して)欠席の詫びを言う〔通知をする〕.

die **Ent·schul·di·gung** [エントシュルディグング] [名] –/–en **1.** 言い訳, 弁解, 口実;欠席届：〈et^4〉 zu seiner ～ anführen 〔vorbringen〕 〈事を〉言訳にする. Die Mutter schrieb ihm eine ～ für die Schule. 母親は彼のために(学校へ)欠席届を書いた. **2.** (〔単〕のみ)詫び, 陳謝, 謝罪： *E*～! すみません. 〈j^4〉 für 〈et^4〉 um ～ bitten 〈人に〉〈事を〉詫びる.

der **Ent·schul·di·gungs·grund** [エントシュルディグングス・グるント] [名] –(e)s/..gründe 弁解理由, 口実.

ent·schwe·ben [エントシュヴェーベン] [動] *s.* 〘[補足なし]〙《文》ふわふわと飛〔消え〕去る.

ent·schwe·feln [エントシュヴェーふェルン] [動] *h.* 〘〈et^4〉ヲ〙〘化〙脱硫する《ガス・銑鉄などを》.

ent·schwin·den* [エントシュヴィンデン] [動] *s.* **1.** 〘[補足なし]〙《文》消え去る;過ぎ去る. **2.** 〘〈j^3/et^3〉カラ〙消える.

ent·seelt [エントゼールト] [形] 《文》魂の抜けた, 命の絶えた;魂の入っていない.

das **Ent·sen·de·ge·setz** [エントゼンデ・ゲゼっツ] [名] –es/–e 外国人労働者最低賃金法.

ent·sen·den$^{(*)}$ [エントゼンデン] [動] *h.* 〘〈j^4〉ヲ＋〈方向〉ヘ〙《文》派遣する.

die **Ent·sen·dung** [エントゼンドゥング] [名] –/–en 派遣.

ent·set·zen [エントゼっツェン] [動] *h.* **1.** 〘sich^4〙ぎょっとする, びっくり仰天する. **2.** 〘〈j^4〉ヲ〙ぎょっとさせる. **3.** 〘〈j^4/et^4〉ヲ〙〘軍〙救出〔解放〕する《包囲された部隊などを》. **【慣用】〈j^4〉 des Amtes entsetzen** 《古》〈人を〉解任する.

das **Ent·set·zen** [エントゼっツェン] [名] –s/ 驚愕(きょうがく), 驚き.

ent·setz·lich [エントゼっツリひ] [形] **1.** 恐ろしい. **2.** ひどい;恐ろしく, ひどく.

ent·seu·chen [エントゾイひェン] [動] *h.* 〘〈et^4〉ノ〙(放射能・生物兵器・化学兵器)汚染を除去する;(…を)消毒〔殺菌〕する.

die **Ent·seu·chung** [エントゾイひゅング] [名] –/–en 汚染除去;消毒.

ent·si·chern [エントズィっひャーン] [動] *h.* 〘〈et^4〉ノ〙安全装置をはずす《銃などの》.

ent·sie·geln [エントズィーゲルン] [動] *h.* 〘〈et^4〉ノ〙封を切る.

ent·sin·ken* [エントズィンケン] [動] *s.* 〘〈j^3/et^3〉(ノ手)カラ〙《文》抜〔すべり〕落ちる.

ent·sin·nen* [エントズィネン] [動] *h.* 〘sich^4＋(〈j^2/et^2〉ヲ/an 〈j^4/et^4〉ヲ)〙思い出す, 記憶している.

ent·sinn·li·chen [エントズィンリひェン] [動] *h.* 〘〈et^4〉ヲ〙非具体化する;本来の意味を薄れさせる.

ent·sitt·li·chen [エントズィっトリひェン] [動] *h.* 〘〈j^4〉ノ〙徳義心を失わせる.

ent·sor·gen [エントゾるゲン] [動] *h.* 〘官〙 **1.** 〘〈et^4〉ノ〙廃棄物処理をする《原発などの》. **2.** 〘〈et^4〉ヲ〙廃棄する《汚染物質などを》.

die **Ent·sor·gung** [エントゾるグング] [名] –/ ごみ〔廃棄物〕処理.

der **Ent·sor·gungs·park** [エントゾるグングス・パるク] [名] –s/–s〔–e〕 危険物投棄場《放射性廃棄物などの》.

ent·span·nen [エントシュパネン] [動] *h.* **1.** 〘〈et^4〉ノ〙緊張を解く, リラックスさせる《体・筋肉などを》, (…を)緩める《弦などを》;(〈et^4〉がsich^{4}の場合)緩む《表情などが》. **2.** 〘(sich^4)〙息抜きをする, 少しの間のんびりする. **3.** 〘〈j^4〉ニ〙息抜きさせる. **4.** 〘〈et^4〉ヲ〙和らげる, 緩和する《緊張などを》;(〈et^4〉がsich^{4}の場合)和らぐ, 緩和する.

die **Ent·span·nung** [エントシュパヌング] [名] –/ **1.** 緊張の緩和;緩めること;リラックス, ストレス解消. **2.** (政治的・軍事的)緊張緩和, デタント.

die **Ent·span·nungs·pau·se** [エントシュパヌングス・パウゼ] [名] –/–n リラックスタイム.

die **Ent·span·nungs·po·li·tik** [エントシュパヌングス・ポリティーク] [名] –/ 緊張緩和政策.

die **Ent·span·nungs·ü·bung** [エントシュパヌングス・ユーブング] [名] –/–en リラックス体操〔運動〕.

ent·spie·geln [エントシュピーゲルン] [動] *h.* 〘〈et^4〉ニ〙反射防止加工をする《レンズ・眼鏡などに》.

ent·spin·nen* [エントシュピネン] [動] *h.* 〘sich^4〙徐々に始まる《会話などが》, 芽生える《関係などが》.

ent·spre·chen* [エントシュプれっひェン] [動] *h.* **1.** 〘〈j^3/et^3〉ト〙一致〔合致〕する《事実・考えなどと》, (…に)相応〔相当〕する. **2.** 〘〈et^3〉ニ〙添う, 応じる《要請などに》.

ent·spre·chend [エントシュプれっひェント] [形] **1.** 〘(〈et^3〉ニ)〙相応の, 見合った： ein dem geleisteten Dienst ～*es* Trinkgeld なされたサービスに見合ったチップ. **2.** 当該の.

―― [前] 〘＋3格〙《普通は後置》…に応じて, …に従って.

die **Ent·spre·chung** [エントシュプれっひゅング] [名] –/–en **1.** 相応, 相当. **2.** 相当するもの, 類例.

ent·sprie·ßen* [エントシュプリーセン] [動] *s.* 〘〈et^3〉カラ〙《文》芽ばえる《植物などが》;生まれる.

ent·sprin·gen* [エントシュプリンゲン] [動] *s.* **1.** 〘〈場所〉ニ〙源を発する《川が》. **2.** 〘〈et^3〉カラ/aus 〈et^3〉

ｶﾗ〕生じる,(…に)起因する. **3.** 〔〈j³/et³〉ｶﾗ/aus 〈j³/et³〉ｶﾗ〕《文》生れる(人が王家からなど). **4.** 〔〈et³〉ｶﾗ〕脱走する(刑務所などから).

ent·staat·li·chen [エントシュタートリひぇン] [動] *h.* 〔〈et⁴〉ｦ〕民営化する.

ent·stam·men [エントシュタメン] [動] *s.* **1.** 〔〈j³/et³〉ﾉ〕出である(ある家庭・地方などの). **2.** 〔〈et³〉ﾆ〕起源を持つ, 由来する.

ent·stau·ben [エントシュタウベン] [動] *h.* 〔〈et⁴〉ﾉ〕ほこりを払う.

ent·ste·hen* [エントシュテーエン] [動] *s.* **1.** 〔補足なし〕生れる(都市・芸術の新傾向が, 地球に生物などが), 起こる, 生じる(争い・友交関係などが). **2.** 〔補足なし〕生じる(負担などが).

die **Ent·ste·hung** [エントシュテーウング] [名] -/-en 発生, 成立.

die **Ent·ste·hungs·ge·schich·te** [エントシュテーウングス・ゲシひテ] [名] -/-n 発生史, 成立史;《旧約》創世記.

ent·stei·gen* [エントシュタイゲン] [動] *s.* 〔〈et³〉ｶﾗ〕《文》降りる(車から);上がる(水・風呂などから);立ちのぼる.

ent·stei·nen [エントシュタイネン] [動] *h.* 〔〈et⁴〉ﾉ〕種〔核〕を取除く(果物の).

ent·stel·len [エントシュテレン] [動] *h.* **1.** 〔〈j⁴/et⁴〉ｦ〕醜くする(傷跡が人の顔などを), 損傷する. **2.** 〔〈et⁴〉ｦ〕ゆがめる(事実・原文などを).

die **Ent·stel·lung** [エントシュテルング] [名] -/-en 醜くされていること;歪曲(わいきょく).

ent·stö·ren [エントシュテーれン] [動] *h.* 〔〈et⁴〉ﾉ〕《電》電波障害〔雑音〕を防止する.

ent·strah·len [エントシュトらーレン] [動] **1.** *s.* 〔〈et³〉ｶﾗ〕輝き出る. **2.** *h.* 〔〈j⁴/et⁴〉ﾆ付着ｼﾀ〕放射能を除去する.

ent·strö·men [エントシュトれーメン] [動] *s.* 〔〈et³〉ｶﾗ〕《文》流れ出る.

ent·tar·nen [エントタるネン] [動] *h.* **1.** 〔〈j⁴〉ﾉ(ｽﾊﾟｲﾉ)〕正体を暴く;(〈j⁴〉がsich⁴の場合)正体を現す. **2.** 〔〈et⁴〉ｦ〕見つける, 見抜く.

ent·täu·schen [エントトイシェン] [動] *h.* 〔〈j⁴/et⁴〉ｦ〕失望させる, がっかりさせる, 幻滅させる;裏切る.

ent·täuscht [エントトイシュト] [形] 〔(von 〈j³/et³〉ﾆ)〕失望した. 【慣用】〈j¹〉 **ist angenehm enttäuscht** 《口》〈人にとって〉うれしい誤算である.

die **Ent·täu·schung** [エントトイシュング] [名] -/-en **1.** 期待はずれ, 失望, 幻滅. **2.** ([単]のみ)失望〔幻滅〕(させられていること).

ent·thro·nen [エントトろーネン] [動] *h.* 〔〈j⁴〉ｦ〕《文》退位させる.

ent·trüm·mern [エントトりゅマーン] [動] *h.* 〔〈et⁴〉ﾉ〕瓦礫(がれき)を除去する.

ent·völ·kern [エントふぇルカーン] [動] *h.* 〔〈et⁴〉ﾉ〕人口を減少させる(戦争が国などの);(〈et⁴〉がsich⁴の場合)人口が減少する〔絶える〕.

die **Ent·völ·ke·rung** [エントふぇルケるング] [名] -/-en 人口減少.

ent·wach·sen* [エントヴァクセン] [動] *s.* **1.** 〔〈j³/et³〉ｶﾗ〕成長して(心理的に)独立する. **2.** 〔〈et³〉ｶﾗ〕《文》生え出る(植物などが).

ent·waff·nen [エントヴァふネン] [動] *h.* 〔〈j⁴〉ｦ〕武装解除する,(…の)武器を取上げる;(…の)敵意を氷解させる.

die **Ent·waff·nung** [エントヴァふヌング] [名] -/-en **1.** 武装解除;敵意の除去. **2.** 《フェンシング》相手の剣をたたき落とす攻撃.

ent·wal·den [エントヴァルデン] [動] *h.* 〔〈et⁴〉ﾉ〕森林を切り払う.

ent·wal·det [エントヴァルデット] [形] 森林が伐(き)り払われた.

ent·war·nen [エントヴァるネン] [動] *h.* 〔補足なし〕警報を解除する.

die **Ent·war·nung** [エントヴァるヌング] [名] -/-en 警報解除.

ent·wäs·sern [エントヴェッサーン] [動] *h.* **1.** 〔〈et⁴〉ﾉ〕排水をする(湿地などの);(…に)たまった水を抜く(体に);(…を)脱水する(ミルクなどを). **2.** 〔補足なし〕流出する(湖の水などが). **3.** 〔〈et⁴〉ﾉ〕廃水が下水道に流れるようにする.

die **Ent·wäs·se·rung** [エントヴェッセるング] [名] -/-en **1.** 排水;流出;水の抜き取り;脱水. **2.** 下水道網.

ent·we·der [エントヴェーダー, エントヴェーダー] [接] 《並列》(次の形で) ~ ... oder ... (二つの中の)…か, それとも…か: *E*~ A oder B. Aか, それともBか. *E*~, oder! (さあ,)どちらか一方を選びなさい〔どちらかに決めなさい〕. Sie kommt ~ morgen oder übermorgen. 彼女は明日か, あさってに来る.《主語が ~ ... oder ... で結ばれた場合, 動詞の人称変化は近い主語が支配する》*E*~ ich oder er wird daran teilnehmen. 私か彼のどちらかがそれに出席します.

das **Ent·we·der-o·der,** [旧] **Ent·we·der-O·der** [エントヴェーダー・オーダー] [名] -/- 二者択一, 二つに一つ.

ent·wei·chen* [エントヴァイひぇン] [動] *s.* **1.** 〔(aus 〈et³〉ｶﾗ)〕漏れ出る(気体などが). **2.** 〔(〈方向〉ｶﾗ〔ﾍ〕)〕逃亡する.

ent·wei·hen [エントヴァイエン] [動] *h.* 〔〈et⁴〉ﾉ〕神聖を汚(けが)す(器物・場所などの),(…を)冒瀆する.

die **Ent·wei·hung** [エントヴァイウング] [名] -/-en 汚す〔汚される〕こと, 神聖冒瀆(ぼうとく).

ent·wen·den [エントヴェンデン] [動] *h.* 〔(〈j³〉ﾉ)+〈et⁴〉ｦ〕《文》着服〔窃取〕する.

ent·wer·fen* [エントヴェるふぇン] [動] *h.* **1.** 〔〈et⁴〉ﾉ〕下絵を書く, スケッチ〔デザイン〕をする. **2.** 〔〈et⁴〉ﾉ〕草稿〔草案〕を作る,(…を)構想する, 立案する(計画・テキスト・条約などの).

der **Ent·wer·fer** [エントヴェるふぁー] [名] -s/- (工業)デザイナー, 図案家.

ent·wer·ten [エントヴェーあテン] [動] *h.* 〔〈et⁴〉ﾉ〕効力を無くす,(…に)パンチを入れる(切符などに), 消印を押す(切手に);価値を低下させる.

der **Ent·wer·ter** [エントヴェーあター] [名] -s/- 自動改札機.

ent·we·sen [エントヴェーゼン] [動] *h.* 〔〈et⁴〉ﾉ〕害虫を駆除する(部屋・船などの).

ent·wi·ckeln [エントヴィッケルン] [動] *h.* **1.** 〔sich⁴+(aus 〈j³/et³〉ｶﾗ)〕(成長・発展して…に)なる;生ずる, 発生する. **2.** 〔sich⁴+〈様態〉ﾆ〕育つ, 成長する, 発育する, 進歩する;発達する, 進展する. **3.** 〔sich⁴+zu 〈j³/et³〉ﾆ〕(成長して)なる, 発展する, 変る. **4.** 〔〈j⁴/et⁴〉ｦ+zu 〈j³/et³〉ﾆ〕育成する;発展させる. **5.** 〔〈et⁴〉ｦ〕出す, 発生させる, 生じさせる;《写》現像する. **6.** 〔〈et⁴〉ｦ〕発揮する, 示す, 出す. **7.** 〔〈et⁴〉ｦ〕発明する, 考案する, 産み出す. **8.** 〔(〈j³〉ﾆ)+〈et⁴〉ｦ〕(逐一)説明する, 述べる, 論ずる;《数》展開する(数式を). **9.** 〔〈j⁴〉ｦ〕《軍》展開させる, 散開させる(部隊・兵隊などを);(〈j⁴〉がsich⁴の場合)展開する, 散開する.

der **Ent·wick·ler** [エントヴィックラー] [名] -s/- **1.** 開発〔考案〕者. **2.** 《写》現像液.

die **Ent·wick·lung** [エントヴィックルング] [名] -/-en **1.** 発達, 発展;発育;進展;発生;開発. **2.** (詳しい)説明;展開. **3.** 《写》現像.

ent·wick·lungs·fä·hig [エントヴィックルングス・ふぇーイひ] [形] 発展〔将来〕性のある.

die **Ent·wick·lungs·ge·schich·te** [エントヴィックルングス・ゲシひテ] [名] -/-n 発達〔発展〕史;《生》発生学.

der **Ent·wick·lungs·hel·fer** [エントヴィックルングス・ヘルふぁー] [名] -s/- (発展途上国への)開発援助奉仕協力

員.

die **Ent·wick·lungs·hil·fe** [エントヴィックルングス・ヒルフェ] 图 -/ (発展途上国への)開発援助.

die **Ent·wick·lungs·jah·re** [エントヴィックルングス・ヤーれ] 複数 思春期.

das **Ent·wick·lungs·land** [エントヴィックルングス・ラント] 图 -(e)s/..länder 発展〔開発〕途上国.

die **Ent·wick·lungs·leh·re** [エントヴィックルングス・レーれ] 图 -/ 〖生〗進化論;(人間の)発生学.

die **Ent·wick·lungs·pha·se** [エントヴィックルングス・ふぁーゼ] 图 -/-n 発展〔発達・発育〕段階.

die **Ent·wick·lungs·po·li·tik** [エントヴィックルングス・ポリティーク] 图 -/ 発展途上国経済振興政策,開発援助政策.

der **Ent·wick·lungs·pro·zess**, ⓈEnt·wick·lungs·pro·zeß [エントヴィックルングス・プろツェス] 图 -es/-e 発展〔発達・発育〕過程.

die **Ent·wick·lungs·psy·cho·lo·gie** [エントヴィックルングス・プスュヒョロギー] 图 -/ 発達心理学.

der **Ent·wick·lungs·ro·man** [エントヴィックルングス・ロマーン] 图 -(e)s/-e 〖文芸学〗(主人公の精神的成長過程を描いた)発展小説.

die **Ent·wick·lungs·stu·fe** [エントヴィックルングス・シュトゥーふぇ] 图 -/-n 発展〔発達・発育〕過程の中での)段階.

die **Ent·wick·lungs·zeit** [エントヴィックルングス・ツァイト] 图 -/-en **1.** ⓓの)発達期,思春期. **2.** 発展〔発達〕期間,発育時期.

ent·win·den* [エントヴィンデン] 動 h. **1.** 〈j³〉 ⟨の/を⟩ 〈et⁴〉⟩ 〖文〗もぎ取る. **2.** [sich⁴+⟨j³/et³⟩カラ] 身をもぎ離す,(…を)振り切って逃れる.

ent·wir·ren [エントヴィれン] 動 h. 〈et⁴〉⟩ (結び目などを),解きほぐす(もつれなどを);収拾(打開)する(政局などを);⟨et⁴⟩がsich⁴の場合⟩ほどける,ほぐれる,常態に復する.

ent·wi·schen [エントヴィッシェン] 動 s. 〈方向〉ヘ[カラ] 〈j³〉カラ] (口)(計略を使って)逃れる.

ent·wöh·nen [エントヴェーネン] 動 h. **1.** 〈j⁴〉ニ 離乳させる(乳児を). **2.** 〈j³〉ニ+⟨et³⟩⟩〖文〗やめさせる(喫煙などを);(⟨j³⟩がsich⁴の場合⟩やめる.

ent·wöl·ken [エントヴェルケン] 動 h. ⟨sich⁴⟩ 晴れる(空が);晴れ晴れとなる(顔・表情が).

ent·wür·di·gen [エントヴュるディゲン] 動 h. ⟨j⁴⟩⟩おとしめる,(…)の尊厳を犯す.

ent·wür·di·gend [エントヴュるディゲント] 形 屈辱的な.

der **Ent·wurf** [エントヴるふ] 图 -(e)s/..würfe **1.** 設計図;略図,下絵,スケッチ,デザイン. **2.** 草案,構想;草稿. **3.** (古)計画.

ent·wur·zeln [エントヴるツェルン] 動 h. 〈j⁴/et⁴〉⟩ 根こそぎにする(樹木などを);根無し草にする.

ent·zau·bern [エントツァウバーン] 動 h. 〈j³/et⁴⟩ [ニカラシラ]魔法を解く;(…)の魅力を失わせる.

ent·zau·bert [エントツァウバート] 形 魔法がとけた;魅力を失った.

ent·zer·ren [エントツェれン] 動 h. 〈et⁴〉⟩ 歪(ゆが)みを直す(電波・写真などの);正す(偏見などを);(…)を編成する(飛行ダイヤなどを).

ent·zie·hen* [エントツィーエン] 動 h. **1.** 〈j³/et³〉カラ+〈et⁴〉⟩引っ込める;取上げる,打ち切る,取り消す. **2.** 〔〈j³〉ニ+〈et¹〉〕担む,禁ずる. **3.** 〈j⁴/et⁴〉⟩+〈et³〉⟩火を断つ(〈j⁴〉ニ+〈et³〉⟩摂取する(植物が土から養分などを). **5.** 〈j⁴〉ニ (口)禁断療法を施す. **6.** [sich⁴+〈j³/et³〉カラ]〖文〗(避ける);(…から)逃れる,(…の手が)及ばない. **7.** [sich⁴+⟨et³⟩ニ]果たさない(責任などを),怠る(任務などを). **8.** [sich⁴+⟨et³⟩ニ]できない(検査・計算などが).

die **Ent·zie·hung** [エントツィーウング] 图 -/-en **1.** 打切り,中断;取消し,停止. **2.** 禁断療法(~skur).

die **Ent·zie·hungs·kur** [エントツィーウングス・クーあ] 图 -/-en 禁断療法.

ent·zif·fern [エントツィふぇーン] 動 h. 〈et⁴〉⟩判読する(筆跡などを);解読する(暗号文などを).

ent·zü·cken [エントツュッケン] 動 h. **1.** 〈j⁴〉⟩(たちまち)うっとりさせる,恍惚(こうこつ)とさせる. **2.** [sich⁴+an〈j³/et³〉]うっとりする.

das **Ent·zü·cken** [エントツュッケン] 图 -s/ 〖文〗歓喜,恍惚(こうこつ).

ent·zü·ckend [エントツュッケント] 形 素敵な,魅力的な.

der **Ent·zug** [エントツーク] 图 -(e)s/..züge **1.** (ⓓのし)打切り;取消し;摂取. **2.** (口)禁断療法.

die **Entzugs·er·schei·nung** [エントツークス・エあシャイヌング] 图 -/-en 禁断症状.

ent·zünd·bar [エントツュントバーあ] 形 可燃性の;激しやすい.

ent·zün·den [エントツュンデン] 動 h. **1.** 〈et⁴〉ニ 〖文〗火をつける(マッチ・タバコ・情熱などに);(〈et⁴〉がsich⁴の場合⟩発火する,燃え出す. **2.** [sich⁴+an〈j³/et³〉]火が燃え出す,生ずる(争い・不和などが);かっとなる,激する. **3.** [sich⁴]炎症を起こす.

ent·zünd·lich [エントツュントリヒ] 形 燃えやすい;激しやすい;炎症(性)の.

die **Ent·zün·dung** [エントツュンドゥング] 图 -/-en **1.** 点火;発火. **2.** 炎症.

ent·zwei [エントツヴァイ] 形 (二つに)壊れた〔割れた〕.

ent·zwei·bre·chen* [エントツヴァイ・ブれヒェン] 動 **1.** h. 〈et⁴〉⟩(二つに)折る〔割る〕. **2.** 〔補足〕(二つに)折れる〔割れる〕.

ent·zwei·en [エントツヴァイエン] 動 h. **1.** 〈j⁴〉⟩ 仲たがいさせる. **2.** [sich⁴+(mit〈j³〉)]仲たがいする.

ent·zwei·ge·hen* [エントツヴァイ・ゲーエン] 動 s. 〔補足〕(二つに)割れる,壊れる,(粉々に)砕ける.

ent·zwei·schla·gen* [エントツヴァイ・シュラーゲン] 動 h. 〈et⁴〉⟩打ち壊す,(粉々に)打ち砕く.

die **Ent·zwei·ung** [エントツヴァイウング] 图 -/-en 仲たがい,不仲,不和.

die **En·ve·lop·pe** [āvəlɔ́p(ə) アンヴェロップ, アンヴェロッペ] 图 -/-n **1.** 〖数〗包絡線. **2.** (19世紀のマント風ドレス. **3.** (古)封筒;覆い.

en vogue [ã:vóːk アーン ヴォーク] 〖フス語〗(次の形で)~sein 流行している.

(der) **En·zens·ber·ger** [エンツェンス・ベるガー] 图 〖人名〗エンツェンスベルガー(Hans Magnus ~, 1929-, 詩人,批評家).

die **En·ze·pha·li·tis** [エンツェふぁリーティス] 图 -/..tiden [エンツェふぁリティーデン] 〖医〗脳炎.

der **En·zi·an** [エンツィアン] 图 -s/-e **1.** 〖植〗リンドウ. **2.** (ⓓは種類)エンツィアーン(リンドウの根が原料の蒸留酒).

die **En·zy·kli·ka** [エンツューコリカ] 图 -/..ken 〖カトリック〗(ローマ教皇の)回勅.

die **En·zy·klo·pä·die** [エンツュクロペディー] 图 -/-n 百科事典.

en·zy·klo·pä·disch [エンツュクロペーディッシュ] 形 百科事典(式)の;広範な.

der **En·zy·klo·pä·dist** [エンツュクロペディスト] 图 -en/-en (18世紀フランスの)百科全書家.

das **En·zym** [エンツューム] 图 -s/-e 〖生化〗酵素.

der **En·zym·de·fekt** [エンツューム・デふェクト] 图 -(e)s/-e 〖生・遺〗酵素の欠陥(突然変異などに起因).

das **En·zym·pro·te·in** [エンツューム・プロテイーン] 图 -s/-e 〖生〗酵素蛋白質.

der **Eo·hip·pus** [エオヒップス] 图 -/..ppi エオヒップス(馬の最古の祖先).

eo ip·so [エーオ イプソ] 〖ラテ語〗それだからこそ,当然.

der **E·o·lith** [エオリート] [名] -s〔-en〕/-e(n) 〖考古〗原石器.
das **E·o·li·thi·kum** [エオリーティクム] [名] -s/ 原石器時代.
die **E·os** [エーオス] [名] -/ **1.** 《詩》曙(あけぼの). **2.** 《⑩のみ;主に無冠詞》〖ギ神〗エオス.
die **EOS** [エーオーエス] [名] -/- (旧東独の)高等学校上級過程(erweiterte Oberschule).
das **E·o·sin** [エオズィーン] [名] -s/ エオシン《紅色染料》.
e·o·si·nie·ren [エオズィニーれン] [動] *h.* 〔<et⁴>ッ〕エオシンで染める.
das **E·o·zän** [エオツェーン] [名] -s/ 始新世.
die **E·pa·na·lep·se** [エパナ·レプセ] [名] -/-n 〖修〗同一語(句)反復.
die **E·par·chie** [エパるひー] [名] -/-n **1.** 〖史〗(東ローマ帝国の)属州. **2.** 〖ギ正教〗主教区.
die **E·pau·let·te** [epolɛ́t エポレット] [名] -/-n 肩章.
die **E·p·ei·ro·ge·ne·se** [エパイろ·ゲネーゼ] [名] -/-n ＝Epirogenese.
EPG ＝Europäische politische Gemeinschaft 欧州政治共同体《1950年, フランスのシューマン外相が提唱》.
der **E·phe·be** [エふェーベ] [名] -n/-n 古代ギリシアの青年市民《18-20歳》.
der **E·phe·bo·phi·le** [エふェボ·ふぃーレ] [名] -n/-n (男性の)同性愛者.
e·phe·mer [エふェメーあ] [形] 《文》一時的な;〖動・植〗一日の命の, 短命な, 〖医〗一過性の.
die **E·phe·me·ra** [エふェーメら] [複名] 〖医〗一日熱.
die **E·pi·de·mie** [エピデミー] [名] -/-n 流行〔伝染〕病.
die **E·pi·de·mi·o·lo·gie** [エピデミオ·ロギー] [名] -/ 〖医〗疫学.
e·pi·de·misch [エピデーミシュ] [形] 伝染〔流行〕性(病)の.
die **E·pi·der·mis** [エピ·デるミス] [名] -/..men 〖生・医〗表皮.
das **E·pi·di·a·skop** [エピ·ディア·スコープ] [名] -s/-e エピディアスコープ《反射・投射両用のプロジェクター》.
die **E·pi·di·dy·mis** [エピ·ディーデュミス] [名] -/..miden [エピディデュミーデン] 〖医〗副睾丸(ふくこうがん).
der **E·pi·go·ne** [エピゴーネ] [名] -n/-n 模倣者, 亜流, エピゴーネン.
das **E·pi·go·nen·tum** [エピゴーネントゥーム] [名] -s/ 亜流.
das **E·pi·gramm** [エピ·グらム] [名] -s/-e 〖文芸学〗警句, 格言詩, 風刺詩, エピグラム《主に二行詩》.
der **E·pi·gram·ma·ti·ker** [エピ·グらマ(ー)ティカー] [名] -s/- 警句家, 風刺詩人.
e·pi·gram·ma·tisch [エピ·グらマ(ー)ティシュ] [形] 警句風の, 寸鉄人を刺すような.
das **E·pi·graf** [エピ·グらーふ] [名] -s/- ⇨ Epigraph.
die **E·pi·gra·fik** [エピ·グらーふぃク] [名] -/ ⇨ Epigraphik.
das **E·pi·graph** [エピ·グらーふ] [名] -s/-e (古代の)碑文, 碑銘, 金石文.
die **E·pi·gra·phik** [エピ·グらーふぃク] [名] -/ 金石学, 碑銘学.
die **E·pik** [エーピク] [名] -/ 叙事文学, 叙事詩.
der **E·pi·ker** [エーピカー] [名] -s/- 叙事詩人;叙事文学作品の作者.
die **E·pi·k·le·se** [エピ·クレーゼ] [名] -/-n 〖ギ正教〗(礼拝式で)聖霊降下を求める祈り.
(*der*) **E·pi·kur** [エピクーあ] [名] 〖人名〗エピクロス《紀元前341-271, ギリシアの哲学者》.
der **E·pi·ku·re·er** [エピクれーあー] [名] -s/- エピクロス学派の哲学者;《文》快楽主義者, エピキュリアン.
e·pi·ku·re·isch [エピクれーイシュ] [形] **1.** エピクロス派の. **2.** 快楽主義の, 享楽的な.
der **E·pi·ku·re·is·mus** [エピクれイスムス] [名] -/ 〖哲〗エピクロス主義;《文》快楽主義, 享楽主義.
e·pi·ku·risch [エピクーりシュ] [形] ＝epikureisch.
die **E·pi·la·ti·on** [エピラツィオーン] [名] -/-en 〖医〗脱毛.
die **E·pi·lep·sie** [エピレプスィー] [名] -/-n 〖医〗癲癇(てんかん).
der **E·pi·lep·ti·ker** [エピレプティカー] [名] -s/- 癲癇(てんかん)患者.
e·pi·lep·tisch [エピレプティシュ] [形] 癲癇(てんかん)(性)の.
e·pi·lie·ren [エピリーれン] [動] *h.* 〖<et⁴>ノ〗〖医〗脱毛をする.
der **E·pi·log** [エピ·ローク] [名] -s/-e (劇などの)終結部, エピローグ;(文芸作品の)結び, あとがき.
das **E·pi·pha·ni·as** [エピ·ふぁーニアス] [名] -/ 〖カトリック〗御公現の祝日;〖新教〗公現日, 顕現日.
die **E·pi·pha·nie** [エピ·ふぁニー] [名] -/ 〖キ教〗神の顕現.
die **E·pi·pher** [エピーふぁー] [名] -/-n 〖修〗結句反復.
die **E·pi·pho·ra** [エピーふぉら] [名] -/..rä **1.** 〖修〗結句反復. **2.** 〖医〗流涙(症), 涙漏.
die **E·pi·phy·se** [エピ·ふゅーゼ] [名] -/-n 〖医・生〗骨端;松果体.
der **E·pi·phyt** [エピ·ふゅート] [名] -en/-en 〖植〗着生植物.
die **E·pi·ro·ge·ne·se** [エピろ·ゲネーゼ] [名] -/-n 〖地質〗造陸運動.
e·pisch [エーピシュ] [形] 叙事詩の;叙事的な.
die **E·pi·si·o·to·mie** [エピズィオ·トミー] [名] -/-n 〖医〗会陰切開(術).
das **E·pi·s·kop** [エピスコープ] [名] -s/-e エピスコープ《本などの絵を投影するプロジェクター》.
e·pi·s·ko·pal [エピスコパール] [形] 〖キ教〗司教〔主教・監督〕の.
die **E·pi·s·ko·pal·kir·che** [エピスコパール·キるひェ] [名] -/-n 〖キ教〗監督教会, (英国・米国の)聖公会.
das 〔*der*〕 **E·pi·s·ko·pat** [エピスコパート] [名] -(e)s/-e 〖キ教〗 **1.** 《⑩のみ》司教職〔位〕. **2.** 司教団.
die **E·pi·so·de** [エピゾーデ] [名] -/-n エピソード;挿話;〖楽〗エピソード, 挿句, 間奏.
der **E·pi·so·den·film** [エピゾーデン·ふぃルム] [名] -(e)s/-e エピソード映画《一つのテーマに関連した複数の挿話から成る》.
e·pi·so·disch [エピゾーディシュ] [形] 挿話的な, エピソード風の.
die **E·pi·s·tel** [エピステル] [名] -/-n **1.** 《古》(《蔑・冗》も有)(見事な)長文の手紙. **2.** 〖キ教〗(新約の)使徒書簡;(ミサでの)使徒書簡の朗読: <j³> die ～ lesen 《口》<人に>お説教をする.
die **E·pi·s·tel·sei·te** [エピステル·ザイテ] [名] -/-n 〖カトリック〗書簡側《教会の祭壇に向って右側》.
die **E·pi·s·te·mo·lo·gie** [エピステモ·ロギー] [名] -/ 〖哲〗エピステモロジー, 知識学, 認識論.
das **E·pi·taph** [エピ·ターふ] [名] -s/-e 墓碑銘;(教会の壁や柱にある死者の)記念銘板;(東方教会で聖金曜日に捧示される)キリスト像.
das **E·pi·ta·phi·um** [エピ·ターふぃウム] [名] -s/..phien ＝Epitaph.
die **E·pi·ta·sis** [エピー·タズィス] [名] -/..tasen [エピターゼン] 〖文芸学〗(前提部に続く劇的内容の)展開部.
das **E·pi·tha·la·mi·on** [エピ·タラーミオン] [名] -s/..mien (古代ギリシア·ローマの)祝婚歌.
das **E·pi·tha·la·mi·um** [エピ·タラーミウム] [名] -s/..mien ＝Epithalamion.
das **E·pi·thel** [エピテール] [名] -s/-e 〖生〗上皮.
die **E·pi·thel·zel·le** [エピテール·ツェレ] [名] -/-n 《主に⑱》上皮細胞.
die **E·pi·the·se** [エピ·テーゼ] [名] -/-n 〖言〗語末音添加.

das **E·pi·the·ton or·nans** [エピー·テトン オるナンス] [名] --/..ta ..nantia[..タ オるナンツィア] 〖修〗装飾的形容詞(名詞の特徴的な意味を重ねるだけの働き).

die **E·pi·to·me** [エピー·トメ] [名] -/-n[エピトーメン] 〖文芸学〗抜粋;梗概.

das **E·pi·tra·che·li·on** [エピ·トらヘーリオン] [名] -s/..lien (東方正教会の)エピタラヒリ, 司祭頸垂(けいすい)帯.

das **E·pi·zen·trum** [エピ·ツェントるム] [名] -s/..tren〖地質〗震央(震源地真上の地点).

der **E·pi·zy·kel** [エピ·ツューケル] [名] -s/- 〖天〗周転円.

e·po·chal [エポはール] [形] **1.** 画期的な. **2.** 〖教〗教科を(並行してではなく)一つずつ順に学習対象にする(授業).

die **E·po·che** [エポっへ] [名] -/-n (画期的な)時代, 時期;〖地質〗世(せい);〖天〗元期(げんき): ～ machen 新時代を画する.

E·po·che ma·chend, 旧**e·po·che·ma·chend** [エポっへ マっヘント] [形] 画期的な.

das **E·po·nym** [エポニューム] [名] -s/-e エポニム(創案者·発見者の名前がついた名詞).

das **E·pos** [エーポス] [名] -/Epen 〖文芸学〗叙事詩.

die **E-Post** [エー·ポスト] [名] -/-en 電子郵便.

das **E·po·xid·harz** [エポクスィート·ハーあツ] [名] -es/-e ＝Epoxydharz.

das **E·po·xyd·harz** [エポクスュート·ハーあツ] [名] -es/-e 〖化〗エポキシド樹脂.

der **Ep·pich** [エっピひ] [名] -s/-e 〖植〗セロリ;パセリ;ツタ.

die **E·prou·vet·te** [epruvɛ́t エプるヴェっト] [名] -/-n 《オーストリア》試験管.

das **Ep·si·lon** [エプスィロン] [名] -(s)/-s エプシロン(ギリシア語アルファベットの第 5 字 ε, E).

die **E·ques·trik** [エクヴェストりク] [名] -/ 《文》馬術, (サーカスの)曲馬術.

die **E·qui·pa·ge** [ek(v)ipáːʒə エキパージェ, エクヴィパージェ] [名] -/-n **1.** (昔の)豪華な馬車. **2.** 《古》乗組員. **3.** 《古》(将校の)装具, 装備.

die **E·quipe** [ekíːp エキープ, ekíp エキっプ] [名] -/-n 〖馬術〗選抜メンバーのチーム.

das **E·quip·ment** [ɪkvíp.. イクヴィプメント] [名] -s/-s (技術的な)装備設備器材, 機器.

er [エーあ] [代] 《人称》3 人称[単][男] 1 格.《変化形は⇨「諸品詞の変化」》彼,《既出の男性名詞を受けて》それ: Wo ist der Vater? —*E*～ ist in seinem Zimmer. お父さんはどこにいるの. —自分の部屋にいる. Da ist ein Wagen. *E*～ gehört meinem Bruder. そこに車がある. それは兄〔弟〕のものです.

der **Er**[1] [エーあ] [名] -/-s 《主に不定冠詞とともに》男, (動物の)雄.

Er[2] [エーあ] [代] 《人称》2 人称[単][男] 1 格. 2 格 Sein(er), 3 格 Ihm, 4 格 Ihn.《古》 **1.** あなた様(敬称として). **2.** おまえ(臣下, 使用人などに対して).

Er[3] [エーエる] ＝Erbium 〖化〗エルビウム.

ER ＝Europarat 欧州審議会.

er.. [エあ..] [接頭] 非分離動詞を作る. アクセント無. **1.** 《中から外へ》: *er*lesen 選び出す. **2.** 《結果》: *er*folgen (結果として)生ずる. **3.** 《製作·産出》: *er*zeugen 生産する. **4.** 《達成·成就》: *er*langen 獲得する. **5.** 《開始》: *er*zittern 震え出す. **6.** 《形容詞を他動詞に》: *er*möglichen 可能にする. **7.** 《自動詞を他動詞に》: *er*streben 得ようと努める.

..er [..あー] [接尾] 動詞·名詞などにつけて「人, 物」を表す男性名詞を作る. **1.** 《職業的·習得的·素質的に. また一時的に「…する人, …な人」》: Lehr*er* 教師. Blut*er* 血友病患者. Wegbereit*er* 先駆者. **2.** 《道具·機械》: Lösch*er* 消火器. Öffn*er* オープナー. **3.** 《住民》: Berlin*er* ベルリン人. **4.** 《事象の事実》: Fehl*er* 誤り. Seufz*er* ため息. **5.** 《人·物の特徴》: Dickhäut*er* 厚皮動物. Fünfzig*er* 50 歳(代)の人, 50 セント硬貨.

er·ach·ten [エあアはテン] [動] *h.* 〔<et⁴>ヲ＋als〔für〕<et⁴>ト/als〔für〕<形>ト〕《文》見なす, 思う.

das **Er·ach·ten** [エあアはテン] [名] 《次の形で》meines ～*s*〔meinem ～ nach/nach meinem ～〕私見によれば(略 m. E.).

er·ah·nen [エあアーネン] [動] *h.* 〔<et⁴>ガ/<文>デアルコトガ〕ぼんやりと〔おぼろげに〕感じられる〔分る〕.

er·ar·bei·ten [エあアるバイテン] [動] *h.* 〔(sich³)＋<et⁴>ヲ〕働いて得る(地位などを);(よく学んで)身につける(教科の内容などを), 共同で(議論し合って)作り上げる(計画などを).

e·ras·misch [エらスミシュ] [形] エラスムス流〔風〕の.

(*der*) **E·ras·mus** [エらスムス] [名] 〖人名〗エラスムス(① ～ von Rotterdam, 1469-1536, オランダの人文主義者. ②殉教者. 十四救護聖人の一人).

(*die*) **E·ra·to** [eráːto エらート, éːrato エーらト] [名] 〖ギ神〗エラト(恋歌の女神).

der **Erb·a·del** [エるプ·アーデル] [名] -s/ 世襲貴族.

die **Erb·än·de·rung** [エるプ·エンデるング] [名] -/-en 突然変異.

die **Erb·an·la·ge** [エるプ·アン·ラーゲ] [名] -/-n 〖生〗遺伝的素質.

der **Erb·an·spruch** [エるプ·アン·シュプるっふ] [名] -(e)s/..sprüche 相続請求権.

der **Erb·an·teil** [エるプ·アン·タイル] [名] -(e)s/-e 相続分.

das **Er·bärm·de·bild** [エあベるムデ·ビルト] [名] -(e)s/-er 〖芸術学〗キリスト受難像.

er·bar·men [エあバるメン] [動] *h.* **1.** 〔sich⁴＋<j²>ヲ/über <j⁴>ヲ〕《文》哀れむ(<j²>は《古》). **2.** 〔<j⁴>ニ〕憐憫(れんびん)の情を催させる.

das **Er·bar·men** [エあバるメン] [名] -s/ 哀れみ, 慈悲, 同情: ～ mit <j³> haben <人に>同情する. zum ～ (惨めなほど)ひどい.

er·bar·mens·wert [エあバるメンス·ヴェーあト] [形] 哀れむべき.

er·bärm·lich [エあベるムリひ] [形] **1.** 哀れな, 惨めな. **2.** 内容の乏しい, おそまつな. **3.** 卑しい, あさましい. **4.** ひどい;ひどく, たいへん.

er·bar·mungs·los [エあバるムングス·ロース] [形] 無慈悲な, 冷酷な.

er·bau·en [エあバウエン] [動] *h.* **1.** 〔<et⁴>ヲ〕建設する(教会·劇場などを). **2.** 〔sich⁴＋an <et³>デ〕《文》(道徳的に)心が高められる, 敬虔な気持になる, 感動する(読書·音楽などで). **3.** 〔<j⁴>ノ〕《文》心を高める, (…を)感動させる. **【慣用】von <et³> 〔über <et⁴>〕 nicht erbaut sein** <事が>うれしくない, (…を)喜べない.

der **Er·bau·er** [エあバウあー] [名] -s/- 建設者;創始者.

er·bau·lich [エあバウリひ] [形] 教化的な;《古》うれしい.

die **Er·bau·ung** [エあバウウング] [名] -/-en 敬虔(けいけん)な気持〔宗教心〕の高揚, 心の高揚.

das **Er·bau·ungs·buch** [エあバウウングス·ブーふ] [名] -(e)s/..bücher 信心書.

das **Erb·bau·recht** [エるプ·バウ·れひト] [名] -(e)s/ 〖法〗地上権.

das **Erb·be·gräb·nis** [エるプ·ベグれープニス] [名] -ses/-se 先祖代々の墓所.

erb·be·rech·tigt [エるプ·べれひティひト] [形] 相続権のある.

der **Er·be**[1] [エるベ] [名] -n/-n (遺産の)相続人: der gesetzliche ～ 法定相続人. <j⁴> als 〔zum〕 ～*n* einsetzen <人を>相続人に定める.

E

Erbe

das **Erbe**² [エルベ] 名 -s/ (相続による)遺産, 相続財産;(精神的・文化的)遺産: ein ～ antreten 遺産を相続する.

erbe·ben [エアベーベン] 動 s. 〖雅〗《文》震動する, 身を震わす.

erb·ei·gen [エルプ・アイゲン] 形 相続して(得)た, 世襲の.

das **Erb·ei·gen·tum** [エルプ・アイゲントゥーム] 名 -s/ 相続財産.

erben [エルベン] 動 h. 1. 〈et⁴ッ〉相続する;《口》もらう. 2. 〈et⁴ッ〉(遺伝的に)受継ぐ.

die **Er·ben·ge·mein·schaft** [エルベン・ゲマインシャフト] 名 -/-en 共同相続関係.

er·bet·teln [エアベッテルン] 動 h. 〔(sich³) +〈et⁴ッ〉〕恵んでもらう;しつこくねだる.

er·beu·ten [エアボイテン] 動 h. 〈et⁴ッ〉(戦利品として)ぶんどる, 捕獲する;強奪[略奪]して手に入れる.

der **Erb·fak·tor** [エルプ・ふぁクトーア] 名 -s/-en 遺伝子.

der **Erb·fall** [エルプ・ふぁル] 名 -(e)s/..fälle 〖法〗相続開始.

der **Erb·feh·ler** [エルプ・ふぇーラー] 名 -s/- 遺伝の欠陥;宿弊.

der **Erb·feind** [エルプ・ふぁィント] 名 -(e)s/-e 宿敵;(圏のみ)《婉》悪魔.

die **Erb·fol·ge** [エルプ・ふぉルゲ] 名 -/-n 相続(順位);(王位などの)継承(順位).

der **Erb·fol·ge·krieg** [エルプふぉルゲ・クリーク] 名 -(e)s/-e 王位継承戦争.

der **Erb·gang** [エルプ・ガング] 名 -(e)s/..gänge 〖生〗遺伝のプロセス;〖法〗相続.

erb·ge·sund [エルプ・ゲズント] 形 〖医〗遺伝的疾患のない.

erb·gleich [エルプ・グライヒ] 形 〖生〗同一遺伝型の.

das **Erb·gut** [エルプ・グート] 名 -(e)s/..güter 1. (圏のみ)〖生〗(総称)遺伝素質. 2. 相続遺産;世襲地[領].

der **Erb·hof** [エルプ・ホーふ] 名 -(e)s/..höfe 世襲農場.

er·bie·ten* [エアビーテン] 動 h. 〔sich⁴+zu 動〕ショウン〕〕《文》申出る.

die **Er·bin** [エルビン] 名 -/-nen Erbe¹ の女性形.

die **Erb·in·for·ma·ti·on** [エルプ・インふぉルマツィオーン] 名 -/-en 〖遺〗遺伝情報.

er·bit·ten* [エアビッテン] 動 h. 1. 〔(sich³) +〈et⁴ッ〉〕《文》懇願[懇請]する, 請う(許し・同意などを). 2. 〔sich⁴+lassen+zu 動ショウン〕承諾する.

er·bit·tern [エアビッタァン] 動 h. 〈j⁴ッ〉憤慨させる(不正・拒絶・当てこすりなどに);〈j⁴〉sich⁴の場合〕憤慨する.

er·bit·tert [エアビッタート] 形 1. 〔(über〈et⁴ッ〉=)〕憤慨した. 2. 激烈な, 頑強な.

das **Er·bi·um** [エルビウム] 名 -s/ 〖化〗エルビウム(記号 Er).

erb·krank [エルプ・クランク] 形 遺伝的疾患のある.

die **Erb·krank·heit** [エルプ・クランクハイト] 名 -/-en 〖医〗遺伝病.

er·blas·sen [エアブラッセン] 動 s. 1. 〖雅〗《文》(顔面)蒼白になる. 2. 〖雅〗《詩・古》みまかる.

der **Erb·las·ser** [エルプ・ラサー] 名 -s/- 〖法〗被相続人.

er·blei·chen⁽*⁾ [エアブライヒェン] 動 s. 1. (規則変化)〖雅〗顔が青ざめる;色褪(あセ)せる. 2. (不規則変化)〖雅〗《詩・古》みまかる.

erb·lich [エルプリヒ] 形 世襲の;遺伝(性)の: ～ belastet sein 遺伝に疾患がある;《冗》遺伝的に優秀である.

er·bli·cken [エアブリッケン] 動 h. 1. 〈j⁴/et³〉ガ+

(〈場所〉=)〕《文》(いる[ある]のを)目にとめる〔認める〕. 2. 〔in 〈j³/et³〉パニ+〈j⁴/et⁴〉ッ〕見いだす,(…を…と)見なす.

er·blin·den [エアブリンデン] 動 s. 〖雅〗失明する;曇る(鏡などが).

die **Er·blin·dung** [エアブリンドゥング] 名 -/-en 失明.

er·blü·hen [エアブリューエン] 動 〖雅〗《文》開花する, 花盛りになる;妙齢になる(女性が);栄える(学術・芸術などが).

die **Erb·mas·se** [エルプ・マッセ] 名 -/-n 〖生〗遺伝素質;〖法〗相続財産.

der **Erb·on·kel** [エルプ・オンケル] 名 -s/-(s) 《口・冗》遺産を残してくれそうなおじ.

er·bor·gen [エアボルゲン] 動 h. 〔(sich³) +〈et⁴ッ〉〕《文》借りる.

er·bo·sen [エアボーゼン] 動 h. 1. 〈j⁴ッ〉怒らせる, 立腹させる. 2. 〔sich⁴+(über〈j⁴/et⁴〉=)〕腹を立てる.

er·bost [エアボースト] 形 怒った: über 〈j⁴/et⁴〉 ～ sein〈人·事にたいして〉怒っている.

er·bö·tig [エアベ〜ティヒ] 形 〔zu 動ノョゥフォ〕用意[気]がある.

die **Erb·pacht** [エルプ・パはト] 名 -/-en (昔の)永小作権.

der **Erb·prinz** [エルプ・プリンツ] 名 -en/-en 皇太子.

er·bre·chen* [エアブれッヒェン] 動 h. 1. 〈et⁴ッ〉《文》こじ開ける(戸·金庫などを), 破る(封印などを). 2. 〔(〈et⁴ッ〉/sich⁴)〕吐く, もどす. 〖慣用〗bis zum Erbrechen《口》へどが出るほど.

das **Erb·recht** [エルプ・れヒト] 名 -(e)s/-e 1. 〖法〗(圏のみ)相続法. 2. 相続権.

er·brin·gen* [エアブリンゲン] 動 h. 1. 〔(〈et⁴ッ〉)〕もたらす(利益·成果などを). 2. 〈et⁴ッ〉調達する(要求金額などを). 〖慣用〗den Beweis (Nachweis) für〈et⁴〉erbringen〈事を〉証明する.

der **Erb·scha·den** [エルプ・シャーデン] 名 -s/..schäden 〖遺〗(突然変異による)遺伝性異常[障害];〖医〗遺伝性疾患.

die **Erb·schaft** [エルプシャふト] 名 -/-en 遺産, 相続(財産): eine ～ antreten(machen)遺産を相続する.

die **Erb·schafts·steu·er** [エルプシャふツ·シュトイァー] 名 -/-n 相続税.

der **Erb·schlei·cher** [エルプ·シュライひャー] 名 -s/- 遺産横領者.

die **Erb·schlei·che·rei** [エルプ·シュライひャらイ] 名 -/-en 遺産横領.

die **Erb·se** [エルプセ] 名 -/-n 1. 〖植〗エンドウ;エンドウの豆粒;(主に圏)エンドウの豆: grüne ～ n グリーンピース. 2. 〈口〉頭.

der **Erb·sen·brei** [エルプセン·ブらィ] 名 -(e)s/ エンドウ豆の粥(かュ).

die **Erb·sen·sup·pe** [エルプセン·ズッペ] 名 -/-n 1. エンドウ豆のポタージュ. 2. 《口》濃霧.

der **Erb·sen·zäh·ler** [エルプセン·ツェーラー] 名 -s/- 《口·蔑》いやに細かい人.

das **Erb·stück** [エルプ·シュテュック] 名 -(e)s/-e 遺品, 形見.

die **Erb·sün·de** [エルプ·ズュンデ] 名 -/ 〖キ教〗原罪.

die **Erbs·wurst** [エルプス·ヴルスト] 名 -/..würste (ソーセージ形の)エンドウ豆スープのもと.

die **Erb·tan·te** [エルプ·タンテ] 名 -/-n 《口·冗》遺産を残してくれそうな叔(伯)母(ぼ).

der **Erb·teil** [エルプ·タイル] 名 -(e)s/-e 1. 〖民法典では der 〛相続分. 2. 遺伝質, 受継いだ性質.

die **Erb·tei·lung** [エルプ·タイルング] 名 -/-en 遺産の分割[分配].

der **Erb·ver·trag** [エルプ·ふぇあトらーク] 名 -(e)s/..träge 〘法〙相続契約.

die **Erd·ach·se** [エーあト・アクセ] [名] -/ 〘地質〙地軸.

die **Erd·al·ka·li·en** [エーあト・アルカーリエン] [複名] 〘化〙アルカリ土類.

das **Erd·al·ter·tum** [エーあト・アルタートゥーム] [名] -s/ 古生代.

der **Erd·ap·fel** [エーあト・アプふぇル] [名] -s/ . . äpfel 《方》ジャガイモ : Erdäpfel in der Montur《オーストリア・口》皮つきのゆでたジャガイモ.

die **Erd·ar·bei·ten** [エーあト・アるバイテン] [複名] 土木工事.

der **Erd·ar·bei·ter** [エーあト・アるバイター] [名] -s/- 土木作業員.

die **Erd·at·mo·sphä·re** [エーあト・アトモス・ふぇーれ] [名] -/ 地球の大気(圏).

die **Erd·aus·strah·lung** [エーあト・アウス・シュトらールング] [名] -/-en 〘理〙地表からの放射《エネルギーなどの》.

die **Erd·bahn** [エーあト・バーン] [名] -/ 〘天〙地球の軌道.

der **Erd·ball** [エーあト・バル] [名] -(e)s/ 《文》地球.

das **Erd·be·ben** [エーあト・ベーベン] [名] -s/- 地震.

der **Erd·be·ben·herd** [エーあトベーベン・ヘーあト] [名] -(e)s/-e 震源(地).

die **Erd·bee·re** [エーあト・ベーれ] [名] -/-n 〘植〙イチゴ;イチゴの実.

das **Erd·beer·eis** [エーあトベーあ・アイス] [名] -es/ イチゴアイス.

der **Erd·beer·shake** [エーあトベーあ・シェーク] [名] -s/-s ストロベリーシェイク《ソフトドリンク》.

die **Erd·be·stat·tung** [エーあト・ベシュタっトゥング] [名] -/-en 土葬.

die **Erd·be·völ·ke·rung** [エーあト・ベ[ふぇ]ルケるング] [名] -/ 地球の全住民.

der **Erd·be·woh·ner** [エーあト・ベヴォーナー] [名] -s/- 地球の住民, 地球に住まうものとしての人間.

der **Erd·bo·den** [エーあト・ボーデン] [名] -s/ 地面, 大地. 【慣用】〈et⁴〉 **dem Erdboden gleichmachen** 〈物ヲ〉完全に破壊する. **wie vom Erdboden verschluckt sein** 忽然(こつぜん)と消えてしまう.

der **Erd·boh·rer** [エーあト・ボーらー] [名] -s/- 〘工〙(地質調査用)試錐機(しすいき), ボーリング機.

die **Er·de** [エーあデ] [名] -/-n **1.** ([単]のみ)地球. **2.** (地球上の)世界, この世;(特定の)土地 : auf ~*n* 《文》地上で;現世で. **3.** ([単]のみ)大地, 地面 : unter der ~ 地下で. auf die〔zur〕~ fallen 地面に倒れる〔落ちる〕. Ich möchte vor Scham in die ~ versinken. 私は恥ずかしくて穴があったら入りたい. zu ebener ~ wohnen 一階に住んでいる. **4.** 土, 土壌 : die Saat in die ~ bringen 種をまく, 苗を植える. **5.** 〘電〙アース, 接地. **6.** 〘化〙土類 : seltene ~*n* 希土類. 【慣用】**auf der Erde bleiben** 地に足が着いている, 夢想しない. 〈et⁴〉 **aus der Erde stampfen** 〈物・事ヲ〉たちどころに調達する〔作り出す〕. **in fremder Erde ruhen** 異郷に葬られている. **unter der Erde liegen** 《文》埋葬されている. 〈j⁴〉 **unter die Erde wünschen** 〈人ガ〉死んでしまえばよいと思う.

er·den [エーあデン] [動] *h.* 〘〈et⁴〉ニ〙〘電〙アースをつける.

der **Er·den·bür·ger** [エーあデン・ビュるガー] [名] -s/- 《文》この世の人, 地球に住まう人間 : ein kleiner neuer ~ 《(冗)も有》新生児

das **Er·den·glück** [エーあデン・グリュっク] [名] -(e)s/ 《詩》現世の幸福, この世の幸せ.

er·dẹn·ken* [エあデンケン] [動] *h.* 〘〈et⁴〉ヲ〙考えだす.

er·dẹnk·lich [エあデンクリひ] [形] 考えうる限りの.

das **Er·den·le·ben** [エーあデン・レーベン] [名] -s/ 《詩》現(うつ)し世, 浮世.

der **Erd·fall** [エーあト・ふぁル] [名] -(e)s/ . . fälle 〘地質〙(陥没により生じた)すり鉢状の穴.

die **Erd·far·be** [エーあト・ふぁるベ] [名] -/-n 《主に[複]》鉱物性顔料《黄土色顔料など》.

erd·fern [エーあト・フェるン] [形] **1.** 〘天〙地球から(遠く)離れた. **2.** 《詩》浮世離れした, 恍惚とした.

die **Erd·fer·ne** [エーあト・ふぇるネ] [名] -/ 〘天〙遠地点;《詩》超俗.

der **Erd·floh** [エーあト・ふロー] [名] -(e)s/ . . flöhe 〘昆〙ハムシ.

Erdg. =Erdgeschoss 一階.

das **Erd·gas** [エーあト・ガース] [名] -es/ 天然ガス.

das **Erd·gas·feld** [エーあトガース・ふぇルト] [名] -(e)s/-er 天然ガス田.

der **Erd·geist** [エーあト・ガイスト] [名] -(e)s/-er 地霊.

der **Erd·ge·ruch** [エーあト・ゲるっふ] [名] -(e)s/ . . gerüche 《主に[単]》土のにおい〔香〕.

die **Erd·ge·schich·te** [エーあト・ゲシひテ] [名] -/ 地史.

das **Erd·ge·schoss**, [旧] **Erd·ge·schoß** [エーあト・ゲショス] [名] -es/-e 一階《略 Erdg.》: im ~ wohnen 一階に住む.

das **Erd·harz** [エーあト・ハーあツ] [名] -es/ アスファルト.

er·dịch·ten [エあディひテン] [動] *h.* 〘〈et⁴〉ヲ〙《文》捏造(ねつぞう)する, でっち上げる.

er·dịch·tet [エあディひテット] [形] つくりごとの, でっち上げの.

die **Er·dịch·tung** [エあディひトゥング] [名] -/-en **1.** ([単]のみ)捏造(ねつぞう), 虚構. **2.** 捏造〔虚構〕されたこと;作り話.

er·dig [エーあディひ] [形] **1.** 土(状)の;土のにおい〔味〕のする. **2.** 《文》土で汚れた.

das **Erd·in·ne·re** [エーあト・イネれ] [名] 《形容詞的変化》地球の内部.

das **Erd·ka·bel** [エーあト・カーベル] [名] -s/- 地下ケーブル.

die **Erd·kar·te** [エーあト・カるテ] [名] -/-n 世界地図.

der **Erd·klum·pen** [エーあト・クルムペン] [名] -s/- 土くれ.

der **Erd·kreis** [エーあト・クらイス] [名] -es/ 《詩》世界.

die **Erd·krus·te** [エーあト・クるステ] [名] -/ 地殻.

die **Erd·ku·gel** [エーあト・クーゲル] [名] -/ 地球;地球儀.

die **Erd·kun·de** [エーあト・クンデ] [名] -/ 地理学;(無冠詞)(授業科目の)地理.

die **Erd·lei·tung** [エーあト・ライトゥング] [名] -/-en 〘電〙アース.

das **Erd·loch** [エーあト・ロっほ] [名] -(e)s/ . . löcher 地面の穴.

der **Erd·ma·gne·tis·mus** [エーあト・マグネティスムス] [名] -/ 〘理〙地磁気.

erd·nah [エーあト・ナー] [形] **1.** 〘天〙地球に近い. **2.** 《詩》現世〔現実〕的な.

die **Erd·nä·he** [エーあト・ネーエ] [名] -/ 〘天〙近地点;《詩》現世的なこと.

die **Erd·nuss**, [旧] **Erd·nuß** [エーあト・ヌス] [名] -/ . . nüsse 〘植〙ラッカセイ;ラッカセイの実, ピーナッツ.

die **Erd·nuss·but·ter**, [旧] **Erd·nuß·but·ter** [エーあトヌス・ブッター] [名] -/ ピーナッツバター.

die **Erd·o·ber·flä·che** [エーあト・オーバー・ふレっひぇ] [名] -/ 地表.

das **Erd·öl** [エーあト・㋓ール] [名] -(e)s/ 石油 : das ~ fördernde Land 石油産出国.

er·dol·chen [エあドルひぇン] [動] *h.* 〘〈j⁴〉ヲ〙《文》(短刀で)刺殺する.

die **Erd·öl·fal·le** [エーあト㋓ール・ふぁレ] [名] -/-n 〘地質〙(石)油層.

das **Erd·öl·feld** [エーあト㋓ール・ふぇルト] [名] -(e)s/-er 油田.

die **Erd·öl·för·de·rung** [エーあト㋓ール・[ふぇ]るデるング] [名] -/-en 石油採掘.

das **Erd·öl·mut·ter·ge·stein** [エーあト㋓ール・ムッター・ゲ

シュタイン] 名 -(e)s/-e 〖地質〗石油母岩.
die **Erd·öl·raf·fi·ne·rie** [エーあト①ール·らふぃネ·リー] 名 -/-n 精油所.
die **Erd·öl·wan·de·rung** [エーあト①ール·ヴァンデるング] 名 -/-en 〖地質〗(砂岩層への)石油の移動.
das **Erd·pech** [エーあト·ペヒ] 名 -(e)s/ 〖古〗土瀝青(せいせい).
das **Erd·reich** [エーあト·らイヒ] 名 -(e)s/ 土, 土壌.
er·**dreis·ten** [エあドらイステン] 動 h. 〔sich⁴+zu 《動》〕《文》厚かましくもする.
die **Erd·rin·de** [エーあト·リンデ] 名 -/ 地殻.
er·**dröh·nen** [エあドれーネン] 動 h. 〖擬音〗鳴り響く, とどろく.
er·**dros·seln** [エあドろッセルン] 動 h. 1. 〔j⁴ᵥᵥ〕絞め殺す, 絞殺する. 2. 〔et⁴ᵥᵥ〕圧殺する.
die **Erd·ro·ta·ti·on** [エーあト·ろタツィオーン] 名 -/-en 地球の自転.
er·**drü·cken** [エあドりュッケン] 動 h. 1. 〔j⁴ᵥᵥ〕圧殺する, 押しつぶす(雪崩などが). 2. 〔j⁴ᵥᵥ〕打ちひしぐ, 押しつぶしたようになる, (…の)非常な重荷になる(心配事·借金などが).
der **Erd·rutsch** [エーあト·るッチュ] 名 -(e)s/-e 地滑り, 土砂崩れ, 山崩れ; 〖転〗地滑り現象.
der **Erd·rutsch·sieg** [エーあト·るッチュ·ズィーク] 名 -(e)s/-e (選挙での)圧倒的な大勝利.
der **Erd·sa·tel·lit** [エーあト·ザテリート] 名 -en/-en 地球の衛星(月); (地球の)人工衛星.
die **Erd·schicht** [エーあト·シヒト] 名 -/-en 土の(薄い)層; 〖地質〗地層.
die **Erd·schol·le** [エーあト·ショレ] 名 -/-n 土くれ, 土の塊.
die **Erd·sicht** [エーあト·ズィヒト] 名 -/ 地上(への)視界.
der **Erd·stoß** [エーあト·シュトース] 名 -es/..stöße 地震の突き上げるような揺れ.
der **Erd·strich** [エーあト·シュトりッヒ] 名 -(e)s/-e 地帯, 地域.
der **Erd·teil** [エーあト·タイル] 名 -(e)s/-e 大陸.
er·**dul·den** [エあドゥルデン] 動 h. 〔et⁴ᵥᵥ〕耐え忍ぶ.
die **Erd·um·dre·hung** [エーあト·ウムドれーウング] 名 -/-en 地球の自転.
die **Erd·um·krei·sung** [エーあト·ウムクらイズング] 名 -/-en (人工衛星などの)地球周回.
der **Erd·um·lauf** [エーあト·ウム·ラウフ] 名 -(e)s/..läufe =Erdumkreisung.
die **Er·dung** [エあドゥング] 名 -/-en 〖電〗アース; (獨のみ)アースをつけること.
die **Erd·wär·me** [エーあト·ヴェるメ] 名 -/ 地熱.
das **Erd·zeit·al·ter** [エーあト·ツァイト·アルタ] 名 -s/ 〖地質〗地質年代.
..erei¹ [..エらイ] 接尾 女性名詞を作る. ..eln, ..ern で終る動詞の後などで..ei となる. アクセント有. 1. 職業名につけて「場所, …業」を表す: Fleischerei 肉屋, Bäckerei パン屋. 2. 名詞·動詞につけて軽蔑的に「行為」を表す: Küsserei やたらにするキス, Heuchelei ねこかぶり.
er·**ei·fern** [エあアイふェるン] 動 h. 〔sich⁴+(über 〈j⁴/et⁴〉)〕むきになる, 興奮する.
er·**eig·nen** [エあアイグネン] 動 h. 〔sich⁴+《場所》/《時点》=〕起こる, 生じる; 行われる(大規模な祭典などが).
das **Er·eig·nis** [エあアイグニス] 名 -ses/-se 出来事, 事件. 【慣用】**ein freudiges Ereignis** 〈婉〉おめでた(出産).
er·**eig·nis·los** [エあアイグニス·ロース] 形 何事もない, 平穏無事な.
er·**eig·nis·reich** [エあアイグニス·らイヒ] 形 多事な, 波乱に富む.

er·**ei·len** [エあアイレン] 動 h. 〔j⁴ᵥᵥ〕《文》襲う, 見舞う(悲報·死などが).
e·**rek·til** [エれクティール] 形 〖医〗勃起(ぼっき)能力のある.
die **E·rek·ti·on** [エれクツィオーン] 名 -/-en 勃起(きっ).
der **E·re·mit** [エれミート] 名 -en/-en 1. 隠者, 世捨て人. 2. 〖動〗ヤドカリ(甲殻類).
die **E·re·mi·ta·ge** [エれミタージェ] 名 -/-n 1. 隠者の庵. 2. (18世紀建築の)庭園洞窟; 園亭.
der **E·ren** [エーれン] 名 -/ 《方》玄関の間.
er·**er·ben** [エあエるベン] 動 h. 〔et⁴ᵥᵥ〕《古》相続する; (遺伝的に)受継ぐ.
er·**erbt** [エあエるプト] 形 相続した; 遺伝の.
er·**fah·ren**¹* [エあふぁーれン] 動 h. 1. 〔et⁴ᵥᵥ/《文》von〈et⁴〉/durch〈j⁴/《物》〉〕知らされる, (人·メディアなどを通して). 2. 〔et⁴ᵥᵥ〕《文》(自分で直接)経験する, (身をもって)知る, (心に深く)感じる. 3. 〔et⁴ᵥᵥ〕《文》受ける, される(〈et⁴〉は動詞派生名詞): Er erfuhr eine Beleidigung. 彼は侮辱された. Das Buch soll eine Überarbeitung ~. この本は改訂されるべきだ. 【慣用】〈et⁴〉 **aus zweiter Hand erfahren** 《事》又聞きで知る. **Wie wir aus zuverlässiger Quelle erfahren,** ... われわれが信頼すべき筋から得た情報によると…. 〈et⁴〉 **zu erfahren suchen** 《事》を探り出そうとする.
er·**fah·ren**² [エあふぁーれン] 形 〔(in〈et³〉=)〕経験豊富な, 熟達した.
die **Er·fah·rung** [エあふぁーるング] 名 -/-en 1. 経験, 体験; (主に獨)(積重ねた)経験, 知識; 〈et⁴〉 **aus eigener ~ wissen** 〈物·事を〉自分の経験から知っている. **~en sammeln** 経験を積む. **viel ~ in 〈et³〉 haben** 〈事〉の経験が豊富だ. 2. 〖哲〗(認識にかかわる)経験. 【慣用】〈et⁴〉 **in Erfahrung bringen** 〈事〉を探り出す.
der **Er·fah·rungs·aus·tausch** [エあふぁーるングス·アウスタウシュ] 名 -es/ 経験して得た情報の交換.
er·**fah·rungs·ge·mäß** [エあふぁーるングス·ゲメース] 副 《文飾》経験上.
er·**fah·rungs·mä·ßig** [エあふぁーるングス·メースィヒ] 形 経験に基づいた.
die **Er·fah·rungs·sa·che** [エあふぁーるングス·ザッヘ] 名 -/ 〖口〗経験で覚えることがら, 慣れ.
die **Er·fah·rungs·wis·sen·schaft** [エあふぁーるングス·ヴィッセンシャふト] 名 -/ 経験科学.
er·**fas·sen** [エあふぁッセン] 動 h. 1. 〔j⁴/et⁴ᵥᵥ〕巻込む(車·渦などが), 〔物〕(手で)つかむ. 2. 〔j⁴ᵥᵥ〕襲う(喜び·恐怖などが). 3. 〔et⁴ᵥᵥ〕把握する(状況などを). 4. 〔j⁴/et⁴ᵥᵥ〕リストアップする, 登録する, 組入れる.
er·**fech·ten*** [エあふェヒテン] 動 h. 〔(sich³)+〈et⁴〉ᵥᵥ〕戦い取る(勝利·称賛などを).
er·**fin·den*** [エあふィンデン] 動 h. 1. 〔et⁴ᵥᵥ〕発明する, 考案する, 考え出す. 2. 〔et⁴ᵥᵥ〕でっち上げる, 捏造(ねつ)する.
der **Er·fin·der** [エあふィンダー] 名 -s/- 発明者, 考案者.
der **Er·fin·der·geist** [エあふィンダー·ガイスト] 名 -(e)s/ 発明の才, (新しいやり方で)問題解決をする能力.
er·**fin·de·risch** [エあふィンデリシュ] 形 創意に富む.
die **Er·fin·dung** [エあふィンドゥング] 名 -/-en 1. (獨のみ)発明, 考案: 2. 発明品: **eine ~ machen** 発明をする. 3. 虚構, 捏造(ねつ), 作り話.
die **Er·fin·dungs·ga·be** [エあふィンドゥングス·ガーベ] 名 -/ 発明の才, 豊かな着想力, 独創力.
er·**fin·dungs·reich** [エあふィンドゥングス·らイヒ] 形 発明の才のある, 着想が豊かな.
er·**fle·hen** [エあふレーエン] 動 h. 〔(〈j³〉=)+〈et⁴〉ᵥᵥ〕《文》懇願する; 祈願する.
der **Er·folg** [エあふォルク] 名 -(e)/-e 成功, 成果, 効

果：in〈et³〉～ haben〈事において〉成功を収める．〈et⁴〉mit/ohne～ tun〈事に〉成功/失敗する．

erfolgen [エあふォルゲン] 動 s. **1.** 〈et⁴として〉生じる, 起こる. **2.** [照管]行われる, なされる(動作名詞が主語): Ihr Eintritt kann sofort ～. すぐに入社していただけます.

die **Erfolgshascherei** [エあふォルク・ハッシェらイ] 名 -/-en 〔蔑〕功名をあせること, 野望.

erfolglos [エあふォルク・ロース] 形 不成功の, 効果のない, 徒労の: Er suchte sie ～ auf. 彼は彼女を訪ねたが無駄だった.

erfolgreich [エあふォルク・らイヒ] 形 成功した; 効果のある.

das **Erfolgshonorar** [エあふォルクス・ホノらーあ] 名 -s/-e 成功報酬.

erfolgssicher [エあふォルクス・ズィヒャー] 形 成功確実な; 成功を確信している.

erfolgversprechend [エあふォルク・ふぇあシュプれッヒェント] 形 成功の見込みのある, 有望な.

erforderlich [エあふォるダーリヒ] 形 ((für〈et⁴〉))必要な, 不可欠な: die für den Bau ～en Mittel 建築に必要な資金.

erforderlichenfalls [エあふォるダーリヒェン・ふぁルス] 副 必要な場合には.

erfordern [エあふォるダーン] 動 h. 〈j⁴/et⁴〉ッ〉(実現のための前提として)必要とする, 要求する.

das **Erfordernis** [エあふォるダーニス] 名 -ses/-se 必要とされるもの〔こと〕, 必要条件, 前提, 要求.

erforschen [エあふォるシェン] 動 h. 〈j⁴/et⁴〉ッ〉(学問的に)探究する, 研究する, 究明する, 調査する.

der **Erforscher** [エあふォるシャー] 名 -s/- 研究者, 探究者, 探検家.

die **Erforschung** [エあふォるシュング] 名 -/-en 研究, 調査, 探究, 探検.

erfragen [エあふらーゲン] 動 h. 〈et⁴〉ッ〉(質問して)聞き出す, (知ろうとして)尋ねる.

erfrechen [エあふれッヒェン] 動 h. 〔sich⁴+zu〈動〉ッ〕〖文〗厚かましくもする.

erfreuen [エあふろイエン] 動 h. **1.** 〈j⁴ッ〉喜ばす. **2.** 〔sich⁴+an〈j³/et³〉ッ〕楽しむ. **3.** 〔sich⁴+〈et²〉ッ〕〖文〗享受する, 受けている.

erfreulich [エあふろイリヒ] 形 喜ばしい, うれしい.

erfreulicherweise [エあふろイリヒャー・ヴァイゼ] 〖文飾〗喜ばしいことに.

erfreut [エあふろイト] 形 うれしい, 喜んだ: über〈et⁴〉～ sein〈事を〉喜んでいる. Sehr ～! 〖古〗初めまして, どうぞよろしく.

erfrieren* [エあふりーれン] 動 **1.** s. [照管]凍死する, 凍える; 寒さで枯れる(植物など), 凍ってだめになる(果物など). **2.** s. 〔((j³〉ッ)〕凍傷にかかって壊死(ぇ)する(指など). **3.** s. 〔sich³+〈et⁴〉ッ〕凍傷を負う. **4.** s. 〈場所⁴〉凍りつく(笑いなどが).

die **Erfrierung** [エあふりーろング] 名 -/-en 凍傷; 冷害, 霜害.

erfrischen [エあふりッシェン] 動 h. **1.** 〈((j⁴/et⁴〉ッ)〉元気を回復させる, 生気を取戻す, (…の)気分をさわやかにする. **2.** 〔sich⁴〕さっぱりする, 生返ったような気分になる, 元気を取戻す.

erfrischend [エあふりッシェント] 形 さわやかな, さっぱりさせる: ～e Getränke 清涼飲料水.

die **Erfrischung** [エあふりッシュング] 名 -/-en **1.** 元気づけること, 気分を爽快(き)にすること. **2.** 元気づける〔爽快にする〕もの(シャワーなど); 清涼飲料, 軽食.

das **Erfrischungsgetränk** [エあふりッシュングス・ゲトれンク] 名 -(e)s/-e 清涼飲料水.

der **Erfrischungsraum** [エあふりッシュングス・らウム] 名 -(e)s/..räume 軽食堂, 喫茶室.

erfüllen [エあふュレン] 動 h. **1.** 〈et⁴〉いっぱいにする, 満たす(騒音・煙が部屋などを). **2.** 〈j⁴ッ〉心(頭)をいっぱいにする(喜びなどが). **3.** 〈et⁴+mit〈et³〉ッ〕〖文〗いっぱいにする(驚き・誇りなどで). **4.** 〈et⁴ッ〉満たす(条件などを), 履行する(契約などを), 果たす(義務などを), かなえる(希望などを), 応える(期待などに). **5.** 〔sich⁴〕かなう(願いなどが), 実現する(予言などが).

die **Erfüllung** [エあふュルング] 名 -/-en (ある事で心[頭]が)いっぱいであること; 実現, 成就; 履行: in ～ gehen 実現される.

die **Erfüllungsgarantie** [エあふュルングス・ガらンティー] 名 -/-n 〖経・法〗パーフォーマンス・ギャランティー.

der **Erfüllungsort** [エあふュルングス・オルト] 名 -(e)s/-e 〖法〗履行地.

(*das*) **Erfurt** [エあふるト] 名 -s/- 〖地名〗エルフルト(①チューリンゲン州の州都. ②旧東独時代の同市を中心とする県).

erg [エるク] = Erg 〖理〗エルグ.

erg. = ergänze! 補充せよ.

der **Erg¹** [エるク] 名 -s/- (サハラ北部の)砂丘砂漠.

das **Erg²** [エるク] 名 -s/- 〖理〗エルグ(仕事またはエネルギーの単位. 記号 erg).

ergänzen [エあゲンツェン] 動 h. **1.** 〈j⁴/et⁴〉ッ〉補う, 補充する(人員・蓄えなどを); 補足する(発言などを); (補って)完全なものにする(リストなどを). **2.** 〔sich⁴〕補われる, 補充される. **3.** 〔相互代名詞 sich⁴〕補い合う.

die **Ergänzung** [エあゲンツング] 名 -/-en **1.** 補足, 補充; 補遺, 増補. **2.** 〖言〗補足語.

der **Ergänzungsband** [エあゲンツングス・バント] 名 -(e)s/..bände (書物の)補遺, 別巻.

die **Ergänzungsfarbe** [エあゲンツングス・ふぁるべ] 名 -/-n 補色.

die **Ergänzungsfrage** [エあゲンツングス・ふらーゲ] 名 -/-n **1.** 〖言〗補足疑問. **2.** (議会などでの)補足質問.

der **Ergänzungswinkel** [エあゲンツングス・ヴィンケル] 名 -s/- 〖数〗補角, 余角.

ergattern [エあガッタン] 動 h. 〔(sich³)+〈et⁴〉ッ〕〖口〗うまいことやって手に入れる, せしめる.

ergaunern [エあガウナン] 動 h. 〔(sich³)+〈et⁴〉ッ〕だまし取る, 詐取する.

ergeben¹* [エあゲーベン] 動 h. **1.** 〈et⁴〉(結果として)生じさせる; (…に)なる. **2.** 〔sich⁴+aus〈et³〉ッ〕生じる(問題などが). **3.** 〔sich⁴+〈j³/et³〉ッ〕身をゆだねる〔捧げる〕(人・仕事などに), ふける(飲酒などに). **4.** 〔sich⁴+〈j³/et³〉ッ〕降伏する, 屈服する(部隊などに), 仕方なく従う. **5.** 〔sich⁴+in〈et⁴〉ッ〕従う(運命などに).

ergeben² [エあゲーエン] 形 **1.** 〈((j³/et³〉ッ)〕心服した, 忠実な. **2.** あきらめきった. **3.** 〖文〗忠実な: Ihr sehr ～er Johannes Meier. 〖古〗貴下の忠実なヨハネス・マイアー.

die **Ergebenheit** [エあゲーベンハイト] 名 -/ 従順, 心服; 忠誠, 献身; 服従, 甘受.

das **Ergebnis** [エあゲープニス] 名 -ses/-se 結果, 成果, 帰結; 成績; (計算などの)答え; 業績, 収益, 損益: im ～ 結局, 最終的に. kein ～ bringen〔zu keinem ～ führen〕何らの成果ももたらさない.

ergebnislos [エあゲープニス・ロース] 形 無駄な, 成果のない.

die **Ergebung** [エあゲーブング] 名 -/ 〖文〗服従, 忍従; 降伏, 屈服; あきらめ, 甘受.

ergehen* [エあゲーエン] 動 **1.** s. 〔(an〈j⁴〉ッ)〕〖文〗発せられる(指令・要請などが): ein Urteil über〈j⁴〉～ lassen〈人に〉判決を下す. Gnade vor〔für〕Recht ～ lassen 寛大な処置をとる. 〈et⁴〉über

ergiebig 350

sich⁴ ～ lassen 〈事⁴〉じっと我慢する〔甘受する〕. **2.** s.〖Es+〈j³〉ﾉ格ﾆ+〈様態〉〗起こる：Es ist ihm dort schlimm *ergangen*. 彼はそこでひどい目にあった. Wie ist es Ihnen in der Zwischenzeit *ergangen*？ その間いかがお過ごしでしたか. **3.** h.〖sich⁴+in〈et³〉〗長々とする〔話す〕. **4.** h.〖sich⁴+〈場所〉〗〖文〗散策する.

er·gie·big［エアギービヒ］形 収穫量の多い, 豊富な, 得るところの多い.

er·gie·ßen*［エアギーセン］動 h. **1.**〖sich⁴+〈方向〉〗流れ出る, 注ぐ. **2.**〖〈et⁴〉ｦ+〈方向〉ﾆ〗〖文〗注ぐ〖月が光·river水などを〗.

er·glän·zen［エアグレンツェン］動 s.〖修辞〗〖文〗輝く, きらめく.

er·glü·hen［エアグリューエン］動 s.〖修辞〗〖文〗灼熱(しゃくねつ)し始める, 赤々〔煌々(キラ)〕と輝き出す.

er·go［エアゴ］副 それ故に.

das **Er·go·me·ter**［エアゴ·メーター］名 -s/-〖医〗エルゴメーター〈体力や体の機能を測定する装置〉.

die **Er·go·no·mie**［エアゴ·ノミー］名 -/ エルゴノミック, 人間工学.

die **Er·go·no·mik**［エアゴ·ノーミク］名 -/ ＝Ergonomie.

er·go·no·misch［エアゴ·ノーミシュ］形 人間工学(上)の.

der **Er·go·tis·mus**［エアゴティスムス］名 -s/ 麦角中毒.

er·göt·zen［エアゲッツェン］動 h. **1.**〈j⁴/et⁴〉ｦ〗〖文〗楽しませる〈喜劇が人·緑が目などを〉. **2.**〖sich⁴+an〈et³〉〗〖文〗楽しむ〈料理·眺めなどを〉.

das **Er·göt·zen**［エアゲッツェン］名 -s/〖文〗楽しませること：zu〈j³〉〈人⁴〉楽しませるために.

er·götz·lich［エアゲッツリヒ］形 面白い.

die **Er·göt·zung**［エアゲッツング］名 -/-en〖文〗楽しみ, 気晴し.

er·grau·en［エアグラウエン］動 s.〖修辞〗〖文〗白髪になる, 年老いる：im Dienst ～ 永年勤続する.

er·grei·fen*［エアグライフェン］動 h. **1.**〈j⁴/et⁴〉ｦ〗つかむ, 握る；捕える〈泥棒などを〉. **2.**〈et⁴〉ｦ〗握る, とらえる：die Initiative ～ 主導権を握る. die Gelegenheit ～ 機会をとらえる. Maßnahmen ～ 処置をとる. einen Beruf ～ 職につく. die Flucht ～ 逃げ出す. das Wort ～ 発言する. **3.**〈j⁴〉ｦ〗襲う〈感情·病気などが〉. **4.**〈j⁴〉ｦ〗感動させる〈音楽·演説などが〉.

er·grei·fend［エアグライフェント］形 感動的な, 心を打つ.

die **Er·grei·fung**［エアグライフング］名 -/-en〈主に(0)〉つかむこと；掌握；捕えること, 逮捕.

er·grif·fen［エアグリフェン］形 感動した, 心を打たれた.

die **Er·grif·fen·heit**［エアグリフェンハイト］名 -/ 感動, 感激.

er·grim·men［エアグリメン］動〖文〗**1.** s.〖修辞〗激怒する. **2.** h.〈j⁴〉ｦ〗激怒させる.

er·grü·beln［エアグリューベルン］動 h.〖(sich³)+〈et⁴〉ｦ〗あれこれ思案して考え出す.

er·grün·den［エアグリュンデン］動 h.〖〈et⁴〉ｦ〗究明する, 突止める〈秘密·原因などを〉.

die **Er·grün·dung**［エアグリュンドゥング］名 -/-en〈主に(0)〉究明.

der **Er·guss,** (0)**Er·guß**［エアグス］名 -es/..güsse **1.** 流れ出ること；〖医〗体液がたまること, 内出血, 血腫(けっしゅ)；射精. **2.**〖地質〗溶岩の流出；噴出岩. **3.**〖文〗〖皮〗も有〔心情の〕吐露；冗長な話.

das **Er·guss·ge·stein,** (0)**Er·guß·ge·stein**［エアグス·ゲシュタイン］名 -(e)s/-e〖地質〗噴出岩, 火山岩.

er·ha·ben［エアハーベン］形 **1.** 〈周囲から浮きだした, もり上がった〉：eine ～*e* Arbeit レリーフ. **2.**〖über〈j⁴/et⁴〉〗超えた, (…に)超然とした：über jeden Tadel/Verdacht ～ *sein* 非の打ちどころがない/何ら疑いの余地がない. **3.** 荘重な, 荘厳な；崇高な.

die **Er·ha·ben·heit**［エアハーベンハイト］名 -/-en **1.**〈(0)のみ〉崇高, 荘厳. **2.**〈稀〉隆起, ふくらみ.

der **Er·halt**［エアハルト］名 -(e)s/〈硬〉**1.** 受領. **2.** 保存, 維持.

er·hal·ten*［エアハルテン］動 h. **1.**〖〈et⁴〉ｦ〗受け取る, 取る, もらう；(報酬の形で)受取る〈罰などとして〉受ける. **2.**〖〈et⁴〉ｦ〗得る, 抱く〈印象·イメージなどを〉. **3.**〖〈et⁴〉ｦ+(aus〈et³〉ｶﾗ)〗〈最終生産物として〉手に入れる. **4.**〖j⁴/et⁴〉ｦ+〈様態〉ﾆ〗保ち, 保存する, 維持する. **5.**〖j⁴〉ｦ〗養う, 扶養する. **6.**〖sich⁴+〈様態〉ﾆ〗保存〔維持〕される.【慣用】〈et⁴〉bestätigt/zugesprochen erhalten 証明して／認めてもらう. gut erhalten sein 保存状態がよい.

der **Er·hal·ter**［エアハルター］名 -s/- 扶養者；維持者, 管理者.

er·hält·lich［エアヘルトリヒ］形 手に入る, 購入できる.

die **Er·hal·tung**［エアハルトゥング］名 -/ 保存, 保持, 維持；〈家族の(0)〉扶養.

die **Er·hal·tungs·kos·ten**［エアハルトゥングス·コステン］複名 維持費.

er·han·deln［エアハンデルン］動 h.〖〈et⁴〉ｦ〗取引して手に入れる.

er·hän·gen［エアヘンゲン］動 h. **1.**〖sich⁴〉首をつって死ぬ. **2.**〈j⁴〉ｦ〗縛り首〈絞首刑〉にする.

(der) **Er·hard**［エーアハルト］名〖人名〗エアハルト(Ludwig ～, 1897-1977, 旧西独の政治家, 1963-66年首相).

er·här·ten［エアヘァテン］動 **1.** h.〈et⁴〉ｦ〗(論証により)強固にする〈et⁴〉ｦ〗；固める〈粘土などを〉. **2.** s.〖修辞〗〖文〗硬化する, 固まる〈コンクリートなどが〉.

die **Er·här·tung**［エアヘァトゥング］名 -/〈論拠などを〉固める〔裏づける〕こと；硬化.

er·ha·schen［エアハッシェン］動 h.〖〈et⁴〉ｦ〗〖文〗瞬間にとらえる〈獣が獲物をなど〉；ちらっと見て〔聞〕取る.

er·he·ben*［エアヘーベン］動 h. **1.**〖〈et⁴〉ｦ〗上げる〈腕·目·グラスなどを〉, 張り上げる〔声を〕. **2.**〈j⁴/et⁴〉ｦ〗高揚させる, 高める〈心などを〉. **3.**〖sich⁴〉立〔起〕上がる；(空中に)舞上がる；そびえる. **4.**〈j⁴/et⁴〉ｦ+〈様態〉ﾆ/in〈et⁴〉ｦ〗昇格させる. **5.**〖sich⁴+über〈j⁴/et⁴〉〗超える〈水準などを〉；(…に)打勝つ〔苦痛などに〕. **6.**〖sich⁴+über〈j⁴/et⁴〉〗見下す. **7.**〖sich⁴+(gegen〈j⁴/et⁴〉ﾆﾀｲｼﾃ)〗立上がる, 蜂起〔ﾎｳﾎ〕する. **8.**〖〈et⁴〉ｦ〗徴収する. **9.**〖sich⁴〉〖文〗起こる〈嵐·論争·疑念などが〉, 上がる〔叫び声が〕. **10.**〖〈et⁴〉ｦ〗〈南独·西(0)〉(公的に)認定する, 確認する〈損害·証拠などを〉.【慣用】eine Zahl ins Quadrat erheben〖数〗数を2乗する. einen Anspruch auf〈et⁴〉erheben〈事⁴〉を要求する. Einwände erheben 異議を唱える. Klage erheben 訴訟を提起する.

er·he·bend［エアヘーベント］形 荘厳な, 感動的な.

er·heb·lich［エアヘープリヒ］形 かなりの, 相当の；かなり.

die **Er·he·bung**［エアヘーブング］名 -/-en **1.** 丘, 山頂, 隆起. **2.** 昇格, 昇進：seine ～ in den Freiherrnstand 彼の男爵への叙任. **3.**（精神の）高揚. **4.** 蜂起(ﾎｳ). **5.**（料金などの）徴収. **6.**（訴えの）提起. **7.** 調査：über〈et⁴〉～*en* anstellen〈事⁴〉ﾆﾂﾒ調査する.

er·hei·schen［エアハイシェン］動 h.〖〈et⁴〉ｦ〗〖文〗要求する.

er·hei·tern［エアハイテァン］動 h. **1.**〈j⁴〉ｦ〗面白がらせる, 愉快な気分にさせる. **2.**〖sich⁴〉晴れる〈空が〉, 明るくなる〔顔が〕.

die **Er·hei·te·rung**［エアハイテルング］名 -/〈主に(0)〉陽気にすること, 楽しませること.

er·hẹl·len [エあヘレン] [動] *h.* **1.** 〔〈et^4〉ヲ〕明るくする, 照らす《明りが部屋・笑みが顔などを》;《〈et^4〉がsich^{4}の場合》明るくなる. **2.** 〔〈et^4〉ヲ〕明らかにする《意味・状況などを》. **3.** 〔aus 〈et^3〉カラ〕明らかになる.

er·hịt·zen [エあヒッツェン] [動] *h.* **1.** 〔〈j^4/et^4〉ヲ〕熱する, 熱くする《水・金属・飲み物などを》, ほてらせる《人をワインなどが》;《〈j^4/et^4〉がsich^{4}の場合》熱くなる, 体がほてる. **2.** 〔〈j^4/et^4〉ヲ〕興奮させる《人を論争・考えなどが》, かき立てる《空想などを》;《〈j^4〉がsich^{4}の場合》熱狂的になる, 興奮する.

er·ho·ben [エあホーベン] [形] 持ち上げられた, 高められた;高揚した.

er·họf·fen [エあホっふぇン] [動] *h.* 〔(sich^3)+〈et^4〉ヲ〕期待する, 待望する.

er·hö·hen [エあ[へ]ーエン] [動] *h.* **1.** 〔〈et^4〉ヲ〕高くする, (…の)かさ上げをする《塀・堤防などを》. **2.** 〔〈et^4〉ヲ〕上げる《速度・温度・税率などを》, 高める《効果などを》;〖楽〗半音上げる;《〈et^4〉がsich^{4}の場合》上がる. **3.** 〔〈j^4〉ヲ〕(上のランクに)上げる.

die **Er·hö·hung** [エあ[へ]ーウング] [名] -/-en **1.** 高くすること. **2.** 《稀》小高い場所, 丘. **3.** (数・量の)上昇, 増加, 引き上げ;《文》(精神的に)高めること;昇格;〖楽〗半音上げること.

das **Er·hö·hungs·zei·chen** [エあ[へ]ーウングス・ツァイひぇン] [名] -s/-〖楽〗嬰(えい)記号, シャープ.

er·ho·len [エあホーレン] [動] *h.* **1.** 〔sich^4〕元気を取戻す, 休息〔休養〕する;〖経〗持直す《株価・相場などが》. **2.** 〔sich^4+von 〈et^3〉カラ〕回復する, 立直る.

er·hol·sam [エあホールザーム] [形] 元気を回復させる, 保養〔休養〕になる.

die **Er·ho·lung** [エあホールング] [名] -/ 健康回復, 休養, 保養, レクリエーション： zur ~ 休養のため.

der **Er·ho·lungs·auf·ent·halt** [エあホールングス・アウふ・エントハルト] [名] -(e)s/-e 保養地での滞在;《稀》保養地.

er·ho·lungs·be·dürf·tig [エあホールングス・ベデュるふティひ] [形] 保養〔休養〕の必要な.

die **Er·ho·lungs·funk·ti·on** [エあホールングス・ふンクツィオーン] [名] -/-en 〖環〗(森林などの)保養機能.

das **Er·ho·lungs·heim** [エあホールングス・ハイム] [名] -(e)s/-e 保養所.

der **Er·ho·lungs·ort** [エあホールングス・オるト] [名] -(e)s/-e 保養地.

die **Er·ho·lungs·pau·se** [エあホールングス・パウゼ] [名] -/-n 休憩時間.

die **Er·ho·lungs·rei·se** [エあホールングス・らイゼ] [名] -/-n 保養旅行.

der **Er·ho·lungs·ur·laub** [エあホールングス・ウーあラウプ] [名] -(e)s/-e 休養休暇.

der **Er·ho·lungs·wert** [エあホールングス・ヴェーあト] [名] -(e)s/-e (地域の)保養上の価値.

er·hö·ren [エあ[へ]ーれン] [動] *h.* 〔〈j^4/et^4〉(ノ願イ)ヲ〕《文》聞きとどける, かなえる;(…の)求愛に応じる.

die **Er·hö·rung** [エあ[へ]ーるング] [名] -/-en 《主に[単]》(祈り・願いなどを)聞入れること.

(*der*) **E·rich** [エーりひ] [名] 〖男名〗エーリヒ.

e·ri·gi·bel [エりギーベル] [形] 《[付]は..bl..》勃起(ぼっき)能力のある.

e·ri·gie·ren [エりギーれン] [動] *s.* 〔補足なし〕〖医〗勃起(ぼっき)する;勃起している.

(*die*) **E·ri·ka**[1] [エーりカ] [名] 〖女名〗エーリカ.

die **E·ri·ka**[2] [エーりカ] [名] -/Eriken 〖植〗エリカ, ヒース.

er·ịn·ner·lich [エあイナーりひ] [形] 〔〈j^3〉ハ〕記憶している.

er·ịn·nern [エあイナーン] [動] *h.* **1.** 〔sich^4+〈j^2/et^2〉ヲ/an 〈j^4/et^4〉ヲ〕思い出す, 覚えている《〈j^2/et^2〉は文語》. **2.** 〔(〈j^4〉ニ)+an 〈j^4/et^4〉ヲ〕思い出させる, 思い起こさせる. **3.** 〔〈j^4〉ニ+an 〈j^4/et^4〉ヲ〕忘れないよう注意する. **4.** 〔〈[文]〉デアルト/〈et^4〉ヲ〕《文・古》述べる〔指摘する〕《主に異論などを》.

die **Er·ịn·ne·rung** [エあイネるング] [名] -/-en **1.** 記憶;《[単]のみ》記憶力： eine schwache ~ an 〈j^4/et^4〉〈人・事の〉かすかな記憶. 〈j^4/et^4〉 in guter ~ haben 〈人・事を〉よく覚えている. 〈et^4〉 aus der ~ aufschreiben 〈事を〉記憶で書く. meiner ~ nach 私の記憶によれば. **2.** 記念〔思い出〕の品;《[単]のみ》記念, 思い出： 〈j^3〉 〈et^4〉 zur〔als〕 ~ schenken 〈人に〉記念の品として〈物を〉贈る. zur ~ an 〈j^4〉 〈人の〉思い出に《献辞》. **3.** 《[複]のみ》回想録. **4.** 警告, 督促状;〖法〗異議.

das **Er·ịn·ne·rungs·stück** [エあイネるングス・シュテュック] [名] -(e)s/-e 思い出の品.

der **Er·ịn·ne·rungs·ver·lust** [エあイネるングス・ふぇあルスト] [名] -es/ 〖医〗健忘症.

das **Er·ịn·ne·rungs·ver·mö·gen** [エあイネるングス・ふぇあ[メ]ーゲン] [名] -s/ 記憶力.

die **E·rịn·nye** [エりニュエ] [名] -/-n 《主に[複]》〖ギ神〗エリニュス《復讐(ふくしゅう)の女神》.

die **E·rịn·nys** [エりニュス] [名] -/..nyen ⇨ Erinnye.

(*die*) **E·ris** [エーりス] [名] 〖ギ神〗エリス《不和の女神》.

der **E·ris·ap·fel** [エーりス・アプふぇル] [名] -s/..äpfel 《主に[単]》エリスのリンゴ《トロイア戦争の原因》;《文》争いの種.

..e·risch [..エりシュ] [接尾] 動詞の語幹の後につけてその行為をする人の特性を表す形容詞を作る. 幹母音が変音することも, また..isch となることもある： haushält*erisch* 家政じょうずな. mürr*isch* 不機嫌な.

die **E·rịs·tik** [エりスティク] [名] -/ 論争術.

er·ja·gen [エあヤーゲン] [動] *h.* 〔〈et^4〉ヲ〕狩で捕える, 捕獲する;努力して獲得する《名声・財産などを》.

er·kạl·ten [エあカルテン] [動] *s.* 〔補足なし〕冷たくなる, 冷える《スープ・溶岩などが》;《転》冷める《愛情などが》.

er·käl·ten [エあケルテン] [動] *h.* **1.** 〔sich^4〕風邪をひく. **2.** 〔sich^3+〈et^4〉ヲ〕冷やしてこわす《胃などを》. **3.** 〔〈j^4/et^4〉ヲ〕《文》冷たくする, 冷やす.

er·käl·tet [エあケルテット] [形] 風邪をひいた.

die **Er·kạ̈l·tung** [エあケルトゥング] [名] -/-en 風邪： eine ~ haben 風邪をひいている. sich^3 eine ~ holen 《口》風邪をひく.

er·kạ̈mp·fen [エあケムプふぇン] [動] *h.* 〔(sich^3)+〈et^4〉ヲ〕戦い取る, 勝取る.

er·kau·fen [エあカウふぇン] [動] *h.* **1.** 〔〈et^4〉ヲ+〈様態〉デ〕(代償を払って)あがなう. **2.** 〔(sich^3)+〈j^4/et^4〉ヲ〕買収する, 金で買う.

er·kẹnn·bar [エあケン・バーあ] [形] 見てとれる, 認められる.

er·kẹn·nen* [エあケネン] [動] *h.* **1.** 〔〈j^4/et^4〉ガ〕見分けられる, (はっきり)見える, 認められる. **2.** 〔〈j^4/et^4〉ガ/〈[文]〉デアルコトガ+(an 〈et^3〉デ)〕分る, 識別される, 確認される. **3.** 〔〈j^4/et^4〉ヲ/〈[文]〉デアルコトヲ〕認識する, 分る, 見抜く, 認める, (正しく)評価〔鑑識〕する. **4.** 〔auf 〈et^4〉ノ〕〖法〗判決を下す, 宣告をする;〖スポーツ〗判定を下す. **5.** 〔〈j^4〉ヲ〕《文・古》知る《性的に》.

er·kẹnnt·lich [エあケントリひ] [形] 《次の形で》sich^4(bei 〈j^3〉 für 〈et^4〉) ~ zeigen (〈人の〉〈事に〉)感謝の意を表す. 〈j^3〉 ~ sein 〈人に〉感謝している.

die **Er·kẹnnt·lich·keit** [エあケントリひカイト] [名] -/-en 《硬》お礼の品, 感謝の印;《[単]のみ》感謝(の気持).

die **Er·kẹnnt·nis** [エあケントニス] [名] -/-se **1.** 認識;知識;《[複]のみ》(犯罪などの)情報： zur ~ gelangen〔kommen〕認識する. **2.** 《[単]のみ》認識能力.

die **Er·kẹnnt·nis·the·o·rie** [エあケントニス・テオりー] [名] -/ 〖哲〗認識論.

das **Er·kẹnnt·nis·ver·mö·gen** [エあケントニス・ふぇあ[メ]ーゲン] [名] -s/ 認識力.

E

Erkennungsdienst 352

der **Er·ken·nungs·dienst** [エァケヌングス・ディーンスト] 名 -(e)s/-e（警察の）鑑識課.
die **Er·ken·nungs·mar·ke** [エァケヌングス・マルケ] 名 -/-n（特に兵士の）認識票.
das **Er·ken·nungs·zei·chen** [エァケヌングス・ツァイヒェン] 名 -s/- 目印.
der **Er·ker** [エァカー] 名 -s/- 出窓.
das **Er·ker·fen·ster** [エァカー・ふェンスター] 名 -s/- 出窓の窓.
das **Er·ker·zim·mer** [エァカー・ツィマー] 名 -s/- 出窓のある部屋.
er·kie·sen* [エァキーゼン] 動 h.〔(sich³)+⟨et⁴⟩ッ〕（文）選ぶ.
er·klär·bar [エァクレーア・バー ア] 形 説明のつく.
er·klä·ren [エァクレーレン] 動 h. 1.〔(⟨j³⟩=)+⟨et⁴⟩ッ〕説明する, 明らかにする, わからせる, 解明する, 解釈する. 2.〔⟨j³/et³⟩ッ+⟨et⁴⟩ッ/⟨文⟩ダスふコト文〕言明する, 表明する, 声明する, 宣言する, 布告する, 告げ知らせる, 打明ける. 3.〔sich⁴+(aus⟨et³⟩カラ)〕説明がつく, 説明がつかぬ, 明らかになる. 4.〔sich⁴+⟨⟨様態⟩⟩=〕見解(意見)を(はっきり言う(述べる), 態度を表明する, 気持ちを打明ける. 5.〔⟨j⁴/et⁴⟩ッ+für⟨j⁴/et⁴⟩=(⟨形容詞⟩)ッダフル〕言う, 言明する, 宣言する, 宣告する. 6.〔⟨j⁴⟩ッ+zu⟨j³⟩=〕指名する（後継者などに）;（…）と判定する.
er·klär·lich [エァクレーァリヒ] 形 よく分る, 説明のつく.
er·klär·li·cher·wei·se [エァクレーァリヒァー・ヴァイゼ] 副（文飾）当然のことながら.
er·klärt [エァクレーァト] 形 明白な, 公然たる; 断固たる.
die **Er·klä·rung** [エァクレーラング] 名 -/-en 1. 説明, 解明, 注釈: eine ~ für ⟨et⁴⟩ finden ⟨事の⟩（ ）. 2. 表示; 宣言; 声明;（愛の）告白（ ）: eine eidesstattliche ~ abgeben 宣誓（ ）.

...lich [エァクリックリヒ] 形（文）かなわの.
...tern [エァクレッターン] 動 h.〔⟨et⁴⟩=〕よじ登る.
...nmen* [エァクリメン] 動 s.〔⟨et⁴⟩=〕（苦労して）登頂する(山などに); 登りつめる(最高の地位などに).
...klin·gen* [エァクリンゲン] 動 s.〔（擬音）ひびく〕鳴響く.
...klü·geln [エァクリューゲルン] 動 h.〔⟨et⁴⟩ッ〕（稀）頭をひねって(無理に)考え出す.
er·kran·ken [エァクランケン] 動 s.〔(an⟨et³⟩=)〕かかる（病気に）.
die **Er·kran·kung** [エァクランクング] 名 -/-en 罹病, 病気.
er·küh·nen [エァキューネン] 動 h.〔sich⁴+zu⟨動⟩ッ〕（文）あえて〔大胆にもおこがましくも〕する.
er·kun·den [エァクンデン] 動 h.〔⟨et⁴⟩ッ〕偵察する, 探索する.
er·kun·di·gen [エァクンディゲン] 動 h.〔sich⁴+(nach⟨j³/et³⟩ッ/(⟨文⟩ダフルオ(バウカン)ッ〕尋ねる, 問合せる, 照会する.
die **Er·kun·di·gung** [エァクンディグング] 名 -/-en 問合せ, 照会: bei⟨j³⟩ über⟨j⁴/et⁴⟩ ~en einziehen ⟨人の所で⟩⟨人・事・物の⟩情報を得る.
der **Er·kun·dungs·flug** [エァクンドゥングス・ふルーク] 名 -(e)s/..flüge 偵察飛行.
er·kün·steln [エァキュンステルン] 動 h.〔⟨et⁴⟩ッ〕（貶）装う: *erkünstelt* sein わざとらしい.
er·kü·ren⁽*⁾ [エァキューレン] 動 h.〔⟨j¹/et⁴⟩ッ+(zu⟨j³/et³⟩ッ/(⟨文⟩ダフルアル)〕選ぶ.
..erl [..エァル] 接尾（南独・ ）名詞について縮小名詞を作る: Hund*erl* 小犬.
der **Er·lag·schein** [エァラーク・シャイン] 名 -(e)s/-e（ ）郵便払込用紙.
er·lah·men [エァラーメン] 動 s.〔（擬音）〕疲れる, 麻痺（ ）する（腕・脚などが）;（文）衰える, 弱まる（力・風などが）.

er·lan·gen [エァランゲン] 動 h.〔⟨et⁴⟩ッ〕獲得する(自由などを), 得る(許可などを),（…に）到達する(悟りなどに), 達する(年齢・高度などに).
(*das*) **Er·lan·gen** [エァランゲン] 名 -s/《地名》エアランゲン(バイエルン州の都市).
die **Er·lan·gung** [エァラングング] 名 -/-en 入手, 獲得; 到達, 達成.
der **Er·lass**, ⓐ **Er·laß** [エァラス] 名 -es/-e（（ ））-es/..lässe 1.（省庁の）命令, 訓令, 通達;（ⓐのみ）告示, 公布, 発布, 布告. 2. 免除, 赦免.
er·las·sen* [エァラッセン] 動 h. 1.〔⟨et⁴⟩ッ〕公布〔発令〕する. 2.〔⟨j³⟩ッ+⟨et⁴⟩ッ〕免除する.
das **Er·lass·jahr**, ⓐ **Er·laß·jahr** [エァラス・ヤーる] 名 -(e)s/-e《ユダヤ教》(50年ごとの)ヨベルの年;《 》(25年ごとの)聖年.
er·lau·ben [エァラウベン] 動 h. 1.〔(⟨j³⟩=)+⟨et⁴⟩ッ/⟨文⟩ダフルコト文〕許可する, 許す, 同意する, 承認する, 自由にやらせる, 可能にする, する権限を与える. 2.〔sich³+⟨et⁴⟩ッ/zu⟨動⟩ッ〕(失礼を省みず)勝手にする, 平気である: Darf ich mir ~, Sie für morgen Abend einzuladen？ 明晩ご招待申上げたいんですが, いかがですか. 3.〔sich³+⟨et⁴⟩ッ〕奮発する, 買う(味わう・使う)贅沢（ ）をする. 【慣用】 (Na,) erlauben Sie mal！〔口〕いったいどうするこ〔言うつもりだ(非難の言葉). Was erlauben Sie sich denn！ 何て勝手な(厚かましい)ことをする(言う)のだ(相手の言動・要求に対して立腹して, 非難・拒否する言葉).
die **Er·laub·nis** [エァラウプニス] 名 -/-se（主にⓐ）許可, 同意, 認可:⟨j⁴⟩ um ~ für⟨et⁴⟩ bitten ⟨人に⟩⟨事の⟩許しを請う. mit Ihrer ~ お許しを得て.
der **Er·laub·nis·schein** [エァラウプニス・シャイン] 名 -(e)s/-e 許可証, 免許状.
er·laubt [エァラウフト] 形 許された, かまわない.
er·laucht [エァラウホト] 形（文）高貴な, 抜きんでた.
die **Er·laucht** [エァラウホト] 名 -/-en 伯爵(人);（ⓐのみ）伯爵;（伯爵）閣下(旧: 尊称).
er·lau·schen [エァラウシェン] 動 h.〔⟨et⁴⟩ッ〕(稀)(耳をそばだてて)聞取る.
er·läu·tern [エァロイターン] 動 h.〔(⟨j³⟩=)+⟨et⁴⟩ッ〕解説する,（…に）注釈を加える.
die **Er·läu·te·rung** [エァロイテラング] 名 -/-en 解説, 注釈.
die **Er·le** [エァレ] 名 -/-n《植》ハンノキ;（ⓐのみ）ハンノキ材.
er·le·ben [エァレーベン] 動 h. 1.〔⟨et⁴⟩ッ〕体験〔経験〕する. 2.〔⟨j⁴/et⁴⟩ッ〕（自分の目(耳)で)見る〔聞く〕,（…に)出会う. 3.〔⟨et⁴⟩ッ〕（結果として）する: eine Niederlage ~ 敗北を喫する. die zehnte Auflage ~（本が)10版を重ねる. 4.〔⟨et⁴⟩ッ〕生きていて経験する, 迎える: ein Comeback ~ カムバックする. 【慣用】 Da kannst du(von mir) was erleben！〔口〕そんなら思い知らせてやるぞ. die erlebte Rede《文芸学》体験話法. Hat man so was schon erlebt！〔口〕こんなことってあるのか.
der **Er·le·bens·fall** [エァレーベンス・ふぁル] 名 -(e)s/《保険》(満期日まで)生存の場合.
das **Er·leb·nis** [エァレープニス] 名 -ses/-se 体験, 経験: ein ~ aus meinem Leben/von meiner Reise 私の人生/私の旅行で得た体験.
der **Er·leb·nis·be·richt** [エァレープニス・ベリヒト] 名 -(e)s/-e 体験報告, 体験談.
die **Er·leb·nis·ga·stro·no·mie** [エァレープニス・ガストロノミー] 名 -/（総称）食事と共にショウや音楽なども提供する飲食店業.
er·le·di·gen [エァレーディゲン] 動 h. 1.〔⟨et⁴⟩ッ〕済ます(手続き・買い物などを), 片づける(問題を), 果す(任務などを), 処理する(毎日の郵便物などを). 2.

〔sich⁴〕かたがつく(問題などが). **3.** 〔(ﾃﾞﾝﾜ〕片づける,やっつける.

er.le.digt [エアレーディヒト] 形 **1.** 片づいた,既決の. **2.** 《口》疲れ果てた. **3.** 《古》空席の.

die **Er.le.di.gung** [エアレーディグング] 名 -/-en **1.** (のみ)処理すること(果す・解決する)こと,処理されること: in ~ Ihres Auftrags《硬》ご依頼により. **2.** 職務;買い物.

er.le.gen [エアレーゲン] 動 h. **1.** 〔et⁴ﾂ〕《文》仕留める. **2.** 〔et⁴ﾂ〕(ｼﾞｭｳｼｮｳ) 支払う.

die **Er.le.gung** [エアレーグング] 名 -/-en (獲物を銃で)仕留める(められる)こと;(金を)支払う(られる)こと.

er.leich.tern [エアライヒテルン] 動 h. **1.** 〔et⁴ﾂ〕軽くする(バッグなどを). **2.** 〔j⁴ﾂ〕+〔et³ﾂ〕(ﾖﾘ)容易にする,楽にする. **3.** 〔j⁴ﾂ〕安心させる,ほっとさせる(知らせなどが). **4.** 〔sich⁴〕気持が軽くなる,ほっとする. **5.** 〔et⁴ﾂ〕重荷を軽くする(心などの). **6.** 〔sich⁴〕《口》(上着などを脱いで)楽にする;(用を足して)すっきりする. **7.** 〔j⁴ﾂｶﾗ〕+(um〔et⁴ﾂ〕)《口・冗》巻上げる,取る.

er.leich.tert [エアライヒタート] 形 ほっとした,楽になった: ~ aufatmen ほっと息をつく.

die **Er.leich.te.rung** [エアライヒテルング] 名 -/-en **1.** (のみ)安心〔安堵(ｱﾝﾄﾞ)〕感. **2.** 軽減.

er.lei.den [エアライデン] 動 h. 〔et⁴ﾂ〕苦しむ,悩まされる(不安などを);被る,受ける(損害などを).

der **Er.len.mey.er.kol.ben** [エルレンマイアー・コルベン] 名 -s/-《化》平底フラスコ.

er.lern.bar [エアレルンバール] 形 習得できる.

die **Er.lern.bar.keit** [エアレルンバーカイト] 名 -/ 習得しること.

er.ler.nen [エアレルネン] 動 h. 〔et⁴ﾂ〕習得する.

er.le.sen¹* [エアレーゼン] 動 h. 〔et⁴ﾂ〕**1.**《文》選(ｴﾘ)り抜く. **2.** 〔sich³〕+〔et⁴ﾂ〕読書して身につける.

er.le.sen² [エアレーゼン] 形 選りすぐった,極上の.

er.leuch.ten [エアロイヒテン] 動 h. 〔et⁴ﾂ〕明るくする,照らす;〔et⁴ﾂがsich⁴の場合〕明るくなる. **2.** 〔j⁴/et⁴ﾂ〕光〔ひらめき〕を与える,ぱっとひらめく(思いつきが).

die **Er.leuch.tung** [エアロイヒトゥング] 名 -/-en ひらめき,着想: 〔j³〕kommt eine ~《人》直感する.

er.lie.gen* [エアリーゲン] 動 s. **1.** 〔j³/et³ﾂ〕負ける,《古》敗れる,屈する. **2.** 〔et³ﾂ〕死ぬ(病気で). **3.** 《場所ﾃﾞ》〔et³ﾂ〕保管しておる.【慣用】**zum Erliegen bringen**《事ﾃﾞ》止める(交通などを). **zum Erliegen kommen** 止まる(交通などが).

er.lis.ten [エアリステン] 動 h. 〔(sich³)+〔et⁴ﾂ〕(策を用いて)せしめる.

der **Erl.kö.nig** [エルル・ケ̈ーニヒ] 名 -s/-e **1.** (のみ)妖精の王,魔王. **2.**《車》(ｼｼﾞﾝ)覆面テスト車.

er.lo.gen [エアローゲン] 形 捏造(ﾈﾂｿﾞｳ)した,でっち上げの.

der **Er.lös** [エアレ̈ース] 名 -es/-e (販売・非生産業務の)収益,売上.

er.lo.schen [エアロッシェン] 形 火〔明り〕の消えた;絶えた;失効した: ~e Vulkane 死〔休〕火山.

er.lö.schen* [エアレ̈ッシェン] 動 s. (ﾉｷﾚ) 消える(火などが);鎮める(感情が);絶える(家系などが);失効する(契約などが).

er.lö.sen [エアレ̈ーゼン] 動 h. **1.** 〔j⁴ﾂ〕+(aus(von)〔et³ﾂ〕)救い出す,解放する. **2.** 〔et⁴ﾂ〕《古》得る(ある物を売って)金を.

der **Er.lö.ser** [エアレ̈ーザー] 名 -s/- 救済者;(のみ)救世主.

die **Er.lö.sung** [エアレ̈ーズング] 名 -/-en (主に)(罪・苦痛などからの)救済,解放.

er.lü.gen* [エアリューゲン] 動 h. 〔et⁴ﾂ〕捏造(ﾈﾂｿﾞｳ)する,でっち上げる.

er.mäch.ti.gen [エアメヒティゲン] 動 h. 〔j⁴ﾂ〕+zu〔et³ﾂ〕/zu(動)ｽﾙｺﾄｦ〕権限〔全権〕を与える.

die **Er.mäch.ti.gung** [エアメヒティグング] 名 -/-en 権限の付与;権限.

das **Er.mäch.ti.gungs.ge.setz** [エアメヒティグングス・ゲゼッツ] 名 -es/-e《法》授権法.

er.mah.nen [エアマーネン] 動 h. 〔j⁴ﾂ〕+zu〔et³ﾂ〕/zu(動)ｽﾙｺﾄｦ〕厳しく注意する,警告する,諭(ｻﾄ)す.

die **Er.mah.nung** [エアマーヌング] 名 -/-en 注意(の喚起),説諭;警告,督促.

er.man.geln [エアマンゲルン] 動 h.《文》**1.** 〔et²ｶﾞ〕欠けている(必要なもの・有利なものて・望ましいものが). **2.** 〔nicht+zu 〔動〕ｽﾙｺﾄﾆ〕《古》怠らない,必ずや(…)せずにはおかない.

(*die*) **Er.man.ge.lung** [エアマンゲルング] 名《次の形で》**in ~ einer Sache**《文》〈物・事が〉欠如しているので.

die **Er.mang.lung** [エアマングルング] 名 =Ermangelung.

er.man.nen [エアマネン] 動 h. 〔sich⁴〕《文》奮起する.

er.mä.ßi.gen [エアメースィゲン] 動 h. **1.** 〔et⁴ﾂ〕引下げる;割引する(税・料金・値段などを);引下げる(目標・要求などを);軽減する(刑罰などを). **2.** 〔sich⁴〕安くなる〔引引に〕なる.

die **Er.mä.ßi.gung** [エアメースィグング] 名 -/-en 引下げ;割引,値引.

er.mat.ten [エアマッテン] 動《文》**1.** s. (ﾉｷﾚ)疲労困憊(ｺﾝﾊﾟｲ)する,萎(ﾅ)える(手・腕・足などが);光沢を失う(黄金などが);衰える(想像力・関心などが). **2.** h. 〔j⁴ﾂ〕疲れさせ,消耗させる(兵力などを).

die **Er.mat.tung** [エアマットゥング] 名 -/-en 疲労,消耗.

er.mes.sen* [エアメッセン] 動 h. 〔et⁴ﾂ〕正当に評価〔判断〕する(価値・目標・業績などを);〔et⁴ﾂがsich⁴の場合〕正当に評価される.

das **Er.mes.sen** [エアメッセン] 名 -s/ 評価,判断: 〔et⁴〕**in** 〔j²〕~**stellen**〈事を〉〈人の〉裁量に任せる. **nach menschlichem** ~ 間違いなく,確実に.

er.mit.teln [エアミッテルン] 動 h. **1.** 〔j⁴/et⁴ﾂ〕突止める(犯人・隠れ家・真実などを);確定する(選挙の結果などを),算出する(平均値などを). **2.**《法》捜査(活動)をする. **3.** 〔gegen 〔j⁴ﾂ〕〕《法》捜査する.

der **Er.mitt.ler** [エアミットラー] 名 -s/- 捜査官.

die **Er.mitt.lung** [エアミットルング] 名 -/-en 捜し出すこと,確定;捜査,調査.

das **Er.mitt.lungs.ver.fah.ren** [エアミットルングス・ふぁあーレン] 名 -s/- 捜査手続.

er.mög.li.chen [エアメ̈ークリヒェン] 動 h. 〔(〔j³〕=)+〔et⁴ﾂ〕可能にする.

er.mor.den [エアモルデン] 動 h. 〔j⁴ﾂ〕(意図的に)殺す,殺害する.

die **Er.mor.dung** [エアモルドゥング] 名 -/ en 殺害.

er.mü.den [エアミューデン] 動 **1.** s. (ﾉｷﾚ)疲れ(果て)る,眠くなる,だらける(人・目などが);《工》疲労する(金属などが). **2.** h. 〔j⁴ﾂ〕疲れ(果て)させる,眠気を催させる;うんざりさせる.

er.mü.dend [エアミューデント] 形 疲れる,骨の折れる.

die **Er.mü.dung** [エアミュードゥング] 名 -/-en (主に)(の)疲れ,疲労(ｶﾝ);眠気;《工》(金属)疲労.

die **Er.mü.dungs.er.schei.nung** [エアミュードゥングス・エアシャイヌング] 名 -/-en 疲れの現れ,疲労の徴候.

er.mun.tern [エアムンテルン] 動 h. **1.** 〔j⁴ﾂ〕+zu〔et³ﾂ〕/zu〔動〕ｽﾙｺﾄｦ〕/zu〔et³ﾂﾍﾄ〕励ます,勇気〔元気〕づける,促す;〔j⁴〕がsich⁴の場合〕やっと(…する)決心がつく. **2.** 〔j⁴ﾂ〕《古》目を覚ます,眠気を覚ます(コーヒーなどが);〔j⁴ﾂがsich⁴の場合〕目が覚める,眠気が覚める.

die **Er.mun.te.rung** [エアムンテルング] 名 -/-en **1.**

er·mu·ti·gen [エアムーティゲン] 動 h. 〈j⁴ッ〉勇気〔元気〕づける, 励ます.

die Er·mu·ti·gung [エアムーティグング] 名 -/-en 1. 鼓舞, 激励. 2. 激励の言葉.

der Ern [エーアン] 名 -/- =Eren.

..ern [..あーン] 接尾 1. =..en¹. 運動や音の反復を表す動詞を作る; flattern ひらひらする.

(die) Er·na [エアナ] 【女名】エルナ.

er·näh·ren [エアネーレン] 動 h. 1. 〈j⁴ッ〉+〈(様態)ッ〉栄養を与える. 2. 〈j⁴ッ〉扶養する. 3. 〈sich⁴+〈(様態)ッ〉栄養を摂取する;生計を立てる.

der Er·näh·rer [エアネーらー] 名 -s/- 扶養者,養育者.

die Er·näh·rung [エアネールング] 名 -/-en 1. 栄養の供給,栄養摂取;食物,食品. 2. 扶養,経済援助.

die Er·näh·rungs·stö·rung [エアネールングス・シュテールング] 名 -/-en 〔医〕栄養障害.

die Er·näh·rungs·wei·se [エアネールングス・ヴァイゼ] 名 -/ 栄養摂取法.

der Er·näh·rungs·zu·stand [エアネールングス・ツー・シュタント] 名 -(e)s/ 栄養状態.

er·nen·nen* [エアネネン] 動 h. 1. 〈j⁴ッ〉+zu〈j³ッ〉任命する. 2. 〈j⁴ッ〉指名する(後継者などを).

die Er·nen·nung [エアネヌング] 名 -/-en 任命;指名.

die Er·nen·nungs·ur·kun·de [エアネヌングス・ウーあ・クンデ] 名 -/-en 任命書,辞令.

er·neu·en [エアノイエン] 動 h. 〔稀〕=erneuern.

er·neu·er·bar [エアノイあー・バール] 形 修理〔修繕〕できる,再生利用の.

er·neu·ern [エアノイアーン] 動 h. 1. 〈et⁴ッ〉新しくする,新しいのと取替える(プールの水・タイヤ・ドレスなどを);修復する,改装〔改築〕する. 2. 〈sich⁴〉新しくなる(細胞などが). 3. 〈et⁴ッ〉復活させる(友情・思想などを),記憶によみがえらせる(思い出・体験などを);eine alte Freundschaft ~ 旧交を温める. 4. 〈et⁴ッ〉更新する(契約・免許証などを),再提出する(願書・告訴状などを).

die Er·neu·e·rung [エアノイエルング] 名 -/-en 新しくする〔される〕こと,取替え;改修,改装;復活;更新.

er·neut [エアノイト] 形 新たな.

er·nied·ri·gen [エアニードリゲン] 動 h. 1. 〈j⁴ッ+(zu〈j³/et³ッ)〉貶(さげす)める;格下げする;〈j⁴〉sich⁴の場合は自分の品位を落とす. 2. 〈et⁴ッ〉下落させる,低くする(物価・圧力などを). 3. 〔楽〕半音下げる.

die Er·nied·ri·gung [エアニードリグング] 名 -/-en 低下;格下げ;屈辱;〔楽〕半音下げること.

ernst [エルンスト] 形 1. まじめな,真剣な: eine ~e Miene machen 真剣な顔つきをする. ~e Musik(軽音楽に対して)クラシック音楽. 2. 重要な,重大な: eine ~ Lage を nehmende Sache 重要視しなくてはならないこと. ein ~es Wort mit〈j³〉zu reden haben 〈人と〉重要な話がある. 3. 本気の,本心からの: Es ist ihm ~ mit dem Vorschlag. 彼はその提案を本気でしているのだ. Das war nicht ~ gemeint. それは本気ではなかったのだ. 4. 深刻な,容易ならぬ. 〔慣用〕ernste Absichten haben 〔口〕本気で結婚する意志がある. 〈j⁴/et⁴〉ernst nehmen 〈人・事を〉重要視する〔真に受ける〕.

(der) Ernst¹ [エルンスト] 名 1. 【男名】エルンスト. 2. 【人名】エルンスト(Max ~, 1891-1976, ドイツ生まれのシュールレアリズム画家).

der Ernst² [エルンスト] 名 -es/ 1. まじめ,真剣,本気 ⇔ 本気で. mit ~ 真剣に. allen ~es 本気〔大まじめ〕で. 〈j³〉ist mit 〈et³ッ〉〈人は〉〈事を〉本気でするつもりだ. 2. 厳しい現実,厳粛;重大さ,深刻さ. 〔慣用〕mit 〈et³ッ〉Ernst machen 〈事を〉実行する.

der Ernst·fall [エルンスト・ファる] 名 -(e)s/ 危急の場合,緊急事態: im ~ 万一の場合に.

ernst ge·meint, ⓑernstge·meint [エルンスト ゲマイント] 形 真剣な,まじめな.

ernst·haft [エルンストハフト] 形 1. まじめな〔様子の〕,真剣な〔様子の〕. 2. 重大な: ~e Mängel 重大な欠陥. 3. 本気の,本心からの. 4. 深刻な,重い;重大に: ~ krank sein 重病である.

ernst·lich [エルンストリヒ] 形 1. まじめな. 2. (主に副詞として)本気で,本心から: 〈j³〉 hat ~ den Wunsch〔den ~en Wunsch〕,.. zu 動〈人は〉本気で…したいと望んでいる. 3. (主に副詞として)はなはだ: ~ in Gefahr sein はなはだ危険である.

die Ern·te [エルンテ] 名 -/-n 1. 取入れ,収穫. 2. 収穫物,収穫高: die ~ an Getreide 穀物の収穫. 3. (努力・行為の)報い. 〔慣用〕〈j³〉 ist die ganze Ernte verhagelt 〈人は〉失敗に意気消沈する. schreckliche Ernte halten 猛威をふるう,多くの死者を出す.

die Ern·te·ar·beit [エルンテ・アるバイト] 名 -/-en 収穫作業.

das Ern·te·dank·fest [エルンテ・ダンク・フェスト] 名 -(e)s/-e 収穫感謝祭.

der Ern·te·er·trag [エルンテ・エあトらーク] 名 -(e)s/..träge 収穫高.

das Ern·te·fest [エルンテ・フェスト] 名 -(e)s/-e 収穫祭.

die Ern·te·ma·schi·ne [エルンテ・マシーネ] 名 -/-n 収穫機,刈取り機.

der Ern·te·mo·nat [エルンテ・モーナト] 名 -(e)s/-e 〔古〕8月.

ern·ten [エルンテン] 動 h. 〈et⁴ッ〉収穫する,取入れる;〔転〕受ける(感謝・嘲笑(ちょうしょう)などを).

der Ern·te·se·gen [エルンテ・ゼーゲン] 名 -s/ 〔文〕収穫高.

der Ern·te·wa·gen [エルンテ・ヴァーゲン] 名 -s/- 収穫車.

die Ern·te·zeit [エルンテ・ツァイト] 名 -/-en 収穫期.

er·nüch·tern [エアニュヒターン] 動 h. 〈j⁴ッ〉酔いをさます;(…を)現実に引き戻す.

die Er·nüch·te·rung [エアニュヒテルング] 名 -/-en 酔いがさめること;現実に引き戻されること.

der Er·obe·rer [エアオーべらー] 名 -s/- 征服者,占領者.

er·obern [エアオーバーン] 動 h. 1. 〈et⁴ッ〉征服する,侵略する. 2. 〈sich⁴〉+〈j³/et⁴ッ〉(苦労・努力の結果として)手に入れる,獲得する;開拓する(市場を);〔文〕征服する(山を);〔口〕見物する.

die Er·obe·rung [エアオーベルング] 名 -/-en 1. 征服,占領,侵略;獲得: ~n〔eine ~〕machen 人の心を征服〔わがものに〕する. 2. 戦利品,略奪品;獲得物.

der Er·obe·rungs·krieg [エアオーベるングス・クリーク] 名 -(e)s/-e 侵略戦争.

er·öff·nen [エアエフネン] 動 h. 1. 〈et⁴ッ〉開く,開業する,開設する. 2. 〈et⁴ッ〉〔医〕切開する;〔官〕開封する(職権で). 3. 〈et⁴ッ〉開会を宣言する,(…を)開始する;〔法〕(…を)開始する(調停・破産手続などを);〔商〕(…を)開く(口座を). 4. 〈j³〉+〈et⁴ッ〉打明ける. 5. 〈j³〉+〈et⁴ッ〉〔文〕秘密〔本心〕を打明ける. 6. 〈(〈j³〉=)+〈et⁴ッ〉開く(可能性などを). 7. 〈sich⁴+〈j³〉=〉開かれる,現れる(チャンスなどが). 8. 〈様態ッ〉〔金融〕寄与่する.

die Er·öff·nung [エアエフヌング] 名 -/-en 開始;開通,開場,開設,開催;開封;切開;告白: 〈j³〉 eine ~ machen 〈人に〉打明け話をする.

der **Er·öff·nungs·be·schluss,** [旧]**Eröff·nungs·be·schluß** [エあ㊣ふヌングス・ベシュルス] [名] -es/ ..schlüsse 〖法〗公判開始決定.

e·ro·gen [エロ・ゲーン] [形] 性欲を刺激する;性的刺激に敏感な : ~*e* Zonen 性感帯.

er·ör·tern [エあ㊣るターン] [動] *h.* 〔〈et^{4}〉ヲ〕(詳しく)論ずる, 論議する, 論究する.

die **Er·ör·te·rung** [エあ㊣るテるング] [名] -/-en 討議, 論究.

der **E·ros** [エーろス] [名] -/ **1.** 愛, 性愛. **2.** 〖心〗性衝動. **3.** 〖哲〗エロス(イデアの世界への認識衝動). **4.** (〔複〕Eroten;主に無冠詞)〖ギ神〗エロス(愛の神). **5.** (〔単〕のみ)〖天〗エロス(小惑星の一つ).

das **E·ros·cen·ter,** [旧]**Eros-Cen·ter** [エーろス・センター, エーろス・ツェンター] [名] -s/- エロスセンター(当局が認可・監督する売春宿).

die **E·ro·si·on** [エろズィオーン] [名] -/-en 〖地質〗浸食;〖医〗ただれ, 糜爛(びらん);侵食(歯のエナメル質の欠損・摩耗);〖工〗(不燃性建材の)機械的破損.

der **E·ro·si·ons·schutz** [エろズィオーンス・シュッツ] [名] -es/-e 浸食防護策.

die **E·ros·tess** [エろステス] [名] -/-en 売春婦.

(*die*) **E·ro·ten** [エろーテン] [複名] ⇨Eros 4.

die **E·ro·tik** [エろーティク] [名] -/ 性愛, エロチシズム;《婉》性(行動).

der **E·ro·ti·ker** [エろーティカー] [名] -s/- 好色漢, 恋愛の達人;恋愛詩人, 好色文学作家.

das **E·ro·ti·kon** [エろーティコン] [名] -s/..ka 性愛文学作品, 好色文学;(主に〔複〕)催淫剤.

e·ro·tisch [エろーティシュ] [形] 性愛の, エロチックな;《婉》性の.

die **E·ro·to·ma·nie** [エろト・マニー] [名] -/ 〖医・心〗色情狂, 性欲異常.

der **Er·pel** [エるペル] [名] -s/- カモ〔アヒル〕の雄.

er·picht [エあピひト] [形] 〔auf 〈et^{4}〉ニ〕執心〔執着〕した : aufs Geld ~ sein お金に執着している.

er·pres·sen [エあプれっセン] [動] *h.* **1.** 〔〈j^{4}〉ヲ〕恐喝する, ゆする. **2.** 〔〈j^{3}〉カラ/von 〈j^{3}〉カラ+〈et^{4}〉ヲ〕脅し取る, (…に…を)無理強いする.

der **Er·pres·ser** [エあプれっサー] [名] -s/- 恐喝者.

die **Er·pres·sung** [エあプれっスング] [名] -/-en 恐喝, 強要.

der **Er·pres·sungs·ver·such** [エあプれっスングス・ふぇあズーふ] [名] -(e)s/-e 恐喝未遂.

er·pro·ben [エあプろーベン] [動] *h.* 〔〈j^{4}/et^{4}〉ヲ〕試す, テストして確かめる.

er·probt [エあプろープト] [形] 試し〔テスト〕済みの;《稀》昔からの.

die **Er·pro·bung** [エあプろーブング] [名] -/-en 試し, 試験.

er·qui·cken [エあクヴィッケン] [動] *h.* 《文》 **1.** 〔〈j^{4}〉ヲ〕元気を回復させる(睡眠・清涼飲料などが), さわやかな〔晴々とした〕気分にさせる(喜びなどが). **2.** 〔sich^{4}〕元気を回復する, さわやかな〔晴々とした〕気分になる.

er·qui·ckend [エあクヴィっケント] [形] 《文》爽快(そうかい)にする.

er·quick·lich [エあクヴィっクリひ] [形] 《文》快い, 喜ばしい.

die **Er·qui·ckung** [エあクヴィックング] [名] -/-en 《文》 **1.** 元気を回復させること. **2.** 元気を回復させるもの.

er·raf·fen [エあらっふぇン] [動] *h.* 〔〈et^{4}〉ヲ〕《文》かき集める;ひったくる.

die **Er·ra·ta** [エらータ] [複名] (Erratumの〔複〕)(本に添付された)正誤表.

er·ra·ten* [エあらーテン] [動] *h.* 〔〈et^{4}〉ヲ〕言当てる, 推察する, 推測する(他人の考え・意図などを);判読する(文字・数字などを).

er·ra·tisch [エあらーティシュ] [形] 〖地質〗漂移性の : ein ~*er* Block 漂石, 捨て子石.

das **Er·ra·tum** [エらートゥム] [名] -s/..ta 間違い;〖印〗誤植, 誤字;(〔複〕のみ)正誤表.

er·rech·nen [エあれひネン] [動] *h.* **1.** 〔〈et^{4}〉ヲ〕算出する, 算定する. **2.** 〔sich^{4}+aus 〈et^{3}〉カラ〕《文》算出されうる. **3.** 〔sich^{3}+〈et^{4}〉ヲ〕予測する.

er·reg·bar [エあれーク・バーあ] [形] かっとなりやすい, 敏感な.

die **Er·reg·bar·keit** [エあれークバーあカイト] [名] -/ 興奮しやすいこと, 敏感〔過敏〕なこと.

er·re·gen [エあれーゲン] [動] *h.* **1.** 〔〈j^{4}/et^{4}〉ヲ〕興奮させる, 昂らせる;刺激する(食欲・空想力などを). **2.** 〔sich^{4}+über 〈j^{4}/et^{4}〉デ〕興奮する, 激昂する. **3.** 〔〈et^{4}〉ヲ〕引起こす. **4.** 〔〈et^{4}〉ヲ〕《転・文》荒れ狂わせる(嵐が湖などを).

er·re·gend [エあれーゲント] [形] 刺激する, 興奮させる.

der **Er·re·ger** [エあれーガー] [名] -s/- 病原体;刺激〔原因〕となるもの.

er·regt [エあれークト] [形] 興奮した, 激しい.

die **Er·regt·heit** [エあれークトハイト] [名] -/ 興奮状態.

die **Er·re·gung** [エあれーグング] [名] -/-en **1.** 興奮させること;興奮状態 : 〈j^{4}〉 in ~ bringen 〈人ヲ〉興奮させる. **2.** 呼び起こすこと;刺激 : die ~ öffentlichen Ärgernisses 〖法〗公衆に嫌悪の情を催させること.

er·reich·bar [エあらイひ・バーあ] [形] **1.** 手の届く : in ~*er* Nähe 手の届く近さに. **2.** 〔〈様態〉デ〕連絡がとれる;到達〔達成〕できる : Er ist telefonisch ~. 彼は電話で連絡がとれる. **3.** 〔〈et^{3}〉ニ/für 〈et^{4}〉ニ〕《古》乗りやすい(誘惑などに).

er·rei·chen [エあらイひぇン] [動] *h.* **1.** 〔(mit 〈et^{3}〉ガ(デ))+〈et^{4}〉ニ〕届く(手・足などが). **2.** 〔〈j^{4}/et^{4}〉ニ〕到達〔到着〕する, 達する;届く(手紙などが);間に合う(列車などに);追いつく. **3.** 〔〈j^{4}〉ニ〕連絡がつく(主に電話で). **4.** 〔〈et^{4}〉ヲ〕達成する, 成就する, 実現させる, 成功させる.

die **Er·rei·chung** [エあらイひゅング] [名] -/-en 達すること, 到達;達成, 実現, 成就.

er·ret·ten [エあれっテン] [動] *h.* 〔〈j^{4}〉ヲ〕《文》救う.

der **Er·ret·ter** [エあれっター] [名] -s/- 《文》救い手.

er·rich·ten [エありひテン] [動] *h.* **1.** 〔〈et^{4}〉ヲ〕建てる;〖数〗立てる(垂線を);〖法〗作成する(遺言状などを). **2.** 〔〈et^{4}〉ヲ〕設立する(会社・財団(法人)などを);創設する(国家・政治体制などを).

die **Er·rich·tung** [エありひトゥング] [名] -/-en 建設;作成;設立;創設.

er·rin·gen* [エありンゲン] [動] *h.* 〔(sich^{3})+〈et^{4}〉ヲ〕獲得する(賞などを);努力して得る(友情などを).

er·rö·ten [エあ㊣ーテン] [動] *s.* 〔補足なし〕《文》顔を赤らめる.

die **Er·run·gen·schaft** [エあるンゲンシャふト] [名] -/-en 苦労して獲得したもの, 成果 : Das ist meine neueste ~. 《口》これは私が最近手に入れた物だ.

der **Er·satz** [エあザっツ] [名] -es/..sätze (主に〔単〕) **1.** 代りの人〔物〕;賠償, 補償 : für 〈et^{4}〉 ~ leisten 〈事ノ〉賠償をする. **2.** 〖軍〗補充部隊. **3.** 《稀》代用すること.

der **Er·satz·an·spruch** [エあザっツ・アン・シュプるっふ] [名] -(e)s/..sprüche 賠償請求権.

die **Er·satz·be·frie·di·gung** [エあザっツ・べふりーディグング] [名] -/-en 〖心〗代償満足.

die **Er·satz·deh·nung** [エあザっツ・デーヌング] [名] -/-en 〖言〗代償延長(後続する子音が消失し,母音が長くなること).

der **Er·satz·dienst** [エあザっツ・ディーンスト] [名] -(e)s/ 代役(兵役忌避者に課せられる代替社会奉仕勤務).

die **Er·satz·hand·lung** [エあザっツ・ハンドルング] [名] -/

-en 〖心〗代償行動.

die **Er·satz·kas·se** [エあザッツ·カッセ] [名] -/-n 任意疾病保険金庫.

die **Er·satz·leis·tung** [エあザッツ·ライストゥング] [名] -/-en 補償, 賠償, 弁償.

der **Er·satz·mann** [エあザッツ·マン] [名] -(e)s/..männer〔..leute〕代りの人, 交替要員;〖スポーツ〗補欠.

die **Er·satz·mi·ne** [エあザッツ·ミーネ] [名] -/-n 替え芯, スペア(インク).

er·satz·pflich·tig [エあザッツ·プふリひティひ] [形] 賠償〔補償〕義務のある.

der **Er·satz·rei·fen** [エあザッツ·らイふェン] [名] -s/- スペア〔予備〕タイヤ.

die **Er·satz·re·ser·ve** [エあザッツ·れぜるヴェ] [名] -/-n 〖軍〗《総称》補充兵, 後備隊.

das **Er·satz·teil** [エあザッツ·タイル] [名] -(e)s/-e 予備部品, スペア.

die **Er·satz·trup·pe** [エあザッツ·トるっペ] [名] -/-n 予備軍.

die **Er·satz·wahl** [エあザッツ·ヴァール] [名] -/-en 補欠選挙.

das **Er·satz·we·sen** [エあザッツ·ヴェーゼン] [名] -s/ 徴兵制度.

die **Er·satz·zeit** [エあザッツ·ツァイト] [名] -/-en 保険料免除期間.

er·sau·fen* [エあザウふェン] [動] *s.* **1.** 〔補足なし〕《口》溺死(でき)する. **2.** 〔補足なし〕冠水する(畑などが);〖鉱〗水没する(坑道などが);《稀》故障する(エンジンが).

er·säu·fen [エあゾイふェン] [動] *h.* 《口》 **1.** 〔〈et^4〉ヲ〕溺死させる(動物を). **2.** 〔〈et^4〉ヲ〕酒にまぎらす(苦しみ·失敗などを).

er·schaf·fen* [エあシャっふェン] [動] *h.* 〔〈j^4/et^4〉ヲ〕《文》創造する(神が天地·人間を);作り上げる(巨大なものを), 創作する.

der **Er·schaf·fer** [エあシャっふァー] [名] -s/- 《文》創造主;創作者.

die **Er·schaf·fung** [エあシャっふング] [名] -/ 《文》創造.

er·schal·len$^{(*)}$ [エあシャレン] [動] *s.* 〔補足なし〕《文》(鳴り)響く(歌声·叫び声·足音などが).

er·schau·dern [エあシャウダーン] [動] *s.* 〔補足なし〕《文》おののく.

er·schau·en [エあシャウエン] [動] *h.* **1.** 〔〈j^4/et^4〉ヲ〕《文》目にする, 想像〔夢〕で目の前に見る;《方》認める. **2.** 〔〈et^4〉ヲ〕《文》(直観的に)把握する(事物の本質などを).

er·schau·ern [エあシャウあーン] [動] *s.* 〔補足なし〕《文》ぞっとする, 身震いする.

er·schei·nen* [エあシャイネン] [動] *s.* **1.** 〔〈場所〉ニ〕現れる, 姿を現す, 見えてくる. **2.** 〔〈j^3〉ニ〕出現する(天使·亡霊などが). **3.** 〔(〈場所〉ニ)〕やって来る, 登場する, 来場する : als Zeuge vor Gericht ～ 証人として法廷に出る. zum Dienst ～ 出勤する. **4.** 〔補足なし〕出版〔発行〕される. **5.** 〔〈j^3〉ニ+〈様態〉ト〕思われる, (…に)見える. 【慣用】**Er bemüht sich, ruhig zu erscheinen.** 彼は努めて平静を装う. **in einem (ganz) anderen Licht erscheinen** 様子が(まったく)違っている.

die **Er·schei·nung** [エあシャイヌング] [名] -/-en **1.** 現象;出現 : in ～ treten 出現する, 現れる. **2.** (主に形容詞とともに)(人の)外観, 外見 : eine stattliche ～ 堂々たる様子. **3.** 幻像, 幻影. 【慣用】**die Erscheinung Christi〔des Herrn〕**〖カトリック〗キリスト公現の祝日(1月6日).

das **Er·schei·nungs·bild** [エあシャイヌングス·ビルト] [名] -(e)s/-er 外見, 外観.

die **Er·schei·nungs·form** [エあシャイヌングス·ふぉるム] [名] -/-en 外観, 外形, 現象形態.

das **Er·schei·nungs·jahr** [エあシャイヌングス·ヤーあ] [名] -(e)s/-e (書籍の)出版〔発行·刊行〕年.

er·schie·ßen* [エあシーセン] [動] *h.* 〔〈j^4/et^4〉ヲ〕撃ち殺す, 射殺する(犯人·負傷した馬などを), 銃殺刑にする. 【慣用】**erschossen sein** 《口》すっかりへたばっている;びっくり仰天している;《オーストリア·スイス》むつかしい状況にある.

die **Er·schie·ßung** [エあシースング] [名] -/-en 射殺, 銃殺.

er·schlaf·fen [エあシュラっふェン] [動] **1.** *s.* 〔補足なし〕ぐったりとなる(筋肉·腕などが);《転》(規律·志気などが)ゆるむ. **2.** *s.* 〔補足なし〕たるむ(肌などが). **3.** *h.* 〔〈j^4〉ヲ〕《稀》ぐったりさせる.

er·schla·gen* [エあシュラーゲン] [動] *h.* 〔〈j^4〉ヲ〕撲殺する;打ち殺す(落ちてきたものが). 【慣用】**erschlagen sein** 《口》疲れ切っている, びっくり〔ぼうぜんと〕している. **〈j^4〉 mit Beweismaterial/Argumenten erschlagen** 〈人に〉証拠(物件)を突きつけて/論拠を挙げてやりこめる.

er·schlei·chen* [エあシュライひェン] [動] *h.* 〔sich^3+〈et^4〉ヲ〕《蔑》(ずる賢いやり方で)不当に手に入れる.

die **Er·schlei·chung** [エあシュライひュング] [名] -/-en (主に[単])詐欺, 横領.

er·schlie·ßen* [エあシュリーセン] [動] *h.* **1.** 〔〈et^4〉ヲ〕開拓する(市場·財源などを), 開発する(宅地などを). **2.** 〔〈j^3〉ニ+〈et^4〉ヲ〕打明ける; 解明する. **3.** 〔sich^4〕《文》開く(つぼみ·花が). **4.** 〔sich^4+(〈j^3〉ニ)〕《文》明らかとなる;心を開く. **5.** 〔〈et^4〉ヲ+(aus〈et^3〉カラ)〕推定する.

die **Er·schlie·ßung** [エあシュリースング] [名] -/-en 開発, 開拓;推定, 推測.

er·schmei·cheln [エあシュマイひェルン] [動] *h.* 〔sich^3+〈et^4〉ヲ〕ごまをすって手に入れる.

er·schöp·fen [エあシェっプふェン] [動] *h.* **1.** 〔〈et^4〉ヲ〕使い果たす. **2.** 〔〈et^4〉ヲ〕論じ尽す(テーマなどを). **3.** 〔〈j^4〉ヲ〕疲れ果てさせる, 消耗させる(辛い仕事などが);(〈j^4〉がsich^{4}の場合)疲れ切る, 憔悴(しょうすい)する. **4.** 〔sich^4+in〈et^3〉ニ〕終始する, 尽きる, (…の)域を出ない. **5.** 〔sich^4〕尽きる, なくなる.

er·schöp·fend [エあシェっプふェント] [形] 委曲を尽した;疲れる.

er·schöpft [エあシェっプふト] [形] 使い果たした;疲れ果てた.

die **Er·schöp·fung** [エあシェっプふング] [名] -/-en (主に[単]) **1.** 使い果たすこと;論じ尽すこと. **2.** 疲労〔消耗〕し尽すこと, 疲労困憊(こんぱい).

er·schre·cken^{1*} [エあシュれっケン] [動] *s.* 〔補足なし〕驚く, びっくりする, どきっとする.

er·schre·cken^{2} [エあシュれっケン] [動] *h.* 〔〈j^4〉ヲ〕驚かす, びっくりさせる, どきっとさせる.

er·schre·cken$^{3(*)}$ [エあシュれっケン] [動] *h.* 〔sich^4+(über〈et^4〉ニ)〕《口》びっくりする.

er·schre·ckend [エあシュれっケント] [形] 愕然(がくぜん)とするような, 恐ろしい.

er·schro·cken [エあシュろっケン] [形] 愕然(がくぜん)とした.

er·schüt·tern [エあシュッターン] [動] *h.* **1.** 〔〈et^4〉ヲ〕揺り動かす(地震が大地·建物などを), 震動させる(ジェット機が空気·窓ガラスなどを);揺るがす(名声·信頼などを). **2.** 〔〈j^4〉ニ〕深い感銘〔ショック〕を与える.

die **Er·schüt·te·rung** [エあシュッテるング] [名] -/-en **1.** 震動, 激動;(精神的)動揺. **2.** 深い感銘, 衝撃, ショック.

er·schüt·te·rungs·frei [エあシュッテるングス·ふらイ] [形] 振動〔ショック〕のない.

er·schwe·ren [エあシュヴェーれン] [動] *h.* **1.** 〔(〈j^3〉ニ)+〈et^4〉ヲ〕困難にする, やりにくくする. **2.** 〔sich^4〕もっと難しく〔やりにくく〕なる. **3.** 〔〈j^3〉ノ+〈et^4〉ヲ〕(いろいろ)妨げる.

die **Er·schwer·nis** [エあシュヴェーあニス] [名] -/-se 障害.

Erstbesteigung

die **Er·schwe·rung** [エあシュヴェーるンク] 名 -/-en 困難にすること.

er·schwin·deln [エあシュヴィンデルン] 動 h.〔(sich³)+⟨et⁴⟩〕だまし取る.

er·schwin·gen* [エあシュヴィンゲン] 動 h.〔⟨et⁴⟩ッ〕《稀》調達する(お金などを).

er·schwing·lich [エあシュヴィングリひ] 形 手のとどく: zu ~*en* Preisen 手頃な値段で.

er·se·hen* [エあゼーエン] 動 h. **1.**〔⟨et⁴⟩ッ/⟨文⟩デフたいていはaus⟨et³⟩ッ〕読取る. **2.**〔⟨et⁴⟩ッ+⟨j³⟩ニ〕《稀》気づく(チャンスなどに).【慣用】⟨j¹/et¹⟩nicht mehr ersehen können《方》⟨人・物・事⟩もはや我慢できない〔好きにされない〕.⟨j⁴/et⁴⟩zu⟨et³⟩ersehen《古》⟨人・物⟩を⟨事に⟩選び出す.

er·seh·nen [エあゼーネン] 動 h.〔⟨et⁴⟩ッ〕《文》待ちこがれる,待ち望む,切に希求する.

er·setz·bar [エあゼッツ・バーる] 形 取り替えのきく,補足のきく.

er·set·zen [エあゼッツェン] 動 h. **1.**〔⟨j¹/et¹⟩ッ+(durch⟨j¹/et¹⟩ッ)〕埋合せる,(…を…と)取替える. **2.**〔⟨j³⟩ノタメニ〕+⟨j¹⟩ッ〕代りを務める. **3.**〔⟨et⁴⟩ッ〕補償(弁償)する(損害などを),弁済する(立替金などを).

er·sicht·lich [エあズィヒトリひ] 形 明白な.
—— 副《文飾》明らかに.

er·sin·nen* [エあズィネン] 動 h.〔sich³+⟨et⁴⟩ッ〕《文》考え出す,案出する;捏造(ネッ)する.

er·sit·zen* [エあズィッツェン] 動 h.〔(sich³)+⟨et⁴⟩ッ〕(年功によって)手に入れる(昇進を);〔法〕時効で〔長年使用して〕入手する(土地などを).

er·spä·hen [エあシュペーエン] 動 h.〔⟨j¹/et¹⟩ッ〕《文》(窺(ウカカ)っていて)見つける.

er·spa·ren [エあシュパーれン] 動 h. **1.**〔(sich³)+⟨et⁴⟩ッ〕節約して蓄える;金を蓄えて買う. **2.**〔⟨j³⟩ニ+⟨et⁴⟩ッ〕免れさせる;(⟨j³⟩がsich³の場合)避ける.

die **Er·spar·nis** [エあシュパーあニス] 名 -/-se (語尾に das ~ -ses/-se も有) **1.**(主に複)貯金. **2.**(die ~ のみ)節約.

die **Er·spa·rung** [エあシュパーるンク] 名 -/-en **1.**(複のみ)節約,倹約. **2.**節約されたもの[こと], 貯金.

er·sprie·ßen* [エあシュプリーセン] 動 s.《博物など》《文》萌え出る, 芽吹く.

er·sprieß·lich [エあシュプリースリひ] 形《文》役に立つ, 有益な.

er·spü·ren [エあシュピューれン] 動 h.〔⟨et⁴⟩ッ〕《文》察知する, 感じ取る.

erst¹ [エーあスト] 数《序数》(形容詞的変化)〔数字表記は「1.」〕 **1.**(順序)1番目の, 最初の, 初めの(主に定冠詞の大きな弱変化による): der/die ~ von rechts 右から1番目の男/女. meine ~ Liebe 私の初恋(の人). das ~*e* Grün 新芽. die ~*e* Geige spielen 第一ヴァイオリンを弾く;指導的役割を演ずる. im ~*en* Stock wohnen 二階に住む.〔他の用法はなど, acht²〕 **2.**(等級)最上等の, 一等の, トップの, 特級の: das ~*e* Haus am Platze 当地で最も有名な店(ホテル). die ~*en* beiden Schüler (1クラスの)トップの2人の生徒. die beiden ~*en* Schüler (2クラスの)トップの生徒両名. die ~*e* Mannschaft (スポーツクラブの)一軍. die ~*e* Klasse fahren (乗り物の)一等〔ファーストクラス〕に乗って行く. Waren ~*er* Wahl 特選商品. ein Instrument ~*er* Güte〔Qualität〕(材質等)(最)高級の楽器〔器具〕.【人名・地位のほかに特定の事柄が大きな弱変化による:Elisabeth I. (=die E~*e*) エリザベス1世. der E~*e* Offizier (艦・船・航空機の)副長, ファーストオフィサー. der E~*e* Geiger 第一ヴァイオリン(奏者). der E~*e* Weltkrieg 第一次世界大戦. der E~*e* des Monats 月の最初の日. die

---

〔die〕 E~*e* in der Klasse クラスで成績が1番の人. der E~*e* Mai メーデー. Er kam als E~*er* ins Ziel. 彼は1着でゴールインした.【慣用】die erste Hilfe 応急処置. als Erstes 初めに, ひとまず. bei der ersten Gelegenheit こんど機会があれば(次のときに). das erste Mal 〔beim/zum ersten Mal(e)〕初めて. der/die/das erste Beste とりあえず一番手近の:die *erste* beste Gelegenheit 目の前の〔手当りしだい〕チャンスを生かす. fürs Erste さしあたり, 今のところは. in erster Linie まず第一に, 何よりもまず. Liebe auf den ersten Blick 一目惚れ. zum Ersten 第一に, まず, zum Zweiten ...(説明するとき)第一に …, 第二に ….

erst² [エーあスト] 副 **1.**最初に, あらかじめ, 前もって;当初は: E~ komme ich an die Reihe, dann du. まずぼくの番で, それから君だ. E~ ging alles gut. はじめはすべてうまくいった. **2.**(語調)(動詞・形容詞・副詞・名詞を修飾)**a.** やっと, ようやく, …したばかり: Die Vorstellung hat eben ~ angefangen. 上演〔上映〕はやっと今始まったばかりだ. ~ um zehn Uhr 10時になってやっと. ~ später 後になってやっと. ~ jetzt 今になってようやく(それから). Ein Mechaniker konnte die Panne am Wagen reparieren. やっと一人の機械工が車の故障を直すことができた. **b.**つい, ほんの: ~ vor einigen Tagen つい数日前. **c.**(ただ)やっと: Wir sind doch ~ eine halbe Stunde gegangen. 私たちはまだやっと半時間歩いたところだぞ. **d.**ますます: …にいたってはなおさら, いわんや: Er ist schon unfreundlich, aber ~ seine Frau! 彼も無愛想だけれど, 彼の女房ときたらなおさら. **3.**(話者の気持ち)〔実現不可能な願望文でnurとともに. 嘆息して〕…ならな: Wenn ich nur ~ seine Telefonnummer wüsste …! 彼の電話番号さえ知っていたらなあ…. 【慣用】Der muss erst noch geboren werden, der ⟨et⁴⟩ tut. そんな事をする人はこの世にいない. erst recht さらにますます, なおさらこそ. nicht erst いまさら…でない. Nun ging es erst richtig los. いよいよもって本格的になってきた.

er·star·ken [エあシュタるケン] 動 s.《博物など》《文》丈夫になる, 強くなる.

er·star·ren [エあシュタれン] 動 s. **1.**《博物など》堅くなる, 固まる, 凝固する. **2.**〔(寒さで)かじかむ. **3.**《博物など》硬直する, こわばる, 身がすくむ: vor Schreck ~ 恐怖で身がすくむ. **4.**〔(in(zu)⟨et⁴⟩ニ)〕《文》硬直化する.

er·starrt [エあシュタるト] 形 凝固した;硬直した;かじかんだ;すくんだ.

die **Er·star·rung** [エあシュタるンク] 名 -/ 硬直;凝固.

er·stat·ten [エあシュタッテン] 動 h. **1.**〔(⟨j³⟩ニ)+⟨et⁴⟩ッ〕支払う, 弁償〔補償〕する(本人が立替金・費用などを). **2.**〔⟨et⁴⟩ッ〕《官》する, 行う(動詞派生名詞とともに用いる).

die **Erst·auf·füh·rung** [エーあスト・アウふふューるンク] 名 -/-en 初演.

er·stau·nen [エあシュタウネン] 動 **1.** h.〔⟨j⁴⟩ッ〕驚かす. **2.** s. in ~ versetzen ⟨人⟩を驚かせる, zu ⟨j²⟩ ~ ⟨人ヵ〕驚いたことには.

das **Er·stau·nen** [エあシュタウネン] 名 -s/ 驚き, 驚嘆: ⟨j⁴⟩ in ~ versetzen ⟨人⟩を驚かせる, zu ⟨j²⟩ ~ ⟨人ヵ〕驚いたことには.

er·staun·lich [エあシュタウンリひ] 形 **1.**驚くべき. **2.** 副 非常に. 驚くほど.

er·staunt [エあシュタウント] 形〔(über ⟨et⁴⟩ニ)〕驚いた.

die **Erst·aus·ga·be** [エーあスト・アウスガーベ] 名 -/-n 初版;初版本;(切手の)初刷り.

die **Erst·aus·stat·tung** [エーあスト・アウス・シュタットゥンク] 名 -/-en 最初の装備〔設備〕, 初めの支度.

erst·best [エーあスト・ベスト] 形 手当たりしだいの.

die **Erst·be·stei·gung** [エーあスト・ベシュタイグンク] 名 -/

-en 初登頂.

der **Erst·druck** [エーあスト・ドるっク] [名] -(e)s/-e **1.** 〘印〙最初の校正刷り. **2.** 初版.

er·ste·chen* [エあシュテっひェン] [動] *h.* 〔〈j^4〉ヲ+(mit 〈et^3〉デ)〕刺し殺す(ナイフなどで).

er·ste·hen* [エあシュテーエン] [動] **1.** *s.* 〔補足なし〕《文》蘇(よみがえ)る;〘宗〙復活する. **2.** *s.* 〔(〈j^3〉ノ身ニ)+(aus 〈et^3〉カラ)〕《文》生ずる. **3.** *h.* 〔〈et^4〉ヲ〕(運よく)購入する.

er·stei·gen* [エあシュタイゲン] [動] *h.* 〔〈et^4〉ノ〕上まで登る.

er·stei·gern [エあシュタイガーン] [動] *h.* 〔(sich^3)+〈et^4〉ヲ〕競り落とす(オークションで).

die **Er·stei·ge·rung** [エあシュタイゲるング] [名] -/-en 競り落とすこと.

die **Er·stei·gung** [エあシュタイグング] [名] -/-en 登頂.

er·stel·len [エあシュテレン] [動] *h.* **1.** 〔〈et^4〉ヲ〕《文》建設〔建造〕する. **2.** 〔〈et^4〉ヲ〕作成する(鑑定書・診断書などを). 【慣用】**Dienstleistungen erstellen** サービスを提供する.

ers·te Mal, ㊐**ers·te·mal** [エーあステ マール] ⇨ erst[1]【慣用】

ers·ten Mal, ers·ten·mal [エーあステン マール] ⇨ erst[1]【慣用】.

ers·tens [エーあステンス] [副] 第一に.

ers·ter [エーあスター] (erst[1]の比較級) [形] (先に述べた二者のうちの)前者の: der/die/das ~*e*〔~*er*/~*e*/~*es*〕... der/die/das letztere〔letzterer/letztere/letzteres〕... 前者は…後者は…. 【①名詞化の場合は der/die/das E~e〔E~er/E~e/E~es〕. ② dieser/diese/dieses と jener/jene/jenes も対の形で後者, 前者の意味になるがやや古い. ③三つ以上の場合は序数 erst, zweit, dritt を用いる】

er·ster·ben* [エあシュテるベン] [動] *s.* 〔補足なし〕《文》消える(炎・微笑・希望などが), 途絶える(音声・会話などが);《文・稀》死滅する. 【慣用】**vor Ehrfurcht ersterben** 恐れ入ってしまう.

erst·ge·bo·ren [エーあスト・ゲボーれン] [形] 長子として生れた.

der/die/das **Erst·ge·bo·re·ne** [エーあスト・ゲボーれネ] [名] (形容詞的変化)長子, 第一子, 初子.

die **Erst·ge·burt** [エーあスト・ゲブーあト] [名] -/-en 長子;(㊥のみ)〘法〙長子相続権.

das **Erst·ge·burts·recht** [エーあストゲブーあツ・れひト] [名] -(e)s/-e 〘法〙長子相続権.

erst·ge·nannt [エーあスト・ゲナント] [形] 最初に挙げた.

er·sti·cken [エあシュティっケン] [動] **1.** *s.* 〔補足なし〕窒息死する;息がつまる: in Arbeit ~ 《転》仕事に忙殺される. im Geld ~ 《転》金が腐るほどある. **2.** *h.* 〔〈j^4/et^4〉ヲ〕窒息死させる;《転》押殺す(声などを), 鎮圧する(暴動などを). **3.** *h.* 〔〈et^4〉ヲ+mit 〈et^3〉デ〕覆って消す(炎などを).

er·sti·ckend [エあシュティっケント] [形] 息苦しい, 窒息しそうな.

er·stickt [エあシュティっクト] [形] 押し殺した.

der **Er·sti·ckungs·tod** [エあシュティっクングス・トート] [名] -(e)s/-e (主に㊥)窒息死.

erst·klas·sig [エーあスト・クラっスィひ] [形] **1.** 一流の, ファーストクラスの. **2.** 〘スポ〙1部(リーグ)の.

der **Erst·kläss·ler,** ㊐**Erst·kläß·ler** [エーあスト・クレスラー] [名] -s/- 《スイ・南独》1年生.

die **Erst·kom·mu·ni·on** [エーあスト・コムニオーン] [名] -/ 〘カトリ〙初聖体拝領.

der **Erst·kon·su·ment** [エーあスト・コンズメント] [名] -en/-en 麻薬の初体験者.

erst·lich [エーあストリひ] [副] 《古》まず第一に.

der **Erst·ling** [エーあストリング] [名] -s/-e **1.** (作家の)処女作. **2.** 《稀》長子, 第一子, 初子;(㊥のみ)初物.

das **Erst·lings·werk** [エーあストリングス・ヴェるク] [名] -(e)s/-e 処女作.

erst·ma·lig [エーあスト・マーりひ] [形] 初回の, 最初の.

erst·mals [エーあスト・マールス] [副] 初めて.

erst·ran·gig [エーあスト・らンギひ] [形] **1.** 特に重要な;一流の. **2.** 第1順位の(抵当権).

er·stre·ben [エあシュトれーベン] [動] *h.* 〔〈et^4〉ヲ〕《文》得ようと努力する(富・名声・権利などを), 達成しようと努める(目標・平和などを).

er·stre·bens·wert [エあシュトれーベンス・ヴェーあト] [形] 追求の価値ある.

er·stre·cken [エあシュトれっケン] [動] *h.* **1.** 〔sich^4+〈場所〉ニ全体ニ〕広がっている, 伸びている(森・低気圧などが). **2.** 〔sich^4+〈時間〉ノ間/〈時点〉ニマデ〕続く(会議などが). **3.** 〔sich^4+auf 〈j^4/et^4〉ニマデ〕及ぶ. **4.** 〔〈et^4〉ヲ〕《オーストリア》延長する(期間を), 延ばす(期日を).

er·strei·ten* [エあシュトらイテン] [動] *h.* 〔(sich^3)+〈et^4〉ヲ〕《文》戦い取る.

die **Erst·stim·me** [エーあスト・シュティメ] [名] -/-n (ドイツ連邦議会選挙での候補者に対する)第一投票.

der **Erst·tags·stem·pel** [エーあスト・タークス・シュテムペル] [名] -s/- 切手発行初日の記念スタンプ.

er·stun·ken [エあシュトゥンケン] [形] (次の形で) ~ und erlogen sein 《口》大うそである.

er·stür·men [エあシュテュるメン] [動] *h.* 〔〈et^4〉ヲ〕攻略する(要塞(ようさい)などを), 征服する(山頂などを).

der **Erst·wäh·ler** [エーあスト・ヴェーラー] [名] -s/- (選挙での)新有権者.

er·su·chen [エあズーへン] [動] *h.* 《文》 **1.** 〔〈j^4〉ニ+um 〈et^4〉ヲ〕丁重にお願いする, 懇請する(好意・静粛などを). **2.** 〔〈j^4〉ニ+zu 〈動〉スルヨウニ〕〘官〙要請する, 勧告する.

das **Er·su·chen** [エあズーへン] [名] -s/- 《文》お願い, 懇請, 要請: ein ~ an 〈j^4〉 richten 〈人ニ〉お願いをする. auf sein ~ (hin) 彼の懇請により.

er·tap·pen [エあタっペン] [動] *h.* **1.** 〔〈j^4〉ヲ+(bei 〈et^3〉ノ現場デ)〕取押える. **2.** 〔sich^4+bei 〈et^3〉ヲシテイル〕自分に気づく.

er·tei·len [エあタイレン] [動] *h.* 〔(〈j^3〉ニ)+〈et^4〉ヲ〕与える, 授ける(職務・権限・資格に基づいて).

er·tö·nen [エあテーネン] [動] *s.* **1.** 〔補足なし〕鳴響く, 響き渡る. **2.** 〔von 〈et^3〉デ〕《文》満たされる(音などで).

er·tö·ten [エあテーテン] [動] *h.* 〔〈et^4〉ヲ〕《文》押し殺す, 抑える.

der **Er·trag** [エあトらーク] [名] -(e)s/..träge 産出(高), 収穫量;収益, 利益.

er·tra·gen* [エあトらーゲン] [動] *h.* (主に否定詞と)〔〈j^4/et^4〉ヲ〕我慢する, (…に)耐える.

er·trag·fä·hig [エあトらーク・ふェーイひ] [形] 収益〔収穫〕のあがる.

er·träg·lich [エあトれークリひ] [形] **1.** 耐えられる. **2.** 《口》まあまあの.

er·trag·reich [エあトらーク・らイひ] [形] 収穫の多い, 収益の多い.

er·trags·arm [エあトらークス・アるム] [形] 収穫〔収益〕の少ない.

die **Er·trags·la·ge** [エあトらークス・ラーゲ] [名] -/-n 収益状況.

der **Er·trags·wert** [エあトらークス・ヴェーあト] [名] -(e)s/-e 〘経・税〙収益価値.

er·trän·ken [エあトれンケン] [動] *h.* 〔〈j^4/et^4〉ヲ〕水死させる, 水中に沈めて殺す(主に子犬・子猫を);(〈j^4〉が sich^{4}の場合)入水自殺する.

er·träu·men [エあトろイメン] [動] *h.* 〔(sich^3)+〈j^4/et^4〉ヲ〕夢にまで見る.

er·trin·ken* [エあトりンケン] [動] *s.* 〔補足なし〕溺死する.

er·trotzen [エァトろッツェン] 動 h.〔(sich³)+〈et⁴〉ヲ〕《文》強引に手に入れる.

er·tüch·ti·gen [エァテュヒティゲン] 動 h.〔(j⁵)ヲ〕(鍛えて)丈夫にする;〈j³〉がsichの場合〉鍛える.

die **Er·tüch·ti·gung** [エァテュヒティグング] 名 -/-en 鍛練,トレーニング.

er·übri·gen [エァユーブリゲン] 動 h. **1.**〔〈et⁴〉ヲ〕(節約して)残す,取っておく. **2.**〔sich⁴〕余計である,不必要である.【慣用】**Es erübrigt noch, ... zu** 動《文･古》…することが,なお必要である.

die **Eru·di·ti·on** [エルディツィオーン] 名 -/《古》学識,博識.

eru·ie·ren [エルイーれン] 動 h.〔〈j⁴/et⁴〉ヲ〕確かめる(事実などを),究明する(真実を),突き止める(犯人などを),探し出す(行方不明者を).

die **Erup·tion** [エルプツィオーン] 名 -/-en **1.**〘地質〙(溶岩,ガスなどの)噴出. **2.**(太陽の)爆発. **3.**〘医〙発疹(ほっしん);吹出物.

erup·tiv [エルプティーフ] 形 **1.**〘地質〙火成の;噴出する. **2.**〘医〙発疹性の.

das **Erup·tiv·ge·stein** [エルプティーフ･ゲシュタイン] 名 -(e)s/-e〘地質〙火成岩.

er·wa·chen [エァヴァッヘン] 動 s.《文》 **1.**〘雅〙目覚める,醒(さ)める. **2.**〘雅〙始まる(日･朝などが). **3.**〘雅〙〈j³ニトッテ〉目覚める,呼び覚まされる(良心･好奇心･願望などが).

er·wach·sen¹* [エァヴァクセン] 動 s. **1.**〈場所〉ニ/aus〈et³〉ヲリ〉(徐々に)生ずる(悩み･不信の念などが). **2.**〔zu〈et³〉ヲ/aus〈j³〉ヲリ〉《古》成長する.

er·wach·sen² [エァヴァクセン] 形 成人した.

der/die **Er·wach·se·ne** [エァヴァクセネ] 名〈形容詞的変化〉成人,おとな.

die **Er·wach·se·nen·bil·dung** [エァヴァクセネン･ビルドゥング] 名 -/ 成人教育.

er·wä·gen* [エァヴェーゲン] 動 h. **1.**〔〈et⁴〉ヲ/〈文〉デァルトコト〕(検討･吟味して)よく考える,考え抜く. **2.**〔zu〈動〉〕しようと思う.

er·wä·gens·wert [エァヴェーゲンス･ヴェーアト] 形 考慮〔検討〕に値する.

die **Er·wä·gung** [エァヴェーグング] 名 -/-en 熟慮,考慮,吟味: nach reiflicher ~ 十分に考慮したうえで.〈et⁴〉in ~ ziehen〈事を〉考慮する.

er·wäh·len [エァヴェーレン] 動 h.《文》 **1.**〔(sich³)+〈et⁴〉ヲ/〈et⁴〉ヲ(zu〈j³/et³〉ニ)〕選ぶ,選択する. **2.**〔〈j⁴〉ヲ+zu〈et³〉ニ〕選挙〔投票〕で決める(王などに).

der/die **Er·wähl·te** [エァヴェールテ] 名〈形容詞的変化〉《文》選ばれた人.

er·wäh·nen [エァヴェーネン] 動 h.〔〈j⁴/et⁴〉ヲ〕言及する,触れる: wie oben *erwähnt* 上に述べたとおり.

er·wäh·nens·wert [エァヴェーネンス･ヴェーアト] 形 言及するに値する.

die **Er·wäh·nung** [エァヴェーヌング] 名 -/-en 言及,話題にすること: ~ finden 言及される.

er·wan·dern [エァヴァンデルン] 動 h.〔(sich³)+〈et⁴〉ヲ〕実際に歩き回ってよく知る(ある地域などを).

er·wär·men [エァヴェァるメン] 動 h. **1.**〔〈et⁴〉ヲ〕暖める;〈et⁴〉を暖かくする(空気･水･薄い水などを). **2.**〔sich⁴+für〈j⁴/et⁴〉ヲ〕共感〔共鳴〕する,乗気になる. **3.**〔〈j⁴〉ヲ+für〈j⁴/et⁴〉ヲ〕共感させる.

die **Er·wär·mung** [エァヴェァるムング] 名 -/-en 暖める(まる)こと;加熱.

er·war·ten [エァヴァるテン] 動 h. **1.**〔〈j⁴/et⁴〉ヲ(予期間)〕待つ,心待ちにしする,待ち受ける. **2.**〔〈et⁴〉ヲ/〈文〉デァルトコト〕予期する,予想する,思う. **3.**〔〈et⁴〉ヲ/〈文〉デァルトコト+(von〈j³/et³〉ニ)〕期待する,当てにする,見込む.【慣用】**ein Kind erwarten** 妊娠している.

Es steht [ist] zu erwarten, dass ... …のことが予想される〔見込まれる〕.〈et⁴〉kaum erwarten können〈事⁴〉を待ち切れない気持ちである. **sich³ viel von** 〈j³/et³〉 **erwarten**〈人･事に〉大いに期待する. **viel erwarten lassen** 有望である.

die **Er·war·tung** [エァヴァるトゥング] 名 -/-en (㊐のみ)期待(している状態);(主に㊐)予期,予想,見込み; voll(er) ~ sein 期待でわくわくしている. in der ~, dass ... …を期待して.

er·war·tungs·froh [エァヴァるトゥングス･ふろー] 形 うれしい期待に満ちた.

er·war·tungs·ge·mäß [エァヴァるトゥングス･ゲメース] 副 期待通り.

die **Er·war·tungs·hal·tung** [エァヴァるトゥングス･ハルトゥング] 名 -/ 期待する態度.

er·war·tungs·voll [エァヴァるトゥングス･ふォル] 形 期待に満ちた.

er·we·cken [エァヴェッケン] 動 h. **1.**〔〈j⁴〉ヲ〕《文》目覚めさせる. **2.**〔〈j⁴/et⁴〉ヲ〕生き返らせる,蘇生(そせい)させる;〈転〉復活させる(廃れた慣習などを). **3.**〔〈et⁴〉ヲ〕呼起こす(愛情･希望･恐怖などを).

er·weh·ren [エァヴェーれン] 動 h.〔sich⁴+〈j²/et²〉カラ〕身を守る,(…を)抑える.

er·wei·chen [エァヴァイヒェン] 動 **1.** h.〔〈j⁴/et⁴〉ヲ〕軟らかにする;〈転〉軟化させる,和らげる. **2.** s.〔〈et⁴〉ヲ〕軟らかくなる(物が);〈転〉軟化する(人が),和やかになる(気持･心が).

der **Er·weis** [エァヴァイス] 名 -es/-e 証拠,証明,立証.

er·wei·sen* [エァヴァイゼン] 動 h. **1.**〔〈et⁴〉ヲ〕証明する,立証する,明らかにする. **2.**〔sich⁴+〈et⁴〉ヲ〕自分の気持を表明する;(…と)判明する. **3.**〔〈j³〉ニ+〈et⁴〉ヲ〕示す,表す:〈j³〉mit〈et³〉einen schlechten Dienst ~〘意図的に〕〈人〉に〔事〕迷惑を与える.〈j³〉die letzte Ehre ~《文》〈人の〉葬儀に参列する.

er·weis·lich [エァヴァイスリヒ] 形《古》=nachweisbar.

er·wei·tern [エァヴァイターン] 動 h. **1.**〔〈et⁴〉ヲ〕広げる,拡張〔拡大〕する;〈転〉広げる(視野などを). **2.**〔sich⁴〕広がる,拡大する;肥大する(心臓などが).

die **Er·wei·te·rung** [エァヴァイテるング] 名 -/-en 拡張,拡大.

der **Er·wei·te·rungs·bau** [エァヴァイテるングス･バウ] 名 -(e)s/-ten 拡張工事,増築,増築(建造物).

der **Er·werb** [エァヴェァプ] 名 -(e)s/-e 手に入れること,獲得;収入,利得;仕事,職業;(知識などの)修得;購入;取得〔獲得〕したもの.

er·wer·ben* [エァヴェァベン] 動 h. **1.**〔(sich³)+〈et⁴〉ヲ〕獲得する,手に入れる. **2.**〔(sich³)+〈et⁴〉ヲ〕〘医･心〙後天的に得る(身体的〔心的〕欠陥などを).

der **Er·wer·ber** [エァヴェァバー] 名 -s/- 獲得者,取得者.

er·werbs·fä·hig [エァヴェァプス･ふェーイヒ] 形 生計〔就業〕能力のある.

er·werbs·los [エァヴェァるプス･ロース] 形 失業している,就職口のない:〘官〙職も失業手当受給資格もない.

der/die **Er·werbs·lo·se** [エァヴェァるプス･ローゼ] 名〈形容詞的変化〉失業者.

die **Er·werbs·min·de·rung** [エァヴェァるプス･ミンデるング] 名 -/-en 就業減少.

die **Er·werbs·per·son** [エァヴェァるプス･ぺるゾーン] 名 -/-en〘経〙就業者.

die **Er·werbs·quel·le** [エァヴェァるプス･クヴェレ] 名 -/-n 財源,収入源.

er·werbs·tä·tig [エァヴェァるプス･テーティヒ] 形 就業している,生業を営んでいる.

der/die Er·werbs·tä·ti·ge [エあヴェるプス・テーティグ] 名 (形容詞的変化)就業者.

er·werbs·un·fä·hig [エあヴェるプス・ウン・フェーイヒ] 形 生計(就業)能力のない.

der Er·werbs·zweig [エあヴェるプス・ツヴァイク] 名 -(e)s /-e 産業部門, 職枝.

die Er·wer·bung [エあヴェるブング] 名 -/-en 1. (働のみ)取得, 獲得, 購入, 習得. 2. 取得[獲得・購入・習得]したもの.

er·wi·dern [エあヴィーダーン] 動 h. 1. ((⟨j³⟩=)+⟨文⟩)答える. 2. (⟨et⁴⟩= (mit ⟨et³⟩з))答える, 報いる.

die Er·wi·de·rung [エあヴィーデるング] 名 -/-en 答えること, 返事, 回答; 対応, 返礼, 応酬.

er·wie·sen [エあヴィーゼン] 形 証明された.

er·wie·se·ner·ma·ßen [エあヴィーゼナー・マーセン] 副 (文飾)立証されたように, 明らかに.

(der) Er·win [エるヴィーン] 名 (男名)エルヴィーン.

er·wir·ken [エあヴィるケン] 動 h. (⟨et⁴⟩ŋ)(手を尽して)勝ち取る, もらう(釈放・支払いなどを).

er·wi·schen [エあヴィッシェン] 動 h. 1. (⟨j⁴/et⁴⟩ŋ)(口)つかまえる, 取押である(犯人・泥棒などを);やっとつかまえる(連絡のつかない人などを). 2. (⟨et⁴⟩ŋ)辛うじて間に合う(列車・バスなどに);(…を)偶然に手に入れる(良い席などを). 3. (Es+⟨j⁴⟩ŋ)(冗)(…が)思わず見舞う(死・病気・やけどなどの);(冗)(…が)恋の病いにかかる.

er·wor·ben [エあヴォるベン] 形 [医]後天性の, 獲得性の.

er·wünscht [エあヴュンシュト] 形 望ましい, 願ったりの.

er·wür·gen [エあヴュるゲン] 動 h. (⟨j⁴/et⁴⟩ŋ)絞め殺す; 圧殺する.

das E·ry·si·pel [エりズィペール] 名 -s/-e 丹毒.

das E·ry·them [エりテーム] 名 -s/-e [医]紅斑(髁).

der E·ry·thro·zyt [エりトろ・ツュート] 名 -en/-en (主に働)[医]赤血球.

das Erz [e:rts エーあツ, ɛrts エるツ] 名 -es/-e 鉱石. (文)青銅: wie aus ~ gegossen 銅像のように.

erz… [エーあツ…] 接頭 形容詞・名詞につけて基礎語の程度を高める. 1. 高位の, 大…: Erzbischof 大司教. Erzengel 大天使. 2. きわめてひどい; 非常の, 極悪の: erzdumm 大馬鹿の. Erzlaster ひどい悪徳.

die Erz·a·der [エーあツ・アーダー, エるツ・アーダー] 名 -/-n 鉱脈.

er·zäh·len [エあツェーレン] 動 h. 1. (⟨j³⟩=+⟨et⁴⟩ŋ/⟨働⟩)物語る(出来事・体験などを);語る(物語・童話などを). 2. (⟨j³⟩=+⟨et⁴⟩ŋ/⟨文⟩デアルト/von⟨j³/et³⟩ヌンカラ/über⟨j⁴/et⁴⟩ニツイテ)話す, 語る, 報告する;打明ける. 【慣用】aus seinem Leben erzählen 自分の人生を語る. Das kannst du einem anderen erzählen. 《口》そんなことを言っても私は信じない, そんなことは他の人に言いたまえ. Dem werde ich was erzählen. 《口》あいつに(意見・小言を)ちゃんと言ってやる. Erzähl(e) (mir) (doch) keine Märchen! でたらめを言うな, 作り話とは. etwas (davon) erzählen können(そのことについて)よく知っている(経験が豊富だ)(特に不快なことについて). Ich habe mir erzählen lassen, dass … 私は…ということを聞いた(…と耳にした). Man erzählt (sich) von ⟨j³⟩, dass … 〈人について〉…ということがある. Mir kannst du nichts [viel] erzählen. 何を言ってもどっちみち私は信じない. Wem erzählen Sie das?《口》言うべき相手が違いますよ.

der Er·zäh·ler [エあツェーラー] 名 -s/- 語り手; 物語作者; [文芸学](作中に登場する)語り手.

er·zäh·le·risch [エあツェーレりシュ] 形 物語りの.

die Er·zäh·lung [エあツェールング] 名 -/-en 1. 物語ること; 語ること: in seiner ~ fortfahren 話を続ける.

2. [文芸学]物語, 小説.

das Erz·berg·werk [エーあツ・ベあク・ヴェるク, エるツ・ベるク・ヴェるク] 名 -(e)s/-e 山山.

der Erz·bi·schof [エあツ・ビショフ] 名 -s/..bischöfe 大司教(主教)(位); 大司教(主教)(人).

erz·bi·schöf·lich [エあツ・ビショーふリヒ] 形 大司教の, 大主教の.

das Erz·bis·tum [エるツ・ビストゥーム] 名 -s/..tümer 大司教区.

erz·dumm [エるツ・ドゥム] 形 大ばかの.

er·zei·gen [エあツァイゲン] 動 h. 1. (⟨j³⟩=+⟨et⁴⟩ŋ)示す, 表す(尊敬の念・信頼・軽蔑の気持ちなどを). 2. (sich⁴+⟨様態⟩)気持を表す; (…であることを)明らかにする, (…であることが)明らかになる.

der Erz·en·gel [エるツ・エンゲル] 名 -s/- [聖]大天使.

er·zeu·gen [エあツォイゲン] 動 h. 1. (⟨et⁴⟩ŋ)生出す, 引起こす(摩擦が熱・講演が興味などを). 2. (⟨j⁴⟩ŋ)(古)作る(男性が主語で子供を). 3. (⟨et⁴⟩ŋ)生産する(農作物・原料などを), 発生させる(電気などを); (特に働)製造する(衣服・靴などを).

der Er·zeu·ger [エあツォイガー] 名 -s/- 1. 生産者; (特に働)製造者. 2. [官]実父.

der Er·zeu·ger·preis [エあツォイガー・プらイス] 名 -es/-e 生産者価格.

das Er·zeug·nis [エあツォイクニス] 名 -ses/-se 生産物, 製品; 作物, 作品.

die Er·zeu·gung [エあツォイグング] 名 -/-en 生産, 産出, 製造; 子供をつくること.

erz·faul [エるツ・ふゅウル] 形 怠惰きわまる.

der Erz·feind [エるツ・ふゅイント] 名 -(e)s/-e 不倶戴天(&\S;)の敵.

der Erz·gau·ner [エるツ・ガウナー] 名 -s/- (蔑)大詐欺師, 大山師; ひどくずるいやつ.

das Erz·ge·bir·ge [エーあツ・ゲビるゲ, エるツ・ゲビるゲ] 名 -s/ [山名]エルツ山脈(チェコとザクセン州の国境に位置).

erz·hal·tig [エーあツ・ハルティヒ, エるツ・ハルティヒ] 形 鉱石を含有する.

der Erz·her·zog [エるツ・へるツォーク] 名 -(e)s/-e[..zöge] 大公(旧オーストリア皇子の称号とその人).

die Erz·her·zo·gin [エるツ・へるツォーギン] 名 -/-nen 大公妃.

das Erz·her·zog·tum [エるツ・へるツォークトゥーム] 名 -s/..tümer 大公領.

die Erz·hüt·te [エーあツ・ヒュッテ, エるツ・ヒュッテ] 名 -/-n 製錬所.

er·zieh·bar [エあツィー・バーあ] 形 教育できる, しつけられる.

er·zie·hen* [エあツィーエン] 動 h. (⟨j⁴⟩ŋ)教育する, (精神的に)育てる, 訓育する, しつける.

der Er·zie·her [エあツィーアー] 名 -s/- (幼児・青少年の)教育者; 養護学校(幼稚園)の教諭.

er·zie·he·risch [エあツィーエりシュ] 形 教育(上)の; 教育的な.

die Er·zie·hung [エあツィーウング] 名 -/ 教育; しつけ.

die Er·zie·hungs·an·stalt [エあツィーウングス・アン・シュタルト] 名 -/-en 養護施設.

die Er·zie·hungs·bei·hil·fe [エあツィーウングス・バイ・ヒルふェ] 名 -/-n 教育補助金, 奨学金.

der/die Er·zie·hungs·be·rech·tig·te [エあツィーウングス・べれヒティクテ] 名 (形容詞的変化) 親権者, 教育権者.

das Er·zie·hungs·geld [エあツィーウングス・ゲルト] 名 -(e)s/-er 育児手当.

das Er·zie·hungs·sy·stem [エあツィーウングス・ズュステーム] 名 -s/-e 教育制度, 教育組織.

der Er·zie·hungs·ur·laub [エあツィーウングス・ウーあラウプ] 名 -(e)s/-e [官]育児休暇(1985-2000 年).

das **Er·zie·hungs·we·sen** [エァツィーウングス.ヴェーゼン] 名 -s/ 教育制度.

die **Er·zie·hungs·wis·sen·schaft** [エァツィーウングス・ヴィッセンシャフト] 名 -/-en 教育学.

er·zie·len [エァツィーレン] 動 h. 《et⁴ヲ》達成する, 勝取る, 収める, (…に)達する.

er·zịttern [エァツィッターン] 動 s. 《楳刊》震え出す(人・家屋・大地などが).

das **Erz·la·ger** [エーァッ・ラーガー, エァッ・ラーガー] 名 -s/- 鉱床.

der **Erz·lüg·ner** [エァッ・リューグナー] 名 -s/- 《蔑》大うそつき.

der **Erz·narr** [エァッ・ナる] 名 -en/-en 大ばか者.

der **Erz·schelm** [エァッ・シェルム] 名 -en/-en 大のいたずら者;《古》大悪漢.

der **Erz·schur·ke** [エァッ・シュるケ] 名 -n/-n 《蔑》大悪党.

er·zür·nen [エァツュるネン] 動 **1.** h. 《j⁴ヲ》怒らせる, 憤慨させる. **2.** h. 《sich⁴+über 〈j⁴/et⁴〉ニ》憤慨する, 腹を立てる. **3.** s. 《bei 〈er³〉の際二;《稀》腹を立てる.

der **Erz·va·ter** [エァッ・ふァーター] 名 -s/..väter 《宗》(古代ユダヤの)太祖, 族長.

die **Erz·ver·hüt·tung** [エーァッ・ふぇあヒュットゥング, エァッ・ふぇあヒュットゥング] 名 -/-en 鉱石の精錬.

er·zwịn·gen* [エァツヴィンゲン] 動 h. **1.** 《et⁴ヲ+von 〈j³カラ〉》むりやり手に入れる(約束・自白などを). **2.** 《et⁴ヲ》無理につくる(微笑・表情・態度などを).

er·zwun·gen [エァツヴンゲン] 形 無理やり手に入れた.

er·zwun·ge·ner·ma·ßen [エァツヴンゲナー・マーセン] 副 強要されて.

das **es¹, Es** [エス] 名 -/- 《楽》変ホ音.

es² [エス] 代 《人称》3 人称⊕①·4 格. 《変化形は「諸品詞の変化」. es は口語あるいは詩で短縮されて's となることがある》 **1.** 《⊕④の名詞を受けて》それは[を]. a. Wo ist das Buch denn ? — E~ liegt auf dem Tisch. 本の本はどこにあるの?—それは机の上にある.《1 格主語の es はどこにでも置けるが, 4 格目的語の es はアクセントがないので, 文頭には置けない. 強調が必要な場合は das を用いる》 **2.** a. 《前文にある名詞を性・数にかかわりなく主語として受ける. 動詞は sein, werden, bleiben のとき, 人称変化は述語名詞の数に従う》Kennen Sie den Herrn ? —E~ ist mein Lehrer. あの方を知っていますか. —あの方は私の先生です. b. 《動詞が sein, werden, bleiben のとき, 前文にある名詞(性・数にかかわりなく)または形容詞を述語として受ける. この es は定動詞のすぐ後におく》Der Vater ist Arzt, und sein Sohn wird ~ auch. 父親が医者で, その息子もそうなる. Die anderen waren müde, er war ~ nicht. ほかの人たちは疲れていたが, 彼はそうではなかった. c. 《状況・文脈から分るものをさして》E~ sind meine Eltern. こちらは私の両親です. 《主語が es で, 述語が人称代名詞のとき, 述語が文頭にはあり, アクセントをもつ. 人称変化は述語に従う》Wer ist da ? —Ich bin ~ (bin's). (そこにいるのは)だれですか. —わたしです. **3.** 《sein とともに関係代名詞の先行詞として. 関係代名詞は sein によって結ばれる名詞・人称代名詞の性・数と一致する》…. **4.** 《伝達価値の高い主語を後に置きたいとき, 文頭を埋めて》E~ war einmal ein König. 昔一人の王さまがいました. **5.** 《1 格主語がない受動文の場合, 文頭を埋めるために. ほかの語が文頭にあれば es は不要. 人称変化はつねに 3 人称単数形》E~ wurde bis in den Morgen getanzt [Bis in den Morgen wurde getanzt]. 明け方まで踊り明かされた. **6.** 《先行の文全体またはその一部を受けて》そのこと, それ: Er sang, und wir taten ~ auch. 彼は歌った, そして私

ちもそれにならった. Er hat gesagt, er werde kommen, ~ ist aber fraglich. 彼は来ると言ったが, それ(そのことば)はあやしい. **7.** 《後にくる文または句を受ける. 文頭以外では es が省かれることがある》…ということ, …ですること: E~ zeigte sich, dass … ということが明らかになった. Er lehnte ~ ab, einen mitzutrinken. 彼は一緒に一杯飲むのを断った. **8.** 《話し手が心の中で思っていること, または その場の状況で話し相手に何のことかが分っている事柄をばくぜんとさして》Wir haben ~ endlich geschafft ! われわれはとうとうやった. Hört doch auf, ich bin ~ leid. 止めなさいって, (こんなこと)はもううんざりだ. **9.** 《非人称動詞の主語として》a. 《自然現象や日·時を表す. es が省略されて省になう》E~ regnet. 雨が降る. Im Zimmer ist ~ dunkel. 室内は暗い. Wie spät ist ~ ? —(E~ ist) neun Uhr. いま何時ですか —9 時です. E~ ist Zeit. (何かをする, または終る)時間[潮時]です.《述語が名詞で文頭に時の副詞があると, 普通 es は省略される》Heute ist (~) Sonntag. 今日は日曜日である. b. 《数量を表して》Wie weit ist ~ noch bis zum Bahnhof ? 駅までどれくらい(の距離か)ありますか. c. 《人を指す名詞・代名詞が 3 · 4 格とともに, 感情・感覚を表す. 文頭以外では es が省略されることがある》E~ wurde ihr schlecht[Ihr wurde (~) schlecht]. 彼女は気分が悪くなった. E~ friert mich[Mich friert (~)]. 私はとても寒い. **10.** 《一般的な動詞を非人称的に用いるときの主語として》E~ klopft an der Tür. 戸をたたく音がする. E~ schlägt zwei. (時計が) 2 時を打つ. E~ brennt. 火事だ. **11.** 《再帰代名詞とともに》In diesem Sessel sitzt ~ sich bequem. このいすは座りごこちがいい. **12.** 《非人称熟語の主語として》a. (状態・成行) E~ geht mir gut. 私は(身体・仕事などの)具合がいい. Wie geht ~ (geht's) Ihnen ? いかがですか. b. (存在) Im Zimmer gibt ~ zwei Betten. 室内にベッドが二つある. **13.** 《特定の動詞の主語として》E~ bedarf noch einiger Mühe. なお一層の努力が必要である. E~ fehlt ihr an Mut. 彼女は勇気が足りない. E~ hat mir in Berlin gefallen. 私はベルリンが気に入った. E~ geht um die Industrialisierung. 問題は工業化である. E~ handelt sich um einen schwieren Fall. むずかしい事件です. E~ kommt auf die Senkung des Preises an. 肝心なのは価格の引下げだ. **14.** 《特定の動詞の形式目的語として. この es は文頭に置かれない》Ich habe ~ eilig. 私は急いでいる. Er bekommt ~ mit mir zu tun. 私が彼の相手になってやる. Sie hat ~ gut. 彼女はいい身分だ. Er hat ~ weit gebracht. 彼は成功(出世)した.

es³ [エス] =es-Moll 《楽》変ホ短調.

Es² [エーエス] =Einsteinium 《化》アインシュタイニウム.

Es³ [エス] =Es-Dur 《楽》変ホ長調.

die **ESA** [エーザ] 名 -/ =European Space Agency 欧州宇宙機関.

(*der*) **Esau** [エーザウ] 名 《旧約》エサウ(Isaak の息子); ein haariger ~ 毛むくじゃらの男.

die **Es·ca·lopes** [..lɔp(s) エスカロプ(ス)] 複名 《料》エスカロップ(いためた薄切りの魚・肉).

die **Es·cha·to·lo·gie** [エスヒャト・ロギー] 名 -/-n 《神》終末論.

die **Esche** [エッシェ] 名 -/-n 《植》トネリコ(の木);(⊕のみ)トネリコ(材).

e·schen [エッシェン] 形 トネリコ(材)の.

(*das*) **Esch·wei·ler** [エッシュ・ヴァイラー] 名 -s/ 《地名》エシュヴァイラー(ノルトライン=ヴェストファーレン州の都市).

das **Es-Dur** [エス・ドゥーァ, エス・ドゥーァ] 名 -/ 《楽》変ホ長調(記号 Es).

der **E·sel** [エーゼル] [名] -s/- ロバ;《口》ばか, とんま;《口・冗》自転車, バイク, モーペッド.

die **E·se·lei** [エーゼライ] [名] -/-en《口》ばかげた行為.

die **E·se·lin** [エーゼリン] [名] -/-nen 雌ロバ.

die **E·sels·brü·cke** [エーゼルス・ブリュっケ] [名] -/-n《口》記憶〔理解〕の助けになるもの;《学生》(教材の)訳本. sich³ eine ~ bauen メモを取る.

das **E·sels·haupt** [エーゼルス・ハウプト] [名] -(e)s/ ..häupter〘海〙檣帽(しょうぼう), 檣頭冠.

das **E·sels·ohr** [エーゼルス・オーあ] [名] -(e)s/-en **1.** ロバの耳. **2.** ページのすみの折れ.

die **Es·ka·dron** [エスカドろーン] [名] -/-en《古》騎兵中隊.

die **Es·ka·la·de** [エスカラーデ] [名] -/-n〘史〙はしごによる敵城攻撃.

die **Es·ka·la·ti·on** [エスカラツィオーン] [名] -/-en 段階的拡大〔強化・増加〕, エスカレーション.

es·ka·lie·ren [エスカリーれン] [動] *h.* **1.**〔〈et⁴〉ヲ+(zu 〈et³〉ニ)〕エスカレートさせる, 段階的に増強させる《戦争・兵力などを》. **2.**〔(zu 〈et³〉ニ)〕エスカレートする.

die **Es·ka·pa·de** [エスカパーデ] [名] -/-n **1.**〘馬術〙(調教馬の)誤った跳躍, 失敗してわきへ跳んでしまうこと. **2.**《文》自由奔放な行動, いたずら, 浮気.

der **Es·ka·pis·mus** [エスカピスムス] [名] -s/〘心〙現実逃避主義.

der **Es·ka·ri·ol** [エスカりオール] [名] -s/〘植〙エンダイブ, アンディーブ, キクジシャ(サラダ用など).

die **Es·kar·pe** [エスカるペ] [名] -/-n〘史〙(城塞の堀の)内岸斜面.

der **Es·ki·mo** [エスキモ] [名] -(s)/-(s) エスキモー人;([単]のみ)エスキモー織(厚いコート地).

die **Es·kor·te** [エスコるテ] [名] -/-n 護衛, 護送;護衛隊, 護衛艦.

es·kor·tie·ren [エスコるティーれン] [動] *h.*〔〈j⁴/et⁴〉ヲ〕護衛〔護送〕する.

das **es-Moll** [エス・モル, エス・モル] [名] -/〘楽〙変ホ短調(記号 es).

die **E·so·te·rik** [エゾテーりク] [名] -/-en 秘教.

e·so·te·risch [エゾテーりシュ] [形] 秘教〔秘義〕的な.

die **Es·pa·gno·let·te** [espanjolɛ́tə エスパニョレっテ] [名] -/-n イスパニア錠(取っ手を回すと上下に締まる窓用金具).

der **Es·par·to** [エスパるト] [名] -s/-s〘植〙アフリカハネガヤ;アフリカハネガヤの葉.

die **Es·pe** [エスペ] [名] -/-n〘植〙ヤマナラシ, アスペン(ポプラの一種).

das **Es·pen·laub** [エスペン・ラウプ] [名] -(e)s/ ヤマナラシの葉: zittern wie ~ ぶるぶる震える.

der **Es·pe·ran·tist** [エスペらンティスト] [名] -en/-en エスペランティスト.

das **Es·pe·ran·to** [エスペらント] [名] -(s)/ エスペラント(ポーランド人 L. Zamenhof, 1859-1917 による人工言語).

die **Es·pla·na·de** [エスプラナーデ] [名] -/-n (建物・庭園前の)広場.

der **Es·pres·so**[1] [エスプれっソ] [名] -(s)/-s〔Espressi〕エスプレッソ(①([単]のみ)最も深煎りのコーヒー豆. ②圧出器で①を抽出したコーヒー).

das **Es·pres·so**[2] [エスプれっソ] [名] -(s)/-s エスプレッソコーヒーの喫茶店.

der **Es·prit** [ɛsprí: エスプりー] [名] -s/-(s)《文》エスプリ, 才知, 機知.

der〔*das*〕**Es·sai** [ɛ́se エセ, ɛsé: エセー] [名] -s/-s =Essay.

der〔*das*〕**Es·say** [ɛ́se エセ, ɛsé: エセー] [名] -s/-s エッセイ, 随筆, 小論.

es·say·is·tisch [ɛseɪ́stɪʃ エセイスティシュ] [形] エッセイ風の.

ess·bar, [旧]**eß·bar** [エス・バーあ] [形] 食べられる.

das **Ess·be·steck**, [旧]**Eß·be·steck** [エス・ベシュテック] [名] -(e)s/-e 一組のナイフ・フォーク・スプーン.

die **Es·se** [エっセ] [名] -/-n **1.**《方》煙突. **2.**(鍛冶屋の)炉の上の煙出し:〈et⁴〉 in die ~ schreiben 〈物を〉無くしたものと諦める. **3.**《方・冗》シルクハット.

es·sen* [エっセン] [動] er isst; aß; hat gegessen **1.**〔〈et⁴〉ヲ〕食べる. **2.**〘補足なし〙食事をする: Er *isst* gern und gut. 彼は健啖(けんたん)家だ. zu Mittag/zu Abend ~ 昼食/夕食をとる. warm/kalt ~ 暖かい/(ソーセージとパンなどの)冷たい食事をする. 【慣用】**an 〈et³〉 essen** 〈物を〉食べている, 同一の〈物を〉(何日も)食べ続ける. 〈j⁴〉 **arm essen**(食べさせてもらって)〈人の〉食べ物の蓄えを乏しくさせる, 寄食して〈人の〉財産を食いつぶす. **auswärts essen** 外食する. **den Teller leer essen**(皿に盛られたものを)余さず食べる. **essen gehen** 食事に行く. **sich⁴ satt essen** 満腹する. **von 〈et³〉 essen** 〈物の〉一部を取って食べる. 〈j³〉 **zu essen geben** 〈人に〉食べ物〔食事〕を施す.

(*das*) **Es·sen**[1] [エっセン] [名] -s/〘地名〙エッセン(ノルトライン=ヴェストファーレン州の都市).

das **Es·sen**[2] [エっセン] [名] -s/- **1.**([単]のみ)(昼・夜の)食事(をとること):〈j⁴〉 zum ~ einladen 〈人を〉食事に招く. **2.** 食物, 料理: das ~ kochen 料理をする. **3.** 宴会, 饗宴(きょうえん)(Fest~). **4.**([単]のみ)食事, 食べること: am ~ sparen 食費を節約する.

die **Es·sen·aus·ga·be** [エっセン・アウス・ガーベ] [名] -/-n (給食などの)配食所;([単]のみ)給食.

die **Es·sen·mar·ke** [エっセン・マるケ] [名] -/-n (社員食堂などの)食券.

die **Es·sens·aus·ga·be** [エっセンス・アウス・ガーベ] [名] -/-n =Essenausgabe.

die **Es·sens·zeit** [エっセンス・ツァイト] [名] -/-en 食事時間.

es·sen·ti·al [エセンツィアール] [形] =essentiell.

das **Es·sen·ti·al** [ɛsɛ́nʃəl エセンシェル] [名] -s/-s (主に[複])《文》核心, 主要な点, 本質的要素;必要不可欠なもの.

es·sen·ti·ell [エセンツィエル] [形] 本質的な, 主要な;〘化〙必須の;〘医〙特発性の.

die **Es·senz** [エセンツ] [名] -/-en **1.**([単]のみ)《文》本質, 真髄;〘哲〙本質. **2.**(植物の)エッセンス, エキス. **3.**《稀》濃縮スープ.

es·sen·zi·ell [エセンツィエル] [形] =essentiell.

der **Es·ser** [エっサー] [名] -s/- 食べる人.

das **Ess·ge·rät**, [旧]**Eß·ge·rät** [エス・ゲれート] [名] -(e)s/-e《文》(個々の)食事用ナイフ・フォーク・スプーン;(総称)食事用ナイフ・フォーク・スプーン類.

das **Ess·ge·schirr**, [旧]**Eß·ge·schirr** [エス・ゲシる] [名] -(e)s/-e 食器;調理器具.

die **Ess·gier**, [旧]**Eß·gier** [エス・ギーあ] [名] -/ 激しい食欲.

der **Es·sig** [エっスィひ] [名] -s/-e 酢:〈et⁴〉 in ~ (ein-)legen 〈物を〉酢につける. an den Salat ~ tun サラダに酢をかける. 【慣用】**Mit 〈et³〉 ist es Essig.** 〈物・事は〉もう駄目だ.

die **Es·sig·es·senz** [エっスィひ・エセンツ] [名] -/-en 濃縮酢.

die **Es·sig·gur·ke** [エっスィひ・グるケ] [名] -/-n キュウリのピクルス.

die **Es·sig·ro·se** [エっスィひ・ろーゼ] [名] -/-n〘植〙フランスバラ(ユーラシア原産バラ科の低木).

es·sig·sau·er [エっスィひ・ザウあー] [形]〘化〙酢酸の.

die **Es·sig·säu·re** [エっスィひ・ゾイれ] [名] -/ 酢酸.

die **Ess·kas·ta·nie**, [旧]**Eß·kas·ta·nie** [エス・カスターニエ] [名] -/-n〘植〙クリの実.

die **Ess·kul·tur**, ⓐ **Eß·kul·tur** [エス・クルトゥーあ] 名 -/ 食文化.

(*das*) **Ess·lin·gen**, ⓐ **Eß·lingen** [エスリンゲン] 名 -s/ 〖地名〗エスリンゲン(バーデン=ヴュルテンベルク州の都市).

der **Ess·löffel**, ⓐ **Eß·löf·fel** [エス・ㇿ゙ッふェル] 名 -s/ ‐ テーブル〔スープ用〕スプーン, 大さじ: drei ~ Zucker 砂糖大さじ 3 杯.

die **Ess·lust**, ⓐ **Eß·lust** [エス・ルスト] 名 -/ 食欲.

der **Ess·teller**, ⓐ **Eß·tel·ler** [エス・テラー] 名 -s/ ‐ 平皿.

der **Ess·tisch**, ⓐ **Eß·tisch** [エス・ティッシュ] 名 -(e)s/ -e 食卓.

die **Ess·waren**, ⓐ **Eß·wa·ren** [エス・ヴァーレン] 複名 食料品, 食品.

das **Ess·zimmer**, ⓐ **Eß·zim·mer** [エス・ツィマー] 名 -s/ - **1.** 食堂, ダイニングルーム; 食堂用家具. **2.** 《口》口(の中); 《婉・冗》(入れ)歯.

das **Esta·blish·ment** [ɪstέbliʃmənt イステブリッシュメント] 名 -s/-s エスタブリッシュメント, 支配階級; 《蔑》体制側.

der **Este** [エ(-)ステ] 名 -n/-n エストニア人.

der **Ester** [エスター] 名 -s/ - 〖化〗エステル.

(*das*) **Est·land** [エスト・ラント] 名 -s/ 〖国名〗エストニア(バルト海沿岸の国).

estnisch [エ(-)ストニッシュ] 形 エストニア(人・語)の.

Esto·mi·hi [エストーミーヒ] 名 (無冠詞;無変化) 〖ブロテ〗 復活祭の前 7 番目の日曜日; 〖カトリ〗灰の水曜日の前の日曜日.

die **Estra·de** [エストラーデ] 名 -/-n 壇; 演壇; 《⑰》演芸祭, 芸術祭.

der **Estra·gon** [エストラゴン] 名 -s/ - 〖植〗エストラゴン, タラゴン; タラゴン(の葉)(香料).

der **Est·rich** [エストリヒ] 名 -s/-e **1.** (セメントなどの)床, たたき. **2.** 〖㋇〗屋根裏部屋.

et [エト] 〖㋙語〗そして.

das **Eta** [エータ] 名 -(s)/-s エータ(ギリシア語アルファベットの第7字 η, H).

eta·blie·ren [エタブリーレン] 動 h. **1.** 〈et⁴ッ〉設立する《企業など》; 確立する《秩序などを》; 創始する《学問などを》. **2.** 《sich⁴+〈場所〉》開業する, 居を構える; 定着する.

eta·bliert [エタブリーあト] 形 確立された; 《社会的に・組織的に》地位を確立した, 体制側の.

das **Éta·blis·se·ment** [..mã: エタブリセマーン, 《㋇》..mέnt: エタブリスマン] 名 -s/-s 〔《㋇》-e〕 《文》 **1.** 企業, 営業所, 店. **2.** 品のいいレストラン; 娯楽施設; (いかがわしい)ナイトクラブ; 《婉》売春宿.

die **Etage** [etáːʒə エタージェ] 名 -/-n (建物の)階, フロア: die erste ~ 二階.

das **Eta·gen·bett** [エタージェン・ベット] 名 -(e)s/-en 二段ベッド.

die **Eta·gen·hei·zung** [エタージェン・ハイツンク] 名 / en 各階別の暖房.

die **Eta·gen·woh·nung** [エタージェン・ヴォーヌング] 名 /-en フラット(ワンフロアが一世帯用住居となっている).

die **Eta·ge·re** [etaʒéːrə エタジェーれ] 名 -/-n **1.** 《古》食器棚, 飾り棚, 書棚. **2.** 三段の盛り皿. コンポート. **3.** 化粧品バッグ.

das **Eta·min** [エタミーン] 名 -s/ - (《ラテテ》der ~ も有り) エタミン(カーテンなどに使う粗織の絹・綿織物).

die **Etap·pe** [エタッペ] 名 -/-n **1.** 区間, 行程; (時間の)区分, 期間; (発展)段階. **2.** 〖軍〗兵站(ㇸい)部, 後方(前線から遠い)後方.

der **Etap·pen·ha·se** [エタッペン・ハーゼ] 名 -n/-n 〖兵〗 《蔑》後方勤務〔兵站(ㇸい)部〕の兵士.

der **Etap·pen·hengst** [エタッペン・ヘングスト] 名 -(e)s/-e = Etappenhase.

das **Etap·pen·schwein** [エタッペン・シュヴァイン] 名 -(e)s/-e = Etappenhase.

etap·pen·wei·se [エタッペン・ヴァイゼ] 副 段階的に(な), 段々に〔の〕.

der **Etat** [etá: エター] 名 -s/-s **1.** (国家)予算; 予算額; 予算案; 予定の支出額. **2.** 〖芸術学〗ステート(エッチングの試刷(ㇲり)りの段階を示す名称). **3.** 〖㋇〗会員〔役員〕名簿.

der **Eta·tis·mus** [エタティスムス] 名 -/ - (経済の)国家統制; 国益優先思想; 〖㋇〗中央集権化.

das **Etat·jahr** [etá:.. エター・ヤーあ] 名 -(e)s/-e 会計年度.

etat·mäßig [etá:.. エター・メースィヒ] 形 予算上の, 予算に見積もられた; 定員内の.

etc. = 〖㋜語〗et cetera 等々, …など.

et ce·te·ra [et tséː.. エト ツェーテら] 〖㋜語〗等々, …など.

ete·pe·te·te [eːtəpe.., eːtəpa.. エーテペテーテ] 形 《口》気取っている, もったいぶっている.

das (*der*) **Eter·nit** [エテるニート] 名 -s/ - 〖商標〗エテルニート(アスベストセメント).

die **Ete·si·en** [エテースィエン] 複名 エテジアン(5 月から 10 月に地中海に吹く乾いた北風).

das **Ete·si·en·kli·ma** [エテースィエン・クリーマ] 名 -s/ - エテジアン(地中海性)気候.

der **Ether** [エーター] 名 -s/ - 〖化〗エーテル.

die **Ethik** [エーティク] 名 -/-en 倫理学; 倫理書; (㊀のみ)倫理.

ethisch [エーティッシュ] 形 倫理学(上)の; 倫理的な.

die **Eth·nie** [エトニー] 名 -/-n 〖民族〗(共通の文化・言語をもつ)民族〔人種・種族〕.

eth·nisch [エトニッシュ] 形 民族的な.

der **Eth·no·graf, Eth·no·graph** [エトノ・グらーふ] 名 -en/-en 民族誌学者.

die **Eth·no·gra·fie, Eth·no·gra·phie** [エトノ・グらふィー] 名 -/ - 民族誌学.

die **Eth·no·lo·gie** [エトノ・ロギー] 名 -/ - (比較)民族学; 文化人類学.

die **Etho·lo·gie** [エトロギー] 名 -/ - 動物行動学.

das **Ethos** [エートス] 名 -/ - エートス(倫理的基本態度)・信念・気風).

der **Ethyl·al·ko·hol** [エテュール・アルコホール] 名 -s/-e エチルアルコール.

das **Ethy·len** [エテュレーン] 名 -s/ - エチレン.

das **Eti·kett** [エティケット] 名 -(e)s/-e(n) 〔-s〕 レッテル, ラベル; 値札: 〈j⁴ et⁴〉 mit einem ~ versehen 〈人・事・物に〉レッテルをはる.

die **Eti·ket·te**¹ [エティケッテ] 名 -/-n 《㋇・㋛㋞》 = Etikett.

die **Eti·ket·te**² [エティケッテ] 名 -/-n (主に㋇) 礼儀作法, エチケット.

eti·ket·tie·ren [エティケティーれン] 動 h. **1.** 〈et⁴ ㇰ〉フベル〔レッテル〕をはる. **2.** 〈j⁴/et⁴〉= + (als 〈j⁴/et⁴〉/〈様態〉)〉レッテルをはる.

etliche [エトリッヒェ] 代 (不定)(変化形は形容詞の強変化. 後続の形容詞も普通強変化) 《口》いくらかの, 若干の; いくらかの人々〔もの・こと〕; 《口》かなりの, 相当の: mit ~em Mut 若干の勇気をもって dazu noch ~es bemerken それに対してさらに若干述べる.

etli·che Mal, ⓐ **otlichemal** [エトリッヒェ マール, エトリッヒェ・マール] 数回.

(*das*) **Etru·ri·en** [エトるーりエン] 名 〖地名〗エトルリア(イタリア中部トスカナ地方の古名).

der **Etrus·ker** [エトるスカー] 名 -s/ - エトルリア人.

..ette [..エテ] 接尾 名詞につけて女性名詞を作る縮小語尾: Zigarette 紙巻タバコ.

die **Etü·de** [エテューデ] 名 -/-n 〖楽〗練習曲, エチュード; 《文》(文学・絵画などの)習作, エチュード.

Etui

das **E·tui** [etvíː: エトヴィー, etyíː: エトュイー] 图 -s/-s 《(小型の)ケース；《口・冗》狭苦しいベッド.

et·wa [エトヴァ] 副 **1.**〔語飾〕〔形容詞・副詞・名詞を修飾〕**a.** およそ, ほぼ, 約；~ armdick 腕の太さぐらいの. ~ um zehn Uhr 10 時頃. ~ 40 Leute ab およそ 40 人の人. **b.** 例えば：in vielen Sprachen, so ~ im Englischen 多くの言語で, 例えば英語では. **2.**〔アクセント無〕〔文飾〕〔疑問文か条件文で, あり得るかも知れない可能性を示して〕ことによると, ひょっとすると；まさかと思うか：Ist er ~ krank? 彼はことによると病気なのだろうか. Freuen Sie sich ~ über das Unglück der anderen? 他人の不幸がうれしいとでもおっしゃるのですか. **3.**〔☆〕時おり.〖慣用〗**im etwa** ある点で, ある程度, およそ：in etwa übereinstimmen ほぼ一致する. **nicht etwa ... ...**などではない：Ich bin nicht etwa dagegen, doch ... 私はそれに反対なのではないが, しかし.... Meinen Sie nicht *etwa*, dass ... ...などとお考えにならないで下さい.

et·wa·ig [étva(ː)ɪç] ロ [エトヴァ(ー)イ ç] 形 万一の.

et·was [エトヴァス] 代《(不定)》《(無変化.《(口)》は was も有)》**1.**〔何か〕あるもの, あること：E~ muss geschehen sein. 何かが起こったに相違ない. ~ zu essen 何か食べるもの. Sie findet an allem ~ zu tadeln. 彼女は何にでもあらを見つける.〔不定関係代名詞 was の先行詞として〕~, was sie Freude macht 彼女が喜びそうなもの(こと).〔中性名詞化された形容詞または代名詞とともに〕~ Neues 何か新しいこと, ニュース. Nun zu ~ anderem! さあ別なこと〔話題〕に移ろう. **2.**〔比較的〕重要な人〔もの・こと〕, だいじなもの〔こと〕, たいしたもの〔こと〕：Das ist schon ~. それはだいした点だ. Aus dem Jungen wird einmal ~ werden. その少年はいつかひとかどの人物になるだろう. Er wird es noch zu ~ bringen. 彼はもっと成功〔出世〕するだろう. Das will (schon) ~ bedeuten〔heißen/sagen〕. それはかなり重要なことである. **3.** ~ の一部：Jedes Kind bekam ~ von dem Kuchen. 子供たちは一人一人ケーキを分けてもらった. **4.** すこし, 少々：~ Zucker 少量の砂糖. ~ zu süß すこし甘すぎる. Darf es ~ mehr sein? すこし多めでもいいですか(店員が品物をはかりにかけながら客に尋ねる). ~ über hundert 100 をすこし上回る数.〖慣用〗**etwas für sich[4] haben** もっともなところ(みどころ・長所)がある. **etwas für sich[4] sein** 別問題である. **irgend etwas** 何かあること[もの]〔不定性を強める〕. **so etwas [etwas so]** そんなこと：So etwas Dummes! そんなばかな(怒り). Nein, so (et)was! まさかそんな(驚き). **(so) etwas wie ...** ...のようなこと(もの)：Er ist so *etwas* wie ein Künstler. 彼には芸術家肌なところがある.

das **Et·was** [エトヴァス] 图 -/-《(冗)》-se〕(特定できない)何か, あるもの, あること；㊥；das gewisse ~ ある種の魅力；感銘を与える(芸術的)才能.

die **E·ty·mo·lo·gie** [エテュモ·ロギー] 图 -/-n 〖言〗語源；㊥㊥の)語源学.

e·ty·mo·lo·gisch [エテュモ·ローギシュ] 形 〖言〗語源(学)の.

das **E·ty·mon** [エーテュモン] 图 -s/..ma 〖言〗初源形, 起源形.

(*der*) **Etzel** [エッツェル] 图 〖人名〗《(②伝)》エッツェル(Attila. フン族の王で Kriemhild の二番目の夫).

Eu [エーウ] = Europium 〖化〗ユーロピウム.

die **EU** [エーウー] 图 -/ = Europäische Union 欧州連合.

euch [オイヒ] 代《(人称・再帰)》2 人称(親称)㊥ ihr の 3・4 格.【㊥では, 手紙で語頭大文字で Euch. 用法 ⇨ uns】

Euch [オイヒ] 代《(人称)》2 人称(敬称)㊥ Ihr[2]の 3・4 格.

die **Eu·cha·ris·tie** [オイヒャリスティー] 图 -/-n 〖キ教〗聖餐(ガ)式の感謝の祈り；《ポリ》聖体(の秘跡)；《ポリ》ス》聖餐(式).

eu·cha·ris·tisch [オイヒャリスティシュ] 形 《ポリ》〖哲〗幸福.

die **Eu·dä·mo·nie** [オイデモニー] 图 《哲》幸福.

eu·er[1] [オイホー] 代《(所有)》2 人称親称㊥〔変化形は mein に準じる. 語尾変化において, r の前の e を省くことが多い. eu(e)re Wohnung 君たちの住居.〔親しい相手への手紙の結びで〕eu(e)re Eva あなたたちに贈るあーファアムヨ. zu eu-(e) rem [Euerm] 80. Geburtstag 《文》貴殿の 80 歳の誕生日に当り. eu(e)re [E~] Eminenz 《文》枢機卿(ポ) 様 Ew.). ~ Zug 君たちの(いつも)乗る列車. **2.**〔独立的用法〕君(おまえ)たちのもの：Das sind nicht unsere Pflichten, sondern eu(e)re [die eu(e)ren/die Eu(e)ren]. それは私たちの務めではなく, 君らのだ.〔定冠詞とともに形容詞の弱変化での用法は《文》〕《無変化で述語として》Das alles ist ~. これはすべておまえたちのものだ.〔語頭大文字・㊥㊥で〕das Eu(e)re 君たちの義務, 財産.〔語頭大文字・㊥で〕die Eu(e)ren [Euern] 君たちの家族《味方・仲間》.

eu·er[2] [オイホー] 代《(人称)》2 人称親称㊥ ihr の 2 格.【㊥では, 手紙で語頭大文字で Euer. また以外の語頭大文字は Ihr[2]の 2 格. 用法 ⇨ meiner 1, ihrer 1】

eu·er·seits [オイホーザイツ] 副 =euerseits.

eu·er·we·gen [オイホートヴェーゲン] 副 =euretwegen.

eu·er·wil·len [オイホートヴィレン] 副 =euretwillen.

die **Eu·fo·nie** [オイフォニー] 图 -/-n 《Euphonie.

eu·fo·nisch [オイフォーニシュ] 形 《euphonisch.

(*der*) **Eu·gen** [オイゲーン, オイゲーン] 图 〖男名〗オイゲーン.

(*die*) **Eu·ge·nie** [オイゲーニエ] 图 〖女名〗オイゲーニエ.

die **Eu·ge·nik** [オイゲーニク] 图 -/ 〖医〗優生学.

eu·ge·nisch [オイゲーニシュ] 形 優生学(上)の.

der **Eu·ka·lyp·tus** [オイカリプトゥス] 图 -/..ten[-] 〖植〗ユーカリ.

(*der*) **Eu·klid** [オイクリート] 图 〖人名〗ユークリッド(紀元前 300 頃, 古代ギリシアの数学者).

eu·kli·disch [オイクリーディシュ] 形 ユークリッドの：der ~e Lehrsatz 〖数〗ユークリッドの公理.

das **Eu·lan** [オイラーン] 图 -s/ 〖商標〗オイラン(ウールなどの防虫剤).

das **Eu-Land** [エーウー·ラント] 图 -(e)s/..länder EU 加盟国.

eu·la·ni·sie·ren [オイラニズィーレン] 動 h.《et[4]ッッ》オイランで(防虫)加工する.

die **Eu·le** [オイレ] 图 -/-n. **1.**〖鳥〗フクロウ(知恵の象徴). **2.**〔北独〕小形のほうき；羽ぼうき. **3.**〖昆〗夜蛾. **4.**《罵》ぶす：《若》みす女の子. **5.**〔北独〕《口》夜間パトロールの警官；夜警.〖慣用〗**Eulen nach Athen tragen** 余計なことをする. **klug wie eine Eule sein** ずる賢い.

der **Eu·len·fal·ter** [オイレン·ファルター] 图 -s/- 〖昆〗夜蛾(ヤガ科のガ).

der **Eu·len·spie·gel** [オイレン·シュピーゲル] 图 -s/-. **1.** いたずら者[《普通は無冠詞》いたずら]：オイレンシュピーゲル(Till ~, 1350 没, いたずらな道化で, 16 世紀の民衆本の主人公).

die **Eu·len·spie·ge·lei** [オイレン·シュピーゲライ] 图 -/-en 悪ふざけ, いたずら.

(*der*) **Eu·ler** [オイラー] 图 〖人名〗オイラー(Leonhard ~, 1707-83, スイスの数学者).

die **Eu·me·ni·de** [オイメニーデ] 图 -/-n 《主に㊥》〖ギ

神〗エウメニス《Erinnye を婉曲にさす名》.

(*die*) **Eu·no·mia** ［オイノーミア, オイノミーア］ [名] 〖ギ神〗エウノミア《秩序の女神》.

der **Eu·nuch** ［オイヌーふ］ [名] -en/-en 去勢された男; 宦官(かんがん), ハレムの番人.

der **Eu·nu·che** ［オイヌーへ］ [名] -n/-n ＝Eunuch.

der **Eu·phe·mis·mus** ［オイふぇミスムス］ [名] -/..men 《文》婉曲語法, 婉曲な表現.

eu·phe·mis·tisch ［オイふぇミスティシュ］ [形] 《文》婉曲な, 婉曲語法による.

die **Eu·pho·nie** ［オイふぉニー］ [名] -/-n 口調〔音調〕のよさ, 快い響き;〖言〗好音調;〖楽〗ユーフォニー.

eu·pho·nisch ［オイふぉーニシュ］ [形] **1.** 口調のよい. **2.** 〖言〗口調上挿入された.

die **Eu·pho·rie** ［オイふぉりー］ [名] -/-n 高揚した〔楽観的〕気分, 陶酔;〖医・心〗病的〔麻薬による〕恍惚(こうこつ)感;(㊔のみ)多幸症.

eu·pho·risch ［オイふぉーりシュ］ [形] 〖医・心〗多幸症の;《文》(一時的に)陶酔〔高揚〕した.

(*die*) **Eu·phro·sy·ne** ［オイふろズューネ］ [名] 〖ギ神〗エウプロシュネ《優雅の女神》. ⇨Charis.

der **Eu·phu·is·mus** ［オイふイスムス］ [名] -/..men 〖文芸学〗 **1.** (㊔のみ)ユーフュイズム, 誇飾体. **2.** 美辞麗句, 華美な文体.

EUR ユーロ(Euro)の国際通貨コード.

..eur ［..ø:r ..①-あ］ [接尾] 名詞・動詞につけて「…する人」を表す男性名詞を作る. ..ör となることもある: Boykott*eur* ボイコットする人. Fris*ör* 理髪師. ⇨..euse.

der **Eu·rail·pass**, ㊐**Eu·rail·paß** ［ɔyrá͜ɪl.. オイらイル·パス, juré:l.. ユれール·パス］ [名] -es/..pässe ユーレイルパス《ヨーロッパ周遊鉄道乗車券》.

(*das*) **Eu·ra·si·en** ［オイらーズィエン］ [名] -s/ 〖地名〗ユーラシア(大陸).

der **Eu·ra·si·er** ［オイらーズィあー］ [名] -s/- ユーラシア人; ヨーロッパ人とアジア人(特にインド人)との混血児.

eu·ra·sisch ［オイらーズィシュ］ [形] ユーラシア(大陸)の;ユーラシア人の, ヨーロッパ人とアジア人との混血児の.

die **Eu·ra·tom** ［オイらトーム］ [名] -/ ユーラトム(Europäische Atom(energie)-gemeinschaft 欧州原子力共同体).

eu·rer·seits ［オイらー·ザイツ］ [副] 君たちの側〔方〕で.

eu·res·glei·chen ［オイれス·グライひぇン］ [代] 《不定》(無変化)《職業・地位・性質などに関して》君たちのような人.

eu·ret·hal·ben ［オイれト·ハルベン］ [副] 《古》＝euretwegen.

eu·ret·we·gen ［オイれト·ヴェーゲン］ [副] 君たちのために.

eu·ret·wil·len ［オイれト·ヴィレン］ [副] (次の形で) um ～ 君たちのために.

die **Eu·rhyth·mie** ［オイりゅトミー］ [名] -/ **1.** (舞踏・体操の)律動的運動. **2.** 〖医〗整調脈. **3.** ＝Eurythmie.

der/die/das **eu·ri·ge** ［オイりゲ］ [代] 《所有》2 人称㊔親称《文・古》＝euer[1] 2. の定冠詞付用法

eu·ri·pi·de·isch ［オイりピデーイシュ］ [形] エウリピデス風〔流〕の.

(*der*) **Eu·ri·pi·des** ［オイりーピデス］ [名] 〖人名〗エウリピデス《紀元前 480 頃-406 頃, ギリシア悲劇詩人》.

der **Eu·ro** ［オイろ］ [名] -(s)/-s ユーロ《EU の通貨単位. 記号 €》.

der **Eu·ro** ［オイろ］ [名] -(s)/-s ユーロ《欧州通貨同盟の通貨単位. 2002 年よりマルクにかわり, 現金流通を開始. 1 Euro＝100 Cent. 記号€》: 10～10 ユーロ. auf ～ umstellen ユーロに切り換える. 〈et[4]〉 in ～ auszeichnen 〈物に〉ユーロで値札をつける. einen Betrag in ～ umrechnen 金額をユーロに換算する.

die **Eu·ro·an·lei·he** ［オイろ·アン·ライエ］ [名] -/-n 〖経〗ユーロ債.

der **Eu·ro·cheque** ［..ʃɛk オイろ·シェック］ [名] -s/-s ユーロチェック《ヨーロッパ各国で換金のできる小切手》.

die **Eu·ro·cheque·kar·te**, ㊐**Eu·ro·cheque-Kar·te** ［オイろ·シェック·カるテ］ [名] -/-n ユーロチェック・カード《欧州諸国で通用するクレジット・カード》.

der **Eu·ro·ci·ty·zug**, ㊐**Eu·ro·ci·ty-Zug** ［ɔ́yrosɪti.. オイろ·スィティ·ツーク］ [名] -(e)s/..Züge ユーロシティー特急(列車).

die **Eu·ro·dol·lars** ［オイろ·ドラるス］ [複名] 〖経〗ユーロダラー.

der **Eu·ro·geld·markt** ［オイろ·ゲルト·マるクト］ [名] -(e)s/..märkte 〖経〗ユーロマネー市場.

der **Eu·ro·ka·pi·tal·markt** ［オイろ·カピタール·マるクト］ [名] -(e)s/..märkte 〖経〗ユーロ資本市場.

der **Eu·ro·kom·mu·nis·mus** ［オイろ·コムニスムス］ [名] -/ ユーロコミュニズム, 西欧共産主義.

der **Eu·ro·krat** ［オイろクらート］ [名] -en/-en 〖政〗ユーロクラート《ヨーロッパ共同体の利益を優先させる政治家》.

das **Eu·ro·land** ［オイろ·ラント］ [名] -(e)s/..länder **1.** (単のみ;主に無冠詞, 無冠詞では-s/)ユーロ参加国(全体). **2.** (個々の)ユーロ参加国.

die **Eu·ro-Mark** ［オイろ·マるク］ [名] -/- 〖経〗ユーロ・マルク.

der **Eu·ro·markt** ［オイろ·マるクト］ [名] -(e)s/..märkte 〖経〗ユーロ市場, 欧州共同体市場.

(*die*) **Eu·ro·pa**[1] ［オイろーパ］ [名] 〖ギ神〗エウロペ《Zeus の三人の子を産んだフェニキアの王女》.

(*das*) **Eu·ro·pa**[2] ［オイろーパ］ [名] -s/ 〖地名〗ヨーロッパ, 欧州.

der **Eu·ro·pä·er** ［オイろペーあー］ [名] -s/- ヨーロッパ人.

die **Eu·ro·pä·e·rin** ［オイろペーエりン］ [名] -/-nen ヨーロッパ人女性.

das **Eu·ro·pä·er·tum** ［オイろペーあートゥーム］ [名] -s/ ヨーロッパ人気質.

eu·ro·pä·id ［オイろペイート］ [形] 〖人類〗ヨーロッパ人に似た.

der/die **Eu·ro·pä·i·de** ［オイろペイーデ］ [名] 《形容詞的変化》〖人類〗ヨーロッパ人に類似の人.

eu·ro·pä·isch ［オイろペーイシュ］ [形] ヨーロッパの;ヨーロッパ統合の. 【慣用】**Einheitliche Europäische Akte** 単一欧州議定書(略 EEA). **der Europäische Rat** 欧州理事会. **die Europäische Gemeinschaft** ヨーロッパ共同体, EC(略 EG). **das Europäische Korps** 欧州軍団. **die Europäische Wirtschaftsgemeinschaft** 欧州経済共同体, EEC(略 EWG). **das Europäische Parlament** 欧州議会. **die Europäische Union** 欧州連合(略 EU). **die Europäische Weltraumorganisation** 欧州宇宙機関.

eu·ro·pä·i·sie·ren ［オイろペイズィーれン］ [動] *h.* 〔〈j[4]/et[4]〉ヲ〕ヨーロッパ化〔西欧化〕する.

die **Eu·ro·pä·i·sie·rung** ［オイろペイズィーるング］ [名] -/-en ヨーロッパ〔西欧〕化.

der **Eu·ro·pa·meis·ter** ［オイろーパ·マイスター］ [名] -s/- 〖スポ〗ヨーロッパ選手権保持者〔チャンピオン〕.

die **Eu·ro·pa·meis·ter·schaft** ［オイろーパ·マイスターシャふト］ [名] -/-en 〖スポ〗ヨーロッパ選手権試合;ヨーロッパ選手権.

das **Eu·ro·pa·par·la·ment** ［オイろーパ·パるラメント］ [名] -(e)s/ 欧州議会《シュトラースブルクの欧州連合の議会. Europäisches Parlament の略》.

der **Eu·ro·pa·rat** ［オイろーパ·らート］ [名] -(e)s/ 欧州評議会〔審議会〕《欧州統合のため 1949 年設立. 略 ER》.

die **Eu·ro·pa·stra·ße** ［オイろーパ·シュトらーセ］ [名] -/-n 欧州(国際)自動車道路(略 E).

eu·ro·pid ［オイろピート］ [形] 〖人類〗オイロピーデ〔コーカ

Europide 366

der/die **Eu·ro·pi·de** [オイろピーデ] 名 《形容詞的変化》《人類》オイロピーデ, コーカソイド, 白色人種.

das **Eu·ro·pi·um** [オイろ・ピウム] 名 -s/ 《化》ユーロピウム(希土類の元素. 記号 Eu).

die **Eu·ro·pol** [オイろ・ポール] 名 -/ 《主に無冠詞に》Europäisches Polizeiamt 欧州警察機構, ユーロポール.

der **Eu·ro·scheck** [オイろ・シェック] 名 -s/-s =Eurocheque.

das **Eu·ro·si·gnal** [オイろ・ズィグナール] 名 -s/ ドイツ連邦郵政省の欧州無線呼出しサービス.

der **Eu·ro·star** [オイろ・スタ-る] 名 -s/-s ユーロスター(ユーロ(英仏海峡)トンネルを通る高速列車).

der **Eu·ro·tun·nel** [オイろ・トゥネル] 名 -s/ ユーロトンネル(英仏海峡トンネル).

die **Eu·ro·vi·si·on** [オイろ・ヴィズィオーン] 名 -/ ユーロビジョン(ヨーロッパのテレビ中継組織).

die **Eu·ro·wäh·rung** [オイろ・ヴェ-るング] 名 -/-en 《経》ユーロ・カレンシー.

(die) **Eu·ry·di·ke** [オイりゅ-ディケ, オイろ・ディ-ケ] 名 《ギ神》エウリュディケ(木の精. Orpheus の妻).

die **Eu·ryth·mie** [オイりゅトミー] 名 -/ オイリュトミー(言葉・音楽を肢体の動きで表現する方法. 人智学者 R. Steiner の用語).

..euse [..œzə .. -ゼ] 接尾 名詞・動詞につけて「…する人」をあらわす女性名詞を作る: Ballett*euse* バレリーナ. Friseus*euse* 美容師. ⇒ .. eur.

die **eu·sta·chi·sche Röhre** [オイスタひシェ れ-れ] 名 (Eustachische は形容詞的変化; Röhre は –/ –n) 《医・心》エウスタキロ[エースターキー]管(耳と鼻を結ぶ管).

das [der] **Eu·ter** [オイター] 名 -s/- (牛・羊などの)乳房.

(die) **Eu·ter·pe** [オイテるぺ] 名 《ギ神》エウテルペ(笛吹きの女神).

die **Eu·tha·na·sie** [オイタナズィー] 名 -/ **1.** 《医》安楽死(死の苦しみを軽くすること. 不治の患者の施療を断つこと). **2.** 《婉》安楽死(ナチの用語で劣等とみなされた人間の生命の絶滅).

die **Eu·tro·phie** [オイトろふぃー] 名 -/ 《医》栄養良好; 十分な栄養補給.

die **Eu·tro·phie·rung** [オイトろふぃーるング] 名 -/-en 《環》(湖水などの)富栄養化; 《農》(土壌の)養分過剰化.

eV =Elektronenvolt 《理》電子ボルト.

ev. =evangelisch プロテスタントの.

Ev. =Evangelium 福音書.

e. V. =eingetragener Verein 登記済社団.

E. V. =Eingetragener Verein 登記済社団.

die **Eva** [é:fa エ-ふぁ, é:va エ-ヴァ] 名 -/-s **1.** (複のみ; 主に無冠詞で)《旧約》エヴァ, イヴ(人類最初の女性. Adam の妻). **2.** 女性; 《冗》裸の女. **3.** (複のみ; 主に無冠詞で)《女名》エーファ.

das **Eva·ko·stüm** [エーふぁ・コステュ-ム, エ-ヴァ・コステュ-ム] 名 -s/ =Evaskostüm.

eva·ku·ie·ren [エヴァクイ-れン] 動 h. **1.** 〈j⁴/et⁴〉ッ+〈方向〉ッ〉避難[疎開]させる; 危険を避けて移転させる. **2.** 〈et⁴〉ッ〉住民を疎開させる(町・地域の); 《工》(…を)真空にする(容器・管などを).

die **Eva·ku·ie·rung** [エヴァクイ-るング] 名 -/-en 疎開, 避難; 《工》真空化.

eva·lu·ie·ren [エヴァルイ-れン] 動 h. 〈et⁴〉ッ〉(専門の立場から客観的に)価値判断する; 《教》評価する(カリキュラムなどを).

das **Evan·ge·li·ar** [エヴァンゲリア-あ] 名 -s/-e (-ien) 《キ教》聖福音書.

das **Evan·ge·li·en·buch** [エヴァンゲーリエン・ブ-ふ] 名 -(e)s/.. bücher =Evangeliar.

die **Evan·ge·li·en·sei·te** [エヴァンゲーリエン・ザイテ] 名 -/-n 《ラテン》福音書側(教会の祭壇向かって左側).

der/die **Evan·ge·li·ka·le** [エヴァンゲ-リカ-レ] 名 《形容詞的変化》《キ教》福音書絶対主義者.

die **Evan·ge·li·sa·ti·on** [エヴァンゲリザツィオーン] 名 -/-en 《プロテスタント》福音伝道.

evan·ge·lisch [エヴァンゲ-リシュ] 形 **1.** 福音(書)の: ~ Armut キリスト教的清貧. ~e Räte 福音的忠告(清貧・貞潔・従順). **2.** プロテスタント[新教]の(略 ev.).

evan·ge·lisch-lu·the·risch [エヴァンゲーリシュ・ルテりシュ] 形 《キ教》福音ルーテル派の(略 ev.-luth.).

evan·ge·lisch-re·for·miert [エヴァンゲ-リシュ・れふぉるミ-あト] 形 《キ教》福音改革派の.

der **Evan·ge·list** [エヴァンゲリスト] 名 -en/-en **1.** 《キ教》福音史家(マタイ・マルコ・ルカ・ヨハネ). **2.** (東方教会の)福音書を読みあげる助祭. **3.** 《プロテスタント》巡回牧師.

das **Evan·ge·li·um** [エヴァンゲ-リウム] 名 -s/..lien **1.** (新約の)福音書(略 Ev.); 外典福音書(ミサで読まれる)福音書の一面: das ~ des Johannes ヨハネ福音書. **2.** (複のみ)(キリストの)福音; イエスの言行. **3.** 無条件に信ずべき言葉(文書): Das war für ihn ein ~. それは彼にとっては神聖[絶対]であった.

die **Eva·po·ra·ti·on** [エヴァぽらツィオーン] 名 -/-en 《化》蒸発, 気化.

eva·po·rie·ren [エヴァポリ-れン] 動 **1.** *s.* 《理》蒸発する. **2.** h. 〈et⁴〉ッ〉《化・工》水分を蒸発させて濃縮する(液体を): evaporierte Milch エバミルク.

das **Eva·po·ri·me·ter** [エヴァポリ・メ-ター] 名 -s/- 蒸発計.

die **Eva·po·trans·pi·ra·ti·on** [エヴァぽ・トらンスピらツィオーン] 名 -/-en 《気》(水の循環の一環としての)蒸発と蒸散(Evaporation と Transpiration の合成語).

das **Evas·ko·stüm** [エーふぁス・コステュ-ム, エ-ヴァス・コステュ-ム] 名 -s/ 《口・冗》(女性の)裸: im ~ 裸で.

die **Evas·toch·ter** [エ-ふぁス・トホター, エ-ヴァス・トホター] 名 -/..töchter 《冗》女: eine echte ~ 女らしい女.

der [das] **Event** [ivɛnt イヴェント] 名 -s/-s 《広告》イベント.

die **Even·tua·li·tät** [エヴェントゥアリテート] 名 -/-en 万一の場合: auf alle ~en [jede ~] どのような場合に対しても.

even·tu·ell [エヴェントゥエル] 形 **1.** 場合によってはあり得る. **2.** ことによると(略 evtl.).

der **Eve·rest** [エヴェれスト] 名 -s/ 《山名》エベレスト(チョモランマ)(山)(ヒマラヤ山脈にある世界最高峰, 8848 m).

der [das] **Ever·green** [ɛvɐrgri:n エヴァ-・グリーン] 名 -s/-s いつまでも人気の衰えない名曲; ジャズのスタンダードナンバー.

der **Eve·rte·brat** [エヴェるテブら-ト] 名 -en/-en (主に複)《動》無脊椎(ㇲㇰッ)動物.

(die) **Evi** [é:fi エ-ふぃ] 名 《女名》エーフィ(Eva の愛称).

evi·dent [エヴィデント] 形 明白な, 明らかな.

ev.-luth. =evangelisch-lutherisch (福音)ルーテル派の.

die **Evo·lu·ti·on** [エヴォルツィオーン] 名 -/-en 《文》(漸進的)発展, 進展; 《生》進化.

evo·lu·ti·o·när [エヴォルツィオネ-る] 形 進化的な, 進化に基づく.

ev.-ref. =evangelisch-reformiert 福音改革(カルヴァン)派の.

evtl. =eventuell 場合によっては.

Ew. 1. =euwer(euer, eure の古い形). **2.** =

Ehrwürden 〘カトリック〙師, 尊師.

(*der*) **E·wald** [エーヴァルト] [名] 〘男名〙エーヴァルト.

der **E·wer** [エーヴァー] [名] -s/- 《北独》エーヴェル型帆船(沿岸航行用の小帆船).

das **E-Werk** [エー·ヴェるク] [名] -(e)s/-e 発電所(Elektrizitätswerk).

ew'g [エーヴひ] [形] 《詩》=ewig.

die **EWG** [エーヴェーゲー] [名] -/ =Europäische Wirtschaftsgemeinschaft 欧州経済共同体.

das **EWI** [エーヴェーイー] [名] -(s)/ =Europäisches Währungsinstitut 欧州通貨機構.

e·wig [エーヴィひ] [形] **1.** 永遠の;永久の;永続的な: der *E*~*e* 永遠なる者(神). das ~*e* Licht〔die ~*e* (Lampe)〕〘カトリック〙常夜〔明〕灯. der *E*~*e* Jude 永遠のユダヤ人(Ahasver). die *E*~*e* Stadt 永遠の都(ローマ). der ~*e* Schnee 万年雪. **2.** 不断の, 果てしない, いやに長い.

—— [副] 《口》 **1.** 永遠に;とても長く. **2.** 実に, 非常に. 【慣用】**auf ewig** いつまでも, 永久に. **ewig und drei Tage**《冗》非常に長い間.

die **E·wig·keit** [エーヴィひカイト] [名] -/-en **1.** ([単]のみ)永遠, 永久: in ~ 永遠に. von ~ zu ~ 〘聖〙永久に. **2.** ([単]のみ)〘宗〙(死後の)永遠の世界, 永生. **3.** 《口》非常に長い間: bis in alle ~ 永久に. seit ~*en*〔einer ~〕ずっと前から. 【慣用】**in die Ewigkeit eingehen** 《文·婉》永眠する.

e·wig·lich [エーヴィクリひ] [副] 《古》とわに.

das **EWS** [エーヴェーエス] [名] -s/ =Europäische Währungssystem 欧州通貨制度.

die **EWU** [エーヴェーウー] [名] -/ =Europäische Währungsunion 欧州通貨同盟.

die **EWWU** [エーヴェーヴェーウー] [名] -/ =Europäische Wirtschafts- und Währungsunion 欧州経済通貨同盟.

ex [エクス] [副] **1.** 《次の形で》~ trinken 《口》一息〔一気〕に(グラスを)あける, 乾杯する. **2.** 《口》おしまい;《口》死んだ.

e·x·ag·ge·rie·ren [エクサゲリーれン] [動] *h.* 〔〈et⁴〉ヲ〕〘医〙誇張する(病状を).

e·x·akt [エクサクト] [形] 正確な, 厳密な, 精密な.

die **E·x·akt·heit** [エクサクトハイト] [名] -/ 正確さ, 精密さ, 入念.

e·x·al·tie·ren [エクサルティーれン] [動] *h.* 〔sich⁴+(über 〈j⁴/et⁴〉ノ事デ)〕異常に興奮する, ヒステリックになる, ひどくいきり立つ;(わざと)ひどくはしゃぐ.

e·x·al·tiert [エクサルティーあト] [形] ひどくわざとらしい, 異常に興奮した;エキセントリックな.

das **E·x·a·men** [エクサーメン] [名] -s/-〔..mina〕試験, 考査: ~ machen 試験を受ける. Er ist durchs ~ gefallen〔im ~ durchgefallen〕. 彼は試験に落第した.

die **E·x·a·mens·angst** [エクサーメンス·アングスト] [名] -/..ängste 試験を前にした〔試験に際しての〕不安.

der **E·x·a·mi·nand** [エクサミナント] [名] -en/-en 《文》受験生, 受験者.

der **E·x·a·mi·na·tor** [エクサミナートーあ] [名] -s/-en[エクサミナトーれン] 《文》試験官, 審査員.

e·x·a·mi·nie·ren [エクサミニーれン] [動] *h.* **1.** 〔〈j⁴〉ヲ〕試験〔試問〕する;審問する(目撃者などを): eine *examinierte* Krankenschwester(資格を取った)正看護婦. **2** 〔〈et⁴〉ヲ〕検査する.

das **E·x·an·them** [エクサンテーム, εks'an.. エクスアンテーム] [名] -s/-e 〘医〙発疹(はっしん), 皮疹.

E·x·au·di [エクサウディ, εks'.. エクスアウディ] [名] (無冠詞;無変化)〘プロテスタント〙復活祭後の第 6 日曜日;〘カトリック〙復活祭の第 7 日曜日.

die **E·x·a·zer·ba·ti·on** [エクサツェるバツィオーン] [名] -/ 〘医〙(病気の)悪化;《転》憎悪.

der **Ex·bun·des·prä·si·dent** [エクス·ブンデス·プれズィデント] [名] -en/-en 元〔前〕(ドイツ)連邦大統領.

ex ca·the·dra [エクス カーテドら] 〘ラテン語〙〘カトリック〙教皇の権威をもって;絶対確実に.

die **Ex·change** [ıkstʃeːntʃ イクスチェーンチュ] [名] -/-n 〘銀行〙交換, 両替;為替相場.

die **E·x·e·dra** [エクセドら] [名] -/..edren[エクセードれン] 〘建〙エクセドラ;(教会堂の)アプス.

die **E·x·e·ge·se** [エクセゲーゼ] [名] -/-n 《文》解釈, 聖書釈義.

der **E·x·e·get** [エクセゲート] [名] -en/-en 解釈者, 聖書釈義者.

e·x·e·ge·tisch [エクセゲーティシュ] [形] 解釈の, 聖書釈義の.

die **Ex·ehe·frau** [エクス·エーエ·ふらウ] [名] -/-en 先妻.

e·x·e·ku·tie·ren [エクセクティーれン] [動] *h.* **1.** 〔〈j⁴〉ヲ〕処刑する;〘法〙《古》処罰する;《オーストリア》〘官〙(…の)財産を差押える. **2.** 〔〈et⁴〉ヲ〕《文》執行する(判決を);執り行う(儀式を).

die **E·x·e·ku·ti·on** [エクセクツィオーン] [名] -/-en **1.** 処刑;〘法〙《古》処罰. **2.** (判決の)執行, (行為の)実行;《オーストリア》〘官〙差押え.

e·x·e·ku·tiv [エクセクティーふ] [形] 〘法〙執行の.

die **E·x·e·ku·ti·ve** [エクセクティーヴェ] [名] -/ 〘法·政〙執行権, 行政権;《オーストリア》執行機関. 【「立法権」は Legislative, 「司法権」は Judikative】

die **E·x·e·ku·tiv·ge·walt** [エクセクティーふ·ゲヴァルト] [名] -/ 〘政〙執行権, 行政権.

der **E·x·e·ku·tor** [エクセクートーあ] [名] -s/-en[エクセクトーれン] 執行者;(刑の)執行人;《オーストリア》(強制執行の)執行官.

das **E·x·em·pel** [エクセムペル] [名] -s/- **1.** 《文·古》例, 実例;模範: 〈et⁴〉zum ~ nehmen 〈物·事を〉例にとる. **2.** 《古》計算問題. 【慣用】**ein Exempel (an 〈j³〉/mit 〈et³〉) statuieren**(〈人を〉/〈事を〉)見せしめにする. **die Probe aufs Exempel machen** 実地に検証する.

das **E·x·em·p·lar** [エクセムプラーあ] [名] -s/-e (同種類の物や動植物の)一つ;(印刷物の)部, 冊(略 Ex., Expl.).

e·x·em·p·la·risch [エクセムプラーりシュ] [形] 具体例となる, 模範的な, 見せしめの.

e·x·em·p·li cau·sa [エクセムプリ カウザ] 〘ラテン語〙例えば.

e·x·em·p·li·fi·zie·ren [エクセムプリふぃツィーれン] [動] *h.* 〔〈et⁴〉ヲ+(mit〔an〕〈j³/et³〉デ)〕具体的に説明する(具体例を挙げて);実例を挙げて説明する, 例証する.

e·x·emt [エクセムト] [形] **1.** 〘法〙治外法権の. **2.** (修道院などが)免属の.

die **E·x·em·ti·on** [エクセムツィオーン] [名] -/-en 〘法〙治外法権;〘カトリック〙免属.

die **E·x·e·qui·en** [エクセークヴィエン] [複名] 〘カトリック〙葬儀, 死者のミサ.

e·x·er·zie·ren [エクセるツィーれン] [動] *h.* **1.** 〔補足なし〕〘軍〙軍事教練を受ける. **2.** 〔〈j⁴〉ヲ〕〘軍〙教練する(新兵などを). **3.** 〔〈et⁴〉ヲ〕《口》くり返し練習する;実地で試して見る(新しい技術·方法などを), (…の)予行演習をする(祭典などの).

der **E·x·er·zier·platz** [エクセるツィーあ·プラッツ] [名] -es/..plätze 練兵場.

die **E·x·er·zi·ti·en** [エクセるツィーティエン] [複名] Exerzitium の複数形.

das **E·x·er·zi·ti·um** [エクセるツィーティウム] [名] -s/..tien 《古》練習;(授業中の)練習課題, 宿題;([複]のみ)〘カトリック〙心霊修行, 黙想.

die **Ex·ha·la·ti·on** [エクス·ハラツィオーン] [名] -/-en 〘医〙呼気;発散, 蒸散;〘地質〙(火山などの)噴気.

ex·ha·lie·ren [エクス·ハリーれン] [動] *h.* **1.** 〔(〈et⁴〉

ァ)〗〖医〗吐く(息を); 蒸散する. **2.** 〔⟨et⁴⟩ヲ〕〖地質〗噴気する.

der **Ex·haus·tor** [エクス・ハウストーあ] [名] -s/-en 〖工〗排気機〔装置〕.

der **Ex·hi·bi·ti·o·nis·mus** [エクス・ヒビツィオニスムス] [名] -/ **1.** 〖心〗露出症. **2.** 《文》自己顕示傾向;感情〔信念〕の誇示.

der **Ex·hi·bi·ti·o·nist** [エクス・ヒビツィオニスト] [名] -en/-en 露出症患者, 露出狂;自己顕示傾向の人, 感情〔信念〕を誇示する人.

ex·hi·bi·ti·o·nis·tisch [エクス・ヒビツィオニスティシュ] [形] 露出症の.

E

ex·hu·mie·ren [エクス・フミーれン] [動] *h.* 〔⟨et⁴⟩ヲ〕掘出す(当局の許可・命令によって死体を).

das **E·xil** [エクスィール] [名] -s/-e 亡命, 追放: ins ~ gehen 亡命する.

e·xi·lie·ren [エクスィリーれン] [動] *h.* 〔⟨j⁴⟩ヲ〕国外に追放する, 亡命に追いやる.

die **E·xil·li·te·ra·tur** [エクスィール・リテらトゥーあ] [名] -/-en 亡命文学.

die **E·xil·re·gie·rung** [エクスィール・れギーるング] [名] -/-en 亡命政府.

e·xi·miert [エクスィミーあト] [形] (義務等を)免除された, 除外された.

e·xis·tent [エクスィステント] [形] 存在〔実在〕する.

der **E·xis·ten·ti·a·lis·mus, E·xis·ten·zi·a·lis·mus** [エクスィステンツィアリスムス] [名] -/ 〖哲〗実存主義, 実存哲学.

der **E·xis·ten·ti·a·list, E·xis·ten·zi·a·list** [エクスィステンツィアリスト] [名] -en/-en 実存主義者.

e·xis·ten·ti·a·lis·tisch, e·xis·ten·zi·a·lis·tisch [エクスィステンツィアリスティシュ] [形] 実存主義の.

die **E·xis·ten·ti·al·phi·lo·so·phie, E·xis·ten·zi·al·phi·lo·so·phie** [エクスィステンツィアール・ふぃロ・ゾふぃー] [名] -/ 実存哲学.

e·xis·ten·ti·ell [エクスィステンツィエル] [形] 〖哲〗実存的な;生命〔生存〕にかかわる.

die **E·xis·tenz** [エクスィステンツ] [名] -/-en **1.** (⊕のみ)存在, 実在;〖哲〗実存;(主に⊕)人間存在, 生命: die nackte ~ retten 命を救う. **2.** 生活基盤(職業など): sich³ eine ~ aufbauen 自分の生活を築く. **3.** (軽蔑的な付加語とともに)人間.

die **E·xis·tenz·be·rech·ti·gung** [エクスィステンツ・べれひティグング] [名] -/-en (主に⊕)生活権, 生存権.

e·xis·tenz·fä·hig [エクスィステンツ・ふぇーイひ] [形] 生存可能な.

der **E·xis·ten·zi·a·lis·mus** [エクスィステンツィアリスムス] [名] -/ 〖哲〗実存主義;実存哲学.

der **E·xis·ten·zi·a·list** [エクスィステンツィアリスト] [名] -en/-en 実存主義者;実存主義的に生きる人.

e·xis·ten·zi·a·lis·tisch [エクスィステンツィアリスティシュ] [形] 実存主義の;実存主義的な(生き方の).

die **E·xis·ten·zi·al·phi·lo·so·phie** [エクスィステンツィアール・ふぃロ・ゾふぃー] [名] -/-n 実存哲学.

e·xis·ten·zi·ell [エクスィステンツィエル] [形] =existentiell.

das **E·xis·tenz·mi·ni·mum** [エクスィステンツ・ミーニムム] [名] -s/ 最低生活費: am ~ leben 最低生活をする.

die **E·xis·tenz·phi·lo·so·phie** [エクスィステンツ・ふぃロ・ゾふぃー] [名] -/ 実存哲学.

e·xis·tie·ren [エクスィスティーれン] [動] *h.* **1.** 〔⟨場所⟩ニ〕ある, 存在している, 存続している. **2.** 〔von〔mit〕⟨et³⟩デ〕生計を立てる(一定の金額で).

der **E·xi·tus** [エクスィトゥス] [名] -/ 〖医〗死亡.

exkl. =exklusive …を除いて.

die **Ex·kla·ve** [エクスクラーヴェ] [名] -/-n 飛び領土;〖生〗(動植物の)主要分布地から飛び離れた分布地.

ex·klu·siv [エクスクルズィーふ] [形] **1.** (上層階級に)限られた人々の;高級な. **2.** 独占的な.

ex·klu·si·ve [エクスクルズィーヴェ] [前] 〔+2格〕…を除いて(略 exkl.).

—— [副] …を除いて: bis April ~ gültig sein 4月に入るまで有効である.

die **Ex·kom·mu·ni·ka·ti·on** [エクス・コムニカツィオーン] [名] -/-en 〖カトリック〗破門;無式破門.

ex·kom·mu·ni·zie·ren [エクス・コムニツィーれン] [動] *h.* 〔⟨j⁴⟩ヲ〕〖カトリック〗破門する.

das **Ex·kre·ment** [エクス・クれメント] [名] -(e)s/-e (主に⊛)《文》排泄(はいせつ)物, 糞便(ふんべん).

das **Ex·kret** [エクス・クれート] [名] -(e)s/-e 〖医・動〗分泌物, 排泄(はいせつ)物.

ex·kul·pie·ren [エクス・クルピーれン] [動] *h.* 〔⟨j⁴⟩ヲ〕〖法〗無罪にする;(…の)無罪を証明する.

der **Ex·kurs** [エクス・クるス] [名] -es/-e 余論, 補説, 付説: ein ~ über ⟨et⁴⟩ ⟨事の⟩補説.

die **Ex·kur·si·on** [エクス・クるズィオーン] [名] -/-en グループ研修〔見学〕旅行.

das **Ex·li·bris** [エクス・リーブりース] [名] -/- 蔵書票.

die **Ex·ma·tri·ku·la·ti·on** [エクス・マトりクラツィオーン] [名] -/-en (大学生の)除籍, 退学.

ex·ma·tri·ku·lie·ren [エクス・マトりクリーれン] [動] *h.* **1.** 〔⟨j⁴⟩ヲ〕学籍簿から除籍する. **2.** 〔sich⁴〕退学の手続きをする.

die **Ex·mis·si·on** [エクス・ミスィオーン] [名] -/-en 〖法〗(土地・家屋からの)強制立ち退き.

der **E·xo·dus** [エクソドゥス] [名] -/-se **1.** (⊕のみ)〖旧約〗出エジプト記;(イスラエル人の)エジプト脱出. **2.** 集団的な脱退〔脱出・退出〕.

ex of·fi·cio [..ɔfíːtsio エクス オふぃーツィオ] 〖ラテン語〗職権により.

die **E·xo·ga·mie** [エクソ・ガミー] [名] -/-n 〖社〗族外結婚.

e·xo·gen [エクソ・ゲーン] [形] 〖心・医〗外因性の;〖植〗外生の;〖地質〗外成の.

e·xo·krin [エクソ・クりーン] [形] 〖医〗外分泌の.

das **E·xo·nym** [エクソ・ニューム] [名] -s/-e 〖言〗エクソニム(イタリアの Napoli をドイツ語で Neapel というような外国語地名).

der **Ex·oph·thal·mus** [エクソふタルムス] [名] -/ 〖医〗眼球突出(症).

e·x·or·bi·tant [エクソるビタント] [形] 法外な.

e·x·or·zie·ren [エクソるツィーれン] [動] *h.* 〔⟨et⁴⟩ヲ〕〖宗〗祓(はら)う.

der **E·x·or·zis·mus** [エクソるツィスムス] [名] -/..men 悪魔祓(ばら)い.

die **E·xo·sphä·re** [エクソスふぇーれ] [名] -/-n 外気圏.

der **E·xot** [エクソート] [名] -en/-en 外来種(の動植物), 異国人;(⊛のみ)〖金融〗外国証券(ジャンク債など).

das **E·xo·ta·ri·um** [エクソターりウム] [名] -s/..rien (動物園の)外来種動物飼育館.

e·xo·te·risch [エクソテーりシュ] [形] 顕教的な.

e·xo·therm [エクソテるム] [形] 〖化・理〗発熱性の.

die **E·xo·ti·ka** [エクソーティカ] [複名] 異国風の〔エキゾチックな〕美術工芸品.

e·xo·tisch [エクソーティシュ] [形] 異国の(特に熱帯地域の), 異国風〔エキゾチック〕な;珍しい.

der **Ex·pan·der** [エクスパンダー] [名] -s/- 〖スポーツ〗エキスパンダー.

ex·pan·die·ren [エクスパンディーれン] [動] **1.** *h.* 〔補足なし〕膨張〔伸長〕する, 勢力を拡大する. **2.** *h.* 〔⟨et⁴⟩ヲ〕〖理〗膨張させる. **3.** *s.* 〔補足なし〕〖理〗膨張する.

die **Ex·pan·si·on** [エクスパンズィオーン] [名] -/-en 拡大, 拡張, 膨張.

ex·pan·siv [エクスパンズィーふ] [形] 膨張の, 拡大志向の.

ex·pa·tri·ie·ren [エクスパトりイーれン] [動] *h.* 〔⟨j⁴⟩ノ〕国籍を剝奪(はくだつ)する.

der **Ex·pe·di·ent** [エクスペディエント] [名] -en/-en **1.** 発送係. **2.** 旅行社の社員.

ex·pe·die·ren [エクスペディーれン] [動] *h.* 〘〈j^4/et^4〉ヲ＋(〈方向〉ヘ)〙発送する;《口》(追い)出す(人を).

die **Ex·pe·di·ti·on** [エクスペディツィオーン] [名] -/-en **1.** 探険(旅行);探険隊;派遣団,遠征チーム;《古》外征,遠征. **2.** (会社の)発送部;〘商〙発送. **3.** 《古》(新聞の)広告部.

das **Ex·pek·to·rans** [エクス・ペクトらンス] [名] -/..ranzien[エクスペクトらンツィエン]〔..rantia[エクスペクトらンツィア]〕〘医〙去痰(きょたん)剤.

das **Ex·pek·to·ran·ti·um** [エクス・ペクトらンティツィウム] [名] -s/..zien〔..tia〕〘医〙去痰(きょたん)剤.

das **Ex·pe·ri·ment** [エクスペりメント] [名] -(e)s/-e 実験;(大胆な)試み: ein ~ mit〔an〕 Tieren durchführen 動物実験を行う. ~*e* mit 〈j^3/et^3〉 anstellen 〈人・物で〉実験をする.

ex·pe·ri·men·tal [エクスペりメンタール] [形] 《稀》=experimentell.

die **Ex·pe·ri·men·tal·phy·sik** [エクスペりメンタール・ふゅズィーク] [名] -/ 実験物理学.

die **Ex·pe·ri·men·tal·psy·cho·lo·gie** [エクスペりメンタール・プスュひょ・ロギー] [名] -/ 実験心理学.

ex·pe·ri·men·tell [エクスペりメンテル] [形] 実験の;実験的な.

ex·pe·ri·men·tie·ren [エクスペりメンティーれン] [動] *h.* 〘(mit〔an〕〈et^3〉デ)〙実験をする.

der **Ex·per·te** [エクスペるテ] [名] -n/-n 専門家,エキスパート: ein ~ für 〈et^4〉〔in 〈et^3〉〕〈物・事の〉専門家.

die **Ex·per·ten·be·fra·gung** [エクスペるテン・べふらーグング] [名] -/-en 公聴会.

die **Ex·per·tin** [エクスペるティン] [名] -/-nen (女性の)専門家.

die **Ex·per·ti·se** [エクスペるティーゼ] [名] -/-n (専門家の)鑑定;鑑定書.

Expl. =Exemplar サンプル,見本,1冊〔部〕.

die **Ex·plan·ta·ti·on** [エクス・プランタツィオーン] [名] -/-en (細胞・組織の)採取,(臓器の)摘出;臓器移植.

ex·pli·cit [..tsɪt エクスプリツィト] =〘ラテン語〙Volumen explicitum est. 終り(書物の最後の語).

ex·pli·zie·ren [エクスプリツィーれン] [動] *h.* 〘〈et^4〉ヲ〙説明する.

ex·pli·zit [エクスプリツィート] [形] 明確な.

ex·pli·zi·te [エクスプリツィーテ] [副] 明確に.

ex·plo·die·ren [エクスプロディーれン] [動] *s.* 〘補足なし〙爆発する,破裂する;爆発的に上昇する(物価・費用などが);かっとなる;〘スポーツ〙《ジャーゴン》爆発的にプレーする.

ex·ploi·tie·ren [ɛksploatíːrən エクスプロアティーれン] [動] *h.* 〘〈j^4/et^4〉ヲ〙《古》搾取する.

die **Ex·plo·ra·ti·on** [エクスプロらツィオーン] [名] -/-en 調査,探究;探索;〘医〙診察.

ex·plo·rie·ren [エクスプロりーれン] [動] *h.* **1.** 〘〈et^4〉ヲ/〈場所〉デ〙調査〔探査〕する. **2.** 〘〈j^4〉ニ〙聞取り調査をする.

die **Ex·plo·si·on** [エクスプロズィオーン] [名] -/-en 爆発,(感情の)爆発;急激な増加〔上昇〕: 〈et^4〉 zur ~ bringen 〈物を〉爆発させる. eine ~ der Bevölkerung 人口爆発.

die **Ex·plo·si·ons·ge·fahr** [エクスプロズィオーンス・ゲふぁーあ] [名] -/-en 爆発の危険.

der **Ex·plo·si·ons·mo·tor** [エクスプロズィオーンス・モ(ー)トーあ] [名] -s/-en〔-e〕〘工〙内燃機関.

ex·plo·siv [エクスプロズィーふ] [形] **1.** 爆発性の;激しやすい;一触即発の. **2.** 爆発的な;〘言〙破裂音の.

der **Ex·plo·siv** [エクスプロズィーふ] [名] -s/-e 〘言〙破裂音.

das **Ex·plo·siv·ge·schoss,** [旧] **Ex·plo·siv·ge·schoß** [エクスプロズィーふ・ゲショス] [名] -es/-e 着弾して炸裂する砲弾.

der **Ex·plo·siv·laut** [エクスプロズィーふ・ラウト] [名] -(e)s/-e 〘言〙破裂音.

der **Ex·plo·siv·stoff** [エクスプロズィーふ・シュトっふ] [名] -(e)s/-e **1.** 〘工〙爆発物. **2.** 爆薬.

das **Ex·po·nat** [エクスポナート] [名] -(e)s/-e 展示〔陳列〕品.

der **Ex·po·nent** [エクスポネント] [名] -en/-en **1.** 〘数〙(冪(べき))指数;根指数.【3^2は drei hoch zwei と読む】 **2.** 代表的人物.

ex·po·nen·ti·ell [エクスポネンツィエル] [形] 〘数〙指数関数的な.

ex·po·nie·ren [エクスポニーれン] [動] *h.* **1.** 〘〈j^4/et^4〉ヲ＋(〈et^3〉ニ)〙むき出しにする,さらす(人目・攻撃・危険などに);(〈j^4〉がsich^{4}の場合)自分の身体を(人目に)さらす. **2.** 〘〈j^4〉ヲ〙人々の目にさらす,目立たせる;(〈j^4〉がsich^{4}の場合)さらし者になる. **3.** 〘〈et^4〉ヲ〙あらわにする(感情を). **4.** 〘〈et^4〉ノ〙概略を示す,説明する. **5.** 〘写〙《古》=belichten.

der **Ex·port** [エクス・ポるト] [名] -(e)s/-e **1.** 《(単)のみ》輸出. **2.** 輸出品.

die **Ex·port·ab·tei·lung** [エクスポるト・アップタイルング] [名] -/-en 輸出課.

der **Ex·port·ar·ti·kel** [エクスポるト・アるティ(ー)ケル] [名] -s/- 輸出品目.

das **Ex·port·bier** [エクスポるト・ビーあ] [名] -(e)s/-e 輸出用ビール.

die **Ex·port·do·ku·men·te** [エクスポるト・ドクメンテ] [複名] 輸出文書.

der **Ex·por·teur** [..tǿːr エクスポる[テ]ーあ] [名] -s/-e 〘経〙輸出業者,輸出商社.

die **Ex·port·för·de·rung** [エクスポるト・[ふぇ]るデるング] [名] -/-en 輸出促進.

das **Ex·port·ge·schäft** [エクスポるト・ゲシェふト] [名] -(e)s/-e **1.** (個々の)輸出取引;《(単)のみ》輸出貿易. **2.** 輸出商社.

ex·por·tie·ren [エクスポるティーれン] [動] *h.* 〘〈et^4〉ヲ＋(〈方向〉ヘ)〙輸出する.

der **Ex·port·kauf·mann** [エクスポるト・カウふ・マン] [名] -(e)s/..leute 輸出業者.

der **Ex·port·über·schuss,** [旧] **Ex·port·über·schuß** [エクスポるト・ユーバー・シュス] [名] -es/..schüsse 輸出超過.

das **Ex·port·un·ter·neh·men** [エクスポるト・ウンターネーメン] [名] -s/- 輸出企業.

das **Ex·po·sé,** *das* **Ex·po·see** [..zéː エクスポゼー] [名] -s/-s **1.** (文書による)説明,報告. **2.** 概要,要旨,案. **3.** 〘映・文学〙筋書き,粗筋.

die **Ex·po·si·ti·on** [エクスポズィツィオーン] [名] -/-en **1.** 展覧会;展示. **2.** 構想,構成;《稀》説明,叙述. **3.** 〘文芸学〙(劇の)導入部;〘楽〙(ソナタ・フーガの)呈示部. **4.** 〘カトリック〙聖体・聖遺物の顕示. **5.** 〘写〙《稀》露出,露光.

ex·press, [旧] **ex·preß** [エクスプれス] [副] 《古》急いで,速達で;《方》特別に,あえて.

der **Ex·press,** [旧] **Ex·preß** [エクスプれス] [名] -es/-e **1.** 《オーストリア》遠距離急行列車. **2.** 《次の形で》per ~ 速達便で.

das **Ex·press·gut,** [旧] **Ex·preß·gut** [エクスプれス・グート] [名] -(e)s/..güter 〘鉄道〙急行便貨物.

der **Ex·pres·si·o·nis·mus** [エクスプれスィオニスムス] [名] -/ 表現主義(20世紀初頭の芸術運動).

ex·pres·si·o·nis·tisch [エクスプれスィオニスティシュ] [形] 表現主義の.

ex·pres·sis ver·bis [エクスプれスィース ヴェるビース]〘ラテン語〙明確な言葉で,はっきりと.

ex·pres·siv [エクスプれスィーふ] [形] 表現力に富む,表情豊かな.

der **Ex·press·kaf·fee,** ⑪**Ex·preß·kaf·fee** [エクスプれス·カふぇー] [名] -s/ インスタント・コーヒー.

ex pro·fes·so [エクス プろふぇっソ] 〖ラテ語〗故意に;職業上.

ex·pro·pri·ie·ren [エクス·プろプりイーれン] [動] *h.* 〔<j⁴/et⁴>ヲ〕〖マルクス主義〗収奪する.

ex·qui·sit [エクス·クヴィズィート] [形] 選り抜きの, すばらしい.

die **Ex·se·kra·ti·on** [エクス·ゼクらツィオーン] [名] -/-en **1.** 呪い(のことば);呪文. **2.** 《文》神聖冒瀆(ぼうとく).

die **Ex·stir·pa·ti·on** [エクス·スティるパツィオーン] [名] -/-en 〖医〗(病気の臓器の)全摘出.

das **Ex·su·dat** [エクスズダート] [名] -(e)s/-e 〖医〗滲出(しんしゅつ)液〔物〕;〖生〗(昆虫の)分泌物.

das **Ex·tem·po·ra·le** [エクス·テムポらーレ] [名] -s/..lien 抜きうち試験.

ex tem·po·re[エクス テムポれ] 〖ラテ語〗即興の, 即席の, アドリブの(演劇).

das **Ex·tem·po·re** [エクス·テムポれ] [名] -s/-s 《文》即席の演説;〖劇〗即興〔アドリブ〕演技.

ex·tem·po·rie·ren [エクス·テムポりーれン] [動] *h.* 〔補足なし〕〖劇〗アドリブでせりふを挿入する;《文》(即興で)書く(詩などを);即興でスピーチ〔演奏〕する.

die **Ex·ten·si·on** [エクステンズィオーン] [名] -/-en **1.** 〖論〗(概念の)外延. **2.** 〖医〗索引(法);伸展. **3.** 〖コンピュータ〗拡張子. **4.** 《文・稀》拡大, 拡張;伸張.

ex·ten·siv [エクステンズィーふ] [形] 広範な;〖農〗粗放的な;〖法〗拡張的な.

die **Ex·ten·si·vie·rung** [エクステンズィヴィーるング] [名] -/-en **1.** 《文》拡大(化). **2.** 〖農〗粗放農業.

der **Ex·ten·sor** [エクステンゾーあ] [名] -s/-en[エクステンゾーれン] 〖解〗伸筋.

das **Ex·te·ri·eur** [..riǿːr エクステりⓔーあ] [名] -s/-s〔-e〕《文》外面, 外部;外観, 外見.

ex·tern [エクステるン] [形] 外部の, 外面の;外部からの: ein ~*er* Schüler 通学生.

der **Ex·ter·nist** [エクステるニスト] [名] -en/-en **1.** 《オーストリア》外部からの受験生;寄宿学校の自宅通学生;〖劇〗客演者. **2.** 〖医〗外来患者;《稀》外科医.

ex·ter·ri·to·ri·al [エクス·テりトりアール] [形] 〖法〗治外法権の.

die **Ex·ter·ri·to·ri·a·li·tät** [エクス·テりトりアリテート] [名] -/ 〖法〗治外法権.

ex·tra [エクストら] [副] **1.** 別に;《口》別の: Überstunden werden ~ bezahlt. 超過勤務は別払いである. ein ~ Zimmer (別の)特別室. **2.** その他に;《口》余分な: noch eine Flasche Bier ~ bestellen その他にビールを一本注文する. eine ~ Belohnung 余分の報酬. **3.** 特に, とりわけ: Es geht mir nicht ~. 《口》私はそれほど調子はよくない. ~ mild 特にマイルドな. **4.** わざわざ;わざと.

—— [形] 《バイエ・オーストリア》えり好みが強い, 気難しい.

das **Ex·tra** [エクストら] [名] -s/-s (主に[複])オプション部品.

das **Ex·tra·blatt** [エクストら·ブラット] [名] -(e)s/..blätter 号外.

die **Ex·tra·ein·la·dung** [エクストら·アイン·ラードゥング] [名] -/-en 《口》特別招待.

ex·tra·fein [エクストら·ふぁイン] [形] 《口》とびきり上等の.

ex·tra·ga·lak·tisch [エクストら·ガラクティシュ] [形] 〖天〗銀河系外の.

ex·tra·hie·ren [エクストらヒーれン] [動] *h.* **1.** 〔<j⁴/et⁴>ヲ+(aus <et³>カラ)〕〖医〗摘出する(異物を), 娩出(べんしゅつ)する, 抜く;〖化・薬〗抽出する(化学物質を). **2.** 《古》=exzerpieren.

ex·tra·kor·po·ral [エクストら·コるポらール] [形] 〖医〗体外の.

der **Ex·trakt** [エクストらクト] [名] -(e)s/-e **1.** (das ~ も有)抽出物, エキス. **2.** (本などの)要約, 抜粋, 要点.

ex·tra mu·ros [エクストら ムーろース] 〖ラテ語〗《文》区域外の, 囲壁の外に;公に, 世間に.

ex·tra·or·di·när [エクストら·オるディネーあ] [形] 異常な;特別な.

der **Ex·tra·or·di·na·ri·us** [エクストら·オるディナーりウス] [名] -/..rien 助教授.

ex·tra·po·lie·ren [エクストら·ポリーれン] [動] *h.* 〔<et⁴>ヲ〕〖数〗外挿〔補外〕法によって求める(ある関数の値を);(既知のデータから)予測する(ある結果を).

die **Ex·tra·sys·to·le** [エクストら·ズュストれ, エクストら·ズュストーれ] [名] -/-n 〖医〗期外収縮.

ex·tra·ter·res·trisch [エクストら·テれストりシュ] [形] 〖天・理〗大気圏外の.

die **Ex·tra·tour** [エクストら·トゥーあ] [名] -/-en 追加旅行;《口》勝手な行動.

ex·tra·u·te·rin [エクストら·ウテりーン] [形] 〖医〗子宮外の.

die **Ex·tra·u·te·rin·gra·vi·di·tät** [エクストらウテりーン·グらヴィディテート] [名] -/ 〖医〗子宮外妊娠.

ex·tra·va·gant [エクストらヴァガント, エクストらヴァガント] [形] 変った(趣味の), 奇抜な.

die **Ex·tra·va·ganz** [エクストらヴァガンツ, エクストらヴァガンツ] [名] -/-en **1.** ([単]のみ)奇抜さ. **2.** (主に[複])奇抜なもの〔こと〕, 奇抜な行動.

ex·tra·ver·tiert [エクストら·ヴェるティーあト] [形] 〖心〗外向的な.

die **Ex·tra·wurst** [エクストら·ヴるスト] [名] -/..würste **1.** (次の形で) <j³> eine ~ braten 《口》<人ₙ>特別扱いする. eine ~ (gebraten) kriegen〔bekommen〕特別扱いされる. **2.** 《オーストリア》粗挽きソーセージ, リヨンソーセージ.

ex·trem [エクストれーム] [形] 極端な, 過激な;極端に: politisch ~ links stehen 政治的に極左である.

das **Ex·trem** [エクストれーム] [名] -s/-e 極端: <et⁴> ins ~ treiben <事ₙ>極端にする. von einem ~ ins andere fallen 極端から極端に走る.

der **Ex·tre·mis·mus** [エクストれミスムス] [名] -/..men 急進〔過激〕主義.

der **Ex·tre·mist** [エクストれミスト] [名] -en/-en 急進〔過激〕主義者.

ex·tre·mis·tisch [エクストれミスティシュ] [形] 急進的な, 過激な.

die **Ex·tre·mi·tät** [エクストれミテート] [名] -/-en **1.** 末端, 先端;極端. **2.** (主に[複])四肢: die oberen/unteren ~*en* 上肢/下肢.

die **Ex·trem·sport·art** [エクストれーム·シュポるト·アーあト] [名] -/-en エクストリームスポーツ〔極限スポーツ〕種目(トライアスロン・スカイダイビングなど危険を伴うもの).

ex·tro·ver·tiert [エクストろ·ヴェるティーあト] [形] =extravertiert.

der **E·xu·lant** [エクスラント] [名] -en/-en 〖史〗(17-18世紀に)追放された新教徒.

ex und hopp [エクス ウント ホップ] [副] 《口》使い捨てで.

die **Ex-und-hopp-Fla·sche** [エクス·ウント·ホップ·ふラッシェ] [名] -/-n 《口》使い捨てビン.

ex vo·to [エクス ヴォート] 〖ラテ語〗誓いにより.

Exz. =Exzellenz 閣下.

ex·zel·lent [エクスツェレント] [形] 優れた, すばらしい.

die **Ex·zel·lenz** [エクスツェレンツ] [名] -/-en 閣下(大使などに対する敬称. 略Exz.): Euer〔Eure〕~ 閣下(呼びかけ).

der **Ex·zen·ter** [エクス·ツェンター] [名] -s/- 〖工〗偏心輪, エキセン.

die **Ex·zen·trik** [エクスツェントりク] [名] -/ **1.** 《文》奇矯な振舞い. **2.** 極端におどけた芸.

der **Ex·zen·tri·ker** [エクスツェントりカー] [名] -s/- **1.**

《文》寄矯〔エキセントリック〕な人. **2.** 道化曲芸師.
ex·zen·trisch [エクスツェントリシュ] 形 奇矯な, エキセントリックな;〖数・天〗離心の.
ex·zep·ti·o·nẹll [エクス・ツェプツィオネル] 形 異例な, 特別な.
ex·zer·pie·ren [エクス・ツェるピーれン] 動 h.(〈et⁴〉ヲ＋ (aus 〈et³〉カラ))抜粋する, 抜書きする, 抄録する.
das **Ex·zẹrpt** [エクス・ツェるプト] 名 -(e)s/-e 《文》抜粋, 抜書き, 抄録.
der **Ex·zẹss,** ⒷExzeß [エクスツェス] 名 -es/-e 《文》過度, 放埓, 放縦, 節制のなさ: bis zum ～ treiben やり過ぎる.
ex·zes·siv [エクスツェスィーふ] 形 《文》度を超した, 過度の: ～*es* Klima (温度差の激しい)大陸性気候.

(*der*) **Eyck** [aɪk アイク] 名 〖人 名〗アイク(Hubert van ～, 1370 頃-1426 頃. Jan van ～, 1390-1441, オランダの画家の兄弟).
der **Eye·cat·cher** [áɪkɛtʃər アイ·ケッチャー] 名 -s/- アイキャッチャー(広告の中などで人目を引くもの. 写真やデザインなど)
der **Eye·li·ner** [áɪlamər アイ·ライナー] 名 -s/- アイライナー.
(*der*) **Eze·chi·el** [エツェーひエ(-)ル] 名 〖旧約〗エゼキエル(紀元前6世紀の, ユダヤの預言者): das Buch ～ 〖旧約〗エゼキエル書.
EZU = Europäische Zahlungsunion ヨーロッパ決済同盟.

F

das **f¹, F¹** [ɛf エぁ] 名 -/- ((口)-s/-s) 1. ドイツ語アルファベットの第6字：nach Schema F《口》型どおりに，ありきたりに． 2. 【楽】ヘ音．

f² 1. =f-Moll【楽】ヘ短調． 2. =forte【楽】フォルテ，強く． 3. =fein【商】純良(品質表示)．

F² 1. =Fahrenheit【理】華氏． 2. =Farad【電】ファラッド． 3. =Fluor【化】フッ素． 4. =F-Dur【楽】ヘ長調． 5. =Frankreich【国名】フランス．

f.¹, F. =Femininum【言】女性，女性名詞．

f.² 1. =Fermi【理】フェルミ． 2. =folgende(Seite)および次のページ：S. 31～31および32ページ． 3. =für.

Fa. =Firma 会社．

die **Fa·bel** [ふぁーベル] 名 -/-n 1. 寓話(ぐう)． 2. 作り話． 3.【文芸学】物語の筋，プロット．

fa·bel·haft [ふぁーベルハふト] 形 1. (予期以上に)素晴らしい． 2.《口》とてつもない；すごい．

fa·beln [ふぁーベルン] 動 h. 1.〖(von ⟨j³/et³⟩ニツィテ)〗作り話をする． 2.〖⟨et⁴⟩ッ〗《口》でっち上げる(話を)． 3.〖歴〗《口》たわごとを言う．

das **Fa·bel·tier** [ふぁーベル・ティーる] 名 -(e)s/-e 想像上の動物．

das **Fa·bel·we·sen** [ふぁーベル・ヴェーゼン] 名 -s/- 想像上の生物．

das **Fa·bleau** [..blό: ふぁブロー] 名 -/-x[..ブロー] =Fabliau.

das **Fa·bli·au** [..bliό: ふぁブリオー] 名 -/-x[..ブリオー] ファブリオー(中世フランスの韻文笑話)．

die **Fa·brik** [ふぁブリーク] 名 -/-en 1. 工場，製作所：in die ～ gehen《口》工場に勤めている． 2. 工場の施設・敷地． 3. 工場の全従業員．

die **Fa·brik·an·la·ge** [ふぁブリーク・アン・ラーゲ] 名 -/-n 工場の施設・敷地．

der **Fa·bri·kant** [ふぁブリカント] 名 -en/-en 工場主，製造業者，工場経営者．

die **Fa·brik·ar·beit** [ふぁブリーク・アルバイト] 名 -/ 工場労働．

der **Fa·brik·ar·bei·ter** [ふぁブリーク・アルバイター] 名 -s/- 工場労働者，工員．

das **Fa·bri·kat** [ふぁブリカート] 名 -(e)s/-e 1.(工業)製品，製造品． 2.(製品の)型，タイプ．

die **Fa·bri·ka·tion** [ふぁブリカツィオーン] 名 -/-en (工場)生産，製造．

das **Fa·bri·ka·ti·ons·ge·heim·nis** [ふぁブリカツィオーンス・ゲハイムニス] 名 -ses/-se 製造上の企業秘密．

der **Fa·brik·be·sit·zer** [ふぁブリーク・ベズィッツァー] 名 -s/- 工場主．

der **Fa·brik·di·rek·tor** [ふぁブリーク・ディレクトーあ] 名 -s/-en 工場長．

das **Fa·brik·ge·bäu·de** [ふぁブリーク・ゲボイデ] 名 -s/- 工場の建物．

das **Fa·brik·ge·län·de** [ふぁブリーク・ゲレンデ] 名 -s/- 工場敷地．

die **Fa·brik·mar·ke** [ふぁブリーク・マルケ] 名 -/-n 工場商標．

fa·brik·mä·ßig [ふぁブリーク・メースィヒ] 形 工場(大量)生産の．

fa·brik·neu [ふぁブリーク・ノイ] 形 新品の．

der **Fa·brik·preis** [ふぁブリーク・プらイス] 名 -es/-e 工場渡し価格．

die **Fa·brik·wa·re** [ふぁブリーク・ヴァーれ] 名 -/-n (悪名も有)工場生産品，大量生産品．

das **Fa·brik·zei·chen** [ふぁブリーク・ツァイヒェン] 名 -s/- =Fabrikmarke.

fa·bri·zie·ren [ふぁブリツィーれン] 動 h. 1.〖⟨et⁴⟩ッ〗(古)製造(製作)する；(口)間に合せに作る〔組立てる〕．

fa·bu·lie·ren [ふぁブリーれン] 動 h. 1.〖⟨et⁴⟩ッ〗(空想で)作り上げる(話・小説などを)． 2.〖von ⟨et³⟩ニツィテ〗作り話をする．

das **Face·lif·ting** [féːsliftiŋ ふぇース・リふティング] 名 -s/-s しわ取り美容整形術；(転)(自動車などの)モデルチェンジ．

die **Fa·cet·te** [faséta ふぁセッテ] 名 -/-n (宝石・ガラスなどの)小面，切り子面；(物事の)一面；【印】ファセット；(昆虫の複眼の)個眼面；【歯】(セラミックなどの)義歯の被覆［コーティング］．

das **Fa·cet·ten·au·ge** [ふぁセッテン・アウゲ] 名 -s/-n【動】複眼．

das **Fach** [ふぁっほ] 名 -(e)s/Fächer 1. 仕切り，引出し，整理〔分類〕棚；【建】(木骨造りの仕切られた)壁面；【織】杼道(じょ)道(経糸が上下する際にできる，杼を通すため)道． 2. 専門領域，専攻；学科，分科，科目；(俳優・オペラ歌手の専門の)役柄；vom ～ sein 専門家である．【慣用】⟨et⁴⟩ unter Dach und Fach bringen〈物・事を〉仕上げる〔安全にする〕．unter Dach und Fach sein 出来上がっている，安全なところにある．

..fach [..ふぁっは] 接尾 数詞などにつけて「…倍〔重〕の」を表す形容詞を作る：zweifach 2倍〔2重〕の．vielfach 何倍〔幾重〕もの．

die **Fach·ab·tei·lung** [ふぁっは・アップタイルング] 名 -/-en 専門部門；(デパートなどの)専門売場．

der **Fach·ar·bei·ter** [ふぁっは・アルバイター] 名 -s/- 専門工，熟練工．

der **Fach·arzt** [ふぁっは・アーくツト，ふぁっは・アルツト] 名 -es/..ärzte 専門医．

die **Fach·aus·bil·dung** [ふぁっは・アウス・ビルドゥング] 名 -/-en 専門〔職業〕教育．

der **Fach·aus·druck** [ふぁっは・アウス・ドるック] 名 -(e)s/..drücke 専門用語，術語．

der **Fach·be·ra·ter** [ふぁっは・ベらーター] 名 -s/- 技術顧問．

der **Fach·be·reich** [ふぁっは・べらイヒ] 名 -(e)s/-e 専門領域；(大学の)学群．

die **Fach·bi·blio·thek** [ふぁっは・ビブリオテーク] 名 -/-en 専門図書館．

das **Fach·buch** [ふぁっは・ブーふ] 名 -(e)s/..bücher 専門書．

fä·cheln [ふぇっひェルン] 動 h. 1.〖⟨j⁴/et⁴⟩ッ＋(mit ⟨et³⟩ッ)〗扇(おうぎ)ぐ，(…に)涼風を送る；⟨j³ッsich⁴の場合⟩自分を扇ぐ． 2.【雅】《文》そよ吹く(微風が)；そよぐ(木の葉などが)． 3.〖⟨j⁴/et⁴⟩ニ〗《文》そよそよと吹きつける；(…を)そよがせる．

fa·chen [ふぁっヘン] 動 h.〖⟨et⁴⟩ッ〗あおる(火・欲望などを)．

der **Fä·cher** [ふぇっひャー] 名 -s/- 1. 扇，扇子． 2.(シュロの)扇状の葉；【狩】大雷鳥の雄の扇状の尾．

fä·cher·för·mig [ふぇっひャー・ふぉるミヒ] 形 扇形〔扇状〕の．

fä·chern¹ [ふぇっひャーン] 動 h.〖⟨et⁴⟩ッ〗科目別にする(授業を)，仕分ける(品目などを)；(稀)仕切る(戸棚で)．

fä·chern² [ふぇっひャーン] 動 h.〖⟨et⁴⟩ッ〗扇形に広げ

る；⟨et⁴⟩がsich⁴の場合)扇形に広がる,分岐する(道が).

die **Fä·cher·pal·me** [ふぇっひぇー・パルメ] 名 -/-n〘植〙扇状葉のヤシ.

die **Fach·frau** [ふぁっは・ふらう] 名 -/-en Fachmannの女性形.

fach·fremd [ふぁっは・ふれムト] 形 専門外の.

das **Fach·ge·biet** [ふぁっは・ゲビート] 名 -(e)s/-e 専門領域〔分野〕.

der/die **Fach·ge·lehr·te** [ふぁっは・ゲレーアテ] 名 (形容詞的変化)専門学者.

fach·ge·mäß [ふぁっは・ゲメース] 形 専門的な,専門(家)にふさわしい.

fach·ge·recht [ふぁっは・ゲれヒト] 形 専門家的な.

das **Fach·ge·schäft** [ふぁっは・ゲシェフト] 名 -(e)s/-e 専門店.

das **Fach·ge·spräch** [ふぁっは・ゲシュプれーひ] 名 -(e)s/-e 専門家同士の話,専門的な意見交換.

die **Fach·grup·pe** [ふぁっは・グるッぺ] 名 -/-n 専門家〔専門職〕グループ；同業者団体.

der **Fach·han·del** [ふぁっは・ハンデル] 名 -s/ 専門店〔(の)のみ〕.

die **Fach·hoch·schu·le** [ふぁっは・ホーホ・シューレ] 名 -/-n 単科大学,専門大学.

der **Fach·idi·ot** [ふぁっは・イディオート] 名 -en/-en ⟨蔑⟩専門ばか.

die **Fach·kennt·nis** [ふぁっは・ケントニス] 名 -/-se (主に(の))専門知識.

die **Fach·kraft** [ふぁっは・くらふト] 名 -/..kräfte 熟練者,専門スタッフ.

der **Fach·kreis** [ふぁっは・くらイス] 名 -es/-e (主に(の))専門家のサークル.

fach·kun·dig [ふぁっは・クンディヒ] 形 専門知識のある(による).

der **Fach·leh·rer** [ふぁっは・レーラ−] 名 -s/- 専科担当教員.

fach·lich [ふぁっはリヒ] 形 専門の,専門的な.

die **Fach·li·te·ra·tur** [ふぁっは・リテらトゥーア] 名 -/-en 専門文献〔書目〕,専門書.

der **Fach·mann** [ふぁっは・マン] 名 -(e)s/..leute, ..männer 専門家,エキスパート：ein ~ für ⟨et⁴⟩⟨事の⟩専門家.

fach·män·nisch [ふぁっは・メニッシュ] 形 専門家としての.

die **Fach·mes·se** [ふぁっは・メッセ] 名 -/-n 専門用品見本市.

die **Fach·ober·schu·le** [ふぁっは・オーバー・シューレ] 名 -/-n 職業高等専門学校.

die **Fach·pres·se** [ふぁっは・プれッセ] 名 -/ 専門紙〔誌〕.

das **Fach·pu·bli·kum** [ふぁっは・プーブリクム] 名 -s/ ⟨総称⟩専門家集団.

die **Fach·rich·tung** [ふぁっは・りヒトゥンク] 名 -/-en (大学の)専攻学科,専門領域中の部門.

die **Fach·schu·le** [ふぁっは・シューレ] 名 -/-n 専門学校.

die **Fach·sim·pe·lei** [ふぁっは・ズィムペライ] 名 -/-en ⟨口⟩⟨蔑も有⟩専門〔仕事〕の話ばかりすること.

fach·sim·peln [ふぁっは・ズィムペルン] 動 h. ⟨蔑⟩⟨口⟩専門〔仕事〕の話ばかりする.

die **Fach·spra·che** [ふぁっは・シュプらーへ] 名 -/-n 専門(用)語.

das **Fach·stu·di·um** [ふぁっは・シュトゥーディウム] 名 -s/..dien (主に(の))専門の研究.

der **Fach·ver·band** [ふぁっは・ふぇあバント] 名 -(e)s/..bände (企業の)専門別連盟.

das **Fach·werk** [ふぁっは・ヴェるク] 名 -(e)s/-e **1.** ((の)のみ)〘建〙ハーフティンバー(木造の骨組が壁面に見える建築). **2.** 〘建〙木の骨組. **3.** 〘土〙トラス.

das **Fach·werk·haus** [ふぁっは・ヴェるク・ハウス] 名 -es/..häuser 〘建〙ハーフティンバー建築物,木骨家屋.

das **Fach·wis·sen** [ふぁっは・ヴィッセン] 名 -s/ 専門知識.

die **Fach·wis·sen·schaft** [ふぁっは・ヴィッセンシャフト] 名 -/-en 個別〔特殊〕科学.

das **Fach·wort** [ふぁっは・ヴォるト] 名 -(e)s/..wörter 専門(用)語,術語.

das **Fach·wör·ter·buch** [ふぁっは・(ヴェ)るター・ブーフ] 名 -(e)s/..bücher 専門語辞典.

die **Fach·zeit·schrift** [ふぁっは・ツァイト・シュりフト] 名 -/-en 専門雑誌.

das **Fa·ci·li·ty-Ma·nage·ment** [fəsɪlɪtɪmænɪtʃmənt ふぇスィリティ・メニチュメント] 名 -s/-s 〘経〙建造物の管理〔メンテナンス〕.

die **Fa·ckel** [ふぁッケル] 名 -/-n たいまつ；⟨文⟩光明(前途などの).

das **Fa·ckel·licht** [ふぁッケル・リヒト] 名 -(e)s/ たいまつの光.

fa·ckeln [ふぁッケルン] 動 h. ⟨(糟)⟩⟨口⟩ぐずぐずする,ためらう.

der **Fa·ckel·zug** [ふぁッケル・ツーク] 名 -(e)s/..züge たいまつ行列.

der **Fakt** [fekt ふぇクト] 名 -s/-s (主に(の))(証明された)事実,現実.

fad [ふぁート] 形 ⟨南独・(オー)⟩=fade.

das **Fäd·chen** [ふぇート・ひぇン] 名 -s/- 短い糸,細糸；短い〔細い〕糸状のもの.

fa·de [ふぁーデ] 形 味のない,こくのない；⟨口⟩つまらない；⟨南独・(オー)⟩遠慮した.

fä·deln [ふぇーデルン] 動 h. **1.** ⟨et⁴⟩ヮ+durch [in] ⟨et⁴⟩ヮ通す. **2.** ⟨et⁴⟩ヮ(auf ⟨et⁴⟩ヮ)並べて通す(真珠をひもに). **3.** ⟨et⁴⟩ヮ⟨口⟩抜け目なくやってのける.

der **Fa·den**[1] [ふぁーデン] 名 -s/Fäden **1.** 糸,縫い糸(Näh~)；繊維,(転)(話などの)筋道,つながり. **2.** 糸状のもの；髪の毛；クモの糸；(豆のサヤの)筋；(光,煙などの)一筋；(血などの)細い筋；〘電〙フィラメント,線条：Der Honig zieht *Fäden*. はちみつが(ねばって)糸をひく. 〘慣用〙**an einem seidenen Faden hängen** 危機的状態にある. **den Faden verlieren** (話の)脈絡を失う. **der rote Faden** (モチーフなどの)一貫した脈絡. **die Fäden (fest) in der Hand haben〔halten〕**状況を把握している. **keinen guten Faden miteinander spinnen** ⟨口⟩折合いがよくない. **keinen trockenen Faden (mehr) am〔auf dem〕 Leibe haben** ずぶぬれである.

der **Fa·den**[2] [ふぁーデン] 名 -s/- 〘海〙尋(ひろ)(約1.8 m).

fa·den·dünn [ふぁーデン・デュン] 形 ごく細い.

das **Fa·den·en·de** [ふぁーデン・エンデ] 名 -s/-n 糸の(末)端.

fa·den·för·mig [ふぁーデン・(ふぇ)るミヒ] 形 糸状の.

fa·den·ge·ra·de [ふぁーデン・ゲらーデ] 形 〘服〙糸目(織目)に沿った.

das **Fa·den·kreuz** [ふぁーデン・クろイツ] 名 -es/-e 〘光〙(望遠鏡などの)十字線.

die **Fa·den·nu·del** [ふぁーデン・ヌーデル] 名 -/-n (主に(の))バーミセリ(極細のヌードル).

der **Fa·den·pilz** [ふぁーデン・ピルツ] 名 -es/-e 糸状菌,(主に(の))藻菌類.

fa·den·schei·nig [ふぁーデン・シャイニヒ] 形 **1.** 擦切れて糸目の見える. **2.** 見え透いた.

das **Fa·den·spiel** [ふぁーデン・シュピール] 名 -(e)s/-e 綾取り.

das **Fa·ding** [fɛːdɪŋ ふぇーディング] 名 -s/ フェーディング(①〘電〙信号強度の時間的変動.②〘工〙過熱で

Fado

ブレーキがきかなくなること).

der **Fa·do** [ふぁード] 名 -(e)s/-s 〖楽〗ファド(ギター伴奏のポルトガル民謡).

die **Fae·ces** [fɛːtseːs ふぇーツェース]〖複名〗= Fäzes.

(der) **Faf·ner** [ふぁーフナー] 〖北欧神〗ファーフナー(黄金の宝を守る龍).

(der) **Faf·nir** [ふぁーふにる] 名 = Fafner.

das **Fa·gott** [ふぁゴット] 名 -(e)s/-e ファゴット.

der **Fa·got·tist** [ふぁゴティスト] 名 -en/-en ファゴット奏者.

die **Fä·he** [ふぇーエ] 名 -/-n 〖狩〗(キツネ・アナグマ・テンの)雌.

fä·hig [ふぇーイヒ] 形 **1.** 有能な, 能力〔素質・手腕〕のある. **2.** 《zu 〈et³〉/〈et³〉ガ》/zu〈動〉スルコトガ》できる《2格は〈文〉》: zu keiner Bosheit ~ sein 悪意を抱きはしない. Er ist ~, diese Aufgabe zu lösen. 彼はこの課題を解くことができる.

..fä·hig [..ふぇーイヒ] 接尾 動詞の語幹や名詞の後につけて「…をする〔される〕ことができる」という意味の形容詞を作る: lern*fähig* 覚えがよい. lebens*fähig* 生存能力がある. zitier*fähig* 引用可能な.

die **Fä·hig·keit** [ふぇーイヒカイト] 名 -/-en **1.** (主に 単)能力, 才能, 素質, 手腕. **2.** (単のみ)(…する)能力, 力: die ~ zu 〈et³〉 besitzen 〈事⁴を〉する能力がある.

fahl [ふぁール] 形 青白い, 色あせた; 蒼白(^{そうはく})の.

das **Fahl·le·der** [ふぁール・レーダー] 名 -s/ 靴の上皮用の牛革.

das **Fähn·chen** [ふぇーンヒェン] 名 -s/- (紙の)小旗; (地区をしきたりする)標識用小旗;《口・蔑》安物のぺらぺらした服.

fahn·den [ふぁーンデン] 動 h. 《nach〈j³/et³〉ヲ》捜索する.

der **Fahn·der** [ふぁーンダー] 名 -s/- 捜査官.

die **Fahn·dung** [ふぁーンドゥング] 名 -/-en (警察の)捜索.

das **Fahn·dungs·buch** [ふぁーンドゥングス・ブール] 名 -(e)s/..bücher 手配〔捜査〕者リスト.

die **Fah·ne** [ふぁーネ] 名 -/-n **1.** 旗: die ~ Schwarzrotgold〔Schwarz-Rot-Gold〕黒赤金の(ドイツ)国旗. **2.** (単のみ)《口》酒臭い息(Alkohol~). **3.** 〖印〗(棒組み)ゲラ刷り(Korrektur~). **4.** 〖狩〗ふさふさした尾;〖動〗(鳥の)羽手;〖植〗(マメ科の花の)旗弁. 〖慣用〗**die** (seine) **Fahne nach dem Winde drehen**〔**hängen**〕日和見的に行動する. **mit fliegenden Fahnen zu** 〈j³/et³〉 **übergehen**〔**überlaufen**〕突然, 相手側に味方する. **sich⁴** 〈et³〉 **auf die Fahne schreiben** 〈事⁴を〉目標とする. **zu den Fahnen eilen**《文》志願して出征する.

der **Fah·nen·eid** [ふぁーネン・アイト] 名 -(e)s/-e 〖軍〗(兵士の)国旗に対する忠誠の誓い.

die **Fah·nen·flucht** [ふぁーネン・ふルフト] 名 -/ 〖軍〗逃走, 脱走.

fah·nen·flüch·tig [ふぁーネン・ふリュヒティヒ] 形 〖軍〗脱走した.

der **Fah·nen·flüch·ti·ge** [ふぁーネン・ふリュヒティゲ] 名 (形容詞的変化)〖軍〗脱走〔逃亡〕兵.

der **Fah·nen·jun·ker** [ふぁーネン・ユンカー] 名 -s/-〖軍〗士官〔幹部〕候補生;(昔の)旗手.

die **Fah·nen·stan·ge** [ふぁーネン・シュタンゲ] 名 -/-n 旗ざお.

der **Fah·nen·trä·ger** [ふぁーネン・トゥレーガー] 名 -s/- 旗手.

die **Fah·nen·wei·he** [ふぁーネン・ヴァイエ] 名 -/-n 新旗の授与式.

das **Fähn·lein** [ふぇーンライン] 名 -s/- **1.**《稀》小旗. **2.**(青少年団体の)一隊;〖史〗(傭兵(^{ようへい})の)歩兵部隊.

der **Fähn·rich** [ふぇーンリヒ] 名 -s/- **1.** 〖史〗(中世の)旗手. **2.** 〖プロイセン軍の〗部隊最年少士官. **3.** (ドイツ陸〔空〕軍の)士官候補生.

der **Fahr·aus·weis** [ふぁーあ・アウス・ヴァイス] 名 -es/-e 乗車〔乗船〕券;《公式》運転免許証.

die **Fahr·bahn** [ふぁーあ・バーン] 名 -/-en 車道.

fahr·bar [ふぁーあ・バール] 形 移動式の;《古》車の通れる.

der **Fahr·be·reich** [ふぁーあ・ベライヒ] 名 -(e)s/-e 航続〔走行〕距離.

fahr·be·reit [ふぁーあ・ベライト] 形 出発〔出航〕準備のできた.

die **Fahr·be·reit·schaft** [ふぁーあ・ベライトシャフト] 名 -/-en (官庁などの)自動車管理部.

der **Fahr·damm** [ふぁーあ・ダム] 名 -(e)s/..dämme (稀)車道.

der **Fahr·dienst** [ふぁーあ・ディーンスト] 名 -(e)s/ (公共交通機関の)乗務, 〖鉄道〗運転〔運輸〕係長と助手の業務.

der **Fahr·dienst·lei·ter** [ふぁーあディーンスト・ライター] 名 -s/-〖鉄道〗運転〔運輸〕係長.

der **Fahr·draht** [ふぁーあ・ドゥラート] 名 -(e)s/..drähte 〖交通・工〗架線.

die **Fäh·re** [ふぇーれ] 名 -/-n 渡し船, フェリー;月面着陸船(Mondlandefähre).

die **Fahr·ei·gen·schaft** [ふぁーあ・アイゲンシャフト] 名 -/-en (主に単)(車の)走行性.

fah·ren* [ふぁーれン] 動 er fährt; fuhr; ist/hat gefahren. **1.** s. 〖歴〗走る, 動く, 行く, 運行する, 発車〔出航〕する〔乗り物が〕. gut ~ よく走る〔車などが〕. bis zum neunten Stock ~ 10階まで行く〔エレベータが〕. in zehn Minuten ~ 10分後に出る. **2.** s. 《〈方向ニ〉》(乗り物で)走る〔自分で運転して〕;(乗り物で)行く, (乗り物を)利用する, (乗り物に)乗る: vorsichtig ~ 慎重に走る. gegen einen Baum/einem Auto in die Flanke ~ 木に/車の側面に車をぶつける. auf dem Riesenrad/mit dem Karussell ~ 大観覧車/メリーゴーランドに乗る. Christus ist gen Himmel *gefahren*. 《文》キリストは昇天された. **3.** s. 《方向ヘ》(乗り物で)旅行する〔行く〕;ドライブする. **4.** h. 《〈et⁴〉ヲ+〈方向〉ニ〈方向〉》運転する, 操縦する. **5.** s. (h.) 《〈et⁴〉ヲ》(道路・コースなどを)乗り物で・乗り物に.**6.** h. 《〈j³/et⁴〉+〈方向〉ニ》(乗せて), 運送する〔乗り物が〕. **7.** h. 《〈et⁴〉ヲ》操作する, 運転する(機械・装置などを). **8.** s. 《方向ニ》とび出す〔込む・上がる・かかる〕: aus dem Bett ~ ベッドからとび出す. in die Höhe ~ (驚くなどして)とび上がる. in die Kleider ~ 大急ぎで服を着る. Der Schauder *fuhr* ihm in die Glieder. 戦慄(^{せんりつ})が彼の全身を走った. Eine Idee *fuhr* ihr durch den Kopf. ある考えが彼女の頭にひらめいた. **9.** h./s. 《mit〈et³〉ヲ+über〔durch〕〈et⁴〉》なでる, かく, ふく. s. **auf Grund fahren** 座礁する. s. **Auto/Eisenbahn fahren** ドライブする/鉄道で行く. h. **Das Auto fährt sich gut.** その車は運転が楽だ. h. **den Wagen zu Bruch/Schrott fahren** 車を(ぶつけて)壊す/スクラップ同然にしてしまう(自分で運転して). s. **ein Rennen/die beste Zeit fahren** レースに出走する/(レースで)最高のタイムを出す. s. 《et⁴》 **fahren lassen** 《物⁴を》離す/《事⁴を》断念する, あきらめる, 放棄する, 捨てる: Er hat alle Hoffnungen fahren lassen(《口》gelassen). 彼はすべての希望を捨てた. **einen Fahren lassen**《口》おならを一発放つ. s. **erster Klasse fahren** 一等車で行く. h. **Es fährt sich auf dieser Straße gut.** この道路は走りやすい. s. **Kurven fahren** 蛇行運転をする. s. **Man fährt bei/im Nebel schlecht.** 霧の中/中では走りにくい. s. 《mit》 **80**（**km/h**）**fahren** 時速80km で走る. s. **mit/bei 〈et³〉 gut/schlecht fahren**《口》

〈事を用いて〉/〈事の際に〉うまくやる/ひどい目にあう: Mit dieser Methode bin ich schlecht *gefahren*. その方法では私はひどい目にあった. *s.* **mit der Hand in die Tasche fahren** 急いで(手で)ポケットの中を探る. *s.* 〈j³〉 **gut/schlecht fahren** 〈人と〉うまくやる/〈人に〉ひどい目にあう. *s.* **rechts/links fahren** 右側/左側を走る, 右折/左折する. *h.* **Super (benzin)/Diesel(öl) fahren** ハイオクタン(価)ガソリン/ディーゼルオイルを使って走る. *s.* 〈j³〉 **über den Mund fahren** (激しい口調・態度で)〈人の〉言葉を遮ってばかりする? **Was ist denn in dich gefahren?** 君は頭がどうかしたんじゃないか(おかしな言動を非難して言う). *s.* **wie der Teufel fahren** 〈口〉まるで気違い(悪魔)のように走る.

fah·rend [ふぁーレント] 形 動いている; 移動する; 遍歴の; 動産の.

der/die **Fah·ren·de** [ふぁーレンデ] 《形容詞的変化》旅行者, 行商人.

(*das*) **Fah·ren·heit** [ふぁーレンハイト] 名 -s/- 〔理〕カ〔華〕氏(記号F): 212 Grad ~ 〔212°F〕カ氏 212度.

die **Fah·ren·heit·ska·la** [ふぁーレンハイト·スカーラ] 名 -/- カ〔華〕氏温度目盛り.

fah·ren las·sen*, ⓑ**fah·ren|las·sen*** [ふぁーレンラッセン] ⇨ **fahren** 〖慣用〗.

der **Fah·rens·mann** [ふぁーレンス·マン] 名 -(e)s/..männer [..leute] 〔海〕船乗り, 船員.

der **Fah·rer** [ふぁーラ] 名 -s/- 運転者, ドライバー, 操縦者; (職業)運転手.

die **Fah·rer·flucht** [ふぁーらー·ふルフト] 名 -/ ひき逃げ, 当て逃げ.

das **Fah·rer·haus** [ふぁーらー·ハウス] 名 -es/..häuser (トラック・クレーンなどの)運転台.

die **Fah·rer·laub·nis** [ふぁーらー·エアラウブニス] 名 -/-se **1.** 〔官〕運転免許. **2.** 運転免許証.

der **Fah·rer·sitz** [ふぁーらー·ズィッツ] 名 -es/-e 運転席.

der **Fahr·gast** [ふぁー·ガスト] 名 -(e)s/..gäste 乗客, 旅客.

das **Fahr·gast·schiff** [ふぁーアガスト·シふ] 名 -(e)s/-e 客船.

das **Fahr·geld** [ふぁー·ゲルト] 名 -(e)s/-er 運賃.

die **Fahr·ge·le·gen·heit** [ふぁー·ゲレーゲンハイト] 名 -/-en 交通の便.

das **Fahr·ge·stell** [ふぁー·ゲシュテル] 名 -(e)s/-e **1.** 車台, シャーシー. **2.** (飛行機の)脚, 着陸装置. **3.** 〈口・冗〉(人間の)脚.

fah·rig [ふぁーリヒ] 形 せかせかした; 落ち着きのない.

die **Fahr·kar·te** [ふぁー·カるテ] 名 -/-n 乗車[乗船]券, 切符: eine einfache ~ 片道切符.

die **Fahr·kar·ten·aus·ga·be** [ふぁーアカるテン·アウス·ガーベ] 名 -/-n = Fahrkartenschalter.

der **Fahr·kar·ten·au·to·mat** [ふぁーアカるテン·アウトマート] 名 -en/-en 乗車券自動販売機.

die **Fahr·kar·ten·kon·trol·le** [ふぁー·カるテン·コントろレ] 名 -/-n (車内での)検札.

der **Fahr·kar·ten·schal·ter** [ふぁー·カるテン·シャルター] 名 -s/- 出札口, 乗車券売場.

die **Fahr·kos·ten** [ふぁー·コステン] 複数 交通費.

fahr·läs·sig [ふぁー·レッスィヒ] 形 〔法〕過失の: ~e Tötung 過失致死.

die **Fahr·läs·sig·keit** [ふぁー·レッスィヒカイト] 名 -/-en 不注意, 軽率; 〔法〕過失.

der **Fahr·leh·rer** [ふぁー·レーら] 名 -s/- 自動車教習所の指導員.

der **Fähr·mann** [ふぇーア·マン] 名 -(e)s/..leute [..männer] フェリーボートの操縦者; 渡し守.

der **Fahr·plan** [ふぁー·プラーン] 名 -(e)s/..pläne **1.** 発着時刻の順序; 時刻表, 運行表, ダイヤ. **2.** 〘口〙計画, 予定. **3.** 〔劇〕(芝居の)上演予定表.

〖慣用〗〈j²〉 **ganzen Fahrplan durcheinander machen** 〔**durcheinander bringen**〕《口》〈人の〉計画全体をめちゃくちゃにする.

fahr·plan·mä·ßig [ふぁーアプラーン·メースィヒ] 形 時刻表どおりの.

der **Fahr·preis** [ふぁー·プらイス] 名 -es/-e 運賃.

die **Fahr·prü·fung** [ふぁー·プりューふング] 名 -/-en 運転免許試験.

das **Fahr·rad** [ふぁー·らート] 名 -(e)s/..räder 自転車: **mit dem Fahrrad fahren** 自転車で行く.

die **Fahr·rad·ket·te** [ふぁー·あらート·ケッテ] 名 -/-n 自転車のチェーン.

der **Fahr·rad·sat·tel** [ふぁー·らート·ザッテル] 名 -s/- ..sättel 自転車のサドル.

das **Fahr·rad·schloss**, ⓑ**Fahr·rad·schloß** [ふぁー·らート·シュロス] 名 -es/..schlösser 自転車の錠.

die **Fahr·rin·ne** [ふぁー·りネ] 名 -/-n 水路, 水脈(筋).

der **Fahr·schein** [ふぁー·シャイン] 名 -(e)s/-e 乗車券, 切符.

das **Fahr·schein·heft** [ふぁー·シャイン·ヘフト] 名 -(e)s/-e 回数券.

die **Fahr·schu·le** [ふぁー·シューレ] 名 -/-n 自動車教習所; 〘口〙自動車教習所の授業.

der **Fahr·schü·ler** [ふぁー·シューラー] 名 -s/- **1.** 自動車の教習生. **2.** 乗り物通学の生徒.

die **Fahr·spur** [ふぁー·シュプーア] 名 -/-en 車線, レーン.

fährst [ふぇーアスト] 動 fahren の現在形 2 人称単数.

die **Fahr·stra·ße** [ふぁー·シュトらーセ] 名 -/-n **1.** 車道, 自動車道路. **2.** 〔鉄道〕走行線路.

die **Fahr·stre·cke** [ふぁー·シュトれッケ] 名 -/-n 走行距離.

der **Fahr·strei·fen** [ふぁー·シュトらイふェン] 名 -s/- 走行車線.

der **Fahr·stuhl** [ふぁー·シュトゥール] 名 -(e)s/..stühle **1.** エレベーター. **2.** 車いす(Kranken~).

der **Fahr·stuhl·füh·rer** [ふぁーアシュトゥール·ふューらー] 名 -s/- エレベーター係.

der **Fahr·stuhl·schacht** [ふぁーアシュトゥール·シャはト] 名 -(e)s/..schächte エレベーターシャフト.

die **Fahr·stun·de** [ふぁー·シュトゥンデ] 名 -/-n 自動車教習所の授業時間(レッスン).

die **Fahrt** [ふぁート] 名 -/-en **1.** (ⓑのみ)(乗り物の)走行, 進行, ドライブ: freie ~ haben 青信号が出ている, 進行できる. **2.** 旅行; 〈古〉キャンプ旅行: eine Fahrt nach Wien ウィーンへの旅行. 途上. eine ~ mit dem Auto ドライブ. bei der Eisenbahn die ~ unterbrechen 鉄道で途中下車をする. Gute ~! 行ってらっしゃいね(旅行する人への別れ). **3.** (ⓑのみ)速度, スピード: in voller ~ 全速力で. mit halber ~ 半速で, スピードを落して. gute/wenig ~ machen 船足が速い/遅い. **4.** 〔海〕航行区域: eine große ~ 遠洋航海. **5.** 〔鉱〕(縦坑の)はしご; (巻上げ機による)運搬装置. 〖慣用〗 **auf Fahrt gehen** キャンプ旅行に出かける. **eine Fahrt ins Blaue** 目的地を決めないハイキング. 〈j³〉 **in Fahrt bringen** 〈人を〉勢いづかせる(興奮させる). **in Fahrt kommen** 〔**geraten**〕勢いづく, 興奮する, 怒り出す. **in Fahrt sein** 勢いづいている, 興奮している, 怒っている.

fährt [ふぇーアト] 動 fahren の現在形 3 人称単数.

der **Fahrt·aus·weis** [ふぁーアト·アウス·ヴァイス] 名 -es/-e 乗車[乗船]券.

die **Fähr·te** [ふぇーアテ] 名 -/-n 〔狩〕(獣類の)足跡: **auf der falschen ~ sein** (転)見当違いをしている.

das **Fahr·ten·buch** [ふぁーアテン·ブーふ] 名 -(e)s/..bücher 運転日誌; (グループハイカーの)旅行日記

〔日誌〕.

der **Fahr·ten·schwim·mer** [ふぁーテン・シュヴィマー] 名 -s/- 水泳試験合格者(30分の遠泳(と3メートルの飛び板跳込み)の試験による).

die **Fahrt·kos·ten** [ふぁーあト・コステン] 複名 =Fahrkosten.

die **Fahrt·rich·tung** [ふぁーあト・リヒトゥング] 名 -/-en 進行方向.

der **Fahrt·rich·tungs·an·zei·ger** [ふぁーあトリヒトゥングス・アン・ツァイガー] 名 -s/- 方向指示器.

fahr·tüch·tig [ふぁーあ・テュヒティク] 形 運転可能な〈人・車〉.

die **Fahrt·un·ter·bre·chung** [ふぁーあト・ウンターブれひゅング] 名 -/-en 旅行の中断;途中下車〔下船〕.

der **Fahrt·wind** [ふぁーあト・ヴィント] 名 -(e)s/-e (走行中の)向い風.

das **Fahr·ver·bot** [ふぁーあ・フェあボート] 名 -(e)s/-e 運転禁止.

das **Fahr·was·ser** [ふぁーあ・ヴァッサー] 名 -s/ 水路, 航路. 【慣用】im richtigen Fahrwasser sein《口》水を得た魚のようである. in j³ Fahrwasser schwimmen 〔segeln〕《口》〈人〉の考えに無批判に染まる.

der **Fahr·weg** [ふぁーあ・ヴェーク] 名 -(e)s/-e 1. 走行距離. 2. 車道.

das **Fahr·werk** [ふぁーあ・ヴェるク] 名 -(e)s/-e (飛行機の)脚;(自動車などの)車台, シャーシー.

die **Fahr·zeit** [ふぁーあ・ツァイト] 名 -/-en (ある距離の)所要運転時間, 走行〔航行〕時間.

das **Fahr·zeug** [ふぁーあ・ツォイク] 名 -(e)s/-e 乗り物, 車両, 船舶.

die **Fahr·zeug·in·dus·trie** [ふぁーあツォイク・インドゥストゥリー] 名 -/-n 自動車産業.

das **Fai·ble** [fɛ:bəl ふぇーベル] 名 -s/-s 愛好, 偏愛:ein ~ für 〈j³/et³〉 haben〈人・物・事に〉目がない.

fair [fɛ:r ふぇーあ] 形 公正な, フェアな.

die **Fairness**, ⓌⒶ **Fair·neß** [fɛ:rnɛs ふぇーあネス] 名 -/ 公正な態度;《スポ》フェアな態度.

das **Fait ac·com·pli** [fɛtakɔpli: ふぇ―タコンプリー] 名 -/-s -s[ふぇーザコンプリ] 既成事実.

fä·kal [ふぇカール] 形 〔医〕排泄(はいせつ)物の.

die **Fä·ka·li·en** [ふぇカーリエン] 複名 〔医〕排泄(はいせつ)物, 糞便(ふんべん).

der (*das*) **Fake** [feik ふぇイク] 名 -s/-s《口》いんちき, 偽造品, 捏造.

der **Fa·kir** […ki:r ふぁキーあ] 名 -s/-e (イスラム教・ヒンズー教の)行者;(行者風の)奇術師.

das **Fak·si·mi·le** [ふぁクズィーミレ] 名 -s/-s ファクシミリ.

die **Fak·si·mi·le·über·tra·gung** [ふぁクズィーミレ・ユーバートらーグング] 名 -/-en ファクシミリ通信〔電送〕.

das (*der*) **Fakt** [ふぁクト] 名 -(e)s/-en[-s] 事実, 実際;現実;真相.

fak·tisch [ふぁクティシュ] 形 事実〔実際〕上の;事実〔実際〕上;(ぼつぼ)《口》ほとんど.

fak·ti·tiv [ふぁクティティーふ, ふぁクティティーふ] 形 原因となる;〔言〕作為の.

das **Fak·ti·tiv** [ふぁクティティーふ] 名 -s/-e =Faktitivum.

das **Fak·ti·ti·vum** [ふぁクティティーヴム] 名 -s/..va 〔言〕作為(使役)動詞(例えば härten など).

der **Fak·tor** [ふぁクトーあ] 名 -s/..to·ren[..トーれン] 1. 要因, 要素. 2. 〔数〕因数, 因子. 3. 〔印〕職工長, 技術主任.

die **Fak·to·rei** [ふぁクトらイ] 名 -/-en《古》在外商館.

die **Fak·tor·kos·ten** [ふぁクトーあ・コステン] 複名 〔経〕要素費用.

das **Fak·to·tum** [ふぁクトートゥム] 名 -s/-s[..ten] (ベテランの)雑用係;(初老の愛すべき)変り者.

das **Fak·tum** [ふぁクトゥム] 名 -s/..ten[《文》..ta] 事実.

die **Fak·tur** [ふぁクトゥーあ] 名 -/-en 1. 〔商〕《古》インボイス, 送り状, 仕切状. 2. 〔楽〕技法にかなった曲の構成.

die **Fak·tu·ra** [ふぁクトゥーら] 名 -/..ren[..トゥーれン] = Faktur 1.

fak·tu·rie·ren [ふぁクトゥリーれン] 動 h. 1. 〔商〕インボイス〔送り状〕を作成する. 2. 〈et³ を〉算定する〈商品を〉.

die **Fa·kul·tas** [ふぁクルタス] 名 -/..tä·ten [ふぁクルテーテン] 教授資格.

die **Fa·kul·tät** [ふぁクルテート] 名 -/-en 1. (大学の)学部;(総称)(学部の)全教員と学生;(学部の)建物. 2. 〔数〕階乗(記号!). 3. 《古》教授資格;能力.

fa·kul·ta·tiv [ふぁクルタティーふ] 形 任意の, 自由選択の.

die **Fa·lan·ge** [ふぁラング] 名 -/ ファランヘ党(スペインの政党. 1936-77年).

falb [ふぁルプ] 形 灰色がかった黄色の.

der **Fal·be** [ふぁルベ] 名 (形容詞的変化) 川原毛(かわらげ)馬(薄茶色の馬).

der **Fal·ke** [ふぁルケ] 名 -n/-n 1. 〔鳥〕タカ;ハヤブサ. 2. (主に⑳)タカ派(政治家).

die **Fal·ken·bei·ze** [ふぁルケン・バイツェ] 名 -/-n 鷹狩(たかがり).

die **Fal·ken·hau·be** [ふぁルケン・ハウベ] 名 -/-n 〔狩〕鷹用の目隠し(狩りをさせない時にはかぶせておく).

der **Fal·ke·ni·er** [ふぁルケニーあ] 名 -s/-e Falkner.

die **Fal·ken·jagd** [ふぁルケン・ヤークト] 名 -/-en = Falkenbeize.

der **Falk·ner** [ふぁルクナー] 名 -s/- 鷹匠(たかじょう).

das **Fal·ko·nett** [ふぁルコネット] 名 -s/-e (16,7世紀の)小軽砲.

(*der*) **Falk·plan** [ふぁルク・プラーン] 名 -s/ 〔商標〕ファルクプラン(地図)(実用的な諸都市の地図).

der **Fall**¹ [ふぁル] 名 -(e)s/Fälle 1. (⑳のみ)落下, 下落, 墜落;転倒, 倒壊;没落, 衰微, 堕落: der freie ~ 〔理〕自由落下. einen schweren ~ tun 強く倒れる. 2. 場合;事例, ケース, 実情, 事情:in diesem ~ この場合の. im besten ~ 最善の場合に. gesetzt den ~, dass ... ...と仮定して. für den ~ (im ~ e), dass ... ...の場合. Klarer ~!《口》もちろん, 当然だ. von ~ zu ~ ケースバイケースで. Der ~ liegt so. 実情はこうです. 3. 〔法〕訴訟事件(Rechts~);〔医〕病症, (ある症例の)患者(Krankheits~). 4. 〔言〕(名詞類の)格. 【慣用】auf alle Fälle 必ずきっと. auf jeden Fall とにかく, いずれにせよ. auf keinen Fall 決して...でない. für alle Fälle 万一の場合にそなえて, 念のため. in jedem Fall いずれにしても. nicht 〈j³〉 Fall sein《口》〈人〉の好みに合わない. 〈j⁴/et⁴〉 zu Fall bringen〈人・物を〉倒す;〈人を〉失脚させる, 〈事を〉駄目にする, 阻止する. zu Fall kommen 倒れる, 駄目になる, 失脚する.

das **Fall**² [ふぁル] 名 -(e)s/-en 〔船〕1. ハリヤード (帆を上げ下げする綱). 2. (煙突とマストの)傾斜.

das **Fall·beil** [ふぁル・バイル] 名 -(e)s/-e ギロチン〔断頭台〕の斧.

die **Fall·brü·cke** [ふぁル・ブリュッケ] 名 -/-n (城塞の)跳ね橋;(城壁・堀・船にかける)攻撃用の橋.

die **Fal·le** [ふぁレ] 名 -/-n 1. わな, 落し穴;計略, 策略:〈j³〉 eine ~ stellen〈人に〉わなを仕掛ける. 〈j⁴〉 in eine ~ locken〈人を〉計略にかける. 2. 《口》寝床:in die ~ gehen 寝る. 3. (錠の)ラッ

チボルト;《ﾈｽﾞ》(ドアの)取っ手. **4.**〖地質〗(石油・天然ガスの)鉱床.

fal・len* [ふぁレン] 動 er fällt; fiel; ist gefallen **1.** ((〈方向〉へ〈から〉))落ちる,落下する,降る;降りる《幕などが》;陥落する: Die Blätter ~ 葉が落ちる. Der Regen *fällt*. 雨が降っている. Ein Kind *fiel* ins Wasser. 子供が水に落ちた. aus der Hand/hinter den Schrank ~ 手から／戸棚の後へ落ちる. **2.** (〈《方向〉ニ))転ぶ,倒れる;戦死する: auf den Rücken/aufs Gesicht ~ あお向け/うつぶせに倒れる. auf den Hintern/auf die Nase ~ 《口》しりもちをつく/うつ伏せに転ぶ(転んで顔を打つ). gegen eine Tischkante ~ 〈転んで〉机の角にぶつかる. über einen Stein ~ 石につまずいて転ぶ. **3.**〖慣用〗下る,低くなる,低下する(水位・温度(計)・値段・声望などが). **4.** ((〈方向〉ヘ/〈様態〉デ))垂れている(髪・布などが);(斜めに)下っている(地面・崖などが). **5.** ((〈方向〉ヘ))さし込む,届く,当る,落ちる,投げかけられる(日光・視線・疑いなどが). **6.** [auf[in] ~]当る,あたり合う,重なり合う(日などが). **7.** [in〈unter〉〈et³〉ニ]属する(領域・分野・権限などに). **8.** [an〈auf〉〈j⁴/et⁴〉]獲物となる,手に帰する. ((別の状態・態度などに))なる,陥る,移行する,変る(別の状態・態度などに): in Trümmer ~ 瓦礫(ｶﾞﾚｷ)の山と化す. in Trab ~ 跑足(ﾊﾟｿｸ)になる(馬が). in eine drohende Haltung ~ 居丈高な態度になる. in Ohnmacht ~ 失神する. in Schwermut/Zweifel ~ 憂うつな気分/疑念に陥る. in (tiefen) Schlaf ~ (深い)眠りに落ちる. bei 〈j³〉 in Ungnade ~ 〈人の〉不興を買う. **10.**〖慣用〗(決定などが)なされる(行為が);言われる,発せられる;なくなる,廃止される,無効になる(税・禁令・タブーなどが);解除される(制限などが);取除かれる(障害などが). ((慣用)) 〈j³〉 aufs Herz[auf die Seele] fal・len 〈人の〉気持を重くさせる(すぐれなものにまだしていないこと,償われてない軽い罪・過ちなどが). dem Feind in die Flanke/in den Rücken fallen 敵の側面／背面を攻撃する. Der Nebel fällt. 霧が晴れる. Die Tür fiel ins Schloss. ドアがばたんと閉まって錠が下りた. durch das Examen fallen 試験に落ちる. eine Masche fallen lassen(編み物で)目を抬いそこなう. Es ist Regen/Schnee gefallen. 雨／雪が降った. 〈et¹〉 fallen lassen 〈物を〉落す. h.〈et⁴〉 fallen lassen 〈事を〉断念する(目的などを): Er hat seinen Plan fallen lassen[gelassen]. 彼は彼の計画を断念した. h.〈et⁴/j⁴〉 fallen lassen 〈人を〉見捨てる: Du hast sogar deinen Freund fallen lassen[gelassen]. 君は君の友人まで見捨てた. h.〈et⁴〉 fallen lassen 〈人を〉話す,もらす: Er hat so eine Bemerkung fallen lassen[gelassen]. 彼はそのようなコメントを(ついでに)言った. 〈j³〉 in den Arm fallen 〈人の〉腕を押さえる,〈人を〉押しとどめる. in die engere/letzte Wahl fallen 第二次／最終選考(選挙)に残る. sich⁴ aufs Bett/Sofa fallen lassen ベッド／ソファーの上に倒れ込む. 〈j³〉 um den Hals fallen 〈人の〉首に抱きつく.

fäl・len [ふぇレン] 動 h. **1.** 〈et¹〉 切り倒す(樹木を);《転》倒す(政敵などを). **2.** 〈et¹〉《軍》構える(銃などを). **3.** 〈et¹〉下す,宣する(判決などを). **4.** 〈et¹〉ｦ + aus 〈et³〉ｶﾗ《化》分離する. **5.** 〈et¹〉《数》おろす(垂線を).

fallen lassen*,_(旧)**fal・len|las・sen*** [ふぁﾚﾝ ラｯｾﾝ] ⇒ fallen (慣用).

der **Fal・len・stel・ler** [ふぁレン・シュテラー] 名 -s/- わなをかける人.

das **Fall・gat・ter** [ふぁル・ガッター] 名 -s/- (城門の)落し格子.

die **Fall・ge・schwin・dig・keit** [ふぁル・ゲシュヴィンディヒカイト] 名 -/《理》落下速度.

die **Fall・gru・be** [ふぁル・グルーベ] 名 -/-n《狩》落し穴.

der **Fall・gru・ben・fän・ger** [ふぁル・グルーベン・ふぇンガー] 名

-s/-《植》捕虫袋を持つ食虫植物(ウツボカズラなど).

der **Fall・ham・mer** [ふぁル・ハマー] 名 -s/..hämmer《工》ドロップハンマー,落し槌(ﾂﾁ).

die **Fall・hö・he** [ふぁル・へ―エ] 名 -/-n **1.**《理》落下高度,落差. **2.**《文芸学》主人公の身分が高いほど没落した時の落差が大きく感じられるという作劇法の仮説.

fal・lie・ren [ふぁリーレン] 動 **1.** h.《慣》支払不能になる,破産する. **2.** s. ((〈j³〉ﾆ))《方》うまくゆかない,失敗する.

fäl・lig [ふぇリヒ] 形 **1.** 支払期日の来た,満期の: der ~e Wechsel 支払期日の来た手形. **2.** (ある時点で起こる)はずの,見込の: die langst ~e Aussprache とっくに行われているべき協議. Der Zug ist in zehn Minuten ~. 列車は10分後に到着のはずで.

die **Fäl・lig・keit** [ふぇリヒカイト] 名 -/-en **1.**《商の》(支払)期日に達していること. **2.**〖商・銀行〗満期,弁済期到来.

der **Fäl・lig・keits・ter・min** [ふぇリヒカイツ・テルミーン] 名 -s/-e 満期日,支払期日.

die **Fall・ma・sche** [ふぁル・マッシェ] 名 -/-n《ﾆｯﾄ》(ストッキングの)伝線.

das **Fall・obst** [ふぁル・オープスト] 名 -(e)s/ 落果.

das Fall-out, Fall-out [fo:l'aut ふぉール・アウト,ふぉル・アウト] 名 -(s)/《核物理》(核爆発後の)放射性降下物,死の灰.

das **Fall・recht** [ふぁル・れヒト] 名 -(e)s/-e《法》判例法.

das **Fall・reep** [ふぁル・れープ] 名 -(e)s/-e《海》舷梯(ｹﾞﾝﾃｲ),タラップ.

der **Fall・rück・zie・her** [ふぁル・リュック・ツィーアー] 名 -s/- オーバーヘッド・キック.

falls [ふぁルス] 接《従属》…の場合には,もしも…で(ある)ならば;《口》…の場合のために: F~ das Wetter schön ist, ~. 天気が良ければ、~. 時々 必要ならば. F~ es regnet, nehme ich meine Wäsche ab. 雨が降るといけないから洗濯物を取込みます.

..falls [..ふぁルス] 接尾 形容詞などにつけて「…の場合には」を表す副詞を作る: nötigen*falls* 必要な場合. gegebenen*falls* 場合によっては.

der **Fall・schirm** [ふぁル・シルム] 名 -(e)s/-e 落下傘,パラシュート.

der **Fall・schirm・ab・sprung** [ふぁルシルム・アップ・シュプルング] 名 -(e)s/..sprünge 落下傘(パラシュート)降下.

der **Fall・schirm・jä・ger** [ふぁルシルム・イェーガー] 名 -s/-《軍》落下傘部隊員;(複のみ)落下傘部隊.

die **Fall・schirm・jä・ger・trup・pe** [ふぁルシルム・イェーガー・トルッペ] 名 -/-n《軍》落下傘部隊.

das **Fall・schirm・sprin・gen** [ふぁルシルム・シュプリンゲン] 名 -s/ 落下傘(パラシュート)降下.

der **Fall・schirm・sprin・ger** [ふぁルシルム・シュプリンガー] 名 -s/- 落下傘兵;スカイダイバー.

fällst [ふぇルスト] 動 fallenの現在形2人称単数.

der **Fall・strick** [ふぁル・シュトリック] 名 -(e)s/-e 落し穴;〈j³〉~e legen《文》〈人に〉わなを仕掛ける.

die **Fall・stu・die** [ふぁル・シュトゥーディエ] 名 -/-n ケース・スタディー,事例研究.

die **Fall・sucht** [ふぁル・ズフト] 名 -/《古》てんかん.

fällt [ふぇルト] 動 fallenの現在形3人称単数.

die **Fall・tür** [ふぁル・テューア] 名 -/-en はね上げ戸,揚げぶた;(人が乗ると下に落ちる仕掛の)落し戸.

das **Fäl・lungs・mit・tel** [ふぇルングス・ミッテル] 名 -s/-《化》沈殿剤.

fall・wei・se [ふぁル・ヴァイゼ] 副《ｵｰｽﾄﾘｱ》場合によって;時折.

der **Fall・wind** [ふぁル・ヴィント] 名 -(e)s/-e 山おろし

《風》.

fạlsch [ふぁルシュ] [形] **1.** 間違った, 誤った： eine ~*e* Antwort geben 間違った答えをする. Diese Uhr geht ~. この時計は狂っている. *F*~ und Richtig unterscheiden 誤りと正しさの区別をする. **2.** (本来のものと)違った： in den ~*en* Zug steigen 間違った列車に乗る. in die ~*e* Richtung gehen 間違った方向へ行く. Anfangs bin ich in der ~*en* Richtung gegangen. 最初は間違った方向に行ってしまった. Ich bin ~ verbunden. かけ間違えました(電話で). **3.** (状況に)ふさわしくない, 不適切な： ~*e* Bescheidenheit いらぬ遠慮. **4.** 模造の;にせの, 偽造の： ~*e* Zähne 《口》入れ歯. ein ~*er* Name 偽名. ~*e* Akazie ニセアカシア. ~*er* Hase ミートローフ. ~*es* Chamäleon カメレオンモドキ. (ein) ~*es* Spiel mit 〈j^3〉treiben 〈人を〉たぶらかす. **5.** 偽りの, 虚偽の： ~*e* Versprechungen machen うその約束をする. **6.** 不実な, 表裏のある： ~ wie eine Schlange sein 蛇のようにずる賢い. ~ lächeln 作り笑いを浮かべる. 【慣用】**an den Falschen 〔die Falsche〕 kommen 〔geraten〕** 《口》お門違いである： Da kommst du (bei mir) an den *Falschen*! それじゃ(ぼくのところへ来ても)お門違いだ. 〈et^4〉 **in den falschen Hals 〔die falsche Kehle〕 bekommen** 《口》〈事を〉誤解して気を悪くする.

das **Fạlsch** [ふぁルシュ] [名] -s/ 《次の形で》： an 〈j^3〉 ist kein ~ 〈人は〉正直な人だ. ohne ~ sein 率直である.

der **Fạlsch·eid** [ふぁルシュ・アイト] [名] -(e)s/-e 〖法〗(過失による)偽証.

fạ̈l·schen [ふぇルシェン] [動] *h.* 〔〈et^4〉ヲ〕偽造する(貨幣・文書・絵画などを), 歪曲(わいきょく)する(事実を).

der **Fạ̈l·scher** [ふぇルシャー] [名] -s/- 偽造者, 変造者; 贋作(がんさく)者, 歪曲(わいきょく)者.

der **Fạlsch·fah·rer** [ふぁルシュ・ふぁーらー] [名] -s/- (高速道路の)逆走ドライバー.

das **Fạlsch·geld** [ふぁルシュ・ゲルト] [名] -(e)s/-er にせ金〔札〕, 偽造貨幣.

die **Fạlsch·heit** [ふぁルシュハイト] [名] -/-en **1.** ([単]のみ)間違い, 誤り, 虚偽;誤謬(ごびゅう). **2.** (主に[単])不実, 底意;不誠実な行為.

fạ̈lsch·lich [ふぇルシュリひ] [形] 誤った, 偽りの.

fạ̈lsch·li·cher·wei·se [ふぇルシュリひゃー・ヴァイゼ] [副] 《文飾》誤って.

die **Fạlsch·mel·dung** [ふぁルシュ・メルドゥング] [名] -/-en 誤報, 虚報.

der **Fạlsch·mün·zer** [ふぁルシュ・ミュンツァー] [名] -s/- 偽金づくり.

die **Falsch·mün·ze·rei** [ふぁルシュ・ミュンツェらイ] [名] -/ 貨幣偽造.

der **Fạlsch·par·ker** [ふぁルシュ・パるカー] [名] -s/- 駐車違反者.

der **Fạlsch·spie·ler** [ふぁルシュ・シュピーラー] [名] -s/- (特にトランプの)いかさま賭博(とばく)師.

die **Fạ̈l·schung** [ふぇルシュング] [名] -/-en **1.** (主に[単])偽造, 変造. **2.** 偽造文書, 偽作.

fạ̈l·schungs·si·cher [ふぇルシュングス・ズィっひゃー] [形] 偽造不可能な.

das **Fal·sẹtt** [ふぁルゼット] [名] -(e)s/-e 〖楽〗ファルセット, 裏声, 仮声.

das **Fal·si·fi·kat** [ふぁルズィふぃカート] [名] -(e)s/-e 模造品, 偽物.

fal·si·fi·zie·ren [ふぁルズィふぃツィーれン] [動] *h.* **1.** 〔〈et^4〉ヲ〕偽造する. **2.** 〔〈et^4〉ヲ〕論駁(ろんばく)する.

das **Fạlt·boot** [ふぁルト・ボート] [名] -(e)s/-e 折り畳み式ボート(特にカヌー).

die **Fạl·te** [ふぁルテ] [名] -/-n (紙・布などの)しわ, 折り目;ひだ;(顔・皮膚の)しわ;〖地質〗(岩石層の)褶曲(しゅうきょく)： die Stirn in ~*n* legen 額にしわを寄せる.

fạ̈l·teln [ふぇルテルン] [動] *h.* 〔〈et^4〉ニ〕細かいひだ〔プリーツ〕をつける.

fạl·ten [ふぁルテン] [動] *h.* **1.** 〔〈et^4〉ヲ〕折り畳む(紙・シーツなどを);組む(両手・両手の指を);〖地質〗褶曲(しゅうきょく)させる;(〈et^4〉がsich^{4}の場合)褶曲する. **2.** 〔〈et^4〉ニ〕しわを寄せる(額などに);(〈et^4〉がsich^{4}の場合)しわが寄る(顔・肌などが).

der **Fạl·ten·balg** [ふぁルテン・バルク] [名] -(e)s/..bälge (鉄道車両連結部の)幌(ほろ).

das **Fạl·ten·ge·bir·ge** [ふぁルテン・ゲビるゲ] [名] -s/- 〖地質〗褶曲(しゅうきょく)山脈.

fạl·ten·los [ふぁルテン・ロース] [形] しわ〔ひだ〕のない.

der **Fạl·ten·rock** [ふぁルテン・ろック] [名] -(e)s/..röcke プリーツスカート.

der **Fạl·ten·wurf** [ふぁルテン・ヴるふ] [名] -(e)s/ (衣服などの)ドレープ.

der **Fạl·ter** [ふぁルター] [名] -s/- 〖昆〗《稀》チョウ, ガ.

fạl·tig [ふぁルティひ] [形] ひだ〔しわ〕のある;しわが寄った.

..fäl·tig [..ふぇルティひ] [接尾] 数詞などにつけて「…倍〔重〕の」を表す形容詞を作る： drei*fältig* 三倍〔重〕の. viel*fältig* 種々の.

die **Fạlt·schach·tel** [ふぁルト・シャはテル] [名] -/-n 折り畳みボール箱.

der **Fạlt·stuhl** [ふぁルト・シュトゥール] [名] -(e)s/..stühle 折り畳みいす.

der **Fạlz** [ふぁルツ] [名] -es/-e 〖製本〗(紙の)折り目;足(別丁を貼る継ぎたしとじしろ);(本の背と表紙の間の)溝;〖土〗(板・かわらなどの)さねはぎの溝, 相欠(あいがき);〖工〗畳み折り(ブリキを折曲げた継ぎ目部分).

das **Fạlz·bein** [ふぁルツ・バイン] [名] -(e)s/-e 〖製本〗折りべら.

fạl·zen [ふぁルツェン] [動] *h.* 〔〈et^4〉ヲ〕〖印〗折る(印刷全紙を);〖工〗畳み継ぎする(ブリキなどを);〖製革〗削って平らにする(獣皮の内側を);〖土〗(…に)さねつぎの溝を作る.

der **Fạlz·ho·bel** [ふぁルツ・ホーベル] [名] -s/- 溝切り用かんな.

die **Fạlz·ma·schi·ne** [ふぁルツ・マシーネ] [名] -/-n 〖製本・工〗折り機;〖製革〗削り機(厚さを均一にする).

der **Fạlz·zie·gel** [ふぁルツ・ツィーゲル] [名] -s/- 溝つき瓦(かわら)(重ね合せる部分に溝がついている).

die **Fa·ma** [ふぁーマ] [名] -/ 《文》うわさ, 風評;〖ロ神〗ファーマ(多くの目・耳・舌をもつ女神).

fa·mi·li·är [ふぁミリエーあ] [形] **1.** 家族の. **2.** (家族のように)親しい, 打解けた;(《蔑》も有)なれなれしい.

der/*die* **Fa·mi·li·a·re** [ふぁミリアーれ] [名] (形容詞的変化)(主に[複])〖カトリック〗(修道院の)雇人;教皇の用人.

die **Fa·mi·lie** [ふぁミーリエ] [名] -/-n **1.** 家族, 家庭, 世帯;一族, 一家;家柄： die Heilige ~ 聖家族(ヨゼフ・マリア・幼きイエス). ~ haben 所帯持ちだ. aus guter ~ stammen 良家の出である. **2.** 〖生〗科. 【慣用】**Das bleibt in der Familie.** それは内緒にしておこう. **Das kommt in den besten Familien vor.** それはだれにでも起こりうる.

die **Fa·mi·li·en·ähn·lich·keit** [ふぁミーリエン・エーンリひカイト] [名] -/ 家族〔親族〕が似ていること.

der/*die* **Fa·mi·li·en·an·ge·hö·ri·ge** [ふぁミーリエン・アン・ゲ[へ]ーリゲ] [名] (形容詞的変化) 家族の一員.

die **Fa·mi·li·en·an·ge·le·gen·heit** [ふぁミーリエン・アン・ゲレーゲンハイト] [名] -/-en 家庭の事情〔用事〕, 家庭内の問題.

der **Fa·mi·li·en·an·schluss**, [旧] **Fa·mi·li·en·an·schluß** [ふぁミーリエン・アン・シュルス] [名] -es/ 家族同様の待遇, 家族的つき合い.

das **Fa·mi·li·en·bad** [ふぁミーリエン・バート] [名] -(e)s/..bäder (昔の)男女共用プール.

der **Fa·mi·li·en·be·trieb** [ふぁミーリエン・ベトりープ] [名] -(e)s/-e 家族経営の店〔会社〕.

F

das **Fa·mi̱·li·en·bild** [ふぁミーリエン・ビルト] [名] -(e)s/-er 家族の肖像〔写真〕.

das **Fa·mi̱·li·en·buch** [ふぁミーリエン・ブーふ] [名] -(e)s/..bücher 家族登録簿《戸籍簿の一つ》.

das **Fa·mi̱·li·en·fest** [ふぁミーリエン・ふぇスト] [名] -(e)s/-e 家族の祝い, 家庭内の祝い.

die **Fa·mi̱·li·en·for·schung** [ふぁミーリエン・ふぉるシュング] [名] -/ 系譜学.

das **Fa·mi̱·li·en·fo·to** [ふぁミーリエン・ふぉート] [名] -s/-s 家族の写真.

die **Fa·mi̱·li·en·gruft** [ふぁミーリエン・グるふト] [名] -/..grüfte 累代の納骨堂, 一族の墓所.

das **Fa·mi̱·li·en·heim** [ふぁミーリエン・ハイム] [名] -(e)s/-e 家庭用住宅, 持ち家.

der **Fa·mi̱·li·en·kreis** [ふぁミーリエン・クらイス] [名] -es/ (家族だけの)内輪, 身内.

das **Fa·mi̱·li·en·le·ben** [ふぁミーリエン・レーベン] [名] -s/ 家庭生活.

das **Fa·mi̱·li·en·mit·glied** [ふぁミーリエン・ミット・グリート] [名] -(e)s/-er 家族の一員.

der **Fa·mi̱·li·en·na·me** [ふぁミーリエン・ナーメ] [名] -ns/-n 姓, 名字.

das **Fa·mi̱·li·en·o·ber·haupt** [ふぁミーリエン・オーバー・ハウプト] [名] -(e)s/..häupter《冗・古》家長.

der **Fa·mi̱·li·en·pass**, [旧] **Fa·mi̱·li·en·paß** [ふぁミーリエン・パス] [名] -es/..pässe (種々の施設の)家族割引証; (1998 年までのドイツ連邦鉄道の)家族割引切符.

die **Fa·mi̱·li·en·pla·nung** [ふぁミーリエン・プラーヌング] [名] -/-en《主に[単]》家族計画.

der **Fa·mi̱·li·en·rat** [ふぁミーリエン・らート] [名] -(e)s/ 家族〔親族〕会議; 家族会議の出席者.

die **Fa·mi̱·li·en·se·rie** [ふぁミーリエン・ゼーりエ] [名] -/-n (テレビの)連続ホームドラマ.

der **Fa·mi̱·li·en·sinn** [ふぁミーリエン・ズィン] [名] -(e)s/ 家族に対する関心〔理解〕, 家族を思いやる気持.

das **Fa·mi̱·li·en·stamm·buch** [ふぁミーリエン・シュタム・ブーふ] [名] -(e)s/..bücher 家族登録簿; 系図書.

der **Fa·mi̱·li·en·stand** [ふぁミーリエン・シュタント] [名] -(e)s/ 配偶関係《未婚, 有配偶, 死別, 離婚の別》.

der **Fa·mi̱·li·en·va·ter** [ふぁミーリエン・ふぁーター] [名] -s/..väter 一家の長としての父親.

das **Fa·mi̱·li·en·wap·pen** [ふぁミーリエン・ヴァッペン] [名] -s/- 家紋.

die **Fa·mi̱·li·en·zu·la·ge** [ふぁミーリエン・ツー・ラーゲ] [名] -/-n (失業保険の)家族割増金.

die **Fa·mi̱·li·en·zu·sam·men·füh·rung** [ふぁミーリエン・ツザメン・ふゅーるング] [名] -/-en 家族の再会.

der **Fa·mi̱·li·en·zu·wachs** [ふぁミーリエン・ツー・ヴァクス] [名] -es/ (赤ん坊の誕生による)家族の増加.

fa·mo̱s [ふぁモース] [形]《口・古》すごい, 素晴らしい.

fa·mu·li̱e·ren [ふぁムリーれン] [動] *h.*〔補足なし〕(医学の)臨床実習をする.

der **Fa̱·mu·lus** [ふぁームルス] [名] -/-se〔..li〕《古》インターン, 実習医; (大学教授の)助手を勤める学生.

der **Fan** [fɛn ふぇン] [名] -s/-s ファン.

das **Fa·na̱l** [ふぁナール] [名] -s/-e《文》変革〔新たな出発・新事態〕を告げるのろし.

der **Fa·na̱·ti·ker** [ふぁナーティカー] [名] -s/- 熱狂者, 狂信者.

fa·na̱·tisch [ふぁナーティシュ] [形] 狂信的な, 熱狂的な.

fa·na·ti·si̱e·ren [ふぁナティズィーれン] [動] *h.*〔<j⁴>ヲ〕熱狂させる.

der **Fa·na·ti̱s·mus** [ふぁナティスムス] [名] -/ 熱狂, 狂信.

fa̱nd [ふぁント] [動] finden の過去形.

fä̱n·de [ふぇンデ] [動] finden の接続法 2 式.

die **Fan·fa̱·re** [ふぁンふぁーれ] [名] -/-n〖楽〗ファンファーレ用トランペット; ファンファーレ; ファンファーレ曲.

der **Fa̱ng** [ふぁング] [名] -(e)s/Fänge **1.**《[単]のみ》捕えること, 捕獲; 獲物. **2.**《主に[複]》〖狩〗牙(きば); 《[複]のみ》(猛鳥の)かぎづめ; 《[単]のみ》(猛獣や犬の)口. 【慣用】**einen guten Fang machen**《口》よいものを手に入れる. (**einem Wild**) **den Fang geben**〖狩〗(傷ついた野獣に)とどめを刺す.

der **Fa̱ng·arm** [ふぁング・アるム] [名] -(e)s/-e《《転》も有》触手.

der **Fa̱ng·ball** [ふぁング・バル] [名] -(e)s/ キャッチ・ボール: mit <j³> ~ spielen <人を>いいように扱う.

der **Fa̱ng·damm** [ふぁング・ダム] [名] -(e)s/..dämme〖土〗締切り堤.

die **Fa̱ng·ein·rich·tung** [ふぁング・アイン・りひトゥング] [名] -/-en (電話の)逆探知機.

das **Fa̱ng·ei·sen** [ふぁング・アイゼン] [名] -s/-〖狩〗鉄製のわな.

fa̱n·gen* [ふぁンゲン] [動] er fängt; fing; hat gefangen **1.**〔<j⁴>ヲ〕捕える, 逮捕する; 捕虜にする; 《口・転》策略に乗せる, はめる; 《口》落す(容疑者を); 魅了する(話・音楽・魅力などが). **2.**〔<et⁴>ヲ〕捕まえる, 捕獲する; キャッチする(ボールなどを). **3.**〔sich⁴+in <et³>ニ〕かかる(動物がわななどに); 吹きたまる(風が). **4.**〔sich⁴〕(平衡を失った)姿勢〔体勢〕を立直す(人・航空機などが); 心の平衡〔落着き〕を取戻す. 【慣用】**eine** (**Ohrfeige**) **fangen**《南独・オーストリア》平手打ちを食う. **Fangen spielen** 鬼ごっこをする. **Feuer fangen** 引火する; 夢中になる; 恋に陥る. **Ich lasse mich nicht so leicht fangen.**《口》ぼくはそうやすやすと口車には乗らないよ. <**j⁴**> **mit Geld/Schmeicheleien fangen** <人を>金/甘言で抱きこむ. **sich⁴ gefangen geben**《文》捕えられる. **sich⁴ in der eigenen Schlinge**〔**in den eigenen Worten**〕**fangen** 自分の言ったことが証拠になって, 言逃れができなくなる.

der **Fä̱n·ger** [ふぇンガー] [名] -s/- (動物などを)捕える人;〖野球〗キャッチャー, 捕手.

die **Fa̱ng·fra·ge** [ふぁング・ふらーゲ] [名] -/-n 誘導尋問.

die **Fa̱ng·lei·ne** [ふぁング・ライネ] [名] -/-n〖海〗舫(もや)い綱.

der **Fa̱n·go** [ふぁンゴー] [名] -s/ ファンゴ《リューマチなどの治療用泥土》.

der **Fa̱ng·schluss**, [旧] **Fa̱ng·schluß** [ふぁング・シュルス] [名] -es/..schlüsse 策略的な(誤った)推論〔結論〕.

die **Fa̱ng·schnur** [ふぁング・シュヌーあ] [名] -/..schnüre〖軍〗(昔の騎兵隊の)制帽・軍服の留めひも; (軍服の)飾緒(しょくしょ).

der **Fa̱ng·schuss**, [旧] **Fa̱ng·schuß** [ふぁング・シュス] [名] -es/..schüsse〖狩〗とどめの一発.

fä̱ngst [ふぇングスト] [動] fangen の現在形 2 人称単数.

fä̱ngt [ふぇングト] [動] fangen の現在形 3 人称単数.

die **Fa̱ng·vor·rich·tung** [ふぁング・ふぉーあ・りひトゥング] [名] -/-en (エレベーターの落下防止などの)非常用安全装置; (電話の)逆探知機.

der **Fa̱ng·zahn** [ふぁング・ツァーン] [名] -(e)s/..zähne《主に[複]》(猛獣・犬の)きば.

(*die*) **Fa̱n·ni** [ふぁニ] [名]〖女名〗ファニー.

die **Fan·nings** [fɛ́nɪŋs ふぇニングス] [複名] ティーバック用の細かい紅茶の葉.

der **Fa̱nt** [ふぁント] [名] -(e)s/-e《古》青二才, 若造.

die **Fan·ta·si̱e** [ふぁンタズィー] [名] -/-n **1.**〖楽〗幻想曲. **2.** =Phantasie.

fan·ta·si̱e·ren [ふぁンタズィーれン] [動] =phantasieren.

der **Fan·ta̱st** [ふぁンタスト] [名] -en/-en =Phantast.

die **Fan·tas·te·re̱i** [ふぁンタステらイ] [名] -/-en《蔑》空想, 夢想.

die **Fan·ta̱s·tik** [ふぁンタスティク] [名] -/《文》空想〔非現実〕的なこと.

fan·ta̱s·tisch [ふぁンタスティシュ] [形] =phantastisch.

F

die **Fan·ta·sy** [fέntəzı ふぇンテズィ] [名] -/ (映画・マンガなどの)空想, 幻想, ファンタジー.
der **Fan·ta·sy·ro·man** [ふぇンテズィ・ろマーン] [名] -s/-e 空想〔夢想・幻想〕長編小説.
das **Fan·zine** [fέnziːn ふぇンズィーン] [名] -s/-s ファンむけ雑誌.
das **Fa·rad** [ふぁらート] [名] -(s)/- 〘電〙ファラッド(電気容量の単位. 記号 F).
der **Fa·ra·day·kä·fig, Fa·ra·day-Kä·fig** [fárade:.. ふぁらデー・ケーふぃひ] [名] -s/-e 〘電〙ファラデー箱(電場を遮断する金網等の箱).
die **Fa·ra·di·sa·ti·on** [ふぁらディザツィオーン] [名] -/ 〘医〙誘導〔感応〕電流療法.
fa·ra·disch [ふぁらーディシュ] [形] (次の形で) *~er* Strom 誘導〔感応〕電流.
fa·ra·di·sie·ren [ふぁらディズィーれン] [動] *h.* 〔<et⁴>ヲ〕〘医〙誘導〔感応〕電流で処置〔処理〕する.
die **Farb·auf·nah·me** [ふぁるプ・アウふ・ナーメ] [名] -/-n カラー写真.
das **Farb·band** [ふぁるプ・バント] [名] -(e)s/..bänder (タイプライターの)リボン.
das **Farb·buch** [ふぁるプ・ブーふ] [名] -(e)s/..bücher (政府の)公式外交報告書, 外交白書.
der **Farb·druck** [ふぁるプ・ドるっク] [名] -(e)s/-e **1.** (㊥のみ)色刷り. **2.** カラー印刷物.
die **Far·be** [ふぁるベ] [名] -/-n **1.** 色, 色彩; 色調; (㊥のみ)カラー: in ~ カラーで〔の〕. **2.** 絵の具, 顔料; 染料; 塗料, ペンキ. **3.** (象徴としての)色; (国・団体の)記章の色リボン〔帽子〕; 旗幟(きし), 主義, 方針. **4.** 〘トランプ〙同じマークの札. 【慣用】**die Farbe verlieren** 真っ青になる. **die Farbe wechseln** 顔色を変える, 変節する. **Farbe bekennen** 旗幟を鮮明にする. **Farbe bekommen** 血色がよくなる, 元気を取戻す.
farb·echt [ふぁるプ・エひト] [形] 褪色(たいしょく)〔変色〕しない.
die **Farb·echt·heit** [ふぁるプ・エひトハイト] [名] -/ 染色堅牢(けんろう)性.
das **Fär·be·mit·tel** [ふぇるベ・ミッテル] [名] -s/- 染料; 着色剤; 顔料.
..far·ben [..ふぁるベン] [接尾] 名詞・数詞につけて「…色の」を表す形容詞を作る: blei*farben* 鉛色の. mehr*farben* 多色の.
fär·ben [ふぇるベン] [動] *h.* **1.** 〔<et⁴>ニ+(<[形]>ニ/auf <et⁴>ニ)〕着色〔彩色〕する, (…を…に)染める. **2.** 〔補足なし〕(口)色が落ちる. **3.** 〔sich⁴+(<[形]>ニ)〕色づく(葉などが); 染まる(空・顔などが). **4.** 〔<et⁴>ヲ+(<[形]>ニ)〕潤色〔粉飾〕する, (…に…な)色合いをつける.
far·ben·blind [ふぁるベン・ブリント] [形] 色盲の.
der **Far·ben·druck** [ふぁるベン・ドるっク] [名] -(e)s/-e = Farbdruck.
far·ben·freu·dig [ふぁるベン・ふろイディひ] [形] 色鮮やかな; 鮮やかな色彩を好む.
far·ben·froh [ふぁるベン・ふろー] [形] 色あざやかな, 色彩の強烈な; あざやか〔強烈〕な色を好む.
die **Far·ben·in·dus·trie** [ふぁるベン・インドゥストリー] [名] -/ 染料工業.
die **Far·ben·leh·re** [ふぁるベン・レーれ] [名] -/ 色彩論.
far·ben·präch·tig [ふぁるベン・プれひティひ] [形] 華やかな彩りの.
der **Far·ben·sinn** [ふぁるベン・ズィン] [名] -(e)s/ **1.** 色彩感覚. **2.** 色覚.
das **Far·ben·spiel** [ふぁるベン・シュピール] [名] -(e)s/-e 色彩の変化.
die **Far·ben·sym·bo·lik** [ふぁるベン・ズュムボーリック] [名] -/ 色彩象徴.
der **Fär·ber** [ふぇるバー] [名] -s/- 染色工, 染物師.
die **Fär·be·rei** [ふぇるべらイ] [名] -/-en **1.** (㊥のみ)染色. **2.** 染物〔染色〕工場, 染物屋.
das **Farb·fern·se·hen** [ふぁるプ・ふぇるン・ゼーエン] [名] -s/ カラーテレビ.
der **Farb·film** [ふぁるプ・ふぃルム] [名] -(e)s/-e カラーフィルム; カラー映画.
der(*das*) **Farb·fil·ter** [ふぁるプ・ふぃルター] [名] -s/- 〘写〙カラーフィルター.
das **Farb·fo·to** [ふぁるプ・ふぉート] [名] -s/-s カラー写真.
die **Farb·fo·to·gra·fie** [ふぁるプ・ふぉトグらふぃー] [名] -/-n カラー写真; (㊥のみ)カラー撮影.
die **Farb·ge·bung** [ふぁるプ・ゲーブング] [名] -/ 着色, 彩色; 配色.
das **Farb·holz** [ふぁるプ・ホルツ] [名] -es/..hölzer 染料用木材.
far·big [ふぁるビひ] [形] **1.** 多色の, カラーの, 彩り鮮やかな. **2.** (白黒以外の)色物の; 有色(人種)の. **3.** 生彩のある, 生き生きした.
..far·big [..ふぁるビひ] [接尾] 数詞・名詞・形容詞などにつけて「…色の」を表す形容詞を作る: mehr*farbig* 多色の.
fär·big [ふぇるビひ] [形] 《オーストリア》=farbig.
der/*die* **Far·bi·ge** [ふぁるビゲ] [名] (形容詞的変化)有色人種.
das **Farb·kis·sen** [ふぁるプ・キッセン] [名] -s/- スタンプ台, 印肉.
der **Farb·klecks** [ふぁるプ・クレックス] [名] -es/-e (色のついた)しみ, 色斑.
farb·lich [ふぁるプリひ] [形] 色彩の, 色調の.
farb·los [ふぁるプ・ロース] [形] **1.** 無色の, 透明の, 青白い. **2.** 精彩のない, ぱっとしない.
die **Farb·lo·sig·keit** [ふぁるプ・ローズィひカイト] [名] -/ 無色(透明); 精彩のなさ, 単調さ, 無色透明性.
die **Farb·mi·ne** [ふぁるプ・ミーネ] [名] -/-n (筆記具の)色芯(しん).
der **Farb·stift** [ふぁるプ・シュティふト] [名] -(e)s/-e 色鉛筆, クレヨン, カラー(ボール)ペン.
der **Farb·stoff** [ふぁるプ・シュトっふ] [名] -(e)s/-e 染料, 顔料; 色素.
der **Farb·ton** [ふぁるプ・トーン] [名] -(e)s/..töne 色調, 色合い.
die **Fär·bung** [ふぇるブング] [名] -/-en 着色, 彩色, 染色, 色づけ; 色, 彩り; 色調, 色合い; (転)傾向, 調子.
die **Far·ce** [fársə ふぁるス] [名] -/-n **1.** 〘文芸学〙笑劇; (フランス中世の)ファルス. **2.** 茶番, お笑い草. **3.** 〘料〙(ひき肉などの)詰め物.
far·cie·ren [..síːrən ふぁるスィーれン] [動] *h.* 〔<et⁴>ニ〕〘料〙詰め物を詰める.
der **Fa·rin** [ふぁりーン] [名] -s/ 赤砂糖; 粉砂糖.
der **Fa·rin·zu·cker** [ふぁりーン・ツッカー] [名] -s/ =Farin.
die **Farm** [ふぁるム] [名] -/-en **1.** (英語圏の)農場, 農園. **2.** (鶏・ミンクなどの)飼育場.
der **Far·mer** [ふぁるマー] [名] -s/- 農園〔農場〕主.
der **Farn** [ふぁるン] [名] -(e)s/-e 〘植〙シダ.
das **Farn·kraut** [ふぁるン・クらウト] [名] -(e)s/..kräuter =Farn.
der **Far·re** [ふぁれ] [名] -n/-n 《方》若い雄ウシ.
die **Fär·se** [ふぇるゼ] [名] -/-n まだ子を産まない若い雌ウシ.
der **Fa·san** [ふぁザーン] [名] -(e)s/-e(n) 〘鳥〙キジ.
die **Fa·sa·ne·rie** [ふぁザネりー] [名] -/-n キジ飼育場; (昔の)キジ飼育場の豪華な建物.
fa·schie·ren [ふぁシーれン] [動] *h.* 〔<et⁴>ヲ〕《オーストリア》ひき肉にする, 肉ひき器にかける.
die **Fa·schi·ne** [ふぁシーネ] [名] -/-n (護岸用の)粗朶(そだ)束.
der **Fa·sching** [ふぁっシング] [名] -s/-e(-s) 《バイエルン・オーストリア》カーニバル〔謝肉祭〕の期間; カーニバルの祭〔行事〕.

der **Fa·schịs·mus** [ふぁシスムス] [名] -/ ファシズム.
der **Fa·schịst** [ふぁシスト] [名] -en/-en ファシスト.
fa·schịs·tisch [ふぁシスティシュ] [形] **1.** ファシズムの. **2.** ファッショ的な.
fa·schis·to·id [ふぁシストイート] [形] ファシズムに似た, ファッショ的な.
der **Fa̲·sel** [ふぁーゼル] [名] -s/- 若い種畜;種牛;雌牛;《稀》種豚.
der **Fa̲·sel·e·ber** [ふぁーゼル・エーバー] [名] -s/- 種豚.
die **Fa·se·lei** [ふぁーゼライ] [名] -/-en **1.** 《口》無駄口, たわごと. **2.** 放心.
der **Fa̲·sel·hans** [ふぁーゼル・ハンス] [名] -(e)s/-e〔..hänse〕《口・蔑》無駄口〔軽口〕をたたく人.
fa̲·se·lig [ふぁーゼリヒ] [形] 《口》いい加減な, うかつな.
fa̲·seln[1] [ふぁーゼルン] [動] *h.* **1.** 〔〈et⁴〉ヲ＋(von 〈et³〉ニツイテ/über 〈et⁴〉ニツイテ)〕《口・蔑》くだくだ話す〔書く〕. **2.** 〔補足なし〕《方》いい加減な仕事をする.
fa̲·seln[2] [ふぁーゼルン] [動] *h.* 〔補足なし〕子を産む, 繁殖する《繁殖用の家畜が》.
die **Fa̲·ser** [ふぁーザー] [名] -/-n 繊維;(動植物の)繊維細胞：synthetische ~*n* 合成繊維. bis in die letzten ~*n* meines Herzens 心の奥底まで.
fa̲·se·rig [ふぁーゼリヒ] [形] 筋っぽい, けば立った.
fa̲·sern [ふぁーザーン] [動] *h.* 〔補足なし〕ほつれる《織物などが》, けば立つ《布・紙が》;繊維ばかりになる《朽ち葉などが》.
die **Fa̲·ser·plat·te** [ふぁーザー・プラッテ] [名] -/-n ファイバーボード.
der **Fa̲·ser·stoff** [ふぁーザー・シュトっふ] [名] -(e)s/-e 紡織繊維.
die **Fạs·nacht** [ふぁスナはト] [名] -/ 《南独》＝Fastnacht.
das **Fạss,** [旧] **Fạß** [ふぁス] [名] -es/Fässer 樽(たる)：ein ~ anstechen〔anzapfen〕樽の口を開ける. Bier vom ~ 生ビール. 【慣用】**Das bringt das Fass zum Überlaufen**〔**Das schlägt dem Fass den Boden aus**〕. それはひどすぎる〔とても我慢できない〕. **ein Fass aufmachen** 《口》どんちゃん騒ぎをする;大げさに騒ぎ立てる. **wie ein Fass betrunken sein** 《口》ぐでんぐでんに酔っ払っている.
die **Fas·sa̲·de** [ふぁサーデ] [名] -/-n **1.** (建物の)正面, ファサード. **2.** (《蔑》も有)見せかけ, うわべ;(《蔑》も有)外見, 顔.
der **Fas·sa̲·den·klet·te·rer** [ふぁサーデン・クレッテらー] [名] -s/- ファサードをよじ登って押し入る泥棒.
das **Fạss·band,** **Fạß·band** [ふぁス・バント] [名] -(e)s/..bänder 樽のたが.
fạss·bar, [旧] **fạß·bar** [ふぁス・バーあ] [形] 具体的な;理解できる.
das **Fạss·bier,** [旧] **Fạß·bier** [ふぁス・ビーあ] [名] -(e)s/-e たる詰め(生)ビール.
(*der*) **Fạss·bin·der** [ふぁス・ビンダー] [名] 〘人名〙ファスビンダー(Rainer Werner ~, 1946-82, 映画監督).
der **Fạss·bin·der,** [旧] **Fạß·bin·der** [ふぁス・ビンダー] [名] -s/- 《南独・オーストリア》おけ屋.
das **Fạ̈ss·chen,** [旧] **Fạ̈ß·chen** [ふぇスひぇン] [名] -s/- 小さなたる.
die **Fạss·dau·be,** [旧] **Fạß·dau·be** [ふぁス・ダウベ] [名] -/-n 樽〔おけ〕板.
fạs·sen [ふぁっセン] [動] *h.* **1.** 〔〈j⁴/et⁴〉ヲ〕摑(つか)まえる, 摑む：〈j⁴〉 am Arm/bei der Hand ~ 〈人の〉腕/手を摑む. das Messer am Griff ~ ナイフの柄を摑む〔握る〕. *Fass* ! かかれ《犬に対する命令》. 〈j⁴〉 bei seiner Ehre ~ 〈人の〉名誉心に訴える. 〈j⁴〉 bei seiner schwachen Seite ~ 〈人の〉弱味をつく. 〈j⁴〉 bei seinem Wort〔Versprechen〕~ 〈人の〉言質を取る. die Gelegenheit beim Schopf ~ チャンスをとらえる. **2.** 〔〈et⁴〉ヲ〕(心に)懐(いだ)く, 持つ：Mut ~ 勇気を持つ. sich³ ein Herz ~ 勇気を奮い起こす. einen Entschluss ~ 決心する. Schritt〔Tritt〕~ 歩調を合せる. **3.** 〔〈方向〉へ〕手を伸ばす《摑もうとして》, 手を伸ばして摑む〔触る〕：nach dem Glas ~ グラスへ手を伸ばす. um sich⁴/ins Leere ~ 自分のまわりを手探りする/虚空を摑む. 〈j³〉 ins Gesicht ~ 手を伸ばして〈人の〉顔に触る. **4.** 〔〈j⁴〉ヲ〕逮捕する, 捕虜にする;《文》襲う, とらえる《恐怖・眠りなどが》. **5.** 〔補足なし〕しっかり止まる《ネジ・ボルトなどが》;嚙(か)む《歯車が》. **6.** 〔〈et⁴〉ヲ〕積込む《船が石炭などを》;〘兵〙(…の)支給を受ける. **7.** 〔〈j⁴/et⁴〉ヲ〕収容できる. **8.** 〔〈et⁴〉ヲ＋in 〈et⁴〉ニ〕嵌(は)める《宝石を台に》, 入れる《写真をフレームなどに》, 囲む《わき水・墓を石などで》. **9.** 〔〈et⁴〉ヲ＋〈様態〉ニ〕表現する, まとめる：seine Gefühle in Worte ~ 気持を言葉に表現する. den Bericht noch verständlicher ~ その報告をもっと分りやすくまとめる. **10.** 〔〈et⁴〉ヲ〕《文》理解する, 分る《事情・問題・意味などを》;納得する, 分る《事の成行きなどを》《主に否定文で用いる》. **11.** 〔sich⁴〕心の平静〔落着き〕を取り戻す. **12.** 〔sich⁴〕自分の考え〔気持〕を表明する.
die **Fas·sẹt·te** [ふぁセッテ] [名] -/-n ＝Facette.
das **Fas·sẹt·ten·au·ge** [ふぁセッテン・アウゲ] ＝Facettenauge.
fạss·lich, [旧] **fạß·lich** [ふぁスリヒ] [形] 理解できる, 分りやすい.
die **Fas·son** [fasõ: ふぁソーン] [名] -/-s (《南独・オーストリア・スイス》主に-/-en) (洋服などの)型, デザイン;(物の)原形, もとの形;(人の)流儀：der Anzug nach neuester ~ 最新の型の背広. die ~ verlieren 形がくずれる. aus der ~ geraten 《口》ふとる.
der **Fas·son·schnitt** [ふぁソーン・シュニット] [名] -(e)s/ ファソーン刈り《男性の髪形》.
der **Fạss·rei·fen,** [旧] **Fạß·rei·fen** [ふぁス・らイふぇン] [名] -s/- 樽のたが.
die **Fạs·sung** [ふぁっスング] [名] -/-en **1.** (電球の)ソケット;(眼鏡の)フレーム;(宝石などの)台;(噴水池などの)囲い. **2.** (単のみ)沈着, 冷静, 落着き：die ~ bewahren/verlieren 落着きを保つ/失う. aus der ~ geraten〔kommen〕取乱す. 〈j⁴〉 aus der ~ bringen 〈人を〉あわてさせる. außer ~ sein うろたえている. **3.** (著作物の)草稿, 版;〘法〙(条約などの)文言, 条文：die erste/letzte ~ 第一稿/決定稿. Der Film läuft in englischer ~. その映画は英語版で上映されている. **4.** (単のみ)《稀》心に抱くこと, (決議などを)すること;理解, 把握. **5.** 積載量;(単のみ)容量, 収容能力. **6.** 〘芸術学〙(中世・バロックの彫像の)彩色, 金の上塗り.
die **Fạs·sungs·kraft** [ふぁっスングス・クらふト] [名] -/ 理解力.
fạs·sungs·los [ふぁっスングス・ロース] [形] うろたえた, 取乱した.
das **Fạs·sungs·ver·mö·gen** [ふぁっスングス・ふぇあめーゲン] [名] -s/ **1.** 容量, 収容能力. **2.** 理解力.
fạss·wei·se, [旧] **fạß·wei·se** [ふぁス・ヴァイゼ] [副] 樽(たる)(詰め)で;樽単位で.
fạst [ふぁスト] [副] 《語飾》(動詞・形容詞・副詞・名詞を修飾) **1.** ほとんど, ほぼ, およそ：Diese Schmerzen waren ~ unerträglich. この痛みはほとんど堪えがたかった. ~ in allen Fällen〔in ~ allen Fällen〕ほとんどあらゆる場合に. **2.** 《接続法2式とともに》あやうく, すんでのところで：*F*~ wäre ich überfahren worden. 私はあやうくひかれるところだった. 【慣用】**fast nie** ほとんど…でない. **fast nur** (**noch**) かろうじて.
das **Fa̲st·back** [fá:stbɛk ふぁースト・ベック] [名] -s/-s ファーストバック《後部が流線形の車体》;〘映〙逆はや回し(技法).
fạs·ten [ふぁステン] [動] *h.* 〔補足なし〕断食する, 絶食する.
die **Fạs·ten** [ふぁステン] [複名] 〘カトリック〙 **1.** (四旬節の)

F

断食, 償いの苦行. **2.** ＝Fastenzeit.
die **Fas·ten·kur** [ふぁステン・クーあ] [名] -/-en 断食療法, ダイエット療法.
die **Fas·ten·spei·se** [ふぁステン・シュパイゼ] [名] -/-n 四旬節の精進料理.
die **Fas·ten·zeit** [ふぁステン・ツァイト] [名] -/-en 〘カトリック〙四旬節(復活祭(Ostern)の前の 40 日間);〘宗〙(イスラム教などの)断食期間.
das **Fast·food, Fast Food,** [旧] **Fast food** [fá:stfu:t ふぁースト・ふート] [名] --(s)/ ファーストフード.
fas·ti·di·ös [ふぁスティディ[エ]ース] [形] 不快な;退屈な.
die **Fast·nacht** [ふぁスト・ナはト] [名] -/ カーニバル, 謝肉祭(灰の水曜日(Aschermittwoch)の前日またはその日を含めた三四日間).
der **Fast·nachts·diens·tag** [ふぁストナはツ・ディーンス・ターク] [名] -(e)s/ 懺悔(ざんげ)〔告解〕の火曜日(灰の水曜日の前日).
der **Fast·tag** [ふぁスト・ターク] [名] -(e)s/-e 断食日, 精進日.
die **Fas·zes** [ふぁスツェース] [複名] ファスケス, 束桿(そくかん)(古代ローマ高官の権威の標章).
die **Fas·zie** [ふぁスツィエ] [名] -/-n 〘解〙筋膜.
der **Fas·zi·kel** [ふぁスツィーケル] [名] -s/- 書類束;(本の)分冊;〘解〙筋肉〔神経〕繊維の束.
die **Fas·zi·na·ti·on** [ふぁスツィナツィオーン] [名] -/-en 魅惑, 魅了.
fas·zi·nie·ren [ふぁスツィニーれン] [動] *h.* 〔〈j⁴〉ヲ〕魅惑〔魅了〕する.
fas·zi·nie·rend [ふぁスツィニーれント] [形] 魅力〔魅惑〕的な.
fa·tal [ふぁタール] [形] **1.** 不快な, 嫌な. **2.** ゆゆしい: sich⁴ ～ auswirken ゆゆしい結果となる.
der **Fa·ta·lis·mus** [ふぁタリスムス] [名] -/ 宿命〔運命〕論.
der **Fa·ta·list** [ふぁタリスト] [名] -en/-en 宿命〔運命〕論者.
fa·ta·lis·tisch [ふぁタリスティシュ] [形] 宿命〔運命〕的な.
die **Fa·ta·li·tät** [ふぁタリテート] [名] -/-en 宿命, 災難, 不運.
die **Fa·ta Mor·ga·na** [ふぁータ モるガーナ] [名] --/-Morganen〔--s〕 蜃気楼(しんきろう);幻影.
fa·tie·ren [ふぁティーれン] [動] *h.* **1.** 〔〈et⁴〉ヲ〕《古》告白〔報告〕する. **2.** 〔〈et⁴〉ヲ〕《オーストリア》申告する.
fa·ti·gant [ふぁティガント] [形] 骨のおれる;退屈な.
die **Fa·ti·ha** [ふぁーティハ] [名] -/ 〘イスラム教〙ファティハ(祈禱文として用いられる. コーランの第一章).
die **Fa·ti·mi·den** [ふぁティミーデン] [複名] ファティマ朝(10-12 世紀のイスラム王朝).
das **Fa·tum** [ふぁートゥム] [名] -s/Fata (主に[単])宿命, 運命.
der **Fatz·ke** [ふぁッケ] [名] -n〔-s〕/-n〔-s〕《口・蔑》しゃれ者, にやけ男, うぬぼれ屋.
der **Fau·bourg** [fobú:r ふぉブーあ] [名] -s/-s (フランスの都市の)城外地区, 郊外.
fau·chen [ふぁウヘン] [動] *h.* **1.** 〔補足なし〕ふうっとうなる(猫などが);しゅっと蒸気を出す(蒸気機関(車)などが);ひゅっとうなる(風が). **2.** 〔〈文〉ト〕怒鳴る.
faul [ふぁウル] [形] **1.** 腐った: Das schmeckt/riecht ～. それは腐った味/においがする. **2.** 怠惰な, 無精な. **3.** 《口》不確かな, あやしげな, うまくいっていない: ein ～*er* Zauber ペテン. **【慣用】** **auf der faulen Haut liegen** のらくらしている. **ein fauler Schuldner** 払いの悪い債務者. **Fauler Hund!** 怠けものめ. **fauler Schnee** 中が空洞の積雪. **nicht faul** 《口》(反応などを)素早く, ためらわずに.
der **Faul·baum** [ふぁウル・バウム] [名] -(e)s/..bäume 〘植〙セイヨウイソノキ, フラングラ.
die **Fäu·le** [ふぉイレ] [名] -/ 《文》腐敗, 腐乱.
fau·len [ふぁウレン] [動] *s.* 〔*h.*〕〔補足なし〕腐る, 腐敗する;虫歯になる.
fau·len·zen [ふぁウレンツェン] [動] *h.* 〔補足なし〕何もしないで〔ぼんやり〕時を過ごす;(しばらく)骨休めする.
der **Fau·len·zer** [ふぁウレンツァー] [名] -s/- 《蔑》怠け者;《口・古・冗》寝いす;《オーストリア・口》罫(けい)入り下敷.
die **Fau·len·ze·rei** [ふぁウレンツェらイ] [名] -/-en (主に[単])《蔑》怠惰, 自堕落.
die **Faul·gru·be** [ふぁウル・グるーベ] [名] -/-n 《工》排水腐敗処理槽.
die **Faul·heit** [ふぁウルハイト] [名] -/ 怠惰, 無精.
fau·lig [ふぁウリひ] [形] 腐りかけた, 腐臭のする.
die **Fäul·nis** [ふぉイルニス] [名] -/ 腐敗;堕落.
der **Fäul·nis·er·re·ger** [ふぉイルニス・エあれーガー] [名] -s/- 腐敗菌.
der **Faul·pelz** [ふぁウル・ペルツ] [名] -es/-e 《口・蔑》怠け者.
der **Faul·schlamm** [ふぁウル・シュラム] [名] -(e)s/..schlämme 腐泥.
das **Faul·tier** [ふぁウル・ティーあ] [名] -(e)s/-e 〘動〙ナマケモノ;《口・蔑》怠け者, ものぐさ.
der **Faul·turm** [ふぁウル・トゥるム] [名] -(e)s/..türme (下水の終末処理場の)腐敗塔, 消化タンク.
der **Fau·lungs·vor·gang** [ふぁウルングス・ふぉーあ・ガング] [名] -(e)s/..gänge 腐敗(過程).
der **Faun** [ふぁウン] [名] -(e)s/-e **1.** 〘ロ神〙ファウヌス(角を持ち山羊の足をした, 森と田園の神). **2.** 《文》好色漢.
die **Fau·na** [ふぁウナ] [名] -/..nen 〘動〙動物相, ファウナ;動物誌.
fau·nisch [ふぁウニシュ] [形] 《文》ファウヌスのような;素朴な;好色な.
(*der*) **Faust**[1] [ふぁウスト] [名] 〘人名〙ファウスト(Dr. Johann Georg ～, 1480 頃-1536 頃, に基づくと言われる伝説的魔術師).
die **Faust**[2] [ふぁウスト] [名] -/Fäuste 握りこぶし, げんこつ: die ～ ballen こぶしを固める. 〈et⁴〉 aus der ～ essen 《口》〈物を〉手づかみで食べる. **【慣用】** **auf eigene Faust** 独力で, 自分の責任で. **Das passt wie die Faust aufs Auge.** 《口》まったく釣合わない;(悪い点では)まったくお似合いだ. **die Faust〔Fäuste〕 in der Tasche ballen** 怒りをこらえる. 〈j³〉 **eine Faust machen** (げんこつを振上げて)〈人を〉おどす. **mit der Faust auf den Tisch schlagen〔hauen〕** こぶしで机をたたく(自分の意見をまくしたてる), 毅然とした態度を示す. **mit eiserner Faust** 暴力〔武力〕を用いて.
der **Faust·ball** [ふぁウスト・バル] [名] -(e)s/..bälle **1.** ([単]のみ)ファウストバル(2 m の高さの網越しにボールをこぶしで打ちあう競技). **2.** ファウストバル用のボール.
das **Fäust·chen** [ふぉイストひぇン] [名] -s/- (Faust[2]の縮小形)(次の形で)sich³ ins ～ lachen(《スイス》 ins ～ lachen)ほくそ笑む, あざ笑う.
faust·dick [ふぁウスト・ディック] [形] **1.** (アクセントは[ふぁウスト・ディック])こぶし大の. **2.** (アクセントは[ふぁウスト・ディック])《口》ひどい;思いがけない, 非常な.
der **Fäus·tel** [ふぉイステル] [名] -s/- **1.** (鉱夫・石工用)大ハンマー. **2.** 握斧(あくふ)(＝Faustkeil). **3.** 《方》ミトン(＝Fausthandschuh).
faus·ten [ふぁウステン] [動] *h.* 〔〈et⁴〉ヲ〕〘スポーツ〙こぶしで打つ〔弾く〕(ボールを). **【慣用】** **die Hände fausten** (手で)握りこぶしを作る.
die **Faust·for·mel** [ふぁウスト・ふぉるメル] [名] -/-n 大まかなまとめ, 概算.
faust·groß [ふぁウスト・グろース] [形] こぶし大の.
der **Faust·hand·schuh** [ふぁウスト・ハント・シュー] [名] -(e)s/-e ミトン(親指だけが分れている手袋).

faus·tisch [ふぁウスティシュ] [形] ファウスト的な.

der **Faust·kampf** [ふぁウスト・カムプふ] [名] -(e)s/..kämpfe《文》ボクシング.

der **Faust·kämp·fer** [ふぁウスト・ケムプふぁー] [名] -s/-《文》ボクサー.

der **Faust·keil** [ふぁウスト・カイル] [名] -(e)s/-e 〘考古〙握斧(あくふ).

der **Fäust·ling** [ふぉイストリング] [名] -s/-e **1.** ミトン(Fausthandschuh). **2.** 〘鉱〙こぶし大の石.

das **Faust·pfand** [ふぁウスト・プふぁント] [名] -(e)s/..pfänder 〘法〙占有質(しち).

das **Faust·recht** [ふぁウスト・れひト] [名] -(e)s/ (無法状態の)自衛権.

die **Faust·re·gel** [ふぁウスト・れーゲル] [名] -/-n 大まかな原則.

der **Faust·schlag** [ふぁウスト・シュラーク] [名] -(e)s/..schläge パンチ, こぶし打ち.

der **Fau·teuil** [fotœ́j ふぉ[テ]ュ] [名] -s/-s《オーストリア》安楽〔ひじかけ〕いす.

der **Fau·vis·mus** [fovís.. ふぉヴィスムス] [名] -/ フォービズム, 野獣主義(20世紀初めのフランス絵画運動).

der **Faux Ami** [fõzamí: ふぉーザミー] [名] --/--s[..ザミー] 〘言〙偽りの友(形態は類似するが言語により意味が異なる語).

der **Faux·pas** [fopá ふぉ・パ] [名] -[ふぉ・パ(ス)]/-[ふぉ・パス] (社交上の)失態, 無礼, 無作法.

die **Fa·ve·la** [ふぁヴェーラ] [名] -/-s (特にブラジルの)スラム街.

fa·vo·ri·sie·ren [ふぁヴォりズィーれン] [動] *h.* **1.** 〔〈j^4/et^4〉ヲ〕ひいきする, 優遇する. **2.** 〔〈j^4〉ヲ〕〘スポーツ〙本命〔優勝候補〕にあげる.

der **Fa·vo·rit** [ふぁヴォりート] [名] -en/-en **1.** お気に入り, 人気者;《転》好物, 人気商品;《古》寵愛を受ける人. **2.** 優勝候補, 本命;(選挙などの)有力候補.

der **Fa·vus** [ふぁーヴス] [名] -/..ven〔..vi〕 **1.** 〘医〙黄癬(おうせん). **2.** (蜜蜂の巣の)蜜蠟(ろう)板.

das **Fax** [ふぁっクス] [名] -/-(e) (《スイス》主に der ~ -/-e)ファックス(①(電送された)コピー. ②機器. ③装置).

die **Fa·xe** [ふぁクセ] [名] -/-n (《複》のみ)ばかな考え, 愚行;(主に《複》)おどけた仕草〔表情〕.

fa·xen [ふぁクセン] [動] *h.* **1.** 〔〈et^4〉ヲ+(〈方向〉ニ)〕ファックスで送る;ファックスにする. **2.** 〔(〈j^3〉ニ)〕ファックスする.

der **Fa·xen·ma·cher** [ふぁクセン・マっはー] [名] -s/- ひょうきん者, おどけ者.

die **Fa·yence** [fajɑ̃́:s ふぁヤーンス] [名] -/-n ファイアンス焼きの陶器.

die **Fä·zes** [ふぇーツェース] [複名] 〘医〙排泄(はいせつ)物.

fa·zi·al [ふぁツィアール] [形] 〘医〙顔面(神経)の.

das **Fa·zit** [ふぁーツィット] [名] -s/-e〔-s〕 (最終)結果, 結論;《古》総計: das ~ aus 〈et^3〉 ziehen 〈事の〉最終的結論を出す〔しめくくりをつける〕.

das **FCKW** [エふツェーカーヴェー] [名] -/ =Fluorchlorkohlenwasserstoff フロンガス.

FD [エふデー] =Fernexpress 長距離急行列車.

der **FDGB** [エふデーゲーベー] [名] -/ =Freier Deutscher Gewerkschaftsbund 〘旧東独〙自由ドイツ労働組合総同盟.

die **FDJ** [エふデーヨット] [名] -/ =Freie Deutsche Jugend 〘旧東独〙自由ドイツ青年団.

die **FDP** [エふデーペー] [名] -/ =Freie Demokratische Partei (ドイツの)自由民主党(党外での略記に用いる).

die **F. D. P.** [エふデーペー] [名] -/ =Freie Demokratische Partei 自由民主党(党内での略記に用いる).

das **F-Dur** [エふ・ドゥーあ, エふ・ドゥーあ] [名] -/ 〘楽〙ヘ長調(記号 F).

Fe [エふエー] =Ferrum 〘化〙鉄.

das〔*die*〕**Fea·ture** [fí:tʃər ふぃーチャー] [名] -s/-s(die ~ -/-s) **1.** 〘テレビ・ラジオ〙フィーチャー(あるテーマを特集するために, そのメディアのさまざまな放送形式をモンタージュしたドキュメント風放送作品). **2.** 〘新聞〙特集記事. **3.** 〘映〙上映プログラムの中のメーンの映画.

der **Fe·ber** [ふぇーバー] [名] -s/-《オーストリア》2月.

Febr. =Februar 2月.

fe·bril [ふぇブリール] [形] 〘医〙熱性の.

der **Fe·bru·ar** [ふぇーブるアーあ] [名] -(s)/-e (主に《単》) 2月(略 Febr.).【用法は⇨Januar】

fec. =〘ラテン語〙fecit …作.

der **Fecht·bo·den** [ふぇひト・ボーデン] [名] -s/..böden 〘学生組合〙フェンシング練習場.

der **Fecht·bru·der** [ふぇひト・ブるーダー] [名] -s/ 浮浪こじき.

fech·ten* [ふぇひテン] [動] er ficht; focht; hat gefochten **1.** 〘補足なし〙(刀剣で)戦う, フェンシングをする;論争する, 論陣を張る;《文》(兵士として)戦う. **2.** 〘補足なし〙《口》乞食(こじき)をして回る.

der **Fech·ter** [ふぇひター] [名] -s/- フェンシング選手, 剣士, 剣客.

der **Fecht·hand·schuh** [ふぇひト・ハント・シュー] [名] -(e)s/-e 〘フェンシング〙籠手(こて).

die **Fecht·kunst** [ふぇひト・クンスト] [名] -/ フェンシング(術), 剣術.

die **Fecht·mas·ke** [ふぇひト・マスケ] [名] -/-n 〘フェンシング〙面, マスク.

der **Fecht·meis·ter** [ふぇひト・マイスター] [名] -s/- フェンシングの教師.

fe·cit [fé:tsɪt ふぇーツィト]〘ラテン語〙…作(作者名の後につける. 略 fec.).

der **Fe·da·jin** [ふぇダイーン] [名] -s/- フェダーイー(①アラブ義勇兵. ②アラブ地下組織のメンバー).

die **Fe·der** [ふぇーダー] [名] -/-n **1.** (鳥の)羽毛, 羽;(《複》のみ)《口》ベッド, 寝床. **2.** ペン, ペン先(Schreib~);《オーストリア》万年筆, ペン軸: ein Mann der ~《転》文筆家. die ~ ergreifen ペンを執る. **3.** 〘工〙ばね, ぜんまい, スプリング(Sprung~);〘工芸〙(板をつなぐ)本さね;雇ざね. **4.** 〘狩〙アカシカの肋骨;(主に《複》)イノシシの背中の剛毛.

der **Fe·der·ball** [ふぇーダー・バル] [名] -(e)s/..bälle (バドミントンの)シャトルコック;(《単》のみ)バドミントン(競技).

das **Fe·der·ball·spiel** [ふぇーダー・バル・シュピール] [名] -(e)s/-e **1.** (《単》のみ)バドミントン(競技);羽根つき遊び. **2.** バドミントンの試合. **3.** バドミントンの道具一式.

der **Fe·der·be·sen** [ふぇーダー・ベーゼン] [名] -s/- 羽根ぼうき.

das **Fe·der·bett** [ふぇーダー・ベット] [名] -(e)s/-en 羽布団.

das **Fe·der·brett** [ふぇーダー・ブれット] [名] -(e)s/-er 〘スポーツ〙スプリングボード;(跳び箱の)(踏切)板.

der **Fe·der·busch** [ふぇーダー・ブっシュ] [名] -(e)s/..büsche (鳥の)羽冠;(帽子などの)羽根飾り.

der **Fe·der·fuch·ser** [ふぇーダー・ふクサー] [名] -s/- 杓子(しゃくし)定規な人, 文言にこだわる人;《古》三文文士.

fe·der·füh·rend [ふぇーダー・ふゅーれント] [形] 管轄(かんかつ)権のある: in 〈et^3〉 ~ sein 〈事で〉重要な役割を果す.

das **Fe·der·ge·wicht** [ふぇーダー・ゲヴィひト] [名] -(e)s/-e 〘スポーツ〙**1.** (《単》のみ)フェザー級. **2.** フェザー級の選手.

der **Fe·der·hal·ter** [ふぇーダー・ハルター] [名] -s/- ペン軸.

fe·de·rig [ふぇーデりひ] [形] 羽のような.

der **Fe·der·kas·ten** [ふぇーダー・カステン] [名] -s/..käs-

F

ten 筆箱.

der **Fe·der·kiel** [ふぇーダー・キール] [名] -(e)s/-e 羽軸;(昔の)羽根ペン.

das **Fe·der·kleid** [ふぇーダー・クライト] [名] -(e)s/-er《文》《総称》羽毛, 羽.

die **Fe·der·kraft** [ふぇーダー・クらふト] [名] -/ **1.**〖工〗弾性. **2.**《稀》伸縮〔弾力〕性.

der **Fe·der·krieg** [ふぇーダー・クリーク] [名] -(e)s/-e《文》筆戦.

fe·der·leicht [ふぇーダー・ライひト] [形] 羽のように軽い;軽やかな.

das **Fe·der·le·sen** [ふぇーダー・レーゼン] [名]《次の形で》nicht viel ~*s* (mit 〈j³/et³〉) machen《口》(〈人を〉)遠慮会釈なく扱う,(〈事を〉)さっさと片づける. ohne viel ~(*s*)〔ohne langes ~〕遠慮会釈なく, さっさと.

F

das **Fe·der·mäpp·chen** [ふぇーダー・メップひぇン] [名] -s/- 筆入れ(学用品としての).

das **Fe·der·mes·ser** [ふぇーダー・メッサー] [名] -s/- ペンナイフ(小型ナイフ).

fe·dern [ふぇーダーン] [動] *h.* **1.**〔補足なし〕弾む(床・ベッド・飛込み板などが);ゆさゆさ揺れる(乳房などが): in〔mit〕den Knien ~ ひざの屈伸運動をする, ひざを曲げて反動をつける. **2.**〔〈et⁴〉に〕ばね〔スプリング〕をつける.

fe·dernd [ふぇーダーント] [形] ばねのある;弾力のある.

die **Fe·der·nel·ke** [ふぇーダー・ネルケ] [名] -/-n〖植〗ナデシコ(科の植物).

das **Fe·der·spiel** [ふぇーダー・シュピール] [名] -(e)s/〖狩〗(タカを呼び返すための)おとりのハトの羽;タカ狩り.

der **Fe·der·strich** [ふぇーダー・シュトりっひ] [名] -(e)s/-e (一筆の)線, 字画, 綴(つづ)り. 【慣用】**mit einem〔durch einen〕Federstrich** (ためらわずに)あっさりと, 即座に. **noch keinen Federstrich tun** まだ一字も書かない, まだ仕事を始めない.

die **Fe·der·ta·sche** [ふぇーダー・タッシェ] [名] -/-n《方》=Federmäppchen.

die **Fe·de·rung** [ふぇーデるング] [名] -/-en ばね, スプリング, サスペンション;(㊥のみ)弾力性.

das **Fe·der·vieh** [ふぇーダー・ふぃー] [名] -(e)s/《口》家禽(かきん).

die **Fe·der·waa·ge** [ふぇーダー・ヴァーゲ] [名] -/-n ばね秤(ばかり).

der **Fe·der·wei·ße** [ふぇーダー・ヴァイセ] [名]《形容詞的変化》発酵中の白く濁ったワイン(初期段階).

das **Fe·der·wild** [ふぇーダー・ヴィルト] [名] -(e)s/〖狩〗猟鳥.

die **Fe·der·wol·ke** [ふぇーダー・ヴォルケ] [名] -/-n 巻雲, 絹雲.

die **Fe·der·zeich·nung** [ふぇーダー・ツァイひヌング] [名] -/-en ペン画;(㊥のみ)ペン画の製作.

die **Fee** [ふぇー] [名] -/-n 妖精(ようせい), 仙女.

das **Fee·ling** [fíːlɪŋ ふぃーリング] [名] -s/-s 感情, 感覚;感受性, 感性;情調, 趣き, 雰囲気.

fe·en·haft [ふぇーエンハふト] [形] 妖精(ようせい)のよう(に優美)な;おとぎ話の世界のような.

das **Fe·en·mär·chen** [ふぇーエン・メーあひぇン] [名] -s/- 妖精(ようせい)童話.

das **Fe·en·schloss**, ㊐ **Fe·en·schloß** [ふぇーエン・シュロス] [名] -es/..schlösser 妖精(ようせい)の城.

das **Fe·ge·feu·er** [ふぇーゲ・ふぉイあー] [名] -s/〖カトリック〗煉獄(れんごく).

fe·gen [ふぇーゲン] [動] **1.** *h.*〔(〈et⁴〉ヲ)〕《北独》掃く, 掃除する. **2.** *h.*〔〈et⁴〉ヲ+〈方向〉ニ(カラ)〕《北独》掃き出す, 掃き寄せる〔集める〕. **3.** *h.*〔〈et⁴〉ヲ〕《北独》掃いて作る(雪を掃いてスケートリンクなどを). **4.** *h.*〔〈j⁴/et⁴〉ヲ+〈方向〉ヘ(カラ)〕(速いスピードで)追立てる〔払う〕;払い落す;〖サッカー〗けり出す〔込む〕(ボールを),〖アイスホッケー〗さっと打つ(パックを): die Feinde ins Meer ~ 敵軍を海へ追落す. 〈j⁴〉 vom Platz ~〖スポーツ〗〈人を〉圧倒的に打負かす. mit der Hand die Gläser vom Tisch ~ 手でグラスをテーブルから払い落す. den Ball ins Aus ~ ボールをラインの外へけり出す. **5.** *s.*〔〈場所〉ヲ〕疾走する, 突進する;吹き抜ける(強風が平野などを). **6.** *h.*〔〈et⁴〉ヲ〕《南独・スイス》磨く(皿・鍋などを);〖狩〗とぐ(鹿などが角を).

der **Fe·ger** [ふぇーガー] [名] -s/-《口》元気いっぱいな子供, 向うみずな男;やる気満々の女性;《稀》ほうき.

das **Feh** [ふぇー] [名] -(e)s/-e〖動〗(北欧やシベリアの)キタリス;キタリスの毛皮.

die **Feh·de** [ふぇーデ] [名] -/-n (中世の個人・氏族間の)私闘, フェーデ;《文》反目, 争い.

der **Feh·de·brief** [ふぇーデ・ブリーふ] [名] -(e)s/-e 挑戦状, 果し状.

der **Feh·de·hand·schuh** [ふぇーデ・ハント・シュー] [名]《次の形で》〈j³〉 den ~ hinwerfen《文》〈人に〉挑戦する. den ~ aufnehmen〔aufheben〕《文》挑戦に応ずる.

fehl [ふぇール] [形]《次の形で》~ am Platz(e)〔Ort〕sein 不適当である.

die **Fehl·an·zei·ge** [ふぇール・アン・ツァイゲ] [名] -/-n 否定的な知らせ〔報告・回答〕;間違った知らせ;〖軍〗(射撃訓練での)「はずれ」の表示.

fehl·bar [ふぇール・バーあ] [形]《稀》誤りを犯すことのある;《スイス》違反〔過失〕を犯した;病弱な.

fehl|be·le·gen [ふぇール・ベレーゲン] [動] *h.*(不定詞・過去分詞でのみ用いる)〔〈et⁴〉ヲ〕〖官〗(誤って)無資格者に割当てる(低所得者用住居などを).

fehl|be·set·zen [ふぇール・ベゼっツェン] [動] *h.*〔〈et⁴〉ニ〕不適切な人物を就ける(地位・ポストなどに), 不適切な役者を配する(役に).

der **Fehl·be·trag** [ふぇール・ベトらーク] [名] -(e)s/..träge 不足額, 欠損, 赤字.

die **Fehl·bit·te** [ふぇール・ビッテ] [名] -/ 無駄な願い: eine/keine ~ tun《文》願いがかなえられない/かなえられる.

die **Fehl·di·a·gno·se** [ふぇール・ディアグノーゼ] [名] -/-n 誤診.

der **Fehl·druck** [ふぇール・ドるっク] [名] -(e)s/-e (切手の)刷り損ない.

feh·len [ふぇーレン] [動] *h.* **1.**〔補足なし〕存在しない, ない. **2.**〔〈j³〉ニハ〕ない, 欠けている: Mir *fehlt* das Geld zu reisen. 私(に)は旅行する金がない. **3.**〔〈j³〉ハ〕(…が)居なくて寂しい(思いをする), 無くて困る, 居て〔あって〕ほしい: Sie werden uns sehr ~. あなたが居なくなるとわれわれはとても寂しく思うでしょう. *Fehlt* dir etwas ? 何かなくしたのか;どこか(身体の)具合が悪いのか. **4.**〔(〈場所〉ニ)〕(来て)いない(居るべき所に), 欠席する;ない(あるべき所に), なくなっている. **5.**〔(〈j³/et³〉ニハ)〕欠けている, 必要である(ある状態になるために): Ein Kind *fehlt* ihnen noch zu ihrem Glück. 不幸にも彼らにはまだ子供がいない. Der Akte *fehlt* noch seine Unterschrift. その書類にはまだ彼の署名が欠けている. **6.**〔Es+(〈j³〉ニハ)+an 〈j³/et³〉ガ〕十分にない, 足りない, 不足している. **7.**〔補足なし〕《文》罪〔過ち〕を犯す. 【慣用】**An mir soll es nicht fehlen.** 私も喜んでするつもりだ, 私も力添えします. **Bei dir fehlt's wohl (im Kopf) ?** 何てばかなことを言うんだ〔するんだ〕. **Das fehlt mir gerade noch.**《口・皮》そいつは私にとってまったく都合が悪い. **es an nichts fehlen lassen** 行き届いた世話〔もてなし〕をする. **Es fehlen noch zehn Minuten an neun Uhr.**《文》9時にはまだ10分ある. **Es soll ihm bei uns an nichts fehlen.** われわれのところでは彼には何一つ不自由させない. **Jetzt fehlt mir noch, dass ich krank werde.** 病気にならないだけでもましだ(私の不幸は, このうえ私が病気になれば完璧だ). **Viel fehlte nicht〔Es fehlte nicht viel〕,**

und ich wäre abgerutscht. もう少しで,滑り落ちるところだった. **Weit gefehlt!** 《文》思い違いもはなはだしい,まったく違う. **Wo fehlt's (dir) denn?** いったいどんな心配事〔問題〕が君にはあるんだ.

die **Fehl·ent·schei·dung** [ふぇール・エントシャイドゥング] [名] -/-en 誤った決定,誤審.

der **Feh·ler** [ふぇーラー] [名] -s/- **1.** 誤り,間違い,ミス;〘印〙誤植: ～ machen 間違える. **2.** 過失,間違い;(過失の)責任,罪: einen ～ begehen 過失を犯す. Das ist nicht mein ～. それは私のせいではない. **3.** 欠点,短所,欠陥,あら,きず〘法〙瑕疵(かし): ein körperlicher ～肉体的欠陥.

feh·ler·frei [ふぇーラー・ふらイ] [形] 誤り〔欠点・欠陥〕のない.

feh·ler·haft [ふぇーラーハふト] [形] 誤り〔欠陥・欠点〕のある.

feh·ler·los [ふぇーラー・ロース] [形] 誤り〔欠陥・欠点〕のない.

die **Feh·ler·mel·dung** [ふぇーラー・メルドゥング] [名] -/-en **1.** (電機機器などの)エラーメッセージ,異常報知. **2.** 誤報.

die **Feh·ler·quel·le** [ふぇーラー・クヴェレ] [名] -/-n 誤りの原因.

die **Fehl·far·be** [ふぇール・ふぁるベ] [名] -/-n **1.** 〘トランプ〙手元にない札;切札でない札. **2.** 巻き葉の変色した葉巻. **3.** 刷色ミスの切手.

fehl·far·ben [ふぇール・ふぁるベン] [形] (葉巻が)変色した.

die **Fehl·ge·burt** [ふぇール・ゲブーあト] [名] -/-en **1.** 流産. **2.** 流産した胎児.

fehl|ge·hen* [ふぇール・ゲーエン] [動] *s.* 〘補足なし〙《文》道を間違える,道に迷う;はずれる(射撃・打撃などが);間違う,思い違いをする.

fehl|grei·fen* [ふぇール・グらイふェン] [動] *h.* 〘補足なし〙《文》過ちを犯す.

der **Fehl·griff** [ふぇール・グりふ] [名] -(e)s/-e 期待はずれの人〔物事〕;誤った処置〔決定・選択〕.

die **Fehl·in·ter·pre·ta·ti·on** [ふぇール・インタープれタツィオーン] [名] -/-en 間違った解釈.

fehl|in·ter·pre·tie·ren [ふぇール・インタープれティーれン] [動] *h.* 〘(<et⁴>ヲ)〙間違って解釈する.

die **Fehl·in·ves·ti·ti·on** [ふぇール・インヴェスティツィオーン] [名] -/-en 〘経〙誤った投資;《口》誤った投資対象.

die **Fehl·kon·s·truk·ti·on** [ふぇール・コンストるクツィオーン] [名] -/-en 欠陥構造,設計ミス.

die **Fehl·leis·tung** [ふぇール・ライストゥング] [名] -/-en **1.** 〘心〙失錯行為. **2.** 誤りであることが判明する行為.

fehl|lei·ten [ふぇール・ライテン] [動] *h.* 〘(<j⁴/et⁴>ヲ)〙《文》誤った方向へ導く〔運ぶ〕.

der **Fehl·pass,** ⓘ **Fehl·paß** [ふぇール・パス] [名] -es/..pässe 〘球〙パスミス.

fehl|schie·ßen* [ふぇール・シーセン] [動] *h.* 〘補足なし〙《文》的を射損じる;《口》的はずれな判断〔答〕をする.

der **Fehl·schlag** [ふぇール・シュラーク] [名] -(e)s/..schläge やり損ない,失敗,ミス;〘球〙打ち損ない.

fehl|schla·gen* [ふぇール・シュラーゲン] [動] *s.* 〘補足なし〙うまく行かない,失敗する,失敗に終る(計画・努力などが).

der **Fehl·schluss,** ⓘ **Fehl·schluß** [ふぇール・シュルス] [名] -es/..schlüsse 誤った結論〔推論〕.

der **Fehl·schuss,** ⓘ **Fehl·schuß** [ふぇール・シュス] [名] -es/..schüsse 射損じ;的はずれな推論.

die **Fehl·sich·tig·keit** [ふぇール・ズィひティひカイト] [名] -/ 異常視(近視・遠視・乱視など).

der **Fehl·start** [ふぇール・シュタるト, ふぇール・スタるト] [名] -(e)s/-s〔-e〕 **1.** 〘スポーツ〙フライング. **2.** 〘空・工〙離陸失敗.

die **Fehl·stel·lung** [ふぇール・シュテルング] [名] -/-en (歯などの)不整な並び方.

fehl|tre·ten* [ふぇール・トれーテン] [動] *s.* 〘補足なし〙《文》足を踏みはずす;《文・転》人の道を踏みはずす.

der **Fehl·tritt** [ふぇール・トりット] [名] -(e)s/-e **1.** 踏みはずし. **2.** 《文》人の道にはずれた行ない;《古》女性の不倫の恋.

das **Fehl·ur·teil** [ふぇール・ウるタイル] [名] -s/-e 誤った判決,誤審;誤った判断.

der **Fehl·wurf** [ふぇール・ヴるふ] [名] -(e)s/..würfe (投てき競技での)投げ損じ.

die **Fehl·zün·dung** [ふぇール・ツュンドゥング] [名] -/-en **1.** 〘工〙(エンジンの)ミスファイヤー,不点火,異常発火. **2.** 《口》的はずれの考え〔反応〕,誤解: ～ haben 見当違いをする,のみ込みが悪い.

(*das*) **Feh·marn** [ふぇーマるン] [名] -s/ 〘地名〙フェーマルン島(キールの東に位置する島).

das **Fehn** [ふぇーン] [名] -(e)s/-e 《北独》湿地,沼地.

die **Fehn·kul·tur** [ふぇーン・クルトゥーあ] [名] -/ 〘農〙沼沢地の開拓(法)(泥炭採取跡に客土する).

fei·en [ふぁイエン] [動] *h.* 〘<j⁴>ヲ+gegen <et⁴>ニ対シテ〙《文》守る(護符などが);抵抗力を与える.

die **Fei·er** [ふぁイあー] [名] -/-n 祝祭,祭典,式典,祝典,祝賀会,記念祭;盛大な〔厳かな〕挙行.

der **Fei·er·a·bend** [ふぁイあー・アーベント] [名] -s/-e **1.** 終業(時間),(その日の)仕事じまい: ～ machen (その日の)仕事を終える. **2.** (仕事のあとの)自由時間.

das **Fei·er·a·bend·heim** [ふぁイあーアーベント・ハイム] [名] -(e)s/-e 《方》老人ホーム.

fei·er·lich [ふぁイあーりひ] [形] **1.** 厳かな,荘重な,厳粛な;儀式張った. **2.** 強い調子の. 【慣用】**Das ist ja (schon) nicht mehr feierlich.** 《口》そいつは(もう)がまんならない.

die **Fei·er·lich·keit** [ふぁイあーりひカイト] [名] -/-en **1.** 形式張った〔儀礼的な〕表現;(㊥のみ)荘重〔荘厳・厳粛〕さ. **2.** 祝祭,祭典.

fei·ern [ふぁイあーン] [動] *h.* **1.** 〘(<et⁴>ヲ)〙祝う;挙行する(祝祭・式を),〘カトリック〙たてる(ミサを). **2.** 〘<j⁴>ヲ〙称賛する,ほめたたえる. **3.** 〘補足なし〙《口》(やむをえず)休業する,仕事を休む.

die **Fei·er·schicht** [ふぁイあー・シひト] [名] -/-en〘鉱〙休業方.

die **Fei·er·stun·de** [ふぁイあー・シュトゥンデ] [名] -/-n 祝典〔祭典〕(の時).

der **Fei·er·tag** [ふぁイあー・ターク] [名] -(e)s/-e 祝日,休日;(ある人にとって)すばらしい日: gesetzliche ～*e* 法定祝日. an Sonn- und ～*en* 日曜祝日に.

feig [ふぁイク] [形] =feige.

fei·ge [ふぁイゲ] [形] **1.** 臆病(おくびょう)な,意気地のない. **2.** 卑劣な.

die **Fei·ge** [ふぁイゲ] [名] -/-n **1.** 〘植〙イチジク;イチジクの実〔木〕. **2.** 《口》陰門;《口・蔑》売女(ばいた).

das **Fei·gen·blatt** [ふぁイゲン・ブラット] [名] -(e)s/..blätter **1.** イチジクの葉;隠すもの,陰部のおおい. **2.** 〘狩〙(有蹄類の雌の)外陰部.

der **Fei·gen·kak·tus** [ふぁイゲン・カクトゥス] [名] -/..teen [..テーエン]〘植〙オプンティア(サボテンの一種).

die **Feig·heit** [ふぁイクハイト] [名] -/ 臆病(おくびょう),卑怯(ひきょう): ～ vor dem Feind 〘軍〙敵前逃亡.

feig·her·zig [ふぁイク・へるツィひ] [形] 《古》臆病な.

der **Feig·ling** [ふぁイクリング] [名] -s/-e 臆病(おくびょう)者,卑怯(ひきょう)者,意気地なし.

feil [ふぁイル] [形] 《文・蔑》金で買える(人);《古》売り物の.

feil|bie·ten* [ふぁイル・ビーテン] [動] *h.* 〘<et⁴>ヲ〙《文》売りに出す.

die **Fei·le** [ふぁイレ] [名] -/-n やすり: die letzte ～ an <et⁴> legen 《文》<物・事に>最後の仕上げを施す.

F

fei·len [ふぁイレン] [動] *h.* 〔<et⁴>ニ/an <et³>ニ〕やすりをかける;(…を)推敲(すいこう)する(詩文を).

feil|hal·ten* [ふぁイル・ハルテン] [動] *h.* **1.** 《古》=feil|bieten. **2.** 《次の形で》Maulaffen ~ 《口》ぽかんと口を開けて見て〔聞いて〕いる.

das **Fei·licht** [ふぁイリひト] [名] -(e)s/ 《古》=Feilstaub.

feil·schen [ふぁイルシェン] [動] *h.* 〔(um <et⁴>ヲ)〕負けさせる, 値切る(額・値段などを).

der **Feil·span** [ふぁイル・シュパーン] [名] -(e)s/..späne やすり屑.

der **Feil·staub** [ふぁイル・シュタウプ] [名] -(e)s/- (粉状の)やすり屑.

der **Feim** [ふぁイム] [名] -(e)s/-e 《北独・中独》干草〔穀物・材木〕の山.

die **Fei·me** [ふぁイメ] [名] -/-n =Feim.

der **Fei·men** [ふぁイメン] [名] -s/- =Feim.

fein [ふぁイン] [形] **1.** (上等な)薄手の, 細い, きゃしゃな: ~*e* Glieder haben きゃしゃな手足をしている. **2.** (粒・目の)細かい: ~ gemahlenes Mehl 細かくひかれた穀粉(特に小麦粉). Kaffee ~ mahlen コーヒーを細かくひく. **3.** 鋭敏な, 繊細な, 微妙な(事): ein ~*es* Gehör 鋭敏な聴覚. eine ~*e* Unterscheidung 微妙な区別. **4.** 精密〔精巧〕な: ein Fernsehgerät ~ einstellen テレビ(受像機)を微調整する. **5.** 上質の, 高級な, 上等な, えり抜きの: eine ~*e* Marke 高級ブランド. ~*es* Silber/Gold 純銀/純金. Das ist aber ~. 《口》(吉報を受けて)それは本当によかった;(感謝して)本当にありがとう. **6.** 上品な, 洗練された, 優雅な: ~*e* Manieren 上品な作法. sich⁴ ~ machen《口》着飾る. **7.** 巧妙な: ein ~*er* Plan 巧妙な計画. 【慣用】**das Feinste vom Feinen** 最上の〔選び抜かれた〕もの. <j¹> **ist jetzt fein (he)raus** 《口》<人は>(困難を切抜けて)今はうまくいっている.
—— [副] (語飾)(形容詞を修飾)《口》まったく: Sei (du) mal ~ still! (おまえは)黙って〔静かにして〕いなさい.

die **Fein·ab·stim·mung** [ふぁイン・アップ・シュティムング] [名] -/-en〖工〗微調整.

die **Fein·ar·beit** [ふぁイン・アるバイト] [名] -/ 精密作業, 精巧な細工.

der **Fein·bä·cker** [ふぁイン・べッカー] [名] -s/- 菓子職人.

die **Fein·bä·cke·rei** [ふぁイン・べッケらイ] [名] -/-en 菓子類製造所, 菓子専門店.

das **Fein·blech** [ふぁイン・ブレっひ] [名] -(e)s/-e (金属の)薄板.

feind [ふぁイント] ⇨ Feind 1.

der **Feind,** ⓘ**feind** [ふぁイント] [名] -(e)s/-e **1.** 敵, かたき;敵対〔反対〕者: <j³/et³> ~ 〔ⓘ feind〕sein <人・事に>敵意を持っている. sich³ <j⁴> zum ~ machen <人を>敵にまわす. der böse ~ 悪魔. der natürliche ~ 〖動〗天敵. **2.** 敵兵;敵国;(〔単〕のみ)敵軍. 【慣用】**Ran an den Feind!** 《口》さっさと始めろ〔始めよう〕. **vor dem Feind bleiben** 《文》戦争で亡くなる.

die **Feind·be·rüh·rung** [ふぁイント・べりゅーるング] [名] -/-en〖軍〗敵軍との接触〔遭遇〕.

das **Fein·des·land** [ふぁインデス・ラント] [名] -(e)s/ 《文・古》敵地.

feind·lich [ふぁイントりひ] [形] **1.** 敵意のある;不仲な. **2.** 敵(軍)の. **3.** 〔<j³/et³>ニ/gegen <j⁴>ニ〕敵対的な.

..feind·lich [..ふぁイントりひ] [接尾] 名詞・形容詞の後につけて「…に敵対〔反対〕する」,「…に不利〔不都合〕な」の意味の形容詞を作る: staats*feindlich* 国家に敵対する. kinder*feindlich* 子供に好ましくない.

die **Feind·schaft** [ふぁイントシャふト] [名] -/-en (〔単〕のみ)敵意, 敵視, 憎しみ;(主に〔単〕)敵対関係: mit <j³> in ~ leben〔liegen〕<人と>反目している.

feind·schaft·lich [ふぁイントシャふトリひ] [形] 敵意のある.

feind·se·lig [ふぁイント・ゼーりひ] [形] 敵意に満ちた.

die **Feind·se·lig·keit** [ふぁイント・ゼーりひカイト] [名] -/-en **1.** (〔単〕のみ)敵意, 憎しみ. **2.** (〔複〕のみ)戦闘行為, 戦い: die ~ eröffnen 戦端を開く.

die **Fein·ein·stel·lung** [ふぁイン・アイン・シュテルング] [名] -/-en〖工〗微調整.

fei·nen [ふぁイネン] [動] *h.* 〔<et⁴>ヲ〕〖冶金〗精錬する.

der **Fein·frost** [ふぁイン・ふろスト] [名] -(e)s/ 〖旧東独〗《方》冷凍食品.

fein·füh·lend [ふぁイン・ふゅーレント] [形] 感情〔神経〕の細やかな.

fein·füh·lig [ふぁイン・ふゅーりひ] [形] 感情〔神経〕の細やかな;〖工〗敏感な(測定器).

die **Fein·füh·lig·keit** [ふぁイン・ふゅーりひカイト] [名] -/ 感情〔神経〕の細やかさ;敏感〔鋭敏〕さ.

das **Fein·ge·fühl** [ふぁイン・ゲふゅール] [名] -(e)s/ 繊細な神経, 細やかな感情.

der **Fein·ge·halt** [ふぁイン・ゲハルト] [名] -(e)s/ (金銀の)純度.

fein·glie·de·rig [ふぁイン・グリーデりひ] [形] きゃしゃな.

fein·glied·rig [ふぁイン・グリードりひ] [形] =feingliederig.

das **Fein·gold** [ふぁイン・ゴルト] [名] -(e)s/ 純金.

die **Fein·heit** [ふぁインハイト] [名] -/-en **1.** (〔単〕のみ)(品質の)優良さ, 上等さ;(細工の)繊細さ, 精緻(せいち)さ. **2.** (主に〔複〕)(様式の)細部, 微妙な違い, ニュアンス, 繊細な表現. **3.** (〔単〕のみ)上品さ, 優雅さ.

fein·hö·rig [ふぁイン・ヘーりひ] [形] 聴覚の鋭敏な, 耳ざとい.

fein·kör·nig [ふぁイン・ケるニひ] [形] 粒の細かい;〖写〗微粒子の.

die **Fein·kost** [ふぁイン・コスト] [名] -/ デリカテッセン, 珍味.

das **Fein·kost·ge·schäft** [ふぁインコスト・ゲシェふト] [名] -(e)s/-e =Feinkosthandlung.

die **Fein·kost·hand·lung** [ふぁインコスト・ハンドルング] [名] -/-en デリカテッセンを扱う店.

fein ma·chen, ⓘ**fein|ma·chen** [ふぁイン マっヘン] [動] *h.* 〔sich⁴〕着飾る, めかしこむ.

die **Fein·me·cha·nik** [ふぁイン・メひゃーニク] [名] -/ 精密機械工学.

der **Fein·me·cha·ni·ker** [ふぁイン・メひゃーニカー] [名] -s/- 精密機械技術者.

der **Fein·schme·cker** [ふぁイン・シュメっカー] [名] -s/- 美食家.

der **Fein·schnitt** [ふぁイン・シュニっト] [名] -(e)s/ (パイプタバコの)細きざみ.

fein·sin·nig [ふぁイン・ズィニひ] [形] 繊細な感覚の.

der **Fein·staub** [ふぁイン・シュタウプ] [名] -(e)s/-e〔..stäube〕〖環〗浮遊粒子物質(10ミクロン以下の粉塵(ふんじん)).

die **Fein·waa·ge** [ふぁイン・ヴァーゲ] [名] -/-n〖化〗分析用(精密)天秤(てんびん), 化学天秤.

das **Fein·wasch·mit·tel** [ふぁイン・ヴァっシュ・ミッテル] [名] -s/- (いたみやすい布地のための)特殊繊維用洗剤.

feist [ふぁイスト] [形] ぶくぶく太った, でぶの.

das **Feist** [ふぁイスト] [名] -(e)s/ 〖狩〗(野生動物の)脂肪.

fei·xen [ふぁイクセン] [動] *h.* 〔補足なし〕《口》にやにや〔にやりと〕笑う.

die **Fe·kun·da·ti·on** [ふぇクンダツィオーン] [名] -/-en〖生〗受精, 受胎;受粉.

der **Fel·chen** [ふぇルひェン] [名] -s/-〖魚〗コクチマス.

das **Feld** [ふぇルト] [名] -(e)s/-er **1.** 《文》野原:

auf freiem〔offenem〕~ schlafen 野宿する. **2.** 畑, 耕(作)地: das ~ bestellen 畑を耕す. aufs ~ gehen 畑仕事に出かける. **3.** 《[単]のみ》分野, 領域: auf diesem ~ この分野で. Das ist ein weites ~! それは解決の見通しのつかない(研究)領域だ. **4.** 《[単]のみ》戦場(Schlacht~). **5.** 〘スポ〙競技場, フィールド;(競走中の)選手の集団: einen Spieler vom ~ (ver-)weisen 選手に退場を命じる. **6.** 仕切られた場;(チェス盤などの)目;(旗・紋章の)地: die leeren ~*er* ausfüllen 空いた箇所を埋める. **7.** 〘理〙(磁気などの)場;(望遠鏡の)視野;〘言〙語場(Wort ~). **【慣用】** 〈j⁴〉 **aus dem Feld(e) schlagen** 〈人を〉撃退する〔打ち破る〕. **das Feld behaupten** 陣地を守って譲らない. **das Feld räumen** 退却する, 譲歩する. 〈et⁴〉 **gegen** 〈j⁴/et⁴〉 **ins Feld führen** 〈人・事に対して〉〈事を〉論拠として挙げる. **gegen** 〈j⁴/et⁴〉 **zu Felde ziehen** 〈人・事と〉戦う. **im Felde stehen** 前線にいる. **ins Feld rücken** 出征する.

die **Fẹld·ar·beit** [ふぇルト・アるバイト] [名] -/-en 野良〔畑〕仕事;フィールドワーク, 現地〔実地〕調査.

die **Fẹld·bahn** [ふぇルト・バーン] [名] -/-en 軽便鉄道.

das **Fẹld·bett** [ふぇルト・ベット] [名] -(e)s/-en (携帯用)折り畳み式ベッド.

die **Fẹld·blu·me** [ふぇルト・ブルーメ] [名] -/-n 〘植〙野の花.

die **Fẹld·blu·se** [ふぇルト・ブルーゼ] [名] -/-n 〘軍〙戦闘服の上衣.

der **Fẹld·dienst** [ふぇルト・ディーンスト] [名] -(e)s/-e 〘軍〙(昔の)戦地〔野外訓練〕勤務.

die **Fẹld·dienst·ü·bung** [ふぇルトディーンスト・ユーブング] [名] -/-en 野外演習.

fẹld·ein·wärts [ふぇルト・アイン・ヴェるツ] [副] 野原〔田畑〕の中へ.

die **Fẹld·fla·sche** [ふぇルト・ふラッシェ] [名] -/-n 〘軍〙水筒.

die **Fẹld·for·schung** [ふぇルト・ふぉるシュング] [名] -/-en 〘社・言〙フィールドワーク.

die **Fẹld·frucht** [ふぇルト・ふるふト] [名] -/..früchte 《主に[複]》畑の農作物, 畑作.

der **Fẹld·geist·li·che** [ふぇルト・ガイストリひェ] [名] 《形容詞的変化》従軍牧師〔司祭〕.

der **Fẹld·ge·mü·se·bau** [ふぇルト・ゲミューゼ・バウ] [名] -(e)s/ 〘農〙畑地野菜栽培.

der **Fẹld·gen·darm** [ふぇルト・ジャンダるム] [名] -en/-en 〘軍〙(昔の)憲兵.

die **Fẹld·gen·dar·me·rie** [ふぇルト・ジャンダるメリー] [名] -/ 〘軍〙(昔の)憲兵隊.

das **Fẹld·ge·schrei** [ふぇルト・ゲシュらイ] [名] -(e)s/ **1.** 〘軍〙ときの声;(戦場での)合い言葉. **2.** (飾りのリボンに書かれた)モットー.

der **Fẹld·got·tes·dienst** [ふぇルト・ゴッテス・ディーンスト] [名] -(e)s/-e 陣中ミサ.

fẹld·grau [ふぇルト・グらウ] [形] 灰緑色の《旧ドイツ軍の制服の色》.

die **Fẹld·hau·bit·ze** [ふぇルト・ハウビッツェ] [名] -/-n 野戦榴弾(りゅうだん)砲.

das **Fẹld·heer** [ふぇルト・ヘーあ] [名] -(e)s/-e 野戦軍.

der **Fẹld·herr** [ふぇルト・へる] [名] -(e)n/-(e)n 《古》最高指揮官, 軍司令官.

die **Fẹld·herrn·kunst** [ふぇルトへるン・クンスト] [名] -/ 戦略.

der **Fẹld·herrn·stab** [ふぇルトへるン・シュタープ] [名] -(e)s/..stäbe (昔の最高指揮官の象徴としての)指揮杖(じょう).

das **Fẹld·huhn** [ふぇルト・フーン] [名] -(e)s/..hühner 〘鳥〙ヤマウズラ, ウズラ.

der **Fẹld·hü·ter** [ふぇルト・ヒューター] [名] -s/- 畑の見張人.

der **Fẹld·jä·ger** [ふぇルト・イェーガー] [名] -s/- 〘軍〙(ドイツ国防軍の)憲兵;(《[複]のみ》)憲兵(部)隊.

die **Fẹld·kü·che** [ふぇルト・キュッひェ] [名] -/-n 〘軍〙野戦〔野外〕炊事車.

das **Fẹld·la·ger** [ふぇルト・ラーガー] [名] -s/- (昔の)野営, 陣営.

das **Fẹld·la·za·rett** [ふぇルト・ラツァれット] [名] -(e)s/-e 〘軍〙野戦病院.

der **Fẹld·mar·schall** [ふぇルト・マるシャル] [名] -s/..marschälle **1.** 《[単]のみ》元帥《位》. **2.** 元帥《人》.

fẹld·marsch·mä·ßig [ふぇルトマるシュ・メースィひ] [形] 戦闘用の, 出撃装備を整えた.

die **Fẹld·maus** [ふぇルト・マウス] [名] -/..mäuse 〘動〙ノネズミ.

der **Fẹld·mes·ser** [ふぇルト・メッサー] [名] -s/- 《古》= Landmesser.

die **Fẹld·müt·ze** [ふぇルト・ミュッツェ] [名] -/-n (昔の)戦闘帽.

die **Fẹld·post** [ふぇルト・ポスト] [名] -/ 軍事郵便.

der **Fẹld·post·brief** [ふぇルトポスト・ブりーふ] [名] -(e)s/-e 軍事郵便の手紙.

die **Fẹld·post·num·mer** [ふぇルトポスト・ヌマー] [名] -/-n 軍事郵便用部隊番号.

der **Fẹld·sa·lat** [ふぇルト・ザラート] [名] -(e)s/-e 〘植〙ノヂシャ.

der **Fẹld·scher** [ふぇルト・シェーあ] [名] -s/-e 軍隊つき外科医;軍医助手.

die **Fẹld·schlacht** [ふぇルト・シュラはト] [名] -/-en (昔の)野戦.

die **Fẹld·schlan·ge** [ふぇルト・シュランゲ] [名] -/-n (16-17世紀の)小口径の長砲.

der **Fẹld·schütz** [ふぇルト・シュッツ] [名] -es/-e =Feldhüter.

der **Fẹld·spat** [ふぇルト・シュパート] [名] -(e)s/-e〔..späte〕長石.

das **Fẹld·spiel** [ふぇルト・シュピール] [名] -(e)s/-e 〘スポ〙野外〔屋外〕競技;《[単]のみ》(特にサッカーの)ミッドフィールド〔中盤〕でのプレー〔試合運び〕.

der **Fẹld·ste·cher** [ふぇルト・シュテっひゃー] [名] -s/- 双眼鏡.

der **Fẹld·stein** [ふぇルト・シュタイン] [名] -(e)s/-e 畑の石;畑の境界石.

der **Fẹld·stuhl** [ふぇルト・シュトゥール] [名] -(e)s/..stühle 折り畳みいす.

das **Fẹld·te·le·fon** [ふぇルト・テ(ー)レふぉーン] [名] -s/-e 〘軍〙野戦用電話.

der **Fẹld·ver·such** [ふぇルト・ふぇあズーふ] [名] -(e)s/-e 実地検分〔使用〕.

der **Fẹld·ver·weis** [ふぇルト・ふぇあヴァイス] [名] -es/-e 〘スポ〙退場処分.

die **Fẹld·wa·che** [ふぇルト・ヴァっへ] [名] -/-n 〘軍〙前哨(ぜんしょう).

die **Fẹld-Wạld-und-Wie·sen-An·spra·che** [ふぇルト・ヴァルト・ウント・ヴィーゼン・アン・シュプらーへ] [名] -/-n 《口》ありきたりのスピーチ.

der **Fẹld-Wạld-und-Wie·sen-Arzt** [ふぇルト・ヴァルト・ウント・ヴィーゼン・アーあツト, ふぇルト・ヴァルト・ウント・ヴィーゼン・アるツト] [名] -es/..Ärzte 《口》ありふれた医者.

der **Fẹld·we·bel** [ふぇルト・ヴェーベル] [名] -s/- **1.** 《[単]のみ》陸軍〔空軍〕一等軍曹《位》. **2.** 陸軍〔空軍〕一等軍曹《人》. **3.** 《方》ビールの泡;《口・蔑》威勢のいい女.

der **Fẹld·weg** [ふぇルト・ヴェーク] [名] -(e)s/-e 野道, 畑中の道.

das **Fẹld·zei·chen** [ふぇルト・ツァイひェン] [名] -s/- 〘史〙部隊の標識《軍旗, 戦旗など》.

der **Fẹld·zeug·meis·ter** [ふぇルト・ツォイク・マイスター] [名]

F

Feldzug 388

-s/- (16-17世紀の)砲兵隊最高指揮官;(オーストリア・ハンガリー帝国軍)大将.

der **Feldzug** [ふぇルト・ツーク] 名 -(e)s/..züge 1. 【軍】遠征,出兵,戦役. 2. (社会)運動,キャンペーン.

die **Felge**¹ [ふぇルゲ] 名 -/-n 1. (車輪の)輪ぶち,リム. 2. 【体操】(鉄棒などの)支持回転,車輪.

die **Felge**² [ふぇルゲ] 名 -/-n (方)休耕(休閑)地.

die **Felgenbremse** [ふぇルゲン・ブれムゼ] 名 -/-n 【工】リムブレーキ.

(der) **Felix** [ふぇーリクス] 名 【男名】フェーリクス.

das **Fell** [ふぇル] 名 -(e)s/-e 1. (主に®)(獣の)皮膚,毛皮(ﾊﾟ﹅)；(®)(人間の)皮膚；(®のみ)(皮製品用の)毛皮(ｸﾞﾙ﹅). 2. はいだ獣皮;(太鼓の)皮. 【慣用】〈j³〉 das Fell über die Ohren ziehen ((口))〈人を〉だましてうまい汁を吸う. ein dickes Fell haben ((口))鈍感である. 〈j³〉 sind alle Felle weggeschwommen[davongeschwommen] ((口))〈人の〉希望がすべて失われてしまった.

der **Fellache** [ふぇﾗﾞﾂへ] 名 -n/-n (主に®)(アラブ諸国の)農民.

die **Fellatio** [ふぇラーツィオ] 名 -/ フェラチオ.

die **Felonie** [ふぇﾛﾆｰ] 名 -/-n 背信,裏切り；【史】(封建君主への)不忠.

der **Fels**¹ [ふぇルス] 名 -/ 岩,岩石.

der **Fels**² [ふぇルス] 名 -en(s)/-en 〈文〉岩塊,岩壁,巌.

das **Felsbild** [ふぇルス・ビルト] 名 -(e)s/-er (主に®)岩壁画(旧石器時代の洞窟壁画など).

der **Felsblock** [ふぇルス・ブロック] 名 -(e)s/..blöcke 岩塊.

der **Felsen** [ふぇルゼン] 名 -s/- 岩塊,岩壁.

felsenfest [ふぇルゼン・ふぇスト] 形 (巌のように)確固たる.

das **Felsengebirge** [ふぇルゼン・ゲビルゲ] 名 -s/- 岩石から成る山脈(山岳).

die **Felsenklippe** [ふぇルゼン・クリッペ] 名 -/-n 岩礁.

das **Felsennest** [ふぇルゼン・ネスト] 名 -es/-er 岩山の城塞(隠れ家).

das **Felsenriff** [ふぇルゼン・りフ] 名 -(e)s/-e 岩礁,暗礁.

die **Felsenwand** [ふぇルゼン・ヴァント] 名 -/..wände 岩壁.

felsig [ふぇルズィヒ] 形 岩石の多い;岩石でできた.

der **Felsvorsprung** [ふぇルス・ふぉーあ・シュプるング] 名 -(e)s/..sprünge 岩の突出部,岩棚.

die **Felszeichnung** [ふぇルス・ツァイヒヌング] 名 -/-en (主に®)(旧石器時代の)岩壁画.

die **Feluke** [ふぇルーケ] 名 -/-n フェラッカ船(①地中海沿岸で用いられる三角帆の船.②(昔の)ガレー型小軍船).

fem., Fem. =Femininum 【言】女性,女性名詞(形).

die **Feme** [ふぇーメ] 名 -/-n 1. フェーメ(中世の重大犯罪を裁く特別裁判所). 2. (政敵などの)殺害を決定する)秘密裁判.

der **Femel** [ふぇーメル] 名 -s/- 【農】ホップの雄株.

der **Fememord** [ふぇーメ・モルト] 名 -(e)s/-e 秘密裁判での決定により行われた(政敵)暗殺.

das **Femgericht** [ふぇーム・ゲりヒト] 名 -(e)s/-e =Feme.

feminin [ふぇミニーン] 形 1. 〈文〉女性(固有)の；〈稀〉女性向きの. 2. 【言】女性の. 3. ((蔑))(も有))(男性的)女性的な,女々しい.

das **Femininum** [ふぇミニーヌム] 名 -s/..na 【言】女性名詞;(®のみ)女性(形)(略 f., F., fem., Fem.).

der **Feminismus** [ふぇミニスムス] 名 -/..men 1. (®のみ)女性解放運動. 2. 【医】(男性の)女性化；【生】(雄の)雌性化.

der **Feminist** [ふぇミニスト] 名 -en/-en 女性解放運動支持者.

die **Feministin** [ふぇミニスティン] 名 -/-nen Feminist の女性形.

feministisch [ふぇミニスティシュ] 形 フェミニズムの；【医・動】女性化の,雌性化の.

die **Femme fatale** [fám fatál ふぁム ふぁタル] 名 -/-s -s[ふぁム ふぁタル] 〈文〉妖婦(ﾌｧﾑ･ﾌｧﾀｰﾙ),魔性の女.

der **Fenchel** [ふぇンヒェル] 名 -s/- 【植】ウイキョウ.

der **Fender** [ふぇンダー] 名 -s/- 【海】フェンダー,防舷(ﾎﾞｳｹﾞﾝ)物.

der **Fenier** [ふぇーニーアー] 名 -s/-s フェニアン会員(19-20世紀初頭にアイルランド共和国建設を目指した米国・アイルランドの秘密結社会員).

das **Fenn** [ふぇン] 名 -(e)s/-e (北独)沼沢地.

das **Fenster** [ふぇンスター] 名 -s/- 1. 窓；窓ガラス(~scheibe): ein ~ zum Hof 中庭に向いた窓. am ~ 窓辺に. bei offenem ~ 窓を開けたままで. aus dem ~ blicken 窓からのぞく. zum ~ hinausschauen 窓から外を見る. 2. ((口))ショーウィンドー(Schau-): 〈et⁴〉 ins ~ stellen 〈物を〉ショーウィンドーに入れる. 3. (封筒などの)窓；(ﾋﾞｭｰﾙﾁｬｯｸ)ウィンドー；【地質】(岩層の)地窓,フェンスター. 【慣用】weg vom Fenster sein ((口))もはや世間から相手にされない. zum Fenster hinausreden 無駄な熱弁をふるう,(議会で)一般大衆のウケをねらって演説する.

die **Fensterbank** [ふぇンスター・バンク] 名 -/..bänke 窓の下枠；出窓の下枠ベンチ.

das **Fensterbrett** [ふぇンスター・ブれット] 名 -(e)s/-er 窓の下枠.

die **Fensterbriefumschlag** [ふぇンスター・ブリーふ・ウムシュラーク] 名 -(e)s/..schläge 窓つき封筒.

die **Fensterbrüstung** [ふぇンスター・ブりュストゥング] 名 -/-en 窓の下の腰壁.

der **Fensterflügel** [ふぇンスター・ふりューゲル] 名 -s/- 開き窓の戸.

das **Fenstergitter** [ふぇンスター・ギッター] 名 -s/- 窓格子.

das **Fensterglas** [ふぇンスター・グラース] 名 -es/..gläser 1. (®のみ)窓(用の)ガラス. 2. 板ガラス.

der **Fensterkitt** [ふぇンスター・キット] 名 -(e)s/-e 窓ガラス用パテ.

das **Fensterkreuz** [ふぇンスター・クロイツ] 名 -es/-e (窓の)十字形の桟.

der **Fensterladen** [ふぇンスター・ラーデン] 名 -s/..läden(-) (窓の)よろい戸.

das **Fensterleder** [ふぇンスター・レーダー] 名 -s/- 窓ふき用セーム皮.

fensterln [ふぇンスタールン] 動 h. (ﾐﾎﾟﾜ)(南独・ｵｰｽﾄﾘｱ)夜中に窓から恋人のところへ忍んで行く.

die **Fensternische** [ふぇンスター・ニーシェ] 名 -/-n 窓のあるニッチ(壁龕(ﾍﾟｷｶﾞﾝ)).

die **Fensteröffnung** [ふぇンスター・(ｴ)ふヌング] 名 -/-en 窓用開口部,窓穴.

der **Fensterpfosten** [ふぇンスター・ブふォステン] 名 -s/- 窓の支柱(縦桁.

der **Fensterplatz** [ふぇンスター・プラッツ] 名 -es/..plätze 窓側(窓際)の座席.

der **Fensterputzer** [ふぇンスター・プッツァー] 名 -s/- 窓ふき掃除夫.

der **Fensterrahmen** [ふぇンスター・らーメン] 名 -s/- 窓枠.

der **Fensterriegel** [ふぇンスター・りーゲル] 名 -s/- 窓のかんぬき.

die **Fensterrose** [ふぇンスター・ろーゼ] 名 -/-n 【建】バラ窓(教会前面の大きな円形の窓).

fern halten

die **Fens·ter·schei·be** [フェンスター・シャイベ] 名 -/-n 窓ガラス.

der [*das*] **Fens·ter·sims** [フェンスター・ズィムス] 名 -es/-e (外壁の)窓台.

der **Fens·ter·sturz** [フェンスター・シュトゥルツ] 名 -es/..stürze[-e] 【建】楣(まぐさ)(窓の上の横木);〔(稀).. stürze〕窓からの墜落.

die **Fens·ter·tür** [フェンスター・テューア] 名 -/-en フレンチドア.

..**fenstrig** [..フェンストリヒ] 接尾 形容詞・数詞などにつけて「窓が…の」を意味する形容詞を作る: zwei*fenstrig* 窓が二つの.

(*der*) **Fer·di·nand** [..フェルディナント] 名【男名】フェルディナント.

die **Fe·ri·en** [フェーリエン] 複名 (学校・劇場などの)休み,休校;(個人的)休暇;(議会の)休会: die großen ~ (学校の)夏休み. ~ nehmen 休暇を取る. die ~ an der See verbringen[verleben] 休暇を海岸で過ごす. in die ~ fahren 休暇を過ごしに出かける[休暇を取って出かける]. aus den ~ kommen 休暇から帰ってくる.

die **Fe·ri·en·an·la·ge** [フェーリエン・アン・ラーゲ] 名 -/-n 休暇施設.

die **Fe·ri·en·ar·beit** [フェーリエン・アルバイト] 名 -/-en (学生の)休暇中のアルバイト;休暇中の宿題.

der **Fe·ri·en·auf·ent·halt** [フェーリエン・アウフ・エントハルト] 名 -[e]s/-e 休暇中の滞在;〔稀〕休暇中の滞在地.

der **Fe·ri·en·bun·ga·low** [フェーリエン・ブンガロ] 名 -s/-s (休暇用)バンガロー.

das **Fe·ri·en·dorf** [フェーリエン・ドルフ] 名 -[e]s/..dörfer 休暇[リゾート]村.

der **Fe·ri·en·gast** [フェーリエン・ガスト] 名 -[e]s/..gäste 休暇中の客.

der **Fe·ri·en·gruß** [フェーリエン・グルース] 名 -es/..grüße 休暇先からの挨拶(絵)はがき]の便り.

das **Fe·ri·en·haus** [フェーリエン・ハウス] 名 -es/..häuser 休暇用住宅(別荘).

die **Fe·ri·en·ko·lo·nie** [フェーリエン・コロニー] 名 -/-n 林間〔臨海〕学校、(青少年用の)休暇施設.

der **Fe·ri·en·kurs** [フェーリエン・クルス] 名 -es/-e (外国人学生のための)休暇中の大学公開講座;(外国での)休暇中の語学講習会.

das **Fe·ri·en·la·ger** [フェーリエン・ラーガー] 名 -s/- (青少年の)休暇用合宿所(キャンプ場).

der **Fe·ri·en·ort** [フェーリエン・オルト] 名 -[e]s/-e 休暇滞在地;休暇用リゾート.

der **Fe·ri·en·park** [フェーリエン・パルク] 名 -[e]s/-s[-e] 休暇村.

die **Fe·ri·en·rei·se** [フェーリエン・ライゼ] 名 -/-n 休暇旅行.

die **Fe·ri·en·zeit** [フェーリエン・ツァイト] 名 -/-en 休暇期間.

das **Fer·kel** [フェルケル] 名 -s/- 子豚;〔(罵)も有〕不潔な人間;無作法な人間.

fer·keln [フェルケルン] 動 h. 〔罵)も〕子を産む(豚が);〔(口・蔑)み〕だらなことを言う[する];〔(口)〕食事の時まわり・口を汚す.

die **Fer·ma·te** [フェルマーテ] 名 -/-n 【楽】フェルマータ,延音記号;フェルマータにより延長された音符(体符).

das **Fer·ment** [フェルメント] 名 -[e]s/-e 〔古〕酵素.

die **Fer·men·ta·tion** [フェルメンタツィオーン] 名 -/-en 発酵.

fer·men·tie·ren [フェルメンティーレン] 動 h. 1. 〔罵)〕発酵する. 2. 〈et³を〉発酵させる(タバコ・茶などを).

das **Fer·mi** [フェルミ] 名 -(s)/- 【理】フェルミ(長さの単位 1 f=10^{13}cm. 記号 f).

das **Fer·mi·on** [フェルミオーン] 名 -s/-en 【理】フェルミオン,フェルミ粒子.

das **Fer·mi·um** [フェルミウム] 名 -s/ 【化】フェルミウム(超ウラン元素.記号 Fm).

fern [フェルン] 形 1. (空間)〔(雅)〕遠い,はるかかなたの: der F~e Osten 極東. Er ist mir sehr ~. 彼は(精神的)に私とはきわめて縁遠い. Das sei ~ von mir! とんでもない. Ich habe nicht von ~ daran gedacht. 私はそんなことは少しも考えなかった. 2. (時間)遠い(過去・未来): in ~er Vergangenheit/Zukunft 遠い昔に/将来に.

—— 前 〔+3格〕〔文〕…から遠く離れて.

fern·ab [フェルン・アプ] 副 〔文〕遠く隔れて.

das **Fern·amt** [フェルン・アムト] 名 -[e]s/..ämter (以前の)長距離電話局.

die **Fern·auf·nah·me** [フェルン・アウフ・ナーメ] 名 -/-n 〔写〕望遠写真撮影.

die **Fern·be·die·nung** [フェルン・ベディーヌング] 名 -/-en リモートコントロール,遠隔操作(操縦);リモートコントローラー.

fern|blei·ben* [フェルン・ブライベン] 動 〔〈et³こ〉〕〔文〕出席[参加]し(てい)ない(授業・会合などに).

der **Fern·blick** [フェルン・ブリック] 名 -[e]s/-e 遠望,見晴らし,展望.

die **Fern·bril·le** [フェルン・ブリレ] 名 -/-n 近視用メガネ.

der **Fern·dru·cker** [フェルン・ドルッカー] 名 -s/- テレプリンター,テレタイプ.

der **Fern-D-Zug** [フェルン・デー・ツーク] 名 -[e]s/..züge 長距離急行列車.

die **Fer·ne** [フェルネ] 名 -/-n 1. (雅のみ)遠く,遠方,遠距離;〔文〕遠隔地,遠国,外国: aus der ~ 遠くから,遠い国から. 〈et⁴〉in weiter ~ erblicken 遠方の〈物〉を見つける. die Brille für die ~ 遠視用の眼鏡. in die ~ ziehen 外国(遠隔地)に引っ越す. 2. (主に雅)遠い将来;遠い過去: in weiter ~ い未来に,遠い過去に.

der **Fern·emp·fang** [フェルン・エムプファング] 名 -[e]s/ 【無線】遠距離受信.

fer·ner (fern の比較級) [フェルナー] 形 1. より遠い. 2. (絶対的比較級)今後も引続く(公文書で). 【慣用】des Ferneren かつ.

—— 副 1. 〔文〕今後も,これからも. 2. 更に,その上. 【慣用】unter "ferner liefen" rangieren 二流である,たいしたものではない.

der **Fer·ner** [フェルナー] 名 -s/- (南独・オーストリア)氷河.

fer·ner·hin [フェルナー・ヒン,フェルナー・ヒン] 副 1. 今後も,これからも. 2. (その外に)更に.

der **Fern·fah·rer** [フェルン・ふぁーらー] 名 -s/- 長距離トラック運転手.

der **Fern·flug** [フェルン・フルーク] 名 -[e]s/..flüge 長距離飛行.

die **Fern·fo·to·gra·fie** [フェルン・ふォトグラふィー] 名 -/-n 〔写〕望遠写真.

das **Fern·gas** [フェルン・ガース] 名 -es/ 遠隔地供給ガス.

fern·ge·lenkt [フェルン・ゲレンクト] 形 リモコンの.

das **Fern·ge·schütz** [フェルン・ゲシュッツ] 名 -es/-e 遠距離砲.

das **Fern·ge·spräch** [フェルン・ゲシュプレーヒ] 名 -[e]s/-e 長距離通話,市外通話.

fern·ge·steu·ert [フェルン・ゲシュトイアート] 形 リモコンの.

das **Fern·glas** [フェルン・グラース] 名 -es/..gläser 双眼鏡.

fern hal·ten*,ⓢ**fern|hal·ten*** [フェルン ハルテン] 動 h. 〔文〕 1. 〈j⁴/et⁴〉ッ〈von <j³/et³>ッ〉遠ざけておく. 2. 〈sich⁴/von <j³/et³>ッ〉遠ざかって

いる(悪行・悪友などから).

die **Fẹrn·hei·zung** [ふぇるン·ハイツング] [名] -/-en 地域暖房(設備).

fẹrn·hịn [ふぇるン·ヒン] [副] 遥か彼方まで.

fẹrn|ko·pie·ren [ふぇるン·コピーれン] [動] *h.* **1.** 〘⟨et⁴⟩ヲ+(⟨方向⟩ニ)〙(テレ)ファックスで送る. **2.** 〘⟨et⁴⟩ヲ〙(テレ)ファックスでコピーをつくる.

der **Fẹrn·kurs** [ふぇるン·クるス] [名] -es/-e 通信教育講座.

der **Fẹrn·last·zug** [ふぇるン·ラスト·ツーク] [名] -(e)s/..züge トレーラーつき長距離トラック.

die **Fẹrn·lei·tung** [ふぇるン·ライトゥング] [名] -/-en 長距離ケーブル;(ガス・水道の)長距離導管.

fẹrn|len·ken [ふぇるン·レンケン] [動] *h.* (特に不定詞・過去分詞で)〘⟨et⁴⟩ヲ〙遠隔操縦する, リモートコントロールする.

die **Fẹrn·len·kung** [ふぇるン·レンクング] [名] -/-en (主に[単])リモートコントロール, 遠隔〔無線〕操縦.

das **Fẹrn·licht** [ふぇるン·リひト] [名] -(e)s/ 〘車〙(ヘッドライトの)ハイビーム.

fẹrn lie·gen*, [旧]**fẹrn|lie·gen*** [ふぇるン リーゲン] [動] *h.* **1.** 〔補足なし〕見当はずれである(考えなどが);遠く離れている(距離的に). **2.** 〘⟨j³⟩ニハ〙思いもよらないもの〔こと〕である(考えなどが).

das **Fẹrn·mel·de·amt** [ふぇるン·メルデ·アムト] [名] -(e)s/..ämter 電気通信局.

der **Fẹrn·mel·de·sa·tel·lit** [ふぇるン·メルデ·ザテリート] [名] -en/-en 通信衛星.

die **Fẹrn·mel·de·trup·pe** [ふぇるン·メルデ·トるっペ] [名] -/-n 〘軍〙通信隊.

das **Fẹrn·mel·de·we·sen** [ふぇるン·メルデ·ヴェーゼン] [名] -s/ 通信事業.

fẹrn·münd·lich [ふぇるン·ミュントリひ] [形] =telefonisch.

Fẹrn·ọst [ふぇるン·オスト] [名] (無変化)極東.

fẹrn·öst·lich [ふぇるン·エストリひ] [形] 極東の.

das **Fẹrn·rohr** [ふぇるン·ろーあ] [名] -(e)s/-e 望遠鏡.

der **Fẹrn·ruf** [ふぇるン·るーふ] [名] -(e)s/-e (主に[単])通話;([単]のみ)電話番号.

die **Fẹrn·schal·tung** [ふぇるン·シャルトゥング] [名] -/-en リモコン操作, リモコン切替え.

fẹrn|schrei·ben* [ふぇるン·シュらイベン] [動] *h.* **1.** 〘⟨et⁴⟩ヲ〙テレタイプで打つ. **2.** 〔補足なし〕テレタイプを打つ.

der **Fẹrn·schrei·ber** [ふぇるン·シュらイバー] [名] -s/- テレプリンター, テレタイプ.

fẹrn·schrift·lich [ふぇるン·シュりふトリひ] [形] テレプリンター〔テレタイプ〕による.

die **Fẹrn·seh·an·stalt** [ふぇるンゼー·アン·シュタルト] [名] -/-en テレビ局.

die **Fẹrn·seh·an·ten·ne** [ふぇるンゼー·アンテネ] [名] -/-n (受信用)テレビアンテナ.

der **Fẹrn·seh·ap·pa·rat** [ふぇるンゼー·アパらート] [名] -(e)s/-e =Fernsehgerät.

die **Fẹrn·seh·dis·kus·si·on** [ふぇるンゼー·ディスクスィオーン] [名] -/-en テレビ討論(会).

der **Fẹrn·seh·emp·fang** [ふぇるンゼー·エムプふぁング] [名] -(e)s/ テレビ受像.

fẹrn|se·hen* [ふぇるン·ゼーエン] [動] *h.* 〔補足なし〕テレビを見る.

das **Fẹrn·se·hen** [ふぇるン·ゼーエン] [名] -s/ **1.** テレビジョン:digitales ～ デジタルテレビ(放送). **2.** テレビ局;テレビ放送;テレビ放映〔番組〕;《口》テレビ受像機:⟨et⁴⟩ aus dem ～ kennen ⟨事ヲ⟩テレビで知る. im ～ kommen テレビで放送される.

der **Fẹrn·se·her** [ふぇるン·ゼーあー] [名] -s/- 《口》 **1.** テレビ(受像機). **2.** テレビの視聴者.

der **Fẹrn·seh·film** [ふぇるンゼー·ふぃルム] [名] -(e)s/-e テレビ映画.

die **Fẹrn·seh·ge·bühr** [ふぇるンゼー·ゲビューあ] [名] -/-en (主に[複])テレビ受信料.

das **Fẹrn·seh·ge·rät** [ふぇるンゼー·ゲれート] [名] -(e)s/-e テレビ受像機.

der **Fẹrn·seh·ka·nal** [ふぇるンゼー·カナール] [名] -s/..näle テレビチャンネル.

der **Fẹrn·seh·mo·ni·tor** [ふぇるンゼー·モーニトーあ] [名] -s/-en テレビモニター.

das **Fẹrn·seh·pro·gramm** [ふぇるンゼー·プろグらム] [名] -s/-e テレビ番組.

die **Fẹrn·seh·röh·re** [ふぇるンゼー·れーれ] [名] -/-n テレビのブラウン管.

der **Fẹrn·seh·schirm** [ふぇるンゼー·シるム] [名] -(e)s/-e テレビ受像画面, (テレビの)スクリーン, ディスプレイ.

der **Fẹrn·seh·sen·der** [ふぇるンゼー·ゼンダー] [名] -s/- テレビ送信機;《口》テレビ局.

die **Fẹrn·seh·sen·dung** [ふぇるンゼー·ゼンドゥング] [名] -/-en テレビ放映.

die **Fẹrn·seh·se·rie** [ふぇるンゼー·ゼーりエ] [名] -/-n 連続テレビ番組.

das **Fẹrn·seh·spiel** [ふぇるンゼー·シュピール] [名] -(e)s/-e テレビドラマ.

der **Fẹrn·seh·turm** [ふぇるンゼー·トゥるム] [名] -(e)s/..türme テレビ塔.

die **Fẹrn·seh·ü·ber·tra·gung** [ふぇるンゼー·ユーバートらーグング] [名] -/-en テレビ中継.

der **Fẹrn·seh·zu·schau·er** [ふぇるンゼー·ツー·シャウあー] [名] -s/- テレビ視聴者.

die **Fẹrn·sicht** [ふぇるン·ズィひト] [名] -/ 見晴らし, 遠望.

das **Fẹrn·sprech·amt** [ふぇるン·シュプれっひ·アムト] [名] -(e)s/..ämter 電報電話局.

der **Fẹrn·sprech·an·schluss,** [旧] **Fẹrn·sprech·an·schluß** [ふぇるン·シュプれっひ·アン·シュルス] [名] -es/..schlüsse 電話接続.

der **Fẹrn·sprech·ap·pa·rat** [ふぇるン·シュプれっひ·アパらート] [名] -(e)s/-e 電話機.

der **Fẹrn·sprech·au·to·mat** [ふぇるン·シュプれっひ·アウトマート] [名] -en/-en 公衆電話.

das **Fẹrn·sprech·buch** [ふぇるン·シュプれっひ·ブーふ] [名] -(e)s/..bücher 電話帳.

der **Fẹrn·spre·cher** [ふぇるン·シュプれっひゃー] [名] -s/- 〘官〙電話機:ein öffentlicher ～ 公衆電話.

die **Fẹrn·sprech·ge·bühr** [ふぇるン·シュプれっひ·ゲビューあ] [名] -/-en (主に[複]) 電話料金.

der **Fẹrn·sprech·teil·neh·mer** [ふぇるン·シュプれっひ·タイル·ネーマー] [名] -s/- 電話加入者.

der **Fẹrn·sprech·ver·kehr** [ふぇるン·シュプれっひ·ふぇあケーあ] [名] -s/ 通話.

das **Fẹrn·sprech·we·sen** [ふぇるン·シュプれっひ·ヴェーゼン] [名] -s/ 電話設備〔制度〕.

die **Fẹrn·sprech·zel·le** [ふぇるン·シュプれっひ·ツェレ] [名] -/-n 電話ボックス.

der **Fẹrn·spruch** [ふぇるン·シュプるっふ] [名] -(e)s/..sprüche 電報〔電話〕での通知, 通信.

fẹrn ste·hen*, [旧]**fẹrn|ste·hen*** [ふぇるン シュテーエン] [動] *h.* 〘⟨j³/et³⟩ニ〙《文》(気持の上で)距離を置いている, 深く関わらない.

fẹrn|steu·ern [ふぇるン·シュトイあーン] [動] *h.* (特に不定詞・過去分詞で)〘⟨et⁴⟩ヲ〙遠隔操作〔操縦〕する, リモートコントロールする.

die **Fẹrn·steu·e·rung** [ふぇるン·シュトイエるング] [名] -/-en 遠隔操作, リモートコントロール.

die **Fẹrn·stra·ße** [ふぇるン·シュトらーセ] [名] -/-n 幹線道路.

das **Fẹrn·stu·di·um** [ふぇるン·シュトゥーディウム] [名] -s/..dien (専門学校・大学レベルの)通信教育;(特に旧東独の)職業に就きながら修了できる大学での勉学.

die **Ferntrauung** [ふぇるン・トらウウング] [名] -/-en 遠隔結婚(第二次大戦中の新郎不在の婚礼).

die **Fernuniversität** [ふぇるン・ウニヴェるズィテート] [名] -/-en 通信教育による大学.

der **Fernunterricht** [ふぇるン・ウンターりひト] [名] -(e)s/-e 《主に[単]》通信教育.

der **Fernverkehr** [ふぇるン・ふぇあケーあ] [名] -s/ 遠距離運輸;《総称》長距離電話.

das **Fernverkehrsmittel** [ふぇるンふぇあケーあス・ミっテル] [名] -s/- 遠距離交通機関.

die **Fernverkehrsstraße** [ふぇるンふぇあケーあス・シュトらーセ] [名] -/-n 幹線道路.

die **Fernwärmeversorgung** [ふぇるン・ヴェるメ・ふぇあゾるグング] [名] -/ 遠隔暖房供給(ごみ焼却場などからの).

das **Fernweh** [ふぇるン・ヴェー] [名] -(e)s/ 《文》遠い彼方〔遥かなる異国〕へのあこがれ.

die **Fernwirkung** [ふぇるン・ヴィるクング] [名] -/-en **1.** 〖理〗遠隔作用;〖工〗遠隔操作. **2.** 精神感応,テレパシー.

das **Fernziel** [ふぇるン・ツィール] [名] -(e)s/-e 将来の目標;遠方の目的地.

der **Fernzug** [ふぇるン・ツーク] [名] -(e)s/..züge 長距離急行列車.

das **Ferredoxin** [ふぇれドクスィーン] [名] -s/-e 〖生化〗フェレドキシン(光合成中間物).

ferromagnetisch [ふぇろ・マグネーティシュ] [形] 強磁性の.

das **Ferromagnetismus** [ふぇろ・マグネティスムス] [名] -/ 強磁性.

das **Ferrometall** [ふぇろ・メタル] [名] -s/-e フェロ〔第2鉄〕合金.

das **Ferrum** [ふぇるム] [名] -s/ 〖化〗鉄(記号 Fe).

die **Ferse** [ふぇるゼ] [名] -/-n (足・靴・靴下の)かかと. 【慣用】**〈j^3〉 auf den Fersen folgen** すぐ〈人の〉後を追う. **〈j^4〉 auf den Fersen haben** 〈人に〉後をつけられている. **〈j^3〉 auf den Fersen sein 〔bleiben〕** 〈人の〉後をつけている. **〈j^3〉 auf die Fersen treten** 〈人の〉心を傷つける. **〈j^3〉 die Fersen zeigen** 《文》〈人から〉逃げだす. **sich^4 an 〈j^2〉 Fersen 〔〈j^3〉 an die Fersen〕 heften 〔hängen〕** 〈人を〉つけ回す.

das **Fersenbein** [ふぇるゼン・バイン] [名] -(e)s/-e かかとの骨,踵骨(しょうこつ).

das **Fersengeld** [ふぇるゼン・ゲルト] [名] (次の形で) ~ geben 《口》一目散に逃げる.

fertig [ふぇるティひ] [形] **1.** でき(上がっ)た,完成した;既製の: eine ~*e* Speise インスタント食品. **2.** 〖(mit 〈et^3〉ヲ)〗終えた,済ませた: mit dem Essen ~ sein 食事を終えた. den Roman ~ haben 《口》その小説を読み終えた. (《口》では人にも用いて)Ich bin mit ihr ~. 私は彼女とのことは終った. **3.** 〖(zu 〈et^3〉ノ)〗準備〔用意〕のできた: Ich bin ~ zum Ausgehen. 私は外出の支度ができている. **4.** 一人前の,熟達した: ein ~*er* Mensch 一人前の人間. **5.** 《口》くたびれ果てた. 【慣用】**Auf die Plätze, fertig, los !** 〖スポーツ〗位置について,用意,ドン. **fertig sein** 《口》びっくりしている;支払能力がない. **fix und fertig sein** 《口》すっかり用意ができている;くたびれ果てている. **mit den Nerven fertig sein** 神経が参っている. **mit 〈et^3〉 fertig werden** 〈事を〉うまくこなす. **mit 〈j^3〉 fertig werden** 《口》〈人を〉意のままにする.

..fertig [..ふぇるティひ] [接尾] 動詞の語幹や名詞の後につけて「…する〔される〕準備のできた」,「…に優れた」の意味を表わす形容詞を作る: reise*fertig* 旅行の準備のできた. koch*fertig* 煮る用意のできた. kunst*fertig* 腕の立つ.

der **Fertigbau** [ふぇるティひ・バウ] [名] -(e)s/-ten プレハブの建物;《[単]のみ》プレハブ工法.

die **Fertigbauweise** [ふぇるティひバウ・ヴァイゼ] [名] -/-n プレハブ工法.

fertig bekommen*, [旧]**fertig|bekommen*** [ふぇるティひ ベコメン] [動] *h.* 《口》=fertig bringen.

fertig bringen*, [旧]**fertig|bringen*** [ふぇるティひ ブリンゲン] [動] *h.* **1.** 〖〈et^4〉ヲ〗終らせる,完了する(仕事などを);完成する,仕上げる(作文・書類などを). **2.** 〖es+zu〈[動]〉スルコトガ〗できる.

fertigen [ふぇるティゲン] [動] *h.* 〖〈et^4〉ヲ〗《文》作りあげる.

das **Fertigerzeugnis** [ふぇるティひ・エあツォイクニス] [名] -ses/-se =Fertigprodukt.

das **Fertigfabrikat** [ふぇるティひ・ふぁブりカート] [名] -(e)s/-e 完成品,既製品.

das **Fertiggericht** [ふぇるティひ・ゲりひト] [名] -(e)s/-e インスタント食品.

das **Fertighaus** [ふぇるティひ・ハウス] [名] -es/..häuser プレハブ建築の建物〔住宅〕.

die **Fertigkeit** [ふぇるティひカイト] [名] -/-en **1.** 器用さ,熟達,手際: große ~ in 〈et^3〉 haben 〈事が〉じょうずだ. **2.** 《[複]のみ》知識,能力.

die **Fertigkleidung** [ふぇるティひ・クライドゥング] [名] -/ 《主に[単]》既製服.

fertig kriegen, [旧]**fertig|kriegen** [ふぇるティひ クりーゲン] [動] *h.* 《口》=fertig bringen.

das **Fertiglager** [ふぇるティひ・ラーガー] [名] -s/- 完成品倉庫.

fertig machen, [旧]**fertig|machen** [ふぇるティひ マっヘン] [動] *h.* **1.** 〖〈et^4〉ヲ〗《口》終える(仕事などを). **2.** 〖sich^4+zu 〈et^3〉ノ/für 〈et^4〉ノ〗準備〔用意〕をする,(身)支度をする. **3.** 〖〈j^4〉ヲ〗怒鳴りつける;がっくりさせる(悪い知らせなどが);すっかり参らせる(騒音・熱暑などが);たたきのめす(暴力をふるって);殺す;行かせる(オルガスムスに到達させる). 【慣用】**Fertig machen (zum Start) !** 位置について(競走のスタートで).

das **Fertigprodukt** [ふぇるティひ・プろドゥクト] [名] -(e)s/-e 〖経〗完成品,既製品.

fertig stellen, [旧]**fertig|stellen** [ふぇるティひ シュテレン] [動] *h.* 〖〈et^4〉ヲ〗完成する,仕上げる(建物・書類などを).

die **Fertigstellung** [ふぇるティひ・シュテルング] [名] -/-en 仕上げ,完成.

das **Fertigteil** [ふぇるティひ・タイル] [名] -(e)s/-e プレハブ部品.

die **Fertigung** [ふぇるティグング] [名] -/-en 製造;作り;《主に[単]》製造部門.

die **Fertigungstechnik** [ふぇるティグングス・テひニク] [名] -/ 製造技術.

die **Fertigware** [ふぇるティひ・ヴァーれ] [名] -/-n 完成品,既製品.

fertil [ふぇるティール] [形] 〖生〗妊性〔稔性〕の,〖医〗受胎〔妊娠〕できる;多産な.

die **Fertilität** [ふぇるティリテート] [名] -/ 〖生・医〗受精〔受胎〕能力;繁殖力.

die **Ferula** [ふぇーるラ] [名] -/..lae [..レ] (教皇の)十字杖.

das **fes, Fes**[1] [ふぇス] [名] -/- 〖楽〗変ヘ音.

der **Fes**[2] [ふぇース] [名] -(es)/-(e) 房つきの赤いトルコ帽.

fesch [ふぇっシュ] [形] 《口》スマートな,スポーティーな;《オーストリア》親切な.

die **Fessel**[1] [ふぇっセル] [名] -/-n 《主に[複]》手〔足〕かせ,縄,鎖;《転》束縛,拘束: 〈j^3〉 ~*n* anlegen 〈人に〉縄をかける.

die **Fessel**[2] [ふぇっセル] [名] -/-n あくと,繋(けい)(牛・馬などのひづめとくるぶしの間の部分);(人間の)足首.

der **Fesselballon** [ふぇっセル・バロ(ー)ン] [名] -s/-s 係

留気球.
das **Fes·sel·ge·lenk** [ふぇっセル・ゲレンク] [名] -(e)s/-e (牛・馬などの)けづめ部分の関節.
fes·seln [ふぇっセルン] [動] *h.* **1.** 〔〈j^4/et^4〉ヲ+an 〈et^4〉ニ〕縛る;縛りつける. **2.** 〔〈j^4/et^4〉ヲ〕とりこにする,魅了する,ひきつける. **3.** 〔〈j^4/et^4〉ヲ〕〖ﾚｽﾘﾝｸﾞ〗押え込む(相手を),ロックする(相手の腕・脚などを). **4.** 〔〈j^4〉ヲ〕〖軍〗釘(ｸｷﾞ)づけにする(敵軍を).
fes·selnd [ふぇっセルント] [形] 心を魅する,興味尽きない.
fest [ふぇスト] [形] **1.** 固体〔固形〕の,固まった: ~*er* Körper 固体. ~*e* Nahrung 固形食. ~*e* Gestalt〔Form(en)〕annehmen《転》(計画などが)具体的な形を取る. **2.** 堅い,丈夫な;がっしりした: ~*es* Gestein 堅い岩石. ~*es* Gewebe(目のつんだ)丈夫な布地. **3.** (ゆるんだりぐらついたりしない)しっかりした;しっかり: ein ~*er* Händedruck 固い握手. einen ~*en* Schlaf haben 熟睡する. Du musst ~ arbeiten. 《口》おまえはしっかり仕事〔勉強〕をしなければいけない. **4.** 断固たる,決然たる,しっかりした,力強い: ein ~*er* Blick 決然としたまなざし. ~ auftreten しっかりとした足どりで歩く;断固とした態度をとる. **5.** 確固とした,堅固な,確定的な: einen ~*en* Charakter haben しっかりした性格である. eine ~*e* Zusage geben 確約する. ~ daran glauben それを固く信じる. Ich bin ~ davon überzeugt. 私は固くそれを確信している. **6.** 定まった,固定した,永続する: ~*e* Kunden/einen ~*en* Freund haben 固定客/(女性に)決ったボーイフレンドがいる. ~ angestellt sein 常勤である〔正式採用されている〕. ~*e* Preise 定価. ~*es* Geld 定期預金. 【慣用】**fest gegründet** 土台のしっかりした;難攻不落の;論理構成のしっかりした. **einen festen Platz in 〈et^3〉 haben** 〈事で〉重要な位置を占めている. **festen Boden unter den Füßen haben** しっかりした経済的な基盤を持っている. **festen Fuß fassen** 《口》(場所・地位などに)定着する. **〈et^4〉 steif und fest behaupten** 〈事を〉頑強に主張する.
das **Fest** [ふぇスト] [名] -(e)s/-e **1.** 祝典,祭り;祝宴,宴会: ein ~ geben 祝宴を催す. ein ~ begehen《文》祝典を挙行する. ein großes ~ feiern 盛大なお祝いをする. auf ein ~ gehen 祝宴に行く. Es war mir ein ~. 《口》それはとても楽しかった. **2.** (教会の)祝祭,祝日,祭日.
..fest [..ふぇスト] [接尾] **1.** 動詞の語幹や名詞の後につけて「抵抗力〔耐性〕がある」という意味の形容詞を作る: feuer*fest* 耐火性の. bügel*fest* アイロンの使用可能な. knitter*fest* しわにならない. reiß*fest* 破れにくい. **2.** 名詞の後につけて「…が強固である」,「…に固定されている」,「…に詳しい」の意味の形容詞を作る: charakter*fest* 強固な性格の. orts*fest* 固定式の. bibel*fest* 聖書に詳しい.
der **Fest·akt** [ふぇスト・アクト] [名] -(e)s/-e 祝典.
fest an·ge·stellt, [旧]**fest·an·ge·stellt** [ふぇスト アン・ゲシュテルト] ⇨ fest 6.
die **Fest·an·spra·che** [ふぇスト・アン・シュプらーヘ] [名] -/-n 祝辞,式辞.
der **Fest·aus·schuss,** [旧]**Fest·aus·schuß** [ふぇスト・アウス・シュス] [名] -es/..schüsse 祝賀委員会.
fest|ban·nen [ふぇスト・バネン] [動] *h.* 〔〈j^4/et^4〉ヲ〕《文》呪縛する,金縛りにする.
fest|bei·ßen* [ふぇスト・バイセン] [動] *h.* 〔sich^4+(an〔in〕〈et^3〉ニ)〕食らいつく.
fest|bin·den* [ふぇスト・ビンデン] [動] *h.* 〔〈j^4/et^4〉ヲ〕固くつなぐ;結ぶ.
fest|blei·ben* [ふぇスト・ブライベン] [動] *s.* 〖補足なし〗動じない.
fes·te [ふぇステ] [副] 《口》しっかり,したたかに;すごく.
die **Fes·te** [ふぇステ] [名] -/-n 《古》 **1.** 要塞,砦(とりで). **2.** 根底. **3.** 《詩》蒼穹(そうきゅう),大空.

die **Fes·tes·freu·de** [ふぇステス・ふろイデ] [名] -/ 《文》祝賀の喜び.
das **Fest·es·sen** [ふぇスト・エっセン] [名] -s/- 祝宴,宴会.
fest|fah·ren* [ふぇスト・ふぁーれン] [動] **1.** *s.* 〔(in 〈et^3〉ニ)〕(はまって)動けなくなる(車が・人が車で). **2.** *h.* 〔sich^4+(in 〈et^3〉ニ)〕(はまって)動けなくなる(車などが). **3.** *h.* 〔sich^4〕行詰る,滞る(状況などが).
fest|fres·sen* [ふぇスト・ふれっセン] [動] *h.* **1.** 〔sich^4〕食い込む,動かなくなる. **2.** 〔sich^4+(in〔bei〕〈j^3〉ノ)〕念頭を離れない.
die **Fest·freu·de** [ふぇスト・ふろイデ] [名] -/ 祝賀の喜び.
fest|frie·ren* [ふぇスト・ふりーれン] [動] *s.* **1.** 〔(an 〈et^4〉ニ)〕凍って付く. **2.** 〖補足なし〗凍ってかちかちになる,凍りつく.
fest ge·grün·det, [旧]**fest·ge·grün·det** [ふぇスト ゲグりゅンデット] ⇨ fest【慣用】.
das **Fest·geld** [ふぇスト・ゲルト] [名] -(e)s/-er 〖銀行〗定期預金.
die **Fest·hal·le** [ふぇスト・ハレ] [名] -/-n 大広間,宴会場.
fest|hal·ten* [ふぇスト・ハルテン] [動] *h.* **1.** 〔〈j^4/et^4〉ヲ〕摑(つか)まえている〔おく〕,摑んで離さない. **2.** 〔〈j^4/et^4〉ヲ+〈様態〉ニシテ〕記録に留める(議事録・小説・写真・絵・映画などにして). **3.** 〔〈et^4〉ヲ〕確認する(事実などを). **4.** 〔sich^4+(an 〈j^3/et^3〉ニ)〕しっかり摑ま(ってい)る,しがみつく. **5.** 〔an 〈j^3/et^3〉ヲ〕守り続ける,(…に)固執する.
fes·ti·gen [ふぇスティゲン] [動] *h.* **1.** 〔〈j^4/et^4〉ヲ〕強固〔確固たるもの〕にする,たくましくする(人を内面的に). **2.** 〔sich^4〕強固になる,たくましくなる.
der **Fes·ti·ger** [ふぇスティガー] [名] -s/- セットローション(Haar ~).
die **Fes·tig·keit** [ふぇスティひカイト] [名] -/ 堅さ,強固〔堅固〕さ;安定性;不屈,不動;毅然たる態度.
die **Fes·ti·gung** [ふぇスティグング] [名] -/-en 強化;安定化.
das **Fes·ti·val** [..vəl ふぇスティヴェル, ..val ふぇスティヴァル] [名] -s/-s (《ｽｲｽ》der ~ も有)祝祭,祭,フェスティバル.
die **Fes·ti·vi·tät** [ふぇスティヴィテート] [名] -/-en 《古》祝典.
fest|klam·mern [ふぇスト・クラマーン] [動] *h.* **1.** 〔〈et^4〉ヲ+(〈場所〉ニ)〕クリップで留める. **2.** 〔sich^4+(an 〈j^4/et^4〉ニ)〕必死にしがみつく.
fest|kle·ben [ふぇスト・クレーベン] [動] **1.** *s.* 〔an 〈et^3〉ニ〕へばりつく(額に髪などが). **2.** *h.* 〔〈et^4〉ヲ+an 〈et^3〉ニ〕はりつける.
das **Fest·kleid** [ふぇスト・クライト] [名] -(e)s/-er 礼服,晴れ着.
fest|klem·men [ふぇスト・クレメン] [動] **1.** *s.* 〖補足なし〗動かない(引出し・戸などが). **2.** *h.* 〔〈et^4〉ヲ〕固定する,動かなくする;(〈et^4〉がsich^{4}の場合)動けなくなる.
die **Fest·kör·per·phy·sik** [ふぇスト・[ケ]るパー・ふゅズィーク] [名] -/ 固体物理学.
das **Fest·land** [ふぇスト・ラント] [名] -(e)s/..länder 大陸,本土;([単]のみ)陸,陸地.
fest·län·disch [ふぇスト・レンディシュ] [形] 大陸の.
fest|le·gen [ふぇスト・レーゲン] [動] *h.* **1.** 〔〈et^4〉ヲ〕決める,定める,規定する,確定〔決定〕する. **2.** 〔sich^4〕拘束される,責任〔義務〕を負う;態度を決める. **3.** 〔〈j^4〉ニ+auf 〈et^4〉ニ対シテ〕責任〔義務〕を負わせる. **4.** 〔〈et^4〉ヲ〕固定する;長期投資する(金・金額を). **5.** 〔〈場所〉ニ//〈et^4〉ヲ+〈場所〉ニ〕《稀》接岸〔投錨〕する;係留される(船が);係留する(船を).
die **Fest·le·gung** [ふぇスト・レーグング] [名] -/-en 固定,

確定, 制定;監禁, 拘束;投資.

fest·lich [ふぇストリひ] [形] 祝祭〔祝賀〕の, 祝いの;華やかな, 晴れの.

die **Fest·lich·keit** [ふぇストリひカイト] [名] -/-en 祝典;《[単]のみ》お祭り気分, にぎわい, 華麗.

fest|lie·gen* [ふぇスト・リーゲン] [動] *h.* **1.** 〔〈場所〉テ〕動けないでいる, 立往生している《車・列車・船などが》;《転》固定している《資本が》;停滞している《低気圧などが》. **2.** 〔補足なし〕決っている《日時・計画などが》.

der **Fest·lohn** [ふぇスト・ローン] [名] -(e)s/..löhne 固定賃金, 固定給.

fest|ma·chen [ふぇスト・マっヘン] [動] *h.* **1.** 〔〈et^4〉ヲ+(an 〈et^3〉ニ)〕しっかり留める《ベルトの金具などを》;固定する;《転》根拠づける. **2.** 〔〈et^4〉ヲ+(mit 〈j^3〉ト)〕取り決める《日時などを》. **3.** 〔〈場所〉ニ〕〖海〗係留される《船が》. **4.** 〔〈et^4〉ヲ〕〖狩〗取囲む《猟犬が猪などを》;(…の)居所をつきとめる《イタチなどの》.

das **Fest·mahl** [ふぇスト・マール] [名] -(e)s/-e〔..mähler〕《文》祝宴.

der 〔*das*〕 **Fest·me·ter** [ふぇスト・メーター] [名] -s/- 〖林〗フェストメーター《木材の実積単位. 1 立方メートル. 略 fm》.

fest|na·geln [ふぇスト・ナーゲルン] [動] *h.* **1.** 〔〈et^4〉ヲ〕くぎづけする《板・看板などを》;《転・口》引留める《人を》. **2.** 〔〈et^4〉ヲ〕《口》はっきり指摘する《事実・相手の矛盾などを》. **3.** 〔〈j^4〉ニ+auf 〈et^4〉ヲ〕《口》果さざるをえないようにする, (…を…で)縛る.

die **Fest·nah·me** [ふぇスト・ナーメ] [名] -/-n 逮捕.

fest|neh·men* [ふぇスト・ネーメン] [動] *h.* 〔〈j^4〉ヲ〕逮捕する.

das **Fest·netz** [ふぇスト・ネッツ] [名] -es/-e 〖工〗(架設電話線などによる)遠距離通信網.

das **Fes·ton** [..tõ: ふぇストーン] [名] -s/-s 花綵(はなづな)(飾り);〖美〗花綵装飾.

die **Fest·plat·te** [ふぇスト・プラっテ] [名] -/-n 〖コンピュータ〗ハードディスク.

der **Fest·preis** [ふぇスト・プライス] [名] -es/-e 〖経〗公定〔固定〕価格.

der **Fest·punkt** [ふぇスト・プンクト] [名] -(e)s/-e (測量の)基準点;(温度の)定点.

die **Fest·re·de** [ふぇスト・れーデ] [名] -/-n 祝辞, 式辞.

der **Fest·saal** [ふぇスト・ザール] [名] -(e)s/..säle 宴〔祝賀〕会場, 祝宴広間.

fest|schnal·len [ふぇスト・シュナレン] [動] *h.* 〔〈j^4/et^4〉ヲ+(〈場所〉ニ)〕(留め金などで)固定する, 縛りつける.

fest|schrau·ben [ふぇスト・シュらウベン] [動] *h.* 〔〈et^4〉ヲ+(an 〈et^3〉ニ)〕固く締める《ナット・ねじなどを》;ねじを締めて固定する.

fest|schrei·ben* [ふぇスト・シュらイベン] [動] *h.* 〔〈et^4〉ヲ〕きちんと書いておく, 文書にする;(文書〔法律〕にして)きちんと定める《協定・義務などを》;《転》不変〔妥当〕なものと認める.

die **Fest·schrift** [ふぇスト・シュりふト] [名] -/-en 記念論文集.

fest|set·zen [ふぇスト・ぜっツェン] [動] *h.* **1.** 〔〈et^4〉ヲ〕決める, 取り決める《日時・条件などを》. **2.** 〔〈j^4〉ヲ〕勾留(こうりゅう)する. **3.** 〔sich^4+in 〈et^3〉ニ〕たまる《ごみなどが》;付着する《雪がスキーなどに》. **4.** 〔sich^4+in 〔bei〕 〈j^3〉ノ〕念頭から離れなくなる. **5.** 〔sich^4+〈場所〉ニ〕《口》住みつく;立てこもる.

die **Fest·set·zung** [ふぇスト・ぜっツング] [名] -/-en **1.** 決定, 確定. **2.** 勾留.

fest|sit·zen* [ふぇスト・ズィっツェン] [動] *h.* **1.** 〔補足なし〕しっかり固定している, ぐらぐら動かない《ねじ・くぎなどが》;こびりついて離れない《泥などが》;離れない《考えなどが》. **2.** 〔〈場所〉テ〕長時間居〔座り〕続けている《喫茶店などで》;立往生している《人・車などが》. 【慣用】**mit dem Problem festsitzen** その問題を解決できないでいる.

das **Fest·spiel** [ふぇスト・シュピール] [名] -(e)s/-e **1.** 祝典劇. **2.** 《[複]のみ》音楽〔演劇・映画〕祭, フェスティバル.

fest|stamp·fen [ふぇスト・シュタムプふぇン] [動] *h.* 〔〈et^4〉ヲ〕踏み固める.

fest|ste·hen* [ふぇスト・シュテーエン] [動] *h.* 〔補足なし〕確定している《日時・順番などが》;確固としている《決意・考えなどが》.

fest|stel·len [ふぇスト・シュテレン] [動] *h.* **1.** 〔〈et^4〉ヲ〕確かめる, 突きとめる, 確認する;(…に)気づく. **2.** 〔〈[文]〉デアルト〕断言する. **3.** 〔〈et^4〉ヲ〕固定する, ロックする.

die **Fest·stell·tas·te** [ふぇストシュテル・タステ] [名] -/-n (タイプライターの)シフトロックキー.

die **Fest·stel·lung** [ふぇスト・シュテルング] [名] -/-en 確認;気づくこと;断言, 言明: ~ treffen 断言する.

der **Fest·stoff·ab·schei·der** [ふぇスト・シュトっふ・アップ・シャイダー] [名] -s/- 〖化〗固体分離機〔装置〕.

die **Fest·stoff·ra·ke·te** [ふぇスト・シュトっふ・らケーテ] [名] -/-n 固体燃料ロケット.

der **Fest·tag** [ふぇスト・ターク] [名] -(e)s/-e **1.** 祭日, 祝日;お祝いの日. **2.** 《[複]のみ》(何日かにわたる)音楽〔演劇・映画〕祭〔フェスティバル〕開催期間.

fest·täg·lich [ふぇスト・テークリひ] [形] 祭日〔祝日〕らしい.

die **Fes·tung** [ふぇストゥング] [名] -/-en **1.** 要塞(ようさい), 城塞(じょうさい), 砦(とりで), 堡塁(ほうるい). **2.** 城塞禁固(~*s*haft).

der **Fes·tungs·gra·ben** [ふぇストゥングス・グらーベン] [名] -s/..gräben 要塞〔城塞〕の濠(ほり).

die **Fes·tungs·haft** [ふぇストゥングスハふト] [名] -/ (昔の)城塞(じょうさい)禁固(刑)《中世の刑罰》.

fest·ver·zins·lich [ふぇスト・ふぇあツィンスリひ] [形] 〖銀行〗確定利付きの.

die **Fest·vor·stel·lung** [ふぇスト・ふぉーあ・シュテルング] [名] -/-en 祝賀記念公演.

der **Fest·wert·spei·cher** [ふぇスト・ヴェーあト・シュパイひゃー] [名] -s/- 〖コンピュータ〗ロム, 読み出し専用メモリ.

die **Fest·wie·se** [ふぇスト・ヴィーゼ] [名] -/-n 祝典〔お祭〕広場.

die **Fest·wo·che** [ふぇスト・ヴォっへ] [名] -/-n **1.** 祝祭週間. **2.** 《[複]のみ》(何週かにわたる)音楽〔演劇・映画〕祭〔フェスティバル〕開催期間.

fest|wur·zeln [ふぇスト・ヴるツェルン] [動] *s.* 〔補足なし〕しっかりと根をおろす《植物・伝統などが》.

der **Fest·zug** [ふぇスト・ツーク] [名] -(e)s/..züge 祝賀〔祝典〕行列, パレード.

die **Fe·te** [fé:tə, fɛ́:tə ふぇーテ] [名] -/-n 《口》パーティー.

der **Fe·tisch** [ふぇーティシュ] [名] -(e)s/-e 呪物(じゅぶつ).

der **Fe·ti·schis·mus** [ふぇティシスムス] [名] -/ 〖心〗フェティシズム;〖民族〗呪物(じゅぶつ)崇拝.

fett [ふぇっト] [形] **1.** 脂肪(分)の多い, 脂っこい: ~*er* Speck 脂身の多いベーコン. **2.** 脂肪太りの: eine ~*e* Gans まるまると太ったガチョウ. ~ werden 脂がのる《特に動物》. Gänse ~ füttern ガチョウを肥育する. **3.** 〖印〗太字の, 肉太〔ボールド体〕の: eine ~*e* Schlagzeile 太字の大見出し. **4.** 実り豊かな, 肥沃(ひよく)な: eine ~*e* Wiese 草の豊かな牧場. ~*e* Jahre/Zeiten《口》実入りの多い年/物の豊かな時代. Davon wird man nicht ~《口》そんなことをしても何にも〔もうけに〕ならない. **5.** 《若》すごい;《方・口》へべれけの. 【慣用】**Das macht den Kohl 〔die Suppe/das Kraut〕(auch) nicht fett.** 《口》それは何の役にも立たない.

das **Fett** [ふぇっト] [名] -(e)s/-e **1.** (体内の)脂肪;(肉の)脂身: ~ ansetzen (体に)脂肪がつく. **2.** 脂《ラード・ヘット・グリースなど》. 【慣用】**das Fett** abschöpfen《口》甘い汁を吸う. **sein Fett (ab) bekommen**〔(ab)kriegen/weghaben〕《口》(当然の)罰を受ける.

der Fẹttansatz [ふぇっト・アン・ザッツ] 名 -es/..sätze (体に)脂肪がつくこと.

fẹttarm [ふぇっト・アるム] 形 脂肪の少ない.

das Fẹttauge [ふぇっト・アウゲ] 名 -s/-n (スープなどに浮かぶ)脂肪の玉.

der Fẹttdruck [ふぇっト・ドるック] 名 -(e)s/ 〖印〗太字(ボールド体)の印刷.

fẹtten [ふぇッテン] 動 h. **1.**〈et⁴ッ〉脂を塗る. **2.**〖稀に〗脂を分離している(クリームなどに);脂をにじませている(紙などに).

der Fẹttfleck [ふぇっト・ふレック] 名 -(e)s/-e 脂の染み.

der Fẹttflecken [ふぇっト・ふレッケン] 名 -s/- =Fettfleck.

fẹttfrei [ふぇっト・ふらイ] 形 脂肪分のない.

fẹtt gedruckt, ⑪fẹttgedruckt [ふぇっト ゲドるックト] 形 〖印〗太字(ボールド体)の.

der Fẹttgehalt [ふぇっト・ゲハルト] 名 -(e)s/ 脂肪含有量.

das Fẹttgewebe [ふぇっト・ゲヴェーベ] 名 -s/- 〖医・生理〗脂肪組織.

fẹttglänzend [ふぇっト・グレンツェント] 形 脂で光った.

fẹtthaltig [ふぇっト・ハルティヒ] 形 脂肪を含んだ.

die Fẹttheit [ふぇっト・ハイト] 名 -/ 肥満.

fẹttig [ふぇっティヒ] 形 脂肪を含んだ:油性の,油を含んだ(地層);脂じみた.

die Fẹttigkeit [ふぇっティヒカイト] 名 -/-en (⑪のみ)肥満;脂肪分;(⑪のみ)〖口〗脂肪分の多い食物.

das Fẹttkraut [ふぇっト・クらウト] 名 -(e)s/..kräuter 〖植〗ムシトリスミレ.

die Fẹttlebe [ふぇっト・レーベ] 名 -/ 《方》ぜいたくな生活,裕福な暮らし.

fẹttleibig [ふぇっト・ライビヒ] 形 《文》肥満した.

die Fẹttleibigkeit [ふぇっト・ライビヒカイト] 名 -/ 《文》肥満.

der Fẹttnapf [ふぇっト・ナップふ] 名 -(e)s/..näpfe = Fettnäpfchen.

das Fẹttnäpfchen [ふぇっト・ネップひェン] 名 -s/- (主に次の形で)**bei〈j³〉ins ~ treten**《口》〈人の〉耳障りなことをうっかり言って不興を買う.

die Fẹttpflanze [ふぇっト・プふランツェ] 名 -/-n 〖植〗多肉植物.

fẹttreich [ふぇっト・らイヒ] 形 脂肪(分)の多い.

die Fẹttsäure [ふぇっト・ゾイれ] 名 -/-n 〖化〗脂肪酸.

die Fẹttsucht [ふぇっト・ズふト] 名 -/ 〖医〗脂肪過多症,肥満.

der Fẹttwanst [ふぇっト・ヴァンスト] 名 -(e)s/..wänste 《口・蔑》大鼓腹;太鼓腹の人.

der Fétus [ふぇートゥス] 名 -[-ses]/-se〔Feten〕〖医〗(3か月以降の人間の)胎児.

der Fẹtzen [ふぇッツェン] 名 -s/- **1.** (裂けた紙・布などの)細片,切れ端;(会話・音楽の)断片〈et⁴ッ〉**in ~ reißen**〈物ッ〉ずたずたに引裂く. **2.**《口・蔑》体に合っていない安物の婦人服. **3.**〖稀に〗作業用前掛け;雑巾(ぞきん);《口》酔い.

fẹtzig [ふぇッツィヒ] 形 《若》強烈な,すごい.

feucht [ふぉイヒト] 形 湿った,湿気のある,(しっとり)ぬれた: **~e Augen haben** 目が涙にぬれている.〖慣用〗**ein feuchter Abend**《口》酒のたっぷり続いた晩. **noch feucht hinter den Ohren sein**《口》まだ青二才である.

feuchten [ふぉイヒテン] 動 h. **1.**〈et⁴ッ〉《文》湿らせる,ぬらす;〈et⁴ッ〉sich⁴の場合の)湿る. **2.**〖稀に〗湿っている. **3.**〖稀に〗尿をする(獣が).

feuchtfröhlich [ふぉイヒト・ふりーひヒ] 形 《口》一杯機嫌の.

feuchtheiß [ふぉイヒト・ハイス] 形 高温多湿の.

die Feuchtigkeit [ふぉイヒティヒカイト] 名 -/ 湿気,湿り気;湿度.

der Feuchtigkeitsgehalt [ふぉイヒティヒカイツ・ゲハルト] 名 -(e)s/ 湿度.

der Feuchtigkeitsgrad [ふぉイヒティヒカイツ・グラート] 名 -(e)s/-e 湿度.

der Feuchtigkeitsmesser [ふぉイヒティヒカイツ・メッサー] 名 -s/- 湿度計.

feuchtkalt [ふぉイヒト・カルト] 形 湿って冷たい: **ein ~er Umschlag** 冷湿布.

feuchtwarm [ふぉイヒト・ヴァルム] 形 湿って暖かい: **ein ~er Umschlag** 温湿布.

feudál [ふぉイダール] 形 **1.** 封建制(度)の;貴族の. **2.**《口》豪勢な. **3.**〖某主義〗《蔑》反動的な.

die Feudalgesellschaft [ふぉイダール・ゲゼルシャふト] 名 -/-en 封建社会.

der Feudalịsmus [ふぉイダリスムス] 名 -/ 封建法に基づく社会経済形態:封建制度;封建時代.

feudalịstisch [ふぉイダリスティシュ] 形 封建的な.

das Feudalsystem [ふぉイダール・ズュステーム] 名 -s/- 封建制(度).

feudeln [ふぉイデルン] 動 h.〈et⁴ッ〉《北独》雑巾(ぞきん)でふく.

das Feuer [ふぉイアー] 名 -s/- **1.** 火,火気,炎: **schwaches/starkes ~** 弱火/強火. **auf offenem ~ kochen** 直火で調理する. **den Topf aufs ~ stellen** 鍋を火にかける. **sich⁴ am ~ wärmen** 火で体を暖める. **Das ~ ist ausgegangen.** 火が消えた. **Darf ich um ~ bitten?**(タバコの)火を貸して下さい. **2.** 火事,火災:„~!" rufen「火事だ」と叫ぶ. **~ an ein Haus legen** 家へ放火する. **Ein ~ ist ausgebrochen.** 火災が起こった. **ein speiender Vulkan** 火を吐く火山. **3.**(⑪のみ)砲火,銃火,射撃: **~ geben** 発砲する. **das ~ eröffnen/einstellen** 射撃を開始する/止める. **unter feindlichem ~ liegen** 敵の砲火を浴びている. **4.**(⑪のみ)熱情,情熱: **bei〈et³〉in ~ geraten**〈事の如く〉夢中になる. **5.**(宝石の)輝き;(酒類の)強さ;〖海〗(灯台などの)灯火.〖慣用〗**Feuer fangen** 火がつく,夢中になる.〈j³〉**Feuer unter dem Hintern machen**《口》〈人ッ〉急がせる. **für〈j⁴ッ〉die Hand ins Feuer legen**〈人・物・事のため〉保証する. **für〈j⁴ッ〉durchs Feuer gehen**〈人のため〉身命を賭(と)する. **für〈j⁴ッ〉Feuer und Flamme sein**〈人・事に〉熱狂している. **mit dem Feuer spielen** 火遊びをする. **wie Feuer und Wasser sein**(水と油のように)まったく相反している.

der Feueralarm [ふぉイアー・アラるム] 名 -(e)s/-e 火災警報.

der Feueranzünder [ふぉイアー・アン・ツュンデル] 名 -s/-(ガスの)点火器;付け木.

(der) Feuerbach [ふぉイアー・バッハ] 名《人名》フォイエルバッハ《① Ludwig ~, 1804-72,哲学者. ② Anselm ~ アンゼルム・フォイエルバッハ, 1829-80, 画家》.

der Feuerball [ふぉイアー・バル] 名 -(e)s/..bälle 火の玉(原爆などの中心);《文》火の球(太陽,流星など).

der Feuerbefehl [ふぉイアー・ベふェール] 名 -(e)s/-e 射撃命令.

feuerbeständig [ふぉイアー・ベシュテンディヒ] 形 耐火(性)の.

die Feuerbestattung [ふぉイアー・ベシュタットゥング] 名 -/-en 火葬.

der Feuerbock [ふぉイアー・ボック] 名 -(e)s/..böcke (炉の)薪のせ台,薪架(しんか).

die Feuerbohne [ふぉイアー・ボーネ] 名 -/-n 〖植〗ベニバナインゲン.

der Feuereifer [ふぉイアー・アイふぁー] 名 -s/ 《口》

(非常な)熱心さ, 熱意, 熱中.

die **Feu·er·es·se** [ふぉイあー·エッセ] [名] -/-n 《方》煙突.

feu·er·far·ben [ふぉイあー·ふぁるベン] [形] 《文》燃えるような(色の).

feu·er·far·big [ふぉイあー·ふぁるビひ] [形] =feuerfarben.

feu·er·fest [ふぉイあー·ふぇスト] [形] 耐火の, 不燃性の, 耐熱の.

der **Feu·er·fres·ser** [ふぉイあー·ふれっサー] [名] -s/- 《口》火食い術の芸人.

die **Feu·er·ge·fahr** [ふぉイあー·ゲふぁーあ] [名] -/ 火災の危険, 引火性.

feu·er·ge·fähr·lich [ふぉイあー·ゲふぇーあリひ] [形] 引火性の.

das **Feu·er·ge·fecht** [ふぉイあー·ゲふぇひト] [名] -(e)s/-e 砲撃〔銃撃〕戦.

der **Feu·er·geist** [ふぉイあー·ガイスト] [名] -(e)s/-e **1.** 《主に[複]》火の精. **2.** 燃えるような創造的精神の持主.

die **Feu·er·glo·cke** [ふぉイあー·グロッケ] [名] -/-n 火災警鐘, 半鐘.

der **Feu·er·ha·ken** [ふぉイあー·ハーケン] [名] -s/- 火かき棒; (消防の)鳶口(とびぐち).

feu·er·hem·mend [ふぉイあー·ヘメント] [形] 難燃性の.

der **Feu·er·herd** [ふぉイあー·ヘーあト] [名] -(e)s/-e 火元.

der **Feu·er·hund** [ふぉイあー·フント] [名] -(e)s/-e = Feuerbock.

der **Feu·er·kopf** [ふぉイあー·コップふ] [名] -(e)s/..köpfe 激情家, かっとなりやすい人.

die **Feu·er·lei·ter** [ふぉイあー·ライター] [名] -/-n (外壁の火災用鉄製)避難ばしご; 消防用はしご.

die **Feu·er·li·lie** [ふぉイあー·リーリエ] [名] -/-n 〘植〙エゾスカシユリ(赤に黒い斑点(はん)がある).

die **Feu·er·li·nie** [ふぉイあー·リーニエ] [名] -/-n 〘軍〙火線, 最前線.

der **Feu·er·lösch·ap·pa·rat** [ふぉイあー·[レ]ッシュ·アパラート] [名] -(e)s/-e =Feuerlöscher.

der **Feu·er·lö·scher** [ふぉイあー·[レ]ッシャー] [名] -s/- (小型の)消火器具.

das **Feu·er·lösch·ge·rät** [ふぉイあー·[レ]ッシュ·ゲれート] [名] -(e)s/-e 消火器.

der **Feu·er·lösch·teich** [ふぉイあー·[レ]ッシュ·タイひ] [名] -(e)s/-e 消火用貯水池.

das **Feu·er·mal** [ふぉイあー·マール] [名] -(e)s/-e (生来の)赤あざ.

die **Feu·er·mau·er** [ふぉイあー·マウあー] [名] -/-n 防火壁.

der **Feu·er·mel·der** [ふぉイあー·メルダー] [名] -s/- 火災報知機.

feu·ern [ふぉイあーン] [動] *h.* **1.** 〔〈et⁴〉ヲ+(mit 〈et³〉デ)〕焚(た)く(ストーブを石炭などで). **2.** 〔〈方向〉へ(カラ)〕〘軍〙砲撃〔銃撃〕する. **3.** 〔〈et⁴〉ヲ+〈方向〉へ〕《口》勢いよく投げつける. **4.** 〔〈j⁴〉ヲ〕《口》ほうり出す(会社·学校·地位などから). **5.** 〔補足なし〕《口》焼けるように痛む(肌·傷口などが). 【慣用】〈j³〉 **eine feuern** 《口》〈人に〉平手打ちを食わす.

der **Feu·er·opal** [ふぉイあー·オパール] [名] -s/-e 火蛋白石.

die **Feu·er·pro·be** [ふぉイあー·プろーべ] [名] -/-n **1.** (中世の)火の神明裁判(熱した鉄による火傷の治り具合から罪の有無を決定). **2.** 試練, (厳しい)能力テスト; 耐久性〔耐火性〕テスト; 訓練のための火災警報: die ~ bestehen 厳しい試練に耐え抜く.

das **Feu·er·rad** [ふぉイあー·らート] [名] -es/..räder 車火(くるまび)(車輪のようにまわる花火); (夏至などに谷にころがす車輪に巻きつけたわらの)火の輪.

feu·er·rot [ふぉイあー·ろート] [形] (火のように)真っ赤な.

der **Feu·er·sa·la·man·der** [ふぉイあー·ザラマンダー] [名] -s/- 〘動〙マダラサラマンダー(火の精).

die **Feu·er·säu·le** [ふぉイあー·ゾイレ] [名] -/-n 火柱.

die **Feu·ers·brunst** [ふぉイあース·ブるンスト] [名] -/..brünste 《文》大火事, 大火.

der **Feu·er·schein** [ふぉイあー·シャイン] [名] -(e)s/-e (空に映る)火の反射光.

das **Feu·er·schiff** [ふぉイあー·シふ] [名] -(e)s/-e 灯台船.

der **Feu·er·schutz** [ふぉイあー·シュッツ] [名] -es/ 防火; 防火設備〔対策〕; 〘軍〙援護射撃.

die **Feu·ers·ge·fahr** [ふぉイあース·ゲふぁーあ] [名] -/ 火災の危険; 火気厳禁(標示).

feu·er·si·cher [ふぉイあー·ズィっひゃー] [形] 耐火性の; 防火性の.

Feu·er spei·end, [旧]**feu·er·spei·end** [ふぉイあー シュパイエント] ⇨ Feuer 2.

die **Feu·er·sprit·ze** [ふぉイあー·シュプりっツェ] [名] -/-n 消火ポンプ.

die **Feu·er·stät·te** [ふぉイあー·シュテッテ] [名] -/-n かまど, 炉; 焼け跡.

der **Feu·er·stein** [ふぉイあー·シュタイン] [名] -(e)s/-e **1.** ライター石. **2.** 火打石, 燧石(すいせき).

die **Feu·er·stel·le** [ふぉイあー·シュテレ] [名] -/-n (簡単なつくりの)かまど, 炉; 焼け跡.

die **Feu·er·tau·fe** [ふぉイあー·タウふぇ] [名] -/-n 最初の試練, 初めての厳しいテスト; 〘兵〙銃火の洗礼, 初陣.

der **Feu·er·tod** [ふぉイあー·トート] [名] -(e)s/ **1.** 《文》焼死. **2.** 火刑.

der **Feu·er·über·fall** [ふぉイあー·ユーバー·ふぁル] [名] -(e)s/..fälle 〘軍〙(銃砲による)奇襲攻撃.

die **Feu·e·rung** [ふぉイエるング] [名] -/-en **1.** ([単]のみ)燃やすこと, 暖房; 燃料. **2.** (燃焼)炉, 燃焼装置; たき口, 火室, 燃焼室.

die **Feu·er·ver·si·che·rung** [ふぉイあー·ふぇあズィっひぇるング] [名] -/-en 火災保険.

die **Feu·er·wa·che** [ふぉイあー·ヴァっへ] [名] -/-n 消防署の建物.

die **Feu·er·waf·fe** [ふぉイあー·ヴァっふぇ] [名] -/-n 火器, 銃砲.

die **Feu·er·wan·ze** [ふぉイあー·ヴァンツェ] [名] -/-n 〘昆〙ホシカメムシ.

das **Feu·er·was·ser** [ふぉイあー·ヴァっサー] [名] -s/ 《口》火酒.

die **Feu·er·wehr** [ふぉイあー·ヴェーあ] [名] -/-en **1.** 消防隊: die ~ alarmieren 消防隊を呼ぶ. **2.** 《口》(出動した)消防(隊員たち); 《幼》(おもちゃの)消防自動車.

das **Feu·er·wehr·au·to** [ふぉイあー·ヴェーあ·アウト] [名] -s/-s 消防自動車.

die **Feu·er·wehr·frau** [ふぉイあー·ヴェーあ·ふらウ] [名] -/-en 女性消防隊員.

der **Feu·er·wehr·mann** [ふぉイあー·ヴェーあ·マン] [名] -(e)s/..männer〔..leute〕 消防隊員.

das **Feu·er·werk** [ふぉイあー·ヴェるク] [名] -(e)s/-e 花火.

der **Feu·er·wer·ker** [ふぉイあー·ヴェるカー] [名] -s/- 花火師; 爆発物の専門家; 〘軍〙弾薬技術(下)士官.

der **Feu·er·werks·kör·per** [ふぉイあー·ヴェるクス·[ケ]るパー] [名] -s/- 花火の玉.

die **Feu·er·zan·ge** [ふぉイあー·ツァンゲ] [名] -/-n 火ばさみ, 炉ばし.

die **Feu·er·zan·gen·bow·le** [ふぉイあー·ツァンゲン·ボーレ] [名] -/-n 火ばさみボウルのパンチ(赤ワインのパンチにラム酒で火をつけた砂糖をしたたらせたもの).

das **Feu·er·zei·chen** [ふぉイあー·ツァイひぇン] [名] -s/- 発火信号, のろし; 灯台, 灯光標識.

das **Feu·er·zeug** [ふぉイあー·ツォイク] [名] -(e)s/-e ライ

ター;点火器.

die **Feu·er·zun·ge** [ふぉイあー・ツンゲ] [名] -/-n 《文》(めらめら燃える)炎の舌.

das **Feuil·le·ton** [føjətõ: ふぇイェトーン, fǿjətõ ふぇイェトン] [名] -s/-s **1.** (新聞の)文芸欄, 文化欄, 娯楽欄;(文芸欄などの)寄稿(文). **2.** 《オーストリア》(学問的な事柄の)くだけた調子の読物〔論説〕.

der **Feuil·le·to·nist** [ふぇイェトニスト] [名] -en/-en (新聞の)文芸欄寄稿者.

feuil·le·to·nis·tisch [ふぇイェトニスティシュ] [形] 文芸欄の;読み物風な;《蔑》雑文風の, 浅薄な.

feu·rig [ふぉイリひ] [形] **1.** 情熱的な, 癇(かん)の強い;強い(酒・香辛料);熱烈な. **2.** 《古》灼熱(しゃくねつ)の;《文》真紅の;光り輝く.

F

der **Fex** [ふぇクス] [名] -es/-e〔《南独・オーストリア》-en/-en〕愚か者, 気違いじみた熱中者.

der **Fez**[1] [ふぇーツ] [名] -es/ ふざけ, 冗談.

der **Fez**[2] [fe:s ふぇース, ふぇーツ] [名] -(es)/-(e) 房つきの赤いトルコ帽.

ff **1.** =fortissimo 〖楽〗フォルティシモ, きわめて強く. **2.** [エふエふ] =sehr fein〖商〗極上の(品質表示).

FF =französischer Franc フランスフラン.

ff. =(und) folgende (Seiten) (および)次ページ以下.

die **FhG** [名] -/ =Fraunhofer-Gesellschaft フラウンホーファー協会(政府等の委託を受けた自然科学の応用・開発研究所).

der **Fi·a·ker** [ふぃアカー] [名] -s/- 《オーストリア》辻馬車;辻馬車の御者.

die **Fi·a·le** [ふぃアーレ] [名] -/-n〖建〗(ゴシック式)小尖塔(せんとう), ピナクル.

das **Fi·as·ko** [ふぃアスコ] [名] -s/-s 大失敗, 不評.

die **Fi·bel**[1] [ふぃーベル] [名] -/-n **1.** 《古》(小学校1年生用)絵入り読本. **2.** 入門書.

die **Fi·bel**[2] [ふぃーベル] [名] -/-n〖芸術学〗(原始時代の)留め金, ピン.

die **Fi·ber** [ふぃーバー] [名] -/-n **1.**〖医・生〗(筋肉・植物の)繊維. **2.** (単のみ)人工繊維, ファイバー.

die **Fi·bril·le** [ふぃブリレ] [名] -/-n〖医〗原線維, 細線維;〖植〗小繊維.

das **Fi·brin** [ふぃブリーン] [名] -s/ 〖医〗フィブリン, 繊維素.

das **Fi·bri·no·gen** [ふぃブリノ・ゲーン] [名] -s/ 〖医〗フィブリノゲン, 線維素原.

das **Fi·brom** [ふぃブろーム] [名] -s/-e〖医〗線維腫.

das **Fi·bro·sar·kom** [ふぃブろ・ざるコーム] [名] -s/-e〖医〗線維肉腫.

ficht [ふぃひト] [動] fechten の現在形 3 人称単数.

ficht! [ふぃひト] [動] fechten の du に対する命令形.

(*der*) **Fich·te**[1] [ふぃひテ] [名]〖人名〗フィヒテ(Johann Gottlieb ~, 1762-1814, 哲学者).

die **Fich·te**[2] [ふぃひテ] [名] -/-n〖植〗トウヒ;ドイツトウヒ;(単のみ)トウヒ材.

der **Fich·tel·berg** [ふぃひテル・べるク] [名] -(e)s/〖山名〗フィヒテルベルク(エルツ山脈中のドイツ領の最高峰).

das **Fich·tel·ge·bir·ge** [ふぃひテル・ゲビるゲ] [名] -s/〖山名〗フィヒテル山脈(バイエルン州に位置).

fich·ten [ふぃひテン] [形] ドイツトウヒ(製)の.

das **Fich·ten·holz** [ふぃひテン・ホルツ] [名] -es/ トウヒ材.

die **Fich·ten·mo·no·kul·tur** [ふぃひテン・モノ・クルトゥーあ] [名] -/-en〖林〗トウヒ単純林.

die **Fich·ten·na·del** [ふぃひテン・ナーデル] [名] -/-n トウヒの針葉.

fichtst [ふぃひツト] [動] fechten の現在形 2 人称単数.

das **Fi·chu** [fiʃy: ふぃシュー] [名] -s/-s〖服〗フィシュー(三角形の肩掛け. 前で交差させ, 背中で結ぶ).

fi·cken [ふぃっケン] [動] *h.* **1.** 〔(〈j[4]〉ト/mit 〈j[3]〉ト)〕《口》やる, ファックする. **2.** 〔〈j[4]〉ヲ〕《口》だまくらかす;《兵・若》しごく.

das **Fi·dei·kom·miss**, ⓐ**Fi·dei·kom·miß** [fideikɔmís ふぃデイコミス, fí:dei.. ふぃーデイコミス] [名] -es/-e〖法〗信託遺贈;家族世襲財産.

fi·del [ふぃデール] [形] 《口》陽気な.

die **Fi·del** [ふぃーデル] [名] -/-n〖楽〗フィーデル(中世のヴァイオリンに似た楽器).

(*der*) **Fi·de·lio** [ふぃデーリオ] [名]〖男名〗フィデーリオ(ベートーベン作のオペラの題名・主人公名).

der **Fi·de·lis·mus** [ふぃデリスムス] [名] -/ カストロ主義.

der **Fi·di·bus** [ふぃーディブス] [名] -(ses)/-(se)《古・冗》(パイプ点火用)こより, 木ぎれ.

(*das*) **Fi·dschi** [ふぃっヂ] [名] -s/〖国名〗フィジー(南太平洋の多数の島からなる国).

die **Fi·dschi·in·seln** [ふぃっヂ・インゼルン] [複名]〖地名〗フィジー諸島.

das **Fi·duz** [ふぃドゥーツ] [名] (次の形で) kein ~ zu 〈et[3]〉 haben 《口・古》〈事を〉信用しない;〈事を〉する勇気がない.

fi·du·zi·a·risch [ふぃドゥツィアーリシュ] [形]〖法〗受託者の.

das **Fie·ber** [ふぃーバー] [名] -s/- (主に[単]) **1.** (病気の)熱, 発熱;熱病: schwaches〔leichtes〕~ 微熱. im ~ 熱にうかされて. **2.** (病的な)熱中, 熱狂.

die **Fie·ber·fan·ta·sie** [ふぃーバー・ふぁンタズィー] [名] -/-n 高熱による病的妄想.

fie·ber·frei [ふぃーバー・ふらイ] [形] 熱のない, 平熱の.

der **Fie·ber·frost** [ふぃーバー・ふろスト] [名] -es/..fröste 悪寒, 寒気.

fie·ber·haft [ふぃーバーハふト] [形] **1.**〖医〗発熱性の. **2.** 熱の入った;火急の;非常な. **3.** 不思議に人の気持をかき立てる.

fie·be·rig [ふぃーベりひ] [形] =fiebrig.

die **Fie·ber·kur·ve** [ふぃーバー・クるヴェ] [名] -/-n 体温曲線.

das **Fie·ber·mit·tel** [ふぃーバー・ミっテル] [名] -s/-〖医〗解熱剤.

fie·bern [ふぃーバーン] [動] *h.* **1.** 〔補足なし〕熱がある(病人などが);ひどく興奮している. **2.** 〔nach 〈et[3]〉ヲ〕熱望している.

die **Fie·ber·rin·de** [ふぃーバー・りンデ] [名] -/-n キナ皮(キニーネがとれる).

der **Fie·ber·schau·er** [ふぃーバー・シャウあー] [名] -s/-(高熱による)悪寒.

die **Fie·ber·ta·bel·le** [ふぃーバー・タベレ] [名] -/-n 体温表.

das **Fie·ber·ther·mo·me·ter** [ふぃーバー・テるモ・メーター] [名] -s/- 体温計.

der **Fie·ber·wahn** [ふぃーバー・ヴァーン] [名] -(e)s/ 高熱による幻覚〔妄想〕.

fieb·rig [ふぃーブりひ] [形] 熱がある, 発熱性の;興奮した;性急な;非常に.

die **Fie·del** [ふぃーデル] [名] -/-n《古・冗》ヴァイオリン.

der **Fie·del·bo·gen** [ふぃーデル・ボーゲン] [名] -s/- ヴァイオリンの弓.

fie·deln [ふぃーデルン] [動] *h.* **1.** 〔〈et[4]〉ヲ〕へたなヴァイオリンで弾く(曲・メロディーを). **2.** 〔補足なし〕へたなヴァイオリンを弾く.

das **Fie·der·blätt·chen** [ふぃーダー・ブレっトひぇン] [名] -s/-〖植〗羽状複葉の小葉, 羽片.

die **Fie·de·rung** [ふぃーデるング] [名] -/-en (矢の)羽;羽状複葉.

der **Fied·ler** [ふぃードラー] [名] -s/- 《古》(大道の)ヴァイオリン弾き;《冗》へたなヴァイオリン弾き.

fiel [ふぃール] [動] fallen の過去形.

das **Field·re·search**, **Field-Re·search** [fí:ltrɪsə:tʃ ふぃールト・りセーチュ] [名] -s/〖社・統計〗=Feldforschung.

fie·le [ふぃーレ] [動] fallen の接続法２式.

fie·pen [ふぃーペン] [動] *h.* **1.** 〔補足なし〕〚狩〛か細い高い声で鳴く(ノロジカの雌や子が). **2.** 〔補足なし〕くんくん鳴く(子犬が), ぴいぴい鳴く(小鳥が), か細い高い音を出す(さまざまなものが).

fies [ふぃース] [形] 《口》気持〔気味〕の悪い, いやな.

die **FIFA, Fi·fa** [ふぃーふぁ] [名] -/ ＝Fédération Internationale de Football Association 国際サッカー連盟.

fif·ty-fif·ty [fíftɪfíftɪ ふぃふティ・ふぃふティ]〚英語〛(次の形で) ～ machen 《口》半々に分ける. ～ ausgehen/stehen 決着がつかない/決らないままである.

Fig. ＝Figur 図, 図形, 図解.

der **Fi·ga·ro** [ふぃーガろ] [名] -s/-s **1.** (［単］のみ; 主に無冠詞)〚人名〛フィガロ(Mozart のオペラの主人公名). **2.** 《冗》理髪師.

der **Fight** [faɪt ふぁイト] [名] -s/-s ボクシングの試合; (スポーツの)熱戦.

figh·ten [fáɪtən ふぁイテン] [動] *h.* 〔補足なし〕〚スポーツ〛ファイトを出して戦う〔努力する〕;〚ボクシング〛接近戦を挑む.

der **Figh·ter** [fáɪtər ふぁイター] [名] -s/- (絶えず挑戦する)不屈の人, 闘士;〚ボクシング〛ファイター.

die **Fi·gur** [ふぃグーあ] [名] -/-en **1.** (体の)格好, スタイル; (全身の)姿, 容姿, 外形: das Bild in ganzer ～ 全身像〔写真〕. **2.** 像, 彫像, 画像; 登場人物. **3.** 図, 図形, 図解(略 Fig.); 図案, 模様. **4.** 〚トランプ〛絵札;〚チェス〛駒(Schach～). **5.** 人, 人間: eine wichtige ～ der Zeit その時代の重要人物. **6.** 〚修〛言葉の綾, 詞姿;〚楽〛音型〔形〕, (ダンス・曲芸飛行などの)フィギュア. **【慣用】eine gute/schlechte Figur machen** 良い/悪い印象を与える(ある人が).

die **Fi·gu·ra ety·mo·lo·gi·ca** [ふぃグーら エテュモローギカ] [名] --/..rae..cae [..れ..ツェ]〚修〛語源的綾(einen Graben graben のように語幹を同じくする語を使った表現法).

der **Fi·gu·rant** [ふぃグらント] [名] -en/-en〚劇・映〛《古》(せりふのない)端役, その他大勢.

fi·gu·ra·tiv [ふぃグらティーふ] [形] **1.** 形象的な. **2.** 〚言〛比喩的な.

fi·gu·rie·ren [ふぃグリーれン] [動] *h.* **1.** 〔補足なし〕(リストに)載る, (新聞などに)登場する; せりふのない端役で出演する. **2.** 〔〈et⁴〉ヲ〕〚楽〛和声的に解決する(和音・旋律を).

die **Fi·gu·ri·ne** [ふぃグリーネ] [名] -/-n〚芸術学〛小さな立像; 点景人物;〚劇〛衣装デザイン.

fi·gür·lich [ふぃギューあリひ] [形] **1.** 容姿の点での. **2.** 〚芸術学〛(人・動物などの)姿を描いた, 具像的な. **3.** 〚言〛比喩的な.

die **Fik·ti·on** [ふぃクツィオーン] [名] -/-en 虚構, フィクション;〚哲〛仮定, 仮設;〚法〛擬制.

fik·tiv [ふぃクティーふ] [形] 虚構の, 架空の, フィクションの.

das **Fi·la·ment** [ふぃラメント] [名] -s/-e **1.** 〚植〛花糸. **2.** (主に［複］)〚天〛フィラメント(太陽の紅炎). **3.** 〚紡〛単繊維, フィラメント.

das **Fi·let** [filé: ふぃレー] [名] -s/-s **1.** 〚料〛ヒレ肉; (魚の骨皮なしの)切身, フィレ; (鳥の)胸肉. **2.** 〚織〛網目レース, フィレ・レース;〚手芸〛＝Filetarbeit.

die **Fi·let·ar·beit** [ふぃレー・アるバイト] [名] -/-en 網目レース編.

fi·le·tie·ren [ふぃレティーれン] [動] *h.* 〔〈et⁴〉カラ〕〚料〛ヒレ肉を切り分ける, (…を)三枚におろして皮を取る.

die **Fi·let·na·del** [ふぃレー・ナーデル] [名] -/-n 網目レース用の編み針.

die **Fi·let·spit·ze** [ふぃレー・シュピッツェ] [名] -/-n 網目レース編のレース.

das **Fi·let·steak** [ふぃレー・ステーク, ふぃレー・シュテーク] [名] -s/-s〚料〛ヒレ(肉の)ステーキ.

das **Fi·let·stück** [ふぃレー・シュテュック] [名] -(e)s/-e ヒレ肉;《転》好立地条件の土地.

die **Fi·lia hos·pi·ta·lis** [ふぃーリア ホスピターリス] [名] --/..liae..les [..リエ..レース]《文・冗》下宿屋の娘.

die **Fi·li·a·le** [ふぃリアーレ] [名] -/-n (食料品)チェーン店; (銀行などの)支店, 支社.

die **Fi·li·al·kir·che** [ふぃリアール・キるひぇ] [名] -/-n〚キ教〛支聖堂, 支部教会.

der **Fi·li·al·lei·ter** [ふぃリアール・ライター] [名] -s/- (チェーン店の)店長; 支店〔支社〕長.

fi·li·bus·tern [..bástərn ふぃリバスターン] [動] *h.* 〔補足なし〕議事の進行を妨害する(長い演説などで).

fi·lie·ren [ふぃリーれン] [動] *h.* **1.** 〔〈et⁴〉ヲ〕〚手芸〛網目編みで作る. **2.** 〔〈et⁴〉カラ〕ヒレ肉を切り分ける, (…を)三枚におろす.

das **Fi·li·gran** [ふぃリグらーン] [名] -s/-e 金銀線細工.

die **Fi·li·pi·na** [ふぃリピーナ] [名] -/-s フィリピン人女性.

der **Fi·li·pi·no** [ふぃリピーノ] [名] -s/-s フィリピン人.

der **Fi·li·us** [ふぃーリウス] [名] -/-se 《冗》(若い)息子.

der **Film** [ふぃルム] [名] -(e)s/-e **1.** (写真の)フィルム: ein hochempfindlicher ～ 高感度フィルム. **2.** 映画(Kino～); (［単］のみ)映画界: einen ～ drehen 映画を撮影する. zum ～ gehen 《口》映画界に入る. Dieser ～ läuft seit einigen Wochen. この映画は数週間前から上映されている. **3.** 薄膜, 薄皮.

das **Film·ar·chiv** [ふぃルム・アるひーふ] [名] -s/-e フィルムライブラリー.

das **Film·a·te·lier** [ふぃルム・アテリエー] [名] -s/-s 映画スタジオ, 撮影所.

die **Film·auf·nah·me** [ふぃルム・アウふ・ナーメ] [名] -/-n 映画撮影.

der **Film·au·tor** [ふぃルム・アウトーあ] [名] -s/-en 映画の脚本作家.

die **Film·be·ar·bei·tung** [ふぃルム・ベアるバイトゥング] [名] -/-en 映画化.

die **Film·di·va** [ふぃルム・ディーヴァ] [名] -/-s〔..ven〕《古》映画の花形女優.

fil·men [ふぃルメン] [動] *h.* **1.** 〔補足なし〕(映画を)撮る, 撮影する. **2.** 〔〈j⁴/et⁴〉ヲ〕映画に撮る. **3.** 〔〈場所〉デ〕映画を撮っている. **4.** 〔補足なし〕映画に出る(俳優として). **5.** 〔〈j⁴〉ヲ〕《口》いっぱい食わす.

der **Film·fan** [..fɛn ふぃルム・ふぇン] [名] -s/-s 映画ファン.

das **Film·fes·ti·val** [ふぃルム・ふぇスティヴァル, ふぃルム・ふぇスティヴェル] [名] -s/-s 映画祭.

die **Film·fest·spie·le** [ふぃルム・ふぇスト・シュピーレ] [複名] ＝Filmfestival.

die **Film·ge·sell·schaft** [ふぃルム・ゲゼルシャふト] [名] -/-en 映画会社.

die **Film·grö·ße** [ふぃルム・グれーセ] [名] -/-n 映画の大スター.

die **Film·in·dus·trie** [ふぃルム・インドゥストリー] [名] -/-n 映画産業.

fil·misch [ふぃルミシュ] [形] 映画の.

die **Film·ka·me·ra** [ふぃルム・カメら] [名] -/-s 撮影機.

die **Film·kas·set·te** [ふぃルム・カセッテ] [名] -/-n フィルム・カセット〔カートリッジ〕.

die **Film·ko·pie** [ふぃルム・コピー] [名] -/-n 映画のプリント.

die **Film·kri·tik** [ふぃルム・クりティーク] [名] -/-en 映画批評〔評論〕; (［単］のみ)《総称》映画評論家.

die **Film·kunst** [ふぃルム・クンスト] [名] -/ 映画芸術.

das **Film·ma·nu·skript** [ふぃルム・マヌスクりプト] [名] -(e)s/-e 映画シナリオ〔台本〕.

die **Film·mu·sik** [ふぃルム・ムズィーク] [名] -/ 映画音楽.

der **Film·pack** [ふぃルム・パック] [名] -(e)s/-e〔..päcke〕フィルムパック.

F

der **Film·preis** [ふぃルム・プライス] [名] -es/-e 優秀映画賞.

der **Film·re·gis·seur** [ふぃルム・れジ㋝ーあ] [名] -s/-e 映画監督.

der **Film·riss,** ⓐ **Film·riß** [ふぃルム・リス] [名] -es/-e 突然フィルムが切れること;《口》ど忘れ,(一時的)意識喪失.

der **Film·schau·spie·ler** [ふぃルム・シャウ・シュピーラー] [名] -s/- 映画俳優.

die **Film·spu·le** [ふぃルム・シュプーレ] [名] -/-n フィルムスプール,巻枠.

der **Film·star** [ふぃルム・シュターあ,ふぃルム・スターあ] [名] -s/-s 映画スター.

das **Film·stern·chen** [ふぃルム・シュテるンひぇン] [名] -s/- 次代を担う映画女優.

F

der **Film·strei·fen** [ふぃルム・シュトらイふぇン] [名] -s/- ロールフィルム;フィルムストリップ.

das **Film·stu·dio** [ふぃルム・シュトゥーディオ] [名] -s/-s 映画スタジオ.

das **Film·the·a·ter** [ふぃルム・テアーター] [名] -s/- 映画劇場.

der **Film·ver·leih** [ふぃルム・ふぇあライ] [名] -(e)s/-e 映画配給(会社).

der **Film·vor·füh·rer** [ふぃルム・ふぉーあ・ふゅーらー] [名] -s/- 映写技師.

die **Film·vor·stel·lung** [ふぃルム・ふぉーあ・シュテルング] [名] -/-en 映画の上映.

der **Fi·lou** [filú: ふぃルー] [名] -s/-s(《方》das ~ も有)《冗》(《蔑》も有)いかさま師,ペテン師,わる賢いやつ.

der〔*das*〕**Fil·ter** [ふぃルター] [名] -s/- **1.** 濾過(ろか)器〔装置〕,フィルター;濾過材. **2.**〘写〙フィルター;〘電〙(電波の)濾波器〔回路〕. **3.** (タバコの)フィルター(~mundstück).

fil·tern [ふぃルターン] [動] *h.* **1.** 〔<et⁴>ヲ+(durch <et⁴>デ)〕漉(こ)す,濾過(ろか)する. **2.** 〔<et⁴>ヲ+durch <et⁴>デ〕〘光・写〙濾光する(光をフィルターで).

das **Fil·ter·pa·pier** [ふぃルター・パピーあ] [名] -s/-e 濾(こ)し紙.

die **Fil·ter·zi·ga·ret·te** [ふぃルター・ツィガれっテ] [名] -/-n フィルター付きタバコ.

das **Fil·trat** [ふぃルトらート] [名] -(e)s/-e 濾過(ろか)液,漉(こ)し水.

fil·trie·ren [ふぃルトりーれン] [動] *h.* 〔<et⁴>ヲ〕漉(こ)す,濾過(ろか)する.

die **Fil·trie·rung** [ふぃルトりーるング] [名] -/-en (主に[単])濾過(ろか).

der **Filz** [ふぃルツ] [名] -es/-e **1.** フェルト. **2.** フェルトのようにからみ合っているもの;《南西独》毛玉,糸くず. **3.** フェルトの帽子(~hut);《口》(ビールの)コースター(Bier~). **4.** 《南独》湿原;《オーストリア》豚の脂身. **5.** 《口》けちな人;田舎もの. **6.** =Filzokratie.

fil·zen [ふぃルツェン] [動] **1.** *h./s.*〔補足なし〕(フェルト状に)縮む(特にウール製品が). **2.** *h.* 〔<et⁴>ヲ〕《稀》丹念に調べる(ノミ・染みなどを探して衣類を). **3.** *h.* 〔<j⁴/et⁴>ヲ〕《口》徹底的に検査する(旅行者・部屋などを). **4.** *h.* 〔<j³/et³>カラ〕《口》金品を(探して)盗む. **5.** *h.* 〔補足なし〕《口》ぐっすり眠る. **6.** *h.* 〔mit <et³>ヲ〕《口》けちる.

der **Filz·hut** [ふぃルツ・フート] [名] -(e)s/..hüte フェルトの帽子.

fil·zig [ふぃルツィひ] [形] フェルト状の;《口》けちな.

die **Filz·laus** [ふぃルツ・ラウス] [名] -/..läuse 〘昆〙ケジラミ;《口・蔑》煩わしいやつ.

die **Fil·zo·kra·tie** [ふぃルツォ・クらティー] [名] -/-n 《嘲》閥支配〔政治〕.

der **Filz·pan·tof·fel** [ふぃルツ・パントっふぇル] [名] -s/-n フェルトのスリッパ.

der **Filz·schrei·ber** [ふぃルツ・シュらイバー] [名] -s/- フェルトペン.

der **Filz·schuh** [ふぃルツ・シュー] [名] -(e)s/-e フェルト製の室内履き.

der **Filz·stift** [ふぃルツ・シュティふト] [名] -(e)s/-e フェルトペン,サインペン.

der **Fim·mel**¹ [ふぃメル] [名] -s/- **1.** 《口・蔑》病的な好み,奇癖: einen ~ für <et⁴> haben <物・事に>気違いのように熱中している. **2.** 〘鉱〙大型ハンマー.

der **Fim·mel**² [ふぃメル] [名] -s/- =Femel.

die **FINA** [ふぃーナ] [名] -/ =Fédération Internationale de Natation Amateur 国際アマチュア水泳連盟.

fi·nal [ふぃナール] [形] **1.** 最終の,終局の. **2.** 〘哲・言〙目的の.

das **Fi·na·le** [ふぃナーレ] [名] -s/- 《文》終局,フィナーレ;〘楽〙(器楽曲の)終楽章;(オペラなどの各幕の)フィナーレ;〘スポーツ〙決勝戦;ラストスパート.

der **Fi·na·list** [ふぃナリスト] [名] -en/-en 〘スポーツ〙決勝出場選手.

der **Fi·nal·satz** [ふぃナール・ザッツ] [名] -es/..sätze 〘言〙目的文.

die **Fi·nanz** [ふぃナンツ] [名] -/ **1.** 金融. **2.** 《総称》金融業界の人々,金融業者;財界首脳(Hoch~). **3.** 《オーストリア・口》=Finanzamt.

die **Fi·nanz·ab·tei·lung** [ふぃナンツ・アップタイルング] [名] -/-en 財務部門.

das **Fi·nanz·amt** [ふぃナンツ・アムト] [名] -(e)s/..ämter 税務署;税務署の建物.

der **Fi·nanz·aus·gleich** [ふぃナンツ・アウス・グライひ] [名] -(e)s/-e 財政調整,財政平衡化(連邦・州・市町村間での).

der **Fi·nanz·be·am·te** [ふぃナンツ・ベアムテ] [名] (形容詞的変化)財務〔大蔵〕省官吏,財務官吏,税務署員.

die **Fi·nanz·be·hör·de** [ふぃナンツ・ベ㋬ーあデ] [名] -/-n 財務行政関連機関(財務官庁,税務署など).

das **Fi·nanz·de·fi·zit** [ふぃナンツ・デーふぃツィト] [名] -s/-e 財政赤字.

der **Fi·nanz·dienst·leis·ter** [ふぃナンツ・ディーンスト・ライスター] [名] -s/- 金融〔ファイナンシャル〕サービス業(銀行・保険業など).

die **Fi·nan·zen** [ふぃナンツェン] [複名] (国家・法人の)財政;《口》(個人の)財政状態,懐具合.

die **Fi·nanz·hil·fe** [ふぃナンツ・ヒルふぇ] [名] -/-en 〘政・経〙財政援助.

die **Fi·nanz·ho·heit** [ふぃナンツ・ホーハイト] [名] -/ 財政権(国家の課税権).

fi·nan·zi·ell [ふぃナンツィエル] [形] 財政(上)の,金銭的な.

fi·nan·zie·ren [ふぃナンツィーれン] [動] *h.* **1.** 〔<j⁴/et⁴>ニ//<j³>ニ+et⁴>ノ〕金を出す,財政援助をする,融資する. **2.** 〔<et⁴>ヲ〕〘商〙ローンで買う〔支払う〕. **3.** 〔補足なし〕〘商〙ローンを受ける.

die **Fi·nan·zie·rung** [ふぃナンツィーるング] [名] -/-en 融資;資金調達.

das **Fi·nanz·jahr** [ふぃナンツ・ヤーあ] [名] -(e)s/-e 会計年度.

fi·nanz·kräf·tig [ふぃナンツ・クれふティひ] [形] 資力〔財政〕の豊かな.

die **Fi·nanz·la·ge** [ふぃナンツ・ラーゲ] [名] -/ 財政状態.

der **Fi·nanz·mann** [ふぃナンツ・マン] [名] -(e)s/..männer〔..leute〕資金提供者,スポンサー.

der **Fi·nanz·mi·nis·ter** [ふぃナンツ・ミニスター] [名] -s/- 財務〔大蔵〕大臣.

das **Fi·nanz·mi·nis·te·ri·um** [ふぃナンツ・ミニステーりウム] [名] -s/..rien 財務〔大蔵〕省;(州の)財務省.

der **Fi·nanz·plan** [ふぃナンツ・プラーン] [名] -(e)s/..pläne 〘政・経〙財政計画.

Fingernagel

der **Fi·nanz·pla·nungs·rat** [ふぃナンツ・プラーヌングス・らート] 名 -(e)s/..räte 〖政・経〗財政計画委員会.

die **Fi·nanz·po·li·tik** [ふぃナンツ・ポリーティーク] 名 -/-en (国家の)財政政策.〖経〗(企業の)財務政策.

fi·nanz·po·li·tisch [ふぃナンツ・ポリーティシュ] 形 財政政策上の.

fi·nanz·schwach [ふぃナンツ・シュヴァっほ] 形 資力のない,財政の弱体な.

die **Fi·nanz·sprit·ze** [ふぃナンツ・シュプりッツェ] 名 -/-n 〖口〗(企業などへの)財政援助(措置).

die **Fi·nanz·ver·wal·tung** [ふぃナンツ・ふぇあヴァルトゥング] 名 -/-en 財務行政機関.

der **Fi·nanz·wech·sel** [ふぃナンツ・ヴェクセル] 名 -s/- 〖経〗融通(金融)手形.

das **Fi·nanz·we·sen** [ふぃナンツ・ヴェーゼン] 名 -s/ 財政(制度).

die **Fi·nanz·wirt·schaft** [ふぃナンツ・ヴィるトシャふト] 名 -/ 財政,財政管理.

die **Fi·nanz·wis·sen·schaft** [ふぃナンツ・ヴィッセンシャふト] 名 -/ 財政学.

das **Fin·del·haus** [ふぃンデル・ハウス] 名 -es/..häuser 捨て子養育施設.

das **Fin·del·kind** [ふぃンデル・キント] 名 -(e)s/-er 捨て子,孤児.

fin·den* [ふぃンデン] 動 fand ; hat gefunden **1.** 〖j⁴/et⁴〗見つける,(…に)出会う(偶然に,または探していて); 見つける,得る(友達・住居・仕事などを).〖⟨j⟩が相互代名詞sichの場合〗互いに気が合う. **2.** 〖sich⁴〗見つかる(なくしたと思っていたものが). **3.** 〖⟨j⁴/et⁴⟩を〗思いつく,見出す. **4.** 〖⟨j⁴/et⁴⟩を+⟨様態⟩デフルト〗見つける,(…であるのが)分る. **5.** 〖⟨j⁴/et⁴⟩を+⟨形⟩を⟨文⟩と〗思う,感じる,評価する,判断する. **6.** 〖⟨方向⟩に〗着く,たどり着く;(…から)出る. **7.** 〖⟨et⁴⟩を+an ⟨j³/et³⟩に〗感じる,見出す. **8.** 〖⟨et⁴⟩を+(bei ⟨j³⟩から)〗得る,受ける,(…に)与る: Gnade ～ 恩寵を受ける. seine Zustimmung/sein Verständnis ～ 彼の同意/理解を得る. Berücksichtigung ～ 顧慮される. Verwendung ～ 使用される. **9.** 〖sich⁴+in ⟨et⁴⟩に〗〖文〗順応する,適応する,慣れる,甘んじる,従う. 【慣用】 **Das ist ein gefundenes Fressen für ihn.** 〖口〗それは彼にとっておあつらえ向きだ. **Das (Es) wird sich (alles) finden.** (何もかも)いずれ明らかになるだろう,(なにもかも)いずれうまく行くだろう. **Er hat sich (wieder) gefunden** ! 彼は正気を取戻した,彼はおちいった. **Es findet sich häufig, dass ...** …のことはよくある. **Es findet sich niemand, der es tun will (es niemand finden), der ...** …する〔である〕人は一人も見つからない. **Ich finde nichts dabei, dass ...** …のことがあっても,私はとくに気にしない〔心配しない〕. **Ich hab's gefunden** ! 〖口〗やった〔解答・うまい考えなどが見つかって〕. **in ⟨j³⟩ einen zuverlässigen Freund finden** ⟨人⟩に信頼のおける友人だと分る. **in ⟨j³⟩ seinen Meister finden** ⟨人⟩に分のうわ手の人間と思う. **nichts daran finden** それほど良い〔すばらしい〕とは思わない. **sich⁴ bereit finden, ... zu** …をする用意(覚悟)があることを承諾する. **So etwas findet man heute nicht mehr.** そんなもの〔こと〕は,今日ではもう見られない.

der **Fin·der** [ふぃンダー] 名 -s/- (遺失物の)発見者,拾得者.

der **Fin·der·lohn** [ふぃンダー・ローン] 名 -(e)s/..löhne 拾得者への謝礼.

das **Fin de Siè·cle,** ⓔ *das* **Fin de siècle** [fɛ̃:dəsjɛ́:kəl ふぁン・ドゥ・スィエークル] 名 ---/ 世紀末(19世紀末の退廃的時代).

fin·dig [ふぃンディヒ] 形 機転が利く.

die **Fin·dig·keit** [ふぃンディヒカイト] 名 -/ 如才なさ,機転.

der **Fínd·ling** [ふぃントリング] 名 -s/-e **1.** 〖稀〗捨て子. **2.** 〖地質〗捨て子石,漂石.

die **Fi·nes·se** [ふぃネッセ] 名 -/-n **1.** 〔主に瀬〕こつ,技巧. **2.** 手練手管,策略. **3.** 〔主に瀬〕(細工などの)精巧さ.

fing [ふぃンク] 動 fangen の過去形.

fin·ge [ふぃンゲ] 動 fangen の接続法2式.

der **Fín·ger** [ふぃンガー] 名 -s/- (手の)指;(手袋の)指の部分: der kleine ～ 小指. einen Ring am ～ tragen 指輪をしている. sich³ die ～ wund schreiben 非常に多く書く. 【慣用】 ⟨j³⟩ **auf die Finger klopfen** ⟨人を⟩厳しくしかる. ⟨j³⟩ **auf die Finger sehen** 〖口〗⟨人を⟩厳しく監視する. **die Finger im Spiel haben** 〖口〗⟨事に⟩ひそかに関わっている. **bei ⟨j³⟩ durch die Finger sehen** 〖口〗⟨人を⟩大目に見る. **den Finger auf die Wunde legen** 嫌なことをずばりと指摘する. **die Finger von ⟨j³/et³⟩ lassen** 〖口〗(他人の)⟨人・事に⟩介入しない. **Er hat überall seine Finger dazwischen,** 〖口〗彼は何にでも関係している. ⟨j³⟩ **in die Finger geraten** 〖口〗⟨人⟩の手中に陥る. ⟨j³⟩ **jucken die Finger nach ⟨et³⟩** ⟨人が⟩⟨事を⟩したがる[⟨物を⟩ほしがる]. **keinen Finger rühren (krumm machen)** 〖口〗労を惜しむ. **lange (krumme) Finger machen** 〖口〗盗みをする. **mit spitzen Fingern anfassen** 〖口〗⟨物を⟩いやいや触る. ⟨j³⟩ **nicht aus den Fingern lassen** ⟨人・物を⟩手放さない. **sich³ an [bei] ⟨et³⟩ die Finger verbrennen** 〖口〗⟨事で⟩手痛い目にあう. **sich³ ⟨et⁴⟩ an den fünf Fingern abzählen können** 〖口〗⟨事は⟩すぐ解ける(明らかだ). **sich³ ⟨et⁴⟩ aus den Fingern saugen** 〖口〗⟨事を⟩でっち上げる. **sich³ die (alle zehn) Finger nach ⟨et³⟩ lecken** 〖口〗⟨物が⟩ほしくて仕方がない. **sich⁴ in den Finger schneiden** 〖口〗当がはずれる. ⟨j³⟩ **um den (kleinen) Finger wickeln (können)** 〖口〗⟨人を⟩手玉にとる.

der **Fín·ger·ab·druck** [ふぃンガー・アップ・ドるック] 名 -(e)s/..drücke 指紋.

der **Fín·ger·bal·len** [ふぃンガー・バレン] 名 -s/- =Fingerbeere.

die **Fín·ger·bee·re** [ふぃンガー・ベーれ] 名 -/-n 指の腹.

fín·ger·breit [ふぃンガー・ブらイト] 形 指の幅の.

fín·ger·dick [ふぃンガー・ディック] 形 指の太さの.

die **Fín·ger·far·be** [ふぃンガー・ふぁルベ] 名 -/-n フィンガーペイント用の絵の具(子供が指につけて描く).

fín·ger·fer·tig [ふぃンガー・ふぇるティヒ] 形 手先の器用な.

die **Fín·ger·fer·tig·keit** [ふぃンガー・ふぇるティヒカイト] 名 -/ 手先の器用さ,巧みな指さばき.

das **Fín·ger·glied** [ふぃンガー・グリート] 名 -(e)s/-er 指の関節と関節の間の部分.

der **Fín·ger·hand·schuh** [ふぃンガー・ハント・シュー] 名 -(e)s/-e 5本指の手袋.

der **Fín·ger·hut** [ふぃンガー・フート] 名 -(e)s/..hüte **1.** 〖植〗ジギタリス. **2.** (帽子形の)指ぬき. 【慣用】 **ein Fingerhut (voll)** ごく少量(液体の量).

..fín·ger·ig [..ふぃンガーりヒ] 接尾 数詞・形容詞などにつけて「…の指をもつ」を意味する形容詞を作る: lang*fingerig* 指の長い.

fín·ger·lang [ふぃンガー・ラング] 形 指の長さの.

der **Fín·ger·ling** [ふぃンガー・リング] 名 -s/-e 指サック;手袋の指.

das **Fín·ger·loch** [ふぃンガー・ろっは] 名 -(e)s/..löcher 〖楽〗(管楽器の)指穴,指孔.

fín·gern [ふぃンゲるン] 動 h. **1.** 〖an ⟨et³⟩〗指でいじる(ボタンなどを). **2.** 〖nach ⟨et³⟩〗指で探す(探る). **3.** 〖⟨et⁴⟩を+aus ⟨et³⟩〗指でつまみ出す. **4.** 〖⟨et⁴⟩を〗〖口〗ずるくやり遂げる(仕事などを). **5.** 〖⟨et⁴⟩を〗〖口〗くすねる.

der **Fín·ger·na·gel** [ふぃンガー・ナーゲル] 名 -s/..nägel (手の)指の爪.

der **Fịn·ger·ring** [ふぃンガー·リング] [名] -(e)s/-e 指輪.

der **Fịn·ger·satz** [ふぃンガー·ザッツ] [名] -es/..sätze 〖楽〗運指法.

die **Fịn·ger·scha·le** [ふぃンガー·シャーレ] [名] -/-n フィンガーボール.

die **Fịn·ger·spit·ze** [ふぃンガー·シュピッツェ] [名] -/-n 指先：Das muss man in den ~*n* haben. 《口》そういうことは直感〔勘〕で分るようでないといけない.

das **Fịn·ger·spit·zen·ge·fühl** [ふぃンガーシュピッツェン·ゲふゅール] [名] -(e)s/ 鋭敏な感覚, 勘.

die **Fịn·ger·spra·che** [ふぃンガー·シュプらーへ] [名] -/-n 手話.

die **Fịn·ger·ü·bung** [ふぃンガー·ユーブング] [名] -/-en 〖楽〗運指練習;運指練習曲.

der **Fịn·ger·zeig** [ふぃンガー·ツァイク] [名] -(e)s/-e 示唆, ヒント.

fin·gie̱·ren [ふぃンギーれン] [動] *h.* 〔〈et^{4}〉ヲ〕でっち上げる;装う(病気などを).

fin·gie̱rt [ふぃンギーあト] [形] 偽の, 虚構の, 擬装の.

das **Fị·nish** [fínɪʃ ふぃニシュ] [名] -s/-s **1.** 〖スポーツ〗最後の段階〔動作〕, フィニッシュ;決勝戦;ラストスパート. **2.** (製品の)仕上げ.

der **Fịnk** [ふぃンク] [名] -en/-en **1.** 〖鳥〗ヒワ. **2.** 〖学生組合〗学生組合に所属していない学生.

der **Fịn·ken·vo·gel** [ふぃンケン·ふぉーゲル] [名] -s/..vögel 〖鳥〗アトリ科の小鳥(アトリ, ヒワなど).

der **Fịn·ne**^{1} [ふぃネ] [名] -n/-n フィン(ランド)人(フィン語系の言語を話す).

die **Fịn·ne**^{2} [ふぃネ] [名] -/-n **1.** 〖動〗(サメやクジラなどの)背びれ. **2.** (金づちの)とがった頭.

die **Fịn·ne**^{3} [ふぃネ] [名] -/-n 〖動〗条虫類の幼虫, 嚢虫(のうちゅう);〖医〗吹き出もの, 膿疱(のうほう).

fịn·nig [ふぃニひ] [形] 嚢虫(のうちゅう)のいる(肉);吹き出もの〔にきび〕のできた.

die **Fịn·nin** [ふぃニン] [名] -/-nen フィンランド人女性.

fịn·nisch [ふぃニシュ] [形] フィンランド(人·語)の.

das **Fịn·nisch** [ふぃニシュ] [名] -(s)/ フィンランド語. 【用法は⇨Deutsch】

das **Fịn·ni·sche** [ふぃニシェ] [名] (形容詞的変化;[単]のみ) **1.** (定冠詞とともに)フィンランド語. **2.** フィンランド的なもの〔こと〕.【用法は⇨ Deutsche^{2}】

fịn·nisch-u̱·grisch [ふぃニシュ·ウーグりシュ] [形] 〖言〗フィン·ウゴル語の.

(*das*) **Fịnn·land** [ふぃン·ラント] [名] -s/ 〖国名〗フィンランド.

der **Fịnn·län·der** [ふぃン·レンダー] [名] -s/- フィンランド人(スウェーデン語を母語とする). ⇨ Finne 1.

fịnn·län·disch [ふぃン·レンディシュ] [形] フィンランド(人)の.

die **Finn·lan·di·si̱e·rung** [ふぃン·ランディズィーるング] [名] -/ 〖政〗(主に《蔑》)フィンランド化.

die **Fịnn·mark** [ふぃン·マるク] [名] -/- フィンランド·マルク(フィンランドの貨幣単位. 略 Fmk).

fin·no·u̱·grisch [ふぃノ·ウーグりシュ] [形] =finnisch-ugrisch.

der **Fịnn·wal** [ふぃン·ヴァール] [名] -(e)s/-e 〖動〗ナガスクジラ.

fịns·ter [ふぃンスター] [形] **1.** 真っ暗な, 闇の, 暗黒の：die ~*en* Zeiten 暗黒時代. **2.** (暗くて)気味の悪い. **3.** 正体不明の, いかがわしい, うさんくさい. **4.** 不機嫌な, 陰気な. 【慣用】**im Finstern tappen** 暗中模索する.

der **Fịns·ter·ling** [ふぃンスターリング] [名] -s/-e 《蔑》暗いやつ〔人〕.

die **Fịns·ter·nis** [ふぃンスターニス] [名] -/-se **1.** 暗闇, 暗黒：das Reich der ~ 〖聖書〗地獄. **2.** 〖天〗食(しょく)：eine totale/partielle ~ 皆既食/部分食.

die **Fịn·te** [ふぃンテ] [名] -/-n 《文》口実, 見せかけ, トリック, 陽動作戦;〖スポーツ〗フェイント.

fin·ti̱e·ren [ふぃンティーれン] [動] *h.* 〖補足なし〗〖スポーツ〗フェイントをかける.

fịp·sig [ふぃプスィひ] [形] 《口》ぱっとしない.

(*das*) **Fi·rẹn·ze** [ふぃれンツェ] [名] -s/ 〖地名〗フィレンツェ(イタリア中部の都市).

die〔*der*〕**Fire·wall** [fáɪəwɔːl ふあイエ·ウォール] [名] -/-s(der ~ -s/-s) 〖コンピュータ〗ファイアウォール(ネットワークへの外部からの侵入を防ぐソフト).

der **Fịr·le·fanz** [ふぃるレふぁンツ] [名] -es/-e 《口·蔑》 **1.** ([単]のみ)がらくた, (金ぴかの)安物. **2.** ([単]のみ)ばかげたこと〔話·振舞〕. **3.** 《稀》くだらぬやつ.

fịrm [ふぃるム] [形] (次の形で) in 〈et^{3}〉 ~ sein 《古》〈事に〉熟達〔精通〕している.

die **Fịr·ma** [ふぃるマ] [名] -/..men **1.** 会社, 商社, 商会;〖経〗商号, 屋号(略 Fa.). **2.** 《口·蔑》一族, 仲間.

das **Fir·ma·mẹnt** [ふぃるマメント] [名] -(e)s/-e (主に[単])《文》天空, 蒼穹(そうきゅう).

fịr·men [ふぃるメン] [動] *h.* 〔〈j^{4}〉ニ〕〖カトリック〗堅信を授ける.

der **Fịr·men·in·ha·ber** [ふぃるメン·イン·ハーバー] [名] -s/- 社主, 店主, 会社のオーナー.

das **Fịr·men·schild** [ふぃるメン·シルト] [名] -(e)s/-er 商店〔商社〕の看板.

der **Fịr·men·stem·pel** [ふぃるメン·シュテムペル] [名] -s/- 社印, 店印.

das **Fịr·men·ver·zeich·nis** [ふぃるメン·ふぇあツァイひニス] [名] -ses/-se 会社録〔一覧表〕.

fir·mi̱e·ren [ふぃるミーれン] [動] *h.* **1.** 〔als 〈j^{1}/et^{1}〉ト/mit 〔unter〕〈et^{3}〉ヲ〕名乗る(商号として). **2.** 〔〈et^{4}〉ニ〕商号をサインする(書類に).

der **Fịrm·ling** [ふぃるムリング] [名] -s/-e 〖カトリック〗受堅者.

die **Fịr·mung** [ふぃるムング] [名] -/-en 〖カトリック〗堅信.

der **Fịrn** [ふぃるン] [名] -(e)s/-e 〔-en〕(高山の)万年雪;《スイス》万年雪に覆われた山頂〔氷河〕.

der **Fịr·ne·wein** [ふぃるネ·ヴァイン] [名] -(e)s/-e 〖醸〗古い熟成したワイン.

der **Fịr·nis** [ふぃるニス] [名] -ses/-se **1.** ニス, ワニス. **2.** うわべ, 見せかけ.

fịr·nis·sen [ふぃるニッセン] [動] *h.* 〔〈et^{4}〉ニ〕ワニスを塗る.

der **Fịrn·schnee** [ふぃるン·シュネー] [名] -s/ (高山の)万年雪.

der **Fịrst** [ふぃるスト] [名] -(e)s/-e (屋根の)棟(Dach~);《転·文》尾根;〖鉱〗坑道の天井.

der **Fịrst·bal·ken** [ふぃるスト·バルケン] [名] -s/- (屋根の)棟木.

der **Fịrst·baum** [ふぃるスト·バウム] [名] -(e)s/..bäume 《オーストリア》棟上げ式の飾り木.

der **Fịrst·zie·gel** [ふぃるスト·ツィーゲル] [名] -s/- 棟瓦(むながわら).

das **fis**^{1}, **Fis**^{1} [ふぃス] [名] -/- 〖楽〗嬰(えい)ヘ音.

fis^{2} [ふぃス] =fis-Moll 〖楽〗嬰(えい)ヘ短調.

Fis^{2} [ふぃス] =Fis-Dur 〖楽〗嬰(えい)ヘ長調.

der **Fịsch** [ふぃッシュ] [名] -(e)s/-e **1.** 魚;魚肉, 魚料理. **2.** ([複]のみ)〖天〗魚座. **3.** 〖占〗魚座生れの人;([複]のみ)双魚宮. 【慣用】**weder Fisch noch Fleisch sein** それはどっちつかずだ. **die Fische füttern** 《口》船酔いで吐く. **ein kalter Fisch** 《口》冷たい人. **kleine Fische** 《口》取るに足らない事. **stumm wie ein Fisch** 口数の少ない.

der **Fịsch·ad·ler** [ふぃッシュ·アードラー] [名] -s/- 〖鳥〗ミサゴ.

das **Fịsch·au·ge** [ふぃッシュ·アウゲ] [名] -s/-n 魚の目;魚眼レンズ.

das **Fịsch·au·gen·ob·jek·tiv** [ふぃッシュアウゲン·オブイェクティーふ] [名] -(e)s/-e 〖写〗魚眼レンズ.

das **Fisch·bein** [ふぃっシュ・バイン] [名] -(e)s/ クジラのひげ.
das **Fisch·be·steck** [ふぃっシュ・ベシュテック] [名] -(e)s/-e 魚用ナイフとフォーク.
die **Fisch·bla·se** [ふぃっシュ・ブラーゼ] [名] -/-n 魚の浮袋;〘建〙(ゴシック建築の窓の)魚の浮袋型装飾, ムシェット.
das **Fisch·blut** [ふぃっシュ・ブルート] [名] -(e)s/ 魚の血;《転》冷血, 冷淡, 無感動.
die **Fisch·brut** [ふぃっシュ・ブるート] [名] -/-en 一腹の稚〔幼〕魚.
der **Fisch·dampf·er** [ふぃっシュ・ダムプふぁー] [名] -s/- 遠洋漁業の漁船.
fi·schen [ふぃっシェン] [動] *h.* **1.** 〔補足なし〕漁をする, 魚をとる, 釣をする **2.** 〔<et⁴>ヲ〕釣る, 採取する, とる(魚貝類を). **3.** 〔<et⁴>ヲ＋aus <et³>カラ〕《口》(苦労して・注意深く)引き上げる, 取出す. **4.** 〔sich³＋<j⁴/et⁴>ヲ〕《口》手に入れる. **5.** 〔in <et³>ニ手ヲイレテ＋nach <et³>ヲ〕《口》探す. **【慣用】Dabei ist nichts zu fischen.** それは何の得にもならない. **im trüben fischen** どさくさに紛れてうまいことをする. **nach Komplimenten fischen** ほめ言葉を言ってもらいたがる.
(*der*/*die*) **Fi·scher**[1] [ふぃっシャー] [名] 〘人名〙フィッシャー.
der **Fi·scher**[2] [ふぃっシャー] [名] -s/- 漁師;《口》釣人.
das **Fi·scher·boot** [ふぃっシャー・ボート] [名] -(e)s/-e 小型漁船, 釣舟.
(*der*) **Fi·scher-Dies·kau** [ふぃっシャー・ディースカウ] [名] 〘人名〙フィッシャー・ディスカウ(Dietrich ～, 1925-, バリトン歌手).
das **Fi·scher·dorf** [ふぃっシャー・ドるふ] [名] -(e)s/..dörfer 漁村.
die **Fi·sche·rei** [ふぃっシェらイ] [名] -/ 漁業.
das **Fi·scher·netz** [ふぃっシャー・ネッツ] [名] -es/-e 漁網.
der **Fi·scher·ring** [ふぃっシャー・りング] [名] -(e)s/-e 〘カトリック〙教皇の認印つき〔漁夫の〕指輪.
der **Fisch·fang** [ふぃっシュ・ふぁング] [名] -(e)s/ 魚取り, 漁(りょう).
das **Fisch·ge·richt** [ふぃっシュ・ゲりひト] [名] -(e)s/-e 魚料理.
der **Fisch·ge·ruch** [ふぃっシュ・ゲるっふ] [名] -(e)s/..rüche 魚のにおい.
der **Fisch·grat**[1] [ふぃっシュ・グらート] [名] -s/-s 〘織〙杉綾模様〔ヘリンボーン〕の布地.
das **Fisch·grat**[2] [ふぃっシュ・グらート] [名] -s/-s 〘織〙(主に無冠詞で)杉綾模様, ヘリンボーン.
die **Fisch·grä·te** [ふぃっシュ・グれーテ] [名] -/-n 魚の小骨;《口》魚の肋骨.
das **Fisch·grä·ten·mus·ter** [ふぃっシュグれーテン・ムスター] [名] -s/- 〘織〙杉綾模様, ヘリンボーン.
der **Fisch·händ·ler** [ふぃっシュ・ヘンドラー] [名] -s/- 魚屋(人), 魚商人.
fi·schig [ふぃっシひ] [形] 魚臭い;魚のように冷たい目の.
der **Fisch·kas·ten** [ふぃっシュ・カステン] [名] -s/..kästen いけす, 魚槽.
die **Fisch·kon·ser·ve** [ふぃっシュ・コンぜるヴェ] [名] -/-n 魚の缶詰.
der **Fisch·kut·ter** [ふぃっシュ・クッター] [名] -s/- 〘漁〙漁船.
der **Fisch·laich** [ふぃっシュ・ライひ] [名] -(e)s/-e 〘動〙魚の卵塊.
der **Fisch·leim** [ふぃっシュ・ライム] [名] -(e)s/-e 魚膠(ぎょこう)(接着剤).
der **Fisch·markt** [ふぃっシュ・マるクト] [名] -(e)s/..märkte 魚市場.
das **Fisch·mehl** [ふぃっシュ・メール] [名] -(e)s/-e 魚粉.
das **Fisch·mes·ser** [ふぃっシュ・メッサー] [名] -s/- 魚用ナイフ.
der **Fisch·ot·ter** [ふぃっシュ・オッター] [名] -s/- 〘動〙カワウソ.
fisch·reich [ふぃっシュ・らイひ] [形] 魚の豊富な.
der **Fisch·rei·her** [ふぃっシュ・らイあー] [名] -s/- 〘鳥〙アオサギ.
die **Fisch·reu·se** [ふぃっシュ・ろイゼ] [名] -/-n 〘漁〙うけ(袋状の網の漁具).
der **Fisch·ro·gen** [ふぃっシュ・ろーゲン] [名] -s/- 〘動〙魚の卵, はららご, 腹子.
die **Fisch·schup·pe** [ふぃっシュ・シュっぺ] [名] -/-n 魚の鱗(うろこ).
die **Fisch·schup·pen·krank·heit** [ふぃっシュシュっぺン・クらンクハイト] [名] -/ 〘医〙魚鱗癬(ぎょりんせん)
die **Fisch·trep·pe** [ふぃっシュ・トれっぺ] [名] -/-n 魚梯(ぎょてい)(魚がさかのぼれるようにした階段状の水路).
die **Fisch·ver·gif·tung** [ふぃっシュ・ふぇあギふトゥング] [名] -/-en 魚中毒.
der **Fisch·wirt** [ふぃっシュ・ヴィるト] [名] -(e)s/-e 漁夫.
die **Fisch·zucht** [ふぃっシュ・ツふト] [名] -/-en 魚の養殖, 養魚.
der **Fisch·zug** [ふぃっシュ・ツーク] [名] -(e)s/..züge (漁での)網引き;儲けの大きい事業.
das **Fis-Dur** [ふぃス・ドゥーあ, ふぃス・ドゥーあ] [名] -/ 〘楽〙嬰(えい)へ長調(記号 Fis).
die **Fi·si·ma·ten·ten** [ふぃズィマテンテン] [複名] 《口》(見えすいた)言逃れ, 言抜け;自分の得にならないことを回避するためのやりくり.
fis·ka·lisch [ふぃスカーリシュ] [形] 国庫の, 国有の.
die **Fis·kal·po·li·tik** [ふぃスカール・ポリティーク] [名] -/-en (主に[単])〘政・経〙財政政策.
der **Fis·kus** [ふぃスクス] [名] -/..ken〔-se〕(主に[単]) 国庫, 国家(国家財産の所有者).
das **fis-Moll** [ふぃス・モル, ふぃス・モル] [名] -/ 〘楽〙嬰(えい)へ短調(記号 fis).
die **Fi·so·le** [ふぃゾーレ] [名] -/-n 《オーストリア》インゲン豆.
fis·pe·lig [ふぃスペリひ] [形] 《方》落着きのない.
fis·peln [ふぃスペルン] [動] *h.* 〔補足なし〕《方》そわそわしている;そわそわ歩き回る.
fis·seln [ふぃっセルン] [動] *h.* 〔Es〕《方》霧雨〔こまかい雪〕が降り続く.
die **Fis·si·on** [ふぃスィオーン] [名] -/-en 〘生〙(生物の固体, 細胞などの)分裂, 分体;〘核物理〙核分裂.
die **Fis·sur** [ふぃスーあ] [名] -/-en 〘医〙骨亀裂;(皮膚・粘膜などの)裂溝, 裂創.
die **Fis·tel** [ふぃステル] [名] -/-n **1.** 〘医〙瘻(ろう), 瘻管. **2.** ＝Fistelstimme.
die **Fis·tel·stim·me** [ふぃステル・シュティメ] [名] -/-n **1.** 〘楽〙裏声, ファルセット. **2.** (男性の)高くてか細い話し声.
fis·ten [ふぃステン] [動] *h.* 〔補足なし〕《方・口》屁(へ)をひる.
fit [ふぃット] [形] 〘スポ〙コンディションのいい, 好調な.
die **Fit·ness,** [旧] **Fit·neß** [ふぃットネス] [名] -/ (身体の)良好, 好調.
fit·ten [ふぃッテン] [動] *h.* **1.** 〔<et⁴>ヲ〕〘工〙合わせる. **2.** 〔<et⁴>ノ〕〘造船〙たわみを調べる.
der **Fit·tich** [ふぃッティひ] [名] -(e)s/-e 《詩》(鳥の)翼. **【慣用】<j⁴> unter seine Fittiche nehmen** 《口》<人ヲ>庇護(ひご)する.
das **Fit·ting** [ふぃッティング] [名] -s/-s 〘工〙管(かん)継ぎ手.
der **Fitz** [ふぃッツ] [名] -es/ 《方》 **1.** (糸・毛などの)もつれ(玉). **2.** いらだち, いらいら, やきもき.
das **Fitz·chen** [ふぃッツひぇン] [名] -s/- 《方》切れ端, ほんのわずか.
das **Fit·zel·chen** [ふぃッツェルひぇン] [名] -s/- 《口》＝Fitzchen.
fix[1] [ふぃックス] [形] **1.** 固定した: ein ～*es* Gehalt 固定給. ～*e* Idee 固定観念. ～*e* Preise 定価.

F

2. 《ｵｰｽﾄﾘｱ》永続的な, 常勤の;最終的な.

fịx[2] [ふぃっクス] [形] 《口》遅滞のない;すばしこい, 敏捷(びんしょう)な. **【慣用】fix und fertig sein** 《口》すっかり用意ができている;くたびれはてている;破滅状態である. **mit ⟨et³⟩ fix und fertig sein** 《口》⟨事を⟩すっかりし終っている. **nicht (ganz) fix sein** 《方》少し頭がおかしい.

fịx! [ふぃっクス] [間] 《ｵｰｽﾄﾘｱ》いまいましい, 畜生め.

der **Fi·xa·teur** [..tǿːr ふぃクサテーあ] [名] -s/-e (香水の)香気保留剤;定着剤〔固定液〕用のスプレー.

das **Fi·xa·tiv** [ふぃクサティーふ] [名] -s/-e 定着剤, 固定液.

fị·xen [ふぃクセン] [動] *h.* **1.** 〔補足なし〕〘金融〙空売りする. **2.** 〔補足なし〕《口》麻薬を注射する.

der **Fị·xer** [ふぃクサー] [名] -s/- 〘金融〙フィクサー;《口》麻薬常習者.

das **Fịx·ge·schäft** [ふぃっクス・ゲシェふト] [名] -(e)s/ 〘経〙先物取引.

das **Fi·xier·bad** [ふぃクスィーあ・バート] [名] -(e)s/..bäder 定着液.

fi·xie·ren [ふぃクスィーれン] [動] *h.* **1.** 〔⟨et⁴⟩ｦ〕書留める, 記録する(発言・決議などを);文書〔条文〕にまとめる(契約・取決めなどを);決める, 定める(期日・権限などを). **2.** 〔⟨et⁴⟩ｦ+(an ⟨et³⟩ﾆ)〕固定する;〘医〙固定する(骨折した腕などを);〘ｽﾎﾟｰﾂ〙静止させる(バーベルを頭上に);押え込む(レスリングで相手を). **3.** 〔⟨et⁴⟩ｦ〕〘写〙定着する(露光したフィルムを);〘美〙定着液〔剤〕で処理する(パステル画などを);〘生・医〙固定する(標本・移植用の細胞組織などを). **4.** 〔⟨j⁴/et⁴⟩ｦ〕凝視する, じっと見つめる. **5.** 〔sich⁴+an〔auf〕⟨j⁴/et⁴⟩ﾆ〕〘心〙精神的に依存する(人に);心を奪われる(事に).

das **Fi·xier·mit·tel** [ふぃクスィーあ・ミっテル] [名] -s/- = Fixativ.

die **Fi·xie·rung** [ふぃクスィーるング] [名] -/-en (主に[単])固定;定着;凝視;確定.

das **Fị·xing** [ふぃクスィング] [名] -s/-s 〘金融〙為替相場〔レート〕の設定;株式相場の設定.

die **Fịx·kos·ten** [ふぃっクス・コステン] [複名] 〘商〙固定費.

der **Fịx·punkt** [ふぃっクス・プンクト] [名] -(e)s/-e 定点, 基準点;〘数〙不動点.

der **Fịx·stern** [ふぃっクス・シュテるン] [名] -(e)s/-e 〘天〙恒星.

das **Fị·xum** [ふぃクスム] [名] -s/Fixa 固定給.

die **Fịx·zeit** [ふぃっクス・ツァイト] [名] -/-en (フレックスタイム制の)固定勤務時間帯.

..fi·zie·ren [..ふぃツィーれン] [接尾] 「…にする」を意味する動詞を作る: justi*fizieren* 正当化する.

der **Fjạ̈ll** [ふイェル] [名] -s/-s フィエル(スカンジナビア半島の不毛の高地).

der **Fjọrd** [ふヨるト] [名] -(e)s/-e フィヨルド, 狭江.

FKK [エふカーカー] =Freikörperkultur ヌーディズム, 裸体主義.

fl., Fl. =Florin フロリン銀貨.

flạch [ふラっは] [形] **1.** 平らな, 平坦な: ein ~*es* Land 平地. **2.** 低い, 平べったい: ein ~*er* Hügel 低い丘. **3.** 浅い;平板な: ein ~*er* Teller 浅い皿. **4.** 《蔑》浅薄な, 皮相な, 平凡な.

die **Flạch·bau·wei·se** [ふラっは・バウ・ヴァイゼ] [名] -/ 低層建築方式.

der **Flạch·bett·scan·ner** [..skɛnər ふラっは・ベっト・スケナー] [名] -s/- 〘ｺﾝﾋﾟｭｰﾀ〙フラットベッドスキャナー.

das **Flạch·dach** [ふラっは・ダっは] [名] -(e)s/..dächer 陸(ろく)屋根, 平屋根.

der **Flạch·druck** [ふラっは・ドるっク] [名] -(e)s/-e 平版印刷物;([単]のみ)平版印刷(法).

das **Flạch·druck·ver·fah·ren** [ふラっはドるっク・ふぇあふぁーれン] [名] -s/ 平版印刷法.

die **Flạ̈·che** [ふレっひぇ] [名] -/-n (広い)平地, 水〔海〕面;面, 表側, 表面(Ober~);〘数〙面(平面と曲面).

der **Flạ̈·chen·brand** [ふレっひぇン・ブらント] [名] -(e)s/..brände 広範囲の火災.

flạ̈·chen·de·ckend [ふレっひぇン・デっケント] [形] 地域をカバーする.

die **Flạ̈·chen·de·po·nie** [ふレっひぇン・デポニー] [名] -/-n 平地ごみ捨て場〔処理場〕.

die **Flạ̈·chen·e·ro·si·on** [ふレっひぇン・エろズィオーン] [名] -/-en 〘地質〙(水による)平地の浸食.

der **Flạ̈·chen·in·halt** [ふレっひぇン・イン・ハルト] [名] -(e)s/-e 〘数〙面積.

das **Flạ̈·chen·maß** [ふレっひぇン・マース] [名] -es/-e 〘数〙面積の単位.

die **Flạ̈·chen·nut·zung** [ふレっひぇン・ヌっツング] [名] -/-en 平地の利用(農業・宅地などへの).

flạch|fal·len* [ふラっは・ふぁレン] [動] *s.* 〔補足なし〕《口》取止めになる(催し物など期待していたことが).

flạch·ge·drückt [ふラっは・ゲドりゅっクト] [形] ぺしゃんこにつぶれた.

die **Flạch·heit** [ふラっはハイト] [名] -/-en **1.** ([単]のみ)平らなこと, 平坦. **2.** 浅薄な言葉〔発言〕;([単]のみ)皮相, 浅薄.

der **Flạch·kopf** [ふラっは・コップふ] [名] -(e)s/..köpfe 《蔑》愚鈍〔浅薄・単純〕な人間, 鈍才.

die **Flạch·küs·te** [ふラっは・キュステ] [名] -/-n 〘地〙浜.

das **Flạch·land** [ふラっは・ラント] [名] -(e)s/ 平地, 平野.

flạch|lie·gen* [ふラっは・リーゲン] [動] *h./s.*(*s.*は《方》) 〔補足なし〕《口》病気で寝込む.

der **Flạch·mann** [ふラっは・マン] [名] -(e)s/..männer 《口・冗》(ウィスキーの)ポケット瓶. **【慣用】einen Flachmann bauen** 《口》死ぬ.

das **Flạch·moor** [ふラっは・モーあ] [名] -(e)s/-e 〘地質〙低層湿原.

das **Flạch·re·lief** [ふラっは・れリエふ] [名] -s/-s〔-e〕浅浮き彫り.

das **Flạch·ren·nen** [ふラっは・れネン] [名] -s/- 〘ｽﾎﾟｰﾂ〙競馬;(障害物のない)平地競走.

der **Flạchs** [ふラっクス] [名] -es/ 〘植〙アマ;アマの繊維;《口》冗談, からかい.

flạchs·blond [ふラっクス・ブロント] [形] 亜麻色の.

flạch·sen [ふラクセン] [動] *h.* 《口》 **1.** 〔(⟨文⟩ﾄ)〕冗談を言う, ばか話をする: mit ⟨j³⟩ ~ ⟨人と⟩ばか話をする. **2.** 〔⟨j⁴⟩ｦ〕からかう.

flạ̈ch·sern [ふレクサーン] [形] 亜麻(製)の;亜麻色の.

das **Flạchs·haar** [ふラっクス・ハーあ] [名] -(e)s/-e 亜麻〔淡黄〕色の髪.

der **Flạchs·kopf** [ふラっクス・コップふ] [名] -(e)s/..köpfe 亜麻色の髪の子.

der **Flạch·wurz·ler** [ふラっは・ヴるツラー] [名] -s/- 〘植〙浅く横に根を張る植物.

die **Flạch·zan·ge** [ふラっは・ツァンゲ] [名] -/-n 平やっとこ.

der **Flạch·zie·gel** [ふラっは・ツィーゲル] [名] -s/- 平がわら.

flạ·ckern [ふラっケるン] [動] *h.* 〔補足なし〕ちらちら〔ゆらゆら〕燃える;明滅する;落着きなく動く(目が興奮のあまり).

der **Fla·den** [ふラーデン] [名] -s/- 薄焼きパンケーキ;(平たい)どろどろした塊;牛の糞(ふん)(Kuh~);《方》パン〔ケーキ〕の大きな一切れ.

der **Fla·gel·lant** [ふラゲラント] [名] -en/-en **1.** (中世の)鞭打(べんだ)苦行者. **2.** 〘医・心〙フラジェランティスト(性的興奮を求めて他者, または自己を鞭(むち)打つ人).

das **Fla·geo·lett** [..ʒolɛ́t ふラジョレっト] [名] -s/-e〔-s〕〘楽〙フラジョレット(①高音のフルート. ②最小のブロックフレーテ. ③パイプオルガンのフラジョレット音栓. ④弦楽器とハープのフラジョレット音).

die **Flag·ge** [ふラッグ] 名 -/-n 旗.【慣用】Flagge zeigen 旗幟(ピ)を鮮明にする. unter falscher Flagge segeln 看板に偽りがある.

flag·gen [ふラッゲン] 動 h.〔旗用〕旗を掲げる.

die **Flag·gen·ga·la** [ふラッゲン·ガ(-)ラ] 名 -/ 船〔艦〕飾.

die **Flag·gen·pa·ra·de** [ふラッゲン·パらーデ] 名 -/-n (朝晩の)国旗掲揚〔降納〕式.

das **Flag·gen·tuch** [ふラッゲン·トゥーふ] 名 -(es)/-e 旗布.

die **Flagg·lei·ne** [ふラッグ·ライネ] 名 -/-n 旗綱.

das **Flagg·schiff** [ふラッグ·シふ] 名 -(e)s/-e 旗艦;(船団の)最大艦〔船〕.

fla·grant [ふラグラント] 形 明白な, 目立つ.

das **Flair** [flɛːr ふレーる] 名 -s/ **1.**〈快い〉雰囲気. **2.**〈ふつう〉鋭い直感力, 鋭敏な感覚.

die **Flak** [ふラック] 名 -/-(s)〖軍〗高射砲;高射砲隊.

die **Flak·ar·til·le·rie** [ふラック·アティレリー] 名 -/-n 高射砲隊.

die **Flak·bat·te·rie** [ふラック·バテリー] 名 -/-n 高射砲中隊.

das **Flak·feu·er** [ふラック·ふォイあー] 名 -s/ 対空砲火.

das〔*der*〕**Fla·kon** [flakõː ふラコーン] 名 -s/-s(栓つきの)小瓶;香水瓶.

der **Flam·beau** [flɑ̃boː ふランボー] 名 -s/-s(背の高い)腕木燭台;〖古〗たいまつ.

flam·bie·ren [ふランビーれン] 動 h.〈et⁴ダ〉〖料〗フランベする;〖古〗毛焼きする.

flam·boy·ant [flɑ̃bɔajánt ふランボアヤント] 形 **1.** 火炎状〔模様〕の,けばけばしい色の. **2.** 激しい.

der **Flam·boy·ant·stil** [flɑ̃boajɑ̃...ふランボアヤーン·シュティール] 名 -(e)s/ フランボワイヤン様式(火炎形アーチを特徴とするフランス·イギリスの後期ゴシック様式).

der **Fla·me** [ふラーメ] 名 -n/-n フラマン人(ベルギーのフラマン語を話す住民). ⇨ Flandern.

der **Fla·men** [ふラーメーン] 名 -/-mines [..ミーネス] (主に徳)(古代ローマで特定の神に仕えた)祭司,神官.

der **Fla·men·co** [ふラメンコ] 名 -(s)/-s フラメンコ(スペインのアンダルシア地方の舞踏およびその曲).

der **Flä·ming** [ふレーミング] 名 -s/〖山名〗フレーミング(エルベ川の中流,右岸の丘陵地帯).

der **Fla·min·go** [ふラミンゴ] 名 -s/-s〖鳥〗フラミンゴ.

die **Flam·me** [ふラメ] 名 -/-n **1.** 炎,火炎;(ガス器具の)火;火口,バーナー: ein Gasherd mit drei ~n 火口が三箇所あるガスレンジ. **2.** 激情;〈口·古〉恋人(主に女性).【慣用】ein Haus in Flammen setzen 建物に放火する. ein Raub der Flammen werden〈文〉焼失する. in (hellen) Flammen stehen (炎々と)燃えている. in (Rauch und) Flammen aufgehen 炎上する.

flam·men [ふラメン] 動 h. **1.**〈様態〉ッ〗〈文〉炎が燃える; vor Zorn ~ 怒りに燃える(目が), 怒りのあまり紅潮する(顔が). **2.**〖雅〗きらきら輝く〔光る〕(目が);〈極めてまれ〉赤い(花などが).

fläm·men [ふレメン] 動 h.〈et⁴ッ〉毛焼きをする(鳥の);〖工〗表面を焼いて処理する(鋳物·織物などの);(…に)炎の(形の)模様をつける.

flam·mend [ふフメント] 形 燃えるような;熱烈な;激しい.

das **Flam·men·meer** [ふラメン·メーる] 名 -(e)s/-e 火の海.

das **Flam·men·schwert** [ふラメン·シュヴェーあト] 名 -(e)s/-er フラムベルク(波形の刀身の長剣).

der **Flam·men·wer·fer** [ふラメン·ヴェるふァー] 名 -s/ 〖軍〗火炎放射器;〈口·冗〉炎の大きなライター.

das **Flam·men·zei·chen** [ふラメン·ツァイひェン] 名 -s/ - 火光信号, のろし.

der **Flam·me·ri** [ふラメリ] 名 -(s)/-s フラメリ(プディングの一種).

der **Flamm·ofen** [ふラム·オーふェン] 名 -s/..öfen 反射炉.

der **Flamm·punkt** [ふラム·プンクト] 名 -(e)s/-e 引火点.

das **Flamm·rohr** [ふラム·ろーあ] 名 -(e)s/-e (ボイラーの)炎管,煙管.

(*das*) **Flan·dern** [ふランダーン] 名 -s/〖地名〗フランドル(北海沿岸,ベルギーからフランス北部にまたがる地方).

flan·drisch [ふランドリシュ] 形 フランドルの.

der **Fla·nell** [ふラネル] 名 -s/-e フランネル(布地).

fla·nel·len [ふラネレン] 形 フランネル(製)の.

der **Fla·neur** [..nǿːr ふラネーあ] 名 -s/-e (繁華街を)ぶらつく人, ぶらぶら歩く人.

fla·nie·ren [ふラニーれン] 動 s.(h.)〔散歩で〕ぶらぶら歩く.

die **Fla·nier·mei·le** [ふラニーあ·マイレ] 名 -/-n〈口〉(町中の)ぶらつくのに適した通り.

die **Flan·ke** [ふランケ] 名 -/-n **1.** 側面, 特に切り立った山腹. **2.** (動物の)横腹, わき腹;〈稀〉(自動車などの)側面. **3.**〖体操〗体側跳越し;〖球〗センタリング,クロスボール;〈攻撃陣の右〔左〕の)サイド;(コートなどの右〔左〕の)サイド. **4.**〖軍〗(部隊の)側面.

flan·ken [ふランケン] 動 h. **1.**〈〈方向〉ッ〉〖球〗クロス(ボール)を上げる,センタリングする(ペナルティエリアなどに). **2.**〈über〈et⁴〉〉〖体操〗体側跳越しする.

flan·kie·ren [ふランキーれン] 動 h.〈j⁴/et⁴〉両側に立つ〔並ぶ〕, 両側を歩く, (…の)護衛する(儀仗(徽)兵が国賓·柩を)などの). **2.**〈j⁴/et⁴〉側面攻撃〔援護〕する.

der **Flansch** [ふランシュ] 名 -(e)s/-e (管などの端の)つば, (車輪の)輪ぶち, フランジ.

flan·schen [ふランシェン] 動 h.〈et⁴ッ〉フランジを取りつける.

der **Flap·per** [flɛpər ふレッパー] 名 -s/- おてんば娘, (世間知らずの)小娘.

der **Flaps** [ふラップス] 名 -es/-e〈口〉無作法な若者, がさつなやつ.

flap·sig [ふラプスィヒ] 形〈口〉無作法な.

die **Fla·Ra·ke·te** [ふラー·らケーテ] 名 -/-n〖軍〗対空ミサイル.

die **Flare** [flɛːr ふレーあ] 名 -s/-s〖天〗太陽フレア(太陽表面の爆発現象).

die **Fla·sche** [ふラシェ] 名 -/-n **1.** 瓶;一瓶の量;哺乳瓶(Milch~);水差し;ボンベ: Bier aus der ~ trinken ビールをラッパ飲みする. dem Kind die ~ geben 子供に哺乳瓶でミルクを飲ませる. **2.**〈口〉役立たず, 期待はずれの人.【慣用】einer Flasche den Hals brechen〈口〉一瓶(栓を抜いて)空にする〔飲み干す〕. zur Flasche greifen 大酒飲みである.

die **Fla·schen·bat·te·rie** [ふラッシェン·バテリー] 名 -/-n 〈口〉ずらりと並んだたくさんの瓶.

das **Fla·schen·bier** [ふラッシェン·ビーあ] 名 -(e)s/-e 瓶詰めのビール.

die **Fla·schen·bürste** [ふラッシェン·ビュるステ] 名 -/-n 瓶洗い用のブラシ.

die **Fla·schen·gärung** [ふラッシェン·ゲーるング] 名 -/ びん詰め発酵(シャンペンなど).

fla·schen·grün [ふラッシェン·グりューン] 形 濃い暗緑色の.

der **Fla·schen·hals** [ふラッシェン·ハルス] 名 -es/..hälse 瓶の首;〈口〉隘路(ぁ).

das **Fla·schen·kind** [ふラッシェン·キント] 名 -(e)s/-er 人工栄養児.

der **Fla·schen·kürbis** [ふラッシェン·キュるビス] 名 -ses/

-se 〖植〗ヒョウタン.
der Fla・schen・öff・ner [ふラッシェン・①ふナー] 名 -s/- 栓抜き.
die Fla・schen・post [ふラッシェン・ポスト] 名 -/ (海に流される)瓶入りの通信文.
der Fla・schen・zug [ふラッシェン・ツーク] 名 -(e)s/..zü-ge 滑車装置.
der Flaschner [ふラッシュナァ] 名 -s/- (南独・ｽｲｽ) ブリキ職人.
der Flash [fleʃ ふレッシュ] 名 -s/-s 1. 〖映〗フラッシュ, 瞬間場面; フラッシュバック(時間的切り返し;回想場面). 2. (ジャｰｺﾞﾝ) 麻薬の効いた瞬間(の快感). 3. 〖ｼﾞｬｰﾅ・新聞〗速報, 特報. 4. 閃光;フラッシュ, 閃光装置.
der [das] Flashback [fleʃbɛk ふレッシュ・バック] 名 -(s)/-s (主に麻薬をやめた後の)幻覚の再発.
der Flat・ter・geist [ふラッター・ガイスト] 名 -(e)s/-er 移り気な人.
flat・ter・haft [ふラッターハふト] 形 浮ついた, 気まぐれな.
die Flat・ter・haf・tig・keit [ふラッターハふティカイト] 名 -/ 移り気なこと.
flat・te・rig [ふラッテリヒ] 形 落ち着きのない, 気まぐれな; (脈などが)不整な.
der Flat・ter・mann [ふラッター・マン] 名 -(e)s/..män-ner (口) 1. (冗) ローストチキン. 2. 落ちつきのない人(男); ⸨魚のみ⸩ 不安, 動揺.
flat・tern [ふラッターン] 動 1. s. ⟨+ 〈場所〉/〈方向〉カｦ(ﾆ)⟩ひらひら[ぱたぱた]飛ぶ, ひらひらおちる. 2. h. 〖鳥〗羽根をぱたぱたさせる; はためく(旗などが); わなわく(手などが); 不規則に鼓動する; (口)がたつく(スキー・車輪などが).
flat・tie・ren [ふラッティーれン] 動 h. ⟨j⁴⟩⟨j³⟩ﾆ⟩ へつらう, (…の)機嫌をとる.
flat・trig [ふラットリヒ] 形 =flatterig.
die Fla・tu・lenz [ふラトゥレンツ] 名 -/-en 〖医〗(腸内ガスによる)鼓腸; 放屁.
flau [ふラウ] 形 1. 弱い(風), コントラストの弱い(ネガ); (気分が)すぐれない, 力の抜けた; (古)ぼやけた(色); (方)味のない. 2. 〖商〗不景気な, 不振な.
die Flau・heit [ふラウハイト] 名 -/ 弱いこと; ふらつく[調子弱い]こと; 景気不振.
der Flaum¹ [ふラウム] 名 -(e)s/ (方) (豚の)腹部および腎臓(ジﾝ)の脂肪.
der Flaum² [ふラウム] 名 -(e)s/ (鳥の)綿毛; (乳児の)産毛;うぶ毛; (植物の)毛.
der Flau・ma・cher [ふラウ・マッハァ] 名 -s/- (口) 難癖ばかりつける人.
der Flaum・bart [ふラウム・バート] 名 -(e)s/..bärte うぶ髭.
der Flau・mer [ふラウマー] 名 -s/- (ｽｲｽ) モップ.
die Flaum・fe・der [ふラウム・ふェダー] 名 -/-n (鳥の)綿毛, ダウン.
flau・mig [ふラウミヒ] 形 綿毛(産毛)の(生えた); (綿毛のように柔らかい.
flaum・weich [ふラウム・ヴァイヒ] 形 産毛のように柔らかい.
der Flaus [ふラウス] 名 -es/-e (古) =Flausch.
der Flausch [ふラウシュ] 名 -(e)s/-e フリース; フリースのコート.
flau・schig [ふラウシヒ] 形 フリースのように柔らかな.
die Flau・se [ふラウゼ] 名 -/-n ばかげた思いつき(考え); 言逃れ.
die Flau・te [ふラウテ] 名 -/-n 1. 〖海〗凪(ナギ), 無風状態; 沈滞, 不振, 沈滞, 不景気. 2. 不調.
der Fläz [ふレーツ] 名 -es/-e (口・蔑) 粗野な人.
flä・zen [ふレーツェン] 動 h. ⟨sich⁴+⟨方向/場所⟩ﾆ⟩ (口) だらしなく寝そべるように座る(ソファーなどに).
die Flech・se [ふレクセ] 名 -/-n (獣肉の)腱(ｹﾝ).

flech・sig [ふレクスィヒ] 形 筋(腱(ｹﾝ))の多い.
die Flech・te [ふレヒテ] 名 -/-n 1. (文)お下げ(髪). 2. 〖植〗地衣類; 〖医〗苔癬(ﾀｲｾﾝ)(皮膚病).
flech・ten* [ふレヒテン] 動 er flicht; flocht; hat ge-flochten ⟨et¹ﾝ⟩ 編む (髪・髭・かごなどを).
das Flecht・werk [ふレヒト・ヴェるク] 名 -(e)s/- 1. 編み細工, 籠(ｶｺﾞ)類. 2. 〖建〗木舞(ｺﾏｲ)壁; 組合せ帯(装飾). 3. (堤防の)柴垣.
der Fleck [ふレック] 名 -(e)s/-e 1. (口) 箇所, 地点, 場所; 小さな土地. 2. 汚れ(Schmutz~); 斑点(ﾊﾝﾃﾝ), まだら, ぶち; 汚点(Schand~); der blin-de ~ (目の)盲点. ein blauer ~ 青あざ. 3. (方) (衣服の)つぎ. 4. (主に⸨魚⸩)(牛の)臓物(料理). 〖慣用〗am falschen Fleck 適切でない(見当はずれの)ところで. das Herz auf dem rechten Fleck haben 理性的に考える(行動する), しっかりしている. einen Fleck auf der (weißen) Weste haben (口) すねに傷を持つ身である. mit ⟨et³⟩ nicht vom Fleck kommen (口) ⟨事⟩がはかどらない. vom Fleck weg (口) 即刻, さっそく.
fle・cken [ふレッケン] 動 h. (方) 1. (稀) 染みをつける(になる); 染みがつきやすい. 2. ⟨et³ﾆ⟩ 新しい底(かかと)をつける. 3. (稀) はかどる(仕事が).
der Fle・cken [ふレッケン] 名 -s/- 1. (小さな)町, 村; (昔の市の権利を持つ)大きな村. 2. 染み, 汚れ; あざ, 斑点; つぎ.
der Fle・cken・ent・fer・ner [ふレッケン・エントふェるナー] 名 -s/- 染み抜き剤.
fle・cken・los [ふレッケン・ロース] 形 染みのない, 汚れのない; 汚点(欠点)のない.
das Fle・cken・was・ser [ふレッケン・ヴァッサー] 名 -s/- 染み抜き液.
der Fle・cker・lep・pich [ふレッケルル・テッピヒ] 名 -s/-e (ｵｰｽﾄﾘｱ) =Flickenteppich.
das Fleck・fie・ber [ふレック・ふィーバー] 名 -s/ 発疹(ﾊｯｼﾝ)チフス.
fle・ckig [ふレッキヒ] 形 染みのついた; 斑点(ﾊﾝﾃﾝ)(あざ)のある.
der Fleck・ty・phus [ふレック・テューふス] 名 -/ 発疹(ﾊｯｼﾝ)チフス.
die Fle・ckung [ふレックング] 名 -/-en 斑点(ﾊﾝﾃﾝ)(があること), しみ, ぶち, まだら; (葉の)斑(ﾏﾀﾞﾗ).
das Fleck・was・ser [ふレック・ヴァッサー] 名 -s/- 染み抜き液.
fled・dern [ふレッダーン] 動 h. ⟨j⁴ﾂ⟩ 身ぐるみはぐ(死人・意識のない人を).
die Fle・der・maus [ふレーダー・マウス] 名 -/..mäuse 〖動〗コウモリ.
der Fle・der・wisch [ふレーダー・ヴィッシュ] 名 -(e)s/-e 羽根ほうき, はたき; (口) 移り気な(浅薄な)人.
der Fle・gel [ふレーゲル] 名 -s/- 1. 無作法な男(若者). 2. (稀) 殻ざお(Dresch~).
die Fle・ge・lei [ふレーゲライ] 名 -/-en (蔑) ⸨魚のみ⸩ 無作法; (主に⸨魚⸩) 粗野な行動(発言).
fle・gel・haft [ふレーゲルハふト] 形 (蔑) 粗野な.
die Fle・gel・haf・tig・keit [ふレーゲルハふティカイト] 名 -/ (蔑) 1. ⸨魚のみ⸩ 無作法. 2. 粗野な行動(発言).
fle・ge・lig [ふレーゲリヒ] 形 (蔑) =flegelhaft.
die Fle・gel・jah・re [ふレーゲル・ヤーれ] 複名 生意気盛り.
fle・geln [ふレーゲルン] 動 h. ⟨sich⁴+⟨方向⟩ﾆ⟩ (口・稀) 無作法に座る.
fle・hen [ふレーエン] 動 h. (文) 1. ⟨bei ⟨j³⟩ﾆ⟩ +um ⟨et⁴⟩ 嘆願する, こい願う(援助・命・慈悲などを). 2. ⟨et⁴⟩ 切々と祈る.
fle・hent・lich [ふレーエントリヒ] 形 (文) 嘆願(哀願)的な, 切なる.
das Fleisch [ふライシュ] 名 -(e)s/ 1. 肉; 肉体, 裸体: straff im ~ sein 筋骨隆々としている. ~ fressen-

de Pflanze 食肉〔虫〕植物. **2**. 食用肉；肉料理；果肉(Frucht～). **3**. 『霊』(精神に対する)肉体；肉欲，情欲：dem ～ erliegen 肉欲に負ける．gewordener Geiz けちの権化． **4**. (活字の)肩. 【慣用】 Fleisch werden 人格化する，受肉する(化身が). Fleisch geworden 人格化(受肉)した. ⟨et⁴⟩ geht ⟨j³⟩ in Fleisch und Blut über ⟨事は⟩⟨人の⟩血肉となる，第二の天性となる. sein eigen⟨es⟩ Fleisch und Blut 肉身，肉親，(特に)自分の子供. sich³⁽⁴⁾ ins eigene Fleisch schneiden われとわが身を傷つける. vom Fleisch fallen (口)肉が落ちる，やせる.

die **Fleisch·bank** [ふらいシュ・バンク] 名 -/..bänke (古語) 肉調理台，肉店のカウンター；((古))肉屋.

die **Fleisch·be·schau** [ふライシュ・ベシャウ] 名 -/ 肉検査；(口・冗)(肌を露出した)女性の品定め.

der **Fleisch·be·schau·er** [ふライシュ・ベシャウあー] 名 -s/- 食肉検査官.

die **Fleisch·brü·he** [ふライシュ・ブりューエ] 名 -/-n (鶏・牛などの)ブイヨン.

der **Flei·scher** [ふライシャー] 名 -s/- 肉屋，食肉製造販売業者(屠獣(とじゅう)業も兼ねる).

die **Flei·sche·rei** [ふライシェらイ] 名 -/-en 肉屋，肉店，精肉業.

der **Fleisch·er·la·den** [ふライシャー・ラーデン] 名 -s/..läden 肉屋の店.

die **Flei·sches·lust** [ふライシェス・ルスト] 名 -/ (主に)((文))肉欲.

der **Fleisch·ex·trakt** [ふライシュ・エクストらクト] 名 -(e)s/-e 肉エキス.

fleisch·far·ben [ふライシュ・ふぁるベン] 形 肌色の.

Fleisch fres·send, ®**fleisch·fres·send** [ふライシュ ふれっセント] ⇨ Fleisch 1.

der **Fleisch·fres·ser** [ふライシュ・ふれっサー] 名 -s/- 肉食動物.

das **Fleisch·ge·richt** [ふライシュ・ゲりヒト] 名 -(e)s/-e 肉料理.

Fleisch ge·wor·den, ®**fleisch·ge·wor·den** [ふライシュ ゲヴォるデン] ⇨ Fleisch 【慣用】.

der **Fleisch·ha·cker** [ふライシュ・ハッカー] 名 -s/- (バヴ・口)肉屋；無作法(粗野)な人間.

der **Fleisch·hau·er** [ふライシュ・ハウあー] 名 -s/- ((オーストリア))肉屋.

flei·schig [ふライシヒ] 形 肉づきのいい；肉厚の.

der **Fleisch·kloß** [ふライシュ・クロース] 名 -es/..klöße 肉団子，ミートボール；(口・蔑)でぶ.

die **Fleisch·kon·ser·ve** [ふライシュ・コンぜるヴェ] 名 -/-n 肉の缶(瓶)詰.

fleisch·lich [ふライシュリヒ] 形 **1**. (古)肉の. **2**. ((文))肉欲の.

fleisch·los [ふライシュ・ロース] 形 **1**. 肉(料理)抜きの. **2**. 肉づきの悪い.

das **Fleisch·mes·ser** [ふライシュ・メッサー] 名 -s/- 肉用ナイフ.

der **Fleisch·topf** [ふライシュ・トップふ] 名 -(e)s/..töpfe シチュー鍋. 【慣用】 sich⁴ nach den Fleischtöpfen Ägyptens zurücksehnen 昔のいい生活をとり戻そうと願う(出エジプト記 16, 3).

die **Fleisch·wa·ren** [ふライシュ・ヴァーれン] 複名 加工食肉製品.

die **Fleisch·wer·dung** [ふライシュ・ヴェーあドゥング] 名 -/ ((文))化身，権化；(キ教)受肉，託身.

der **Fleisch·wolf** [ふライシュ・ヴォルふ] 名 -(e)s/-..wölfe 肉ひき器.

die **Fleisch·wun·de** [ふライシュ・ヴンデ] 名 -/-n (肉に達する)傷.

der **Fleiß** [ふライス] 名 -es/ 勤勉，精励，努力；mit ～ ((方))故意に，意図的に.

flei·ßig [ふライシヒ] 形 **1**. 勤勉な，熱心な：～ ler-

nen 熱心に学ぶ. **2**. 念入りな：eine ～e Arbeit 念入りな仕事. **3**. (口)頻繁な.

flek·tie·ren [ふレクティーれン] 動 h. 『言』 **1**. ⟨et⁴⟩ を変化(活用)させる(動詞・形容詞・名詞を)：eine *flektierende* Sprache 屈折語. **2**. ((医))=変化(活用)する.

flen·nen [ふレネン] 動 h. (蔑)(口)泣きわめく.

(das) **Flens·burg** [ふレンス・ブるク] 名 -s/ (地名)フレンスブルク(シュレースヴィヒ=ホルシュタイン州の港湾都市).

flen·sen [ふレンゼン] 動 h. ⟨et⁴⟩ を ((北独))脂を取る(鯨から).

flet·schen [ふレッチェン] 動 h. (次の形で)die Zähne [mit den Zähnen] ～ 歯〔牙(きば)〕をむく.

flet·schern [ふレッチャーン] 動 h. ⟨et⁴⟩をゆっくりとよく嚙む(米国の栄養学者 H. Fletcher, 1849-1919, にちなむ).

der **Fleu·rop** [fløyrɔp ふロイろプ, flø:rɔp fløyrɔp, flɔrɔp ふロろプ] 名 (-)/- フレーロップ(花屋の国際的組織. 花の贈り物を仲介).

die **Flex** [ふレックス] 名 -/- 〔商標〕フレクス(金属・コンクリートなどを切る携帯用電動丸のこ).

fle·xi·bel [ふレクスィーベル] 形 (比較⑨..bl..) **1**. 曲り〔曲げ〕やすい，しなやかな. **2**. 柔軟な，融通の利く. **3**. 『言』(活用)変化する.

die **Fle·xi·bi·li·tät** [ふレクスィビりテート] 名 -/ 柔軟性，融通性，順応性；弾力性.

die **Fle·xi·on** [ふレクスィオーン] 名 -/-en **1**. 『言』語形変化，屈折，活用. **2**. 『医』屈曲. **3**. 『地質』撓曲(たわみきょく).

der **Fle·xor** [ふレクソーあ] 名 -s/-en [ふレクソーれン] 『医』屈筋.

der **Fli·bus·ti·er** [ふりブスティーあ] 名 -s/- フィリバスター(17世紀後半に西インド諸島を荒した海賊).

flicht [ふりヒト] 動 flechten の現在形3人称単数.

flicht! [ふりヒト] 動 flechten の du に対する命令形.

flichtst [ふりヒツト] 動 flechten の現在形2人称単数.

fli·cken [ふりッケン] 動 h. ⟨et⁴⟩を繕う(衣類・網などを)；(口)修理(修繕)する.

der **Fli·cken** [ふりッケン] 名 -s/- つぎ切れ, つぎ当て用の革(ゴム・板金).

der **Fli·cken·tep·pich** [ふりッケン・テッピヒ] 名 -s/-e (布切れで織った)ラグマット，パッチワークの敷き物.

die **Fli·cke·rei** [ふりッケらイ] 名 -/-en 繕いもの(修繕).

der **Flick·flack** [ふりック・ふラック] 名 -s/-s 『体操』連続後転跳び.

der **Flick·schnei·der** [ふりック・シュナイダー] 名 -s/- (蔑)洋服の修繕屋.

der **Flick·schus·ter** [ふりック・シューステル] 名 -s/- **1**. (古)靴直しの職人. **2**. (口)能なし.

das **Flick·werk** [ふりック・ヴェるク] 名 -(e)s/-e (蔑)つぎはぎ細工，素人の仕事.

das **Flick·wort** [ふりック・ヴォるト] 名 -(e)s/-..wörter 〔文芸学・言〕つけ足しの語，填辞，虚辞.

das **Flick·zeug** [ふりック・ツォイク] 名 -(e)s/-e 修理(補修)用品，裁縫道具.

der **Flie·der** [ふりーダー] 名 -s/- 『植』ライラック，リラ，ムラサキハシドイ；ライラック〔リラ〕の花(の小枝)，(方)『植』ニワトコ.

die **Flie·der·bee·re** [ふりーダー・ベーれ] 名 -/-n ((方))『植』ニワトコの実.

flie·der·far·ben [ふりーダー・ふぁるベン] 形 ライラック色の.

flie·der·far·big [ふりーダー・ふぁるビヒ] 形 =fliederfarben.

der **Flie·der·tee** [ふりーダー・テー] 名 -s/-s ((方))ニワト

コ茶.

die **Flie·ge** [ふリーゲ] [名] -/-n 1. 〘昆〙ハエ. 2. 蝶ネクタイ；(釣りの)蚊鈎(かばり)；(唇の上・下の)細く刈り込んだひげ, ちょびひげ. 3. (([単]のみ))〘天〙はえ座. 【慣用】**die〔eine〕Fliege machen** ((口))素早く逃げる. **Er tut keiner Fliege etwas zuleide〔zu Leide〕.** 彼は虫一匹殺せない男だ. **zwei Fliegen mit einer Klappe schlagen** 一石二鳥だ, 一挙両得だ.

flie·gen* [ふリーゲン] [動] flog；ist/hat geflogen 1. *s.* 〔((〈方向〉へ))〕飛ぶ, 飛んで行く〔来る〕((虫・鳥・航空機が))；飛ぶ((石・ボール・砲弾などが))；((文))(飛ぶように速く)動く, 疾走する((人・物などが)). 2. *s.* 〔補足なし〕(風に吹かれて)なびく, ひるがえる. 3. *h.* 〔補足なし〕((文))ふるえる((手などが))；ひどく速くなる((脈などが)). 4. *s.* 〔((〈方向〉へ))〕(航空機で)行く〔飛ぶ〕. 5. *h.* 〔〈et⁴〉ヲ〕操縦する((航空機を)). 6. *h.* 〔〈j⁴/et⁴〉ヲ＋〈方向〉へ〕(航空機で〔が〕)運ぶ, 空輸する. 7. *h.*〔*s.*〕〔補足なし〕(パイロットとして)飛ぶ. 【慣用】*s.* **auf die Nase fliegen** ((口))うつ伏せに転ぶ. *s.* **auf 〈j⁴/et⁴〉 fliegen** 〈人・物・事に〉強くひかれる. *s.* **die Polarroute/einen Umweg fliegen** 北極ルート/迂回(うかい)ルートを飛ぶ. *s.* **durchs Examen fliegen** ((口))試験に見事に失敗する. *h.*〔*s.*〕**eine Kurve fliegen** 旋回する. **geflogen kommen** 飛んで来る. *h.* **Im Nebel fliegt es sich schlecht.** 霧の中は飛行しにくい. *s.* **in die Luft fliegen** (爆発して)吹飛ぶ. *s.* **in Stücke fliegen** こっぱみじんに吹飛ぶ. *h.* **Sein Atem/Puls fliegt.** ((文))彼の呼吸/脈拍はひどく速い. *h.* **sich⁴ gut fliegen** 飛行性能が良い. *s.* **von der Schule/aus der Stellung fliegen** ((口))学校/職場から追出される.

flie·gend [ふリーゲント] [形] 1. 移動する, 巡回する, 行商の：eine ~*e* Ambulanz 移動野戦病院, 巡回診療所〔車〕. 2. 空を飛ぶ：das ~*e* Personal 搭乗員. ein *F*~*er* Fisch トビウオ. eine ~*e* Untertasse 空飛ぶ円盤. 【慣用】**der Fliegende Holländer** さまよえるオランダ人.

der **Flie·gen·dreck** [ふリーゲン・ドれック] [名] -(e)s/ ハエのふん.

der **Flie·gen·fän·ger** [ふリーゲン・ふェンガー] [名] -s/- ハエ取りリボン.

das **Flie·gen·fens·ter** [ふリーゲン・ふェンスター] [名] -s/- 網戸.

das **Flie·gen·ge·wicht** [ふリーゲン・ゲヴィひト] [名] -(e)s/-e 〘スポーツ〙 1. (([単]のみ))フライ級. 2. フライ級の選手.

die **Flie·gen·klap·pe** [ふリーゲン・クラっペ] [名] -/-n ハエたたき.

die **Flie·gen·klat·sche** [ふリーゲン・クラっチェ] [名] -/-n ハエたたき.

der **Flie·gen·kopf** [ふリーゲン・コっプふ] [名] -(e)s/..köpfe 〘印〙(活字の)伏字, げた.

der **Flie·gen·pilz** [ふリーゲン・ピルツ] [名] -es/-e 〘植〙ベニテングダケ((きのこ)).

der **Flie·gen·schnäp·per** [ふリーゲン・シュネっパー] [名] -s/- 〘鳥〙ヒタキ.

der **Flie·gen·schrank** [ふリーゲン・シュらンク] [名] -(e)s/..schränke 網戸棚, 蠅帳(はえちょう).

der **Flie·ger** [ふリーガー] [名] -s/- 1. 飛行士, パイロット；((口))空軍所属の人；航空兵；飛行機. 2. 〘スポーツ〙(短距離の)競輪選手；短距離競走馬；〘スキー〙ジャンパー. 3. 飛ぶ動物〔鳥・虫〕.

die **Flie·ger·ab·wehr** [ふリーガー・アップ・ヴェーあ] [名] -/ 〘軍〙((スイス))防空, 対空防衛；(地上からの)対空抗戦.

der **Flie·ger·a·larm** [ふリーガー・アラるム] [名] -(e)s/-e 空襲警報.

der **Flie·ger·an·griff** [ふリーガー・アン・グりふ] [名] -(e)s/-e 空襲.

die **Flie·ger·bom·be** [ふリーガー・ボムベ] [名] -/-n 投下爆弾.

die **Flie·ge·rei** [ふリーゲらイ] [名] -/ 航空, 航空事業〔業界〕；飛行.

der **Flie·ger·horst** [ふリーガー・ホるスト] [名] -(e)s/-e 〘軍〙空軍基地.

flie·ge·risch [ふリーゲりシュ] [形] 飛行〔航空〕の.

der **Flie·ger·of·fi·zier** [ふリーガー・オふぃツィーあ] [名] -s/-e 空軍将校.

das **Flie·ger·ren·nen** [ふリーガー・れネン] [名] -s/- (自転車競技の)スプリント・レース；(競馬の)短距離レース.

die **Flie·ger·trup·pe** [ふリーガー・トるっペ] [名] -/-n 空軍部隊.

die **Flieh·burg** [ふリー・ブるク] [名] -/-en 〘史〙(戦争・災害時のための)避難用城塞(じょうさい).

flie·hen* [ふリーエン] [動] floh；ist/hat geflohen 1. *s.* 〔補足なし〕逃げる, 逃走する：vor dem Feind ~ 敵を恐れて逃走する. Die Zeit *flieht*. 時間は速やかに過ぎ去る. 2. *h.* 〔〈j⁴/et⁴〉ヲ〕((文))避ける, 遠ざける.

flie·hend [ふリーエント] [形] 逃げていく；引っこんでいる((あご・額)).

die **Flieh·kraft** [ふリー・クらふト] [名] -/ 〘理〙遠心力.

die **Flie·se** [ふリーゼ] [名] -/-n タイル；カーペット地の四角い床敷材(Teppich~).

die **Fließ·ar·beit** [ふリース・アるバイト] [名] -/ 流れ作業.

das **Fließ·band** [ふリース・バント] [名] -(e)s/..bänder ベルトコンベヤー.

die **Fließ·band·ar·beit** [ふリースバント・アるバイト] [名] -/-en ベルトコンベヤーでの流れ作業.

die **Fließ·bett·kal·zi·nie·rung** [ふリース・ベっト・カルツィニーるング] [名] -/-en 〘化〙流動層煆焼(かしょう).

flie·ßen* [ふリーセン] [動] floss；ist geflossen 1. 〔((〈方向〉ニ(カラ)/〈場所〉ヲ))〕流れ(てい)る, ((水・電流・気流などが)). 2. 〔〈方向〉へ(カラ)/〈場所〉ヲ〕流れ出る〔込む〕, 流れて行く〔くる〕((液体・気体・電気・交通・言葉などが)). 3. 〔補足なし〕出る, 湧き〔流れ〕出る：Der Wasserhahn *fließt* nicht. この蛇口は水が出ない. Meine Nase *fließt* ununterbrochen. 私(の鼻)は鼻水が止まらない. 4. 〔〈様態〉ニ〕集まる, ある((金・情報などが)). 5. 〔〈方向〉ニ〕柔らかくウェーブして垂れる((髪などが)). 【慣用】**Der Wein floss in Strömen.** ワインが大量に飲まれた. **Viel Blut ist geflossen.** 多くの死傷者が出た.

flie·ßend [ふリーセント] [形] 流暢(りゅうちょう)な；はっきりしない((境界))；流れる；ゆるやかに弧を描く：Er spricht ~ Englisch/ein ~*es* Englisch. 彼は流暢に英語を/流暢な英語を話す. der ~*e* Verkehr 流れのいい道路交通. ein Zimmer mit ~*em* Wasser 水道つきの部屋.

das **Fließ·ge·wäs·ser** [ふリース・ゲヴェっサー] [名] -s/- 河川.

das **Fließ·gleich·ge·wicht** [ふリース・グライひ・ゲヴィひト] [名] -(e)s/ 〘生〙(代謝などの)動的平衡.

das **Fließ·heck** [ふリース・へック] [名] -(e)s/-e〔-s〕〘車〙ファースト・バック((後部が流線形の車体)).

das **Fließ·pa·pier** [ふリース・パピーあ] [名] -s/-e 吸取り紙.

der **Flim·mer** [ふリマー] [名] -s/- 1. ((詩))きらきらする光, 光のまたたき. 2. ((詩))虚飾. 3. 〘生〙繊毛. 4. ((古))きらら.

das **Flim·mer·e·pi·thel** [ふリマー・エピテール] [名] -s/-e 〘生〙繊毛上皮(組織).

die **Flim·mer·kis·te** [ふリマー・キステ] [名] -/-n ((口・冗))((蔑)も有)テレビ受像機.

flim·mern [ふリマーン] [動] *h.* 1. 〔補足なし〕きらきら光る((水(面)などが))；きらきら輝く((星などが)), ちらちら光る((遠くの灯火などが))；ちらちらする((映画・テレビの画面が))；ゆらゆらする((空気・熱気が))；((口))放映される((番組が)). 2. 〔〈et⁴〉ヲ〕((方))ぴかぴかに磨く((床・靴など

flink [フリンク] 形 素早い, すばしこい, 敏捷(びんしょう)な: ein ~es Mundwerk haben 口が達者である. ~e Hände haben 仕事が早い. immer ~ bei der Hand sein いつもすぐ手を貸す. ⟨et⁴⟩ mit ~en Händen tun ⟨事を⟩手早くやる.

der **Flint** [フリント] 名 -(e)s/-e ライター石;火打石, 燧石(すいせき).

die **Flin·te** [フリンテ] 名 -/- **1.** 散弾銃, 猟銃. **2.** 火打石銃(旧式の鉄砲). 〖慣用〗 **die Flinte ins Korn werfen** 〖口〗あっさりあきらめる.

das **Flintglas** [フリント・グラース] 名 -es/..gläser フリントガラス, 鉛ガラス.

der **Flip** [フリップ] 名 -s/-s **1.** フリップ(卵入りカクテル). **2.** 〖スポ〗フリップジャンプ.

der **Flip·per** [フリッパー] 名 -s/- フリッパー(自動ピンボールマシン).

flip·pern [フリッパーン] 動 h. 〖俗〗〖口〗ピンボールマシンで遊ぶ.

flir·ren [フリレン] 動 h. 〖擬音的〗〖文〗ちらちら光る, ゆらゆらする.

der **Flirt** [flœrt フルート, flœrt フルールト, flɪrt フリルト] 名 -s/-s (素振・目付・冗談めかした言葉で)気がある ことを示すこと, 色目;恋愛遊戯, 浮気.

flir·ten [flœ:rtən フルーテン, flœrtən フルールテン, flɪrtan フリルタン] 動 h. (mit ⟨j³⟩) 気を引く, (…に)言い寄る, 色目を使う: mit der Oppositionspartei ~ 野党の気を引く.

das **Flitt·chen** [フリットヒェン] 名 -s/- 〖口〗身軽な女.

der **Flit·ter** [フリッター] 名 -s/- **1.** スパンコール. **2.** (複のみ)けばけばしい安物の飾り.

der **Flitterglanz** [フリッター・グランツ] 名 -es/ 〖蔑〗金ぴか, 安っぽい輝き.

das **Flittergold** [フリッター・ゴルト] 名 -(e)s/ 黄銅箔(はく);模造金箔.

der **Flit·ter·kram** [フリッター・クラーム] 名 -(e)s/ 〖口・蔑〗金ぴかの安物.

die **Flit·ter·wo·chen** [フリッター・ヴォッヘン] 複 ハネムーン, 蜜月々.

der **Flitz·bo·gen** [フリッツ・ボーゲン] 名 -s/- 〔南独・オーストリア〕-s/..bögen おもちゃの弓.

flit·zen [フリッツェン] 動 *s*. **1.** ⟨方向へ⟩〖口〗すっとんで行く;突っ走る(乗り物・乗り物に). **2.** 〖俗〗〖口〗ストリーキングする.

der **Flit·zer** [フリッツァー] 名 -s/- 〖口〗小型スポーツカー;足の速い選手;逃げてばかりいるボクサー;ストリーカー.

floa·ten [flóːtən フローテン] 動 h. 〖擬音的〗〖経〗変動〔フロート〕する.

das **Floa·ting** [flóːtɪŋ フローティング] 名 -s/-s 〖経〗(為替相場の)変動.

flocht [フロホト] 動 flechten の過去形.

flöch·te [フレヒテ] 動 flechten の接続法2式.

die **Flo·cke** [フロッケ] 名 -/-n **1.** 薄片, 小片;雪片(Schnee~);(馬などの)白斑(はくはん);綿くず, 毛玉. **2.** (主に複)(食品の)フレーク. **3.** (複のみ)〖口〗金, ぜに.

die **Flo·cken·blu·me** [フロッケン・ブルーメ] 名 -/-n 〖植〗ヤグルマギク.

flọ·ckig [フロッキヒ] 形 薄片状の, ふわふわした.

die **Flọck·sei·de** [フロック・ザイデ] 名 -/ 繭の毛羽(けば)糸;真綿.

das **Flọckungs·mit·tel** [フロックングス・ミッテル] 名 -s/- 〖化〗(浄水場などで)フロック形成に用いる)凝集剤.

flog [フローク] 動 fliegen の過去形.

flö·ge [フレーゲ] 動 fliegen の接続法2式.

floh [フロー] 動 fliehen の過去形.

der **Floh** [フロー] 名 -(e)s/Flöhe 〖昆〗ノミ;(複のみ)〖口〗金, ぜに. 〖慣用〗 **die Flöhe husten[niesen] hören** 〖口〗自分をとても利口だと思っている. **einen Floh im Ohr haben** 〖口〗頭がちょっとおかしい. ⟨j³⟩ **einen Floh ins Ohr setzen** 〖口〗⟨人を⟩やきもきさせることを言う.

der **Floh·biss**, ⓐ **Floh·biß** [フロー・ビス] 名 -es/-e ノミに食われた跡.

flö·he [フレーエ] 動 fliehen の接続法2式.

flö·hen [フレーエン] 動 h. ⟨j¹/et¹⟩ノミを取る;〖口・稀〗(…を)徹底的に取調べる(税関などで);(…から)金をだまし取る.

der **Floh·krebs** [フロー・クレープス] 名 -es/-e 〖動〗トビムシ;端脚目ヨコエビ科.

der **Floh·markt** [フロー・マルクト] 名 -(e)s/..märkte のみの市.

der **Floh·zir·kus** [フロー・ツィルクス] 名 -/-se ノミのサーカス.

der **Flo·ka·ti** [フロカーティ] 名 -s/-s フロカーティー(ギリシア産の長毛ウールじゅうたん).

der **Flom** [フローム] 名 -(e)s/ (豚の)腹部および腎臓(じんぞう)の脂肪.

der **Flo·men** [フローメン] 名 -s/ = Flom.

der **Flop** [フロップ] 名 -s/-s 不成功, 失敗;使いものにならない人;〖スポ〗= Fosburyflop.

die **Flop·py disk, Flop·py Disk,** ⓐ **Flop·py disk** [flɔpi..フロッピ・ディスク] 名 -,--/-s,--s 〖電算〗フロッピーディスク.

der **Flor**[1] [フロール] 名 -s/-e (主に複)〖文〗 **1.** 満開, 花盛り;一面の花. **2.** 全盛, 繁栄.

der **Flor**[2] [フロール] 名 -s/-e(Flöre) **1.** 紗(しゃ);ヴェール. **2.** (織物の)けば, パイル. **3.** 喪章(Trauer~).

(*die*) **Flo·ra**[1] [フローラ] 名 **1.** 〖ロ神〗フローラ(春と豊穣の女神). **2.** 〖女名〗フローラ.

die **Flo·ra**[2] [フローラ] 名 -/..ren **1.** 植物相, フロラ;(一地域の)植物誌. **2.** (複のみ)(一つの器官内の)細菌.

flo·ral [フローラール] 形 花の, 花模様〔柄〕の.

das **Flor·band** [フロール・バント] 名 -(e)s/..bänder 喪章のリボン.

Flo·re·al [フロレアール] 名 -/-s 〖史〗フロレアル(フランス革命暦の第8月で, 4月20[21]日～5月19[20]日).

der **Flo·ren·ge·biet** [フローレン・ゲビート] 名 -(e)s/-e 植物区系.

der **Flo·ren·ti·ner** [フロレンティーナー] 名 -s/- **1.** フィレンツェの住民. **2.** つばの広い婦人用麦わら帽子. **3.** アーモンド入りクッキー.

(*das*) **Flo·renz** [フローレンツ] 名 -s/ 〖地名〗フィレンツェ(イタリアの都市).

die **Flo·res·zenz** [フロレスツェンツ] 名 -/-en 〖植〗開花期;花序.

das **Flo·rett** [フロレット] 名 -(e)s/-e 〖フェンシング〗フルーレ(剣);(複のみ)フルーレ(種目).

das **Flo·rett·band** [フロレット・バント] 名 -(e)s/..bänder フロレット・リボン(くず繭と木綿糸を使用).

die **Flo·rett·sei·de** [フロレット・ザイデ] 名 -/ 〖織〗くず繭絹糸.

(*der*) **Flo·ri·an** [フローリアーン] 名 〖人名〗フローリアン(304頃没, 火災の守護聖人).

flo·rie·ren [フロリーレン] 動 h. 〖擬音的〗花盛りである;繁盛する.

das **Flo·ri·le·gi·um** [フロリレーギウム] 名 -s/..gien 〖古〗 **1.** 詞華集. **2.** (古代の作家の)選集;格言〔慣用句〕集.

der **Flo·rin** [フローリーン] 名 -s/-e[-s] **1.** フローリン(オランダの通貨単位グルデンの別称. 記号(h)fl.). **2.** フロリン銀貨(イギリスの旧貨幣で2シリング. 記号

der **Florist** [フロリスト] 名 -en/-en 1. 花屋, フラワーデザイナー. 2. フロラ〔植物相〕研究者.
florjstisch [フロリスティシュ] 形 フラワーデザインの;フロラ〔植物相〕の/フロラ〔植物相〕研究(上)の.
die **Floskel** [フロスケル] 名 -/-n 決り文句.
floss, ⑪**floß** [フロス] 動 fließenの過去形.
das **Floß** [フロース] 名 -es/Flöße 1. 筏(%)(舟の代用・木材運送). 2. (釣糸の)浮き.
die **Floß·brü·cke** [フロース·ブリュッケ] 名 -/-n 丸太を組んだ橋, いかだ橋.
die **Flos·se** [フロッセ] 名 -/-n 1. (魚などの)ひれ;(用具の)足ひれ, フリッパー(Schwimm〜). 2. 垂直〔水平〕安定板, フィン. 3. (口·冗)(⑪有)手;(主に⑪)(稀)足.
flösse [フレッセ] 動 fließenの接続法2式.
flö·ßen [フレーセン] 動 h. 1. (懮)筏(%)で川を下る. 2. ⟨j⁴/et⁴⟩筏で運ぶ;筏に組んで運ぶ(木材を). 3. ⟨et⁴⟩+⟨j³⟩···に流し込む.
der **Flö·ßer** [フレーサー] 名 -s/- 筏(%)師.
die **Flö·ße·rei** [フレーセらイ] 名 -/ 筏(%)流し.
die **Floß·gas·se** [フロース·ガッセ] 名 -/-n 〈堰(?)など)のいかだ用の水路, 流木路.
die **Flo·ta·ti·on** [フロタツィオーン] 名 -/-en 〔冶金〕浮遊選鉱.
die **Flö·te** [フレーテ] 名 -/-n 1. 笛, フルート;〔楽〕(パイプオルガンの)フルート音栓. 2. 細長い〔シャンペン〕グラス. 3. 〔ジ〕(スカートの)同じマークの一連の続きれ. 4. (口)ペニス.
flö·ten [フレーテン] 動 h. 1. (懮)(稀)(素人くさく)フルートを吹く;(方)口笛を吹く;きれいな声でさえずる(ツグミなどが);甘い声でしゃべる. 2. (⟨文⟩)甘い声で言う(女性などが). 3. 〖慣用〗**flöten gehen** (口)なくなってしまう;壊れる, 割れる.
der **Flö·ten·blä·ser** [フレーテン·ブレーザー] 名 -s/- フルート奏者.
flö·ten ge·hen*, ⑪**flö·ten|ge·hen*** [フレーテンゲーエン] ◇ flöten 〖慣用〗.
der **Flö·ten·ton** [フレーテン·トーン] 名 -(e)s/..töne フルートの音色. 〖慣用〗⟨j⟩ **die Flötentöne beibringen** (口)⟨人に⟩礼儀作法を教える.
der **Flö·tist** [フレティスト] 名 -en/-en フルート奏者.
flott [フロット] 形 1. (口)活発な, きびきびした, 軽快な. 2. (口)スマートな, しゃれた, 屈託がなくかな. 3. のんきな, 気楽な. 4. (船·車が再び)航行〔走行〕できる: Er ist wieder 〜. (転)彼は金回りがよくなった;彼は健康を回復した.
das **Flott** [フロット] 名 -(e)s/- (北独) 1. 〔植〕アオウキクサ. 2. (釣りの)浮き. 3. (温めたミルクの)皮膜;乳脂.
die **Flot·te** [フロッテ] 名 -/-n 1. (一国の)海軍(力), 全艦船;艦隊, 船団. 2. (布地の漂白·染色·мойкаの)水溶液.
das **Flot·ten·ab·kom·men** [フロッテン·アップ·コメン] 名 -s/- 〔軍〕海軍協定.
die **Flot·ten·pa·ra·de** [フロッテン·パらーデ] 名 -/-n 観艦式.
der **Flot·ten·stütz·punkt** [フロッテン·シュテュッツ·プンクト] 名 -(e)s/-e 〔軍〕(自国以外の)海軍基地.
der **Flot·ten·ver·band** [フロッテン·ふぇアバント] 名 -(e)s/..bände 〔軍〕(同一作戦に従事する)艦隊.
flot·tie·ren [フロティーれン] 動 h. 1. ⟨in⟨et³⟩ハоラ⟩〔医〕浮遊する. 2. (懮)浮動〔流動〕する: *flottierende Schuld* 〔法〕短期債.
die **Flot·til·le** [フロティl(j)e, フロティリイェ] 名 -/-n 〔軍〕(小艦艇の)艦隊, 艇隊;〔漁〕(加工船を伴う)漁船団.
der **Flot·til·len·ad·mi·ral** [フロティレン·アトミら―ル, フロティルイェン·アトミら―ル] 名 -s/-e 海軍准将(人;⑪のみ位).
flott|ma·chen [フロット·マッハェン] 動 h. 1. ⟨et³⟩〔海〕離礁〔浮揚〕させる(船などを). 2. ⟨et³⟩走れるようにする(故障した車などを.
flott·weg [フロット·ヴェック] 副 (口)てきぱきと, すらすらと.
das **Flöz** [フレーツ] 名 -es/-e 〔鉱〕鉱層.
der **Fluch** [フルーふ] 名 -(e)s/Flüche 1. 呪(%)い. 2. 悪態, ののしり. 3. (⑪のみ)たたり, 神罰.
fluch·be·la·den [フルーふ·ベラーデン] 形 (文)呪(%)われた.
flu·chen [フルーヘン] 動 h. 1. (懮)悪態をつく. 2. ⟨auf⟨über⟩⟨j⁴/et⁴⟩罵(?)る, (···に)文句を言う. 3. ⟨j³/et³⟩(文)呪(%)う.
die **Flucht¹** [フルふト] 名 -/ 1. (⑪のみ)逃走, 敗走: auf der 〜 逃走中に. 2. 逃亡, 脱出. 3. (⑪のみ)逃避. 4. 〔狩〕(鹿などの)跳躍. 〖慣用〗⟨j³⟩ **in die Flucht schlagen** ⟨人を⟩逃走〔敗走〕させる. **vor**⟨j³/et³⟩ **die Flucht ergreifen** ⟨人·物事から⟩逃げ出す.
die **Flucht²** [フルふト] 名 -/-en 1. 〔土〕(家·部屋·窓などの)真っすぐな列;(煉瓦壁などの垂直·水平の)まっすぐな延び: in einer 〜 一列に並んで. 2. (文)ドアでつながった一列(の部屋). 3. (稀)(飛ぶ鳥の)列;遊び, 遊塾(?).
flucht·ar·tig [フルふト·アーふティ(?)] 形 逃げるような.
die **Flucht·burg** [フルふト·ブルク] 名 -/-en 〔史〕避難用城塞(?).
flüch·ten [フリュふテン] 動 1. *s*. (vor⟨j³/et³⟩ア⟨nach/zu⟨方向⟩⟩)逃げる. 2. *h*. ⟨sich⁴+⟨方向⟩⟩逃げ込む, 逃れる, 逃避する. 3. *h*. ⟨j⁴/et⁴⟩(古)避難させる.
die **Flucht·ge·schwin·dig·keit** [フルふト·ゲシュヴィンディひカイト] 名 -/-en 〔理〕(引力からの)脱出速度.
der **Flucht·hel·fer** [フルふト·ヘルふぇー] 名 -s/- 逃亡〔脱走〕幇助者(?).
flüch·tig [フリュふティ(?)] 形 1. 逃走〔逃亡〕中の. 2. 一寸した間の, 慌ただしい: einen 〜*en* Blick auf ⟨j⁴/et⁴⟩ werfen ⟨人·物⟩をほんの一べつする. 3. 表面的な, うわべだけの: einen 〜*en* Eindruck von ⟨j³/et³⟩ haben ⟨人·事⟩について表面的印象しか持っていない. 4. そんざいな, 雑な. 5. 一時的な, 束の間の. 6. 〔化〕揮発性の;〔鉱〕もろい.
die **Flüch·tig·keit** [フリュふティひカイト] 名 -/-en 1. (⑪のみ)一過性, 束の間;〔化〕揮発性. 2. 雑な操作〔制作·実行〕.
der **Flüch·tig·keits·feh·ler** [フリュふティひカイツ·ふぇーラー] 名 -s/- うっかりしたミス, 見落とし.
der **Flücht·ling** [フリュふトリング] 名 -s/-e 難民;逃亡者, 脱走者;亡命者;引揚者.
das **Flücht·lings·elend** [フリュふトリングス·エーレント] 名 -(e)s/ 難民の窮状.
das **Flücht·lings·la·ger** [フリュふトリングス·ラーガー] 名 -s/- 難民収容所.
die **Flucht·li·nie** [フルふト·リーニエ] 名 -/-n 建築〔家並〕線(遠近法の)消尽線.
der **Flucht·punkt** [フルふト·プンクト] 名 -(e)s/-e (透視画法の)消尽点.
der **Flucht·ver·dacht** [フルふト·ふぇあダはト] 名 -(e)s/ 逃亡のおそれ.
der **Flucht·ver·such** [フルふト·ふぇあズーふ] 名 -(e)s/-e 逃亡の試み.
fluch·wür·dig [フルーふ·ヴュるディひ] 形 (文)呪(%)うべき.
der **Flug** [フルーク] 名 -(e)s/Flüge 1. 飛ぶこと, 飛行;(精神的)飛躍, 高揚: im 〜 飛行中に, 空中で. zum 〜 ansetzen 離陸の態勢に入る. 2. 空の

旅，(目的地への)飛行機便，フライト：auf dem ~ nach Wien ウィーンへの飛行中に．**3**．『狩』(飛ぶ鳥の)群れ．**4**．『ス*』(ジャンプ競技の)飛行(Ski~)．【慣用】**(wie) im Flug (e)** 素早く，迅速に．

die **Flug·ab·wehr** [ふルーク・アップ・ヴェーあ] 名 -/ 『軍』防空，対空防衛；『球』ジャンプして相手のボールを防ぐこと．

die **Flug·ab·wehr·ka·no·ne** [ふルーク·アップヴェーあ·カノーネ] 名 -/-n 『軍』対空砲，高射砲．

die **Flug·ab·wehr·ra·ke·te** [ふルーク·アップヴェーあ·らケーテ] 名 -/-n 『軍』対空ミサイル．

die **Flug·angst** [ふルーク·アングスト] 名 -/ 飛行恐怖症．

die **Flug·asche** [ふルーク·アッシェ] 名 -/ 燃焼ガスに含まれる灰．

die **Flug·bahn** [ふルーク·バーン] 名 -/-en 弾道；軌道．

der **Flug·ball** [ふルーク·バル] 名 -(e)s/..bälle 『球』飛んでいるボール；『テ*』ボレー．

das **Flug·blatt** [ふルーク·ブラット] 名 -(e)s/..blätter ビラ，ちらし，リーフレット．

das **Flug·boot** [ふルーク·ボート] 名 -(e)s/-e 飛行艇．

der **Flü·gel** [ふリューゲル] 名 -s/- **1**．翼；羽；羽肉：mit den ~n schlagen 羽ばたく．**2**．(飛行機の)主翼，(スクリューなどの)羽根．**3**．(両開きの)扉，(建物の)翼(*)．**4**．(政党などの)派；『軍』(陣形の)翼(*)；『ス*』(サッカーなどの)ウィング．**5**．『楽』グランドピアノ．【慣用】⟨j⁵⟩ **die Flügel beschneiden (stutzen)** ⟨人⟩の意欲をなくさせる．**die Flügel hängen lassen** (口)悄然(しょうぜん)としている．⟨j⁵⟩ **Flügel verleihen** ⟨人⟩に勇気を与える．**sich³ die Flügel verbrennen** (文)無謀なことをしてひどい目にあう．

der **Flü·gel·ad·ju·tant** [ふリューゲル·アトユタント] 名 -en/-en 侍従武官．

der **Flü·gel·al·tar** [ふリューゲル·アルターあ] 名 -(e)s/..täre 両開き[観音開き]の祭壇．

die **Flü·gel·de·cke** [ふリューゲル·デッケ] 名 -/-n (昆虫の)翅鞘(ししょう)．

das **Flü·gel·fens·ter** [ふリューゲル·フェンスター] 名 -s/- 両開きの窓．

die **Flü·gel·frucht** [ふリューゲル·ふるふト] 名 -/..früchte 『植』翼果．

das **Flü·gel·horn** [ふリューゲル·ホルン] 名 -(e)s/..hörner 『楽』フリューゲルホルン(高音域の金管楽器)．

..flü·ge·lig [..ふリューゲリッヒ] 接尾 数詞·形容詞などにつけて「…式の翼[扉]をもつ」意味の形容詞を作る：zwei*flügelig* 二枚羽をもつ，二枚扉の．

flü·gel·lahm [ふリューゲル·ラーム] 形 翼が利かない；活気のない．

flü·gel·los [ふリューゲル·ロース] 形 羽のない；無翅(むし)の．

der **Flü·gel·mann** [ふリューゲル·マン] 名 -(e)s/..männer [..leute] (隊列の)側兵；『球』ウィング．

die **Flü·gel·mut·ter** [ふリューゲル·ムッター] 名 -/-n 『工』ちょうナット．

flü·geln [ふリューゲルン] 動 h. **1**．⟨et⁴n⟩『狩』翼を撃つ．**2**．(稀に)(文)ひらひらと飛ぶ．

das **Flü·gel·pferd** [ふリューゲル·ブふぇーあト] 名 -(e)s/ 『ギ神』天馬．

das **Flü·gel·ross**, ⊕ **Flü·gel·roß** [ふリューゲル·ロス] 名 -es/..rosses ［= Flügelpferd］．

der **Flü·gel·schlag** [ふリューゲル·シュラーク] 名 -(e)s/..schläge 羽ばたき．

die **Flü·gel·schrau·be** [ふリューゲル·シュらウベ] 名 -/-n ちょうねじ．

das **Flü·gel·schwir·ren** [ふリューゲル·シュヴィれン] 名 -s/- (ハチなどが)細かく羽を震わすこと．

die **Flü·gel·spann·wei·te** [ふリューゲル·シュパンヴァイテ] 名 -/ (鳥·昆虫の)翼幅．

der **Flü·gel·stür·mer** [ふリューゲル·シュテュるマー] 名 -s/- 『球』ウィング．

die **Flü·gel·tür** [ふリューゲル·テューア] 名 -/-en 観音開きの扉．

der **Flug·gast** [ふルーク·ガスト] 名 -(e)s/..gäste 航空機の乗客．

flüg·ge [ふリュッゲ] 形 (成長して)飛べるようになった；独り立ちできる．

die **Flug·ge·schwin·dig·keit** [ふルーク·ゲシュヴィンディクカイト] 名 -/-en 飛行速度．

die **Flug·ge·sell·schaft** [ふルーク·ゲゼルシャふト] 名 -/-en 航空会社．

der **Flug·ha·fen** [ふルーク·ハーふェン] 名 -s/..häfen 空港．

die **Flug·hö·he** [ふルーク·ヘーエ] 名 -/-n 飛行高度．

der **Flug·ka·pi·tän** [ふルーク·カピテーン] 名 -s/-e 機長．

der **Flug·kör·per** [ふルーク·ケルパー] 名 -s/- 飛行物体．

der **Flug·lärm** [ふルーク·レルム] 名 -(e)s/ (離着陸する)飛行機の騒音．

der **Flug·leh·rer** [ふルーク·レーらー] 名 -s/- 飛行教官．

die **Flug·li·nie** [ふルーク·リーニエ] 名 -/-n (定期)航空路，エアライン；《口》航空会社．

das **Flug·loch** [ふルーク·ロッホ] 名 -(e)s/..löcher (巣箱などの)出入口．

der **Flug·lot·se** [ふルーク·ローツェ] 名 -n/-n 航空管制官．

das **Flug·per·so·nal** [ふルーク·ぺるゾナール] 名 -s/ 機内乗務員．

der **Flug·plan** [ふルーク·プラーン] 名 -(e)s/..pläne 飛行計画；航空時刻表．

der **Flug·platz** [ふルーク·プラッツ] 名 -es/..plätze 飛行場．

die **Flug·post** [ふルーク·ポスト] 名 -/ 航空便，エアメール．

der **Flug·preis** [ふルーク·プらイス] 名 -es/-e 航空運賃，航空料金．

die **Flug·rei·se** [ふルーク·らイゼ] 名 -/-n 空の旅．

flugs [ふルックス] 副 ただちに，素早く．

der **Flug·sand** [ふルーク·ザント] 名 -(e)s/ 砂の吹きだまり．

die **Flug·schau** [ふルーク·シャウ] 名 -/-en 航空ショー．

der **Flug·schein** [ふルーク·シャイン] 名 -(e)s/-e 航空券，搭乗券；操縦士免許証．

der **Flug·schrei·ber** [ふルーク·シュらイバー] 名 -s/- 『空』フライトレコーダー．

die **Flug·schrift** [ふルーク·シュリふト] 名 -/-en (宣伝用)パンフレット，ビラ．

der **Flug·schü·ler** [ふルーク·シューラー] 名 -s/- 飛行練習生．

die **Flug·si·che·rung** [ふルーク·ズィッヒェるング] 名 -/ 航空交通管制；航空交通管制部．

der **Flug·sport** [ふルーク·シュポるト] 名 -(e)s/-e 空を飛ぶスポーツ．

die **Flug·stre·cke** [ふルーク·シュトれッケ] 名 -/-n 飛行距離．

die **Flug·tech·nik** [ふルーク·テクニク] 名 -/-en 飛行技術；航空機製造技術．

das **Flug·ti·cket** [ふルーク·ティケット] 名 -s/-s 航空券．

der **Flug·ver·kehr** [ふルーク·ふぇあケーあ] 名 -(e)s/ 航空交通．

das **Flug·we·sen** [ふルーク·ヴェーゼン] 名 -s/ (総称)航空．

die **Flug·zeit** [ふルーク·ツァイト] 名 -/-en 飛行(所要)時間．

das **Flug·zeug** [ふルーク·ツォイク] 名 -(e)s/-e 飛行機，航空機．

die **Flug·zeug·ab·wehr·ka·no·ne** [ふルークツォイク·アップ·ヴェーあ·カノーネ] 名 -/-n = Flugabwehrkanone.

die **Flug·zeug·ent·füh·rung** [ふルークツォイク・エントふゅーるング] 名 -/-en ハイジャック.
der **Flug·zeug·füh·rer** [ふルークツォイク・ふゅーらー] 名 -s/- パイロット, 操縦士.
die **Flug·zeug·hal·le** [ふルークツォイク・ハレ] 名 -/-n (航空機)格納庫.
die **Flug·zeug·in·dus·trie** [ふルークツォイク・インドゥストリー] 名 -/ 航空機産業.
das **Flug·zeug·mut·ter·schiff** [ふルークツォイク・ムッター・シふ] 名 -(e)s/-e =Flugzeugträger.
der **Flug·zeug·trä·ger** [ふルークツォイク・トれーガー] 名 -s/- 航空母艦.
das **Flug·zeug·un·glück** [ふルークツォイク・ウン・グリュック] 名 -(e)s/-e 飛行機事故.
die **Fluh** [ふルー] 名 -/Flühe (スイス) 岩壁.
flu·id [ふルイート] 形 《化》流動性の; 液体の.
das **Flu·id** [flúːɪt ふルーイト, fluˑiːt ふルイート] 名 -s/-s(-ıdə) 《化》液体; 《工》流体, 流動体.
das **Flu·i·dum** [ふルーイドゥム] 名 -s/Fluida (人・物が発散する)雰囲気, 感じ.
die **Fluk·tu·a·ti·on** [ふルクトゥアツィオーン] 名 -/-en (人員・人口などの)変動; 《医》波動.
fluk·tu·ie·ren [ふルクトゥイーれン] 動 h. 《稀》《文》変動する(物価などが); 《医》波動する.
der **Flun·der** [ふルンダー] 名 -s/- 《魚》カレイ.
die **Flun·ke·rei** [ふルンケらイ] 名 -/-en **1.** (⊕のみ)ほらを吹く(自慢をする)こと. **2.** ほら話.
flun·kern [ふルンカン] 動 h. 《稀》《口》ほらを吹く.
der **Flunsch** [ふルンシュ] 名 -(e)s/-e (不機嫌[泣き出しそう]に)ゆがめられた口: einen ~ ziehen 口をゆがめる.
das **Flu·or** [ふルーオーア] 名 -s/ フッ素(記号 F).
die **Flu·or·ab·gas** [ふルーオーア・アップ・ガース] 名 -es/-e (主に⊕)《環》フッ素を含む排気ガス.
der **Flu·or·chlor·koh·len·was·ser·stoff** [ふルーオーア・クローる・コーレン・ヴァッサー・シュトっふ] 名 -(e)s/ 《化》フロンガス.
die **Flu·or·es·zenz** [ふルオれスツェンツ] 名 -/ 蛍光.
flu·or·es·zie·ren [ふルオれスツィーれン] 動 h. 《稀》蛍光を発する.
das **Flu·o·rid** [ふルオリート] 名 -(e)s/-e 《化》フッ化物.
die **Flu·o·ri·die·rung** [ふルオリディーるング] 名 -/-en 《化》(化合物の)フッ化; 《歯》(水道水の)フッ素処理.
die **Flu·o·ro·se** [ふルオローゼ] 名 -/-n 《医》フッ素中毒症; 《歯》フッ素沈着症.
die **Flu·or·ver·bin·dung** [ふルーオーア・ふぇあビンドゥング] 名 -/-en 《化》フッ素化合物.
der **Flur**[1] [ふルーア] 名 -(e)s/-e **1.** 廊下. **2.** (集合住宅の)玄関ホール(Haus—).
die **Flur**[2] [ふルーア] 名 -/-en **1.** 《文》畑, 牧草地. **2.** (集落共同体の)区画された農業用地; 区画された農業用地の一区画.
die **Flur·be·rei·ni·gung** [ふルーア・ベらイニグング] 名 -/-en 耕地整理, 農地整備.
das **Flur·buch** [ふルーア・ブーふ] 名 -(e)s/..bücher 土地台帳.
die **Flur·gar·de·ro·be** [ふルーア・ガるデローベ] 名 -/-n (玄関の)帽子[コート]掛け; ホールスタンド.
der **Flur·na·me** [ふルーア・ナーメ] 名 -ns/-n (農業用地の)区画名.
der **Flur·scha·den** [ふルーア・シャーデン] 名 -s/..schäden 農地(農作物)の被害.
die **Flu·se** [ふルーゼ] 名 -/-n (北独)糸くず, 毛くず.
der [*das*] **Flush** [flaʃ ふラッシュ] 名 -s/-s 《医》ほてり, 紅潮.
der **Fluss,** ⊕ **Fluß** [ふルス] 名 -es/Flüsse **1.** 川, 河: am ~ 川辺(河畔)に. auf dem ~ fahren 川を船で行く. im ~ baden 川で泳ぐ. **2.** (⊕のみ)流れるような動き, 流れ, 流動. **3.** (⊕のみ)液状, 溶解状態 in ~ sein 溶けている. 【慣用】**im Fluss sein** 流動的である. 〈et⁴〉 **in Fluss bringen** 〈事⁴を〉動かし始める(進行させる). **in Fluss kommen**(geraten)動き始める.
fluss·ab·wärts, ⊕ **fluß·ab·wärts** [ふルス・アップ・ヴェるツ] 副 川を下って.
der **Fluss·arm,** ⊕ **Fluß·arm** [ふルス・アるム] 名 -(e)s/-e 支流, 分流.
fluss·auf·wärts, ⊕ **fluß·auf·wärts** [ふルス・アウふヴェるツ] 副 川をさかのぼって.
das **Fluss·bett,** ⊕ **Fluß·bett** [ふルス・ベット] 名 -(e)s/-en 川床, 河床.
das **Fluss·di·a·gramm,** ⊕ **Fluß·di·a·gramm** [ふルス・ディアグらム] 名 -s/-e 《コンピュ》フローチャート, 流れ(線)図.
die **Fluss·ebe·ne,** ⊕ **Fluß·ebe·ne** [ふルス・エーベネ] 名 -/-n 沖積平野.
der **Fluss·fisch,** ⊕ **Fluß·fisch** [ふルス・ふィッシュ] 名 -(e)s/-e 川魚.
das **Fluss·ge·biet,** ⊕ **Fluß·ge·biet** [ふルス・ゲビート] 名 -(e)s/-e 流域, 集水域.
flüs·sig [ふリュッスィヒ] 形 **1.** 液体の, 液状の: ~e Körper 液体. ~e Nahrung 流動食. ~e Kristalle 液晶. **2.** 流れるような, スムーズな, 円滑な, 流暢(りゅうちょう)な: ~ schreiben すらすら(続け字で)書く, 流麗な文体で書く. **3.** 手持ちの, 流動的な: ~e Gelder 現金. ~es Kapital 流動資本. 【慣用】〈et⁴〉 **flüssig machen** 〈物⁴を〉溶かす(液化する・現金化する).
das **Flüs·sig·gas** [ふリュッスィヒ・ガース] 名 -es/-e 液体ガス.
die **Flüs·sig·keit** [ふリュッスィヒカイト] 名 -/-en **1.** 液体; 流動体. **2.** (⊕のみ)流暢(りゅうちょう)さ, 流麗さ; (物事の)スムーズな流れ(進行).
der **Flüs·sig·kris·tall** [ふリュッスィヒ・クリスタル] 名 -s/-e 《理》液晶.
die **Flüs·sig·kris·tall·an·zei·ge** [ふリュッスィヒクリスタル・アンツァイゲ] 名 -/-n 《電》液晶表示(装置), 液晶ディスプレー; 液晶表示素子.
flüs·sig ma·chen, ⊕ **flüs·sig│ma·chen** [ふリュッスィヒ・マッヘン] 動 h. **1.** 〈〈et⁴〉が〉用意する(金を). **2.** 〈et⁴〉を〉換金する. **3.** (sich⁴) 《口》こっそり消える.
der **Flüs·sig·mist** [ふリュッスィヒ・ミスト] 名 -(e)s/ 《農》液状厩肥(きゅうひ).
der **Fluss·krebs,** ⊕ **Fluß·krebs** [ふルス・クれープス] 名 -es/-e 《動》ザリガニ.
der **Fluss·lauf,** ⊕ **Fluß·lauf** [ふルス・ラウふ] 名 -(e)s/..läufe 川の流れ, 川筋.
die **Fluss·mün·dung,** ⊕ **Fluß·mün·dung** [ふルス・ミュンドゥング] 名 -/-en 河口.
das **Fluss·pferd,** ⊕ **Fluß·pferd** [ふルス・プふぇーあト] 名 -(e)s/-e 《動》カバ.
die **Fluss·säu·re,** ⊕ **Fluß·säu·re** [ふルス・ゾイれ] 名 -/-n フッ化水素酸.
die **Fluss·schiff·fahrt, Fluss-Schiff·fahrt,** ⊕ **Fluß·schiff·fahrt** [ふルス・シふ・ふぁーあト] 名 -/ 河川航行.
der **Fluss·spat, Fluss-Spat,** ⊕ **Fluß·spat** [ふルス・シュパート] 名 -(e)s/-e (..späte) 蛍石.
das **Fluss·ufer,** ⊕ **Fluß·ufer** [ふルス・ウーふぁー] 名 -s/- 川岸, 河岸.
die **Fluss·was·ser·auf·be·rei·tungs·an·la·ge,** ⊕ **Fluß·was·ser·auf·be·rei·tungs·an·la·ge** [ふルス・ヴァッサー・アウふ・べらイトゥングス・アン・ラーゲ] 名 -/-n 河川水用浄水場(設備).

folgerecht

die **Fluss·was·ser·küh·lung**, ⑬ **Flußwasserkühlung** [ふルス・ヴァッサー・キューるン グ] 名 -/-en 〖電〗(発電所の)河川水を用いた冷却(法).

das **Flüs·ter·ge·wöl·be** [ふリュスター・ゲヴェるベ] 名 -s/- (ある特定の場所での小声が遠くまで伝わる構造の)ささやきの丸天井.

flüs·tern [ふリュスターン] 動 1. 〖擬〗ささやく. 2. 〈〈j³〉/〈et⁴〉〉小声で言う, 耳打ちする. 【慣用】 Das kann ich dir flüstern！ (口)これは当てにしていいよ. Dem werde ich (et) was flüstern！ (口)あいつにははっきり言ってやろう.

die **Flüs·ter·pro·pa·gan·da** [ふリュスター・プロパガンダ] 名 -/ 口コミ宣伝, ささやき戦術.

der **Flüs·ter·ton** [ふリュスター・トーン] 名 -(e)s/..töne ささやき[ひそひそ]声.

die **Flüs·ter·tü·te** [ふリュスター・テューテ] 名 -/-n 〈口・冗〉メガホン.

die **Flut** [ふルート] 名 -/-en 1. 上げ潮, 満ち潮. 2. 〖文〗洪水, 大水, 出水; 満々たる流れ[水]; eine ～ von 〈et³〉 大量の〈物・事〉.

flu·ten [ふルーテン] 動 1. s. 〈〈方向〉〉 〖文〗(あふれる潮の如く)どっと流れ出る[込む], 押し寄せる〈水・群衆・空気などが〉. 2. h. 〈et⁴〉〖海〗注水する(タンクなどに).

die **Flut·hö·he** [ふルート・ヘーエ] 名 -/-n 潮位, 潮高.

das **Flut·licht** [ふルート・リヒト] 名 -(e)s/-er (球場などの)投光照明, フラッドライト.

flut·schen [ふルッチェン] 動 (口) 1. s. 〈方向〉 カラヘ)するりとすべり落ちる. 2. h. 〖擬〗すらすら行く(仕事が).

die **Flut·wel·le** [ふルート・ヴェレ] 名 -/-n 潮津波, 海嘯(かいしょう); 津波.

flu·vi·a·til [ふルヴィアティール] 形 〖地質〗河川の, 河川によって生じた.

der **Fly·er** [flái̯ɐr ふライヤー] 名 -s/- 1. フライヤ精紡機; フライヤ精紡工. 2. 短距離競争馬.

der **Fly-over** [fláɪoːvɐ ふライ・オーヴァ, ふライ・オーヴェ] -s/-s 高架(式)道路.

fm =Festmeter フェストメーター.

Fm [エふエム] =Fermium 〖化〗フェルミウム; フェストメーター (Festmeter).

FM [エふエム] =Frequenzmodulation 周波数変調.

Fmk =Finnmark フィンランド・マルク.

das **f-Moll** [エふ・モる, エふ・モる] 名 -/ 〖楽〗ヘ短調 (記号 f).

fob [ふォップ] =free on board 〖商〗本船渡しの.

focht [ふォホト] 動 fechten の過去.

föch·te [ふェヒテ] 動 fechten の接続法 2 式.

die **Fock** [ふォック] 名 -/-en 〖海〗(古い横帆船の)前檣(しょう)帆, フォアスル;(レース艇の)ジブ;(ヨットの)最も後ろの前帆.

der **Fock·mast** [ふォック・マスト] 名 -(e)s/-e(n) 前檣(しょう), フォアマスト.

das **Fock·se·gel** [ふォック・ゼーゲる] 名 -s/- 〖海〗= Fock.

der **Fö·de·ra·lis·mus** [ふェデラリスムス] 名 -/ 連邦主義; 連邦制.

der **Fö·de·ra·list** [ふェデラリスト] 名 -en/-en 連邦主義者.

fö·de·ra·lis·tisch [ふェデラリスティシュ] 形 連邦主義(制)の.

die **Fö·de·ra·ti·on** [ふェデラツィオーン] 名 -/-en 1. 〖政〗(国家間の)同盟; 連邦(国家); 国家連合. 2. (組織の)連合, 連盟.

fö·de·ra·tiv [ふェデラティーふ] 形 連合の, 連邦の.

fö·de·rie·ren [ふェデリーレン] 動 h. 〈et⁴〉連邦化する, 連合させる;〈〈et⁴〉 sich⁴〉の場合に〉連邦を作る, 連合する.

der **Fog** [ふォック] 名 -s/ 濃霧.

foh·len [ふォーレン] 動 h. 〖擬〗子を産む(馬・ロバなどが).

das **Foh·len** [ふォーレン] 名 -s/- 子馬, ロバ(ラクダ・キリン)の子; 波形(木目)紋様の子馬の毛皮.

der **Föhn** [ふェーン] 名 -(e)s/-e 1. フェーン. 2. ヘアドライヤー.

föh·nen, ⑬ **fö·nen** [ふェーネン] 動 h. 1. 〖Es〗フェーンが吹く. 2. 〈〈j³〉/〈et⁴〉/〈j³の髪⁴〉〉ドライヤーで乾かす.

föh·nig [ふェーニヒ] 形 フェーン現象の.

(*das*) **Föhr** [ふェーア] 名 -s/ 〖地名〗フェーア島(北海沿岸, 北フリースン諸島の島).

die **Föh·re** [ふェーレ] 名 -/-n 〖植〗(方〉(ヨーロッパ産の)マツ.

der **Fo·kus** [ふォークス] 名 -/-(se) 〖光〗焦点; 〖医〗病巣; 〈文〉要点, 核心, (関心の)的.

Fol. =Folio 二つ折り判, フォリオ.

der **Fol·der** [ふォーるダー] 名 -s/- (新聞などの)折り込み広告(印刷物).

die **Fol·ge** [ふォるゲ] 名 -/-n 1. 連続; 一連, 一続き: in rascher ～ 矢つぎ早に. 2. シリーズ, 双書; (雑誌の)号, 巻. 3. 結果, 帰結; 成り行き:〈et⁴〉 zur ～ haben 結果として〈事〉になる. für 〈et⁴〉 die ～ tragen 〈事⁴の〉責任を負わなければならない. 【慣用】〈et³〉 Folge leisten〈硬〉〈事に〉従う. in der [für die] Folge 次回には, 今後の同様の場合には.

die **Fol·ge·er·schei·nung** [ふォるゲ・エアシャイヌング] 名 -/-en 後続現象, (出来事が生じた後の)結果; 後遺症, 後作用.

fol·gen [ふォるゲン] 動 1. s. 〈j³/et³〉について行く[来る], 〈j³/et³〉の後について行く[来る], 〈…の〉伝いに行く;〈…の〉後を追う, 後から行く[くる](時間的に遅れて). 2. s. 〈j³/et³〉について行く[来る], 聞入る〈人の話・講義・議論に〉; 〈…の〉展開を追う(ドラマの筋・討論などの). 3. s. 〈j³/et³〉まねる, 模倣する, 〈…に〉倣う;〈…に〉沿う(方針などに). 4. s. 〈et³〉〈…に〉従う〈忠告・命令などに〉. 5. h. 〈j³〉言うことを聞く, 〈…に〉服従する, 〈…に〉従順である. 6. s. 〈j³/et³〉/〈auf〈j⁴/et⁴〉〉次にくる, 次に起こる[生ずる], 跡を継ぐ, 〈…に〉続く. 7. s. 〈aus〈et³〉〉明白になる, 推論される(論理的帰結として); 生ずる, 起こる(当然の結果として). 【慣用】 s. 〈j³〉 auf dem Fuße/〈j³〉 auf Schritt und Tritt folgen 〈人の〉すぐ後から〈人々〉どこにでもついて行く. Brief folgt. 詳しくは手紙で, イサイフミ(電報文で). Daraus kann für uns nur eines folgen. そこからわれわれが引出せる結論は一つだ. (Die) Fortsetzung folgt (in der nächsten Nummer). (次号に)続く. Er schreibt wie folgt. 彼は次のとおり書いている.

fol·gend [ふォるゲント] 形 次の, 以下の, 以降の: ～e Seite 次ページ(略 f.). auf den ～en Seiten 以下のページにおいて. … und ～e (Seiten) …および次ページ以下(略 u. ff.). am ～en Tag その次の日に. im ～en Monat その次の月に. im ～en 以下において. Ich habe Folgendes [das Folgende] geplant. 私は次の事を計画した.

fol·gen·der·ma·ßen [ふォるゲンダー・マーセン] 副 次のように.

fol·gen·der·wei·se [ふォるゲンダー・ヴァイゼ] 副 〈稀〉=folgendermaßen.

fol·gen·los [ふォるゲン・ロース] 形 効果のない, 無駄な.

fol·gen·reich [ふォるゲン・ライヒ] 形 効果[成果]の大きな.

fol·gen·schwer [ふォるゲン・シュヴェーア] 形 重大な(結果につながる), ゆゆしい.

fol·ge·recht [ふォるゲ・れヒト] 形 〈古〉=folgerichtig.

folgerichtig

fol·ge·rich·tig [ふぉルゲ・リヒティヒ] 形 筋の通った, 首尾一貫した.
die **Fol·ge·rich·tig·keit** [ふぉルゲ・リヒティヒカイト] 名 -/ 首尾一貫性.
fol·gern [ふぉルガーン] 動 h.〈〈様態〉=//〈et³〉ッ/〈文トイウコトヲ〉+(aus〈et³〉カラ)〉推論する.
die **Fol·ge·rung** [ふぉルゲルング] 名 -/-en 推論, 結論: eine ~ aus〈et³〉 ableiten (ziehen)〈事から〉結論を導き(引)出す.
der **Fol·ge·satz** [ふぉルゲ・ザッツ] 名 -es/..sätze 〖言〗結果文 (Konsekutivsatz).
fol·ge·wid·rig [ふぉルゲ・ヴィードリヒ] 形 筋の通らない, 首尾一貫しない.
die **Fol·ge·zeit** [ふぉルゲ・ツァイト] 名 -/-en (その)次の時代.
folg·lich [ふぉルクリヒ] 副 したがって.
folg·sam [ふぉルクザーム] 形 従順な, 素直な.
die **Folg·sam·keit** [ふぉルクザームカイト] 名 -/ 従順, おとなしさ.
der **Fo·li·ant** [ふぉリアント] 名 -en/-en 〖印〗二つ折り判の本; 大型本.
die **Fo·lie**¹ [ふぉーリエ] 名 -/-n **1.** フォイル, ラップ, フィルム. **2.** 引立役:〈et³〉 als ~ dienen〈物・事に〉際立たせる.
die **Fo·lie**² [ふぉーリー] 名 -/ 〈古〉愚かさ.
das **Fo·lio** [ふぉーリオ] 名 -s/..lien(-s) **1.** (帳のみ)フォリオ, 二つ折り判(略 fol.; 記号 2°). **2.** (帳簿の)見開きページ.
das **Folk** [fo:k ふぉーク] 名 -s/ フォークソング; イギリス・アメリカ民謡.
das **Folke·ting** [ふぉルケティング] 名 -s/ (一院制の)デンマーク国会(1953年から); (デンマーク国会の)下院(1953年まで).
die **Folk·lo·re** [ふぉルクローれ, ふぉルクローね] 名 -/ **1.** 民間伝承; 民俗学. **2.** 民族音楽, (音楽作品の)民族音楽的特色.
folk·lo·ris·tisch [ふぉルクロリスティシュ] 形 民俗の; 民間伝承の; 民族音楽の, 民俗学の.
der **Fol·li·kel** [ふぉリーケル] 名 -s/-〖生・医〗濾胞(^{3ほう}); 卵胞(^{5んぽう}).
der **Fol·li·kel·sprung** [ふぉリーケル・シュプルング] 名 -(e)s/..sprünge〖生・医〗排卵.
die **Fol·ter** [ふぉルター] 名 -/-n **1.** 拷問; 拷問具. **2.**〈文〉苦痛, 責め苦.【慣用】〈j³〉 **auf die Folter spannen**〈人を〉故意にじらす.
die **Fol·ter·bank** [ふぉルター・バンク] 名 -/..bänke 拷問台.
die **Fol·ter·kam·mer** [ふぉルター・カマー] 名 -/-n 拷問部屋.
der **Fol·ter·kel·ler** [ふぉルター・ケラー] 名 -s/- 地下の拷問室.
der **Fol·ter·knecht** [ふぉルター・クネヒト] 名 -(e)s/-e 拷問吏.
fol·tern [ふぉルターン] 動 h.〈j⁴〉ッ拷問にかける;〈文〉責めさいなむ.
die **Fol·te·rung** [ふぉルテルング] 名 -/-en 拷問; 責めさいなむ(さいなまれる)こと.
das **Fo·ment** [ふぉメント] 名 -(e)s/-e =Fomentation.
die **Fo·men·ta·ti·on** [ふぉメンタツィオーン] 名 -/-en 〖医〗温湿布.
das **Fon** [ふぉーン] 名 -s/ (主に無冠詞; 無変化)電話 (Tele~)(特に名前などに).
der **Fön** [ふぉーン] 名 -(e)s/-e 〖商標〗フェーン(ヘアドライヤー).
der **Fond** [fō: ふぉーン] 名 -s/-s **1.** (自動車の)後部座席. **2.**〈文〉基礎. **3.** (絵・舞台の)背景, (模様などの)下地(の色). **4.** (ソースなどになる)肉汁.
der (*das*) **Fon·dant** [fōdā: ふぉンダーン] 名 -s/-s フォンダン(飾りの砂糖); フォンダンのプラリーネ(ボンボンの一種).
der **Fonds** [fō: ふぉーンズ] 名 -[ふぉーン(ス)]/-[ふぉーンズ] **1.** 基金, 資金, 準備金. **2.**〈文〉(知的な)蓄え, 蓄積. **3.**〈古〉国債, 公債.
das **Fon·due** [fōdý: ふぉンデュー] 名 -s/-s (die ~/-s 有)〖料〗フォンデュー.
fö·nen [ふぉーネン] ⇒ föhnen.
das **Fo·nem** [ふぉネーム] ⇒ Phonem.
die **Fo·ne·ma·tik** [ふぉネマーティク] ⇒ Phonematik.
die **Fo·ne·mik** [ふぉネーミク] ⇒ Phonemik.
die **Fo·ne·tik** [ふぉネーティク] ⇒ Phonetik.
der **Fo·ne·ti·ker** [ふぉネーティカー] ⇒ Phonetiker.
fo·ne·tisch [ふぉネーティシュ] ⇒ phonetisch.
fo·nisch [ふぉーニシュ] ⇒ phonisch.
das **Fo·no·dik·tat** [ふぉーノ・ディクタート] 名 -(e)s/-en =Phonodiktat.
der **Fo·no·graf** [ふぉーノ・グらーふ] ⇒ Phonograph.
die **Fo·no·lo·gie** [ふぉノ・ロギー] ⇒ Phonologie.
fo·no·lo·gisch [ふぉノ・ローギシュ] ⇒ phonologisch.
die **Fo·no·thek** [ふぉノテーク] ⇒ Phonothek.
die **Fo·no·ty·pis·tin** [ふぉノ・テュピスティン] ⇒ Phonotypistin.
(*der*) **Fon·ta·ne** [ふぉンターネ] 名〖人名〗フォンターネ (Theodor ~, 1819-98, 小説家).
die **Fon·tä·ne** [ふぉンテーネ] 名 -/-n 噴水(装置); 噴き出る水.
die **Fon·ta·nel·le** [ふぉンタネレ] 名 -/-n〖解〗泉門.
der **Foot** [fut ふット] 名 -/Feet [ふィート] フィート(略 ft.).
fop·pen [ふぉッペン] 動 h.〈j⁴〉ッ〈口〉(うそをついて)かつぐ.
die **Fop·pe·rei** [ふぉッぺらイ] 名 -/-en からかい, かつぐこと.
das **Fo·ra·men** [ふぉらーメン] 名 -s/-[..mina]〖解・医〗穴, 孔.
der **Fo·ra·mi·ni·fe·ren·schlamm** [ふぉらミニふぇーれン・シュラム] 名 -(e)s/-e [..schlämme]〖地質〗(海底の)有孔虫類軟泥.
die **Force de Frappe**, 〖仏〗**Force de frappe** [fɔrs də frap ふぉルス ドゥ ふらップ] 名 ---/ フランスの核戦力.
for·cie·ren [..sí:rən ふぉルスィーれン] 動 h. **1.**〈et⁴〉ッさらにいっそう〖強引に〗押進める; 強要する. **2.**〈et⁴〉ッ〖軍〗強行突破する.
for·ciert [ふぉルスィーアト] 形 とってつけたような, わざとらしい.
die **För·de** [ふぉーアデ] 名 -/-n 峡湾.
die **För·der·an·la·ge** [ふぉるダー・アン・ラーゲ] 名 -/-n 〖工〗コンベヤー装置, 運搬装置.
das **För·der·band** [ふぉるダー・バント] 名 -(e)s/..bänder 〖工〗コンベヤーベルト.
der **För·de·rer** [ふぉるでらー] 名 -s/- 奨励者, 後援者, 促進者.
der **För·der·korb** [ふぉるダー・コるプ] 名 -(e)s/..körbe 〖鉱〗リフトケージ.
das **För·der·land** [ふぉるダー・ラント] 名 -(e)s/..länder (原料の)産出国;産油国.
för·der·lich [ふぉるダリヒ] 形〖〈j³/et³〉ニ〗有益〔有効〕な: Das war seiner Gesundheit sehr ~. それは彼の健康にたいへん良かった.
die **För·der·ma·schi·ne** [ふぉるダー・マシーネ] 名 -/-n 〖鉱〗巻き上げ機.
for·dern [ふぉるダーン] 動 h. **1.**〈et⁴〉ッ要求する 〈人が〉; 必要とする〈物・事が〉. **2.**〈j⁴〉ニ求める, 挑む:〈j⁴〉 vor Gericht ~〈人を〉法廷に召喚する.

⟨j⁴⟩ zum Duell ～ ⟨人に⟩決闘を申出る. **3.** 〚⟨j⁴⟩に〛全力を出すことを要求する《特にスポーツで》. **【慣用】Der Unfall forderte viele Opfer.** その事故は多数の犠牲者を出した.

för·dern [[ふぇ]るダーン] [動] *h.* **1.** 〚⟨j⁴/et⁴⟩ヲ〛援助する, 振興〔促進〕する. **2.** 〚⟨et⁴⟩ヲ〛〖鉱〗採掘する《石炭などを》. **3.** 〚⟨et⁴⟩ヲ〛〖工〗運んで行く《ベルトコンベヤーなどが》.

der **För·der·schacht** [[ふぇ]るダー・シャはト] [名] -(e)s/..schächte 〖鉱〗巻上げ立坑.

die **För·der·stu·fe** [[ふぇ]るダー・シュトゥーふぇ] [名] -/-n 〖学校〗(基礎学校修了後の第5-6学年の)オリエンテーション段階.

der **För·der·turm** [[ふぇ]るダー・トゥるム] [名] -(e)s/..türme 〖鉱〗巻上げ塔.

die **For·de·rung** [ふぉるデるング] [名] -/-en **1.** 要求, 要請, 命令 : eine ～ an ⟨j⁴⟩ stellen ⟨人に⟩要求をする. eine ～ nach ⟨et³⟩ ⟨事の⟩要求. ～ vor Gericht 〖法〗裁判所への出頭命令. **2.** 〖商〗売掛金, 貸金;債権, 請求権 : *~en* eintreiben〔einziehen〕売掛金を回収する. **3.** (昔の)決闘の申込み.

die **För·de·rung** [[ふぇ]るデるング] [名] -/ **1.** 促進, 推進, 振興, 奨励, 助成, 援助 : ～ erfahren 促進される. **2.** 〖鉱〗採掘;採掘量. **3.** 〖工〗運搬, 搬送.

das **Fore·che·cking** [fó:rtʃɛkɪŋ ふぉーあ・チェッキング] [名] -s/-s 〖アイスホッケー〗フォアチェック.

die **Fo·rel·le** [ふぉれレ] [名] -/-n 〖魚〗マス.

die **Fo·ren·sik** [ふぉれンズィク] [名] -/ 法精神医学.

fo·ren·sisch [ふぉれンズィシュ] [形] 裁判(上)の, 司法の : *~e* Medizin 法医学.

der **Fo·rint** [ふぉーりント] [名] -(s)/-s《単位を表す[複]は-》フォリント《ハンガリーの通貨. 略 Ft》.

die **For·ke** [ふぉるケ] [名] -/-n《北独》(干草用の)フォーク.

die **Form** [ふぉるム] [名] -/-en **1.** 姿, 形, 外形, 外観, 形体 : aus der ～ geraten 形が崩れる. in der ～ von ⟨et³⟩ ⟨物の⟩形で. **2.** (内容に対応する)形, 形式, フォルム;形態, 様相 : die *~en* eines Verbs 動詞の活用変化形. gefährliche *~en* annehmen 危険な様相を呈する. **3.** 行儀, 作法, 礼式. **4.** 《[単]のみ》(肉体的・精神的)コンディション, 調子. **5.** 型《菓子・鋳物などの》. **【慣用】aus der Form gehen** 《口・冗・蔑》ひどく太る. **(feste) Form(en) annehmen** 明確な形をとる, 具体的になる. **in aller Form** 正式に.

for·mal [ふぉるマール] [形] **1.** 形式(上)の. **2.** 形式的な, 形だけの.

die **For·ma·lie** [ふぉるマーリエ] [名] -/-n 《主に[複]》規則上の手続き, 形式的な事柄, 習わし.

das **For·ma·lin** [ふぉるマリーン] [名] -s/ 〖商標〗フォルマリン.

der **For·ma·lis·mus** [ふぉるマリスムス] [名] -/- **1.** 《[単]のみ》形式主義;フォルマリズム《形式美を規範とした20世紀前半のロシアの文学運動》. **2.** 形式主義的な仕方.

for·ma·lis·tisch [ふぉるマリスティシュ] [形] 形式主義的な.

die **For·ma·li·tät** [ふぉるマリテート] [名] -/-en (規定上の)手続き;形式上の事柄.

for·mal·ju·ris·tisch [ふぉるマール・ユりスティシュ] [形] 形式上合法的な.

das **For·mat** [ふぉるマート] [名] -(e)s/-e **1.** (紙類の)判, 大きさ, (書籍の)判型;(絵画の)号, サイズ. **2.** 《[単]のみ》偉大さ, 重要さ, 重み, 貫禄 : ein Mann von ～ 大人物, 大物. **3.** (物・事の)レベルの高さ, 質の良さ.

die **For·ma·ti·on** [ふぉるマツィオーン] [名] -/-en **1.** 隊形, 編隊, 陣形;(特別編成)部隊 : in geschlossener ～ 密集隊形で. **2.** (集団の)形成, 構成, 編成;集団, 団体. **3.** 〖地質〗累層;紀;〖植〗群系.

form·bar [ふぉるム・バーあ] [形] 可塑(かそ)性の;(内面的に)形成しうる, 柔軟な.

die **Form·bar·keit** [ふぉるムバーあカイト] [名] -/ 形づくることのできること, 可塑性.

form·be·stän·dig [ふぉるム・ベシュテンディひ] [形] 形くずれしない.

das **Form·blatt** [ふぉるム・ブラット] [名] -(e)s/..blätter 記入〔申告・届け出〕用紙.

die **For·mel** [ふぉるメル] [名] -/-n **1.** (定まった形式の)文〔言葉〕;決り文句, 慣用句;簡潔な表現〔言葉〕. **2.** (数)式;公式 : chemische ～ 化学式. **3.** 〖車〗公式規格, フォーミュラ.

for·mel·haft [ふぉるメルハふト] [形] 型どおりの, 型にはまった.

for·mell [ふぉるメル] [形] 正式の;儀礼的な, 他人行儀な;表面的な, 形式的な.

for·men [ふぉるメン] [動] *h.* **1.** 〚⟨et⁴⟩ヲ+(⟨様態⟩ニ)〛形づくる, (…の)形を作る. **2.** 〚⟨j⁴/et⁴⟩ヲ〛陶冶(とうや)する. **3.** 〚sich⁴〛形をとって現れる, 形をなす.

die **For·men·leh·re** [ふぉるメン・レーれ] [名] -/ 〖言〗形態論, 語形論;〖楽〗楽式論;〖生〗形態学.

for·men·reich [ふぉるメン・らイひ] [形] 形態の多様な.

der **For·mer** [ふぉるマー] [名] -s/- 鋳型工, 陶工;(帽子・編物などの)デザイナー.

die **For·me·rei** [ふぉるメらイ] [名] -/-en 鋳型製造所, (鋳造所の)鋳型製造部門.

der **Form·feh·ler** [ふぉるム・ふぇーラー] [名] -s/- **1.** 手続き〔形式〕上の不備〔ミス〕, 非礼. **2.** (育種動物の)体形上の欠陥.

die **Form·fra·ge** [ふぉるム・ふらーゲ] [名] -/-n 形式〔手続き・儀礼〕上の問題.

die **Form·ge·bung** [ふぉるム・ゲーブング] [名] -/-en 造形, デザイン, 構成.

das **Form·ge·fühl** [ふぉるム・ゲふゅール] [名] -(e)s/-e (芸術的な)形式〔フォルム〕感覚.

form·ge·wandt [ふぉるム・ゲヴァント] [形] 洗練された(作法の).

for·mi·da·bel [ふぉるミダーベル] [形] ([付][比]は..bl..) **1.** 驚くべき, すばらしい. **2.** 《古》恐ろしい.

for·mie·ren [ふぉるミーれン] [動] *h.* **1.** 〚⟨j⁴⟩ヲ〛整列させる, 隊列を組ませる;結成〔編成〕する《チームなどを》. **2.** 〚sich⁴〛整列する, 隊列を組む;結成〔編成〕される : sich⁴ gegen ⟨j⁴⟩ ～ ⟨人に対して⟩結束する.

die **For·mie·rung** [ふぉるミーるング] [名] -/-en 《主に[単]》結成, 編成;整列.

..för·mig [..[ふぇ]るミひ] [接尾] 形容詞・名詞などにつけて「…の形の」を表す形容詞を作る : gleich*förmig* 同形の. un*förmig* 不格好な. ei*förmig* 卵形の. kugel*förmig* 球形の.

das **For·mi·ka·ri·um** [ふぉるミカーりウム] [名] -s/..rien (研究用の)人工のアリの巣.

förm·lich [[ふぇ]るムりひ] [形] **1.** 正式の. **2.** 儀式張った, 堅苦しい. **3.** 文字どおりの, 本当の, 本格的な : Eine *~e* Angst ergriff mich. 私は本当に怖くなった.

die **Förm·lich·keit** [[ふぇ]るムりひカイト] [名] -/-en **1.** (定められた)形式. **2.** 堅苦しい作法, 儀式〔形式〕張ったこと.

form·los [ふぉるム・ロース] [形] **1.** 無定形な, どろっとした. **2.** 所定の形式をとっていない, 略式の. **3.** 格式張らない, くだけた, 無造作な.

die **Form·lo·sig·keit** [ふぉるム・ローズィひカイト] [名] -/ 無定形;形式にかなっていないこと;形式ばらないこと, くだけた様子.

(*das*) **For·mo·sa** [ふぉるモーザ] [名] -s/ 〖地名〗台湾《Taiwan の旧称》.

F

die **Fọrm·sa·che** [ふぉるム·ザっへ] [名] -/-n 形式上の事柄.
fọrm·schön [ふぉるム·[シェ]ーン] [形] 形の美しい.
fọrm·treu [ふぉるム·トろイ] [形] 型崩れのしない.
das **For·mu·lar** [ふぉるムらーあ] [名] -s/-e (書式が印刷された申込·申告)用紙.
for·mu·lie·ren [ふぉるムりーれン] [動] *h.* 〔〈et⁴〉ヲ〕明確に(言葉で)表現する, 定式〔公式〕化する.
die **For·mu·lie·rung** [ふぉるムりーるング] [名] -/-en **1.** 《主に[単]》言葉に〔定式化〕すること. **2.** 言葉による表現, 文言(もんごん).
die **Fọr·mung** [ふぉるムング] [名] -/-en **1.** 造形, 成型;つくり. **2.** 《[単]のみ》(人格·性格の)形成.
fọrm·voll·en·det [ふぉるム·ふぉル·エンデット] [形] 完璧な形の, 形式の整った;礼儀作法にかなった.
fọrsch [ふぉるシュ] [形] 威勢のいい, 活発な.
fọr·schen [ふぉるシェン] [動] *h.* **1.** 〔nach 〈j³/et³〉ヲ〕捜す, 探る, 調べる. **2.** 〔in 〈et³〉ヲ〕研究する, 調査する.
der **Fọr·scher** [ふぉるシャー] [名] -s/- 研究者, 学者.
der **Fọr·scher·geist** [ふぉるシャー·ガイスト] [名] -(e)s/ **1.** 《[単]のみ》学究的精神. **2.** 探究精神の旺盛な人.
die **Fọr·schung** [ふぉるシュング] [名] -/-en 研究;調査;《[単]のみ》学問研究.
das **Fọr·schungs·ge·biet** [ふぉるシュングス·ゲビート] [名] -(e)s/-e 研究分野.
das **Fọr·schungs·in·sti·tut** [ふぉるシュングス·インスティトゥート] [名] -(e)s/-e 研究所, 研究機関.
die **Fọr·schungs·me·tho·de** [ふぉるシュングス·メトーデ] [名] -/-n 研究方法.
die **Fọr·schungs·rei·se** [ふぉるシュングス·らイゼ] [名] -/-n 研究〔調査〕旅行, 学術探険.
der/*die* **Fọr·schungs·rei·sen·de** [ふぉるシュングス·らイゼンデ] [名] (形容詞的変化)研究〔調査〕旅行者, 学術探険者.
das **Fọr·schungs·sti·pen·di·um** [ふぉるシュングス·シュティペンディウム] [名] -s/..dien 研究奨学金.
der **Fọr·schungs·zweck** [ふぉるシュングス·ツヴェック] [名] -(e)s/-e 研究目的.
der **Fọrst** [ふぉるスト] [名] -(e)s/-e(n) (営林のための)林, 山林: ein staatlicher ~ 国有林.
die **Fọrst·a·ka·de·mie** [ふぉるスト·アカデミー] [名] -/-n (昔の)林業大学.
das **Fọrst·amt** [ふぉるスト·アムト] [名] -(e)s/..ämter 営林署, 州森林事務所.
der **Förs·ter** [[ふぇ]るスター] [名] -s/- 林務官, 営林署員.
die **Förs·te·rei** [[ふぇ]るステらイ] [名] -/-en 林務官事務所.
der **Fọrst·fre·vel** [ふぉるスト·ふれーふぇル] [名] -s/- 山林法違反.
das **Fọrst·haus** [ふぉるスト·ハウス] [名] -es/..häuser 林務官舎.
der **Fọrst·meis·ter** [ふぉるスト·マイスター] [名] -s/- 営林署長.
der **Fọrst·rat** [ふぉるスト·らート] [名] -(e)s/..räte 森林参事官(1933 年まで).
das **Fọrst·re·vier** [ふぉるスト·れヴィーあ] [名] -s/-e 営林区.
der **Fọrst·schäd·ling** [ふぉるスト·シェートリング] [名] -s/-e 林業害虫〔害獣·有害植物〕.
das **Fọrst·we·sen** [ふぉるスト·ヴェーゼン] [名] -s/ 営林.
die **Fọrst·wirt·schaft** [ふぉるスト·ヴィるトシャふト] [名] -/ 林業, 営林.
die **Fọrst·wis·sen·schaft** [ふぉるスト·ヴィッセンシャふト] [名] -/ 林学.
die **For·sy·thie** [..tsi̯ə ふぉるズューツィエ, ..ti̯ə ふぉるズューティエ] [名] -/-n 〖植〗レンギョウ.

fọrt [ふぉるト] [副] **1.** 《空間》(立)去って, 出発して, (居)なくなって: Schnell ~! さっさと行け〔ここを立去れ〕. *F*~ mit dir/damit! (おまえなんか)どこかへ行ってしまえ/それを捨てなさい〔どけなさい〕. Er ist schon ~. 《口》彼はもう行ってしまった. **2.** 《時間》引続いて, 間断なく, 絶えず: Nur immer so ~! そのまま続けなさい. 【慣用】**fort und fort** 《古》絶えず, いつまでも. **in einem fort** 絶えず, たて続けに, ひっきりなしに. **und so fort** …等々(略 usf.).
das **Fort** [fo:ɐ ふぉーあ] [名] -s/-s 要塞, 砦(とりで), 堡塁(ほうるい).
fort·ab [ふぉるト·アっプ] [副] 《稀》=fortan.
fort·an [ふぉるト·アン] [副] 今後, その後.
fort|be·ge·ben* [ふぉるト·ベゲーベン] [動] *h.* 〔sich⁴〕《文》立去る.
der **Fọrt·be·stand** [ふぉるト·ベシュタント] [名] -(e)s/ 存続, 持続.
fort|be·ste·hen* [ふぉるト·ベシュテーエン] [動] *h.* 〔補足なし〕《文》存続する(制度などが), 持続する(状態などが).
fort|be·we·gen [ふぉるト·ベヴェーゲン] [動] *h.* **1.** 〔〈et⁴〉ヲ〕わきへどける, 動かす, 移動させる. **2.** 〔sich⁴〕歩行する, 動く, 前進〔移動〕する.
die **Fọrt·be·we·gung** [ふぉるト·ベヴェーグング] [名] -/-en 移動;前進.
fort|bil·den [ふぉるト·ビルデン] [動] *h.* 〔〈j⁴〉ニ〕職業能力向上の教育をする;(〈j⁴〉がsich⁴の場合)研修を受ける, 能力向上のための教育を受ける.
die **Fọrt·bil·dung** [ふぉるト·ビルドゥング] [名] -/-en 職業能力向上教育, 研修.
die **Fọrt·bil·dungs·schu·le** [ふぉるトビルドゥングス·シューレ] [名] -/-n 《古》職業学校(Volksschule に続く教育);《オーストリア·スイス》農業職業学校.
fort|bla·sen* [ふぉるト·ブラーゼン] [動] *h.* 〔〈et⁴〉ヲ〕吹飛ばす(ほこりなどを): wie *fortgeblasen* sein 突然いなくなって〔なくなって〕いる.
fort|blei·ben* [ふぉるト·ブライベン] [動] *s.* 〔補足なし〕行ったきりになっている.
fort|brin·gen* [ふぉるト·ブリンゲン] [動] *h.* **1.** 〔〈j⁴/et⁴〉ヲ〕連れて〔運んで〕行く(病人などを);持って行く;先へ進める〔動かす〕(押し車などを). **2.** 〔〈et⁴〉ヲ〕《口》育てる(動植物を). **3.** 〔sich⁴〕《口》生計を立てる.
die **Fọrt·dau·er** [ふぉるト·ダウあー] [名] -/ 持続, 存続.
fort|dau·ern [ふぉるト·ダウあーン] [動] *h.* 〔補足なし〕相変らず続く(悪天候などが).
fọr·te [ふぉるテ] [副] 〖楽〗フォルテ, 強く(記号f);〖薬〗強く(効く).
das **Fọr·te** [ふぉるテ] [名] -s/-s〔..ti〕〖楽〗フォルテ, 強音.
das **For·te·pi·a·no** [ふぉるテ·ピアーノ] [名] -s/-s **1.** 〖楽〗フォルテピアノ(強く直ちに弱く奏く音). **2.** = Pianoforte.
fort|er·ben [ふぉるト·エるベン] [動] *h.* 〔sich⁴〕受け継がれていく.
fort|fah·ren* [ふぉるト·ふぁーれン] [動] **1.** *s.* 〔補足なし〕(乗り物で)出発する, 立去る. **2.** *h.* 〔〈j⁴/et⁴〉ヲ〕(乗り物で)運び去る. **3.** *h./s.* 〔(mit〔in〕〈et³〉ヲ/zu 〈[動]〉ヲ)〕続ける, 続行する.
der **Fọrt·fall** [ふぉるト·ふぁル] [名] -(e)s/ なくなること, 欠落, 脱落.
fort|fal·len* [ふぉるト·ふぁレン] [動] *s.* 〔補足なし〕脱落する, なくなる.
fort|fin·den* [ふぉるト·ふぃンデン] [動] *h.* 〔補足なし〕離れる, 出発する.
fort|füh·ren [ふぉるト·ふゅーれン] [動] *h.* **1.** 〔〈j⁴/et⁴〉ヲ〕運び〔連れ〕去る. **2.** 〔〈et⁴〉ヲ〕(引継いで)続ける(店·事業などを).
die **Fọrt·füh·rung** [ふぉるト·ふゅーるング] [名] -/-en 《主に

[単]》連れ〔運び〕去ること;継続, 続行.

der **Fort·gang** [ふぉるト・ガング] [名] -(e)s/..gänge《主に[単]》 **1.** 立去ること, 退去. **2.** 継続, 続行, 進行: seinen ~ nehmen 続行される.

fort|ge·hen* [ふぉるト・ゲーエン] [動] *s.* **1.** 〔補足なし〕立去る. **2.** 〔補足なし〕続く(事態などが).

fort·ge·schrit·ten [ふぉるト・ゲシュりっテン] [形] 進んだ, 進歩した;初級終了の, 上級の;(夜も)ふけた;年がいった: zu ~*er* Tageszeit その日の夜もふけた時刻に.

der/die **Fort·ge·schrit·te·ne** [ふぉるト・ゲシュりっテネ] [名]《形容詞的変化》初級修了者, 中〔上〕級者.

fort·ge·setzt [ふぉるト・ゲゼッツト] [形] 絶え間のない;絶え間なく.

fort|ha·ben* [ふぉるト・ハーベン] [動] *h.* 〔⟨j^4/et^4⟩ヲ〕《口》追い出そうと〔運び出そうと〕する.

fort|hel·fen* [ふぉるト・ヘルふぇン] [動] *h.* **1.** 〔⟨j^3⟩ヲ助ケテ+über ⟨et^4⟩ヲ〕克服〔乗り越え〕させる. **2.** 〔sich^3〕やっていく;歩く, 進む.

fort·hin [ふぉるト・ヒン] [副]《古》今後, それ以後.

die **For·tis** [ふぉるティス] [名] -/..tes[..テース]〖言〗硬音.

for·tis·si·mo [ふぉるティっスィモ] [副]〖楽〗フォルティシモ, 極めて強く(記号 ff).

das **For·tis·si·mo** [ふぉるティっスィモ] [名] -s/-s〔..mi〕〖楽〗フォルティシモ, 極めて強い音.

fort|ja·gen [ふぉるト・ヤーゲン] [動] **1.** *h.* 〔⟨j^4/et^4⟩ヲ〕追払う, 追出す. **2.** *s.* 〔補足なし〕飛ぶように走去る.

fort|kom·men* [ふぉるト・コメン] [動] *s.* **1.** 〔補足なし〕立去る, 離れる;運び〔連れ〕去られる;なくなる(金・物などが). **2.** 〔補足なし〕先へ進む, 進歩する;生長する(植物が).

das **Fort·kom·men** [ふぉるト・コメン] [名] -s/ **1.** 前進;進歩;昇進, 出世. **2.** 生計, 暮らし.

fort|las·sen* [ふぉるト・ラッセン] [動] *h.* **1.** 〔⟨j^4/et^4⟩ヲ〕去らせる. **2.** 〔⟨et^4⟩ヲ〕書落とす(語などを).

fort|lau·fen* [ふぉるト・ラウふぇン] [動] *s.* **1.** 〔補足なし〕走去る. **2.** 〔補足なし〕続いている(道路などが).

fort·lau·fend [ふぉるト・ラウふぇント] [形] 連続〔継続〕した, 通しの.

fort|le·ben [ふぉるト・レーベン] [動] *h.* 〔in ⟨j^3/et^3⟩ノ中ニ〕生き続ける.

fort|ma·chen [ふぉるト・マっヘン] [動] *h.* **1.** 〔補足なし〕続けてやる(仕事などを). **2.** 〔sich^4〕出発する;立去る;人知れず死ぬ. **3.** 〔⟨et^4⟩ヲ〕取除く(染み・毛などを).

fort|müs·sen* [ふぉるト・ミュっセン] [動] *h.* **1.** 〔補足なし〕《口》立去らなければならない,《婉》(この世を)去る. **2.** 〔補足なし〕発送され〔出され〕なければならない;捨て〔片づけ〕られなければならない.

fort|neh·men* [ふぉるト・ネーメン] [動] *h.* **1.** 〔(⟨j^3⟩カラ)+⟨j^4/et^4⟩ヲ〕取り上げる. **2.** 〔⟨j^4/et^4⟩ヲ+(von〔aus〕⟨et^3⟩カラ)〕取り〔持ち〕去る.

fort|pflan·zen [ふぉるト・プふランツェン] [動] *h.* **1.** 〔sich^4〕繁殖する, 増殖する;伝わる(伝統などが), 広まる(うわさが), 伝播(でんぱ)する(光・音などが). **2.** 〔⟨j^4/et^4⟩ヲ〕(後世に)残す, (後世に)伝える(子孫・精神などを).

die **Fort·pflan·zung** [ふぉるト・プふランツング] [名] -/ 生殖, 繁殖;(音・光の)伝播(でんぱ);《稀》流布.

der **Fort·pflan·zungs·trieb** [ふぉるトプふランツングス・トリープ] [名] -(e)s/-e 生殖本能.

das **FORTRAN** [ふぉるトらン] [名] -s/ 〖コンピュータ〗フォートラン(科学技術計算用のプログラミング言語)(formula translation).

fort|räu·men [ふぉるト・ろイメン] [動] *h.* 〔⟨et^4⟩ヲ〕(取り)片づける, 取除く.

fort|rei·sen [ふぉるト・らイゼン] [動] *s.* 〔補足なし〕旅立つ.

fort|rei·ßen* [ふぉるト・らイセン] [動] *h.* **1.** 〔⟨j^4/et^4⟩ヲ〕さらっていく, もぎとる. **2.** 〔⟨j^4⟩ノ心ヲ〕奪う, (…を)熱中させる.

der **Fort·satz** [ふぉるト・ザッツ] [名] -es/..sätze (身体器管・組織の)突起.

fort|schaf·fen [ふぉるト・シャっふぇン] [動] *h.* 〔⟨j^4/et^4⟩ヲ〕連れ去る;運び去る, 片づける.

fort|sche·ren [ふぉるト・シェーれン] [動] *h.* 〔sich^4〕《口》立去る, 逃亡する.

fort|schi·cken [ふぉるト・シっケン] [動] *h.* **1.** 〔⟨j^4⟩ヲ〕追出す. **2.** 〔⟨et^4⟩ヲ〕発送する.

fort|schie·ben* [ふぉるト・シーベン] [動] *h.* 〔⟨j^4/et^4⟩ヲ〕押しのける, 押して移動させる.

fort|schlei·chen* [ふぉるト・シュライひぇン] [動] **1.** *s.* 〔補足なし〕ひそかに立去る〔逃げる〕. **2.** *h.* 〔sich^4〕ひそかに立去る〔逃げる〕.

fort|schlep·pen [ふぉるト・シュレっペン] [動] *h.* 《口》 **1.** 〔⟨j^4/et^4⟩ヲ〕引きずって行く. **2.** 〔sich^4〕足を引きずるようにして歩く;だらだら続く(会話などが).

fort|schrei·ben* [ふぉるト・シュらイベン] [動] *h.* 〔⟨et^4⟩ヲ〕継続補正する(人口統計などを);評価替えする(地価評価額などを);(改正の上)継続〔続行〕する(長期計画などを).

die **Fort·schrei·bung** [ふぉるト・シュらイブング] [名] -/-en《主に[単]》継続的補正;評価替え;継続.

fort|schrei·ten* [ふぉるト・シュらイテン] [動] *s.* 〔補足なし〕進歩する, 進捗(しんちょく)する(仕事などが), 進行する(病気などが), 経過する(時間などが).

der **Fort·schritt** [ふぉるト・シュりっト] [名] -(e)s/-e 進歩, 前進, 発達, 上達, 向上: ~*e* machen 進歩する.

der **Fort·schritt·ler** [ふぉるト・シュりっトラー] [名] -s/- 進歩主義者.

fort·schritt·lich [ふぉるト・シュりっトりひ] [形] 進歩的な, 進歩主義の.

fort·schritts·feind·lich [ふぉるトシュりっツ・ふぁイントりひ] [形] 進歩嫌いの.

der **Fort·schritts·glau·be** [ふぉるトシュりっツ・グラウベ] [名] -ns〔-n〕/ (度を越した)進歩への確信.

fort·schritts·gläu·big [ふぉるトシュりっツ・グロイビひ] [形] (素朴に)進歩を信じる.

fort|seh·nen [ふぉるト・ゼーネン] [動] *h.* 〔sich^4〕どこかへ行きたいと思う.

fort|set·zen [ふぉるト・ぜっツェン] [動] *h.* **1.** 〔⟨et^4⟩ヲ〕続行する, 続ける. **2.** 〔sich^4+⟨方向⟩ヘ〕続く, 広がる(森などが).

die **Fort·set·zung** [ふぉるト・ぜっツング] [名] -/-en 続行, 継続;(番組などの)続き: ein Roman in ~*en* 連載小説. ~ auf Seite 13 13 ページに続く. ~ folgt. 以下次号.

fort|spü·len [ふぉるト・シュピューレン] [動] *h.* 〔⟨et^4⟩ヲ〕押し流す;洗い流す.

fort|steh·len* [ふぉるト・シュテーレン] [動] *h.* 〔sich^4〕人知れず立去る.

fort|sto·ßen* [ふぉるト・シュトーセン] [動] *h.* 〔⟨j^4/et^4⟩ヲ〕突飛ばす, 押しのける.

fort|tra·gen* [ふぉるト・トらーゲン] [動] *h.* 〔⟨et^4⟩ヲ〕運び去る, 持去る.

fort|trei·ben* [ふぉるト・トらイベン] [動] **1.** *h.* 〔⟨j^4/et^4⟩ヲ〕追出す, 追立てる(家畜などを);押流す(流れが人・ボートなどを). **2.** *s.* 〔補足なし〕流れて行く(ボートなどが). **3.** *h.* 〔⟨et^4⟩ヲ〕続ける(悪事などを).

(*die*) **For·tu·na** [ふぉるトゥーナ] [名]〖ロ神〗フォルトゥーナ(幸運の女神).

die **For·tune** [..tý:n ふぉるテューン] [名] -/ =Fortüne.

die **For·tü·ne** [ふぉるテューネ] [名] -/ 幸運, 成功.

fort|wäh·ren [ふぉるト・ヴェーれン] [動] *h.* 〔補足なし〕《文》持続する, 続く.

fort·wäh·rend [ふぉるト・ヴェーれント] [形] 絶え間ない.

fort|werfen* [ふぉると・ヴェるフェン] 動 h. 《et⁴》》投げ捨てる,投棄する.

fort|ziehen* [ふぉると・ツィーエン] 動 **1.** h. 《j⁴/et⁴》》引いて(連れて)行く;引いてわきへどける. **2.** s. 《方向へ》移動する,移動する(軍隊・渡鳥などが).

das **Forum** [ふぉーるム] 名 -s/Foren[Fora] **1.** (徳 Foren)専門家〔有識者〕グループ;(発言などの)適切な場. **2.** (徳 Foren)公開討論会. **3.** フォーラム(古代ローマの公共広場).

die **Forumsdiskussion** [ふぉーるムス・ディスクスィオーン] 名 -/-en 公開討論会.

der [die] **Forzeps** [ふぉるつェプス] 名 -/..zipes[..cipes] [..ツィペース]〔医〕分娩鉗子(鉤).

der **Fosbury-flop, Fosbury-Flop** [f5sbəri.. ふぉスブリ・ふろップ] 名 -s (走り高跳びの)背面とび.

die **Fose** [ふぉーぜ] 名 -/-n (卑)(《罵》も有)淫売,売女(鉤).

fossil [ふぉスィール] 形 化石化した,太古の.

das **Fossil** [ふぉスィール] 名 -s/-ien 化石.

die **Fossilisation** [ふぉスィリザツィオーン] 名 -/-en 化石化.

der **Foto¹** [ふぉーと] 名 -s/-s (口)写真機(~apparat).

das **Foto²** [ふぉーと] 名 -s/-s ((ス)die ~/-s も有)写真(~grafie).

das **Fotoalbum** [ふぉーと・アルブム] 名 -s/..ben 写真アルバム.

der **Fotoapparat** [ふぉーと・アパらート] 名 -(e)s/-e 写真機.

die **Fotochemie** [ふぉーと・ひェミー] 名 ⇨ Photochemie.

fotochemisch [ふぉーと・ひェーミシュ] 形 photochemisch.

fotochrom [ふぉーと・クろーム] 形 ⇨ photochrom.

die **Fotodissoziation** [ふぉーと・ディソツィアツィオーン] 名 ⇨ Photodissoziation.

der **Fotoeffekt** [ふぉーと・エフェクト] 名 ⇨ Photoeffekt.

das **Fotoelement** [ふぉーと・エレメント] 名 ⇨ Photoelement.

das **Fotofinish** [ふぉーと・ふぃニシュ] 名 -s/-s 〔スポ〕写真判定.

fotogen [ふぉと・ゲーン] 形 写真写りの良い,写真〔映画〕向きの.

der **Fotograf** [ふぉと・グらーふ] 名 -en/-en 写真家〔屋〕,カメラマン.

die **Fotografie** [ふぉと・グらふィー] 名 -/-n **1.** (徳のみ)写真術. **2.** (映画の)撮り方. **3.** 写真.

fotografieren [ふぉと・グらふィーれン] 動 h. **1.** 《《j⁴/et⁴》》(写真)に撮る,撮影する. **2.** 《sich⁴＋様態》撮影に写る.

fotografisch [ふぉと・グらーふィシュ] 形 写真の.

die **Fotoindustrie** [ふぉーと・インドゥストゥリー] 名 ⇨ Photoindustrie.

die **Fotokopie** [ふぉーと・コピー] 名 -/-n コピー,写真複写.

fotokopieren [ふぉーと・コピーれン] 動 h. 《et⁴》(写真)複写する,コピーする(書類などを).

der **Fotokopierer** [ふぉーと・コピーら-] 名 -s/- (口)＝Fotokopiergerät.

das **Fotokopiergerät** [ふぉーと・コピーあ・ゲれート] 名 -(e)s/-e (フォト)コピー機,写真複写機.

das **Fotomaterial** [ふぉーと・マテリアール] 名 -s/-ien 写真資料,写真用資材.

das **Fotometer** [ふぉーと・メーター] 名 ⇨ Photometer.

das **Fotomodell** [ふぉーと・モデル] 名 -s/-e 写真のモデル;(婉)売春婦.

die **Fotomontage** [ふぉーと・モンタージェ] 名 -/-n 〔写〕フォトモンタージュ;モンタージュ写真.

das **Foton** [ふぉーとン] ⇨ Photon.

die **Fotonastie** [ふぉーと・ナスティー] ⇨ Photonastie.

die **Fotophosphorylierung** [ふぉーと・ふぉスふォりリーるング] ⇨ Photophosphorylierung.

der **Fotoreporter** [ふぉーと・れポルター] 名 -s/- 報道写真家.

der **Fotoroman** [ふぉーと・ろマーン] 名 -s/-e 写真小説,フォトノベル(コマ割写真にせりふまたは解説文をつけた通俗小説).

der **Fotosatz** [ふぉーと・ザッツ] 名 -es/ 〔印〕写真植字.

das **Fotoshooting** [..ʃuːtɪŋ ふぉーと・シューティング] 名 -s/-s (宣伝キャンペーン用などの)写真撮影.

die **Fotosphäre** [ふぉーと・スふェーれ] ⇨ Photosphäre.

die **Fotosynthese** [ふぉーと・ズュンテーゼ] ⇨ Photosynthese.

die **Fotosyntheserate** [ふぉーとズュンテーゼ・らーテ] ⇨ Photosyntheserate.

die **Fototaxis** [ふぉーと・タクスィス] ⇨ Phototaxis.

die **Fototherapie** [ふぉーと・テらピー] ⇨ Phototherapie.

fototrop [ふぉーと・トろープ] ⇨ phototrop.

der **Fototropismus** [ふぉーと・トろピスムス] ⇨ Phototropismus.

die **Fotozelle** [ふぉーと・ツェレ] ⇨ Photozelle.

der **Fötus** [(徳)..トゥス] 名 -(ses)/-se[..ten]胎児. ⇨ Fetus.

die **Fotze** [ふぉッツェ] 名 -/-n **1.** (卑)(女性の)陰部;膣(ゑ). **2.** (卑)(《罵》も有)あま,売女(鉤). **3.** 《《オーストリア・バイエルン》》口;びんた.

das **Foul** [faʊl ふぁウル] 名 -s/-s 〔スポ〕反則,ファウル.

das **Foulard** [fulaːr ふラーあ] 名 -s/-s 〔ス〕絹〔人絹〕のスカーフ〔マフラー〕.

foulen [fáʊlən ふぁウレン] 動 h. 《《j⁴》)》〔スポ〕反則行為をする.

(der) **Fouqué** [fukéː ふケー] 名 〔人名〕フケー(Friedrich Freiherr de la Motte-~, 1777-1843, 作家).

der **Fourierismus** [furjé.. ふりエリスムス] 名 -/ フーリエ主義(フランスの哲学者 Charles Fourier, 1772-1837 の空想社会主義).

der **Foxterrier** [ふぉクス・テリあ-] 名 -s/- 〔動〕フォックステリア.

der **Foxtrott** [ふぉクス・トろット] 名 -(e)s/-e[-s] フォックストロット(4/4 拍子の社交ダンス).

das **Foyer** [foajé: ふぉアイエー] 名 -s/-s (特に劇場の)ロビー,ホワイエ.

fr ＝Franc フラン(フランスなどの旧貨幣単位).

Fr [エふエる] ＝Francium 〔化〕フランシウム.

fr. ＝frei;〈古〉franko 送料無料に.

Fr. **1.** ＝Franken スイスフラン. **2.** ＝Frau…夫人. **3.** ＝Freitag 金曜日.

die **Fracht** [ふらハト] 名 -/-en **1.** 貨物,積荷. **2.** (貨物の)運賃,運送料(~kosten).

der **Frachtbrief** [ふらハト・ブリーふ] 名 -(e)s/-e 送り状,運送状.

der **Frachtdampfer** [ふらハト・ダムふぁ-] 名 -s/- 〈古〉＝Frachter.

der **Frachter** [ふらハター] 名 -s/- 貨物船.

frachtfrei [ふらハト・ふらイ] 形 運賃(運送料)無料の.

das **Frachtgeld** [ふらハト・ゲルト] 名 -(e)s/-er 貨物運賃.

das **Frachtgut** [ふらハト・グート] 名 -(e)s/..güter 貨物,積荷.

der **Frachtkahn** [ふらハト・カーン] 名 -(e)s/..kähne 艀(はしけ).

der **Frachtraum** [ふらハト・らウム] 名 -(e)s/..räume

貨物室.

der **Fracht·satz** ［ふらはト・ザッツ］ [名] -es/..sätze 貨物運賃率.

das **Fracht·schiff** ［ふらはト・シふ］ [名] -(e)s/-e ＝Frachter.

das **Fracht·stück** ［ふらはト・シュテュック］ [名] -(e)s/-e (個々の)貨物〔積荷〕.

der **Fracht·ver·kehr** ［ふらはト・ふぇあケーあ］ [名] -(e)s/ 貨物運輸.

der **Frack** ［ふらック］ [名] -(e)s/Fräcke 〔《口》-s〕燕尾(えんび)服.

das **Frack·hemd** ［ふらック・ヘムト］ [名] -(e)s/-en 燕尾(えんび)服用ワイシャツ.

der **Frack·zwang** ［ふらック・ツヴァング］ [名] -(e)s/ 燕尾(えんび)服着用義務.

die **Fra·ge** ［ふらーゲ］ [名] -/-n **1.** 質問, 問い：die ～ nach 〈et^3〉〈物・事に対する〉問いかけ. 〈j^3〉〔an 〈j^4〉〕eine ～ stellen 〈人に〉質問をする. **2.** 問題, 懸案：die letzten ～n (死・永生などの)宗教的問題. eine ～ anschneiden 〔aufwerfen〕問題を提起する. **3.** 疑問, 疑い：ohne ～ 疑いもなく. außer ～ stehen 疑いの余地がない. 【慣用】**Das ist (gar) keine Frage.** それはまったく明白だ. **Das ist noch sehr die Frage〔Das ist die große Frage〕.** それはまだ疑わしい. **(für 〈j^4/et^4〉) in Frage〔infrage〕 kommen** 〈人・物・事に〉対して問題になる〔考慮される〕. **〈et^4〉 in Frage〔infrage〕 stellen** 〈事を〉不確かにする. **〈et^1〉 kommt (〈j^3〉) nicht in Frage〔infrage〕!** 《口》〈事が〉(〈人に〉とって)まったく問題にならない. **〈j^4/et^4〉 in Frage〔infrage〕 stellen** 〈人・事を〉疑問視する. ⇨ infrage.

der **Fra·ge·bo·gen** ［ふらーゲ・ボーゲン］ [名] -s/- 〔《南独・オーストリア》..bögen〕質問表〔用紙〕, アンケート用紙.

das **Fra·ge·für·wort** ［ふらーゲ・ふゅーあ・ヴォるト］ [名] -(e)s/..wörter 疑問代名詞.

der **Fra·ge·kas·ten** ［ふらーゲ・カステン］ [名] -s/..kästen 質問箱；質疑応答欄.

fra·gen ［ふらーゲン］ [動] *h.* **1.** 〔〈j^4〉に＋〈[文]〉ト/〈et^4〉ヲ〕質問する, 聞く. **2.** 〔〈様態〉ナ〕質問をする. **3.** 〔〈j^4〉に＋(nach 〈j^3/et^3〉ノ事ヲ)〕尋ねる, 問合せる. **4.** 〔nach 〈j^3/et^3〉ニツイテ〕気にかける(主に否定文・反語疑問文で用いる). **5.** 〔(〈j^4〉ニ)＋(um 〈et^4〉ヲ)〕求める, 相談する. **6.** 〔sich^4＋〈[文]〉デアルカ/〈et^4〉ヲ〕よく考えてみる. 【慣用】**Das fragt sich noch.** 《口》それはまだ確かではない. **〈j^3〉 einen fragenden Blick zuwerfen** 〈人に〉ものを問いたげな視線を投げる, 〈人を〉疑わしそうに一瞥(べつ)する. **Es fragt sich, ob ...** …かどうかは疑わしい.

der **Fra·ger** ［ふらーガー］ [名] -s/- 質問(好きな)者.

der **Fra·ge·satz** ［ふらーゲ・ザッツ］ [名] -es/..sätze 疑問文.

der **Fra·ge·stel·ler** ［ふらーゲ・シュテラー］ [名] -s/- (代表)質問者；インタビュアー.

die **Fra·ge·stel·lung** ［ふらーゲ・シュテルング］ [名] -/-en 質問(の文言)；問題の立て方；問題設定〔提起〕；(学問的)問題.

das **Fra·ge-und-Ant·wort-Spiel** ［ふらーゲ・ウント・アントヴォるト・シュピール］ [名] -(e)s/-e なぞなぞ遊び, クイズ；冗長な質疑応答.

das **Fra·ge·wort** ［ふらーゲ・ヴォるト］ [名] -(e)s/..wörter 疑問代名詞；《稀》疑問副詞.

das **Fra·ge·zei·chen** ［ふらーゲ・ツァイひぇン］ [名] -s/- 疑問符(記号?)；疑問点, 不明な点：ein ～ setzen 疑問符をつける.

fra·gil ［ふらギール］ [形] 壊れやすい, もろい, 弱々しい.

frag·lich ［ふらークリひ］ [形] **1.** 不確かな, 疑わしい. **2.** 問題の, 当の.

frag·los ［ふらーク・ロース］ [副] 《文飾》疑いもなく.

das **Frag·ment** ［ふらグメント］ [名] -(e)s/-e 断片, 未完の作品；断章, 断想；《美》トルソー.

frag·men·ta·risch ［ふらグメンターりシュ］ [形] 断片的な, 断編の.

frag·wür·dig ［ふらーク・ヴュるディひ］ [形] 疑わしい；怪しげな, いかがわしい.

frais ［frɛːs ふれース］ [形] いちご色の.

die **Fraise** ［frɛ́ːzə ふれーゼ］ [名] -/-n ＝Fräse 3, 4.

die **Frak·ti·on** ［ふらクツィオーン］ [名] -/-en **1.** 《政》会派, 党派. **2.** 派閥, 分派. **3.** 《化》留分. **4.** 《オーストリア》(市町村の)地区.

die **Frak·ti·o·nie·rung** ［ふらクツィオニーるング］ [名] -/-en **1.** 《文》派閥に分裂〔分派〕すること；小グループ化. **2.** 《化》分(別蒸)留.

der **Frak·ti·ons·füh·rer** ［ふらクツィオーンス・ふゅーらー］ [名] -s/- 会派議長.

der **Frak·ti·ons·zwang** ［ふらクツィオーンス・ツヴァング］ [名] -(e)s/..zwänge (投票の)会派〔党〕議員の拘束.

die **Frak·tur** ［ふらクトゥーあ］ [名] -/-en **1.** ([単]のみ)ドイツ〔ひげ〕文字. **2.** 《医》骨折. 【慣用】**mit 〈j^3〉 Fraktur reden** 〈人に〉はっきり自分の意思を言う.

die **Fram·bö·sie** ［ふらム[ベ]ズィー］ [名] -/-n 《医》インド痘, フランベジア, イチゴ腫(しゅ).

der **Franc** ［frɑ̃ː ふらーン］ [名] -/-s (単位を表す[複]は-) フラン(フランスなどの旧貨幣単位. 略 fr；[複] frs)：französischer ～ フランスフラン(略 FF, F).

das **Fran·ci·um** ［..tsi̯ʊm ふらンツィウム］ [名] -s/ 《化》フランシウム(放射性元素. 記号 Fr).

frank ［ふらンク］ [形] 率直な：〈et^4〉 ～ und frei aussprechen 〈事を〉腹蔵なく言う.

(*der*) **Frank** ［ふらンク］ [名] 《男名》フランク.

die **Fran·ka·tur** ［ふらンカトゥーあ］ [名] -/-en (郵便料金としての)切手；郵便料金前納.

der **Fran·ke** ［ふらンケ］ [名] -n/-n **1.** フランク人(西ゲルマンの部族). **2.** フランケン地方の住民.

der **Fran·ken**[1] ［ふらンケン］ [名] -s/- スイスフラン(スイスの貨幣単位. 略 Fr., sFr, sfr；[複] sfrs)；《稀》フラン(Franc).

(*das*) **Fran·ken**[2] ［ふらンケン］ [名] -s/ 《地名》フランケン(バイエルン州の地方).

der **Fran·ken·wald** ［ふらンケン・ヴァルト］ [名] -(e)s/《山名》フランケンヴァルト(バイエルン州の山地).

der **Fran·ken·wein** ［ふらンケン・ヴァイン］ [名] -(e)s/-e フランケンワイン(フランケン地方のワイン. 扁平の瓶が特徴).

(*das*) **Frank·furt** ［ふらンク・ふるト］ [名] -s/ 《地名》 **1.** ～ am Main フランクフルト・アム・マイン(ヘッセン州, マイン河畔の都市. 略 ～ a. M.). **2.** ～ an der Oder フランクフルト・アン・デア・オーダー(ブランデンブルク州, オーダー河畔の都市. 略 ～ a. d. O.).

Frank·fur·ter[1] ［ふらンク・ふるター］ [形] (無変化)フランクフルトの：～ Würstchen フランクフルトソーセージ. der ～ Kranz フランクフルタークランツ(ケーキ). die ～ Nationalversammlung フランクフルト国民議会(1848 年).

der **Frank·fur·ter**[2] ［ふらンク・ふるター］ [名] -s/- フランクフルト市民.

die **Frank·fur·ter**[3] ［ふらンク・ふるター］ [名] -/- フランクフルトソーセージ.

fran·kie·ren ［ふらンキーれン］ [動] *h.* 〔〈et^4〉ニ〕切手をはる, (…の)料金を前納する.

fran·kiert ［ふらンキーあト］ [形] 郵便料金を前納した, 切手をはった.

die **Fran·kie·rung** ［ふらンキーるング］ [名] -/-en **1.** 切手をはること. **2.** 郵便料金支払証.

frän·kisch ［ふれンキシュ］ [形] **1.** フランク族の：das *F*～*e* Reich フランク王国. **2.** フランケン地方〔方言〕の.

das **Fränk·li** ［ふれンクリ］ [名] -s/- 《口》(《冗》も有)ス

fran·ko [ふらンコ] 副 〖商〗〈古〉送料〔運賃〕無料で（略 fr.）.

fran·ko·fon [ふらンコ・ふぉーン] ⇨ frankophon.

der **Fran·ko·ka·na·di·er** [ふらンコ・カナディアー] 名 -s/- フランス語圏のカナダ人.

fran·ko·ka·na·disch [ふらンコ・カナーディシュ] 形 フランス語圏カナダの.

fran·ko·phil [ふらンコ・ふぃール] 形 フランスびいきの, 親仏的な.

die **Fran·ko·phi·lie** [ふらンコ・ふぃリー] 名 -/ 親仏, フランスびいき.

fran·ko·phob [ふらンコ・ふぉーブ] 形 フランス嫌いの, 反仏的な.

die **Fran·ko·pho·bie** [ふらンコ・ふぉビー] 名 -/ 反仏感情, フランス嫌い.

fran·ko·phon [ふらンコ・ふぉーン] 形 フランス語を母国語とする.

(*das*) **Frank·reich** [ふらンク・ライヒ] 名 -(e)s/ 〖国名〗フランス（略 F）.

der **Frank·ti·reur** [frātirǿːr ふらンクティ㋐-あ, frank.. ふらンクティ㋐-あ] 名 -s/-e(-s) （昔の）フランス義勇兵.

die **Fran·se** [ふらンゼ] 名 -/-n 房飾り, フリンジ.

fran·sen [ふらンゼン] 動 h. 1. 〈et⁴ᵈ〉房飾り〔フリンジ〕をつける. 2. 〖繊〗ほつれる.

fran·sig [ふらンズィヒ] 形 房のついた, 房状の; ほつれた.

(*der*) **Franz**¹ [ふらンツ] 名 1. 〖男名〗フランツ. 2. ~ von Assisi アッシジの聖フランチェスコ（1181 頃-1226 年, フランツ修道会の創設者）. 3. ~ Josef I. フランツ・ヨーゼフ 1 世（1830-1916 年, オーストリア皇帝, ハンガリー王）. 4. ~ Ferdinand フランツ・フェルディナント（1863-1914 年, オーストリアの皇太子）.

der **Franz**² [ふらンツ] 名 -en/-en 〖兵・空〗ナヴィゲーター.

(*das*) **Franz**³ [ふらンツ] 名 -/ 〈主に無冠詞〉〈生徒・ジン〉フランス語（授業科目）.

der **Franz·band** [ふらンツ・バント] 名 -(e)s/ ..bände フランス風の革装丁本.

der **Franz·brannt·wein** [ふらンツ・ブラント・ヴァイン] 名 -(e)s/ エキス入り塗布用アルコール（薬用）.

das **Franz·brot** [ふらンツ・ブロート] 名 -(e)s/-e （小型）フランスパン.

(*die*) **Fran·zis·ka** [ふらンツィスカ] 名 〖女名〗フランチスカ.

der **Fran·zis·ka·ner** [ふらンツィスカーナー] 名 -s/- フランシスコ会修道士.

der **Fran·zis·ka·ner·or·den** [ふらンツィスカーナー・オルデン] 名 -s/ 〖㋕ト〗フランシスコ（修道）会.

fran·zis·ka·nisch [ふらンツィスカーニシュ] 形 フランシスコ（修道）会の.

(*der*) **Fran·zis·kus** [ふらンツィスクス] 名 〖男名〗フランツィスクス.

der **Franz·mann** [ふらンツ・マン] 名 -(e)s/ ..männer 〈口・㊧蔑〉フランス人.

der **Fran·zo·se** [ふらンツォーゼ] 名 -n/-n 1. フランス人. 2. モンキーレンチ. 3. 〈方〉〖昆〗ゴキブリ. 4. 〈㊧のみ〉梅毒.

fran·zo·sen·feind·lich [ふらンツォーゼン・ふぁイントリヒ] 形 反仏的な.

fran·zo·sen·freund·lich [ふらンツォーゼン・ふろイントリヒ] 形 親仏的な.

die **Fran·zo·sen·krank·heit** [ふらンツォーゼン・クらンクハイト] 名 〈古〉フランス病（梅毒）.

fran·zö·sie·ren [ふらンツ㋳ズィーレン] 動 h. 〈j⁴/et⁴ᵈ〉フランス風にする, フランス（語）化する.

die **Fran·zö·sin** [ふらンツ㋳ーズィン] 名 -/-nen フランス女性, 女性.

fran·zö·sisch [ふらンツ㋳ーズィシュ] 形 1. フランス（人・風）の: die F~e Revolution フランス革命（1789 年）. 2. フランス語の. 【慣用】**sich⁴ (auf) französisch empfehlen** 〖verabschieden〗《㊧》別れのあいさつをせずひそかに立ち去る.

das **Fran·zö·sisch** [ふらンツ㋳ーズィシュ] 名 -(s)/ フランス語; （教科としての）フランス語. 【用法は⇨ Deutsch¹】

das **Fran·zö·si·sche** [ふらンツ㋳ーズィシェ] 名 〖形容詞的変化; ㊧のみ〗（定冠詞とともに）フランス語. 2. フランス的なもの〔こと〕〖用法は⇨ Deutsche²〗.

frap·pant [ふらパント] 形 驚くべき, 顕著な.

das **Frap·pé, Frappee** [frapé: ふらペー] 名 -s/-s フラッペ（クラッシュアイス入りのアルコール飲料）; 果物入りのデザート; 絹の波型ケシ織り.

frap·pie·ren [ふらピーレン] 動 h. 1. 〈j⁴ᵈ〉驚かせる. 2. 〈et⁴ᵈ〉氷の中で瓶を回して冷やす（ワインなどを）.

die **Frä·se** [ふれーゼ] 名 -/-n 1. フライス（盤）. 2. ロータリー式耕耘(ᶜᵘⁿ)機（Boden~）. 3. 〖服〗（15-16 世紀の）ラフ, ひだ襟. 4. あごから耳にかけての細いひげ.

frä·sen [ふれーゼン] 動 h. 〈et⁴ᵈ〉フライス盤で切削（加工）する; ロータリー式耕耘(ᶜᵘⁿ)機で耕す.

der **Frä·ser** [ふれーザー] 名 -s/- フライス（回転式刃物）; フライス工.

die **Fräs·ma·schi·ne** [ふれース・マシーネ] 名 -/-n フライス盤.

fraß [ふらース] 動 fressen の過去形.

der **Fraß** [ふらース] 名 -es/-e 〈主に㊧〉 1. （特に獣の）餌(ᵉ); 〈口・蔑〉まずい食事〔食物〕. 2. （虫・ネズミなどによる植物の）食害.

frä·ße [ふれーセ] 動 fressen の接続法 2 式.

der **Fra·ter** [ふらーター] 名 -s/Fratres 〖㋕ト〗修学修士; 助修士.

fra·ter·ni·sie·ren [ふらテるニズィーれン] 動 h. 〈mit〈j³ᵈ〉〉友好関係を結ぶ, 親しくなる（特に敵対関係にあるグループと）.

die **Fra·ter·ni·tät** [ふらテるニテート] 名 -/-en 1. 〈文〉（兄弟のような）親交; 兄弟愛. 2. 〖㋕ト〗信心会, 兄弟会.

der **Fratz** [ふらッツ] 名 -es/-e(n) 1. かわいい子; （南独・㋐・㊛蔑）行儀の悪い（女の）子. 2. 〈古〉（いやな）やつ.

die **Frat·ze** [ふらッツェ] 名 -/-n 1. 醜くゆがめられた顔; 〈口〉しかめっ面. 淡面:〜 schneiden しかめっ面をする. 2. 〈口〉〈㊧蔑〉も有〉面（つ〉; 〈いやな〉やつ.

frat·zen·haft [ふらッツェンハフト] 形 醜くゆがんだ（顔をした）, しかめ面の.

die **Frau** [ふらウ] 名 -/-en 1. 女性, 婦人. 2. 妻（Ehe~）: meine ~ 私の妻. eine ~ fürs Leben 一生の伴侶(リヒ). keine ~ bekommen 独身だ. Er hat eine Französin zur ~. 彼はフランス女性を妻にしている. 3. （成人女性に対する敬称・呼びかけ. 略 Fr.）…夫人, …様. : ~ Fischer フィッシャー夫人. ~ Professor ! 教授（女性の教授に対する呼びかけ）. Sehr verehrte ~ Hoffmann 拝啓ホフマン様. gnädige ~ 〈古〉奥様（呼びかけ）. Ihre ~ Gemahlin/Mutter 〈文〉（あなたの）奥様/母上様. 4. 女主人: die ~ des Hauses 主婦. Unsere Liebe ~ 〖㋕ト〗聖母マリア.

das **Frau·chen** [ふらウヒェン] 名 -s/- 小柄な（年寄りの）女性; かわいい娘; （飼犬の）女主人.

der **Frau·en·arzt** [ふらウエン・アーるット, ふらウエン・アーるット] 名 -es/ ..ärzte 婦人科医.

der **Frau·en·be·ruf** [ふらウエン・べるーふ] 名 -(e)s/-e 女性（向き）の職業.

die **Frau·en·be·we·gung** [ふラウエン・ベヴェーグング] 名 -/ 女性(解放)運動.
die **Frau·en·e·man·zi·pa·ti·on** [ふラウエン・エマンツィパツィオーン] 名 -/-en 女性解放.
der **Frau·en·feind** [ふラウエン・ふァイント] 名 -(e)s/-e 女性蔑視(論)者；女嫌い(の男).
frau·en·feind·lich [ふラウエン・ふァイントリヒ] 形 女性に不利な.
(*das*) **Frau·en·feld** [ふラウエン・ふェルト] 名 -s/ [地名]フラウエンフェルト(スイスの都市).
die **Frau·en·fra·ge** [ふラウエン・ふら―ゲ] 名 -/-n 婦人問題.
die **Frau·en·ge·stalt** [ふラウエン・ゲシュタルト] 名 -/-en 女性の容姿；(小説などでの)女性像.
das **Frau·en·haar** [ふラウエン・ハ―ア] 名 -(e)s/-e 1. 女性の髪. 2. [植]スギゴケ(属)；アジアンタム.
frau·en·haft [ふラウエンハふト] 形 女らしい.
die **Frau·en·hand** [ふラウエン・ハント] 名 -/..hände [文]女性の手.
das **Frau·en·haus** [ふラウエン・ハウス] 名 -es/..häuser 夫から虐待を受けた妻(と子供)の保護施設；(中世の)娼家；[民族]娘宿.
die **Frau·en·heil·kun·de** [ふラウエン・ハイル・クンデ] 名 -/ 婦人科学.
der **Frau·en·held** [ふラウエン・ヘルト] 名 -en/-en 女性にもてる男, 色男.
die **Frau·en·kli·nik** [ふラウエン・クリ―ニク] 名 -/-en 婦人科病院.
das **Frau·en·klos·ter** [ふラウエン・クロ―スター] 名 -s/..klöster 女子修道院.
die **Frau·en·krank·heit** [ふラウエン・クらンクハイト] 名 -/-en (主に複)婦人病.
das **Frau·en·lei·den** [ふラウエン・ライデン] 名 -s/- 婦人病.
der **Frau·en·lieb·ling** [ふラウエン・リ―プリング] 名 -s/-e 女性にもてる男, 色男.
die **Frau·en·recht·le·rin** [ふラウエン・れヒトレりン] 名 -/-nen 女権論者, 婦人(解放)運動の闘士.
der **Frau·en·schuh** [ふラウエン・シュ―] 名 -(e)s/-e 1. [植]アツモリソウ. 2. 婦人靴.
die **Frau·en·sei·te** [ふラウエン・ザイテ] 名 -/-n (新聞)の婦人欄；教会内の北側(中世の婦人席側).
die **Frau·ens·per·son** [ふラウエンス・ペルゾ―ン] 名 -/-en [蔑]女.
die **Frau·en·stim·me** [ふラウエン・シュティメ] 名 -/-n 女声, 女性の声.
das **Frau·en·stimm·recht** [ふラウエン・シュティム・れヒト] 名 -(e)s/-e 婦人参政権.
der **Frau·en·ver·band** [ふラウエン・ふェあバント] 名 -(e)s/..bände 婦人団体(連盟・連合).
das **Frau·en·wahl·recht** [ふラウエン・ヴァ―ル・れヒト] 名 -(e)s/-e 婦人参政権.
das **Frau·en·zim·mer** [ふラウエン・ツィマー] 名 s/ 1. [古・蔑]女, あまっちょ. 2. [古]女.
das **Fräu·lein** [ふろイライン] 名 -s/-(s) 1. 未婚の女性, 若い女性；[口・古]ふしだらな娘；娼婦. 2. [古]―嬢(未婚女性に対する敬称・呼びかけ. 略 Frl.)：～ Lehmann レ―マン嬢. Gnädiges ～ お嬢さん. Meine geehrtes ～ Savigny 拝啓サヴィニ嬢. Tochter [文](めなどの)令嬢. 3. [口・古](女性の)店員, 事務員 ウエイトレス；保育園家庭教師：das ～ vom Amt 電話交換係の女性. für die Kinder 女性家庭教師. 4. [口・蔑・古]アメリカ兵の(ドイツ)女.
frau·lich [ふラウリヒ] 形 (成熟した)女性らしい.
die **Fraun·ho·fer-Ge·sell·schaft** [ふラウン・ホ―ふァ―・ゲゼルシャふト] 名 -/ フラウンホーファー協会(政府等の委託を受けた自然科学の応用・開発研究所).

frech [ふれヒ] 形 1. 厚かましい, ずうずうしい, 生意気な, 無礼な：(j³)～ kommen (人に)厚かましい態度をとる. mit einer ～er Stirn 厚顔にも. 2. 大胆な, 奇抜な.
der **Frech·dachs** [ふれヒ・ダックス] 名 -es/-e [口][主に(冗)]・好意的に]なまいきな子[女の子].
die **Frech·heit** [ふれヒハイト] 名 -/-en 1. [複のみ]ずうずうしさ, 厚かましさ, 生意気. 2. ずうずうしい[生意気な]行動[発言].
der **Frech·ling** [ふれヒリング] 名 -s/-e 厚かましい人間.
(*der*) **Fred** [freːt ふれ―ト, frɛt ふれット] [男性名]フレ―ト.
die **Free·jazz, Free Jazz** [friːdʒɛz ふリ―・ヂェズ] 名 -/ [楽]フリージャズ(即興演奏の前衛ジャズ).
das **Free TV, Free-TV** [friː tivě: ふリ―・ティヴィ―] 名 -(s), -(s)/ 無料テレビ.
die **Fre·gat·te** [ふれガッテ] 名 -/-n フリゲート艦；[口][(罵)も有]年輩の太った女：eine aufgetakelte ～ 満艦飾の女.
der **Fre·gat·ten·ka·pi·tän** [ふれガッテン・カピテ―ン] 名 海軍中佐(人).
frei [ふらイ] 形 1. 自由な, 自主独立の：ein *es* Land 自由な国. F~e und Hansestadt Hamburg 自由ハンザ都市ハンブルク. 2. フリ―(ランサ―)の：ein ~er Journalist フリーの記者. 3. (規則・規範などから)自由な, 奔放な, 遠慮のない：~e Übersetzung 意訳. ~e Ansichten haben 自由思想を持っている. 4. 自由な(身)の：Der Verhaftete ist wieder ～. その逮捕者は(元どおり)自由の身になった. 5. 遮るものがない(マ―クのない)フリ―の(特にサッカ―で)：~e Sicht haben 見晴らしがきく. der ~e Rechtsaußen フリ―の右ウイング. 6. [von ⟨et³⟩]免れた, (…の)ない：ein von Vorurteilen ~er Mann 偏見のない男. ～ von Beschwerden sein 苦労がない. 7. 補助手段なしの：aus ~er Hand fotografieren (三脚など使用せず)手持ちで写真を写す. ～ sprechen/schwimmen 草稿なしで話す/浮き具なしで泳ぐ. 8. 広々とした, 野外の：auf ~em Feld 野外で. unter ~em Himmel 大空の下[戸外]で. im F~en übernachten 野宿する. ins F~e gehen 戸外へ行く. Der Zug hielt auf ~er Strecke. 列車は駅と駅との間で止まった. 9. (肌の)露(あらわ)な, 裸の：Bitte den Oberkörper ～ machen！ 上半身裸になって下さい(診察時に). 10. 空いている；著作権(の期限)が切れた；決った相手(婚約者・恋人)がいない：~e Zeit haben 暇な時間がある. die ~e Stelle des Chefdirigenten 空席になっている主席指揮者の地位. Ist der Platz ～？ この席は空いていますか. Sind Sie heute Abend ～？ 今晩お暇ですか. sich³ einen Tag ～ nehmen [口]1日休暇をとる. Wir haben noch Zimmer ～. まだ空部屋はございます！(ホテルなどで). Zimmer ～！ 空室ありペンションなどの表示). einen Platz ～ machen/lassen 席を空ける/空けたままにしておく. Wilhelm Busch ist ～. ヴィルヘルム・ブッシュの作にはもう版権はない. 11. 無料の：~e Unterkunft haben 宿泊費は無料である. Eintritt ～！ 入場無料. die Ware ～ Haus liefern [商]品物を自も全く無料で配達する. für ⟨j⁴/et⁴⟩ 許可された：ein Plätze für Behinderte 身障者用座席. Der Film ist ～ für Jugendliche ab 16 Jahren. その映画は 16歳以上の青少年は入場できる. 【慣用】⟨j³⟩ auf freien Fuß setzen ⟨人⁴を⟩自由の身にする. die Freie Demokratische Partei (ドイツの)自由民主党(略 FDP, F.D.P.). die freie Wohlfahrtspflege (国公立でない法人の)社会福祉事業. die sieben freien Künste 自由七科, リベラルア―ツ(古代・中世の自由民の教養のための基本的な学芸：文法・論

理・修辞・算術・幾何・音楽・天文). **Er ist sein freier Herr.** 彼は自分の思いどおりにできる. **frei erfunden sein** 虚構である. **frei und ledig** (何も気にしないで)自由に. **freie Beweiswürdigung**〘法〙(裁判官による)自由な採証. **freie Elektronen** 遊離電子. **⟨j³⟩ freie Hand 〔freies Spiel〕 lassen** ⟨人に⟩行動の自由を与える. **freie Rücklagen** 任意積立金. **freie Schulen** (公の管理下にない)公立でない学校. **freie Wirtschaft** 自由経済. **freier Markt**〘商〙自由市場. **freier Sauerstoff** 遊離酸素. **Ich bin so frei.**《古》では失礼して遠慮なく. **sich⁴ von ⟨j³/et³⟩ frei machen** ⟨人・物・事から⟩解放される〔自由になる〕.

..frei [..ふらイ] [接尾] **1.** 名詞の後につけて「…に属さない」,「…のいらない」,「…が免除の」,「…がない」,「…がむき出しの」などの意味の形容詞を作る: bündnis*frei* 非同盟の. lizenz*frei* ライセンスのいらない. schulgeld*frei* 授業料免除の. herrschafts*frei* 支配〔強制〕がない. hals*frei* 襟元の開いた. **2.** 動詞の語幹や名詞の後につけて「…が必要でない」,「…が生じない」の意味の形容詞を作る: bügel*frei* ノーアイロンの. stör(ungs)*frei* 故障〔妨害〕の生じない.

(*die*) **Freia** [ふらイア] [名] =Freyja.

das **Frei·bad** [ふらイ・バート] [名] -(e)s/..bäder 屋外プール.

der **Frei·bal·lon** [ふらイ・バロ(ー)ン] [名] -s/-s 係留していない自由気球.

die **Frei·bank** [ふらイ・バンク] [名] -/..bänke (主に[単])(屠殺(とさつ)場付属の)使用期限スタンプの押された肉の売場.

frei|be·kom·men* [ふらイ・ベコメン] [動] *h.* 〔⟨j⁴⟩ヲ〕 釈放してもらう(保釈金・請願などによって). **【慣用】 eine Stunde freibekommen** 《口》1時間休みにしてもらう.

(*das*) **Frei·berg** [ふらイ・べるク] [名] -s/ 〘地名〙フライベルク(ザクセン州の都市).

der **Frei·be·ruf·ler** [ふらイ・べるーふラー] [名] -s/- 自由業の人;自由契約者, フリーランサー.

frei·be·ruf·lich [ふらイ・べるーふリひ] [形] 自由業の.

der **Frei·be·trag** [ふらイ・ベトらーク] [名] -(e)s/..träge〘税〙非課税額, 控除額.

der **Frei·beu·ter** [ふらイ・ボイター] [名] -s/- **1.** 海賊. **2.** 《蔑》貪欲な利己主義者.

die **Frei·beu·te·rei** [ふらイ・ボイテらイ] [名] -/-en 海賊行為;《蔑》貪欲な利己主義的追求.

das **Frei·bier** [ふらイ・ビーあ] [名] -(e)s/ ただでふるまわれるビール(祝典などで).

frei·blei·bend [ふらイ・ブライベント] [形] 〘商〙拘束力のない.

die **Frei·bord·mar·ke** [ふらイ・ボるト・マるケ] [名] -/-n〘航行〙フリーボードマーク, 満載喫水線標.

der **Frei·brief** [ふらイ・ブりーふ] [名] -(e)s/-e 〘史〙 **1.** 許可〔認可〕証, 特許状. **2.** (農奴の)解放状. **3.** (自由)身分証明書. **【慣用】 ⟨et⁴⟩ als Freibrief für ⟨et⁴⟩ ansehen 〔betrachten〕** ⟨事を⟩⟨事に対する⟩許可〔黙認〕と見なす. **⟨j³⟩ einen Freibrief für ⟨et⁴⟩ ausstellen 〔geben〕** ⟨人に⟩⟨事をする⟩自由を与える.

(*das*) **Frei·burg** [ふらイ・ブるク] [名] -s/ 〘地名〙 **1.** ～ im Breisgau フライブルク・イム・ブライスガウ(バーデン=ヴュルテンベルク州の都市とその地方). **2.** ～ im Üechtland 〔Üchtland〕 フライブルク・イム・ユーエヒトラント(フランス名:フリブール(Fribourg). スイス, フリブール州の州都). **3.** フライブルク(スイスの州. フランス名:フリブール).

der **Frei·den·ker** [ふらイ・デンカー] [名] -s/- (特に宗教上の)自由思想家.

frei·den·ke·risch [ふらイ・デンケりシュ] [形] 自由思想の.

der/die **Freie** [ふらイエ] [名] (形容詞的変化)(中世の奴隷・農奴に対する)自由な市民, 自由人.

frei·en [ふらイエン] [動] *h.* 《文》 **1.** 〔⟨j⁴⟩ヲ〕妻に迎える. **2.** 〔um ⟨j⁴⟩ニ〕求婚する(女性に).

der **Frei·er** [ふらイあー] [名] -s/- **1.** 《古》求婚者. **2.** 《婉》売春婦〔男娼(だんしょう)〕の客.

die **Frei·ers·fü·ße** [ふらイあース・ふゅーセ] [複名] (次の形で)auf ～*n* gehen 《冗》嫁捜しをする.

das **Frei·ex·em·plar** [ふらイ・エクセムプラーあ] [名] -s/-e 贈呈本, 献本, 寄贈本.

die **Frei·fahr·kar·te** [ふらイ・ふぁーあ・カるテ] [名] -/-n 無料乗車券.

die **Frei·fahrt** [ふらイ・ふぁーあト] [名] -/-en (公共交通機関の)無料乗車.

die **Frei·frau** [ふらイ・ふらウ] [名] -/-en **1.** ([単]のみ)男爵夫人(位). **2.** 男爵夫人(人).

das **Frei·fräu·lein** [ふらイ・ふろイライン] [名] -s/- = Freiin.

die **Frei·ga·be** [ふらイ・ガーベ] [名] -/-n **1.** 釈放, 解放, 返還. **2.** 解禁, 自由化, 公開, 開放.

der **Frei·gän·ger** [ふらイ・ゲンガー] [名] -s/- 半自由拘禁囚(日中は一般社会で働き夜は刑務所にもどる).

frei|ge·ben* [ふらイ・ゲーベン] [動] *h.* **1.** 〔⟨j⁴⟩ヲ〕解放〔釈放〕する(捕虜などを), 手放す, (契約を解消して)フリーにする. **2.** 〔⟨et⁴⟩ノ〕(管理・封鎖・禁止を)解く;開け〔空け〕る. **3.** 〔⟨et⁴⟩ヲ〕一般の使用に供する. **4.** 〔⟨j³⟩ニ〕休みを与える.

frei·ge·big [ふらイ・ゲービひ] [形] **1.** 〔(gegen ⟨j⁴⟩ニ)〕気前がいい. **2.** 〔mit ⟨et³⟩ヲ〕惜しまない.

die **Frei·ge·big·keit** [ふらイ・ゲービひカイト] [名] -/ 気前のよさ.

frei·ge·bo·ren [ふらイ・ゲボーれン] [形] (奴隷ではなく)自由の身に生まれた.

das **Frei·ge·he·ge** [ふらイ・ゲヘーゲ] [名] -s/- 放し飼い施設.

der **Frei·geist** [ふらイ・ガイスト] [名] -(e)s/-er =Freidenker.

frei·geis·tig [ふらイ・ガイスティひ] [形] =freidenkerisch.

das **Frei·ge·län·de** [ふらイ・ゲレンデ] [名] -s/- 屋外展示場;野外会場.

der/die **Frei·ge·las·se·ne** [ふらイ・ゲラっセネ] [名] (形容詞的変化)〘史〙解放奴隷.

das **Frei·ge·päck** [ふらイ・ゲペック] [名] -(e)s/ 無料手荷物.

das **Frei·ge·richt** [ふらイ・ゲりひト] [名] -(e)s/ =Feme 1.

das **Frei·ge·tränk** [ふらイ・ゲトれンク] [名] -(e)s/-e 無料ドリンク(料金は入場料などに含まれる).

die **Frei·gren·ze** [ふらイ・グれンツェ] [名] -/-n 〘税〙(所得)免税限度.

das **Frei·gut** [ふらイ・グート] [名] -(e)s/..güter 免税品.

frei|ha·ben* [ふらイ・ハーベン] [動] *h.* 〔補足なし〕《口》休みである(人が).

der **Frei·ha·fen** [ふらイ・ハーふぇン] [名] -s/..häfen 自由港.

frei|hal·ten* [ふらイ・ハルテン] [動] *h.* **1.** 〔⟨j⁴⟩ノ〕飲食代を払う, (…に)おごる. **2.** 〔⟨j³⟩ニ/für ⟨j⁴⟩ノタメニ+⟨et⁴⟩ヲ〕空けておく, とっておく(席などを). **3.** 〔⟨j⁴/et⁴⟩ヲ+von ⟨et³⟩カラ〕守る. **【慣用】 Einfahrt bitte freihalten!** (ガレージ・消防署の前などで)入口をふさがないで下さい.

die **Frei·hand·bü·che·rei** [ふらイ・ハント・ビューひぇらイ] [名] -/-en 開架式図書館.

der **Frei·han·del** [ふらイ・ハンデル] [名] -s/ 自由貿易.

frei·hän·dig [ふらイ・ヘンディひ] [形] **1.** 手書きの, フリーハンドの, 手づくりの;ハンドル〔器具〕をつかまずに, ひじを突かずに. **2.** 〘官〙入札を募らない, 任意の.

die **Frei·heit** [ふらイハイト] [名] -/-en **1.** ([単]のみ)自

由, 自主独立: ~ von Not und Furcht 困窮と恐怖からの解放. **2.** 《(単)のみ》(身柄の)自由 in ~ sein 自由の身である. **3.** (行動の)自由;(勝手)気まま: in ⟨et³⟩ volle ~ haben ⟨事に関しては⟩まったく自由にできる. Er nimmt sich zu viele ~*en.* 彼は気ままずぎる.

frei·heit·lich [ふらイハイトリひ] [形] 自由な, 自由を求める, 自由主義的な.

die **Frei·heits·be·rau·bung** [ふらイハイツ・べらウブング] [名] -/ 〖法〗監禁.

die **Frei·heits·be·we·gung** [ふらイハイツ・ベヴェーグング] [名] -/-en (自由を求める)独立運動;解放運動.

der **Frei·heits·drang** [ふらイハイツ・ドらング] [名] -(e)s/ 自由への欲求.

der **Frei·heits·ge·dan·ke** [ふらイハイツ・ゲダンケ] [名] -ns/-n 自由の観念〔理念〕, 自由思想.

der **Frei·heits·kampf** [ふらイハイツ・カムプふ] [名] -(e)s/..kämpfe (民族の)解放闘争.

der **Frei·heits·krieg** [ふらイハイツ・クりーク] [名] -(e)s/-e 解放戦争;《(複)のみ》〖史〗(反ナポレオン)解放戦争(1813-15 年).

die **Frei·heits·lie·be** [ふらイハイツ・リーベ] [名] -/ 自由への愛.

frei·heits·lie·bend [ふらイハイツ・リーベント] [形] 自由を愛する.

das **Frei·heits·recht** [ふらイハイツ・れひト] [名] -(e)s/-e (主に(複))自由権.

die **Frei·heits·stra·fe** [ふらイハイツ・シュトらーふぇ] [名] -/-n 〖法〗自由刑(禁固・拘留などの刑罰).

frei·her·aus [ふらイ・ヘラウス] [副] 率直に.

der **Frei·herr** [ふらイ・へる] [名] -(e)n/-(e)n **1.** 《(単)のみ》男爵(位. 略 Frhr.). **2.** 男爵(人).

frei·herr·lich [ふらイ・へるリひ] [形] 男爵の.

die **Frei·in** [ふらイ・イン] [名] -/-nen **1.** 《(単)のみ》男爵令嬢(位). **2.** 男爵令嬢(人).

die **Frei·kar·te** [ふらイ・カるテ] [名] -/-n 無料入場券.

der **Frei·kauf** [ふらイ・カウふ] [名] -(e)s/..käufe 身代金で自由の身になること.

frei|kau·fen [ふらイ・カウふぇン] [動] *h.* 〔⟨j⁴⟩ヲ〕身代金を払って自由にする.

die **Frei·kör·per·kul·tur** [ふらイ・㋘るパー・クルトゥーあ] [名] -/ ヌーディズム(略 FKK).

das **Frei·korps** [ふらイ・コーあ] [名] -/- 義勇軍.

die **Frei·ku·gel** [ふらイ・クーゲル] [名] -/-n 〖伝説〗魔弾(魔法の必中の弾).

das **Frei·land** [ふらイ・ラント] [名] -(e)s/ 〖農〗露地.

das **Frei·land·la·bo·ra·to·ri·um** [ふらイラント・ラボらトーりウム] [名] -s/..rien 〖農・園〗露地実験場.

frei|las·sen* [ふらイ・ラっセン] [動] *h.* 〔⟨j⁴/et⁴⟩ヲ〕釈放する(捕虜などを);放してやる(小鳥などを).

die **Frei·las·sung** [ふらイ・ラっスング] [名] -/-en 釈放, 解放, 放免;(鳥などを)放すこと.

der **Frei·lauf** [ふらイ・ラウふ] [名] -(e)s/..läufe 〖工〗フリーホイール装置(駆動輪を動力源から切離す装置).

frei le·bend, (旧)**frei·le·bend** [ふらイ レーベント] [形] 野生の.

frei|le·gen [ふらイ・レーゲン] [動] *h.* 〔⟨et⁴⟩ヲ〕(覆いを取って)露出させる, 発掘する.

die **Frei·lei·tung** [ふらイ・ライトゥング] [名] -/-en (送電用)架線.

frei·lich [ふらイリひ] [副] **1.** 《語飾》(動詞・形容詞・副詞・名詞を修飾)もっとも, だがしかし, もちろん: Das ist ~ teuer. それはもちろん高いことは高い. Diese Tatsache ~ spricht dagegen. この事実は, だがしかし, それに対する反証である. **2.** 《南独》もちろんです.

die **Frei·licht·büh·ne** [ふらイ・リひト・ビューネ] [名] -/-n 野外劇場.

das **Frei·licht·ki·no** [ふらイ・リひト・キーノ] [名] -s/-s 野外映画館.

die **Frei·licht·ma·le·rei** [ふらイ・リひト・マーレらイ] [名] -/ 外光派絵画.

das **Frei·licht·mu·se·um** [ふらイ・リひト・ムゼーウム] [名] -s/..seen 野外民俗博物館.

das **Frei·licht·the·a·ter** [ふらイ・リひト・テアーター] [名] -s/- 野外劇場.

das **Frei·los** [ふらイ・ロース] [名] -es/-e 無料くじ;不戦勝のくじ.

frei|ma·chen [ふらイ・マっへン] [動] *h.* **1.** 〔⟨et⁴⟩ニ〕切手をはる. **2.** 〔sich⁴〕《口》時間〔体〕を空ける;服を脱ぐ(診察のために). **3.** 〔補足なし〕《口》仕事を休む.

der **Frei·mak·ler** [ふらイ・マークラー] [名] -s/- 〖金融〗自由仲立(なかだち)人.

die **Frei·mar·ke** [ふらイ・マるケ] [名] -/-n 郵便切手.

der **Frei·mau·rer** [ふらイ・マウらー] [名] -s/- フリーメーソンの会員.

die **Frei·mau·re·rei** [ふらイ・マウれらイ] [名] -/ フリーメーソン運動.

frei·mau·re·risch [ふらイ・マウれりシュ] [形] フリーメーソンの.

die **Frei·mau·rer·lo·ge** [ふらイ・マウらー・ローゲ] [名] -/-n フリーメーソンの支部.

der **Frei·mut** [ふらイ・ムート] [名] -(e)s/ 率直.

frei·mü·tig [ふらイ・ミューティひ] [形] 腹蔵のない, 率直な.

die **Frei·mü·tig·keit** [ふらイ・ミューティひカイト] [名] -/ 率直さ.

der **Frei·platz** [ふらイ・プラッツ] [名] -es/..plätze **1.** 授業料免除(の待遇);(劇場などの)無料席. **2.** 〖球〗屋外コート.

frei|pres·sen [ふらイ・プれっセン] [動] *h.* 〔⟨j⁴⟩ヲ〕強迫手段を講じて釈放させる(テロリストが仲間などを).

der **Frei·sass,** (旧)**Frei·saß** [ふらイ・ザス] [名] -en/-en =Freisasse.

der **Frei·sas·se** [ふらイ・ザっセ] [名] -n/-n 〖史〗自由農.

frei·schaf·fend [ふらイ・シャっふぇント] [形] フリーの.

die **Frei·schar** [ふらイ・シャーあ] [名] -/-en 義勇軍.

der **Frei·schär·ler** [ふらイ・シェーあラー] [名] -s/- 義勇兵;ゲリラ隊員.

der **Frei·schütz** [ふらイ・シュッツ] [名] -en/-en 〖伝説〗魔弾の射手.

frei|schwim·men* [ふらイ・シュヴィメン] [動] *h.* 〔sich⁴〕(浮き具なしの)15 分遊泳試験に合格する.

der **Frei·schwim·mer** [ふらイ・シュヴィマー] [名] -s/- 遊泳試験合格者;《口》遊泳試験合格証.

frei|set·zen [ふらイ・ゼっツェン] [動] *h.* **1.** 〔⟨et⁴⟩ヲ〕〖化・理〗遊離〔解離〕させる(元素などを);放出する(エネルギーなどを). **2.** 〔⟨j⁴⟩ヲ〕《婉》解雇する.

der **Frei·sinn** [ふらイ・ズィン] [名] -(e)s/ 《古》自由思想, リベラルな考え方〔心情〕;《スイス》自由民主党(Freisinnig-Demokratische Partei の略語).

frei·sin·nig [ふらイ・ズィニひ] [形] 《古》自由思想の.

die **Frei·sprech·an·la·ge** [ふらイ・シュプれっひ・アン・ラーゲ] [名] -/-en (主に自動車用の)ハンズフリーフォン〔装置〕, スピーカーフォン.

frei|spre·chen* [ふらイ・シュプれっひぇン] [動] *h.* **1.** 〔⟨j⁴⟩ニ〕〖法〗無罪を宣告する. **2.** 〔⟨j⁴⟩ニ〕職人免許を与える(徒弟に).

die **Frei·spre·chung** [ふらイ・シュプれっひゅング] [名] -/-en 無罪判決;職人免許の授与.

der **Frei·spruch** [ふらイ・シュプるっふ] [名] -(e)s/..sprüche 無罪宣告.

der **Frei·staat** [ふらイ・シュタート] [名] -(e)s/-en 《古》共和国: ~ Bayern バイエルン州, バイエルン共和国.

die **Frei·statt** [ふらイ・シュタット] [名] -/..stätten 《文》隠れ家, 避難所.

die **Frei·stät·te** [ふらイ・シュテッテ] [名] -/-n =Freistatt.

frei|ste·hen* [ふらイ・シュテーエン] [動] *h.* **1.** 〔〈j^3〉ノ〕自由に任されている. **2.** 〔補足なし〕空いている《家・部屋などが》.

die **Frei·stel·le** [ふらイ・シュテレ] [名] -/-n 授業料免除の待遇.

frei|stel·len [ふらイ・シュテレン] [動] *h.* **1.** 〔〈j^3〉ニ＋〈et^4〉ヲ〕任せる. **2.** 〔〈j^4〉ヲ＋von 〈et^3〉カラ〕解放する, 免除する.

der **Frei·stem·pel** [ふらイ・シュテムペル] [名] -s/- 〖郵〗料金別納の消印.

der **Frei·stil** [ふらイ・シュティール] [名] -(e)s/ 〖レスリング〗フリースタイル(～ringen);〖水泳〗自由形(～schwimmen).

das **Frei·stil·rin·gen** [ふらイシュティール・りンゲン] [名] -s/ 〖スポーツ〗フリースタイル・レスリング.

das **Frei·stil·schwim·men** [ふらイシュティール・シュヴィメン] [名] -s/ 〖スポーツ〗(水泳の)自由形.

der **Frei·stoß** [ふらイ・シュトース] [名] -es/..stöße 〖サッカー〗フリーキック.

die **Frei·stun·de** [ふらイ・シュトゥンデ] [名] -/-n 休み時間.

der **Frei·tag** [ふらイ・ターク] [名] -(e)s/-e 金曜日《略 Fr.》: der Stille ～ 聖金曜日. 【用法は⇨Montag】.

frei·tä·gig [ふらイ・テーギひ] [形] 金曜日の.

frei·täg·lich [ふらイ・テークリひ] [形] 金曜日ごとの.

frei·tags [ふらイ・タークス] [副] (毎)金曜日に.

der **Frei·tisch** [ふらイ・ティッシュ] [名] -(e)s/-e 《古》無料昼食.

der **Frei·tod** [ふらイ・トート] [名] -(e)s/-e 《婉》自殺.

frei·tra·gend [ふらイ・トらーゲント] [形] 〖土〗片持ちの.

die **Frei·trep·pe** [ふらイ・トれっペ] [名] -/-n 〖土〗(建物前面の)屋外階段.

die **Frei·ü·bung** [ふらイ・ユーブング] [名] -/-en 〖スポーツ〗徒手体操.

der **Frei·um·schlag** [ふらイ・ウム・シュラーク] [名] -(e)s/..schläge 切手のはってある封筒.

der **Frei·ver·kehr** [ふらイ・ふぇあケーあ] [名] -(e)s/ 〖金融〗(有価証券の)場外取引, 店頭取引;(経済ブロックでの)域内自由流通.

frei·weg [ふらイ・ヴェック] [副] 《口》平気で, ためらわずに.

das **Frei·wild** [ふらイ・ヴィルト] [名] -(e)s/ 他人の思いのままにされる弱者.

frei·wil·lig [ふらイ・ヴィリひ] [形] 自由意志の, 自発的な: ～*es* Geständnis 自白.

der/die **Frei·wil·li·ge** [ふらイ・ヴィリゲ] [名] 《形容詞的変化》志願兵, 義勇兵.

die **Frei·wil·lig·keit** [ふらイ・ヴィリひカイト] [名] -/ 自発性;自発的行為.

der **Frei·wurf** [ふらイ・ヴるふ] [名] -(e)s/..würfe 〖球〗フリースロー.

das **Frei·zei·chen** [ふらイ・ツァイひぇン] [名] -s/- (電話の)呼出し音.

die **Frei·zeit** [ふらイ・ツァイト] [名] -/-en 自由な時間, 暇, 余暇, レジャー;合宿.

die **Frei·zeit·ak·ti·vi·tät** [ふらイツァイト・アクティヴィテート] [名] -/-en 《主に[複]》余暇活動, レジャー活動.

die **Frei·zeit·be·schäf·ti·gung** [ふらイツァイト・ベシェふティグング] [名] -/-en 余暇に趣味ですること, 暇つぶし.

die **Frei·zeit·ge·stal·tung** [ふらイツァイト・ゲシュタルトゥング] [名] -/-en 〖社・教〗余暇の利用(法).

die **Frei·zeit·in·dus·trie** [ふらイツァイト・インドゥストりー] [名] -/ レジャー産業.

frei·zü·gig [ふらイ・ツューギひ] [形] **1.** 移住〔居住地〕選択の自由のある. **2.** 気前のいい;自由放任の;性的に大胆な.

die **Frei·zü·gig·keit** [ふらイ・ツューギひカイト] [名] -/ 移転の自由;(市民道徳にとらわれない)自由, 気ままさ;寛大さ, 気前のよさ.

fremd [ふれムト] [形] **1.** よその, 外国〔異国〕の: ～*e* Sprachen 外国語. ～*e* Wörter (外来語(Fremdwort)にはなっていない)外国語の語. **2.** 他人の, よその人の: unter ～*em* Namen 仮名〔偽名・変名〕で. in ～*e* Hände übergehen 人手に渡る. nicht für ～*e* Ohren bestimmt sein 他言は無用である. **3.** 〔〈j^3/et^3〉ノ〕知らない, 見かけ〔聞きなれ〕ない, なじみのない, 不案内な: Solche Gedanken sind ihr ～. そのような考えは彼女には縁がない. Ich bin ～ hier 〔hier ～〕. 私はここは不案内だ.. ～ tun よそよそしい態度をとる. **4.** いつもと違った: Das ist ein ～*er* Zug an ihm. そこが彼のいつもとは違うところだ.

fremd·ar·tig [ふれムト・アーあティひ] [形] 異国風な, 風変わりな;見知らぬ, 異質な.

die **Fremd·ar·tig·keit** [ふれムト・アーあティひカイト] [名] -/ 異質性, 異国風;風変わりな感じ.

die **Fremd·be·stäu·bung** [ふれムト・ベシュトイブング] [名] -/-en 〖植〗他花受粉.

der/die **Frem·de**[1] [ふれムデ] [名] 《形容詞的変化》よその人, 外国〔異国〕人;知らない人.

die **Frem·de**[2] [ふれムデ] [名] -/ 《文》異郷, 異国, 外国.

frem·deln [ふれムデルン] [動] *h.* 〔補足なし〕人見知りする.

das **Frem·den·buch** [ふれムデン・ブーふ] [名] -(e)s/..bücher 宿帳, 宿泊者〔来訪者〕名簿.

der **Frem·den·füh·rer** [ふれムデン・ふゅーらー] [名] -s/- 観光案内人, 観光ガイド.

das **Frem·den·heim** [ふれムデン・ハイム] [名] -(e)s/-e 《古》民宿, ペンション, 簡易ホテル.

die **Frem·den·le·gi·on** [ふれムデン・レギオーン] [名] -/ (フランスの)外人部隊.

der **Frem·den·le·gi·o·när** [ふれムデン・レギオネーあ] [名] -s/-e 外人部隊の兵士.

der **Frem·den·ver·kehr** [ふれムデン・ふぇあケーあ] [名] -(e)s/ 観光(事業), 観光旅行, 観光客の往来.

das **Frem·den·zim·mer** [ふれムデン・ツィマー] [名] -s/- (ホテルなどの)客室;(個人住居の)客用寝室.

die **Fremd·fi·nan·zie·rung** [ふれムト・ふぃナンツィーるング] [名] -/-en 〖経〗借入金による資金調達.

die **Fremd·fir·ma** [ふれムト・ふぃるマ] [名] -/..men アウトソーシング〔外部委託・外注〕受託会社.

fremd|ge·hen* [ふれムト・ゲーエン] [動] *s.* 〔補足なし〕《口》浮気をする.

die **Fremd·herr·schaft** [ふれムト・へるシャふト] [名] -/-en 《主に[単]》〖政〗外国による支配.

das **Fremd·ka·pi·tal** [ふれムト・カピタール] [名] -s/ 〖経〗借入〔他人〕資本.

der **Fremd·kör·per** [ふれムト・ケるパー] [名] -s/- **1.** 〖医・生〗(体内の)異物. **2.** 異質な人〔物・事〕.

fremd·län·disch [ふれムト・レンディシュ] [形] 外国の, 外国〔異国〕風な, 外来種の.

die **Fremd·leis·tung** [ふれムト・ライストゥング] [名] -/-en アウトソーシング受託会社による業務;(公共機関の)本務外の仕事〔ノンコア業務〕.

der **Fremd·ling** [ふれムトリング] [名] -s/-e 《古》よそ者.

die **Fremd·spra·che** [ふれムト・シュプらーへ] [名] -/-n 外国語.

fremd·spra·chig [ふれムト・シュプらーひひ] [形] 外国語を話す;外国語による.

fremd·sprach·lich [ふれムト・シュプらーはリひ] [形] 外国語の;外国語に関する.

der **Fremd·um·satz** [ふれムト・ウム・ザッツ] [名] -es/..sätze 〖経〗対外売上高, 純売上高.

das **Fremd·wort** [ふれムト・ヴォるト] [名] -(e)s/..wörter 外来語. 【慣用】**für 〈j^4〉 ein Fremdwort sein** 〈人にとって〉なじみがない.

das **Fremd·wör·ter·buch** [ふれムト・ヴェるター・ブーふ] [名] -(e)s/..bücher 外来語辞典.

fre·ne·tisch [ふれネーティシュ] 形 熱狂的な, 気違いじみた.

fre·quent [ふれクヴェント] 形 **1.** しばしばの;多数の;よく人の来る. **2.** 〖医〗(脈拍が)速い.

fre·quen·tie·ren [ふれクヴェンティーれン] 動 h. 〈j⁴/et⁴〉〗〖文〗しばしば訪れる, (…)にたびたび出入りする: *frequentiert sein* 利用客が多い(交通機関・行事などが).

die **Fre·quenz** [ふれクヴェンツ] 名 -/-en **1.** 〖理〗周波数, 振動数;〖医〗脈拍数. **2.** 頻度, 度数;入場(訪問)者数, 生徒数;交通量.

das **Fres·ko** [ふれスコ] 名 -s/..ken 〖芸術学〗フレスコ画.

die **Fres·sa·li·en** [ふれサーリエン] 複名 〖口〗食い物.

der **Fress·beu·tel**, ⓢ **Freß·beu·tel** [ふれス・ボイテル] 名 -s/- 食料袋;飼い葉袋.

die **Fres·se** [ふれセ] 名 -/-n 〖口〗顔, 面: die ~ halten 口をつぐむ. die (eine) große ~ haben 大口をたたく. 〈j⁴〉 die ~ polieren 〈人の〉面をよく殴る.

fres·sen* [ふれセン] 動 er frisst; fraß; hat gefressen **1.** 〈et⁴〉〗〖様態〗〗食べる(動物が);〖口〗むさぼり食う, がつがつ食う, 食らう〈人が〉. 〈j⁴/et⁴〉消費する, 食う(ガソリン・金などを). **3.** 〈et⁴〉〗〖文〗侵食する;焼きつくす. **4.** 〈an 〈j³/et⁴〉〉腐食させる, (転)(…の)心を蝕む〈憎しみ・悩みなど〉. **5.** 〖sich⁴〈方向〉〗食い込む(破る), 腐食させる;読み通す. **6.** 〖機〗(周囲に)広がる(軸受・ベアリング・ピストンなどが). 〖慣用〗〈j⁵〉 **aus der Hand fressen** (動物が)〈人の〉手からえさを食べる;〖口〗〈人の〉意のままに従う. **einen Narren an** 〈j³〉 **gefressen haben** 〖口〗〈人に〉ぞっこんほれ込んでいる. 〈j⁴/et⁴〉 **gefressen haben** 〖口〗〈人・物・事に〉うんざりしている. 〈et⁴〉 **in sich⁴ fressen** 〈事を〉腹にためて発散できずにいる(怒り・心配などを). 〈j³〉 **zum Fressen gern haben** 〖口〗〈人を〉とって食べてしまいたいほど好きである. **zum Fressen sein** 〖口〗とって食べたくなるほどかわいい.

das **Fres·sen** [ふれセン] 名 -s/- (動物の)餌(を), 飼料(・糧);食い物, 飯〖口〗. 〖慣用〗〈et¹〉 **ein gefundenes Fressen für** 〈j⁴〉〗〈事が〉〈人にとって〉おあつらえ向きである.

der **Fres·ser** [ふれサー] 名 -s/- **1.** 〖農〗餌を(…に)食う動物: ein guter ~ 餌食いがいい動物. **2.** 〖口〗〖蔑〗〗も)有り大食漢.

die **Fres·se·rei** [ふれセらイ] 名 -/-en 〖口〗〖主に蔑〗〗. **1.** 〖口〗〗のみ〗無作法な食べ方. **2.** 贅沢三昧の食事〖宴会〗.

die **Fress·gier**, ⓢ **Freß·gier** [ふれス・ギーア] 名 -/ 旺盛な〖口〗食欲.

der **Fress·korb**, ⓢ **Freß·korb** [ふれス・コるブ] 名 -(e)s/..körbe (ハイキング用の)食料入りのバスケット; (贈答用の)食品入りの籠.

der **Fress·napf**, ⓢ **Freß·napf** [ふれス・ナップふ] 名 -(e)s/..näpfe えさ入れ.

das **Fress·paket**, ⓢ **Freß·paket** [ふれス・パケート] 名 -(e)s/-e 食料品の小包〖包み〗.

der **Fress·sack**, **Fress-Sack**, ⓢ **Freß·sack** [ふれス・ザック] 名 -(e)s/..säcke 〖古〗食料袋; 〖口〗〖蔑〗〗も)有り大食漢.

die **Fress·sucht**, ⓢ **Freß·sucht** [ふれス・ズーフト] 名 -/ 〖口〗(病的な)異常食欲.

der **Fress·trog**, ⓢ **Freß·trog** [ふれス・トろーク] 名 -(e)s/..tröge 飼料槽.

die **Fress·zel·le**, ⓢ **Freß·zel·le** [ふれス・ツェレ] 名 -/-n 〖主に複〗〖医・生〗食細胞.

das **Frett** [ふれット] 名 -(e)s/-e 〖動〗フェレット, シロイタチ(ウサギ狩り用の).

das **Frett·chen** [ふれットヒェン] 名 -s/- 〖動〗フェレット,

シロイタチ.

(*der*) **Freud** [ふろイト] 名 〖人名〗フロイト(Sigmund ~, 1856-1939, オーストリアの精神医科学心理学者).

die **Freu·de** [ふろイデ] 名 -/-n **1.** (のみ)喜び, うれしさ, 歓喜, 歓楽;喜び事, 歓喜. etw. bereitet 〈人⁴〉 jm. ~ an 〈j³/et³〉 haben 〈人・物・事が〉好きだ. ~ über 〈et⁴〉 empfinden 〈物・事が〉うれしい. voller ~ 大喜びで. vor ~ in Tränen ausbrechen. zu meiner ~ (私にとり)うれしいことには. **2.** (のみ)〖文〗喜びの種, うれしい事. 〖慣用〗**in Freud und Leid** 喜びにつけ悲しみにつけ. **mit Freuden** 喜んで. **vor Freude an die Decke springen** 非常に喜ぶ.

die **Freu·den·botschaft** [ふろイデン・ボートシャフト] 名 -/-en うれしい知らせ, 吉報.

das **Freu·den·fest** [ふろイデン・ふェスト] 名 -(e)s/-e 祝賀会, 祝宴.

das **Freu·den·feu·er** [ふろイデン・ふォイアー] 名 -s/- 祝いのかがり火.

das **Freu·den·ge·schrei** [ふろイデン・ゲシュらイ] 名 -(e)s/ 歓声.

das **Freu·den·haus** [ふろイデン・ハウス] 名 -es/..häuser 売春宿.

das **Freu·den·mäd·chen** [ふろイデン・メートヒェン] 名 -s/- 〖文・婉〗売春婦.

der **Freu·den·tanz** [ふろイデン・タンツ] 名 -es/..tänze 〖次の形で〗einen ~ aufführen 小躍りして喜ぶ.

der **Freu·den·tau·mel** [ふろイデン・タウメル] 名 -s/- 有頂天, 狂喜.

die **Freu·den·trä·ne** [ふろイデン・トれーネ] 名 -/-n (主に複)うれし涙.

freu·de·strah·lend [ふろイデ・シュトらーレント] 形 喜びに輝く.

der **Freu·di·a·ner** [ふろイディアーナー] 名 -s/- フロイト学派の人.

freu·di·a·nisch [ふろイディアーニシュ] 形 フロイト的な, フロイト学派の.

freu·dig [ふろイディヒ] 形 喜びに満ちた, うれしい;喜ばしい: ein ~es Ereignis (子供誕生の)喜ばしき出来事.

..freu·dig [..ふろイディヒ] 接尾 **1.** 動詞の語幹の後につけて「好んで…する」〈人が〉, 「すぐにうまく…する」〈物が〉という意味の形容詞を作る: *lesefreudig* 読書好きの. *startfreudig* すぐにかかる〈エンジンが〉. **2.** 名詞の後につけて「…をよくする〈すぐに好んでする〉」, 「…が好きな」という意味の形容詞を作る: *entschlussfreudig* 決断力のある(速い). *genussfreudig* 享楽的な.

die **Freu·dig·keit** [ふろイディヒカイト] 名 -/ (稀)うれしさ, 喜び.

freud·los [ふろイト・ロース] 形 喜び(楽しみ)のない.

freu·en [ふろイエン] 動 h. **1.** 〖sich⁴+über〈j⁴/et⁴〉〗〖様態〗で〗喜ぶ, うれしく思う: sich⁴ über den Erfolg ~ その成功を喜ぶ. sich⁴ aufrichtig ~ 心から喜ぶ. sich⁴ wie ein Kind ~ 子供のようにうれしがる. **2.** 〖sich⁴+auf 〈j⁴/et⁴〉〗〗楽しみにして待つ, 楽しみにしている. **3.** 〖sich⁴+an 〈j³/et³〉〗〗楽しむ, 喜ぶ. **4.** 〈j⁴〉〜 喜ばせる. 〖慣用〗**sich¹ des Lebens freuen** 〖文〗人生を享受する. **sich⁴ zu früh freuen** ぬか喜びをする.

freund [ふろイント] ⇨ Freund 1.

der **Freund**, ⓢ **freund** [ふろイント] 名 -(e)s/-e **1.** 友, 友人;味方: 〈j³〉 ~ (⑩ freund)sein 〈人に〉好意を持っている. mit 〈j³〉 ~ sein 〈古〉〈人と〉うまくやっている. **2.** 恋人, ボーイフレンド. **3.** 愛好者, ファン;後援者, 支持者;同志: kein ~ von 〈et³〉 sein 〈事を〉好まない. **4.** 友よ, 君(親愛・皮肉を表す呼びかけ). 〖慣用〗**dicke Freunde sein** 大の仲よしである. **Freund Hein** 死神(Tod の婉曲な表現). **Freund und Feind** すべての人々.

das **Freund·chen** [ふろイントヒェン] 名 -s/- 〖冗〗おまえ(おどしの呼びかけ).

der **Freun·des·kreis** [ふろインデス・クらイス] 名 -es/-e 交友範囲.

die **Freun·din** [ふろインディン] 名 -/-nen 1. (女性の)友人, 女友達. 2. 恋人, ガールフレンド. 3. (女性の)愛好者; 後援者; 同志.

freund·lich [ふろイントリヒ] 形 1. ((zu ⟨j³⟩/gegen ⟨j³⟩)) 親切な, 愛想のいい, やさしい: Das ist sehr ~ von Ihnen. どうもご親切に(ありがとうございます). 2. 好ましい, 気持のよい, 快適な; 有利な: ~es Wetter 気持のよい天気. Die Tendenz an der Börse ist ~. 株式市況は強含みだ. 3. 友好的な, 好意的な: mit ⟨j³⟩ ~e Nachbarschaft halten ⟨人と⟩さしさわりのない近所づき合いをする. ⟨j³⟩ ~ gesinnt sein ⟨人に⟩好意を持っている. 【慣用】 **Bitte, recht freundlich!** にっこり笑って(写真を撮るとき). **mit freundlichen Grüßen** 敬具(手紙の結び).

..freund·lich [..ふろイントリヒ] 接尾 名詞・形容詞の後につけて「…に友好的な」,「…にやさしい」,「…に有利[好都合・快適・親切]な」という意味の形容詞を作る: deutsch*freundlich* 親独的な. umwelt*freundlich* 環境にやさしい. mieter*freundlich* 貸借人に有利な. wartungs*freundlich* 整備が楽な. benutzer*freundlich* 利用者に親切な.

die **Freund·lich·keit** [ふろイントリヒカイト] 名 -/-en 1. (獨のみ) 親切; 好ましさ. 2. 親切な行為.

die **Freund·schaft** [ふろイントシャフト] 名 -/-en 1. 友情, 友好; 交友(関係), 親交. 2. 〖稀〗友人仲間; (獨のみ)(方)親類縁者. 3. 〖旧東独〗全校のピオニール団; (獨のみ)友情(自由ドイツ青年同盟の挨拶の言葉).

freund·schaft·lich [ふろイントシャフトリヒ] 形 友好的な, 親しい, 好意的な.

der **Freund·schafts·be·weis** [ふろイントシャフツ・ベヴァイス] 名 -es/-e 友情の証.

der **Freund·schafts·dienst** [ふろイントシャフツ・ディーンスト] 名 -(e)s/-e 友情からの親切な行為〔奉仕〕.

das **Freund·schafts·spiel** [ふろイントシャフツ・シュピール] 名 -(e)s/-e 〖スポ〗親善試合.

der **Freund·schafts·ver·trag** [ふろイントシャフツ・ふぇあトらーク] 名 -(e)s/..träge 〖政〗友好条約.

der **Fre·vel** [..fal ふれ-ふぁる] 名 -s/- 1. 〖文〗冒涜(ぼうとく), 不敬, 悪事, 不法行為. 2. 〖文〗山林〔狩猟〕法違反.

fre·vel·haft [ふれ-ふぁるハフト] 形 〖文〗冒涜(ぼうとく)的な, 恥ずべき, けしからぬ.

fre·veln [ふれ-ふぁるン] 動 h. 〖機態〗an ⟨j³/et³⟩ ニカイス⟩ 〖文〗罪を犯す: gegen die Gesetze ~ 法を犯す.

die **Fre·vel·tat** [ふれ-ふぁるタート] 名 -/-en 〖文〗悪事, 不法行為, 冒涜(ぼうとく)の行為.

fre·vent·lich [ふれ-ふぇントリヒ] 形 〖古〗=frevelhaft.

der **Frev·ler** [ふれ-ふらー] 名 -s/- 〖文〗冒涜(ぼうとく)者, 無法者; 不法行為者, 犯罪者.

frev·le·risch [ふれ-ふれリシュ] 形 =frevelhaft.

(*der*) **Frey** [ふらイ] 名 〖北欧神〗フライ(光と豊穣の神).

(*die*) **Frey·ja** [ふらイヤ] 名 〖北欧神〗フライヤ(愛と豊穣の女神).

(*der*) **Freyr** [fråjər ふらイあ-] 名 =Frey.

(*der*) **Frey·tag** [ふらイ・ターク] 名 〖人名〗フライターク(Gustav ~, 1816-95, 文化史家・作家).

Frhr. = Freiherr 男爵.

(*das*) **Fri·bourg** [fribú:r ふりブーる] 名 -s/ 〖地名〗フリブール. ⇨ Freiburg.

(*der*) **Fri·de·ri·cus** [ふりデリークス] 名 〖男名〗フリデリークス(Friedrich のラテン語形): Rex ~ フリードリヒ (大)王.

fri·de·ri·zi·a·nisch [ふりデリツィアーニシュ] 形 (プロイセンの)フリードリヒ大王(2世)時代の.

(*die*) **Frie·da** [ふりーダ] 名 〖女名〗フリーダ(Friede.., ..friede の短縮形).

der **Frie·de** [ふりーデ] 名 2格-ns, 3格-n, 4格-n/(獨のみ)-n 〖稀〗=Frieden.

(*der/die*) **Frie·del** [ふりーデる] 名 〖人名〗フリーデル(Friede.., ..fried(e) の短縮形).

(*der*) **Frie·de·mann** [ふりーデ・マン] 名 〖男名〗フリーデマン.

der **Frie·den** [ふりーデン] 名 -s/- 1. (獨のみ)(条約に基く)平和; 和平, 講和. 2. 平穏; (獨のみ)(情況にたいする)平和, 和合; 安心, 安全: um des lieben ~s willen 事を荒立てないために. seinen ~ mit ⟨j³⟩ machen ⟨人と⟩仲直りをする. ⟨j⁴⟩ in ~ lassen ⟨人を⟩そっとしておく. 3. 〖キ教〗安らぎ: der ewige ~ (死後の)永遠の安らぎ. 4. 講和条約(締結) (~sschluss): der Westfälische ~ ウェストファリア条約(1648年).

das **Frie·dens·an·ge·bot** [ふりーデンス・アン・ゲボート] 名 -(e)s/-e 和平〔平和〕の提案.

die **Frie·dens·be·din·gung** [ふりーデンス・ベディングング] 名 -/-en 講和〔平和〕条件.

die **Frie·dens·be·we·gung** [ふりーデンス・ベヴェーグング] 名 -/-en 平和運動.

der **Frie·dens·bruch** [ふりーデンス・ぶるっホ] 名 -(e)s/..brüche 講和〔平和〕条約違反.

frie·dens·fä·hig [ふりーデンス・ふぇーイヒ] 形 和合することのできる.

die **Frie·dens·for·schung** [ふりーデンス・ふぉるシュング] 名 -/ 平和(実現のための)研究.

der **Frie·dens·fürst** [ふりーデンス・ふゅるスト] 名 -en/-en 〖文・古〗平和を愛する君主; 〖聖ク〗平和の主(イエス・キリストの別称).

die **Frie·dens·kon·fe·renz** [ふりーデンス・コンふぇれンツ] 名 -/-en 平和〔講和〕会議.

der **Frie·dens·kuss**, (獨) **Frie·dens·kuß** [ふりーデンス・クス] 名 -es/..küsse 〖聖ク〗(ミサでの)親睦の接吻.

die **Frie·dens·pfei·fe** [ふりーデンス・プふぁイふぇ] 名 -/-n (インディアンの)平和のパイプ: mit ⟨j³⟩ die ~ rauchen (口・冗) 〈人と〉仲直りする.

die **Frie·dens·pflicht** [ふりーデンス・プふリヒト] 名 -/ 〖法〗(労使双方の)平和維持の義務.

der **Frie·dens·preis** [ふりーデンス・プらイス] 名 -es/-e 平和賞.

der **Frie·dens·rich·ter** [ふりーデンス・りヒター] 名 -s/- (特に英米の)治安判事; 〖スイ〗仲裁人, 調停者.

der **Frie·dens·schluss**, (獨) **Frie·dens·schluß** [ふりーデンス・シュルス] 名 -es/..schlüsse 講和条約締結.

die **Frie·dens·tau·be** [ふりーデンス・タウベ] 名 -/-n 平和の(シンボルとしての)ハト.

der **Frie·dens·stif·ter** [ふりーデンス・シュティふター] 名 -s/- 調停者, 仲裁人.

die **Frie·dens·ver·hand·lung** [ふりーデンス・ふぇあハンドルング] 名 -/-en (主に獨)和平交渉.

der **Frie·dens·ver·trag** [ふりーデンス・ふぇあトらーク] 名 -(e)s/..träge 平和〔和平〕条約.

die **Frie·dens·zeit** [ふりーデンス・ツァイト] 名 -/-en 平和の時代.

(*die*) **Frie·de·ri·ke** [ふりーデリーケ] 名 〖女名〗フリーデリーケ.

fried·fer·tig [ふりート・ふぇるティヒ] 形 協調性のある, 穏和な.

die **Fried·fer·tig·keit** [ふりート・ふぇるティヒカイト] 名 -/ 平和愛好, 穏和.

der **Fried·hof** [ふりート・ホーふ] 名 -(e)s/..höfe 墓

地：auf dem ～ liegen 墓地に埋葬されている.

die **Fried·hofs·ka·pel·le** [ふりーとホーふス・カペレ] [名] -/-n 墓地の礼拝堂.

fried·lich [ふりーとりひ] [形] **1.** 平和な;平和的な. **2.** 協調的な, 穏やかな, 人あたりのいい;《文》平穏な, 安らかな.

fried·lie·bend [ふりーと・リーベント] [形] 平和を愛する.

fried·los [ふりーと・ロース] [形] 《文》落着きのない, 不穏な;〖史〗法の保護を奪われた.

(*der*) **Fried·rich** [ふりーどりひ] [名] **1.** 〖男名〗フリードリヒ. **2.** ～ I. Barbarossa 赤ひげ王, フリードリヒ1世(1122-90年). **3.** ～ der Große フリードリヒ大王(1712-86年, プロイセン王. **4.** ～ Wilhelm, der große Kurfürst 大選帝侯, フリードリヒ・ヴィルヘルム(1620-88年). **5.** Caspar David ～(1774-1840年, 画家).

die **Fried·rich-E·bert-Stif·tung** [ふりーどりひ・エーバート・シュティふトゥング] [名] -/ フリードリヒ・エーベルト財団(社民党系の組織で, 民主主義・多元主義の精神の政治・社会教育を目的とし, 奨学金制度・人的交流の促進を行っている).

die **Fried·rich-Nau·mann-Stif·tung** [ふりーどりひ・ナウマン・シュティふトゥング] [名] -/ フリードリヒ・ナウマン財団(政治的成人教育・外国(特に第三世界)援助を図る財団).

der **Fried·richs·dor** [ふりーどりひス・ドーあ] [名] -s/-e フリードリヒスドール(プロセインの金貨. 5 Taler の価値).

(*das*) **Fried·richs·ha·fen** [ふりーどりひス・ハーふェン] [名] -s/ 〖地名〗フリードリッヒスハーフェン(バーデン=ヴュルテンベルク州の都市).

der **Fried·rich Wil·helm** [ふりーどりひ ヴィルヘルム] [名] --s/--s 《口・冗》署名, サイン.

fried·sam [ふりーとザーム] [形] 《稀》平和を愛する, 平和な.

frie·ren* [ふりーれン] [動] fror; hat/ist gefroren **1.** *h.* 〖(an 〈et^3〉ガ)〗寒い, 冷たい, 冷える：Ich *friere.* 私は寒い. an den Füßen ～ 足が寒い. **2.** *h.* 〖〈j^3〉ノ〗(…が)冷たい(身体部分が主語). **3.** *h.*〖Es+〈j^4〉ハ+(an 〈et^3〉ガ)〗寒い, 冷たい, 冷える：Es *friert* mich〔Mich *friert*〕sehr. 私はとても寒い. **4.** *h.* 〖Es〗(気温が)氷点下〔零下〕になる, 氷点下である. **5.** *s.*〖補足なし〗凍る, 凍結する(水・湖などが), 氷が張る(窓などが). 【慣用】*h.* **Es friert Stein und Bein.** 今日は厳しい寒さだ. *h.* **sich^4 zu Tode frieren** 死にそうなほど寒い, 凍死する.

der **Fries** [ふりース] [名] -es/-e **1.** 〖建〗フリーズ(壁面の帯状装飾). **2.** 〖織〗フリーズ(厚手の毛織物).

der **Frie·se** [ふりーゼ] [名] -n/-n フリース人(北海沿岸のゲルマン民族).

der〔*das*〕**Frie·sel** [ふりーゼル] [名] -s/-n 《主に[複]》粟粒疹(ぞくりゅうしん).

der **Frie·sen·nerz** [ふりーセン・ネるツ] [名] -es/-e 《口》防水ジャケット(特に北海・バルト海沿岸で着る).

die **Frie·sin** [ふりーズィン] [名] -/-nen フリース人女性.

frie·sisch [ふりーズィシュ] [形] フリース(人・語)の.

(*das*) **Fries·land** [ふりース・ラント] [名] -(e)s/ 〖地名〗フリースラント(①オランダの北部地方. ②ドイツ北西部からオランダ北部にかけての歴史的地方名).

der **Fries·län·der** [ふりース・レンダー] [名] -s/- フリースラントの住民.

(*die*) **Frigg** [ふりっク] [名] 〖北欧神〗フリッグ(Wodan の妻).

fri·gid [ふりギート] [形] 〖医〗冷感症の;《文・古》冷淡な.

das **Fri·gi·da·ri·um** [ふりギダーりウム] [名] -s/..rien **1.** (古代ローマの公共浴場の)冷水浴室. **2.** 冷室, 無暖房温室.

fri·gi·de [ふりギーデ] [形] **1.** 〖医〗不感症の. **2.** 冷淡な;冷静な.

die **Fri·gi·di·tät** [ふりギディテート] [名] -/ 〖医〗不感症.

(*die*) **Fri·ja** [ふりーヤ] [名] 〖北欧神〗フリーヤ(Frigg の古形).

die **Fri·ka·del·le** [ふりカデレ] [名] -/-n 〖料〗焼いた肉団子, ハンバーグステーキ.

das **Fri·kas·see** [ふりカセー] [名] -s/-s 〖料〗フリカッセ(肉のホワイトソース煮).

fri·kas·sie·ren [ふりカスィーれン] [動] *h.* **1.** 〖〈et^4〉ヲ〗〖料〗フリカッセにする(鶏肉などを). **2.** 〖〈j^4〉ヲ〗《口・冗》さんざんいためつける.

der **Fri·ka·tiv** [ふりカティーふ] [名] -s/-e 〖言〗摩擦音.

der **Fri·ka·tiv·laut** [ふりカティーふ・ラウト] [名] -(e)s/-e =Frikativ.

die **Frik·ti·on** [ふりクツィオーン] [名] -/-en **1.** 〖工〗摩擦. **2.** 〖経〗(需給のバランスの回復を妨げる)障害. **3.** 《文》不和, あつれき. **4.** 〖医〗塗擦;マッサージ.

frisch [ふりっシュ] [形] **1.** (とれたてで未加工の)新鮮な, 生のままの：～*e* Milch 搾りたての牛乳. **2.** できた〔した〕ばかりの, 新しい, 生々しい：eine ～*e* Fährte (獣の)真新しい足跡. die ～*e* Erinnerung 生々しい記憶. ～ gebackenes Brot 焼きたてのパン. Vorsicht, ～ gestrichen! 注意, ペンキ塗立て! **3.** (使い果たしていない)新しい：～*e* Truppen 新手の部隊. mit ～*en* Kräften 新たな元気を奮い起こして. **4.** 清潔な, きれいな：ein ～*es* Hemd きれいなシャツ. das Bett ～ beziehen ベッド(の寝具)をきれいなものに替える. **5.** 生き生きとした, はつらつとした, 元気な：～ und munter sein 元気はつらつとしている. **6.** 鮮やかな：～*e* Farben 鮮やかな色. **7.** 肌寒い(ほどの), ひんやりした, さわやかな：ein ～*er* Morgen ひんやりした朝. **8.** 《口》新しい：ein ～*es* Blatt Papier 新しい1枚の紙. 【慣用】〈j^4〉 **auf frischer Tat ertappen** 〈人ヲ〉現行犯で逮捕する. **frisch von der Leber weg reden**〔**sprechen**〕《口》腹を割って話す.

(*der*) **Frisch** [ふりっシュ] [名] 〖人名〗フリッシュ(Max ～, 1911-91, スイスの作家).

frisch·auf [ふりっシュ・アウふ] [副] 元気を出して, いざ.

die **Fri·sche** [ふりっシェ] [名] -/ **1.** 新鮮さ, みずみずしさ. **2.** 活発さ, はつらつさ, 元気. **3.** さわやかさ, すがすがしさ;涼しさ, 冷気.

fri·schen [ふりっシェン] [動] *h.* **1.** 〖〈et^4〉ヲ〗〖工〗精錬する. **2.** 〖補足なし〗〖狩〗子を産む(猪が).

der **Frisch·fisch** [ふりっシュ・ふィっシュ] [名] -(e)s/-e 鮮魚.

das **Frisch·fleisch** [ふりっシュ・ふライシュ] [名] -(e)s/ 新鮮な肉, 生肉.

das **Frisch·ge·mü·se** [ふりっシュ・ゲミューゼ] [名] -s/- 新鮮な野菜, 生野菜.

die **Frisch·hal·te·pa·ckung** [ふりっシュ・ハルテ・パックング] [名] -/-en 真空包装〔パック〕.

der **Frisch·kom·post** [ふりっシュ・コムポスト] [名] -(e)s/-e 〖農〗(発酵前の)生堆肥(たいひ).

der **Frisch·ling** [ふりっシュリング] [名] -s/-e 〖狩〗(一歳までの)イノシシの子;《冗》新入り, 新人.

die **Frisch·luft** [ふりっシュ・ルふト] [名] -/..lüfte 〖工〗新鮮な空気.

frisch·weg [ふりシュ・ヴェック] [副] ためらわずに, さっさと, てきはきと.

die **Frisch·zel·len·the·ra·pie** [ふりっシュ・ツェレン・テらピー] [名] -/-n 〖医〗新鮮細胞治療法.

der **Fri·seur** [..zǿːr ふり⦅セ⦆ーあ] [名] -s/-e 理髪師, 美容師.

der **Fri·seur·sa·lon** [ふり⦅セ⦆ーあ・ザロ(ー)ン] [名] -s/-s 理髪店, 美容室.

die **Fri·seu·se** [..zǿːzə ふり⦅セ⦆ーゼ] [名] -/-n Friseur の女性形.

fri·sie·ren [ふりズィーれン] [動] *h.* **1.** 〖(〈j^3〉ノ)+

〈et⁴ッッ〉調髪する,セットする,手入れする(髪を). **2.**〔et⁴ッッ〕髪を整える. **3.**〔et⁴ッッ〕〔口〕粉飾する,取繕う,表面を飾る. **4.**〔et⁴ッッ〕〔口〕改造する(エンジン・車などを性能を良くするために).

der **Fri・sier・man・tel** [ふリズィーア・マンテル] 名 -s/ 理髪(化粧)用ケープ.

der **Fri・sier・tisch** [ふリズィーア・ティッシュ] 名 -(e)s/-e ドレッサー,化粧台.

die **Fri・sier・toi・lette** [ふリズィーア・トアレッテ] 名 -/-n 《古》ドレッサー,化粧台.

die **Fri・sis・tik** [ふリズィスティク] 名 -/ フリース語・文学研究.

der **Fri・sör** [ふリズ㋾ーア] 名 -s/-e 理髪師,美容師.

friss!,㊥**friß!** [ふリス] 動 fressen の du に対する命令形.

frisst,㊥**frißt** [ふリスト] 動 fressen の現在形 2・3 人称単数.

die **Frist** [ふリスト] 名 -/-en (猶予)期間;(定められた)期間,期限;時点: eine ～ von 8 Tagen 1 週間の期間. eine weitere Woche ～ erhalten さらに1週間の猶予期間をもらう. zu jeder ～ いつでも.

fris・ten [ふリステン] 動 h. **1.**〔et⁴ッッ〕(かろうじて)暮らして行く(人生を). **2.**〔et⁴ッッ〕《稀》期限を延ばす(手形などの).

die **Frist・en・lö・sung** [ふリステン・⓵・ーズング] 名 -/-en ＝Fristenregelung.

die **Frist・en・re・ge・lung** [ふリステン・れーゲルング] 名 -/-en 妊娠初期(3ヵ月までの)の合法的妊娠中絶規定.

frist・ge・mäß [ふリスト・ゲメース] 形 期限どおりの.
frist・ge・recht [ふリスト・ゲれヒト] 形 期限どおりの.
frist・los [ふリスト・ロース] 形 猶予のない,期限(即刻)の.

die **Frist・ver・län・ge・rung** [ふリスト・ふぇレンゲるンぐ] 名 -/-en 期限延長,延期.

die **Fri・sur** [ふリズーア] 名 -/-en 髪形;ごまかし;改造.

die **Fri・teuse** [..tøːzə ㋑ー㋨] ⇨ Fritteuse.

fri・tie・ren [ふリティーれン] 動 ⇨ frittieren.

die **Frit・ta・te** [ふリターテ] 名 -/-n (スープ用)細切りパンケーキ.

die **Frit・te** [ふリッテ] 名 -/-n **1.** 溶解した多孔質ガラス(陶磁器)材料. **2.** (主に㊥)《口》フライドポテト,ポンフリ.

frit・ten [ふリッテン] 動 h. **1.**〔et⁴ッッ〕加熱溶融する(鉄くず・砂などを). **2.**〔㊬〕〔地質〕マグマの熱で融解変性する(砂・岩などが). **3.**《方》＝frittieren.

der **Frit・ter** [ふリッター] 名 -s/-〔電気〕コヒーラ(検波器).

die **Fritteu・se**,㊥**Fri・teu・se** [..tøːzə ふリ㋨ー㋨] 名 -/-n フライ用電気鍋.

frit・teu・ren,㊥**frit・tie・ren** [ふリティーれン] 動 h.〔et⁴ッッ〕〔料〕フライにする.

(der) **Fritz**¹ [ふリッツ] 名 《男名》フリッツ(Friedrich の短縮形): der Alte ～ 老フリッツ(Friedrich 大王の愛称).

der **Fritz**² [ふリッツ] 名 -en/-en (主に《蔑》)ドイツ野郎: für den Alten ～en 無駄に.

der **Fritze** [ふリッツェ] 名 -n/-n 《口》やつ,あいつ.

fri・vol [ふリヴォール] 形 軽薄な,みだらな.

die **Fri・vo・li・tät** [ふリヴォリテート] 名 -/-en **1.** (㊬のみ)軽薄さ,軽薄さ;わいせつさ,いかがわしさ. **2.** 軽率な発言;わいせつな言葉. **3.**〔手芸〕タッチングレース.

Frl. = Fräulein 《古》…嬢.

(der) **Frö・bel** [ふ㋹ーベル] 名 《人名》フレーベル(Friedrich ～, 1782-1852, 幼児教育家).

froh [ふろー] 形 **1.** 朗らかな,明るい,快活な,にぎやかな: ein ～es Gesicht 朗らかな顔. ein ～es Lied 陽気な歌. F～e Weihnachten! メリークリスマス. **2.**〔über〔et³ッッ〕〔et²ッッ〕/〈文〉トイコヨウブン〕《口》(ほっとして)喜んでいる(2格は《文》): Ich bin ～, dass es erfolgreich geendet hat. 私はそれが良い結果に終って喜んでいる. **3.** うれしい,めでたい: eine ～e Nachricht うれしい知らせ. die F～e Botschaft《キ教》福音.

froh ge・launt, ㊥**froh・ge・launt** [ふろー グラウント] 形 機嫌の良い.

froh・ge・mut [ふろー・ゲムート] 形 《文》快活な,明るい.

fröh・lich [ふ㋹ー・リヒ] 形 **1.** 陽気な,快活な;楽しい: F～e Weihnachten! メリークリスマス. **2.**《口》平気で.

die **Fröh・lich・keit** [ふ㋹ー・リヒカイト] 名 -/ 陽気さ,快活さ;楽しさ,愉快さ.

froh・lo・cken [frolˈlɔkən ふろロッケン] 動 h. 《文》 **1.**〔über〔et⁴ッッ〕〕(小躍りして)ざまあ見ろと思う;歓声を上げて喜ぶ. **2.**〔j³ッッ〕《古》讃美する(神などを).

die **Froh・na・tur** [ふろー・ナトゥーア] 名 -/-en **1.**(㊬のみ)快活(陽気)な性質. **2.** 快活(陽気)な人.

der **Froh・sinn** [ふろー・ズィン] 名 -(e)s/ 快活,陽気.

fromm [ふろム] 形 frommer(frömmer);frommst(frömmst) **1.** 信心深い,敬虔(⸢ᵏᵉⁿ)な. **2.** 信心ぶった. **3.** おとなしい(動物). **4.**《古》誠実な,実直な.

die **Fröm・me・lei** [ふ㋹メライ] 名 -/-en 《蔑》信心ぶった発言(行動);(㊬のみ)信心ぶること.

fröm・meln [ふ㋹メルン] 動 h.《蔑》信心ぶる.

fröm・melnd [ふ㋹メルント] 形 《蔑》信心ぶった.

from・men [ふろメン] 動 h.〔〔j³ッッ〕〕《古》役に立つ.

die **Fröm・mig・keit** [ふ㋹ミヒカイト] 名 -/ 敬虔(⸢ᵏᵉⁿ)さ,信心深さ;善良さ,実直さ.

der **Fröm・mler** [ふ㋹ムラー] 名 -s/- 信心家ぶる人.

die **Fron** [ふろーン] 名 -/-en **1.**〔史〕賦役(＝dienst). **2.**《文》つらい仕事〔労働〕,苦役.

die **Fron・ar・beit** [ふろーン・アるバイト] 名 -/-en **1.** ＝Fron. **2.**(㉝)＝Frondienst 2.

die **Fron・de** [ふろーンデ] 名 -/-n **1.** (発音は[frõˈndə ふろーンデ])〔史〕《古》賦役. **2.** (発音は[frõːdə ふろーンデ])(政治上の)激しい反対;(党内・政府内の)反対派.

der **Fron・dienst** [ふろーン・ディーンスト] 名 -(e)s/-e **1.**〔史〕賦役. **2.**(㉝)無報酬の,自主参加の労働.

fro・nen [ふろーネン] 動 h. **1.**〔〈j³〉/für〈j⁴〉ノタメニ〕〔史〕賦役を行う. **2.**〔für〈j⁴〉ノタメニ〕《文》重労働をする,あくせく働く.

frö・nen [ふ㋹ーネン] 動 h.〔et⁴ッッ〕《文》耽(㊅)る,溺(⸣ᵏᶦ)れる,(…の)虜(⸣ᵏᶦ)になる.

der **Fron・leich・nam** [ふろーン・ライヒナーム] 名 -(e)s/ (主に無冠詞)《カㇳ》聖体の祝日(聖霊降臨祭後第二の木曜日).

das **Fron・leich・nams・fest** [ふろーンライヒナームス・ふぇスト] 名 -(e)s/-e《カㇳ》聖体の祝日.

die **Fron・leich・nams・pro・zes・si・on** [ふろーンライヒナームス・プろツェスィオーン] 名 -/-en《カㇳ》聖体行列.

die **Front** [ふろント] 名 -/-en **1.** (建物の)正面,前面. **2.**〔軍〕(隊列の)前面;(戦場の)前線,戦場,第一線;戦場,(政治運動の)戦線,フロント. **3.**〔気〕前線;〔㉝〕先頭,リード: in ～ gehen/liegen 先頭に立つ(ある). **Front machen** (敬意を表して)直立不動の姿勢をとる. **gegen〈j⁴/et⁴〉 Front machen**〈人・事に〉反抗する.

der **Front・ab・schnitt** [ふろント・アップ・シュニット] 名 -(e)s/-e 前線〔戦場〕地域.

fron・tal [ふろンタール] 形 正面(から)の: ein ～er Zusammenstoß 正面衝突.

der **Fron・tal・an・griff** [ふろンタール・アン・ぐりふ] 名 -(e)s/-e〔軍〕正面攻撃.

das **Fron・ta・le** [ふろンターレ] 名 -s/..lien 祭壇前飾

り〔彫刻・絵画・垂れ布など〕.
- *der* **Fron·tal·un·ter·richt** [ふろンタール・ウンターりひト] 名 -(e)s/-e〖教〗(伝統的な)一斉対面授業.
- *der* **Fron·tal·zu·sam·men·stoß** [ふろンタール・ツザメンシュトース] 名 -es/..stöße〖車〗正面衝突.
- *der* **Front·an·trieb** [ふろント・アントりープ] 名 -(e)s/-e〖車〗前輪駆動.
- *der* **Front·dienst** [ふろント・ディーンスト] 名 -(e)s/-e〖軍〗前線勤務.
- *das* **Fron·tis·piz** [ふろンティスピーツ] 名 -es/-e **1.**〖建〗切妻壁. **2.**〔書物の〕口絵のページ;〔昔の〕題扉を飾る木版画.
- *der* **Front·kämp·fer** [ふろント・ケムプふぁー] 名 -s/-〔最〕前線で戦う〔戦った〕兵士.
- *das* **Fron·ton** [frõtõ: ふろントーン] 名 -s/-s〔ドア・窓の上の〕ペディメント.
- *die* **Front·schei·be** [ふろント・シャイベ] 名 -/-n フロントガラス.
- *der* **Front·sol·dat** [ふろント・ゾルダート] 名 -en/-en〔最〕前線兵士.
- *der* **Fron·vogt** [ふろーン・ふぉークト] 名 -(e)s/..vögte〖史〗賦役の監督役人.
- **fror** [ふろーあ] frieren の過去形.
- **frö·re** [ふ㋒ーれ] 動 frieren の接続法 2 式.
- *der* **Frosch** [ふろッシュ] 名 -(e)s/Frösche **1.**〖動〗カエル;〔俗称〕両生類. **2.** ねずみ花火 (Knall~). **3.**〖楽〗(ヴァイオリンの弓の)毛止め. 〖慣用〗**einen Frosch im Hals (in der Kehle) haben**〔口〕声がかれている, しゃがれ声をしている. **Sei kein Frosch!**〔口〕白けた顔をするな, 気取るんじゃないよ.
- *der* **Frosch·laich** [ふろッシュ・らイひ] 名 -(e)s/-e カエルの卵塊.
- *der* **Frosch·mann** [ふろッシュ・マン] 名 -(e)s/..männer 潜水工作員〔夫〕, フロッグマン.
- *die* **Frosch·per·spek·ti·ve** [ふろッシュ・ぺるスペクティーヴェ] 名 -/-n 下からの眺め; ローアングル;〖蔑〗視野の狭い見方.
- *der* **Frosch·schen·kel** [ふろッシュ・シェンケル] 名 -s/- カエルの脚.
- *der* **Frosch·test** [ふろッシュ・テスト] 名 -(e)s/-e〖医〗カエル・テスト(昔の妊娠検査法).
- *der* **Frost** [ふろスト] 名 -(e)s/Fröste **1.**（氷点下の）寒気; 霜害. **2.** 悪寒 (Fieber~).
- **frost·be·stän·dig** [ふろスト・ベシュテンディヒ] 形 霜に強い.
- *die* **Frost·beu·le** [ふろスト・ボイレ] 名 -/-n しもやけ, 凍瘡(とうそう);《方・口》寒がり.
- **frös·teln** [ふ㋓ーしテルン] 動 *h.* **1.**〖体〗寒気がする, 震える. **2.**〔Es+j⁴ッ〕寒気がする, 震える.
- **fros·ten** [ふろステン] 動 *h.* **1.**〈et⁴ッ〉冷凍する, 凍らせる. **2.**〔Es〕（気温が）氷点下に下がる, 凍る〔ほど寒い〕.
- *der* **Fros·ter** [ふろスター] 名 s/ 冷凍庫.
- *die* **Frost·ge·fahr** [ふろスト・ゲふぁー] 名 -/ 降霜〔霜害〕の危険.
- **frost·hart** [ふろスト・ハルト] 形 霜に強い; 固く凍った.
- *die* **Frost·här·te** [ふろスト・ヘるテ] 名 -/-n〖植〗耐寒性.
- **fros·tig** [ふろスティヒ] 形 凍てつくような; 冷淡な.
- *die* **Frost·re·sis·tenz** [ふろスト・れズィステンツ] 名 -/-en〖植〗耐寒性〔の植物〕.
- *die* **Frost·scha·den** [ふろスト・シャーデン] 名 s/..schäden〔植物・道路などの〕寒害, 霜害, 凍害.
- *der* **Frost·schutz** [ふろスト・シュッツ] 名 -es/-e 凍〔霜〕害防止〔策〕. **2.** = Frostschutzmittel.
- *die* **Frost·schutz·be·reg·nung** [ふろストシュッツ・べれーグヌング] 名 -/-en〖農〗凍〔霜〕害防止用散水灌漑(かんがい).
- *das* **Frost·schutz·mit·tel** [ふろストシュッツ・ミッテル] 名 -s/- 不凍液, 凍結防止剤.
- *die* **Frost·ver·wit·te·rung** [ふろスト・ふぇあヴィッテるング] 名 -/-en〖地質〗凍結による風化.
- *das* **Frost·wet·ter** [ふろスト・ヴェッター] 名 -s/ 凍寒の天候, 寒天.
- *die* **Frot·ta·ge** [..ʒə ふろタージュ] 名 -/-n **1.** フロタージュ法〔技法〕. **2.** （㋐のみ）フロタージュ〔画法〕. **2.**〖医·心〗フロタージュ〔衣服ごしに性的快感を得ること〕.
- *der*〔*das*〕**Frot·tee** [ふろテー] 名 -(s)/-s パイル織りの布地;〔口〕タオル地.
- *das* **Frot·tee·tuch** [ふろテー・トゥーふ] 名 -(e)s/..tücher タオル.
- **frot·tie·ren** [ふろティーれン] 動 *h.*〈j⁴ッ〔/体⁴ッ〕〉（タオル・ブラシで）摩擦する.
- *das* **Frot·tier·tuch** [ふろティーア・トゥーふ] 名 -(e)s/..tücher タオル.
- **frot·zeln** [ふろッツェルン] 動 *h.*〔口〕**1.**〈j³ッ〉からかう, ひやかす. **2.**〔über〈j⁴/et⁴ッ〕からかう, 皮肉る.
- *der*〔*das*〕**Frou·frou** [frufrú: ふる·ふるー] 名 -/-s（さらさらという女性の下着の）衣擦れの音.
- **frs** = Francs フラン(同貨幣単位の複数形).
- *die* **Frucht** [ふるふト] 名 -/Früchte **1.** 果実, 実;（㋐のみ）〔方〕穀物. **2.** 胎児 (Leibes~). **3.** 成果, 所産;〖法〗果実.〖慣用〗**eine Frucht der Liebe**〔文・古〕私生児. **verbotene Früchte** 禁断の木の実.
- **frucht·bar** [ふるふト・バール] 形 **1.** 実り豊かな, 肥沃(ひよく)な: ein ~*er* Regen 慈雨. **2.** 多産な: eine ~*e* Familie 多産系. die ~*en* Tage der Frau 女性の受胎可能な期間. **3.** 実りの多い: eine ~*e* Diskussion 有益な討論.
- *die* **Frucht·bar·keit** [ふるふト・バーカイト] 名 -/ **1.** 豊饒(ほうじょう); 肥沃(ひよく); 多産, 受胎能力; 旺盛(おうせい)な繁殖力;（作家などの）多作. **2.** 有益〔有用〕性.
- *die* **Frucht·bla·se** [ふるふト・ブラーゼ] 名 -/-n〖解〗羊膜嚢(のう).
- *der* **Frucht·bon·bon** [ふるふト・ボンボン(ー)ン] 名 -s/-s（㋒のみ）das ~）フルーツボンボン.
- **frucht·brin·gend, Frucht brin·gend** [ふるふト・ブりンゲント] 形 実りある: die ~*e* Gesellschaft 結実協会（国語浄化運動の協会. 1617 年〕.
- *das* **Frücht·chen** [ふりュヒトひェン] 名 -s/- 小さな実;〔口・蔑〕どら息子, のらくら者.
- *der* **Früch·te·fres·ser** [ふりゅヒテ·ふれっさー] 名 -s/-〖動〗果実食動物.
- **fruch·ten** [ふるふテン] 動 *h.*〈et⁴ッ〕〉役に立つ, 効果がある（主に否定文で用いる）.
- *das* **Frucht·fleisch** [ふるふト・ふらイシュ] 名 -(e)s/ 果肉.
- *die* **Frucht·fol·ge** [ふるふト・ふぉルゲ] 名 -/-n〖農〗輪作.
- **fruch·tig** [ふるふティヒ] 形 フルーティーな.
- *der* **Frucht·kno·ten** [ふるふト・クノーテン] 名 -s/-〖植〗子房.
- **frucht·los** [ふるふト・ろース] 形 不毛な, 無益な;〈稀〉子供のできない.
- *die* **Frucht·lo·sig·keit** [ふるふト・ろーズィヒカイト] 名 / 無益, 不毛性, 不毛;〈稀〉生殖不能.
- *der* **Frucht·nek·tar** [ふるふト・ネクタる] 名 -s/-e（果汁 50%, 果実 25% 以上の）フルーツジュース.
- *die* **Frucht·pres·se** [ふるふト・プれッセ] 名 -/-n ジューサー.
- *der* **Frucht·saft** [ふるふト・ザふト] 名 -(e)s/..säfte 果汁, フルーツジュース.
- *das* **Frucht·was·ser** [ふるふト・ヴァッサー] 名 -s/〖生理〗羊水.
- *der* **Frucht·wech·sel** [ふるふト・ヴェクセル] 名 -s/-

〘農〙輪作.

die **Frucht·wech·sel·wirt·schaft** [ふるふトヴェクセル·ヴィるトシャふト] [名] -/-en 《主に[単]》〘農〙輪作農法.

der **Frucht·zu·cker** [ふるふト·ツっカー] [名] -s/ 果糖.

die **Fruc·to·se** [ふるクトーゼ] [名] -/ 〘化〙果糖.

fru·gal [ふるガール] [形] 質素な, つましい;《口》ぜいたくな.

früh [ふりゅー] [形] früher; früh(e)st **1.** (時刻•時期•時代が)早い, 初期の: am *~en* Morgen 早朝. im *~en* Mittelalter 中世初期に. seit *~ester* Kindheit. 小さな子供のときから. Es ist noch ~ am Tage. まだ朝早い. allzu ~ 余りにも早く. **2.** (時期•時間が普通一般または予想より)早い: *~es* Obst 早生(わせ)の果実. ~ aufstehen 早起きする. *~er* als sonst いつもより早く. 【慣用】**früher oder später** 遅かれ早かれ. **Je früher, desto besser.** 早ければ早いほどよい. **von früh auf** 〔[旧] **frühauf**〕 早く〔幼い頃〕から. **vom frühen Morgen bis zum späten Abend**〔**in die tiefe Nacht**〕朝早くから晩遅くまで〔深夜まで〕.
—— [副] 朝(に): um fünf Uhr ~ 朝の5時に. morgen ~〔*F*~〕明朝. (am) Montag ~ 月曜日の朝に. 【慣用】**von früh bis spät** (**in die Nacht**) 朝早くから(夜)遅くまで.

der **Früh·ap·fel** [ふりゅー·アプふぇル] [名] -s/..äpfel 早生(わせ)リンゴ.

früh auf, [旧] **früh·auf** [ふりゅー アウふ] ⇨ früh [形] 【慣用】.

der **Früh·auf·ste·her** [ふりゅー·アウふ·シュテーあー] [名] -s/- 早起きの人.

das **Früh·beet** [ふりゅー·ベート] [名] -(e)s/-e 温床.

früh·christ·lich [ふりゅー·クりストリひ] [形] 初期キリスト教の.

die **Frü·he** [ふりゅーエ] [名] -/ 《文》(朝)早い時刻: in der ~ 早朝に. in aller ~ 朝まだきに.

frü·her [ふりゅーあー] [形] **1.** 《früh の比較級》より早い. **2.** 以前の, もとの, 昔の, かっての.
—— [副] 昔, かって.

die **Frü·h·er·ken·nung** [ふりゅー·エあケヌング] [名] -/ 〘医〙早期発見.

frü·hes·tens [ふりゅーエステンス] [副] 《語飾》(副詞を修飾)早くとも.

frü·hest·mög·lich [ふりゅーエスト·[メ]ークりひ] [形] できるだけ早い.

die **Früh·ge·burt** [ふりゅー·ゲブーあト] [名] -/-en **1.** 早産. **2.** 早生児, 早産児.

das **Früh·ge·mü·se** [ふりゅー·ゲミューゼ] [名] -s/- はしり〔早生(わせ)〕の野菜.

die **Früh·ge·schich·te** [ふりゅー·ゲシひテ] [名] -/ **1.** (先史時代に続く)原史時代. **2.** 初期段階.

die **Früh·gym·nas·tik** [ふりゅー·ギュムナスティク] [名] -/ 早朝体操.

der **Früh·herbst** [ふりゅー·へるプスト] [名] -(e)s/-e 初秋.

das **Früh·jahr** [ふりゅー·ヤーあ] [名] -(e)s/-e 春(1月から5月まで).

der **Früh·jahrs·sturm** [ふりゅーヤーあス·シュトゥるム] [名] -(e)s/..stürme 春の嵐.

die **Früh·jahrs-Tag·und·nacht·glei·che, Früh·jahrs-Tag-und-Nacht-Glei·che** [ふりゅーヤーあス·ターク·ウント·ナはト·グライひぇ] [名] -/-n 春分.

die **Früh·jahrs·zir·ku·la·ti·on** [ふりゅーヤーあス·ツィるクラツィオーン] [名] -/-en (湖沼の)水の春期循環.

die **Früh·kar·tof·fel** [ふりゅー·カるトっふぇル] [名] -/-n 早生(わせ)ジャガイモ.

der **Früh·ling** [ふりゅーリング] [名] -s/-e **1.** 春: im ~ 春に. **2.** 青春(期), 成長期.

das **Früh·lings·a·do·nis·rös·chen** [ふりゅーリングス·アドーニス·[れ]ースひぇン] [名] -s/- 〘植〙洋種フクジュソウ.

der **Früh·lings·an·fang** [ふりゅーリングス·アン·ふぁング] [名] -(e)s/..fänge 春の始まり, 春分の日(3月20-23日).

die **Früh·lings·blu·me** [ふりゅーリングス·ブルーメ] [名] -/-n 春の花.

der **Früh·lings·kro·kus** [ふりゅーリングス·クろークス] [名] -/-(se) 〘植〙春咲きクロッカス.

der **Früh·lings·mo·nat** [ふりゅーリングス·モーナト] [名] -(e)s/-e 《[単]のみ》《文》弥生, 3月;(主に[複])春の月(3・4・5月).

die **Früh·lings·rol·le** [ふりゅーリングス·ろレ] [名] -/-n 〘料〙春巻き.

die **Früh·mes·se** [ふりゅーメっセ] [名] -/-n 〘カトリック〙早朝ミサ.

früh·mor·gens [ふりゅー·モるゲンス] [副] 早朝に.

früh·reif [ふりゅー·らイふ] [形] 早熟な;〘動〙早く成熟する;〘植〙成長しきらぬうちに熟した.

die **Früh·rei·fe** [ふりゅー·らイふぇ] [名] -/ 早熟;〘植〙成長しきらぬうちの成熟.

der **Früh·schop·pen** [ふりゅー·ショっペン] [名] -s/- 午前中に仲間と一杯やること.

der **Früh·sport** [ふりゅー·シュポるト] [名] -(e)s/ 早朝スポーツ.

der **Früh·start** [ふりゅー·シュタるト, ふりゅー·スタるト] [名] -(e)s/-s〔-e〕〘スポーツ〙フライング.

das **Früh·stück** [ふりゅー·シュテュっク] [名] -(e)s/-e 朝食;朝食の食物;《口》朝食事の休憩: zweites ~ (朝食と昼食の間の)軽い食事.

früh·stü·cken [ふりゅー·シュテュっケン] [動] *h.* **1.** 〔補足なし〕朝食をとる. **2.** 〔〈et^4〉ヲ〕《稀》朝食に食べる.

das **Früh·stücks·bü·fett** [ふりゅーシュテュっクス·ビュふぇー] [名] -(e)s/-s〔-e〕朝食用ビュッフェ(の料理が並んだテーブル).

der **Früh·stücks·di·rek·tor** [ふりゅーシュテュっクス·ディれクトーあ] [名] -/-en 《口》朝食会重役〔理事〕(お飾りだけの重役〔理事〕).

das **Früh·stücks·kar·tell** [ふりゅーシュテュっクス·カるテル] [名] -s/-e 〘経〙朝食会カルテル(非公式談合で結ばれたカルテル).

die **Früh·stücks·pau·se** [ふりゅーシュテュっクス·パウゼ] [名] -/-n 朝食のための休憩(時間).

das **Früh·warn·sys·tem** [ふりゅー·ヴァるン·ズュステーム] [名] -s/-e 早期警報システム;〘軍〙早期警戒システム.

die **Früh·zeit** [ふりゅー·ツァイト] [名] -/-en 初期.

früh·zei·tig [ふりゅー·ツァイティひ] [形] 早い時間の, 早期の;早過ぎる, 時ならぬ.

der **Früh·zug** [ふりゅー·ツーク] [名] -(e)s/..züge 早朝の列車.

die **Früh·zün·dung** [ふりゅー·ツュンドゥング] [名] -/-en 〘工〙(エンジンの)早期点火;《口》素早い理解力.

der **Fruk·ti·vo·re** [ふるクティヴォーれ] [名] -n/-n 〘動〙(主に[複])果実食動物.

die **Fruk·to·se** [ふるクトーゼ] [名] -/ 〘化〙果糖.

der **Frust** [ふるスト] [名] -(e)s/ 《口》フラストレーション.

die **Frus·tra·ti·on** [ふるストらツィオーン] [名] -/-en 〘心〙欲求不満, フラストレーション.

frus·trie·ren [ふるストりーれン] [動] *h.* 〔〈j^4〉ニ〕〘心〙欲求不満を起こさせる;《口》(…を)失望させる.

der **F-Schlüs·sel** [エふ·シュリュっセル] [名] -s/- 〘楽〙ヘ音記号, 低音部記号.

die **FSK** [エふエスカー] [名] -/ =Freiwillige Selbstkontrolle der Filmwirtschaft 映画産業自主規制.

Ft =Forint フォリント(ハンガリーの貨幣単位).

ft. =Foot フィート.

(*der*/*die*) **Fuchs**[1] [ふっクス] [名] 〘人名〙フックス.

der **Fuchs**[2] [ふっクス] [名] -es/Füchse **1.** 〘動〙キツネ;キツネの毛皮;キツネの毛皮の製品. **2.** 《口》ずる

い人, 海千山千;((蔑))も有)赤毛の人. **3.** 〖学生組合〗新入りの学生組合員. **4.** 栗毛の馬;〖昆〗ヒオドシチョウ. **5.** 煙道. **6.** (古)金貨.

der **Fuchs·bau** [ふックス・バウ] 图 -(e)s/-e キツネの巣穴.

das **Fuchs·ei·sen** [ふックス・アイゼン] 图 -s/- キツネ用の罠(な).

fuch·sen [ふクセン] 動 h. (口) **1.** 〈j⁴を〉激怒させる. **2.** {sich⁴+über 〈j⁴/et⁴〉} 無性に腹が立つ.

die **Fuch·sie** [ふクスィエ] 图 -/-n 〖植〗フクシア, ホクシア(アカバナ科).

fuch·sig [ふクスィヒ] 形 きつね色の;気性の激しい;(口)真っ赤になった.

die **Füch·sin** [ふュクスィン] 图 -/-nen 雌キツネ, 女狐.

die **Fuchs·jagd** [ふックス・ヤークト] 图 -/-en キツネ狩り;キツネ狩りゲーム(キツネの尾を肩につけた騎手を追う).

das **Fuchs·loch** [ふックス・ロッホ] 图 -(e)s/..löcher キツネの巣穴.

der **Fuchs·schwanz** [ふックス・シュヴァンツ] 图 -es/..schwänze **1.** キツネの尾;〖植〗ヒモケイトウ. **2.** (片手用)片刃のこぎり.

fuchs·teu·fels·wild [ふックス・トイふェルス・ヴィルト] 形 怒り狂った.

die **Fuch·tel** [ふュテル] 图 -/-n **1.** (昔の)幅広い刀身の剣. **2.** ((雙のみ)(口)厳しい規律(ピュッ). **3.** (剣の面での)欧打(ミュッ)むち. **4.** (方)口やかましい女房.

fuch·teln [ふュヒテルン] 動 h. {mit〈et³を〉}(口)(興奮して)やたらと振り回す(腕などを).

fuch·tig [ふュヒティヒ] 形 かんかんに怒った.

fud. =fudit [ふューディット] 〖ラ語〗…による鋳造の後にそえて, 略 fud.).

das **Fu·der** [ふーダー] 图 -s/- フーダー(容量単位. 農作業用荷車1台分);(千草などの)荷を積んだ荷車, フーダー(ワインの古い容量単位. およそ1000-1800リットル);(口)多量.

fu·dit [ふーディット] 〖ラ語〗…による鋳造(鋳造者名の後にそえて, 略 fud.).

der **Fug** [ふーク] 图 (次の形で) mit ~ und Recht 正当に, 当然のこととして.

die **Fu·ge**¹ [ふーゲ] 图 -/-n 継ぎ目, 目地(ช);〖言〗(複合語の)接合部. 【慣用】**aus den Fugen gehen (geraten)** ばらばらになる;混乱に落入る. **in allen Fugen krachen** がたがたである, いまにも壊れそうだ.

die **Fu·ge**² [ふーゲ] 图 -/-n 〖楽〗フーガ, 遁走曲.

fu·gen [ふーゲン] 動 h. (土) 〈et⁴を〉継合せる(はめ板などを), 接合する(建材などを);(…の)継ぎ目をきれいに塗りつぶす(壁などを).

fü·gen [ふューゲン] 動 h. **1.** 〈et⁴を+〈様態〉〉〖文〗組立てる, 組合せる. **2.** 〈et⁴を+〈方向〉に〉つけ足す(はめ込む);〈j⁴を+〈方向〉に〉合わす合う. **3.** {sich⁴+〈j³/et³〉} 従う(指示・要求などに). **4.** {sich⁴+in 〈et⁴〉} 受入れる, (…に)順応する. **5.** 〈et⁴を〉仕組む, 計らう. **6.** {sich⁴+〈様態〉}〖文〗(たまたま)なる.

fu·gen·los [ふーゲン・ロース] 形 継ぎ目(合せ)目のない, ぴったりとした.

(der) **Fug·ger** [ふッガー] 图 〖人名〗フッガー(15-16世紀に繁栄したドイツの大財閥).

füg·lich [ふューク・リヒ] 副 〖文飾〗当然 (…でたやすく)もっともである.

füg·sam [ふューク・ザーム] 形 従順な.

die **Füg·sam·keit** [ふューク・ザーム・カイト] 图 -/ 従順, 順応性.

die **Fü·gung** [ふューグング] 图 -/-en **1.** 摂理, 定め, 運命. **2.** 〖言〗結合.

fühl·bar [ふュール・バー] 形 はっきりと分る(稀)触覚でわかる.

füh·len [ふューレン] 動 (不定詞にも使用される場合, 完了形では過去分詞 fühlen も有. ▷3) **1.** 〈et⁴を〉感じる, 感じ取る(身体に). **2.** 〈et⁴/〈文〉ダPゲンッ〉感じる, 感じ取る, 気取る, 直感する(内面に). **3.** 〈j⁴/et⁴〉ヲ++〈et⁴〉ㇲルツッ〉感じる: Er hat kalte Schauer seinen Rücken hinunterlaufen ~ *gefühlt*). 彼は寒気が背筋を走るのを感じた. **4.** 〈et⁴〉触れる, 触る(あることを調べるために), ある物の存在を触って確認する). **5.** {nach 〈j³/et³〉}+〈文〉ダPデルブ(ドゥカフ)〉手探りで探す;手で探る. **6.** {sich⁴+〈様態〉} 気分(心地)である. 気持が悪い, 自分が(…であると)感じる:自分が(…であると)思う(感じる) 【慣用】**Der fühlt sich aber, nachdem er das Examen bestanden hat!** (口)試験に合格して以来, 彼は自信満々だ(自負心でいっぱいだ). **sich⁴ in seiner Haut nicht wohl fühlen** (口)(その場合)にいたたまれない気持がする, 具合の悪い気分である.

der **Füh·ler** [ふューラー] 图 -s/- 触手;触角;センサー(Mess~): seine ~ ausstrecken (口)(慎重に)探りを入れる.

die **Füh·lung** [ふューレング] 图 -/-en **1.** (雙のみ)接触, コンタクト. **2.** (古)感じること, 感情, 感覚.

die **Füh·lung·nah·me** [ふューレング・ナーメ] 图 -/- (人々)接触を始めること, 関係(連絡)をつけること.

fuhr [ふーあ] 動 fahren の過去形.

die **Fuhre** [ふーれ] 图 -/-n **1.** 運ぶこと, 運搬, 輸送. **2.** 1車分の(積荷).

füh·re [ふューれ] 動 fahren の接続法2式.

füh·ren [ふューレン] 動 h. **1.** 〈j⁴を+〈場所〉に〉連れて行く(来る), 案内する, 導く: 〈j⁴〉 spazieren ~〈人⁴を〉散歩に連れていく. **2.** 〈j⁴を〉指導する, 教導する. **3.** 〈j⁴を〉率いる, 統率(指揮)する. **4.** 〈et⁴を〉経営する, 営む, 司(る, 管理する, 執る. **5.** 〈j⁴/et⁴〉ヲ+〈方向〉に〉導く(人やものをある方向へ), 引く(脱却させる). **6.** 〖競〗トップ(先頭・頂点)にいる, リードしている. **7.** 〈et⁴を+〈様態〉〉扱う, 操る, 使う(道具などを). **8.** 〈et⁴を+〈方向〉へ〉運ぶ, 動かす, 当てる. **9.** 〈et⁴を+〈方向〉に(=)〈場所〉に〉通す, 引く, 敷設する(道路・鉄道などを). **10.** 〈〈方向〉に〉通じている, 通じる, 行く(道路などが). **11.** 〈j⁴を+〈方向〉へ〉行かせる(ある事が). **12.** 〈et⁴をzu 〈et³〉〉導く(ある事が). **13.** 〈et⁴を〉/〈j⁴を+〈方向〉へ〉〖官〗運転する, 操縦する;〈ミユッ〉乗せて行く. **14.** 〈et⁴を+bei {mit} sich³〉携帯(携行)する. **15.** 〈et⁴を〉扱う(ある物が). **16.** 〈et⁴を〉扱う, 売っている, 置いている(商店が). **17.** 〖j³/〈et⁴〉〗(公式の標識に)つけている, 持っている. **18.** 〈et⁴を〉持つ(称号・肩書・別名などを. **19.** 〈et⁴を〉行う, 為す, 務める(特定の名詞とともに用いる): Verhandlungen mit〈j³〉〜〈人と〉交渉を行う. (die) Regie ~ 演出(監督)する. den Vorsitz 〜 議長を務める. mit〈j³〉einen Briefwechsel ~〈人と〉文通する. eine glückliche Ehe ~〈j³〉幸福な結婚生活を営む. über〈j⁴/et⁴〉Klage ~ 〈文〉〈人・事について〉苦情(不平)を言う. den Beweis 〜 立証する. **20.** 〈et⁴〉(作って)管理する(名簿・索引などを). **21.** 〈j⁴/〈et³〉〗載せてある(リスト・カード目録などに). 【慣用】〈j¹〉 **auf die rechte Bahn führen** 〈人⁴を〉正道に立ち戻らせる. **Das führt zu weit.** それは行過ぎ(やり過ぎ)だ. **das große Wort führen** はったりを言う, ほらを吹く. **(das) Protokoll führen** 記録を取る. **das Wort führen** (討論会で)話をリードする, (グループの)代表として話す. **einem Kind beim Schreiben die Hand führen** 自分の手を子供の手に添えて書く練習をさせる. 〈j⁴〉 **in Versuchung führen** 〈人⁴を〉誘惑する. **sich⁴ gut/schlecht führen** 行儀(操行)が良い/悪い. **über〈et⁴〉Buch führen** 〈事について〉帳簿(ノート)をつける. 〈j³〉 〈et⁴〉 **vor Augen führen**

〈人に〉〈事を〉はっきり分からせる. 〈j4〉 **zu der Erkenntnis führen, dass ...** ...〈人に〉…のことを認識させる. **zu nichts/zu keinem Ergebnis führen** 無に帰する/何の成果ももたらさない(努力・活動などが).

führend [ふューレント] [形] 指導的な, 一流の.

der **Führer** [ふュー ラー] [名] -s/- **1.** 指導者; 総統 (Hitler の称号); ガイド; (ﾀｸｼｰ)運転者. **2.** ガイドブック, 案内書.

der **Führerausweis** [ふュー ラー・アウス・ヴァイス] [名] -es/-e (ｽｲｽ)[官]運転免許証.

die **Führerflucht** [ふュー ラー・ふルふト] [名] -/ (ｵｰｽﾄﾘｱ)ひき(当て)逃げ.

das **Führerhaus** [ふュー ラー・ハウス] [名] -es/..häuser (トラック・クレーンなどの)運転台, 操縦室.

führerlos [ふュー ラー・ロース] [形] 指導(統率)者のいない; ガイドなしの運転(操縦)者なしの.

die **Führerschaft** [ふュー ラー・シャふト] [名] -/-en (主に⑪)指導(力), 統率(力), リーダーシップ; 指導者グループ.

der **Führerschein** [ふュー ラー・シャイン] [名] -(e)s/-e 運転免許証: **den ~ machen** 運転免許を取る.

der **Führerscheinentzug** [ふュー ラー・シャイン・エントツーク] [名] -(e)s/-e 運転免許停止(取消し).

der **Führerscheininhaber** [ふュー ラー・シャイン・イン・ハーバー] [名] -s/- 運転免許所有者.

der **Führersitz** [ふュー ラー・ズィッツ] [名] -es/-e 運転席, 操縦席.

der **Führerstand** [ふュー ラー・シュタント] [名] -(e)s/..stände (機関車・電車の)運転室.

der **Führerhund** [ふュー ラー・フント] [名] -(e)s/-e 盲導犬(Blinden~).

der **Fuhrlohn** [ふー ア・ローン] [名] -(e)s/..löhne 運賃.

der **Fuhrmann** [ふー ア・マン] [名] -(e)s/..leute(..männer) (馬・牛・ロバのひく荷車の)御者; (⑪のみ)[天]御者座.

der **Fuhrpark** [ふー ア・パルク] [名] -s/-s〔-e〕(総称)(企業・軍の)使用車両.

die **Führung** [ふュー ルング] [名] -/-en **1.** (⑪のみ)経営, 管理; 指導; 首脳部, 指導陣. **2.** 先頭, トップ; リード, 優位; **die ~ haben** 先頭を切っている. **in ~ gehen/liegen** リードする/している. **in ~ kommen** トップの座にある. **3.** 案内人つきの参観(見学). **4.** (⑪のみ)操縦, 運転(の器具の)扱い, 操作; (帳簿などの)管理. **6.**〔工〕導溝; 旋条; 誘導装置.

die **Führungsgruppe** [ふュー ルングス・グルッペ] [名] -/-en 指導のグループ.

die **Führungskraft** [ふュー ルングス・クラふト] [名] -/..kräfte **1.** 指導者的立場の人; 経営(管理)者. **2.** (⑪のみ)指導(経営・管理)能力.

die **Führungsposition** [ふュー ルングス・ポズィツィオーン] [名] -/-en 指導的地位.

der **Führungsstab** [ふュー ルングス・シュタープ] [名] -(e)s/..stäbe 統合幕僚本部; (企業の)首脳部.

das **Führungszeugnis** [ふュー ルングス・ツォイクニス] [名] -ses/-se (警察による)行状証明書; (雇用者が発行する)勤務評定書.

der **Fuhrunternehmer** [ふー ア・ウンター ネー マー] [名] -s/- 運送業者.

das **Fuhrwerk** [ふー ア・ヴェルク] [名] -(e)s/-e (馬・牛・ロバがひく)荷車; (ｽｲｽ)トラック.

fuhrwerken [ふー ア・ヴェルケン] [動] h. **1.** (ﾎﾟﾍﾟﾙ)(南独・ｽｲｽ)荷車を走らせる. **2.**〔mit 〈et³〉ﾂ〕(口・稀)むやみやたらに使う.

die **Fulda**¹ [ふルダ] [名] -/〔川名〕フルダ川(ヴェーザー川の源流).

(das) **Fulda**² [ふルダ] [名] -s/〔地名〕フルダ(ヘッセン

州の都市).

der **Füllbleistift** [ふュル・ブライシュティふト] [名] -(e)s/- (ｼﾝ)(軸をねじってしんを出す)シャープペンシル.

die **Fülle** [ふュレ] [名] -/-n **1.** (⑪のみ)大量, たくさん, 多様. **2.** (⑪のみ)肥満, 豊満, 肥満体(Körper~). **3.** (⑪のみ)[文]豊さ, 豊富, 横溢(ぼ), 充満. **4.** (方)(料理の)詰め物.〔慣用〕**in Hülle und Fülle in Menge** 大量に.

füllen [ふュレン] [動] h. **1.**〔〈et⁴〉ﾆ〕+〔mit 〈et³〉ﾂ〕満たす, いっぱいにする. **2.**〔〈et⁴〉in 〈et³〉ﾂ〕入れる, 満たす, 詰める. **3.**〔〈et⁴〉ﾆ〕詰め物をする. **4.**〔sich⁴+〔mit 〈j³/et⁴〉ﾂ〕〕いっぱいになる. **5.**〔〈et⁴〉ﾆ〕占める, とる(空間などを).

das **Füllen** [ふュレン] [名] -s/- (文)子馬.

der **Füller** [ふュー ラー] [名] -s/- **1.** (口)万年筆. **2.**(ﾆｭｰｽ)(新聞などの)埋草.

die **Füllfeder** [ふュル・ふェー ダー] [名] -/-n (南独・ｵｰｽﾄﾘｱ・ｽｲｽ)万年筆.

die **Füllfederhalter** [ふュル・ふェー ダー・ハルター] [名] -s/- 万年筆.

der **Füllhalter** [ふュル・ハルター] [名] -s/- 万年筆.

das **Füllhorn** [ふュル・ホルン] [名] -(e)s/..hörner〔ギ神〕花や果実で満たされた角(豊穣・好運の女神の象徴).

füllig [ふュリヒ] [形] **1.** ふっくらした, 豊満な; ふんわりとした. **2.** 豊かな(響きの). **3.** 熟成した香り豊かな(ワイン).

das **Füllsel** [ふュルゼル] [名] -s/- (新聞・雑誌の)埋め草; (隙間をうめる)詰め物; (肉料理の)詰め物.

die **Füllung** [ふュルング] [名] -/-en **1.** (料理の)詰め物; (クッションなどの)詰め物; (歯の)充塡(ｼﾞｭｳﾃﾝ)材(Zahn~); (戸の枠内の)鏡板(Tür~). **2.** (主に⑪の)詰めること, 充塡.

das **Füllwort** [ふュル・ヴォルト] [名] -(e)s/..wörter〔言〕埋辞(ｼﾞｬ), 虚辞.

fulminant [ふルミナント] [形] 輝かしい, すばらしい.

die **Fumarole** [ふマローレ] [名] -/-n (火山の)噴気孔.

die **Fumarsäure** [ふマーア・ゾイレ] [名] -/-n〔生化〕フマル酸.

der **Fummel**¹ [ふメル] [名] -s/- (口)((蔑)も有)粗末な安い服.

der **Fummel**² [ふメル] [名] -/- (ｵｰｽﾄﾘｱ)(罵)愚か者.

fummeln [ふメルン] [動] h. **1.**〔an 〈et³〉ﾆ〕いじくり回す(ラジオ・錠などを直そうとして). **2.**〔in 〈et³〉ﾉﾅｶﾃﾞ〕あちこち探る(ポケットの中など). **3.**〔〈et⁴〉in 〈et³〉ﾆ/aus 〈et³〉ｶﾗ〕やっと入れる/やっととり出す. **4.**〔mit 〈j³〉ﾄ〕触れる, (…)をなで回す. **5.**〔ｽﾎﾟ〕〔ﾊﾞｽｹ〕球を持ちすぎる.

die **Fummeltrine** [ふメル・トリー ネ] [名] -/-n (口)レズ, 女性の同性愛者.

das **Functional Food** [fǽŋkʃənəl fot ふァンクショネル ふート] [名] -(s)/-s 機能性食品, 栄養補助食品.

der **Fund** [ふント] [名] -(e)s/-e **1.** 発見, 発掘; 拾得. **2.** 発見〔発掘〕物, 出土品; 拾得物.

das **Fundament** [ふンダメント] [名] -(e)s/-e 土台, 基礎; (機械の)台; (知的な)基盤, 根底.

fundamental [ふンダメンタール] [形] 基礎〔根本〕的な, きわめて重要な.

der **Fundamentalismus** [ふンダメンタリスムス] [名] -/- 原理主義, ﾌﾟﾛﾃｽﾀﾝﾄ根本主義(聖書の記述を事実とみなす米国新教運動).

der **Fundamentalist** [ふンダメンタリスト] [名] -en/-en 原理主義者.

die **Fundamentaltheologie** [ふンダメンタル・テオロギー] [名]〔神〕基礎神学, キリスト教護教論.

fundamentieren [ふンダメンティーレン] [動] h.〔〈et⁴〉ﾉ〕基礎工事をする; 基礎を固める(理論などの).

die **Fun·da·ti·on** [フンダツィオーン] 名 -/-en **1.** (~1)(建物の)基礎;基礎工事をすること;基礎を固めること. **2.** (宗教)財団;(教会への)寄付.

das **Fund·bü·ro** [フント・ビュろー] 名 -s/-s 遺失物取扱所.

der **Fund·ge·gen·stand** [フント・ゲーゲン・シュタント] 名 -(e)s/..stände 拾得物;出土品.

die **Fund·gru·be** [フント・グる-べ] 名 -/-n 宝庫.

fun·die·ren [フンディーれン] 動 h.《〈et³〉》(財政的に)基礎づける,保証する;保障する;根拠づける,確立する(理論などを).

fün·dig [フュンディヒ] 形《鉱・地質》(鉱床[鉱脈]が)有望な: ~ werden 有望な鉱床を掘り当てる;(求めていたものを)探し当てる.

der **Fund·ort** [フント・オルト] 名 -(e)s/-e 発見場所, 拾得場所.

der **Fun·dus** [フンドゥス] 名 -/- **1.** 舞台道具(部). **2.** (知識などの)蓄積. **3.**《医》(中空器官の)底部;《史》地所.

fünf [フュンフ] 数《基数》5: seine ~ Sinne beisammen haben 気は確かである. ~ gerade sein lassen 《口》あまり細かいことは言わない.【他の用法は⇨ acht¹】

die **Fünf** [フュンフ] 名 -/-en **1.**(数・数字の)5. **2.**(トランプの)5の札. **3.**(さいころの目の)5;(成績の)5. **4.**《口》5番(系統)(のバス・市電).

das **Fünf·eck** [フュンフ・エック] 名 -(e)s/-e 五角形.

fünf·eckig [フュンフ・エッキヒ] 形 五角(形)の.

der **Fün·fer** [フュンふァ-] 名 -s/-《口》**1.** 5セント硬貨. **2.**(ナンバーくじの)五つの当りの数字. **3.**《方》=Fünf 1, 3, 4.

fün·fer·lei [フュンふァ-ライ] 数《種数》5種類の;5種類のもの(こと).

fünf·fach [フュンフ・ふぁッハ] 形 5倍〔5重〕の.

fünf·fäl·tig [フュンフ・ふェルティヒ] 形 5倍(重)の.

der **Fünf·fläch·ner** [フュンフ・ふレヒナ-] 名 -s/-《数》五面体.

fünf·fü·ßig [フュンフ・ふュ-スィヒ] 形 5本足〔5脚〕の;《詩》5詩脚の.

fünf·hun·dert [フュンフ・フンデルト] 数《基数》500.

der **Fünf·jah·res·plan** [フュンふ・ヤーれス・プラーン] 名 -(e)s/-.pläne (計画経済の)5か年計画.

fünf·jäh·rig [フュンふ・イェ-りヒ] 形 5年〔歳〕の;5年間の.

fünf·jähr·lich [フュンふ・イェ-ありヒ] 形 5年ごとの.

der **Fünf·jahr·plan** [フュンふ・ヤ-る・プラーン] 名 -(e)s/..pläne =Fünfjahresplan.

der **Fünf·kampf** [フュンふ・カムプふ] 名 -(e)s/《スポ》五種競技.

der **Fünf·ling** [フュンふリング] 名 -s/-e 五つ子の一人.

fünf·mal [フュンふ・マ-ル] 副 5回〔度・倍〕.

fünf·ma·lig [フュンふ・マ-リヒ] 形 5回〔度〕の.

das **Fünf·mark·stück** [フュンふ・マルク・シュテュック] 名 -(e)s/-e 5 マルク貨幣【数字表記は「5-Mark-Stück」】.

der **Fünf·me·ter·raum** [フュンふ・メーター・らウム] 名 -(e)s/..《スポ》ゴールエリア【数字表記は「5-Meter-Raum」】.

fünf·mo·na·tig [フュンふ・モ-ナティヒ] 形 生後5か月の;5か月間の.

fünf·mo·nat·lich [フュンふ・モ-ナトリヒ] 形 5か月ごとの.

fünf·pro·zen·tig [フュンふ・プろツェンティヒ] 形 5パーセントの.

die **Fünf·pro·zent·klau·sel** [フュンふ・プろツェント・クラウゼル] 名 -/ 5パーセント条項(得票率が5%未満の政党は議席を失なう.【数字表記は「5-Prozent-Klausel」】.

fünf·sai·tig [フュンふ・ザイティヒ] 形 五弦の.

fünf·sei·tig [フュンふ・ザイティヒ] 形 5面の;五ページの.

fünf·sil·big [フュンふ・ズィルビヒ] 形 五音節の.

fünf·stel·lig [フュンふ・シュテリヒ] 形 5桁(ゲタ)の.

fünf·stö·ckig [フュンふ・シュテッキヒ] 形 六〔五〕階建ての.

fünf·stün·dig [フュンふ・シュテュンディヒ] 形 5時間の.

fünf·stünd·lich [フュンふ・シュテュントリヒ] 形 5時間ごとの.

fünft [フュンふト] 数《序数》《形容詞的変化》5番目の,第5の【数字表記は「5.」】【用法は⇨ acht²】

die **Fünf·ta·ge·wo·che** [フュンふ・ターゲ・ヴォッヘ] 名 -/-n 週休二日制.

fünf·tau·send [フュンふ・タウゼント] 数《基数》5000.

fünf·tel [フュンふテル] 数《分数》5分の1の.

das **Fünf·tel** [フュンふテル] 名 -s/-《(スイ)der ~》5分の1: zwei ~ 5分の2.

fünf·tens [フュンふテンス] 副 第5に.

der **Fünf·uhr·tee** [フュンふ・ウ-あ・テ-] 名 -s/-s 午後のお茶(5時ごろ).

fünf·zehn [フュンふ・ツェ-ン] 数《基数》15.

fünf·zehnt [フュンふ・ツェ-ント] 数《序数》《形容詞的変化》【数字表記は「15.」】15番目の,第15の.

fünf·zig [フュンふツィヒ] 数《基数》50.

fünf·zi·ger [フュンふツィガ-] 形《無変化》【数字表記は「50er」】**1.**《口》50の;《世紀の》50年の. **2.** 50歳代の;50年代の.【用例は⇨ achtziger】

der **Fünf·zi·ger¹** [フュンふツィガ-] 名 -s/-《口》**1.**《口》50ペニヒ硬貨. **2.** 50歳の男性;50歳代の男性. **3.** 50年産のワイン. **4.**《愈のみ》50歳代;50年代.【用例は⇨ Achtziger¹ 3】

die **Fünf·zi·ger²** [フュンふツィガ-] 名 -/-《口》50ペニヒ切手.

fünf·zigst [フュンふツィヒスト] 数《序数》《形容詞的変化》50番目の,第50の.【数字表記は「50.」】

fünf·zigs·tel [フュンふツィヒステル] 数《分数》50分の1の.

das **Fünf·zigs·tel** [フュンふツィヒステル] 名 -s/-《(スイ)der ~》50分の1.

fun·gie·ren [フンギ-れン] 動 h.《als〈j¹/et¹〉として》職務〔機能〕を果す.

das **Fun·gi·zid** [フンギツィ-ト] 名 -(e)s/-e 殺真菌剤;除黴(バイ)剤(園芸・ブドウ栽培用).

der **Funk** [フンク] 名 -s/ **1.**(主に無冠詞)無線電信;無線電信機(室). **2.** ラジオ(Rund~).

der **Funk·ama·teur** [フンク・アマ・テ-あ] 名 -s/-e アマチュア無線家.

die **Funk·an·la·ge** [フンク・アン・ラ-ゲ] 名 -/-n 無線装置.

die **Funk·aus·stel·lung** [フンク・アウス・シュテルング] 名 -/-en 無線電信機器展覧会.

die **Funk·ba·ke** [フンク・バ-ケ] 名 -/-n ラジオビーコン.

die **Funk·be·ar·bei·tung** [フンク・ベアるバイトゥング] 名 -/-en 放送用脚色〔編曲〕.

das **Funk·bild** [フンク・ビルト] 名 -(e)s/-er (無線)電送写真.

das **Fünk·chen** [フュンクヒェン] 名 -s/- 小さな火花.

der **Funk·dienst** [フンク・ディ-ンスト] 名 -(e)s/-e 無線電信業務.

der **Fun·ke** [フンケ] 名 2格-s, 3格-n, 4格-n/⑳ -n **1.** 火の粉,火花. (電気の)スパーク;(転)ひらめき: der göttliche ~ 霊感. der zündende ~ 感激させる要素. ~n sprühend 火の粉(火花)を散らす;才気煥発《口》の. Der ~ sprang zwischen uns über. われわれ二人は瞬時に理解し合えた. Er arbeitet, dass die ~n stieben〔sprühen〕. 彼は猛烈な勢いで働く. mit〈et³〉den ~n ins Pulverfass werfen

〈事で〉思わぬ大事件をひき起こす．**2.**〔主に否定文で〕少量：keinen ~n Hoffnung haben. わずかな望みもない．**3.**〔主に⓪〕(ケルンのカーニバルで)昔の市民兵の服で仮装した人．

fun・keln [フンケルン] 動 *h.*〘慣〙きらきら輝く，きらめく(星・宝石などの)．

fun・kel・na・gel・neu [フンケル・ナーゲル・ノイ] 形《口》ぴかぴかの．

fun・ken [フンケン] 動 *h.* **1.**〈et⁴⁷〉無電で知らせる，打電する．**2.**〘慣〙無線通信士として働く．**3.**〘慣〙《口》ちゃんと動く，調子がいい(器具などが)；うまくいく(店などの)．**4.**〘慣〙銃撃〔砲撃〕する；火花を発する，スパークする(スイッチなどの)．**5.**〔Es〕《口》殴られる；もめる，言争いが起こる(会議・集会など)；うまくゆく．**6.**〔Es+bei〈j³〉⁷〕分るようになる；(…に)関心を持つ(恋愛関係)がある．

der **Fụn・ken** [フンケン] 名 -s/- = Funke.
die **Fụn・ken・ent・la・dung** [フンケン・エントラードゥング] 名 -/-en 火花放電．

Fụn・ken sprü・hend, ⓑ **fụn・ken・sprü・hend** [フンケン シュプリューエント] ⇨ Funke 1.

der **Fụn・ker** [フンカー] 名 -s/- 無線通信士；〘軍〙通信兵．
das **Fụnk・feu・er** [フンク・フォイアー] 名 -s/- = Funkbake.
das **Fụnk・ge・rät** [フンク・ゲレート] 名 -(e)s/-e 無線機．
das **Fụnk・haus** [フンク・ハウス] 名 -es/..häuser 放送局．
das **Fụnk・kol・leg** [フンク・コレーク] 名 -s/-s〔-ien〕ラジオ〔テレビ〕講座．
die **Fụnk・mess・tech・nik**, ⓑ **Fụnk・meß・tech・nik** [フンク・メス・テクニク] 名 -/ レーダー技術．
die **Fụnk・pei・lung** [フンク・パイルング] 名 -/-en 無線方向探知．
die **Fụnk・sen・dung** [フンク・ゼンドゥング] 名 -/-en 無線放送，ラジオ・テレビ放送．
das **Fụnk・sprech・ge・rät** [フンク・シュプレヒ・ゲレート] 名 -(e)s/-e 無線電話機．
der **Fụnk・spruch** [フンク・シュプルフ] 名 -(e)s/..sprüche 無線通信(文)．
die **Fụnk・sta・ti・on** [フンク・シュタツィオーン] 名 -/-en 無線局．
die **Fụnk・stel・le** [フンク・シュテレ] 名 -/-n = Funkstation.
die **Fụnk・stil・le** [フンク・シュティレ] 名 -/ 放送休止時間；無線禁止時間〔無線電信の中断〕．
die **Fụnk・strei・fe** [フンク・シュトロイフェ] 名 -/-n 無線装備のパトカーによるパトロール．
der **Fụnk・strei・fen・wa・gen** [フンク・シュトロイフェン・ヴァーゲン] 名 -s/- 無線パトカー．
das **Fụnk・ta・xi** [フンク・タクスィー] 名 -s/-s 無線タクシー．
die **Fụnk・tech・nik** [フンク・テヒニク] 名 -/ 無線通信工学．
fụnk・tech・nisch [フンク・テヒニシュ] 形 無線通信工学の．
das **Fụnk・te・le・fon** [フンク・テ(ー)レフォーン] 名 -s/-e 無線電話．
die **Funk・ti・on** [フンクツィオーン] 名 -/-en **1.**(⓪のみ)機能，作用，働き，活動：in ~ treten 作動〔活動〕し始める．**2.** 職務，役目；地位，ポスト．**3.**〘数〙関数．
funk・ti・o・nal [フンクツィオナール] 形 機能(上)の．
der **Funk・ti・o・na・lis・mus** [フンクツィオナリスムス] 名 -/ 機能主義．
der **Funk・ti・o・när** [フンクツィオネーア] 名 -s/-e (政治・スポーツ団体などの)役員，幹部；(ⓢ) 公務員，官吏．

funk・ti・o・nẹll [フンクツィオネル] 形 機能の；機能的な；機能本位の；〘医〙機能性の．
funk・ti・o・nie・ren [フンクツィオニーレン] 動 *h.* **1.**〔(〈様態〉…)〕働く，作動する，動く(機械・装置・器官などが)；機能する，役目を果す(組織・機構などの)．**2.**〘慣〙規準に従って行動する．
die **Funk・ti・ons・leis・te** [フンクツィオーンス・ライステ] 名 -/-n〘コンピュ〙メニューバー，ツールバー．
funk・ti・ons・si・cher [フンクツィオーンス・ズィッヒャー] 形 (機能の)保証付の，安全に作動する．
die **Funk・ti・ons・tas・te** [フンクツィオーンス・タステ] 名 -/-n〘コンピュ〙ファンクション〔操作〕キー．
funk・ti・ons・tüch・tig [フンクツィオーンス・テュヒティヒ] 形 正しく機能する．
der **Fụnk・turm** [フンク・トゥルム] 名 -(e)s/..türme 無線塔，放送塔．
die **Fụnk・über・tra・gung** [フンク・ユーバートラーグング] 名 -/-en 無線通信；放送，電送．
die **Fụnk・ver・bin・dung** [フンク・フェアビンドゥング] 名 -/-en 無線連絡．
der **Fụnk・ver・kehr** [フンク・フェアケーア] 名 -s/ 無線通信(交信)．
der **Fụnk・wa・gen** [フンク・ヴァーゲン] 名 -s/- 無線車．
die **Fụnk・wa・gen・strei・fe** [フンク・ヴァーゲン・シュトライフェ] 名 -/-n 無線パトカーによるパトロール．
das **Fụnk・we・sen** [フンク・ヴェーゼン] 名 -s/ (総称)無線電信(事業・設備)．
die **Fụn・sel** [フンゼル] 名 -/-n = Funzel.
die **Fụn・zel** [フンツェル] 名 -/-n《口・蔑》薄暗いランプ．

für [フューア] 前〔+4格〕**1.**(目的・用途・適合)…のための〔に〕：ein Geschenk ~ die Mutter お母さんへの贈り物．Er spart ~ sein Alter. 彼は老後のために貯金する．ein Buch ~ Kinder 子供向きの本．**2.**(利益・賛意・支援)…のために：~ seine Familie arbeiten 家族のために働く．Kann ich etwas ~ Sie tun ? 私で何かお役に立つことがありますか．Alle waren ~ ihn. みんなが彼の意見を支持した．~〈j⁴/et⁴〉stimmen〈人・事に〉賛成投票する．**3.**(感情の方向)…に(対して)：Sinn ~ das Schöne 美に対する感覚，美的センス．Sorge ~ die Zukunft 将来への心配．~〈j⁴/et⁴〉interessieren〈人・事に〉興味をもつ．~〈et⁴〉verantwortlich sein〈事に対して〉責任がある．**4.**(代理・代行)…の代りに：der Vertreter ~ mich 私の代理の者．~ zwei arbeiten 二人分働く．~ die ganze Belegschaft sprechen 全従業員の代りに発言する．**5.**(交換・代償)…の代りに，…と引換えに：Er bekam zehn Euro ~ seine Arbeit. 彼は仕事をして10ユーロもらった．die Strafe ~ den Leichtsinn 軽率さの報い〈et⁴〉~ 10 Euro kaufen〈物を〉10ユーロで買う．〈j³〉~〈et⁴〉danken〈人に〉〈物・事のことで〉感謝する．**6.**(関係範囲)…にとって，…に対しては：ich ~ meine Person 私個人としては Es ist nicht schwer ~ Sie. それはあなたには難しくありません．**7.**(対比・割合)…にしては，…の割に：Das Kind ist sehr groß ~ sein Alter. その子は年齢の割にとても大きい．**8.**(隔離・孤立)〔次の形で〕~ sich⁴ 自分だけで：Er lebt ganz ~ sich. 彼はまったく一人で生活している．Das ist eine Sache ~ sich. それは別問題だ．**9.**(一定期間・時点)…に：~ einige Wochen verreisen 数週間の予定で旅行する．Er hat mich ~ Montag bestellt. 彼は月曜に私に来るようにといった．~ heute ~ ! 今日のところはこれまで．**10.**(疑問詞として)〔次の形で〕was ~ (ein) どのような，どんな，どのような種類の：Was ~ ein Kleid möchten Sie kaufen？あなたはどのようなドレスを買いたいのですか．⇨ was¹〘慣用〙**ein für alle mal** これ

っきり,今回だけ. **für immer** 永久に. **fürs** Erste さしあたり,今から当分. **für nichts und wieder nichts** まった〈無駄に,何ら報われることなく. **Schritt für Schritt** 一歩一歩. **Tag für Tag** 日ごと. **Wort für Wort** 一語一語.
─ 前 〈次の形で〉 ～ und ～ 〈次の形で〉永久に.

das **Für** [ふゅーあ] 名 〈前置詞の名詞化〉〈次の形で〉 **das ～ und (das) Wider** 賛否,長所と短所,利害得失.

die **Fu·ra·ge** [..ʒə ふらージェ] 名 -/ 〈軍〉〈古〉糧秣(りょう); 馬車.

fu·ra·gie·ren [..ʃiːrən ふらジーレン] 動 h. 〈補助動詞〉〈軍〉〈古〉糧秣(りょう)を調達する.

für·baß, ®**fürbaß** [ふゅーあ・バス] 副 〈古〉更に先に.

die **Für·bit·te** [ふゅーあ・ビッテ] 名 -/-n とりなし; 代願.

der **Für·bit·ter** [ふゅーあ・ビッター] 名 -s/- 〈古〉代願者,とりなしをする人.

die **Fur·che** [ふるひぇ] 名 -/-n 1. 畝間(うねま), さく; 航跡,わだち. 2. 〈顔の〉深いしわ; 〈脳の〉しわ; 〈柱に掘られた〉溝.

fur·chen [ふるひぇン] 動 h. 〈文〉 1. 〈〈et³〉〉〉溝〈条・わだち・畝〉を刻む,畝(うね)を作る. 2. 〈et³〉にしわを寄せる〈額など〉に. 3. 〈et³〉〉澪(みを)〈航跡〉を残して進む〈鳥・船などが水面に〉; 〈et³ sich⁴ の場合〉溝〈澪〉ができる.

der **Fur·chen·wal** [ふるひぇン・ヴァール] 名 -(e)s/-e 〈動〉ナガスクジラ.

die **Furcht** [ふるひト] 名 -/ 1. 恐れ,恐怖,不安: ～ vor 〈j³/et³〉 〈人・物・事に対する〉恐れ. eine ～ erregende [furchterregende] Gestalt 恐怖を感じさせる形姿. 2. 〈古〉畏敬(いけい)〈Ehr～〉,畏怖(いふ).

furcht·bar [ふるひト・バール] 形 1. 恐ろしい: ein ～er Anblick 恐ろしい光景. ein ～er Mensch 〈口〉嫌な奴. 2. 〈口〉ものすごい; ものすごく: eine ～e Hitze すごい暑さ.

fürch·ten [ふゅるひテン] 動 h. 1. 〔sich⁴+ (vor 〈j³/et³〉) zu 〈動スルノヲ〉〕怖がる,恐れる,恐怖を感じる. 2. 〈j⁴/et³〉 恐れる,怖がる; 〈古〉畏(かしこ)まり敬う. 3. 〈daß の前置き〉〈et⁴〉〉恐れる,心配する. 心配に思う〈自分にとって不利・不快なことについて言う〉. 4. 〔für [um] 〈j⁴/et⁴〉〕気遣う,心配する.

fürch·ter·lich [ふゅるひター・リヒ] 形 1. 恐ろしい; 〈口〉恐ろしくいやな. 2. 〈口〉すごい.

furcht·los [ふるひト・ロース] 形 恐れを知らない.

die **Furcht·lo·sig·keit** [ふるひト・ロージィ ヒカイト] 名 -/ 大胆不敵な態度〔性格〕.

furcht·sam [ふるひト・ザーム] 形 臆病(おくびょう)な,気の小さい.

die **Furcht·sam·keit** [ふるひト・ザームカイト] 名 -/ 臆病(おくびょう)〈な性格〉.

die **Fur·chung** [ふるひュング] 名 -/-en 〈生〉卵割.

die **Fur·chungs·zel·le** [ふるひュングス・ツェレ] 名 -/-n 〈生理〉卵割球.

für·der [ふゅるダー] 副 〈文・古〉今後.

für·der·hin [ふゅるダー・ヒン] 副 〈文・古〉今後.

für·ein·an·der [ふゅーあ・アイナンダー] 副 お互いのために,お互いに.

die **Fu·rie** [フーりェ] 名 -/-n 1. 〔ロ神〕フリア(復讐(ふくしゅう)の女神); (転)恐怖,狂乱. 2. 〈口〉怒り狂った女. 3. 〈口〉怒り,狂乱.

der **Fu·rier** [ふりーア] 名 -s/-e 1. 〈軍〉〈古〉糧秣(りょう) ・会計担当下士官. 2. 会計係.

fu·ri·os [ふりオース] 形 激しい,短気な; 熱狂的な.

fu·ri·o·so [ふりオーゾ] 副 〈楽〉フリオーソ,激しく.

das **Fur·nier** [ふるニーア] 名 -s/-e 化粧張りの薄板,突板(つきいた).

fur·nie·ren [ふるニーレン] 動 h. 〈et⁴〉〉+ (mit 〈et³〉)〉 化粧張りをする〈クルミ材などで〉.

das **Fur·nier·holz** [ふるニーア・ホルツ] 名 -es/..hölzer 化粧張り用材木.

die **Fu·ror** [ふろーる] 名 -s/ 〈文〉狂乱,激怒.

die **Fu·ro·re** [ふろーれ] 名 -/〈das ～ -s/〉〈次の形で〉 ～ machen センセーションを巻起こす.

fürs [ふゅーあス] 副 =für+das.

die **Für·sor·ge** [ふゅーあ・ゾるゲ] 名 -/ 1. 社会福祉事業(社会法上の)の保護,扶助; 〈古〉社会福祉施設〔事務所〕. 2. 〈口〉生活保護. 3. 世話,介護,保護; 配慮.

die **Für·sor·ge·er·zie·hung** [ふゅーあゾるゲ・エあツィーウング] 名 -/ 補導.

der **Für·sor·ger** [ふゅーあ・ゾるガー] 名 -s/- 〈古〉福祉〔厚生〕事業担当者,ソーシャル〔ケース〕ワーカー.

für·sorg·lich [ふゅーあ・ゾるクリヒ] 形 配慮の行届いた.

die **Für·spra·che** [ふゅーあ・シュプらーへ] 名 -/-n 斡旋(あっせん),紹介: auf 〈j²〉 〈人の〉口ききで.

der **Für·sprech** [ふゅーあ・シュプれヒ] 名 -s/-e 〈スイス〉弁護士; 〈古〉代願者.

der **Für·spre·cher** [ふゅーあ・シュプれッヒャー] 名 -s/- 1. 代弁者,幹旋(あっせん)者. 2. 〈スイス〉弁護士.

der **Fürst** [ふゅるスト] 名 -en/-en 1. 侯爵(中世の大貴族の称号); 侯爵(Herzog と Graf の中間). 2. 君主; 領(邦君)主(Landes～). 3. 〈文〉第一人者,王者. 〖慣用〗 **der Fürst dieser Welt** 〖聖書〗悪魔. **wie ein Fürst leben** 〈口〉ぜいたくに暮す.

der **Fürst·bi·schof** [ふゅるスト・ビショっふ] 名 -s/..bischöfe (神聖ローマ帝国の)領主司教.

das **Fürs·ten·ge·schlecht** [ふゅるステン・ゲシュレヒト] 名 -(e)s/-er 王族; 王家(系・家柄).

das **Fürs·ten·haus** [ふゅるステン・ハウス] 名 -es/..häuser 君主の家系.

der **Fürs·ten·spie·gel** [ふゅるステン・シュピーゲル] 名 -s/- 君主の亀鑑(きかん)〔領主の規範書〕.

der **Fürs·ten·stand** [ふゅるステン・ジュタント] 名 -(e)s/..stände 侯爵の身分.

das **Fürs·ten·tum** [ふゅるステントゥーム] 名 -s/..tümer 侯国,侯爵領.

die **Fürs·tin** [ふゅるスティン] 名 -/-nen 1. 侯〔侯爵・君主〕夫人. 2. Fürst の女性形.

fürst·lich [ふゅるストリヒ] 形 1. 王侯の,領主の; 侯爵の. 2. 豪勢な.

die **Fürst·lich·keit** [ふゅるストリヒカイト] 名 -/-en 王侯(人).

das **Fürst-Pück·ler-Eis** [ふゅるスト・ピュックラー・アイス] 名 -es/ 三色アイスクリーム〈いちご・バニラ・チョコレートの〉.

die **Furt** [ふるト] 名 -/-en 浅瀬.

(das) **Fürth** [ふゅると] 名 -s/ 〔地名〕フュルト《バイエルン州の都市》.

das **Für·tuch** [ふゅーあ・トゥーふ] 名 -(e)s/..tücher 〈南独・スイス・オーストリア〉エプロン,前かけ.

(der) **Furt·wäng·ler** [ふるト・ヴェングラー] 名 〔人名〕フルトヴェングラー (Wilhelm ～, 1886-1954, 指揮者).

der[*das*] **Fu·run·kel** [ふるンケル] 名 -s/- 癤(せつ),フルンケル.

die **Fu·run·ku·lo·se** [ふるンクローゼ] 名 -/-n 〈医〉フルンケル(癤(せつ))多発(しょう)症.

für·wahr [ふゅーあ・ヴァー ル] 副 〈文飾〉〈文・古〉まことに,まったく.

der **Für·witz** [ふゅーあ・ヴィッツ] 名 -es/ 〈古〉=Vorwitz.

das **Für·wort** [ふゅーあ・ヴォるト] 名 -(e)s/..wörter 代名詞.

der **Furz** [ふるツ] 名 -es/Fürze 〈口〉屁(へ): einen ～ lassen 屁をひる. 〖慣用〗 **aus einem Furz einen Donnerschlag machen** つまないことで大騒ぎする.

fur·zen [ふるツェン] 動 h. 〈補助動詞〉〈口〉屁をひる.

furz·tro̤cken [ふるツ・トろッケン] [形] 《口》ひからびた, ばさばさの; 無味乾燥な.

der **Fu̲·sel** [ふーゼル] [名] -s/- 《主に[単]》質の悪いブランデー〔火酒〕.

das **Fu̲sel·öl** [ふーゼル・エール] [名] -(e)s/-e 《[複]は種類》フーゼル油.

der **Fü·si·lie̲r** [ふゅズィリーあ] [名] -s/-e **1.** 《[スイス]》(歩兵隊の)射撃兵. **2.** (プロイセンの)歩兵.

fü·si·lie̲·ren [ふゅズィリーれン] [動] *h.* 〔〈j⁴〉ヲ〕銃殺刑に処する.

die **Fu·si·o̲n** [ふズィオーン] [名] -/-en 合併, 合同; 〖生〗融合; 〖理〗核融合(Kern~); 〖光学〗融像.

fu·si·o·nie̲·ren [ふズィオニーれン] [動] *h.* 〔(mit 〈et³〉ト)〕合併する(会社などと).

die **Fu·si·o̲ns·kon·trol·le** [ふズィオーンス・コントろレ] [名] -/-n 〖法〗(競争制限防止のための)合併規制.

der **Fu̲ß** [ふース] [名] -es/Füße〔-〕 **1.** 《[複] Füße》足: *Füße* wie Blei haben (疲れて)足が鉛のように重い. 〈j³〉 auf den ~ treten 〈人の〉足を踏む; 〈人を〉侮辱する; 〈人を〉せきたてる. sich³ einen Nagel in den ~ treten くぎを踏み抜く. von einem ~ auf den anderen treten (いらいらして)足踏みをする. zu ~ gehen〔kommen〕 徒歩で行く. 〈j³〉 zu *Füßen* fallen 〈人の〉足もとにひれ伏す. **2.** 《[複] Füße》(動物の)足; (物の)脚部, 基部: am ~ des Berges/Bettes 山のふもとで/ベッドのすそに. **3.** 《[複]-》フィート(昔の長さの単位, 25-30 cm). **4.** 《[複] Füße》詩脚 (Vers~). 【慣用】**auf dem Fuße folgen** すぐ引続いて起こる, すぐ後について行く. **auf eigenen Füßen stehen** (経済的に)自立している. **auf freiem Fuß sein** 自由の身である. 〈j⁴〉 **auf freien Fuß setzen** 〈人を〉釈放する. **auf großem Fuß leben** 豪勢な生活をする, 《冗》足のサイズが大きい. 〈j³〉 **den Fuß auf den Nacken setzen** 《文》〈人に〉思い知らせてやる. **die Füße unter 〈j²〉 Tisch strecken** 《口》〈人の〉居候になっている. **(festen) Fuß fassen** 地盤を築く, 根をおろす. **Hand und Fuß haben** きちんとしている, しっかりとしている. 〈**et¹**〉 **hat Füße bekommen** 〈物が〉足が生えてなくなる. **immer (wieder) auf die Füße fallen** いつも苦境を切抜ける. **kalte Füße bekommen** 〔**kriegen**〕 《口》(共同の)計画にいや気がさす. **leichten Fußes** 軽い足どりで. **mit 〈j³〉 auf freundschaftlichem Fuß stehen** 〈人と〉友好関係にある. **mit beiden Füßen (fest) auf der Erde stehen** 足が地に着いている. **mit dem linken Fuß zuerst aufgestanden sein** 機嫌が悪い. **mit einem Fuß im Grabe stehen** 棺おけに片足を突っ込んでいる. 〈**j⁴/et⁴**〉 **mit Füßen treten** 〈人・物・事を〉手荒に扱う, 踏みにじる. **stehenden Fußes** 直ちに, 即刻. **trockenen Fußes** 足をぬらさずに, ぬれずに. **wieder auf die Füße kommen** 健康を回復する, 立直る. 〈**j³**〉 **zu Füßen liegen** 《文》〈人を〉大いに尊敬する.

der **Fu̲ß·ab·druck** [ふース・アップ・ドるック] [名] -(e)s/..drücke 足跡.

der **Fu̲ß·ab·strei·cher** [ふース・アップ・シュトらイひゃー] [名] -s/- 《方》(玄関口の)靴ぬぐい, ドアマット.

der **Fu̲ß·ab·strei·fer** [ふース・アップ・シュトらイふぁー] [名] -s/- 《方》靴ぬぐい.

die **Fu̲ß·an·gel** [ふース・アンゲル] [名] -/-n (泥棒よけの地面に植える)刺(とげ)つきの鉄具, かなびし.

das **Fu̲ß·bad** [ふース・バート] [名] -(e)s/..bäder **1.** 足湯, 足浴; 足浴の湯. **2.** 《口・冗》受け皿にこぼれた飲物.

der **Fu̲ß·ball** [ふース・バル] [名] -(e)s/..bälle **1.** 《[単]のみ》サッカー. **2.** サッカーボール.

die **Fu̲ß·ball·elf** [ふースバル・エルふ] [名] -/-en サッカーチーム, イレブン.

der **Fu̲ß·bal·ler** [ふース・バラー] [名] -s/- 《口》サッカー選手.

das **Fu̲ß·ball·feld** [ふースバル・ふぇルト] [名] -(e)s/-er サッカーのフィールド〔ピッチ〕.

die **Fu̲ß·ball·mann·schaft** [ふースバル・マンシャふト] [名] -/-en サッカーチーム.

das **Fu̲ß·ball·spiel** [ふースバル・シュピール] [名] -(e)s/-e サッカーの試合.

der **Fu̲ß·ball·spie·ler** [ふースバル・シュピーラー] [名] -s/- サッカー選手.

der **Fu̲ß·ball·ver·band** [ふースバル・ふぇあバント] [名] -(e)s/..bände サッカー連盟.

der **Fu̲ß·ball·ver·ein** [ふースバル・ふぇあアイン] [名] -(e)s/-e サッカークラブ.

die **Fu̲ß·bank** [ふース・バンク] [名] -/..bänke 足台.

die **Fu̲ß·be·klei·dung** [ふース・ベクライドゥング] [名] -/-en はきもの, 足にはくもの(靴・靴下など).

das **Fu̲ß·bett** [ふース・ベット] [名] -es/-en 足裏にあわせた靴の中敷.

der **Fu̲ß·bo·den** [ふース・ボーデン] [名] -s/..böden 床(ゆか).

der **Fu̲ß·bo·den·be·lag** [ふースボーデン・ベラーク] [名] -(e)s/..läge 床(ゆか)被覆材(リノリウム・じゅうたんなど).

fu̲ß·breit [ふース・ブらイト] [形] 足の幅の; 《稀》1 フィートの幅の.

der **Fu̲ß·breit** [ふース・ブらイト] [名] -(e)s/- 足幅; わずかな幅.

die **Fu̲ß·brem·se** [ふース・ブれムゼ] [名] -/-n フットブレーキ.

die **Fu̲s·sel** [ふっセル] [名] -/-n 《der ~ -s/-(n)も有》《口》毛玉, 糸くず.

fu̲s·se·lig, fu̲ss·lig [ふっセりひ] [形] **1.** けば立った, 毛玉のできる; ほつれた. **2.** 《口》気が散りやすい. 【慣用】**sich³ den Mund fusselig reden** 口がすっぱくなるほど人をいさめる.

fu̲s·seln [ふっセルン] [動] *h.* 〔補足なし〕けば立つ, 糸玉ができる.

fü̲·ßeln [ふゅーセルン] [動] **1.** *h.* 〔mit 〈j³〉ト〕《方》テーブルの下で足を触合う(異性との接近の試み); (…を)テーブルの下で足で突っつく(合図として). **2.** *s.* 〔補足なし〕《古》ちょこちょこ歩く, 小走りに歩く. **3.** *h.* 〔〈j⁴〉ヲ〕《[オーストリア]》足を出してつまずかせる.

fu̲·ßen [ふーセン] [動] *h.* **1.** 〔auf 〈et³〉ニ〕基づいている. **2.** 〔〈場所〉ヘ〕《古》足を踏入れる. **3.** 〔補足なし〕〖狩〗とまっている, とまる(猛鳥が).

(*das*) **Fü̲s·sen** [ふゅっセン] [名] -s/ 〖地名〗フュッセン(バイエルン州の町).

das **Fu̲ß·en·de** [ふース・エンデ] [名] -s/-n (ベッドなどの)足の方.

der **Fu̲ß·fall** [ふース・ふぁル] [名] -(e)s/ ひざまずくこと, 平伏.

fu̲ß·fäl·lig [ふース・ふぇりひ] [形] ひれ伏した, ひざまずいた.

fu̲ß·frei [ふース・ふらイ] [形] 足首までの長さの.

der **Fu̲ß·gän·ger** [ふース・ゲンガー] [名] -s/- 歩行者.

der **Fu̲ß·gän·ger·be·reich** [ふースゲンガー・ベらイひ] [名] -(e)s/-e 〖交通〗歩行者専用区域.

die **Fu̲ß·gän·ger·brü·cke** [ふースゲンガー・ブりゅッケ] [名] -/-n 歩道橋.

der **Fu̲ß·gän·ger·ü·ber·gang** [ふースゲンガー・ユーバー・ガング] [名] -(e)s/..gänge 横断歩道.

der **Fu̲ß·gän·ger·ü·ber·weg** [ふースゲンガー・ユーバー・ヴェーク] [名] -(e)s/-e 横断歩道.

die **Fu̲ß·gän·ger·zo·ne** [ふースゲンガー・ツォーネ] [名] -/-n 歩行者専用区域, 歩行者ゾーン.

der **Fu̲ß·ge·her** [ふース・ゲーあー] [名] -s/- 《[オーストリア]》歩行者.

das **Fu̲ß·ge·lenk** [ふース・ゲレンク] [名] -(e)s/-e 足(首)の関節.

fu̲ß·hoch [ふース・ホーほ] [形] 足首までの高さの; 1 フィ

ートの.

..fü·ßig [ふゅースィひ] [接尾] 数詞・形容詞につけて「…足の, 足が…の, …詩脚の」を表す形容詞を作る: vier*füßig* 四本足の;四詩脚の. leicht*füßig* 軽快な足どりの.

fuß·kalt [ふース・カルト] [形] 足元の寒い.

der **Fuß·knö·chel** [ふース・クㇴっひぇル] [名] -s/- くるぶし.

fuß·krank [ふース・クランク] [形] 足を痛めた.

fuß·lahm [ふース・ラーム] [形] 《口》足が疲れて歩けない.

der **Fuß·lap·pen** [ふース・ラッペン] [名] -s/- (靴下代わりの)足布.

die **Fuß·leis·te** [ふース・ライステ] [名] -/-n 幅木(はばき)(壁が床と接する部分の横木).

fuss·lig, [旧]**fuß·lig** [ふスリひ] ⇨ fusselig.

der **Füß·ling** [ふゅースリング] [名] -s/-e (靴下の)足部;足カバー.

die **Fuß·mat·te** [ふース・マッテ] [名] -/-n ドアマット;〖車〗フロアマット.

der **Fuß·na·gel** [ふース・ナーゲル] [名] -s/..nägel 足の爪.

die **Fuß·no·te** [ふース・ノーテ] [名] -/-n 脚注.

der **Fuß·pfad** [ふース・プふぁート] [名] -(e)s/-e 小道.

die **Fuß·pfle·ge** [ふース・プふレーゲ] [名] -/ 足の手入れ, ペディキュア.

der **Fuß·pfle·ger** [ふース・プふレーガー] [名] -s/- ペディキュア師.

der **Fuß·pilz** [ふース・ピルツ] [名] -es/ 《口》水虫.

der **Fuß·punkt** [ふース・プンクト] [名] -(e)s/-e 〖数〗垂線の足;〖天〗天底.

die **Fuß·re·flex·zo·nen·mas·sa·ge** [ふース・れふレックス・ツォーネン・マサージェ] [名] -/-n 足のつぼマッサージ.

der **Fuß·rü·cken** [ふース・りゅっケン] [名] -s/- 足の甲.

der **Fuß·sack** [ふース・ザック] [名] -(e)s/..säcke (保温用の)足袋, フットマフ.

die **Fuß·schal·tung** [ふース・シャルトゥング] [名] -/-en 足スイッチ.

der **Fuß·sche·mel** [ふース・シェーメル] [名] -s/- =Fußbank.

die **Fuß·soh·le** [ふース・ゾーレ] [名] -/-n 足の裏.

der **Fuß·sol·dat** [ふース・ゾルダート] [名] -en/-en 《古》歩兵.

die **Fuß·spit·ze** [ふース・シュピッツェ] [名] -/-n 足のつま先.

die **Fuß·spur** [ふース・シュプーあ] [名] -/-en 足跡.

die **Fuß·stap·fe** [ふース・シュタップふぇ] [名] -/-n =Fußstapfen.

der **Fuß·stap·fen** [ふース・シュタップふぇン] [名] -s/- 足跡. 【慣用】**in ⟨j²⟩ Fußstapfen treten** ⟨人の⟩模範に従う.

der **Fuß·steig** [ふース・シュタイク] [名] -(e)s/-e 歩道;《古》小道.

die **Fuß·stüt·ze** [ふース・シュテュッツェ] [名] -/-n 足掛け, 足台;(靴に入れる扁平足などの矯正用)足支え.

die **Fuß·tap·fe** [ふース・タップふぇ] [名] -/-n =Fußstapfen.

fuß·tief [ふース・ティーふ] [形] 足首までの深さの.

der **Fuß·tritt** [ふース・トりット] [名] -(e)s/-e **1.** 足で蹴ること;《古》歩み, 足取り. **2.** 《蔑》足蹴(あしげ), ひどい扱い.

das **Fuß·volk** [ふース・ふぉルク] [名] -(e)s/..völker 《古》歩兵(隊);《嘲》陣笠(じんがさ)連, 下っぱ.

die **Fuß·wan·de·rung** [ふース・ヴァンデるング] [名] -/-en 徒歩旅行, ハイキング.

fuß·warm [ふース・ヴァるム] [形] 足元の暖かい.

die **Fuß·wa·schung** [ふース・ヴァッシュング] [名] -/-en 〖カトリック〗洗足式.

der **Fuß·weg** [ふース・ヴェーク] [名] -(e)s/-e 歩道;徒歩での道のり〔所要時間〕.

die **Fuß·wur·zel** [ふース・ヴるツェル] [名] -/-n 〖解〗足根(そくこん).

die **Fus·ta·nel·la** [ふスタネラ] [名] -/..nellen フスタネラ(白地の短い男子用スカート. ギリシアの民族衣装).

die **Fus·ti** [ふスティ] [複名] **1.** 損傷〔破損〕品;野菜くず. **2.** 損傷〔破損〕品に対する値引き.

die **Fut** [ふット, ふート] [名] -/-en 《卑》女性の外陰部.

futsch [ふッチュ] [形] (次の形で) ~ sein 《口》すっと消え失せた;壊れた.

das **Fut·ter**[1] [ふッター] [名] -s/ 餌(えさ), 飼料;《口》食べ物, 食事: gut im ~ sein 〔stehen〕《口》栄養状態が良い.

das **Fut·ter**[2] [ふッター] [名] -s/- **1.** (衣服の)裏地;(カバンなどの)内張り: ein Mantel mit herausnehmbarem ~ ライナー付きのコート. **2.** (ドア・窓の)枠張り;(溶解炉の)内張り(材);〖工〗(旋盤の)チャック(Spann~).

das **Fut·te·ral** [ふテらール] [名] -s/-e (眼鏡などの)ケース, サック.

der **Fut·ter·bo·den** [ふッター・ボーデン] [名] -s/..böden 飼料倉庫.

die **Fut·ter·gers·te** [ふッター・ゲるステ] [名] -/ 飼料用大麦.

die **Fut·ter·krip·pe** [ふッター・クりッペ] [名] -/-n 長方形の飼い葉桶(おけ).

die **Fut·ter·kü·che** [ふッター・キュっひぇ] [名] -/-n 〖農〗家畜用のえさの調理場.

die **Fut·ter·lu·ke** [ふッター・ルーケ] [名] -/-n 《口・冗》口.

die **Fut·ter·mau·er** [ふッター・マウあー] [名] -/-n 土止め擁壁.

das **Fut·ter·mit·tel** [ふッター・ミッテル] [名] -s/- 飼料.

fut·tern [ふッターン] [動] *h.* **1.** 〖(⟨et⁴⟩ヲ)〗ぱくぱく〔もりもり〕食べる. **2.** 《方》=füttern[1].

füt·tern[1] [ふゅッターン] [動] *h.* **1.** 〖⟨et⁴⟩ニ〗餌(えさ)〔飼料〕を与える. **2.** 〖⟨et⁴⟩ヲ〗餌〔飼料〕として与える. **3.** 〖⟨j⁴⟩ニ〗食事を食べさせてやる. **4.** 〖⟨j⁴⟩ニ+mit ⟨et³⟩ヲ〗むやみに食べさせる;ふんだんに与える. **5.** 〖⟨et⁴⟩ニ〗〖コンピュータ〗(情報を)入れる, インプットする. **6.** 〖⟨et⁴⟩ヲ+in ⟨et⁴⟩ニ〗〖コンピュータ〗入れる. **7.** 〖⟨et⁴⟩ニ+(mit ⟨et³⟩ヲ)〗《口》入れる(機械にコインなどを). **8.** 〖⟨j⁴⟩ニ〗(ゴールに結びつく)いいパスを何度かする(サッカーなどで).

füt·tern[2] [ふゅッターン] [動] *h.* 〖⟨et⁴⟩ニ+(mit ⟨et³⟩ノ)〗裏地をつける, 裏張り〔裏打ち〕をする.

der **Fut·ter·napf** [ふッター・ナップふ] [名] -(e)s/..näpfe 飼料〔えさ〕皿〔鉢〕.

der **Fut·ter·neid** [ふッター・ナイト] [名] -(e)s/ (動物の他の動物の)餌に対するねたみ;《口》(他人の成功などに対する)ねたみ.

der **Fut·ter·platz** [ふッター・プラッツ] [名] -es/..plätze **1.** (動物の)えさ場. **2.** 〖農〗飼料置場.

die **Fut·ter·quel·le** [ふッター・クヴェレ] [名] -/-n 餌のありか〔供給源〕.

die **Fut·ter·rü·be** [ふッター・りゅーベ] [名] -/-n 飼料用ビート.

der **Fut·ter·stoff** [ふッター・シュトっふ] [名] -(e)s/-e 裏地.

der **Fut·ter·trog** [ふッター・トろーク] [名] -(e)s/..tröge (豚の)飼料槽(おけ).

die **Füt·te·rung** [ふゅッテるング] [名] -/-en **1.** 餌(えさ)〔飼料〕を与えること;食事を与えること;投入;入力. **2.** 《主に[単]》裏地をつけること;裏打ちすること. **3.** 裏地;内張り;チャック.

die **Fut·ter·ver·wer·tung** [ふッター・ふぇあヴェーあトゥング] [名] -/-en 〖農〗飼料の有効利用(度).

das **Fu·tur** [ふトゥーあ] [名] -s/-e 〖言〗未来時称;未来形: zweites ~ 未来完了.

der **Fu·tu·ris·mus** [ふトゥリスムス] 名 -/ 未来派(20世紀初頭のイタリアの急進的芸術運動).
fu·tu·ris·tisch [ふトゥリスティシュ] 形 未来派の;未来学(上)の.
der **Fu·tu·ro·lo·ge** [ふトゥろ・ローゲ] 名 -n/-n 未来学者.
die **Fu·tu·ro·lo·gie** [ふトゥろ・ロギー] 名 -/ 未来学.
das **Fu·tu·rum** [ふトゥーるム] 名 -s/Futura《古》=Futur.

G

das **g¹, G¹** [ge: ゲー] 名 -/- ((口)-s/-s) **1.** ドイツ語アルファベットの第7字. **2.** 〖楽〗ト音.

g² **1.** =g-Moll〖楽〗ト短調. **2.** =Gramm グラム. **3.** =Groschen グロッシェン(オーストリアの旧貨幣単位).

G² **1.** =Gauß〖理〗ガウス. **2.** =G-Dur〖楽〗ト長調. **3.** =Geld〖経〗買い相場. **4.** =giga-ギガ(「10億」を意味する).

Ga [ゲーア-] =Gallium〖化〗ガリウム.

(die) **Gäa** [ゲーア] 名〖ギ神〗ガイア(大地の女神).

gab [ガープ] 動 geben の過去形.

der **Gabardine** [gabardiːn ガバルディーン, ガバルディーン-] 名 -s/- (die ~ /- も有)㊥(種類)ギャバジン(綾織物).

der **Gabbro** [ガッブロ] 名 -s/〖地質〗ハンレイ岩, はすり岩.

die **Gabe** [ガーベ] 名 -/-n **1.** 〖文〗贈り物, 賜物(たまもの); 施し物, 喜捨; 〖ごう〗賞金. **2.** (天賦の)才能, 天分: **3.** (1回の)投薬〔服用〕量; ㊥(のみ)投薬.

gäbe [ゲーベ] 動 geben の接続法2式.

die **Gabel** [ガーベル] 名 -/-n **1.** フォーク(Essーiss): mit der fünfzinkigen ~ essen〖冗〗手づかみで食べる. **2.** 熊手, (農耕用)二股フォーク. **3.** フォーク〔股(また)状〕形をしたもの; (道・川の)分岐〔分流〕(点), (分岐〔分流〕)道〔川〕; (馬車などの)ながえ; (自転車の)フォーク; (鹿の二股の)枝角; (木の)分枝〔股〕; 受話器掛け, フック. **4.** 〖軍〗両当たり.

gabelförmig [ガーベル.ふおるミヒ] 形 二股〔フォーク状〕の.

das **Gabelfrühstück** [ガーベル-ふりゅーシュテュック] 名 -(e)s/-e〖古〗(祝日などの)二番目の朝食.

gabelig [ガーベリヒ] 形 二股(また)に分れた.

gabeln [ガーベルン] 動 **1.** sich⁴ ~ 二股(また)になる, 分岐〔分流〕する(道・川・枝など). **2.**《etウョ+〈方向〉へ(カフン)》(稀)フォークで刺す〔刺して取る〕(肉などを); フォークで積む〔積み降ろす〕(干草など を). **3.** 〖離〗(稀)フォークで食べる.

der **Gabelschlüssel** [ガーベル.シュリュッセル] 名 -s/-両囗スパナ.

der **Gabelstapler** [ガーベル.シュタプラー] 名 -s/-フォークリフト.

die **Gabelstütze** [ガーベル.シュテュッツェ] 名 -/-n 二脚の台架.

die **Gabelung** [ガーベルング] 名 -/-en 分岐〔分流〕; 分岐〔分流〕点.

die **Gabelweihe** [ガーベル-ヴァイエ] 名 -/-n〖鳥〗トビ.

der **Gabentisch** [ガーベン.ティッシュ] 名 -(e)s/-e 贈り物を置くテーブル.

(die) **Gabi** [ガービ] 名〖女名〗ガービ.

der **Gabler** [ガープラー] 名 -s/-〖動〗二股(また)赤鹿, エダツノレイヨウ.

(der) **Gabriel** [ガープリエ(ール] 名 **1.**〖男名〗ガーブリエル. **2.** 〖聖書〗ガブリエル(大天使の一人).

(die) **Gabriele** [ガーブリエーレ] 名〖女名〗ガブリエーレ.

(das) **Gabun** [ガブーン] 名〖国名〗ガボン(アフリカ中部, 大西洋岸の国).

gackern [ガッケルン] 動 h.〖離〗こっこっこっ(があおお)と鳴く(鶏・ガチョウなど); 〖口〗きゃっきゃっと笑いながらべちゃくちゃしゃべる.

der **Gaden** [ガーデン] 名 -s/- **1.**〖建〗クリアストーリ, 明り層. **2.**《方》一室だけの家; 平屋; 小部屋.

das **Gadolinium** [ガドリニーニウム] 名 -s/〖化〗ガドリニウム(希土類金属元素. 記号 Gd).

die **Gaffel** [ガッフェル] 名 -/-n〖海〗斜桁(しゃこう), ガフ. **2.**《方》(農耕用)二股フォーク.

das **Gaffelsegel** [ガッフェル.ゼーゲル] 名 -s/-〖海〗ガフスル, 斜桁帆.

gaffen [ガッフェン] 動 h.〖離〗〖蔑〗ぽかんと口をあけて見とれる.

der **Gaffer** [ガッふぁー] -s/-〖蔑〗ぽかんと口をあけて見とれている者.

der **Gag** [ゲック ゲク] 名 -s/-s **1.**〖劇・映〗ギャグ. **2.** びっくりさせること(もの).

der **Gagat** [ガガート] 名 -(e)s/-e 黒玉, 貝褐(がっ)炭.

die **Gage** [...ᴣə ガージェ] 名 -/-n ギャラ; 〖〗〖古〗士官の俸給.

gähnen [ゲーネン] 動 h.〖離(ごう)〗あくびをする; 〖文〗ぽっかり口をあけている(穴などが).

gal [ガル] =Gallone ガロン.

die **Gala** [ガ(-)ラ] 名 -/ **1.** 正装, 礼装; 〖史〗宮廷服. **2.** ガラ公演(~vorstellung).〖慣用〗sich⁴ in Gala werfen〖口〗晴れ着を着る.

das **Galadiner** [gá(-)ladine: ガ(-)ラディネー] 名 -s/-s (公式の)晩餐(ばんさん)会.

galaktisch [ガラクティッシュ] 形〖天〗銀河系の.

der **Galan** [ガラーン] 名 -s/-e〖皮〗女性にやさしいしゃれ男; 〖口・蔑〗情夫.

galant [ガラント] 形 古風の; (18世紀の優美・繊細・軽快を特色とする)ギャラントな.

die **Galanterie** [ガランテリー] 名 -/-n〖文・古〗 **1.** ㊥(のみ)(女性に対する)慇懃(いんぎん)な態度. **2.** (女性に対する)慇懃なお世辞.

die **Galanteriewaren** [ガランテリー・ヴァーレン]〖複名〗〖古〗装身具, アクセサリー.

(die) **Galatea** [ガラテーア] 名〖ギ神〗ガラティア(海の精).

die **Galauniform** [ガ(ー)ラ.ウニふぉるム] 名 -/-en 礼装用の制服.

die **Galavorstellung** [ガ(ー)ラ.ふぉーあ.シュテルング] 名 -/-en ガラ公演(特別記念公演).

die **Galaxie** [ガラクスィー] 名 -/-n〖天〗銀河(系外星雲).

die **Galaxis** [ガラクスィス] 名 -/..xien [ガラクスィーエン]〖天〗銀河系; (稀)=Galaxie.

der **Gäle** [ゲーレ] 名 -n/-n ゲール人(アイルランドとスコットランドのケルト人).

die **Galeasse** [ガレアッセ] 名 -/-n〖海〗ガリアス船(大型のガレー船); (ドイツ沿海用)貨物帆船.

die **Galeere** [ガレーレ] 名 -/-n ガレー船.

der **Galeerensklave** [ガレーレン.スクラーヴェ] 名 -n/-n ガレー船をこぐ奴.

der **Galeerensträfling** [ガレーレン.シュトれーふりング] 名 -s/- ガレー船をこぐ囚人.

das **Galenikum** [ガレーニクム] 名 -s/..ka カレヌス式薬剤(薬草などで作られる).

galenisch [ガレーニッシュ] 形 ガレヌスの, ガレヌスに基づく.

der **Galenit** [ガレニート] 名 -s/-e 方鉛鉱.

die **Galeone** [ガレオーネ] 名 -/-n ガレオン船(スペイン・ポルトガルの武装帆船).

der **Galeot** [ガレオート] 名 -en/-en ガレー船をこぐ奴隷.

die **Ga·le·o·te** [ガレオーテ] 名 -/-n (19世紀ドイツの)沿海用貿易帆船.

die **Ga·le·rie** [ガレリー] 名 -/-n **1.** 画廊; 絵画館 (Gemälde~). **2.** (劇場の)天井桟敷(ﾃﾝｼﾞｮｳ)席; (口)立見席の観客; (教会の)二階席 : für die ~ spielen 大衆受けをねらう. **3.** 【建】回廊, 歩廊, 柱廊; (城などの)防御回廊; 暑見用大広間; バルコニー(風ン゙ー); (稀)(ガラス屋根の)ショッピングアーケード. **4.** 細長いオリエンタルカーペット. **5.** (ﾄﾝﾈﾙ)谷側に窓のあるトンネル. **6.** (主に(冗))(人·物の)大勢, 多数. **7.** (ﾊ゙ﾘ)暗黒街.

der **Ga·le·rie·wald** [ガレリー・ヴァルト] 名 -(e)s/..wälder ガレリア林(アフリカの熱帯平原の川·湖沼いの細長い森林).

der **Gal·gen** [ガルゲン] 名 -s/- 絞首台; (各種の)つり下げ装置; 〈j〉 an den ~ bringen 〈人を〉訴えて処罰されるようにする. 【慣用】**am Galgen enden** 《口》悲惨な最後を遂げる.

die **Gal·gen·frist** [ガルゲン・ふリスト] 名 -/-en (主に(単))(最後の)猶予期間.

das **Gal·gen·gesicht** [ガルゲン・ゲズィヒト] 名 -(e)s/-er 悪人づら; うさんくさい顔(人).

der **Gal·gen·humor** [ガルゲン・フモーア] 名 -s/ 痩(ﾔ)せ我慢のユーモア(陽気さ), 引かれ者の小唄(ｺｳﾀ).

der **Gal·gen·strick** [ガルゲン・シュトリック] 名 -(e)s/-e 絞首台の綱; 《口·蔑》ならず者; 《口》いたずら小僧.

der **Gal·gen·vogel** [ガルゲン・ふォーゲル] 名 -s/..vögel 《口·蔑》ならず者, 《口·稀》いたずら小僧.

(*das*) **Ga·li·ci·en** [..tsjən ガリーツィエン] 名 -s/ 〔地名〕(スペイン北西部の地方).

(*das*) **Ga·li·läa** [ガリレーア] 名 -s/ 〔地名〕ガリラヤ(イスラエルの北部地方).

der **Ga·li·lä·er** [ガリレーアー] 名 -s/- ガリラヤ人.

ga·li·lä·isch [ガリレーイシュ] 形 ガリラヤの.

(*der*) **Ga·li·lei** [ガリレーイ] 〔人名〕ガリレイ (Galileo ~, 1564-1642, イタリアの自然科学者).

der (*das*) **Ga·li·ma·thi·as** [ガリマティーアス] 名 -/ 《文·古》内容のない話, むだ話, たわごと.

die **Ga·li·ons·fi·gur** [ガリオーンス・ふぃグーア] 名 -/-en 〔海〕船首飾り, 船首像; (転)宣伝用人物.

gä·lisch [ゲーリシュ] 形 ゲール(人·語)の.

das **Gä·lisch** [ゲーリシュ] 名 -(s)/ ゲール語.

(*das*) **Ga·li·zi·en** [ガリーツィエン] 名 -s/ 〔地名〕ガリチア(カルパチア山脈の北の地域).

der **Ga·li·zi·er** [ガリーツィアー] 名 -s/- ガリチア人.

gall [ガル] = Gallone ガロン.

der **Gall·apfel** [ガル・アプふェル] 名 -s/..äpfel 【植】没食子(ﾎﾞｯｼｮｸｼ).

die **Gal·le**[1] [ガレ] 名 -/-n **1.** 胆嚢(ﾀﾝﾉｳ) (~n-blase); 胆汁. **2.** にがにがしい思い, 不機嫌, かんしゃく : Gift und ~ speien 怒りをぶちまける. Die ~ läuft ihm über. 彼ははらわたが煮えかえる.

die **Gal·le**[2] [ガレ] 名 -/-n 【植】虫こぶ, 虫癭 (ﾁｭｳｴｲ); 【獣医】瘤腫(ﾘｭｳｼｭ).

gal·le·bit·ter [ガレ・ビッター] 形 (胆汁のように)ひどく苦い.

gal·len·bit·ter [ガレン・ビッター] 形 = gallebitter.

die **Gal·len·bla·se** [ガレン・ブラーゼ] 名 -/-n 胆嚢 (ﾀﾝﾉｳ).

die **Gal·len·ko·lik** [ガレン・コーリク, ガレン・コリク] 名 -/-en 胆石性腹痛.

die **Gal·len·laus** [ガレン・ラウス] 名 -/..läuse 【昆】(アブラムシの)虫癭(ﾁｭｳｴｲ)〔虫こぶ〕をつくる幹母(ｶﾝﾎﾞ).

das **Gal·len·lei·den** [ガレン・ライデン] 名 -s/- 胆嚢(ﾀﾝﾉｳ)病.

der **Gal·len·stein** [ガレン・シュタイン] 名 -(e)s/-e 胆石.

das **Gal·lert** [gálərt ガラート, galért ガレルト] 名 -(e)s/-e (㊨は種類)ゼリー, ゼラチン.

gal·lert·ar·tig [ガラート・アーあティヒ, ガレルト・アーあティヒ] 形 ゼラチンの, ゼリー状の.

die **Gal·ler·te** [galérta ガレルテ, gálərtə ガラーテ] 名 -/-n = Gallert.

(*das*) **Gal·li·en** [ガリエン] 名 -s/ 〔地名〕ガリア(フランスのラテン語名称).

der **Gal·li·er** [ガリアー] 名 -s/- ガリア人.

gal·lig [ガリヒ] 形 **1.** 胆汁のように苦い. **2.** 不機嫌な, 辛辣な.

gal·lisch [ガリシュ] 形 ガリアの(語·人).

das **Gal·li·um** [ガリウム] 名 -s/ 【化】ガリウム(記号 Ga).

der **Gal·li·zis·mus** [ガリツィスムス] 名 -/..men 〔言〕(他言語の中の)フランス語風の言回し.

die **Gall·mücke** [ガル・ミュッケ] 名 -/-n 【昆】タマバエ.

die **Gal·lo·ne** [ガローネ] 名 -/-n ガロン(液量の単位. イギリスでは 4,546ℓ, アメリカでは 3,785ℓ. 記号 gal, gall).

die **Gall·wes·pe** [ガル・ヴェスペ] 名 -/-n 【昆】タマバチ.

die **Gal·mei·pflan·ze** [ガルマイ・プランツェ, ガルマイ・プふランツェ] 名 -/-n 【植】亜鉛の含有量の多い土壌に育つ植物.

der **Ga·lon** [..lṍ: ガローン] 名 -s/-s 〔服〕(金·銀などの)飾りひも, モール飾り.

die **Ga·lo·ne** [ガローネ] 名 -/-n = Galon.

der **Ga·lopp** [ガロップ] 名 -s/-e(-s) **1.** (馬の)早駆け, ギャロップ : im ~ (口)大急ぎで. **2.** ガロップ(2/4拍子の輪舞).

ga·lop·pie·ren [ガロピーレン] 動 h.(s.) (<場所>)ギャロップで駆けて行く(駆ける)(馬が·人が馬で); (転)急速に進む(不都合なことが).

ga·lop·pie·rend [ガロピーレント] 形 急速に悪化する; 【医】奔馬性の.

die **Ga·lo·sche** [ガロッシェ] 名 -/-n 《古》(ゴム製の)オーバーシューズ; 《口·蔑》ぼろの靴(室内ばき).

galt [ガルト] 動 gelten の過去形.

gäl·te [ゲルテ] 動 gelten の接続法2式.

(*der*) **Gal·va·ni** [ガルヴァーニ] 〔人名〕ガルヴァーニ (Luigi ~, 1737-98, イタリアの自然科学者).

die **Gal·va·ni·sa·ti·on** [ガルヴァニザツィオーン] 名 -/-en 【電】ガルヴァーニ電気作用(直流を使用).

gal·va·nisch [ガルヴァーニシュ] 形 【電】ガルヴァーニの, 直流電気の : ~es Element ガルヴァーニ電池. ~er Strom ガルヴァーニ電流. 〈et[4]〉 ~ verchromen 〈物に〉クロームめっきをする.

der **Gal·va·ni·seur** [..zǿr ガルヴァニ㋛ーあ] 名 -s/-e 電気めっき工.

gal·va·ni·sie·ren [ガルヴァニズィーれン] 動 h. 〈et[4]〉: 〔工〕電気めっきする.

der **Gal·va·nis·mus** [ガルヴァニスムス] 名 -/ 【電】ガルヴァーニ電気; ガルヴァーニ電気の学説.

das **Gal·va·no** [ガルヴァーノ] 名 -s/-s 【印】電気版.

die **Gal·va·no·kaus·tik** [ガルヴァノ・カウスティク] 名 -/ 【医】電気焼灼(ｼｮｳｼｬｸ)法.

der **Gal·va·no·kau·ter** [ガルヴァノ・カウター] 名 -s/- 【医】電気焼灼(ｼｮｳｼｬｸ)器.

das **Gal·va·no·me·ter** [ガルヴァノ・メーター] 名 -s/- 【電】検流計.

die **Gal·va·no·pla·stik** [ガルヴァノ・プラスティク] 名 -/ 電気鋳造法; 電気製版術.

gal·va·no·pla·stisch [ガルヴァノ・プラスティシュ] 形 電鋳の; 電気製版の.

das **Gal·va·no·skop** [ガルヴァノ・スコープ] 名 -s/-e 検電器.

die **Gal·va·no·ta·xis** [ガルヴァノ・タクスィス] 名 -/..xen 【生】走電性.

die **Gal·va·no·tech·nik** [ガルヴァノ・テクニク] 名 -/-en

電気めっき(法).

die **Gal·va·no·ty·pie** [ガルヴァノ・テュピー] [名] -/-n 《古》=Galvanoplastik.

die **Ga·ma·sche** [ガマッシェ] [名] -/-n スパッツ, 脚絆(きゃはん);ゲートル: vor 〈j^3/et^3〉 ~*n* haben 《口・蔑》〈人・物を〉怖がる.

der **Ga·ma·schen·dienst** [ガマッシェン・ディーンスト] [名] -es/-e 杓子定規のくだらない(軍事)訓練.

die **Gam·be** [ガムベ] [名] -/-n 〚楽〛ヴィオラ・ダ・ガンバ.

(*das*) **Gam·bia** [ガムビア] [名] -s/ 〚国名〛ガンビア《アフリカ西部, 大西洋岸の国》.

der **Gam·bir** [ガムビる] [名] -s/ ガンビール, 阿仙薬《皮なめし・医薬用》.

das **Gam·bit** [ガムビット] [名] -s/-s 〚チェス〛ガンビット《先手を取るためにポーンを捨て駒とした序盤の手》.

(*der*) **Gam·bri·nus** [ガムブリーヌス] [名] 〚人名〛ガンブリーヌス《ビールの発明者. フランドルの王》.

das **Ga·me·lan** [ガーメラン] [名] -s/-s 〚楽〛ガムラン《インドネシアの器楽合奏による民族音楽》.

das **Ga·me·lang** [ガーメラング] [名] -s/-s =Gamelan.

der **Ga·met** [ガメート] [名] -en/-en 〚生〛配偶子.

..**ga·mie** [..ガミー] [接尾] ギリシア語起源の形容詞につけて「受胎, 受精, 受粉, 結婚」を表す女性名詞を作る: Auto*gamie* 自家生殖. Bi*gamie* 重婚.

das **Gam·ma** [ガマ] [名] -(s)/-s ガンマ《ギリシア語アルファベットの第 3 字 γ, Γ》.

das **Gam·ma·glo·bu·lin** [ガマ・グロブリーン] [名] -s/-e 〚医〛ガンマグロブリン.

die **Gam·ma·strah·len** [ガマ・シュトらーレン] [複名] 〚理・医〛ガンマ線《記号γ-Strahlen》.

die **Gam·ma·strah·lung** [ガマ・シュトらールング] [名] -/-en 〚理・医〛ガンマ線放射〔照射〕.

der **Gam·mel** [ガメル] [名] -s/ **1.** 《口》くだらない物, がらくた. **2.** 〚漁〛魚粉・肥料用の魚.

gam·me·lig [ガメリひ] [形] 《口》 **1.** 古くて食べられない. **2.** だらしのない.

gam·meln [ガメルン] [動] *h.* **1.** 〔補足なし〕《口》腐る, 傷む《食物が》. **2.** 〔補足なし〕ぶらぶらして過ごす《特に 1960 年代の若者が定職を持たずに》;だらだらする.

der **Gamm·ler** [ガムラー] [名] -s/- 《口》(特に 1960 年代の反体制的)ドロップアウト;ヒッピー.

gamm·lig [ガムリひ] [形] =gammelig.

die **Ga·mo·ne** [ガモーネ] [複名] 〚生〛ガモン《生殖細胞から分泌される化学物質》.

der〔*die*/*das*〕**Gams** [ガムス] [名] -/-(en) 〚狩〛《方》アルプスカモシカ.

der **Gams·bart** [ガムス・バーあト], **Gäms·bart**, [旧] **Gems·bart** [ゲムス・バーあト] [名] -(e)s/..bärte アルプスカモシカのたてがみ《帽子などに飾る》.

der **Gäms·bart** [ゲムスバーあト] [名] -(e)s/..bärte = Gamsbart.

der **Gams·bock** [ガムス・ボック], **Gäms·bock**, [旧] **Gems·bock** [ゲムス・ボック] [名] -(e)s/..böcke 〚動〛雄のアルプスカモシカ〔シャモア〕.

der **Gäms·bock** [ゲムス・ボック] [名] -(e)s/..böcke = Gamsbock.

die **Gäm·se**, [旧] **Gemse** [ゲムゼ] [名] -/-n 〚動〛アルプスカモシカ, シャモア.

die **Gäms·geiß** [ゲムス・ガイス] [名] -/-en 〚動〛雌のアルプスカモシカ〔シャモア〕.

das **Gams·le·der** [ガムス・レーダー], **Gäms·le·der**, [旧] **Gems·le·der** [ゲムス・レーダー] [名] -s/ アルプスカモシカのもみ革.

(*der*/*die*) **Gan·dhi** [ガンディ] [名] 〚人名〛ガンジー《Mahatma ~, 1869-1948, インド独立の指導者》.

der **Gan·er·be** [ガーン・エるベ] [名] -n/-n (中世の)共同相続人.

gang [ガング] [形] 《次の形で》~ und gäbe sein 普通である, 一般に行われている.

der **Gang**[1] [ガング] [名] -(e)s/Gänge **1.** 歩き方, 足どり;ペース: seinen ~ beschleunigen 歩調を速める. **2.** 歩くこと, 歩行;用足し: einen ~ in die Stadt machen 街へ出かける. einen schweren〔bitteren〕 ~ tun つらい用事のために出かける. einige *Gänge* machen 二三用足しをする. 〈j^4〉 auf seinem letzten ~ begleiten 〈人の〉お葬式に参列する. **3.** 進行, 運行, 運動, 活動, 作動: 〈et^4〉 in ~ setzen〔bringen〕〈物を〉起動〔作動〕させる;〈事を〉進行〔活動〕させる. 〈et^4〉 in ~ halten 〈物を〉作動させておく;〈事を〉停滞させない. im〔in〕~ sein 進展〔活動〕している;運転〔作動〕している. in ~ kommen 進行し始める. **4.** 経過, 成行き: seinen (geordneten) ~ gehen 予定〔予想〕どおりの成行きとなる. **5.** 〚工〛(車の)ギア;(ねじの)ピッチ: in den ersten ~ schalten ファーストギアに入れる. **6.** 〚料〛(コース料理の)一品. **7.** 通路, 廊下; 並木道, 地下道. **8.** (作業の)一区切り;〚スポ〛ラウンド, セット, 回. **9.** 〚地質〛鉱脈. 【慣用】**ein Gang nach Kanossa**〔**Kanossagang**〕屈辱的に許しを乞(こ)うこと《カノッサの屈辱の故事から》. **einen Gang zulegen** 《口》一段と急ぐ. **einen Gang zurückschalten** 《口》テンポを落す.

die **Gang**[2] [gɛŋ ゲング] [名] -/-s ギャング;非行少年グループ.

die **Gang·art** [ガング・アーあト] [名] -/-en **1.** 歩き方;(馬の)足運び;〚スポ〛試合運び;(競歩の)歩行術. **2.** 〚地質〛脈石.

gang·bar [ガング・バーあ] [形] **1.** 通行可能な;実行可能な. **2.** 一般に通用している, 流通している.

die **Gang·bar·keit** [ガングバーあカイト] [名] -/ 通行できること;流通していること.

das **Gän·gel·band** [ゲンゲル・バント] [名] -(e)s/..bänder 《古》(幼児の)歩行練習用ベルト. 【慣用】〈j^4〉 **am Gängelband führen**〔**haben**/**halten**〕〈人を〉意のままに操る. **am Gängelband gehen** 人の言いなりになっている.

gän·geln [ゲンゲルン] [動] *h.* 〔〈j^4〉ヲ〕歩行練習用ベルトで連れ歩く;《蔑》思うままに操る.

das **Gang·ge·stein** [ガング・ゲシュタイン] [名] -(e)s/-e 〚地質〛脈石.

gän·gig [ゲンギひ] [形] **1.** 一般に行われている. **2.** よく売れる;流通〔通用〕している. **3.** (まだ)使える〔動く〕;よく訓練された(犬).

das **Gang·li·on** [ガングリオン] [名] -s/..lien 《主に[複]》〚医〛神経節;結節腫, ガングリオン.

die **Gang·schal·tung** [ガング・シャルトゥング] [名] -/-en 〚工〛変速装置.

das **Gang·spill** [ガング・シュピル] [名] -(e)s/-e 〚海〛車地(しゃち), 巻き揚げ機, キャプスタン.

der **Gangs·ter** [gɛ́ŋstər ゲングスター] [名] -s/- 《蔑》ギャング〔暴力団〕の一員, 凶悪な犯罪者, 悪党.

der **Gangs·ter·boss**, [旧] **Gangs·ter·boß** [ゲングスター・ボス] [名] -es/-e ギャング(団)のボス.

die **Gang·way** [gǽŋve: ゲング・ヴェー] [名] -/-s (船・飛行機の)タラップ.

der **Ga·no·ve** [ガノーヴェ] [名] -n/-n 《口・蔑》詐欺師, 悪党, ならず者.

die **Gans** [ガンス] [名] -/Gänse **1.** ガチョウ;ガチョウの雌;ガチョウの焼肉 **2.** 《口・蔑》世間知らずの娘.

der **Gans·bra·ten** [ガンス・ブらーテン] [名] -s/- 《南独・オーストリア》ガチョウの焼肉.

das **Gän·se·blüm·chen** [ゲンゼ・ブリュームひぇン] [名] -s/- 〚植〛ヒナギク, デージー;《口・冗》目立たない娘.

der **Gän·se·bra·ten** [ゲンゼ・ブらーテン] [名] -s/- ガチョウの焼肉.

die **Gän·se·brust** [ゲンゼ・ブるスト] [名] -/..brüste (塩漬・薫製の)ガチョウの胸肉のロースト.

G

die **Gän·se·fe·der** [ゲンゼ·ふぇーダー] [名] -/-n **1.** ガチョウの羽. **2.** 鵞(が)ペン.
das **Gän·se·füß·chen** [ゲンゼ·ふゅースひぇン] [名] -s/-《口》引用符《記号 „“》.
die **Gän·se·haut** [ゲンゼ·ハウト] [名] -/ 鳥肌: eine ~ bekommen 鳥肌が立つ. 【慣用】〈j³〉 **läuft eine Gänsehaut über den Rücken** 〈人は〉背筋がぞくぞくする.
die **Gän·se·keu·le** [ゲンゼ·コイレ] [名] -/-n ガチョウのもも肉.
der **Gän·se·kiel** [ゲンゼ·キール] [名] -(e)s/-e ガチョウの羽の軸;鵞(が)ペン.
das **Gän·se·klein** [ゲンゼ·クライン] [名] -s/ ガチョウの手羽·頭·首·内臓;ガチョウのもつ料理.
die **Gän·se·le·ber** [ゲンゼ·レーバー] [名] -/-n ガチョウのレバー.
die **Gän·se·le·ber·pas·te·te** [ゲンゼレーバー·パステーテ] [名] -/-n パテ·ド·フォアグラ.
der **Gän·se·marsch** [ゲンゼ·マるシュ] [名] -(e)s/《次の形で》 im ~ (縦に)一列に並んで.
der **Gan·ser** [ガンザー] [名] -s/-《南独·オーストリア》雄のガチョウ.
der **Gän·se·rich** [ゲンぜりひ] [名] -s/-e 雄のガチョウ;〖植〗キジムシロ.
das **Gän·se·schmalz** [ゲンゼ·シュマルツ] [名] -es/ ガチョウの脂.
der **Gän·se·wein** [ゲンゼ·ヴァイン] [名] -(e)s/《口·冗》(飲み)水.
die **Gant** [ガント] [名] -/-en《スイス·古》競売.
gan·ten [ガンテン] [動] *h.*《スイス·古》〔〈et⁴〉ヲ〕競売にかける.
der **Gan·ter** [ガンター] [名] -s/-《北独》雄のガチョウ.
der **Ga·ny·med** [ガニュメート, ガーニュメート] [名] -s/-e **1.**《文·稀》若い給仕. **2.** (㊥のみ;主に無冠詞)〖ギ神〗ガニュメート, ガニュメデス(Zeus の献酌侍従). **3.** (㊥のみ)〖天〗ガニュメデ(木星最大の衛星).
(*der*) **Ga·ny·me·des** [ガニュメーデス] [名] =Ganymed.
ganz [ガンツ] [形] **1.** 全体の, 全部の, 完全な(標準語では単数名詞にのみつく): die *~e* Welt 全世界. ein *~es* Jahr まる1年. den *~en* Tag 1日中. mit *~er* Kraft 全力で. von *~em* Herzen 心から. ein *~er* Mann 男らしい男. ein *~er* Kerl《口》たいしたやつ. Sie ist die *~e* Mutter. 彼女は母親そっくりだ. (《口》では複数名詞にもつく)die *~en* Schüler 全生徒. (無冠詞の地名などでは無語尾)in ~ Europa ヨーロッパ中で. **2.** (基数とともに)《口》わずか, きっかり: Das Taschenbuch kostet *~e* 4Euro. そのポケットブックはたった4ユーロだ. **3.** (量·時間を示す名詞とともに)《口》かなり多くの: eine *~e* Menge Arbeit かなりな(量の)仕事. ein *~er* Stoß Bücher 一山もある本. eine *~e* Zeit かなりな時間. *~e* Tage 幾日も. **4.** 《口》壊れて〔傷んで〕いない: 〈et⁴〉 wieder ~ machen 〈物を〉元どおりにする. 【慣用】 **eine ganze Note/Pause**〖音〗全音符/全休符. **ganze Zahl**〖数〗整数.

—— [副] (語飾) **1.** (動詞·形容詞·副詞·名詞を修飾. アクセント有)まったく, すっかり, 完全に: ~ gewiß 間違いなく確かに. Das ist etwas ~ anderes. それはまったく別の事だ. Sie ist ~ die Mutter. 彼女は母親そっくりだ. **2.** (形容詞を修飾. アクセント有)とても, ずいぶん, たいへん: ~ klein sein とても小さい. **3.** (特に gut, nett, schön など良い意味の形容詞を修飾. アクセント無)まあまあの, 一応は, ある程度: Wie geht's? — *G~* gut. どうだい. —まあまあだ. Sie hat ~ schön gesungen. 彼女はまずまずの歌いぶりだった. 【慣用】 **ein ganz klein wenig** ほんのわずか. **ganz Ohr sein** 全身を耳にして聞いている. **ganz und gar** まったく. **nicht ganz** 必ずしも…でない.

das **Gan·ze** [ガンツェ] [名]《形容詞的変化》(物·事の)全体, 全部: ein großes ~(s) 一つの大きな全体. aufs ~ gesehen 全体として見れば. 【慣用】 **aufs Ganze gehen** 《口》決着がつくまで徹底的にやる. **im Ganzen** 全部で, 全体としては. **im Großen (und) Ganzen** 大体において, 全体として. **Es geht ums Ganze.** のるかそるかの瀬戸際だ. **nichts Ganzes und nichts Halbes sein** 《口》中途半端である.
die **Gän·ze** [ゲンツェ] [名] -/ (次の形で) in seiner 〔ihrer〕~ その全体で. zur ~ 完全に, 全部.
die **Ganz·heit** [ガンツハイト] [名] -/-en (主に㊥)全体, 総体;完結〔統一〕性, 全体性.
ganz·heit·lich [ガンツハイトりひ] [形] 全体的な;全人的な.
die **Ganz·heits·me·tho·de** [ガンツハイツ·メトーデ] [名] -/ =Ganzwortmethode.
ganz·jäh·rig [ガンツ·イェーりひ] [形] 一年中の.
das **Ganz·le·der** [ガンツ·レーダー] [名] -s/〖製本〗総革装.
der **Ganz·le·der·band** [ガンツレーダー·バント] [名] -(e)s/..bände〖製本〗総革装の本.
das **Ganz·lei·nen** [ガンツ·ライネン] [名] -s/ **1.**〖織〗純リンネル(生地). **2.**〖製本〗総クロース装.
gänz·lich [ゲンツりひ] [形] 完全な, まったくの.
die **Ganz·sa·che** [ガンツ·ザっへ] [名] -/-n 郵便料金を刷込んだ封筒〔葉書〕.
ganz·sei·tig [ガンツ·ザイティひ] [形] 全ページの.
ganz·tä·gig [ガンツ·テーギひ] [形] 一日中の, 一日掛りの.
die **Ganz·tags·be·schäf·ti·gung** [ガンツ·タークス·ベシェふティグング] [名] -/ 全日就業, フルタイム勤務.
die **Ganz·tags·schu·le** [ガンツ·タークス·シューレ] [名] -/-n 全日制の学校.
die **Ganz·wort·me·tho·de** [ガンツ·ヴォるト·メトーデ] [名] -/〖教〗(字母ではなく)語や文から始める読み方の学習方法.
gar¹ [ガーあ] [形] **1.** 煮えた, 焼けた: ~ gekocht よく焼けた〔煮えた〕. **2.**〖農〗耕作に適した. **3.**《南独·オーストリア·口》使いはたした.
gar² [ガーあ] [副] **1.** (語飾)(動詞·形容詞·副詞·名詞を修飾) **a.** (否定詞の強め)まったく…でない, 決して…しない: Dazu hat sie ~ kein Recht. 彼女にはそうする権利はまったくない. **b.**《古》それどころか, …さえ. **c.** (次の形で)~ zu あまりにも: ~ zu viel essen あまりにも食べすぎる. (次の形で)~ so とても: ~ so schwierig sein とても難しい. **d.** (アクセント無)まして や, …ときたら: Er ist schon gesprächig genug, aber ~ seine Frau! 彼にしてからがもう話し好きなのに, 彼の女房ときたら. **e.**《南独·オーストリア·スイス》まったく, 非常に: ~ gut schmecken まったくおいしい. ~ oft きわめてしばしば. **2.** (アクセント無)(話者の気持)(特に疑問文で推測の内容を気にして)まさか, ひょっとして, もしや: Hast du es ~ liegen lassen? まさかそれを置き忘れたんじゃないだろうなあ. **3.** (アクセント無)(文飾)本当に: Sie ist ~ dafür begabt. 彼女は真にその才能がある. 【慣用】 **ganz und gar** 全く. **Ich glaube gar!** (反語的に)冗談じゃないよ. **Warum nicht gar!** (反語的に)そんなことってあるかい, めっそうもない. **Warum nicht gar?** どうしていけないのか, いいじゃないか.
die **Ga·ra·ge** [..ʒə ガらージェ] [名] -/-n **1.** ガレージ, 車庫. **2.**《稀》自動車修理工場.
ga·ra·gie·ren [..ʒiːrən ガらジーれン] [動] *h.* 〔〈et⁴〉ヲ〕《オーストリア·スイス》ガレージに入れる.
die **Ga·ra·mond** [..mõː ガらモーン] [名] -/〖印〗ガラモン(ド)(活字の一種).
der **Ga·rant** [ガらント] [名] -en/-en 保証人.
die **Ga·ran·tie** [ガらンティー] [名] -/-n **1.** 保証;〖商〗

(期限付き)保証： unter ～ 《口》きっと, 確実に. **2.** 〚法〛保証, 保障;〚銀行〛担保, 保証金.

der **Ga·ran·tie·lohn** [ガらンティー・ローン] [名] -(e)s/..löhne 最低保証賃金.

ga·ran·tie·ren [ガらンティーれン] [動] *h.* **1.** 〔(〈j^3〉ニ) +〈et^4〉ヲ〕(与えると)確約する, 保証する, 請合う《固定給などを》. **2.** 〔〈et^4〉ヲ〕保障する《基本的人権などを》. **3.** 〔für 〈et^4〉ヲ〕保証する《品質などを》.

der **Ga·ran·tie·schein** [ガらンティー・シャイン] [名] -(e)s/-e (商品の)保証書.

der **Ga·raus** [ガーあ・アウス] [名] 《次の形で》〈j^3〉 den ～ machen《口》〈人に〉とどめを刺す.

die **Gar·be** [ガるベ] [名] -/-n **1.** (穀物の)束. **2.** (機関銃などの)掃射, 集束弾道.

die **Gar·çon·ni·ère** [..sɔnié:rə, ..iɛ́:rə ガるソニエーれ] [名] -/-n 《オーストリア》ワンルームマンション〔アパート〕.

der **Gar·da·see** [ガるダ・ゼー] [名] -s/ 〚湖名〛ガルダ湖《北イタリアの湖》.

die **Gar·de** [ガるデ] [名] -/-n **1.** 〚軍〛(昔の)精鋭軍団;《総称》(王侯の)護衛兵, 近衛(このえ)兵(Leib～). **2.** グループ, チーム. **3.** (揃いの衣装の)カーニバルグループ. 【慣用】**die alte Garde** 《口》古参グループ. **noch** (**einer**) **von der alten Garde sein** (信頼のおける)昔かたぎの人間である.

das **Gar·de·du·korps** [gardədykó:r ガるデ・デュ・コーあ] [名] -[..コーあ(ス)]/ **1.** 親衛隊. **2.** (プロイセンの)近衛騎兵連隊.

der **Garde·man·ger** [gardəmɑ̃ʒé: ガるデ・マンジェー] [名] -s/-s **1.** 《レストラン》前菜専門のコック. **2.** 《古》食料貯蔵室;食品戸棚.

die **Gar·de·nie** [ガるデーニエ] [名] -/-n 〚植〛クチナシ.

das **Gar·de·re·gi·ment** [ガるデ・れギメント] [名] -(e)s/-e(r) 精鋭部隊;近衛連隊.

die **Gar·de·ro·be** [ガるデろーベ] [名] -/-n **1.** 携帯品預り所, クローク. **2.** (㊥のみ)(手持ちの)衣装. **3.** 更衣室;(劇場の)楽屋;(玄関わきの)コート〔帽子〕掛け(Flur～).

die **Gar·de·ro·ben·frau** [ガるデろーベン・ふらウ] [名] -/-en クローク係の女性.

die **Gar·de·ro·ben·mar·ke** [ガるデろーベン・マるケ] [名] -/-n クロークの預り札.

der **Gar·de·ro·ben·stän·der** [ガるデろーベン・シュテンダー] [名] -s/- (スタンド式の)コート掛け.

der **Gar·de·ro·bi·er** [..bié: ガるデろビエー] [名] -s/-s 〚劇〛衣装方.

die **Gar·de·ro·bi·e·re** [ガるデろビエーれ] [名] -/-n 〚劇〛衣装方《女》;《古》クローク係の女性.

gar·dez! [gardé: ガるデー] [間] 〚チェス〛クイーンが危ないよ《相手への警告》.

die **Gar·di·ne** [ガるディーネ] [名] -/-n (薄地の)カーテン. 【慣用】**hinter schwedischen Gardinen sitzen** 《口》入牢している.

die **Gar·di·nen·leis·te** [ガるディーネン・ライステ] [名] -/-n カーテンレール.

die **Gar·di·nen·pre·digt** [ガるディーネン・プれーディひト] [名] -/-en 《口・冗》小言.

die **Gar·di·nen·stan·ge** [ガるディーネン・シュタンゲ] [名] -/-n カーテンレール〔ロッド〕;(開け閉め用の)カーテン棒;(窓枠の)カーテン固定レール.

der **Gar·dist** [ガるディスト] [名] -en/-en 精鋭部隊;近衛兵, 護衛兵.

die **Ga·re** [ガーれ] [名] -/ **1.** 〚料〛煮え〔焼け〕ている状態. **2.** 〚農〛農耕に最適な状態.

ga·ren [ガーれン] [動] *h.* **1.** 〔〈et^4〉ヲ〕〚料〛煮〔上げ〕る, 焼上げる;〚冶金〛精錬する. **2.** 〔補足なし〕〚料〛煮〔焼〕上がる.

gä·ren* [ゲーれン] [動] gor〔gärte〕; hat/ist gegoren〔gegärt〕 **1.** *h./s.* 〔補足なし〕発酵する. **2.** *h.* 〔〈et^4〉ヲ〕発酵させる. **3.** *h.* 《主に規則変化》〔in 〈j^3/et^3〉ノ中ニ〕ふつふつとわく, たぎる, みなぎる《憎しみなどが》: 《Es が主語で》In der Bevölkerung *gärt* es. 住民の間に不穏な空気がみなぎっている.

das **Gär·fut·ter** [ゲーあ・ふっター] [名] -s/ 発酵貯蔵の飼料.

gar ge·kocht, ㊐**gar·ge·kocht** [ガーあ ゲコほト] [形] よく煮えた〔焼けた〕.

(*der*) **Ga·ri·bal·di** [ガりバルディ] [名] 〚人名〛ガリバルディ《Giuseppe ～, 1807-82, イタリア解放の闘士》.

die **Gar·kü·che** [ガーあ・キュっひぇ] [名] -/-n 簡易食堂;簡易食堂の調理場.

(*das*) **Gar·misch-Par·ten·kir·chen** [ガるミシュ・パるテン・キるひぇン] [名] -s/ 〚地名〛ガルミシュ・パルテンキルヒェン《バイエルン州の町》.

das **Gär·mit·tel** [ゲーあ・ミッテル] [名] -s/- 発酵素.

die **Gar·mond** [..mõ: ガるモーン] [名] -/ 〚印〛《古》10ポイント活字.

das **Garn** [ガるン] [名] -(e)s/-e **1.** 糸, 紡績糸, 紡ぎ糸;〚海〛帆布(はんぷ)縫製用撚糸(よりいと). **2.** 〚狩・漁〛網. 【慣用】〈j^3〉 **ins Garn gehen** 〈人の〉罠(わな)におちる. **sein**〔**ein**〕**Garn spinnen** 〚海〛ほら話をする.

die **Gar·ne·le** [ガるネーレ] [名] -/-n 小エビ.

gar·ni [ガるニー] [形] ⇨ Hotel garni.

gar·nie·ren [ガるニーれン] [動] *h.* 〔〈et^4〉ヲ+(mit 〈et^3〉デ)〕飾る《衣服などを》;〚料〛(…に…を)付け合わせる;〚海〛(…に)内板張りをする《船に》.

die **Gar·nie·rung** [ガるニーるング] [名] -/-en 《主に㊥》装飾, 飾り;〚料〛付け合わせ;〚海〛(船の)内板張り.

die **Gar·ni·son** [ガるニゾーン] [名] -/-en 駐屯地;駐屯部隊.

das **Gar·ni·son·la·za·rett** [ガるニゾーン・ラツァれっト] [名] -(e)s/-e 陸軍病院.

die **Gar·ni·tur** [ガるニトゥーあ] [名] -/-en **1.** (衣服の)飾り, 装飾用付属品(一式), トリミング. **2.** 〚料〛付け合わせ. **3.** (服装・備品・装備などの)一式, 一揃い, 一組;軍装;式服: eine ～ für den Schreibtisch 机用備品一式. **4.** (グループ内の等級別の)グループ, 組, 軍: die zweite ～ der Mannschaft そのチームの二軍. **5.** 《口》(男性の)陰部.

der〔*das*〕**Garn·knäu·el** [ガるン・クノイエル] [名] -s/- 糸玉.

die **Garn·rol·le** [ガるン・ろレ] [名] -/-n 糸巻き.

die **Garn·spu·le** [ガるン・シュプーレ] [名] -/-n 紡錘(ぼうすい), ボビン.

der **Gär·pro·zess,** ㊐**Gär·pro·zeß** [ゲーあ・プろツェス] [名] -es/-e 発酵過程.

gar·rot·tie·ren [ガろティーれン] [動] *h.* 〔〈j^4〉ヲ〕ガロテで絞首刑にする.

gars·tig [ガるスティひ] [形] **1.** 意地悪な, (勝手なまねをする)いやな, むかつく, 不快な. **2.** 醜い.

das **Gärt·chen** [ゲるトひぇン] [名] -s/- 小さな庭.

der **Gar·ten** [ガるテン] [名] -s/Gärten 庭, 庭園, 果樹園, 菜園, 野菜〔花〕畑: ein zoologischer ～ 動物園. ein englischer/französischer ～ イギリス式/フランス式庭園. einen ～ anlegen 造園する. 【慣用】**der Garten Eden** エデンの園. **quer durch den garten** 《口・冗》様々な野菜の入った《スープ》;種々雑多に.

der **Gar·ten·ab·fall** [ガるテン・アップ・ふぁル] [名] -(e)s/..fälle 庭のゴミ《落葉・雑草など》.

die **Gar·ten·an·la·ge** [ガるテン・アン・ラーゲ] [名] -/-n 庭園, 公園.

die **Gar·ten·ar·beit** [ガるテン・アるバイト] [名] -/-en 庭仕事, 園芸.

der **Gar·ten·ar·chi·tekt** [ガるテン・アるひテクト] [名] -en/-en 造園家.

der **Gar·ten·bau** [ガるテン・バウ] [名] -(e)s/ 園芸.

die **Gar·ten·bau·aus·stel·lung** [ガるテンバウ・アウス・シュ

テルング] 名 -/-en 園芸展覧会.
die **Gartenblume** [ガルテン・ブルーメ] 名 -/-n 栽培〔園芸〕花.
die **Gartenerde** [ガルテン・エーアデ] 名 -/-n 庭土(の土.植えに適した土).
das **Gartenfest** [ガルテン・ふぇスト] 名 -es/-e ガーデンパーティー.
der **Gartenfreund** [ガルテン・ふろイント] 名 -(e)s/-e 園芸愛好家.
das **Gartengerät** [ガルテン・グレート] 名 -(e)s/-e 園芸用具;(⑩のみ)園芸用具一式.
das **Gartengewächs** [ガルテン・ゲヴェックス] 名 -es/-e 園芸植物.
das **Gartenhaus** [ガルテン・ハウス] 名 -es/..häuser 亭園;(方)(庭つきの)離れ(家).
die **Gartenkolonie** [ガルテン・コロニー] 名 -/-n 家庭菜園地区.
die **Gartenkresse** [ガルテン・クれっセ] 名 -/-n〔植〕コショウソウ(サラダ用).
die **Gartenlaube** [ガルテン・ラウベ] 名 -/-n 東屋(あずまや), 園亭.
das **Gartenmesser** [ガルテン・メッサー] 名 -s/- 園芸用ナイフ.
die **Gartenpflanze** [ガルテン・プルランツェ] 名 -/-n 園芸植物.
die **Gartenpflege** [ガルテン・プるレーゲ] 名 -/ 庭の手入れ.
die **Gartenschere** [ガルテン・シェーれ] 名 -/-n 剪定鋏.
der **Gartenschirm** [ガルテン・シるム] 名 -(e)s/-e 庭園用パラソル.
die **Gartenspritze** [ガルテン・シュプりッツェ] 名 -/-n 庭用散水器.
die **Gartenstadt** [ガルテン・シュタット] 名 -/..städte 田園都市.
der **Gartenstuhl** [ガルテン・シュトゥール] 名 -(e)s/..stühle ガーデンチェア.
die **Gartentür** [ガルテン・テューア] 名 -/-en 庭への戸口.
der **Gartenzaun** [ガルテン・ツァウン] 名 -(e)s/..zäune 庭の垣根;〔馬術〕生垣障害物.
der **Gartenzwerg** [ガルテン・ツヴェるク] 名 -(e)s/-e (庭に置く)陶製ちびと人形;(口)醜い小男.
der **Gärtner** [ゲるトナー] 名 -s/- 園芸家,造園家;庭師,園丁;よく庭仕事をする人.
die **Gärtnerei** [ゲるトネらイ] 名 -/-en **1.** (⑩のみ)(口)庭仕事,園芸. **2.** 園芸業,造園業.
die **Gärtnergehilfe** [ゲるトナーゲヒルふェ] 名 -n/-n 園芸業助手.
gärtnerisch [ゲるトネりッシュ] 形 園芸の,造園の.
gärtnern [ゲるトナーン] 動 h.〔略式〕(趣味で)庭仕事〔庭いじり〕をする.
die **Gärung** [ゲーるング] 名 -/-en **1.** 発酵. **2.** (人心の)動揺,騒然とした〔不穏な〕空気.
das **Gas** [ガース] 名 -es/-e **1.** 気体,ガス. **2.** (燃料の)ガス;(⑩のみ)(口)ガスコンロ(の火). **3.** (⑩のみ)(自動車の)混合ガス,燃料: ~ geben/wegnehmen アクセルを踏む/はなす. **4.** (⑩のみ)(口)アクセルペダル(レバー): aufs ~ treten アクセルペダルを踏む. **5.**〔軍〕毒ガス;(⑩のみ)ガス室(~kammer).
der **Gasableser** [ガース・アップ・レーザー] 名 -s/- ガスの検針人.
der **Gasangriff** [ガース・アン・グりふ] 名 -(e)s/-e 毒ガス攻撃.
der **Gasanschluss**, ⑩ **Gasanschluß** [ガース・アン・シュるス] 名 -es/-e ガスを引くこと;ガス引込管.
die **Gasanstalt** [ガース・アン・シュタルト] 名 -/-en ガス工場.
der **Gasanzünder** [ガース・アン・ツュンダー] 名 -s/- ガス点火器.
der **Gasaustausch** [ガース・アウス・タウシュ] 名 -(e)s/〔生・医〕ガス交換.
der **Gasautomat** [ガース・アウトマート] 名 -en/-en コイン式ガス器具,自動ガス器具.
der **Gasbackofen** [ガース・バック・オーふェン] 名 -s/..öfen ガスオーブン.
der **Gasbehälter** [ガース・ベヘルター] 名 -s/- ガスタンク.
die **Gasbeleuchtung** [ガース・ベロイヒトゥング] 名 -/-en ガス灯;ガスによる照明.
die **Gasbombe** [ガース・ボンベ] 名 -/-n ガス爆弾.
der **Gasbrand** [ガース・ブらント] 名 -(e)s/〔医〕ガス壊疽(えそ).
der **Gasbrenner** [ガース・ブれナー] 名 -s/- ガスバーナー.
gasdicht [ガース・ディヒト] 形 ガスの漏れない.
der **Gasdruck** [ガース・ドるック] 名 -(e)s/..drücke ガス圧.
das **Gasel** [ガゼール] 名 -s/-e〔詩〕ガゼール(アラビアの抒情詩型の一つ).
die **Gasfabrik** [ガース・ふぁブリーク] 名 -/-en ガス製造工場.
die **Gasflamme** [ガース・ふラメ] 名 -/-n ガスの炎.
die **Gasflasche** [ガース・ふラッシェ] 名 -/-n ガスボンベ.
gasförmig [ガース・ふぇるミヒ] 形 ガス(状)の,気体の.
das **Gasgemisch** [ガース・ゲミッシュ] 名 -(e)s/-e 混合ガス.
der **Gasgeruch** [ガース・グるっフ] 名 -(e)s/..rüche ガスのにおい.
das **Gasglühlicht** [ガース・グリュー・リヒト] 名 -(e)s/-er 白熱ガス灯.
der **Gasgriff** [ガース・グりふ] 名 -(e)s/-e (オートバイの)スロットルグリップ.
der **Gashahn** [ガース・ハーン] 名 -(e)s/..hähne ガス栓.〔慣用〕den Gashahn aufdrehen (口・婉)ガス自殺を図る.
gashaltig [ガース・ハルティヒ] 形 ガスを含んだ.
der **Gashebel** [ガース・ヘーベル] 名 -s/- アクセルレバー〔ペダル〕.
die **Gasheizung** [ガース・ハイツング] 名 -/-en ガス暖房.
der **Gasherd** [ガース・ヘーアト] 名 -(e)s/-e ガスレンジ.
die **Gaskammer** [ガース・カマー] 名 -/-n (死刑・殺人用)ガス室.
der **Gaskocher** [ガース・コっはー] 名 -s/- ガスコンロ.
der **Gaskoks** [ガース・コックス] 名 -es/-e ガスコークス.
der **Gaskrieg** [ガース・クりーク] 名 -(e)s/-e ガス戦.
die **Gaslampe** [ガース・ランペ] 名 -/-n ガス灯.
die **Gaslaterne** [ガース・ラテるネ] 名 -/-n ガス街灯.
die **Gasleitung** [ガース・ライトゥング] 名 -/-en ガス管.
das **Gaslicht** [ガース・リヒト] 名 -(e)s/-er **1.** ガス灯(の照明). **2.** ガス灯の炎.
der **Gasmann** [ガース・マン] 名 -(e)s/..männer (口)ガスの検針人.
die **Gasmaske** [ガース・マスケ] 名 -/-n 防毒マスク.
der **Gasmesser** [ガース・メッサー] 名 -s/- ガスメーター.
das **Gasmolekül** [ガース・モレキュール] 名 -s/-e〔化理〕気体分子.
der **Gasmotor** [ガース・モ(ー)トーア] 名 -s/-en ガスエンジン.
der **Gasofen** [ガース・オーふェン] 名 -s/..öfen ガスストーブ.
das **Gasolin** [ガゾリーン] 名 -s/ ガソリン.

der **Ga·so·me·ter** [ガゾ・メーター] 名 -s/- ガスタンク.
das **Gas·pe·dal** [ガース・ペダール] 名 -s/-e アクセル(ペダル).
das **Gas·rohr** [ガース・ろーあ] 名 -(e)s/-e ガス管.
der **Gas·schutz** [ガース・シュッツ] 名 -es/ 毒ガス防護〔防御〕.
die **Gas·se** [ガッセ] 名 -/-n **1.** 路地,小路,横町; ((スイス))通り;(通り抜ける)狭い場所,隘路. **2.** (総称)路地の住人. **3.** 〖ﾗｸﾞﾋﾞｰ〗ラインアウト;〖ｻｯｶｰ〗スポット;〖ｻｯｶｰ〗(オープンペースに通じる相手ディフェンダーの間の)せまいコース. **4.** 〖印〗リバー. 【慣用】 **über die Gasse** 持帰り〔路上飲食〕用に.
der **Gas·sen·hau·er** [ガッセン・ハウアー] 名 -s/- ((口・古))流行歌.
der **Gas·sen·jun·ge** [ガッセン・ユンゲ] 名 -n/-n ((蔑))街頭をうろつく不良少年.
der **Gast**¹ [ガスト] 名 -(e)s/Gäste **1.** 客;招かれた人: *Gäste haben* 来客がある. *bei* ⟨j³⟩ *zu* ~ *sein* ⟨人⟩の客となっている. ⟨j³⟩ *zu* ~ *haben* ⟨人⟩を客としてもてなす. ⟨j³⟩ *zu* ~(*e*) *laden* (*bitten*) ⟨人⟩を客として招待する. **2.** (飲食店・旅館などの)客. **3.** (一時的)滞在客,(サークルの)ゲスト,臨時の. **4.** 客演者. **5.** 〖ｽﾎﾟｰﾂ〗ビジター. **6.** ((北独))やつ.
der **Gast**² [ガスト] 名 -(e)s/-en〖海〗(特定の係の)船員(信号係の船員).
der **Gast·ar·bei·ter** [ガスト・アるバイター] 名 -s/- ((古))外国人労働者.
das **Gäs·te·bett** [ゲステ・ベット] 名 -(e)s/-en 客用ベッド.
das **Gäs·te·buch** [ゲステ・ブーふ] 名 -(e)s/..bücher 来客帳;宿帳,宿泊者名簿.
das **Gäs·te·haus** [ゲステ・ハウス] 名 -es/..häuser 迎賓館,ゲストハウス.
die **Gas·te·rei** [ガステライ] 名 -/-en ((古))豪勢な宴会.
das **Gäs·te·zim·mer** [ゲステ・ツィマー] 名 -s/- 客間,客室;((稀))(旅館の)食堂.
gast·frei [ガスト・ふらイ] 形 客を歓迎する.
die **Gast·frei·heit** [ガスト・ふらイハイト] 名 -/ 客の歓迎,客への厚いもてなし.
gast·freund·lich [ガスト・ふろイントリヒ] 形 来客を厚くもてなす.
die **Gast·freund·lich·keit** [ガスト・ふろイントリヒカイト] 名 -/ 歓待,厚いもてなし.
die **Gast·freund·schaft** [ガスト・ふろイントシャフト] 名 -/ 手厚くもてなすこと.
der **Gast·ge·ber** [ガスト・ゲーバー] 名 -s/- (客を招く側の)主人,ホスト;〖ｽﾎﾟｰﾂ〗ホームチーム.
das **Gast·haus** [ガスト・ハウス] 名 -es/..häuser (レストラン付きの)旅館,宿屋.
der **Gast·hof** [ガスト・ホーふ] 名 -(e)s/..höfe (田舎のレストラン付きの)旅館,宿屋.
der **Gast·hö·rer** [ガスト・ヘーら一] 名 -s/- 聴講生.
gas·tie·ren [ガスティーレン] 動 *h.* (〈場所〉で)客演する;〖ｽﾎﾟｰﾂ〗ビジターとして試合をする.
das **Gast·land** [ガスト・ラント] 名 -(e)s/..länder 訪問先の国,滞在国.
gast·lich [ガストリヒ] 形 客を厚くもてなす.
die **Gast·lich·keit** [ガストリヒカイト] 名 -/ 歓待,客扱いのよさ.
das **Gast·mahl** [ガスト・マール] 名 -(e)s/..mähler(-e) ((文))饗宴,パーティー.
die **Gast·mann·schaft** [ガスト・マンシャふト] 名 -/-en 〖ｽﾎﾟｰﾂ〗遠征チーム,ビジター.
der **Gast·pro·fes·sor** [ガスト・プろふェッソーる] 名 -s/-en 客員教授.
die **Gas·tral·gie** [ガストらルギー] 名 -/-n〖医〗胃痛.
das **Gast·recht** [ガスト・れひト] 名 -(e)s/ 客として遇される権利.
die **Gas·trek·to·mie** [ガストれクトミー] 名 -/-n〖医〗胃全摘出手術.
gas·trisch [ガストリシュ] 形〖医〗胃の.
die **Gas·tri·tis** [ガストリーティス] 名 -/..tiden [ガストリーティデン]〖医〗胃炎.
die **Gas·tro·en·te·ro·lo·gie** [ガストロ・エンテろ・ロギー] 名 -/ 胃腸病学.
die **Gas·trol·le** [ガスト・ろレ] 名 -/-n 客演者の役.
der **Gas·tro·nom** [ガストろノーム] 名 -en/-en (高級)レストランの主人.
die **Gas·tro·no·mie** [ガストろ・ノミー] 名 -/ レストラン業;美食の調理法;美食,食道楽.
gas·tro·no·misch [ガストろ・ノーミシュ] 形 飲食店業の;美食の,食道楽の;調理法の.
das **Gas·tro·skop** [ガストろ・スコープ] 名 -s/-e〖医〗胃鏡.
die **Gas·tro·sko·pie** [ガストろ・スコピー] 名 -/-n〖医〗胃鏡検査.
das **Gast·spiel** [ガスト・シュピール] 名 -(e)s/-e 客演;〖ｽﾎﾟｰﾂ〗遠征試合,ビジターとしての試合.
die **Gast·stät·te** [ガスト・シュテッテ] 名 -/-n 飲食店,料理屋,レストラン.
das **Gast·stät·ten·ge·wer·be** [ガスト シュテッテン・ゲヴェるべ] 名 -s/ 飲食店業.
die **Gast·stu·be** [ガスト・シュトゥーベ] 名 -/-n (旅館の)食堂.
die **Gas·tur·bi·ne** [ガース・トゥるビーネ] 名 -/-n ガスタービン.
der **Gast·wirt** [ガスト・ヴィるト] 名 -(e)s/-e 飲食店主.
die **Gast·wirt·schaft** [ガスト・ヴィるトシャふト] 名 -/-en (簡易)レストラン,小料理屋.
das **Gast·zim·mer** [ガスト・ツィマー] 名 -s/- 客間,客室;(旅館の)食堂.
die **Gas·uhr** [ガース・ウーあ] 名 -/-en =Gaszähler.
die **Gas·ver·gif·tung** [ガース・ふぇあギふトゥング] 名 -/-en ガス中毒.
die **Gas·ver·sor·gung** [ガース・ふぇあゾるグング] 名 -/-en ガスの供給.
die **Gas·wasch·an·la·ge** [ガース・ヴァッシュ・アン・ラーゲ] 名 -/-n ガス洗浄装置.
das **Gas·werk** [ガース・ヴェるク] 名 -(e)s/-e ガス製造工場.
der **Gas·zäh·ler** [ガース・ツェーラー] 名 -s/- ガスメーター.
das **Gatt** [ガット] 名 -(e)s/-en[-s]〖海〗排水孔;(船具の)保管庫;(帆の)鳩目穴.
das **GATT** [ガット] 名 -s/ ガット(General Agreement on Tariffs and Trade).
die **Gat·te** [ガッテ] 名 -n/-n **1.** ((文))夫,御主人(オーストリア以外では他人の夫に対する尊称). **2.** ((複のみ))((古))夫婦.
gat·ten [ガッテン] 動 *h.* (*sich*⁴ + (*mit*)⟨et³⟩と)((詩))結びつく.
die **Gat·ten·lie·be** [ガッテン・リーベ] 名 -/ ((文))夫婦愛.
das **Gat·ter** [ガッター] 名 -s/- **1.** 格子(ごうし);柵(さく),囲い,格子戸,木戸;〖馬術〗柵の障害物. **2.** 〖工〗(枠びきのこぎりの)枠;枠鋸(わくのこ)(~säge);〖電〗ゲート(回路);〖紙〗クリル;〖狩〗柵で囲った猟場.
die **Gat·ter·sä·ge** [ガッター・ゼーゲ] 名 -/-n〖工〗(製材用)おさのこ鋸.
das **Gat·ter·tor** [ガッター・トーあ] 名 -(e)s/-e 柵で囲った猟場の門;柵(さく)の門.
die **Gat·ter·tür** [ガッター・テューあ] 名 -/-en 柵で囲った猟場の戸;格子戸.
die **Gat·tin** [ガッティン] 名 -/-nen ((文))妻,奥様.【用法については⇨ Gatte 1】.

Gattung 444

die **Gattung** [ガットゥング] 名 -/-en **1.** 部類,種類,ジャンル,カテゴリー;兵科(Waffen ～). **2.** 〖生〗属.
der **Gattungs·begriff** [ガットゥングス・ベグリフ] 名 -(e)s/-e 類概念,〖言〗ジャンルの概念.
der **Gattungs·name** [ガットゥングス・ナーメ] 名 -ns/-n 〖生〗属名;〖言〗普通名詞.
die **Gattungs·ware** [ガットゥングス・ヴァーレ] 名 -/-n (銘柄指定のない)種類商品品.
der **Gau** [ガウ] 名 -(e)s/-e 《方》das ～) **1.** 地方,地域. **2.** 〖史〗ガウ(ゲルマン民族の行政区);(ナチス時代の)大管区.
der **GAU** [ガウ] 名 -s/-s 予想される原子炉の最大級災害(größter anzunehmender Unfall).
die **Gau·be** [ガウベ] 名 -/-n 《方》(垂直の屋根の)出し窓.
der **Gau·cho** [gáutʃo ガウチョ] 名 -(s)/-s ガウチョ(南米草原地帯のカウボーイ).
das **Gaude·a·mus** [ガウデアームス] 名 -/ いざ楽しまん(古い学生歌の題名).
die **Gau·di** [ガウディ] 名 -/ (das -s/ も有)《口》楽しみ,喜び.
das **Gau·di·um** [ガウディウム] 名 -s/ 《文・古》喜び,楽しみ.
das **Gauge** [ge:tʃ ゲージュ] 名 -/ (編み)ゲージ(メリヤス地の密度の単位,略 gg).
das **Gau·kel·bild** [ガウケル・ビルト] 名 -(e)s/-er 《文》幻影.
die **Gau·ke·lei** [ガウケライ] 名 -/-en 《文》 **1.** まやかし,見せかけ,幻影. **2.** 悪ふざけ,いたずら.
gau·keln [ガウケルン] 動 **1.** s. 《く方向へ》《文》ひらひらと舞って行く(蝶・雪片などが). **2.** h. 〖慣用〗《文》いかさまをする;手品をする.
das **Gau·kel·spiel** [ガウケル・シュピール] 名 -(e)s/-e 《文・蔑》まやかし.
das **Gau·kel·werk** [ガウケル・ヴェルク] 名 -(e)s/《文・古》まやかし.
der **Gauk·ler** [ガウクラー] 名 -s/- 《古》 **1.** 曲芸師,奇術師;詐欺師. **2.** 〖鳥〗ダルマワシ.
der **Gaul** [ガウル] 名 -(e)s/Gäule 駄馬;《中独・南独》馬. 〖慣用〗⟨♪⟩ **zureden wie einem lahmen Gaul** 《口》《人に》こんこんと言ってきかせる.
der **Gaul·lis·mus** [golfsmus ゴリスムス] 名 -/ 〖政〗ドゴール主義(フランスの大統領 Charles de Gaulle,1890-1970,に由来).
der **Gaul·list** [golfst ゴリスト] 名 -en/-en ドゴール派の人,ドゴール主義者.
der **Gau·men** [ガウメン] 名 -s/- **1.** 口蓋(がい). **2.** 味覚: den ～ kitzeln 食欲をそそる.
der **Gau·men·laut** [ガウメン・ラウト] 名 -(e)s/-e 〖言〗口蓋(がい)音.
die **Gau·men·platte** [ガウメン・プラッテ] 名 -/-n 義歯床.
das **Gau·men·segel** [ガウメン・ゼーゲル] 名 -s/- 〖解・言〗軟口蓋(がい).
der **Gau·ner** [ガウナー] 名 -s/- 《蔑》 **1.** 詐欺師,ペテン師,ならず者. **2.** 《口》ずる賢いやつ.
die **Gau·ne·rei** [ガウネライ] 名 -/-en 詐欺,ペテン.
gau·ner·haft [ガウナーハフト] 形 詐欺師(泥棒)のような.
gau·nern [ガウナーン] 動 *h.* 〖慣用〗悪事(詐欺)を働く.
die **Gau·ner·sprache** [ガウナー・シュプらーヘ] 名 -/ 詐欺師(泥棒)仲間の隠語.
der **Gau·ner·streich** [ガウナー・シュトらイヒ] 名 -(e)s/-e 詐欺,ペテン.
der **Gau·ner·zinken** [ガウナー・ツィンケン] 名 -s/- 詐欺師(泥棒)仲間の秘密の目印.
die **Gaupe** [ガウペ] 名 -/-/ =Gaube.

das **Gauß** [ガウス] 名 -/-/〖理〗ガウス《磁束密度の単位,記号 G》.
der **Ga·vi·al** [ガヴィアール] 名 -s/-e 〖動〗ガビアル,インドワニ.
die **Ga·ze** [gá:zə ガーゼ] 名 -/-n ガーゼ,紗(しゃ),絽(ろ);(濾過(ろか)用・虫よけ用)金網,サランネット.
das **Ga·ze·fenster** [ガーゼ・フェンスター] 名 -s/- (窓の)網戸.
die **Ga·zelle** [ガツェレ] 名 -/-n 〖動〗ガゼル.
die **Ga·zette** [ガツェッテ,gazéta ガゼッテ] 名 -/-n 《古》新聞.
GBP ポンド(Pfund 2)の国際通貨コード.
Gd [ゲーデー] =Gadolinium 〖化〗ガドリニウム.
GDP [ゲーデーペー] =Guanosindiphosphat 〖生化〗グアノシン2燐酸.
das **G-Dur** [ゲー・ドゥーア,ゲー・ドゥール] 名 -/ 〖楽〗ト長調(記号 G).
Ge [ゲーエー] =Germanium 〖化〗ゲルマニウム.
ge·.¹ [ゲ‥] 接頭 非分離動詞を作る.アクセント無. **1.** (結合・集合): gefrieren 凍結する. gerinnen 凝固する. **2.** (完了): gebären 産む. gedeihen 育つ. gewinnen 獲得する. **3.** (強意・徹底): gebieten 命ずる. geloben 誓う.
ge·.² [ゲ‥] 接頭 形容詞を作る.アクセント無. **1.** (共同・一致): gemein 共通の. gemäß (…に)従って. **2.** (強調): gerecht 公正な. getreu 忠実な.
ge·.³ [ゲ‥] 接頭 名詞・動詞の語幹につき,名詞は変音することが多い.アクセント無. **1.** (集合・仲間): Gebirge 山脈. Geschwister 兄弟姉妹. **2.** (動作の反復): Gerede だらだらとしたおしゃべり. Geschrei 叫び声. **3.** (動作の結果): Gedicht 詩. Geschenk 贈り物.
ge·achtet [ゲアヒテット] 形 尊敬された.
der/die **Ge·ächte·te** [ゲエヒテテ] 名 《形容詞的変化》〖史〗法の保護を奪われた人;追放された者;〖キ教〗破門された者.
das **Ge·ächz** [ゲエヒツ] 名 -es/ =Geächze.
das **Ge·ächze** [ゲエヒツェ] 名 -s/ 《(蔑)》うめき声.
das **Ge·äder** [ゲエーダー] 名 -s/ 《総称》網目状の血管;〖植〗葉脈;〖動〗翅脈;〖工芸〗木目(模様).
ge·ädert [ゲエーダート] 形 血管の見える;〖植〗葉脈のある;〖動〗翅脈のある;木目模様のある.
ge·artet [ゲアーテット] 形 《く様態》》《文》‥性質の.
das **Ge·äst** [ゲエスト] 名 -(e)s/ 《総称》(木の)枝.
geb. **1.** =geboren 旧姓;(…の)生れの. **2.** =gebunden 製本された.
das **Ge·bäck** [ゲベック] 名 -(e)s/-e 《◎(また種類)》ビスケット,クッキー.
ge·backen [ゲバッケン] 動 backen の過去分詞.
das **Ge·bälk** [ゲベルク] 名 -(e)s/-e (主に《◎》)梁(はり),桁(けた),(建物の)骨組み;〖建〗エンダブラチュア(列柱上の石の梁).
ge·ballt [ゲバルト] 形 握りしめた,丸めた;集中した.
ge·bar [ゲバーる] 動 gebären の過去形.
die **Ge·bärde** [ゲベーアデ] 名 -/-n 身振り,手振り,ジェスチャー;《文》素振り,態度.
ge·bärden [ゲベーアデン] 動 *h.* **1.** ⟨sich⁴⟨様態⟩⟩振舞いをする: sich⁴ fromm ～ 信心ぶる. **2.** ⟨⟨et⁴⟩⟩手話で表現する.
das **Ge·bärden·spiel** [ゲベーアデン・シュピール] 名 -(e)s/ 身振り,手振り;ジェスチャー,パントマイム.
die **Ge·bärden·sprache** [ゲベーアデン・シュプらーヘ] 名 -/-n 身振り言語,手話.
ge·bäre [ゲベーレ] 動 gebären の接続法2式.
ge·ba·ren [ゲバーレン] 動 *h.* ⟨sich⁴⟨様態⟩⟩《古》振舞いをする.

das **Ge·ba·ren** [ゲバーレン] 名 -s/ (人目をひく)振舞い, 態度, 挙動.

ge·bä·ren* [ゲベーレン] 動 sie gebärt〔gebiert〕; gebar; hat geboren (gebiert は古い) **1.**〔《(j³)ッ》〕産む, 分娩（ぶんべん）する〔哺乳（ほにゅう）類の場合は werfen も用いる〕: Sie hat noch nicht *geboren.* 彼女はまだ子供を産んだことがない.《故人や経歴としての生年月日には受動の過去形を用いて》Mozart wurde am 27. Januar 1756 in Salzburg *geboren.* モーツァルトは 1756年1月27日ザルツブルクに生れた.《状態受動の現在形を用いて》Ich bin am 5. März 1950 in Bonn *geboren.* 私は1950年3月5日にボンで生れました. **2.**〈et⁴ッ〉生む, 生出す(アイデア·暴力など).

die **Ge·bä·re·rin** [ゲベーれりン] 名 -/-nen〔文〕産婦;《(皮)》生みの母.

ge·bär·fä·hig [ゲベーあ.ふぇーイヒ] 形 出産能力のある.

die **Ge·bär·mut·ter** [ゲベーあ.ムッター] 名 -/..mütter 子宮.

ge·bauch·pin·selt [ゲバウホ·ビンゼルト] 形《次の形で》sich⁴ ～ fühlen〔口〕(お世辞を言われて)くすぐったい気がする.

ge·baucht [ゲバウホト] 形 胴の膨らんだ.

das **Ge·bäu·de** [ゲボイデ] 名 -s/- **1.** 建造物, 建物, ビルディング. **2.** 構築物, 体系. **3.**〔鉱〕鉱坑. **4.**〔狩〕(犬·馬の)体形.

der **Ge·bäu·de·kom·plex** [ゲボイデ·コムプレックス] 名 -es/-e 建物群, 複合建造物.

ge·baut [ゲバウト] 形《様態ッ》体つきの.【慣用】so wie 〈j³〉 gebaut ist〔口〕〈人ッ〉そういう生れ〔性格〕だから.

ge·be·freu·dig [ゲーベ·ふろイディヒ] 形 気前の良い.

das **Ge·bein** [ゲバイン] 名 -(e)s/-e〔文〕**1.**《(廟)のみ》遺骨, 骸骨（がいこつ）; 白骨(体), 遺体. **2.** 四肢, 全身.

das **Ge·bel·fer** [ゲベルふぁー] 名 -s/〔口〕(犬)がほえ(続け)ること; (人が)どなりつけること.

das **Ge·bell** [ゲベル] 名 -(e)s/ (犬が)ほえ(続けること; (人が)どなりつけること.

ge·ben* [ゲーベン] 動 er gibt; gab; hat gegeben **1.**〔〈j³〉ヹ+〈et⁴〉ッ〕(手)渡す, 与える, 払う, 出す, 差出す, 交付する. **2.**〔〈j³〉ヹ〕〔《(ヮ)》〕配る;〔《ヹ〕》〕サーブする. **4.**〔〈(j³)ヹ〉+〈et⁴〉ッ/〈様態ッ〉〕与える, 譲渡する, 贈る, 寄付〔寄贈〕する. **5.**〔〈(j³)ヹ〉+in 〈et⁴〉ッ/zu 〈et⁴〉ッ/ヺヺヹ〕預ける, つける, 委ねる, 売る. **6.**〔〈(j³)ヹ〉+〈et⁴〉ッ〕与える, 提供する, 許す, 認める;《動詞派生名詞とともに》〈j³〉 Unterricht/einen Rat 〈人ッ〉授業を/助言する. 〈(j³)ヹ〉 keine Antwort ～ 《〈人ッ〉》返事をしない. einen Bericht über 〈et⁴〉 ～ 《〈人ッ〉》報告する. 〈(j³)ヹ〉 Bescheid/ (eine) Nachricht ～ 《〈人ッ〉》知らせる/通知する. 〈(j³)ヹ〉 ein Versprechen ～ 《〈人ッ〉》約束する. 〈j³〉 einen Tritt ～ 《〈人ッ〉》蹴飛ばす. **7.**〔〈j³〉ヹ+〈et⁴〉ッ〕持たせる, 起こさせる, 与える(気持ちなど). **8.**〔ヺヹ〕. **9.**〔〈et⁴〉ッ〕もたらす, (生)出す, 産する. **10.**〔〈et⁴〉ッ〕催す, 行う; 上演する. **11.**〔〈j⁴〉ッ〕である〕《結果として》〈人·物ッ〉になる(性質·状態などが). Zwei mal zwei *gibt* vier. 2掛ける2は4. Der Aufsatz *gibt* keinen Sinn. その作文は〔全体として〕何を言っているのか分らない. Was dabei ～?〔口〕その結果はどうなのか. (最後には)何が出来上がるのか. **12.**《次の形で》〈et⁴〉 von sich³ ～ 〈物ッ〉出す(唾をまた, 言う·話をする〕(音などを). **13.**〔sich⁴+〈様態ッ〉〕態度をとる, (…に)振舞う;(…に)なる, (…と)認める: sich⁴ besiegt/als Sachverständiger ～ 敗北を認める/事情通のふりをする. **14.**

〔sich⁴〕減少する, 無くなる. **15.**〔sich⁴〕《(稀)》見つかる, 生じる. **16.**〔Es+〈j³〉ッ〕存在する. **17.**〔Es+〈j³/et⁴〉ッ+〈場所〉〕ある, いる. **18.**〔Es+〈et⁴〉ッ〕出される, 供される: Was *gibt* es heute Mittag in der Mensa? 今日の昼は学生食堂で何が出るのか. Was *gibt* es heute Abend im Fernsehen? 今晩, テレビの〔番組〕には何があります. **19.**〔Es+〈et⁴〉ッ〕起こる, 生じる, ある: Es *gibt* bald ein Gewitter. 間もなく雷雨が来る. **20.**〔〈j³〉ヹ+zu〈動〉ッ〕させる: Die Sache *gibt* mir zu denken. それは考えさせられる事柄だ.【慣用】Da *gibt's* (gar) nichts.〔口〕(その点では)疑問〔異論〕の余地はない, それは明白だ. Das *gibt* es. それはあり〔起こり〕. **21.** Das *(So etwas) gibt* es (bei mir) nicht. そんなことは(私のところでは)問題外だ〔許さない·起こらない〕. Das *gibt* es ja gar nicht. そんなことはまったくあり〔起こり〕えない. Das Übrige wird sich *geben.* あとは自ずと明らかになる(うまく行く)だろう. es 〈j³〉 *geben*〔口〕〈人ッ〉ずけずけ言う, 〈人ッ〉散々に叱る. etwas auf sich⁴ *geben* (自分の)外見〔体面〕を気にする, 自尊心が強い. *Geben* Sie mir bitte Herrn Müller! ミュラーさんにつないで下さい, ミュラーさんを電話口に呼んで下さい. Gut gegeben!〔口〕うまく答えたね, うまく断ったね. Ich gäbe viel darum, wenn ich das wüsste. 私はそのことをとても知りたい〔それが分れば, いくらでも出す〕. Ihm ist es nicht *gegeben,* die Dinge leicht zu nehmen. 物事を軽く考える資質が彼にはない(何事も深刻に受けとめる).〈j³〉〈et⁴〉 in die Hände *geben* 〈物ッ〉手から放さない.〈et⁴〉 nicht aus der Hand *geben* 〈物ッ〉手から放さない. nichts auf 〈j⁴/et⁴〉 *geben* 〈人·物·事ッ〉まったく評価しない〔気にしない·意に介さない〕.〈j³〉 Recht/Unrecht *geben* 〈人の言うこと〉を正しいと認める/正しくないとする. viel/etwas auf 〈j⁴/et⁴〉 *geben* 〈人·物·事ッ〉大いに/まあまあ評価する. Was es nicht alles *gibt*!〔口〕いろいろなことが〔もの〕があるんだろう. was *gibst* du, was hast du〔口〕できる限りで何かを. Was *gibt* es denn (da)?〔口〕いったい何事だ, いったい〔そこ〔ここ〕では〕何が起こったんだ. Was *gibt* es Neues? 何か新しいことがあるか. Wenn du nicht ruhig bist, *gibt's* was.〔口〕静かにしないと, ひどいぞ〔痛い目にあわすぞ〕. Zucker in den Kaffee *geben*〔文〕コーヒーに砂糖を入れる.

ge·be·nedeit [ゲベネダイト] 形《キ教》祝福された.

der **Ge·ber** [ゲーバー] 名 -s/- **1.** 与える人, 寄贈者, 贈与者. **2.**〔工〕検出器; 送(信)機; 電鍵. **3.**〔法〕譲渡者;〔経〕(手形)発行人.

das **Ge·ber·land** [ゲーバー·ラント] 名 -(e)s/..länder (発展途上国への)経済援助国.

die **Ge·ber·lau·ne** [ゲーバー·ラウネ] 名 -/ 気前よさ.

das **Ge·bet** [ゲベート] 名 -(e)s/-e 祈り, 祈禱（きとう）; 祈りの言葉: das ～ des Herrn (Vaterunser).【慣用】〈j⁴〉 ins *Gebet* nehmen〔口〕〈人ッ〉いさめきびしく忠告する.

das **Ge·bet·buch** [ゲベート·ブーフ] 名 -(e)s/..bücher 祈禱書;〔口·冗〕トランプのカード;〔スキーの〕コース·走行法などを記した〕ノート.

ge·be·ten [ゲベーテン] bitten の過去分詞.

die **Ge·bets·for·mel** [ゲベーツ·ふぉるメル] 名 -/-n 祈禱の決まり文句.

die **Ge·bets·muh·le** [ゲベーツ·ミューレ] 名 -/-n (ラマ教の)祈禱輪筒, 回転祈禱器.

der **Ge·bets·tep·pich** [ゲベーツ·テッピヒ] 名 -s/-e〔スラム教の〕祈禱用絨毯.

die **Ge·bets·ver·samm·lung** [ゲベーツ·ふぇるザムルング] 名 -/-en 祈禱(きとう)集会.

ge·bier! [ゲビーれ] 動 《文》gebären の du に対する命令形.

ge·bierst [ゲビーあスト] 動《文》gebären の現在形 2人称単数.

ge·biert [ゲビーあト] [動] 《文》gebären の現在形 3 人称単数.

das **Ge·biet** [ゲビート] [名] -(e)s/-e **1.** 地域, 地方；領土, 領地. **2.** 領域, 分野.

ge·bie·ten* [ゲビーテン] [動] *h.* 《文》 **1.** 〔〈j³〉ニ＋〈et⁴〉ヲ〕命じる；要求する, 要する(事が主語). **2.** 〔über 〈j⁴/et⁴〉ヲ〕支配する(国などを)；統率する(軍隊を)；抑える(感情を)；意のままに使える(高い声・資金などを).

der **Ge·bie·ter** [ゲビーター] [名] -s/- 《古》支配者, 命令者, 主人.

ge·bie·te·risch [ゲビーテリシュ] [形] 《文》高圧的な, 有無を言わさぬ, 命令的な.

der/die **Ge·biets·an·säs·si·ge** [ゲビーツ・アン・ゼスィゲ] [名] (形容詞的変化)〖法〗居住者.

die **Ge·biets·ein·heit** [ゲビーツ・アインハイト] [名] -/-en (統計調査の)単位地域.

der/die **Ge·biets·frem·de** [ゲビーツ・ふれムデ] [名] (形容詞的変化)〖法〗非居住者.

das **Ge·biets·kar·tell** [ゲビーツ・カるテル] [名] -s/-e 〖経・法〗地域カルテル,市場分割カルテル.

die **Ge·biets·kör·per·schaft** [ゲビーツ・[ケ]るパーシャふト] [名] -/-en 〖法〗地域法人, 地方公共団体.

die **Ge·biets·re·form** [ゲビーツ・れふぉるム] [名] -/-en 市町村合併, 自治体再編成.

das **Ge·bil·de** [ゲビルデ] [名] -s/- 形成物, 構造体；《転》(空想の)産物.

ge·bil·det [ゲビルデット] [形] 教育を受けた, 教養のある： akademisch ～ sein 大学教育を受けている.

der/die **Ge·bil·de·te** [ゲビルデテ] [名] (形容詞的変化)教養のある人, 知識人.

das **Ge·bim·mel** [ゲビメル] [名] -s/ 《口》ベルの鳴り続く音, ベルが鳴り続けること.

das **Ge·bin·de** [ゲビンデ] [名] -s/- **1.** 束；一かせの糸. **2.** 《オーストリア》(大)樽(たる). **3.** 〖土〗トラス；屋根瓦の列. **4.** 《ヒストラシ》(魚の)腹わた.

das **Ge·bir·ge** [ゲビるゲ] [名] -s/- **1.** 連山, 山脈；山地, 山岳地帯： ins ～ fahren 山へ行く. **2.** (物の)山；〖鉱〗岩石層, 岩盤.

ge·bir·gig [ゲビるギひ] [形] 山(並み)の多い.

der **Ge·birg·ler** [ゲビるクラー] [名] -s/- 山地の住民.

der **Ge·birgs·aus·läu·fer** [ゲビるクス・アウス・ロイふぁー] [名] -s/- 山の支脈, 山麓(さんろく)の丘.

der **Ge·birgs·be·woh·ner** [ゲビるクス・ベヴォーナー] [名] -s/- 山地の住民.

der **Ge·birgs·kamm** [ゲビるクス・カム] [名] -(e)s/..kämme 山の背, 尾根.

die **Ge·birgs·ket·te** [ゲビるクス・ケッテ] [名] -/-n 連山, 連峰.

der **Ge·birgs·pass,** [旧] **Ge·birgs·paß** [ゲビるクス・パス] [名] -es/..pässe 峠道.

der **Ge·birgs·rü·cken** [ゲビるクス・りゅッケン] [名] -s/- 山の背, 尾根.

der **Ge·birgs·zug** [ゲビるクス・ツーク] [名] -(e)s/..züge 山脈, 山並み.

das **Ge·biss,** [旧] **Ge·biß** [ゲビス] [名] -es/-e **1.** 歯(全体), 歯列. **2.** 入れ歯, 義歯(上・下の歯全体). **3.** 馬銜(はみ).

ge·bis·sen [ゲビッセン] [動] beißen の過去分詞.

das **Ge·blä·se** [ゲブレーゼ] [名] -s/- 送風機〔器〕, ふいご；換気扇；送風式運搬装置；溶接バーナー.

ge·bla·sen [ゲブラーゼン] [動] blasen の過去分詞.

ge·bli·chen [ゲブリっひぇン] [動] 《古》bleichen の過去分詞.

ge·blie·ben [ゲブリーベン] [動] bleiben の過去分詞.

das **Ge·blök** [ゲブ[レ]ーク] [名] -(e)s/ 《口》(牛や羊の)しきりに鳴く声〔こと〕；わめき声.

ge·blümt [ゲブリュームト] [形] **1.** 花模様〔花柄〕の. **2.** (13 世紀ドイツ文学の)美文調の.

das **Ge·blüt** [ゲブリュート] [名] -(e)s/ **1.** 《古》(体内を流れる)血. **2.** 《稀》心身の状態. **3.** 《文》血統, 血筋；天性, 素質.

ge·bo·gen [ゲボーゲン] [動] biegen の過去分詞.

—— [形] (最高級なし)曲った.

ge·bo·ren [ゲボーれン] [動] gebären の過去分詞.

—— [形] **1.** 旧姓…の(略 geb.)；…生れの： Frau Maria Bader(,) *geb.* (＝*geborene*) Schmidt マリーア・バーダー夫人, 旧姓シュミット. Was für eine *G*～*e* ist sie ? 彼女の旧姓は何ですか. ein ～*er* Berliner ベルリン(に住んでいてベルリン)生れの男. **2.** 〔(zu 〈j³/et³〉ニ)〕生れついた, 生来の, 天性の： Er ist zum Schauspieler ～. 彼は生れつき役者に向いている.

ge·bor·gen [ゲボるゲン] [動] bergen の過去分詞.

—— [形] 〔(bei 〈j³〉ノ/an 〈et³〉ニ)〕保護された, 安全な.

die **Ge·bor·gen·heit** [ゲボるゲンハイト] [名] -/ 保護されていること, 安全.

ge·bors·ten [ゲボるステン] [動] bersten の過去分詞.

das **Ge·bot** [ゲボート] [名] -(e)s/-e **1.** 戒め, 掟：〖旧約〗die Zehn ～*e* モーセの十戒. **2.** 命令, 指示；(状況などの)要求： das ～ der Stunde 目下の急務. auf 〈j²〉 ～ hin 〈人の〉命令により. **3.** 〖商〗(競売の)付け値. 【慣用】**〈j³〉 zu Gebote stehen** 〈人の〉意のままになる.

ge·bo·ten [ゲボーテン] [動] bieten, gebieten の過去分詞.

—— [形] 《文》(ぜひとも)必要な, 望ましい.

Gebr. ＝Gebrüder 《古》兄弟.

das **Ge·bräch** [ゲブれーひ] [名] -(e)s/-e **1.** 〖狩〗イノシシが鼻で掘り返した跡. **2.** 〖鉱〗もろい岩石.

ge·bracht [ゲブらはト] [動] bringen の過去分詞.

ge·brannt [ゲブらント] [動] brennen の過去分詞.

—— [形] 焼けた；焼いた, 焼きつけた；《稀》やけどした；(砂糖をからませて)煎(い)った.

ge·bra·ten [ゲブらーテン] [動] braten の過去分詞.

das **Ge·bräu** [ゲブろイ] [名] -(e)s/-e 醸造酒, ビール；《蔑》合成酒, 安酒.

der **Ge·brauch** [ゲブらウほ] [名] -(e)s/Gebräuche **1.** ([単]のみ)使用, 利用；使い方, 適用. **2.** (主に[複])風習, 慣習： Sitten und *Gebräuche* 風俗習慣. 【慣用】**außer Gebrauch kommen** 使われなくなる. **in Gebrauch kommen** 使われるようになる. 〈et⁴〉 **in Gebrauch nehmen** 〈物を〉使い始める. **von** 〈et³〉 **Gebrauch machen** 〈物・事を〉利用する, 〈事を〉行使〔適用〕する.

ge·brau·chen [ゲブらウへン] [動] *h.* **1.** 〔〈j⁴/et⁴〉ヲ＋(zu 〈et³〉ニ)〕使う, 用いる, 使用する. **2.** 〔〈j⁴/et⁴〉ヲ＋als 〈j⁴/et⁴〉ニ〕利用する, 使う. **3.** 〔〈et⁴〉ヲ〕《北独》必要とする. 【慣用】**zu nichts/zu allem zu gebrauchen sein** 《口》何の役にも立たない/いろいろと役に立つ.

ge·bräuch·lich [ゲブろイひりひ] [形] 通例〔慣例〕の.

die **Ge·bräuch·lich·keit** [ゲブろイひりひカイト] [名] -/ 慣用性, 通常〔日常〕性, 普遍〔多用〕性.

die **Ge·brauchs·an·wei·sung** [ゲブらウほス・アン・ヴァイズング] [名] -/-en 使用説明書, 使用上の注意(書).

ge·brauchs·fer·tig [ゲブらウほス・ふぇるティひ] [形] すぐ使える, 即席の.

der **Ge·brauchs·ge·gen·stand** [ゲブらウほス・ゲーゲン・シュタント] [名] -(e)s/..stände 日用品, 実用品.

die **Ge·brauchs·gra·fik, Ge·brauchs·gra·phik** [ゲブらウほス・グらーふぃク] [名] -/ 商業美術, グラフィックデザイン.

der **Ge·brauchs·gra·fi·ker, Ge·brauchs·gra·phi·ker** [ゲブらウほス・グらーふぃカー] [名] -s/- グラフィックデザ

イナー.

das **Ge·brauchs·gut** [ゲブらウほス・グート] [名] -(e)s/ ..güter《主に[複]》耐久消費財.

das **Ge·brauchs·mus·ter** [ゲブらウほス・ムスター] [名] -s/-〘法〙実用新案.

der **Ge·brauchs·mus·ter·schutz** [ゲブらウほスムスター・シュッツ] [名] -es/〘法〙実用新案保護.

der **Ge·brauchs·wert** [ゲブらウほス・ヴェーあト] [名] -(e)s/-e 使用〔実用〕価値.

ge·braucht [ゲブらウほト] [形] 使い古した, 中古の.

das **Ge·braucht·au·to** [ゲブらウほト・アウト] [名] -s/-s 中古車.

der **Ge·braucht·wa·gen** [ゲブらウほト・ヴァーゲン] [名] -s/- 中古(自動)車.

das **Ge·braus** [ゲブらウス] [名] -es/ (絶え間なく)ごうごう鳴る音〔こと〕.

das **Ge·brau·se** [ゲブらウゼ] [名] -s/ =Gebraus.

ge·bre·chen* [ゲブれっひぇン] [動] *h.*《文》 **1.** 〔Es+〈j³〉ニ+an〈et³〉ガ〕不足している, 欠けている. **2.** 〔〈j³/et³〉ニ〕《古》不足している, 欠けている(勇気などが).

das **Ge·bre·chen** [ゲブれっひぇン] [名] -s/-《文》(身心の長期的)障害, 欠陥, 疾患.

ge·brech·lich [ゲブれっひリひ] [形] 病弱な, 老衰した;《稀》壊れやすい.

die **Ge·brech·lich·keit** [ゲブれっひリひカイト] [名] -/ 病弱, 虚弱;老衰;もろさ, こわれやすさ, 脆弱さ.

das **Ge·bres·ten** [ゲブれステン] [名] -s/-《スイ》=Gebrechen.

ge·bro·chen [ゲブろっへン] [動] brechen, gebrechen の過去分詞.

—— [形] **1.** 折れた, 壊れた;ジグザグの(線);〘光〙屈折し(て弱くなっ)た(光);〘楽〙分散の. **2.** (混色して)濁った;〘言〙母音混和による. **3.** 失意の, 打ちひしがれた;損なわれた, ぎくしゃくした. **4.** ブロークンな(英語など).

die **Ge·brü·der** [ゲブりゅーダー] [複名] **1.**《古》《総称》(一家の)兄弟. **2.** 〘経〙兄弟商会(略 Gebr.).

das **Ge·brüll** [ゲブりゅル] [名] -(e)s/ **1.** (動物が絶え間なく)ほえること, 鳴くこと, ほえ声, 鳴き声, 咆哮. **2.** (泣き)叫ぶこと, 叫び声, 怒鳴ること, 怒声.

das **Ge·brumm** [ゲブるム] [名] -(e)s/ (動物がしきりに)うなること, うなり声;(昆虫や機械が)ぶんぶんいうこと〔音〕.

die **Ge·bühr** [ゲビューあ] [名] -/-en **1.** (公共)料金, 使用〔手数〕料;(医者などの)報酬. **2.** 適当〔応分〕なこと, 妥当なこと: nach ～ それ相応に, 適当に. über ～ 法外に, 過大に.

ge·büh·ren [ゲビューれン] [動] *h.*《文》 **1.** 〔〈j³/et³〉ニ〕与えられ〔払われ〕て当然である. **2.** 〔sich⁴+(für〈j⁴〉ニ)〕ふさわしい(行動・態度が);その場にふさわしい.

ge·büh·rend [ゲビューれント] [形] ふさわしい, 相応の.

ge·büh·ren·der·ma·ßen [ゲビューれンダー・マーセン] [副] しかるべく.

die **Ge·büh·ren·ein·heit** [ゲビューれン・アインハイト] [名] -/-en〘電話〙(以前の)料金単位.

der **Ge·büh·ren·er·lass,** [旧] **Ge·büh·ren·er·laß** [ゲビューれン・エあラス] [名] -es/-e 料金免除.

die **Ge·büh·ren·er·mä·ßi·gung** [ゲビューれン・エあメースィグング] [名] -/-en 料金割引.

ge·büh·ren·frei [ゲビューれン・ふらイ] [形] (公共)料金無料の.

die **Ge·büh·ren·frei·heit** [ゲビューれン・ふらイハイト] [名] -/ 無料.

die **Ge·büh·ren·ord·nung** [ゲビューれン・オるドヌング] [名] -/-en 料金規定.

ge·büh·ren·pflich·tig [ゲビューれン・プふリひティひ] [形] (公共)料金支払義務のある, 有料の: eine ～*e* Verwarnung 罰金の支払を命じる戒告.

ge·bühr·lich [ゲビューあリひ] [形]《古》=gebührend.

ge·bun·den [ゲブンデン] [動] binden の過去分詞.

—— [形] **1.** 縛られた, 結ばれた, 自由のきかない;義務づけられた;決った相手のいる;予定のある. **2.** 〔(an〈j⁴/et⁴〉ニ)〕拘束〔束縛〕された. **3.** 固まった;〘料〙とろみのついた;〘楽〙レガートの. **4.** 韻律による. **5.** 装丁された. **6.** 潜伏性の.

die **Ge·bun·den·heit** [ゲブンデンハイト] [名] -/ 拘束, 束縛.

die **Ge·burt** [ゲブーあト] [名] -/-en **1.** 出産, 分娩(ぶんべん);《[単]のみ》出生, 誕生: eine schwere ～ 難産. vor/nach Christi ～ 西暦紀元前/後. von ～ an 生れつき. **2.** 生れ, 血統, 家柄: Er ist von ～ Österreicher. 彼は生れはオーストリア人だ. **3.** 生み出されたもの, 生き物;産物, 所産.

die **Ge·bur·ten·be·schrän·kung** [ゲブーあテン・ベシュれンクング] [名] -/ 産児制限.

das **Ge·bur·ten·buch** [ゲブーあテン・ブーふ] [名] -(e)s/ ..bücher 出生登録簿.

die **Ge·bur·ten·kon·trol·le** [ゲブーあテン・コントろレ] [名] -/ バースコントロール.

die **Ge·bur·ten·ra·te** [ゲブーあテン・らーテ] [名] -/-n 出生率.

die **Ge·bur·ten·re·ge·lung** [ゲブーあテン・れーゲルング] [名] -/ 受胎調節.

die **Ge·bur·ten·reg·lung** [ゲブーあテン・れーグルング] [名] -/ =Geburtenregelung.

der **Ge·bur·ten·rück·gang** [ゲブーあテン・りゅック・ガング] [名] -(e)s/..gänge 出生率の低下.

ge·bur·ten·schwach [ゲブーあテン・シュヴァっは] [形] 出生率の低い.

ge·bur·ten·stark [ゲブーあテン・シュタるク] [形] 出生率の高い.

der **Ge·bur·ten·ü·ber·schuss,** [旧] **Ge·bur·ten·ü·ber·schuß** [ゲブーあテン・ユーバー・シュス] [名] -es/ ..schüsse (死亡率に対する)出生率過剰.

die **Ge·bur·ten·zahl** [ゲブーあテン・ツァール] [名] -/-en 出生数.

die **Ge·bur·ten·zif·fer** [ゲブーあテン・ツィっふぁー] [名] -/-n 出生率.

ge·bür·tig [ゲビュるティひ] [形] 〔(aus〈et³〉ノ)〕生れの.

der **Ge·burts·a·del** [ゲブーあツ・アーデル] [名] -s/ 世襲貴族.

die **Ge·burts·an·zei·ge** [ゲブーあツ・アン・ツァイゲ] [名] -/-n 誕生通知〔広告〕;出生届.

das **Ge·burts·da·tum** [ゲブーあツ・ダートゥム] [名] -s/ ..ten 生年月日.

der **Ge·burts·feh·ler** [ゲブーあツ・ふぇーラー] [名] -s/- 先天的欠陥.

das **Ge·burts·haus** [ゲブーあツ・ハウス] [名] -es/..häuser 生家;産院.

der **Ge·burts·hel·fer** [ゲブーあツ・ヘルふぁー] [名] -s/- 産科医.

die **Ge·burts·hel·fe·rin** [ゲブーあツ・ヘルふぇりン] [名] -/-nen 助産婦.

die **Ge·burts·hil·fe** [ゲブーあツ・ヒルふぇ] [名] -/ **1.** 助産(術). **2.** 産科学.

das **Ge·burts·jahr** [ゲブーあツ・ヤーあ] [名] -(e)s/-e《主に[単]》生年.

der **Ge·burts·ort** [ゲブーあツ・オるト] [名] -(e)s/-e 出生地.

das **Ge·burts·re·gis·ter** [ゲブーあツ・れギスター] [名] -s/-《スイ》出生登録簿.

der **Ge·burts·schein** [ゲブーあツ・シャイン] [名] -(e)s/-e 出生証明書.

der **Ge·burts·tag** [ゲブーあツ・ターク] [名] -(e)s/-e 誕生日;〘官〙生年月日.

G

die **Ge·burts·tags·fei·er** [ゲブーあツタークス・ふぁイあー] [名] -/-n 誕生日のお祝い, 誕生日パーティー.

das **Ge·burts·tags·ge·schenk** [ゲブーあツタークス・ゲシェンク] [名] -(e)s/-e 誕生日プレゼント.

der **Ge·burts·tags·gruß** [ゲブーあツタークス・グるース] [名] -es/..grüße 誕生日を祝う挨拶(のことば); 誕生日カード, 誕生日プレゼント.

das **Ge·burts·tags·kind** [ゲブーあツタークス・キント] [名] -(e)s/-er 《冗》誕生日を迎えた人.

der **Ge·burts·tags·ku·chen** [ゲブーあツタークス・クーヘン] [名] -s/- バースデーケーキ.

die **Ge·burts·ur·kun·de** [ゲブーあツ・ウーあ・クンデ] [名] -/-n 出生証明書.

die **Ge·burts·we·hen** [ゲブーあツ・ヴェーエン] [複名] 陣痛; 《転》生みの苦しみ.

die **Ge·burts·zan·ge** [ゲブーあツ・ツァンゲ] [名] -/-n 分娩鉗子(かんし).

das **Ge·büsch** [ゲビュッシュ] [名] -(e)s/-e やぶ, 茂み, 叢林(そうりん).

ge·checkt [gətʃɛ́kt ゲチェックト] [形] 《口》済んだ.

der **Gęck** [ゲック] [名] -en/-en **1.** 《蔑》気取った〔めかし込んだ〕男. **2.** 《方》ばか.

gę·cken·haft [ゲッケンハふト] [形] 《蔑》気取った, きざな, にやけた.

der **Gę·cko** [ゲッコ] [名] -s/-s〔-nen [ゲコーネン]〕『動』ヤモリ.

ge·dạcht [ゲダはト] [動] denken, gedenken の過去分詞.

—— [形] 《次の形で》als ⟨et¹⟩ ~ sein ⟨事として⟩考えられたものである, ⟨事の⟩つもりである. für ⟨j⁴/et⁴⟩ ~ sein ⟨人・物・事の⟩ためのものである. ein ~*er* Fall 想定された事例.

das **Ge·dạ̈cht·nis** [ゲデひトニス] [名] -ses/-se **1.** 記憶; 記憶力: ⟨j⁴/et⁴⟩ aus dem ~ verlieren ⟨人・物・事を⟩失念する. ⟨j⁴/et⁴⟩ ins ~ zurückrufen ⟨人・物・事を⟩思い出す, 想起する. **2.** 追憶, 思い出, 記念: zum ~ an ⟨j⁴/et⁴⟩ ⟨人・物・事を⟩記念して. **3.** 《スイス》(カトリック教会の)追悼〔記念〕ミサ.

die **Ge·dạ̈cht·nis·fei·er** [ゲデひトニス・ふぁイあー] [名] -/-n 記念式典, 追悼式(Gedenkfeier).

der **Ge·dạ̈cht·nis·got·tes·dienst** [ゲデひトニス・ゴッテス・ディーンスト] [名] -(e)s/-e 追悼〔記念〕ミサ.

die **Ge·dạ̈cht·nis·lü·cke** [ゲデひトニス・リュッケ] [名] -/-n 記憶のとぎれ; ど忘れ.

die **Ge·dạ̈cht·nis·re·de** [ゲデひトニス・れーデ] [名] -/-n 記念講演; 追悼演説.

der **Ge·dạ̈cht·nis·schwund** [ゲデひトニス・シュヴント] [名] -(e)s/ 記憶喪失; 記憶力減退.

die **Ge·dạ̈cht·nis·stüt·ze** [ゲデひトニス・シュテュッツェ] [名] -/-n 記憶のための補助手段.

ge·dạckt [ゲダックト] [形] 『楽』閉口の.

ge·dạ̈mpft [ゲデムプふト] [形] 蒸した, ふかした; 和らげられた; くすんだ.

der **Ge·dạn·ke** [ゲダンケ] [名] 2格-ns, 3格-n, 4格-n/[複]-n **1.** 考え, 思想: der ~ an ⟨j⁴/et⁴⟩ ⟨人・物・事についての⟩考え. Ein ~ fuhr〔schoss〕mir durch den Kopf. ある考えがさっと私の脳裏に浮かんだ. Mich verfolgt der ~, dass ... …という考えが私の脳裏から離れない. in ~*n* ぼんやりとして. **2.** ([単]のみ)(ある事を)考えること. **3.** 思いつき, 着想, 意図: auf den ~*n* kommen 思いつく. **4.** ([複]のみ)意見, 見解, 説: mit ⟨j³⟩ ~*n* über ⟨j⁴/et⁴⟩ austauschen ⟨人と⟩⟨人・物・事についての⟩意見を交換する. **5.** 観念, 概念. 【慣用】**Kein Gedanke daran!** 《口》そんなことは断じてない. **mit dem Gedanken spielen**〔**sich⁴ mit dem Gedanken tragen**〕, ⟨**et⁴**⟩ **zu tun** ⟨事を⟩する意図をもっている. **sich³ Gedanken über ⟨j⁴/et⁴⟩ machen** ⟨人・物・事について⟩気をもむ, (…を)憂慮する. **sich³ über ⟨et⁴⟩ Gedanken machen** ⟨事を⟩熟考する. (**um**) **einen Gedanken** 《方》少しばかり.

der **Ge·dạn·ken** [ゲダンケン] [名] -s/- 《稀》=Gedanke.

ge·dạn·ken·arm [ゲダンケン・アるム] [形] 思想〔発想〕の貧弱な.

die **Ge·dạn·ken·ar·mut** [ゲダンケン・アるムート] [名] -/ 思想〔発想〕の貧弱.

der **Ge·dạn·ken·aus·tausch** [ゲダンケン・アウス・タウシュ] [名] -(e)s/ 意見の交換.

der **Ge·dạn·ken·blitz** [ゲダンケン・ブリッツ] [名] -es/-e 《口・冗》ひらめき.

die **Ge·dạn·ken·frei·heit** [ゲダンケン・ふらイハイト] [名] -/ 思想の自由.

der **Ge·dạn·ken·gang** [ゲダンケン・ガング] [名] -(e)s/..gänge 思考過程, 考えの筋道.

das **Ge·dạn·ken·ge·bäu·de** [ゲダンケン・ゲボイデ] [名] -s/- 思想体系.

das **Ge·dạn·ken·gut** [ゲダンケン・グート] [名] -(e)s/ (ある世界観・文化の総体としての)思想.

der **Ge·dạn·ken·ho·ri·zont** [ゲダンケン・ホりツォント] [名] -(e)s/-e 思考の広がり〔及ぶ範囲〕.

ge·dạn·ken·leer [ゲダンケン・レーあ] [形] **1.** 思想の空疎な. **2.** 放心の.

die **Ge·dạn·ken·lee·re** [ゲダンケン・レーれ] [名] -/ 思想〔思考〕の欠如.

das **Ge·dạn·ken·le·sen** [ゲダンケン・レーゼン] [名] -s/ 読心(術); 《稀》テレパシー.

ge·dạn·ken·los [ゲダンケン・ロース] [形] **1.** 思慮のない, 軽率な. **2.** ぼんやりした.

die **Ge·dạn·ken·lo·sig·keit** [ゲダンケン・ローズィひカイト] [名] -/-en **1.** ([単]のみ)無思慮, 軽率; 不注意, 放心状態. **2.** 無思慮〔不注意〕な行動〔発言〕.

ge·dạn·ken·schnell [ゲダンケン・シュネル] [形] 素早い.

der **Ge·dạn·ken·split·ter** [ゲダンケン・シュプリッター] [名] -s/- 格言, 警句.

der **Ge·dạn·ken·strich** [ゲダンケン・シュトりっひ] [名] -(e)s/-e ダッシュ(記号 —).

die **Ge·dạn·ken·ü·ber·tra·gung** [ゲダンケン・ユーバートらーグング] [名] -/-en テレパシー, 精神感応.

ge·dạn·ken·ver·lo·ren [ゲダンケン・ふぇあローれン] [形] 物思いに沈んだ, 放心した.

ge·dạn·ken·voll [ゲダンケン・ふぉル] [形] 考えにふける, 内省的な; 《稀》思想の豊かな.

die **Ge·dạn·ken·welt** [ゲダンケン・ヴェルト] [名] -/ 思想〔観念〕の世界, (基本)思想.

ge·dạnk·lich [ゲダンクリひ] [形] 思考の; 観念の.

das **Ge·dạ̈rm** [ゲデるム] [名] -(e)s/-e 腸(はらわた), おなか.

das **Ge·dạ̈r·me** [ゲデるメ] [名] -s/- =Gedärm.

das **Ge·dęck** [ゲデック] [名] -(e)s/-e **1.** 一人分の食器(テーブルの上の皿・ナイフ・フォーク・スプーン・ナプキンなど). **2.** 定食. **3.** (バーなどの最低料金となる)セットドリンク, 席料としての飲み物(ベルリンの一杯のビールと一杯のコルン酒など).

ge·dęckt [ゲデックト] [形] **1.** くすんだ, 地味な. **2.** 『楽』閉口パイプの.

(*der*) **Ge·deih** [ゲダイ] [名] 《次の形で》 auf ~ und Verderb どうなろうと, とにかく, 無条件で.

ge·dei·hen* [ゲダイエン] [動] gedieh; ist gediehen **1.** 〔補足なし〕すくすく成長する, 育つ(子供・動植物が). **2.** 〔⟨様態⟩に〕はかどる, 進捗(しんちょく)する.

ge·deih·lich [ゲダイリひ] [形] 《文》有益な, 順調な.

ge·dęn·ken* [ゲデンケン] [動] *h.* **1.** 〔⟨j²/et²⟩ヲ〕《文》思い起こす, 偲(しの)ぶ; (…について)語る. **2.** 〔zu ⟨動⟩スル〕つもりである.

das **Ge·dęn·ken** [ゲデンケン] [名] -s/ 思い出, 記憶, 追想, 偲ぶこと, 記念.

die **Ge·dęnk·fei·er** [ゲデンク・ふぁイあー] [名] -/-n 記念

祭[式典], 追悼式.
die **Ge·denk·mi·nu·te** [ゲデンク・ミヌーテ] 名 -/-n 1分間の黙禱(🈁).
die **Ge·denk·mün·ze** [ゲデンク・ミュンツェ] 名 -/-n 記念硬貨.
die **Ge·denk·stät·te** [ゲデンク・シュテッテ] 名 -/-n 記念の場所.
der **Ge·denk·stein** [ゲデンク・シュタイン] 名 -(e)s/-e 記念碑.
die **Ge·denk·ta·fel** [ゲデンク・ターふェル] 名 -/-n 記念銘板.
der **Ge·denk·tag** [ゲデンク・タ-ク] 名 -(e)s/-e 記念日.
ge·deucht [ゲドイヒト] 動 dünken の過去分詞.
das **Ge·dicht** [ゲディヒト] 名 -(e)s/-e 詩; (Und) noch ein ~! 《口》同じのをもうひとつ. 【慣用】**ein Gadicht sein** とてもすばらしい.
die **Ge·dicht·samm·lung** [ゲディヒト・ザムルング] 名 -/-en 詩集.
ge·die·gen [ゲディーゲン] 形 **1.** 堅牢な(作りの); 堅実な. **2.** 純粋な(金属). **3.** 《口》おかしな, 奇妙な.
die **Ge·die·gen·heit** [ゲディーゲンハイト] 名 -/ 堅牢さ; 堅牢さ; (金属などの)純粋さ; 《口》こっけいさ.
ge·dieh [ゲディー] 動 gedeihen の過去形.
ge·die·he [ゲディーエ] 動 gedeihen の接続法2式.
ge·die·hen [ゲディーエン] 動 gedeihen の過去分詞.
ge·dient [ゲディーント] 形 兵役義務を終えた.
das **Ge·din·ge** [ゲディンゲ] 名 -s/- 《鉱》請負給, 出来高賃金.
das **Ge·döns** [ゲデーンス] 名 -es/ 《方》大騒ぎ; 無用の長物.
das **Ge·drän·ge** [ゲドれンゲ] 名 -s/- **1.** (⑪のみ) 人込み, 雑踏, 混雑; 押しあいへしあい, 殺到; 押しやること. **2.** [🈁] スクラム: ein ~ bilden スクラムを組む. 【慣用】**mit 〈et³〉 ins Gedränge kommen (geraten)** 〈事が〉切迫する, 〈事で〉窮地に陥る.
ge·drängt [ゲドれンクト] 形 簡潔な.
die **Ge·drängt·heit** [ゲドれングトハイト] 名 -/ 簡潔さ.
ge·drech·selt [ゲドれクセルト] 形 ろくろにかけた; 凝った.
ge·dro·schen [ゲドろッシェン] 動 dreschen の過去分詞.
ge·druckt [ゲドるックト] 形 印刷された.
ge·drückt [ゲドりュックト] 形 意気消沈した; 重苦しい.
die **Ge·drückt·heit** [ゲドりュックトハイト] 名 -/ 意気消沈, 落胆.
ge·drun·gen [ゲドるンゲン] 動 dringen の過去分詞.
—— 形 ずんぐりした.
die **Ge·drun·gen·heit** [ゲドるンゲンハイト] 名 -/ ずんぐりしていること; ずんぐりした体つき.
das **Ge·du·del** [ゲドゥーデル] 名 -s/ だらだらと鳴り〔鳴らし〕続けること.
die **Ge·duld** [ゲドゥルト] 名 -/ 忍耐, 我慢, 根気, 辛抱; 〈j³〉 reißt die ~ 〈人³に〉我慢しきれなくて怒り出す. viel ~ mit 〈j³〉 haben 〈人³を〉気長に扱う〔見守る〕. sich⁴ in ~ fassen じっと我慢して待つ.
ge·dul·den [ゲドゥルデン] 動 h. (sich⁴ +(《時間》/❨❩)) 我慢〔辛抱〕して待つ.
ge·dul·dig [ゲドゥルディヒ] 形 我慢強い, 辛抱強い.
der **Ge·dulds·fa·den** [ゲドゥルツ・ふァーデン] 名 -s/… 〔次の形で〕〈j³〉 reißt der ~ 《口》〈人³の〉勘忍袋の緒が切れる. einen langen ~ haben 我慢〔忍耐〕強い.
das **Ge·dulds·spiel** [ゲドゥルツ・シュピール] 名 -(e)s/-e =Geduldspiel.
die **Ge·dulds·pro·be** [ゲドゥルツ・プろ-べ] 名 -/-n 忍耐力が試されるようなこと. 【慣用】〈j⁴〉 **auf eine harte Geduldsprobe stellen** 〈人⁴に〉ひどく辛抱を強いる, 〈人⁴を〉

ひどく長く待たせる.
das **Ge·dulds·spiel** [ゲドゥルツ・シュピール] 名 -(e)s/-e 根気のいる遊び〔ゲーム〕 (ジグソーパズルなど).
ge·dun·gen [ゲドゥンゲン] 動 dingen の過去分詞.
—— 形 《文·蔑》金で雇われた.
ge·dun·sen [ゲドゥンゼン] 形 むくんだ, はれぼったい.
ge·durft [ゲドゥるふト] 動 dürfen の過去分詞.
ge·ehrt [ゲエーあト] 形 **1.** 尊敬された; 拝啓…様 (sehr とともに手紙の冒頭で): Sehr ~er Herr/~e Frau Meyer! 拝啓マイヤー様. Sehr ~e Damen und Herren 拝啓皆々様. Sehr ~er Herr Professor! 教授殿. **2.** (次の形で)Ihr Geehrtes vom 1. Oktober 《商》《古》10月1日付貴翰(❨❩).
ge·eicht [ゲアイヒト] 形 **1.** 検定済みの. **2.** 折紙つきの, (ある分野で)優れた: auf 〈et⁴〉 ~ sein 《口》〈事に〉精通している, 〈事に〉強い.
ge·eig·net [ゲアイグネット] 形 (zu 〈j³/et³〉=/für 〈j⁴/et⁴〉=)] 適した, ふさわしい: zum Lehrer/zu dieser 〔für diese〕 Arbeit ~ sein 教師/この仕事に向いている.
die **Geer** [ゲーあ] 名 -/-en 《海》斜桁(❨❩) 支索.
die **Geer·de** [ゲーあデ] 名 -/-n = Geer.
die **Geest** [ゲースト] 名 -/-en (北海沿岸の不毛な)高燥砂地.
gef. =gefallen 戦死した.
das **Ge·fach** [ゲふぁッハ] 名 -(e)s/-e (…fächer〕 **1.** 〔土〕(⑪-e) (ハーフティンバー建築の)格子で仕切られた区画. **2.** 引出し; 棚.
die **Ge·fahr** [ゲふぁーあ] 名 -/-en 危険; 危険な状態: Es besteht die ~, dass … …の危険がある. Er tut es auf die ~ hin, dass … 彼はそれを…の危険を冒してる. bei ~ 緊急の際に. 〈j⁴〉 in ~ bringen 〈人⁴を〉危険にさらす. mit〔unter〕 ~ seines Lebens 生命の危険を冒して. 【慣用】 **auf eigene Gefahr** 自己の責任で. **Gefahr laufen** 危険を冒す. **gegen alle Gefahren** すべての災害に対して(保険の名称).
Gefahr bringend, ge·fahr·brin·gend [ゲふぁーあ ブりンゲント] 形 危険をもたらす: ein äußerst gefahrbringender Gadanke 大変な危険をもたらす思想. ein große Gefahr bringender plan 大きな危険をもたらす計画.
ge·fähr·den [ゲふぇーアデン] 動 h. 〈j⁴/et⁴〉ッ危険にさらす(生命などを), 危うくする, 脅(❨❩)かす(健康・平和などを).
ge·fähr·det [ゲふぇーアデット] 形 危険にさらされた: 非行に走る危険のある.
die **Ge·fähr·dung** [ゲふぇーアドゥング] 名 -/-en 危険にさらすこと; 危機に直面すること.
ge·fah·ren [ゲふぁーれン] 動 fahren の過去分詞.
der **Ge·fah·ren·herd** [ゲふぁーれン・ヘーあト] 名 -(e)s/-e 危険の源.
die **Ge·fah·ren·leh·re** [ゲふぁーれン・レーれ] 名 / n 危険物の取扱いに関する研究〔指導〕.
die **Ge·fah·ren·quel·le** [ゲふぁーれン・クヴェレ] 名 -/-n 危険の発生源.
die **Ge·fah·ren·zo·ne** [ゲふぁーれン・ツォーネ] 名 -/-n 危険地帯.
die **Ge·fah·ren·zu·la·ge** [ゲふぁーれン・ツー・ラーゲ] 名 -/-n 危険手当.
ge·fähr·lich [ゲふぇーあリヒ] 形 危険な, 危ない: ein Mann im ~en Alter 中年の男(中年で健康または情事に関して). ~ kurven きわどくカーブをきる.
die **Ge·fähr·lich·keit** [ゲふぇーあリヒカイト] 名 -/ 危険性.
ge·fahr·los [ゲふぁーあ・ロース] 形 危険のない, 安全な.
die **Ge·fahr·lo·sig·keit** [ゲふぁーあ・ロージヒカイト] 名 -/ 安全性.
das **Ge·fährt** [ゲふぇーあト] 名 -(e)s/-e 《文》《冗》も

有)馬車;自動車.

der **Ge·fähr·te** [ゲふぇーあテ] [名] -n/-n 《文》道づれ, 同伴者;仲間, 友達.

die **Ge·fähr·tin** [ゲふぇーあティン] [名] -/-nen Gefährte の女性形.

der **Ge·fahr·ü·ber·gang** [ゲふぁーあ·ユーバー·ガング] [名] -(e)s/..gänge 〘法〙危険の移転.

ge·fahr·voll [ゲふぁーあ·ふぉル] [形] 危険がある〔に満ちた〕.

das **Ge·fäl·le** [ゲふぇレ] [名] -s/- **1.** 差, 格差. **2.** 落差, 高低の差, 勾配(こうばい), 傾斜;《スイス》傾向.

ge·fal·len[1]* [ゲふぁレン] [動] *h.* **1.** 〔〈j³〉(ニ)ハ〕気に入る, (…の)好みに合う: Wie *gefällt* es Ihnen in Tokyo? 東京はいかがですか〔気に入りましたか〕. **2.** 〔sich³+in 〈et³〉ﾃﾞ〕(自分を目立たせて)いい気になっている, 悦に入る, 得意がる. 【慣用】 **allgemein gefallen** 一般の受けが良い. **Er gefällt mir heute nicht**〔**Er will mir heute nicht gefallen**〕. 《口》彼の今日の様子は私には気がかりだ《健康状態について》. **Es gefällt mir hier gut/nicht gut.** ここ(での生活)は私は気に入っています/気に入らない. **Es hat Gott gefallen, unseren Vater zu sich zu rufen.** 父をみもとにお招きになることを神は思召された《新聞などの死亡広告に用いられる表現》. **sich³ 〈et⁴〉 gefallen lassen** 《口》〈事ｦ〉甘受する, 〈事ｶﾞ〉降りかかるままにしておく;〈事ｦ〉うれしく〔素敵だと〕思う. **wie es Ihnen gefällt** あなたのお好きなように.

ge·fal·len[2] [ゲふぁレン] [動] fallen, gefallen の過去分詞.

—— [形] 堕落した, 名声を失った, 戦死した, 行倒れた, 墜落した.

der **Ge·fal·len**[1] [ゲふぁレン] [名] -s/- 親切, 好意: 〈j³〉 einen ~ tun〔erweisen〕〈人ﾆ〉親切にする. Tu mir bitte den〔einen〕~ und mache das Fenster zu! すまないがその窓を閉めてくれ.

das **Ge·fal·len**[2] [ゲふぁレン] [名] -s/ (ある人に)気に入ること;(人·事·物が気に入ったときの)喜び, 満足;楽しさ: an 〈j³/et³〉 ~ finden〔haben〕〈人·物·事ｶﾞ〉気に入る. 【慣用】 **nach Gefallen** 《文》任意に. **〈j³〉 zu Gefallen reden** 〈人ﾆ〉お世辞を言う. **〈j³〉 〈et⁴〉 zu Gefallen tun** 〈人ｦ〉喜ばすために〈事ｦ〉する.

der **Ge·fal·le·ne** [ゲふぁレネ] [名] (形容詞的変化)戦死者, 戦没者.

das **Ge·fal·le·nen·denk·mal** [ゲふぁレネン·デンク·マール] [名] -s/..mäler〔-e〕 戦没者記念碑.

ge·fäl·lig [ゲふぇリひ] [形] **1.** 〔(〈j³〉ﾆ)〕親切な, 好意的な. **2.** 感じのいい, 好ましい;快い. **3.** 望ましい: (Ist) sonst noch etwas ~? 他にまだ何か(お望みは)ございますか《客に言う》. 【慣用】 **Da**〔**Hier**〕 **ist (et)was gefällig** 《口》さあ一騒動があるぞ, さあおもしろくなるぞ.

die **Ge·fäl·lig·keit** [ゲふぇリひカイト] [名] -/-en **1.** 親切, 好意;《(単)のみ》親切(心). **2.** 《(単)のみ》感じのよさ.

der **Ge·fäl·lig·keits·wech·sel** [ゲふぇリひカイツ·ヴェクセル] [名] -s/- 〘銀行〙融通手形.

ge·fäl·ligst [ゲふぇリひスト] [副] 《話者の気持》《口》…してもらえませんかねえ, …してくれったら;《古》恐れ入りますが: Lass mich ~! 放っといてくれったら.

die **Ge·fall·sucht** [ゲふぁル·ズふト] [名] -/ 《蔑》人に気に入られたいという欲望, ご機嫌取り, 媚(こ)び.

ge·fall·süch·tig [ゲふぁル·ズュひティひ] [形] 《蔑》機嫌取りの, 媚(こ)を売る.

ge·fan·gen [ゲふぁンゲン] [動] fangen の過去分詞.

—— [形] 捕えられた, 逮捕された, 捕虜になった;とりこになった.

der/die **Ge·fan·ge·ne** [ゲふぁンゲネ] [名] 《形容詞的変化》捕虜(Kriegs~);囚人(Straf~), 服役者;〘法〙被拘禁者.

die **Ge·fan·ge·nen·für·sor·ge** [ゲふぁンゲネン·ふゅーあ·ゾるゲ] [名] -/ (犯罪者とその家族への)更生保護.

das **Ge·fan·ge·nen·haus** [ゲふぁンゲネン·ハウス] [名] -es/..häuser 《オーストリア》刑務所, 監獄.

das **Ge·fan·ge·nen·la·ger** [ゲふぁンゲネン·ラーガー] [名] -s/- 捕虜収容所.

ge·fan·gen hal·ten*, (旧)**ge·fan·gen|hal·ten*** [ゲふぁンゲン ハルテン] [動] *h.* 〔〈j⁴/et⁴〉ｦ〕捕えておく, 抑留〔監禁〕しておく《人·動物を》;ひきつけて離さない《人の心·注意などを》;(時間的に)拘束している《仕事などが人を》.

das **Ge·fan·gen·haus** [ゲふぁンゲン·ハウス] [名] -es/..häuser 《オーストリア》〘官〙=Gefangenenhaus.

die **Ge·fan·gen·nah·me** [ゲふぁンゲン·ナーメ] [名] -/ 捕虜〔とりこ〕にすること, 生捕り;逮捕, 監禁.

ge·fan·gen neh·men*, (旧)**ge·fan·gen|neh·men*** [ゲふぁンゲン ネーメン] [動] *h.* **1.** 〔〈j⁴〉ｦ〕捕虜にする;魅惑する, とりこにする《芸術作品などが人(の心)を》. **2.** 〔〈et⁴〉ｦ〕引きつける《注意を》.

die **Ge·fan·gen·schaft** [ゲふぁンゲンシャふト] [名] -/-en 《主に(単)》捕虜の状態, 監禁〔拘束〕状態;(檻に)閉じ込められている状態.

das **Ge·fäng·nis** [ゲふぇングニス] [名] -ses/-se **1.** 刑務所, 監獄: im ~ sitzen 服役している. 〈j⁴〉 ins ~ bringen 〈人ｦ〉投獄する. ins ~ kommen 入獄する. **2.** (旧刑法の)軽懲役(1日以上5年以下): drei Jahre ~ bekommen 軽懲役3年となる.

die **Ge·fäng·nis·stra·fe** [ゲふぇングニス·シュトらーふぇ] [名] -/-n (旧刑法の)軽懲役, (有期)軽懲役刑.

der **Ge·fäng·nis·wär·ter** [ゲふぇングニス·ヴェるター] [名] -s/- 看守, 獄吏.

die **Ge·fäng·nis·zel·le** [ゲふぇングニス·ツェレ] [名] -/-n 監房.

das **Ge·fa·sel** [ゲふぁーゼル] [名] -s/ 《口·蔑》無駄口をたたくこと;くだらぬ話.

das **Ge·fäß** [ゲふぇース] [名] -es/-e **1.** 容器;〘フェンシング〙(剣の)龍〔あぶみ〕形の鍔. **2.** 〘解〙脈管《血管·リンパ管など》;〘植〙導管.

der **Ge·fäß·krampf** [ゲふぇース·クらムプふ] [名] -(e)s/..krämpfe 血管筋痙攣(けいれん).

gefasst, (旧)**ge·faßt** [ゲふぁスト] [形] **1.** 冷静な, 落着いた. **2.** 〔auf 〈j⁴/et⁴〉ｦ/〈[文]〉トイウコトｦ〕覚悟した, (…に)心の準備ができている: sich⁴ auf 〈et⁴〉 ~ machen 〈事ｦ〉覚悟する.

die **Ge·fasst·heit**, (旧) **Ge·faßt·heit** [ゲふぁストハイト] [名] -/ 落着き, 冷静さ.

die **Ge·fäß·wand** [ゲふぇース·ヴァント] [名] -/..wände 〘医〙脈管壁.

das **Ge·fecht** [ゲふぇひト] [名] -(e)s/-e 戦闘, 交戦, 小競合い;口論, 論争;〘フェンシング〙試合. 【慣用】 **〈j⁴〉 außer Gefecht setzen** 〈人の〉戦闘能力を奪う;〈人ｦ〉反論の余地ないまで論駁(ろんばく)する. **〈et⁴〉 ins Gefecht führen** 《文》〈事ｦ〉論拠として話合いの場に出す.

die **Ge·fechts·aus·bil·dung** [ゲふぇひツ·アウス·ビルドゥング] [名] -/-en 戦闘訓練.

ge·fechts·klar [ゲふぇひツ·クラーあ] [形] 〘軍〙戦闘準備の整った.

der **Ge·fechts·kopf** [ゲふぇひツ·コップふ] [名] -(e)s/..köpfe 弾頭.

der **Ge·fechts·stand** [ゲふぇひツ·シュタント] [名] -(e)s/..stände 前線司令部.

die **Ge·fechts·ü·bung** [ゲふぇひツ·ユーブング] [名] -/-en 戦闘演習.

ge·fei·ert [ゲふぁイあート] [形] 称賛された;高名な, 人気のある.

ge·feit [ゲふぁイト] [形] 〔gegen 〈et⁴〉ニ対シテ〕抵抗力がある, 安全である: gegen die Krankheit ~ sein その病気に対して抵抗力がある.

das **Ge·fie·der** [ゲふぃーダー] [名] -s/- **1.** 《集合的に》(鳥の)羽, 羽毛. **2.** 《古》(矢羽根・毛針・羽根かざり・羽毛布団などの)羽.

ge·fie·dert [ゲふぃーダート] [形] 羽(毛)のある;羽をつけた;〖植〗羽状の: das ~*e* Volk 鳥類.

das **Ge·fil·de** [ゲふぃルデ] [名] -s/- 《主に[複]》《文》土地, 地域: die ~ der Seligen 〖ギ神〗楽土, エリュシオン.

ge·fin·kelt [ゲふぃンケルト] [形] 《ｵｰｽﾄﾘｱ》抜け目のない.

ge·flammt [ゲふラムト] [形] 火炎〔S 字形〕模様の.

das **Ge·flat·ter** [ゲふラッター] [名] -s/ 羽ばたき(すること), はためくこと.

das **Ge·flecht** [ゲふレひト] [名] -(e)s/-e **1.** 編み細工;かご細工;(網状に)絡みあったもの. **2.** 〖解〗(血管・神経の)叢(そう).

ge·fleckt [ゲふレックト] [形] ぶちの, 斑点(はんてん)のある.

ge·flis·sent·lich [ゲふリっセントリひ] [形] **1.** 故意の, 意図的な. **2.** 〖官〗《古》好意のある: zur ~*en* Kenntnisnahme/Beachtung なにとぞ御承知おき/御考慮いただきたく.

ge·floch·ten [ゲふロほテン] [動] flechten の過去分詞.

ge·flo·gen [ゲふローゲン] [動] fliegen の過去分詞.

ge·flo·hen [ゲふローエン] [動] fliehen の過去分詞.

ge·flos·sen [ゲふロっセン] [動] fließen の過去分詞.

das **Ge·flü·gel** [ゲふリューゲル] [名] -s/ 《総称》家禽(かきん);鳥肉(~fleisch).

die **Ge·flü·gel·farm** [ゲふリューゲル・ふぁるム] [名] -/-en (大規模な)家禽(かきん)飼育場.

der **Ge·flü·gel·händ·ler** [ゲふリューゲル・ヘンドラー] [名] -s/- 家禽(かきん)商, 鳥肉屋.

die **Ge·flü·gel·sche·re** [ゲふリューゲル・シェーれ] [名] -/-n 鳥料理用のはさみ.

ge·flü·gelt [ゲふリューゲルト] [形] **1.** 翼のある. **2.** 〖狩〗翼を撃たれて飛べない. **【慣用】** **geflügelte Worte** 人口に膾炙(かいしゃ)した言葉.

die **Ge·flü·gel·zucht** [ゲふリューゲル・ツふト] [名] -/-en 養鶏, 家禽(かきん)飼育.

das **Ge·flun·ker** [ゲふルンカー] [名] -s/ 《口・蔑》ほらを吹くこと, 嘘八百.

das **Ge·flüs·ter** [ゲふリュスター] [名] -s/ ひそひそと話すこと, ささやき(声).

ge·foch·ten [ゲふぉほテン] [動] fechten の過去分詞.

das **Ge·fol·ge** [ゲふぉルゲ] [名] -s/- 《主に[単]》随員(の一行), 供回り;会葬者. **【慣用】** **im Gefolge** 《硬》結果として.

die **Ge·folg·schaft** [ゲふぉルクシャふト] [名] -/-en **1.** 《[単]のみ》服従;(古代ゲルマンの)臣従. **2.** お供の一行;支持者, 信奉者, 門弟;(古代ゲルマンの)従士団. **3.** (ナチス時代の企業の)全従業員.

der **Ge·folgs·mann** [ゲふぉルクス・マン] [名] -(e)s/ ..männer〔..leute〕(古代ゲルマンの)従士;《転》信奉者.

ge·för·dert [ゲふぇるダート] [形] 経済的援助の.

ge·fragt [ゲふらークト] [形] 需要の多い, 引く手あまたの.

ge·frä·ßig [ゲふれースィひ] [形] 《蔑》大食の, がつがつした.

die **Ge·frä·ßig·keit** [ゲふれースィひカイト] [名] -/ 《蔑》大食, 食いしんぼう.

der **Ge·frei·te** [ゲふらイテ] [名] 《形容詞的変化》(陸・空軍の) 等兵, (海軍の)一等水兵《人;《[単]のみ》位》.

ge·fres·sen [ゲふれっセン] [動] fressen の過去分詞.

ge·frie·ren* [ゲふりーれン] [動] **1.** *s.* 〖補足なし〗凍る, 凍結〔氷結〕する. **2.** *h.* 〖<et⁴>ヲ〗《稀》冷凍する《食品などを》.

das **Ge·frier·fach** [ゲふりーあ・ふぁっは] [名] -(e)s/..fächer (冷蔵庫の)冷凍室, フリーザー.

das **Ge·frier·fleisch** [ゲふりーあ・ふライシュ] [名] -(e)s/ 冷凍肉.

das **Ge·frier·ge·mü·se** [ゲふりーあ・ゲミューゼ] [名] -s/- 冷凍野菜.

ge·frier·ge·trock·net [ゲふりーあ・ゲトロクネット] [形] 冷凍乾燥した.

der **Ge·frier·punkt** [ゲふりーあ・プンクト] [名] -(e)s/-e 氷点;凝固点.

der **Ge·frier·schrank** [ゲふりーあ・シュらンク] [名] -(e)s/..schränke 冷凍庫.

die **Ge·frier·trock·nung** [ゲふりーあ・トろっクヌング] [名] -/-en 冷凍乾燥.

die **Ge·frier·wär·me** [ゲふりーあ・ヴェるメ] [名] -/ 〖理〗凍結〔氷結〕に使われた熱量.

ge·fro·ren [ゲふろーれン] [動] frieren, gefrieren の過去分詞.

das **Ge·fro·re·ne** [ゲふろーれネ] [名] 《形容詞的変化》 **1.** 冷凍食品. **2.** 《南独・ｵｰｽﾄﾘｱ》《古》アイスクリーム.

das **Ge·fü·ge** [ゲふゅーゲ] [名] -s/- **1.** 組合わされた〔組立てられた〕もの. **2.** (内部)構造;〖冶金〗結晶構造;〖地質〗石理(せきり).

ge·fü·gig [ゲふゅーギひ] [形] 意のままになる, 従順な: (sich³) <j⁴> ~ machen 〈人を〉(自分の)言いなりにする.

die **Ge·fü·gig·keit** [ゲふゅーギひカイト] [名] -/ 従順さ, 扱いやすさ.

das **Ge·fühl** [ゲふゅール] [名] -(e)s/-e **1.** 感情, 情緒, 気持;思いやり. mit ~ 感情をこめて. **2.** 《[単]のみ》センス, 理解力, 感覚, 感受性: ein ~ für Rhythmus haben リズム感がある. **3.** 触感, 感覚, 感じ, 手ざわり: das ~ für warm und kalt 温かさと冷たさの感覚. **4.** 《[単]のみ》(漠然とした)感じ: <et⁴> im ~ haben 〈事が〉なんとなく感じでわかる. **【慣用】** **Das ist das höchste der Gefühle.** 《口》それがぎりぎりのところだ. **mit gemischten Gefühlen** 複雑な気持で. **seinen Gefühlen freien Lauf lassen** 感情をあらわにする.

ge·fühl·los [ゲふゅール・ロース] [形] **1.** 〖(gegen <et⁴>ヲ)〗感じない, 感覚のない. **2.** 冷淡な;無感動の.

die **Ge·fühl·lo·sig·keit** [ゲふゅール・ローズィひカイト] [名] -/-en **1.** 《[単]のみ》無感覚, 感覚麻痺(まひ). **2.** 《[単]のみ》無情, 冷酷;無感動. **3.** 無情な行為〔態度・言葉〕.

ge·fühls·arm [ゲふゅールス・アるム] [形] 感情の乏しい.

die **Ge·fühls·ar·mut** [ゲふゅールス・アるムート] [名] -/ 感情の乏しさ.

der **Ge·fühls·aus·bruch** [ゲふゅールス・アウス・ブるっふ] [名] -(e)s/..brüche 感情のほとばしり, 感情の爆発.

ge·fühls·be·tont [ゲふゅールス・ベトーント] [形] 感情的な.

die **Ge·fühls·din·ge** [ゲふゅールス・ディンゲ] [複名] 感情〔気持〕に左右される事柄, 感情の問題.

die **Ge·fühls·du·se·lei** [ゲふゅールス・ドゥーゼライ] [名] -/-en 《口・蔑》感傷的〔センチメンタル〕な考え〔態度〕, センチメンタリズム.

ge·fühls·du·se·lig [ゲふゅールス・ドゥーゼリひ] [形] 《口》ひどく感傷的な.

ge·fühls·kalt [ゲふゅールス・カルト] [形] **1.** 気持の冷たい. **2.** 冷感症の.

die **Ge·fühls·käl·te** [ゲふゅールス・ケルテ] [名] -/ **1.** 気持の冷たさ, 冷淡〔冷酷〕さ. **2.** 冷感症.

ge·fühls·mä·ßig [ゲふゅールス・メースィひ] [形] **1.** 感情的な. **2.** 気持の上で.

der **Ge·fühls·mensch** [ゲふゅールス・メンシュ] [名] -en/-en 感情的人間, 感情家.

ge·fühls·se·lig [ゲふゅールス・ゼーリひ] [形] 感傷的な.

der **Ge·fühls·wert** [ゲふゅールス・ヴェーあト] [名] -(e)s/-e 感情的価値.

ge·fühl·voll [ゲふゅール・ふぉル] [形] 感情の豊かな;敏感

G

gefunden 452

な;感傷的な.
ge·fun·den [ゲフンデン] finden の過去分詞.
das **Ge·ga·cker** [ゲガッカー] 名 -s/ があがあ鳴くこと［声］;《口》うるさいおしゃべり.
ge·gan·gen [ゲガンゲン] 動 gehen の過去分詞.
ge·ge·ben [ゲゲーベン] 動 geben の過去分詞.
— 形 **1.** 与えられた,所与の,所定の: eine ~e Zahl 〖数〗任意の数. im ~en Fall この場合;場合によっては. unter den ~en Umständen 現状〔当時の情勢〕では. 〈et⁴〉als ~ voraussetzen 〈事⁴〉が既定のこととして前提する. **2.** 適切な zu ~er (zur ~en) Zeit 適切な時に. Das ist das *G*~e. それが最も妥当だ.
das **Ge·ge·be·ne** [ゲゲーベネ] 名《形容詞的変化》⇨ gegeben
ge·ge·be·nen·falls [ゲゲーベネン・ふァルス] 副 場合によっては,必要な場合には(略 ggf.).
die **Ge·ge·ben·heit** [ゲゲーベンハイト] 名 -/-en《主に®》(考慮されるべき)事実,実情,現状,条件;〖哲〗所与(の条件).
ge·gen [ゲーゲン] 前 ［+4格］ **1.**（空間）1.（方向）…の方へ: sich⁴ ~ die Wand drehen 壁の方へ向く. 〈et⁴〉~ das Licht halten 〈物⁴〉を光にかざす. **b.** …に沿って: ~ die Strömung 流れに逆らって. **c.**（衝突）…にぶつかって: ~ einen Baum stoßen 樹にぶつかる. Regen klatscht ~ die Fenster. 雨がぴしゃぴしゃ窓に当って音を立てる. **2.**（対抗・関係）…に対して,抗して,反して: der Kampf ~ Krankheit und Armut 病気と貧困に対する戦い. ein Mittel ~ Husten 咳〈き〉止めの薬. ~ die Abmachung 協定に違反して. ~ alle Erwartungen あらゆる期待に反して. ~ 〈j⁴〉stimmen〈人に〉反対投票する. ~〈j⁴〉empfindlich sein〈物・事⁴にぉして〉敏感である. nachsichtig ~〈j⁴〉sein〈人にぉして〉寛大である. **3.**（時間）…頃に,…近くに: ~ Abend 夕方頃に. ~ 11 Uhr 11 時頃に. **4.**（比較）~に比べて: *G*~ die Sonne ist die Erde nur ein kleiner Ball. 太陽に比べれば地球は小さなボールに過ぎない. **5.**（交換）…と引換えに: Verkauf nur ~ bar. 現金払いでのみ販売.
der **Ge·gen·an·griff** [ゲーゲン・アングりふ] 名 -(e)s/-e 反撃,反攻,逆襲.
der **Ge·gen·an·trag** [ゲーゲン・アントらーク] 名 -(e)s/..träge 反対動議(提案).
die **Ge·gen·an·zei·ge** [ゲーゲン・アンツァイゲ] 名 -/-n 〖医〗禁忌.
die **Ge·gen·be·din·gung** [ゲーゲン・ベディヌンク] 名 -/-en 反対条件.
der **Ge·gen·be·fehl** [ゲーゲン・ベふェール] 名 -(e)s/-e 反対[取消し]命令.
die **Ge·gen·be·haup·tung** [ゲーゲン・ベハウプトゥング] 名 -/-en 反対の主張,反論.
das **Ge·gen·bei·spiel** [ゲーゲン・バイ・シュピール] 名 -(e)s/-e 反対例,反例,反証例.
der **Ge·gen·be·such** [ゲーゲン・ベズーふ] 名 -(e)s/-e 答礼訪問.
die **Ge·gen·be·we·gung** [ゲーゲン・ベヴェーグング] 名 -/-en 反対運動;〖楽〗反進行.
der **Ge·gen·be·weis** [ゲーゲン・ベヴァイス] 名 -es/-e 反証.
die **Ge·gen·bu·chung** [ゲーゲン・ブーフング] 名 -/-en （複式簿記の）貸借対照記入,反対〔相対・相殺〕記入.
die **Ge·gend** [ゲーゲント] 名 -/-en **1.** 地方,地域. **2.**（辺りの）住民. **3.** 界隈,付近;方角: in der ~ /in die ~ von München ミュンヒェン近郊で/ミュンヒェン方面へ. 〈時・数量を表す名詞とともに〉in

der ~ um Ostern/10 Mark《口》およそ復活祭の頃/10 マルク. **4.**（体の）部位,局部.
die **Ge·gen·dar·stel·lung** [ゲーゲン・ダー・シュテルング] 名 -/-en 反論記事;反論.
der **Ge·gen·dienst** [ゲーゲン・ディーンスト] 名 -(e)s/-e 恩返し.
der **Ge·gen·druck** [ゲーゲン・ドるック] 名 -(e)s/..drücke《主に®》(握手で)握り返すこと;反対圧力,逆圧;抵抗.
ge·gen·ei·nan·der [ゲーゲン・アイナンダー] 副 相対して,相互に: ~ kämpfen 対戦する. die Gläser ~ stoßen グラスを(打ち)合わせる. 〈et⁴〉~ halten〔stellen〕〈物・事⁴〉比較〔対照〕する. Wir haben etwas ~. 私たちの間にはわだかまりがある.
die **Ge·gen·ein·la·dung** [ゲーゲン・アイン・ラードゥング] 名 -/-en（招かれた人の）招待の招待.
die **Ge·gen·fahr·bahn** [ゲーゲン・ふァー・バーン] 名 -/-en 対向車線.
die **Ge·gen·for·de·rung** [ゲーゲン・ふォるデるング] 名 -/-en 反対〔対抗的〕要求;反対債権.
die **Ge·gen·fra·ge** [ゲーゲン・ふらーゲ] 名 -/-n 反問.
der **Ge·gen·füß·ler** [ゲーゲン・ふューㇲラー] 名 -s/-《古》対蹠〈たいしょ〉者(地球の正反対の場所の住人).
die **Ge·gen·ga·be** [ゲーゲン・ガーベ] 名 -/-n《文》返礼の贈り物,お返し.
die **Ge·gen·ge·ra·de** [ゲーゲン・ゲらーデ] 名 -/-n 〖スポ〗バックストレッチ.
das **Ge·gen·ge·schenk** [ゲーゲン・ゲシェンク] 名 -(e)s/-e お返しの贈り物.
das **Ge·gen·ge·wicht** [ゲーゲン・ゲヴィヒト] 名 -(e)s/-e **1.** 〖工〗釣り合い重り,対重. **2.** 釣り合いをとるもの[要素].
das **Ge·gen·gift** [ゲーゲン・ギふト] 名 -(e)s/-e 解毒剤.
der **Ge·gen·grund** [ゲーゲン・グるント] 名 -(e)s/..gründe 反対理由.
der **Ge·gen·gruß** [ゲーゲン・グるース] 名 -es/..grüße 答礼.
der **Ge·gen·kan·di·dat** [ゲーゲン・カンディダート] 名 -en/-en 対立候補者.
die **Ge·gen·kla·ge** [ゲーゲン・クラーゲ] 名 -/-n 〖法〗反訴.
der **Ge·gen·klä·ger** [ゲーゲン・クレーガー] 名 -s/- 〖法〗反訴者.
die **Ge·gen·kul·tur** [ゲーゲン・クルトゥーあ] 名 -/-en 〖社〗対向文化,カウンターカルチャー.
der **Ge·gen·kurs** [ゲーゲン・クるス] 名 -es/-e 逆コース.
ge·gen·läu·fig [ゲーゲン・ロイふィヒ] 形 逆方向に動く.
die **Ge·gen·leis·tung** [ゲーゲン・ライストゥング] 名 -/-en お返し,見返り,返礼,報償;〖法〗反対給付.
das **Ge·gen·licht** [ゲーゲン・リヒト] 名 -(e)s/- 〖写〗逆光:〈j⁴/et⁴〉bei〔im〕~ aufnehmen〈人・物⁴〉を逆光で撮る.
die **Ge·gen·licht·auf·nah·me** [ゲーゲンリヒト・アウふ・ナーメ] 名 -/-n 〖写〗逆光撮影.
die **Ge·gen·lie·be** [ゲーゲン・リーベ] 名 -/ **1.** 愛する相手からの愛. **2.** 賛同,共鳴: ~ finden〔auf ~ stoßen〕賛同を得る.
die **Ge·gen·maß·nah·me** [ゲーゲン・マース・ナーメ] 名 -/-n 対抗措置,対策: gegen 〈et⁴〉~n treffen〈事⁴にぉして〉対策を立てる.
die **Ge·gen·mei·nung** [ゲーゲン・マイヌング] 名 -/-en 反対意見,逆の見解.
das **Ge·gen·mit·tel** [ゲーゲン・ミッテル] 名 -s/- 解毒剤;〈転〉対抗手段.
der **Ge·gen·papst** [ゲーゲン・パープスト] 名 -(e)s/..päpste 対立教皇.
die **Ge·gen·par·tei** [ゲーゲン・パるタイ] 名 -/-en 反対

党, 反対派；相手方, 敵方.
der **Ge·gen·pol** [ゲーゲン・ポール] 名 -s/-e 対極.
die **Ge·gen·pro·be** [ゲーゲン・プローベ] 名 -/-n 検算；再検査；(命題などの)検証；反対者数の集計.
die **Ge·gen·rech·nung** [ゲーゲン・れヒヌング] 名 -/-en 照合計算；(負債の)相殺($\sim$).
die **Ge·gen·re·de** [ゲーゲン・れーデ] 名 -/-n 反論, 抗弁；《文》応答.
die **Ge·gen·re·for·ma·ti·on** [ゲーゲン・れふぉるマツィオーン] 名 -/ 〖史〗(16-17世紀の)反宗教改革.
die **Ge·gen·re·vo·lu·ti·on** [ゲーゲン・れヴォルツィオーン] 名 -/-en 反革命.
die **Ge·gen·rich·tung** [ゲーゲン・リヒトゥング] 名 -/-en 反対方向.
ge·gen|**ru·fen*** [ゲーゲン・るーふェン] 動 h. 〈j³〉こちらから電話をかけなおす.
der **Ge·gen·satz** [ゲーゲン・ザッツ] 名 -es/..sätze 1. 対立；矛盾；反対, 対照, 著しい相違；〖楽〗対比主題. 2. 《俗》意見の相違. 〖慣用〗 **im Gegensatz zu** 〈j³/et³〉〈人・物・事〉と異なって, 〈et³〉 **steht in einem Gegensatz zu** 〈et³〉〈事〉と矛盾する.
ge·gen·sätz·lich [ゲーゲン・ゼッツリヒ] 形 正反対の, 対立する.
die **Ge·gen·sätz·lich·keit** [ゲーゲン・ゼッツリヒカイト] 名 -/ 著しい相違, 対立.
der **Ge·gen·schlag** [ゲーゲン・シュラーク] 名 -(e)s/..schläge 巻き返すこと；反撃, 逆襲.
die **Ge·gen·sei·te** [ゲーゲン・ザイテ] 名 -/-n 反対側, 向こう側；相手方, 敵方.
ge·gen·sei·tig [ゲーゲン・ザイティヒ] 形 1. 相互の, お互いの, 双方の: **im** $\sim$ *en* **Einvernehmen** 双方合意の上で.
die **Ge·gen·sei·tig·keit** [ゲーゲン・ザイティヒカイト] 名 -/ 相互性: **der Vertrag auf** $\sim$ 双務契約.
der **Ge·gen·spie·ler** [ゲーゲン・シュピーラー] 名 -s/- 1. 敵, 敵対者(マークされる(する))相手選手；〖劇〗敵役. 2. 拮抗する人.
die **Ge·gen·spi·o·na·ge** [ゲーゲン・シュピオナージェ] 名 -/ 逆スパイ(防諜)活動.
die **Ge·gen·sprech·an·la·ge** [ゲーゲン・シュプれヒ・アンラーゲ] 名 -/-n 同時送受装置, インターホン.
der **Ge·gen·stand** [ゲーゲン・シュタント] 名 -(e)s/..stände 1. 物, 物体, 物品. 2. 《主に》対象；題材, テーマ: 〈et⁴〉 **zum** $\sim$ **wählen** 〈事・物を〉テーマに選ぶ. 3. 《》(授業)科目.
ge·gen·ständ·lich [ゲーゲン・シュテントリヒ] 形 対象的な；具体的な, 具象的な.
die **Ge·gen·stim·me** [ゲーゲン・シュティメ] 名 -/-n 1. 反対票；反対意見, 反対の声. 2. 〖楽〗対声.
der **Ge·gen·stoß** [ゲーゲン・シュトース] 名 -es/..stöße 突返し, (ボクシングの)カウンター, (フェンシングの)リポスト；〖軍〗反撃: **einen** $\sim$ **führen** 反撃する.
der **Ge·gen·strom** [ゲーゲン・シュトローム] 名 -(e)s/..ströme 逆流；逆電流.
die **Ge·gen·strö·mung** [ゲーゲン・シュトレーム ング] 名 -/-en 逆流；反対の気運.
das **Ge·gen·stück** [ゲーゲン・シュテュック] 名 -(e)s/-e 1. 対をなす人物(物・事柄). 2. 反対(うらはら)の人物(物・事柄).
das **Ge·gen·teil** [ゲーゲン・タイル] 名 -(e)s/-e 正反対, 逆: **im** $\sim$ (それと)逆に, 反対に. **(Ganz) im** $\sim$! (まったく)逆だ, とんでもない.
ge·gen·tei·lig [ゲーゲン・タイリヒ] 形 反対の, 逆の.
ge·gen·über [ゲーゲン・ユーバー] 前 (+ 3格)(後置も有, 代名詞の場合は常に後置) 1. (位置)…の向かい側に: $\sim$ **dem Bahnhof**(**dem Bahnhof** $\sim$)駅の

向かい側に. 2. (関係)…に対して: **Er ist ihr** $\sim$ **sehr streng**. 彼は彼女に対してとても厳しい. 3. (比較)…に比べて: **G**$\sim$ **dem vergangenen Jahr verdient er mehr**. 去年に比べて彼は稼ぎが多い. —— 副 向かい側に: $\sim$ **wohnen** なかむ向かいに住んでいる. **Sie saßen** $\sim$. 彼らは向かい合って座っていた.
das **Ge·gen·über** [ゲーゲン・ユーバー] 名 -s/- 《主に》 1. 向かいの人；向かいの家(住人). 2. 《》のみ)対面. 3. 意見を交わす相手.
ge·gen·über|**lie·gen** [ゲーゲン・ユーバー・リーゲン] 動 h. 〈(〈j³/et³〉)〉向かい合っている, (…の)向かい(側)にある; 〈j³/et³〉が相互代名詞sich³の場合に)(互いに)向かい合っている, 対峙(^)している.
ge·gen·über|**se·hen*** [ゲーゲン・ユーバー・ゼーエン] 動 h. (**sich**⁴+〈j³/et³〉)…に向かい合う, 直面する.
ge·gen·über|**sit·zen*** [ゲーゲン・ユーバー・ズィッツェン] 動 h. 〈j³〉の向かい合せに座っている；〈j³〉が相互代名詞sich³の場合に)向かい合って座っている.
ge·gen·über|**ste·hen*** [ゲーゲン・ユーバー・シュテーエン] 動 h. 1. 〈j³/et³〉の向かい合って立っている; 〈j³/et³〉が相互代名詞sich³の場合に)(…)に対立している(複数の人・意見などが); 〖俗〗対戦する. 2. 〈et³〉直面している(問題などに). 3. 〈j³/et³〉 $\sim$ +〈様態〉…気持〈考え〉を抱いている.
ge·gen·über|**stel·len** [ゲーゲン・ユーバー・シュテレン] 動 h. 〈j³/et⁴〉〈(〈j³/et³〉)〉に向かい(に対面)させる；対置する, 対抗(対立)させる；〖法〗対決させる.
die **Ge·gen·über·stel·lung** [ゲーゲン・ユーバー・シュテルング] 名 -/-en 対決；対比, 対照.
ge·gen·über|**tre·ten*** [ゲーゲン・ユーバー・トれーテン] 動 s. 1. 〈j³〉前に進み出る, (…と)顔を合せる. 2. 〈j³〉 $\sim$ +〈様態〉…立ち向かう, 振舞う.
der **Ge·gen·ver·kehr** [ゲーゲン・ふェあケーる] 名 -(e)s/ 1. 反対方向(対向車線)の交通(量). 2. 両方の交通.
die **Ge·gen·ver·si·che·rung** [ゲーゲン・ふェあズィッヒェるング] 名 -/-en 反対保証；再保険.
der **Ge·gen·vor·schlag** [ゲーゲン・ふォーア・シュラーク] 名 -(e)s/..schläge 反対提案, 対案.
die **Ge·gen·wart** [ゲーゲン・ヴァルト] 名 -/ 1. 現在, 今；現代. 2. 居合せていること, 出席: **in** 〈j³〉 $\sim$ 〈人〉の面前で. 3. 〖言〗現在形.
ge·gen·wär·tig [ゲーゲンヴェアティヒ, ゲーゲン・ヴェアティヒ] 形 1. 現在の, 現代の, 目下の. 2. 現にある, 記憶(念頭)にある. 3. 《古》出席(参列)している. 〖慣用〗 〈et⁴〉 $\sim$ **haben** 《文》〈事を〉はっきりと覚えている. 〈j³〉 **gegenwärtig sein** 〈人〉の記憶にある. **sich**³ 〈et¹〉 **gegenwärtig halten** 《文》〈事を〉念頭におく.
ge·gen·warts·nah [ゲーゲンヴァるツ・ナー] 形 現代に即した.
ge·gen·warts·na·he [ゲーゲンヴァるツ・ナーエ] 形 現代に即した.
die **Ge·gen·warts·spra·che** [ゲーゲンヴァるツ・シュプらーヘ] 名 -/-n 現代語.
die **Ge·gen·wehr** [ゲーゲン・ヴェーア] 名 -/-en 《主に》抵抗, 防御.
der **Ge·gen·wert** [ゲーゲン・ヴェーアト] 名 -(e)s/-e 等価, 対価, 相応する(等価)のもの.
der **Ge·gen·wind** [ゲーゲン・ヴィント] 名 -(e)s/-e 向かい風, 逆風.
die **Ge·gen·wir·kung** [ゲーゲン・ヴィルクング] 名 -/-en 反作用, 反動.
ge·gen|**zeich·nen** [ゲーゲン・ツァイヒネン] 動 h. 〈et⁴〉 $\sim$ 〉連署(副署)する(契約書などに).
die **Ge·gen·zeich·nung** [ゲーゲン・ツァイヒヌング] 名 -/-en 副署, 連署.
der **Ge·gen·zeu·ge** [ゲーゲン・ツォイゲ] 名 -n/-n 反対

Gegenzug 454

証人；相手方の証人.
der **Ge·gen·zug** [ゲーゲン・ツーク] 名 -(e)s/..züge **1.** 対向列車. **2.** (チェスなどの)相手の指し手，応手；〖転〗対抗措置；〖雪⁵〗反撃.
ge·ges·sen [ゲゲッセン] 動 essen の過去分詞.
ge·gli·chen [ゲグリッヒェン] 動 gleichen の過去分詞.
ge·glie·dert [ゲグリーダート] 形 [in ⟨et³⟩=/⟨様態⟩=] 分けられた，構成された，(…から)成立った.
ge·glit·ten [ゲグリッテン] 動 gleiten の過去分詞.
ge·glom·men [ゲグロメン] 動 glimmen の過去分詞.
der **Geg·ner** [ゲーグナ] 名 -s/- **1.** 敵対者，反対者；〖雪⁵〗相手の選手〔チーム〕，ライバル. **2.** 敵兵.
geg·ne·risch [ゲーグネリシュ] 形 反対者の；敵軍の；〖雪⁵〗相手の.
die **Geg·ner·schaft** [ゲーグナーシャフト] 名 -/-en 対立，反対，敵対；敵意；⦅のみ⦆敵側.
ge·gol·ten [ゲゴルテン] 動 gelten の過去分詞.
ge·go·ren [ゲゴーレン] 動 gären の過去分詞.
ge·gos·sen [ゲゴッセン] 動 gießen の過去分詞.
gegr. =gegründet 創立の.
ge·gra·ben [ゲグらーベン] 動 graben の過去分詞.
ge·grif·fen [ゲグリッふェン] 動 greifen の過去分詞.
ge·grün·det [ゲグりュンデット] 形 創立された(略 gegr.).
geh. =geheftet 〖印〗仮とじの.
das **Ge·ha·be** [ゲハーベ] 名 -s/ **1.** 〖蔑〗わざとらしい振舞い〔態度〕. **2.** =Gehaben 1.
ge·ha·ben [ゲハーベン] 動 *h.* [sich⁴+⟨様態⟩=] ⦅ドッチ⦆振舞う.
das **Ge·ha·ben** [ゲハーベン] 名 -s/ **1.** 振舞い，態度. **2.** ⦅稀⦆=Gehabe 1.
ge·habt [ゲハープト] 動 haben の過去分詞：wie ~. ⇨ wie 〖慣用〗
das **Ge·hack·te** [ゲハックテ] 名 [形容詞的変化；⦅のみ⦆] 挽(ひ)き肉.
der **Ge·halt**¹ [ゲハルト] 名 -(e)s/-e **1.** (意味)内容，内実. **2.** (成分の)含有量：der ~ an Alkohol アルコール含有量.
das **Ge·halt**² [ゲハルト] 名 -(e)s/Gehälter ⦅ォスト ではder ~⦆ 給料，俸給，月給(Monats~).
ge·hal·ten [ゲハルテン] 動 halten の過去分詞.
— 形 〖文〗 **1.** [zu⟨事³⟩/zu⟨et³⟩=] (暗黙のうちに)義務づけられた：Du bist ~, das Geheimnis für dich zu behalten. 君はその秘密を胸中に秘しておく義務がある. **2.** 〖古〗控え目な，抑制された.
ge·halt·los [ゲハルト・ロース] 形 栄養のない；内容のない；純度の低い.
die **Ge·halt·lo·sig·keit** [ゲハルト・ローズィヒカイト] 名 -/ 内容〔実質〕のなさ，栄養のなさ，純度の低さ.
ge·halt·reich [ゲハルト・らイヒ] 形 栄養のある；高純度の.
der **Ge·halts·ab·zug** [ゲハルツ・アップ・ツーク] 名 -(e)s/..züge 給料からの天引き〔控除〕.
die **Ge·halts·auf·bes·se·rung** [ゲハルツ・アウふ・ベッセるング] 名 -/-en 昇給，増俸.
der **Ge·halts·emp·fän·ger** [ゲハルツ・エムプふェンガー] 名 -s/- 給与所得者，サラリーマン.
die **Ge·halts·er·hö·hung** [ゲハルツ・エあへーウング] 名 -/-en 給与の引上げ，昇給.
die **Ge·halts·for·de·rung** [ゲハルツ・ふォるデるング] 名 -/-en (一定水準の)給与要求(権).
die **Ge·halts·grup·pe** [ゲハルツ・グるッペ] 名 -/-n 給与の等級.
die **Ge·halts·stu·fe** [ゲハルツ・シュトゥーふェ] 名 -/-n 給与段階.
die **Ge·halts·zah·lung** [ゲハルツ・ツァールング] 名 -/-en 給与支払い.
die **Ge·halts·zu·la·ge** [ゲハルツ・ツー・ラーゲ] 名 -/-n (本棒以外の)手当.

ge·halt·voll [ゲハルト・ふォル] 形 栄養のある；高純度の；内容のある.
ge·han·di·kapt [gəhɛndikɛpt ゲヘンディケプト] 形 ハンディキャップを負った.
das **Ge·hän·ge** [ゲヘング] 名 -s/- **1.** 垂れ下がった〔ぶら下がった〕物(耳飾り・ペンダント・花綵(フ)など)；〖狩〗剣帯；(猟犬の)垂れ耳. **2.** 〖治〗(水流調節のための)粗朶(ソ)，〖工〗(クレーンの)懸架装置. **4.** ⦅オスト⦆(山の)斜面；〖鉱〗(急勾配の)岩鉱層. **5.** 〖雪⁵〗ペニス；垂れた乳房.
ge·han·gen [ゲハンゲン] 動 hängen の過去分詞.
ge·har·nischt [ゲハるニシュト] 形 **1.** 激しい，断固たる，厳しい. **2.** 甲冑(チュゥ)を着けた.
ge·häs·sig [ゲヘッスィヒ] 形 〖蔑〗(ねたんで)意地悪な，悪意のある.
die **Ge·häs·sig·keit** [ゲヘッスィヒカイト] 名 -/-en **1.** ⦅のみ⦆悪意，意地悪. **2.** 悪意のある発言.
ge·hau·en [ゲハウエン] 動 hauen の過去分詞.
das **Ge·häu·se** [ゲホイゼ] 名 -s/- **1.** (固い保護)容器，ケース，キャビネット；(時計などの)側(ガヮ)；(貝の)殻；〖古〗住い. **2.** (リンゴなどの)芯(ǯ) (Kern~). **3.** 〖雪⁵〗(サッカーなどの)ゴール.
ge·haut [ゲハウト] 形 〖オぅト・口〗ずる(がしこ)い，すれっからしの；⦅方・口⦆女たらしの.
geh·be·hin·dert [ゲー・ベヒンダート] 形 歩行障害のある.
das **Ge·he·ge** [ゲヘーゲ] 名 -s/- **1.** (動物園の)放養施設. **2.** 〖狩〗(囲いをした)猟場. 〖慣用〗⟨j³⟩ ins Gehege kommen ⦅口⦆⟨人⟩の縄張りを侵す.
ge·heilt [ゲハイルト] 形 (von ⟨et³⟩=) 治った，脱却した. 〖慣用〗 Davon bin ich für immer geheilt. ⦅口⦆こんなこと〔失敗〕は二度としない.
ge·heim [ゲハイム] 形 **1.** 秘密の：über ⟨et⁴⟩ ~ abstimmen ⟨事⁴⟩の賛否を無記名で票決する. **2.** 内密な，内証の，私的な：ein ~er Plan 内密な計画. **3.** 目に見えない，目に秘めた；不思議な：~e Kraft 目に見えない力. 〖慣用〗 **der geheime Vorbehalt** 〖法〗心裡留保. **die Geheime Staatspolizei** (ナチスの)秘密国家警察(略 Gestapo). **Geheimer Rat** 〖史〗枢密院；枢密顧問官. **im Geheimen** 秘密裏に，ひそやかに，心の中で.
der **Ge·heim·agent** [ゲハイム・アゲント] 名 -en/-en 秘密情報(部)員，スパイ.
der **Ge·heim·bund** [ゲハイム・ブント] 名 -(e)s/..bünde 秘密結社.
der **Ge·heim·dienst** [ゲハイム・ディーンスト] 名 -es/-e 秘密情報(収集・防諜，謀略(ボ)⁵ゥ)機関，諜報(ィョゥ)機関.
das **Ge·heim·fach** [ゲハイム・ふぁッハ] 名 -(e)s/..fächer 秘密の引出し，隠し仕切り.
ge·heim hal·ten*, **ge·heim|hal·ten*** [ゲハイム・ハルテン] 動 *h.* [⟨et⁴⟩=/+(vor ⟨j³⟩=)] ⟨事⁴⟩を秘密にしておく，隠しておく.
die **Ge·heim·hal·tung** [ゲハイム・ハルトゥング] 名 -/ 秘密保持.
die **Ge·heim·leh·re** [ゲハイム・レーれ] 名 -/-n 秘密の教義.
das **Ge·heim·mit·tel** [ゲハイム・ミッテル] 名 -s/- 秘薬，霊薬.
das **Ge·heim·nis** [ゲハイムニス] 名 -ses/-se **1.** 秘密，機密，内証事：ein offenes ~ 公然の秘密. ein ~ vor ⟨j³⟩ haben ⟨人⟩に秘密を持つ. Er macht kein ~ daraus, dass ... 彼は…を隠しなどしていない. **2.** 秘訣(ケッ)，極意. **3.** 神秘，不思議.
der **Ge·heim·nis·krä·mer** [ゲハイムニス・クれーマー] 名 -s/- ⦅口・蔑⦆秘密めかす人.
die **Ge·heim·nis·krä·me·rei** [ゲハイムニス・クれーメらイ] 名 -/ ⦅口・蔑⦆秘密めかした振舞，いわくありげな振舞.

gehen

der **Ge·heim·nis·trä·ger** [ゲハイムニス・トレーガー] 名 -s/- 機密義務のある人.

die **Ge·heim·nis·tu·e·rei** [ゲハイムニス・トゥーエライ] 名 -/ 《口・蔑》秘密めかした振舞,いわくありげな振舞.

ge·heim·nis·voll [ゲハイムニス・ふォル] 形 不可解な,謎めいた,わくありげ,子細ありげな.

die **Ge·heim·po·li·zei** [ゲハイム・ポリツァイ] 名 -/-en 秘密警察.

der **Ge·heim·rat** [ゲハイム・ラート] 名 -(e)s/..räte 〖史〗枢密院; 枢密顧問官.

die **Ge·heim·rats·ecken** [ゲハイムラーツ・エッケン] 複名 《口・冗》(男性の)双鬢(ポ)のはげた額.

die **Ge·heim·schrift** [ゲハイム・シュリふト] 名 -/-en 暗号文.

die **Ge·heim·spra·che** [ゲハイム・シュプらーへ] 名 -/-n 隠語.

der **Ge·heim·tipp**, ⓑ **Ge·heim·tip** [ゲハイム・ティップ] 名 -s/-s **1.** (事情通の間で)有望視されている人,金の卵. **2.** (専門家筋の)秘密情報,(とっておきの)情報,内報.

die **Ge·heim·tu·e·rei** [ゲハイムトゥーエライ] 名 -/ =Geheimnistuerei.

ge·heim tun*, ⓑ **ge·heim|tun*** [ゲハイム トゥーン] 動 *h.* 〖補足〗《口・蔑》秘密めかす.

die **Ge·heim·wis·sen·schaft** [ゲハイム・ヴィッセンシャふト] 名 -/-en 神秘的な学問; 秘密の教義.

das **Ge·heiß** [ゲハイス] 名 -es/- 《文》(口頭での)命令: auf j^3 ～ 〈人〉の命令で.

ge·hei·ßen [ゲハイセン] 動 heißen の過去分詞.

ge·hemmt [ゲヘムト] 形 抑制された; 内気な.

ge·hen* [ゲーエン] 動 ging; ist gegangen **1.** 〔〈方向〉へ〕行く,出かける〈人が〉: ins Ausland/ nach Amerika ～ 外国/アメリカへ行く. nach Hause ～ うちへ帰る.【自宅へ向かってある場所を出発するの意味. 到着点としての家に帰ってくるは nach Hause kommen】 zum Arzt ～ 医者にかかる. ins(zu) Bett ～ 就寝する. ins Kino/Theater ～ 映画/芝居を見に行く. auf Reisen ～ 旅行に出かける. in Urlaub ～ 休暇旅行に出かける. (有給)休職に入る.【遠方へ行く場合,fahren, fliegen が行く方法をも示すが,gehen は行先のみを示し,その行先で滞在する意味も含まれる】. **2.** 〔〈方向〉へ〕通う(学校に); 入る(職業・団体に); 行く(集団が〕: zur (in die) Schule/in die 5. Klasse ～ 学校に通う(通う)/5年生である【学校にあがる】は in die Schule kommen】. aufs (zur) Gymnasium/auf die (zur) Universität ～ ギムナジウム/大学に通っている. in den Staatsdienst ～ 国家公務員になる. zum Film/ins Kloster ～ 映画界/修道院に入る. Das Schiff *geht* nach Japan. その船は日本へ行く. **3.** 〔〈動〉シに〕: baden/einkaufen ～ 泳ぎ/買い物に行く. Fußball spielen ～ サッカーをしに行く. **4.** 〖補足〗動く,動いている(機械などが); 吹く(風が), 降る(雨が); 波立つ(海が). **5.** 〔Es+$〈j^3〉$+〈様態〉あるいは+$〈et^3〉$〗〖様態〗〜.〜+〈様態〉である: Wie *geht* es Ihnen? ご機嫌いかがですか. Wie *geht* es mit deinem Prozess? 君の裁判の件はどうなっているの. **6.** 〔〔〈方向〉へ〕〈場所〉を〕〖様態〗〕歩く,歩いて行く; 通じている,走っている(道などが): durch den Wald/ins Zimmer ～ 森を通って歩いて行く/部屋の中へ歩いて入る. schnell ～ 急いで歩く. geradeaus ～ 真っすぐ歩いて行く. auf Zehenspitzen ～ 松葉杖(%)をついて行く/爪先立ちで歩く. auf allen vieren ～ 四つんばいになって行く. Der Weg *geht* geradeaus. 道は真っすぐ通じている. **7.** 〖様態〗〜〔〈様態〉で〕をしている,着ている: gut gekleidet ～ いい身なりをしている. in Schwarz ～ 黒い服(喪服)を着ている. **8.** 〔$〈et^3〉$ッ〕歩く(道・距離などを). **9.** 〖補足〗立ち去る; 出る(乗り物が); 退職する,辞める; 去る,過ぎる(季節などが). **10.** 〔in(auf)〈et³〉に〕入る(容器・部屋などに). **11.** 〔durch〈et⁴〉を〕通り抜ける: Das Klavier *geht* nicht durch die Tür. ピアノがそのドアから入らない. Die Feuchtigkeit *geht* durch die Wände. 湿気が壁をしみとおる. 〔auf(in)〈et⁴〉になる(数量に); 近づく(年齢・時点に): Acht Äpfel ～ auf ein Kilo(gramm). リンゴ 8つで1キロになる. Wie oft *geht* 2 in 10? 2は何倍で10になるか. auf die 60 ～ 60歳に(近く)なる. (Es が主語)で Es *geht* auf zwölf. 間もなく12時になる. **13.** 〔bis+an〈et⁴〉ニマデ/zu〈et³〉ニマデ〕達する: Das Wasser *ging* ihm bis an den Hals. 水は彼の首にまで達した. **14.** 〔über $〈j^4/et^4〉$だ〕: Ihm *geht* jetzt Ausschlafen über alles. 彼には今は熟睡が何よりだ. Das *geht* über seine Kräfte. それは彼の力に余る. 〔〈方向〉〕向かっている,面している(窓などが); 向けられている(まなざし・非難などが). **16.** 〖様態〗(経過して)行く(事が): Das Geschäft *geht* gut. 商売がうまく行っている. Das Gedicht *geht* so : ... その詩(の文句)はこうだ. 「…」. **17.** 〖理屈〗捌(は)ける,売れる(商品が). **18.** 〔〈〈様態〉〕可能である,行ける: Das geht. それは可能だ. So *geht* das nicht. そうは行かない. *Geht* es so? そのままでいいですか(特に店員が包んだりしなくていいかを尋ねて). **19.** 〖理屈〗たえられる,何とか我慢(許容)できる: Wie hat dir der Roman gefallen?—Es *geht*. あの小説はどうだった.—まあまあだ. Der Mantel muss diesen Winter noch ～. このコートはこの冬も何とかしなくてはならない. **20.** 〔nach〈et³〉二〕〖理屈〗～で尺度にする: nach dem ersten Eindruck ～ 第一印象で判断する. **21.** 〔nach $〈j^3/et^3〉$〗〖思考〗行く. **22.** 〔Es+〔〈j³〉ニッッ〕+um〈et⁴〉〗〖理屈〗問題である,関心事である. **23.** 〔an〈et⁴〉に〕《口》さわる: (…を)少しかすめとる. **24.** 〔mit$〈j^3〉$〗《口》つき合っている,関係がある. 【慣用】 **an die Arbeit gehen** 仕事にかかる. **an die (frische) Luft gehen** (きれいな)外の風にあたりに行く. $〈et^3〉$ **auf den Grund gehen** 〈事〉の根源[真相]を探る. $〈j^3〉$ **auf die Nerven gehen** 〈人〉の神経にさわる. $〈j^3/et^3〉$ **aus dem Weg gehen** 〈人・物〉の道をゆずる,〈人・物〉を避ける. **Bankrott gehen** 破産する. **Der Hefeteig muss erst gehen** イースト入りのパン生地(焼く前に)まず発酵してふくらませなければならない. **Die Farbe geht ins Blau** 色合は青味がかっている. **Er lässt die Dinge gehen** 彼は事情を成行きにまかせる. **es geht das Gerücht, dass ...** …というわさだ. **Es geht sich gut in diesen Schuhen**. この靴は歩きよい. **gegangen werden** 《口》首になる. **gegen mein Gewissen gehen** 私の良心に反する. **Geh (Geht's)!** 〔南独・ネッッ〕さあ(うなり)、うそ(だろう)! **Geh mir doch damit!** 《口》そんな話よそでしてくれ. **Geh(en)** 進め(歩行者用信号.「止まれ」は Steh(en)) 〜 $〈et^4〉$ **gehen lassen** 《口》〈物〉を離す,ゆるめる(綱などを). $〈j^4/et^4〉$ **gehen lassen** 《口》〈人・事〉をそっとしておく,放っておく. **in(auf) Rente (in Pension) gehen** 年金(恩給)生活に入る. **in sich⁴ gehen** 自分の態度を反省する. **in Teile gehen** いくつかに分けられる. **ins Einzelne gehen** 詳細にわたる. **ins Ohr gehen** 耳に入りやすい(メロディーなどが). **Meine Meinung geht dahin, dass ...** 私の意見は…という趣旨である. **mit der Zeit gehen** 時勢に遅れない. $〈et^4〉$ **mit (sich³) gehen lassen(heißen)** 《口》〈物〉を盗む. **schwanger gehen** 身ごもっている. *h.* **Sie sich³ die Füße wund gehen** 歩いて足を傷める[足に靴ずれを作る]. **sich³ gehen lassen** 気ままにする,だらしなくする. *h.* **sich⁴ müde gehen** 歩き疲れる. **unter die Menschen [Leute] gehen** 人づき合いをする. **vor sich⁴ gehen** 起こる. **wo jemand geht und steht** いつどこでも. **zu Ende gehen** 終りになる,尽きる. **zu weit gehen** 行(やり)過

る, 極端に走る. **zugrunde gehen** 没落〔破滅〕する, 死ぬ. 〈j³〉 **zur Hand gehen** 〈人を〉手伝う. **zur Neige gehen** 底をつきかける(蓄えなどが), 終りに近づく(一日などが).

das **Ge·hen** [ゲーエン] [名] -s/ 歩くこと;〘スポ〙競歩.

der/die **Ge·henk·te** [ゲヘンクテ] [名]《形容詞的変化》絞首刑にされた人.

ge·hen las·sen*, [旧]**ge·hen|las·sen*** [ゲーエン ラッセン] [動] ließ gehen ; hat gehen lassen 〔gehen gelassen〕 ⇨ gehen【慣用】.

die **Ge·hen·na** [ゲヘナ] [名] -/ 〘新約〙地獄, ゲヘナ.

der **Ge·her** [ゲーあー] [名] -s/- **1.** 〘スポ〙競歩選手. **2.** 歩きなれた登山者;《[複]のみ》《若》足, 脚.

ge·heu·er [ゲホイあー] [形]《次の形で》nicht (ganz) ～ sein 気味が悪い;不快な;疑わしい.

das **Ge·heul** [ゲホイル] [名] -(e)s/ **1.** (しきりに)ほえること〔声〕;うなるように鳴ること〔音〕. **2.** 《口》泣き叫ぶこと〔声〕.

der **Ge·hil·fe** [ゲヒルふぇ] [名] -n/-n (見習い期間を終了した)店員, 職人;《文》助手, 手伝い;〘法〙補助者;(犯罪の)幇助(ほうじょ)者.

die **Ge·hil·fin** [ゲヒルふぃン] [名] -/-nen Gehilfe の女性形.

das **Ge·hirn** [ゲヒるン] [名] -(e)s/-e **1.** 脳, 脳髄. **2.** 《口》頭脳, 知力 : sein ～ anstrengen 頭をしぼって考える. **3.** 《方》(料理された牛・豚などの)脳.

die **Ge·hirn·chi·rur·gie** [ゲヒるン・ひるるギー] [名] -/ 脳外科(学).

die **Ge·hirn·er·schüt·te·rung** [ゲヒるン・エあシュッテるング] [名] -/-en 〘医〙脳震盪(しんとう).

die **Ge·hirn·er·wei·chung** [ゲヒるン・エあヴァイひゅング] [名] -/-en 〘医〙脳軟化症.

die **Ge·hirn·haut·ent·zün·dung** [ゲヒるン・ハウト・エントツュンドゥング] [名] -/-en 〘医〙脳膜炎.

der **Ge·hirn·kas·ten** [ゲヒるン・カステン] [名] -s/..käs-ten 《口・冗》頭.

der **Ge·hirn·schlag** [ゲヒるン・シュラーク] [名] -(e)s/..schläge 〘医〙脳卒中.

die **Ge·hirn·ver·let·zung** [ゲヒるン・ふぇあレッツング] [名] -/-en 脳損傷.

die **Ge·hirn·wä·sche** [ゲヒるン・ヴェッシェ] [名] -/ 洗脳.

gehl [ゲール] [形]《方》＝gelb.

ge·ho·ben [ゲホーベン] [動] heben の過去分詞.
—— [形] (比較的)地位の高い, 高級な;高尚な;格調の高い;高揚した.

das **Ge·höft** [ゲ⊖(−)ふト] [名] -(e)s/-e 農家の家屋敷.

ge·hol·fen [ゲホルふぇン] [動] helfen の過去分詞.

das **Ge·hölz** [ゲ⊖ルツ] [名] -es/-e **1.** (小さな)雑木林, 叢林. **2.** 《[複]のみ》(総称)樹木.

das **Ge·hol·ze** [ゲホルツェ] [名] -s/ 〘サッカー〙ラフプレー.

das **Ge·hör** [ゲ⊖ーあ] [名] -(e)s/-e **1.** 《[単]のみ》聴覚, 聴力;音感. **2.** 《[単]のみ》傾聴;〘法〙聴聞. **3.** 《[複]のみ》〘狩〙(肉食動物などの)耳. 【慣用】**bei** 〈j³〉 **Gehör finden** 〈人に〉話を聞いてもらえる. 〈**j³/et³**〉 **Gehör schenken** 〈人・事に〉耳を貸す. **sich³ Gehör verschaffen** 話を聞いてもらえるようにする. 〈**j⁴**〉 **um Gehör bitten** 〈人に〉聞いてほしいと懇願する. 〈**et⁴**〉 **zu Gehör bringen** 〈事を〉演奏〔朗読〕する.

ge·hor·chen [ゲホるひぇン] [動] *h.* **1.** 〔(〈j³〉ノ)〕言うことをきく, 命令に従う. **2.** 〔〈j³/et³〉ノ〕意のままになる(物が). **3.** 〔〈et³〉ニ〕従う(命令・本能などに).

ge·hö·ren [ゲ⊖ーれン] [動] *h.* **1.** 〔〈j³/et³〉ノ〕ものである : Das Auto *gehört* ihm. その自動車は彼のものだ. **2.** 〔zu〈j³/et³〉ノ〕一員〔一部〕である, 一人〔一つ〕である, (…に)所属している. **3.** 〔〈方向〉ガ〕ふさわしい場(所)である : Der Schrank *gehört* hierher. 戸棚はこっちだ. Er *gehört* ins Bett. 彼は本来は寝ていなくてはいけないのだ. Das *gehört* nicht zur Sache. そのことは本題からはずれている. Das *gehört* vor Gericht. それは裁判にかけてしかるべきだ. **4.** 〔zu 〈et³〉ニ〕必要である : Zum Baseball ～ 18 Spieler. 野球には 18 人の選手が必要だ. Viel Geschick *gehört* dazu, das zu machen. それをするには優れた手腕が必要である. **5.** 〔sich⁴〕礼儀〔作法・習慣〕にかなっている, 当然なすべきことである : Es *gehört* sich, dass man für Sozialschwache sorgt. 社会的弱者をいたわるのは当然なすべきことである.

der **Ge·hör·feh·ler** [ゲ⊖ーあ・ふぇーラー] [名] -s/- 聴覚障害.

der **Ge·hör·gang** [ゲ⊖ーあ・ガング] [名] -(e)s/..gänge 〘医〙外耳道.

ge·hö·rig [ゲ⊖ーりひ] [形] **1.** ふさわしい, 相応の;《口》相当の, ひどい : der ～*e* Respekt しかるべき敬意. **2.** 〔zu 〈j³/et³〉ニ/in 〈et⁴〉ニ〕(所)属する, (…の)一部である : die Frage als nicht zur Sache ～ zurückweisen その質問を本題をはずれるとしてはねつける. **3.** 〔〈j³〉ノ〕《文》所有する.

ge·hör·los [ゲ⊖ーあ・ロース] [形] 耳の聞えない.

das **Ge·hörn** [ゲ⊖るン] [名] -(e)s/-e (山羊・牛などの一対の)角;〘狩〙(ノロジカの)枝角.

ge·hörnt [ゲ⊖るント] [形] 角(つの)のある;《転》妻を寝取られた.

ge·hor·sam [ゲホーあザーム] [形] 〔(〈j³/et³〉ニ)〕従順な, 素直な;(…の)言うことをよく聞く.

der **Ge·hor·sam** [ゲホーあザーム] [名] -s/ 服従.

der **Ge·hör·sinn** [ゲ⊖ーあ・ズィン] [名] -(e)s/ 聴覚, 聴力.

die **Geh·re** [ゲーれ] [名] -/-n ＝Gehrung.

der **Geh·rock** [ゲー・ろック] [名] -(e)s/..röcke フロックコート.

die **Geh·rung** [ゲーるング] [名] -/-en 〘木工・工〙(枠の隅などの接合部が斜めの)留め継ぎ;(角材などの)留めの木口.

der **Geh·steig** [ゲー・シュタイク] [名] -(e)s/-e 歩道.

der **Geh·weg** [ゲー・ヴェーク] [名] -(e)s/-e 歩道;(歩行者用の)細い道.

das **Geh·werk** [ゲー・ヴェるク] [名] -(e)s/-e 歯車装置.

der **Gei·er** [ガイあー] [名] -s/- 〘鳥〙ハゲワシ;《口・蔑》貪欲な人間 : Hol dich [Hol's] der ～! 《口》くたばれ.

der **Gei·fer** [ガイふぁー] [名] -s/ **1.** よだれ;(口角の)泡. **2.** 《文・蔑》口ぎたない言葉, 悪態.

gei·fern [ガイふぁーン] [動] *h.* **1.** 〔補足なし〕よだれをたらす, (口から)泡を吹く. **2.** 〔gegen 〈j⁴〉ッ〕《文・蔑》口汚くののしる, (…に)悪態をつく.

die **Gei·ge** [ガイゲ] [名] -/-n ヴァイオリン : die erste/die zweite ～ spielen 第一/第二ヴァイオリンを弾く;《口》指導的役割を演じる/従属的な役をつとめる.

gei·gen [ガイゲン] [動] *h.* 《口》 **1.** 〔補足なし〕ヴァイオリンを弾く;《転》鳴く(コオロギなどが). **2.** 〔〈et⁴〉ヲ〕《口》ヴァイオリンで弾く(ワルツなどを). **3.** 〔〈j⁴〉ト〕《口》性交する. **4.** 〔es＋〈j³〉ニ〕きつくお説教する.

der **Gei·gen·bau** [ガイゲン・バウ] [名] -(e)s/ ヴァイオリン製作.

der **Gei·gen·bau·er** [ガイゲン・バウあー] [名] -n〔-s〕/-n ヴァイオリン製作者.

der **Gei·gen·bo·gen** [ガイゲン・ボーゲン] [名] -s/-〔《南独・オーストリア》..bögen〕 ヴァイオリンの弓.

der **Gei·gen·hals** [ガイゲン・ハルス] [名] -es/..hälse ヴァイオリンのネック.

das **Gei·gen·harz** [ガイゲン・ハーあツ] [名] -es/-e (ヴァイオリンの弓用の)松やに, ロジン.

der **Gei·gen·kas·ten** [ガイゲン・カステン] [名] -s/..käs-ten ヴァイオリンケース;《主に[複]》《冗》ひどく大きな靴〔ブーツ〕.

die **Gei·gen·sai·te** [ガイゲン・ザイテ] [名] -/-n ヴァイ

オリンの弦.

der **Gei·ger** [ガイガー] [名] -s/- ヴァイオリニスト.

der **Gei·ger·zäh·ler** [ガイガー・ツェーラー] [名] -s/- 〚理〛ガイガーカウンター.

geil [ガイル] [形] **1.** 〔auf 〈j^4〉ニ〕(《蔑》も有)欲情をいだいた;さかりのついた,みだらな. **2.** 〚農〛徒長した(枝),ぼうぼうの;肥え(すぎ)た(土壌). **3.** 《若・口》すばらしい 【慣用】**auf 〈j^4/et^4〉 geil sein**《若》〈人が〉好きで/〈物が〉欲しくて〔〈事が〉したくて〕たまらない.

die **Geil·heit** [ガイルハイト] [名] -/-en **1.** 《[単]のみ》(《蔑》も有)みだら,好色. **2.** みだらな考え,劣情. **3.** 〚農〛(植物の)繁茂.

die **Gei·sel** [ガイゼル] [名] -/-n (《稀》der -s/-)人質: ~*n* stellen/nehmen 人質を出す/取る.

die **Gei·sel·nah·me** [ガイゼル・ナーメ] [名] -/-n 人質を取ること.

der **Gei·ser** [ガイザー] [名] -s/- 間欠泉.

die **Gei·sha** [géːʃa ゲーシャ, gáɪʃa ガイシャ] [名] -/-s 芸者.

das **Gei·son** [ガイゾン] [名] -s/-s〔..sa〕(古典古代の建築の)コルニス,軒蛇腹.

die **Geiß** [ガイス] [名] -/-en **1.** 《南独・オーストリア・スイス》雌ヤギ. **2.** 〚狩〛(ノロシカ・アルプスカモシカ・アイスベックの)雌.

der **Geiß·bart** [ガイス・バーあト] [名] -(e)s/..bärte **1.** 《[単]のみ》〚植〛ヤマブキショウマ. **2.** 《オーストリア》山羊髭(ひげ).

das **Geiß·blatt** [ガイス・ブラット] [名] -(e)s/ 〚植〛スイカズラ.

der **Geiß·bock** [ガイス・ボック] [名] -(e)s/..böcke 《南独・オーストリア・スイス》雄ヤギ.

die **Gei·ßel** [ガイセル] [名] -/-n **1.** (昔の刑罰・苦行用の)むち;(人間にとっての)災厄,試練. **2.** 《方》(家畜用)むち. **3.** 〚生〛鞭毛(べんもう).

der **Gei·ßel·bru·der** [ガイセル・ブるーダー] [名] -s/..brüder =Flagellant.

gei·ßeln [ガイセルン] [動] *h.* **1.** 〔〈et^4〉ヲ〕弾劾する,激しく非難する. **2.** 〔〈j^4/et^4〉ヲ〕むち打つ(刑罰・苦行として);(〈j^4〉がsich^{4}の場合)わが身にむち打つ;苦しめる(疫病などがある民族を);《古》むちで打つ(家畜を).

die **Gei·ße·lung** [ガイセルング] [名] -/-en むち打つこと;弾劾,激しい非難.

der **Geiß·ler** [ガイスラー] [名] -s/- (中世の)むち打苦行者.

der **Geist** [ガイスト] [名] -(e)s/-e〔-er〕 **1.** 《[単]のみ》精神;心,魂: im ~*e* 心の中で(は). **2.** 《[単]のみ》(時代・人物などの)精神,思想,思潮. **3.** 《[単]のみ》才気,知力,理知: ein Mann von ~ 才気のある男. **4.** 《[複]は -er》(ある精神的特徴や行動を示す)人間,人物. **5.** 《[複]は -er》霊;精霊;亡霊,幽霊;守護神: der ~ Gottes 〚旧約〛神の霊: der Heilige ~ 〚キ教〛聖霊. der böse ~ 悪魔. gute/böse ~*er* 善霊/悪霊. Er sieht wie ein ~ aus. 彼は青ざめている. **6.** 《[複]は -e》蒸留酒. 【慣用】**dienstbarer Geist** 〚聖〛御使(みつかい);《口・冗》召使. **〈j^3〉 auf den Geist gehen** 《口》〈人を〉いらだたせる. **den〔seinen〕 Geist aufgeben** 《古》息を引きとる;《口》(機械などが)壊れる. **..., wes Geistes Kind 〈j^1〉 ist** 〈人が〉実際はどんな人間か…. **von allen guten Geistern verlassen sein** 《口》まったくばかなことをする,まったく取り乱している.

die **Geis·ter·bahn** [ガイスター・バーン] [名] -/-en (遊園地の)お化けめぐり電車.

der **Geis·ter·be·schwö·rer** [ガイスター・ベシュ(ヴェ)ーらー] [名] -s/- 降霊術師,巫術(ふじゅつ)師;悪霊払い師.

die **Geis·ter·be·schwö·rung** [ガイスター・ベシュ(ヴェ)ーるング] [名] -/-en 降霊術;悪魔払い.

das **Geis·ter·bild** [ガイスター・ビルト] [名] -(e)s/-er (故障などによるテレビの)ぶれた画像,多重像.

die **Geis·ter·er·schei·nung** [ガイスター・エあシャイヌング] [名] -/-en 幽霊〔亡霊〕の出現;霊現象.

der **Geis·ter·fah·rer** [ガイスター・ふぁーらー] [名] -s/- (高速道路の)逆走ドライバー.

die **Geis·ter·ge·schich·te** [ガイスター・ゲシひテ] [名] -/-n 怪談.

geis·ter·haft [ガイスターハふト] [形] 幽霊の(出る)ような.

geis·tern [ガイスターン] [動] **1.** *s.* 〔〈場所〉ヲ〕幽霊のようにさまよって行く;《転》かすめる(考えが脳裏などを). **2.** *h.* 〔〈場所〉ニ〕ちらちらと動く(明りなどが);《転》ちらつく(考えなどが脳裏に).

der **Geis·ter·se·her** [ガイスター・ゼーあー] [名] -s/- 見霊者.

die **Geis·ter·stadt** [ガイスター・シュタット] [名] -/..städte ゴーストタウン.

die **Geis·ter·stun·de** [ガイスター・シュトゥンデ] [名] -/ 《冗》丑(うし)三つ時(夜中の12時-1時).

die **Geis·ter·welt** [ガイスター・ヴェルト] [名] -/ 霊界.

der **Geis·ter·zug** [ガイスター・ツーク] [名] -(e)s/..züge 《ジャーゴン》幽霊電車(乗客のいない電車).

geis·tes·ab·we·send [ガイステス・アップ・ヴェーゼント] [形] 放心状態の.

die **Geis·tes·ab·we·sen·heit** [ガイステス・アップ・ヴェーゼンハイト] [名] -/ 放心状態.

die **Geis·tes·an·la·ge** [ガイステス・アン・ラーゲ] [名] -/-n 資質,才能.

die **Geis·tes·ar·beit** [ガイステス・アるバイト] [名] -/ 頭脳労働.

der **Geis·tes·ar·bei·ter** [ガイステス・アるバイター] [名] -s/- 頭脳労働者.

die **Geis·tes·ar·mut** [ガイステス・アるムート] [名] -/ 知的貧困.

die **Geis·tes·bil·dung** [ガイステス・ビルドゥング] [名] -/ (知的)教養,精神修養.

der **Geis·tes·blitz** [ガイステス・ブリッツ] [名] -es/-e 《口》頭のひらめき.

die **Geis·tes·frei·heit** [ガイステス・ふらイハイト] [名] -/ 精神の自由.

die **Geis·tes·ga·ben** [ガイステス・ガーベン] [複名] 知的才能〔能力〕.

die **Geis·tes·ge·gen·wart** [ガイステス・ゲーゲン・ヴァるト] [名] -/ 冷静,沈着,機転.

geis·tes·ge·gen·wär·tig [ガイステス・ゲーゲン・ヴェるティひ] [形] 沈着な,機敏な,落着いた.

die **Geis·tes·ge·schich·te** [ガイステス・ゲシひテ] [名] -/ 精神史.

geis·tes·ge·stört [ガイステス・ゲシュ(テ)ーあト] [形] 精神障害の.

die **Geis·tes·ge·stört·heit** [ガイステス・ゲシュ(テ)ーあトハイト] [名] -/ 精神障害.

die **Geis·tes·grö·ße** [ガイステス・グ(れ)ーセ] [名] -/-n **1.** 《[単]のみ》偉大な精神. **2.** 偉大な精神の人.

die **Geis·tes·kraft** [ガイステス・クらふト] [名] -/..kräfte 精神力.

geis·tes·krank [ガイステス・クらンク] [形] 精神病の.

der/die **Geis·tes·kran·ke** [ガイステス・クらンケ] [名] (形容詞的変化)精神病患者.

die **Geis·tes·krank·heit** [ガイステス・クらンクハイト] [名] -/-en 精神病;精神障害.

das **Geis·tes·le·ben** [ガイステス・レーベン] [名] -s/ 精神生活.

geis·tes·schwach [ガイステス・シュヴァっは] [形] 精神薄弱の.

die **Geis·tes·schwä·che** [ガイステス・シュヴェっひぇ] [名] -/ (先天的な)精神薄弱.

die **Geis·tes·stö·rung** [ガイステス・シュ(テ)ーるング] [名] -/

-en 精神障害.

die **Geis·tes·ver·fas·sung** [ガイステス・ふぇあふぁっスング] [名] -/ 精神状態.

geis·tes·ver·wandt [ガイステス・ふぇあヴァント] [形] 〚(mit ⟨j³⟩ₜ)〛精神〔気質〕の似通った.

die **Geis·tes·ver·wandt·schaft** [ガイステス・ふぇあヴァントシャふト] [名] -/ 精神〔気質〕の類似.

die **Geis·tes·ver·wir·rung** [ガイステス・ふぇあヴィるング] [名] -/-en 精神錯乱.

die **Geis·tes·wis·sen·schaft** [ガイステス・ヴィっセンシャふト] -/-en《主に[複]》精神科学《人文系諸学の総称》;(個別の)精神科学.

geis·tes·wis·sen·schaft·lich [ガイステス・ヴィっセンシャふトリひ] [形] 精神科学の.

der **Geis·tes·zu·stand** [ガイステス・ツー・シュタント] [名] -(e)s/ 精神状態.

geis·tig[1] [ガイスティひ] [形] **1.** 精神の, 精神的な, 知的な: *~es* Eigentum〘法〙精神的〔知的〕所有権《著作権など》. **2.** 知能のすぐれた. **3.** 心的な, 霊的な.

geis·tig[2] [ガイスティひ] [形] アルコールの入った.

die **Geis·tig·keit** [ガイスティひカイト] [名] -/ 精神性;知性.

geist·lich [ガイストリひ] [形] 宗教上の, 教会の, 聖職〔聖界〕の: *~e* Fürsten 聖界諸侯《神聖ローマ帝国の皇帝・国王に次ぐ身分》. *~e* Gesänge 聖歌. *~er* Orden 教団.

der/die **Geist·li·che** [ガイストリひぇ] [名]《形容詞的変化》聖職者.

die **Geist·lich·keit** [ガイストリひカイト] [名] -/《総称》聖職者(階級);カトリックの聖職者.

geist·los [ガイスト・ロース] [形] 自分の考えのない, 才気のない, 下らない.

die **Geist·lo·sig·keit** [ガイスト・ローズィひカイト] [名] -/-en 精神〔才気・知性〕の欠如;内容のない発言.

geist·reich [ガイスト・らイひ] [形] 才気あふれる, 気のきいた.

geist·sprü·hend [ガイスト・シュプりゅーエント] [形] 才気煥発な.

geist·tö·tend [ガイスト・[テ]ーテント] [形] 単調な, 退屈至極な.

geist·voll [ガイスト・ふぉル] [形] 才気〔独創性〕にあふれた.

der **Geiz** [ガイツ] [名] -es/-e **1.**《[単]のみ》けち, 吝嗇(りんしょく). **2.**《古》貪欲. **3.**〘農〙側枝, 側芽.

gei·zen [ガイツェン] [動] *h.* **1.** 〔mit ⟨et³⟩ₜ〕おしむ(お金・時間などを). **2.** 〔nach ⟨et³⟩ₜ〕《文》貪欲(どんよく)に求める. **3.** 〔⟨et⁴⟩ₜ〕〘農〙摘芽する, (…の)側枝を除く.

der **Geiz·hals** [ガイツ・ハルス] [名] -es/..hälse《蔑》けちな人.

gei·zig [ガイツィひ] [形] ひどくつましい.

der **Geiz·kra·gen** [ガイツ・クらーゲン] [名] -s/-《口》= Geizhals.

das **Ge·jam·mer** [ゲヤマー] [名] -s/《口・蔑》(絶え間のない)嘆き(声), 愚痴.

das **Ge·jauch·ze** [ゲヤウほツェ] [名] -s/《口・蔑》(絶え間のない)歓声.

das **Ge·joh·le** [ゲヨーレ] [名] -s/《口・蔑》(絶え間のない)喚き〔叫び〕(声).

ge·kannt [ゲカント] [動] kennen の過去分詞.

das **Ge·kei·fe** [ゲカイふぇ] [名] -s/《口・蔑》(絶え間のない)ののしり(声).

das **Ge·ki·cher** [ゲキっひゃー] [名] -s/《口・蔑》(絶え間のない)くすくす笑い, 忍び笑い.

das **Ge·kläff** [ゲクレふ] [名] -(e)s/《口・蔑》(犬などが)きゃんきゃん鳴くこと, 鳴き声;ののしり(声).

das **Ge·kläf·fe** [ゲクレっふぇ] [名] -s/ =Gekläff.

das **Ge·klap·per** [ゲクラっパー] [名] -s/ (戸などが)かたかた〔がたがた・ぱたぱた〕鳴ること〔鳴る音〕.

das **Ge·klatsch** [ゲクラっチュ] [名] -(e)s/ =Geklatsche.

das **Ge·klat·sche** [ゲクラっチェ] [名] -s/《蔑》 **1.** いつまでも終らない拍手. **2.**《口》絶え間のないおしゃべり;陰口.

ge·klei·det [ゲクライデット] [形] 〔⟨様態⟩ₜ〕服装をした.

das **Ge·klim·per** [ゲクリムパー] [名] -s/《口・蔑》(かぎなどを絶えず)ちゃらちゃら鳴らすこと〔鳴らす音〕;(楽器の)下手な音色.

das **Ge·klin·gel** [ゲクリンゲル] [名] -s/《口・蔑》(ベルなどが絶えず)りんりん鳴ること〔鳴る音〕.

das **Ge·klirr** [ゲクリる] [名] -(e)s/ =Geklirre.

das **Ge·klir·re** [ゲクリれ] [名] -s/《蔑》(陶器などが絶えず)がちゃがちゃ鳴ること〔鳴る音〕.

ge·klom·men [ゲクロメン] [動] klimmen の過去分詞.

ge·klun·gen [ゲクルンゲン] [動] klingen の過去分詞.

das **Ge·knat·ter** [ゲクナっター] [名] -s/《口・蔑》(バイクなどが絶えず)だだだ〔ばりばり〕と音を立てること, 連続する轟音.

ge·knickt [ゲクニっクト] [形]《口》落胆した, 気落ちした.

ge·knif·fen [ゲクニっふぇン] [動] kneifen の過去分詞.

ge·knip·pen [ゲクニっペン] [動] kneipen[2]の過去分詞.

das **Ge·knis·ter** [ゲクニスター] [名] -s/《蔑》(火・紙などが絶えず)ぱちぱち〔かさかさ〕いうこと〔音〕.

ge·kom·men [ゲコメン] [動] kommen の過去分詞.

ge·konnt [ゲコント] [動] können の過去分詞.
—— [形] すぐれた, 見事な.

ge·kö·pert [ゲ[ケ]ーパート] [形]〘織〙綾織りの.

ge·ko·ren [ゲコーれン] [動] kiesen[2], küren の過去分詞.

das **Ge·kreisch** [ゲクらイシュ] [名] -(e)s/ =Gekreische.

das **Ge·krei·sche** [ゲクらイシェ] [名] -(e)s/ (絶えず)金切り声(をあげること);(カモメなどが)鋭く鳴くこと, 鋭い鳴き声;きしむ音.

der/die **Ge·kreu·zig·te** [ゲクろイツィひテ] [名]《形容詞的変化》十字架にかけられた人: der ~〘キ教〙キリスト.

ge·kri·schen [ゲクりっシェン] [動]《古》kreischen の過去分詞.

das **Ge·krit·zel** [ゲクりっツェル] [名] -s/ なぐり書き;読みにくい字で書かれたもの;めちゃくちゃに書い〔描い〕たもの.

ge·kro·chen [ゲクろっヘン] [動] kriechen の過去分詞.

ge·krönt [ゲク[れ]ーント] [形] 戴冠した;受賞した;報われた:ein *~er* Dichter 桂冠詩人.

das **Ge·krö·se** [ゲク[れ]ーゼ] [名] -s/- **1.**〘料〙(子牛・羊などの)臓物. **2.** 内臓, 腸(はらわた);〘解〙腸間膜.

ge·krumpft [ゲクるムプふト] [形]〘織〙防縮加工された.

ge·küns·telt [ゲキュンステルト] [形]《蔑》わざとらしい, とってつけたような.

das **Gel** [ゲール] [名] -s/-e〔《口》-s〕 **1.**《[種]は-e》〘化〙ゲル. **2.** ジェル《化粧品》.

das **Ge·la·ber** [ゲラーバー] [名] -s/《口・蔑》くだらないおしゃべり.

das **Ge·läch·ter** [ゲレひター] [名] -s/- **1.** 大笑い, 哄笑(こうしょう): in ~ ausbrechen 爆笑する. **2.**《[単]のみ》物笑いの種: sich⁴ zum ~ (der Leute) machen (人々の)物笑いの種になる.

ge·lack·mei·ert [ゲラっクマイあート] [形]《口》一杯食わされた.

ge·la·den [ゲラーデン] [動] laden の過去分詞.
—— [形] **1.** 〔(auf ⟨j⁴/et⁴⟩ₜ)〕《口》腹を立てた. **2.** 〔mit ⟨et³⟩ₜ/⟨様態⟩ₜ〕〘電〙帯びた;(…が)みなぎった: mit Strom/positiv ~ sein 電流/プラスを帯び

ている. **3.** 〖(mit ⟨et^3⟩ₒ)〗装塡(そうてん)した.

das **Ge·la·ge** [ゲラーゲ] [名] -s/- (豪勢な)宴会.

ge·lahrt [ゲラーあト] [形] 《皮》教養〔学問〕のある.

das **Ge·län·de** [ゲレンデ] [名] -s/- **1.** (自然の)地, 土地, 地帯, 地勢 : ein hügliges ～丘陵地. **2.** 用地, 敷地; (スキーの)ゲレンデ.

die **Ge·län·de·auf·hei·zung** [ゲレンデ·アウふ·ハイツング] [名] -/-en 〖農〗(霜対策のための)畑地〔樹園地〕加熱(法).

ge·län·de·gän·gig [ゲレンデ·ゲンギひ] [形] オフロード用の.

der **Ge·län·de·lauf** [ゲレンデ·ラウふ] [名] -(e)s/..läufe 〖スポーツ〗クロスカントリーレース.

das **Ge·län·der** [ゲレンダー] [名] -s/- 手すり, 欄干.

der **Ge·län·de·ritt** [ゲレンデ·りット] [名] -(e)s/-e 野外(の練習)乗馬; 〖馬術〗野外騎乗レース.

die **Ge·län·de·ü·bung** [ゲレンデ·ユーブング] [名] -/-en 〖軍〗野外演習.

der **Ge·län·de·wa·gen** [ゲレンデ·ヴァーゲン] [名] -s/- 〔《南独》..wägen〕 オフロードカー.

ge·lang [ゲラング] [動] gelingen の過去形.

ge·län·ge [ゲレンゲ] [動] gelingen の接続法２式.

ge·lan·gen [ゲランゲン] [動] *s.* **1.** 〔⟨方向⟩ₙ〕着く, 達する : in seine Hände ～ 彼の手元に届く(手紙などが). ans Ziel ～ 目的地に着く, 目標に達する. ⟨j^3⟩ zu Ohren ～ ⟨人の⟩耳に達する. **2.** 〔zu ⟨et^3⟩ₒ〕得る, (…に)達する : zu Reichtum ～ 富を得る. zu der Überzeugung ～, dass ... …ということを確信する. **3.** 〔zu ⟨et^3⟩ₒ〕される(受動の意味で動詞派生名詞とともに用いる) : zum Abschluss ～ (条約などが)締結される. zur Auslieferung ～ (商品などが)引渡される. **4.** 〖(mit ⟨et^3⟩ₒ) + an ⟨j^4⟩ₙ〗《スイス》訴える(世間·当局などに).

das **Ge·lass,** [旧] **Ge·laß** [ゲラス] [名] -es/-e 《文》(狭くて)みすぼらしい(地下の)小部屋.

ge·las·sen[1] [ゲラっセン] [動] lassen の過去分詞.

ge·las·sen[2] [ゲラっセン] [形] 平静な, 沈着な.

die **Ge·las·sen·heit** [ゲラっセンハイト] [名] -/ 沈着, 平静, 落着き.

die **Ge·la·ti·ne** [ʒelatíːnə ジェラティーネ] [名] -/ ゼラチン.

die **Ge·la·ti·ne·kap·sel** [ジェラティーネ·カプセル] [名] -/-n ゼラチンカプセル(薬を服用するための).

das **Ge·lau·fe** [ゲラウふェ] [名] -s/ 《口》(いつも)走り回っていること; 奔走.

ge·lau·fen [ゲラウふェン] [動] laufen の過去分詞.

ge·läu·fig [ゲロイふぃひ] [形] **1.** 〔⟨j^3⟩ₙ〕なじみのある, よく見かける〔聞く〕, 周知の. **2.** 流暢な.

die **Ge·läu·fig·keit** [ゲロイふぃひカイト] [名] -/ **1.** (言葉などの)よどみのなさ. **2.** 周知, 熟知, なじみ.

ge·launt [ゲラウント] [形] **1.** 〔⟨様態⟩ₜ〕機嫌の. **2.** 〔zu ⟨et^3⟩ₒ〕《古》する気がある.

das **Ge·läut** [ゲロイト] [名] -(e)s/-e **1.** (（単）のみ)鐘〔ベル〕の鳴る音; 異なる音色の連続音. **2.** 数個の組合せた鐘, チャイム, カリヨン.

das **Ge·läu·te** [ゲロイテ] [名] -s/ **1.** 鐘〔ベル〕の鳴る音. **2.** 〖狩〗猟犬のほえ声.

gelb [ゲルプ] [形] 黄色の : das ～*e* Fieber《口》黄熱病. der *G*～ Fluss 黄河. die ～*e* Rasse《古》黄色人種. *G*～*e* Rüben《南独》人参. 【慣用】**das Gelbe vom Ei sein** 《口》最も良い. **sich**^{4} **grün und gelb ärgern** かっかと怒る.

das **Gelb** [ゲルプ] [名] -s/- 〔《口》-s〕黄色; 〖スポーツ〗イエローカード : bei ～ 信号が黄色のときは.

gelb·braun [ゲルプ·ブらウン] [形] 黄褐色の.

das **Gelb·fie·ber** [ゲルプ·ふぃーバー] [名] -s/ 〖医〗黄熱病.

der〔*das*〕**Gelb·fil·ter** [ゲルプ·ふぃルター] [名] -s/- 〖写〗黄色フィルター.

der **Gelb·gie·ßer** [ゲルプ·ギーサー] [名] -s/- 黄銅鋳造職人.

gelb·grün [ゲルプ·グりゅーン] [形] 黄緑色の.

der **Gelb·kör·per** [ゲルプ·⑦るパー] [名] -s/- 〖解·医〗黄体.

das **Gelb·kör·per·hor·mon** [ゲルプ⑦るパー·ホるモーン] [名] -s/-e 黄体ホルモン.

das **Gelb·kreuz** [ゲルプ·クろイツ] [名] -es/ 〖軍〗黄十字(びらん性毒ガスの総称とその標識).

gelb·lich [ゲルプリひ] [形] 黄色がかった, 黄ばんだ.

der **Gelb·schna·bel** [ゲルプ·シュナーベル] [名] -s/..schnäbel 《口·古》(黄色いくちばしの)青二才.

die **Gelb·sper·re** [ゲルプ·シュペれ] [名] -/-n 〖サッカー〗(一定数の)イエローカード累積による出場停止.

die **Gelb·sucht** [ゲルプ·ズふト] [名] -/ 〖医〗黄疸(おうだん).

gelb·süch·tig [ゲルプ·ズュひティひ] [形] 黄疸(おうだん)の.

das **Geld** [ゲルト] [名] -(e)s/-er **1.** (（単）のみ)貨幣, 通貨; 金, 金銭; 富, 財産 : bares ～ 現金. kleines/großes ～ 硬貨/紙幣. ～ flüssig machen (証券などを)現金化する. ⟨et^4⟩ zu ～ machen ⟨物を⟩売って現金にする. **2.** (主に（複）)(支出される多額の)金, 資金, 基金 : öffentliche ～*er* 公金. **3.** 〖金融〗買い(相場)(～kurs)(略 G.). 【慣用】**das Geld zum 〔aus dem〕 Fenster hinauswerfen** 《口》金を無駄遣いする, 浪費する. **Geld und Gut** 全財産. **Geld wie Heu haben** 山ほど金がある. **im Geld schwimmen** 使いきれぬほど金がある. **nicht für Geld und gute Worte** 《口》金輪際…しない. **zu Geld kommen** 金持になる.

der **Geld·a·del** [ゲルト·アーデル] [名] -s/ =Geldaristokratie.

die **Geld·an·ge·le·gen·heit** [ゲルト·アン·ゲレーゲンハイト] [名] -/-en (主に（複）)金銭問題.

die **Geld·an·la·ge** [ゲルト·アン·ラーゲ] [名] -/-n 資金運用, 投資.

die **Geld·a·ris·to·kra·tie** [ゲルト·アりスト·クらティー] [名] -/ 財界の富豪階級.

der **Geld·aus·ga·be·au·to·mat** [ゲルト·アウス·ガーベ·アウトマート] [名] -en/-en 現金自動支払機.

der **Geld·au·to·mat** [ゲルト·アウトマート] [名] -en/-en =Geldausgabeautomat.

der **Geld·beu·tel** [ゲルト·ボイテル] [名] -s/- 財布. 【慣用】**auf dem Geldbeutel sitzen** 《口》けちである. **tief in den Geldbeutel greifen** 《口》お金をたくさん払う.

die **Geld·bör·se** [ゲルト·べるゼ] [名] -/-n 《文》財布.

der **Geld·brief·trä·ger** [ゲルト·ブりーふ·トれーガー] [名] -s/- 〖郵〗(昔の)現金(書留)配達人.

die **Geld·bu·ße** [ゲルト·ブーセ] [名] -/-n 罰金, 〖法〗過料.

der **Geld·emp·fang** [ゲルト·エムプふァング] [名] -(e)s/ 現金受領.

die **Geld·ent·wer·tung** [ゲルト·エントヴェーあトゥング] [名] -/-en 貨幣価値の下落, インフレーション.

der **Gel·des·wert** [ゲルデス·ヴェーあト] [名] -(e)s/-e 金銭的価値; 金目のもの, 貴重品.

die **Geld·for·de·rung** [ゲルト·ふぉるデるング] [名] -/-en 未払金の要求; 未払金(額).

die **Geld·fra·ge** [ゲルト·ふらーゲ] [名] -/-n 金銭問題.

der **Geld·ge·ber** [ゲルト·ゲーバー] [名] -s/- 出資者.

das **Geld·ge·schäft** [ゲルト·ゲシェふト] [名] -(e)s/-e (主に（複）)金融取引; 金融業.

das **Geld·ge·schenk** [ゲルト·ゲシェンク] [名] -(e)s/-e 金銭〔現金〕の贈与.

die **Geld·gier** [ゲルト·ギーあ] [名] -/ 《蔑》金銭欲.

geld·gie·rig [ゲルト·ギーりひ] [形] 金銭に貪欲な.

die **Geld·hei·rat** [ゲルト·ハイらート] [名] -/-en 金目当ての結婚.

geld·hung·rig [ゲルト・フングりひ] [形] お金がほしくてたまらない.
das **Geld·in·s·ti·tut** [ゲルト・インスティトゥート] [名] -(e)s/-e《主に[複]》金融機関.
die **Geld·kar·te** [ゲルト・カるテ] [名] -/-n マネーカード.
der **Geld·kurs** [ゲルト・クるス] [名] -es/-e〘金融〙買い相場.
die **Geld·leis·tung** [ゲルト・ライストゥング] [名] -/-en《主に[複]》〘官〙現金給付.
geld·lich [ゲルトリひ] [形] 金銭(上)の.
der **Geld·man·gel** [ゲルト・マンゲル] [名] -s/ 資金不足, 金詰り.
der **Geld·mann** [ゲルト・マン] [名] -(e)s/..leute 金主.
der **Geld·markt** [ゲルト・マるクト] [名] -(e)s/ 〘経〙短期金融市場.
die **Geld·men·ge** [ゲルト・メンゲ] [名] -/-n〘経〙マネーサプライ.
die **Geld·mit·tel** [ゲルト・ミッテル] [複名] (公共の)資金, 財源; 資力, 用意した金.
die **Geld·not** [ゲルト・ノート] [名] -/ 財政難, 金詰り.
die **Geld·po·li·tik** [ゲルト・ポリティーク] [名] -/ 金融政策.
die **Geld·quel·le** [ゲルト・クヴェレ] [名] -/-n 資金源, 財源; 収入源.
die **Geld·rol·le** [ゲルト・ろレ] [名] -/-n〘銀行〙紙巻き〔巻封〕硬貨(同一硬貨の紙包み).
die **Geld·sa·che** [ゲルト・ザっへ] [名] -/-n《主に[複]》金銭問題.
der **Geld·sack** [ゲルト・ザック] [名] -(e)s/..säcke 1. 現金輸送袋;《古》(大型の)財布. 2. 《口・蔑》守銭奴.
der **Geld·schein** [ゲルト・シャイン] [名] -(e)s/-e 紙幣, 札.
die **Geld·schnei·de·rei** [ゲルト・シュナイデらイ] [名] -/《口・蔑》暴利をむさぼること, 不当利益を得ること.
die **Geld·schöp·fung** [ゲルト・[シェ]っプふング] [名] -/-en〘経〙通貨創出.
der **Geld·schrank** [ゲルト・シュらンク] [名] -(e)s/..schränke 金庫.
die **Geld·sen·dung** [ゲルト・ゼンドゥング] [名] -/-en 送金.
die **Geld·sor·te** [ゲルト・ゾるテ] [名] -/-n〘銀行〙通貨の種類; 貨幣の種類.
die **Geld·spen·de** [ゲルト・シュペンデ] [名] -/-n 寄金.
die **Geld·stra·fe** [ゲルト・シュトらーふぇ] [名] -/-n 罰金刑.
der **Geld·strom** [ゲルト・シュトろーム] [名] -(e)s/..ströme〘経〙資金循環, マネー・フロー.
das **Geld·stück** [ゲルト・シュテュック] [名] -(e)s/-e 硬貨.
die **Geld·sum·me** [ゲルト・ズメ] [名] -/-n 金額.
die **Geld·ta·sche** [ゲルト・タッシェ] [名] -/-n 財布; (大型の)小銭入れ.
der **Geld·um·lauf** [ゲルト・ウム・ラウふ] [名] -(e)s/..läufe 貨幣流通額.
die **Geld·ver·le·gen·heit** [ゲルト・ふぇあレーゲンハイト] [名] -/-en《婉》金不足.
die **Geld·wä·sche** [ゲルトヴェッシェ] [名] -/-n《ジャーゴン》マネーロンダリング.
der **Geld·wech·sel** [ゲルト・ヴェクセル] [名] -s/- 両替.
der **Geld·wert** [ゲルト・ヴェーあト] [名] -(e)s/-e 1. 金銭的価値. 2. 貨幣価値.
die **Geld·wirt·schaft** [ゲルト・ヴィるトシャふト] [名] -/ 貨幣経済.
ge·leckt [ゲレックト] [形]《次の形で》wie geleckt aussehen 清潔そのものに見える; 一分のすきもないみなりをしている.
der〔*das*〕**Ge·lee** [ʒeléː, ʒə.. ジェレー] [名] -s/-s (果汁の)ゼリー; (魚・肉の)煮こごり, アスピック; (化粧品用)ゼリー状物質.
das **Ge·lée roy·ale** [ʒeléː rọajáːl ジェレー ろアヤール] [名] --/ ロイヤル・ゼリー.
das **Ge·le·ge** [ゲレーゲ] [名] -s/- 1. (巣などに産みおとされた卵の)一腹. 2. (刈取った)穀物の束. 3. 《北独》落着き.
ge·le·gen[1] [ゲレーゲン] [動] liegen の過去分詞.
—— [形] 1. 〔〈場所〉に/〈様態〉に〕ある: Die Stadt ist am Rhein ~. その都市はライン河畔にある.
ge·le·gen[2] [ゲレーゲン] [形] 〔(〈j^3〉に)〕好都合な: zu ~*er* Zeit ちょうどいい時に.
die **Ge·le·gen·heit** [ゲレーゲンハイト] [名] -/-en 1. 機会: 〈j^3〉(die) ~ zu 〈et^3〉 geben 〈人に〉〈事の〉機会を与える. 2. きっかけ, 折: ein Kleid für alle ~*en* インフォーマルウェア. bei ~ 折にふれて. 3. 〘広告〙特別奉仕品. 4. 《婉》トイレ. 【慣用】**die Gelegenheit beim Schopf(e) fassen〔ergreifen〕** 好機をのがさず捕える.
die **Ge·le·gen·heits·ar·beit** [ゲレーゲンハイツ・アるバイト] [名] -/-en 臨時の仕事.
der **Ge·le·gen·heits·ar·bei·ter** [ゲレーゲンハイツ・アるバイター] [名] -s/- 臨時雇い, 臨事に働く人.
der **Ge·le·gen·heits·dieb** [ゲレーゲンハイツ・ディーブ] [名] -(e)s/-e 出来心からの泥棒.
das **Ge·le·gen·heits·ge·dicht** [ゲレーゲンハイツ・ゲディひト] [名] -(e)s/-e (慶弔などの折に作られた)機会詩.
der **Ge·le·gen·heits·kauf** [ゲレーゲンハイツ・カウふ] [名] -(e)s/..käufe 1. (予定のない)条件次第の買い物; 衝動買い. 2. 衝動買いした物; 掘出し物.
der **Ge·le·gen·heits·pa·ra·sit** [ゲレーゲンハイツ・パらズィート] [名] -en/-en〘医〙一時的寄生虫.
ge·le·gent·lich [ゲレーゲントリひ] [形] 1. ついで(の折)の, 偶然の, 臨時の; 折を見て: bei einem ~*en* Zusammentreffen たまたま出会ったときに. 2. ときおりの; ときたま, ときには: ~*e* Niederschläge (天気予報で)時々雨〔雪〕.
—— [前] 〔+2格〕…の折に.
ge·leh·rig [ゲレーりひ] [形] 物覚えのよい.
die **Ge·leh·rig·keit** [ゲレーりひカイト] [名] -/ 物覚えのよさ.
ge·lehr·sam [ゲレーあザーム] [形] 覚えのよい;《古》博学な.
die **Ge·lehr·sam·keit** [ゲレーあザームカイト] [名] -/《文》博識, 博学.
ge·lehrt [ゲレーあト] [形] 1. 学問〔学識〕のある, 博学〔博識〕な. 2. 学術〔学問〕的な: eine ~*e* Gesellschaft 学会. 3. (学術用語を使った)難解な: sich^4 ~ ausdrücken 難しい言葉遣いをする.
der/*die* **Ge·lehr·te** [ゲレーあテ] [名]《形容詞的変化》学者.
das **Ge·lei·se** [ゲライゼ] [名] -s/- 《オーストリア・スイス》=Gleis.
das **Ge·leit** [ゲライト] [名] -(e)s/-e 1. 《文》同行, 随行, お供: 〈j^3〉 das ~ geben 〈人に〉同行〔随行〕する. 2. 同行者, 随行団, 護衛隊; 同行〔護衛〕群(乗物). 【慣用】〈j^3〉 **das letzte Geleit geben**《文》〈人の〉葬式に参列する. **zum Geleit**《文》序言〔献辞〕として.
der **Ge·leit·brief** [ゲライト・ブりーふ] [名] -(e)s/-e (中世の)通行許可証.
ge·lei·ten [ゲライテン] [動] *h.* 〔〈j^4〉に+〈方向〉へ〕《文》付添って行く, 同行〔随行〕する, (…を)送って行く.
das **Ge·leit·schiff** [ゲライト・シふ] [名] -(e)s/-e 護衛艦.
der **Ge·leit·schutz** [ゲライト・シュッツ] [名] -es/ 護衛.
das **Ge·leit·wort** [ゲライト・ヴォるト] [名] -(e)s/-e 序言, 序文.
der **Ge·leit·zug** [ゲライト・ツーク] [名] -(e)s/..züge〘軍〙護送船団.

das **Ge·lenk** [ゲレンク] 名 -(e)s/-e 1. 〖解〗関節. 2. 〖工〗継手,ジョイント. 3. 〖植〗(枝・葉の)節. 4. (靴底の)土踏まず.
die **Ge·lenk·ent·zün·dung** [ゲレンク・エントツュンドゥング] 名 -/-en 〖医〗関節炎.
ge·len·kig [ゲレンキヒ] 形 柔軟な,しなやかな,敏捷な:関節(継手・ジョイント)による.
die **Ge·len·kig·keit** [ゲレンキヒカイト] 名 -/ 柔軟さ,曲げやすさ;敏捷(性).
die **Ge·lenk·pfan·ne** [ゲレンク・プふぁネ] 名 -/-n 〖解〗関節窩.
der **Ge·lenk·rheu·ma·tis·mus** [ゲレンク・ロイマティスムス] 名 -/..men 〖医〗関節リューマチ.
die **Ge·lenk·schmie·re** [ゲレンク・シュミーれ] 名 -/-n 〖解〗関節滑液.
die **Ge·lenk·wel·le** [ゲレンク・ヴェレ] 名 -/-n 〖工〗(車軸などの)カルダンシャフト.
ge·lernt [ゲレルント] 形 職業訓練を修了した,熟練した.
ge·le·sen [ゲレーゼン] 動 lesen の過去分詞.
das **Ge·leucht** [ゲロイヒト] 名 -(e)s/ 1. 〖文〗光(の輝き);灯. 2. 〖鉱〗坑内灯.
das **Ge·lich·ter** [ゲリヒター] 名 -s/ 〖蔑〗ならず者一味.
der/die **Ge·lieb·te** [ゲリープテ] 名 〖形容詞的変化〗 1. 愛人,情婦,情夫;〖古い〗恋人. 2. 〖文・古〗いとしい方(人)(呼びかけ).
ge·lie·hen [ゲリーエン] 動 leihen の過去分詞.
ge·lie·ren [ʒeˑˑˑʒaˑˑˑ ジェリーれン] 動 h. 〖料〗ゼリー(状)になる;〖化〗ゲル化する.
ge·lind [ゲリント] 形 〖文・古〗温和な;弱い;軽い.
ge·lin·de [ゲリンデ] 形 1. 控え目な,穏やかな: ~ gesagt 控え目に言って. 2. 〖口〗(抑えきれないほど)激しい.
ge·lin·gen* [ゲリンゲン] 動 gelang ; ist gelungen [(⟨j³⟩ニトッテ)⟨e⟩³] うまく行く,成功する.
das **Ge·lin·gen** [ゲリンゲン] 名 -s/ 成功.
das **Ge·lis·pel** [ゲリスペル] 名 -s/ 〖古・蔑〗(絶え間のない)ささやき(声).
ge·lit·ten [ゲリッテン] 動 leiden の過去分詞.
gell [ゲル] 形 〖文〗甲高い.
gell ? [ゲル] 間 〖南独〗= gelt ?
gel·len [ゲレン] 動 h. 1. ⟨(⟨方向⟩ニ)⟩ 鋭く響く(響き渡る). 2. ⟨von ⟨et³⟩⟩がんがんする(響く)(耳・広間が騒音をなす).
ge·lo·ben [ゲローベン] 動 h. 〖文〗 1. ⟨(⟨j³⟩ニ)+zu⟨動⟩スルコトヲ/⟨et⁴⟩ヲ⟩ 誓う. 2. ⟨sich³+zu⟨動⟩スル/⟨et⁴⟩ヲ⟩心に誓う: **das Gelobte Land** 〖聖書〗約束の地(Kanaan のこと). **sich³ (gegenseitig)〔einander〕 Treue geloben** 互いに誠実を誓い合う(結婚式で).
das **Ge·löb·nis** [ゲレープニス] 名 -ses/-se 1. 〖文〗誓い,約束. 2. 新兵の誓約.
go·lo·gen [ゲローゲン] 動 lügen の過去分詞.
ge·lo·schen [ゲロッシェン] 動 löschen² の過去分詞.
ge·löst [ゲレースト] 形 1. リラックスした,くつろいだ. 2. 解けた. 3. 溶解した.
die **Gel·se** [ゲルゼ] 名 -/-n 〖オーストリア〗〖昆〗カ.
(das) **Gel·sen·kir·chen** [ゲルゼンキルヒェン] 名 -s/ 〖地名〗ゲルゼンキルヒェン(ノルトライン=ヴェストファーレン州の工業都市).
gelt [ゲルト] 形 〖動物が〗子を産まない.
gelt ? [ゲルト] 間 〖南独・オーストリア〗〖口〗ね,そうでしょう.【普通は nicht wahr ?】
gel·ten* [ゲルテン] 動 er gilt ; galt ; hat gegolten 1. 〖自〗有効である,通用する(契約・切符・言逃れなどが). 2. 〖für ⟨j¹/et⁴⟩=/von(bei)⟨j³⟩⟩適用される,当てはまる(規則などが). 3. ⟨(⟨j³⟩ニトッテ)+

⟨et⁴⟩ノ/⟨形⟩⟩価値がある,重要〖大切〗である. 4. 〖bei ⟨j³⟩=+⟨et⁴⟩⟩重んじられる: Er **gilt** bei ihr nichts. 彼は彼女には完全に無視されている. 5. ⟨(⟨j³⟩ニニ)+als ⟨j¹/et¹⟩+〖für ⟨j⁴/et⁴⟩〗/als〖für〗⟨形⟩⟩見なされている,認められている,評価されている,(…で)通っている. 6. ⟨⟨j³/et³⟩⟩対してなされる,向けられている(物・行為などが);〖文〗向けられている(思考・関心などが). 7. 〖Es+zu ⟨動⟩スルコトガ〗重要である(動詞派生名詞を目的語とする zu 動は省略可): Es **gilt** jetzt eine Entscheidung (zu treffen). 決断を下すことが,今は肝要だ. 8. 〖Es+⟨et⁴⟩⟩〖文〗関わっている,危険にさらされている. 【慣用】 **Das lasse ich mir gelten.** 〖口〗それならば(私には)文句はない. **Diesen Einwand lasse ich gelten.** 私はこの抗議を妥当だと認める. **Es gilt !** さあ,本番だ. ⟨j¹/et¹⟩ **gelten lassen** ⟨人・事₄⟩妥当だと認める. **sich⁴ gegenseitig gelten lassen** お互いに認め合う(干渉しない). **Was gilt die Wette〖Was gilt's?〗?** 何を〖どれだけ〗かけるのか,それなら(何かを)かけようか.
gel·tend [ゲルテント] 形 現行の,有効な;支配的な. 【慣用】⟨et⁴⟩ **geltend machen** ⟨事₄⟩主張〖表明〗する. **sich⁴ geltend machen** 影響〔結果〕が現れる,目立ってくる.
die **Gel·tend·ma·chung** [ゲルテント・マッホゥング] 名 -/〖硬〗権利等の主張,影響力の行使.
die **Gel·tung** [ゲルトゥング] 名 -/ 1. 妥当性,通用性;効力,効果,有効性: ~ **haben** 通用する,有効である. 2. 影響力,重要性. 【慣用】⟨et⁴⟩ **zur Geltung bringen** ⟨物₄⟩引立たせる,⟨事₄⟩効果的にする. **zur Geltung kommen** 引立つ,効果的になる;認められる.
das **Gel·tungs·be·dürf·nis** [ゲルトゥングス・ベデュるフニス] 名 -ses/ 自己顕示欲.
der **Gel·tungs·be·reich** [ゲルトゥングス・ベらイヒ] 名 -(e)s/-e 有効(適用)範囲.
die **Gel·tungs·dau·er** [ゲルトゥングス・ダウあー] 名 -/ 有効(通用)期間.
das **Ge·lüb·de** [ゲリュプデ] 名 -s/- 〖文〗(神への)誓い,誓約: ein ~ **ablegen** 誓う.
das **Ge·lum·pe** [ゲルムペ] 名 -s/ 1. 〖口・蔑〗くず,がらくた. 2. 〖蔑〗つまはじき者.
ge·lun·gen [ゲルンゲン] 動 gelingen の過去分詞.
— 形 1. 〖方〗おかしな. 2. うまくいった,成功した.
das **Ge·lüst** [ゲリュスト] 名 -(e)s/-e 〖文〗突然の欲望(特に食欲): ein ~ **auf** ⟨et⁴⟩〖nach ⟨et³⟩〗**haben** ⟨物₄⟩非常に欲しい.
das **Ge·lüs·te** [ゲリュステ] 名 -s/ 〖文〗= Gelüst.
ge·lüs·ten [ゲリュステン] 動 h. 〖Es+⟨j⁴⟩+(nach ⟨et³⟩/zu ⟨動⟩)⟩〖文〗欲しくてたまらない,したくてたまらない(Es は文頭以外では省略).
ge·lüs·tig [ゲリュスティヒ] 形 〖文・方〗渇望している.
gel·zen [ゲルツェン] 動 h. ⟨et⁴⟩〖方〗去勢する(豚を).
die **GEMA** [ゲーマ] = Gesellschaft für musikalische Aufführungs- und mechanische Vervielfältigungsrechte 音楽著作権協会.
ge·mach [ゲマーハ] 副 〖古〗ゆっくりと,しだいに.
das **Ge·mach¹** [ゲマーハ] 名 -(e)s/..mächer 〖古〗-e/〖文〗部屋,居室.
das **Ge·mach²** [ゲマーハ] 名 -(e)s/ 快さ,くつろぎ;休息: ~ **mit ⟨sich⟩** ゆったりと,くつろいで.
ge·mäch·lich [gəˈmɛːç... ゲメ(ー)ヒリヒ] 形 ゆっくりした;のんびりした.
die **Ge·mäch·lich·keit** [ゲメ(ー)ヒリヒカイト] 名 -/ のんびりした様子;くつろぎ,安楽.
ge·macht [ゲマハト] 形 人為的な,わざとらしい. 【慣用】 **ein gemachter Mann** (人生の)成功者,大金

持になった人. zu ⟨et³⟩ [für ⟨et⁴⟩] gemacht sein 《口》 持になってつけである.

der **Ge·mahl**¹ [ゲマール] 名 -(e)s/-e (主に⑪)《文》夫君, ご主人: Ihr Herr ~ あなたのご主人.

das **Ge·mahl**² [ゲマール] 名 -(e)s/-e (主に⑪)《古・詩》奥方, 花嫁.

ge·mah·len [ゲマーレン] 動 mahlen の過去分詞.

die **Ge·mah·lin** [ゲマーリン] 名 -/-nen《文》夫人, 奥方, 奥様: Ihre Frau ~ あなたの奥様.

ge·mah·nen [ゲマーネン] 動 h. **1.** ⟨j⁴⟩=an ⟨j⁴/et⁴⟩》《文》思い起こさせる, 想起させる. **2.** ⟨an ⟨j³/et³⟩»⟩ 思わせる, 連想させる(外観などの類似から).

das **Ge·mäl·de** [ゲメールデ] 名 -s/- 絵画, 絵; (転) (小説などの)情景[風俗]描写.

die **Ge·mäl·de·aus·stel·lung** [ゲメールデ·アウス·シュテルング] 名 -/-en 絵画展(覧会).

die **Ge·mäl·de·ga·le·rie** [ゲメールデ·ガレリー] 名 -/-n 画廊.

die **Ge·mäl·de·samm·lung** [ゲメールデ·ザムルング] 名 -/-en 絵画収集[コレクション].

die **Ge·mar·kung** [ゲマルクング] 名 -/-en **1.** (村落の)共有地, 入会(いりあい)地. **2.** (町村の)境界.

ge·ma·sert [ゲマーザート] 形 木目模様の.

ge·mäß [ゲメース] 前《普通は後置》(+ 3 格)···によって, に基づき, ···に即して, ···に従って: seinem Wunsch ~ 彼の望みどおりに.
― ⟨j³/et³⟩» ふさわしい, 適当な.

··ge·mäß [··ゲメース] 接尾 名詞などにつけて「···にかなった, ···に応じた」を表す形容詞を作る: fachgemäß 専門的な. ordnungsgemäß 秩序のある. demgemäß それに応じた.

ge·mä·ßigt [ゲメースィヒト] 形 穏健な; 適度の; 温暖な: die ~e Zone 温帯.

das **Ge·mäu·er** [ゲモイアー] 名 -s/-《文》(崩れた)古い石造りの壁[建物].

der **Ge·me·cker** [ゲメッカー] 名 -s/ **1.** (羊などの)めえめえという鳴き声; 《蔑》甲高い笑い. **2.** 《口・蔑》ぐずぐず苦情[不満·泣き言]を言うこと.

ge·mein [ゲマイン] 形 **1.** 卑しい, 下劣な, 卑劣な, 低俗な, 下品な. **2.** 《口》しゃくな; ひどく. **3.**《動·植》普通種の. **4.**《古》一般の, 普通の; 公共の, 共通の. 【慣用】⟨et¹⟩ ist ⟨j³/et³⟩ gemein《文》⟨事₁⟩(複数の)⟨人·物·事₂⟩に共通している. ⟨et¹⟩ mit ⟨j³/et³⟩ gemein haben ⟨人·物·事₁⟩を⟨人·物·事₂⟩と共有している. sich⁴ mit ⟨j³⟩ gemein machen 低い階層の[不良]⟨人₃⟩と係わりをもつ.

die **Ge·mein·de** [ゲマインデ] 名 -/-n **1.** 地方自治体, 市町村(行政上の最下位の単位); 《口》役場, 役所. **2.** 教区, 聖堂区, 司牧区(宗教行政上の最小単位). **3.**《総称》(地方自治体の)住民; (教区などの)信徒, 信者. **4.**《総称》(礼拝·行事の)参加者; 信奉[崇拝]者, ファン. **5.**《ス¹》有権者集会.

die **Ge·mein·de·ab·ga·ben** [ゲマインデ·アップ·ガーベン] 複名 市町村税.

der **Ge·mein·de·am·mann** [ゲマインデ·アマン] 名 -es/..männer《ス¹》市町村長; 執行官.

der **Ge·mein·de·be·am·te** [ゲマインデ·ベアムテ] 名 (形容詞的変化)(市町村)の地方公務員.

der **Ge·mein·de·be·zirk** [ゲマインデ·ベツィルク] 名 -(e)s/-e (市町村)の地方自治体区域.

der **Ge·mein·de·die·ner** [ゲマインデ·ディーナー] 名 -s/- 村役場の小使い.

ge·mein·de·ei·gen [ゲマインデ·アイゲン] 形 地方自治体所有の.

die **Ge·mein·de·flur** [ゲマインデ·フルーア] 名 -/-en (市町村)の共有地, 入会(いりあい)地.

das **Ge·mein·de·haus** [ゲマインデ·ハウス] 名 -es/..häuser 教区の集会所; (稀)市町村役場.

das **Ge·mein·de·mit·glied** [ゲマインデ·ミット·グリート] 名 -(e)s/-er 教区の信者; (稀)地方自治体住民.

die **Ge·mein·de·ord·nung** [ゲマインデ·オルドヌング] 名 -/-en (主に⑪)市町村の権利義務を規定する法規.

der **Ge·mein·de·rat** [ゲマインデ·らート] 名 -(e)s/..räte 市(町·村)議会; 市(町·村)会議員.

die **Ge·mein·de·schwes·ter** [ゲマインデ·シュヴェスター] 名 -/-n (市町村や教区から派遣される)看護婦.

die **Ge·mein·de·steu·er** [ゲマインデ·シュトイアー] 名 -/-n 市町村税.

ge·mein·deutsch [ゲマイン·ドイチュ] 形 共通ドイツ語の.

der **Ge·mein·de·ver·band** [ゲマインデ·ふぇアバント] 名 -(e)s/..bände 市町村連合.

die **Ge·mein·de·ver·wal·tung** [ゲマインデ·ふぇアヴァルトゥング] 名 -/-en 地方行政.

der **Ge·mein·de·vor·stand** [ゲマインデ·ふぉーア·シュタント] 名 -(e)s/..stände 市町村の行政委員会; 市町村長.

der **Ge·mein·de·vor·ste·her** [ゲマインデ·ふぉーア·シュテーアー] 名 -s/- 市町村長.

die **Ge·mein·de·wahl** [ゲマインデ·ヴァール] 名 -/-en 市町村議会議員選挙.

ge·meind·lich [ゲマイントリヒ] 形 市町村の.

der **Ge·mei·ne** [ゲマイネ] 名 (形容詞的変化)《古》(1918年までの陸軍の)一兵卒; 《旧》小文字.

das **Ge·mein·ei·gen·tum** [ゲマイン·アイゲントゥーム] 名 -s/《政·経》国有(公有)財産; 共同体の財産.

ge·mein·ge·fähr·lich [ゲマイン·ゲふぇーアリヒ] 形 社会的に危険な.

der **Ge·mein·geist** [ゲマイン·ガイスト] 名 -(e)s/ 公共(公徳)心.

ge·mein·gül·tig [ゲマイン·ギュルティヒ] 形 = allgemeingültig.

das **Ge·mein·gut** [ゲマイン·グート] 名 -(e)s/《文》共有財産.

die **Ge·mein·heit** [ゲマインハイト] 名 -/-en **1.**(⑪のみ)卑劣さ, 下劣さ. **2.** 卑劣な行為, 下品な言葉遣い; 《口》いやな(ひどい)こと.

ge·mein·hin [ゲマイン·ヒン] 副 一般に, 通常.

ge·mei·nig·lich [ゲマイニクリヒ] 副《文·古》一般に, 通常.

das **Ge·mein·jahr** [ゲマイン·ヤーア] 名 -(e)s/-e 平年.

der **Ge·mein·nutz** [ゲマイン·ヌッツ] 名 -es/ 公共の利益, 公益.

ge·mein·nüt·zig [ゲマイン·ニュッツィヒ] 形 公共の利益に役立つ, 公益的な.

die **Ge·mein·nüt·zig·keit** [ゲマイン·ニュッツィヒカイト] 名 -/ 公益性.

der **Ge·mein·platz** [ゲマイン·プラッツ] 名 -es/..plätze《蔑》決り文句, 陳腐な言葉.

ge·mein·sam [ゲマインザーム] 形 **1.** 共有の: größter ~er Teiler 最大公約数. kleinstes ~es Vielfaches 最小公倍数. **2.** ⟨j³/et³»⟩と共通する: Den Brüdern ist vieles ~. その兄弟にはいろいろと似たところがある. **3.** 共同の, 一緒の: der G~e Markt 欧州共同市場. 【慣用】⟨et¹⟩ auf einen gemeinsamen Nenner bringen ⟨事₁⟩の共通点を見いだす. ⟨et¹⟩ mit ⟨j³/et³⟩ gemeinsam haben ⟨事₁⟩⟨人·物₂⟩と同じである. mit ⟨j³⟩ gemeinsame Sache machen ⟨人₃⟩と手を組む.

die **Ge·mein·sam·keit** [ゲマインザームカイト] 名 -/-en **1.** 共通点(性). **2.** (⑪のみ)共同, 連帯.

die **Ge·mein·schaft** [ゲマインシャフト] 名 -/-en **1.** 共同体, 共同社会, グループ: die ~ der Heiligen

(キリスト教の)教会共同体, 聖徒の交わり. **2.** (国家間の)共同体: die Europäische ~ ヨーロッパ共同体. **3.** 《[単]のみ》(共通の)人間関係, 共同関係, 共同生活; 共同, 連帯: die eheliche ~ 夫婦の共同(生活). mit ⟨j³⟩ in ~ leben ⟨人と⟩共同生活をする. in ~ mit ⟨j³⟩ ⟨人と⟩共同〔連帯〕して.

ge·mein·schaft·lich [ゲマインシャふトリひ] [形] 共通の, 共有の; 共同の.

der **Ge·mein·schafts·an·schluss,** Ⓘ **Ge·mein·schafts·an·schluß** [ゲマインシャふツ・アン・シュルス] [名] -es/..schlüsse (電話の)共同回線.

die **Ge·mein·schafts·an·ten·ne** [ゲマインシャふツ・アンテネ] [名] -/-n 共同(受信)アンテナ.

die **Ge·mein·schafts·ar·beit** [ゲマインシャふツ・アるバイト] [名] -/-en **1.** 《[単]のみ》共同作業. **2.** 共同作品.

die **Ge·mein·schafts·auf·ga·be** [ゲマインシャふツ・アウふ・ガーベ] [名] -/-n **1.** 共同体に課せられた課題. **2.** (州が連邦と共に果すべき)共同任務(大学の新設・拡張など).

der **Ge·mein·schafts·emp·fang** [ゲマインシャふツ・エムプふぁンク] [名] -(e)s/..fänge 『電』共同受信.

die **Ge·mein·schafts·er·zie·hung** [ゲマインシャふツ・エあツィーウング] [名] -/ 男女共学; 社会〔公民〕教育.

ge·mein·schafts·fä·hig [ゲマインシャふツ・ふぇーイひ] [形] 協調性のある.

das **Ge·mein·schafts·ge·fühl** [ゲマインシャふツ・ゲふゅール] [名] -(e)s/ 連帯感.

die **Ge·mein·schafts·kun·de** [ゲマインシャふツ・クンデ] [名] -/ 社会科(社会・歴史・地理などの教科).

der **Ge·mein·schafts·raum** [ゲマインシャふツ・らウム] [名] -(e)s/..räume 集会室, 談話室.

die **Ge·mein·schafts·schu·le** [ゲマインシャふツ・シューレ] [名] -/-n 宗派混合学校.

die **Ge·mein·schafts·ver·pfle·gung** [ゲマインシャふツ・ふぇあプふレーグング] [名] -/-en 集団給食.

die **Ge·mein·schafts·wer·bung** [ゲマインシャふツ・ヴェるブング] [名] -/-en 共同広告.

der **Ge·mein·sinn** [ゲマイン・ズィン] [名] -(e)s/ 公共心.

die **Ge·mein·spra·che** [ゲマイン・シュプらーへ] [名] -/-n 『言』 **1.** 共通語. **2.** 標準語(Standartsprache).

ge·mein·ver·ständ·lich [ゲマイン・ふぇあシュテントリひ] [形] だれにも分る.

das **Ge·mein·we·sen** [ゲマイン・ヴェーゼン] [名] -s/- 地方自治体; (地方自治体の)連合組織; 共同体, 国家.

die **Ge·mein·wirt·schaft** [ゲマイン・ヴィるトシャふト] [名] -/ 公共〔協同〕経済.

das **Ge·mein·wohl** [ゲマイン・ヴォール] [名] -(e)s/ 公共の福祉.

das **Ge·men·ge** [ゲメンゲ] [名] -s/- **1.** 混合物, 『農』混作. **2.** 雑然とした集り, 雑踏; 《古》殴り合い.

das **Ge·meng·sel** [ゲメングゼル] [名] -s/- ごちゃまぜ.

ge·mes·sen [ゲメっセン] [動] messen の過去分詞.
—— [形] **1.** 落着き払った, 悠然とした; 慎み深い; 《古》きっぱりした. **2.** 適当〔適度〕な.

die **Ge·mes·sen·heit** [ゲメっセンハイト] [名] -/ 悠然とした〔品位のある〕態度.

das **Ge·met·zel** [ゲメっツェル] [名] -s/- 《蔑》殺戮(さつりく).

ge·mie·den [ゲミーデン] [動] meiden の過去分詞.

die **Ge·mi·na·ti·on** [ゲミナツィオーン] [名] -/-en 『言』子音の重複; 『修』同一語の反復.

das **Ge·misch** [ゲミッシュ] [名] -(e)s/-e 混合物; 『車』混合気; オイル混合ガソリン.

ge·mischt [ゲミッシュト] [形] **1.** 混合した, 混成の, 男女混合の, 雑多な; 《転》平均的な, 並の: ein ~*er* Chor 混声合唱団. ein ~*es* Doppel 混合ダブルス. ein ~*er* Verband 混成部隊. ein ~*er* Wald 混交林. eine ~*e* Zahl 『数』帯分数. **2.** 《蔑》下品な, 怪しげな: Jetzt wird es ~. いよいよ話が落ちてくる.

die **Ge·mischt·wa·ren·hand·lung** [ゲミッシュト・ヴァーれン・ハンドルング] [名] -/-en 《古》食料雑貨品店, 万屋(よろずや).

die **Gem·me** [ゲメ] [名] -/-n **1.** ジェム, 彫玉(彫刻された(半)貴石). **2.** 『植』(主に[複])無性芽.

die **Gem·mo·glyp·tik** [ゲモ・グリュプティク] [名] -/ 宝石彫刻〔細工〕術.

die **Gem·mo·lo·gie** [ゲモ・ロギー] [名] -/ 宝石学.

ge·mocht [ゲモほト] [動] mögen の過去分詞.

ge·mol·ken [ゲモルケン] [動] melken の過去分詞.

der **Gems·bock** [ゲムス・ボック] [名] -(e)s/..böcke ⇨ Gämsbock.

die **Gem·se** [ゲムゼ] [名] -/-n ⇨ Gämse.

das **Gems·le·der** [ゲムス・レーダー] [名] -s/ ⇨ Gämsleder.

das **Ge·mun·kel** [ゲムンケル] [名] -s/ 《口》(絶え間のない)ひそひそ話〔うわさ話〕.

das **Ge·mur·mel** [ゲムるメル] [名] -s/ (絶え間のない)つぶやき.

das **Ge·mü·se** [ゲミューゼ] [名] -s/- **1.** 野菜; 青物; 野菜料理: junges ~ 新鮮な野菜; 《口・冗》(《蔑》も有)(経験の少ない)若造たち. **2.** 《冗》花, 花束.

der **Ge·mü·se·bau** [ゲミューゼ・バウ] [名] -(e)s/ 野菜栽培.

das **Ge·mü·se·beet** [ゲミューゼ・ベート] [名] -(e)s/-e 野菜畑.

die **Ge·mü·se·eu·le** [ゲミューゼ・オイレ] [名] -/-n 『昆』ヨトウガ(幼虫は野菜の害虫).

der **Ge·mü·se·gar·ten** [ゲミューゼ・ガるテン] [名] -s/..gärten 菜園: quer durch den ~ 《口》すべてごちゃまぜに.

der **Ge·mü·se·händ·ler** [ゲミューゼ・ヘンドラー] [名] -s/- 八百屋.

die **Ge·mü·se·kon·ser·ve** [ゲミューゼ・コンゼるヴェ] [名] -/-n (主に[複])野菜の缶詰〔瓶詰〕.

die **Ge·mü·se·plat·te** [ゲミューゼ・プラっテ] [名] -/-n 野菜盛合せ.

die **Ge·mü·se·sup·pe** [ゲミューゼ・ズっペ] [名] -/-n 野菜スープ.

ge·mü·ßigt [ゲミュースィひト] [形] 《古》=bemüßigt.

ge·musst, Ⓘ **ge·mußt** [ゲムスト] [動] müssen の過去分詞.

ge·mus·tert [ゲムスタート] [形] 〔(⟨様態⟩ナ)〕模様入りの.

das **Ge·müt** [ゲミュート] [名] -(e)s/-er **1.** 《[単]のみ》心, 心情, 感情, 気持; 気性, 気質: viel ~ haben 感受性が豊かである. **2.** (ある感情の持ち主としての)人間: die ~*er* erregen 人々を興奮させる. 【慣用】⟨j³⟩ **aufs Gemüt schlagen** ⟨人を⟩意気消沈させる. **sich³ ⟨et⁴⟩ zu Gemüte führen** ⟨事を⟩肝に銘ずる; ⟨物を⟩心ゆくまで飲食する.

ge·müt·haft [ゲミュートハふト] [形] 情緒的な.

ge·müt·lich [ゲミュートリひ] [形] **1.** 居心地のいい, 快適な. ein ~*er* Stuhl 座り心地のいい椅子. **2.** くつろいだ, なごやかな: sich¹ ~ unterhalten なごやかに談笑する. es sich³ ~ machen くつろぐ, 楽にする. **3.** 人あたり〔愛想〕のよい. **4.** のんびりした, ゆっくりした(散歩など).

die **Ge·müt·lich·keit** [ゲミュートリひカイト] [名] -/ なごやかさ, くつろぎ, 打解けた気分; (住居・部屋などの)居心地のよさ, くつろげる〔ゆったりした〕雰囲気. 【慣用】 **Da hört (sich) doch die Gemütlichkeit auf!** 《口》とんでもないことだ. **in aller Gemütlichkeit** のんび

G

gemütsarm

り落着いて.
ge·müts·arm [ゲミュー‵ツ・アルム] 形 感情の乏しい.
die **Ge·müts·art** [ゲミューツ・アート] 名 -/-en 気質, 気立て.
die **Ge·müts·be·we·gung** [ゲミューツ・ベヴェーグング] 名 -/-en 心の動き, 興奮, 感動, 情動.
ge·müts·krank [ゲミュー‵ツ・クランク] 形 [医・心]情動疾患の.
die **Ge·müts·krank·heit** [ゲミュー‵ツ・クランクハイト] 名 -/-en [医・心]情動疾患.
der **Ge·müts·mensch** [ゲミューツ・メンシュ] 名 -en/-en 《口》のんびり屋;《皮》のんき者.
die **Ge·müts·ru·he** [ゲミュー‵ツ・る‐エ] 名 心の落着き, 泰然自若;in aller ~ 平然〔悠然〕と.
die **Ge·müts·ver·fas·sung** [ゲミューツ・ふぇあふぁっスング] 名 -/-en 心の状態, 気分.
der **Ge·müts·zu·stand** [ゲミュー‵ツ・ツー・シュタント] 名 -(e)s/..stände 心の状態, 気分.
ge·müt·voll [ゲミュート・ふぉル] 形 情の深い, 心のこもった.
gen [ゲン] 前 [+ 4 格]《古》…の方へ, …に向かって.
das **Gen** [ゲーン] 名 -s/-e《生》遺伝(因)子.
gen. = genannt …と呼ばれた.
Gen. = Genitiv [言] 2格, 属格.
..gen [..ゲン] 接尾 形容詞・名詞につけて〔発生, …質, …に適した〕を表す形容詞・名詞を作る:autogen 自己発生の. homogen 同質の. fotogen 写真うつりのよい. Hydrogen[化]水素.
genannt [ゲナント] 動 nennen の過去分詞.
―― 形 (前に)述べられた;(…と) 呼ばれた〔名づけられた〕〔名詞的〕.
ge·nant [se.. ジェナント] 形《方》恥ずかしそうな;《古》煩わしい.
ge·nas [ゲナース] 動 genesen の過去形.
ge·nä·se [ゲネーゼ] 動 genesen の接続法 2 式.
ge·nau [ゲナウ] 形 1. 正確な;正確な. eine ~e Waage 正確なはかり. ⟨et‵⟩ ~ messen ⟨物を⟩正確に測る〔量る〕. Diese Uhr geht ~. この時計は正確だ. 2. 精密な, 厳密な, 詳しい;きちょうめんな, (物事に)うるさい:eine ~e Untersuchung 精密検査, 詳しい調査. aufs G-(e)ste[~(e)ste] 非常に厳密に. 3.《口》つましい.【慣用】**es mit ⟨et‵⟩ neh·men** ⟨事に⟩やかましい〔厳密である〕.**Genau!** そのとおり. **genau genommen** 厳密に言えば. **mit genauer Not** かろうじて.
―― 副 (語修)(動詞・形容詞・副詞・名詞を修飾)ぴったり, きっかり, ちょうど:Es ist ~ zehn Uhr. ぴったり10時だ.
genau genom·men, ⓐ**genau ge·nom·men**
[ゲナウ ゲノメン] 副 《文》厳密に言うと.
die **Ge·nau·ig·keit** [ゲナウイッカイト] 名 -/ 正確さ;厳密さ, 綿密さ;《方》つましみ.
ge·nau·so [ゲナウ・ゾー] 副 (語修)(動詞・形容詞・副詞を修飾)まったく同じように〔くらい〕:(~ ... wie ... の形で)Heute ist es ~ heiß wie gestern. 今日は昨日とまったく同じように暑い. ~lange dauern 全く同じ時間かかる. ~weit gehen 全く同じ距離を歩く.
genauso gut, ⓐ**ge·nau·so·gut** [ゲナウゾー・グート]
副 同様に.
die **Gen·bank** [ゲーン・バンク] 名 -/-en [植・農](植物の)遺伝子銀行, ジーンバンク.
der **Gen·darm** [3an..,3ã.. ジャンダるム] 名 -en/-en ((古))(田舎の)巡査;(地方の警察隊の)警官.
die **Gen·dar·me·rie** [3an..,3ã.. ジャンダるメリー] 名 -/-n ((古))(地方の)警察隊;地方警察.
die **Ge·ne·a·lo·gie** [ゲネア・ロギー] 名 -/ 家系, 系統;系図, 系譜;(ⓐのみ)系統学, 系譜学.
ge·ne·a·lo·gisch [ゲネア・ローギシュ] 形 系統〔系図〕

gen·ehm [ゲネーム] 形《jʳ》好都合な, 好ましい.
ge·neh·mi·gen [ゲネー・ミゲン] 動 h. 1. 《⟨jʳ⟩=⟩+⟨et⁴⟩ッ》認可〔許可〕する, 承認〔承諾〕する(特に官庁が). 2. 《sich³+⟨et⁴⟩ッ》《口》 奢する:sich³ einen ~ 一杯やる.
die **Ge·neh·mi·gung** [ゲネー‵ミグング] 名 -/-en 認可, 許可, 承認. 2. 認可〔許可〕書.
die **Ge·neh·mi·gungs·pflicht** [ゲネーミグングス・プふりヒト] 名 -/ ((官))(所轄官庁より)認可〔許諾・承認〕を受ける義務.
das **Ge·neh·mi·gungs·ver·fah·ren** [ゲネーミグングス・ふぇあふぁーれン] 名 -s/- 認可〔許可〕手続.
ge·neigt [ゲナイクト] 形 (zu ⟨動⟩⟨⟨zu ⟨et⁴⟩ッ⟩ する気がある:Ich bin nicht ~, das zu tun. 私はそれをする気はない. 2.(⟨jʳ⟩=)《文》好意のある, 親切な. 3.(⟨et³⟩=)関心のある.【慣用】⟨jʳ⟩ **ein ge·neig·tes Ohr lei·hen** ⟨人の⟩言葉に快く耳を貸す. **sich⁴ zu ⟨et⁴⟩ ge·neigt zei·gen** ⟨事を⟩する気がある様子を示す.
die **Ge·neigt·heit** [ゲナイクトハイト] 名 -/ (ある事をする)気持, 心構え, 用意;《文》好意.
der **Ge·ne·ral** [ゲネらール] 名 -s/-e[..rale] 1. (陸・空軍の)大将(人;(ⓐのみ)位);将官, 将軍. 2. (修道会の)総長;(救世軍の)総司令官;(((ジー))書記長, 事務総長.
der **Ge·ne·ral·arzt** [ゲネらール・アーアット, ゲネラール・アるット] 名 -es/..ärzte 軍医将官.
der **Ge·ne·ral·bass,** ⓐ**Ge·ne·ral·baß** [ゲネラール・バス] 名 -es/..bässe [楽]通奏低音.
die **Ge·ne·ral·beich·te** [ゲネらール・バイヒテ] 名 -/-(カトリック)総告解.
die **Ge·ne·ral·di·rek·ti·on** [ゲネらール・ディれクツィオーン] 名 -/-en 理事会(室), 中央委員会(室).
der **Ge·ne·ral·di·rek·tor** [ゲネらール・ディれクトーあ] 名 -s/-en 1. (ⓐのみ)総支配人, 代表取締役, 社長(地位). 2. 総支配人, 代表取締役, 社長(人).
der **Ge·ne·ral·feld·mar·schall** [ゲネらール・ふぇルト・マるシャル] 名 -s/..schälle 1. (ⓐのみ)元帥(位). 2. 元帥(人).
der **Ge·ne·ral·gou·ver·neur** [ゲネらール・グヴェるるあ] 名 -s/-e (植民地の)総督;(占領地区の)軍司令官.
der **Ge·ne·ral·in·spek·teur** [ゲネらール・インスペクテーあ] 名 -s/-e 連邦国防軍総監.
der **Ge·ne·ral·in·ten·dant** [ゲネらール・インテンダント] 名 -en/-en (劇場の)総監督, 総支配人.
ge·ne·ra·li·sie·ren [ゲネらりズィーれン] 動 h. ⟨et⁴⟩ッ《文》一般化する.
der **Ge·ne·ra·lis·si·mus** [ゲネらりッスィムス] 名 -s/..mi(..musse) (フランスなどの)大元帥.
die **Ge·ne·ra·li·tät** [ゲネらりテート] 名 -/ 1. (総称) (陸空軍)将官. 2.《古》一般性.
ge·ne·ra·li·ter [ゲネらーりタ‐] 副 全体として見れば.
das **Ge·ne·ral·kom·man·do** [ゲネらール・コマンドー] 名 -s/-s [軍]総司令部.
der **Ge·ne·ral·kon·sul** [ゲネらール・コンズル] 名 -s/-n 総領事.
der **Ge·ne·ral·leut·nant** [ゲネらール・ロイトナント] 名 -s/-e[-s](陸・空軍の)中将(人;(ⓐのみ)位).
der **Ge·ne·ral·ma·jor** [ゲネらール・マヨーあ] 名 -s/-e (陸・空軍の)少将(人;(ⓐのみ)位).
der **Ge·ne·ral·mu·sik·di·rek·tor** [ゲネらール・ムズィーク・ディれクトーあ] 名 -s/-en (略 GMD) 1. (ⓐのみ)音楽総監督(地位). 2. 音楽総監督の地位にある指揮者.
der **Ge·ne·ral·nen·ner** [ゲネらール・ネナー] 名 -s/-[数]公分母.
der **Ge·ne·ral·oberst** [ゲネらール・オーバースト] 名 -s

〔-en〕/-en〔-e〕 **1.** (⊕のみ)(1945年までの陸空軍)上級大将〔位〕. **2.** 上級大将(人).

die **Ge·ne·ral·pau·se** [ゲネラール・パウゼ] 名 -/-n 〖楽〗総休止.

die **Ge·ne·ral·pro·be** [ゲネラール・プローベ] 名 -/-n (初演前日の)総けいこ, ゲネプロ.

der **Ge·ne·ral·se·kre·tär** [ゲネラール・ゼクレテーア] 名 -s/-e 事務総長, 書記長.

die **Ge·ne·ral·staa·ten** [ゲネラール・シュターテン] 複名 オランダ議会.

der **Ge·ne·ral·staats·an·walt** [ゲネラール・シュターツ・アンヴァルト] 名 -(e)s/..wälte (各州上級裁判所の)検事長.

der **Ge·ne·ral·stab** [ゲネラール・シュタープ] 名 -(e)s/..stäbe 〖軍〗参謀本部.

der **Ge·ne·ral·stäb·ler** [ゲネラール・シュテープラー] 名 -s/- 参謀本部の将校.

die **Ge·ne·ral·stabs·kar·te** [ゲネラール・シュタープス・カルテ] 名 -/-n 参謀本部地図(10万分の1の地図).

der **Ge·ne·ral·stabs·of·fi·zier** [ゲネラール・シュタープス・オフィツィーア] 名 -s/-e 参謀本部付将校.

der **Ge·ne·ral·streik** [ゲネラール・シュトライク] 名 -(e)s/-s ゼネスト.

ge·ne·ral·über·ho·len [ゲネラール・ユーバーホーレン] 動 h. (不定詞および分詞での用いる) 〈et4ツゥ〉全面的にオーバーホールする(車・エンジンなどを).

die **Ge·ne·ral·über·ho·lung** [ゲネラール・ユーバーホールング] 名 -/-en (主に⊕)総点検, 全面的オーバーホール.

die **Ge·ne·ral·ver·samm·lung** [ゲネラール・ふぇあザムルング] 名 -/-en 総会, 株主総会.

die **Ge·ne·ral·voll·macht** [ゲネラール・ふぉルマハト] 名 -/-en 〖法・経・政〗包括的代理権.

die **Ge·ne·ra·ti·on** [ゲネラツィオーン] 名 -/-en **1.** 世代; 〖社〗同世代の人々. **2.** 一世代(約30年間). **3.** (機器)の世代; ein Computer der fünften ~ 第五世代のコンピュータ.

der **Ge·ne·ra·ti·ons·kon·flikt** [ゲネラツィオーンス・コンふリクト] 名 -(e)s/-e 世代間の摩擦, 世代間葛藤.

das **Ge·ne·ra·ti·ons·pro·blem** [ゲネラツィオーンス・プロブレーム] 名 -s/-e 世代間の問題.

der **Ge·ne·ra·ti·ons·wech·sel** [ゲネラツィオーンス・ヴェクセル] 名 -s/- 世代の交代; 〖生〗世代交代〖交番〗.

ge·ne·ra·tiv [ゲネラティーふ] 形 〖生〗生殖の; 〖言〗生成(文法)の.

der **Ge·ne·ra·tor** [ゲネラートーア] 名 -s/-en [ゲネラトーレン] 発電機; ガス発生炉.

das **Ge·ne·ra·tor·gas** [ゲネラートーア・ガース] 名 -es/-e (主に⊕)発生炉ガス.

ge·ne·rell [ゲネレル] 形 一般的な, 全般的な.

ge·ne·risch [ゲネーリシュ] 形 **1.** 〖生〗種属に関する. **2.** 〖言〗総称的な.

ge·ne·rös [ゲネ・ルーㇲ, 3e..ジェネㇾㇲ] 形 〖文〗雅量のある, 寛大な, 度量の広い, 気前のいい.

die **Ge·ne·ro·si·tät** [ゲネルズィテート, 3e.. ジェネロズィテート] 名 -/-en (主に⊕)〖文〗寛大, 広量, 気前のよさ.

die **Ge·ne·se** [ゲネーゼ] 名 -/- 発生, 成立, 発展.

ge·ne·sen[1]* [ゲネーゼン] 動 genas; ist genesen **1.** 〈von 〈et³〉ッゥ〉 〖文〗回復する(病気から). **2.** 〈j³ッ〉 〖詩〗産む, 分娩する.

ge·ne·sen[2] [ゲネーゼン] 動 genesen の過去分詞.

der/die **Ge·ne·sen·de** [ゲネーゼンデ] 名 (形容詞的変化)回復期の患者.

die **Ge·ne·sis** [ゲ(-)ネズィㇲ] 名 -/ **1.** (創世記の)天地創造の物語; 創世記(モーゼ五書の第一書). **2.** =die Genese.

die **Ge·ne·sung** [ゲネーズング] 名 -/-en (主に⊕)〖文〗回復, 全快.

das **Ge·ne·sungs·heim** [ゲネーズングス・ハイム] 名 -(e)s/-e 療養所.

der **Ge·ne·sungs·ur·laub** [ゲネーズングス・ウーアラウプ] 名 -(e)s/-e 〖軍〗療養休暇.

die **Ge·ne·tik** [ゲネーティㇰ] 名 -/ 〖生〗遺伝学.

ge·ne·tisch [ゲネーティシュ] 形 遺伝(子)の, 遺伝学の.

(das) **Ge·nève** [ʒɔnɛːv ジェネーヴ] 名 -s/ 〖地〗=Genf.

der **Ge·ne·ver** [ʒenéːvɐr, ʒə.. ジェネーヴァー, ge.. ゲネーヴァー] 名 -s/- 〖酒〗ジュニパ(オランダのジン).

(das) **Genf** [ゲンふ] 名 -s/ 〖地名〗ゲンフ(フランス名: ジェネーヴ(Genève). スイスの州とその州都).

Gen·fer [ゲンふぁー] 形 (無変化)ゲンフ〔ジェネーヴ〕の: der ~ See レマン湖. die ~ Konventionen ジュネーヴ協定.

ge·ni·al [ゲニアール] 形 天才的な; すばらしい.

die **Ge·ni·a·li·tät** [ゲニアリテート] 名 -/ 天賦の才, 天才, 独創性.

das **Ge·nick** [ゲニック] 名 -(e)s/-e 首筋, うなじ: ein steifes ~ haben 首筋が凝っている. 【慣用】〈j³ et³〉 das Genick brechen 〖口〗〈人を〉破滅させる; 〈事を〉失敗させる.

der **Ge·nick·schuss**, ⓓ **Ge·nick·schuß** [ゲニック・シュス] 名 -es/..schüsse 首を射つこと.

die **Ge·nick·star·re** [ゲニック・シュタレ] 名 -/-n 頸部(⟨½⟩) 硬直; 〖医〗(古)脳膜炎.

die **Ge·nie**[1] [ʒenfː ジェニー] 名 -/ (das-s/も有) 〖⊕〗工兵隊.

das **Ge·nie**[2] [ʒeníː ジェニー] 名 -s/-s **1.** (⊕のみ)天才(才能). **2.** 天才(人).

ge·nie·ren [ʒeníːrən ジェニーレン] 動 h. **1.** 〔sich⁴+vor 〈j³〉ヅ/zu 〈動〉ㇲㇽッケ〕恥ずかしがる, 遠慮する, 気兼ねする. **2.** 〈j³ッ〉 〖古〗邪魔になる, (…に)わずらわしい〔気づまりな〕思いをさせる.

ge·nier·lich [ʒe.. ジェニーありㇶ] 形 **1.** 嫌な, わずらわしい. **2.** 気の弱い.

ge·nieß·bar [ゲニーㇲ・バール] 形 食べられる, 飲める. 【慣用】 nicht genießbar sein 〖口〗機嫌が悪い.

ge·nie·ßen* [ゲニーセン] 動 genoss; hat genossen **1.** 〈et⁴ッゥ〉口にする(飲食物を). **2.** 〈et⁴ッゥ〉楽しむ(自然・人生などを). **3.** 〈et⁴ッゥ〉受ける, 受取る(教育・信頼などを). 【慣用】 Er ist heute nicht zu genießen. 彼は今日は機嫌が悪い〔手に負えない〕.

der **Ge·nie·ßer** [ゲニーサー] 名 -s/- 人生をエンジョイする人, 多趣味な人, 通人.

ge·nie·ße·risch [ゲニーセリッシュ] 形 舌〔耳・目〕の肥えた, 通らしい.

der **Ge·nie·streich** [ʒe.. ジェニー・シュトライㇰ] 名 -(e)s/-e 独創的な仕事; 〖皮〗失敗.

ge·ni·tal [ゲニタール] 形 〖医〗生殖器の; 性器愛の.

das **Ge·ni·ta·le** [ゲニターレ] 名 -s/..lien (主に⊕) 〖医〗生殖器, 性器

der **Ge·ni·tiv** [ゲーニティーふ] 名 -s/-e 〖言〗2格, 属格(略 Gen.); 2格の語.

der **Ge·ni·us** [ゲーニウㇲ] 名 -/..nien **1.** (特に古代ローマの)守護神, 守護霊: ~ Loci 土地の守護神. **2.** (⊕のみ)〖口пит〗ゲニウス〔神的創造力の化身〕; (主に⊕)〖美学〗ゲニウス(有翼の神). **3.** (⊕のみ)〖⟨½⟩〗創造的精神, 創造力. **4.** 〖文〗創造的天才(人).

der **Ge·ni·us Lo·ci**, ⓓ **Ge·ni·us lo·ci** [..lóːtsi ゲーニウㇲ ローツィ] 名 -/ 〖文〗土地の守護神, 鎮守神.

die **Gen·kar·tof·fel** [ゲーン・カルトっふェル] 名 -/-n 遺伝子組換えジャガイモ.

gen·ma·ni·pu·liert [ゲーン・マニプリーアト] 形 遺伝子操作された.

die **Gen·mu·ta·ti·on** [ゲーン・ムタツィオーン] 名 -/-en

〖生〗遺伝子突然変異.

das **Ge·nom** [ゲノーム] [名] -s/-e 〖生〗ゲノム《最小限の遺伝子を含む染色体の一組》.

ge·nom·men [ゲノメン] [動] nehmen の過去分詞.

die **Ge·nom·mu·ta·ti·on** [ゲノーム・ムタツィオーン] [名] -/-en 〖生〗ゲノム突然変異.

ge·noss, [旧]**ge·noß** [ゲノス] [動] genießen の過去形.

der **Ge·nos·se** [ゲノッセ] [名] -n/-n **1.** 《古》仲間, 同僚; 道連れ, 同行者. **2.** 《呼びかけも有》(社会主義政党の)同志, 党員; 〖経〗《古》協同組合員.

ge·nös·se [ゲ㋨ッセ] [動] genießen の接続法 2 式.

ge·nos·sen [ゲノッセン] [動] genießen の過去分詞.

die **Ge·nos·sen·schaft** [ゲノッセンシャふト] [名] -/-en 協同組合.

ge·nos·sen·schaft·lich [ゲノッセンシャふトリひ] [形] 協同組合の.

G

die **Ge·nos·sen·schafts·bank** [ゲノッセンシャふツ・バンク] [名] -/-en 信用組合.

die **Ge·nos·sin** [ゲノッスィン] [名] -/-nen Genosse の女性形.

der **Ge·no·typ** [ゲノ・テューブ] [名] -s/-en 〖生〗遺伝子型.

ge·no·ty·pisch [ゲノ・テュービシュ] [形] 〖生〗遺伝子型の.

der **Ge·no·ty·pus** [ゲノ・テューブス] [名] -/..pen 〖生〗遺伝子型.

der (*das*) **Ge·no·zid** [ゲノ・ツィート] [名] -(e)s/-e(-ien) (民族・宗教団体などに対する)集団虐殺, ジェノサイド.

die **Gen·pflan·ze** [ゲーン・ブふランツェ] [名] -/-n 遺伝子組換え植物.

das **Gen·re** [ʒɑ̃ːrə ジャーンれ, ʒɑ̃ːr ジャーンあ] [名] -s/-s (芸術作品の)ジャンル, 種類; 好みのタイプ.

das **Gen·re·bild** [ジャーンれ・ビルト, ジャーンあ・ビルト] [名] -(e)s/-er **1.** 〖美〗風俗画. **2.** 〖文〗風俗描写.

die **Gen·re·ma·le·rei** [ジャーンれ・マーレらイ, ジャーンあ・マーレらイ] [名] -/ (ジャンルとしての)風俗画.

(*das*) **Gent** [ゲント] [名] -s/ 〖地名〗ヘント, ゲント, ガン《ベルギー北西部の都市》.

die **Gen·tech·nik** [ゲーン・テひニク] [名] -/-en 《主に[単]》遺伝子工学.

gen·tech·nisch [ゲーン・テひニシュ] [形] 遺伝子工学の: ～ veränderte Lebensmittel 遺伝子組み替え食品.

die **Gen·tech·no·lo·gie** [ゲーン・テひノ・ロギー] [名] -/ 〖生〗遺伝子工学.

gen·tech·no·lo·gisch [ゲーン・テひノ・ローギシュ] [形] 〖生〗遺伝子工学の.

der **Gen·til·hom·me** [ʒɑ̃tijɔ̃m ジャンティヨム] [名] -s/-s 紳士.

der **Gen·tle·man** [dʒɛ́ntəlmɛn ヂェントル・メン] [名] -s/..men 紳士, ジェントルマン.

gen·tle·man·like [..laɪk ヂェントルメン・ライク] [形] 紳士的な.

das **Gen·t·le·man's A·gree·ment, Gen·t·le·men's A·g·ree·ment** [dʒɛ́ntəlmɛns ɛgríːmənt ヂェントルメンス エグリーメント] [名] --/--s 紳士協定《特に外交上の》.

die **Gen·try** [dʒɛ́ntrɪ ヂェントり] [名] -/ (英国の)ジェントリ, 紳士階級の人.

(*das*) **Ge·nua** [ゲーヌア] [名] 〖地名〗ジェノヴァ《北イタリアの都市》.

ge·nug [ゲヌーク] [副] 《語飾》《動詞・形容詞・副詞・名詞を修飾》十分に, たっぷり; かなり, ずいぶん: Heute habe ich ～ gegessen. 今日は私はたっぷり食べた. 《形容詞・副詞では後置》Er ist groß ～, um den Ast (mit der Hand) zu erreichen. 彼はその枝に(手が)とどくだけの背丈が(十分)ある. ～ Geld〔Geld ～〕haben 十分にお金がある. **【慣用】Danke, es ist genug.** いえ, もうけっこうです. **Genug (davon)!** (それは)もうたくさんだ. **Jetzt habe ich aber genug!** もうたくさんだ(がまんできない). **Jetzt ist's aber genug!** もうやめろ, もうたくさんだ. **mehr als genug**〔**genug und übergenug**〕十二分に. **Nicht genug (damit), dass ...** …ばかりではなく. **sich³ selbst genug sein** 自分だけでやっていける. **von** 〈j³/et³〉 **genug haben** 〈物を〉たくさんもっている; 〈人・事に〉あきあきしている.

die **Ge·nü·ge** [ゲニューゲ] [名] -/ 《次の形で》zur ～ 十二分に. 〈j³/et³〉 ～ tun〔leisten〕《文》〈人を〉満足させる, 〈事を〉果す, 〈事に〉添う. an 〈et³〉 ～ finden 《文》〈事に〉満足する. 〈j³/et³〉 geschieht ～. 〈人の〉要求が満たされる/〈事が〉認められる.

ge·nü·gen [ゲニューゲン] [動] *h.* **1.** 〖(〈j³〉に/für〈j⁴/et⁴〉にとって)〗十分である, 足りる(数量・容量などが). **2.** 〖〈et³〉ヲ〗満たす(要求・条件などを), (…に)かなう(物が要求・基準などに), 果す(義務などを).

ge·nü·gend [ゲニューゲント] [形] 十分な, たっぷりした; 可〔4〕《旧東独・オーストリアの成績》.

ge·nüg·sam [ゲニュークザーム] [形] 欲のない, 質素な; 餌〔肥料〕の少なくてすむ; 燃費のよい.

die **Ge·nüg·sam·keit** [ゲニュークザームカイト] [名] -/ 節度, つましさ.

ge·nug|tun* [ゲヌーク・トゥーン] [動] *h.* 〖〈j³/et³〉ヲ〗満足させる: sich³ nicht ～ können, 〈et⁴〉 zu tun〈事を〉してやまない, いくら〈事を〉してもし足りない.

die **Ge·nug·tu·ung** [ゲヌーク・トゥーウング] [名] -/-en **1.** 満足感: ～ über 〈et⁴〉 empfinden 〈物・事に〉満足する. **2.** 《文》補償, 弁償, 償い: ～ für 〈et⁴〉 verlangen 〈事に対して〉弁償を要求する. **3.** 〖カトリック〗贖罪(しょくざい).

ge·nu·in [ゲヌイーン] [形] **1.** 真の, 正真正銘の. **2.** 〖医〗真性の.

das **Ge·nus** [ゲ(ー)ヌス] [名] -/Genera [ゲ(ー)ネラ] **1.** 種類, 種属. **2.** 〖生〗属. **3.** 〖言〗(名詞の)性, (動詞の)態.

der **Ge·nuss,** [旧]**Ge·nuß** [ゲヌス] [名] -es/..nüsse **1.** 楽しみ, 喜び, 満足感: mit ～ 楽んで. **2.** 《[単]のみ》(飲食物の)摂取, 味わうこと. **【慣用】in den Genuss von** 〈et³〉 **kommen** 〈物を〉もらう(年金などを).

ge·nuss·fä·hig, [旧]**ge·nuß·fä·hig** [ゲヌス・ふぇーイひ] [形] 楽しむことのできる.

ge·nuss·feind·lich, [旧]**ge·nuß·feind·lich** [ゲヌス・ふぁイントリひ] [形] 楽しみを敵視する.

ge·nuss·freu·dig, [旧]**ge·nuß·freu·dig** [ゲヌス・ふろイディひ] [形] 享楽的な.

ge·nüss·lich, [旧]**ge·nüß·lich** [ゲニュスリひ] [形] 楽しみを満喫する.

der **Ge·nüss·ling,** [旧]**Ge·nüß·ling** [ゲニュスリング] [名] -s/-e 《古》= Genussmensch.

der **Ge·nuss·mensch,** [旧]**Ge·nuß·mensch** [ゲヌス・メンシュ] [名] -en/-en 享楽的な人.

das **Ge·nuss·mit·tel,** [旧]**Ge·nuß·mit·tel** [ゲヌス・ミッテル] [名] -s/- 嗜好(しこう)品.

ge·nuss·reich, [旧]**ge·nuß·reich** [ゲヌス・らイひ] [形] とても楽しめる.

der **Ge·nuss·schein,** [旧]**Ge·nuß·schein** [ゲヌス・シャイン] [名] -(e)s/-e 〖金融〗享益〔利益参加〕証券.

die **Ge·nuss·sucht,** [旧]**Ge·nuß·sucht** [ゲヌス・ズふト] [名] -/ 享楽欲.

ge·nuss·süch·tig, [旧]**ge·nuß·süch·tig** [ゲヌス・ズュひティひ] [形] 享楽〔遊び〕好きな.

die **Ge·o·dä·sie** [ゲオ・デズィー] [名] -/ 測地学.

der **Ge·o·dät** [ゲオデート] [名] -en/-en 測地学者; 地形測量技師.

der **Ge·o·graf** [ゲオ・グらーふ] [名] -en/-en ⇨ Geo-

graph.
die **Geo·gra·fie** [ゲオ・グらふぃー] 名 -/ ⇨ Geographie.
geo·gra·fisch [ゲオ・グら－ふぃシュ] 形 ⇨ geographisch.
der **Geo·graph** [ゲオ・グら－ふ] 名 -en/-en 地理学者.
die **Geo·gra·phie** [ゲオ・グらふぃ－] 名 -/ 地理学.
geo·gra·phisch [ゲオ・グら－ふぃシュ] 形 地理学(上)の;地理的な.
geo·karp [ゲオ・カるプ] 形 〖植〗地下結実の.
der **Geo·lo·ge** [ゲオ・ロ－ゲ] 名 -n/-n 地質学者.
die **Geo·lo·gie** [ゲオ・ロギ－] 名 -/ 地質学.
geo·lo·gisch [ゲオ・ロ－ギシュ] 形 地質学(上)の.
die **Geo·man·tie** [ゲオ・マンティ－] 名 -/ 砂占い, 土占い.
der **Geo·me·ter** [ゲオ・メ－タ－] 名 -s/- 地形測量技師;《古》幾何学者.
die **Geo·me·trie** [ゲオ・メトリ－] 名 -/-n 幾何学.
geo·me·trisch [ゲオ・メ－トリシュ] 形 幾何学(上)の;幾何学的な: eine ~e Reihe 等比級数.
die **Geo·mor·pho·lo·gie** [ゲオ・モるふォ・ロギ－] 名 -/ 地形学.
die **Geo·phy·sik** [ゲオ・ふぉズィ－ク] 名 -/ 地球物理学.
geo·phy·si·ka·lisch [ゲオ・ふぉズィカ－リシュ] 形 地球物理学(上)の.
die **Geo·po·li·tik** [ゲオ・ポリティ－ク] 名 -/ 地政学.
(der) **Ge·org** [ゲオるク, ゲオるフ] 名《男名》ゲオルク: der heilige ~ 聖ゲオルク(竜を退治した聖人).
(der) **Geor·ge** [ゲオるゲ] 名《人名》ゲオルゲ(Stefan ~, 1868-1933, ドイツの詩人).
der **Geor·gette** [ɜɔrɜɛt ジョるジェット] 名 -s/-s 〖織〗ジョーゼット.
(das) **Geor·gi·en** [ゲオるギエン] 名 -s/ 〖国名・地名〗グルジア(黒海東岸の共和国〖地方〗).
der **Ge·or·gi·er** [ゲオるギア－] 名 -s/- グルジア人.
(die) **Ge·or·gi·ne**[1] [ゲオるギ－ネ] 名《女名》ゲオルギーネ.
die **Ge·or·gi·ne**[2] [ゲオるギ－ネ] 名 -/-n 〖植〗ダリア.
ge·or·gisch [ゲオるギシュ] 形 グルジア(人・語)の.
geo·sta·tio·när [ゲオ・シュタツィオネ－ア] 形 (地球に対して)静止の.
geo·stro·phisch [ゲオ・ストろ－ふぃシュ] 形 地衡性の;《次の形で》der ~e Wind〖気〗地衡風. die ~e Strömung〖地質〗地衡流.
die **Geo·ta·xis** [ゲオ・タクスィス] 名 -/..xen 〖植・動〗走地性.
geo·ther·mal [ゲオ・テるマ－ル] 形 地熱に関する, 地熱の.
geo·ther·misch [ゲオ・テるミシュ] 形 地熱の.
die **Geo·wis·sen·schaft** [ゲオ・ヴィッセンシャふト] 名 -/-en (主に⽥)地球科学.
die **Geo·zen·trik** [ゲオ・ツェントリク] 名 -/ 地球中心説, 天動説.
geo·zen·trisch [ゲオ・ツェントリシュ] 形 〖天〗地球中心の;地心の: ~es Weltsystem 天動説による宇宙体系.
ge·paart [ゲパ－アト] 形 対の;一つがいの;〖植〗対生の.
das **Ge·päck** [ゲペック] 名 (e)s/ (旅行の)荷物, 手荷物;〖軍〗行軍装備: ~ aufgeben 手荷物を(託送に)出す.
die **Ge·päck·ab·fer·ti·gung** [ゲペック・アップ・ふぇるティグング] 名 -/-en 手荷物取扱窓口;(⽥のみ)手荷物発送.
die **Ge·päck·an·nah·me** [ゲペック・アン・ナ－メ] 名 -/-n 手荷物受付窓口;(⽥のみ)手荷物受付.
die **Ge·päck·auf·be·wah·rung** [ゲペック・アウふ・ベヴァ－

ルング] 名 -/-en 手荷物預所;(⽥のみ)手荷物預り.
die **Ge·päck·auf·ga·be** [ゲペック・アウふ・ガ－ベ] 名 -/-n 手荷物(発送)受付窓口;(⽥のみ)手荷物(発送)受付.
die **Ge·päck·aus·ga·be** [ゲペック・アウス・ガ－ベ] 名 -/-n 手荷物引渡窓口;(⽥のみ)手荷物引渡し.
das **Ge·päck·för·der·band** [ゲペック・(ふぇ)るダ－・バント] 名 -(e)s/..bänder 荷物コンベヤーベルト.
der **Ge·päck·hal·ter** [ゲペック・ハルター] 名 -s/- 荷物棚.
die **Ge·päck·kon·trol·le** [ゲペック・コントロレ] 名 -/-n (税関の)手荷物検査.
der **Ge·päck·marsch** [ゲペック・マるシュ] 名 -(e)s/..märsche 〖軍〗完全装備行軍.
das **Ge·päck·netz** [ゲペック・ネッツ] 名 -es/-e 網棚.
der **Ge·päck·schal·ter** [ゲペック・シャルター] 名 -s/- 手荷物取扱窓口.
der **Ge·päck·schein** [ゲペック・シャイン] 名 -(e)s/-e 手荷物預り証.
das **Ge·päck·stück** [ゲペック・シュテュック] 名 -(e)s/-e (個々の)手荷物.
der **Ge·päck·trä·ger** [ゲペック・トレ－ガ－] 名 -s/-
1. 赤帽, ポーター. **2.** (自転車などの)荷台.
die **Ge·päck·ver·si·che·rung** [ゲペック・ふぇあズィッヒェるング] 名 -/-en 手荷物保険.
der **Ge·päck·wa·gen** [ゲペック・ヴァ－ゲン] 名 -s/- (旅客列車の)手荷物車.
ge·pan·zert [ゲパンツェると] 形 **1.** 装甲した. **2.** 甲冑(かっちゅう)をつけた, 武装した. **3.** 〖動〗甲羅のある, 硬皮〖被殻〗で覆われた.
der **Ge·pard** [ゲパると] 名 -s/-e 〖動〗チーター.
ge·pfef·fert [ゲプふぇふぇると] 形 《口》 **1.** コショウのきいた, 薬味のきいた. **2.** きつい調子の;法外な;卑猥(ひわい)な.
die **Ge·pfei·fe** [ゲプふぁいふぇ] 名 -s/ 《口》(主に〖蔑〗)(絶え間なく)ぴ－ぴ－吹き鳴らすこと〖音〗.
ge·pfif·fen [ゲプふぃっふぇン] ▶ pfeifen の過去分詞.
ge·pflegt [ゲプふレ－クト] 形 **1.** 手入れの行届いた, きちんとした. **2.** 洗練された.
ge·flo·gen [ゲプふロ－ゲン] ▶ pflegen の過去分詞.
die **Ge·pflo·gen·heit** [ゲプふロ－ゲンハイト] 名 -/-en 〖文〗慣習.
das **Ge·plän·kel** [ゲプレンケル] 名 -s/- **1.** 〖軍〗〖古〗小競合い. **2.** 口げんか.
das **Ge·plap·per** [ゲプラッパー] 名 -s/ 《口》(〖蔑〗も有)(絶え間のない)おしゃべり;無邪気なおしゃべり.
das **Ge·plärr** [ゲプレる] 名 -(e)s/ 《口・蔑》(絶えず)泣きわめくこと;わめきたてること.
das **Ge·plät·scher** [ゲプレチャ－] 名 -s/ (水が)ぴちゃぴちゃ鳴ること;(転)ぺちゃくちゃしゃべること.
ge·platzt [ゲプらッット] 形 破裂した, 破れた, ほころびた, パンクした;つぶれた;ばれた.
das **Ge·plau·der** [ゲプラウダ－] 名 -s/ おしゃべり, 談笑.
das **Ge·pol·ter** [ゲポルタ－] 名 -s/ **1.** (絶え間のない)がたがたいう音. **2.** 声高にしかること.
das **Ge·prä·ge** [ゲプレ－ゲ] 名 -s/ **1.** (硬貨などの)刻印. **2.** (⽥のみ)〖文〗特徴, 特色.
die **Ge·prän·ge** [ゲプレンゲ] 名 -s/ 《文》華かさ, 華麗, 絢爛(けんらん), 豪奢(ごうしゃ).
das **Ge·pras·sel** [ゲプらッセル] 名 -s/ ぱちぱち〖ばらばら〗という音.
ge·presst, ⽥ **ge·preßt** [ゲプれスト] 形 **1.** 押殺した, 圧迫された. **2.** ぎゅうぎゅう詰めの.
ge·prie·sen [ゲプリ－ゼン] ▶ preisen の過去分詞.
das **Ge·quas·sel** [ゲクヴァッセル] 名 -s/ 《口・蔑》長い無駄話.
das **Ge·quat·sche** [ゲクヴァッチェ] 名 -s/ 《口・蔑》

長々とおしゃべりをすること.

ge·quol·len [ゲクヴォレン] [動] quellen¹の過去分詞.

der **Ger** [ゲーあ] [名] -(e)s/-e (ゲルマン人の)投げ槍(やり);〖スポーツ〗(昔の)槍(現在は Speer).

(*das*) **Ge·ra** [ゲーら] [名] -s/ 〖地名〗ゲーラ(①チューリンゲン州の都市. ②旧東独時代の同市から南西に広がる県).

ge·ra·de¹ [ゲらーデ] [形] **1.** 真っすぐな, しゃんとした : in ~*r* Richtung 真っすぐ(の方向)に. 〈et⁴〉 ~ biegen 〈物を〉まっすぐに延す. **2.** 自分に正直な, 率直で信頼できる. **3.** まったくの : das ~ Gegenteil 正反対. 【慣用】 **in gerader Linie von 〈j³〉 abstammen** 〈人の〉直系の子孫である.
—— [副] **1.** ちょうど, (たった)今 : Sie ist ~ gekommen. 彼女は今ちょうど来たところだ. **2.** やっと, 何とか : Er kam ~ noch rechtzeitig. 彼はなんとか時間に遅れずに来た. **3.** 《口》今すぐ : Bring doch ~ (mal) den Brief zur Post ! 今すぐその手紙を郵便局に出してよね. **4.** 《口》なおさら : Jetzt tue ich es ~ ! こうなったらなおさらそれをしてやる. **5.** 《アクセント無》《語飾》(動詞・形容詞・副詞・名詞を修飾) **a.** ちょうど, まさに : Du kommst mir ~ recht. (君は)ちょうどいいときに来てくれた(《皮》も). **b.** よりにもよって, ほかでもない : *G*~ heute muss es regnen. よりにもよって今日雨が降るなんて. Warum ~ ich ? なぜよりにもよってこの私が. **c.** 《口》(nicht とともに)それほど〔必ずしも・あまり〕…だというわけではない : Sie ist nicht ~ intelligent. 彼女はそれほど知的だというわけではない. 【慣用】 **gerade dabei sein** ちょうどそれをしている. **gerade deshalb**〔**darum**〕**, weil ...** まさに…だからこそ. **Gerade so !** まさにそのとおり. **Jetzt gerade !/Jetzt gerade nicht !** こうなったら(なおさら)せずにおくものか/するものか.

ge·ra·de² [ゲらーデ] [形] 偶数の : eine ~ Zahl 偶数.

die **Ge·ra·de** [ゲらーデ] [名] (形容詞的変化 ; 2 以上の基数と用いる時は-/-も有) **1.** 〖数〗直線 : vier ~(*n*) 4 本の直線. **2.** 〖スポーツ〗直線コース;〖ボクシング〗ストレート.

ge·ra·de·aus [ゲらーデ・アウス] [副] 真っすぐに;《転》真っ正直な : Wie komme ich zum Bahnhof ? — Immer ~ ! 駅へはどう行くのですか. —ずっと真っすぐいらっしゃい.

ge·ra·de bie·gen*, [旧]**ge·ra·de|bie·gen*** [ゲらーデビーゲン] [動] *h.* 〔〈et⁴〉ヲ〕《口》解決する.

ge·ra·de hal·ten*, [旧]**ge·ra·de|hal·ten*** [ゲらーデハルテン] [動] *h.* **1.** 〔〈et⁴〉ヲ〕真っすぐ〔水平〕に保つ. **2.** 〔sich⁴〕正しい姿勢を保つ.

ge·ra·de·her·aus [ゲらーデ・ヘラウス] [副] 《口》はっきり, ざっくばらんに : ~ gesagt はっきり言って.

ge·ra·den·wegs [ゲらーデン・ヴェークス] [副] =geradewegs.

ge·rä·dert [ゲれーダート] [形] 《口》(疲れて)ぐったりした.

ge·ra·de·so [ゲらーデ・ゾー] [副] ちょうど同じように.

ge·ra·de·so gut, [旧]**ge·ra·de·so·gut** [ゲらーデゾー グート] [副] 同様に.

ge·ra·de|ste·hen¹* [ゲらーデ・シュテーエン] [動] *h.* (《南独・オーストリア・スイス》*s.* も有)〔für 〈j⁴/et⁴〉ヲ〕保証する, (…の)責任を持つ.

ge·ra·de ste·hen*, [旧]**ge·ra·de|ste·hen**²* [ゲらーデ シュテーエン] [動] *h.* 〔補足なし〕直立している, (背筋を伸ばして)きちんと立っている.

ge·ra·des·wegs [ゲらーデス・ヴェークス] [副] =geradewegs.

ge·ra·de·wegs [ゲらーデ・ヴェークス] [副] (寄り道をせず)真っすぐ;単刀直入に.

ge·ra·de·zu [ゲらーデ・ツー, ゲらーデ・ツー] [副] **1.** 《アクセントは[-⌐--]》《語飾》(動詞・形容詞・副詞・名詞を修飾)まさに : ~ sensationell まさにセンセーショナルな. **2.** 《アクセントは[---⌐]》《方》あけすけに.

die **Ge·rad·heit** [ゲらートハイト] [名] -/ 誠実, 正直, 率直.

ge·rad·li·nig [ゲらート・リーニひ] [形] 直線の;《転》直系の;誠実な.

die **Ge·rad·li·nig·keit** [ゲらート・リーニひカイト] [名] -/ 直線;《転》直系;誠実, 率直.

ge·ram·melt [ゲらメルト] [副] (次の形で) ~ voll 《口》ぎっしり, ぎゅうぎゅう.

die **Ge·ra·nie** [ゲらーニエ] [名] -/-n 〖植〗ゼラニウム;フクロソウ.

ge·rannt [ゲらント] [動] rennen の過去分詞.

ge·rap·pelt [ゲらっペルト] [形] (次の形で)~ voll《口》ぎゅうぎゅう詰めの.

das **Ge·ras·sel** [ゲらっセル] [名] -s/ 《口》(《蔑》も有)(絶えず)がらがら〔がちゃがちゃ〕鳴ること〔音〕.

das **Ge·rät** [ゲれート] [名] -(e)s/-e 器具, 器機, 機具, 用具;(ラジオ・テレビ)受信機;(㊥のみ)用具一式.

ge·ra·ten¹* [ゲらーテン] [動] *s.* **1.** 〔〈方向〉ニ〕たまたま行きつく, 迷い込む, 出くわす : auf einen Gedanken ~ ある考えに至る. **2.** 〔in〈et⁴〉ニ〕陥る, なる : in Schwierigkeiten ~ 困難な状態に陥る. in Vergessenheit ~ 忘れられる. in Streit ~ けんかになる. **3.** 〔(〈j³〉ニ)〕うまく行く : Der Kuchen ist heute ~. 今日はケーキがうまくできた. **4.** 〔〈様態〉ニ〕育つ(性格あるいは外面的に子供・植物などが). **5.** 〔nach 〈j³〉ニ〕似てくる(親などに). 【慣用】 **außer sich³ geraten** われを忘れる.

ge·ra·ten² [ゲらーテン] [動] raten, geraten¹の過去分詞.
—— [形] (…するのが)当を得ている, 得策である.

der **Ge·rä·te·ste·cker** [ゲれーテ・シュテっカー] [名] -s/- (電気器具の)プラグ.

das **Ge·rä·te·tur·nen** [ゲれーテ・トゥるネン] [名] -s/ 〖スポーツ〗器械体操.

die **Ge·rä·te·ü·bung** [ゲれーテ・ユーブング] [名] -/-en 〖スポーツ〗器械体操競技の練習.

das **Ge·ra·te·wohl** [ゲらーテ・ヴォール, ゲらーテ・ヴォール] [名] (次の形で)aufs ~ 《口》行当たりばったりに, 運を天にまかせて.

die **Ge·rät·schaft** [ゲれートシャふト] [名] -/-en (主に㊥)用具〔装備品〕(一式).

das **Ge·räu·cher·te** [ゲろイひゃーテ] [名] (形容詞的変化;㊥のみ)薫製肉.

ge·raum [ゲらウム] [形] 《文》かなり長い : seit ~*er* Zeit かなり以前から.

ge·räu·mig [ゲろイミひ] [形] スペースの広い.

die **Ge·räu·mig·keit** [ゲろイミひカイト] [名] -/ 広々としていること.

das **Ge·rau·ne** [ゲらウネ] [名] -s/ (絶え間なく)ささやくこと〔声〕, ひそひそ話.

das **Ge·räusch**¹ [ゲろイシュ] [名] -(e)s/-e 物音, 騒音, 雑音 : ein ~ machen 物音を立てる.

das **Ge·räusch**² [ゲろイシュ] [名] -(e)s/ 〖狩〗(有蹄類の)内臓.

ge·räusch·arm [ゲろイシュ・アるム] [形] 騒音の少ない.

die **Ge·räusch·ku·lis·se** [ゲろイシュ・クリっセ] [名] -/-n **1.** 絶えず聞える小さな雑音. **2.** 効果音, 背景音楽.

ge·räusch·los [ゲろイシュ・ロース] [形] **1.** 音のない, 静かな. **2.** 《口》目立たずに.

die **Ge·räusch·lo·sig·keit** [ゲろイシュ・ローズィひカイト] [名] -/ 騒音のないこと.

der **Ge·räusch·pe·gel** [ゲろイシュ・ペーゲル] [名] -s/- 騒音レベル.

ge·räusch·voll [ゲろイシュ・ふォル] [形] 騒々しい.

ger·ben [ゲるベン] [動] *h.* 〔〈et⁴〉ヲ〕なめす.

der **Ger·ber** [ゲるバー] [名] -s/- 皮なめし工, 製革工.

die **Ger·be·rei** [ゲるべらイ] [名] -/-en **1.** 《[単]のみ》皮なめし, 製革. **2.** 皮なめし業, 製革工場.

die **Ger·ber·lo·he** [ゲるバー・ローエ] [名] -/-n (製革用)タンニン樹皮末.

die **Gerb·säu·re** [ゲるプ・ゾイれ] [名] -/-n 〖化〗タンニン酸.

der **Gerb·stoff** [ゲるプ・シュトっふ] [名] -(e)s/-e 皮なめし剤.

(der) **Gerd** [ゲるト] [名] 〖男名〗ゲルト(Gerhard の短縮形).

(die) **Ger·da** [ゲるダ] [名] 〖女名〗ゲルダ(Gertrud(e), Hildegard 等の短縮形としても).

ge·recht [ゲれひト] [形] **1.** (法的に)公正な, 公平な: gegen 〈j^4〉 ~ sein 〈人に対して〉公正である. **2.** 正当な, 当然な. **3.** 〖〈et^3〉ニ〗適した, 向いた, ふさわしい;(…を)果す: eine jeder Witterung *~e* Kleidung 全天候型衣服. **4.** 〖聖〗(信心深い)義(ただ)しき;(罪ある人に寛大な)義なる: *~er* Gott! 義なる神よ;これはなんたることか. **【慣用】** 〈j^3/et^3〉 **gerecht werden**〈人・物・事を〉正当に評価する. 〈et^3〉 **gerecht werden** 〈事を〉成しとげる,〈事を〉満たす.

..ge·recht [..ゲれひト] [接尾] 名詞につけて「…に応じた」を表す形容詞を作る: bedarfs*gerecht* 需要に応じた. milieu*gerecht* 環境に応じた.

ge·recht·fer·tigt [ゲれひト・ふぇるティひト] [形] 正当化されている, 十分な理由がある.

die **Ge·rech·tig·keit** [ゲれひティひカイト] [名] -/-en **1.** 《[単]のみ》正義;公正, 公平: 〈j^3〉 ~ zuteil werden lassen 〈人を〉公正に評価する. **2.** 《[単]のみ》《文》司法, 司直: 〈j^4〉 den Händen der ~ übergeben 〈人を〉司直の手にゆだねる. **3.** 《古》特権. **4.** 《[単]のみ》免許;《古》正当性. **5.** 《[単]のみ》〖キ教〗神の義.

das **Ge·rech·tig·keits·ge·fühl** [ゲれひティひカイツ・ゲふゅール] [名] -(e)s/-e 正義感.

die **Ge·recht·sa·me** [ゲれひトザーメ] [名] -/-n **1.** 《スイ》裁判所管轄区. **2.** 〖法〗《古》権利, 特権.

das **Ge·re·de** [ゲれーデ] [名] -s/ **1.** 《口》おしゃべり, 無駄話. **2.** うわさ話, 陰口. **3.** 《スイ》会話, 対話. **【慣用】** 〈j^4〉 **ins Gerede bringen** 〈人の〉うわさを立てる. **ins Gerede kommen** うわさの種になる.

ge·rei·chen [ゲらイひぇン] [動] *h.* 〖〈j^3〉ニトッテ＋zu 〈et^3〉ニ〗《文》なる(名誉などに).

ge·reift [ゲらイふト] [形] 成熟した, 円熟した.

ge·reizt [ゲらイツト] [形] 怒りっぽい, いらいらした.

die **Ge·reizt·heit** [ゲらイツトハイト] [名] -/-en いらだち, 焦躁(しょうそう).

das **Ge·ren·ne** [ゲれネ] [名] -s/ 走り回ること.

ge·reu·en [ゲろイエン] [動] *h.* 〖〈j^4〉ヲ〗《文・古》後悔させる.

(der) **Ger·hard** [ゲーあハるト] [名] 〖男名〗ゲールハルト.

(der) **Ger·hardt** [ゲーあハるト] [名] 〖人名〗ゲールハルト(Paul ~, 1607-76, 詩人.)

(der) **Ger·hart** [ゲーあハるト] [名] 〖男名〗ゲールハルト.

die **Ge·ri·a·trie** [ゲりアトりー] [名] -/ 老人医学.

ge·ri·a·trisch [ゲりアートりシュ] [形] 老人医学の.

das **Ge·richt**[1] [ゲりひト] [名] -(e)s/-e 料理.

das **Ge·richt**[2] [ゲりひト] [名] -(e)s/-e **1.** 裁判所;裁判所(建物), 法廷: das zuständige ~ 管轄(かんかつ)裁判所. das Oberste ~ 最高裁判所. 〈j^4〉 bei ~ verklagen 〈人を〉裁判所に訴える. sich[4] dem ~ stellen 裁判所に出頭する. vor ~ stehen 裁判を受けている. **2.** 《総称》(法廷の)裁判官: Hohes ~! 裁判官殿!《呼びかけ》. **3.** 《[単]のみ》裁判, 裁き, 審判, 判決: über 〈j^4〉 ~ halten〔zu ~ sitzen〕〈人を〉裁く;〈人を〉厳しく糾弾する. sich[4] dem ~ unterwerfen 裁きに服する. **【慣用】** **das Jüngste〔Letzte〕 Gericht** 〖キ教〗最後の審判. **mit** 〈j^3〉 **scharf〔hart〕 ins Gericht gehen** 〈人を〉厳しく非難する〔罰する〕.

ge·richt·lich [ゲりひトりひ] [形] 裁判(上)の, 裁判所の, 司法(上)の: ein *~es* Nachspiel haben 裁判ざたになる. gegen 〈j^4〉 ~ vorgehen 〈人を〉訴える.

die **Ge·richts·ak·te** [ゲりひツ・アクテ] [名] -/-n 《主に[複]》裁判記録.

der **Ge·richts·arzt** [ゲりひツ・アーあツト, ゲりひツ・あるツト] [名] -es/..ärzte 裁判医.

ge·richts·ärzt·lich [ゲりひツ・エーあツトりひ, ゲりひツ・エるツトりひ] [形] 裁判医の.

die **Ge·richts·bar·keit** [ゲりひツバーあカイト] [名] -/-en **1.** 《[単]のみ》裁判権. **2.** 裁判権の行使.

der **Ge·richts·be·am·te** [ゲりひツ・ベアムテ] [名] (形容詞的変化)司法官, 裁判所の職員.

der **Ge·richts·be·schluss,** [旧] **Ge·richts·be·schluß** [ゲりひツ・ベシュルス] [名] -es/..schlüsse 裁判所の決定.

der **Ge·richts·be·zirk** [ゲりひツ・ベツィるク] [名] -(e)s/-e 裁判所管轄区.

der **Ge·richts·die·ner** [ゲりひツ・ディーナー] [名] -s/- 《古》廷吏.

der **Ge·richts·ent·scheid** [ゲりひツ・エントシャイト] [名] -(e)s/-e 判決.

der **Ge·richts·hof** [ゲりひツ・ホーふ] [名] -(e)s/..höfe **1.** (上級審の)裁判所. **2.** (昔の複数の裁判官による)合議制裁判所.

die **Ge·richts·ho·heit** [ゲりひツ・ホーハイト] [名] -/ 裁判〔司法〕権.

die **Ge·richts·kos·ten** [ゲりひツ・コステン] [複名] 裁判(手続)費用.

die **Ge·richts·me·di·zin** [ゲりひツ・メディツィーン] [名] -/ 法医学.

der **Ge·richts·saal** [ゲりひツ・ザール] [名] -(e)s/..säle 法廷.

der **Ge·richts·schrei·ber** [ゲりひツ・シュらイバー] [名] -s/- 裁判所書記.

der **Ge·richts·stand** [ゲりひツ・シュタント] [名] -(e)s/..stände 〖法〗裁判管轄地, 裁判籍.

der **Ge·richts·tag** [ゲりひツ・ターク] [名] -(e)s/-e 公判〔開廷〕日.

das **Ge·richts·ver·fah·ren** [ゲりひツ・ふぇあふぁーれン] [名] -s/- 訴訟手続.

die **Ge·richts·ver·hand·lung** [ゲりひツ・ふぇあハンドルング] [名] -/-en (裁判所の)審理, 公判.

der **Ge·richts·voll·zie·her** [ゲりひツ・ふぉルツィーあー] [名] -s/- (強制執行の)執行官.

das **Ge·richts·we·sen** [ゲりひツ・ヴェーゼン] [名] -s/ 司法制度.

ge·rie·ben [ゲりーベン] [動] reiben の過去分詞.
—— [形] 《口》すれっからしの, こすっからい.

ge·rie·hen [ゲりーエン] [動] reihen[2]の過去分詞.

ge·rie·ren [ゲりーれン] [動] *h.* 〖sich[4]＋als 〈j^4/et^4〉ラシク/〈[形]〉ノヨウニ〗振舞う.

das **Ge·rie·sel** [ゲりーゼル] [名] -s/ (水が絶えず)さらさら流れる〔落ちる・降る〕こと〔音〕.

ge·ring [ゲりング] [形] **1.** わずかな, 少ない, さ細な. **2.** 《文》下賤(げせん)な, 下層の. **3.** 《文・稀》(質の)よくない. **4.** 〖狩〗(獣が)若い, 小さい. **【慣用】** **davon nicht das Geringste wissen** そのことについてはまったく何も知らない. **kein Geringerer als ...** 余人〔他〕ならぬ…が. **nicht im Geringsten** 少しも…でない. **um ein Geringes** 《古》安価で;ほんの少し;すんでのところで.

ge·ring ach·ten, [旧] **ge·ring|ach·ten** [ゲりング アはテン] [動] *h.* 〖〈j^4/et^4〉ヲ〗軽視する, 軽んじる.

die **Ge·ring·ach·tung** [ゲりング・アはトゥング] [名] -/-en 軽視.

ge·ring·fü·gig [ゲりング・ふゅーギひ] [形] 取るに足らぬ, ささいな.

G

die **Ge·ring·fü·gig·keit** [ゲリング·ふゅーギひカイト] [名] -/-en **1.** 取るに足りないこと, ささいなこと. **2.** 取るに足りない〔ささいな〕事柄.

ge·ring·hal·tig [ゲリング·ハルティひ] [形] 〘鉱〙純度の低い.

ge·ring schät·zen, ㊋**ge·ring|schät·zen** [ゲリングシェっツェン] [動] *h.* 〔〈j⁴/et⁴〉ッ〕軽視する, 軽んじる.

ge·ring·schät·zig [ゲリング·シェっツィひ] [形] 軽視した, 侮った.

die **Ge·ring·schät·zung** [ゲリング·シェっツング] [名] -/ 軽視, 侮り.

ge·ring·wer·tig [ゲリング·ヴェーあティひ] [形] 低価値の.

ge·rin·nen* [ゲリネン] [動] *s.* 〔補足なし〕凝固〔凝結〕する(牛乳・血液などが).

das **Ge·rinn·sel** [ゲリンゼル] [名] -s/- **1.** 《古》細流, したたり. **2.** 凝血塊(Blut～), 血栓.

das **Ge·rip·pe** [ゲリっペ] [名] -s/- 骨格, 骸骨(がいこつ); (建物・船体などの)骨組; (論文などの)骨子.

ge·rippt [ゲリっプト] [形] 畝織り〔編み〕の; 肋(ろく)のある(葉).

ge·ris·sen [ゲリっセン] [動] reißen の過去分詞.
—— [形] 《口》抜け目のない, 海千山千の.

ge·rit·ten [ゲリっテン] [動] reiten の過去分詞.

ge·ritzt [ゲリっツト] [形] (次の形で)～ sein 決着がついた.

der **Germ** [ゲるム] [名] -(e)s/ (《南独》die ～ -/; 《オーストリア》die ～ -/ も有)《南独・オーストリア》酵母, イースト.

der **Ger·ma·ne** [ゲるマーネ] [名] -n/-n ゲルマン人.

das **Ger·ma·nen·tum** [ゲるマーネントゥーム] [名] -s/ ゲルマン民族性, ゲルマン精神〔気質〕, ゲルマン文化.

die **Ger·ma·nia** [ゲるマーニア] [名] -/ **1.** ゲルマニア(ドイツを擬人化した女性(像)). **2.** 〘地名〙(無冠詞)ゲルマニア(古代ローマ時代のゲルマン人の居住地). **3.** ゲルマニア(Tacitus の著書).

(das) **Ger·ma·ni·en** [ゲるマーニエン] [名] -s/ 〘地名〙ゲルマニア(古代ローマ時代のゲルマン人の居住地).

die **Ger·ma·nin**¹ [ゲるマーニン] [名] -/-nen Germane の女性形.

das **Ger·ma·nin**² [ゲるマニーン] [名] -s/ 〘商標〙ゲルマニン(睡眠病の薬の商品名).

ger·ma·nisch [ゲるマーニシュ] [形] ゲルマン(人・語)の: die ～*en* Sprachen ゲルマン諸語.

ger·ma·ni·sie·ren [ゲるマニズィーれン] [動] *h.* **1.** 〔〈j⁴/et⁴〉ッ〕〘史〙ゲルマン人化する; ゲルマン人の言語・文化に同化させる. **2.** 〔〈et⁴〉ッ〕ドイツ語化する(外国語を); ドイツに併合する(地域を).

der **Ger·ma·nis·mus** [ゲるマニスムス] [名] -/..men 〘言〙 **1.** ドイツ語の特徴的語法. **2.** (他国語における)ドイツ語的語法.

der **Ger·ma·nist** [ゲるマニスト] [名] -en/-en ドイツ語・ドイツ文学者, ドイツ〔ゲルマン〕学者, ゲルマニスト; 《古》ドイツ〔ゲルマン〕法学者.

die **Ger·ma·nis·tik** [ゲるマニスティク] [名] -/ ドイツ語・ドイツ文学研究, ゲルマニスティク.

ger·ma·nis·tisch [ゲるマニスティシュ] [形] ドイツ語・ドイツ文学の.

das **Ger·ma·ni·um** [ゲるマーニウム] [名] -s/ 〘化〙ゲルマニウム(記号 Ge).

ger·ma·no·phil [ゲるマノ·ふぃール] [形] ゲルマン〔ドイツ〕びいきの.

die **Ger·ma·no·phi·lie** [ゲるマノ·ふぃリー] [名] -/ 《文》ゲルマン〔ドイツ〕びいき, 親独.

ger·ma·no·phob [ゲるマノ·ふぉーブ] [形] ゲルマン〔ドイツ〕嫌いの.

die **Ger·ma·no·pho·bie** [ゲるマノ·ふぉビー] [名] -/ 《文》ゲルマン〔ドイツ〕ぎらい, 反独.

die **Ger·mi·na·ti·on** [ゲるミナツィオーン] [名] -/-en 〘植〙発芽.

gern [ゲるン] [副] lieber; am liebsten **1.** 好んで, 喜んで: ～ Sport treiben スポーツ(をするの)が好きだ. Das habe ich nicht ～ getan. それをするのは私は好きでなかった; それを私はわざとしたのではありません(謝って). **2.** 《口》よく…しがちな, とかく: Schimmel entsteht ～ an feuchten Stellen. かびは湿っぽいところによく生える. Er lässt sich ～ aufhetzen. 彼はおだてに乗りやすい. **3.** (話者の気持) **a.** (承認・是認して)…してもいい: Du kannst ～ mitkommen. 君は一緒に来てもいいよ. Das glaube ich ～. そうでしょうとも. **b.** (接続法 2 式で控え目な願望)…したいのですが: Ich hätte ～ noch zwei Schnitten Brot. パンをもう 2 枚いただきたいのですが. 【慣用】**bei 〈j³〉 gern gesehen sein** 〈人に〉歓迎される. **Der kann mich gern haben!** 《口》あいつのことなんか知らないよ. **es gern haben〔sehen〕, wenn ...** …ならうれしい. **für mein Leben gern** (私は)大喜びで. **Gern geschehen!** どう致しまして. **〈j⁴〉 gern haben** 〈人が〉好きだ. **gern oder ungern〔nicht gern〕** いやでも応でも. **gut und gern** 優に. **herzlich〔von Herzen〕gern** 心から喜んで. **(Ja,) gern!** 《北独》(はい)喜んで; 《南独》(はい)承知しました, いいですよ.

ger·ne [ゲるネ] [副] ＝gern.

der **Ger·ne·groß** [ゲるネ·グろース] [名] -/-e 《口・冗》威張り屋, みえ坊.

(der) **Ger·not** [ゲーあノート, ゲるノート] [名] 〘男名〙ゲールノート.

(der) **Ge·ro** [ゲーろ] [名] **1.** 〘男名〙ゲーロ(Gerhard など Ger.. の短縮形). **2.** 〘人名〙ゲーロ(965 年没. エルベ辺境伯).

ge·ro·chen [ゲろっヘン] [動] riechen の過去分詞.

das **Ge·röll** [ゲれル] [名] -(e)s/-e (主に㊀)岩くず, 小石; (角のとれた)丸石, 礫(れき).

das **Ge·röl·le** [ゲれレ] [名] -s/- ＝Geröll.

ge·ron·nen [ゲろネン] [動] rinnen の過去分詞.

die **Ge·ron·to·kra·tie** [ゲろント·クらティー] [名] -/-n 〘史・民族〙長老政治, 長老制; (転)老人支配.

die **Ge·ron·to·lo·gie** [ゲろント·ロギー] [名] -/ 老人医学.

die **Gers·te** [ゲるステ] [名] -/-n 〘植〙(㊆は種類)オオムギ; オオムギの実.

die **Gers·ten·grau·pe** [ゲるステン·グらウペ] [名] -/-n (主に㊆)ひき割り大麦.

das **Gers·ten·korn** [ゲるステン·コるン] [名] -(e)s/..körner **1.** 大麦の穀粒. **2.** ものもらい, 麦粒腫(しゅ).

der **Gers·ten·saft** [ゲるステン·ザふト] [名] -(e)s/ 《冗》麦ジュース(ビールのこと).

(die) **Ger·ta** [ゲるタ] [名] 〘女名〙ゲルタ.

die **Ger·te** [ゲるテ] [名] -/-n 細くしなやかな若枝; むち.

ger·ten·schlank [ゲるテン·シュランク] [形] (若枝のように)ほっそりとしなやかな.

(die) **Ger·trau·de** [ゲるトらウデ] [名] 〘女名〙ゲルトラウデ.

(die) **Ger·trud** [ゲるトるート] [名] 〘女名〙ゲルトルート.

(die) **Ger·tru·de** [ゲるトるーデ] [名] 〘女名〙ゲルトルーデ.

der **Ge·ruch** [ゲるっふ] [名] -(e)s/..rüche **1.** におい, 香り: ein beißender ～ 鼻をつく臭気. der ～ nach〔von〕Kaffee コーヒーの香り. **2.** (㊀のみ)嗅覚(きゅうかく). **3.** (㊀のみ)《文》(悪い)評判.

ge·ruch·los [ゲるっふ·ロース] [形] 無臭の.

die **Ge·ruch·lo·sig·keit** [ゲるっふ·ローズィひカイト] [名] -/ 無臭.

die **Ge·ruchs·be·läs·ti·gung** [ゲるっふス·ベレスティグング] [名] -/-en 悪臭公害.

der **Ge·ruchs·nerv** [ゲるっふス·ネるふ] [名] -s〔-en〕/-en 嗅(きゅう)神経.

das **Ge·ruchs·or·gan** [ゲるっふス·オるガーン] [名] -s/-e 臭覚器(官).

der **Ge·ruchs·sinn** [ゲるっふス·ズィン] [名] -(e)s/ 嗅

(きゅう)覚.

das **Ge·rụ̈cht** [ゲりゅひト] [名] -(e)s/-e うわさ, 流言, 風評 : Es geht das ~, dass ... …といううわさが広まっている.

ge·rụ̈cht·wei·se [ゲりゅひト・ヴァイゼ] [副] うわさで.

der **Ge·rụch·ver·schluss,** [旧] **Ge·rụch·ver·schluß** [ゲるっふ・ふぇあシュルス] [名] -es/..schlüsse 防臭弁, トラップ.

ge·ru·fen [ゲるーふぇン] [動] rufen の過去分詞.
—— [形]《次の形で》(⟨j^3⟩) wie ~ kommen《口》(⟨人にとって⟩)ちょうどいいときに来る.

ge·ru·hen [ゲるーエン] [動] *h.* 〔zu ⟨動⟩ッ〕《文・古》《主に《皮》》(もったいなくも)して下さる.

ge·rụ̈hrt [ゲりゅーあト] [形] **1.** かき混ぜた. **2.**《次の形で》(über ⟨et^4⟩) ~ sein (⟨事に⟩)感動している.

ge·ruh·sam [ゲるーザーム] [形] ゆったりした, のんびりと落着いた.

das **Ge·rụm·pel** [ゲるムペル] [名] -s/ 《《蔑》も有》(絶えず)がらがら〔がたがた〕いうこと〔音〕.

das **Ge·rụ̈m·pel** [ゲりゅムペル] [名] -s/ がらくた.

das **Ge·rụn·di·um** [ゲるンディウム] [名] -s/..dien 〘言〙動名詞, ジェランド.

das **Ge·run·di̱v** [ゲるンディーふ] [名] -s/-e 〘言〙未来分詞.

das **Ge·run·di̱·vum** [ゲるンディーヴム] [名] -s/..va 〘言〙未来分詞.

ge·rụn·gen [ゲるンゲン] [動] ringen の過去分詞.

die **Ge·ru·si̱a** [ゲるズィーア] [名] -/ (古代ギリシアの)元老会.

das **Ge·rụ̈st** [ゲりゅスト] [名] -(e)s/-e 足場;《転》基本構想, 骨組.

das **Ge·rụ̈t·tel** [ゲりゅッテル] [名] -s/ 《《蔑》も有》がたがた揺れ続くこと.

ge·rụ̈t·telt [ゲりゅッテルト] [副]《次の形で》~ voll《古》ぎっしり詰まった.

der **Ger·vais** [ʒɛrvɛ́: ジェるヴェー] [名] -[..ヴェー(ス)]/-[..ヴェース] 〘商標〙ジェルベー《フランス産のクリームチーズ》.

das **gẹs, Gẹs**[1] [ゲス] [名] -/- 〘楽〙変ト音.

Gẹs[2] [ゲス] =Ges-Dur 〘楽〙変ト長調.

ge·sạl·zen [ゲザルツェン] [動] salzen の過去分詞.
—— [形] **1.** 塩辛い;塩漬の. **2.**《口》法外な;無遠慮な, つっけんどんな;ひどい.

ge·sạmt [ゲザムト] [形] 全体の, 全部の, 総体の : im *G~en* 全体的に, 要するに.

die **Ge·sạmt·an·sicht** [ゲザムト・アン・ズィひト] [名] -/-en 全景.

die **Ge·sạmt·aus·ga·be** [ゲザムト・アウス・ガーベ] [名] -/-n **1.** 全集(版). **2.**《[複]のみ》〘経〙総支出, 歳出合計.

der **Ge·sạmt·be·trag** [ゲザムト・ベトらーク] [名] -(e)s/..träge 総額, 総計.

das **Ge·sạmt·bild** [ゲザムト・ビルト] [名] -(e)s/-er 全体像.

die **Ge·sạmt·dar·stel·lung** [ゲザムト・ダーあ・シュテルング] [名] -/-en 総合〔包括〕的な叙述.

ge·sạmt·deutsch [ゲザムト・ドイチュ] [形] 全ドイツの.

der **Ge·sạmt·ein·druck** [ゲザムト・アイン・ドるっク] [名] -(e)s/..drücke 全体の印象, 総合的印象

das **Ge·sạmt·er·geb·nis** [ゲザムト・エあゲープニス] [名] -ses/-se 総合成績, 総合〔最終〕結果.

der **Ge·sạmt·er·trag** [ゲザムト・エあトらーク] [名] -(e)s/..träge 総収益;(農産物の)総収穫高.

das **Ge·sạmt·ge·wicht** [ゲザムト・ゲヴィひト] [名] -(e)s/-e 総重量.

das **Ge·sạmt·gut** [ゲザムト・グート] [名] -(e)s/..güter (夫婦の)共有財産.

das **Ge·sạmt·gut·ach·ten** [ゲザムト・グート・アはテン] [名] -s/- 総合判定〔鑑定〕.

ge·sạmt·haft [ゲザムトハふト] [形]《スイ》総括的な.
—— [副]《スイ》全部で, 全体的に.

die **Ge·sạmt·heit** [ゲザムトハイト] [名] -/-en 《主に[単]》 **1.** 全体. **2.** 一般〔すべて〕の人々, 公共.

die **Ge·sạmt·hoch·schu·le** [ゲザムト・ホーほ・シューレ] [名] -/-n 統合大学《いくつかの単科大学と一つの総合大学が組織・運営上連合した大学》.

der **Ge·sạmt·in·halt** [ゲザムト・イン・ハルト] [名] -(e)s/-e 全内容.

das **Ge·sạmt·kunst·werk** [ゲザムト・クンスト・ヴェるク] [名] -(e)s/-e 総合芸術;総合美術作品.

die **Ge·sạmt·leis·tung** [ゲザムト・ライストゥング] [名] -/-en 総生産高;総出力;全般的な成果;総合成績;〘経〙総給付高.

der **Ge·sạmt·schuld·ner** [ゲザムト・シュルドナー] -s/- 〘法〙連帯債務者.

die **Ge·sạmt·schu·le** [ゲザムト・シューレ] [名] -/-n 総合(制)学校《Hauptschule, Realschule, Gymnasium を統合した学校》.

die **Ge·sạmt·sum·me** [ゲザムト・ズメ] [名] -/-n 総額, 総計.

der **Ge·sạmt·un·ter·richt** [ゲザムト・ウンターりひト] [名] -(e)s/-e 総合科目授業.

die **Ge·sạmt·zahl** [ゲザムト・ツァール] [名] -/-en 総数.

ge·sạndt [ゲザント] [動] senden の過去分詞.

der/die **Ge·sạnd·te** [ゲザンテ] [名]《形容詞的変化》公使;外交使節.

die **Ge·sạnd·tin** [ゲザンティン] [名] -/-nen (女性の)公使;(女性の)外交使節.

die **Ge·sạndt·schaft** [ゲザントシャふト] [名] -/-en 公使館;在外外交代表部.

der **Ge·sạng** [ゲザング] [名] -(e)s/..sänge **1.** 歌, 歌曲 : geistliche *Gesänge* 宗教歌. Gregorianischer ~ グレゴリオ聖歌. **2.**《[単]のみ》歌うこと, 歌唱, 歌声, 声楽;(小鳥などの)鳴き声;(楽器の)響き. **3.**《[単]のみ》《古・詩》詩歌, 詩作. **4.** 〘文芸学〙(叙事詩の)章.

das **Ge·sạng·buch** [ゲザング・ブーふ] [名] -(e)s/..bücher 賛美歌集, 聖歌集 : das falsche ~ haben《口・冗》(宗派・党派的に)好ましくない.

der **Ge·sạng·leh·rer** [ゲザング・レーらー] [名] -s/- 声学教師.

ge·sạng·lich [ゲザングリひ] [形] 歌〔声楽〕の;声楽的にすぐれた.

die **Ge·sạngs·stim·me** [ゲザングス・シュティメ] [名] -/-n 声楽パート, 声部;歌声.

die **Ge·sạng·stun·de** [ゲザング・シュトゥンデ] [名] -/-n 声学の授業, 歌のレッスン.

der **Ge·sạng·ver·ein** [ゲザング・ふぇあアイン] [名] -(e)s/-e 合唱協会《民謡の合唱曲を保存する会》.

das **Ge·säß** [ゲゼース] [名] -es/-e 尻(しり), 臀部(でんぶ).

ge·sạ̈t·tigt [ゲゼッティひト] [形] 満足した, 満腹した;〘化〙飽和状態の;〘商〙供給過剰の : ~ von ⟨et^3⟩ sein ⟨物で⟩いっぱいである;⟨物を⟩大量に含んでいる.

das **Ge·säu·sel** [ゲゾイゼル] [名] -s/ (木の葉などが)ざわざわいうこと;ざわめき.

gesch. =geschieden 離婚した.

der/die **Ge·schä·dig·te** [ゲシェーディひテ] [名]《形容詞的変化》被害者;〘法〙負傷者.

ge·schạf·fen [ゲシャっふぇン] [動] schaffen の過去分詞.

ge·schạfft [ゲシャふト] [形]《口》へとへとの.

das **Ge·schạ̈ft** [ゲシェふト] [名] -(e)s/-e **1.** 店, 商店;店舗. **2.** 商売, 商業, 取引;《[単]のみ》販売, 売行き;利潤, もうけ : mit ⟨j^3⟩ ~*e* machen ⟨人と⟩取引する. ein gutes ~ mit ⟨et^3⟩ machen ⟨物・事で⟩金もうけをする. mit ⟨j^3⟩ ins ~ kommen ⟨人と⟩取引関係ができる. **3.** 用事, 用件, 所用, 仕事, ビジネス.

G

【慣用】ein großes/kleines Geschäft verrichten〔口・婉〕大便/小便をする.

das **Ge·schäft·chen** [ゲシェフトヒェン] 名 -s/- 手軽でもうかる商売；sein ~ verrichten 〔婉〕用を足す（大便〔小便〕をする）.

der **Ge·schäf·te·ma·cher** [ゲシェフテ・マッヘる] 名 -s/- 〔蔑〕何でも商売にする人，金もうけ主義者.

ge·schäf·tig [ゲシェフティヒ] 形 忙しく立ち働く，多忙な，せわしい，活気のある.

die **Ge·schäf·tig·keit** [ゲシェフティヒカイト] 名 -/ 多忙，繁忙，活気.

Ge·schaftl·hu·ber [ゲシャフテル・フーバー] 名 -s/- 〔南独・オーストリア〕仕事を自ら求めて忙しくしている人，忙がしがり屋.

ge·schäft·lich [ゲシェフトリヒ] 形 商売〔仕事・営業・業務〕(上)の；事務的な，他人行儀な.

der **Ge·schäfts·ab·schluss,** ⑧ **Ge·schäfts·ab·schluß** [ゲシェフツ・アップ・シュルス] 名 -es/..schlüsse 取引契約の締結.

der **Ge·schäfts·an·teil** [ゲシェフツ・アン・タイル] 名 -(e)s/-e (有限会社員・協同組合組合員の)持ち分.

die **Ge·schäfts·auf·ga·be** [ゲシェフツ・アウフ・ガーベ] 名 -/-n 店じまい，廃業.

die **Ge·schäfts·auf·sicht** [ゲシェフツ・アウフ・ズィヒト] 名 -/【法】管財人管理，財務管理.

die **Ge·schäfts·be·din·gun·gen** [ゲシェフツ・ベディングンゲン] 複名【経】取引約款〔条件〕.

der **Ge·schäfts·be·reich** [ゲシェフツ・ベらイヒ] 名 -(e)s/-e 所管分野，管轄 (かんかつ) 範囲；業務領域；Minister ohne ~ 無任所大臣.

der **Ge·schäfts·be·richt** [ゲシェフツ・ベりヒト] 名 -(e)s/-e (年次)営業[業務]報告書.

der **Ge·schäfts·be·trieb** [ゲシェフツ・ベトリープ] 名 -(e)s/-e 営業，経営.

die **Ge·schäfts·be·zie·hung** [ゲシェフツ・ベツィーウング] 名 -/-en 業務[取引]関係.

der **Ge·schäfts·brief** [ゲシェフツ・ブリーフ] 名 -(e)s/-e 商用書簡.

das **Ge·schäfts·buch** [ゲシェフツ・ブーフ] 名 -(e)s/..bücher 営業〔商業〕帳簿.

die **Ge·schäfts·er·öff·nung** [ゲシェフツ・エアエフヌング] 名 -/-en 営業開始，開店.

ge·schäfts·fä·hig [ゲシェフツ・フェーイヒ] 形【法】行為能力のある.

die **Ge·schäfts·fä·hig·keit** [ゲシェフツ・フェーイヒカイト] 名 -/【法】行為能力.

die **Ge·schäfts·frau** [ゲシェフツ・フらウ] 名 -/-en 女性実業家，女店主.

der **Ge·schäfts·freund** [ゲシェフツ・フろイント] 名 -(e)s/-e (親しい)取引先，得意先.

ge·schäfts·füh·rend [ゲシェフツ・フューれント] 形 1. 経営（管理）の権限のある：der ~e Angestellte 経営者，管理者. 2. 業務執行の：der ~e Vorsitzende 事務総長．die ~e Regierung (新内閣成立までの)暫定内閣.

der **Ge·schäfts·füh·rer** [ゲシェフツ・フューらー] 名 -s/- 1. 業務執行者，マネージャー；(有限責任会社の)取締役. 2. (団体の)事務局長；(政党の)院内幹事.

die **Ge·schäfts·füh·rung** [ゲシェフツ・フューるング] 名 -/-en 1. (®)の経営，管理，マネージメント；業務執行. 2. (総称)経営陣，役員，幹部.

der **Ge·schäfts·gang** [ゲシェフツ・ガング] 名 -(e)s/..gänge 取引〔仕事〕の経過.

das **Ge·schäfts·ge·ba·ren** [ゲシェフツ・ゲバーれン] 名 -s/- 営業方針.

die **Ge·schäfts·ge·gend** [ゲシェフツ・ゲーゲント] 名 -/-en 商業区域，商店街.

das **Ge·schäfts·haus** [ゲシェフツ・ハウス] 名 -es/..häuser 商店，商会，(商事)会社；商業[店舗]用ビル.

der **Ge·schäfts·in·ha·ber** [ゲシェフツ・イン・ハーバー] 名 -s/- 商業主，店主.

das **Ge·schäfts·jahr** [ゲシェフツ・ヤーあ] 名 -(e)s/-e 営業〔業務・事業〕年度.

die **Ge·schäfts·kar·te** [ゲシェフツ・カるテ] 名 -/-n 業務用名刺.

die **Ge·schäfts·kos·ten** [ゲシェフツ・コステン] 複名〈次の形で〉auf ~ 会社の費用で.

ge·schäfts·kun·dig [ゲシェフツ・クンディヒ] 形 商売〔業務〕に通じた.

die **Ge·schäfts·la·ge** [ゲシェフツ・ラーゲ] 名 -/-n 1. 経営状態. 2. 店舗の立地条件.

das **Ge·schäfts·le·ben** [ゲシェフツ・レーベン] 名 -s/商業，実業界.

der **Ge·schäfts·lei·ter** [ゲシェフツ・ライター] 名 -s/- 1. (団体などの)事務局長：parlamentarischer ~ (政党の)院内幹事. 2. 主任，経営〔営業〕執行者〔管理者〕，支配人，マネージャー.

die **Ge·schäfts·lei·tung** [ゲシェフツ・ライトゥング] 名 -/-en =Geschäftsführung.

die **Ge·schäfts·leu·te** [ゲシェフツ・ロイテ] 複名 ⇨ Geschäftsmann.

der **Ge·schäfts·mann** [ゲシェフツ・マン] 名 -(e)s/..leute 〈..männer〉実業家；商人，ビジネスマン.

ge·schäfts·mä·ßig [ゲシェフツ・メースィヒ] 形 実務〔事務〕上の，事務的な.

die **Ge·schäfts·ord·nung** [ゲシェフツ・オるドヌング] 名 -/-en 業務〔職務〕規程；議院規則.

das **Ge·schäfts·pa·pier** [ゲシェフツ・パピーあ] 名 -s/-e (主に)(®)業務上の文書；〔郵〕(料金割引となる)業務用書類.

der **Ge·schäfts·part·ner** [ゲシェフツ・パるトナー] 名 -s/- 共同経営者.

der **Ge·schäfts·raum** [ゲシェフツ・らウム] 名 -(e)s/..räume (主に(®))店〔業務用〕の部屋.

die **Ge·schäfts·rei·se** [ゲシェフツ・らイゼ] 名 -/-n 業務用旅行，出張.

der **Ge·schäfts·schluss,** ⑧ **Ge·schäfts·schluß** [ゲシェフツ・シュルス] 名 -es/..schlüsse 閉店，終業.

die **Ge·schäfts·stel·le** [ゲシェフツ・シュテレ] 名 -/-n 営業所，事務所；【法】(裁判所の)書記課.

die **Ge·schäfts·stra·ße** [ゲシェフツ・シュトらーセ] 名 -/-n 商店街.

die **Ge·schäfts·stun·den** [ゲシェフツ・シュトゥンデン] 複名 営業時間.

der **Ge·schäfts·trä·ger** [ゲシェフツ・トれーガー] 名 -s/- 代理公使.

ge·schäfts·tüch·tig [ゲシェフツ・テュヒティヒ] 形 商売上手な；(®)がめつい.

ge·schäfts·un·fä·hig [ゲシェフツ・ウン・フェーイヒ] 形【法】行為能力のない.

die **Ge·schäfts·ver·bin·dung** [ゲシェフツ・フェあビンドゥング] 名 -/-en 取引関係.

der **Ge·schäfts·ver·kehr** [ゲシェフツ・フェあケーあ] 名 -(e)s/ 1. (総称)商取引. 2. (稀)通勤ラッシュ.

das **Ge·schäfts·vier·tel** [ゲシェフツ・フィるテル] 名 -s/- 商業地区，商店街.

der **Ge·schäfts·wa·gen** [ゲシェフツ・ヴァーゲン] 名 -s/- 営業用自動車.

die **Ge·schäfts·zeit** [ゲシェフツ・ツァイト] 名 -/-en 営業時間.

das **Ge·schäfts·zim·mer** [ゲシェフツ・ツィマー] 名 -s/- 事務室.

der **Ge·schäfts·zweig** ［ゲシェふツ·ツヴァイク］ [名] －(e)s/－e 営業部門.

ge·schah ［ゲシャー］ [動] geschehen の過去形.

ge·schä·he ［ゲシェーエ］ [動] geschehen の接続法 2 式.

ge·schätzt ［ゲシェッツト］ [形] (高く)評価された, 尊敬する.

ge·scheckt ［ゲシェックト］ [形] まだらの, 斑点(はんてん)のある.

ge·sche·hen[1]* ［ゲシェーエン］ [動] es geschieht ; geschah ; ist geschehen **1.** 〔補足なし〕起こる, 生じる, 発生する《普通でない〔注目に値する〕ことが》. **2.** 〔補足なし〕なされる, 行われる. **3.** 〔〈j³〉に〕起こる, 降りかかる, 生じる《普通は, 良くないことが》. 【慣用】 **das Geschehene geschehen sein lassen** 過去のことをほじくり出さない. **Es ist um 〈j⁴/et⁴〉 geschehen.** 〈人は〉もう駄目だ, 〈人は〉熱烈な恋におちた, 〈事は〉失われてしまった《名声・冷静さなどが》. **Gern geschehen!** どういたしまして. **〈et⁴〉 geschehen lassen** 〈事が〉起こるのを放って置く〔妨げない〕. **In dieser Sache 〔Angelegenheit〕 muss etwas geschehen.** この件で何か手を打たねばならない. **So gestern geschehen!** (信じられないだろうが)そんなことが昨日起こったんだ. **Was mag seitdem geschehen sein!** あれからいろんなことがあったんだろうな. **Was soll mit 〈j³/et³〉 geschehen?** 〈人・物・事を〉どう処置〔処理〕したらよいのか.

ge·sche·hen[2] ［ゲシェーエン］ [動] geschehen¹の過去分詞.

das **Ge·sche·hen** ［ゲシェーエン］ [名] －s/－ 《主に[単]》《文》 **1.** 出来事, 事件. **2.** (事の)推移〔なりゆき〕.

das **Ge·scheh·nis** ［ゲシェーニス］ [名] －ses/－se 《文》出来事, 事件.

das **Ge·schei·de** ［ゲシャイデ］ [名] －s/－〘狩〙(動物の)はらわた, 臓物.

ge·scheit ［ゲシャイト］ [形] **1.** (実際面で)利口な, 賢明な. **2.** 才気のある, 気の利いた. **3.** 《口》分別のある, 道理にかなった： Du bist wohl nicht ganz 〔recht〕 ～. 君は頭がおかしいのではないか. Es wäre ～*er*, wenn ... 《口》…する方がいいんじゃないかな. 【慣用】 **Daraus werde ich nicht gescheit.** それは私には合点がいかない.

die **Ge·scheit·heit** ［ゲシャイトハイト］ [名] －/－en **1.** 《主に[単]》利口, 聡明, インテリ性. **2.** 《主に[複]》さかしらな物言い; さかしらな連中.

das **Ge·schenk** ［ゲシェンク］ [名] －(e)s/－e 贈り物, プレゼント：〈j³〉 ein ～ machen 〈人に〉贈り物をする. 〈j³〉 〈et⁴〉 zum ～ machen 〈人に〉〈物を〉贈る.

der **Ge·schenk·ar·ti·kel** ［ゲシェンク·アるティ(ー)ケル］ [名] －s/－ 贈答〔進物〕用品.

die **Ge·schenk·pa·ckung** ［ゲシェンク·パックング］ [名] －/－en プレゼント〔進物〕用包装(品).

ge·schert ［ゲシェーあト］ [形] 《南独・オーストリア・口》愚かな, 礼儀知らずの.

die **Ge·schich·te** ［ゲシひテ］ [名] －/－n **1.** 《[単]のみ》歴史; 歴史学： Alte/Mittlere ～ 古代/中世史. Neue ～ 近代史. die deutsche ～ ドイツ史. in die ～ eingehen 歴史に残る. der ～ angehören 過去のことだ. **2.** 歴史(の学術的記述)： eine ～ des Dreißigjährigen Kriegs schreiben 三十年戦争史を書く. **3.** 物語, 話. **4.** 《口》(いやな)事柄, 出来事, 事件： eine dumme ～ くだらないこと. Das sind alte ～*n*. いつもきまりきった話だ. Was kostet die ganze ～? 全部でいくらするのか. Das sind ja nette ～*n*. ひどいことになったもんだ. Mach keine ～*n*! ばかなまねをするな, もったいぶるな. 【慣用】 **Geschichte machen** 歴史を作る, 歴史上重要である.

das **Ge·schich·ten·buch** ［ゲシひテン·ブーふ］ [名] －(e)s/..bücher 物語集.

der **Ge·schich·ten·er·zäh·ler** ［ゲシひテン·エあツェーラー］ [名] －s/－ 物語を語る人, 物語の語り手.

ge·schicht·lich ［ゲシひトリひ］ [形] 歴史の, 歴史的な; 歴史上の, 史実の; 歴史的(に重要)な.

das **Ge·schichts·be·wusst·sein**, [旧]**Ge·schichts·be·wußt·sein** ［ゲシひツ·ベヴストザイン］ [名] －s/ 歴史意識.

das **Ge·schichts·buch** ［ゲシひツ·ブーふ］ [名] －(e)s/..bücher 歴史教科書.

der **Ge·schichts·for·scher** ［ゲシひツ·ふぉるシャー］ [名] －s/－ 歴史家, 歴史学者.

die **Ge·schichts·for·schung** ［ゲシひツ·ふぉるシュング］ [名] －/－en 歴史研究.

die **Ge·schichts·klit·te·rung** ［ゲシひツ·クリッテるング］ [名] －/－en 歴史の歪曲(わいきょく).

die **Ge·schichts·phi·lo·so·phie** ［ゲシひツ·ふぃロ·ゾふぃー］ [名] －/－n 歴史哲学.

der **Ge·schichts·schrei·ber** ［ゲシひツ·シュらイバー］ [名] －s/－ 《古》歴史記述者, 歴史家.

die **Ge·schichts·schrei·bung** ［ゲシひツ·シュらイブング］ [名] －/ 歴史記述.

das **Ge·schichts·stu·di·um** ［ゲシひツ·シュトゥーディウム］ [名] －s/ 歴史研究.

die **Ge·schichts·wis·sen·schaft** ［ゲシひツ·ヴィッセンシャふト］ [名] －/ 歴史学, 史学.

das **Ge·schick** ［ゲシック］ [名] －(e)s/－e **1.** 《文》運命, 宿命. **2.** 《主に[複]》(政治・経済の)情況, (個人の)境遇. **3.** 《[単]のみ》熟練, 手際の良さ, 器用さ, 手腕; 《方》秩序： ～ zu 〈et³〉 〔für 〈et⁴〉〕 haben 〈事に〉熟練している.

die **Ge·schick·lich·keit** ［ゲシックリひカイト］ [名] －/ 熟練, 手際の良さ, 練達, 手腕.

die **Ge·schick·lich·keits·prü·fung** ［ゲシックリひカイツ·プりゅーふング］ [名] －/－en (自動車競技の)技能レース.

ge·schickt ［ゲシックト］ [形] **1.** 器用な, 熟練した. **2.** 〘(in 〈et³〉が)〙巧みな; 如才ない： im Umgang mit 〈j³〉 ～ sein 〈人の〉扱いがうまい. **3.** 《南独》役立つ; 都合のいい.

das **Ge·schie·be** ［ゲシーベ］ [名] －s/－ **1.** 《[単]のみ》《口》押し合いへし合い. **2.** 〘地質〙氷成岩《氷河が運んだ堆積岩》.

ge·schie·den[1] ［ゲシーデン］ [動] scheiden の過去分詞.

ge·schie·den[2] ［ゲシーデン］ [形] 離婚した《略 gesch.; 記号 ⚮》; 関係を断った, 分離した： Wir sind ～*e* Leute. 私たちは(いっさい)関係ありません〔絶交です〕.

ge·schieht ［ゲシート］ [動] geschehen の現在形 3 人称単数.

ge·schie·nen ［ゲシーネン］ [動] scheinen の過去分詞.

das **Ge·schirr** ［ゲシる］ [名] －(e)s/－e **1.** 食器セット; 《古》容器; 《[単]のみ》食器類; 台所用具. **2.** (馬車の)引き馬具(Pferde～). 【慣用】 **aus dem Geschirr schlagen 〔treten〕** 堕落〔退化〕する, 不誠実になる. **sich⁴ ordentlich 〔tüchtig〕 ins Geschirr legen** 馬車を引き始める《馬が》; 《口》懸命に働く.

der **Ge·schirr·schrank** ［ゲシる·シュらンク］ [名] －(e)s/..schränke 食器棚.

der **Ge·schirr·spü·ler** ［ゲシる·シュピューラー］ [名] －s/－ 《口》食洗機.

die **Ge·schirr·spül·ma·schi·ne** ［ゲシる·シュピュール·マシーネ］ [名] －/－n 食器洗い機.

das **Ge·schirr·tuch** ［ゲシる·トゥーふ］ [名] －(e)s/..tücher 布きん.

ge·schis·sen ［ゲシッセン］ [動] scheißen の過去分詞.

ge·schla·fen ［ゲシュラーふェン］ [動] schlafen の過去分詞.

ge·schla·gen ［ゲシュラーゲン］ [動] schlagen の過去分

das **Ge·schlẹcht** [ゲシュレヒト] 名 -(e)s/-er **1.** (㊥のみ)性(性別を示す)：Menschen beiderlei ~s 男女の人々. **2.** 性行で区別されたグループの総称）：das andere ~ 異性. **3.** (㊥のみ)陰部 (~steil). **4.** 家系,家柄,血統；種属：das menschliche ~ 人類. **5.** 世代,ジェネレーション：die kommenden ~er 次の諸世代. **6.** 『言』(名詞の)性. 【慣用】das dritte Geschlecht (口)ホモ. das schwache(schöne)/starke Geschlecht (口)女性/男性.

ge·schlẹcht·lich [ゲシュレヒトリヒ] 形 性の；有性の；性的な：mit ⟨j³⟩ ~ verkehren ⟨人と⟩性的関係を持つ.

der **Ge·schlẹchts·akt** [ゲシュレヒツ・アクト] 名 -(e)s/-e 性行為,性交.

die **Ge·schlẹchts·drü·se** [ゲシュレヒツ・ドリューゼ] 名 -/-n 性腺,生殖腺.

der **Ge·schlẹchts·krank** [ゲシュレヒツ・クランク] 形 性病にかかった.

die **Ge·schlẹchts·krank·heit** [ゲシュレヒツ・クランクハイト] 名 -/-en 性病.

das **Ge·schlẹchts·le·ben** [ゲシュレヒツ・レーベン] 名 -s/ 性生活.

ge·schlẹchts·los [ゲシュレヒツ・ロース] 形 無性の.

das **Ge·schlẹchts·merk·mal** [ゲシュレヒツ・メルク・マール] 名 -s/-e 性徴.

der **Ge·schlẹchts·na·me** [ゲシュレヒツ・ナーメ] 名 -ns/-n 姓,名字.

ge·schlẹchts·neu·tral [ゲシュレヒツ・ノイトラール] 形 性別に関係のない,男女を問わない.

das **Ge·schlẹchts·or·gan** [ゲシュレヒツ・オルガーン] 名 -s/-e 生殖器(官),性器.

die **Ge·schlẹchts·rei·fe** [ゲシュレヒツ・ライフェ] 名 -/ 性的成熟(期).

ge·schlẹchts·spe·zi·fisch [ゲシュレヒツ・シュペツィーフィシュ, ゲシュレヒツ・スペツィーフィシュ] 形 性に固有の.

das (der) **Ge·schlẹchts·teil** [ゲシュレヒツ・タイル] 名 -(e)s/-e 陰部.

der **Ge·schlẹchts·trieb** [ゲシュレヒツ・トリープ] 名 -(e)s/ 性的衝動.

die **Ge·schlẹchts·um·wand·lung** [ゲシュレヒツ・ウム・ヴァンドルング] 名 -/-en 性転換.

der **Ge·schlẹchts·un·ter·schied** [ゲシュレヒツ・ウンターシート] 名 -(e)s/-e 性的相違,性差.

der **Ge·schlẹchts·ver·kehr** [ゲシュレヒツ・フェアケーア] 名 -s/ 性交.

das **Ge·schlẹchts·wort** [ゲシュレヒツ・ヴォルト] 名 -(e)s/..wörter 『言』冠詞.

ge·schlị·chen [ゲシュリヒェン] 動 schleichen の過去分詞.

ge·schlịf·fen [ゲシュリッフェン] 動 schleifen¹ の過去分詞.
—— 形 研ぎすまされた,洗練された；辛辣な(しんらつ).

das **Ge·schlịn·ge** [ゲシュリンゲ] 名 -s/- (動物の)臓物；からみ合った物(つる・枝・根など).

ge·schlịs·sen [ゲシュリッセン] 動 schleißen の過去分詞.

ge·schlọs·sen [ゲシュロッセン] 動 schließen の過去分詞.
—— 形 **1.** 閉じた,非公開の,会員制の,貸切の；閉鎖的な. **2.** (全員)そろった(欠員のない),一致した,まとまった,完成された,円熟した；(家が)密集した. **3.** 『言』『狭』口の/閉音の.

die **Ge·schlọs·sen·heit** [ゲシュロッセンハイト] 名 -/ **1.** 完結性,まとまり. **2.** 全員一致,団結. **3.** 統一性. **4.** 緊密な[密集した]状態. **5.** 閉鎖性.

das **Ge·schlụch·ze** [ゲシュルフツェ] 名 -s/ (絶え間のない)すすり(むせび)泣き(の声).

ge·schlụn·gen [ゲシュルンゲン] 動 schlingen の過去分詞.

der **Ge·schmạck** [ゲシュマック] 名 -(e)s/..schmäcke(..schmäcker) **1.** 味,風味；(㊥のみ)味覚. **2.** 趣味,好み：je nach ~ 各人の好みで. **3.** 審美眼,美的センス；(建築様式などに見られる)趣味；(文)(時代の)美的価値規準. **4.** (文)礼儀作法(Anstand). 【慣用】auf den Geschmack kommen (味を覚えて)よさがわかってくる. Geschmack an ⟨j³/et³⟩ finden ⟨人・物・事₃⟩好きになる.

ge·schmạck·le·risch [ゲシュメックレリシュ] 形 (蔑)味(趣味)に異常にうるさい.

ge·schmạck·lich [ゲシュマックリヒ] 形 味に関する；趣味(好み・センス)に関する.

ge·schmạck·los [ゲシュマック・ロース] 形 **1.** 味のない；まずい. **2.** 悪趣味な.

die **Ge·schmạck·lo·sig·keit** [ゲシュマック・ロージヒカイト] 名 -/-en **1.** (㊥のみ)(美的)センスのなさ,悪趣味,俗悪. **2.** 悪趣味な発言(行為).

die **Ge·schmạck·sa·che** [ゲシュマック・ザッヘ] 名 -/ 趣味(好み)の問題.

der **Ge·schmạck·sinn** [ゲシュマック・ズィン] 名 -(e)s/ 味覚.

die **Ge·schmạcks·knos·pe** [ゲシュマックス・クノスペ] 名 -/-n 『生・医』味蕾(みらい).

das **Ge·schmạcks·mus·ter** [ゲシュマックス・ムスター] 名 -s/- 『法』意匠.

der **Ge·schmạcks·nerv** [ゲシュマックス・ネルフ] 名 -s(-en)/-en 味覚神径.

die **Ge·schmạcks·rich·tung** [ゲシュマックス・リヒトゥング] 名 -/-en 味の好み；味の種類；(時代の)美的価値規準の傾向.

die **Ge·schmạcks·sa·che** [ゲシュマックス・ザッヘ] 名 -/ 趣味(好み)の問題.

der **Ge·schmạcks·sinn** [ゲシュマックス・ズィン] 名 -(e)s/ 味覚.

die **Ge·schmạcks·ver·ir·rung** [ゲシュマックス・フェアイルング] 名 -/-en (蔑)悪趣味(なもの(取合せ)).

ge·schmạck·voll [ゲシュマック・フォル] 形 趣味のいい.

ge·schmạl·zen [ゲシュマルツェン] 動 schmalzen の過去分詞.

das **Ge·schmei·de** [ゲシュマイデ] 名 -s/- (文)高価な装身具.

ge·schmei·dig [ゲシュマイディヒ] 形 **1.** 弾力性のある；しなやかな. **2.** 敏捷(びんしょう)な **3.** 柔軟性のある,機敏な.

die **Ge·schmei·dig·keit** [ゲシュマイディヒカイト] 名 -/ 柔軟性のあること,しなやかさ；敏捷さ；機敏さ.

das **Ge·schmeíß** [ゲシュマイス] 名 -es/- **1.** 害虫. **2.** 『狩』猛禽のふん. **3.** (蔑)人間のくず.

das **Ge·schmẹt·ter** [ゲシュメター] 名 -s/ (口・蔑)(トランペットなどの絶え間のない)大きな響き；けたたましい音.

das **Ge·schmier** [ゲシュミーア] 名 -(e)s/ (口・蔑)べたべたとなすりつけること；べたべたした もの；へたくそな字(絵),駄作(詩や絵などの).

das **Ge·schmie·re** [ゲシュミーレ] 名 -s/ =Geschmier.

ge·schmịs·sen [ゲシュミッセン] 動 schmeißen の過去分詞.

ge·schmọl·zen [ゲシュモルツェン] 動 schmelzen の過去分詞.

das **Ge·schmor·te** [ゲシュモーアテ] 名 (形容詞的変化)；(㊥のみ)(口)シチュー.

das **Ge·schmụn·zel** [ゲシュムンツェル] 名 -s/ (口)((蔑)も)(絶えず)にやにや笑うこと.

das **Ge·schnat·ter** [ゲシュナッター] 名 -s/ 《口》がああ鳴くこと(声)，《口》《主に《蔑》)(絶え間なく)ぺちゃくちゃしゃべること．
ge·schnie·gelt [ゲシュニーゲルト] 形 《口·古》めかし込んだ，きざな．
ge·schnit·ten [ゲシュニッテン] 動 schneiden の過去分詞．
ge·schno·ben [ゲシュノーベン] 動 《古》schnauben の過去分詞．
das **Ge·schnüf·fel** [ゲシュニュッふェル] 名 -s/ 《口·蔑》(絶えず)かぎ回ること．
ge·scho·ben [ゲショーベン] 動 schieben の過去分詞．
ge·schol·len [ゲショレン] 動 《古》schallen の過去分詞．
ge·schol·ten [ゲショルテン] 動 schelten の過去分詞．
das **Ge·schöpf** [ゲシェップふ] 名 -(e)s/-e 1. 被造物, 生き物. 2. 人間, 人物. 3. 《想像の》産物; 《作中》人物.
ge·scho·ren [ゲショーレン] 動 scheren¹ の過去分詞．
das **Ge·schoss**, ⓐ **Ge·schoß** [ゲショス], (ぼう)-e] **Geschoß** [ゲショース] 名 -es/..schosse ((ぼう)-e] 1. 弾丸, 銃弾, 砲弾; 発射[投てき]された物; [スポ]強烈シュート; 《口》高速車. 2. 《建物の》階．
die **Ge·schoss·bahn**, ⓐ **Ge·schoß·bahn** [ゲショス・バーン] 名 -/-en 弾道．
ge·schos·sen [ゲショッセン] 動 schießen の過去分詞．
der **Ge·schoss·ha·gel**, ⓐ **Ge·schoß·ha·gel** [ゲショス・ハーゲル] 名 -s/ 弾丸[銃弾]の雨．
..ge·schos·sig [ゲショッスィヒ] 接尾 数詞につけて「…階建て」を表す形容詞を作る: ein zweigeschossiges (2-geschossiges) Haus 二階建ての家．
ge·schraubt [ゲシュらウブト] 形 《口》わざとらしい．
das **Ge·schrei** [ゲシュらイ] 名 -s/ 1. 《《蔑》も有》(絶え間のない)叫び声, 悲鳴; 《鳥などの》鳴き声. 2. 《口》《さわぐこと》の大騒ぎ: viel ~ um <et⁴> machen <事²>大騒ぎする. 3. 《方》おしゃべり, うわさ話, 陰口．
das **Ge·schreib·sel** [ゲシュらイプセル] 名 -s/- 《主に《蔑》》なぐり書き; 《文学上の》駄作．
ge·schrie·ben [ゲシュリーベン] 動 schreiben の過去分詞．
ge·schri·een [ゲシュリーエン] 動 schreien の過去分詞．
ge·schri·en [ゲシュリーン] 動 ＝geschrieen.
ge·schrit·ten [ゲシュリッテン] 動 schreiten の過去分詞．
ge·schro·cken [ゲシュろッケン] 動 《古》schrecken² の過去分詞．
ge·schun·den [ゲシュンデン] 動 schinden の過去分詞．
das **Ge·schütz** [ゲシュッツ] 名 -es/-e 砲, 大砲: ein schweres ~ dagegen <j⁴> auffahren《口》<人⁴>をひどくしかる，(…に)猛烈に反駁する．
die **Ge·schütz·be·die·nung** [ゲシュッツ·ベディーヌング] 名 -/-en 《総称》砲手, 砲員．
der **Ge·schütz·don·ner** [ゲシュッツ·ドナー] 名 -s/- 砲声．
das **Ge·schütz·feu·er** [ゲシュッツ·ふォイアー] 名 0/ 砲火．
das **Ge·schütz·rohr** [ゲシュッツ·ろーア] 名 -(e)s/-e 砲身．
der **Ge·schütz·stand** [ゲシュッツ·シュタント] 名 -(e)s/..stände 砲座, 砲床．
der **Ge·schütz·turm** [ゲシュッツ·トゥるム] 名 -(e)s/..türme 《戦車·軍艦などの》砲塔．
das **Ge·schwa·der** [ゲシュヴァーダー] 名 -s/- 艦隊, 飛行編隊; 《転》一群．

ge·schwänzt [ゲシュヴェンツト] 形 尾のついた: der ~e Stern 彗星．
die **Ge·schwätz** [ゲシュヴェッツ] 名 -es/ おしゃべり, 無駄口; 陰口, うわさ話．
das **Ge·schwat·ze** [ゲシュヴァッツェ] 名 -s/ ＝Geschwätze.
das **Ge·schwät·ze** [ゲシュヴェッツェ] 名 -s/ 《口·蔑》(止めどない)おしゃべり．
ge·schwät·zig [ゲシュヴェッツィヒ] 形 おしゃべりな, 口の軽い．
die **Ge·schwät·zig·keit** [ゲシュヴェッツィヒカイト] 名 -/ 《蔑》饒舌(ぜつ), おしゃべりなこと．
ge·schweift [ゲシュヴァイふト] 形 尾のある, 湾曲した．
ge·schwei·ge [ゲシュヴァイゲ] 接《並列》《つねに否定的または制限的な発言の後に続き, しばしば denn とともに》まして, いわんや…でない: Sie hat ihn nicht einmal gesehen, ~ denn(,) dass sie ihn gesprochen hätte. 彼女は彼と会ったことすらないくらいだから, まして彼と口をきいたことなどない．
ge·schwie·gen [ゲシュヴィーゲン] 動 schweigen の過去分詞．
ge·schwind [ゲシュヴィント] 形 《方》速い, 迅速な．
die **Ge·schwin·dig·keit** [ゲシュヴィンディヒカイト] 名 -/-en 速さ, 速力, スピード; [理]速度. 【慣用】mit affenartiger Geschwindigkeit 《口》非常に早く．
die **Ge·schwin·dig·keits·be·gren·zung** [ゲシュヴィンディヒカイツ·ベグれンツング] 名 -/-en ＝Geschwindigkeitsbeschränkung.
die **Ge·schwin·dig·keits·be·schrän·kung** [ゲシュヴィンディヒカイツ·ベシュれンクング] 名 -/-en 速度制限．
der **Ge·schwin·dig·keits·mes·ser** [ゲシュヴィンディヒカイツ·メッサー] 名 -s/- 速度計, スピードメーター．
die **Ge·schwin·dig·keits·über·schrei·tung** [ゲシュヴィンディヒカイツ·ユーバーシュらイトゥング] 名 -/-en 《制限》速度オーバー, スピード違反．
das **Ge·schwirr** [ゲシュヴィる] 名 -s/ ぶんぶん(ひゅー ひゅー)鳴ること《音》．
das **Ge·schwis·ter** [ゲシュヴィスター] 名 -s/- 1. 《複のみ》(男女合せた)きょうだい, 兄弟姉妹. 2. 《生·統計》《《複》も有》きょうだいの一人．
das **Ge·schwis·ter·kind** [ゲシュヴィスター·キント] 名 -(e)s/-er 兄弟姉妹の子供(おい·めい); いとこ《従兄弟(姉妹)》．
ge·schwis·ter·lich [ゲシュヴィスターリヒ] 形 兄弟姉妹の(ような)．
das **Ge·schwis·ter·paar** [ゲシュヴィスター·パーア] 名 -(e)s/-e 兄と妹[姉と弟](の一組)．
ge·schwol·len [ゲシュヴォレン] 動 schwellen¹ の過去分詞．
―― 形 ふくらんだ, はれた; もったいぶった．
ge·schwom·men [ゲシュヴォメン] 動 schwimmen の過去分詞．
ge·schwo·ren [ゲシュヴォーレン] 動 schwören の過去分詞．
―― 形 《主に次の形で》ein ~er Feind〔Gegner〕von <et³> sein 《文》<物·事²>を目の敵にしている．
der/die **Ge·schwo·re·ne** [ゲシュヴォーれネ] 名 《形容詞的変化》 1. 《古》陪審裁判官. 2. (オーストリアなどの)名誉裁判官; 《アメリカなどの》陪審員．
die **Ge·schwo·re·nen·bank** [ゲシュヴォーれネン·バンク] 名 -/..bänke 陪審員席．
das **Ge·schwo·re·nen·ge·richt** [ゲシュヴォーれネン·ゲリヒト] 名 -(e)s/-e 1. 《古》陪審裁判所. 2. (名誉裁判官が判決に加わるオーストリアの)陪審裁判所．
die **Ge·schwulst** [ゲシュヴルスト] 名 -/..schwülste できもの; [医]腫瘍(じゅ)．
ge·schwun·den [ゲシュヴンデン] 動 schwinden の過

geschwungen 476

ge·schwun·gen [ゲシュヴンゲン] 動 schwingen の過去分詞.
——形 弓形の, 弧を描く.
das **Ge·schwür** [ゲシュヴューア] 名 -s/-e 潰瘍(ホシェ).
die **Ge·schwür·bil·dung** [ゲシュヴューア・ビルドゥング] 名 -/-en 潰瘍(ホシェ)形成.
ge·schwü·rig [ゲシュヴューリヒ] 形 潰瘍(ホシェ)性[状]の.
das **Ges-Dur** [ゲス・ドゥーア, ゲス・ドゥーア] 名 -/ 〖楽〗変ト長調(記号 Ges).
ge·seg·net [ゲゼーグネット] 形 〈mit 〈j³/et³〉〉〉〈文〉恵まれた: mit Talenten ~ sein 才能に恵まれている. 【慣用】ein gesegnetes Fleckchen Erde 〈文〉風光明媚(ホシ)の地, きれいに手入のいきとどいた土地. einen gesegneten Appetit/Schlaf haben 〈口〉食欲旺盛(ホシ)である/ぐっすり眠る. im gesegneten Alter von 90 Jahren 〈文〉90 歳の高齢で. in gesegneten Umständen sein 妊娠している.
ge·se·hen [ゲゼーエン] 動 sehen の過去分詞.
——形 歓迎される, 好かれた.
ge·sehn [ゲゼーン] 動 =gesehen.
ge·selcht [ゲゼルヒト] 形 〈南独・オーストリア〉薫製の.
das **Ge·selch·te** [ゲゼルヒテ] 名 〔形容詞的変化; ® のみ〕〈南独・オーストリア〉薫製の肉.
der **Ge·sel·le** [ゲゼレ] 名 -n/-n 1. (徒弟制度の) 職人(Meister と Lehrling の中間): bei 〈j³〉 ~ sein 〈人のところで〉職人である. 2. 〔〔蔑〕〕若者, 若造, やつ. 3. 〔稀〕仲間, 同行者.
ge·sel·len [ゲゼレン] 動 h. 1. 〔sich⁴ + 〈zu〉〈j³〉〉仲間〔道連れ〕になる. 2. 〔sich⁴ + 〈zu〉〈et³〉=〕加わる.
der **Ge·sel·len·brief** [ゲゼレン・ブリーフ] 名 -(e)s/-e 職人資格試験合格証.
die **Ge·sel·len·prü·fung** [ゲゼレン・プリューフング] 名 -/-en 職人(資格)試験.
das **Ge·sel·len·stück** [ゲゼレン・シュテュック] 名 -(e)s/-e 職人試験のための作品.
die **Ge·sel·len·zeit** [ゲゼレン・ツァイト] 名 -/ 職人期間.
ge·sel·lig [ゲゼリヒ] 形 1. 社交的な, 人づき合いのいい; 〖生〗群居性の. 2. 気楽な, くつろいだ, 懇親の.
die **Ge·sel·lig·keit** [ゲゼリヒカイト] 名 -/-en 1. (®のみ) (気のおけない)つき合い, 交際. 2. 団らんの夕べ, 楽しい集い.
die **Ge·sell·schaft** [ゲゼルシャフト] 名 -/-en 1. 社会: eine vornehme ~ 上流社会. 2. (社交的な)会合, 集い, パーティー: eine ~ geben パーティーを催す. 3. (®のみ)交際, 同伴, 仲間: 〈j³〉 ~ leisten 〈人の〉相手をする. in deiner ~/in ~ von drei Freunden 君と/三人の友人と一緒に. zur ~ お付合いで. 4. 協会, 結社, 団体, 組合; 〖経〗会社: eine literarische ~ 文芸家協会. die ~ Jesu イエズス会(カトリック修道会). ~ mit beschränkter Haftung 有限会社(略 GmbH). 【慣用】sich⁴ in guter Gesellschaft befinden 〈冗〉先人〔偉人〕の轍(ꜩ)を踏む.
der **Ge·sell·schaf·ter** [ゲゼルシャフタァ] 名 -s/- 1. 話し相手, (道)連れ, 社交家. 2. 共同経営者〔出資者〕, (有限〔合名・合資〕会社の)社員. 3. 〈婉〉性的交渉の相手をする人.
die **Ge·sell·schaf·te·rin** [ゲゼルシャフテリン] 名 -/-nen 1. Gesellschafter の女性形. 2. (人に雇われた)話し相手〔付添い〕の女性. 3. 〈婉〉性的交渉の相手をする女.
die **Ge·sell·schaf·ter·ver·samm·lung** [ゲゼルシャフタァ・フェアザムルング] 名 -/-en 社員総会.
ge·sell·schaft·lich [ゲゼルシャフトリヒ] 形 1. 社会の, 社会的な. 2. 上流社会の, 社交界の, 社交上の. 3. 〖マルクス主義〗共有の, 共同の(マルクス主義の用語). 4. 〔旧東独〕社会のためになる.
der **Ge·sell·schafts·an·teil** [ゲゼルシャフツ・アン・タイル] 名 -(e)s/-e (資本の)社員持ち分.
der **Ge·sell·schafts·an·zug** [ゲゼルシャフツ・アン・ツーク] 名 -(e)s/..züge (紳士用)夜会服, 礼服.
die **Ge·sell·schafts·da·me** [ゲゼルシャフツ・ダーメ] 名 -/-n 〈古〉=Gesellschafterin 2.
ge·sell·schafts·fä·hig [ゲゼルシャフツ・フェーイヒ] 形 上流社会に受け入れられる; 上品な.
die **Ge·sell·schafts·in·seln** [ゲゼルシャフツ・インゼルン] 複 〖地名〗ソシエテ諸島(南太平洋のフランス保護領).
die **Ge·sell·schafts·klas·se** [ゲゼルシャフツ・クラッセ] 名 -/-n 社会的階級.
das **Ge·sell·schafts·kleid** [ゲゼルシャフツ・クライト] 名 -(e)s/-er (婦人用)夜会服, イヴニングドレス.
die **Ge·sell·schafts·kri·tik** [ゲゼルシャフツ・クリティーク] 名 -/ 社会批判.
ge·sell·schafts·kri·tisch [ゲゼルシャフツ・クリーティシュ] 形 社会批判の; 社会に対して批判的な.
die **Ge·sell·schafts·leh·re** [ゲゼルシャフツ・レーレ] 名 -/ 1. 社会科. 2. 社会学.
die **Ge·sell·schafts·ord·nung** [ゲゼルシャフツ・オルドヌング] 名 -/-en 社会体制.
das **Ge·sell·schafts·recht** [ゲゼルシャフツ・レヒト] 名 -(e)s/-e 会社法.
die **Ge·sell·schafts·rei·se** [ゲゼルシャフツ・ライゼ] 名 -/-n 団体旅行.
die **Ge·sell·schafts·schicht** [ゲゼルシャフツ・シヒト] 名 -/-en 社会階層.
das **Ge·sell·schafts·spiel** [ゲゼルシャフツ・シュピール] 名 -(e)s/-e 複数の人数でするゲーム〔遊戯〕.
das **Ge·sell·schafts·sys·tem** [ゲゼルシャフツ・ズュステーム] 名 -s/-e 社会制度, 社会体制.
der **Ge·sell·schafts·tanz** [ゲゼルシャフツ・タンツ] 名 -es/..tänze 社交ダンス.
der **Ge·sell·schafts·ver·trag** [ゲゼルシャフツ・フェあトラーク] 名 -(e)s/..träge 社会契約; (有限〔合名・合資〕会社の)定款; 会社契約; 組合契約.
die **Ge·sell·schafts·wis·sen·schaft** [ゲゼルシャフツ・ヴィッセンシャフト] 名 (®のみ)社会学・政治学・国民経済学; (主に®) 社会科学. 2. 〔旧東独〕社会科学(社会主義の理論的基礎づけをする大学の科目).
das **Ge·senk** [ゲゼンク] 名 -(e)s/-e 鍛造用金型, プレス型, タップ; 〖鉱〗めくら縦坑; 〖魚〗(魚網の)重り.
ge·ses·sen [ゲゼッセン] 動 sitzen の過去分詞.
das **Ge·setz** [ゲゼッツ] 名 -es/-e 1. 法律, 法規; 律法; 法典: das ~ zum Schutz der Umwelt 環境保護法. ein ~ erlassen 法律を発布する. gegen die ~e verstoßen 法律に違反する. nach dem ~現行法によれば. 2. 規則, 規範: ein ungeschriebenes ~ 不文律. 3. 法則, 原理: nach dem ~ der Serie これまで通りなら恐らく. das ~ des Dschungels ジャングルの掟(無法状態).
das **Ge·setz·blatt** [ゲゼッツ・ブラット] 名 -(e)s/..blätter (法律を公示する)官報.
das **Ge·setz·buch** [ゲゼッツ・ブーフ] 名 -(e)s/..bücher 法典, 法令集.
der **Ge·setz·ent·wurf** [ゲゼッツ・エントヴるフ] 名 -(e)s/..würfe 法案.
die **Ge·set·zes·i·ni·ti·a·ti·ve** [ゲゼッツェス・イニツィアティーヴェ] 名 -/-n 法律発案権.
die **Ge·set·zes·kraft** [ゲゼッツェス・クらフト] 名 -/ 法的効力.
die **Ge·set·zes·ta·fel** [ゲゼッツェス・ターフェル] 名 -/-n

《主に[複]》掟〔法文〕が刻まれた石板；モーセの十戒の石板.

die **Ge·sẹt·zes·über·tre·tung** [ゲゼっツェス・ユーバートれートゥング] [名] –/–en 法律違反.

die **Ge·sẹt·zes·vor·la·ge** [ゲゼっツェス・ふぉーあ・ラーゲ] [名] –/–n 法案.

ge·sẹtz·ge·bend [ゲゼっツ・ゲーベント] [形] 立法の.

der **Ge·sẹtz·ge·ber** [ゲゼっツ・ゲーバー] [名] –s/– 立法者；立法機関.

die **Ge·sẹtz·ge·bung** [ゲゼっツ・ゲーブング] [名] –/–en 立法：Ausschließliche ～ 専属的立法. Konkurrierende ～ 競争的立法.

ge·sẹtz·lich [ゲゼっツリひ] [形] 法律(上)の, 法定の, 合法的な.

die **Ge·sẹtz·lich·keit** [ゲゼっツリひカイト] [名] –/ **1.** 合法性, 適法性. **2.** 合法〔適法〕的状態.

ge·sẹtz·los [ゲゼっツ・ロース] [形] 無法〔不法〕な.

die **Ge·sẹtz·lo·sig·keit** [ゲゼっツ・ローズィひカイト] [名] –/ **1.** 《[単]のみ》無法, 不法. **2.** 法律無視.

ge·sẹtz·mä·ßig [ゲゼっツ・メースィひ] [形] **1.** 合法則的な；合法〔法定〕の. **2.** 規則正しい.

die **Ge·sẹtz·mä·ßig·keit** [ゲゼっツ・メースィひカイト] [名] –/ 合法則性.

ge·sẹtzt [ゲゼっツト] [形] **1.** 落着いた, 思慮深い；老成した. **2.** (…と)仮定すれば：～ (den Fall) (,) dass ... もし…と仮定すれば.

ge·sẹtz·ten·fạlls [ゲゼっツテン・ふぁルス] [副] 《dass [文]または主文とともに》仮に…とすれば.

die **Ge·sẹtzt·heit** [ゲゼっツトハイト] [名] –/ 落着き, 沈着, 分別.

ge·sẹtz·wid·rig [ゲゼっツ・ヴィードりひ] [形] 違法の.

die **Ge·sẹtz·wid·rig·keit** [ゲゼっツ・ヴィードりひカイト] [名] –/ 違法(性), 非合法(性).

das **Ge·sịcht**[1] [ゲズィひト] [名] –(e)s/–er **1.** 顔：〈j^3〉〈et^4〉 ins ～ sagen 〈人に〉〈事を〉面と向かって言う. 〈j^3〉 nicht ins ～ sehen〔blicken〕können 〈人の〉顔をまともに見られない；〈人に対して〉うしろめたい. lauter fremde ～*er* 見知らぬ顔ぶればかり. **2.** 顔つき, 表情；外観, 様相：ein böses ～ machen 怒った顔をする. Das steht dir im ～ geschrieben. それは顔に書いてある. **3.** 《[単]のみ》《古》視覚：〈j^4/et^4〉 aus dem ～ verlieren 〈人・物を〉見失う. 〈j^3〉 zu ～ kommen 〈人の〉目にとまる. **4.** 《稀》(物の)前面, 表面, 上面. 【慣用】**auf dem Gesicht liegen** うつぶせる. **das Gesicht verlieren** 面子(ﾒﾝﾂ)を失う. **das Gesicht wahren** 体面を保つ. **ein anderes Gesicht aufsetzen**〔**machen**〕愛想よくする. **ein ganz anderes Gesicht bekommen** まったく違った様相を呈する. **ein Gesicht ziehen**〔**machen**〕渋い顔をする. **ein Gesicht wie 14 Tage Regenwetter machen** (始終)ぶつくさ言う. **ein langes Gesicht machen** しょげる, がっかりする. 〈j^3〉 **einen Spiegel vors Gesicht halten** 〈人に〉非を悟らせる. 〈et^3〉 **ins Gesicht sehen** 〈物・事を〉直視する. 〈j^3〉 **ins Gesicht springen** 《口》〈人に〉激しい怒りを覚える；〈人の〉目に飛びこんで来る. **sein wahres Gesicht zeigen** 本性を現す. 〈j^3〉 **zu Gesicht(e) stehen** 〈人に〉似合う. 〈j^3〉 **wie aus dem Gesicht geschnitten sein** 〈人に〉そっくりである.

das **Ge·sịcht**[2] [ゲズィひト] [名] –(e)s/–e 幻影, 幻.

der **Ge·sịchts·aus·druck** [ゲズィひツ・アウス・ドるっク] [名] –(e)s/..drucke 顔の表情, 顔つき.

die **Ge·sịchts·bil·dung** [ゲズィひツ・ビルドゥング] [名] –/–en 容貌, 顔だち.

der **Ge·sịchts·er·ker** [ゲズィひツ・エるカー] [名] –s/– 《口・冗》鼻.

die **Ge·sịchts·far·be** [ゲズィひツ・ふぁるべ] [名] –/ 顔色.

das **Ge·sịchts·feld** [ゲズィひツ・ふぇルト] [名] –(e)s/–er 視野, 視界.

der **Ge·sịchts·kreis** [ゲズィひツ・クらイス] [名] –es/–e 視界；(精神的な)視野；《古》地平線.

ge·sịchts·los [ゲズィひツ・ロース] [形] **1.** 顔が見えない. **2.** 個性のない.

die **Ge·sịchts·mas·ke** [ゲズィひツ・マスケ] [名] –/–n **1.** (仮)面；〖ホッケー〗(ゴールキーパーの)マスク. **2.** (美顔術の)パック；〖医〗(酸素・麻酔薬などの吸入)マスク；(医者の手術用)マスク.

die **Ge·sịchts·mas·sa·ge** [ゲズィひツ・マサージェ] [名] –/–n 顔面マッサージ.

die **Ge·sịchts·pa·ckung** [ゲズィひツ・パックング] [名] –/–en (美顔)パック.

der **Ge·sịchts·pu·der** [ゲズィひツ・プーダー] [名] –s/– 粉おしろい.

der **Ge·sịchts·punkt** [ゲズィひツ・プンクト] [名] –(e)s/–e 視点, 観点, 見地：〈et^4〉 von〔unter〕diesem ～ aus betrachten 〈物・事を〉この視点から見る.

die **Ge·sịchts·ro·se** [ゲズィひツ・ろーゼ] [名] –/–n 〖医〗顔面丹毒.

der **Ge·sịchts·sinn** [ゲズィひツ・ズィン] [名] –(e)s/ 視覚.

das **Ge·sịchts·was·ser** [ゲズィひツ・ヴァっサー] [名] –s/–〔..wässer〕化粧水, スキンローション.

der **Ge·sịchts·win·kel** [ゲズィひツ・ヴィンケル] [名] –s/– **1.** 視角. **2.** 見地.

der **Ge·sịchts·zug** [ゲズィひツ・ツーク] [名] –(e)s/..züge 《主に[複]》顔だち, 目鼻だち, 表情.

ge·siebt [ゲズィーブト] [形] 《次の形で》～*e* Luft atmen 《冗》刑務所で刑期をつとめる.

das **Ge·sịms** [ゲズィムス] [名] –es/–e 蛇腹, コルニス(壁や柱の上部の飾り縁)；バンド(帯状の岩棚).

das **Ge·sịn·de** [ゲズィンデ] [名] –s/– 《総称》下男下女.

das **Ge·sịn·del** [ゲズィンデル] [名] –s/ 《蔑》無頼の徒.

ge·sịnnt [ゲズィント] [形] 〖〈様態〉ナ〗考えを持った：anders ～ als 〈j^1〉 sein 〈人と〉考えが違う. 〈j^3〉〔gegen 〈j^4〉〕gut ～ sein 〈人に〉好意をいだいている.

die **Ge·sịn·nung** [ゲズィヌング] [名] –/–en (基本的)考え方, 心根, 信念.

der **Ge·sịn·nungs·ge·nos·se** [ゲズィヌングス・ゲノっセ] [名] –n/–n (政治上)同じ考えの人, 同志.

ge·sịn·nungs·los [ゲズィヌングス・ロース] [形] 無節操〔無定見〕な.

die **Ge·sịn·nungs·lo·sig·keit** [ゲズィヌングス・ローズィひカイト] [名] –/ 無節操, 無定見.

der **Ge·sịn·nungs·lump** [ゲズィヌングス・ルムプ] [名] –en/–en 《蔑》無節操な人, 日和見主義者.

ge·sịn·nungs·treu [ゲズィヌングス・トろイ] [形] 節操のある, 志操堅固な.

der **Ge·sịn·nungs·wech·sel** [ゲズィヌングス・ヴェクセル] [名] –s/– 変節, 変心.

ge·sịt·tet [ゲズィっテット] [形] 行儀〔しつけ〕のいい；文明化した.

die **Ge·sịt·tung** [ゲズィっトゥング] [名] –/ 《文》礼節, 礼儀作法；洗練；《口》文明開化.

das **Ge·sọcks** [ゲゾっクス] [名] –es/ 《口・蔑》ならず者.

das **Ge·söff** [ゲ㋝ふ] [名] –(e)s/–e 《主に[単]》《口・蔑》まずい飲み物；安酒.

ge·sọf·fen [ゲゾっふぇン] [動] saufen の過去分詞.

ge·so·gen [ゲゾーゲン] [動] saugen の過去分詞.

ge·sọn·dert [ゲゾンダート] [形] 別々の.

ge·sọn·nen [ゲゾネン] [動] sinnen の過去分詞.

―― [形] **1.** 〖zu 〈[動]〉スル〗つもりである：Ich bin nicht ～(,) nachzugeben. 私は屈服するつもりはない. **2.** ＝gesinnt.

ge·sọt·ten [ゲゾっテン] [動] sieden の過去分詞.

das **Ge·sọt·te·ne** [ゲゾっテネ] [名] 《形容詞的変化；[単]のみ》《方》ゆでた肉.

G

ge·spal·ten [ゲシュパルテン] [動] spalten の過去分詞.
das **Ge·spann** [ゲシュパン] [名] -(e)s/-e **1.** (車につながれた)一連の動物: ein ~ Pferde (馬車の)一連の馬. **2.** (動物をつないだ)車: ein ~ mit vier Pferden 四頭立ての馬車. **3.** 二人組, コンビ.
ge·spannt [ゲシュパント] [形] **1.** 緊張した, 緊迫した; 険悪な. **2.** 〔(auf 〈j⁴/et⁴〉ニ/〈[文]〉トイウコトニ)〕好奇心がある, 期待している: ~ sein, wie es weitergeht それがどうなるか気が気でない.
ge·spei·chert [ゲシュパイひャート] [形] 保管された, 蓄えられた; 〖コンピュータ〗記憶装置に蓄えられた.
das **Ge·spenst** [ゲシュペンスト] [名] -(e)s/-er **1.** 幽霊, 亡霊, お化け. **2.** 《文》しのびよる危険〔危機〕. 【慣用】**Gespenster sehen** 幻影を見る; よけいな心配をする.
die **Ge·spens·ter·ge·schich·te** [ゲシュペンスター·ゲシひテ] [名] -/-n 怪談.
ge·spens·ter·haft [ゲシュペンスターハふト] [形] 幽霊のような, 不気味な.
das **Ge·spens·ter·schiff** [ゲシュペンスター·シふ] [名] -(e)s/-e 幽霊船.
die **Ge·spens·ter·stun·de** [ゲシュペンスター·シュトゥンデ] [名] -/-n 丑三つ時, 幽霊の出る時間(夜中の 12 時から 1 時の間).
ge·spens·tig [ゲシュペンスティひ] [形] =gespenstisch.
ge·spens·tisch [ゲシュペンスティシュ] [形] 幽霊のような, 不気味な.
ge·sperrt [ゲシュペるト] [形] 閉鎖〔封鎖〕された, 遮断された; 禁止〔停止〕された; 〖印〗隔字体の.
ge·spie·en [ゲシュピーエン] [動] speien の過去分詞.
der **Ge·spie·le**¹ [ゲシュピーレ] [名] -n/-n 《古》(幼い頃の男の)遊び友達; 親友; 《冗》(男の)愛人.
das **Ge·spie·le**² [ゲシュピーレ] [名] -s/ 《蔑》遊んでばかりいること.
die **Ge·spie·lin** [ゲシュピーリン] [名] -/-nen Gespiele¹ の女性形.
ge·spien [ゲシュピーン] [動] =gespieen.
das **Ge·spinst** [ゲシュピンスト] [名] -(e)s/-e **1.** より糸, 紡績糸; 薄手〔網状〕の織物. **2.** (クモなどの)巣; (カイコなどの)まゆ.
ge·splis·sen [ゲシュプリッセン] [動] spleißen の過去分詞.
ge·spon·nen [ゲシュポネン] [動] spinnen の過去分詞.
der **Ge·spons**¹ [ゲシュポンス] [名] -es/-e 《古》花婿; 夫.
das **Ge·spons**² [ゲシュポンス] [名] -es/-e 《古》花嫁; 妻.
das **Ge·spött** [ゲシュペット] [名] -(e)s/ **1.** あざけり, 嘲笑(ちょうしょう): sein ~ mit 〈j³〉 treiben 〈人ヲ〉あざける. **2.** あざ笑いの的, 笑いもの: 〈j⁴〉 zum ~ machen 〈人ヲ〉物笑いの種にする. zum ~ werden 笑いものになる.
das **Ge·spräch** [ゲシュプれーひ] [名] -(e)s/-e **1.** 会話, 対話, 談話, 対談, 話し合い; 話題: mit 〈j³〉 über 〈et⁴〉 ein ~ führen 〈人ト〉〈物·事ニツイテ〉談話する. mit 〈j³〉 ins ~ kommen 〈人ト〉話をすることになる. das ~ auf 〈et⁴〉 bringen 話題を〈事ニ〉向ける. **2.** (電話の)通話(Telefon~).
ge·sprä·chig [ゲシュプれーひひ] [形] 話好きな.
die **Ge·sprä·chig·keit** [ゲシュプれーひひカイト] [名] -/ おしゃべりなこと, 話好き.
der **Ge·sprächs·ge·gen·stand** [ゲシュプれーひス·ゲーゲン·シュタント] [名] -(e)s/..stände 話題.
der **Ge·sprächs·part·ner** [ゲシュプれーひス·パるトナー] [名] -s/- 話し相手, 対談〔議論〕の相手.
der **Ge·sprächs·stoff** [ゲシュプれーひス·シュトっふ] [名] -(e)s/-e 話題, 話の種.
das **Ge·sprächs·the·ma** [ゲシュプれーひス·テーマ] [名] -s/..men 話し合い〔会話·対談〕のテーマ, 話題.
ge·sprächs·wei·se [ゲシュプれーひス·ヴァイゼ] [副] 会話の中で.
der **Ge·sprächs·zäh·ler** [ゲシュプれーひス·ツェーラー] [名] -s/- 通話度数計.
ge·spreizt [ゲシュプらイツト] [形] 《蔑》仰々しい, わざとらしい.
die **Ge·spreizt·heit** [ゲシュプらイツトハイト] [名] -/ 大げさ, 仰々しさ, わざとらしさ.
das **Ge·spren·ge** [ゲシュプれンゲ] [名] -s/- **1.** 〖建〗(後期ゴシック様式の)両開き祭壇上の尖塔; 〖土〗トラスの屋根〔壁〕. **2.** 〖鉱〗(切り立った)岩層.
ge·spren·kelt [ゲシュプれンケルト] [形] 斑点(はんてん)のある, 点点模様の.
ge·spro·chen [ゲシュプろっヘン] [動] sprechen の過去分詞.
ge·spros·sen [ゲシュプろっセン] [動] sprießen² の過去分詞.
ge·sprun·gen [ゲシュプるンゲン] [動] springen の過去分詞.
das **Ge·spür** [ゲシュピューあ] [名] -s/ 直感力, 感知能力, 勘.
gest. =gestorben 死去した, 故(記号 †).
das **Ge·sta·de** [ゲシュターデ] [名] -s/- 《詩》岸, 岸辺, 沿岸.
die **Ge·stalt** [ゲシュタルト] [名] -/-en **1.** (主に[単])姿, 格好, 体格: hübsch von ~ sein 姿が美しい. **2.** 人影, (だれと識別できない)人物. **3.** (歴史·伝説上の)人物(像); (小説·劇などの)作中人物, 形姿. **4.** (主に[単])形, 外形, 形態, 形状. 【慣用】**Gestalt annehmen** はっきりとした形をとる, 具体化する. 〈et³〉 **Gestalt geben** 〈事ニ〉具体的な形を与える. **in Gestalt von** 〈et³〉 〈物·事ノ〉形で.
ge·stal·ten [ゲシュタルテン] [動] *h.* **1.** 〔〈et⁴〉ヲ+〈様態〉ニ〕形づくる, 作り上げる. **2.** 〔sich⁴+〈様態〉ニ〕形成される, 展開する, (…な)状態〔事態〕になる, (…な)ものになる.
der **Ge·stal·ter** [ゲシュタルター] [名] -s/- 作り手, 創作者, 制〔製〕作者; 企画者, 構成者, 設計者.
ge·stal·te·risch [ゲシュタルテりシュ] [形] 創造的な, 造形的な.
..ge·stal·tig [..ゲシュタルティひ] [接尾] 形容詞·名詞につけて「…の形をした」を表す形容詞を作る: viel*gestaltig* 多様な形態の. menschen*gestaltig* 人間の形をした.
ge·stalt·los [ゲシュタルト·ロース] [形] 形の定まらない, 無定形な; 《転》はっきりした姿〔形〕のない, あいまいな.
die **Ge·stalt·psy·cho·lo·gie** [ゲシュタルト·プスュひョ·ロギー] [名] -/ ゲシュタルト〔形態〕心理学.
die **Ge·stal·tung** [ゲシュタルトゥング] [名] -/-en **1.** (主に[単])形成, 造形, 制〔製〕作, 構成, 企画, 設計; 形, 形態. **2.** 《稀》形成物, 構成物.
der **Ge·stalt·wan·del** [ゲシュタルト·ヴァンデル] [名] -s/ 形態変化; 〖医〗体格の変化.
das **Ge·stam·mel** [ゲシュタメル] [名] -s/ 《口》(《蔑》も有)(絶えず)どもること; どもって話された言葉.
ge·stan·den [ゲシュタンデン] [動] stehen, gestehen の過去分詞.
—— [形] 経験を積んだ.
ge·stän·dig [ゲシュテンディひ] [形] 自白した, 白状した.
das **Ge·ständ·nis** [ゲシュテントニス] [名] -ses/-se 白状, 自白; 告白: ein ~ ablegen 白状する. 〈j³〉 ein ~ machen 〈人ニ〉打明ける.
das **Ge·stän·ge** [ゲシュテンゲ] [名] -s/- 支柱; 足場; 柵(さく); (ベットなどの)フレーム; 〖工〗桿(かん)伝動装置.
der **Ge·stank** [ゲシュタンク] [名] -(e)s/ 悪臭.
die **Ge·sta·po** [gestá:.. ゲスターポ, geʃtá:.. ゲシュターポ] [名] -/ ゲシュタポ(ナチスの秘密国家警察. Ge-

ge**stat·ten** [ゲシュタッテン] 動 h. **1.**〔((⟨j³⟩) + ⟨et⁴⟩/⟨zu⟩ 不定詞付)〕(公式に)許す, 許可する, 承認する：G~ Sie mir eine Frage？お尋ねしてもよろしいでしょうか。G~ Sie？ちょっと失礼(人のそばを通り抜けるときなど)。**2.**〔sich³ + ⟨et⁴⟩/⟨zu⟩動)〕《文》させてもらう：Ein Glas Wein *gestatte* ich mir noch. もう一杯ワインを飲ませてもらおう。Ich *gestatte mir*, Sie zu führen. 失礼ながらご案内致します。**3.**〔(⟨j³⟩) + ⟨et⁴⟩〕告白する, 打明ける(愛・真実を).
ge**stat·tet** [ゲシュタッテット] 形 許されている.
die **Ge·ste** [ゲ(−)ステ] 名 -/-n **1.** 身振り, 手振り, 仕ぐさ. **2.** (心にもない)素振り〔行為〕; 外交辞令；(関接的な)意思表示, ジェスチャー.
das **Ge·steck** [ゲシュテック] 名 -(e)s/-e 生け花, フラワーアレンジメント；《バイエルン・チロル》帽子の羽根飾り.
ge**ste·hen**＊ [ゲシュテーエン] 動 h. **1.**〔(⟨et⁴⟩)〕自白する, 自供する, 白状する, 認める(犯行などを)：offen *gestanden*, ich ... 実を言うと, 私は…. **2.**〔(⟨j³⟩) + ⟨et⁴⟩〕告白する, 打明ける(愛・真実を).
die **Ge·ste·hungs·kos·ten** [ゲシュテーウングス・コステン]《複数》〔経〕製作費, 原価.
das **Ge·stein** [ゲシュタイン] 名 -(e)s/-e 岩石；岩.
die **Ge·steins·ab·la·ge·rung** [ゲシュタインス・アップ・ラーゲルング] 名 -/-en〔地質〕岩石の堆積.
das **Ge·steins·bi·tu·men** [ゲシュタインス・ビトゥーメン] 名 -s/-(..mina)〔地質〕瀝青(総称)を含む岩石(砂岩)(石油生成の前段階).
die **Ge·steins·kun·de** [ゲシュタインス・クンデ] 名 -/ 岩石学.
das **Ge·stell** [ゲシュテル] 名 -(e)s/-e **1.** 台, 棚；(機械の)土台, 架台, 骨組み；車台；眼鏡などのフレーム；炉床. **2.**《口》やせこけた人；(人の)脚. **3.**〔狩〕猟道(林道によって区画された)山林〔猟区〕.
ge**stellt** [ゲシュテルト] 形 **1.** ポーズを作った, わざとらしい. **2.**〔次の形で〕auf sich⁴ (selbst) ~ sein (経済的に)自立している. gut/schlecht ~ sein 経済状態が良い/悪い.
die **Ge·stel·lung** [ゲシュテルング] 名 -/-en (主に《旧》)〔鉄道〕配車；〔官〕手配, 用意；《古》応召.
der **Ge·stel·lungs·be·fehl** [ゲシュテルングス・ベフェール] 名 -(e)s/-e (昔の軍隊への)召集令.
ges·tern [ゲスターン] 副 きのう, 昨日：~ Morgen/Abend 昨日の朝/晩に. bis/seit ~ 昨日まで/から. von ~ ab[an] 昨日以降. **2.** 昨日(過去の意味で)：in der Welt von ~ 昨日の世界. Er ist doch nicht von ~《口》彼だって昨日今日生れたばかり《経験がないわけ》じゃなあい.
das **Ge·stern** [ゲスターン] 名 -/ 昨日, 過去.
ge**stie·felt** [ゲシュティーふェルト] 形 長靴を履いた：der *G~e* Kater 長靴を履いたおす猫(ベローの童話の主人公).【慣用】*gestiefelt und gespornt*《口・冗》出発の準備はできている.
ge**stie·gen** [ゲシュティーゲン] 動 steigen の過去分詞.
ge**stielt** [ゲシュティールト] 形 柄〔取っ手〕のついた；〔植〕葉柄(ようへい)のある.
die **Ge·stik** [ゲ(−)スティク] 名 -/（総称）身振り, 仕草.
ges·ti·ku·lie·ren [ゲスティクリーレン] 動 h.《軽蔑》身振り手振りする.
das **Ge·stirn** [ゲシュティルン] 名 -(e)s/-e 天体；(稀)星.
ge**stirnt** [ゲシュティルント] 形《文》星の出た.
ge**sto·ben** [ゲシュトーベン] 動 stieben の過去分詞.
das **Ge·stö·ber** [ゲシュテーバー] 名 -s/- 吹雪.
ge**sto·chen** [ゲシュトッヘン] 動 stechen の過去分詞.
ge**sto·chen** [ゲシュトッヘン] 形 細心な, 正確な.

ge**stoh·len** [ゲシュトーレン] 動 stehlen の過去分詞.
das **Ge·stöh·ne** [ゲシュテーネ] 名 -s/《口・蔑》(絶え間ない)うめき(声).
ge**stor·ben** [ゲシュトルベン] 動 sterben の過去分詞.
ge**stört** [ゲシュテート] 形 障害〔欠陥〕のある, 故障した.
ge**sto·ßen** [ゲシュトーセン] 動 stoßen の過去分詞.
das **Ge·stot·ter** [ゲシュトッター] 名 -s/《口・蔑》(絶えず)どもること.
das **Ge·tram·pel** [ゲシュトラムペル] 名 -s/《口》手足をばたつかせること.
das **Ge·sträuch** [ゲシュトロイヒ] 名 -(e)s/-e 灌木(かんぼく)林, やぶ；粗朶(そだ), 柴.
ge**streift** [ゲシュトらイフト] 形 縞(模様・柄)の.
ge**streng** [ゲシュトれンゲ] 形《古》厳格な.
ge**stresst**,《旧》ge**streßt** [ゲシュトれスト] 形《口》ストレスを受けた.
ge**stri·chelt** [ゲシュトリッヒェルト] 形 破線で書かれた.
ge**stri·chen** [ゲシュトリッヒェン] 動 streichen の過去分詞.
──── 形 すり切りいっぱいの；塗った；線を引いて削除した.
ges·trig [ゲストリヒ] 形 **1.** 昨日の：unser *G~es*《商》《古》当社〔当店〕の昨日の書状. **2.** 古くさい, 旧弊な.
ge**strit·ten** [ゲシュトリッテン] 動 streiten の過去分詞.
ge**stromt** [ゲシュトろムト] 形 毛並模様のある.
das **Ge·strüpp** [ゲシュトりュップ] 名 -(e)s/-e やぶ, 灌木(かんぼく)林；《転》もじゃもじゃしたもの；錯綜(さくそう)しているもの.
das **Ge·stühl** [ゲシュテュール] 名 -(e)s/-e (ある場所の全部の)椅子(いす), 座席.
der **Ge·stüm·per** [ゲシュテュムパー] 名 -s/《口・蔑》(絶えず)へまをすること, 手際の悪いこと；下手な仕事.
ge**stun·ken** [ゲシュトゥンケン] 動 stinken の過去分詞.
der **Ge·stus** [ゲストゥス] 名 -/ **1.** 身ぶり, しぐさ；外見. **2.** 表現(力).
das **Ge·stüt** [ゲシュテュート] 名 -(e)s/-e **1.** 馬の飼育牧場；(総称)飼育場の馬. **2.** (総称)馬の血統的特徴.
der **Ge·stüt·hengst** [ゲシュテュート・ヘングスト] 名 -es/-e 種馬.
das **Ge·such** [ゲズーフ] 名 -(e)s/-e 請願(書), 申請(書).
ge**sucht** [ゲズーフト] 形 **1.** 凝った, わざとらしい. **2.** 需要の多い, めずらしい, ひっぱりだこの.
das **Ge·su·del** [ゲズーデル] 名 -s/《口・蔑》(しきりに)塗りたくる〔なぐり書きする〕こと；いい加減な仕事.
das **Ge·summ** [ゲズム] 名 -(e)s/《蔑》(絶えず)ぶんぶんいうこと(音).
das **Ge·sum·me** [ゲズメ] 名 -s/ =Gesumm.
ge**sund** [ゲズント] 形 gesünder〔gesunder〕; gesündest〔gesundest〕 **1.** 健康な, 健全な, 丈夫な：ein ~*er* Magen 丈夫な胃. einen ~*en* Appetit haben 食欲が旺盛(おうせい)だ. **2.** 健康〔体〕によい：eine ~e Bewegung 健康的な運動. Rauchen ist nicht ~. 喫煙は体によくない. Diese Strafe ist ganz ~ für ihn. この罰は彼には非常によい薬だ. **3.** あたりまえの, まともな：(ein) ~er Menschenverstand 常識, 良識.【慣用】*Aber sonst bist du gesund?*《口》(そんなこと言って(して))おまえは正気かい.
ge**sund·be·ten** [ゲズント・ベーテン] 動 h.〔⟨j⁴⟩〕病気が治るように祈る, (…のために)加持祈禱(きとう)する.
der **Ge·sund·be·ter** [ゲズント・ベーター] 名 -s/- 加持祈禱(きとう)師.
der **Ge·sund·brun·nen** [ゲズント・ブルネン] 名 -s/-《文》健康の泉.
ge**sun·den** [ゲズンデン] 動《文》**1.** s.〔健康を〕平癒

Gesundheit 480

する,健康を取戻す;立直る. **2.** *h.*〔<et⁴〕ッ〕健全化する.

die **Ge·sund·heit** [ゲズントハイト] 名 -/-en 健康;健康状態;(転)健全(財政・道徳などの): die öffentliche ～ 公衆衛生. bei guter ～ sein 壮健である. von schwacher ～ sein 虚弱な体質だ. G～! お大事に(人がくしゃみをしたときに).

ge·sund·heit·lich [ゲズントハイトリヒ] 形 健康(上)の;健康のための.

das **Ge·sund·heits·amt** [ゲズントハイツ・アムト] 名 -(e)s/..ämter 保健所.

die **Ge·sund·heits·be·hör·de** [ゲズントハイツ・ベ～デ] 名 -/-n 衛生局.

ge·sund·heits·hal·ber [ゲズントハイツ・ハルバァ] 副 健康上の理由で.

die **Ge·sund·heits·leh·re** [ゲズントハイツ・レーれ] 名 -/ 衛生(保健)学.

die **Ge·sund·heits·pfle·ge** [ゲズントハイツ・プふレーゲ] 名 -/ 健康管理,衛生,摂生.

die **Ge·sund·heits·po·li·zei** [ゲズントハイツ・ポリツァイ] 名 -/ 衛生警察.

die **Ge·sund·heits·rück·sich·ten** [ゲズントハイツ・リュック・ズィヒテン] 複数 (次の形で)aus ～ 健康上の理由から.

ge·sund·heits·schäd·lich [ゲズントハイツ・シェートリヒ] 形 健康によくない.

das **Ge·sund·heits·we·sen** [ゲズントハイツ・ヴェーゼン] 名 -s/ 公衆衛生(制度).

der **Ge·sund·heits·zu·stand** [ゲズントハイツ・ツー・シュタント] 名 -(e)s/ 健康状態.

ge·sund|ma·chen [ゲズント・マッヘン] 動 *h.* 〔sich⁴+an(mit)〔et⁴〕ッ/durch〔et⁴〕ニョッケ〕(口)ひと山当てる,金持になる.

ge·sund|schrei·ben*, ⓢ**ge·sund schrei·ben*** [ゲズント・シュらイベン] 動 *h.* 〔〈j⁴〉ッ〕(口)健康であるという診断書を書く.

ge·sund|schrumpfen [ゲズント・シュるムプふェン] 動 *h.* 〔〈et⁴〕ッ〕(口)規模を縮小して健全化する;(企業・産業分野などを),〔〈et⁴〕がsich⁴の場合〕規模を縮小して健全経営になる.

ge·sund|sto·ßen* [ゲズント・シュトーセン] 動 *h.* 〔sich⁴〕(口)ぼろもうけをする.

die **Ge·sun·dung** [ゲズンドゥング] 名 -/ (文) **1.** 健康回復,治癒. **2.** 健全化.

ge·sun·gen [ゲズンゲン] 動 singen の過去分詞.

ge·sun·ken [ゲズンケン] 動 sinken の過去分詞.

get. = getauft 洗礼を受けた.

das **Ge·tä·fel** [ゲテーふル] 名 -s/ 羽目板張り.

ge·tä·felt [ゲテーふェルト] 形 板張りの.

das **Ge·tä·fer** [ゲテーふァ] 名 -s/ (ҳ⁴)羽目板張り.

ge·tan [ゲターン] 動 tun の過去分詞.

das **Ge·tän·del** [ゲテンデル] 名 -s/ (蔑)(絶え間なく)たわむれること.

ge·teilt [ゲタイルト] 形 分割された;分れた;分ち合った;(数)割った: Zehn ～ durch zwei ist fünf. 10 割る2は5.

(das) **Geth·se·ma·ne** [getsɛ̍:mane ゲツェーマネ] 名 -s/ (地名)ゲッセマネ(キリストが最後の祈りを捧げたエルサレム付近の園).

das **Ge·tier** [ゲティーァ] 名 -(e)s/ (総称)動物;小動物,虫けら.

ge·ti·gert [ゲティーガート] 形 虎斑(ﾄﾗﾌ)の;まだらの.

das **Ge·to·se** [ゲトーゼ] 名 -s/ =Getöse.

das **Ge·tö·se** [ゲテーゼ] 名 -s/ ((蔑)も有)ごう音,どよめき.

ge·tra·gen [ゲトらーゲン] 動 tragen の過去分詞.

—— 形 〔最高級なし〕**1.** 重々しい(声・話し方など),荘重な;(楽)音を十分に保った. **2.** 着〔履き〕古した.

das **Ge·tram·pel** [ゲトらムペル] 名 -s/ (口)((蔑)も)足を踏み鳴らし続けること(音).

das **Ge·tränk** [ゲトれンク] 名 -(e)s/-e 飲み物,飲料.

die **Ge·tränke·steu·er** [ゲトれンケ・シュトイァー] 名 -/-n 飲酒税.

ge·trau·en [ゲトらウエン] 動 *h.* 〔sich⁴⁽³⁾+zu〈動〉/〈et⁴〉ッ〕思いきってする,する勇気がある.

das **Ge·trei·de** [ゲトらイデ] 名 -s/ 穀類,穀物.

die **Ge·trei·de·art** [ゲトらイデ・アーアト] 名 -/ 穀物の種類.

der **Ge·trei·de·bau** [ゲトらイデ・バウ] 名 -(e)s/ 穀物の栽培.

der **Ge·trei·de·bo·den** [ゲトらイデ・ボーデン] 名 -s/..böden 穀物栽培に適した土地;サイロ,穀物倉庫.

die **Ge·trei·de·bör·se** [ゲトらイデ・ⓑるゼ] 名 -/-n 穀物取引所.

das **Ge·trei·de·feld** [ゲトらイデ・ふェルト] 名 -(e)s/-er 穀物畑.

der **Ge·trei·de·han·del** [ゲトらイデ・ハンデル] 名 -s/ 穀物取引.

der **Ge·trei·de·schäd·ling** [ゲトらイデ・シェートリング] 名 -s/-e 〔農〕穀物の害虫(病菌).

der **Ge·trei·de·spei·cher** [ゲトらイデ・シュパイヒァー] 名 -s/ 穀物倉庫,穀倉.

ge·trennt [ゲトれント] 形 分けられた;別(々)の: ～ leben 別居している. ～ schreiben 文綴して書く. ～ Kasse haben[führen/machen] 別会計である. mit ～er Post 別便で.

die **Ge·trennt·schrei·bung** [ゲトれント・シュらイブング] 名 -/ 分ち書き.

ge·tre·ten [ゲトれーテン] 動 treten の過去分詞.

ge·treu [ゲトろイ] 形 **1.** 《文》忠実な,誠実な. **2.** (事実に)忠実な.

—— 前 〔+3格〕…に忠実に.

..ge·treu … [ゲトろイ] 接尾 名詞の後につけて「…に忠実な」という意味の形容詞を作る: maßstabgetreu 縮尺に忠実な. wirklichkeitsgetreu 現実〔事実〕に忠実な.

der/*die* **Ge·treue** [ゲトろイエ] 名 〔形容詞的変化〕忠実な家来〔従者〕,誠実な友人.

ge·treu·lich [ゲトろイリヒ] 形 《文》忠実な;正確な.

das **Ge·trie·be** [ゲトリーベ] 名 -s/- **1.** 伝動装置,トランスミッション,ギア;(転)(社会などの)仕組み〔機構〕. **2.** 雑踏,喧噪(ｹﾝｿｳ);活気.

ge·trie·ben [ゲトリーベン] 動 treiben の過去分詞.

ge·trof·fen¹ [ゲトろっふェン] 動 treffen の過去分詞.

ge·trof·fen² [ゲトろっふェン] 動 (稀)triefen の過去分詞.

ge·tro·gen [ゲトろーゲン] 動 trügen の過去分詞.

ge·trost [ゲトろースト] 副 《文飾》安らかに,安心して,遠慮なく: Man kann ～ sagen, dass ... …と言ってかまわない.

—— 形 安心した,泰然とした: ～en Mutes sein 泰然自若としている.

ge·trös·ten [ゲトれーステン] 動 *h.* **1.** 〔sich⁴+〈et²〉ッ〕《文》あてにする,頼りとする. **2.** 〈j³〉ッ〕《古》慰める.

ge·trun·ken [ゲトるンケン] 動 trinken の過去分詞.

das **Get·to** [ゲット] 名 -s/-s **1.** ゲットー(昔のユダヤ人居住区域);(主に(蔑))(少数民族・追放者たちの)居住区域;(有産階級・老人たちなどの住む特殊な)生活領域〔空間〕;(閉鎖的孤立集団たちがとらわれている特殊な)精神空間.

der **Get·to·blas·ter** [ゲット・ブらスタァ] 名 -s/- 大きな音を出す大型ラジカセ.

das **Ge·tue** [ゲトゥーエ] 名 -s/ (口・蔑)仰々しい振舞い,わざとらしい〔気取った〕態度.

das **Ge·tüm·mel** [ゲテュメル] [名] -s/- 《主に[単]》騒然とした状況, 混乱, 人込み, 雑踏, 混雑.

ge·tüp·felt [ゲテュップふぇルト] [形] 斑点(はんてん)のある, 水玉模様の.

ge·übt [ゲユーブト] [形] 熟練した, 熟達した.

die **Ge·übt·heit** [ゲユーブトハイト] [名] -/ 熟練, 熟達.

der **Geu·se** [ゴイゼ] [名] -n/-n 《主に[複]》ゴイセン戦士《16世紀スペイン暴政に反抗したオランダの貴族と新教市民》.

der **Ge·vat·ter** [ゲふぁッター] [名] -s〔-n〕/-n **1.** 《古》代父. **2.** 《古》親しい人, 知人.

die **Ge·vat·te·rin** [ゲふぁッテリン] [名] -/-nen Gevatter の女性形.

das **Ge·viert** [ゲふぃーあト] [名] -(e)s/-e 四角形, 四辺形;〘印〙全角クワタ: neun Meter im ~ 9メートル四方.

ge·vier·teilt [ゲふぃーあ·タイルト] [形] **1.** 《稀》四分〔四等分〕された. **2.** (中世の)四つ裂きの刑に処せられた.

das **Ge·wächs** [ゲヴェックス] [名] -es/-e **1.** 植物, 草木. **2.** (特定の年・場所の)作物, ワイン: Der Wein ist eigenes ~. そのワインは自家製です. ein ~ des Jahrgangs 1980 1980年産のワイン. **3.** はれ物, でき物, 腫瘍(しゅよう): ein bösartiges ~ 悪性腫瘍. **4.** 《口》(あるタイプの)人間, やつ.

ge·wach·sen [ゲヴァクセン] [動] wachsen の過去分詞.

―― [形] **1.** 自然に発展〔発生〕した, 人の手の加わらない. **2.** 《次の形で》<j³>/<et³> ~ sein〈人に〉太刀打ちできる/〈事を〉やりこなせる.

das **Ge·wächs·haus** [ゲヴェックス·ハウス] [名] -es/..häuser 温室.

das **Ge·waff** [ゲヴァふ] [名] -(e)s/ 〘狩〙 **1.** (雄イノシシの)牙. **2.** 猛鳥のかぎづめ.

ge·wagt [ゲヴァークト] [形] 大胆な, 思い切った; きわどい.

ge·wählt [ゲヴェールト] [形] 洗練された.

ge·wahr [ゲヴァーあ] [形] 《文》(次の形で)<j⁴/et⁴>〔<j²/et²>〕~ werden 〈人・物に〉気づく(特に視覚的に);〈事に〉後でそれと気づく(2格は《古》): Er wurde seinen Fehler〔seines Fehlers〕~. 彼は自分の誤りに後で気がついた.

die **Ge·währ** [ゲヴェーあ] [名] -/ 保証: für <j⁴/et⁴> ~ leisten 〈人・物・事の〉保証をする.

ge·wah·ren [ゲヴァーれン] [動] *h.* 〔<j⁴/et⁴>ヲ〕《文》認める, (…に)気づく.

ge·wäh·ren [ゲヴェーれン] [動] *h.* **1.** 〔<j³>ニ+<et⁴>ヲ〕与える(宿舎・割引などを), 許す(謁見・亡命などを). **2.** 〔<j³>ノ+<et⁴>ヲ〕聞入れる, かなえてやる(願いなどを). **3.** 〔<j³>ニ+<et⁴>ヲ〕もたらす(契約が利益を・音楽が慰めなどを). 【慣用】 <j⁴> **gewähren lassen** 〈人を〉好きなようにさせておく.

ge·währ·leis·ten [ゲヴェーあ·ライステン] [動] *h.* 〔(<j³>ニ)+<et⁴>ヲ〕保証する. ⇨ Gewähr.

die **Ge·währ·leis·tung** [ゲヴェーあ·ライストゥング] [名] -/-en **1.** 保証. **2.** 担保.

der **Ge·währ·leis·tungs·an·spruch** [ゲヴェーあライストゥングス·アン·シュプるっふ] [名] -(e)s/..sprüche 担保請求権.

der **Ge·wahr·sam**[1] [ゲヴァーあザーム] [名] -s/ 保管; 保持; 勾留(こうりゅう): <et⁴> in ~ haben〔halten〕〈物を〉保管している. <j⁴> in ~ nehmen 〈人を〉勾留する. in (polizeilichem) ~ sein 留留されている.

das **Ge·wahr·sam**[2] [ゲヴァーあザーム] [名] -s/-e 《古》監獄.

der **Ge·währs·mann** [ゲヴェーあス·マン] [名] -(e)s/..männer〔..leute〕証人; 確かな筋の情報提供者.

der **Ge·währs·mensch** [ゲヴェーあス·メンシュ] [名] -en/-en 証人; 確かな筋の情報提供者.

die **Ge·wäh·rung** [ゲヴェーるング] [名] -/-en 《主に[単]》承認, 承諾; 認可, 許可.

die **Ge·walt** [ゲヴァルト] [名] -/-en **1.** (支配する)力, 権力: die elterliche ~ 親権. die richterliche ~ 司法権. die gesetzgebende ~ 立法権. die vollziehende ~ 行政権. die staatliche ~ 国権. ~ über <j⁴> haben〈人を〉支配する. <j⁴> in seiner ~ haben〈人を〉支配している. in〔unter〕seiner ~ stehen 彼に支配されている. die ~ über seinen Wagen verlieren 車をコントロールできなくなる. **2.** 《[単]のみ》暴力, 暴行; (不法な)強制: (rohe) ~ anwenden 暴力を用いる. **3.** 《文》(自然・運命などの)猛威; 激烈, すさまじさ: die ~ des Sturms 嵐の暴威. die höhere ~ 不可抗力. die ~ der Leidenschaft (抗し難いほど)激しい情熱. 【慣用】<et³> **Gewalt antun** 〈事を〉自分の都合で曲解する. **mit aller Gewalt** 無理やり, 是が非でも. **sich³ Gewalt antun** 自殺する, 意に反して行う. **sich⁴ in der Gewalt haben** 自制する.

der **Ge·walt·akt** [ゲヴァルト·アクト] [名] -(e)s/-e 暴力行為, 強制措置.

die **Ge·walt·an·wen·dung** [ゲヴァルト·アン·ヴェンドゥング] [名] -/-en 暴力の行使, 実力行使.

die **Ge·wal·ten·tei·lung** [ゲヴァルテン·タイルング] [名] -/ 三権分立, 権力分立.

die **Ge·wal·ten·tren·nung** [ゲヴァルテン·トれヌング] [名] -/ 三権分立, 権力分立.

ge·walt·frei [ゲヴァルト·ふらイ] [形] 非暴力の.

der **Ge·walt·ha·ber** [ゲヴァルト·ハーバー] [名] -s/- 権力者, 支配者.

die **Ge·walt·herr·schaft** [ゲヴァルト·へるシャふト] [名] -/ 独裁〔専制〕政治.

der **Ge·walt·herr·scher** [ゲヴァルト·へるシャー] [名] -s/- 独裁者, 専制君主.

ge·wal·tig [ゲヴァルティひ] [形] **1.** 権力〔勢力〕のある, 強力な. **2.** 巨大な. **3.** 強烈な;《口》ひどく.

ge·walt·los [ゲヴァルト·ロース] [形] 非暴力の.

der **Ge·walt·marsch** [ゲヴァルト·マるシュ] [名] -(e)s/..märsche 強行軍.

die **Ge·walt·maß·nah·me** [ゲヴァルト·マース·ナーメ] [名] -/-n 断固たる処置, 強制措置.

der **Ge·walt·mensch** [ゲヴァルト·メンシュ] [名] -en/-en 乱暴者.

ge·walt·sam [ゲヴァルトザーム] [形] 強制的な, 力〔腕〕ずくの, 強引な: ein ~*er* Tod 横死.

die **Ge·walt·sam·keit** [ゲヴァルトザームカイト] [名] -/-en **1.** 《[単]のみ》強引さ, 強制; 乱暴, 強暴. **2.** 暴力行為.

der **Ge·walt·streich** [ゲヴァルト·シュトらイひ] [名] -(e)s/-e (武力)強行策, 強襲.

die **Ge·walt·tat** [ゲヴァルト·タート] [名] -/-en 暴力行為.

der **Ge·walt·tä·ter** [ゲヴァルト·テーター] [名] -s/- 暴力犯; 暴力的な人.

ge·walt·tä·tig [ゲヴァルト·テーティひ] [形] 暴力的な, 乱暴な.

die **Ge·walt·tä·tig·keit** [ゲヴァルト·テーティひカイト] [名] -/-en **1.** 《[単]のみ》強引, 乱暴. **2.** 暴力行為.

der **Ge·walt·ver·zicht** [ゲヴァルト·ふぇあツィひト] [名] -(e)s/-e 武力行使の断念.

das **Ge·wand** [ゲヴァント] [名] -(e)s/..wänder〔-〕《文》衣服(式服・法衣など);〘カトリック〙(ミサ用の)祭服(Mess~);《転》装い.

das **Ge·wand·haus** [ゲヴァント·ハウス] [名] -es/..häuser **1.** (中世の)織物会館. **2.** 《[単]のみ》ゲヴァントハウス(ライプツィヒのコンサート・ホール).

ge·wandt [ゲヴァント] [動] wenden の過去分詞.

G

―― 形 じょうずな, 巧みな, 機敏な.
die **Ge·wandt·heit** [ゲヴァントハイト] 名 -/ 機敏(さ);熟練.
die **Ge·wan·dung** [ゲヴァンドゥング] 名 -/-en 1. 《文》(特定の目的のための)服(正装・制服など). 2. 〖芸術学〗ドラペリー(衣服やひだの描写).
ge·wann [ゲヴァン] 動 gewinnen の過去形.
ge·wän·ne [ゲヴェネ] 動 gewinnen の接続法 2 式.
ge·wär·tig [ゲヴェるティヒ] 形 〈et²〉〈〈文〉〉トイクコトヲ〉予期〔覚悟〕した：des Todes ~ sein 死を覚悟している.
ge·wär·ti·gen [ゲヴェるティゲン] 動 *h.* 《文》 1. 〔(sich³) + (von〈j³/et³〉=) +〈et⁴〉〕期待する. 2. 〈et⁴〉ッ〕覚悟する.
das **Ge·wäsch** [ゲヴェッシュ] 名 -(e)s/ 〈〈口・蔑〉〉無駄口, 駄弁.
ge·wa·schen [ゲヴァッシェン] 動 waschen の過去分詞.
das **Ge·wäs·ser** [ゲヴェッサー] 名 -s/- 海, 河, 湖, 運河, 沼, 池：die fließenden ~ des Landes その国の全河川. ein stehendes ~ 湖沼.
die **Ge·wäs·ser·be·la·stung** [ゲヴェッサー・ベラストゥング] 名 -/-en 水質汚染.
der **Ge·wäs·ser·plan** [ゲヴェッサー・プラーン] 名 -(e)s/..pläne 〖農〗(耕地整理の一環としての)用排水計画.
der **Ge·wäs·ser·schutz** [ゲヴェッサー・シュッツ] 名 -es/ 水質保護(措置).
das **Ge·we·be** [ゲヴェーベ] 名 -s/- 1. 織物, 布地；〈転〉(張りめぐらされた)網, 罠(%). 2. 〖医・生〗組織；〈転〉複雑な絡み.
die **Ge·we·be·leh·re** [ゲヴェーベ・レーれ] 名 -/ 〖医〗組織学.
die **Ge·webs·flüs·sig·keit** [ゲヴェブス・ふリュッスィヒカイト] 名 -/-en 〖医〗リンパ液.
ge·weckt [ゲヴェックト] 形 利発な.
das **Ge·wehr** [ゲヴェーあ] 名 -(e)s/-e 1. 銃, 小銃；ライフル銃：das ~ laden 銃に弾を込める. mit dem ~ auf〈j⁴〉zielen 銃で〈人〉をねらう. 2. 〖狩〗(雄イノシシの)牙.
das **Ge·wehr·feu·er** [ゲヴェーあ・ふォイアー] 名 -s/ 銃火.
der **Ge·wehr·kol·ben** [ゲヴェーあ・コルベン] 名 -s/- (小銃の)床尾.
der **Ge·wehr·lauf** [ゲヴェーあ・ラウふ] 名 -(e)s/..läufe 銃身.
der **Ge·wehr·rie·men** [ゲヴェーあ・リーメン] 名 -s/- (銃の)負い革.
der **Ge·wehr·schaft** [ゲヴェーあシャフト] 名 -(e)s/..schäfte 銃床.
das **Ge·weih** [ゲヴァイ] 名 -(e)s/-e (一対の)枝角.
ge·weiht [ゲヴァイト] 形 角を生やした.
das **Ge·wer·be** [ゲヴェるベ] 名 -s/- 1. (第一次産業と自由業以外の)職業, 営業, 商売, 手工業：ein ~ ausüben 営業〔商売〕を行う. ein dunkles ~ いかがわしい商売. 2. 〈総〉中小企業；自営業. 3. 〖ス⁴〗農場. 【慣用】**das horizontale Gewerbe** 〈口〉売春.
die **Ge·wer·be·auf·sicht** [ゲヴェるベ・アウふ・ズィヒト] 名 -/ 営業基準監督.
die **Ge·wer·be·aus·stel·lung** [ゲヴェるベ・アウス・シュテルング] 名 -/-en 産業博覧会.
der **Ge·wer·be·be·trieb** [ゲヴェるベ・ベトリープ] 名 -(e)s/-e (第一次産業と自由業以外の)一般営業.
der **Ge·wer·be·fleiß** [ゲヴェるベ・ふライス] 名 -es/ 生産性, 生産力.
die **Ge·wer·be·frei·heit** [ゲヴェるベ・ふらイハイト] 名 -/ 営業の自由.

der **Ge·wer·be·leh·rer** [ゲヴェるベ・レーらー] 名 -s/- 実業学校教員.
die **Ge·wer·be·ord·nung** [ゲヴェるベ・オるドヌング] 名 -/ 営業法(略 GewO).
der **Ge·wer·be·schein** [ゲヴェるベ・シャイン] 名 -(e)s/-e 営業許可証.
die **Ge·wer·be·schu·le** [ゲヴェるベ・シューレ] 名 -/-n 実業〔職業〕学校.
die **Ge·wer·be·steu·er** [ゲヴェるベ・シュトイアー] 名 -/-n 営業税.
der/die **Ge·wer·be·trei·ben·de** [ゲヴェるベ・トらイベンデ] 名 〔形容詞的変化〕自営業者, 商工業者.
ge·werb·lich [ゲヴェるプリヒ] 形 商工業の, 商売(営業)(上)の.
ge·werbs·mä·ßig [ゲヴェるブス・メースィヒ] 形 職業的な：ein ~er Dieb プロの窃盗犯. ~e Unzucht 売春.
das **Ge·werk** [ゲヴェるク] 名 -(e)s/-e 1. 手工業, 自営業；同業組合. 2. 《方》(時計などの)機械装置.
die **Ge·werk·schaft** [ゲヴェるクシャフト] 名 -/-en 労働〔従業員〕組合.
der **Ge·werk·schaf·ter** [ゲヴェるクシャフター] 名 -s/- 労働組合員, 労働組合の役員.
der **Ge·werk·schaft·ler** [ゲヴェるクシャフトラー] 名 -s/- = Gewerkschafter.
ge·werk·schaft·lich [ゲヴェるクシャフトリヒ] 形 労働組合の.
die **Ge·werk·schafts·be·we·gung** [ゲヴェるクシャフツ・ベヴェーグング] 名 -/ 労働組合運動.
der **Ge·werk·schafts·bund** [ゲヴェるクシャフツ・ブント] 名 -(e)s/ 労働組合同盟：Deutscher ~ ドイツ労働組合連盟(略 DGB).
ge·werk·schafts·ei·gen [ゲヴェるクシャフツ・アイゲン] 形 労働組合が所有する.
der **Ge·werk·schafts·füh·rer** [ゲヴェるクシャフツ・ふゅーらー] 名 -s/- 労働組合委員(長).
der **Ge·werk·schafts·funk·tio·när** [ゲヴェるクシャフツ・ふンクツィオネーあ] 名 -s/-e 労働組合幹部(役員).
das **Ge·werk·schafts·mit·glied** [ゲヴェるクシャフツ・ミットグリート] 名 -(e)s/-er 労働組合員.
das **Ge·we·se** [ゲヴェーゼ] 名 -s/ 1. 《口》《《蔑》も有》大げさな振舞い, もったいぶった態度. 2. 《方》家屋敷.
ge·we·sen [ゲヴェーゼン] 動 sein の過去分詞.
――形 《《トリツグ》》かつての.
ge·wi·chen [ゲヴィッヒェン] 動 weichen²の過去分詞.
ge·wichst [ゲヴィクスト] 形 〈口〉ずる賢い；《古》着飾った.
das **Ge·wicht**¹ [ゲヴィヒト] 名 -(e)s/-e 1. (⑪のみ)重さ, 重量, 目方：das spezifische ~ 比重. sein ~ halten 一定の体重を保つ. 2. (⑪のみ)重要性, 重み, 影響力：ein Argument von ~ 重大な論拠. ~ haben 重要である. 3. 分銅, おもり. 4. 〖数〗加重値. 【慣用】**auf**〈et⁴〉**Gewicht legen**〈事〉を重視する. **ins Gewicht fallen** 重大な意義がある. **sein ganzes Gewicht in die Waagschale werfen** 全力を尽す.
das **Ge·wicht**² [ゲヴィヒト] 名 -(e)s/-er 〖狩〗(ノロジカの)枝角.
ge·wich·ten [ゲヴィヒテン] 動 *h.* 1. 〈et⁴〉ッ〕〖統計〗加重平均〔指標〕に基づく個々の数値の重要性の算定を行う(ある統計結果の). 2. 〈et⁴〉ッ〕重要度別にランクづけする.
das **Ge·wicht·he·ben** [ゲヴィヒト・ヘーベン] 名 -s/ 〖スポ〗重量挙げ.
der **Ge·wicht·he·ber** [ゲヴィヒト・ヘーバー] 名 -s/- 〖スポ〗重量挙げ選手.

ge·wịch·tig [ゲヴィひティひ] [形] 重要な,重大な;重々しい;《古》ずっしり重い,どっしりした.
die **Ge·wịch·tig·keit** [ゲヴィひティひカイト] [名] -/ 重大さ,重要性.
die **Ge·wịchts·ab·nah·me** [ゲヴィひツ・アップ・ナーメ] [名] -/-n 体重減少,減量.
die **Ge·wịchts·ein·heit** [ゲヴィひツ・アインハイト] [名] -/-en 重量単位.
die **Ge·wịchts·klas·se** [ゲヴィひツ・クラッセ] [名] -/-n 〘スポーツ〙体重別階級.
die **Ge·wịchts·kon·trol·le** [ゲヴィひツ・コントろレ] [名] -/-n (定期的な)体重検査,体重管理.
der **Ge·wịchts·ver·lust** [ゲヴィひツ・ふぇあルスト] [名] -es/-e 体重減少,重量の目減り.
die **Ge·wịchts·zu·nah·me** [ゲヴィひツ・ツー・ナーメ] [名] -/-n 体重増加.
ge·wieft [ゲヴィーふト] [形] 《口》抜け目のない.
ge·wiegt [ゲヴィークト] [形] 《口》老練な,熟達した.
das **Ge·wie·her** [ゲヴィーあー] [名] -s/ 馬のいななき;《口》甲高い笑い.
ge·wie·sen [ゲヴィーゼン] [動] weisen の過去分詞.
ge·willt [ゲヴィルト] [形] 〔zu 〈[動]スル〉〕つもりである: Ich bin nicht ~(,) das zu versprechen. 私はそれを約束するつもりはない.
das **Ge·wịm·mel** [ゲヴィメル] [名] -s/ 群がっていること,雑踏,混雑.
das **Ge·wịm·mer** [ゲヴィマー] [名] -s/ (絶え間のない)すすり泣き(の声).
das **Ge·wịn·de** [ゲヴィンデ] [名] -s/- **1.** 《古》編まれたもの(花輪など). **2.** ねじ溝〔筋〕.
der **Ge·wịn·de·boh·rer** [ゲヴィンデ・ボーらー] [名] -s/- 〘工〙ねじタップ.
der **Ge·wịnn** [ゲヴィン] [名] -(e)s/-e **1.** 利益,利潤,もうけ,得: aus 〈et³〉 ~ ziehen 〈事で〉利益を上げる. **2.** 賞金,賞品;当りくじ. **3.** 《[単]のみ》(精神的な)利益,有益,効用.
die **Ge·wịnn·ab·füh·rung** [ゲヴィン・アップ・ふゅーるング] [名] -/-en 利益供与〔支払・移転〕.
der **Ge·wịnn·an·teil** [ゲヴィン・アン・タイル] [名] -(e)s/-e 利益配当.
die **Ge·wịnn·aus·schüt·tung** [ゲヴィン・アウス・シュットゥング] [名] -/-en (利益)配当支払,利益の分配.
die **Ge·wịnn·be·tei·li·gung** [ゲヴィン・ベタイリグング] [名] -/-en 利潤分配(制度),企業利益参加
Ge·wịnn brin·gend, ge·wịnn·brin·gend [ゲヴィン ブリンゲント] [形] **1.** 利益の多い,もうかる: ein großen ~ ~*es*〔~*es*〕Unternehmen 大きな利益をうむ事業. ein äußerst ~*e* Industrie 非常に利益をもたらす工業. **2.** 得るところのある,有益な.
ge·wịn·nen* [ゲヴィネン] [動] gewann; hat gewonnen **1.** 〔〈et⁴〉ニ〕勝つ,勝利を収める(試合・戦争・選挙などに). **2.** 〔in〔bei〕〈et³〉デ〕優勝する,勝つ,勝利者となる. **3.** 〔〈et⁴〉ヲ〕獲得する,得る,手に入れる;もうける. **4.** 〔〈et⁴〉ヲ〕獲得する,得る,手に入れる(信頼・愛などを),稼ぐ: Zeit ~ 時を稼ぐ. einen Vorsprung vor 〈j³〉 ~ 〈人ヨリ〉前へ出る,〈人ヲ〉リードする. Abstand von 〈j³/et³〉 ~ 〈人・事ヲ〉距離を置いて見られるようになる. Klarheit über 〈j⁴/et⁴〉 ~ 〈人・事ガ〉はっきり分る. Einblick in die Verhältnisse ~ 《文》状況〔事情〕を理解する〔見通す〕. den Eindruck ~, dass ... …の印象を得る. **5.** 〔〈et⁴〉ニ〕《文》(苦労して)到達する,たどり着く. **6.** 〔〈j⁴〉ニ+für 〈et⁴〉ニ/〈様態〉デ〕参加〔協力〕してもらう,なってもらう(説得して). **7.** 〔an 〈et³〉ヲ〕増す,増加〔増大〕させる. **8.** 〔〈et⁴〉ヲ〕採掘する,掘出す(資源を). **9.** 〔〈et⁴〉ヲ+aus 〈et³〉カラ〕作る,製造する(天然の産物から). 【慣用】 **bei 〈j³〉 gewonnenes Spiel haben** 〈人ガ〉相手なら勝ったも同然だ〔くみしやすい〕. **Der Saal hat durch die Renovierung gewonnen.** その広間は改装によって良くなった. **Er konnte es nicht über sich gewinnen, ... zu** [動] 《古》彼には…をすることはどうしてもできなかった. **Jedes vierte Los gewinnt.** 4本に1本は当る〔当りくじだ〕. **Mit dieser Frau hat er das große Los gewonnen.** 《古》彼にはあの妻君は大当たりだ.
ge·wịn·nend [ゲヴィネント] [形] 感じのいい,魅力的な.
der **Ge·wịn·ner** [ゲヴィナー] [名] -s/- 勝者,受賞者;当選者.
die **Ge·wịnn·er·war·tung** [ゲヴィン・エあヴァるトゥング] [名] -/-en 《主に[複]》利益見通し.
die **Ge·wịnn·ge·mein·schaft** [ゲヴィン・ゲマインシャふト] [名] -/ 〘経〙利益共同(契約)(企業がその利益を他企業の利益と合算すること).
die **Ge·wịnn·lis·te** [ゲヴィン・リステ] [名] -/-n 当選者リスト;当選番号表.
das **Ge·wịnn·los** [ゲヴィン・ロース] [名] -es/-e 当りくじ.
die **Ge·wịnn·num·mer, Ge·wịnn-Num·mer,** [旧]**Ge·wịn·num·mer** [ゲヴィン・ヌマー] [名] -/-n 当りくじ番号.
die **Ge·wịnn·poo·lung** [..puːlʊŋ ゲヴィン・プールング] [名] -/-s 〘経〙利益プール.
die **Ge·wịnn·span·ne** [ゲヴィン・シュパネ] [名] -/-n 利ざや,マージン.
die **Ge·wịnn·sucht** [ゲヴィン・ズふト] [名] -/ 《[単]のみ》利欲,強欲.
ge·wịnn·süch·tig [ゲヴィン・ズュひティひ] [形] 利欲にかられた,強欲な.
die **Ge·wịn·num·mer** [ゲヴィン・ヌマー] [名] -/-n ⇨ Gewinnnummer.
die **Ge·wịn·nung** [ゲヴィヌング] [名] -/-en 《主に[単]》採掘,採取;(原料からの)生産.
der **Ge·wịnn·vor·trag** [ゲヴィン・ふぉーあ・トらーク] [名] -(e)s/..träge 〘経〙(企業会計で)繰越利益.
das **Ge·wịn·sel** [ゲヴィンゼル] [名] -s/ 《蔑》 **1.** (犬が絶えず)くんくん泣くこと. **2.** 哀訴,哀願すること.
der **Ge·wịnst** [ゲヴィンスト] [名] -(e)s/-e 《古》利益,儲(もう)け.
das **Ge·wịrk** [ゲヴィるク] [名] -(e)s/-e =Gewirke.
das **Ge·wịr·ke** [ゲヴィるケ] [名] -s/- **1.** メリヤス(の生地),ニット製品. **2.** 〘生〙(スズメバチの)巣;(ミツバチの)巣房.
das **Ge·wịrr** [ゲヴィる] [名] -(e)s/ **1.** (毛糸などの)もつれ. **2.** 混乱,ごたごた,錯綜(さくそう).
das **Ge·wịr·re** [ゲヴィれ] [名] -s/- 《稀》=Gewirr.
ge·wịss, [旧]**ge·wịß** [ゲヴィス] [形] **1.** ある(種の): ein ~*er* Herr Müller ミュラー氏とかいう人. aus einem ~*en* Grund ある理由があって. ein ~*er* Ort〔~*es* Örtchen〕あそこ(トイレ). **2.** ある(程度の): bis zu einem ~*en* Grade ある程度まで. **3.** 〔(〈et²〉ヲ)〕確信した,確実な: Du kannst deines Erfolges ~ sein. 君は君の成功を確かだと思っていい. —— [副] 《文飾》きっと,必ず;確かに: Das hat er ~ nicht getan. それを彼がしていないのは確かだ. Aber ~! もちろんですとも.
das **Ge·wịs·sen** [ゲヴィッセン] [名] -s/ 良心,道義心;(善悪の)意識: ein schlechtes ~ haben 心にやましいところがある. 【慣用】 **〈j⁴〉/〈et⁴〉 auf dem Gewissen haben** 〈人ノ〉死〔非運〕に責任がある,〈事ニ〉責任を負う. **〈j³〉 ins Gewissen reden** 〈人ノ〉良心に訴える. **sich³ kein Gewissen aus 〈et³〉 machen** 〈事ヲ〉気にしない.
ge·wịs·sen·haft [ゲヴィッセンハふト] [形] 綿密な,入念な,良心的な.
die **Ge·wịs·sen·haf·tig·keit** [ゲヴィッセンハふティひカイト] [名] -/ 良心的なこと,誠実さ,厳密さ.
ge·wịs·sen·los [ゲヴィッセン・ロース] [形] 良心のない,無

G

責任な, 向こうみずな, 破廉恥な.
die **Ge·wis·sen·lo·sig·keit** [ゲヴィッセン・ローズィひカイト] [名] -/ **1.** (㊍のみ)良心的でないこと, 無責任. **2.** 非良心的(無責任)な行為.
die **Ge·wis·sens·angst** [ゲヴィッセンス・アングスト] [名] -/ ..ängste 良心の呵責(かしゃく), やましさ.
der **Ge·wis·sens·biss,** ⑪ **Ge·wis·sens·biß** [ゲヴィッセンス・ビス] [名] -es/..bisse (主に㊎)良心の苛責(かしゃく) : sich³ über 〈et⁴〉 ~*e* machen 〈事について〉良心の苛責を感じる.
die **Ge·wis·sens·fra·ge** [ゲヴィッセンス・ふらーゲ] [名] -/ -n (主に㊍)良心の問題.
die **Ge·wis·sens·frei·heit** [ゲヴィッセンス・ふらイハイト] [名] -/ 良心の自由(自己の良心にのみ従う権利).
der **Ge·wis·sens·kon·flikt** [ゲヴィッセンス・コンふリクト] [名] -(e)s/-e 良心の葛藤(かっとう).
der **Ge·wis·sens·zwang** [ゲヴィッセンス・ツヴァング] [名] -(e)s/ 良心に反する行為への強制.
der **Ge·wis·sens·zwei·fel** [ゲヴィッセンス・ツヴァイふェル] [名] -s/- (主に㊎)良心の迷い.
ge·wis·ser·ma·ßen [ゲヴィッサー・マーセン] [副] (語飾)(動詞・形容詞・副詞・名詞を修飾)いわば, ある意味で, 幾分か : *G*~ hast du Recht. ある程度まで君は正しい.
die **Ge·wiss·heit,** ⑪ **Ge·wiß·heit** [ゲヴィスハイト] [名] -/-en (㊍のみ)確実性 : sich³ über 〈et⁴〉 ~ verschaffen 〈事について〉確かなことを手に入れる. **2.** 確信, 確証.
ge·wiss·lich, ⑪**ge·wiß·lich** [ゲヴィスリひ] [副] (文飾)(古)確実に, 確かに.
das **Ge·wit·ter** [ゲヴィッター] [名] -s/- 雷雨, 夕立; (転)ごたごた, 騒動.
ge·wit·te·rig [ゲヴィッテリひ] [形] =gewittrig.
ge·wit·tern [ゲヴィッターン] [動] *h.* (Es)雷雨になる.
die **Ge·wit·ter·nei·gung** [ゲヴィッター・ナイグング] [名] -/ 雷雨の気配.
der **Ge·wit·ter·re·gen** [ゲヴィッター・れーゲン] [名] -s/- 雷雨.
ge·wit·ter·schwül [ゲヴィッター・シュヴュール] [形] 雷雨が来そうにむし暑い.
die **Ge·wit·ter·schwü·le** [ゲヴィッター・シュヴューレ] [名] -/ 雷雨前の(ような)むし暑さ.
die **Ge·wit·ter·wol·ke** [ゲヴィッター・ヴォルケ] [名] -/-n 雷雲.
ge·witt·rig [ゲヴィットりひ] [形] 雷雨の来そうな; 雷雨の.
ge·witz·igt [ゲヴィッツィひト] [形] **1.** 〔durch 〈et⁴〉ニヨリ〕利口になった. **2.** (稀)抜け目のない.
ge·witzt [ゲヴィッツト] [形] 抜け目のない; 利口な.
GewO =Gewerbeordnung 営業法.
ge·wo·ben [ゲヴォーベン] [動] weben の過去分詞.
das **Ge·wo·ge** [ゲヴォーゲ] [名] -s/ 大きく波打つ(うねる)こと.
ge·wo·gen[1] [ゲヴォーゲン] [動] wägen の過去分詞.
ge·wo·gen[2] [ゲヴォーゲン] [動] wiegen¹の過去分詞.
—— [形] 〔〈j³/et³〉ニ〕(文)好意(好感)を寄せている : sich⁴ ihr ~ zeigen 彼女に好意を示す.
die **Ge·wo·gen·heit** [ゲヴォーゲンハイト] [名] -/ (文)好意, 好感.
ge·wöh·nen [ゲヴェーネン] [動] *h.* **1.** 〔〈j⁴/et⁴〉ヲ + an〈j⁴/et⁴〉ニ〕慣れさせる, 習慣づける, 慣れ親しませる, なつかせる. **2.** 〔sich⁴+an 〈j⁴/et⁴〉ニ〕慣れる, 慣れ親しむ, なつく.
die **Ge·wohn·heit** [ゲヴォーンハイト] [名] -/-en 習慣, 風習, 慣例; 癖 : aus bloßer ~ 習慣的に. mit einer ~ brechen 癖を直す.
ge·wohn·heits·ge·mäß [ゲヴォーンハイツ・ゲメース] [形] 習慣に従った.
ge·wohn·heits·mä·ßig [ゲヴォーンハイツ・メースィひ] [形] 習慣的な, 癖になった : ein ~*er* Verbrecher 常習犯.
der **Ge·wohn·heits·mensch** [ゲヴォーンハイツ・メンシュ] [名] -en/-en 習慣に従った生活をする人.
das **Ge·wohn·heits·recht** [ゲヴォーンハイツ・れひト] [名] -(e)s/-e(主に㊍) 〖法〗慣習法.
das **Ge·wohn·heits·tier** [ゲヴォーンハイツ・ティーあ] [名] -(e)s/-e (次の形で)Der mensch ist ein ~. (冗)人間は習慣の動物である.
der **Ge·wohn·heits·trin·ker** [ゲヴォーンハイツ・トりンカー] [名] -s/- 飲酒常習者.
der **Ge·wohn·heits·ver·bre·cher** [ゲヴォーンハイツ・ふぇあブれっひゃー] [名] -s/- 〖法〗犯罪常習者, 常習犯.
ge·wöhn·lich [ゲヴェーンリひ] [形] **1.** 普通の, ありふれた, 平凡な : im ~*en* Leben 日常生活で. **2.** いつもの, 通常の, 例の : zur ~*en* Stunde いつもの時間に. wie ~ いつものように. **3.** 下品な, 柄の悪い.
ge·wohnt [ゲヴォーント] [形] **1.** いつもの, 見(聞)慣れた, 昔ながらの, 例の : morgens zur ~*en* Stunde 朝いつもの時間に. **2.** 〔〈et⁴〉ニ/〈文〉トイウコトニ〕慣れた, (…が)常の : harte Arbeit ~ sein つらい仕事に慣れている.
ge·wöhnt [ゲヴェーント] [形] (次の形で)an 〈et⁴〉 ~ sein 〈物・事に〉慣れている.
die **Ge·wöh·nung** [ゲヴェーヌング] [名] -/ 慣れること, 順応 : die ~ an 〈et⁴〉 〈事への〉順応.
das **Ge·wöl·be** [ゲヴェルベ] [名] -s/- **1.** 丸天井, アーチ形の天井, 穹窿(きゅうりゅう). **2.** 石(レンガ)壁に囲まれた丸天井の部屋.
der **Ge·wöl·be·bo·gen** [ゲヴェルベ・ボーゲン] [名] -s/- 丸天井のアーチ.
der **Ge·wöl·be·pfei·ler** [ゲヴェルベ・プふぁイラー] [名] -s/- 丸天井の支柱.
das **Ge·wölk** [ゲヴェルク] [名] -(e)s/ 雲(の塊), 叢雲(むらくも).
das **Ge·wöl·le** [ゲヴェレ] [名] -s/- 〖動・狩〗(肉食鳥の吐き出す)消化不能物のかたまり, ペリット.
ge·wollt [ゲヴォルト] [動] wollen の過去分詞.
—— [形] 故意の; わざとらしい.
ge·wön·ne [ゲヴェネ] [動] gewinnen の接続法 2 式.
ge·won·nen [ゲヴォネン] [動] gewinnen の過去分詞.
ge·wor·ben [ゲヴォるベン] [動] werben の過去分詞.
ge·wor·den [ゲヴォるデン] [動] werden の過去分詞.
—— [形] 生成した.
ge·wor·fen [ゲヴォるふェン] [動] werfen の過去分詞.
ge·wrun·gen [ゲヴるンゲン] [動] wringen の過去分詞.
das **Ge·wühl** [ゲヴュール] [名] -(e)s/ **1.** 混雑, 雑踏. **2.** ((蔑)も有)(絶えず)引っかき回すこと.
ge·wun·den [ゲヴンデン] [動] winden¹ の過去分詞.
—— [形] 曲りくねった; 回りくどい.
ge·wun·ken [ゲヴンケン] [動] (方)winken の過去分詞.
ge·wür·felt [ゲヴュるふェルト] [形] 市松模様の; さいの目に切った.
das **Ge·würm** [ゲヴュるム] [名] -(e)s/-e (主に㊍)(蔑)多数の虫, 虫けら.
das **Ge·würz** [ゲヴュるツ] [名] -es/-e 香辛料, スパイス.
der **Ge·würz·es·sig** [ゲヴュるツ・エッスィひ] [名] -s/-e 香料入りの酢.
die **Ge·würz·gur·ke** [ゲヴュるツ・グるケ] [名] -/-n キュウリのピクルス.
ge·wür·zig [ゲヴュるツィひ] [形] 薬味(香料)のきいた, 風味のある.
die **Ge·würz·nel·ke** [ゲヴュるツ・ネルケ] [名] -/-n 〖植〗チョウジ, クローヴ.
die **Ge·würz·pflan·ze** [ゲヴュるツ・プふランツェ] [名] -/-n 香辛料植物, 香草.
das **Ge·würz·re·gal** [ゲヴュるツ・れガール] [名] -s/-e スパ

イス棚.
ge・würzt [ゲヴュルツト] 形 〔mit ⟨et³⟩テ/⟨様態⟩ァ〕味つけされた：eine mit Humor ~e Rede ユーモアまじりの演説.
der Ge・würz・tra・mi・ner [ゲヴュルツ・トラミーナー] 名 -s/- ゲヴュルツトラミーナー(ブドウの一種,またはそれから作った白ワイン).
ge・wusst, @ge・wußt [ゲヴスト] 動 wissen の過去分詞.
der Gey・sir [ガイズィる] 名 -s/-e 間欠泉.
gez. =gezeichnet 署名のある.
ge・zackt [ゲツァックト] 形 ぎざぎざの.
ge・zähnt [ゲツェーント] 形 ぎざぎざの；ミシン目の入った.
das Ge・zänk [ゲツェンク] 名 -(e)s/ 《蔑》絶え間ない)口げんか,口論.
das Ge・zan・ke [ゲツァンケ] 名 -s/ =Gezänk.
das Ge・zap・pel [ゲツァッペル] 名 -s/ (口)《蔑》(絶えず)手足をばたばたさせること.
ge・zeich・net [ゲツァイヒネット] 形 1. 〔von ⟨et³⟩テ〕(文)はっきり現れた：Er war vom Tode ~. 彼には死の影がはっきり現れていた. 2. 〔様態〕模様の.
【慣用】gezeichnet(gez.) Werner Schmidt 署名ヴェルナー・シュミット.
die Ge・zeit [ゲツァイト] 名 -/-en 1. (複のみ)潮の満ち干. 2. 潮汐(ちょうせき).
der Ge・zei・ten・berg [ゲツァイテン・ベるク] 名 -(e)s/-e 〔気〕(地球の月に面した側とその反対側に起こる)海面の盛り上がり.
der Ge・zei・ten・hub [ゲツァイテン・フープ] 名 -(e)s/ ..hübe 〔気〕潮差.
das Ge・zei・ten・kraft・werk [ゲツァイテン・クらフト・ヴェるク] 名 -(e)s/-e 潮力発電所.
die Ge・zei・ten・ta・fel [ゲツァイテン・ターふェル] 名 -/-n 潮汐(ちょうせき)表.
der Ge・zei・ten・un・ter・schied [ゲツァイテン・ウンターシート] 名 -(e)s/-e 潮差.
das Ge・zelt [ゲツェルト] 名 -(e)s/-e (詩・古)天幕.
das Ge・ze・ter [ゲツェーター] 名 -s/ 《蔑》(しきりに)不平を言うこと,金切声(でののしること).
ge・zie・hen [ゲツィーエン] 動 ziehen の過去分詞.
ge・zielt [ゲツィールト] 形 目標(ねらい)を定めた,的を射た；集中943的.
ge・zie・men [ゲツィーメン] 動 h. (古) 1. ⟨j³⟩ふさわしい,似つかわしい. 2. ⟨sich⁴⟩(その場に)ふさわしい,当を得る.
ge・zie・mend [ゲツィーメント] 形 《文》しかるべき,相応の.
ge・ziert [ゲツィーあト] 形 《蔑》気取った.
die Ge・ziert・heit [ゲツィーあトハイト] 名 -/ きざ,気取り.
das Ge・zisch [ゲツィッシュ] 名 -(e)s/ 《蔑》(も有)(絶えず)しゅーしゅーいうこと(音).
das Ge・zi・sche [ゲツィッシェ] 名 -s/ =Gezisch.
das Ge・zi・schel [ゲツィッシェル] 名 -s/ 《蔑》(絶え間のない)ひそひそ話.
ge・zo・gen [ゲツォーゲン] 動 ziehen の過去分詞.
——形 抜き身の;旋条をつけた(銃身);栽培された,飼育された,しつけられた.
das Ge・züchi [ゲツュヒト] 名 -(e)s/-e (キト(卑)) 1. 《や・蔑》ならず者,ごろつき. 2. (動物の)一腹(ぱら)の子.
das Ge・zweig [ゲツヴァイク] 名 -(e)s/ 《文》(総称)枝.
das Ge・zwitscher [ゲツヴィッチャー] 名 -s/ (小鳥の)さえずり(声).
ge・zwun・gen [ゲツヴンゲン] 動 zwingen の過去分詞.
——形 ぎこちない,不自然な;わざとらしい.

ge・zwun・ge・ner・ma・ßen [ゲツヴンゲナー・マーセン] 副 強制されて,否応なしに.
die Ge・zwun・gen・heit [ゲツヴンゲンハイト] 名 -/ 不自然さ,わざとらしさ.
gg =Gauge (編み)ゲージ.
GG =Grundgesetz 基本法.
ggf. =gegebenenfalls 場合によっては.
(das) Gha・na [ガーナ] 名 -s/ (国名)ガーナ(中部アフリカの共和国).
das Gha・sel [ガゼール] 名 -s/-e Gasel.
das Ghet・to [ゲット] 名 -s/-e Getto.
der Ghet・to・blas・ter [ゲットブラスター] 名 -s/- =Gettoblaster.
die Ghi・bel・li・ne [ギベリーネ] 名 -n/-n =Gibelline.
GHz =Gigahertz 〔理〕ギガヘルツ.
der Gi・aur [giáʊɐr ギアウあー] 名 -s/-s 〔イ教〕不信心者,異教徒.
gib! [ギープ] 動 geben の du に対する命令形.
der Gib・bon [ギボン] 名 -s/-s 〔動〕テナガザル.
die Gi・bel・li・ne [ギベリーネ] 名 -n/-n 〔史〕ギベリン党員,皇帝党員(シュタウフェン朝の支持者).
gibst [ギープスト] 動 geben の現在形2人称単数.
gibt [ギープト] 動 geben の現在形3人称単数.
die Gicht¹ [ギヒト] 名 -/ 痛風.
die Gicht² [ギヒト] 名 -/-en (高炉)の炉頂,装入口;(高炉の)装入物(コークスなど).
gichtbrüchig [ギヒト・ブりゅっヒヒ] 形 (古)痛風にかかった.
das Gichtgas [ギヒト・ガース] 名 -es/-e 〔冶金〕(鉄鉱石の)高炉ガス.
gicht・isch [ギヒティシュ] 形 痛風にかかった.
der Gichtkno・ten [ギヒト・クノーテン] 名 -s/- 痛風結節.
gi・ckeln [ギッケルン] 動 h. =gickern.
gi・ckern [ギッカーン] 動 h. 《中独》くすくす笑う.
gicks [ギックス] 名 《下の形で》weder ~ noch gacks wissen/sagen 《口》何にも知らない/うんともすんとも言わない. ~ und gacks 誰でも.
gick・sen [ギックセン] 動 h. 《蔑》 1. 甲高い声を出す;甲高くなる(声が話の途中などで). 2. 〔⟨j+³⟩ァ(/に) + (mit ⟨et³⟩テ) + (⟨方向⟩ァ)〕つつく.
der Gie・bel¹ [ギーベル] 名 -s/- 〔建〕ゲイブル(切妻上部の三角形の部分);〔建〕ペディメント(戸口・窓などの上部の三角形の飾り). 2. (口)鼻.
der Gie・bel² [ギーベル] 名 -s/- 〔魚〕フナ.
das Gie・bel・dach [ギーベル・ダッハ] 名 -(e)s/..dächer 切妻屋根.
das Gie・bel・fens・ter [ギーベル・ふェンスター] 名 -s/- 切妻窓.
die Gie・bel・sei・te [ギーベル・ザイテ] 名 -/-n 切妻屋のある側.
die Gie・bel・wand [ギーベル・ヴァント] 名 -/..wände 切妻屋の壁.
gie・prig [ギープりヒ] 形 貪欲な.
die Gier [ギーあ] 名 -/ 欲望,貪欲(どん),渇望：die ~ nach Macht 権力欲.
gie・ren¹ [ギーれン] 動 h. 〔nach ⟨et³⟩テ〕《文》激しく求める.
gie・ren² [ギーれン] 動 s. 〔蔑〕〔海・空〕船首(檣首)が揺れる;針路からそれる.
gie・rig [ギーりヒ] 形 〔auf ⟨et⁴⟩ァ/nach ⟨et³⟩テ〕渇望している：auf Geld ~/nach Wasser sein 金/水が欲しくてたまらない. 〔et⁴⟩ァ ~ essen ⟨物⟩をむさぼるように食べる.
der Gier・schlund [ギーあ・シュルント] 名 -(e)s/..schlünde (口)貪欲な人間.
der Gieß・bach [ギース・バッハ] 名 -(e)s/..bäche (雨や雪解けによる)急流.

gießen* [ギーセン] 動 goss; hat gegossen. **1.** 〈et⁴ッ+〈方向〉へ[〈か〉]〉注ぐ,そそぐ,注いで入れる.かける,流す;こぼす(誤って). **2.** 〈et⁴ッ〉水をやる,灌水(%%)する. **3.** 〈Es〉雨が激しく降る. **4.** 〈et⁴ッ〉鋳造する,鋳型に注入する(金属などを);成型する(製品を). 【慣用】Aus/Mit dieser Kanne gießt es sich nicht gut. このポットは(構造が悪くて)/このポットでは(使いにくくて)うまく注げない. **einen Kranz die Binde gießen**〈口〉一杯ひっかける. **Öl auf die Wogen gießen** なだめる,しずめる. **Öl ins Feuer gießen** 火に油をそそぐ.〈j³〉**Wasser in den Wein gießen**〈人の〉感激(喜び・期待)に水をさす,人の自信をくじく.

(das) **Gießen** [ギーセン] 名 -s/ 〖地名〗ギーセン(ヘッセン州の都市).

der **Gie-ße-ner** [ギーセナー] 名 -s/- ギーセンの人.

der **Gie-ßer** [ギーサー] 名 -s/- **1.** 鋳物工. **2.** 水差し.

die **Gie-ße-rei** [ギーセらイ] 名 -/-en **1.**《働のみ》鋳造;鋳造業. **2.** 鋳物工場,鋳造所.

die **Gieß-form** [ギース・ふぉるム] 名 -/-en 〖工〗鋳型.

die **Gieß-kan-ne** [ギース・カネ] 名 -/-n 如雨露(%%).

das **Gieß-kan-nen-prin-zip** [ギースカネン・プリンツィープ] 名 -s/ 平等分配の原則.

gießt [ギースト] 動 gießen の現在形2・3人称単数.

das **Gift** [ギふト] 名 -(e)s/-e **1.** 毒,毒薬,毒物; 〈j³〉~ geben〈人を〉毒殺する. ~ spritzen 農薬散布をする. **2.** 害毒(弊害)をもたらすもの,有害なもの; ~ für〈j⁴〉sein〈人にとって〉有害だ.《働のみ》毒意,憎悪; voller ~ sein 悪意に満ちている. sein ~ verspritzen〈口〉憎まれ口をたたく. 【慣用】**Darauf kannst du Gift nehmen.**〈口〉それは絶対に間違いない. **Gift und Galle speien[spucken]**〈口〉かんかんになって怒っている.

der **Gift-be-cher** [ギふト・ベッヒャー] 名 -s/- 毒杯.

gif-ten [ギふテン] 動 h.〈貴〉**1.**〈j³ッ〉むかっとさせる,ひどく怒らせる;〈j⁴〉sich⁴の場合)むかっつく. **2.**〈貴〉むかっとなって怒鳴る.

das **Gift-gas** [ギふト・ガース] 名 -es/-e 毒ガス;有毒ガス.

gift-grün [ギふト・グリューン] 形 毒々しい緑色の.

der **Gift-hauch** [ギふト・ハウほ] 名 -(e)s/-e〖詩〗毒気.

gif-tig [ギふティヒ] 形 **1.** 有毒な. **2.**《口》悪意(憎悪)に満ちた,意地の悪い. **3.** どぎつい,毒々しい. **4.**〈貴〉〈貴〉(危険なほど)闘志むきだしの.

die **Gif-tig-keit** [ギふティヒカイト] 名 -/ 有毒性,毒性;悪意,憎悪,とげとげしさ;どぎつさ,毒々しさ.

der **Gift-mi-scher** [ギふト・ミッシャー] 名 -s/-〈口〉**1.**《冗》毒を盛る人,毒殺者. **2.**《冗》毒を扱う人(薬剤師など).

der **Gift-mord** [ギふト・モルト] 名 -(e)s/-e 毒殺.

der **Gift-müll** [ギふト・ミュル] 名 -(e)s/ 有毒廃棄物,有害ごみ.

die **Gift-nu-del** [ギふト・ヌーデル] 名 -/-n〈口〉**1.**《冗》(安)葉巻,(安)タバコ. **2.**《蔑》意地の悪い女.

der **Gift-pfeil** [ギふト・プふァイル] 名 -(e)s/-e 毒矢; (転)毒々しい(悪意にみちた)言葉.

die **Gift-pflan-ze** [ギふト・プふランツェ] 名 -/-n〖植〗有毒植物.

der **Gift-pilz** [ギふト・ビルツ] 名 -es/-e 毒きのこ.

die **Gift-schlan-ge** [ギふト・シュランゲ] 名 -/-n 毒ヘビ.

der **Gift-trank** [ギふト・トらンク] 名 -(e)s/..tränke 毒入り飲料.

der **Gift-zahn** [ギふト・ツァーン] 名 -(e)s/..zähne 〖動〗毒牙(%);〈j³〉die ~ ausbrechen[ziehen] 〈人の〉毒舌を封ずる.

die **Gig**¹ [ギック] 名 -/-s (das ~ -s/-s も有) **1.**〖海〗(船載用)軽ボート. **2.**〖%%〗レース用軽ボート,短艇.

das **Gig**² [ギック] 名 -s/-s 一頭立ての無蓋二輪馬車.

das **Gi-ga-hertz** [ギーガ・ヘルッ,ギガ・ヘルッ] 名 -/- 〖理〗ギガ(10億)ヘルツ(記号 GHz).

das(der) **Gi-ga-me-ter** [ギーガ・メーター,ギガ・メーター] 名 -s/- 〖理〗ギガ(10億)メートル(記号 Gm).

der **Gi-gant** [ギガント] 名 -en/-en **1.**《働のみ》〖ギ神〗巨人族. **2.**《文》巨漢,大男. **3.** 大物;巨大組織;巨大な物.

gi-gan-tisch [ギガンティッシュ] 形 巨大な;ものすごい,異常な.

der **Gi-gan-tis-mus** [ギガンティスムス] 名 -/..men **1.**〖医〗巨人症. **2.**《文》巨大化傾向.

die **Gi-gan-to-ma-chie** [ギガント・マヒー] 名 -/-〖ギ神〗ギガントマキア(巨人族と Zeus 神族との戦い).

die **Gi-gan-to-ma-nie** [ギガント・マニー] 名 -/〈文〉巨大趣味,誇大化の傾向.

das(das) **Gi-gerl** [ギーガール] 名 -s/-n《南独・オーストリア・口》おんどり;気取り屋,だて男.

der **Gi-go-lo** [ʒiː-, ʒi-, ジ(-)ゴロ] 名 -s/-s ジゴロ(①女性相手のダンサー.②〈文・古〉女のヒモ).

der **Gi-got** [ʒigoː; ジゴー] 名 -s/-s **1.**〖%%〗羊のもも肉. **2.**《働のみ》〖服〗ジゴ・スリーブ.

der **Gilb** [ギルプ] 名 -(e)s/ 黄ばみ.

gil-ben [ギルベン] 動 h.〖貴〗〖詩〗黄色になる.

die **Gil-de** [ギルデ] 名 -/-n **1.**〖史〗(中世の)ギルド,同業組合,宗教団体. **2.**(同好の)グループ.

der **Gil-de-meis-ter** [ギルデ・マイスター] 名 -s/- ギルドの代表者.

gilt [ギルト] 動 gelten の現在形3人称単数.

gilt¹ [ギルト] 動 gelten の du に対する命令形.

giltst [ギルツト] 動 gelten の現在形2人称単数.

die **Gim-pe** [ギムペ] 名 -/-n 〖服〗ギンプ(衣服の縁飾り用の打ちひも;レース編み用の絹糸で被覆した糸).

der **Gim-pel** [ギムペル] 名 -s/- **1.**〖鳥〗ウソ. **2.**〈口・蔑〉間抜け,お人好し.

der **Gin** [dʒin チン] 名 -s/-s《働は種類》ジン(蒸留酒).

ging [ギング] 動 gehen の過去形.

gin-ge [ギンゲ] 動 gehen の接続法2式.

die **Gin-gi-vi-tis** [ギンギヴィーティス] 名 -/..tiden [ギンギヴィティーデン] 〖医〗歯肉炎.

der **Ging-ko, Gink-o** [ギンコ] 名 -s/-s 〖植〗イチョウ.

der **Gin-seng** [ギンセング, ʒin-... ジンセング] 名 -s/-s〖植〗チョウセンニンジン.

der **Gins-ter** [ギンスター] 名 -s/- 〖植〗エニシダ.

der **Gip-fel**¹ [ギップふェル] 名 -s/- **1.** 山頂,峰; 〈古〉梢(%%). **2.** 頂点,絶頂,極致,極み. **3.** 〖政〗首脳会談,サミット(~konferenz). 【慣用】**Das ist (doch) der Gipfel!**〈口〉もってのほかだ.

der **Gip-fel**² [ギップふェル] 名 -s/- 〈%%〉細長い,小さな白パン;クロワッサン.

die **Gip-fel-kon-fe-renz** [ギップふェル・コンふぇれンツ] 名 -/-en 首脳会談,サミット.

das **Gip-fel-kreuz** [ギップふェル・クろイツ] 名 -es/-e 山頂の十字架.

die **Gip-fel-leis-tung** [ギップふェル・ライストゥング] 名 -/-en 最高の業績.

gip-feln [ギップふェルン] 動 h.〖in〈et³ッ〉〗最高潮に達する,クライマックスを迎える.

der **Gip-fel-punkt** [ギップふェル・プンクト] 名 -(e)s/-e 頂点.

das **Gip-fel-tref-fen** [ギップふェル・トれふふェン] 名 -s/- 首脳会談,サミット.

der **Gips** [ギプス] 名 -es/-e **1.**〖化〗硫酸カルシウ

ム. **2.** 石膏(ﾂ̇ｶﾞｳ);ギプス(包帯) (~verband);しっくい.

der **Gips·ab·druck** [ギプス・アプ・ドゥルック] 图 -(e)s/..drücke 石膏(ﾂ̇ｶﾞｳ)の型(のみの)石膏型の製作.

der **Gips·ab·guss,** ⓑ **Gips·ab·guß** [ギプス・アプ・グス] 图 -es/..güsse 石膏(ﾂ̇ｶﾞｳ)模型,石膏像;(のみ)石膏模型[像]の製作.

gip·sen [ギプセン] 動 *h.* 〈et⁴ʦ〉石膏(ﾂ̇ｶﾞｳ)で補修する;(…に)漆喰(ﾂ̇ｸｲ)を塗って修理する;《口》ギプスをはめる;(…に)硫酸カルシウムを混ぜる(ワインに).

der **Gip·ser** [ギプサー] 图 -s/- スタッコ(石膏(ﾂ̇ｶﾞｳ)プラスター)塗装職人.

gip·sern [ギプザーン] 形 石膏(ﾂ̇ｶﾞｳ)(製)の.

die **Gips·fi·gur** [ギプス・ふぃグーア] 图 -/-en 石膏(ﾂ̇ｶﾞｳ)像.

der **Gips·kopf** [ギプス・コップふ] 图 -(e)s/..köpfe **1.** 《稀》石膏(ﾂ̇ｶﾞｳ)製頭部. **2.** 《口・蔑》石頭,ばか者.

der **Gips·ver·band** [ギプス・ふぇあ バント] 图 -(e)s/..bände ギプス包帯.

die **Gi·pü·re** [ギピューれ] 图 -/-n 〖手芸〗ギピュール(ギンプで編んだ模様レース).

die **Gi·raf·fe** [ぎらっふぇ, ʒi..] 图 -/-n 〖動〗キリン.

das **Gi·ral·geld** [ʒi.. ジラール・ゲルト] 图 -(e)s/-er 〖銀行〗振替貨幣.

die **Gi·ran·do·la** [dʒi.. ヂャンドラ] 图 /..dolen [チランドレン] **1.** 回転花火. **2.** 《青銅》風雨の枝つき燭台. **3.** ジランドール(ペンダント式イヤリング).

die **Gi·ran·do·le** [ʒiran.., ʒirã.. ジランドーレ] 图 -/-n = Girandola.

der **Gi·rant** [ʒi.. ジラント] 图 -en/-en 〖銀行〗手形裏書人,裏書譲渡人.

der **Gi·rat** [ʒi.. ジラート] 图 -en/-en 〖銀行〗被裏書人,裏書譲受人.

gi·rier·bar [ʒi.. ジリーア・バール] 形 〖銀行〗裏書きできる.

gi·rie·ren [ʒi.. ジリーれン] 動 〈et⁴ʦ〉〖銀行〗裏書きする(手形などに).

das **Girl** [gœrl ガ〜ル, gœrl ガル] 图 -s/-s **1.** (レビューなどの)踊り子. **2.** 《口》《俗》も有)女の子.

die **Gir·lan·de** [ギるランデ] 图 -/-n 花綵(ﾊﾅｸﾞ)(葉・花・色紙などをひも状にした飾り).

das **Gi·ro** [ʒiːro ジーロ] 图 -s/-s (〖銀行〗Giri も有) 〖銀行〗 **1.** 振替. **2.** (手形の)裏書き.

die **Gi·ro·bank** [ジーロ・バンク] 图 -/-en 振替銀行.

das **Gi·ro·kon·to** [ジーロ・コント] 图 -s/..ten [..ti] 振替口座.

der **Gi·ron·dist** [ʒirõdíst ジロンディスト] 图 -en/-en 〖史〗ジロンド党員(フランス革命期の穏健な共和主義政党の党員).

der **Gi·ro·ver·kehr** [ジーロ・ふぇアケーア] 图 -(e)s/ 振替取引.

die **Gi·ro·zen·tra·le** [ジーロ・ツェントラーレ] 图 -/-n 〖銀行〗振替中央銀行,貯蓄金庫中央振替銀行(貯蓄銀行の決済機関).

gir·ren [ギレン] 動 *h.* **1.** 〘擬声〙くうくう鳴く(鳩など). **2.** 〘擬声〙《比》(こびを含んだ声で話す(笑う)). **2.** 〘擬声〙《比》ぎしぎし音をたてる,きしむ.

das **gis¹, Gis¹** [ギス] 图 -/- 〖楽〗嬰(ｴｲ)ト音.

gis², Gis² [ギス] = Gis-Dur 〖楽〗嬰(ｴｲ)ト長調.

gi·schen [ギッシェン] 動 *h.* 〘擬声〙《古》泡立つ,波立つ,しぶきを上げる.

der **Gischt** [ギシュト] 图 -(e)s/-e(die ~ -/-en も有) 泡立つ水;しぶき,波の花.

gisch·ten [ギシュテン] 動 *h.* 〘擬声〙《文》泡立つ,波立

つ,しぶきを上げる.

das **Gis-Dur** [ギス・ドゥーア, ギス・ドゥーア] 图 -/ 〖楽〗嬰(ｴｲ)ト長調(記号 Gis).

(die) **Gi·se·la** [ギーゼラ] 图 〖女名〗ギーゼラ.

(der) **Gi·sel·her** [ギーゼルヘーア] 图 〖男名〗ギーゼルヘーア.

das **gis-Moll** [ギス・モル, ギス・モル] 图 -/ 〖楽〗嬰(ｴｲ)ト短調(記号 gis).

gis·sen [ギッセン] 動 *h.* 〘擬声〙〖海・空〗位置を推測する.

die **Gi·tar·re** [ギターれ] 图 -s/-n ギター.

das **Git·ter** [ギッター] 图 -s/- **1.** 格子(ｺｳｼ);格子窓,格子戸,格子蓋,格子柵. **2.** 〖電〗(真空管の)格子,グリッド;〖理〗格子(結晶などの). **3.** (地図の)メッシュ〔基盤の目〕. 【慣用】**hinter Gitter kommen/Gittern sitzen** 《口》牢獄(ﾛｳｺﾞｸ)に入る/入っている.

das **Git·ter·bett** [ギッター・ベット] 图 -(e)s/-en (子供用の)柵(ｻｸ)つきベッド.

das **Git·ter·fens·ter** [ギッター・フェンスター] 图 -s/- 格子窓.

der **Git·ter·mast** [ギッター・マスト] 图 -(e)s/-e(n) (送電用)格子型鉄塔.

das **Git·ter·netz** [ギッター・ネッツ] 图 -es/-e (地図の)メッシュ〔基盤の目〕.

der **Git·ter·stab** [ギッター・シュタープ] 图 -(e)s/..stäbe 格子の棒(桟).

die **Git·ter·tür** [ギッター・テューア] 图 -/-en 格子戸.

das **Git·ter·werk** [ギッター・ヴェるク] 图 -(e)s/-e 格子細工,格子造り.

der **Git·ter·zaun** [ギッター・ツァウン] 图 -(e)s/..zäune 格子の垣根,四つ目垣.

die **Gla·ce¹** [glas グラース] 图 -/-s[グラース] 〖料〗糖衣;ゼリー状のフォン(濃縮肉汁).

die **Gla·ce²** [glásə グラッセ] 图 -/-n 〖仏〗アイスクリーム,シャーベット.

der **Gla·cé, Gla·cee** [..sé: グラッセ] 图 -(s)/-s **1.** 光沢のある織物(絹やレーヨンなど). **2.** (ⓐのみ)キッドの手袋.

der **Gla·cé·hand·schuh, Gla·cee·hand·schuh** [グラッセー・ハント・シュー] 图 -(e)s/-e キッドの手袋. 【慣用】〈j⁴/et⁴ʦ〉**mit Glacéhandschuhen anfassen** 《口》〈人・物を〉はれ物にでも触るように丁重に扱う.

das **Gla·cé·le·der, Gla·cee·le·der** [グラッセー・レーダー] 图 -s/- = キッド(子ヤギののめし皮).

gla·cie·ren [glasíː.. グラシーれン] 動 *h.* **1.** 〈et⁴ʦ〉〖料〗ゼリーで照りをつける(焼肉などに);糖衣を着せる. **2.** 〈et⁴ʦ〉《古》釉(ｳﾜｸﾞｽﾘ)を掛ける. **3.** 〈et⁴ʦ〉《古》凍らせる.

das **Gla·cis** [glasíː グラシー] 图 -[..スィー(ス)]/-[..スィー] 〖軍〗(要塞などの)斜堤;外塁.

der **Gla·di·a·tor** [グラディアトール] 图 -s/-en [グラディアトーレン] (古代ローマの)剣闘士.

die **Gla·di·o·le** [グラディオーレ] 图 -/-n 〖植〗グラジオラス.

die **Gla·go·li·za** [グラゴリッツァ] 图 -/ グラゴール文字(古代教会スラヴ語文献に用いられた).

der **Glans** [グランス] 图 -/Glandes [..ンデース] 〖医〗亀頭;陰核頭.

der **Glanz** [グランツ] 图 -es/ 輝き;光沢,つや;輝かしさ,見事さ,華やかさ,きらびやかさ. 【慣用】**mit Glanz (und Gloria)** 《口》みごとに.

die **Glanz·bürs·te** [グランツ・ビュるステ] 图 -/-n (靴の)つや出しブラシ.

glän·zen [グレンツェン] 動 *h.* **1.** 〘擬声〙(きらきらと)輝く,きらめく,ぴかぴかに光っている(星・水面・床など). **2.** (durch 〈et⁴ʦ〉)光彩〔異彩〕を放っている,図抜けている.

glänzend [グレンツェント] 形 **1.** きらきら光る, 光沢のある; きらびやかな: Ihr Haar ist ~ schwarz. 彼女の髪は光沢があって黒い. **2.** (口)すばらしい: Es geht ihm ~. 彼は絶好調だ.

die **Glanz·farbe** [グランツ·ふぁるべ] 名 -/-n 光沢塗料, ラッカー.

die **Glanz·kohle** [グランツ·コーレ] 名 -/-n 輝炭.

das **Glanz·leder** [グランツ·レーダー] 名 -s/- 光沢革, エナメル革.

die **Glanz·leistung** [グランツ·ライストゥング] 名 -/-en 輝かしい成果; すばらしい成績[業績].

das **Glanz·licht** [グランツ·リヒト] 名 -(e)s/-er **1.** 輝き, 光沢, つや. **2.** (作品の)聞かせどころ, 見せ場;[美]ハイライト.

glanz·los [グランツ·ロース] 形 つや(光沢)のない; ぱっとしない, 退屈な.

die **Glanz·nummer** [グランツ·ヌマー] 名 -/-n 主要演目, 最大の呼び物.

das **Glanz·papier** [グランツ·パピーあ] 名 -s/-e 光沢紙.

die **Glanz·periode** [グランツ·ペリオーデ] 名 -/-n =Glanzzeit.

der **Glanz·punkt** [グランツ·プンクト] 名 -(e)s/-e 頂点, 極致, 圧巻, クライマックス.

glanz·voll [グランツ·ふォル] 形 すばらしい; 輝かしい, 華やかな.

die **Glanz·zeit** [グランツ·ツァイト] 名 -/-en 全盛期, 絶頂期.

der **Glarner** [グラるナー] 名 -s/- グラールスの人. ⇨ Glarus.

(das) **Glarus** [グラーるス] 名 -s/ [地名]グラールス(スイスの都市とその州).

das **Glas**[1] [グラース] 名 -es/Gläser (単位を表す場合 -) **1.** グラス, コップ(Trink~); ガラス容器: ein ~ mit[voll] Milch コップ一杯のミルク. ein ~ Wein 一杯のワイン. ein ~ Marmelade 一瓶のジャム. **2.** (…のみ)ガラス: buntes [farbiges] ~ 色ガラス. milchiges (trübes) ~ 曇りガラス. **3.** (眼鏡の)レンズ(Brillen~); 双眼鏡(Fern~); オペラグラス(Opern~): dicke *Gläser* tragen 度の強い眼鏡をかけている. 【慣用】**zu tief ins Glas gucken** (口)飲みすぎる.

das **Glas**[2] [グラース] 名 -es/-en [海]30分(おきの点鐘).

der **Glas·aal** [グラース·アール] 名 -(e)s/-e [魚]シラスウナギ(ウナギの幼魚).

glas·artig [グラース·アーティヒ] 形 ガラス状[質]の.

das **Glas·auge** [グラース·アウゲ] 名 -s/-n (ガラス製の)義眼.

der **Glas·baustein** [グラース·バウ·シュタイン] 名 -(e)s/-e ガラスブロック.

der **Glas·bläser** [グラース·ブレーザー] 名 -s/- ガラス吹工.

das **Gläs·chen** [グレースひェン] 名 -s/- 小型のグラス〔コップ〕.

der **Glaser** [グラーザー] 名 -s/- (板)ガラス職人.

die **Glaserei** [グラーゼらイ] 名 -/-en ガラス店;(…のみ)ガラス職人の仕事[技術].

der **Glaserkitt** [グラーザー·キット] 名 -(e)s/-e 窓ガラス用パテ.

gläsern [グレーザーン] 形 **1.** ガラス(製)の;(転)ガラス質の(経理の上). **2.** ガラスのような; 無表情な.

die **Glas·fabrik** [グラース·ふぁブリーク] 名 -/-en ガラス工場.

die **Glas·faser** [グラース·ふぁーザー] 名 -/-n ガラス繊維, グラスファイバー.

das **Glasfaserkabel** [グラースふぁーザー·カーベル] 名 -s/- グラスファイバー通信ケーブル.

glasfaserverstärkt [グラースふぁーザー·ふぇあシュテルクト] 形 ガラス繊維で強化された.

das **Glas·fenster** [グラース·ふェンスター] 名 -s/- ガラス窓.

der **Glas·fiberstab** [グラース·ふぃーバー·シュタープ] 名 -(e)s/..stäbe [陸上](棒高跳び用の)グラスファイバー·ポール.

der **Glas·fluss** [グラース·ふルス] 名 -es/ ガラス溶塊, (模造宝石用の)カリガラス.

das **Glas·gefäß** [グラース·ゲふェース] 名 -es/-e ガラス製容器.

das **Glas·geschirr** [グラース·ゲシる] 名 -(e)s/-e ガラス食器.

die **Glas·glocke** [グラース·グロッケ] 名 -/-n ガラス製の鐘;(ケーキなどにかぶせる)鐘形ガラスぶた;(ガラス製の)鐘形ランプシェード.

glas·hart [グラース·ハルト, グラース·ハルト] 形 **1.** (アクセントは[ー])ガラスのように堅い; ガラスのようにもろい. **2.** (アクセントは[ーー])[話]猛烈な.

das **Glas·haus** [グラース·ハウス] 名 -es/..häuser ガラスの温室; ガラス張りの家.

glas·hell [グラース·ヘル] 形 ガラスのように透明な(きらきら輝く).

die **Glas·hütte** [グラース·ヒュッテ] 名 -/-n ガラス製造(加工)工場.

glasieren [グラズィーれン] 動 *h.* 〈et⁴〉〉釉薬(鉄) をかける(陶器などに);[料]糖衣をかける(ケーキに), 肉汁のゼリーをかける(肉料理などに).

glasig [グラーズィヒ] 形 **1.** 無表情な, うつろな. **2.** (ガラスのように)透明な. **3.** 冷たく光る.

der **Glas·kasten** [グラース·カステン] 名 -s/..kästen ガラス箱;(口)ガラス張りの部屋.

das **Glas·kinn** [グラース·キン] 名 -(e)s/-e [ボクシング](口)(ボクサーの)もろい〔弱い〕あご.

glas·klar [グラース·クラーあ, グラース·クラーあ] 形 **1.** (アクセントは[ー])ガラスのように澄んだ. **2.** (アクセントは[ーー])明らかな, はっきりした.

der **Glas·kolben** [グラース·コルベン] 名 -s/- フラスコ, レトルト;(電球などの)ガラス球(管).

der **Glas·körper** [グラース·ケるパー] 名 -s/- [医](眼球の)硝子(は)体.

die **Glas·kugel** [グラース·クーゲル] 名 -/-n ガラス玉.

der **Glas·maler** [グラース·マーラー] 名 -s/- ステンドグラス画工; ガラス画工.

die **Glas·malerei** [グラース·マーレらイ] 名 -/-en ステンドグラス, ガラス絵;(…のみ)ステンドグラスの製作.

die **Glasnost** [グラスノスト] 名 -/ グラスノスチ, 情報公開(旧ソ連の言語·情報政策).

die **Glas·nudel** [グラース·ヌーデル] 名 -/-n (主に場)ビーフン.

der **Glas·palast** [グラース·パラスト] 名 -(e)s/..läste (口)ガラスの宮殿(ガラスを多用したビル).

das **Glas·papier** [グラース·パピーあ] 名 -s/-e (ガラス粉の)紙やすり.

die **Glas·perle** [グラース·ペるレ] 名 -/-n 模造真珠, ガラス玉.

die **Glas·platte** [グラース·プラッテ] 名 -/-n ガラス板.

die **Glas·scheibe** [グラース·シャイベ] 名 -/-n 板ガラス.

die **Glas·scherbe** [グラース·シェるベ] 名 -/-n ガラスの破片.

der **Glas·schleifer** [グラース·シュライふぁー] 名 -s/- ガラス研磨工.

der **Glas·schrank** [グラース·シュらンク] 名 -(e)s/..schränke ガラス戸棚, ガラスのショーケース.

der **Glas·splitter** [グラース·シュプリッター] 名 -s/- ガラスの破片.

die **Glas·tür** [グラース·テューあ] 名 -/-en ガラス戸.

die **Gla·sur** [グラズーあ] [名] -/-en 透明な釉薬(ゆうやく)の膜;(エナメルの)顔料;〘料〙透明な糖衣.

die **Glas·ve·ran·da** [グラース・ヴェらンダ] [名] -/..den ガラス張りのベランダ, サンルーム.

die **Glas·wand** [グラース・ヴァント] [名] -/..wände ガラスの仕切壁.

die **Glas·wa·re** -/-n [グラース・ヴァーれ] (主に[複])ガラス製品.

die **Glas·wol·le** [グラース・ヴォレ] [名] -/-n グラスウール.

glatt [グラット] [形] -er; -est 〔《口》glätter; glättest〕 **1.** 滑らかな, つるつるした: ~*er* Stoff 平織りの布. ein ~*es* Gesicht つるつるした顔;つかみどころのない顔. 〈et⁴〉 ~ machen 〈物を〉たいら〔なめらか〕にする, (…の)しわをのばす. **2.** 滑りやすい, ぬるぬるした: Hier ist es ~. ここは滑りやすい. **3.** 順調な, 円滑な, スムーズな: Ist alles ~ gegangen? 万事うまくいったかい. **4.** 《口》はっきりとした, あからさまな, まったくの: eine ~*e* Lüge まっ赤な嘘. **5.** 口先きだけの, つかみどころのない: ~*e* Worte 如才ない言葉. 【慣用】 **ein glatter Bruch**〘医〙単純骨折. 〈j³〉 〈et⁴〉 **glatt ins Gesicht sagen** 〈人に〉〈事を〉面と向かって言う. **glatte 1 000 Euro** ちょうど1000ユーロ.

die **Glät·te** [グレッテ] [名] -/ **1.** 滑らかさ, つるつる〔すべすべ〕していること;平滑, 平らなこと;光沢. **2.** 《蔑》口先のうまさ, 如才のなさ, そつのなさ.

das **Glatt·eis** [グラット・アイス] [名] -es/ (路面の)凍結, つるつるの氷. 【慣用】〈j⁴〉 **aufs Glatteis führen** 〈人を〉甘言で陥れる;〈人を〉わざと間違ったことを言って試す. **aufs Glatteis geraten** 難局に遭遇する;しどろもどろになる.

glät·ten [グレッテン] [動] *h.* **1.** 〔〈et⁴〉ヲ〕たいらにする, (…の)表面をなめらかにする, (…の)しわをのばす;推敲する;鎮める, 平静にする(怒り・気分などを);《スイ》(…に)アイロンをかける. **2.** 〔sich⁴〕静まる(海・波などが), のびる(しわが);鎮まる(興奮などが).

glat·ter·dings [グラッターディングス] [副] 《語飾》(動詞・形容詞・副詞を修飾)絶対に, まったく, あけすけに.

glatt ge·hen*, [旧]**glatt|ge·hen*** [グラット ゲーエン] [動] *s.* 〔補足なし〕《口》順調〔円滑〕に経過〔進行〕する.

glatt ho·beln, [旧]**glatt|ho·beln** [グラット ホーベルン] [動] *h.* 〔〈et⁴〉ニ〕かんなをかけて(表面を)なめらかにする〔仕上げる〕.

glatt le·gen, [旧]**glatt|le·gen** [グラット レーゲン] [動] *h.* 〔〈et⁴〉ヲ〕しわをのばして置く〔敷く〕(洗濯物・シーツなどを).

glatt|ma·chen [グラット・マッヘン] [動] *h.* 〔〈et⁴〉ヲ〕《口》清算する(借金などを). ⇨ glatt 1.

die **Glatt·nat·ter** [グラット・ナッター] [名] -/-n 〘動〙ヨーロッパナメラ(ヤマカガシの一種).

glatt|stel·len [グラット・シュテレン] [動] *h.* 〔〈et⁴〉ヲ〕〘商・銀行〙清算する.

die **Glatt·stel·lung** [グラット・シュテルング] [名] -/-en (主に[単])〘商・銀行〙清算.

glatt strei·chen*, [旧]**glatt|strei·chen*** [グラット シュトらイひェン] [動] *h.* 〔〈et⁴〉ヲ〕なでてたいらにする; なでつける(髪を).

der **Glatt·wal** [グラット・ヴァール] [名] -(e)s/-e 〘動〙セミクジラ.

glatt·weg [グラット・ヴェック] [副] 《口》あっさり, 無造作に, お構いなしに.

glatt zie·hen*, [旧]**glatt|zie·hen*** [グラット ツィーエン] [動] *h.* 〔〈et⁴〉ノ〕しわを引っ張ってのばす(シーツなどの).

glatt·zün·gig [グラット・ツュンギひ] [形] 口〔お世辞〕のうまい.

die **Glat·ze** [グラッツェ] [名] -/-n 禿(はげ)(頭).

der **Glatz·kopf** [グラッツ・コップふ] [名] -(e)s/..köpfe 禿(はげ)頭;《口》禿頭の人.

glatz·köp·fig [グラッツ・ケップふぃひ] [形] 禿(はげ)頭の.

der **Glau·be** [グラウベ] [名] 2格 -ns〔-n〕, 3格 -n, 4格 -n/[複] -n **1.** 信仰, 信心;宗旨: der ~ an Gott 神を信じること. **2.** 確信, 思い込み, 信念;信頼, 信用: der ~ an die Zukunft 未来への確信. 〈j⁴〉 bei 〔in〕 dem ~*n* lassen, dass ... 〈人に〉…であると思わせておく. den ~*n* an 〈j⁴/et⁴〉 verlieren 〈人・事に対する〉信頼をなくす. 〈j³〉 ~*n* schenken 〈人を〉信用する. guten ~*ns* sein すっかり信じている. im guten 〔in gutem〕 ~*n* 信じて, すっかり信頼して. sich⁴ in dem ~*n* wiegen, dass ... 間違って…であると思っている.

glau·ben [グラウベン] [動] *h.* **1.** 〔〈[文]〉デアルト〕思う, (…の)気がする(可能性の判断). **2.** 〔〈j⁴/et⁴〉ヲ+〈様態〉デアルト/〈場所〉ニイル(アル)ト〕《文》思う(間違った判断): Ich *glaubte* mich im Recht. 私は, 自分が正しいと思っていた. **3.** 〔〈et⁴〉ヲ/〈[文]〉デアルト〕信じる, 確信する. **4.** 〔〈j³〉ノ+〈j⁴/et⁴〉ヲ/〈[文]〉デアルコトヲ〕信じる, 本当だと思う. **5.** 〔〈j³/et³〉(ノ言ウ事)ヲ〕信用する, 信頼する. **6.** 〔an 〈j⁴/et⁴〉ヲ〕信用する, 信頼する, 当てにする. **7.** 〔補足なし〕〘宗〙信仰している, (人の)信仰は(…で)ある. **8.** 〔an 〈et⁴〉ヲ〕信じる: an Gott ~ (キリスト教の)神(の存在)を信じる. 【慣用】〈j³〉 **aufs Wort glauben** 〈人の〉言葉の一言一言を信用する. **dran glauben müssen** 《口》死ぬ, 嫌なことをさせられる. 〈j⁴〉 〈et⁴〉 **glauben machen wollen** 〈人に〉〈事を〉信じ込ませようとする. **Ich glaube gar!** 《口》うそ, とんでもない. **Ich glaube, ja/nein!** そうだと/そうでないと思います(質問に答えて). **Ich möchte fast glauben, dass ...** …だと信じたいが. 〈et⁴〉 **von** 〈j³〉 **glauben** 〈人が〉〈事で〉あることを信じる. **Wer's glaubt, wird selig!** 《口・冗》君の言うことなんか信じるものか.

der **Glau·ben** [グラウベン] [名] -s/- 《稀》=Glaube.

der **Glau·bens·ar·ti·kel** [グラウベンス・アるティ(ー)ケル] [名] -s/- 信仰箇条.

das **Glau·bens·be·kennt·nis** [グラウベンス・ベケントニス] [名] -ses/-se **1.** (特定の宗派への)信仰告白;宗旨;信条. **2.** (〔単〕のみ)〘キ教〙信経, 信仰箇条: Apostolisches ~ sprechen 使徒信経を唱える. **3.** 信念.

der **Glau·bens·bru·der** [グラウベンス・ブるーダー] [名] -s/..brüder 同じ信仰〔信念〕をもつ仲間.

der **Glau·bens·ei·fer** [グラウベンス・アイふぁー] [名] -s/ 熱烈な信仰.

die **Glau·bens·fra·ge** [グラウベンス・ふらーゲ] [名] -/-n 信仰〔信念〕の問題.

die **Glau·bens·frei·heit** [グラウベンス・ふらイハイト] [名] -/ 信教の自由.

der **Glau·bens·ge·nos·se** [グラウベンス・ゲノッセ] [名] -n/-n 同じ信仰〔信念〕を持つ仲間.

die **Glau·bens·leh·re** [グラウベンス・レーれ] [名] -/-n 教義(論), 教理神学.

die **Glau·bens·sa·che** [グラウベンス・ザっへ] [名] -/-n 《口》信念上の問題.

der **Glau·bens·satz** [グラウベンス・ザッツ] [名] -es/..sätze 教義, 信条.

die **Glau·bens·spal·tung** [グラウベンス・シュパルトゥング] [名] -/-en 信仰上の分裂.

glau·bens·stark [グラウベンス・シュタるク] [形] 信仰心の堅い.

der **Glau·bens·streit** [グラウベンス・シュトらイト] [名] -(e)s/-e 信仰上の争い.

der **Glau·bens·zeu·ge** [グラウベンス・ツォイゲ] [名] -n/-n 信仰の証人(殉教者など).

der **Glau·bens·zwang** [グラウベンス・ツヴァング] [名] -(e)s/ 信仰の強制.

das **Glau·ber·salz** [グラウバー・ザルツ] [名] -es/ 〘化〙グラウバー塩, 芒硝(ぼうしょう).

glaub-haft [グラウプハフト] 形 信用できる,真実らしい.
gläu-big [グロイビヒ] 形 信心深い;深く信頼した.
der/die **Gläu-bi-ge** [グロイビゲ] 名 《形容詞的変化》信者.
der **Gläu-bi-ger** [グロイビガー] 名 -s/- 債権者.
das **Gläu-bi-ger-land** [グロイビガーラント] 名 -(e)s/..länder 債権国.
die **Gläu-big-keit** [グロイビヒカイト] 名 -/ 信心深いこと,敬虔($\frac{けい}{けん}$)さ;信用していること,信じやすさ.
glaub-lich [グラウプリヒ] 形 《次の形で》Das[Es] ist kaum ~. とうてい信じられない.
glaub-würdig [グラウプ・ヴュルディヒ] 形 信ずるに足る,信頼できる.
die **Glaub-würdig-keit** [グラウプ・ヴュルディヒカイト] 名 -/ 信憑($\frac{しん}{ぴょう}$)性;信頼[信用]性;信用できること.
das **Glau-kom** [グラウコーム] 名 -s/-e 【医】緑内障.
gla-zi-al [グラツィアール] 形 【地質】氷河(時代)の.
das **Gla-zi-al** [グラツィアール] 名 -s/-e 【地質】氷河期,氷河時代.
die **Gla-zi-o-lo-gie** [グラツィオ・ロギー] 名 -/ 氷河学.
gleich [グライヒ] 形 **1.** 同じ,等しい,同一の: die ~en Gesichter wie neulich この間と同じ顔ぶれ. An Gewicht ~ sein 重さは同じである. Zwei und zwei (ist) ~ vier. 2たす2は4. **2.** 同じ(ような),よく似た《et⁴》 in ~ Teile teilen 《物を》同じ量[大きさ]に分ける. ~ bedeutende Wissenschaftler 同じように重要な学者達. **3.** 《《j³にも》》《口》どうでもいい: (Das ist mir) ganz ~, ob ... …かどうかは(私には)どうでもいい. **4.** 変らない,いつもの: mit immer ~er[der ~en] Zuvorkommenheit いつも変らず気をきかせて.【慣用】**auf das Gleiche[aufs Gleiche] hinauskommen[hinauslaufen]** 結局は同じことになる. **auf die gleiche[in der gleichen]Weise** 同じやり方で. **das Paket mit gleicher Post schicken** 小包を別便で送る. **gleich Null sein** 数《進歩・成果など》0である. **gleiche Dreiecke**【数】合同三角形. **Gleiches mit Gleichem vergelten** 仕返しに同じことをする. **im gleichen Boot sitzen** 同じ船に乗り合わせる《運命を共にする》. 《et⁴》**ins Gleiche bringen**《文》《事を》片づける,解決する. 《j³》《et⁴》**mit[in] gleicher Münze heimzahlen** 《人に》《事に対して》しっぺ返しをする. **unter gleichen Bedingungen** 同一の条件で. **zur gleichen Zeit** 同時に.

—— 副 **1.** すぐに: Ich komme ~. すぐ行きます. Ich bin ~ wieder da. すぐに戻って来ます. **2.**《数詞と共に》いちどに,同時に: ~ sechs Paar Strümpfe kaufen いちどに6足もストッキングを買う. **3.** 《ob, wenn の副文に用いて》《文・古》…であるとはいえ《普通は obgleich, wenngleich》: Wenn das ~ wahr ist, ... それが事実であるにせよ,…. **4.**《語飾》 **a.**《形容詞を修飾》同じく: ~ alt sein 同じ年である. **b.**《副詞を修飾》すぐ: ~ heute 今日すぐにも. ~ darauf(hin)その後すぐに. ~ nach der Vorlesung 講義の直後に. ~ daneben すぐ横に. **5.**《話者の気持》**a.**《アクセント無》《疑問文で》すぐ思い出せずにいらいらして》ええと…かなあ,だっけ: Wie hieß doch ~ der Hauptdarsteller? ええとあの主役何ていったけかなあ. **b.**《アクセント有》《命令文・平叙文で不快化》《それなら》…いいんだ: Dann lass es ~ bleiben! (君)それならそれをやめていいんだ.【慣用】**Bis gleich!** では後ほど. **Es muss nicht gleich sein.** (それは)すぐでなくてもいい.

—— 前《+3格》…のように: die Leute, die ~ Ihnen das schriftliche Examen bestanden haben あなたのように筆記試験に通った人たち.

..gleich [..グライヒ] 接尾 名詞の後につけて「…に似た」,「…と同じの」という意味の形容詞を作る: götter*gleich* 神(々)に似た. punkt*gleich* 同点の. sinn*gleich* 同義の.

gleich-al-te-rig [グライヒ・アルテリヒ] 形 =gleichaltrig.
gleich-al-trig [グライヒ・アルトリヒ] 形 同年齢の,同じ年代の.
gleich-ar-tig [グライヒ・アーティヒ] 形 《《j³/et³》と》同種の,同質の,同様の.
gleich-be-deu-tend [グライヒ・ベドイテント] 形 《mit 〈et³〉》同じ意味の. ⇨ gleich 1, 2.
gleich-be-rech-tigt [グライヒ・ベれヒティヒト] 形 《mit 〈j³〉》同権の.
die **Gleich-be-rech-ti-gung** [グライヒ・ベれヒティグング] 名 -/ 権利の平等,同権.
gleich blei-ben*, *@***gleich|blei-ben*** [グライヒ・ブライベン] 動 s. **1.**《同じままである,一定している《物事などが》. **2.** 〈sich³〉変らない,相変らずである.
die **Glei-che** [グライヒェ] 名 -/-n **1.**《古》》上棟式. **2.**《次の形で》〈et⁴〉 in die ~ bringen《稀》〈事を〉うまく処理[解決]する.
glei-chen* [グライヒェン] 動 glich; hat geglichen 〈j³/et³〉に〉似ている;《〈j³/et³〉が相互代名詞sich³の場合》互いによく似ている.
glei-cher-ge-stalt [グライヒャー・ゲシュタルト] 副 《文・古》=gleichermaßen.
glei-cher-ma-ßen [グライヒャー・マーセン] 副 同じように,同様に.
glei-cher-wei-se [グライヒャー・ヴァイゼ] 副 同様に,等しく.
gleich-falls [グライヒ・ふァルス] 副 《語飾》《動詞・形容詞・副詞・名詞を修飾》同様に,同じく: Schlaf gut! —Danke, ~! よくお眠り. —ありがとう,君もね.
gleich-far-big [グライヒ・ふァルビヒ] 形 同じ色の.
gleich-för-mig [グライヒ・(ふぁ)るミヒ] 形 同形の;単調な.
die **Gleich-för-mig-keit** [グライヒ・(ふぁ)るミヒカイト] 名 -/ 同形であること,一様なこと,単調なこと.
gleich-ge-schlecht-lich [グライヒ・ゲシュレヒトリヒ] 形 **1.** 同性への,同性愛の. **2.** 同性の.
gleich ge-sinnt, *@***gleich|ge-sinnt** [グライヒ・ゲズィント] 形 同じ考え方の.
gleich-ge-stellt [グライヒ・ゲシュテルト] 形 《mit 〈j³〉》同じ地位の,同等[同格]の.
gleich ge-stimmt, *@***gleich|ge-stimmt** [グライヒ・ゲシュティムト] 形 同じ気持の;【楽】同一調に調律した.
das **Gleich-ge-wicht** [グライヒ・ゲヴィヒト] 名 -(e)s/ **1.** 均衡,平衡,バランス: im ~ sein 釣合いを保っている. das ~ halten バランスを保つ. **2.** 落着き,平静: das seelische ~ verlieren 心の落着きを失う. 《j⁴》 aus dem ~ bringen 〈人に〉度を失わせる.
die **Gleich-ge-wichts-stö-rung** [グライヒゲヴィヒツ・シュテーるング] 名 -/-en 【医】平衡(感覚)の障害.
gleich-gül-tig [グライヒ・ギュルティヒ] 形 **1.**《gegen 〈j⁴/et⁴〉=〈j³〉= gegenüber》無関心な,冷淡な,無頓着な: sich⁴ gegen 〈j³〉 〈j³〉 gegenüber 〉 benehmen 〈人に〉冷淡に振舞う. **2.**《《〈j³〉にとって》》どうでもいい,重要でない: Es ist mir ~, ob ... …かどうかは私にはどうでもいい.
die **Gleich-gül-tig-keit** [グライヒ・ギュルティヒカイト] 名 -/ 無頓着,無関心.
die **Gleich-heit** [グライヒハイト] 名 -/-en **1.** 《単のみ》平等,同等. **2.** 一致;等価,等量;類似.
das **Gleich-heits-zei-chen** [グライヒハイツ・ツァイヒェン] 名 -s/- 等号,イコール(記号).
der **Gleich-klang** [グライヒ・クラング] 名 -(e)s/..klänge (音の)調和,ハーモニー;《物事の》調和,一致.

gleich|kom・men＊ ［グライヒ・コメン］ 動 s. **1.**〈et³〉等しい，(…と)同じである. **2.**〈j³〉＝＋an〈et³〉匹敵がする，並ぶ.

gleich・lau・fend ［グライヒ・ラウフェント］ 形 ((mit〈et³〉)) 同じの，同時進行の.

gleich lau・tend, ⓇGleich・lau・tend ［グライヒ ラウテント］ 形 同じ音の，同音異義の；同じ文面の.

gleich|ma・chen ［グライヒ・マヘン］ 動 h.〈j³/et⁴〉ヲ同等に扱う，一様にする. 【慣用】〈et¹〉**dem Erdboden gleichmachen**〈物ヲ〉完全に破壊する.

die **Gleich・ma・che・rei** ［グライヒ・マッヘらイ］ 名 -/-en 《蔑》悪平等, 無差別.

das **Gleich・maß** ［グライヒ・マース］ 名 -es/ 均整, 調和；一定(一様)性, 単調さ；平静.

gleich・mä・ßig ［グライヒ・メースィヒ］ 形 一様な, むらのない, 均等の, 一定の.

die **Gleich・mä・ßig・keit** ［グライヒ・メースィヒカイト］ 名 -/ 均一性, 一律, 均等性；一定性, 規則性.

der **Gleich・mut** ［グライヒ・ムート］ 名 -(e)s/《方》die 〜/《有》《古》平静, 沈着, 落着き.

gleich・mü・tig ［グライヒ・ミューティヒ］ 形 平然とした, 平気な(平静な).

gleich・na・mig ［グライヒ・ナーミヒ］ 形 同名の；《数》同分母の；《理》同じ(種類の).

das **Gleich・nis** ［グライヒニス］ 名 -ses/-se 比喩, たとえ話.

gleich・ran・gig ［グライヒ・らンギヒ］ 形 同ランクの.

der **Gleich・rich・ter** ［グライヒ・りヒター］ 名 -s/-《電》整流器.

gleich・sam ［グライヒ・ザーム］ 副《語飾》《形容詞・名詞・接続詞 als, wie を修飾》《文》いわば, さながら：〜 als ob... あたかも…であるかのように.

gleich|schal・ten ［グライヒ・シャルテン］ 動 h.(主に《蔑》**1.**〈j⁴/et⁴〉ヲ統制する, 画一化する(団体・思想・行動などを. 特にナチスの政策で). **2.** (sich⁴)時流に合せる(屈服する)；付和雷同する.

die **Gleich・schal・tung** ［グライヒ・シャルトゥンク］ 名 -/-en(主に《蔑》)画一化, 均整化；統制.

gleich・schen・ke・lig ［グライヒ・シェンケリヒ］ 形《数》二等辺の.

gleich・schenk・lig ［グライヒ・シェンクリヒ］ 形 ＝gleich・schenkelig.

der **Gleich・schritt** ［グライヒ・シュりット］ 名 -(e)s/そろった歩調, 歩調をとった行進：in〈et³〉im 〜 marschieren〈人ト〉歩調を合せる.

gleich|se・hen＊ ［グライヒ・ゼーエン］ 動 h.〈j³/et³〉ニ似ている(外観・性質的に). 【慣用】〈et¹〉**sieht**〈j³〉**gleich**〈事ガ〉いかにも〈人〉らしいやり方だ.

gleich・sei・tig ［グライヒ・ザイティヒ］ 形《数》等辺の.

gleich|set・zen ［グライヒ・ゼッツェン］ 動 h. **1.**〈et⁴〉ヲ＋(mit〈et³〉)〉ヲ同一視する. **2.**〈j⁴〉ヲ＋〈j³/et³〉ト同等に扱う, 等と見なす. **3.** (sich⁴＋mit〈j³/et³〉)自己を同一視する(内面的に).

gleich・sil・big ［グライヒ・ズィルビヒ］ 形《言》音節が同数の.

gleich・sin・nig ［グライヒ・ズィニヒ］ 形 一様な.

gleich|ste・hen＊ ［グライヒ・シュテーエン］ 動 h.((mit)〈j³〉ト)同等(対等)である, 資格(能力・条件)が同じである.〈j³〉が相互代名詞 sich³の場合)互いに同等である.

gleich|stel・len ［グライヒ・シュテレン］ 動 h.〈j⁴〉ヲ((mit)〈j³〉ト))同列にする, 同等に扱う, (…に…と)同等の権利を認める.

die **Gleich・stel・lung** ［グライヒ・シュテルング］ 名 -/-en 同等(対等・同列)化.

der **Gleich・strom** ［グライヒ・シュトろーム］ 名 -(e)s/..ströme 直流.

gleich|tun＊ ［グライヒ・トゥーン］ 動 h.〈es＋〈j³〉ニ〉做

う；匹敵する, ひけをとらない.

die **Glei・chung** ［グライヒンク］ 名 -/-en 方式式：eine 〜 zweiten Grades 二次方程式. eine 〜 aufstellen 方程式を立てる.

gleich・viel ［グライヒ・フィール］ 副 どうでもよく, 構わずに：Er wollte weg, 〜 wohin. 彼は立去りたかった, どこへ行くかなどどうでもよかった.

gleich・wer・tig ［グライヒ・ヴェーアティヒ］ 形 等価値の, 対等の；《化》等価の.

die **Gleich・wer・tig・keit** ［グライヒ・ヴェーアティヒカイト］ 名 -/-en《主に《表》等価値；対等.

gleich・wie ［グライヒ・ヴィー］ 接《従属》《文》…のごとく.

gleich・win・ke・lig ［グライヒ・ヴィンケリヒ］ 形 ＝gleich・winklig.

gleich・wink・lig ［グライヒ・ヴィンクリヒ］ 形《数》等角の.

gleich・wohl ［グライヒ・ヴォール］ 副 それにもかかわらず.

―――― 接《従属》《方》…にもかかわらず.

gleich・zei・tig ［グライヒ・ツァイティヒ］ 形

die **Gleich・zei・tig・keit** ［グライヒ・ツァイティヒカイト］ 名 -/同時性；《言》同時性(主文・副文の時の一致).

gleich|zie・hen＊ ［グライヒ・ツィーエン］ 動 h. ((mit〈j³〉ト))同点(同成績)になる, (…に)追いつく, 同じレベルに達する(主にスポーツで).

das **Gleis** ［グライス］ 名 -es/-e 軌道, 線路；(列車の出る)番線；(稀)(線路の)一本のレール：ein totes 〜 廃線.〈j⁴〉aufs tote 〜 schieben〈人ノ〉勢力を奪う. aus dem 〜 kommen 平常でなくなる. wieder ins (rechte) 〜 kommen 正常に戻る.

die **Gleis・an・la・ge** ［グライス・アン・ラーゲ］ 名 -/-n 軌道施設.

der **Gleis・an・schluss, ⓇGleis・an・schluß** ［グライス・アン・シュルス］ 名 -es/..schlüsse レールの接続；引込線.

..glei・sig ［..グライズィヒ］ 接尾 数詞につけて「軌道が...本の」を表す形容詞を作る：eingleisig 単線の.

die **Gleis・ket・te** ［グライス・ケッテ］ 名 -/-n《工》キャタピラー, 無限軌道.

das **Gleis・ket・ten・fahr・zeug** ［グライスケッテン・ふぁーァ・ツォイク］ 名 -(e)s/-e キャタピラー(無限軌道)車.

der **Gleis・ner** ［グライスナー］ 名 -s/-《古》偽善者.

gleis・ne・risch ［グライスネりシュ］ 形《古》偽善的な.

der **Gleiß** ［グライス］ 名 -es/《文》輝き, きらめき；光輝.

glei・ßen(＊) ［グライセン］ 動《《方》gliss；hat geglissen)《雅》《文》燦々と(ﾟaﾟ)(きらきら)と輝く(光る).

die **Gleit・bahn** ［グライト・バーン］ 名 -/-en 滑走路；滑り台.

das **Gleit・boot** ［グライト・ボート］ 名 -(e)s/-e 水中翼船.

glei・ten＊ ［グライテン］ 動 glitt；ist/hat geglitten **1.** s.((《方向》ヘ/《場所》ヲ))滑る, 滑って行く, 滑べるように動いて滑空する(して行く)：über das Eis/das Wasser 〜 氷上/水面を滑って行く. **2.** s.《方向》ヘ(カラ)滑り下りる(落ちる), 滑るように入る. **3.** h.《歴》《口》(フレックスタイム制で)出退勤時間を自由にずらす. 〜**de** Arbeitszeit フレックスタイム制.

der **Glei・ter** ［グライター］ 名 -s/-《空》グライダー.

der **Gleit・flug** ［グライト・ふルーク］ 名 -(e)s/..flüge 滑空.

das **Gleit・flug・zeug** ［グライト・ふルーク・ツォイク］ 名 -(e)s/-e グライダー.

die **Gleit・klau・sel** ［グライト・クラウゼル］ 名 -/-n (賃金・賃借料などに関する)スライド条項.

die **Gleit・schie・ne** ［グライト・シーネ］ 名 -/-n スライド・レール.

der **Gleit・schutz** ［グライト・シュッツ］ 名 -es/-e《車》滑り止め(装置)(タイヤのチェーンなど).

das **Gleit·wachs** [グライト・ヴァックス] [名] -es/-e (スキーの)ワックス.

die **Gleit·zeit** [グライト・ツァイト] [名] -/-en (フレックスタイム制による)自由出退勤時間;(必要な勤務時間数に対する)不足〔超過〕時間数;《口》フレックスタイム.

das **Gleit·zeit·sys·tem** [グライトツァイト・ズュステーム] [名] -s/-e フレックスタイム制.

der **Glet·scher** [グレっチャー] [名] -s/- 氷河.

der **Glet·scher·brand** [グレっチャー・ブらント] [名] -(e)s/ (雪山・氷河での)日焼け, 氷河壊疽(えそ).

das **Glet·scher·eis** [グレっチャー・アイス] [名] -es/ 氷河氷.

das **Glet·scher·kraft·werk** [グレっチャー・クらふト・ヴェるク] [名] -(e)s/-e 氷河発電所(氷河の融水を利用).

die **Glet·scher·müh·le** [グレっチャー・ミューレ] [名] -/-n 〘地質〙氷河甌穴(おうけつ), ムーラン(氷河でできる縦穴).

die **Glet·scher·spal·te** [グレっチャー・シュパルテ] [名] -/-n クレバス, 氷河の裂け目.

der **Glet·scher·wind** [グレっチャー・ヴィント] [名] -(e)s/-e 〘気〙氷河のある山腹の気流.

die **Glet·scher·zun·ge** [グレっチャー・ツンゲ] [名] -/-n 〘地質〙氷河の先端, 氷舌.

glich [グリっひ] [動] gleichen の過去形.

gli·che [グリっひぇ] [動] gleichen の接続法 2 式.

das **Glied** [グリート] [名] -(e)s/-er **1.** (身体の)肢, 手足, 四肢;〘解〙指骨, 趾骨(指の関節と関節の間の部分): an allen *~ern* zittern 全身が震える. Der Schreck fuhr mir in die *~er*〔durch alle *~er*〕. 恐怖が私の全身を貫いた. mit gesunden *~ern* 五体満足で. das (männliche) ~ 陰茎. **2.** (全体の)個々の部分;連鎖の一環;メンバー, 会員, 一員;〘言〙文肢;〘数〙項. **3.** 列: in Reih und ~ 整列して. in Linie zu zwei *~ern* antreten 二列縦隊を組む. **4.** 《古》世代.

der **Glie·der·bau** [グリーダー・バウ] [名] -(e)s/ 四肢の構造,骨格;〘言〙文章の構造.

der **Glie·der·fü·ßer** [グリーダー・ふューサー] [名] -s/- 〘動〙節足動物.

..glie·de·rig [..グリーデりひ] [接尾] 形容詞・数詞などにつけて「…の肢体を持った」,〘数〙「…項の」などを表す形容詞を作る: fein*gliederig* きゃしゃな. zwei*gliederig* 〔2-*gliederig*〕2 項の.

glie·der·lahm [グリーダー・ラーム] [形] 手足のしびれた.

glie·dern [グリーダーン] [動] *h.* **1.** 〔〈et⁴〉ヲ+(in 〈et⁴〉ニ)〕分ける, 区分する. **2.** 〔〈et⁴〉ヲ+〈様態〉ニ〕構成する, 組み立てる(文・論文・講演・組織などを): eine reich *gegliederte* Küste〘地質〙入江の多い海岸. **3.** 〔sich⁴+in 〈et⁴〉ニ〕分けられている, 区分けされている.

die **Glie·der·pup·pe** [グリーダー・プっぺ] [名] -/-n (関節で)手足が動く人形, 人体模型.

das **Glie·der·rei·ßen** [グリーダー・らイセン] [名] -s/ 《口》=Gliederschmerz.

der **Glie·der·schmerz** [グリーダー・シュメるツ] [名] -es/-en 手足の痛み, 節ぶしの痛み.

das **Glie·der·tier** [グリーダー・ティーあ] [名] -(e)s/-e 〘動〙体節動物(環形動物・節足動物).

die **Glie·de·rung** [グリーデるング] [名] -/-en **1.** 構成, 組立て;区分, 分類. **2.** (ナチ党の)下部組織.

das **Glie·der·zu·cken** [グリーダー・ツっケン] [名] -s/ 手足の痙攣(けいれん).

die **Glied·ma·ße** [グリート・マーセ] [名] -/-n 肢, 手足, 四肢.

..glied·rig [..グリードりひ] [接尾] =..gliederig.

glied·wei·se [グリート・ヴァイゼ] [副] 列を組んで, 列ごとに.

glim·men(*) [グリメン] [動] glomm〔glimmte〕; hat geglommen〔geglimmt〕〔補足なし〕かすかな光を放つ, (炎を上げずに燃えて)赤く輝く(タバコの火・残り火などが).

der **Glim·mer** [グリマー] [名] -s/- **1.** 雲母. **2.** 《稀》ほのかな輝き, 微光. **3.** 《口》ほろ酔い.

glim·mern [グリマーン] [動] *h.* 〔補足なし〕ほのかに輝く, 微光を放つ, きらきら〔ちらちら〕光る.

der **Glimm·stän·gel**, ⑪ **Glimm·sten·gel** [グリム・シュテンゲル] [名] -s/- 《口》紙巻タバコ.

glimpf·lich [グリムプふりひ] [形] **1.** たいした損害のない, 何とか無事な, まあまあの. **2.** 寛大な.

gliss [グリス] [動] 《古》gleißen の過去形.

die **Glis·sa·de** [グリサーデ] [名] -/-n 〘バレエ〙グリサード, 滑歩.

glis·san·do [グリサンド] [副] 〘楽〙グリッサンド, 滑らかに.

das **Glis·san·do** [グリサンド] [名] -s/-s〔..di〕〘楽〙グリッサンド, 滑奏法.

glis·se [グリっセ] [動] 《古》gleißen の接続法 2 式.

glit·schen [グリっチェン] [動] **1.** *s.* 〔補足なし〕《口》足を滑らす;滑る(足が). **2.** *s.* 〔〈方向〉カラ〕滑り落ちる(手から石けんなどが). **3.** *h./s.* 〔〈場所〉デ〕《方》スケートをする;(…を)スケートで滑って行く.

glit·schig [グリっチひ] [形] 《口》 **1.** ぬるぬるの, つるつる滑る. **2.** 《方》(生焼けで中が)べとつく.

glitt [グリット] [動] gleiten の過去形.

glit·te [グリっテ] [動] gleiten の接続法 2 式.

glit·zern [グリっツァーン] [動] *h.* 〔補足なし〕きらめく, 銀色に輝く.

glo·bal [グロバール] [形] (全)世界的な, グローバルな;包括的な;大ざっぱな.

glo·ba·li·sie·ren [グロバリズィーれン] [動] *h.*〔〈et⁴〉ヲ〕グローバル化する.

die **Glo·ba·li·sie·rung** [グロバリズィーるング] [名] -/-en グローバル化.

die **Glo·bal·steu·e·rung** [グロバール・シュトイエるング] [名] -/-en 〘政・経〙包括的経済誘導政策.

der **Glo·be·trot·ter** [グローベ・トろッター, gló:p.. グローブ・トろッター] [名] -s/- 世界漫遊者.

das **Glo·bu·lin** [グロブリーン] [名] -s/-e 〘医・生〙グロブリン.

der **Glo·bus** [グローブス] [名] -(ses)/..ben〔-se〕 **1.** 地球儀;天球儀(Himmels~);《文》地球. **2.** 《口》(大きな丸い)頭.

das **Glöck·chen** [グレっクひぇン] [名] -s/- 小さな鐘〔鈴〕.

die **Glo·cke** [グロっケ] [名] -/-n **1.** 鐘, 釣鐘. **2.** 《古》ベル, 呼び鈴. **3.** 釣鐘形のケープ〔スカート〕;釣鐘形ガラスぶた;釣鐘形ランプシェード;〘フェンシング〙椀形(わんがた)のつば:〘植〙鐘形花冠. 【慣用】〈et⁴〉 **an die große Glocke hängen** 《口》〈事を〉吹聴する. **wissen, was die Glocke geschlagen hat** 《口》事の重大さを知っている.

die **Glo·cken·blu·me** [グロっケン・ブルーメ] [名] -/-n 〘植〙ツリガネソウ, カンパニュラ.

glo·cken·för·mig [グロっケン・ふぇるミひ] [形] 鐘〔鈴〕形の.

das **Glo·cken·ge·läut** [グロっケン・ゲロイト] [名] -(e)s/-e =Glockengeläute.

das **Glo·cken·ge·läu·te** [グロっケン・ゲロイテ] [名] -s/ 鐘の音.

der **Glo·cken·gie·ßer** [グロっケン・ギーサー] [名] -s/- 鐘鋳造職人.

das **Glo·cken·gut** [グロっケン・グート] [名] -(e)s/=Glockenspeise.

die **Glo·cken·hei·de** [グロっケン・ハイデ] [名] -/ 〘植〙エリカ.

glo·cken·hell [グロっケン・ヘル] [形] 鈴をころがすような.

der **Glo·cken·klang** [グロっケン・クラング] [名] -(e)s/..klänge 鐘〔鈴〕の音.

der **Glo·cken·klöp·pel** [グロッケン・ク㋹ッぺル] 名 -s/- 鐘の舌.

der **Glo·cken·man·tel** [グロッケン・マンテル] 名 -s/..mäntel **1.** 鐘の鋳型. **2.** 釣鐘形マント.

glo·cken·rein [グロッケン・ライン] 形 鈴の音のように澄んだ.

der **Glo·cken·rock** [グロッケン・ロック] 名 -(e)s/..röcke 釣鐘形スカート.

der **Glo·cken·schlag** [グロッケン・シュラーク] 名 -(e)s/..schläge 打鐘;時鐘の鐘.

das **Glo·cken·seil** [グロッケン・ザイル] 名 -(e)s/-e 鐘の引き綱.

die **Glo·cken·spei·se** [グロッケン・シュパイゼ] 名 -/ 鐘の鋳造材料《銅とスズの合金》.

das **Glo·cken·spiel** [グロッケン・シュピール] 名 -(e)s/-e **1.** 《大小の鐘で旋律を奏でる》組み鐘装置, カリヨン;《ドアの》チャイム.**2.** 《楽》グロッケンシュピール, 鉄琴.

die **Glo·cken·stu·be** [グロッケン・シュトゥーベ] 名 -/-n 鐘楼.

der **Glo·cken·stuhl** [グロッケン・シュトゥール] 名 -(e)s/..stühle 鐘架《鐘をつるす枠組》.

der **Glo·cken·turm** [グロッケン・トゥルム] 名 -(e)s/..türme 鐘塔, 鐘楼.

der **Glo·cken·zug** [グロッケン・ツーク] 名 -(e)s/..züge 鐘の引き綱.

glo·ckig [グロッキヒ] 形 鐘形の.

der **Glöck·ner** [グ㋹ックナー] 名 -s/- 《古》鐘つき番.

glomm [グロム] glimmen の過去形.

glöm·me [グ㋹メ] 動 glimmen の接続法2式.

das **Glo·ria** [グローリア] 名 -s/-s 《カトリ》栄光唱, グロリア《ミサ聖祭の一部》.

die **Glo·rie** [グローリエ] 名 -/-n **1.** 《文》栄光, 栄誉;栄華. **2.** 《文》《聖画像の》光輪, 後光. **3.** 《雲に映る飛行機などの影の周囲にできる》光の輪.

der **Glo·ri·en·schein** [グローリエン・シャイン] 名 -(e)s/-e 光輪, 後光.

die **Glo·ri·et·te** [グロリエッテ] 名 -/-n **1.**《建》《バロック式庭園などの》園亭.

glo·ri·fi·zie·ren [グロリふィツィーレン] 動 h.《j¹/et⁴》》栄光をたたえる, (…を)賛美[称賛]する.

die **Glo·ri·o·le** [グロリオーレ] 名 -/-n = Glorienschein.

glo·ri·os [グロリオース] 形 = glorreich.

glor·reich [グロ-ぁライヒ] 形 《主に《皮》》栄光の, 輝かしい.

das **Glos·sar** [グロサ-ぁ] 名 -s/-e 語彙解説集, 解説付用語索引;《古写本に書込まれた》注解, 傍注.

die **Glos·se** [グ㋹ッセ, glɔ́:sə グロ-ゼ] 名 -/-n **1.** 《辛辣な》寸評, コメント. **2.** 《新聞などの》寸評, 寸言. **3.** 《言・文芸学》《古写本や中世初期の法文に書込まれた》注解, 傍注. **4.** 《文芸学》グロッセ《スペインの詩形》.

glos·sie·ren [グロッスィーレン] 動 h 《j¹/et⁴》》(しんらつに)批評する;寸評する《新聞・テレビなどで》;《言・文芸》注解を施す《テキストに》.

die **Glos·so·la·lie** [グロッソラリー] 名 -/《心》《宗教的恍惚》状態での》舌がもれ, 舌語り, 異言.

die **Glot·tis** [グロッティス] 名 -/Glottides [..デース]声門.

die **Glot·to·chro·no·lo·gie** [グロット・クロノ・ロギ-] 名 -/《言》言語年代学.

das **Glotz·au·ge** [グロッツ・アウゲ] 名 -s/-n **1.**《医》眼球突出. **2.**《主に《軽》》《口》ぎょろ目.

glotz·äu·gig [グロッツ・オイギヒ] 形 **1.** ぎょろ目の. **2.**《医》眼球突出の.

die **Glot·ze** [グ㋹ッツェ] 名 -/-n 《口》テレビ.

glot·zen [グ㋹ッツェン] 動 h.《口》**1.** 《様態》*》ばか面をして》見る[ている]る. **2.** 《㋹》ぼんやりテ レビを見る.

(*der*) **Glück** [グリュック] 名 《人名》グルック《Christoph Willibald Ritter von ~, 1714-87, オーストリアの作曲家》.

gluck! [グルック] 間 こっこっ《雌鶏の鳴き声》;ごほっ《液体の音》;《口》ごくごく《飲む音》.

das **Glück** [グリュック] 名 -(e)s/-e **1.** 《⓪のみ》幸運, 運;成功, 繁栄：ein ~ bringender Ring 幸運をもたらす指輪. eine ~ verheißende Situation 幸運を約束する状況. ~ haben 幸運である, うまくいく, dass ... は幸運だった. 《j³》 für 《et⁴》《zu 《et³》》 ~ wünschen 《人に》《事の》成功を祈る. **2.** 《⓪のみ》幸福《感》, 《満ち足りた》喜び. **3.** 幸運な状況；喜ばしい出来事. 《慣用》**auf gut Glück** 運を天にまかせて. **Glück ab!** ご無事で《パイロットのあいさつ》. **Glück auf!** ご無事で《坑夫のあいさつ》. **mit 《et⁵》 hat er kein Glück haben** 《事ëは》《人の》納得を得られない. **sein Glück machen** 成功する. **von Glück sagen [reden] können** 幸運だと言ってよいことだ. **zu 《j³》 Glück** 《人の》幸いなことに. **zum Glück** 幸いなことに.

das **Glück·auf** [グリュック・アウふ] 名 -s/ ご無事で《坑夫のあいさつ》.

glück·brin·gend, Glück brin·gend [グリュック・ブリンゲント] 形 幸運をもたらす. ⇨ Glück1.

die **Glu·cke** [グルッケ] 名 -/-n 卵を抱いている[ひなを連れている]雌鶏;《昆》カレハガ.

glu·cken [グルッケン] 動 h. **1.** 《慣用》卵を抱えてじっとしている, 卵を抱こうとしてくっくっくっと鳴く, くっくっと鳴いてひよこを呼ぶ《めんどりが》. **2.** 《場所》ず》《口》何もせずにじっとしている.

glü·cken [グリュッケン] 動 s. 《j³》うまくいく《実験などが》.

glu·ckern [グルッケルン] 動 **1.** h. 《(in 《et³》/ず》》ぽちゃぽちゃと音をたてる《液体が》. **2.** s. 《方向》ぺ《場所》ず》とくとく《ごぼごぼ》と流れる《液体が》. **3.** h. 《et⁴》ごくごく飲む.

glück·lich [グリュックリヒ] 形 **1.** 幸運な, 無事な：ein ~er Sieg ラッキーな勝利. **2.** 幸せな, 幸福な, 喜んでいる：《j⁴》 ~ machen 《人》を幸せにする. Wir sind darüber sehr ~. 私たちはそれにとても喜んでいます. **3.** 都合のよい, うまい：ein ~er Einfall うまい思いつき. Es war ein ~er Zufall, dass ... つまり偶然にせよ好都合だった. 《慣用》**Ein glückliches neues Jahr!** 新年おめでとう. **Glückliche Reise!** よい ご無事で. **eine glückliche Hand bei《et³》 haben** 《事にで》巧みである. **Nun ist es glücklich zu spät.** 《㋹》見事に遅刻だ！とうとう結局：Nun habe ich die Aufgabe doch noch ~ erledigt. さてこの課題をやっと何とか済ませたよ.

glück·li·cher·wei·se [グリュックリヒャー・ヴァイゼ] 副 《文飾》幸運にも, 運よく.

die **Glück·sa·che** [グリュック・ザッヘ] 名 -/ = Glückssache.

glück·se·lig [グリュック・ゼーリヒ, グリュック・ゼーリヒ] 形 この上なく幸せな, 至福の, 喜びにあふれた.

die **Glück·se·lig·keit** [グリュック・ゼーリヒカイト] 名 -/-en **1.**《⓪のみ》幸福にみちた状態. **2.** この上なく幸せな出来事.

gluck·sen [グルックセン] 動 h. 《慣用》ぽちゃぽちゃと音をたてる《液体が》；くっくっと笑う.

der **Glücks·fall** [グリュックス・ふァル] 名 -(e)s/..fälle 幸運な巡り合せ, 僥倖《ぎょう》：im ~ 運がよければ.

das **Glücks·ge·fühl** [グリュックス・ゲふュール] 名 -(e)s/-e 幸福感.

die **Glücks·göt·tin** [グリュックス・ゲッティン] 名 -/-nen

Glücksgüter

《文》幸運の女神.

die **Glücks·güter** [グリュックス・ギューター] 複名《文》(次の形で) mit ~n gesegnet sein 財産に恵まれている, 裕福である.

das **Glücks·kind** [グリュックス・キント] 名 -(e)s/-er 幸運児.

der **Glücks·klee** [グリュックス・クレー] 名 -s/ 四つ葉のクローバ.

der **Glücks·pfen·nig** [グリュックス・プふェニヒ] 名 -s/-e 幸運のペニヒ(幸運をもたらすとされるペニヒ貨).

der **Glücks·pilz** [グリュックス・ビルツ] 名 -es/-e 《口》幸運児.

das **Glücks·rad** [グリュックス・ラート] 名 -(e)s/..räder **1.** 回転式抽選器. **2.** 運命の糸車(有為転変の象徴).

der **Glücks·rit·ter** [グリュックス・リッター] 名 -s/-《蔑》運をあてにする冒険家(タイプの人), 山師.

die **Glücks·sa·che** [グリュックス・ザッへ] 名 -/ 運の問題, 運次第.

das **Glücks·spiel** [グリュックス・シュピール] 名 -(e)s/-e (運で勝負が決まる)ゲーム；かけ事, ギャンブル.

der **Glücks·stern** [グリュックス・シュテるン] 名 -(e)s/-e 幸運の星.

die **Glücks·sträh·ne** [グリュックス・シュトれーネ] 名 -/-n 幸運(つき)の連続, 幸運が続く一時期.

der **Glücks·tag** [グリュックス・ターク] 名 -(e)s/-e 縁起(運)のいい日, 吉日.

glück·strah·lend [グリュック・シュトらーレント] 形 幸福(喜び)に輝く.

glück·ver·hei·ßend, Glück ver·hei·ßend [グリュック・ふェあハイセント] 形 幸福(幸運)を約束する, 縁起のよい. ⇨ Glück 1.

der **Glück·wunsch** [グリュック・ヴンシュ] 名 -(e)s/..wünsche 祝いの言葉, 祝詞, 祝辞：⟨j³⟩ seine Glückwünsche zu ⟨et³⟩ aussprechen ⟨人の⟩⟨事に⟩おめでとうと言う.

die **Glück·wunsch·adres·se** [グリュックヴンシュ・アドれッセ] 名 -/-n (公式の)祝賀状.

die **Glück·wunsch·kar·te** [グリュックヴンシュ・カるテ] 名 -/-n 祝いのカード, 賀状.

die **Glu·co·se** [グルコーゼ] 名 -/《化》グルコース, ブドウ糖.

das **Glu·co·se-1-phos·phat** [グルコーゼ・アインス・ふォスふぁート] 名 -(e)s/-e《生化》グルコース-1-燐酸.

das **Glu·co·se-6-phos·phat** [グルコーゼ・ゼックス・ふォスふぁート] 名 -(e)s/-e《生化》グルコース-6-燐酸.

die **Glüh·bir·ne** [グリュー·ビるネ] 名 -/-n (西洋梨型の)電球.

glü·hen [グリューエン] 動 h. **1.**《照明》赤く燃える(火·石炭などが), 真っ赤に焼ける(鉄などが), 赤く光る(タバコの火などが); 赤く染まる(空·山などが), 紅潮する(ほおなどが), ほてる(身体などが). **2.** ⟨et⁴ッツ⟩ 真っ赤に焼く(金属などを). **3.**《照明》《文》燃えている(人が).

glü·hend [グリューエント] 形 赤く燃える, 灼熱(しゃくねつ)の;《文》燃えるような, 熱烈な.

glühend heiß, ⓡ**glühendheiß** [グリューエント ハイス] 形 焼けるように熱い.

der **Glüh·fa·den** [グリュー·ふぁーデン] 名 -s/..fäden フィラメント.

die **Glüh·hit·ze** [グリュー·ヒッツェ] 名 -/ 灼熱(しゃくねつ), 炎暑.

die **Glüh·lam·pe** [グリュー·ランペ] 名 -/-n (白熱)電球.

das **Glüh·licht** [グリュー·リヒト] 名 -(e)s/-er 白熱光.

der **Glüh·ofen** [グリュー·オーふェン] 名 -s/..öfen《工》焼きなまし炉.

der **Glüh·strumpf** [グリュー·シュトるムプふ] 名 -(e)s/..strümpfe (ガス灯の)ガスマントル.

der **Glüh·wein** [グリュー·ヴァイン] 名 -(e)s/-e (砂糖·香料などを入れて温めた)ホットワイン.

das **Glüh·würm·chen** [グリュー·ヴュるムヒェン] 名 -s/-《昆》ホタル.

die **Glu·ko·se** [グルコーゼ] 名 -/《化》ブドウ糖.

glup·schen [グルプシェン] 動 h.《こっ》《北独》ぎょろりと見る.

die **Glut** [グルート] 名 -/-en **1.** (炎の立たない)火, 灼(しゃく)熱, 燠(おき). **2.** 猛暑, 炎熱. **3.** 燃えるような色；紅潮：die ~ des Abendhimmels 真っ赤な夕焼け. **4.**《文》情熱, 激情.

das **Glu·ten** [グルテン] 名 -s/《化》グルテン.

der **Glut·hauch** [グルート·ハウホ] 名 -(e)s/-e《文》**1.** 熱気, 熱風. **2.** 熱い吐息, 情熱.

glut·heiß [グルート·ハイス] 形 炎熱(炎暑)の.

die **Glut·hit·ze** [グルート·ヒッツェ] 名 -/ 炎熱, 猛暑.

glut·rot [グルート·ロート] 形 燃えるように赤い, 真っ赤な.

das **Gly·ce·rin** [glytserfːn グリュツェリーン] 名 -s/ =Glyzerin.

der **Gly·kol** [グリコール] 名 -s/-e《化》グリコール.

die **Gly·ko·ly·se** [グリコ·リューゼ] 名 -/-n《生化》解糖, グリコリシス.

die **Glyp·te** [グリュプテ] 名 -/-n 彫刻(カット)された宝石.

die **Glyp·tik** [グリュプティク] 名 -/ グリュプティック①(半)貴石などに浮き(沈み)彫りをほどこす技術. ②彫金(石)術.

die **Glyp·to·thek** [グリュプトテーク] 名 -/-en **1.** グリュプトテーク, 彫刻館(古代彫刻·装飾品·陶器などの美術館). **2.** 彫刻された宝石のコレクション.

das **Gly·ze·rin** [グリュツェリーン] 名 -s/《化》グリセリン.

die **Gly·zi·nie** [グリュツィーニエ] 名 -/-n《植》フジ.

Gm = Gigameter《理》ギガメートル.

GmbH [ゲーエムベーハー] = Gesellschaft mit beschränkter Haftung 有限(責任)会社.

GMD = Generalmusikdirektor 音楽総監督の地位にある指揮者.

das **g-Moll** [ゲー·モル, ゲー·モル] 名 -/《楽》ト短調(記号 g).

die **Gna·de** [グナーデ] 名 -/ **1.**《宗》(神の)恵み, 恩寵(おんちょう). **2.** (下位の者への)寵愛, 愛顧, 恩顧, 慈悲, 恩情, 温情, 寛大さ. **3.** 赦免, 恩赦. **4.** (次の形で) Euer(Ihro/Ihre)~n《古》閣下.【慣用】 bei ⟨j³⟩ in (hohen) Gnaden stehen《文》⟨人に⟩重んじられている. Gnade vor [für] Recht ergehen lassen 寛大な処置をとる. sich⟨j³⟩ auf Gnade oder Ungnade ergeben ⟨人に⟩無条件降伏する. von ⟨j²⟩ Gnaden ⟨人の⟩お陰で. vor ⟨j³⟩ ⟨vor ⟨j³⟩ Augen⟩ Gnade finden ⟨人の⟩眼鏡にかなう.

der **Gna·den·akt** [グナーデン·アクト] 名 -(e)s/-e 恩赦.

die **Gna·den·be·zei·gung** [グナーデン·ベツァイグング] 名 -/-en 恵み(好意·恩恵)を与えること, 温情を示すこと.

das **Gna·den·bild** [グナーデン·ビルト] 名 -(e)s/-er《カトリック》霊験の聖像(特に, マリア像).

das **Gna·den·brot** [グナーデン·ブロート] 名 -(e)s/ (老いて働けない人や家畜への)施しの食べ物：bei ⟨j³⟩ das ~ essen ⟨人から⟩扶養してもらっている.

die **Gna·den·frist** [グナーデン·ふりスト] 名 -/-en (最終)猶予期間.

das **Gna·den·ge·halt** [グナーデン·ゲハルト] 名 -(e)s/..hälter《古》=Gnadenbrot.

das **Gna·den·ge·such** [グナーデン·ゲズーふ] 名 -(e)s/-e 恩赦の請願, 減刑嘆願書.

die **Gna·den·hoch·zeit** [グナーデン·ホホ·ツァイト] 名

-en 《方》恩寵婚式《結婚 70 周年記念日》.

die **Gna·den·mit·tel** [グナーデン・ミッテル] [複名] 〖キ教〗(秘跡など)神の恩恵の手段.

der **Gna·den·ort** [グナーデン・オるト] [名] -(e)s/-e 巡礼地.

gna·den·reich [グナーデン・らイひ] [形] 恵み〔慈悲〕深い;恩寵豊かな.

der **Gna·den·schuss**, [旧] **Gna·den·schuß** [グナーデン・シュス] [名] -es/..schüsse (ひと思いに死なせる)とどめの一発.

der **Gna·den·stoß** [グナーデン・シュトース] [名] -es/..stöße (ひと思いに死なせる)とどめの一突.

der **Gna·den·tod** [グナーデン・トート] [名] -(e)s/-e 《文》安楽〔尊厳〕死.

die **Gna·den·wahl** [グナーデン・ヴァール] [名] -/ 〖キ教〗恩恵の選び《至福を得る人間を神が選び出すこと》.

der **Gna·den·weg** [グナーデン・ヴェーク] [名] -(e)s/ 恩赦請願に基づく恩赦;恩赦手続: auf dem 〔über den〕 ~ 恩赦によって.

gnä·dig [グネーディひ] [形] **1.** (《皮》も有)情け深い, 思いやりのある;慇懃(いんぎん)無礼な: *~es* Fräulein お嬢様. *~e* Frau 奥様.【*~er* Herr「だんな様」は古い】Du bist aber ~! 《皮》(君は)お情け深いことだよ. **2.** 温情ある, 寛大な. **3.** 慈悲深い.

gnat·zig [グナッツィひ] [形] 《口》不機嫌な.

der **Gneis** [グナイス] [名] -es/-e 片麻岩.

der **Gnom** [グノーム] [名] -en/-en **1.** 〖神話〗地の精. **2.** 《口》小人.

die **Gno·me** [グノーメ] [名] -/-n 〖文芸学〗箴言, 格言, 金言.

gno·men·haft [グノーメンハふト] [形] 地の精のような.

der **Gno·mon** [グノーモン] [名] -s/-e [グノモーネ] (日時計の)針;グノモン, (古代の)太陽測定器.

die **Gno·se·o·lo·gie** [グノゼオ・ロギー] [名] -/ 〖宗〗認識論.

die **Gno·sis** [グノーズィス] [名] -/ 〖宗〗グノーシス, 神秘的直観;グノーシス説.

der **Gnos·ti·ker** [グノスティカー] [名] -s/- グノーシス派の人.

gnos·tisch [グノスティシュ] [形] 〖宗〗グノーシス(派)の.

das **Gnu** [グヌー] [名] -s/-s〖動〗ヌー《カモシカ亜科》.

gnug [グヌーク] [形] =genug.

das **Go** [ゴー] [名] -/ 碁.

das **Goal** [go:l ゴール] [名] -s/-s 《オーストリア・スイス》(サッカーなどの)ゴール.

der **Go·be·lin** [gobəlɛ̃: ゴベラーン] [名] -s/-s ゴブラン織(の壁掛け).

die **Go·be·lin·sti·cke·rei** [ゴベラーン・シュティっケらイ] [名] -/-en ゴブラン織りの小物《バッグ・クッションなど》;ゴブラン織り(技術).

der **Go·ckel** [ゴっケル] [名] -s/- 《口》おんどり.

der **Go·ckel·hahn** [ゴっケル・ハーン] [名] -(e)s/ ..hähne 《口》おんどり.

(*der*) **Goeb·bels** [ゲっベルス] [名] 〖人名〗ゲッベルス《Joseph Paul ~, 1897-1945, ナチ・ドイツの政治家・啓蒙宣伝相》.

(*der*) **Goe·the** [ゲーテ] [名] 〖人名〗ゲーテ《Johann Wolfgang von ~, 1749-1832, 詩人》.

die **Goe·the·a·na** [ゲテアーナ] [複名] ゲーテ文庫《ゲーテの作品と文献(類)》.

das **Goe·the·haus** [ゲーテ・ハウス] [名] -es/..häuser ゲーテの家《フランクフルトの生家. ワイマールの邸宅》.

das **Goe·the-In·sti·tut** [ゲーテ・インスティトゥート] [名] -(e)s/-e ゲーテ・インスティテュート《ドイツ語・ドイツ文化の海外普及を目的とするドイツの公益機関》.

goe·thesch, Goe·the'sch, [旧] **Goethesch** [ゲーテシュ] [形] ゲーテの;ゲーテ風〔流〕の.

goe·thisch, [旧] **Goethisch** [ゲーティシュ] [形] =goethesch.

(*der*) **Gogh** [gɔx ゴっほ, go:k ゴーク] [名] 〖人名〗ゴッホ《Vincent van ~, 1853-90, オランダの画家》.

das **Go-go-Girl** [gó:gogœrl ゴーゴ・ゲるル, ..gø:rl ゴーゴ・ゲーあル] [名] -s/-s ゴーゴーガール.

der **Goi** [ゴーイ] [名] -(s)/Gojim [ゴーイーム, ゴイーム] (ユダヤ人から見た)異邦人, 非ユダヤ人;異教徒.

die **Go·jim** [ゴーイーム, ゴイーム] [複名] Goi の複数形.

go·keln [ゴーケルン] [動] *h.* 〔補足なし〕《東中独》火をもてあそぶ, 火遊びをする.

das **Gold** [ゴルト] [名] -(e)s/ **1.** 金(きん)《記号Au》;黄金. **2.** 金貨;金メダル;金製品: Das ist nicht mit ~ zu bezahlen. それは金(かね)で買えない. **3.** 金色, 黄金色;金色の輝き. **4.** 非常に貴重なもの: flüssiges ~ 石油. schwarzes ~ 石炭;石油. weißes ~ 象牙;磁器;塩.【慣用】**Gold in der Kehle haben** 美声の持ち主である. 〈et[1]〉 **ist nicht mit Gold aufzuwiegen** 〈物が〉かけがえがない.

die **Gold·am·mer** [ゴルト・アマー] [名] -/-n 〖鳥〗キアオジ.

die **Gold·am·sel** [ゴルト・アムゼル] [名] 〖鳥〗コウライウグイス.

die **Gold·auf·lage** [ゴルト・アウふ・ラーゲ] [名] -/-n 金めっき.

der **Gold·bar·ren** [ゴルト・バれン] [名] -s/- 金の延べ棒, インゴット.

der **Gold·be·stand** [ゴルト・ベシュタント] [名] -(e)s/ ..stände 金保有高.

das **Gold·blätt·chen** [ゴルト・ブレっトひぇン] [名] -s/- 金箔(ぱく).

das **Gold·blech** [ゴルト・ブレっひ] [名] -(e)s/-e 金の延べ板;金めっきの薄板.

gold·blond [ゴルト・ブロント] [形] 金髪の.

der **Gold-De·vi·sen-Stan·dard** [ゴルト・デヴィーゼン・シュタンダるト, ゴルト・デヴィーゼン・スタンダるト] [名] -s/ 〖経〗金・為替本位制.

gold·durch·wirkt [ゴルト・ドゥるひ・ヴィるクト] [形] 金糸を織込んだ.

gol·den [ゴルデン] [形] **1.** 金(製)の. **2.** 《詩》黄金色の. **3.** すばらしい, 全盛(期)の: einen *~en* Humor haben すばらしいユーモアの持ち主である. *~e* Worte 金言. ein *~es* Zeitalter 全盛期. das *G~e* Zeitalter 黄金時代《古代ギリシア・ローマの伝説上の理想的時代》. die *G~en* Zwanzigerjahre〔die *G~en* Zwanziger〕黄金の 1920 年代.【慣用】**die goldene Hochzeit** 金婚式. **die goldene Mitte** 中庸. **der Goldene Schnitt** 〖数〗黄金分割.

der **Gold·fa·den** [ゴルト・ふぁーデン] [名] -s/..fäden 金糸.

gold·far·ben [ゴルト・ふぁるベン] [形] 金色の.

gold·far·big [ゴルト・ふぁるビひ] [形] 金色の.

der **Gold·fa·san** [ゴルト・ふぁザーン] [名] -(e)s/-e(n) **1.** 〖鳥〗金鶏(きんけい);《冗》(《蔑》も有)大のお気に入り. **2.** 《口・蔑》ナチ党幹部.

der **Gold·fisch** [ゴルト・ふぃっシュ] [名] -(e)s/-e **1.** 金魚. **2.** 《口・冗》(特に結婚相手としての)金持の娘〔男〕.

der **Gold·ge·halt** [ゴルト・ゲハルト] [名] -(e)s/ 金の含有量, 金位.

gold·gelb [ゴルト・ゲルプ] [形] 黄金色の.

das **Gold·ge·wicht** [ゴルト・ゲヴィひト] [名] -(e)s/ カラット, 金位《純金含有度の単位》.

der **Gold·grä·ber** [ゴルト・グれーバー] [名] -s/- 金採掘者.

die **Gold·gru·be** [ゴルト・グるーベ] [名] -/-n 金山, 金鉱;《口》ドル箱《もうかる企業など》.

das **Gold·haar** [ゴルト・ハーあ] [名] -(e)s/ 《文》金髪.

gold·hal·tig [ゴルト・ハルティひ] [形] 金を含有する.

der **Gold·hams·ter** [ゴルト・ハムスター] [名] -s/- 〖動〗ゴールデンハムスター.
gol·dig [ゴルディヒ] [形] **1.** 《口》とてもかわいい;《方》親切な. **2.** 《稀》黄金色に輝く.
der **Gold·kä·fer** [ゴルト・ケーふぁー] [名] -s/- 〖昆〗コガネムシ.
das **Gold·kind** [ゴルト・キント] [名] -(e)s/-er 《口》かわいい子供;クラス一番の子.
der **Gold·klum·pen** [ゴルト・クルムペン] [名] -s/- 金塊.
die **Gold·küs·te** [ゴルト・キュステ] [名] -/ 〖地名〗黄金海岸(アフリカ西部, ガーナの英領時代の名称).
der **Gold·lack** [ゴルト・ラック] [名] -(e)s/ 〖植〗ニオイアラセイトウ.
die **Gold·leis·te** [ゴルト・ライステ] [名] -/-n 金の縁どり, 金縁.
der **Gold·ma·cher** [ゴルト・マっはー] [名] -s/- 錬金術師.
die **Gold·me·dail·le** [ゴルト・メダリエ] [名] -/-n 金メダル.
die **Gold·mün·ze** [ゴルト・ミュンツェ] [名] -/-n 金貨.
die **Gold·pa·ri·tät** [ゴルト・パリテート] [名] -/ 〖経〗金平価.
die **Gold·par·mä·ne** [ゴルト・パるメーネ] [名] -/-n 〖植〗ゴールデンペアメーン(リンゴの品種).
der **Gold·re·gen** [ゴルト・れーゲン] [名] -s/- 〖植〗キバナフジ, キングサリ;(花火の)火花の雨;(棚ぼた式の)大金.
die **Gold·re·ser·ve** [ゴルト・れぜるヴェ] [名] -/-n 《主に[複]》金準備(高).
gold·rich·tig [ゴルト・りひティひ] [形] 《口》まったく正しい.
der **Gold·röhr·ling** [ゴルト・[れ]ーありング] [名] -s/-e 〖植〗ハナイグチ(食用茸).
der **Gold·schaum** [ゴルト・シャウム] [名] -(e)s/ 金箔.
der **Gold·schmied** [ゴルト・シュミート] [名] -(e)s/-e 金〔銀〕細工師〔職人〕.
der **Gold·schnitt** [ゴルト・シュニット] [名] -(e)s/-e (本の)金小口.
die **Gold·sei·fe** [ゴルト・ザイふぇ] [名] -/ 砂金鉱床.
der **Gold·staub** [ゴルト・シュタウプ] [名] -(e)s/-e〔..stäube〕金粉.
die **Gold·sti·cke·rei** [ゴルト・シュティっケらイ] [名] -/-en **1.** 《[単]のみ》金糸のししゅう. **2.** 金糸のししゅうがなされたもの.
das **Gold·stück** [ゴルト・シュテュック] [名] -(e)s/-e **1.** 金貨. **2.** 《口》有能な人間〔部下〕.
der **Gold·su·cher** [ゴルト・ズーはー] [名] -s/- 金鉱探し.
die **Gold·waa·ge** [ゴルト・ヴァーゲ] [名] -/-n 金秤(ばかり)(貴金属用秤). 【慣用】**jedes Wort auf die Goldwaage legen** 《口》ささいな言葉をいちいち気にする, 一言一句慎重に用いる.
die **Gold·wäh·rung** [ゴルト・ヴェーるング] [名] -/-en 〖経〗金本位制.
die **Gold·wa·ren** [ゴルト・ヴァーれン] [複名] 金製品.
der **Go·lem** [ゴーレム] [名] -s/ 〖ユダヤ神〗ゴーレム(魔法によって巨大な力を与えられる泥人形).
der **Golf**[1] [ゴルふ] [名] -(e)s/-e 湾, 入江.
das **Golf**[2] [ゴルふ] [名] -s/ 〖スポーツ〗ゴルフ.
der **Golf·ball** [ゴルふ・バル] [名] -(e)s/..bälle ゴルフボール.
der **Golf·krieg** [ゴルふ・クリーク] [名] -(e)s/ 湾岸戦争(1991年).
der **Golf·platz** [ゴルふ・プラッツ] [名] -es/..plätze ゴルフ場.
der **Golf·schlä·ger** [ゴルふ・シュレーガー] [名] -s/- (ゴルフの)クラブ.
der **Golf·spie·ler** [ゴルふ・シュピーラー] [名] -s/- ゴルファー.
der **Golf·strom** [ゴルふ・シュトろーム] [名] -(e)s/ 〖地〗メキシコ湾流.
(das) **Gol·ga·tha** [ゴルガタ] [名] -s/ 〖地名〗ゴルゴタ(キリスト磔刑の場. エルサレム近郊の丘).
(das) **Gol·go·tha** [ゴルゴタ] [名] -s/ =Golgatha.
der **Go·li·ard** [ゴリアるト] [名] -en/-en 反教会のフランスの遍歴聖職者〔書生〕(特に13世紀の).
der **Go·li·ar·de** [ゴリアるデ] [名] -n/-n =Goliard.
der **Go·li·ath** [ゴーリアト] [名] -s/-s **1.** 《[単]のみ;主に無冠詞》〖旧約〗ゴリアテ(David に倒されたペリシテ人の巨人). **2.** (たくましい)大男.
das **Gol·ler** [ゴラー] [名] -s/- (中世の)皮製胴着.
(der) **Go·lo** [ゴーロ] [名] 〖男名〗ゴーロ.(Godehard など Gode.., Gott..の短縮形).
göl·te [ゲルテ] [動] gelten の接続法2式.
(das) **Go·mor·rha** [ゴモら] [名] 〖旧約〗ゴモラ(Sodom と共に神に滅された悪徳の町).
die **Go·na·de** [ゴナーデ] [名] -/-n 〖生・医〗性〔生殖〕腺.
das **Go·na·gra** [ゴーナグら] [名] -s/ 〖医〗膝関節痛風.
die **Gon·del** [ゴンデル] [名] -/-n **1.** ゴンドラ(ベネチアの小舟). **2.** (軽気球などの)ゴンドラ;吊下げ式植木鉢. **3.** 《方》低い肘掛け付きスツール. **4.** 四方から商品を取りだせる商品棚.
die **Gon·del·bahn** [ゴンデル・バーン] [名] -/-en ロープウェー, ケーブルカー;《スイス》チェアー・リフト.
der **Gon·del·füh·rer** [ゴンデル・ふゅーらー] [名] -s/- ゴンドラの船頭.
gon·deln [ゴンデルン] [動] *s.* **1.** 〔〈方向〉へ〕《口》のんびりとゴンドラ〔小舟〕に乗っていく. **2.** 〔durch 〈et⁴〉ヲ〕(あてもなく)のんびりと歩いて〔旅をして〕回る.
der **Gon·do·li·e·re** [ゴンドリエーれ] [名] -s/..ri ゴンドラの船頭.
das **Gond·wa·na·land** [ゴントヴァーナ・ラント] [名] -(e)s/ ゴンドワナ大陸(古生代後期から中生代の仮説上の大陸).
der〔*das*〕**Gong** [ゴング] [名] -s/-s ドラ, ゴング.
gon·gen [ゴンゲン] [動] *h.* 〖(zu 〈et³〉ノ)〗合図のゴングを鳴らす:(Es が主語で)Es *gongt* zum Essen. 食事の合図のゴングが鳴っている.
der **Gong·schlag** [ゴング・シュラーク] [名] -(e)s/..schläge ゴング〔ドラ〕の音;ゴング〔ドラ〕を打つこと.
das **Go·ni·o·me·ter** [ゴニオ・メーター] [名] -s/- 測角器, 角度計.
die **Go·ni·o·me·trie** [ゴニオ・メトリー] [名] -/ 測角法, 角度測定術.
gön·nen [ゲネン] [動] *h.* **1.** 〔〈j³〉ノ+〈et⁴〉ヲ〕心から〔素直に〕喜ぶ(幸せ・成功などを), 快く認める〔許す〕(権利・楽しみ・喜びなどを). **2.** 〔〈j³〉ニ+〈et⁴〉ヲ〕与える:〈j³〉 keinen Blick/kein gutes Wort ~ 〈人に〉目もくれない/やさしい言葉の一つもかけない. sich³ keine Pause ~ 休憩を取らない.
der **Gön·ner** [ゲナー] [名] -s/- 後援者, パトロン.
gön·ner·haft [ゲナーハふト] [形] パトロンぶった, 恩着せがましい.
gön·ne·risch [ゲネりシュ] [形] 《稀》=gönnerhaft.
die **Gön·ner·mie·ne** [ゲナー・ミーネ] [名] -/-n 《蔑》恩きせがましい素振り, パトロン〔恩人〕気取りの顔.
die **Gön·ner·schaft** [ゲナーシャふト] [名] -/ 後援;(総称)後援者: unter der ~ von 〈j³〉 〈人の〉支援で.
der **Go·no·kok·kus** [ゴノ・コックス] [名] -/..kokken 淋菌.
die **Go·nor·rhö** [ゴノ[れ]ー] [名] -/-en 淋病.
die **Go·nor·rhöe** [..rǿ: ゴノ[れ]ー] [名] -/-n =Gonorrhö.
die **Good·will·tour** [gʊ̃tvɪltu:r グっト・ヴィル・トゥーあ] [名] -/-en 親善旅行(政治家などの).

der **Gö·pel** [ゲーペル] 名 -s/- （人・馬などにひかせる）巻上げ機；(古)（ミシン・車などの）ボンコツ．
gor [ゴーァ] 動 gären の過去形．
das **Gör** [ゲーァ] 名 -(e)s/-en 《北独》（主に《蔑》）**1.**（主に《蔑》）（汚い・行儀の悪い）子供；がき． **2.** 小生意気な娘．
gor·disch [ゴルディシュ] 形 ゴルディオス（王）の：den ~en Knoten durchhauen ゴルディオスの結び目を断切る《難問を一気に解決する》．
gö·re [ゲーレ] 動 gären の接続法2式．
die **Gö·re** [ゲーレ] 名 -/-n《北独》= Gör.
die **Gor·go** [ゴルゴ] 名 -/-nen [ゴルゴーネン] 【ギ神】（主に複数形で）ゴルゴン《髪の毛は蛇, 胴体は猪, 手は青銅で, その目を見た者を石にする怪物三姉妹》.
der **Gor·gon·zo·la** [ゴルゴンツォーラ] 名 -s/- ゴルゴンゾラ《イタリア産の青カビチーズ》.
der **Go·ril·la** [ゴリルラ] 名 -s/-s【動】ゴリラ；《口》ボディーガード.
(das) **Gör·litz** [ゲるリッツ] 名 -/ 【地名】ゲルリッツ《ザクセン州の都市》.
die **Gösch** [ゲッシュ] 名 -/-en【海】 **1.**（日・祭日に掲げる）船首旗． **2.** 旗の左上部の部分．
die **Go·sche** [ゴッシェ] 名 -/-n《方》（主に《蔑》）口．
die **Gosch·flag·ge** [ゴッシュ・フラッゲ] 名 -/-n【海】船首旗．
(das) **Gos·lar** [ゴスラる] 名 -s/ 【地名】ゴスラル《ニーダーザクセン州の都市》.
der [das] **Go-slow** [go:sló; ゴースロー] 名 -s/-s 怠業, 違法闘争．
das [der] **Gos·pel** [ゴスペル] 名 -s/-s = Gospelsong.
der **Gos·pel·sän·ger** [ゴスペル・ゼンガー] 名 -s/- ゴスペルソング歌手．
der **Gos·pel·song** [ゴスペル・ソング] 名 -s/-s【楽】ゴスペル（ソング）《米国の黒人宗教歌》.
goss, (廃) **goß** [ゴス] 動 gießen の過去形．
die **Gos·se** [ゴッセ] 名 -/-n **1.**（車道と歩道の間の）側溝． **2.** 社会の底辺, 淪落(?)の淵：〈j⁴ aus der ~ auflesen〈人を〉どん底の中から救い出す．〈j²〉Namen〈j⁴〉durch die ~ ziehen〈人を〉中傷する． sich⁴ in der ~ wälzen 落ちぶれた境遇に安住する.
gös·se [ゲッセ] 動 gießen の接続法2式．
das **Gös·sel** [ゲッセル] 名 -s/-(n)《北独》ガチョウの子．
der **Go·te** [ゴーテ] 名 -n/-n ゴート人《ゲルマンの一種族》.
der **Go·tha**[1] [ゴータ] 名 -/ ゴータ貴族系譜録．
(das) **Go·tha**[2] [ゴータ] 名 -s/ 【地名】ゴータ《チューリンゲン州の都市》.
go·thaisch [ゴータイシュ] 形 ゴータの：die G~en Genealogischen Taschenbücher ゴータ系譜文庫（1763-1943年）.
die **Go·tik** [ゴーティク] 名 -/ ゴシック様式．
go·tisch [ゴーティシュ] 形 **1.** ゴート（人・語）の． **2.** ゴシック（様式・調）の．
der **Gott** [ゴット] 名 -es/Götter **1.**（穨のみ；主に無冠詞）（キリスト教の）神, 創造主：~（穨のみ）Vater 父なる神. der Herr 主なる神. ~es Sohn 神の子（イエス）. ~es Wort hören 聖音の訴えを聞く. Es liegt[steht] in ~es Hand, ほんとうに, いかに神のみが旨があるか. **2.**（異教の）神. 【慣用】 Ach, (du lieber) Gott ! おやおや, これはこれは(驚愕の表現). Bei Gott ! 神にかけて, 誓って. Gott behüte (bewahre). とんでもない, めっそうもない. Gott sei Dank !《口》やれやれ, ありがたや (安堵の表現). Gott weiß. 神のみぞ知る. Grüß Gott !《南独》《口》こんにちは. In Gottes Namen !《口》どうでもいが(そんなに望むなら)しかたがない.

leider Gottes《口》残念ながら. mein Gott これは驚いた, おやおや. um Gottes willen とんでもない, めっそうもない, 後生ですから. Vergelt's Gott ! 神さまの報いがありますように(ありがとう)(施し物に対する感謝の表現). Weiß Gott !《口》ほんとに, ほんとうに. Wollte [Gebe] Gott, dass ... 願わくば …であってほしい.

gott·ähn·lich [ゴット・エーンリヒ] 形 神のような.
gott·be·gna·det [ゴット・ベグナーデット] 形 天分豊かな.
gott·be·wahre [ゴット・ベヴァーれ] 副 とんでもない, けっして…でない.
(das) **Gott·er·bar·men** [ゴット・エアバるメン] 名《次の形で》zum ~（口）かわいそうなほどに：とてもへたに.
das **Göt·ter·bild** [ゲッター・ビルト] 名 -(e)s/-er 神像.
der **Göt·ter·bo·te** [ゲッター・ボーテ] 名 -n/-n 神々の使者.
die **Göt·ter·däm·me·rung** [ゲッター・デメるング] 名 -/【北欧】神々の黄昏(霆).
der **Göt·ter·gat·te** [ゲッター・ガッテ] 名 -n/-n《口・冗》夫, 亭主.
gott·er·ge·ben [ゴット・エあゲーベン] 形 神に帰依した, 恭順な.
göt·ter·gleich [ゲッター・グライヒ] 形 神のような.
die **Göt·ter·sa·ge** [ゲッター・ザーゲ] 名 -/-n 神話.
die **Göt·ter·spei·se** [ゲッター・シュパイゼ] 名 -/-n **1.**（穨のみ）【ギ神】神々の（不老不死の）食べ物． **2.**《冗》美味な食べ物． **3.** フルーツゼリー．
der **Göt·ter·trank** [ゲッター・トらンク] 名 -(e)s/..trän·ke **1.**（穨のみ）【ギ神】神々の（不老不死の）飲み物． **2.**《冗》美味な飲み物, 美酒．
der **Got·tes·acker** [ゴッテス・アッカー] 名 -s/..äcker《文》墓地.
die **Got·tes·an·be·te·rin** [ゴッテス・アン・ベーテリン] 名 -/-nen【昆】カマキリ.
der **Got·tes·be·weis** [ゴッテス・ベヴァイス] 名 -es/-e 神の存在の証明.
der **Got·tes·dienst** [ゴッテス・ディーンスト] 名 -(e)s/-e（教会の）礼拝式；【カト】ミサ聖祭.
der **Got·tes·frie·de** [ゴッテス・ふりーデ] 名 -ns/ 神の休戦《平和》《特に中世の教会規定による一定期間のFehde (私闘) の禁止》.
die **Got·tes·furcht** [ゴッテス・ふるヒト] 名 -/ 神への畏敬.
got·tes·fürch·tig [ゴッテス・ふゅるヒティヒ] 形 神を畏(悚)れる.
die **Got·tes·ga·be** [ゴッテス・ガーベ] 名 -/-n 神からの授かりもの.
der **Got·tes·ge·lehr·te** [ゴッテス・ゲレーあテ] 名《形容詞的変化》《古》神学者.
das **Got·tes·ge·richt** [ゴッテス・ゲりヒト] 名 -(e)s/-e **1.** 神の裁き． **2.** 神明裁判.
das **Got·tes·gna·den·tum** [ゴッテス・グナーデントゥーム] 名 -s/【史】王権神授（説）.
das **Got·tes·haus** [ゴッテス・ハウス] 名 -es/..häuser 教会.
die **Got·tes·kind·schaft** [ゴッテス・キントシャフト] 名 -/ 神の子たること.
der **Got·tes·läs·te·rer** [ゴッテス・レステらー] 名 -s/- 神の冒瀆(齰)者, 瀆神(齰)者, 罰当たり.
got·tes·läs·ter·lich [ゴッテス・レスターリヒ] 形 瀆神(齰)的な.
die **Got·tes·läs·te·rung** [ゴッテス・レステるング] 名 -/-en 神への冒瀆(齰), 瀆神(齰).
der **Got·tes·leug·ner** [ゴッテス・ロイグナー] 名 -s/- 神を否定する者, 無神論者.
der **Got·tes·lohn** [ゴッテス・ローン] 名 -(e)s/ (善行に対する) 神の報い. 【慣用】um [für] (einen) Gotteslohn 無償で, ただで.
der **Got·tes·mann** [ゴッテス・マン] 名 -(e)s/..män-

ner 《文》(《冗》も有)職務に熱心な聖職者.

die **Got·tes·mut·ter** [ゴッテス·ムッター] [名] -/ 神の母, 聖母マリア.

der **Got·tes·sohn** [ゴッテス·ゾーン] [名] -(e)s/ 神の子《イエス・キリスト》.

der **Got·tes·staat** [ゴッテス·シュタート] [名] -(e)s/ 神の国.

das **Got·tes·ur·teil** [ゴッテス·ウるタイル] [名] -s/-e 〖史〗神明裁判.

(*der*) **Gott·fried** [ゴット·ふりート] [名] **1.** 〖男名〗ゴットフリート. **2.** 〖人名〗~ von Straßburg ゴットフリート・フォン・シュトラースブルク(中世の宮廷叙事詩人).

gott·ge·fäl·lig [ゴット·ゲふェリひ] [形] 《文》神意にかなう.

(*der*) **Gott·hard** [ゴット·ハるト] [名] 〖男名〗ゴットハルト.

die **Gott·heit** [ゴットハイト] [名] -/-en **1.** (《単》のみ;定冠詞と)《文》(一神教の)神. **2.** (《単》のみ)《文》神格, 神性. **3.** 神的存在, (多神教の)神.

G

(*der*) **Gott·helf** [ゴット·ヘルふ] [名] 〖人名〗ゴットヘルフ(Jeremias ~, 1797-1854, スイスの作家).

(*der*) **Gott·hold** [ゴット·ホルト] [名] 〖男名〗ゴットホルト.

die **Göt·tin** [ゲッティン] [名] -/-nen 女神.

(*das*) **Göt·tin·gen** [ゲッティンゲン] [名] -s/ 〖地名〗ゲッティンゲン(ニーダーザクセン州の都市).

Göt·tin·ger[1] [ゲッティンガー] [形] (無変化)ゲッティンゲンの: ~ Hainbund ゲッティンゲン森の詩社(1772-74 年). ~ Sieben 〖史〗ゲッティンゲン七教授(事件)(1837 年).

der **Göt·tin·ger**[2] [ゲッティンガー] [名] -s/- ゲッティンゲン市民.

gött·lich [ゲットリひ] [形] **1.** 神の;神に対する. **2.** 神々しい. **3.** (《冗》も有)(驚くほど)すばらしい, またとない: ein ~*er* Leichtsinn とほうもない軽率さ. *G*~! いいぞ.

die **Gött·lich·keit** [ゲットリひカイト] [名] -/ 神々しさ, 神性.

(*der*) **Gott·lieb** [ゴット·リープ] [名] 〖男名〗ゴットリープ.

gott·lob [ゴット·ローブ] [副] (文飾)やれやれ, ありがたや, ありがたいことに.

(*der*) **Gott·lob** [ゴット·ローブ] [名] 〖男名〗ゴットローブ.

gott·los [ゴット·ロース] [形] **1.** 神を畏(おそ)れぬ, 罰当たりな. **2.** 神(の存在)を信じない.

die **Gott·lo·sig·keit** [ゴット·ローズィひカイト] [名] -/-en 神の否認;無神論, 不信心;瀆神(とくしん)的なこと.

der **Gott·mensch** [ゴット·メンシュ] [名] -en/-en (《単》のみ)神人(イエス・キリストのこと).

(*der*) **Gott·sched** [ゴットシェート] [名] 〖人名〗ゴットシェート(Johann Christoph ~, 1700-66, 文芸学者・作家).

der **Gott·sei·bei·uns** [ゴット·ザイ·バイ·ウンス, ゴット·ザイ·バイ·ウンス] [名] -/ 《婉》悪魔(直接言うのをはばかった表現).

gott·se·lig [ゴット·ゼーリひ, ゴット·ゼーリひ] [形] 《古》信心深い.

die **Gott·se·lig·keit** [ゴット·ゼーリひカイト, ゴット·ゼーリひカイト] [名] -/ (神に対して)敬虔(けいけん)であること.

gotts·er·bärm·lich [ゴッツ·エあベるムリひ] [形] 《口》**1.** ひどく惨めな(哀れな). **2.** ひどい;ひどく.

gotts·jäm·mer·lich [ゴッツ·イェマーリひ] [形] =gottserbärmlich.

der **Gott·va·ter** [ゴット·ふぁーター] [名] -s/ (主に無冠詞)父なる神.

gott·ver·ges·sen [ゴット·ふぇあゲッセン] [形] **1.** 神を忘れた, 背徳的な. **2.** 《口》辺鄙(へんぴ)な.

gott·ver·las·sen [ゴット·ふぇあラッセン] [形] 《口》辺鄙(へんぴ)な, 荒涼たる;神に見捨てられた;呪われた.

das **Gott·ver·trau·en** [ゴット·ふぇあトらウエン] [名] -s/ 神への信頼.

gott·voll [ゴット·ふぉル] [形] 神々しい;神業のような;《口》すごく滑稽な.

(*der*) **Götz** [ゲッツ] [名] **1.** 〖男名〗ゲッツ(Gottfried など Gott.. の短縮形). **2.** ~ von Berlichingen ゲッツ・フォン・ベルリヒンゲン(①1480-1562 年, 鉄の義手をしていた農民戦争の騎士. ②《口》(おれのことは)ほっといてくれ).

der **Göt·ze** [ゲッツェ] [名] -n/-n (異教の)偶像;《文・蔑》偶像的崇拝の対象.

das **Göt·zen·bild** [ゲッツェン·ビルト] [名] -(e)s/-er 偶像.

der **Göt·zen·die·ner** [ゲッツェン·ディーナー] [名] -s/- 偶像崇拝者;《文・蔑》盲目的崇拝者, 心酔者.

der **Göt·zen·dienst** [ゲッツェン·ディーンスト] [名] -(e)s/ 偶像崇拝.

die **Gou·ache** [guá(:)ʃ グア(-)シュ] [名] -/-n **1.** (《単》のみ)グワッシュ画法(不透明水彩絵の具で描く画法). **2.** グワッシュ画.

der **Gou·da** [gáʊda ガウダ, xáʊda ハウダ] [名] -s/-s =Goudakäse.

der **Gou·da·kä·se** [ガウダ·ケーゼ, ハウダ·ケーゼ] [名] -s/- ゴーダチーズ(オランダ産の半硬質チーズ).

der **Gour·mand** [gʊrmã: グるマーン] [名] -s/-s 食い道楽の大食漢.

der **Gour·met** [gʊrmé: グるメー] [名] -s/-s 食通, ワイン通.

gou·tie·ren [gutí:rən グティーれン] [動] *h.* 〔<j[4]/et[4]>ヲ〕《文》好む, 楽しむ;味わう.

die **Gou·ver·nan·te** [guvɛrnántə グヴェるナンテ] [名] -/-n **1.** (昔の住込みの)女性家庭教師. **2.** 口うるさいオールドミス風な教師タイプの女性.

gou·ver·nan·ten·haft [グヴェるナンテンハふト] [形] 口うるさいオールドミス風な.

das **Gou·ver·ne·ment** [guvɛrnəmã: グヴェるネマーン] [名] -s/-s **1.** 統治, 行政(Gouverneur による). **2.** 統治区域, 行政区画.

der **Gou·ver·neur** [guvɛrnǿ:r グヴェるネーあ] [名] -s/-e (アメリカなどの)州知事;(植民地の)総督;(駐屯地などの)最高指令官.

die **GPU** [ゲーペーウー] [名] -/ ゲーペーウー(ソ連国家政治保安部. 1934 年まで) (Gosudarstvennoe Političeskoe Upravlenije).

der **Graaf·fol·li·kel** [グらーふ·ふォリーケル] [名] -s/- 〖生・医〗グラーフ卵胞.

das **Grab** [グらーブ] [名] -(e)s/Gräber **1.** 墓, 墓穴, 塚. **2.** 死, 終り, 没落: bis ins〔ans〕~ 死に至るまで. ein feuchtes ~ finden 《文》溺死(できし)する. 【慣用】<j[4]> **an den Rand des Grabes bringen** 《文》<人ヲ>死の危険にさらす. <j[4]> **ins Grab bringen** <人ヲ>死に追いやる;<人ヲ>絶望させる. <j[3]> **ins Grab folgen** 《文》<人ノ>あとを追うように死ぬ. **ins Grab sinken** 《文》死ぬ. **mit einem Fuß〔Bein〕im Grabe stehen** 棺桶(かんおけ)に片足をつっこんでいる. <et[4]> **mit ins Grab nehmen** 《文》<事ヲ>もらさずに死ぬ(秘密などを). **sich[3] selbst sein Grab schaufeln〔graben〕** 自分の墓穴を掘る. **verschwiegen wie ein Grab sein** 《口》秘密を固く守っている. <j[4]> **zu Grabe tragen** <人ヲ>埋葬する. <et[4]> **zu Grabe tragen** 《文》<事ヲ>ついに断念する.

(*der*) **Grab·be** [グらッベ] [名] 〖人名〗グラッベ(Christian Dietrich ~, 1801-36, 劇作家).

grab·beln [グらッベルン] [動] *h.* (北独) **1.** 〔<場所>ヲ+(nach <et[3]>ヲ求メテ)〕手で探る. **2.** 〔<et[4]>ヲ+aus <et[3]>カラ〕探って取出す.

der **Grab·bel·tisch** [グらッベル·ティッシュ] [名] -(e)s/-e 《口》(主に繊維製品の)お買得品コーナー.

gra·ben* [グらーベン] [動] er gräbt; grub; hat gegraben **1.** 〔(補足なし)〕掘る(シャベルなどで). **2.** 〔<et[4]>ヲ〕掘る(穴・井戸などを). **3.** 〔nach <et[3]>ヲ〕捜して

掘る《石炭・水などを》. **4.** 〖〈et^{4}〉ヲ〗採掘する. **5.** 〖〈et^{4}〉ヲ＋in 〈et^{4}〉ニ〗《文》刻む. **6.** 〖〈et^{4}〉ヲ＋in 〈et^{4}〉ニ〗《文》埋め込む, 食込ませる, 立てる：Sie *grub* ihre Zähne in die Lippen. 彼女は唇をぎゅっとかんだ. **7.** 〖sich^{4}＋in 〈et^{4}〉(ノ中)ニ〗《文》食込む《つめが腕などに》, めり込む《車輪が砂地などに》, 刻み込まれる《しわが額に;思い出が心などに》.

der **Gra·ben** [グらーベン] [名] -s/Gräben **1.** 溝, 堀：*Gräben* zur Bewässerung 灌漑(かんがい)用水路. einen ～ nehmen 〖ズポ〗(障害用の)堀〔水濠〕を跳越える. **2.** 〖軍〗塹壕(ざんごう) (Schützen～)；(城塞の)濠(ほり) (Festungs～)；〖地質〗地溝, 海溝. **3.** オーケストラボックス(Orchester～).

der **Gra·ben·bruch** [グらーベン・ブるっふ] [名] -(e)s/..brüche 〖地〗地溝.

die **Gra·ben·me·tho·de** [グらーベン・メトーデ] [名] -/-n 〖環〗(ごみ処理の)穴埋め方式.

der **Grä·ber** [グれーバー] [名] -s/- 掘る人, 採掘者；墓掘り人；彫刻刀.

das **Grä·ber·feld** [グれーバー・ふぇルト] [名] -(e)s/-er (多くの墓がある)埋葬地, 墓地.

die **Gra·bes·ru·he** [グらーベス・るーエ] [名] -/ (墓の中のような)深い安らぎ.

die **Gra·bes·stil·le** [グらーベス・シュティレ] [名] -/ (墓の中のような)深い静寂.

die **Gra·bes·stim·me** [グらーベス・シュティメ] [名] -/ 《口》低い陰気な声.

das **Grab·ge·läu·te** [グらーブ・ゲロイテ] [名] -s/ 弔鐘(の音).

das **Grab·ge·leit** [グらーブ・ゲライト] [名] -(e)s/ 《文》葬儀への参列.

der **Grab·ge·sang** [グらーブ・ゲザング] [名] -(e)s/..sänge 弔いの歌, 葬送歌.

das **Grab·ge·wöl·be** [グらーブ・ゲ[ヴェ]ルベ] [名] -s/- 地下納骨堂.

der **Grab·hü·gel** [グらーブ・ヒューゲル] [名] -s/- 塚；墳墓.

die **Grab·in·schrift** [グらーブ・イン・シュりふト] [名] -/-en 墓碑銘.

die **Grab·le·ge** [グらーブ・レーゲ] [名] -/-n (教会の内陣などの王族・貴族の)墓所.

die **Grab·le·gung** [グらーブ・レーグング] [名] -/-en 《文・稀》埋葬；〖芸術学〗キリスト埋葬図.

das **Grab·lied** [グらーブ・リート] [名] -(e)s/-er 弔いの歌.

das **Grab·mal** [グらーブ・マール] [名] -(e)s/..mäler 〔《文》-e〕墓碑, 墓標.

die **Grab·re·de** [グらーブ・れーデ] [名] -/-n (墓前での)弔辞.

die **Grab·schän·dung** [グらーブ・シェンドゥング] [名] -/-en 墓荒らし, 墓の盗掘, 墓の損壊.

das **Grab·scheit** [グらーブ・シャイト] [名] -(e)s/-e 《方》シャベル.

die **Grab·schrift** [グらーブ・シュりふト] [名] -/-en 墓碑銘.

gräbst [グれーブスト] [動] graben の現在形 2 人称単数.

die **Grab·stät·te** [グらーブ・シュテッテ] [名] -/-n 墓, 墓所.

der **Grab·stein** [グらーブ・シュタイン] [名] -(e)s/-e 墓石.

der **Grab·sti·chel** [グらーブ・シュティっひぇル] [名] -s/- 鏨(たがね).

der **Grab·stock** [グらーブ・シュトック] [名] -(e)s/..stöcke (古代の)農耕用の掘り棒.

gräbt [グれーブト] [動] grabenの現在形 3 人称単数.

die **Gra·bung** [グらーブング] [名] -/-en 〖考古〗発掘(調査).

die **Gracht** [グらはト] [名] -/-en (オランダの航行可能な)市中運河.

der **Gra·cio·so** [grasió:zo グらスィオーゾ] [名] -s/-s 〖文芸〗(スペインのバロック演劇の)道化役.

der **Grad** [グらート] [名] -(e)s/-e《単位を表す[複]は-》 **1.** (計測の)度, 度数《記号 °》：drei ～ Kälte摂氏マイナス 3 度. zehn ～ Wärme摂氏プラス 10 度. 30 ～ nördlicher Breite 北緯 30 度. 20 ～ westlicher Länge 西経 20 度. **2.** 等級, 階級；段階：ein akademischer ～ 学位. Verbrennungen dritten ～*es* 第 3 度火傷. **3.** 程度, 度合い：bis zu einem gewissen ～(*e*) ある程度まで. im höchsten ～*e* 極度に. **4.** 〖数〗次：eine Gleichung ersten/zweiten ～*es* 一次/二次方程式.

die **Gra·da·ti·on** [グらダツィオーン] [名] -/-en **1.** 段階；等級；明暗(度)；濃淡(度)；〖写〗階調；〖修〗漸層法. **2.** 〖生〗(昆虫などの)異常発生.

gra·de [グらーデ] [形] 《口》＝gerade[1,2].

gra·de·aus [グらーデ・アウス] [副] ＝geradeaus.

die **Grad·ein·tei·lung** [グらート・アイン・タイルング] [名] -/-en 目盛り.

gra·de·zu [グらーデ・ツー, グらーデ・ツー] [副] ＝geradezu.

der **Gra·di·ent** [グらディエント] [名] -en/-en 〖理〗勾配, 傾度；〖数〗傾き, 勾配.

gra·die·ren [グらディーれン] [動] *h.* **1.** 〖〈et^{4}〉ニ〗段階〔等級〕をつける, 目盛りをつける. **2.** 〖〈et^{4}〉ヲ〗高める；濃縮する.

die **Gra·die·rung** [グらディーるング] [名] -/-en 《[単]のみ》等級化；濃縮化；高めること；目盛りをつけること.

das **Gra·dier·werk** [グらディーあ・ヴェるク] [名] -(e)s/-e (製塩用)枝条架.

..gra·dig [..グらーディひ] [接尾] 数詞・形容詞につけて「…度の」を表す形容詞を作る：drei*gradig* 3 度の〔3-*gradig*〕. hoch*gradig* 高〔強〕度の.

der **Grad·mes·ser** [グらート・メッサー] [名] -s/- 尺度, 基準.

das **Grad·netz** [グらート・ネッツ] [名] -es/-e (地図の)経線と緯度が作る網目.

gra·du·ell [グらドゥエル] [形] **1.** 等級〔程度〕上の. **2.** 段階〔漸進〕的な.

gra·du·ie·ren [グらドゥイーれン] [動] *h.* **1.** 〖〈et^{4}〉ニ〗目盛りをつける；等級をつける. **2.** 〖〈j^{4}〉ニ〗学位を授与する.

der/die **Gra·du·ier·te** [グらドゥイーあテ] [名] 《形容詞的変化》学位取得者；大学の卒業生.

grad·wei·se [グらート・ヴァイゼ] [副] 漸次(の), 段階的に〔な〕.

das **Grae·cum** [グれークム] [名] -s/ 古典ギリシア語能力認定試験〔証明書〕.

der **Graf**[1] [グらーふ] [名] -en/-en **1.** 〖史〗伯《王の代官》. **2.** 伯爵《人；《[単]のみ》位》.

der **Graf**[2] [グらーふ] [名] -en/-en ⇨Graph[1].

das **Graf**[3] [グらーふ] [名] -s/-e ⇨Graph[2].

..graf [..グらーふ] [接尾] ⇨..graph.

das **Gra·fem** [グらふぇーム] [名] -s/-e ⇨Graphem.

die **Gra·fe·o·lo·gie** [グらふぇオ・ロギー] [名] -/ ＝Grapheologie.

..gra·fie [グらふぃー] [接尾] ⇨..graphie.

der〔*das*〕**Graf·fi·to** [グらふぃート, グらふぃっト] [名] -(s)/..ti 〖美〗 **1.** 刻線画, 掻き文字；大理石のフリーズに彫られた装飾模様. **2.** 《主に[複]》グラフィティー, (スプレーなどによる壁などの)落書き.

die **Gra·fik** [グらーふぃク] [名] -/-en **1.** 《[単]のみ》グラフィックアート. **2.** グラフィックアート作品；グラフ, 図表, 図版.

der **Gra·fi·ker** [グらーふぃカー] [名] -s/- グラフィックアートの芸術家；グラフィックデザイナー.

die **Grä·fin** [グれーふぃン] [名] -/-nen **1.** 女性の伯爵《人；《[単]のみ》位》. **2.** 伯爵夫人.

gra·fisch [グらーふぃシュ] [形] グラフィックの；グラフ〔図表〕による；〖言〗書記〔文字〕素の.

der **Gra·fit** [グらふぃート] [名] -s/-e ⇨Graphit.

gräf·lich [グれーふりひ] [形] 伯爵の(ような).

der **Gra·fo·lo·ge** [グらふぉ・ロ・ゲ] 名 -n/-n ⇨ Graphologe.
die **Gra·fo·lo·gie** [グらふぉ・ロギー] 名 -/ ⇨ Graphologie.
die **Gra·fo·lo·gin** [グらふぉ・ローギン] 名 -/-nen ⇨ Graphologin.
gra·fo·lo·gisch [グらふぉ・ローギシュ] 形 ⇨ graphologisch.
die **Gra·fo·thek** [グらふぉ・テーク] 名 -/-en ⇨ Graphothek.
die **Graf·schaft** [グらーふシャフト] 名 -/-en 伯爵領；（特にイギリスの）州．
das **Gra·ham·brot** [grá:ham.. グらーハム・ブロート] 名 -(e)s/-e グラハムブレッド（小麦の全粒パン）．
grä·ko·la·tei·nisch, Ⓐ**grä·ko·la·tei·nisch** [グれーコ・ラタイニシュ] 形 ギリシア・ラテン（語）の．
die **Grä·ko·ma·nie** [グれコ・マニー] 名 -/ ギリシア崇拝，ギリシア心酔．
das **Grä·kum** [グれークム] 名 -s/ = Graecum.
der **Gral** [グらール] 名 -s/ 聖杯（中世騎士道の聖俗合一を示す理想の象徴）．
die **Grals·burg** [グらールス・ブルク] 名 -/ 聖杯護持の城．
der **Grals·rit·ter** [グらールス・リッター] 名 -s/- 聖杯の騎士．
gram [グらーム] 形 ⟨j³⟩⟨文⟩恨んでいる．
der **Gram** [グらーム] 名 -(e)s/ ⟨文⟩悲痛，悲嘆，苦悩．
grä·men [グれーメン] 動 h. ⟨文⟩ 1. ⟨j⁴⟩⟨⁴⟩深く悲しませる．2. ⟨sich⁴＋(über[um]⟨j⁴/et⁴⟩ノコトデ)⟩深く悲しむ〔嘆く〕．
gram·er·füllt [グらーム・エあふュルト] 形 悲嘆にくれた，沈痛な．
die **Gram·fär·bung, Gram-Färbung** [グらム・ふぇるブング] 名 -/-en 〖医〗グラム染色法（細菌染色法）．
gram·ge·beugt [グらーム・ゲボイクト] 形 悲しみに打ちひしがれた，傷心の．
gräm·lich [グれームリヒ] 形 ⟨文⟩不機嫌な，気難しい．
das **Gramm** [グらム] 名 -s/-e（単位を表す⑧は-）グラム（記号 g）．
die **Gram·ma·tik** [グらマティク] 名 -/-en 1. 文法．2. 文法書，文典．
gram·ma·ti·ka·lisch [グらマティカーリシュ] 形 文法上の．
der **Gram·ma·ti·ker** [グらマティカー] 名 -s/- 文法学者．
gram·ma·tisch [グらマティシュ] 形 文法上の；文法的に正しい．
die **Gram·mel** [グらメル] 名 -/-n ⟨バイェ・オースタ⟩脂身の残り滓（ᵏᵃˢ）；（ソーセージの中の）小さく切った脂身；⟨ウィーン⟩娼婦(ᶠʳᵃᵘ)．
das **Gram·mo·fon** [グらモ・ふォーン] 名 ⇨ Grammophon.
das **Gram·mo·phon** [グらモ・ふォーン] 名 -s/-e ((⑫ˢ) der = も有)〖商標〗グラモフォン（蓄音機）．
die **Gram·mo·phon·plat·te** [グらモふぉーン・プラテ] 名 -/-n（蓄音機用の）レコード．
gram·voll [グらーム・ふォル] 形 沈痛な，悩み深き．
das **Gran** [グらーン] 名 -s/-e（単位を表す⑧は-） 1. グレーン（薬局の昔の重量単位約 65 mg)；（転）ほんのわずかなもの．2. = Grän.
das **Grän** [グれーン] 名 -s/-e（単位を表す⑧は-） グレーン（宝石・貴金属の重量単位）．
der **Gra·nat** [グらナート] 名 -(e)s/-e (⟨ʙᵉˢ⟩ -en/-en) 1. 〖鉱〗ざくろ石，ガーネット．2. ⟨ノルト⟩⟨口⟩いかさま賭博（ᵏᵃᵏᵘ）師．
der **Gra·nat·ap·fel** [グらナート・アプふェル] 名 -s/..äpfel ザクロの実．
die **Gra·na·te** [グらナーテ] 名 -/-n 1. 榴弾（ᵣʸᵘ⁾）；手榴弾(Hand~). 2. 〖スポ〗強烈なシュート．
das **Gra·nat·feu·er** [グらナート・ふォイあー] 名 -s/ 榴弾（ᵣʸᵘ⁾）砲撃．
der **Gra·nat·split·ter** [グらナート・シュプリッター] 名 -s/- 榴弾の破片．
der **Gra·nat·stein** [グらナート・シュタイン] 名 -(e)s/-e ざくろ石．
der **Gra·nat·trich·ter** [グらナート・トリヒター] 名 -s/- 榴弾（ᵣʸᵘ⁾）による（すり鉢状の）弾孔．
der **Gra·nat·wer·fer** [グらナート・ヴェるふぇー] 名 -s/- 擲弾（ᵗᵉᵏⁱ）筒；迫撃砲．
der **Grand**¹ [グらント] 名 -(e)s/ ⟨北独⟩砂利．
der **Grand**² [grã: グらーン, grɑŋ グらンク] 名 -s/-s ⟨トランプ⟩グラン（ジャックだけを切り札としての勝負）．
die **Gran·dez·za** [グらンデッツァ] 名 -/ (特に男性の)威厳，優雅さ，品位．
gran·di·os [グらンディオース] 形 壮大な，雄大な，圧倒的な．
das **Grand Mal** [grɑ̃mál グらン マル] 名 --/ 〖医〗てんかんの重い発作．
der **Grand Prix, Grandprix** [grã:prí: グらーン・プリー] 名 --/ --(..プリー(-s)/ [..プリース] グランプリ，最優秀賞．
der **Grand·sei·gneur** [grɑ̃sɛnjǿːr グらン・セニ(エ)ーあ] 名 -s/-s(-e)〈文〉貴人，紳士．
der **Gra·nit** [グらニート] 名 -(e)s/-e 花崗（ᵏᵒᵘ）岩，御影（ᵐⁱᵏᵃ）石．
gra·nit·ar·tig [グらニート・アーあティヒ] 形 花崗（ᵏᵒᵘ）岩のような．
gra·ni·ten [グらニーテン] 形 1. 花崗（ᵏᵒᵘ）岩（製）の．2. ⟨文⟩巌のように堅い．
die **Gran·ne** [グらネ] 名 -/-n 1. 〖植〗（麦などの）芒（ᵏᵒᵍᵉ）．2. （動物の）剛毛．
gran·tig [グらンティヒ] 形 ⟨南独・オースタ⟩⟨口⟩不機嫌な．
das **Gra·nu·lat** [グらヌラート] 名 -(e)s/-e 細粒，微粒，粒質物．
die **Gra·nu·la·ti·on** [グらヌラツィオーン] 名 -/-en 粒状〔顆粒（ᵏᵃʳʸᵘ）〕化；粒状体；〖天〗（太陽表面の）粒状斑点；〖医〗肉芽（形成）．
gra·nu·lie·ren [グらヌリーれン] 動 1. h. ⟨et⁴⟩粒〔顆粒（ᵏᵃʳʸᵘ）〕状にする；（金粉〔銀粉〕で）飾る．2. h./s. 〖医〗肉芽組織を生ずる．
die **Grape·fruit** [grɛ́:pfru:t グれープ・ふるート] 名 -/-s グレープフルーツ．
der **Graph**¹ [グらーふ] 名 -en/-en 〖数・自然科学等〗グラフ，図表．
der **Graph**² [グらーふ] 名 -s/-e 〖言〗書記体（書かれた文字の最小の分節素）．
..graph [..グらーふ] 接尾 1. 名詞などにつけて「記述する人・機械」を表す男性名詞を作る：Seismograph 地震計．Photograph 写真家．2. 名詞などにつけて「書かれたもの」を意味する中性名詞を作る：Autograph 自筆原稿．
das **Gra·phem** [グらふェーム] 名 -s/-e 〖言〗書記素，文字素（表記体系の最小の弁別的単位）．
die **Gra·pheo·lo·gie** [グらふぇオ・ロギー] 名 -/ 書論；書記論．
..graphie [..グらふィー] 接尾 名詞などにつけて「記述，...学」などを意味する女性名詞を作る：Biographie 伝記．
die **Gra·phik** [グらーふィク] 名 -/-en = Grafik.
der **Gra·phi·ker** [グらーふィカー] 名 -s/- = Grafiker.
gra·phisch [グらーふィシュ] 形 = grafisch.
der **Gra·phit** [グらふィート] 名 -s/-e (⑧は種類)黒鉛，石墨．
der **Gra·phit·stift** [グらふィート・シュティフト] 名 -(e)s/-e 黒いろの鉛筆．
der **Gra·pho·lo·ge** [グらふぉ・ローゲ] 名 -n/-n 筆跡学

die **Gra·pho·lo·gie** [グらふぉ・ローギー] 图 -/ 筆跡学, 筆跡鑑定学.
die **Gra·pho·lo·gin** [グらふぉ・ローギン] 图 -/-nen Graphologe の女性形.
gra·pho·lo·gisch [グらふぉ・ローギッシ] 形 筆跡学の, 跡鑑定学の.
die **Gra·pho·thek** [グらふぉ・テーク] 图 -/-en グラフィックアート借出しセンター.
grap·schen [グらプシェン] 動 h. 《口》 1. 《〈方向〉=》手を伸ばす. 2. 〔(sich³)+⟨j⁴⟩〕ひっつかむ, つかまえる. 3. 〔(sich³)+⟨et⁴⟩〕ひっつかむ, ひったくる.
grap·sen [グらプセン] 動 h. 〈et⁴⟩《(方)・口》 かっぱらう.
das **Gras** [グらース] 图 -es/Gräser 1. 草 (イネ科など); Gräser trocknen 草を干す. 2. 《⑬のみ》(総称)草, 草原, 芝生; junges ~ 若草. sich⁴ ins ~ setzen 草の上〔芝生〕に腰をおろす. 3. 《スシー》ハシッシュ, マリファナ. 〖慣用〗**das Gras wachsen hören** 《口》何でも分るとうぬぼれている. **ins Gras beißen** 《口》くたばる. **Über ⟨et⁴⟩ wächst Gras.** 《口》〈事⁴⟩忘れ去られる.
gras·artig [グらース・アーティヒ] 形 草のような.
der **Gras·bo·den** [グらース・ボーデン] 图 -s/..böden 草地.
die **Gras·de·cke** [グらース・デッケ] 图 -/-n 芝生.
gra·sen [グらーゼン] 動 h. 1. 〔鳴物が〕草を食べる(動物が); 《スシ》草を刈る. 2. 〔nach ⟨et³⟩〕《口》あちこち探す.
der **Gras·fleck** [グらース・ふレック] 图 -(e)s/-e 草地; 草による染み.
gras·fres·send [グらース・ふれッセント] 形 草食の.
gras·grün [グらース・グりューン] 形 草色の.
der **Gras·halm** [グらース・ハルム] 图 -(e)s/-e 草の茎.
der **Gras·hüp·fer** [グらース・ヒュプふぁー] 图 -s/- 《口》《昆》バッタ.
gra·sig [グらーズィヒ] 形 草のような; 草の茂った.
das **Gras·land** [グらース・ラント] 图 -(e)s/ 草地, 草原.
die **Gras·mü·cke** [グらース・ミュッケ] 图 -/-n 《鳥》ムシクイ属の鳥.
die **Gras·nar·be** [グらース・ナるべ] 图 -/-n 〔草が根を張った〕表土.
der **Gras·platz** [グらース・プラッツ] 图 -es/..plätze 草地.
(*der*) **Grass** [グらス] 图 《人名》グラス (Günter ~, 1927-, 小説家).
gras·sie·ren [グらスィーれン] 動 h. 《場所》=〕蔓延〔オシ〕する, 広まる (病気・悪習・うわさなどが).
gräss·lich, ⓐGräß·lich [グれスリッヒ] 形 1. ぞっとする, 身の毛のよだつ. 2. 《口》とても嫌な; ひどい; ひどく.
die **Gräss·lich·keit, ⓐGräß·lich·keit** [グれスリッヒカイト] 图 -/-en 1. 《⑬のみ》恐ろしさ, ひどさ. 2. 恐ろしい行為〔発言・状況〕, 惨事.
der **Gras·stän·gel, ⓐGras·sten·gel** [グらース・シュテンゲル] 图 -s/- 草の茎.
der **Gras·tep·pich** [グらース・テピヒ] 图 -s/-e 緑のじゅうたん (目のつんだ柔らかい芝生).
der **Grat** [グらート] 图 -(e)s/-e 1. 山の背, 尾根, 稜〔ミミミミ〕線. 2. 〔鋳造製品などの〕ばり, 《土・建》《屋根の》隅棟〔ミミ〕(Dach~). 〔織〕〔斜文織の〕綾.
die **Grä·te** [グれーテ] 图 -/-n 魚の骨 (Fisch~); 《⑬のみ》《口》骨. 〖慣用〗**Gräten im Gesicht haben** 《口》無精髭をはやしている. **nur noch in den Gräten hängen** 疲れはてている.
die **Gra·ti·fi·ka·ti·on** [グらティふィカツィオーン] 图 -/-en 賞与.

grä·tig [グれーティヒ] 形 1. 小骨の多い. 2. 《口》とげとげしい.
gra·ti·nie·ren [グらティニーれン] 動 h. 《et⁴⟩グラタンにする.
gra·ti·niert [グらティニーあト] 形 グラタンにした.
gra·tis [グらーティス] 副 ただで, 無料《無償》で.
die **Gra·tis·ak·tie** [グらーティス・アクツィエ] 图 -/-n 無償 (交付・割当) 株.
das **Gra·tis·ex·em·plar** [グらーティス・エクゼムプラーあ] 图 -s/- 贈呈本, 献本.
das **Gra·tis·mus·ter** [グらーティス・ムスタァ] 图 -s/- 無料商品見本〔サンプル〕.
die **Gra·tis·pro·be** [グらーティス・プろーべ] 图 -/-n 無料サンプル, 試供品.
die **Grät·sche** [グれーチェ] 图 -/-n 《体操》開脚姿勢; 開脚跳び.
grät·schen [グれーチェン] 動 《体操》 1. h. 《et⁴⟩》〔両足を〕. 2. s. 〔über ⟨et⁴⟩〕開脚跳びする (跳馬などで).
der **Gra·tu·lant** [グらトゥラント] 图 -en/-en 祝賀の客.
die **Gra·tu·la·ti·on** [グらトゥラツィオーン] 图 -/-en 1. 祝い, 祝賀. 2. 祝辞.
die **Gra·tu·la·ti·ons·cour** [グらトゥラツィオーンス・クーあ] 图 -/-en (名士の) 盛大な祝賀会, 多くの祝詞.
gra·tu·lie·ren [グらトゥリーれン] 動 h. 《j³》=zu ⟨et³⟩〕お祝いを言う. 〖慣用〗**Darf man (schon) gratulieren?** もう, お祝いを言ってもいいかな (予定の慶事が無事にすんだかを確かめる言い方). **sich³ gratulieren können** ひそかに喜んでいる.
die **Grat·wan·de·rung** [グらート・ヴァンデるング] 图 -/-en 1. 尾根伝いのハイキング, 尾根歩き. 2. 危険な道〔企て〕.
grau [グらウ] 形 1. 灰色の, グレーの; 色のうせた: ~e Haare haben グレーの髪をしている. 2. あじけない, 希望のない, 暗い: das ~ e Elend 味気ない気分. 3. (時間的・空間的に) 遙かな; おぼろな: in ~er Vorzeit/Zukunft 遙かな昔/未来に. 4. 《口》非合法すれすれの. 〖慣用〗**alles grau in grau sehen/malen** すべてを悲観的に見る／描く. **der graue Star** しろそこひ (白内障). **die Grauen Schwestern** グレーのシスター (慈悲の友会修道女). **die grauen Zellen** 《口》脳細胞. **ein Bild grau in grau malen** 絵をグレー1色で描く. **ein grauer Bär** ヒグマ. **eine graue Eminenz** 黒幕. **grau werden** 《方》〔食品が〕かびる. **graue Salbe** 水銀軟膏〔ナミミ〕. **graue Substanz** 《医》灰白質〔タミミ〕. **graues Brot** 《方》灰色パン (裸麦と小麦のパン). **graues Gold** ホワイトゴールド. **sich³ über ⟨et⁴⟩ (wegen ⟨et⁴⟩) keine grauen Haare wachsen lassen** 〈事〉を気にしない.
das **Grau** [グらウ] 图 -s/-(s) 1. 灰色, グレー. 2. 味気なさ, 単調. 3. 不確かさ (遠い昔などの).
der **Grau·bart** [グらウ・バート] 图 -(e)s/..bärte 白髭〔ミミ〕; 《口》白い髭の男.
grau·blau [グらウ・ブラウ] 形 灰青色の.
grau·braun [グらウ・ブらウン] 形 灰褐色の.
das **Grau·brot** [グらウ・ブろート] 图 -(e)s/-e 《方》ライ麦パン.
(*das*) **Grau·bün·den** [グらウ・ビュンデン] 图 -s/ 《地名》グラウビュンデン (スイスの州).
der **Grau·bünd·ner** [グらウ・ビュントナァ] 图 -s/- グラウビュンデンの人.
der **Grä·u·el, ⓐGreu·el** [グろイエル] 图 -s/- 《文》 1. 《⑬のみ》暴力〔残虐〕行為. 2. 嫌悪の対象: ⟨j³⟩ ein ~ sein 〈人〉に極度に嫌われる.
das **Grä·u·el·mär·chen, ⓐGreu·el·mär·chen** [グろイエル・メーあヒェン] 图 -s/- 残酷物語, 身の毛のよだつ話.

die **Gräu·el·pro·pa·gan·da**, ⓑ **Greu·el·pro·pa·gan·da** [グロイエル・プロパガンダ] 名 -/ (政敵に対する)中傷デマ.
die **Gräu·el·tat**, ⓑ **Greu·el·tat** [グロイエル・タート] 名 -/-en 残虐行為, 凶行.
grau·en¹ [グラウエン] 動 h. 〖雅〗《文》白む(空が), 暮れる; (稀)灰色になる; 白くなる(髪が): 〔Es は主語で〕Es begann zu ~. あたりが白み始める〔暗くなりだす〕.
grau·en² [グラウエン] 動 h. 1. 〔Es+⟨j³⁽⁴⁾⟩ʌ+⟨vor ⟨j³/et³⟩ₐ⟩〕恐怖を覚える, ぞっとする〔Es を文頭以外は省略〕. 2. 〔sich⁴+⟨vor ⟨j³/et³⟩ₐ⟩〕こわがる.
das **Grau·en** [グラウエン] 名 -s/- 1. (愈のみ)恐怖, 戦慄(ゼン). 2. ぞっとする出来事.
Grau·en er·re·gend, ⓑ **grau·en·er·re·gend** [グラウエン あえれーゲント] 形 恐怖をかきたてる.
grau·en·haft [グラウエンハフト] 形 恐ろしい, ぞっとする; (口)ひどい.
grau·en·voll [グラウエン ふォル] 形 =grauenhaft.
die **Grau·gans** [グラウ・ガンス] 名 -/..gänse 〖鳥〗ハイイロガン.
grau·grün [グラウ・グリューン] 形 灰緑色の.
grau·haa·rig [グラウ・ハーリヒ] 形 白髪まじりの.
grau·len [グラウレン] 動 h. 《口》 1. 〔sich⁴+vor ⟨j³/et³⟩ₐ〕怖がる. 2. 〔Es+⟨j³⁽⁴⁾⟩ʌ+⟨vor ⟨j³/et³⟩ₐ⟩〕怖い〔Es は文頭以外は省略〕. 3. 〔⟨j³⟩ₐ〕邪魔にしらっぽく追払う.
grau·lich¹ [グラウリヒ] 形 不気味な; 恐い.
grau·lich² [グラウリヒ] 形 灰色がかった.
gräu·lich¹ [グロイリヒ] 形 =graulich².
gräu·lich², ⓑ **greu·lich** [グロイリヒ] 形 1. 身の毛のよだつ, ぞっとする. 2. 《口》ひどく嫌な; ひどく.
grau me·liert, ⓑ **grau·me·liert** [グラウ メリールト] 形 1. 白髪交じりの. 2. グレーの縞の入った.
die **Grau·pe** [グラウペ] 名 -/-n 1. (主に ⑩)(大麦・小麦の)ひき割り麦. 2. (⑩のみ)ひき割り麦の料理〔粥(かゆ)等〕. 3. 〖鉱〗(錫の)鉱石粒. 4. 〖織〗(紡ぎ糸用の)くず毛. 〖慣用〗 (große) Graupen im Kopf haben (口)実現の見込みのない計画を立てる.
der **Grau·pel** [グラウペル] 名 -/-n (主に ⑩) 霰(あられ).
grau·peln [グラウペルン] 動 h. 〔Es〕霰(あられ)が降る.
das **Grau·pel·wet·ter** [グラウペル・ヴェッター] 名 -s/ 霰(あられ)もようの天気.
der **Graus** [グラウス] 名 -es/ (次の形で)Es ist ein ~ mit ⟨j³/et³⟩. (口)⟨人・事に⟩ぞっとする〔たまげる〕. Oh ~! (口)恐ろしい.
grau·sam [グラウザーム] 形 1. 残酷な, 残忍な: zu ⟨j³⟩⟨gegen ⟨j⁴⟩⟩ ~ sein ⟨人に⟩むごくあたる. 2. 恐ろしい, ショックな; 厳しい. 3. (口)ひどい; はなはだしく.
die **Grau·sam·keit** [グラウザームカイト] 名 -/-en 1. (⑩のみ)残酷(冷酷)さ. 2. 残酷な行為.
der **Grau·schim·mel** [グラウ・シメル] 名 -s/- あし毛の馬.
grau·sen [グラウゼン] 動 h. 1. 〔Es+⟨j³⁽⁴⁾⟩ₐ+⟨vor[bei] ⟨j³/et³⟩ₐ⟩〕ぞっとする, 身の毛がよだつ〔Es は文頭以外は省略〕. 2. 〔sich⁴+vor ⟨j³/et³⟩ₐ〕ぞっとする, 身の毛がよだつ.
das **Grau·sen** [グラウゼン] 名 -s/ 恐怖, 戦慄(ゼン).
grau·sig [グラウズィヒ] 形 1. 身の毛のよだつ, ぞっとする. 2. (口)ひどい; ひどく.
das **Grau·tier** [グラウ・ティーア] 名 -(e)s/-e (口・冗)ロバ, ラバ.
die **Grau·wa·cke** [グラウ・ヴァッケ] 名 -/-n 硬砂岩.
das **Grau·werk** [グラウ・ヴェルク] 名 -(e)s/ (シベリア産の)タタリスの毛皮.
die **Grau·zo·ne** [グラウ・ツォーネ] 名 -/-n (合法・非合法の中間の)灰色領域, グレーゾーン.
das **Gra·va·men** [グラヴァーメン] 名 -s/..mina (主に⑩)〖法〗苦情, 訴願; (文)負担, 重荷, 重圧.
gra·ve [グラーヴェ] 副 〖楽〗グラーヴェ.
der **Gra·ven·stei·ner** [グラーヴェン・シュタイナー] 名 -s/- グラーベンシュタイン種のリンゴ(甘酸っぱいリンゴ種).
der **Gra·veur** [...vǿːr グらヴァーァ] 名 -s/-e (金属・石などの)彫刻師.
gra·vid [グラヴィート] 形 〖医〗妊娠した.
die **Gra·vi·di·tät** [グラヴィディテート] 名 -/-en 〖医〗妊娠.
gra·vie·ren [グラヴィーれン] 動 h. 1. 〔⟨et⁴⟩ₐ+in [auf] ⟨et⁴⟩ₐ⟩彫刻する, 彫り(刻み)込む. 2. 〔⟨et⁴⟩ₐ⟩(文字・模様の)彫刻を施す; 刻印をする.
gra·vie·rend [グラヴィーれント] 形 重大な, 容易ならぬ.
die **Gra·vier·na·del** [グラヴィーァ・ナーデル] 名 -/-n (銅版用などの)彫刻針.
die **Gra·vie·rung** [グラヴィーるング] 名 -/-en 1. (金属・版・ガラスなどに)彫刻すること. 2. 彫刻した文字〔模様〕.
das **Gra·vi·me·ter** [グラヴィ・メーター] 名 -s/ 〖理〗重力計.
der **Gra·vis** [グラーヴィス] 名 -/- 〖言〗アクサン・グラーヴ, 低アクセント記号(記号`).
die **Gra·vi·tät** [グラヴィテート] 名 -/ (文)威厳, 荘重さ, いかめしさ.
die **Gra·vi·ta·tion** [グラヴィタツィオーン] 名 -/ 〖理・天〗引力, 重力.
das **Gra·vi·ta·ti·ons·ge·setz** [グラヴィタツィオーンス・ゲゼッツ] 名 -es/ 万有引力の法則.
gra·vi·tä·tisch [グラヴィテーティッシュ] 形 威厳のある, 重々しい, しかつめらしい, しゃちほこばった.
die **Gra·vur** [グラヴーァ] 名 -/-en 彫刻文字(模様).
die **Gra·vü·re** [グラヴューれ] 名 -/-n 1. =Gravur. 2. グラビア印刷(物).
das **Gray** [Engl. グれィ] 名 -(e)s/- グレイ(放射線の吸収線量の単位. 記号Gy).
(*das*) **Graz** [グラーツ] 名 -/ 〖地名〗グラーツ(オーストリアの都市).
die **Gra·zie** [グラーツィエ] 名 -/-n 1. (⑩のみ)優美, 上品, しとやかさ. 2. (主に ⑩)〖ローマ神〗美の女神: die drei ~n (輝き・喜び・開花を象徴する)三美神; (冗)(皮)も有)三人のきれいな女の子.
gra·zil [グラツィール] 形 ほっそりした, きゃしゃな(発音が悪く)弱々しい; 《文》上品な作りの.
gra·zi·ös [グラツィ⑩ース] 形 優美な, 愛くるしい.
gra·zi·o·so [グラツィオーゾ] 副 〖楽〗グラチオーゾに.
grä·zi·sie·ren [グれツィズィーれン] 動 h. 1. 〔⟨et⁴⟩ₐ⟩ギリシア風にする(名前などを). 2. 〖雅など〗古代ギリシア(人)の模倣をする.
der **Grä·zis·mus** [グれツィスムス] 名 -/..men (特にラテン語の中の)古代ギリシア語風の表現.
der **Grä·zist** [グれツィスト] 名 -en/-en 古代ギリシア学者.
die **Green·card** [griːnkaːɐ̯d グリーン・カードゥ] 名 -/-s グリーンカード(EU非加盟国の人のためのドイツでの一定期間の滞在・労働許可証).
das **Green·horn** [griːnhɔrn グリーン・ホるン] 名 -s/-s 新参者, 新入り, 初心者, 新米.
(*das*) **Green·wich** [griniʤ グリニチュ, ..nitʃ グリニチュ] 名 -/ 〖地名〗グリニッジ(イギリス, ロンドンの地区).
Green·wi·cher [griniʤər グリニチャー, ..nitʃər グリニチャー] 形 グリニッジの: ~ Zeit グリニッジ標準時.
(*der*) **Gre·gor** [グれーゴーァ] 名 1. 〖男名〗グレーゴル. 2. ~ I. グレゴリウス1世(540頃-604年, グレゴリオ聖歌を完成). 3. ~ VII. グレゴリウス7世

(1019頃-85年, ドイツ国王ハインリヒ4世を破門). **4.** ～ⅩⅢ. グレゴリウス13世(1502-85年, 1582年グレゴリオ暦を制定).

die **Gre·go·ri·a·nik** [グレゴリアーニク] 名 -/ グレゴリオ聖歌の音楽形式;グレゴリオ聖歌研究.

gre·go·ri·a·nisch, ⓇGre·go·ri·a·nisch [グレゴリアーニシュ] 形 グレゴリオ(グレゴリウス)の: der ～e Choral (Gesang) グレゴリオ聖歌. der Kalender グレゴリオ暦.

(*der*) **Gre·go·ri·us** [グレゴーリウス] 名 〖男名〗グレゴリウス.

der **Greif** [グライフ] 名 -(e)s/-(e)n/-e(n) **1.** 〖ギ神〗グリフィン(ライオンの胴体とワシの頭, 翼の怪獣). **2.** 猛鳥(～vogel).

greif·bar [グライフ·バー] 形 **1.** 手の届く, 手近な, 手許の;すぐ: in ～ Nähe rücken 目前に迫る. ～ vor sich³ すぐ前に. **2.** すぐ引渡せる, 在庫がある, 手持ちの;《口》すぐ連絡できる. **3.** 具体的な;明らかな.

grei·fen* [グライフェン] 動 griff; hat gegriffen **1.** 〈et⁴ₛ〉つかむ, (つかんで)取る. 〈Gi⁴/et⁴ₛ〉捕まえる. **3.** [zu ⟨et³⟩] 《文》(手に)とる: zu einem Buch ～ 本を手にとって読む. zur Feder ～ ペンを執る. zu den stärksten Mitteln ～ 最も強力な手段をとる. **4.** [nach ⟨j³/et³⟩] 手を伸ばす(つかまため). **5.** [in ⟨et⁴ₛ⟩] 手を突っ込む(ポケットなどに). **6.** [an ⟨et⁴ₛ⟩] 手をやる. **7.** ⟨et⁴ₛ⟩ (auf ⟨et³ₛ⟩)(弦·鍵盤(鍵盤)などを押さえて)鳴らす (和音などをピアノ·ギターなどで). **8.** 〖(《様態》ₛ)〗〖工〗スリップなの(車輪などが), しっかりかむ(雪道などが), 食込む(バケットなどが), 《転》効果がある(方法などが). **9.** 〈et⁴ₛ〉ₙ〈様態〉見積もる. 〖慣用〗〈j³〉 an die Ehre greifen 《文》〈人³〉の名誉を損なう. 〈j³〉 ans Herz greifen 〈人³〉の胸を打つ. eine Oktave greifen 指が1オクターブにとどく. Greifen spielen 鬼ごっこをする. hinter sich⁴ greifen müssen (ゴールキーパーが)ゴールを取られる. in die Saiten/die Tasten greifen 弦/鍵盤を鳴らす(弾き始める). ins Leere greifen 空をつかむ. nach den Sternen greifen 《文》高望みする. um sich⁴ greifen 手探りをする;広がる. 〈j³〉 unter die Arme greifen〈人³〉を抱起こす;〈人³〉援助の手を差伸べる. zum Greifen nah (e) sein 手にとれるほど近くにある.

der **Grei·fer** [グライファー] 名 -s/- 〖工〗つかみ機, グラブバケット, (ミシンの)ルーパー, (印刷機などの)くわえ, つめ;《口》指, 手;《蔑》おまわり.

(*das*) **Greifs·wald** [グライフスヴァルト] 名 -s/ 〖地名〗グライスヴァルト《メクレンブルク=フォーアポンメルン州の都市》.

der **Greif·vo·gel** [グライフ·フォーゲル] 名 -s/..vögel 猛禽(鷲), 猛鳥.

die **Greif·zan·ge** [グライフ·ツァンゲ] 名 -/-n やっとこ, 鉗子.

der **Greif·zir·kel** [グライフ·ツィルケル] 名 -s/- 〖工〗カリパス(厚み·内外径を測る器具).

grei·nen [グライネン] 動 h. 《口》 **1.** 〖児〗(口をゆがめて)めそめそ泣く. **2.** [(über [um] ⟨j⁴/et⁴⟩)ノコト)] 愚痴を言う. **3.** 〈文〉ₛ) 愚痴を言う.

greis [グライス] 形 《文》年老いた;白髪の.

der **Greis** [グライス] 名 -es/-e (男性の)老人, 年寄.

das **Grei·sen·al·ter** [グライゼン·アルター] 名 -s/ 高齢, 老年.

grei·sen·haft [グライゼンハフト] 形 年寄くさい;高齢の.

die **Grei·ßler** [グライスラー] 名 -s/- 《(墺)》(小さな)食料品店の店主.

die **Grei·ßle·rei** [グライスレライ] 名 -/-en 《(墺)》(小さな)食料品店.

(*das*) **Greiz** [グライツ] 名 -/ 〖地名〗グライツ《テューリンゲン州の都市》.

grell [グレル] 形 **1.** まばゆい, ぎらぎらする;どぎつい;やけに甲高い. **2.** ひどく目立つ, 際立った.

der **Gre·mi·al·vor·ste·her** [グレミアール·ふぉーる·シュテーァ] 名 -s/- 〖官〗(課題解決のための)専門家グループの長, 委員長.

das **Gre·mi·um** [グレーミウム] 名 -s/..mien (専門)委員会, 審査会.

(*das*) **Gre·na·da** [グレナーダ] 名 -s/ 〖国名〗グレナダ (西インド諸島の国).

der **Gre·na·dier** [グレナディーア] 名 -s/-e 歩兵.

die **Gre·na·di·ne** [グレナディーネ] 名 -/ グレナディン (薄紗の織物).

der **Grenz·bahn·hof** [グレンツ·バーン·ホーふ] 名 -(e)s/..höfe 国境駅.

der **Grenz·be·reich** [グレンツ·べライヒ] 名 -(e)s/-e **1.** 国境地帯. **2.** 境界領域;限界域.

der **Grenz·be·woh·ner** [グレンツ·ベヴォーナー] 名 -s/- 国境地帯の住人.

die **Gren·ze** [グレンツェ] 名 -/-n **1.** 境界(線);境目;国境: eine ～ ziehen 境界線を引く. die ～ verletzen 国境を侵犯する. **2.** (主に《複》)限界, 限度, 制限: bis zur äußersten ～ gehen 極限まで行なう. sich⁴ in ～n halten 節度を守る. ⟨et³⟩ ～n setzen 〈事ₛ〉制限を置く. ⟨et¹⟩ kennt keine ～n 〈事ₛ〉限りがない. ⟨j³⟩ gegenüber die ～n wahren 〈人ₛ〉に対して節度を守る. 〖慣用〗 **über die grüne Grenze gehen** 不法に越境する.

gren·zen [グレンツェン] 動 h. [an ⟨et⁴ₛ⟩] 境を接している, 隣接する;ほとんど同じである, (…と)言っていいくらいである.

gren·zen·los [グレンツェン·ロース] 形 果てしない;限りない;非常な, ひどい.

die **Gren·zen·lo·sig·keit** [グレンツェン·ローズィヒカイト] 名 -/ 切り(限り)のないこと;無制限であること.

der **Gren·zer** [グレンツァー] 名 -s/- 《口》国境警備員, 国境税関吏;国境地帯の住人.

der **Grenz·fall** [グレンツ·ふァル] 名 -(e)s/..fälle (複数の領域の)境界線上の事例, ボーダーラインのケース;(ある領域の)特殊事例.

der **Grenz·fluss**, ⓇGrenz·fluß [グレンツ·ふルス] 名 -es/..flüsse 境界[国境]河川.

der **Grenz·gän·ger** [グレンツ·ゲンガー] 名 -s/- **1.** (国境を越えて隣国へ通勤[通学]する人. **2.** (密輸品の)運び屋;不法越境幇助者.

das **Grenz·ge·biet** [グレンツ·ゲビート] 名 -(e)s/-e 国境地帯;(複数の分野にまたがる)境界領域.

die **Grenz·li·nie** [グレンツ·リーニエ] 名 -/-n **1.** 境界線, 国境線. **2.** 〖スポ〗(競技場の)ライン.

die **Grenz·pro·duk·ti·vi·tät** [グレンツ·プロドゥクティヴィテート] 名 -/ 〖経〗限界生産性.

der **Grenz·schutz** [グレンツ·シュッツ] 名 -es/-e **1.** (国のみ)国境警備. **2.** 《口》(ドイツ連邦)国境警備隊.

die **Grenz·sta·ti·on** [グレンツ·シュタツィオーン] 名 -/-en 国境駅.

der **Grenz·stein** [グレンツ·シュタイン] 名 -(e)s/-e 境界石.

der **Grenz·über·gang** [グレンツ·ユーバー·ガング] 名 -(e)s/..gänge 国境通過, 越境;国境検問所.

die **Grenz·über·gangs·stel·le** [グレンツ·ユーバーガングス·シュテレ] 名 -/-n 国境通過地点.

der **Grenz·über·tritt** [グレンツ·ユーバー·トリット] 名 -(e)s/-e 国境通過, 越境.

der **Grenz·ver·kehr** [グレンツ·ふェァケーァ] 名 -(e)s/ 国境を越える交通[流通]: kleiner ～ (簡易手続きによる)国境の往来.

die **Grenz·wa·che** [グレンツ·ヴァッヘ] 名 -/-n 国境警

備;国境監視所.

der **Grenz·wert** [グれンツ·ヴェーあト] [名] -(e)s/-e 限界値;〖数〗極限(値).

der **Grenz·zoll** [グれンツ·ツォル] [名] -(e)s/..zölle 国境関税.

der **Grenz·zwi·schen·fall** [グれンツ·ツヴィっシェン·ふぁル] [名] -(e)s/..fälle 国境での(突発)事件.

(*das*) **Gret·chen** [グれートひぇン] [名] 〖女名〗グレートヒェン(Margareteの愛称).

die **Gret·chen·fra·ge** [グれートひぇン·ふらーゲ] [名] -/-n グレートヒェンの問い(信条・良心についての問いかけ).

die **Gret·chen·fri·sur** [グれートひぇン·ふりズーあ] [名] -/-e (お下げをヘアバンド風に巻きつけた)編み髪.

(*die*) **Gre·te** [グれーテ] [名] 〖女名〗グレーテ(Margareteの短縮形).

(*die*) **Gre·tel** [グれーテル] [名] 〖女名〗グレーテル(Margareteの愛称).

G

der **Greu·el** [グろイエル] ⇨Gräuel.

greu·lich [グろイリひ] ⇨gräulich[1].

der **Grey·er·zer** [グらイあーツァー] [名] -s/- グリュエール・チーズ(気孔の多いスイス産硬質チーズ).

die **Grie·be** [グリーベ] [名] -/-n (主に[複]) **1.** ベーコンの脂を抜いた残り;(ソーセージの中の)さいの目の脂身. **2.** 口の周囲の吹出物.

der **Griebs** [グリーブス] [名] -es/-e (方) **1.** (リンゴやナシの)芯(しん). **2.** 喉(のど).

der **Grie·che** [グリーひぇ] [名] -n/-n ギリシア人.

(*das*) **Grie·chen·land** [グリーひぇン·ラント] [名] -s/ 〖国名〗ギリシア. ⇨Hellas.

das **Grie·chen·tum** [グリーひぇントゥーム] [名] -s/ **1.** ギリシア精神〔的特質〕;ヘレニズム. **2.** ギリシア人全体.

die **Grie·chin** [グリーひン] [名] -/-nen ギリシア人女性.

grie·chisch [グリーひシュ] [形] ギリシア(人・語)の: die ~*e* Kirche ギリシア〔東方〕正教会. das ~*e* Kaisertum 東ローマ〔ビザンチン〕帝国. das ~*e* Kreuz ギリシア十字架.

das **Grie·chisch** [グリーひシュ] [名] -(s)/ ギリシア語. 【用法は⇨Deutsch】

das **Grie·chi·sche** [グリーひシェ] [名] (形容詞的変化;[単]のみ) **1.** (定冠詞とともに)ギリシア語. **2.** ギリシア的なもの〔こと〕. 【用法は⇨ Deutsche[2]】

grie·chisch-ka·tho·lisch [グリーひシュ·カトーリシュ] [形] ギリシア・カトリックの(略 gr. -kath.).

grie·chisch-or·tho·dox [グリーひシュ·オるトドクス] [形] ギリシア正教の.

grie·chisch-rö·misch [グリーひシュ·れーミシュ] [形] **1.** ギリシア・ローマの. **2.** 〖レスリング〗グレコローマンの. **3.** =griechisch-katholisch.

grie·chisch-u·niert [グリーひシュ·ウニーあト] [形] ギリシア帰一教会の.

die **Grie·fe** [グリーふぇ] [名] -/-n =Griebe.

grie·nen [グリーネン] [動] *h.* 〖補足なし〗(北独)にやにやする.

der **Gries·gram** [グリース·グらーム] [名] -(e)s/-e (蔑) 陰気な人,(いつも)不機嫌な人.

gries·grä·mig [グリース·グれーミひ] [形] 気難しい, ぶすっとした.

der **Grieß** [グリース] [名] -es/-e **1.** (穀物の)粗びき粉. **2.** (目の粗い)砂;粗い粒状のもの. **3.** 〖医〗粒状の結石.

der **Grieß·brei** [グリース·ブらイ] [名] -(e)s/ 粗びき小麦の粥(かゆ).

grie·ßeln [グリーセルン] [動] *h.* **1.** 〖補足なし〗粒状になる. **2.** 〔Es〕(小粒の)あられが降る.

griff [グリふ] [動] greifen の過去形.

der **Griff** [グリふ] [名] -(e)s/-e **1.** 握り, 取っ手, 柄, ハンドル, グリップ. **2.** (手を伸ばして)握ること, つかむこと, さわること;取扱い: der ~ nach dem Hut 帽子を手にとること. Er hat einen derben ~. 彼のやり方は乱暴だ. **3.** (楽器演奏の)タッチ, 運指法;〖織〗(布地などの)手ざわり. **4.** 〖狩〗猛禽(もうきん)の爪. **5.** 〖車〗ロード・ホールディング. 【慣用】**der Griff zu** 〈et[3]〉〈物に対する〉嗜癖(しへき). **einen Griff in die Kasse tun** 金をくすねる. **einen guten Griff mit** 〈j[3]/et[3]〉 **tun** 適切な〈人・物・事を〉選択をする. 〈et[4]〉 **im Griff haben** 〈物・事を〉扱うこつを身につける〔知っている〕. 〈j[4]〉/**sich[4] im Griff haben** 〈人を〉掌握している/自制している.

griff·be·reit [グリふ·べらイト] [形] すぐ使える, 手近の.

das **Griff·brett** [グリふ·ブれっト] [名] -(e)s/-er (弦楽器の)指板.

grif·fe [グリっふぇ] [動] greifen の接続法 2 式.

der **Grif·fel** [グリっふぇル] [名] -s/- (石板用の)石筆;〖植〗花柱;(主に[複])(口)指.

grif·fig [グリっふぃひ] [形] **1.** 握りやすい, 使い〔扱い〕やすい, 手ごろな;ぴんと来る(説明などが). **2.** 滑らない;織りのしっかりした. **3.** (オースト)粒の粗い.

das **Griff·loch** [グリふ·ロっほ] [名] -(e)s/..löcher (管楽器の)管側孔, 指孔.

der **Grill** [グリル] [名] -s/-s (肉などを焼く)グリル, ロースター;(グリルの)焼き網;(自動車の)ラジエーターグリル(Kühler~).

die **Gril·la·de** [grijá:də グりヤーデ] [名] -/-n (網)焼き肉〔魚〕.

die **Gril·le** [グリレ] [名] -/-n **1.** 〖昆〗コオロギ. **2.** 変な考え, 妙な思いつき;気まぐれ;(根拠のない)暗い考え, 憂鬱. 【慣用】〈j[3]〉 **die Grillen austreiben**〔**vertreiben**〕〈人の〉暗い想念を晴らす. **Grillen fangen** ふさぎ込んでいる.

gril·len [グリレン] [動] *h.* 〔〈et[4]〉ッ〕グリルで焼く, 網焼きにする. 【慣用】**sich[4] in der Sonne grillen (lassen)** 日光で肌を焼く.

der **Gril·len·fän·ger** [グリレン·ふぇンガー] [名] -s/- (口) 気まぐれ屋, ふさぎ屋.

gril·len·haft [グリレンハふト] [形] 気まぐれな, ふさぎこんだ;妙な, 酔狂な.

gril·lie·ren [grılí:.. グりリーれン, grijí:.. グりイーれン] [動] *h.* (稀)=grillen.

gril·lig [グリリひ] [形] =grillenhaft.

(*der*) **Grill·par·zer** [グリル·パるツァー] [名] 〖人名〗グリルパルツァー(Franz ~, 1791-1872, オーストリアの劇作家).

die **Gri·mas·se** [グりマっセ] [名] -/-n しかめつら, 渋面(じゅうめん): das Gesicht zu einer ~ verziehen 顔をしかめる. ~*n* schneiden しかめつらをする.

grimm [グリム] [形] 怒り狂った.

(*der*) **Grimm**[1] [グリム] [名] 〖人名〗グリム(Jacob ~, 1785-1863 ; Wilhelm~, 1786-1859, 言語・文芸学者の兄弟).

der **Grimm**[2] [グリム] [名] -(e)s/ (文・古)憤怒.

der **Grimm·darm** [グリム·ダるム] [名] -(e)s/..därme 結腸.

(*der*) **Grim·mels·hau·sen** [グリメルス·ハウゼン] [名] 〖人名〗グリンメルスハウゼン(Hans Jacob Christoffel von ~, 1622 頃-76, 小説家).

das **Grim·men** [グリメン] [名] -s/ (古)腹痛.

grim·mig [グリミひ] [形] 怒り狂った, 恐ろしい, 機嫌の悪い;厳しい, 激しい.

grimmsch, Grimm'sch, [旧]**Grimmsch** [グリムシュ] [形] グリムの. ⇨ Grimm[1].

der **Grind** [グリント] [名] -(e)s/-e **1.** とびひ(皮膚病);(傷の)かさぶた. **2.** 〖植〗(ブドウなどの)真菌類による病気. **3.** 〖狩〗(鹿・カモシカの)頭;(スイス)(口)頭.

(*das*) **Grin·del·wald** [グリンデル·ヴァルト] [名] -(e)s/ 〖地名〗グリンデルヴァルト(スイス中部の避暑地, アイガ

ーなどへの登山基地).
grin·dig [グリンディひ] [形] かさぶたのできた.
grin·sen [グリンゼン] [動] *h.* 〔補足なし〕にやにやする, にやにや笑う, にやりとする.
grip·pal [グリパール] [形] 〘医〙流行性感冒の.
die **Grip·pe** [グリっペ] [名] -/-n **1.** 《俗称》風邪. **2.** 流行性感冒による伝染病;〘医〙流行性感冒.
der **Grips** [グリっプス] [名] -es/-e 《主に[単]》《口》(知力としての)頭, 頭脳, 理解力(Verstand): seinen ~ anstrengen 頭をしぼる. genügend ~ für 〈et⁴〉 haben 〈事が〉分る十分な頭を持っている.
die **Gri·saille** [grizáɪ グリザイ] [名] -/-n 〘美〙グリザイユ画法の絵;《[単]のみ》グリザイユ画法(灰色の濃淡で描く単色画の画法).
gr.-kath. ＝griechisch-katholisch ギリシア・カトリックの.
grob [グろーブ] [形] gröber; gröbst **1.** (手ざわりの)粗い; ごつい, きめ〔粒・目〕の粗い. **2.** 大まかな, 大体の: ~ gerechnet ざっと計算すると. **3.** はなはだしい, 重大な. **4.** 荒い(波の), 激しい. **5.** 粗野〔粗暴〕な, がさつな, ぞんざいな: 〈j³〉 ~ kommen 《口》〈人に〉無礼な態度を取る. 【慣用】**aus dem Gröbsten heraus sein** 《口》最大の難関を切抜ける.
das **Grob·blech** [グろーブ・ブレっひ] [名] -(e)s/-e 厚い鉄〔鋼〕板.
die **Grob·heit** [グろーブハイト] [名] -/-en **1.** 《[単]のみ》粗野, 下品; 冷酷, 非情. **2.** 粗野な言葉〔態度〕. **3.** 《稀》(布などの)粗さ.
der **Gro·bi·an** [グろービアーン] [名] -(e)s/-e 《蔑》無作法者, 荒くれ者, 乱暴者.
grob·kör·nig [グろーブ・ケ るニひ] [形] 粒の粗い; 粒子の粗い.
gröb·lich [グれーブリひ] [形] **1.** 《文》はなはだしい. **2.** 《古》目の粗い.
grob·ma·schig [グろーブ・マっシひ] [形] 目の粗い.
grob·schläch·tig [グろーブ・シュレひティひ] [形] 武骨な, 粗野な.
der **Grob·schmied** [グろーブ・シュミート] [名] -(e)s/-e 《古》鍛冶屋.
der **Grob·staub** [グろーブ・シュタウブ] [名] -(e)s/-e 〔..stäube〕〘環〙(粒径10ミクロン以上の)粉塵(ふんじん).
das **Grob·zeug** [グろーブ・ツォイク] [名] -(e)s/ ＝Kroppzeug.
der **Gro·den** [グろーデン] [名] -s/- 《北独》(草の生えた)堤外の湿地帯.
der **Grog** [グろっク] [名] -s/-s グロッグ(ラム酒などに砂糖と湯を加えた熱い飲み物).
grog·gy [grɔ́gi グろっギ] [形] **1.** 〘ボクシング〙グロッキーになった. **2.** 《口》疲れはてた.
grö·len [グれーレン] [動] *h.* 〔(〈et⁴〉ヲ)〕(うるさく)わめく, どら声を張り上げて歌う.
der **Groll** [グろル] [名] -(e)s/ 《文》恨み, 遺恨: einen ~ auf 〈j⁴〉 haben 〈人を〉恨む. einen ~ gegen 〈j⁴〉 hegen 〈人に〉恨みを抱く.
grol·len [グろレン] [動] *h.* 《文》 **1.** 〔(mit)〈j³/et³〉ノコトヲ〕怒っている, 恨んでいる. **2.** 〔補足なし〕怒っている, 不機嫌である. **3.** 〔補足なし〕鈍くとどろく(雷・砲声などが).
(*das*) **Grön·land** [グれーン・ラント] [名] -s/ 〘地名〙グリーンランド.
der **Grön·län·der** [グれーン・レンダー] [名] -s/- グリーンランド人.
(*der*) **Gro·pi·us** [グろーピウス] [名] 〘人名〙グロピウス(Walter ~, 1883-1969, 建築家, Bauhaus の創設者).
die **Grop·pe** [グろっペ] [名] -/-n 〘魚〙カジカ.
das **Gros**¹ [gro: グろー] [名] -[グろー(ス)]/-[グろース] (ある集団の)大多数: das ~ des Heeres 軍隊の主力.
das **Gros**² [グろス] [名] -ses/-se グロス(12ダース).
der **Gro·schen** [グろっシェン] [名] -s/- **1.** グロッシェン(オーストリアの旧貨幣単位. 100分の1 Schilling. 略 g); (昔の)銀貨. **2.** 《口》10ペニヒ硬貨;《[複]のみ》小銭, わずかな収入〔所持金〕. 【慣用】**Endlich ist der Groschen bei ihm gefallen.** 《口》彼にはやっとそれが分った. **nicht bei Groschen sein** 《口》頭が少し変である.
der **Gro·schen·ro·man** [グろっシェン・ろマーン] [名] -s/-e 通俗小説.
groß [グろース] [形] größer; größt **1.** 〔(〈et⁴〉ダケ)〕 **a.** (大きさ)大きい: eine ~*e* Stadt 大きい都市. 【「大都市」は Großstadt】 die ~*e* Zehe 足の親指. 【「手の親指」は Daumen】. ein zwei Nummern *größeres* Kleid サイズ二つ分大きいワンピース. ein Wort ~schreiben 語頭文字を大文字で書く. 〈j⁴〉 ~ ansehen 〈人を〉目を丸くして見る. **b.** (長さ・幅)大きい, 長い; 広い: der ~*e* Zeiger (時計の)長針. **c.** (身長)背の高い: ein ~*es* Kind (für sein Alter) (年の割に)背の高い子; 大人げない人. **2.** 〔〈et⁴〉ノ〕大きさ〔広さ・高さ〕の: ein 1,80 m ~*er* Baum 1メートル80の高さの木. **3.** (時間)長い: die ~*en* Ferien 夏休み. **4.** 大人の, 成長した; 年上の: den *G~en* folgen 大人たち(の言うこと)に従う. mein ~*er* Bruder 私の兄さん. **5.** (数・量)多い, 大きい: eine ~*e* Kundschaft haben 得意客がたくさんいる. nur ~*es* Geld haben 大きいの〔高額紙幣〕しか持っていない. **6.** (程度)大きい, 非常な, 激しい: ein ~*er* Verehrer von Mozart モーツァルトの大の崇拝者. ~*en* Hunger haben ひどくお腹がすいている. in ~*er* Eile sein ひどく急いでいる. **7.** 重大な, 重要な: eine ~*e* Rolle spielen 重要な役割を演じる. die *G~en* der Politik 政界の要人たち. **8.** 偉大な: der *größte* Sohn der Stadt その町の生んだ最も偉大な人物. Karl der *G~e* カール大帝(略 d. Gr.). **9.** 《口》すごい, 優れた: Ihr Spiel ist ganz ~*e* Klasse. 彼女の演奏はまったくすごい. Jetzt steht er ganz ~ da. 今や彼はまったくたいしたもんだ. Im Fehlermachen ist er ~. 《皮》彼のやらかす間違いときたらすごいもんだ. **10.** 豪勢な, はでな: ein Artikel in ~*er* Aufmachung はでな見出しの記事. **11.** 大体の, およその, 一般的な: das ~*e* Ganze nicht aus den Augen verlieren 大局を見失わない. die ~*e* Linie verfolgen 大筋をたどる. 〈et⁴〉 in ~*en* Umrissen〔Zügen〕 erzählen 〈事の〉あらましを語る. **12.** 《文》崇高な, 気高い, 無私〔無欲〕の. 【慣用】**auf großem Fuß leben** 豪勢な暮らしをする. **auf große Fahrt** 遠洋航海で. **das große Los** 大当りのくじ. **der Große Bär〔Wagen〕**〘天〙大熊座. **der Große Rat** (スイスの)州議会. **der Große Teich** 大きな池(大西洋). **der große Unbekannte** 陰の大物 **die große Dame/den großen Herrn spielen** 淑女/紳士を気取る; 分不相応な暮らしをする. **die Große Mauer** 万里の長城. **die große Nummer im Zirkus** サーカスの呼びもの. **die große Sexte/Terz** 〘楽〙長6度/3度. **die große Welt** 《古》上流社会. **(ein) großer Bahnhof** 《口》(国賓などの駅頭・空港での)盛大な歓迎. **ein großes Haus führen** 豪華な邸宅で社交に明け暮れる. **ein großes Tier** 《口》大物. **eine große Koalition** 〘政〙(政党の)大同団結, (内閣の)大連立. **eine große Nummer machen〔ein großes Ding drehen〕** 《口》危険な綱渡りをする. **Ganz groß!** すごいぞ, えらいぞ. **ganz große Mode sein** 《口》大はやりである. **groß im Geschäft sein** (商売で)大当たりしている. **groß machen** 《幼》大きいの〔大便〕をする. **groß und breit** 大きくがっしりした; 詳細に. **Groß und Klein** 大人も子供も(だれもが). **große Achse**〘数〙長軸. **große Anfrage** (議会で

審議・答弁される）大質問. große Augen machen（驚いて）目を見張る. große Töne reden (Bogen spucken)〔口〕いばり散らす. große Worte machen 仰々しい口のきき方をする. im Großen kaufen 卸で買う. im Großen (und) Ganzen 全体として, 大体において. im Kleinen wie im Großen so sein あらゆることにおいていつもそうである. 〈et⁴〉 groß schreiben 〈事を〉重要視する, 大事にする. 〈et⁴〉 mit großer Geste tun〈事⁴を〉はでにやる. sich³ einen großen Namen machen 名声をかち得る. 2. zum großen Teil たいていは.

―― 副〔口〕 1.（否定詞と）たいして〔ほとんど〕…でない：Darauf achtete niemand ～. そのことにはほとんどだれも注意を向かなかった. 2.（話者の気持）（疑問文・感嘆文で. そんなことはないだろうにと思って）Was gibt es da noch ～ zu fragen？ 何をこれ以上尋ねることがあるんだね. Wer braucht mich ～! 私を必要とする人なんかいやしないさ.

der **Groß-ab-neh-mer**［グロース・アップ・ネーマー］名 -s/- 大口の買い手.
der **Groß-ad-mi-ral**［グロース・アトミラール］名 -s/-e[..räle]〔軍〕〔古〕 1.（⑥のみ）海軍元帥(位). 2. 海軍元帥(人).
der **Groß-an-griff**［グロース・アン・グリふ］名 -(e)s/-e 大攻勢, 総攻撃.
groß-ar-tig［グロース・アーティヒ］形 1.（並はずれて）すばらしい, 立派な, 壮大な：Er kocht ～. 彼の料理(の腕)はすばらしい. 2.〔口・蔑〕おうへいな：mit einer ～en Miene 大きな顔で.
die **Groß-ar-tig-keit**［グロース・アーティヒカイト］名 -/ すばらしさ, 立派さ;尊大.
die **Groß-auf-nah-me**［グロース・アウふ・ナーメ］名 -/-n〔映・写〕大写し, クローズアップ.
der **Groß-auf-trag**［グロース・アウふ・トラーク］名 -(e)s/..träge〔経〕大口の注文.
der **Groß-bau-er**［グロース・バウあー］名 -n/-n 大規模経営農家, 豪農.
(das) **Groß-Berlin**［グロース・ベルリーン, グロース・ベルリーン］名 -s/ 大ベルリン.
der **Groß-be-trieb**［グロース・ベトリープ］名 -(e)s/-e 大企業;大農経営.
(das) **Groß-bri-tan-ni-en**［グロース・ブリタニエン, グロース・ブリタニエン］名 -s/ 1.〔国名〕グレートブリテン, イギリス連合王国（正式名 Vereinigtes Königreich von Großbritannien und Nordirland）. 2.〔地名⑥〕グレートブリテン島.
groß-bri-tan-nisch［グロース・ブリタニシュ, グロース・ブリタニシュ］形 グレートブリテンの, イギリス連合王国の;グレートブリテン島の.
der **Groß-buch-sta-be**［グロース・ブーふ・シュターベ］名 -ns/-n 大文字.
groß-bür-ger-lich［グロース・ビュるガーリヒ］形 富裕な中産階級の.
die **Groß-de-po-nie**［グロース・デポニー］名 -/-n 大規模廃棄物(ꜝ)投棄場.
groß-deutsch［グロース・ドイチュ］形〔史〕大ドイツ主義の.
der/die **Gro-ße**［グローセ］ 1.（形容詞的変化） 1. 大人. 2. 偉大な人.
die **Grö-ße**［グロ⑥ーセ］名 -/-n 1.（主に⑥）大きさ;（数量の）規模;背丈：in natürlicher ～ 実物大に. die ～ des Betrages 額面. ein Mann von mittlerer ～ 中肉中背の男. ein Stern erster ～ 一等星. 2.（服・クツなどの）サイズ：Sie trägt ～ 38. 彼女の(服の)サイズは 38 です. 3.〔理〕量, 数. 4.（主に⑥）偉大さ;重要性, 重大さ：die ～ der Stunde 時の重大さ. 5. 大家, 大物.
groß-el-ter-lich［グロース・エルターリヒ］形 祖父母の.

die **Groß-el-tern**［グロース・エルターン］複名 祖父母.
der **Groß-en-kel**［グロース・エンケル］名 -s/- ひ孫, 曾孫(ぞう).
die **Grö-ßen-ord-nung**［グロ⑥ーセン・オるドヌンク］名 -/-en 1. 大きさの程度, 規模. 2.〔理・数〕等級.
grö-ßen-teils［グロ⑥ーセン・タイルス］副〔語飾〕（動詞・形容詞・副詞・名詞を修飾）大部分は, たいてい.
der **Grö-ßen-wahn**［グロ⑥ーセン・ヴァーン］名 -(e)s/ 誇大妄想.
grö-ßen-wahn-sin-nig［グロ⑥ーセン・ヴァーン・ズィニヒ］形〔口・蔑〕誇大妄想の;〔医・心〕〔古〕誇大妄想病の.
das **Groß-er-ho-lungs-ge-biet**［グロース・エルホールングス・ゲビート］名 -(e)s/-e 大規模保養地域.
die **Gros-sesse ner-veuse**［grosέs nεrvǿz グロセス ネ（ヴェー）ズ］名 -/-s-s［..(ヴェー）ズ］〔医〕想像妊娠.
die **Groß-fa-mi-lie**［グロース・ふァミーリエ］名 -/-n〔社〕（3 世代以上からなる）大家族.
das **Groß-feu-er**［グロース・ふォィあー］名 -s/- 大火事.
groß-flä-chig［グロース・ふレヒヒ］形 大きく(広がった), 平べったい, 広域にわたる.
das **Groß-for-mat**［グロース・ふォるマート］名 -(e)s/-e 大判(サイズ).
der **Groß-fürst**［グロース・ふゅるスト］名 -en/-en（ロシアなどの）大公.
der **Groß-glock-ner**［グロース・グロックナー, グロース・グロックナー］名 -s/〔山名〕グロースグロックナー（オーストリア西部の山）.
der **Groß-grund-be-sitz**［グロース・グルント・ベズィッツ］名 -es/ 大土地所有;（⑥のみ）（総称）大地主.
der **Groß-han-del**［グロース・ハンデル］名 -s/ 卸売業, 問屋業.
der **Groß-händ-ler**［グロース・ヘンドラー］名 -s/- 卸売商〔業者〕, 問屋.
die **Groß-hand-lung**［グロース・ハンドルング］名 -/-en 卸売商(店).
groß-her-zig［グロース・へるツィヒ］形〔文〕心の広い, 寛容な.
die **Groß-her-zig-keit**［グロース・へるツィヒカイト］名 -/〔文〕寛容, 広量.
der **Groß-her-zog**［グロース・へるツォーク］名 -(e)s/..zöge（⑥のみ）大公(位). 2. 大公(人).
die **Groß-her-zo-gin**［グロース・へるツォーギン］名 -/-nen 大公妃;女性大公.
das **Groß-her-zog-tum**［グロース・へるツォークトゥーム］名 -s/..tümer 大公国〔領〕.
das **Groß-hirn**［グロース・ヒるン］名 -(e)s/-e〔解〕大脳.
die **Groß-in-dus-trie**［グロース・インドゥストリー］名 -/-n 大工業;（⑥のみ）（総称）大工業界.
der/die **Groß-in-dus-tri-el-le**［グロース・インドゥストリエレ］名（形容詞的変化）大工業家.
der **Groß-in-qui-si-tor**［グロース・インクヴィズィートーあ］名 -s/-en［..(ト)ｰ］宗教裁判長;〔史〕（異端審問所の）大審問官.
der **Gros-sist**［グロスィスト］名 -en/-en〔商〕卸売業者, 問屋.
groß-jäh-rig［グロース・イェーリヒ］形〔古〕成人に達した.
die **Groß-jäh-rig-keit**［グロース・イェーリヒカイト］名 -/ 成年.
der **Groß-kampf-tag**［グロース・カムプふ・ターク］名 -(e)s/-e〔軍〕激戦の日;〔転〕辛い仕事の日.
groß ka-riert［グロース カリーアト］／**groß-ka-riert**［グロース カリーアト］形 1. 大柄なチェックの. 2.〔口〕横柄な, 尊大な.
der **Groß-kauf-mann**［グロース・カウふ・マン］名 -(e)s/..leute 卸売業者, 問屋.
der **Groß-knecht**［グロース・クネヒト］名 -(e)s/-e（昔

の)下男頭.
der **Groß·kopf·er·te** [グろース・コップふぉーテ] [名]《形容詞的変化》《バイエルン・オーストリア》《口》お偉方, 有力者; インテリ.
groß·kotzig [グろース・コッツィひ] [形]《口》威張った.
die **Groß·kü·che** [グろース・キュッひぇ] [名] -/-n (ホテルなどの)大調理場; ケータリング業.
der **Groß·kühl·turm** [グろース・キュール・トゥるム] [名] -(e)s/..türme (発電所の排水用の)大冷却塔.
groß|ma·chen [グろース・マっへン] [動] *h.* 〔sich^4〕《口》威張る, 偉ぶる.
die **Groß·macht** [グろース・マはト] [名] -/..mächte 大国, 強国.
groß·mäch·tig [グろース・メひティひ] [形]《文・古》 **1.** 権力をほしいままにする, 強大な. **2.** 巨大な.
die **Groß·ma·ma** [グろース・ママ] [名] -/-s《口》おばあちゃん.
die **Groß·manns·sucht** [グろース・マンス・ズふト] [名] -/《蔑》(度を越した)認められたいという欲求, 自己顕示欲.
groß·ma·schig [グろース・マっシひ] [形] 目の大きな〔粗い〕.
der **Groß·mast** [グろース・マスト] [名] -(e)s/-e(n)〖海〗メーンマスト.
das **Groß·maul** [グろース・マウル] [名] -(e)s/..mäuler《口・蔑》大口をたたく人, 自慢屋.
groß·mäu·lig [グろース・モイリひ] [形]《口》大口をたたく.
der **Groß·meis·ter** [グろース・マイスター] [名] -s/- 騎士修道会総長; (チェスの)世界チャンピオン; (フリーメーソンの)大ロッジの長; 《ジャーゴン》名手, 名人.
die **Groß·mut** [グろース・ムート] [名] -/ 高潔さ, 寛大さ.
groß·mü·tig [グろース・ミューティひ] [形] 寛大な, 高潔な.
die **Groß·mut·ter** [グろース・ムッター] [名] -/..mütter 祖母; 《口》老女, おばあさん.
der **Groß·nef·fe** [グろース・ネっふぇ] [名] -n/-n 甥(おい)〔姪(めい)〕の息子.
die **Groß·nich·te** [グろース・ニひテ] [名] -/-n 甥(おい)〔姪(めい)〕の娘.
der **Groß·on·kel** [グろース・オンケル] [名] -s/- 大おじ(祖父母の兄弟, 大おばの夫).
der **Groß·pa·pa** [グろース・パパ(ー)] [名] -s/-s《口》おじいちゃん.
der **Groß·raum** [グろース・らウム] [名] -(e)s/..räume 広域; 大部屋; (いくつかの事務所が入っている)大事務所: im ～ München ミュンヒェンとその周辺で.
das **Groß·raum·flug·zeug** [グろースらウム・ふルーク・ツォイク] [名] -(e)s/-e ジャンボ機, 大型旅客機.
groß·räu·mig [グろース・ろイミひ] [形] 広範囲の; 大きな.
der **Groß·raum·wa·gen** [グろースらウム・ヴァーゲン] [名] -s/- 〖鉄道〗(コンパートメント式のような仕切のない)座席車両; 大型貨車; 2・3両連結の市街電車.
die **Groß·raum·wirt·schaft** [グろースらウム・ヴィるトシャふト] [名] -/ 広域経済.
das **Groß·rei·ne·ma·chen** [グろース・らイネ・マっへン] [名] -s/ 《口》大掃除.
die **Groß·schnau·ze** [グろース・シュナウツェ] [名] -/-n《口》ほら吹き.
groß|schrei·ben* [グろース・シュらイベン] [動] *h.* 〔〈et^4〉ヲ〕《口》頭文字を大文字で書く. ⇨ groß【慣用】.
die **Groß·schrei·bung** [グろース・シュらイブング] [名] -/ (語頭の文字を)大文字で書くこと.
das **Groß·se·gel** [グろース・ゼーゲル] [名] -s/-〖海〗主帆, メーンスル; 補助帆のないボートの帆.
der **Groß·spre·cher** [グろース・シュプれっひゃー] [名] -s/-《蔑》大言壮語する人, おおげさに言う人, 自慢好き.
die **Groß·spre·che·rei** [グろース・シュプれっひぇらイ] [名] -/-en《蔑》 **1.** 《[単]のみ》大口をたたくこと, ほらを吹くこと. **2.** 大ぼら, 大言壮語.
groß·spre·che·risch [グろース・シュプれっひぇりシュ] [形] 大口をたたく, ほら吹きの.
groß·spu·rig [グろース・シュプーりひ] [形] **1.** 《稀》広軌の. **2.** 《蔑》尊大な; 大げさな.
die **Groß·stadt** [グろース・シュタット] [名] -/..städte 大都市, 大都会(人口10万以上).
der **Groß·städ·ter** [グろース・シュテッター] [名] -s/- 大都市に住んでいる人, 都会人.
groß·städ·tisch [グろース・シュテッティシュ] [形] 大都市(風)の.
die **Groß·tan·te** [グろース・タンテ] [名] -/-n 大おば(祖父母の姉妹, 大おじの妻).
die **Groß·tat** [グろース・タート] [名] -/-en 偉業.
groß·tech·nisch [グろース・テひニシュ] [形] 大型機械(設備)の.
der **Groß·teil** [グろース・タイル] [名] -(e)s/-e 大部分, 主要な部分; かなりな部分.
größ·ten·teils [グ[れ]ーステン・タイルス] [副] (語飾)《動詞・形容詞・副詞・名詞を修飾》大部分は, たいてい.
größt·mög·lich [グ[れ]ースト・[メ]ークリひ] [形] できるだけ大きな, 最大限の.
der **Groß·tu·er** [グろース・トゥーあー] [名] -s/-《蔑》威張り屋, 偉ぶり屋.
groß·tu·e·risch [グろース・トゥーエりシュ] [形]《蔑》威張りくさった.
groß|tun* [グろース・トゥーン] [動] *h.* 《蔑》 **1.** 〔補足なし〕威張る, ほらを吹く. **2.** 〔(sich^4)+mit 〈et^3〉ヲ〕自慢する.
der **Groß·va·ter** [グろース・ふぁーター] [名] -s/..väter 祖父.
das **Groß·vieh** [グろース・ふぃー] [名] -(e)s/《総称》大形家畜(牛・馬など).
der **Groß·we·sir** [グろース・ヴェズィーあ] [名] -s/-e〖史〗(イスラム教国の)宰相.
die **Groß·wet·ter·la·ge** [グろース・ヴェっター・ラーゲ] [名] -/〖気〗広域天気概況.
groß|zie·hen* [グろース・ツィーエン] [動] *h.* 〔〈j^4/et^4〉ヲ〕育て(上げ)る(子供・動物の子を).
groß·zü·gig [グろース・ツューギひ] [形] **1.** 太っ腹な, 寛大な; 気前のいい. **2.** 大規模な.
die **Groß·zü·gig·keit** [グろース・ツューギひカイト] [名] -/ 気前のいいこと, 雅量のあること, おうようさ; 大規模なこと.
gro·tesk [グろテスク] [形] グロテスクな, 奇怪な; ばかげた.
die **Gro·tesk** [グろテスク] [名] -/〖印〗グロテスク字体.
die **Gro·tes·ke** [グろテスケ] [名] -/-n **1.** 奇怪, グロテスク(な出来事). **2.** 〖芸術学〗グロテスク模様; 〖文芸学・芸術学〗グロテスクな描写(の作品). **3.** グロテスクダンス.
die **Grot·te** [グろっテ] [名] -/-n (自然あるいは庭園の人工の)洞窟.
grub [グるーブ] [動] graben の過去形.
der **Grub·ber** [グるっバー] [名] -s/- 耕耘(こううん)機, カルチベーター.
das **Grüb·chen** [グりゅーブひぇン] [名] -s/- あごのくぼみ; えくぼ.
die **Gru·be** [グるーべ] [名] -/-n 穴, くぼみ; 落し穴; 《古》墓穴; 〖鉱〗鉱坑; 坑夫; 《稀》(小さな)丸いくぼみ, 窩(か).
grü·be [グりゅーべ] [動] graben の接続法2式.
die **Grü·be·lei** [グりゅーベライ] [名] -/-en 思案を重ねること, 思い悩むこと.
grü·beln [グりゅーベルン] [動] *h.* 〔(über 〈et$^{4(3)}$〉ノコトヲ)〕くよくよ考える, せんさくする, (…について)深く思いをめぐらせる.
der **Gru·ben·ar·bei·ter** [グるーベン・アるバイター] [名] -s/- 鉱山労働者, 坑夫.

der **Gru·ben·brand** [グルーベン・ブらント] 名 -(e)s/ ..brände 坑内火災.

das **Gru·ben·gas** [グルーベン・ガース] 名 -es/-e 坑内ガス.

die **Gru·ben·lam·pe** [グルーベン・ラムペ] 名 -/-n 坑内ランプ.

das **Gru·ben·un·glück** [グルーベン・ウングりュック] 名 -(e)s/-e 坑内事故.

der **Grüb·ler** [グりゅープらー] 名 -s/- 思い悩む人, 思案がちな人, 考え込む人.

grüb·le·risch [グりゅープれリシュ] 形 よくよく思い悩む.

grü·e·zi! [グりゅーエツィ] 間 《スイス》こんにちは, おはよう, こんばんは.

die **Gruft** [グるふト] 名 -/Grüfte 《文》(教会の)地下墓所; 墓穴.

grum·meln [グるメルン] 動 *h.* **1.** 《雅》かすかにとどろく (《くずドロろう》). **2.** ⟨et³ッ⟩/⟨über³⟩ つやぐむ.

das **Grum·met** [グるメット] 名 -s/- 二番 [三番] 刈りの干草.

das **Grumt** [グるムト] 名 -(e)s/ = Grummet.

grün [グりゅーン] 形 **1.** 緑色の;《口》青い(信号): ~e Bohnen サヤインゲン. ~e Erbsen グりゅーンピース. ~er Tee 緑茶. **2.** 未加工の, 生の; 新鮮な, みずみずしい: ~e Heringe 生ニシン. ~es Holz 生木(ﾅﾏｷﾞ). **3.** (未熟な)青い; 青くさい; 幼い ―er Bengel 青二才. **4.** 《政》緑(の党)の; 環境保護の: ein ernsteres Dilemma der G~en 緑の党の人々のさらに重大なジレンマ. 【慣用】⟨j⟩ **Ach, du grüne Neune!** 《口》こいつはだな. **auf keinen grünen Zweig kommen** 《口》うまくいかない. **der grüne Punkt** グリーン・ポイント (リサイクル容器についているマーク). **die grüne Grenze** (道のない)緑の国境(越えると不法侵入). **die Grüne Insel** アイルランド. **die Grüne Woche** 緑の週間(ベルリンの農業博覧会の週間). ⟨j⟩ **grün und blau [grün und gelb] schlagen** 《口》(青あざになるほど)人をひどくぶつ. **grüne Lunge** 緑の肺(都市の緑地帯). **grüne Minna** 《口》緑の車(護送車). **grüne Weihnachten** (雪のない)緑のクリスマス. **grüne Welle** 連続青信号. **grüne Witwe** グリーンウィドー. **grüner Star** 緑内障(Glaukom の俗称). **grünes Licht für ⟨et⁴⟩ geben** 《口》にゴー・サインを出す. ⟨j³⟩ **nicht grün sein** 《口》に良く思っていない. **sich⁴ grün und blau [grün und gelb] ärgern** 《口》ひどく腹をすてる. **vom grünen Tisch aus [am grünen Tisch]** 官僚的に, 机上の空論だけで. ⟨j³⟩ **wird es grün und blau [grün und gelb] vor den Augen** 《口》人は気分が悪くなる.

das **Grün** [グりゅーン] 名 -s/- ((口)-s/-s) **1.** 緑色; 緑色の服(交通信号)の青: eine Dame in ~ 緑色の服を着た婦人. bei ~ 信号が青のときに. **2.** 《雅のみ》(自然の)緑, 新緑, 青葉. **3.** (ゴルフ場の)グリーン. **4.** 《無冠詞》グリューン(スペードに相当). 【慣用】**Das ist dasselbe in Grün.** 《口》それは同じだ.

die **Grün·an·la·ge** [グりゅーン・アン・ラーゲ] 名 -/-n (主に 雅)(都市の)緑地(帯), グリーンベルト, 公園.

der **Grund** [グるント] 名 -(e)s/Gründe **1.** (雅のみ)土地, 地面;《古》土壌, 耕土. **2.** 《ﾌﾟﾗｰｼ》地所. **3.** 《文・古》小さな谷あい, 窪地. **4.** (雅のみ)(水) 底; 《文》(容器の)底: ein Glas bis auf den ~ leeren グラスの酒を飲干す. im ~e meines Herzens 私の心の奥底で. **5.** (雅のみ)(図柄などの)下地; 背景: drei weiße Ringe auf blauem ~ 青い下地に描かれた三重の白い輪. **6.** (雅のみ)基盤, 基礎; 根底. **7.** 理由, 根拠; 動機, 原因: aus diesem ~ この理由から. der ~ für ein Verbrechen 犯罪の動機. Das ist ein ~ zum Feiern. それは当然お祝いをしなければならない. 【慣用】⟨et³⟩ **auf den Grund gehen** ⟨事の⟩究明しようとする. ⟨et³⟩ **auf den Grund kommen** ⟨事の⟩真相を知るに至る. **auf Grund [aufgrund]** …… …に基づき. **den Grund zu ⟨et³⟩ legen** ⟨事の⟩基礎を置く. **im Grunde (genommen)** 結局, つまるところ. **in Grund und Boden** まったく, 徹底的に. **von Grund aus [auf]** 抜本的に, 徹底的に. **zu Grunde** = zugrunde.

grund·an·stän·dig [グるント・アン・シュテンディヒ] 形 きわめて礼儀正しい, まことに品行方正な.

die **Grund·aus·bil·dung** [グるント・アウス・ビるドゥング] 名 -/-en 《主に 雅》《軍》基礎教育[訓練].

der **Grund·bau** [グるント・バウ] 名 -(e)s/-ten 〖土〗建物の基礎(部); (雅のみ)基礎工事.

die **Grund·be·deu·tung** [グるント・ベドイトゥング] 名 -/-en 基本的意味, 原義; 〖言〗(語の)原義.

die **Grund·be·din·gung** [グるント・ベディングング] 名 -/-en 基本条件, 必要条件[前提].

der **Grund·be·griff** [グるント・ベグりフ] 名 -(e)s/-e 基本概念, 本質的意味; (主に雅)基礎(知識).

der **Grund·be·sitz** [グるント・ベズィッツ] 名 -es/ 土地所有, 所有地; (雅)(総称)土地所有者, 地主.

der **Grund·be·sit·zer** [グるント・ベズィッツァー] 名 -s/- 土地所有者, 地主.

die **Grund·bir·ne** [グるント・ビるネ] 名 -/-n 《スイス》ジャガイモ.

das **Grund·buch** [グるント・ブーフ] 名 -(e)s/..bücher 〖官・法〗土地登記簿, 土地台帳.

grund·ehr·lich [グるント・エーるリヒ] 形 真っ正直な.

das **Grund·ei·gen·tum** [グるント・アイゲントゥーム] 名 -s/ 土地所有(権).

die **Grund·ein·heit** [グるント・アインハイト] 名 -/-en **1.** 〖理〗基本単位. **2.** 基本組織.

das **Grund·eis** [グるント・アイス] 名 -es/ (川・湖などの)底氷.

die **Grün·del** [グりゅンデル], **Grün·del** [グりゅデル] 名 -/-n (der-s/-も有) 〖魚〗ハゼ.

grün·deln [グりゅンデルン] 動 *h.* 《雅》(えさをあさりに)首を水中に突っ込む(水鳥が).

grün·den [グりゅンデン] 動 *h.* **1.** ⟨et⁴ッ⟩ 建設する(町・聖堂などを), 創立〔設立〕する, 創設する(協会・会社などを), 結成する(党などを), 構える(一家を). **2.** ⟨et⁴ッ⟩+auf ⟨et⁴⟩=基づかせる, (…の根拠を…)に置く. **3.** [auf ⟨et³⟩=//sich⁴+auf ⟨et⁴⟩=]基づく.

der **Grün·der** [グりゅンダー] 名 -s/- 創立者, 設立者; (雅のみ)建設者.

die **Grün·der·jah·re** [グりゅンダー・ヤーれ] 複数 (普仏戦争直後の)泡沫(会社乱立と(擬古典的)建築の時代(1871-73 年頃).

die **Grund·er·werb·steu·er** [グるント・エあヴェるブ・ショトイあー] 名 -/-n 〖税〗土地取得税.

die **Grün·der·zeit** [グりゅンダー・ツァイト] 名 -/ = Gründerjahre.

grund·falsch [グるント・ふぁルシュ] 形 根本的に間違っている.

die **Grund·far·be** [グるント・ふぁるべ] 名 -/- **1.** 《美・印》原色. **2.** 地色.

der **Grund·feh·ler** [グるント・ふぇーラー] 名 -s/ 根本的な誤り.

die **Grund·fes·ten** [グるント・ふぇステン] 複数 土台, 基盤.

die **Grund·flä·che** [グるント・ふれッひぇ] 名 -/-n 底面.

die **Grund·form** [グるント・ふぉるム] 名 -/-en 基本形, 原形; 〖言〗原形, 不定詞; 基本文型.

die **Grund·ge·bühr** [グるント・ゲビューあ] 名 -/-en 基本料金.

der **Grund·ge·dan·ke** [グるント・ゲダンケ] 名 -ns/-n 基本的考え, 根本思想[理念].

das **Grund·ge·halt** [グるント・ゲハルト] 名 -(e)s/..hälter 基本給.

(*der*) **Grụ̈nd·gens** [グリュント・ゲンス] [名] 〘人名〙グリュントゲンス(Gustaf ~, 1899–1963, 俳優・演出家).

das **Grụnd·ge·setz** [グるント・ゲゼッツ] [名] -es/-e **1.** 〘法〙基本法(ドイツ連邦共和国憲法. 1949 年 5 月 23 日に制定. 略 GG). **2.** 基本〔根本〕法則.

grụnd·gü·tig [グるント・ギューティひ] [形] 心底親切な, 心根のよい.

der **Grụnd·herr** [グるント・へる] [名] -(e)n/-(e)n (中世の)荘園領主.

grun·die·ren [グるンディーれン] [動] *h.* 〘<et⁴>に〙下塗りをする.

die **Grun·die·rung** [グるンディーるング] [名] -/-en 地の色を塗ること; 下塗り(したもの).

das **Grụnd·ka·pi·tal** [グるント・カピタール] [名] -s/-ien 〔-e〕 〘経〙(株式会社の)基礎資本金; 資本金.

die **Grụnd·kennt·nis** [グるント・ケントニス] [名] -/-se 《主に[複]》基礎知識.

der **Grụnd·kurs** [グるント・クるス] [名] -es/-e 基礎コース.

die **Grụnd·la·ge** [グるント・ラーゲ] [名] -/-n 基礎, 土台, 基盤, 下地; 根拠: die ~ für <et⁴> schaffen <物・事の>基礎を作る.

die **Grụnd·la·gen·for·schung** [グるントラーゲン・ふぉるシュング] [名] -/-en 基礎研究.

grụnd·le·gend [グるント・レーゲント] [形] 基礎〔根本〕的な; 根本から: eine ~*e* Arbeit (学問の)基礎研究.

die **Grụnd·le·gung** [グるント・レーグング] [名] -/-en 基礎を置くこと, 基礎作り.

grụ̈nd·lich [グリュントリひ] [形] 根本的な, 徹底的な, 綿密な; (広く)確かな; 《口》ひどく, すっかり.

die **Grụ̈nd·lich·keit** [グリュントリひカイト] [名] -/ 徹底性.

der **Grụ̈nd·ling** [グリュントリング] [名] -s/-e 〘魚〙タイリクスナモグリ, セイヨウカマツカ(コイ科の食用魚).

die **Grụnd·li·nie** [グるント・リーニエ] [名] -/-n 基本線; 〘数〙底辺; (テニスコートなどの)ベースライン.

der **Grụnd·lohn** [グるント・ローン] [名] -(e)s/..löhne 基本賃金.

grụnd·los [グるント・ロース] [形] **1.** 底なしの, 底知れぬ, ぬかるみの. **2.** 根拠のない, いわれのない.

die **Grụnd·lo·sig·keit** [グるント・ローズィひカイト] [名] -/ 根拠〔いわれ〕のないこと.

die **Grụnd·mau·er** [グるント・マウあー] [名] -/-n (建物の地中の)基礎(壁).

das **Grụnd·nah·rungs·mit·tel** [グるント・ナーるングス・ミッテル] [名] -s/- 基本的食品, 主食.

der **Grün·dọn·ners·tag** [グりゅーン・ドナースターク] [名] -(e)s/-e 聖木曜日(復活祭前の木曜日).

der **Grụnd·pfei·ler** [グるント・プふぁイラー] [名] -s/- 〘建〙基柱, 支柱, 柱状土台, 礎; 《転》基盤, 屋台骨.

die **Grụnd·plat·te** [グるント・プラッテ] [名] -/-n (機械の)ベースプレート; (柱などの)土台, 台座.

das **Grụnd·prin·zip** [グるント・プリンツィープ] [名] -s/-ien 〔-e〕 根本原理, 基本原則.

das **Grụnd·pro·blem** [グるント・プろブレーム] [名] -s/-e 根本問題.

die **Grụnd·rech·nungs·art** [グるント・れひヌングス・アーあト] [名] -/-en 〘数〙四則(算), 加減乗除.

das **Grụnd·recht** [グるント・れひト] [名] -(e)s/-e 《主に[複]》基本的人権, 基本権.

die **Grụnd·re·gel** [グるント・れーゲル] [名] -/-n 原則, 基本的規則.

die **Grụnd·ren·te** [グるント・れンテ] [名] -/-n 地代; (戦争犠牲者のための)基本年金.

der **Grụnd·riss**, [旧] **Grụnd·riß** [グるント・りス] [名] -es/..risse **1.** 〘土・数〙平面図. **2.** 輪郭, 概要, 概説; 入門書, 手引き.

der **Grụnd·satz** [グるント・ザッツ] [名] -es/..sätze 原理, 原則; 主義, 信条.

grụnd·sätz·lich [グるント・ぜッツリひ] [形] 原則〔原理〕上の; 主義〔原則〕としての; 原則的な.

das **Grụnd·schlepp·netz** [グるント・シュレップ・ネッツ] [名] -es/-e 〘漁〙底引き網.

die **Grụnd·schuld** [グるント・シュルト] [名] -/-en 〘法・銀行〙土地債務.

die **Grụnd·schu·le** [グるント・シューレ] [名] -/-n 基礎学校(ドイツ・オーストリアの 4 年制小学校).

der **Grụnd·schul·leh·rer** [グるントシュール・レーらー] [名] -s/- 基礎学校教員.

die **Grụnd·spra·che** [グるント・シュプらーへ] [名] -/ 〘言〙共通基語, 基礎言語, 祖語.

der **Grụnd·stein** [グるント・シュタイン] [名] -(e)s/-e 礎石, 土台石. **【慣用】 den Grundstein zu <et³>〔für <et⁴>〕 legen** <物の>建築〔建設〕を始める, <事の>基礎を築く. **der Grundstein zu <et³>〔für <et⁴>〕 sein** <事への>発展の基礎である, <事の>発端である.

die **Grụnd·stein·le·gung** [グるントシュタイン・レーグング] [名] -/-en 定礎式.

die **Grụnd·stel·lung** [グるント・シュテルング] [名] -/-en 〘体操〙基本姿勢(直立不動の姿勢); 〘楽〙(和音の)基本位置〔形〕; 〘チェス〙(勝負前の)駒の配置.

die **Grụnd·steu·er** [グるント・シュトイあー] [名] -/-n 〘税〙土地税, 地租.

der **Grụnd·stock** [グるント・シュトック] [名] -(e)s/..stöcke 基礎(となるもの).

der **Grụnd·stoff** [グるント・シュトっふ] [名] -(e)s/-e 原料; 〘化〙《稀》元素.

das **Grụnd·stück** [グるント・シュテュック] [名] -(e)s/-e (区画された)土地, 地所.

der **Grụnd·stücks·mak·ler** [グるントシュテュックス・マークラー] [名] -s/- 土地周旋業者.

der **Grụnd·stücks·preis** [グるントシュテュックス・プらイス] [名] -es/-e 地価.

die **Grụnd·stu·fe** [グるント・シュトゥーふェ] [名] -/-n 初級; 〘教〙基礎段階(小学校の第 3・4 学年); 〘言〙(形容詞の)原級(Positiv¹).

der **Grụnd·text** [グるント・テクスト] [名] -(e)s/-e 原典, 原本, 底本.

der **Grụnd·ton** [グるント・トーン] [名] -(e)s/..töne **1.** 〘楽〙根音; 〘楽・理〙基音. **2.** (絵画・壁紙などの)基調色. **3.** (雰囲気などの)基調, 基本的傾向.

das **Grụnd·übel** [グるント・ユーベル] [名] -s/- 根原的悪.

die **Grụnd·über·zeu·gung** [グるント・ユーバーツォイグング] [名] -/-en 基本的確信〔了解〕.

der **Grụnd·um·satz** [グるント・ウム・ザッツ] [名] -es/..sätze 〘医〙基礎代謝.

der **Grün·dung**¹ [グりゅーンドゥング] [名] -(e)s/ 〘農〙緑肥.

die **Grụ̈n·dung**² [グりゅンドゥング] [名] -/-en **1.** 設立, 創設, 創立, 新設. **2.** 〘土〙基礎工事; 基礎.

das **Grụ̈n·dungs·jahr** [グりゅンドゥングス・ヤーあ] [名] -(e)s/-e 創立〔創設〕年.

das **Grụ̈n·dungs·ka·pi·tal** [グりゅンドゥングス・カピタール] [名] -s/-e 〔-ien〕 〘経〙設立資金, 創業資本.

die **Grụnd·ur·sa·che** [グるント・ウーあザっへ] [名] -/-n 根本原因.

grụnd·ver·kehrt [グるント・ふぇあケーあト] [形] 根本的に間違った.

grụnd·ver·schie·den [グるント・ふぇあシーデン] [形] 根本的に異なった.

das **Grụnd·was·ser** [グるント・ヴァっサー] [名] -s/ 地下水.

die **Grụnd·was·ser·glei·che** [グるントヴァっサー・グライひェ] [名] -/-n 〘地質〙同じ深さの地下水位を結ぶ線.

der **Grụnd·was·ser·ho·ri·zont** [グるントヴァっサー・ホりツォ

ント〕图 -(e)s/-e〔地質〕地下流水層.
- *der* **Grundwasserspiegel** 〔グルントヴァッサー・シュピーゲル〕图 -s/- 地下水面.
- *das* **Grundwassertier** 〔グルントヴァッサー・ティーア〕图 -(e)s/-e 地下水中の動物.
- *der* **Grundwehrdienst** 〔グルント・ヴェーア・ディーンスト〕图 -(e)s/-e〔軍〕基礎兵役.
- *der* **Grundwert** 〔グルント・ヴェーアト〕图 -(e)s/-e（主に覆）倫理的基本価値, 倫理的基盤.
- *das* **Grundwort** 〔グルント・ヴォルト〕图 -(e)s/..wörter〔言〕（複合語の）基礎語.
- *die* **Grundzahl** 〔グルント・ツァール〕图 -en 1. 基数. 2.〔数〕（指数・対数の）底.
- *der* **Grundzug** 〔グルント・ツーク〕图 -(e)s/..züge 本質的(基本的)な特徴, 根本の特質.
- *der* **Grüne**[1] 〔グリューネ〕图 《形容詞的変化》《口》 1. 警官（制服の色から）. 2. 旧20マルク紙幣.
- *der*/*die* **Grüne**[2] 〔グリューネ〕图 《形容詞的変化；主に覆》緑の党の党員.
- *das* **Grüne**[3] 〔グリューネ〕图 《形容詞的変化；覆のみ》 1. 緑（色）, 緑がかった色調: ins ~ spielen 緑がかった色をしている. 2.（主に無冠詞）《口》緑の葉〔植物〕；サラダ菜, 野菜；青草飼料. 3.（緑豊かな）郊外, 野外, 森, 野原: im ~n wohnen 郊外に住んでいる. ins ~ fahren 郊外へドライブする.
- **grünen** 〔グリューネン〕動 h. 《雅》《文》緑（色）を呈する, 青々としている, 若芽〔若葉〕を出す；〔転〕芽生える, よみがえる《愛情・希望などが》.
- (*der*) **Grünewald** 〔グリューネ・ヴァルト〕图〔人名〕グリューネヴァルト(Matthias ~, 1460頃-1528, 画家).
- *der* **Grünfink** 〔グリューン・フィンク〕图 -en/-en〔鳥〕アオカワラ, ヒワ.
- *die* **Grünfläche** 〔グリューン・フレッヒェ〕图 -/-n（公園などの）芝生；（主に覆）（保養・スポーツ施設などの）公園, 森, 緑地.
- *das* **Grünfutter** 〔グリューン・フッター〕图 -s/〔農〕青刈りして飼料にする植物；サラダ, 生野菜.
- **grüngelb** 〔グリューン・ゲルプ〕形 緑黄色の.
- *der* **Grüngürtel** 〔グリューン・ギュルテル〕图 -s/-（都市周辺の）緑地帯, グリーンベルト.
- *der* **Grünkern** 〔グリューン・ケルン〕图 -(e)s/ 青麦（スープに入れる未熟な小麦）.
- *der* **Grünkohl** 〔グリューン・コール〕图 -(e)s/〔植〕チリメンキャベツ, ハゴロモカンラン.
- *das* **Grünkreuz** 〔グリューン・クロイツ〕图 -es/ 化学兵器（毒ガスの印の緑十字から）.
- *das* **Grünland** 〔グリューン・ラント〕图 -(e)s/〔農〕牧地, 草地, 緑地.
- *die* **Grünlandnutzung** 〔グリューンラント・ヌッツング〕图 -/-en〔農〕草地利用.
- **grünlich** 〔グリューンリヒ〕形 緑がかった.
- *der* **Grünling** 〔グリューンリング〕图 -s/-e 1.〔鳥〕アオカワラ, ヒワ. 2.〔植〕キシメジ（きのこ）. 3.《口》青二才. 4.（焼く前の）日干しれんが.
- *der* **Grünrock** 〔グリューン・ロック〕图 -(e)s/..röcke 1. 覆猟師. 2. 営林署員.
- *der* **Grünschnabel** 〔グリューン・シュナーベル〕图 -s/..schnäbel（《蔑》も有）青二才；新米, 初心者.
- *der* **Grünspan** 〔グリューン・シュパーン〕图 -(e)s/ 緑青(ろくしょう).
- *der* **Grünspecht** 〔グリューン・シュペヒト〕图 -(e)s/-e〔鳥〕ヨーロッパアオゲラ.
- *der* **Grünstreifen** 〔グリューン・シュトロイフェン〕图 -s/-（車道の）グリーンベルト.
- **grunzen** 〔グルンツェン〕動 h. 1.《擬声》ぶうぶう鳴く（うなる）《豚などが》. 2.《＜転》《口》ぶつぶつ（ぼそぼそ）つぶやく.
- *das* **Grünzeug** 〔グリューン・ツォイク〕图 -(e)s/《口》香草；（サラダ用）野菜；（未熟な）若者.
- *der* **Grunzochse** 〔グルンツ・オクセ〕图 -n/-n〔動〕ヤク.
- *der* **Grupp** 〔グルップ〕图 -s/-s〔銀行〕（紙巻き硬貨の）送金袋.
- *die* **Gruppe**[1] 〔グルッペ〕图 -/-n 1. 群れ, 集まり；（特定の）集団, グループ: in ~n 集団〔団体〕で. 2. 〔覆〕（予選の）グループ. 3.〔軍〕分隊. 4.〔数〕群. 5.〔地質〕界.
- *die* **Gruppe**[2] 〔グルッペ〕图 -/-n《方》（畑の）排水溝；（牛舎などの）糞溜(ふんだ)め用溝.
- *die* **Grüppe** 〔グリュッペ〕图 -/-n = Gruppe[2]
- *die* **Gruppenarbeit** 〔グルッペン・アルバイト〕图 -/ グループワーク；〔教〕グループ学習.
- *die* **Gruppenaufnahme** 〔グルッペン・アウフ・ナーメ〕图 -/-n グループ撮影.
- *das* **Gruppenbild** 〔グルッペン・ビルト〕图 -(e)s/-er グループ〔団体・集合〕写真；群像画.
- *die* **Gruppendynamik** 〔グルッペン・デュナーミク〕图 -/〔社心〕集団とその構成員の相互作用〔関係〕；集団力学, 社会力学.
- *der* **Gruppenführer** 〔グルッペン・フューラー〕图 -s/- 〔経〕グループリーダー；〔軍〕分隊長.
- *der* **Gruppensex** 〔グルッペン・ゼックス〕图 -(es)/ グループセックス.
- *die* **Gruppentherapie** 〔グルッペン・テラピー〕图 -/-n〔医〕患者グループの同時治療；〔心〕集団療法.
- *der* **Gruppenunterricht** 〔グルッペン・ウンターリヒト〕图 -(e)s/ グループレッスン；〔教〕グループ授業.
- *die* **Gruppenversicherung** 〔グルッペン・フェアズィッヒェルング〕图 -/-en 団体保険.
- **gruppenweise** 〔グルッペン・ヴァイゼ〕副 グループ〔集団〕で（の）, グループごとに（の）.
- **gruppieren** 〔グルピーレン〕動 h. 1.《j》/et4》＋《様態を》》（寄せ）集める, 配列〔配置〕する,（グループ的に）分類する. 2. [sich4+《様態を》] 集まる, 整列する, グループをつくる.
- *die* **Gruppierung** 〔グルピーるング〕图 -/-en 1. 集合, 配置, 配列, 分類. 2.（目的別の）グループ, 班, 党派.
- *der* **Grus** 〔グルース〕图 -es/-e 1.〔地質〕（風化による）岩屑(がんせつ). 2. 粉炭（Kohlen〜）.
- *die* **Gruselgeschichte** 〔グルーゼル・ゲシヒテ〕图 -/-n ホラー〔恐怖〕物語.
- **gruselig** 〔グルーゼリヒ〕形 ぞっとする, 無気味な.
- *das* **Gruselmärchen** 〔グルーゼル・メーあヒェン〕图 -s/ 気味の悪いメルヘン.
- **gruseln** 〔グルーゼルン〕動 h. 1. [Es+《j4》）》] 身の毛がよだつ, ぞっっとする(Esは文固以外で省略可). 2. [sich4] 身の毛がよだつ, ぞっとする.
- **gruslig** 〔グルースリヒ〕形 = gruselig.
- *der* **Gruß** 〔グルース〕图 -es/Grüße 1. 挨拶(あいさつ)；敬礼: 〈j3〉 die Hand zum ~ reichen〈人3〉に手を差しのべて挨拶する. 2. 挨拶の言葉,（時候などの）音信〔贈り物〕:〈j3〉 Grüße bestellen〔ausrichten〕〈人3〉によろしくと伝える. Sagen Sie ihm herzliche Grüße von mir! 彼にくれぐれもよろしくお伝え下さい. mit freundlichen Grüßen 敬具（手紙の結びで）. 【慣用】 der deutsche Gruß ドイツ式敬礼（ナチの右手を掲げる挨拶）. der Englische Gruß 天使のお告げ（聖母マリアに受胎告知をする天使の挨拶）；〔カトリ〕アヴェ・マリア, 天使の祈祷.
- **grüßen** 〔グリューセン〕動 h. 1.（《j4》）挨拶(あいさつ)する（言葉や会釈で）；敬礼する；〈j4〉が相互代名詞sich4 の場合は互いに挨拶を交わす. 2.（《j4》）+（《j3》から/von〈j3〉から）よろしくと伝える. 3. [《j4》]《文》見えて来る, 聞こえて来る. 【慣用】 Grüß dich!《口》こんにちは. Grüß Gott!《南独》こん

にちは. ⟨j⁴⟩ **grüßen lassen**⟨人に⟩よろしくと言うように こ とづける：Meine Eltern lassen Sie *grüßen*. 私の両親が あなたによろしくと申しております. **Ich grüße mich nicht mit meinem Nachbarn.** 私は隣の人とは挨拶を交わすほど 親しくはない. **sich (mir) gegrüßt!**⟨文⟩ようこそ.

die **Gruß·for·mel** [グるース・ふぉメル] 名 -/-n 挨拶(あいさつ)の決り文句.

der **Grütz·beu·tel** [グリュッツ・ボイテル] 名 -s/- 〖医〗粉瘤(ふんりゅう), 皮脂腺腫(せんしゅ).

die **Grütze**¹ [グリュッツェ] 名 -/-n (◎複種類)(主に◎)ひき割り麦(特にカラスムギとオオムギ); ひき割り麦の粥(かゆ): rote ~ 赤い果汁を入れたプディング.

die **Grütze**² [グリュッツェ] 名 -/ ⟨口⟩知力: viel/wenig ~ im Kopf haben 頭が良い/悪い.

(*der*) **Gry·phi·us** [グリューふィウス] 名 〖人名〗グリュフィウス(Andreas =, 1616-64, 詩人・戯曲家).

die **G-Sai·te** [ゲー・ザイテ] 名 -/-n (ヴァイオリンの) G 線.

das **Gspu·si** [kpúːzi クシュプーズィ] 名 -s/-s 《南独・オーストリア》⟨口⟩恋愛関係; 恋人.

GTP [ゲーテーペー] = Guanosintriphosphat.

das **Gu·a·jak·holz** [グアヤック・ホルツ] 名 -es/ グアヤク材, ユソウボク材.

das **Gu·a·nin** [グアニーン] 名 -s/ 〖化〗グアニン.

der **Gu·a·no** [グアーノ] 名 -s/ グアノ, 鳥糞(とうふん)石(肥料用).

das **Gu·a·no·sin·di·phos·phat** [グアーノ・ズィン・ディ・ふォスふァート] 名 -(e)s/-e 〖生化〗グアノシン 2 燐酸(略 GDP).

das **Gu·a·no·sin·tri·phos·phat** [グアーノ・ズィン・トリ・ふォスふァート] 名 -(e)s/-e 〖生化〗グアノシン 3 燐酸(略 GTP).

der **Gu·ar·di·an** [グアルディアーン] 名 -s/-e (フランシスコ会・カプチン会の)修道院長.

die **Gu·ar·ne·ri** [グアるネーリ] 名 -/-s グアルネリ(17-18 世紀にグエルギーノ家が製作したヴァイオリン).

die **Gu·asch** [グアーシュ] 名 -/-en = Gouache.

(*das*) **Gu·a·te·ma·la** [グアテマラ] 名 -s/ 〖国名〗グアテマラ(中米の国).

der **Gu·a·te·mal·te·ke** [グアテマルテーケ] 名 -n/-n グアテマラ人.

gu·a·te·mal·te·kisch [グアテマルテーキシュ] 形 グアテマラ(人)の.

(*das*) **Gu·a·y·a·na** [..jáːna グアヤーナ] 名 -s/ 〖地名〗ギアナ(南米北部の地方).

gu·cken [グッケン] 動 h. ⟨口⟩ **1.** 〔方向かつへ〕のぞく, 見る(人が); のぞいている(物が). **2.** 〔様態かへ〕目〔顔〕で見る. **3.** ⟨et⁴⟩見る(絵・テレビなどを). 【慣用】**in die Röhre(den Mond) gucken** ⟨口⟩ばかを見る.

das **Guck·fens·ter** [グック・ふェンスター] 名 -s/- のぞき窓.

der **Guck·in·die·luft** [グック・イン・ディー・ルふト] 名 -/ ⟨口⟩(次の形で)Hans ~ 足元に気を配らずに歩く人.

der **Guck·kas·ten** [グック・カステン] 名 -s/..kästen (昔の)のぞきからくり; ⟨口・冗⟩テレビ.

die **Guck·kas·ten·büh·ne** [グックカステン・ビューネ] 名 -/-n 額縁舞台(三方を書割りで囲んだ舞台).

das **Guck·loch** [グック・ろッホ] 名 -(e)s/..löcher (戸・壁などの)のぞき穴.

(*die*) **Gu·drun** [グードるーン] 名 〖女名〗グードルーン.

der **Gu·el·fe** [g(u)ɛ́lfə グエルふェ] 名 -n/-n 〖史〗(中世イタリアの)グエルフ〖教皇〗党員.

die **Gue·ril·la** [gerílja ゲリりャ] 名 -/-s ゲリラ隊; ゲリラ戦.

der **Gue·ril·la·kämp·fer** [ゲリりャ・ケムふァー] 名 -s/- ゲリラ兵.

der **Gue·ril·la·krieg** [ゲリりャ・クリーク] 名 -(e)s/-e ゲリラ戦.

der **Gue·ril·le·ro** [gerijéːro ゲリりェーろ] 名 -s/-s (中南米の)ゲリラ兵.

der **Gu·gel·hupf** [グーゲル・フップふ] 名 -(e)s/-e 《南独・スイス》(鉢形の)バウンドケーキ.

das **Güg·ge·li** [ギュッゲリ] 名 -s/- 《スイス》ローストチキン.

die **Guil·lo·ti·ne** [giljo.. ギリヨティーネ, gijo.. ギヨティーネ] 名 -/-n ギロチン, 断頭台: ⟨j⁴⟩ **auf die ~ bringen** ⟨人を⟩断頭台に送る.

guil·lo·ti·nie·ren [giljo.. ギリヨティニーレン, gijo.. ギヨティニーレン] 動 h. ⟨j⁴⟩ギロチンにかける.

die **Gui·nea**¹ [gíni ギニー] 名 -/-n ギニー(金貨); (昔のイギリスの通貨単位で, 21 Schilling).

(*das*) **Gui·nea**² [giné·a ギネーア] 名 -s/ 〖国名〗ギニア(中部アフリカの国).

(*das*) **Gui·nea-Bis·sau** [giné·a ギネーア・ビサウ] 名 -s/ 〖国名〗ギニア・ビサウ(中部アフリカの国).

die **Gui·nee** [giné·(a) ギネー(エ)] 名 -/-n = Guinea¹.

der **Gu·lag** [グーラク] 名 -(s)/ グーラーグ(1930-55 年の旧ソ連の強制労働収容所管理局) (Glavnoe Upravlenije Lagerej). **2.** (旧ソ連の)意図・強制労働収容所.

das[*der*] **Gu·lasch** [グ(ー)らシュ] 名 -(e)s/-e[-s] 《オーストリア》*das* ~ -(e)s/-e グーラッシュ(ハンガリー風シチュー).

die **Gu·lasch·ka·no·ne** [グ(ー)らシュ・カノーネ] 名 -/-n 〖兵〗〈冗〉野戦炊事車.

der **Gul·den** [グルデン] 名 -s/- グルデン(オランダの旧貨幣単位); (昔のグルデン金貨〖銀貨〗).

gül·den [ギュルデン] 形 ⟨詩⟩⟨⟨皮⟩⟩(も有)黄金の.

die **Gül·le** [ギュレ] 名 -/ 厩肥(うまごえ); 《南西独・スイス》水肥; 《南独》⟨口⟩不快なもの.

der[*das*] **Gul·ly** [gúli グリ] 名 -s/-s (街路の)排水孔.

gül·tig [ギュルティク] 形 **1.** (法的に)有効な. **2.** (一般に)認められている, 通用している. **3.** 妥当な.

die **Gül·tig·keit** [ギュルティクカイト] 名 -/ 有効性, 効力; 通用性; 妥当性.

die **Gül·tig·keits·dau·er** [ギュルティクカイツ・ダウアー] 名 -/ 通用〖有効〗期間.

das **Gu·lyas** [gúlaʃ グラシュ, gúːlaʃ グーラシュ] 名 -/-(オーストリア) = Gulasch.

der **Gum·mi**¹ [グミ] 名 -s/-s 消しゴム (Radier-); ⟨口⟩コンドーム (~schutz).

der[*das*] **Gum·mi**² [グミ] 名 -s/-(s) (◎複種類) **1.** ゴム. **2.** (◎のみ)アラビアゴム (~arabikum). 【慣用】**Gummi geben** スピードをつけて走る〔走り出す〕.

das **Gum·mi**³ [グミ] 名 -s/- ⟨口⟩ゴムバンド, ゴムひも (~band).

der **Gum·mi·ab·satz** [グミ・アップ・ザッツ] 名 -es/..sätze ゴムのかかと.

das **Gum·mi·ara·bi·kum** [グミ アらービクム] 名 -s/ アラビアゴム(接着剤).

der **Gum·mi·ball** [グミ・バル] 名 -(e)s/..bälle ゴムボール.

das **Gum·mi·band** [グミ・バント] 名 -(e)s/..bänder ゴムバンド, ゴムひも.

der **Gum·mi·baum** [グミ・バウム] 名 -(e)s/..bäume ゴムの木; ⟨口⟩ゴムの木.

der **Gum·mi·be·griff** [グミ・ベグりふ] 名 -(e)s/-e ⟨口⟩さまざまに解釈できる概念.

gum·mie·ren [グミーレン] 動 h. **1.** ⟨et⁴⟩糊(のり)〔接着剤〕を塗る(製造過程で切手・封筒・粘着テープなどに). **2.** ⟨et⁴⟩ゴム〔合成樹脂〕で防水加工をする(布地などに).

die **Gum·mie·rung** [グミーるング] 名 -/-en **1.** (接着用の)ゴムを塗ること; (布などに)ゴム引きをすること. **2.** (封筒などの)糊(のり)のついている面, ゴム引きされた

面.

das **Gụm·mi·gutt** [グミ・グット] [名] -s/ ガンボージ, 藤黄(とうおう), 雌黄(しおう)((下剤・黄色えのぐなど)).

der **Gụm·mi·hand·schuh** [グミ・ハントシュー] [名] -(e)s/-e ゴム手袋.

der **Gụm·mi·knüp·pel** [グミ・クニュッペル] [名] -s/- 硬質ゴム製警棒.

die **Gụm·mi·lin·se** [グミ・リンゼ] [名] -/-n ズームレンズ.

der **Gụm·mi·man·tel** [グミ・マンテル] [名] -s/..män·tel (ゴム引きの)防水マント.

der **Gụm·mi·pa·ra·graf** [グミ・パらグらーふ] ⇨ Gummiparagraph.

der **Gụm·mi·pa·ra·graph** [グミ・パらグらーふ] [名] -en/-en ((口))さまざまに解釈できる条項.

der **Gụm·mi·rei·fen** [グミ・らイふェン] [名] -s/- ゴム(製)タイヤ.

der **Gụm·mi·sau·ger** [グミ・ザウガー] [名] -s/- (哺乳(ほにゅう)瓶の)乳首.

der **Gụm·mi·schlauch** [グミ・シュラウほ] [名] -(e)s/..schläuche ゴムホース; (タイヤの)チューブ.

der **Gụm·mi·schuh** [グミ・シュー] [名] -(e)s/-e ゴム靴; ゴムのオーバーシューズ.

der **Gụm·mi·schutz** [グミ・シュッツ] [名] -es/-e コンドーム.

die **Gụm·mi·soh·le** [グミ・ゾーレ] [名] -/-n (靴の)ゴム底.

der **Gụm·mi·strumpf** [グミ・シュトるムプふ] [名] -(e)s/..strümpfe (治療用の)ゴムを織り込んだ靴下.

die **Gụm·mi·un·ter·la·ge** [グミ・ウンター・ラーゲ] [名] -/-n ゴム引きのシーツ; 防水の床敷き.

die **Gụm·mi·zel·le** [グミ・ツェレ] [名] -/-n 〘医〙(躁暴(そうぼう)性患者用の)ゴム張りの小室.

der **Gụm·mi·zug** [グミ・ツーク] [名] -(e)s/..züge ゴム入りの伸縮布地; (パンツなどの)ゴムバンド.

das 〔*der*〕 **Gun** [gan ガン] [名] -s/-s ((ジャーゴン))(麻薬用の)注射器.

die **Gụnst** [グンスト] [名] -/ **1.** 寵愛(ちょうあい), 恩顧, ひいき: 〈j³〉 seine ~ schenken 〈人に〉目をかけてやる. **2.** 有利, 好都合: die ~ des Augenblicks nutzen 好機を生かす. 【慣用】**zu seinen Gunsten** 彼に有利になるように. ⇨ zugunsten.

gụ̈ns·tig [ギュンスティひ] [形] **1.** 恵まれた, 有利な, 都合のよい, 得な: bei *~er* Witterung 天候に恵まれれば. eine *~e* Gelegenheit abwarten 好機の到来を待つ. Es wäre ~, wenn ... …なら好都合なんですが. **2.** 〔(〈j³〉に)〕好意的な: 〈j³〉 ~ gesinnt sein 〈人に〉好意を持っている〔目をかけている〕. 【慣用】**bei 〈et³〉 günstig abschneiden** 〈事を〉(割に)うまくやる. **sich⁴ im günstigsten Licht zeigen** 自分の一番いいところを見せる.

der **Gụ̈nst·ling** [ギュンストリング] [名] -s/-e ((蔑))お気に入り, 寵児(ちょうじ).

die **Gụ̈nst·lings·wirt·schaft** [ギュンストリングス・ヴィるトシャふト] [名] -/ ((蔑))情実人事.

(*der*) **Gụn·ther** [グンター] [名] **1.** 〘男名〙グンター. **2.** 〘人名〙グンテル(Nibelungenlied のブルグンドの王).

(*der*) **Gụ̈n·ther** [ギュンター] [名] 〘男名〙ギュンター.

die **Gụr·gel** [グるゲル] [名] -/-n のど: 〈j³〉 die ~ zudrücken〔zuschnüren〕〈人の〉首を締める; ((口))〈人を〉(経済的に)破滅させる. 〈j³〉 an die ~ springen 〔fahren〕〈人を〉激しく攻撃する. 【慣用】**sein ganzes Vermögen durch die Gurgel jagen** ((口))財産を全部飲んでしまう. **sich³ die Gurgel schmieren** 〔**ölen**〕 ((口))酒でのどをうるおす.

gụr·geln [グるゲルン] [動] *h.* **1.** 〔補足なし〕うがいをする; ごぼごぼ〔どくどく〕と水音をたてる((小川・水路などが)). **2.** 〔〈et⁴〉ヲ〕ごろごろ声で言う.

das **Gụr·gel·was·ser** [グるゲル・ヴァッサー] [名] -s/..wässer うがい水.

die **Gụr·ke** [グるケ] [名] -/-n **1.** 〘植〙キュウリ; キュウリの実: saure *~n* キュウリのピクルス. **2.** ((口・冗))(大きく醜い)鼻; あきれたやつ; ((口))ペニス; ((口・蔑))ポンコツ車; 役立たず(の選手).

der **Gụr·ken·sa·lat** [グるケン・ザラート] [名] -(e)s/-e キュウリのサラダ.

die **Gụr·ken·trup·pe** [グるケン・トるッペ] [名] -/-n ((スポーツ))((ジャーゴン・蔑))へっぽこチーム.

gụr·ren [グれン] [動] *h.* 〔補足なし〕くうくうと鳴く((鳩が)); 鳩が鳴くような音をたてる((話し声・笑いが)); 鳩が鳴くような声で話す〔笑う〕((女性が)).

der **Gụrt** [グるト] [名] -(e)s/-e〔-en〕 **1.** 帯, (安全)ベルト; 弾薬帯(Patronen~). **2.** 〘建〙(トラスの)弦材; 〘工〙(レールなどの)フランジ.

der **Gụrt·bo·gen** [グるト・ボーゲン] [名] -s/-〔((南独・オーストリア))..bögen〕〘建〙アーチ形のリブ((補強材)).

die **Gụr·te** [グるテ] [名] -/-n ((スイス))=Gurt.

der **Gụ̈r·tel** [ギュるテル] [名] -s/- **1.** ベルト, バンド, 帯. **2.** 帯状の土地, 地帯. **3.** (タイヤの)ブレーカー. **4.** ((口))ウエスト, 腰. 【慣用】**den Gürtel enger schnallen** ((口))生活(費)を切詰める.

die **Gụ̈r·tel·li·nie** [ギュるテル・リーニエ] [名] -/ ウエストライン; 〘ボクシング〙ベルトライン. 【慣用】**ein Schlag unter die Gürtellinie** ((口))アンフェアな振舞い, 反則.

der **Gụ̈r·tel·rei·fen** [ギュるテル・らイふェン] [名] -s/- ラジアルタイヤ.

die **Gụ̈r·tel·ro·se** [ギュるテル・ろーゼ] [名] -/ 〘医〙帯状ヘルペス.

die **Gụ̈r·tel·schnal·le** [ギュるテル・シュナレ] [名] -/-n (ベルトの)バックル.

das **Gụ̈r·tel·tier** [ギュるテル・ティーあ] [名] -(e)s/-e 〘動〙アルマジロ.

gụr·ten [グるテン] [動] *h.* **1.** 〔補足なし〕安全ベルトを締める; 保弾帯に装弾する. **2.** 〔〈et⁴〉ヲ〕腹帯を締めてつける((馬の鞍を)).

gụ̈r·ten [ギュるテン] [動] *h.* **1.** 〔〈j⁴〉ニ+(mit 〈et³〉ヲ)〕締めてやる, 着けてやる((ベルト・剣帯などを)); ベルトを締めてやる; (〈j⁴〉がsich⁴の場合)締める, 着ける; ベルト〔帯〕を締める. **2.** 〔〈et⁴〉ニ〕ベルトをつける((コート・腰などに)); 鞍(くら)をつける.

der **Gụ̈rt·ler** [ギュるトラー] [名] -s/- 留金〔金属・木工・ガラス〕細工職人; 金工(きんこう)((職人)).

der **Gụrt·muf·fel** [グるト・ムッふェル] [名] -s/- ((口))安全ベルトをしていないドライバー.

die **Gụrt·pflicht** [グるト・プふりひト] [名] -/ =Anschnallpflicht.

der **Gụ·ru** [グーる] [名] -s/-s 〘ヒンズー教〙グル, 導師; ((転))(精神的)指導者.

die **GUS** [グス, ゲーウーエス] =Gemeinschaft Unabhängiger Staaten 独立国家共同体, CIS((旧ソ連の11の共和国で構成)).

die **Gụ·sche** [グッシェ] [名] -/-n ((中独))=Gosche.

der **Gụss,** [旧] **Gụß** [グス] [名] -es/Güsse **1.** 鋳造, 成型; 鋳物, 成型された物. **2.** (勢いよく)注がれる水〔液体〕. **3.** ((口))どしゃ降りの雨(Regen~). **4.** (菓子の)砂糖〔チョコレート〕ごろも. **5.** 〘医〙灌注(かんちゅう)法. 【慣用】(**wie**) **aus einem Guss sein** 完璧な仕上がりである.

das **Gụss·ei·sen,** [旧] **Gụß·ei·sen** [グス・アイゼン] [名] -s/ 鋳鉄.

gụss·ei·sern, [旧] **gụß·ei·sern** [グス・アイザーン] [形] 鋳鉄(製)の.

die **Gụss·form,** [旧] **Gụß·form** [グス・ふぉるム] [名] -/-en 鋳型.

der **Gụss·re·gen,** [旧] **Gụß·re·gen** [グス・れーゲン] [名] -s/- どしゃ降りの雨.

der **Guss·stahl, Guss-Stahl,** ⓐ**Guß·stahl** [グス・シュタール] 名 -(e)s/..stähle[-e] 鋳鋼.
(*der*) **Gustav** [グスタフ] 名 〚男名〛グスタフ.
gus·tie·ren [グスティーレン] 動 *h*. 1. 〖⟨et³⟩=〗〖オーストリア〗試食する. 2. 〖⟨et⁴⟩=〗
der **Gus·to** [グスト] 名 -s/-s 〖主に⑳〗 1. 食欲: einen ~ nach ⟨et³⟩ haben ⟨物を⟩食べたい. 2. 好み, 意向, 趣味: nach eigenem ~ 自分勝手に.
gut [グート] 形 besser; best 1. (質の)よい, 優れた, 申分のない, 丈夫な, 無事な; (成績の)優〖2〗: die ~e alte Zeit 古きよき時代. eine ~e Leistung 優れた業績. ~es Deutsch 正しいドイツ語. eine ~e Nase haben 鼻がいい; (転)先見力がある. ~e Augen haben 目がいい. das Examen mit „ ~ " bestehen 試験に優で合格する. ~ versorgt/gehalten sein よくめんどうを見てもらっている/ゆきとどいた飼われ方をしている. ~ erhalten sein (機械などが)手入れがよい. ~ ankommen 無事到着する; (映画などが)受ける. a. 〖gegen ⟨et³⟩=〗よく効く: ein ~es Mittel gegen Kopfschmerzen 頭痛に効く薬. b. 〖für ⟨j¹/et³⟩=〗よい: Regelmäßige Bewegung ist ~ für die Gesundheit. 規則正しい運動は健康によい. 3. (都合がいい, 適切な: eine ~e Gelegenheit abwarten 好機の到来を待つ. Das trifft sich ~. それは都合がいい. Das hast du ~ gesagt. そいつはうまい言い方だ. 4. たっぷりの, 十分な, かなりの: ein ~(er) Teil 大部分. ein ~es Stück Weg きれいの道のり. zwei ~(~zwei) Stunden 約2時間. G~en Appetit! たっぷり召しあがれ; いただきます. Diese Bücher gehen ~. これらの本はよく出る. 5. よろこばしい, 好ましい, 元気な, 好調な: eine ~e Nachricht 吉報. Ist dir nicht ~? (君は)気分がよくないのか. Sie nicht ~, 好意的な: Auf ~e Nachbarschaft! お隣同士仲よくやりましょう(乾杯などで隣人へ). Seien Sie bitte so ~ und helfen Sie mir! すみませんが手をかして下さいませんか. 7. 行儀のよい, 上品な: ein ~es Benehmen 行儀のよい振舞い. aus ~em Hause stammen 良家の出である. Dafür bin ich mir zu ~! 〖口〗そんなことが私にできるか. 8. 善良な, 敬虔(叙)な, やさしい, 無心の: ein ~es Gewissen haben 良心にやましいところがない. 9. (取って置きの)新しい, 特別な: die ~e Stube いい部屋(客間). der ~e Anzug いい背広(晴れ着). 10. 容易に, 楽に: Hinterher hat (kann) man ~ reden. 後から言うのはやすい. Du hast ~ lachen. (ひとごとだから君は)笑っていられる. sich⁴ ~ schreiben/spielen (ペンなどが)書きやすい/(楽器が)弾きやすい, (運動具などが)使いやすい. 〖慣用〗**Also gut!** 分った, それで結構. jenseits von Gut und Böse 善悪の彼岸. **auf gut Glück** 〖口〗運を天にまかせて. aus gutem Grund 十分な根拠があって, 正当な理由で. **bei ⟨j³⟩ gut angeschrieben sein** 〖口〗⟨人に⟩気に入られている. Das fängt ja schon gut an. 〖口〗最初からさきが思いやられる. Das kann ja gut werden! 〖口〗えらいことになるぞ. Du bist vielleicht gut! 〖口〗(君も)おかしいではないか. ein gutes Wort für ⟨j⁴⟩ einlegen ⟨人に⟩とりなす. **es gut mit ⟨j³⟩ meinen** ⟨人に⟩善かれと思っている(好意を持っている). **es gut sein lassen** 〖口〗それでよしとする. gut treffen/haben 運よく⟨こと⟩/運がいい. Gut! よろしい(承知した, よくできた). **gut daran tun** そうするがよい: Du tust *gut* daran, sofort zu kommen. 君はすぐ来るがいい. 〖口〗**Gut denn!** まあそれならいいでしょう. **gut Holz!** ピンがたくさん倒れるように(九柱戯仲間のあいさつ). ⟨j³⟩ gut sein/sein wollen ⟨人⟩が好きである. **gut und gern** 優に...くらい. **Gute Fahrt!** (車の人に)お気をつけて. **Gute Nacht!** おやすみなさい. **Gute Reise!** 行ってらっしゃい, 道中ご無事で. ⟨j³⟩ gute Worte geben ⟨人に⟩(やりたくないことを)うまいことを言って頼む. **Guten Morgen/Tag/Abend!** おはよう/今日は/今晩は. guten Mutes sein 〖文〗上機嫌である. guter Dinge sein 〖文〗陽気である. Guter Gott! たいへんだ. guter Heinrich 〖植〗アカザ. guter Hoffnung sein 〖文・古〗おめでたである. **Guter Mann(Gutes Kind)!** しっかりしなよ. **(Ich wünsche Ihnen(dir)) gute Besserung!** お大事に. **(Ich wünsche Ihnen) ein gutes neues Jahr!** 新年おめでとう(ございます). **im Guten** 穏やかに(平和的に): Ich sage es dir noch einmal im *Guten*! 〖口〗今度こそは承知しないから言っておく. **im guten (in gutem) Glauben** 善意で, 正しいと思って. **im Guten wie im Bösen** 優しくそして厳しく. **kurz und gut** 手っ取り早く言えば. **⟨j³⟩ gut stehen/auskommen** ⟨人と⟩仲がよい/仲よくやっていく. **Nun gut!** それで十分だ, それでよし. **Schon gut!** もうよろしい(お礼やわびを言われて), もういいんだ(問題は解決した). **so gut wie ...** 〖口〗…と同じほど(同様・同然): Das Spiel ist so *gut* wie gewonnen. この試合はもう勝ったも同然だ.

das **Gut** [グート] 名 -(e)s/Güter 1. 財産, 財貨, 財宝: bewegliche *Güter* 動産. liegende(unbewegliche) *Güter* 不動産. geistige *Güter* 精神的財産. Hab und ~ 全財産. 2. (大)農場. 3. 貨物, 積荷: *Güter* umschlagen 貨物を積替える. 4. 〖古〗材料; 〖海〗索具.
..gut [..グート] 接尾 動詞・名詞・形容詞につけて「…物, …材」,「…総数」を表す集合名詞を作る: Ausstellungs*gut* 展示物. Koch*gut* 料理の材料. Leer*gut* (再生用)空容器類. Patienten*gut* 患者総数.
das **Gut·ach·ten** [グート・アハテン] 名 -s/- 所見, 判定, 鑑定; 鑑定書, 意見書: ein ärztliches ~ 医者の診断書. über ⟨et⁴⟩ ein ~ abgeben ⟨物・事について⟩鑑定する.
der **Gut·ach·ter** [グート・アハター] 名 -s/- 鑑定人.
gut·acht·lich [グート・アハトリヒ] 形 鑑定の.
gut·ar·tig [グート・アーティヒ] 形 1. おとなしい. 2. 〖医〗良性の.
gut aus·se·hend, ⓐ **gut·aus·se·hend** [グート アウスゼーエント] 形 器量のよい; 見栄えのする.
gut·bür·ger·lich [グート・ビュルガーリヒ] 形 堅実な市民(の); 素朴で量のたっぷりな(料理).
das **Güt·chen** [ギュートヒェン] 名 -s/- 1. 小領地, 小農場. 2. 〖次の形で〗sich³ an ⟨et³⟩ ein ~ tun ⟨物・事を⟩たっぷり楽しむ.
das **Gut·dün·ken** [グート・デュンケン] 名 -s/ 〖次の形で〗 nach (eigenem) ~ (自分の)思いどおりに.
der/die **Gute**¹ [グーテ] 名 〖形容詞的変化〗よい人.
das **Gute**² [グーテ] 名 〖形容詞的変化;⑳のみ〗よいもの(こと): ⟨j³⟩ alles ~ wünschen ⟨人の⟩多幸を祈る. Das ist denn doch des ~n zuviel. それはあんまりだ. ~s mit Bösem vergelten 恩を仇で返す.
die **Güte** [ギューテ] 名 -/ 1. 親切, 好意, 善意, 思いやり. Hätten Sie die ~, mir zu helfen? 助けて頂けませんか. 2. 品質(の良さ): eine Ware erster ~ 一級品. 〖慣用〗**(Ach) du meine (liebe) Güte!** 〖口〗おやおや, これは驚いた. ein Vorschlag zur Güte 和解のための提案. **in Güte** 穏便に.
die **Güte·klas·se** [ギューテ・クラッセ] 名 -/ n (商品の)品質の等級.
der **Gu·te·nacht·kuss,** ⓐ **Gu·te·nacht·kuß** [グーテ・ナハト・クス] 名 -es/..küsse おやすみのキス.
(*der*) **Gu·ten·berg** [グーテン・ベルク] 名 〚人名〛グーテンベルク(Johannes ~, 1397-1468, 活字印刷術の発明者).
die **Gü·ter·ab·fer·ti·gung** [ギューター・アップ・ふぇァティグング] 名 -/-en (駅の)貨物取扱所; 貨物の取扱い(受付・引渡し).
der **Gü·ter·bahn·hof** [ギューター・バーン・ホーふ] 名

-(e)s/..höfe 貨物駅.
der **Güterfernverkehr** [ギューター・ふぇるン・ふぇあケーあ] 名 -s/- 遠距離貨物輸送.
die **Güter|ge|mein|schaft** [ギューター・グマインシャふト] 名 -/ （夫婦の）財産共有.
der **Gü·ter·stand** [ギューター・シュタント] 名 -(e)s/..stände 〖法〗夫婦財産制.
die **Gü·ter·tren·nung** [ギューター・トれヌング] 名 -/-en （夫婦間の）財産分離.
der **Gü·ter·ver·kehr** [ギューター・ふぇあケーあ] 名 -s/ 貨物輸送.
der **Gü·ter·wa·gen** [ギューター・ヴァーゲン] 名 -s/- 貨車.
der **Gü·ter·zug** [ギューター・ツーク] 名 -(e)s/..züge 貨物列車.
das **Gü·te·zei·chen** [ギューテ・ツァイヒェン] 名 -s/- （商品の）品質保証マーク.
gut ge·hen*, ⓇⓈ**gut·ge·hen*** [グート ゲーエン] 動 s. 1. 〔Es+〈j³〉=〕(健康・経済)状態がよい, 具合がよい. 2. 〔俺〕うまく行く(仕事などが).
gut ge·hend, ⓇⓈ**gut·ge·hend** [グート ゲーエント] 形 売行きのよい, 繁盛している.
gut ge·launt, ⓇⓈ**gut·ge·launt** [グート ゲラウント] 形 上機嫌な.
gut ge·meint, ⓇⓈ**gut·ge·meint** [グート ゲマイント] 形 善意の,良かれと思って言った〔した〕.
gut ge·sinnt, ⓇⓈ**gut·ge·sinnt** [グート ゲズィント] 形 1. 〔〈j³〉=〕好意的な. 2. 気だてのいい.
gut·gläu·big [グート・グロイビひ] 形 人のいい, 何の疑いももたない;〖法〗善意の.
gut|ha·ben* [グート・ハーベン] 動 h. 〔〈et⁴〉+〈bei〉〈j³〉=〕貸してある.
das **Gut·ha·ben** [グート・ハーベン] 名 -s/- 預金(残高), 貸し;〖簿〗当座貸越金.
gut|hei·ßen* [グート・ハイセン] 動 h. 〔〈et⁴〉=〕(疑わしいのに)よしとする〔是認する〕, (事後)承認する.
gut·her·zig [グート・へるツィひ] 形 気立ての優しい, 思いやりのある.
gü·tig [ギューティひ] 形 好意的な, 親切な, 優しい; sich⁴ ~ gegen 〈j³〉 zeigen 〈人と〉好意を示す. Zu ~!《皮》大層ご親切なことで.
güt·lich [ギュートリひ] 形 穏便な(話合いでの).〔慣用〕sich¹ an 〈et〉 gütlich tun 〈物を〉くつろいで味わう.
gut|ma·chen [グート・マッヘン] 動 h. 1. 〔〈et⁴〉=〕償う〔損害・過ちなどを〕; (…の)お返しをする(好意などの). 2. 〔〈et⁴〉=〕利益をあげる(ある金額の).
gut·mü·tig [グート・ミューティひ] 形 人〔気立て〕のいい.
die **Gut·mü·tig·keit** [グート・ミューティひカイト] 名 -/ 気立てのよいこと.
gut|sa·gen [グート・ザーゲン] 動 h. 〔für 〈j¹/et³〉=〕保証する(人物・身許などを), (…の)能力を請合う(人の能力などを).
der **Guts·be·sit·zer** [グーツ・ベズィッツァー] 名 -s/- （大）農場主.
der **Gut·schein** [グート・シャイン] 名 -(e)s/-e （商品）引換券, 金券.
gut|schrei·ben* [グート・シュライベン] 動 h. 〔〈et⁴〉+〈j³/et³〉=〕入金記帳する.
die **Gut·schrift** [グート・シュリふト] 名 -/-en 貸方記入, 入金記帳; 入金記録通知; 貸方記入入金記帳額.
der **Guts·herr** [グーツ・へる] 名 -(e)n/-(e)n 農場主.
der **Guts·hof** [グーツ・ホーふ] 名 -(e)s/..höfe 大農場.

gut si·tu·iert, ⓇⓈ**gut·si·tu·iert** [グート ズィトゥイーあト] 形 （経済的に）恵まれた.
gut sit·zend, ⓇⓈ**gut·sit·zend** [グート ズィッツェント] 形 ぴったり合った;〘口〙的確な, まともに当る.
der **Guts·ver·wal·ter** [グーツ・ふぇアヴァルター] 名 -s/- 農場管理人.
die **Gut·ta·per·cha** [グタペるひゃ] 名 -/ （das ~-(s)/ も有）グタペルカ(絶縁体などに用いる).
die **Gut·tat** [グート・タート] 名 -/-en 善行, 慈善行為.
das **Gut·ta·ti·ons·was·ser** [グタツィオーンス・ヴァッサー] 名 -s/- 〖植〗排水水液.
das **Gut·ti** [グッティ] 名 -s/ =Gummigutt.
gut tun, ⓇⓈ**gut|tun*** [グート・トゥーン] 動 h. 1. 〔〈j³〉/et³〉=〕快い, 効き目がある, (…の)気分を爽快〔楽〕にする. 2. 〔〈場所〉=〕〔方〕出来がよい(学校などで).
gut·tu·ral [グトゥらール] 形 のどの, のど声の;〖言〗〈古〉喉頭(言う)音の.
der **Gut·tu·ral** [グトゥらール] 名 -s/-e 〖言〗〈古〉喉頭音.
gut·wil·lig [グート・ヴィリひ] 形 1. 自発的な, やる気のある. 2. 好意的な, 気のいい.
die **Gut·wil·lig·keit** [グート・ヴィリひカイト] 名 -/ 自発性;善意.
(*das*) **Guy·a·na** [グヤーナ] 名 -s/ 〖国名〗ガイアナ（南アメリカの国).
der **Guy·ot** [gyjó:] [ギュイヨー] 名 -s/-s 〖地質〗ギュヨー, 平頂海山(頂上が平坦な海中の山).
Gy =Gray グレイ.
das **Gym·kha·na** [ギムカーナ] 名 -s/-s 〖スポ〗（技能を競う）スポーツ競技;ジムカーナ(運転技術を競うカーレース).
gym·na·si·al [ギュムナズィアール] 形 ギムナジウムの.
die **Gym·na·si·al·bil·dung** [ギュムナズィアール・ビルドゥング] 名 -/ ギムナジウム教育.
der **Gym·na·si·al·leh·rer** [ギュムナズィアール・レーらー] 名 -s/- ギムナジウムの教師.
der **Gym·na·si·ast** [ギュムナズィアスト] 名 -en/-en ギムナジウムの生徒.
das **Gym·na·si·um** [ギュムナーズィウム] 名 -s/..sien ギムナジウム(Grundschuleに続く9年制の中・高等学校); aufs ~ kommen ギムナジウムに進む.
der **Gym·nast** [ギュムナスト] 名 -en/-en (古代ギリシアの)体育教師; 治療体操訓練士(Kranken-).
die **Gym·na·stik** [ギュムナスティク] 名 -/ 1. 体操, 治療体操: ~ treiben 体操をする. 2. 体操の時間〔授業〕.
der **Gym·na·sti·ker** [ギュムナスティカー] 名 -s/- 体操家.
gym·na·stisch [ギュムナスティシュ] 形 体操の.
der **Gy·nä·ko·lo·ge** [ギュネコ・ローゲ] 名 -n/-n （産）婦人科医.
die **Gy·nä·ko·lo·gie** [ギュネコ・ロギー] 名 -/ (産)婦人科医学.
gy·nä·ko·lo·gisch [ギュネコ・ローギシュ] 形 (産)婦人科の.
die **Gy·nan·drie** [ギュナンドリー] 名 -/-n 〖生・医〗半陰陽現象.
der **Gy·ro·an·trieb** [ギューろ・アン・トリープ] 名 -(e)s/-e 〖車〗はずみ車による回転動力.
das **Gy·ro·skop** [ギューろ・スコープ] 名 -s/-e ジャイロスコープ, 回転儀.

H

das **h**[1], **H**[1] [ha: ハー] [名] -/-《《口》-s/-s》 **1.** ドイツ語アルファベットの第8字. **2.** 〖楽〗ロ音.

h[2] **1.** =hora **a.** 時間：5 h(=Stunden) 5時間. **b.** 時：9^h(=Uhr)9時. **2.** =Hekto... ヘクト…. **3.** =h-Moll 〖楽〗ロ短調.

h =das Plancksche Wirkungsquantum 〖理〗プランクの作用量子.

H[2] **1.** =H-Dur〖楽〗ロ長調. **2.** =Henry 〖理〗ヘンリー. **3.** =Herren 男子用《トイレの表示》. **4.** =Hydrogenium 〖化〗水素(Wasserstoff).

ha =Hektar(e) ヘクタール.

Ha [ハーアー] =Hahnium 〖化〗ハーニウム.

ha! [ハ(ー)] [間] 《思いがけない喜びを表して》ほう;《勝利・優越を表して》ほら.

h. a. **1.** =〖ラテン語〗huius anni 今年の. **2.** =〖ラテン語〗hoc anno 今年に.

der **Haag** [ハーク] [名] -s/ =Den Haag.

das **Haar** [ハーあ] [名] -(e)s/-e **1.** 《[単]のみ》髪,(動物の)毛《全体》：falsches〔künstliches〕～ かつら. **2.** (人間・動物の)毛, 髪の毛, 体毛;《主に[複]》〖植〗毛：die ～*e* legen 髪をセットする. sich[3] die ～*e* schneiden lassen 散髪してもらう. **【慣用】**〈et[4]〉 **an den Haaren herbeiziehen** 《口》〈事を〉こじつけで引合いに出す. **an einem Haar hängen** 《口》かすかな希望しかない. 〈j[3]〉 **die Haare vom Kopf fressen** 《口》〈人の〉金で生活〔浪費〕する. **ein Haar in der Suppe finden** 《口》あら捜しをする. **Haare auf den Zähnen haben** 気が強い. **kein gutes Haar an** 〈j[3]/et[3]〉 **lassen** 《口》〈人・物・事の〉悪口ばかり言う. 〈j[3]〉 **kein Haar krümmen** 《口》〈人に〉少しも危害を加えない. **mit Haut und Haaren** まったく, 徹頭徹尾. **aufs** 〔**auf ein**〕 **Haar** 細部に至るまで, 全く. **sich[3] in den Haaren liegen** 《口》いがみ合っている. **sich[3] keine grauen Haare über** 〈et[4]〉 **wachsen lassen** 《口》〈事を〉少しも気にしない. 〈j[3]〉 **stehen die Haare zu Berge** 〈人が〉びっくり仰天する, ぞっとする. **um ein Haar** 《口》すんでのところで, 間一髪で. **um kein** 〔**nicht um ein**〕 **Haar** 《口》まったく…でない.

der **Haar·an·satz** [ハーあ·アン·ザッツ] [名] -es/..sätze 髪の毛の生え際.

der **Haar·aus·fall** [ハーあ·アウス·ふぁル] [名] -(e)s/..fälle 脱毛, 抜け毛.

der **Haar·balg** [ハーあ·バルク] [名] -(e)s/..bälge 毛包.

der **Haar·be·sen** [ハーあ·ベーゼン] [名] -s/- 毛ぼうき.

haar·breit [ハーあ·ブライト] [副] ぎりぎりのところで;ごく近くに.

das **Haar·breit** [ハーあ·ブライト] [名] 《次の形で》(um) kein/nicht (um) ein ～ まったく…ない.

die **Haar·bürs·te** [ハーあ·ビュるステ] [名] -/-n ヘアブラシ.

das **Haar·bü·schel** [ハーあ·ビュッシェル] [名] -s/- 髪の房.

haa·ren [ハーれン] [動] *h.* 〖(sich[4])〗毛が抜ける《動物が》.

der **Haar·ent·fer·ner** [ハーあ·エントふぇるナー] [名] -s/- 脱毛剤.

der **Haar·er·satz** [ハーあ·エあザッツ] [名] -es/..sätze かつら,(特に男性用の)ヘアピース

die **Haa·res·brei·te** [ハーれス·ブライテ] [名] -/ 《次の形で》um ～ 間一髪で;ほんのわずか. nicht um ～ 少しも(…し)ない.

das **Haar·fär·be·mit·tel** [ハーあ·ふぇるベ·ミッテル] [名] -s/- 染毛剤, ヘア・ダイ〔カラー〕.

haar·fein [ハーあ·ふぁイン] [形] 非常に細い.

der **Haar·fes·ti·ger** [ハーあ·ふぇスティガー] [名] -s/- (整髪用)セットローション.

die **Haar·flech·te** [ハーあ·ふレひテ] [名] -/-n 編んだ髪.

das **Haar·ge·fäß** [ハーあ·ゲふぇース] [名] -es/-e 〖医〗(血管・リンパ管の)毛細管.

haar·ge·nau [ハーあ·ゲナウ] [形] 《口》非常に正確〔精密・厳密〕な.

haa·rig [ハーりひ] [形] **1.** 毛深い. **2.** 厄介な.

die **Haar·klam·mer** [ハーあ·クラマー] [名] -/-n ヘアピン.

das **Haar·kleid** [ハーあ·クライト] [名] -(e)s/-er 《文》毛皮.

haar·klein [ハーあ·クライン] [形] 事細かな.

die **Haar·klem·me** [ハーあ·クレメ] [名] -/-n ヘアクリップ.

der **Haar·kno·ten** [ハーあ·クノーテン] [名] -s/- たばねて結った髪, 束髪.

die **Haar·lo·cke** [ハーあ·ロッケ] [名] -/-n 巻き毛〔カール〕(の房).

haar·los [ハーあ·ロース] [形] 毛のない.

die **Haar·na·del** [ハーあ·ナーデル] [名] -/-n ヘアピン.

die **Haar·na·del·kur·ve** [ハーあナーデル·クるヴェ] [名] -/-n ヘアピンカーブ.

das **Haar·netz** [ハーあ·ネッツ] [名] -es/-e ヘアネット.

das **Haar·öl** [ハーあ·㋓ール] [名] -(e)s/-e 髪油, ヘアオイル.

die **Haar·pfle·ge** [ハーあ·プふレーゲ] [名] -/-n ヘアーケア, 髪の手入れ.

der **Haar·riss**, [旧]**Haar·riß** [ハーあ·リス] [名] -es/-e 細かいひび《陶器・ガラス器などの表面の》.

das **Haar·röhr·chen** [ハーあ·[れ]ーあひぇン] [名] -s/- 〖理〗毛細管.

haar·scharf [ハーあ·シャるふ] [形] **1.** 間一髪の差で, すれすれに. **2.** 非常に精確な.

die **Haar·schlei·fe** [ハーあ·シュライふぇ] [名] -/-n 髪飾用リボン.

der **Haar·schmuck** [ハーあ·シュムック] [名] -(e)s/-e 髪飾り.

die **Haar·schnei·de·ma·schi·ne** [ハーあ·シュナイデ·マシーネ] [名] -/-n (電動式)バリカン.

der **Haar·schnei·der** [ハーあ·シュナイダー] [名] -s/- 《古》理髪師, 床屋.

der **Haar·schnitt** [ハーあ·シュニット] [名] -(e)s/-e 整髪, 理髪, 調髪;ヘアスタイル.

der **Haar·schopf** [ハーあ·ショップふ] [名] -(e)s/..schöpfe もじゃもじゃの髪;《稀》髪の房.

das **Haar·sieb** [ハーあ·ズィーブ] [名] -(e)s/-e 絹目ふるい.

die **Haar·spal·te·rei** [ハーあ·シュパルテらイ] [名] -/-en 《蔑》細かいことにこだわること.

haar·spal·te·risch [ハーあ·シュパルテリシュ] [形] 《蔑》細かいことにこだわる.

der〔*das*〕 **Haar·spray** [ハーあ·シュプれー, ハーあ·スプれー] [名] -s/-s ヘアスプレー

haar·sträu·bend [ハーあ·シュトろイベント] [形] **1.** 身の毛のよだつような. **2.** ひどい, 信じられないほどの.

der **Haar·strich** [ハーあ·シュトりっひ] [名] -(e)s/-e (ペン画などの)極細線;(動物などの)毛の向き.

die **Haar·tracht** [ハーあ·トらはト] [名] -/-en 髪形, ヘアスタイル.

der **Haar·trock·ner** [ハーあ·トろっクナー] [名] -s/- ヘアドライヤー.

Haarwäsche 516

die **Haar·wä·sche** [ハーア・ヴェッシェ] 名 -/-n 洗髪.

das **Haar·wasch·mittel** [ハーア・ヴァッシュ・ミッテル] 名 -s/- シャンプー, 洗髪剤.

das **Haar·was·ser** [ハーア・ヴァッサー] 名 -s/..wässer ヘアローション(トニック).

der **Haar·wech·sel** [ハーア・ヴェクセル] 名 -s/- (動物の)毛の抜けかわり, 換毛, 毛更(ﾓｳｺｳ).

das **Haar·wild** [ハーア・ヴィルト] 名 -(e)s/ 〖狩〗狩猟できる獣(ｹﾓﾉ).

der **Haar·wuchs** [ハーア・ヴークス] 名 -es/ 髪の伸び;(生えている)髪の量.

das **Hab** [ハープ] 名 《次の形で》 ~ und Gut 《文》全財産.

(der) **Ha·ba·kuk** [ハーバクック] 名 -s/ 〖旧約〗 **1.** ハバクク(十二人の小預言者の一人). **2.** (旧約聖書の)ハバクク書.

die **Ha·be** [ハーベ] 名 -/ 《文》所有物, 財産: bewegliche/unbewegliche ~ 動産/不動産. liegende/fahrende ~ 〖法〗〖古〗不動産/動産.

ha·be·mus Papam [ハベームス パーパム] 〖ﾗﾃﾝ語〗新ローマ教皇選出されたり(サンピエトロ寺院から民衆に告げる時の文句).

ha·ben* [ハーベン] 動 du hast, er hat ; hatte ; hat gehabt **1.** 〈et⁴ｦ〉持っている, 所有している, (…が)ある(人が主語):(…が)ついている(物が主語): Unsere Wohnung *hat* einen Garten. うちに庭がある. Das Auto *hat* einen Kassettenspieler. その車にはカセット・プレーヤーがついている. **2.** 〈人ｦ〉いる, ある: Er *hat* eine Freundin. 彼には恋人〔女友達〕がいる. Er *hat* Familie. 彼は所帯持ちだ. **3.** 〈et⁴ｦ〉ある, (…を)持っている(時間・知識などが). **4.** 〈et⁴ｦ〉している, (…が)ある(特徴・性質を表す): blaue Augen ~ 青い目をしている. Geduld/Mut ~ 忍耐力/勇気がある. Der Elefant *hat* einen langen Rüssel. 象は長い鼻をしている. Diese Straße *hat* viele Kurven. この道路にはたくさんカーブがある. **5.** 〈et⁴ｦ〉感じている, (…が)ある, (心に)抱いている(生理現象・気持・予感などを表す): Hunger/Durst ~ 空腹/のどの渇きを感じる. Kopfschmerzen ~ 頭痛がする. Angst/Zweifel ~ 不安/疑いを抱いている. **6.** 〈et⁴ｦ〉ｦ持つ, 与えられている, (権利・義務・考えなどが): Er *hat* das Recht, ... zu 動 彼には, …をする権利がある. **7.** (es＋形ﾖｳ)ある, いる(置かれている状況・状態を表す): es eilig ~ 急いでいる. es gut/schlecht ~ うまくやっている〔幸福だ〕/運が悪い〔不幸だ〕. es schwer ~ 困難な状況にいる, 生活に困っている. **8.** 〈zu 動〉ｽﾙｺﾄ(ﾓﾉ)ｦある(程度を表す不定代名詞 etwas, viel, wenig, nichts などとともに用いる): viel zu tun ~ することがたくさんある. nichts zu essen ~ 食べ物はなにもない. **9.** 〈zu＋動ﾄ〉しなければならない;(否定詞とともに用いて)してはいけない. **10.** 〈et⁴ｦ＋〈場所〉ｦ＋〈動〉ﾉ〉してある(いる): Sie *hat* viele Kleider im Schrank hängen. 彼女はたくさんの服を洋服だんすの中に掛けてある. **11.** 〈休点〉ﾆ〈et⁴ｦ〉ある: Wir ~ heute keine Schule. 今日は学校は休みだ. Wir ~ heute Montag/den 3.(=dritten) April. 今日は月曜日／4月3日だ. Ich *hatte* im Urlaub schönes Wetter. 私の休暇は良い天気でした. Nachmittags *hatten* wir 30° im Zimmer. 午後, 部屋の中は30度だった. **12.** 〈j⁴/et⁴ｦ〉いる(ある), (…から)成り立っている(数量を表す): Die Klasse *hat* 25 Schüler. そのクラスは25名の生徒がいる. Ein Kilo *hat* 1 000 Gramm. 1キロは1000グラムである. **13.** 〈j⁴/et⁴ｦ〉手に入れる, もらう, 買う: Kann ich eine Packung Aspirin ~ ? 1箱のアスピリンをもらえますか(薬屋などで).

H~ Sie Dank ! 《文》ありがとう. **14.** 〔sich⁴〕《口》ありがとう;騒ぎ立つ, かっかとする, 大げさに振舞う;もったいぶる, 気取る, 格好をつける. **15.** 〔sich⁴〕《口》解決している, かた(ｹﾘ)付いている: Schick ihm die Quittung, und die Sache *hat* sich. 彼に領収書を送ってやれ, それでこの件はかたがついた. Damit *hat* sich's. それでおしまいだ. **16.** 〔相互代名詞〕〈et⁴〉 **an sich³ haben** 〈事ｦ〉特色〔特徴〕とする. 〈j⁴/et⁴〉 **bei sich³ haben** 〈人ｦ〉同伴している. 〈物ｦ〉持ち合わせている. **Da [Jetzt] haben wir's !** 恐れていたとおりになってしまった. **Da hast du's !** それみたことか;そらあげるよ. **Das hat man heute immer noch.** それは現在でも相変わらず一般に行われて〔用いられて〕いる. **Das hat nichts zu sagen.** それは言うに及ばない. **Dich *hat's* wohl !** 《口》おまえは頭がおかしいんじゃないか. **Er *hat* etwas von einem Sportsmann.** 彼にはスポーツマン的なところがある. **Er *hatte* alle gegen sich.** 彼はみんなを回していた, みんなが反対した. **es an der Galle/auf dem Brust/im Hals haben** 肝臓が悪い/気管支(肺)が悪い/のどが痛い(悪い). **etwas gegen 〈j⁴/et⁴〉 haben** 〈人・事ｦ〉に含むところ(反感)をかっている. **für 〈et⁴〉 zu haben sein** 〈事ｦ〉加わってもらえる, 〈事ｦ〉好きである. **Haben Sie noch einen Wunsch ?** また何かご用がおありですか(お入用ですか). **〈j⁴/et⁴〉hat es in sich** 《口》〈人ｦ〉なかなかの人物, 〈物・事ｦ〉なかなかのものだ. **〈et⁴〉 haben für sich⁴** 〈事ｦ〉積極的な面を持っている. **〈et⁴〉 hat etwas/nichts auf sich³** 〈物・事ｦ〉たいしたものだ/たいしたことはない. **Hat sich was !** 《口》とんでもない, だめだ, とんでもない. **Hier hat es [hat's] viele alte Häuser/seltene Pflanzen.** 《南独, ｼｭｲｽﾞ》ここには古い家/珍しい植物がたくさんある. **et hinter sich³/(noch) vor sich³ haben** 〈事ｦ〉後にしている/目前にしている: ein schweres Leben hinter sich³ haben 辛い人生を生き抜いた. **Ich hab's [Jetzt hab' ich's] !** 《口》やっと分かった. **Jetzt hat man wieder breite Schlipse.** この頃また幅広のネクタイが流行している. **Recht/Unrecht haben** (…の言うことは)正しい/正しくない. **Sie bemerkte, was sie an ihm hatte.** 彼女は, 彼が頼りになる人であることが分った. **Sie hat nichts gegen dich.** 彼女は君に敵意を抱いていない. **Sie hat viel von seinem Vater.** 彼女は性質(いろんな特徴)を父親から受継いでいる. **Sie hat's mit dem Radfahren.** 《口》彼女は自転車に熱中している. **von 〈et⁴〉 nichts haben** 〈物・事ｦ〉もうけが手に入らない. **Was hast du denn ?** どうしたんだ, 具合でも悪いのか, 心配事でもあるのか. **Was hat es damit auf sich ?** それはどんな意味があるのか. **Wer hat, der hat** (Was man hat, das hat man). ないよりまだ, とにかく手に入れた方がいい. **Wie hätten Sie es gern ?** どんなふうにしましょうか(相手のより詳しい注文・意向・条件などを確かめる言い方). **Wir haben's ja !** 《口》まあ, それくらいは払えるよ〔無理してもいいよ〕. **j⁴ zur Frau/zum Freund haben** 《文》〈人ｦ〉妻/友人にする.

—— 助 《時称: 完了》動詞・話法助動詞の過去分詞(不定詞をとらない話法の(助)動詞の場合には代替不定詞)とともに現在完了・過去完了(接続法では過去時称)・完了の不定詞を作る:《現在完了》Ich *habe* gegessen. 私は食事を済ませた. *Hast* du gehen können? 君は歩いて行けたのか?《過去完了》Nachdem ich gefrühstückt hatte, ging ich ins Büro. 私は朝食をとった後, 事務所へ行った.《接続法》Das *hättest* du gleich sagen können. 君はすぐにそのことを言えばよかったのに.《完了の不定詞》Er will sie gesehen ~. 彼は彼女を見たと言っている.《副文で文末に二つ以上の不定詞が置かれる場合には定形 haben をその不定詞群の前に置いて》Sie vergaßen, dass es vorher ~ tun müssen. 彼ら

は，彼らがそれをあらかじめやっておかねばならなかったことを忘れた．

das **Ha·ben** [ハーベン] 名 -s/ 〖銀行・商〗貸方．

der **Ha·be·nichts** [ハーベ・ニヒツ] 名 -(es)/-e 〖蔑〗一文なし，素寒貧．

die **Ha·ben·sei·te** [ハーベン・ザイテ] 名 -/-n 〖銀行・商〗貸方．

die **Ha·ben·zin·sen** [ハーベン・ツィンゼン] 複 〖銀行〗預金利息．

der **Ha·ber** [ハーバー] 名 -s/ 《南独・オーストリア》＝Hafer．

die **Hab·gier** [ハープ・ギーア] 名 -/ 〖蔑〗貪欲（どん），強欲．

hab·gie·rig [ハープ・ギーリヒ] 形 〖蔑〗貪欲（どん）〖強欲〗な．

hab·haft [ハープハフト] 形 1. 《文》《次の形で》〈j² ～ werden〉《文》〈人²を〉探して見つける，捕える．〈et² ⁽⁴⁾ ～ werden〉〈物・事²を〉手に入れる．2. 《方》たっぷり（こってり）した．

der **Ha·bicht** [ハービヒト] 名 -s/-e 〖鳥〗オオタカ．

die **Ha·bichts·na·se** [ハービヒツ・ナーゼ] 名 -/-n ワシ鼻．

der **Ha·bi·li·tand** [ハビリタント] 名 -en/-en 大学教授資格取得志願者．

die **Ha·bi·li·ta·ti·on** [ハビリタツィオーン] 名 -/-en 大学教授の資格取得．

die **Ha·bi·li·ta·ti·ons·schrift** [ハビリタツィオーンス・シュリフト] 名 -/-en 大学教授資格論文．

ha·bi·li·tie·ren [ハビリティーレン] 動 *h*. 1. 〈j³に〉〈sich⁴〉+(in〈et³〉で/bei〈j³〉のもとで)+(für〈et⁴〉で) 2. 大学教授の資格を得る．

der [das] **Ha·bit**¹ [ハビート] 名 -s/-e 修道衣；官服；〖蔑〗（変な）身なり，服装．

das [der] **Ha·bit**² [hɛbɪt ヘビット] 名 -s/-s 〖心〗習慣．

das **Ha·bi·tat** [ハビタート] 名 -s/-e 1. 〖生〗生息地，自生地．2. （原始人の）住みか；〖稀〗居住地，住居．3. （実験・研究用のカプセル状の）海底ステーション．

die **Ha·bi·tu·a·ti·on** [ハビトゥアツィオーン] 名 -/-en 〖心〗習慣化，馴化；〖文〗（麻薬の）常用化．

der **Ha·bi·tué** [(h)abityé: アビチュエー，ハビトュエー] 名 -s/-s 〖文〗常連，常客，馴染み客．

der **Ha·bi·tus** [ハービトゥス] 名 -/ 1. 外見，風采（ふう）；（内面的な）姿勢；態度；〖医〗（病気を示す）体型；〖生〗外型；（結晶の）晶相．

die **Habs·burg** [ハープス・ブルク] 名 -/ 〖地名〗ハプスブルク（スイスのアールガウにあるハプスブルク家の城）：das Haus ～ ハプスブルク家．～-Lothringen ハプスブルク・ロートリンゲン家．

der **Habs·bur·ger** [ハープス・ブルガー] 名 -s/- ハプスブルク家の人（ドイツの王家・皇帝．1438 年から 1806 年まで神聖ローマ皇帝をつとめ，1918 年からハプスブルク・ロートリンゲン家としてオーストリア，ハンガリーを治める）．

habs·bur·gisch [ハープス・ブルギシュ] 形 ハプスブルク（家）の．

die **Hab·se·lig·keit** [ハープ・ゼーリヒカイト] 名 -/-en 《主に複》（乏しい粗末な）所有物，持物．

die **Hab·sucht** [ハープ・ズフト] 名 -/ 〖蔑〗欲張り，貪欲（どん）．

hab·süch·tig [ハープ・ズュヒティヒ] 形 〖蔑〗欲張りな〖貪欲（どん）な〗．

die **Hach·se** [ハクセ] 名 -/-n すね（肉）；《口・冗》（人間の）脚．

der **Hack** [ハック] 名 -s/ 《北独》ひき肉．

das **Hack·beil** [ハック・バイル] 名 -(e)s/-e（肉屋の）骨切り用のなた．

der **Hack·bra·ten** [ハック・ブラーテン] 名 -s/- 〖料〗ミートローフ．

das **Hack·brett** [ハック・ブレット] 名 -(e)s/-er 1. まな板．2. 〖楽〗ダルシマー，ツィンバロン．

die **Ha·cke**¹ [ハッケ] 名 -/-n 1. 鍬（くわ），つるはし．2. 〖農〗鍬で耕すこと．3. 《稀》斧（おの）．

die **Ha·cke**² [ハッケ] 名 -/-n 《方》（足の）かかと；（靴下・靴の）かかと：die ～n zusammenschlagen（敬礼のために）かかとを合せて直立不動の姿勢をとる．〖慣用〗〈j³〉(dicht) auf den Hacken sein [bleiben/sitzen]〈人³を〉つけ回す．〈j³〉nicht von den Hacken gehen〈j³に〉つきまとう．sich³ die Hacken nach〈et³〉 ablaufen《口》〈物³を〉得ようと駆けずり回る．

ha·cken [ハッケン] 動 *h*. 1. 〖農〗鍬（くわ）で耕す，鍬を使って仕事をする．2. 〈et⁴〉〉〈鍬で〉耕して〖砕いて〗ほぐす（などを）．3. 〈et⁴〉〉（おのでたたき割る（まきなど）．4. 〈et⁴〉〉+(in〈et⁴〉)開ける（つるはしなどでたたいて）：ein Loch ins Eis ～ 氷に穴を開ける．5. 〈et⁴〉〉刻む（野菜・肉などを）．6. [nach〈j³〉/in〈et⁴〉]嘴（くち）でつつく．7. 〈j³⁽⁴⁾〉+in〈et⁴〉〉ラフプレーをする（〈et⁴〉で〈〉）（他人のコンピュータシステムに不法に）侵入する，割り込む．

der **Ha·cken** [ハッケン] 名 -s/- 《稀》＝Hacke².

der **Ha·cke·pe·ter** [ハッケ・ペーター] 名 -s/- 《北独》ひき肉；タルタルステーキ．

der **Hacker** [ハッカー] 名 -s/- 《方》葡萄園の土をほぐす労働者；〖球技〗ラフプレーをする選手；〖コンピュータ〗ハッカー．

der **Häc·ker·ling** [ヘッカーリンク] 名 -s/ 切りわら．

das **Hack·fleisch** [ハック・フライシュ] 名 -(e)s/- ひき肉．

die **Hack·frucht** [ハック・フルフト] 名 -/..früchte (主に複)〖農〗生育中に作条の間を浅く耕すことが必要な作物（カブ・ジャガイモなど）．

der **Hack·klotz** [ハック・クロッツ] 名 -es/..klötze 《口》-es/..klötzer 肉切り台，まき割り台．

das **Hack·mes·ser** [ハック・メッサー] 名 -s/-（なた・鍬などの）刃，（精肉用の）骨切り用の刃；山刀．

die **Hack·ord·nung** [ハック・オルドヌング] 名 -/ 〖動物行動〗（鳥の）つつきの順位；〖転〗（人の集まりでの）序列．

der [das] **Häck·sel** [ヘクセル] 名 -s/ 刻んだ干草（青草・わら）．

die **Häck·sel·ma·schi·ne** [ヘクセル・マシーネ] 名 -/-n 干草（青草・わら）刻み機．

der **Häcks·ler** [ヘクスラー] 名 -s/- ＝Häckselmaschine．

der **Ha·der** [ハーダー] 名 -s/ 《文》争い；不満：mit〈j³〉 in ～ liegen〈人³と〉いさかいをする．

ha·dern [ハーダーン] 動 *h*. [(mit〈j³/et³〉)]《文》争う，口論する；(…に)不満を抱く

der **Ha·des** [ハーデス] 名 -/ 1. 冥界（めい），黄泉（よみ）の国：〈j⁴〉 in den ～ schicken 《古・詩》〈人⁴を〉冥土に送る．2. （主に無冠詞）〖ギ神〗ハデス（冥界の支配者）．

der [das] **Ha·dith** [ハディート] 名 -/-e 〖イ教〗ハディース，聖伝．

(*der*) **Ha·dri·an** [ハードリアーン，ハドリアーン] 名 〖人名〗ハドリアヌス（① 76-138 年，ローマ皇帝．② 教皇名）．

das **Ha·dron** [ハドローン] 名 -s/-en 〔ハドローネン〕〖理〗ハドロン，強粒子．

der **Ha·dschi** [háːdʒi ハーチ] 名 -s/-s 〖イ教〗ハジ（メッカ巡礼を済ませた人の尊称）；〖キ教〗エルサレム巡礼者．

(*der*) **Ha·du·brand** [ハードゥブラント] 名 〖人名〗ハードゥブラント（ゲルマン伝説の英雄）．

(*der*) **Hae·ckel** [hɛkəl ヘッケル] 名 〖人名〗ヘッケル

(Ernst ~, 1834-1919, 動物学者).

der **Hafen**¹ [ハーふェン] 名 -s/Häfen 港;(転)安全な場所; ein eisfreier ~ 不凍港. im sicheren ~ sein 安穏な生活をしている.

der **Hafen**² [ハーふェン] 名 -s/Häfen 〔南独・ｽｲｽ・ｵｰｽﾄ〕(大きな)壺(?),瓶(?),鉢,深鍋;〔北独〕(大きなガラスの入れ物〔瓶(?)〕;〔工〕(ガラス用)るつぼ.

die **Hafen·an·la·gen** [ハーふェン·アン·ラーゲン] 複名 港湾施設;(内陸都市の)港に改造された地域.

der **Hafen·ar·bei·ter** [ハーふェン·アルバイター] 名 -s/- 港湾労働者.

das **Hafen·becken** [ハーふェン·ベッケン] 名 -s/- 係船ドック.

der **Hafen·damm** [ハーふェン·ダム] 名 -(e)s/..dämme 防波堤,(港の)突堤.

die **Hafen·ein·fahrt** [ハーふェン·アイン·ふぁーあト] 名 -/-en 入港水路.

der **Hafen·ka·pi·tän** [ハーふェン·カピテーン] 名 -s/-e 港長.

die **Hafen·sperre** [ハーふェン·シュペレ] 名 -/-n 港湾封鎖;港湾閉鎖設備.

die **Hafen·stadt** [ハーふェン·シュタット] 名 -/..städte 港湾都市,港町.

der **Hafer** [ハーふぁー] 名 -s/-(⑲は種類)〔植〕カラスムギ,燕麦(?),オートムギ;カラスムギ〔燕麦〕の実. 【慣用】Ihn sticht der Hafer. 彼は図にのりすぎている.

der **Hafer·brei** [ハーふぁー·ブライ] 名 -(e)s/-e オートミール(のかゆ).

die **Hafer·flocken** [ハーふぁー·ふロッケン] 複名 燕麦(?)のフレーク,オートフレーク.

die **Hafer·grütze** [ハーふぁー·グリュッツェ] 名 -/-n ひき割り燕麦(?);オートミール(のかゆ).

der **Hafer·motor** [ハーふぁー·モ(-)トーあ] 名 -s/-en 〔口·冗〕馬.

der **Hafer·schleim** [ハーふぁー·シュライム] 名 -(e)s/-e 燕麦(?)の重湯.

das **Haff** [ハふ] 名 -(e)s/-s[-e] 潟(?).

der **Hafis** [ハーふィス] 名 -/ 1. ハーフィス(コーラン暗唱者の尊称). 2. (⑲のみ;主に無冠詞)〔人名〕ハーフィス(1326頃-90, ペルシアの叙情詩人).

der **Haflinger** [ハーふリンガー] 名 -s/- ハーフリンガー種の馬(小形で持久力のある茶色の駄馬).

der **Hafner** [ハーふナー] 名 -s/-〔南独·ﾊﾞｲｴﾙﾝ·ｽｲｽ〕陶工;暖炉工事職人.

der **Häfner** [ヘーふナー] 名 -s/-〔南独·ﾊﾞｲｴﾙﾝ·ｽｲｽ〕=Hafner.

das **Hafnium** [ハ(-)ニウム] 名 -s/-〔化〕ハフニウム(記号 Hf).

die **Haft** [ハふト] 名 -/ 1. 〔法〕勾留(?): ~ beantragen 勾留を請求する. 〈j³〉in ~ nehmen 〈人を〉勾留する. 2. 〔法〕(6週間以内の)拘留〔刑法旧規定〕. 3. 監禁;監獄.

..**haft** [..ハふト] 接尾 名詞につけて「…のような」を表す形容詞を作る: romanhaft 小説のような.

die **Haft·an·stalt** [ハふト·アン·シュタルト] 名 -/-en 刑務所,監獄.

haft·bar [ハふト·バー] 形〔(für 〈et⁴〉)〕(賠償)責任がある: 〈j³〉für 〈et⁴〉 ~ machen 〈人に〉〈事の〉(賠償)責任を負わせる.

der **Haft·be·fehl** [ハふト·ベふェール] 名 -(e)s/-e〔法〕勾留状;拘禁命令.

haften [ハふテン] 動 h. 1. 〈様態〉ﾀﾞ くっつく. 2. {an[auf/in]〈j³/et⁵〉ᵈ} くっついている, 付着している, こびりついている. 3. 〈様態〉ﾀﾞ 接地性(ロードホールディング)である. 4. 〈für 〈j³/et⁴〉ᴀ 〈ｶﾞｶ〉(損害賠償)の責任がある. 5. 〈様態〉ﾀﾞ 〔法〕責任を負う. 6. {〈〈j³〉ᴀ + für 〈j⁴/et⁴〉}保証する. 【慣用】〈et⁷〉 bleibt (im Gedächtnis) haften 記憶に残る,忘れられない.

haften bleiben*, ⑩**haften|blei·ben*** [ハふテン ブライベン] =haften【慣用】

das **Haft·glas** [ハふト·グラース] 名 -es/..gläser (主に⑲)コンタクトレンズ.

..**haftig** [..ハふティヒ] 接尾 1. まれに名詞の後につけて「…を具備した」という意味の形容詞を作る: leibhaftig 肉体を具えた. 2. まれに形容詞の後につけて「…の(性質の)(人)」という意味の形容詞を作る: wahrhaftig 誠実な. 3. -haft で終る形容詞の後に名詞を作る接尾辞 -keit をつける時には -haft -haftig となる: Bosháftigkeit 意地悪さ.

der **Häftling** [ヘふトリング] 名 -s/-e 被勾留(??)者,囚人.

die **Häftlings·kluft** [ヘふトリングス·クルふト] 名 -/-en 囚人服.

die **Haft·pflicht** [ハふト·プふリヒト] 名 -/-en 賠償義務.

haft·pflich·tig [ハふト·プふリヒティヒ] 形 賠償義務のある.

die **Haft·pflicht·ver·si·che·rung** [ハふトプふリヒト·ふぇあズィッヒェルング] 名 -/-en 責任保険.

die **Haft·scha·le** [ハふト·シャーレ] 名 -/-n (主に⑲)コンタクトレンズ.

die **Haf·tung** [ハふトゥング] 名 -/-en 1. (主に⑲)損害賠償責任;責任: ~ für 〈et⁴〉 übernehmen 〈事にたぃして〉責任を負う. Gesellschaft mit beschränkter ~ 有限(責任)会社(略 GmbH). 2. (⑲のみ)付着,粘着;(タイヤの)接地性,ロードホールディング.

die **Haft·ver·scho·nung** [ハふト·ふぇあショーヌング] 名 -/-en〔法〕保釈.

das **Haft·wasser** [ハふト·ヴァッサー] 名 -s/-〔地質〕土壌中に滞留する水.

die **Haft·wasser·zone** [ハふト·ヴァッサー·ツォーネ] 名 -/-n〔地質〕(地表に近い)浸透水の滞留層(地下水層と区別する).

der **Hag** [ハーク] 名 -(e)s/-e(ﾊﾟｲ) Häge)〔古·詩〕生垣;(柵で囲った)森.

die **Hage·butte** [ハーゲ·ブッテ] 名 -/-n ノイバラの実;〔口〕ノイバラ.

der **Hage·dorn** [ハーゲ·ドルン] 名 -(e)s/-e〔植〕サンザシ.

der **Hagel** [ハーゲル] 名 -s/ 1. 霰(?),雹(?);(転)雹のように降りかかるもの: ein ~ von Schimpfwörtern 雨あられの罵詈雑言(??). 2. 〔狩〕散弾.

das **Hagel·korn** [ハーゲル·コルン] 名 -(e)s/..körner 霰(?)(雹(?))の粒;〔医〕(まぶたの)霰粒腫(???).

ha·geln [ハーゲルン] 動 h. 1. 〔Es〕あられ(ひょう)が降る. 2. 〔Es+〈et⁴〉ｶ゛〕降る(ひょうなどが). 3. 〔?〕Es+〈et⁴〉ｶ゛〕雨あられと降りかかる.

der **Hagel·schauer** [ハーゲル·シャウア] 名 -s/-(突然の)短時間の降雹.

der **Hagel·schlag** [ハーゲル·シュラーク] 名 -(e)s/..schläge (作物を害する)激しい降雹(?).

die **Hagel·ver·siche·rung** [ハーゲル·ふぇあズィッヒェルング] 名 -/-en 降雹害保険.

das **Hagel·wetter** [ハーゲル·ヴェッター] 名 -s/- 霰(?)〔雹(?)〕の降る悪天候.

(der) **Hagen**¹ [ハーゲン] 名 1. 〔男名〕ハーゲン. 2. ~ von Tronje ハーゲン·フォン·トロニェ(Nibelungen 伝説で Siegfried を殺す勇者).

(das) **Hagen**² [ハーゲン] 名 〔地名〕ハーゲン(ノルトライン=ヴェストファーレン州の都市).

ha·ger [ハーガー] 形 骨〔筋〕張った,やせこけた.

die **Ha·ger·keit** [ハーガーカイト] 名 -/ やせこけていること.

der **Ha·ge·stolz** [ハーゲ・シュトルツ] [名] -es/-e 《古》中年の少々変り者の独身男.
die **Hag·ga·da** [ハガダー] [名] -/..doth [ハガドート] 〖ユダヤ教〗ハガダー(タルムード法典中の訓話的物語).
der **Ha·gi·o·graf, Ha·gi·o·graph** [ハギオ・グらーふ] [名] -en/-en 《文》聖徒〔聖人〕伝の著者.
die **Ha·gi·o·gra·fen, Ha·gi·o·gra·phen** [ハギオ・グらーふぇン] [複名] 〖旧約〗聖徒〔聖人〕伝, 諸書.
die **Ha·gi·o·gra·fie, Ha·gi·o·gra·phie** [ハギオ・グらふぃー] [名] -/-n 《文》聖徒〔聖人〕伝;聖徒〔聖人〕伝研究.
die **Ha·gi·o·la·trie** [ハギオ・ラトりー] [名] -/-n 《文》聖徒〔聖人〕崇拝.
ha·ha! [ハハ(ー)] [間] (笑い声を表して)はっはっ.
der **Hä·her** [ヘーあー] [名] -s/- 〖鳥〗カケス.
(*der*) **Hahn**[1] [ハーン] [名] 〖人名〗ハーン(Otto ~, 1879–1968, 化学者).
der **Hahn**[2] [ハーン] [名] -(e)s/Hähne〔-en〕 **1.** ([複] Hähne)雄鶏(おんどり): der rote ~ 赤い雄鶏(大火事の象徴). der gallische 〔welsche〕 ~ ガリアの雄鶏(フランスの象徴). ~ im Korb(e) sein 《口》女性たちの中の唯一人の男である. Nach 〈j³/et³〉 kräht kein ~. 〈人・物・事を〉だれも相手にしない. **2.** 〖狩〗猟鳥の雄. **3.** ([複] Hähne)(屋根や塔の上の)風見鶏(どり). **4.** (ガス・水道などの)栓, コック. **5.** ([複] Hähne)(銃の)撃鉄: den ~ spannen 撃鉄を起こす.
das **Hähn·chen** [ヘーンひぇン] [名] -s/- **1.** Hahn²の縮小形. **2.** ローストチキン(Brat~).
der **Hah·nen·fuß** [ハーネン・ふース] [名] -es/-e (主に[単])〖植〗ウマノアシガタ.
der **Hah·nen·kamm** [ハーネン・カム] [名] -(e)s/..kämme (ニワトリの)とさか;〖植〗《口》ケイトウ;《口》櫛巻(女性の髪型).
der **Hah·nen·kampf** [ハーネン・カムプふ] [名] -(e)s/..kämpfe 闘鶏;〖体操〗腕組みし, 片足で跳びながら相手を押したおすゲーム.
der **Hah·nen·schrei** [ハーネン・シュらイ] [名] -(e)s/-e (夜明けの)雄鶏(おんどり)の鳴き声.
der **Hah·nen·tritt** [ハーネン・トりっト] [名] -(e)s/-e **1.** (卵黄の)胚盤. **2.** ([単]のみ)千鳥格子(~muster). **3.** (馬の)跛行(はこう)症.
das **Hah·ni·um** [ハーニウム] [名] -s/ 〖化〗ハーニウム(記号 Ha).
der **Hahn·rei** [ハーンらイ] [名] -s/-e 妻を寝とられた夫, コキュ.
der **Hai** [ハイ] [名] -(e)s/-e 〖魚〗サメ.
der **Hai·fisch** [ハイ・ふぃっシュ] [名] -(e)s/-e =Hai.
das 〔*der*〕 **Haik** [ハイク] [名] -(s)/-s ハイク(北アフリカのアラビア人が着る長方形の外衣).
der **Hain** [ハイン] [名] -(e)s/-e 《文》小さな森;神苑.
die **Hain·bu·che** [ハイン・ブーへ] [名] -/-n 〖植〗シデ.
(*das*) **Ha·i·ti** [ハイーティ] [名] -s/ 〖国名〗ハイチ(カリブ海の国).
der **Ha·i·ti·a·ner** [ハイティアーナー] [名] -s/- ハイチ人.
das **Häk·chen** [ヘークひぇン] [名] -s/- **1.** 小さな鉤(かぎ). **2.** 《口》省略記号, アポストロフィ(記号 ');セディーユ(フランス語の ç の c の下の部分. チェコ語の č の c の上の部分など).
die **Hä·kel·ar·beit** [ヘーケル・アるバイト] [名] -/-en **1.** 鉤(かぎ)針編み. **2.** クロシェット編みの作品.
die **Hä·ke·lei** [ヘーケライ] [名] -/-en 鉤(かぎ)針編み;《口》ささいな喧嘩;〖スポーツ〗フッキング, トリッピング.
hä·keln [ヘーケルン] [動] *h.* **1.** 〔〈et⁴〉ヲ〕鉤(かぎ)針で編む. **2.** 〔補足なし〕鉤針編みをする. **3.** 〔sich⁴+mit 〈j³〉ト〕《方》面白半分に口喧嘩をする. **4.** 〔(〈j⁴〉ヲ)〕《南独》(スティック・足で)ひっかける(ホッケー・サッカーなどで).
die **Hä·kel·na·del** [ヘーケル・ナーデル] [名] -/-n 鉤(かぎ)針.
ha·ken [ハーケン] [動] *h.* **1.** 〔〈et⁴〉ヲ+an〔in〕〈et⁴〉ニ〕(かぎなどで)引っ掛ける. **2.** 〔〈et⁴〉ヲ+in 〈et⁴〉ニ〕(かぎのようにして)掛ける(親指をポケットなどに). **3.** 〔an〔in〕〈et³〉ニ〕引っ掛かっている(釣糸が川底に・かぎが錠の中になど). **4.** 〔(〈j⁴〉ヲ)〕(スティック・足などで)ひっかける(ホッケー・サッカーなどで).
【慣用】〈et¹〉 **hakt** 《口》〈物・事ガ〉先へ進まない: Der Schlüssel *hakt*. かぎがうまくかからない.
der **Ha·ken** [ハーケン] [名] -s/- **1.** 鉤(かぎ), 鉤形の道具;掛け鉤;鉤ホック;釣り針: 〈et⁴〉 an einen ~ hängen 〈物を〉掛けくぎにかける. **2.** 鉤(形の)印;鉤の手, 角(かど): einen ~ schlagen 急に方向を変える. **3.** 〖ボクシング〗フック. **4.** 〖狩〗赤鹿の上の犬歯;雌猪の上下の犬歯. **5.** 《口》(初めは気付かなかった)難点: 〈et¹〉 hat einen ~ 〈物・事には〉難点〔故障〕がある.
die **Ha·ken·büch·se** [ハーケン・ビュクセ] [名] -/-n (15世紀の鉤形架台付きの)火縄銃.
ha·ken·för·mig [ハーケン・ふぇるミひ] [形] 鉤(かぎ)形の.
der **Ha·ken·kranz** [ハーケン・クらンツ] [名] -es/..kränze 〖動〗有鉤条虫の固着器(鉤が冠状に並んでいる).
das **Ha·ken·kreuz** [ハーケン・クろイツ] [名] -es/-e 鉤(かぎ)形十字架;(ナチスの)ハーケンクロイツ, 鉤(かぎ)十字.
die **Ha·ken·lar·ve** [ハーケン・ラるふぇ] [名] -/-n 〖動〗有鉤(こう)条虫の幼生.
die **Ha·ken·na·se** [ハーケン・ナーゼ] [名] -/-n かぎ鼻, ワシ鼻.
der **Ha·kim** [ハキーム] [名] -s/-s (イスラム教圏の)医師;学者, 賢者;支配者;総督;審判者.
das **Ha·la·li** [ハラリー] [名] -s/-(s) 〖狩〗獲物を追いつめた合図の(狩の)ホルンの音〔歓声〕;狩猟の終りの合図;狩猟の終了.
halb [ハルプ] [形] **1.** 半分の, 半々の, 中間の: 1/2 kg (=ein ~*es* Kilo 〔Kilogramm〕) 半キロ. der ~*e* Preis 半値〔額〕. eine ~*e* Note/Pause〖楽〗2分音符/2分休符. eine ~*e* Umdrehung machen 半回転する. auf dem ~*en* Weg 途中で. Es ist ~ drei. 2時半だ. Es schlug ~. (時計が)半を打った. **2.** 不完全な, 中途半端な: die ~*e* Wahrheit 一面の真理. ~ gar sein 生煮え〔生焼け〕である. **3.** 弱められた: mit ~*er* Geschwindigkeit/Kraft スピード/力を落して. ~ beleuchtet sein 照明が弱くしてある. Das ist ~ so schlimm. それはそれほど悪くない. **4.** 半ばの, ほとんどの: ein ~*er* Gelehrter 学者といってもよい人. eine ~*e* Ewigkeit warten müssen 非常に〔永遠と思えるほど〕長く待たなければならない. die ~*e* Stadt 町の大半の人. ~ tot sein 半死半生である.
【慣用】**mit 〈j³〉 halb und halb 〔halbe-halbe〕 machen** 《口》〈人と〉(もうけを)折半する, (損を)半分ずつかぶる. **nichts Halbes und nichts Ganzes sein** どっちつかずである. **nur mit halbem Ohr zuhören** うわの空で聞く.
der **Halb·af·fe** [ハルプ・アっふぇ] [名] -n/-n 〖動〗原猿類.
halb·amt·lich [ハルプ・アムトりひ] [形] 半ば公式の, 半官半民の;確かな筋の.
die **Halb·bil·dung** [ハルプ・ビルドゥング] [名] -/ 《蔑》生半可な教養〔知識〕, 半可通.
halb·bit·ter [ハルプ・ビッター] [形] セミスイートの.
das **Halb·blut** [ハルプ・ブルート] [名] -(e)s/ **1.** (特に馬の)雑種. **2.** 混血の人.
der **Halb·bru·der** [ハルプ・ブるーダー] [名] -s/..brüder 異母〔異父〕兄弟.
halb·dun·kel [ハルプ・ドゥンケル] [形] 薄暗い.
das **Halb·dun·kel** [ハルプ・ドゥンケル] [名] -s/ 薄明, 薄暗がり.
der/*die*/*das* **Hal·be** [ハルベ] [名] (形容詞的変化)《口》(ビール・酒類の)半リットル.

H

der **Hạlb·e·del·stein** [ハルプ・エーデル・シュタイン] [名] -(e)s/-e《古》準宝石, 半貴石.
hạl·be-hạl·be [ハルベ・ハルベ] [形] 半々の〔に〕, 半分の〔に〕.
..hal·ben [..ハルベン] [接尾]《古》代名詞の2格につけて「…のために, …の故に」を表す: meinet*halben* ぼくのために.
hạl·ber [ハルバー] [前]〔+2格〕《常に後置》《文・古》…の故に, …のために.
..hal·ber [..ハルバー] [接尾] 名詞につけて「…のため, …の故に」を表す: krankheits*halber* 病気のため. vorsichts*halber* 念のため.
das **Hạlb·fa·bri·kat** [ハルプ・ふぁブりカート] [名] -(e)s/-e〖経〗半製品.
hạlb·fer·tig, hạlb fer·tig [ハルプ・ふぇるティひ] [形] 出来かけの, 半製品の.
die **Hạlb·fer·tig·wa·re** [ハルプふぇるティひ・ヴァーれ] [名] -/-n 半製品.
hạlb·fett [ハルプ・ふぇっト] [形]〖印〗セミボールド体の;(チーズの)脂肪分の多くない(20%以上. 45%以上は vollfett).
das **Hạlb·fi·na·le** [ハルプ・ふぃナーレ] [名] -s/-〖スポーツ〗準決勝.
der **Hạlb·franz·band** [ハルプ・ふらンツ・バント] [名] -(e)s/..bände〖製本〗背革装本.
hạlb·gar, hạlb gar [ハルプ・ガーあ] [形]〖料〗生煮え〔生焼け〕の.
hạlb·ge·bil·det [ハルプ・ゲビルデット] [形]《蔑》半可通の.
das **Hạlb·ge·fro·re·ne** [ハルプ・ゲふろーれネ] [名]《形容詞的変化》アイスクリームとホイップクリームの半凍の氷菓.
der **Hạlb·gott** [ハルプ・ゴット] [名] -es/..götter〖神話〗半神, 神人;英雄;《皮》神様: *Halbgötter* in Weiß《口・皮》病院の神様たち(医者たち).
die **Hạlb·heit** [ハルプハイト] [名] -/-en《蔑》中途半端, 生はんか.
hạlb·her·zig [ハルプ・へるツィひ] [形] 乗り気でない.
hạlb·hoch [ハルプ・ホーほ] [形] 半分の高さの.
hal·bie·ren [ハルビーれン] [動] *h.*〔⟨et^4⟩ッ〕半分にする, 二等分する;半減させる.
die **Hal·bie·rung** [ハルビーるング] [名] -/-en《主に[単]》二等分, 折半;半減.
die **Hạlb·in·sel** [ハルプ・インゼル] [名] -/-n 半島.
das **Hạlb·jahr** [ハルプ・ヤーあ] [名] -(e)s/-e 半年: das erste/zweite ~ 上/下半期.
hạlb·jäh·rig [ハルプ・イェーりひ] [形] 生後半年の;半年間の.
hạlb·jähr·lich [ハルプ・イェーありひ] [形] 半年ごとの.
der **Hạlb·kreis** [ハルプ・クらイス] [名] -es/-e 半円.
hạlb·kreis·för·mig [ハルプクらイス・[ふぇ]るミひ] [形] 半円形の.
die **Hạlb·ku·gel** [ハルプ・クーゲル] [名] -/-n 半球(体): die nördliche/südliche ~ 北半球/南半球.
hạlb·lang [ハルプ・ラング] [形] 中位の長さの.
hạlb·laut [ハルプ・ラウト] [形] 低い声の, 小声の.
das **Hạlb·le·der** [ハルプ・レーダー] [名] -s/《主に無冠詞》〖製本〗背革装.
der **Hạlb·le·der·band** [ハルプレーダー・バント] [名] -(e)s/..bände〖製本〗背革装本.
hạlb leer, [旧]hạlb·leer [ハルプ レーあ] [形] 半分しか入っていない.
das **Hạlb·lei·nen** [ハルプ・ライネン] [名] -s/ 混紡麻織物;《主に無冠詞》〖製本〗背クロース〔布〕装.
der **Hạlb·lei·ter** [ハルプ・ライター] [名] -s/-〖電〗半導体.
halb·lịnks, halb lịnks [ハルプ・リンクス] [副]〖サッカー〗左のインナーで.
der/die **Halb·lịn·ke** [ハルプ・リンケ] [名]《形容詞的変化》〖サッカー〗左のインナー.
hạlb·mast [ハルプ・マスト] [副] マストの中ほどに: ~ flaggen〔die Fahnen auf ~ setzen〕半旗をかかげる.
der **Hạlb·mes·ser** [ハルプ・メッサー] [名] -s/-〖数〗半径(記号 r, R).
das **Hạlb·me·tall** [ハルプ・メタル] [名] -s/-e〖化〗半金属.
hạlb·mo·na·tig [ハルプ・モーナティひ] [形] 半か月の.
hạlb·mo·nat·lich [ハルプ・モーナトリひ] [形] 半月ごとの.
der **Hạlb·mond** [ハルプ・モーント] [名] -(e)s/-e **1.** ([単]のみ)半月(はんげつ). **2.** 半月形のもの〔紋章・図形〕.
hạlb·mond·för·mig [ハルプモーント・[ふぇ]るミひ] [形] 半月形の.
hạlb nackt, [旧]hạlb·nackt [ハルプ ナックト] [形] 半裸の.
hạlb of·fen, [旧]hạlb·of·fen [ハルプ オっふぇン] [形] **1.** 半開きの. **2.**〖官〗半開放の, 外部社会から完全に遮断されてはいない.
hạlb·part [ハルプ・パるト] [副]《次の形で》(mit ⟨j^3⟩) ~ machen《口》(⟨人と⟩)折半する.
die **Hạlb·pen·si·on** [ハルプ・パンズィオーン, ハルプ・ペンズィオーン, ハルプ・パンスィオーン, ハルプ・ペンスィオーン] [名] -/ 二食つきの宿泊: ~ nehmen 二食つきで泊まる.
halb·rẹchts, halb rẹchts [ハルプ・れひツ] [副]〖サッカー〗右のインナーで.
der/die **Halb·rẹch·te** [ハルプ・れひテ] [名]《形容詞的変化》〖サッカー〗右のインナー.
hạlb·rund [ハルプ・るント] [形] 半円〔半球〕形の.
der **Hạlb·schat·ten** [ハルプ・シャッテン] [名] -s/-〖光・天〗半影;薄暗がり.
der **Hạlb·schlaf** [ハルプ・シュラーふ] [名] -(e)s/ 浅い眠り, まどろみ.
der **Hạlb·schuh** [ハルプ・シュー] [名] -(e)s/-e 短靴.
das **Hạlb·schwer·ge·wicht** [ハルプ・シュヴェーあ・ゲヴィひト] [名] -(e)s/-e **1.** ([単]のみ)〖スポーツ〗ライト・ヘビー級. **2.** ライト・ヘビー級の選手.
die **Hạlb·schwes·ter** [ハルプ・シュヴェスター] [名] -/-n 異母〔異父〕姉妹.
die **Hạlb·sei·de** [ハルプ・ザイデ] [名] -/-n 混紡絹織物.
hạlb·sei·den [ハルプ・ザイデン] [形] **1.** 絹混紡の **2.**《口・蔑・古》おかまのような;《口・蔑》いかがわしい.
der **Hạlb·sei·de·ne** [ハルプ・ザイデネ] [名]《形容詞的変化》《口・蔑・古》同性愛者.
hạlb·sei·tig [ハルプ・ザイティひ] [形]〖印〗半ページの;〖医〗片側(だけ)の: ~*e* Kopfschmerzen 偏頭痛.
hạlb·stark [ハルプ・シュタるク] [形] ちんぴらの.
der **Hạlb·star·ke** [ハルプ・シュタるケ] [名]《形容詞的変化》《口・蔑》ちんぴら, 不良, つっぱり(少年).
der **Hạlb·stie·fel** [ハルプ・シュティーふぇル] [名] -s/- 半長靴, ハーフブーツ.
hạlb·stock [ハルプ・シュトック] [副] =halbmast.
der **Hạlb·strumpf** [ハルプ・シュトるムプふ] [名] -(e)s/..strümpfe ニーレングス, ハイソックス.
hạlb·stün·dig [ハルプ・シュテュンディひ] [形] 半時間の.
hạlb·stünd·lich [ハルプ・シュテュントリひ] [形] 半時間ごとの.
hạlb·tä·gig [ハルプ・テーギひ] [形] 半日間の.
hạlb·täg·lich [ハルプ・テークリひ] [形] 半日ごとの.
die **Hạlb·tags·ar·beit** [ハルプ・タークス・アるバイト] [名] -/-en 半日仕事, 半日のパートタイム勤務.
die **Hạlb·tags·schu·le** [ハルプ・タークス・シューレ] [名] -/-n (午前中だけの)半日学校.
der **Hạlb·ton** [ハルプ・トーン] [名] -(e)s/..töne〖楽〗半音;〖美〗ハーフトーン, 中間調〔色〕.
hạlb tot, [旧]hạlb·tot [ハルプ トート] [形] 半死半生の;疲れはてた.
die **Hạlb·trau·er** [ハルプ・トらウあー] [名] -/ 半喪期;

半喪服.

hạlb·tro·cken [ハルプ・トろッケン] [形] 中辛口の.

der **Hạlb·vers** [ハルプ・ふぇるス] [名] -es/-e 〖詩〗半行.

hạlb·ver·waist [ハルプ・ふぇあヴァイスト] [形] 片親のいない.

hạlb voll, [旧]**hạlb·voll** [ハルプ ふぉル] [形] 半分入った.

hạlb wach, [旧]**hạlb·wach** [ハルプ ヴァっは] [形] 半ば目覚めた.

die **Hạlb·wai·se** [ハルプ・ヴァイゼ] [名] -/-n 片親のいない子.

hạlb·wegs [ハルプ・ヴェークス] [副] **1.** どうにか, なんとか. **2.** 《古》中途で.

die **Hạlb·welt** [ハルプ・ヴェルト] [名] -/ 《《蔑》も有》ドゥミ・モンド, 半社交界《高級娼婦が中心の反市民道徳的な世界》.

das **Hạlb·wel·ter·ge·wicht** [ハルプ・ヴェルター・ゲヴィひト] [名] -(e)s/- **1.** 《[単]のみ》〖ボクシング〗ライトウェルター級. **2.** ライトウェルター級選手.

die **Hạlb·werts·zeit** [ハルプ・ヴェーあツ・ツァイト] [名] -/-en 〖理〗半減期.

das **Hạlb·wis·sen** [ハルプ・ヴィっセン] [名] -s/ 《蔑》生半可な〔中途はんぱな・生かじりの〕知識, 半可通.

hạlb·wüch·sig [ハルプ・ヴュークスィひ] [形] まだ大人になっていない, 未成年〔成熟〕の.

der/die **Hạlb·wüch·si·ge** [ハルプ・ヴュークスィゲ] [名] 《形容詞的変化》未成年者.

die **Hạlb·zeit** [ハルプ・ツァイト] [名] -/-en 〖スポーツ〗試合の前〔後〕半; ハーフタイム, 試合中間の休み.

das **Hạlb·zeug** [ハルプ・ツォイク] [名] -(e)s/ 〖経〗半製品.

die **Hạl·de** [ハルデ] [名] -/-n **1.** 《文》なだらかな斜面, 山腹. **2.** 〖鉱〗ぼた山. **3.** (石炭の)在庫の山; 売れない商品の大量の在庫: auf ~ liegen (大量の)在庫がある.

der **Hạl·den·be·stand** [ハルデン・ベシュタント] [名] -(e)s/..stände 〖経〗貯炭量, 石炭在庫.

half [ハルふ] [動] helfen の過去形.

hälfe [ヘルふぇ] [動] 《稀》helfen の接続法 2 式.

die **Hälf·te** [ヘルふテ] [名] -/-n **1.** 半分, 2 分の 1: die gute ~ 半分以上. 〈et^{4}〉 in zwei ~*n* teilen 〈物を〉を二つに割る. in der ersten ~ des 20. Jahrhunderts 20 世紀の前半に. in der gegnerischen ~ 相手チームのフィールドで. um die ~ kürzer その半分だけ短い. zur ~ 半分だけ. **2.** 《口》中途, 中間: auf der ~ des Weges 道の途中で. 【慣用】**meine bessere Hälfte** 《口・冗》私の妻, 《稀》私の夫.

der〔*das*〕**Hạlf·ter**[1] [ハルふター] [名] -s/- 《《古》die ~ -/-n》(馬などの)端綱(はづな), 手綱.

die **Hạlf·ter**[2] [ハルふター] [名] -/-n 《das ~ -s/-も有》ピストルのホルスター.

hạlf·tern [ハルふターン] [動] *h.* 〔〈et^{4}〉に〕端綱(はづな)をつける(馬などに).

hälf·tig [ヘルふティひ] [形] 半々の, 半分ずつの.

(*die*) **Hal·ky·o·ne** [ハルキュオーネ, ハルキューオネ] [名] -/ =Alkyone 1.

hal·ky·o·nisch [ハルキュオーニシュ] [形] =alkyonisch.

der **Hạll** [ハル] [名] -(e)s/-e 《主に[単]》 **1.** 《文》響き. **2.** 反響.

(*das*) **Hạl·le**[1] [ハレ] [名] -s/ 〖地名〗ハレ《①ザクセン=アンハルト州の都市. ②旧東独時代の同市を中心とする県》.

die **Hạl·le**[2] [ハレ] [名] -/-n ホール, 会堂; ロビー.

das **Hal·le·lu·ja** [ハレルーヤ] [名] -s/-s ハレルヤ(聖歌).

hal·le·lu·ja ! [ハレルーヤ] [間] **1.** ハレルヤ《「主をたたえよ」の意味》. **2.** 《口》やれ, ありがたや.

hạl·len [ハレン] [動] *h.* **1.** 〔補足なし〕鳴響く; 反響〔こだま〕する《声・物音が》. **2.** 〔補足なし〕響く, 反響する《部屋などが》.

das **Hạl·len·bad** [ハレン・バート] [名] -(e)s/..bäder 室内〔屋内〕プール.

der **Hạl·len·hand·ball** [ハレン・ハント・バル] [名] -(e)s/ 〖スポーツ〗室内ハンドボール.

die **Hạl·len·kir·che** [ハレン・キるひぇ] [名] -/-n 〖建〗ホール式教会《中廊と側廊が同じ高さをもつ》.

der **Hạl·len·sport** [ハレン・シュポるト] [名] -(e)s/ 屋内スポーツ.

das **Hạl·len·sta·di·on** [ハレン・シュターディオン] [名] -s/..dien 屋内競技場.

Hạl·leysch [hálɛʃ ハレシュ] [形] ハレーの: der ~*e* Komet ハレー彗星.

die **Hạl·lig** [ハリひ] [名] -/-en 〖地名〗ハリヒ《北海岸の高潮時に冠水する小島》.

das **Hạl·lo** [ハロー, ハロ] [名] -s/-s **1.** やあ〔おや, おーい〕という叫び〔呼び〕声《喜びを表して》. **2.** 《der ~ も有》大騒ぎ.

hal·lo ! [ハロー, ハロ] [間] **1.** 《発音は[ハロ]》もしもし, ねえ, やあ《呼びかけの言葉》: *H*~, ist hier jemand ? もしもし, だれかいませんか. *H*~, wer ist am Apparat ? もしもし, 電話口にいるのはだれですか. **2.** 《発音は[ハロー]》やあ, おや《思いがけない喜びを表して》.

die **Hạll·statt·zeit** [ハル・シュタっト・ツァイト] [名] -/ 〖考古〗ハルシュタット期.

die **Hal·lu·zi·na·ti·on** [ハルツィナツィオーン] [名] -/-en 幻覚: akustische/optische ~*en* 幻聴/幻視.

hal·lu·zi·nie·ren [ハルツィニーれン] [動] *h.* 〔補足なし〕幻覚(症状)を起こす.

das **Hal·lu·zi·no·gen** [ハルツィノゲーン] [名] -s/-e 〖医〗幻覚剤.

der **Hạlm** [ハルム] [名] -(e)s/-e (中空でふしのある)茎: die Ernte auf dem ~ (ver)kaufen 穀物を収穫前に売買する.

das **Hạl·ma** [ハルマ] [名] -s/ ハルマ《二人または四人でする盤上ゲーム》.

die **Hạlm·frucht** [ハルム・ふるふト] [名] -/..früchte 《主に[複]》穀物, 穀類.

der **Ha·lo** [ハーロ] [名] -(s)/-s〔-nen ハローネン〕 **1.** 〖理〗(太陽・月などの)暈(かさ). **2.** 〖医〗暈輪(うんりん); 紅彩輪; 乳頭輪.

ha·lo·gen [ハロゲーン] [形] 〖化〗ハロゲンの.

das **Ha·lo·gen** [ハロゲーン] [名] -s/-e 〖化〗ハロゲン.

das **Ha·lo·gen·de·ri·vat** [ハロゲーン・デりヴァート] [名] -(e)s/-e 〖化〗ハロゲン誘導体.

die **Ha·lo·gen·glüh·lam·pe** [ハロゲーン・グリュー・ラムペ] [名] -/-n ハロゲンランプ.

die **Ha·lo·gen·lam·pe** [ハロゲーン・ラムペ] [名] -/-n ハロゲン灯.

der **Ha·lo·gen·schein·wer·fer** [ハロゲーン・シャイン・ヴェるふぁー] [名] -s/- 〖車〗ハロゲン前照灯〔ヘッドライト〕.

ha·lo·phil [ハロ・ふぃール] [形] 〖生〗塩性の.

der **Ha·lo·phyt** [ハロ・ふゅート] [名] -en/-en 〖植〗塩生植物.

der **Hạls** [ハルス] [名] -es/Hälse **1.** 首: sich^{3} 〈et^{4}〉 um den ~ binden 〈物を〉首に巻く. eine Kette um den ~ tragen 首にネックレスをしている. einen langen ~ machen 首を伸ばして見る. **2.** 喉(のど): einen rauhen ~ haben 喉が荒れている. **3.** (瓶の)首; (弦楽器の)ネック; 〖建〗(柱頭の下の)頸(けい)部, ネッキング; 〖医〗(子宮などの)頸(けい)部: einer Flasche den ~ brechen 瓶の栓を抜く. **4.** 〖狩〗(猟犬の)ほえ声. 【慣用】〈j^{4}/et^{4}〉 **am**〔**auf dem**〕**Hals haben** 《口》〈人・事に〉煩わされている. **aus vollem Hals(e)** 大声で. **den Hals nicht voll kriegen können** 《口》(大食で)飽くことがない. 〈j^{3}〉 **den Hals umdrehen**〔**brechen**〕《口》〈人を〉(経済的に)破滅させる. **Hals über Kopf**

Halsabschneider 522

《口》あわてふためて. ⟨et¹⟩ hängt ⟨j³⟩ zum Hals(e) heraus 《口》〈人に〉うんざりしている. ⟨et¹⟩ in den falschen Hals kriegen 〈事を〉誤解する, 悪くとる. ⟨j³⟩ mit ⟨j³⟩ vom Hals bleiben 〈人と〉〈事で〉わずらわせない. sich⁴ ⟨j³⟩ an den Hals werfen 《口》〈人に〉しつこく言寄る. sich³ ⟨j¹/et¹⟩ auf den Hals laden 《口》〈人・事を〉しょいこむ. sich³ ⟨j¹/et¹⟩ vom Hals schaffen 《口》〈人・物・事を〉厄介払いする. ⟨j³⟩ um den Hals fallen 〈人を〉抱擁する.

der **Hals·ab·schnei·der** [ハルス・アップ・シュナイダー] 名 -s/- 《口・蔑》暴利をむさぼる人, 高利貸し.

die **Hals·a·der** [ハルス・アーダー] 名 -/-n 〖解〗頸(ガ)動脈.

der **Hals·aus·schnitt** [ハルス・アウス・シュニット] 名 -(e)s/-e 襟ぐり, ネックライン.

das **Halsband** [ハルス・バント] 名 -(e)s/..bänder 首輪(ペンダントのついた)首に巻く(ビロードの)リボン;《古》(高価な)幅広の首飾り.

die **Halsberge** [ハルス・ベルガー] 名 -/-n (よろいの)のどあて, 首よろい;鎖帷子(シジ).

der **Halsberger** [ハルス・ベルガー] 名 -s/- 〖動〗潜頸(シジ)亜目のカメ(首を垂直方向に引込める種類).

die **Halsbräune** [ハルス・ブロイネ] 名 -/ 《古》喉東〔咽頭〕ジフテリア.

hals·bre·che·risch [ハルス・ブレッヘリッシュ] 形 危険このうえない.

das **Halseisen** [ハルス・アイゼン] 名 -s/- (中世の)鉄の首かせ(拷問具としても使用).

die **Hals·ent·zün·dung** [ハルス・エントツュンドゥング] 名 -/-en 咽頭炎.

das **Halsgericht** [ハルス・ゲリヒト] 名 -(e)s/-e (中世から近世初期の)重罪裁判.

..hal·sig [..ハルズィヒ] 接尾 数詞・形容詞について「…な首の」を表す: zweihalsig 二つ首の. langhalsig 首の長い.

die **Halskette** [ハルス・ケッテ] 名 -/-n (鎖の)首飾り, ネックレス.

der **Halskragen** [ハルス・クラーゲン] 名 -s/- (襟の)カラー(ペット用の)カラー(傷口をなめないようにする).

die **Halskrause** [ハルス・クラウゼ] 名 -/-n ひだ襟;(雄の鳥の)ひだ襟状の首毛.

die **Halslänge** [ハルス・レンゲ] 名 -/-n 〖競馬〗首一つの長さ, 首差.

der **Hals-Nasen-Ohren-Arzt** [ハルス・ナーゼン・オーレン・アーアット, ハルス・ナーゼン・オーレン・アアット] 名 -es/..Ärzte 耳鼻咽喉(インス)科医(略 HNO-Arzt).

die **Halsschlagader** [ハルス・シュラーク・アーダー] 名 -/-n 頸(ケス)動脈.

der **Halsschmerz** [ハルス・シュメルツ] 名 -es/-en (主に®)のどの痛み,《口》(特に第二次大戦中の首に掛)勲章の渇望.

der **Hals·schmuck** [ハルス・シュムック] 名 -(e)s/ 首飾り.

hals·star·rig [ハルス・シュタリヒ] 形 《蔑》強情な, 頑固な.

die **Hals·star·rig·keit** [ハルス・シュタリヒカイト] 名 -/ 《蔑》頑固, 強情.

das **Halsstück** [ハルス・シュテュック] 名 -(e)s/-e (牛・豚などの)首の肉.

das **Halstuch** [ハルス・トゥーフ] 名 -(e)s/..tücher 襟巻, ネッカチーフ, マフラー.

das **Halsweh** [ハルス・ヴェー] 名 -(e)s/ 《口》のどの痛み.

die **Halsweite** [ハルス・ヴァイテ] 名 -/-n 首回り.

der **Hals·wen·der** [ハルス・ヴェンダー] 名 -s/- 〖動〗曲頸亜目のカメ(首を横に曲げて引込める種類).

der **Hals·wir·bel** [ハルス・ヴィルベル] 名 -s/- 〖解〗頸椎(ケサイ).

halt [ハルト] 副 《話者の気持》《南独・オース・スイ》(事態を仕方がないものとして)しかたなく, やはり.

der **Halt** [ハルト] 名 -e(-s)/-e(-s) **1.** (®のみ)支え;手(足)がかり,(転)(精神的)拠り所;安定: an ⟨j³/et³⟩ ~ haben 精神的に安定している. **2.** 停止;停車: einen kurzen ~ machen 小休止する. **3.** 《古》容積, 面積. **vor nichts (niemandem) Halt machen** 《慣用》Halt machen 止まる, 留まる, 休憩する.

halt! [ハルト] 間 止まれ, 待て, ストップ: H~! Wer da?〔歩哨の呼びかけ〕止まれ, だれだ.

hält [ハルト] 動 halten の現在形3人称単数.

haltbar [ハルト・バー] 形 **1.** 持ちのよい;丈夫な. **2.** 持ちこたえられる(主に nicht とともに): Diese Theorie ist bestimmt nicht ~. この理論は批判に堪えない. **3.**〖球〗止められる(シュートなど).

die **Haltbarkeit** [ハルトバーカイト] 名 -/ 長持ちすること, 耐久性のあること;正当なこと.

die **Halte·li·nie** [ハルテ・リーニエ] 名 -/-n 〖交通〗停止線.

hal·ten* [ハルテン] 動 er hält; hielt; hat gehalten **1.** ⟨j¹/et¹⟩ッ 摑(ノ)んで〔握って〕いる, 持っている;捕まえておく, 押えている, 支えている;抱えている. **2.** ⟨j¹/et¹⟩ッ+⟨場所⟩固定している, 止めている, 支えている(物が主語): Der Sicherheitsgurt hielt ihn im Sitz. 安全ベルトは彼を座席に固定していた. **3.** ⟨j¹/et¹⟩ッ+〈様態〉:〈方向〉している(ある状態・場所へ動かしてそのままにして置く): den Arm ausgestreckt ~ 片腕を伸ばしている. die Hände an [gegen] den Ofen ~ 両手をストーブにかざしている. **4.** ⟨sich⁴+®⟩姿勢(態度)をしている;(…に)している(状態・気持を表す): sich⁴ warm ~ 暖かくしている. sich⁴ bereit ~ zu ® … をする用意[覚悟]をしている. **5.** ⟨sich⁴+〈場所〉⟩〈様態〉留まる(ある場所内で特定の場所〔様態〕に位置を保ち続ける): Er konnte sich nur drei Sekunden auf dem Surfbrett ~. 彼はたった3秒しかサーフボードに立って[乗って]いられなかった. sich⁴ ziemlich lange im Kopfstand ~ können かなり長い間逆立ちしたままでいられる. **6.** ⟨j¹/et¹⟩ッ止める. **7.** ⟨et¹⟩ッ流れ出さない, 漏らさない(液体を). **8.** ⟨®⟩止まる, 停止する;止まっている, 動かない: Der Zug hält noch fünf Minuten. 列車はまだ5分間止まっている. Halt, du sprichst zu schnell. 待ってくれ, 君は速く話し過ぎる. **9.** ⟨et¹⟩ッ持ち〔保ち〕続ける, 守り抜く, 維持する, 保つ, 継持する, 失わないようにする(規律・平和などを);守る(約束などを). **10.**⟨sich⁴⟩持ちこたえる, 頑張り続ける(敵・困難などに負けずに). **11.**⟨et¹⟩ッ保つ, 継続する, 変更しない(針路・速度などを);保つ, 維持する, 失わないようにする(規律・平和などを);守る(約束などを). **12.** ⟨sich⁴+an⟨et¹⟩=⟩従う, 従って行動する(規則・約束などに). **13.** ⟨sich⁴+an⟨j¹/et¹⟩=⟩則(ノット)る, 基づく, 依拠する, 従う(思考・判断・発言・創作などの際に). **14.** ⟨sich⁴+an⟨j¹/et¹⟩=⟩頼る, 頼む. **15.** ⟨sich⁴+an⟨j¹/et¹⟩=⟩を選ぶ(主に lieber とともに用いる): Ich halte mich lieber an ihn. 彼はとても愛想がよい. 私は彼にするより, 愛想が良さそうだ. **16.** ⟨auf⟨et¹⟩ッ⟩重んじる, 大事にする, 気にかける. **17.** ⟨zu ⟨j³/et³⟩ッ⟩味方をする, 後押しする, 支援[援助]をする. **18.** ⟨es+mit ⟨j³/et³⟩=⟩好意を持つ, 共鳴〔共感〕する, 気持がひかれる. **19.** ⟨sich⁴+⟨場所⟩⟩居続ける, (…を)保つ(高度などを). **20.** ⟨sich⁴+⟨方向⟩ッ⟩(進路を取り)進み続ける. **21.** ⟨⟨方向⟩ッ⟩狙う, 狙(ラガ)いをつける(銃器・弓などで). **22.** ⟨(sich³)+⟨j¹/et¹⟩ッ⟩持つ, 飼う, 抱える(動物・車などを): sich³ einen Chauffeur ~ 運転手を抱えている.

mehrere Tageszeitungen ~ 日刊紙をいくつも取っている. **23.** 〔〈j⁴/et⁴〉ョッ+〈様態〉ニ〕思う. **24.** 〔〈j⁴/et⁴〉ョッ+für〈j⁴/et⁴〉ョッ/für〔形〕ョッ〕思う. **25.** 〔von〈j⁴/et⁴〉ョッ+〈et⁴〉ョッ〕評価する,思う(4格は主に不定代名詞etwas, viel, wenig, nichts など). **26.** 〔es+(mit〈j³/et⁴〉ョッ)〕(いつも)扱う; 扱う, (…に)対処する. **27.** 〔〈et⁴〉ョッ〕行う, 挙行する, 開催する(行事・催しなどを): einen Gottesdienst ~ ミサ〔礼拝式〕を行う. einen Vortrag ~ 講演を行う. eine Ansprache ~ スピーチを行う. eine Andacht ~ 礼拝する, 祈る. Selbstgespräche ~ 独り言を言う. eine Mahlzeit ~ 食事をする. ein Schläfchen ~ 眠り〔昼寝を〕する. Rat ~ 〔文〕協議〔相談〕をする. Wache ~ 見張りをする, 歩哨に立つ. über〈j³〉Gericht ~ 〔文〕〈人にたいして〉裁判をする. **28.** 〔(sich⁴)+〈く時間〉/囲〕持つ, 長持ちする(食品・天気など): Sie hat sich gut gehalten. 〔口〕彼女は歳より若く見える. Der kritische Zustand des Kranken *hielt* zwei Tage. その病人の危険な容態は2日間続いた. **29.** 〔関連〕(良く)持つ, 丈夫である, 壊れない. 耐久性がある. **30.** 〔〈j⁴/et⁴〉ョッ+〈様態〉ニ〕保つ(温度・食物などを); しておく〔関連〕. **31.** 〔〈et⁴〉ョッ+〈様態〉ニ〕(…の)状態にしておく: 〈4格〉zur Verfügung ~ いつでも出動できるように待機している. sich⁴ immer in der Mitte des Kreises ~ いつもグループの中心にいる. 〈4格〉Sport(zu treiben) *hält* jung/fit. スポーツ(をすること)は若さ/良いコンディションを保つ. die Augen geschlossen ~ 両目をつむったままにしておく. 〈j⁴〉in Spannung ~ 〈人に〉興味を持ち続けさせる. eine Maschine in Gang ~ 機械を運転状態にしておく. **31.** 〔〈et⁴〉ョッ+〈様態〉ニ〕する, 仕上げる, 調える, まとめる(部屋・服装などを).【慣用】an sich⁴ halten 自制する, 自分の感情を抑える〈j³〉auf sich⁴ halten 〈人に〉常に最新情報を与えておく. auf sich⁴ halten 自分の外観〔評判・イメージ〕に気を配り, 自尊心がある, 態度〔身なり〕がきちんとしている. Das kann man halten, wie man will. それは, したいようにしていい. den Mund〔dicht〕halten 口をつぐんでいる, 黙っている. 〈j³〉〔für〕〈j⁴〉die〔den〕Daumen halten 〈人の〉幸運を祈る(親指を内側に隠して握る仕草から表現). die Preise halten 同じ値段を保つ. Diese Theorie lässt sich nicht halten〔ist nicht zu halten〕. この理論は根拠が薄弱だ. einen Ball/einen Strafstoß halten ボールがゴールラインを割るのを/ペナルティキックを防ぐ. mit dem Auto halten〔車を走らせていて〕一時停車する. mit〈j³〉nicht hinter dem Berge halten〔事を〕隠さずはっきり言う. mit〈j³/et⁴〉zu Schritt halten 〈人に〉歩調を合せる, 〈事に〉遅れないようにする. sich³ vor Lachen die Seiten〔den Bauch〕halten 腹を抱えて笑う. 〈j⁴〉zum besten halten 〈人を〉なぶりものにする〔からかう〕.

der **Hal·te·platz** [ハルテ・ブラッツ] 图 -es/..plätze タクシー乗り場停車帯(対向車)待避スペース.

der **Hal·te·punkt** [ハルテ・ブンクト] 图 (e)s/-e **1.** (乗降客がある場合にだけ停車する)小駅. **2.** (射撃の)照準点. 〔理〕臨界点.

der **Hal·ter** [ハルタ-] 图 -s/- **1.** 支える物, ホルダー; ハンドル, 取っ手, 柄. **2.** 〔口〕万年筆(Füllfeder~); 靴下留め, ガーター(Socken~, Strumpf~); ブラジャー(Büsten~). **3.** (車の)所有者(Fahrzeug~); (動物の)飼主(Tier~); 〔やや〕家畜飼育者(Vieh~).

das **Hal·te·sig·nal** [ハルテ・ズィグナール] 图 -s/-e 停止信号.

die **Hal·te·stel·le** [ハルテ・シュテレ] 图 -/-n (市電・バスなどの)停留所.

der **Hal·te·stel·le·schild** [ハルテシュテレ・シルト] 图 -es/-er 停留所標識.

das **Hal·te·ver·bot** [ハルテ・ふぇアボート] 图 -(e)s/-e **1.** 〔交通〕停車禁止; 停車禁止区間. **2.** 飼育禁止.

..**hal·tig** [..ハルティヒ] 接尾 形容詞・名詞につけて「…を含んだ」を表す形容詞を作る: reich*haltig* 内容豊富な. alkohol*haltig* アルコールを含んだ.

..**häl·tig** [..ヘルティヒ] 接尾 〔オーストリア〕=..haltig.

halt·los [ハルト・ロース] 形 情緒不安定な, 確固たるところのない; 根拠のない.

die **Halt·lo·sig·keit** [ハルト・ロースィヒカイト] 图 -/- (心の)不安定な; (主張などの)根拠のないこと.

Halt ma·chen, ⓐ**halt|ma·chen** [ハルト マッヘン] ⇒ Halt 2, 【慣用】.

hältst [ヘルツト] 動 halten の現在形 2 人称単数.

die **Hal·tung** [ハルトゥング] 图 -/-en **1.** (主にⓐ)姿勢, ポーズ; 態度: eine drohende ~ einnehmen 脅すような態度をとる. **2.** (主にⓐ)(精神的な)態度, 心構え; (ⓐのみ)落着き, 自制心: eine klare ~ einnehmen 明確な態度をとる. seine ~ bewahren 落着きを保つ. **3.** (ⓐのみ)飼育.

der **Ha·lun·ke** [ハルンケ] 图 -n/-n **1.** 〔蔑〕悪党, やくざ, ごろつき. **2.** 〔冗〕いたずら小僧.

(*der*) **Ham** [ハム] 图 〔旧約〕ハム(ノアの息子. ハム人の祖).

die **Ha·ma·da** [ハマーダ] 图 -/-s〔地〕=Hammada.

das **Hä·mangi·om** [ヘマンギオーム] 图 -s/-e〔医〕血管腫(しゅ).

(*der*) **Ha·mann** [ハーマン] 图〔人 名〕ハーマン(Johann Georg ~, 1730-88, 哲学者).

der **Hä·ma·tit** [ヘマティート] 图 -s/-e〔地質〕赤鉄鉱.

die **Hä·ma·to·lo·gie** [ヘマト・ロギー] 图 -/ 〔医〕血液学.

das **Hä·ma·tom** [ヘマトーム] 图 -s/-e〔医〕血腫(しゅ).

(*das*) **Ham·burg** [ハンブルク] 图 -s/〔地名〕ハンブルク(正式名: Freie und Hansestadt ~ 自由ハンザ都市ハンブルク. エルベ川下流のドイツ最大の港湾都市. 略 HMB).

die **Ham·burg-Ame·ri·ka-Li·nie** [ハンブルク・アメリカ・リーニエ] 图 /- ハンブルク・アメリカ航路.

Ham·bur·ger[1] [ハンブるガー] 形〔無変化の〕ハンブルクの.

der **Ham·bur·ger**[2] [ハンブるガー] 图 -s/-ハンブルク市民.

der **Ham·bur·ger**[3] [ハンブるガー, hámbœrgər ヘム⟨K⟩ーあガー, -ˈbœrgər ヘムㆍバーガー〕〔ドイツ式発音では-〕〔料〕ハンバーガー; ハンバーグ(ステーキ)(~Steak).

ham·bur·gern [ハンブるガーン] 動 h. 〔関連〕ハンブルク方言で話す.

die **Hä·me** [ヘーメ] 图 -/ 意地悪.

der **Ha·me·ler** [ハーメラー] 图 -s/- ハーメルンの人.

(*das*) **Ha·meln** [ハーメルン] 图 -s/ 〔地名〕ハーメルン(ニーダーザクセン州の町).

hä·misch [ヘーミッシュ] 形 意地の悪い, 陰険な.

der **Ha·mit** [ハミート] 图 -en/-en ハム(語族)の人(北アフリカのハム語族を使う諸民族).

ha·mi·tisch [ハミーティッシュ] 形 ハム人の.

(*der*) **Ham·let** [ハムレット] 图〔人 名〕ハムレット(伝説的なデンマークの王子).

die **Ham·ma·da** [ハマーダ] 图 -/-s〔地〕ハマダ, 岩石砂漠.

der **Ham·mel** [ハメル] 图 -s/-〔Hämmel〕**1.** (去勢された)雄ヒツジ; (ⓐのみ)羊肉, マトン; マトンステーキ. **2.** 〔口・罵〕ばか者.

das **Ham·mel·bein** [ハメル・バイン] 图 -(e)s/-e **1.** 〔稀〕雄羊の足. **2.** (次の形で)〈j³〉 die ~e lang ziehen〔口〕〈人を〉こっぴどくしかりつける. 〈j⁴〉bei den -en nehmen 〈人の〉足をつかむ; 〈人に〉責任

Hammelbraten 524

を問う.

der **Ham·mel·bra·ten** [ハメル・ブラーテン] 名 -s/- 羊の焼肉, ローストマトン.

das **Ham·mel·fleisch** [ハメル・フライシュ] 名 -(e)s/ マトン, 羊肉.

die **Ham·mel·keu·le** [ハメル・コイレ] 名 -/-n 羊のもも肉.

der **Ham·mel·sprung** [ハメル・シュプルング] 名 -(e)s/ 再入場採決方式(全議員がいったん退場し, 賛成・反対・棄権の三つの口から再入場することで採決をする方法).

der **Ham·mer** [ハマー] 名 -s/Hämmer **1.** 槌(?), 金槌, ハンマー; 木槌; 『工』動力ハンマー; 『古』鍛造工場. 〈〈陸上競技の〉ハンマー; 【解】(中耳の)槌骨(?); 【楽】(ピアノの)ハンマー. **2.** 『スポ』『ピンポン』強いシュート; (球のみ)強いシュート力. **3.** 〈口〉大きな誤り; とんでもないこと; すごいこと; ヘマス. 【慣用】einen Hammer haben 頭がおかしい. 〈et⁴〉 unter den Hammer bringen 〈物〉を競売に付す. unter den Hammer kommen 競売に付される. zwischen Hammer und Amboss geraten 窮地に陥る.

das **Häm·mer·lein** [ヘマーライン] 名 -s/- **1.** (Hammer の縮小形)小さいハンマー. **2.** 『文』悪魔, 妖魔: Meister ~ 悪魔; 死刑執行人.

der **Häm·mer·ling** [ヘマーリング] 名 -s/-e 『古』悪魔, 妖魔; =Hämmerlein 2.

häm·mern [ヘマーン] 動 h. **1.** (籠のみ)ハンマー(槌(?))を振るう. **2.** 〈et⁴〉ハンマーでたたいて加工する(金属板などを); ハンマーでたたいて作る(装身具などを). **3.** 〈方向〉ハンマーで打つようにたたく, こつこつつつく. **4.** (籠のみ)ぽんぽんと音を立てている(ピアノ・タイプライターなどが). **5.** 〈et⁴〉〈口〉金槌でたたくようにピアノで弾く(曲を). **6.** 『口』どきどきする(心臓・脈が), どきどきと脈打つ. **7.** [auf 〈et³〉]〈口〉ぽんぽんと打つ(タイプライターを). **8.** 〈et⁴〉〈j³〉 〈口〉たたき込む(意識などを). **9.** 『スポ』〈(et⁴)+〈方向〉〉『ピンポン』勢いよくシュートする, たたき込む.

der **Ham·mer·schlag** [ハマー・シュラーク] 名 -(e)s/ ..schläge **1.** ハンマーで打つこと; (鍛造の際に飛散る)酸化被膜. **2.** 『織』たたき出し模様のある絹織物; 『ビンポン』チョップショット, チョップボール.

der **Ham·mer·schmied** [ハマー・シュミート] 名 -(e)s/-e 鍛冶職人, 鍛冶屋.

das **Ham·mer·wer·fen** [ハマー・ヴェルフェン] 名 -s/ ハンマー投げ.

das **Ham·mer·werk** [ハマー・ヴェルク] 名 -(e)s/-e (大ハンマーのある)鍛造工場.

die **Ham·mond·or·gel** [hɛ́mənt..] ヘモント・オルゲル 名 -/-n 『楽』ハモンドオルガン.

(*der*) **Ham·mu·ra·pi** [ハムらービ] 名 『人名』ハムラビ(バビロニアの王で, ハムラビ法典を制定).

die **Hä·mo·di·a·ly·se** [ヘモ・ディアリューゼ] 名 -/-n 『医』血液透析.

das **Hä·mo·glo·bin** [ヘモ・グロビーン] 名 -s/ 『医』ヘモグロビン, 血色素(記号 Hb).

die **Hä·mo·phi·lie** [ヘモ・ふィりー] 名 -/-n 『医』血友病.

die **Hä·mor·rho·i·de** [ヘモろイーデ], **Hä·mor·ri·de** [ヘモリーデ] 名 -/-n (主に(常))『医』痔(?)核.

hä·mo·sta·tisch [ヘモ・スターティシュ] 形 『医』止血の.

der **Ham·pel·mann** [ハムペル・マン] 名 -(e)s/ ..männer (おもちゃの)操り人形; 『口・蔑』言いなりになる人間: 〈j⁴〉zu seinem ~ machen 〈人〉を自分の傀儡(??)にする.

der **Hams·ter** [ハムスター] 名 -s/- 『動』ハムスター.

der **Hams·te·rer** [ハムステらー] 名 -s/- 〈口〉買いだめする人; 買出しをする人.

der **Hams·ter·kauf** [ハムスター・カウふ] 名 -(e)s/ ..käufe (食料品・日用品などの)買いだめ.

hams·tern [ハムスターン] 動 h. **1.** (籠のみ)貯える; 買いだめする; (農家へ)買出しに行く. **2.** 〈et⁴〉貯える; (農家へ)買出しに行って手に入れる; 〈口〉獲得する.

der **Han** [ハン] 名 -s/-s〔e〕漢(中国の王朝).

das **Ha·nau** [ハーナウ] 名 -s/ 『地名』ハーナウ(ヘッセン州の都市).

die **Hand** [ハント] 名 -/Hände **1.** 手: eine ~ voll Erdbeeren 手にいっぱいのいちご. 〈j³〉die ~ geben[drücken] 〈人と〉握手する. die ~ vor den Mund halten 口に手を当てる. sich³〈et⁴〉 haben 〈物⁴〉を手元に持っている. 〈j³〉〈et⁴〉aus der ~ nehmen 〈人〉の手から〈物〉を取上げる. 〈et⁴〉bei der ~ haben 〈物〉を手もとに用意している. 〈j⁴〉bei der ~ nehmen 〈人〉の手を取る. 〈et⁴〉in *Händen* halten 〈物・事⁴〉手中に収めている, 意のままにできる. ~ in ~ gehen 手に手を取って行く. 〈j³〉in die ~ nehmen 〈物〉を手に取る;〈物・事⁴〉引受ける. mit bloßen *Händen* 素手で. 〈et⁴〉zur ~ haben 〈物⁴〉を手もとにある. auf den *Händen* laufen 逆立ちをして歩く. ~ aufs Herz! 手を胸において(正直に). *Hände* hoch! 手をあげろ. **2.** (…の)人; 人手; 所有者: 〈et⁴〉in fremde *Hände* geben 〈物〉を人手にわたす. 〈j³〉in die *Hand* arbeiten 〈人〉を助ける. (*die*) letzte Hand an 〈et⁴〉legen 〈物・事〉に最後の仕上げをする. die öffentliche Hand[die öffentlichen Hände] その筋, 当局, 国家機関(特に財政面に). eine glückliche Hand bei〈et⁴〉 haben 〈事〉巧みに処理することができる. eine Hand voll 一握り, 一つかみ; 少数: eine *Hand* voll Körner (片手で)一すくいの穀物. nur eine *Hand* voll Zuschauer ごく少数の観客. eine lockere Hand haben 手が早い(すぐなぐる). eine milde[offene] Hand haben 気前がよい. freie Hand haben 行動の自由を持つ. für〈j⁴/et⁴〉die[seine] Hand ins Feuer legen 〈人・事〉について絶対の保証をする. Hand an sich⁴ legen 〈文〉自殺する. 〈j³〉Hand ausschlagen 〈人の〉求婚を拒絶する. Hand und Fuß haben 着実(堅実)である. 〈j⁴/et⁴〉 in die Hand [Hände] bekommen 〈人・物〉をたまたま手に入れる. 〈j³〉〈et⁴〉in die Hand versprechen 〈人に〉〈事〉を固く約束する. 〈j³〉in die Hände de fallen 〈人〉の手に入る, 〈人〉の手中に陥る. in guten[sicheren] *Händen* sein 〈人〉から保護されている, お世話になっている. 〈et⁴〉liegt auf der Hand 〈口〉〈事〉明白である. linker/rechter Hand (話者からの)左方/右方に. 〈et⁴〉mit der linken Hand tun〈口〉造作もなく〈事〉する. mit Händen zu greifen sein 明白である. mit leichter Hand やすやすと. mit starker[fester] Hand 強力に, しっかりと. mit vollen Händen 気前よく. 〈j³〉

rechte Hand 〈人の〉右腕(の人). **unter der Hand** ひそかに, こっそりと. 〈et⁴〉 **unter den Händen haben** 〈物を〉製作中である. **von der Hand in den Mund leben** その日暮らしをする. 〈et⁴〉 **von der Hand weisen** 〈事を〉拒絶する. **von Hand zu Hand gehen** 手から手へ渡る. 〈et⁴〉 **von langer Hand vorbereiten** 〈事の〉はかりごとをめぐらす. **zu Händen ...** …気付(部・課などの個人あてに書簡を送るとき. 略 z. H., z. Hd.): *zu Händen* (von) Herrn Lehmann レーマン氏宛(あて)親展. **zu treuen Händen** 受託者に(信託する). 〈j³〉 **zur Hand gehen** 〈人を〉援助する. **zur linken/rechten Hand** 左側/右側に. **zwei linke Hände haben** 《口》不器用である.

der **Hand·ab·zug** [ハント・アップ・ツーク] [名] -(e)s/..züge 〖印〗手刷り;〖写〗手による焼付.

der **Hand·ap·pa·rat** [ハント・アパらート] [名] -(e)s/-e **1.** (論文作成のための)参考図書. **2.** (電話の)受話器.

die **Hand·ar·beit** [ハント・アるバイト] [名] -/-en **1.** (《単》のみ)手仕事, 肉体労働;(機械によらない)手作業, 手づくり. **2.** 手芸品;手工品. **3.** (《単》のみ)手芸の授業.

der **Hand·ar·bei·ter** [ハント・アるバイター] [名] -s/- 手仕事をする人, 肉体労働者.

der **Hand·at·las** [ハント・アトラス] [名] -(ses)/..lanten 〔-se〕 (ハンディーな)小型地図(帳).

der **Hand·ball** [ハント・バル] [名] -(e)s/..bälle **1.** (《単》のみ) 〖スポ〗ハンドボール. **2.** ハンドボール用のボール.

der **Hand·bal·len** [ハント・バレン] [名] -s/- 指球(手のひらの親指と小指の下のふくらみ).

der **Hand·bal·ler** [ハント・バラー] [名] -s/- ハンドボール選手.

das **Hand·ball·spiel** [ハントバル・シュピール] [名] -(e)s/-e ハンドボールのゲーム.

das **Hand·beil** [ハント・バイル] [名] -(e)s/-e 手斧(ちょうな).

der **Hand·be·sen** [ハント・ベーゼン] [名] -s/- 手箒(てぼうき).

der **Hand·be·trieb** [ハント・ベトりーブ] [名] -(e)s/ 手動.

die **Hand·be·we·gung** [ハント・ベヴェーグング] [名] -/-en 手の動き;手振り.

die **Hand·bi·bli·o·thek** [ハント・ビブリオテーク] [名] -/-en (閲覧室の)参考図書;レファレンス・ライブラリー.

der **Hand·boh·rer** [ハント・ボーらー] [名] -s/- 錐(きり), ハンドドリル.

hand·breit [ハント・ブらイト] [形] 手幅の.

die **Hand·breit** [ハント・ブらイト] [名] -/- 手幅(の長さ).

die **Hand·brem·se** [ハント・ブれムゼ] [名] -/-n ハンドブレーキ.

der **Hand·brems·he·bel** [ハントブれムス・ヘーベル] [名] -s/- 〖車〗ハンドブレーキ・レバー.

das **Hand·buch** [ハント・ブーふ] [名] -(e)s/..bücher ハンドブック.

das **Händ·chen** [ヘントひェン] [名] -s/- 小さい手, おてて: ~ halten《口》(愛をこめて)手を握り合っている. 〈j³〉 das ~ halten 《口》(そばにいて)〈人の〉力になる. für 〈et⁴〉 ein (feines) ~ haben 《口》〈事が〉上手である.

der **Hand·druck** [ハント・ドるック] [名] -(e)s/-e〔-s〕 **1.** (《単》のみ)手刷り(のもの). **2.** (《複》-s)手捺染(なっせん)(の布).

der **Hän·de·druck** [ヘンデ・ドるック] [名] -(e)s/..drücke 握手.

das **Hän·de·klat·schen** [ヘンデ・クラっチェン] [名] -s/ 拍手.

der **Han·del**¹ [ハンデル] [名] -s/ **1.** 商業;通商, 貿易;商取引, 商売;売買契約: ~ treiben 営業する. ein ~ treibendes Volk 交易〔商業・貿易を営む〕民族. einen ~ mit 〈j³〉 abschließen 売買契約を〈人と〉結ぶ. einen ~ mit 〈et³〉 betreiben 〈物の〉取引をする. 〈et¹〉 ist nicht mehr im ~ 〈物は〉もう販売していない. 〈et⁴〉 in den ~ bringen 〈物を〉商品として出す. **2.** 事, 事柄: ein böser ~ 不祥事. **3.** 商店. 【慣用】**Handel und Wandel** 《古》商売, 日々の営み. **mit 〈j³〉 in den Handel kommen** 〈人と〉取引をはじめる, 〈人と〉合意する.

der **Han·del**² [ハンデル] [名] -s/Händel 《文》(主に《複》)(つかみ合いの)喧嘩(けんか).

(*der*) **Hän·del** [ヘンデル] [名] 〖人名〗ヘンデル(Georg Friedrich ~, 1685-1759, 作曲家).

han·deln [ハンデルン] [動] *h.* **1.** 〔mit 〈et³〉ヲ〕〖商〗商う, 売買する. **2.** 〔mit 〈j³〉ト〕取引がある, 取引〔商売〕をする. **3.** (普通は受動文で)〔〈et⁴〉ヲ〕売る, 売買する, 取引する. **4.** 〔(um 〈et⁴〉ノ)〕値引きの交渉をする;値切る. **5.** 〔補足なし〕行動する, 行動を開始する(必要に迫られて). **6.** 〔〈形〉ナ〕行動〔振舞い〕をする, 行動〔振舞い〕は(…で)ある. **7.** 〔an 〈j³〉ニ/gegen 〈j⁴〉ニ+〈様態〉ナ〕態度をとる, 振舞いをする. **8.** 〔über 〈j⁴/et⁴〉ヲ/von 〈j³/et³〉ヲ〕《文》(詳しく)論じる, 論述する;扱う, テーマにする. **9.** 〔Es+sich⁴+um 〈j⁴/et⁴〉デ〕ある: Bei dieser eleganten Erscheinung *handelt* es sich um eine Skandalnudel. あの優雅な(婦)人が, (実は)スキャンダルメーカーなのです. **10.** 〔Es+sich⁴+um 〈j⁴/et⁴〉ガ〕肝心〔重要〕である;問題である〔になっている〕;話題は(…で)ある: Es *handelt* sich darum, dass er mitmachen will. 彼が一緒にやるつもりがあることが肝心だ. Es *handelt* sich um ihn. 彼のことを話しているのだ.

das **Han·dels·ab·kom·men** [ハンデルス・アップ・コメン] [名] -s/- (国家間の)通商協定.

der **Han·dels·at·ta·ché** [ハンデルス・アタシェー] [名] -s/-s (大〔公〕使館付き)商務官.

die **Han·dels·bank** [ハンデルス・バンク] [名] -/-en 商業銀行.

die **Han·dels·be·schrän·kung** [ハンデルス・ベシュれンクング] [名] -/-en 通商制限.

die **Han·dels·be·zie·hun·gen** [ハンデルス・ベツィーウンゲン] [複名] 貿易〔通商〕関係.

die **Han·dels·bi·lanz** [ハンデルス・ビランツ] [名] -/-en 営業決算, 収支決算(書);貿易収支: eine aktive/passive ~ 輸出/輸入超過.

der **Han·dels·bi·lanz·über·schuss**, [旧]**Han·dels·bi·lanz·ü·ber·schuß** [ハンデルスビランツ・ユーバー・シュス] [名] -es/..schüsse 貿易黒字.

das **Han·dels·bi·lanz·de·fi·zit** [ハンデルスビランツ・デーふぃツィット] [名] -s/-e 貿易赤字.

das **Han·dels·blatt** [ハンデルス・ブラット] [名] -(e)s/..blätter 商業新聞.

der **Han·dels·brauch** [ハンデルス・ブらウほ] [名] -(e)s/..bräuche 商習慣

die **Han·dels·de·le·ga·ti·on** [ハンデルス・デレガツィオーン] [名] -/-en 通商代表団.

han·dels·ei·nig [ハンデルス・アイニひ] [形] (次の形で) ~ werden/sein 商談がまとまる/まとまっている.

das **Han·dels·em·bar·go** [ハンデルス・エムバるゴ] [名] -s/-s 貿易禁止.

die **Han·dels·fak·tu·ra** [ハンデルス・ふぁクトゥーら] [名] -/..ren (貿易積荷)送り状.

die **Han·dels·fir·ma** [ハンデルス・ふぃるマ] [名] -/..men 商事会社.

die **Han·dels·flot·te** [ハンデルス・ふロっテ] [名] -/-n 商船隊.

die **Han·dels·frei·heit** [ハンデルス・ふらイハイト] [名] -/ 通商の自由;《稀》行動の自由.

das **Han·dels·ge·richt** [ハンデルス・ゲりひト] [名] -(e)s/-e 商事裁判所.

han·dels·ge·richt·lich [ハンデルス・ゲリひトリひ] [形] 商事裁判(所)の.

das **Han·dels·ge·schäft** [ハンデルス・ゲシェふト] [名] -(e)s/-e **1.** 商企業. **2.** 商行為.

die **Han·dels·ge·sell·schaft** [ハンデルス・ゲゼルシャふト] [名] -/-en 商事会社: offene ~ 合名会社(略 OHG).

das **Han·dels·ge·setz** [ハンデルス・ゲゼッツ] [名] -es/-e 商法.

das **Han·dels·ge·setz·buch** [ハンデルスゲゼッツ・ブーふ] [名] -(e)s/ 商法典(略 HGB).

der **Han·dels·ha·fen** [ハンデルス・ハーふェン] [名] -s/..häfen 貿易港.

das **Han·dels·haus** [ハンデルス・ハウス] [名] -es/..häuser 《古》商館,(老舗の)商会.

das **Han·dels·hemm·nis** [ハンデルス・ヘムニス] [名] -ses/-se 〘経〙貿易障壁.

die **Han·dels·hoch·schu·le** [ハンデルス・ホーほ・シューレ] [名] -/-n(昔の)商科大学(略 HH).

die **Han·dels·kam·mer** [ハンデルス・カマー] [名] -/-n 商工会議所.

die **Han·dels·ket·te** [ハンデルス・ケッテ] [名] -/-n 〘商〙 **1.** 商品流通過程. **2.** チェーン店連合.

die **Han·dels·klas·se** [ハンデルス・クラッセ] [名] -/-n 〘商〙(農産物・魚の)品質の等級.

die **Han·dels·kor·re·spon·denz** [ハンデルス・コれスポンデンツ] [名] -/ 商業通信.

der **Han·dels·krieg** [ハンデルス・クリーク] [名] -(e)s/-e 経済戦争;経済制裁.

der **Han·dels·mak·ler** [ハンデルス・マークラー] [名] -s/- ブローカー.

die **Han·dels·ma·ri·ne** [ハンデルス・マリーネ] [名] -/-n 商船隊.

die **Han·dels·mar·ke** [ハンデルス・マるケ] [名] -/-n 〘商〙商標.

der **Han·dels·mi·nis·ter** [ハンデルス・ミニスター] [名] -s/- 通産大臣, 商務長官.

das **Han·dels·mi·nis·te·ri·um** [ハンデルス・ミニステーりウム] [名] -s/..rien 通産省, 商務省.

der **Han·dels·na·me** [ハンデルス・ナーメ] [名] -ns/-n 商号.

die **Han·dels·nie·der·las·sung** [ハンデルス・ニーダー・ラッスング] [名] -/-en (商企業の)営業所.

die **Han·dels·or·ga·ni·sa·ti·on** [ハンデルス・オるガニザツィオーン] [名] -/-en 商業組織;(㊀のみ)(旧東独の)国営店(略 HO).

der **Han·dels·platz** [ハンデルス・プラッツ] [名] -es/..plätze 商業地区.

die **Han·dels·po·li·tik** [ハンデルス・ポリティーク] [名] -/ 商業(通商)政策.

das **Han·dels·recht** [ハンデルス・れひト] [名] -(e)s/ 商法.

das **Han·dels·re·gis·ter** [ハンデルス・れギスター] [名] -s/- 商業登記簿.

der/die **Han·dels·rei·sen·de** [ハンデルス・らイゼンデ] [名] 《形容詞的変化》外交販売員.

der **Han·dels·rich·ter** [ハンデルス・りひター] [名] -s/- 商事裁判官, 商事判事.

das **Han·dels·schiff** [ハンデルス・シふ] [名] -(e)s/-e 商船.

die **Han·dels·schiff·fahrt,** [旧] **Han·dels·schiffahrt** [ハンデルス・シふ・ふぁーあト] [名] -/ 通商航海.

die **Han·dels·schran·ke** [ハンデルス・シュらンケ] [名] -/-n (主に㊥)通商制限.

die **Han·dels·schu·le** [ハンデルス・シューレ] [名] -/-n 商業学校.

die **Han·dels·span·ne** [ハンデルス・シュパネ] [名] -/-n 〘商〙売買差益, 利ざや, マージン.

die **Han·dels·sper·re** [ハンデルス・シュペれ] [名] -/-n 通商禁止, 経済封鎖.

die **Han·dels·stadt** [ハンデルス・シュタット] [名] -/..städte 商業都市.

der **Han·dels·stütz·punkt** [ハンデルス・シュテュッツ・プンクト] [名] -(e)s/-e 通商の拠点.

han·dels·üb·lich [ハンデルス・ユーブリひ] [形] 商慣習上の.

hän·del·süch·tig [ヘンデル・ズュひティひ] [形] 《文・古》事を構えたがる.

das **Han·dels·un·ter·neh·men** [ハンデルス・ウンターネーメン] [名] -s/- 商企業.

der **Han·dels·ver·kehr** [ハンデルス・ふぇあケーあ] [名] -(e)s/ 商取引, 通商, 貿易.

der **Han·dels·ver·trag** [ハンデルス・ふぇあトらーク] [名] -(e) s/..träge 通商条約;商事契約.

der **Han·dels·ver·tre·ter** [ハンデルス・ふぇあトれーター] [名] -s/- 商事代理人, 代理商;外交販売員, セールスマン.

die **Han·dels·wa·re** [ハンデルス・ヴァーれ] [名] -/-n 商品.

der **Han·dels·wech·sel** [ハンデルス・ヴェクセル] [名] -s/- 商業手形.

der **Han·dels·weg** [ハンデルス・ヴェーク] [名] -(e)s/-e 通商路;流通ルート.

der **Han·dels·zweig** [ハンデルス・ツヴァイク] [名] -(e)s/-e 営業部門.

Han·del trei·bend, [旧] **han·del·trei·bend** [ハンデル トらイベント] ⇨ Handel[1] 1.

hän·de·rin·gend [ヘンデ・リンゲント] [形] もみ手をする, 哀願するような;《口》緊急の;ぜひ.

die **Hand·eu·le** [ハント・オイレ] [名] -/-n 《北独》手ぼうき.

der **Hand·fe·ger** [ハント・ふぇーガー] [名] -s/- 手ぼうき, 掃除用ブラシ.

die **Hand·fer·tig·keit** [ハント・ふぇるティひカイト] [名] -/ 手先の器用さ.

die **Hand·fes·sel** [ハント・ふぇっセル] [名] -/-n (主に㊥)手錠.

hand·fest [ハント・ふぇスト] [形] **1.** がっしりした;栄養たっぷりの. **2.** しっかりした, 明白な;ひどい.

die **Hand·feu·er·waf·fe** [ハント・ふぉイあー・ヴァっふぇ] [名] -/-n 小火器.

die **Hand·flä·che** [ハント・ふレっひぇ] [名] -/-n 手のひら.

der **Hand·flüg·ler** [ハント・ふリューグラー] [名] -s/- 〘動〙翼手類.

der **Hand·ga·lopp** [ハント・ガロップ] [名] -s/-s(-e) 〘馬術〙駆歩, キャンター(馬のゆるい駆け足).

hand·ge·ar·bei·tet [ハント・ゲアるバイテット] [形] 手作りの.

der **Hand·ge·brauch** [ハント・ゲブらウほ] [名] -(e)s/ 日用, 常用: Geschirr zum 〔für den〕 ~ 日常用の食器.

das **Hand·geld** [ハント・ゲルト] [名] -(e)s/-er 契約金, 支度金;(昔の)手金, 手付金.

das **Hand·ge·lenk** [ハント・ゲレンク] [名] -(e)s/-e 手首(の関節). 【慣用】<et⁴> **aus dem Handgelenk schütteln** 《口》<事を>やすやすとやってのける. **ein lockeres 〔loses〕 Handgelenk haben** 《口》手が早い, すぐ殴る.

hand·ge·mein [ハント・ゲマイン] [形] 《次の形で》(miteinander) ~ werden (互に)つかみ合いになる.

das **Hand·ge·men·ge** [ハント・ゲメンゲ] [名] -s/- 殴り〔つかみ〕合い, 乱闘;〘軍〙白兵戦.

das **Hand·ge·päck** [ハント・ゲペック] [名] -(e)s/ 手荷物.

hand·ge·schöpft [ハント・ゲ(シェ)ップふト] [形] 手漉(す)き

die **Hand·gra·na·te** [ハント・グらナーテ] 名 -/-n 手榴弾(りゅうだん).

hand·greif·lich [ハント・グらイフりヒ] 形 1. 明白な. 2. つかみ合いの.

die **Hand·greif·lich·keit** [ハント・グらイフりヒカイト] 名 -/-en 1. 明白な[明らかな]こと. 2. (主に®)つかみ合いのけんか, 暴力ざた.

der **Hand·griff** [ハント・グりフ] 名 -(e)s/-e 1. 取扱い方, 操作; ⟨j⟩ für ⟨j⟩ einen ~ machen ⟨人の⟩手助けをする. ⟨et⟩ mit einem ~ erledigen ⟨事を⟩造作なく片づける 2. (道具の)握り, 柄, 取っ手, 引き手.

die **Hand·ha·be** [ハント・ハーベ] 名 -/-n きっかけ, (乗ずる)機会, 口実, 根拠, (稀)取っ手; ⟨j⟩ eine ~ für ⟨et⟩ [zu ⟨et⟩] geben ⟨人に⟩⟨事の⟩根拠を与える.

hand·ha·ben [ハント・ハーベン] 動 h. 1. ⟨et^4⟩ + ⟨様態⟩= ⟩扱う, 使う, 操作する(工具・器具などを). 2. ⟨et^4⟩ + ⟨様態⟩= ⟩用いる, 適用する, 実施する.

die **Hand·ha·bung** [ハント・ハーブング] 名 -/-en 操作, 取扱い; 適用.

die **Hand·har·mo·ni·ka** [ハント・ハるモーニカ] 名 -/-s 〔..ken〕アコーディオン, 手風琴.

das **Handi·cap** [hɛ́ndikæp ヘンディケプ] 名 -s/-s ハンディキャップ, 不利な条件(への)障害; 〔競技〕ハンディ.

..hän·dig [..ヘンディヒ] 接尾 基数・形容詞・副詞につけて「…手の」を表す形容詞を作る: einhändig 片手の. eigenhändig 自筆の. rechtshändig 右利きの.

der **Hand·kan·ten·schlag** [ハント・カンテン・シュらーク] 名 -(e)s/..schläge 空手チョップ.

die **Hand·kar·re** [ハント・カれ] 名 -/-n (中独・北独)手押し車.

der **Hand·kar·ren** [ハント・カれン] 名 -s/- (南独・独)手押し車.

(*der*) **Hand·ke** [ハントケ] 名 〔人名〕ハントケ(Peter ~, 1942-, オーストリアの作家).

der **Hand·kof·fer** [ハント・コッふぁー] 名 -s/- 小型トランク[スーツケース].

der **Hand·korb** [ハント・コる] 名 -(e)s/..körbe 手提げ籠(かご), バスケット.

der **Hand·kuss**, ®**Hand·kuß** [ハント・クス] 名 -es/..küsse (婦人の)手の甲へのキス; (教皇・司教の)指輪へのキス. 【慣用】⟨et⟩ mit Handkuss tun/annehmen ⟨事を⟩喜んでする/⟨物を⟩喜んで受取る. zum Handkuss kommen (墺口)穴埋めに支払[出]をする/代りに責任をとる.

der **Hand·lan·ger** [ハント・ランガー] 名 -s/- 下働きの労働者; (蔑)雑用係; 子分, 手下.

der **Hand·lauf** [ハント・らウふ] 名 -(e)s/..läufe 手すり.

der **Händ·ler** [ヘンドらー] 名 -s/- 販売業者, 商人; ein fliegender ~ 行商人.

die **Hand·le·se·kunst** [ハント・レーゼ・クンスト] 名 -/ 手相占い.

hand·lich [ハントりヒ] 形 1. 手ごろな, ハンディな. 2. (スイス)機敏な; 力強い; 手での.

die **Hand·lich·keit** [ハントりヒカイト] 名 -/ ハンディなこと, 扱いやすさ, 手ごろさ.

die **Hand·lung** [ハンドルング] 名 -/ -en 1. 行い, 行為, 行動: kriegerische ~en 戦争行為. eine religiöse ~ 宗教儀式. unvorsichtige ~en begehen 軽率な行動をとる. 2. (小説などの)筋, プロット, ストーリー. 3. (古)商売, 商店, 店舗.

der **Hand·lungs·ab·lauf** [ハンドルングス・アップ・らウふ] 名 -(e)s/..läufe (小説などの)筋の展開.

der/die **Hand·lungs·be·voll·mäch·tig·te** [ハンドルングス・ベふォル・メヒティヒテ] 名 ((形容詞的変化))取引代理人.

hand·lungs·fä·hig [ハンドルングス・ふェーイヒ] 形 1. 行動能力のある. 2. 〔法〕行為能力のある.

die **Hand·lungs·frei·heit** [ハンドルングス・ふらイハイト] 名 -/ 行動の自由.

der **Hand·lungs·ge·hil·fe** [ハンドルングス・ゲヒルふぇ] 名 -n/-n 〔法〕商業使用人.

hand·lungs·reich [ハンドルングス・らイヒ] 形 波乱に富んだ.

der/die **Hand·lungs·rei·sen·de** [ハンドルングス・らイゼンデ] 名 ((形容詞的変化)) 〔商〕外交(販売)員, セールスマン; 代理商.

die **Hand·lungs·voll·macht** [ハンドルングス・ふォル・マハト] 名 -/-en 商事代理権.

die **Hand·lungs·wei·se** [ハンドルングス・ヴァイゼ] 名 -/-n 行動[行為]の仕方.

die **Hand·or·gel** [ハント・オるゲル] 名 -/-n (スイス)手回しオルガン; アコーディオン.

das **Hand·pferd** [ハント・プふぇーアト] 名 -(e)s/-e (二頭立て馬車の)右の馬; (同行させる)予備の馬.

die **Hand·pfle·ge** [ハント・プふレーゲ] 名 -/ 手の手入れ; マニキュア.

die **Hand·pup·pe** [ハント・プペ] 名 -/-n 指人形.

das **Hand·pup·pen·the·a·ter** [ハント・プッペン・テアーター] 名 -s/- 指人形劇場; 指人形劇.

die **Hand·rei·chung** [ハント・らイヒュング] 名 -/-en 1. 手を差伸べること, 手助け. 2. 助言; 指針; 手引(書), (会議などの)配布資料.

der **Hand·riss**, ®**Hand·riß** [ハント・リス] 名 -es/-e (土地の境界, 所有形態, 耕作の種類などが記入された)測量図.

der **Hand·rü·cken** [ハント・りュケン] 名 -s/- 手の甲.

der **Hand·rüh·rer** [ハント・りゅーらー] 名 -s/- ハンドミキサー.

die **Hand·sä·ge** [ハント・ゼーゲ] 名 -/-n 手びき鋸(のこぎり).

die **Hand·schal·tung** [ハント・シャルトゥング] 名 -/-en 手動変速.

die **Hand·schel·le** [ハント・シェレ] 名 -/-n (主に®)手錠.

der **Hand·schlag** [ハント・シュらーク] 名 -(e)s/..schläge 1. (主に®)握手: mit (durch) ~ 握手して(誓約の印). 2. (稀)手で打つ[殴る]こと. 【慣用】keinen Handschlag tun (口)何一つしない.

das **Hand·schrei·ben** [ハント・シュらイベン] 名 -s/- (手書きの)親書; (古)推薦状, 紹介状.

die **Hand·schrift** [ハント・シュりふト] 名 -/-en 1. 筆跡(詩人・画家などの)創作の特徴. 2. (手)写本(略 Hs. 複 Hss.). eine kräftige Handschrift haben [schreiben] 強く殴る.

die **Hand·schrif·ten·deu·tung** [ハント・シュりフテン・ドイトゥング] 名 -/ 筆跡(鑑定)学, 筆跡による性格判断.

hand·schrift·lich [ハント・シュりふトりヒ] 形 手書きの; 写本の.

der **Hand·schuh** [ハント・シュー] 名 -(e)s/-e 手袋, グローブ; 籠手(こて). 【慣用】den Handschuh aufnehmen [aufheben] 〔文〕決闘[挑戦]に応ずる. ⟨j⟩ den Handschuh hinwerfen 〔文〕⟨人に⟩決闘を申込む⟨人に⟩挑戦する.

das **Hand·schuh·fach** [ハント・シュー・ふぁっは] 名 -(e)s/..fächer (自動車の)グローブボックス.

der **Hand·schuh·kas·ten** [ハント・シュー・カステン] 名 -s/..kästen〔-〕1. (玄関備えつけの)手袋入れ; (自動車の)グローブボックス. 2. グローブボックス(危険・汚染防止のための手袋つき密閉容器).

der **Hand·schuh·ma·cher** [ハント・シュー・マっはー] 名 -s/- 手袋職人.

die **Hand·schuh·num·mer** [ハントシュー・ヌマー] [名] -/-n 手袋のサイズ番号.

die **Hand·schwin·ge** [ハント・シュヴィンゲ] [名] -/-n 《主に[複]》(鳥の)初列風切り羽, 手羽(てば).

der **Hand·spie·gel** [ハント・シュピーゲル] [名] -s/- 手鏡.

das **Hand·spiel** [ハント・シュピール] [名] -(e)s/-e 〘サッカー〙ハンド.

der **Hand·stand** [ハント・シュタント] [名] -(e)s/..stän·de (腕を伸ばした)逆立ち, 倒立 : einen ～ machen 逆立ちをする.

der **Hand·streich** [ハント・シュトらイひ] [名] -(e)s/-e 〘軍〙奇襲攻撃 : eine Festung im ～ nehmen 要塞(ようさい)を奇襲攻撃で奪う.

die **Hand·ta·sche** [ハント・タッシェ] [名] -/-n ハンドバッグ.

der **Hand·tel·ler** [ハント・テラー] [名] -s/- 手のひら.

das **Hand·tuch** [ハント・トゥーふ] [名] -(e)s/..tücher タオル, 手ぬぐい;《口》ひどく細長い部屋〔地所〕: das ～ werfen 〘ボクシング〙タオルを投げる;《口》諦める.

der **Hand·tuch·hal·ter** [ハントトゥーふ・ハルター] [名] -s/- タオル掛け.

das **Hand·um·dre·hen** [ハント・ウム・ドれーエン] [名] 《次の形で》im ～ (手のひらを返すように)あっという間に.

die **Hand voll,** [旧]**Hand·voll** [ハント ふォル] ⇨ Hand【慣用】.

der **Hand·wa·gen** [ハント・ヴァーゲン] [名] -s/- 手押し車, 手車, ねこ車.

hand·warm [ハント・ヴァるム] [形] ぬるい, 人肌の.

das **Hand·werk** [ハント・ヴェるク] [名] -(e)s/-e **1.** (職人の)仕事;(手仕事の)職. **2.** 手工業. 【慣用】〈j³〉 **das Handwerk legen** 〈人の〉悪行をやめさせる. 〈j³〉 **ins Handwerk pfuschen** 〈人の〉領分に口出しする.

der **Hand·wer·ker** [ハント・ヴェるカー] [名] -s/- 手工業者, 職人.

hand·werk·lich [ハント・ヴェるクリひ] [形] 手工業の.

der **Hand·werks·be·trieb** [ハントヴェるクス・ベトリーブ] [名] -(e)s/-e 手工業経営〔営業〕; 職人の仕事場, 工房.

der **Hand·werks·bur·sche** [ハントヴェるクス・ブるシェ] [名] -n/-n (昔の遍歴)職人.

die **Hand·werks·kam·mer** [ハントヴェるクス・カマー] [名] -/-n 手工業会議所.

hand·werks·mä·ßig [ハントヴェるクス・メースィひ] [形] 手工業的な, 職人的な.

das **Hand·werks·zeug** [ハントヴェるクス・ツォイク] [名] -(e)s/ 工具.

das **Hand·wör·ter·buch** [ハント・ヴェるター・ブーふ] [名] -(e)s/..bücher 中(型)辞典.

die **Hand·wur·zel** [ハント・ヴるツェル] [名] -/-n 手首.

der **Hand·wur·zel·kno·chen** [ハントヴるツェル・クノっヘン] [名] -s/- 《主に[複]》手首の関節.

das **Han·dy** [hɛ́ndi ヘンディ] [名] -s/-s 携帯電話.

das **Hand·zei·chen** [ハント・ツァイひぇン] [名] -s/- **1.** (手の)合図;(採決の)挙手 : durch ～ abstimmen 挙手で決を採る. **2.** (文盲者の)署名替わりのしるし.

die **Hand·zeich·nung** [ハント・ツァイひヌング] [名] -/-en 素描, デッサン;(製図用具を使わない)スケッチ.

der **Hand·zet·tel** [ハント・ツェッテル] [名] -s/- ちらし, ビラ.

ha·ne·bü·chen [ハーネビューひぇン] [形] 《文・古》途方もない, とんでもない.

der **Hanf** [ハンふ] [名] -(e)s/ 〘植〙アサ, タイマ; アサの繊維; アサの実. 【慣用】**im Hanf sitzen** 安楽な暮らしをしている.

die **Hanf·bre·che** [ハンふ・ブれっひぇ] [名] -/-n 麻すき機.

han·fen [ハンふぇン] [形] 麻(製)の.

das **Hanf·garn** [ハンふ・ガるン] [名] -(e)s/-e 麻糸.

der **Hänf·ling** [ヘンふリング] [名] -s/-e **1.** 〘鳥〙ムネアカヒワ. **2.** 細くて弱々しい人, きゃしゃな人.

das **Hanf·öl** [ハンふ・エール] [名] -(e)s/-e 麻実油.

der **Hanf·sa·men** [ハンふ・ザーメン] [名] -s/- アサの実.

das **Hanf·seil** [ハンふ・ザイル] [名] -(e)s/-e 麻ロープ.

der **Hang** [ハング] [名] -(e)s/Hänge **1.** 斜面, 傾斜 : die Kapelle am ～ 斜面に建っている礼拝堂. **2.** 《[単]のみ》傾向, 性癖, 好み : einen ～ zu 〈et³〉 haben 〈事をする〉癖がある. **3.** 〘体操〙懸垂.

der **Han·gar** [ハンガーあ, ハンガーあ] [名] -s/-s 格納庫.

die **Hän·ge·bahn** [ヘンゲ・バーン] [名] -/-en ロープウェー; 懸垂式モノレール.

der **Hän·ge·bauch** [ヘンゲ・バウほ] [名] -(e)s/..bäu·che 垂れ下がった腹;(動物の)大きなたるんだ腹.

der **Hän·ge·bo·den** [ヘンゲ・ボーデン] [名] -s/..böden 天井下の収納棚〔スペース〕.

die **Hän·ge·brü·cke** [ヘンゲ・ブりゅっケ] [名] -/-n つり橋.

die **Hän·ge·brust** [ヘンゲ・ブるスト] [名] -/..brüste 垂れた乳房.

der **Hän·ge·glei·ter** [ヘンゲ・グライター] [名] -s/- ハンググライダー.

die **Hän·ge·lam·pe** [ヘンゲ・ラムペ] [名] -/-n 吊(つ)りランプ, ペンダント灯.

han·geln [ハンゲルン] [動] *s./h.* 〔(sich⁴)+〈方向〉へ〕ぶら下って〔懸垂して〕移動する.

die **Hän·ge·mat·te** [ヘンゲ・マッテ] [名] -/-n ハンモック.

han·gen* [ハンゲン] [動] *h.* **1.** 《次の形で》mit *H*～ und Bangen 《文》非常に心配して. **2.** 《古》= hängen¹.

hän·gen¹* [ヘンゲン] [動] hing ; hat gehangen **1.** 〔〈場所〉に〕掛かっている, ぶら下がっている, つり下がっている : mit dem Ärmel an einem Haken ～ bleiben 袖が鉤(かぎ)に引っ掛かる. Er hat seinen Hut im Restaurant ～ lassen. 彼は帽子をレストランで(帽子掛けに)掛けたままにした〔掛けたまま忘れた〕. **2.** 〔(〈方向〉へ)〕垂れている, 垂下がっている(枝・髪などが); 傾いている(壁・車などが) : Der Hund lässt den Schwanz ～. 犬が尾を垂れている. mit ～*den* Schultern 肩を落として. **3.** 〔〈場所〉に〕《文》垂れこめている, 立ちこめている(雲・煙などが). **4.** 〔〈場所〉に〕くっついている, しがみついている; 連結されている : Der Lehm bleibt an 〔in〕 Schuhsohlen ～. 粘土が靴底にくっついている. Ein Verdacht ist an den Eltern ～ geblieben. 疑いが両親に掛かっていた. **5.** 〔an 〈j³/et³〉に〕左右される, 掛かっている, 依存している; 執着している, (精神的に)離れられない, 執心している. **6.** 〘補足なし〙《口》進展しない, 停滞している : Die Verhandlung *hängt*. 交渉は進展しない. **7.** 〘補足なし〙〘コンピュータ〙ハングする, 動かなくなる. **8.** 〔〈場所〉に〕《口》長い間留まる : immer am Telefon ～ 電話をかけっぱなしだ. in der Kneipe ～ bleiben 飲み屋に引っ掛かっている. bei jeder Einzelheit ～ bleiben 細かい事にいちいち引っ掛かる. 【慣用】**bei 〈j³〉 hängen** 《方》〈人の〉受けがよくない;〈人に〉借金がある. **in Mathematik hängen** 《口》数学の成績が悪い. **(in der Schule) ～ bleiben** 留年する. **Wo hängt denn der/die ?** 《口》あいつ/あの女はいったいどこに(引っかかって)いるんだ. **Woran hängt's denn ?** 《口》何が障害なんだ(停滞・故障などの原因をただして). 〈j⁴〉 **hängen lassen** 〈人を〉ほったらかしにする(業者などが約束を果たさずに). **sich⁴ hängen lassen** しょげる, 意気消沈する.

hän·gen² [ヘンゲン] [動] *h.* **1.** 〔〈j⁴/et⁴〉ヲ+〈方向〉に〕掛ける, 吊(つ)るす; 連結する. **2.** 〔sich⁴+an 〈et⁴〉に〕ぶら下がる; しがみつく : sich⁴ 〈j³〉 an den Arm ～ 〈人の〉腕にぶら下がる〔しがみつく〕. sich⁴ ans Telefon ～ 長電話をする; 電話を何度もかけなおす〔待たされる〕. **3.** 〔〈et⁴〉ヲ+〈方向〉へ〕垂らす, 下げる. **4.**

〘sich^4+an ⟨j^4/et^4⟩ニ〙付着する, こびりつく; くっついて離れない. **5.** 〘sich^4+an ⟨j^4/et^4⟩ニ〙執着する, 夢中になる, 傾倒する, ひかれる: Die Fans *hängten* sich an den Star. ファンはそのスターに夢中だった. 【慣用】**mit Hängen und Würgen** 辛うじて, 四苦八苦して. **sich^3 alles Geld auf den Leib hängen** お金を全部身を飾るのに費やしてしまう.

hän·gen blei·ben*, [旧]**hän·gen|blei·ben*** [ヘンゲン ブライベン] ⇨ hängen^1.

das **Hän·gen·de** [ハンゲンデ] [名] (形容詞的変化) 〘鉱〙上盤(うわばん).

hän·gen las·sen*, [旧]**hän·gen|las·sen*** [ヘンゲン ラッセン] ⇨ hängen^1 1, 【慣用】.

das **Hän·ge·ohr** [ヘンゲ·オーあ] [名] -(e)s/-en 《主に[複]》(犬などの)垂れ耳.

die **Hän·ge·par·tie** [ヘンゲ·パるティー] [名] -/-n 〘チェス〙指し掛けの試合.

der **Hän·ger** [ヘンガー] [名] -s/- **1.** (ゆったりした)婦人用コート; スモック. **2.** 《口》トレーラー, 連結車. **3.** 《口》セリフ〔歌〕のつかえ.

das **Hän·ge·schloss**, [旧]**Hän·ge·schloß** [ヘンゲ·シュロス] [名] -es/..schlösser 南京錠.

der **Hän·ge·schrank** [ヘンゲ·シュらンク] [名] -(e)s/..schränke つり戸棚.

die **Hän·ge·wei·de** [ヘンゲ·ヴァイデ] [名] -/-n 〘植〙シダレヤナギ.

die **Hang·la·ge** [ハング·ラーゲ] [名] -/-n 傾斜地(の位置·立地条件); (主に[複])斜面.

(die) **Han·na** [ハナ] [名] 〘女名〙ハンナ(Johanna の短縮形).

(der) **Han·ne·mann** [ハネ·マン] [名] 〘男名〙ハンネマン(Hans, Joachim の愛称): ~, geh du voran! ハンネマン, 君が先だ(他人にいやなことを先にさせる際に言う).

das **Hän·nes·chen·the·a·ter** [ヘネスひぇン·テアーター] [名] -s/ ヘネスヒェン人形劇(棒人形劇).

(der) **Han·ni·bal** [ハニバル] [名] 〘人名〙ハンニバル(紀元前 247 頃-183, カルタゴの将軍).

(das) **Han·no·ver** [..fər ハノーふぁー] [名] -s/ 〘地名〙ハノーファー(ニーダーザクセン州の州都とその地方).

der **Han·no·ve·ra·ner** [ハノヴェらーナー] [名] -s/- **1.** ハノーファーの人. **2.** (馬の)ハノーファー種.

der **Hans** [ハンス] [名] -〔-en〕/Hänse〔-en〕 **1.** (若い)男, やつ: ~ Guckindieluft 前を見ないでよく転ぶ人. ~ Hasenfuß 小心者. ~ Liederlich 信用できない人. ~ Taps 不器用な人. ~ im Glück 幸せな男. Ich will ~ heißen, wenn ... もし…ならば, 私はばかと呼ばれてもかまわない. **2.** ([単]のみ; 主に無冠詞)〘男名〙ハンス(Johannes の短縮形).

die **Han·sa** [ハンザ] [名] -/-en =Hanse.

(das) **Häns·chen** [ヘンスひぇン] [名] 〘男名〙ヘンスヒェン.

der **Hans·dampf** [ハンス·ダムプふ, ハンス·ダムプふ] [名] -(e)s/-e (次の形で) ~ (in allen Gassen) 物知りな人, 知ったかぶりな人, おせっかいな人.

die **Han·se** [ハンゼ] [名] -/-n (主に[単])〘史〙ハンザ同盟.

der **Han·se·at** [ハンゼアート] [名] -en/-en ハンザ(同盟)都市の市民, 〘史〙ハンザ商人.

han·se·a·tisch [ハンゼアーティシュ] [形] ハンザ同盟の; ハンザ都市市民の; (ハンザ市民のように)冷静で上品な.

(der) **Han·sel** [ハンゼル] [名] **1.** 〘男名〙ハンゼル. **2.** 《方·蔑》凡人.

(der) **Hän·sel** [ヘンゼル] [名] 〘男名〙ヘンゼル(Hans の愛称).

die **Hän·se·lei** [ヘンゼライ] [名] -/-en からかい, あざけり.

hän·seln [ヘンゼルン] [動] *h.* 〘⟨j^4⟩ヲ〙(意地悪く)からかう, なぶりものにする.

die **Han·se·stadt** [ハンゼ·シュタット] [名] -/..städte 〘史〙ハンザ同盟都市: Freie (und) ~ 自由ハンザ都市(現在では Hamburg と Bremen).

der **Hans·narr** [ハンス·ナる, ハンス·ナる] [名] -en/-en ばか者, 愚かな人.

der **Hans·wurst** [ハンス·ヴるスト, ハンス·ヴるスト] [名] -(e)s/-e 〔《冗》..würste〕 **1.** ハンスヴルスト(18 世紀ドイツ喜劇の道化). **2.** おどけ者, ひょうきん者: den ~ machen〔spielen〕 道化役を演じる.

die **Hans·wurs·ti·a·de** [ハンス·ヴるスティアーデ] [名] -/-n ハンスヴルスト物〔芝居〕; 冗談, いたずら.

die **Han·tel** [ハンテル] [名] -/-n (体操の)亜鈴; (重量挙げの)バーベル.

han·tie·ren [ハンティーれン] [動] *h.* **1.** 〔⟨場所⟩デ/⟨様態⟩デ〕(手)仕事をしている, 働いている. **2.** 〔mit ⟨et^3⟩ヲ〕使って仕事をする, 操作する(道具などを).

die **Han·tie·rung** [ハンティーるング] [名] -/-en 働いていること; 取扱うこと.

die **Ha·pag** [ハ(-)パック] [名] -/ ハパック(正式名: Hamburg-Amerikanische Packetfahrt-Actien-Gesellschaft ハンブルク-アメリカ郵船株式会社).

die **HAPAG** [ハ(-)パック] [名] -/ =Hapag.

das **Ha·pax·le·go·me·non** [ハパクス·レゴーメノン] [名] -s/..mena 〘文芸学〙(古文書に)一度しか記載例がない意味不明な語.

ha·pern [ハーパーン] [動] *h.* **1.** 〔Es+an ⟨j^3/et^3⟩ガ〕足りない. **2.** 〔Es+mit ⟨et^3⟩ガ〕滞る, はかどらない(補給などが). **3.** 〔Es+bei ⟨j^3⟩ハ+in ⟨et^3⟩ガ〕不得手である.

ha·plo·id [ハプロイート] [形] 〘生〙単相の.

die **Ha·plo·lo·gie** [ハプロ·ロギー] [名] -/-n 〘言〙重音脱落.

der **Hap·pen** [ハッペン] [名] -s/- 《口》(食物の)一口, 一片, 少量: ein fetter ~ 大きなもうけ, もうかる商売.

das **Hap·pe·ning** [hɛ́pənɪŋ ヘペニング] [名] -s/-s ハプニング(観衆を引き込む芸術行為).

hap·pig [ハッピひ] [形] **1.** 《口》ひどい, べらぼうな. **2.** 〔(nach ⟨et^3⟩ニ)〕《北独·古》飽くことのない, がつがつした.

das **Hap·py·end, Hap·py End**, [旧]**Hap·py-End** [hɛpi'ɛnt ヘピ·エント, ヘピ·エント] [名] -(s)/-s ハッピーエンド, めでたしめでたし.

hap·tisch [ハプティシュ] [形] 〘心〙触覚の.

die **Hap·to·nas·tie** [ハプト·ナスティー] [名] -/-n 〘植〙接触傾性.

der **Hap·to·tro·pis·mus** [ハプト·トろピスムス] [名] -/..men 〘植〙接触屈性.

das **Ha·ra·ki·ri** [ハらキーり] [名] -(s)/-s 切腹.

(der) **Ha·rald** [ハーらルト] [名] 〘男名〙ハーラルト.

der **Ha·rass**, [旧]**Ha·raß** [ハらス] [名] -es/-e (ビン·陶器などを詰めるための)木枠箱.

das **Här·chen** [ヘーあひぇン] [名] -s/- (Haar の縮小形)細かい〔短い〕毛.

die **Har·dan·ger·ar·beit** [ハるダンガー·アるバイト] [名] -/-en ハルダンガー刺繍(幾何学模様のドロンワーク).

die **Hard·ware** [háːrtvɛr ハーあト·ヴェあ] [名] -/-s 〘コンピュータ〙ハードウェア.

der **Ha·rem** [ハーれム] [名] -s/-s (イスラムの)ハーレム, 後宮; ハーレムに住む婦人たち; (中近東の)一人の男の妻たち.

hä·ren [ヘーれン] [形] 《文》(山羊の)毛(皮)の.

die **Hä·re·sie** [へれズィー] [名] -/-n **1.** 〘カトリック〙異端. **2.** 《文》異端的な考え.

der **Hä·re·ti·ker** [へれーティカー] [名] -s/- **1.** 〘カトリック〙異端者. **2.** 《文》異端者.

hä·re·tisch [へれーティシュ] [形] **1.** 〘カトリック〙異端の. **2.** 異端的な.

H

Harfe

die **Har·fe** [ハルふェ] 名 -/-n **1.** ハープ, 竪琴 (ｺﾄ). **2.** 《方》大型の干草〔穀物〕掛け.

der **Har·fe·nist** [ハルふェニスト] 名 -en/-en ハープ奏者, ハーピスト.

die **Har·fe·nis·tin** [ハルふェニスティン] 名 -/-nen (女性の)ハープ奏者.

der **Har·fen·klang** [ハルふェン・クラング] 名 -(e)s/ ..klänge ハープ〔竪琴〕の音色.

das **Har·fen·spiel** [ハルふェン・シュピール] 名 -(e)s/-e ハープ演奏.

die **Har·ke** [ハルケ] 名 -/-n (北独)熊手, レーキ.

har·ken [ハルケン] 動 h. ⟨et⁴ッ⟩ (北独)熊手[レーキ]でかきならす(清める·寄せる·取る).

der **Har·le·kin** [ハルレキン] 名 -s/-e アルルカン(イタリアの仮面即興喜劇の道化役); 道化者, おどけ者.

die **Har·le·ki·na·de** [ハルレキナーデ] 名 -/-n 道化芝居; 冗談, いたずら.

der **Harm** [ハルム] 名 -(e)s/ 《文》心痛, 悲嘆.

här·men [ヘェルメン] 動 h. 《文》**1.** ⟨sich⁴+um ⟨j⁴/et⁴⟩ノ事⟩心を痛める. **2.** ⟨ジブン⟩深く悲しである.

harm·los [ハルム・ロース] 形 **1.** (病気などが)軽度の, 危険のない: ～ verlaufen (病気の)が合併症を起こさないで経過する. **2.** 悪意のない, 無邪気な. **3.** 人の迷惑にならない.

die **Harm·lo·sig·keit** [ハルム・ロースィヒカイト] 名 -/-en **1.** 《のみ》無害. **2.** 悪意のなさ, 無邪気な態度.

die **Har·mo·nie** [ハルモニー] 名 -/..nien **1.** 《楽》ハーモニー, 和声. **2.** 調和; 一致, 和合: die prästabilierte ～ 予定調和.

har·mo·nie·ren [ハルモニーレン] 動 h. **1.** 《楽》和声になる. **2.** ⟨mit ⟨et³ッ⟩⟩(よく)合う, 調和する. **3.** ⟨mit ⟨j³ッ⟩⟩仲がよい.

die **Har·mo·nik** [ハルモーニク] 名 -/ 《楽》和声法.

die **Har·mo·ni·ka** [ハルモーニカ] 名 -/-s ⟨..ken⟩ **1.** ハーモニカ(Mund～); アコーディオン(Hand～). **2.** (電車などの)連結用幌.

die **Har·mo·ni·ka·tür** [ハルモーニカ・テューア] 名 -/-en アコーディオン・ドア.

har·mo·nisch [ハルモーニシュ] 形 **1.** 《楽》和声的な. **2.** 調和のとれた; 《数》調和の; 《理》調和振動の. **3.** 仲のよい; なごやかな.

har·mo·ni·sie·ren [ハルモニズィーレン] 動 h. **1.** ⟨et⁴ッ⟩《楽》和音をつける(メロディーに). **2.** ⟨et⁴ッ⟩調和[一致]させる.

das **Har·mo·ni·um** [ハルモーニウム] 名 -s/..nien ⟨-s⟩ 《楽器》オルガン(足踏みの).

der **Harn** [ハルン] 名 -(e)s/-e 《生理·医》尿.

die **Harn·bla·se** [ハルン・ブラーゼ] 名 -/-n 膀胱(ﾎﾞｳｺｳ).

der **Harn·drang** [ハルン・ドラング] 名 -(e)s/ (強い)尿意.

har·nen [ハルネン] 動 h.《稀》排尿する.

der **Harn·grieß** [ハルン・グリース] 名 -es/ 《医》尿砂.

der **Har·nisch** [ハルニシュ] 名 -(e)s/-e 甲冑 (ｶｯﾁｭｳ), 鎧兜 (ﾖﾛｲｶﾌﾞﾄ). 【慣用】⟨j⁴ッ⟩ **in Harnisch bringen** ⟨人を⟩怒らせる. **in Harnisch geraten** 怒る. **in Harnisch sein** 怒っている.

die **Harn·röh·re** [ハルン·(レ)-れ] 名 -/-n 《解·医》尿道.

die **Harn·säu·re** [ハルン・ゾイれ] 名 -/ 尿酸.

der **Harn·stoff** [ハルン・シュトッふ] 名 -(e)s/ 《医·化》尿素.

harn·trei·bend [ハルン・トライベント] 形 利尿作用のある.

die **Harn·we·ge** [ハルン・ヴェーゲ] 複名 《医》尿路(腎臓·尿管·膀胱(ﾎﾞｳ)·尿道の総称).

der **Harn·zwang** [ハルン・ツヴァング] 名 -(e)s/ 《医》尿意急迫.

die **Har·pu·ne** [ハルプーネ] 名 -/-n (捕鯨用の)銛 (ﾓﾘ).

der **Har·pu·nier** [ハルプニーア] 名 -s/-e 銛射 (ﾓﾘｳ)ち, 捕鯨砲手.

har·pu·nie·ren [ハルプニーレン] 動 h. ⟨et⁴ッ⟩銛 (ﾓﾘ)を投げる, …を銛で撃つ.

die **Har·py·ie** [..py:je ハルピューイェ] 名 -/-n **1.** 《ギ神》ハルピュイア(多くも上半身が女性の怪鳥). **2.** 《鳥》オウギワシ.

har·ren [ハレン] 動 h. ⟨⟨j²/et²⟩ッ/auf ⟨j⁴/et⁴⟩ッ⟩《文》待っている; 待受ける(任務などが人を).

harsch [ハルシュ] 形 **1.** 凍結した; 《稀》氷のように冷たい. **2.** 《文》すげない.

der **Harsch** [ハルシュ] 名 -(e)s/ 堅くなった雪, クラスト.

der **Harsch·schnee** [ハルシュ・シュネー] 名 -s/ = Harsch.

hart [ハルト] 形 härter; härtest **1.** かたい: ～es Brot 堅いパン; (転)難物, 難問. ein ～es (ge-kochtes) Ei 固ゆで玉子. ～ schlafen かたいベッドに寝る. **2.** たくましい, タフな: ～ bleiben ひるまない. ～ im Nehmen sein 打たれ強い(特にボクサーが). ein ～ gesottener Sünder かたくなな罪人(ﾂﾐﾋﾞﾄ). **3.** つらい, ハードな: ～ trainieren ハードなトレーニングをする. **4.** (情に左右されない)厳しい, 無慈悲な, 過酷な: eine ～e Schule 厳しい学校(訓練). **5.** (度合の)強い, 厳しい; 硬水の; 硬調の: ～e Getränke/Farben (アルコール度の)強い蒸留酒/強烈な色彩. ～es Wasser 硬水. ein ～es Negativ 硬調のネガ. **6.** 激しい, 乱暴な, 荒っぽい: ～ Auseinander-setzungen 激しい論争. ～ einsteigen 荒っぽいプレーをする. **7.** 《経》(通貨が)安定した: eine ～e Währung 硬貨.【慣用】**ein hartes Brocken** やっかいごと. **ein hartes Muss** 避けられない義務. **eine harte Nuss** やっかいな問題. **einen harten Kopf[Schädel] haben** 頭が固い. **Entschuldigen Sie mein hartes Wort!** ひどいことを言っていません. **Es geht hart auf hart.** 難行につく難行である; 激論となる; ぎりぎりの所に来ている. **harte Droge** 習慣性のある麻薬. **harte Konsonanten** 《言》硬子音(p, t, k). **harte Strahlen** 《理》波長の強い光線. **harter Gaumen** 《解》硬口蓋. **harter Wein** 酸味·タンニン酸の強いワイン. **mit harter Hand** 手厳しく. **mit harten Händen** 手荒く. ── 副 《語彙》(an, auf などの前置詞句を修飾)…すれすれに: ～ am Gesetz operieren 法すれすれの活動をする.

die **Hart·braun·koh·le** [ハルト・ブラウン・コーレ] 名 -/-n 硬質褐炭(炭化度の高い褐炭).

die **Här·te** [ヘェルテ] 名 -/-n **1.** 硬さ, 硬度; 堅牢 (ｹﾝﾛｳ)度; 強靭 (ｷｮｳｼﾞﾝ)さ; (通貨の)安定性. **2.** つらいこと, 重荷, 困難, 苦労. **3.** 厳しさ, 苛酷 (ｶｺｸ) さ: die ～ des Gesetzes 法律の厳しさ. **4.** 激しさ, 鋭さ, 強烈さ.

der **Här·te·fall** [ヘェルテ・ふぁル] 名 -(e)s/..fälle (法規の厳しい適用による)社会的不公正; 社会的不公正を被っている人.

der **Här·te·grad** [ヘェルテ・グらート] 名 -(e)s/-e 硬度.

här·ten [ヘェルテン] 動 h. **1.** ⟨et⁴ッ⟩硬くする, 硬化させる(鋼·プラスチック·油などを); 強化する(陣地などを). **2.** 《稀》硬くなる, 硬化する. **3.** ⟨sich⁴⟩硬くなる; 《稀》体を鍛える, 抵抗力をつける.

der **Här·te·pa·ra·graf**, **Här·te·pa·ra·graph** [ヘェルテ·パらグらーふ] 名 -en/-en 《法》(過酷な法律の)緩和条項.

die **Hart·fa·ser·plat·te** [ハルト・ふぁーザー・プらッテ] 名 -/-n 硬質繊維板, ハードファイバーボード.

hart gekocht, ⓐ**hartgekocht** [ハルト ゲコホト] ⇨ hart 1.

das **Hart·geld** [ハルト・ゲルト] 名 -(e)s/ 硬貨, コイ

ン.
hart·ge·sot·ten [ハるト・ゲゾッテン] [形] **1.** 《方》固ゆでの. **2.** 非情な;頑迷な.
das **Hart·glas** [ハるト・グラース] [名] -es/ 硬質ガラス.
der〔*das*〕**Hart·gum·mi** [ハるト・グミ] [名] -s/ 硬質ゴム.
der **Hart·guss,** [旧]**Hart·guß** [ハるト・グス] [名] -es/ 〖冶金〗肌焼き鋼.
hart·her·zig [ハるト・へるツィひ] [形] 冷酷な,無情な.
die **Hart·her·zig·keit** [ハるト・へるツィひカイト] [名] -/-en **1.** (⑩のみ)無情,冷酷な態度. **2.** 《稀》冷酷な行動.
das **Hart·holz** [ハるト・ホルツ] [名] -es/..hölzer 堅木(かたぎ)(ツゲ・黒檀など).
hart·hö·rig [ハるト・⊘ーりひ] [形] **1.** 《古》耳の遠い. **2.** 聞く耳を持たない.
der **Hart·kä·se** [ハるト・ケーゼ] [名] -s/- ハードチーズ.
hart·köp·fig [ハるト・⊘ップふぃひ] [形] **1.** 頑固な. **2.** のみこみの悪い.
hart·lei·big [ハるト・ライビひ] [形] **1.** けちな. **2.** 《古》便秘している.
(*der*) **Hart·mann** [ハるト・マン] [名] 〖男名〗ハルトマン: ～ von Aue ハルトマン・フォン・アウエ(1165 頃-1215 頃,中世ドイツの(叙事)詩人).
hart·mäu·lig [ハるト・モイリひ] [形] 馬銜(はみ)のきかない.
das **Hart·me·tall** [ハるト・メタル] [名] -s/-e 超硬合金.
hart·nä·ckig [ハるト・ネッキひ] [形] **1.** 頑固な,強情な. **2.** しつこい.
die **Hart·nä·ckig·keit** [ハるト・ネッキひカイト] [名] -/ 頑固,強情.
der **Hart·platz** [ハるト・プラッツ] [名] -es/..plätze 〖スポーツ〗(テニスの)ハードコート,全天候型コート.
der **Hart·spi·ri·tus** [ハるト・シュピーりトゥス] [名] -/ 固形燃料アルコール.
der **Har·tung** [ハるトゥング] [名] -s/-e 《主に⑩》《文》1月,睦月(むつき).
die **Hart·wurst** [ハるト・ヴるスト] [名] -/..würste (保存がきく)固いソーセージ(ドライソーセージ・サラミソーセージなど).
der **Ha·ru·spex** [ハるスペクス] [名] -/-e〔..spizes [..スピィツェース]〕(エトルリアや古代ローマでいけにえの獣の内臓で占った)腸卜(ちょうぼく)師.
der **Harz**[1] [ハーあツ] [名] -es/ 〖山名〗ハールツ,ハルツ(山脈)(ニーダーザクセン州とザクセン=アンハルト州にまたがる山脈).
das **Harz**[2] [ハーあツ] [名] -es/-e 樹脂,やに.
har·zen [ハーあツェン] [動] *h.* **1.** 〔補足なし〕樹脂を分泌する. **2.** 〔<et4>カラ〕〖林〗樹脂を採取する. **3.** 〔<et4>ニ〕樹脂を塗る. **4.** 〔補足なし〕《スイ》はかどらない.
der **Har·zer** [ハーあツァー] [名] -s/- ハールツ(産の)チーズ.
har·zig [ハーあツィひ] [形] 樹脂を含んだ,樹脂の,やにでべとべとした;《スイ》厄介な;渋滞した.
das **Ha·sard** [ハザるト] [名] -/ 賭博(とばく): ～ spielen 向うみずな〔軽はずみな〕ことをする.
der **Ha·sar·deur** [..dǿːr ハザるⓓーあ] [名] -s/-e (《蔑》も有)勝負師,向うみずな人.
ha·sar·die·ren [ハザるディーれン] [動] *h.* 〔補足なし〕《文》一か八かの勝負をする,大博(ばく)打を打つ.
das **Ha·sard·spiel** [ハザるト・シュピール] [名] -(e)s/-e 賭博(とばく),博打(ばくち);向うみずな企て,賭(か)け.
das **Hasch** [ハッシュ] [名] -s/ 《口》ハッシュ ⇨Haschisch.
das **Ha·schee** [ハシェー] [名] -s/-s 〖料〗こま切れ肉料理.
ha·schen[1] [ハッシェン] [動] *h.* 《古》 **1.** 〔<j4/et4>ヲ〕素早くつかまえる;(<j4>が相互代名詞sich4の場合)鬼ごっこをする. **2.** 〔nach <et3>ヲ〕素早くつかまえようとする;(…を)得ることに汲々とする(名声・同意などを).
ha·schen[2] [ハッシェン] [動] *h.* 〔補足なし〕《口》ハシッシュを吸う.
das **Häs·chen** [ヘースひェン] [名] -s/ 《Hase の縮小形》 **1.** 小さなノウサギ. **2.** ⇨ Hase 5.
der **Hä·scher** [ヘッシャー] [名] -s/- 《文・古》追跡者,追手,捕吏.
das **Ha·scherl** [ハッシェるル] [名] -s/-(n) 《南独・オーストリア・口》哀れな人〔子〕.
ha·schie·ren [ハシーれン] [動] *h.* 〔<et4>ヲ〕〖料〗細かく切る,刻む.
das〔*der*〕**Ha·schisch** [ハッシシュ] [名] -(s)/ ハシッシュ.
der **Hasch·mich** [ハッシュ・ミひ] [名] (次の形で)einen ～ haben 《口》頭がへんである,どうかしている.
der **Ha·se** [ハーゼ] [名] -n/-n **1.** 〖動〗ノウサギ;雄のノウサギ;《方》イエウサギ(Kaninchen): furchtsam wie ein ～ sein ウサギのように小心である. **2.** ノウサギの焼肉〔料理〕. **3.** 〖スポーツ〗ペースメーカー. **4.** 《口》女の子,女. **5.** (次の形で)mein ～ ねえお前(特に子供への愛情を込めた呼びかけ). 【慣用】**Da liegt der Hase im Pfeffer.** 《口》そこに決定的原因〔難点〕がある. **ein alter Hase** 《口》老練な玄人〔ベテラン〕. **falscher Hase** ミートローフ. **kein heuriger Hase sein** 新米ではない. **sehen, wie der Hase läuft** 《口》事の成行きを見る.
die **Ha·sel** [ハーゼル] [名] -/-n 〖植〗ハシバミ.
das **Ha·sel·huhn** [ハーゼル・フーン] [名] -(e)s/..hühner 〖鳥〗エゾライチョウ.
die **Ha·sel·maus** [ハーゼル・マウス] [名] -/..mäuse 〖動〗ヤマネ.
die **Ha·sel·nuss,** [旧]**Ha·sel·nuß** [ハーゼル・ヌス] [名] -/..nüsse **1.** 〖植〗ハシバミの木(～strauch). **2.** ヘーゼルナッツ.
der **Ha·sel·strauch** [ハーゼル・シュトらウほ] [名] -(e)s/..sträucher 〖植〗ハシバミの木.
der **Ha·sen·bra·ten** [ハーゼン・ブらーテン] [名] -s/- ウサギの焼肉.
der **Ha·sen·fuß** [ハーゼン・ふース] [名] -es/..füße 《口・嘲・蔑》小心者.
ha·sen·fü·ßig [ハーゼン・ふュースィひ] [形] ひどく臆病(おくびょう)な.
das **Ha·sen·herz** [ハーゼン・へるツ] [名] -ens/-en 《口・嘲・蔑》小心者.
das **Ha·sen·klein** [ハーゼン・クライン] [名] -s/ ハーゼンクライン(ウサギの首・足・あばらつきの臓物);ウサギのもつ料理.
das **Ha·sen·pa·nier** [ハーゼン・パニーあ] [名] (次の形で) das ～ ergreifen (あわてて)逃出す.
der **Ha·sen·pfef·fer** [ハーゼン・プふぇっふぁー] [名] -s/- 〖料〗ウサギ肉シチュー.
ha·sen·rein [ハーゼン・らイン] [形] 狩出しても,命令があるまではウサギを追わない(猟犬). 【慣用】**nicht ganz hasenrein sein** 疑わしいところがないでもない.
die **Ha·sen·schar·te** [ハーゼン・シャるテ] [名] -/-n 《口》兎唇(みつくち).
die **Hä·sin** [ヘーズィン] [名] -/-nen Hase の女性形.
die **Has·pe** [ハスペ] [名] -/-n (窓・ドアなどの)掛け金,ヒンジ;フック.
die **Has·pel** [ハスペル] [名] -/-n (《稀》der ～ -s/-) 〖鉱〗巻き枠;〖工〗リールウインチ,巻き上げ機;〖織〗糸車;枠(かせ)枠;〖製革〗ドラム染色機;〖農〗脱穀リール.
has·peln [ハスペルン] [動] *h.* **1.** 〔<et4>ヲ〕〖織〗リールに〔から〕巻き取る. **2.** 〔補足なし〕《口》せかせかしゃべる;せわしなく仕事をする.
das **Has·pel·rad** [ハスペル・らート] [名] -es/..räder 〖工〗巻き上げ機のリール.

H

der **Hass,** ⑮**Haß** [ハス] [名] -es/ 憎しみ, 憎悪;恨み, 怒り: ~ auf〔gegen〕⟨j⁴⟩ empfinden ⟨人に⟩憎しみを感じる. ~ auf ⟨j⁴/et⁴⟩ haben《口》⟨人・物・事に⟩ひどく腹を立てる〔立てている〕.
hassen [ハッセン] [動] *h.* 〔⟨j⁴/et⁴⟩ヲ〕憎む, (非常に)嫌う.
hassenswert [ハッセンス・ヴェーあト] [形] 憎むべき.
hasserfüllt, ⑮**haßerfüllt** [ハス・エあふゅルト] [形] 憎悪に満ちた.
hässlich, ⑮**häßlich** [へスリひ] [形] **1.** 醜い, 不格好な. **2.** 卑しい, 下品な. **3.** 不快な.
die **Hässlichkeit,** ⑮**Häßlichkeit** [へスリひカイト] [名] -/-en **1.**《⑩のみ》(外見が)醜いこと;(心根の)醜悪さ. **2.**《稀》卑しい行動〔言葉〕.
hast [ハスト] [動] haben の現在形 2 人称単数.
die **Hast** [ハスト] [名] -/ 急ぐこと, 慌ただしさ, 性急: in großer ~ 大いそぎで. mit wilder ~ あわてふためいて.
hasten [ハステン] [動] *s.* 〔⟨方向⟩ニ〕《文》慌ただしく駆けつける.
hastig [ハスティひ] [形] せかせかした, 性急な.
die **Hastigkeit** [ハスティひカイト] [名] -/ せかせかしていること.
hat [ハット] [動] haben の現在形 3 人称単数.
hätscheln [へーチェルン] [動] *h.* **1.** 〔⟨j⁴⟩ヲ〕愛撫(あいぶ)する;あまやかす, ちやほやする. **2.** 〔⟨et⁴⟩ニ〕執着する(思いつきなどに).
hatschi! [ハチー, ハッチ] [間]《くしゃみ》はくしょん.
hatte [ハッテ] [動] haben の過去形.
hätte [へッテ] [動] haben の接続法 2 式.
der **Hattrick** [hέttrɪk へット・トリック] [名] -s/-s〖スポーツ〗ハットトリック(①三連勝. ②(サッカー・ハンドボールで)1 人の選手が 1 試合に 3 得点すること).
die **Hatz** [ハッツ] [名] -/-en **1.**〖狩〗犬を使っての追出し猟. **2.** 追跡: einen ~ auf ⟨j⁴⟩ machen ⟨人を⟩追跡する. **3.**《口》(何かを手に入れようと)大急ぎで走り回ること.
die **Haube** [ハウベ] [名] -/-n **1.** (婦人用)頭巾(ずきん);ボンネット;《南独・オーストリア》フード;〖史〗兜(かぶと): eine weiße ~ des Berges 山頂の雪. **2.** (機器の)覆い, カバー;〖車〗ボンネット(Motor~);ポットカバー(Kaffee~);(美容院の)ドライヤー(Trocken~);〖狩〗(タカにかぶせる)目隠し頭巾(Falken~);〖動〗(鳥の)羽冠. 【慣用】⟨j⁴⟩ **unter die Haube bringen**《口》⟨人を⟩嫁がせる. **unter die Haube kommen**《口》嫁入りする.
die **Haubenlerche** [ハウベン・レるひェ] [名] -/-n **1.**〖鳥〗カンムリヒバリ. **2.**《冗》修道女.
die **Haubitze** [ハウ・ビッツェ] [名] -/-n〖軍〗榴弾砲: voll wie eine ~ sein 泥酔している.
der **Hauch** [ハウほ] [名] -(e)s/-e《文》**1.** 息, 吐息;息吹: den letzten ~ von sich³ geben 息を引取る. **2.** 微風;かすかな香気;うっすらとしたもの: einen ~ Puder auftragen 薄くおしろいをぬる. **3.** 雰囲気;気配;(かすかな)痕跡(こんせき): ein ~ von Trauer 一抹の悲しさ.
hauchdünn [ハウほ・デュン] [形] ごく薄い;《口》かろうじての.
hauchen [ハウヘン] [動] *h.* **1.** 〔⟨方向⟩ニ〕はあーと息を吐きかける. **2.** 〔⟨et⁴⟩ヲ+⟨方向⟩ニ〕息を吐きかけてつくる: ein Guckloch in die Eisblumen ~ 窓の氷に息をかけてのぞき穴をつくる. ⟨j³⟩ einen Kuss auf die Stirn ~《文》⟨人の⟩額にそっと口づけをする. **3.** 〔⟨et⁴⟩ヲ〕ささやく. **4.** 〔⟨et⁴⟩ヲ〕〖言〗気音とともに発音する(子音などを).
hauchfein [ハウほ・ふぁイン] [形] ごく薄い〔細い・細かい〕.
der **Hauchlaut** [ハウほ・ラウト] [名] -(e)s/-e〖言〗気(息)音.
hauchzart [ハウほ・ツァーあト] [形] ごく繊細な, ごく薄地の.
der **Haudegen** [ハウ・デーゲン] [名] -s/- **1.** 両刃の剣. **2.** 勇猛な戦士, 古つわもの.
die **Haue** [ハウエ] [名] -/-n **1.**《南独・オーストリア》鍬(くわ), 斧(おの), つるはし. **2.**《⑩のみ》《口》殴打.
hauen⁽*⁾ [ハウエン] [動] haute〔hieb〕; hat/ist gehauen〔gehaut〕(gehaut は《方》) **1.** *h.* (過去形 hieb は《稀》)〔⟨j⁴⟩ヲ〕《口》ひっぱたく, ぶつ(特に子供を). **2.** *h.* (過去形 hieb は《稀》)〔⟨j³⟩ニ+⟨et⁴⟩ヲ〕《口》食らわす(びんたなどを). **3.** *h.* (過去形 hieb は《稀》)〔⟨j³⁽⁴⁾⟩ノ+⟨方向⟩ヲ〕《口》(体罰として)ひっぱたく, ぶつ(4 格は《稀》). **4.** *h.* (過去形 hieb は《稀》)〔⟨et⁴⟩デ+⟨j³⟩ノ+⟨方向⟩ヲ〕ひっぱたく, ぶったたく, (…を…に)投げつける. **5.** *h.* (過去形 haute は《口》)〔mit ⟨et³⟩デ+⟨方向⟩ニ〕斬りつける, 打ちかかる(剣などで). **6.** *h.* (過去形は haute)〔⟨j⁴/et⁴⟩ヲ+⟨様態⟩ニナルホド〕《口》たたきのめす. **7.** *h.* (過去形は haute)〔⟨et⁴⟩ヲ+in ⟨et⁴⟩ニ〕打込む(くぎを壁などに). **8.** *h.* (過去形は haute)〔⟨et⁴⟩ヲ+in ⟨et⁴⟩ニ/aus ⟨et³⟩カラ〕(道具でたたいて)作る: eine Figur in/aus Stein ~ 像を石に刻む/石を刻んで像を作る. **9.** *h.* 〔⟨方向⟩ヲ〕《口》どんどんとたたく. **10.** *s.* (過去形は haute)〔mit ⟨et³⟩ヲ+⟨方向⟩ニ〕《稀》ぶつける. **11.** *s.* (過去形は haute)〔⟨方向⟩ニ〕(激しく)落下する, 突っ込む. **12.** *h.* (過去形は haute)〔⟨j⁴/et⁴⟩ヲ+ ⟨方向⟩ニ〕《口》放り投げる. **13.** *h.* (過去形は haute)〔⟨et⁴⟩ヲ〕《方・古》伐(き)る(木を), 割る(まきを), 断ち割る(肉を), 刈る(草を). **14.** *h.* 〔⟨et⁴⟩ヲ〕〖鉱〗切出す(鉱石を). 【慣用】⟨j³⟩ **eine hauen**《口》⟨人に⟩一発びんたを食らわす.
der **Hauer** [ハウあー] [名] -s/- **1.**〖狩〗(雄イノシシの)下の牙(きば). **2.**《南独・オーストリア》ブドウ園経営者, ブドウ園労働者. **3.**〖鉱〗(昔の)先山(さきやま), 採鉱夫.
das **Häufchen** [ホイふひぇン] [名] -s/- 小さな堆積(たいせき), 小山;(人・動物の)小さな群れ;《口》(犬などの)糞(くそ). 【慣用】**wie ein Häufchen Elend**《口》見るも哀れに.
der **Haufe** [ハウふぇ] [名] 2 格 -ns, 3 格 -n, 4 格 -n/⑩ -n《古》=Haufen.
häufeln [ホイふぇルン] [動] *h.* **1.** 〔⟨et⁴⟩ヲ〕(盛って)小さな山にする, 積上げる. **2.** 〔⟨et⁴⟩ニ〕〖農・園〗土寄せをする(作物に).
der **Haufen** [ハウふぇン] [名] -s/- **1.** 堆積(たいせき), (積重なった)山, 塊: alles auf einen ~ legen すべてを一箇所に積上げる. einen ~ machen《口》糞(くそ)をする. **2.**《口》大量: ein ~ Arbeit 山ほどの仕事. **3.** 群れ;大群;グループ, 一団;〖兵〗(小)隊: auf einem ~ 一時に大勢が. 【慣用】**einen Plan über den Haufen werfen**《口》計画をだめにしてしまう. ⟨j⁴⟩ **über den Haufen rennen/fahren**《口》⟨人を⟩押倒す/車でひく. ⟨j⁴⟩ **über den Haufen schießen**《口》⟨人を⟩撃ち殺す.
häufen [ホイふぇン] [動] *h.* **1.** 〔⟨et⁴⟩ヲ〕山のように積上げる(穀物などを), 山盛りにする(食べ物などを), 山のように蓄える(財宝などを). **2.** 〔sich⁴〕山のようにたまる(本・洗濯物・ごみなどが), 山のように集まる(贈り物などが), たび重なる(苦労などが).
das **Haufendorf** [ハウふぇン・ドるふ] [名] -(e)s/..dörfer 塊村(かいそん)(家屋が不規則なかたまりの村).
haufenweise [ハウふぇン・ヴァイゼ] [副]《口》群れをなして, 山のように.
die **Haufenwolke** [ハウふぇン・ヴォルケ] [名] -/-n〖気〗積雲.
(*der*) **Hauff** [ハウふ] [名]〖人名〗ハウフ(Wilhelm ~, 1802-27, 小説家・童話作家).
häufig [ホイふぃひ] [形] たび重なる, 頻繁な;しばしば.

die **Häu·fig·keit** [ホイふぃひカイト] [名] -/ 頻繁に起こること;頻度.

die **Häu·fung** [ホイふング] [名] -/-en **1.** 山積み,堆積,蓄積. **2.** 頻繁に起こること.

der **Hau·klotz** [ハウ・クロッツ] [名] -es/..klötze まき割り台;(肉用)まな板;《転》鈍感な人.

das **Haupt** [ハウプト] [名] -(e)s/Häupter **1.** 《文》頭,こうべ;《転》山頂: bloßen ~*es* 何もかぶらずに. ein bemoostes ~ 《古・冗》古顔の学生. ein gekröntes ~ 君主. sein greises ~ schütteln《口》首を横に振る《否定・不審の表現》. eine Reform an ~ und Gliedern 徹底的改革. zu *Häupten* 頭のところに;上端に. **2.** 《文》長,指導者,首長,首領(Ober~). 【慣用】〈j^4〉 **aufs Haupt schlagen**《文》〈人を〉打ちのめす,敗北させる. **eins aufs Haupt kriegen**《口》怒られる,非難される.

der **Haupt·ak·ti·o·när** [ハウプト・アクツィオネーあ] [名] -s/-e 大株主.

der **Haupt·al·tar** [ハウプト・アルターあ] [名] -(e)s/..täre 主〔本〕祭壇.

haupt·amt·lich [ハウプト・アムトリひ] [形] 専任〔常勤〕の,本務の.

die **Haupt·auf·ga·be** [ハウプト・アウふ・ガーベ] [名] -/-n 主要な任務〔使命〕;主要課題.

das **Haupt·au·gen·merk** [ハウプト・アウゲン・メるク] [名] -(e)s/ 特別な注意: sein ~ auf 〈j^4/et^4〉 richten 〈人・物・事に〉特に注目する.

die **Haupt·bahn** [ハウプト・バーン] [名] -/-en 鉄道の幹線,本線.

der **Haupt·bahn·hof** [ハウプト・バーン・ホーふ] [名] -(e)s/..höfe 中央駅《略 Hbf.》.

die **Haupt·be·din·gung** [ハウプト・ベディングング] [名] -/-en 主要条件.

der **Haupt·be·ruf** [ハウプト・べるーふ] [名] -(e)s/-e 本業,本職.

haupt·be·ruf·lich [ハウプト・べるーふリひ] [形] 本職〔本業〕の.

der **Haupt·be·stand·teil** [ハウプト・ベシュタント・タイル] [名] -(e)s/-e 主成分,主要な構成要素.

der **Haupt·boots·mann** [ハウプト・ボーツ・マン] [名] -(e)s/..leute (海軍の)上級曹長《人;(［単］のみ)位》.

das **Haupt·buch** [ハウプト・ブーふ] [名] -(e)s/..bücher 〘商〙元帳,原簿,台帳.

der **Haupt·dar·stel·ler** [ハウプト・ダーあシュテラー] [名] -s/- 主演俳優,主役.

das **Haupt·deck** [ハウプト・デック] [名] -(e)s/-s〔-e〕メインデッキ,主甲板.

der **Haupt·ein·gang** [ハウプト・アイン・ガング] [名] -(e)s/..gänge 正面入口,正門,表玄関.

das **Häup·tel** [ホイプテル] [名] -s/-(n) 《南独・オーストリア》(キャベツ・レタスなどの)球(たま).

die **Haup·tes·län·ge** [ハウプテス レンゲ] [名] -/ 《次の形で》um ~ 《文》頭一つ分の高さだけ.

das **Haupt·fach** [ハウプト・ふぁっは] [名] -(e)s/..fächer 主専攻;主要科目.

das **Haupt·fahr·werk** [ハウプト・ふぁーあ・ヴェるク] [名] -(e)s/-e 〘空〙主脚.

der **Haupt·feh·ler** [ハウプト・ふぇーラー] [名] -s/- 主な欠点〔欠陥〕;最大の過失.

der **Haupt·feld·we·bel** [ハウプト・ふぇルト・ヴェーベル] [名] -s/- (陸・空軍の)上級曹長《人;(［単］のみ)位》;(昔の)中隊付き上級曹長.

die **Haupt·fi·gur** [ハウプト・ふぃグーあ] [名] -/-en 主役,主人公.

der **Haupt·film** [ハウプト・ふぃルム] [名] -(e)s/-e (ニュースや上映予告に対する)主要(劇)映画.

die **Haupt·funk·ti·on** [ハウプト・ふンクツィオーン] [名] -/-en 主な働き;主機能;主な役目〔任務〕.

das **Haupt·ge·bäu·de** [ハウプト・ゲボイデ] [名] -s/- 本館.

der **Haupt·ge·frei·te** [ハウプト・ゲふらイテ] [名] 《形容詞的変化》(陸・空軍の)兵長;(海軍)水兵長《人;(［単］のみ)位》.

das **Haupt·ge·richt** [ハウプト・ゲりひト] [名] -(e)s/-e メインディッシュ.

das **Haupt·ge·schäft** [ハウプト・ゲシェふト] [名] -(e)s/-e 最も忙しい時間帯;本店;主要業務.

das **Haupt·ge·wicht** [ハウプト・ゲヴィひト] [名] -(e)s/-e 重点.

der **Haupt·ge·winn** [ハウプト・ゲヴィン] [名] -(e)s/-e (宝くじなどの)一等賞,大当たり.

der **Haupt·grund** [ハウプト・グるント] [名] -(e)s/..gründe 主な理由.

das **Haupt·haar** [ハウプト・ハーあ] [名] -(e)s/ 《文》頭髪.

der **Haupt·hahn** [ハウプト・ハーン] [名] -(e)s/..hähne 元栓,親コック;《学生》強いリーダー;《古》養鶏場の中の最も強い雄鶏.

das **Haupt·in·te·res·se** [ハウプト・インテれっセ] [名] -s/-n 最大の関心(事).

die **Haupt·kampf·li·nie** [ハウプト・カムプふ・リーニエ] [名] -/-n 〘軍〙最前線.

der **Haupt·kerl** [ハウプト・ケるル] [名] -(e)s/-e 《口》すごいやつ.

der **Häupt·ling** [ホイプトリング] [名] -s/-e 酋長(しゅうちょう),族長(Stammes~);《皮・蔑》首領,親分.

die **Haupt·mahl·zeit** [ハウプト・マール・ツァイト] [名] -/-en 1日の内で最も重要な食事《主に昼食》.

(*der*) **Haupt·mann**[1] [ハウプト・マン] [名] 〘人名〙ハウプトマン《Gerhart ~, 1862-1946, 劇作家》.

der **Haupt·mann**[2] [ハウプト・マン] [名] -(e)s/..leute **1.** (陸・空軍の)大尉《人;(［単］のみ)位》. **2.** 《古》(盗賊の)首領(Räuber~).

die **Haupt·mas·se** [ハウプト・マっセ] [名] -/-n 大部分,大多数.

das **Haupt·merk·mal** [ハウプト・メるク・マール] [名] -(e)s/-e 主な特徴.

der **Haupt·mie·ter** [ハウプト・ミーター] [名] -s/- (家主から直接住居を借りている,部屋を又貸しできる)借家人.

das **Haupt·mo·tiv** [ハウプト・モティーふ] [名] -(s)/-e 主要な動機;(芸術作品の)主題,主要モチーフ.

der **Haupt·nen·ner** [ハウプト・ネナー] [名] -s/- 〘数〙公分母.

die **Haupt·per·son** [ハウプト・ぺるゾーン] [名] -/-en 主役,主人公;中心人物.

die **Haupt·post** [ハウプト・ポスト] [名] -/-en 中央郵便局.

das **Haupt·post·amt** [ハウプト・ポスト・アムト] [名] -(e)s/..ämter 中央郵便局.

die **Haupt·pro·be** [ハウプト・プろーベ] [名] -/-n ゲネプロ前の本稽古(げいこ);ゲネプロ.

das **Haupt·quar·tier** [ハウプト・クヴァるティーあ] [名] -s/-e 〘軍〙司令部,本部《略 H. Qu.》.

die **Haupt·rol·le** [ハウプト・ろレ] [名] -/-n 主役.

die **Haupt·sa·che** [ハウプト・ザっへ] [名] -/-n 主要な点,要点,眼目: zur ~ kommen 本論に入る. in der ~ 主として,とりわけ.

haupt·säch·lich [ハウプト・ゼひりひ] [副] 主に,主として,とりわけ: ~ deshalb, weil ... なかんずく…というわけで.

—— [形] 主な,重大〔重要〕な.

die **Haupt·sai·son** [ハウプト・ゼゾ(ー)ン] [名] -/-s〔-en〕シーズンの最盛期.

der **Haupt·satz** [ハウプト・ザっツ] [名] -es/..sätze (学

H

問の)基本原則[法則];〖言〗主文;〖楽〗主楽節.

der **Haupt·schal·ter** [ハウプト・シャルター] 名 -s/ メインスイッチ.

die **Haupt·schlag·ader** [ハウプト・シュラーク・アーダー] 名 -/-n 大動脈.

der **Haupt·schlüs·sel** [ハウプト・シュリュッセル] 名 -s/ マスターキイ.

der **Haupt·schrift·lei·ter** [ハウプト・シュリフト・ライター] 名 -s/-《古》編集長.

die **Haupt·schuld** [ハウプト・シュルト] 名 -/ 主な責任[債務].

der/die **Haupt·schul·di·ge** [ハウプト・シュルディゲ] 名 《形容詞的変化》.

der **Haupt·schuld·ner** [ハウプト・シュルドナー] 名 -s/- 主な債務者;〖法〗主たる債務者.

die **Haupt·schu·le** [ハウプト・シューレ] 名 -/-n 基幹学校(Grundschuleに続く,第5学年から第9学年までの義務教育機関).

der **Haupt·schü·ler** [ハウプト・シューラー] 名 -s/- 基幹学校の(男子)生徒.

die **Haupt·si·che·rung** [ハウプト・ズィっひぇるング] 名 -/-en〖電〗メインヒューズ.

der **Haupt·spei·cher** [ハウプト・シュパイひゃー] 名 -s/-〘コンピュータ〙メーンメモリー.

die **Haupt·stadt** [ハウプト・シュタット] 名 -/..städte 首都,首府,州都(略 Hptst.).

haupt·städ·tisch [ハウプト・シュテッティシュ, ハウプト・シュテーティシュ] 形 首都の,州都の.

die **Haupt·stra·ße** [ハウプト・シュトラーセ] 名 -/-n **1.** 本通り,メインストリート;(通過)交通の多い道路. **2.** 《交》優先道路.

der **Haupt·strom** [ハウプト・シュトローム] 名 -(e)s/..ströme〖環〗主流煙(喫煙者が吸うタバコの煙).

die **Haupt·sün·de** [ハウプト・ズュンデ] 名 -/-n〖カトリック〗大罪(七つの大罪の一つ).

der **Haupt·teil** [ハウプト・タイル] 名 -(e)s/-e 主要部分.

das **Haupt·the·ma** [ハウプト・テーマ] 名 -s/..men [-ta] 主題,主要テーマ;〖楽〗主要主題.

der **Haupt·ton** [ハウプト・トーン] 名 -(e)s/..töne〖楽〗根音,主音;(㉌のみ)〖言〗第一アクセント.

der **Haupt·tref·fer** [ハウプト・トれっふぁー] 名 -s/-(くじなどの)一等賞.

das **Haupt·ver·fah·ren** [ハウプト・ふぇあふぁーれン] 名 -s/-〖法〗(刑事訴訟の)主要手続き.

die **Haupt·ver·hand·lung** [ハウプト・ふぇあハンドルング] 名 -/-en〖法〗公判.

die **Haupt·ver·kehrs·stra·ße** [ハウプト・ふぇあケーアス・シュトラーセ] 名 -/-n 幹線道路.

die **Haupt·ver·kehrs·zeit** [ハウプト・ふぇあケーアス・ツァイト] 名 -/-en ラッシュアワー.

die **Haupt·ver·samm·lung** [ハウプト・ふぇあザムルング] 名 -/-en《略 HV》総会;〖経〗株主総会;(総称)総会に出席した株主.

das **Haupt·wort** [ハウプト・ヴォると] 名 -(e)s/..wörter〖言〗名詞.

haupt·wört·lich [ハウプト・ヴェァトリヒ] 形 名詞の,名詞による.

der **Haupt·zeu·ge** [ハウプト・ツォイゲ] 名 -n/-n〖法〗重要[主要]証人.

der **Haupt·zweck** [ハウプト・ツヴェック] 名 -(e)s/-e 主目的.

hau ruck! [ハウ るック] 間 (重いものを一緒に持ち上げたりするときの掛け声を表して).

das **Haus** [ハウス] 名 -es/Häuser **1.** 家,家屋,住宅(㌀),自宅;建物: ~ an ~ wohnen 隣り合わせに住んでいる. nach ~e gehen [kommen] 帰宅する.〈j³〉nach ~ bringen〈人を〉家に送っていく. von ~ zu ~ gehen 家を一軒一軒訪ねる. zu ~e sein 在宅している. von zu ~ aus 自宅から. Er ist in Wien zu ~. 彼の故郷はウィーンだ. wie zu ~e くつろいで. Das Orchester hatte volle *Häuser*. そのオーケストラははちこちで満員の盛況だった. **2.**《文》家族,一家; 《口》建物の全居住者. **3.** 王家,(名門の)家. **4.** 家政,家計;世帯: das ~ führen 家事をきりもりする. ein großes ~ führen 交際の広い暮らしをする. **5.** 商社,企業: ein alt eingeführtes ~ 老舗(㋱). **6.** 議院(建物および議員)の(聴衆: Hohes ~!(呼びかけで)議員諸君. das Hohe ~ 議会. das Weiße ~ (米国の)ホワイトハウス. **7.**《口・冗》人間,友(呼びかけで). **8.**〖占〗宮,宿: die zwölf *Häuser* der Sonne 黄道十二宮.《慣用》**das Haus des Herrn**《文》教会.〈j³〉**das Haus einrennen**《口》〈人に〉押しかける.〈j³〉**Haus halten**《口》〈人のために〉所帯を切盛する. **das Haus hüten** (やむを得ず)在宅している. **Haus und Herd** 自分の所帯. **Haus und Hof** 全財産. **Häuser auf**〈j³〉**bauen**〈人に〉全幅の信頼を寄せる. **in**〈et³〉**zu Hause sein**《口》〈物・事に〉精通している.〈j³〉**ins Haus platzen** [schneien]《口》〈人の〉家を突然訪ねる.《j³》**ins Haus stehen**《口》〈人の〉目前に迫っている. **mit der Tür ins Haus fallen** (不快なことを)出しぬけに言う. **mit**〈et³〉**Haus halten**〈人・物を〉(節約して)やりくりをする. **von Haus(e) aus** もともと,代々.

die **Haus·an·ge·stell·te** [ハウス・アンゲシテルテ] 名 《形容詞的変化》お手伝いさん,家政婦.

der **Haus·an·schluss, ®Haus·an·schluß** [ハウス・アンシュルス] 名 -es/..schlüsse **1.** (電話線・ガス・水道管などの)家屋接続,屋内への引込み.

die **Haus·apo·the·ke** [ハウス・アポテーケ] 名 -/-n 家庭常備薬,家庭用救急箱.

die **Haus·ar·beit** [ハウス・アルバイト] 名 -/-en **1.** 家事. **2.** 宿題,レポート.

der **Haus·ar·rest** [ハウス・アれスト] 名 -(e)s/-e 自宅監禁[拘禁].

der **Haus·arzt** [ハウス・アーアツト, ハウス・あるツト] 名 -es/..ärzte かかりつけの医者,ホームドクター.

die **Haus·auf·ga·be** [ハウス・アウふ・ガーベ] 名 -/-n 宿題.

haus·ba·cken [ハウス・バッケン] 形 **1.** 平凡な,ぱっとしない. **2.**《古》自家製の(パンなど).

der **Haus·ball** [ハウス・バル] 名 -(e)s/..bälle ホームダンスパーティー.

die **Haus·bank** [ハウス・バンク] 名 -/-en メーンバンク,日常取引銀行,主力銀行.

der **Haus·bau** [ハウス・バウ] 名 -(e)s/-ten **1.**(㉌のみ)家屋の建築. **2.**《古》(建てられた)家屋.

der **Haus·be·darf** [ハウス・ベダるふ] 名 -(e)s/ = Hausgebrauch.

die **Haus·be·set·zung** [ハウス・ベゼッツング] 名 -/-en 空家(不法)占拠.

der **Haus·be·sit·zer** [ハウス・ベズィッツァー] 名 -s/- 家主.

der **Haus·be·sor·ger** [ハウス・ベゾーガー] 名 -s/-《㌐》(家屋の)管理人.

der **Haus·be·such** [ハウス・ベズーふ] 名 -(e)s/-e (ソーシアルワーカーなどの)家庭訪問;(医者の)往診.

der **Haus·be·woh·ner** [ハウス・ベヴォーナー] 名 -s/- (同じ建物の)居住者.

das **Haus·boot** [ハウス・ボート] 名 -(e)s/-e ハウスボート.

der **Haus·brand** [ハウス・ブラント] 名 -(e)s/ 家庭暖房用燃料.

die **Haus·brand·koh·le** [ハウス・ブラント・コーレ] 名 -/-n 家庭暖房用石炭.

das **Häus·chen** [ホイスひぇン] 名 -s/- [Häuserchen]

1. 小さな家,小住宅. 2. 《口》(屋外)便所: aufs ~ gehen 便所に行く. 【慣用】〈j³〉(ganz) aus dem Häuschen bringen 《口》〈人を〉狂喜させる〔われを忘れさせる〕. (ganz) aus dem Häuschen geraten/sein 《口》(有頂点になり)われを忘れる/忘れている.

das **Haus·dach** [ハウス・ダっぉ] 名 -(e)s/..dächer 家の屋根.

die **Haus·da·me** [ハウス・ダーメ] 名 -/-n (大がかりな)家政をとりしきる女性;(年寄りに雇われた)世話係の女性.

der **Haus·die·ner** [ハウス・ディーナー] 名 -s/- (ホテルの)ボーイ,ポーター.

die **Haus·dra·che** [ハウス・ドらっへ] 名 -n/-n = Hausdrachen.

der **Haus·dra·chen** [ハウス・ドらッヘン] 名 -s/- 《口・蔑》がみがみという口やかましい女房,山の神.

die **Haus·durch·su·chung** [ハウス・ドゥるヒズーホゥング] 名 -/-en (オーストろ・スイ) = Haussuchung.

die **Haus·ecke** [ハウス・エッケ] 名 -/-n 建物の角(ヶ).

der **Haus·ei·gen·tü·mer** [ハウス・アイゲン・テューマー] 名 -s/- 家主.

hau·sen [ハウゼン] 動 *h.* 1. 〔〈場所〉に〕《口》住んでいる〔ひどいところに〕;〔…を〕住みかにしている. 2. 〔〈様態〉と…〕《口》荒れ狂う〔嵐などが〕;乱暴を働く〔兵隊などが〕. 3. 〔〈様態〉と…〕《古》家計をやりくりする.

der **Hau·sen** [ハウゼン] 名 -s/- 〚魚〛チョウザメ.

der **Häu·ser·block** [ホイザー・ブロック] 名 -(e)s/..blöcke[-s] 家屋群,街区,ブロック.

die **Häu·ser·flucht** [ホイザー・ふルふト] 名 -/-en (一直線の)家並.

der **Häu·ser·mak·ler** [ホイザー・マークラー] 名 -s/- 家屋周旋業者.

das **Häu·ser·meer** [ホイザー・メーあ] 名 -(e)s/- (見渡すかぎり)ぎっしりと立並ぶ家々.

der **Haus·flur** [ハウス・ふルーア] 名 -(e)s/-e 玄関のホール.

die **Haus·frau** [ハウス・ふらウ] 名 -/-en 主婦;《南独・オースト》〈j³〉(女性)家主.

haus·frau·lich [ハウス・ふらウリヒ] 形 主婦の,主婦らしい.

der **Haus·freund** [ハウス・ふろイント] 名 -(e)s/-e 1. 家族の友人. 2. 《婉・冗》妻の愛人.

der **Haus·frie·den** [ハウス・ふリーデン] 名 -s/- 一家〔同じ建物の住人〕の和合.

der **Haus·frie·dens·bruch** [ハウス・ふりーデンス・ブるッっ] 名 -(e)s/- 〚法〛住居侵害(罪),住居〔住宅〕侵入(罪).

der **Haus·ge·brauch** [ハウス・ゲブらウッ] 名 -(e)s/- 家庭用,自家用.

die **Haus·ge·hil·fin** [ハウス・ゲヒルふィン] 名 -/-nen 家政婦.

haus·ge·macht [ハウス・ゲマハト] 形 自家製の.

der **Haus·ge·nos·se** [ハウス・ゲノッセ] 名 -n/-n 同居人.

das **Haus·ge·rät** [ハウス・ゲれート] 名 -(e)s/-e 〔主に⑨〕《古》家庭用器具,家財〔世帯〕道具.

das **Haus·ge·setz** [ハウス・ゲゼッツ] 名 -es/- 家訓,家憲.

der **Haus·halt** [ハウス・ハルト] 名 -(e)s/-e 1. 家政,家計;世帯,家族. 〈j³〉den ~ führen 〈人³の〉家事をする. 2. 財政,予算,会計: über den ~ be-raten 予算審議をする.

Haus hal·ten*, ⑨haus|hal·ten* [ハウス ハルテン] ⇒ Haus 【慣用】.

die **Haus·häl·te·rin** [ハウス・ヘルテリン] 名 -/-nen 家政婦.

haus·häl·te·risch [ハウス・ヘルテリシュ] 形 所帯持ちのよい.

der **Haus·halts·aus·schuss**, ⑨**Haus·halts·aus·schuß** [ハウスハルツ・アウス・シュス] 名 -es/..schüsse 〚行政〛予算委員会.

das **Haus·halts·buch** [ハウスハルツ・ブーっ] 名 -(e)s/..bücher 家計簿.

das **Haus·halts·geld** [ハウスハルツ・ゲルト] 名 -(e)s/-er 家計〔生活〕費.

das **Haus·halts·ge·rät** [ハウスハルツ・ゲれート] 名 -(e)s/-e 家庭用器具.

das **Haus·halts·jahr** [ハウスハルツ・ヤーあ] 名 -(e)s/-e 1. 〚行政〛会計年度. 2. 家事見習の1年.

das **Haus·halts·pa·nel** [..pənəl ハウスハルツ・パネル] 名 -s/-s 家計調査.

der **Haus·halts·plan** [ハウスハルツ・プラーン] 名 -(e)s/..pläne 〚行政〛予算案.

die **Haus·halts·po·li·tik** [ハウスハルツ・ポリティーク] 名 -/- 〚行政〛財政政策.

die **Haus·hal·tung** [ハウス・ハルトゥング] 名 -/-en 1. 家政,家計;世帯. 2. 家政を見ること.

der **Haus·hal·tungs·vor·stand** [ハウスハルトゥングス・ふぉーあ・シュタント] 名 -(e)s/..stände 世帯主,家長.

der **Haus·herr** [ハウス・へる] 名 -(e)n/-(e)n 1. ホスト(客を接待する主人役);家長;〚法〛世帯主. 2. 《南独・オースト》家主. 3. 〚スポ〛ホームグラウンドのチーム.

haus·hoch [ハウス・ホーホ] 形 家の高さほどもある;《転》大きな,圧倒的な.

der **Haus·hof·meis·ter** [ハウス・ホーふ・マイスター] 名 -s/- (昔の)執事,家令.

das **Haus·huhn** [ハウス・フーン] 名 -(e)s/..hühner 鶏.

hau·sie·ren [ハウズィーれン] 動 *h.* 1. 〔mit〈et³〉で〕《家ごとに》売り歩く,行商する. 2. 〔mit〈et³〉で〕《口》吹聴して歩く. 【慣用】Betteln und Hausieren verboten！物ごい物売りお断り.

der **Hau·sie·rer** [ハウズィーらー] 名 -s/- 行商人.

die **Haus·kat·ze** [ハウス・カッツェ] 名 -/-n 飼い猫.

das **Haus·kleid** [ハウス・クライト] 名 -(e)s/-er 普段着.

das **Haus·kon·zert** [ハウス・コンツェるト] 名 -(e)s/-e ホームコンサート.

der **Haus·leh·rer** [ハウス・レーら-] 名 -s/- 家庭教師.

der **Häus·ler** [ホイスラー] 名 -s/- (昔の)家持ち小作人;(持ち家のない)間借り村民.

häus·lich [ホイスリヒ] 形 1. 家庭の;自宅(で)の. 2. 家庭的な. 3. 所帯持ちのよい. 【慣用】sich⁴ (bei〈j³〉) häuslich niederlassen〔einrichten〕〈人のもとに〉(迷惑がられながら)長居〔逗留(ジョ)〕する.

die **Häus·lich·keit** [ホイスリヒカイト] 名 -/-en (好んで)家にいること;所帯持ちがよいこと.

die **Haus·ma·cher·art** [ハウス・マッハー・アーあト] 名 -/-en 自家製風.

die **Haus·macht** [ハウス・マハト] 名 -/- 1. (王家の世襲)領地,家領. 2. 派閥勢力.

das **Haus·mäd·chen** [ハウス・メートヒェン] 名 -s/- お手伝いさん.

der **Haus·mann** [ハウス・マン] 名 -(e)s/..männer 家事をする男性,主夫;《古》管理人.

der **Haus·man·nit** [ハウスマ・ニート] 名 -s/-e 〚地質〛黒マンガン鉱.

die **Haus·manns·kost** [ハウスマンス・コスト] 名 -/- (簡単でヴォリュームのある)家庭料理;《転》月並みなもの.

die **Haus·mar·ke** [ハウス・マるケ] 名 -/-n 1. 所有者印(屋号などのマーク,焼印);銘柄(ブランド)商品. 2. 《口》好みの嗜好(シュ)品;(店が割安で提供する)ハウスワイン.

der **Haus·mei·er** [ハウス・マイアー] 名 -s/- 〘史〙(フランク王国の)宮宰.
der **Haus·meis·ter** [ハウス・マイスター] 名 -s/- 家屋管理人；〘ホテ〙〘古〙家主.
das **Haus·mit·tel** [ハウス・ミッテル] 名 -s/- 家庭薬.
der **Haus·müll** [ハウス・ミュル] 名 -(e)s/ (一般に)家庭のごみ.
die **Haus·mu·sik** [ハウス・ムズィーク] 名 / 家庭音楽(家族や友人のサークルによる音楽の活動).
die **Haus·mut·ter** [ハウス・ムッター] 名 -/..mütter 1. (古)家庭の主婦. 2. (施設の)寮母. 3. 〘動〙ヤガ(蛾の一種).
die **Haus·num·mer** [ハウス・ヌマー] 名 -/-n 番地，家屋番号.
die **Haus·ord·nung** [ハウス・オルドヌング] 名 -/-en 入居者規則，館内規則.
der **Haus·putz** [ハウス・プッツ] 名 -es/ 大掃除.
der **Haus·rat** [ハウス・ラート] 名 -(e)s/ 家財道具.
die **Haus·rat·te** [ハウス・らって] 名 -/-n 〘動〙クマネズミ.
die **Haus·rat·ver·si·che·rung** [ハウスラート・ふぇあズィッヒルング] 名 -/-en 〘保険〙家財保険.
das **Haus·recht** [ハウス・れヒト] 名 -(e)s/ 〘法〙住居不可侵権；建物管理権.
die **Haus·samm·lung** [ハウス・ザムルング] 名 -/-en 戸別募金.
die **Haus·schlach·tung** [ハウス・シュラはトゥング] 名 -/-en 自家屠畜.
der **Haus·schlüs·sel** [ハウス・シュリュッセル] 名 -s/- 家〔玄関〕の鍵(煖).
der **Haus·schuh** [ハウス・シュー] 名 -(e)s/-e 上〔室内〕履き.
der **Haus·schwamm** [ハウス・シュヴァム] 名 -(e)s/..schwämme 〘植〙ナミダタケ(乾腐菌).
die **Hausse** [hó:s(ə) ホース，ホーセ，o:s オース] 名 -/-n 上昇；〘経〙好景気，好況；〘金融〙騰貴；高値.
der **Haus·se·gen** [ハウス・ゼーゲン] 名 -s/- (戸口・壁などの)祝福の言葉：Bei ihm hängt der ~ schief.〘口〙彼のところは家庭が不和だ.
der **Haus·si·er** [(h)osjé: オスィエー，ホスィエー] 名 -s/-s 〘金融〙強気筋仕手.
der **Haus·stand** [ハウス・シュタント] 名 -(e)s/ 《文》所帯.
die **Haus·su·chung** [ハウス・ズーフング] 名 -/-en 家宅捜索.
das **Haus·te·le·fon** [ハウス・テ(ー)レふォーン] 名 -s/-e 内線電話.
das **Haus·tier** [ハウス・ティーア] 名 -(e)s/-e 家畜；ペット.
die **Haus·toch·ter** [ハウス・トホター] 名 -/..töchter 家事見習の娘.
das **Haus·tor** [ハウス・トーア] 名 -(e)s/-e 家の門.
das **Haus·to·ri·um** [ハウス・トーリウム] 名 -s/..rien 〘植〙吸器.
der **Haus·trunk** [ハウス・トルンク] 名 -(e)s/..trünke 1. 二番搾りの自家用ワイン. 2. (ビール醸造所の)従業員用のビール.
die **Haus·tür** [ハウス・テューア] 名 -/-en 玄関のドア，戸口.
der **Haus·ty·rann** [ハウス・テュらン] 名 -en/-en 〘口〙家庭の暴君.
der **Haus·va·ter** [ハウス・ふぁーター] 名 -s/..väter 1. (古)家父. 2. (施設などの)長，管理者，寮長.
der **Haus·ver·wal·ter** [ハウス・ふぇアヴァルター] 名 -s/- (家屋)管理人.
der **Haus·wart** [ハウス・ヴァルト] 名 -(e)s/-e 〘スキs〙家屋管理人.
das **Haus·we·sen** [ハウス・ヴェーゼン] 名 / 〘古〙家政.

der **Haus·wirt** [ハウス・ヴィルト] 名 -(e)s/-e 大家，家主；〘古〙家長.
die **Haus·wirt·schaft** [ハウス・ヴィルトシャフト] 名 -/-en 1. 家政(所帯)の取り仕切り；〘経〙自給自足経済. 2. 〘旧東独〙(農協所属農民の)私有物.
die **Haus·wirt·schafts·schu·le** [ハウス・ヴィルトシャフツ・シューレ] 名 -/-n 家政学校.
der **Haus·zins** [ハウス・ツィンス] 名 -es/-en 《南独・オス》家賃.
die **Haut** [ハウト] 名 -/Häute 1. 皮膚，肌：Die ~ schält sich. 皮膚の皮がむける. die ~ abwerfen 脱皮する. nass bis auf die ~ sein びしょぬれになっている. 2. (動物の)皮，毛皮. 3. (果物などの)外皮，皮. 4. (液体の)薄膜，皮膜. 5. (艦のみ)(飛行機などの)外板. 6. (良い意味の形容詞と)〘口〙人. 〘慣用〙die von den faulen Haut liegen 〘口〙のらくら怠けている. aus der Haut fahren 〘口〙激怒する. mit Haut und Haar(en) 〘口〙全部. mit heiler Haut davonkommen 〘口〙無事に切抜ける. nicht aus seiner Haut (heraus) können 〘口〙自分の殻から脱け出せない〔変えられない〕. nicht in 〈j³〉 Haut stecken mögen 〘口〙〈人〉のような状況〔立場〕になりたくない. nur (bloß) Haut und Knochen sein 〘口〙骨と皮ばかりである. seine Haut zu Markte tragen 〘口〙危険を冒して体を張る；〘口・冗〙売春(ストリッパー)をする. sich⁴ in seiner Haut nicht wohl fühlen 〘口〙状況に不満足〔不快〕である. seiner Haut wehren 〘口〙必死に身を守る. 〈j³〉 unter die Haut gehen 〘口〙〈人を〉心底まで感動させる.
die **Haut·ab·schür·fung** [ハウト・アプ・シュるふング] 名 -/-en 擦過傷，すり傷.
der **Haut·arzt** [ハウト・アーつト，ハウト・アるツト] 名 -es/..ärzte 皮膚(・性病)科医.
der **Haut·aus·schlag** [ハウト・アウス・シュラーク] 名 -(e)s/..schläge 発疹(铅)，吹き出物.
das **Häut·chen** [ホイトヒェン] 名 -s/- (Hautの縮小形)薄皮，薄い膜.
die **Haut·creme** [ハウト・クれーム] 名 -/-s スキンクリーム.
die **Haute Couture** [(h)ó:t kutý:r オート クテューあ，ハウト クテューア] 名 / オートクチュール，(ファッション界をリードする)高級洋裁技術〔ファッションデザイン〕.
häu·ten [ホイテン] 動 h. 1. 〈et⁴〉 皮をはぐ；皮をむく. 2. 〔sich⁴〕脱皮する〔動物が〕.
haut·eng [ハウト・エング] 形 体にぴったりの.
die **Haut·ent·zün·dung** [ハウト・エントツュンドゥング] 名 -/-en 皮膚炎.
die **Haute·vo·lee** [(h)o:tvolé: オート・ヴォレー] 名 / (〔嘲・蔑〕も有り)上流社会.
die **Haut·far·be** [ハウト・ふぁるべ] 名 -/-n 皮膚〔肌〕の色.
der **Haut·flüg·ler** [ハウト・ふリューグラー] 名 -s/- 〘動〙膜翅類(ミツバチ・アリなど).
haut·freund·lich [ハウト・ふろイントリヒ] 形 肌にやさしい.
der **Haut·gout** [ogúː オグー] 名 -s/ (熟成した獣肉)の独特の風味と香り(刺激性の)；〘転〙いかがわしさ.
das **Haut·ju·cken** [ハウト・ユッケン] 名 -s/ 皮膚のかゆみ.
die **Haut·krank·heit** [ハウト・クランクハイト] 名 -/-en 皮膚病.
der **Haut·krebs** [ハウト・クれープス] 名 -es/ 皮膚ガン.
haut·nah [ハウト・ナー] 形 1. 皮下の. 2. 〘ホスミ〙びったりの(マーク)；〘口〙生々しい.
die **Haut·pfle·ge** [ハウト・プふレーゲ] 名 -/ 肌の手入

der **Haut·pilz** [ハウト・ピルツ] 名 -es/- 皮膚糸状菌.
das **Haut·re·lief** [(h)ó:rəliɛ̀f] オ…れりエふ,ホー・れりエふ, oreliéf オ·れリエふ] 名 -s/-s [-e] =Hochrelief.
die **Haut·sche·re** [ハウト・シェーレ] 名 -/-n つめのあま皮切りはさみ.
das **Haut·ske·lett** [ハウト・スケレット] 名 -(e)s/-e 〔動〕皮膚骨格.
die **Haut·über·tra·gung** [ハウト・ユーベルトら-グング] 名 -/-en 〔医〕皮膚移植.
die **Häu·tung** [ホイトゥング] 名 -/-en 皮はぎ;脱皮.
der **Haut·wolf** [ハウト・ヴォルふ] 名 -(e)s/ こすれあって起こる皮膚炎, 間擦疹(しん)(股ずれなど).
(das) **Ha·van·na**[1] [ハヴァナ] 名 -(s) 〔地名〕ハバナ(キューバの首都).
die **Ha·van·na**[2] [ハヴァナ] 名 -/-(s) ハバナ産の葉巻.
die **Ha·va·rie** [ハヴァりー] 名 -/-n 〔海·空〕(船・航空機の)事故,損傷; (積荷の)損害;損害: die große ～ 共同海損. **2**. (大型機械の)故障(破損・損傷). **3**. (ﾄﾞｲﾂ)(自動車)事故; (事故による)車の)破損,損害.
der **Ha·va·rist** [ハヴァりスト] 名 -en/-en 〔海〕海損を受けた船(船主).
die **Ha·vel** [..fəl ハーふェル] 名 -/ 〔川名〕ハーフェル川(エルベ川の支流).
(das) **Ha·waii** [haváɪ(i) ハヴァイ(イ)] 名 -s/ 〔地名〕ハワイ, ハワイ島.
das **Ha·waii·hemd** [ハヴァイ(イ)・ヘムト] 名 -(e)s/-en アロハ(ハワイアン)シャツ.
die **Ha·xe** [ハクセ] 名 -/-n 〔南独〕(子牛·豚の)すね肉; 〔冗〕人間の足.
(der) **Haydn** [háɪdən ハイデン] 名 〔人名〕ハイドン(Franz Josef ～, 1732-1809, オーストリアの作曲家).
die **Ha·zi·en·da** [ハツィエンダ] 名 -/-s [..den] (中南米の)農場, 農園.
Hb. [ハーベー] =Hämoglobin 〔医〕ヘモグロビン.
Hbf. =Hauptbahnhof 中央駅.
die **H-Bom·be** [ハー・ボムベ] 名 -/-n 水素爆弾, 水爆.
h. c. [ハーツェー] =[ラテン語] honoris causa 名誉として,尊敬を表して: Dr. h. c. 名誉博士.
HCB [ハーツェーベー] =Hexachlorbenzol 〔農〕ヘキサクロロベンゼン(殺菌剤).
das **H-Dur** [ハー・ドゥーア, ハー・ドゥーあ] 名 -/ 〔楽〕ロ長調(記号 H).
HDV [ハーデーふァウ] =Heeresdienstvorschrift (軍の)服務規定.
He [ハーエー] =Helium 〔化〕ヘリウム.
he! [ヘー] 間 〔注意を向けさせて〕おい;〔驚き·立腹·拒絶などを表して〕へえ, えっ.
h. e. =[ラテン語] hoc est すなわち(das ist).
der **Head·hun·ter** [hɛ́thantər ヘット・ハンター] 名 -s/- ヘッドハンタ, (幹部)人材スカウト係.
die **Head·line** [hɛ́tlaɪn ヘット・ライン] 名 -/-s 〔新聞·広告〕大見出し.
das **Hea·ring** [hí:rɪŋ ヒーリング] 名 -s/-s 〔政〕ヒアリング, 聴聞会, 公聴会.
die **Hea·vi·si·de·schicht, Hea·vi·si·de-Schicht** [hɛ́vɪzaɪd..ヘヴィザイト·シヒト] 名 / 〔理〕ヘヴィサイド層, 電離層.
die **Heb·am·me** [ヘーブアメ, ヘバメ] 名 -/-n 助産婦.
(der) **Heb·bel** [ヘッベル] 名 〔人名〕ヘッベル(Christian Friedrich ～, 1813-63, 劇作家).
(die) **He·be** [ヘーベ] 名 〔ギ神〕ヘーベ(青春の女神).
der **He·be·baum** [ヘーベ·バウム] 名 -(e)s/..bäume てこ棒.
der **He·be·bock** [ヘーベ·ボック] 名 -(e)s/..böcke ジャッキ.
die **He·be·büh·ne** [ヘーベ·ビューネ] 名 -/-n 〔工〕リフティングジャッキ.
der **He·be·kran** [ヘーベ·クらーン] 名 -(e)s/..kräne [-e, -en] (積み荷用の)昇降クレーン.
(der) **He·bel**[1] [ヘーベル] 名 〔人名〕ヘーベル(Johann Peter ～, 1760-1826, 詩人).
der **He·bel**[2] [ヘーベル] 名 -s/- **1**. 梃子(てこ): ein einarmiger/zweiarmiger ～ 一元/二元梃子. **2**. レバー, ハンドル. 【慣用】**alle Hebel in Bewegung setzen** 〔口〕すべての手段を講ずる. **am längeren Hebel sitzen** 有利(優勢)な立場にいる. **den Hebel ansetzen** 〔口〕仕事に着手する.
der **He·bel·arm** [ヘーベル·アルム] 名 -(e)s/-e 〔理〕梃子(てこ)の腕.
die **He·bel·kraft** [ヘーベル·クらふト] 名 -/..kräfte 梃子(てこ)の作用[力].
he·ben* [ヘーベン] 動 hob; hat gehoben **1**. 〈j⁴/et⁴〉持ち上げる,差し上げる,上げる,上方へ上げさせる. **2**. 〈j⁴/et⁴〉+〈方向〉[ニ(カラ)] 乗せる, 抱え上げる, 取上げる; [ﾆﾊﾞﾑ] 蹴り上げる. **3**. 〈sich⁴+〈方向〉ヘ(カラ)〉上がる, 昇る(幕·飛行機·霧などが); 〔文〕聳(そび)え立っている, 突き出ている. **4**. 〈et⁴〉高める, 増やす, 向上させる; 引立てる. **5**. 〈sich⁴〉高まる, 増大する, 向上する;引立つ. **6**. 〈et⁴〉掘り出す, 発掘する. 【慣用】**ein Kind aus der Taufe heben** 〔文〕子供の名付親になる. **einen heben** 〔口〕一杯やる(酒を飲む). **einen neuen Rekord heben** 新記録を立てる. **einen Verein aus der Taufe heben** ある協会を設立する. 〈j⁴/et⁴〉 **in den Himmel heben** 〔口〕〈人·物·事〉褒めちぎる. **sich**³ **einen Bruch heben** (重い物を持上げて)ヘルニアを起こす.
die **He·be·phre·nie** [ヘベ·ふれニー] 名 -/-n 〔心·医〕破瓜(かか)病.
der **He·ber** [ヘーバー] 名 -s/- 〔化〕サイフォン, ピペット, スポイト; 〔工〕ジャッキ; [ﾊﾞﾑ] 重量挙げ選手(Gewicht～).
der **He·be·satz** [ヘーベ·ザッツ] 名 -es/..sätze 〔税〕土地(営業)税率(の年間)税率.
das **He·be·werk** [ヘーベ·ヴェるク] 名 -(e)s/-e (水位の異なる運河を結ぶ)船舶用リフト;〔古〕(船荷用の)起重機.
der **He·brä·er** [ヘブれ-あー] 名 -s/- 〔旧約〕ヘブライ人(イスラエル人の別称).
das **He·brai·cum** [ヘブらーイクム] 名 -s/- (神学生用)ヘブライ語能力認定試験(合格資格).
he·brä·isch [ヘブれーイシュ] 形 ヘブライ(人·語)の.
die **He·bra·is·tik** [ヘブらイスティク] 名 -/ ヘブライ学.
die **He·bung** [ヘーブング] 名 -/-en **1**. 発掘;引揚げ. **2**. 〔古のみ〕高めること, 上昇, 改善. **3**. 〔地質〕(地殻の)隆起. **4**. 〔詩〕揚格(詩行の強音節).
die **He·chel** [ヘヒェル] 動 (麻をすく)すきぐし.
he·cheln [ヘッヒェルン] 動 〈et⁴〉すく(麻など); 〔über〈j⁴/et⁴〉〕(口)けなす, こきおろす.
der **Hecht** [ヘヒト] 名 -(e)s/-e **1**. 〔魚〕カワカマス. **2**. 〔口〕すごい若者[やつ]. **3**. 〔口〕もうもうとしたタバコの煙. **4**. 〔口〕=Hechtsprung. 【慣用】**der Hecht im Karpfenteich sein** 〔口〕停滞した状況をかき乱す人間である.
hech·ten [ヘヒテン] 動 h. **1**. [水泳] えび型飛込みをする; 〔体操〕伸身跳びをする. **2**. 〈方向〉ニ 頭から飛ぶ, ダイビングする: nach dem Ball ～ ボールに頭から飛ぶ(キーパーが).
hecht·grau [ヘヒト·グらウ] 形 (カワカマスのような)青灰色の.
die **Hecht·rol·le** [ヘヒト·ロレ] 名 -/-n 〔体操〕伸身跳び前転.
der **Hecht·sprung** [ヘヒト·シュプるング] 名 -(e)s/

Heck 538

..sprünge〖水泳〗えび型飛込み;〖体操〗伸身跳び.

das **Heck** [ヘック] 名 -(e)s/-e(-s) 船尾,艫(とも);(航空機・自動車の)尾部,後部.

die **He·cke**¹ [ヘッケ] 名 -/-n 生垣;茂み,やぶ.

die **He·cke**² [ヘッケ] 名 -/-n **1.** 繁殖期;孵卵(ふらん)〖抱卵〗期;繁殖(孵卵)の場所. **2.** 一腹のひな鳥;(小動物の)一腹の子.

hecken [ヘッケン] 動 h.〖狩〗《方》一度にたくさん子を産む(鳥・小動物が).

die **Hecken·ro·se** [ヘッケン・ローゼ] 名 -/-n 〖植〗ヨーロッパノイバラ(野バラの一種).

die **Hecken·sche·re** [ヘッケン・シェーれ] 名 -/-n (生垣などの)刈込みばさみ.

der **Hecken·schüt·ze** [ヘッケン・シュッツェ] 名 -n/-n《蔑》(待伏せして撃つ)狙撃者.

das **Heck·fens·ter** [ヘック・フェンスター] 名 -s/- リヤウィンドー.

der **Heck·meck** [ヘック・メック] 名 -s/《口・蔑》ばかげたこと,くだらないこと.

der **Heck·mo·tor** [ヘック・モ(-)トーる] 名 -s/-en リアエンジン.

der **Heck·pfen·nig** [ヘック・プふェニヒ] 名 -s/-e《冗》幸運のコイン(金運をもたらすとされる硬貨).

die **Heck·schei·be** [ヘック・シャイベ] 名 -/-n リアウィンドーガラス.

he·da![ヘーダ] 間《古》(呼びかけで)おおい.

(die) **He·de** [ヘーデ] 〖女名〗ヘーデ(Hedwig の短縮形).

der **He·de·rich** [ヘーデりヒ] 名 -s/-e〖植〗野生ダイコン.

der **He·do·nis·mus** [ヘドニスムス] 名 -/〖哲〗快楽主義.

der **He·do·nist** [ヘドニスト] 名 -en/-en〖哲〗快楽主義者;《文》享楽〔快楽〕主義者.

he·do·nis·tisch [ヘドニスティシュ] 形〖哲〗快楽主義的な;《文》享楽主義的な.

die **He·dschra** [héd3ra ヘジュら] 名 -/ ヘジラ,聖遷(622 年のメッカからメジナへのマホメッドの移住;イスラム紀元).

(die) **Hed·wig** [ヘートヴィヒ] 〖女名〗ヘートヴィヒ.

das **Heer** [ヘーあ] 名 -(e)s/-e **1.** 軍(隊);陸軍;das stehende ~ 常備軍. **2.** 大勢,大群.

der **Heer·bann** [ヘーあ・バン] 名 -(e)s/-e〖史〗(中世初期の)召集令;召集軍;召集不能に対する罰金.

der **Hee·res·be·richt** [ヘーれス・べりひト] 名 -(e)s/-e〖軍〗戦況報告.

der **Hee·res·dienst** [ヘーれス・ディーンスト] 名 -(e)s/(陸軍の)兵役.

die **Hee·res·dienst·vor·schrift** [ヘーれスディーンスト・ふぉーあ・シュりふト] 名 -/-en〖軍〗服務規定(略 HDV).

die **Hee·res·grup·pe** [ヘーれス・グるッペ] 名 -/-n〖軍〗兵団.

die **Hee·res·lei·tung** [ヘーれス・ライトゥング] 名 -/-en〖軍〗陸軍最高司令部.

der **Hee·res·lie·fe·rant** [ヘーれス・リーふぇらント] 名 -en/-en 軍需品生産者.

der **Hee·res·zug** [ヘーれス・ツーク] 名 -(e)s/..züge = Heerzug.

der **Heer·füh·rer** [ヘーあ・ふューら-] 名 -s/- 軍司令官.

das **Heer·la·ger** [ヘーあ・ラーガ-] 名 -s/- 陣営.

die **Heer·schar** [ヘーあ・シャーあ] 名 -/-en(主に 複)《古》軍勢.

die **Heer·schau** [ヘーあ・シャウ] 名 -/-en 閲兵,観閲式.

die **Heer·stra·ße** [ヘーあ・シュトらーセ] 名 -/-n 軍用道路.

das **Heer·we·sen** [ヘーあ・ヴェーゼン] 名 -s/ 軍制.

der **Heer·zug** [ヘーあ・ツーク] 名 -(e)s/..züge〖軍〗(長い列をなして)行軍する前線部隊;作戦行動.

die **He·fe** [ヘーふぇ] 名 -/-n **1.** 酵母,イースト;《転・文》推進力,促すもの. **2.** 沈殿物,おり;浮きかす;《転・蔑》最低の〔堕落した〕階層.

das **He·fe·ge·bäck** [ヘーふぇ・ゲベック] 名 -(e)s/-e イーストを入れて焼いた菓子パン.

der **He·fe·kranz** [ヘーふぇ・クらンツ] 名 -es/..kränze ヘーフェクランツ(ドーナツ形のパン菓子).

der **He·fe·teig** [ヘーふぇ・タイク] 名 -(e)s/-e 酵母入り生地.

die **Hef·ner·ker·ze** [ヘーふナー・ケるツェ] 名 -/-n〖理〗《古》ヘーフナー燭(しょく)(光度の単位,記号 HK).

das **Heft**¹ [ヘふト] 名 -(e)s/-e **1.** ノート,帳面,筆記帳(Schreib~). **2.** (雑誌の)号;(書物の)分冊;仮とじ本;in einzelnen ~en 分冊で.

das **Heft**² [ヘふト] 名 -(e)s/-e《文》(剣などの)柄,握り.【慣用】das Heft aus der Hand geben《文》権力を放棄する. 《b》das Heft aus der Hand nehmen《文》〈人の〉権力を奪う. das Heft ergreifen(in die Hand nehmen)《文》権力を握る. das Heft in der Hand haben《文》権力を握っている.

hef·ten [ヘふテン] 動 h. **1.** 〈et⁴ を〉+ an[in]〈et⁴ に〉(画びょう・ピンなどで)留める,はる. **2.** 〈et⁴ を〉+ auf〈j⁴/et⁴〉(…を)《文》向けたままそらさない(目・視線を);〈et⁴ を〉sich⁴ に〈人の〉場合)じっと注がれている(視線などが). **3.** 〈et⁴ を〉仮縫いする;仮とじする.

der **Heft·fa·den** [ヘふト・ふぁーデン] 名 -s/..fäden とじ糸,しつけ糸.

das **Heft·garn** [ヘふト・ガるン] 名 -(e)s/-e しつけ糸,とじ糸.

hef·tig [ヘふティヒ] 形 **1.** 激しい,すさまじい,猛烈な. **2.** 気性の激しい,激しやすい.

die **Hef·tig·keit** [ヘふティヒカイト] 名 -/-en **1.** 《稀》のみ激しさ,激烈さ,猛烈さ;怒りっぽさ,激情,かんしゃく. **2.** 激しい言葉(行動).

die **Heft·klam·mer** [ヘふト・クラマ-] 名 -/-n ステープル(ホチキスの針);クリップ.

die **Heft·ma·schi·ne** [ヘふト・マシーネ] 名 -/-n とじ機,ステープラー,ホチキス.

das **Heft·pflas·ter** [ヘふト・プふラスタ-] 名 -s/- 絆創膏(ばんそうこう).

die **Heft·zwe·cke** [ヘふト・ツヴェッケ] 名 -/-n 画びょう.

die **He·ge** [ヘーゲ] 名 -/〖林・狩〗保護育成.

(der) **He·gel** [ヘーゲル] 〖人名〗ヘーゲル(Georg Wilhelm Friedrich ~, 1770-1831, 哲学者).

der **He·ge·li·a·ner** [ヘーゲリアーナ-] 名 -s/- ヘーゲリアン,ヘーゲル学派の人.

he·ge·li·a·nisch [ヘーゲリアーニシュ] 形 ヘーゲル学派の.

he·gelsch, Hegel'sch [ヘーゲルシュ] 形 ヘーゲル哲学の,ヘーゲルの.

die **He·ge·mo·nie** [ヘゲモニー] 名 -/-n **1.** (一国の他国に対する)ヘゲモニー,主導〔支配〕権,覇権(はけん). **2.** (様々な分野での)優位,主導的地位.

he·gen [ヘーゲン] 動 h. **1.** 〈et⁴ を〉〖林・狩〗保護する(動植物を),手入れする(山林などを). **2.** 〈j⁴ を〉面倒をよく見る,世話をする. **3.** 〈et⁴ を〉念入りに手入れする,大事にする. **4.** 〈et⁴ を〉《文》抱く(感情などを).

der **He·ger** [ヘーガ-] 名 -s/- 狩猟区の管理(監督)人(Wild~).

die **He·ge·zeit** [ヘーゲ・ツァイト] 名 -/-en〖狩〗禁猟期.

der **He·gu·me·nos** [ヘグメノス] 名 -/..noi〖ギ正教〗修道院長.

das(der) **Hehl** [ヘール] 名《次の形で》kein(en) ~

aus ⟨et³⟩ machen ⟨事を⟩隠さない.

hehlen [ヘーレン] 動 h. ⟨j⁴/et³ラ⟩ ⟨古⟩ 隠す;⟪稀⟫ (犯罪を)隠すのを助ける.

der **Hehler** [ヘーラー] 名 -s/- 盗品隠匿(故買)者.

die **Hehlerei** [ヘーレライ] 名 -/-en ⟪法⟫贓物(ぞうぶつ)罪, 贓物収受.

hehr [ヘーア] 形 ⟪文⟫気高い, 荘厳な, 崇高な.

hei ! [ハイ] 間 (はしゃいで)

heia [ハイア] 間 (次の形で) ~ machen ⟪幼⟫(お)ねんねする.

die **Heia** [ハイア] 名 -/-(s) (主に⊕)⟪幼⟫ベッド(寝台).

heiapopeia ! [ハイアポパイア] 間 ねんねんころりよ, おころりよ.

der **Heide**[1] [ハイデ] 名 -n/-n ⟪宗⟫異教徒, 非キリスト教徒.

die **Heide**[2] [ハイデ] 名 -/-n 1. 荒れ野, 荒野, 原野. 2. (⊕のみ)⟪植⟫ヒース, エリカ. 3. ⟪北独・東中独⟫(砂地の針葉樹の)小さな森.

(der) **Heidegger** [ハイデッガー] 名⟪人名⟫ハイデッガー(Martin ~, 1889-1976, 哲学者).

das **Heidekraut** [ハイデ・クらウト] 名 -(e)s/ ⟪植⟫ヒース, エリカ.

das **Heideland** [ハイデ・ラント] 名 -(e)s/ 荒野の利用できる土地.

die **Heidelbeere** [ハイデル・ベーれ] 名 -/-n ⟪植⟫コケモモ;コケモモの実, ブルーベリー.

(das) **Heidelberg** [ハイデル・ベるク] 名 -s/ ⟪地名⟫ハイデルベルク(バーデン=ヴュルテンベルク州の都市).

Heidelberger[1] [ハイデル・ベるガー] 形 (無変化)ハイデルベルクの.

der **Heidelberger**[2] [ハイデル・ベるガー] 名 -s/- ハイデルベルク市民.

der **Heidelbergmensch** [ハイデルベルク・メンシュ] 名 -en/-en ⟪考古⟫ハイデルベルク(原)人(学名 homo erectus heidelbergensis).

die **Heidelerche** [ハイデ・レるヒェ] 名 -/-n ⟪鳥⟫モリヒバリ.

die **Heidenangst** [ハイデン・アングスト] 名 -/ ⟪口⟫すごい不安.

der **Heidenchrist** [ハイデン・クりスト] 名 -en/-en (原始キリスト教時代の)非ユダヤ人(異邦人)キリスト教徒.

das **Heidengeld** [ハイデン・ゲルト] 名 -(e)s/ ⟪口⟫ものすごい大金.

der **Heidenlärm** [ハイデン・レるム] 名 -(e)s/ ⟪口⟫ものすごい騒音.

heidenmäßig [ハイデン・メースィヒ] 形 ⟪口⟫すごく大きな, 大量の.

die **Heidenmission** [ハイデン・ミスィオーン] 名 -/-en 異教徒に対する布教(伝道).

das **Heidenröschen** [ハイデン・ルースヒェン] 名 -s/ - =Heideröschen.

der **Heidenspaß** [ハイデン・シュパース] 名 -es/ ⟪口⟫すごく大きな楽しみ.

das **Heidentum** [ハイデントゥーム] 名 -s/ 異教;異教的宗教観(の総称);異教徒;異教世界.

das **Heideröschen** [ハイデ・ルースヒェン] 名 -s/- 野バラ, 野イバラ.

(die) **Heidi** [ハイディ] ⟪女名⟫ハイディ, ハイジ (Adelheid, Heidrun の愛称).

die **Heidin** [ハイディン] 名 -/-nen Heide[1]の女性形.

heidnisch [ハイドニシュ] 形 異教(徒)の.

die **Heidschnucke** [ハイト・シュヌッケ] 名 -/-n リューネブルク・ハイデ産の羊.

der **Heiermann** [ハイアー・マン] 名 -(e)s/..männer ⟪口⟫ 5 マルク硬貨.

heikel [ハイケル] 形 (⊕⊕) ≒ heikl..) 1. 扱いにくい, 厄介な, 面倒な, デリケートな. 2. ⟪方⟫ (in ⟨et³⟩) うるさい.

heil [ハイル] 形 1. 健康な, 無傷の, 無事な. 2. 治った. 3. 壊れて(破れて)いない, 無傷の.

das **Heil** [ハイル] 名 -(e)s/ 1. 安寧, 幸福:⟨j³⟩ ~ und Segen wünschen ⟨人に⟩無事を祈る. sein in ⟨et³⟩ suchen ⟨事に⟩救いを求める. bei ⟨j³⟩ mit ⟨et³⟩ sein ~ versuchen ⟨人の所で⟩⟨事で⟩成功を収めようとする, 運を試みる. 2. (宗教的な)救い, 救済, 祝福, 恩寵(おんちょう): im Jahre des ~s 354 紀元 354 年に. 3. 祝福のあいさつ: Schi ~ ! シー・ハイル(スキーヤーのあいさつ). 【慣用】 **sein Heil in der Flucht suchen** 逃げ出す途, 逃亡する.

der **Heiland** [ハイラント] 名 -(e)s/-e 1. (⊕のみ)⟪キ教⟫救世主(イエス・キリストの別名). 2. ⟪文⟫救済者, 救いの主.

die **Heilanstalt** [ハイル・アン・シュタルト] 名 -/-en ⟪古⟫療養所;精神病院.

das **Heilbad** [ハイル・バート] 名 -(e)s/..bäder 1. 温泉療養所, 湯治場. 2. 療養泉浴.

heilbar [ハイル・バーる] 形 治る(見込みのある), 治せる.

heilbringend, Heil bringend [ハイル・ブりンゲント] 形 1. (神の)救済(至福)をもたらす. 2. 治療効果のある.

(das) **Heilbronn** [ハイル・ブろン] 名 -s/ ⟪地名⟫ハイルブロン(ネッカル)(バーデン=ヴュルテンベルク州の都市).

der **Heilbutt** [ハイル・ブット] 名 -(e)s/-e ⟪魚⟫オヒョウ.

heilen [ハイレン] 動 1. h. ⟨j⁴ラ⟩⟨j⁴ラ+von ⟨et³ラ⟩⟩ 治す;除去する, 解く, 覚(さ)ます. 2. h. ⟨et⁴ラ⟩治す, 治療する. 3. s. ⟨病気⟩治る, 治癒する (病気・傷などが).

der **Heilerfolg** [ハイル・エあふォルク] 名 -(e)s/-e 治療効果.

heilfroh [ハイル・ふろー] 形 ⟪口⟫(…して)とても喜んでいる, ほっとしている.

die **Heilgymnastik** [ハイル・ギュムナスティク] 名 -/ ⟪医⟫治療体操, リハビリ体操.

die **Heilgymnastin** [ハイル・ギュムナスティン] 名 -/-nen 治療体操(リハビリ体操)の女性指導員.

heilig [ハイリヒ] 形 1. 神聖な;聖なる;⟪古⟫敬虔(けいけん)な(略 hl., ⊕hll.): ⟨j⁴⟩ ~ sprechen ⟨人を⟩列聖する. 2. ⟪文⟫畏怖(いふ)の念を起こさせる, 崇高な, 厳粛な, 侵すべからざる, 重大な: eine ~e Scheu vor ⟨et³⟩ haben ⟨物・事に⟩畏怖を覚える. bei allem, was mir ~ ist 神かけて. Das ist mein ~er Ernst. 私は心底真剣なんだ. ⟨et⁴⟩ ~ halten ⟨事・物を⟩あがめる, 尊重する;守る. 3. ⟪口⟫大変な, とんでもない: (du) ~e Einfalt なんて(君は)お人好しなんだ. Davor habe ich einen ~en Respekt. そんなこととはまっぴら御免だ. 【慣用】**das Heilige Römische Reich (Deutscher Nation)** ⟪史⟫(ドイツ民族の)神聖ローマ帝国(962-1806). **der Heilige Abend** クリスマスイヴ. **die Heilige Schrift** 聖書. **der Heilige Stuhl** 教皇庁, 教皇庁. **die Heilige Dreifaltigkeit** 聖三位一体. **die Heilige Familie** 聖家族(イエス, マリアおよびヨゼフ). ⟨et¹⟩ **hoch und heilig versprechen/(be)schwören** ⟨事を⟩固く⟨神・聖人にかけて⟩約束する/誓う.
―― 副 ⟪方⟫絶対に, 本当に.

der **Heiligabend** [ハイリヒ・アーベント] 名 -s/-e 聖夜, クリスマスイヴ.

der/die **Heilige** [ハイリゲ] 名 ⟪形容詞的変化⟫ ⟪キ教⟫聖人, 聖女, 聖者, 聖徒;⟪口⟫敬虔(けいけん)な人: ein sonderbarer ~r ⟪口⟫変人.

heiligen [ハイリゲン] 動 h. 1. ⟨et⁴ラ⟩⟪文⟫神聖なものにする. 2. ⟨j⁴/et⁴ラ⟩⟪文⟫聖別(祝別)す

る. **3.**〔〈et⁴〉ッ〕あがめる；守る(安息日などを).
4.〔〈et⁴〉ッ〕正当化する(目的が手段となる).

das **Hei·li·gen·bild** [ハイリゲン·ビルト] 名 -(e)s/ -er 聖人像[画].

der **Hei·li·gen·schein** [ハイリゲン·シャイン] 名 -(e)s/ -e (聖人画の)光輪, 後光；〔j⁴〕 mit einem ~ umgeben〈人₄〉美化する.

hei·lig hal·ten*, ⓈⒷ**hei·lig|hal·ten*** [ハイリヒ ハルテン] ⇨ heilig 2.

die **Hei·lig·keit** [ハイリヒカイト] 名 -/ **1.** 聖性；神聖なこと：Seine ~ [カトリ] 教皇猊下 ([ヴァチ]). **2.**〈文〉畏怖の念をいだかせること, 侵しがたさ.〈古〉敬虔さ.

hei·lig spre·chen*, ⓈⒷ**hei·lig|spre·chen*** [ハイリヒ シュプれヒェン] ⇨ heilig 1.

die **Hei·lig·spre·chung** [ハイリヒ·シュプれッフング] 名 -/-en〔カトリ〕列聖(式).

das **Hei·lig·tum** [ハイリヒトゥーム] 名 -s/..tümer 神聖なもの, 聖域, 聖地, 神殿；神聖なもの, 聖遺物；(転)特に大切な物.

die **Hei·li·gung** [ハイリグング] 名 -/-en (主にⒷ)〈文〉神聖化, 成聖；聖別；あがめること.

das **Heil·kli·ma** [ハイル·クリーマ] 名 -s/ 治療に適した気候, 療養効果の高い気候.

die **Heil·kraft** [ハイル·クらフト] 名 -/..kräfte 治癒力.
heil·kräf·tig [ハイル·クれフティヒ] 形 治す効力のある.

das **Heil·kraut** [ハイル·クらウト] 名 -(e)s/..kräuter 薬草.

die **Heil·kun·de** [ハイル·クンデ] 名 -/ 医学, 医療.
heil·kun·dig [ハイル·クンディヒ] 形 医療の心得のある.

heil·los [ハイル·ロース] 形 どうしようもない, ひどい；〈古〉罰当たりな, ろくでもない.

die **Heil·me·tho·de** [ハイル·メトーデ] 名 -/-n 治療法.

das **Heil·mit·tel** [ハイル·ミッテル] 名 -s/ 治療薬；治療法.

die **Heil·pflan·ze** [ハイル·プルランツェ] 名 -/-n 薬草, 薬用植物.

der **Heil·prak·ti·ker** [ハイル·プらクティカー] 名 -s/ 治療師.

die **Heil·quel·le** [ハイル·クヴェレ] 名 -/-n 療養泉.

die **Heil·sal·be** [ハイル·ザルベ] 名 -/-n 軟膏〔ミ〕.

heil·sam [ハイルザーム] 形 有益な；〈古〉治癒力のある.

die **Heils·ar·mee** [ハイルス·アルメー] 名 -/ 救世軍.

die **Heils·bot·schaft** [ハイルス·ボートシャフト] 名 -/-en 福音.

der **Heil·schlaf** [ハイル·シュラーフ] 名 -(e)s/〔医〕 睡眠療法.

das **Heil·se·rum** [ハイル·ゼーるム] 名 -s/..ren〔..ra〕〔医〕治療血清.

die **Heils·ge·schich·te** [ハイルス·ゲシヒテ] 名 -/〔神〕救済史.

die **Heil·stät·te** [ハイル·シュテッテ] 名 -/-n 療養所, サナトリウム.

die **Hei·lung** [ハイルング] 名 -/-en (主にⒷ) 治療；解放；治癒〔ネ〕.

das **Heil·ver·fah·ren** [ハイル·ふぇあふぁーれン] 名 -s/ 医療処置；(年金保険が定める) 療養 (保養所·温泉療養所などの).

heim [ハイム] 副 家[自宅·故郷·国]へ.

das **Heim** [ハイム] 名 -(e)s/ -e **1.** (主にⒷ)住み家, 住まい, 家庭：ein eigenes ~ マイホーム. **2.** (老人などの)施設, ホーム；保養所(Erholungs~)；寮；クラブハウス, センター, 会館.

die **Heim·ar·beit** [ハイム·アルバイト] 名 -/-en **1.** 家内労働. **2.** 家内労働の製品.

der **Heim·ar·bei·ter** [ハイム·アルバイター] 名 -s/ 家内労働者.

die **Hei·mat** [ハイマート] 名 -/-en (主にⒷ) 故郷；故国；(動植物の)原産地.

hei·mat·be·rech·tigt [ハイマート·べれヒティヒト] 形〔(場所·)-〕市民権のある.

die **Hei·mat·dich·tung** [ハイマート·ディヒトゥング] 名 -/-en 郷土文学.

die **Hei·mat·er·de** [ハイマート·エーあデ] 名 -/ 故郷の地, ふるさとの大地.

das **Hei·mat·fest** [ハイマート·ふぇスト] 名 -(e)s/ -e 郷土祭.

der **Hei·mat·ha·fen** [ハイマート·ハーふぇン] 名 -s/..häfen 船籍港, 母港.

die **Hei·mat·kun·de** [ハイマート·クンデ] 名 -/ 郷土研究, 郷土誌(昔の教科).

die **Hei·mat·kunst** [ハイマート·クンスト] 名 -/ 郷土芸術.

das **Hei·mat·land** [ハイマート·ラント] 名 -(e)s/..länder **1.** 故国, 祖国. **2.** (南アフリカ共和国の)ホームランド ⇨ Homeland.

hei·mat·lich [ハイマートリヒ] 形 故郷の；故郷を思わせる.

hei·mat·los [ハイマート·ロース] 形 故郷〔故国〕のない.

das **Hei·mat·mu·se·um** [ハイマート·ムゼーウム] 名 -s/..seen 郷土博物館.

der **Hei·mat·ort** [ハイマート·オルト] 名 -(e)s/ -e 故郷, 出身地；母港；〔スイ〕本籍地.

das **Hei·mat·recht** [ハイマート·れヒト] 名 -(e)s/ -e (主にⒷ)居住権.

der **Hei·mat·schein** [ハイマート·シャイン] 名 -(e)s/ -e〔スイ〕市民権〔居住権〕証明書.

die **Hei·mat·stadt** [ハイマート·シュタット] 名 -/..städte 故郷の町.

hei·mat·ver·trie·ben [ハイマート·ふぇあトリーベン] 形 故郷を追われた.

der/die **Hei·mat·ver·trie·be·ne** [ハイマート·ふぇあトリーベネ]〔形容詞的変化〕故郷を追われた人；難民.

heim|be·ge·ben* [ハイム·ベゲーベン] 動 h.〔sich⁴〕家路につく.

heim|be·glei·ten [ハイム·ベグライテン] 動 h.〔j⁴〕家まで送っていく.

heim|brin·gen* [ハイム·ブりンゲン] 動 h.〔j⁴/et⁴〕ッ〕家〔故郷·故国〕まで送る〔連れて帰る〕；家〔故郷·故国〕へ持ち帰る.

das **Heim·chen** [ハイムヒェン] 名 -s/〔昆〕(イエ)コオロギ；(口·蔑)ぱっとしない女：ein ~ am Herd 家事しか関心のない主婦.

der **Heim·com·pu·ter** [ハイム·コムピューター] 名 -s/ 家庭用コンピュータ (特にゲーム·趣味向き).

hei·me·lig [ハイメリヒ] 形 (わが家のように)居心地のいい, くつろげる.

heim|fah·ren* [ハイム·ふぁーれン] 動 **1.** s.〔乗り物で〕帰宅〔帰郷〕する. **2.** h.〔j⁴〕ッ〕(乗り物で)家まで送る〔連れて帰る〕.

die **Heim·fahrt** [ハイム·ふぁーあト] 名 -/-en (乗り物での)帰宅, 帰郷, 帰国.

der **Heim·fall** [ハイム·ふぁル] 名 -(e)s/〔法〕(国家又はもとの所有者への)財産の帰属, 復帰.

heim|fin·den* [ハイム·ふぃンデン] 動 h.〔sich⁴〕家〔故郷〕への道がわかる, 家〔故郷〕へ帰れる.

heim|füh·ren [ハイム·ふューれン] 動 h.〔j⁴〕ッ〕(介助して)家まで送る；〈文·古〉妻にめとる；〈文〉(…の)帰郷〔帰宅〕を促す.

der **Heim·gang** [ハイム·ガング] 名 -(e)s/ (主にⒷ)〈文·婉〉死去.

der/die **Heim·ge·gan·ge·ne** [ハイム·ゲガンゲネ] 名〔形容詞的変化〕〈文·婉〉亡き人, 故人.

heim|ge·hen* [ハイム·ゲーエン] 動 s.〔略式〕(家に)帰

る;《文・婉》帰天する.【慣用】Jetzt geht's heim. さあ家へ帰ろう.

heim|ho•len [ハイム・ホーレン] 動 h. 《j³ッ+(aus〈et³〉)》家〔故郷〕へ連れ帰る〔戻す〕;《文・婉》天国に召す(神が).

die **Heim•in•dus•trie** [ハイム・インドゥストリー] 名 -/- 家内工業.

hei•misch [ハイミシュ] 形 **1.** その土地の,自国の,国内の: die ~e Industrie 国内〔地場〕産業. **2.** 〔in〈et³〉〕生息〔生育〕する,(…が)原産の. **3.** 自分の家の,慣れ親しんだ. **4.** 〔in〈an〉〈et³〉〕通じた,なじんだ: in einer Wissenschaft ~ sein ある学問に通じている. an einem Ort ~ sein ある町〔村〕になじんでいる.

die **Heim•kehr** [ハイム・ケーア] 名 -/ 帰郷,帰還.
heim|keh•ren [ハイム・ケーレン] 動 s. 《態ど》帰郷〔帰宅〕する.
der **Heim•keh•rer** [ハイム・ケーらー] 名 -s/- 帰郷者.
das **Heim•ki•no** [ハイム・キーノ] 名 -s/-s 《《冗》も有》家庭映画館;《口・冗》テレビ.

heim|kom•men* [ハイム・コメン] 動 s. 《aus〈von〉〈et³〉ゥか》帰宅〔帰郷・帰国〕する.

die **Heim•kunft** [ハイム・クンフト] 名 -/ 《文》帰宅,帰郷,帰国.

heim|leuch•ten [ハイム・ロイヒテン] 動 h. 〈j³〉ッ《古》帰路を明りで照らしながら家へ送る;《口》追い払う.

heim•lich [ハイムリヒ] 形 **1.** ひそかな,秘密の: sich⁴ ~ mit 〈j³〉treffen 〈人と〉密会する. **2.** 《古》(その他は《古》)内部の,身内の.

die **Heim•lich•keit** [ハイムリヒカイト] 名 -/-en **1.** 《主に複》秘密,隠しごと. **2.** 気づかれないこと: in aller ~ こっそりと,ひそかに.

der **Heim•lich•tu•er** [ハイムリヒ・トゥーアー] 名 -s/- 《蔑》秘密めかす人.

die **Heim•lich•tu•e•rei** [ハイムリヒ・トゥーエライ] 名 /-en 《蔑》秘密ありげな振舞いをすること.

heim•lich tun*, **@heim|lich|tun*** [ハイムリヒ トゥーン] 動 h. 〈置きはめ〉秘密ありげに振舞う: mit 〈et³〉~ 〈事を〉隠し立てする.

die **Heim•mann•schaft** [ハイム・マンシャフト] 名 /-en 《球》ホームチーム.

die **Heim•rei•se** [ハイム・らイゼ] 名 /-n 帰国〔帰郷〕の旅.

das **Heim•spiel** [ハイム・シュピール] 名 -(e)s/-e 《スポ》ホームグラウンドでの試合.

die **Heim•statt** [ハイム・シュタット] 名 -/ 《文》住み家,安住の地.

die **Heim•stät•te** [ハイム・シュテッテ] 名 -/-n **1.** 《主に複》住み家,安住の地. **2.** (戦争帰還者などに与えられる)農地付住宅.

heim|su•chen [ハイム・ズーヘン] 動 h. **1.** 〈j⁴/et⁴〉ッ襲う,見舞う(戦争・疫病・悪夢などが). **2.** 〈j/et⁴〉(/所)ッ押入る(強盗などが);押しかける(知合いなどが).

die **Heim•su•chung** [ハイム・ズーふング] 名 /-en **1.** (神の)試練. **2.** (次の形で)(das Fest der) Mariä ~ 〔基数〕聖母マリアの(聖エリザベス)訪問の祝日(5月31日,本来7月2日). **3.** 《南独》家宅捜査.

heim•tü•cke [ハイム・テュッケ] 名 -/-n 《主に単》陰険,狡猾(ミミガ);奸計(ミミ),悪だくみ.

heim•tü•ckisch [ハイム・テュッキシュ] 形 陰険な;悪性の

heim•wärts [ハイム・ヴェるツ] 副 家〔自宅・故郷・国〕へ.

der **Heim•weg** [ハイム・ヴェーク] 名 -(e)s/-e 家路: sich⁴ auf den ~ machen 帰途につく.

das **Heim•weh** [ハイム・ヴェー] 名 -s/ 郷愁,ホームシック: ~ nach 〈et³〉〈人・物・事〉の郷愁.

der **Heim•wer•ker** [ハイム・ヴェるカー] 名 -s/- 家庭大工をする人;(家庭用)電動工具.

heim|zah•len [ハイム・ツァーレン] 動 h. 〈j³〉=〈et⁴〉ノ〕仕返しをする;《古》お返しをする,恩を返す.【慣用】〈j³〉〈et⁴〉in〈mit〉gleicher Münze heimzahlen 〈人〉〈事〉のとおりに仕返しをする.

(*der*) **Hein** [ハイン] 名 《男名》ハイン(Heinrich の短縮形): Freund ~ 《婉》死神.

(*der*) **Hei•ne** [ハイネ] 名 《人名》ハイネ(Heinrich ~, 1797-1856, 詩人・評論家).

hei•nesch, Hei•ne'sch [ハイネシュ] 形 ハイネ風〔流〕の,ハイネの.

der **Hei•ni** [ハイニ] 名 -s/-s **1.** 《口・罵》野郎. **2.** (のみ;主に無冠詞)《男名》ハイニ(Heinrich の愛称).

hei•nisch [ハイニシュ] 形 ハイネ風〔流〕の,ハイネの.

(*der*) **Hein•rich** [ハインりヒ] 名 **1.** 《男名》ハインリッヒ. **2.** (次の形で)den flotten ~ haben《口》下痢をしている. den müden ~ spielen (auf müden machen) ぐずぐずした働く. **3.** = IV. ハインリッヒ 4世(1056-1106年,神聖ローマ皇帝). **4.** ~ der Löwe 獅子公(1129-95年,ザクセン公・バイエルン公). **5.** ~ VIII. ヘンリー8世(1491-1547年,イギリス国王). **6.** ~ IV. アンリ4世(1553-1610年,フランス国王).

(*der*) **Heinz¹** [ハインツ] 名 《男名》ハインツ(Heinrich の短縮形).

der **Heinz²** [ハインツ] 名 -en/-en = Heinze.

der **Hein•ze** [ハインツェ] 名 -n/-n 《南独》**1.** 干草掛け. **2.** (ブーツ用の)靴ぬぎ台.

das **Hein•zel•männ•chen** [ハインツェル・メンヒェン] 名 -s/- 《主に複》小人のハインツェル(民間信仰で人の不在時に家事をする精).

die **Hei•rat** [ハイらート] 名 /-en 結婚,婚姻.

hei•ra•ten [ハイらーテン] 動 h. **1.** 《置きはめ》結婚する. **2.** 〈j⁴〉ッ結婚する.【慣用】aufs Land/nach Bonn heiraten 結婚して田舎/ボンに移り住む.

der **Hei•rats•an•trag** [ハイらーツ・アン・トらーク] 名 -(e)s/..träge プロポーズ.

die **Hei•rats•an•zei•ge** [ハイらーツ・アン・ツァイゲ] 名 /-n 結婚通知のカード;結婚通知広告;求婚広告(Heiratsannonce).

das **Hei•rats•bü•ro** [ハイらーツ・ビュろ] 名 -s/-s 結婚仲介所.

hei•rats•fä•hig [ハイらーツ・ふぇーイヒ] 形 結婚適齢期の.

das **Hei•rats•gut** [ハイらーツ・グート] 名 -(e)s/..güter (嫁入り)持参金.

das **Hei•rats•ins•ti•tut** [ハイらーツ・インスティトゥート] 名 -(e)s/-e 結婚相談(紹介)所.

der **Hei•rats•kan•di•dat** [ハイらーツ・カンディダート] 名 -en/-en 《冗》結婚志願者,花婿候補;結婚間近の男.

hei•rats•lus•tig [ハイらーツ・ルスティヒ] 形 結婚したがっている.

der **Hei•rats•markt** [ハイらーツ・マるクト] 名 -(e)s/..märkte 《冗》(新聞・雑誌の)求婚欄;《》集団見合いのパーティー.

der **Hei•rats•schwin•del** [ハイらーツ・シュヴィンデル] 名 -s/ 結婚詐欺.

der **Hei•rats•schwind•ler** [ハイらーツ・シュヴィンドラー] 名 -s/- 結婚詐欺師.

die **Hei•rats•ur•kun•de** [ハイらーツ・ウーアクンデ] 名 /-n 結婚証明書.

der **Hei•rats•ver•mitt•ler** [ハイらーツ・ふぇミットラー] 名 -s/- 結婚仲介業者.

Heiratsvermittlung 542

die **Hei·rats·ver·mitt·lung** [ハイラーツ・フェあミットルング] 名 -/-en 結婚斡旋所;(業者による)結婚仲介.

hei·sa！[ハイザ, ハイザ] 間《古》(喜びの歓声)わーい;(励ましの声)そら.

hei·schen[ハイシェン] 動 h.〈et⁴ッ〉《文》強く求める(要求する);(同意などを);《古》願う(援助・施しなど).

(der) **Hei·sen·berg** [ハイゼン・ベルク] 名《人名》ハイゼンベルク(Werner ~, 1901-76, 物理学者).

hei·ser [ハイザー] 形 しわがれた, かすれた.

die **Hei·ser·keit** [ハイザーカイト] 名 -/-en (主に⑪)しゃがれ(かすれ)声.

heiß [ハイス] 形 **1.** 熱い, 暑い: ~es Wasser 熱湯. ~e Länder 熱帯の国々. ein Paar H~e《口》あつあつのソーセージ二本. Ihm ist ~. 彼は汗ばむほど暑い. **2.** 激しい:ein ~er Kampf 激戦. ein umstrittenes Thema 議論の白熱した論題. mit ~em Zorn かんかんになって. **3.** 熱烈な, 熱心な:ein ~er Wunsch 熱望. ~ geliebt 熱愛された.《口》Dank!《口》大変ありがとう. in ~er Liebe zu〈j³/et³〉sein〈人を〉愛している,〈物を〉大好きである. ein ~ ersehnter Brief 待望の手紙. den Tag ~ herbeisehnen その日の到来を切望する. sich⁴ ~ reden 話していて興奮してくる. **4.** 刺激的な, 熱狂的な: ~e Rhythmen ホット(熱狂的)なリズム. ~e Höschen《口》ホットパンツ. **5.**《口》危険な, やっかいな, めんどうな: ~e Ware 危ない品(盗品など). ~es Geld 汚いマネー. ein ~es Eisen《口》人に触れればやけどする)やっかいな問題. **6.**《口》有望(有力)な, 本命の: ein ~er Favorit 有力な優勝候補. einen ~en Tip geben うまくやること(ヒント・秘訣)を教える. **7.**《口》すごくスピードのでる. **8.**【核物理】高放射性の, 核反応を起こしている: ~e Substanzen 高放射性物質. **9.**《若》すごく(格好)いい:ein ~er Typ すごく格好いい(若い)男. **10.**《口》盛りのついた, 欲情した:〈j⁴〉 ~ machen〈人の〉欲情をかきたてる.【慣用】auf〈et⁴〉heiß sein《事ぁ》ねらっている. auf〈j⁴〉heiß sein《口》〈人に〉熱くなっている. Dich haben sie wohl zu heiß gebadet？《口》(そんなことを言う{思う・求める}なんて)おまえは頭がおかしいじゃないか. Es läuft〈j³〉heiß und kalt über den Rücken herunter [Es überläuft〈j³〉heiß und kalt].(こわくて)〈人の〉背筋がぞっとする. Heiß！ 正解に近い. heißer Draht ホットライン. der heiße Krieg (武器を用いた)熱い戦争. nicht heiß und nicht kalt [weder heiß noch kalt] sein どっちつかずである.〈j³〉wird der Boden zu heiß〈人の〉足元に火がつく.

hei·ßa![ハイザ] 間 =heisa.

hei·ßas·sa![ハイザッサ] 間 =heisa.

heiß·blü·tig [ハイス・ブリューティヒ] 形 血の気の多い, 情熱的な.

hei·ßen¹*[ハイセン] 動 hieß; hat geheißen(不定詞とともに用いる場合, 完了形では過去分詞は heißen が普通) **1.**〈et¹ッ〉言う(名である), 呼ばれている(名称). **2.**〈j⁴/et⁴〉ッ+〈j⁴/et⁴〉ッ+〈形〉ッ〉呼ぶ.〈et⁴ッ+動ッ〉《文》呼ぶ: Das *heiße* ich singen. あれこそ私は歌と呼ぶ. **4.**〈j⁴〉ニ+動ッスルラウ〉命じる, 求める, 要求する. **5.**〈et¹ッ〉《文》ぁ,(…に)相応する,(…を)意味する: Sein Motto *heißt* Fleiß. 彼のモットーは勤勉です. Was soll das ~？ それはどういう意味[こと]なんだ. All das kann nur ~, der Vulkan wird bald ausbrechen. そういったことすべては, 近いうちにその火山が噴発することを意味しています. **6.**《文》ぁ,(…と)言う(テキストなどの文言を示します): Der Werbetext *heißt*: Halte dein Gehirn jung mit Vitamin E！その宣伝文は, ビタミンEで頭脳を若く保て, である.

7.〔Es+〈文〉ダリゥグ〕ある,(…と)言われている;《文》(…と)書かれている. **8.**〔es+〈動〉必要である, 肝要である:《〈動〉の代わりに過去分詞も》Jetzt *heißt* es aufpassen [aufgepasst]. 今こそ用心が肝要だ. Das *heißt*(略 d. h.)つまり, すなわち, ただし. Das will nicht viel/nichts heißen. それはまあ/まったく重要ではない. Das will schon etwas heißen, wenn er sagt, er fühle sich nicht wohl. 彼が(自分で)具合が悪いと言っているならば, ただごとではない.〈j⁴〉willkommen heißen〈人に〉歓迎の言葉を述べる.

hei·ßen² [ハイセン] 動 h. = hissen.

heiß er·sehnt, ⓗheißer·sehnt [ハイス エあゼーント] ⇨ heiß 3.

heiß ge·liebt, ⓗheiß·ge·liebt [ハイス ゲリープト] ⇨ heiß 3.

der **Heiß·hun·ger** [ハイス・フンガー] 名 -s/ 激しい食欲, 渇望: ~ auf〈et⁴〉haben〈物を〉急に食べたくなる.

heiß·hung·rig[ハイス・フングりヒ] 形 猛烈な空腹を覚えた.

heiß|lau·fen*, heiß lau·fen* [ハイス・ラウふェン]

die **Heiß·luft** [ハイス・ルふト] 名 -/ (人工的な)温[熱]風.

der **Heiß·luft·bal·lon** [ハイスルふト・バロン] 名 -s/-[-e] 熱気球.

die **Heiß·luft·du·sche** [ハイスルふト・ドゥ(一)シェ] 名 -/ 温風[熱風]送風機(ヘアドライヤーなど).

die **Heiß·luft·hei·zung** [ハイスルふト・ハイツング] 名 -/-en 温風暖房(装置).

die **Heiß·man·gel** [ハイス・マンゲル] 名 -/-n しわ伸ばし機.

der **Heiß·sporn** [ハイス・シュポるン] 名 -[e]s/-e 熱血漢.

heiß um·strit·ten, ⓗheiß·um·strit·ten[ハイス ウムシュトりッテン] ⇨ heiß 2.

das **Heiß·was·ser** [ハイス・ヴァッサー] 名 -s/-e 湯, 熱湯.

der **Heiß·was·ser·ap·pa·rat** [ハイスヴァッサー・アパらート] 名 -s/-e 湯わかし器, ボイラー.

der **Heiß·was·ser·be·rei·ter** [ハイスヴァッサー・ベらイター] 名 -s/- =Heißwasserapparat.

der **Heiß·was·ser·spei·cher** [ハイスヴァッサー・シュパイヒャー] 名 -s/- 貯湯式湯沸し器.

..heit [..ハイト] 接尾 形容詞・名詞につけて女性の抽象名詞・集合名詞を作る: Frei*heit* 自由. Krank*heit* 病気. Christen*heit* キリスト教世界. Mensch*heit* 人類.

hei·ter [ハイター] 形 **1.** 朗らかな, 快活な;陽気な, 愉快な: in ~er Laune sein 上機嫌である. **2.** 晴れた: ~ bis wolkig sein. 晴れよまた曇り. aus ~em Himmel〈転〉全くだしぬけに. **3.**《口》不愉快な, 嫌な.

die **Hei·ter·keit** [ハイターカイト] 名 -/ **1.** 快活, 陽気;上機嫌, 楽しげな笑い. **2.** 晴天, 晴れ.

der **Hei·ter·keits·er·folg** [ハイターカイツ・エあふォルク] 名 -[e]s/-e 笑いの渦, 大いに受けること.

die **Heiz·an·la·ge** [ハイツ・アン・ラーゲ] 名 -/-n 暖房装置.

heiz·bar [ハイツ・バーあ] 形 暖房のある, 暖められる.

die **Heiz·de·cke** [ハイツ・デッケ] 名 -/-n 電気毛布.

hei·zen [ハイツェン] 動 h. **1.**〔(mit〈et³〉ダ+〈形〉ニ)〕暖房する(mit〈et³〉がない場合, 多くは受動). **2.**〔〈et⁴〉アッ〕暖房する, 暖める. **3.**〈et⁴〉ッ火をくれる, 火をたく(ストーブ・天火・ボイラーなどに). **4.**〔〈et⁴〉ッ〕たく, 使用する(燃料を). **5.**〔sich⁴+〈形〉ニ〕暖まる(部屋・家などが).

der **Hei·zer** [ハイツァー] 名 -s/- ボイラーマン, 火夫.

die **Heiz·flä·che** [ハイツ・ふレっひぇ] [名] -/-n 放熱〔伝熱〕面.

das **Heiz·gas** [ハイツ・ガース] [名] -es/-e 燃料ガス.

das **Heiz·ge·rät** [ハイツ・ゲれート] [名] -(e)s/-e (小型の)暖房器具.

der **Heiz·kes·sel** [ハイツ・ケっセル] [名] -s/- 暖房用ボイラー.

das **Heiz·kis·sen** [ハイツ・キっセン] [名] -s/- 電気クッション.

der **Heiz·kör·per** [ハイツ・㋘るパー] [名] -s/- 放熱器;(電気暖房機の)発熱体.

das **Heiz·kraft·werk** [ハイツ・クらふト・ヴェるク] [名] -(e)s/-e (廃熱を利用して)地域暖房を行う発電所.

der **Heiz·lüf·ter** [ハイツ・リュふター] [名] -s/- 温風器.

das **Heiz·ma·te·ri·al** [ハイツ・マテりアール] [名] -s/-ien 暖房用燃料.

der **Heiz·ofen** [ハイツ・オーふぇン] [名] -s/..öfen (ポータブルの)電気〔ガス〕ストーブ.

das **Heiz·öl** [ハイツ・㋓ール] [名] -(e)s/-e 暖房用石油,白灯油.

die **Heiz·pe·ri·o·de** [ハイツ・ペりオーデ] [名] -/-n 暖房期間.

die **Heiz·plat·te** [ハイツ・プラっテ] [名] -/-n (レンジの)電熱鉄板,クッキングホットプレート;(保温用の)ホットプレート.

der **Heiz·raum** [ハイツ・らウム] [名] -(e)s/..räume ボイラー室.

das **Heiz·rohr** [ハイツ・ろーあ] [名] -(e)s/-e 暖房用パイプ.

die **Heiz·schlan·ge** [ハイツ・シュランゲ] [名] -/-n 加熱蛇管;放熱コイル.

die **Heiz·son·ne** [ハイツ・ゾネ] [名] -/-n 反射式電気ストーブ.

die **Hei·zung** [ハイツング] [名] -/-en **1.** 暖房装置;《口》放熱器. **2.** ([単]のみ)暖房.

die **Hei·zungs·an·la·ge** [ハイツングス・アン・ラーゲ] [名] -/-n =Heizanlage.

der **Heiz·wert** [ハイツ・ヴェーあト] [名] -(e)s/-e 発熱量.

(*die*) **He·ka·be** [ヘーカベ] [名] 〖ギ神〗ヘカベ《トロイア王 Priamos の正妻》.

(*die*) **He·ka·te** [ヘーカテ] [名] 〖ギ神〗ヘカテ《夜と冥界(めいかい)の女神》.

die **He·ka·tom·be** [ヘカトムベ] [名] -/-n (古代ギリシアの)牛 100 頭のいけにえ;《文》(災害などの犠牲になった)多数の人.

das〔*der*〕**Hek·tar** [ヘクターあ,ヘクターあ] [名] -s/-e (《《スイス》》der ~)《単位を表す[複]は-》ヘクタール《略 ha》.

der **Hek·tar·er·trag** [ヘクターあ・エあトらーク] [名] -(e)s/..träge 《主に[複]》〖農〗ヘクタール当りの生産高〔収穫高・収益〕.

die **Hek·tik** [ヘクティク] [名] -/ 慌ただしさ.

hek·tisch [ヘクティシュ] [形] **1.** 慌ただしい,せわしない. **2.** 〖医〗《古》結核性の.

der **Hek·to·graf, Hek·to·graph** [ヘクト・グらーふ] [名] -en/-en 〖印〗ヘクトグラフ《ゼラチンを使用する複写器》.

hek·to·gra·fie·ren, hek·to·gra·phie·ren [ヘクト・グらふぃーれン] [動] *h.* 〖〈et^4〉ヲ〗ヘクトグラフで複写する.

das **Hek·to·gramm** [ヘクト・グらム,ヘクト・グらム] [名] -(e)s/-e 《単位を表す[複]は-》ヘクトグラム《100 g. 記号 hg》.

der〔*das*〕**Hek·to·li·ter** [ヘクト・リ(ー)ター,ヘクト・リ(ー)ター] [名] -s/- (《《スイス》》der ~)《単位を表す[複]は-》ヘクトリットル《100 リットル. 略 hl》.

das **Hek·to·pas·cal** [ヘクト・パスカル] [名] -s/- ヘクトパスカル《気圧の単位. 記号 hPa》.

(*der*) **Hek·tor** [ヘクトーあ] [名] 〖ギ神〗ヘクトル《トロイア王 Priamos の息子》.

(*die*) **He·ku·ba** [ヘークバ] [名] 〖女名〗ヘクバ《Hekabe のラテン語名》:〈j^3〉~ sein〈人にとって〉どうでもいいことだ.

die **Hel** [ヘール] [名] -/ 〖北欧神〗 **1.** 死者の世界,冥界(めいかい). **2.** 《主に無冠詞》ヘル《死の女神》.

he·lau! [ヘラウ] [間] 《マインツのカーニバルのあいさつ》いよーっ!

der **Held** [ヘルト] [名] -en/-en **1.** 英雄;勇士;傑出した人: ~ der Arbeit (旧東独の)労働英雄. in 〈et^3〉 kein ~ sein〈事において〉特に優秀とは言えない. Du bist mir ein schöner ~! 《冗・皮》君のしたことはたいしたことではない. **2.** 《主に[単]》(文芸作品の男の)主人公,主役. **【慣用】den Helden spielen** 《口》威張る,自慢する. **der Held des Tages** 時の人. **sich^4 gerne als Held(en) aufspielen** 英雄を気取りたがる.

der **Hel·den·dar·stel·ler** [ヘルデン・ダーあ・シュテラー] [名] -s/- 〖劇〗主役の男優.

die **Hel·den·dich·tung** [ヘルデン・ディひトゥング] [名] -/ 〖文芸学〗英雄文学.

das **Hel·den·epos** [ヘルデン・エーポス] [名] -/..epen 〖文芸学〗英雄叙事詩.

der **Hel·den·fried·hof** [ヘルデン・ふりート・ホーふ] [名] -(e)s/..höfe 戦没将兵の墓地.

der **Hel·den·ge·denk·tag** [ヘルデン・ゲデンク・ターク] [名] -(e)s/-e 戦没将兵記念日.

das **Hel·den·ge·dicht** [ヘルデン・ゲディひト] [名] -(e)s/-e =Heldenlied.

hel·den·haft [ヘルデンハふト] [形] 英雄的な,勇敢な.

der **Hel·den·kel·ler** [ヘルデン・ケラー] [名] -s/- 《冗》防空壕(ごう).

das **Hel·den·lied** [ヘルデン・リート] [名] -(e)s/-er 〖文芸学〗英雄(叙事)詩.

der **Hel·den·mut** [ヘルデン・ムート] [名] -(e)s/ 剛胆,剛勇.

hel·den·mü·tig [ヘルデン・ミューティひ] [形] 英雄のように勇敢な,勇猛果敢な.

die **Hel·den·tat** [ヘルデン・タート] [名] -/-en 英雄的行為.

der **Hel·den·te·nor** [ヘルデン・テノーあ] [名] -s/..nöre 〖楽〗ヘルデンテノール《①英雄の役を歌うのに適したテノール. ②ヘルデンテノールの歌手》.

der **Hel·den·tod** [ヘルデン・トート] [名] -(e)s/-e 《文》戦死.

das **Hel·den·tum** [ヘルデントゥーム] [名] -s/ 英雄的精神〔態度・行為〕.

die **Hel·den·ver·eh·rung** [ヘルデン・ふぇあエーるング] [名] -/ 英雄崇拝.

die **Hel·din** [ヘルディン] [名] -/-nen 女傑;英雄的な女性;(文芸作品の)女主人公.

hel·disch [ヘルディシュ] [形] 《文》英雄の;英雄的な.

(*die*) **He·le·na** [ヘーレナ] [名] 〖ギ神〗ヘレナ,ヘレネ《スパルタ王 Menelaos の妻で,トロイア戦争の原因を作る》.

(*die*) **He·le·ne** [ヘレーネ] [名] 〖女名〗ヘレーネ.

hel·fen [ヘルふぇン] [動] er hilft; half; hat geholfen 《不定詞とともに使用される場合,完了形では過去分詞は helfen が普通》 **1.** 〖〈j^3〉ヲ〗手伝う,手助けする,助ける,助力する,援助する,支援〔味方〕する: Kann ich Ihnen ~? お手伝いしましょうか 何を差上げましょうか《店員が言う》. (〈j^3〉) in der Küche ~ (〈人の〉)台所仕事を手伝う. 〈j^3〉 bei〔in〕 der Arbeit ~〈人の〉仕事の手伝いをする. 〈j^3〉 finanziell ~〈人を〉財政面で助ける. 〈j^3〉 in den Mantel/aus dem Wagen ~〈人が〉オーバーを着るのに/車から降りるのに手を貸す. 〈j^3〉 auf die Beine ~〈人が〉起上がるのに手を貸す;《口》〈人を〉健康にする〔再び立てるようにする〕. einem Betrieb auf die Beine ~ 企業を再建する. **2.** 〖〈j^3〉ガ+(zu)〈[動]〉スルノヲ〗手伝う. **3.** 〖〈j^3〉ニ〗役立つ,助けとなる;効く《薬などが》. **【慣用】**

H

Es hilft nichts〔Was hilft's〕, (wir müssen nun ohne ihn anfangen). どうしようもない, (われわれは今は彼抜きで始めねばならない). **Ich werde〔will〕dir helfen (, auf die Wand zu sprühen)!**《口》(壁にスプレーでいたずら書きすることを)二度としないようにしなさい(たいていは, 子供をしかって). **〈j³〉 ist nicht zu helfen** 〈人は〉救いようがない, 〈人には〉何を忠告〔助言〕しても無駄だ. **〈j³〉 ist nicht mehr zu helfen** 〈人は〉もう手遅れだ〔もう救いようがない〕. **sich³ immer zu helfen wissen** いつでも旨く切抜ける, 臨機応変の才能がある. **sich³ nicht helfen können** 他にしようがない：Ich kann mir nicht *helfen*, (aber) ich denke immer an ihn. いつも彼のことを考えてしまうが, それは自分ではどうしようもない. **sich³ nicht (mehr) zu helfen wissen** (もう)どうしたらいいのか分らない.

der **Hẹl·fer** [ヘルふぁー] [名] -s/- 助力者, 手伝い, 協力者;《古》顧問.

der **Hẹl·fers·hel·fer** [ヘルふぁース・ヘルふぁー] [名] -s/- 《蔑》共犯者, 加担者.

(*die*) **Hẹl·ga** [ヘルガ] [名]〘女名〙ヘルガ.

(*das*) **Hẹl·go·land** [ヘルゴ・ラント] [名] -s/ 〘地名〙ヘルゴラント島(北海の島).

Hẹl·go·län·der¹ [ヘルゴ・レンダー] [形] (無変化)ヘルゴラント(島)の.

der **Hẹl·go·län·der**² [ヘルゴ・レンダー] [名] -s/- ヘルゴラント島の島民.

der **He̲·li·and** [ヘーリアント] [名] -s/ 〘文芸学〙ヘーリアント(9世紀の宗教叙事詩).

der **He·li·ạn·thus** [ヘリアントゥス] [名] -s/..then〘植〙ヒマワリ.

(*der*) **He̲·li·kon**¹ [ヘーリコン] [名] -(s)/ 〘山名〙ヘリコン山(ミューズたちが住んだといわれるギリシア南西部 Böotien 地方の山).

das **He̲·li·kon**² [ヘーリコン] [名] -s/-s〘楽〙ヘリコン(特に軍楽隊で用いる大型金管楽器).

der **He·li·kọp·ter** [ヘリコプター] [名] -s/- ヘリコプター.

der **He·li·o·do̲r** [ヘリオドーあ] [名] -s/-e ヘリオドール(緑柱石の一種).

der **He·li·o·gra̲f, He·li·o·gra̲ph** [ヘリオ・グらーふ] [名] -en/-en 〘天〙太陽撮影機;〘通信〙日光反射信号機.

die **He·li·o·gra·fi̲e, He·li·o·gra·phi̲e** [ヘリオ・グらふぃー] [名] -/ 〘印〙ヘリオグラフィー(写真製版の一種);〘通信〙日光反射信号.

he·li·o·gra̲·fisch, he·li·o·gra̲·phisch [ヘリオ・グらーふぃシュ] [形] 太陽撮影機〔写真機〕の;日光反射信号(機)の.

die **He·li·o·gra·vü̲·re** [ヘリオ・グらヴューれ] [名] -/-n〘印〙 **1.** (㊥のみ)グラビア, 写真凹版印刷法〔術〕. **2.** グラビア写真.

he·li·o·phi̲l [ヘリオ・ふぃール] [形]〘生〙日光を好む, 好日性の.

he·li·o·pho̲b [ヘリオ・ふぉーブ] [形]〘生〙日光を嫌う, 背日性の.

(*der*) **He̲·li·os** [ヘーリオス] [名]〘ギ神〙ヘリオス(火の車で東から西へと駆ける太陽神). ⇨Hyperion.

die **He·li·o̲·sis** [ヘリオーズィス] [名] -/ 〘医〙 **1.** 日射病. **2.** 熱射病.

das **He·li·o·s·ko̲p** [ヘリオ・スコープ] [名] -s/-e〘天〙ヘリオスコープ((太陽を直接観察するための)光線を弱める装置).

der **He·li·o·s·ta̲t** [ヘリオ・スタート] [名] -(e)s〔-en〕/-en〘天〙ヘリオスタット(太陽光を常にとらえる装置).

die **He·li·o·the·ra·pi̲e** [ヘリオ・テらピー] [名] -/ 〘医〙日光療法.

der **He·li·o·tro̲p**¹ [ヘリオ・トろーブ] [名] -s/-e 血石(宝石).

das **He·li·o·tro̲p**² [ヘリオ・トろーブ] [名] -s/-e **1.**〘植〙ヘリオトローブ, 木立瑠璃草(きだちるりそう)(ムラサキ科);(㊥のみ)ヘリオトローブ(香料・香水の原料);(㊥のみ)ヘリオトローブ色(青紫色素). **2.** 回照器(計測機).

he·li·o·tro̲·pisch [ヘリオ・トろーピシュ] [形]〘植〙《古》向日性〔屈光性〕の.

he·li·o·zẹn·trisch [ヘリオ・ツェントりシュ] [形]〘天〙太陽中心の：~*es* Weltsystem 太陽中心宇宙体系.

das **He·li·o·zo̲·on** [ヘリオ・ツォーオン] [名] -s/..zoen (主に㊥)〘動〙太陽虫(原生動物).

der **He·li·pọrt** [ヘリポるト] [名] -s/-s ヘリポート.

das **He̲·li·um** [ヘーリウム] [名] -s/ 〘化〙ヘリウム(記号 He).

hẹll [ヘル] [形] **1.** 明るい：ein ~*es* Zimmer (日当りのよい)明るい部屋. Der Mond scheint ~. 月が皓々(こうこう)と輝く. **2.** 晴れ渡った, 澄んだ：Der Himmel wurde wieder ~. 空はもとのように晴れ渡った. **3.** (色彩)薄い, 淡い, 白っぽい：~*e* Augen 薄い(瞳の)色の目;聡明そうな目. ~*e* Haut 色白の肌. ~ getönt sein 淡い色調である. ~*es* Bier (普通の)淡色ビール. **4.** (音声)(甲)高い, 冴えた：~ klingen 冴えた音をたてる. ein ~*er* Vokal 明るい母音(i, e など). **5.** 明晰(めいせき)な, 聡明な, 冴えた：einen ~*en* Verstand haben 理解力が冴えている. **6.** 《口》まったくの, 大きな;まったく, すっかり：in ~*e* Wut geraten かんかんに怒る. in ~*er* Verzweiflung まったく絶望して. in ~*en* Haufen〔Scharen〕大挙して.

(*das*) **Hẹl·las** [ヘラス] [名] -'/ 〘地名・国名〙ヘラス(①古代ギリシアの名称. ② 1822 年以降のギリシアの公式名).

hẹll·auf [ヘル・アウふ] [副] 大いに.

hẹll·äu·gig [ヘル・オイギひ] [形] 明るい目をした;《転》炯眼の.

hẹll·blau [ヘル・ブラウ] [形] 淡青色の.

hẹll·blond [ヘル・ブロント] [形] 明るいブロンドの.

hẹll·dun·kel [ヘル・ドゥンケル] [形] 薄明るい;〘美〙明暗(法)の.

das **Hẹll·dun·kel** [ヘル・ドゥンケル] [名] -s/ **1.**〘美〙明暗法. **2.** (特に絵画の)光と影〔明暗〕の共演.

die **Hẹll·dun·kel·ma·le·rei** [ヘルドゥンケル・マーレらイ] [名] -/ 〘美〙明暗法.

hẹl·le [ヘレ] [形] 《(北独)》聡明な;抜け目がない.

die **Hẹl·le**¹ [ヘレ] [名] -/ 明るさ, 輝度;明るい光.

das **Hẹl·le**² [ヘレ] [名] (形容詞的変化)淡色ビール：ein ~*s* 一杯の淡色ビール.

die **Hel·le·bạr·de** [ヘレ・バるデ] [名] -/-n 矛槍(ほこやり)(中世の武器).

das **Hẹl·le·gat** [ヘレ・ガット] [名] -s/-en〔-s〕〘海〙(船内の備品・食料品用の)倉庫.

das **Hẹl·le·gatt** [ヘレ・ガット] [名] -s/-en〔-s〕＝Hellegat.

der **Hel·le̲·ne** [ヘレーネ] [名] -n/-n 古代ギリシア人.

hel·le̲·nisch [ヘレーニシュ] [形] 古代ギリシア〔ヘラス〕の.

hel·le·ni·si̲e·ren [ヘレニズィーれン] [動] *h.* 〖(〈j⁴/et⁴〉ヲ)〗ギリシア化する, ギリシア風にする, ギリシア語化する.

der **Hel·le·nịs·mus** [ヘレニスムス] [名] -/ **1.** 古代ギリシア精神;ヘレニズム(後期ギリシア文化とその時代). **2.** ヘレニズム時代のギリシア語.

der **Hel·le·nịst** [ヘレニスト] [名] -en/-en ヘレニズム研究者〔学者〕;〘新約〙ギリシア語を話すユダヤ人.

die **Hel·le·nịs·tik** [ヘレニスティク] [名] -/ ヘレニズム学.

hel·le·nịs·tisch [ヘレニスティシュ] [形] ヘレニズムの.

der **Hẹl·ler** [ヘラー] [名] -s/- ヘラー(昔の小額の銅〔銀〕貨);小銭. 【慣用】**alles auf Heller und Pfennig bezahlen** すべて一文残さず支払う. **keinen Heller für 〈j⁴/et⁴〉 geben** 《口》〈人・事について〉見込みがないと思う〔最悪のことを恐れる〕. **keinen (lumpigen) Heller (mehr) haben〔besitzen〕**《口》びた一文もない. **keinen (roten) Heller wert sein** 《口》一文の値打ちもない.

(*der*) **Hel·les·pont** [ヘレスポント] [名] -(e)s/ 〘海名〙ヘレスポント(Dardanellen 海峡の古代名).
hell·far·big [ヘル・ふぁるビひ] [形] 明るい色の.
hell·gelb [ヘル・ゲルプ] [形] 淡黄色の.
hell·grau [ヘル・グラウ] [形] 淡灰色の.
hell·grün [ヘル・グリゅーン] [形] 浅緑色の.
hell·hö·rig [ヘル・ヘ-りひ] [形] 音が筒抜けの;〘古〙耳ざとい: ~ werden 聞き耳を立てる. 〈j^4〉~ machen 〈人を〉注意〔用心〕深くさせる.
die **Hel·lig·keit** [ヘりひカイト] [名] -/-en **1.** (〘単〙の み)明るさ, 輝き;光度, 輝度;(色の)明度. **2.** 〘天〙(星の)等級.
der **Hel·lig·keits·grad** [ヘりひカイツ・グらート] [名] -(e)s/-e 光度, 輝度;明度.
der **Hel·lig·keits·reg·ler** [ヘりひカイツ・れーグラー] [名] -s/- 〘電〙光度調節器.
die **Hel·ling** [ヘリング] [名] -/-en 〔Helligen〕(der ~ -s/-e も有)〘造船〙(進水のために傾斜した)船台.
hell·licht, [旧]**hellicht** [ヘル・リひト] [形] **1.** 〘稀〙明るい. **2.** (次の形で)Es ist *~er* Tag 真昼だ. am *~en* Tag (よりによって)真っ昼間に.
hell·rot [ヘル・ろート] [形] 淡紅色の.
hell·se·hen* [ヘル・ゼーエン] [動] (不定詞でのみ)(〘補足なし〙)透視する, 千里眼で見抜く.
der **Hell·se·her** [ヘル・ゼーあー] [名] -s/- 透視者, 千里眼.
hell·se·he·risch [ヘル・ゼーエりシュ] [形] **1.** 千里眼の, 透視能力がある. **2.** 慧眼(けいがん)な, 先見の明のある.
hell·sich·tig [ヘル・ズィひティひ] [形] 慧眼(けいがん)な, 先見の明のある.
hell·wach [ヘル・ヴァっは] [形] はっきり目覚めた;非常に明敏な.
der **Helm**[1] [ヘルム] [名] -(e)s/-e **1.** かぶと;鉄かぶと(Stahl~);安全帽(Schutz~);(バイク用などの)ヘルメット(Sturz~). **2.** 〘建〙(塔の)円屋根, ピラミッド形の屋根;〘工〙煙突(排煙用)の傘.
der **Helm**[2] [ヘルム] [名] -(e)s/-e **1.** (ハンマーなどの)柄. **2.** 〘海〙〘稀〙ティラー, 舵(かじ)の柄, 舵棒.
(*die*) **Hel·ma** [ヘルマ] [名] 〘女名〙ヘルマ(Helm.., ..helm の短縮形).
der **Helm·busch** [ヘルム・ブッシュ] [名] -(e)s/..büsche かぶとの羽根飾り.
das **Helm·dach** [ヘルム・ダっは] [名] -(e)s/..dächer 〘建〙(塔の)円屋根, ピラミッド形のとんがり屋根.
die **Helm·de·cke** [ヘルム・デッケ] [名] -/-n (鉄)かぶとの錣(しころ)(かぶとの後ろにたれて首をおおう布).
(*der*) **Helm·holtz** [ヘルム・ホルツ] [名] 〘人名〙ヘルムホルツ(Hermann von ~, 1821-94, 物理・生理学者).
(*die*) **Hel·mi·ne** [ヘルミーネ] [名] 〘女名〙ヘルミーネ(Wilhelmine の短縮形).
die **Hel·min·the** [ヘルミンテ] [名] -/-n (主に〘複〙)腸内〔内臓〕寄生虫, 蠕虫(ぜんちゅう).
die **Hel·min·tho·lo·gie** [ヘルミント・ロギー] [名] -/ 〘医〙寄生虫学.
(*der*) **Hel·mut** [ヘルムート] [名] 〘男名〙ヘルムート.
(*der*) **Hel·muth** [ヘルムート] [名] 〘男名〙ヘルムート.
der **He·lo·phyt** [ヘロふゅート] [名] -en/-en 〘植〙沼沢植物.
der **He·lot** [ヘロート] [名] -en/-en 古代スパルタの奴隷;〘転〙(搾取されている)労働者.
der **He·lo·te** [ヘローテ] [名] -n/-n 〘稀〙=Helot.
(*das*) **Hel·sin·ki** [ヘルズィンキ] [名] -s/ 〘地名〙ヘルシンキ(フィンランドの首都).
(*das*) **Hel·ve·ti·en** [ヘルヴェーツィエン] [名] -s/ 〘国名〙〘文〙ヘルヴェチア(スイスの別名).
der **Hel·ve·ti·er** [ヘルヴェーツィあー] [名] -s/- ヘルヴェチア人(スイスに移動したケルト人の部族).
die **Hel·ve·ti·ka** [ヘルヴェーティカ] [複名] 〘出版〙スイス関係書籍.
hel·ve·tisch [ヘルヴェーティシュ] [形] ヘルヴェチア(人)の, スイスの: die *H~e* Republik ヘルヴェチア共和国(1798-1815 年のスイスの正式名).
das **Hemd** [ヘムト] [名] -(e)s/-en **1.** ワイシャツ(Ober~). **2.** (アンダー)シャツ(Unter~). **3.** (昔の頭からかぶる袖付きの)寛衣.
der **Hemd·är·mel** [ヘムト・エるメル] [名] -s/- (主に〘複〙)〘オーストリア〙ワイシャツの袖.
die **Hemd·blu·se** [ヘムト・ブルーゼ] [名] -/-n シャツブラウス.
die **Hemd·brust** [ヘムト・ブるスト] [名] -/ ディッキー, (固く糊づけした)ドレスシャツの胸.
der **Hem·den·knopf** [ヘムデン・クノっプふ] [名] -(e)s/..knöpfe ワイシャツのボタン.
der **Hem·den·matz** [ヘムデン・マっツ] [名] -es/-e〔..mätze〕〘口・冗〙(肌着の)シャツ姿の幼児.
die **Hemd·ho·se** [ヘムト・ホーゼ] [名] -/-n コンビネーション(婦人・子供用の上下つなぎの下着).
der **Hemd·knopf** [ヘムト・クノっプふ] [名] -(e)s/..knöpfe ⇨ Hemdenknopf.
der **Hemd·kra·gen** [ヘムト・クらーゲン] [名] -s/-〔..krägen〕ワイシャツのカラー.
der **Hemds·är·mel** [ヘムツ・エるメル] [名] -s/- (主に〘複〙)ワイシャツのそで.
hemds·är·me·lig [ヘムツ・エるメリひ] [形] **1.** ワイシャツ姿の. **2.** 〘口〙ぞんざいな, ひどくくだけた.
die **He·me·ra·lo·pie** [ヘメらロピー] [名] -/ 〘医〙夜盲症, 鳥目.
die **He·mi·me·ta·bo·lie** [ヘミ・メタボリー] [名] -/ 〘生〙不完全変態.
die **He·mi·ple·gie** [ヘミ・プレギー] [名] -/-n 〘医〙半身不随, 半側〔片〕麻痺(まひ).
die **He·mi·s·phä·re** [ヘミ・スふぇーれ] [名] -/-n **1.** 〘文〙(地球の)半球: die nördliche/südliche ~ 北/南半球. **2.** (天球の)半球. **3.** 〘医〙脳半球.
das **He·mi·s·ti·chi·on** [ヘミ・スティっひオン] [名] -s/..chien 〘詩〙半行(古典古代の詩学で).
he·mi·zy·k·lisch [ヘミ・ツュークリシュ] [形] 半円形の;〘植〙(花の)半輪生の.
hem·men [ヘメン] [動] *h.* **1.** 〘〈et^4〉ニ〙ブレーキをかける(車輪・車などに), (…を)ゆるめる(速度などを), (…を)せき止める(川の流れなどを). **2.** 〘〈j^4/et^4〉ヲ〙阻む(進歩などを), 阻止する(攻撃などを), (…の)妨げになる.
hem·mend [ヘメント] [形] 妨げになる, 抑止的な.
das **Hemm·nis** [ヘムニス] [名] ..nisses/..nisse 障害, 妨害;邪魔物: ein ~ für 〈et^4〉〈事に対する〉障害.
der **Hemm·schuh** [ヘム・シュー] [名] -(e)s/-e 車輪止め;ブレーキシュー;〘転〙障害, 妨害.
der **Hemm·stoff** [ヘム・シュトっふ] [名] -(e)s/-e 〘化〙反応抑制物質.
die **Hem·mung** [ヘムング] [名] -/-en **1.** 阻止, 阻害;〘法〙(時効の)停止. **2.** (精神的)ためらい, 逡巡(しゅんじゅん);(〘複〙のみ)(心理的な)抑制, 気後れ. **3.** (時計の)エスケープメント.
hem·mungs·los [ヘムングス・ロース] [形] 自制心のない, 奔放な, したい放題の.
die **Hem·mungs·lo·sig·keit** [ヘムングス・ローズィひカイト] [名] -/ 自制心のないこと.
die **Hemm·vor·rich·tung** [ヘム・ふぉーあ・りひトゥング] [名] -/-en 制動装置.
das **Hen·del** [ヘンデル] [名] -s/-(n) =Hendl.
das **Hen·di·a·dy·oin** [ヘン・ディア・デュオイン] [名] -s/ 〘修〙二詞一意(二つの語を und で結んで用いる修辞上の文彩. ①似た意味の 2 つの名詞あるいは動詞を

H

Hendl 546

und で結んで表現力を強めるもの: Art und Weise (方法, 仕方), bitten und flehen (請い願う)など. ② 付加語的２格名詞あるいは付加語的形容詞を und で結ぶのに: die Masse der hohen Berge = die Masse und die hohen Berge (畳畳(じょうじょう)たる高き山脈(さんみゃく))としたり, aus goldenen Bechern trinken = aus Bechern und Gold trinken (黄金の杯でお酒を酌む)としたりする類のもの).

das **Hendl** [..dəl ヘンデル] 名 -s/-(n) (バイエルン・オーストリア) 若どり, ニワトリ／ローストチキン.

der **Hengst** [ヘングスト] 名 -es/-e 雄ウマ(ロバ・ラクダなどの)雄.

der **Henkel** [ヘンケル] 名 -s/- (容器・カバンなどの) 取っ手, 柄;(方)(襟)吊り, 吊り(ひも).

das **Henkelglas** [ヘンケル・グラース] 名 -es/..gläser 取っ手つきのグラス.

der **Henkelkorb** [ヘンケル・コルプ] 名 -(e)s/..körbe 手提げかご.

der **Henkelkrug** [ヘンケル・クルーク] 名 -(e)s/..krüge 手のついたつぼ, 水差しジョッキ.

der **Henkelmann** [ヘンケル・マン] 名 -(e)s/..männer (口) 取っ手つきのランチボックス(円筒形で重箱式の保温弁当箱).

henken [ヘンケン] 動 h. ⟨j⁴を⟩絞首刑にする.

der **Henker** [ヘンカー] 名 -s/- 死刑執行人.

der **Henkersknecht** [ヘンカース・クネヒト] 名 -(e)s/-e 死刑執行人の助手.

das **Henkersmahl** [ヘンカース・マール] 名 -(e)s/..mähler[-e] (文) =Henkersmahlzeit.

die **Henkersmahlzeit** [ヘンカース・マール・ツァイト] 名 -/-en (昔の)処刑前の食事; (冗)別れの(最後になるかも知れない)会食.

die **Henna** [ヘナ] 名 -/ (das ~ -(s)/ も有) 1. (植)ヘンナ, シコウカ. 2. ヘンナ染料(葉や茎から採った赤褐色の染料).

die **Henne** [ヘネ] 名 -/-n 雌鶏(めんどり); キジ目(もく)の雌.

der **Henotheismus** [ヘノ・テイスムス] 名 -/ (宗) 単一神教(多神の存在を認めながら一神だけを崇拝する).

(*der*) **Henrik** [ヘンリク] 名 (男名) ヘンリク.

das **Henry** [hénri ヘンリ] 名 -/- (理) ヘンリー(インダクタンスの単位. 記号 H)

die **Hepatektomie** [ヘパテクトミー] 名 -/-n (医) 肝(臓)切除(術).

die **Hepatitis** [ヘパティーティス] 名 -/..titiden (ヘパティーティデン) (医)肝炎.

die **Hepatologie** [ヘパト・ロギー] 名 -/ (医)肝臓学.

(*der*) **Hephaistos** [ヘふぁイストス] 名 (ギ神) =Hephäst.

(*der*) **Hephäst** [ヘふぇースト] 名 (ギ神) ヘパイストス(鍛冶・火の神).

das **Heptachlor** [ヘプタ・クローア] 名 -s/ (農)ヘプタクロル(殺虫剤).

das **Heptagon** [ヘプタゴーン] 名 -s/-e 七角形.

der **Heptameter** [ヘプター・メター] 名 -s/- (詩)七歩格.

der **Heptateuch** [ヘプタトイ] 名 -s/ 旧約聖書の初めの七書.

her [ヘーァ] 副 1. (空間)(話し手の方向への移動や物を渡す行為を強制して)こちらへ(こい)(よこせ): H~ zu mir! 私のところへこい. Bier ~! ビールをこっちへ(持ってきてくれ). H~ damit! よこせ. 2. (時間)((4格と)(それから)現在(それ)まで…の間): Das ist schon lange ~. あれからすでにずいぶん時がたった. die letzten Tage ~ ここ(それまで)何日か. 3. (von を強めて) a. (空間)von Westen/weit ~ 西/遠くから(こちらへ). b. (時間)von meiner Jugend/früher ~ 私の青(少)年時代/以前から. c. (由来・前提)von seinem Standpunkt ~ 彼の立場から. vom Inhalt ~ 内容から. 4. a. ⟨hinter, vor などの前置詞句とともに⟩一定の間隔を保った動きを示して): Er ist stets hinter einem Mädchen ~. 彼はいつも女の子の(尻)を迴回している. Er schob den Kofferkuli vor sich ~. 彼は手荷物用の手押し車を押していった. b. ⟨um の前置詞句とともに⟩…を取巻いて: um ⟨j⁴/et⁴⟩ ~ stehen ⟨人・物を⟩取りまいて立っている. 【慣用】Mit ⟨j³/et³⟩ ist es nicht weit her. ⟨人・事⟩たいしたことない. Wo hast du das her? 君はそれを何処で手に入れた(聞いた)のか.

(*die*) **Hera** [ヘーら] 名 (ギ神)ヘラ(Zeus の妻で貞節の鑑).

her·ab [ヘらップ] 副 (こちらの)下へ: H~ mit euch! 君たち降りて来いよ. von den Bergen ~ bis zum Hotel 山からこちらの下のホテルまで. von oben ~ 人を見下したように.

her·ab|blicken [ヘらップ・ブリッケン] 動 h. (文) 1. ⟨慣用⟩(こちらを)見下ろす. 2. ⟨auf ⟨j⁴/et⁴⟩⟩見下げる.

her·ab|fallen* [ヘらップ・ふぁレン] 動 s. (文) 1. ⟨慣用⟩(こちらへ)落ちて(くる)る(幕が). 2. ⟨(auf ⟨et³⟩)⟩落ちる, 降りる(光・夜(のとばり)などが).

her·ab|flehen [ヘらップ・ふレーエン] 動 (et⁴がauf ⟨j³/et³⟩に⟩(文)あらんことを願う(神の恵みなどが).

her·ab|hängen* [ヘらップ・ヘンゲン] 動 h. (慣用)下に下がっている; 垂れ(下がっ)ている.

her·ab|kommen* [ヘらップ・コメン] 動 s. (文) 1. ⟨et⁴が⟩下りて来る. 2. (慣用)零落する.

her·ab|lassen* [ヘらップ・ラセン] 動 h. 1. ⟨j⁴/et⁴⟩(文)(こちらへ)下ろす. 2. ⟨sich⁴ zu ⟨j³⟩=⟩(古)気さくな態度をとる(目下の者に). 3. ⟨sich⁴+zu ⟨et³⟩/zu ⟨動⟩⟩(皮)恐れ多くも(わざわざ)してくれる.

her·ablassend [ヘらップ・ラセント] 形 いんぎん無礼な, やけに愛想のいい; 愛想がましい.

die **Herablassung** [ヘらップ・ラッスング] 名 -/ 人を目下に見たなれなれしい態度.

her·ab|mindern [ヘらップ・ミンダーン] 動 h. ⟨et⁴を⟩減少(低下)させる; 低く評価する.

her·ab|sehen* [ヘらップ・ゼーエン] 動 h. (文) 1. ⟨(⟨方向⟩ヘ)⟩見下ろす. 2. ⟨auf ⟨j⁴/et⁴⟩⟩(軽蔑して)見下す.

her·ab|setzen [ヘらップ・ゼッツェン] 動 h. 1. ⟨et⁴を⟩下げる, 落す(値段・速度などを). 2. ⟨j⁴/et⁴を⟩けちをつける, (…を)けなす.

die **Herabsetzung** [ヘらップ・ゼッツング] 名 -/ けなす(けちをつける)こと; 引下げ, 削減, 落すこと.

her·ab|sinken* [ヘらップ・ズィンケン] 動 s. 1. (慣用)(文) 降りてくる. 2. ⟨zu ⟨j³/et³⟩=/auf ⟨et⁴⟩=⟩成り下がる.

her·ab|würdigen [ヘらップ・ヴュるディゲン] 動 h. 1. ⟨j⁴/et⁴を⟩貶(おとし)める, 軽んじる. 2. ⟨sich⁴⟩品位を落とす, 意気地がない.

die **Herabwürdigung** [ヘらップ・ヴュるディグング] 名 -/-en 貶(おとし)める(軽んじる)こと; 成下がること.

her·ab|ziehen* [ヘらップ・ツィーエン] 動 1. h. ⟨j⁴/et⁴を⟩引き下ろす. 2. s. ⟨(von ⟨et³⟩)+(⟨方向⟩へ)⟩引っ越して来る(上の階から下へ). 3. s. ⟨et⁴を⟩下って来る. 4. h. ⟨j⁴/et⁴を⟩=in ⟨auf ⟨et⁴⟩=⟩引きずり下ろす. 5. ⟨sich⁴⟩下へ延びてくる(道が).

(*der*) **Herakles** [ヘーらクレス] 名 (ギ神)ヘラクレス, ヘルクレス, ハーキュリーズ(半神の怪力の英雄).

der **He·ra·kli·de** [ヘらクリーデ] 名 -n/-n ヘラクレスの子孫.

(*der*) **He·ra·klit** [ヘらクリート] 名 〖人名〗ヘラクレイトス（紀元前550頃-480頃,ギリシアの哲学者）.

die **He·ral·dik** [ヘらルディク] 名 -/ 紋章学.

he·ral·disch [ヘらルディシュ] 形 紋章の.

he·ran [ヘらン] 副 こちらへ，…の近くへ，…寄りへ: Nur ~ ! さあこちらへ ! 右へ寄って. Rechts ~ ! 右へ寄って.（力を強めて）bis an die (Landes)grenze ~ 国境の近くまで.

he·ran|ar·bei·ten [ヘらン・アるバイテン] 動 *h.* 〔sich⁴+an ⟨j⁴/et⁴⟩ₐ〕苦労して近づく.

he·ran|bil·den [ヘらン・ビルデン] 動 *h.* 〖j³ッ〗養成〔育成〕する; 〔⟨j⁴⟩ッがsich⁴の場合〕養成される.

he·ran|brin·gen* [ヘらン・ブリンゲン] 動 *h.* **1.** 〔⟨j⁴/et⁴⟩ッ+an ⟨j⁴/et⁴⟩ₐ〕連れて〔持って〕来る;（…を…に）親しませる〔なじませる〕. **2.** 〖et⁴ッ〗（こちらへ）持ってくる.

he·ran|drän·gen [ヘらン・ドれンゲン] 動 *h.* 〔sich⁴〕押寄せる.

he·ran|füh·ren [ヘらン・ふューれン] 動 *h.* **1.** 〖j⁴ッ+⟨方向⟩ₐ〕連れて来る, 迫る. **2.** 〖⟨j⁴⟩ッ+an ⟨et⁴⟩ₐ〕近づける. **3.** 〖⟨j⁴⟩ッ+an ⟨et⁴⟩ₐ〕親しませる. **4.** 〔an ⟨et⁴⟩ₐ〕通じている.

he·ran|ge·hen* [ヘらン・ゲーエン] 動 *s.* **1.** 〔(an ⟨et⁴⟩ₐ)〕近づく. **2.** 〔an ⟨et⁴⟩ₐ〕取りかかる（厄介な仕事などに）.

he·ran|kom·men* [ヘらン・コメン] 動 *s.* **1.** 〖場所〗 やって来る, 近づいてくる（人・動物・出来事などが）. **2.** 〔an ⟨et⁴⟩ₐ〕手が届く, 達する. **3.** 〔an ⟨j⁴/et⁴⟩ₐ〕近づく;（…を）手に入れる（入手困難な物を）. 【慣用】〖et⁴〗 **an sich⁴ herankommen lassen** 《口》〈事を〉先延ばしにする. **nichts an sich⁴ herankommen lassen** 《口》心配事は一切寄せつけない.

he·ran|ma·chen [ヘらン・マヘン] 動 *h.* 《口》 **1.** 〔sich⁴+an ⟨j⁴⟩ₐ〕取りかかる（厄介な仕事などに）. **2.** 〔sich⁴+an ⟨j⁴⟩ₐ〕（下心を抱いて）近づく; しのび寄る.

he·ran|na·hen [ヘらン・ナーエン] 動 *s.* 〖場所〗〖文〗近いて来る（場所的・時間的に）.

he·ran|neh·men* [ヘらン・ネーメン] 動 *h.* 〖⟨j⁴⟩ッ〗しごく.

he·ran|rei·chen [ヘらン・らイヒェン] 動 *h.* **1.** 〔an ⟨et⁴⟩ₐ〕手が届く. **2.** 〔an ⟨j⁴/et⁴⟩ₐ〕程度に達する.

he·ran|rei·fen [ヘらン・らイふェン] 動 *s.* **1.** 〖場所〗 熟する（果実・機運などが）. **2.** 〔(zu ⟨j³/et³⟩ₐ)〕成熟〔成長〕する.

he·ran|tra·gen* [ヘらン・トらーゲン] 動 *h.* **1.** 〖⟨j⁴/et⁴⟩ッ〗運んで来る. **2.** 〖⟨et⁴⟩ッ+an ⟨j⁴⟩ₐ〕持込む, 申出る（願い・苦情などを）.

he·ran|tre·ten* [ヘらン・トれーテン] 動 *s.* **1.** 〔(an ⟨j⁴/et⁴⟩ₐ)〕歩み寄る, 近づく. **2.** 〔(an ⟨j⁴⟩ₐ)〕迫って来る（問題などが）. **3.** 〔mit ⟨et³⟩ₐ | an ⟨j⁴⟩ₐ〕持って行く（提案などを）.

he·ran|wach·sen [ヘらン・ヴァクセン] 動 *s.* 〖場所〗 成長する.

der/die **He·ran·wach·sen·de** [ヘらン・ヴァクセンデ] 名 〔形容詞的変化〕成長期にある者; 〖法〗年長少年（18歳以上21歳未満の, 刑法が適用される者）

he·ran|wa·gen [ヘらン・ヴァーゲン] 動 *h.* 〔sich⁴+an ⟨j³⟩ₐ〕あえて近づく.

he·ran|zie·hen* [ヘらン・ツィーエン] 動 **1.** *h.* 〖⟨j⁴/et⁴⟩ッ+(zu sich³)〕引寄せる. **2.** *s.* 〖場所〗近づいて来る, 接近してくる. **3.** *h.* 〖⟨j⁴⟩ッ〗育成する（後継者などを）, 育て上げる（動植物を）. **4.** *h.* 〖⟨et⁴⟩ッ+zu ⟨et³⟩ハタメ〕引っ張り出す, 動員する. **5.** *h.* 〖⟨et⁴⟩ッ+zu ⟨et³⟩ハタメ〕考慮の対象にする, 引合いに出す.

he·rauf [ヘらウふ] 副 （こちらの）上へ: von unten ~ 下から上へ. den Fluss ~ kommen 川をのぼってやって来る.（地図の上下から）von Süddeutschland ~ nach Hamburg 《口》南ドイツからこちらの上のハンブルクへ. 【慣用】 **j⁴ von unten herauf ansehen** 〈人を〉（疑わしげに）じろじろ見る.

he·rauf|ar·bei·ten [ヘらウふ・アるバイテン] 動 *h.* 〔sich⁴〕苦労して登って来る; 努力して出世する.

he·rauf|be·schwö·ren* [ヘらウふ・ベシュ(ヴェー)-れン] 動 *h.* 〖⟨et⁴⟩ッ〗（軽率に）ひき起こす（災いなどを）, 招く（危険などを）; 呼びさます, 思い起こさせる.

he·rauf|brin·gen* [ヘらウふ・ブリンゲン] 動 *h.* **1.** 〖⟨j⁴/et⁴⟩ッ〗上へ連れて〔持って・運んで〕来る. **2.** 〖⟨j⁴⟩ッ〗（客として）家に連れて来る.

he·rauf|fah·ren* [ヘらウふ・ふァーれン] 動 *h.* **1.** 〖⟨et⁴⟩ッ〗登って来る（乗り物で・乗り物が）. **2.** 〖⟨j⁴/et⁴⟩ッ〗上へ連れて〔運んで〕来る（乗り物で）. **3.** *h.* 〖⟨et⁴⟩ッ〗値段を上げる.

he·rauf|kom·men* [ヘらウふ・コメン] 動 *s.* **1.** 〔((et⁴)ッ)〕上がってくる（階段などを）. **2.** 〖場所〗昇ってくる（日・月などが）; 近づいてくる（嵐などが）.

he·rauf|las·sen* [ヘらウふ・ラッセン] 動 *h.* 〖⟨j⁴⟩ッ〗 《口》上がってこさせる.

he·rauf|set·zen [ヘらウふ・ゼッツェン] 動 *h.* 〖⟨et⁴⟩ッ〗 （引き）上げる（価格などを）.

he·rauf|stei·gen* [ヘらウふ・シュタイゲン] 動 *s.* **1.** 〖⟨et⁴⟩ッ/von ⟨et³⟩ハ/⟨方向⟩ハ〕登って〔上って〕くる. **2.** 〖場所〗〖文〗始まる. **3.** 〔in ⟨j³⟩ハ...〕〖文〗浮んでくる.

he·rauf|zie·hen* [ヘらウふ・ツィーエン] 動 **1.** *h.* 〖⟨j⁴/et⁴⟩ッ〗（こちらへ）引っ張り上げる. **2.** *s.* 〖場所〗（地平線から）登ってくる（雷雲などが）. **3.** *h.* 〖⟨j⁴⟩ッ〗（こちらの）上へ引っ越して来る（下の階から上の階へ; 南から北へ）.

he·raus [ヘらウス] 副 **1.** （話し手の方の）外へ: H~ mit euch an die frische Luft ! 君たち空気のきれいな外へ出ておいで. H~ mit dem Geld ! 金を出せ. H~ aus dem Bett (den Federn) ! 《口》起きろ. H~ mit der Sprache ! 《口》さあ言ってしまえ. **2.** （前置詞を強めて）aus einer Notlage/ dem Stand ~ 苦しまぎれに/その場で（準備なしに）. aus sich³ ~ 他人から言われずに, 自分から. von innen ~ 中から外へ. das Fenster nach dem Hof ~ 中庭に向いた窓.

he·raus|ar·bei·ten [ヘらウス・アるバイテン] 動 *h.* **1.** 〖⟨et⁴⟩ッ〗浮出すように彫る（文字などを）; 際立たせる（重点・相違などを）. **2.** 〔sich⁴+aus ⟨et³⟩ハら〕抜け出す（ぬかるみ・苦境などから）. **3.** 〖⟨et⁴⟩ッ〗《口》埋合せに余分に働く.

he·raus|be·kom·men* [ヘらウス・ベコメン] 動 *h.* **1.** 〖⟨et⁴⟩ッ+(aus ⟨et³⟩ハら)〕抜取る（くぎ・染みなどを）. **2.** 〖⟨j⁴/et⁴⟩ッ〗解かせる, 解決する, 救い出す. **3.** 〖⟨et⁴⟩ッ〗《口》解く（問題を）, 探り出す（秘密を）. **4.** 〖⟨et⁴⟩ッ〗返却してもらう（お釣りなどを）.

he·raus|bil·den [ヘらウス・ビルデン] 動 *h.* **1.** 〔sich⁴+(aus ⟨et³⟩ハら)〕生まれる, 生じてくる. **2.** 〖⟨et⁴⟩ッ〗（稀）生み出す.

he·raus|bre·chen* [ヘらウス・ブれヒェン] 動 **1.** *h.* 〖⟨et⁴⟩ッ+(aus ⟨et³⟩ハら)〕はがして取る. **2.** *h.* 〔(aus ⟨et³⟩ハら)〕ほとばしり出る（怒りなどが）; （稀）吹出して来る（炎などが）. **4.** *h.* 〖⟨et⁴⟩ッ〗《口》吐く, もどす.

he·raus|brin·gen* [ヘらウス・ブリンゲン] 動 *h.* **1.** 〖⟨j⁴/et⁴⟩ッ〗（こちらへ）運び出す, 持出す. **2.** 〖⟨et⁴⟩ッ+aus ⟨et³⟩ハら〕《口》抜く（栓・染みなどを）. **3.** 〖⟨j⁴⟩ッ〗（世に）出す（若い作家・全集などを）, 出す（舞台・紙面などに新作・情報などを）; 売出す（新人な

herausfahren 548

どを). **4.** 〔et⁴ッ〕(口)解く(問題などを), 聞出す(秘密などを). **5.** 〔et⁴ッ〕口に出す(音・言葉などを).

her·aus|fah·ren* [ヘラウス・ふぁーレン] 動 **1.** *s.* (aus ⟨et³⟩カラ)出て来る(乗り物で・乗り物が). **2.** *s.* 〔略式〕(人を訪ねて乗り物で市外へ)行く:(主に *herausgefahren kommen* の形で) Komm doch über Ostern mal zu uns *herausgefahren*! 復活祭に(市外の)私たちのところへいらっしゃいよ. **3.** *h.* 〔et⁴ッ〕出す(車を車庫などから), (乗り物で)連れ出す. **4.** *h.* 〔aus ⟨et³⟩カラ〕(口)飛出す(ベッドなどから). **5.** *s.* 〔j³ニ〕(口)口からうっかり飛出す(言葉が). **6.** *h.* 〔et⁴ッ〕〔競技〕(乗り物の競走で好タイムなどを), おさめる(勝利などを).

her·aus|fal·len* [ヘラウス・ふぁレン] 動 *s.* **1.** (aus ⟨et³⟩カラ)転がり落ちる:(こちらの)外にもれ出る(光などが). **2.** (aus ⟨et³⟩カラ)外れる.

her·aus|fin·den* [ヘラウス・ふぃンデン] 動 *h.* **1.** (sich⁴)+(aus ⟨et³⟩カラ)こちらの外に出る道を見つける(建物・森などから), 抜出せる(苦境などから). **2.** 〔j⁴/et⁴ッ〕見つけ出す(多くの中から). **3.** 〔et⁴ッ〕(調べて)発見する, 見つけだす(誤りなどを).

her·aus|flie·gen* [ヘラウス・ふリーゲン] 動 **1.** *s.* 〔aus ⟨et³⟩カラ〕飛び出して来る. **2.** *s.* 〔aus ⟨et³⟩カラ〕飛行機で脱出する;(口)転がり落ちる. **3.** *h.* 〔j⁴/et⁴ッ〕+〔aus ⟨et³⟩カラ〕飛行機で救出する.

her·aus|flie·ßen* [ヘラウス・ふリーセン] 動 *s.* 〔(aus ⟨et³⟩カラ)流れ出てくる.

der **Her·aus·for·de·rer** [ヘラウス・ふぉるデらー] 名 -s/- 戦いを挑む人, 〔競技〕挑戦者.

her·aus|for·dern [ヘラウス・ふぉるダーン] 動 **1.** 〔j⁴ッ〕挑む; 〔競技〕挑戦する(チャンピオンに). **2.** 〔j⁴/et⁴ッ〕挑発する, 招く, 呼起こす.

her·aus|for·dernd [ヘラウス・ふぉるダーント] 形 挑発[挑戦]的な.

die **Her·aus·for·de·rung** [ヘラウス・ふぉるデるング] 名 -/-en **1.** 戦いを挑むこと, 挑発:〔競技〕挑戦(挑戦者の)タイトル奪取戦. **2.** (人に挑みかかる)課題.

her·aus|füt·tern [ヘラウス・ふゅッターン] 動 〔j⁴/et⁴ッ〕食物を十分与えて大きく(丈夫に)する.

die **Her·aus·ga·be** [ヘラウス・ガーベ] 名 -/ **1.** 編集, 出版;発行;発令, 発布. **2.** 返却, 返還.

her·aus|ge·ben* [ヘラウス・ゲーベン] 動 *h.* **1.** 〔et⁴ッ〕(中から外の)こちらへ渡す. **2.** 〔j⁴/et⁴ッ〕引渡す(捕虜などを), 返還する, 返す(保管物などを). **3.** 〔⟨et³⟩ッ〕釣銭をこちらへ渡す. **4.** 〔商〕釣銭をわたす(新しい切手などを). **5.** 編集する, 出版する;発行する(新しい切手などを);発する(指令などを). **6.** 〔j⁴ニ〕(方)言い返す.

der **Her·aus·ge·ber** [ヘラウス・ゲーバー] 名 -s/- 編者, 編集者, 発行者, 出版者(略 Hg., Hrsg.).

her·aus·ge·ge·ben [ヘラウス・ゲゲーベン] 形 編集[発行]された(略 hg., hrsg.).

her·aus|ge·hen* [ヘラウス・ゲーエン] 動 *s.* **1.** 〔補足ナシ〕外へ出て来る. **2.** 〔aus ⟨et³⟩ッ〕落ちる(汚れなどが), 抜ける(栓などが). 【慣用】**aus sich³ herausgehen** にかみ深くなくはったきりものを言うようになる.

her·aus|grei·fen* [ヘラウス・グらイふェン] 動 *h.* 〔j⁴/et⁴ッ〕選び出す;(取り)上げる(例などを).

her·aus|ha·ben* [ヘラウス・ハーベン] 動 *h.* (口) **1.** 〔j⁴/et⁴ッ〕取除いておく(くぎ・汚れなどを, 追出してしまう(人を). **2.** 〔et⁴ッ〕分っている(要領・謎などが).

her·aus|hal·ten* [ヘラウス・ハルテン] 動 *h.* **1.** 〔et⁴ッ〕(中からこちらへ)差出す[出している]. **2.** 〔j⁴/et⁴ッ〕+(aus ⟨et³⟩ッ)(口)外に置いておく. **3.** 〔j⁴/et⁴ッ〕+(aus ⟨j³/et³⟩ッ)(口)巻込まれないように遠ざけておく(紛争などから).

her·aus|hän·gen¹* [ヘラウス・ヘンゲン] 動 *h.* (aus ⟨et³⟩ッ)外に垂れ下がっている(旗・シャツなどが). 【慣用】**mit herausgehängter Zunge** はあはあ息を切らせて, 息せききって.

her·aus|hän·gen² [ヘラウス・ヘンゲン] 動 *h.* **1.** 〔et⁴ッ〕外へ垂らす(旗などを), 外へ掛ける(洗濯物などを). **2.** 〔j⁴/et⁴ッ〕(口)ひけらかす:den Fachmann ~ 専門家ぶる.

her·aus|hau·en(*) [ヘラウス・ハウエン] 動 *h.* **1.** 〔et⁴ッ〕切り抜く, 切り取る(浮出るように)刻む(文字・レリーフなどを). **2.** 〔j⁴ッ〕(口)救い出す;(j⁴ッ)sich⁴の場合)血路を開く.

her·aus|he·ben* [ヘラウス・ヘーベン] 動 *h.* **1.** 〔j⁴/et⁴ッ〕抱上げる, 取出す. **2.** 〔j⁴/et⁴ッ〕際立たせる;(j⁴/et⁴ッ)sich⁴の場合)際立つ.

her·aus|hel·fen* [ヘラウス・ヘルふェン] 動 **1.** 〔j³ッ+aus ⟨et³⟩カラ〕出るのに手を貸す. **2.** 〔j³ッ+aus ⟨et³⟩カラ〕抜出すのに手を貸す(苦境などから).

her·aus|ho·len [ヘラウス・ホーレン] 動 *h.* **1.** 〔j⁴/et⁴ッ〕(中に行ってこちらの外へ)持って来る, 取出す, 行って連れて来る;救出する. **2.** 〔et⁴ッ〕(口)引出す(金・能力などを). **3.** 〔et⁴ッ〕(口)明確にする, 浮彫りにする(姿・特徴などを). **4.** 〔et⁴ッ〕巧みに得る(勝利・もうけなどを). **5.** 〔ス²〕取戻す(遅れなどを).

her·aus|hö·ren [ヘラウス・ヘーれン] 動 *h.* (aus ⟨et³⟩+⟨et⁴⟩ッ)聞分ける;感じ取る.

her·aus|keh·ren [ヘラウス・ケーれン] 動 〔j⁴/et⁴ッ〕(デアルコトヲ)見せつける, (…)ぶる, はっきり示す(主役であること・厳格さなどを.

her·aus|kom·men* [ヘラウス・コメン] 動 *s.* **1.** (aus ⟨et³⟩カラ)出て来る(人・芽・煙などが). **2.** (aus ⟨et³⟩カラ)抜ける(苦境などを). **3.** 〔商〕(市場に)出る(新製品などが). **4.** 〔mit ⟨et³⟩ッ〕(市場に)出す. **5.** (次の形で)groß ~ 〔略式〕出る(色・音・特色などが). **7.** (様態ノ)(口)口振りである. **8.** 〔mit ⟨et³⟩ッ〕(口)ためらいがちに話す. **9.** 〔bei ⟨et³⟩ッ/ニ〕(口)(結果として)出る. **10.** (様態ノ)(口)結果になる. **11.** 〔ス²〕(口)表に出る, 表沙汰になる(秘密・犯人などが). **12.** 〔略式〕(口)拍子を外す(ダンス・行進などで), 腕が落ちる(音楽・スポーツなどで). **13.** 〔略式〕(口)打出す, 〔ス²〕籤(くじ)に当る. 【慣用】**selten herauskommen** 家にこもってばかりいる, 引っ込み思案である.

her·aus|krie·gen [ヘラウス・クりーゲン] 動 *h.* (口) = heraus|bekommen, heraus|bringen 5.

her·aus|kris·tal·li·sie·ren [ヘラウス・クりスタリズィーれン] 動 *h.* **1.** 〔et⁴ッ〕結晶の形で取出す;(⟨et⁴⟩がsich⁴の場合)結晶として出て来る. **2.** 〔et⁴ッ〕取出して明確にする(要点などを);(⟨et⁴⟩がsich⁴の場合)(相違などが)はっきりした形で出て来る.

her·aus|las·sen* [ヘラウス・ラッセン] 動 *h.* (口) **1.** 〔j⁴/et⁴ッ〕外へ出す, 表す. **3.** 〔et⁴ッ〕省く.

her·aus|lau·fen* [ヘラウス・ラウふェン] 動 **1.** *s.* ((aus ⟨et³⟩カラ)走り出て来る;流れ出て来る. **2.** 〔j⁴/et⁴ッ〕競争で得る.

her·aus|lo·cken [ヘラウス・ロッケン] 動 *h.* **1.** 〔j⁴/et⁴ッ〕+(aus ⟨et³/et³⟩カラ)おびき出す, 誘い出す(動物を巣などから). **2.** 〔et⁴ッ+(aus ⟨j³⟩カラ)〕うまく引出す[聞出す](金・情報などを.

her·aus|ma·chen [ヘラウス・マッヘン] 動 *h.* (口) **1.** 〔et⁴ッ+aus ⟨et³⟩カラ〕取除く(染み・種・とげなどを). **2.** 〔sich⁴〕(様態ノ)…になる.

her·aus|neh·men* [ヘラウス・ネーメン] 動 **1.**

〖et⁴〗ヲ＋(aus〈et³〉カラ)〕取り出す(入れ物などから). **2.**〔〈j³〉ノ＋〈et³〉ヲ〕切除する. **3.**〔〈j⁴〉〈aus et³〉カラ〕出す：das Kind aus der Schule ~ 子供に学校をやめさせる(親が). einen Spieler ~ 選手を引っ込める. **4.**〔sich³＋〈et³〉ヲ〕.
he·raus|plat·zen [ヘらウス・プらッツェン]動 s.〔口〕**1.**〔〈et³〉ヲ〕ぷっと吹出す. **2.**〔mit〈et³〉ヲ〕出し抜けに言う.
he·raus|pres·sen [ヘらウス・プれッセン]動 h. **1.**〔〈et⁴〉ヲ〕絞り取る, 飾りつける. **2.**〔〈j⁴〉ヲ＋(aus〈j³〉カラ)〕搾り取る,(…を…に)無理やりさせる.
he·raus|put·zen [ヘらウス・プッツェン]動 h.〔〈j⁴/et⁴〉ヲ〕着飾らせる, 飾りつける.
he·raus|quel·len* [ヘらウス・クヴェれン]動 s. **1.**〔(aus〈et³〉カラ)〕湧き[流れ]出てくる. **2.**〔願望〕飛び出す(目が).
he·raus|ra·gen [ヘらウス・らーゲン]動 h.〔(aus〈et³〉カラ)〕突き出ている, そびえる;抜きん出ている.
he·raus|re·den [ヘらウス・れーデン]動 h.〔口〕**1.**〔sich⁴〕言訳[言逃れ]をする. **2.**〔sich⁴＋auf〈j⁴/et⁴〉ヲ〕言逃れの口実にする.
he·raus|rei·ßen* [ヘらウス・らイセン]動 h. **1.**〔〈et⁴〉ヲ〕引抜く(草・くぎなどを), 破り取る(ページなどを). **2.**〔〈j⁴〉ヲ＋(aus〈et³〉カラ)〕(急に)引離す(環境などから),(…の…を)中断させる. **3.**〔〈j⁴〉ヲ〕〔口〕苦境から救い出す. **4.**〔〈j⁴/et⁴〉ヲ〕〔口〕(欠点の)埋合せをする. **5.**〔〈j⁴/et⁴〉ヲ〕〔口〕褒めちぎる.
he·raus|rin·nen* [ヘらウス・りネン]動 s.〔(aus〈et³〉カラ)〕流れ出る.
he·raus|rü·cken [ヘらウス・りュッケン]動 **1.** h.〔〈j⁴/et⁴〉ヲ〕(中・列から外の)こちらへ出す, こちらへずらす. **2.** s.〔願望〕中の[奥]をから外のこちらへ出る. **3.** h.〔〈et⁴〉ヲ〕〔口〕(しぶしぶ)出す, 引渡す. **4.** h.〔mit〈et³〉ヲ〕〔口〕やっと話す(秘密などを).
he·raus|ru·fen* [ヘらウス・るーフェン]動 h. **1.**〔〈j⁴〉ヲ〕中から(こちらへ向かって)叫ぶ. **2.**〔〈j⁴〉ヲ＋(aus〈et³〉カラ)〕呼出す.
he·raus|rut·schen [ヘらウス・るッチェン]動 s. **1.**〔(aus〈et³〉カラ)〕ずれて出る. **2.**〔〈j³〉ヲ〕〔口〕うっかり口を滑らせる.
he·raus|schä·len [ヘらウス・シェーれン]動 h. **1.**〔〈et⁴〉ヲ〕皮[殻]をむいて中身を取出す(果物・卵などの);(…を)皮[殻]をむいて取出す(食べられる部分を). **2.**〔〈et⁴〉ヲ＋(aus〈et³〉カラ)〕切って[削って]取除く(腐った部分をリンゴなどから). **3.**〔〈et⁴〉ヲ〕取出す(モチーフなどを). **4.**〔sich⁴＋aus〈et³〉カラ〕次第に姿を現す(多くの証言から真実などが). **5.**〔sich⁴〕(次第に)明らかになる.
he·raus|schau·en [ヘらウス・シャウエン]動 h.〔方〕**1.**〔(〈場所〉カラ)〕こちらを見る. **2.**〔(aus〈et³〉カラ)〕のぞいている(物が). **3.**〔(bei〈et³〉デ)〕〔口〕見込める, 期待できる.
he·raus|schie·ßen* [ヘらウス・シーセン]動 **1.** h.〔〈et⁴〉ヲ〕撃ち落す. **2.**〔願望〕中から撃って来る. **3.** s.〔願望〕飛出して来る(人・車などが), 噴き出す(血などが). **4.** h.〔sich⁴＋ins〈場所〉ヘ〕シュートを決めて奪う(リードなどを).
he·raus|schin·den* [ヘらウス・シンデン]動 h〔〈et⁴〉ヲ〕〔山〕まんまとせしめる, うまいこと手に入れる.
he·raus|schla·gen* [ヘらウス・シュらーゲン]動 **1.** h.〔〈et⁴〉ヲ〕たたいてはずす[取除く], はたき出す;打って出す(火花などを). **2.** s.〔願望〕噴き出る(炎などが). **3.** h.〔〈et⁴〉ヲ〕〔口〕うまいこと手に入れる(金・利益などを).
he·raus|schme·cken [ヘらウス・シュメッケン]動 h. **1.**〔〈et⁴〉ヲ〕(いろいろな味の中から)味わい分ける. **2.**〔願望〕特に効いている(香料などが).

he·raus|schnei·den* [ヘらウス・シュナイデン]動 h.〔〈et⁴〉ヲ＋(aus〈et³〉カラ)〕切り取る, 切除する.
he·raus|schrei·ben* [ヘらウス・シらイベン]動 h.〔(〈j³〉ニ)＋〈et⁴〉ヲ＋(aus〈et³〉カラ)〕抜き書きする.
he·raus sein*, ⓓhe·raus|sein* [ヘらウス ザイン]動 s.〔〈et³〉カラ〕〔外に・市場に〕出ている;出ている(本などが);摘出されている;表沙汰になっている;決っている. **2.**〔(aus〈et³〉カラ)〕抜け出している.
he·r·au·ßen [ヘらウセン]副〔南独・オーストリア〕ここの戸外(で).
he·raus|sprin·gen* [ヘらウス・シュプりンゲン]動 s. **1.**〔願望〕飛出して来る,(こちらへ)飛出す;〔外れて〕飛ぶ(コルクの栓・部品・破片などが). **2.**〔願望〕出ている(部分が). **3.**〔(bei〈et³〉デ)〕出る(利益が).
he·raus|spru·deln [ヘらウス・シュプるーデるン]動 **1.** s.〔(aus〈et³〉カラ)〕ほとばしり出る. **2.**〔(aus〈et³〉カラ)〕口からほとばしり出る. **3.** h.〔〈et⁴〉ヲ〕まくし立てる.
he·raus|ste·cken(*) [ヘらウス・シュテッケン]動 h. **1.**〔過去 は steckte heraus〕〔〈et⁴〉ヲ＋(aus〈et³〉カラ/zu〈et³〉ノ所へ)〕(こちらへ突き)出す. **2.**〔過去 は steckte heraus〕〔〈et⁴〉ヲ〕〔口〕ひけらかす, (…が…に)…ぶる. **3.**〔過去 は stak heraus〕〔(aus〈et³〉カラ)〕突き出ている.
he·raus|stel·len [ヘらウス・シュテれン]動 h. **1.**〔〈j⁴/et⁴〉ヲ〕(こちらの)外へ出す(テーブルなどを);退場させる(選手を). **2.**〔〈et⁴〉ヲ〕際立たせる(特徴などを), はっきり示す(要求などを),(大きく)取上げる(批評などを). **3.**〔sich⁴＋(als〈j¹/et¹〉ト/als〈形〉)〕判明する, 明らかになる.
he·raus|stre·cken [ヘらウス・シュトれッケン]動 h.〔〈et⁴〉ヲ＋(zu〈et³〉ノ所ヘ)〕出す.
he·raus|strei·chen* [ヘらウス・シュトらイヒェン]動 h. **1.**〔〈et⁴〉ヲ〕削除する(文などを). **2.**〔〈j⁴/et⁴〉ヲ〕褒めそやす;(〈j⁴〉がsich⁴の場合)自画自賛する.
he·raus|strö·men [ヘらウス・シュトりェーメン]動 s.〔(durch〈et⁴〉ヲ)〕どっと流れ出てくる;続々と出てくる.
he·r·aus|su·chen [ヘらウス・ズーヘン]動 h.〔(sich³)＋〈j⁴/et⁴〉ヲ＋(aus〈et³〉カラ/unter〈j³/et³〉ノ中カラ)〕選び出す.
he·raus|tren·nen [ヘらウス・トれネン]動 h.〔〈et⁴〉ヲ＋(aus〈et³〉カラ)〕取りはずす.
he·raus|tre·ten* [ヘらウス・トれーテン]動 s. **1.**〔(aus〈et³〉カラ)〕(歩いて)出てくる(部屋・列などから). **2.**〔願望〕(表面に)浮出る(血管・骨などが).
he·raus|wach·sen* [ヘらウス・ヴァックセン]動 s. **1.**〔(aus〈et³〉カラ)〕伸びてはみ出る(根・髪などが). **2.**〔〈et³〉ヲ〕(体がはみ出して)合わなくなる.〖慣用〗 **Die Sache wächst mir zum Hals heraus.** ぼくはもうそのことにうんざりだ.
he·raus|wa·schen* [ヘらウス・ヴァッシェン]動 h. **1.**〔〈et⁴〉ヲ＋(aus〈et³〉カラ)〕洗い落とす. **2.**〔〈et⁴〉ヲ〕〔方〕(一時しのぎに)ざっと手で洗う.
he·raus|wer·fen* [ヘらウス・ヴェるフェン]動 h. **1.**〔〈et⁴〉ヲ＋(aus〈et³〉カラ)〕(こちらへ)投げる. **2.**〔〈j⁴〉ヲ〕追い出す.
he·raus|zie·hen* [ヘらウス・ツィーエン]動 **1.** h.〔〈j⁴/et⁴〉ヲ＋(aus〈et³〉カラ)〕引っ張り出す, 引き抜く. **2.**〔〈j⁴〉がsich⁴の場合〕抜け出る. **2.** h.〔〈et⁴〉ヲ＋aus〈et³〉カラ〕引き抜く(部・課などから). **3.** s.〔(aus〈et³〉カラ)〕(去って)出て行く. **4.** h.〔〈et⁴〉ヲ＋aus〈et³〉カラ〕抽出する(本質などを).
herb [ヘるプ]形 **1.** 辛口の, 少々渋味〔辛味・酸味〕のある. **2.** ひどい. **3.** そっけない, 打解けない, 近づきがたい. **4.** 辛辣な.
das **Her·bar** [ヘるバーあ]名 -s/-ien ＝Herbarium.

das **Her·ba·ri·um** [へるバーりウム] [名] -s/..rien 押し葉の植物標本；植物標本室〔館〕.

her·bei [へあ·バイ] [副] こちらへ：*H*～zu mir！ 私のところへ来い. Alles ～！ みんな集まれ.

her·bei|ei·len [へあバイ·アイレン] [動] *s.* 〔補足なし〕急いでやって来る.

her·bei|füh·ren [へあバイ·ふゅーれン] [動] *h.* **1.** 〔〈et⁴〉ヲ〕もたらす《決定・転換などを》, 招く《不注意が死などを》. **2.** 〔〈j⁴〉ヲ〕《稀》こちら〔そこ〕へ導いて来る.

her·bei|ho·len [へあバイ·ホーレン] [動] *h.* 〔〈j⁴/et⁴〉ヲ〕(行って)連れて〔持って〕くる.

her·bei|las·sen* [へあバイ·ラっセン] [動] *h.* 〔sich⁴＋zu〈動〉スルコトヲ/zu〈et³〉ッ〕やっと承諾する, やっとする気になる.

her·bei|ru·fen* [へあバイ·るーふぇン] [動] *h.* 〔〈j⁴〉ヲ〕呼寄せる, 呼ぶ.

her·bei|schaf·fen [へあバイ·シャっふぇン] [動] *h.* 〔〈j⁴/et⁴〉ヲ〕こちら〔そこ〕へ連れて〔運んで〕来る.

her·bei|strö·men [へあバイ·シュトれーメン] [動] *s.* 〔補足なし〕押寄せてくる《人々が》.

her·bei|wün·schen [へあバイ·ヴュンシェン] [動] *h.* 〔〈j⁴/et⁴〉ガ〕来てくれればよいと願う.

her·bei|zie·hen* [へあバイ·ツィーエン] [動] *h.* 〔〈j⁴/et⁴〉ヲ〕引寄せる.

her|be·mü·hen [へーあ·ベミューエン] [動] *h.* 《文》 **1.** 〔〈j⁴〉ニ〕わざわざこちらへ来てもらう. **2.** 〔sich⁴〕わざわざこちらへ来る.

die **Her·ber·ge** [へるべるゲ] [名] -/-n 簡易宿泊所；ユースホステル(Jugend～)；《古》《主に単》宿泊させること.

her·ber·gen [へるべるゲン] [動] *h.* 《古》 **1.** 〔〈場所〉ニ〕宿をとる. **2.** 〔〈j⁴〉ヲ〕泊める.

die **Her·bergs·el·tern** [へるべるクス·エルターン] [複名] ユースホステルのペアレンツ.

(der) **Her·bert** [へるべると] [名] 〖男名〗ヘルベルト.

her|be·stel·len [へーあ·ベシュテレン] [動] *h.* 〔〈j⁴/et⁴〉ニ〕こちらへ来るように言う.

her|be·ten [へーあ·ベーテン] [動] *h.* 〔〈et⁴〉ヲ〕(機械的に)唱える.

die **Herb·heit** [へるプハイト] [名] -/ 渋味, 苦味；厳しさ, 無愛想.

her|bit·ten* [へーあ·ビッテン] [動] *h.* 〔〈j⁴〉ニ〕こちらへ来てもらう.

her·bi·vor [へるビヴォーあ] [形] 草食性の.

der **Her·bi·vo·re** [へるビヴォーれ] [名] -n/-n 草食動物.

das **Her·bi·zid** [へるビツィート] [名] -(e)s/-e 除草剤.

her|brin·gen* [へーあ·ブりンゲン] [動] *h.* 〔〈j⁴/et⁴〉ヲ〕連れて〔持って〕来る.

der **Herbst** [へるプスト] [名] -(e)s/-e **1.** 秋；《転》(人生などの)秋. **2.** 《方》ぶどう摘み, 果実の収穫.

der **Herbst·an·fang** [へるプスト·アン·ふぁング] [名] -(e)s/..fänge 秋の始まり, 秋分の日(9月20-23日).

die **Herbst·blu·me** [へるプスト·ブルーメ] [名] -/-n 秋の草花.

herbs·ten [へるプステン] [動] *h.* **1.** 〔Es〕《文》秋めいて来る. **2.** 〔補足なし〕《方》ブドウを収穫する.

herbst·lich [へるプストりひ] [形] 秋の, 秋らしい.

der **Herbst·ling** [へるプストリング] [名] -s/-e 《方》 **1.** 秋の果実. **2.** 秋に産まれた子牛. **3.** 〖植〗チチダケ.

der **Herbst·mo·nat** [へるプスト·モーナト] [名] -(e)s/-e **1.** 《単のみ》《古》9月. **2.** 秋の月(9月・10月・11月).

die **Herbst-Tag·und·nacht·glei·che, Herbst-Tag-und-Nacht-Glei·che** [へるプスト·ターク·ウント·ナはト·グライひぇ] [名] -/-n 秋分(9月23日).

die **Herbst·zeit·lo·se** [へるプスト·ツァイト·ローゼ] [名] -/-n 〖植〗イヌサフラン.

die **Herbst·zir·ku·la·ti·on** [へるプスト·ツィるクラツィオーン] [名] -/-en 〖地質〗(湖沼の)水の秋期循環.

herb·süß, herb-süß [へるプ·ズュース] [形] ほろ苦い, 甘ずっぱい, 渋〔酸〕味の強い甘さの.

der **Herd** [へーあト] [名] -(e)s/-e **1.** (調理用)レンジ(Küchen～), かまど, コンロ：am ～ stehen 料理をしている. Haus und ～ lieben 《文》家庭の団欒(だんらん)を愛する. am heimischen 〔häuslichen〕 ～ わが家で. **2.** (害・悪の)源；〖医〗病巣(Krankheits～)；〖地質〗震源(Erdbeben～)；〖工〗炉床.

das **Herd·buch** [へーあト·ブーふ] [名] -(e)s/..bücher 〖農〗血統(登録)書.

die **Her·de** [へーあデ] [名] -/-n (動物の)群れ；《蔑》群衆；《文》教区の信徒たち：mit der ～ laufen 〔der ～ folgen〕 付和雷同する.

der **Her·den·in·s·tinkt** [へーあデン·インスティンクト] [名] -(e)s/-e ＝Herdentrieb.

der **Her·den·mensch** [へーあデン·メンシュ] [名] -en/-en 付和雷同的人間.

das **Her·den·tier** [へーあデン·ティーあ] [名] -(e)s/-e 群生動物；《蔑》付和雷同的人間.

der **Her·den·trieb** [へーあデン·トりーブ] [名] -(e)s/ 群生〔群居〕本能；《蔑》群衆心理.

her·den·wei·se [へーあデン·ヴァイゼ] [副] 群れをなして.

(der) **Her·der** [へるダー] [名] 〖人名〗ヘルダー(Johann Gottfried von ～, 1744-1803, 哲学者・文学者).

das **Herd·feu·er** [へーあト·ふぉイあー] [名] -s/- かまどの火.

die **Herd·plat·te** [へーあト·プラッテ] [名] -/-n (電気レンジの)クッキングプレート, 加熱板；(石炭ストーブ〔コンロ〕の)上部の鉄板.

he·re·di·tär [へれディテーあ] [形] **1.** 相続上の. **2.** 〖医・生〗遺伝(性)の.

he·r·ein [へらイン] [副] (こちらの)中へ：*H*～！ お入り〔どうぞ〕.

he·r·ein|be·kom·men* [へらイン·ベコメン] [動] *h.* 〔〈et⁴〉ヲ〕《口》仕入れる《店が商品を》.

he·r·ein|bit·ten* [へらイン·ビッテン] [動] *h.* 〔〈j⁴〉ニ〕中に入るように頼む.

he·r·ein|bre·chen* [へらイン·ブれっひぇン] [動] *s.* **1.** 〔補足なし〕(中へ)崩れ落ちて来る《岩石・壁などが》；どっと落ちて来る《水などが》. **2.** 〔(über 〈j⁴/et⁴〉ニ)〕《文》降りかかる《災難などが》. **3.** 〔補足なし〕《文》急に始まる.

he·r·ein|brin·gen* [へらイン·ブりンゲン] [動] *h.* **1.** 〔〈j⁴/et⁴〉ヲ＋(in 〈et⁴〉ニ)〕運び込んで来る. **2.** 〔〈et⁴〉ヲ〕《口》取り戻す.

he·r·ein|fal·len* [へらイン·ふぁレン] [動] *s.* **1.** 〔補足なし〕(中へ)落ちて来る《雨などが》；さし込んで来る《光が》. **2.** 〔(bei〔mit〕〈et³〉デ/mit 〈j³〉ニ)〕《口》いっぱい食わされる, がっかりさせられる, 失敗する. **3.** 〔auf 〈j⁴/et⁴〉ニ〕《口》ひっかかる《詐欺(師)などに》.

he·r·ein|flie·gen* [へらイン·ふリーゲン] [動] *s.* **1.** 〔(in 〈et⁴〉ノ中ニ)〕(外から)飛んでくる〔入る〕. **2.** 〔(bei 〈et³〉デ/mit 〈j³〉ニ)〕《口》いっぱい食わされる. **3.** 〔auf 〈j⁴/et⁴〉ニ〕《口》だまされる, ひっかかる《詐欺(師)などに》.

he·r·ein|füh·ren [へらイン·ふゅーれン] [動] *h.* 〔〈j⁴〉ヲ〕中へ導いて〔連れて〕来る.

he·r·ein|ge·ben* [へらイン·ゲーベン] [動] *h.* 〔(〈j³〉ニ)＋〈et⁴〉ヲ〕渡して寄こす《こちらの中にいる人に》：einen Ball in die Mitte ～ 〖球〗ボールをセンタリングする〔中に入れる〕.

he·r·ein|ho·len [へらイン·ホーレン] [動] *h.* **1.** 〔〈j⁴/et⁴〉ヲ〕(行って)連れて〔持って〕入って来る. **2.** 〔〈et⁴〉ヲ〕《口》稼ぐ, 手に入れる；取り戻す《遅れなどを》.

he·r·ein|kom·men* [へらイン·コメン] [動] *s.* **1.** 〔補足

なし〕)入ってくる. **2.** 〔[補足なし]〕《口》入る《金が》; 入荷する《品物が》; 報われる《(かけた)金・時間などが》.

he·r·ein|kön·nen* [へらイン・[ケ]ネン] [動] *h.* 〔(in 〈et^4〉ニ)〕《口》入ることができる; 入れられることができる.

he·r·ein|le·gen [へらイン・レーゲン] [動] *h.* **1.** 〔〈et^4〉ヲ〕(こちらの)中へ入れる. **2.** 〔〈j^4〉ニ〕《口》一杯食わす.

he·r·ein|plat·zen [へらイン・プラっツェン] [動] *s.* 〔[補足なし]〕《口》突然やって来る.

he·r·ein|rei·chen [へらイン・らイひぇン] [動] *h.* **1.** 〔(〈j^3〉ニ)+〈et^4〉ヲ〕手渡す(こちらの中にいる人に). **2.** 〔[補足なし]〕(こちらの)中まで届く《枝などが》.

he·r·ein|ru·fen* [へらイン・るーふぇン] [動] *h.* **1.** 〔〈et^4〉ヲ/〈[文]〉ト〕(中へ)呼びかけてくる. **2.** 〔〈j^4〉ヲ〕呼び入れる.

he·r·ein|schau·en [へらイン・シャウエン] [動] *h.* **1.** 〔[補足なし]〕《方》(こちらの中を)のぞき込む. **2.** 〔〈時点〉ニ〕《口》(様子を見に)ちょっと立寄る.

he·r·ein|schnei·en [へらイン・シュナイエン] [動] **1.** *h.* 〔Es〕雪が降り込んで来る. **2.** *s.* 〔[補足なし]〕《口》舞込んで来る《人が》.

he·r·ein|spa·zie·ren [へらイン・シュパツィーれン] [動] *s.* 〔[補足なし]〕《口》ぶらっと〔気軽に〕入ってくる: (Immer nur) *hereinspaziert* (meine Herrschaften)! (さあさあ皆さん)お入りなさい《芝居などの呼び込み》.

he·r·ein|strö·men [へらイン・シュト[ろ]ーメン] [動] *s.* 〔[補足なし]〕流れ込む.

he·r·ein|zie·hen* [へらイン・ツィーエン] [動] **1.** *h.* 〔〈j^4/et^4〉ヲ〕(こちらの中へ)引入れる, 引っ張り込む. **2.** *h.* 〔Es〕すき間風が入って来る. **3.** *s.* 〔[補足なし]〕行進して入って来る. **4.** *s.* 〔in 〈et^4〉へ〕《口》引っ越して来る.

her|fah·ren* [へーあ・ふぁーれン] [動] **1.** *s.* 〔[補足なし]〕こちらへやって来る《乗り物が・乗り物で》. **2.** *s.* 〔vor 〈j^3/et^3〉ノ先ニ立ッテ/hinter 〈j^3/et^3〉ニツイテ〕行く《乗り物が・乗り物で》. **3.** *h.* 〔〈j^4/et^4〉ヲ〕(乗り物で)連れて〔運んで〕来る.

die **Her·fahrt** [へーあ・ふぁーあト] [名] -/-en 乗り物でこちらへ来ること; 帰路.

her|fal·len* [へーあ・ふぁレン] [動] *s.* **1.** 〔über 〈j^4/et^4〉ニ〕急に襲いかかる; 激しく非難を浴びせる. **2.** 〔über 〈et^4〉ヲ〕《口》がつがつ食べ始める.

her|fin·den* [へーあ・ふぃンデン] [動] *h.* 〔[補足なし]〕こちらへ来る道が見つかる.

(*das*) **Her·ford** [へるふぉるト] [名] -s/ 〖地名〗ヘルフォルト《ノルトライン=ヴェストファーレン州の都市》.

der **Her·gang** [へーあ・ガング] [名] -(e)s/..gänge 《主に[単]》経緯, 顛末(てんまつ).

her|ge·ben* [へーあ・ゲーベン] [動] *h.* **1.** 〔〈et^4〉ヲ〕こちらへ(手)渡す; 提供する, 差出す《金・不用の品などを》. **2.** 〔〈j^4/et^4〉ヲ+zu 〈et^3〉ニ/für 〈et^4〉ニ〕用立てる, 貸す《うさん臭いことなどに》; 《〈j^4〉がsich^{4}の場合》力を貸す, 加担する. **3.** 〔〈et^4〉ヲ〕出す, 尽す《全力などを》. **4.** 〔〈et^4〉ヲ〕生出す, もたらす.

her·ge·bracht [へーあ・ゲブらはト] [形] 昔〔古く〕からの: mit dem *H~en* brechen 旧習を破る.

her|ge·hen* [へーあ・ゲーエン] [動] *s.* **1.** 〔vor 〈j^3〉ノ先ニ立ッテ/neben 〈j^3〉ト並ンデ/hinter 〈j^3〉ニツイテ〕歩いて行く. **2.** 〔[補足なし]〕《南独・オーストリア》こちらへ来る. **3.** 〔Es+〈様態〉ニ〕《口》進行する. **4.** 〔Es+über 〈j^4〉ガ〕《口》悪く言われる. **5.** 〔Es+über 〈et^4〉ガ〕《口》あっという間になくなる《備え・食事などが》. 【慣用】**hergehen und 〈et^4〉 tun** 《口》(人が驚くほど)あっさりと〈事を〉する.

her·ge·lau·fen [へーあ・ゲラウふぇン] [形] 《蔑》流れ者の, 風来坊の.

her|ha·ben* [へーあ・ハーベン] [動] *h.* 〔〈et^4〉ヲ+〈場所〉デ〕《口》手に入れる, 受継ぐ, 知る.

her|hal·ten* [へーあ・ハルテン] [動] *h.* **1.** 〔〈et^4〉ヲ〕(こちらへ)差出す. **2.** 《次の形で》als 〈j^1/et^1〉 ~ müssen 〈人・物・事として〉利用される, (…に)される. **3.** 《次の形で》für 〈j^4/et^4〉 ~ müssen 〈人・事の〉しりぬぐいをさせられる.

her|ho·len [へーあ・ホーレン] [動] *h.* 〔〈j^4/et^4〉ヲ〕《口》(行って)連れて〔持って〕来る: weit *hergeholt* sein こじつけである.

her|hö·ren [へーあ・[へ]ーれン] [動] *h.* 〔[補足なし]〕(話者に)耳を傾ける: Alle mal ~! 皆さんよく聞いて下さい.

der **He·ring** [へーりング] [名] -s/-e **1.** 〖魚〗ニシン; 《口・冗》やせた男: dünn wie ein ~ 非常にやせた. wie die ~*e* stehen/sitzen すし詰め状態で立っている/座っている. **2.** (テントの)杭, ペグ.

die **He·rings·fi·sche·rei** [へーりングス・ふぃっシェらイ] [名] -/ ニシン漁.

die **He·rings·milch** [へーりングス・ミルひ] [名] -/ ニシンの白子.

der **He·rings·ro·gen** [へーりングス・ろーゲン] [名] -s/- ニシンの腹子.

he·r·in·nen [へりネン] [副] 《南独・オーストリア》ここの中で〔に〕.

her|kom·men* [へーあ・コメン] [動] *s.* **1.** 〔[補足なし]〕こちらへ来る. **2.** 〔〈場所〉ノ〕出である; (…から)出て来る, (…で)手に入る. **3.** 〔von 〈j^3/et^3〉ニ〕由来する, 起因する.

das **Her·kom·men** [へーあ・コメン] [名] -s/ 慣習, ならわし, しきたり; 出自, 素性.

her·kömm·lich [へーあ・[ケ]ムリひ] [形] 従来どおりの, 伝来〔在来〕の.

der **Her·ku·les** [へるクレス] [名] -/-se **1.** 《[単]のみ; 主に無冠詞》〖ギ神〗ヘラクレス. ⇨ Herakles. **2.** 怪力の大男. **3.** 《[単]のみ》〖天〗ヘラクレス座. **4.** 《スイス》(縁日などの)力試しの器具.

die **Her·ku·les·ar·beit** [へるクレス・アるバイト] [名] -/-en 困難〔超人的〕な仕事.

der **Her·ku·les·kä·fer** [へるクレス・ケーふぁー] [名] -s/- 〖昆〗ヘラクレスオオカブトムシ.

her·ku·lisch [へるクーリシュ] [形] ヘラクレスのような, 強力な.

die **Her·kunft** [へーあ・クンふト] [名] -/..künfte **1.** 《主に[単]》出自, 血筋, 家柄: von bürgerlicher ~ sein 市民の生れである. **2.** 《主に[単]》由来, 起源: Die Waren sind amerikanischer ~. これらの商品はアメリカ製だ.

das **Her·kunfts·land** [へーあクンふツ・ラント] [名] -(e)s/..länder 生産〔原産〕国.

her|lau·fen* [へーあ・ラウふぇン] [動] *s.* **1.** 〔[補足なし]〕(こちらへ)走って〔歩いて〕くる. **2.** 〔〈場所〉ヲ〕走る, 歩く: hinter/neben 〈j^3〉 ~ 〈人の後ろについて〉/〈人と並んで〉走る.

her|lei·ten [へーあ・ライテン] [動] *h.* **1.** 〔〈et^4〉ヲ+(aus〔von〕 〈et^3〉カラ)〕導き出す《公式などを》. **2.** 〔〈j^4/et^4〉ノ起源ヲ+aus〔von〕〈j^3/et^3〉ニ〕求める; 《〈j^4/et^4〉がsich^{4}の場合》(…に)由来する, (…から)来ている, (…の)出である.

her|ma·chen [へーあ・マっへン] [動] *h.* 《口》 **1.** 〔sich^4+über 〈et^4〉ニ〕勢い込んで〔精力的に〕取掛かる《仕事などに》, かぶりつく《食物などに》. **2.** 〔sich^4+über 〈j^4〉ニ〕襲いかかる; 非難を浴びせる. 【慣用】**viel/wenig hermachen** 見栄えがする/しない. **viel/wenig von 〈j^3/et^3〉 hermachen** 〈人・物・事のことを〉大げさに騒ぎ立てる/あまり騒ぎ立てない.

(*der*) **Her·mann** [へるマン] [名] **1.** 〖男名〗ヘルマン. **2.** ⇨ Arminius 1.

das **Her·manns·denk·mal** [へるマンス・デンク・マール] [名] -s/ ヘルマン記念像《Arminius の戦勝記念碑》.

die **Her·manns·schlacht** [へるマンス・シュラはト] [名] -/

H

ヘルマンの戦い(紀元9年, Arminius のゲルマン軍がローマ軍を破る).

der Hermaphrodit [ヘるマふろディート] 名 -en/-en 〖医〗半陰陽者;〖生〗雌雄同体.

hermaphroditisch [ヘるマふろディーティシュ] 形 〖医〗半陰陽の;〖生〗雌雄同体の.

die Herme [ヘるメ] 名 -/-n ヘルメス柱像(四角柱に Hermes や神などの頭部を載せたもの).

das Hermelin[1] [ヘるメリーン] 名 -s/-e オコジョ〔ヤマイタチ〕の毛皮.

das Hermelin[2] [ヘるメリーン] 名 -s/-e 〖動〗オコジョ, ヤマイタチ.

die Hermeneutik [ヘるメノイティク] 名 -/ **1.** 聖書解釈学. **2.** 解釈学.

hermeneutisch [ヘるメノイティシュ] 形 解釈学的の.

(der) Hermes [ヘるメス] 名 〖ギ神〗ヘルメス(神々の使者.商人・旅人・盗人の守護神).

die Hermesbürgschaft [ヘるメス・ビュるクシャフト] 名 -/-en 〖経〗ヘルメス保証(連邦政府による輸出業務保証制度).

die Hermetik [ヘるメーティク] 名 -/-en **1.** (®のみ)錬金術;魔法. **2.** 密閉〖気密〗装置.

hermetisch [ヘるメーティシュ] 形 **1.** 密閉した, 気密〖水密〗の, 遮断〖封鎖〗された. **2.** 秘密科学の. **3.** あいまいな, 不明瞭な.

(die) Hermine [ヘるミーネ] 名 〖女名〗ヘルミーネ.

hernach [ヘる・ナーは] 副 〖方〗その後で;後で.

her|nehmen* [ヘる・ネーメン] 動 **1.** (主に wo の疑問文で)〈j'/et'〉手に入れる, 調達する. **2.** 〈j'ˢ〉〖方〗(へとへとに)消耗させる(仕事・病気などが), (…に)ひどくこたえる(悪報などが). **3.** 〖(sich³)+〈j'ˢ〉〗(呼びつけて)しかる. **4.** 〈j'ˢ〉ひどく殴る.

die Hernie [ヘるニエ] 名 -/-n **1.** 〖医〗ヘルニア, 脱腸. **2.** 〖植〗根瘤(こんりゅう)病.

hernieder [ヘる・ニーダー] 副 〖文〗(こちらの)下へ.

(die) Hero [ヘーろ] 名 〖ギ神〗ヘロ (Leander の恋人).

heroben [ヘろーベン] 副 〖南独・オーストリア〗ここの上に.

(der) Herodes [ヘろーデス] 名 〖人名〗ヘロデ(ユダヤの王の名): ~ der Große ヘロデ大王(紀元前 74-4).

(der) Herodot [ヘろドット,ヘろドート] 名 〖人名〗ヘロドトス(紀元前 495 頃-425 頃, ギリシアの歴史家).

der Heroe [ヘろーエ] 名 -n/-n =Heros.

der Heroenkult [ヘろ-エン・クルト] 名 -(e)s/-e (主に®)〖文〗半神崇拝.

das Heroentum [ヘろーエントゥーム] 名 -s/ 英雄的精神;英雄的態度〔行為〕.

die Heroide [ヘろイーデ] 名 -/-n 〖文芸学〗ヘロイーデ,英雄書簡(半神・英雄の恋文の形式の作品).

die Heroin[1] [ヘろーイン] 名 -/-nen **1.** 〖文〗女傑;英雄的な女性. **2.** 〖劇〗ヒロイン.

das Heroin[2] [ヘろーイーン] 名 -s/ ヘロイン.

die Heroine [ヘろイーネ] 名 -/-n **1.** 〖劇〗ヒロイン役の女優. **2.** =Heldin.

heroinsüchtig [ヘろイーン・ズュヒティヒ] 形 ヘロイン中毒の.

heroisch [ヘろーイシュ] 形 **1.** 英雄的な, 雄々しい. **2.** (古代の)英雄の: die ~e Landschaft 英雄風景画.

heroisieren [ヘろイズィーれン] 動 h. 〈j'ˢ〉英雄視する, 英雄扱いにする.

der Heroismus [ヘろイスムス] 名 -/ 〖文〗英雄的精神(行為・勇気), ヒロイズム.

der Herold [ヘーろルト] 名 -(e)s/-e (昔の)布告官;紋章官;〖文〗(重大な知らせを)告げる人.

der Heros [ヘーろス] 名 -/..roen 〖ギ神〗半神, 神人;〖文〗英雄.

der Herostrat [ヘろストラート] 名 -en/-en 売名的犯罪者.

das Herostratentum [ヘろストらーテントゥーム] 名 -s/ 売名犯罪, 功名心からの犯罪.

herostratisch [ヘろストらーティシュ] 形 売名犯罪の.

der Herpes [ヘるペス] 名 -/..petes [ヘるペーテス] 〖医〗ヘルペス, 疱疹(ほうしん).

die Herpetologie [ヘるペトロギー] 名 -/ 〖動〗爬虫類学.

der Herr [ヘる] 名 2 格 -n, 3 格 -n, 4 格 -n/(®) -en **1.** 男の人, 紳士, 殿方: ein feiner (sauberer) ~ 〖皮〗いかがわしい紳士. die alten ~*en* 〖スポ〗シニア選手(32 歳以上). den großen ~n spielen 大人物のふりをする. **2.** (呼びかけとして)さん, 氏, 先生, 様;: ~ Schmidt シュミット氏. ~ Doktor/Professor! (博士/大学教授に対して)先生. ~ Ober! ボーイさん(食堂などで) Sehr geehrter ~ Lehmann! 尊敬するレーマン様(手紙の「拝啓」にあたる). Ihr Vater 〖文〗ご尊父様. Meine ~*en*! みなさん, 諸君(男の聴衆に);いったい何てことだ. ~*n* Direktor Schmidt 校長シュミット殿(宛名書きで). **3.** (呼びかけ以外は定冠詞とともに)〖キ教〗神, 主: Gott, der ~ 主なる神. den ~*n* anrufen 神に祈願する. **4.** 主人, 主君, 領主: der ~ des Hauses 一家の主人. ~ über Leben und Tod 生と死を支配する者. 〖慣用〗aus aller Herren Ländern 〖文〗世界中から. 〈j²/et²〉 Herr werden 〈人・事ᵃ〉を制する, 困難な〈事ᵃ〉を克服する. nicht Herr über sich⁴ selbst sein 自制心をなくす, われを忘れる. sein eigener Herr sein 自主独立である. über 〈j⁴/et¹〉 Herr werden 〈人・物・事ᵃ〉を自由にできる〖支配する〗.

das Herrchen [ヘるヒェン] 名 -s/- **1.** 〖口〗小柄な紳士;若主人;〖皮〗若僧. **2.** 犬の飼主.

her|reichen [ヘる・らイヒェン] 動 **1.** 〈⟨et⁴⟩ᵈ〉こちらへ渡す. **2.** (稀に)〖方〗こちらへ届く.

die Herreise [ヘーる・らイゼ] 名 -/-n こちらへの旅;帰路.

der Herrenabend [ヘれン・アーベント] 名 -s/-e 男性だけの夜の集い.

der Herrenanzug [ヘれン・アン・ツーク] 名 -(e)s/..züge (稀)紳士用スーツ.

der Herrenartikel [ヘれン・アるティ(-)ケル] 名 -s/- (主に®)紳士用品.

der Herrenausstatter [ヘれン・アウス・シュタッター] 名 -s/- (高級)紳士服店.

die Herrenbekleidung [ヘれン・ベクライドゥンク] 名 -/ 紳士用衣料品.

der Herrenbesuch [ヘれン・ベズーふ] 名 -(e)s/-e (女性のところへの)男性の来客.

das Herrendoppel [ヘれン・ドッペル] 名 -s/- 〖スポ〗男子ダブルス.

das Herreneinzel [ヘれン・アインツェル] 名 -s/- 〖スポ〗男子シングルス.

der Herrenfahrer [ヘれン・ふぁーら-] 名 -s/- (レースの)オーナードライバー(自分の車で出走するレーサー);(連歩競馬の)アマチュア騎手;大型車でわが者顔で走る者.

das Herrenfahrrad [ヘれン・ふぁーあ-らート] 名 -(e)s/..räder 男性用自転車.

der Herrenfriseur [ヘれン・ふりずぁ-] 名 -s/-e (男性専門の)理髪師.

die Herrengesellschaft [ヘれン・ゲゼルシャフト] 名 -/-en 男性だけの会合;(®のみ)男性同伴.

das Herrenhaus [ヘれン・ハウス] 名 -es/..häuser 領主の館(やかた);(プロイセン・オーストリア帝国の)貴族院,上院.

das **Herren·hemd** [へれン·ヘムト] [名] -(e)s/-en ワイシャツ.

die **Herren·kon·fek·ti·on** [へれン·コンふぇクツィオーン] [名] -/-en 紳士既製服.

das **Herren·le·ben** [へれン·レーベン] [名] -s/ (働くこともない)気楽な生活.

herren·los [へれン·ロース] [形] 飼い主のいない, 持ち主のいない〔分らない〕.

der **Herren·mensch** [へれン·メンシュ] [名] -en/-en 優越感をもってふるまう〔尊大な〕人間.

der **Herren·rei·ter** [へれン·らイター] [名] -s/- 自分の馬をもつ乗馬愛好家.

der **Herren·schnei·der** [へれン·シュナイダー] [名] -s/- 紳士服の仕立屋, テーラー.

der **Herren·schnitt** [へれン·シュニット] [名] -(e)s/-e (女性の)男性風の髪形.

der **Herren·sitz** [へれン·ズィッツ] [名] -es/-e **1.** 《[単]のみ》(男性用鞍にまたがる)乗馬姿勢: im ~ reiten 男乗りで乗馬している(女性が). **2.** 領主の屋敷.

das **Herren·tier** [へれン·ティーあ] [名] -(e)s/-e 《主に[複]》《古》=Primat².

die **Herren·toi·let·te** [へれン·トアレッテ] [名] -/-n 男性用トイレ.

der **Herren·win·ker** [へれン·ヴィンカー] [名] -s/- 《口·冗》大きく立ち上がらせたサイド·ウェーブ(女性の髪型).

das **Herren·zim·mer** [へれン·ツィマー] [名] -s/- (家庭の)主人の応接室〔仕事部屋·書斎〕.

der **Herr·gott** [へる·ゴット] [名] -s/ **1.** 《口》(主なる)神: ~ noch mal! えい, いまいましい. **2.** 《南独·オーストリア》十字架像.

die **Herr·gotts·frü·he** [へるゴッツ·ふりゅーエ] [名] 《次の形で》in aller ~ 夜明けに, 朝早くに.

der **Herr·gotts·schnit·zer** [へるゴッツ·シュニッツァー] [名] -s/- 《南独·オーストリア》キリスト像〔十字架像〕木彫職人.

der **Herr·gotts·win·kel** [へるゴッツ·ヴィンケル] [名] -s/- 《南独·オーストリア》キリスト像のある(農家の居間の)一角.

her|rich·ten [へーあ·りひテン] [動] *h.* **1.** 〔〈et^4〉ヲ〕整える(テーブル·ベッドなどを). **2.** 〔〈et^4〉ヲ〕修繕〔修理·修復〕する, 直す. **3.** 〔sich⁴〕《方》身なりを整える, おめかしする.

die **Her·rin** [へりン] [名] -/-nen 女主人; 奥方様(昔の呼びかけ).

her·risch [へりシュ] [形] 高飛車な, 横柄な.

herr·je! [へる·イェー] [間] 《口》(驚きを表して)へえーっ, おやおや, これはこれは.

herr·je·mi·ne! [へる·イェーミネ] [間] 《口》=herrje!

herr·lich [へるりひ] [形] すばらしい: eine ~*e* Aussicht すばらしい眺め. **【慣用】herrlich und in Freuden leben** 楽しく豊かな生活をおくる.

die **Herr·lich·keit** [へるりひカイト] [名] -/-en **1.** 《[単]のみ》すばらしさ, 立派さ. **2.** 《主に[複]》すばらしい〔立派な〕こと〔もの〕. **3.** 《無冠詞》〖史〗(身分の高い人への呼びかけとして次の形で): Eure ~ 閣下.

der **Herrn·hu·ter** [へるン·フーター] [名] -s/- 〖キ教〗ヘルンフート(同胞教会)派の信者.

die **Herr·schaft** [へるシャふト] [名] -/-en **1.** 《[単]のみ》支配(権), 統治(権); 統制: die ~ über ein Land ある国土の支配権. die ~ über 〈j^4/et^4〉 innehaben 〈人·物·事の〉支配権を持っている. unter seiner ~ 彼の治世下で. **2.** 《[複]のみ》男女の人々(社交の場で): Meine ~*en*! 皆さん. Alte ~*en* 《口·冗》両親. **3.** 《[複]のみ》《古》主人とその家族: die allerhöchsten ~*en* 皇帝陛下御夫妻. **4.** 〖史〗領地. **5.** 《次の形で》~ (noch mal)! 《口》いまいましい.

herr·schaft·lich [へるシャふトリひ] [形] 領主〔主人〕の; 豪壮な, 上品な.

herr·schen [へるシェン] [動] *h.* **1.** 〔(über 〈j^4/et^4〉ヲ)〕支配する, 統治する, 治める. **2.** 〔(〈場所〉デ/〈時点〉デ)〕支配的である. **3.** 〔〈[文]〉ト〕《稀》怒鳴る.

der **Herr·scher** [へるシャー] [名] -s/- 支配者, 統治者, 君主, 領主.

das **Herr·scher·ge·schlecht** [へるシャー·ゲシュレひト] [名] -(e)s/-er =Herrscherhaus.

das **Herr·scher·haus** [へるシャー·ハウス] [名] -es/..häuser 領主〔君主〕の家系, 王家.

die **Herrsch·sucht** [へるシュ·ズふト] [名] -/ 支配欲, 権勢欲.

herrsch·süch·tig [へるシュ·ズュひティひ] [形] 支配〔権勢〕欲の強い.

her|ru·fen* [へーあ·るーふェン] [動] *h.* 〔〈j^4/et^4〉ヲ〕こちらへ呼ぶ.

her|rüh·ren [へーあ·りゅーれン] [動] *h.* 〔von 〈j^3/et^3〉ニ〕よる〔起因する〕ものである, (…の)せいである.

her|sa·gen [へーあ·ザーゲン] [動] *h.* 〔〈et^4〉ヲ〕暗唱する; 投げやりに〔口から出まかせに〕言う.

her|schau·en [へーあ·シャウエン] [動] *h.* 〔[補足なし]〕《南独·オーストリア》こちらを見る.

her|schen·ken [へーあ·シェンケン] [動] *h.* 〔〈et^4〉ヲ〕人にやる.

her|schrei·ben* [へーあ·シュらイベン] [動] *h.* **1.** 〔〈et^4〉ヲ〕書く(決った場所に). **2.** 〔sich⁴+von 〈j^3/et^3〉ニ〕《文》由来する.

her|se·hen* [へーあ·ゼーエン] [動] *h.* 〔[補足なし]〕こちらを見る.

her sein*, ⓐ**her|sein*** [へーあ ザイン] [動] *s.* **1.** 〔〈et^4〉ダケ/〈様態〉ノ時ガ〕過ぎている. **2.** 〔〈場所〉ノ〕生れである. **3.** 〔hinter 〈j^3/et^3〉ヲ〕《口》捜し回る, ぜひとも手に入れたいと思う. **【慣用】Es ist nicht weit her mit 〈j^3/et^3〉.** 《口》〈人·物·事は〉たいしたことはない.

her|set·zen [へーあ·ぜッツェン] [動] *h.* 〔〈j^4/et^4〉ヲ〕こちらに座らせる〔置く〕; (〈j^4〉がsich⁴の場合)こちらに座る. **【慣用】hinter 〈j^3〉 hersetzen** 〈人の〉後を追う.

her|stam·men [へーあ·シュタメン] [動] *h.* **1.** 〔von 〈j^3〉ノ〕血を引いている. **2.** 〔〈場所〉ニ〕由来する, 起因する, (…の)出である.

her|stel·len [へーあ·シュテレン] [動] *h.* **1.** 〔〈et^4〉ヲ〕製造する, 生産する, 作る. **2.** 〔〈et^4〉ヲ〕つける(電話の接続·連絡などを); 作る(関係などを); 実現〔成立〕させる(望ましい状態などを). **3.** 〔sich⁴〕作られる, 得られる(関係·状態などが). **4.** 〔〈j^4/et^4〉ヲ〕(病気から)回復させる; 回復する(平和などを). **5.** 〔〈j^4/et^4〉ヲ〕《口》ここに立てる.

der **Her·stel·ler** [へーあ·シュテラー] [名] -s/- 製造者, 生産者, 製作者; 〖出版〗編集部員.

die **Her·stel·lung** [へーあ·シュテルング] [名] -/-en **1.** 《[単]のみ》製造, 製作, 生産; 調製; 修復; (関係·状態などを)作り出すこと. **2.** 《主に[単]》(出版社の)編集部.

das **Her·stel·lungs·da·tum** [へーあシュテルングス·ダートゥム] [名] -s/..ten 製造年月日.

die **Her·stel·lungs·kos·ten** [へーあシュテルングス·コステン] [複名] 生産〔製作〕費.

das **Her·stel·lungs·land** [へーあシュテルングス·ラント] [名] -(e)s/..länder 生産国.

die **Her·stel·lungs·li·zenz** [へーあシュテルングス·リツェンツ] [名] -/-en 〖経〗生産ライセンス.

der **Her·stel·lungs·preis** [へーあシュテルングス·プライス] [名] -es/-e 《主に[複]》=Herstellungskosten.

(*die*) **Her·ta** [へるタ] [名] 〖ゲルマン神〗ヘルタ(豊穣の女神).

(*die*) **Her·tha** [へるタ] [名] =Herta.

das **Hertz** [へるツ] [名] -/- 〖理〗ヘルツ(周波数の計量単位. 記号 Hz).

he·rü·ben [ヘリューベン] 副《南独・*ﾄｽ*ｱ》こちら側で.

he·rü·ber [ヘリューバー] 副《向う側から隔てているものを越えて》こちらへ: die Fahrt von Amerika ~ アメリカから(海を越えて)こちらへの航行.

he·rü·ber/bli·cken [ヘリューバー・ブリッケン] 動.〔補足〕こちらの方を見る.

he·rü·ber/brin·gen* [ヘリューバー・ブリンゲン] 動 h.〔j⁴/et⁴ｦ〕こちらへ連れて(持って)来る.

he·rü·ber/fah·ren* [ヘリューバー・ふぁーレン] 動 1. s.〔補足〕こちらへくる(乗り物が・乗り物で). 2. h.〔補足〕こちらの人を運んで(運転して)来る.

he·rü·ber/kom·men* [ヘリューバー・コメン] 動 s. 1.〔《方向》ヘ+〕(こちらへ)来る. 2.〔zu ⟨j³ﾉ⟩〕うちへ来る. 3.〔aus ⟨et⁴ｶﾗ/⟨方向⟩ｶﾗ〕やって来る.

he·rü·ber/rei·chen [ヘリューバー・ライヒェン] 動 h. 1.〔(⟨j³ﾆ⟩)+⟨et⁴ｦ⟩〕渡す(こちらの方の人に). 2.〔補足〕こちらの方に届く(達する).

he·rü·ber/schi·cken [ヘリューバー・シッケン] 動 h.〔j⁴/et⁴ｦ〕こちらへ(送って)よこす.

he·rü·ber/se·hen* [ヘリューバー・ゼーエン] 動 h. 1.こちらの方を見る. 2.〔(⟨方向⟩ヘ)〕様子を見に来る.

he·rü·ber/zie·hen* [ヘリューバー・ツィーエン] 動 1. h.〔j⁴/et⁴ｦ〕こちらの方へ引く(寄せる). 2.〔補足〕こちらの方へ近づいて来る; こちらへ引っ越して来る.

he·rum [ヘルム] 副 1.《副詞とともに》(円・弧の形で)回って: den Schlüssel rechts ~ (um) drehen かぎを右に回す. dort/hier ~ あそこ/ここを回って/あの/このあたりより. 2.《um を強めて》a.《まわり・角をぐるりと》: Um den Platz ~ stehen Hochhäuser. その広場の周りには高層ビルがぐるりと立並んでいる. gleich um die Ecke ~ 角をぐるっと回ってすぐのところ. b. 周辺に, 近くに: um Berlin ~ ベルリンの周辺に. die Leute um ihn ~ 彼の周辺の人々. 3.《数の形で》um ... ~〔(口)〕… くらい, 頃: um 100 Euro ~ 100ユーロくらい. um neun Uhr/(das Jahr) 1950 ~ 9時/1950年頃に. um den Sonntag ~ 日曜日頃に. Er ist um (die) 50 ~. 彼は50歳くらいだ.

he·rum/al·bern [ヘルム・アルバーン] 動 h.〔補足〕(口) ばかなことばかりしている.

he·rum/är·gern [ヘルム・エルガーン] 動 h.〔sich⁴+mit ⟨j³/et³⟩ｦ〕(口)いつまでも腹を立てている.

he·rum/bal·gen [ヘルム・バルゲン] 動 h.〔sich⁴+(mit ⟨j³⟩)〕長々と取っ組合いを続ける.

he·rum/be·kom·men* [ヘルム・ベコメン] 動 h. (口)=herum/kriegen.

he·rum/blät·tern [ヘルム・ブレッターン] 動 h.〔(in ⟨et³⟩)〕ページをあちこちめくる.

he·rum/brin·gen* [ヘルム・ブリンゲン] 動 h. (口) 1.〔et⁴ｦ〕過ごす. 2.〔⟨j⁴ｦ⟩/⟨文⟩ﾀﾞﾌﾞｯﾄ⟩〕言触とす. 3.〔(口)〕口説き落とす.

he·rum/bum·meln [ヘルム・ブメルン] 動 (口) 1. h.〔補足〕ぶらぶら時を過ごす; だらだら仕事をする. 2. s.〔補足〕あちこちぶらつく.

he·rum/dok·tern [ヘルム・ドクターン] 動 h. (口) 1.〔an ⟨j³⟩ﾆ〕しろうと療法をあれこれやってみる. 2.〔補足〕直そうといじりまわす.

he·rum/dre·hen [ヘルム・ドれーエン] 動 h. 1.〔⟨j⁴/et⁴ｦ⟩〕ぐるっと回す; (⟨j⁴/et⁴ｦ⟩sich⁴の場合に)ぐるっと回る. 2.〔⟨j⁴/et⁴ｦ⟩〕(口)くるっとひっくり返す, 裏返す; (⟨j⁴/et⁴ｦ⟩sich⁴の場合に)くるっとひっくり返る. 3.〔⟨j⁴ｦ⟩〕(口)方針を180度変えさせる, (…を敵方に)寝返らせる. 4.〔an ⟨et⁴ｦ⟩〕あちこち(ぐるぐる)回す(ダイヤルなどを).

he·rum/drü·cken [ヘルム・ドリュッケン] 動 h. 1.〔et⁴ｦ〕押して回す(レバーなどを). 2.〔sich⁴+um ⟨et⁴ｦ⟩〕(口)回避する. 3.〔sich⁴+⟨場所⟩ﾀﾞ〕(口)ぶらぶらして時を過ごす.

he·rum/druck·sen [ヘルム・ドるクセン] 動 h.〔補足〕(口)言いしぶる, 言うのをためらう.

he·rum/er·zäh·len [ヘルム・エアツェーレン] 動 h.〔⟨et⁴ｦ⟩)(⟨文⟩ﾀﾞｰ)〕言触らす.

he·rum/fah·ren* [ヘルム・ふぁーレン] 動 1. s.〔um ⟨j⁴/et⁴ｦ⟩〕周りを回る(乗り物が・乗り物で). 2. s.〔補足〕当てもなくあたりを走り回る(乗り物で). 3. h.〔補足〕乗せてあちこち回る. 4. s.〔びっくりして〕さっと振向く. 5.〔mit ⟨et³+⟨場所⟩ｦ〕h./s. なで回す, こする; 《…を振る》: mit der Hand im Gesicht ~ 手で顔をなで回す. mit den Händen in der Luft ~ 両手を振る(ジェスチャーで).

he·rum/füh·ren [ヘルム・ふゅーレン] 動 h. 1.〔⟨j⁴ｦ⟩ﾌﾞﾚﾚｰﾅ+⟨場所⟩ﾀﾞ〕案内して回る. 2.〔⟨j⁴ｦ⟩ﾌﾞﾚﾚｰﾅ+um ⟨et⁴ｦ⟩〕周りを回る. 3.〔⟨et⁴ｦ⟩+um ⟨et⁴ｦ⟩〕周りに巡らす(垣根などを). 4.〔um ⟨et⁴ｦ⟩〕周りを巡っている(道などが); 〔補足〕している.

he·rum/ge·ben* [ヘルム・ゲーベン] 動 h.〔et⁴ｦ〕次々と渡して回す.

he·rum/ge·hen* [ヘルム・ゲーエン] 動 s. (口) 1.〔(場所)〕(当てもなく)歩き回る. 2.〔補足〕回って歩く(パーティーなどで客の間を); 回される(物が人の手から手へと). 3.〔補足〕広まる(うわさなどが), 人から人へ伝わる. 4.〔um ⟨et⁴ｦ⟩〕周りをぐるっと回る. 5.〔um ⟨j⁴/et⁴ｦ⟩〕(…を避けて)ぐるっと回る. 6.〔補足〕過ぎる(時が).

he·rum/hor·chen [ヘルム・ホるヒェン] 動 h.〔補足〕(口) 聞いて回る.

he·rum/kom·men* [ヘルム・コメン] 動 s. (口) 1.〔um ⟨j⁴/et⁴ｦ⟩〕回って来る(歩いて・乗り物で; 乗り物が); 回し(巻い)てもらう, 抱えられる. 2.〔um ⟨et⁴ｦ⟩〕避けられる, 免れる. 3.〔《様態》〕旅行をして回る. 4.〔mit ⟨et³ｦ⟩〕片づける(仕事などを). 5.〔人から人に伝わる(うわさではが).

he·rum/krie·gen [ヘルム・クリーゲン] 動 h. (口) 1.〔⟨j⁴ｦ⟩〕口説き落とし, 説き伏せる. 2.〔et⁴ｦ〕 過ごす(時を).

he·rum/lau·fen* [ヘルム・ラウふぇン] 動 s. (口) 1.〔補足〕(当てもなく)あちこち歩き回る. 2.〔um ⟨j⁴/et⁴ｦ⟩〕周りをぐるっと回る, (…を避けて)ぐるっと回る, (…を)迂回(ﾚﾄ)している. 3.〔《様態》/人格代⁴〕出歩く.

he·rum/lie·gen* [ヘルム・リーゲン] 動 h. 1.〔(um ⟨et⁴ｦ⟩)〕ぐるり(周り)にある. 2.〔補足〕(口)ごろごろ寝ぐっている; あちこちに散らばっている.

he·rum/lun·gern [ヘルム・ルンガーン] 動 h./s. (口) (何もしないで)ばやっとしている, ぶらぶらしている.

he·rum/rät·seln [ヘルム・れーツェルン] 動 h.〔an ⟨et³ｦ⟩〕(口)解(⟨)こうと頭をひねる, ああでもないこうでもないと考える.

he·rum/re·den [ヘルム・れーデン] 動 h.〔um ⟨et⁴ｦ⟩ﾌﾞﾚﾚｰﾅ〕(重要でないことばかり)しゃべる.

he·rum/rei·chen [ヘルム・ライヒェン] 動 h. 1.〔⟨et⁴ｦ⟩〕(口)次々に回す. 2.〔⟨et⁴ｦ⟩〕次々と(皆に)(引き出して)紹介する. 3.〔(um ⟨et⁴ｦ⟩)〕(口)抱きかかえる, 一巻きできる長さがある.

he·rum/rei·ßen* [ヘルム・ライセン] 動 h. 1.〔⟨et⁴ｦ⟩〕向きを急に変える. 2.〔⟨j⁴ｦ⟩〕(口)びっくり仰天させる. 3.〔⟨j⁴ｦ⟩〕(口)ひっぱりに引っ張る. 4.〔相互代名詞sich⁴〕(方・口) 殴り合う.

he·rum/rei·ten* [ヘルム・ライテン] 動 s. 1.〔補足〕(あちこちで)馬を乗り回す. 2.〔um ⟨j⁴/et⁴ｦ⟩〕馬に乗って回る, (…を避けて)馬に乗ってぐるっと回る. 3.〔auf ⟨et³ｦ⟩〕(口)くどくど繰返し言う. 4.〔auf ⟨j³ｦ⟩〕(口)くどくど小言を言う.

he·rum/ren·nen* [ヘルム・れンネン] 動 s. (口) 1.

herum|schar·wen·zeln [ヘるム・シャるヴェンツェルン] 動 s. 〔um 〈j³〉/〕(口・蔑)へらへらしてごまに仕える.
herum|schlagen* [ヘるム・シュラーゲン] 動 h. (口) **1.** 〔〈et⁴〉+um 〈j⁴/et³〉〕くるむ, 包む. **2.** 〔sich⁴+mit 〈j³〉〕(口) 殴り合う. **3.** 〔sich⁴+mit 〈j³/et³〉 〕やり合う, 取組む.
herum|schleppen [ヘるム・シュレッペン] 動 h. (口) **1.** 〔〈et⁴〉+(mit sich³)〕持ち歩いている, ぶらさげている. **2.** 〔〈j⁴〉(ダィガルノジャト+〈場所³/ジョウ〉〕(あちこち)引っぱり回す. **3.** 〔〈et⁴〉+mit sich³〕抱え込んでいる(病気・難問などを).
herum|schnüffeln [ヘるム・シュニュッふェルン] 動 h. (口)(口)のあちこち)かぎ回る.
herum|schreien* [ヘるム・シュらイエン] 動 h. 〔補足〕 とめどなく大声でののしる;やたらと大声を出す.
herum sein*, ⓡ**herum|sein*** [ヘるム ザイン] 動 s. 〔um 〈j³〉ノ〕過ぎっている. **2.** 〔(〈場所³〉=)〕広まっている. **3.** 〔um 〈j³〉=〕つき添っている.
herum|sitzen* [ヘるム・ズィッツェン] 動 h. (口) **1.** ぼやっと座っている. **2.** 〔um 〈j⁴/et³〉ノ〕周りに座っている.
herum|sprechen* [ヘるム・シュプれっヒェン] 動 h. 〔sich⁴〕広まる, 皆に伝わる(うわさなどが).
herum|stehen* [ヘるム・シュテーエン] 動 h. (口) **1.** ぼやっと突っ立っている. **2.** 〔um 〈j⁴/et⁴〉ノ〕周りに立っている. **3.** 〔補足〕雑然と置いてある.
herum|stöbern [ヘるム・シュテ(テ)ーバン] 動 h. (口) **1.** 〔(in 〈et³〉/中ヲ〕あっちこっちかき回して捜し物をする. **2.** 〔in 〈et³〉〕かぎ回る.
herum|stoßen* [ヘるム・シュトーセン] 動 h. 〈et⁴〉(口)あちこちかき回る.
her·um|strei·ten* [ヘるム・シュトらイテン] 動 h. 〔sich⁴+(mit 〈j³〉)〕しょっちゅうけんかする.
herum|streunen [ヘるム・シュトろイネン] 動 s. 〔(〈場所³〉ノ)〕(あてもなく)うろつき回る.
herum|tanzen [ヘるム・タンツェン] 動 s. (口) **1.** 〔(〈場所³〉=)〕踊り(走り・はね)回る. **2.** 〔um 〈j⁴/et³〉ノ/周リ〕踊りながら回る.
herum|toben [ヘるム・トーベン] 動 **1.** (口) h./s. 〔(〈場所³〉=)〕騒ぎ回る. **2.** h. 〔補足〕荒れ狂う.
herum|tollen [ヘるム・トレン] 動 s. 〔(〈場所³〉=)〕はしゃぎ回る.
herum|tragen* [ヘるム・トらーゲン] 動 h. (口) **1.** 〔〈et⁴〉+mit sich³〕いつも持ち歩く, 抱えている(問題などを). **2.** 〔〈et⁴〉〕持って歩き回る(チラシなどを赤ん坊などを), 持って歩き回る(チラシなどを). **3.** 〔〈et⁴〉〕言触らす.
herum|treiben* [ヘるム・トらイベン] 動 h. **1.** 〔〈et⁴〉〕あちこちへ追立てる(動物などを). **2.** 〔sich⁴〕(口)うろつき回る, ほっつき歩く.
der **He·rum·trei·ber** [ヘるム・トらイバー] 名 -s/- (口・蔑)うろつき回っている人;だらしなく気ままな生活を送る人.
herum|vaga·bun·die·ren [ヘるム・ヴァガボンディーれン] 動 s. 〔(〈場所³〉ノ)〕(蔑)放浪する.
herum|wer·fen* [ヘるム・ヴェるふェン] 動 h. **1.** 〔〈et⁴〉ノ〕投げ散らかす(衣服などを). **2.** 〔〈et⁴〉ノ〕ぐいと回す(頭などを), ぐっと切る(舵などを). **3.** 〔〈j⁴〉〕反転させる, (…の)向きを変える;〔〈j⁴〉が sich⁴の場合〕寝返りを打つ.
herum|wickeln [ヘるム・ヴィッケルン] 動 〔〈et⁴〉ノ+um 〈et⁴〉〕巻きつける.
herum|ziehen* [ヘるム・ツィーエン] 動 **1.** 〔(口)〕あちこち移り歩く. 2. 〔mit 〈j³〉〕(口)一

緒にうろついている. **3.** s. 〔um 〈et⁴〉ノ〕周りを行進する〔歩く〕. **4.** h. 〔〈j⁴/et³〉ァ+〈場所³〉ジョウ〕(口)(あちこち)ひっぱり回す. **5.** h. 〔sich⁴+um 〈et⁴〉ノ〕周りに巡らされている, 周りを囲んでいる. **6.** h. 〔〈j⁴〉ノ〕(方)気を持たせておく.
herun·ten [ヘるンテン] 副 (南 独・ｽﾎｸ)下のここで(に).
her·un·ter [ヘるンター] 副 **1.** (こちらの)下へ：H~ mit dir vom Baum！木から降りてこい.《地図の上下から》von Hamburg ~ nach Augsburg (口)ハンブルクから下ってアウクスブルクへ. **2.** (あるものの上から)離れて：H~ von dem Sessel！その安楽いすから降りなさい. H~ vom Teppich！敷物からどいて. **3.**《数値など》下がって：Mein Gewicht hat sich verringert, bis ~ auf 60kg. 私の体重は減って, 60 キロにまで下がった.
her·un·ter|bren·nen* [ヘるンター・ブれネン] 動 **1.** 〔(auf 〈et⁴〉=)〕じりじりと照りつける(太陽が). **2.** s. 〔補足〕焼落ちる, 燃え尽きる.
her·un·ter|brin·gen* [ヘるンター・ブリンゲン] 動 h. **1.** 〔〈j⁴/et⁴〉〕下へ持って〔連れて〕来る, (こちらへ)下ろす, 下(戸口から)まで見送る. **2.** 〔〈et⁴〉〕(口)飲込むことができる. **3.** 〔〈j⁴/et⁴〉〕衰弱させる(病気が人を), 不振に陥らせる(会社などを), すっかり駄目にする.
her·un·ter|drücken [ヘるンター・ドりュッケン] 動 h. **1.** 〔〈j⁴/et⁴〉〕押し下げる. **2.** 〔〈et⁴〉〕(口)引下げる(賃金・物価などを).
her·un·ter|fah·ren* [ヘるンター・ふぁーれン] 動 **1.** s. 〔(〈et³〉=)〕下りてくる(乗り物で・乗り物が). **2.** h. 〔〈et⁴〉〕下へ運転していく. **3.** h. 〔〈j⁴/et⁴〉〕(こちらの)下へ運び降ろす(乗り物で). **4.** 〔〈et⁴〉〕減少〔低下〕させる.
her·un·ter|fallen* [ヘるンター・ふぁレン] 動 **1.** 〔(〈et⁴〉/von 〈et³〉カラ)〕(こちらへ)落ちる. **2.** 〔(〈方向〉=)〕落ちてくる(光などが).
her·un·ter|ge·hen* [ヘるンター・ゲーエン] 動 **1.** 〔(〈et³〉カラ)〕(口)下りてくる, 下ってくる. **2.** 〔von 〈et³〉カラ〕(口)下りる. **3.** 〔mit 〈et³〉ナド〕(口)どける. **4.** 〔(auf 〈et⁴〉=)〕(口)高度を下げる. **5.** 〔mit 〈et³〉ナド〕(口)下げる(値段などを). **6.** 〔⁴=)〕(口)下がる(温度などが). 〔補足〕汚れなどが).
her·un·ter·ge·kom·men [ヘるンター・ゲコメン] 形 経営不振に陥った, 荒(ﾀﾞす)れた, 衰弱した, 落ちぶれた.
her·un·ter|han·deln [ヘるンター・ハンデルン] 動 h. 〔〈et⁴〉〕(口)値切る.
her·un·ter|hän·gen* [ヘるンター・ヘンゲン] 動 h. 〔補足〕垂れ下がっている.
her·un·ter|hau·en(*) [ヘるンター・ハウエン] 動 h. 〔〈et⁴〉〕(口)書きなぐる(原稿などを).【慣用】〈j⁴〉 **eine/ein paar herunterhauen**〈人の〉横っ面を一発〔数発〕殴る.
her·un·ter|ho·len [ヘるンター・ホーレン] 動 h. 〔〈j⁴/et⁴〉〕(上に行って)取って来る〔下へ連れて来る〕；〔(口)〕撃ち落す(敵機などを).
her·un·ter|kom·men* [ヘるンター・コメン] 動 s. **1.** 〔〈et⁴〉〕(口)下りてくる. **2.** 〔補足〕堕落する, 落ちぶれる；ふるわなくなる(会社などが)；衰弱する. **3.** 〔von 〈et³〉カラ〕(口)下りる.
her·un·ter|krat·zen [ヘるンター・クらッツェン] 動 h. 〔〈et⁴〉〕かき取る.
her·un·ter|las·sen* [ヘるンター・ラッセン] 動 h. **1.** 〔〈j⁴/et⁴〉〕(こちらへ)下ろす；下りて来させる. **2.** 〔sich⁴〕下りて来る.
her·un·ter|lei·ern [ヘるンター・ライアン] 動 h. 〔〈et⁴〉〕ハンドルを回して下げる(窓などを). 〔〈et⁴〉〕(口)一本調子で暗唱する, 棒読みする.
her·un·ter|le·sen* [ヘるンター・レーゼン] 動 h. **1.**

〈et⁴〉ッ)棒読みする. **2.** 〈〈et⁴〉ッ)すらすら読む.

her·un·ter|ma·chen [ヘるンター・マッヘン] 動 h. 〈j⁴/et⁴〉ッ(口)こき下ろす;しかっていびる.

her·un·ter|neh·men* [ヘるンター・ネーメン] 動 h. **1.** 〈j⁴/et⁴〉ッ+(aus〈von〉〈et³〉ヵラ)(こちらへ)下ろす. **2.** 〈et⁴〉ッ+von〈et³〉ヵラ)どかす.

her·un·ter|put·zen [ヘるンター・プッツェン] 動 h. **1.** 〈et⁴〉ッ(口)+(von〈et³〉ヵラ)ぬぐい落とす. **2.** 〈j⁴〉ッ(口)こきおろす.

her·un·ter|rei·ßen* [ヘるンター・ライセン] 動 h. **1.** 〈et⁴〉ッ(腕に引っかけたりして)下に落す(グラスなどを);引きおろす(帆などを), 引きはがす(壁紙・ばんそうこうなどを). **2.** 〈〈et⁴〉ッ)(方)(乱暴に着て)ぼろぼろにする(衣服を). **3.** 〈et³〉ッ)終える(兵役などを);すごい早さで演奏する(楽曲などを). **4.** 〈j⁴/et⁴〉ッ(口)こきおろす. 【慣用】wie heruntergerissen《南独・オストッ》生写しのように,そっくりそのまま.

her·un·ter|schluck·en [ヘるンター・シュルッケン] 動 h. 〈et⁴〉ッ)(口)飲込む;ぐっとこらえる;(…に)黙って耐える.

her·un·ter|schnur·ren [ヘるンター・シュネルン] 動 h. 〈et⁴〉ッ(口)早口で一本調子に(空)で言う.

her·un·ter|schrau·ben [ヘるンター・シュらウベン] 動 h. **1.** 〈et⁴〉ッ)ネジを回して下げる(灯心などを);(転)さげる(要求などを). **2.** 〈sich〉旋回して降下する.

her·un·ter|se·hen* [ヘるンター・ゼーエン] 動 h. **1.** 〈von〈et³〉ヵラ(コチラノ)〉+(auf〈j⁴/et⁴〉ッ〈et⁴〉ッ)下ろす. **2.** 〈an〈j³〉ッ〉上から下までじろじろ見る. **3.** 〈auf〈j⁴〉ッ〉見下す.

her·un·ter sein*, @**her·un·ter|sein*** [ヘるンターザイン] s. **1.** 〈 〉下りている(ブラインドなどが);下がっている(熱などが). **2.** (慣用)弱っている(人が), 疲れ切っている, 病気になっている;不振に陥っている(会社などが): völlig mit den Nerven ～ 神経がすっかりまいっている.

her·un·ter|set·zen [ヘるンター・ゼッツェン] 動 h. =herabsetzen.

her·un·ter|sin·gen [ヘるンター・ズィンゲン] 動 h. (慣用)単調な歌い方をする.

her·un·ter|spie·len [ヘるンター・シュピーレン] 動 h. 〈et⁴〉ッ)(口)無表情に速く演奏する(曲を);たいした事でもないように言う[見せかける].

her·un·ter|wirt·schaf·ten [ヘるンター・ヴィるトシャフテン] 動 h. 拙劣な経営で台無しにする.

her·un·ter|zie·hen* [ヘるンター・ツィーエン] 動 **1.** h. 〈j⁴/et⁴〉ッ)引っ張り[引きずり]下ろす(人・シャッターなどを). **2.** h. (転)への字に曲げる(口を);引っ張って脱がせる(長靴などを). **3.** s. (方向へ)(こちらの)下へ引っ越して来る(上の階から下の階へ・北から南へ). **4.** 〈et⁴〉ッ)下って来る(通りなどが). **5.** h. 〈et⁴〉ッ+〈方向へ〉引きずり下ろす, 引込む.

her·vor [ヘふォーア] 副 (文)(奥・後ろの方からこちらの)前へ, (中・間・陰からこちらの)外へ: H～ mit dir! こっちへ出ておいで.

her·vor|bre·chen* [ヘふぉーア・ブれッヒェン] 動 s. 〈〈場所/方向〉カラ〉(文)突然姿を現す(人・動物が), 顔を出す(地面から花や・雲間から太陽が), 急にわき出る(涙などが).

her·vor|brin·gen* [ヘふぉーア・ブリンゲン] 動 h. **1.** 〈et⁴〉ッ+(aus〈et³〉ノナカカラ/〈場所〉ヵラ)取出す. **2.** 〈j⁴/et⁴〉ッ)生出す(町が詩人を・詩人が作品などを), つける(樹が花・実などを). **3.** 〈et⁴〉ッ)口に出す, 発する(言葉を);(楽器で)響かせる[鳴らす].

her·vor|ge·hen* [ヘふぉーア・ゲーエン] 動 s. (文) **1.** (aus〈et³〉ノ結果/+als〈j¹〉ッ/〈様態〉デ)なる, (…で)ある. **3.** (aus〈et³〉)分る, 明らかになる.

her·vor|he·ben* [ヘふぉーア・ヘーベン] 動 h. 〈et⁴〉ッ)強調する, 際立たせる.

her·vor|ho·len [ヘふぉーア・ホーレン] 動 h. 〈j⁴/et⁴〉ッ+(〈場所〉ヵラ)(こちらの)前に出す, 取出す.

her·vor|keh·ren [ヘふぉーア・ケーれン] 動 h. 〈j⁴/et⁴〉ッ)顕示する, 露骨に示す(権力などを), 誇示する.

her·vor|kom·men* [ヘふぉーア・コメン] 動 h. (〈場所〉ヵラ)出て来る, 現れる.

her·vor|lock·en [ヘふぉーア・ロッケン] 動 h. **1.** 〈j⁴/et⁴〉ッ+(〈場所〉ヵラ)おびき出す, 誘い出す. **2.** =herauslocken 2.

her·vor|ra·gen [ヘふぉーア・らーゲン] 動 h. **1.** (aus〈et³〉ノナカカラ/〈場所〉カラ)そびえ立っている, 突き出ている. **2.** (unter〈j³〉ノ中ニ)抜きん出ている, 際立っている.

her·vor|ra·gend [ヘふぉーア・らーゲント] 形 卓越した, 抜群の.

her·vor|ru·fen* [ヘふぉーア・るーふェン] 動 h. **1.** 〈j⁴/et⁴〉ッ+(〈場所〉ヵラ)呼出す. **2.** 〈et⁴〉ッ)呼(ひき)起こす(興奮・病気などを).

her·vor|schie·ßen* [ヘふぉーア・シーセン] 動 s. (〈場所〉ヵラ)さっと飛出して来る.

her·vor|spru·deln [ヘふぉーア・シュプるーデルン] 動 **1.** s. (aus〈et³〉ノナカカラ/〈場所〉カラ)ほとばしり出る. **2.** h. 〈et⁴〉ッ)早口でまくしたてる(意見などを), 矢つぎ早に発する(質問などを).

her·vor|ste·chen* [ヘふぉーア・シュテッヒェン] 動 h. (aus〈et³〉ノナカカラ)突き出ている;際立つ(目立つ)ている.

her·vor|ste·hen* [ヘふぉーア・シュテーエン] 動 h. (〈場所〉ヵラ)出っ張って[突き出て]いる.

her·vor|sto·ßen* [ヘふぉーア・シュトーセン] 動 **1.** s. (〈場所〉ヵラ)突き[飛]出ている. **2.** h. 〈et⁴〉ッ)発する(質問などを). **3.** h. (文)トをはきすてるように言う. **4.** h. 〈j⁴/et⁴〉ッ)こちらへ突き出す.

her·vor|tre·ten* [ヘふぉーア・トれーテン] 動 s. **1.** (aus〈et³〉/〈場所〉ヵラ)出て来る, 現れる. **2.** (慣用)(はっきり)見えてくる(才能などが);くっきり浮び上がっている(輪郭などが);突き出ている, 隆起している(ほお骨・血管などが). **3.** (mit〈et³〉デ)世に出る(発明などで). **4.** (als〈j¹〉トシテ)頭角を現す.

her·vor|tun* [ヘふぉーア・トゥーン] 動 h. **1.** (sich)他に抜きんでる, 卓越する;自分の才能(能力)を誇示する. **2.** 〈et⁴〉ッ+aus〈et³〉ッ(稀)取出す.

her·vor|zau·bern [ヘふぉーア・ツァウバーン] 動 h. 〈et⁴〉ッ+(aus〈et³〉ノナカカラ)魔術[手品]で(取)出す;まるで手品のように出して見せる.

her·wärts [ヘーア・ヴェるツ] 副 こちらへ(向かって), 帰路に.

der Her·weg [ヘーア・ヴェーク] 名 -(e)s/-e こちらへの道.

das Herz [ヘるツ] 名 2格-ens, 3格-en, 4格-/-en **1.** 心臓;(食用の動物の)心臓, ハツ: 〈j⁴〉an sein ～ drücken〈人を〉抱く. Er hat es am ～en. 彼は心臓病だ. **2.** (文)心, 心情, 気持: ein gekränktes ～ 傷つけられた心. im Grunde seines ～ens 彼の心の奥底では. vom ganzen ～en 衷心から, 心から. mit halbem ～en 中途半端な気持で. ～ Jesu 聖心(イエスの愛の象徴). **3.** 愛情, 同情;勇気: ein ～ für 〈j⁴〉haben〈人に対して〉思いやりがある. nicht das ～ haben〈et⁴〉zu tun〈事〉をする勇気がない. **4.** 愛する人: Mein ～! ねえ, あなた(君)(呼びかけ). **5.** 中心(部), 核心;(サラダ菜などの)しん. **6.** ハート形の物. **7.** (m)のみ;主に無冠詞)(ヵるタ)ハート;(m)は Herz) ハートのカード. 【慣用】〈j³〉am Herzen liegen 〈人の〉気にかかっている, 関心事である. 〈j³〉ans Herz gewachsen sein 〈人に〉愛着の気持を起

こさせている. ⟨j³⟩ ⟨et⁴⟩ ans Herz legen ⟨人に⟩⟨物・事に⟩特に注意を払うように頼む. ⟨et⁴⟩ auf dem Herz haben 言いたい⟨事が⟩心にある. ⟨j¹/et⁴⟩ auf Herz und Nieren prüfen 〘口〙⟨人・物・事を⟩徹底的に調べる. ⟨j³⟩ aus dem Herzen gesprochen sein ⟨人の⟩気持どおりに語られている. ⟨j³⟩ blutet das Herz ⟨人の⟩心が痛む. das Herz auf dem rechten Fleck haben 理性的に考える〔行動する〕, しっかりしている. ⟨j³⟩ das Herz auf der Zunge haben 思っていることを隠さずに言う. ⟨j³⟩ das Herz brechen 《文》⟨人を⟩深く悲しませる. das Herz in die Hand〔in beide Hände〕 nehmen 勇気を持って決心する. ein Kind unter dem Herzen haben《文》子供を宿している. es nicht übers Herz bringen, ⟨zu tun etw⁴⟩ ⟨事を⟩する気になれない. ⟨j²⟩ Herz hängt an ⟨j³/et³⟩ ⟨人が⟩⟨人・物・事を⟩愛着を感じている. ⟨j³⟩ ins〔in sein〕 Herz schließen ⟨人を⟩大好きになる. ⟨j³⟩ 〔wird〕 das Herz schwer ⟨人の⟩心が重い, 悲しくなる. ⟨j³⟩ lacht das Herz im Leib(e) ⟨人の⟩心が喜びにあふれる. mit ⟨j³⟩ ein Herz und eine Seele sein ⟨人と⟩深く気持が通じている. schweren/leichten Herzens いやいや〔重い心で〕/喜んで〔軽い心で〕. ⟨j³⟩ sein Herz ausschütten ⟨人に⟩心の内を打明ける. seinem Herzen einen Stoß geben 勇気を奮い起こす. seinem Herzen Luft machen 心にたまっていることを話す. sich³ ein Herz fassen 勇気を出す. sich³ ⟨et⁴⟩ zu Herzen nehmen ⟨事を⟩気にかける, 肝に銘じる.

herz·al·ler·liebst [ヘるツ・アラー・リープスト] 形 最愛の, いとしい.
der/die **Herz·al·ler·liebs·te** [ヘるツ・アラー・リープステ] 名 〔形容詞的変化〕《古》最愛の人.
der **Herz·an·fall** [ヘるツ・アンふァル] 名 -(e)s/..fälle 心臓発作.
das **Herz·ass, Herz-Ass, ⓐ Herz·as** [ヘるツ・アス, ヘるツ・アス] 名 -es/-e 〔トランプ〕ハートのエース.
die **Herz·at·ta·cke** [ヘるツ・アタッケ] 名 -/-n 心臓発作.
herz·be·klem·mend [ヘるツ・ベクレメント] 形 胸をしめつけるような.
die **Herz·be·schwer·den** [ヘるツ・ベシュヴェーあデン] 複名 心臓障害.
der **Herz·beu·tel** [ヘるツ・ボイテル] 名 -s/- 〘解〙心嚢(のう).
die **Herz·beu·tel·ent·zün·dung** [ヘるツボイテル・エントツュンドゥング] 名 -/-en 〘医〙心嚢(のう)炎.
das **Herz·blatt** [ヘるツ・ブラット] 名 -(e)s/..blätter 1. 〘園芸〙心葉; 〘植〙ウメバチソウ属. 2. かわいい人〔子〕.
das **Herz·blätt·chen** [ヘるツ・ブレットヒェン] 名 -s/- Herzblattの縮小形.
das **Herz·blut** [ヘるツ・ブルート] 名 -(e)s/ 《次の形で》 mit seinem ~ schreiben 心血を注いで. sein ~ für ⟨j⁴/et⁴⟩ hingeben ⟨人・事に⟩献身する.
herz·bre·chend [ヘるツ・ブれヒェント] 形 胸の張り裂けるような.
der **Herz·bu·be** [ヘるツ・ブーベ, ヘるツ・ブーブ] 名 -n/-n 〔トランプ〕ハートのジャック.
das **Herz·chen** [ヘるツヒェン] 名 -s/- 小さいハート形のもの〔図形〕; 〈転〉いとしい人; 〈蔑〉お人好し.
die **Herz·chi·rur·gie** [ヘるツ・ひるるギー] 名 -/ 心臓外科.
die **Herz·da·me** [ヘるツ・ダーメ] 名 -/-n 〔トランプ〕ハートのクィーン.
das **Herz·e·leid** [ヘるツェ・ライト] 名 -(e)s/ 《文》心痛.
her·zen [ヘるツェン] 動 h. ⟨j⁴/et⁴⟩を《文》胸に抱締める; ⟨j⁴が相互代名詞sich⁴の場合⟩〔互いに〕抱合う.
die **Her·zens·an·ge·le·gen·heit** [ヘるツェンス・アンゲレーゲンハイト] 名 -/-en 心にかかる重大な事柄; 愛情問題.
die **Her·zens·angst** [ヘるツェンス・アングスト] 名 -/ 《文》心痛, 大きな不安.
das **Her·zens·be·dürf·nis** [ヘるツェンス・ベデュふニス] 名 《次の形で》 ⟨j³⟩ (ein) ~ sein 《文》⟨人にとって⟩大切なことである; ⟨人にとって⟩心からの望みである.
der **Her·zens·bre·cher** [ヘるツェンス・ブれッヒャー] 名 -s/- 女たらし.
die **Her·zens·freu·de** [ヘるツェンス・ふろイデ] 名 -/ 心からの喜び.
der **Her·zens·freund** [ヘるツェンス・ふろイント] 名 -(e)s/-e 親友.
der **Her·zens·grund** [ヘるツェンス・グルント] 名 《次の形で》 aus ~ 心底から.
her·zens·gut [ヘるツェンス・グート] 形 心根の優しい.
die **Her·zens·gü·te** [ヘるツェンス・ギューテ] 名《文》心からの親切.
die **Her·zens·lust** [ヘるツェンス・ルスト] 名《次の形で》 nach ~ 心ゆくまで, 存分に.
der **Her·zens·wunsch** [ヘるツェンス・ヴンシュ] 名 -(e)s/ 心からの願い, 切望.
herz·er·freu·end [ヘるツ・エあふろイエント] 形 心のたのしい.
herz·er·fri·schend [ヘるツ・エあふりッシェント] 形 心をさわやかにする.
herz·er·grei·fend [ヘるツ・エあグらイふェント] 形 感動的な.
die **Herz·er·kran·kung** [ヘるツ・エあクらンクング] 名 -/-en 心臓病.
herz·er·qui·ckend [ヘるツ・エあクヴィッケント] 形 さわやかな〔気分にさせる〕.
die **Herz·er·wei·te·rung** [ヘるツ・エあヴァイテるング] 名 -/-en 心臓拡張.
der **Herz·feh·ler** [ヘるツ・ふェーラー] 名 -s/- 心臓欠陥.
das **Herz·flat·tern** [ヘるツ・ふラッターン] 名 -s/ 心臓の不規則な動悸(どうき).
das **Herz·flim·mern** [ヘるツ・ふリマーン] 名 -s/ 〘医〙心〔臓〕細動.
die **Herz·form** [ヘるツ・ふぉるム] 名 -/-en ハート形.
herz·för·mig [ヘるツ・ふぉるミヒ] 形 ハート形の.
die **Herz·fre·quenz** [ヘるツ・ふれクヴェンツ] 名 -/-en 〘医〙心拍数.
die **Herz·ge·gend** [ヘるツ・ゲーゲント] 名 -/ 心臓のあたり, 心臓部.
das **Herz·ge·räusch** [ヘるツ・ゲろイシュ] 名 -(e)s/-e (主に⑥)〘医〙心雑音.
die **Herz·gru·be** [ヘるツ・グルーベ] 名 -/-n みぞおち.
herz·haft [ヘるツハフト] 形 1. 〈古〉断固とした, 勇敢な. 2. 力強い, 激しい: einen ~ en Schluck nehmen ぐいと一飲みする. 3. 滋養に富んだ.
her|zie·hen* [ヘーあ・ツィーエン] 動 1. h. ⟨j⁴/et⁴⟩を引寄せる. 2. h. 〘口〙 ⟨j⁴/et⁴⟩を+ hinter sich³〕引っ張って行く, 引きずって行く. 3. s. 〔場所へ〕一緒に(ついて)行く: vor/neben/hinter dem Maskenzug ~ 仮装行列の前/横/後を一緒について行く. 4. s. 〘雅〙(こちらへ)引っ越して来る. 5. h./s. 〔über ⟨j⁴/et⁴⟩〕〘口〙論じて下す.
her·zig [ヘるツィヒ] 形 かわいらしい, 愛らしい.
der **Herz·in·farkt** [ヘるツ・インふぁるクト] 名 -(e)s/-e 心筋梗塞(こうそく).
herz·in·nig [ヘるツ・イニヒ] 形 心からの.
die **Herz·in·suf·fi·zi·enz** [ヘるツ・インズふィツィエンツ] 名 -/-en 〘医〙心不全.
das **Herz·ja·gen** [ヘるツ・ヤーゲン] 名 -s/ 心〔臓〕頻拍.
die **Herz·kam·mer** [ヘるツ・カマー] 名 -/-n 心室.
die **Herz·ka·the·te·ri·sie·rung** [ヘるツ・カテテりズィーる

ング] [名] -/-en 〘医〙心臓カテーテル法.

die **Herz·kir·sche** [へるツ·キるシェ] [名] -/-n 〘植〙ハートチェリー.

die **Herz·klap·pe** [へるツ·クラっペ] [名] -/-n 心臓弁(膜).

das **Herz·klop·fen** [へるツ·クロっプふェン] [名] -s/ (心臓の)鼓動: ～ haben 動悸(どうき)がする, 興奮する.

der **Herz·kö·nig** [へるツ·[ケ]ーニひ, へるツ·[ケ]ーニひ] [名] -s/-e 〘トランプ〙ハートのキング.

der **Herz·krampf** [へるツ·クらムプふ] [名] -(e)s/..krämpfe 心臓けいれん.

herz·krank [へるツ·クらンク] [形] 心臓病の.

die **Herz·krank·heit** [へるツ·クらンクハイト] [名] -/-en 心臓病.

das **Herz·kranz·ge·fäß** [へるツ·クらンツ·ゲふェース] [名] -es/-e 《主に[複]》(心臓の)冠状動〔静〕脈.

das **Herz·lei·den** [へるツ·ライデン] [名] -s/- 心臓病.

herz·lich [へるツリひ] [形] **1.** 心からの: ein ～*er* Wunsch 心からの望み. **2.** 心の温かい, 情愛の深い: ～*e* Worte 思いやりのある言葉. 【慣用】 **Herzliche Grüße an Ihre Frau!** 奥さんによろしく. **Herzlichen Dank!** ほんとうにありがとう. **Herzlichen Glückwunsch zum Geburtstag!** お誕生日おめでとう. **Herzliches Beileid!** 心からお悔み申上げます. **Mit herzlichen Grüßen** 敬具.

—— [副] まったく, 実に, ひどく: ～ langweilig sein ひどく退屈である.

die **Herz·lich·keit** [へるツリひカイト] [名] -/ **1.** 《[単]のみ》(心からの)親切; 誠意, 真心. **2.** 心のこもった行動の仕方〔発言〕.

der/*die* **Herz·liebs·te** [へるツ·リーブステ] [名] 《形容詞的変化》いとしい人, 最愛の人.

herz·los [へるツ·ロース] [形] 薄情〔無情〕な.

die **Herz·lo·sig·keit** [へるツ·ローズィひカイト] [名] -/-en **1.** 《[単]のみ》思いやりのなさ, 無情, 無慈悲. **2.** 思いやりのない言葉〔行動〕.

die **Herz-Lun·gen-Ma·schi·ne** [へるツ·ルンゲン·マシーネ] [名] -/-n 人工心肺.

das **Herz·mit·tel** [へるツ·ミっテル] [名] -s/- 《口》心臓薬, 強心剤.

der **Herz·mus·kel** [へるツ·ムスケル] [名] -s/ 心筋.

die **Herz·mus·kel·ent·zün·dung** [へるツムスケル·エントツュンドゥング] [名] -/-en 〘医〙心筋炎.

die **Herz·neu·ro·se** [へるツ·ノイろーゼ] [名] -/-n 〘医〙心臓神経症.

der **Her·zog** [へるツォーク] [名] -(e)s/..zöge〔-e〕 **1.** 《[単]のみ》公爵(König と Fürst の中間の爵位). **2.** 公爵(人). **3.** 〘史〙公(フランク王国初期の代官の上位者で主に軍事面をあつかい, 後に, 領主の位ともなる); (ゲルマン時代の)将軍.

die **Her·zo·gin** [へるツォーギン] [名] -/-nen 女性の公爵; 公爵夫人.

her·zog·lich [へるツォークリひ] [形] 公〔公爵〕の.

das **Her·zog·tum** [へるツォークトゥーム] [名] -s/..tümer 公国, 公爵領.

die **Herz·o·pe·ra·ti·on** [へるツ·オペらツィオーン] [名] -/-en 心臓手術.

der **Herz·schlag** [へるツ·シュラーク] [名] -(e)s/..schläge **1.** 心臓の鼓動; 《[単]のみ》心拍: langen ～ haben 心拍が遅い. einen ～ lang 一瞬の間. **2.** 心臓麻痺(まひ).

der **Herz·schritt·ma·cher** [へるツ·シュりっト·マっはー] [名] -s/- 〘解〙(心臓の)ペースメーカー, 心拍調整神経節; 〘医〙人工ペースメーカー.

die **Herz·schwä·che** [へるツ·シュヴェっひェ] [名] -/ 心臓衰弱.

der **Herz·spen·der** [へるツ·シュペンダー] [名] -s/- 心臓提供者.

herz·stär·kend [へるツ·シュテるケント] [形] 強心作用のある.

der **Herz·still·stand** [へるツ·シュティル·シュタント] [名] -(e)s/ 〘医〙心拍停止.

das **Herz·stück** [へるツ·シュテュック] [名] -(e)s/-e 《文》中心, 核心.

der **Herz·tod** [へるツ·トート] [名] -(e)s/-e 心臓死.

der **Herz·ton** [へるツ·トーン] [名] -(e)s/..töne 《主に[複]》〘医〙心音.

die **Herz·trans·plan·ta·ti·on** [へるツ·トらンス·プランタツィオーン] [名] -/-en 〘医〙心臓移植.

her·zu [へあ·ツー] [副] 《文》こちらへ.

die **Herz·ver·fet·tung** [へるツ·ふェあふェっトゥング] [名] -/-en 〘医〙心脂肪沈着, 脂肪心.

herz·zer·rei·ßend [へるツ·ツェあらイセント] [形] 胸の張裂けるような.

(*der*) **He·se·ki·el** [へゼーキエ(ー)ル] [名] 〘旧約〙エゼキエル(四大預言者の一人).

(*der*) **He·si·od** [へズィオ(ー)ト] [名] 〘人名〙ヘシオドス(紀元前 700 年頃, ギリシアの詩人).

die **Hes·pe·ri·de** [へスペりーデ] [名] -/-n 《主に[複]》〘ギ神〙ヘスペリス(黄金のリンゴを守る Nymphe).

die **Hes·pe·ri·en** [へスペーりエン] [複名] 〘地名〙ヘスペリア(古代ギリシアのイタリア・スペインに対する呼称).

der **Hes·pe·ros** [へスペろス] [名] 〘ギ神〙ヘスペロス, 宵の明星(Atlas の息子).

der **Hes·pe·rus** [へスペるス] [名] -/ =Hesperos.

(*der*) **Hes·se**[1] [へっセ] [名] 〘人名〙ヘッセ(Hermann ～, 1877-1962, 小説家・詩人).

der **Hes·se**[2] [へっセ] [名] -n/-n ヘッセン州の人.

(*das*) **Hes·sen** [へっセン] [名] -s/ 〘地名〙ヘッセン(ドイツの州).

(*das*) **Hes·sen-Nas·sau** [へっセン·ナっサウ] [名] -s/ 〘地名〙ヘッセン=ナッサウ(旧プロイセンの州).

die **Hes·sin** [へっスィン] [名] -/-nen Hesse[2]の女性形.

(*die*) **Hes·tia** [へスティア] [名] 〘ギ神〙ヘスティア(家庭の炉の女神).

die **He·tä·re** [へテーれ] [名] -/-n (古代ギリシアの)遊女; 《文》娼婦.

he·te·ro·dox [へテろ·ドックス] [形] 〘宗〙異端の.

die **He·te·ro·do·xie** [へテろ·ドクスィー] [名] -/-n 〘宗〙異端, 邪〔異〕説.

he·te·ro·gen [へテろ·ゲーン] [形] 《文》異質〔異種〕の; 不均質な.

die **He·te·ro·go·nie** [へテろ·ゴニー] [名] -/ 〘生〙ヘテロゴニー, 異常生殖.

he·te·ro·log [へテろ·ローク] [形] 〘医〙異種の; 非配偶者間の.

he·te·ro·morph [へテろ·モるふ] [形] 〘化・理・生〙異形の.

he·te·ro·nom [へテろ·ノーム] [形] **1.** 〘哲〙他律の; 〘政〙非独立の. **2.** 〘生〙不等(性)の, 異規(性)の.

die **He·te·ro·no·mie** [へテろ·ノミー] [名] -/ **1.** 《文》他国の法律・支配に従うこと; 〘哲〙他律(性). **2.** 〘動〙不等性, 異規性.

die **He·te·ro·plas·tik** [へテろ·プラスティク] [名] -/-en 〘医〙異種〔別種〕組織移植.

die **He·te·ro·se·xu·a·li·tät** [へテろ·ゼクスアリテート] [名] -/ 異性愛.

he·te·ro·se·xu·ell [へテろ·ゼクスエル] [形] 異性愛の.

he·te·ro·troph [へテろ·トろーふ] [形] 〘生〙有機〔従属〕栄養の.

der **Het·man** [へっトマン] [名] -s/-e〔-s〕 **1.** 〘史〙(旧ポーランド・リトアニアの)軍司令官. **2.** アタマン(コサックの首長).

die **Hetz** [へっツ] [名] -/-en 《主に[単]》《オーストリア》《口》冗談, ふざけ; 愉快な〔楽しい〕こと.

der **Hetz·ar·ti·kel** [へっツ·アるティ(ー)ケル] [名] -s/- (新

聞の)扇動記事.

das **Hetz·blatt** [ヘッ・ブラット] [名] -(e)s/..blätter 扇動的新聞, アジビラ.

die **Hetze** [ヘッツェ] [名] -/-n 《主に[単]》慌ただしさ, 大急ぎ;《[単]のみ》《蔑》誹謗(ひぼう), 中傷, 扇動.

hetzen [ヘッツェン] [動] **1.** *h.* 〔<j⁴/et⁴>ヲ〕狩立てる;追いかける, 追跡する;追払う;せきたてる: eine Redensart zu Tode ~ ある言回しを使いすぎて効果をなくしてしまう. **2.** *h.* 〔<et⁴>ヲ+auf <j⁴>ニ〕けしかける《特に犬を》. **3.** *h.* 〔(sich⁴)〕急ぐ, 大急ぎでやる;あくせく働く. **4.** *s.* 〔[補足なし]〕大急ぎで行く. **5.** *h.* 〔gegen <j⁴/et⁴>ニ反対ノ〕演説をする,策動をする, (…への)憎悪〔敵意〕をかきたてる. **6.** *h.* 〔zu <et³>ヘト〕駆立てる, 扇動する.

der **Hetzer** [ヘッツァー] [名] -s/- 扇動者, そそのかす人.

die **Het·ze·rei** [ヘッツェらイ] [名] -/-en **1.** 《[単]のみ》慌ただしさ;《口・蔑》扇動. **2.** 扇動的発言〔行動〕.

hetze·risch [ヘッツェりシュ] [形] 扇動的な.

die **Hetz·jagd** [ヘッツ・ヤークト] [名] -/-en **1.** 〘狩〙狩立て猟. **2.** 慌ただしさ, 大急ぎ.

die **Hetz·re·de** [ヘッツ・れーデ] [名] -/-n 扇動的演説, アジ演説.

das **Heu** [ホイ] [名] -(e)s/ 干草, まぐさ;《婉》マリファナ;《口》(たくさんの)金(かね): Geld wie ~ haben 大金持ちである. sein ~ im trockenen haben 経済的に安定している.

das **Heu·asth·ma** [ホイ・アストマ] [名] -s/ 〘医〙枯草喘息(ぜんそく).

der **Heu·bo·den** [ホイ・ボーデン] [名] -s/..böden 干草置場;《口・冗》(劇場の)天井桟敷.

die **Heu·che·lei** [ホイひぇライ] [名] -/-en 《蔑》 **1.** 《[単]のみ》偽善. **2.** 偽善的な行動〔発言〕.

heu·cheln [ホイひぇルン] [動] *h.* **1.** 〔[補足なし]〕心にもないことを言う;猫をかぶる, しらばくれる, 善人ぶる. **2.** 〔<et⁴>ヲ〕装う.

der **Heuch·ler** [ホイひラー] [名] -s/- 偽善者.

heuch·le·risch [ホイひレりシュ] [形] 口先だけの, 表裏のある, 偽りの: eine ~*e* Miene annehmen 何食わぬ顔をする.

heu·en [ホイエン] [動] *h.* 〔[補足なし]〕《方》干草を作る.

heu·er [ホイあー] [副] 《南独・オーストリア・スイス》今年;この頃;今日.

der **Heu·er**¹ [ホイあー] [名] -s/- 《方》干草を作る人.

die **Heu·er**² [ホイあー] [名] -/-n 〘海〙(船員の)給料;(船員の)雇用.

der **Heu·er·baas** [ホイあー・バース] [名] -es/-e 船員周旋業者.

heu·ern [ホイあーン] [動] *h.* 〘海〙 **1.** 〔<j⁴>ヲ〕《稀》雇う《船員などを》. **2.** 〔<et⁴>ヲ〕《古》チャーターする《船を》.

die **Heu·ern·te** [ホイ・エるンテ] [名] -/-n 干草の刈入れ;収穫した干草.

das **Heu·fie·ber** [ホイ・ふぃーバー] [名] -s/ 〘医〙枯草(こそう)熱.

die **Heu·ga·bel** [ホイ・ガーベル] [名] -/-n 干草用熊手.

der **Heu·hau·fen** [ホイ・ハウふぇン] [名] -s/- 干草の山.

die **Heul·bo·je** [ホイル・ボーイェ] [名] -/-n 〘海〙サイレン〔ホイッスル〕ブイ;《口・蔑》大声で歌うへたな歌手.

heu·len [ホイレン] [動] *h.* **1.** 〔[補足なし]〕遠ぼえする《犬などが》;うなる, ぴゅうぴゅう吹く《風などが》;うなるように鳴る《サイレンなどが》. **2.** 〔[補足なし]〕《口》おいおい泣く: *H*~ und Zähneklappern〔Zähneknirschen〕(《冗》も有)深刻な不安〔恐れ〕(マタイ福音書 8, 12 による). zum *H*~ sein 非常に悲しい, みじめである.

der **Heu·ler** [ホイラー] [名] -s/- **1.** 《口》うなる〔ひゅうという〕音. **2.** ひゅうと音をだす花火. **3.** アザラシの子. 【慣用】**Das ist (ja) der letzte Heuler.** 《口》そいつはすごい〔ひどい〕もんだ.

die **Heu·le·rei** [ホイレらイ] [名] -/-en 《主に[単]》《蔑》長々と泣きわめくこと;泣き続けること.

der **Heul·pe·ter** [ホイル・ペーター] [名] -s/- 《口・蔑》泣き虫の男の子.

die **Heul·su·se** [ホイル・ズーゼ] [名] -/-n 《前置される場合の 2 格は-(n)s》《蔑》泣き虫《普通は女の子》.

der **Heul·ton** [ホイル・トーン] [名] -(e)s/..töne 甲高い持続的な不快音.

der **Heu·ma·cher** [ホイ・マっはー] [名] -s/- **1.** 干草を作る〔刈る〕人. **2.** 〘ボクシング〙《口》(相手にすぐ気づかれるような)大振りのパンチ.

der **Heu·mo·nat** [ホイ・モーナト] [名] -(e)s/-e 《主に[単]》《古》7 月.

das **Heu·pferd** [ホイ・プふぇーあト] [名] -(e)s/-e =Heuschrecke.

der **Heu·re·chen** [ホイ・れひぇン] [名] -s/- 《中独・南独》木製の干草用熊手.

heu·re·ka! [ホイれカ] [間] 分った!(謎が)解けた!(アルキメデスが浮力の法則を発見したときの言葉から).

heu·rig [ホイりひ] [形] 《南独・オーストリア・スイス》今年の.

der **Heu·ri·ge** [ホイりゲ] [名] 《形容詞的変化》 **1.** 本年産の新ブドウ酒;ホイリゲ《新ブドウ酒を出す酒場》. **2.** 《主に[複]》新ジャガ.

die **Heu·ris·tik** [ホイりスティク] [名] -/ (新しい認識の)発見的方法(論).

heu·ris·tisch [ホイりスティシュ] [形] 発見的な.

der **Heu·schnup·fen** [ホイ・シュヌっプふぇン] [名] -s/ 花粉症, アレルギー性鼻炎.

der **Heu·scho·ber** [ホイ・ショーバー] [名] -s/- 干草の山.

der **Heu·schreck** [ホイ・シュれック] [名] -(e)s/-e 《オーストリア》=Heuschrecke.

die **Heu·schre·cke** [ホイ・シュれっケ] [名] -/-n (バッタ・イナゴ・キリギリスなど)直翅(ちょくし)類昆虫.

(*der*) **Heuss** [ホイス] [名] 〘人名〙ホイス《Theodor ~, 1884-1963, ドイツ連邦共和国の初代大統領》.

der **Heu·sta·del** [ホイ・シュターデル] [名] -s/-〔..städel〕《南独・オーストリア・スイス》干草用の納屋.

heut [ホイト] [副] 《口》=heute.

heu·te [ホイテ] **1.** 今日(きょう), 本日: *H*~ ist schönes Wetter. 今日は晴れだ. Welchen Tag〔Wochentag〕/Den wievielten haben wir ~? ― *H*~ ist Sonntag/der 20. 今日は何曜日/何日なの. ―今日は日曜日/20 日だ. *H*~ ist es kalt. 今日は寒い. ~ früh〔Früh〕今朝. ~ Morgen/Abend 今朝/今晩. ~ Nacht 今〔昨〕夜(heute Nacht は動詞が過去の場合はその日の明け方までの夜をさす. 南独では heute Abend の意味). ~ vor acht Tagen〔einer Woche〕/einem Jahr 先週/1 年前の今日. ~ in acht Tagen/einem Jahr 来週/1 年後の今日. seit/ab ~ 今日から/今日以降(ずっと). von ~ an〔ab〕今日から. für ~ 今日のところ. bis ~ 今日まで. Das Brot ist von ~. このパンは今日焼いたものです. noch ~〔~ noch〕今日のうちに, 今日もなお. **2.** 今日(こんにち), 近ごろ: Deutschland von ~ 今日のドイツ. 【慣用】**heute oder morgen** 《口》今日明日にも. **lieber heute als morgen** 《口》明日と言わず今日のうちに, できるだけ早く. **nicht heute und nicht morgen** 今日明日ではなく(しばらくして). **von heute auf morgen** (変化が)直ちに, 一朝一夕に.

heu·tig [ホイティひ] [形] 今日(きょう)の;今日(こんにち)の.

heu·ti·gen·tags [ホイティゲン・タークス, ホイティゲン・タークス] [副] 《古》今日(こんにち), 近頃.

heut·zu·ta·ge [ホイト・ツ・ターゲ] [副] 今日(こんにち).

der **Heu·wa·gen** [ホイ・ヴァーゲン] [名] -s/- 干草運搬車.

der **Heu·wen·der** [ホイ・ヴェンダー] [名] -s/- 〘農〙テッダー, 干草乾燥機.

das **He·xa·chlor·ben·zol** [ヘクサ·クローあ·ベンツォール] [名] -s/ 〘農〙ヘキサクロロベンゼン(略 HCB, 殺菌剤).

das **He·xa·de·zi·mal·sys·tem** [ヘクサ·デツィマール·ズュステーム] [名] -s/ 〘数·コンピュータ〙十六進法.

das **He·xa·e·der** [ヘクサ·エーダー] [名] -s/- 〘数〙六面体.

das **He·xa·gon** [ヘクサゴーン] [名] -s/- 〘数〙六角形.

das **He·xa·gramm** [ヘクサ·グらム] [名] -s/-e 六角〔六線〕星形(正三角形を2個重ねた形. ✡).

der **He·xa·me·ter** [ヘクサーメター] [名] -s/- 〘詩〙ヘクサーメター(主に六つの Daktylus からなる詩行).

die **He·xa·po·den** [ヘクサ·ポーデン] [複名] 〘動〙昆虫(類), 六脚類.

der **He·xa·teuch** [ヘクサ·トイひ] [名] -s/ 〘キ教〙旧約聖書のはじめの六書.

die **He·xe** [ヘクセ] [名] -/-n (童話などの)魔女;(悪魔と結ばれているとされる)魔女;《蔑》妖婦, 悪女.

he·xen [ヘクセン] [動] *h.* **1.** 〔補足なし〕魔法を使う;手品を使う;《口》(魔法のように)手早く〔手際よく〕やる. **2.** 〔<et⁴>ヲ〕魔法で引起こす〔出現させる〕;(魔法のように)引起こす.

die **He·xen·jagd** [ヘクセン·ヤークト] [名] -/-en 魔女狩り;《蔑》迫害.

der **He·xen·kes·sel** [ヘクセン·ケッセル] [名] -s/- 魔女のなべ;大混乱〔大騒ぎ〕の場所.

die **He·xen·kü·che** [ヘクセン·キュッひェ] [名] -/-n 魔女の厨(くりや);大混乱〔大騒ぎ〕の場所.

die **He·xen·kunst** [ヘクセン·クンスト] [名] -/..künste 魔法, 魔術, 妖術;まやかし.

der **He·xen·meis·ter** [ヘクセン·マイスター] [名] -s/- 魔法使い.

der **He·xen·pro·zess,** [旧]**He·xen·pro·zeß** [ヘクセン·プろツェス] [名] -es/-e 〘史〙魔女裁判.

der **He·xen·ring** [ヘクセン·リング] [名] -(e)s/-e **1.** 〘植〙菌環(キノコの環状群生). **2.** 〘狩〙(発情期のノロジカが踏み固めた)草地〔畑〕の円形の箇所.

der **He·xen·sab·bat** [ヘクセン·ザっバット] [名] -s/-e **1.** 魔女の集会. **2.** 《文》大混乱, 狂乱.

der **He·xen·schuss,** [旧]**He·xen·schuß** [ヘクセン·シュス] [名] -es/ ぎっくり腰.

der **He·xer** [ヘクサー] [名] -s/- 《稀》魔法使い.

die **He·xe·rei** [ヘクセらイ] [名] -/-en (主に[複])魔法, 妖術;まやかし.

die **He·x·o·de** [ヘクソーデ] [名] -/-n 〘電〙六極管.

(*der*) **Hey·se** [háɪzə ハイゼ] [名] 〘人名〙ハイゼ(Paul von ~, 1830-1914, 作家. 1910年ノーベル文学賞受賞).

Hf [ハーエふ] =Hafnium 〘化〙ハフニウム.

HF =Hochfrequenz 高周波.

hfl. =holländischer Florin オランダ·フローリン(オランダの旧貨幣単位で Gulden のこと).

hg =Hektogramm ヘクトグラム(100 g).

Hg [ハーゲー] =Hydrargyrum 〘化〙水銀.

hg. =herausgegeben 編集〔発行〕された.

Hg. =Herausgeber 編集(責任)者, 発行〔出版〕(責任)者. ([複]は Hgg.).

HGB =Handelsgesetzbuch 商法典.

HH =Handelshochschule 商科大学.

HHF =Höchstfrequenz 超高周波.

der **Hi·at** [ヒアート] [名] -s/-e =Hiatus.

der **Hi·a·tus** [ヒアートゥス] [名] -/- **1.** 〘医〙裂孔. **2.** 〘言〙母音接続. **3.** 〘地質〙ハイエイタス;〘考古〙発見品の脱落期間.

die **Hi·a·tus·her·nie** [ヒアートゥス·へるニエ] [名] -/-n 〘医〙裂孔ヘルニア.

die **Hi·ber·na·ti·on** [ヒベるナツィオーン] [名] -/-en 〘生·動〙越冬, 冬眠;〘医〙人工冬眠.

der **Hi·bis·kus** [ヒビスクス] [名] -/..ken 〘植〙ハイビスカス.

hic et nunc [ヒーク エト ヌンク] 〘ラテン語〙《文》ただちに, 即座に, その場で.

das(*der*) **Hick·hack** [ヒっク·ハっク] [名] -s/-s 《口》むだな言争い, (ばかばかしい)いさかい.

der **Hi·cko·ry**[1] [..kori ヒっコリ] [名] -s/-s (die ~ -/-s も有). 〘植〙ヒッコリー(北米産クルミ科の木の総称).

das **Hi·cko·ry**[2] [ヒっコリ] [名] -s/ ヒッコリー材.

der **Hi·dal·go** [ヒダルゴ] [名] -s/-s **1.** (スペインの)下級貴族. **2.** (-(s)/-(s))ヒダルゴ(昔のメキシコの金貨).

(*das*) **Hid·den·see** [ヒっデン·ゼー] [名] -s/ 〘地名〙ヒデンゼー島(バルト海の島).

hie [ヒー] [副] (次の形で) ~ und da そこここに;時々. ~ ... ~ ...〔~ ... da ...〕片や…片や….

hieb [ヒーブ] [動] hauen の過去形.

der **Hieb** [ヒーブ] [名] -(e)s/-e **1.** (激しく)打〔撃〕つこと;([複]のみ)《口》殴打: Der ~ hat gesessen. 攻撃が決まった, 一本取った. auf den ersten ~ (第)一撃で;簡単に. auf einen ~ 一回で. **2.** 打ち傷, 切〔刀〕傷;殴られた痕(あと). **3.** 皮肉, あてこすり. **4.** ([単]のみ)〘林〙伐採. **5.** 《方·古》(酒の)一口;ほろ酔い. **6.** ヤスリの目.

hie·be [ヒーベ] [動] hauen の接続法 2 式.

hieb·fest [ヒーブ·ふェスト] [形] (次の形で) ~ und stichfest 確固たる, 反論の余地のない.

hie·her [ヒー·ヘーあ, ヒー·ヘーあ, 指示的には ヒー·ヘーあ] [副] こちらへ: bis ~ ここまで.

hielt [ヒールト] [動] halten の過去形.

hiel·te [ヒールテ] [動] halten の接続法 2 式.

hie·nie·den [ヒー·ニーデン, ヒー·ニーデン, 指示的には ヒー·ニーデン] [副] 《オーストリア》この世〔地上〕で.

hier [ヒーあ] [副] **1.** (話し手がいる·示す)ここに(で): Wir sind fremd ~. 私たちはここは不案内です. Wo ist ~ die Post? (このあたりの)郵便局はどこですか. Ich möchte dieses ~ nehmen. (私は)ここのこれをいただきたい. (物を差出す身振りとともに) *H*~ hast du das Geld. ほら(君が受取る)お金だ. (von とともに. ab, aus を伴うこともある) Von ~ (aus) ist es nicht weit. ここからは遠くない. Von ~ ab ist Frankreich. ここから先はフランスだ. (前置詞句·副詞で hier を限定して) ~ bei uns われわれのところ〔国·家〕では. ~ in Berlin ここベルリンで. ~ in der Nähe この付近で. ~ auf Erden この世で. ~ oben/unten この上/下のところで. ~ herum このあたりで. **2.** これに関連して;この点で;この際〔場合〕: *H*~ hat er Unrecht. この点で彼は間違っている. *H*~ geht es um Geld. この際問題は金だ. **3.** この時, 今: ~ erst この時はじめて. das *H*~ und Heute 《文》現代, 現在. von ~ an〔ab〕この時以来, 今から. *H*~ beginnt mein neues Leben. 今〔ここに〕私の新しい人生が始まる. 【慣用】**Hier!** はい(点呼に答えて). **Hier (spricht) Müller.** こちらミュラー(です)(電話で). **hier und da**〔**dort**〕《稀》あちこちに, ここかしこに;ときどき. **hier und jetzt**〔**heute**〕《文》今ここで, 遅滞なく. **nicht von hier sein** ここ〔土地〕の者ではない. **wohl hier sein** 《口》(頭をさして)きっとここだ〔頭がおかしいのだろう〕.

hie·ran [ヒーらン, ヒーらン, 指示的には ヒーらン] [副] ここに〔へ〕;この事で, この点において.

der **Hi·e·rarch** [ヒエらるひ, hirárç ヒらるひ] [名] -en/-en (古代ギリシアの)神官;《転》権力者.

die **Hi·e·rar·chie** [ヒエらるひー, hirar.. ヒらるひー] [名] -/-n (ピラミッド型の)階級制, 階層組織, ヒエラルヒー, 序列;(聖職者の)位階制;《総称》階層組織の構成員.

hi·e·rar·chisch [ヒエらるひシュ, ヒらるひシュ] [形] 階級制

の, ヒエラルヒーの;〖ﾀﾄﾞ〗位階制の.
hie·ra·tisch [ヒエらーティシュ] 形 **1**. 神官の: ~e Schrift 神官文字(象形文字の簡略体). **2**.〖美〗(伝統形式・方法重視の)宗教美術の.
hier·auf [ヒーらウふ, ヒーらウふ, 指示的には ヒーらウふ] 副 **1**. ここの上に[へ]. **2**. この事に[へ]. **3**. この後で;この結果.
hier·aus [ヒーらウス, ヒーらウス, 指示的には ヒーらウス] 副 **1**. ここ[これ]から. **2**. この事から. **3**. この材料〔生地〕で;この資料〔文書・本〕から.
hier·bei [ヒーあ·バイ, ヒーあ·バイ, 指示的には ヒーあ·バイ] 副 **1**. ここ[これ]のそばに. **2**. これの際に. **3**. これに関して.
hier blei·ben*, ⓈⓈ**hier|blei·ben*** [ヒーあ ブライベン] 動 *s.* ここに[に留まって]いる, 当地に滞在する.
hier·durch [ヒーあ·ドゥァヒ, ヒーあ·ドゥァヒ, 指示的には ヒーあ·ドゥァヒ] 副 ここを通って[抜けて];これによって.
hier·für [ヒーあ·ふゅーあ, ヒーあ·ふゅーあ, 指示的には ヒーあ·ふゅーあ] 副 このために;これに関して;この償いに[代わりに].
hier·ge·gen [ヒーあ·ゲーゲン, ヒーあ·ゲーゲン, 指示的には ヒーあ·ゲーゲン] 副 ここ[これ]に向かって;これに対して;これに比べて.
hier·her [ヒーあ·ヘーあ, ヒーあ·ヘーあ, 指示的には ヒーあ·ヘーあ] 副 ここへ: bis ~ ここまで.
hier·her·auf [ヒーあ·ヘらウふ, ヒーあ·ヘらウふ, 指示的には ヒーあ·ヘらウふ] 副 上のここまで.
hier·her ge·hö·ren, ⓈⓈ**hier·her|ge·hö·ren** [ヒーあ·ヘーあ ゲ·ホーれン] 動 *h*. **1**.〖譬〗ここのものである. **2**.〖諾〗ここに居ている〔当然な〕人間である;ここの〔うちの〕者である. **3**.〖譬〗この事に関連〔関係〕がある, この事にとって重要で〔有意義〕である.
hier·he·rum [ヒーあ·ヘるム, ヒーあ·ヘるム, 指示的には ヒーあ·ヘるム] 副 ここを通る·この方向に[回って];《口》このあたりに.
hier·hin [ヒーあ·ヒン, ヒーあ·ヒン, 指示的には ヒーあ·ヒン] 副 こちらへ.
hier·hin·auf [ヒーあ·ヒナウふ, ヒーあ·ヒナウふ, 指示的には ヒーあ·ヒナウふ] 副 ここを上へ, こちら側を上へ.
hier·hin·aus [ヒーあ·ヒナウス, ヒーあ·ヒナウス, 指示的には ヒーあ·ヒナウス] 副 ここから;この中から.
hier·hin·ter [ヒーあ·ヒンタァ, ヒーあ·ヒンタァ, 指示的には ヒーあ·ヒンタァ] 副 この後に.
hier·in [ヒーりン, ヒーりン, 指示的には ヒーりン] 副 ここの中に;この点で, これに関して.
hier·mit [ヒーあ·ミット, ヒーあ·ミット, 指示的には ヒーあ·ミット] 副 これで, これを使って;これによって;〖官〗本状〔本書面〕によって, これに関して.
hier·nach [ヒーあ·ナーハ, ヒーあ·ナーハ, 指示的には ヒーあ·ナーハ] 副 これに従って;これによると;これの後に.
hier·ne·ben [ヒーあ·ネーベン, ヒーあ·ネーベン, 指示的には ヒーあ·ネーベン] 副 このそばで, これと並んで.
der **Hie·ro·dule¹** [ヒエろ·ドゥーレ, hi.., ヒろ·ドゥーレ] 名 -n/-n (古代ギリシアの)神殿奴隷.
die **Hie·ro·dule²** [ヒエろ·ドゥーレ, ヒろ·ドゥーレ] 名 -/-n (古代ギリシアの)神殿女奴隷.
die **Hie·ro·glyph·e** [ヒエろ·グリューフェ, hi.., ヒろ·グリューフェ] 名 -/-n **1**. (特に古代エジプトの)象形文字. **2**.《のみ》読みにくい〔読めない〕筆跡.
hie·ro·gly·phisch [ヒエろ·グリューフィシュ, ヒろ·グリューフィシュ] 形 **1**. 象形文字の. **2**. 判読しにくい.
die **Hie·ro·kra·tie** [ヒエろクらティー] 名 -/-n 神政;〖宗〗〔聖職者〕政治.
(der) **Hie·ro·ny·mus** [ヒエろ·ニュムス] 名 **1**.〖男名〗ヒエロニムス. **2**.〖人名〗ヒエロニムス(347 頃-420 頃, 聖人. ラテン語聖書(Vulgata)の翻訳者).
hier·orts [ヒーあ·オァッ, ヒーあ·オァッ, 指示的には ヒーあ·オァッ] 副 この場所で, 当地で.

das **Hier·sein** [ヒーあ·ザイン] 名 -s/ ここにあること, 当地滞在.
hier·über [ヒーりゅーバー, ヒーりゅーバー, 指示的には ヒーりゅーバー] 副 この上に[へ], ここを越えて;《文》この間に;これに関して.
hier·um [ヒーるム, ヒーるム, 指示的には ヒーるム] 副 このまわりに, このあたりに;これについて.
hier·un·ter [ヒーあンタァ, ヒーあンタァ, 指示的には ヒーあンタァ] ここの下に[へ];この状況の下で;この中に[へ].
hier·von [ヒーあ·ふぉン, ヒーあ·ふぉン, 指示的には ヒーあ·ふぉン] ここから, これをもとに;これから;これについて;この事によって;このうち;これを(材料に)使って.
hier·wi·der [ヒーあ·ヴィーダー, ヒーあ·ヴィーダー, 指示的には ヒーあ·ヴィーダー] 副 これに向かって;これに対して.
hier·zu [ヒーあ·ツー, ヒーあ·ツー, 指示的には ヒーあ·ツー] 副 これに加えて;このために;これに関して.
hier·zu·lan·de, hier zu Lan·de [ヒーあ·ツ·ランデ, ヒーあ·ツ·ランデ, 指示的には ヒーあ·ツ·ランデ] 副 ここ(この国・地方・社会)では, 当地(の人々の間)では.
hier·zwi·schen [ヒーあ·ツヴィッシェン, ヒーあ·ツヴィッシェン, 指示的には ヒーあ·ツヴィッシェン] 副 ここの間に, この間で.
(der) **Hie·sel** [ヒーゼル] 名〖男名〗ヒーゼル(Matthias の短縮形).
hie·sig [ヒーズィヒ] 形 ここの, 当地の.
der/die **Hie·si·ge** [ヒーズィゲ] 名 (形容詞的変化)この土地〔当地〕の人.
hieß [ヒース] heißen の過去形.
hie·ße [ヒーセ] 動 heißen の接続法2式.
hie·ven [híːfən ヒーフェン, ..ven ヒーヴェン] 動 *h*. **1**.《et⁴ッ》〖海〗ウインチで巻上げる(貨物・いかりなどを). **2**.《j⁴/et⁴ッ + 〈方向〉へ》《口》かつぎ上げる〔下ろす〕.
Hi-Fi [ハイ·ふぃ, ハイ·ふぁぃ]] =High-Fidelity ハイファイ.
das **Hift·horn** [ヒふト·ホるン] 名 -(e)s/..hörner〖狩〗角笛.
high [haɪ ハイ] 形《口》ハイの状態にある.
der **High-brow** [háɪbrau ハイ·ぶらウ] 名 -(s)/-s〖新聞〗高級日刊紙;《文》(《冗・蔑》も有)(教養を鼻にかける)知識人, インテリぶる人.
das **High·end, High-End** [háɪʔɛnt ハイ·エント] 名 -s/-〖電·ﾒﾃﾞｨｱ〗最高(性能), ハイエンド (主に合成語を作る): High-End-Gerät, Highendgerät 最高性能器機.
die **High-Fi·del·i·ty, High·fi·del·i·ty** [háɪfɪdɛ́lɪtɪ ハイ·ふぃデリティ] 名 -/ ハイファイ(略 Hi-Fi).
der **High·im·pact, High Im·pact** [háɪʔɪmpɛkt ハイ·インパクト] 名 -s, --s/-s, --s〖広告〗強いインパクト.
die **High-So·ci·e·ty** [háɪzosaɪiti ハイ·ソサイティ] 名 --/- 上流社会.
der **High·tech, High Tech**, ⓈⓈ**High Tech¹** [hártɛk ハイ·テク] 名 -(s)/ ハイテク(工業デザイン的のインテリア様式).
das **High·tech, High Tech**, ⓈⓈ**High-Tech²** [ハイ·テク] 名 -(s), --(s)/(die ~-/- も有)ハイテク(高度先端技術).
hi·hi! [ヒ·ヒー!] 間《口》(あざけりを混じえた笑い声)ひひー, いひひ.
der **Hi·jack·er** [háɪdʒɛkɐ ハイ·チェッカー] 名 -s/- 飛行機乗っ取り犯人, ハイジャック犯人.
das **Hi·jack·ing** [háɪdʒɛkɪŋ ハイ·チェッキング] 名 -(s)/-s 飛行機乗っ取り, ハイジャック.
(die) **Hil·de** [ヒルデ] 名〖女名〗ヒルデ(Hilde.., ..hilde の短縮形としても).
(der) **Hil·de·brand** [ヒルデ·ブラント] 名〖男名〗ヒルデブラント.
das **Hil·de·brands·lied** [ヒルデブらンツ·リート] 名

-(e)s/ 〖文芸学〗ヒルデブラントの歌(810年から820年頃成立.ドイツ最古の英雄叙事詩).
(die) **Hil·de·gard** [ヒルデガルト] 名〖女名〗ヒルデガルト.
(die) **Hil·de·gund** [ヒルデグント] 名〖女名〗ヒルデグン.
(das) **Hil·den** [ヒルデン] 名 -s/〖地名〗ヒルデン(ノルトライン=ヴェストファーレン州の都市).
(das) **Hildesheim** [ヒルデスハイム] 名 -s/〖地名〗ヒルデスハイム(ニーダーザクセン州の都市).
hilf! [ヒルフ] 動 helfen の du に対する命令形.
die **Hil·fe** [ヒルフェ] 名 -/-n **1.**(⑩のみ)助け,助力,救援;(経済的)援助(Zu)～! 助けて. erste ～ 応急手当. ～ für Behinderte 障害者援助. ⟨j³⟩ ～ bringen⟨人に⟩助けを与える〔もたらす〕. ⟨j³⟩ ～ leisten⟨人³⟩を助ける〔援助する〕. bei ⟨j³⟩ ～ suchen⟨人に⟩助けを求める. sich⁴ ～ suchen umschauen 助けを求めて見回す. um ～ rufen 助けを求めて叫ぶ. ⟨j³⟩ zu ～ kommen⟨人³⟩の助けにやって来る. mit (mithilfe)von ⟨et³⟩⟨物³⟩の助けをかりて〔利用して. **2.** 助け手;お手伝いさん(Haushalts-): eine ～ für den Haushalt suchen お手伝いさんを求める. **3.** (目的のための)手段:⟨et⁴⟩ zu ～ nehmen⟨物⁴⟩を利用する. **4.** (主に⑩)〖馬術〗扶助(手綱などによる馬への命令〔指示〕).
Hilfe bringend, ⓦ**hilfebringend** [ヒルフェ・ブリンゲント] ⇨ Hilfe 1.
hilfe flehend, Hilfe flehend [ヒルフェ・フレーエント] 形 助けを乞う(ような).
die **Hil·fe·leis·tung** [ヒルフェ・ライストゥング] 名 -/-en 援助,救助.
der **Hilferuf** [ヒルフェ・るーふ] 名 -(e)s/-e 助けを呼ぶ声.
die **Hil·fe·stel·lung** [ヒルフェ・シュテルング] 名 -/-en **1.**〖体操〗(⑩のみ)補助,サポート:⟨j³⟩ ～ geben⟨人の⟩サポートをする. **2.**〖体操〗補助をする人. **3.** 助力,援助.
Hilfe suchend, ⓦ**hilfesuchend** [ヒルフェ・ズーヘント] ⇨ Hilfe 1.
hilf·los [ヒルフ・ロース] 形 **1.** 頼るもの〔助けが〕,寄る辺のない,途方に暮れた. **2.** 不器用な.
die **Hilf·lo·sig·keit** [ヒルフ・ローズィヒカイト] 名 -/ **1.** 頼るものがない〔困っている〕こと. **2.** 不器用なこと.
hilf·reich [ヒルフ・らイヒ] 形〖文〗**1.** 進んで援助する. **2.** 役に立つ.
die **Hilfs·ak·ti·on** [ヒルフス・アクツィオーン] 名 -/-en 救援〔救済〕活動.
der **Hilfs·ar·bei·ter** [ヒルフス・アルバイター] 名 -s/- 未熟練労働者.
hilfs·be·dürf·tig [ヒルフス・ベデュるふティヒ] 形 助け〔援助〕の必要な.
hilfs·be·reit [ヒルフス・ベらイト] 形 進んで援助する,親切な.
die **Hilfs·be·reit·schaft** [ヒルフス・ベらイトシャフト] 名 -/ (常に)助けよう〔力を貸そう〕とする気持.
der **Hilfs·fonds** [ヒルフス・ふォーン] 名 -/- 救済基金.
die **Hilfs·gel·der** [ヒルフス・ゲルダー] 複 補助〔助成〕金,救援金.
die **Hilfs·kraft** [ヒルフス・クらフト] 名 -/..kräfte 助人,補助要員.
der **Hilfs·kreu·zer** [ヒルフス・クろイツァー] 名 -s/- 補助巡洋艦.
der **Hilfs·leh·rer** [ヒルフス・レーらー] 名 -s/- 補助〔臨時・代用〕教員.
die **Hilfs·li·nie** [ヒルフス・リーニエ] 名 -/-n〖幾何〗補助線;〖楽〗加線.
die **Hilfs·maß·nah·me** [ヒルフス・マース・ナーメ] 名 -/-n (主に⑩)救済措置,救援対策.
das **Hilfs·mit·tel** [ヒルフス・ミッテル] 名 -s/- 補助〔援助)手段,方策;(身体的欠陥を補う)補助用具;(⑩のみ)資財.
die **Hilfs·or·ga·ni·sa·ti·on** [ヒルフス・オルガニザツィオーン] 名 -/-en (災害)救援組織.
die **Hilfs·quel·le** [ヒルフス・クヴェレ] 名 -/-n (主に⑩) 資料,文献;資源;救援金〔物資〕.
die **Hilfs·schu·le** [ヒルフス・シューレ] 名 -/-n〖古〗養護学校.
der **Hilfs·stoff** [ヒルフス・シュトっふ] 名 -(e)s/-e 補助素材.
hilfst [ヒルフスト] 動 helfen の現在形2人称単数.
die **Hilfs·trup·pe** [ヒルフス・トるっペ] 名 -/-n (主に⑩)〖軍〗増援部隊;予備軍.
das **Hilfs·verb** [ヒルフス・ヴェるプ] 名 -s/-en〖言〗助動詞.
das **Hilfs·werk** [ヒルフス・ヴェるク] 名 -(e)s/-e 慈善事業(団),支援〔救援〕事業(団).
die **Hilfs·wis·sen·schaft** [ヒルフス・ヴィッセンシャフト] 名 -/-en 補助的な学問.
das **Hilfs·zeit·wort** [ヒルフス・ツァイト・ヴォルト] 名 -(e)s/..wörter〖言〗助動詞.
hilft [ヒルフト] 動 helfen の現在形3人称単数.
(der) **Hil·ty** [hīltī ヒルティ] 名〖人名〗ヒルティ(Carl ～, 1833-1909, スイスの法・哲学者).
das **Hi·lum** [ヒールム] 名 -s/..la〖解〗(種子の)へそ.
der **Hi·ma·la·ja** [ヒマーラヤ, ヒマラヤ] 名 -(s)/〖山名〗ヒマラヤ山脈.
das **Hi·ma·ti·on** [..tjɔn ヒマーティオン] 名 -(s)/..tien ヒマチオン(古代ギリシアの外衣として用いた長方形の布).
die **Him·bee·re** [ヒムベーれ] 名 -/-n **1.**〖植〗キイチゴ,ラズベリー. **2.** キイチゴ(ラズベリー)の実.
der **Him·beer·geist** [ヒムベーア・ガイスト] 名 -(e)s/- キイチゴ(ラズベリー)の蒸留酒.
der **Him·beer·saft** [ヒムベーア・ザフト] 名 -(e)s/..säfte キイチゴ(ラズベリー)ジュース.
der **Him·beer·strauch** [ヒムベーア・シュトらウホ] 名 -(e)s/..sträucher キイチゴの木.
der **Him·mel** [ヒムメル] 名 -s/- (主に⑩;⑩は〖詩〗)**1.** 空,天: unter freiem ～ 野外で. **2.** 天国,天上: in den ～ kommen 昇天する. **3.**〖婉〗神,神意,運命: eine Fügung des ～s 天の配剤. **4.** (祭壇上の)天蓋. **5.**〖軍〗車蓋〔幌)の内張り.〖慣用〗(ach) du lieber Himmel !〖口〗困った,さあたいへん. aus allen Himmeln fallen〔stürzen〕失望落胆する. Das weiß der liebe Himmel !〖口〗そんなこと知るもんか. den Himmel auf Erden haben〖文〗この上なく幸せである. ⟨j³⟩〔für ⟨j³⟩〕hängt der Himmel voller Geigen〖文〗⟨人³⟩有頂天になっている. Himmel und Erde リンゴとジャガイモの料理. Himmel und Hölle 石けり(小さな子供用の遊戯). Himmel und Hölle 〔Erde〕in Bewegung setzen 万策を試みる. ⟨j⁴/et⁴⟩ in den Himmel heben〖口〗⟨人・物⟩を誉めちぎる. ⟨et¹⟩ schreit zum Himmel 非道なる⟨事⟩が行われている. sich⁴ (wie) im siebenten Himmel fühlen〖口〗最高に幸せである. um ⟨des⟩ Himmels willen〖口〗これは驚きだ;後生だから. Weiß der Himmel !〖口〗確かにそうだ. wie ein Blitz aus heiterem Himmel 晴天の霹靂(へきれき)のごとく,思いがけなく,突然.
him·mel·an [ヒムル・アン] 副〖詩〗天に向って.
him·mel·angst [ヒムル・アングスト] 形 (次の形で) ⟨j³⟩ ist/wird ～ ⟨人³⟩ひどく不安である/不安になる.
das **Him·mel·bett** [ヒムル・ベット] 名 -(e)s/-en 天蓋(てんがい)つきベッド.
him·mel·blau [ヒムル・ブラウ] 形 空色の.
die **Him·mel·fahrt** [ヒムル・ふァート] 名 -/ **1.**〖キ教〗昇天;(無冠詞)昇天の祝日: Christi ～ キリスト昇天祭(復活祭後40日目の木曜日). Mariä ～ 聖

母被昇天祭(8月15日). **2**. 決死の企て.

das **Hi̲m·mel·fahrts·kom·man·do** [ヒメルふァーアツ・コマンド] 名 -s/-s 決死的任務;決死隊の隊員.

die **Hi̲m·mel·fahrts·na·se** [ヒメルふぁーアツ・ナ・ゼ] 名 -/-n 〈口・冗〉天井を向いている鼻.

hi̲m·mel·hoch [ヒメル・ホーホ] 形 天まで届くような.

hi̲m·meln [ヒメルン] 動 h. **1**. 〖雅〗〈口〉うっとり空をながめた目つきをする. **2**. 〖雅〗〈方〉死ぬ. **3**. 〈et⁴ッ〉〈方〉おしゃかにする,壊す.

das **Hi̲m·mel·reich** [ヒメル・ライヒ] 名 -(e)s/ 〖キ教〗天国.

die **Hi̲m·mels·bahn** [ヒメルス・バーン] 名 -/-en 〖詩〗天体の軌道.

der **Hi̲m·mels·bo·te** [ヒメルス・ボーテ] 名 -n/-n 〖詩〗天使.

der[*das*] **Hi̲m·mel·schlüs·sel** [ヒメル・シュリュッセル] 名 -s/- 〖植〗セイヨウサクラソウ.

hi̲m·mel·schrei·end [ヒメル・シュらイエント] 形 言語道断の.

die **Hi̲m·mels·ge·gend** [ヒメルス・ゲーゲント] 名 -/-en 方位.

das **Hi̲m·mels·ge·wöl·be** [ヒメルス・ゲヴェルベ] 名 -s/ 天空,蒼穹(そうきゅう).

die **Hi̲m·mels·kar·te** [ヒメルス・カルテ] 名 -/-n 〖天〗星図.

der **Hi̲m·mels·ko·mi·ker** [ヒメルス・コーミカー] 名 -s/- 〈口・冗〉聖職者;信心家ぶる人.

die **Hi̲m·mels·kö·ni·gin** [ヒメルス・ケーニギン] 名 〖カ教〗天の元后(聖母マリアのこと).

der **Hi̲m·mels·kör·per** [ヒメルス・ケルパー] 名 -s/- 〖天〗天体.

die **Hi̲m·mels·ku·gel** [ヒメルス・クーゲル] 名 -/-n 天球;〖古〗天球儀.

die **Hi̲m·mels·kun·de** [ヒメルス・クンデ] 名 -/ 天文学.

die **Hi̲m·mels·rich·tung** [ヒメルス・リヒトゥング] 名 -/-en 方位,方角:aus allen ~en 至るところへ.

der[*das*] **Hi̲m·mels·schlüs·sel** [ヒメルス・シュリュッセル] 名 -s/- =Himmelsschlüssel.

der **Hi̲m·mels·schrei·ber** [ヒメルス・シュらイバー] 名 -s/- 〈口〉空中に文字を書く飛行機;雲に文字を照らし出すサーチライト.

der **Hi̲m·mels·strich** [ヒメルス・シュトリッヒ] 名 -(e)s/-e 〈文〉地方,地帯,区域.

der **Hi̲m·mels·stür·mer** [ヒメルス・シュテュるマー] 名 -s/- 〈文〉理想主義者,夢想家.

das **Hi̲m·mels·zelt** [ヒメルス・ツェルト] 名 -(e)s/ 〖詩〗天空,蒼穹(そうきゅう).

hi̲m·mel·wärts [ヒメル・ヴェるツ] 副 〈文〉空[天]へ(向かって).

hi̲m·mel·weit [ヒメル・ヴァイト] 形 〈口〉天と地ほどはなれた,雲泥の.

hi̲m·misch [ヒムリシュ] 形 **1**. 〖古〗天(国)の;天[空]の. **2**. (この世ならぬ)すばらしい;人間技ではない. 【慣用】**die Himmlischen** 神々,天使たち. **die himmlische Heerscharen** 天の軍勢(天使たち). **unser himmlischer Vater** 天にましますわれらが父(神).

hi̲n [ヒン] 副 **1**. 〈空間〉**a**. 〈方向:目標を示す前置詞句と共に〉〈話し手から遠ざかって〉: nach rechts ~ 右の方へ. das Fenster nach Süden ~ その南向きの窓. **b**. 〈伸長・延長:場所を示す前置詞句と共に〉…に沿いに,…伝いに,一面に: Die Straße geht am Waldrand ~. その道路は森のふちに沿って通っている. über das ganze Welt ~ 世界のあちらこちらで. **2**. 〈時間〉**a**. 〈近接:近づく時点を示す前置詞句と共に〉…近くに: gegen Abend ~ 夕方近くに. zum Morgen/Sommer ~ 明け方近くに(夜半を過ぎて)/夏に向かって. **b**. 〈継続:時間間隔を示す

前置詞句・副詞・名詞と共に〉…にわたって,ずっと,続いて: durch viele Jahre ~ 長年にわたって. eine lange Zeit ~ 長い間ずっと. Es ist noch lange ~, bis …. …までにはまだ長くかかる. **3**. 〈次の形で〉auf … ~ …を目ざして;…に基づいて;…に関して: 〈et⁴〉 auf die Zukunft ~ planen 〈事⁴〉将来のことを考えて計画する. auf die Gefahr ~ 危険を冒して. **4**. 〈dahin od da が欠けて〉〈口〉そこへ: Ist es noch weit bis ~? そこまではまだ遠いのか. **5**. 〈口〉〈dahin, wohin などから hin を離し文末に置いて〉～へ: Da möchte ich ~. 私はそこへ行ってみたい. Wo willst du denn ~? いったいどこへ行きたいんだ. 【慣用】**Das ist hin wie her.** 〈口〉それは(結局)同じことだ. **… hin, … her** 〈口〉…は…として, …はさておき, たとえ…にせよ: Krankheit hin, Krankheit her, (eine) Abwesenheit ohne Meldung darf es nicht geben. 病気は病気として, 無届けでの欠席はあってはならない. **hin oder her** 〈口〉たかだか. **hin und her** あちらこちへ, 行ったり来たり, 当もなく: 〈稀〉あちこちに;〈転〉あれこれと, のあらゆる: hin und her überlegen あれこれ考える. das lebhafte Hin und Her der Kunden 盛んな顧客の出入り. nach langem Hin und Her 長い間ためらった後で. **hin und wieder** ときどき,行ったり来たり. **hin und zurück** 往復: Bitte einmal Hamburg *hin* und zurück! ハンブルク往復一枚お願いします. nach außen hin 外に向かって,外面的に. **nicht hin und nicht her langen**(**reichen**)〈口〉とても足らない. **vor sich⁴ hin**(相手・対象なしに)自分一人で〈古くは für sich hin〉: vor sich⁴ *hin* murmeln/starren 独り言をつぶやく/(ぼんやり)宙を見つめる. hin sein.

hi·na̲b [ヒナッブ] 副 =hinunter.

hi·na̲b|las·sen* [ヒナッブ・ラッセン] 動 h. 〈j⁴/et⁴〉ッ+〈et³ッ〉.〖文〗降ろす.

hi·na̲b|se·hen* [ヒナッブ・ゼーエン] 動 h. 〈文〉 **1**. 〈(auf〈j⁴/et⁴〉ッ/zu〈j³/et³〉ッ〈方向〉ッ)〉見下ろす. **2**. 〈auf〈j³〉ッ〉見下す.

hi·na̲b|stür·zen [ヒナッブ・シュテュるツェン] 動 〈文〉 **1**. s. 〈(〈et⁴〉ッ/〈方向〉へ)〉(転げ)落ちる. **2**. h. 〈sich⁴ (von 〈et³〉ッ)〉飛下りる,身を投げる. **3**. s. 〈et⁴ッ〈方向〉へ〉駆け下りる. **4**. h. 〈j⁴/et⁴〉ッ+(in〈et⁴〉ッ)突落する. **5**. h. 〈et³〉ッ急いで飲む.

das **Hi·na·ja·na** [ヒナヤーナ] 名 -s/ 小乗(仏教).

hi·na̲n [ヒナン] 副 〈こちらから〉上へ.

hi̲n|ar·bei·ten [ヒン・アるバイテン] 動 h. 〈auf〈et⁴〉ッ〉目ざして努力(勉強)する(目標・試験などを).

hi·nau̲f [ヒナウふ] 副 **1**. (あちらの)上へ: den Berg/den Fluss ~ 山を登って/川をさかのぼって. 〈地図の上下から〉~ nach Kiel 〈口〉上のキールへ. **2**. (階級など)上へ: vom einfachen Streifenpolizisten bis ~ zum Polizeipräsidenten 平のパトロールの警官からトは警視総監まで **3**. 〈口〉〈dahinauf, wohinauf から hinauf を離し文末に置いて〉上へ: Da wollte er nicht ~. 彼はそこへあちらへ上がって行く気はなかった. 【慣用】**hinauf und hinunter**(**hinab**)登ったり降りたり.

hi·nau̲f|ar·bei·ten [ヒナウふ・アるバイテン] 動 h. **1**. 〈sich⁴+〈et³〉ッ/an〈et³〉ッ〉力を振絞って登る. **2**. 〈sich⁴+(zu〈j³〉ッ)〉努力して昇進する;努力して出世する.

hi·nau̲f|bli·cken [ヒナウふ・ブリッケン] 動 h. 〈(zu〈j³/et³〉ッ)〉見上げる.

hi·nau̲f|brin·gen* [ヒナウふ・ブリンゲン] 動 h. **1**. 〈j⁴/et⁴〉ッ+〈〈方向〉へ〉人⁴を連れていく,運び上げる. **2**. 〈sich⁴〉〖雅〗努力して出世する.

hi·nau̲f|fah·ren* [ヒナウふ・ふぁーれン] 動 **1**. s. 〈(〈et⁴〉ッ/〈方向〉へ)〉上がって行く(乗り物が・乗り物で). **2**. h. 〈j⁴/et⁴〉ッ乗せて上がって行く,運び上

げる： den Wagen ～ 車を運転して上って行く.

hi·n·auf|fal·len* [ヒナウふ·ふぁレン] [動] *s.* 《次の形で》 die Treppe ～ 《口》思いがけなく昇進する.

hi·n·auf|füh·ren [ヒナウふ·ふゅーれン] [動] *h.* **1.** 〔〈j^4〉ヲ＋(〈方向〉ヘト)〕(上へ)連れていく〔案内する〕. **2.** 〔(〈方向〉ヘト)〕(上へ)通じている.

hi·n·auf|ge·hen* [ヒナウふ·ゲーエン] [動] *s.* **1.** 〔(〈et^4〉ヲ/〈方向〉ヘ)〕上がって行く;上昇する(飛行機などが). **2.** 〔(〈et^4〉ヲ/〈方向〉ヘト)〕上へ通じている(道などが). **3.** [補足なし]《口》上がる(物価などが). **4.** 〔mit 〈et^3〉ヲ〕《口》上げる, 高める(値段などを).

hi·n·auf|klet·tern [ヒナウふ·クレッターン] [動] *s.* **1.** 〔(〈et^4〉ヲ/〈方向〉ヘ)〕よじ登る. **2.** 〔(in〔auf〕〈et^4〉ニ)〕《口》上がる.

hi·n·auf|kom·men* [ヒナウふ·コメン] [動] *s.* **1.** 〔(〈et^4〉ヲ/〈方向〉ヘ)〕上がって〔登って〕いく;達する. **2.** [補足なし]立身出世する.

hi·n·auf|schrau·ben [ヒナウふ·シュらウベン] [動] *h.* **1.** 〔〈et^4〉ヲ〕(引続き)上げる(税金などを), 増大させる(生産(量)などを). **2.** 〔sich^4＋(〈方向〉ヘ)〕(旋回しながら)上昇する(飛行機・鳥などが).

hi·n·auf|set·zen [ヒナウふ·ゼっツェン] [動] *h.* **1.** 〔〈j^4/et^4〉ヲ〕高い所に置く〔座らせる〕, (…の)席順を上げる. **2.** 〔〈et^4〉ヲ〕上げる(値段などを).

hi·n·auf|stei·gen* [ヒナウふ·シュタイゲン] [動] *s.* 〔(〈et^4〉ヲ/〈方向〉ヘト)〕上に登る;上昇する.

hi·n·auf|tra·gen* [ヒナウふ·トらーゲン] [動] *h.* 〔〈j^4/et^4〉ヲ＋(〈方向〉ヘ)〕運び上げる.

hi·n·auf|trei·ben* [ヒナウふ·トらイベン] [動] *h.* **1.** 〔〈j^4/et^4〉ヲ＋(〈方向〉ヘト)〕上の方へ駆立てる〔追立てる〕. **2.** 〔〈et^4〉ヲ〕上昇させる(物価・相場などを).

hi·n·auf|zie·hen* [ヒナウふ·ツィーエン] [動] **1.** *h.* 〔〈j^4/et^4〉ヲ＋(〈et^4〉ノ上ニ/〈方向〉ニ)〕引っ張り上げる;駆立てる. **2.** *s.* 〔(〈方向〉ヘト)〕上へ引き移る(下の階・下の南から). **3.** *s.* 〔(〈et^4〉ヲ)〕のぼっていく. **4.** *h.* 〔sich^4＋(〈et^4〉ヲ/〈方向〉ヘト)〕上へ延びて〔広がって〕いる.

hi·n·aus [ヒナウス] [副] **1.** (ここからあちらの)外へ： *H*～ mit dir！ 君出て行きなさい. *H*～ mit euch an die frische Luft！ 君たち空気のいい外へ出たまえ. ～ in die Ferne 遠くへ. durch die Tür ～ ドアを通り抜けて外へ. zum Fenster ～ 窓から外へ. eine Wohnung nach dem Hof/vorn ～ 中庭/前に面した住居. **2.** 《次の形で》auf 〈et^4〉 ～ 〈事の〉先(の分)まで： auf Monate ～ planen 何か月も先の分まで計画する. **3.** 《次の形で》 über 〈et^4〉 ～ **a.** 《空間》…を越えて： über die Seitenlinie ～ サイドラインを越えて. darüber ～ それを越えて, さらに;そんなことは超越して. **b.** 《時間・年齢》…を過ぎて： über die 80 ～ 80 歳を過ぎて. bis über acht Uhr ～ 8 時過ぎまで. **c.** 《数量》…以上〔外〕に： über das Notwendigste ～ 最も必要なもの以上〔外〕に. **4.** 《口》(dahinaus, wohinaus などから hinaus を離し文末に置いて)Wo führt der Tunnel ～? この坑道はどこに通じているのだ. ⇨ hinaus sein.

hi·n·aus|be·glei·ten [ヒナウス·ベグライテン] [動] *h.* 〔〈j^4〉ヲ〕外まで送って出る〔見送る〕.

hi·n·aus|beu·gen [ヒナウス·ボイゲン] [動] *h.* **1.** 〔sich^4〕身を乗出す. **2.** 〔〈et^4〉ヲ〕外へ出す(頭などを).

hi·n·aus|brin·gen* [ヒナウス·ブリンゲン] [動] *h.* **1.** 〔〈j^4/et^4〉ヲ〕連出す, 送って出る, 運び〔持〕出す. **2.** 〔es＋über 〈et^4〉以上ニ〕なる, 進歩〔昇進〕する.

hi·n·aus|e·keln [ヒナウス·エーケルン] [動] *h.* 〔〈j^4〉ヲ＋(aus 〈et^3〉カラ)〕《口》いびり出す.

hi·n·aus|fah·ren* [ヒナウス·ふぁーれン] [動] **1.** *s.* 〔(aus 〈et^3〉カラ)〕出て行く(乗り物で・乗り物が). **2.** *s.* 〔〈方向〉ヘ〕出かける(乗り物で・乗り物が). **3.** *h.* 〔〈et^4〉ヲ＋(aus 〈et^3〉カラ)〕出す(乗り物を). **4.** *h.* 〔〈j^4/et^4〉ヲ＋(〈方向〉ヘ)〕連れ〔運び〕出す(乗り物で). **5.** *s.* 〔〈方向〉ヘ(カラ外ヘ)〕飛んで行く. **6.** *s.* 〔über 〈et^4〉ヲ〕越える.

hi·n·aus|fin·den* [ヒナウス·ふィンデン] [動] *h.* 〔(aus 〈et^3〉カラ)〕外に出ることができる.

hi·n·aus|flie·gen* [ヒナウス·ふリーゲン] [動] **1.** *s.* 〔(〈方向〉ヘ(カラ))〕飛出す(鳥・ボールなどが). **2.** *s.* 〔aus 〈et^3〉カラ〕(飛んで)脱出する, 外へ出る(航空機がで)雷雲・ある地帯などから);《口》(飛ぶように)外へ落ちる(窓などから). **3.** *s.* 〔(aus 〈et^3〉カラ)〕《口》追出される;放り出される. **4.** *h.* 〔〈j^4/et^4〉ヲ＋(aus 〈et^3〉カラ)〕空路脱出させる〔運び出す〕(危険地帯などから). **5.** *s.* 〔über 〈et^4〉ヲ〕飛越す, 越えて(彼方に)飛んで行く.

hi·n·aus|füh·ren [ヒナウス·ふゅーれン] [動] *h.* **1.** 〔〈j^4/et^4〉ヲ＋(aus 〈et^3〉カラ/〈方向〉ヘ)〕連出す, 導き出す. **2.** 〔(aus 〈et^3〉カラ/〈方向〉ヘト)〕外へ通じている. **3.** 〔über 〈et^4〉ヲ〕越えて走っている(道などが);越えている(枠などを).

hi·n·aus|ge·hen* [ヒナウス·ゲーエン] [動] *s.* **1.** 〔〈方向〉ヘト(カラ)〕外へ出る. **2.** 〔〈方向〉ニ〕送られる(電報が). **3.** 〔Es＋(〈方向〉ヘト)〕外へ出られる;(市)外の(…へ)行ける. **4.** 〔〈方向〉ヘト〕(町の)外へ通じている(道が);(…に)通じている. **5.** 〔〈方向〉ニ〕面している(部屋・窓などが), (…に)出られる. **6.** 〔über 〈j^4/et^4〉ヲ〕越え(てい)る.

hi·n·aus|kom·men* [ヒナウス·コメン] [動] *s.* **1.** 〔(〈方向〉ヘト(カラ))〕外へ出る. **2.** 〔aus 〈et^3〉カラ〕離れる, 脱出する(場所・状態から);《口》逃出す方法を見つける(悪い情況から). **3.** 〔über 〈et^4〉ヲ〕越えていく(地点・段階などを). **4.** 〔auf 〈et^4〉トイウ〕《口》結果になる.

hi·n·aus|kom·pli·men·tie·ren [ヒナウス·コムプリメンティーれン] [動] *h.* 〔〈j^4〉ヲ〕丁重に送り出す;(…に)丁重にお引取りを願う.

hi·n·aus|lau·fen* [ヒナウス·ラウふェン] [動] *s.* **1.** 〔(〈方向〉ヘト(カラ))〕外へ走り出る. **2.** 〔auf 〈et^4〉トイウ〕結果になる;目的を持つ.

hi·n·aus|leh·nen [ヒナウス·レーネン] [動] *h.* **1.** 〔sich^4〕身を乗出す. **2.** 〔〈et^4〉ヲ〕外へ出す(頭などを).

hi·n·aus|schi·cken [ヒナウス·シッケン] [動] *h.* **1.** 〔〈j^4/et^4〉ヲ＋(aus 〈et^3〉カラ/〈方向〉ヘト)〕外へ出す. **2.** 〔〈et^4〉ヲ〕送る(電文などを).

hi·n·aus|schie·ben* [ヒナウス·シーベン] [動] *h.* **1.** 〔〈j^4/et^4〉ヲ＋〈方向〉ヘト(カラ)〕外へ押出す(〈j^4〉が sich^4 の場合)外へ出る. **2.** 〔〈et^4〉ヲ〕先へ延ばす, 延期する;(〈et^4〉が sich^4 の場合)延びる, 延期される.

hi·n·aus|schie·ßen* [ヒナウス·シーセン] [動] **1.** *h.* 〔(〈et^4〉ヲ)〕外に向かって撃つ. **2.** *s.* 〔(aus 〈et^3〉カラ/〈方向〉ヘ)〕飛出す;《口》飛んで行く. **3.** *s.* 〔über 〈et^4〉ヲ〕越える.

hi·n·aus|schmei·ßen* [ヒナウス·シュマイセン] [動] *h.* **1.** 〔〈et^4〉ヲ〕外へ投捨てる. **2.** 〔〈j^4〉ヲ＋(aus 〈et^3〉カラ)〕《口》追出す, たたき出す, 首にする. **3.** 〔〈et^4〉ヲ〕処分する.

hi·n·aus sein*, [旧]**hi·n·aus|sein*** [ヒナウス ザイン] [動] *s.* **1.** 〔über 〈et^4〉ヲ〕越えている, 克服している. **2.** [補足なし]《口》出かけている, 外出している.

hi·n·aus|stür·zen [ヒナウス·シュテュるツェン] [動] **1.** *s.* 〔(aus 〈et^3〉カラ)〕外へ転がり落ちる. **2.** *h.* 〔sich^4〕外へ身を投げる. **3.** *s.* 〔(aus 〈et^3〉カラ/〈方向〉ヘト)〕外へ飛出す.

hi·n·aus|trei·ben* [ヒナウス·トらイベン] [動] **1.** *h.* 〔〈j^4/et^4〉ヲ＋(aus 〈et^3〉カラ/〈方向〉ヘト)〕外へ追いやる〔追立てる〕, 追出す. **2.** *s.* 〔(〈方向〉ヘト)〕(岸から)外へ押し流される.

hi·n·aus|wach·sen* [ヒナウス・ヴァクセン] [動] *s.* **1.** 〔über〈j^4/et^4〉ヲ〕超えて生長する〔伸びる〕, 成長して乗越える. **2.** 〔über〈j^4〉ヲ〕しのぐ《父親などを》.

hi·n·aus|wa·gen [ヒナウス・ヴァーゲン] [動] *h.* **1.** 〔sich^4+(〈方向〉ヘ)〕あえて出て行く. **2.** 〔sich^4+über〈et^4〉ヲ〕あえて越える.

hi·n·aus|wei·sen* [ヒナウス・ヴァイゼン] [動] *h.* **1.** 〔〈j^4〉ヲ+(aus〈et^3〉カラ)〕出て行かせる, 退去させる. **2.** 〔aus〈et^3〉カラ/〈方向〉ヘト〕外の方を指し示す.

hi·n·aus|wer·fen* [ヒナウス・ヴェるふェン] [動] *h.* **1.** 〔〈et^4〉ヲ〕外へ投出す; 外へ向ける《光・視線などを》. **2.** 〔〈et^4〉ヲ〕《口》(さっさと)処分する. **3.** 〔〈j^4〉ヲ+(aus〈et^3〉カラ)〕《口》追出す《建物などから》; 首にする.

hi·n·aus|wol·len* [ヒナウス・ヴォレン] [動] *h.* 《口》 **1.** 〔(〈方向〉ヘト(カラ))〕外へ出ようと思う〔する〕. **2.** 〔auf〈et^4〉ヲ〕ねらっている. **【慣用】** (**zu**) **hoch hinauswollen** 《口》出世しようと努力する.

hi·n·aus|zie·hen* [ヒナウス・ツィーエン] [動] **1.** *h.* 〔〈j^4/et^4〉ヲ+(〈方向〉ヘト(カラ))〕外へ引出す, 引っ張り〔引きずり〕出す. **2.** *h.* 〔〈j^4〉ヲ+〈方向〉ヘト〕外へ引寄せる. **3.** *s.* 〔(〈方向〉ヘト)〕(町の)外へ引っ越す; 出て行く《多勢が徒歩・乗り物で》; (外へ)出る《煙などが》. **4.** *h.* 〔sich^4+〈方向〉ヘト〕通じている〔延びている〕. **5.** *h.* 〔〈et^4〉ヲ〕長びかせる《交渉などを》, 延期する《出発などを》; (〈et^4〉がsich^{4}の場合)長びく, 延びる.

hi·n·aus|zö·gern [ヒナウス・ツェーガーン] [動] *h.* 〔〈et^4〉ヲ〕遅らせる, 延ばす, 延期する《出発などを》; (〈et^4〉がsich^{4}の場合)遅れる, 延びる.

hịn|be·kom·men* [ヒン・ベコメン] [動] *h.* 《口》=hin|-kriegen.

hịn|bie·gen* [ヒン・ビーゲン] [動] *h.* 《口》 **1.** 〔〈et^4〉ヲ〕うまく処理〔解決〕する, うまくやってのける. **2.** 〔〈j^4〉ヲ〕思いどおりにしつける〔仕込む〕.

hịn|blät·tern [ヒン・ブレッターン] [動] *h.* 〔〈et^4〉ヲ〕《口》(紙幣で)支払う《かなりな金額を》.

der **Hịn·blick** [ヒン・ブリック] [名] (次の形で) im ～ auf〈et^4〉〈事ヲ〉考慮して, 〈事ニ〉関して.

hịn|brin·gen* [ヒン・ブリンゲン] [動] *h.* **1.** 〔〈j^4/et^4〉ヲ+〈方向〉ヘ〕連れて行く, 運ぶ. **2.** 〔〈et^4〉ヲ〕《口》やり終える《仕事などを》. **3.** 〔〈et^4〉ヲ+〈様態〉デ〕過ごす《時などを》.

die **Hịn·de** [ヒンデ] [名] -/-n =Hindin.

(der) **Hịn·de·mith** [ヒンデミット] [名] 〘人名〙ヒンデミット《Paul ～, 1895-1963, 作曲家》.

(der) **Hịn·den·burg** [ヒンデン・ブるク] [名] 〘人名〙ヒンデンブルク《Paul von Beneckendorff und von ～, 1847-1934, 第一次大戦のドイツの参謀総長. 1925-34年にかけての帝国大統領》.

hịn·der·lich [ヒンダーリひ] [形] **1.** 動きの邪魔になる. **2.** 〔〈j^3/et^3〉ノ/für〈j^4/et^4〉ニトッテ〕妨げ〔支障・邪魔〕になる.

hịn·dern [ヒンダーン] [動] *h.* **1.** 〔〈j^4〉ノ+an〈et^3〉ヲ〕妨げる, 妨害する. **2.** 〔〈j^4〉ノ+bei〈et^3〉ノ〕邪魔になる, 妨げになる. **3.** 〔〈et^4〉ヲ〕《古》阻止する, 妨げる.

das **Hịn·der·nis** [ヒンダーニス] [名] -ses/-se 妨害, 障害; 妨害物; 〘スポ〙(陸上競技・馬術・競馬の)障害(物), ハードル: 〈j^3〉 ～se in den Weg legen 〈人ノ〉邪魔をする.

der **Hịn·der·nis·lauf** [ヒンダーニス・ラウふ] [名] -(e)s/..läufe (陸上競技の)障害競走, ハードル競走.

das **Hịn·der·nis·ren·nen** [ヒンダーニス・れネン] [名] -s/- (競馬の)障害競走〔レース〕; (陸上競技の)障害競争, ハードル競走.

die **Hịn·de·rung** [ヒンデるング] [名] -/-en 《主に[単]》邪魔, 妨害; 《古》防止, 阻止.

hịn|deu·ten [ヒン・ドイテン] [動] *h.* **1.** 〔auf〈j^4/et^4〉ヲ〕(手で)示す. **2.** 〔(〈j^3〉ニ)+auf〈et^4〉ヲ〕指摘する, 気づかせる. **3.** 〔auf〈et^4〉ヲ〕示している《徴候などが》.

das **Hịn·di** [ヒンディ] [名] -s/ ヒンディー語《インドの公用語》.

die **Hịn·din** [ヒンディン] [名] -/-nen 《文》雌ジカ.

der **Hịn·du** [ヒンドゥー] [名] -(s)/-(s) ヒンズー教徒.

der **Hin·du·ịs·mus** [ヒンドゥイスムス] [名] -/ ヒンズー教.

hin·dụrch [ヒン・ドゥるひ] [副] **1.** 《時間・空間》…の間じゅう; …を通って: den ganzen Tag ～ 一日じゅう. (durch を強めて)durch〈et^4〉～ 〈物ヲ〉通り抜けて; 〈事ノ〉間ずっと変らず; 〈事ヲ〉通してずっと. **2.** 《da-hindurch, wohindurch などから hindurch を離し文末に置いて》Wo willst du ～? 君はどこを通って行こうとするのか.

hin·dụrch|ge·hen* [ヒンドゥるひ・ゲーエン] [動] *s.* **1.** 〔(〈場所〉ヲ)〕通り抜けて行く. **2.** 〔durch〈et^4〉ヲ〕通り抜ける; 体験する, 耐え抜く. **3.** 〔durch〈et^4〉ヲ〕射抜く. **4.** 〔(durch〈et^4〉ヲ)〕通っている《道などが》; (…に)広がっている.

hin·dụrch|zie·hen* [ヒンドゥるひ・ツィーエン] [動] **1.** *h.* 〔〈et^4〉ヲ+(durch〈et^4〉ニ)〕通す. **2.** *s.* 〔(durch〈et^4〉ヲ)〕通り抜けて行く. **3.** *h.* 〔sich^4+(durch〈et^4〉ヲ)〕貫いている《考えなどが》.

hi·n·ein [ヒナイン] [副] **1.** 《空間: 方向》(こちらから向うの)中へ, 内へ: *H*～ ins Bett! ベッドへ入りなさい. zur Tür ～ ドアから中へ. (in を強めて)(bis) in die Stadt ～ 町の中へ(まで). **2.** 《時間》(in を強めて) bis tief in die Nacht ～ 真夜中まで. **3.** 《口》(dahinein や wohinein などから hinein を離し文末に置いて)Da wollte er ～. 彼はその中に入って行こうとした. **【慣用】 bis in die (letzten) Einzelheiten hinein erzählen** (非常に)事細かに語る. **bis ins Innerste hinein erschrecken** 肝をつぶす. **in den Tag hinein leben** 《口》(明日のことは考えずに)漫然と暮す. **ins Blaue hinein** 《口》とりとめもなく.

hi·n·ein|ar·bei·ten [ヒナイン・アるバイテン] [動] *h.* **1.** 〔sich^4+in〈et^4〉ニ〕慣れる, 習熟する《仕事などに》. **2.** 〔sich^4+in〈et^4〉ノ中ニ〕ぐんぐん食込む《ドリルが壁などに》. **3.** 〔〈et^4〉ヲ+in〈et^4〉ニ〕はめ込む, 埋込む《細工などで》.

hi·n·ein|be·kom·men* [ヒナイン・ベコメン] [動] *h.* 〔〈et^4〉ヲ+(in〈et^4〉ノ)〕《口》中へ入れる〔差込む〕ことができる.

hi·n·ein|brin·gen* [ヒナイン・ブリンゲン] [動] *h.* **1.** 〔〈j^4/et^4〉ヲ+(in〈et^4〉ニ)〕運び込む; もたらす, (…を…が)持つようにする. **2.** 〔〈et^4〉ヲ+(in〈et^4〉ノ)〕《口》中に入れることができる.

hi·n·ein|den·ken* [ヒナイン・デンケン] [動] *h.* 〔sich^4+in〈j^4/et^4〉ノ〕立場になって考える.

hi·n·ein|dür·fen* [ヒナイン・デュるふェン] [動] *h.* 〔(〈方向〉ニ)〕入ることが許される.

hi·n·ein|fah·ren* [ヒナイン・ふァーれン] [動] **1.** *s.* 〔(in〈et^4〉ヘ)〕入って行く《乗り物で・乗り物が》. **2.** *h.* 〔〈et^4〉ヲ+(in〈et^4〉ヘ)〕(乗り物で)運び入れる; 入れる《乗り物を》. **3.** *s.* 〔〈j^3〉ノ車ニ/in〈et^4〉ニ〕《口》車をぶつける. **4.** *s.* 〔in〈et^4〉ヘ〕素早く入る, (手を)突っ込む.

hi·n·ein|fal·len* [ヒナイン・ふァレン] [動] *s.* **1.** 〔(in〈et^4〉ノ中ニ)〕落ちる《穴・池などの中に》; さし込む《光などが》. **2.** 〔auf〈j^4/et^4〉ノ〕《口》餌食(えじき)〔かも〕になる《詐欺師・策略などの》. **3.** 〔mit〔bei〕〈j^3/et^3〉ニ〕《口》だまされる, いっぱい食わされる.

hi·n·ein|fin·den* [ヒナイン・ふィンデン] [動] *h.* **1.** 〔in〈et^4〉ノ中ヘ〕(やっと)入る, 入る道が分る. **2.** 〔sich^4+in〈et^4〉ニ〕慣れる, 習熟する; 順応する, 甘んじる.

hineinfliegen 566

hi·nein|fliegen* [ヒナイン・ふリーゲン] 動 1. *s.* 〔in 〈et⁴〉〕(飛んで)入る。 2. *h.* 〔〈j⁴/et⁴〉ッ+〈方向〉ヘ〕空輸する。

hi·nein|fressen* [ヒナイン・ふれっセン] 動 1. 〔sich⁴+in 〈et⁴〉ノ中ニ〕かじって入り込む(虫が木材の中などに);侵食する(さびなどが金属の中などに);食い込む(のこぎりが木材などに)。 2. 〔〈et⁴〉ッ+in sich⁴〕がつがつ食べる。 3. 〔〈et⁴〉ッ+in sich⁴〕黙って堪える。

hi·nein|führen [ヒナイン・ふゅーれン] 動 1. 〔〈j⁴〉ッ+(in 〈et⁴〉ノ)〕中へ導き〔招き〕入れる。 2. 〔(in 〈et⁴〉ノ)〕中に通じている。

hi·nein|ge·heim·nissen [ヒナイン・ゲハイムニッセン] 動 *h.* 〔(in 〈et⁴〉ニ+〈et⁴〉ョ〕隠されていると誤解する〔誤解をして言う〕。

hi·nein|ge·hen [ヒナイン・ゲーエン] 動 *s.* 1. 〔(in 〈et⁴〉)〕中へ入って行く。 2. 〔in 〈et⁴〉〕〔球〕体でアタックする;〔ボクシング〕(…に対して)接近戦に転ずる。 3. 〔in 〈et⁴〉ノ中ニ〕入る、収まる。

hi·nein|ge·lan·gen [ヒナイン・グランゲン] 動 *s.* 〔(in 〈et⁴〉ノ)〕中に着く〔達する・入る〕。

hi·nein|ge·ra·ten* [ヒナイン・グらーテン] 動 *s.* 〔in 〈et⁴〉ニ〕迷い込む;巻き込まれる、陥る。

hi·nein|knien [ヒナイン・クニーン] 動 *h.* 〔sich⁴+in 〈et⁴〉ニ〕〔口〕没頭する(仕事・研究などに)。

hi·nein|kom·men* [ヒナイン・コメン] 動 *s.* 1. 〔(in 〈et⁴〉ノ)〕中へ入る〔入れる〕。 2. 〔in 〈et⁴〉ノ中ニ〕つく、入る(職などに)。 3. 〔(in 〈et⁴〉ノ)〕習熟する。 4. 〔(in 〈et⁴〉ノ)〕〔口〕中へ入れられる。 5. 〔(in 〈et⁴〉ノ)〕入り込む。

hi·nein|lau·fen* [ヒナイン・らウふェン] 動 1. 〔(in 〈et⁴〉ノ)〕中に走り込む: in ein Auto ~ 飛出して車にひかれる。 in sein Verderben ~ 自らの破滅を招く。 2. 〔(in 〈et⁴〉ノ中ニ)〕中へ流込む。

hi·nein|le·gen [ヒナイン・レーゲン] 動 *h.* 1. 〔〈et⁴〉ッ+(in 〈et⁴〉ノ中ニ)〕入れる。 2. 〔sich⁴+in 〈et⁴〉ノ中ニ〕身を横たえる、横になる(ベッドなどに)。 3. 〔〈et⁴〉ッ+in 〈et⁴〉ニ〕込める(気持などを);(…の中に)勝手に読取る。 4. 〔〈j⁴〉ッ〕〔口〕ペテンにかける。

hi·nein|le·sen* [ヒナイン・レーゼン] 動 *h.* 1. 〔sich⁴+in 〈et⁴〉ニ〕〕読みなれ親しむ。 2. 〔〈et⁴〉ッ+in 〈et⁴〉ニ〕深読みする、かんぐる。

hi·nein|leuch·ten [ヒナイン・ロイヒテン] 動 *h.* 1. 〔(in 〈et⁴〉ノ)〕照らす。 2. 〔(in 〈et⁴〉ノ)〕解明する(事件などを)。

hi·nein|mi·schen [ヒナイン・ミッシェン] 動 *h.* 1. 〔〈et⁴〉ッ+(in 〈et⁴〉ニ)〕混ぜ入れる。 2. 〔sich⁴+in 〈et⁴〉ニ〕入混じる;干渉する。

hi·nein|pas·sen [ヒナイン・パッセン] 動 *h.* 1. 〔(in 〈et⁴〉ノ中ニ)〕まだ入れられる;きちんとはまる(かぎがかぎ穴などに)。 2. 〔(in 〈et⁴〉ニ)〕順応する、溶け込む。 3. 〔〈et⁴〉ッ+in 〈et⁴〉ニ〕はめ込む。

hi·nein|plat·zen [ヒナイン・プらッツェン] 動 *s.* 〔(in 〈et⁴〉ニ)〕突然やって来る。

hi·nein|re·den [ヒナイン・れーデン] 動 *h.* 1. 〔(in 〈et⁴〉ノ中ニ)〕(向かって)話す〔語る〕。 2. 〔(in 〈et⁴〉ニ)〕口を挟む。 3. 〔(in 〈et⁴〉ニ)〕〔余計な〕口出しをする。 4. 〔〈j³〉ニ〕干渉する。 5. 〔(in 〈j³〉》〔方〕)〕(しつこく)説得する、口説く。【慣用】sich⁴ in Wut/Begeisterung hineinreden 話(演説)をしているうちに激昂/熱中してくる。

hi·nein|rei·ten* [ヒナイン・らイテン] 動 1. *s.* 〔(in 〈et⁴〉ノ)〕馬を乗入れる。 2. *h.* 〔〈j⁴〉ッ+(in 〈et⁴〉ニ)〕〔口〕追込む、あわせる(ひどい目などに)。

hi·nein|rie·chen* [ヒナイン・リーヒェン] 動 *h.* 〔(in 〈et⁴〉ニ)〕(試しに)ちょっとのぞいてみる(会社・仕事などに)。

hi·nein|schau·en [ヒナイン・シャウエン] 動 *h.* 1. 〔(in 〈et⁴〉ノッ)〕〔方〕のぞき込む。 2. 〔bei 〈j³〉

ノ所ニ〕〔口〕(断りなしに)ちょっと寄る、(…を)ちょっとのぞいてみる。

hi·nein|schlit·tern [ヒナイン・シュリッターン] 動 *s.* 1. 〔in 〈et⁴〉ニ〕滑って入る、滑って落ちる。 2. 〔(in 〈et⁴〉ニ)〕〔口〕知らず知らずのうちに陥る(情況に)。

hi·nein|schnei·den* [ヒナイン・シュナイデン] 動 *h.* 1. 〔(in 〈et⁴〉ニ)〕切れ目を入れる;深くくい込む。 2. 〔〈et⁴〉ッ+(in 〈et⁴〉ニ)〕あける(穴などを);刻んで入れる。

hi·nein|schnei·en [ヒナイン・シュナイエン] 動 1. *h.* 〔Es+in 〈et⁴〉ニ〕雪が降り込む。 2. *s.* 〔(〈方向〉ヘ)〕〔口〕突然やってくる(舞込む)。

hi·nein|se·hen* [ヒナイン・ゼーエン] 動 *h.* 1. 〔(in 〈et⁴〉ノ中ニ)〕のぞき込む、のぞいて見る〔読む〕。 2. 〔(in 〈et⁴〉ニ)〕〔口〕ちょっと入る〔顔を出す〕(飲み屋などに)。

hi·nein|stec·ken [ヒナイン・シュテッケン] 動 1. 〔〈et⁴〉ッ+in 〈et⁴〉ニ〕差込む、突っ込む;〔口〕入れる。 2. 〔〈j⁴/et⁴〉ッ+in 〈et⁴〉ノ中ニ〕〔口〕無理に押込む、詰込む。 3. 〔〈et⁴〉ッ+in 〈et⁴〉ニ〕〔口〕つぎ込む(お金・労力などを住居・事業などに)。

hi·nein|stei·gern [ヒナイン・シュタイガーン] 動 *h.* 〔sich⁴+in 〈et⁴〉ニ〕(感情が高まって)達する;のめり込む。

hi·nein|stür·zen [ヒナイン・シュテュるツェン] 動 1. *s.* 〔(in 〈et⁴〉ニ)〕落ちる(溝の中などに);駆込む(部屋の中などに)。 2. 〔〈j⁴〉ッ+(in 〈et⁴〉ノ中ニ)〕突落す(水の中などに);陥れる(苦境などに)。 3. *h.* 〔sich⁴+in 〈et⁴〉ノ中ニ〕飛込む(水の中などに);男かで取掛かる(仕事などに)、夢中になって飛込む(暴動などに)。

hi·nein|trei·ben* [ヒナイン・トらイベン] 動 1. *h.* 〔〈j⁴/et⁴〉ッ+(in 〈et⁴〉ニ)〕追込む;押し流す;巻込む。 2. *h.* 〔〈et⁴〉ッ+(in 〈et⁴〉ニ)〕打込む;掘る。 3. *s.* 〔(in 〈et⁴〉ヘ)〕押し流される。

hi·nein|tre·ten* [ヒナイン・トれーテン] 動 1. *h.* 〔(zu 〈et³〉ハルー+in 〈et⁴〉ニ)〕中へ足を踏み入れる。 2. *s./h.* 〔(in 〈et⁴〉ニ)〕足を突っ込む。

hi·nein|tun* [ヒナイン・トゥーン] 動 *h.* 〔〈et⁴〉ッ+(in 〈et⁴〉ノ)〕〔口〕中に入れる: einen Blick in 〈et⁴〉 ~ 〈物の〉中をちょっと見る。

hi·nein|ver·set·zen [ヒナイン・ふぇアゼッツェン] 動 *h.* 〔sich⁴+in 〈et⁴〉ニ〕立場になってみる〔考える〕。

hi·nein|wach·sen* [ヒナイン・ヴァクセン] 動 *s.* 1. 〔(in 〈et⁴〉ノ中ニ)〕伸びて入り込む〔食込む〕。 2. 〔in 〈et⁴〉ニ〕成長して達する、慣れる。

hi·nein|zie·hen* [ヒナイン・ツィーエン] 動 1. *h.* 〔〈j⁴/et⁴〉ッ+(in 〈et⁴〉ニ)〕引っ張り込む、引入れる(車・部屋の中などに)。 2. *s.* 〔(in 〈et⁴〉ニ)〕引っ越す;入り〔吹〕込む(煙・風などが)。 3. *h.* 〔〈j⁴〉ッ+in 〈et⁴〉ニ〕引込れる、巻込む(論争・事件などに)。

hi·nein|zwän·gen [ヒナイン・ツヴェンゲン] 動 *h.* 〔〈j⁴/et⁴〉ッ+(in 〈et⁴〉ニ)〕無理に押込む;〔〈j〉がsich⁴の場合〕体を無理に入れる。

hin|fah·ren* [ヒン・ふぁーれン] 動 1. *s.* 〔(〈方向〉ヘト)〕(向うへ)行く(乗り物が・乗り物で)。 2. *h.* 〔〈j⁴〉ッ+(〈方向〉ヘノ)〕(向うへ)連れて行く〔運ぶ〕(乗り物で)。 3. *s.* 〔雅〕出発する、走り去る(乗り物が・乗り物で);〔古〕死ぬ。 4. *s.* 〔über 〈et⁴〉ッ〕越えて行く(乗り物が・乗り物で草原などを)。 5. *s.* 〔über 〈et⁴〉ッ〕なでる、さする。 6. *s.* 〔an 〈et³〉ニ沿ッテ〕走る(乗り物が・乗り物で);なでる。 7. *s.* 〔mit 〈et⁴〉ッ+〈方向〉ヘ〕素早く動かす。

die **Hin|fahrt** [ヒン・ふぁーあト] 名 -/-en (乗り物での)往路: auf [bei] der ~ 往きに。

hin|fal·len* [ヒン・ふぁレン] 動 *s.* 1. 〔雅話〕地面〔床〕に倒れる、転ぶ。 2. 〔〈j³〉ノ手カラ/von 〈et³〉カラ〕地面〔床〕に落ちる。【慣用】 vor 〈j³〉 hinfallen 〔文〕〈人の〉前にひれ伏す。

hin·fäl·lig [ヒン・ふェりヒ] 形 **1.** 老衰した, よぼよぼの. **2.** 根拠のない, 無効な.
die **Hin·fäl·lig·keit** [ヒン・ふェりヒカイト] 名 -/ **1.** 脱力, 衰弱, 老衰. **2.** 根拠のないこと, 無効なこと.
hin|fin·den* [ヒン・ふィンデン] 動 h. 《zu〈j³/et³〉ヘ/》道がわかる.
hin|flie·gen* [ヒン・ふりーゲン] 動 **1.** s. 《〈方向〉ヘ》(向かって)飛んで行く(鳥・航空機が; 航空機で); 速いスピードで走って行く(馬・車などが). **2.** s. [an〈et³〉ニ近ヅイテ/über〈et⁴〉ヲ越エテ] 飛んで行く. **3.** 《j⁴/et⁴ッヲ+(〈方向〉ヘ)》空輸する. **4.** s. 〖蹼認〗《口》すごい勢いで転ぶ.
der **Hin·flug** [ヒン・ふるーク] 名 -(e)s/..flüge 行きの飛行.
hin·fort [ヒン・ふォルト] 副 《紋》今後.
hin|füh·ren [ヒン・ふューレン] 動 **1.** h. 《j⁴ッヲ+(zu〈et³〉ヘ)》連れて行く, 案内する. **2.** 《j⁴ッヲ+〈et³〉ヘ》導く. **3.** 〖場所〗ニ/〈方向〉ヘ》通じている. Wo soll das~? これはどういうことになるのだろう. **4.** 〖場所〗ヲ》走っている(道などが).
hing [ヒング] 動 hängen¹ の過去形.
die **Hin·ga·be** [ヒン・ガーベ] 名 -/ **1.** 献身, 帰依; 没頭, 熱中: mit ~ 熱中して, 献身的に. **2.** 《文・婉》(女性が)身を任せること. **3.** 《稀》手渡すこと. **4.** 〖文〗犠牲にすること.
hin·ge [ヒンゲ] 動 hängen¹ の接続法 2 式.
hin|ge·ben* [ヒン・ゲーベン] 動 h. **1.** 《j³ッヲ+〈et⁴〉》手渡す, 与える. **2.** 〖蹼認〗《j⁴/et⁴ッヲ》(文)犠牲にする[捧げる](生命・財産などを). **3.** 《sich⁴+〈et³〉》没頭する, 専念する, 打込む(仕事などに); 夢中になる(娯楽などに); 陥る(誤謬・幻想などに); ひたる(悲しみなどに). **4.** 《sich⁴+〈j³〉》帰依する; 身を任せる(男に).
die **Hin·ge·bung** [ヒン・ゲーブング] 名 -/ 献身, 帰依; 没頭, 熱中.
hin·ge·bungs·voll [ヒン・ゲーブングス・ふォる] 形 献身的な.
hin·ge·gen [ヒン・ゲーゲン] 副 《語飾》(動詞・副詞・名詞を修飾)《硬》それに反して.
hin|ge·hen* [ヒン・ゲーエン] 動 s. **1.** 《(zu〈j³/et³〉ノ所ヘ/本棚の所・講演会ヘなど)》行く(本棚の所・講演会へなど). **2.** 〖蹼認〗立去る, 向うへ行く;《文》死ぬ: 過ぎる(時などが). **3.** [über〈et³〉ノヒョウ] 走る, 滑るように動く(仕事・作文などが); (noch とともに)まあまあの出来である, 妥当する, 通る, 受入れられる(意見・批評など).
hin|ge·hö·ren [ヒン・ゲ・⌒ーれン] 動 h. 《場所》ニ》《口》ある[置かれる]べきところ.
hin·ge·ris·sen [ヒン・ゲリッセン] 形 うっとりした.
der/die **Hin·ge·schie·de·ne** [ヒン・ゲ・シーデネ] 名 (形容詞的変化)《文・婉》故人.
hin|hal·ten* [ヒン・ハルテン] 動 h. **1.** 《〈j³〉ニ+〈et⁴〉》差出す. **2.** 《j⁴ッヲ+〈時間〉ノ間》(うまいことを言って)待たせる(婚約者・債権者などを); 引留める(に).〖軍〗食止める(敵軍などを).
hin|hän·gen¹ [ヒン・ヘンゲン] 動 h. 《et⁴ッヲ+(〈方向〉ヘ)》掛ける(棕・ミントなどを. 副詞では hier, wo などや場所の副詞も可).
hin|hän·gen²* [ヒン・ヘンゲン] 動 h. 《次の形で》《口》《et⁴〉ッヲ》 lassen ~《口》に掛けておく.
hin|hau·en⁽*⁾ [ヒン・ハウエン] 動 **1.** h. 《〈方向〉ヲ目ガケテ》《口》たたく[打つ・殴る](副詞では hier, wo などが場所の副詞を用いる). **2.** h. 《et⁴ッヲ+(〈方向〉ヘ)》投出す, たたきつける, 投げつける. **3.** h. 《et⁴ッヲ》突然投出す(仕事などを); やっつけ仕事で仕上げる(仕事・記事などを); 間髪を入れず言

う[所感・ジョークなどを]. **4.** h. 《sich⁴》《口》寝る, 横になる, 寝転ぶ; 倒れ伏す. **5.** h. 倒す, 打ち倒す; びっくりさせる, あ然とさせる, あわてさせる. **6.** h. 《Es+〈j⁴〉ッヲ》《口》転ぶ, 投げ倒される. **7.** s. 〖蹼認〗ばったり倒れる. **8.** h. 《口》《方・口》急ぐ: 《口》うまく行く, 成功する(ある事が); 良い, 正しい(ある事が); 十分である(量が); 成功を収める(映画が).
hin|hö·ren [ヒン・⌒ーれン] 動 h. 〖蹼認〗耳を傾ける.
das **Hin·ke·bein** [ヒンケ・バイン] 名 -(e)s/-e 《口》障害のある片足; 片足を引きずって歩く人.
der **Hin·ke·fuß** [ヒンケ・ふース] 名 -es/..füße 《口》= Hinkebein.
das **Hin·kel** [ヒンケル] 名 -s/- 《西中独》ニワトリ. ⇒ Huhn.
hin|ken [ヒンケン] 動 **1.** h. 〖蹼認〗片足を引きずって歩く; 腰をかがめて歩く(腰を痛めて); リズム〔韻〕が整っていない(詩句が); 適切でない, 当を得ていない(比較・推論などが). **2.** s. 《〈方向〉ヘ》片足を引きずって行く, 腰を屈めて歩いて行く.
hin|knal·len [ヒン・クナれン] 動 《口》 **1.** h. 《et⁴ッヲ+(〈方向〉ヘ)》(ぴしゃり[ばたん]と置く. **2.** s. 〖蹼認〗ばったり倒れる.
hin|kom·men* [ヒン・コメン] 動 s. **1.** 《〈方向〉ヘ》着く, 行く, 来る. **2.** 《mit〈et³〉ッデ》《口》《なんとか》足りる, 間に合わせる, やっていく. **3.** 〖蹼認〗(なんとか)うまく行く, けりがつく(事が); 合っている, 足りている(量・日方などが).
hin|krie·gen [ヒン・クリーゲン] 動 h. 《口》 **1.** 《et⁴ッヲ》うまくやってのける. **2.** 《et⁴ッヲ》治し直す.
hin|lan·gen [ヒン・ランゲン] 動 h. **1.** 〖蹼認〗《口》手を伸ばす. **2.** 《nach〈et³〉》《口》つかみかかる, 《おむしゃらに[フェアでない]プレーをする. **3.** 〖蹼認〗《口》足りる. **5.** 《mit〈et³〉ッデ》《口》間に合う.
hin·läng·lich [ヒン・レングリヒ] 形 十分な.
hin|le·gen [ヒン・レーゲン] 動 h. **1.** 《et⁴ッヲ》(そこに)置いておく; 手から放して(そこに)置く, おだやかに置く(凶器・新聞などを); 《口》支払う(高額の金を). **2.** 《j⁴ッヲ+(〈方向〉ヘ)》寝させる; 横たえる; 《口》殴り倒させる; 卒倒させる. **3.** 《sich⁴+(〈方向〉ニ/〈様態〉ニ)》横になる; 就寝する; 休息[昼寝]のために横になる; 《口》倒れる.
hin|len·ken [ヒン・レンケン] 動 h. 《et⁴ッヲ+(〈方向〉ヘ)》向ける(乗物・視線などを).
hin|met·zeln [ヒン・メッツェルン] 動 h. 《j⁴ッヲ》大量に虐殺する.
hin|mor·den [ヒン・モるデン] 動 h. 《j⁴ッヲ》殺戮(穀?)する.
hin|neh·men* [ヒン・ネーメン] 動 h. **1.** 《et⁴ッヲ+(〈模様〉ッヲ)》甘受する(非難・運命などを), なすすべもなく受け入れる(敗北・打撃などを). **2.** 《j⁴/et⁴ッヲ+〈方向〉ヘ》連れて行く, 持って行く. **3.** 《j⁴ッヲ》《稀》心を奪う(とりこにする).
hin|nei·gen [ヒン・ナイゲン] 動 h. **1.** 《et⁴ッヲ+zu〈j³/et³〉ノ方ヘ》傾ける. **2.** 《sich⁴+zu〈j³/et³〉ノ方ヘ》身体を傾ける, かがむ. **3.** 《zu〈et³〉》気持が傾く.
hin|nen [ヒンネン] 《次の形で》von ~ 《古》ここから.
hin|plau·zon [ヒン・プラウツェン] 動 s. 《(〈方向〉ニ)》どしんと倒れる(転ぶ・落ちる).
hin|plump·sen [ヒン・プるムプセン] 動 s. 《(〈方向〉ニ)》どすんと倒れる(転ぶ・落ちる).
hin|pur·zeln [ヒン・プるツェルン] 動 s. 《(〈方向〉ヘ)》すってんと倒れる(倒れる・転げ落ちる).
hin|raf·fen [ヒン・らッふェン] 動 h. 《j⁴ッヲ》《文》命を奪い去る(戦争・疫病などが).
hin|rei·chen [ヒン・らイヒェン] 動 h. **1.** 《j³ッ+

〈et^4〉ヲ〕(手)渡す, 差出す. **2.** 〔in 〈et^4〉(ノ中)マデ/(bis) zu 〈et^3〉マデ〕達する, 届く. **3.** 〔(für 〈et^4〉ノタメニ/zu 〈et^3〉ノタメニ/zu〈動〉スルノニ)〕足りる, 十分である. **4.** 〔(mit 〈et^3〉デ)〕《口》(なんとか)足りる, 間に合せる, やっていく.

hịn·rei·chend [ヒン·ライひぇント] [形] 十分な.

die **Hịn·rei·se** [ヒン·ライゼ] [名] -/-n (ある所への)旅行, 往き, 往路: bei 〔auf〕 der ~ 往きに.

hịn|rei·sen [ヒン·ライゼン] [動] *s.* 〔補足なし〕旅に出る.

hịn|rei·ßen* [ヒン·ライセン] [動] *h.* **1.** 〔〈j^4/et^4〉ヲ+(〈方向〉ヘ)〕無理やり引っ張って行く, 攫(さら)って行く《急流がボートなどを》. **2.** 〔〈j^4〉ヲ〕魅了する, 夢中にさせる. **3.** 〔〈j^4〉ニ+zu 〈et^3〉ヲ〕せざるを得なくさせる. 【慣用】**sich^4 (im Zorn) zu einer unüberlegten Handlung/Äußerung hinreißen lassen** 怒りに駆られて分別のない行為/発言をする. **sich^4 (von seiner Wut) hinreißen lassen** 怒りに駆られる〔かっとなる〕.

hịn·rei·ßend [ヒン·ライセント] [形] 魅惑的な, うっとりする.

hịn|rich·ten [ヒン·りひテン] [動] *h.* 〔〈j^4〉ヲ〕死刑にする: 〈j^4〉 durch den Strang ~ 〈人を〉絞首刑にする.

die **Hịn·rich·tung** [ヒン·りひトゥング] [名] -/-en 死刑執行, 処刑.

hịn|sa·gen [ヒン·ザーゲン] [動] *h.* 〔〈et^4〉ヲ〕(考えずに·思ってもいないのに)言う.

hịn|sau·sen [ヒン·ザウゼン] [動] *s.* 〔(〈方向〉ヘ)〕《口》飛んで行く; どさっと倒れる〔落ちる〕.

hịn|schei·den* [ヒン·シャイデン] [動] *s.* 〔補足なし〕《文·婉》他界する.

hịn|schi·cken [ヒン·シッケン] [動] *h.* 〔〈j^4/et^4〉ヲ+(〈方向〉ヘ)〕送る, 行かせる.

hịn|schie·ben* [ヒン·シーベン] [動] *h.* **1.** 〔〈et^4〉ヲ〕押しやる. **2.** 〔〈j^3〉ニ+〈et^4〉ヲ〕押して渡す. **3.** 〔sich^4+〈方向〉ヘ〕押分けるようにして進む.

hịn|schlach·ten [ヒン·シュラはテン] [動] *h.* 〔〈j^4/et^4〉ヲ〕殺戮(さつりく)する.

hịn|schla·gen* [ヒン·シュラーゲン] [動] **1.** *h.* 〔(〈方向〉ヲ目ガケテ)〕打つ, たたく, 殴る《副詞では hier, wo など場所の副詞を用いる》. **2.** *s.* 〔補足なし〕《口》ばったり倒れる.

hịn|schlep·pen [ヒン·シュレッペン] [動] *h.* **1.** 〔〈j^4/et^4〉ヲ+(zu 〈j^3/et^3〉(ノ所)ヘ)〕引きずって行く, 引っ張って行く, やっと運んで行く, 無理やり連れて行く. **2.** 〔sich^4+(〈方向〉ヘ)〕足を引きずるようにして歩いて行く. **3.** 〔sich^4+〈時間〉ノ間〕だらだらと長びく《会議などが》. **4.** 〔〈et^4〉ヲ〕だらだらと続ける《交渉などを》, ぐずぐずと先に延ばす《用件などを》.

hịn|schmei·ßen* [ヒン·シュマイセン] [動] *h.* 《口》 **1.** 〔(〈j^3/et^3〉ニ)+〈et^4〉ヲ〕投げる; 投げてやる《犬に骨などを》. **2.** 〔〈et^4〉ヲ+(〈方向〉ニ)〕投出す《上着を床などに》. **3.** 〔〈et^4〉ヲ〕投出す《仕事などを》.

hịn|schmie·ren [ヒン·シュミーれン] [動] **1.** *h.* 〔〈et^4〉ヲ+(〈方向〉ニ)〕《口》書きなぐる. **2.** *s.* 〔補足なし〕《方》どさっと倒れる.

hịn|schrei·ben* [ヒン·シュらイベン] [動] *h.* **1.** 〔(〈場所〉ニ)〕記入する. **2.** 〔〈et^4〉ヲ〕(ぞんざいに)書く. **3.** 〔補足なし〕《口》手紙を出す《官庁·会社などに》.

hịn|schwin·den* [ヒン·シュヴィンデン] [動] *s.* 〔補足なし〕なくなる; 過ぎ去る.

hịn|se·geln [ヒン·ゼーゲルン] [動] *s.* **1.** 〔(〈方向〉ヘ)〕帆走する; 帆船で行く. **2.** 〔über 〈et^4〉ヲ〕滑るように飛んで行く. **3.** 〔(〈場所〉デ)〕《口》滑って転ぶ.

hịn|se·hen* [ヒン·ゼーエン] [動] *h.* 〔(〈方向〉ニ)〕目をやる, (…を)見やる.

hịn sein*, [旧]**hịn|sein*** [ヒン ザイン] [動] *s.* 《口》 **1.** 〔補足なし〕なくなっている《かぎなどが》, 失われてしまっている《信頼などが》; 使いものにならない; 疲れ果てている; 倒産している; 死んでいる. **2.** 〔(von 〈j^3/et^3〉ニ/in 〈j^4/et^4〉ニ)〕夢中になっている, 感動している, 心を奪われている. **3.** 〔(〈方向〉ニ)〕出かけてしまっている, 立去ってしまっている. **4.** 《bis の前置詞句と》〔Es+〈et^4〉〔〈様態〉〕ノ時間ガ〕(…までは)まだかかる.

hịn|set·zen [ヒン·ゼッツェン] [動] *h.* **1.** 〔〈j^4/et^4〉ヲ+(〈方向〉ニ)〕置く, 下ろす, 座らせる. **2.** 〔sich^4〕(そこに)座る, 腰かける, 着席する; 《口》尻餅をつく, 腰が抜けるほどびっくりする. 【慣用】**Wo soll ich meinen Namen hinsetzen?** どこに署名したらいいですか.

die **Hịn·sicht** [ヒン·ズィひト] [名] -/-en 《主に[単]》《稀》観点, 視点: in jeder ~ すべての点で.

hịn·sicht·lich [ヒン·ズィひトりひ] [前] 〔+2格〕《硬》…に関して.

hịn|sie·chen [ヒン·ズィーひぇン] [動] *s.* 〔補足なし〕《文》長患いで病み衰える.

hịn|sin·ken* [ヒン·ズィンケン] [動] *s.* 〔補足なし〕《文》くずおれる.

das **Hịn·spiel** [ヒン·シュピール] [名] -(e)s/-e 『スポーツ』(2回総当りのリーグ戦での)1回目の試合.

hịn|stel·len [ヒン·シュテレン] [動] *h.* **1.** 〔〈et^4〉ヲ+(〈方向〉ニ)〕立てて置く; 配(置)する; 置く《副詞では dort, wo など場所の副詞を用いる》. **2.** 〔〈j^4〉ヲ+(〈方向〉ニ)〕(行かせて)立たせる《副詞では dort, wo など場所の副詞を用いる》. **3.** 〔sich^4+(〈方向〉ニ)〕(行って)立つ《副詞では dort, wo など場所の副詞を用いる》. **4.** 〔〈j^4/et^4〉ヲ〕下に〔脇に〕置く〔降ろす〕. **5.** 〔〈j^4/et^4〉ヲ+als 〈j^4/et^4〉デアルト/als 〈形〉ト〕言う. **6.** 〔sich^4+als 〈j$^{1(4)}$/et$^{1(4)}$〉デアルト/als 〈形〉ト〕自称する. 【慣用】**etwas hinstellen können** 《口》(金銭的に)かなりのことができる.

hịn|ster·ben* [ヒン·シュテるベン] [動] *s.* 〔補足なし〕《文》次第に死んで〔枯死して·消えて〕いく.

hịn|steu·ern [ヒン·シュトイあーン] [動] **1.** *h.* 〔〈j^4/et^4〉ヲ+(〈方向〉ヘ向ケテ)〕走らせる《乗り物を·乗り物で》. **2.** *s.* 〔〈方向〉ヘ向カッテ〕走る《乗り物が·乗り物で》. **3.** *s.* 〔auf 〈et^4〉ヲ〕追求する, 目ざす《目標などを》.

hịn|stre·cken [ヒン·シュトれッケン] [動] *h.* **1.** 〔〈j^3〉ニ+〈et^4〉ヲ〕差出す. **2.** 〔〈j^4〉ヲ〕《文·古》(ぶちのめして)殺す《戦いなどで》. **3.** 〔sich^4+(〈場所/方向〉ニ)〕横になる. **4.** 〔sich^4+(〈様態〉ニ/〈場所〉ニ)〕延びている, 広がっている.

hịn|stür·zen [ヒン·シュテュるツェン] [動] *s.* **1.** 〔(〈場所〉デ)〕倒れる, 転ぶ. **2.** 〔(〈方向〉ヘ)〕急ぐ, 突進する.

hintạn.. [ヒント·アン..] [接頭] 《文》(hinten と an の融合形) 分離動詞を作る. アクセント有. **1.** 後へ〔で〕; 最後部へ〔で〕: *hintan*|bleiben 遅れている. *hintan*|halten 妨ぐ. **2.** 無視される〔重要でない〕位置〔立場〕へ〔で〕: *hintan*|setzen なおざりにする.

hintạn|blei·ben* [ヒントアン·ブライベン] [動] *s.* 〔補足なし〕(発達·発展の)遅れている.

hintạn|hal·ten* [ヒントアン·ハルテン] [動] *h.* 〔〈et^4〉ヲ〕《文》妨げる, 食い止める.

hintạn|set·zen [ヒントアン·ゼッツェン] [動] *h.* 〔〈j^4/et^4〉ヲ〕《文》なおざりにする, 無視する.

die **Hint·ạn·set·zung** [ヒントアン·ゼッツング] [名] -/ 《文》なおざりにすること, 無視.

hintạn|stel·len [ヒントアン·シュテレン] [動] *h.* 〔〈j^4/et^4〉ヲ〕《文》ないがしろにする; 後回しにする, 度外視する.

hịn·ten [ヒンテン] [副] 後ろ〔背後·裏·奥〕に〔で〕: Der Wagen hat seinen Motor ~. その自動車は後ろにエンジンがある. *H*~ einsteigen! 後ろ(扉)からご乗車下さい. da/dort ~ そこの/あそこの後ろ〔裏·奥·後尾〕に〔で〕. 《bis, nach, von とともに》ein Buch von vorn(e) bis ~ lesen 本を始めから終りまで読む. Das Zimmer geht nach ~ hinaus. その部屋は裏側に向

いている. nach ～ umfallen 後ろに倒れる. die zweite Reihe von ～ 後ろから 2 番目の列. ～ im Schrank 戸棚の奥に〔で〕. **【慣用】〈j^4〉 am liebsten von hinten sehen** 《口》〈人と〉顔を合わせたくない. **es 〈j^3〉 vorn (e) und hinten reinstecken** 《口》〈人に〉あれもこれもとたくさん(贈り物・援助を)やりすぎる. **hinten Augen/keine Augen haben** 《口》後ろに目がある〔目ざとい〕/後ろに目なんかついてはいない. **hinten bleiben** 《口》遅れをとっている,(地位・順番の)後ろの方から動かない. **hinten nicht mehr hoch können** 《口》むずかしい状況にある;(年をとって)体がきかない. **hinten sein** (精神的に)発達が遅れている. **hinten und vorn(e)** 《口》前も後ろも, どこもかしこも, 何から何まで. **nicht (mehr) wissen, wo hinten und vorn(e) ist** 《口》(混乱して)どうしていいか分らない. **〈j^4〉 von hinten ansehen** 《口》〈人に〉背を向ける,〈人を〉無視する. **von hinten durch die Brust (ins Auge)** 《口》回りくどく;ひそかに〔裏口から〕だ **weder hinten noch vorn (e)** 《口》まったく…でない.

hịn·ten·dr<u>ei</u>n [ヒンテン・ドらイン] [副] 《稀》＝hinterher.

hịn·ten·he·r<u>au</u>s [ヒンテン・へらウス] [副] 後ろ側に.

hịn·ten·he·rụm [ヒンテン・へるム] [副] 後ろを回って, 裏口から;後ろ〔お尻〕の辺りに;ひそかに, 不正に.

hịn·ten·hin [ヒンテン・ヒン] [副] 後ろの方へ.

hịn·ten·n<u>a</u>ch [ヒンテン・ナーは] [副] 《南独・(オーストリア)》＝hinterher.

hịn·ten·<u>ü</u>·ber [ヒンテン・ユーバー] [副] 《文》あお向けざまに.

hịn·ten·<u>ü</u>·ber|fal·len* [ヒンテンユーバー・ふぁレン] [動] *s.* [補足なし]あおむけに倒れる.

hịn·ter^1 [ヒンター] [前] 〔＋3 格/4 格〕 **1.** **a.** 〔＋3 格〕《位置》…の後ろに〔で〕, …の向う側に, …かげに;…の後ろ〔向う側・かげ〕から: ～ dem Haus 家の後ろに〔うらに〕. ～ der Mauer 壁の向う側に. die Tür ～ sich^3 schließen ドアを後ろ手に閉める. ～ dem Vorhang hervortreten カーテンのかげから出てくる. **b.** 〔＋4 格〕《方向》…の後ろへ: sich^4 ～ einen Mann setzen. 一人の男の後ろへ腰かける. **c.** 〔＋3 格〕《追尾》(her とともに)…のあとについて, …の後ろから: Er läuft ～ mir her. 彼は私の後ろから走ってくる. **2.** **a.** 〔＋3 格〕《順位》…の次に: ～ 〈j^3〉 an die Reihe kommen 〈人の〉次に順番がくる. **b.** 〔＋3 格/4 格〕《劣性》…より劣って: ～ 〈j^3〉 zurück sein 〈人より〉劣っている. 〈j^4/et^4〉 weit ～ sich^3 stehen lassen 〈人・事を〉はるかに凌駕(りょうが)する. **3.** 《支援》 **a.** 〔＋3 格〕《次の形で》 ～ 〈j^3/et^3〉 stehen 〈人・事を〉支援する. 〈j^4〉 ～ sich^3 haben 〈人を〉後盾にしている. **b.** 〔＋4 格〕 《次の形で》 sich^4 ～ 〈j^4〉 stellen〈人の〉後盾になる. **4.** **a.** 〔＋3 格〕…の後ろに, …を越えて, …を克服した: die Hälfte des Weges ～ sich^3 haben 道のりの半分を後にしている. das Schlimmste ～ sich^3 haben 最大の危機を乗越えている. **b.** 〔＋4 格〕…をあとに, …の向うに: 〈et^4〉 ～ sich^4 bringen 〈事を〉なしとげる. ～ das Mittelalter zurückreichen. 中世の前の時代にさかのぼる.

hịn·ter^2 [ヒンター] [形] 後ろの, 後部〔方〕の, 奥の.

die **Hịn·ter·ach·se** [ヒンター・アクセ] [名] -/-n 後車軸.

die **Hịn·ter·an·sicht** [ヒンター・アン・ズィひト] [名] -/-en (建物の)背面, 裏側.

der **Hịn·ter·aus·gang** [ヒンター・アウス・ガング] [名] -(e)s/..gänge 裏の出口.

die **Hịn·ter·ba·cke** [ヒンター・バッケ] [名] -/-n 《主に[複]》《口》尻(しり).

der **Hịn·ter·bänk·ler** [ヒンター・ベンクラー] [名] -s/- 後部座席に座っている人;〖議会〗《(ジャーゴン)・蔑》下っぱ議員.

das **Hịn·ter·bein** [ヒンター・バイン] [名] -(e)s/-e 後脚: sich^4 auf die ～*e* stellen 抵抗する;頑張る.

der/die **Hịn·ter·bli<u>e</u>·be·ne** [ヒンター・ブリーベネ] [名] 《形容詞的変化》遺族.

die **Hin·ter·bli<u>e</u>·be·nen·ren·te** [ヒンターブリーベネン・れンテ] [名] -/-n 遺族年金.

hịn·ter|brin·gen^1* [ヒンター・ブリンゲン] [動] *h.* **1.** 〖〈et^4〉ヲ〗《東中独・南独・(オーストリア)》《口》後ろの方へ持って行く. **2.** 〖〈et^4〉ヲ〗《東中独》飲込む〔下す〕.

hin·ter·brịn·gen^2* [ヒンターブリンゲン] [動] *h.* 〖〈j^3〉ニ＋〈et^4〉ヲ〗こっそり知らせる.

das **Hịn·ter·deck** [ヒンター・デック] [名] -(e)s/-s〔-e〕〖海〗後甲板.

hin·ter·dr<u>ei</u>n [ヒンタードらイン] [副] 《古》＝hinterher.

hin·ter·ei·n·ạn·der [ヒンター・アイナンダー] [副] **1.** 《空間》縦に(並んで), 相前後して, 次々に: sich^4 in zwei Reihen ～ aufstellen 二列縦隊を作る, 縦二列に並ぶ. **2.** 《時間》続けて: dreimal ～ 3 回続けて.

hin·ter·ei·n·ạn·der schal·ten, ⓪**hin·ter·ein·ạn·der|schal·ten** [ヒンターアイナンダー シャルテン] [動] *h.* 〖〈et^4〉ヲ〗〖電〗直列につなぐ.

die **Hin·ter·ei·n·ạn·der·schal·tung** [ヒンターアイナンダー・シャルトゥング] [名] -/-en 〖電〗直列接続.

der **Hịn·ter·ein·gang** [ヒンター・アイン・ガング] [名] -(e)s/..gänge 裏(の入)口.

der **Hịn·ter·flü·gel** [ヒンター・ふリューゲル] [名] -s/- 〖昆〗後翅(こうし).

hịn·ter·fot·zig [ヒンター・ふぉッツィひ] [形] 《(バイエルン)》腹黒い, 陰険な.

hin·ter·fr<u>a</u>·gen [ヒンターふらーゲン] [動] *h.* 〖〈et^4〉ノ〗背景〔前提・根拠〕を問う〔探る〕, 関連〔コンテキスト〕を探る.

der **Hịn·ter·fuß** [ヒンター・ふース] [名] -es/..füße (動物の)後足.

der **Hịn·ter·gau·men·laut** [ヒンター・ガウメン・ラウト] [名] -(e)s/-e 〖言〗軟口蓋(がい)音.

das **Hịn·ter·ge·bäu·de** [ヒンター・ゲボイデ] [名] -s/- ＝Hinterhaus.

der **Hịn·ter·ge·dan·ke** [ヒンター・ゲダンケ] [名] -ns/-n 内心, 底意.

hịn·ter|ge·hen^1* [ヒンター・ゲーエン] [動] *s.* [補足なし]《東中独・南独・(オーストリア)》後ろの方へ行く.

hin·ter·ge·hen^2* [ヒンターゲーエン] [動] *h.* **1.** 〖〈j^4〉ヲ〗騙(だま)す, 欺く: den Ehemann/die Ehefrau mit 〈j^3〉 ～ 〈人と〉通じて夫/妻に不貞を働く. **2.** 〖〈et^4〉ヲ〗《稀》うまく〔ずるく〕立回って守らない(命令などを).

die **Hin·ter·glas·ma·le·rei** [ヒンター・グラース・マーレらイ] [名] -/-en ガラス絵;([単]のみ)ガラス絵技法.

der **Hịn·ter·grund** [ヒンター・グるント] [名] -(e)s/..gründe **1.** 背景;奥: im ～ der Bühne/des Gemäldes 舞台の奥で/絵画の背景に. **2.** (主に[単])背後の状況, 裏の事情. **3.** 隠された理由, 背後関係. **4.** (主に[単])経歴. **【慣用】 im Hintergrund stehen** 目立たない;背後で影響を及ぼす. **〈j^4/et^4〉 in den Hintergrund drängen** 〈人・物・事を〉背後に押しやる, 影響力を失わせる. **in den Hintergrund treten〔rücken〕** 重要性〔影響力〕を失う. **im Hintergrund bleiben〔sich^4 im Hintergrund halten〕** 表舞台に出ない, 注目をひかないようにしている. **〈et^4〉 in Hintergrund haben** 《口》〈事が〉奥の手としてある;背後にある.

hin·ter·grün·dig [ヒンター・グりゅンディひ] [形] 意味深長な, いわくありげな, 含みのある, 底の知れない.

die **Hịn·ter·grund·in·for·ma·ti·on** [ヒンターグるント・インふぉるマツィオーン] [名] -/-en (事件の)背後関係〔背景〕の情報.

der **Hịn·ter·halt** [ヒンター・ハルト] [名] -(e)s/-e **1.** 待伏せ場所: im ～ liegen 待伏せる. in einen ～ fallen 待伏せのわなに陥る. 〈et^4〉 im ～ haben 《口》〈物を〉蓄えている. **2.** ([単]のみ)《古》遠慮;後盾.

hịn·ter·häl·tig [ヒンター・ヘルティひ] [形] 陰険な.

die **Hịn·ter·hand** [ヒンター・ハント] [名] -/ **1.** (馬や犬

H

の尻を含む)後ろ足の部分. **2.** 《次の形で》in der ~ sein 〔sitzen〕〖トランプ〗カードを出す順番が最後である;有利な行動ができる. 〈et^4〉 in der ~ haben 〈物ヲ〉蓄えている. **3.** 〖トランプ〗最後にカードを出す人.

das **Hịn·ter·haupt** [ヒンター・ハウプト] [名] −(e)s/ ..häupter 〖解〗《文》後頭部.

das **Hịn·ter·haus** [ヒンター・ハウス] [名] −es/ ..häuser (通りに接した)家の裏庭にある家;(通りに面した)家の裏側の部分.

hin·ter·her [ヒンター・ヘーあ, ヒンター・ヘーあ] [副] **1.** 《アクセントは[−−ˊ]》(空間)後ろから. **2.** 《アクセントは[−−ˊ, ˊ−−]》(時間)あとから, あとで. ⇨ hinterher sein.

hin·ter·her|lau·fen* [ヒンターヘーあ・ラウふぇン] [動] *s.* **1.** 〔(〈j^3/et^3〉ノ)〕あとを追いかける. **2.** 〔〈j^3/et^3〉ヲ〕《口》(手に入れようと)しつこく追いまわす.

hin·ter·her sein*, [旧]**hin·ter·her|sein*** [ヒンターヘーあ ザイン] [動] *s.* 《口》 **1.** 〔〈j^3/et^3〉ヲ〕追いかけている. **2.** 〔〈文〉トナルヨウニ〕熱心に努める, 非常に気を配っている. **3.** 〔mit〔in〕〈et^3〉デ〕後れている, 劣っている(仕事・成績などで).

der **Hịn·ter·hof** [ヒンター・ホーふ] [名] −(e)s/ ..höfe (裏の建物に囲まれた)裏庭, 中庭.

(*das*) **Hịn·ter·in·di·en** [ヒンター・インディエン] [名] −s/ 〖地名〗インドシナ(半島).

der **Hịn·ter·kopf** [ヒンター・コップふ] [名] −(e)s/ ..köpfe 後頭部: keinen ~ haben 《口》絶壁頭だ. 〈et^4〉 im ~ haben 《口》〈事ガ〉記憶にある.

das **Hịn·ter·land** [ヒンター・ラント] [名] −(e)s/ 後方地域, 後背地, 奥地;背後の土地, (前線の)後方.

hin·ter·lạs·sen* [ヒンターラっセン] [動] *h.* **1.** 〔〈j^4/et^4〉ヲ〕遺す(妻子・遺稿・借金などを). **2.** 〔〈j^3〉ニ+〈et^4〉ヲ〕遺産として残す, 遺贈する;遺す(精神的遺産などを). **3.** 〔〈et^4〉ヲ〕(立去った)あとに残す(足跡・印象などを). **4.** 〔(〈j^3〉ニ/für 〈j^4〉ヘ)+〈et^4〉ヲ/〈文〉トイウコトヲ〕残す, 書残す.

der/*die* **Hin·ter·lạs·se·ne** [ヒンターラっセネ] [名] (形容詞的変化)《スイス》遺族.

die **Hin·ter·lạs·sen·schaft** [ヒンターラっセンシャふト] [名] −/−en 遺産, 遺品;《文》(立去る人が)置いていった物: 〈j^2〉 ~ antreten 〈人ノ〉遺産を相続する;《口・冗》〈人ノ〉ポスト〔し残した仕事〕を引継ぐ.

hịn·ter·las·tig [ヒンター・ラスティひ] [形] 後部に荷を積み過ぎた.

hin·ter·le·gen [ヒンターレーゲン] [動] *h.* 〔〈et^4〉ヲ+(bei 〈j^3〉ニ)〕預ける;〖法〗供託する, 寄託する.

die **Hin·ter·le·gung** [ヒンターレーグング] [名] −/−en 預けること;〖法〗供託, 寄託.

der **Hịn·ter·leib** [ヒンター・ライプ] [名] −(e)s/−er (昆虫の)腹部.

die **Hịn·ter·list** [ヒンター・リスト] [名] −/−en 《主に[単]》ずる賢さ, 陰険さ, 策略, 悪だくみ, 陰険な行動〔発言〕.

hịn·ter·lis·tig [ヒンター・リスティひ] [形] ずる賢い, 陰険な.

hịn·term [ヒンターム] (前置詞 hinter と定冠詞 dem の融合形).

der **Hịn·ter·mann** [ヒンター・マン] [名] −(e)s/ ..männer **1.** (座席・列などの)後ろの人;後ろの船〔車〕. **2.** 隠れた証人;(主に[複])黒幕;後盾;([複]のみ)〖球〗後衛. **3.** 〖金融〗(手形の)次の裏書人.

die **Hịn·ter·mann·schaft** [ヒンター・マンシャふト] [名] −/−en 〖球〗後衛, ディフェンス, バックス.

hịn·tern [ヒンターン] =hinter+den

der **Hịn·tern** [ヒンターン] [名] −s/− 《口》尻(しり): auf den ~ fallen 尻餅をつく. sich^4 auf seinen 〔den〕 ~ setzen 腰をすえて勉強する;腰を抜かすほど驚く. 〈j^4〉〔〈j^3〉〕 in den ~ treten 〈人ノ〉尻をけとばす(督促〔励〕のために). 【慣用】〈j^3〉 **in den Hintern kriechen** 〈人ニ〉おべっかを使う.

die **Hịn·ter·pfor·te** [ヒンター・プふぉるテ] [名] −/−n 裏門;裏口, (裏の)通用口.

der **Hịn·ter·pom·mer** [ヒンター・ポマー] [名] −n/−n 《口》同性愛の男, ホモ.

(*das*) **Hịn·ter·pom·mern** [ヒンター・ポマーン] [名] −s/ 〖地名〗ヒンターポンメルン(旧プロイセン, ポンメルン州のオーダー川以東の地方).

das **Hịn·ter·rad** [ヒンター・らート] [名] −es/ ..räder 後輪.

der **Hịn·ter·rad·an·trieb** [ヒンターらート・アン・トりーブ] [名] −(e)s/ 後輪駆動.

hịn·ter·rücks [ヒンター・りゅックス] [副] 背後から;《古》陰で.

hịn·ters [ヒンタース] =hinter+das

der **Hịn·ter·sas·se** [ヒンター・ザっセ] [名] −n/−n 〖史〗荘園農民;(中世の)公民権のない市民;《スイス》市民権のない(転入)住人.

das **Hịn·ter·schiff** [ヒンター・シふ] [名] −(e)s/−e 船尾の後部, 船尾, とも.

die **Hịn·ter·sei·te** [ヒンター・ザイテ] [名] −/−n 後ろ側, 裏面, 背面;《口》尻(しり).

der **Hịn·ter·sinn** [ヒンター・ズィン] [名] −(e)s/ **1.** 裏の意味. **2.** 隠れた深い意味.

hịn·ter·sin·nig [ヒンター・ズィニひ] [形] 裏の意味のある;意味深長な;《古》ふさぎ込んだ, 気のふれた.

der **Hịn·ter·ste·ven** [ヒンター・シュテーヴェン] [名] −s/− 〖海〗船尾材;《方・冗》尻(しり).

das〔*der*〕**Hịn·ter·teil** [ヒンター・タイル] [名] −(e)s/−e **1.** (das ~)《口》臀部(でんぶ). **2.** 《古・稀》後部.

das **Hịn·ter·tref·fen** [ヒンター・トれっふぇン] [名] 《口》《次の形で》ins ~ geraten〔kommen〕不利な状況に陥る. 〈j^4/et^4〉 ins ~ bringen 〈人・物・事ヲ〉不利にする. im ~ sein 不利な状況にいる.

hin·ter·trei·ben* [ヒンタートらイベン] [動] *h.* 〔〈et^4〉ヲ〕(汚い手段で)妨害する.

die **Hin·ter·trei·bung** [ヒンタートらイブング] [名] −/−en 《主に[単]》妨害, 阻止.

die **Hịn·ter·trep·pe** [ヒンター・トれっペ] [名] −/−n 裏階段.

der **Hịn·ter·trep·pen·ro·man** [ヒンタートれっペン・ろマーン] [名] −s/−e 《蔑》三文小説, 俗悪小説.

die **Hịn·ter·tür** [ヒンター・テューあ] [名] −/−en 裏口;抜け道: durch die ~ 裏口から;不正な方法で. sich^3 eine ~ offen halten 逃げ道を開けておく.

der **Hịn·ter·wäld·ler** [ヒンター・ヴェルトラー] [名] −s/− 《嘲》世間知らず, 田舎者.

hịn·ter·wärts [ヒンター・ヴェるツ] [副] 《古》後方へ〔で〕.

hịn·ter|zie·hen^{1}* [ヒンター・ツィーエン] [動] 《東中独・南独・オーストリア・口》 **1.** *h.* 〔〈j^4/et^4〉ヲ〕後ろへ引っ張る. **2.** *s.* 〔補足なし〕裏〔奥〕の部屋〔家〕へ移る.

hin·ter·zie·hen^{2}* [ヒンターツィーエン] [動] *h.* 〔〈et^4〉ヲ〕納めない, ごまかす(税金などを).

die **Hin·ter·zie·hung** [ヒンターツィーウング] [名] −/−en 脱税.

das **Hịn·ter·zim·mer** [ヒンター・ツィマー] [名] −s/− 裏〔奥〕の部屋.

hịn|tra·gen* [ヒン・トらーゲン] [動] *h.* 〔〈j^4/et^4〉ヲ+(〈方向〉ヘ)〕運んで行く.

hịn|tre·ten* [ヒン・トれーテン] [動] **1.** *s.* 〔(〈方向〉ヘ)〕歩いて行く. **2.** *h.* 〔補足なし〕蹴とばす.

hịn|tun* [ヒン・トゥーン] [動] *h.* 〔〈et^4〉ヲ+〈場所〉ニ〕《口》置く.

hi·n·ü·ber [ヒニューバー] [副] **1.** (越えて)向う側へ, あちらへ. **2.** (sein とともに)死んでいる, 壊れている, だめになった, 眠込んで〔意識を失って〕いる, 泥酔している.

hi·n·ü·ber|bli·cken [ヒニューバー・ブリっケン] [動] *h.* 〔(〈方向〉ノ方ヲ)〕見る, (向う側を)見やる.

hin|über|fah·ren* [ヒヌーバー・ふぁーレン] 動 **1.** *s.* 〔〈方向〉ヘ〕(向うの方へ)行く(乗り物で乗り物が). **2.** *h.* 〔〈et⁴〉ッ+〈方向〉ヘ〕(向うの方へ)運転して行く.

hin|über|füh·ren [ヒヌーバー・ふぁーレン] 動 *h.* 〔〈j³〉+(über〈et⁴〉/〈方向〉ヘ)〕(向う側へ)連れて行く. **2.** 〔(über〈et⁴〉/〈方向〉ヘ)〕(向う側へ)通じている.

hin|über|ge·hen* [ヒヌーバー・ゲーエン] 動 *s.* **1.** 〔über〈et⁴〉/〈方向〉ヘ〕向う側へ行く,向うへ渡る. **2.** 〔〈方向〉ヘ〕向うへ行く. **3.** 〔⟨略⟩⟨文⟩逝(ゅ)く.

hin|über|kom·men* [ヒヌーバー・コメン] 動 *s.* **1.** 〔(über〈et⁴〉/〈方向〉ヘ)〕(向うの方へ)行く. **2.** 〔(zu〈j³〉/ニ)〕(口)行く.

hin|über|rei·chen [ヒヌーバー・ライヒェン] 動 *h.* **1.** 〔〈方向〉ヘ〕(向うの方へ)届く,達する,及ぶ. **2.** 〔〈j³〉ニ+〈et⁴〉ッ〕(向うの方へ)差し出す,渡す.

hin|über|schaf·fen [ヒヌーバー・シャっふェン] 動 *h.* 〔〈et⁴〉ッ+〈方向〉ヘ〕(向うの方へ)運ぶ.

hin|über|schlum·mern [ヒヌーバー・シュルマーン] 動 *s.* 〈様態〉デ〕(文・婉)永久(ホ)の眠りにつく.

hin·über sein*, ⓐ**hin·über sein*** [ヒヌーバー ザイン] 動 *s.* (口) **1.** 〔⟨略⟩⟨口⟩死んでいる:だめになっている,壊れている:眠込んでいる,意識がない:ひどく酔っている:夢中になっている. **2.** 〔〈方向〉ヘ〕(向うへ)向うへ行く.

hin|über|set·zen [ヒヌーバー・ゼッツェン] 動 **1.** *h.* 〔〈j⁴〉+〈方向〉ヘ〕向うへ渡す. **2.** *h.* 〔〈j⁴/et³〉ッ+〈方向〉ヘ〕座らせる,置く,据える(〔sich⁴の場合〕(…へ)行って座る. **3.** *s.* 〔über〈et⁴〉ッ〕向うへ飛越える〔渡る〕.

hin|über|sprin·gen* [ヒヌーバー・シュプリンゲン] 動 **1.** 〔〈方向〉ヘ+(auf〈et⁴〉ヘト)〕向うへ飛越える. **2.** 〔(口)飛んで〔急いで〕行く.

hin·un·ter [ヒヌンター] 副 〔(空間:方向)(こちらから向うの)下へ: *H~ mit der Tablette!* (口)この錠剤を飲込みなさい. *den Berg ~* 山を下って. 〔地図の上下から〕*von Bremen ~ nach Freiburg* (口)ブレーメンから下のフライブルクへ. *zu Herrn Schmidt ~* 〔階で〕下のシュミット氏のところへ. **2.** 〈階級〉 *vom General bis ~ zum einfachen Soldaten* 将官から下は一兵卒まで. **3.** 〔dahinunter や hinunter の略から〕(口)彼はそこを下って行くつもりだった.

hin·un·ter|brin·gen* [ヒヌンター・ブリンゲン] 動 *h.* **1.** 〔〈j¹〉ヘ〕連れて〔持って・運んで〕行く. **2.** 〔⟨口⟩飲込む〔下す〕.

hin·un·ter|fah·ren* [ヒヌンター・ふぁーレン] 動 *s.* **1.** 〔〈et⁴〉ッ+〈方向〉ヘ〕下りて〔下って〕行く〔乗り物で・乗物で運んでいく〕. **2.** *h.* 〔〈et⁴〉ッ+〈方向〉ヘ〕下へ運転して下りて行く〔車を〕.

hin·un·ter|fal·len* [ヒヌンター・ふぁレン] 動 *s.* 〔(〈et⁴〉ッ/〈方向〉ヘ)〕落ちる.

hin·un·ter|ge·hen* [ヒヌンター・ゲーエン] 動 *s.* **1.** 〔〈方向〉ヘ〕下りて行く:降下する(飛行機). **2.** 〔⟨略⟩トりになっている(道が).

hin·un·ter|gie·ßen* [ヒヌンター・ギーセン] 動 *h.* **1.** 〔〈et⁴〉ッ+〈方向〉ヘ〕注ぐ. **2.** 〔〈et⁴〉ッ〕ぐっと飲み干す.

hin·un·ter|klet·tern [ヒヌンター・クレッテルン] 動 *s.* 〔(〈et⁴〉ッ/〈方向〉ヘ)〕はうようにして下りる.

hin·un·ter|schluck·en [ヒヌンター・シュルッケン] 動 *h.* **1.** 〔〈et⁴〉ッ〕嚥下(ﾈ)する,飲下す. **2.** 〔〈et⁴〉ッ〕(口)黙って耐える(批判・侮辱などを):ぐっとこらえる(怒り・涙などを).

hin·un·ter|spü·len [ヒヌンター・シュピューレン] 動 *h.* **1.** 〔〈et⁴〉ッ〕下へ流す. **2.** 〔〈et⁴〉ッ〕(口)ぐっと飲む. **3.** 〔〈et⁴〉ッ+(mit〈et⁴〉デ)〕(口)飲下す:(…を飲むことで)紛らす.

hin·un·ter|sto·ßen* [ヒヌンター・シュトーセン] 動 **1.** *h.* 〔〈j³/et⁴〉ッ+(〈et⁴〉デ)〕下に突落す(階段などの). **2.** *s.* 〔⟨略⟩⟨略⟩急降下する(猛禽(ﾓ)が).

hin·un·ter|stür·zen [ヒヌンター・シュテュルツェン] 動 **1.** *s.* 〔(〈方向〉ヘ)〕落ちる,転げ落ちる,墜落する:(口)駆け下りる. **2.** *h.* 〔sich⁴+〈方向〉ヘ(カラ)〕飛降りる,身を投げる. **3.** *h.* 〔〈j⁴〉+(〈方向〉ヘ(カラ))〕突落す. **4.** 〔〈et⁴〉ッ〕一気に飲む.

hin·un·ter|wer·fen* [ヒヌンター・ヴェるふェン] 動 *h.* 〔(〈j³〉+)〈et⁴〉ッ〕投げ落す〔下に向けて(視線を)〕.

hin·un·ter|wür·gen [ヒヌンター・ヴュるゲン] 動 *h.* 〔〈et⁴〉ッ〕やっと飲込む〔嚥〕ぐっとこらえる.

hin·wärts [ヒン・ヴェるツ] 副 あちらへ,往路に,行きに.

hin·weg [ヒン・ヴェック] 副 (文)あちらへ(去って):*H~ mit dir/damit!* おまえ〔それ〕をあちらへ持去れ/(über を強めて) *über ~〈et⁴〉 ~* 〈物・事を〉越えて:〈事を〉わたって,〈事を〉間ずっと.

der **Hin·weg** [ヒン・ヴェック] 名 *-(e)s/-e* 往路.

hin·weg|ge·hen* [ヒン・ヴェック・ゲーエン] 動 *h.* 〔über〈j⁴〉ッ〕無視する,取合わない,軽くあしらう. **2.** 〔über〈et⁴〉ッ〕(口)通り過ぎる.

hin·weg|hel·fen* [ヒン・ヴェック・ヘルふェン] 動 *h.* 〔〈j³〉ヲクテ+über〈et⁴〉ッ〕乗越えさせる.

hin·weg|kom·men* [ヒン・ヴェック・コメン] 動 *s.* 〔über〈et⁴〉ッ〕乗越える:克服する:問題にしない.

hin·weg|se·hen* [ヒン・ヴェック・ゼーエン] 動 *h.* **1.** 〔über〈et⁴〉ッ〕見渡す,(…でしに)向うを見る(…に)気づかないふりをする. **2.** 〔über〈et⁴〉ッ〕無視する,大目に見る,問題にしない(侮辱・失策などを).

hin·weg|set·zen [ヒン・ヴェック・ゼッツェン] 動 **1.** *s.* 〔*h.*〕〔über〈et⁴〉ッ〕跳び越える(障害(物)などを). **2.** 〔sich⁴+über〈et⁴〉ッ〕無視する(規則などを).

hin·weg|täu·schen [ヒン・ヴェック・トイシェン] 動 *h.* 〔〈j⁴〉ッ+über〈et⁴〉ッ〕気づかない〔分らない〕ようにごまかす.

hin·weg|trös·ten [ヒン・ヴェック・トりーステン] 動 *h.* 〔((〈j³〉ッ+)über〈et⁴〉ッ〕慰めて〔…を〕忘れさせる.

der **Hin·weis** [ヒン・ヴァイス] 名 *-es/-e* 指示,示唆,ヒント:暗示,徴候,兆し: *einen ~ auf〈et⁴〉 geben* 〈事を〉指示する. *unter ~ auf〈et⁴〉* 〈事を〉指摘して.

hin|wei·sen* [ヒン・ヴァイゼン] 動 *h.* **1.** 〔*auf〈j³/et⁴〉ッ+*(mit〈et⁴〉デ)〕指し示す,(…の)方向を示す: *das ~de Fürwort* 〔言〕指示代名詞. **2.** 〔〈j⁴〉ッ+*auf〈et⁴〉ッ*〕指摘する:示す,推論させる.

hin|wen·den* [ヒン・ヴェンデン] 動 *h.* **1.** 〔*auf〈j³/et⁴〉* +zu(nach)〈j³/et³〉ッ〕向ける. **2.** 〔sich⁴+zu(nach)〈j³/et³〉/ッ〕向く,(…に)向かう: *Wo soll ich mich ~* うしは問合せたらいいのか.

hin|wer·fen* [ヒン・ヴェるふェン] 動 *h.* **1.** 〔〈j³/et³〉+〈et⁴〉ッ〕投げてやる〔子供にボールなどを〕. **2.** 〔sich⁴+(〈方向〉ニ)〕身を投出す. **3.** 〔〈et⁴〉+(〈方向〉ニ)〕投出す,放り出す:(うっかり)落す〔手に持っていた物を〕:(口)倒す(瓶などを). **4.** 〔〈et⁴〉ッ〕(口)放り出す,投出す(仕事などを):書きなぐる(文章・図案などを),(ふと思いついて)口に出す(質問・所感などを). 【慣用】*einen Blick hinwerfen* 一瞥(ﾁ)をくれる. *sein Leben hinwerfen*(文)自殺する.

hin·wie·der [ヒン・ヴィーダー] 副 (古)またしても:これに対して.

hin·wie·de·rum [ヒン・ヴィーデるム] 副 《語飾》《名詞を修飾》(古)またもや:他方また:それに対して.

(*der*) **Hinz** [ヒンツ] 名 《男名》ヒンツ(Heinrich の短縮形): *~ und Kunz* (口)だれもかれも.

hin|zäh・len [ヒン・ツェーレン] 動 h. ((⟨j³⟩/前に)＋⟨et⁴⟩)一つ一つ数えながら置く.

hin|zie・hen* [ヒン・ツィーエン] 動 **1.** h. (⟨j⁴/et⁴⟩ッ＋zu ⟨j³/et³⟩(ノ方ニ)) 引き寄せる, 引っ張って行く. **2.** h. (⟨j⁴⟩ッ+zu (nach)) ⟨j³⟩ッ)駆立てる, 赴かせる, ひきつける. **3.** s. ((⟨方向⟩へ)) 移住する, 引っ越す；行列を作って行く, 行く(乗り物で・乗り物で). **4.** h. ((sich⁴+⟨場所⟩/⟨方,方向⟩へ))延びていく. **5.** h. (⟨et⁴⟩ッ)長びかせる(会議などを)；延期する(出発などを); ((⟨et⁴⟩ッが sich⁴ の場合)長びく, (先に)延び

hin|zie・len [ヒン・ツィーレン] 動 h. (auf⟨et⁴⟩ッ)目ざしている, ねらっている(計画などが); (…に)向けられている(発言などが).

hin・zu [ヒン・ツー] 副 (稀)それに加えて, その上.

hinzu|den・ken* [ヒンツー・デンケン] 動 h. ((sich³)＋⟨j⁴/et⁴⟩ッ＋(zu ⟨j³/et³⟩ッ)) 合せて(補足して)考える.

hinzu|fü・gen [ヒンツー・ふューゲン] 動 h. **1.** (zu ⟨et⁴⟩ッ)⟨et⁴⟩ッ付加える；添付する. **2.** ((⟨et³⟩ッ)＋⟨⨯⟩ッ/⟨et⁴⟩ッ)付加えて言う(話す).

die Hin・zu・fü・gung [ヒンツー・ふューグング] 名 -/-en **1.** (主に⑬)付加えること, 追加. **2.** (稀)付加えたもの. **3.** 補足, 付加えて言うこと.

hinzu|ge・sel・len [ヒンツー・ゲゼレン] 動 h. **1.** (sich⁴＋(⟨j³⟩ッ/⟨et³⟩ッ))仲間に加わる, (…と)一緒になる, (…に)合流する. **2.** (sich⁴+zu ⟨et³⟩ッ)加わる(同類の物・事が).

hinzu|kom・men* [ヒンツー・コメン] s. **1.** (⟨場所⟩)そこに来合わせる；そこにやって来る. **2.** (zu ⟨j³⟩ッ) 仲間になる(加わる). **3.** (zu ⟨et³⟩ッ)加わる, 付加わる. ⇒hinzu.

hinzu|schrei・ben* [ヒンツー・シュらイベン] 動 h. (⟨et⁴⟩ッ)書添える.

hinzu|set・zen [ヒンツー・ゼッツェン] 動 h. **1.** (sich⁴+(zu ⟨j³⟩ッ))仲間に入って座る. **2.** (⟨et⁴⟩ッ+⟨et³⟩ッ)付加える.

hinzu|tun* [ヒンツー・トゥーン] 動 h. (口) (zu ⟨et³⟩ッ)＋⟨et⁴⟩ッ)付加える, (さらに)加える.

hinzu|zie・hen* [ヒンツー・ツィーエン] 動 h. (⟨j⁴⟩ッ)助言(判断)を求める(専門家・医師などに).

(der) Hi・ob [ヒーオプ] 【旧約】ヨブ(ヨブ記の主人公); das Buch ～ ヨブ記.

die Hi・obs・bot・schaft [ヒーオプス・ボートシャふト] 名 -/-en 悪い知らせ, 凶報.

die Hi・obs・nach・richt [ヒーオプス・ナーゥリヒト] 名 -/-en ＝Hiobsbotschaft.

der Hipp・arch [ヒパるく] 名 -en/-en (古代ギリシアの)騎兵隊司令官；(⑬のみに主に無冠詞)【人名】ヒッパルコス(紀元前190頃-125頃, ギリシアの天文・地理学者).

die Hippe¹ [ヒッペ] 名 -/-n 剪定(ﾃﾝ)ナイフ；(死神の)大鎌.

die Hippe² [ヒッペ] 名 -/-n 雌ヤギ；けんか好きの醜い女.

hipp, hipp, hurra！ [ヒップ, ヒップ, フらー] 間 (ボート競技などの掛け声)ヒップ, ヒップ, フレー！.

die Hip・pi・a・trik [ヒピアートりク] 名 -/ 馬医学.

der Hip・pie [hfpi ヒッピ] 名 -s/-s ヒッピー(族).

das Hip・po・drom [ヒポドろーム] 名 -s(-en)/-e (古代ギリシアの)競馬(馬車競争)の競技場；(遊園地などの)曲馬場.

der Hip・po・gryph [ヒポ・グりュふ] 名 -s{-en}/-e(n) イッポグリフォ(空想上のワシの頭をした有翼の馬)；ペガソス.

(der) Hip・po・kra・tes [ヒポクらテス] 名 【人名】ヒポクラテス(紀元前460頃-375頃, 古代ギリシアの医師).

der Hip・po・kra・ti・ker [ヒポクらーティカー] 名 -s/- ヒポクラテス学派の人. ⇒Hippokrates.

hip・po・kra・tisch [ヒポクらーティシュ] 形 ヒポクラテスに基づく: der ～e Eid ヒポクラテスの誓い(医師の倫理規定). das ～e Gesicht 死相.

der Hip・po・lo・ge [ヒポ・ローゲ] 名 -n/-n 馬学者.

die Hip・po・lo・gie [ヒポ・ロギー] 名 -/ 馬学.

hip・po・lo・gisch [ヒポ・ロギシュ] 形 馬学の.

der Hip・po・po・ta・mus [ヒポポータムス] 名 -/- 【動】カバ.

die Hip・po・the・ra・pie [ヒポ・テらピー] 名 -/-n 【医】乗馬による治療.

der Hip・ster [ヒップスター] 名 -(s)/- (口) **1.** ジャズ演奏家；ジャズファン. **2.** (ジーン)最新の流行についての情報通.

das Hirn [ヒるン] 名 -(e)s/-e **1.** (口)頭脳, 理解力. **2.** (料理に使う)脳；(稀)脳, 脳髄(Gehirn).

die Hirn・an・hangs・drü・se [ヒるン・アン・ハングス・ドりューゼ] 名 -/-n 脳下垂体.

das Hirn・ge・spinst [ヒるン・ゲシュピンスト] 名 -(e)s/-e (蔑)妄想, 幻想.

die Hirn・haut・ent・zün・dung [ヒるン・ハウト・エントツュンドゥング] 名 -/-en 【医】髄膜炎.

das Hirn・holz [ヒるン・ホルツ] 名 -es/ 木口(ﾊﾞﾁ).

die Hirn・rin・de [ヒるン・りンデ] 名 -/-n 【医】脳皮質.

die Hirn・scha・le [ヒるン・シャーレ] 名 -/-n 【医】頭蓋(ｶﾞｲ).

der Hirn・schlag [ヒるン・シュラーク] 名 -(e)s/..schläge 【医】脳卒中.

hirn・ver・brannt [ヒるン・ふぇあブらント] 形 ばかげた.

der Hirsch [ヒるシュ] 名 -(e)s/-e **1.** 【動】シカ；アカシカ(Rot～)；雄のアカシカ. **2.** (口)能力のある男. **3.** (男に対する(罵))(冗)も有り馬鹿；(冗)女房を寝とられた夫. **4.** (冗)自転車, バイク.

der Hirsch・fän・ger [ヒるシュ・ふぇンガー] 名 -s/- 【狩】猟刀.

das Hirsch・ge・weih [ヒるシュ・ゲヴァイ] 名 -(e)s/-e シカの枝角.

das Hirsch・horn [ヒるシュ・ホるン] 名 -(e)s/ シカの角(加工用の素材).

das Hirsch・horn・salz [ヒるシュホるン・ザルツ] 名 -es/ 鹿角塩, 炭酸アンモニウム.

der Hirsch・kä・fer [ヒるシュ・ケーふぁー] 名 -s/- 【昆】クワガタ.

das Hirsch・kalb [ヒるシュ・カルプ] 名 -(e)s/..kälber 【動】(雄の)子ジカ.

die Hirsch・kuh [ヒるシュ・クー] 名 -/..kühe 【動】雌ジカ.

das Hirsch・le・der [ヒるシュ・レーダー] 名 -s/- シカ革.

hirsch・le・dern [ヒるシュ・レーダーン] 形 シカ革(製)の.

der Hirsch・talg [ヒるシュ・タルク] 名 -(e)s/-e シカの脂肪.

die Hir・se [ヒるゼ] 名 -/-n (⑬は種類)【植】キビ, アワ, ヒエ；キビ{アワ・ヒエ}の実.

der Hir・se・brei [ヒるゼ・ブらイ] 名 -(e)s/-e 黍粥(ﾋﾞﾁﾔｩ).

der Hir・su・tis・mus [ヒるズティスムス] 名 -/ 【医】(特に女性の)多毛症.

der Hirt [ヒるト] 名 -en/-en ＝Hirte.

der Hir・te [ヒるテ] 名 -n/-n 牧夫, 牧人, 羊{牛}飼い；(転・文)信徒の世話をする聖職者；((方・口・蔑)だめな男: der Gute ～ 【新約】イエス・キリスト.

das Hir・ten・amt [ヒるテン・アムト] 名 -(e)s/..ämter 【ｶﾄﾘ】司教職.

der Hir・ten・brief [ヒるテン・ブりーふ] 名 -(e)s/-e 【ｶﾄﾘ】司教教書.

die Hir・ten・dich・tung [ヒるテン・ディヒトゥング] 名 -/-en 【文芸学】牧人{田園}文学.

die Hir・ten・flö・te [ヒるテン・ふ,0ーテ] 名 -/-n 牧笛.

das Hir・ten・ge・dicht [ヒるテン・ゲディヒト] 名 -(e)s/-e 牧歌, 田園詩.

der **Hi̤r·ten·hund** [ヒるテン·フント] [名] -es(-s)/-e 牧羊犬.

der **Hi̤r·ten·jun·ge** [ヒるテン·ユンゲ] [名] -n/-n 牧童.

der **Hi̤r·ten·kna·be** [ヒるテン·クナーベ] [名] -n/-n 《詩》牧童.

das **Hi̤r·ten·mäd·chen** [ヒるテン·メートひぇン] [名] -s/- 羊飼いの少女.

der **Hi̤r·ten·stab** [ヒるテン·シュターブ] [名] -(e)s/..stäbe 《文》牧人の杖(つえ);〘カトリック〙司教杖(じょう).

die **Hi̤r·ten·ta·sche** [ヒるテン·タッシェ] [名] -/-n 肩から下げる袋.

das **Hi̤r·ten·tä·schel** [ヒるテン·テッシェル] [名] -s/- 〘植〙ナズナ, ペンペングサ.

das **Hi̤r·ten·volk** [ヒるテン·ふぉルク] [名] -(e)s/..völker 遊牧民.

das **his, Hi̤s** [ヒス] [名] -/- 〘楽〙嬰(えい)ロ音.

(*der*) **His·ki̱a** [ヒスキーア] [名] 〘旧約〙ヒゼキア(イザヤ書に登場するユダの王).

(*der*) **His·ki̱·as** [ヒスキーアス] [名] 〘旧約〙=Hiskia.

die **His·pa·ni·da̱d** [ispaniðáð イスパニザド] [名] -/ =Hispanität.

die **His·pa·ni·tä̱t** [ヒスパニテート] [名] -/ スペイン主義(スペイン語圏の人々の同一文化共有意識).

hi̤s·sen [ヒッセン] [動] *h.* 〔〈et⁴〉ヲ〕掲揚する, 揚げる(旗・帆などを).

das **His·ta·mi̱n** [ヒスタミーン] [名] -s/-e 〘医〙ヒスタミン.

der **His·to·lo̱·ge** [ヒストローゲ] [名] -n/-n 〘医〙組織学者.

die **His·to·lo·gi̱e** [ヒストロギー] [名] -/ 〘医〙組織学.

die **His·to·ly̱·se** [ヒストリューゼ] [名] -/ 〘医・生〙組織分解〔融解〕.

das **His·tö̱r·chen** [ヒステーあひぇン] [名] -s/- 短い逸話, 小話.

die **His·to̱·rie** [ヒストーりエ] [名] -/-n 1. 《[単]のみ》《文》歴史;歴史学. 2. 《古》物語.

das **His·to̱·ri·en·bild** [ヒストーりエン·ビルト] [名] -(e)s/-er (歴史上の出来事を描いた)歴史画.

der **His·to̱·ri·en·ma·ler** [ヒストーりエン·マーラー] [名] -s/- 歴史画家.

die **His·to̱·rik** [ヒストーりク] [名] -/ 歴史学;歴史学方法論.

der **His·to̱·ri·ker** [ヒストーりカー] [名] -s/- 歴史家〔学者〕.

der **His·to̱·ri·ker·streit** [ヒストーりカー·シュトらイト] [名] -(e)s/ 歴史家論争(ナチズムとユダヤ人迫害をめぐる 1980 年代中頃の歴史の相対化論争).

der **His·to·ri·o·gra̱f, His·to·ri·o·gra̱ph** [ヒストりオ·グらーふ] [名] -en/-en 《文》修史家.

his·to̱·risch [ヒストーりシュ] [形] 歴史の;歴史上の, 史実に基づく;歴史的(に重要)な.

his·to·ri·si̱e·ren [ヒストりズィーれン] [動] *h.* 〔〈et⁴〉ノ〕歴史的側面を強調する, 史実に忠実な〔偏った〕記述をする.

der **His·to·ri̱s·mus** [ヒストりスムス] [名] -/..men 1. 《[単]のみ》歴史主義. 2. 《文》歴史偏重. 3. 折衷主義.

der **Hi̤t** [ヒット] [名] -(s)/-s 《口》ヒット曲;ヒット商品;〘ジャーゴン〙麻薬(の注射)の1回分;〘コンピュータ〙ヒット.

hitch hi ken [hítʃhaɪkən ヒッチュ ハイケン] [動] *h.* 〘補足なし〙ヒッチハイクする.

(*der*) **Hi̤t·ler** [ヒットラー] [名] 〘人名〙ヒトラー(Adolf ~, 1889–1945, 政治家. 1933 年以降総統).

die **Hi̤t·ler·ju·gend** [ヒットラー·ユーゲント] [名] -/ ヒトラー・ユーゲント(ナチの青少年組織. 略 HJ).

die **Hi̤t·lis·te** [ヒット·リステ] [名] -/-n ヒットチャート.

die **Hi̤t·pa·ra·de** [ヒット·パらーデ] [名] -/-n ヒットチャート;(ラジオ・テレビの)ヒットパレード.

die **Hi̤t·ze** [ヒッツェ] [名] -/ 1. 熱, 炎熱;暑さ: bei schwacher/starker ~ backen 弱火/強火で焼く. 2. 憤激;興奮, 熱中: in ~ geraten 激昂する. in der ersten ~ かっとなって. 3. (雌犬・雌猫の)発情期.

hi̤t·ze·ab·wei·send, Hi̤t·ze ab·wei·send [ヒッツェ·アップ·ヴァイゼント] [形] 断熱の.

hi̤t·ze·be·stän·dig [ヒッツェ·ベシュテンディひ] [形] 耐熱性の.

das **Hi̤t·ze·bläs·chen** [ヒッツェ·ブレースひぇン] [名] -s/- 〘医〙あせも.

hi̤t·ze·emp·find·lich [ヒッツェ·エムプふぃントリひ] [形] 熱に敏感な, 熱に弱い.

hi̤t·ze·frei [ヒッツェ·ふらイ] [形] 暑気休みである.

der **Hi̤t·ze·grad** [ヒッツェ·グらート] [名] -(e)s/-e 《主に[複]》高温.

der **Hi̤t·ze·scha·den** [ヒッツェ·シャーデン] [名] -s/..schäden 《主に[複]》〘生〙(適温を越えた)高温のもたらす障害.

der **Hi̤t·ze·tod** [ヒッツェ·トート] [名] -(e)s/-e 〘生〙熱死.

die **Hi̤t·ze·wel·le** [ヒッツェ·ヴェレ] [名] -/-n 熱波.

hi̤t·zig [ヒッツィひ] [形] 1. 激しやすい;熱気を帯びた. 2. 《古》熱のある. 3. さかりのついた. 4. 〘農〙(腐植土などの)熱をもった.

der **Hi̤tz·kopf** [ヒッツ·コップふ] [名] -(e)s/..köpfe かんしゃく持ち, 短気者.

hi̤tz·köp·fig [ヒッツ·ケップふぃひ] [形] すぐかっとなる.

der **Hi̤tz·schlag** [ヒッツ·シュラーク] [名] -(e)s/..schläge 熱中症.

das **HIV** [ハーイーふぁウ] [名] -(s)/-(s) 《主に[単]》 = human immunodeficiency virus ヒト免疫不全ウイルス(エイズの原因となる).

die **HJ** [ハーヨット] [名] -/ =Hitlerjugend ヒトラー・ユーゲント.

HK =Hefnerkerze ヘーフナー燭(しょく).

hl =Hektoliter ヘクトリットル(100 リットル).

hl. =heilig 聖なる.

hm¹ [フム] [副] 《話者の気持》 1. (ためらいがちに同意して)うん(まあね). 2. (考え込んで)ふうむ. 3. (信じられずに問返して)ふうん(そうなの). 4. (同意できずに)ううん.

hm² =Hektometer ヘクトメーター.

hm! [フム] [間] (せき払い)えへん.

die **H-Milch** [ハー·ミルひ] [名] -/ (超高温滅菌の)長期保存牛乳(haltbare Milch).

das **h-Moll** [ハー·モル, ハー·モル] [名] -/ 〘楽〙ロ短調(記号 h).

der **HNO-Arzt** [ハーエンオー·アーあツト, ハーエンオー·アるツト] [名] -es/..ärzte 耳鼻咽喉(いんこう)科医(Hals-Nasen-Ohren-Arzt).

Ho [ハーオー] =Holmium 〘化〙ホルミウム.

die **HO** [ハーオー] [名] -/ 〘旧東独〙国営店(Handelsorganisation).

ho̱b [ホーブ] [動] heben の過去形.

der **Họb·bock** [ホッボック] [名] -s/-s (円筒形)ブリキ容器(油脂・塗料の輸送用).

das **Họb·by** [hɔ́bi ホビ] [名] -s/-s 趣味.

hö̱·be [ヘーベ] [動] heben の接続法2式.

der **Ho̱·bel** [ホーベル] [名] -s/- 鉋(かんな);(料理用)スライサ ;〘鉱〙ホ ベル(採炭機): den ~ führen 鉋をかける.

die **Ho̱·bel·bank** [ホーベル·バンク] [名] -/..bänke 鉋(かんな)かけの台;工作台.

das **Ho̱·bel·ei·sen** [ホーベル·アイゼン] [名] -s/- 鉋(かんな)の刃.

ho̱·beln [ホーベルン] [動] *h.* 1. 〘補足なし〙鉋(かんな)をかけ(てい)る. 2. 〔〈et⁴〉ニ〕鉋をかける(板などに). 3. 〔〈et⁴〉ヲ〕鉋で削って作る(溝などを). 4. 〔〈et⁴〉ヲ〕

Hobelspan 574

スライサーでスライスする《キャベツなどを》. **5.**〖j⁴〗(口)性交する.

der **Hobelspan** [ホーベル・シュパーン] 名 -(e)s/..späne 鉋屑(炊ほう);《稀》(金属の)削り屑.

der **Hobo** [ホーボ] 名 -s/-s[-es](米国の)渡り労働者.

die **Hoboe** [ホボーエ] 名 -/-n =Oboe.

hoc anno [ホーク アノ] 〖ラテン語〗本年, 今年.

hoc est [ホーク エスト] 〖ラテン語〗すなわち, 言換えれば.

hoch [ホーホ] 形 höher; höchst (⊕は hoh..) **1.**(空間)((et⁴ ⁴ ⁴)ケ) a. 高い: ein hoher Berg 高い山. Dieser Turm ist fünf Meter höher als der andere. この塔はもう一つのより5メートル高い. Die See geht ~. 海は波が高い. ~ oben am Himmel 空の高いところに. Die Burg steht ~ über dem Fluss. その城は川を見下ろす高みにある. b. 丈の高い, 背の高い: hohe Schuhe 深靴;《南独》ヒールの高い靴. hohe Absätze tragen ヒールの高い靴をはいている. eine hohe Stirn 大きく秀でた[はげ上った]額. ein Mann von hoher Gestalt 背の高い男. ⊕ 上に高く: Der Luftballon stieg höher und höher. その風船は高く高く上がって行った. (地図の上下から)nach Bremen ~《口》上北)のブレーメンへ. **2.**《et⁴ ⁴ ⁴》高さの: ein etwa 3 000m hoher Berg 約3000メートルの高さの山. Er wohnt drei Treppen ~. 彼は4階に住んでいる. **3.**(数・量・額)多い, 大きい, 高い: Milch mit hohem Fettgehalt 脂肪分の多いミルク. ein ~ bezahlter Angestellter 高給取りのサラリーマン. ein hohes Spiel 賞金[かけ金]の高い勝負. ~ spielen 大金を賭ける. ~ gewinnen/verlieren 大勝/大敗する. ~ versichert sein 高額の保険がけてある. **4.**(度数・程度)高い, 高度の: hohes Fieber 熱が高い. mit hoher Geschwindigkeit fahren 高速で走る. **5.**(時間) **a.** 盛りの, たけなわの: das hohe Mittelalter〖史〗中世盛期. **b.** 高齢の;…の終りの: sein hoher Geburtstag 彼の高齢を迎える誕生日. in den Jahren sein 高齢である. ~ in den Fünfzigern[den Fünfzig]sein 50代の終りにある. **6.**(序列・身分)高い, 高度の, 上流の;丑重な: ein hoher Beamter 高(級)官(僚). ~ gestellte Persönlichkeiten 高位の[身分の高い]人々. Besprechung auf höchster Ebene トップレベルの会談. **7.**(質)高い, 高度の;高く, 非常に: die hohe Kunst der Glasarbeit ガラス細工の高い技術. ~ gespannte (hochgespannte) Erwartungen 強度に張りつめた期待. ~ begabt sein 非常に才能がある. 〈j³〉〈et⁴〉~ anrechnen〈人の〉事を〉高く評価する. 〈j⁴〉~ achten〈人を〉非常に尊敬する. **8.**(音声)(振動数の多い)高い: eine hohe Stimme haben 高い声をした.〖楽〗das hohe C 2点ハ音. **9.**〖数〗…乗: fünf ~ drei 5の3乗(5³).〖慣用〗auf dem hohen Ross sitzen 人を見下したような態度をとる. 〈et⁴〉auf die hohe Kante legen〈とっておく[ためこむ]. auf hoher See 沖で,〖法〗公海で. bei〈j³〉hoch im Kurs stehen〈人に〉高く評価されている. das Hohe Haus 議会. der höchste Richter 至高の裁き手(神). ein hoher Feiertag 大祝日. ein hohes Tier《口》お偉方. eine hohe Strafe verhängen 重い刑を科する. höchste [hohe] Zeit,〈et⁴〉zu tun. 〈事を〉するぎりぎりの時である (hohe Zeit は〖文〗).〈j³〉[für〈j⁴〉] zu hoch sein〈人には〉高級すぎて理解できない;《口》常軌を逸しているように見える. Hände hoch!(両)手を上げろ. Hoch! しゃんと立て. Hoch lebe der König! 国王万歳.《et⁴》hoch und heilig versprechen〈事を〉神かけて約束する. Hoch und Niedrig 貴賤の別なく. höhere Gewalt 避けがたい自然の力(偶然・運命など);〖法〗不可抗力の出来事. höhere Mathematik 高等数学. höhere Pflanze 高等植物. höhere Schule (ほぼ日本の)中・高等学校. die hohe Schule 馬術;高等技術. höheren Ortes 上級官庁に[の], 上司[に]の. Hohes Lied 雅歌(Hohelied). im hohen (höchsten) Norden 極北の地で. in höheren Regionen (Sphären) schweben 足が地に着いていない. ... Mann hoch《口》総勢…人で. wenn es hoch kommt《口》多くても見いたか, ただだか. zu hoch gegriffen sein《口》(値段など)過大に見積もられている. (zu) hoch hinauswollen《口》出世しようと努力する.

das **Hoch** [ホーホ] 名 -s/-s **1.**〖気〗高気圧圏(~druckgebiet). **2.** 万歳: ein ~ auf〈人⁴〉ausbringen〈人のために〉万歳をする.

hoch! [ホーホ] 間《歓呼の叫び》,(唱和して)乾杯!

hoch|achten, ⊕**hochachten** [ホーホ アハテン] 動 h.〖j⁴/et⁴〗r(文)非常に尊敬(尊重)する.

die **Hoch-achtung** [ホーホ・アハトゥング] 名 -/ 尊敬, 尊重: ~ vor〈j³〉haben〈人を〉尊敬している. mit vorzüglicher ~ 敬具(通信文で).

hochachtungs-voll [ホーホアハトゥングス・ふォル] 副 敬具.

hoch-ak-tu-ell [ホーホ・アクトゥエル] 形 目下緊急の, きわめて今日的な.

hoch-al-pin [ホーホ・アルピーン] 形 高地アルプスの;高山性の;高地アルプス登山の.

der **Hoch-al-tar** [ホーホ・アルタール] 名 -(e)s/..täre 主(中央)祭壇.

das **Hoch-amt** [ホーホ・アムト] 名 -(e)s/..ämter〖カトリック〗荘厳(盛式)ミサ, 歌(歌唱)ミサ: das ~ halten 荘厳ミサを行う.

hoch-an-ständig [ホーホ・アン・シュテンディヒ] 形 非常に礼儀正しい.

die **Hoch-an-tenne** [ホーホ・アンテネ] 名 -/-n 屋上アンテナ.

hoch|ar-bei-ten [ホーホ・アルバイテン] 動 h.〖sich⁴〗努力して出世する(昇進する).

die **Hoch-bahn** [ホーホ・バーン] 名 -/-en 高架鉄道(線).

der **Hoch-bau** [ホーホ・バウ] 名 -(e)s/-ten **1.**(⊕のみ)地上建築(工事). **2.** 地上建築物.

hoch-be-gabt, hoch be-gabt [ホーホ・ベガープト] 形 高い才能に恵まれた.

der **Hoch-be-häl-ter** [ホーホ・ベヘルター] 名 -s/- 高架水槽(タンク).

hoch-bei-nig [ホーホ・バイニヒ] 形 足[脚]の長い;高脚の.

hoch-be-rühmt [ホーホ・ベリュームト] 形 非常に有名な.

hoch-be-tagt [ホーホ・ベターグト] 形 高齢の.

der **Hoch-be-trieb** [ホーホ・ベトリープ] 名 -(e)s/《口》大混雑, 大にぎわい;大忙し.

hoch be-zahlt, ⊕hoch-be-zahlt [ホーホ・ベツァールト] 形 高給の.

die **Hoch-blü-te** [ホーホ・ブリュテ] 名 -/(経済・文化などの)最盛期, 全盛期.

hoch|brin-gen* [ホーホ・ブリンゲン] 動 h. **1.**〖j⁴/et⁴〗⁴+〈方向⁴)〉上〉運び上げる. **2.**〖j⁴/et⁴〗⁴(口)(mit)《口》うまくやる. **3.**〖j⁴/et⁴〗〗再び健康[元気]にする;(転)(再び)繁栄(繁昌)させる. **4.**〖j⁴〗⁴⁴《口》怒らせる(発言などが). **5.**〖j⁴〗⁴〗《口》《口》持上げる(重い荷物をを): einen/keinen ~〘婉〙勃起(ぼっき)する/しない.

die **Hoch-burg** [ホーホ・ブルク] 名 -/-en 牙城(がじょう), 本拠地.

hoch-deutsch [ホーホ・ドイチュ] 形 標準ドイツ語の;高(地)ドイツ語の.

das **Hoch-deutsch** [ホーホ・ドイチュ] 名 -(s)/ 標準ドイツ語;高地ドイツ語.

der **Hoch-druck¹** [ホーホ・ドルック] 名 -(e)s/ **1.**〖理〗高圧;〖気〗高気圧;〖医〗高血圧. **2.**《口》急

ぎ, 全力： mit〔unter〕～ arbeiten《口》大馬力で働く.

der **Hoch·druck**[2] [ホーほ・ドるっク] [名] -(e)s/-e **1.** 《[単]のみ》凸版印刷. **2.** 凸版印刷物.

das **Hoch·druck·ge·biet** [ホーほドるっク・ゲビート] [名] -(e)s/-e 〖気〗高気圧圏.

die **Ho̲ch·e·be·ne** [ホーほ・エーベネ] [名] -/-n 高原.

hoch emp·find·lich, [旧]**hoch·emp·find·lich** [ホーほ エムプふぃントリひ] [形] 高感度の.

hoch ent·wi·ckelt, [旧]**hoch·ent·wi·ckelt** [ホーほ エントヴィっケルト] [形] 高度に発達した.

ho̲ch·er·freut [ホーほ・エあふろイト] [形] 大変喜んだ.

ho̲ch·ex·plo·siv [ホーほ・エクスプロズィーふ] [形] 高爆発性の.

ho̲ch|fah·ren* [ホーほ・ふぁーれン] [動] **1.** *s.* [補足なし]驚いて飛上がる;(怒りのあまり)かっとなる. **2.** *s.* 〔(〈方向〉へ)〕《口》上へ行く(エレベーターなどで);北の方へ行く(乗り物で). **3.** *h.* 〔〈et[4]〉ヲ+(〈方向〉へ)〕《口》上へ運ぶ(乗り物で). **4.** *h.* 〔〈j[4]〉ヲ+(〈方向〉へ)〕《口》北の方へ連れて行く(乗り物で). **5.** 〔〈et[4]〉ヲ〕〖コンピュータ〗立ち上げる.

ho̲ch·fah·rend [ホーほ・ふぁーれント] [形] 高慢な, 不遜(ふそん)な.

ho̲ch·fein [ホーほ・ふぁイン] [形] 極上の;非常に洗練された;高感度の.

die **Ho̲ch·fi·nanz** [ホーほ・ふぃナンツ] [名] -/ 《総称》財界の首脳.

die **Ho̲ch·flä·che** [ホーほ・ふレっひぇ] [名] -/-n 高原, 台地.

ho̲ch·flie·gend [ホーほ・ふリーゲント] [形] 遠大な, 高邁(まい)な.

die **Ho̲ch·flut** [ホーほ・ふルート] [名] -/-en 高潮(こうちょう);(突然の)供給過剰.

die **Ho̲ch·form** [ホーほ・ふぉるム] [名] -/ 〖スポーツ〗好調, 良好なコンディション.

das **Ho̲ch·for·mat** [ホーほ・ふぉるマート] [名] -(e)s/-e 縦長のサイズ.

ho̲ch·fre·quent [ホーほ・ふれクヴェント] [形] 〖理〗高周波の.

die **Ho̲ch·fre·quenz** [ホーほ・ふれクヴェンツ] [名] -/-en 〖理〗高周波(略 HF).

die **Ho̲ch·fri·sur** [ホーほ・ふりズーあ] [名] -/-en なで上げた〔アップの〕髪型.

die **Ho̲ch·ga·ra·ge** [ホーほ・ガらージェ] [名] -/-n 立体駐車場.

hoch ge·ach·tet, [旧]**ho̲ch·ge·ach·tet** [ホーほ ゲアはテっト] [形] 非常に尊敬された.

ho̲ch·ge·bil·det, hoch ge·bil·det [ホーほ・ゲビルデっト] [形] 教養の高い.

das **Ho̲ch·ge·bir·ge** [ホーほ・ゲビるゲ] [名] -s/- (険しい)高い山脈.

die **Ho̲ch·ge·birgs·quel·le** [ホーほゲビるクス・クヴェレ] [名] -/-n 高山の泉〔湧水池〕.

ho̲ch·ge·bo·ren [ホーほ・ゲボーれン] [形] 高貴な生れの.

hoch ge·ehrt, [旧]**ho̲ch·ge·ehrt** [ホーほ ゲエーあト] [形] 非常に尊敬された.

das **Ho̲ch·ge·fühl** [ホーほ・ゲふゅール] [名] -(e)s/-e 《主に[単]》高揚した気持.

ho̲ch|ge·hen* [ホーほ・ゲーエン] [動] *s.* **1.** [補足なし]上がる(気球・幕・物価などが);上の方へ行く;爆発する;高くなる(波・水位などが);《口》腹を立てる;《口》摘発される(悪事などが). **2.** 〔〈et[4]〉ヲ〕上がる(階段などを).

ho̲ch·ge·lehrt, hoch ge·lehrt [ホーほ・ゲレーあト] [形] 学識豊かな.

ho̲ch·ge·mut [ホーほ・ゲムート] [形] 《文》意気揚々たる.

der **Ho̲ch·ge·nuss,** [旧]**Ho̲ch·ge·nuß** [ホーほ・ゲヌス] [名] -es/..nüsse 格別の楽しみ, 無上の喜び.

das **Ho̲ch·ge·richt** [ホーほ・ゲりひト] [名] -(e)s/-e (中世の)重罪裁判;絞首台, 処刑場.

ho̲ch·ge·schlos·sen [ホーほ・ゲシュロっセン] [形] ハイネックの.

ho̲ch·ge·sinnt [ホーほ・ゲズィント] [形] 気高い, 高潔な.

ho̲ch·ge·spannt [ホーほ・ゲシュパント] [形] 〖電・理〗高圧の. ⇨ hoch 7.

ho̲ch·ge·stellt [ホーほ・ゲシュテルト] [形] 〖数〗上つきの(5³の 3 など). ⇨ hoch 6.

ho̲ch·ge·stimmt [ホーほ・ゲシュティムト] [形] 《文》気持の高揚した, 華やかな.

ho̲ch·ge·sto·chen [ホーほ・ゲシュトっヘン] [形] 《口・蔑》高級ぶった;気取った, 偉ぶった;晦渋(かいじゅう)な.

ho̲ch·ge·wach·sen, hoch ge·wach·sen [ホーほ・ゲヴァクセン] [形] すらりとした, 背の高い, 大きい.

der **Ho̲ch·glanz** [ホーほ・グランツ] [名] -es/ 高度の輝き, 強い光沢：〈et[4]〉 auf ～ bringen 〈物を〉ピカピカにする.

ho̲ch·gra·dig [ホーほ・グらーディひ] [形] 高度〔強度〕の;高度に.

ho̲ch·ha·ckig [ホーほ・ハっキひ] [形] かかとの高い.

ho̲ch|hal·ten* [ホーほ・ハルテン] [動] *h.* **1.** 〔〈j[4]/et[4]〉ヲ〕高く差上げ(てい)る(子供・腕・優勝杯などを). **2.** 〔〈et[4]〉ヲ〕《文》尊重する, 大事〔大切〕にまもり続ける(伝統・真理などを).

das **Ho̲ch·haus** [ホーほ・ハウス] [名] -es/..häuser 高層ビル.

ho̲ch|he·ben* [ホーほ・ヘーベン] [動] *h.* 〔〈j[4]/et[4]〉ヲ〕高く持上げる(子供・かごなどを).

ho̲ch·her·zig [ホーほ・へるツィひ] [形] 《文》気高い, 高潔な.

die **Ho̲ch·her·zig·keit** [ホーほ・へるツィひカイト] [名] -/ 高潔, 気高さ.

ho̲ch·kant [ホーほ・カント] [副] (直方体の)一番狭い面を下に, 縦に. 【慣用】〈j[4]〉 **hochkant hinauswerfen**〔**rausschmeißen**〕《口》〈人を〉たたき出す.

ho̲ch·kan·tig [ホーほ・カンティひ] [副] 《次の形で》〈j[4]〉 ～ hinauswerfen 〔rausschmeißen〕《口》〈人を〉たたき出す.

ho̲ch·ka·rä·tig [ホーほ・カれーティひ] [形] **1.** 高カラットの. **2.** 《口》トップクラスの, 上等な.

die **Ho̲ch·kir·che** [ホーほ・キるひぇ] [名] -/-n 〖キ教〗(英国)高教会.

ho̲ch·klapp·bar [ホーほ・クラっプ・バーあ] [形] 上に跳ね上げられる.

ho̲ch|klap·pen [ホーほ・クラっペン] [動] **1.** *h.* 〔〈et[4]〉ヲ〕跳ね上げる(跳ね上げ式ベッド・座席などを);立てる(襟などを). **2.** *s.* [補足なし]ばたんと跳ね上がる(座席などが).

ho̲ch|kom·men* [ホーほ・コメン] [動] *s.* 《口》 **1.** 〔(〈et[4]〉ヲ)〕上がって来る;昇って来る;こちらへやって来る. **2.** 〔(〈方向〉カラ)〕起上がる, 立上がる. **3.** [補足なし]浮かび上がる. **4.** [補足なし]健康〔元気〕になる;出世〔昇進〕する. **5.** 〔〈j[3]〉ノ〕胃からこみ上げて来る(食べた物・怒りなどが). **6.** 〔in 〈j[3]〉ノ〕意識に上る(思い出などが), 心にわき上がる(喜び・悲しみなどが);目にわき出る(涙が).

die **Ho̲ch·kon·junk·tur** [ホーほ・コンユンクトゥーあ] [名] -/-en 〖経〗好景気, 好況.

das **Ho̲ch·land** [ホーほ・ラント] [名] -es/..länder(-e) 高地.

der **Ho̲ch·län·der** [ホーほ・レンダー] [名] -s/- **1.** 高地〔高原〕住民. **2.** スコットランドの高地住人.

die **Ho̲ch·lau·tung** [ホーほ・ラウトゥング] [名] -/ 〖言〗標準発音.

ho̲ch|le·ben [ホーほ・レーベン] [動] *h.* 《次の形で》〈j[1]/et[1]〉 *lebe hoch*！〈人・物・事〉万歳！〈j[4]/et[4]〉 ～ lassen〈人・物・事に〉万歳を唱える.

H

die **Hoch·leis·tung** [ホーほ·ライストゥング] [名] -/-en 高性能;優れた成績,好記録;偉業.
der **Hoch·leis·tungs·sport** [ホーほライストゥングス·シュポるト] [名] -(e)s/ 好記録を目ざす競技としてのスポーツ.
höch·lich [⊗-ひりひ] [副] =höchlichst.
höch·lichst [⊗-ひりひスト] [副] 《語飾》(動詞·形容詞·副詞を修飾)《文·古》はなはだ,大層.
der **Hoch·meis·ter** [ホーほ·マイスター] [名] -s/- 《史》(ドイツ騎士団の)上長,総会長(1530 年まで).
hoch·mo·dern [ホーほ·モデるン] [形] 非常にモダンな.
hoch·mö·gend [ホーほ·⊗-ゲント] [形] 有力な,実力のある(今日では《皮》).
das **Hoch·moor** [ホーほ·モーあ] [名] -(e)s/-e 《地》高位湿原.
der **Hoch·mut** [ホーほ·ムート] [名] -(e)s/ 高慢,傲慢(ごうまん).
hoch·mü·tig [ホーほ·ミューティひ] [形] 高慢な.
hoch·nä·sig [ホーほ·ネーズィひ] [形] 《口·蔑》高慢ちきな.

H

der **Hoch·ne·bel** [ホーほ·ネーベル] [名] -s/- 上空の霧(上端が雲底に接する).
hoch|neh·men* [ホーほ·ネーメン] [動] *h.* **1.** 〔<j⁴/et⁴>ヲ〕(高く)持上げる,抱上げる(子供などを);持上げている. **2.** 〔<j⁴>ヲ〕《口》からかう;(…から)お金を巻きあげる. **3.** 〔<j⁴>ヲ〕《口》挙げる(犯人を).
der **Hoch·ofen** [ホーほ·オーふェン] [名] -s/..öfen 《工》高炉,溶鉱炉.
hoch|päp·peln [ホーほ·ペっペルン] [動] *h.* 〔<j⁴/et⁴>ヲ〕《口》大事に育てる,看護して元気にする.
das **Hoch·par·ter·re** [ホーほ·パるテる] [名] -s/-s 中二階.
das **Hoch·pla·teau** [ホーほ·プラトー] [名] -s/-s 《地》高原.
hoch·pro·zen·tig [ホーほ·プろツェンティひ] [形] 含有パーセンテージの高い;(アルコール)度の高い.
hoch qua·li·fi·ziert, [旧]**hoch·qua·li·fi·ziert** [ホーほ クヴァリふぃツィーあト] [形] きわめて有能〔優秀〕な,高度の資格を有する;質の高い.
das **Hoch·rad** [ホーほ·らート] [名] -es/..räder オーディナリ型自転車(前輪が大きく,後輪が小さい).
hoch|ra·gen [ホーほ·らーゲン] [動] *h.* 〔補足なし〕高くそびえる.
hoch|rap·peln [ホーほ·らっペルン] [動] *h.* 〔sich⁴〕《口》苦労して起〔立〕上がる.
hoch|rech·nen [ホーほ·れひネン] [動] *h.* 〔<et⁴>ヲ〕《統計》(すでに分っている部分的結果から最終結果をコンピュータで)推計〔予測·予想〕する.
die **Hoch·rech·nung** [ホーほ·れひヌング] [名] -/-en 《統計》(コンピュータ)推計〔予測·予想〕.
hoch|rei·ßen* [ホーほ·らイセン] [動] *h.* 〔<j⁴/et⁴>ヲ〕ぐいと引っ張り上げる;《転》元気づける.
das **Hoch·re·li·ef** [ホーほ·れリエふ] [名] -s/-s〔-e〕《美》高浮彫り.
das **Hoch·re·ser·voir** [ホーほ·れぜるヴォアーあ] [名] -s/-e =Hochbehälter.
hoch·rot [ホーほ·ろート] [形] 真っ赤な.
der **Hoch·ruf** [ホーほ·るーふ] [名] -(e)s/-e 万歳の叫び,歓呼.
die **Hoch·sai·son** [ホーほ·ゼゾ(ー)ン] [名] -/-s〔-en〕シーズンの最盛期;最もにぎわう〔需要の多い〕時期.
hoch schät·zen, [旧]**hoch|schät·zen** [ホーほ シェっツェン] [動] *h.* 〔<j⁴/et⁴>ヲ〕《文》高く評価する,尊敬する.
hoch|schla·gen* [ホーほ·シュラーゲン] [動] **1.** *h.* 〔<et⁴>ヲ〕立てる(襟などを);まくり上げる(そでなどを). **2.** *s.* 〔補足なし〕砕けて高くしぶきを上げる(波などが);高く噴き上がる(炎などが).
hoch|schrau·ben [ホーほ·シュらウベン] [動] *h.* **1.** 〔<et⁴>ヲ〕回して高くする(回転いすなどを);上昇〔増大〕させる. **2.** 〔sich⁴〕螺旋(らせん)状に上昇する.
hoch|schre·cken(*) [ホーほ·シュれっケン] [動] **1.** (規則変化) *h.* 〔<j⁴>ヲ〕驚いて飛上がらせる. **2.** (規則変化) *h.* 〔<et⁴>ヲ〕おどかして追立てる(動物を). **3.** *s.* 〔補足なし〕驚いて飛上がる.
die **Hoch·schu·le** [ホーほ·シューレ] [名] -/-n 単科大学;(総称)大学.
der **Hoch·schü·ler** [ホーほ·シューラー] [名] -s/- 大学生.
der **Hoch·schul·leh·rer** [ホーほシュール·レーらー] [名] -s/- 大学の教員.
das **Hoch·schul·rah·men·ge·setz** [ホーほシュール·らーメン·ゲゼッツ] [名] -es/-e 高等教育大綱法.
die **Hoch·schul·rei·fe** [ホーほシュール·らイふェ] [名] -/ 大学進学資格.
hoch·schwan·ger [ホーほ·シュヴァンガー] [形] 臨月の.
die **Hoch·see** [ホーほ·ゼー] [名] -/ 外洋,遠洋;公海.
die **Hoch·see·fi·sche·rei** [ホーほゼー·ふぃっシェらイ] [名] -/ 遠洋漁業.
die **Hoch·see·flot·te** [ホーほゼー·ふロっテ] [名] -/-n 遠洋船隊.
der **Hoch·seil·a·kro·bat** [ホーほ·ザイル·アクろバート] [名] -en/-en 綱渡り芸人.
der **Hoch·sinn** [ホーほ·ズィン] [名] -(e)s/ 高潔.
hoch·sin·nig [ホーほ·ズィニひ] [形] 高潔な.
der **Hoch·sitz** [ホーほ·ズィッツ] [名] -es/-e 一段高い席,高座;《狩》見張台.
der **Hoch·som·mer** [ホーほ·ゾマー] [名] -s/ 盛夏,真夏.
die **Hoch·span·nung** [ホーほ·シュパヌング] [名] -/-en **1.** 《電》高電圧,高圧. **2.** ([単]のみ)強い緊張〔期待〕感;緊迫状態.
die **Hoch·span·nungs·lei·tung** [ホーほシュパヌングス·ライトゥング] [名] -/-en 高圧線.
der **Hoch·span·nungs·mast** [ホーほシュパヌングス·マスト] [名] -(e)s/-en〔-e〕 高圧送電塔.
hoch|spie·len [ホーほ·シュピーレン] [動] *h.* 〔<j⁴/et⁴>ヲ〕不当に持上げる.
die **Hoch·spra·che** [ホーほ·シュプらーへ] [名] -/-n 《言》標準語,共通語.
der **Hoch·sprin·ger** [ホーほ·シュプりンガー] [名] -s/- 《スポ-ツ》走高跳びの選手.
der **Hoch·sprung** [ホーほ·シュプるング] [名] -(e)s/..sprünge 《スポ-ツ》(走高跳びの)ジャンプ;([単]のみ)走高跳び(種目).
höchst[1] [⊗-ひスト] (hoch の最高級) [形] 最も高い;最高の;非常な. 【慣用】**am höchsten sein** 最も高い,最高である. **aufs**〔**auf das**〕**Höchste**〔**höchste**〕非常に. **Es ist höchste Zeit.** ぎりぎりの時だ. **im höchsten Falle** せいぜい. **zum höchsten** たかだか.
höchst[2] [⊗-ひスト] [副] 《語飾》(形容詞を修飾)きわめて,とても.
hoch·stäm·mig [ホーほ·シュテミひ] [形] (上の方で枝分れしている)高い幹の;立木仕立ての.
der **Hoch·stand** [ホーほ·シュタント] [名] -(e)s/..stände 《狩》=Hochsitz.
die **Hoch·sta·pe·lei** [ホーほ·シュターペライ] [名] -/-en 名士を装っての詐欺.
hoch|sta·peln [ホーほ·シュターペルン] [動] *h.* 〔補足なし〕名士を装って詐欺を働く.
der **Hoch·stap·ler** [ホーほ·シュタープラー] [名] -s/- 名士を装う詐欺師.
die **Höchst·be·las·tung** [⊗-ひスト·ベラストゥング] [名] -/-en 最大荷重.
der **Höchst·be·stand** [⊗-ひスト·ベシュタント] [名] -(e)s/..stände 最高在庫高.

der **Höchst·be·trag** [ヘ—ヒスト·ベトラーク] 名 -(e)s/..träge 最高額.

der/die **Höchst·bie·ten·de** [ヘ—ヒスト·ビーテンデ] 名 《形容詞的変化》《商》最高価申出人.

hoch ste·hend, ⒽR**hoch·ste·hend** [ホ—ㇵ シュテーエント] 形 高い地位の;（精神的に）優れた;高度な技術による.

höchs·tens [ヘ—ヒステンス] 副 《語頭》《動詞·形容詞·副詞·名詞を修飾》せいぜい、たかだか: Zeit habe ich ~ am nächsten Sonntag. 暇なのはせいぜい次の日曜ぐらいなものだ.

der **Höchst·fall** [ヘ—ヒスト·ふァル] 名 《次の形で》 im ~ せいぜい、たかだか、多くとも.

die **Höchst·form** [ヘ—ヒスト·ふォるム] 名 -/ 《スポ》絶好調、ベストコンディション.

das **Höchst·ge·bot** [ヘ—ヒスト·ゲボート] 名 -(e)s/-e （競売などの）最高の付け値、最高価格.

die **Höchst·ge·schwin·dig·keit** [ヘ—ヒスト·ゲシュヴィンディヒカイト] 名 -/-en 最高速度.

das **Höchst·ge·wicht** [ヘ—ヒスト·ゲヴィヒト] 名 -(e)s/-e 最大重量.

die **Höchst·gren·ze** [ヘ—ヒスト·グれンツェ] 名 -/-n 最高限度、最大限.

die **Hoch·stim·mung** [ホ—ㇵ·シュティムング] 名 -/ はなやいだ〔高揚した〕気分.

die **Höchst·leis·tung** [ヘ—ヒスト·らイストゥング] 名 -/-en 最高の成績;最大能力,最高記録.

das **Höchst·maß** [ヘ—ヒスト·マース] 名 -es/ 最高限度,最大限: ein ~ an Sauberkeit 最大限の清潔さ.

höchst·mög·lich [ヘ—ヒスト·メ—クリㇶ] 形 最大限の.

höchst·per·sön·lich [ヘ—ヒスト·ぺるゼ—ンリㇶ] 形 おん自らの;《法》一身専属的（権利）.

der **Höchst·preis** [ヘ—ヒスト·プらイス] 名 -es/-e 最高価格.

höchst·rich·ter·lich [ヘ—ヒスト·りㇶタるリㇶ] 形 最高裁判所の.

der **Höchst·stand** [ヘ—ヒスト·シュタント] 名 -es(-s)/..stände 最高水準,最高状況.

höchst·wahr·schein·lich [ヘ—ヒスト·ヴァーる·シャインリㇶ] 副 《文飾》まず間違いなく、十中八九.

der **Höchst·wert** [ヘ—ヒスト·ヴェーあト] 名 -(e)s/-e 最大値;最高価格.

die **Höchst·zahl** [ヘ—ヒスト·ツァール] 名 -/-en 最大数値.

höchst·zu·läs·sig [ヘ—ヒスト·ツー·レッスィㇶ] 形 最大許容量の.

die **Hoch·tech·no·lo·gie** [ホ—ㇵ·テクノ·ロギー] 名 -/-n ハイテク,先端技術.

der **Hoch·tem·pe·ra·tur·re·ak·tor** [ホ—ㇵ·テムぺらトゥーあ·れアクトーあ] 名 -s/-en 《核物理》高温ガス冷却炉.

huch·tö·nend [ホ—ㇵ·テ—ネント] 形 =hochtrabend.

die **Hoch·tour** [..tu:r ホ—ㇵ·トゥーる] 名 【慣用】 auf Hochtouren laufen〔arbeiten〕フル回転する;全力を結集してハイピッチで行われる. ⒿR ⒿR auf Hochtouren bringen 〈人·物を〉フル回転で働かせる,最大能力を発揮させる.

hoch·tou·rig [ホ—ㇵ·トゥーりㇶ] 形 高速回転の.

der **Hoch·tou·rist** [ホ—ㇵ·トゥりスト] 名 -en/-en 登山家.

die **Hoch·tou·ris·tik** [ホ—ㇵ·トゥりスティク] 名 -/ (高山への）登山.

hoch·tra·bend [ホ—ㇵ·トらーベント] 形 大げさな、仰々しい.

der **Hoch·ver·rat** [ホ—ㇵ·ふェあらート] 名 -(e)s/ 《法》（国家）反逆罪,国事犯;大逆罪.

der **Hoch·ver·rä·ter** [ホ—ㇵ·ふェあれ—タ—] 名 -s/- （国家）反逆者,国事犯;大逆犯人.

der **Hoch·wald** [ホ—ㇵ·ヴァルト] 名 -(e)s/..wälder 喬木（きょうぼく）林,高木林;《林》（種子·苗木から造林した）喬林（用材林）.

das **Hoch·was·ser** [ホ—ㇵ·ヴァッサー] 名 -s/- 《主に ⑨》大水,洪水;高潮: ~ haben 《口·冗》寸詰まりのズボンをはいている.

hoch·wer·tig [ホ—ㇵ·ヴェーアティㇶ] 形 高品質の,高級な;栄養価の高い.

das **Hoch·wild** [ホ—ㇵ·ヴィルト] 名 -(e)s/ 《狩》《総称》大物の猟獣.

hoch winden* [ホ—ㇵ·ヴィンデン] 動 h. **1.** 〈et⁴を〉ウインチで巻上げる（いかりなどを）. **2.** 〔sich⁴〕回転〔旋回〕しながら上もる;くねくね曲りながら上って行く（道を）;ぐるぐる巻きながら上に伸びる（つるなどの）.

hoch·wohl·ge·bo·ren [ホ—ㇵ·ヴォール·ゲボーれン] 形 高貴な生れの:Eure〔Euer〕H~ 閣下.

Hoch·würden [ホ—ㇵ·ヴュるデン] 名 -(s)/ 《無冠詞》《古》尊師（聖職者への尊称）: Euer ~ 神父様.

die **Hoch·zahl** [ホ—ㇵ·ツァール] 名 -/-en 《数》幕指数.

die **Hoch·zeit** [ホㇰ·ツァイト] 名 -/-en 結婚式,婚礼: ~ feiern〔halten〕結婚式をあげる. 【慣用】 auf zwei Hochzeiten tanzen 《口》二つのことを同時にする,二兎を追う. auf der falschen Hochzeit tanzen 《口》誤った判断〔目論見〕をする.

der **Hoch·zei·ter** [ホㇰ·ツァイター] 名 -s/- 《方》新郎,花婿;《⑨のみ》新郎新婦.

die **Hoch·zei·te·rin** [ホㇰ·ツァイテりン] 名 -/-nen 《方》新婦,花嫁.

hoch·zeit·lich [ホㇰ·ツァイトリㇶ] 形 結婚式の.

der **Hoch·zeits·brauch** [ホㇰ·ツァイツ·ブらウㇵ] 名 -(e)s/..bräuche 婚礼の風習〔習わし〕.

die **Hoch·zeits·fei·er** [ホㇰ·ツァイツ·ふァイアー] 名 -/-n 結婚式,婚礼.

das **Hoch·zeits·fest** [ホㇰ·ツァイツ·ふェスト] 名 -(e)s/-e 結婚式,婚礼;結婚式の披露宴.

der **Hoch·zeits·flug** [ホㇰ·ツァイツ·ふルーク] 名 -(e)s/..flüge 《動》（蜜蜂·蟻などの交尾のための）婚姻飛行.

der **Hoch·zeits·gast** [ホㇰ·ツァイツ·ガスト] 名 -(e)s/..gäste 結婚式の招待客.

das **Hoch·zeits·ge·schenk** [ホㇰ·ツァイツ·ゲシェンク] 名 -(e)s/-e 結婚祝いの贈り物.

das **Hoch·zeits·kleid** [ホㇰ·ツァイツ·クらイト] 名 -(e)s/-er **1.** ウェディングドレス,花嫁衣装. **2.** 《動》（鳥類の）婚衣,（一般に雄の）婚姻色.

die **Hoch·zeits·nacht** [ホㇰ·ツァイツ·ナㇵト] 名 -/..nächte 新婚初夜.

die **Hoch·zeits·rei·se** [ホㇰ·ツァイツ·らイゼ] 名 -/-n 新婚旅行.

der **Hoch·zeits·tag** [ホㇰ·ツァイツ·ターク] 名 -(e)s/-e 結婚式の日;結婚記念日.

hoch ziehen* [ホ—ㇵ·ツィーエン] 動 **1.** h. 〈j⁴·et⁴を〉（上へ·引き）上げる（シャッター·旗などを）;つり上げる（眉を）;上げる（鼻げを）. 〈et⁴を〉《⒥》急速に引き上げる（飛行機を急上昇させる）;立上げる（壁·建物などを）. **3.** s. 《穀》発生する,近づく（雷雲などが）.

die **Ho·cke**¹ [ホッケ] 名 -/-n **1.** しゃがんだ姿勢: in die ~ gehen しゃがむ. in der ~ sitzen しゃがんでいる. **2.** 《体操》抱え込み姿勢.

die **Ho·cke**² [ホッケ] 名 -/-n **1.** 麦束を円錐（えんすい）形に積上げたもの. **2.** =Hucke 2.

ho·cken [ホッケン] 動 **1.** h./《南独》s.《〈場所〉に》しゃがんでいる;《口》うずくまっている,膝を抱えて座って

〔腰掛けて〕いる. **2.** *h.* 〔sich⁴+〈方向〉に〕しゃがむ;《南独》(…へ行って)座る, 腰掛ける. **3.** *s.* 〔〈場所〉に〕《南独》座っている, 腰かけている. **4.** *h.* (南独では *s.*)〔〈時間〉の間+〈場所〉に〕《口》座ったままでいる, 居続ける. **5.** *s.* 〔〈方向〉へ〕〖体操〗抱え込み姿勢で跳ぶ.

der **Ho·cker** [ホッカー] [名] -s/- 丸いす, ストゥール;《方・口》長居をする人;〖考古〗屈葬人骨.

der **Hö·cker** [ヘッカー] [名] -s/- (ラクダの)こぶ;《口》背中のこぶ;(肉の)隆起;(土地の)隆起.

das **Ho·cker·grab** [ホッカー・グラープ] [名] -(e)s/..gräber 〖考古〗屈葬墳墓.

hö·cke·rig [ヘッケリヒ] [形] でこぼこのある;隆起〔結節〕のある.

das **Ho·ckey** [hɔ́ke ホッケ, hɔ́ki ホッキ] [名] -s/ 〖スポーツ〗ホッケー.

der **Ho·ckey·spie·ler** [ホッケ・シュピーラー, ホッキ・シュピーラー] [名] -s/- ホッケー選手.

der **Ho·den** [ホーデン] [名] -s/- 睾丸(こうがん).

die **Ho·den·ent·zün·dung** [ホーデン・エントツュンドゥング] [名] -/-en 〖医〗睾丸炎.

der **Ho·den·hoch·stand** [ホーデン・ホーホ・シュタント] [名] -(e)s/ 〖医〗潜伏〔停留〕睾丸(症).

der **Ho·den·sack** [ホーデン・ザック] [名] -(e)s/..säcke 陰嚢(いんのう).

(*der*) **Hod·ler** [ホードラー] [名] 〖人名〗ホードラー(Ferdinand ~, 1853–1918, スイスの画家).

das **Ho·do·me·ter** [ホド・メーター] [名] -s/- 万歩計;路程計;(車の)走行距離計.

(*der*) **Hödr** [hǿːdər ヘーダー] [名] 〖北欧神〗ヘードゥル(Wodan の盲目の息子).

(*der*) **Hö·dur** [ヘードゥる] [名] 〖北欧神〗=Hödr.

der **Hof** [ホーふ] [名] -(e)s/Höfe **1.** 中庭;構内: auf〔in〕dem ~ spielen 中庭で遊ぶ. **2.** 農園, 農場(Bauern~). **3.** (皇帝・王侯の)宮廷;(㊥のみ)(総称)廷臣: am ~ 宮廷で. bei ~*e* 宮中で. Der Herzog hält im Sommer auf dem Lande ~. 公は夏は(廷臣達と)田舎に居を構える. **4.** (月や太陽の)かさ, 暈(うん);(取巻かれているものと色の異なる)輪, 環: die *Höfe* der Brustwarzen 乳輪. 【慣用】**einer Frau den Hof machen** 《古》女性にいんぎんに言い寄る.

die **Hof·burg** [ホーふ・ブるク] [名] -/-en 王宮.

das **Höf·chen** [ヘーふひぇン] [名] -s/- Hof 1. 2. の縮小形.

die **Hof·da·me** [ホーふ・ダーメ] [名] -/-n (宮廷の)女官.

hof·fä·hig [ホーふ・ふぇーイひ] [形] 参内資格のある;社交界〔サロン〕に出入りできる.

die **Hof·fart** [ホっふぁるト] [名] -/ 《文・蔑》傲慢(ごうまん), 不遜(ふそん).

hof·fär·tig [ホっふぇるティひ] [形] 《文・蔑》傲慢(ごうまん)な, 思い上がった.

hof·fen [ホっふぇン] [動] *h.* **1.** 〔〈文〉デアルコトヲ/〈et⁴〉ヲ〕望む, 希望する, 願う, 期待する;(…であれば)良いと思う. **2.** 〔auf〈j⁴/et⁴〉ニ〕期待をかける, (…を)待ち望む, (…を)当てにする. **3.** 〔補足なし〕希望を抱く. 【慣用】**Da ist〔gibt es〕nichts mehr zu hoffen.** もう望みは絶たれた. **Es steht zu hoffen, dass ...** …のことは期待〔希望〕されうる. **nichts mehr zu hoffen haben** もはや何らの希望もない.

hof·fent·lich [ホっふぇントリひ] [副] 《文飾》…であればよいが: *H*~ kommt sie nicht zu spät. 彼女が遅刻しなければいいが. (やや不確かな答えとして)Kannst du morgen? —*H*~! 明日ならできるかい. —だといいけれど.

(*der*) **Hoff·mann** [ホふ・マン] [名] 〖人名〗 **1.** E. T. A. ~ エー・テー・アー・ホフマン(Ernst Theodor Amadeus ~, 1776–1822, 小説家・作曲家). **2.** ~ von Fallersleben ホフマン・フォン・ファラースレーベン(本名 August Heinrich ~, 1798–1874, ドイツ国歌の作詞者).

die **Hoff·nung** [ホふヌング] [名] -/-en **1.** 希望, 望み;期待, 当て, 見込み: seine ~ auf〈j⁴/et⁴〉setzen〈人・物・事を〉当てにする. 〈j³〉~*en* auf〈et⁴〉machen〈人に〉〈事の〉希望を抱かせる. in der ~, dass ... …を希望〔期待〕して. **2.** 頼りにする〔期待されている〕人, ホープ. 【慣用】**guter Hoffnung**〔**in** (**der**) **Hoffnung**〕**sein** 《文》妊娠している.

hoff·nungs·los [ホふヌングス・ロース] [形] 希望〔見込み〕のない, 絶望的な;ひどく, どうしようもないほど.

die **Hoff·nungs·lo·sig·keit** [ホふヌングス・ローズィひカイト] [名] -/ 希望〔見込み〕のないこと;絶望状態.

der **Hoff·nungs·schim·mer** [ホふヌングス・シマー] [名] -s/ 《文》ほのかな望み.

der **Hoff·nungs·strahl** [ホふヌングス・シュトらール] [名] -(e)s/-en 《文》一縷(いちる)の望み.

hoff·nungs·voll [ホふヌングス・ふぉル] [形] 希望にあふれた;(前途)有望な.

Hof hal·ten*, ⑮**hof|hal·ten*** [ホーふ ハルテン] ⇨ Hof 3.

die **Hof·hal·tung** [ホーふ・ハルトゥング] [名] -/ 宮廷(生活)を営むこと, 宮居.

der **Hof·hund** [ホーふ・フント] [名] -(e)s/-e 番犬.

ho·fie·ren [ホふぃーれン] [動] *h.* 〔〈j⁴〉ノ〕ご機嫌を取る.

hö·fisch [ヘーふぃシュ] [形] みやびな, 典雅な;宮廷(風)の.

die **Hof·leu·te** [ホーふ・ロイテ] [複名] 廷臣たち;(家族ぐるみで働いている)農園労働者たち.

höf·lich [ヘーふリひ] [形] 礼儀正しい, 丁寧な: in ~*en* Worten 丁寧な言葉で.

die **Höf·lich·keit** [ヘーふリひカイト] [名] -/-en (㊥のみ)礼儀正しさ, 丁寧さ;(主に㊥)儀礼的な挨拶, 社交辞令, お愛想: in aller ~ 非常に丁寧に. 〈et⁴〉aus ~ tun〈事を〉儀礼上する.

der **Höf·lich·keits·be·such** [ヘーふリひカイツ・ベズーふ] [名] -(e)s/-e 表敬訪問, 儀礼的訪問.

die **Höf·lich·keits·be·zei·gung** [ヘーふリひカイツ・ベツァイグング] [名] -/-en 社交辞令, 儀礼的挨拶(あいさつ).

die **Höf·lich·keits·for·mel** [ヘーふリひカイツ・ふぉるメル] [名] -/-n 形式的な挨拶(あいさつ)の言葉, 儀礼的社交辞令.

der **Hof·lie·fe·rant** [ホーふ・リーふぇらント] [名] -en/-en 宮廷御用商人: königlicher ~ 王室御用達.

der **Höf·ling** [ヘーふリング] [名] -s/-e (主に㊥)廷臣;《蔑》佞臣(ねいしん).

(*der*) **Hof·manns·thal** [ホ(ー)ふマンス・タール] [名] 〖人名〗ホーフマンスタール(Hugo von ~, 1874–1929, オーストリアの詩人・劇作家).

der **Hof·mar·schall** [ホーふ・マるシャル] [名] -s/..schälle 侍従長.

der **Hof·meis·ter** [ホーふ・マイスター] [名] -s/- 《古》(宮廷の)教育者;儀典長;(貴族子弟の)家庭教師;農園管理人.

der **Hof·narr** [ホーふ・ナる] [名] -en/-en 宮廷道化師.

der **Hof·pre·di·ger** [ホーふ・プれーディガー] [名] -s/- 宮廷説教師.

der **Hof·rat** [ホーふ・らート] [名] -(e)s/..räte **1.** (㊥のみ)宮廷顧問官(名誉称号). **2.** 宮廷顧問官(人);《口・蔑》(不必要に几帳面でむだな手間をかける)官僚的な人.

die **Hof·schran·ze** [ホーふ・シュらンツェ] [名] -/-n (《稀》der ~ -n/-n)(主に㊥)佞臣(ねいしん), こびへつらう廷臣.

der **Hof·staat** [ホーふ・シュタート] [名] -(e)s/ (総称)廷臣.

die **Hof·statt** [ホーふ・シュタット] [名] -/-en〔..stätten〕

《スイス》農園, 農場, 牧草地.

das **Hof·the·a·ter** [ホーふ·テアーター] [名] -s/-e 宮廷劇場; 宮廷劇団.

das **Hof·tor** [ホーふ·トーあ] [名] -(e)s/-e 中庭〔農園〕の門.

die **Hof·trau·er** [ホーふ·トらウあー] [名] -/ 宮中喪: ~ haben《冗》汚れた爪(つめ)をしている.

ho·he [ホーエ] [形] hoch の付加語的用法の形.

die **Hö·he** [へーエ] [名] -/-n **1.** 高さ, 高度; 海抜; (進行方向と直角に交わる)線; 緯度: in einer ~ von 9 000m fliegen 高度 9000 メートルの上空を飛ぶ. München liegt in 530m ~. ミュンヒェンは海抜530 メートルにある. auf gleicher ~ 横一線に並んで《車や走者が》. Sapporo liegt ungefähr auf der gleichen ~ wie Rom. 札幌の緯度はローマとほぼ同じくらいだ. **2.** 高所, 高地, 丘陵: die ~*n* des Taunus (中部ドイツ)タウヌス山地の丘陵地帯. **3.** (金額・温度などの)高さ: den Betrag in voller ~ bezahlen. その金額を全額支払う. **4.** 絶頂, 頂点, 全盛: auf der ~ des Ruhmes stehen 名声の絶頂にある. **5.** 〖数〗(三角形などの)高さ, 垂線; 〖天〗高度, 仰角. 【慣用】**auf der Höhe** (**der Zeit**) **bleiben** 〔**sein**〕時代の先端を行く, 時勢に遅れない. **Das ist** (**ja**) **die Höhe!** 《口》(厚かましいのも)いいかげんにしろ; そんなことは信じられない. 〈j⁴〉 **in die Höhe bringen** 《口》〈人ₒ〉元気を回復させる. **in die Höhe gehen** 《口》腹を立てる, 憤慨する. **nicht** (**ganz**) **auf der Höhe sein** 《口》健康状態がかんばしくない.

die **Ho·heit** [ホーハイト] [名] -/-en **1.** (【単】のみ)(国家)主権, 高権, 統治権: unter der ~ eines Staates stehen 国家の統治下にある. **2.** (【単】のみ)威厳, 威儀. **3.** 殿下《王侯一族の尊称》: Eure ~! 殿下.

ho·heit·lich [ホーハイトリひ] [形] 国家主権に基づく; 《稀》高貴な, 威厳のある.

das **Ho·heits·ge·biet** [ホーハイツ·ゲビート] [名] -(e)s/-e 主権〔高権〕領域.

das **Ho·heits·ge·wäs·ser** [ホーハイツ·ゲヴェッサー] [名] -s/- 領海.

das **Ho·heits·recht** [ホーハイツ·れひト] [名] -(e)s/-e 《主に【複】》主権, 統治権.

ho·heits·voll [ホーハイツ·ふォル] [形] 《文》いかめしい.

das **Ho·heits·zei·chen** [ホーハイツ·ツァイひぇン] [名] -s/- 高権〔主権〕標章, 国章《国旗など》.

das **Ho·he·lied, Hohe Lied** [ホーエ·リート] [名] des Hohe(n)liedes, des Hohen Liedes; dem Hohe(n)lied, dem Hohen Lied 〖旧約〗雅歌; 《文》賛歌.

die **Hö·hen·flos·se** [へーエン·ふロッセ] [名] -/-n 〖空〗水平安定板.

der **Hö·hen·flug** [へーエン·ふルーク] [名] -(e)s/..flüge 〖空〗高空飛行; 《転》(精神の)飛翔.

die **Hö·hen·krank·heit** [へーエン·クらンクハイト] [名] -/ 〖医〗高山病.

der **Hö·hen·kur·ort** [へーエン·クーあ·オるト] [名] -(e)s/-e 高山〔高地〕保養〔療養〕地.

die **Hö·hen·la·ge** [へーエン·ラーゲ] [名] -/-n 高度, 海抜; 高地.

das **Hö·hen·leit·werk** [へーエン·ライト·ヴェるク] [名] -(e)s/-e 〖空〗水平尾翼.

die **Hö·hen·li·nie** [へーエン·リーニエ] [名] -/-n 〖地〗等高線.

die **Hö·hen·luft** [へーエン·ルふト] [名] -/ 高山〔高地〕の(薄い)空気.

der **Hö·hen·luft·kur·ort** [へーエンルふト·クーあ·オるト] [名] -(e)s/-e 高山〔高地〕の保養地.

der **Hö·hen·mes·ser** [へーエン·メッサー] [名] -s/- 高度計.

der **Hö·hen·rausch** [へーエン·らウシュ] [名] -(e)s/ 〖医〗山酔い.

der **Hö·hen·re·kord** [へーエン·れコるト] [名] -(e)s/-e (航空機の)最高高度記録.

der **Hö·hen·rü·cken** [へーエン·りゅっケン] [名] -s/- 〖地〗(長い)山の背.

das **Hö·hen·ru·der** [へーエン·るーダー] [名] -s/- 〖空〗昇降舵(だ).

der **Hö·hen·schrei·ber** [へーエン·シュらイバー] [名] -s/- 〖空〗自記高度計.

die **Hö·hen·son·ne** [へーエン·ゾネ] [名] -/-n **1.** (【単】のみ)〖気〗高山の太陽光線. **2.** 〖医〗太陽灯; (【単】のみ)太陽灯の照射.

der **Ho·hen·stau·fe** [ホーエン·シュタウふェ] [名] -n/-n ホーエンシュタウフェン家の人. ⇨Staufer.

der **Ho·hen·stau·fen** [ホーエン·シュタウふェン] [名] -s/ 〖山名〗ホーエンシュタウフェン山《バーデン=ヴュルテンベルク州に位置》.

ho·hen·stau·fisch [ホーエン·シュタウふィシュ] [形] ホーエンシュタウフェン(家)の.

das **Hö·hen·steu·er** [へーエン·シュトイあー] [名] -s/- 〖空〗昇降舵(だ)の操作装置.

die **Hö·hen·strah·lung** [へーエン·シュトらールング] [名] -/-en 〖理〗宇宙線.

der **Hö·hen·un·ter·schied** [へーエン·ウンターシート] [名] -(e)s/-e 高度差.

die **Hö·hen·wet·ter·kar·te** [へーエン·ヴェッター·カるテ] [名] -/-n 〖気〗高層天気図.

der **Hö·hen·wind** [へーエン·ヴィント] [名] -(e)s/-e 高層風〔気流〕.

der **Ho·hen·zol·ler** [ホーエン·ツォラー] [名] -n/-n ホーエンツォレルン家の人《ドイツの主要王家. 第一次大戦までドイツ皇帝をつとめる》.

ho·hen·zol·le·risch [ホーエン·ツォレりシュ] [形] ホーエンツォレルン(家)の.

der **Ho·hen·zol·lern** [ホーエン·ツォラーン] [名] -s/ 〖山名〗ホーエンツォレルン山《バーデン=ヴュルテンベルク州に位置》.

der **Hö·hen·zug** [へーエン·ツーク] [名] -(e)s/..züge 〖地〗山脈; 連丘.

der **Ho·he·pries·ter, Ho·he Pries·ter** [ホーエ·プリースター] [名] **1.** der Hohe Priester, des Hohen Priesters, dem Hohen Priester, den Hohen Priester 〖ユダヤ教〗祭司長. **2.** der Hohepriester, des Hohe(n)priesters, dem Hohe(n)priester, den Hohe(n)priester 《文》指導的大人物.

ho·he·pries·ter·lich [ホーエ·プリースターりひ] [形] 祭司長の; 指導的な大人物の.

der **Hö·he·punkt** [へーエ·プンクト] [名] -(e)s/-e 頂点, 絶頂, クライマックス; (性的快感の)絶頂.

hö·her [へーあー] [形] hoch の比較級.

hohl [ホール] [形] **1.** 空洞の: eine ~*e* Nuss 空のクルミ. **2.** くぼんだ: ~*e* Wangen こけた頬. eine ~*e* Linse 凹レンズ. mit der ~*en* Hand 手をくぼませて. **3.** うつろな, くぐもった. **4.** 内容空虚〔空疎〕な: ein ~*er* Kopf 《蔑》頭の空っぽな奴.

hohl·äu·gig [ホール·オイギひ] [形] 目の落ちくぼんだ.

der **Hohl·block·stein** [ホール·ブロック·シュタイン] [名] -(e)s/-e 〖土〗(コンクリート製の)空洞ブロック.

die **Höh·le** [へーレ] [名] -/-n **1.** ほら穴, 洞窟(くつ). **2.** (獣の)巣穴. **3.** 陰気な〔貧しい〕住居; 《口》落着ける自分の部屋. **4.** (主に【複】)眼窩(がんか)(Augen~). 【慣用】**sich⁴ in die Höhle des Löwen begeben** 〔**wagen**〕虎穴に入る, 意を決して行く.

höh·len [へーレン] [動] *h.* 〔〈et⁴〉ヲ〕《稀》うがつ《石などを》.

der **Höh·len·bär** [へーレン·ベーあ] [名] -en/-en 〖古生〗ホラアナグマ.

der **Höh·len·be·woh·ner** [へーレン·ベヴォーナー] [名]

-s/-(特に旧石器時代の)穴居人;〘動〙穴居動物.
der **Höh·len·brü·ter** [⊝ーレン・ブりゅーター] [名] -s/- 〘動〙木〔岩〕の穴に営巣する鳥(フクロウなど).
der **Höh·len·floh·krebs** [⊝ーレン・ふローク・レーブス] [名] -es/-e 〘昆〙洞窟トビムシ.
die **Höh·len·kun·de** [⊝ーレン・クンデ] [名] -/ 洞窟学.
die **Höh·len·ma·le·rei** [⊝ーレン・マーレらイ] [名] -/-en 洞窟壁画〔絵画〕.
der **Höh·len·mensch** [⊝ーレン・メンシュ] [名] -en/-en 穴居人.
der **Hohl·fuß** [ホール・ふース] [名] -es/..füße 〘医〙凹足.
die **Hohl·heit** [ホールハイト] [名] -/ 空虚, からっぽ;《蔑》無内容.
die **Hohl·keh·le** [ホール・ケーレ] [名] -/-n 〘建・指物〙カヴェット, こぐり;〘地質〙(浸食などによる岩の)くぼみ.
der **Hohl·kopf** [ホール・コップふ] [名] -(e)s/..köpfe《蔑》ばか, まぬけ.
das **Hohl·kreuz** [ホール・クろイツ] [名] -es/-e 〘医〙脊柱(せきちゅう)前湾(症).
die **Hohl·ku·gel** [ホール・クーゲル] [名] -/-n 中空の球.
das **Hohl·maß** [ホール・マース] [名] -es/-e 体積〔容積〕の単位;目盛りつき容器.
der **Hohl·mei·ßel** [ホール・マイセル] [名] -s/- 丸のみ.
die **Hohl·na·del** [ホール・ナーデル] [名] -/-n 〘医〙管状針(注射針, 穿刺(せんし)針など).
der **Hohl·raum** [ホール・らウム] [名] -(e)s/..räume 空所, 空洞.
der **Hohl·saum** [ホール・ザウム] [名] -(e)s/..säume 〘手芸〙ヘムステッチ, 縁かがり.
der **Hohl·schliff** [ホール・シュリふ] [名] -(e)s/-e 凹面研磨.
der **Hohl·spie·gel** [ホール・シュピーゲル] [名] -s/- 〘光〙凹面鏡.
das **Hohl·tier** [ホール・ティーあ] [名] -(e)s/-e (主に[複]) 腔腸(こうちょう)動物.
die **Höh·lung** [⊝ールング] [名] -/-en **1.** ([単]のみ)掘る〔くぼみをつくる〕こと. **2.** 空洞, くぼみ.
hohl·wan·gig [ホール・ヴァンギひ] [形] 頬のこけた.
der **Hohl·weg** [ホール・ヴェーク] [名] -(e)s/-e 切通し, 隘路(あいろ).
der **Hohl·zie·gel** [ホール・ツィーゲル] [名] -s/- 中空〔空洞〕瓦.
der **Hohn** [ホーン] [名] -(e)s/ 嘲(あざけ)り, 嘲笑(ちょうしょう): (über ⟨j⁴/et⁴⟩) ~ lachen (⟨人・事・物を⟩)嘲笑する, からかう. Das ist der blanke〔reine〕~. それはまったく不合理だ〔ばかげている〕. ⟨et³⟩ ~ sprechen ⟨事と⟩相いれない, …に反する.
höh·nen [⊝ーネン] [動] *h.* 《文》 **1.** 〔⟨[文]⟩ト〕嘲(あざけ)って言う. **2.** 〔補足なし〕嘲りの言葉を言う〔仕草をする〕. **3.** 〔⟨j⁴/et⁴⟩ヲ〕嘲る, 嘲笑(ちょうしょう)する, 愚弄(ぐろう)する.
das **Hohn·ge·läch·ter** [ホーン・ゲレひター] [名] -s/- 嘲笑(ちょうしょう).
höh·nisch [⊝ーニシュ] [形] 嘲笑(ちょうしょう)的な.
hohn|lä·cheln, Hohn lä·cheln [ホーン・レっひぇルン] [動] *h.* (現在・過去時称では分離・非分離いずれの形も用いられる. 主に現在分詞および不定詞の中性名詞で)〔補足なし〕にやりとする, にやにや笑う(相手をあざけって, また他人の不幸を喜んで).
hohn·la·chen, Hohn la·chen [ホーン・ラっへン] [動] *h.* **1.** 〔(über ⟨j⁴/et⁴⟩ヲ)〕嘲笑(ちょうしょう)する. **2.** 〔⟨et³⟩ニ〕《文》矛盾する, 反する. ⇨ Hohn.
hohn|spre·chen* [ホーン・シュプれっひぇン] [動] *h.* 〔⟨et³⟩ニ〕反する, そぐわない.
ho·ho! [ホホー] [間] (驚き・軽蔑・拒否)ほおっー, へえーっ.
der **Hö·ker** [⊝ーカー] [名] -s/- 《古》露店商人, 小売商人.
hö·kern [⊝ーケるン] [動] *h.* 〔補足なし〕《古》露店で商いをする.
der **Ho·kus·po·kus** [ホークス・ポークス] [名] -/ **1.** 奇術, まやかし, ペテン;《無冠詞》チチンプイプイ(手品のまじない). **2.** いたずら, 悪ふざけ. **3.** 《蔑》無用の飾り物.
(*der*) **Hol·bein** [ホルバイン] [名] 〘人名〙ホルバイン(Hans ~, 画家の親子. 父(1465-1524 年); 息子(1497-1543 年)).
hold [ホルト] [形] **1.** 《古・詩》優美な, 愛らしい. **2.** 〔⟨j³/et³⟩ニ〕《文》好意を持っている, (…が)好きな.
der **Hol·der** [ホルダー] [名] -s/- 《南独》〘植〙ニワトコ.
(*der*) **Höl·der·lin** [⊝ルダーリーン] [名] 〘人名〙ヘルダーリーン(Friedrich ~, 1770-1843, 詩人).
die **Hol·ding** [ホールディング] [名] -/-s =Holdinggesellschaft の略.
die **Hol·ding·ge·sell·schaft** [ホールディング・ゲゼルシャふト] [名] -/-en 〘経〙持ち株会社.
hold·se·lig [ホルト・ゼーリひ] [形] 《古・詩》いとも愛らしい, 優雅な.
ho·len [ホーレン] [動] *h.* **1.** 〔⟨et⁴⟩ヲ+(⟨方向⟩カラ)〕(行って)取ってくる;取り出す;《方》買ってくる. **2.** 〔⟨j⁴⟩ヲ+(⟨方向⟩ヘ(カラ))〕(急いで)呼寄せる, 来てもらう(本来は,「迎えに行って連れて来る」の意. 現在では,「電話で呼寄せる」の意味で主に用いる). **3.** 〔⟨j⁴/et⁴⟩ヲ〕連れて〔持って〕行く. **4.** 〔sich³+⟨et⁴⟩ヲ〕得る, もらう, 受ける(刺激・助言などを). **5.** 〔⟨et⁴⟩ヲ〕《口》獲得する, 手に入れる, 勝取る(競技などで). **6.** 〔sich³+⟨et⁴⟩ヲ〕《口》もらう, 受ける(嫌な物・事を), (…に)かかる(病気などに), 招く(死などを). 【慣用】**Da/Bei ihm ist nichts mehr zu holen.** あそこ/彼のところにはもう取れるものは何もない(抵当などに). **Der Teufel soll dich holen!** 《口》おまえなんか鬼にさらわれてしまえ, くたばってしまえ. **tief Atem〔Luft〕holen** (ほっとして)息を深く吸込む, ゆっくり呼吸をする.
der **Ho·lis·mus** [ホリスムス] [名] -/ 〘哲〙全体論.
ho·lis·tisch [ホリスティシュ] [形] 〘哲〙全体論の.
die **Holk** [ホルク] [名] -/-e(n) (der ~ -(e)s/-e(n)も有)=Hulk.
hol·la! [ホラ] [間] (意外さに驚いて)おや, あれ.
(*das*) **Hol·land** [ホラント] [名] -s/ **1.** 〘国名〙オランダ(die Niederlande の通称). **2.** 〘地名〙ホラント(オランダ北西部の地方).
Hol·län·der[1] [ホレンダー] [形] (無変化)オランダの.
der **Hol·län·der**[2] [ホレンダー] [名] -s/- **1.** オランダ人: der Fliegende ~ さまよえるオランダ人(伝説の幽霊船の船長). **2.** 〘動〙オランダウサギ(斑のあるカイウサギ). **3.** 〘工〙ビーター, 叩解(こうかい)機(製紙機械). **4.** (子供用)四輪手押し車. **5.** ([単]のみ)オランダ産チーズ.
die **Hol·län·de·rei** [ホレンデらイ] [名] -/-en 《古》酪農.
die **Hol·län·der·müh·le** [ホレンダー・ミューレ] [名] -/-n **1.** オランダ(式)風車. **2.** =Holländer[2] 3.
hol·län·dern [ホレンダーン] [動] **1.** *h.* 〔⟨et⁴⟩ヲ〕〘製本〙オランダ式仮とじにする. **2.** *h./s.* 〔補足なし〕《古》二人で腕を組んでスケートをする.
hol·län·disch [ホレンディシュ] [形] オランダ(人・語)の.
das **Hol·län·disch** [ホレンディシュ] [名] -(s)/ オランダ語. 【用法は⇨Deutsch】
das **Hol·län·di·sche** [ホレンディシェ] [名] (形容詞的変化;[単]のみ) **1.** (定冠詞とともに)オランダ語. **2.** オランダ的なもの〔こと〕. 【用法は⇨Deutsche[2]】
(*die*) **Hol·le**[1] [ホレ] [名] 〘ゲルマン伝〙(次の形で) Frau ~ ホレおばさん(ドイツの伝説・童話に登場する女神・守護神). Frau ~ schüttelt die Betten. 雪が降る.
die **Hol·le**[2] [ホレ] [名] -/-n (鳥の)冠毛.

die **Höl·le** [⌒レ] [名] -/-n **1.** 《[単]のみ》地獄: Fahr〔Scher dich〕zur ~! 地獄へ落ちろ, とっとと出て行け. **2.** 惨苦に満ちた所〔境遇〕; ひどく恐しい〔耐え難い〕こと. **3.** 《方》(農家などの)タイル張り暖炉と(ベンチのある)壁の間の狭い空間. **【慣用】** ‹j³› **die Hölle heiß machen** 《口》‹人ₑ›不安に陥れる〔責めたてる〕. **Die Hölle ist los.** 《口》大混乱だ; 天気は大荒れだ.

die **Höl·len·angst** [⌒レン・アングスト] [名] -/..ängste 《口》極度の不安〔恐怖〕.

der **Höl·len·brand** [⌒レン・ブらント] [名] -(e)s/..brände 《文》地獄の業火; 《口》焼けつくような渇き.

die **Höl·len·brut** [⌒レン・ブるート] [名] -/ 《古・罵》悪党.

die **Höl·len·fahrt** [⌒レン・ふぁーあト] [名] -/-en 〘ギ神・ロ神・キ教〙地獄行き; 〘キ教〙(キリストの)古聖所への降下.

der **Höl·len·fürst** [⌒レン・ふゅるスト] [名] -en/ 悪魔.

der **Höl·len·hund** [⌒レン・フント] [名] -(e)s/-e 〘ギ神〙地獄の番犬.

der **Höl·len·lärm** [⌒レン・レるム] [名] -(e)s/ 《口》ものすごい騒音.

die **Höl·len·ma·schi·ne** [⌒レン・マシーネ] [名] -/-n 《古》時限爆弾; 《口》異常な騒音を出す機械.

die **Höl·len·qual** [⌒レン・クヴァール] [名] -/-en 《口》地獄の苦しみ.

der **Höl·len·spek·ta·kel** [⌒レン・シュペクターケル] [名] -s/ 《口》ものすごい騒音; 大騒動.

der **Höl·len·stein** [⌒レン・シュタイン] [名] -(e)s/-e 棒状硝酸銀; 《[単]のみ》硝酸銀薬剤.

höl·lisch [⌒リシュ] [形] **1.** 地獄の(ような), 悪魔の(ような). **2.** 《口》ものすごい; ものすごく.

die **Hol·ly·wood·schau·kel** [hɔ́lıvʊt.. ホリヴット・シャウケル] [名] -/-n ハリウッドベンチ《ぶらんこ型のベンチ》.

der **Holm**¹ [ホルム] [名] -(e)s/-e **1.** (はしごの)縦木; (平行棒の)バー; (階段などの)手すり. **2.** 〘空〙(翼の)桁(けた); 〘車〙フレーム; 〘建〙梁(はり), 横木. **3.** (オール・ハンマーなどの)柄; ティラー, 舵(かじ)棒.

der **Holm**² [ホルム] [名] -(e)s/-e 《北独》 **1.** 小島. **2.** 《稀》造船所, 浮きドック.

das **Hol·mi·um** [ホルミウム] [名] -s/ 〘化〙ホルミウム《記号 Ho》.

der **Ho·lo·caust** [hó:lokaust ホーロカウスト, holokáust ホロカウスト] [名] -(s)/-s ホロコースト《ナチ政権のユダヤ人大虐殺》; 大量殺戮(さつりく).

die **Ho·lo·gra·fie** [ホロ・グらふぃー] [名] -/-n =Holographie.

ho·lo·gra·fisch [ホロ・グらーふぃシュ] [形] =holographisch.

das **Ho·lo·gramm** [ホロ・グらム] [名] -s/-e 〘理〙ホログラム《レーザー光線の立体写真》.

die **Ho·lo·gra·phie** [ホロ・グらふぃー] [名] -/-n 〘光〙ホログラフィー《レーザー立体写真術》.

ho·lo·gra·phisch [ホロ・グらーふぃシュ] [形] ホログラフィーの.

das **Ho·lo·zän** [ホロツェーン] [名] -s/ 〘地質〙沖積世.

hol·pe·rig [ホルペりひ] [形] =holprig.

hol·pern [ホルパーン] [動] **1.** *s.* 〔補足なし〕がたがた揺れながら走る〔進む〕(車などが); 《稀》つまずき〔よろめき〕ながら歩いて行く. **2.** *h.* 〔補足なし〕がたがた揺れる, ぐらぐらする(車・車輪などが); つかえつかえ話す〔読む〕; リズムが悪い(詩句が).

holp·rig [ホルプりひ] [形] **1.** でこぼこの. **2.** とつとつとした, つっかえつっかえの.

die **Hol·schuld** [ホール・シュルト] [名] -/-en 〘法〙取立て債務.

der **Hols·te** [ホルステ] [名] -n/-n 《古》ホルシュタインの人.

(das) **Hol·stein** [ホルシュタイン] [名] -s/ 〘地名〙ホルシュタイン《シュレースヴィヒ=ホルシュタイン州の南部地域》.

der **Hol·stei·ner** [ホルシュタイナー] [名] -s/- **1.** ホルシュタインの人. **2.** ホルシュタイン種の馬.

hol·ter·die·pol·ter [hɔltərdipɔ́ltər ホルター・ディ・ポルター] [副] 《口》どたばたと, ごろごろと.

der **Ho·lun·der** [ホルンダー] [名] -s/- 〘植〙ニワトコ; 《[単]のみ》ニワトコの花〔実〕.

das **Holz** [ホルツ] [名] -es/Hölzer〔-〕 **1.** 《[単]のみ》木材, 材木; まき, たき木(Brenn~): ~ sägen 木をひく; 《口》いびきをかく. **2.** 《[複] Hölzer》(細長い)木製品, 木でできた部分; 《[複]-》(ボーリングの)ピン; 《[単]のみ》《口》《総称》木管楽器. **3.** 《[複] Hölzer》材《木材の種類》: tropische *Hölzer* 南洋材. **4.** 《[単]のみ》《古》森, 林. **【慣用】** **aus anderem/dem gleichen Holz geschnitzt sein** 人柄が違う/同じだ. **dastehen wie ein Stück Holz** ぼんやり立っている. **Holz in den Wald tragen** 無意味なことをする. **nicht aus Holz sein** 木石〔でくのぼう〕ではない.

der **Holz·ap·fel** [ホルツ・アプふぇル] [名] -s/..äpfel 野生のリンゴ; 野生のリンゴの木.

der **Holz·ar·bei·ter** [ホルツ・アるバイター] [名] -s/- 木樵(きこり).

der **Holz·bau** [ホルツ・バウ] [名] -(e)s/-ten **1.** 《[単]のみ》木造(建築). **2.** 木造の建物〔家屋〕.

das **Holz·bein** [ホルツ・バイン] [名] -(e)s/-e 木製の義足.

der **Holz·bild·hau·er** [ホルツ・ビルト・ハウあー] [名] -s/- 木彫家.

die **Holz·bir·ne** [ホルツ・ビるネ] [名] -/-n 野生のナシ.

der **Holz·blä·ser** [ホルツ・ブレーザー] [名] -s/- 〘楽〙木管楽器奏者.

das **Holz·blas·in·s·tru·ment** [ホルツ・ブラース・インストるメント] [名] -(e)s/-e 〘楽〙木管楽器.

der **Holz·block** [ホルツ・ブロック] [名] -(e)s/..blöcke 丸太, 角材; 木れんが.

der **Holz·bock** [ホルツ・ボック] [名] -(e)s/..böcke 木製の(架)台; 〘昆〙マダニ; カミキリムシ.

der **Holz·boh·rer** [ホルツ・ボーらー] [名] -s/- (木工用の)錐(きり); 〘昆〙ボクトウガ; キクイムシ.

die **Holz·brü·cke** [ホルツ・ブりゅっケ] [名] -/-n 木の橋.

das **Hölz·chen** [⌒ルツひぇン] [名] -s/- **1.** 《Holz の縮小形》木片; 小さな木製品: vom ~ aufs Stöckchen kommen (話が)本題からどんどんそれていく. **2.** マッチ棒.

die **Holz·de·cke** [ホルツ・デッケ] [名] -/-n 木の天井.

hol·zen [ホルツェン] [動] **1.** *h.* 〔補足なし〕《古》木を切る, 伐採する, 木を切ってまきにする; 〘サッカー〙アンフェアーなラフプレーをする. **2.** *h.* 〔‹j⁴›ₒ〕《古》殴る; 《‹j⁴›が相互代名詞sich⁴の場合》殴り合う. **3.** *h./s.* 〔補足なし〕〘狩〙木に登る《動物が》, 木に留まる《鳥が》.

der **Hol·zer** [ホルツァー] [名] -s/- **1.** 《南独・オーストリア・スイス》《古》木樵(きこり). **2.** 〘サッカー〙アンフェアなプレーヤー.

die **Hol·ze·rei** [ホルツェらイ] [名] -/-en **1.** 〘サッカー〙アンフェアなラフプレー. **2.** 殴り合い.

höl·zern [⌒ルツァーン] [形] **1.** 木(製)の. **2.** ぎこちない.

der **Holz·er·trag** [ホルツ・エあトらーク] [名] -(e)s/..träge 〘林〙木材収量〔益〕.

der **Holz·es·sig** [ホルツ・エッスィひ] [名] -s/ 木酢(もくさく).

der **Holz·fäl·ler** [ホルツ・ふぇラー] [名] -s/- 木樵(きこり).

die **Holz·fa·ser** [ホルツ・ふぁーザー] [名] -/-n 木質繊維.

die **Holz·fa·ser·plat·te** [ホルツふぁーザー・プラッテ] [名] -/-n 木質繊維板, ウッドファイバーボード.

holz·frei [ホルツ・ふらイ] [形] 砕木パルプを用いていない.

das **Holz·gas** [ホルツ・ガース] [名] -es/-e 〘化〙木(もく)ガ

ス.

der **Holz·geist** [ホルツ・ガイスト] 名 -(e)s/ 〖化〗木精(ぱ), メチルアルコール.

der **Holz·ha·cker** [ホルツ・ハッカー] 名 -s/- **1.** ((?ダイジ))木樵(ぱ). **2.** 〖(ガジ)〗ラフな(フェアでない)プレーヤー.

der **Holz·ham·mer** [ホルツ・ハマー] 名 -s/..hämmer 木槌(ぢ): mit dem ~ 無理矢理, 手荒に. eins mit dem ~ abgekriegt haben 《口》頭がいかれている.

das **Holz·haus** [ホルツ・ハウス] 名 -es/..häuser 木造家屋.

die **Holz·hütte** [ホルツ・ヒュッテ] 名 -/-n 木造小屋, 丸木小屋.

hol·zig [ホルツィヒ] 形 筋っぽい;木質の.

die **Holz·kiste** [ホルツ・キステ] 名 -/-n 木箱

der **Holz·klotz** [ホルツ・クロッツ] 名 -es/..klötze 丸太;(おもちゃの)積み木;《口・蔑》でくの坊.

die **Holz·kohle** [ホルツ・コーレ] 名 -/-n 《主に④》木炭.

der **Holz·kopf** [ホルツ・コップフ] 名 -(e)s/..köpfe (木製の)人形の頭;《口・蔑》間抜け, のろま.

der **Holz·löffel** [ホルツ・レッフェル] 名 -s/- 木製のスプーン.

das **Holz·mehl** [ホルツ・メール] 名 -(e)s/ 木粉(ぱ), おがくず.

der **Holz·nagel** [ホルツ・ナーゲル] 名 -s/..nägel 木釘.

die **Holz·nutzung** [ホルツ・ヌッツンク] 名 -/-en 木材利用.

der **Holz·pantoffel** [ホルツ・パントッフェル] 名 -s/-n 木製のサンダル.

das **Holz·pflaster** [ホルツ・プフラスター] 名 -s/- 木れんが舗装.

der **Holz·pflock** [ホルツ・プフロック] 名 -(e)s/..pflöcke 木の杭, 棒杭(ぱ).

die **Holz·platte** [ホルツ・プラッテ] 名 -/-n 木板, 木のプレート.

der **Holz·platz** [ホルツ・プラッツ] 名 -es/..plätze 材木置場.

das **Holz·scheit** [ホルツ・シャイト] 名 -(e)s/-e 《(シャ・イ)・(エ)》-er も有》 割木, まき割, まき.

der **Holz·schlag** [ホルツ・シュラーク] 名 -(e)s/..schläge **1.** 《④のみ》伐採. **2.** 伐採区域.

der **Holz·schliff** [ホルツ・シュリフ] 名 -(e)s/ (製紙用の)砕木パルプ.

die **Holz·schneidekunst** [ホルツ・シュナイデ・クンスト] 名 -/ 木版術.

der **Holz·schnitt** [ホルツ・シュニット] 名 -(e)s/-e **1.** 《④のみ》木版彫刻. **2.** 木版画.

der **Holz·schnitzer** [ホルツ・シュニッツァー] 名 -s/- 木彫家, 木彫(ぼり)師.

die **Holz·schraube** [ホルツ・シュラウベ] 名 -/-n 木ねじ.

der **Holz·schuh** [ホルツ・シュー] 名 -(e)s/-e 《主に④》木靴;木底の靴.

der **Holz·span** [ホルツ・シュパーン] 名 -(e)s/..späne (小さな細い)木くず;《主に④》かんなくず.

der **Holz·splitter** [ホルツ・シュプリッター] 名 -s/- 木片, 木のかけら.

der **Holz·stich** [ホルツ・シュティッヒ] 名 -(e)s/-e **1.** 《④のみ》木口彫(ぼり). **2.** 木口彫の版画〔印刷〕.

der **Holz·stoff** [ホルツ・シュトッフ] 名 -(e)s/ 木材パルプ;木質素, リグニン.

der **Holz·stoß** [ホルツ・シュトース] 名 -es/..stöße まき〔材木〕の山.

der **Holz·weg** [ホルツ・ヴェーク] 名 -(e)s/-e (次の形で)auf dem ~ sein [sich⁴ auf dem ~ befinden]

《口》ひどい思い違い〔勘違い〕をしている.

die **Holz·wolle** [ホルツ・ヴォレ] 名 -/ 木毛(ぱ)《梱包の詰め物用》.

der **Holz·wurm** [ホルツ・ヴルム] 名 -(e)s/..würmer 〖昆〗キクイムシ.

der **Holz·zucker** [ホルツ・ツッカー] 名 -s/ 〖化〗木糖, キシロース.

(*das*) **Hom·burg** [ホムブルク] 名 -s/ 〖地名〗ホンブルク(①ザールラント州の都市. ② Bad ~ von der Höhe バート・ホンブルク, ヘッセン州の都市).

der **Home·com·pu·ter**, **Home-Com·pu·ter** [h5:m.. ホーム・コムピューター] 名 -s/- 家庭用コンピュータ(ゲーム・趣味用).

das **Home·land** [hó:mlent ホーム・レント] 名 -(s)/-s (主に④)ホームランド〔南アフリカ共和国の黒人指定居住区. 1948-91〕.

(*der*) **Ho·mer** [ホメーァ] 名 〖人名〗ホメロス, ホーマー《紀元前8世紀頃, 『イーリアス』『オデュッセイア』の作者》.

der **Ho·me·ri·de** [ホメリーデ] 名 -n/-n 《主に④》(古代ギリシアの)ホメロスの詩の吟唱者;ホメロス風の詩歌をつくる人.

ho·me·risch [ホメーリシュ] 形 ホメロス風の: ~es Gelächter ホメロス的高笑い(ぢ゚).

(*der*) **Ho·me·ros** [ホメーロス] 名 =Homer.

die **Ho·mi·le·tik** [ホミレーティク] 名 -/ 〖キ教〗説教学.

die **Ho·mi·lie** [ホミリー] 名 -/-n (聖書に題材をとった)説教.

die **Ho·mi·ni·de** [ホミニーデ] 名 -n/-n 〖生〗ヒト科の動物(人間・原人・類人猿など).

die **Hom·mage** [omá:ʒ オマージュ] 名 -/-n 《文》オマージュ, 賛辞の表明, 敬意のしるし(芸術家を称える催しなど).

der **Ho·mo** [ホーモ] 名 -s/-s 《口》同性愛の男, ホモ.

ho·mo·e·ro·tisch [ホモ・エロ―ティシュ] 形 同性愛の.

der **Ho·mo faber** [ホーモ ふぁーバー] 名 --/ 《文》ホモ・ファーベル, 工作人.

das **Ho·mo·fon** [ホモ・ふぉーン] 形 =homophon.

das **Ho·mo·fon** [ホモ・ふぉーン] 名 -s/-e =Homophon.

die **Ho·mo·fo·nie** [ホモ・ふぉニー] 名 -/ =Homophonie.

ho·mo·gen [ホモ・ゲーン] 形 同種〔同質〕の, 均質〔等質〕の, 均一の.

ho·mo·ge·ni·sie·ren [ホモ・ゲニズィーレン] 動 h. 《et⁴》均質化する.

die **Ho·mo·ge·ni·tät** [ホモ・ゲニテート] 名 -/ 同質性, 同種性, 均質性, 均一性.

das **Ho·mo·graf**, **Ho·mo·graph** [ホモ・グらーふ] 名 -s/-e 〖言〗同形意義語.

ho·mo·log [ホモローク] 形 〖生〗相同の;〖化〗同族の;〖数〗相合の;〖医〗配偶者間の.

der **Ho·mo ludens** [ホーモ ルーデンス] 名 --/ 《文》ホモ・ルーデンス, 遊戯人.

ho·mo·nym [ホモニューム] 形 〖言〗同音同形異義の.

das **Ho·mo·nym** [ホモニューム] 名 -s/-e **1.** 〖言〗同音同形異義語. **2.** 〖文芸学〗古典古代の名前を使った偽名;同名異人.

ho·mo·ny·misch [ホモニューミシュ] 形 《古》=homonym.

der **Ho·möo·path** [ホ②オ・パート] 名 -en/-en ホメオパシーの専門医.

die **Ho·möo·pa·thie** [ホ②オ・パティー] 名 -/ ホメオパシー(病症と同じ症状を起こす薬を投与する治療法).

ho·möo·pa·thisch [ホ②オ・パーティシュ] 形 類似治療法の.

die **Ho·mö·o·plas·tik** [ホ⓪オ・プラスティク] 名 -/-en =Homoplastik.
ho·mo·phil [ホモ・ふぃール] 形 同性愛の.
die **Ho·mo·phi·lie** [ホモ・ふぃリー] 名 -/ 《文》同性愛.
ho·mo·phon [ホモ・ふぉーン] 形 **1.** 〚楽〛ホモフォニーの. **2.** 〚言〛異形同音異義の.
das **Ho·mo·phon** [ホモ・ふぉーン] 名 -s/-e 〚言〛異形同音異義語.
die **Ho·mo·pho·nie** [ホモ・ふぉニー] 名 -/ 〚楽〛ホモフォニー, 単音楽.
die **Ho·mo·plas·tik** [ホモ・プラスティク] 名 -/-en 〚医〛同種移植〔術〕.
der **Ho·mo sa·pi·ens** [ホーモ ザーピエンス] 名 -/- ホモ・サピエンス, ヒト.
die **Ho·mo·se·xu·a·li·tät** [ホモ・ゼクスアリテート] 名 -/ 同性愛.
ho·mo·se·xu·ell [ホモ・ゼクスエル] 形 同性愛の.
der/die **Ho·mo·se·xu·el·le** [ホモ・ゼクスエレ] 名 《形容詞的変化》同性愛者.
der **Ho·mun·ku·lus** [ホムンクルス] 名 -/..li〔-se〕ホムンクルス(錬金術師により密封されたガラスの中にできるとされた親大の人造人間).
(das) **Hon·du·ras** [ホンドゥーらス] 名 -/ 〚国名〛ホンジュラス(中央アメリカの共和国).
(der) **Ho·ne·cker** [ホ(-)ネカー] 名 〚人名〛ホーネッカー(Erich ~, 1912-93, 1976-89 年までドイツ民主共和国(旧東ドイツ)の国家評議会議長).
ho·nett [ホネット] 形 《文》誠実な, 清廉な.
der **Ho·nig** [ホーニヒ] 名 -s/-e 蜂蜜: 〈j³〉 ~ um den Bart(Mund) schmieren 《口》〈人₃に〉へつらう.
die **Ho·nig·bie·ne** [ホーニヒ・ビーネ] 名 -/-n 〚昆〛ミツバチ.
der **Ho·nig·ku·chen** [ホーニヒ・クーヘン] 名 -s/- 蜂蜜〔入〕菓子〔ケーキ〕.
der **Ho·nig·mond** [ホーニヒ・モント] 名 -(e)s/-e 《冗》ハネムーン.
ho·nig·süß [ホーニヒ・ズュース] 形 蜜(ゅ)のように甘い, 甘ったるい.
die **Ho·nig·wa·be** [ホーニヒ・ヴァーベ] 名 -/-n ミツバチの蜜房.
der **Hon·neur** [(h)ɔnœːr ォ⓪ -ぁ, ⓪ -ぇー] 名 -s/-s 《古》敬意; (⓪のみ)〚ジブ〛最高点のカード(ブリッジ・ホイストで): die ~s machen 《文》歓迎の意を表す.
ho·no·ra·bel [ホノらーベル] 形 (⓪⓪は..bl..)尊敬すべき.
das **Ho·no·rar** [ホノらーぁ] 名 -s/-e 謝礼金.
der **Ho·no·rar·pro·fes·sor** [ホノらーぁ・プろふェソーぁ] 名 -s/-en 非常勤〔客員〕教授(略 Hon.-Prof.).
die **Ho·no·ra·ti·o·ren** [ホノらツィオーれン] 複名 〔地方都市の〕名士〔たち〕.
ho·no·rie·ren [ホノリーれン] 動 h. **1.** 〈et⁴〉= (mit 〈et³〉ッ)〔謝礼として〕支払う; 礼金〔報酬〕を払う. **2.** 〈j³〉= (für 〈et⁴〉ッ)〔謝礼〔報酬〕を払う. **3.** 〈et⁴〉= (mit 〈et³〉ッ)報いる. **4.** 〈et⁴〉ッ〚銀行〛引受ける, 支払う(手形を).
ho·no·rig [ホノーりヒ] 形 《古》**1.** 立派な. **2.** 気前のいい.
ho·no·ris cau·sa [ホノーりス カウザ] 〚ラテ語〛名誉のために: Doktor ~ 名誉博士.
Hon.-Prof. =Honorarprofessor 非常勤〔客員〕教授.
der **Hoo·li·gan** [húːlɪɡən フーリゲン] 名 -s/-s ならず者, 無頼漢; 不良少年, ちんぴら; (サッカーなどのフーリガン).
der **Hop·fen** [ホップふェン] 名 -s/- 《主に⓪》〚植〛ホップ. 【慣用】An 〈j³〉 ist Hopfen und Malz verloren. 《口》〈人₃に〉何をしても無駄だ.
die **Hop·fen·stan·ge** [ホップふェン・シュタンゲ] 名 -/-n ホップの支柱; 《口》背高のっぽ.
der **Hop·lit** [ホプリート] 名 -en/-en (古代ギリシアの)重装(備)歩兵.
hopp [ホップ] 副 さっさと, せかせかと.
hopp! [ホップ] 間 〚素早い動作の際に〛ほらっ, それ.
hop·peln [ホッペルン] 動 s. (über 〈et⁴〉ッ⁴っ)ぴょんぴょん跳ねていく(ウサギが); ぴたぴた走っていく(馬が).
hopp·la [ホプラ] 間 〔転びそうになったり, 人にぶつかって謝るときなどに〕おっと, どっこい〔危ない〕.
hopp·neh·men* [ホップ・ネーメン] 動 h. 〈j⁴〉ッ 《口》逮捕する: 食いものにする, いいように利用する.
hops [ホップス] 副 《口》あっという間に: ~ sein 《口》なくなった, 壊れた, 死んだ.
hops! [ホップス] 間 (跳ぶのを促す掛け声)それ, よいしょ.
hop·sa! [ホプサ] 間 《幼》(跳ぶのを促したり, 子供を勢いよく抱き上げたりするときの掛け声)ぴょん(ぴょん), よいしょ.
hop·sa·la [ホプサラ] 間 《幼》=hopsa.
hop·sa·sa! [ホプササ] 間 《幼》=hopsa.
hop·sen [ホプセン] 動 s. ((〈場所〉ッ/〈方向〉ㇸ))《口》ぴょんぴょん跳ねる, ぴょんぴょんはねていく.
der **Hop·ser** [ホプサー] 名 -s/- 《口》跳ねはねること; ホップサー(4分の2拍子の急テンポのダンス); 〚ニブ〛(軽快などの)ホップ.
hops|ge·hen* [ホップス・ゲーエン] 動 s. 《口》**1.** 〚⓪〛なくなる, 壊れる. **2.** 〚⓪〛逮捕される.
ho·ra [ホーら] **1.** …時間; 時〔記号 h〕: 9 h 9 時間; 9 時. **2.** …時〔記号〕: 10ʰ 10 時. 【hora という形で用いられることはなく, 記号 h, ʰ のみ用いる】
die **Ho·ra** [ホーら] 名 -/..ren 《主に⓪》〚ᴷᴷᴸ〛(聖務日課の)定課時: die **Horen** beten 定課時の祈りをする.
der **Hör·ap·pa·rat** [ヘ-ぁ・アパらート] 名 -(e)s/-e 補聴器.
das **Ho·ra·ri·um** [ホらーリウム] 名 -s/..rien 時禱(ᵗᵒᵘ)書, 聖務日課書; (中世の)一般信者向け祈禱書.
(der) **Ho·ra·ti·us** [ホらーツィウス] 名 =Horaz.
(der) **Ho·raz** [ホらーツ] 名 〚人名〛ホラチウス(ラテン名 Quintus Horatius Flaccus, 紀元前 65-8, 古代ローマの詩人).
ho·ra·zisch [ホらーツィシュ] 形 ホラチウス風(流)の.
hör·bar [ヘ-ぁ・バーぁ] 形 聞こえる.
die **Hör·bar·keit** [ヘ-ぁ・バーカイト] 名 -/ 聞取れること, 可聴性.
der **Hör·be·richt** [ヘ-ぁ・ベりヒト] 名 -(e)s/-e ラジオのルポルタージュ.
das **Hör·bild** [ヘ-ぁ・ビルト] 名 -(e)s/-er (ラジオの)ドラマの構成の報告・対話番組, ルポルタージュ.
hor·chen [ホるヒェン] 動 h. **1.** 〚⓪⓪〛聞き耳を立てる, 聞取ろうとする; 盗み聞きする, 立ち聞きする. **2.** 〈et⁴〉=/auf 〈et⁴〉ッ 注意して聞く, (…に)耳を傾ける. **3.** 〚auf 〈j⁴〉ッ〛《方》言うことに従う(耳を借す).
der **Hor·cher** [ホるヒャー] 名 -s/- 盗み〔立ち〕聞きする人.
das **Horch·ge·rät** [ホるヒ・ゲれーㇳ] 名 (-e)s/-e 聴音機.
der **Horch·pos·ten** [ホるヒ・ポステン] 名 -s/- 〚軍〛聴音哨; 《冗》盗み聞きの場所.
die **Hor·de¹** [ホるデ] 名 -/-n ゆすのこ箱〔棚〕.
die **Hor·de²** [ホるデ] 名 -/-n (《蔑》も有)群れ, 集団; 〚民族〛(未開民族の)血縁〔家族〕集団.
das **Hor·de·o·lum** [ホるデーオルム] 名 -s/..la 〚医〛麦粒腫(バぅぅん).

die **Ho·re** [ホーれ] [名] -/-n ＝Hora.

(*die*) **Ho·ren** [ホーれン] [複名] **1.** 〖ギ神〗ホライ《Zeus と Themis の娘たちで春・夏・冬, または秩序・正義・平和の三姉妹》. **2.** 〖ｶﾄﾘｯｸ〗(聖務日課の)定時課《Hora の[複]》. **3.** ホーレン《1795–97 年にかけて Schiller が発刊した文芸誌》.

hö·ren [[ヘ]-れン] [動] *h.* **1.** 〔(〈様態〉ﾆ)〕耳が聞こえる : schwer/nur auf einem Ohr ~ 難聴である/片耳しか聞こえない. **2.** 〔〈j⁴/et⁴〉ｶﾞ/〈[文]〉ﾃﾞｱﾙﾉｶﾞ〕聞こえる, (聞いてそれと)分る, (…を)聞く : Sie *hörte* ihn schon von weitem. 彼女は遠くからもう彼だと分った《話し声や足音などで》. Er *hörte*, dass sie schluchzte. 彼は彼女がむせび泣いているのが分った. **3.** 〔〈j⁴/et⁴〉ｶﾞ＋〈[動]〉ｽﾙﾉｶﾞ〕聞こえる. **4.** 〔〈j⁴/et⁴〉ｦ〕聴く《理解・鑑賞などのために》. **5.** 〔〈j⁴〉ﾉ〕意見〔見解〕を聞く. **6.** 〔auf 〈et⁴〉ﾆ〕耳を傾ける《(不意に)聞こえた物音などに》. **7.** 〔auf 〈j⁴/et⁴〉ｦ〕聞く, (…に)従う《命令などに》 : Der Hund *hört* auf den Namen Tony. その犬の名前はトニーです〔その犬はトニーと呼ばれると応える《そばへ寄って来たり, おとなしくなったりする》〕. Wirst du wohl ~ ! 《口》言うことを聞かないとひどいよ. **8.** 〔〈et⁴〉ｦ/〈[文]〉ﾃﾞｱﾙﾄ＋von 〈j³/et³〉ﾆﾂｲﾃ/über 〈j⁴/et⁴〉ﾆﾂｲﾃ〕耳にする, (人から聞いて)知る, 聞く : Ich *hörte* von ihm 〔über ihn〕 nur Gutes. 私が彼について耳にしたのは良いことばかりだった. Du solltest die Tatsachen ~. 事実を聞いてほしい. Erst heute habe ich von ihrer Heirat *gehört*. 今日初めて私は彼らの結婚について知った. 〈et⁴〉 von ihm/im Rundfunk ~ 〈事ｦ〉彼から/ラジオで聞いて知る. **9.** 〔an 〈et³〉ﾃﾞ＋〈[文]〉ﾃﾞｱﾙｺﾄｶﾞ〕分る, (…に)気づく《聴覚によって》 : Am Schritt *hörte* sie, dass es ihr Mann war. 足音でそれが自分の夫であることが, 彼女には分った. 【慣用】**Das will ich nicht gehört haben.** そんなことは聞きたくもなかった〔聞かなかったことにしたい〕. **(etwas)/nichts von sich³ hören lassen** 自分の消息を知らせる/まったく知らせない : Ich lasse mal wieder von mir *hören*. また, 連絡します《手紙・電話などで》. **etwas von 〈j³〉 zu hören bekommen 〔kriegen〕** 《口》〈人ﾆ〉こっぴどくしかられる〔批判される〕. **Hör mal 〔Hören Sie mal〕 !** 《口》ちょっと聞きなさい〔聞いて下さい〕;おいおい;しかしねえ《命令したり, 反論するときに, 相手の注意を喚起する言葉》. **Hört, hört !** そうだそうだ《集会などでの野次. 時には皮肉で》. **Ich habe sagen hören, dass ...** 私はたまたま…ということを聞いた. **〈et¹〉 lässt sich hören** 〈事ﾊ〉結構だ, うれしい. **〈et⁴〉 nur mit halbem Ohr hören** 〈事ｦ〉うわの空で聞く. **Sie werden noch von mir hören !** また, 連絡します;これでけりがついたなんて思うなよ. **〈j³〉 vergeht Hören und Sehen** 《口》〈人ﾊ〉気が遠くなる《極度の緊張で》.

das **Hö·ren·sa·gen** [[ヘ]-れン・ザーゲン] [名] -s/ 噂(ｳﾜｻ), 伝聞.

der **Hö·rer** [[ヘ]-らー] [名] -s/- **1.** 聞き手;([単]のみ)聴衆, 聴取者;聴講生. **2.** (電話の)受話器(Telefon~).

die **Hö·re·rin** [[ヘ]-れりン] [名] -/-nen (女性の)聞き手〔聴衆〕.

die **Hö·rer·schaft** [[ヘ]-らーシャフト] [名] -/-en 《主に[単]》《総称》聴衆;聴取者;聴講生.

der **Hör·feh·ler** [[ヘ]-あ・ふぇーラー] [名] -s/- 聞違い;《口・婉》難聴.

die **Hör·fol·ge** [[ヘ]-あ・ふぉルゲ] [名] -/-n (ラジオの)連続放送.

der **Hör·funk** [[ヘ]-あ・ふンク] [名] -s/ ラジオ放送.

das **Hör·ge·rät** [[ヘ]-あ・ゲれート] [名] -(e)s/-e 補聴器.

der/die **Hör·ge·schä·dig·te** [[ヘ]-あ・ゲシェーディひテ] [名] 《形容詞的変化》聴覚障害者.

hö·rig [[ヘ]-りひ] [形] **1.** 〔(〈j³/et³〉ﾉ)〕意のままになる, (性的に)(…の)とりこになっている. **2.** 〖史〗隷属している : ~*e* Bauern 農奴.

der/die **Hö·ri·ge** [[ヘ]-りゲ] [名] 《形容詞的変化》〖史〗隷属民, 農奴.

die **Hö·rig·keit** [[ヘ]-りひカイト] [名] -/-en 《主に[単]》(性的に)とりこになっていること;〖史〗隷属.

der **Ho·ri·zont** [ホりツォント] [名] -(e)s/-e **1.** 地平線, 水平線 : am ~ 地〔水〕平線上に. Der politische ~ ist bewölkt. 政治状況は暗い. neue ~*e* eröffnen 新しい領域を開く. **2.** (精神的)視野, 理解の及ぶ範囲 : Das geht über seinen ~. それは彼には分らない. **3.** 〖地質〗層準, 層位.

ho·ri·zon·tal [ホりツォンタール] [形] 水平の : das ~*e* Gewerbe 《口》横になってする商売《売春》.

die **Ho·ri·zon·ta·le** [ホりツォンターレ] [名] -/-n 《形容詞的変化も有》 **1.** 水平(線・面・位置) : sich⁴ in die ~ begeben 《冗》寝る. **2.** 《口・冗》売春.

das **Hor·mon** [ホるモーン] [名] -s/-e ホルモン.

hor·mo·nal [ホるモナール] [形] ホルモンの.

die **Hor·mon·be·hand·lung** [ホるモーン・ベハンドルング] [名] -/-en ホルモン療法.

hor·mo·nell [ホるモネル] [形] ＝hormonal.

der **Hor·mon·haus·halt** [ホるモーン・ハウス・ハルト] [名] -(e)s/-e (体内)ホルモンの作用.

das **Hor·mon·prä·pa·rat** [ホるモーン・プれパらート] [名] -(e)s/-e ホルモン剤.

die **Hör·mu·schel** [[ヘ]-あ・ムッシェル] [名] -/-n (電話器の)受話口.

das **Horn** [ホるン] [名] -(e)s/Hörner〔-e〕 **1.** ([複] Hörner)角(ﾂﾉ);瘤(ｺﾌﾞ);角の形をしたもの : mit den *Hörnern* stoßen 角で突く. **2.** ([複]-e)(材料としての)角;(生物の)角質. **3.** ([複] Hörner)〖楽〗ホルン;フレンチホルン;(自動車などの)警笛. 【慣用】**dem Ehemann Hörner aufsetzen** 《口》夫を裏切って浮気をする. **mit 〈j³〉 in das gleiche Horn blasen 〔tuten〕** 《口》〈人ﾄ〉同意見をとなえる. **sich³ die Hörner ablaufen 〔abstoßen〕** 《口》経験を積んで角がとれる.

horn·ar·tig [ホるン・アーあティひ] [形] 角(ﾂﾉ)状の;角質の.

Horn·ber·ger [ホるン・べるガー] [形] (次の形で) et¹ geht aus wie das ~ Schießen 〈事ｶﾞ〉水泡に帰す.

die **Horn·bril·le** [ホるン・ブりレ] [名] -/-n 角縁(ﾂﾉﾌﾞﾁ)の眼鏡.

das **Hörn·chen** [[ヘ]るンひぇン] [名] -s/- **1.** 小さな角(ﾂﾉ). **2.** クロワッサン. **3.** 〖動〗リス.

hör·nen [[ヘ]るネン] [動] *h.* **1.** 〔(sich⁴)〕角(ﾂﾉ)が(落ちて)生え変わる《鹿などの》. **2.** 〔〈j⁴〉ｦ〕《口・冗》(浮気して)裏切る《夫を》.

hör·nern [[ヘ]るナーン] [形] 角(ﾂﾉ)(製)の;角質の.

die **Horn·haut** [ホるン・ハウト] [名] -/..häute (目の)角膜;(皮膚の)たこ.

die **Horn·haut·ent·zün·dung** [ホるンハウト・エントツュンドゥング] [名] -/-en 角膜炎

die **Horn·haut·trü·bung** [ホるンハウト・トりゅーブング] [名] -/-en 〖医〗角膜混濁.

hor·nig [ホるニひ] [形] 角質の;角質化した.

die **Hor·nis·se** [ホるニッセ, ホるニッセ] [名] -/-n 〖昆〗スズメバチ.

der **Hor·nist** [ホるニスト] [名] -en/-en ホルン奏者;角笛を吹く人.

der **Horn·och·se** [ホるン・オクセ] [名] -n/-n 《口》(《罵》も有)ばか者.

das **Horn·si·gnal** [ホるン・ズィグナール] [名] -s/-e ホルン〔警笛〕の合図.

der **Hor·nung** [ホるヌング] [名] -s/-e 《古》2 月.

das **Horn·vieh** [ホるン・ふぃー] [名] -(e)s/..viecher **1.** ([単]のみ)角のある家畜. **2.** 《口》(《罵》も有)ばか者.

das **Ho·ro·skop** [ホろ・スコープ] [名] -s/-e 〖占〗天宮図, 黄道十二宮図;占星術, 星占い : 〈j³〉 das ~ stellen

〔⟨j²⟩ ~ lesen〕⟨人の⟩星占いをする.

hor·rend [ホレント] 形 ひどい, とんでもない;《古》恐るべき.

hor·ri·bel [ホリーベル] 形 (⑪⑪は..bl..)《古》恐ろしい, ぞっとするような.

hor·ri·bi·le dic·tu [ホリービレ ディクトゥ]〔⟨ラ⟩語〕《文》口にするのも恐しいことだが.

das **Hör·rohr** [⟨ヘ⟩ーあ·ろーあ] 名 -(e)s/-e 聴診器;（昔の朝顔形の)補聴器.

der **Hor·ror** [ホろ-あ] 名 -s/ 恐怖;《口》ひどくいやな状態: einen ～ vor ⟨et³⟩ haben ⟨物·事₃⟩恐ろしい.

der **Hor·ror·film** [ホろ-あ·ふィルム] 名 -(e)s/-e ホラー〔恐怖〕映画.

die **Hor·ror·ge·schich·te** [ホろ-あ·ゲシヒテ] 名 -/-n ホラー〔恐怖〕物語.

der **Hor·ror·trip** [ホろ-あ·トりップ] 名 -s/-s 《口》**1.**〔ジツー〕(麻薬による)恐ろしい幻覚体験. **2.** 恐怖の〔危険な〕旅行;恐ろしい経験.

der **Hor·ror Va·cui**, ⑪ **Hor·ror va·cui** [ホろ-あ ヴァークイ] 名 -/ 真空嫌悪, 空間畏怖(自然は, 常に空間を満たす方向にあるとするアリストテレスの所説).

der **Hör·saal** [⟨ヘ⟩-あ·ザール] 名 -(e)s/..säle (大学の)講義室,(階段)教室;(⑪のみ)(総称)講義室の聴講者.

der **Hör·scha·den** [⟨ヘ⟩-あ·シャーデン] 名 -s/..schäden (主に⑪)聴覚(器官)の障害.

die **Hör·schwel·le** [⟨ヘ⟩-あ·シュヴェレ] 名 -/-n 可聴限界;《生理·医》可聴域値.

das **Hors d'œu·vre** [⟨仏⟩ オὁ(ː)rdœ:vrə オる·ドゥーヴれ, ホる·ドゥーヴれ, ⑪ オーrdœvrə オー·ドゥーヴれ, ホーあ·ドゥーヴれ] 名 -s/-s オードブル, 前菜.

die **Hör·sin·nes·zel·le** [⟨ヘ⟩-あ·ズィネス·ツェレ] 名 -/-n 〔解〕聴覚器官細胞.

das **Hör·spiel** [⟨ヘ⟩-あ·シュピール] 名 -(e)s/-e **1.** (⑪のみ)放送劇, ラジオドラマ(ジャンル). **2.** (個々の)ラジオドラマ.

der **Horst** [ホるスト] 名 -(e)s/-e **1.** (猛禽の高所の)巣. **2.** 空軍基地. **3.** 〔林〕樹木群;〔植〕(草の)茂み. **4.** 〔地質〕地星.

hors·ten [ホるステン] 動 h. 〔麗〕巣作りする(猛鳥に).

der **Hör·sturz** [⟨ヘ⟩-あ·シュトゥるツ] 名 -es/..stürze 〔医〕突発性難聴.

der **Hort** [ホるト] 名 -(e)s/-e **1.**《詩》宝, 財宝. **2.** 学童保育所(Kinder～). **3.**《文》本拠, 中心地;保護をしてくれる場所〔人〕.

hor·ten [ホるテン] 動 h. **1.**〈et⁴⟩(多量に)蓄える(食料などを). **2.** 〔⟨j¹⟩/et³⟩ァ〔für ⟨et⁴⟩ノタメニ〕〕集める(注文などを).

die **Hor·ten·sie** [ホるテンズィエ] 名 -/-n 〔植〕アジサイ.

die **Hor·ti·kul·tur** [ホるティクルトゥーあ] 名 -/-en 園芸, 造園.

die **Hort·ne·rin** [ホるトネリン] 名 -/-nen 学童保育所の保母.

das **Hör·ver·mö·gen** [⟨ヘ⟩-あ·ふェあ⑳-ゲン] 名 -s/ 聴力.

die **Hör·wei·te** [⟨ヘ⟩-あ·ヴァイテ] 名 -/-n 声〔音〕の聞こえる範囲: in ～ sein 声の聞こえる範囲にいる.

ho·san·na! [ホザナ] 間〔キ教〕=hosianna.

das **Hös·chen** [ヘ-スひェン] 名 -s/- **1.** 短パン, ショートパンツ;ブリーフ, パンティー, ショーツ. **2.** 〔動〕（蜂などが集めて)後脚についた花粉.

die **Ho·se** [ホ-ゼ] 名 -/-n **1.** (単数の意味で⑪でも用いる)ズボン, スラックス;パンツ, パンティー, ショーツ: eine kurze ～ 半ズボン. **2.** (⑪のみ)〔動〕(馬の後脚部の)筋肉. **3.** 〔動〕(猛鳥の)脚の羽毛. 〔慣用〕die Hosen voll haben《口》非常に恐れる.

einem Kind die Hosen strammziehen〔spannen〕《口》子供のおしりをたたいておしおきをする. in die Hose machen おもらしをする. in die Hosen gehen《口》失敗する. sich⁴ auf die Hosen setzen《口》腰をすえて勉強する. in die Hose(n) machen, ⟨et⁴⟩ zu tun《口》〈事⁴を する勇気がない. (zu Hause) die Hosen anhaben《口》かかあ天下である.

(*der*) **Ho·sea** [ホゼーア] **1.** 〔旧約〕ホセア(紀元前 8 世紀のユダヤの預言者): der Prophet ～ 預言者ホセア. **2.** 〔人名〕ホセア(紀元前 732-724 頃, イスラエルの最後の王).

der **Ho·sen·an·zug** [ホーゼン·アン·ツーク] 名 -(e)s/..züge (女性用の)パンタロン〔パンツ〕スーツ.

der **Ho·sen·band·or·den** [ホーゼン·バント·オるデン] 名 -s/- (英国の)ガーター勲章.

das **Ho·sen·bein** [ホーゼン·バイン] 名 -(e)s/-e ズボンの脚部.

der **Ho·sen·bo·den** [ホーゼン·ボーデン] 名 -s/..böden《口》ズボンのしり. 〔慣用〕einem Kind den Hosenboden strammziehen 子供のしりをたたいておしおきをする. sich⁴ auf den Hosenboden setzen 腰をすえて勉強する.

der **Ho·sen·bund** [ホーゼン·ブント] 名 -(e)s/..bünde (ズボンの)ウェストバンド.

die **Ho·sen·klap·pe** [ホーゼン·クラッペ] 名 -/-n 子供用ズボンのしり側のボタン開閉スカ.

der **Ho·sen·knopf** [ホーゼン·クノップふ] 名 -(e)s/..knöpfe ズボン用のボタン.

der **Ho·sen·latz** [ホーゼン·ラッツ] 名 -es/..lätze ズボンの前たて;《方》=Hosenschlitz.

der **Ho·sen·matz** [ホーゼン·マッツ] 名 -es/-e〔..mätze〕《口·冗》(ズボンをはいた)幼児.

die **Ho·sen·naht** [ホーゼン·ナート] 名 -/..nähte ズボンの外側の縫い目.

der **Ho·sen·rock** [ホーゼン·ろック] 名 -(e)s/..röcke キュロットスカート.

die **Ho·sen·rol·le** [ホーゼン·ろレ] 名 -/-n 〔劇〕(女優の)男役;男装の女役.

der **Ho·sen·schei·ßer** [ホーゼン·シャイサー] 名 -s/-《口》臆病者, 意気地なし;《罵》老いぼれ.

der **Ho·sen·schlitz** [ホーゼン·シュリッツ] 名 -es/-e (ズボンの)前あき.

die **Ho·sen·ta·sche** [ホーゼン·タッシェ] 名 -/-n ズボンのポケット.

der **Ho·sen·trä·ger** [ホーゼン·トれーガー] 名 -s/- (主に⑪)ズボンつり, サスペンダー.

ho·si·an·na! [ホズィアナ] 間〔キ教〕ホザンナ, ホサナ(神·キリストに対する歓呼の声.「救い給え」の意).

das **Hos·pi·tal** [ホスピタール] 名 -s/-e〔..täler〕(小規模な)病院;《古》養護院, 養老院.

der **Hos·pi·ta·lis·mus** [ホスピタリスムス] 名 -/ 〔心·医·教〕ホスピタリズム(施設での長期滞在による〔子供の〕心身·情緒障害);〔医〕病院感染.

hos·pi·tant [ホスピタント] 名 -en/-en《文》聴講生;〔議会〕（院内党派の）客員議員.

hos·pi·tie·ren [ホスピティーれン] 動 h. 〔(bei ⟨j³⟩〃所に)／in ⟨et³⟩⟨ッ〕聴講する〔している〕(聴講生として).

das **Hos·piz** [ホスピッ] 名 -es/-e (修道院の行う)巡礼者用宿泊所;（キリスト教系の）宿泊施設;ホスピス.

die **Hos·tess**, ⑪ **Hos·teß** [ホステス, ホステース] 名 -/-en コンパニオン, 案内係, 世話係;《空》エア(グランド)ホステス;《婉》娼婦(シシ).

die **Hos·tie** [ホスティエ] 名 -/-n〔キ教〕聖体, ホスチア.

der **Ho·sti·en·be·häl·ter** [ホスティエン·ベヘルター] 名 -s/- 〔キ教〕ホスチア〔聖体〕容器.

der **Ho·sti·en·tel·ler** [ホスティエン·テラー] 名 -s/- 〔キ教〕パテナ, 聖祭式用パン皿.

das [*der*] **Hot·dog, Hot Dog** [h⁵tdɔk ホット·ドック]

Hotel 586

名 --s/--s ホットドッグ.
- *das* **Ho|tel** [ホテル] 名 -s/-s ホテル, 旅館.
- *der* **Ho|tel|dieb** [ホテル・ディープ] 名 -(e)s/-e ホテル(専門)のこそどろ.
- *das* **Ho|tel|fach** [ホテル・ふぁっは] 名 -(e)s/ ホテル業の専門領域.
- *das* **Hotel garni** [ホテル ガルニー] 名 --/-s -s [ホテル ガルニー] ホテルガルニ(朝食だけつくホテル).
- *der* **Ho|tel|gast** [ホテル・ガスト] 名 -(e)s/..gäste ホテルの泊り客.
- *die* **Ho|tel|hal|le** [ホテル・ハレ] 名 -/-n ホテルのロビー.
- *der* **Ho|te|li|er** [..lié: ホテリエー] 名 -s/-s ホテル経営者.
- *die* **Ho|tel|le|rie** [ホテリリー] 名 -/ ホテル業.
- *der* **Ho|tel|nach|weis** [ホテル・ナーㇵ・ヴァイス] 名 -es/-e ホテルリスト;宿泊案内(所).
- *das* **Ho|tel|per|so|nal** [ホテル・ぺるゾナール] 名 -s/ ホテルの従業員.
- *die* **Ho|tel|ver|mitt|lung** [ホテル・ふぇあミットルング] 名 -/-en 宿泊案内所.
- *das* **Ho|tel|zim|mer** [ホテル・ツィマー] 名 -s/- ホテルの部屋.
- **hott!** [ホット] 間《車を引く牛馬に》そら行け.
- *die* **Hot|te** [ホッテ] 名 -/-n《方》(ブドウ摘みの)背負いかご.
- *das* **Hot|te|hü** [ホッテヒュー] 名 -s/-s《幼》お馬.
- *der* **Hot|ten|tot|te** [ホッテン・トッテ] 名 -n/-n ホッテントット人.
- *das* **Ho|ver|craft** [hóːvərkra:ft ホーヴァー・くらーふト] 名 -s/-s《商標》ホバークラフト.
- *(das)* **Hoy|ers|wer|da** [hɔyərs.. ホイあース・ヴェるダ] 名 -s/《地名》ホイアースヴェルダ(ブランデンブルク州の都市).
- **hp, Hp** =horsepower 馬力.
- **hPa** =Hektopascal ヘクトパスカル.
- **Hptst.** =Hauptstadt 首都, 州都.
- **H. Qu.** =Hauptquartier 司令部, 本部.
- *der* **HR** 名 -/ ヘッセン放送(局) (Hessischer Rundfunk).
- **Hr.** =Herr ..氏.
- **Hrn.** =Herrn《古》..様(宛(%)).
- **hrsg.** =herausgegeben 編集〔発行〕された.
- **Hrsg.** =Herausgeber 編集〔責任〕者.
- **Hs.** =Handschrift (手)写本(働 は Hss.=Handschriften).
- **Hss.** =Handschriften(Hs.の働).
- **HTL** =Höhere Technische Lehranstalt (ㇹェーれ・テㇶニシェ・れー アンシュタルㇳ) 高等工業専門学校.
- **hu!** [フー] 間《恐怖・嫌悪を表して》わあ, きゃあ, ひゃあ;《寒さを表して》さむっ.
- **hü!** [ヒュー] 間《牛馬に対する掛け声》ほら進め;止まれ:einmal ~ und einmal hott sagen 右と言ったり左と言ったり, 意見がくるくる変る.
- **hub** [フープ] 動《古》heben の過去形.
- *der* **Hub** [フープ] 名 -(e)s/Hübe〖工〗 **1.** 持ち上げ, 巻揚げ, 吊り上げ. **2.** (ピストンの)行程, ストローク.
- *die* **Hub|brü|cke** [フープ・ブりュック] 名 -/-n 昇開橋.
- **hü|ben** [ヒューベン] 副《次の形で》~ und〔wie〕drüben こちら側でもあちら側でも.
- *(der/die)* **Hu|ber** [フーバー] 名《人名》フーバー.
- *(der)* **Hu|bert** [フーベルト] 名《男名》フーベルト.
- *(der)* **Hu|ber|tus** [フベルトゥス] 名《男名》フベルトゥス: St. ~ 聖フベルトゥス(狩猟の守護聖人).
- *(die)* **Hu|ber|tus|burg** [フベルトゥス・ブるク] 名 -/ フベルトゥスブルク(城):der Friede von ~ フベルトゥスブルクの和約(1763年, 七年戦争終結時の条約).
- *die* **Hu|ber|tus|jagd** [フベルトゥス・ヤークト] 名 -/-en《狩》聖フベルトゥスの祝日の狩猟(11月3日).
- *der* **Hu|ber|tus|man|tel** [フベルトゥス・マンテル] 名 -s/..mäntel (ㇺェンテル) (厚い緑の)狩猟用コート.
- *der* **Hu|ber|tus|tag** [フベルトゥス・ターㇰ] 名 -(e)s/-e《狩》聖フベルトゥスの祝日(11月3日).
- *die* **Hub|hö|he** [フープ・ㇸーエ] 名 -/-n〖工〗引上げの高さ, 揚高.
- *die* **Hub|pum|pe** [フープ・プムペ] 名 -/-n 吸上げポンプ.
- *der* **Hub|raum** [フープ・らウム] 名 -(e)s/..räume〖工〗シリンダー〔気筒〕容積.
- **hübsch** [ヒュプシュ] 形 **1.** かわいらしい, きれいな, 感じのよい;好みにあう, すてきな. **2.** 《口》相当な, かなりな:ein ~es Stück Arbeit かなりな量の仕事. **3.** 《口・皮》いやな, ひどい:Das ist ~ von dir, mich nicht einzuladen. 君も親切なんだねえ, ぼくを誘ってくれないなんて.
 ── 副《語勘》(動詞・形容詞を修飾)《口》 **1.** ひどく, かなり:sich⁴ ganz ~ irren ひどい考え違いをする. **2.** (希望・期待どおりに, 見事に:Immer ~ aufessen！ いつもちゃんと残さないで食べること. Sei ~ artig！ ちゃんと行儀よくしてよ.
- *der* **Hub|schrau|ber** [フープ・シュらウバー] 名 -s/- ヘリコプター.
- *der* **Hub|stap|ler** [フープ・シュタープラー] 名 -s/- フォークリフト.
- *das* **Hub|vo|lu|men** [フープ・ヴォルーメン] 名 -s/-〖工〗シリンダー〔気筒〕容積.
- *(die)* **Huch** [フㇷ] 名《人名》フーフ(Ricarda, 1864-1947, 作家).
- **huch!** [フㇷ] 間(恐れ・嫌悪の叫び声)うわぁ;(寒さなどの不快感を表して).
- *die* **Hu|cke** [フッケ] 名 -/-n **1.** 麦束を円錐形に積上げたもの. ⇨ Hocke² **2.** 背荷物:eine ~ Holz ひと背負いの材木.《慣用》⟨j³⟩ die Hucke voll hauen〔schlagen〕/lügen《口》⟨人に⟩さんざん殴る/⟨人に⟩ぬけぬけとうそを言う. sich³ die Hucke voll lachen《口》腹の底から笑いころげる.
- **hu|cke|pack** [フッケ・パック] 副《口》背に:mit ⟨j³⟩ ~ machen ⟨人を⟩おんぶする. ⟨j/et⁴⟩ ~ nehmen/tragen《口》⟨人・物を⟩背負う/背負って行く.
- *der* **Hu|cke|pack|ver|kehr** [フッケパック・ふぇあケーあ] 名 -es/〖鉄道〗ピギーバック輸送(トラックを貨車で運ぶ輸送方法).
- *der* **Hu|del** [フーデル] 名 -/-(n)《方・口》 **1.** 布きれ, ぼろきれ. **2.** ぼろを着ただらしのない〔浮浪者のような〕人.
- *die* **Hu|de|lei** [フーデライ] 名 -/-en **1.** (働のみ)雑な仕事の仕方. **2.** 雑な仕事. **3.** 難儀, やっかい〔面倒〕なこと.
- **hu|deln** [フーデルン] 動 h.《方・口》 **1.** {(bei ⟨et³⟩)/mit ⟨et³⟩} 《口》やっつけ仕事をする(職人などが). **2.** ⟨j⁴ っと⟩ひどく扱う, いじめる, しかる.
- **hu|dern** [フーデルン] 動 h. **1.** ⟨et⁴ っと⟩羽の下に抱える. **2.** {sich⁴} 砂浴びをする(鳥が).
- *der* **Huf** [フーフ] 名 -(e)s/-e 蹄 (ㇺづめ).
- *der* **Huf|be|schlag** [フーフ・ベシュらーㇰ] 名 -(e)s/..schläge **1.** (働のみ)蹄鉄(ㇷぃㇾつ)を打つこと, 装蹄. **2.** (主に働)蹄鉄.
- *die* **Hu|fe** [フーフェ] 名 -/-n《中世の農家に割当てられた約10ヘクタールの)農地.
- *das* **Huf|ei|sen** [フーフ・アイゼン] 名 -s/- 蹄鉄(ㇺてㇰ);《転》馬蹄(ㇺてい)形.
- **huf|ei|sen|för|mig** [フーフアイゼン・ㇸーるミㇰ] 形 馬蹄(ㇺてい)形の.
- *der* **Huf|ei|sen|ma|gnet** [フーフアイゼン・マグネート] 名 -en/-(e)s/-e(n) 馬蹄(ㇺてい)形磁石.

das **Hu·fen·dorf** [フーフェン・ドるフ] 名 -(e)s/..dörfer 街道に沿って農地つきの農家が立ち並ぶ村.
der **Huf·lat·tich** [フーフ・ラティヒ] 名 -s/- 〖植〗フキタンポポ.
der **Huf·na·gel** [フーフ・ナーゲル] 名 -s/..nägel 蹄鉄(ていてつ)用のくぎ.
der **Huf·schlag** [フーフ・シュラーク] 名 -(e)s/..schläge 馬の足音;蹄でけること;〖馬術〗馬術路.
der **Huf·schmied** [フーフ・シュミート] 名 -(e)s/-e 蹄鉄(ていてつ)工.
die **Huf·schmie·de** [フーフ・シュミーデ] 名 -/-n 蹄鉄所.
das **Hüft·bein** [ヒュフト・バイン] 名 -(e)s/-e 〖解〗寛骨.
die **Hüf·te** [ヒュフテ] 名 -/-n **1.** 腰;ヒップ,尻(しり): aus der ~ schießen 腰だめで撃つ. **2.** (魚の) 〖料〗(特に牛の)腰肉.
das **Hüft·ge·lenk** [ヒュフト・ゲレンク] 名 -(e)s/-e 〖解〗股(こ)関節.
die **Hüft·ge·lenk·lu·xa·ti·on** [ヒュフトゲレンク・ルクサツィオーン] 名 -/-en 〖医〗股関節脱臼.
der **Hüft·gür·tel** [ヒュフト・ギュるテル] 名 -s/- ガーターベルト.
der **Hüft·hal·ter** [ヒュフト・ハルター] 名 -s/- ガーターつきのガードル.
hüft·hoch [ヒュフト・ホーホ] 形 腰の高さの.
das **Huf·tier** [フーフ・ティーア] 名 -(e)s/-s 〖動〗有蹄(ゆうてい)類の動物.
der **Hü·gel** [ヒューゲル] 名 -s/- **1.** 丘,小山,丘陵. **2.** 〖詩〗墓の盛り土,塚(Grab~). **3.** (積上げた石炭·砂などの)山.
das **Hü·gel·beet** [ヒューゲル·ベート] 名 -(e)s/-e 〖農〗盛土畝(堆肥などを混ぜた土を幅180センチ,高さ80センチに盛上げた畝.野菜栽培用).
hü·ge·lig [ヒューゲリヒ] 形 丘陵状の,起伏の多い.
die **Hü·gel·ket·te** [ヒューゲル·ケッテ] 名 -/-n 丘の連なり.
die **Hü·gel·kul·tur** [ヒューゲル·クルトゥーる] 名 -/ 〖農〗(野菜の)盛土畝栽培(法).
das **Hü·gel·land** [ヒューゲル·ラント] 名 -(e)s/..länder 丘陵地.
der **Hu·ge·not·te** [フゲノッテ] 名 -n/-n 〖キ教〗ユグノー派の人.
hüg·lig [ヒューグリヒ] 形 =hügelig.
(*der*) **Hu·go**¹ [フーゴ] 名 〖男名〗フーゴ(Hugwald などの短縮形).
(*der*) **Hu·go**² [ygó ユゴ] 名 〖人名〗ユゴー(Victor ~, 1802-85, フランスの作家).
hüh ! [ヒュー] 間 =hü !
das **Huhn** [フーン] 名 -(e)s/Hühner **1.** 〖鳥〗ニワトリ;めんどり;とり肉: gebratenes ~ フライドチキン. **2.** 〖狩〗ヨーロッパヤマウズラ(Reb~). **3.** 〖付加語とともに〗〘口〙やつ,男: ein dummes ~ ばかなやつ. 【慣用】**Da haben ja die Hühner.**〘口〙そんなばかげた話はない. **mit den Hühnern aufstehen/schlafen gehen**〘冗〙非常に早起き/早寝だ.
das **Hühn·chen** [ヒューンヒェン] 名 -s/- 若どり,ひなどり. 【慣用】**mit 〈j³〉 ein Hühnchen zu rupfen haben**〘口〙〈人と〉話をつけなくてはならない.
das **Hüh·ner·au·ge** [ヒューナー·アウゲ] 名 -s/-n 〖医〗魚の目. 【慣用】**〈j³〉 auf die Hühneraugen treten**〈人の〉痛いところをつく.
das **Hüh·ner·au·gen·pflas·ter** [ヒューナー·アウゲン·プフラスター] 名 -s/- 魚の目用の膏薬(こうやく).
die **Hüh·ner·brü·he** [ヒューナー·ブリューエ] 名 -/-n チキンブイヨン.
die **Hüh·ner·brust** [ヒューナー·ブルスト] 名 -/..brüste 〖医〗鳩胸;〘口〙(男性の)薄い胸.

卵.
die **Hüh·ner·farm** [ヒューナー·ふぁるム] 名 -/-en 養鶏場.
das **Hüh·ner·fleisch** [ヒューナー·ふらイシュ] 名 -(e)s/ 鶏肉.
das **Hüh·ner·fut·ter** [ヒューナー·ふっター] 名 -s/ 鶏のエサ.
der **Hüh·ner·ha·bicht** [ヒューナー·ハービヒト] 名 -s/-e 〖鳥〗ハイタカ.
der **Hüh·ner·hof** [ヒューナー·ホーふ] 名 -(e)s/..höfe 放鶏場.
der **Hüh·ner·hund** [ヒューナー·フント] 名 -(e)s/-e 鳥猟犬.
die **Hüh·ner·lei·ter** [ヒューナー·ライター] 名 -/-n ニワトリ用のはしご;〘冗〙狭い急な階段.
die **Hüh·ner·pas·te·te** [ヒューナー·パステーテ] 名 -/-n チキンパイ.
der **Hüh·ner·stall** [ヒューナー·シュタル] 名 -(e)s/..ställe 鶏舎,鶏小屋.
die **Hüh·ner·sup·pe** [ヒューナー·ズッペ] 名 -/-n チキンスープ.
der **Hüh·ner·vo·gel** [ヒューナー·ふぉーゲル] 名 -s/..vögel (主に複) 〖動〗鶏鶏(きじ)類.
die **Hüh·ner·zucht** [ヒューナー·ツふト] 名 -/ 養鶏.
hu·hu ! [フフ、フーフ] 間 auch be[ー]·(すこし離れた所にいたり、そっぽを向いている相手に呼びかけて)〘口〙もしもし、おおい、ねえおい ! 発音は[ー]·(人を驚かせたり、冗談に驚いたふりをして)わーっ、きゃっ !
hui ! [フイ] 間 **1.** (風や水のざわめきや速い動きを表して)ひゅー、びゅーと : im (einem) ~ あっというまに、せっかちに. **2.** (驚きを表して)おや、まあ.
hu·ius an·ni [húːjos. フース アニ] 〖ラ〗今年の、今年に.
die **Hu·ka** [フーカ] 名 -/-s (インドの)水煙管(きせる).
die **Hu·la** [フーラ] 名 -/-s (der ~-s/-s 有)(ハワイの)フラダンス.
die **Huld** [フルト] 名 -/ 〘文·古〙慈愛、愛顧 : in 〈j²〉 ~ **stehen** 〈人に〉寵愛(ちょうあい)されている.
hul·di·gen [フルディゲン] 動 *h.* **1.** 〈j³〉~ 忠誠を誓って臣従する(君主などに). **2.** 〈j³〉~ + (mit 〈et³〉/durch 〈et³ニヨッテ〉) 〘文·古〙敬意を表す. **3.** 〈et³ニ〉~ 〘文〙((の)を信奉する(主義などを) : **dem Alkohol** ~ 飲酒にふける.
die **Hul·di·gung** [フルディグング] 名 -/-en 表敬;忠誠の誓い.
huld·reich [フルト·らイヒ] 形 〘文·古〙慈悲深い.
huld·voll [フルト·ふォル] 形 〘文·古〙慈愛に満ちた.
hülf·e [ヒュルふェ] 動 helfenの接続法2式.
die **Hulk** [フルク] 名 -/-e(n) (der ~ -(e)s/-e(n) 有) **1.** 〖海〗(倉庫などに転用された)廃船. **2.** 〖史〗(13-14世紀ごろの)小型貨物船;(15世紀の)三本マストの大型帆船.
die **Hül·le** [ヒュレ] 名 -/-n **1.** 覆い,包み,被覆,カバー;ケース : eine ~ für eine Dauerkarte 定期券入れ. eine ~ einer Schallplatte レコードジャケット. den Brief in die ~ stecken 手紙を封筒に入れる. die ~ der Nacht 夜のとばり. **2.** 〘口·冗〙(着ている)衣服 : die ~*n* fallen lassen 服を脱ぐ, **3.** 〖植〗総苞(そうほう);〖動〗外皮. 【慣用】**die sterbliche Hülle**〘文〙なきがら. **in Hülle und Fülle** ありあまるほど.
hül·len [ヒュレン] 動 *h.* **1.** 〘文〙〈j⁴/et⁴ ヲ+in 〈et⁴〉〉くるむ,包む;〈j⁴〉が sich⁴ の場合に〉くるまる : in Dunkel *gehüllt* sein 謎に包まれている. **sich⁴** in Schweigen ~ 沈黙を守る. **2.** 〈et⁴ヲ+um 〈j⁴〉/et⁴ヲ/ノマワリニ〉〘文〙掛けてやる;〈j⁴〉が sich⁴ の場合に〉自分に掛ける.
hül·len·los [ヒュレン·ロース] 形 **1.** あからさまな. **2.** 裸の.

die **Hül·se** [ヒュルゼ] [名] -/-n **1.** (筒形の)容器, ケース, サック, カプセル;薬莢(やっきょう): die ~ für einen Bleistift 鉛筆のキャップ. **2.** (豆類の)莢(さや);(穀類の)殻(から);〖植〗豆果, 莢果(きょうか).

die **Hül·sen·frucht** [ヒュルゼン・ふるふト] [名] -/..früchte《主に[複]》莢果(きょうか)《さやに入った豆》;マメ科植物.

hu·man [フマーン] [形] **1.** 人間〔人道〕的な;人情味のある. **2.** 〖医〗人間に固有な.

hu·ma·ni·sie·ren [フマニズィーれン] [動] *h.* 〔〈et⁴〉ヲ〕人間らしい〔人間にふさわしい〕ものにする.

der **Hu·ma·nis·mus** [フマニスムス] [名] -/ ヒューマニズム, 人道主義;(14-16世紀の)人文主義.

der **Hu·ma·nist** [フマニスト] [名] -en/-en ヒューマニスト, 人道主義者;人文主義者;《古》古典古代〔古典語〕学者.

hu·ma·nis·tisch [フマニスティシュ] [形] 人道主義の;人文主義の;古典語の.

hu·ma·ni·tär [フマニテーあ] [形] 人道〔博愛〕主義の.

die **Hu·ma·ni·tät** [フマニテート] [名] -/ 人間性, 人道的精神, ヒューマニティ.

die **Hu·ma·ni·täts·du·se·lei** [フマニテーツ・ドゥーゼライ] [名] -/-en 《蔑》感傷的人道主義.

die **Hu·man·me·di·zin** [フマーン・メディツィーン] [名] -/ 人間医学《獣医学に対して》.

die **Hu·man·öko·lo·gie** [フマーン・[エ]コ・ロギー] [名] -/ 〖社〗人間生態学.

die **Hu·man·wis·sen·schaft** [フマーン・ヴィっセンシャふト] [名] -/-en 人間学.

der **Hu·mat·ef·fekt** [フマート・エふぇクト] [名] -(e)s/-e 〖化・農〗腐植酸塩の作用《リン酸の固定を防ぐ》.

(*der*) **Hum·boldt** [フムボルト] [名] 〖人名〗フンボルト《① Alexander Freiherr von ~, 1769-1859, 自然科学者. ② Wilhelm Freiherr von ~, 1767-1835, ①の兄. 言語学者》.

der **Hum·bug** [フムブク] [名] -s/ 《口・蔑》ごまかし, ペテン;ばかげた行動〔発言〕.

das **Hu·me·ra·le** [フメらーレ] [名] -s/..lien〔..lia〕〖カトリック〗肩衣.

hu·mid [フミート] [形] 〖地〗湿潤の.

die **Hu·min·säu·re** [フミーン・ゾイれ] [名] -/-n 《主に[複]》〖化〗腐植酸.

der **Hu·min·stoff** [フミーン・シュトっふ] [名] -(e)s/-e 〖化〗腐植物質.

die **Hum·mel** [フメル] [名] -/-n 〖昆〗マルハナバチ. 【慣用】**eine wilde Hummel** 《冗》おてんば娘. **Hummel im Hintern haben** 《口》落着いていられない.

der **Hum·mer** [フマー] [名] -s/- 〖動〗ロブスター.

der **Hu·mor** [フモーあ] [名] -s/-e **1.** ([単]のみ)(能力としての)ユーモア. **2.** ユーモアのある表現, 洒落(しゃれ): ein schwarzer ~ ブラックユーモア. **3.** ([単]のみ)陽気な気分, 上機嫌.

die **Hu·mo·ral·pa·tho·lo·gie** [フモらール・パト・ロギー] [名] -/ 体液病理学《Hippokrates, Galenus が唱えた》.

die **Hu·mo·res·ke** [フモれスケ] [名] -/-n 〖文芸学〗ユーモア(短篇)小説;〖楽〗ユーモレスク.

hu·mo·rig [フモーりひ] [形] ユーモアのある.

der **Hu·mo·rist** [フモりスト] [名] -en/-en ユーモア作家;ユーモアのある人;コメディアン.

hu·mo·ris·tisch [フモりスティシュ] [形] ユーモラスな.

hu·mor·los [フモーあ・ロース] [形] ユーモアのない.

hu·mor·voll [フモーあ・ふぉル] [形] ユーモアに富んだ.

hum·peln [フムペルン] [動] **1.** *h./s.* 〔補足なし〕片足を引きずって歩く. **2.** *s.* 〔<方向>へ〕片足を引きずって歩いて行く. **3.** *h./s.* 〔補足なし〕《方》がたがた走る《車が》.

der **Hum·pen** [フムペン] [名] -s/- (ふたつき)ジョッキ.

der **Hu·mus** [フームス] [名] -/ 腐植質(の土).

der **Hu·mus·bo·den** [フームス・ボーデン] [名] -s/..böden 腐植質の土壌.

die **Hu·mus·er·de** [フームス・エーあデ] [名] -/-n 《主に[単]》腐植土.

der **Hu·mus·stoff** [フームス・シュトっふ] [名] -(e)s/-e 〖化〗腐植質.

der **Hund** [フント] [名] -(e)s/-e **1.** 〖動〗イヌ;雄イヌ. **2.** 《口》人, 男;《蔑》卑劣なやつ, 犬畜生. **3.** 〖鉱〗トロッコ. 【慣用】**〈j⁴〉 auf den Hund bringen** 《口》<人ₑ>破滅させる. **auf den Hund kommen** 《口》落ちぶれる. **Da liegt der Hund begraben.** そこが問題〔原因〕だ. **Damit kann man keinen Hund hinter dem Ofen hervorlocken.** それではだれの興味もよぶことはない. **der Große/Kleine Hund** 〖天〗大犬座/小犬座. **(ganz) auf dem Hund sein** 《口》貧困のどん底にある. **mit allen Hunden gehetzt sein** 《口》海千山千のしたたか者である. **müde sein wie ein Hund** 《口》くたくたに疲れている. **vor die Hunde gehen** 《口》破滅する, 堕落する. **wie ein bunter Hund bekannt sein** 《口》だれにでも知られている. **wie ein Hund leben** 《口》野良犬のようなみじめな生活をする. **〈j⁴〉 wie einen Hund behandeln** 《口》<人ₑ>非人間的に取扱う. **wie Hund und Katze leben〔sein〕** 《口》犬猿の仲である.

die **Hun·de·ar·beit** [フンデ・アるバイト] [名] -/ 《口》つらい仕事.

der **Hun·de·band·wurm** [フンデ・バント・ヴるム] [名] -(e)s/..würmer 犬の条虫.

der **Hun·de·dreck** [フンデ・ドれック] [名] -(e)s/ 《口》犬のふん.

hun·de·elend [フンデ・エーレント] [形] ひどく気分〔具合〕が悪い.

der **Hun·de·fraß** [フンデ・ふらース] [名] -es/ 《口》まずい食事;粗末な食物.

das **Hun·de·fut·ter** [フンデ・ふっター] [名] -s/- 犬のエサ.

der **Hun·de·hal·ter** [フンデ・ハルター] [名] -s/- 〖官〗犬の飼主.

die **Hun·de·hüt·te** [フンデ・ヒュッテ] [名] -/-n 犬小屋.

hun·de·kalt [フンデ・カルト] [形] 《口》ひどく寒い.

die **Hun·de·käl·te** [フンデ・ケルテ] [名] -/ ひどい寒さ.

der **Hun·de·ku·chen** [フンデ・クーヘン] [名] -s/- 犬用ビスケット.

das **Hun·de·le·ben** [フンデ・レーベン] [名] -s/ 《口・蔑》みじめな生活.

die **Hun·de·lei·ne** [フンデ・ライネ] [名] -/-n 犬の引き綱〔リード〕.

der **Hun·de·lohn** [フンデ・ローン] [名] -(e)s/..löhne 《口》薄給;低賃金.

die **Hun·de·mar·ke** [フンデ・マるケ] [名] -/-n **1.** 犬の鑑札. **2.** 《口・冗》兵士の認識票;(私服警官の)バッジ.

hun·de·mü·de [フンデ・ミューデ] [形] 《口》へとへとに疲れた.

die **Hun·de·ras·se** [フンデ・らっセ] [名] -/-n 犬の品種.

das **Hun·de·ren·nen** [フンデ・れネン] [名] -s/- ドッグレース.

hun·dert [フンダート] [数] 《基数》 **1.** 100, 百: ~ Personen 100 人. mehrere ~〔H~〕Euro 数百ユーロ. 100-prozentig 100 パーセントの. Es waren an die ~ Zuhörer. 百人近く(最高百人)の聴衆がいた. **2.** 《口》多数の, 無数の: Dazu hätte ich ~ Beispiele gewusst. そんな例ならいくらでもあげられたろう. 【慣用】**〈j⁴〉 auf hundert bringen** 《口》<人ₑ>かんかんに怒らせる. **auf hundert kommen/sein** 《口》かんかんに怒る/怒っている. **hundert zu eins** 《口》100 対 1 で: Ich wette *hundert* zu eins, dass sie nicht kommen wird. 100 対 1 でかけてもいいが, 彼女は絶対来ない. **hundert fahren** 《口》時速百キロのスピードで走る.

die **Hun·dert**¹ [フンダート] [名] -/-en 100〔百〕の数字.

das **Hun·dert**² [フンダート] [名] -s/-e〔-〕 **1.** ([複]-)(単位としての)100;百個, 百人, 百匹: einige ~ 数

百. drei vom ～ 3パーセント(略3 v. H. 記号%). **2.** ([複]-e;[複]のみ)何百;多数: ～*e* und Tausende〔*hundert* und tausende〕von Menschen 何百何千もの人々. Der Betrag geht in die ～*e*〔*hunderte*〕. 金額は数百ユーロ〔マルク〕に達する. nur einer unter ～*en*〔*hunderten*〕何百人の中でただ一人. Sie kamen zu ～*en*〔*hunderten*〕. 彼らは何百人もでやって来た.

hun·dert·eins [フンダート・アインス] [数] 《基数》=hundertundeins.

der **Hun·der·ter** [フンダーター] [名] -s/- **1.** 《口》百ユーロ〔マルク〕紙幣. **2.** 〖数〗百の位;百の位の数.

hun·der·ter·lei [フンダーターライ] [数] 《種数》《口》さまざまな種類の;さまざまな種類のもの〔こと〕.

der **Hun·dert·eu·ro·schein, Hun·dert-Euro-Schein** [フンダート・オイろ・シャイン] [名] -(e)s/-e 100ユーロ紙幣(100-Euro-Schein).

hun·dert·fach [フンダート・ふぁっは] [形] 100倍の.

hun·dert·fäl·tig [フンダート・ふぇルティひ] [形] 《古》=hundertfach.

der **Hun·dert·fünf·und·sieb·zi·ger** [フンダート・ふゅンふ・ウント・ズィーブツィガー] [名] -s/- 《口》同性愛の男, ホモ.

hun·dert·fünf·zig·pro·zen·tig [フンダート・ふゅンふツィひ・プろツェンティひ] [形] 150%の;並外れた.

der **Hun·dert·fü·ßer** [フンダート・ふゅーサー] [名] -s/- 〖動〗唇脚類(ムカデ・ゲジゲジなど).

der **Hun·dert·füß·ler** [フンダート・ふゅースラー] [名] -s/- =Hundertfüßer.

die **Hun·dert·jahr·fei·er, Hun·dert-Jahr-Fei·er** [フンダート・ヤーあ・ふぁイあー] [名] -/-n 百年〔百周年記念〕祭.【数字表記は100-Jahr-Feier】

hun·dert·jäh·rig [フンダート・イェーりひ] [形] 100歳の;100年の.

hun·dert·mal [フンダート・マール] [副] 100回〔度・倍〕;《口》何度も何度も,非常に多く;(主に認容文で)《口》どんなに,まったく: viel *hundert*〔*Hundert*〕Male 何百回も.

hun·dert·ma·lig [フンダート・マーりひ] [形] 100回〔度〕の.

der **Hun·dert·mark·schein** [フンダート・マるク・シャイン] [名] -s/-e 100マルク紙幣.

hun·dert·pro·zen·tig [フンダート・プろツェンティひ] [形] **1.** 100%の. **2.** 《口》完全な,確実な,まぎれもない.

der **Hun·dert·satz** [フンダート・ザっツ] [名] -es/ 百分率,パーセント.

die **Hun·dert·schaft** [フンダートシャふト] [名] -/-en 百人隊.

hun·dertst [フンダーツト] [数] 《序数》(形容詞的変化) 100番目の,第100の【数字表記は「100.」】: zum ～*en* Mal 百回目に;何回となく. Kaum der *H～e* kennt das. ほとんどそれを知っている人はいない. vom *H～en* ins Tausendste kommen 本題からどんどんそれていく.

hun·derts·tel [フンダーツテル] [数] 《分数》100分の1の.

das **Hun·derts·tel** [フンダーツテル] [名] -s/-(《スイス》主に der ～) 100分の1.

die **Hun·derts·tel** [フンダーツテル] [名] -/- 《口》100分の1秒.

hun·dert·tau·send [フンダート・タウゼント] [数] 《基数》10万;(数)十万もの,無数の.

das **Hun·dert·tau·send** [フンダート・タウゼント] [名] -s/-e **1.** 10万の物〔生物〕. **2.** ([複]のみ)おびただしい数のもの.

hun·dert·und·eins [フンダート・ウント・アインス] [数] 《基数》101.

hun·dert·wei·se [フンダート・ヴァイゼ] [形] 100個〔人〕ずつ.

der **Hun·de·schlit·ten** [フンデ・シュリッテン] [名] -s/- 犬橇(いぬぞり).

die **Hun·de·schnau·ze** [フンデ・シュナウツェ] [名] -/-n 犬の鼻: kalt wie eine ～ sein 《口》冷淡である.

die **Hun·de·steu·er** [フンデ・シュトイあー] [名] -/ 畜犬税.

die **Hun·de·wa·che** [フンデ・ヴァっヘ] [名] -/-n 〖海〗夜半当直(0-4時).

das **Hun·de·wet·ter** [フンデ・ヴェッター] [名] -s/ ひどい悪天候.

die **Hun·de·zucht** [フンデ・ツふト] [名] -/-en 犬の飼育.

die **Hün·din** [ヒュンディン] [名] -/-nen 雌イヌ.

hün·disch [ヒュンディシュ] [形] 《蔑》犬のような,卑屈な;卑劣な.

das **Hun·dred·weight** [hʌ́ndrətveːt ハンドれっト・ヴェート] [名] -s/-s ハンドレッドウェイト(重量単位. イギリスで50.8 kg. 米国で45.36 kg. 略 cwt, cwt.).

der **Hunds·fott** [フンツ・ふぉっト] [名] -(e)s/-e〔..föt·ter〕《口》卑劣なやつ,ならず者.

hunds·föt·tisch [フンツ・[ふぇ]っティシュ] [形] 《口・蔑》卑劣な.

hunds·ge·mein [フンツ・ゲマイン] [形] **1.** 《口・蔑》卑劣極まる;野卑な. **2.** ひどい.

hunds·mi·se·ra·bel [フンツ・ミゼらーベル] [形] ([付]は..bl..)《口・蔑》ひどく悪い,ひどく惨めな.

hunds·mü·de [フンツ・ミューデ] [形] =hundemüde.

der **Hunds·stern** [フンツ・シュテるン] [名] -(e)s/ (大犬座の)天狼(てんろう)星,シリウス.

die **Hunds·ta·ge** [フンツ・ターゲ] [複名] 真夏(7月24日から8月23日まで).

die **Hunds·wut** [フンツ・ヴート] [名] -/ 《古》狂犬病.

der **Hü·ne** [ヒューネ] [名] -n/-n 大男,巨漢.

das **Hü·nen·grab** [ヒューネン・グらーブ] [名] -(e)s/..grä·ber 〖考古〗巨石墳墓;古墳.

hü·nen·haft [ヒューネンハふト] [形] 巨大な.

die **Hun·ga·ro·lo·gie** [フンガろ・ロギー] [名] -/ ハンガリー語学文学研究.

der **Hun·ger** [フンガー] [名] -s/ **1.** 飢え,ひもじさ,空腹;飢餓;《口》食欲: ～ bekommen おなかがすく. ～ haben 空腹である. ～ leiden 飢餓に苦しむ. vor ～〔hungers〕sterben 餓死する. ～ mit 〈et^3〉 stillen 空腹を〈物で〉いやす. ～ auf 〈et^4〉 haben 〈物が〉食べたい. Hier herrscht großer ～. ここは大変な食糧不足だ. **2.** 《文》渇望,(激しい)欲望: ～ nach 〈et^3〉 〈物・事への〉欲求〔欲望〕.

die **Hun·ger·blo·cka·de** [フンガー・ブロっカーデ] [名] -/-n 食糧封鎖.

das **Hun·ger·jahr** [フンガー・ヤーあ] [名] -(e)s/-e 飢饉〔凶作〕の年,食糧難の年.

der **Hun·ger·künst·ler** [フンガー・キュンストラー] [名] -s/- (断食を見世物とする)断食芸人.

die **Hun·ger·kur** [フンガー・クーあ] [名] -/-en 飢餓療法.

der **Hun·ger·lei·der** [フンガー・ライダー] [名] -s/- 《口・蔑》貧乏人.

der **Hun·ger·lohn** [フンガー・ローン] [名] -(e)s/..löhne 《蔑》薄給.

hun·gern [フンガーン] [動] *h*. **1.** 〔補足なし〕飢えに苦しむ,空腹に耐える. **2.** 〔sich^4+〈様態〉に〕減食してなる. **3.** 〔Es+〈j^4〉ハ〕《文》腹が空いている(Esは文頭以外では省略). **4.** 〔nach 〈et^3〉に〕《文》飢えている(権力・知識・愛情などに).

das **Hun·ger·ö·dem** [フンガー・[エ]デーム] [名] -s/-e 〖医〗栄養不良による浮腫(ふしゅ),飢餓水腫(すいしゅ).

die **Hun·ger·quel·le** [フンガー・クヴェレ] [名] -/-n 降雨量の多い時期にだけ湧き出る泉.

die **Hun·gers·not** [フンガース・ノート] [名] -/..nöte 食糧難,飢饉(ききん).

H

der **Hun·ger·streik** [フンガー・シュトライク] 名 -(e)s/-s ハンガーストライキ: in den ~ treten ハンストをする.

das **Hun·ger·tuch** [フンガー・トゥーㇵ] 名 -(e)s/..tücher 四旬節[断食節]の間に祭壇に掛けた幕.【慣用】**am Hungertuch nagen**《口》飢えに苦しむ,ひもじい思いをする.

hung·rig [フングリヒ] 形 **1.** 空腹の. **2.** 《nach ⟨et³⟩》食べたくてたまらない. **3.** 《(nach ⟨j³/et³⟩)》《文》渇望している,(…に)飢えている: nach Liebe ~ sein 愛に飢えている.

die **Hun·ne** [フネ] 名 -n/-n フン(族の)人,匈奴(きょうど);《稀・蔑》粗暴な人.

der **Huns·rück** [フンスりュック] 名 -s/《山名》フンスリュック(山脈)《ライン・モーゼル・ナーエ川の間に位置》.

der **Hunt** [フント] 名 -(e)s/-e《鉱》トロッコ.

die **Hun·te** [フンテ] 名 -/《川名》フンテ川《ニーダーザクセン州を流れるヴェーザー川の支流》.

hun·zen [フンツェン] 動 h. **1.** 《⟨j⁴⟩》《古》(犬のように)虐待[罵倒]する. **2.**《慣用》《口》いいかげんに仕事をする.

die **Hu·pe** [フーペ] 名 -/-n クラクション.

hu·pen [フーペン] 動 h. 警笛[クラクション]を鳴らす.

hüp·fen [ヒュプフェン] 動 s.《⟨方向⟩へ》ぴょんぴょん跳びはねる; ぴょんぴょん跳んで[弾んで]行く.【慣用】**Das ist gehüpft wie gesprungen.**《口》どっちでもいい,どっちみち同じ.

die **Hür·de** [ヒュるデ] 名 -/-n **1.** 《スポ》ハードル,障害(物): die ~ nehmen ハードルを越える;《転》困難を乗越える. **2.** (家畜を囲う)移動柵(柵で囲まれた)牧草地. **3.** すのこの箱[棚].

der **Hür·den·lauf** [ヒュるデン・ラウㇷ] 名 -(e)s/..läufe 《陸上》ハードル競走,障害物競走.

das **Hür·den·ren·nen** [ヒュるデン・れネン] 名 -s/-《競馬》障害競争[レース].

die **Hu·re** [フーれ] 名 -/-n 売春婦; 娼婦(しょうふ);《蔑》(《蔵》も有)売女(ばいた),淫売(いんばい).

hu·ren [フーれン] 動 h.《蔑》**1.**《慣用》女[男]遊びをする. **2.** 《(mit ⟨j³⟩)》セックスする(しょっちゅう違う相手と).

das **Hu·ren·haus** [フーれン・ハウス] 名 -es/..häuser 売春宿.

das **Hu·ren·kind** [フーれン・キント] 名 -(e)s/-er《印》次の頁[段・欄]へはみ出した段落末の1行.

das **Hu·ren·vier·tel** [フーれン・ふぃㇽテル] 名 -s/-売春区域.

die **Hu·re·rei** [フーれらイ] 名 -/-en《蔑》(しょっちゅう違う相手とセックスすること).

die **Hu·ri** [フーり] 名 -/-s《イスラム教》フーリー,天女.

das **Hur·ra** [フら-, フら] 名 -s/-s 万歳の声,歓呼.

hur·ra ! [フら-, フら] 間 万歳!, わぁー(すごい)!

der **Hur·ra·pa·tri·ot** [フら-パトりオート, フら・パトりオート] 名 -en/-en《口》熱狂的愛国者.

der **Hur·ra·pa·tri·o·tis·mus** [フら-パトりオティスムス, フら・パトりオティスムス] 名 -/ 熱狂的愛国主義.

der **Hur·ra·ruf** [フら-・るーふ, フら・るーふ] 名 -(e)s/-e 万歳[歓呼]の叫び.

der **Hur·ri·kan** [フりカン, hárrikən ハりケン] 名 -s/-e (英語式発音のときは -s/-s)ハリケーン.

hur·tig [フるティヒ] 形《古》速い,機敏な.

(*der*) **Hus** [フス] 名 {s}フス(Jan[Johannes] ~, 1370頃-1415, チェコの宗教改革者).

der **Hu·sar** [フザーㇽ] 名 -en/-en 軽騎兵.

das **Hu·sa·ren·stück** [フザーれン・シュテュック] 名 -(e)s/-e 勇猛果敢(大胆不敵)な行為.

das **Hu·sa·ren·stück** [フザーれン・シュテュック] 名 -(e)s/-e =Husarenstreich.

husch ! [フッシュ] 間 《素早さを表して》さっと;(せきたてて)さっさと: H~ ins Bett! さっさと寝なさい.

hu·sche·lig [フッシェりヒ] 形《方》**1.** ぞんざいな. **2.** ほかほかした,くつろいだ.

hu·scheln [フッシェルン] 動 h.《方》**1.**《慣用》ぞんざいな仕事をする. **2.** 《sich⁴+in ⟨et³⟩》暖かく身をくるむ. **3.** =huschen.

hu·schen [フッシェン] 動 s.《場所/⟨方向⟩へ》さっと動く,さっと通り過ぎる.

der **Hus·ky** [háski ハスキ] 名 -s/..kies [..キース] (-s) エスキモー犬.

(*der*) **Huß** [フス] 名《人名》=Hus.

(*der*) **Hus·serl** [フッサール] 名《人名》フッサール(Edmund ~, 1859-1938, 哲学者).

der **Hus·sit** [フスィート] 名 -en/-en《史》フス派の人[信者].

der **Hus·si·ten·krieg** [フスィーテン・クリーク] 名 -(e)s/-e《史》フス戦争(1419-36年,フス派宗教改革戦争).

hüs·teln [ヒュステルン] 動 h.《(様態³)》軽く咳(せき)をする.

hus·ten [フーステン] 動 h. **1.**《慣用》咳(せき)をする.《口》咳こむ(エンジンなどが). **2.**《⟨et⁴⟩》咳をして吐く[出す](たんなどを).【慣用】**auf ⟨et⁴⟩ husten**《口》〈物・事⁴〉を問題にしない.《j³》(et) **was (eins) husten**《口》〈人³〉の(厚かましい)頼み[要求]にとりあわない.

der **Hus·ten** [フーステン] 名 -s/- 咳(せき).

der **Hus·ten·an·fall** [フーステン・アン・ふぁㇽ] 名 -(e)s/..fälle 咳(せき)の発作.

der (*das*) **Hus·ten·bon·bon** [フーステン・ボンボ(-ン)] 名 -s/-s 咳どめドロップ,咳あめ.

das **Hus·ten·mit·tel** [フーステン・ミッテル] 名 -s/- 咳(せき)止め薬.

der **Hus·ten·reiz** [フーステン・らイツ] 名 -es/ 咳(せき)が出そうな感じ.

hus·ten·stil·lend [フーステン・シュティレント] 形 咳(せき)どめの.

die **Hus·ten·trop·fen** [フーステン・トろプふェン] 複名 咳(せき)止め水薬.

(*das*) **Hu·sum** [フーズム] 名 -s/《地名》フーズム(シュレスヴィッヒ=ホルシュタイン州の都市).

der **Hut**¹ [フート] 名 -(e)s/Hüte **1.** (縁のある)帽子: einen ~ tragen 帽子をかぶっている. den ~ ziehen (あいさつで)帽子を取る. **2.** 帽子型のもの; 〈慣〉(キノコの)かさ. 【慣用】**⟨et⁴⟩ aus dem Hut machen**《口》〈事⁴〉を準備なしに(即興で)する. **ein alter Hut**《口》昔から知られていること.**⟨j³⟩ eins auf den Hut geben**《口》〈人³〉をしかる.《j³》 **geht der Hut hoch**《口》〈人⁴〉が怒る. **seinen Hut nehmen müssen**《口》辞職しなくてはならない. **sich³ ⟨et⁴⟩ an den Hut stecken können**《口》〈物⁴〉を手元に持っていてよい. **unter einen Hut bringen**《口》一つにまとめる,調和させる. **vor ⟨j³⟩ den Hut (ab)ziehen [abnehmen]**〈人⁴に〉脱帽する,敬意を表する. **was (eins) auf den Hut kriegen (bekommen)**《口》口しかられる.

der **Hut**² [フート] 名 -/《文》保護,監督; 用心:《j⁴/et⁴》**in seine ~ nehmen**〈人・物・事⁴〉を保護する. 【慣用】**vor ⟨j³/et³⟩ auf der Hut sein**〈人・物・事⁴〉を警戒[用心]する.

das **Hut·band** [フート・バント] 名 -(e)s/..bänder 帽子のリボン.

der **Hü·te·jun·ge** [ヒューテ・ユンゲ] 名 -n/-n 家畜番の少年.

hü·ten [ヒューテン] 動 h. **1.** 《⟨j⁴/et⁴⟩》番[見張り]をする(子供・家畜・品々などを);〈人⁴〉を守る(秘密・法律などを): das Bett ~ (病気で)床についたままである. **2.** 《sich⁴+vor ⟨j³/et³⟩》気をつける,用心する. **3.** 《sich⁴+⟨文⟩ニナチタイヨウニ》気をつける: *Hüte dich (ja), das zu tun !* そんなことをしないよう

に気をつけなさい. Ich werde mich ～! 《口》どうしてもいやです.

der **Hü·ter** [ヒューター] [名] -s/- 《文》番人,保護者;〚スポ〛キーパー(Tor～).

die **Hut·form** [フート・ふぉるム] [名] -/-en 帽子の形〔型〕;帽子用の型台.

das **Hut·fut·ter** [フート・ふっター] [名] -s/- 帽子の裏地.

der **Hut·ha·ken** [フート・ハーケン] [名] -s/- 帽子掛け.

die **Hut·krem·pe** [フート・クれムペ] [名] -/-n 帽子のつば.

der **Hut·ma·cher** [フート・マっはー] [名] -s/- 帽子製造業者.

die **Hut·na·del** [フート・ナーデル] [名] -/-n 婦人帽の留めピン.

der **Hut·rand** [フート・らント] [名] -(e)s/..ränder 帽子のつば.

die **Hut·schach·tel** [フート・シャはテル] [名] -/-n 帽子ケース.

hut·schen [フっチェン] [動] *h.* 《南独・オーストリア》 **1.** 〔(sich⁴)〕ぶらんこに乗る. **2.** 〔sich⁴〕立去る.

die **Hut·schnur** [フート・シュヌーあ] [名] -/..schnüre 帽子のひも. 【慣用】〈et¹〉 **geht** 〈j³〉 **über die Hutschnur!** 《口》〈事は〉〈人に〉とってあんまりだ.

der **Hut·stän·der** [フート・シュテンダー] [名] -s/- (スタンド式)帽子掛け.

die **Hüt·te** [ヒュっテ] [名] -/-n **1.** 小屋;あばら屋: Hier lasst uns ～*n* bauen ここに留まろう〔定住しよう〕. **2.** ヒュッテ,山小屋(Berg～);スキーロッジ(Ski～);〚海〛船尾楼,船長室. **3.** 精錬所.

(*der*) **Hut·ten** [フっテン] [名] 〚人名〛フッテン(Ulrich von ～, 1488-1523,帝国直属騎士・人文主義者).

der **Hüt·ten·ar·bei·ter** [ヒュっテン・アるバイター] [名] -s/- 精錬工,冶金工.

die **Hüt·ten·in·dus·trie** [ヒュっテン・インドゥストリー] [名] -/ 精錬〔冶金〕工業.

der **Hüt·ten·koks** [ヒュっテン・コークス] [名] -es/ 冶金用コークス.

die **Hüt·ten·kun·de** [ヒュっテン・クンデ] [名] -/ 冶金学.

das **Hüt·ten·werk** [ヒュっテン・ヴェるク] [名] -(e)s/-e 精錬所,冶金工場.

das **Hüt·ten·we·sen** [ヒュっテン・ヴェーゼン] [名] -s/ 冶金,精錬,溶鉱.

die **Hu·tung** [フートゥング] [名] -/-en 〚農〛やせた放牧地(山羊などの).

das **Hut·zel·brot** [フっツェル・ブろート] [名] -(e)s/-e 《南独》乾燥果物入りパン.

hut·ze·lig [フっツェリひ] [形] 《口》しわくちゃの,しなびた.

hutz·lig [フっツリひ] [形] ＝hutzelig.

die **Hy·a·den** [ヒュアーデン] [複名] **1.** 〚ギ神〛ヒュアデス(Zeus によって星に変えられた Nymphe たちで,Okeanos または Atlas の娘たち). **2.** (牡牛座の)ヒアデス星団.

die **Hy·ä·ne** [ヒュエーネ] [名] -/-n 〚動〛ハイエナ;《口・蔑》ハイエナのような人.

der **Hy·a·zinth** [ヒュアツィント] [名] -(e)s/-e **1.** 美少年. **2.** ([単]のみ;主に無冠詞)〚ギ神〛ヒュアキントス(Apollo に愛された少年). **3.** ヒアシンス(橙(だいだい)・赤色のジルコン).

die **Hy·a·zin·the** [ヒュアツィンテ] [名] -/-n 〚植〛ヒヤシンス.

hy·brid¹ [ヒュブリート] [形] ハイブリッドの;〚言〛混種の;〚生〛雑種の.

hy·brid² [ヒュブリート] [形] 傲慢(ごうまん)な.

die **Hy·bri·de** [ヒュブリーデ] [名] -/-n (der ～ -n/-n も有)〚生〛(動植物の)雑種,交雑種,ハイブリッド.

die **Hy·bris** [ヒューブリス] [名] -/ 《文》不遜,傲慢(ごうまん);自己過信,思い上がり.

die **Hy·dra** [ヒュードら] [名] -/..ren **1.** 〚ギ神〛ヒュドラ(九つの頭を持つ水蛇). **2.** ([単]のみ)〚天〛海蛇座. **3.** 〚動〛ヒドラ(腔腸(こうちょう)動物).

der **Hy·drant** [ヒュドらント] [名] -en/-en 消火栓;給水栓.

das **Hy·drar·gy·rum** [ヒュドらるギュるム] [名] -s/- 水銀(記号 Hg).

das **Hy·drat** [ヒュドらート] [名] -(e)s/-e 〚化〛水化物.

die **Hy·dra·ta·ti·on** [ヒュドらタツィオーン] [名] -/ 〚化〛水化,水和.

die **Hy·drau·lik** [ヒュドらウリク] [名] -/-en **1.** ([単]のみ)水力学. **2.** 液〔水・油〕圧装置.

hy·drau·lisch [ヒュドらウリシュ] [形] 水圧〔液圧〕の,水力の.

die **Hy·dria** [ヒュードりア] [名] -/..rien ヒュドリア(古代ギリシアの水差し).

hy·drie·ren [ヒュドりーれン] [動] *h.* 〔〈et⁴〉ヲ〕〚化〛水素と化合させる,…に水素を添加する.

die **Hy·drie·rung** [ヒュドりーるング] [名] -/-en 〚化〛水素添加.

die **Hy·dro·dy·na·mik** [ヒュドろ・デュナーミク] [名] -/ 〚理〛流体(動)力学.

das **Hy·dro·gen** [ヒュドろ・ゲーン] [名] -s/ 〚化〛水素(記号 H).

das **Hy·dro·ge·ni·um** [ヒュドろ・ゲーニウム] [名] -s/- 〚化〛水素(記号 H).

die **Hy·dro·gra·fie, Hy·dro·gra·phie** [ヒュドろ・グらふぃー] [名] -/ 水路学.

die **Hy·dro·kul·tur** [ヒュードろ・クルトゥーあ,ヒュードろ・クルトゥーあ] [名] -/-en 〚園〛水栽培,水耕.

die **Hy·dro·lo·gie** [ヒュドろ・ロギー] [名] -/ 水文(すいもん)学.

die **Hy·dro·ly·se** [ヒュドろ・リューゼ] [名] -/-n 〚化〛加水分解.

die **Hy·dro·me·cha·nik** [ヒュドろ・メひゃーニク] [名] -/ 流体力学.

das **Hy·dro·me·ter** [ヒュドろ・メーター] [名] -s/- 流速計;水量計;液体比重計.

hy·dro·phil [ヒュドろ・ふぃール] [形] **1.** 〚生〛水生の. **2.** 〚化・工〛親水性の.

die **Hy·dro·pho·bie** [ヒュドろ・ふぉビー] [名] -/ 〚生〛疎水性;〚医〛恐水病.

die **Hy·dro·po·nik** [ヒュドろ・ポーニク] [名] -/ 〚園〛水栽培;水耕.

die **Hy·dro·sphä·re** [ヒュドろ・スふぇーれ] [名] -/ 〚地質〛水圏,水界.

die **Hy·dro·sta·tik** [ヒュドろ・スターティク] [名] -/ 〚理〛流体静力学.

die **Hy·dro·the·ra·pie** [ヒュドろ・テらピー] [名] -/-n 〚医〛 **1.** ([単]のみ)水治療学. **2.** 水治療(法).

hy·dro·ther·mal [ヒュドろテるマール] [形] 〚地質〛熱水作用による〔反応した〕.

der **Hy·dro·tro·pis·mus** [ヒュドろ・トろピスムス] [名] -/..men 〚生〛水屈性.

das **Hy·dro·xy·la·min** [ヒュドろクスュル・アミーン] [名] -s/ 〚化〛ヒドロキシルアミン.

die **Hy·dro·ze·le** [ヒュドろ・ツェーレ] [名] -/-n 〚医〛水瘤(すいりゅう);陰嚢水腫(いんのうすいしゅ).

der **Hy·dro·ze·pha·lus** [ヒュドろ・ツェーふぁルス] [名] -/..phalen [ヒュドろ・ツェふぁーレン] 〚医〛水頭症.

das **Hy·e·to·me·ter** [ヒュエト・メーター] [名] -s/- 〚気〛雨量計.

(*die*) **Hy·gi·eia** [ヒュギアイア] [名] 〚ギ神〛ヒュギエイア(健康の女神).

die **Hy·gi·e·ne** [ヒュギエーネ] [名] -/ **1.** 〚医〛衛生学. **2.** (保健)衛生;清潔: die öffentliche ～ 公衆衛生. eine seelische ～ 精神衛生.

hy·gi·e·nisch [ヒュギエーニシュ] [形] 衛生学的な;衛生的な;清潔な.

der **Hy·gro·graf, Hy·gro·graph** [ヒュグろ・グらーふ]

[名] -en/-en 〘気〙《古》湿度記録計, 自記湿度計.

das **Hy·gro·me·ter** [ヒュグろ·メーター] [名] -s/- 〘気〙湿度計.

die **Hy·gro·me·trie** [ヒュグろ·メトりー] [名] -/ 〘気〙湿度測定.

der **Hy·gro·phyt** [ヒュグろ·ふゅート] [名] -en/-en 〘植〙湿性植物.

das **Hy·gro·skop** [ヒュグろ·スコープ] [名] -s/-e 〘気〙験湿器, 湿度計.

hy·gro·sko·pisch [ヒュグろ·スコーピシュ] [形] 〘化〙吸湿性の.

(*der*) **Hy·men**[1] [ヒューメン] [名] -s/- **1.** (古代ギリシアの)婚礼の歌. **2.** (㊌のみ;主に無冠詞)〘ギ神〙ヒュメン, ヒュメナイオス(婚礼の神).

das〔*der*〕**Hy·men**[2] [ヒューメン] [名] -s/- 〘医〙処女膜.

der **Hy·me·nae·us** [..nέːʊs ヒュメネーウス] [名] -/..naei 結婚の祝歌(古代ギリシアで少女コーラスが花嫁のために歌った).

der **Hy·me·nä·us** [ヒュメネーウス] [名] -/..naei ＝Hymenaeus.

die **Hy·me·no·p·te·re** [ヒュメノ·プテーれ] [名] -/-n (主に㊋)〘動〙膜翅(まくし)類.

die **Hym·ne** [ヒュムネ] [名] -/-n (特に古代ギリシアの)頌歌;賛歌;国歌(National～);〘キ教〙賛美歌, 聖歌: eine ～ auf die Liebe 愛の賛歌. eine ～ an die Nacht 夜の讃歌.

der **Hym·nus** [ヒュムヌス] [名] -/..nen《文》＝Hymne.

der **Hype** [haɪp ハイプ] [名] -s/-s (人心をまどわすような)誇大広告;たぶらかし.

hy·per·al·ge·tisch [ヒュパー·アルゲーティシュ] [形] 〘医〙痛覚過敏(症)の.

die **Hy·per·bel** [ヒュぺるベル] [名] -/-n **1.** 〘数〙双曲線. **2.** 〘言·修〙誇張(法).

hy·per·bo·lisch [ヒュパーボーリシュ] [形] **1.** 〘数〙双曲線の(形の). **2.** 〘修〙誇張された.

der **Hy·per·bo·re·er** [ヒュパーボれーあー] [名] -s/- 〘ギ神〙ヒュペルボレ(イ)オイ人(伝説上の極北の民族).

hy·per·bo·re·isch [ヒュパーボれーイシュ] [形] ヒュペルボレ(イ)オイ人の;《古》極北に住む〔ある〕.

die **Hy·per·gly·kä·mie** [ヒュパー·グリュケミー] [名] -/ 〘医〙高血糖症.

die **Hy·per·hi·dro·se** [ヒュパー·ヒドろーゼ] [名] -/ 〘医〙発汗過多症, 多汗症.

(*der*) **Hy·pe·ri·on** [ヒュペーりオン, ヒュペりーオン] [名] 〘ギ神〙ヒュペリオン(Titan[1]神族の一人. Helios の父).

hy·per·kor·rekt [ヒュパー·コれクト, ヒューパー·コれクト] [形] 過度に正確な;〘言〙過剰修正の.

hy·per·kri·tisch [ヒュパー·クりーティシュ, ヒューパー·クりーティシュ] [形] 極度に批判的な.

die **Hy·per·me·tro·pie** [ヒュパー·メトろピー] [名] -/ 〘医〙遠視.

die **Hy·per·mne·sie** [ヒュパー·ムネズィー] [名] -/-n 〘医〙記憶過剰(症).

hy·per·mo·dern [ヒューパー·モデるン, ヒュパー·モデるン] [形] 超モダンな.

das **Hy·pe·ro·nym** [ヒュペロニューム, ヒューペロニューム] [名] -s/-e 〘言〙上位語.

die **Hy·per·o·pie** [ヒュパー·オピー] [名] -/-n 〘医〙遠視.

die **Hy·per·py·re·xie** [ヒュパー·ピュれクスィー] [名] -/-n 〘医〙超〔異常〕高熱.

hy·per·sen·si·bi·li·sie·ren [ヒュパー·ゼンズィビリズィーれン] [動] *h.* **1.** 〔〈j⁴/et⁴〉ヲ〕過度に敏感にする. **2.** 〘写〙〔〈et⁴〉ヲ〕高感度にする.

die **Hy·per·se·xu·a·li·tät** [ヒュパー·ゼクスアリテート] [名] -/ 過剰セックス.

die **Hy·per·so·mie** [ヒュパー·ゾミー] [名] -/ 〘医〙巨人症, 過大発育.

die **Hy·per·som·nie** [ヒュパー·ゾムニー] [名] -/ 〘医〙睡気過多, 過眠症.

die **Hy·per·ten·si·on** [ヒュパー·テンズィオーン] [名] -/-en 〘医〙高血圧(症);緊張亢進(こうしん)(症).

die **Hy·per·ther·mie** [ヒュパー·テるミー] [名] -/ 〘医〙高体温;高熱.

die **Hy·per·thy·re·o·se** [ヒュパー·テュれオーゼ] [名] -/ 〘医〙甲状腺機能亢進(こうしん)(症).

die **Hy·per·to·nie** [ヒュパー·トニー] [名] -/-n 〘医〙高血圧(症);(筋肉の)高張, 緊張亢進(こうしん)(症);高眼圧(症).

die **Hy·per·tro·phie** [ヒュパー·トろふぃー] [名] -/-n **1.** 〘医·生〙肥大, 異常発達. **2.** 《文》過剰, 過度.

die **Hy·per·ven·ti·la·ti·on** [ヒュパー·ヴェンティラツィオーン] [名] -/-en 〘医〙過呼吸, 呼吸亢進(こうしん)(症).

die **Hy·phe** [ヒューふぇ] [名] -/-n 〘生〙菌糸.

die **Hyp·no·a·na·ly·se** [ヒュプノ·アナリューゼ] [名] -/-n 〘心〙催眠分析.

hyp·no·id [ヒュプノイート] [形] 〘医·心〙催眠状態に似た.

die **Hyp·no·pä·die** [ヒュプノ·ペディー] [名] -/ 催眠学習.

hyp·no·pä·disch [ヒュプノ·ペーディシュ] [形] 催眠学習の.

(*der*) **Hyp·nos** [ヒュプノス] [名] 〘ギ神〙ヒュプノス(眠りの神).

die **Hyp·no·se** [ヒュプノーゼ] [名] -/-n 催眠状態.

die **Hyp·no·sie** [ヒュプノズィー] [名] -/-n 〘医〙睡眠病;病的な眠気.

die **Hyp·no·the·ra·pie** [ヒュプノ·テらピー] [名] -/-n 催眠療法.

die **Hyp·no·tik** [ヒュプノーティク] [名] -/ 催眠法, 催眠学.

das **Hyp·no·ti·kum** [ヒュプノーティクム] [名] -s/..ka 〘医〙催眠薬.

hyp·no·tisch [ヒュプノーティシュ] [形] **1.** 催眠の;催眠作用のある. **2.** 恍惚(こう)とさせる.

der **Hyp·no·ti·seur** [..zøːr ヒュプノティ㋝ーあ] [名] -s/-e 催眠術師, 催眠療法医.

hyp·no·ti·sie·ren [ヒュプノティズィーれン] [動] *h.* 〔〈j⁴〉ヲ〕催眠術にかける;とりこにする.

der **Hyp·no·tis·mus** [ヒュプノティスムス] [名] -/ 催眠法, 催眠学;《稀》強い影響.

der **Hy·po·chon·der** [ヒュポ·ほンダー] [名] -s/- 心気症患者, ヒポコンデリーの人.

die **Hy·po·chon·d·rie** [ヒュポ·ほンドりー] [名] -/-n (主に㊌)〘医〙心気症, ヒポコンデリー.

hy·po·chon·d·risch [ヒュポ·ほンドりシュ] [形] 心気症の, ヒポコンデリーの.

das **Hy·po·gä·um** [ヒュポ·ゲーウム] [名] -s/..gäen 地下墓室;丸天井の地下.

die **Hy·po·gly·kä·mie** [ヒュポ·グリュケミー] [名] -/ 〘医〙低血糖(症).

das **Hy·po·kaus·tum** [ヒュポ·カウストゥム] [名] -s/..ten ハイポコースト(古代ローマの床下及び壁内に温風を通す暖房装置).

das **Hy·po·ko·ris·ti·kum** [ヒュポ·コりスティクム] [名] -s/..ka 〘言〙愛称形.

die **Hy·po·kri·sie** [ヒュポクりズィー] [名] -/-n 《文》偽善, 見せかけ.

hy·po·kri·tisch [ヒュポ·クりーティシュ] [形] 偽善的な.

die **Hy·po·ma·nie** [ヒュポ·マニー] [名] -/-n 〘医〙軽躁病.

das **Hy·po·nym** [ヒュポニューム, ヒュポニューム] [名] -s/-e 〘言〙下位語.

die **Hy·po·phy·se** [ヒュポふゅーゼ] [名] -/-n 〘解〙(脳)下垂体.

hy·po·sen·si·bi·li·sie·ren [ヒュポ·ゼンズィビリズィーれン] [動] *h.* 〔〈j⁴〉ヲ〕〘医〙減感作する.

die **Hy·po·sta·se** [ヒュポ·スタ-ゼ] 名 -/-n **1.**〖哲〗(概念の)実体化, 具象化; 本質, 実体. **2.**〖宗〗ペルソナ, 位格. **3.**〖言〗品詞転換, 独立品詞化. **4.**〖医〗血液沈滞, 沈下性うっ血. **5.**〖遺伝〗下位.

das **Hy·po·sty·lon** [ヒュポ·ステュロン] 名 -s/..la (古代ギリシアの)多柱式建物〔ホール〕; 柱廊神殿.

hy·po·tak·tisch [ヒュポ·タクティシュ] 形〖言〗従属の.

die **Hy·po·ta·xe** [ヒュポ·タクセ] 名 -/-n〖言〗文〔文肢〕の従属(関係);〖医〗失調症.

die **Hy·po·ten·si·on** [ヒュポ·テンズィオーン] 名 -/-en〖医〗低血圧(症); (筋肉の)低張.

die **Hy·po·te·nu·se** [ヒュポ·テヌーゼ] 名 -/-n (直角三角形の)斜辺.

der **Hy·po·tha·la·mus** [ヒュポ·ターラムス] 名 -/ 〖解〗視床下部.

die **Hy·po·thek** [ヒュポ·テーク] 名 -/-en **1.**〖法·銀行〗抵当権. **2.** 抵当, 担保; 抵当権貸付; (転)重荷, 重圧: die erste/zweite ~ 一番/二番抵当. eine ~ auf ein Haus aufnehmen 家に抵当権を設定する. ein Grundstück mit ~en belasten 土地を抵当に入れる.

hy·po·the·ka·risch [ヒュポテカーリシュ] 形 抵当(権上)の.

die **Hy·po·the·ken·bank** [ヒュポテーケン·バンク] 名 -/-en 抵当銀行.

der **Hy·po·the·ken·brief** [ヒュポテーケン·ブリーふ] 名 -(e)s/-e 抵当証券.

hy·po·the·ken·frei [ヒュポテーケン·ふらイ] 形 抵当に入っていない.

der **Hy·po·the·ken·gläu·bi·ger** [ヒュポテーケン·グロイビガ-] 名 -s/- 抵当権者.

der **Hy·po·the·ken·schuld·ner** [ヒュポテーケン·シュルドナ-] 名 -s/- 抵当権設定者.

die **Hy·po·ther·mie** [ヒュポ·テルミー] 名 -/-n〖医〗 **1.** (㊙のみ)低体温(症). **2.** 人工低体温(法).

die **Hy·po·the·se** [ヒュポ·テーゼ] 名 -/-n 仮説; 仮定: eine ~ aufstellen 仮説を立てる.

hy·po·the·tisch [ヒュポ·テーティシュ] 形 仮説の; 仮定の.

die **Hy·po·thy·re·o·se** [ヒュポ·テュレオーゼ] 名 -/ 〖医〗甲状腺機能低下(症).

die **Hy·po·to·nie** [ヒュポ·トニ-] 名 -/-n〖医〗低血圧(症); (筋肉の)低張; 低眼圧(症).

die **Hy·po·tro·phie** [ヒュポ·トロふぃー] 名 -/-n〖医·生〗発育不全;〖医〗栄養不良.

die **Hy·po·vi·ta·mi·no·se** [ヒュポ·ヴィタミノーゼ] 名 -/-n〖医〗ビタミン不足(症).

das **Hy·po·zen·trum** [ヒュポ·ツェントルム] 名 -s/..ren〖地質〗(地震の)震源.

die **Hyp·si·pho·bie** [ヒュプスィふォビー] 名 -/-n〖医〗高所恐怖(症).

das **Hyp·so·me·ter** [ヒュプソ·メータ-] 名 -s/-〖工·気〗測高計.

die **Hys·ter·ek·to·mie** [ヒュステレクトミー] 名 -/-n〖医〗子宮摘出(術).

die **Hys·te·rie** [ヒュステリー] 名 -/-n **1.**〖医〗ヒステリー: an ~ leiden ヒステリーである. **2.** 病的興奮.

der **Hys·te·ri·ker** [ヒュステリカ-] 名 -s/- **1.**〖医〗ヒステリー患者. **2.** 興奮しやすい人.

die **Hys·te·ri·ke·rin** [ヒュステーりケリン] 名 -/-nen Hysteriker の女性形.

hys·te·risch [ヒュステーりシュ] 形〖医〗ヒステリー性の; ヒステリックな.

das **Hys·te·ron-Pro·te·ron** [ヒュステろン·プろーテろン] 名 -s/..ra..ra **1.**〖哲·論〗倒逆論法. **2.**〖修〗倒置〔倒逆〕法.

Hz =Hertz〖理〗ヘルツ(周波数の単位).

I

das **i**[1], **I**[1] [iː イー] [名] -/-（《口》-s/-s）ドイツ語アルファベットの第９字：das Tüpfelchen〔der Punkt〕auf dem *i*「i」の上の点；《転》最後の仕上げ.

i[2] ＝imaginäre Einheit 虚数単位.

I[2] ＝eins《ローマ数字》1.

i. ＝in, im 《地名につける》：Freiburg *i.* Br.〔im Breisgau〕ブライスガウのフライブルク.

i！ [イー] [間]《嫌悪・拒絶を表して》うひゃー, うへーっ：*I* wo〔bewahre〕！とんでもない.

..i [イ] [接尾]（der -s/-s；die -/-）《口》名詞（の一部）につけて愛称形, 短縮形をつくる：Schatz*i* ねえあなた（Schatz につけて, 恋人・夫・妻への呼びかけで）. der/die Ossi （《蔑》も有）旧東独（出身）の人. der/die Profi プロ, 専門家（Professional の短縮形）. der/die Studi 学生（Student の短縮形）.

Ia [aɪnsˈáː アインス・アー] ＝eins a《口》極上の.

i. A., I. A. ＝im Auftrag 代理で, 委託を受けて.

..i·a·de [..イアーデ] [接尾] 名詞につけて「行為, コンクール」を表す女性名詞を作る：Hanswurst*iade* 道化芝居. Olymp*iade* オリンピック競技大会.

IAEO ＝Internationale Atomenergie-Organisation 国際原子力機関.

i·ah！ [イーアー, イアー] [間]（ロバの鳴き声）ひーん.

i·a·hen [イーアーエン, イアーエン] [動] iahte；hat iaht 〔補足なし〕いななく（ロバが）.

i. Allg., ㊐**i. allg.** ＝im Allgemeinen 一般に, ふつう, 概して.

..i·an [..イア(ー)ン] [接尾] 形容詞につけて「…なやつ」を表す男性名詞を作る. ..jan となることがある：Grob*ian* 不作法者.

..i·a·ner [..イアーナー] [接尾] ＝..aner.

(*der*) **Ia·son** [イアーゾン] [名] ＝Jason.

der **I-Aus·weis** [イー・アウスヴァイス] [名] -es/-e 《オーストリア》＝Identitätsausweis.

ib. ＝ibidem 同じ箇所に.

ibd. ＝ibidem 同じ箇所に.

der **I·be·rer** [イベーらー] [名] -s/- イベリア人.

(*das*) **I·be·ri·en** [イベーリエン] [名] -s/ 《国名》イベリア（スペイン・ポルトガルの古名）.

i·be·risch [イベーリシュ] [形] イベリア（人・語）の.

(*das*) **I·be·ro·a·me·ri·ka** [イベーろ・アメーりカ] [名] -s/ 《地名》ラテン・アメリカ.

i·bi·dem [イビーデム, イ(ー)ビデム] [副] 同じ箇所〔同書・同章・同ページ〕に（略 ib., ibd.）.

der **I·bis** [イービス] [名] -ses/-se 《鳥》トキ.

(*der*) **Ib·sen** [イプセン] [名]《人名》イプセン（Henrik～, 1828-1906, ノルウェーの劇作家）.

IC [イーツェー]《商標》＝Intercityzug 都市間特急列車.

ICE [イーツェーエー]《商標》＝Intercity-expresszug 都市間超特急列車.

ich [イヒ] [代]《人称》1人称㊥ 1格.（変化形は⇨「諸品詞の変化」） 私, ぼく：*I*～ bin Studentin. 私は（女子）学生です. *I*～ (bin doch ein) Esel！私はなんてとんまだ. ～ für mein(en) Teil 私個人としては. *I*～ und du sind ... 私と君は…である. Du oder ～ bin ... 君か私が…である.

das **Ich** [イヒ] [名] -(s)/-(s) 自分（自身）, 自我, 自己：mein besseres ～ 私の良心.

..ich [..イヒ] [接尾] 外来語などにつけて男性名詞を作る：Rett*ich* ダイコン. Tepp*ich* じゅうたん.

ich·be·zo·gen [イヒ・ベツォーゲン] [形] 自己中心的な, 自分勝手な.

die **Ich·form** [イヒ・ふぉるム] [名] -/ 1人称形式, 自叙体.

der **Ich·laut, Ich-Laut** [イヒ・ラウト] [名] -(e)s/-e 《言》ich 音（a, o, u, au 以外の母音の後および子音の後の ch 音[ç]）.

der **I·chor** [イひょーあ, イひょーあ] [名] -s/ **1.** 《地質》アイコア（花崗（かこう）岩質の溶液）. **2.** 《医》膿漿（のうしょう）. **3.** 《ギ神》イコール（神々の体内を流れる霊液）.

der **Ich·ro·man, Ich-Ro·man** [イヒ・ろマーン] [名] -s/-e 1人称形式の（長編）小説.

die **Ich·sucht** [イヒ・ズふト] [名] -/ 《文》利己主義.

ich·süch·tig [イヒ・ズュヒティヒ] [形]《文》利己的な.

..icht [..イヒト] [接尾] **1.** 植物を表す名詞につけて集合的中性名詞を作る：Dick*icht* 茂み. Röh*richt* アシの茂み. **2.** 名詞につけてその特徴を表す形容詞を作る：tör*icht* 愚かな. lock*icht* 巻毛の.

die **Ich·thy·o·lo·gie** [イヒテュオ・ロギー] [名] -/ 魚類学.

die **Ich·thy·o·sis** [イヒテュオーズィス] [名] -/..sen 《医》魚鱗癬（ぎょりんせん）.

das **I·cing** [áɪsɪŋ アイスィング] [名] -s/-s（主に㊥）《アイスホッケー》アイシング（・ザ・パック）（反則の１つ）.

das **I·con** [áɪkən アイケン, áɪkɔn アイコン] [名] -s/-s 《コンピュータ》アイコン（プログラム, ファイルの種類などを示す絵文字）.

id. **1.** ＝idem[1]（文献に引用し指示した）同著者. **2.** ＝idem[2] 同書.

..id[1] [..イート] [接尾] 名詞につけて「…人種」を表す形容詞を作る：mongol*id* モンゴロイドの.

..id[2] [..イート] [接尾] 名詞につけて「化合物」を表す中性名詞を作る：Chlor*id* 塩化物.

der **I·da**[1] [イーダ] [名] -/ 《山名》イダ（①小アジアの山. ②《ギ神》Zeus が育ったクレタ島の山）.

(*die*) **I·da**[2] [イーダ] [名]《女名》イーダ.

das **I·da·feld** [イーダ・ふぇルト] [名] -(e)s/ 《北欧神》イーダフェルト（Ase 神族の居住地）.

i·de·al [イデアール] [形] **1.** 理想的な. **2.** 観念〔理念〕上の, 架空の：eine ～*e* Flüssigkeit《理》理想流体. **3.** 精神〔観念〕的な：～*e* Werte 精神的諸価値.

das **I·de·al** [イデアール] [名] -s/-e 理想；理想像.

das **I·de·al·ge·wicht** [イデアール・ゲヴィヒト] [名] -(e)s/-e 理想体重.

i·de·a·li·sie·ren [イデアリズィーれン] [動] *h.*〔<j⁴/et⁴>ヲ〕理想化〔美化〕する.

die **I·de·a·li·sie·rung** [イデアリズィーるング] [名] -/-en 理想化.

der **I·de·a·lis·mus** [イデアリスムス] [名] -/ 理想主義；観念論.

der **I·de·a·list** [イデアリスト] [名] -en/-en 理想主義者；観念論者.

i·de·a·lis·tisch [イデアリスティシュ] [形] **1.** 理想主義的な. **2.** 観念論の：die ～*e* Philosophie 観念論哲学.

der **I·de·al·ty·pus** [イデアール・テュープス] [名] -/..pen **1.** 《社》理念〔理想〕型. **2.** 理想の人物〔タイプ〕.

die **I·dee** [イデー] [名] -/Ideen [イデーエン] **1.** 考え, 思想, 観念；着想, 思いつき, 構想；予感：eine fixe ～ 固定観念. auf eine ～ kommen ある事を思いつく. **2.** 《哲》理念, 観念, イデー；（理念的な）原型. **3.** 《口》（次の形で）eine ～ 少し. eine ～ mehr 少し多く. eine ～ Salz 塩少々. keine ～ von <et³> haben 〈事について〉少しも知らない.

die **I·dée fixe** [idé: fíks イデー ふぃっクス] [名] –/–s –s 固定観念, 思いこみ;〘楽〙固定楽想, イデー・フィクス.
i·de·ell [イデエル] [形] 理念〔観念〕的な, 精神的な.
i·de·en·arm [イデーエン・アるム] [形] アイデア〔着想〕の乏しい.
die **I·de·en·as·so·zi·a·ti·on** [イデーエン・アソツィアツィオーン] [名] –/–en 観念連合, 連想.
der **I·de·en·ge·halt** [イデーエン・ゲハルト] [名] –(e)s/–e (文学作品などの)思想内容, 理念.
i·de·en·reich [イデーエン・らイひ] [形] アイデア〔着想〕に富んだ.
die **I·de·en·ver·bin·dung** [イデーエン・ふぇあビンドゥング] [名] –/–en 連想, 観念〔思想〕の連関.
die **I·de·en·welt** [イデーエン・ヴェルト] [名] –/ 観念〔思想〕の世界.
i·dem[1] [イーデム] 〘ラテン語〙(文献に引用し指示した)同著者(derselbe).
i·dem[2] [イデム] 〘ラテン語〙同書(dasselbe).
die **I·den** [イーデン] [複名] (古代ローマ暦の)月の13〔15〕日: die ~ des März 3月15日(シーザーの殺された日).
die **I·den·ti·fi·ka·ti·on** [イデンティふぃカツィオーン] [名] –/–en =Identifizierung.
i·den·ti·fi·zie·ren [イデンティふぃツィーれン] [動] *h.* **1.** 〘〈j⁴/et⁴〉ヲ〙本人であると確認する, (…の)身元を確認する;(他のものではないと)確認〔識別〕する. **2.** 〘〈j⁴/et⁴〉ト+mit 〈j³/et³〉ヲ〙同一視する, 混同する. **3.** 〘sich⁴+mit 〈j³/et³〉ト〙一体感を持つ;(…に)なじむ, 違和感を持たない;〘心〙(…に)自己を同化する.
die **I·den·ti·fi·zie·rung** [イデンティふぃツィーるング] [名] –/–en 同一性の確認;身元証明;同一視.
i·den·tisch [イデンティシュ] [形] 〘(mit 〈j³/et³〉ト)〙 **a.** 同一の, 一致した;同じ意味の;本質を同じくする: ein ~*er* Reim 同語韻. eine ~*e* Gleichung〘数〙恒等式. ~*e* Zwillinge 一卵性双生児. Ist er ~ mit dem Vermissten? 彼はその行方不明者と同一人ですか. sich⁴ mit der politischen Bewegung ~ fühlen その政治運動に共感する.
die **I·den·ti·tät** [イデンティテート] [名] –/ 同一性;アイデンティティー, 自己同一性;(単のみ)一致: 〈j²〉 ~ nachweisen 〈人の〉身元を証明する.
der **I·den·ti·täts·aus·weis** [イデンティテーツ・アウス・ヴァイス] [名] –es/–e 《オーストリア》(1945-55年占領時の)身分証明書(略 I-Ausweis).
die **I·den·ti·täts·kar·te** [イデンティテーツ・カるテ] [名] –/–n 《スイス・古》《オーストリア》《古》身分証明書.
die **I·den·ti·täts·kri·se** [イデンティテーツ・クりーゼ] [名] –/–n アイデンティティークライシス.
der **I·den·ti·täts·ver·lust** [イデンティテーツ・ふぇあルスト] [名] –es/–e アイデンティティーの喪失.
die **I·de·o·gra·fie, I·de·o·gra·phie** [イデオ・グらふぃー] [名] –/–n (主に(単))〘言〙表意文字体系;表意文字法.
das **I·de·o·gramm** [イデオ・グらム] [名] –s/–e 〘言〙表意文字.
der **I·de·o·lo·ge** [イデオ・ローゲ] [名] –n/–n イデオローグ, (あるイデオロギーの)理論家;空論家.
die **I·de·o·lo·gie** [イデオ・ロギー] [名] –/–n イデオロギー;観念体系;政治理念;空論.
i·de·o·lo·gisch [イデオ・ロギシュ] [形] イデオロギーの, イデオロギー的な;《稀・蔑》空論的な.
i·de·o·lo·gi·sie·ren [イデオ・ロギズィーれン] [動] *h.* 〘〈j⁴/et⁴〉ヲ〙イデオロギーで教化する;傾向化する.
id est [イト エスト] 〘ラテン語〙すなわち(das ist).
idg. =indogermanisch インドゲルマン語民族の;インドゲルマン語の.
der **I·di·o·lekt** [イディオレクト] [名] –(e)s/–e 〘言〙個人語(個人に固有な言葉遣いや語彙など).
das **I·di·om** [イディオーム] [名] –s/–e 〘言〙イディオム, (特定の地域やグループに)特有な語法;慣用句, 成句.
die **I·di·o·ma·tik** [イディオマーティク] [名] –/ 〘言〙 **1.** イディオム論, 慣用語法論(地域・グループに特有な語彙学);慣用語彙学. **2.** 慣用語法〔語句〕の収集;《総称》慣用句.
i·di·o·ma·tisch [イディオマーティシュ] [形] **1.** (地域・グループの)特有な言語の;熟語的な, 慣用的な. **2.** 慣用語の, 慣用語彙学の;慣用句(論)の.
die **I·di·o·syn·kra·sie** [イディオ・ズュンクらズィー] [名] –/–n 〘医〙特異体質;〘心〙激しい嫌悪感: eine ~ gegen 〈j⁴/et⁴〉 〈人・物・事に対する〉嫌悪.
der **I·di·ot** [イディオート] [名] –en/–en 白痴(の人);《口・蔑》ばか者.
der **I·di·o·ten·hü·gel** [イディオーテン・ヒューゲル] [名] –s/– 《口・冗》(スキーの)初心者向きスロープ.
i·di·o·ten·si·cher [イディオーテン・ズィっひゃー] [形] 《口》だれにでも操作できる.
die **I·di·o·tie** [イディオティー] [名] –/–n **1.** 〘医〙白痴;痴呆(ちほう)性. **2.** 《口・蔑》ばかげたこと〔振舞い〕.
das **I·di·o·ti·kon** [イディオーティコン] [名] –s/..ken〔..ka〕 方言辞典.
die **I·di·o·tin** [イディオーティン] [名] –/–nen 白痴の女;《口・蔑》ばか女.
i·di·o·tisch [イディオーティシュ] [形] 白痴の(ような);《口・蔑》ばか(みたい)な.
das **I·do** [イード] [名] –s/ イド語(エスペラント語を簡易化した国際語).
das **I·dol** [イドール] [名] –s/–e 崇拝の的, アイドル, 偶像;〘美〙偶像, 神像.
die **I·do·la·trie** [イドラトりー] [名] –/–n 《文》偶像崇拝.
i·do·li·sie·ren [イドリズィーれン] [動] *h.* 〘〈j⁴/et⁴〉ヲ〙偶像化〔偶像視〕する.
(*die*) **I·dun** [イードゥン] [名] 〘北欧神〙イードゥン(永遠の青春を与える黄金のリンゴを守る女神).
(*die*) **I·du·na** [イドゥーナ] [名] 〘北欧神〙=Idun.
das **I·dyll** [イデュル] [名] –s/–e 牧歌〔田園〕的生活の情景.
die **I·dyl·le** [イデュレ] [名] –/–n **1.** 〘文芸学〙牧歌, 田園詩〔小説〕;牧人劇;牧人画. **2.** 牧歌〔田園〕的生活の情景.
i·dyl·lisch [イデュリシュ] [形] 田園的な;牧歌的な.
i. e. =id est すなわち.
I.E. =Internationale Einheit〘薬〙国際単位.
..ie [..イー] [接尾] 名詞につけて女性名詞を作る. **1.** (集合名詞): Aristokrat*ie* 貴族階級. **2.** (…学): Philosoph*ie* 哲学. **3.** (様態・病名): Euphor*ie* (精神の)高揚状態. Allerg*ie* アレルギー.
..ier[1] [..ie: ..イエー] [接尾] 名詞につけて職業名を表す男性名詞を作る: Bank*ier* 銀行家. Hotel*ier* ホテル経営者.
..ier[2] [..イーあ] [接尾] 名詞につけて男性・女性・中性名詞を作る: Offiz*ier* 士官. Quart*ier* (軍隊の)宿舎. Man*ier* 流儀.
..ie·re [..イエーれ] [接尾] 名詞につけて女性名詞を作る: Garderob*iere* 女性の劇場衣装方.
..ie·ren [..イーれン] [接尾] 主に外来語の形容詞・名詞につけて動詞を作る. 常にアクセント有. 過去分詞に ge..がつかない: attrakt*ivieren* 魅力的にする. organis*ieren* 組織する.
i. e. S. =im engeren Sinn(e) 狭い意味で.
i.f. =ipse fecit 自作の, …作(名前とともに).
IG **1.** =Industriegewerkschaft 産業別労働組合. **2.** =Interessengemeinschaft 利益共同体.
..ig [..イひ] [接尾] 名詞・副詞につけて「…のような, …のある」, 動詞の語幹につけて「よく…する, …しがちな」を表す形容詞を作る: fleiß*ig* 勤勉な. heut*ig* 今日の. gläub*ig* 信心深い. großmüt*ig* 寛大な. trunk-

süchtig 飲酒癖のある.

der Igel [イーゲル] 名 -s/- **1.**〖動〗ハリネズミ. **2.** ハリネズミに似たもの;〖農〗砕土機;〖料〗アーモンドの破片をかけたチョコレートケーキ;〚口・冗〛ハリネズミのような髪形.

die Igelstellung [イーゲル・シュテルング] 名 -/-en〖軍〗ハリネズミ陣形〘全周囲を固めた防御態勢〙.

igitt! [イギット]〚方〛〚嫌悪・吐き気〛げえ,うひぇっ.

der Iglu [イーグル] 名 -s/-s イグルー〘雪で作る半球形のエスキモーの家〙.

IG Metall [イーゲー メタル] =Industriegewerkschaft Metall 金属産業労働組合.

(der) Ignatius [イグナーツィウス] 名〚男名〛イグナティウス: ～ von Loyola イグナウス・デ・ロヨラ(1491-1556,スペインの宗教家, イエズス会を創設).

(der) Ignaz [イグナーツ, イグナツ] 名〚男名〛イグナーツ.

ignorant [イグノラント] 形〚文・蔑〛無知〔無学〕な.

der Ignorant [イグノラント] 名 -en/-en 無知〔無学〕な人.

die Ignoranz [イグノランツ] 名 -/〚文・蔑〛無知,無学;〚稀〛無視.

ignorieren [イグノリーレン] 動 h.〈j⁴/et⁴〉ッ/〚文〛デァルコトヲ 無視する,意図的に考慮に入れない.

der Igumen [イグーメン] 名 -s/〚ギ正教〛修道院長.

i. H. =im Hause 気付〘手紙の宛名で〙.

IHK =Industrie- und Handelskammer 商工会議所.

ihm [イーム] 代《人称》3 人称㊚㊥ er の 3 格.【用法は➡ mir】.

ihn [イーン] 代《人称》3 人称㊚㊥ er の 4 格.【用法は➡ mich】.

ihnen [イーネン] 代《人称》3 人称㊨ sie の 3 格.【用法は➡ mir】.

Ihnen [イーネン] 代《人称》2 人称敬称㊤・㊨ Sie の 3 格.【用法は➡ mir】.

ihr¹ [イーア] 代《人称》2 人称親称㊨ 1 格.【㊤は,手紙では語頭大文字で Ihr】君たち,おまえたち,あなたたち.

ihr² [イーア] 代《人称》3 人称㊛㊨ sie の 3 格.【用法は➡ mir】.

ihr³ [イーア] 代《所有》3 人称㊛㊥, 3 人称㊨.〚変化形は mein に準じる〛**1.**(付加語的用法)彼女の, それの,彼〔彼女〕らの, それらの: ~e Tochter 彼女〔彼ら〕の娘. die Stadt und ~e Umgebung 市とその周辺. Sie hat ~en Bus verpasst. 彼女は(いつもの)バスに乗りそこねた. **2.**(独立的用法)彼女〔それ〕のもの;彼〔彼女・それ〕らのもの: Es sind nicht mehr uns〈e〉re Gebiete, sondern ~e〔die ~en〕. それはもうわれわれの領分ではなく,彼女〔彼ら〕のものである.【定冠詞とともに形容詞の弱変化での用法は文語】〘語頭大文字・㊨で〛das I~e あなた〔彼女〔彼ら〕〕の義務〔責任〕.〘語頭大文字・㊨で〛die I~en 彼女〔彼ら〔彼女ら〕〕の家族〔味方・仲間〕.

Ihr¹ [イーア] 代《所有》2 人称㊤㊨〚変化形は mein に準じる〛**1.**(付加語的用法)あなた〔あなたがた〕の: ~e Frau あなたの奥様. ~ Wagen あなた〔あなたがた〕の車. ~〈e〉r〔E~〕TANAKA 田中より〘手紙の結びで差出人の姓の前につける〙. ~ Bus あなた〔あなたがた〕の(いつも)乗るバス. **2.**(独立的用法)あなた〔あなたがた〕のもの: Das sind nicht meine Handschuhe, sondern ~e〔die ~en〕. これは私の手袋ではなく, あなたの〔手袋〕です.【定冠詞とともに形容詞の弱変化での用法は文語】〘㊤㊨で〛das ~e あなた〔あなたがた〕の義務〔財産〕.〘㊨で〛die ~en あなた〔あなたがた〕の家族〔味方・仲間〕.

Ihr² [イーア] 代《人称》2 人称(敬称)㊤・㊨ 1 格〚文・古〛あなた(方)は〔が〕.

ihrer [イーラー] 代《人称》3 人称㊛㊨ sie および 3 人称㊨ sie の 2 格: Wir erinnern uns ~.〚文〛われわれは彼女〔それ・彼ら・彼女ら・それら〕のことをおぼえている. statt ～ 彼女〔それ・彼ら・彼女ら・それら〕の代りに. Sie waren ～ vier.〚文〛彼らは四人(づれ)であった. **2.**《所有》ihr³の㊛ 2・3 格, ㊨2 格.【用法は➡ meiner 2】

Ihrer [イーラー] 代 **1.**《人称》2 人称敬称㊤・㊨ Sie の 2 格: Wir werden uns ～ erinnern 〘㊤〛私たちはあなた(がた)のことを忘れません. statt ～ あなた(がた)の代りに. Ich fühle mich ～ nicht würdig. 私はあなたにふさわしくないと思っています. **2.**《所有》Ihr の㊛㊨ 2・3 格, ㊨2 格.【用法は➡ meiner 2】

ihrerseits [イーラー・ザイツ] 副 彼女〔彼ら〕の側で.

Ihrerseits [イーラー・ザイツ] 副 あなた〔あなたがた〕の側で.

ihresgleichen [イーレス・グライヒェン] 代《不定》(無変化)(職業・地位・性質などに関して)彼女のような人;彼〔彼女〕らのような人.

Ihresgleichen [イーレス・グライヒェン] 代《不定》(無変化)(職業・地位・性格などに関して)あなた〔あなたがた〕のような人.

ihrethalben [イーレト・ハルベン] 副〚古〛=ihretwegen.

Ihrethalben [イーレト・ハルベン] 副〚古〛=Ihretwegen.

ihretwegen [イーレト・ヴェーゲン] 副 彼女〔彼ら〕のために.

Ihretwegen [イーレト・ヴェーゲン] 副 あなた〔あなたがた〕のために.

ihretwillen [イーレト・ヴィレン] 副 (次の形で)um ～ 彼女〔彼ら〕のために.

Ihretwillen [イーレト・ヴィレン] 副 (次の形で)um ～ あなた〔あなたがた〕のために.

der/die/das ihrige [イーリゲ] 代《所有》3 人称㊛㊥, 3 人称㊨〚形容詞の弱変化〛〚文・古〛彼女〔彼ら・彼女ら〕のもの;〘語頭大文字・㊨で〛彼女〔彼・彼女ら〕の義務〔財産〕;〘語頭大文字・㊨で〛彼女〔彼ら・彼女ら〕の家族〔親戚・身内〕.【普通は ➡ ihr³ 2.】

der/die/das Ihrige [イーリゲ] 代《所有》2 人称敬称㊤・㊨〚形容詞の弱変化〛〚文・古〛あなた〔あなたがた〕のもの;〘㊤㊨で〛あなた〔あなたがた〕の義務〔財産〕;〘㊨で〛あなた〔あなたがた〕の家族〔親戚・身内〕.【普通は➡ Ihr¹ 2.】

IHS =IH (ΣΟΤ)Σ=Jesus イエス(・キリスト)〘ギリシア語の三文字をラテン文字で示したもの. または「救世主イエス」(„Jesus hominum salvator"/„Jesus, Heiland, Seligmacher")〙.

I. H. S. **1.** =〚ラ語〛in hoc salus この中に救いあり. **2.** =〚ラ語〛in hoc signo (vinces) この印でなんじは勝利を得る.

i. J. =im Jahre ... …年に.

..ik [..イク..] 接尾 名詞につけてその語の「集合, 学, 様態」を表す女性名詞を作る. **1.**(集合名詞): Thematik 一連の主題. **2.**(…学): Physik 物理学. **3.**(様態): Egozentrik 自己中心的考え方.

(der) Ikaros [イーカロス] 名〚ギ神〛イカロス〘蠟で固めた翼で空を脱出するが, 墜落死する〙.

(der) Ikarus [イーカルス] 名〚ギ神〛=Ikaros.

das Ikebana [イケバーナ] 名 -(s)/ 生け花.

..iker [..イカー] 接尾 名詞につけてその語の「性質」を持つ男性名詞を作る: Asthmatiker ぜんそく患者.

das Ikon [イコーン] 名 -s/-e Ikone.

die Ikone [イコーネ] 名 -/-n〚ギ正教〛聖画像, イコン.

die **I·ko·no·gra·fie, I·ko·no·gra·phie** [イコノ·グらふぃー] 图 -/ 図像学;図像解釈学;(古代学の)肖像研究.

der **I·ko·no·klas·mus** [イコノ·クラスムス] 图 -/..men (特に 8-9 世紀ギリシア正教会の)聖画像破壊.

der **I·ko·no·klast** [イコノ·クラスト] 图 -en/-en 聖画像破壊(主義)者.

die **I·ko·no·lo·gie** [イコノ·ロギー] 图 -/ 図像解釈学, イコノロジー.

der **I·ko·no·stas** [イコノ·スタース] 图 -/-e =Ikonostase.

die **I·ko·no·sta·se** [イコノ·スターゼ] 图 -/-n (ギリシア正教会の)聖画壁.

der **Ik·te·rus** [イクテるス] 图 -/ 〖医〗黄疸(おうだん).

der **Ik·tus** [イクトゥス] 图 -/-(..ten) 〖詩〗揚音, 強音;〖医〗発作.

..i·kus [..イクス] 接尾 名詞につけて「…する人, …な人」を表す男性名詞を作る: Musikus 音楽家.

der **I·le·us** [イーレウス] 图 -/-Ileen [イーレエン](Ilei [イーレイ]) 〖医〗腸閉塞(ちょうへいそく).

die(*der*) **I·lex** [イーレクス] 图 -/- 〖植〗モチノキ;セイヨウヒイラギ.

die **I·li·a·de** [イリアーデ] 图 -/ =Ilias.

die **I·li·as** [イーリアス] 图 -/ 〖文芸学〗イーリアス(Homer のトロイア戦争を描いた叙事詩).

(*das*) **I·li·on** [イーリオン] 图 - イーリオン(Troja のギリシア名).

ill. =illustriert さし絵(イラスト·図解)入りの.

..il·le [..イレ] 接尾 名詞につけて元来は「縮小」を表す女性名詞を作る: Pille ピル.

il·le·gal [イレガール, イレガール] 形 違法な, 非合法な.

die **Il·le·ga·li·tät** [イレガリテート, イレガリテート] 图 -/-en **1.** (⊕的)非合法, 違法性;非合法な活動〔状態〕. **2.** 違法行為.

il·le·gi·tim [イレギティーム, イレギティーム] 形 不法な;婚外の;不当な.

die **Il·le·gi·ti·mi·tät** [イレギティミテート, イレギティミテート] 图 -/ 〖文〗不法;不当;庶出, 非嫡出.

der **Il·ler** [イラー] 图 -/ 〖川名〗イラー川(バイエルン州の西端を流れるドナウ川の支流).

il·li·quid [イリクヴィート, イリクヴィート] 形 〖経〗流動資金を欠いた.

die **Il·li·qui·di·tät** [イリクヴィディテート, イリクヴィディテート] 图 -/ 支払不能, 流動資金不足.

der **Il·lit** [イリート] 图 -/-e イライト, 細粒の白雲母《粘土鉱物》.

il·lo·y·al [iloajaːl, イロアヤール, イロアヤール] 形 忠誠心のない;不誠実な;不法な.

der **Il·lu·mi·na·ten·or·den** [イルミナーテン·オるデン] 图 -s/ 光明会(18 世紀ドイツの啓蒙主義的·自由主義的秘密結社).

die **Il·lu·mi·na·ti·on** [イルミナツィオーン] 图 -/-en イルミネーション;〖美〗(写本の)彩飾;〖宗〗(神的)開明, 啓発.

il·lu·mi·nie·ren [イルミニーれン] 動 h. **1.** 〈et⁴ を〉照明で照らし出す, イルミネーションで飾る;〖美〗色つきの絵(模様)で飾る(写本を). **2.** 〈et⁴ を〉〖文〗解明する.

die **Il·lu·si·on** [イルズィオーン] 图 -/-en 幻想〔芸術作品が生み出す〕イリュージョン;〖心〗錯覚: sich³ ~*en* über 〈et⁴〉 machen 〈et にっいて〉幻想を抱く.

der **Il·lu·si·o·nist** [イルズィオニスト] 图 -en/-en **1.** 〖文〗幻想家, 夢想家. **2.** 奇術〔手品〕師.

il·lu·si·o·ni·stisch [イルズィオニスティシュ] 形 **1.** 〖美〗イリュージョン〔幻想〕による. **2.** 幻想的な.

il·lu·so·risch [イルゾーリシュ] 形 (幻想·思い込みによる)間違った, 錯覚による;空しい, 無益な.

il·lus·ter [イルスター] 形 (⊕⊕⊕ は illustr..) (社会的に)立派な, 著名な: eine *illustre* Persönlichkeit 名士.

die **Il·lus·tra·ti·on** [イルストラツィオーン] 图 -/-en イラスト, 挿絵;図解, (具体的)説明.

der **Il·lus·tra·tor** [イルストらートーァ] 图 -s/-en [イルストらトーれン] イラストレーター.

il·lus·trie·ren [イルストリーれン] 動 h. **1.** 〈et⁴ に〉挿絵〔イラスト〕を入れる. **2.** 〈et⁴ を〉具体的に分かりやすく説明する. **3.** 〈et⁴〉 =+mit 〈et³ を〉〖料〗つけ合せる, あしらう.

die **Il·lus·trier·te** [イルストリーァテ] 图 (形容詞的変化)週刊のグラフ雑誌.

(*das*) **Il·ly·ri·en** [イリューリエン] 图 -s/ 〖地名〗イリュリア(バルカン半島北西部の地方の古名).

der **Il·ly·ri·er** [イリューリあー] 图 -s/- イリュリア人(イリュリアに居住した古代民族).

die **Ilm** [イルム] 图 -/ 〖川名〗イルム川(ヴァイマルを流れるザーレ川の支流).

(*das*) **Ilm-A·then** [イルム·アテーン] 图 -s/ 〖地名〗イルム河畔のアテネ(ヴァイマルの別名).

die **Il·me·nau**¹ [イルメナウ] 图 -/ 〖川名〗イルメナウ川(ニーダーザクセン州を流れるエルベ川の支流).

(*das*) **Il·me·nau**² [イルメナウ] 图 -s/ 〖地名〗イルメナウ(チューリンゲン州の都市).

(*die*) **Il·se** [イルゼ] 图 -/ 〖女名〗イルゼ(Elisabeth の短縮形).

der **Il·tis** [イルティス] 图 -ses/-se 〖動〗ケナガイタチ;ケナガイタチの毛皮;ケナガイタチのコート.

die **Ilz** [イルツ] 图 -/ 〖川名〗イルツ川(バイエルン州を流れるドナウ川の支流).

im [イム] =in+dem.

i.m. =intramuskulär 〖医〗筋肉内の;筋肉内への.

das **Im·age** [fmitʃ イミチュ] 图 -(s)/-s 心象, イメージ.

i·mage·för·dernd [イミチュ·ふぉるダーント] 形 イメージアップの.

die **I·mage·wer·bung** [イミチュ·ヴェるブング] 图 -/-en イメージ(作りの)広告.

i·ma·gi·när [イマギネーァ] 形 想像上の, 架空の: ~*e* Einheit 〖数〗虚数単位(記号 i). ~*e* Zahlen 〖数〗虚数.

die **I·ma·gi·na·ti·on** [イマギナツィオーン] 图 -/-en 〖文〗想像力, 空想力.

i·ma·gi·nie·ren [イマギニーれン] 動 h. 〈et⁴ を〉想像〔空想〕する.

die **I·ma·go** [イマーゴー] 图 -/..gines[..ギネース] **1.** 〖心〗イマーゴ(深層心理の人物原像). **2.** 〖動〗成虫. **3.** (古代ローマの)祖先の蝋(ろう)製デスマスク.

der **I·mam** [イマーム] 图 -s/-s(-e) 〖イスラム教〗イマーム(①モスクの祈禱(きとう)の先唱者.②(⊕のみ)カリフの称号;イスラム教学者の称号;イエメンの支配者の称号.③シーア派の指導者·教主).

der **I·ma·mit** [イマミート] 图 -en/-en 〖宗〗イマーム派の人《イスラム教シーア派の最大グループ》.

im·be·zil [イムベツィール] 形 〖医〗痴愚の.

die **Im·be·zil·li·tät** [イムベツィリテート] 图 -/ 〖医〗〖古〗痴愚(中程度の知能障害).

der **Im·biss, Im·biß** [イムビス] 图 -es/-e **1.** 軽食, スナック. **2.** 軽食の店.

die **Im·biss·hal·le, Im·biß·hal·le** [イムビス·ハレ] 图 -/-n 軽食堂, スナック(バー).

die **Im·biss·stu·be, Im·biss-Stu·be**, ⊕ **Im·biß·stu·be** [イムビス·シュトゥーベ] 图 -/-n 軽食堂, スナック(バー).

das **Im·bro·glio** [..br5ljo イムブろリヨ] 图 -s/..gli [-s] 混乱, もつれ;〖楽〗インブローリオ.

das **I·mi·tat** [イミタート] 图 -(e)s/-e 模造品, まがいも

Imitation 598

の, イミテーション.
die **I·mi·ta·tion** [イミタツィオーン] 名 -/-en **1.**《文》イミテーション. **2.** 模造品. **3.**《楽》(フーガなどの)模倣.
der **I·mi·ta·tor** [イミタートーア] 名 -s/-en [イミタートーレン] 物まね(声帯模写の)芸人.
i·mi·tie·ren [イミティーレン] 動 h. **1.**〈j⁴/et⁴〉まねをする. **2.**〈et⁴〉模造(模写)する. **3.**〈et⁴〉《楽》他声部でくり返す(テーマを).
i·mi·tiert [イミティーァト] 形 人造の, 模造の.
der **Im·ker** [イムカー] 名 -s/- 養蜂(き)家.
die **Im·ke·rei** [イムケライ] 名 -/-en **1.**(㊐のみ)養蜂(き). **2.** 養蜂場.
die **Im·ma·cu·la·ta** [イマクラータ] 名 -/《カトリ》汚れなき人(聖マリアの添え名).
Im·ma·cu·la·ta con·cep·tio [イマクラータ コンツェプツィオ] 名 -《カトリ》聖マリアの無原罪懐胎.
im·ma·nẹnt [イマネント] 形 **1.**(〈et³〉に)内在する. **2.**《哲》内在的な.
die **Im·ma·nẹnz** [イマネンツ] 名 -/ 内在.
(*der*) **Im·ma·nu·el** [イマーヌエ(-)ル] 名《男名》イマーヌエル.
im·ma·te·ri·ẹll [イマテリエル, イマテリエル] 形 非物質的な, 精神的な: ein ～*er* Schaden《法》非物質的損害(精神・健康の).
die **Im·ma·tri·ku·la·ti·on** [イマトリクラツィオーン] 名 -/-en 大学入学手続き, 学籍簿への登録;《公》(自動車・航空機・ボートの)登録.
im·ma·tri·ku·lie·ren [イマトリクリーレン] 動 h. **1.**〈j⁴〉学籍簿に記入する. (正規の手続きをさせて)入学させる(大学が学生を). **2.**〈sich⁴〉大学の入学手続きをする. **3.**〈et⁴〉《公》登録をする(などの).
die **Im·me** [イメ] 名 -/-n《詩》ミツバチ.
im·me·di·at [イメディアート] 形 直接の;直属の.
im·mẹns [イメンス] 形 計り知れない, ばく大な, 非常な.
im·men·su·ra·bel [イメンズらーベル] 形(㊐..bl..)計測不可能な, 計り難い.
im·mer [イマー] 副 **1.**(時間) **a.** いつも, 常に, 絶えず, いつまでも, ずっと: Das Kind ist ～ matt. その子はいつもぐったりしている〔無気力だ〕. Gehen Sie ～ geradeaus! ずっとまっすぐいらっしゃい. **b.**(wenn の副文とともに)(…のたびに)いつも: I～ wenn ich ihn besuchen will, ist er nicht zu Hause. 私が彼を訪ねようと思うと, いつも彼は家にいない. **2.**(語飾) **a.**(比較級を修飾)ますます, いっそう: Es wird ～ hei-Ber. (気候が)ますます暑くなってくる. **b.**(基数を修飾)ーずつ(宛(ぁ)): I～ drei auf einmal wurden mündlich geprüft. 1度に3人ずつ口頭試問をされた. **c.**(序数を修飾)ーごとに: ～ das fünfte Zimmer 5部屋ごとに. **d.**(wer, was, wie, wo, wenn などが導く認容文で, しばしば auch とともに)(どこで)...であろうと: Wer (auch) ～ es〔Wer es ～ (auch)〕sein mag, sag es niemandem! たとえだれであっても, それを言ってはいけない. Wie ～ es auch draußen stürmt, ... たとえ外の嵐がいかに吹き荒れても, …(⇨〖慣用〗wie immer). **e.**(so と副詞などで始まる状況文で)《文》(最大限)できるかぎり: Er lief, so schnell er ～ konnte. 彼はできるかぎり速く走った. **3.**(話者の気持) **a.**(命令句の先頭に置いて, 勧めたり励ましたりして)《口》さあ: I～ langsam/mit der Ruhe! さあゆっくりやれ/落着きやれ. I～ zu! さあ, どんどんやれ. **b.**(ja の命令文で, どうでもいいという気持ちで)かまわずに, 勝手に: Geh schon ～ ins Kino! Ich bleibe zu Haus(e). さっさと勝手に映画に行けばいいじゃないか. ぼくは家にいるから. Mögen sie nur ～ reden! (彼らが)言いたければ勝手に言うがいい. **c.**(疑問文で. どうしても理解できなくて)いったい(…なのだろうか): Wie ～ ist es passiert, dass ...? いったいどうして…ということになったのだろう(ただし⇨〖慣用〗wie immer). 【慣用】**auf(für)** im-mer とこしえに. **Immer der Nase nach!**《口》まっすぐにだ. **immer noch〔noch immer〕**いまだに, あいかわらず, 依然として. **immer und ewig** いつまでも. **immer wieder** 再三再四. **nicht immer** 必ずしも…でない. **wie immer** いつものように, いつもと同じに.
ịm·mer·dar [イマー・ダー] 副《文》常に, 永久に.
ịm·mer·fọrt [イマー・ふォルト] 副 絶えず, いつまでも.
ịm·mer·grün [イマー・グりューン] 形 常緑の.
das **Ịm·mer·grün** [イマー・グりューン] 名 -s/-e《植》常緑植物;ツルニチニチソウ;キヅタ.
ịm·mer·hịn [イマー・ヒン] 副 ともかくも;それにもかかわらず;ともかくにも;(mögen とともに)《文》たとえ…であろうとも.
die **Im·mer·si·ons·tau·fe** [イメルズィオーンス・タウふェ] 名 -/-n《キ教》浸礼(全身を水に浸す洗礼).
ịm·mer wäh·rend, ịm·mer·wäh·rend [イマー・ヴェーレント] 形 絶え間ない, 永続的な;絶えず, いつまでもの: der ～*e* Kalender 万年暦.
ịm·mer·zu [イマー・ツー] 副《口》ずっと, しょっちゅう.
der **Im·mi·grạnt** [イミグラント] 名 -en/-en (他国からの)移住者, 移民.
die **Im·mi·gra·ti·on** [イミグらツィオーン] 名 -/-en (他国からの)移住, 移民.
im·mi·grie·ren [イミグリーレン] 動 s.(〈方向〉へ(カラ))移住する.
im·mi·nẹnt [イミネント] 形 差し迫った, 切迫した.
die **Im·mis·si·on** [イミスィオーン] 名 -/-en **1.** イミシオーン(ガス・臭気・煤・騒音などの隣接土地への作用). **2.**《古》(公職への)任用, 任命.
der **Im·mis·si·ons·schutz** [イミスィオーンス・シュッツ] 名 -es/ イミシオーン保護(法)(人間・生物・建造物などの公害防止, 環境保護を目的とする).
im·mo·bịl [イモビール, イモビール] 形 **1.** 不動の. **2.**《軍》動員態勢にない.
die **Im·mo·bi·lie** [イモビーリエ] 名 -/-n《経》不動産, 土地.
der **Im·mo·bi·li·en·fonds** [イモビーリエン・ふォーン(ス)] 名 -[フォーンス]/-[フォンス]《経》不動産投資信託.
der **Im·mo·bi·li·en·han·del** [イモビーリエン・ハンデル] 名 -s/ 不動産売買(取引).
der **Im·mo·bi·lịs·mus** [イモビリスムス] 名 -/《文》不動の精神.
die **Im·mo·ra·li·tät** [イモらリテート] 名 -/《文》不道徳, 不品行;道徳に対する無関心.
die **Im·mor·tẹl·le** [イモるテレ] 名 -/-n《植》永久花(枯れても本来の形や花の色が変らない花).
im·mụn [イムーン] 形 **1.**〈gegen et⁴〉《医》免疫(性)のある;なれっこの, 抵抗力のある. **2.**《法》(免除)特権を持つ(治外法権・議員特権など).
die **Im·mun·ge·ne·tik** [イムーン・ゲネーティク] 名 -/《生》免疫遺伝学.
im·mu·ni·sie·ren [イムニズィーレン] 動 h.〈j⁴/et⁴〉+gegen et⁴〉《医》免疫にする.
die **Im·mu·ni·sie·rung** [イムニズィールング] 名 -/-en 免疫性を与えること.
die **Im·mu·ni·tät** [イムニテート] 名 -/-en (主に㊐) **1.** 免疫(性). **2.**《法》(議員の)免除(特権), 不逮捕特権(外交官などの)治外法権;《史》(教会・荘園などの)不入特権.
der **Im·mun·kör·per** [イムーン・㋕ルパー] 名 -s/-《医》免疫体, 抗体.
die **Im·mu·no·lo·gie** [イム・ノ・ロギー] 名 -/ 免疫学.
die **Im·mun·re·ak·ti·on** [イムーン・れアクツィオーン] 名 -/-en《医》免疫反応.

die **Im·mun·schwä·che** [イムーン・シュヴェっひぇ] [名] -/ 〘医〙免疫不全.

das **Im·mun·se·rum** [イムーン・ゼーるム] [名] -s/..ra〔..ren〕〘医〙免疫血清.

das **Im·mun·sys·tem** [イムーン・ズュステーム] [名] -s/-e 〘医〙免疫システム.

imp. =imprimatur 〘印〙印刷してよい;校正終了.

im·pair [ɛ̃pɛ́ːr アン・ペーあ] [形] (ルーレットで)奇数の.

im·pak·tiert [イムパクティーあト] [形] 〘医〙嵌入(かんにゅう)〔埋伏〕した.

das **Im·pas·to** [イムパスト] [名] -s/-s〔..sti〕〘美〙インパスト, (絵具の)厚塗り画法.

die **Im·pe·danz** [イムペダンツ] [名] -/ 〘電〙インピーダンス.

im·pe·ra·tiv [イムぺらティーふ] [形] **1.** 命令的な. **2.** 〘言〙命令法の.

der **Im·pe·ra·tiv** [イムぺらティーふ] [名] -s/-e **1.** 〘言〙命令法;(動詞の)命令形. **2.** 命令, 倫理的な要請: kategorischer ~ 定言的命令.

im·pe·ra·ti·visch [イムぺらティーヴィシュ, イムぺらティーヴィシュ] [形] **1.** 〘言〙命令法の. **2.** 《文》命令的な.

der **Im·pe·ra·tor** [イムぺらートーあ] [名] -s/-en [イムぺらトーレン] 〘史〙 **1.** (古代ローマの)最高軍指令官《人;(単のみ)称号》. **2.** インペラトル《皇帝たちが用いた称号》.

das **Im·per·fekt** [イム・ぺるふェクト] [名] -s/-e 〘言〙未完了(過去), (ドイツ文法の)過去時称.

im·pe·ri·al [イムぺりアール] [形] 帝国〔皇帝〕の.

der **Im·pe·ri·a·lis·mus** [イムぺりアリスムス] [名] -/..men 《主に(単)》 **1.** (《単のみ》)帝国主義. **2.** 帝国主義的行動.

der **Im·pe·ri·a·list** [イムぺりアリスト] [名] -en/-en 帝国主義者.

im·pe·ri·a·lis·tisch [イムぺりアリスティシュ] [形] 帝国主義の.

das **Im·pe·ri·um** [イムペーりウム] [名] -s/..rien 《文》巨大な勢力〔支配〕圏;(企業の)一大帝国;〘史〙帝国;(古代ローマ高官の)絶対権;ローマ帝国.

im·per·ti·nent [イム・ぺるティネント] [形] 《文》厚かましい, 図々しい.

die **Im·per·ti·nenz** [イム・ぺるティネンツ] [名] -/-en 《文》 **1.** (《単のみ》)厚かましさ, 図々しさ. **2.** 《稀》厚顔な行動〔発言〕.

der **Im·pe·tus** [イムペトゥス] [名] -/ 《文》 **1.** (内的)衝動, 動因, 刺激. **2.** 激しさ, 勢い, 迫力.

der **Impf·arzt** [イムプふ・アーあツト, イムプふ・あるツト] [名] -es/..ärzte 予防接種医.

impf·fen [イムプふェン] [動] *h.* **1.** 〘〈j^4〉ニ+(gegen 〈et^4〉ノ)〙予防注射をする, 予防〔経口・表皮・皮内〕接種をする;《口》しっかり教え込む. **2.** 〘〈et^4〉ニ〙〘農〙バクテリア〔バクテリアを含む物質〕を入れる《土に》;〘生〙バクテリア〔ウイルス〕を接種する《栄養物質に》;〘化〙沃化(ようか)銀〔炭酸の結晶〕の種をまく《雲に, 人工降雨のために》.

der **Impf·ling** [イムプふリング] [名] -s/-e 予防接種を受ける〔受けた〕人.

das **Impf·mes·ser** [イムプふ・メっサー] [名] -s/- 〘医〙接種刀.

die **Impf·mü·dig·keit** [イムプふ・ミューディひカイト] [名] -/ 予防接種拒否

die **Impf·pis·to·le** [イムプふ・ピストーレ] [名] -/-n 〘医〙(集団予防接種用の針のない)ピストル型(高圧)注射器.

der **Impf·schein** [イムプふ・シャイン] [名] -(e)s/-e 予防接種証明書.

der **Impf·stoff** [イムプふ・シュトっふ] [名] -(e)s/-e ワクチン, 痘苗.

die **Imp·fung** [イムプふング] [名] -/-en 予防接種, 種痘;〘農・生〙(培養土〔基〕への)接種.

der **Impf·zwang** [イムプふ・ツヴァング] [名] -(e)s/ 法定強制接種.

das **Im·plan·tat** [イムプランタート] [名] -(e)s/-e 〘医〙(体内)移植組織, (体内に)埋め〔植え〕込む器具.

die **Im·plan·ta·ti·on** [イムプランタツィオーン] [名] -/-en 〘医〙移植, 埋め込み;〘生〙着床.

im·plan·tie·ren [イムプランティーれン] [動] *h.* 〘〈et^4〉ヲ+〈j^3〉ニ/in 〈et^4〉ニ〙〘医〙移植する, 埋め〔植え〕込む《ペースメーカーなどを》.

im·ple·men·tie·ren [イムプレメンティーれン] [動] *h.* 〘〈et^4〉ヲ〙〘コンピュータ〙実装する《プログラムなどを》;《転》作成し実行する《プロジェクトなどを》.

die **Im·pli·ka·ti·on** [イムプリカツィオーン] [名] -/-en 《文》含意, 包含, 含み;〘哲・言〙含意, 内容.

im·pli·zie·ren [イムプリツィーれン] [動] *h.* 〘〈et^4〉ヲ〙(暗に)含んでいる《意味を》, 含意している.

im·pli·zit [イムプリツィート] [形] 暗示的な, 暗黙の;言外の.

im·plo·die·ren [イムプロディーれン] [動] *s.* 〘補足なし〙〘工〙内破する.

die **Im·plo·si·on** [イムプロズィオーン] [名] -/-en 〘工〙(外圧による)容器の内側への破裂, 内破.

die **Im·pon·de·ra·bi·li·en** [イム・ポンデらビーリエン] [複名] 《文》不確定要素;(かつての物理学で)不可量物質《光など》.

im·po·nie·ren [イムポニーれン] [動] *h.* 〘〈j^3〉ヲ〙感嘆〔感心〕させる, …に感銘を与える.

im·po·nie·rend [イムポニーれント] [形] 畏敬の念をいだかせる, 感銘を与える.

das **Im·po·nier·ge·ha·be** [イムポニーあ・ゲハーベ] [名] -s/ 〘動物行動〙(求愛や威嚇の)誇示行動, ディスプレー.

das **Im·po·nier·ge·ha·ben** [イムポニーあ・ゲハーベン] [名] -s/ =Imponiergehabe.

der **Im·port** [イムポるト] [名] -(e)s/-e **1.** (《単のみ》)輸入. **2.** 輸入品.

die **Im·por·te** [イムポるテ] [名] -/-n **1.** (《複のみ》)輸入品. **2.** 《古》輸入葉巻.

der **Im·por·teur** [..tǿːr イムポる(テ)ーあ] [名] -s/-e 輸入業者〔商社〕.

das **Im·port·ge·schäft** [イムポるト・ゲシェふト] [名] -(e)s/-e **1.** 輸入商社. **2.** 輸入取引;(《単のみ》)輸入貿易.

im·por·tie·ren [イムポるティーれン] [動] *h.* 〘〈et^4〉ヲ+(aus 〈et^3〉カラ)〙輸入する.

das **Im·port·ver·bot** [イムポるト・ふェあボート] [名] -(e)s/-e 輸入禁止.

im·po·sant [イムポザント] [形] 堂々とした, 壮大な, 印象的な.

im·pos·si·bel [イム・ポスィーベル] [形] (付は ..bl..)不可能な.

im·po·tent [イム・ポテント, イム・ポテント] [形] インポテンツの;《稀》無能な.

die **Im·po·tenz** [イム・ポテンツ, イム・ポテンツ] [名] -/ 性的不能, インポテンツ;《稀》無能.

impr. =imprimatur 〘印〙印刷してよい;校正終了.

die **Im·prä·gna·ti·on** [イム・プれグナツィオーン] [名] -/-en **1.** 〘地質〙鉱染(作用). **2.** 〘生〙配偶子融合〔接合〕. **3.** 防水〔防火・防腐〕加工.

im·prä·gnie·ren [イム・プれグニーれン] [動] *h.* 〘〈et^4〉ニ+(mit 〈et^3〉デ)〙防水〔防火・防腐〕加工する《液状の薬品を浸透させて》.

die **Im·prä·gnie·rung** [イム・プれグニーるング] [名] -/-en 防水〔防火・防腐〕加工(すること・された状態).

der **Im·pre·sa·rio** [イムプれザーりオ] [名] -s/-s〔..ri, ..rien〕《古》興行主, プロモーター.

die **Im·pres·si·on** [イムプれスィオーン] [名] -/-en **1.** 《主に(複)》印象. **2.** 〘解〙陥入;〘病理〙圧痕.

Impressionismus 600

der **Im·pres·si·o·nis·mus** [イムプれスィオニスムス] 名 -/ 印象主義(1900年頃の芸術思潮).

der **Im·pres·si·o·nist** [イムプれスィオニスト] 名 -en/-en 印象派の芸術家.

im·pres·si·o·nis·tisch [イムプれスィオニスティシュ] 形 印象主義(派)の.

das **Im·pres·sum** [イムプれッスム] 名 -s/..pressen 《出版》(本・雑誌の)奥付, 刊記, 標題紙.

das **Im·pri·ma·tur** [イムプリマトゥーァ] 名 -s/《印》 **1.** 校正終了後の印刷許可(略 imp., impr.). **2.** 《カトリ》教会の出版(印刷)許可.

das **Im·promp·tu** [ɛprõty: アンプるンプテュー] 名 -s/-s **1.** 《楽》即興曲, アンプロンプテュ. **2.** 即興の詩.

die **Im·pro·vi·sa·ti·on** [イムプロヴィザツィオーン] 名 -/-en 即興(即席)ですること; 即興演奏〔演説・舞踏演技〕, 即興曲, 即興詩.

der **Im·pro·vi·sa·tor** [イムプロヴィザートーァ] 名 -s/-en [イムプろヴィザトーれン] 即興詩人; 即興演奏者〔演技者].

im·pro·vi·sie·ren [イムプろヴィズィーれン] 動 *h.* **1.** 〔et⁴ を〕即興でする(演説などを), 即興で作る(詩などを), 即席で(ありあわせの材料で)作る(食事などを). **2.** 《楽》即興〔アドリブ〕で演奏する;《劇》アドリブを入れる.

der **Im·puls** [イムプルス] 名 -es/-e **1.** 刺激. **2.** 衝動. **3.** 《医》インパルス;《電》衝撃電流;《理》力積(ᵏᵍᵐ/ₛ);運動量.

im·pul·siv [イムプルズィーフ] 形 衝動的な, とっさの.

die **Im·pul·si·vi·tät** [イムプルズィヴィテート] 名 -/ 衝動的なこと(行動).

im·stan·de, im Stan·de [イムシュタンデ] 副 〔次の形で〕 ~ sein, zu 動(zu ⟨et³ ⟩)…することができる(状態にある): Er ist ~, diese Aufgabe zu lösen. 彼はこの課題を解くことができる. Dazu ist sie nicht ~. 彼女はそれをできる状態にはない.【慣用】⟨j¹⟩ **ist imstande** [**im Stande**] und ⟨人₄⟩…しかねない: Er ist *imstande* [*im Stande*] und erzählt es allen. 彼はそれを皆に話しかねない(男だ).

in[^1] [イン] 前 〔+ 3 格/4 格〕 **1. a.**〔+ 3 格〕(位置)…の中に[で]: ~ der Stadt 町で. ~ der Nähe 近くで. *im* Sofa sitzen ソファーに座っている. ~ der Sonne liegen 日なたに寝ている. ⟨et⁴ ⟩ ~ der Tasche haben〈物⁴⟩ポケットの中に持っている. ~ einem Hochhaus/der Mozartstraße wohnen 高層住宅/モーツァルト街に住んでいる. ~ dem Buch stehen この本に載っている. **b.**〔+ 4 格〕(目標・方向)…の中へ, …に: ~ die Stadt/*ins* Ausland fahren 町/外国へ行く. ~ den Spiegel sehen 鏡の中をのぞく.⟨j³⟩ ⟨et⁴⟩ *ins* Ohr flüstern〈人の〉耳に〈事⁴ ⟩ささやく. ~ die Schule gehen 学校へ行く. ~ die Straßenbahn steigen 路面電車に乗る.⟨et⁴ ⟩ ~ den Kofferraum legen〈物⁴ ⟩(乗用車の)トランクルームに入れる. ~ eine Partei eintreten 党員になる. ⟨j⁴⟩ ~ die Arme nehmen〈人₄⟩を抱きしめる. ~ die Schweiz fahren スイスへ行く.【無冠詞の地名・国名は nach を用いる. 例えば nach Deutschland】. **2. a.**〔+ 3 格〕(時点・期間)…のうちに, …に: ~ der Nacht 夜に. ~ den Ferien 休暇中に. *im* April 4月に. *im* Winter 冬に. ~ der nächsten Woche 来週中に. ~ zwei Tagen 2日間で. **b.**〔+ 3 格〕(経過)…たって, …後に: *I*~ zwei Tagen ist es fertig. 2日後には仕上がっている. ~ ein paar Wochen 数週間後に. **c.**〔+ 4 格〕(時間範囲)(主に bis とともに)…に至るまで: bis ~ die späte Nacht (hinein) 夜遅くまで. **3.**〔+ 3 格〕(着用)…を着て, かぶって, はいて: ~ Stiefeln 長靴をはいて. Er geht ~ Schwarz. 彼は黒服〔喪服〕を着ている. **4. a.**〔+ 3 格〕(様態)…で: ~ den deutschen Farben ドイツのシンボルカラーで(黒・赤・金). Die Maschine war ~ Gang. 機械は運転中であった. *im* Bau sein 建設中である. ~ großer Eile 大急ぎで. ~ tiefer Trauer 深い悲しみに沈んで. ~ guter Laune 上機嫌で. ~ bar zahlen 現金で支払う. *im* Vorübergehen 通りすがりに. *im* Gegenteil 反対に. *im* Grunde 根本的には. *im* Allgemeinen 一般に. *im* Einzelnen 個々に, 詳細に. **b.**〔+ 4 格〕(状態への移行)…(の状態)に: Der Zug setzte sich ~ Bewegung. 列車は動き出した. die Maschine ~ Gang setzen 機械を動かす. ~ Gefahr kommen 危険に陥る. *ins* Schwanken geraten ぐらつく. bis *ins* Einzelne 細部に至るまで. **5. a.**〔+ 3 格〕(関係)…に関して: ~ tüchtig *im* Beruf sein 職業に関して有能である. *I*~ ihm hat unsere Mannschaft viel gewonnen. 彼の参加によってわがチームは強力になった. **b.**〔+ 3 格〕(関係)…に: sich⁴ ~ ⟨j⁴/et⁴⟩ verlieben〈人・物・事に〉ほれこむ. ⟨j⁴⟩ Vertrauen setzen〈人に〉信頼を置く.

in[^2] [イン] 副 〔口〕〔次の形で〕 ~ sein 人気がある; はやっている.

In [イーエン] = Indium《化》インジウム.

in. = Inch インチ.

..in [..イン] 接尾 男性名詞につけて女性名詞を作る. ふつう変音する: Ärztin 女医.

in ab·sen·tia [イン アプゼンツィア]《ラテ語》《法》不在の, 欠席中に.

in abs·trac·to [イン アプストラクト]《ラテ語》抽象的に, 一般的に.

in·ad·äquat [イン・アデクヴァート, イン・アトエクヴァート, イン・アデクヴァート, イン・アトエクヴァート] 形《文》不適切な, 不適当な.

in·ak·ku·rat [イン・アクらート, イン・アクらート] 形《文》不正確な, ずさんな.

in·ak·tiv [イン・アクティーフ, イン・アクティーフ] 形 **1.** 不活発な;《医》非活動性の. **2.** 退役〔退官〕した; 名目だけの. **3.** 《化・医》不活性の.

die **In·ak·ti·vi·tät** [イン・アクティヴィテート, イン・アクティヴィテート] 名 -/《文》無為, 不活発, 無気力, 怠惰;《化・医》非活性;《医》非活動性.

in·ak·zep·ta·bel [イン・アクツェプターベル, イン・アクツェプターベル] 形(①はbl..)受入れ難い.

die **In·an·griff·nah·me** [イン・アン・グリふ・ナーメ] 名 -/-n《硬》着手, 開始.

die **In·an·spruch·nah·me** [イン・アン・シュプるふ・ナーメ] 名 -/-n **1.**《硬》要求, 行使, 利用. **2.** (働き手に)手間をかけること;(器具の)酷使, 多用.

in·ar·ti·ku·liert [イン・アるティクリーァト, イン・アるティクリーァト] 形(発音・意味の)不明瞭な.

die **In·au·gu·ral·dis·ser·ta·ti·on** [イン・アウグらール・ディセるタツィオーン] 名 -/-en 学位(請求)論文(博士論文の副題).

die **In·au·gu·ra·ti·on** [イン・アウグらツィオーン] 名 -/-en《文》就任式; (学位の)授与式.

in·au·gu·rie·ren [イン・アウグリーれン] 動 *h.* **1.** 〔⟨j⁴⟩〕就任式を行う. **2.** 〔⟨et⁴ ⟩〕導入する. **3.** 〔⟨et⁴ ⟩〕《荘》落成〔開館・開通〕式を行う.

der **In·be·griff** [イン・ベグりふ] 名 -(e)s/ 極致, 典型, 権化;《哲》最高〔純粋〕概念, 本質.

in·be·grif·fen [イン・ベグりっふェン] 形 〔(in ⟨et³ ⟩…)〕算入されている, (…)込みの.

die **In·be·sitz·nah·me** [イン・ベズィッツ・ナーメ] 名 -/-n《硬》占有.

die **In·be·trieb·nah·me** [イン・ベトリープ・ナーメ] 名 -/-n《硬》操業〔運転〕開始.

die **In·be·trieb·set·zung** [イン・ベトリープ・ゼッツング] 名 -/-en《硬》始動;《稀》操業開始.

die **In·brunst** [イン・ブるンスト] 名 -/《文》熱情, 熱意.

in·brüns·tig [イン・ブりュンスティヒ] 形《文》熱烈な.

I. N. C. =〘ﾗﾃﾝ語〙in nomine Christi キリストのみ名において.

das **In·cho·a·ti·vum** [ɪnko.. インコアティーヴム] [名] -s/..va 〘言〙起動動詞.

in·ci·pit [インツィピット] [形] 始まり《写本などの冒頭》.

das **In·ci·pit** [インツィピット] [名] -s/-s **1.** 〘文芸学〙(中世の写本や古版本の)書き始めを表す語句. **2.** 〘楽〙インチピット.

incl. =inclusive …を含めて.

in con·cre·to [イン コンクれート] 〘ﾗﾃﾝ語〙実際には, 具体的には.

in con·tu·ma·ci·am [イン コントゥマーツィアム]〘ﾗﾃﾝ語〙〘法〙当事者欠席〔被告人不出頭〕のまま.

in cor·po·re [イン コるぽれ] 〘ﾗﾃﾝ語〙全部で, まとめて.

der **In·croya·ble** [ɛ̃kroajá:bəl アンクろアヤーベル] [名] -(s)/-s [..ベル] **1.** (18世紀フランスの)アンクルワヤブル, 伊達男. **2.** (アンクルワヤブルがかぶった)二角帽, バイコーン.

Ind. **1.** =Indikativ 〘言〙直説法. **2.** =Industrie 産業.

I. N. D. **1.** =〘ﾗﾃﾝ語〙in nomine Dei 神のみ名において. **2.** =〘ﾗﾃﾝ語〙in nomine Domini 主のみ名において.

das **In·dan·thren** [インダントれーン] [名] -s/-e 〘商標〙インダンスレン《繊維染料名》.

das **In·de·fi·nit·pro·no·men** [イン·デふぃニート·プろノーメン, イン·デふぃニート·プろノーメン] [名] -s/-〔..mina〕〘言〙不定代名詞.

das **In·de·fi·ni·tum** [イン·デふぃニートゥム] [名] -s/..ta 〘言〙不定代名詞.

in·de·kli·na·bel [イン·デクリナーベル, イン·デクリナーベル] [形] 《[付]は..bl..》〘言〙不変化の.

in·dem [イン·デーム] [接] 《従属》 **1.** 《手段・随伴》…することによって, …して: Er löschte das Feuer, ～ er Sand darauf warf. 彼は砂をかけて火を消した. **2.** 《同時》《古》…のとき同時に; (一方で)…しながら【普通はwährend】: *I*～ ich dieses schreibe, tritt sie ins Zimmer. 私がこれを書いているとき, 彼女が部屋へ入ってくる.

—— [副] 《古》その間に.【普通は indessen】

die **In·dem·ni·tät** [インデムニテート] [名] -/ 〘政〙(連邦議会議員などの議会発言等について)刑事免責(特権); (議会の)追認, 事後承認.

der **In·de·pen·dent** [イン·デペンデント] [名] -en/-en 《主に[複]》〘キ教〙(英・米国の)独立教会派信徒, (英国の)組合教会派信徒.

der **In·der** [インダー] [名] -s/- インド人.

in·des [イン·デス] [接] [副] 《稀》=indessen.

in·des·sen [イン·デッセン] [接] 《従属》《文》 **1.** 《同時》(一方が)…している間に【普通はwährend】: *I*～ wir beide eine leichte Mahlzeit vorbereiteten, unterhielten sich die anderen im Wohnzimmer. 私たち二人が軽い食事を用意している間, 他の人たちは居間で歓談していた. **2.** 《古》…であるのにひきかえ(他方は)【普通は wohingegen】

—— [副] その間に; ところが, それにもかかわらず.

der **In·dex** [インデックス] [名] -(es)/-e〔Indizes, Indices [インディツェース]〕 **1.** インデックス, 索引. **2.** 《[複]-e》〘ｶﾄﾘｯｸ〙禁書目録. **3.** 《[複] Indizes》〘経〙(統計の)指数; 〘数理〙添字(x_1, H_2O などの数字). **4.** (辞書の見出し語などの)肩の数字. **5.** 〘医〙人差指. **6.** 〘ｺﾝﾋﾟｭｰﾀ〙インデックス(索引).

die **In·dex·zif·fer** [インデックス·ツィっふぁー] [名] -/-n 指数; 添字; 肩の数字.

der **In·di·an** [インディアーン] [名] -s/-e 《ｵｰｽﾄﾘｱ》七面鳥.

der **In·di·a·ner** [インディアーナー] [名] -s/- **1.** アメリカインディアン. **2.** =Indianerkrapfen. **3.** 《ｼﾞｬｰｺﾞﾝ》(諜報機関の依頼を受けた)スパイ.

das **In·di·a·ner·buch** [インディアーナー·ブーふ] [名] -(e)s/..bücher アメリカインディアンを扱っている本.

die **In·di·a·ner·ge·schich·te** [インディアーナー·ゲシひテ] [名] -/-n アメリカインディアンの物語.

der **In·di·a·ner·häupt·ling** [インディアーナー·ホイプトリング] [名] -s/-e アメリカインディアンの酋長(しゅうちょう).

der **In·di·a·ner·krap·fen** [インディアーナー·クらっプふぇン] [名] -s/- 《ｵｰｽﾄﾘｱ》チョコレート(をかけた球形の)ケーキ.

die **In·di·a·ner·re·ser·va·ti·on** [インディアーナー·れぜるヴァツィオーン] [名] -/-en アメリカインディアンの居住地.

der **In·di·a·ner·som·mer** [インディアーナー·ゾマー] [名] -s/- インディアンサマー《特に北米の秋の小春日和》.

die **In·di·a·ner·spra·che** [インディアーナー·シュプらーへ] [名] -/-en アメリカインディアンの言語.

der **In·di·a·ner·stamm** [インディアーナー·シュタム] [名] -(e)s/..stämme アメリカインディアンの部族.

in·di·a·nisch [インディアーニシュ] [形] アメリカインディアン(語)の.

der **In·di·a·nist** [インディアニスト] [名] -en/-en アメリカインディアン研究者〔学者〕.

die **In·di·a·nis·tik** [インディアニスティク] [名] -/ アメリカインディアン研究〔学〕.

das **In·die** [índi インディ] [名] -s/-s 》《ｼﾞｬｰｺﾞﾝ》独立プロ.

(*das*) **In·di·en** [インディエン] [名] -s/ 〘国名〙インド.

die **In·dienst·stel·lung** [イン·ディーンスト·シュテルング] [名] -/-en 《硬》就航〔就役〕させること.

in·dif·fe·rent [イン·ディふぇれント, イン·ディふぇれント] [形] 中立の, 無関心な; 〘化・医〙無作用〔反応〕の.

die **In·dif·fe·renz** [イン·ディふぇれンツ, イン·ディふぇれンツ] [名] -/-en 《文》無関心, 中立; 〘化・医〙無作用〔反応〕.

die **In·di·ges·ti·on** [イン·ディゲスツィオーン] [名] -/-en 〘医〙消化不良.

die **In·di·gna·ti·on** [インディグナツィオーン] [名] -/ 《文》怒り, 憤慨.

in·di·gniert [インディグニーあト] [形] 憤慨した.

der〔*das*〕 **In·di·go** [インディゴ] [名] -s/-s 《[複]は種類》インジゴ, 藍(あい)《染料》.

in·di·go·blau [インディゴ·ブラウ] [形] インジコブルー〔藍色〕の.

der **In·di·go·farb·stoff** [インディゴ·ふぁるプ·シュトっふ] [名] -(e)s/-e インジゴ染料.

der **In·dik** [インディク] [名] -s/ 〘海名〙インド洋.

die **In·di·ka·ti·on** [インディカツィオーン] [名] -/-en 〘医〙(治療法〔薬〕の)適用; 〘法〙(妊娠中絶の)適応.

der **In·di·ka·tiv** [インディカティーふ] [名] -s/-e 〘言〙直説法(略 Ind.).

in·di·ka·ti·visch [インディカティーヴィシュ, インディカティーヴィシュ] [形] 〘言〙直説法の.

der **In·di·ka·tor** [インディカートーあ] [名] -s/-en [インディカトーれン] 指標; 〘工〙圧力指示器; 〘化〙指示薬; トレーサー.

der **In·dio** [インディオ] [名] -s/-s インディオ《中南米の先住民》.

in·di·rekt [イン·ディれクト, イン·ディれクト] [形] 間接的な: ～*e* Steuern 間接税. die ～*e* Rede 〘言〙間接話法.

in·disch [インディシュ] [形] インド(人・語)の: der *I*～*e* Ozean インド洋.

in·dis·kret [イン·ディスクれート, イン·ディスクれート] [形] (他人のプライバシーに関して)ぶしつけな; 口の軽い.

die **In·dis·kre·ti·on** [イン·ディスクれツィオーン, イン·ディスクれツィオーン] [名] -/-en 口が軽いこと, 秘密を漏らすこと; ぶしつけな〔気配りに欠ける〕行動〔発言〕.

in·dis·ku·ta·bel [イン·ディスクターベル, イン·ディスクターベル] [形] 《[付][比]は..bl..》 論外の, 問題外の.

in·dis·po·niert [イン·ディスポニーあト, イン·ディスポニーあト] [形] 調子のよくない, 不調な.

das **In·di·um** [インディウム] [名] -s/ 〘化〙インジウム(記号 In).

die **In·di·vi·du·al·dis·tanz** [インディヴィドゥアール·ディスタンツ] [名] -/-en 〖動〗(同種の動物どうしが保つ)個体間距離.

in·di·vi·du·a·li·sie·ren [インディヴィドゥアリズィーれン] [動] *h.* 〖⟨j^4/et^4⟩ヲ〗個体〔個別〕化する;〖美〗(…の)個性を際立たせる.

der **In·di·vi·du·a·lis·mus** [インディヴィドゥアリスムス] [名] -/ 《文》個人主義;(普遍主義に対する)個体主義.

der **In·di·vi·du·a·list** [インディヴィドゥアリスト] [名] -en/-en 《文》個人主義者.

in·di·vi·du·a·lis·tisch [インディヴィドゥアリスティシュ] [形] 個人主義の;個人主義的な.

die **In·di·vi·du·a·li·tät** [インディヴィドゥアリテート] [名] -/-en 《文》 **1.** 《[単]のみ》個性. **2.** 個性的な人.

der **In·di·vi·du·al·ver·kehr** [インディヴィドゥアール·ふぇあケーあ] [名] -s/ 〖官〗マイカーによる交通.

in·di·vi·du·ell [インディヴィドゥエル] [形] 個人の, 個別の; 個性的な.

das **In·di·vi·du·um** [インディヴィードゥウム] [名] -s/..duen **1.** 《文》個人;〖生〗個体;〖化〗化学元素. **2.** 《口》(《蔑》も有)(怪しげな)人, やつ.

das **In·diz** [インディーツ] [名] -es/-ien **1.** 《主に[複]》〖法〗徴憑(ちょうひょう), 情況〔間接〕的事実. **2.** 徴候, 徴(しるし): ein ~ für die Krankheit 病気の徴候.

der **In·di·zi·en·be·weis** [インディーツィエン·ベヴァイス] [名] -es/-e 情況〔間接〕証拠.

der **In·di·zi·en·pro·zess**, [旧]**In·di·zi·en·pro·zeß** [インディーツィエン·プろツェス] [名] -es/-e 情況証拠〔間接的事実〕を頼りに立証する訴訟.

in·di·zie·ren [インディツィーれン] [動] *h.* **1.** 〖⟨et^4⟩ヲ〗示す, 証明する. **2.** 〖⟨et^4⟩ヲ〗〖医〗適切であると指示する(症状などがある療法を). **3.** 〖⟨et^4⟩ノ〗青少年向け販売を禁じる(本・雑誌などの);〖カトリック〗(…を)インデックス〔禁書目録〕に載せる.

(*das*) **In·do·chi·na** [インド·ひーナ] [名] -s/ 〖地名〗インドシナ(現在のヴェトナム・カンボジア・ラオスからなる地方).

in·do·eu·ro·pä·isch [インド·オイろペーイシュ] [形] 印欧語民族の, 印欧語の.

in·do·ger·ma·nisch [インド·ゲるマーニシュ] [形] インドゲルマン語民族の;インドゲルマン語の(略 idg.).

die **In·dok·tri·na·ti·on** [インドクトリナツィオーン] [名] -/-en 〖政〗《蔑》(思想的な)教化.

in·dok·tri·nie·ren [インドクトリニーれン] [動] *h.* 〖⟨j^4⟩ヲ〗〖政〗《蔑》(集団心理を利用して)教化する.

in·do·lent [イン·ドレント, イン·ドレント] [形] **1.** 無感動な, 投げやりな. **2.** 〖医〗無感覚な;無痛の.

die **In·do·lenz** [イン·ドレンツ, イン·ドレンツ] [名] -/ 無感動, 無関心, 投げやり, 怠惰;〖医〗無感覚;無痛.

der **In·do·lo·ge** [インド·ローゲ] [名] -n/-n インド研究者〔学者〕.

die **In·do·lo·gie** [インド·ロギー] [名] -/ インド研究〔学〕.

(*das*) **In·do·ne·si·en** [インドネーズィエン] [名] -s/ 〖国名〗インドネシア.

der **In·do·ne·si·er** [インドネーズィあー] [名] -s/- インドネシア人.

in·do·ne·sisch [インドネーズィシュ] [形] インドネシア(人・語)の.

das **In·dos·sa·ment** [インドサメント] [名] -(e)s/-e 〖銀行〗(手形などの)裏書き.

der **In·dos·sant** [インドサント] [名] -en/-en 〖銀行〗(手形などの)裏書人.

der **In·dos·sat** [インドサート] [名] -en/-en 〖銀行〗(手形などの)被裏書人, 譲受け人.

in·dos·sie·ren [インドスィーれン] [動] *h.* 〖⟨et^4⟩ニ〗〖銀行〗裏書きする(手形などに).

das **In·dos·so** [インドッソ] [名] -s/-s〔..dossi〕〖銀行〗(手形などの)裏書き.

(*der*) **In·dra** [インドら] [名] インドラ(インドの神).

in du·bio [イン ドゥービオ] 〖ラテン語〗疑わしい場合には.

in du·bio pro reo [イン ドゥービオ プろー れーオ] 〖ラテン語〗〖法〗疑わしきは罰せず.

die **In·duk·ti·on** [インドゥクツィオーン] [名] -/-en 《文》帰納(法);〖電〗誘導;〖生〗誘導.

der **In·duk·ti·ons·ap·pa·rat** [インドゥクツィオーンス·アパらート] [名] -(e)s/-e 〖電〗誘導コイル.

der **In·duk·ti·ons·be·weis** [インドゥクツィオーンス·ベヴァイス] [名] -es/-e 帰納的証明〔論証〕.

der **In·duk·ti·ons·mo·tor** [インドゥクツィオーンス·モ(ー)トーあ] [名] -s/-en 〖電〗誘導電動機.

der **In·duk·ti·ons·strom** [インドゥクツィオーンス·シュトろーム] [名] -(e)s/..ströme 〖電〗誘導電流.

in·duk·tiv [インドゥクティーふ, インドゥクティーふ] [形] 〖哲〗帰納的な;〖電〗誘導性の.

die **In·duk·ti·vi·tät** [インドゥクティヴィテート] [名] -/-en 〖電〗インダクタンス.

der **In·duk·tor** [インドゥクトーあ] [名] -s/-en [インドゥクトーれン] 〖電〗誘導コイル;〖化・生〗誘導物質;〖超心理〗降霊誘導物.

in dul·ci ju·bi·lo [ɪn dʊ́ltsi jú:bilo イン ドゥルツィ ユービロ] 〖ラテン語〗楽しい歓呼の声の中で(クリスマスの歌の冒頭).

die **In·dul·genz** [インドゥルゲンツ] [名] -/-en 《文》寛容, いたわり;刑の免除.

der **In·dus** [インドゥス] [名] -/ 〖川名〗インダス川.

die **In·du·si** [インドゥーズィ] [名] -/ 〖鉄道〗列車自動制御装置(induktive Zugsicherung).

das **In·dus·tri·al·de·sign**, **In·dus·tri·al De·sign** [Indástriəl dizáin インダストリエル ディザイン] [名] -/-s 工業デザイン.

in·dus·tri·a·li·sie·ren [インドゥストりアリズィーれン] [動] *h.* 〖⟨et^4⟩ヲ〗工業化する, (…の)工業を開発する.

die **In·dus·tri·a·li·sie·rung** [インドゥストりアリズィーるング] [名] -/-en 工業化, 産業化, 工業〔産業〕開発.

die **In·dus·trie** [インドゥストりー] [名] -/-n **1.** (主に[単])(総称)工業, 産業(工業の意味で): die japanische ~ 日本の工業. **2.** 工業, 製造業, 産業: die chemische ~ 化学工業.

die **In·dus·trie·ak·tie** [インドゥストりー·アクツィエ] [名] -/-n (主に[複])工業株.

die **In·dus·trie·an·la·ge** [インドゥストりー·アン·ラーゲ] [名] -/-n 工場施設, プラント.

der **In·dus·trie·ar·bei·ter** [インドゥストりー·アるバイター] [名] -s/- 工業労働者.

die **In·dus·trie·aus·stel·lung** [インドゥストりー·アウス·シュテルング] [名] -/-en 産業〔工業〕博覧会.

der **In·dus·trie·be·ra·ter** [インドゥストりー·べらーター] [名] -s/- 産業コンサルタント.

der **In·dus·trie·be·trieb** [インドゥストりー·ベトりーブ] [名] -(e)s/-e 工業会社;工業経営(体), 製造工場.

das **In·dus·trie·de·sign** [インドゥストりー·ディザイン] [名] -s/ =Industrialdesign.

das **In·dus·trie·er·zeug·nis** [インドゥストりー·エあツォイクニス] [名] -ses/-se 工業製品.

das **In·dus·trie·ge·biet** [インドゥストりー·ゲビート] [名] -(e)s/-e 工業地帯;工業団地.

die **In·dus·trie·ge·sell·schaft** [インドゥストりー·ゲゼルシャふト] [名] -/-en 〖社〗産業社会.

die **In·dus·trie·ge·werk·schaft** [インドゥストりー·ゲヴェるクシャふト] [名] -/-en 産業別労働組合(略 IG).

der **In·dus·trie·ka·pi·tän** [インドゥストりー·カピテーン] [名] -s/-e 《口》大工業会社を率いる人, 産業界の大物.

der **In·dus·trie·kauf·mann** [インドゥストりー·カウふ·マン] [名] -(e)s/..leute 製造会社の経理・人事部門で会計を担当する商学士.

das **In·dus·t·rie·land** [インドゥストリー・ラント] [名] –(e)s/..länder 工業国.

in·dus·t·ri·ell [インドゥストリエル] [形] 工業の, 産業の：die ～*e* Revolution 産業革命.

der/die **In·dus·t·ri·el·le** [インドゥストリエレ] [名]〔形容詞的変化〕工場経営者, 産業資本家.

die **In·dus·t·rie·mes·se** [インドゥストリー・メっセ] [名] –/–n 産業見本市, 工業博覧会.

der **In·dus·t·rie·müll** [インドゥストリー・ミュル] [名] –(e)s/ 産業廃棄物.

die **In·dus·t·rie·na·ti·on** [インドゥストリー・ナツィオーン] [名] –/–en 工業国.

die **In·dus·t·rie·ob·li·ga·ti·on** [インドゥストリー・オブリガツィオーン] [名] –/–en 〖経〗《主に[複]》工業債(券), 事業債(券), (工業・事業)社債.

das **In·dus·t·rie·pa·pier** [インドゥストリー・パピーあ] [名] –s/–e《主に[複]》工業株.

das **In·dus·t·rie·pro·dukt** [インドゥストリー・プろドゥクト] [名] –(e)s/–e 工業製品.

der **In·dus·t·rie·ro·bo·ter** [インドゥストリー・ろボター] [名] –s/– 産業用ロボット.

der **In·dus·t·rie·staat** [インドゥストリー・シュタート] [名] –(e)s/–en 工業国.

die **In·dus·t·rie·stadt** [インドゥストリー・シュタっト] [名] –/..städte 工業都市.

die **In·dus·t·rie- und Han·dels·kam·mer** [インドゥストリー ウント ハンデルス・カマー] [名] –/ 商工会議所(略 IHK).

der **In·dus·t·rie·ver·band** [インドゥストリー・ふぇあバント] [名] –(e)s/..bände 工業経営者団体連盟；《稀》産業別労働組合.

das **In·dus·t·rie·zen·trum** [インドゥストリー・ツェントるム] [名] –s/..ren 産業〔工業〕の中心(地).

der **In·dus·t·rie·zweig** [インドゥストリー・ツヴァイク] [名] –(e)s/–e 工業〔産業〕部門.

in·du·zie·ren [インドゥツィーれン] [動] *h.* **1.** 〔<et⁴>ヲ〕〖哲〗帰納する. **2.** 〔<et⁴>ヲ〕〖電〗誘導する. **3.** 〔<et⁴>ヲ〕誘発する：die *induzierte* Mutation〖生〗誘発性突然変異.

in·ef·fi·zi·ent [イン・エふぃツィエント, イン・エふぃツィエント] [形] 効率の悪い.

in·ei·n·an·der [イン・アイナンダー] [副] 互い(の中)に：～ verliebt/verwickelt sein 互いにほれ合っている/もつれ合っている.

in·ei·n·an·der flie·ßen*, [旧]**in·ein·an·der|flie·ßen*** [インアイナンダー・ふリーセン] [動] *s.* 〔[補足なし]〕混じり合う, 合わさって一つになる.

in·ei·n·an·der fü·gen, [旧]**in·ein·an·der|fü·gen** [インアイナンダー・ふゅーゲン] [動] *h.* **1.** 〔<et⁴>ヲ〕組合せる, 互いにうまくはめ合せる. **2.** 〔相互代名詞sich⁴〕うまく組合さる, 互いにうまくはまる.

in·ei·n·an·der grei·fen*, [旧]**in·ein·an·der|grei·fen*** [インアイナンダー・グらイふェン] [動] *h.* 〔[補足なし]〕互いにかみ合う(歯車が)；相互に関連し合う(行動などが).

in·ei·n·an·der schie·ben*, [旧]**in·ein·an·der|schie·ben*** [インアイナンダー・シーベン] [動] *h.* 〔<et⁴>ヲ〕互いにかみ合う〔食込む〕ように押しつける〔込む〕：(<et⁴>が相互代名詞sich⁴の場合)互いに食込む.

in·ert [イネるト] [形]《古》不活発な；〖化〗不活性の.

das **In·ert·gas** [イネるト・ガース] [名] –es/–e〖化〗不活性気体.

in ex·ten·so [イン エクステンゾ]〖ラテ語〗詳細に.

in ex·tre·mis [イン エクストれーミース]〖医〗臨終の, 死に臨んで.

die **In·fal·li·bi·li·tät** [イン・ふぁリビリテート] [名] –/〖カトリ〗(教皇の)不可謬(ふかびゅう)性.

in·fam [イン・ふぁーム] [形]《蔑》**1.** 悪質な, 悪辣(あくらつ)な. **2.** 《口》ひどい；ひどく.

die **In·fa·mie** [イン・ふぁミー] [名] –/–n《蔑》**1.** (〔単〕のみ)卑劣, 破廉恥. **2.** 卑劣〔破廉恥〕な行動〔発言〕. **3.** 〖カトリ〗(教会による)名誉剥奪(はくだつ).

der **In·fant** [インふぁント] [名] –en/–en (スペイン・ポルトガルの)王子, 親王(人；(〔単〕のみ)称号).

die **In·fan·te·rie** [インふぁンテリー, インふぁンテリー] [名] –/–n〖軍〗歩兵部隊；(〔単〕のみ)歩兵.

das **In·fan·te·rie·re·gi·ment** [インふぁンテリー・れギメント, インふぁンテリー・れギメント] [名] –(e)s/–er〖軍〗歩兵連隊.

der **In·fan·te·rist** [インふぁンテリスト, インふぁンテリスト] [名] –en/–en〖軍〗歩兵.

in·fan·til [インふぁンティール] [形] (精神的・肉体的に)発育不全の, 幼稚な；幼少期の.

der **In·fan·ti·lis·mus** [インふぁンティリスムス] [名] –/..men〖心・医〗幼稚〔小児〕症, 発育不全.

die **In·fan·tin** [インふぁンティン] [名] –/–nen (スペイン・ポルトガルの)王女, 内親王(人；(〔単〕のみ)称号).

der **In·farkt** [インふぁるクト] [名] –(e)s/–e〖医〗梗塞(こうそく).

der **In·fekt** [インふぇクト] [名] –(e)s/–e〖医〗**1.** 感染症. **2.** ＝Infektion 1.

die **In·fek·ti·on** [インふぇクツィオーン] [名] –/–en **1.** 〖医〗(病気の)感染, 伝染. **2.** 《口》炎症. **3.** 《ジャーゴン》＝Infektionsabteilung.

die **In·fek·ti·ons·ab·tei·lung** [インふぇクツィオーンス・アップタイルング] [名] –/–en 隔離病棟.

der **In·fek·ti·ons·herd** [インふぇクツィオーンス・ヘーあト] [名] –(e)s/–e 感染巣.

die **In·fek·ti·ons·krank·heit** [インふぇクツィオーンス・クらンクハイト] [名] –/–en 伝染病.

in·fek·ti·ös [インふぇクツィ(エ)ース] [形]〖医〗病原体に汚染された伝染性の；感染〔伝染〕による.

in·fe·ri·or [インふぇりオーあ] [形] 下位の；劣等の；あまり価値のない.

die **In·fe·ri·o·ri·tät** [インふぇりオりテート] [名] –/ 下位, 劣等.

in·fer·na·lisch [インふぇるナーリシュ] [形] **1.** 地獄〔悪魔〕のような. **2.** すさまじい, 耐えがたい；すさまじく.

das **In·fer·no** [インふぇるノ] [名] –s/ 地獄；(この世の)地獄(大惨事；大惨事の場所；非常な苦しみ).

in·fer·til [インふぇるティール, インふぇるティール] [形]〖医〗不妊の.

die **In·fer·ti·li·tät** [インふぇるティリテート, インふぇるティリテート] [名] –/〖医〗不妊症.

die **In·fil·t·ra·ti·on** [イン・ふぃルトらツィオーン] [名] –/–en 侵入, 浸透；(イデオロギーの)浸透；〖医〗浸潤.

die **In·fil·t·ra·ti·ons·an·äs·the·sie** [インふぃルトらツィオーンス・アン・エステズィー] [名] –/–n〖医〗浸潤麻酔(法).

in·fil·t·rie·ren [イン・ふぃルトリーれン] [動] *h.* **1.** 〔<et⁴>(ノ中)ニ〕浸入する, 浸透する；〖医〗浸潤する. **2.** 〔<j³>ニ＋<et⁴>ヲ〕注入する. **3.** 〔in <et⁴>ニ〕(思想工作のために)潜入する.

in·fi·nit [イン・ふぃニート, イン・ふぃニート] [形]〖言〗不定(詞)の.

in·fi·ni·te·si·mal [インふぃニテズィマール] [形]〖数〗無限小の.

die **In·fi·ni·te·si·mal·rech·nung** [インふぃニテズィマール・れヒヌング] [名] –/–en〖数〗無限小解析, 微分積分学.

der **In·fi·ni·tiv** [イン・ふぃニティーふ] [名] –s/–e〖言〗(動詞の)不定詞.

in·fi·zie·ren [インふぃツィーれン] [動] *h.* **1.** 〔<j⁴>ニ＋mit <et³>ヲ〕〖医〗うつす, 感染させる：mit gefährlichen Gedanken *infiziert* werden 危険思想に染まる. **2.** 〔<et⁴>ヲ〕汚染する. **3.** 〔sich⁴＋(mit <et³>ニ)〕感染する；化膿(かのう)する(傷が).

in fla·gran·ti [イン ふラグらンティ]〖ラテ語〗現行犯で.

die **In·fla·ti·on** [インふラツィオーン] [名] –/–en **1.** 〖経〗

インフレーション. **2.** インフレーションの時期〔時代〕. **3.**（事物の）氾濫(はんらん)，激増，〔供給〕過剰.

inflationär [インふラツィオネーア] 形 インフレ(傾向)の；インフレを促進する.

inflationistisch [インふラツィオニスティシュ] 形 インフレ政策の；インフレ(傾向)の.

die **Inflationsrate** [インふラツィオーンス・ラーテ] 名 -/-n インフレ率.

die **Inflationszeit** [インふラツィオーンス・ツァイト] 名 -/-en インフレ(ーション)の時期〔時代〕.

inflatorisch [インふラトーリッシュ] 形 **1.** インフレ(傾向)の；インフレを促進する. **2.** 過剰供給の.

inflexibel [イン・ふレクスィーベル, イン・ふレクスィーベル] 形（曲用は..bl..）**1.**（稀）弾力性のない. **2.** 融通のきかない. **3.**〖言〗不変化の.

die **Infloreszenz** [インふロれスツェンツ] 名 -/-en〖植〗花序.

die **Influenz** [インふルエンツ] 名 -/-en **1.** 影響. **2.**〖電〗感応, 誘導.

die **Influenza** [インふルエンツァ] 名 -/〈古〉インフルエンザ, 流行性感冒.

die **Influenzmaschine** [インふルエンツ・マシーネ] 名 -/-n〖電〗誘導電機.

das **Info** [インふォ] 名 -s/-s〈口〉(情報宣伝用)パンフ (Informationsblatt).

der **Infobrief** [インふォ・ブリーふ] 名 -(e)s/-e **1.**（定期的に作成・発送される）情報用の手紙. **2.**〖郵〗(50部以上で割安となる)情報用の手紙.

infolge [インふォルゲ] 前〔＋2格〕…の結果，…によって，…のために：~ des Unfalls 事故のために.
—— 副（次の形で）~ von …（の出来事・事情）によって，…のために.

infolgedessen [インふォルゲ・デッセン] 副 その結果，そのために.

die **Infoline** [..lain インふォ・ライン] 名 -/-s 電話情報案内所.

der **Informand** [インふォるマント] 名 -en/-en 情報の受容者；技術研修者.

der **Informant** [インふォるマント] 名 -en/-en 情報提供者；〖言〗資料提供者, インフォーマント.

die **Informatik** [インふォるマーティク] 名 -/ 情報理論, 情報処理理論.

der **Informatiker** [インふォるマーティカー] 名 -s/- 情報理論学者.

die **Information** [インふォるマツィオーン] 名 -/-en **1.**（⊕のみ）情報の提供. **2.**（問合わせに対する）情報, 知らせ, インフォメーション：eine ~ über〈j⁴/et⁴〉geben〈人・物・事について〉の情報を与える. **3.**（主に⊕）情報：vertrauliche ~en 内密の情報. **4.** 案内所. **5.**〔

das **Informationsaustausch** [インふォるマツィオーンス・アウス・タウシュ] 名 -es/ 情報交換.

das **Informationsbüro** [インふォるマツィオーンス・ビュろー] 名 -s/-s 案内所；情報センター.

die **Informationsgesellschaft** [インふォるマツィオーンス・ゲゼルシャふト] 名 情報(化)社会.

die **Informationsgewinnung** [インふォるマツィオーンス・ゲヴィヌング] 名 -/-en（主に⊕）情報収集.

die **Informationslawine** [インふォるマツィオーンス・ラヴィーネ] 名 -/-n 膨大な情報量.

die **Informationsspeicherung** [インふォるマツィオーンス・シュパイひぇるング] 名 -/-en 情報の蓄積.

der **Informationsstand** [インふォるマツィオーンス・シュタント] 名 -(e)s/..stände **1.** 案内所. **2.**（⊕のみ）情報収集度〔量〕.

informativ [インふォるマティーふ] 形 啓発〔啓蒙〕的な, 情報を与えてくれる.

der **Informator** [インふォるマートア] 名 -s/-en [インふォるマトーれン] 情報提供者.

informatorisch [インふォるマトーりシュ] 形（差当たっての）情報を与えてくれる.

informell [イン・ふォるメル, イン・ふォるメル] 形 自発的な；非公式の：~e Kunst〘美〙非具象(アンフォルメル)芸術.

informieren [インふォるミーれン] 動 h. **1.**〈j⁴〉über〈et⁴〉について〉知らせる, 教える, 通知〔通告〕する. **2.**（sich⁴ über〈et⁴〉について〉情報を得る, 調べる.

der **Infostand** [インふォ・シュタント] 名 -(e)s/..stände（口）＝Informationsstand 1.

die **Infothek** [インふォテーク] 名 -/-en 情報センター.

infrarot [インふら・ろート] 形〖理〗赤外線の.

das **Infrarot** [インふら・ろート] 名 -s/〖理〗赤外線.

die **Infrarotfotografie** [インふらろート・ふォト・ぐらふィー, インふらろート・ふォトぐらふィー] 名 -/-n 赤外線写真術；（⊕のみ）赤外線写真術.

das **Infrarotgerät** [インふらろート・ゲれート, インふらろート・ゲれート] 名 -(e)s/-e 赤外線感知装置.

die **Infrarotheizung** [インふらろート・ハイツング, インふら・ハイツング] 名 -/-en 赤外線暖房.

der **Infraschall** [インふら・シャル] 名 -(e)s/〖理〗超低周波音.

die **Infrastruktur** [インふら・シュトるクトゥーア, インふら・ストるクトゥーる] 名 -/-en インフラストラクチャー, 基盤, 基礎構造(水道・電気・交通・通信網など). **2.**〖軍〗軍事施設.

infrastrukturell [インふら・シュトるクトゥれル, インふら・ストるクトゥれル] 形 インフラストラクチャーの；〖軍〗軍事支援施設の.

die **Inful** [インふル] 名 -/-n **1.** インフラ(古代ローマの神官・総督の白はちまき). **2.**〖ｶﾄﾘｯｸ〗司教冠.

infulieren [インふリーれン] 動 h.〈j⁴に〉〖ｶﾄﾘｯｸ〗司教冠を授ける.

die **Fusion** [インふズィオーン] 名 -/-en〖医〗注入.

das **Infusorium** [インふゾーりウム] 名 -s/..rien〖生〗滴虫, 繊毛虫.

Ing. ＝Ingenieur 技師.

die **Ingangsetzung** [イン・ガング・ゼッツング] 名 -/（硬）(機械などの)運転開始.

(die) **Inge** [イング] 〖女名〗インゲ.

(die) **Ingeborg** [イング・ボるク] 〖女名〗インゲボルク.

in genere [イン ゲ(ー)ネれ]〖ﾗﾃﾝ語〗一般に.

der **Ingenieur** [ɪnʒeni̯øːɐ̯ インジェニエーア] 名 -s/-e 技師, 技術士, エンジニア(略 Ing.).

der **Ingenieurbau** [インジェニエーア・バウ] 名 -(e)s/-ten〖工〗高度の建築技術を要する建築；（⊕のみ）高度の建築技術.

das **Ingenieurbüro** [インジェニエーア・ビュろー] 名 -s/-s 技術士事務所.

ingeniös [インゲニエース] 形 創意に富んだ；才気に富んだ.

das **Ingenium** [インゲーニウム] 名 -s/..nien〈文〉(創造的な)天分, 独創力；天才.

in globo [イン グローボ]〖ﾗﾃﾝ語〗全体として, 全体で.

(das) **Ingolstadt** [インゴルシュタット] 〖地名〗インゴルシュタット(バイエルン州の都市).

der **Ingot** [インゴット] 名 -s/-s〖冶金〗**1.** インゴット(鋳塊；鋼塊；金〔銀〕の延べ棒). **2.** インゴットケース(インゴット製造用の鋳型).

das **Ingrediens** [イングれーディエンス] 名 -/..dienzien [イングれディエンツィエン] ＝Ingredienz.

die **Ingredienz** [イングれディエンツ] 名 -/-en（主に⊕）(料理などの)材料；(薬などの)成分.

(die) **Ingrid** [イングリ(ート)] 〖女名〗イングリット.

der **Ingrimm** [イングりム] 名 -(e)s/〈文・古〉憤懣(ふんまん).

ingrimmig [イン・グりミヒ] 形〈文・古〉憤懣(ふんまん)や

るかたない.

der **Ing·wer** [イングヴェーあ] [名] -s/- **1.** 《[単]のみ》〘植〙ショウガ. **2.** ショウガの根茎;《[単]のみ》(食材の)ショウガ, ジンジャー(香辛料). **3.** ジンジャーリキュール.

Inh. =Inhaber 所有者.

der **In·ha·ber** [イン・ハーバー] [名] -s/- 所有者, 持ち主, (役職の)現任者(略 Inh.).

die **In·ha·ber·ak·tie** [インハーバー・アクツィエ] [名] -/-n 〘銀行〙無記名株(式), 無記名株券.

das **In·ha·ber·pa·pier** [インハーバー・パピーあ] [名] -s/-e 〘銀行〙無記名証券.

in·haf·tie·ren [イン・ハふティーれン] [動] *h.* 〘〈j^4〉ヲ〙勾留〔拘禁・拘置・留置〕する.

die **In·haf·tie·rung** [イン・ハふティーるング] [名] -/-en 勾留, 拘禁, 拘置, 留置.

die **In·haft·nah·me** [イン・ハふト・ナーメ] [名] -/-n 《硬》勾留, 拘禁, 拘置, 留置.

die **In·ha·la·ti·on** [インハラツィオーン] [名] -/-en 〘医〙吸入.

der **In·ha·la·ti·ons·ap·pa·rat** [インハラツィオーンス・アパらート] [名] -(e)s/-e 〘医〙吸入器.

in·ha·lie·ren [インハリーれン] [動] *h.* 〘〈et^4〉ヲ〙〘医〙吸入する;《口》深く吸込む(タバコなどの煙を);《口》飲む; 食べる.

der **In·halt** [イン・ハルト] [名] -(e)s/-e 《主に[単]》 **1.** 中身, 内容物;〘数〙面積; 体積, 容積. **2.** (表現の)内容, 意味;趣意, 趣旨;(本の)目次: 〈et^4〉 zum ~ haben 〈事ガ〉内容である. der ~ des Gesetzes 法律の趣旨.

in·halt·arm [インハルト・アるム] [形] =inhaltsarm.

in·halt·lich [インハルトリひ] [形] 内容(上)の, 内容的な.

in·halt·los [インハルト・ロース] [形] =inhaltslos.

in·halt·reich [インハルト・らイひ] [形] =inhaltsreich.

die **In·halts·an·ga·be** [インハルツ・アン・ガーベ] [名] -/-n 要旨, 概要, 粗筋.

in·halts·arm [インハルツ・アるム] [形] 内容の乏しい.

in·halts·leer [インハルツ・レーあ] [形] 内容のない.

in·halts·los [インハルツ・ロース] [形] 内容のない, 空疎な.

in·halts·reich [インハルツ・らイひ] [形] 内容の豊かな.

in·halts·schwer [インハルツ・シュヴェーあ] [形] 重要な意味をもつ.

das **In·halts·ver·zeich·nis** [インハルツ・ふぇあツァイひニス] [名] -ses/-se 目次;(荷物の)内容表示.

in·halts·voll [インハルツ・ふぉル] [形] =inhaltsreich.

in·hä·rent [インへれント] [形] 〘〈et^3〉ニ〙〘哲〙内在〔内属〕する.

der **In·hi·bi·tor** [インヒービトーあ] [名] -s/-en [インヒビトーれン] 〘化〙(反応)抑制剤.

in ho·no·rem [イン ホノーれム] 〘ラテ語〙敬意を表して, 名誉をたたえて.

in·hu·man [イン・フマーン, イン・フマーン] [形] 非人間的な, 非人道的な.

in in·te·grum [イン インテグるム] 〘ラテ語〙〘法〙(次の形で) ~ restituieren 原状回復する.

das **I·ni·ti·al** [イニツィアール] [名] -s/-e =Initiale.

die **I·ni·ti·a·le** [イニツィアーレ] [名] -/-n 頭文字;(章の初めの)飾り文字.

das **I·ni·ti·al·wort** [イニツィアール・ヴォるト] [名] -(e)s/..wörter 〘言〙イニシャル語(NATO など).

die **I·ni·ti·al·zün·dung** [イニツィアール・ツュンドゥング] [名] -/-en 起爆;《転》口火.

die **I·ni·ti·a·ti·on** [イニツィアツィオーン] [名] -/-en 〘民族・社〙イニシエーション, (未開民族の)成年式, (集団・結社などへの)加入儀礼.

i·ni·ti·a·tiv [イニツィアティーふ] [形] 意欲的な;《スイ》国民発案の: in 〈et^3〉 ~ werden 〈事デ〉イニシアチブを取る.

die **I·ni·ti·a·ti·ve** [イニツィアティーヴェ] [名] -/-n **1.** 率先;イニシアチブ, 主導権: 〈et^4〉 aus eigener ~ tun 〈事ヲ〉率先してする. **2.** 《[単]のみ》決断力, 進取の精神. **3.** 自発的〔意欲的〕能力. **4.** 市民運動(団体) (Bürger~). **5.** 〘議会〙法案の提出(権);《スイ》国民〔住民〕請願.

das **I·ni·ti·a·tiv·recht** [イニツィアティーふ・れひト] [名] -(e)s/-e 〘議会〙発案権, 法案提出権.

der **I·ni·ti·a·tor** [イニツィアートーあ] [名] -s/-en [イニツィアトーれン] 《文》主唱者, 主導者, 発起人;〘化〙(重合)開始剤.

i·ni·ti·ie·ren [イニツィイーれン] [動] *h.* **1.** 〘〈et^4〉ヲ〙始める, 起こ〔興〕す. **2.** 〘〈j^4〉ヲ〙入会させる.

die **In·jek·ti·on** [インイェクツィオーン] [名] -/-en **1.** 〘医〙注射;(目の)充血. **2.** 〘土〙(建物の地盤の改良や充填のためのセメントなどの)注入;〘地質〙(溶岩の)貫入;〘理〙(素粒子の)投入.

die **In·jek·ti·ons·na·del** [インイェクツィオーンス・ナーデル] [名] -/-n 注射針.

die **In·jek·ti·ons·sprit·ze** [インイェクツィオーンス・シュプりっツェ] [名] -/-n 〘医〙注射器.

in·ji·zie·ren [インイツィーれン] [動] *h.* 〘(〈j^3〉ニ/in〈et^4〉ニ)+〈et^4〉ヲ〙〘医〙注射する.

in·jun·gie·ren [インユンギーれン] [動] *h.* 〘〈j^3〉ニ+〈et^4〉ヲ〙《古》命令〔指令〕する, 課する.

die **In·ju·rie** [インユーりエ] [名] -/-n 〘法〙侮辱, 名誉毀損(きそん).

der **In·ka** [インカ] [名] -(s)/-(s) インカ王〔貴族〕.

das **In·kar·nat** [インカるナート] [名] -(e)s/ 〘美〙肉〔肌〕色.

die **In·kar·na·ti·on** [インカるナツィオーン] [名] -/-en 《文》体現, 具現, 権化;〘宗〙化身;受肉, 託身.

der **In·kas·sant** [インカサント] [名] -en/-en 《オーストリア》代金徴収係, 集金係, 出納係.

das **In·kas·so** [インカっソ] [名] -s/-s (《オーストリア》-s/..si) 〘銀行〙(代金)取立て.

die **In·kas·so·voll·macht** [インカっソ・ふぉル・マはト] [名] -/ 〘法〙取立て代理権.

inkl. =inklusive …を含めて.

die **In·kli·na·ti·on** [インクリナツィオーン] [名] -/-en **1.** 《文》(心の)傾向, 性癖;愛好, 偏愛. **2.** 〘数〙傾角;〘天〙(惑星軌道の)傾斜角;〘地質〙(地磁気の)伏角.

in·klu·die·ren [インクルディーれン] [動] *h.* 〘〈j^4/et^4〉ヲ〙含む.

die **In·klu·sen** [インクルーゼン] [複名] 〘キ教〙インクルーシ派(6-15 世紀に禁欲と祈禱(きとう)のために僧房に閉じ込もった人々).

die **In·klu·si·on** [インクルズィオーン] [名] -/-en 包含, 包括;包含物.

in·klu·si·ve [インクルズィーヴェ] [前] 〔+2格〕《冠詞または付加語を伴わない名詞は[単]では無変化, [複]では3格》〘商〙…を含めて, …込みで(略 inkl.)【普通は einschließlich】: ~ des Portos 郵送料も含めて. alle Preise ~ MwSt 値段はすべて付加価値税を含む.
―― [副] 含んで【普通はeinschließlich】: bis zum 20. April ~ (当日を含む)4月20日まで.

in·ko·gni·to [イン・コグニト] [副] 匿名で, お忍びで.

das **In·ko·gni·to** [イン・コグニト] [名] -s/-s (主に[単]) 《文》匿名, お忍び: sein ~ lüften 本名〔身分〕を明かす.

in·ko·hä·rent [イン・コへれント, イン・コへれント] [形] **1.** 連関〔脈絡〕のない, ばらばらの. **2.** 〘理〙非干渉性の.

die **In·koh·lung** [イン・コールング, イン・コールング] [名] -/-en 〘地質〙(自然の)炭化.

in·kom·men·su·ra·bel [イン・コメンズらーベル, イン・コメンズらーベル] [形] (《[付]は ..bl..》)同一の尺度では計り得ない;〘数〙通約できない.

in·kom·mo·die·ren [イン·コモディーれン] [動] *h.* 〔〈j⁴〉ヲ＋(mit 〈et³〉ノコトデ/über 〈et⁴〉ニツイテ)〕煩わす, (…に)面倒をかける： Bitte ～ Sie sich nicht！どうぞお構いなく.

in·kom·pa·ti·bel [イン·コムパティーベル, イン·コムパティーベル] [形]（[付][比] は..bl..） **1.** 両立しない, 矛盾する. **2.** 〖医〗不適合の. **3.** 〖ｺﾝﾋﾟｭｰﾀ〗コンパチでない.

in·kom·pe·tent [イン·コムペテント, イン·コムペテント] [形] **1.** 専門的知識のない, 不適格な;〖法〗権能のない. **2.** 〖地質〗インコンピーテントな(岩層).

die **In·kom·pe·tenz** [イン·コムペテンツ, イン·コムペテンツ] [名] -/-en 専門知識のないこと, 不適格;〖法〗権能がないこと.

in·kon·gru·ent [イン·コングるエント, イン·コングるエント] [形]《文》一致しない;〖数〗合同でない;不合同の.

in·kon·se·quent [イン·コンゼクヴェント, イン·コンゼクヴェント] [形]《文》首尾一貫しない, 一貫性のない.

die **In·kon·se·quenz** [イン·コンゼクヴェンツ, イン·コンゼクヴェンツ] [名] -/-en 《文》首尾一貫性のなさ, 不整合, 矛盾.

in·kon·sis·tent [イン·コンズィステント, イン·コンズィステント] [形]《文》首尾一貫しない;〖論〗矛盾のある, 不整合な.

die **In·kon·ti·nenz** [イン·コンティネンツ, イン·コンティネンツ] [名] -/-en《主に[単]》〖医〗失禁.

die **In·kor·po·ra·ti·on** [イン·コるポらツィオーン] [名] -/-en **1.** 〖法〗併合; 合併. **2.** 入会〔加盟〕受入れ. **3.** 〖ｶﾄﾘｯｸ〗(聖堂区などの)合体. **4.** 〖医〗(体内組織へ)浸透させること;挿入.

in·kor·po·rie·ren [イン·コるポリーれン] [動] *h.* **1.** 〔〈et⁴〉ヲ〕〖法〗併合する; 合併する. **2.** 〔〈j⁴〉ヲ〕加入〔加盟〕させる(新規会員として). **3.** 〔〈et⁴〉ヲ〕〖ｶﾄﾘｯｸ〗合体する(聖堂区などを). **4.** 〔〈et⁴〉ヲ〕〖医〗体内〔組織内〕に挿入する〔浸透させる〕. 【慣用】**inkorporierende Sprachen** 抱合語.

in·kor·rekt [イン·コれクト, イン·コれクト] [形] 正しくない, 間違った;ふさわしくない.

die **In·kraft·set·zung** [イン·クらふト·ゼッツング] [名] -/ 《硬》施行.

das **In-Kraft-Tre·ten,** [旧]**In·kraft·tre·ten** [イン·クらふト·トれーテン] [名] -s/ 発効.

der **In·kreis** [イン·クらイス] [名] -es/-e 〖数〗内接円.

das **In·kret** [インクれート] [名] -(e)s/-e 〖医〗内分泌物.

in·kri·mi·nie·ren [インクりミニーれン] [動] *h.* 〔〈j⁴〉ヲ〕〖法〗告発〔告訴〕する;(…に)罪を帰する.

die **In·krus·ta·ti·on** [インクるスタツィオーン] [名] -/-en **1.** 〖芸術学〗はめ込み細工, (石材の)化粧張り. **2.** 〖服〗インサーション(服に縫い込むレースなどの装飾布). **3.** 〖地質〗蒸皮;〖植〗外被, 被殻.

die **In·ku·ba·ti·on** [インクバツィオーン] [名] -/-en **1.** 〖医〗(伝染病の)潜伏(期);(未熟児の)保育. **2.** (細菌の)培養;〖動〗抱卵. **3.** (古代ギリシアの)神殿でのお籠(こも)り.

die **In·ku·ba·ti·ons·zeit** [インクバツィオーンス·ツァイト] [名] -/-en 〖医〗潜伏期.

der **In·ku·bus** [インクブス] [名] -/..kuben [インクーベン] (古代ローマの)夢魔;(魔女と情交する)悪魔;(《[単]のみ》〖医〗悪夢にうなされること.

in·ku·lant [イン·クラント, イン·クラント] [形] 〖商〗好意的でない.

die **In·ku·na·bel** [インクナーベル] [名] -/-n《主に[複]》〖出版·文芸学〗インキュナブラ, 揺籃(ようらん)期本(ヨーロッパの1500年以前の活版印刷本).

das **In·land** [イン·ラント] [名] -(e)s/ 国内, 内地;内陸.

der **In·län·der** [イン·レンダー] [名] -s/- 国内居住者.

in·län·disch [イン·レンディシュ] [形] 国内の.

der **In·lands·ab·satz** [インランツ·アップ·ザッツ] [名] -es/ 国内の売行き.

der **In·lands·han·del** [インランツ·ハンデル] [名] -s/ 国内取引.

der **In·lands·markt** [インランツ·マるクト] [名] -(e)s/..märkte 〖経〗国内市場.

der **In·laut** [イン·ラウト] [名] -(e)s/-e 〖言〗語中音.

das **In·lay** [ínle: インレー] [名] -s/-s インレー(虫歯治療用の金属·陶材の充塡物).

das **In·lett** [インレット] [名] -(e)s/-e〔-s〕(羽布団の)布団皮.

in·lie·gend [イン·リーゲント] [形]《ｵｰｽﾄﾘｱ》《硬》同封された.

in me·di·as res [イン メーディアース れース] 〖ﾗﾃﾝ語〗(次の形で) ～ gehen 前置きなしに本題に入る.

in me·mo·ri·am [イン メモーりアム] 〖ﾗﾃﾝ語〗(…の)記念として, (…の)思い出に.

in·mit·ten [イン·ミッテン] [前]〔＋2格〕《文》…のまん中に, …のまっただ中で, …に囲まれて.

—— [副]《次の形で》～ von ... …のまん中に, …に, …に囲まれて.

der **Inn** [イン] [名] -(s)/ 〖川名〗イン川(バイエルン州を流れるドナウ川の支流).

in na·tu·ra [イン ナトゥーら] 〖ﾗﾃﾝ語〗実物で, 実際に;《口》(賃金などの代りに)現物で.

in·ne.. [イネ..] [接頭]「所有, 保持, 獲得」などを意味する分離動詞を作る.

in·ne|ha·ben* [イネ·ハーベン] [動] *h.* **1.** 〔〈et⁴〉ヲ〕占めている(ポストなどを). **2.** 〔〈et⁴〉ヲ〕《文》所有している.

in·ne|hal·ten* [イネ·ハルテン] [動] *h.* **1.** 〔in〔mit〕〈et³〉ヲ〕途中で止める, 中断する, 止めてちょっと休む. **2.** 〔〈et⁴〉ヲ〕《稀》守る(規則·期日などを).

in·nen [イネン] [副] **1.** 内部で, 内側で： ～ laufen 〖ｽﾎﾟｰﾂ〗インコースを走る. nach/von ～ 内側へ/内側から. **2.** 《ｵｰｽﾄﾘｱ》屋内で;《古》(外から見て)中で.

..Innen [イネン] [接尾] 男性名詞単数形につけて複数の男性·女性名詞の並列を簡略して示す慣用語法： KollegInnen 同僚の皆様(＝Kollegen und Kolleginnen). StudentInnen 学生達(＝Studenten und Studentinnen).

die **In·nen·an·ten·ne** [イネン·アンテネ] [名] -/-n 室内アンテナ.

der **In·nen·ar·chi·tekt** [イネン·アるひテクト] [名] -en/-en インテリアデザイナー, 室内装飾家.

die **In·nen·ar·chi·tek·tur** [イネン·アるひテクトゥーあ] [名] -/ インテリアデザイン, 室内装飾.

die **In·nen·auf·nah·me** [イネン·アウふ·ナーメ] [名] -/-n 〖映·写〗屋内撮影.

die **In·nen·aus·stat·tung** [イネン·アウス·シュタっトゥング] [名] -/-en 内装.

die **In·nen·bahn** [イネン·バーン] [名] -/-en 〖ｽﾎﾟｰﾂ〗(競走の)インコース;(競泳の)内側のレーン.

die **In·nen·be·leuch·tung** [イネン·ベロイひトゥング] [名] -/-en 室内照明.

der **In·nen·dienst** [イネン·ディーンスト] [名] -(e)s/ 内勤.

die **In·nen·ein·rich·tung** [イネン·アイン·りひトゥング] [名] -/-en 内装, インテリア;屋内〔室内〕設備.

die **In·nen·flä·che** [イネン·ふレっひぇ] [名] -/-n 内側の面.

der **In·nen·hof** [イネン·ホーふ] [名] -(e)s/..höfe 中庭.

das **In·nen·le·ben** [イネン·レーベン] [名] -s/ 《主に[単]》内的〔精神〕生活;《口》(《冗》も有)(器械などの)内部の仕組み.

der **In·nen·mi·nis·ter** [イネン·ミニスター] [名] -s/- 内務大臣.

das **In·nen·mi·nis·te·ri·um** [イネン·ミニステーりウム] [名] -s/..rien 内務省.

die **In·nen·po·li·tik** [イネン·ポリティーク] [名] -/ 内政, 国内政策.

in·nen·po·li·tisch [イネン·ポリーティシュ] [形] 内政(上)の.

der **In·nen·raum** [イネン·らウム] [名] -(e)s/..räume 内部空間;室内,屋内;車内.

die **In·nen·sei·te** [イネン·ザイテ] [名] -/-n 内側.

die **In·nen·stadt** [イネン·シュタット] [名] -/..städte 都市の中心部.

die **In·nen·welt** [イネン·ヴェルト] [名] -/ 内面〔精神〕世界.

der **In·nen·win·kel** [イネン·ヴィンケル] [名] -s/- 〘数〙内角.

in·ner [イナー] [形]《比較級なし》 **1.** 内側の,内部の,中心の;〘医〙内科の: die ~*e* Stadt 町の中心部. die ~*en* Organe 内臓器官. **2.** 内面的な,心の;内在的な: ein ~*er* Konflikt 心の内なる葛藤(かっとう). **3.** 国内の,内務の.

in·ner·deutsch [イナー·ドイチュ] [形] ドイツ国内の;旧東西両ドイツ(関係)の.

in·ner·dienst·lich [イナー·ディーンストリひ] [形] 勤務の範囲内の,職務内の,部外秘の.

das **In·ne·re** [イネれ] [名]《形容詞的変化;[単]のみ》 **1.** 内部,内側;内務;奥地. **2.** (人間の)内面,心の内;(物事の)核心,本質.

die **In·ne·rei·en** [イネらイエン] [複名] (食用の)内臓,もつ.

in·ner·fa·mi·li·är [イナー·ふぁミリエーあ] [形] 家庭内の.

in·ner·halb [イナー·ハルプ] [前]〔+2格〕 **1.**《空間》…の中で〔に〕,…の範囲内で〔に〕: ein Dreiminutengespräch ~ des Nahbereichs 隣接地域間の3分間通話. ~ Berlins ベルリン(市)内で. ~ der Organisation 組織内で.《単数強変化名詞の2格が重複するときは3格で》~ Karls neuem Haus カールの新しい家の中で. **2.**《時間》…の中で〔に〕,…の期間内に,…の間に: ~ der Ferien 休暇中に.《2格の形が明らかでないときは3格で》~ drei Monaten 3か月以内に.
—— [副]《次の形で》~ von ... …中で〔に〕,…の範囲内で〔に〕; …の間に,…以内に.

in·ner·lich [イナーリひ] [形] **1.** 内面的な,内心の;《文》内省的な: ~ betroffen sein 内心あわてている. **2.**《稀》内服の;内側の.

die **In·ner·lich·keit** [イナーリひカイト] [名] -/ 内面性.

in·ner·or·ga·ni·sa·to·risch [イナー·オるガニザトーりシュ] [形] 組織内の.

in·ner·ört·lich [イナー·[エ]るトりひ] [形] 居住地区内の.

in·ner·po·li·tisch [イナー·ポリーティシュ] [形]《稀》=innenpolitisch.

in·ner·pro·tes·tan·tisch [イナー·プろテスタンティシュ] [形] プロテスタント内の.

in·ner·staat·lich [イナー·シュタートリひ] [形] 国内の.

das **In·ners·te** [イナーステ] [名]《形容詞的変化;[単]のみ》最も内なるところ,内奥;心の奥底: im ~*n*〔bis ins ~〕getroffen sein 骨身にこたえている.

der **In·ner·stür·mer** [イナー·シュテュるマー] [名] -s/- 〘球〙インナー(フォワード).

in·nert [イナート] [前]〔+2格/3格〕《スイ·オーストリア》《時間》…以内に.

in·ner·vie·ren [イネるヴィーれン] [動] *h.* **1.** 〖<et⁴>ニ〗〘医〙刺激を伝える. **2.** 〖<j⁴>ニ〗刺激を与える.

in·ner·welt·lich [イナー·ヴェルトりひ] [形] 世界内の.

in·ne sein*, [旧]**in·ne|sein*** [イネ ザイン] [動] *s.* 〖<et²>ヲ〗《文》意識している,はっきり分っている.

in·ne|wer·den* [イネ·ヴェーあデン] [動] *s.* 〖<et²>ニ/〈文〉デアルコトニ〗気づく: ehe sie dessen *innewurde*〔[旧] inne wurde〕彼女がそれに気づく前に.

in·ne|woh·nen [イネ·ヴォーネン] [動] *h.* 〖<j³/et³>ニ〗《文》内在する,含まれている,備わっている.

in·nig [イニひ] [形] 心からの,衷心からの,親密な;密接な,緊密な.

die **In·nig·keit** [イニひカイト] [名] -/ 心がこもっていること,親密〔親愛〕さ.

in·nig·lich [イニクりひ] [形]《文》=innig.

in no·mi·ne [イン ノーミネ] 〘ラテン語〙(…の)名において: ~ Christi キリストのみ名において.

die **In·no·va·ti·on** [イノヴァツィオーン] [名] -/-en 〘社〙《文》刷新,革新,新機軸;〘経〙新方式の実施,技術革新,イノベーション.

(*der*) **In·no·zenz** [イノツェンツ] [名] **1.** 〘男名〙イノツェンツ. **2.** ~ III. インノケンティウス3世(1161-1216年,教皇).

(*das*) **Inns·bruck** [インス·ブるック] [名] -s/ 〘地名〙インスブルック(オーストリアの都市).

in nu·ce [ɪn nú:tsə イン ヌーツェ] 〘ラテン語〙要するに,簡潔に.

die **In·nung** [イヌング] [名] -/-en (手工業者の)同業組合: die ganze ~ blamieren《口·冗》仲間〔身内〕全体に恥をかかせる.

in·of·fi·zi·ell [イン·オふぃツィエル,イン·オふぃツィエル] [形] 非公式の,内々の;内輪の.

in·of·fi·zi·ös [イン·オふぃツィ[エ]ース,イン·オふぃツィ[エ]ース] [形] 非公式筋からの.

in·o·ku·lie·ren [イン·オクリーれン] [動] *h.* 〖<et⁴>ニ〗〘医〙接種する;感染させる(注射などで故意にではなく).

in·o·pe·ra·bel [イン·オペらーベル,イン·オペらーベル] [形]《[付]は..bl..》〘医〙手術不能の.

in·op·por·tun [イン·オポるトゥーン,イン·オポるトゥーン] [形] 時宜を得ない,不適切な.

in per·pe·tu·um [イン ペるペートゥウム] 〘ラテン語〙永久に.

in per·so·na [イン ペるゾーナ] 〘ラテン語〙自身で,みずから.

in pet·to [イン ペット] 〘イタリア語〙《次の形で》<et⁴> ~ haben《口》〈事ヲ〉(ひそかに)もくろんでいる.

in ple·no [イン プレーノ] 〘ラテン語〙全員そろって;全員の前で.

in pra·xi [イン プらクスィー] 〘ラテン語〙実際に(は).

in punc·to [イン プンクト] 〘ラテン語〙…の点で.

der(*das*) **In·put** [イン·プット] [名] -s/-s 〘経〙(生産のための)投入物;〘コンピュータ〙入力データ;《[単]のみ》入力,インプット.

in·qui·rie·ren [インクヴィりーれン] [動] *h.* 〖<j⁴/et⁴>ヲ〗審問する.

die **In·qui·si·ti·on** [インクヴィズィツィオーン] [名] -/-en **1.**《[単]のみ》(12-18世紀,特に反宗教改革期の)異端審問(法廷). **2.** 異端審問の審理;《転》(厳重な)尋問,取調べ.

der **In·qui·si·tor** [インクヴィズィートーあ] [名] -s/-en [インクヴィズィトーれン] 異端審問官.

in·qui·si·to·risch [インクヴィズィトーりシュ] [形] 異端審問の;《文》異端審問官のような,厳しく糾弾する.

I. N. R. I. =〘ラテン語〙Jesus Nazarenus Rex Judaeorum ユダヤの王ナザレのイエス.

ins [インス] =in+das

der **In·sas·se** [イン·ザッセ] [名] -n/-n (乗合わせた)乗客,同乗者;(同じ施設の)居住者,収容者.

die **In·sas·sin** [イン·ザッスィン] [名] -/-nen Insasse の女性形.

ins·be·son·de·re [インス·ベゾンデれ] [副]《語飾》(動詞·形容詞·副詞·名詞を修飾)特に,とりわけ.

ins·be·son·dre [インス·ベゾンドれ] [副] =insbesondere.

die **In·schrift** [イン·シュりふト] [名] -/-en 銘(文),碑文.

in·schrift·lich [イン·シュりふトりひ] [形] 銘文〔碑文〕の;銘文〔碑文〕による.

das **In·sekt** [インゼクト] [名] -(e)s/-en 昆虫: ~*en* fressende Pflanzen 食虫植物.

In·sek·ten fres·send, [旧]**in·sek·ten·fres·send** [インゼクテン ふれっセント] [形] ⇨ Insekt.

der **In·sek·ten·fres·ser** [インゼクテン·ふれっサー] [名] -s/

- 〖生〗食虫動物;食虫植物.
die **In|sek|ten|kun|de** [インゼクテン・クンデ] 名 -/ 昆虫学.
das **In|sek|ten|pul|ver** [インゼクテン・プルふぁー, インゼクテン・ブルヴァー] 名 -s/- 粉末殺虫剤.
das (das) **In|sek|ten|spray** [インゼクテン・シュプレー, インゼクテン・スプレー] 名 -s/-s 殺虫用スプレー.
der (das) **In|sek|ten|staat** [インゼクテン・シュタート] 名 -(e)s/-en 昆虫社会.
der **In|sek|ten|stich** [インゼクテン・シュティっヒ] 名 -(e)s/-e 虫刺され.
in|sek|ti|vor [インゼクティヴォーア] 形 〖生〗食虫性の.
das **In|sek|ti|zid** [インゼクティツィート] 名 -(e)s/-e 殺虫剤.
die **In|sel** [インゼル] 名 -/-n 島;〘転〙孤立した場所: die Japanischen ~n 日本列島. auf einer ~ wohnen 島に住む.
der **In|sel|berg** [インゼル・ベルク] 名 -(e)s/-e 〖地〗インゼルベルク, 島山.
der **In|sel|be|woh|ner** [インゼル・ベヴォーナー] 名 -s/- 島民.
das **In|sel|chen** [インゼルヒェン] 名 -s/- 小島.
die **In|sel|grup|pe** [インゼル・グルっぺ] 名 -/-n 群島.
in|sel|haft [インゼルハふト] 形 島のような.
das **In|sel|hop|ping** [インゼル・ホっピング] 名 -s/-s 島巡りの旅.
die **In|sel|ket|te** [インゼル・ケっテ] 名 -/-n 列島.
das **In|sel|land** [インゼル・ラント] 名 -(e)s/..länder 島国.
das **In|sel|reich** [インゼル・ライヒ] 名 -(e)s/-e 島国.
das **In|sel|volk** [インゼル・ふぉルク] 名 -(e)s/..völker 島国(に住む)民族.
die **In|sel|welt** [インゼル・ヴェルト] 名 -/-en (地理学上まとまりをなす)島々, 群島, 諸島: die Ägäische ~ (エーゲ海).
die **In|se|mi|na|ti|on** [インゼミナツィオーン] 名 -/-en 〖医・動〗 **1.** 配偶子融合(接合)(卵への精子の侵入). **2.** (人工)授精.
in|sen|si|bel [インゼンズィーベル, インゼンズィーベル] 形 (⊕は..bel..)〖医〗知覚のない, 無感覚の.
das **In|se|rat** [インゼらート] 名 -(e)s/-e (新聞・雑誌の)広告.
der **In|se|ra|ten|teil** [インゼらーテン・タイル] 名 -(e)s/-e 広告欄.
der **In|se|rent** [インゼれント] 名 -en/-en 広告主.
in|se|rie|ren [インゼりーれン] 動 h. **1.** (in ⟨et³⟩)広告を出す(新聞・雑誌に). **2.** ⟨j⁴/et⁴ッ⟩新聞〔雑誌〕の広告に出す.
ins|ge|heim [インス・ゲハイム, インス・ゲハイム] 副 ひそかに, 内心.
ins|ge|mein [インス・ゲマイン, インス・ゲマイン] 副 〘古〙 = insgesamt.
ins|ge|samt [インス・ゲザムト, インス・ゲザムト] 副 〘語飾〙(動詞・形容詞・名詞を修飾)全部で, 全体的に.
der **In|si|der** [ɪnzaɪdər インザイダー] 名 -s/- **1.** 内情に明るい人, 事情通. **2.** 内部関係者, インサイダー.
der **In|si|der|tipp** [ɪnzaɪdər.. インサイダー・ティップ] 名 -s/-s = Geheimtipp 2.
die **In|si|gne** [インズィグネ] 名 -s/..gnien (主に⓿)表章, 標識(冠・笏杖(しゃくじょう)・記章など).
die **In|si|gni|en** [インズィグニエン] 複 見出し Insigne の⓿.
in|si|nu|ie|ren [インズィヌイーれン] 動 h. **1.** ⟨j³⟩≒⟨et⁴⟩がナガゆレ⟩邪推する(勘ぐる), 疑って本人にほのめかす. **2.** ⟨j³⟩≒⟨古⟩耳打ちする;吹込む. **3.** (sich⁴+bei ⟨j³⟩)取入る. **4.** ⟨et⁴⟩≒⟨古⟩裁判所に提出する(書類など).
in|sis|tie|ren [インズィスティーれン] 動 h. (auf⟨et³⁽⁴⁾⟩)(かたくなに)要求〔主張〕する, (…に)固執する.

in si|tu [ɪn ズィートゥ] 〖ラ゚語〙本来の場所〔位置〕に.
..in|ski [..インスキ] 接尾 形容詞につけてその語の「性質を持つ人」を表す男性名詞を作る: Brutalinski 残忍なやつ.
in|skri|bie|ren [インスクりビーれン] 動 h. 〚ぉ゚⟩⟩ **1.** 〘墺〙入学〔聴講〕手続きをとる. **2.** ⟨et⁴ッ⟩履修登録をする(ゼミなどの).
die **In|skrip|ti|on** [インスクりプツィオーン] 名 -/-en 〚ぉ゚⟩⟩大学入学手続き;履修登録.
in|so|fern [イン・ゾー・ふェルン, イン・ゾ・ふェルン, イン・ゾ・ふェルン] 副 〘先行する文の内容を受けて〙その限りでは, その点では;〘後続する als 文と共に〙… という点で, …に限り: I~ kann man ihm vertrauen. その限りでは彼は信用できる. Man tut ihm ~ unrecht, als er diese Folge nicht vorher sehen konnte. 彼はこの結果をあらかじめ知ることができなかったのだから, (その点において言えば)彼は不当に扱われている.
—— [イン・ゾ・ふェルン, イン・ゾ・ふェルン, イン・ゾー・ふェルン] 接 〘従属〙…の場合には;…という限りでは(~ als の形でも): …, ~ (als) es ihm seine Zeit erlaubt. 彼の時間が許す限り, ….
die **In|so|la|ti|on** [インゾラツィオーン] 名 -/-en **1.** 〖気〗日射;日射率. **2.** 〖医〗(過度に直接, 特に頭に)日を浴びること;日射病.
in|so|lent [イン・ゾレント, イン・ゾ・レント] 形 思い上がった, 厚かましい.
die **In|so|lenz** [イン・ゾレンツ, イン・ゾ・レンツ] 名 -/-en 〘文〙厚かましいこと, 不遜, 思い上がり.
in|sol|vent [イン・ゾルヴェント, イン・ゾルヴェント] 形 〖経〗支払不能の.
die **In|sol|venz** [イン・ゾルヴェンツ, イン・ゾルヴェンツ] 名 -/-en 〖経〗支払不能.
die **In|som|nie** [インゾムニー] 名 -/ 〖医〗不眠(症).
in Son|der|heit, ⓿**in|son|der|heit** [イン・ゾンダーハイト] 副 〘語飾〙(形容詞・副詞・名詞を修飾)〘文〙とりわけ, なかんずく. ⓿ Sonderheit.
in|so|weit [イン・ゾー・ヴァイト, イン・ゾ・ヴァイト, イン・ゾ・ヴァイト] 副 = insofern.
—— [イン・ゾ・ヴァイト, イン・ゾ・ヴァイト, イン・ゾー・ヴァイト] 接 〘従属〙…の限りでは(~ als の形でも).
in spe [ɪn スペー] 〖ラ゚語〙将来の, その人の(名詞の後に置かれて): seine Gattin ~ 彼の未来の奥様.
der **In|spek|teur** [ɪnspɛktǿːr インスペクテーア] 名 -s/-e 監督局長;〘軍〙監察長官.
die **In|spek|ti|on** [インスペクツィオーン] 名 -/-en **1.** 検査, 査察, 視察, 監督(車の定期)点検;〘軍〙の監察. **2.** 監督局(官庁).
die **In|spek|ti|ons|rei|se** [インスペクツィオーンス・らイぜ] 名 -/-n 視察旅行.
der **In|spek|tor** [インスペクト・ア] 名 -s/-en [インスペクトーれン] 検査官;監督官.
die **In|spi|ra|ti|on** [インスピらツィオーン] 名 -/-en 〘文〙インスピレーション, 着想, 霊感;(⓿のみ)〖医〗吸気.
der **In|spi|ra|tor** [インスピらートーア] 名 -s/-en [インスピらトーれン] 〘文〙インスピレーション〔示唆・ひらめき〕を与える人, 提案者.
in|spi|rie|ren [インスピりーれン] 動 h. **1.** ⟨j⁴⟩インスピレーション(霊感・ひらめき)を与える;刺激(生気・活気)を与える. **2.** ⟨j⁴⟩≒ +zu ⟨et³⟩ッ⟩インスピレーションを与える.
der **In|spi|zi|ent** [インスピツィエント] 名 -en/-en **1.** 舞台監督;(映画の)助監督, (テレビの)ディレクター. **2.** (稀)検査(監督)官.
in|spi|zie|ren [インスピツィーれン] 動 h. ⟨j⁴/et⁴ッ⟩点検する, 視察する, 検査する, 監督する.
in|sta|bil [イン・スタビール, イン・スタビール] 形 不安定な.
der **In|stal|la|teur** [ɪnstalatǿːr インスタラテーア] 名 -s/-e (電気・水道などの)取付工, 配管工, 配線工.

die **In·stal·la·ti·on** [インスタラツィオーン] 名 -/-en 1. (電気・水道などの)取付け,配管〔配線〕工事;取付け〔配管・配線〕設備. 2. 〚宗〛(聖職者の)叙任. 3. 〚美〛インスタレーション(芸術家自身が展示会場を特別にアレンジする こと).

in·stal·lie·ren[1] [インスタリーれン] 動 *h.* 1. 〈*et*⁴〉配線〔配管〕する;設置する,取付ける. 2. 〈*et*⁴ッ+〈場所〉₂〉設ける,開設する(店などを). 3. [sich⁴+〈場所〉₂]腰を落着ける;(慣れて)落着く.

in·stal·lie·ren[2] [インスタリーれン] 動 *h.* 〈*j*⁴ッ〉〚文〛就任させる;叙階〔叙任〕する(聖職者を).

in·stand, in Stand [イン・シュタント] 副 良い状態に:〈*et*⁴〉~ halten〈物₄〉維持〔管理〕する. sich⁴ ~ fühlen 体調が良いと感じる. 〈*j*⁴〉 ~ setzen, ... zu 動 〈人₄〉…できる状態にする.

die **In·stand·be·set·zung** [インシュタント・ベゼツング] 名 -/-en 〚ジ〛空き家の占拠(住宅難に対する抗議).

die **In·stand·hal·tung** [インシュタント・ハルトゥング] 名 -/-en 〚硬〛維持,保持.

die **In·stand·hal·tungs·kos·ten** [インシュタント・ハルトゥングス・コステン] 複名 維持費.

in·stän·dig [イン・シュテンディヒ] 形 切実な,切なる.

die **In·stand·set·zung** [インシュタント・ゼッツング] 名 -/-en 〚硬〛修理,修復.

in·stan·ti·sie·ren [インスタンティズィーれン] 動 *h.* 〈*et*⁴ッ〉インスタント(食品)化する.

die **In·stanz** [インスタンツ] 名 -/-en 1. 所轄(ミミ)の部局,当該官庁. 2. 〚法〛(裁判の)審: die erste/zweite ~ 一審/二審.

der **In·stan·zen·weg** [インスタンツェン・ヴェーク] 名 -(e)s/-e (主に〚独〛)官庁の事務手続きの順序;〚法〛審級.

der **In·stan·zen·zug** [インスタンツェン・ツーク] 名 -(e)s/〚法〛審級.

in statu nascendi [in stá:tu nastséndi イン スタートゥ ナスツェンディ] 〚ラ語〛発展的状態で;発生の状態で;発生期に.

das **In·ster** [インスター] 名 -s/- (〚北独〛)内臓,もつ.

der **In·stinkt** [インスティンクト] 名 -(e)s/-e 1. 本能: der mütterliche ~ 母性本能. 2. 勘,直感.

in·stink·tiv [インスティンクティーふ] 形 本能〔直感〕的な.

in·stinkt·los [インスティンクト・ロース] 形 感覚のない,鈍感な.

in·stinkt·mä·ßig [インスティンクト・メースィヒ] 形 本能的な.

in·stinkt·si·cher [インスティンクト・ズィッヒァー] 形 感覚の冴えた.

das **In·sti·tut** [インスティトゥート] 名 -(e)s/-e 1. 研究所,(大学の)研究室;学術振興団体(私立の)機関(…所,…社). 2. 〚法〛制度.

die **In·sti·tu·ti·on** [インスティトゥツィオーン] 名 -/-en 1. (公共の)施設,機関. 2. 〚社・人類〛制度: die ~ der Ehe 結婚制度.

in·sti·tu·ti·o·na·li·sie·ren [インスティトゥツィオナリズィーれン] 動 *h.* 1. 〈*et*⁴ッ〉制度化する. 2. [sich⁴] 制度化される.

in·stru·ie·ren [インストるイーれン] 動 *h.* 1. 〈*j*⁴〉+über〈et⁴〉ニッィィ〉知らせる,教える,報告する. 2. 〈ヴジン・エル・ジィンクヒェン〉指示する,命令する.

der **In·struk·teur** [インストゥルクテーァ] 名 -s/-e インストラクター,指導員.

die **In·struk·ti·on** [インストゥルクツィオーン] 名 -/-en 指示,命令;服務規定;訓令;指導;〚軍〛教育;〚コン〛命令,インストラクション.

in·struk·tiv [インストゥルクティーふ] 形 役に立つ,有益な,ためになる.

der **In·struk·tor** [インストゥルクトーァ] 名 -s/-en [インストゥルクトーれン] 1. 〚オーストリア〛指導員. 2. 〚古〛教師;

教育係.

das **In·stru·ment** [インストるメント] 名 -(e)s/-e 1. 機械,器具. 2. 手段〔道具〕としての人〔物〕. 3. 楽器(Musik~).

in·stru·men·tal [インストるメンタール] 形 楽器〔楽楽〕の;器具〔道具〕の;〚言〛具格(助格)の.

die **In·stru·men·tal·be·glei·tung** [インストるメンタール・ベグライトゥング] 楽器伴奏.

in·stru·men·ta·li·sie·ren [インストるメンタリズィーれン] 動 *h.* 1. 〈*et*⁴ッ〉〚楽〛器楽曲に編曲する. 2. 〈*j*⁴/et⁴ッ〉道具〔手段〕として利用する.

die **In·stru·men·tal·mu·sik** [インストるメンタール・ムズィーク] 名 -/ 器楽.

das **In·stru·men·ta·ri·um** [インストるメンタリーウム] 名 -s/..rien 1. 器具〔機械〕一式. 2. 〚文〛手段,方法,施設. 3. 〚楽〛楽器編成:(特定の時代・作曲家の)使用楽器群.

die **In·stru·men·ta·ti·on** [インストるメンタツィオーン] 名 -/-en 〚楽〛管弦楽法;オーケストラ用編曲.

das **In·stru·men·ten·brett** [インストるメンテン・ブれット] 名 -(e)s/-er 計器盤,ダッシュボード.

der **In·stru·men·ten·flug** [インストるメンテン・ふルーク] 名 -(e)s/..flüge 〚空〛計器飛行.

in·stru·men·tie·ren [インストるメンティーれン] 動 *h.* 1. 〈*et*⁴ッ〉〚楽〛オーケストラ用に編曲する;オーケストラ用総譜に仕上げる(曲などを). 2. 〈*et*⁴ッ〉〚工〛器機〔計器〕(類)を取付ける. 3. 〚貂〛〚医〛(手術中の)器械取りをする.

die **In·stru·men·tie·rung** [インストるメンティーるング] 名 -/-en 〚楽〛管弦楽用編曲;管弦楽用総譜にすること;〚ジ〛機器の取付け.

die **In·sub·or·di·na·ti·on** [イン・ズブオるディナツィオーン, イン・ズブオるディナツィオーン] 名 -/-en 〚文〛不服従,反抗.

die **In·suf·fi·zi·enz** [イン・ズふぃツィエンツ, イン・ズふぃツィエンツ] 名 -/-en 〚文〛不十分,不足;〚医〛機能不全;〚法〛債務者の財産不足.

der **In·su·la·ner** [インズラーナー] 名 -s/- (主に〚謔〛)島民.

in·su·lar [インズラーァ] 形 島の.

das **In·su·lin** [インズリーン] 名 -s/-e インスリン〔インスリン〕;インスリン〔インスュリン〕薬剤.

der **In·sult** [インズルト] 名 -(e)s/-e 1. 〚文〛侮辱;罵倒〔ぐ〕,無礼な言葉. 2. 〚医〛発作.

in·sul·tie·ren [インズルティーれン] 動 *h.* 〈*j*⁴ッ〉(〚古ラ〛)侮辱する.

in sum·ma [イン ズマ] 〚ラ語〛全部で,要するに.

der **In·sur·gent** [インズるゲント] 名 -en/-en 〚文・古〛反徒,謀叛.

die **In·sur·rek·ti·on** [インズれクツィオーン] 名 -/-en 〚文〛民衆の蜂起,反乱.

in sus·pen·so [イン ズスペンソ] 〚ラ語〛未決定のままに,宙ぶらりんのままに.

in·sze·nie·ren [インスツェニーれン] 動 *h.* 〈*et*⁴ッ〉演出する,監督する(芝居などを);(巧妙に)企む,仕組む.

die **In·sze·nie·rung** [イン・スツェニーるング] 名 -/-en 1. (主に〚劇〛)演出. 2. 演出された出し物. 3. 仕組むこと.

das **In·tag·lio** [intáljo イタリョ] 名 -s/..lien インタリオ(沈め彫り細工の)(半)貴石).

in·takt [イン・タクト] 形 損傷のない,無傷な;(完全に機能する)故障のない;健全な.

die **In·tar·sia** [インタるズィア] 名 -/..sien 寄木細工,象眼細工.

die **In·tar·sie** [インタるズィエ] 名 -/-n =Intarsia.

in·tar·sie·ren [インタるズィーれン] 動 *h.* 1. 〈*et*⁴ッ〉象眼細工で作る. 2. 〈*et*⁴ッ〉象眼細工をほどこす.

in·te·ger [イン・テーガァ] 形 (⊕ℹ︎は integr..)清廉潔白な,非の打ちどころのない;〚古〛新しい.

in·te·gral [インテグらール] 形 全体を構成する, (全体にとって)重要な.

das **In·te·gral** [インテグラール] 名 -s/-e 〚数〛積分;積分記号(記号∫).

in·te·gra·lis·tisch [インテグらリスティシュ] 形 (党派などを認めない)厳格な統合主義の.

die **In·te·gral·rech·nung** [インテグラール・れヒヌング] 名 -/-en〚数〛積分法.

die **In·te·gra·ti·on** [インテグラツィオーン] 名 -/-en **1.** 統合, 統一. **2.** より大きな全体への組入れ;〚経〛企業集中(統合);〚社〛(社会への)融合, 融和. **3.**〚数〛積分(法). **4.**〚言〛(言語の転移における)統合. **5.**〚心〛人格の統合.

in·te·grie·ren [インテグリーれン] 動 h. **1.** 〈j⁴/et⁴ᴬ〉統合する(兵力などを). **2.** 〈j⁴/et⁴ᴬ〉+(in j⁴/et⁴ᴰ)〉組入れる, 組込む. **3.** 〈sich⁴+(in j⁴/et⁴ᴰ)〉組入れられる. **4.** 〈et⁴ᴬ〉〚数〛積分する.

in·te·grie·rend [インテグリーれント] 形 (全体に)不可欠な.

die **In·te·gri·tät** [インテグリテート] 名 -/ **1.** 完全無欠なこと. **2.**〚政·法〛(国家の)不可侵性.

das **In·te·gu·ment** [インテグメント] 名 -s/-e〚動〛外皮, 外被, 包被;〚植〛珠皮.

der **In·tel·lekt** [インテレクト] 名 -(e)s/ 知性, 知能, 思考力.

in·tel·lek·tu·ell [インテレクトゥエル] 形 知(性)的な;知性に偏った;インテリの.

der/die **In·tel·lek·tu·el·le** [インテレクトゥエレ]〔形容詞的変化〕知識人, インテリ.

in·tel·li·gent [インテリゲント] 形 知能の高い, 聡明な;〚コンピュ/ユーザ〛情報処理能力を持つ.

die **In·tel·li·genz** [インテリゲンツ] 名 -/-en **1.** (㊀のみ)知能, 思考力;〚コンピュ/ユーザ〛情報処理能力. **2.** (㊀のみ)〔総称〕知識階級. **3.** (主に㊀)知的生物.

die **In·tel·li·genz·bes·tie** [インテリゲンツ·ベスティエ] 名 -/-n (口)(〔冗·蔑〕も有)非凡な知能の持ち主;インテリぶるやつ.

das **In·tel·li·genz·blatt** [インテリゲンツ·ブラット] 名 -(e)s/..blätter (18-19世紀の)公報, 官報.

die **In·tel·li·gen·zi·ja** [インテリゲンツィヤ] 名 -/ 知識階級, インテリゲンチア.

der **In·tel·li·genz·ler** [インテリゲンツラー] 名 -s/ (〔蔑〕も有)インテリ;インテリぶる人.

die **In·tel·li·genz·prü·fung** [インテリゲンツ·プリューフング] 名 -/-en 知能テスト.

der **In·tel·li·genz·quo·ti·ent** [インテリゲンツ·クヴォツィエント] 名 -en/-en 知能指数(略 IQ).

der **In·tel·li·genz·test** [インテリゲンツ·テスト] 名 -(e)s/-s[-e] 知能テスト.

in·tel·li·gi·bel [インテリギーベル] 形 (㊀は..bl..)〚哲〛知性によってのみ認識できる, 英知的な.

der **In·ten·dant** [インテンダント] 名 -en/-en 劇場監督〔支配人〕, (放送局の)局長, 総裁.

die **In·ten·dan·tur** [インテンダントゥーる] 名 -/-en (古) **1.** =Intendanz 1. (劇場などの)監督, 支配人. **2.** (軍の)兵站部, 主計局.

die **In·ten·danz** [インテンダンツ] 名 -/-en **1.** 劇場監督〔支配人〕職, (放送局の)局長〔会長〕職. **2.** 監督〔支配人·局長·会長〕の執務室.

in·ten·die·ren [インテンディーれン] 動 h. 〈et⁴ᴬ〉目す, 狙(ʰ²)う, 意図する.

die **In·ten·si·tät** [インテンズィテート] 名 -/ (主に㊀)強烈さ;迫力;〚農〛集約性;〚理〛強度.

in·ten·siv [インテンズィーフ] 形 集中的な, 強烈な;〚農〛集約的な: ein ~er Kurs in Japanisch 日本語集中コース.

..in·ten·siv [..インテンズィーフ] 接尾 名詞につけて「…の割合が多い, …を強化した」を表す形容詞を作る: arbeits*intensiv* 労働力を集中した.

der **In·ten·siv·be·trieb** [インテンズィーフ·ベトリーブ] 名 -(e)s/〚農〛集中(集約)的経営.

in·ten·si·vie·ren [インテンズィヴィーれン] 動 h. 〈et⁴ᴬ〉集中〔徹底〕する, 強化する.

der **In·ten·siv·kurs** [インテンズィーフ·クルス] 名 -es/-e 集中コース〔講座〕.

die **In·ten·siv·me·di·zin** [インテンズィーフ·メディツィーン] 名 -/-en 集中医療.

die **In·ten·siv·sta·ti·on** [インテンズィーフ·シュタツィオーン] 名 -/-en 集中治療室, ICU.

die **In·ten·ti·on** [インテンツィオーン] 名 -/-en 意図, 志向;〚医〛(傷の)治癒の経過, 癒合.

in·ten·ti·o·nal [インテンツィオナール] 形 意図的な, 志向的な.

der **In·ten·ti·o·na·lis·mus** [インテンツィオナリスムス] 名 -/〚哲〛志向主義.

die **In·ter·ak·ti·on** [インター·アクツィオーン] 名 -/-en〚心·社〛相互作用.

die **In·ter·ak·ti·vi·tät** [インター·アクティヴィテート] 名 -/〚コンピュ/ユーザ〛ダイアローグ.

in·ter·al·li·iert [インテル·アリーあト, インテル·アリーあト] 形 連合国間の.

der **In·ter·ci·ty** [インター·スィティ, インター·スィティ] 名 -(s)/-s〚商標〛インターシティー(~zug).

der **In·ter·ci·ty·ex·press** [インターシティ·エクスプれス, インターシティ·エクスプれス] 名 -(es)/-e〚商標〛インターシティエクスプレス(~zug).

der **In·ter·ci·ty·ex·press·zug** [インターシティ·エクスプれス·ツーク] 名 -(e)s/..züge 都市間超特急列車(略〚商標〛ICE).

der **In·ter·ci·ty·zug** [インターシティ·ツーク, インターシティ·ツーク] 名 -(e)s/..züge 都市間特急列車(略〚商標〛IC).

die **In·ter·de·pen·denz** [インター·デペンデンツ] 名 -/-en 相互依存.

das **In·ter·dikt** [インター·ディクト] 名 -(e)s/-e 禁止;〚カト〛聖務停止.

in·ter·dis·zi·pli·när [インター·ディスツィプリネーあ] 形 学際的な.

in·te·res·sant [インテれサント] 形 **1.** 興味ある, 関心を引く: ein ~*er* Fall 興味ある事例. Sie will sich ~ machen. 彼女は人の関心を引こうとする. **2.** 面白い. **3.** もうかる.

das **In·te·res·se** [インテれっセ] 名 -s/-n **1.** (㊀のみ)興味, 関心, 好奇心: ~ an 〈j³/et³〉 〔für j⁴/et⁴〕 haben〈人·物·事ᴸᴹ〉興味がある. mit ~ 興味をもって. nicht von ~ sein 興味をそそらない. **2.** (主に㊀)愛好する〔好きな〕事. **3.** 購入したい気持ち, 需要. **4.** (重要な意)〔主に㊀〕利益, 利害: das ~ der Allgemeinheit 公益. im ~ des Verbrauchers 消費者のために. **5.** (㊀のみ)〚古〛利子.

in·te·res·se·los [インテれっセ·ローズ] 形 興味のない, 無関心な.

die **In·te·res·se·lo·sig·keit** [インテれっセ·ローズィヒカイト] 名 -/ 無関心.

das **In·te·res·sen·ge·biet** [インテれっセン·ゲビート] 名 -(e)s/-e 関心〔興味〕のある領域〔分野〕.

die **In·te·res·sen·ge·mein·schaft** [インテれっセン·ゲマインシャフト] 名 -/-en 利益共同体;企業連合(略 IG).

die **In·te·res·sen·grup·pe** [インテれっセン·グるっぺ] 名 -/-n 利益集団〔団体〕, (議会への)圧力団体.

die **In·te·res·sen·sphä·re** [インテれっセン·スフェーれ] 名 -/-n 国家の勢力〔影響の及ぶ〕範囲.

der **In·te·res·sent** [インテれセント] 名 -en/-en 興味〔関心〕のある人, 参加(希望)者;応募者;購入希望者.

die **In·ter·es·sen·ver·tre·tung** [インテレッセン・ふぇあトレートゥング] 名 -/-en (人の)利益を代表すること；利益代表.

in·ter·es·sie·ren [インテレスィーレン] 動 h. **1.** 〔sich + für〈j³/et³〉〕興味がある，関心がある，(…を)知りたい，(…を)手に入れたい． **2.** 〔j⁴ʲ〕興味〔関心〕をよび起こす． **3.** 〔j⁴ʲ〕für〈et³〉/an〈et³〉〕…に向けさせる，抱かせる．

in·ter·es·siert [インテレスィーアト] 形 〔(an〈j³/et³〉=〕)関心を持った，興味のある，知的関心の強い．

die **In·ter·es·siert·heit** [インテレスィーアトハイト] 名 -/-s 関心，興味．

das **In·ter·face** [Intərfeːs インター・フェース〔..ふぇースィス〕〔コンピ〕インターフェース《異なる機器を接続する装置またはその接続部分》.

In·ter·fe·renz [インター・ふぇレンツ] 名 -/-en 〔理〕干渉；〔文〕交差.

in·ter·fe·rie·ren [インター・ふぇリーレン] 動 h. 〔理物〕交差する，重なり合う．〔理〕干渉する．

das **In·ter·fe·ro·me·ter** [インター・ふぇろ・メーター] 名 -s/- 〔理〕干渉計．

das **In·ter·fe·ron** [インター・ふぇローン] 名 -s/-e 〔医・生〕インターフェロン《ウイルス抑制因子》．

die **In·ter·flug** [インター・ふルーク] 名 -/ インターフルーク《旧東独の航空会社》.

in·ter·frak·tio·nell [インター・ふらくツィオネル] 形 《議会の》会派間の．

in·ter·ga·lak·tisch [インター・ガラクティシュ] 形 〔天〕銀河系相互間の．

das **In·ter·gla·zi·al** [インター・グラツィアール] 名 -s/-e 〔地質〕間氷期．

das **In·ter·ho·tel** [インター・ホテル] 名 -s/-s 〔旧東独〕(外国人用)国際ホテル．

das **In·te·ri·eur** [ɛ̃teriœːr アンテリ①-ぁ] 名 -s/-s 〔-e〕〔文〕内部；内装，インテリア；〔美〕(特に17世紀オランダの)室内画．

das **In·ter·im** [インテリム] 名 -s/-s 〔文〕中間〔暫定的〕期間；暫定措置，過渡的な規定，仮協定．

in·te·ri·mis·tisch [インテリミスティシュ] 形 〔文〕暫定的な．

die **In·te·rims·re·gie·rung** [インテリムス・れギールング] 名 -/-en 〔時に臨時〕政府．

der **In·te·rims·schein** [インテリムス・シャイン] 名 -(e)s/-e 〔経〕仮証券．

die **In·ter·jek·ti·on** [インター・イェクツィオーン] 名 -/-en 〔言〕間投詞，感嘆詞．

in·ter·kon·fes·sio·nell [インター・コンふぇスィオネル] 形 諸宗派間の．

in·ter·kon·ti·nen·tal [インター・コンティネンタール] 形 大陸間の．

die **In·ter·kon·ti·nen·tal·ra·ke·te** [インター・コンティネンタール・らケーテ] 名 -/-n 〔軍〕大陸間弾道ミサイル．

In·ter·kos·tal [インター・コスタル] 形 〔解〕肋間〔筋〕の．

(das) **In·ter·la·ken** [インター・ラーケン] 名 -s/- 〔地名〕インターラーケン《スイスの保養地》．

in·ter·li·ne·ar [インター・リネアーあ] 形 《中世のラテン語原典に》行間に書込まれた．

die **In·ter·li·ne·ar·ver·si·on** [インター・リネアーあ・ヴぇるズィオーン] 名 -/-en 〔言・文芸学〕行間翻訳，行間逐語訳．

die **In·ter·lin·gua** [インター・リングア] 名 -/ 〔言〕 **1.** (人工)国際語． **2.** インターリンガ《国際補助言語協会が考案した人工語》．

das **In·ter·lu·di·um** [インター・ルーディウム] 名 -s/..dien 〔楽〕インターリュード，間奏曲．

das **In·ter·mez·zo** [インター・メッツォ] 名 -s/-s 〔..mez·zi〕 **1.** 〔楽・劇〕インテルメッツォ；幕間〔あい〕劇〔間奏曲〕． **2.** (取るに足らない)事件，(愉快な)ハプニング．

in·ter·mit·tie·rend [インター・ミティーれント] 形 断続的な，間欠的な〔性的〕．

in·tern [インテるン] 形 **1.** 内部の，部内の；(外から見えない)内輪の：eine ~e Besprechung 内輪の話合い． **2.** 〔医〕内科の：die ~e Station 内科． **3.** 〔古〕寄宿舎住まいの．

in·ter·na·li·sie·ren [インテるナリズィーレン] 動 h. 〔et⁴ʲ〕〔心〕内在化する；〔社・教〕習得〔内面化〕する．

das **In·ter·nat** [インター・ナート] 名 -(e)s/-e 寄宿舎，学寮；寄宿制の学校．

in·ter·na·tio·nal [インター・ナツィオナール，インター・ナツィオナール] 形 国際的な；世界的な：ein ~er Kongress 国際会議．~ bekannt sein 世界的に知られている．I~e Atomenergie-Organisation 国際原子力機関(略 IAEO). I~er Währungsfonds 国際通貨基金，IMF(略 IWF).

der/die **In·ter·na·tio·na·le**¹ [インター・ナツィオナーレ] 名 〔形容詞的変化〕，〔コンピ〕ナショナリストのメンバー

die **In·ter·na·tio·na·le**² [インター・ナツィオナーレ] 名 -/-n インターナショナル①国際労働者協会《~ Arbeiterassoziation》の略．②《歌のみ》万国労働者の歌）．

in·ter·na·tio·na·li·sie·ren [インター・ナツィオナリズィーレン] 動 h. 〈et⁴ʲ〉国際化する；〔法〕国際管理下に置く《ある地域などを》．

der/die **In·ter·ne** [インテるネ] 名 〔形容詞的変化〕寄宿生，寮生．

das **In·ter·net** [インターネット] 名 -s/-s インターネット：im ~ surfen ネットサーフィンをする．

der **In·ter·net·nut·zer** [インターネット・ヌッツァー] 名 -s/- インターネットユーザー．

in·ter·nie·ren [インターニーレン] 動 h. 〈j⁴ʲ〉〔軍〕抑留する《在留敵国人を》；隔離する．

der/die **In·ter·nier·te** [インターニーアテ] 名 〔形容詞的変化〕抑留者；隔離患者．

die **In·ter·nie·rung** [インターニールング] 名 -/-en 抑留；隔離．

das **In·ter·nie·rungs·la·ger** [インターニールングス・ラーガー] 名 -s/- 抑留者〔敵国人〕収容所．

der **In·ter·nist** [インターニスト] 名 -en/-en 〔医〕内科医．

der **In·ter·nun·ti·us** [インター・ヌンツィウス] 名 -/..tien 〔カト〕教皇公使．

in·ter·par·la·men·ta·risch [インター・パルラメンタリシュ] 形 列国議会(間)の．

die **In·ter·pel·la·ti·on** [インター・ペラツィオーン] 名 -/-en 〔政〕(議会での政府への)質疑質問；〔古〕異議．

in·ter·pel·lie·ren [インター・ペリーレン] 動 h. **1.** 〔政〕質問する(議会で)． **2.** 〈j⁴ʲ〉〔古〕話に〔質問に〕口をはさむ，話をさえぎる．

in·ter·pla·ne·tar [インター・プラネターあ] 形 〔天〕惑星間の．

in·ter·pla·ne·ta·risch [インター・プラネターりシュ] 形 = interplanetar.

die **In·ter·pol** [インターポール] 名 -/ 国際刑事警察機構，インターポール(Internationale Kriminalpolizeiliche Organisation).

die **In·ter·po·la·ti·on** [インター・ポラツィオーン] 名 -/-en **1.** 〔数〕補間〔内挿〕法． **2.** (後世の人による原典への)加筆，改竄（ざん）．

in·ter·po·lie·ren [インター・ポリーレン] 動 h. **1.** 〔〈et⁴ʲ〉〕〔数〕補間〔内挿〕する《数値を》；補間〔内挿〕法で数値を求める． **2.** 〈et⁴ʲ〉加筆する；(…を)改竄（ざん）する．

der **In·ter·pret** [インター・プれート] 名 -en/-en 〔文〕 **1.** 解釈者． **2.** 演奏家，歌手，指揮者，演出家．

die **In·ter·pre·ta·ti·on** [インター・プれタツィオーン] 名 -/-en

1. (芸術作品の)解釈. **2.** 解すること, 解釈. **3.** (自分の解釈を加えた)演奏, 歌唱.

in·ter·pre·tie·ren [インタープれティーれン] [動] *h.* **1.** 〘⟨et⁴⟩ヲ〙解釈する(テキストなどを). **2.** 〘⟨j⁴/et⁴⟩ヲ＋⟨様態⟩ト(ニ)〙解釈する. **3.** 〘⟨et⁴⟩ヲ＋⟨様態⟩ニ〙演奏する〔歌う〕.

in·ter·punk·tie·ren [インタープンクティーれン] [動] *h.* 〘(⟨et⁴⟩ニ)〙〘言〙句読点を打つ(文などに).

die **In·ter·punk·ti·on** [インタープンクツィオーン] [名] -/-en (主に[単])〘言〙句読法.

das **In·ter·punk·ti·ons·zei·chen** [インタープンクツィオーンス・ツァイひぇン] [名] -s/- 〘言〙句読点.

die **In·ter·rail·kar·te** [ínt∂rre:l.. インター・れール・カるテ] [名] -/-n 〘鉄道〙(青少年向け)ヨーロッパ鉄道割引キップ.

der **In·ter·rail·pass** [ínt∂rre:l.. インター・れール・パス] [名] -es/..pässe 〘商標〙インターレールパス(特に若者むけのヨーロッパ旅行割引切符).

der **In·ter·re·gio** [インター・れーギオ] [名] -(s)/-s 〘商標〙＝Interregiozug.

der **In·ter·re·gi·o·zug** [インター・れーギオ・ツーク] [名] -(e)s/..züge 中距離特急列車(ほぼ2時間ごとに走る. 略〘商標〙IR).

das **In·ter·re·gnum** [インター・れグヌム] [名] -s/..regnen〔..regna〕〘政〙 **1.** 暫定統治, 一時的政権. **2.** 空位期間;〘史〙(神聖ローマ帝国の)大空位時代(1254-73年).

in·ter·ro·ga·tiv [インターろガティーふ, インターろガティーふ] [形] 〘言〙疑問の.

das **In·ter·ro·ga·tiv** [インターろガティーふ] [名] -s/-e 〘言〙疑問詞.

das **In·ter·ro·ga·tiv·ad·verb** [インターろガティーふ・アトヴェるプ] [名] -s/..bien 疑問副詞.

das **In·ter·ro·ga·tiv·pro·no·men** [インターろガティーふ・プろノーメン] [名] -s/-〔..mina〕疑問代名詞.

der **In·ter·ro·ga·tiv·satz** [インターろガティーふ・ザッツ] [名] -es/..sätze 疑問文.

die **In·ter·se·xu·a·li·tät** [インター・ゼクスアリテート] [名] -/ 〘生〙間性.

in·ter·se·xu·ell [インター・ゼクスエル] [形] 〘生〙間性の, 半陰陽の.

der **In·ter·shop** [..ʃɔp インター・ショップ] [名] -(s)/-s 〘旧東独〙インターショップ(外貨で売る国営販売店).

in·ter·stel·lar [インター・ステラーあ] [形] 〘天〙(恒)星間の.

das **In·ter·sti·ti·um** [インタースティーツィウム] [名] -s/..tien **1.** 〘生〙間質. **2.** 〘カトリック〙([単]のみ)中間期間(次の叙階を受けるために必要な一定期間).

die **In·ter·tri·go** [インタートりーゴ] [名] -/..gines [..ギネース] 〘医〙間擦疹(じん).

das **In·ter·vall** [インターヴァル] [名] -s/-e 《文》(時間の)間隔, 合間;〘楽〙音程;〘数〙区間.

in·ter·ve·nie·ren [インター・ヴェニーれン] [動] *h.* **1.** 〘(in ⟨et³⟩ノ/bei ⟨j³⟩ノ)〙中に入る, 仲裁〔調停〕をする. **2.** 〔bei ⟨j³/et³⟩ニ/in ⟨et³⟩ニ〕〘政〙抗議〔異議〕を申入れる. **3.** 〔in ⟨et³⟩ニ〕〘政〙介入する, 干渉する.

die **In·ter·ven·ti·on** [インター・ヴェンツィオーン] [名] -/-en 仲裁;〘政〙抗議;介入, 干渉.

das **In·ter·view** [インター・ヴュー, インター・ヴュー] [名] -s/-s インタビュー;〘社〙面接調査;〘医〙問診 : ein ~ mit ⟨j³⟩ führen ⟨人ニ⟩インタビューをする.

in·ter·vie·w·en [インター・ヴューエン, インター・ヴューエン] [動] *h.* 〘⟨j⁴⟩ニ〙インタビューする, 《口》問合せる.

der **In·ter·vie·w·er** [インター・ヴューあー, インター・ヴューあー] [名] -s/- インタビュアー.

der **In·ter·zel·lu·lar·raum** [インター・ツェルラーあ・らウム] [名] -(e)s/..räume 〘植〙細胞間隙(かんげき).

in·ter·zo·nal [インター・ツォナール] [形] 地域〔地区〕相互間の;(第二次大戦後のドイツの)占領地区間の;東西両ドイツ間の.

der **In·ter·zo·nen·han·del** [インター・ツォーネン・ハンデル] [名] -s/ (以前の)東西ドイツの占領地域間交易〔取引〕.

der **In·ter·zo·nen·ver·kehr** [インター・ツォーネン・ふぇあケーあ] [名] -(e)s/ (以前の)東西ドイツの占領地域間の交通〔交流〕.

in·tes·ti·nal [インテスティナール] [形] 〘医〙腸管の.

das **In·tes·ti·num** [インテスティーヌム] [名] -/..nen〔..na〕〘解〙腸(管).

die **In·thro·ni·sa·ti·on** [イントろニザツィオーン] [名] -/-en 《文》即位(式);〘カトリック〙(教皇などの)着座式.

in·thro·ni·sie·ren [イントろニズィーれン] [動] *h.* 〘⟨j⁴⟩ヲ〙《文》即位させる;〘カトリック〙(着座式で)着座させる(教皇などを).

in·tim [インティーム] [形] **1.** 親密な, 親しい, 内輪の, 個人的な;《婉》ねんごろな : in ~*em* Kreis 内輪で. ~*e* Beziehungen mit ⟨j³⟩ haben ⟨人ト⟩ねんごろな仲である. **2.** 陰部の;(主に最高級で)《文》内奥の : die ~*sten* Wünsche 心からの願い. **3.** 詳細な, 精通した. **4.** 《文》くつろげる, 落着いた.

die **In·ti·ma** [インティマ] [名] -/-s 《文》(《冗》も)親密な友(女性);〘解〙脈管内膜.

der **In·tim·be·reich** [インティーム・べらイひ] [名] -(e)s/-e **1.** 私的領域, プライバシー. **2.** 陰部, 恥部.

die **In·ti·mi·tät** [インティミテート] [名] -/-en **1.** ([単]のみ) 親密な関係;打解けた雰囲気. **2.** 内輪〔内密〕の事柄. **3.** (主に[複])卑猥(ひわい)な言葉〔行為〕. **4.** ([単]のみ)私的領域, プライバシー.

die **In·tim·sphä·re** [インティーム・スふぇーれ] [名] -/ 私的領域, プライバシー.

der **In·ti·mus** [インティムス] [名] -/Intimi 《文》(《冗》も有)親密な友.

in·to·le·rant [イン・トレらント, イン・トレらント] [形] **1.** 不寛容な, 偏狭な. **2.** 〔gegen ⟨et⁴⟩ニ〕〘医〙耐性のない.

die **In·to·le·ranz** [イン・トレらンツ, イン・トレらンツ] [名] -/-en **1.** ([単]のみ)不寛容さ, 狭量. **2.** 〘医〙(有害物質に対する)不耐性.

die **In·to·na·ti·on** [イントナツィオーン] [名] -/-en 〘言〙イントネーション;抑揚, 語調;〘楽〙(音程合せの)音出し;ソリストの先導部;音程〔音色〕調整.

in·to·nie·ren [イントニーれン] [動] *h.* **1.** 〔⟨et⁴⟩ヲ〕〘楽〙歌い〔演奏し〕始める;始唱する. **2.** 〔⟨et⁴⟩ヲ〕〘楽〙指示する(演奏の前に標準音などを). **3.** 〔⟨様態⟩ナ〕〘楽〙音調を出す. **4.** 〔補足なし〕〘言〙イントネーションを調整する.

in to·to [イン トート] 〘ラテン語〙全体で, 全体として.

die **In·to·xi·ka·ti·on** [イン・トクスィカツィオーン] [名] -/-en 〘医〙中毒.

die **In·tra·da** [イントらーダ] [名] -/..den 〘楽〙イントラーダ(序曲・序奏).

die **In·tra·de** [イントらーデ] [名] -/-n ＝Intrada.

in·tra·kar·di·al [イントら・カるディアール] [形] 〘医〙心臓内の.

in·tra·ku·tan [イントら・クターン] [形] 〘医〙皮内の.

in·tra mu·ros [イントら ムーろース] 〘ラテン語〙非公開の.

in·tra·mus·ku·lär [イントら・ムスクレーあ] [形] 〘医〙筋肉内の;筋肉内への(略 i. m.).

in·tran·si·gent [イン・トらンズィゲント] [形] 非妥協的な.

in·tran·si·tiv [イン・トらンズィティーふ] [形] 〘言〙自動(詞)の.

das **In·tran·si·tiv** [イン・トらンズィティーふ] [名] -s/-e 〘言〙自動詞.

in·tra·ute·rin [イントら・ウテりーン] [形] 〘医〙子宮内の.

in·tra·ve·nös [イントら・ヴェ[ネ]ース] [形] 〘医〙静脈内の;

静脈内への(略 i. v.).
in·tri·gant [イントリガント] 形 《文》陰謀好きな, 奸策をめぐらす.
der **In·tri·gant** [イントリガント] 名 -en/-en 《文》陰謀家, 策略家.
die **In·tri·ge** [イントリーゲ] 名 -/-n 陰謀, 策略;《文芸学》複雑な筋立て: ~n gegen ⟨j⁴⟩ spinnen ⟨人に⟩陰謀をめぐらす.
das **In·tri·gen·spiel** [イントリーゲン・シュピール] 名 -(e)s/-e 陰謀, 策略.
in·tri·gie·ren [イントリギーレン] 動 h. 《(gegen ⟨j⁴/et⁴⟩ 二(反)対シテ)》陰謀を企む, 裏で画策する.
die **In·tro·duk·ti·on** [イントロ・ドゥクツィオーン] 名 -/-en 1. 導入;序論;入門. 2. 《楽》序奏, 導入部;(オペラの最初の歌). 3. 《医》(ペニスの)挿入.
der **In·tro·i·tus** [イントロートゥス] 名 -/- 《カトリック》(ミサの)入祭唱, 《プロテスタント》参入唱, 賛美唱. 2. 《解》(体腔の)口, 入口.
in·tro·spek·tiv [イントロ・スペクティーフ] 形 《心》内観[内省]的な.
die **In·tro·ver·si·on** [イントロ・ヴェルズィオーン] 名 -/-en 《心》内向性.
in·tro·ver·tiert [イントロ・ヴェルティーアト] 形 《心》内向的な.
die **In·tru·si·on** [イントルズィオーン] 名 -/-en 《地質》貫入.
die **In·tu·i·ti·on** [イントゥイツィオーン] 名 -/-en 直観;霊感.
in·tu·i·tiv [イントゥイティーフ] 形 直観的な;霊感的な.
die **In·tu·mes·zenz** [イントゥメスツェンツ] 名 -/-en 《医》膨張, 腫脹(しゅちょう).
die **In·tur·ges·zenz** [イントゥルゲスツェンツ] 名 -/-en = Intumeszenz.
in·tus [イントゥス] 《ラ語》(次の形で)⟨et⁴⟩ ~ haben 《口》⟨事を⟩理解している,⟨物を⟩食べて［飲んで］しまっている.【慣用】 einen intus haben 《口》一杯きこしめしている.
die **I·nu·it** [イヌイト] 複名 (集合的に)イヌイト(族)(エスキモー(族)の自称).
der **I·nuk** [イヌク] 名 -s/- Inuit イヌイット(エスキモー人の自称名).
die **In·unk·ti·on** [イヌンクツィオーン] 名 -/-en 《医》塗擦(療法).
in·va·lid [イン·ヴァリート] 形 傷病の, 就業不能の.
der/die **In·va·li·de** [イン・ヴァリーデ] 名 (形容詞的変化)(事故などによる)就業不能者.
das **In·va·li·den·heim** [インヴァリーデン・ハイム] 名 -(e)s/-e 身体障害者[傷病兵]の施設.
die **In·va·li·den·ren·te** [インヴァリーデン・レンテ] 名 -/-n 身体障害者年金.
die **In·va·li·den·ver·si·che·rung** [インヴァリーデン・ふぇあズィッヒるング] 名 -/-en 身障者保険, 傷病保険.
die **In·va·li·di·tät** [インヴァリディテート] 名 -/ 就業不能, 廃疾.
das **In·var** [インヴァる] 名 -s/ 《商標》インバール, アンバー(鋼とニッケルの合金).
in·va·ri·a·bel [イン・ヴァリアーベル, イン·ヴァリアーベル] 形 《働は..bl..》(一定)不変の.
die **In·va·si·on** [インヴァズィオーン] 名 -/-en 侵入, 侵攻;《医》(病原体の血管への)侵入.
die **In·vek·ti·ve** [インヴェクティーヴェ] 名 -/-n 《文》(の)ののしり, 悪口, 誹謗(ひ ぼう), 侮辱(口頭·文書による).
das **In·ven·tar** [インヴェンターあ] 名 -s/-e 《財産も含めて》全財産:棚卸資産,在庫品;属具,財産目録;遺産目録: lebendes ~ 生ける属具(家畜), totes ~ 死せる属具(用具など).
in·ven·ta·ri·sie·ren [インヴェンタリズィーれン] 動 h. ⟨et⁴⟩目録を作る(収集物·遺産などの), 財産目録[棚卸表]を作る(企業などの).
das **In·ven·tar·ver·zeich·nis** [インヴェンターあ・ふぇあツァイヒニス] 名 -ses/-se 在庫目録, 財産目録.
die **In·ven·ti·on** [インヴェンツィオーン] 名 -/-en 1. 《楽》インベンション. 2. 《古》発明.
die **In·ven·tur** [インヴェントゥーあ] 名 -/-en 棚卸し: ~ machen 棚卸をする.
der **In·ven·tur·aus·ver·kauf** [インヴェントゥーあ·アウス·ふぇあカォウフ] 名 -(e)s/..käufe 在庫一掃大売出し, 棚ざらえ.
die **In·ver·si·on** [インヴェルズィオーン] 名 -/-en 1. 《言》倒置(法),(語順の)置換え. 2. 《化》転化, 反転. 3. 《気》(気温の)逆転. 4. 《医》(性)倒錯;同性愛. 5. 《地質》(地形の)逆転褶曲(しゅうきょく). 6. 《楽》(和音·旋律などの)転回.
der **In·ver·te·brat** [イン·ヴェるテブらート] 名 -en/-en Evertebrat.
in·ver·tiert [インヴェるティーアト] 形 転倒した, 逆になった;性倒錯の.
der/die **In·ver·tier·te** [インヴェるティーアテ] 名 (形容詞的変化)性的倒錯者, 同性愛者.
der **In·vert·zu·cker** [インヴェると・ツッカー] 名 -s/ 《化》転化糖.
in·ves·tie·ren [インヴェスティーれン] 動 h. 1. ⟨et⁴⟩ ナ+ (in ⟨et⁴⁽³⁾⟩ニ/⟨様態⟩ニ)投資する. 2. ⟨et⁴⟩ ナ+ (in ⟨j⁴/et⁴⟩ニ)注ぎ込む. 3. ⟨j⁴⟩ ヲ 《文》官職に任命する;叙階[叙任]する.
die **In·ves·tie·rung** [インヴェスティーるング] 名 -/-en 投資;投入:任命, 叙階.
die **In·ves·ti·ti·on** [インヴェスティツィオーン] 名 -/-en 投資, 出資.
das **In·ves·ti·ti·ons·gut** [インヴェスティツィオーンス・グート] 名 -(e)s/..güter (主に 働)《経》投資財(機械·工場·車など).
die **In·ves·ti·ti·ons·hil·fe** [インヴェスティツィオーンス・ヒルふェ] 名 -/-n 《経》投資助成.
die **In·ves·ti·ti·ons·len·kung** [インヴェスティツィオーンス·レンクング] 名 -/ 《経》(国家による)投資誘導.
die **In·ves·ti·ti·ons·nei·gung** [インヴェスティツィオーンス·ナイグング] 名 -/ 投資性向.
die **In·ves·ti·ti·ons·prä·mie** [インヴェスティツィオーンス・プれーミエ] 名 -/ 《経》投資プレミアム.
die **In·ves·ti·ti·ons·zu·la·ge** [インヴェスティツィオーンス・ツーラーゲ] 名 -/-n 《経》(課税上の)投資奨励控除.
der **In·ves·ti·ti·ons·zu·schuss** [インヴェスティツィオーンス·ツー・シュス] 名 -es/..schüsse 《経》投資(奨励)補助金.
die **In·ves·ti·tur** [インヴェスティトゥーあ] 名 -/-en 叙任, 任命;(議会によるフランスの首相の)承認.
der **In·ves·ti·tur·streit** [インヴェスティトゥーあ・シュトらイト] 名 -(e)s/ 《史》(11-12 世紀の)叙任権闘争.
der **In·ves·tiv·lohn** [インヴェスティーふ・ローン] 名 -(e)s/..löhne 《経》投資向けプール賃金.
der **In·vest·ment·fonds** [インヴェストメント・ふぉーンː 名 -[..ふぉーンス(x)]/-[..ふぉーンス] 《経》投資基金.
die **In·vest·ment·ge·sell·schaft** [インヴェストメント・ゲゼルシャフト] 名 -/-en 《経》投資会社, 投資信託会社.
das **In·vest·ment·zer·ti·fi·kat** [インヴェストメント・ツェるティふィカート] 名 -(e)s/-e 《経》投資証券, 投資信託受益証券.
in vi·no ve·ri·tas [イン ヴィーノ ヴェーりタス] 《ラ語》ワインの中に真実あり(酒飲みは本音を吐くという意).
in vi·tro [イン ヴィートろ] 《ラ語》《化》試験管内で.
die **In-vi·tro-Be·fruch·tung** [イン・ヴィートろ・べふるㇴトゥング] 名 -/--en 《医》試験管受精.
die **In-vi·tro-Fer·ti·li·sa·ti·on** [イン・ヴィートろ・ふぇるティリザツィオーン] 名 -/-en 《医》体外受精.
in vi·vo [イン ヴィーヴォ] 《ラ語》《化》生体内で, 生きた

Invokavit 614

状態の.
Invokavit [インヴォカーヴィト] 《無冠詞；無変化》 **1.** 〖カトリック〗四旬節の第一の主日〔日曜日〕. **2.** 〖プロテスタント〗復活祭前の第六日曜日.
involvieren [インヴォルヴィーレン] 動 h. **1.**〈et4 を〉含む,(必然的に)伴う. **2.**〈j4 を〉(in 〈et4(3) =〉)巻込む,加わらせる.
inwärts [イン・ヴェルツ] 副《古》内部へ,内側へ.
inwendig [イン・ヴェンディヒ] 形 内側の,内部の;内面的な:〈j4/et4〉~ und auswendig kennen《口》〈人・物・事の〉裏も表も知り尽している.
inwiefern [イン・ヴィー・ふェるン] 副《疑問》どういう点において,どうして.
───接《従属》どういう点で〔どこまで〕…なのか: I~ seine Behauptung zutrifft, kann ich nicht beurteilen. 彼の主張がどの程度まで正しいのか私には判断できない.
inwieweit [イン・ヴィー・ヴァイト] 副《疑問》どれくらい,どの程度か.
───接《従属》どれくらい…であるか: Ich wusste nicht, ~ das für ihn Unannehmlichkeiten mit sich brachte. それが彼にとってどれほど不愉快だったかを私は知らなかった.
der **Inzens** [イン・ツェンス] 名 -es/-e(die ~ -/-ationen も有)〖カトリック〗(礼拝式で)香をたきしめること.
der **Inzest** [イン・ツェスト] 名 -(e)s/-e 近親相姦(サッカン),インセスト;(動物の)近親交配.
inzestuös [インツェストゥエース] 形 近親相姦(サッカン)の,インセストの;(動物の)近親交配の.
inzident [インツィデント] 形 付随的な;偶発的な.
die **Inzision** [インツィズィオーン] 名 -/-en 〖医〗切開(術).
der **Inzisiv** [インツィズィーふ] 名 -s/-en 〖歯〗切歯,門歯.
der **Inzisivus** [インツィズィーヴス] 名 -/..vi 〖歯〗切歯,門歯.
die **Inzisur** [インツィズーる] 名 -/-en 〖解〗切痕(コン).
die **Inzucht** [イン・ツふト] 名 -/-en 近親結婚;〖生〗同系交配.
inzwischen [イン・ツヴィッシェン] 副 **1.**(過去)そうこうするうちに,その間には: I~ ist das Haus fertig geworden. その間にその家は完成した. その間(に): Das Kind spielt im Park. Seine Mutter sitzt ~ auf der Bank. 子供は公園で遊んでいる.母親はその間ベンチで編物をしている. **3.**(未来)その時までに),その間に;さしあたり: Das Examen findet in zwei Wochen statt, ~ kann ich mich gut darauf vorbereiten. 試験は2週間後にあるので,その間に私は十分準備ができる.
Io [イーオー] = Ionium〖化〗イオニウム.
das **IOK** [イーオーカー] 名 -(s)/ = Internationales Olympisches Komitee 国際オリンピック委員会, IOC.
das **Ion** [イオーン,イーオン] 名 -s/Ionen [イオーネン] 〖理・化〗イオン: positive/negative ~en プラス/マイナス・イオン.
..ion [..イオーン] 接尾 ..ieren に終る動詞の語幹につけて女性名詞を作る. 語幹末尾のtの音が変ることが多く,ation のようになる. tion となることもある: Adoption 養子縁組. Operation 手術. Definition 定義.
das **Ionentriebwerk** [イオーネン・トリーブ・ヴェるク] 名 -(e)s/-e〖電〗(ロケットの)イオン推進装置.
(das) **Ionien** [イオーニエン] 名 -s/〖地名〗イオニア(小アジアの沿岸地方).
der **Ionier** [イオーニあー] 名 -s/- イオニア人.
ionisch [イオーニシュ] 形 イオニア(式)の: ~e Säule イオニア式の円柱. die I~en Inseln イオニア諸島.
ionisieren [イオニズィーれン] 動 h.〈et4 を〉イオン化〔電離〕させる.
die **Ionisierung** [イオニズィールング] 名 -/-en イオン化,電離.
das **Ionium** [イオーニウム] 名 -s/〖化〗イオニウム(記号 Io).
die **Ionosphäre** [イオノ・スふェーれ] 名 -/ 電離層.
das **Iota** [イオータ] 名 -(s)/-s = Jota.
(die) **Iphigenie** [イふィゲーニエ] 名 〖ギ神〗イピゲネイア(Agamemnon の長女).
ipsissima verba [イプスィッスィマ ヴェるバ] 〖ラテン語〗(ある人が言ったとおりの)まったく同じ言葉.
ipso facto [イプソ ふァクト] 〖ラテン語〗〖法〗事実そのものによって,事実上.
ipso jure [イプソ ユーれ] 〖ラテン語〗〖法〗法そのものによって,法律上.
der **i-Punkt, I-Punkt** [イー・プンクト] 名 -(e)s/-e 「i」の上の点;《転》細かな箇所: bis auf den ~ きわめて綿密〔正確〕に.
IQ [イークー, aikjú: アイキュー] = Intelligenzquotient 知能指数.
Ir [イーエる] = Iridium〖化〗イリジウム.
IR《商略》= Interregio 中距離特急列車.
IR. Infanterieregiment 歩兵連隊.
i. R. = im Ruhestand 隠職〔退役〕した.
I.R. = Imperator Rex 皇帝おして国王 (Wilhelm II世の称号).
die **IRA** [í:ra イーら, イ−エる・アー] 〖= Irisch-Republikanische Armee アイルランド共和国軍.
der **Irak** [イらーク,イーらク] 名 -(s)/〖国名〗《主に定冠詞つきで》イラク.
der **Iraker** [イらーカー] 名 -s/ イラク人.
der **Iraki** [イらーキ] 名 -(s)/-(s) イラク人(男性).
die **Iraki** [イらーキ] 名 -(s)/-(s) イラク人(女性).
irakisch [イらーキシュ] 形 イラク(人・語)の.
der **Iran** [イらーン] 名 -(s)/〖国名〗《主に定冠詞とともに》イラン.
der **Iraner** [イらーナー] 名 -s/- イラン人.
iranisch [イらーニシュ] 形 イラン(人・語)の.
irden [イるデン] 形 土(陶)製の.
die **Irdenware** [イるデン・ヴァーれ] 名 -/-n 陶器.
irdisch [イるディシュ] 形 **1.** この世の;死すべき: den Weg alles I~en gehen〈文〉身罷(マカ)る. die ~e Hülle 亡骸(ガラ). **2.** 地球上の.
der **Ire** [イーれ] 名 -n/-n アイルランド人 (Irländer).
(die) **Irene** [イれーネ] 名〖女名〗イレーネ.
die **Irenik** [イれーニク] 名 -/ 〖キ教〗融和〔和解〕神学.
irenisch [イれーニシュ] 形 平和を希求する;温和な.
irgend [イるゲント] 副《語飾》**1.** (so ein, so etwas を修飾)(よく知らないかれて)だれか,何か: ~ so ein Kerl《口》何かあんなやつ ~ so etwas 何かそんなこと. **2.**(動詞・形容詞・副詞・名詞を修飾)何とか,とにかく: Wenn ich ~ kann, dann werde ich kommen. (私しは)もし何とかできれば,行きましょう. Wer ~ bei Verstand ist, denkt nicht so etwas. いくらかでも頭がまともな人なら,そんなことを思ったりはしない. ➪ irgendetwas, irgendjemand.
irgendein [イるゲント・アイン] 代《不定》®は付加語的な用法で,格変化は付加語的用法では ein,独立的用法では dieser に準ずる)何らかの(人・物・事); (任意の)だれか(何か): ~ Buch über Elektronik エレクトロニクスに関する何らかの本. aus ~em Grunde 何らかの理由から. Ich heirate doch nicht ~en ! 私の結婚相手は(男女に)だれでもいいというわけではありません.
irgendeiner [イるゲント・アイナー] 代《不定》irgendein の付加語的用法®②2・3格,独立的用法®®①1格,®②2・3格. ➪ irgendein.

ịr·gend·ein·ma̲l [イるゲント・アイン・マール] [副] いつかある時.

ịr·gend·ẹt·was, [旧]**ịr·gend ẹt·was** [イるゲント・エトヴァス] [代] 《不定》何かあること〔もの〕: *I*～ stimmt hier nicht. ここでは何かがおかしい. ～ Auffälliges 何か目立つ〔不審な〕こと. ～ zum Lesen 何か読むもの.

ịr·gend·je̲·mand, [旧]**ịr·gend je̲·mand** [イるゲント・イェーマント] [代] 《不定》だれか, ある人: *I*～ hat das gesagt. だれかがそう言った. *I*～ hat angerufen. (だれかから)電話がありました.

ịr·gend·wạnn [イるゲント・ヴァン] [副] いつか(ある時).

ịr·gend·wạs [イるゲント・ヴァス] [代] 《不定》(irgend etwas の短縮形)《口》何かあるもの〔こと〕: Du hast doch ～ gesehen! でも君は何かを見たでしょう.

ịr·gend·wẹl·cher [イるゲント・ヴェルひゃー] [代] 《不定》(語形変化は付加語的用法, 独立的用法ともに dieser に準ずる. 人の[単]には irgendein を用いる)何らかの(人々・物・事), (任意の)だれかたち〔どれか〕: *irgendwelcher* alter〔alte〕 Plunder 何かがらくた. Darin wohnen *irgendwelche* neue(n) Mieter. そこにはだれか新しい借り手たちが住んでいる. Noch *irgendwelche* Fragen? まだ何か質問がありますか. Er gibt sich nicht mit *irgendwelchen* Zigaretten zufrieden. 彼はどんなタバコでもいいわけではない.

ịr·gend·we̲r [イるゲント・ヴェーあ] [代] 《不定》(変化形は wer に準ずる)《口》だれかある人; (任意の)だれか: *I*～ hat das Buch vom Regal geholt. だれかがその本を棚から取出した.

ịr·gend·wi̲e [イるゲント・ヴィー] [副] 何らかの方法で, 何とかして; 何となく.

ịr·gend·wo̲ [イるゲント・ヴォー] [副] どこか: ～ anders どこか他のところで.

ịr·gend·wo·he̲r [イるゲント・ヴォ・ヘーあ] [副] どこからか; どういうわけか.

ịr·gend·wo·hịn [イるゲント・ヴォ・ヒン] [副] どこかへ: ～ müssen《口》トイレへ行く.

die **I·ri·dek·to·mi̲e** [イりデクトミー] [名] -/-n 〖医〗虹彩(こうさい)切除(術).

das **I·ri̲·di·um** [イりーディウム] [名] -s/ イリジウム(記号 Ir).

die **I·ri·do·lo·gi̲e** [イりド・ロギー] [名] -/ 〖医〗虹彩(こうさい)診断法.

die **I̲·rin** [イーりン] [名] -/-nen アイルランド女性.

die **I̲·ris** [イーりス] [名] -/- 〔Iriden[イりーデン], Irides [イーりデース]〕 **1.** (複-)〖医〗虹彩(こうさい). **2.** 〖植〗アイリス, アヤメ属. **3.** ([単]のみ; 主に無冠詞)〖ギ神〗イリス(虹の女神)

die **I̲·ris·blen·de** [イーりス・ブレンデ] [名] -/-n 〖写〗絞り.

i̲·risch [イーりシュ] [形] アイルランド(人・語)の: *I*～-Republikanische Armee アイルランド共和国軍(略 IRA).

das **I·rish·stew, I·rish Stew,** [旧]**Irish-Stew** [ά̲ɪrɪʃstjú: アイりッシュ・ステュー] [名] -(s), --(s)/-s, --s アイリッシュ・シチュー(羊肉と野菜のシチュー).

i·ri·si̲e·ren [イりズィーれン] [動] *h.* 〔補足なし〕虹色に輝く.

die **I·ri̲·tis** [イりーティス] [名] -/..tiden[イりティーデン] 〖医〗虹彩(こうさい)炎

IRK =Internationales Rotes Kreuz 国際赤十字.

(das) **Ịr·land** [イるラント] [名] -s/ 〖国名〗アイルランド.

der **Ịr·län·der** [イるレンダー] [名] -s/- アイルランド人.

ịr·län·disch [イるレンディシュ] [形] アイルランド(人)の.

(die) **Ịr·ma** [イるマ] [名] 〖女名〗イルマ.

(die) **Ịrm·gard** [イるムガるト] [名] 〖女名〗イルムガルト.

(der) **Ịr·min** [イるミン] [名] 〖ゲルマン神〗イルミン(ザクセン族の神).

die **Ịr·min·säu·le** [イるミン・ゾイレ] [名] -/ =Irminsul.

die **Ịr·min·sul** [イるミンズール] [名] -/ イルミンの柱(Irmin 崇拝での天球を支える大木柱. 722 年, カール大帝によって破壊).

der **I·ro·ke̲·sen·schnitt** [イろケーゼン・シュニット] [名] -(e)s/ モヒカン・カット(髪型).

die **I·ro·ni̲e** [イろニー] [名] -/-n (主に[単])皮肉, 当てこすり, 反語.

i·ro̲·nisch [イろーニシュ] [形] 皮肉な, 反語的な.

i·ro·ni·si̲e·ren [イろニズィーれン] [動] *h.* 〖⟨j⁴/et⁴⟩ニ対シテ〗皮肉な見方をする.

ịrr [イる] [形] 《稀》=irre.

ịr·ra·ti·o·nal [イらツィオナール, イらツィオナール] [形] 非合理な; 不合理な: ～*e* Zahlen〖数〗無理数.

der **Ịr·ra·ti·o·na·lịs·mus** [イらツィオナリスムス] [名] -/..men 《文》 **1.** ([単]のみ)(感情を優先する)非合理〔理性〕; 〖哲〗非合理主義. **2.** 《文》不合理な行動〔出来事・要素〕.

ịr·re [イれ] [形] **1.** 気違いじみた; 狂ったような; 《稀》精神異常の. **2.** 《口》常軌を逸した, とてつもない; とてつもなく.

der/die **Ịr·re**[1] [イれ] [名] (形容詞的変化)《口・古》狂人, 気違い.

die **Ịr·re**[2] [イれ] [名] (次の形で)in die ～ gehen 《文》道に迷う; 思い違いをする. ⟨j⁴⟩ in die ～ führen 〔locken〕《文》⟨人ヲ⟩道に迷わせる; ⟨人ヲ⟩惑わす〔欺く〕.

ịr·re·al [イれアール, イれアール] [形] 非現実的な.

der **Ịr·re·al** [イれアール, イれアール] [名] -s/-e 〖言〗非現実話法, 非事実の接続法.

der **Ịr·re·a·lis** [イれアーリス] [名] -/..les[..レース] 〖言〗=Irreal.

die **Ịr·re·dẹn·ta** [イれデンタ] [名] -/..ten イレデンタ(イタリアの民族統一運動).

ịr·re|füh·ren [イれ・ふゅーれン] [動] *h.* **1.** 〖⟨j⁴⟩ヲ〗《稀》(意図的に)間違った道に連れて行く; (…に)誤った指導をする. **2.** 〖⟨j⁴⟩ヲ+(durch ⟨et⁴⟩ニヨッテ)〗だます, 惑わす.

ịr·re·füh·rend [イれ・ふゅーれント] [形] 紛らわしい.

die **Ịr·re·füh·rung** [イれ・ふゅーるング] [名] -/-en 人をだます〔惑わせる〕こと.

ịr·re|ge·hen* [イれ・ゲーエン] [動] *s.* 〔補足なし〕《文》道に迷う; 思い違いをする.

ịr·re·gu·lär [イれグレーあ, イれグレーあ] [形] **1.** 不規則な, 変則的な; 不正規の, 違法な. **2.** 〖カトリック〗叙階を受けられない.

ịr·re|lei·ten [イれ・ライテン] [動] *h.* 《文》 **1.** 〖⟨j⁴/et⁴⟩ヲ〗間違った方向へ導く. **2.** 〖⟨j⁴⟩ヲ〗惑わす, 誤らせる.

ịr·re·le·vant [イれレヴァント, イれレヴァント] [形] 〖(für ⟨et⁴⟩ニトッテ)〗重要でない, 関連性のない.

ịr·re·li·gi·ös [イれりギ[エ]ース, イれりギ[エ]ース] [形] 非宗教的な.

ịr·re|ma·chen [イれ・マっヘン] [動] *h.* 〖⟨j⁴⟩ヲ〗惑わす, 迷わす

ịr·ren [イれン] [動] *h./s.* **1.** *h.* 〖(sich⁴)〗思い違いをしている, 間違えている. **2.** *h.* 〖sich⁴+in ⟨j³/et³⟩ヲ〗間違える, 見損なう. **3.** *h.* 〖sich⁴+um ⟨et⁴⟩ダケ〗計算違いをする. **4.** *s.* 〖(⟨場所⟩ヲ/⟨方向⟩ヘ)〗さ迷う, 歩き〔走り〕回る.

die **Ịr·ren·an·stalt** [イれン・アン・シュタルト] [名] -/-en (以前の)精神病院.

der **Ịr·ren·arzt** [イれン・アーあツト, イれン・アるツト] [名] -es/..ärzte 《古》精神科医.

das **Ịr·ren·haus** [イれン・ハウス] [名] -es/..häuser 《古》精神〔気違い〕病院.

ịr·re·pa·ra·bel [イれパらーベル, イれパらーベル] [形] ([付]は..bl..) 修理不能な, 償うことのできない, 取返しのつかない; 〖医〗回復不可能な.

ịr·re|re·den [イれ・れーデン] [動] *h.* 〔補足なし〕たわごとを言う.

das **Ịr·re·sein** [イれ・ザイン] [名] -s/ 〖医〗《古》精神異

irre·ver·si·bel [イレヴェるズィーベル, イれヴェるズィーベル] 形 (⑪=l..bl..)非可逆の;逆戻りできない;修理できない.

irre werden*, ⑪**irre werden*** [イれ・ヴェーデン] 動 s. 〈an〈j³/et³〉n〉信用できなくなる,わからなくなる.

die **Irrfahrt** [イる・ふぁーあト] 名 -/-en (乗り物で)迷って走る[さまよう]こと.

der **Irrgang** [イる・ガング] 名 -(e)s/..gänge (生垣の)迷路.

der **Irrgarten** [イる・ガるテン] 名 -s/..gärten (庭園の)迷路;《転》迷宮.

der **Irrglaube** [イる・グラウベ] 名 -ns/-n 誤った考え;《古》異端.

der **Irrglauben** [イる・グラウベン] 名 -s/- =Irrglaube.

irrgläubig [イる・グロイビヒ] 形 異教[異端]の,邪教の.

irrig [イリヒ] 形 誤った,間違った.

die **Irrigation** [イリガツィオーン] 名 -/-en 1.【医】洗滌(法),灌注(法). 2. 灌漑(がい),注水.

die **Irrigator** [イリガートーる] 名 -s/-en [イリガートーれン]【医】イルリガートル,洗滌器,灌注器.

irrigerweise [イリガーヴァイゼ] 副 誤って,間違って.

die **Irritation** [イリタツィオーン] 名 -/-en《文》刺激;興奮,立腹;いらだち,焦燥(しょう).

irritieren [イリティーれン] 動 h. 〈j⁴〉いらいらさせる,立腹させる;どぎまぎさせる,困惑させる;《…の》じゃまをする.

der **Irrläufer** [イる・ロイふぁー] 名 -s/- 誤配郵便物.

die **Irrlehre** [イる・レーれ] 名 -/-n 間違った説;謬説(びゅうせつ).

das **Irrlicht** [イる・リヒト] 名 -(e)s/-er 鬼火,きつね火,陰火.

das **Irrsal** [イる・ザール] 名 -(e)s/-e《詩》誤り,迷い.

der **Irrsinn** [イる・ズィン] 名 -(e)s/ 狂気;狂気のさた.

irrsinnig [イる・ズィニヒ] 形 1. 気が狂った;気が狂ったような;ばかげた. 2.《口》ものすごい;ものすごく.

der **Irrtum** [イるトゥーム] 名 -s/..tümer 思い違い,間違い,誤り,誤謬(ごびゅう);【法】錯誤; sich irren (sich⁴ im ~ befinden) 間違っている. ~ vorbehalten! 万一の誤認は訂正します(請求書などで).

irrtümlich [イるテュームリヒ] 形 間違った,誤った.

die **Irrung** [イるング] 名 -/-n《詩》誤り,思い違い.

der **Irrwahn** [イる・ヴァーン] 名 -(e)s/ 妄想,迷信.

der **Irrweg** [イる・ヴェーク] 名 -(e)s/-e 間違った道;邪道.

irr werden* [イる・ヴェーるデン] 動 s. ⇨ irrewerden.

der **Irrwisch** [イる・ヴィッシュ] 名 -(e)s/-e 鬼火;落着きのない[気まぐれな]人;とても元気な子.

(der) **Isaak** [イーザーク, イザーク] 名 1.【男名】イザーク. 2.【旧約】イサク (Abrahamの子).

(die) **Isabel** [イーザベル] 名【女名】イザベル.

(die) **Isabella** [イザベラ] 名【女名】イザベラ (Elisabethの短縮形).

die **Isabelle** [イザベレ] 名 -/-n 灰黄色の馬.

isabellfarben [イザベル・ふぁるベン] 形 イザベル色の(灰黄色).

isabellfarbig [イザベル・ふぁるビヒ] 形 =isabellfarben.

(der) **Isaias** [イザイーアス, イザイアス] 名【旧約】=Jesaja.

die **Isar** [イーザる] 名 -/【川名】イーザル川 (バイエルン州を流れるドナウ川の支流).

ISBN =Internationale Standardbuchnummer 国際標準図書番号.

..isch [..イッシュ] 接尾 名詞につけて「由来,性質」などを表す形容詞を作る.幹母音が変音することがある.(形容詞に..isch,..lich とこの形があるとき,前者は否定的な意味も持つ): japan*isch* 日本の. kind*isch* 子供っぽい(kind*lich* 子供らしい).

(der) **Ischariot** [イシャーリオト] 名【新約】イスカリオテ (Judasの呼称).

die **Ischialgie** [ɪsçialɡíː: イシアルギー, ɪʃ.. イシアルギー] 名 -/-n【医】座骨神経痛.

der (das) **Ischias** [イシアス, ɪsçias イスィアス] 名 -/ (die ~ は医学用語)【医】坐骨神経痛.

der **Ischiasnerv** [イシアス・ネるふ, イスィアス・ネるふ] 名 -s/-en 坐骨神経.

ISDN [イーエスデーエン] =Integrated Services Digital Network 総合デジタル通信網.

der **Isegrim** [イーゼグリム] 名 -s/-e 1.(⑪のみ)(動物寓話中の)オオカミ. 2.《蔑》気難し屋.

(der) **Isidor** [イーズィドーる] 名【男名】イジードール.

..isieren [..イズィーれン] 接尾 主に外来語につけて他動詞を作る: computer*isieren* コンピュータ化する. harmon*isieren* 調和させる.

..isierung [..イズィーるング] 接尾 ..isieren に終る動詞の女性名詞を作る: Harmon*isierung* 調和化.

(die) **Isis** [イーズィス] 名【エジプト神】イシス(夫婦の操の女神).

(der) **Iskariot** [イスカーリオト] 名【新約】=Ischariot.

der **Islam** [イスラーム, イスラム] 名 -(s)/【宗】イスラム教,回教: der sunnitische/schiitische ~ イスラム教スンニ派/シーア派.

(das) **Islamabad** [イスラーマバート, イスラーマバート] 名 -s/【地名】イスラマバード (パキスタンの首都).

islamisch [イスラーミシュ] 形 イスラム教の,回教の.

islamisieren [イスラミズィーれン] 動 h. 1.〈j⁴〉イスラム教(回教)に改宗させる. 2.〈et⁴〉をイスラム教化する(国・地域などを).

der **Islamismus** [イスラミスムス] 名 -/ イスラム(原理)主義.

der **Islamit** [イスラミート] 名 -en/-en イスラム(回)教徒.

islamitisch [イスラミーティシュ] 形 =islamisch.

(das) **Island** [イースラント] 名 1.【国名】アイスランド. 2.【地名】アイスランド島.

der **Isländer** [イースレンダー] 名 -s/- アイスランド人.

isländisch [イースレンディシュ] 形 アイスランド(人・物)の.

das **Isländisch** [イースレンディシュ] 名 -(s)/ アイスランド語.【用法は⇨ Deutsch²】

das **Isländische** [イースレンディシュエ] 名 《形容詞的変化》(⑪のみ). 1. アイスランド語. 2. アイスランド的なもの(こと).【用法は⇨ Deutsche²】

(der) **Ismael** [イスマエ(ー)ル] 名【旧約】イシマエル (Abrahamの息子).

der **Ismailit** [イスマイリート] 名 -en/-en【イ教】イスマイル教徒.

(die) **Ismene** [イスメーネ] 名【ギ神】イスメネ (Ödipusの娘で,Antigoneの姉妹).

der **Ismus** [イスムス] 名 -/..men《蔑》イズム,主義 主張,空虚な観念論.

..ismus [..イスムス] 接尾 名詞につけて男性名詞を作る. 1.(…主義,…論): Ideal*ismus* 理想主義,観念論. 2.(事象・現象の全体): Organ*ismus* 有機体. 3.(正常からの逸脱): Alkohol*ismus* アルコール中毒. 4.(言語的特性): German*ismus* ドイツ語的語法.

die **Isobare** [イゾ・バーれ] 名 -/-n【気】等圧線.

das **Isobutan** [イゾ・ブターン] 名 -s/【化】イソブタン(航空燃料用).

die **I·so·chro·ne** [イゾ・クろーネ] [名] -/-n 同時線, 等時線.
die **I·so·ga·mie** [イゾ・ガミー] [名] -/-n 〘生〙同形配偶.
das **I·so·glas** [イーゾ・グラース] [名] -es/..gläser = Isolierglas.
die **I·so·glos·se** [イゾ・グロっセ] [名] -/-n 〘言〙(言語地図上の)等語線.
die **I·so·hy·e·te** [イゾ・ヒュエーテ] [名] -/-n 〘気〙等降水量線.
die **I·so·hyp·se** [イゾ・ヒュプセ] [名] -/-n 〘地〙等高線.
die **I·so·la·ti·on** [イゾラツィオーン] [名] -/-en **1.** 隔離, 分離. **2.** (個人・地域などの)孤立. **3.** 遮断〔密閉〕すること; 絶縁, 防水, 断熱, 遮音; 絶縁体, パッキング, 断熱〔遮音〕材.
der **I·so·la·ti·o·nis·mus** [イゾラツィオニスムス] [名] -/ 孤立主義.
der **I·so·la·tor** [イゾラートーあ] [名] -s/-en [イゾラトーれン] 絶縁体; 碍子(がいし); パッキング, 断熱〔遮音・防水〕材.
(*die*) **I·sol·de** [イゾルデ] [名] 〘女名〙イゾルデ(中世伝説〔叙事詩〕の女主人公, Tristan の恋人).
das **I·so·lier·band** [イゾリーあ・バント] [名] -(e)s/..bänder 絶縁テープ.
die **I·so·lier·ba·ra·cke** [イゾリーあ・バらッケ] [名] -/-n 隔離病棟.
i·so·lie·ren [イゾリーれン] [動] *h.* **1.** 〔〈j^4/et^4〉ヲ+von 〈j^3/et^3〉カラ〕隔離する; 孤立させる; 分離する, 独立させる; 〘生〙分離する(ウイルスなどを); 〘化〙遊離させる(化学物質を). **2.** 〔sich^4+(von 〈j^3〉カラ)〕孤立する; (…との)交際を断つ. **3.** 〔〈et^4〉ヲ+(gegen 〈et^4〉ヲ防グタメニ)〕絶縁する(電線などを), 気密にする(計器類などを), 断熱〔遮音〕構造にする. 【慣用】**isolierende Sprache** 〘言〙孤立語. **〈et⁴〉 isoliert beobachten** 〈物・事を〉別個に観察〔考察〕する.
das **I·so·lier·glas** [イゾリーあ・グラース] [名] -es/..gläser 断熱ガラス.
die **I·so·lier·haft** [イゾリーあハふト] [名] -/ 独房監禁.
die **I·so·lier·mat·te** [イゾリーあ・マッテ] [名] -/-n (アウトドア用の)断熱シート.
die **I·so·lier·schicht** [イゾリーあ・シひト] [名] -/-en 絶縁層.
die **I·so·lier·sta·ti·on** [イゾリーあ・シュタツィオーン] [名] -/-en 隔離病棟.
der **I·so·lier·stoff** [イゾリーあ・シュトっふ] [名] -(e)s/-e **1.** 絶縁体. **2.** 断熱材.
die **I·so·lie·rung** [イゾリーるング] [名] -/-en =Isolation.
die **I·so·lier·ver·gla·sung** [イゾリーあ・フェあグラーズング] [名] -/-en 耐熱ガラスをはめること, 耐熱ガラス張りにすること.
die **I·so·li·nie** [イーゾ・リーニエ] [名] -/-n 〘気・地〙等値線.
die **I·so·mat·te** [イーゾ・マッテ] [名] -/-n =Isoliermatte.
i·so·mer [イゾ・メーあ] [形] 〘化〙異性(体)の; 〘理〙異性核の; 〘植〙等数の.
das **I·so·mer** [イゾ・メーあ] [名] -s/-e (主に[複])〘化〙異性体; 〘理〙異性核.
das **I·so·me·re** [イゾ・メーれ] [名] (形容詞的変化)(主に[複])〘化〙異性体; 〘理〙異性核.
die **I·so·me·trie** [イゾ・メトリー] [名] -/ 等距離, 等尺, 等長; 〘生〙等(速)成長.
i·so·me·trisch [イゾ・メートリッシュ] [形] **1.** 〘詩〙等韻律の. **2.** 〘数〙等式の, 等容積の. **3.** 〘生理〙(筋肉の収縮が)等尺性の, アイソメトリックの. **4.** 〘鉱〙等軸の. **5.** 〘生〙等成長の.
i·so·morph [イゾ・モるふ] [形] 〘化・数・言〙同形の.
die **I·so·mor·phie** [イゾ・モるふぃー] [名] -/ 〘数・化・言〙同形; 〘鉱〙(類質)同形.
die **I·so·ther·me** [イゾ・テるメ] [名] -/-n 〘気〙等温線.
das **I·so·ton** [イゾ・トーン] [名] -s/-e (主に[複])〘核物理〙アイソトーン, 同中性子核〔体〕.
das **I·so·top** [イゾ・トープ] [名] -s/-e (主に[複])アイソトープ.
die **I·so·ver·gla·sung** [イーゾ・ふぇあグラーズング] [名] -/-en =Isolierverglasung.
die **I·so·zi·tro·nen·säu·re** [イゾ・ツィトろーネン・ゾイれ] [名] -/ 〘生化〙イソクエン酸.
(*das*) **Is·ra·el** [イスらエ(ー)ル] [名] -s/ **1.** 〘国名〙イスラエル. **2.** 〘旧約〙ユダヤ民族: die Kinder ~(*s*) イスラエルの民. der Auszug der Kinder ~ イスラエルの子らのエジプトよりの退去; 《冗》(示威的な, 集団的)退場. **3.** 〘旧約〙Jakob の尊称.
der **Is·ra·e·li** [イスらエーリ] [名] -(s)/-(s) (die ~ -/-(s)) イスラエル共和国民.
is·ra·e·lisch [イスらエーリシュ] [形] イスラエル共和国の.
der **Is·ra·e·lit** [イスらエリート] [名] -en/-en 〘旧約〙イスラエル人(ユダヤ人).
is·ra·e·li·tisch [イスらエリーティシュ] [形] イスラエル人の, イスラエル民族の, ユダヤ人の.
iss!, [旧]**iß!** [イス] [動] essen の du に対する命令形.
..is·se [..イセ] [接尾] 女性名詞を作る: Diakon*isse* 〘プロテスタント〙社会奉仕員の女性.
isst, [旧]**ißt** [イスト] [動] essen の現在形 2・3 人称単数.
ist [イスト] [動] sein の現在形 3 人称単数.
..ist [..イスト] [接尾] 名詞につけて「(…する)男性」を表す: Alpin*ist* 登山家. Ideal*ist* 理想主義者.
(*das*) **Is·tan·bul** [ístambu:l イスタムブール] [名] -s/ 〘地名〙イスタンブール(トルコの都市).
das **Ist·auf·kom·men, Ist-Auf·kom·men** [イスト・アウふ・コメン] [名] -s/- 実税収, 実収入.
der **Ist·be·stand, Ist-Be·stand** [イスト・ベシュタント] [名] -(e)s/..stände (現金・在庫品の)実際在高〔有高〕, 現在高.
der **Isth·mus** [イストムス] [名] -/..men 地峡.
..is·tik [..イスティク] [接尾] 名詞につけて「…学」を表す: Roman*istik* ロマン(ス)語学(文学)研究.
..is·tin [..イスティン] [接尾] 名詞につけて「(…する)女性」を表す: Pazif*istin* 女性の平和運動家.
die **Ist·stär·ke, Ist-Stär·ke** [イスト・シュテるケ] [名] -/-n 〘軍〙現有兵力.
it. =item さらにまた, 同様に.
die **Itai-Itai-Krank·heit** [イータイ・イータイ・クらンクハイト] [名] -/ 〘医〙イタイイタイ病.
die **I·ta·la** [イータラ] [名] -/ イタラ(最古のラテン語訳聖書).
der **I·ta·ler** [イータラー, イターラー] [名] -s/- 古代イタリア人.
i·ta·li·a·ni·sie·ren [イタリアニズィーれン] [動] *h.* **1.** 〔〈j^4/et^4〉ヲ〕イタリア化する, イタリア風にする. **2.** 〔sich^4〕イタリア的〔風〕になる.
der **I·ta·li·a·nis·mus** [イタリアニスムス] [名] -/..men 〘言〙(他の外国語の)イタリア語的な語法.
der **I·ta·li·a·nist** [イタリアニスト] [名] -en/-en イタリア語学文学者〔研究者〕.
i·ta·li·a·nis·tisch [イタリアニスティシュ] [形] イタリア語学文学の.
(*das*) **I·ta·li·en** [イターリエン] [名] -s/ 〘国名〙イタリア.
der **I·ta·li·e·ner** [イタリエーナー] [名] -s/- イタリア人.
i·ta·li·e·nisch [イタリエーニシュ] [形] イタリア(語・人)の.
das **I·ta·li·e·nisch** [イタリエーニシュ] [名] -(s)/ イタリア語. 【用法は⇨Deutsch】
das **I·ta·li·e·ni·sche** [イタリエーニシェ] [名] (形容詞的変化; [単]のみ) **1.** イタリア語. **2.** イタリア的なもの〔こと〕. 【用法は⇨Deutsche[2]】
i·ta·li·e·ni·sie·ren [イタリエニズィーれン] [動] *h.* =italianisieren
die **I·ta·li·en·ne** [italiɛ̃n イタリエン] [名] -/ 〘印〙エジ

プシャン体.

der **I·ta·li·ker** [イターリカー] [名] -s/- =Italer.

die **I·ta·lique** [italí:k イタリック] [名] -/ 〖印〗イタリック体.

i·ta·lisch [イターリシュ] [形] 古代イタリアの.

der **I·ta·lo·wes·tern** [イータロ·ヴェスターン, イターロ·ヴェスターン] [名] -(s)/- 〖映〗マカロニウェスタン.

..i·tät [..イテート] [接尾] 形容詞につけて「…な性質, …なこと」を表す: Kausal*ität* 因果関係. Real*ität* 現実性.

das **I·tem** [í:tɛm イーテム, áɪtəm アイテム] [名] -s/-s **1.** (発音は[áɪtəm]も有)項目, 細目, (個々の)要素; (テストなどの)質問項目, (個々の)課題. **2.** 《古》更なる問題点.

die **I·te·ra·ti·on** [イテらツィオーン] [名] -/-en **1.** 〖言〗(語)反復. **2.** 〖数〗反復法. **3.** 〖心〗言語〔動作〕反復.

i·te·ra·tiv [イーテらティーふ, イテらティーふ] [形] 〖言〗反復の; 〖数〗反復(法)の.

das **I·te·ra·tiv** [イーテらティーふ] [名] -s/-e 〖言〗反復動詞.

das **I·te·ra·ti·vum** [イテらティーヴム] [名] -s/..va =Iterativ.

das **I·ti·ne·rar** [イティネらーあ] [名] -s/-e **1.** (帝政ローマ時代の)旅行案内書. **2.** (調査隊の)ルート記録地図.

..i·ti·on [..イツィオーン] [接尾] ⇨ ..ion.

..i·tis [..イーティス] [接尾] 名詞につけて「…炎」を表す: Bronch*itis* 気管支炎.

..i·tor [..イ(ー)トーあ] [接尾] ⇨ ..ator.

das **i-Tüp·fel·chen,** [旧]**I-Tüp·fel·chen** [イー·テュップふぇルひぇン] [名] -s/- (完成させる)最後の点(「i」の点): bis aufs ~ 完全無欠に, 完璧(かんぺき)に.

..i·um [..イウム] [接尾] 中性名詞を作る: Aquar*ium* (飼育用)水槽.

i. v. =intravenös 〖医〗静脈内の, 静脈内への.

i. V., I. V. [イーふぁウ] **1.** =in Vertretung 代理で. **2.** =in Vollmacht 委任されて.

..iv [..イーふ] [接尾] 名詞につけて「…的な, …性の」を表す: effekt*iv* 効果的な.

..i·ve [..イーヴェ] [接尾] 女性名詞を作る: Offens*ive* 攻撃.

der **I·wan** [イーヴァーン] [名] -s/-s **1.** 《冗》ロシア人. **2.** ([単]のみ; 主に無冠詞) 〖男名〗イーヴァーン: ~ der Schreckliche イワン雷帝(1530-84年, ロシアの皇帝).

(*der*) **I·wein** [イーヴァイン] [名] 〖男名〗イーヴァイン(アーサー王伝説中の英雄).

der **IWF** [イーヴェーエふ] [名] -(s)/ =Internationaler Währungsfonds 国際通貨基金, IMF.

das **Iw·rit** [イヴリート] [名] -(s)/ =Iwrith.

das **Iw·rith** [イヴリート] [名] -(s)/ 現代ヘブライ語(イスラエルの公用語).

i. w. S. =im weiteren Sinn(e) 広い意味で.

J

das **j, J**[1] [jɔt ヨット] [名] -/-《《口》-s/-s》ドイツ語アルファベットの第10字.

J[2] **1.** ＝Jod〖化〗沃素(ようそ). **2.** ＝Joule〖理〗ジュール.

ja[1] [ヤー] [副]《主に単独で》 **1.**《決定疑問文の肯定の答え》はい, ええ, そうです: Kommen Sie mit? — *J*～. 一緒に行きますか. —はい. **2.**《相手の発言をうながして》 **a.**《電話で名前を言う代り》《口》はい: *J*～? はい(どなた〔何のご用です〕)? *J*～. はい(それで). **b.**《名前を呼ばれて》《口》はい(何ですか). **c.**《口ごもっている相手に》《口》ええ(何ですか): Sie sind ... — Was bin ich? — Sie sind ... — *J*～? あなたは… —私が何ですって. —あなたは… —ええ(私が何ですって). **3.**《他の人に対して本当なのかと問返して》え(本当ですか), そうですか: Morgen wird es regnen. — *J*～? 明日は雨でしょう. —そうですか. **4.**《前文に続けて》 **a.**《叙述文の形の疑問文の後に置いて同意の答えを求めて. アクセント有》そう〔いい〕でしょう: Man kann ihm nicht glauben. *J*～? 彼の言うことは信用できない. そうでしょう? **b.**《文を追加する際に自問自答して》そう, そうそう: *J*～, ich will Ihnen sagen, dass ... そうそう, 私はあなたに…ということを言っておきたい. **c.**《先行する疑問文が正当であることを確認して》本当に, そうだ: Aber warum hat sie die Unwahrheit gesagt? *J*～, warum? しかし彼女はなぜうそを言ったのだろう. 本当に, なぜだろう. **【慣用】Ach ja!** そうなんですよ;そうでしたね. **Ja doch**〔**Aber ja**〕! そうですとも. **Ja freilich**〔**gewiss/natürlich/sicher**〕! もちろんです. **Ja gern!** はい, かしこまりました, いいですとも. **Ja oder nein!** イエスかノーか. **Ja so!** そうなのか. **Ja und nein!** そうともそうでないとも言える. **Ja**〔**ja**〕**zu** 〈et^3〉 **sagen** 〈事に〉賛成する, 〈事を〉肯定する. **Na ja!** まあ〔そうです〕ねえ. **Nun ja!** (肯定をためらって)そうですねえ. **O ja!** そうだとも. **zu allem Ja**〔**ja**〕**und Amen**〔**amen**〕**sagen** 何にでもはいはいと言う.

ja[2] [ヤー] [副]《文中に用いて》 **1.**《語飾》《動詞・形容詞・副詞・名詞を修飾. アクセント無》(いや)それどころか, …ですら;《ja ..., aber ... の形で》たしかに…ではあるが: Das ist schwer, ～ unmöglich. それはむずかしい. いやそれどころか不可能だ. Wir wollten es ～ versuchen, aber ... 私たちはたしかにそれをしようとしたが…. **2.**《話者の気持》 **a.**《叙述文で, 既知・自明のこととして. アクセント無》…ではないか, 何といっても…なのだから: Lass ihn selbst entscheiden! Er ist ～ kein Kind mehr. 彼に自分で決めさせなさい. もう子供じゃないんだから. **b.**《叙述文・感嘆文で, 驚いて. アクセント無》…とは(なあ), …だぞ, …だよ: Er ist ～ im Examen durchgefallen! 彼が試験に落第するとはなあ. Das ist ～ schrecklich! それはひどいよ. **c.**《命令文で, 強く要求して. アクセント有》…しなさいよ, ぜひ: Bleibe ～ zu Haus(e)! 家にいるんですよ.

das **Ja** [ヤー] [名] -(s)/-(s) 「はい」という〔肯定・同意・承諾の〕返事;賛成: mit ～ stimmen 賛成投票をする

der **Ja·bo** [ヤーボ] [名] -s/-s ＝Jagdbomber.

das **Ja·bot** [ʒabóː ジャボー] [名] -s/-s 胸のひだ飾り.

die **Jacht** [ヤハト] [名] -/-en ヨット(Yacht).

die **Ja·cke** [ヤッケ] [名] -/-n 上着, ジャケット. **【慣用】Das ist Jacke wie Hose.**《口》それはどうでもよいことだ. **die Jacke voll kriegen**《口》さんざん殴られる.

der **Jä·ckel** [イェッケル] [名] -s/- **1.**《口・蔑》(からかい半分でも)ばか者, 間抜け. **2.**《[単]のみ;主に無冠詞》〖男名〗イェッケル(Jakob の愛称).

das **Ja·cken·kleid** [ヤッケン・クライト] [名] -(e)s/-er (婦人服の)スーツ, ツーピース.

die **Ja·cket·kro·ne** [dʒɛ́kət.. ヂェケット・クローネ] [名] -/ 〖歯〗(陶製・プラスチックの)義歯冠.

das **Ja·ckett** [ʒakɛ́t ジャケット] [名] -s/-s〔-e〕(紳士用スーツの)上着, ジャケット. **【慣用】einen unter das Jackett brausen**《口》ビール〔酒〕を一杯飲む.

der **Jack·pot** [dʒɛ́k.. ヂェック・ポット] [名] -s/-s (宝くじなどの)積立賞金;〖トランプ〗(ポーカーの)ジャックポット.

der **Jac·quard** [ʒakáːr ジャカーあ] [名] -(s)/-s〖紡〗ジャカード(ジャガード機製の紋織物).

die **Jac·quard·ma·schi·ne** [ジャカーあ・マシーネ] [名] -/-n ジャカード機.

der **Ja·de** [ヤーデ] [名] -(s)/ (die ～ -/ も有)翡翠(ひすい), 硬玉.

ja·de·grün [ヤーデ・グりゅーン] [形] 翡翠(ひすい)色の.

j'adoube [ʒadúb ジャドゥブ] 〖チェス〗駒の位置を正します(駒は進めないという意味で).

die **Jagd** [ヤークト] [名] -/-en **1.** 狩, 猟, 狩猟;狩猟の催し: die ～ auf Hasen ウサギ狩. auf die ～ gehen 狩猟に出かける. **2.** 狩猟チーム, 狩りの一行;(生息する狩猟鳥獣を含む)森の区域. **3.** 追跡, 追求: die ～ nach 〈et^3〉〈事の〉追求. auf 〈j^4〉 ～ machen 〈人を〉追跡する. **【慣用】die Wilde Jagd**〖ゲルマン神〗嵐の中, ヴォーダン(Wodan)を先頭に空を駆る軍勢.

der **Jagd·an·zug** [ヤークト・アン・ツーク] [名] -(e)s/..züge 狩猟服.

der **Jagd·auf·se·her** [ヤークト・アウふ・ゼーあー] [名] -s/- 狩区監視人.

jagd·bar [ヤークト・バーあ] [形] 狩猟可能な.

die **Jagd·be·rech·ti·gung** [ヤークト・べれひティグング] [名] -/ 狩猟権.

die **Jagd·beu·te** [ヤークト・ボイテ] [名] -/-n (狩猟の)獲物.

der **Jagd·bom·ber** [ヤークト・ボムバー] [名] -s/- 〖軍〗戦闘爆撃機.

der **Jagd·fa·san** [ヤークト・ふぁザーン] [名] -(e)s/-e(n)〖狩〗狩猟用キジ(黒海沿岸より移入された狩猟鳥).

der **Jagd·flie·ger** [ヤークト・ふりーガー] [名] -s/- 戦闘機のパイロット.

die **Jagd·flin·te** [ヤークト・ふリンテ] [名] -/-n 狩猟用散弾銃, 猟銃.

das **Jagd·flug·zeug** [ヤークト・ふルーク・ツォイク] [名] -(e)s/-e〖軍〗戦闘機.

der **Jagd·fre·vel** [ヤークト・ふれーふぇル] [名] -s/- 狩猟法違反.

jagd·ge·recht [ヤークト・ゲれひト] [形] 狩猟の作法にかなった.

das **Jagd·ge·schwa·der** [ヤークト・ゲシュヴァーダー] [名] -s/- 〖軍〗戦闘機大隊.

die **Jagd·ge·sell·schaft** [ヤークト・ゲザルシャふト] [名] -/-en 狩りの一行, 狩猟パーティー.

das **Jagd·ge·wehr** [ヤークト・グヴェーあ] [名] -(e)s/-e (散弾銃・ライフル銃の)猟銃.

der **Jagd·grund** [ヤークト・グるント] [名] -(e)s/..gründe《主に[複]》猟場. **【慣用】in die ewigen Jagdgründe eingehen**《婉・皮》あの世へ行く. 〈j^4〉 **in die ewigen Jagdgründe schicken**〔**befördern**〕《口》《主に(冗談の)おどしで》〈人を〉あの世に送る.

das **Jagd·haus** [ヤークト・ハウス] [名] -es/..häuser 狩猟小屋.

das **Jagd·horn** [ヤークト・ホるン] [名] -(e)s/..hörner 狩猟用のホルン.

der **Jagd·hund** [ヤークト・フント] [名] -(e)s/-e 猟犬.

die **Jagd·hüt·te** [ヤークト・ヒュッテ] [名] -/-n 小さな狩猟小屋.

jagd·lich [ヤークトリひ] [形] 狩猟の.

das **Jagd·mes·ser** [ヤークト・メッサー] [名] -s/- 猟刀.

der **Jagd·päch·ter** [ヤークト・ペひター] [名] -s/- 狩猟権借受け人.

das **Jagd·re·vier** [ヤークト・れヴィーあ] [名] -s/-e 猟区.

der **Jagd·schein** [ヤークト・シャイン] [名] -(e)s/-e 狩猟免許証. 【慣用】**den Jagdschein haben** 《口》責任能力がないという判決をもらっている.

das **Jagd·schloss,** ㊐**Jagd·schloß** [ヤークト・シュロス] [名] -es/..schlösser (王侯などの)狩猟用の館.

der **Jagd·schutz** [ヤークト・シュッツ] [名] -es/ **1.** 狩猟鳥獣の保護(措置). **2.** 〖軍〗戦闘機による飛行機部隊の護衛.

die **Jagd·staf·fel** [ヤークト・シュタっふぇル] [名] -/-n 〖軍〗戦闘機中隊.

der **Jagd·stuhl** [ヤークト・シュトゥール] [名] -(e)s/..stühle 狩猟用腰かけ(折りたたみ式のプレートつきステッキ).

die **Jagd·ta·sche** [ヤークト・タッシェ] [名] -/-n 狩猟用ショルダーバック.

die **Jagd·wurst** [ヤークト・ヴるスト] [名] -/..würste ヤークトヴルスト(辛子とニンニクで味つけし,薫製してからゆでたソーセージ).

die **Jagd·zeit** [ヤークト・ツァイト] [名] -/-en 猟期.

ja·gen [ヤーゲン] [動] **1.** *h.* 〖(auf)〈et⁴〉ヲ/nach〈et³〉ヲ〗狩る. **2.** *h.* 〖補足なし〗狩をする,狩猟をする. **3.** *h.* 〖〈j⁴〉ヲ〗猛烈な勢いで追いかける;追跡する,追いかける. **4.** *h.* 〖〈j⁴/et⁴〉ヲ+〈方向〉カラ(ヘ)〗追いやる,追立てる,追込む,追出す. **5.** *h.* 〖〈et⁴〉ヲ+〈j³/et³〉ノ+in〈et⁴〉(ノ中)ニ/durch〈et⁴〉ニ〗《口》突刺す,ぶち込む;貫通させる(注射(針)・ドスなどを). **6.** *s.* 〖〈方向〉ヘ/〈場所〉ヲ〗勢いよく〔せわしなく〕走って行く〔動いていく〕. **7.** *h.* 〔nach〈et³〉ヲ〕追い求める(金・好運などを). 【慣用】*h.* **Die Ereignisse jagten sich** 〔**einander**〕. それらの出来事が次々に起こった. *h.* **Ein Gedanke jagt den anderen.** 考えが次々に浮かぶ. **〈j⁴〉 mit〈et³〉 jagen können** 《口》〈物・事で〉〈人に〉嫌悪感を起こさせる: Damit kannst du mich *jagen*. よしてくれ,そいつはご免だ. **mit jagendem Atem** せわしない息づかいで. **sich⁴ immer gejagt fühlen** いつも自分が何かに追いかけられているように感じる. **von Todesfurcht gejagt** 死の恐怖に駆られて.

das **Ja·gen** [ヤーゲン] [名] -s/- 〖林〗林班(林の区画の最小単位).

der **Jä·ger** [イェーガー] [名] -s/- **1.** 猟師,狩猟家. **2.** 〖軍〗狙撃(ｿｹﾞｷ)兵;〖兵〗戦闘機;(複のみ)狙撃隊. 【慣用】**der Wilde Jäger** 〖ゲルマン神〗嵐のなか,空を駆る軍勢を率いるヴォーダン(Wodan).

die **Jä·ge·rei** [イェーゲらイ] [名] -/ 狩猟;狩猟(に関するすべてのこと);(総称)猟師,狩猟家.

das **Jä·ger·la·tein** [イェーガー・ラタイン] [名] -s/ (狩の)自慢〔手柄〕話.

das **Jä·ger·schnit·zel** [イェーガー・シュニッツェル] [名] -s/- 〖料〗狩人風ソテー(きのこソースの豚〔子牛〕肉ソテー).

der **Jä·gers·mann** [イェーガース・マン] [名] -(e)s/..leute 《口・古》狩人,猟師.

die **Jä·ger·spra·che** [イェーガー・シュプらーへ] [名] -/ 狩猟〔猟師〕言葉.

der **Ja·ger·tee** [ヤーガー・テー] [名] -s/-s 《オーストリア・スイス》シュナップス〔蒸留酒〕入りの茶.

der **Jä·ger·zaun** [イェーガー・ツァウン] [名] -(e)s/..zäune 細木の格子垣.

die **Jagst** [ヤクスト] [名] -/ 〖川名〗ヤクスト川(バーデン=ヴュルテンベルク州を流れる,ネッカル川の支流.).

der **Ja·gu·ar** [ヤーグアーあ] [名] -s/-e 〖動〗ジャガー.

jäh [イェー] [形] 《文》 **1.** 急な,突然の,不意の. **2.** 急な(傾斜の),険しい.

jäh·lings [イェーリングス] [副] **1.** 急に. **2.** 急傾斜で.

(*der*) **Jahn** [ヤーン] [名] 〖人名〗ヤーン(Friedrich Ludwig ~, 1778-1852, 体育教育者).

das **Jahr** [ヤーあ] [名] -(e)s/-e **1.** 年,1年: alle vier *~e* 4年ごとに. laufenden/kommenden *~es* 今年に/来年に. ein Werk aus dem ~ 1930 1930年の作品. im ~(*e*) 1990 1990年に. heute in/vor fünf *~en* 5年後/前の今日. für〔auf〕zwei *~e* 向う2年間. ~ für〔um〕~ 毎年,年々歳々. von ~ zu ~ 毎年,年々. Ich wünsche Ihnen ein gutes neues ~. 新年おめでとうございます. Herzliche Glückwünsche zum neuen ~! 謹賀新年. in den 50er *~en* des 20. Jahrhunderts. 20世紀の50年代に. **2.** …歳;年齢: Sie ist elf *~e* alt. 彼女は11歳です. Er ist noch jung an *~en*. 彼はまだ年が若い. für seine *~e* 年齢のわりには. mit den *~en* 歳とともに. Er hat noch nicht die *~e*, um〈et⁴〉zu tun. 〈事を〉するには彼はまだ若すぎる. 【慣用】**auf Jahr und Tag** (日付に至るまで)細大もらさず. **bei Jahren sein** 《文》かなり年輩である. **in den besten Jahren sein** 人生の盛りである. **in die Jahre kommen** 《婉》年をとる. **nach/vor Jahr und Tag** 何年も後に/前に.

jahr·aus [ヤーあ・アウス] [副] (次の形で) ~, jahrein 毎年毎年,年々歳々,年がら年中.

das **Jahr·buch** [ヤーあ・ブーふ] [名] -(e)s/..bücher 年鑑,年報.

jahr·ein [ヤーあ・アイン] [副] ⇨ jahraus.

jah·re·lang [ヤーれ・ラング] [形] 長年の,何年にもわたる.

jäh·ren [イェーれン] [動] *h.* 〔sich⁴+(〈時点〉ニ)〕(一年経って)再びめぐって来る.

das **Jah·res·a·bon·ne·ment** [ヤーれス・アボネマーン] [名] -s/-s 年間予約.

der **Jah·res·ab·schluss,** ㊐**Jah·res·ab·schluß** [ヤーれス・アップ・シュルス] [名] -es/..schlüsse 〖経・商〗年度(年次)決算(書).

der **Jah·res·aus·gleich** [ヤーれス・アウス・グライひ] [名] -(e)s/-e 〖税〗年末調整.

der **Jah·res·aus·stoß** [ヤーれス・アウス・シュトース] [名] -es/..stöße〖経〗年間生産高.

der **Jah·res·be·ginn** [ヤーれス・ベギン] [名] -(e)s/ 年の始め,年頭,年初.

der **Jah·res·bei·trag** [ヤーれス・バイ・トらーク] [名] -(e)s/..träge 年会費.

der **Jah·res·be·richt** [ヤーれス・べりひト] [名] -(e)s/-e 年次報告,年報.

die **Jah·res·bi·lanz** [ヤーれス・ビランツ] [名] -/-en 〖経・商〗年度貸借対照表,年度末決算貸借対照表.

der **Jah·res·durch·schnitt** [ヤーれス・ドゥるひ・シュニット] [名] -(e)s/-e 年間平均(値).

das **Jah·res·ein·kom·men** [ヤーれス・アイン・コメン] [名] -s/- 年収.

das **Jah·res·en·de** [ヤーれス・エンデ] [名] -s/ 年の終わり,年末.

der **Jah·res·fehl·be·trag** [ヤーれス・ふぇール・ベトらーク] [名] -(e)s/..träge 〖経〗年度欠損,年度損失,年度不足額,当期純損失.

die **Jah·res·fei·er** [ヤーれス・ふぁイあー] [名] -/-n (例年の)記念祭.

(*die*) **Jah·res·frist** [ヤーれス・ふりスト] [名] -/ (無冠詞で,前置詞と)一か年の期間: in 〔innerhalb/binnen〕~ 一年以内に. nach/vor ~ 一年後/前に.

das **Jah·res·ge·halt** [ヤーれス・ゲハルト] [名] -(e)s/..hälter 年俸.

der **Jahres·lauf** [ヤーれス・ラウふ] [名] -(e)s/ 《次の形で》im ～ その年のうちに.

der **Jahres·ring** [ヤーれス・りング] [名] -(e)s/-e 《主に[複]》〖植〗年輪.

der **Jahres·tag** [ヤーれス・ターク] [名] -(e)s/-e (例年の)記念日.

der **Jah·res·ü·ber·schuss**, [旧]**Jah·res·über·schuß** [ヤーれス・ユーバー・シュス] [名] -es/..schüsse 〖経〗年度剰余額.

der **Jahres·urlaub** [ヤーれス・ウーあラウプ] [名] -(e)s/-e 年次休暇.

der **Jahres·wechsel** [ヤーれス・ヴェクセル] [名] -s/- 年が改まること: Glückwünsche zum ～ 新年の賀詞.

die **Jahres·wende** [ヤーれス・ヴェンデ] [名] -/-n 年の変わり目.

der **Jahres·wirtschafts·bericht** [ヤーれス・ヴィるトシャふツ・べりひト] [名] -(e)s/-e (連邦政府の)年次経済報告.

die **Jahres·zahl** [ヤーれス・ツァール] [名] -/-en 年号;年数.

die **Jahres·zeit** [ヤーれス・ツァイト] [名] -/-en 季節, シーズン.

jahres·zeit·lich [ヤーれス・ツァイトリひ] [形] 季節的な, 季節による.

der **Jahr·gang** [ヤーあ・ガング] [名] -(e)s/..gänge **1.** 同年生れの世代: der ～ 1970 1970年生れの人. Er ist dein ～. 彼は君と同い年だ. **2.** (雑誌などの)…年度刊行分, (年号による)巻数(略 Jg.; [複] Jgg.). **3.** …年度産のワイン: ein guter ～ 良作の年のワイン.

das **Jahr·hun·dert** [ヤーあ・フンダート] [名] -s/-e (1)世紀, 100年(略 Jh.): im 20. ～ 20世紀に. in unserem ～ 今世紀に.

das **Jahr·hun·dert·de·sas·ter** [ヤーあフンダート・デザスター] [名] -s/- 世紀最大規模の災害.

jahr·hun·der·te·alt [ヤーあフンダーテ・アルト] [形] 数世紀を経た, 数百年昔の.

jahr·hun·der·te·lang [ヤーあフンダーテ・ラング] [形] 何百年もの, 何世紀もの.

die **Jahr·hundert·fei·er** [ヤーあフンダート・ふぁイあー] [名] -/-n 百年祭.

der **Jahr·hundert·wein** [ヤーあフンダート・ヴァイン] [名] -(e)/-e 《[複]は種類》世紀最良のワイン.

die **Jahr·hundert·wen·de** [ヤーあフンダート・ヴェンデ] [名] -/-n 世紀の変り目: um die ～ 世紀末に.

jäh·rig [イェーりひ] [形] 《古》1歳の, 1年間の.

..jäh·rig [..イェーりひ] [接尾] 数詞・形容詞などにつけて「…歳の, …年(間)の」を表す形容詞を作る: acht*jährig*〔8-jährig〕8歳の, 8年の. lang*jährig* 長年の.

jähr·lich [イェーありひ] [形] 毎年の, 年間の.

..jähr·lich [..イェーありひ] [接尾] 数詞などにつけて「…年ごとの」を表す形容詞を作る: all*jährlich* 毎年の. viertel*jährlich* 3か月ごとの.

der **Jähr·ling** [イェーありング] [名] -s/-e 〖動・農〗1歳の子.

der **Jahr·markt** [ヤーあ・マるクト] [名] -(e)s/..märkte (年に一度の)大市, 年の市(移動遊園設備を伴う): auf den ～ gehen 大市に行く.

die **Jahr·markts·bu·de** [ヤーあマるクツ・ブーデ] [名] -/-n 年の市の屋台〔見世物小屋〕.

das **Jahr·tau·send** [ヤーあ・タウゼント] [名] -s/-e 千年(間).

die **Jahr·tau·send·fei·er** [ヤーあタウゼント・ふぁイあー] [名] -/-n 千年祭.

das **Jahr·zehnt** [ヤーあ・ツェーント] [名] -(e)s/-e 10年(間): in den letzten ～*en* 過去数十年の間に.

jahr·zehn·te·lang [ヤーあツェーンテ・ラング] [形] 何十年もの.

(*der*) **Jah·ve** [ヤーヴェ] [名] 〖旧約〗ヤハウェ, エホヴァ(神の名).

(*der*) **Jah·we** [ヤーヴェ] [名] 〖旧約〗＝Jahve.

der **Jäh·zorn** [イェー・ツォるン] [名] -(e)s/ 激怒, かんしゃく.

jäh·zor·nig [イェー・ツォるニひ] [形] かんしゃく持ちの, 短気な.

der **Jak** [ヤク] [名] -s/-s 〖動〗ヤク.

der **Ja·kob** [ヤーコプ] [名] -s/ **1.** 《主に無冠詞》〖男名〗ヤーコプ. **2.** ～ I. ジェームズ1世(1566-1625年, イギリス国王). **3.** 《主に無冠詞》〖旧約〗ヤコブ(Isaak の息子. イスラエルの祖). **4.** 《主に無冠詞》〖新約〗ヤコブ(ス). ⇨ Jakobus. **5.** 《次の形で》《口》: der billige ～ 行商人, 大道商人. den billigen ～ abgeben うまい口実をつける. Das ist der wahre ～ それはまさに探し求めていたものだ.

das **Ja·ko·bi** [ヤコービ] [名] -/ 《主に無冠詞》聖ヤコブの日(7月25日). ⇨Jakob 4.

der **Ja·ko·bi·ner** [ヤコビーナー] [名] -s/- **1.** フランス革命時のジャコバン党員. **2.** (フランスの)ドミニコ(修道)会士.

die **Ja·ko·bi·ner·müt·ze** [ヤコビーナー・ミュッツェ] [名] -/-n ジャコバン帽(赤い一種のベレー帽).

ja·ko·bi·nisch [ヤコビーニシュ] [形] ジャコバン党の.

der **Ja·ko·bi·tag** [ヤコービ・ターク] [名] -(e)s/-e ＝Jakobi.

die **Ja·kobs·lei·ter** [ヤーコプス・ライター] [名] -/-n **1.** 《[単]のみ》〖旧約〗ヤコブのはしご(天国とこの世にかけられた橋. 創世記28, 12). **2.** 〖海〗縄ばしご. **3.** 〖植〗ハナシノブ.

die **Ja·kobs·mu·schel** [ヤーコプス・ムッシェル] [名] -/-n 帆立貝(殻は巡礼者の象徴).

(*der*) **Ja·kob·son** [já:kɔbsən ヤーケブセン] [名] 〖人名〗ヤコブソン(Roman ～, 1896-1982, ロシア生れのアメリカの言語学者).

der **Ja·kobs·stab** [ヤーコプス・シュタープ] [名] -(e)s/..stäbe **1.** ヤコブの杖(つえ)(中世の天測器械). **2.** 《[単]のみ》〖天〗オリオンの三つ星.

der **Ja·kobs·tag** [ヤーコプス・ターク] [名] -(e)s/-e ＝Jakobi.

(*der*) **Ja·ko·bus** [ヤコーブス] [名] 〖新約〗ヤコブ(ス): ～ der Ältere 大ヤコブ(十二使徒の一人. 使徒 Johannes の兄弟). ～ der Jüngere 小ヤコブ(十二使徒の一人). der Brief des ～ ヤコブ書(新約聖書中の書簡).

die **Ja·lou·set·te** [ʒaluzɛ́tə ジャルゼッテ] [名] -/-n (金属・プラスチックの)軽量ブラインド.

die **Ja·lou·sie** [ʒaluzí: ジャルズィー] [名] -/-n (巻上げ式)ブラインド.

(*das*) **Ja·mai·ka** [ヤマイカ] [名] -s/ 〖国名〗ジャマイカ(カリブ海の国);〖地名〗ジャマイカ島.

die **Jam·be** [ヤムベ] [名] -/-n 〖詩〗＝Jambus.

jam·bisch [ヤムビシュ] [形] 〖詩〗イアンボスの.

das **Jam·bo·ree** [dʒɛmbəri: ヂェムベりー] [名] -(s)/-s **1.** ジャンボリー(ボーイスカウトの国際大会). **2.** にぎやかな催し.

der **Jam·bus** [ヤムブス] [名] -/..ben 〖詩〗イアンボス, 抑揚格(弱強または短長格).

der **Jam·mer** [ヤマー] [名] -s/ **1.** 悲嘆〔嘆き〕の声: der ～ um ⟨j⁴/et⁴⟩ ⟨人・物・事をいたむ⟩嘆きの声. **2.** 嘆かわしい〔哀れな・悲惨な〕状態, 惨状: Es ist ein ～, dass ... 《口》…とは嘆かわしい〔残念だ〕.

das **Jam·mer·bild** [ヤマー・ビルト] [名] -(e)s/-er 悲惨な光景.

das **Jam·mer·ge·schrei** [ヤマー・ゲシュらイ] [名] -s/ 悲嘆の叫び.

die **Jam·mer·ge·stalt** [ヤマー・ゲシュタルト] [名] -/-en

J

Jammerlappen 622

痛ましい[みすぼらしい]姿の人;《口・蔑》(成果をあげると)は思えない)印象のよくない人.

der **Jam·mer·lap·pen** [ヤマ・ラッペン] 名 -s/- 《口・蔑》不甲斐ない男, 腰抜け.

jäm·mer·lich [イェマーリヒ] 形 **1.** 悲痛な;悲惨な;みすぼらしい;哀れな: ein ~*es* Geschrei 悲痛な叫び. ~ umkommen 惨めな死に方をする. **2.** ひどい;ひどく.

jam·mern [ヤマーン] 動 *h.* **1.**〔悲しげに〕声を出して泣く,いくどとなくため息をつく,うめき声を立てる. 〔über 〈j⁴/et⁴〉ニツイテ/um 〈j⁴/et⁴〉ヲ嘆ク〕嘆く,苦情〔不満・不平〕を述べる. **2.** 〔nach 〈j³/et³〉ヲ求メテ〕泣く,泣き叫ぶ. **3.** 〔文〕憐憫(ゎの)情を催こさせる,(…の)心を痛める.

jam·mer·scha·de [ヤマー・シャーデ] 形 《主に次の形で》Es ~ , dass ... 〔口〕…なのはとても残念だ〔惜しい〕. um 〈j⁴〉 ist es ~ 《口》〈人ョ〉(もっと意欲があれば〔状況がよければ〕もっと成果があがったろうに)にとても惜しい.

das **Jam·mer·tal** [ヤマー・タール] 名 -(e)s/ 〔文〕苦しみに満ちた現世: das irdische ~ 憂き世.

jam·mer·voll [ヤマー・ふォル] 形 悲痛な;悲惨な, 惨めな.

(*der*) **Jan** [ヤン] 名 《男名》ヤン.

Jan. = Januar 1月.

der **Jangtse** [ヤンツェ] 名 -(s)/ 《川名》揚子江.

der **Jang·tse·ki·ang** [ヤンツェ·キアング] 名 -(s)/ 《川名》= Jangtse.

der **Ja·ni·tschar** [ヤニチャーア] 名 -en/-en イェニチェリ(14-18世紀のトルコ皇帝親衛兵).

die **Ja·ni·tscha·ren·mu·sik** [ヤニチャーレン・ムズィーク] 名 -/ イェニチェリ音楽(トルコの軍楽風の音楽);イェニチェリ音楽の時用いられる楽器(トライアングル・シンバル・大太鼓など).

der **Jan·ker** [ヤンカー] 名 -s/- 《おⅮ・おⅯ》(民族衣装の)男性用上着.

der **Jän·ner** [イェナー] 名 -s/- 《主に⦿》〔おⅮ・南独・おⅯ〕1月.

der **Jan·se·nis·mus** [ヤンゼニスムス] 名 -/ ジャンセニズム, ヤンセン主義(17世紀の中頃, オランダの司教 Cornelius Jansen, 1585-1638, にちなむ教義).

der **Jan·se·nist** [ヤンゼニスト] 名 -en/-en ジャンセニスト, ヤンセン派.

der **Ja·nu·ar** [ヤヌアーア] 名 -(s)/-e 《主に⦿》1月(略Jan.): Heute ist der 1. ~. きょうは元旦です. im ~ 1月に. am 6. ~ 1月6日に. gegen Ende des Monats ~ 1月の末頃に.

(*der*) **Ja·nus** [ヤーヌス] 名 〔ロ神〕ヤヌス(頭の前後に顔をもつ, 入口の守護神).

der **Ja·nus·kopf** [ヤーヌス・コップふ] 名 -(e)s/..köpfe ヤヌスの(双面の)顔.

ja·nus·köp·fig [ヤーヌス・ケップふィヒ] 形 ヤヌスの顔をもつ;二面性のある.

(*das*) **Ja·pan** [ヤーパン] 名 -s/ 《国名》日本.

der **Ja·pa·ner** [ヤパーナー] 名 -s/- 日本人.

die **Ja·pa·ne·rin** [ヤパーネリン] 名 -/-nen 日本人女性.

ja·pa·nisch [ヤパーニシュ] 形 日本(人・語・風)の: das ~e Meer 日本海.

das **Ja·pa·nisch** [ヤパーニシュ] 名 -(s)/ 日本語. 〔用法は ⇨ Deutsch〕

das **Ja·pa·ni·sche** [ヤパーニシェ] 名 〔形容詞的変化;⦿のみ〕**1.**〔定冠詞とともに〕日本語. **2.** 日本的なの〔こと〕〔用法は ⇨ Deutsche²〕

der **Ja·pan·lack** [ヤーパン・ラック] 名 -(e)s/-e 漆.

der **Ja·pa·no·lo·ge** [ヤパノ・ローゲ] 名 -n/-n 日本学者, 日本語学文学〔文化〕研究者.

die **Ja·pa·no·lo·gie** [ヤパノ・ロギー] 名 -/ 日本学, 日本語学文学〔文化〕研究.

ja·pa·no·lo·gisch [ヤパノ・ローギシュ] 形 日本学の, 日本語学文学〔文化〕研究の.

das **Ja·pan·pa·pier** [ヤーパン・パピーア] 名 -s/-e 和紙.

die **Ja·pan·sei·de** [ヤーパン・ザイデ] 名 -/-n 日本産の絹布(絹糸).

(*der*) **Ja·phet** [ヤーふェト] 名 《旧約》ヤペテ(Noahの第三子).

jap·sen [ヤプセン] 動 *h.* 《口》**1.** 〔激しく〕あえぐ,口を開けては荒い息をする. **2.** 《⦿と》あえぎあえぎ〔息を切らして〕言う〔質問する〕.

die **Jar·di·ni·e·re** [ʒardinjɛːrə ジャるディニエーれ] 名 -/-n (平たい)植木鉢, 花活け.

der **Jar·gon** [ʒargõ ジャるゴーン] 名 -s/-s ジャーゴン, (特定社会・同業者仲間の)特殊用語, 隠語;《蔑》ぞんざいな言葉遣い.

der **Jarl** [ヤるル] 名 -s/-s 〔史〕(北欧の)太守, 代官;(北欧の)戦士.

die **Jar·mul·ke** [ヤームルケ] 名 -/-s {..ka} ヤムルカ(ユダヤ教徒男性がかぶるビロードの帽子).

der **Ja·sa·ger** [ヤー・ザーガー] 名 -s/- イエスマン.

der **Ja·sch·mak** [ヤシュマク] 名 -(s)/-s ヤシュマク(イスラム教徒の裕福な女性がかぶるヴェール).

der **Jas·min** [ヤスミーン] 名 -s/-e 〔植〕ジャスミン: Echter ~ 素馨(ぞ). Falscher ~ バイカウツギ.

(*der*) **Ja·son** [ヤーゾン] 名 〔ギ神話〕イアソン(金羊毛を求め遠征をした英雄).

der **Jas·pers** [ヤスパース] 名 《人名》ヤスパース(Karl ~, 1883-1969, 哲学・心理学者).

die **Jas·per·ware** [ʤɛspəːr.. ヂェスパー・ヴァーれ] 名 -/-n ジャスパー(ウェア)(白色浮彫りの英国製陶磁器).

der **Jas·pis** [ヤスピス] 名 -(ses)/-se 《⦿は種類》碧玉(ベへ), ジャスパー.

die **Ja·stim·me** [ヤー・シュティメ] 名 -/-n 賛成票.

der **Ja·ta·gan** [ヤタガーン] 名 -s/-s ヤタガン(中近東で用いられるつばのないS字形の長い刀).

jä·ten [イェーテン] 動 *h.* **1.** 〈et⁴ヲ〉抜く, むしる(雑草など). **2.** 〈et⁴〉除草をする.

die **Jau·che** [ヤウヘ] 名 -/-n **1.** 動物の糞尿の肥料, 下肥;《口・蔑》汚水(のような液体). **2.** 〔医〕腐敗膿(ノ).

die **Jau·che·gru·be** [ヤウへ・グルーベ] 名 -/-n 肥だめ.

jau·chen [ヤウへン] 動 *h.* 〈et⁴ヲ〉〔農〕下肥をやる(畑などに).

jau·chig [ヤウひヒ] 形 **1.** 下肥の(臭いがする). **2.** 〔医〕腐敗性の;腐敗膿(ラン)を出す.

jauch·zen [ヤウホツェン] 動 *h.* **1.** 〔歓喜で〕歓声を上げる, 歓呼する;熱狂〔狂喜〕している(観衆などが). **2.** 〈j³ニ〉〔古〕歓呼の声を上げて喜び〔感謝〕を表す.

der **Jauch·zer** [ヤウホツァー] 名 -s/- 歓声.

jau·len [ヤウレン] 動 *h.* 〔悲しげに〕くんくん鳴く(犬小犬が), きゃんきゃん鳴く(けがした犬が), 遠ぼえする;うなる(風・モーターなどが).

die **Jau·se** [ヤウゼ] 名 -/-n 《おⅮ》(主に午後の)間食, 軽食;(午前/午後の)間食用のサンドイッチ.

jau·snen [ヤウスネン] 動 *h.* 《悲しげに》《おⅮ》間食〔おやつ〕を食べる, お茶にする.

(*das*) **Ja·va** [ヤーヴァ] 名 -s/ 《地名》ジャワ島.

das **Ja·va·nas·horn** [ヤーヴァ・ナースホるン] 名 -(e)s/ ..hörner 〔動〕ジャワサイ.

der **Ja·va·ner** [ヤヴァーナー] 名 -s/- ジャワ島住民.

ja·wohl [ヤ・ヴォール] 副 はい(分かりました), かしこまりました;そうですとも.

das **Ja·wort** [ヤー・ヴォるト] 名 -(e)s/-e 《主に⦿》承諾の言葉.

der **Jazz** [ʤæz, ʤɛs ヂェス, jats ヤッツ] 名 -/ ジャ

ズ.

die **Jazz·band** [ヂェス·バント, ヤッツ·バント] [名] -/-s ジャズバンド.

jaz·zen [dʒɛ́sən ヂェセン, játsən ヤッツェン] [動] *h.* 〘補足なし〙ジャズを演奏する.

der **Jazz·fan** [ヂェス·ふぇン, ヤッツ·ふぇン] [名] -s/-s ジャズファン.

das **Jazz·fes·ti·val** [ヂェス·ふぇスティヴェル, ヂェス·ふぇスティヴァル, ヤッツ·ふぇスティヴェル, ヤッツ·ふぇスティヴァル] [名] -(e)s/-e ジャズフェスティバル.

die **Jazz·gym·nas·tik** [ヂェス·ギュムナスティク, ヤッツ·ギュムナスティク] [名] -/ ジャズ体操.

die **Jazz·ka·pel·le** [ヂェス·カペレ, ヤッツ·カペレ] [名] -/-n ジャズバンド.

das **Jazz·kon·zert** [ヂェス·コンツェるト, ヤッツ·コンツェるト] [名] -(e)s/-e ジャズコンサート.

das **Jb.** [名] =Jahrbuch 年鑑, 年報.

je [イェー] [副] **1.** かつて;いつか: seit(eh und)~ 以前から. ~ und ~ 《文·古》いつも, 時折. mehr als ~ これまで以上に. **2. a.** 《数詞とともに》…ずつ: ~ drei Personen einlassen 3人ずつ中に入れる. **b.** それぞれ: Sie erhielten ~ ein Geschenk. 彼らはそれぞれプレゼントをもらった. **3.** 《~ nach 〈et³〉の形で》〈事に〉応じて, (…)次第で;《~ nachdem の形で》(それに)よって〔応じて〕;次第によって: ~ nachdem, wie man es versteht それをどう理解するかによって.

—— [前] 〘+4〔1〕格〙…ごとに, …につき(pro): Das kostet ein Euro ~ Pfund. それは1ポンドにつき1ユーロする.

—— [接] 《従属》《~ 比較級, desto〔um so〕比較級の形で》…であればあるほど, それだけいっそう…: *J*~ mehr, desto besser. 多ければ多いほどいい.

je! [イェー] [間] 《次の形で》O/Ach ~! おーおー/あーあー(驚き·残念などを表す).

(*der*) **Jean Paul** [ʒã páʊl ジャン パウル] [名] 〘人名〙ジャン·パウル(本名 Johann Paul Friedrich Richter, 1763-1825, 小説家).

die **Jeans** [dʒiːns ヂーンス] [複名] 《die-/-も有》ジーンズ;ジーパン;ブルージーンズ.

jeck [イェック] [形] 《ライ》頭のおかしな.

der **Jeck** [イェック] [名] -en/-en 《ライ》 **1.** 《蔑》ばかな〔気の狂った〕やつ. **2.** カーニバル(の集会)に積極的に参加する人(特に集会の弁士).

je·den·falls [イェーデン·ふぁルス] [副] **1.** いずれにせよ, ともかく: Ob du kommst oder nicht, ich bleibe ~ zu Hause. 君が来ても来なくても, いずれにせよ私は家にいます. **2.** 《語飾》(動詞·形容詞·副詞·名詞を修飾)(他はともかく)少なくとも: Sie ist sehr freundlich, ~ zu mir. 彼女はとても親切だ. 少なくとも私には. **3.** 《文飾》…(だけ)は確かだ: Ich weiß nicht, wo das Buch ist, ~ lag es bis gestern hier. 私はその本がどこにあるか知らない 昨日までここにあったことは確かだ.

je·der [イェーダー] [代] 《不定》[単][男]1格, [女]2·3格. 《ある類に属するすべての人·物·事をそれぞれ個別に指す. 変化形は dieser に準じる. ただし[男]·[中]2格名詞につく場合, 名詞の語尾が-s であれば jeden もある. 例えば jeden Monats. 原則として[複]はないが, 度量表示に[複]を用いる他に, 例外的に all und jeder「だれも彼も」を alle und jede とも言う. 不定冠詞が前にあるとき jeder は形容詞の混合変化に準ずるが, この文体は文語的である》 **1.** 《付加語的用法》 **a.** それぞれの, 各, どの…も: *J*~ Junge und *jedes* Mädchen bekommt einen Luftballon. どの男の子も女の子も風船をもらう. ~ Einzelne 各人. *jedes* Mal 毎回. *jeden* Tag 毎日. *jedes* Jahr 毎年. Ende *jedes* 〔*jeden*/eines *jeden*〕 Monats wird abgerechnet. 毎月末に清算される. **b.** 《序数とともに》(…)ごとに一つ〔一人〕: ~ dritte 3人に1人は. *jedes* zweite Jahr 1年おきに. **c.** 《[単]の抽象名詞とともに》あらゆる, どんな…も: *Jede* Hilfe kam zu spät. どんな救いの手も間に合わなかった. ohne *jeden* Grund 何らの理由もなく. Er nahm *jede* Art Arbeit an. 彼は(手当りしだいに)どんな仕事でも引受けた. **2.** 《独立的用法》それぞれの人, だれも, どれも: *jedes* der Kinder 子供たちのそれぞれ. 《一般に人·事を示して》*J*~, der kommt, ist willkommen. 来る者はみんな歓迎する. Hier kennt ~ *jeden*. ここではみんなが知合い同士です. *jedes* あらゆること. 《《方》は jedes が人をも指すことがある》Sie haben *jedes* drei Kinder. 彼らはそれぞれに3人ずつ子供がいる. **3.** 《時間または度量表示とともに4格で》…ごとに, …おきに: *jede* Stunde 1時間ごとに. *jede* fünf Minuten 5分ごとに. *Jede* zehn Meter steht eine Laterne. 10メートルおきに街灯が立っている. 【慣用】**auf jeden Fall** いかなる場合でも, いずれにしても必ず. **jede Menge Bücher** 《口》非常に多くの本. **jede Minute/jeden Augenblick** いまにも. **in jeder Hinsicht** どういう点から見ても. **um jeden Preis** どんな代償を払ってでも, 絶対に. **zu jeder Zeit** いつなんどきでも.

je·der·mann [イェーダー·マン] [代] 《不定》 2格 jedermanns, 3·4格 jedermann. だれでも: Das weiß ~. そのことはだれでも知っている. Das ist nicht ~*s* Sache. それはだれにでもできる〔だれの関心をもひく〕というものではない.

je·der·zeit [イェーダー·ツァイト] [副] いつでも;いつ何時(でも).

je·des Mal, [旧]**je·des·mal** [イェーデス·マール] [副] 毎度, 毎回, そのたびに: *J*~, *wenn* …. …の時はいつも.

je·des·ma·lig [イェーデス·マーりひ] [形] 毎度の, その度ごとの.

je·doch [イェ·ドっほ] [接] 《並列·副詞》けれども, しかし, だが: Sie war zwar arm, ~ war sie〔~ sie war/sie war ~〕 zufrieden. 彼女は(確かに)貧しかった, しかし彼女は満足だった.

jed·we·der [イェート·ヴェーダー] [代] 《不定》《やや《古》》=jeder.

der **Jeep** [dʒiːp ヂープ] [名] -s/-s 〘商標〙ジープ.

jeg·li·cher [イェークリひャー] [代] 《不定》《古》=jeder.

je·her [イェー·ヘーあ, イェー·ヘーあ] [副] 《次の形で》 seit〔von〕~ 以前からずっと, 前々から.

(*der*) **Je·ho·va** [イェホーヴァ] [名] 〘旧約〙エホヴァ, ヤハウェ.

jein [ヤイン] [副] 《冗·蔑》さあねえ(ja と nein をひとつにした語).

das **Je·län·ger·je·lie·ber** [イェ·レンガー·イェ·リーバー] [名] -s/- 〘植〙スイカズラ(の類).

je·mals [イェー·マールス] [副] そのうちいつか;いつか(以前に)

je·mand [イェーマント] [代] 《不定》[単]1格. 《変化形は⇨「諸品詞の変化」》 **1. a.** (話者の知らない)だれか: Hier liegt ein Regenschirm von ~*em*. ここにだれかの傘がある. 《名詞化して》Ein gewisser ~ möchte Sie sprechen. さる方があなたにお会いしたいということです. **b.** (関連のある)だれか: Ist schon (irgend) ~ gekommen? もうだれか来ているか. **2.** (話者の知っている)ある人: Ich warte auf ~(*en*). 私は人を待っている. **3.** 《名詞化された形容詞や anders の前の jemand はつねに無語尾. 形容詞は強変化し, 1·4格ではたいてい中性の語尾-es をとる》 ~ Fremdes 見知らぬ人. Der Regenschirm muss ~ anders gehören. その傘はきっとだれか他の人のものだろう.

der **Je·men** [イェーメン] [名] -s/ 《無冠詞も有》〘国名〙イエメン(アラビア半島の南端の国).

der **Je·me·nit** [イェメニート] [名] -en/-en イエメン人.

je·me·ni·tisch [イェメニーティシュ] [形] イエメン(人)の.
je·mi·ne ! [イェーミネ] [間] 《驚き・恐怖を表して》おやまあ, おお.
(*das*) **Je·na** [イェーナ] [名] -s/ 〖地名〗イェーナ《テューリンゲン州の都市》.
Je·na·er [イェーナあー] [形] 《無変化》イェーナの：～ Glas イェーナ・ガラス《耐熱ガラス》.
Je·nen·ser [イェネンザー] [形] 《無変化》＝Jenaer.
je·ner [イェーナー] [代] 《指示》[単][男] 1 格, [女] 2・3 格, [複] 2 格《変化形は dieser に準じる》《基本的には dieser と対で用いられ, dieser よりも空間的・時間的に遠いものを指示する. 単独で用いられて話し手にとって, あるいは話し手・聞き手双方にとって既知であることを強く示唆する》 **1.** 《空間》 **a.** 《付加的用法》あの：～ Bau dort あそこにある建物. auf ～ Seite des Gebirges 山の向う側に. *jene* Welt 遠く隔たった世界, あの世. 《関係代名詞の先行詞に付けて既知であることの示唆》Das sind *jene* Leute, die es immer schon vorher gewusst haben wollen. あの連中はいつでも(知ってもいないくせに)前からそれを知っていたようなことをいう人だ. **b.** 《独立的用法》あの人(たち), あれ：Dieses Bild (hier) ist schöner als *jenes* (dort). こちらの絵のほうがあちらのより美しい. **2.** 《時間》 **a.** 《付加語的用法》あの：Ich erinnere mich ～ Tage noch genau. あの当時のことはまだよく覚えている. **b.** 《独立的用法》あの人(たち), あれ：diese Einsicht und *jene* vor drei Jahren この認識と 3 年前のあれ〔あの認識〕. **3.** 《dieser ..., jener ... の形で》後者は…, 前者は…：Ich habe zwei Töchter, Maria und Susanna. Diese ist Sängerin und *jene* Ärztin. 私にはマリアとズザンナという 2 人の娘がいます. 後者は歌手で前者は医者です.
..je·ni·ge [..イェーニゲ] [接尾] 定冠詞につけ「それ, その人」などを表す指示代名詞を作る：der*jenige*. (他ならぬ)その….
(*der*) **Jens** [イェンス] [名] 〖人名〗イェンス《Walter ～, 1923-, 作家・文芸学者》.
jen·sei·tig [イェ(ー)ン・ザイティひ] [形] 向う側の; あの世の; 《稀》上の空の.
jen·seits [イェ(ー)ン・ザイツ] [前] 〔＋2 格〕…の向う側で〔に〕：～ der Elbe/der Grenze エルベ川/国境の向う側に. ～ der Fünfzig sein 50 歳を越えている.
—— [副] あちら側で〔に〕：Sie überquerten den Fluss, um ～ zu zelten. 彼らはあちら側でキャンプするために川を渡った. ～ vom Fluss 川の向う側で〔に〕.
das **Jen·seits** [イェ(ー)ン・ザイツ] [名] -/ 彼岸, あの世, 来世.
(*der*) **Je·re·mia** [イェれミーア] [名] 〖旧約〗エレミヤ《紀元前 650 頃-587 頃, イスラエルの預言者》：der Prophet ～ 預言者エレミヤ; エレミヤ書.
die **Je·re·mi·a·de** [イェれミアーデ] [名] -/-n 《文・古》哀歌, 悲歌, 嘆き.
(*der*) **Je·re·mi·as** [イェれミーアス] [名] **1.** 〖男名〗イェレミアス. **2.** 〖旧約〗エレミヤ. ⇨Jeremia.
die **Je·ri·cho·ro·se** [イェーりひょ・ろーゼ] [名] -/-n 〖植〗エリコノバラ.
der **Jer·sey**[1] [dʒœ́ːrzi [チェ]ーあズィ] [名] -s/-(s) ジャージー《メリヤス生地》.
das **Jer·sey**[2] [dʒœ́rzi [チェ]るズィ] [名] -s/-s〖スポーツ〗ジャージー.
(*das*) **Je·ru·sa·lem** [イェるーザレム] [名] -s/ 〖地名〗エルサレム, イェルサレム《イスラエルの首都》.
(*der*) **Je·sa·ja** [イェザーヤ] [名] 〖旧約〗イザヤ《紀元前 8 世紀後半のイスラエルの預言者》：der Prophet ～ 預言者イザヤ; イザヤ書.
die **Je·schi·wa** [イェシーヴァ] [名] -/-s〔..wot〕〖ユダヤ教〗ラビ養成学校.
der **Je·su·it** [イェズゥイート] [名] -en/-en **1.** イエズス会士. **2.** 《罵》狡猾(こうかつ)な男, 策謀家.
das **Je·su·i·ten·dra·ma** [イェズゥイーテン・ドらーマ] [名] -s/..men 〖文芸学〗イエズス会演劇《16-17 世紀にイエズス会の学校で演じられたラテン語演劇》.
der **Je·su·i·ten·or·den** [イェズゥイーテン・オるデン] [名] -s/ イエズス会《1534 年に Ignatius von Loyola, 1491-1556, が創設した修道会. 略 SJ》.
die **Je·su·i·ten·schu·le** [イェズゥイーテン・シューレ] [名] -/-n イエズス会(経営)の学校.
das **Je·su·i·ten·tum** [イェズゥイーテントゥーム] [名] -s/ イエズス会精神, イエズス会主義.
je·su·i·tisch [イェズゥイーティシュ] [形] イエズス会士の; 《蔑》策謀をめぐらす, 狡猾な.
(*der*) **Je·sus** [イェーズス] [名] 《無変化またはラテン語変化：2 格 Jesu, 3 格 Jesu, 4 格 Jesum. 呼格 Jesus, Jesu！[単]のみ》イエス：～ von Nasareth ナザレのイエス. die Lehre *Jesu*〔～ Lehre〕イエスの教え. *J*～ (Maria)！ 大変だ, 驚きだ.
(*der*) **Je·sus Chris·tus** [イェーズス クりストゥス] [名] 《2 格 Jesu Christi, 3 格～〔Jesu Christo〕, 4 格～〔Jesum Christum〕. 呼格～〔Jesu Christe〕. [単]のみ》イエス・キリスト.
das **Je·sus·kind** [イェーズス・キント] [名] -(e)s/-er《主に[単]》幼な子イエス《①美術で幼児のキリスト像. ②文学で幼児期のキリスト》.
Je·sus Na·za·re·nus Rex Ju·dae·o·rum [..judeóːrʊm イェーズス ナツァれーヌス れクス ユデオーるム] 〖ラテン語〗〖新約〗ユダヤ人の王ナザレのイエス《十字架に掲げられたラテン語の文字. 略 I.N.R.I. ヨハネ福音書 19, 19》.
der **Jet** [dʒɛt チェット] [名] -(s)/-s ジェット機.
der **Jet·lag** [dʒɛ́tlɛk チェット・レク] [名] -s/-s 時差ぼけ, ジェット症候群.
der **Jet·set, Jet-set** [dʒɛ́tzɛt チェット・ゼット] [名] -(s)/-s《主に[単]》ジェット族《(自家用)ジェット機を乗回す有閑上流階級》.
der **Jet·stream** [dʒɛ́tstriːm チェット・ストりーム] [名] 〖気〗ジェット気流.
der〔*das*〕**Jett** [dʒɛt チェット, jɛt イェット] [名] -(e)s/ ジェット, 黒玉.
jet·ten [dʒɛ́tən チェッテン] [動] 《口》 **1.** *s.* 〔(〈方向〉へ)〕ジェット機で飛ぶ; 飛ぶ(ジェット機が). **2.** *h.* 〔〈j⁴/et⁴〉ヲ＋〈方向〉へ〕ジェット機で運ぶ〔運ばせる〕.
jet·zig [イェッツィひ] [形] 今の, 現在の.
jet·zo [イェッツォ] [副] 《古》＝jetzt.
jetzt [イェッツト] [副] **1.** 今, 現在：*J*～ habe ich nicht so viel Geld. 今, 私はそんなにたくさんのお金はない. (過去の文で)*J*～ waren die beiden endlich allein. 今やとうとう彼ら二人きりになった. bis/für ～ 今まで/さしあたり. von ～ an〔ab〕今から, 今後. eben/erst ～ たった/やっと今. gleich ～ 今すぐ. ～ noch/schon 今もなお/今はすでに. **2.** 今(で)は, 現在(で)は, 今日では：Der freie Raum ist ～ ein Parkplatz geworden. その空き地は今は駐車場になっている. **3.** 今や, 今度は：Sind Sie ～ zufrieden？ これで満足ですか. **4.** 《話者の気持》《疑問文で. 自問して》《口》さてと〔はて〕…だっけ(かなあ)：Wo habe ich ～ (bloß) den Brief gelassen？ さてとあの手紙をどこに置いたんだっけ. 【慣用】**jetzt ..., jetzt ...** あるときは…, またあるときは…. **Jetzt oder nie！** 今をおいてほかはない.
das **Jetzt** [イェッツト] [名] -/ 《文》現在, 現今.
die **Jetzt·zeit** [イェッツト・ツァイト] [名] -/ 現代, 現今.
die **Jeu·nesse do·rée** [ʒœnɛ́s doréː [ジェ]ネス ドれー] [名] --/ 《文・古》ぜいたくで遊び好きな金持ちの若者.
je·wei·lig [イェー・ヴァイリひ] [形] その時々の; それぞれの.

J

je·weils [イェー·ヴァイルス] [副] そのときどきに;(そのつど·そのたびごとに)いつも.

Jg. =Jahrgang …年生れの人(々);…年産のワイン;(雑誌などの)…年刊行分.

Jgg. =Jahrgänge(Jahrgang の複数形).

Jh. =Jahrhundert 世紀.

jid·deln [イデルン] [動] *h.* [補足なし]イディッシュなまりで話す.

jid·disch [イディシュ] [形] イディシュ語の.

das **Jid·disch** [イディシュ] [名] -(s)/ イディシュ語(中高ドイツ語の基盤に,ヘブライ語·スラブ語が混入して成立した,ドイツ·東欧のユダヤ人の言語).【用法は⇨Deutsch】

das **Jid·di·sche** [イディシェ] [名] (形容詞的変化;[単]のみ) **1.** (定冠詞とともに)イディシュ語. **2.** イディシュ的なもの〔こと〕.【用法は⇨Deutsche[2]】

die **Jid·dis·tik** [イディスティク] [名] -/ イディシュ語学文学研究.

der **Jin·gle** [dʒíŋəl ヂンゲル] [名] -(s)/-(s) 〚広告〛調子のよい響きのコマーシャルソング,(コマーシャルの)短くて覚えやすいメロディー.

der **Jin·go** [dʒíŋgo ヂンゴ] [名] -s/-s (イギリスの)好戦的愛国主義.

der **Jin·go·is·mus** [dʒɪŋgo.. ヂンゴイスムス] [名] -/ (イギリスの)好戦的愛国主義.

das **Jiu-Jit·su** [dʒíːudʒítsu ヂーウ·ヂツ] [名] -(s)/ 柔術.

(*der*) **Jo·a·chim** [ヨーアヒム, ヨアヒム] [名] 〚男名〛ヨアヒム.

(*der*) **Job**[1] [ヨーブ] [名] 〚旧約〛=Hiob.

der **Job**[2] [dʒɔp ヂョッブ] [名] -s/-s **1.** 《口》アルバイト,臨時の仕事;アルバイトの口,仕事場;仕事,職業. **2.** 〚コンピュータ〛ジョブ.

job·ben [dʒɔ́bən ヂョッベン] [動] *h.* [補足なし]《口》アルバイトをする,アルバイトで稼ぐ.

der **Job·ber** [dʒɔ́bər ヂョッバー] [名] -s/- **1.** (英国の証券取引所の)場内仲買人,ジョッバー;相場師. **2.** 《口·蔑》悪徳業者. **3.** 《口》フリーター.

das **Jo·bel·jahr** [ヨーベル·ヤーあ] [名] -(e)s/-e 〚ユダヤ教〛ヨベルの年(50 年ごとの解放と罪の許しのある年).

der **Job·hop·per,** [旧]**Job-hop·per** [dʒɔ́phɔpər ヂョッブ·ホッパー] [名] -(e)s/- 《ジャーゴン》(出世を目指して)次々と転職する人.

die **Job·ro·ta·tion,** [旧]**Job-ro·ta·tion** [..roteːʃən ヂョッブ·ろテーシェン] [名] -/-s 《ジャーゴン》職務ローテーション(経験をつむため;幹部になる準備のため).

das **Job·sha·ring,** [旧]**Job-sha·ring** [..ʃɛːrɪŋ ヂョッブ·シェーりング] [名] -(s)/ ジョブシェアリング(1人分の仕事を2人以上で時間·賃金の分配をすること).

das **Joch** [ヨっほ] [名] -(e)s/-e (単位を表す[複]-) **1.** 軛(くびき);([複]-)(軛につないだ)二頭: Ochsen ins ~ spannen 牛を軛につなぐ. zwei ~ Ochsen(軛につないだ)四頭の牛. **2.** (主に[単])《文》束縛,重荷,圧迫: Das Volk seufzte unter dem ~ des Tyrannen. 民衆は暴君の支配下にあえいでいた. **3.** ([複]-)ヨッホ(面積の単位で,30-55 アール). **4.** てんびん棒. **5.** 〚地〛(山の)鞍部(あんぶ),ヨッホ,コル. **6.** 〚建〛ベイ;〚土〛(橋脚間の)経間(ケイカン·ワタリマ),スパン;(木橋の)くい橋脚;(落盤防止の)木の枠. **7.** 《稀》=Jochbein.

das **Joch·bein** [ヨっほ·バイン] [名] -(e)s/-e 〚解〛頬骨(きょうこつ).

(*der*) **Jo·chen** [ヨっへン] [名] 〚男名〛ヨッヘン(Joachim の短縮形).

der **Jo·ckei, Jo·ckey** [dʒɔ́ke ヂョッケ, dʒɔ́ki ヂョッキ, dʒɔ́kaɪ ヂョッカイ, jɔ́kaɪ ヨッカイ] [名] -s/-s (競馬の)騎手,ジョッキー.

das **Jod** [ヨート] [名] -(e)s/ 〚化〛沃素(ようそ),ヨード(記号 J).

der **Jo·del** [ヨーデル] [名] -s/-〔Jödel〕 ヨーデル.

jo·deln [ヨーデルン] [動] *h.* **1.** [補足なし]ヨーデルを歌う. **2.** 〔<et[4]>ヲ〕ヨーデルで歌う.

jod·hal·tig [ヨート·ハルティひ] [形] ヨードを含んだ.

die **Jodh·pur·ho·se** [dʒɔ́dpʊə.. ヂョッドプエ·ホーゼ] [名] -/-n ジョッパーズ(ひざから下が細い乗馬ズボン).

der **Jod·ler** [ヨードラー] [名] -s/- ヨーデル歌手;ヨーデル(の歌声).

das **Jo·do·form** [ヨドふぉるム] [名] -s/ 〚化〛ヨードホルム.

(*der*) **Jo·dok** [ヨドーク] [名] 〚男名〛ヨドーク.

das **Jod·sil·ber** [ヨート·ズィルバー] [名] -s/ 〚化〛ヨウ化銀.

die **Jod·tink·tur** [ヨート·ティンクトゥーあ] [名] -/-en ヨードチンキ.

der〔*das*〕**Jo·ga** [ヨーガ] [名] -(s)/ ヨガ,瑜伽(ゆが).

jog·gen [dʒɔ́gən ヂョッゲン] [動] *h.* [補足なし]ジョギングをする.

der **Jog·ger** [dʒɔ́gər ヂョッガー] [名] -s/- ジョギングする人.

das **Jog·ging** [dʒɔ́gɪŋ ヂョッギング] [名] -s/ ジョギング.

der〔*das*〕**Jo·ghurt, Jo·gurt** [ヨーグるト] [名] -(s)/-(s) ([複]は種類)(《口》《オーストリア》die ~ -/-(s)も有)ヨーグルト.

(*der*) **Jo·hann** [ヨハン, ヨーハン] [名] **1.** 〚男名〛ヨハン. **2.** ~ der Beständige ヨハン堅忍公(1468-1532 年,選帝侯). **3.** ~ ohne Land ジョン失地王(1167-1216 年,イギリス国王). **4.** ~ der Gute ジャン·ル·ボン〔善人王〕(1319-64 年,フランス国王).

(*die*) **Jo·han·na** [ヨハナ] [名] 〚女名〛ヨハンナ: die heilige ~ ジャンヌ·ダルク.

(*die*) **Jo·han·ne** [ヨハネ] [名] 〚女名〛ヨハンネ.

jo·han·ne·isch, [旧]**Jo·han·ne·isch** [ヨハネーイシュ] [形] 〚新約〛ヨハネの: die ~*en* Briefe ヨハネの書.

(*der*) **Jo·han·nes** [ヨハネス] [名] **1.** 〚男名〛ヨハネス. **2.** 〚新約〛ヨハネ(① ~ der Täufer 洗礼者ヨハネ. ② ~ der Apostel 使徒ヨハネ(Jakobus の兄弟): die Offenbarung des ~ ヨハネの黙示録.

(*das*) **Jo·han·nes·burg** [ヨハネス·ブるク] [名] -/ 〚地名〛ヨハネスブルク(南アフリカの首都).

das **Jo·han·nes·e·van·ge·li·um** [ヨハネス·エヴァンゲーリウム] [名] -s/ 〚新約〛ヨハネ福音書.

die **Jo·han·nes·pas·si·on** [ヨハネス·パスィオーン] [名] -/ (福音史家)ヨハネによるキリストの受難. ⇨ Passion.

das **Jo·han·ni(s)** [ヨハニ(ス)] [名] -/ (主に無冠詞)=Johannistag.

die **Jo·han·nis·bee·re** [ヨハニス·ベーれ] [名] -/-n 〚植〛スグリ;(主に[複])スグリの実.

das **Jo·han·nis·brot** [ヨハニス·ブろート] [名] -(e)s/-e 〚植〛イナゴマメ.

das **Jo·han·nis·fest** [ヨハニス·ふぇスト] [名] -(e)s/-e 洗礼者ヨハネ祭,夏至祭(6 月 24 日).

das **Jo·han·nis·feu·er** [ヨハニス·ふぉイあー] [名] -s/- ヨハネの火(洗礼者ヨハネの祝日(6 月 24 日)の前夜祭のかがり火).

der **Jo·han·nis·kä·fer** [ヨハニス·ケーふぁー] [名] -s/- 《方》〚昆〛ホタル.

das **Jo·han·nis·kraut** [ヨハニス·クらウト] [名] -(e)s/..kräuter 〚植〛オトギリソウ.

die **Jo·han·nis·nacht** [ヨハニス·ナはト] [名] -/..nächte (主に[単])洗礼者ヨハネの祝日の前夜祭.

der **Jo·han·nis·tag** [ヨハニス·ターク] [名] -(e)s/-e (主に[単]) 洗礼者ヨハネの祝日,夏至祭(6 月 24 日).

der **Jo·han·nis·trieb** [ヨハニス·トりーブ] [名] -(e)s/-e **1.** 〚植〛2 度目の芽吹(6, 7月に次の春の芽が早く出ること);土用芽. **2.** ([単]のみ)《冗》中年男の性欲.

das **Jo·han·nis·würm·chen** [ヨハニス·ヴュるムひぇン] [名]

J

-s/- =Johanniskäfer.

der **Jo·han·ni·ter** [ヨハニーター] 名 -s/- ヨハネ騎士修道会士.

der **Jo·han·ni·ter·or·den** [ヨハニーター・オルデン] 名 -s/ ヨハネ騎士修道会(1000年頃,エルサレムで創設).

joh·len [ヨーレン] 動 h. (蔑) 1. (軽蔑的)わめく, 蛮声を張り上げる, 喚声(歓声・勝どき・雄たけび)を上げる(主に大勢の人間が一斉に). 2. ⟨et⁴⟩⟩⟩大声で表す(賛成・怒りなどを);わめく(非難の叫びなどを).

der **Joint** [dʒɔʏnt ヂョイント] 名 -s/-s マリファナ(ハシッシュ)入りの手巻きタバコ;⟨口・若⟩紙巻きタバコ.

das **Joint·ven·ture, Joint Ven·ture,**®**Joint-v enture** [..vɛntʃər ヂョイント・ヴェンチャー] 名 -s/ -s 〖経〗ジョイントベンチャー, 共同事業(体), 合弁企業(会社).

der **Jo-Jo-Effekt** [ヨー・ヨー・エフェクト] 名 -(e)s/-e ヨーヨー現象(減量後の体重のリバウンドなど).

der **Jo·ker** [ヨーカー, dʒɔː.. ヂョーカー] 名 -s/- ⟨トランプ⟩ジョーカー.

der **Jo·kus** [ヨークス] 名 -/-se ⟨口⟩ふざけること, 冗談, ジョーク.

die **Jol·le** [ヨレ] 名 -/-n 1. 〖海〗(船に備えつけの)小型ボート. 2. (垂下竜骨をもつ平底の)小型ヨット.

der **Jom Kip·pur** [ヨーム キプーあ] 名 -/ 〖ユダヤ教〗贖(しょく)罪の日.

(*der*) **Jo·na** [ヨーナ] 名 〖旧約〗ヨナ(紀元前8世紀のイスラエルの預言者): der Prophet ~ 預言者ヨナ; ヨナ書.

(*der*) **Jo·nas** [ヨーナス] 名 〖旧約〗 =Jona.

(*der*) **Jo·na·than**[1] [ヨーナタン] 名 〖旧約〗ヨナタン(Saulの子でDavidの友人).

der **Jo·na·than**[2] [ヨーナタン] 名 -s/- 紅玉(リンゴの品種).

der **Jon·gleur** [ʒõɡløːr ジョングローあ, ʒɔŋ(ɡ)løːr ジョン(グ)ローあ] 名 -s/-e ⟨仏⟩ 1. ジャグラー;力業師;(中世の)吟遊詩人, 旅芸人, 道化師.

jon·glie·ren [ʒõɡliːrən ジョングリーレン, ʒɔŋ(ɡ)liːrən ジョン(グ)リーレン] 動 h. 1. ⟨軽蔑的⟩芸をする(皿などの);うまくバランスを取って運ぶ(給仕が掌に乗せた盆などを). 2. ⟨mit ⟨et³⟩⟩芸をする(輪・棒などで);珍技を演じる(亜鈴などで). 3. ⟨mit ⟨et³⟩⟩(驚くほど)見事にあしらう(扱う)(大勢の客を・データ・概念などを).

die **Jop·pe** [ヨペ] 名 -/-n ジャンパー;(家庭着用)上着.

der **Jor·dan** [ヨるダン] 名 -(s)/ 〖川名〗ヨルダン川(パレスチナを流れる): über den ~ gehen ⟨口⟩死ぬ.

(*das*) **Jor·da·ni·en** [ヨるダーニエン] 名 -s/ 〖国名〗ヨルダン.

(*der*) **Jörg** [イェるク] 名 〖男名〗イェルク.

(*der*) **Jo·schi·ja** [ヨシーヤ] 名 〖旧約〗=Josia.

(*der*) **Jo·sef** [ヨーぜふ] 名 〖男名〗ヨーぜフ.

(*der*) **Jo·seph** [ヨーぜふ] 名 1. 〖新約〗ヨセフ(聖母マリアの夫). 2. 〖旧約〗ヨセフ(Jakobusの第11子). 3. 〖男名〗ヨーぜフ. 4. ~ II. ヨーぜフ2世(1741-90年, オーストリア・神聖ローマ皇帝).

(*die*) **Jo·se·phi·ne** [ヨぜふぃーネ] 名 〖女名〗ヨゼフィーネ.

Jo·se·phi·nisch [ヨぜふぃーニシュ] 形 ヨーゼフ2世の.

der **Jo·se·phi·nis·mus** [ヨぜふぃニスムス] 名 ヨーゼフ主義(Joseph 2世に基づく,オーストリアの18-19世紀のカトリックの啓蒙専制主義).

die **Jo·sephs·ehe** [ヨーぜふス・エーエ] 名 -/-n ⟨カトリック⟩ヨゼフの結婚(性交渉のない結婚).

(*der*) **Jo·sia** [ヨズィーア] 名 〖旧約〗ヨシア(ユダ国の王).

(*der*) **Jo·si·as** [ヨズィーアス] 名 〖旧約〗=Josia.

(*der*) **Jost** [ヨースト] 名 〖男名〗ヨースト.

(*der*) **Jo·sua** [ヨーズア] 名 -s/-s 〖旧約〗ヨシュア(モーセの後継者): das Buch ~ ヨシュア記.

das **Jot** [ヨット] 名 -(s)/-(s) ヨット(アルファベットの第10字j,Jの呼称).

das **Jo·ta** [ヨータ] 名 -(s)/-s イオ(ー)タ(ギリシア語アルファベットの第9字ι, I). 〖慣用〗 nicht ein ⟨um kein⟩ Jota ⟨文⟩少しも…でない.

das **Joule** [dʒaʊl ヂャウル, dʒuːl ヂュール, ʒuːl ジュール] 名 -(s)/- 〖理〗ジュール(仕事やエネルギーの単位. 記号J).

die **Jour·nail·le** [ʒʊrnáljə ジュるナリエ, ..nːáːjə ジュるナーリエ, ..náʎ ジュるナイ] 名 -/ ⟨古・蔑⟩無責任で低俗な新聞;低俗新聞の記者たち.

das **Jour·nal** [ʒʊrnáːl ジュるナール] 名 -s/-e 1. ⟨古⟩新聞;⟨文・古⟩ジャーナル, 雑誌. 2. ⟨古⟩日記;業務日誌. 3. 航海日誌;〖商〗仕訳帳.

der **Jour·nal·dienst** [ジュるナール・ディーンスト] 名 -(e)s/-e ⟨オーストリア⟩当直勤務.

der **Jour·na·lis·mus** [ジュるナリスムス] 名 -/ ジャーナリズム;ジャーナリストの活動;⟨口⟩⟨蔑⟩も有)ジャーナリズム調の報道⟨文体⟩.

der **Jour·na·list** [ジュるナリスト] 名 -en/-en ジャーナリスト.

die **Jour·na·lis·tik** [ジュるナリスティク] 名 -/ ジャーナリズム研究(研究分野); (稀)ジャーナリストの報告⟨レポート⟩.

jour·na·lis·tisch [ジュるナリスティシュ] 形 ジャーナリズムの;ジャーナリスティックな.

jo·vi·al [ヨヴィアール] 形 (男性が目下の者に)気さくな.

die **Jo·vi·a·li·tät** [ヨヴィアリテート] 名 -/ 気さくな態度.

JPY 円(Yen)の国際通貨コード.

jr. =junior ジュニア, 二世.

JU =Junge Union 青年キリスト教民主同盟(CDUおよびCSUの青年組織).

der **Ju·bel** [ユーベル] 名 -s/ 歓声,歓呼の声.

die **Ju·bel·fei·er** [ユーベル・ふぁイアー] 名 -/-n 記念祭, 祝賀会.

das **Ju·bel·fest** [ユーベル・ふぇスト] 名 -(e)s/-e =Jubelfeier.

das **Ju·bel·ge·schrei** [ユーベル・ゲシュらイ] 名 -s/ 歓声.

der **Ju·bel·greis** [ユーベル・グらイス] 名 -es/-e 祝賀を受ける老人;⟨口・冗⟩陽気な老人.

das **Ju·bel·jahr** [ユーベル・ヤーあ] 名 -(e)s/-e 1. 記念祭の年. 2. 〖ユダヤ教〗聖年(25年ごとの大赦の年);〖カトリック教〗ヨベルの年(50年ごとの解放と罪の許しのある年). 〖慣用〗 alle Jubeljahre ⟨口⟩滅多に…ない.

ju·beln [ユーベルン] 動 h. 1. ⟨軽蔑的⟩歓声をあげる, 歓呼する;凱歌(がいか)をあげる;歓喜する. 2. ⟨über ⟨et⁴⟩⟩歓声を上げて喜ぶ.

der **Ju·bel·per·ser** [ユーベル・ぺるザー] 名 -s/- ⟨口⟩(主に®)(雇われて)拍手喝采(かっさい)する人, さくら.

der **Ju·bel·ruf** [ユーベル・るーふ] 名 -(e)s/-e 歓呼の声, 歓喜の声.

der **Ju·bi·lar** [ユビラーあ] 名 -s/-e 祝賀を受ける人.

Ju·bi·la·te [ユビラーテ] 名 ⟨無冠詞;無変化⟩ ⟨プロテスタント教⟩復活祭後の第3日曜.

das **Ju·bi·lä·um** [ユビレーウム] 名 -s/..läen 記念祭.

die **Ju·bi·lä·ums·fei·er** [ユビレーウムス・ふぁイアー] 名 -/-n 記念祭.

ju·bi·lie·ren [ユビリーレン] 動 h. 1. ⟨軽蔑的⟩⟨文⟩喜びの声をあげる;⟨文⟩歓呼する. 2. ⟨über ⟨j⁴/et⁴⟩⟩⟨文⟩あからさまに喜ぶ(失敗した人・他人の失敗などを). 3. ⟨軽蔑的⟩⟨冗⟩記念祭を挙行する(個人的なお祝いを大げさに表現して).

juch·he! [ユッヘー] 間 ⟨大喜びの叫び声⟩ばんざあい,

わあい.

juch･hei･ßa！［ユㇹハイサ］ 間 《古》《喜びにはしゃいで》わあい, ヤッホー, ばんざあい.

juch･ten ［ユㇺテン］ 形 《稀》ロシア革(製)の.

*der〔das〕***Juch･ten** ［ユㇹテン］ 名 -s/ ロシア革；ロシア革の香りのする香料.

das **Juch･ten･le･der** ［ユㇹテン･レーダー］ 名 -s/ ロシア革.

juch･zen ［ユㇹツェン］ 動 h. 《雅》《口》歓声をあげる.

ju･cken ［ユッケン］ 動 h. **1.** 《〈j³⁽⁴⁾〉ハ》かゆい, むずむずする(主語は身体部分). **2.** 《Es＋〈j³⁽⁴⁾〉ハ＋く場所〉ッ》かゆい. **3.** 《〈j⁴〉ッ》肌にかゆみを生じさせる, かゆみの原因になる(ウール･包帯などが). **4.** 《〈j⁴〉ノ体ヲ／〈j³⁽⁴⁾〉ノ》＋〈場 所〉ッ》かゆくさせる. **5.** 〔sich⁴＋〈場 所〉ッ》《口》かく(自分の身体の一ところ)をかきむしる. **7.** 〔Es＋〈j³〉ハ＋zu〈動〉〕《口》したくなる, してむずむずする. **8.** 〔〈j⁴〉ッ》《口》気持をそそる, 興味〔関心〕を引く.

der **Juck･reiz** ［ユック･ライツ］ 名 -es/-e むずがゆさ.

〔*der*〕 **Ju･da**¹ ［ユーダ］ 名 《旧約》ユダ(Jakobusの第四子)：der Stamm ～ ユダ族.

〔*das*〕 **Ju･da**² ［ユーダ］ 名 -s/ ［地名］ユダ王国(紀元前 926 年, イスラエルの南部に成立).

〔*das*〕**Ju･däa** ［ユデーア］ 名 -s/ ［地名］ユダ(南部パレスチナ).

die **Ju･da･i･ka** ［ユダーイカ］ 複名 〔出版〕ユダヤ文献(ユダヤ文化(ユダヤ教)関係書籍.

der **Ju･da･is･mus** ［ユダイスムス］ 名 -/ ユダヤ教；ユダヤ精神, ユダヤ主義, ユダヤ文化.

die **Ju･da･is･tik** ［ユダイスティク］ 名 -/ ユダヤ学(研究).

〔*der*〕 **Ju･das**¹ ［ユーダス］ 名 《新約》ユダ(① ～ Ischariot イスカリオテのユダ(イエスを裏切った使徒). ② ～ Thaddäus〔Lebbäus〕 タデオのユダ(Jakobusの息子で使徒)：der Brief des ～ ユダの書).

der **Ju･das**² ［ユーダス］ 名 -/-se 《蔑》裏切り者, 背信者.

der **Ju･das･baum** ［ユーダス･バウム］ 名 -s/..bäume 〔植〕セイヨウハナズオウ, ユダの木(イスカリオテの Judas はこの木で首をつったと言われる).

der **Ju･das･kuss**, ⓐ **Ju･das･kuß** ［ユーダス･クス］ -es/..küsse ユダの接吻(ﾀﾞ), 偽りの友情. ⇨ Judas¹.

der **Ju･das･lohn** ［ユーダス･ローン］ 名 -(e)s/ ユダ(裏切り)の報酬. ⇨ Judas¹.

der **Ju･de** ［ユーデ］ 名 -n/-n ユダヤ人, ユダヤ教徒.

jü･deln ［ユーデルン］ 動 h. 《軽蔑》=jiddeln.

der **Ju･den･christ** ［ユーデン･クリスト］ 名 -en/-en 《ユダヤ教の戒律を守る》キリスト教に改宗したユダヤ人；(原始キリスト教の)ユダヤ人キリスト教徒.

das **Ju･den･chris･ten･tum** ［ユーデン･クリステントゥーム］ 名 -s/ 《総称》ユダヤ人キリスト教徒.

ju･den･feind･lich ［ユーデン･ふぁイントリヒ］ 形 反ユダヤ(主義)の.

die **Ju･den･heit** ［ユーデンハイト］ 名 -/ ユダヤ人達(《総称》ユダヤ人).

die **Ju･den･kir･sche** ［ユーデン･キルシェ］ 名 -/-n 〔植〕ホオズキ.

die **Ju･den･schu･le** ［ユーデン･シューレ］ 名 -/ 《(次の形で)wie in einer ～》《口》わいわいがやがや.

der **Ju･den･stern** ［ユーデン･シュテルン］ 名 -(e)s/-e (ナチ政権下で衣服につけられたユダヤの星のマーク. ⇨ Davidsstern.

das **Ju･den･tum** ［ユーデントゥーム］ 名 -s/ **1.** 《総称》ユダヤ人(教徒･民族). **2.** ユダヤ人気質；ユダヤ教(民族)への帰属意識, ユダヤ人(教徒)であること. **3.** ユダヤ教(文化･精神).

die **Ju･den･ver･fol･gung** ［ユーデン･ふぇあふぉるゲング］ 名

-/-en ユダヤ人迫害.

das **Ju･den･vier･tel** ［ユーデン･ふぃるテル］ 名 -s/- ユダヤ人居住区.

Ju･di･ka ［ユーディカ］ 名 (無冠詞；無変化) **1.** 《プロテス》復活祭前の第 2 日曜日. **2.** 《ｶﾄﾘ》御受難の主日(四旬節中の第 5 日曜日).

die **Ju･din** ［ユーディン］ 名 -/-nen ユダヤ人女性.

jü･disch ［ユーディシュ］ 形 ユダヤ(人)の；ユダヤ(人)的な.

〔*die*〕 **Ju･dith** ［ユーディット］ 名 -s/ **1.** 〔女名〕ユーディット. **2.** 〔旧約〕ユデト(旧約聖書外典のユデト書の女主人公の名).

ju･di･zie･ren ［ユディツィーれン］ 動 h. 《雅》〔法〕判決を下す.

das **Ju･di･zi･um** ［ユディーツィウム］ 名 -s/..zien 〔法〕《長年の実務で養われた裁判官の》判断力.

der **Ju･do**¹ ［ユード］ 名 -s/-s FDP(自由民主党)の青年党員 (Jungdemokrat).

das **Ju･do**² ［ユード］ 名 -(s)/ 柔道.

der **Ju･do･ka** ［ドーカ］ 名 -(s)/-(s) 柔道家.

die **Ju･gend** ［ユーゲント］ 名 -/ **1.** 青年時代, 少年(少女)期, 青春(期)：〔生･医〕生長期：in früher ～ sterben. 夭折(ﾖｳ)する. von ～ an (auf) 若いときから. **2.** 若さ, 若々しさ, 血気：Ihn entschuldigt seine ～. 彼の若気の至りだ. **3.** (総称)若者たち, 青年男女.

das **Ju･gend･al･ter** ［ユーゲント･アルター］ 名 -s/ 青少年期, 青年期.

das **Ju･gend･amt** ［ユーゲント･アムト］ 名 -(e)s/..ämter 少年保護所.

der **Ju･gend･ar･rest** ［ユーゲント･アれスト］ 名 -(e)s/-e 〔法〕少年拘禁.

die **Ju･gend･be･we･gung** ［ユーゲント･ベヴェーグング］ 名 -/ 青少年運動(20世紀初頭, ドイツでの自然と素朴さを求めた運動).

die **Ju･gend･blü･te** ［ユーゲント･ブリューテ］ 名 -/ 若い盛り.

das **Ju･gend･buch** ［ユーゲント･ブーㇵ］ 名 -(e)s/..bücher 青少年向きの本.

das **Ju･gend･dorf** ［ユーゲント･ドるふ］ 名 -(e)s/..dörfer 青少年の村(孤児などを収容している施設).

die **Ju･gend･er･in･ne･rung** ［ユーゲント･エあイネるング］ 名 -/-en 青少年(青春)時代の思い出.

ju･gend･frei ［ユーゲント･ふらイ］ 形 青少年に許可された.

der **Ju･gend･freund** ［ユーゲント･ふろイント］ 名 -(e)s/-e 若い頃(から)の友人, 幼なじみ；(稀)喜んで若者の面倒を見る人；[旧東独]自由ドイツ青年団(FDL)団員.

ju･gend･frisch ［ユーゲント･ふりッシュ］ 形 清新な

die **Ju･gend･für･sor･ge** ［ユーゲント･ふゅーあ･ゾるゲ］ 名 -/ 《古》少年保護.

ju･gend･ge･fähr･dend ［ユーゲント･ゲふぇーあデント］ 形 青少年に有害な.

der **Ju･gend･ge･fähr･te** ［ユーゲント･ゲふぇーあテ］ 名 -n/-n 《文》若き日の友；若い頃からの友人.

das **Ju･gend･ge･richt** ［ユーゲント･ゲりヒト］ 名 -(e)s/ 少年裁判所, 裁判所少年部.

die **Ju･gend･grup･pe** ［ユーゲント･グるッペ］ 名 -/-n (教会･政党などの)青年部, 青少年団.

die **Ju･gend･her･ber･ge** ［ユーゲント･へるベるゲ］ 名 -/-n ユースホステル.

die **Ju･gend･hil･fe** ［ユーゲント･ヒルフェ］ 名 -/ 〔法〕少年援助.

das **Ju･gend･ir･re･sein** ［ユーゲント･イれあザイン］ 名 -s/ 〔医〕破瓜(ﾊｶ)病.

ju·gend·lich [ユーゲントリヒ] 形 1. 青少年の,若い. 2. 若者らしい,(いまだ)若々しい(特にコマーシャルで)若向きの.

der/die **Ju·gend·li·che** [ユーゲントリヒェ] 名《形容詞的変化》青少年;〖法〗少年,少女(14-18 歳の未成年者).

die **Ju·gend·lich·keit** [ユーゲントリヒカイト] 名 -/ 青少年(未成年)であること;若々しさ;若さ.

die **Ju·gend·lie·be** [ユーゲント・リーベ] 名 -/-n 1. (®のみ)(稀)少年[少女]時代の恋. 2. 少年[少女]時代の恋人.

die **Ju·gend·psy·cho·lo·gie** [ユーゲント・プスュヒョ・ロギー] 名 -/ 青年心理学.

die **Ju·gend·schrift** [ユーゲント・シュリふト] 名 -/-en (主に®)青少年図書.

der **Ju·gend·schutz** [ユーゲント・シュッツ] 名 -es/ 〖法〗少年保護.

das **Ju·gend·schutz·ge·setz** [ユーゲントシュッツ・ゲゼッツ] 名 -es/-e 少年保護法.

der **Ju·gend·stil** [ユーゲント・シュティール] 名 -(e)s/ ユーゲントシュティール(1900年頃の芸術運動アール・ヌーヴォーのドイツ語名称).

die **Ju·gend·stra·fe** [ユーゲント・シュトらーふェ] 名 -/-n 〖法〗少年刑(罰).

die **Ju·gend·sün·de** [ユーゲント・ズュンデ] 名 -/-n 若気の過ち.

die **Ju·gend·wei·he** [ユーゲント・ヴァイエ] 名 -/-n 成人式(①1859年以後, Konfirmationの代りに, Hauptschuleの卒業者に行われる.②旧東独)14歳の少年少女を社会主義体制に迎え入れる式典).

die **Ju·gend·zeit** [ユーゲント・ツァイト] 名 -/ 青少年期,青春時代.

der **Ju·go·sla·we** [ユゴスラーヴェ] 名 -n/-n ユーゴスラヴィア人.

(das) **Ju·go·sla·wi·en** [ユゴスラーヴィエン] 名 -s/ 〖国名〗ユーゴスラヴィア.

die **Ju·go·sla·win** [ユゴスラーヴィン] 名 -/-nen Jugoslaweの女性形.

ju·go·sla·wisch [ユゴスラーヴィッシュ] 形 ユーゴスラヴィア(人・語)の.

ju·gu·lar [ユグラーあ] 形 〖医〗頸(㌖)部の.

das **Ju·gu·lum** [ユーグルム] 名 -s/..la 〖医〗頸(㌖)部.

der (das) **Juice** [dʒuːs ヂュース] 名 -/-s ジュース.

(das) **Juist** [jyːst ユースト] 名 -s/ 〖地名〗ユースト島(東フリース諸島の島).

der **Jul** [ユール] 名 -(s)/ 1. (ゲルマン人の)冬至祭. 2. (スカンディナヴィア諸国の)クリスマス.

der **Ju·lei** [ユライ, ユーライ] 名 -(s)/-s (主に®)7月(Juli は Juni と発音上区別するための語形).

das **Jul·fest** [ユール・ふェスト] 名 -(e)s/-e ⇨ Jul 2.

der **Ju·li** [ユーリ] 名 -(s)/-s 7月.【用法は⇨ Januar.】

(die) **Ju·lia** [ユーリア] 名 〖女名〗ユーリア.

(der) **Ju·li·an** [ユリアーン] 名 〖男名〗ユリアーン.

ju·li·a·nisch [ユリアーニッシュ] 形 ユリウス(カエサル)の: der ~e Kalender ユリウス暦.

(der) **Ju·li·a·nus** [ユリアーヌス] 名 1. 〖男名〗ユリアーヌス. 2. 〖人名〗ユリアーヌス (Flavius Claudius ~, 331-363, ローマ皇帝).

(die) **Ju·lie** [ユーリエ] 名 〖女名〗ユーリエ.

die **Ju·li·enne** [syljɛn ジュルエン] 名 -/ 〖料〗ジュリエンヌ, 千切り野菜(スープ・ソース用).

der **Ju·li·er** [ユーリあー] 名 -s/ 〖地名〗ユリウス峠(スイス,アルプス山中に位置).

der **Ju·li·er·pass**, ®**Ju·li·er·paß** [ユーリあー・パス] 名 -es/ ⇨ Julier.

(der) **Ju·li·us** [ユーリウス] 名 1. 〖男名〗ユーリウス. 2. ユリウス家(古代ローマの Cäsar の家系).

der **Ju·li·us·turm** [ユーリウス・トゥるム] 名 -(e)s/ (口)国庫積立金.

der **Jum·bo·jet**, **Jum·bo-Jet** [jómbodʒɛt ヂャムボヂェット, dʒɔ́mbo.. ヂャムボ・ヂェット] 名 -s/-s 〖空〗ジャンボジェット機.

die **Ju·me·lage** [ʃyməláːʒə ジュメラージュ] 名 -/-n 姉妹都市(関係).

der **Jum·per** [dʒámpər ヂャンパー, dʒɛm.. ヂェムパー, jóm.. ユパー] 名 -s/- (婦人用の)ジャンパー.

jun. =junior ジュニア, 二世.

jung [ユング] 形 jünger; jüngst 1. 若い,幼い: ~ sterben 若くして死ぬ. Sie ist auch nicht mehr die *Jüngste*. 彼女ももうかなりの年だ. 2. 若い方の: die ~e Generation 若い世代. der ~e Herr Meier ((口)若い方のマイヤー氏(マイヤー氏の息子). Hans Holbein der *Jüngere* ハンス・ホルバイン子(父子同名の画家などを区別して.「父」は der Ältere). 3. (((et⁴>の))) 年下の: die (drei Jahre) *jüngere* Schwester (3歳)年下の妹. 4. 《et⁴》~ ((口・冗)若さの: der 18 Jahre ~e Pianist 18歳の若さのピアニスト. 5. (まだ)若々しい: ~ bleiben 相変らず若々しい. werden 若さを取りもどす. sich⁴ ~ fühlen 若い気でいる. Sport (er)hält ~. スポーツは若さを保つ. 6. (まだ)新しい: ein ~er Staat 新興国. der ~e Wein ワインの新酒. das ~e Grün 新緑. 7. (比較級・最高級で)(つい)最近の: ein Ereignis der *jüngeren/jüngsten* Vergangenheit 最近/つい最近の出来事. *jüngeren* Datums sein 最近のことである.

【慣用】 das Junge Deutschland 〖文芸学〗青年ドイツ派(1830-50 年頃の文学運動グループ). die junge Frau 若奥さん(息子の妻または結婚した自分の娘). die Junge Union 青年キリスト教民主同盟(CDU および CSU の青年組織. 略 JU). ein Junger Pionier 〖旧東独〗少年ピオニール(団員)(6-13 歳の少年少女の社会主義的組織の団員. 略 JP). junge Aktie 〖商〗新株. So lang kommen wir nicht mehr zusammen. (楽しみは今のうちだから)もう少し居ようよ〔飲もうよ〕. von jung auf 小さい時から.

(der) **Jung** [ユング] 名 〖人名〗ユング(Carl Gustav ~, 1875-1961, スイスの心理学者).

der **Jung·brun·nen** [ユング・ブるネン] 名 -s/- 〖神話・伝説〗若返りの泉;活力の源泉.

das **Jung·chen** [ユングヒェン] 名 -s/- (方・口)男の子;若い男.

der **Jun·ge**[1] [ユンゲ] 名 -n/-n 〔(口)Jungs/-ns〕 1. 男の子,少年: einen ~n bekommen 男の子を授かる. 〈j〉 wie einen dummen ~n behandeln 〈人₄〉を子供扱いにする,適当にあしらう. als ~ 子供のころ. 2. 〔(口)若い男(呼びかけとしても)〕: ein grüner ~ 青二才. 3. 〔(古)徒弟(Lehr~). 4. (方)〖ᴶ〗ジャック. 【慣用】 die blauen Jungs (口)水夫たち. ein schwerer Junge 凶悪犯. Junge, Junge! こいつは驚いた.

das **Jun·ge**[2] [ユンゲ] 名 《形容詞的変化》(動物の)子;(®のみ)(南独・㌖)=Klein[2] 1.

das **Jün·gel·chen** [ユンゲルヒェン] 名 -s/- (口・蔑)青二才,若僧.

jun·gen [ユンゲン] 動 h. (㌘)子を産む(特に家畜が).

jun·gen·haft [ユンゲンハふト] 形 少年らしい,少年のような, ボーイッシュな.

die **Jun·gen·haf·tig·keit** [ユンゲンハふティカイト] 名 -/ 少年らしさ,若々しさ.

die **Jun·gen·klas·se** [ユンゲン・クラッセ] 名 -/-n 男子クラス.

der **Jun·gen·streich** [ユンゲン・シュトらイヒ] 名 -(e)s/-e 男の子のいたずら.

jün·ger (jung の比較級) [ユンガー] 形 年下の;より

若い；より新しい；最近の；(絶対的比較級で)それほど若くない(年をとっている)；比較的新しい(最近の)：Sie sieht ~ aus, als sie ist. 彼女は実際より若く見える. die ~e Steinzeit 新石器時代.
(der) **Jünger**[1] [ユンガー]『人名』ユンガー(Ernst ~, 1895-1998, 作家).
der **Jünger**[2] [ユンガー] 名 -s/- 使徒；(文)弟子, 門人：die zwölf ~ Jesu イエス・キリストの十二使徒. ein ~ der Wissenschaft 学問の徒.
die **Jungfer** [ユングふぇー] 名 -/-n (古)未婚の若い女性：~ Margarete マルガレーテ嬢. eine alte ~ (蔑)オールドミス. ~ im Grünen『植』クロタネソウ.
jungferlich [ユングふぇーりヒ] 形 オールドミスのような.
die **Jungfernfahrt** [ユングふぇーン・ふぁーアト] 名 -/-en 処女航海(走行).
der **Jungfernflug** [ユングふぇーン・ふルーク] 名 -(e)s/..flüge 処女飛行.
das **Jungfernhäutchen** [ユングふぇーン・ホイトヒェン] 名 -s/- 処女膜.
die **Jungfernrede** [ユングふぇーン・れーデ] 名 -/-n (議員の)処女演説.
die **Jungfernreise** [ユングふぇーン・らイゼ] 名 -/-n 処女航海(車などの)初運転.
die **Jungfernschaft** [ユングふぇーンシャフト] 名 -/ 処女であること, 処女性.
die **Jungfernzeugung** [ユングふぇーン・ツォイグング] 名 -/-en『生』単為(処女)生殖.
die **Jungfrau**[1] [ユング・ふらウ] 名 -/-en 1. 処女, 生(き)娘, 乙女；(古)未婚の(若い)女性：die (Heilige) ~ Maria 聖母マリア. die eiserne ~ (鉄の)処女(中世の拷問道具). 2. (職のみ)『天』乙女座. 3.『占』乙女座生れの人；(職のみ)処女宮. 【慣用】zu 〈et〉 **kommen wie die Jungfrau zum Kind** (口)思いがけず事にいたる.
die **Jungfrau**[2] [ユング・ふらウ] 名 -/『山名』ユングフラウ(スイス, ベルン・アルプスの山).
jungfräulich [ユング・ふろイリヒ] 形 (文)処女の, 乙女の；純粋な, 清らかな；(転)手付かずの, 人跡未踏の.
die **Jungfräulichkeit** [ユング・ふろイリヒカイト] 名 -/ 1. 処女であること, 純潔. 2. 手付かず(人跡未踏)であること.
der **Junggeselle** [ユング・ゲゼレ] 名 -n/-n 独身男性.
das **Junggesellenleben** [ユングゲゼレン・レーベン] 名 -s/(男性の)独身生活.
die **Junggesellenwirtschaft** [ユングゲゼレン・ヴィるトシャフト] 名 -/ (口)((冗)も有)独身男の(だらしない)家事(家計).
die **Junggesellin** [ユング・ゲゼリン] 名 -/-nen 独身女性.
der **Junglehrer** [ユング・レーらー] 名 -s/- (第二次国家試験を取得する前の)見習教員.
der **Jüngling** [ユングリング] 名 -s/-e 1. (文)若者, 青年. 2. (主に(蔑・皮))若い者, 若造.
jünglingshaft [ユングリングスハふト] 形 (文)若者らしい.
jüngst[1] (jung の最高級) [ユングスト] 形 最年少の, 最も若い；最も新しい；つい最近の. 【慣用】**das Jüngste (Letzte) Gericht** 最後の審判. **der Jüngste Tag** 最後の審判の日.
jüngst[2] [ユングスト] 副 (文)つい最近.
die **Jüngststeinzeit** [ユング・シュタイン・ツァイト] 名 -/ 新石器時代.
das **Jungtier** [ユング・ティーア] 名 -(e)s/-e (成熟前の)若い動物.
der **Jungtürke** [ユング・テュるケ] 名 -n/-n (口)(政党内の活動的な)改革派若手党員.

jungverheiratet [ユング・ふぇあハイらーテット] 形 新婚の.
das **Jungvieh** [ユング・ふぃー] 名 -(e)s/ (成熟前の)家畜.
der **Jungvogel** [ユング・ふぉーゲル] 名 -s/..vögel (成熟前の)若い鳥.
der **Jungwähler** [ユング・ヴェーら一] 名 -s/- 若い有権者(18-24歳)；新有権者.
der **Juni** [ユーニ] 名 -(s)/-s 6月.【用法は⇒Januar.】
junior [ユーニオーあ] 形 (人名の後に置き無変化)(…)ジュニア, (…)二世(略 jr., jun.).
der **Junior** [ユーニオーあ] 名 -s/-en (ユニオーれン)1. (主に(職))息子(父親に対して)；((職)のみ)『商』ジュニア(特に社主(店主)の息子. 2. 名『スポ』ジュニア. 3. (職)若者(若い購買者).
das **Juniorat** [ユニるラート] 名 -(e)s/-e 最年少者(末子)相続(権).
der **Juniorchef** [ユーニオーあ・シェふ] 名 -s/-s 若社長(同じ会社で働いている社主の息子).
die **Juniorenmeisterschaft** [ユニオーれン・マイスターシャフト] 名 -/-en ジュニア選手権試合.
der **Junker** [ユンカー] 名 -s/- 1. ((蔑)も有)ユンカー, (特に東エルベ地方の)地主貴族. 2. 貴公子, 若い貴族.
das **Junkertum** [ユンカートゥーム] 名 -s/- ユンカー気質；ユンカーであること；ユンカー(地主貴族の総称).
der **Junkie** [dʒánki ヂャンキ] 名 -s/-s (ジャーゴン)麻薬常習者(中毒者).
die **Junkmail** [dʒánkmeːl.. ヂャンク・メール] 名 -/-s (主に(職))ジャンクメール.
das **Junktim** [ユンクティム] 名 -s/-s『政』付帯, 抱合せ.
die **Junktur** [ユンクトゥーあ] 名 -/-en 1.『言』連接. 2.『医』(骨と骨の)連結. 3. (古)結合, 接合.
der **Juno** [ユノー, ユーノ] 名 -(s)/-s (主に(職))6月(Juli と発音上区別するため(職)).
(die) **Juno** [ユーノ] 名 『ロ神』ユノ(Jupiter の妻. 女性の生活と結婚の守護神).
junonisch [ユノーニシュ] 形 (女神)ユノのような気品のある(立派な豊満な).
die **Junta** [xúnta, jónta ユンタ] 名 -/..ten (スペイン・南米などの)行政機関；軍事政権(Militär~).
die **Jupe** [jyːp ユープ] 名 -/-s (der ~ -s/-s も有) 1. ((スイス))スカート. 2. (古)コルサージュつきのスリップ.
der **Jupiter** [ユービター] 名 -s(Jovis)/ 1. (主に無冠詞)『ロ神』ユピテル, ジュピター(ローマ神話の最高神)2. (2格は-s)木星.
die **Jupiterlampe** [ユーピター・ラムペ] 名 -/-n『商標』ジュピターランプ(大型照明灯).
Jura[1] [ユーら] 名 (無冠詞；無変化)法学.
(der) **Jura**[2] [ユーら] 名『地名』ユーラ(フランス名ジュラ. スイス北西部の州).
der **Jura**[3] [ユーら] 名 -s/ 1. ジュラ山脈(スイスとフランスの国境に位置する). 2.『地質』ジュラ紀(系).
(der) **Jürgen** [ユるゲン]『男名』ユルゲン.
juridisch [ユーディシュ] 形 ((オースト))=juristisch.
die **Jurisdiktion** [ユリス・ディクツィオーン] 名 -/-en (主に(職))裁判権, 司法権；政治権.
die **Jurisprudenz** [ユリス・プるデンツ] 名 -/ (文)法(律)学.
der **Jurist** [ユリスト] 名 -en/-en 法律家, 法学者；法学部の学生.
das **Juristendeutsch** [ユリステン・ドイチュ] 名 -(s)/

Juristerei 630

((蔑))も有)(複雑で難解な)法律家のドイツ語.
die **Ju·ris·te·rei** [ユリステライ] 名 -/ 《古》法学;法律家の仕事.
ju·ris·tisch [ユリスティシュ] 形 法律学(上)の,法律業務の;法的な: eine ~e Person 法人.
die **Jur·te** [ユルテ] 名 -/-n ユルト(中央アジアのトルコ系遊牧民のテント).
die **Ju·ry** [ʒyrí: ジュリー, ʒýːri ジューリ, dʒúːri ヂューリ, júːri ユーリ] 名 -/-s 審査委員会;(米英の裁判の)陪審員.
die **Jus**[1] [ʒyː: ジュー] 名 -/ ((南独・スイ)) das ~も有;特に((スイ)) der ~) **1.** 肉の煮出し汁,ブイヨン. **2.** ((スイ)) 果汁, 野菜ジュース.
das **Jus**[2] [ユース] 名 -/ (主に無冠詞)((ラテン)) 法(律)学: ~ divinum 神法, 神意. ~ gentium 国際法. ~ naturale 自然法. ~ primae noctis 初夜権.
der **Ju·so** [ユーソ] 名 -s/-s ドイツ社会民主党(SPD)の青年部党員(Jungsozialist).
das **Jus pri·mae noc·tis** [..prímɛ.. ユース プリーメ ノクティス] 名 ---/ ((ラテン語))((史))(家臣の花嫁に対して封建領主が要求できる)初夜権.
just [ユスト] 副 (語飾) (副詞・名詞を修飾)ちょうど, まさに; ((古))よりもよって;しかるべき仕方で: ~ am gleichen Tag ちょうど同じ日に.【慣用】nicht just 正しくない, 好ましくない, 嫌である.
jus·ta·ment [ユスタメント] 副 《古》ちょうど, まさに.
der **Jus·ta·ments·stand·punkt** [ユスタメンツ・シュタント・プンクト] 名 -(e)s/-e ((ラテン)) 意固地な(自分勝手な)見解.
ju·stie·ren [ユスティーレン] 動 h. **1.** ⟨etイ⟩を調整(調節)する(装置・測定器・火砲などを, 使用前に). **2.** ((印)) 整版する; 〔造幣〕硬貨の重量検査をする.
die **Ju·sti·tia** [ユスティーツィア] 名 ((ロ神))ユスティティア(正義の女神).
ju·sti·ti·a·bel [ユスティツィアーベル] 形 ((⊕は..bl..)) ⇨ justiziabel.
der **Jus·ti·ti·ar** [ユスティツィアーア] 名 -s/-e =Justiziar.
die **Ju·stiz** [ユスティーツ] 名 -/ **1.** 司法, 法務; 裁判; 司法権. **2.** 司法機関.
der **Ju·stiz·be·am·te** [ユスティーツ・ベアムテ] 名 ((形容詞

的変化)) 司法官.
die **Ju·stiz·be·hör·de** [ユスティーツ・ベ⊕-あデ] 名 -/-n 司法官庁.
ju·sti·zi·a·bel [ユスティツィアーベル] 形 ((⊕は..bl..)) 裁判の対象となりうる.
der **Ju·sti·zi·ar** [ユスティツィアーア] 名 -s/-e **1.** 法律顧問. **2.** (昔の)家産裁判権の所有者.
der **Ju·stiz·irr·tum** [ユスティーツ・イルトゥーム] 名 -s/..tümer 誤審.
der **Ju·stiz·mi·nis·ter** [ユスティーツ・ミニスター] 名 -s/- 法務大臣.
das **Ju·stiz·mi·nis·te·ri·um** [ユスティーツ・ミニステーリウム] 名 -s/..rien 法務省.
der **Ju·stiz·mord** [ユスティーツ・モルト] 名 -(e)s/-e (感情的に)司法殺人(誤審による死刑の執行).
der **Ju·stiz·rat** [ユスティーツ・らート] 名 -(e)s/..räte (昔の)法律顧問官.
die **Ju·stiz·voll·zugs·an·stalt** [ユスティーツ・フォル・ツークス・アン・シュタルト] 名 -/-en 〔官〕刑務所(略 JVA).
die **Ju·te** [ユーテ] 名 -/ 〔植〕ジュート, 黄麻; 〔紡〕ジュート〔黄麻〕繊維.
(*das*) **Jüt·land** [ユートラント] 名 -s/ 〔地名〕ユトランド(半島).
ju·ve·nil [ユヴェニール] 形 **1.** 若者の, 若者に特有の. **2.** 〔地質〕初生の.
das (*der*) **Ju·wel**[1] [ユヴェール] 名 -s/-en 宝石; (高価な)装身具.
das **Ju·wel**[2] [ユヴェール] 名 -s/-e かけがえのない人(もの), 至宝.
der **Ju·we·lier** [ユヴェリーア] 名 -s/-e 宝石商, 貴金属商; 宝石〔貴金属〕細工師.
das **Ju·we·lier·ge·schäft** [ユヴェリーア・ゲシェフト] 名 -(e)s/-e 宝石〔貴金属〕店.
der **Jux** [ユクス] 名 -es/-e (主に⊕)((口))冗談, ふざけること: aus ~ 冗談で. sich[5] mit ⟨j³⟩ einen ~ machen ⟨人₄⟩をからかう.
die **Jux·ta·po·si·ti·on** [ユクスタ・ポズィツィオーン] 名 -/-en 〔言〕合接(語)並置複合; 並置; 〔鉱〕双晶.
JVA =Justizvollzugsanstalt 〔官〕刑務所.
jwd [ヨットヴェーデー] 副 =janz weit draußen ((口・冗))はるか町はずれに, へんぴなところに.

K

das **k**[1], **K**[1] [ka: カー] [名] -/- (《口》-s/-s)ドイツ語アルファベットの第 11 字.
k[2] =Kilo.. キロ….
K[2] **1.** [カー] =Kalium 〘化〙カリウム. **2.** =Kelvin 〘理〙ケルヴィン.
k. 1. =kaiserlich 皇帝の, 帝国の. **2.** =königlich 国王の, 王室の.
die **Ka·a·ba** [カーアバ] [名] -/ カーバ(Mekkaにあるイスラム教の神殿).
die **Ka·ba·le** [カバーレ] [名] -/-n 《古》たくらみ, 陰謀.
das **Ka·ba·rett** [カバれっト, ..ré: カバれー, kắ.. カバれっト, ..re カバれー] [名] -s/-s〔-e〕 **1.** カバレット(演芸を見せるレストラン・小劇場);カバレットの演芸一座. **2.** ([単]のみ)カバレット演芸(風刺寸劇・シャンソンなど). **3.** (中仕切りのある)盛合せ用(回転)皿.
der **Ka·ba·ret·tist** [カバれティスト] [名] -en/-en カバレットの芸人.
ka·ba·ret·tis·tisch [カバれティスティシュ] [形] カバレットの, 寄席(よせ)風の.
das **Ka·bäus·chen** [カボイスひぇン] [名] -s/- 《方》小さな家;小部屋.
die **Kab·ba·la** [カバラ] [名] -/ カバラ(中世ユダヤ教の神秘説);ユダヤ神秘主義運動.
die **Kab·ba·lis·tik** [カバリスティク] [名] -/ カバラの教義.
kab·be·lig [カベリひ] [形] 〘海〙波立つ.
kab·beln [カっベルン] [動] *h.* **1.** 〔sich[4]+mit 〈j[3]〉ト〕《北独》(ちょっとした)口げんかをする. **2.** 〔補足なし〕〘海〙逆巻いている(海が).
die **Ka·bel**[1] [カーベル] [名] -/-n 《北独》《古》分け前, くじの賞金〔賞品〕.
das **Ka·bel**[2] [カーベル] [名] -s/- **1.** 電線, ケーブル, コード;ワイヤロープ, 鋼索, ケーブル: ein ~ verlegen 電線を敷設する. **2.** 《古》海外への電報. **3.** 〘海〙太綱, 錨索(びょうさく).
das **Ka·bel·fern·se·hen** [カーベル・ふぇるン・ゼーエン] [名] -s/ ケーブルテレビ.
der **Ka·bel·jau** [カーベル・ヤウ] [名] -s/-e〔-s〕〘魚〙(特に北大西洋の)タラ.
die **Ka·bel·län·ge** [カーベル・レンゲ] [名] -/-n 〘海〙鏈(れん)(距離の単位. 普通 185.2 m).
der **Ka·bel·man·tel** [カーベル・マンテル] [名] -s/..mäntel ケーブルの被覆.
ka·beln [カーベルン] [動] *h.* 〔〈et[4]〉ヲ+(〈方向〉ヘ)〕《古》国際電報〔電信〕で送る.
das **Ka·bel·pro·gramm** [カーベル・プろグらム] [名] -s/-e ケーブルテレビ番組〔プログラム〕.
der **Ka·bel·schuh** [カーベル・シュー] [名] -(e)s/-e 〘電〙ケーブルシュー, ケーブルグリップ.
das **Ka·bel·tau** [カーベル・タウ] [名] -(e)s/-e 〘海〙錨索, 錨鎖.
die **Ka·bel·trom·mel** [カーベル・トろメル] [名] -/-n ケーブルドラム〔巻き枠〕.
die **Ka·bi·ne** [カビーネ] [名] -/-n **1.** 船室;(航空機の)客室;(ロープウェーなどの)ゴンドラ. **2.** (小)個室, (個人用)仕切りボックス, ブース;更衣室.
die **Ka·bi·nen·bahn** [カビーネン・バーン] [名] -/-en (ゴンドラ式)ロープウェー.
der **Ka·bi·nen·kof·fer** [カビーネン・コっふぁー] [名] -s/- (中仕切りのある)大型トランク.
der **Ka·bi·nen·rol·ler** [カビーネン・ろラー] [名] -s/- キャビンスクーター.
das **Ka·bi·nett** [カビネっト] [名] -s/-e **1.** 内閣. **2.** (博物館の)小陳列室;《オーストリア》(窓が一つの)小部屋;《古》(宮廷の)会議〔執務〕室. **3.** (昔の君主の)顧問団. **4.** 〘旧東独〙教育指導センター. **5.** =Kabinettwein.
das **Ka·bi·nett·for·mat** [カビネっト・ふぉるマート] [名] -(e)s/-e 〘写〙キャビネ版.
der **Ka·bi·netts·be·schluss**, [旧]**Ka·bi·netts·be·schluß** [カビネっツ・ベシュルス] [名] -es/..schlüsse 閣議決定.
die **Ka·bi·netts·fra·ge** [カビネっツ・ふらーゲ] [名] -/-n 《稀》内閣の信任にかかわる問題.
die **Ka·bi·netts·kri·se** [カビネっツ・クりーゼ] [名] -/-n 内閣の危機.
die **Ka·bi·netts·sit·zung** [カビネっツ・ズィっツング] [名] -/-en 閣議.
das **Ka·bi·nett·stück** [カビネっト・シュテュっク] [名] -(e)s/-e **1.** 《古》逸品, 貴重品. **2.** 絶妙なやり方, 見事な腕前(特にスポーツで): sich[3] ein ~ leisten (反語的に)えらいことをやらかす.
der **Ka·bi·nett·wein** [カビネっト・ヴァイン] [名] -(e)s/-e カビネットワイン(高級ワインの等級の一つ).
das **Ka·b·rio** [カーブりオ] [名] -s/-s キャブリオレー(Kabriolett).
das **Ka·bri·o·lett** [カブりオレっト] [名] -s/-s キャブリオレー(幌つきオープンカー);《古》(一頭立ての)二輪幌(ほろ)馬車.
die **Ka·bri·o·li·mou·si·ne** [カブりオ・リムーズィーネ] [名] -/-n キャブリオリムジン(幌巻き上げ〔幌取外し〕式自動車).
das **Ka·buff** [カブふ] [名] -s/-s 《北独》《口》(《蔑》も有)薄暗い小部屋.
(*das*) **Ka·bul** [カーブル] [名] -s/ 〘地名〙カーブル(アフガニスタンの首都).
die **Ka·bu·se** [カブーゼ] [名] -/-n 《北独》(薄暗い)小部屋;(船の)調理室.
die **Ka·bü·se** [カビューゼ] [名] -/-n =Kabuse.
die **Ka·chel** [カっへル] [名] -/-n 彩色陶製タイル(暖炉・壁装飾用);《南独》陶製の深皿〔鉢〕.
ka·cheln [カっへルン] [動] **1.** *h.* 〔〈et[4]〉ニ〕タイルを張る. **2.** *s.* 〔(〈方向〉ヘ/〈場所〉ヲ)〕《口》(車で)突っ走る.
der **Ka·chel·ofen** [カっへル・オーふぇン] [名] -s/..öfen タイル張りの暖炉.
die **Ka·cke** [カっケ] [名] -/ 《口》糞(くそ);いやな〔やっかいな〕こと: Die ~ ist am Dampfen. いやな〔やっかいな〕ことがある.
ka·cken [カっケン] [動] *h.* 〔補足なし〕《口》糞(くそ)をする.
die **Kack·stel·ze** [カっク・シュテルツェ] [名] -/-n (主に[複])《口》(長い)足〔脚〕.
der **Ka·da·ver** [カダーヴァー] [名] -s/- (動物の)死体, 腐肉;(人の)死体;《蔑》がたがきた体.
der **Ka·da·ver·ge·hor·sam** [カダーヴァー・ゲホーあザーム] [名] -s/ 《蔑》盲従.
das **Kad·disch** [カディーシュ] [名] -s/ 〘ユダヤ教〙カディーシュ(死者の魂救済のための服喪中の祈り).
die **Ka·denz** [カデンツ] [名] -/-en **1.** 〘楽〙カデンツ, カデンツァ(①楽曲〔句〕の和声終止形. ②終止(形)の前に挿入される独奏部). **2.** 〘詩〙詩行の終止形;〘言〙文末の音声の低下. **3.** (1分間あたりの)連射速度(銃の性能).
der **Ka·der** [カーダー] [名] -s/- (《スイス》das ~)〘軍〙幹部(将校と下士官からなる);(チームの)中心メンバー;(政・財界の)枢要グループ;枢要グループのメンバー.
der **Ka·dett**[1] [カデっト] [名] -en/-en **1.** (昔の)幼年

学校の生徒；《ｽｲｽ》(昔の)青少年団の団員. **2.** 《口》(かわいい)やつ(Bursche).

der **Ka·dett²** [カデット] [名] -en/-en カデット党党員(1905年, ロシアで創立).

die **Ka·det·ten·an·stalt** [カデッテン・アン・シュタルト] [名] -/-en (昔の)幼年学校.

der **Ka·di** [カーディ] [名] -s/-s カーディ(イスラム教国の裁判官)；《口》裁判所.

das **Kad·mi·um** [カトミウム] [名] -s/ 〖化〗カドミウム(記号 Cd).

das **Kad·mi·um·se·le·nid** [カトミウム・ゼレニート] [名] -(e)s/-e 〖化〗セレン化カドミウム.

das **Kad·mi·um·sul·fid** [カトミウム・ズルふぃート] [名] -(e)s/-e 〖化〗硫化カドミウム.

die **Kad·mi·um·ver·gif·tung** [カトミウム・ふぇあギふトゥング] [名] -/-en 〖医・環〗カドミウム中毒.

der **Kä·fer** [ケーふぁー] [名] -s/- 〖昆〗カブトムシ；《口》若い女性；カブトムシ(形のフォルクスワーゲン).

das **Kaff¹** [カふ] [名] -s/-s〔-e, Käffer〕《口・蔑》片田舎, つまらない田舎町.

das **Kaff²** [カふ] [名] -(e)s/ 《北独》 **1.** 藁(わら)くず. **2.** 《口》がらくた.

der **Kaf·fee** [カふぇ, カふぇー] [名] -s/-s (㊥は種類) **1.** コーヒー(飲物)：schwarzer ～ ブラックコーヒー. ein Kännchen〔eine Portion〕～ コーヒー1ポット. **2.** 〖植〗コーヒーの木. **3.** コーヒーの実；(焙煎(ばいせん)し, ひいた)コーヒー. **4.** (午後の)おやつのコーヒー；《方》コーヒーのつく朝食：〈j⁴〉 zum ～ einladen 〈人を〉(3時の)お茶に招待する.

K

die **Kaf·fee·boh·ne** [カっふぇ・ボーネ] [名] -/-n コーヒー豆.

kaf·fee·braun [カっふぇ・ブラウン] [形] コーヒーブラウンの.

der **Kaf·fee·er·satz, Kaf·fee-Er·satz** [カっふぇ・エあザッツ] [名] -es/ 代用コーヒー.

der **Kaf·fee·ex·trakt, Kaf·fee-Ex·trakt** [カっふぇ・エクストらクト] [名] -(e)s/-e インスタントコーヒー.

die **Kaf·fee·fahrt** [カっふぇ・ふぁーあト] [名] -/-en (近郊への午後の)コーヒードライブ；(午後の)コーヒーへの招待ドライブ(企業による商品宣伝・販売企画).

das **Kaf·fee·ge·schirr** [カっふぇ・ゲシる] [名] -(e)s/-e コーヒーセット.

der **Kaf·fee·grund** [カっふぇ・グるント] [名] -(e)s/ 《方》コーヒーの出しがら.

das **Kaf·fee·haus** [カふぇー・ハウス] [名] -es/..häuser 《ｵｰｽﾄﾘｱ》喫茶店.

die **Kaf·fee·kan·ne** [カっふぇ・カネ] [名] -/-n コーヒーポット.

der **Kaf·fee·klatsch** [カっふぇ・クラッチュ] [名] -(e)s/ 《口・冗》コーヒーを飲みながらのおしゃべりの集まり.

das **Kaf·fee·kränz·chen** [カっふぇ・クれンツひぇン] [名] -s/- 女性の(定期的)コーヒーパーティー；女性のコーヒーパーティーのグループ.

der **Kaf·fee·löf·fel** [カっふぇ・㋹っふぇル] [名] -s/- コーヒースプーン.

die **Kaf·fee·ma·schi·ne** [カっふぇ・マシーネ] [名] -/-n コーヒーメーカー.

die **Kaf·fee·müh·le** [カっふぇ・ミューレ] [名] -/-n コーヒーミル.

die **Kaf·fee·pau·se** [カっふぇ・パウゼ] [名] -/-n コーヒーブレーク.

der **Kaf·fee·satz** [カっふぇ・ザッツ] [名] -es/ コーヒーの出しがら.

die **Kaf·fee·tas·se** [カっふぇ・タっセ] [名] -/-n コーヒーカップ.

der **Kaf·fee·wär·mer** [カっふぇ・ヴェるマー] [名] -s/- コーヒーポット用保温カバー.

der **Kaf·fer¹** [カっふぁー] [名] -s/- 《罵》ばか者, うすのろ.

der **Kaf·fer²** [カっふぁー] [名] -s/-n カフィール人(①アフリカ南部の部族の以前の名称. ②アフリカ南部黒人の以前の蔑称).

der **Kä·fig** [ケーふぃひ] [名] -s/-e 鳥かご(Vogel～)；小動物用のかご；(獣の)檻(おり).

der **Ka·fir** [カーふぃる] [名] -s/-n 《蔑》(イスラム圏の)非イスラム教徒.

(*der*) **Kaf·ka** [カふカ] [名] 〖人名〗カフカ(Franz ～, 1883-1924, プラハ生れのユダヤ系ドイツ語作家).

kaf·ka·esk [カふカエスク] [形] カフカ的な；不条理な；無気味な.

der **Kaf·tan** [カふタン] [名] -s/-e カフタン(中近東の丈の長い衣服；ユダヤ教徒の丈の長いオーバー)；《口》長いだぶだぶの服.

kahl [カール] [形] **1.** 髪〔毛・羽毛〕のない, 禿(は)げた；葉の落ちた；草木の生えていない. ～ sein (頭が)禿げている. ein ～ geschorener Kopf 丸坊主の頭. ein Tier ～ scheren 動物(の毛)を刈り取る. **2.** がらんとした, むき出しの.

kahl fres·sen*, ㊐**kahl|fres·sen*** [カール ふれっセン] [動] *h.* 〔〈et⁴〉ノ〕葉を食い尽して裸にする(虫が樹・森の一部などを).

kahl ge·scho·ren, ㊐**kahl·ge·scho·ren** [カール ゲショーれン] [形] ⇨ kahl 1.

die **Kahl·heit** [カールハイト] [名] -/ **1.** 髪〔毛・羽〕のないさま；草木が〔木に葉が〕ないさま. **2.** 殺風景なさま.

der **Kahl·hieb** [カール・ヒープ] [名] -(e)s/-e (森林の)皆伐.

der **Kahl·kopf** [カール・コップふ] [名] -(e)s/..köpfe 禿頭(はげあたま)；《口》禿頭の人.

kahl·köp·fig [カール・ケッフぃひ] [形] 禿頭(はげあたま)の.

der **Kahl·schlag** [カール・シュラーク] [名] -(e)s/..schläge 伐採地；皆伐；《口・冗》禿(は)げ.

kahl schla·gen*, ㊐**kahl|schla·gen*** [カール シュラーゲン] [動] *h.* 〔〈et⁴〉ヲ〕〖林〗皆伐する(森を).

die **Kahl·schlag·sa·nie·rung** [カールシュラーク・ザニーるング] [名] -/-en 《蔑》(都市などの)皆伐(かいばつ)〔徹底〕的再開発.

der **Kahm** [カーム] [名] -(e)s/ 〖生〗(液体表面の)かび〔バクテリア・菌〕.

kah·mig [カーミひ] [形] かびの浮いた.

der **Kahn** [カーン] [名] -(e)s/Kähne **1.** 小舟, 河船；(曳航される)艀(はしけ)；《口》(《蔑》も有)船；(㊥のみ)《口》不格好な大きい靴：～ fahren 小舟に乗って行く. **2.** (㊥のみ)《口》拘禁, 監獄. **3.** 《口・冗》ベッド.

der **Kai** [カイ] [名] -s/-e〔-s〕 波止場, 埠頭(ふとう), 桟橋.

der **Kai·man** [カイマン] [名] -s/-e 〖動〗カイマン(南米産のワニ).

die **Kai·mau·er** [カイマウあー] [名] -/-n (港などの)岸壁.

(*der*) **Kain** [カ(ー)イン] [名] 〖旧約〗カイン(Adam と Eva の息子. 弟の Abel を殺した).

das **Kains·mal** [カ(ー)インス・マール] [名] -(e)s/-e カインの印(創世記 4, 15)；罪の印.

das **Kains·zei·chen** [カ(ー)インス・ツァイひぇン] [名] -s/- ＝Kainsmal.

(*das*) **Kai·ro** [カイろ] [名] -s/ 〖地名〗カイロ(エジプトの首都).

der **Kai·ros** [カイろス] [名] -/Kairoi [カイロイ] 潮時；〖哲〗カイロス, (人間に決断的応答を要求する)瞬間時, 好機；〖宗〗(信仰・不信仰の)決断の時.

(*der*/*die*) **Kai·ser¹** [カイザー] [名] 〖人名〗カイザー.

der **Kai·ser²** [カイザー] [名] -s/- 皇帝(人；(㊥のみ)位)：der deutsche ～ ドイツ皇帝. der ～ von Österreich オーストリア皇帝.

der **Kai·ser·ad·ler** [カイザー・アードラー] [名] -s/- 〖鳥〗カ

タジロワシ.

der **Kai·ser·bart** [カイザー・バーあト] [名] -(e)s/..bärte カイゼル髭(ひげ).

das **Kai·ser·haus** [カイザー・ハウス] [名] -es/..häuser 帝室, 皇帝の一族.

die **Kai·se·rin** [カイゼりン] [名] -/-nen 女帝;皇后.

die **Kai·ser·kro·ne** [カイザー・くろーネ] [名] -/-n 帝冠;〘植〙ヨウラクユリ.

kai·ser·lich [カイザーりひ] [形] 皇帝の;皇帝にふさわしい;皇帝統治下の, 帝国の;皇帝派の.

kai·ser·lich-kö·nig·lich [カイザーりひ・ケーニクりひ] [形] 帝国兼王国の《略 k. k.》: die ~*e* Monarchie オーストリア・ハンガリー帝国.

das **Kai·ser·reich** [カイザー・らイひ] [名] -(e)s/-e 帝国.

der **Kai·ser·schmar·ren** [カイザー・シュマれン] [名] -s/- 《オーストリア・南独》カイザーシュマレン《オムレツ形のパンケーキ》.

der **Kai·ser·schnitt** [カイザー・シュニット] [名] -(e)s/-e 〘医〙帝王切開.

der **Kai·sers·lau·te·rer** [カイザース・ラウテらー] [名] -s/- カイザースラウターン市民.

(*das*) **Kai·sers·lau·tern** [カイザース・ラウターン] [名] -s/ 〘地名〙カイザースラウターン《ラインラント=プファルツ州の都市》.

das **Kai·ser·tum** [カイザートゥーム] [名] -s/..tümer **1.** 《[単]のみ》帝政. **2.** 《稀》帝国.

das **Kai·ser·wet·ter** [カイザー・ヴェッター] [名] -s/ 《冗》(快晴の)皇帝日和.

die **Kai·ser·wür·de** [カイザー・ヴュるデ] [名] -/ 帝位.

der〔*das*〕**Ka·jak** [カーヤク] [名] -s/-s カヤック《①ダブルブレードで漕ぐ, スポーツ用パドルボート. ②エスキモーの皮舟》.

die **Ka·jü·te** [カユーテ] [名] -/-n 船室.

der **Ka·ka·du** [カカドゥ, カカドゥー] [名] -s/-s 〘鳥〙カカドゥー《冠毛のあるオウムの一種》.

der **Ka·kao** [kakáu カカウ, kaká:o カカーオ] [名] -s/-s 《[複]は種類》カカオの木;カカオの実;ココアの粉;ココア(飲物).

die **Ka·kao·boh·ne** [カカウ・ボーネ, カカーオ・ボーネ] [名] -/-n ココアの豆.

die **Ka·kao·but·ter** [カカウ・ブッター, カカーオ・ブッター] [名] -/ カカオ脂.

das **Ka·kao·pul·ver** [カカウ・プルふぁー, カカウ・プルヴァー, カカーオ・プルふぁー, カカーオ・プルヴァー] [名] -s/ 粉末ココア.

ka·keln [カーケルン] [動] *h.* 〔補足なし〕《北独》こっこっと〔がぁがぁ〕鳴く《雌鶏・アヒルなどが》;《口》ぺちゃくちゃおしゃべりをする.

das **Ka·ke·mo·no** [カケモーノ] [名] -s/-s 掛け物, 掛け軸.

der **Ka·ker·lak** [カーカーラク] [名] -s〔-en〕/-en **1.** 〘昆〙ゴキブリ. **2.** (動物の)白子(しろこ).

der **Ka·ki**[1], **Kha·ki** [カーキ] [名] -(s)/ カーキ色の布地.

das **Ka·ki**[2], **Kha·ki** [カーキ] [名] -(s)/ カーキ色.

Ka·ki·far·ben [カーキ・ふぁるベン] [形] カーキ色の.

die **Ka·ko·fo·nie, Ka·ko·pho·nie** [カコ・ふぉニー] [名] -/-n 〘言〙不快音調;〘楽〙カコフォニー《耳障りな響き》.

die **Kak·tee** [カクテーエ] [名] -/-n 〘植〙サボテン.

der **Kak·tus** [カクトゥス] [名] -/..teen[カクテーエン] 《《口》-ses/-se も有;《オーストリア》-ses/..teen も有》〘植〙サボテン.

der **Ka·la·bre·ser** [カラブれーザー] [名] -s/- つば広の山の高いフェルト帽.

die **Ka·la·mi·tät** [カラミテート] [名] -/-en 苦境, 窮境;〘生〙作物の甚大な被害.

der **Ka·lan·der** [カランダー] [名] -s/- (紙・布などの)つや出し機, カレンダー.

ka·lan·dern [カランダーン] [動] *h.* 〔〈et^4〉ヲ〕〘工〙つや出し機〔カレンダー〕にかける《紙・布地などを》.

die **Ka·lasch·ni·kow** [..kɔf カラシュニコふ] [名] -/-s カラシニコフ《旧ソ連製の自動銃》.

der **Ka·lau·er** [カーラウあー] [名] -s/- 駄洒落(だじゃれ), へたな地口(じぐち).

ka·lau·ern [カーラウあーン] [動] *h.* 〔補足なし〕駄洒落を飛ばす.

das **Kalb** [カルプ] [名] -(e)s/Kälber **1.** 子牛;(鹿・象などの)子;(幼稚な)若者: das Goldene ~ 〘旧約〙黄金の子牛《富の象徴. 出エジプト記 32》. **2.** 《[単]のみ》子牛の肉(~fleisch). **3.** 《《罵》も有》ばか者. 【慣用】**Augen wie ein Kalb haben**〔**machen**〕目を白黒させている. **das Goldene Kalb anbeten**〔**um das Goldene Kalb tanzen**〕拝金主義である.

kal·ben [カルベン] [動] *h.* **1.** 〔補足なし〕子を産む《牛が》. **2.** 〔補足なし〕〘地〙氷塊を海〔陸水〕中に押出す《氷河が》.

kal·bern [カルバーン] [動] *h.* 〔補足なし〕《口》ばかげた振舞いをする, ばか騒ぎをする;《スイス》子を産む《牛が》;《方・古》嘔吐(おうと)する.

das **Kalb·fell** [カルプ・ふぇル] [名] -(e)s/-e 子牛の毛皮;《古》(子牛皮の)太鼓.

das **Kalb·fleisch** [カルプ・ふライシュ] [名] -(e)s/ 子牛の肉.

das **Kalb·le·der** [カルプ・レーダー] [名] -s/- 子牛革.

der **Kalbs·bra·ten** [カルプス・ブらーテン] [名] -s/- 〘料〙子牛の焼肉.

die **Kalbs·brust** [カルプス・ブるスト] [名] -/..brüste 〘料〙子牛の胸肉.

die **Kalbs·hach·se** [カルプス・ハクセ] [名] -/-n 〘料〙子牛の臑(すね)肉.

die **Kalbs·keu·le** [カルプス・コイレ] [名] -/-n 〘料〙子牛のもも肉.

der **Kalbs·kopf** [カルプス・コップふ] [名] -(e)s/..köpfe (調理された)子牛の頭;《口》ばか者.

die **Kalbs·le·ber** [カルプス・レーバー] [名] -/-n 子牛のレバー.

die **Kalbs·len·de** [カルプス・レンデ] [名] -/-n 〘料〙子牛の腰肉.

das **Kalbs·schnit·zel** [カルプス・シュニッツェル] [名] -s/- 〘料〙子牛のカツレツ.

das **Kal·da·ri·um** [カルダーりウム] [名] -s/..rien **1.** (古代ローマの)温泉浴場. **2.** 《古》温室.

die **Kal·dau·ne** [カルダウネ] [名] -/-n **1.** 《[複]のみ》(特に牛の)臓物. **2.** 《主に[複]》《口》人間のはらわた.

das **Ka·lei·do·skop** [カライド・スコープ] [名] -s/-e カレードスコープ, 万華鏡(まんげきょう).

das **Ka·len·da·ri·um** [カレンダーりウム] [名] -s/..rien **1.** 教会暦, 教会祝祭日表. **2.** カレンダー. **3.** (古代ローマの毎月の1日が支払期限の)利子台帳.

der **Ka·len·der** [カレンダー] [名] -s/- **1.** 暦, カレンダー. **2.** 暦法: der gregorianische/julianische ~ グレゴリオ暦/ユリウス暦. 【慣用】**sich^3 〈et^4〉/einen Tag im Kalender (rot) anstreichen** 〈事ヲ〉/ある日を特に銘記すべきものとする〔特筆大書する〕.

der **Ka·len·der·block** [カレンダー・ブロック] [名] -(e)s/-s〔..blöcke〕日めくり(暦).

das **Ka·len·der·jahr** [カレンダー・ヤーあ] [名] -(e)s/-e 暦年.

die **Ka·le·sche** [カレッシェ] [名] -/-n 軽四輪馬車.

die〔*das*〕**Ka·le·va·la** [カレヴァラ] [名] -/ カレヴァラ《フィンランドの国民叙事詩》.

die〔*das*〕**Ka·le·wa·la** [カレヴァラ] [名] -/ =Kalevala.

der **Kal·fak·ter** [カルふぁクター] [名] -s/- =Kalfaktor.

der **Kal·fak·tor** [カルふぁクトーあ] [名] -s/-en [カルふぁクトーれン] **1.** 《古》下働き, 雑用係. **2.** 《《蔑》も有》

kalfatern 634

看守の助手をする囚人. **3.** 〘方・蔑〙探りを入れる〔盗み情報を得る〕人.

kal-fa-tern [カルふぁターン] 動 h. 〘et⁴ッ〙〘海〙コーキング〔水漏れ防止〕をする.

das **Ka-li** [カーリ] 名 -s/-s (主に㊌)カリ塩；カリウム,カリウム化合物.

das **Ka-li-ber** [カリーバー] 名 -s/- **1.** 〘工〙(銃砲の)口径；(弾丸の)直径. 〘工〙(ローラーの)軸間；〘金属〙〘古〙内径(外径)計測ゲージ. **2.** 〘時計〙(時計の)型；(時計の)ケースの直径. **3.** 〘口〙(〘蔑〙も有)種類, 型, タイプ.

das **Ka-li-ber-maß** [カリーバー・マース] 名 -es/-e 内径〔外経〕ゲージ.

ka-li-brie-ren [カリブリーれン] 動 h. **1.** 〘et⁴ッ〙〘工〙口径を定める〔測定する〕(特に銃の). **2.** 〘et⁴ッ〙検定する(度量衡器を)；寸法通りに仕上げる(部品などを)；統一規格の大きさにする(チーズなどを)；規格どおりに調整する(機器などを).

der **Ka-li-dün-ger** [カーリ・デュンガー] 名 -s/- カリ肥料.

der **Ka-lif** [カリーふ] 名 -en/-en カリフ 〘史〙 **1.** (㊌のみ)(イスラム教スンニ派の支配者の称号. トルコ君主の称号). **2.** 〘文〙カリフ(人).

das **Ka-li-fat** [カリふぁート] 名 -(e)s/-e 〘史〙カリフの位；カリフの統治国.

(das) **Ka-li-for-ni-en** [カリふぉルニエン] 名 -s/ 〘地名〙カリフォルニア.

der **Ka-li-ko** [カリコ] 名 -s/-s (㊌は種類)キャラコ.

die **Ka-li-lau-ge** [カーリラウゲ] 名 -/-n 水酸化カリウム溶液.

(das) **Ka-li-nin-grad** [カリーニングらー(ト)] 名 -s/ 〘地名〙カリーニングラード(旧ドイツ名 Königsberg).

der **Ka-li-sal-pe-ter** [カーリ・ザルペーター] 名 -s/- 硝酸カリウム.

der **Ka-li-salz** [カーリ・ザルツ] 名 -es/-e (主に㊌)カリ塩.

das **Ka-li-um** [カーリウム] 名 -s/ 〘化〙カリウム(記号 K).

das **Ka-li-um-chlo-rid** [カーリウム・クロリート] 名 -(e)s/- 塩化カリウム.

das **Ka-li-um-sul-fat** [カーリウム・ズルふぁート] 名 -(e)s/- 硫酸カリウム.

der **Kalk** [カルク] 名 -(e)s/-e (㊌は種類) **1.** 石灰；石灰肥料；石灰モルタル；石灰乳. **2.** カルシウム.

kal-ken [カルケン] 動 h. 〘et⁴ッ〙石灰乳(水性石灰塗料・漆喰)を塗る；石灰肥料を施す；(中和のため)石灰を施す.

die **Kalk-er-de** [カルク・エーアデ] 名 -/- 石灰土.

das **Kalk-ge-bir-ge** [カルク・ゲビるゲ] 名 -s/- 石灰岩山地.

die **Kalk-gru-be** [カルク・グるーベ] 名 -/-n 石灰坑.

kalk-hal-tig [カルク・ハルティヒ] 形 石灰を含む.

kal-kig [カルキヒ] 形 青白い；石灰(カルキ)を含んだ；石灰で白くなった.

die **Kalk-krus-te** [カルク・クるステ] 名 -/-n 〘植〙(水生植物の葉などに石灰が沈殿してできる)石灰殻.

kalk-licht [カルク・リヒト] 名 -(e)s/-e 石灰光, ライムライト.

der **Kalk-man-gel** [カルク・マンゲル] 名 -s/.. カルシウム不足.

der **Kalk-ofen** [カルク・オーふェン] 名 -s/..öfen 石灰窯.

der **Kalk-stein** [カルク・シュタイン] 名 -(e)s/-e 石灰岩, 石灰石.

das [der] **Kal-kül** [カルキュール] 名 -s/-e **1.** 〘文〙計算；打算, 予測. **2.** (der ～ のみ)〘数〙計算法.

die **Kal-ku-la-ti-on** [カクラツィオーン] 名 -/-en 計算, 見込み, 考慮, 予測；〘経〙見積り.

der **Kal-ku-la-tor** [カルクラートーあ] 名 -s/-en [カルクラトーレン] 会計係；打算的な人.

kal-ku-lie-ren [カルクリーれン] 動 h. **1.** 〘et⁴ッ〙〘商〙見積る, あらかじめ計算する, 割出す(費用・製作費・価格・値段を). **2.** 〘様態〙予測判断をする. **3.** 〘文〙〘デアルス〙〘口・稀〙予測〔推測〕する.

(das) **Kal-kut-ta** [カルクッタ] 名 -s/ 〘地名〙カルカッタ.

kalk-weiß [カルク・ヴァイス] 形 (石灰のように)真っ白な；蒼白な.

die **Kal-le** [カレ] 名 -/-n 〘泥棒仲間の隠語〙いいなづけ；愛人；売春婦.

die **Kal-li-gra-fie, Kal-li-gra-phie** [カリ・グらふぃー] 名 -/ カリグラフィー, 能筆〔書〕術, 書道.

kal-li-gra-fisch, kal-li-gra-phisch [カリ・グらーふぃシュ] 形 カリグラフィーの；能筆〔書〕の.

(die) **Kal-li-o-pe** [カリーオペ] 名 〘ギ神〙カリオペ(叙事詩の守護女神).

der **Kal-lus** [カルス] 名 -/-se **1.** 〘植〙癒傷組織, カルス. **2.** 〘医〙仮骨；胼胝(ﾍﾞﾝﾁ).

die **Kal-me** [カルメ] 名 -/-n 〘気〙無風, 凪(ナギ).

der **Kal-men-gür-tel** [カルメン・ギュるテル] 名 -s/- 〘気〙無風帯.

der **Kal-mus** [カルムス] 名 -/-se 〘理〙ショウブ.

die **Ka-lo-rie** [カロリー] 名 -/..rien 〘理〙カロリー(以前の熱量単位. 記号 cal)；(主に㊌)カロリー(以前の食品の熱量単位. 記号 cal)；〘口〙カロリーの量(食料品の栄養価としての).

ka-lo-ri-en-arm [カロリーエン・アるム] 形 カロリーの少ない.

ka-lo-ri-en-be-wusst, ㊌**ka-lo-ri-en-be-wußt** [カロリーエン・ベヴスト] 形 カロリーの摂取量を意識した.

der **Ka-lo-ri-en-ge-halt** [カロリーエン・ゲハルト] 名 -(e)s/-e (主に㊌)カロリー含有量.

ka-lo-ri-en-reich [カロリーエン・らイヒ] 形 カロリーの多い.

die **Ka-lo-rik** [カローリク] 名 -/ 〘理〙熱学.

das **Ka-lo-ri-me-ter** [カロリ・メーター] 名 -s/- 〘理〙熱量計.

die **Ka-lot-te** [カロッテ] 名 -/-n **1.** 〘幾何〙球冠. **2.** 〘建〙円蓋(ｶﾞｲ)；屋根. **3.** 〘人類・医〙頭蓋冠. **4.** キャラット, 小球帽；〘ｶﾄﾘ〙カロッタ(聖職者用小球帽).

kalt [カルト] 形 kälter；kältest **1.** 冷たい, 寒い；冷めた：～e Miete 暖房費を含まない家賃. Mir ist ～. 私は寒い. ～ essen (煮炊きしない)冷たい食事をする. ～ schlafen 暖房のない部屋で寝る. im K～en 暖房のない部屋で. **2.** 冷静な, 動じない：mit ～er Überlegung 冷静に熟考して. **3.** 冷淡〔冷酷〕な, よそよそしい：mit ～er Stimme 冷淡な声で. ～ lächelnd 冷笑を浮かべて. **4.** そっとする(ような)：Es überläuft 〈j³〉～. 〈人₃〉そっとする. 〘慣用〙 der Kalte Krieg 冷戦. 〈j³〉die kalte Schulter zeigen 〈人₃〉冷淡な態度を示す. ein kalter Schlag/Staatsstreich 火事とならない落雷/無血クーデター. kalte Ente カルテ・エンテ(白ワイン・シャンパン・レモンの輪切りなどの入った飲み物). kalte Farben 寒色. kalte Füße bekommen 〘口〙不安を覚えて(企てを)とりやめる. kalte Küche 〔Speisen〕冷たい料理(ハム・チーズ・サラダなど). kaltes Blut bewahren 冷静さを保つ. weder warm noch kalt sein 〘口〙煮え切らない, どうでもいい.

kalt blei-ben* [カルト ブライベン] 動 s. 〘⁴にも〙〘口〙冷静な〔冷然とした〕態度を保っている, 平然としている.

das **Kalt-blut** [カルト・ブルート] 名 -(e)s/- 冷血種(労役用の馬種).

der **Kalt-blü-ter** [カルト・ブリューター] 名 -s/- 〘動〙冷血動物.

kalt-blü-tig [カルト・ブリューティヒ] 形 冷静な；冷酷な；

〖動〗冷血の.

die **Kalt·blü·tig·keit** [カルト・ブリューティひカイト] [名] –/ 冷酷;冷静, 沈着.

die **Käl·te** [ケルテ] [名] –/ **1.** 寒さ, 寒気;零下: 7 Grad ~ 零下 7 度. bei der ~ この寒さでは. **2.** 冷淡, 冷やかさ;(部屋などの)寒々しさ: mit eisiger ~ 氷のように冷淡に.

käl·te·be·stän·dig [ケルテ・ベシュテンディひ] [形] 寒さに強い;不凍性の.

der **Käl·te·ein·bruch** [ケルテ・アイン・ブるっふ] [名] –(e)s/ ..brüche 〖気〗寒波の襲来.

käl·te·emp·find·lich [ケルテ・エムプふぃントリひ] [形] 寒さに弱い.

der **Käl·te·grad** [ケルテ・グらート] [名] –(e)s/–e 冷たさの温度;《口》氷点下(の温度).

die **Käl·te·ma·schi·ne** [ケルテ・マシーネ] [名] –/–n 〖工〗冷凍機.

das **Käl·te·schutz·mit·tel** [ケルテ・シュっツ・ミっテル] [名] –s/– 不凍剤.

die **Käl·te·tech·nik** [ケルテ・テひニク] [名] –/ 冷凍工学.

die **Käl·te·wel·le** [ケルテ・ヴェレ] [名] –/–n 寒波.

die **Kalt·front** [カルト・ふろント] [名] –/–en 〖気〗寒冷前線.

das **Kalt·haus** [カルト・ハウス] [名] –es/..häuser 〖園〗冷室.

kalt·her·zig [カルト・へるツィひ] [形] 冷淡な, 心の冷たい.

kalt lä·chelnd, ⓐ**kalt·lä·chelnd** [カルト レっひぇルント] [形] ⇨ kalt 3.

kalt las·sen*, ⓐ**kalt|las·sen*** [カルト ラっセン] [動] *h.* 〖<j⁴>ヲ〗《口》興奮〔感動〕させない, (…の)心を動かさない, (…に)何とも思わせない.

die **Kalt·luft** [カルト・ルふト] [名] –/ 〖気〗寒気(団).

der **Kalt·luft·see** [カルトルふト・ゼー] [名] –s/–n 〖気〗冷気湖《夜間に盆地などに滞留する冷気団》.

kalt|ma·chen [カルト・マっヘン] [動] *h.* 〖<j⁴>ヲ〗《口》平気で〔良心のとがめなしに〕殺す.

die **Kalt·mam·sell** [カルト・マムゼル] [名] –/–en〔–s〕(レストランなどの女性の)冷たい料理の盛りつけ係.

die **Kalt·mie·te** [カルト・ミーテ] [名] –/–n 暖房費抜きの家賃〔部屋代〕.

die **Kalt·na·del·ar·beit** [カルト・ナーデル・アるバイト] [名] –/–en 〖美〗ドライポイント《銅版に直接彫刻する技法》.

die **Kalt·scha·le** [カルト・シャーレ] [名] –/–n (果物・ビール・クリームなどを使った甘い)冷スープ.

kalt·schnäu·zig [カルト・シュノイツィひ] [形] 《口》冷淡な, そっけない.

die **Kalt·schnäu·zig·keit** [カルト・シュノイツィひカイト] [名] –/ 《口》冷淡, 無情, そっけなさ.

der **Kalt·start** [カルト・シュタるト, カルト・スタるト] [名] –(e)s/–s〔–e〕〖車〗寒冷時始動;〖コンピュータ〗起動, 立ち上げること.

kalt|stel·len [カルト・シュテレン] [動] *h.* 〖<j⁴>ノ〗《口》勢力を奪う, 発展〔活躍〕の可能性を奪う, 能力発揮を妨げる.

die **Kalt·was·ser·kur** [カルト・ヴァっサー・クーあ] [名] –/–en 〖医〗冷水療法.

die **Kalt·wel·le** [カルト・ヴェレ] [名] –/–n コールドパーマ.

die **Kalt·zeit** [カルト・ツァイト] [名] –/–en 〖地質〗氷期.

das **Ka·lu·met** [カルメっト, ..lymé: カリュメー] [名] –s/–s 〖民族〗カルメット《北米インディアンが和平の印として互いに吸うパイプ》.

der **Kal·va·ri·en·berg** [カルヴァーりエン・べるク] [名] –(e)s/–e カルヴァリ〔巡礼〕の丘.

kal·vi·nisch [カルヴィーニシュ] [形] カルヴァン〔カルヴィン〕派の.

der **Kal·vi·nis·mus** [カルヴィニスムス] [名] –/ カルヴィニズム, カルヴァン主義. ⇨Calvin.

der **Kal·vi·nist** [カルヴィニスト] [名] –en/–en カルヴィニスト, カルヴァン主義者.

kal·vi·nis·tisch [カルヴィニスティシュ] [形] カルヴァン主義の.

(die) **Ka·lyp·so** [カリュプソ] [名] 〖ギ神〗カリュプソ《海の妖精》.

kal·zi·nie·ren [カルツィニーれン] [動] *h.* 〖<et⁴>ヲ〗〖化〗煆焼(かしょう)する.

das **Kal·zi·um** [カルツィウム] [名] –s/ 〖化〗カルシウム《記号 Ca》.

das **Kal·zi·um·flu·o·rid** [カルツィウム・ふルオりート] [名] –(e)s/–e 〖化〗フッ化カルシウム.

das **Kal·zi·um·kar·bo·nat** [カルツィウム・カるボナート] [名] –(e)s/–e 炭酸カルシウム.

das **Kal·zi·um·phos·phat** [カルツィウム・ふぉスふぁート] [名] –(e)s/–e 燐酸(りんさん)カルシウム.

kam [カーム] [動] kommen の過去形.

die **Ka·ma·ril·la** [..rílja カマりリヤ, ..ríla カマりラ] [名] –/..llen 君側の奸, 奸臣(かんしん), 側近.

(das) **Kam·bo·dscha** [..bɔ́dʒa カムボヂャ] [名] –s/ 〖国名〗カンボジア《東南アジアの王国》.

das **Kam·bri·um** [カムブりウム] [名] –s/ 〖地〗カンブリア紀.

kä·me [ケーメ] [動] kommen の接続法 2 式.

die **Ka·mee** [カメーエ] [名] –/–n カメオ《浮き彫り細工の(半)貴石》.

das **Ka·mel** [カメール] [名] –(e)s/–e **1.** ラクダ;フタコブラクダ. **2.** 《口・蔑》うすのろ, ぐずなやつ.

das **Ka·mel·haar** [カメール・ハーあ] [名] –(e)s/ ラクダ(の毛織物), キャメルヘア.

die **Ka·me·lie** [カメーリエ] [名] –/–n 〖植〗ツバキ.

die **Ka·mel·len** [カメレン] [複名] 《次の形で》alte〔olle〕~ 《口》古くさい話.

die **Ka·mel·lie** [カメリエ] [名] –/–n =Kamelie.

der **Ka·mel·trei·ber** [カメール・トらイバー] [名] –s/– ラクダの御者;《口・蔑》アラビア人.

die **Ka·me·ra** [カ(ー)メら] [名] –/–s カメラ, 写真機.

der **Ka·me·rad** [カメらート] [名] –en/–en 仲間, 僚友, 戦友, 同級生.

die **Ka·me·ra·de·rie** [カメらデりー] [名] –/ 《主に《蔑》》(まやかしの)仲間意識.

die **Ka·me·rad·schaft** [カメらートシャふト] [名] –/–en **1.** 《⑩のみ》友人〔僚友〕関係, 友情, 親交, 同志の交わり. **2.** グループ〔サークル〕《友人, 同志の》.

ka·me·rad·schaft·lich [カメらートシャふトリひ] [形] 仲間〔同僚〕の, 同志〔戦友〕の;親しい.

die **Ka·me·rad·schaft·lich·keit** [カメらートシャふトリひカイト] [名] –/ 友情〔親しみ〕のある態度, 睦み合い;親しさ.

die **Ka·me·rad·schafts·ehe** [カメらートシャふツ・エーエ] [名] –/ 友愛結婚;《古》同棲(どうせい).

die **Ka·me·ra·lis·tik** [カメらリスティク] [名] –/ **1.** 《古》財政学. **2.** 〖経〗国庫会計大綱.

der **Ka·me·ra·mann** [カ(ー)メら・マン] [名] –(e)s/..männer〔..leute〕カメラマン.

(das) **Ka·me·run** [カ(ー)メるーン, カメるーン] [名] –s/ 〖国名〗カメルーン《中部アフリカの国》.

der **Ka·me·ru·ner** [カ(ー)メるーナー, カメるーナー] [名] –s/– **1.** カメルーン人. **2.** 《ベルリン》揚げた菓子パン.

der **Ka·mi·ka·ze** [カミカーツェ] [名] –/– 神風特攻隊員.

die **Ka·mil·le** [カミレ] [名] –/–n 〖植〗カミツレ.

der **Ka·mil·len·tee** [カミレン・テー] [名] –s/–s カミツレ茶.

der〔*das*〕**Ka·min** [カミーン] [名] –s/–e 《《スイス》主に das ~》 **1.** 暖炉. **2.** 《南独・スイス》煙突. **3.** 〖登山〗チムニー《煙突状の岩の割目》.

der **Ka·min·fe·ger** [カミーン・ふぇーガー] [名] –s/– 《方》《スイス》煙突掃除夫.

K

der **Ka·min·keh·rer** [カミーン・ケーらー] [名] -s/- 《方》煙突掃除夫.

der〔*das*〕**Ka·min·sims** [カミーン・ズィムス] [名] -es/-e マントルピース.

das **Ka·mi·sol** [カミゾール] [名] -s/-e カミソール《短い胴着》.

der **Kamm** [カム] [名] -(e)s/Kämme **1.** 櫛(くし) (Haar~) : Sie fährt sich mit dem ~ durchs Haar. 彼女は櫛で髪をとかしている. **2.** 山の背, 尾根; 波頭. **3.** (鶏の)とさか;〖動〗(両生類・爬虫類の背面の隆起した)鱗板. **4.** (馬の)首筋《たてがみの生えている部分》; (牛の)首肉, (豚の)あばら《食肉として》;〖狩〗(猪の)剛毛. **5.**〖織〗筬(おさ) (Weber~);〖紡〗櫛歯;〖土〗ありかけ;〖醸造〗(実を取ったあとの)ぶどうの軸. **【慣用】alle/alles über einen Kamm scheren** 《口》すべての人/すべてを十把一からげに扱う. 〈j^3〉 **schwillt der Kamm** 《口》〈人が〉激怒している, 思い上がっている.

der **Kamma·cher** [カム・マっはー] ⇨ Kammmacher.

käm·men [ケメン] [動] *h.* **1.** 〔〈j^4〉ノ〕髪を櫛(くし)ですく〔とかす〕. **2.** 〔(〈j^3〉ノ)+〈et^4〉ヲ〕櫛でとかす, 櫛でとかして整える《髪を》; (櫛でとかして)結い上げる《髪形を》. **3.** 〔(〈j^3/et^3〉ノ)+〈et^4〉ヲ+aus 〈et^3〉カラ〕櫛ですき取る. **4.** 〔〈et^4〉ヲ〕〖織〗すく《羊毛などを》.

die **Kam·mer** [カマー] [名] -/-n **1.** 物置部屋; (母屋から離れた昔の)小さな寝室;〖海〗キャビン;〖軍〗被服〔武器・物質貯蔵〕庫. **2.**〖法〗(裁判所の)小法廷, 部; (各職業の代表機関としての)会, 会議所;〖政〗議院. **3.**〖工〗(機械内部の)室; (銃の)薬室. **4.**〖医・生〗(動植物体内の)室, 房. **5.**〖狩〗巣穴の奥の広い部分; (巻狩りの)追い込み場.

der **Kam·mer·die·ner** [カマー・ディーナー] [名] -s/- (昔の)近侍, 近習.

die **Käm·me·rei**[1] [ケメらイ] [名] -/-en (市役所の)財務部.

die **Käm·me·rei**[2] [ケメらイ] [名] -/-en 〖紡〗羊毛の梳毛(そも)工場(Woll~).

der **Käm·me·rer** [ケメらー] [名] -s/- (市役所の)財務部長.

die **Kam·mer·frau** [カマー・ふらウ] [名] -/-en (昔の)侍女, 女官.

das **Kam·mer·ge·richt** [カマー・ゲりヒト] [名] -(e)s/-e (中世の)最高裁判所; (ベルリンの)上級地方裁判所.

der **Kam·mer·herr** [カマー・へる] [名] -(e)n/-(e)n (昔の)侍従.

der **Kam·mer·jä·ger** [カマー・イェーガー] [名] -s/- 屋内のネズミ〔害虫〕駆除業者; (昔の領主の)狩猟官.

die **Kam·mer·jung·fer** [カマー・ユングふぁー] [名] -/-n (昔の, 若く未婚の)侍女, 女官.

das **Kam·mer·kätz·chen** [カマー・ケッツひェン] [名] -s/- 《古・冗》(昔の)かわいい侍女.

das **Kam·mer·kon·zert** [カマー・コンツェるト] [名] -(e)s/-e 室内楽のコンサート.

das **Käm·mer·lein** [ケマーライン] [名] -s/ Kammer の縮小形. **【慣用】im stillen Kämmerlein** (主に《冗》)ひとり静かに, 人知れず.

die **Kam·mer·mu·sik** [カマー・ムズィーク] [名] -/ 〖楽〗室内楽.

das **Kam·mer·or·ches·ter** [カマー・オるケスター, カマー・オるひェスター] [名] -s/- 室内管弦楽団.

der **Kam·mer·sän·ger** [カマー・ゼンガー] [名] -s/- 宮廷歌手.

das **Kam·mer·spiel** [カマー・シュピール] [名] -(e)s/-e **1.** 室内劇. **2.** (複のみ)〔室内劇用の〕小劇場.

der **Kam·mer·ton** [カマー・トーン] [名] -(e)s/ 〖楽〗標準音高《普通 440 ヘルツ》.

das **Kam·mer·tuch** [カマー・トゥーふ] [名] -(e)s/-e 〖織〗キャンブリック.

die **Kam·mer·zo·fe** [カマー・ツォーふェ] [名] -/-n (昔の)腰元, 侍女.

das **Kamm·garn** [カム・ガるン] [名] -(e)s/-e 〖紡〗梳毛(そも)糸;〖織〗ウーステッド.

der **Kamm·ma·cher, Kamm-Ma·cher,** ⓔ**Kamma·cher** [カム・マっはー] [名] -s/- 櫛(くし)職人.

das **Kamm·rad** [カム・らート] [名] -(e)s/..räder (昔の木製の)歯車.

die **Kamm·wol·le** [カム・ヴォレ] [名] -/ すいた羊毛.

der **Kamp** [カムプ] [名] -(e)s/Kämpe 《方》垣などで囲った畑地〔草地〕;〖林〗苗圃(びょうほ).

die **Kam·pa·g·ne** [kampánjə カムパニエ] [名] -/-n **1.** キャンペーン;《古》外征, 出兵. **2.** 繁忙期; 農繁期. **3.**〖考古〗発掘作業期. **4.**《方》カーニバルの行列などのある期間.

(*das*) **Kam·pa·ni·en** [カムパーニエン] [名] -s/ 〖地名〗カンパニア《イタリア南部の地方》.

der **Kam·pa·ni·le** [カムパニーレ] [名] -/- カンパニーレ《特にイタリアの, 本堂から独立した鐘楼》.

der **Käm·pe** [ケムペ] [名] -n/-n 《古》勇士; 選手.

der **Kampf** [カムプふ] [名] -(e)s/Kämpfe **1.** 戦い, 戦闘; 闘争, 格闘; (激しい)論争;〖スポ〗競技, 試合 : der ~ für den Frieden 平和のための戦い. der ~ gegen den Hunger 飢餓撲滅のための戦い. der ~ um die Macht 権力闘争. **2.** (内的)葛藤.

die **Kampf·ab·stim·mung** [カムプふ・アップ・シュティムング] [名] -/-en 〖政〗賛否の伯仲した投票.

der **Kampf·an·zug** [カムプふ・アン・ツーク] [名] -(e)s/..züge 〖軍〗戦闘服.

die **Kampf·bahn** [カムプふ・バーン] [名] -/-en 《稀》競技場.

kampf·be·reit [カムプふ・ベらイト] [形] 戦闘準備のできた.

kämp·fen [ケムプふェン] [動] *h.* **1.** 〔補足なし〕(敵軍と)戦う, 戦闘する. **2.** 〔mit 〈j^3/et^3〉ヲ相手ニ/gegen 〈j^4/et^4〉ニ対シテ〕戦う《個人として》; (激しく)争う〔戦う〕, 論争する, 競争する. **3.** 〔(gegen 〈j^4〉ト/mit 〈j^3〉ト)〕試合をする, 戦う. **4.** 〔für 〈et^4〉ノタメニ/gegen 〈et^4〉ニ対シテ(ヲ防グタメニ)/um 〈et^4〉ヲ求メテ(守ッテ)〕闘争する, 戦う, 全力を傾ける. **5.** 〔(mit 〈j^3/et^3〉ヲ相手ニ)〕心の中で戦う《内面の葛藤(かっとう)を克服しようとして》. **6.** 〔sich⁴+〈方向〉へ/〈場所〉ヲ(通ッテ)〕苦労して進む. **【慣用】einen langen Kampf kämpfen** 長い戦いをする. **sich⁴ müde kämpfen** 戦い疲れる.

der **Kamp·fer** [カムプふぁー] [名] -s/ 樟脳.

der **Kämp·fer**[1] [ケムプふぁー] [名] -s/- **1.** 戦闘員, 兵士;〖旧東独〗武装民兵隊員. **2.** 取っ組み合いをする人, 格闘する人; (目的達成のために)戦う人, 闘士, 戦士. **3.** (格闘技やラグビー・サッカーなど体が触れ合う球技の)選手.

der **Kämp·fer**[2] [ケムプふぁー] [名] -s/- 〖建〗迫元(せりもと)《アーチとアーチを支持する迫台の境》; 無目(むめ)《窓枠の上下を仕切る横木》.

kämp·fe·risch [ケムプふぇりシュ] [形] **1.** 戦闘の, 闘争の. **2.** ファイト〔闘志〕のある; 戦闘的な.

die **Kämp·fer·na·tur** [ケムプふぁー・ナトゥーあ] [名] -/-en 闘士型の人.

der **Kampf·flie·ger** [カムプふ・ふリーガー] [名] -s/- 〖軍〗戦闘爆撃機のパイロット;《口》戦闘爆撃機.

das **Kampf·flug·zeug** [カムプふ・ふルーク・ツォイク] [名] -(e)s/-e 〖軍〗戦闘爆撃機.

das **Kampf·gas** [カムプふ・ガース] [名] -es/-e 〖軍〗毒ガス.

das **Kampf·ge·biet** [カムプふ・ゲビート] [名] -(e)s/-e 〖軍〗戦闘地域.

der **Kampf·geist** [カムプふ・ガイスト] [名] -(e)s/ 闘志.

das **Kạmpf·ge·richt** [カムプふ・ゲりひト] [名] -(e)s/-e 〘スポーツ〙審判団.

die **Kạmpf·grup·pe** [カムプふ・グるっペ] [名] -/-n 〘軍〙《古》旅団;〘旧東独〙武装民兵隊.

der **Kạmpf·hahn** [カムプふ・ハーン] [名] -(e)s/..hähne 闘鶏(闘鶏用雄鶏);(主に[複])《口》(《冗》も有)けんかをしている〔けんか早い〕やつ.

die **Kạmpf·hand·lung** [カムプふ・ハンドルング] [名] -/-en (主に[複])戦闘行為.

kạmpf·los [カムプふ・ロース] [形] 戦い〔戦闘〕なしの;〘スポーツ〙試合をしない: ein ~*er* Sieg 不戦勝.

die **Kạmpf·lust** [カムプふ・ルスト] [名] -/ 闘争心, けんか好き.

kạmpf·lus·tig [カムプふ・ルスティひ] [形] 戦闘的な, けんか好きな.

die **Kạmpf·pau·se** [カムプふ・パウゼ] [名] -/-n 試合の休憩タイム;戦闘の合間.

der **Kạmpf·platz** [カムプふ・プラッツ] [名] -es/..plätze 戦場.

der **Kạmpf·preis** [カムプふ・プらイス] [名] -es/-e 〘経〙競争価格.

der **Kạmpf·rich·ter** [カムプふ・りひター] [名] -s/- 〘スポーツ〙審判員, レフェリー.

der **Kạmpf·schwim·mer** [カムプふ・シュヴィマー] [名] -s/- 〘軍〙潜水工作兵, 海軍のダイバー.

das **Kạmpf·spiel** [カムプふ・シュピール] [名] -(e)s/-e 〘スポーツ〙団体球技の試合(体が触れ合うサッカーなど);熱戦.

kạmpf·stark [カムプふ・シュタるク] [形] 戦闘力の強い.

die **Kạmpf·stär·ke** [カムプふ・シュテるケ] [名] -/ 戦闘力.

der **Kạmpf·stoff** [カムプふ・シュトっふ] [名] -(e)s/-e 兵器に使われる化学物質(細菌・放射性物質など).

kạmpf·un·fä·hig [カムプふ・ウン・ふぇーイひ] [形] 戦闘能力のない.

der **Kạmpf·wa·gen** [カムプふ・ヴァーゲン] [名] -s/- (古代ローマの)戦車;《古》装甲車.

die **Kạmpf·zo·ne** [カムプふ・ツォーネ] [名] -/-n 戦闘地帯.

kam·pie·ren [カムピーれン] [動] *h.* 〘〈場所〉デ〙キャンプする, 野営〔野宿〕する;《口》(急場しのぎに)宿泊する〔寝る〕.

(*das*) **Kam·pu·chea, Kam·pu·t·schea** [..putʃé:a カムプチェーア] [名] -s/ 〘国名〙カンボジア(Kambodscha の暫定的名称).

der **Kam·sin** [カムズィーン] [名] -s/-e 〘地〙カムシン(エジプト地方の乾熱風).

(*das*) **Kam·tschạt·ka** [カムチャトカ] [名] -s/ 〘地名〙カムチャツカ半島.

(*das*) **Ka·na** [カーナ] [名] -s/ 〘地名〙カナ(イスラエル北部の町).

(*das*) **Ka·na·an** [ká:naan カーナアン] [名] -s/ 〘地名〙〘旧約〙カナン(パレスチナ西部地域).

der **Ka·na·a·ni·ter** [カナアニーター] [名] -s/- カナンの人.

(*das*) **Kạ·na·da** [カナダ] [名] -s/ 〘国名〙カナダ.

der **Kạ·na·da·bal·sam** [カナダ・バルザーム] [名] -s/-e 〘化〙カナダバルサム(レンズなどの接着剤).

die **Kạ·na·da·gans** [カナダ・ガンス] [名] -/..gänse 〘鳥〙カナダガン.

der **Ka·na·di·er** [カナーディあー] [名] -s/- **1.** カナダ人. **2.** 〘スポーツ〙カナディアンカヌー. **3.** 《オーストリア・古》安楽いす.

ka·na·disch [カナーディシュ] [形] カナダ(人)の.

die **Ka·nạil·le** [kanálјə カナリエ] [名] -/-n 《蔑》悪党, ならず者;([単]のみ)《古》無頼の徒.

der **Ka·na·ke** [カナーケ] [名] -n/-n **1.** カナカ人(ポリネシア, 南太平洋諸島の原住民). **2.** 《口・蔑》(《罵》も有)外国人労働者(特にトルコ人). **3.** 《口・蔑》愚か者.

der **Ka·nal** [カナール] [名] -s/..näle **1.** 運河;(用水などの)水路, 下水道, 排水溝;〘解〙管. **2.** 〘ラジオ・テレビ〙周波数帯, チャンネル. **3.** 情報ルート.

der **Ka·nal·ar·bei·ter** [カナール・アるバイター] [名] -s/- 運河開削〔下水道敷設〕工事労働者;〘政〙《ジャーゴン》陰で働く人〔議員〕.

die **Ka·nal·in·seln** [カナール・インゼルン] [複名] 〘地名〙チャネル諸島(イギリス海峡にある).

die **Ka·na·li·sa·ti·on** [カナリザツィオーン] [名] -/-en **1.** 下水道網;下水道の敷設. **2.** (河川の)運河化.

ka·na·li·sie·ren [カナリズィーれン] [動] *h.* **1.** 〘〈et^4〉ニ〙下水道〔排水設備〕を設ける(地域・工場などに);(…を)掘削して航行可能にする, (…を)運河にする(河川を). **2.** 〘〈et^4〉ニ〙捌(は)け口を与える(衝動・気持などに);捌け口をつける(商品の流通などに);(…を)別の方向に誘導してうまく解決する(政治運動・抗議活動などを).

die **Ka·na·li·sie·rung** [カナリズィーるング] [名] -/ 運河化;下水道網の敷設;(目標への)誘導.

der **Ka·nal·tun·nel** [カナール・トゥネル] [名] -s/ 英仏海峡トンネル.

das **Kạ·na·pee** [kánape カナペ] [名] -s/-s (主に[複])カナッペ(オードブル);《古》長いす.

der **Ka·na·ri·en·vo·gel** [カナーりエン・ふぉーゲル] [名] -s/..vögel 〘鳥〙カナリア.

die **Kan·da·re** [カンダーれ] [名] -/-n (くつわの)はみ: 〈j^4〉 an die ~ nehmen 〈人ヲ〉厳しく監督する.

der **Kạn·del** [カンデル] [名] -s/-n (die ~ -/-n も有)《方》軒樋(のきどい), 雨樋.

der **Kan·de·la·ber** [カンデラーバー] [名] -s/- 枝つき燭台(しょくだい);すずらん街灯.

der **Kan·di·dat** [カンディダート] [名] -en/-en **1.** (選挙などの)候補者, 立候補者;〘旧東独〙党員候補者. **2.** (長期在学の)ドクトル候補者(略 cand.);(大学卒業試験の)受験者;([単]のみ)(社会主義国の)学位.

die **Kan·di·da·ten·lis·te** [カンディダーテン・リステ] [名] -/-n 候補者名簿.

die **Kan·di·da·tur** [カンディダトゥーあ] [名] -/-en 立候補.

kan·di·die·ren [カンディディーれン] [動] *h.* 〘für 〈et^4〉ニ/gegen 〈j^4〉ニ対立シテ〙立候補する.

kan·die·ren [カンディーれン] [動] *h.* 〘〈et^4〉ニ〙糖蜜をかける.

der **Kạn·dis** [カンディス] [名] -/ =Kandiszucker.

der **Kạn·dis·zu·cker** [カンディス・ツッカー] [名] -s/ 氷砂糖.

die **Kan·di·ten** [カンディーテン] [複名] 《オーストリア》 **1.** 糖蜜をかけた果物. **2.** (チョコレート・キャンデーなどの)甘いもの, 菓子類.

der **Ka·neel** [カネール] [名] -s/-e ([複]は種類)肉桂(にっけい), 桂皮.

der **Kạ·ne·vas** [カネヴァス] [名] -(ses)/-se 刺繍(ししゅう)用カンバス.

das **Kạ̈n·gu·ru,** [旧]**Kạ̈n·gu·ruh** [kɛ́ŋguru ケングる] [名] -s/-s 〘動〙カンガルー.

das **Ka·nin** [カニーン] [名] -s/-e (カイ)ウサギの毛皮.

das **Ka·nin·chen** [カニーンひぇン] [名] -s/- 〘動〙カイウサギ, イエウサギ(Haus ~)(アナウサギ(Wild~)を家畜化したもの).

der **Ka·nin·chen·bau** [カニーンひぇン・バウ] [名] -(e)s/-e アナウサギの巣(穴).

der **Ka·nịs·ter** [カニスター] [名] -s/- (箱型の)取っ手つき液体用容器(石油缶など).

kạnn [カン] [動] können の現在形 1・3 人称単数.

die **Kạnn·be·stim·mung, Kạnn-Be·stim·mung** [カン・ベシュティムング] [名] -/-en 〘法〙任意〔裁量・権限〕規定.

das **Kạ̈nn·chen** [ケンひぇン] [名] -s/- 小ポット.

die **Kan·ne** [カネ] [名] -/-n 水差し, ポット, (牛乳)缶;〖ジャズ〗サキソフォン.
der **Kan·ne·gie·ßer** [カネ・ギーサー] [名] -s/- 《古・皮》政治談義好きの人, 政治狂.
kan·ne·gie·ßern [カネ・ギーサーン] [動] *h.* 〔補足なし〕《古・皮》素人政治談義をする.
kan·ne·lie·ren [カネリーれン] [動] *h.* 〔〈et⁴〉ニ〕〖建〗溝を彫る《柱などに》.
die **Kän·nel·koh·le** [ケネル・コーレ] [名] -/ 燭炭(しょくたん).
die **Kan·ne·lü·re** [カネリューれ] [名] -/-n 〖美〗(柱身の)彫り溝.
die **Kan·nen·pflan·ze** [カネン・プふランツェ] [名] -/-n 〖植〗ウツボカズラ《食虫植物》.
der **Kan·ni·ba·le** [カニバーレ] [名] -n/-n 人肉咾食(しょく)者;人食い人種;《蔑》野蛮人.
kan·ni·ba·lisch [カニバーリシュ] [形] **1.** カニバリズムの. **2.** 残忍な, 野蛮な;《冗》すごく.
der **Kan·ni·ba·lis·mus** [カニバリスムス] [名] -/ **1.** カニバリズム, 人肉嗜食(ししょく), 人食いの風習. **2.** 〖動〗共食い.
kannst [カンスト] [動] können の現在形 2 人称単数.
kann·te [カンテ] [動] kennen の過去形.
die **Kann·vor·stel·lung** [カン・ふぉーあ・シュテルング], **Kann-Vor·schrift** [カン・ふぉーあ・シュりふト] [名] -/-en ＝Kann-Bestimmung.
der **Ka·non**¹ [カーノン] [名] -s/-s **1.** 規範, 規準;模範文献目録. **2.** 〖楽〗カノン, 追復曲. **3.** 〖カトリック〗ミサ典文;《単のみ》聖人の一覧表;《複 -es[..ne:s]》教会法令集;《単のみ》〖神〗(聖書の)正典. **4.** 〖美〗カノン《人体のプロポーション》. **5.** 〖数〗一般解法. **6.** 〖天〗天体運行表. **7.** (中世の)地代.
die **Ka·non**² [カーノン] [名] -s/ 〖印〗《古》キャノン《36 ポイント活字》.
die **Ka·no·na·de** [カノナーデ] [名] -/-n 砲撃.
die **Ka·no·ne** [カノーネ] [名] -/-n **1.** カノン砲;大砲;《口・冗》リボルバー. **2.** 《口》大家, 名人, 名手. **【慣用】 unter aller Kanone sein** 《口》ひどく質が悪い.
das **Ka·no·nen·boot** [カノーネン・ボート] [名] -(e)s/-e 砲艦.
die **Ka·no·nen·boot·po·li·tik** [カノーネンボート・ポリティーク] [名] -/ (軍事力を誇示する)砲艦政策.
das **Ka·no·nen·fut·ter** [カノーネン・ふッター] [名] -s/ 《口・蔑》無意味な犠牲となる兵士たち, 大砲のえじき.
die **Ka·no·nen·ku·gel** [カノーネン・クーゲル] [名] -/-n 砲弾.
der **Ka·no·nen·o·fen** [カノーネン・オーふェン] [名] -s/..öfen 鉄製の円形状ストーブ.
das **Ka·no·nen·rohr** [カノーネン・ろーあ] [名] -(e)s/-e 砲身;《口》＝Kanonenstiefel.
der **Ka·no·nen·stie·fel** [カノーネン・シュティーふェル] [名] -s/- 長い筒形の〔折返しのある〕長靴.
der **Ka·no·nier** [カノニーあ] [名] -s/-e 砲兵, 砲手;〖球〗強烈なシューター〔ストライカー〕.
der **Ka·no·ni·ker** [カノーニカー] [名] -s/- 〖カトリック〗司教座聖堂参事会員;修道参事会員.
der **Ka·no·ni·kus** [カノーニクス] [名] -/..ker ＝Kanoniker.
die **Ka·no·ni·sa·ti·on** [カノニザツィオーン] [名] -/-en 〖カトリック〗列聖(式).
ka·no·nisch [カノーニシュ] [形] **1.** 規範的な. **2.** 〖カトリック〗教会法(上)の;〖神〗(聖書)正典の. **3.** 〖楽〗カノン形式の.
ka·no·ni·sie·ren [カノニズィーれン] [動] *h.* 〔〈j⁴〉ヲ〕〖カトリック〗列聖する.
die **Ka·no·nis·se** [カノニっセ] [名] -/-n (昔の貴族の)女子修道会会員;〖カトリック〗共誦祈禱(きょうしょうきとう)会修道女.
die **Ka·no·pe** [カノーペ] [名] -/-n 〖美〗カノーペ《①古代エジプトでミイラの内臓を収めた人頭〔獣頭〕形のふた付きつぼ. ② Etrurien の人頭形の骨つぼ》.
das **Ka·nos·sa** [カノッサ] [名] -s/-s 《主に単》心ならずもへりくだった態度をとること《神聖ローマ皇帝ハインリヒ 4 世の「カノッサの屈辱」(1077 年)の故事にちなむ》: ein ～ durchmachen 屈従に耐え抜く. nach ～ gehen〔den Gang nach ～ antreten〕(苦境打開のため)心ならずもへりくだった態度をみせる.
der **Ka·nos·sa·gang** [カノッサ・ガング] [名] -(e)s/..gänge 《文》屈辱的な謝罪に行くこと.
das **Kä·no·zo·i·kum** [ケノツォーイクム] [名] -s/ 〖地質〗新生代.
(*der*) **Kant** [カント] [名] 〖人名〗カント《Immanuel ～, 1724-1804, 哲学者》.
Kan·ta·te¹ [カンターテ] [名] 《無冠詞;無変化》〖プロテスタント〗復活祭後第 4 の主日〔日曜日〕.
die **Kan·ta·te**² [カンターテ] [名] -/-n 〖楽〗カンタータ.
die **Kan·te** [カンテ] [名] -/-n **1.** (面が交わる)角(かど), 稜(りょう);縁(へり), (スキーの)エッジ, 端. **2.** 織物の縁(へり)〔耳〕;縁(ふち)飾り. **3.** 〖登山〗(両側が切立った岩壁の)山稜. **4.** 《方》地域. **【慣用】 auf der Kante** 《口》疑わしい, 危なっかしい. **Geld auf die hohe Kante legen** 《口》(用心のために)金を蓄える.
der〔*das*〕**Kan·tel**¹ [カンテル] [名] -s/- 《古》方形定規.
die **Kan·tel**² [カンテル] [名] -/-n 角材.
kan·ten [カンテン] [動] *h.* 〔〈et⁴〉ヲ〕(角〔縁〕を床につけたまま)斜めにする〔傾ける〕《木箱・たるなどを》;〖スキー〗(…の)エッジを立てる《スキーの》;(…に)エッジをつける《スキーに》.
der **Kan·ten** [カンテン] [名] -s/- 《北独》(パンの)切れ端《切ったパンの両端》;不格好な厚切りパン.
der **Kan·ter** [カンター, kɛ́n.. ケンター] [名] -s/- 〖馬術〗キャンター, 並駆歩(かけあし).
kan·tern [カンターン, kɛ́n.. ケンターン] [動] *s.* 〔補足なし〕〖馬術〗キャンター〔並駆歩〕で走る.
der **Kan·ter·sieg** [カンター・ズィーク, ケンター・ズィーク] [名] -(e)s/-e 〖スポーツ〗大勝, 楽勝.
der **Kant·ha·ken** [カント・ハーケン] [名] -s/- かぎつき棒, かぎ挺(てこ). **【慣用】 〈j⁴〉 beim 〔am〕 Kanthaken nehmen 〔kriegen〕** 《口》〈人を〉とっちめる.
der **Kan·tha·ros** [カンタろス] [名] -/..roi カンタロス《古代ギリシアの両取っ手つきの杯》.
das **Kant·holz** [カント・ホルツ] [名] -es/..hölzer 角材.
der **Kan·ti·a·ner** [カンティアーナー] [名] -s/- カント学派の人, カント哲学の信奉者.
kan·tig [カンティひ] [形] 角のある, ごつごつした;不器用な.
die **Kan·til·le** [カンティレ] [名] -/-n (金糸・銀糸の)モール.
die **Kan·ti·ne** [カンティーネ] [名] -/-n 社内〔職員〕食堂;(軍隊の)酒保.
kan·tisch [カンティシュ] [形] カント的な.
der **Kan·ton** [カントーン] [名] -s/-e **1.** (《スイス》das ～ も有)(スイス連邦の)州《略 Kt.》. **2.** (フランス・ベルギーの)郡. **3.** (プロイセンの)徴兵区.
kan·to·nal [カントナール] [形] **1.** (スイスの)州〔カントン〕の. **2.** (フランス・ベルギーの)郡の.
der **Kan·to·nist** [カントニスト] [名] -en/-en (プロイセンの徴兵区の)新兵. **【慣用】 ein unsicherer Kantonist** 《口》当てにならぬやつ.
der **Kan·tön·li·geist** [カン[テ]ーンリ・ガイスト] [名] -(e)s/ 《スイス・蔑》地方根性, 地方の狭い考え.
der **Kan·tor** [カントーあ] [名] -s/-en [カントーれン] カントル《①(教会の)聖歌隊指揮者兼オルガニスト. ②(中世の)グレゴリウス聖歌合唱隊指揮者兼先唱者》.
der **Kant·schu** [カンチュ] [名] -s/-s (革紐(ひも)で編んだ)鞭(むち).
der **Kan·tus** [カントゥス] [名] -/-se 《学生》歌.

Kapitalflucht

das **Ka·nu** [カーヌ, カヌー] 名 -s/-s カヌー;丸木舟;[競技用]カヌー.

die **Ka·nü·le** [カニューレ] 名 -/-n 〖医〗カニューレ, 挿管;注射針.

der **Ka·nu·te** [カヌーテ] 名 -n/-n 〖スポーツ〗カヌー選手.

die **Kan·zel** [カンツェル] 名 -/-n **1.** (教会の)説壇.〖古〗教壇, 演台. **2.** 〖空〗操縦席, コックピット;〖登山〗突き出した岩;〖狩〗(樹・足場の上の)見張り台.

der **Kan·zel·red·ner** [カンツェル·れードナー] 名 -s/- 説教者.

kan·ze·ro·gen [カンツェろ·ゲーン] 形 〖医〗発癌(がん)性の.

die **Kanz·lei** [カンツライ] 名 -/-en **1.** 尚書局(昔の君侯·都市の文書作事務室). **2.** (弁護士などの)事務所;(役所の)事務室.

das **Kanz·lei·deutsch** [カンツライ·ドイチュ] 名 -(s)/ 〖蔑〗官庁ドイツ語.

das **Kanz·lei·pa·pier** [カンツライ·パピーあ] 名 -s/- 官庁用紙(A 4 版の上質紙).

die **Kanz·lei·spra·che** [カンツライ·シュプらーへ] 名 -/ 官庁語;(㊨のみ)((〖蔑〗も有)官庁用語,お役所言葉.

der **Kanz·lei·stil** [カンツライ·シュティール] 名 -s/ 〖蔑〗公文書体.

der **Kanz·ler** [カンツラー] 名 -s/- **1.** 連邦首相, 総理大臣(Bundes~). (1871-1918年の)帝国宰相, (ワイマール共和国の)首相(Reichs~). **2.** (大学の)事務局長. **3.** (大使館などの)事務総長;(昔の宮廷の)尚書官長.

die **Kanz·ler·run·de** [カンツラー·るンデ] 名 -/-n 〖政〗(ジャン)連邦首相主催特定問題(緊急)検討専門者会議, (総称)連邦首相主催特定問題(緊急)検討専門者会議出席者.

die **Kanz·ler·schaft** [カンツラー·シャふト] 名 -/ 連邦首相であること,連邦首相職.

der **Kanz·list** [カンツリスト] 名 -en/-en (昔の)官房書記官.

die **Kan·zo·ne** [カンツォーネ] 名 -/-n 〖詩·楽〗カンツォーネ.

das (*der*) **Ka·o·lin** [カオリーン] 名 -s/-e (㊨は種類)カオリン(陶土の一種).

das **Kap** [カップ] 名 -s/-s **1.** 岬. **2.** 喜望峰(das ~ der Guten Hoffnung).

Kap. =Kapitel etc.

ka·pa·bel [カパーベル] 形 〖古〗(㊨は..bl..)有能な.

der **Ka·paun** [カパウン] 名 -s/-e (食用)去勢雄鶏.

die **Ka·pa·zi·tät** [カパツィテート] 名 -/-en **1.** (主に㊨)収容力, 容量. **2.** (主に㊨)(精神的)能力, 理解力, 力量. **3.** 一流の専門家, 大家. **4.** 〖経〗(主に㊨)最大生産能力;(主に㊨)生産設備. **5.** 〖理〗(電気)容量;コンデンサー.

die **Ka·pa·zi·täts·aus·las·tung** [カパツィテーツ·アウス·らストゥング] 名 -/ 設備利用率, 稼働率, 操業率.

die **Ka·pee** [カペー] 名 (次の形で)schwer von ~ sein 《口》物分りが悪い.

die **Ka·pel·le**[1] [カペレ] 名 -/-n 礼拝堂;(教会·病院などの中の)小聖堂.

die **Ka·pel·le**[2] [カペレ] 名 -/-n 楽団, バンド(Musik~);(中世の)教会付属聖歌隊.

die **Ka·pel·le**[3] [カペレ] 名 -/-n **1.** (有害物質の)隔離検査室. **2.** 〖冶金〗鉛に含まれる銀検出用るつぼ.

der **Ka·pell·meis·ter** [カペル·マイスター] 名 -s/- 楽長, バンドマスター;(音楽監督の次に位するオーケストラの)指揮者;(オーケストラ·合唱団の)指揮者.

der **Ka·per**[1] [カーバー] 名 -s/- (昔の)私拿捕(だほ)船

(敵国の商船拿捕の許可を得た私有の武装船);海賊.

die **Ka·per**[2] [カーバー] 名 -/-n (主に㊨)ケーパー(薬味として).

der **Ka·per·brief** [カーバー·ブリーふ] 名 -(e)s/-e (15-18世紀の)敵船拿捕(だほ)免許状.

die **Ka·pe·rei** [カーベらイ] 名 -/-en (Kaperbrief により公認の)敵船拿捕行為.

ka·pern [カーバーン] 動 *h.* **1.** 〈et⁴〉拿捕する, 略奪する(昔の私拿捕船が商船を);《口》奪取する. **2.** 《〈j⁴〉ッ +für〈et⁴〉》《口》(強引に)参加させる, 協力させる(同盟·計画·仕事などに). **3.** 《〈j⁴〉ッ》《口》自分のものにする, 自分の意のままになるようにする.

das **Ka·per·schiff** [カーバー·シふ] 名 -(e)s/-e (敵船拿捕(だほ)免許状を所持するの昔の)私拿捕船.

der **Ka·pe·tin·ger** [カペティンガー] 名 -s/- カペー王家の人(987年から1328年まで続くフランスの王家).

der **Kap·hol·län·der** [カっフ·ホレンダー] 名 -s/- 《古》喜望峰[南アフリカ]オランダ人.

(*das*) **Kap Hoorn** [カップ ホーアン] 名 --s/ 〖地名〗ケープ·ホーン(南アメリカ南端に近い岬).

ka·pie·ren [カピーれン] 動 *h.* 《〈et⁴〉》《口》分る,納得する.

ka·pil·lar [カピラーあ] 形 **1.** 毛のように細い. **2.** 〖医〗毛細の;〖理〗毛細管現象の.

die **Ka·pil·la·re** [カピラーれ] 名 -/-n **1.** 〖医·生〗毛細管. **2.** 〖理〗毛細管.

das **Ka·pil·lar·ge·fäß** [カピラーあ·ゲふェース] 名 -es/-e 〖医·生〗毛細管;〖理〗毛(細)管.

die **Ka·pil·la·ri·tät** [カピラリテート] 名 -/ 〖理〗毛(細)管現象.

die **Ka·pil·lar·wir·kung** [カピラーあ·ヴィるクング] 名 -/ =Kapillarität.

ka·pi·tal [カピタール] 形 重大な, すばらしい;〖狩〗大物の(角の).

das **Ka·pi·tal** [カピタール] 名 -s/-e[-ien] **1.** (㊨のみ)(総称)資本;資本家. **2.** 資本金. **3.** 資金;元金, 元手, 元手:~ aufnehmen 資金を受ける. geistiges ~ 知力, 知識. totes ~ 生かされない知識[能力]. **4.** 〖製本〗花ぎれ. 【慣用】aus〈et⁴〉Kapital schlagen〈事〉っを利用する.

die **Ka·pi·tal·an·la·ge** [カピタール·アン·らーゲ] 名 -/-n 投資.

die **Ka·pi·tal·an·la·ge·ge·sell·schaft** [カピタールアンらーゲ·ゲゼルシャふト] 名 -/-en 〖経〗投資会社.

die **Ka·pi·tal·auf·split·te·rung** [カピタール·アウふ·シュプリッテるング] 名 -/-en 〖経〗資本分割.

das **Ka·pi·tal·band** [カピタール·バント] 名 -(e)s/..bänder 〖製本〗ヘッドバンド, 花ぎれ.

die **Ka·pi·tal·bil·dung** [カピタール·ビルドゥング] 名 -/ 資本形成.

der **Ka·pi·tal·buch·sta·be** [カピタール·ブーふ·シュターベ] 名 -ns/-n 大文字, 頭文字.

das **Ka·pi·täl·chen** [カピテールひェン] 名 -s/- 〖印〗スモールキャップ(キャピタル).

die **Ka·pi·ta·le** [カピターレ] 名 -/-n 〖古〗首都;〖印〗大文字.

die **Ka·pi·tal·er·hö·hung** [カピタール·エあ ヘ ーウング] 名 -/-en 〖経〗増資.

der **Ka·pi·tal·er·trag** [カピタール·エあトらーク] 名 -(e)s/..träge 資本収益.

die **Ka·pi·tal·er·trags·steu·er** [カピタールエあトらークス·シュトイあー] 名 -/-n (配当などに対する)資本収益税.

der **Ka·pi·tal·feh·ler** [カピタール·ふぇーラー] 名 -s/- 重大な失策[誤り].

die **Ka·pi·tal·flucht** [カピタール·ふルはト] 名 -/-en (外

国への)資本逃避.

der **Ka·pi·tal·ge·ber** [カピタール・ゲーバー] [名] -s/- 出資者.

die **Ka·pi·tal·ge·sell·schaft** [カピタール・ゲゼルシャふト] [名] -/-en 資本会社.

die **Ka·pi·tal·hil·fe** [カピタール・ヒルふぇ] [名] -/-n 〖経〗(開発途上国への)資金援助.

ka·pi·tal·in·ten·siv [カピタール・インテンズィーふ] [形] 〖経〗資本集約的な.

ka·pi·ta·li·sie·ren [カピタリズィーれン] [動] *h.* 〔〈et^4〉ヲ〕〖経〗資本化〔資本還元〕する.

der **Ka·pi·ta·lis·mus** [カピタリスムス] [名] -/..men (主に[単])資本主義.

der **Ka·pi·ta·list** [カピタリスト] [名] -en/-en **1.** (《蔑》も有)資本家;資本主義者. **2.** 《古》金利生活者.

ka·pi·ta·lis·tisch [カピタリスティシュ] [形] 資本主義の,資本主義的な;《口》資本家のような〔ぜいたくな〕.

ka·pi·tal·kräf·tig [カピタール・クれふティひ] [形] 資(本)力のある.

der **Ka·pi·tal·markt** [カピタール・マるクト] [名] -(e)s/..märkte 資本市場,長期金融市場.

die **Ka·pi·tal·steu·er** [カピタール・シュトイあー] [名] -/-n 資本税.

das **Ka·pi·tal·ver·bre·chen** [カピタール・ふぇあブれっひぇン] [名] -s/- 重大な犯罪,重罪.

die **Ka·pi·tal·ver·flech·tung** [カピタール・ふぇあふレひトゥング] [名] -/-en 資本結合.

der **Ka·pi·tal·ver·kehr** [カピタール・ふぇあケーあ] [名] -s〔-es〕/-e 資本取引;資本の移動.

der **Ka·pi·tän** [カピテーン] [名] -s/-e **1.** 船長,艦長(Schiffs～): ～ zur See 海軍大佐. die ～*e* der Wirtschaft 経済界の実力者たち. ～ der Landstraße 《口》長距離トラックの運転手. **2.** (航空機の)機長(Flug～). **3.** 〖スポ〗キャプテン,主将.

der **Ka·pi·tän·leut·nant** [カピテーン・ロイトナント] [名] -s/-s〔-e〕 海軍大尉.

das **Ka·pi·tel** [カピテル] [名] -s/- **1.** (本などの)章(略 Kap.);《転》(人生などの)一章: Das ist ein ～ für sich. それは面倒な問題だ. Das ist ein anderes ～. それは別の問題だ. **2.** (教区などの)聖職者団,参事会;(修道会の)集会,総会.

das **Ka·pi·tell** [カピテル] [名] -s/-e 柱頭.

der **Ka·pi·tel·saal** [カピテル・ザール] [名] -(e)s/..säle 修道院の会議室.

das **Ka·pi·tol** [カピトール] [名] -s/ **1.** カピトリウムの丘(ローマ七丘の一つ). **2.** アメリカ合衆国連邦議会議事堂.

der **Ka·pi·tu·lar** [カピトゥラーあ] [名] -s/-e 〖カトリ〗参事会員.

die **Ka·pi·tu·la·ri·en** [カピトゥラーりエン] [複名] (カロリング朝の)法律,勅令.

die **Ka·pi·tu·la·ti·on** [カピトゥラツィオーン] [名] -/-en **1.** 降伏;降伏条約: eine bedingungslose ～ 無条件降伏. **2.** 屈伏,降参,断念,放棄;《古》(兵士の)勤務年限延長契約.

ka·pi·tu·lie·ren [カピトゥリーれン] [動] *h.* **1.** 〔(vor 〈j^3/et^3〉ニ)〕降伏する(敵国に). **2.** 〔vor 〈et^3〉ヲ〕手に負えなくて断念する〔投出す〕(宿題・仕事などを);(…に)対抗〔対処〕できずに引下がる,降参する(相手の論証・世論・面倒などに). **3.** 〔補足なし〕《古》兵役期間延長の契約をする.

der **Ka·plan** [カプラーン] [名] -s/..läne 〖カトリ〗助任司祭;(軍隊や病院づきの)司祭.

der **Ka·po·das·ter** [カポダスター] [名] -s/- 〖楽〗(ギターなどの)カポタスト.

der **Ka·pok** [カ(ー)ポク] [名] -s/ カポック,パンヤ(クッションなどの詰め物用).

die **Ka·pot·te** [カポッテ] [名] -/-n カポート(あご紐つきの小型婦人帽).

der **Ka·pott·hut** [カポット・フート] [名] -(e)s/..hüte = Kapotte.

das **Kap·pa** [カッパ] [名] -(s)/-s カッパ(ギリシア語アルファベットの第 10 字 κ, K).

die **Kap·pe** [カッペ] [名] -/-n **1.** キャップ,帽子(頭に密着するタイプのもの). **2.** (万年筆などの)キャップ;(瓶などの)ふた;(器具などの保護)キャップ. **3.** (靴の)つま先〔かかと〕革;〖建・土・鉱〗迫頭(せりがしら)(アーチ・丸天井の頭頂部). **4.** 《方》(パンの)切れ端(切ったパンの両端). **5.** 〖数〗球冠. 【慣用】〈et^4〉 **auf seine (eigene) Kappe nehmen** 《口》〈事の〉責任を負う.

kap·pen [カッペン] [動] *h.* **1.** 〔〈et^4〉ヲ〕切断する(帆柱・ロープなどを);刈込む(生垣などを),切詰める(枝などを);カットする(映画・放送の一部・予算の要求額などを). **2.** 〔〈et^4〉ヲ〕去勢する(雄鶏などを);(…と)交尾する(雄鶏が雌鶏と). **3.** 〔〈j^4〉ヲ〕《口》逮捕する,つかまえる(泥棒などを).

der **Kap·pes** [カッペス] [名] -/ 《西(中)独》 **1.** キャベツ. **2.** ばかげたこと.

der **Kapp·hahn** [カップ・ハーン] [名] -(e)s/..hähne 去勢雄鶏.

das **Käp·pi** [ケッピー] [名] -s/-s ケピ(舟形の略帽).

die **Kapp·naht** [カップ・ナート] [名] -/..nähte 〖服〗折伏せ縫い.

(das) **Ka·pri** [カープり] [名] -s/ 〖地名〗カプリ島(ナポリ湾の小島).

die **Ka·pri·ce** [kapríːsə カプリーセ] [名] -/-n 《文》気まぐれ,移り気,奇抜な思いつき.

die **Ka·pri·o·le** [カプりオーレ] [名] -/-n **1.** こっけいな跳躍;小躍り. **2.** 気まぐれ,わるふざけ. **3.** 〖馬術〗カプリオール(跳躍の一種).

die **Ka·pri·ze** [カプりーツェ] [名] -/-n 《オーストリア》=Kaprice.

ka·pri·zie·ren [カプりツィーれン] [動] *h.* 〔sich^4＋auf 〈et^4〉ニ〕固執する,(…を)すると言張る.

ka·pri·zi·ös [カプりツィ(エ)ース] [形] 気が多い,移り気な.

die **Kap·sel** [カプセル] [名] -/-n **1.** カプセル(小型密閉容器). **2.** カプセル入り薬剤. **3.** (宇宙船などの)カプセル. **4.** 〖植〗蒴(さく);〖医〗被膜.

(die) **Kap·stadt** [カップ・シュタット] [名] -/ 〖地名〗ケープタウン(南アフリカ共和国の港町).

die **Kap·tur** [カプトゥーあ] [名] -/-en 《古》押収,差押え;敵船掌捕.

der **Ka·put** [カプット] [名] -s/-e 《スイス》軍用コート.

ka·putt [カプット] [形] 《口》 **1.** だめになった,壊れた: eine ～*e* Uhr 壊れた時計. (語尾を二重につけることがある) mit ～*en*(*en*) Schuhen だめになった靴で. **2.** ばてた. 【慣用】**Bei 〈j^3〉 ist was kaputt.** 《口》〈人は〉ちょっといかれている. **Was ist denn jetzt kaputt?** 《口》いったい何がどうしたって言うんだ.

ka·putt|ge·hen* [カプット・ゲーエン] [動] *s.* 〔補足なし〕《口》壊れる,故障する;穴があく(衣類が);枯れる;不和になる;破産する;駄目になる(人・事業などが).

ka·putt|la·chen [カプット・ラっへン] [動] *h.* 〔sich^4〕《口》笑いこける.

ka·putt|ma·chen [カプット・マっへン] [動] *h.* 《口》 **1.** 〔〈et^4〉ヲ〕壊す(皿・おもちゃ・機械などを). **2.** 〔〈j^4/et^4〉ヲ〕駄目にする(人を身体的・社会的に);壊す(結婚生活・友人関係などを);つぶす,倒産させる. **3.** 〔sich^4〕身体を壊す,疲れ果てる,神経が参る;自分を破滅させる(経済的・社会的に).

ka·putt|schla·gen* [カプット・シュラーゲン] [動] *h.* 〔〈et^4〉ヲ〕《口》叩き壊す〔割る〕.

die **Ka·pu·ze** [カプーツェ] [名] -/-n (コートなどについた)フード;〖カトリ〗修道服の頭巾(ずきん).

der **Ka·pu·zi·ner** [カプツィーナー] [名] -s/- **1.** カプチ

ン会修道士. **2.** 《オーストリア》カプチーノコーヒー. **3.** 〘動〙オマキザル.

die **Ka·pu·zi·ner·kres·se** [カプツィーナー·クれっセ] [名] -/-n 〘植〙ノウゼンハレン, キンレンカ.

(*das*) **Kap Ver·de**[1] [カップ ヴェるデ] [名] --s/ 〘国名〙ケープヴェルデ(アフリカ西端と大西洋上の諸島からなる国).

das **Kap Ver·de**[2] [カップ ヴェるデ] [名] --/ 〘地名〙フェルデ岬.

die **Kap·ver·den** [カプヴェるデン] [複名] **1.** 《スイス》= Kap Verde[1,2]. **2.** 〘地名〙ケープヴェルデ諸島.

das **Kar** [カーあ] [名] -(e)s/-e カール(氷河の侵食によってできた谷の窪地).

der **Ka·ra·bi·ner** [カらビーナー] [名] -s/- **1.** カービン銃. **2.** 《オーストリア》=Karabinerhaken.

der **Ka·ra·bi·ner·ha·ken** [カらビーナー·ハーケン] [名] -s/- 安全フック;〘登山〙カラビナ.

das **Ka·ra·cho** [カらっほ] [名] -(s)/ 《口》猛スピード: mit ~ 大急ぎで, 猛スピードで.

die **Ka·raf·fe** [カらっふぇ] [名] -/-n (ワイン·水用)カラフ.

der **Ka·ra·gös** [カら㋖ース] [名] -/ (トルコの)影絵芝居;(影絵芝居の主役の)道化役.

der **Ka·ra·ko·rum** [カらコるム, カらコーるム] [名] -(s)/ 〘地名〙カラコルム(中央アジアの山脈).

das **Ka·ra·kul·schaf** [カらクル·シャーふ] [名] -(e)s/-e カラクル羊(子羊は高級毛皮用).

die **Ka·ram·bo·la·ge** [..ʒə カらムボラージェ] [名] -/-n **1.** 〘ビリヤード〙キャノン(連続して二つの的玉に当ること). **2.** 《口》衝突;《古》口論, いさかい.

ka·ram·bo·lie·ren [カらムボリーれン] [動] **1.** *h./s.* 〔mit 〈et[3]〉ト〕《稀》衝突する, ぶつかる. **2.** *h.* 〔補足なし〕〘ビリヤード〙キャノンを突く.

der **Ka·ra·mell,** ㊐**Ka·ra·mel** [カらメル] [名] -s/ (《スイス》das ~も有)カラメル(砂糖を褐色になるまで煮たもの).

die **Ka·ra·mel·le** [カらメレ] [名] -/-n (主に㊗)キャラメル.

ka·ra·mel·li·sie·ren, ㊐**ka·ra·me·li·sie·ren** [カらメリズィーれン] [動] *h.* **1.** 〔〈et〉ヲ〕カラメルにする. **2.** 〔〈et[4]〉ニ〕カラメルを掛ける.

das **Ka·rat** [カらート] [名] -(e)s/-e (単位を表す㊗は-)カラット(①宝石の重さの単位で1カラットは 200 mg. ②金の含有率. 純金は24カラット).

das **Ka·ra·te** [カらーテ] [名] -(s)/ 空手.

..ka·rä·tig [..カれーティひ] [接尾] 数詞などにつけて「…カラットの」を表す形容詞を作る: 5-~ 5カラットの.

die **Ka·rau·sche** [カらウシェ] [名] -/-n 〘魚〙フナ.

die **Ka·ra·vel·le** [カらヴェレ] [名] -/-n キャラベル船(14-16世紀の帆船).

die **Ka·ra·wa·ne** [カらヴァーネ] [名] -/-n **1.** (砂漠の)隊商, キャラバン. **2.** (人·車などの)長い行列.

die **Ka·ra·wa·nen·stra·ße** [カらヴァーネン·シュトらーセ] [名] -/-n 隊商路.

die **Ka·ra·wan·se·rei** [カらヴァンぜらイ] [名] -/-en 隊商のための宿.

die **Kar·bat·sche** [カるバーチェ] [名] -/-n 革の鞭(むち).

das **Kar·bid** [カるビート] [名] -(e)s/-e カーバイド;(㊥のみ)〘化〙炭化カルシウム.

die **Kar·bid·lam·pe** [カるビート·ラムペ] [名] -/-n アセチレン灯.

das **Kar·bol** [カるボール] [名] -s/ 石炭酸.

die **Kar·bol·säu·re** [カるボール·ゾイれ] [名] -/ 石炭酸.

das **Kar·bon** [カるボーン] [名] -s/ 〘地質〙石炭紀.

die **Kar·bo·na·de** [カるボナーデ] [名] -/-n **1.** 《方》(牛·豚·羊の)ロース. **2.** 《オーストリア·古》フリカデル(ハンバーグステーキの一種).

der **Kar·bo·nat**[1] [カるボナート] [名] -(e)s/-e 黒ダイヤモンド.

das **Kar·bo·nat**[2] [カるボナート] [名] -(e)s/-e 炭酸塩.

die **Kar·bon·säu·re** [カるボーン·ゾイれ] [名] -/-n カルボン酸.

das **Kar·bo·rund** [カるボるント] [名] -(e)s/ 〘商標〙カーボランダム(研磨材).

der **Kar·bun·kel** [カるブンケル] [名] -s/- 〘医〙癰(よう).

der〔*das*〕**Kar·da·mom** [カるダモーム] [名] -s/-e(n) 〘植〙カルダモン;カルダモンの種(香味用).

der **Kar·dan·an·trieb** [カるダーン·アン·トりーブ, カるダーン·アン·トりーブ] [名] -(e)s/ 〘工〙カルダン伝動〔駆動〕.

das **Kar·dan·ge·lenk** [カるダーン·ゲレンク, カるダーン·ゲレンク] [名] -(e)s/-e 〘工〙カルダンジョイント.

kar·da·nisch [カるダーニシュ] [形] 〘工〙カルダン式の: die ~*e* Aufhängung カルダン式懸架装置.

der **Kar·dan·tun·nel** [カるダーン·トゥネル, カるダーン·トゥネル] [名] -s/-(s)〘車〙カルダンシャフト·トンネル(シャフトを通す床のふくらみ).

die **Kar·dan·wel·le** [カるダーン·ヴェレ, カるダーン·ヴェレ] [名] -/-n 〘工〙カルダンシャフト.

die **Kar·dät·sche** [カるデーチェ] [名] -/-n **1.** (馬用)楕円形ブラシ. **2.** 〘織〙羊毛梳(す)き櫛.

kar·dät·schen [カるデーチェン] [動] *h.* 〔〈et[4]〉ニ〕ブラシをかける(馬に).

die **Kar·de** [カるデ] [名] -/-n **1.** 〘植〙オニナベナ. **2.** 〘紡〙梳毛(そもう)〔綿〕機.

das **Kar·deel** [カるデール] [名] -s/-e 〘海〙ストランド(ロープをなう小縄).

kar·di·nal [カるディナール] [形] 《古》根幹的な, 主要な.

der **Kar·di·nal** [カるディナール] [名] -s/..näle **1.** 〘カトリック〙枢機卿(けい). **2.** 〘鳥〙カージナル, ショウジョウコウカンチョウ(北米産の鳥). **3.** カルディナル(冷した白ワイン·砂糖·ダイダイの皮で作る飲み物).

der **Kar·di·nal·feh·ler** [カるディナール·ふぇーラー] [名] -s/- 根本的な誤り.

der **Kar·di·nal·punkt** [カるディナール·プンクト] [名] -(e)s/-e 主要点.

die **Kar·di·nal·tu·gend** [カるディナール·トゥーゲント] [名] -/-en (主に㊗)基本道徳, 枢要徳(知·正義·思慮·勇気など).

die **Kar·di·nal·zahl** [カるディナール·ツァール] [名] -/-en 基数;自然数.

der **Kar·di·o·graf, Kar·di·o·graph** [カるディオ·グらーふ] [名] -en/-en 〘医〙心拍動記録器.

das **Kar·di·o·gramm** [カるディオ·グらム] [名] -s/-e 〘医〙心電図;心拍動曲線.

der **Kar·di·o·lo·ge** [カるディオ·ローゲ] [名] -n/-n 心臓病医〔学者〕.

die **Kar·di·o·lo·gie** [カるディオ·ロギー] [名] -/ 心臓病学.

die **Kar·di·tis** [カるディーティス] [名] -/..tiden [カるディティーデン] 〘医〙心(臓)炎.

die **Ka·renz** [カれンツ] [名] -/-en **1.** 保険金交付待機期間. **2.** 〘医〙節制.

die **Ka·renz·zeit** [カれンツ·ツァイト] [名] -/-en 保険金交付待機期間.

die **Ka·ret·te** [カれッテ] [名] -/-n 〘動〙タイマイ.

die **Ka·rett·schild·krö·te** [カれっト·シルト·クㇾーテ] [名] -/-n =Karette.

der **Kar·fi·ol** [カるふぃオール] [名] -s/ 《南独·オーストリア》カリフラワー.

der **Kar·frei·tag** [カーあ·ふらイターク] [名] -(e)s/-e 聖金曜日(復活祭前の金曜日).

der **Kar·fun·kel** [カるふンケル] [名] -s/- **1.** 紅玉(石)(ルビー, ガーネットなど. 童話ではその力で持主の姿を見えなくする). **2.** 《俗称》できもの(Karbunkel).

der **Kar·fun·kel·stein** [カるふンケル·シュタイン] [名] -(e)s/-e =Karfunkel 1.

K

karg [カルク] 形 karger; kargst (kärger; kärgst は稀) **1.** 乏しい,わずかな;簡素な,みすぼらしい;やせた(土地). **2.** [mit ⟨et⁴⟩ッ] あまりしない: ~ mit Worten sein 口数が少ない.

kargen [カルゲン] 動 h. [mit ⟨et³⟩ッ] 〔文〕(出し)惜しむ(金・称賛などを).

die **Kargheit** [カルクハイト] 名 -/ 〔文〕欠乏,不足.

kärglich [ケルクリッヒ] 形 わずかな,貧しい,惨めな.

der **Kargo** [カルゴ] 名 -s/-s 〔交通〕船〔飛行機〕の積み荷.

die **Karibik** [カリービク] 名 -/ 〔海名〕カリブ海.

das〔*der*〕**Karibu** [カ(ー)リブ] 名 -s/-s 〔動〕カリブー(北米産のトナカイの一種).

kariert [カリールト] 形 **1.** チェック(格子じま)の;方眼の. **2.** 〔口〕支離滅裂な.

die **Karies** [カーリエス] 名 -/ 〔医〕カリエス;〔歯〕虫歯(Zahn~).

die **Karikatur** [カリカトゥーァ] 名 -/-en **1.** 風刺漫画,戯画,風刺画,カリカチュア;〔働のみ〕戯画化. **2.**〔蔑〕戯画化された姿〔様子〕.

der **Karikaturist** [カリカトゥリスト] 名 -en/-en 風刺画家,漫画家.

karikieren [カリキーレン] 動 h. ⟨j⁴/et⁴⟩ッ 戯画にする,戯画化して描く.

(*die*) **Karin** [カー/リ(ー)ン] 名〔女名〕カーリン(Katharina の短縮形).

kariös [カリ/オース] 形〔医〕カリエス(性)の: ein ~er Zahn 虫歯.

die **Karitas** [カーリタス] 名 -/ 〔文・稀〕隣人愛,愛徳,慈善.

karitativ [カリタティーフ] 形 愛徳に基づく;慈善の.

die **Karkasse** [カルカッセ] 名 -/-n **1.** (昔の)焼夷〔火〕弾. **2.** 〔工〕(タイヤの)カーカス. **3.** 〔料〕(鳥・獣の)がら,(魚の)あら.

(*der*) **Karl** [カルル] 名 **1.** 〔男名〕カルル,カール. **2.** ~ der Große カール大帝,シャルルマーニュ(747-814 年,フランク王). **3.** ~ Ⅶ., der Siegreiche 勝利王,シャルル 7 世(1403-61 年,フランス王). **4.** ~ Ⅰ. チャールズ 1 世(1600-49 年,イギリス国王).

(*das*) **Karl-Marx-Stadt** [カルル・マルクス・シュタット] 名 -s/ 〔地名〕カールマルクスシュタット(Chemnitz の旧名).

(*das*) **Karlsbad** [カルルス・バート] 名 -s/ 〔地名〕カールスバート(チェコの温泉保養地).

Karlsbader [カルルス・バーダー] 形〔無変化性〕カールスバートの: ~ Beschlüsse カールスバートの決議(1819 年). ~ Salz カルルス泉塩(下剤).

(*das*) **Karlsruhe** [カルルス・ルーエ] 名 -s/ 〔地名〕カールスルーエ(バーデン=ヴュルテンベルク州の都市).

die **Karlssage** [カルルス・ザーゲ] 名 -/-n カール大帝伝説.

das **Karma** [カルマ] 名 -s/ 〔宗〕カルマ,業(ごう).

der **Karmeliter** [カルメリーター] 名 -s/- カルメル会修道士.

die **Karmelitin** [カルメリーティン] 名 -/-nen カルメル会修道女.

das **Karmin** [カルミーン] 名 -s/ カーマイン,洋紅(顔料・絵の具);洋紅色,カーマイン・レッド.

karminrot [カルミーン・ロート] 形 カーマイン色の,深紅色の.

das **Karnat** [カルナート] 名 -(e)s/ 〔美〕肉色.

die **Karnation** [カルナツィオーン] 名 -/ =Karnat.

der **Karneol** [カルネオール] 名 -s/-e カーネリアン,紅玉髄(ずい).

der **Karner** [カルナー] 名 -s/- **1.** 〔南独・ジック〕〔芸術学〕納骨堂,墓地の小聖堂. **2.** 〔方・古〕(肉の)薫製室,貯蔵庫.

der **Karneval** [カルネヴァル] 名 -s/-e[-s] 謝肉祭,カーニバル.

der **Karnevalist** [カルネヴァリスト] 名 -en/-en カーニバルの参加者,カーニバル弁士.

karnevalistisch [カルネヴァリスティッシュ] 形 カーニバル〔謝肉祭〕の.

der **Karnevalsprinz** [カルネヴァルス・プリンツ] 名 -en/-en カーニバルの王子.

die **Karnevalsprinzessin** [カルネヴァルス・プリンツェスィン] 名 -/-nen カーニバルのプリンセス.

das **Karnickel** [カルニッケル] 名 -s/- **1.** 〔方〕カイウサギ. **2.** 〔口〕身代わり,スケープゴート;ばか.

das **Karnies** [カルニース] 名 -es/-e 〔建〕コルニス,蛇腹.

die **Karniese** [カルニーゼ] 名 -/-n 〔オストラ〕カーテンロッド,カーテンレール.

karnivor [カルニヴォーァ] 形〔動〕肉食の;〔植〕食虫の.

der **Karnivore**[1] [カルニヴォーレ] 名 -n/-n (主に複) 肉食動物.

der **Karnivore**[2] [カルニヴォーレ] 名 -n/-n (主に複) 食虫植物.

(*das*) **Kärnten** [ケルンテン] 名 -s/ 〔地名〕ケルンテン(オーストリア南部の州).

der **Kärntener** [ケルンテナー] 名 -s/- ケルンテン人.

der **Kärntner** [ケルントナー] 名 -s/- =Kärntener.

das **Karo** [カーロ] 名 -s/-s[-] **1.** 方形(の)(連続)ひし形模様. **2.** 〔働のみ;無冠詞〕〔ジップ〕ダイヤ(の組). **3.** 〔働〕ダイヤが切札のゲーム;ダイヤの札.

(*die*) **Karola, Karolla** [カロ-ラ, カロッラ] 名〔女名〕カローラ,カローラ.

(*die*) **Karoline** [カロリーネ] 名〔女名〕カロリーネ.

der **Karolinger** [カーロリンガー] 名 -s/- 〔史〕カロリング王家の人(751 年以降フランク王国を支配. カール大帝の家系).

die **Karolingerzeit** [カーロリンガー・ツァイト] 名 -/ 〔史〕カロリング王朝時代(751-987 年).

karolingisch [カーロリンギッシュ] 形〔史〕カロリング朝の.

die **Karosse** [カロッセ] 名 -/-n **1.** 儀装馬車;(国家元首の)公用馬車. **2.** 〔口〕車体.

die **Karosserie** [カロセリー] 名 -/-n 車体,ボディー.

das **Karotin** [カロティーン] 名 -s/ 〔化〕カロチン,カロテン.

die **Karotis** [カロ-ティス] 名 -/..tiden [カロティーデン] 〔医〕頸(けい)動脈.

die **Karotte** [カロッテ] 名 -/-n **1.** 〔植〕(小形の)ニンジン;〔ジップ〕アカカブ. **2.** 発酵処理した葉タバコの束.

die **Karpaten** [カルパーテン] 複名〔山名〕カルパティア山脈(南東ヨーロッパに位置する).

der **Karpfen** [カルプフェン] 名 -s/- 〔魚〕コイ.

der **Karpfenteich** [カルプフェン・タイヒ] 名 -(e)s/-e 養鯉(り)池.

das **Karrageen, Karragheen** [カラゲーン] 名 -(s)/ アイルランド苔, トチャカ(紅藻. 薬剤の原料).

die **Karre**[1] [カレ] 名 -/-n 〈中独・北独〉 **1.** 手押し車,荷車;(牛馬のひく 2 輪の)箱型荷車. **2.** 〔蔑〕ぽんこつ車,ほろ自転車. 〔慣用〕⟨j³⟩ an die Karre ⟨den Karren⟩ fahren 〔口〕〈人に〉ひどい態度をとる. die Karre ⟨den Karren⟩ aus dem Dreck ziehen 〔口〕事態を収拾する. die Karre ⟨den Karren⟩ in den Dreck führen ⟨fahren⟩ 〔口〕のっぴきならぬ事態を引起こす. Die Karre ⟨Der Karren⟩ ist total verfahren. 〔口〕にっちもさっちもいかない. die Karre ⟨den Karren⟩ laufen lassen 〔口〕事態を成行きにまかせる. ⇨ Karren.

die **Kạr·re**^{2} [カれ] [名] -/-n 《主に[複]》〘地〙カッレン《浸食で石灰岩地にできた溝》.

das **Kar·r<u>ee</u>** [カれー] [名] -s/-s **1.** 四角形, 方形, 斜方形;〘軍〙方陣;方形の広場〔街区〕. **2.** 《オーストリア》ばら肉, リブ.

kạr·ren [カれン] [動] **1.** *h.* 〚〈j^4/et^4〉ヲ+(〈方向〉へ)〛荷車で運ぶ;《口》自動車で運ぶ. **2.** *s.* 〚(in〔auf〕〈et^3〉ニ乗ッテ)+(〈場所〉ヲ)〛《口》行く.

der **Kạr·ren** [カれン] [名] -s/- **1.** 《南独・オーストリア》手押し車. **2.** 箱型荷車. 【慣用】〈j^4〉 **vor seinen Karren spannen** 〈人を〉自分のために働かせる. ⇨ Karre^{1}.

der **Kạr·ren·gaul** [カれン・ガウル] [名] -(e)s/..gäule 《蔑》荷馬車用のおいぼれ馬;《口・蔑》旧態依然とした人.

die **Kar·ri·<u>e</u>·re** [カりエーれ] [名] -/-n **1.** 出世: ~ machen (スピード)出世をする. **2.** 〘馬術〙カリエール《最も速い足運び》.

die **Kar·ri·<u>e</u>·re·frau** [カりエーれ・ふらウ] [名] -/-en キャリアウーマン;《(蔑)も有》出世主義の女性.

der **Kar·ri·e·rịst** [カりエりスト] [名] -en/-en 《蔑》出世(至上)主義者.

die **Kärr·ner·ar·beit** [ケるナー・アるバイト] [名] -/-en 《蔑》(無駄な)つらい仕事.

der **Kar·sạms·tag** [カー・あ・ザムスターク] [名] -(e)s/-e 聖土曜日《復活祭の前日》.

der **Kạrst**^{1} [カるスト] [名] -(e)s/-e 〘地質〙カルスト(地形)《石灰岩の, 水の浸食作用による地形》.

der **Kạrst**^{2} [カるスト] [名] -(e)s/-e 《方・スイス》二またぐわ.

kart. =kartoniert 厚紙表紙装の(本).

die **Kar·tä̲t·sche** [カるテーチェ] [名] -/-n (昔の短距離砲の鉛の散弾を詰めた)砲弾;〘土〙壁ごて.

die **Kar·t<u>au</u>·ne** [カるタウネ] [名] -/-n (16-17 世紀の)重砲.

die **Kar·t<u>au</u>·se** [カるタウゼ] [名] -/-n カルトゥジオ〔シャルトルーズ〕会の修道院. ⇨Chartreuse^{2}.

der **Kar·t<u>äu</u>·ser** [カるトイザー] [名] -s/- カルトゥジオ修道会士;シャルトルーズ・リキュール. ⇨Chartreuse^{1}.

der **Kar·t<u>äu</u>·ser·or·den** [カるトイザー・オるデン] [名] -s/ カルトゥジオ修道会(略 O. Cart.).

die **Kạr·te** [カるテ] [名] -/-n **1.** カード. **2.** はがき(Post~);絵はがき(Ansichts~). **3.** (入場)券(Eintritts~): eine ~ fürs Theater 芝居の券. **4.** 乗車〔乗船〕券(Fahr~);食料配給切符(Lebensmittel~): eine ~ lösen 切符を買う. **5.** 名刺(Visiten~);招待状(Einladungs~);案内〔挨拶〕状. **6.** 献立表, メニュー(Speise~). **7.** 地図(Land~);星図(Stern~). **8.** 索引カード(Kartei~). **9.** トランプの札(Spiel~);(⦅単⦆のみ)トランプゲーム;配られた札: ein Spiel〔Satz〕~*n* 一組のトランプ. ~*n* spielen トランプをする. die ~*n* mischen トランプを切る. **10.** 〘コンピュータ〙ボード. **11.** キャッシュカード(Scheck~);クレジットカード(Kredit~). 【慣用】**alles auf eine Karte setzen** 一か八かでやってみる. **die gelbe Karte** 〘サッカー〙イエローカード《警告カード》. **die Karten aufdecken**〔**offen auf den Tisch legen**〕手の内を明らかにする. 〈j^3〉 **die Karten legen** 〈人を〉トランプで占う. **die letzte Karte ausspielen** 最後の手段を講じる. **die rote Karte** 〘サッカー〙レッドカード《退場命令カード》. **sich**^{3} **nicht in die Karten sehen**〔**gucken**〕**lassen** 手の内を見せない. **wissen, wie die Karten fallen** 未来の出来事を予感する.

die **Kar·t<u>ei</u>** [カるタイ] [名] -/-en (カードボックスに収められた)カード索引, カード目録.

die **Kar·t<u>ei</u>·kar·te** [カるタイ・カるテ] [名] -/-n 索引カード.

der **Kar·t<u>ei</u>·kas·ten** [カるタイ・カステン] [名] -s/-〔..kästen〕カードボックス.

das **Kar·tẹll** [カるテル] [名] -s/-e **1.** 〘経〙企業連合, カルテル. **2.** 学生組合連合. **3.** 〘政〙政党の連合.

das **Kar·tẹll·ge·setz** [カるテル・ゲゼッツ] [名] -es/-e カルテル法, 独占禁止法.

der **Kar·tẹll·trä·ger** [カるテル・トれーガー] [名] -s/- 《古》決闘申込みの伝達者.

der **Kạr·ten·gruß** [カるテン・グるース] [名] -es/..grüße (絵)はがきによる挨拶(あいさつ).

das **Kạr·ten·haus** [カるテン・ハウス] [名] -es/..häuser **1.** トランプカードで組立てた家;《転》砂上の楼閣. **2.** 〘海〙海図室.

das **Kạr·ten·kunst·stück** [カるテン・クンスト・シュテュック] [名] -(e)s/-e トランプ手品.

das **Kạr·ten·le·gen** [カるテン・レーゲン] [名] -s/ トランプ占い.

die **Kạr·ten·le·ge·rin** [カるテン・レーゲりン] [名] -/-nen (女性の)トランプ占い師.

das **Kạr·ten·le·sen** [カるテン・レーゼン] [名] -s/ 地図の読取り.

der **Kạr·ten·netz·ent·wurf** [カるテン・ネッツ・エントヴるふ] [名] -(e)s/..würfe 〘地〙地図投影法.

das **Kạr·ten·schla·gen** [カるテン・シュラーゲン] [名] -s/ 《方》トランプ占い.

das **Kạr·ten·spiel** [カるテン・シュピール] [名] -(e)s/-e **1.** トランプ遊び〔ゲーム〕. **2.** トランプカード 1 組.

das **Kạr·ten·te·le·fon** [カるテン・テ(ー)レふォーン] [名] -s/-e カード式の公衆電話.

der **Kạr·ten·tisch** [カるテン・ティッシュ] [名] -(e)s/-e カード遊び用のテーブル;地図用大型テーブル.

der **Kạr·ten·ver·kauf** [カるテン・ふぇあカウふ] [名] -(e)s/..käufe 切符販売.

der **Kạr·ten·vor·ver·kauf** [カるテン・ふォーあ・ふぇあカウふ] [名] -(e)s/..käufe 切符の前売り.

der **Kạr·ten·zeich·ner** [カるテン・ツァイひナー] [名] -s/- 地図製作者.

kar·te·si·<u>a</u>·nisch [カるテズィアーニシュ] [形] デカルトの.

der **Kar·te·si·a·nịs·mus** [カるテズィアニスムス] [名] -/ デカルト(学派の)哲学.

kar·t<u>e</u>·sisch [カるテーズィシュ] [形] =kartesianisch.

der **Kar·th<u>a</u>·ger** [カるターガー] [名] -s/- カルタゴの人.

kar·th<u>a</u>·gisch [カるターギシュ] [形] カルタゴ(人)の.

(*das*) **Kar·th<u>a</u>·go** [カるターゴ] [名] -s/ 〘地名〙カルタゴ《アフリカ北岸の古代の商業都市》.

kar·t<u>ie</u>·ren [カるティーれン] [動] *h.* **1.** 〚(〈et^4〉ノ)〛〘地〙地図を作製する. **2.** 〚〈et^4〉ヲ〛カード目録〔索引〕に入れる.

die **Kar·tọf·fel** [カるトっふぇル] [名] -/-n **1.** 〘植〙ジャガイモ;ジャガイモ(の塊茎): neue ~*n* 新ジャガ. **2.** 《口・冗》団子鼻;大型懐中〔腕〕時計;(靴下などの)大穴;空気の抜けた(サッカー)ボール.

der **Kar·tọf·fel·a·cker** [カるトっふぇル・アッカー] [名] -s/..äcker ジャガイモ畑.

der **Kar·tọf·fel·brei** [カるトっふぇル・ブらイ] [名] -(e)s/ 〘料〙(ミルクでといた)粥状マッシュポテト.

der **Kar·tọf·fel·chip** [カるトっふぇル・チップ] [名] -s/-s 《主に[複]》=Chip 3.

die **Kar·tọf·fel·ern·te** [カるトっふぇル・エるンテ] [名] -/-n ジャガイモの収穫.

der **Kar·tọf·fel·kä·fer** [カるトっふぇル・ケーふぁー] [名] -s/- 〘昆〙トスジハムシ《ジャガイモの害虫》.

der **Kar·tọf·fel·kloß** [カるトっふぇル・クロース] [名] -es/..klöße ジャガイモの団子.

der **Kar·tọf·fel·knö·del** [カるトっふぇル・ク[ネ]ーデル] [名] -s/- 《南独》ジャガイモの団子.

der **Kar·tọf·fel·puf·fer** [カるトっふぇル・プっふぁー] [名] -s/- ポテトパンケーキ.

das **Kar·tọf·fel·pü·ree** [カるトっふぇル・ピュれー] [名]

K

-s/ =Kartoffelbrei.

der **Kar·tof·fel·sa·lat** [カルトッフェル・ザラート] 名 -(e)s/-e ポテトサラダ.

die **Kar·tof·fel·sup·pe** [カルトッフェル・ズッペ] 名 -/-n ポテトスープ.

der **Kar·to·graf, Kar·to·graph** [カルト・グらーふ] 名 -en/-en 地図[海図]作成者;地図[海図]製図技師.

die **Kar·to·gra·fie, Kar·to·gra·phie** [カルトグらふぃー] 名 -/[複…fi·en]製図(地図)学;地図[海図]製作法.

kar·to·gra·fie·ren, kar·to·gra·phie·ren [カルトグらふぃーれン] 動 h. ⟨et⁴ッ⟩地図を作製する.

kar·to·gra·fisch, kar·to·gra·phisch [カルト・グらーふィッシュ] 形 製図学の;地図学(上)の,地図作製法上の.

die **Kar·to·man·tie** [カルト・マンティー] 名 -/ トランプ占い(術).

das **Kar·to·me·ter** [カルト・メーター] 名 -s/- 〔地〕キルビメーター(地図の曲線測定器).

der **Kar·ton** [..tɔ̃:, ..tɔ́:ŋ カルトーン, ..t5ŋ カルトソグ] 名 -s/-s ⟨-e 〔単位を表す⑳は-e 有⟩ **1.** 厚紙,ボール紙. **2.** 厚紙製の容器[箱],ボール箱,カートン;(本の)外箱: zehn ~(s) Seife 石けん10箱. **3.** 〔印〕正誤表のしおり. **4.** 〔美〕原寸大の下絵(壁画などの).

die **Kar·to·na·ge** [..ʒə カルトナージェ] 名 -/-n ボール箱,カートン;(本の)厚紙表紙.

kar·to·nie·ren [カルトニーれン] 動 h. ⟨et⁴ッ⟩〔製本〕厚紙表紙装にする.

kar·to·niert [カルトニーあト] 形 厚紙表紙装の(略 kart.).

die **Kar·to·thek** [カルトテーク] 名 -/-en =Kartei.

die **Kar·tu·sche** [カルトゥーシェ] 名 -/-n **1.** 〔軍〕(大砲の)弾薬筒,薬莢(きょう). **2.** 〔美〕カルトゥーシュ(渦形模様の装飾;この縁飾りのある小プレート).

das **Ka·rus·sell** [カルセル] 名 -s/-e ⟨-s⟩ 回転木馬,メリーゴーラウンド: mit ⟨j³⟩ ~ fahren 〔兵〕⟨人₄⟩をしごく;⟨口⟩⟨人₄⟩をどやしつける.

das **Kar·wen·del·ge·bir·ge** [カルヴェンデル・ゲビルゲ] 名 -s/ 〔山名〕カルヴェンデル山脈(オーストリア西部に位置).

die **Kar·wo·che** [カー・ヴォッヘ] 名 -/-n 聖週間,受難週(復活祭前の1週間).

die **Ka·ry·a·ti·de** [カりアティーデ] 名 -/-n 〔建〕カリアティード(梁(はり)を支える女性立像柱).

der **Kar·zer** [カルツァー] 名 -s/- (昔の大学などの)監禁室;⟨⑳のみ⟩監禁.

kar·zi·no·gen [カルツィノ・ゲーン] 形 〔医〕発癌(がん)性の.

das **Kar·zi·nom** [カルツィノーム] 名 -s/-e 〔医〕癌腫(しゅ),悪性腫瘍(ようしょう)(略 Ca.).

der **Ka·sa·che** [カザッヘ] 名 -n/-n カザフ人(中央アジアのトルコ系民族).

der **Ka·sack** [カーザック] 名 -s/-s ⟨⟨⟨ふ⟩ die ~/-s⟩ (婦人用の)オーバーブラウス,カザック.

der **Ka·sa·tschok** [カザチョック] 名 -s/-s (ロシアの)コサックダンス.

die **Kas·ba** [カスバ] 名 -/-s[Ksabiクサービ] カスバ (①アラブ諸国の城塞(さい)②北アフリカ諸都市の居住地区).

die **Ka·schem·me** [カシェメ] 名 -/-n ⟨蔑⟩ いかがわしい酒場.

ka·schen [カッシェン] 動 h. ⟨口⟩ **1.** ⟨j⁴ッ⟩捕える. **2.** ⟨(sich³)＋et⁴ッ⟩盗む,取る.

ka·schie·ren [カシーれン] 動 h. ⟨et⁴ッ⟩隠す⟨無知・狼狽(ろうばい)などを⟩;隠して[ぼかして・修整して]描く(表現する)⟨絵画・報告書などで欠点などを⟩. **2.** 〔製本〕〔劇〕(張りぼての)大道具[小道具]を製作

する;〔印〕厚紙の上に色紙〔プリントされた紙〕を張る(本の表紙などで);〔服〕二枚の織物を張合せる. 【慣用】sich⁴ kaschieren うわべを繕う.

der **Kasch·mir¹** [カシュミーあ] 名 -s/-e カシミアの服地;カシミアの毛(毛糸).

(das) **Kasch·mir²** [カシュミーあ] 名 -s/ 〔地名〕カシミール地方(インド北部に位置).

die **Kasch·mir·wol·le** [カシュミーあ・ヴォレ] 名 -/ カシミア(カシミアヤギの軟毛(毛糸)).

der **Kä·se** [ケーゼ] 名 -s/- **1.** チーズ. **2.** ⟨口・蔑⟩ばかげたこと,くだらない話.

das **Kä·se·blatt** [ケーゼ・ブラット] 名 -(e)s/..blätter ⟨口・蔑⟩ **1.** 低級な地方新聞. **2.** 《生徒》成績表.

das **Kä·se·brot** [ケーゼ・ブろート] 名 -(e)s/-e チーズをのせたパン.

die **Kä·se·glo·cke** [ケーゼ・グロッケ] 名 -/-n ガラス製釣鐘状のチーズケース.

das **Ka·se·in** [カゼイン] 名 -s/ 〔化〕カゼイン.

der **Kä·se·ku·chen** [ケーゼ・クーヘン] 名 -s/- チーズケーキ.

die **Ka·sel** [カーゼル] 名 -/-n カズラ(ミサ用の上衣).

die **Kä·se·mat·te** [カゼマッテ] 名 -/-n 〔軍〕(要塞(さい)の)防寒室;(軍艦の)砲郭.

das **Kä·se·mes·ser** [ケーゼ・メッサー] 名 -s/- チーズ用ナイフ;〔方・蔑〕切れないナイフ;〔兵〕銃剣.

kä·sen [ケーゼン] 動 **1.** h. ⟨et⁴ッ⟩チーズを製造する. **2.** h./s. ⟨無標⟩チーズになる,凝固[凝結]する(牛乳などが).

die **Kä·se·plat·te** [ケーゼ・プラッテ] 名 -/-n チーズの盛合せ.

der **Kä·ser** [ケーザー] 名 -s/- **1.** チーズ製造職人. **2.** ⟨方⟩チーズ販売商人. **3.** ⟨口・蔑⟩臭い足.

die **Kä·se·rei** [ケーゼらイ] 名 -/-en **1.** ⟨⑳のみ⟩チーズ製造. **2.** チーズ製造所.

die **Kä·se·rin·de** [ケーゼ・リンデ] 名 -/-n チーズの皮.

die **Ka·ser·ne** [カゼるネ] 名 -/-n 兵営,兵舎.

der **Ka·ser·nen·hof** [カゼるネン・ホーふ] 名 -(e)s/..höfe 営庭.

ka·ser·nie·ren [カゼるニーれン] 動 h. ⟨j⁴ッ⟩営舎寮に入れる(宿泊させる)(兵隊・部隊などを).

kä·se·weiß [ケーゼ・ヴァイス] 形 ⟨口⟩ひどく青ざめた.

kä·sig [ケーズィッ] 形 **1.** チーズ状の. **2.** ⟨口⟩青白い. **3.** ⟨口⟩厚かましい.

das **Ka·si·no** [カズィーノ] 名 -s/-s **1.** (社交クラブなどの)集会所,クラブハウス,会館;(高級)社員[職員]食堂;将校用食堂. **2.** 賭博(とばく)場,カジノ (Spiel~).

die **Kas·ka·de** [カスカーデ] 名 -/-n **1.** (人工の)階段状の滝;滝に似せた(仕掛け)噴水. **2.** (曲芸の)墜落と見せかけたダイビング. **3.** 〔化〕カスケード;〔電〕カスケード,継続.

die **Kas·ka·den·schal·tung** [カスカーデン・シャルトゥング] 名 -/-en 〔電〕縦続接続.

der **Kas·ka·deur** [..dǿːr カスカドーあ] 名 -s/-e アクロバット的なスカイダイバー.

der **Kas·ko** [カスコ] 名 -s/-s **1.** 〔海〕(積荷に対する)船体. **2.** (積荷に対する)機体,車体. **3.** 〔ジ〕カスコ(ゲーム).

kas·ko·ver·si·chern [カスコ・ふぇあズィッヒャーン] 動 h. (不定形・過去分詞でのみ)⟨et⁴ッ⟩船体[車両・機体]保険をかける(積荷,貨物は対象外).

kas·ko·ver·si·chert [カスコ・ふぇあズィッヒャート] 形 船体[車両・機体]保険のかかった(積荷,貨物は対象外).

die **Kas·ko·ver·si·che·rung** [カスコ・ふぇあズィッヒャるング] 名 -/-en 船体[車両・機体]保険(積荷,貨物は対象外).

(der) **Kas·par** [カスパる] 名 **1.** 〔男名〕カスパル.

2. カスパル(〚新約〛東方の三博士の一人).
der **Kạs·per** [カスパァ] 名 -s/- 1. カスパー(人形芝居の道化). 2. 〖口・冗〗おどけ者.
der **Kạs·perl** [カスパール] 名 -s/-(n) 〚${}^{ﾄ'ｲ}_{ﾂ南}$〛=Kasper.
das[*der*] **Kạs·per·le** [カスパーレ] 名 -s/- =Kasperl.
das **Kạs·per·le·the·a·ter** [カスパーレ・テアーテル] 名 -s/- カスパー人形劇(場).
das **Kạs·per·li** [カスパーリ] 名 -s/- 〚${}^{ｽ'ｲ}_{ｽ}$〛=Kasperl.
kạs·pern [カスパァン] 動 *h.* 〚${}^{北}_{部}$〛〖口〗おどける, ばかなことを(言う), ふざける.
die **Kạs·per·pup·pe** [カスパー・プペ] 名 -/-n カスパー役の指人形;カスパー人形劇に登場する指人形.
das **Kạs·per·the·a·ter** [カスパー・テアーテル] 名 -s/- 〚${}^{北}_{部}$〛=Kasperletheater.
Kạs·pisch [カスピシュ] 形 カスピ海の: das ~e Meer カスピ海.
die **Kạs·sa** [カサ] 名 -/Kassen 〚${}^{ｵｰｽﾄ}_{ﾘｱ}$〛=Kasse.
das **Kạs·sa·ge·schäft** [カッサ・ゲシェフト] 名 -(e)s/-e 〚金融〛直物取引, 現物取引, スポット(経)現金取引.
der **Kạs·sa·kurs** [カッサ・クルス] 名 -es/-e 〚金融〛直物(${}^{ｽﾎﾟｯ}_{ﾄ}$)相場, 現物相場, スポット相場.
der **Kạs·sa·markt** [カッサ・マルクト] 名 -(e)s/..märk-te 〖金融〛直物(${}^{ｽﾎﾟｯ}_{ﾄ}$)市場, 現物市場, スポット市場.
(*die*) **Kas·sạn·dra** [カザンドラ] 名 〚${}^{ｷﾞ}_{神}$〛カッサンドラ(Priamos の娘, トロイア滅亡を予言).
der **Kas·sạn·dra·ruf** [カザンドラ・ルーフ] 名 -(e)s/-e 〘文〙カッサンドラの警告(無視される不吉な予言).
die **Kas·sa·ti·on** [カザツィオーン] 名 -/-en 1. 無効宣言;〘法〙(判決などの)破棄. 2. 〘古〙免官, 免職.
das **Kas·sa·ti·ons·ge·richt** [カサツィオーンス・ゲリヒト] 名 -(e)s/-e 〚${}^{ｽ'ｲ}_{ｽ}$〛〘法〙(民事・刑事に関する州の)上告(最高)裁判所.
der **Kas·sa·ti·ons·hof** [カサツィオーンス・ホーフ] 名 -(e)s/..höfe 〘法〙上告裁判所;〚${}^{ｽ'ｲ}_{ｽ}$〛(連邦法に関する州の)上告裁判所.
die **Kạs·se** [カセ] 名 -/-n 1. 現金出納口, 会計(窓口);(入場)切符売場. 2. (小型の)金庫, レジスター(Laden~);(店の)レジ, 勘定場. 3. 現金, 現金払い: die ~ führen 現金会計を担当する. gut/schlecht bei ~ sein〖口〗お金が十分ある/少ししかない. Gegen ~ 現金で. netto ~ 現金正価で. 4. 健康保険組合(Kranken~): alle ~n 各種健康保険取扱い(病院の掲示). 5. 《口》貯蓄銀行(Spar~), 銀行, 信用金庫: Geld zur ~ bringen 貯金する. 【慣用】einen Griff in die Kasse tun 〚口〛お金を盗む. Kasse machen 収支決算する. 〚口〛たんまりかせぐ. 〈j⁴〉 zur Kasse bitten 〚口〛〈人〉にお金を要求する.
(*das*) **Kạs·sel** [カッセル] 名 -s/ 〚地名〛カッセル(ヘッセン州の都市lýtの地方).
das **Kạs·se·ler** [カッセラー], **Kạss·ler** [カスラー] 名 -s/- 〚料〛塩漬け薫製豚肉(ばら・肩・背・腹).
der **Kạs·sen·arzt** [カッセン・アーアツト, カッセン・アルツト] 名 -es/..ärzte 健康保険医.
der **Kạs·sen·be·richt** [カッセン・ベリヒト] 名 -(e)s/-e 〘経〙会計報告.
der **Kạs·sen·be·stand** [カッセン・ベシュタント] 名 -(e)s/..stande 現金残在高.
der **Kạs·sen·bon** [カッセン・ボ(ー)ン] 名 -s/-s (レジの)レシート.
der **Kạs·sen·bo·te** [カッセン・ボーテ] 名 -n/-n 現金輸送係.
das **Kạs·sen·buch** [カッセン・ブーフ] 名 -(e)s/..bücher 現金出納簿.
der **Kạs·sen·er·folg** [カッセン・エアフォルク] 名 -(e)s/-e (映画・演劇の)大当たりの作品, ヒット作.
der **Kạs·sen·füh·rer** [カッセン・ふューラー] 名 -s/- 出納係.
der **Kạs·sen·pa·ti·ent** [カッセン・パツィエント] 名 -en/-en 健康保険扱いの患者.
der **Kạs·sen·schein** [カッセン・シャイン] 名 -(e)s/-e 1. 現金為替. 2. 〘口〙利付証券.
der **Kạs·sen·schla·ger** [カッセン・シュラーガー] 名 -s/- 〚口〛大当たりの出し物, 人気スター(歌手);ヒット商品.
der **Kạs·sen·schrank** [カッセン・シュランク] 名 -(e)s/..schränke (大型)金庫.
der **Kạs·sen·sturz** [カッセン・シュトゥルツ] 名 -es/..stürze 〚口〛現金残高調べ: ~ machen 現金残高を調べる.
der **Kạs·sen·wart** [カッセン・ヴァルト] 名 -(e)s/-e (協会の)会計管理者.
der **Kạs·sen·zet·tel** [カッセン・ツェッテル] 名 -s/- (領収書兼用の)請求書;(レジの)レシート.
die **Kas·se·rol·le** [カセ·ロレ] 名 -/-n 〚料〛キャセロール.
die **Kas·sẹt·te** [カセッテ] 名 -/-n 1. (錠つき)小箱(貴重品用). 2. (セットの本・レコードの)ケース;カセットテープ, ヴィデオカセット;〘写〙(フィルム)カセット;乾板ケース. 3. 〘建〙格間(ごう).
die **Kas·sẹt·ten·de·cke** [カセッテン・デッケ] 名 -/-n 〘建〙格(ごう)天井.
der **Kas·sẹt·ten·re·cor·der** [カセッテン・れコるダー, カセッテン・リコるダー], **Kas·sẹt·ten·re·kor·der** [カセッテン・レコるダー] 名 -s/- カセット(テープ)レコーダー.
der **Kas·sẹt·ten·spie·ler** [カセッテン・シュピーラー] 名 -s/- カセットプレーヤー.
der **Kas·si·ber** [カスィーバー] 名 -s/- 〘獄〙(囚人同士又は囚人と外部との)秘密通信文.
der **Kas·sier** [カスィーア] 名 -s/-e (南独・${}^{ｵｰｽﾄ}_{ﾘｱ}$・${}^{ｽ'ｲ}_{ｽ}$)=Kassierer.
kas·sie·ren[1] [カスィーレン] 動 *h.* 1. 〘et⁴を〙受取る(代金・料金などを);徴収(集金・収納)する. 2. 〈j⁴から〉〚口〛代金(料金)をもらう, 会費を徴収する. 3. 〘et⁴を〙〘口〙得る, もらう, 受取る(謝礼(金)・利息などを). 4. 〘et⁴を〙〚口〛もらう, 受ける, こうむる(罰点・嘲笑・批判などを);受ける(称賛・表彰などを). 5. 〘et⁴を〙〚口〛取り上げる, 没収する(免許証・他人からもらったチップなどを), 乗っ取る(会社を). 6. 〈j⁴を〉〚口〛つかまえる(犯人などを).
kas·sie·ren[2] [カスィーレン] 動 *h.* 1. 〈j⁴を〉(懲戒)免職(免官)にする, 罷免する. 2. 〚${}^{ｵｰｽﾄ}_{ﾘｱ}$〛〘法〙破棄する(判決を);無効であると宣言する(約束・決定などを).
der **Kas·sie·rer** [カスィーラー] 名 -s/- 出納係;会計係.
die **Kas·si·o·peia** [カスィオパイア] 名 -/ 1. (主に無冠詞)〚ギ神〙カシオペイア(Andromeda の母). 2. 〚天〙カシオペヤ座.
das **Kạss·ler**, ⓐ**Kạß·ler** [カスラー] 名 -s/- =Kasseler.
die **Kas·ta·gnet·te** [..tanjĕta カスタニェッテ] 名 -/-n 〘楽〙カスタネット.
die **Kas·ta·nie** [カスターニエ] 名 -/-n 1. 〚植〛クリ(の木)(Edel~), トチ(の木)(Ross~). 2. クリ(の実), トチ(の実). 【慣用】für 〈j⁴〉 die Kastanien aus dem Feuer holen 〈人の〉ために火中の栗を拾う.
der **Kas·ta·ni·en·baum** [カスターニエン・バウム] 名 -(e)s/..bäume クリの木;トチノキ.
kas·ta·ni·en·braun [カスターニエン・ブラウン] 形 栗色の.
das **Kạ̈st·chen** [ケストヒェン] 名 -s/- 小箱;(方眼紙などの)升目.
die **Kạs·te** [カステ] 名 -/-n (ヒンドゥー教社会の)カー

スト;排他的階級〔グループ〕.
kas·tei·en [カスタイエン] 動 h. 〔sich⁴〕苦行をする;禁欲(生活)をする.
die **Kas·tei·ung** [カスタイウング] 名 -/-en 難行苦行;禁欲.
das **Kas·tell** [カステル] 名 -s/-e 1. 〖史〗(古代ローマの国境の)砦(とりで), 出城. 2. (特に南欧の)城, 館.
der **Kas·tel·lan** [カステラーン] 名 -s/-e 公共建築物の管理人, (中世の)城塞(じょうさい)の司令官.
der **Kas·ten** [カステン] 名 -s/Kästen[-] 1. 箱; (ビール瓶などの)ケース. 2. 陳列棚(Aushänge~), ショーケース(Schau~);〖口〗ポスト, 郵便箱(Brief~);(方)引き出し(Schub~);(南独・オーストリア)戸棚. 3. 〖口・蔑〗箱型の物(テレビ・カメラなど);大きな不細工な建物(乗物). 4. (車・馬車の箱型の車体;〖スポーツ〗跳び箱(Sprung~);〖球〗ゴール. 5. 〖兵〗営倉. 6. 囲み記事. 〖慣用〗etwas auf dem Kasten haben 〖口〗物知りである, 頭がいい.
das **Kas·ten·brot** [カステン・ブロート] 名 -(e)s/-e (角形の)食パン.
das **Kas·ten·geist** [カステン・ガイスト] 名 -(e)s/ (階級的)特権意識.
der **Kas·ten·wa·gen** [カステン・ヴァーゲン] 名 (農場の)箱型荷馬車;配達用ライトバン.
(das) **Kas·ti·li·en** [カスティーリエン] 名 -s/ 〖地名〗カスティリア(スペインの地方).
(der) **Käst·ner** [ケストナー] 名 〖人名〗ケストナー(Erich ~, 1899-1974, 小説家).
der **Kas·tor** [カストーあ] 名 1. (主に無冠詞)〖ギ神〗カストル(Zeusの息子でPolluxと双子の兄弟). 2. 〖天〗カストル(双子座のα星).
der **Kas·trat** [カストらート] 名 -en/-en 〖古〗去勢された男;〖楽〗(昔の)カストラート.
die **Kas·tra·ti·on** [カストらツィオーン] 名 -/-en 1. 〖医〗去勢(術). 2. (動物の)去勢;(植物の)除雄.
kas·trie·ren [カストりーれン] 動 h. 1. 〔j⁴/et⁴〕ッ去勢する, (…に)去勢手術を行う. 2. 〔et⁴〕ッ〖口・冗〗無害化する, 骨抜きにする.
der **Ka·su·ar** [カズアーあ] 名 -s/-e 〖鳥〗ヒクイドリ.
die **Ka·su·is·tik** [カズイスティク] 名 -/ 1. 〖倫〗決疑論. 2. 〖法〗事例主義. 3. 〖医〗症例報告. 4. 〖文〗屁理屈, 些事(さじ)にこだわること.
ka·su·is·tisch [カズイスティシュ] 形 1. 〖哲〗決疑論の. 2. 〖法〗事例主義の. 3. 〖文〗屁理屈の, 些事(さじ)にこだわる.
der **Ka·sus** [カーズス] 名 -/- 〖言〗格;〖文・稀〗場合, 事例, ケース.
die **Ka·ta·chre·se** [カタ・ひれーゼ] 名 -/-n 〖修〗 1. 死屍喩(ししゆ)(使い古された隠喩). 2. 濫喩, 隠喩の誤用;用語の濫用.
der **Ka·ta·falk** [カタ・ふァルク] 名 -s/-e 棺台.
der **Ka·ta·klys·mus** [カタ・クリュスムス] 名 -/..men 〖地質〗地殻の大変動.
die **Ka·ta·kom·be** [カタコンベ] 名 -/-n (主に複)(初期キリスト教徒の)カタコンベ, 地下墓地.
das **Ka·ta·la·nisch** [カタラーニシュ] 名 -(s)/ カタロニア語.
der **Ka·ta·log** [カタローク] 名 -(e)s/-e カタログ, 目録;一覧表, 総覧.
ka·ta·lo·gi·sie·ren [カタロギズィーれン] 動 h. 〔et⁴〕ッカタログに載せる, (…の)カタログを作る.
der **Ka·ta·ly·sa·tor** [カタリュザートーあ] 名 -s/-en 〖カタリザトーれン〗〖化〗触媒;〖自〗触媒コンバーター.
der **Ka·ta·ma·ran** [カタマらーン] 名 -s/-e カタマラン(2隻の小船をつないだ帆船);双胴船.
das **Ka·ta·plas·ma** [カタ・ブラスマ] 名 -s/..men 〖医〗パップ(剤).

ka·ta·plek·tisch [カタプレクティシュ] 形 〖医〗脱力発作の.
die **Ka·ta·ple·xie** [カタプレクスィー] 名 -/-n 〖医〗脱力発作.
das〔der〕**Ka·ta·pult** [カタプルト] 名 -(e)s/-e 〖工〗カタパルト;(玩具の)ぱちんこ;〖史〗投石器.
das **Ka·ta·pult·flug·zeug** [カタプルト・ふルーク・ツォイク] 名 -(e)s/-e 〖工〗カタパルト発進の飛行機.
ka·ta·pul·tie·ren [カタ・プルティーれン] 動 h. 1. 〔et⁴〕ッカタパルトで発進させる;ぱちんこで発射する. 2. 〔sich⁴+〈方向〉カッペリ〕ッ自動脱出装置〖エゼクター・シート〗で脱出する〔飛出する〕.
der **Ka·ta·pult·sitz** [カタプルト・ズィッツ] 名 -es/-e 〖軍〗(緊急脱出用)射出座席.
der **Ka·ta·pult·start** [カタプルト・シュタるト, カタパルト・スタート] 名 -(e)s/-s(-e) カタパルト発進.
(das) **Ka·tar** [カ(-)タる] 名 -s/ 〖国名〗カタール(ペルシア湾左岸の国).
der **Ka·ta·rakt**[1] [カタらクト] 名 -(e)s/-e 早瀬, 奔流, 滝.
die **Ka·ta·rakt**[2] [カタらクト] 名 -/-e 〖医〗白内障.
der **Ka·tarrh, Ka·tarrh** [カタる] 名 -s/-e 〖医〗カタル.
ka·tar·rha·lisch, ka·tarr·ha·lisch [カタら-リシュ] 形 〖医〗カタル性の.
der〔das〕**Ka·tas·ter** [カタスター] 名 -s/- (〖オーストリア〗der ~のみ)土地台帳.
das **Ka·tas·ter·amt** [カタスター・アムト] 名 -(e)s/..ämter (地方法務局の)地籍調査部.
die **Ka·tas·tral·ge·mein·de** [カタストらール・ゲマインデ] 名 -/-n 〖オーストリア〗(町村内部の)地区.
ka·ta·stro·phal [カタ・ストろふぁール] 形 破局〔破滅〕的な, 惨憺(さんたん)たる, ひどい.
die **Ka·ta·stro·phe** [カタ・ストろーふェ] 名 -/-n 大災害, 大惨事;破局;〖文芸学〗(悲劇の)大詰め, カタストロフィー.
der **Ka·ta·stro·phen·a·larm** [カタストろーふェン・アラルム] 名 -(e)s/-e 災害警報.
(das) **Kät·chen** [ケートひェン] 名 〖女名〗ケートヒェン(Käteの縮小形).
die **Ka·te** [カーテ] 名 -/-n (木造の)粗末な小屋.
(die) **Kä·te** [ケーテ] 名 〖女名〗ケーテ.
die **Ka·te·che·se** [カテひェーゼ] 名 -/-n 〖キ教〗教理教授, 公教要理の説明;宗教の授業.
der **Ka·te·chet** [カテひェート] 名 -en/-en 〖キ教〗教理教師, 伝道士.
die **Ka·te·che·tik** [カテひェーティク] 名 -/ 〖カトリック〗公教要理教授学;〖プロテスタント〗教理問答教授学.
der **Ka·te·chis·mus** [カテひスムス] 名 -/..men 〖キ教〗(問答形式の)教理学習書;(成人の)洗礼志願者への教理の授業.
das **Ka·te·chol·a·min** [カテひョル・アミーン] 名 -s/ 〖生化〗カテコールアミン.
der **Ka·te·chol·a·min·spie·gel** [カテひョルアミーン・シュピーゲル] 名 -s/- 〖生化〗(血液中の)カテコールアミン含有量.
der **Ka·te·chu·me·ne** [カテひュメーネ, カテひューメネ] 名 -n/-n 〖キ教〗(成人の)洗礼志願者;堅信礼のための学習者.
ka·te·go·ri·al [カテゴリアール] 形 範疇(はんちゅう)の.
die **Ka·te·go·rie** [カテゴリー] 名 -/-n 1. 〖哲〗範疇(はんちゅう). 2. 部類, 種類.
ka·te·go·risch [カテゴーリシュ] 形 断固たる;〖哲〗定言的な.
ka·te·go·ri·sie·ren [カテゴリズィーれン] 動 h. 〔j⁴/et⁴〕ッカテゴリー別に分ける〔整理する〕.
der **Ka·ter**[1] [カーター] 名 -s/- 雄ネコ.
der **Ka·ter**[2] [カーター] 名 -s/- 〖口〗二日酔い.
das **Ka·ter·früh·stück** [カーター・ふりゅー・シュテュック] 名

-(e)s/-e 二日酔いに適した朝食(酢漬けのニシン・キュウリなど).
die **Ka·ter·i·dee** [カーター・イデー] 名 -/-n 馬鹿げた思いつき.
kat·e·xo·chen [カトエクソヘーン] 副 真の意味で.
das **Kat·gut** [カットグット] 名 -s/ 〖医〗カットガット, 腸線.
kath. =katholisch カトリックの.
der **Ka·tha·rer** [カ(-)ターら-] 名 -s/- 〔主に 複〕〖キ教〗カタリ派信者.
(*die*) **Ka·tha·ri·na** [カタリーナ] 名 1. 〖女名〗カタリーナ. 2. ~ von Alexandria アレクサンドリアのカタリーナ(殉教者). 3. ~ II. エカテリーナ2世(1729-96年, ロシア女帝).
(*die*) **Ka·tha·ri·ne** [カタリーネ] 名 〖女名〗カタリーネ.
die **Ka·thar·sis** [カータるズィス, カタるズィス] 名 -/ 〖文芸学・心〗カタルシス.
ka·thar·tisch [カタるティッシ] 形 カタルシスの.
(*das*) **Käth·chen** [ケートひェン] 名 〖女名〗ケートヒェン.
(*die*) **Kä·the** [ケーテ] 名 〖女名〗ケーテ(Katharinaの短縮形).
das〔*der*〕**Ka·the·der** [カテーダ-] 名 -s/- 教卓, 講壇, 教壇, 演壇.
die **Ka·the·der·blü·te** [カテーダ・ブリューテ] 名 -/-n 〖冗〗教師のこっけいな失言.
die **Ka·the·dra·le** [カテドらーレ] 名 -/-n 1. 〖カトリ教〗(大)司教座聖堂; 〖英国教会〗(大)主教座聖堂. 2. 大聖堂, カテドラル.
die **Ka·the·te** [カテーテ] 名 -/-n 〖数〗(直角三角形の)直角をはさむ1辺.
der **Ka·the·ter** [カテータ-] 名 -s/- 〖医〗カテーテル.
die **Ka·tho·de** [カトーデ] 名 -/-n 〖理〗陰極.
der **Ka·tho·den·strahl** [カトーデン・シュトらール] 名 -(e)s/-en 〔主に 複〕〖理〗陰極線.
der **Ka·tho·lik** [カトリーク] 名 -en/-en カトリック教徒.
der **Ka·tho·li·kos** [カトリコス] 名 -/..koi 〖キ教〗(東方教会の)総大司教.
ka·tho·lisch [カトーリシ] 形 カトリックの(略 kath.).
der **Ka·tho·li·zis·mus** [カトリツィスムス] 名 -/ カトリシズム, カトリック主義〔精神〕.
die **Ka·tho·li·zi·tät** [カトリツィテート] 名 -/ カトリックであること.
der **Kät·ner** [ケートナ-] 名 -s/- 粗末な小屋の住人.
ka·to·nisch [カトーニシ] 形 厳格な.
das **Kat·te·gat** [カテガット] 名 -s/ 〖地名〗カテガト海峡(スウェーデンとデンマークの間).
der **Kat·tun** [カトゥーン] 名 -s/-e キャラコ. 【慣用】 Kattun kriegen ひどい目にあう;〔軍〕激しい砲火をあびる.
katz·bal·gen [カッツ・バルゲン] 動 h. 〔相互代名詞 sich⁴〕(口)取っ組み合いのけんかをする.
die **Katz·bal·ge·rei** [カッツ・バルゲらイ] 名 -/ (口)じゃれ合い, 取っ組み合い.
katz·buc·keln [カッツ・ブッケルン] 動 h. 〔vor〈3ぅ〉〕〔蔑〕へつらった〔卑屈な〕態度を取る.
das **Kätz·chen** [ケッツひェン] 名 -s/- 1. 小猫② 2. (口)女(の子)(女友達・娼婦(13ぅ)など);(口)陰門. 2. 〔主に 複〕〖植〗(ネコヤナギなどの)尾状花序.
die **Ka·tze** [カッツェ] 名 -/-n 1. 〖動〗(飼い)ネコ: 雌ネコ② 2. 〔狩〕ヤマネコ(マーモット)の雌. 3. 〖動〗ネコ科の肉食獣. 4. 〖古〗財布. 【慣用】 Das ist für die Katze. 〖口〗それはむだなことだ. der Katze die Schelle umhängen (口)猫の首に鈴をつける, あえて危険を冒す. die Katze aus dem Sack lassen 〖口〗秘密を漏らす. die Katze im Sack kaufen (口)中身を吟味しないで買う. Katz(e) und Maus mit 〈³〉 spielen (口)〈人⁴を〉適当にあしらう〔もてあそぶ〕. neunschwänzige Katze (体刑用の)九尾の鞭 (史). um 〈et⁴〉 herumgehen wie die Katze um den heißen Brei 《口》〈事の〉核心に触れようとしない.
der **Ka·tzel·ma·cher** [カッツェル・マッはー] 名 -s/- 《ドぃ・口・蔑》イタリア人.
kat·zen·ar·tig [カッツェン・アーテぃヒ] 形 猫のような.
das **Ka·tzen·au·ge** [カッツェン・アウゲ] 名 -s/-n 1. 猫の目; 猫目石, キャッツアイ. 2. (口)(車などの)後部反射板, リフレクター.
der **Ka·tzen·buc·kel** [カッツェン・ブッケル] 名 -s/- 猫背;しゃがんで手を足のつま先で支え, 膝をのばす運動.
ka·tzen·freund·lich [カッツェン・ふろイントリひ] 形 うわべだけ愛想のいい.
das **Ka·tzen·gold** [カッツェン・ゴルト] 名 -(e)s/ 黄鉄鉱; 金雲母.
der **Ka·tzen·kopf** [カッツェン・コップふ] 名 -(e)s/..köp·fe (口)舗装用玉石;手で(後)頭部を殴ること.
die **Ka·tzen·mu·sik** [カッツェン・ムズィーク] 名 -/ (口・冗)調子のはずれた音楽.
die **Ka·tzen·pfo·te** [カッツェン・プふぉーテ] 名 -/-n 1. 猫の前足. 2. 〖海〗さざ波(が立つこと).
der **Ka·tzen·sprung** [カッツェン・シュプるング] 名 -(e)s/ ..sprün·ge (口)ひととびの〔短い〕距離;〖体操〗開脚跳び.
der **Ka·tzen·tisch** [カッツェンテぃッシ] 名 -(e)s/-e (口・冗)(祝宴の食卓の脇に置く)小さいテーブル.
die **Ka·tzen·wä·sche** [カッツェン・ヴェッシェ] 名 -/-n (口)(猫のように)簡単に顔や体を洗うこと.
der **Kau·ap·pa·rat** [カウ・アパらート] 名 -(e)s/-e 〖医〗咀嚼(ここ)器官.
kau·dal [カウダール] 形 〖医〗(体・器官の)後端部の; 〖動〗尾部の.
kau·der·welsch [カウダー・ヴェルシ] 形 訳の分らない.
das **Kau·der·welsch** [カウダー・ヴェルシ] 名 -(s)/ 訳の分らない言葉(遣い).
kau·der·wel·schen [カウダー・ヴェルシェン] 動 h. 〔補足 句と〕訳の分らないこと〔言葉〕を話す.
kau·en [カウエン] 動 h. 1. 〈et⁴を〉〈様態⁵で〉(食べ物を)噛む. 2. 〈et⁴〉噛む(パン・肉・チューインガムなどを). 3. 〔an〈et³〉ぅ〕噛み切ろう〔砕こう〕と苦労する(堅い肉片などを). 4. 〔an〈et³〉〈口〉〈事⁴を〉噛む〕 an den Nägeln/auf 〔an〕 den Lippen ~ 爪を/唇を噛む. 5. 〔an〈et³〉ぅ〕(口)片づけようと苦労する(仕事・問題などを). 【慣用】 die Worte kauen ゆっくりした〔鈍重な〕話し方をする.
kau·ern [カウあーン] 動 h. 1. 〈場所³に〉しゃがんでいる, うずくまっている. 2. 〔sich⁴+〈方向⁴へ〕しゃがむ, うずくまる, 身をかがめる.
der **Kauf** [カウふ] 名 -(e)s/Käu·fe 1. 購入, 買うこと; 〖法〗売買: einen guten ~ machen よい買物をする. 2. 購入品, 買った物. 3. (口)買収. 【慣用】 〈et⁴〉 in Kauf nehmen (他のことを考えて)〈事⁴を〉甘受する.
der **Kauf·auf·trag** [カウふ・アウふトらーク] 名 -(e)s/ ..trä·ge 買い注文.
der **Kauf·brief** [カウふ・ブリーふ] 名 -(e)s/-e 売買契約書.
kau·fen [カウふェン] 動 h. 1. 〔〈et³〉ぅ〕買う, 購入する: sich³/j³ einen Pullover ~ (自分/j⁴のために)プルオーバーを買う/〈人⁴〉買ってやる. 〈et⁴〉 für zehn Euro ~ 〈物⁴を〉10ユーロで買う. 〈et⁴〉 auf Stottern/Pump ~ 〈物⁴を〉分割払いで/掛けで買う. 2. 〈〈場所³で〉(日常の)買い物をする. 3. 〈j⁴を〉(口)買収する. 【慣用】 sich³ 〈j⁴〉 kaufen (口)〈人⁴に〉(今度会ったら)とっちめて〔しかって〕やる. Was kaufe ich mir dafür? (口)それは私にとってなんの役に立つんだね, それで私は何を買ったらいいんだね.
der **Käu·fer** [コイふぁ-] 名 -s/- 買い手, 買い主, 購買

者.

die **Käu-fe-rin** [コイふェリン] 名 -/-nen 女性の買い手〔買い物客〕.

das **Kauf-fahr-tei-schiff** [カウふふぁーあタイ・シふ] 名 -(e)s/-e《古》商船.

die **Kauf-frau** [カウふ・ふらウ] 名 -/-en (女性の)商人;女商社員.

die **Kauf-hal-le** [カウふ・ハレ] 名 -/-n 一階建ての百貨店.

das **Kauf-haus** [カウふ・ハウス] 名 -es/..häuser デパート,百貨店.

der **Kauf-hof** [カウふ・ホーふ] 名 -(e)s/..höfe デパート.

die **Kauf-kraft** [カウふ・くらふト] 名 -/《経》購買力;貨幣価値.

kauf-kräf-tig [カウふ・くれふティひ] 形 購買力のある.

der **Kauf-la-den** [カウふ・ラーデン] 名 -s/-[..läden] 1.《古》(小さい)店. 2. 模型のお店(食品店の玩具).

die **Kauf-leu-te** [カウふ・ロイテ] 複数 Kaufmann の複数.

käuf-lich [コイふリひ] 形 金で買える;買収できる: ~e Liebe 買春.

die **Kauf-lust** [カウふ・ルスト] 名 -/ 購買欲.

kauf-lus-tig [カウふ・ルスティひ] 形 購買欲のある.

der **Kauf-mann** [カウふ・マン] 名 -(e)s/..leute 商人;ビジネスマン,商社員;《古》商店主.

kauf-män-nisch [カウふ・メニシュ] 形 1. 商業の. 2. 商売(上)の,営業担当の: ~er Angestellter 営業マン,商社員.

das **Kauf-manns-deutsch** [カウふマンス・ドイチュ] 名 -(s)/ 商業ドイツ語.

die **Kauf-manns-spra-che** [カウふマンス・シュぷらーへ] 名 -/-n 商業用語;商人ことば.

das **Kauf-mo-tiv** [カウふ・モティーふ] 名 -s/-e 購買動機.

der **Kauf-preis** [カウふ・ぷライス] 名 -es/-e 購入〔買入〕価格.

die **Kauf-sum-me** [カウふ・ズメ] 名 -/-n 代金,購入高.

der **Kauf-ver-trag** [カウふぇあトらーク] 名 -(e)s/..träge 売買契約.

der **Kauf-wert** [カウふ・ヴェーあト] 名 -(e)s/-e 購入価値.

der **Kauf-zwang** [カウふ・ツヴァング] 名 -(e)s/-e 購入義務.

der (das) **Kau-gum-mi** [カウ・グミ] 名 -s/-s チューインガム.

der **Kau-kamm** [カウ・カム] 名 -(e)s/..kämme《鉱》小つるはし.

(das) **Kau-ka-si-en** [カウカーズィエン] 名 -s/《地名》カフカズ、コーカサス(黒海とカスピ海の間に位置).

der **Kau-ka-si-er** [カウカーズィーあ] 名 -s/- コーカサス〔カフカズ〕人.

kau-ka-sisch [カウカーズィシュ] 形 コーカサス〔カフカズ〕の.

der **Kau-ka-sus** [カウカズス] 名 -/《地名》コーカサス〔カフカズ〕山脈.

die **Kaul-quap-pe** [カウル・クヴァっぺ] 名 -/-n《動》オタマジャクシ.

kaum [カウム] 副 1. ほとんど…でない: . Das ist ~ zu glauben! それはほとんど信じられない. 2. (推量の werden, wohl または接続法の2式とともに)(おそらく)…でないだろう: . Im Schnee wären wir ~ gerettet worden. 雪の中だったら私たちは助からなかっただろう. 3. やっとのことで,かろうじて: Ich habe den Zug ~ noch erreicht. 私は列車にやっとのことで間に合った. 4. (da, als, so と関連して)…するやいなや: Wir waren ~ zu Hause, da begann das Gewitter. 私たちが家に着くやいなや,雷雨になり始めた. 5. (~ [,dass の形で)ほとんど…ということがないほどまでに,その結果ほとんど…ということがない;《古》…するやいなや: Es war ganz dunkel, ~ [,dass man die Umrisse erkennen konnte. まっくらで物の輪郭がわからないほどだった. K~ [,dass der Vater aus dem Haus war, begannen die Kinder zu streiten. 父親が出かけるやいなや,子供たちはけんかをしはじめた.

der **Kau-ri** [カウリ] 名 -s/-s (die ~ -/-s も有)《動》タカラガイ.

kau-sal [カウザール] 形 因果の,有因の: ein ~er Zusammenhang 因果関係. ~es Rechtsgeschäft《法》有因行為.

das **Kau-sal-ge-setz** [カウザール・ゲゼッツ] 名 -es/《哲・論》因果律.

die **Kau-sa-li-tät** [カウザリテート] 名 -/-en 因果関係;《哲》因果性.

der **Kau-sal-ne-xus** [カウザール・ネクスス] 名 -/- 因果関係.

der **Kau-sal-zu-sam-men-hang** [カウザール・ツザメン・ハング] 名 -(e)s/..hänge《哲・論》因果関係.

kau-sa-tiv [カウザティーふ,カウザティーふ] 形《言》使役〔作為〕の.

das **Kau-sa-tiv** [カウザティーふ] 名 -s/-e《言》使役(作為)動詞.

kaus-tisch [カウスティシュ] 形 1.《医》焼灼(しゃく)性の. 2.《光》火面の. 3.《化》苛(か)性の,腐食性の. 4. しんらつな.

der **Kau-ta-bak** [カウ・タ(ー)バック] 名 -s/-e かみタバコ.

die **Kau-tel** [カウテール] 名 -/-en《まれ》 1.《法》留保(条項). 2.《医》予防措置.

kau-te-ri-sie-ren [カウテリズィーれン] 動 h. <et³>ァ《医》焼灼(しゃく)する.

die **Kau-ti-on** [カウツィオーン] 名 -/-en 保証金,敷金;保釈金: eine ~ stellen 保釈金を積む.

der **Kaut-schuk** [カウチュク] 名 -s/-e (働は種類)生ゴム;ゴム.

der **Kaut-schuk-pa-ra-graf, Kaut-schuk-pa-ra-graph** [カウチュク・パらグらーふ] 名 -en/-en《口》種々の解釈が可能な条項.

(der) **Kauts-ky** [káotski カウツキ] 名《人名》カウツキー (Karl Johann ~, 1854-1938, 政治家).

die **Kau-werk-zeu-ge** [カウ・ヴェるク・ツォイゲ] 複数《生》咀嚼(そしゃく)器官.

der **Kauz** [カウツ] 名 -es/Käuze[コイツェ] 1.《鳥》フクロウ. 2.《口》変り者. 3.《方》髷(まげ).

kau-zig [カウツィひ] 形 変り者の,変った,おかしな.

der **Ka-va-lier** [カヴァリーア] 名 -s/-e 1.《史》貴族,騎士. 2. (女性にいんぎんな)優雅な紳士;《古》(女の子の)ナイト(男性同伴者).【慣用】ein Kavalier am Steuer マナーのよいドライバー.

das **Ka-va-liers-de-likt** [カヴァリーあス・デリクト] 名 -(e)s/-e 軽犯罪.

das **Ka-va-liers-haus** [カヴァリーあス・ハウス] 名 -es/..häuser (城に付属する)廷臣用宿舎.

der **Ka-va-liers-start** [カヴァリーあス・シュタるト,カヴァリーあス・スタるト] 名 -(e)s/-s[-e]《口》(爆音を立てての自動車の)急発進.

das **Ka-va-liers-tuch** [カヴァリーあス・トゥーふ] 名 -(e)s/..tücher 胸ポケットのハンカチ.

die **Ka-val-ka-de** [カヴァルカーデ] 名 -/-n《古》騎馬パレード.

die **Ka-val-le-rie** [カヴァレリー,カヴァリリー] 名 -/-n 1. 騎兵隊. 2. (働のみ)騎兵.

der **Ka-val-le-rist** [カヴァレリスト,カヴァリリスト] 名 -en/-en《軍》(昔の)騎兵,騎兵隊士.

Keil

die **Ka·va·ti·ne** [カヴァティーネ] 名 -/-n 〖楽〗カヴァティーナ.

die **Ka·ve·ling** [カーヴェリング] 名 -/-en 〖経〗(競売の際の)最小購入単位(ダース・包など).

der **Ka·vents·mann** [カヴェンツ・マン] 名 -(e)s/..männer **1.** 〖方〗大物. **2.** 〖海〗(危険な)大波,三角波.

die **Ka·ver·ne** [カヴェルネ] 名 -/-n 地下壕(ごう);〖医〗空洞(肺などの).

der **Ka·vi·ar** [カーヴィアる] 名 -s/-e (+は種類)キャビア(チョウザメなどの腹子の塩漬け).

die **Ka·wa** [カーヴァ] 名 -/ (ポリネシアの)カヴァ酒.

der **Ka·zi·ke** [カツィーケ] 名 -n/-n **1.** (中南米の)インディアンの酋長(しゅうちょう). **2.** (メキシコ・ガテマラの)インディアン村の村長(人および称号).

kBit = Kilobit キロビット.

das **kByte** [káːbaɪt カー・バイト] 名 -(s)/-(s) = Kilobyte.

kcal = Kilokalorie キロカロリー.

Kčs = tschechoslowakische Krone チェコ・スロヴァキア・コルナ(1993年までの貨幣単位).

der **Ke·bab** [ケバブ] 名 -(s)/-s 〖料〗ケバブ,シシケバブ(羊肉の金ぐし焼き).

die **Keb·se** [ケプゼ] 名 -/-n 〖古〗妾(めかけ).

das **Kebs·weib** [ケープス・ヴァイプ] 名 (e)s/-er 〖古〗妾(めかけ).

keck [ケック] 形 威勢のいい,無鉄砲な,出すぎた;おしゃれな,いきな.

die **Keck·heit** [ケックハイト] 名 -/-en **1.** (複のみ)気負っている〔小生意気な〕こと. **2.** 気負った〔小生意気な〕行動〔発言〕.

das **Kees** [ケース] 名 -es/-e (バイェルン・エスターライヒ)氷河.

der **Ke·fir** [ケーフィる] 名 -s/ ケフィル(アルコール分を含む発酵乳飲料).

der **Ke·gel** [ケーゲル] 名 -s/ **1.** (ボウリングなどの)ピン. ~ schieben ((バイェルン・エスターライヒ)では *Kegel* 〔*Kugel*〕 scheiben) ボウリング〔九柱戯〕をする. ~ schieben 〖方〗ボウリングをする. **2.** 〖幾何〗円錐(すい). **3.** 円錐形のもの;〖工〗円錐台形の機械部品. **4.** 〖狩〗(兎が)後足で直立した姿勢. **5.** 〖印〗(活字の)天地の長さ. 【慣用】**mit Kind und Kegel** 家族ぐるみで.

die **Ke·gel·bahn** [ケーゲル・バーン] 名 -/-en ボウリング〔九柱戯〕場;(ボウリングの)レーン.

ke·gel·för·mig [ケーゲル・フェるミヒ] 形 円錐(すい)形の.

der **Ke·gel·klub** [ケーゲル・クルプ] 名 -s/-s ボウリング〔九柱戯〕のクラブ.

die **Ke·gel·ku·gel** [ケーゲル・クーゲル] 名 -/-n ボウリング〔九柱戯〕のボール.

der **Ke·gel·man·tel** [ケーゲル・マンテル] 名 -s/..mäntel 〖幾何〗円錐(すい)面.

ke·geln [ケーゲルン] 動 **1.** *h.* 〖慣用〗ボウリングをする,九柱戯をする. **2.** *h.* 〈et⁴〉ゥ~ ボウリング〔九柱戯〕でする〔試合などを〕. **3.** *h.* 〖慣用〗(ボウリングなどのボールを投げて)倒す(9番ピンなどを);出す(ストライクなどを). **4.** *s.* (von 〈et³〉カラ) 〖口〗転げる,転げ落ちる(いすなどから).

das **Ke·gel·rad** [ケーゲル・らート] 名 -(e)s/..räder 〖工〗傘形歯車,ベベルギア.

Ke·gel schei·ben⁺, **ke·gel·schei·ben*** [ケーゲル・シャイベン] ⇒ Kegel 1.

Ke·gel schie·ben⁺, **ⓢke·gel·schie·ben*** [ケーゲル・シーベン] ⇒ Kegel 1.

der **Ke·gel·schnitt** [ケーゲル・シュニット] 名 -(e)s/-e 〖幾何〗円錐(すい)曲線.

das **Ke·gel·spiel** [ケーゲル・シュピール] 名 -(e)s/-e ボウリング,九柱戯;ボウリング〔九柱戯〕の試合;(九柱戯の)1ゲーム.

die **Ke·gel·statt** [ケーゲル・シュタット] 名 -/..stätten

(バイェルン・エスターライヒ) = Kegelbahn.

der **Ke·gel·stumpf** [ケーゲル・シュトゥムプフ] 名 -(e)s/..stümpfe 〖幾何〗円錐(すい)台.

der **Keg·ler** [ケーグラー] 名 -s/- ボウリング〔九柱戯〕をする人.

die **Keh·le** [ケーレ] 名 -/-n **1.** のど(首);咽喉,喉(のど). **2.** 〖建〗カヴェット,こぐり,刳形(くりかた)(Hohl~). **3.** 〖軍〗(昔の)防塞の背面. 【慣用】**aus voller Kehle** 〖口〗大声で. 〖i³〗**das Messer an die Kehle setzen** 〈人の〉のど元にあいくちを突きつける,〈人に〉脅迫する〔ゆする〕. **Es geht 〈j³〉 an die Kehle.** 〈人に〉危険が迫っている. 〈et⁴〉**in die falsche Kehle bekommen** 〖口〗〈事を〉早とちりして怒る.

der **Kehl·kopf** [ケール・コップフ] 名 -(e)s/..köpfe 〖解〗喉頭(こうとう).

der **Kehl·kopf·spie·gel** [ケールコップフ・シュピーゲル] 名 -s/- 〖医〗喉頭(こうとう)鏡.

der **Kehl·laut** [ケール・ラウト] 名 -(e)s/-e 〖言〗声門音. **2.** 喉(のど)音.

die **Kehl·leis·te** [ケール・ライステ] 名 -/-n 〖指物〗反曲線,鳩胸刳形(くりかた).

der **Kehl·ver·schluss·laut**, ⓢ**Kehl·ver·schluß·laut** [ケール・ふぇる シュルス・ラウト] 名 -(e)s/-e 〖言〗声門閉鎖音.

der **Kehr·aus** [ケーあ・アウス] 名 -/ (パーティーなどの)ラストダンス;(催し物の)終了;後片づけ.

der **Kehr·be·sen** [ケーあ・ベーゼン] 名 -s/- 箒(ほうき).

das **Kehr·blech** [ケーあ・ブレッヒ] 名 -(e)s/-e 〖方〗(プリキの)ちり取り.

die **Keh·re** [ケーれ] 名 -/-n **1.** (道路の)急カーブ,ヘアピンカーブ. **2.** 〖体操〗(鉄棒・平行棒などの)上向き横跳越し.

keh·ren¹ [ケーレン] 動 **1.** *h.* 〈et⁴〉ヲ〈方向〉ヘ 向ける: das Futter der Tasche nach außen ~ ポケットを裏返す. **2.** *h.* 〈sich⁴〉〈方向〉へ向く(向けられる). **3.** *h.* 〖慣用〗(稀)方向を変える,方向転換する,振向く〔風・列車・人などが〕. **4.** *s.* 〈方向〉へ〈カラ〉〖文〗戻る(家へ・旅からなど): zu sich³ ~ われに返る. in sich⁴ *gekehrt* 自分の内面に閉じこもって,物思い(考え)にふけって. **5.** *h./s.* 〖慣用〗〖体操〗上向き横跳越しをする〔平行棒・鉄棒などで〕. 【慣用】*h.* 〈et⁴〉**/alles zum Besten kehren** 〈事を〉万事をすべてよく終らせる. *h.* 〖i³〗**den Rücken kehren** 〈人に〉背を向ける〔背く〕. *h.* **sich⁴ an 〈et⁴〉 nicht kehren** 〈事を〉気にかけない.

keh·ren² [ケーれン] 動 *h.* 〖南独〗 **1.** 〈et⁴〉ヲ〗掃いてきれいにする;掃いて作る(スケートの走行路などを). **2.** 〖慣用〗掃き掃除をする(している). **3.** 〈et⁴〉ヲ〈方向〉ヘ〈カラ〉掃いて取る〔入れる・出す・集める〕.

der (das) **Kehr·icht** [ケーりヒト] 名 -s/ 〖文〗(掃き寄せられた)ごみ,ちり;〖古〗〖方〗厨芥(ちゅうかい),廃棄物,ごみ.

der **Kehr·icht·ei·mer** [ケーりヒト・アイマー] 名 -s/- ごみバケツ.

die **Kehr·ma·schi·ne** [ケーあ・マシーネ] 名 -/-n 道路清掃車;掃除機.

der **Kehr·reim** [ケーあ・らイム] 名 -(e)s/-e (詩・歌の)リフレイン.

die **Kehr·sei·te** [ケーあ・ザイテ] 名 -/-n 裏側,裏面;悪い(嫌な)面;〖冗〗背中,尻.

kehrt|ma·chen [ケーあト・マッヘン] 動 *h.* 〖慣用〗〖口〗くるりと〔思わず〕向きを変える;引返す,退却する.

die **Kehrt·wen·dung** [ケーあト・ヴェンドゥング] 名 -/-en 回れ右,(転)180度の転換.

der **Kehr·wisch** [ケーあ・ヴィッシュ] 名 -(e)s/-e 小型のほうき.

kei·fen [カイふェン] 動 *h.* 〖慣用〗粗野な大声で〔甲高い声で〕怒鳴る〔喚く〕.

der **Keil** [カイル] 名 -(e)s/-e **1.** くさび;(くさび形

Keilabsatz

の)車輪止め;くさび形隊形：einen ～ in 〈et⁴〉 treiben くさびを〈物に〉打ち込む． **2.** 〔服〕襠(まち)． 【慣用】**einen Keil zwischen zwei Menschen treiben** 二人の仲を裂く．

der **Keil·ab·satz** [カイル・アップ・ザッツ] 名 -es/..sätze ウェッジヒール(くさび形の靴のかかと)．

die **Kei·le** [カイレ] 名 -/ 《方・口》殴打．

kei·len [カイレン] 動 *h.* **1.** 〈et⁴〉 くさびを用いて割る〔裂く〕(丸太などを)． **2.** 〈et⁴〉+in〈et⁴〉= (くさびとして)打ち込む(杭(くい)を地面などに)． **3.** {sich⁴+durch〈j⁴/et⁴〉 /zwischen〈j⁴/et⁴〉 }⁴押し分けて進む、無理に通り抜ける(人込みなどを)． **4.** 〈j⁴/et⁴〉ッ+(〈方向〉へ〕}押して無理に進ませる，押しやる． **5.** 《慣用》蹴(け)る，前足で打つ(馬・熊などが)． **6.** (相代名詞 sich⁴) 《口》殴り合いをする． **7.** 〈j⁴〉ッ勧誘する、獲得しようと努める．

der **Kei·ler** [カイラー] 名 -s/- 〔狩〕雄イノシシ．

die **Kei·le·rei** [カイレらイ] 名 -/-en 《口》殴り合い．

keil·för·mig [カイル・ふぉミヒ] 形 くさび形の．

die **Keil·ho·se** [カイル・ホーゼ] 名 -/-n トレンカパンツ，テーパードスラックス．

das **Keil·kis·sen** [カイル・キッセン] 名 -s/- (くさび形の)まくら下マット．

der **Keil·rah·men** [カイル・らーメン] 名 -s/- (カンバス用の)くさび付き枠．

der **Keil·rie·men** [カイル・リーメン] 名 -s/- 〔工〕 V ベルト．

die **Keil·schrift** [カイル・シュりふト] 名 -/ くさび形文字，楔形(せっけい)文字．

der **Keim** [カイム] 名 -(e)s/-e **1.** 〔生〕芽，胚芽(はいが);(動物の)胚，胎児;〔理〕凝結核． **2.** (主に®)〔生·医〕病原菌(Krankheits～). **3.** (感情などの)兆しを吹き，発端，始まり． 〈et⁴〉 **im Keim ersticken**〈事を〉初期段階で抑える〔未然に防止する〕．

das **Keim·blatt** [カイム・ブらット] 名 -(e)s/..blätter 〔植〕子葉;〔生·医〕胚葉．

die **Keim·drü·se** [カイム・ドりゅーゼ] 名 -/-n 〔医·動〕 生殖腺．

kei·men [カイメン] 動 *h.* **1.** 《雅》発芽する． **2.** {in [bei]〈j³〉} 芽生える，生じる(希望・考え・決意など)．

keim·fä·hig [カイム・ふぇーイヒ] 形 発芽力のある．

die **Keim·fä·hig·keit** [カイム・ふぇーイヒカイト] 名 -/ 発芽能力．

keim·frei [カイム・ふらイ] 形 無菌〔滅菌〕の，殺菌した．

der **Keim·ling** [カイムりンク] 名 -s/-e 〔植〕実生(みしょう); 〔生·医〕胚(はい)，胎児．

keim·tö·tend [カイム・テーテント] 形 殺菌性の，殺菌力のある．

der **Keim·trä·ger** [カイム・トれーガー] 名 -s/- 〔医〕保菌者．

die **Kei·mung** [カイムング] 名 -/-en 発芽．

die **Keim·zel·le** [カイム・ツェレ] 名 -/-n 〔生〕生殖細胞;〔比喩〕核心;基盤．

kein [カイン] 代 《不定》 ®® 1格，® 1 ·4格． 普通，不定冠詞つき，または無冠詞の名詞の否定のに用いる. 変化形は不定冠詞 ein に準じるが ®® および独立的用法では dieser に準じる． **1.** (付加語的用法) **a.** 一人〔一つ〕も…ない，…が(まったく)ない，何の(どの)…もない: Er hat keinen Freund haben 一人の友人もいない. *K*～ einziger kümmerte sich darum. だれ一人それを気にする人がいなかった. ～*e* Zeit haben 時間(暇)が(まったく)ない. Er kann ～ Englisch. 彼は英語がまったくできない. Nur ～*e* Angst！ こわがってはいけない. **b.** (後続の形容詞を逆の意味にして) Das ist ～ großer Unterschied. それは大きな違いではない. **c.** (後続の数詞の数に達しないことを示して)《口》…すら

〔…も〕ない : Sie ist noch ～*e* sieben Jahre alt. 彼女はまだ 7 歳にもなっていない. Es ist noch ～ halbes Jahr her. あれからまだ半年も経っていない． **2.** (独立的用法) *K*～ *er* glaubt mir. だれも私の言うことを信じない. Ich habe ～(*e*)*s* von diesen Büchern gelesen. 私はこれらの本のどれも読んでいない. Ich werde es ～*em* sagen. 私はだれにも言いません． **3.** (本来は付加語的であるが，文頭の名詞を強調するために独立的に用いて) Post ist ～*e* da. 郵便物は一通も来ていない． 【慣用】**auf keinen Fall** 〔**in keiner Weise/unter keinen Umständen**〕(いかなる場合でも)決して…でない. **zu keiner Zeit** (時と場合にかかわりなく)いつでも…ない．

kei·ner [カイナー] 代 《不定》 **1.** 付加語的に用いた kein ®® 2 · 3格， ® 2格． ⇒kein 1. **2.** 独立的に用いた kein ®® ® 1格， ® 2 · 3格， ® 2格．⇒kein 2.

kei·ner·lei [カイナーライ] 数 (種数)どんな(種類の)〔何らの〕…もない : darüber ～ Gedanken machen それについて何ら考えない．

kei·ner·seits [カイナー・ザイツ] 副 《稀》 どの側〔どこ〕からも…ない．

kei·nes·falls [カイネス・ふぁルス] 副 決して(いかなる場合も)…ない．

kei·nes·wegs [カイネス・ヴェークス] 副 全然〔決して〕…ない．

kein·mal [カイン・マール] 副 一度も…ない．

..keit [..カイト] 接尾 アクセントを持たに..bar, ..el, ..er, ..ig, ..lich, ..sam で終る形容詞につけて抽象名詞や具体的行為・物を表す名詞を作る : Dank*bar*keit 感謝. Kost*bar*keit 高価な物. Übel*keit* 不快感: 吐き気. Heiter*keit* 明朗;明朗な笑い. Ewig*keit* 永遠. Ähnlich*keit* 類似性;類似点. Einsam*keit* 孤独．

der [*das*] **Keks** [ケークス] 名 -(es)/- (e) 《《®®》 ～ -/-》 **1.** ビスケット，クッキー，クラッカー(総称の場合は ® のみ)． **2.** 《口》頭． 【慣用】 **einen weichen Keks haben** 《口》頭が弱い．

der **Kelch** [ケルヒ] 名 -(e)s/-e **1.** (金属またはガラス製の)脚つき杯，ゴブレット;(脚つき杯の)杯の部分． **2.** 〔カトリ〕(ミサ聖祭用のカリス;〔プロテス〕聖餐(せいさん)杯． **3.** 〔植〕萼(がく)． 【慣用】**den** (**bitteren**) **Kelch bis zur Neige** (**bis auf den Grund**) **leeren** 《文》苦杯をなめる．

das **Kelch·blatt** [ケルヒ・ブらット] 名 -(e)s/..blätter 〔植〕萼片(がくへん)．

das **Kelch·glas** [ケルヒ・グらース] 名 -es/..gläser ゴブレット，脚つきグラス．

der **Ke·lim** [ケーりム] 名 -s/-s キリム(オリエント地方の裏表同柄の絨毯(じゅうたん)・壁かけ)．

die **Kel·le** [ケレ] 名 -/-n **1.** (左官の)こて(Maurer～). **2.** (スープ用の)レードル，しゃくし． **3.** 合図〔信号〕用柄つき円板．

(*der*) **Kel·ler**[1] [ケラー] 名 〖人名〗ケラー(Gottfried ～, 1819-90, スイスの作家)．

der **Kel·ler**[2] [ケラー] 名 -s/- **1.** 地下室，地階． **2.** 地下酒場(レストラン);地下の貯蔵室(物置);防空地下室(Luftschutz～). **3.** 《口》(地下室のワインのストック． 【慣用】 **im Keller sein.** 《スポ》最下位である; 《口》(スカートで)マイナスして(沈んでいる). 〈et⁴〉 **wie sauer Bier anpreisen** 《口》だれも欲しがらないものを熱心に売込む．

die **Kel·ler·as·sel** [ケラー・アッセル] 名 -/-n 〔昆〕ワラジムシ．

die **Kel·le·rei** [ケレらイ] 名 -/-en ワイン醸造所(ワイン地下貯蔵室が付属する)．

das **Kel·ler·fens·ter** [ケラー・ふェンスター] 名 -s/- 地下室の窓．

das **Kel·ler·ge·schoss**, ⓐ **Kel·ler·ge·schoß** [ケラー・ゲショス] 名 -es/-e 地階.
der **Kel·ler·meis·ter** [ケラー・マイスター] 名 -s/- ワイン醸造(所)主任.
der **Kel·ler·wech·sel** [ケラー・ヴェクセル] 名 -s/- 〖銀行〗融通手形, 空手形.
die **Kel·ler·woh·nung** [ケラー・ヴォーヌング] 名 -/-en 地階住居.
der **Kell·ner** [ケルナー] 名 -s/- (レストランの)ウエイター, ボーイ, 給仕.
die **Kell·ne·rin** [ケルネリン] 名 -/-nen ウエイトレス.
kell·nern [ケルナーン] 動 h. 〔慣用〕〖口〗ウエイター(ボーイ・給仕)として働く《主に副業や臨時に》.
das **Ke·lo·id** [ケロイート] 名 -(e)s/-e 〖医〗ケロイド.
das **Kelt** [ケルト] 名 -(e)s/-e 〖古〗青銅器時代の斧.
der **Kel·te** [ケルテ] 名 -n/-n ケルト人.
die **Kel·ter** [ケルター] 名 -/-n ブドウ(果実)圧搾機.
kel·tern [ケルターン] 動 〈et³を〉圧搾機で絞る, 圧搾する(果物, 特にブドウを).
kel·tisch [ケルティシュ] 形 ケルト(人・語)の.
das **Kel·vin** [ケルヴィン] 名 -s/- 〖理〗ケルヴィン(絶対温度の単位. 記号 K).
die **Kel·vin·ska·la** [ケルヴィン・スカーラ] 名 -/- 〖理〗ケルヴィン温度目盛り, 絶対温度目盛り.
die **Ke·me·na·te** [ケメナーテ] 名 -/-n (中世の城内の)暖炉のある部屋; 婦人部屋; 〖口・冗〗快適な居室.
(*das*) **Kemp·ten** [ケンプテン] 名 -s/- 〖地名〗ケンプテン(バイエルン州の都市).
..ken [..ケン] 接尾 〖北独〗=..chen.
das **Ken·do** [ケンド] 名 -(s)/- 剣道.
der **Ken·do·ka** [ケンドーカ] 名 -s/- 剣道家.
(*das*) **Ke·nia** [ケーニア] 名 -s/- 〖国名〗ケニア.
ken·nen* [ケネン] 動 kannte; hat gekannt **1.** 〈j¹/et³の〉知っている(以前に知る機会があって, その人・物の外観・特徴・特質などを覚えている); 知っている(知っているので教えられる). **2.** 〈j³を〉〈様態トシテ〉知っている(ある人の一面を). **3.** 〈j⁴を〉知っている, 親しくしている, つき合いがある, (…を)知っている. **4.** 〈et⁴を〉知っている(実際の体験によって, それがどういうものかを); 知っている, 弁(キマ)えている(実行・顧慮すべきことを); 知っている(自分の生き方・行動を制約するものとして認める. 否定文で用いる). **5.** 〈et³を〉熟知している. **6.** 〈j⁴/et⁴を〉+(an 〈et³ヲデ〉)分る(既知の人・物であると): Kennt ihr uns noch? 君たちは今でもわたれわれが分るかい? 〉 〈j⁴を〉 an der Stimme ~ 〈人ヲ〉その声で分る. 【慣用】Da kenne ich nichts! 〖口〗どうしてもそれはやるぞ, 邪魔させないぞ. Da kennst du mich aber schlecht. 〖口〗それは君がぼくのことを思い違いしているんだ. ぼくは君の思っているような人間じゃないよ. **Die beiden kennen sich nicht mehr.** その二人は仲たがいして, 会っても知らん顔をする. **Er kennt sich vor Wut nicht mehr.** 彼は怒りのあまりわれを忘れている. **Nach dem Vorfall will er mich nicht mehr kennen.** 例の出来事以来, 彼は私のことを知らないふりをする. 〈j⁴〉 **kennen lernen** 〈人と〉知り合う, 知り合いになる. 〈j⁴/et⁴〉 **kennen lernen** 〈人/物に〉直接知る, 見る, (…に)接する.
ken·nen ler·nen, ⓐ **ken·nen|ler·nen** [ケネン レネン] 動 【慣用】.
der **Ken·ner** [ケナー] 名 -s/- (有)識者, 玄人, 通(ツ), 専門家.
das **Ken·ner·au·ge** [ケナー・アウゲ] 名 -s/-n 鑑識眼.
der **Ken·ner·blick** [ケナー・ブリック] 名 -(e)s/-e 専門家の目, 鑑識眼.
ken·ne·risch [ケネリシュ] 形 **1.** 専門家ぶった. **2.** 〖古〗専門的知識のある.
die **Ken·ner·mie·ne** [ケナー・ミーネ] 名 -/-n 玄人らしい(ぶった)顔つき.
die **Ken·ner·schaft** [ケナーシャフト] 名 -/ 専門的能力(知識).
die **Kenn·kar·te** [ケン・カテ] 名 -/-n (昔の)身分証明書.
die **Kenn·num·mer, Kenn·Num·mer**, ⓐ **Kenn·num·mer** [ケン・ヌマー] 名 -/-n 見出し番号; 登録番号.
kenn·te [ケンテ] 動 kennen の接続法 2 式.
kennt·lich [ケントリヒ] 形 〔(an 〈et³〉で)〕識別[判別]できる: Er war an seinem Gang ~. 彼は歩き方で分った.
die **Kennt·lich·ma·chung** [ケントリヒ・マッハング] 名 -/ 目立たせること, 見分けられるようにすること, 明示.
die **Kennt·nis** [ケントニス] 名 -/-se **1.** 〚⑨のみ〛知っていること: 〈j³〉 von 〈et³〉 in ~ setzen 〈人に〉〈事を〉通知する. 〈et⁴〉 zur ~ bringen 〈人に〉〈事を〉知らせる. 〈et³〉 zur ~ nehmen 〈事を〉承知しておく. **2.** 〚⑨のみ〛知識, 学識: Das erfordert fachliche ~se. それには専門的な知識が必要だ.
die **Kennt·nis·nah·me** [ケントニス・ナーメ] 名 -/ 〖官〗 **1.** 知ること, 承知: zu Ihrer ~ お知らせ(ご参考)まで. **2.** (文書の)閲覧.
kennt·nis·reich [ケントニス・ライヒ] 形 博学な.
die **Kenn·num·mer** [ケン・ヌマー] 名 -/ =Kennnummer.
die **Ken·nung** [ケヌング] 名 -/-en 目印, 特徴; 〖海・空〗(灯火標識などの)サイン; 〖海・地〗陸標(ランドマーク); 〖無線〗コールサイン.
das **Kenn·wort** [ケン・ヴォルト] 名 -(e)s/..wörter 目印に使われる語; 合い言葉; 暗証.
die **Kenn·zahl** [ケン・ツァール] 名 -/-en 指数; (電話の)局番; 標示(索引)番号.
das **Kenn·zei·chen** [ケン・ツァイヒェン] 名 -s/- 目印; 特徴; (車・船の)記号, ナンバー: nationales ~ (自動車の)国籍記号. polizeiliches ~ (自動車の)登録番号.
kenn·zeich·nen [ケン・ツァイヒネン] 動 h. **1.** 〈j¹/et⁴を〉(目)印をつける(新生児・渡り鳥・持ち物・家畜などに). **2.** 〈j¹/et⁴を〉+durch 〈et⁴〉 [mit 〈et³〉を] (目印として)つける. **3.** 〈j¹/et⁴を〉+als 〖形ト〗/als 〈j¹/et⁴ デアルト〉言う, 性格〔特徴〕づける. **4.** 〈j¹/et⁴を〉特徴を示す(こと)(行為・態度などが主語). 【慣用】 durch 〈et⁴〉 gekennzeichnet sein 〈事によって〉目立っている. sich⁴ durch 〈et⁴〉 kennzeichnen 〈事⁴を通じて〉特徴になっている. sich⁴ selbst kennzeichnen 明白である, 余計な説明はいらない.
kenn·zeich·nend [ケン・ツァイヒネント] 形 〔(für 〈j⁴/et⁴〉に)〕特徴的な: Das ist ~ für ihn. それはいかにも彼らしい.
die **Kenn·zif·fer** [ケン・ツィッふァー] 名 -/-n 索引番号, 標示番号; 〖数〗対数の指標; 〖旧東独〗〖経〗指数.
das **Ke·no·taph** [ケノターふ] 名 -s/-e 死者の記念碑.
der **Ken·taur** [ケンタウァー] 名 -en/-en =Zentaur.
ken·tern [ケンターン] 動 **1.** s. 〖航〗転覆する(船・人が). **2.** h. 〖海〗向きが反対方向に変り始める(風・潮流などが).
die **Ken·tum·spra·chen** [ケントゥム・シュプラーヘン] 複名 〖言〗ケントゥム語群(軟口蓋(ナンコウガイ)閉鎖音 k が保持された土として西方の印欧語).
der **Ke·pheus** [ケーふォイス] 名 -/ 〖天〗ケフェウス座.
(*der*) **Kep·ler** [ケプラー] 名 -/ 〖人名〗ケプラー(Johannes ~, 1571-1630, 天文学者).
kep·lersch [ケプレルシュ] 形 ケプラーの: die ~*en* (Kepler'sche) Gesetze ケプラーの法則.
die **Ke·ra·mik** [ケラーミク] 名 -/-en **1.** 〚⑨のみ〛(総称)陶磁器, セラミックス. **2.** 陶芸品; 焼成した陶土. **3.** 〚⑨のみ〛製陶技術(工芸), 陶芸; 窯業.

ke·ra·misch [ケらーミシュ] [形] 陶磁器の, セラミックスの; 製陶の.

das **Ke·ra·tin** [ケらティーン] [名] -s/-e (〈複〉は種類)〘化・生〙ケラチン, 角質.

die **Ke·ra·to·se** [ケらトーゼ] [名] -/-n 〘医〙角化症.

die **Kẹrb** [ケるプ] [名] -/-en (《ヘッセン・プファルツ》) 教会開基祭.

die **Kẹr·be** [ケるべ] [名] -/-n 刻み目, 切込み; 《口》しりの割れ目. 【慣用】**in dieselbe〔die gleiche〕Kerbe schlagen〔hauen〕** 《口》(他人に同調して) 同じことを言う.

der **Kẹr·bel** [ケるベル] [名] -s/ 〘植〙チャーヴィル, オランダゼリ; シャク属の植物.

kẹr·ben [ケるベン] [動] *h.* **1.** 〔〈et⁴〉ニ〕刻み目をつける, ぎざぎざをつける. **2.** 〔〈et⁴〉ヲ + in 〈et⁴〉ニ〕刻む, 彫込む(模様を木板などに).

das **Kẹrb·holz** [ケるプ・ホルツ] [名] -es/..hölzer (中世の)割符(わりふ). 【慣用】**etwas auf dem Kerbholz haben** 《口》何か不正なことをしている, すねに傷を持つ身である.

das **Kẹrb·tier** [ケるプ・ティーあ] [名] -(e)s/-e 〘動〙《稀》昆虫.

der **Kẹrf** [ケるふ] [名] -(e)s/-e ＝Kerbtier.

der **Kẹr·ker** [ケるカー] [名] -s/- (昔の地下の) 牢獄(ろうごく); (地下の) 牢獄監禁; (《オーストリア》) (昔の) 自由刑.

der **Kẹr·ker·meis·ter** [ケるカー・マイスター] [名] -s/- (昔の) 牢番(ろうばん).

die **Kẹr·ker·stra·fe** [ケるカー・シュトらーふぇ] [名] -/-n 投獄の刑; (《オーストリア》) (昔の) 自由刑.

der **Kẹrl** [ケるル] [名] -(e)s/-e(《北独》-s も有) **1.** 《口》男, やつ; 愛人. **2.** (好感のもてる) 人, 人物. **3.** 《古》召使. **4.** 《口》すごく大きなもの.

das **Kẹrl·chen** [ケるルひぇン] [名] -s/- **1.** (Kerl 1, 2 の縮小形) 坊や, 小僧; 奴さん. **2.** 小さな男の子.

der **Kẹrn** [ケるン] [名] -(e)s/-e **1.** (果実の) 種, 核(さね); (ナッツ・クリなどの) 実; 《南独》(脱穀した) 穀物, スペルト小麦; (一般に) 中心部. **2.** (物事の) 核心, 本質, 神髄; (グループ・機構などの) 中心, 中枢; (人の) 性格. **3.** 〘理〙原子核(Atom～); 結晶の核. **4.** 〘生〙細胞核(Zell～); 神経核(Nerven～). **5.** 〘天〙本影. **6.** 〘冶金〙中子(なかご); 〘工〙炉心(Reaktor～); 〘電〙鉄心; 〘木工〙心材; 〘狩〙(皮を剝いだ獣の) 中身; 〘製革〙(なめし皮の) 極上部分; 〘楽〙(ブロックフレーテ・オルガンのフルー管の吹口の) 栓.

der **Kẹrn·bei·ßer** [ケるン・バイサー] [名] -s/- 〘鳥〙シメ.

der **Kẹrn·brand** [ケるン・ブらント] [名] -(e)s/..brände (ごみ捨て場の自然発火による) ごみの堆積の深奥部の火事.

der **Kẹrn·brenn·stoff** [ケるン・ブれン・シュトっふ] [名] -(e)s/-e 〘工〙核燃料.

kẹrn·echt [ケるン・エひト] [形] 〘植〙真正種子の.

die **Kẹrn·e·ner·gie** [ケるン・エネるギー] [名] -/-n 原子力; 〘理〙核エネルギー.

die **Kẹrn·ex·plo·si·on** [ケるン・エクスプロズィオーン] [名] -/-en 核爆弾の爆発; 〘理〙核爆発.

die **Kẹrn·fa·mi·lie** [ケるン・ふぁミーリエ] [名] -/-n 〘社〙核家族.

die **Kẹrn·for·schung** [ケるン・ふぉるシュング] [名] -/-en 核物理学研究.

die **Kẹrn·frucht** [ケるン・ふるふト] [名] -/..früchte 〘植〙核果.

die **Kẹrn·fu·si·on** [ケるン・ふズィオーン] [名] -/-en 〘理〙核融合; 〘生〙細胞核融合.

der **Kẹrn·ge·dan·ke** [ケるン・ゲダンケ] [名] -ns/-n 核となる考え, 中心思想.

das **Kẹrn·ge·häu·se** [ケるン・ゲホイゼ] [名] -s/- 〘植〙(リンゴ・ナシなどの) 芯(しん).

kẹrn·ge·sund [ケるン・ゲズント] [形] まったく健康な.

das **Kẹrn·haus** [ケるン・ハウス] [名] -es/..häuser ＝Kerngehäuse.

das **Kẹrn·holz** [ケるン・ホルツ] [名] -es/ (木材の) 赤身, 心材.

kẹr·nig [ケるニひ] [形] **1.** 頑丈な, たくましい, 力強い; 堅い; (酸味がちで) 堅い(味の). **2.** 種(たね)の(たくさん)ある. **3.** 《口》生き生きとして魅力的な; すばらしい.

die **Kẹrn·kraft** [ケるン・クらふト] [名] -/..kräfte **1.** (原子) 核エネルギー. **2.** (〈複〉のみ)〘理〙核力.

das **Kẹrn·kraft·werk** [ケるンクらふト・ヴェるク] [名] -(e)s/-e 原子力発電所(略 KKW).

die **Kẹrn·la·dung** [ケるン・ラードゥング] [名] -/-en 〘理〙核電荷.

die **Kẹrn·la·dungs·zahl** [ケるンラードゥングス・ツァール] [名] -/-en 原子番号.

das **Kẹrn·le·der** [ケるン・レーダー] [名] -s/ 極上の皮革.

kẹrn·los [ケるン・ロース] [形] 種なしの.

das **Kẹrn·obst** [ケるン・オープスト] [名] -(e)s/ なし状果, 梨果(りか)(リンゴ・ナシなどの総称).

die **Kẹrn·phy·sik** [ケるン・ふゅズィーク] [名] -/ 核物理学.

der **Kẹrn·punkt** [ケるン・プンクト] [名] -(e)s/-e (物事の) 核心, 中心, 要点.

die **Kẹrn·re·ak·ti·on** [ケるン・れアクツィオーン] [名] -/-en 〘理〙(原子) 核反応.

der **Kẹrn·re·ak·tor** [ケるン・れアクトーあ] [名] -s/-en 原子炉.

der **Kẹrn·schat·ten** [ケるン・シャッテン] [名] -s/- 〘光・天〙陰影の中心部, 最暗部, 本影.

der **Kẹrn·schmelz·un·fall** [ケるン・シュメルツ・ウン・ふぁル] [名] -(e)s/..fälle 核溶融事故.

die **Kẹrn·sei·fe** [ケるン・ザイふぇ] [名] -/-n 硬質石鹼(せっけん), ソーダー石鹼.

die **Kẹrn·spal·tung** [ケるン・シュパルトゥング] [名] -/-en 〘理〙核分裂.

die **Kẹrn·spin·to·mo·gra·fie, Kẹrn·spin·to·mo·gra·phie** [kέrnspɪn.. ケるン・スピン・トモ・グらふぃー] [名] -/-n 〘医〙核スピン断層撮影(法).

der **Kẹrn·spruch** [ケるン・シュプるっふ] [名] -(e)s/..sprüche 金言, 名言.

das **Kẹrn·stück** [ケるン・シュテュック] [名] -(e)s/-e (物事の) 核心部分, 枢要.

die **Kẹrn·tech·nik** [ケるン・テひニク] [名] -/ 原子核〔原子力〕工学.

kẹrn·tech·nisch [ケるン・テひニシュ] [形] 原子核〔原子力〕工学の.

die **Kẹrn·tei·lung** [ケるン・タイルング] [名] -/-en 〘生〙(細胞の) 核分裂.

die **Kẹrn·trup·pe** [ケるン・トるっぺ] [名] -/-n 精鋭部隊.

die **Kẹrn·ver·schmel·zung** [ケるン・ふぇあシュメルツング] [名] -/-en 〘理〙核融合; 〘生〙細胞核融合.

die **Kẹrn·waf·fe** [ケるン・ヴァっふぇ] [名] -/-n (主に〈複〉) 核兵器.

die **Kẹrn·zeit** [ケるン・ツァイト] [名] -/-en コアタイム(フレックスタイム制でその前後が自由選択になる核になる勤務時間帯); (1日の) 主要時間帯(主に午前中).

das **Ke·ro·sin** [ケろズィーン] [名] -s/ ケロシン, 灯油.

der **Ke·rub** [ケーるプ] [名] -s/-im〔..binen [ケるビーネン]〕＝Cherub.

das **Ke·ryg·ma** [ケーりゅグマ] [名] -s/ 〘神〙宣教, ケリュグマ.

ke·ryg·ma·tisch [ケりゅグマーティシュ] [形] ケリュグマの, 福音宣布の.

die **Kẹr·ze** [ケるツェ] [名] -/-n **1.** 蠟燭(ろうそく). **2.** 《古》燭光(しょっこう)(光度の単位). **3.** 点火プラグ(Zünd～); (栗などの) 花序; 蠟燭形電球. **4.** 〘体

操]背面倒立:[パン](ジン)(誤って)真上にけり上げたボール.
ker·zen·ge·ra·de [ケるツェン·グらーデ] 形 真っすぐな.
der **Ker·zen·gie·ßer** [ケるツェン·ギーサー] 名 -s/- 蠟燭(ろう)職人.
der **Ker·zen·leuch·ter** [ケるツェン·ロイヒター] 名 -s/- 燭台(しょく).
das **Ker·zen·licht** [ケるツェン·リヒト] 名 -(e)s/ 蠟燭(ろう)の光.
der **Ker·zen·zie·her** [ケるツェン·ツィーあー] 名 -s/- 蠟燭(ろう)職人.
der **Ke·scher** [ケッシャー] 名 -s/- 捕虫網.すくい網.
kess,⑧**keß** [ケス] 形 格好いい:小生意気な:新新(ざん)な.しゃれた.大胆な.
der **Kes·sel** [ケッセル] 名 -s/ **1.** (大型の)ボイラー,汽缶(Dampf~);暖房用ボイラー(Heiz~);湯沸し,やかん(Wasser~);大鍋(Koch~);洗濯用大盆(Wasch~);ガスタンク. **2.** 盆地. **3.** [狩](猟獣を追込む)円陣;[軍](敵に)包囲された地域. **4.** [狩]巣穴の中の広がったところ(猪の)寝場所(キジなどが)砂浴びをした場所.
der **Kes·sel·fli·cker** [ケッセル·ふりッカー] 名 -s/- 《古》鋳掛屋.
das **Kes·sel·haus** [ケッセル·ハウス] 名 -es/..häuser ボイラー室.
die **Kes·sel·pau·ke** [ケッセル·パウケ] 名 -/-n [楽]ティンパニー.
die **Kes·sel·schlacht** [ケッセル·シュラはト] 名 -/-en 包囲殲滅(せん)戦.
der **Kes·sel·schmied** [ケッセル·シュミート] 名 -(e)s/-e 鍋釜(かま)製造業者.
der **Kes·sel·stein** [ケッセル·シュタイン] 名 -(e)s/- 湯あか(ボイラーなどの).
das **Kes·sel·trei·ben** [ケッセル·トらイベン] 名 -s/- **1.** [狩](野ウサギの)追込み猟. **2.** 組織的な中傷宣伝:ein ~ gegen〈j⁴〉veranstalten〈人を〉陥れるためのキャンペーンを行う.
der **Kes·sel·wa·gen** [ケッセル·ヴァーゲン] 名 -s/- タンク車.
der[*das*] **Ketch·up, Ketsch·up** [kétʃəp ケッチャップ, kétʃep ケッチェップ] 名 -(s)/-s チャップ.
die **Ke·to·glu·tar·säu·re** [ケトグルターあ·ゾイれ] 名 -/-n [生化]ケトグルタル酸.
das **Ke·ton** [ケトーン] 名 -s/-e [化]ケトン.
die **Ketsch** [ケッチュ] 名 -/-en [海]ケッチ(2本マストのヨット).
der[*das*] **Ketsch·up** [kétʃəp ケッチャップ, kétʃep ケッチェップ] ⇒ Ketchup.
der **Kett·baum** [ケット·バウム] 名 -(e)s/..bäume [織](織機の)経糸巻.
die **Ket·te**¹ [ケッテ] 名 -/-n **1.** 鎖,チェーン;ネックレス,首飾り. **2.** (人が手をつないだり腕を組んでつくる)なり,列,(物々)列;(物)連なり. **3.** (鎖のみ)(拘束具としての)鎖;(転)束縛. **4.** (企業の)チェーン:[言]連鎖,記号列(統語的に一体をなしている語群). **5.** (総称)(織物の)織糸.
die **Ket·te**² [ケッテ] 名 -/-n **1.** [空]三機編隊. **2.** [狩](ヤマウズラの)群れ.
ket·ten [ケッテン] 動 〈j¹/et⁴ッチ+an〈j¹/et¹/⟩に〉鎖でつなぐ:縛りつける.しっかりつなぎ止める.
der **Ket·ten·an·trieb** [ケッテン·アン·トりーブ] 名 -(e)s/-e チェーン伝動(駆動).
das **Ket·ten·arm·band** [ケッテン·アるム·バント] 名 -(e)s/..bänder チェーンブレスレット.
der **Ket·ten·brief** [ケッテン·ブりーふ] 名 -(e)s/-e 連鎖手紙(幸運の手紙など).
der **Ket·ten·bruch** [ケッテン·ブるっふ] 名 -(e)s/..brüche [数]連分数.

die **Ket·ten·brü·cke** [ケッテン·ブりゅっケ] 名 -/-n 鎖吊橋(ちょう).
der **Ket·ten·fa·den** [ケッテン·ふぁーデン] 名 -s/..fäden =Kettfaden.
das **Ket·ten·fahr·zeug** [ケッテン·ふぁーあ·ツォイク] 名 -(e)s/-e 無限軌道(キャタピラー)車.
das **Ket·ten·ge·bir·ge** [ケッテン·ゲビるゲ] 名 -s/ 脈状山地,連山.
das **Ket·ten·ge·lenk** [ケッテン·ゲレンク] 名 -(e)s/-e 鎖の輪の継手(ジョイント).
das **Ket·ten·glied** [ケッテン·グリート] 名 -(e)s/-er 鎖の環,連結リング.
der **Ket·ten·han·del** [ケッテン·ハンデル] 名 -s/ [経]ころがし(商法).
das **Ket·ten·hemd** [ケッテン·ヘムト] 名 -(e)s/-en =Panzerhemd.
der **Ket·ten·hund** [ケッテン·フント] 名 -(e)s/-e 鎖につながれている番犬.
der **Ket·ten·la·den** [ケッテン·ラーデン] 名 -s/..läden チェーンストア(店).
der **Ket·ten·pan·zer** [ケッテン·パンツァー] 名 -s/- 鎖雑子(かたびら).
das **Ket·ten·rad** [ケッテン·らート] 名 -(e)s/..räder [工]チェーン歯車.
ket·ten·rau·chen [ケッテン·らウヘン] 動 h.[補足](吸) 立続けに(紙巻)タバコを吸う.
der **Ket·ten·rau·cher** [ケッテン·らウはー] 名 -s/- チェーンスモーカー.
die **Ket·ten·re·ak·ti·on** [ケッテン·れアクツィオーン] 名 -/-en [化·理]連鎖反応;(転)連鎖反応.
die **Ket·ten·sä·ge** [ケッテン·ゼーゲ] 名 -/-n チェーンソー.
der **Ket·ten·schluss**, ⑧**Ket·ten·schluß** [ケッテン·シュルス] 名 -es/..schlüsse [論]連鎖式.
der **Ket·ten·schutz** [ケッテン·シュッツ] 名 -es/ (自転車の)チェーンカバー.
der **Ket·ten·stich** [ケッテン·シュティッヒ] 名 -(e)s/-e [手芸]鎖編み(縫い).
der **Ket·ten·sträf·ling** [ケッテン·シュトれーふリング] 名 -s/-e (昔の)鎖につながれた罪人.
der **Kett·fa·den** [ケット·ふぁーデン] 名 -s/..fäden [紡]縦糸用の糸(ヤーン).
der **Ket·zer** [ケッツァー] 名 -s/- [カトリ]異端者;(転)非正統的な人.
die **Ket·ze·rei** [ケッツェらイ] 名 -/-en 異端.
ket·ze·risch [ケッツェりシュ] 形 **1.** [カトリ]異端の. **2.** 正統からずれた.
die **Ket·zer·ver·bren·nung** [ケッツァー·ふぇあブれヌンク] 名 -/-en 異端者の火刑.
keu·chen [コイヒェン] 動 **1.** h.[補足](喘) 喘(あえ)ぐ. **2.** h.《ヌット》喘ぎながら言う. **3.** s.《方向》へ《場所》 喘ぎながら進む(行く).
der **Keuch·hus·ten** [コイヒ·フーステン] 名 -s/ 百日ぜき.
die **Keu·le** [コイレ] 名 -/-n **1.** 棍棒(こん);《警棒·体操用具など》:die chemische ~ (警察の)催涙ガス噴射筒. **2.** もも肉.
der **Keu·len·är·mel** [コイレン·エるメル] 名 -s/- ジゴリーブ(袖の)付け付が広く,袖口の細い袖).
der **Keu·len·schlag** [コイレン·シュラーク] 名 -(e)s/..schläge 棍棒(こん)で打つこと;(転)決定的な打撃.
das **Keu·len·schwin·gen** [コイレン·シュヴィンゲン] 名 -s/ [体操]棒体操;棍棒(こん)を振ること.
der **Keu·per** [コイパー] 名 -s/ [地質]コイパー;(方)赤い石灰質の粘土.
keusch [コイシュ] 形 純潔(貞潔)な,(性的に)清らかな;[文·古]慎み深い,無垢(むく)な.
die **Keusch·heit** [コイシュハイト] 名 -/ 貞潔,純潔;

慎み深さ.

das **Keusch·heits·ge·lüb·de** [コイシュハイツ・ゲリュブデ] 名 -s/- (修道士などの)貞潔の誓い.

der **Keusch·heits·gür·tel** [コイシュハイツ・ギュルテル] 名 -s/- (昔の)貞操帯.

die **K-Fi·xie·rung** [カー・ふィクスィールング] 名 -/ = Kaliumfixierung.

Kfm. = Kaufmann.

KfW = Kreditanstalt für Wiederaufbau 復興金融公庫.

Kfz = Kraftfahrzeug (自動車・オートバイなどの)原動機つき車両.

kg = Kilogramm キログラム.

KG = Kommanditgesellschaft 合資会社.

KGaA = Kommanditgesellschaft auf Aktien 株式合資会社.

der **KGB** [カーゲーベー] 名 -(s)/ カーゲーベー(ソ連邦の国家保安委員会).

kgl. = königlich (国)王の.

die **K-Grup·pe** [カー・グルッペ] 名 -/-n (主に 複) カー・グループ(反ソ連的なドイツのコミュニストグループ).

der **Kha·ki**[1] [カーキ] 名 -(s)/ = Kaki[1].

das **Kha·ki**[2] [カーキ] 名 -(s)/ = Kaki[2].

kha·ki·far·ben [カーキふァルベン] 形 = kakifarben.

der **Khan** [カーン] 名 -s/-e **1.** (歴 のみ)汗(モンゴルの支配者の称号). **2.** 汗(人). **3.** カーン(ペルシアの高官).

das **Kha·nat** [カナート] 名 -(e)s/-e 汗の統治する国; 汗の地位.

der **Khe·di·ve** [ケディーヴェ] 名 -s[-n]/-n ケディーブ(①エジプト総督(大守)(1867-1914年). ②(歴 のみ)エジプト総督(大守)の称号).

der **Khmer** [クメーあ] 名 -[s]/- クメール人: Rote ~ クメール・ルージュ(カンボジアのポルポト派の革命勢力).

kHz = Kilohertz [理]キロヘルツ.

der **Kib·buz** [キブーツ] 名 -/..zim[キブツィーム] キブツ(イスラエルの集団農場の一形態).

der **Ki·be·rer** [キーベらー] 名 -s/- ((オストリア口)) 警官.

die **Ki·bit·ka** [キビトカ] 名 -/-s **1.** ユルト, 円形天幕. **2.** (ロシアの)幌馬車; 幌つきソリ.

die **Ki·bit·ke** [キビトケ] 名 -/-n = Kibitka.

die **Ku·her·erb·se** [キュヒャー・エるプゼ] 名 -/-n [植]ヒヨコマメ.

ki·chern [キッヒャーン] 動 h. ((軽蔑))くすくす笑う; いっひっひと笑う.

der **Kick** [キック] 名 -(s)/-s **1.** [スポーツ][ジョギング]キック. **2.** (麻薬などによる)恍惚(こうこつ)感; 《口》スリル, 興奮, 楽しみ.

ki·cken [キッケン] 動 h. 《口》 **1.** ((軽蔑))サッカーをする. **2.** 《et⁴ ~ / 〈方向〉に》《口》キックする.

der **Ki·cker** [キッカー] 名 -s/- 《口》サッカー選手.

der **Kick·star·ter** [キック・シュタるター, キック・スタるター] 名 -s/- (オートバイの)足踏み始動装置, 始動ペダル.

das **Kid** [キット] 名 -s/-s **1.** キッド(子山羊・子羊・子牛の革). **2.** (複 のみ)キッドの手袋. **3.** (主に 複)子供, 若者.

kid·nap·pen [kítnɛpən キット・ネッペン] 動 h. 《j⁴ ~》誘拐する, 拉致する.

der **Kid·nap·per** [kítnɛpər キット・ネッパー] 名 -s/- 人さらい, 誘拐犯, 拉致犯人.

das **Kid·nap·ping** [..nɛpɪŋ キット・ネッピング] 名 -s/-s 人さらい(行為), 誘拐, 拉致.

kie·big [キービヒ] 形 (北独)生意気な; いら立った.

der **Kie·bitz**[1] [キービッツ] 名 -es/-e [鳥]タゲリ.

der **Kie·bitz**[2] [キービッツ] 名 -es/-e 《口》(トランプ・チェスなどで)余計な口出しをする見物人.

kie·bit·zen [キービッツェン] 動 h. ((南部 口))うるさく口出しながら観戦する(スカート・チェスなどで); (好奇心にかられて)見る, のぞく.

der **Kie·fer**[1] [キーふェー] 名 -s/- 顎(あご)の骨, 顎骨(がっこつ).

die **Kie·fer**[2] [キーふェー] 名 -/-n [植]マツ, マツの木; (複 のみ)松材.

der **Kie·fer·kno·chen** [キーふェー・クノッヘン] 名 -s/- 顎骨(がっこつ).

das **Kie·fern·harz** [キーふェーン・ハーるツ] 名 -es/ 松脂(まつやに).

das **Kie·fern·holz** [キーふェーン・ホルツ] 名 -es/ 松材.

der **Kie·fern·zap·fen** [キーふェーン・ツァップふェン] 名 -s/- 松毬(まつかさ).

kie·ken [キーケン] 動 h. ((北独))見る, のぞく.

der **Kie·ker** [キーカー] 名 -s/- **1.** [海]望遠鏡. **2.** 《次の形で》《j⁴/et⁴》 auf dem ~ haben 〈人・物・事を〉疑い深く観察する;〈人を〉責めたてる;〈人・物・事に〉大いに興味がある.

der **Kiek·in·die·welt** [キーク・イン・ディー・ヴェルト] 名 -s/-s (口)のぞき好き, 青二才.

der **Kiel**[1] [キール] 名 -(e)s/-e 羽軸(うじく) (Feder ~); 鷲(わし)ペン (Gänse ~).

der **Kiel**[2] [キール] 名 -(e)s/-e [海]竜骨, キール, バラストキール; 《古・詩》船, 舟: ein Schiff auf ~ legen 船(舟)の建造に着手する.

(*das*) **Kiel**[3] [キール] 名 -s/- [地名]キール(シュレースヴィヒ=ホルシュタイン州の州都).

kiel·ho·len [キール・ホーレン] 動 h. [海] **1.** 《et⁴ ~》船底を上にする〈ヨットなどを〉. **2.** 《j⁴ ~》船の下をくぐらせる(昔の刑罰).

der **Kiel·kropf** [キール・クろップふ] 名 -(e)s/..kröpfe 《古・罵》奇形児.

die **Kiel·li·nie** [キール・リーニエ] 名 -/-n (船団の)縦列.

kiel·oben [キール・オーベン] 副 船底を上にして.

der **Kiel·raum** [キール・らオム] 名 -(e)s/..räume 船底倉.

das **Kiel·schwein** [キール・シュヴァイン] 名 -(e)s/-e [海]内竜骨.

das **Kiel·was·ser** [キール・ヴァッサー] 名 -s/- (船の)航跡. [慣用] in 〈j²〉 Kielwasser segeln〈人の〉やり方や考えを見習う.

die **Kie·me** [キーメ] 名 -/-n (主に 複)鰓(えら).

die **Kie·men·at·mung** [キーメン・アートムング] 名 -/ 鰓(えら)呼吸.

der **Kie·men·de·ckel** [キーメン・デッケル] 名 -s/- 鰓蓋(えらぶた).

der **Kien**[1] [キーン] 名 -(e)s/-e 樹脂の多い(松の)木材.

der **Kien**[2] [キーン] 名 -(e)s/ 《次の形で》(方)auf dem ~ sein 非常に警戒(用心)している.

der **Kien·ap·fel** [キーン・アップふェル] 名 -s/..äpfel 松毬(まつかさ).

das **Kien·holz** [キーン・ホルツ] 名 -es/ (樹脂の多い)松材.

kie·nig [キーニヒ] 形 樹脂の多い.

der **Kien·span** [キーン・シュパーン] 名 -(e)s/..späne 松材の細片.

die **Kie·pe** [キーペ] 名 -/-n (北独・中独)背負いかご.

(*der*) **Kier·ke·gaard** [kírkəgaːrt キェケガるト] 名 [人名]キルケゴール(Sören ~, 1813-55, デンマークの神学者・哲学者).

der **Kies** [キース] 名 -es/-e (複 は種類)砂利(じゃり); [鉱]硫化鉱物; 《口》(大量の)金(かね).

der **Kie·sel** [キーゼル] 名 -s/- (丸い)小石; (方)電(ひょう)(霰(あられ))の粒.

die **Kie·sel·er·de** [キーゼル・エーあデ] 名 -/ シリカ, 珪土(けいど).

das **Kie·sel·glas** [キーゼル・グラース] 名 -es/ 石英ガ

ラス.

die **Kie·sel·gur** [キーゼル·グーあ] [名] -/ 〖地質·化〗珪藻(けいそう)土.

die **Kie·sel·säu·re** [キーゼル·ゾイれ] [名] -/ 〖化〗珪酸(けいさん).

kie·sen[1] [キーゼン] [動] *h.* 〔<et[4]>ニ〕《稀》砂利を敷く.

kie·sen[2]* [キーゼン] [動] kor ; hat gekoren 〔<j[4]/et[4]>ヲ〕《古》選ぶ.

die **Kies·gru·be** [キース·グるーベ] [名] -/-n 砂利坑〔採取場〕.

kie·sig [キーズィひ] [形] 砂利の(多い).

der **Kies·weg** [キース·ヴェーク] [名] -(e)s/-e 砂利道.

der **Kiez** [キーツ] [名] -es/-e《ベルリン》(都市の)地区, 場末;《ジャーゴン》歓楽街.

kif·fen [キっふェン] [動] *h.* 〖補足なし〗《口》マリファナ〔ハシッシュ〕を吸う.

ki·ke·ri·ki ! [キケりキー] [間] 《幼》こけこっこう(雄鶏の鳴き声).

der **Ki·ke·ri·ki**[1] [キケりキー] [名] -s/-s 《幼》こけこっこう(雄鶏).

das **Ki·ke·ri·ki**[2] [キケりキー] [名] -s/-s こけこっこう(という雄鶏の鳴き声).

der **Ki·lim** [キーりム] [名] -s/-s =Kelim.

kil·le·kil·le ! [キレ·キレ] [間] 《幼》こちょこちょ(子供をくすぐりながら).

kil·len [キレン] [動] *h.* 〔<j[4]>ヲ〕《口》殺す(ギャングなどが冷酷無残に).

der **Kil·ler** [キラー] [名] -s/- 《口》殺し屋.

der **Kiln** [キルン] [名] -(e)s/-e 〖冶金〗焼成窯.

das **Ki·lo** [キーロ] [名] -s/-(s) キロ(Kilogramm)(略 kg).

das **Ki·lo·bit** [キロビっト] [名] -(s)/-(s) 〖コンピュータ〗キロビット(1024 Bit. 略 kBit).

das **Ki·lo·byte** [..baɪt キロ·バイト, キーロ·バイト] [名] -(s)/-(s) 〖コンピュータ〗キロバイト(1024 バイト. 記号 kByte).

das **Ki·lo·gramm** [キロ·グらム] [名] -s/-e (単位としての[複]は-) キログラム(略 kg).

das **Ki·lo·hertz** [キロ·へるツ, キーロ·へるツ] [名] -/- キロヘルツ(略 kHz).

das **Ki·lo·joule** [dʒuːl キロ·ヂュール, キーロ·ヂュール, ..dʒaʊl キロ·ヂャウル, キーロ·ヂャウル] [名] -(s)/- 〖理〗キロジュール(記号 kJ).

die **Ki·lo·ka·lo·rie** [キーロ·カロりー] [名] -/-n 〖理〗(以前の)キロカロリー(記号 kcal).

der **Ki·lo·me·ter** [キロ·メーター] [名] -s/- キロメートル(略km) : ~ pro 〔in der〕 Stunde 時速…キロメートル(記号 km/h, km/st).

das **Ki·lo·me·ter·geld** [キロメーター·ゲルト] [名] -(e)s/ (自家用車の走行距離に基づく)キロ単位の出張旅費.

ki·lo·me·ter·lang [キロメーター·ラング] [形] 数キロメートルの.

der **Ki·lo·me·ter·stein** [キロメーター·シュタイン] [名] -(e)s/-e (キロ数を示す)里程標石.

ki·lo·me·ter·weit [キロメーター·ヴァイト] [形] 数キロメーター離れた〔におよぶ〕.

der **Ki·lo·me·ter·zäh·ler** [キロメーター·ツェーラー] [名] -s/- (車の)走行距離計, オドメーター.

das **Ki·lo·pond** [キロ·ポント] [名] -s/- キロポンド(記号 kp).

das **Ki·lo·volt** [キロ·ヴォルト, キーロ·ヴォルト] [名] -〔-(e)s〕/- キロボルト(記号 kV).

das **Ki·lo·watt** [キロ·ヴァっト, キーロ·ヴァっト] [名] -s/- キロワット(略 kW).

die **Ki·lo·watt·stun·de** [キロヴァっト·シュトゥンデ] [名] -/-n 〖電〗キロワット時(略 kWh).

der **Kilt** [キルト] [名] -(e)s/-s キルト(スコットランド高地人の巻きスカート);キルト風のスカート.

der **Kim·ber** [キムバー] [名] -s/-n =Zimber.

die **Kimm** [キム] [名] -/-en 〖海〗 **1.** ([単]のみ)水平線, 視界. **2.** 船底の湾曲部, ビルジ.

die **Kim·me** [キメ] [名] -/-n **1.** (銃の)照門 : über ~ und Korn zielen 正確にねらう. <j[4]> auf der ~ haben <人に>目を付ける. **2.** (底板をはめる)たる板の溝. **3.** 《口》しりの割れ目.

der **Kim·me·ri·er** [キメーりあー] [名] -s/- **1.** 〖ギ神〗キンメリオス人(冥府(めいふ)の入口, オケアノスの沿岸の住者). **2.** 〖史〗キンメル人(初めはロシア南部に居住していた遊牧民族で, 紀元前 600 年頃滅亡).

kim·me·risch [キメーりシュ] [形] **1.** キンメリオス人の : die ~*e* Finsternis 真っ暗やみ. **2.** キンメル人の.

die **Kim·mung** [キムング] [名] -/ 〖海〗水平線;蜃気楼(しんきろう).

der **Ki·mo·no** [キーモノ, キモーノ, キモノ] [名] -s/-s 着物, 和服.

der **Ki·mo·no·är·mel** [キーモノ·エるメル, キモーノ·エるメル, キモノ·エるメル] [名] -s/- 〖服〗キモノスリーブ.

die **Ki·näs·the·sie** [キネステズィー] [名] -/ 〖医·動〗運動感覚.

das **Kind** [キント] [名] -(e)s/-er **1.** 子供, 赤ん坊;(幼少期の)子供, 幼児, 児童;(親子関係の)子供 : ein ~ bekommen 子供ができる. Haben Sie ~*er* ? お子さんがおありですか. **2.** (ある場所·時代の影響を強く受けた)人 : ein ~ seiner Zeit. 時代の子. **3.** ([単]のみ)《口》(若い女性に対して)君, お前;([複]のみ)(複数の人々に)皆さん: mein ~ ! ねえ, お前. ~*er*, hört mal zu ! 皆さん, さあよく聞いて. 【慣用】<j[4]> **an Kindes statt annehmen** <人を>養子にする. **bei** <j[3]> **lieb Kind sein** 《口》<人の>お気に入りである. **das Kind beim rechten Namen nennen** 《口》率直に〔あからさまに〕言う. **das Kind mit dem Bade ausschütten** 軽率に良い方までも捨ててしまう. <j[3]> **ein Kind in den Bauch reden** 《口》<人を>説得して納得させる. **ein tot geborenes Kind** 死産児, 成功の見込みのない事業. **kein Kind von Traurigkeit sein** 《口》陽気である. **mit Kind und Kegel** 家族そろって. **sich**[4] **bei** <j[3]> **lieb Kind machen** 《口》<人に>とり入る. **Wir werden das Kind schon schaukeln.** 《口》われわれはきっとなしとげてみせる.

das **Kind·bett** [キント·ベっト] [名] -(e)s/ 《古》産褥(さんじょく).

das **Kind·bett·fie·ber** [キントベっト·ふィーバー] [名] -s/ 《古》産褥(さんじょく)熱.

das **Kind·chen** [キントひェン] [名] -s/- 〔Kinderchen〕幼児, 赤ん坊;かわいい子〔娘〕.

die **Kin·der·ar·beit** [キンダー·アるバイト] [名] -/ 児童労働.

der **Kin·der·arzt** [キンダー·アーあツト, キンダー·アるツト] [名] -es/..ärzte 小児科医.

die **Kin·der·bei·hil·fe** [キンダー·バイ·ヒルふェ] [名] -/-n 《方》児童(養育)手当.

die **Kin·der·be·klei·dung** [キンダー·ベクライドゥング] [名] -/ 子供用衣服(類).

das **Kin·der·bett** [キンダー·ベっト] [名] -(e)s/-en 子供用ベッド.

das **Kin·der·buch** [キンダー·ブーふ] [名] -(e)s/..bücher 子供用の本, キンダー ブック.

das **Kin·der·dorf** [キンダー·ドるふ] [名] -(e)s/..dörfer 子供の村(孤児などを収容している施設).

die **Kin·de·rei** [キンデライ] [名] -/-en 子供じみた振舞い〔態度〕;子供っぽいわるふざけ〔いたずら〕.

die **Kin·der·er·mä·ßi·gung** [キンダー·エあメースィグング] [名] -/-en 小児割引.

die **Kin·der·er·zie·hung** [キンダー·エあツィーウング] [名] -/ 児童〔幼児〕教育.

K

kinderfeindlich [キンダー・ふァイントリひ] 形 子供嫌いの;子供にとって悪い.
das **Kinderfest** [キンダー・ふェスト] 名 -(e)s/-e 子供の祭り〔パーティー〕.
die **Kinderfrau** [キンダー・ふラウ] 名 -/-en 乳母($\frac{う}{ば}$),子守女.
das **Kinderfräulein** [キンダー・ふロイライン] 名 -s/-(s) 《古》(住込みの)女性家庭教師.
der **Kinderfreibetrag** [キンダー・ふらイ・ベトらーク] 名 -(e)s/..träge 〖税〗子供控除額.
der **Kinderfreund** [キンダー・ふろィント] 名 -(e)s/-e 子供好きの人.
kinderfreundlich [キンダー・ふろィントリひ] 形 子供好きの;子供にとって良い.
der **Kindergarten** [キンダー・ガるテン] 名 -s/..gärten 幼稚園.
die **Kindergärtnerin** [キンダー・ゲるトネリン] 名 -/-nen (女性の)幼稚園教諭.
das **Kindergeld** [キンダー・ゲルト] 名 -(e)s/ 子供手当,子供養育補助金.
kindergesichert [キンダー・ゲズィひャート] 形 子供にとって安全な.
das **Kindergesicht** [キンダー・ゲズィひト] 名 -(e)s/-er 子供の顔;子供っぽい顔,童顔.
der **Kindergottesdienst** [キンダー・ゴッテス・ディーンスト] 名 -(e)s/-e 子供向けのミサ〔礼拝式〕.
die **Kinderheilkunde** [キンダー・ハイル・クンデ] 名 -/ 小児科学.
das **Kinderheim** [キンダー・ハイム] 名 -(e)s/-e 児童福祉施設;児童宿泊施設.
der **Kinderhort** [キンダー・ホるト] 名 -(e)s/-e 学童保育所.
die **Kinderkleidung** [キンダー・クライドゥング] 名 -/ 子供服.
die **Kinderklinik** [キンダー・クリーニク] 名 -/-en 小児科病院.
die **Kinderkrankheit** [キンダー・クらンクハイト] 名 -/-en 1. (伝染性の)小児病. 2. (主に複)初期のトラブル.
das **Kinderkriegen** [キンダー・クリーゲン] 名 -s/ 《口》子供を産むこと;Das ist (ja) zum ~, これは困ったな,これは頭に来る事.
die **Kinderkrippe** [キンダー・クリッペ] 名 -/-n 託児所〔室〕.
der **Kinderladen** [キンダー・ラーデン] 名 -s/..läden 1. (反権威主義的な)私設幼稚園. 2. 子供用品専門店.
die **Kinderlähmung** [キンダー・レームング] 名 -/ 小児麻痺($\frac{ひ}{ひ}$).
kinderleicht [キンダー・ライひト] 形 子供にも分る〔できる〕,すごく簡単な.
kinderlieb [キンダー・リープ] 形 子供好きな.
das **Kinderlied** [キンダー・リート] 名 -(e)s/-er 童謡.
kinderlos [キンダー・ロース] 形 子供のない.
das **Kindermädchen** [キンダー・メートひェン] 名 -s/- 子守(の娘).
das **Kindermärchen** [キンダー・メーあひェン] 名 -s/- 童話.
der **Kindermord** [キンダー・モるト] 名 -(e)s/-e 子殺し,幼児〔嬰児($\frac{えい}{じ}$)〕殺し.
der **Kindermund** [キンダー・ムント] 名 -(e)s/-e 子供の口;子供らしい〔おませな〕口調.
der **Kindernarr** [キンダー・ナる] 名 -en/-en 子供好きな人,子煩悩,親ばか.
die **Kinderpflegerin** [キンダー・プふレーゲリン] 名 -/-nen (幼稚園などの女性)保育士,(小児病院などの女性)看護〔介護〕人.
die **Kinderpsychologie** [キンダー・プスュひョ・ロギー] 名 -/ 児童心理学.
der **Kinderpuder** [キンダー・プーダー] 名 -s/- ベビーパウダー.
kinderreich [キンダー・らイひ] 形 子沢山の.
der **Kinderschreck** [キンダー・シュれック] 名 -(e)s/-e (子供が怖がる)お化け,怖い人.
der **Kinderschuh** [キンダー・シュー] 名 -(e)s/-e 子供靴. 【慣用】den **Kinderschuhen entwachsen sein** もう子供ではない. **noch in den Kinderschuhen stecken** まだ初期の段階にある.
die **Kinderschule** [キンダー・シューレ] 名 -/-n 《方》幼稚園.
der **Kinderschutz** [キンダー・シュッツ] 名 -es/ 児童保護.
die **Kinderschwester** [キンダー・シュヴェスター] 名 -/-n 小児科看護婦.
die **Kindersendung** [キンダー・ゼンドゥング] 名 -/-en (テレビ・ラジオの)子供向け番組,幼児番組.
kindersicher [キンダー・ズィひャー] 形 子供にとって安全な.
das **Kinderspiel** [キンダー・シュピール] 名 -(e)s/-e 子供の遊び〔ゲーム〕. 【慣用】〈et¹〉 **ist für 〈j³〉 ein Kinderspiel** 〈事₁を〉〈人₂に〉とってたやすいことだ.
die **Kindersprache** [キンダー・シュプらーへ] 名 -/ 幼児語.
die **Kindersterblichkeit** [キンダー・シュテるプリひカイト] 名 -/-en 乳幼児死亡率.
die **Kinderstube** [キンダー・シュトゥーベ] 名 -/-n 1. 《古》子供部屋. 2. (単のみ)家庭のしつけ.
die **Kindertagesstätte** [キンダー・ターゲス・シュテッテ] 名 -/-n 全日制託児所(略 Kita).
der **Kinderteller** [キンダー・テラー] 名 -s/- お子様ランチ(料理).
der **Kinderwagen** [キンダー・ヴァーゲン] 名 -s/- ベビーカー,乳母車.
die **Kinderzeit** [キンダー・ツァイト] 名 -/ 幼年期〔時代〕.
das **Kinderzimmer** [キンダー・ツィマー] 名 -s/- 子供部屋;子供部屋の家具調度.
die **Kinderzulage** [キンダー・ツー・ラーゲ] 名 -/-n (国家による)子供手当,子供養育補助金.
der **Kinderzuschlag** [キンダー・ツー・シュラーク] 名 -(e)s/..zuschläge =Kinderzulage.
das **Kindesalter** [キンデス・アルター] 名 -s/ 幼年期.
die **Kindesbeine** [キンデス・バイネ] 複数 《次の形で》 **von ~n an** 子供のときから.
die **Kindesentführung** [キンデス・エントふューるング] 名 -/-en 幼児誘拐.
das **Kindeskind** [キンデス・キント] 名 -(e)s/-er 《古》孫;Kind(er) und ~er 子々孫々.
die **Kindesmörderin** [キンデス・メるデリン] 名 -/-nen 子〔嬰児($\frac{えい}{じ}$)・幼児〕殺しの母親.
die **Kindesnöte** [キンデス・ネーテ] 複数 《古》陣痛.
die **Kindespflicht** [キンデス・プふリひト] 名 -/-en (親への)子供の義務.
die **Kindestötung** [キンデス・テートゥング] 名 -/-en 〖法〗嬰児($\frac{えい}{じ}$)殺し.
kindhaft [キントハふト] 形 子供らしい,子供のような.
die **Kindheit** [キントハイト] 名 -/ 幼年期,幼年時代.
die **Kindheitserinnerung** [キントハイツ・エあインネるンク] 名 -/-en 幼年時代の思い出.
kindisch [キンディシュ] 形 子供っぽい,幼稚な.
kindlich [キントリひ] 形 子供らしい;子供(として)の.
die **Kindlichkeit** [キントリひカイト] 名 -/ 子供らしさ,無邪気,あどけなさ;子供らしい振舞.
der **Kindskopf** [キンツ・コップふ] 名 -(e)s/..köpfe 子供っぽい人間.

das **Kinds·pech** [キンツ・ぺっひ] [名] -(e)s/ 〘医〙胎便.

die **Kinds·tau·fe** [キンツ・タウふぇ] [名] -/-n =Kindtaufe.

die **Kind·tau·fe** [キント・タウふぇ] [名] -/-n 幼児洗礼.

die **Ki·ne·ma·thek** [キネマテーク] [名] -/-en フィルムライブラリー.

die **Ki·ne·ma·tik** [キネマーティク] [名] -/ 〘理〙キネマティクス, 運動学.

der **Ki·ne·ma·to·graf, Ki·ne·ma·to·graph** [キネマト・グらーふ] [名] -en/-en (初期の)映画撮影機, 映写機, シネマトグラフ.

die **Ki·ne·ma·to·gra·fie, Ki·ne·ma·to·gra·phie** [キネマト・グらふぃー] [名] -/ 映画技術;(初期の)映画撮影・映写技術.

die **Ki·ne·si·o·the·ra·pie** [キネズィオ・テらピー] [名] -/-n 〘医〙運動療法.

die **Ki·ne·tik** [キネーティク] [名] -/ 〘理〙キネティクス, 動力学;〘美〙キネティックアート.

ki·ne·tisch [キネーティシュ] [形] 〘理〙運動の, 動力学の;〘美〙キネティックアートの.

die **Ki·ne·to·se** [キネトーゼ] [名] -/-n 〘医〙加速度病, 乗り物酔い.

die **Kin·ker·litz·chen** [キンカー・リッツひぇン] [複名] 《口》つまらないこと, くだらないこと;がらくた.

das **Kinn** [キン] [名] -(e)s/-e 下あご, おとがい.

die **Kinn·ba·cke** [キン・バッケ] [名] -/-n (左右の)あご.

der **Kinn·ba·cken** [キン・バッケン] [名] -s/- 《南独》=Kinnbacke.

der **Kinn·bart** [キン・バーあト] [名] -(e)s/..bärte あごひげ.

der **Kinn·ha·ken** [キン・ハーケン] [名] -s/- 〘ボクシング〙アッパーカット.

die **Kinn·la·de** [キン・ラーデ] [名] -/-n 下顎(かがく)骨.

das **Ki·no** [キーノ] [名] -s/-s 映画館;《主に[単]》(映画の)上映;《[単]のみ》《稀》映画(というメディア): das ~ in Frankreich フランスの映画.

der **Ki·no·be·such** [キーノ・ベズーふ] [名] -(e)s/-e 映画を見に行くこと.

der **Ki·no·be·su·cher** [キーノ・ベズーはー] [名] -s/- 映画を見に行く人.

der **Ki·no·film** [キーノ・ふぃルム] [名] -(e)s/-e 劇場用の映画.

der **Ki·no·gän·ger** [キーノ・ゲンガー] [名] -s/- 映画によく行く人, 映画ファン.

der **Ki·no·ka·nal** [キーノ・カナール] [名] -s/..kanäle 映画〔ムービー〕チャンネル.

die **Ki·no·kas·se** [キーノ・カッセ] [名] -/-n 映画館の切符売場.

die **Ki·no·re·kla·me** [キーノ・れクラーメ] [名] -/-n 映画の広告;(上映中の)スクリーン広告.

die **Ki·no·vor·stel·lung** [キーノ・ふぉーあ・シュテルング] [名] -/-en 上映.

der〔*das*〕**Kin·topp** [キーントップ] [名] -s/-s〔..töppe〕《口》(《冗・蔑》も有)映画館, 映画.

die **Kin·zig** [キンツィひ] [名] -/ 〘川名〙キンツィヒ川.

der **Ki·osk** [キオスク, キーオスク] [名] -(e)s/-e キオスク(街頭・駅構内などの売店).

das **Kip·fel** [キップふぇル] [名] -s/- 《バイエルン・オーストリア》=Kipferl.

das **Kip·ferl** [キップふぇるル] [名] -s/-n 《バイエルン・オーストリア》(クロワッサン風の)三日月パン.

die **Kip·pe**[1] [キっぺ] [名] -/-n **1.** ごみ捨て場(Müll~);〘鉱〙廃石場. **2.** 〘体操〙蹴(け)上がり. 【慣用】**auf der Kippe stehen** 《口》危ない状態にある;まだはっきりしない.

die **Kip·pe**[2] [キっぺ] [名] -/-n 《口》(紙巻タバコの)吸いがら.

kip·pe·lig [キっぺリひ] [形] 《口》ぐらぐらする, 倒れそうな.

kip·peln [キっペルン] [動] *h.* 《口》〔補足なし〕ぐらぐらする(机・花瓶などが);(いすの前脚を浮かして)前後に揺する.

kip·pen [キっペン] [動] **1.** *s.* 〔(〈方向〉から)〕傾く, 倒れ(かか)る, ひっくり返る(戸棚・花瓶・はしご・車などが);(バランスを失って)落ちる. **2.** *h.* 〔〈et⁴〉ヲ〕傾ける;横に構える((立てていた)銃などを). **3.** *h.* 〔〈et⁴〉ヲ＋〈方向〉へ(カラ)〕(容器を傾けて)空ける. **4.** *h.* 〔〈et⁴〉ヲ〕《口》一気に飲干す, あおる(シュナップスなど強い酒を). **5.** *h.* 〔〈et⁴〉ヲ〕取止める((放送予定の)番組を), 中止する(シリーズ物を途中で);《口》(…の)実行をやめる(計画・決定などの). **6.** *h.* 〔〈j⁴〉ヲ〕《口》首にする. **7.** *h.* 〔〈et⁴〉ヲ〕途中でもみ消す(タバコを).

der **Kip·per** [キっパー] [名] -s/- ダンプカー;運搬物傾倒装置.

das **Kipp·fens·ter** [キっプ・ふぇンスター] [名] -s/- 引き倒し窓.

das **Kipp·flü·gel·flug·zeug** [キっプ・ふリューゲル・ふルーク・ツォイク] [名] -(e)s/-e 〘空〙垂直離着陸機.

der **Kipp·kar·ren** [キっプ・カれン] [名] -s/- ダンプ式〔横倒し式〕荷車〔手押し車〕.

der **Kipp·la·der** [キっプ・ラーダー] [名] -s/- =Kipper.

kipp·lig [キっプリひ] [形] =kippelig.

die **Kipp·lo·re** [キっプ・ローれ] [名] -/-n ダンプ式トロッコ.

der **Kipp·schal·ter** [キっプ・シャルター] [名] -s/- 〘電〙タンブラースイッチ.

der **Kipp·wa·gen** [キっプ・ヴァーゲン] [名] -s/- ダンプカー.

die **Kir·che** [キるひぇ] [名] -/-n **1.** (建物としての)教会, 教会堂. **2.** (宗派・教派としての)教会. **3.** 《[単]のみ》礼拝: zur ~ gehen 礼拝に行く. **4.** (機関としての)教会: die Trennung von ~ und Staat 政教分離. 【慣用】**die Kirche im Dorf lassen** 大げさなまねをしない, 誇張しない. **mit der Kirche ums Dorf laufen**〔**fahren**〕わざと回りくどいことをする.

der/*die* **Kir·chen·äl·tes·te** [キるひぇン・エルテステ] [名] 《形容詞的変化》〘プロテスタント〙(長老派教会の)長老.

der **Kir·chen·aus·tritt** [キるひぇン・アウス・トりっト] [名] -(e)s/-e 教会離脱, 教会からの脱退.

der **Kir·chen·bann** [キるひぇン・バン] [名] -(e)s/-e 〘カトリック〙破門.

der **Kir·chen·bau** [キるひぇン・バウ] [名] -(e)s/-ten **1.** 《[単]のみ》教会堂の建築. **2.** 教会堂.

der **Kir·chen·be·such** [キるひぇン・ベズーふ] [名] -(e)s/-e 礼拝参加.

das **Kir·chen·buch** [キるひぇン・ブーふ] [名] -(e)s/..bücher 教会記録簿.

der **Kir·chen·chor** [キるひぇン・こーあ] [名] -(e)s/..chöre 聖歌隊, 教会合唱団.

der **Kir·chen·die·ner** [キるひぇン・ディーナー] [名] -s/- (教会の)使用人, 聖物管理人.

kir·chen·feind·lich [キるひぇン・ふぁイントリひ] [形] 反教会の.

das **Kir·chen·fens·ter** [キるひぇン・ふぇンスター] [名] -s/- 教会の(ステンドグラスの)窓.

der **Kir·chen·fürst** [キるひぇン・ふゅるスト] [名] -en/-en 《文》高位聖職者(特に司教, 大司教, 枢機卿(けい)).

die **Kir·chen·ge·mein·de** [キるひぇン・ゲマインデ] [名] -/-n 教区;《総称》教区の信者

die **Kir·chen·ge·schich·te** [キるひぇン・ゲシひテ] [名] -/ 教会史.

die **Kir·chen·glo·cke** [キるひぇン・グロっケ] [名] -/-n 教会の鐘.

das **Kir·chen·jahr** [キるひぇン・ヤーあ] [名] -(e)s/-e 〘キ教〙教会暦(クリスマスの四週間前から始まる).

das **Kir·chen·licht** [キるひぇン・リひト] [名] -(e)s/-er 教会にともされた蠟燭(ろうそく). 【慣用】**kein**〔**nicht ge-**

rade ein〕(großes) Kirchenlicht sein 《口》あまり頭がよくない.

das **Kịr·chen·lied** [キるひぇン・リート] [名] -(e)s/-er 聖歌, 賛美歌.

die **Kịr·chen·maus** [キるひぇン・マウス] [名]《次の形で》arm wie eine ～ sein《口・冗》すかんぴんである.

die **Kịr·chen·mu·sik** [キるひぇン・ムズィーク] [名] -/ 教会音楽.

die **Kịr·chen·pro·vinz** [キるひぇン・プろヴィンツ] [名] -/-en 〘カトリック〙管区.

der **Kịr·chen·rat** [キるひぇン・らート] [名] -(e)s/..räte 〘プロテスタント〙 **1.** 地方教会の自治機関(のメンバー). **2.** 教会顧問(人);(〔単〕のみ)教会顧問(地方教会の牧師の称号).

der **Kịr·chen·raub** [キるひぇン・らウプ] [名] -(e)s/ 聖物窃盗.

der **Kịr·chen·räu·ber** [キるひぇン・ろイバー] [名] -s/- 教会泥棒.

das **Kịr·chen·recht** [キるひぇン・れひト] [名] -(e)s/ 教会法.

kịr·chen·recht·lich [キるひぇン・れひトリひ] [形] 教会法(上)の.

die **Kịr·chen·schän·dung** [キるひぇン・シェンドゥング] [名] -/-en 教会冒瀆(ぼうとく).

das **Kịr·chen·schiff** [キるひぇン・シふ] [名] -(e)s/-e 〘建〙(教会堂の)身廊.

die **Kịr·chen·spal·tung** [キるひぇン・シュパルトゥング] [名] -/-en 教会の分裂, シスマ;東西教会の分裂(1054年), 西方教会の分裂(1378年).

der **Kịr·chen·spren·gel** [キるひぇン・シュプれンゲル] [名] -s/- 教区.

der **Kịr·chen·staat** [キるひぇン・シュタート] [名] -(e)s/ (イタリアの)教皇領(1870年まで).

die **Kịr·chen·steu·er** [キるひぇン・シュトイあー] [名] -/-n 教会税.

der **Kịr·chen·va·ter** [キるひぇン・ふぁーター] [名] -s/..väter 教父.

der **Kịr·chen·vor·stand** [キるひぇン・ふぉーあ・シュタント] [名] -(e)s/..stände 〘プロテスタント〙教会役員会.

der **Kịrch·gang** [キるひ・ガング] [名] -(e)s/..gänge 教会〔礼拝〕に行くこと.

der **Kịrch·gän·ger** [キるひ・ゲンガー] [名] -s/- (規則的に)教会の礼拝に行く人.

das **Kịrch·geld** [キるひ・ゲルト] [名] -(e)s/-er 教会献金.

der **Kịrch·hof** [キるク・ホーふ] [名] -(e)s/..höfe 《古》(教会付属の)墓地.

kịrch·lich [キるひリひ] [形] **1.** 教会の. **2.** 教会での(儀式による);教会に忠実な.

der **Kịrch·ner** [キるひナー] [名] -s/- =Kirchendiener.

das **Kịrch·spiel** [キるひ・シュピール] [名] -(e)s/-e 《古》(主任司祭・教区牧師が管轄する)教区.

der **Kịrch·turm** [キるひ・トゥるム] [名] -(e)s/..türme 教会の塔.

die **Kịrch·turm·po·li·tik** [キるひトゥるム・ポリティーク] [名] -/ 視野の狭い保守的な政治.

die **Kịrch·weih** [キるひ・ヴァイ] [名] -/-en (教会堂の)開基祭, 開基祭の市.

die **Kịrch·wei·he** [キるひ・ヴァイエ] [名] -/-n 献堂式.

der **Kir·gi·se** [キるギーゼ] [名] -n/-n ギルギス人.

kir·gi·sisch [キるギーズィシュ] [形] キルギス(人・語)の.

(*das*) **Ki·ri·ba·ti** [キりバーティ] [名] -s/ 〘国名〙キリバス(南太平洋上の国).

die **Kịr·mes** [..məs, ..mɛs キるメス] [名] -/-sen 《西中独》(教会堂の)開基祭(の市).

kịr·nen [キるネン] [動] *h.* **1.** 〔(〈et^4〉ヲ)〕作る(マーガリンを). **2.** 〔補足なし〕《方》バターを作る.

kịr·re [キれ] [形] 《口》言いなりになる.

kịr·ren [キれン] [動] *h.* 〔〈j^4/et^4〉ヲ〕《古》手なずける.

der **Kịrsch** [キるシュ] [名] -(e)s/ =Kirschwasser.

der **Kịrsch·baum** [キるシュ・バウム] [名] -(e)s/..bäume 〘植〙サクラの木;(〔単〕のみ)桜材.

die **Kịrsch·blü·te** [キるシュ・ブリューテ] [名] -/-n 桜の花;桜の季節.

die **Kịr·sche** [キるシェ] [名] -/-n **1.** サクランボ. **2.** 〘植〙サクラの木.

der **Kịrsch·geist** [キるシュ・ガイスト] [名] -(e)s/ =Kirschwasser.

der **Kịrsch·kern** [キるシュ・ケるン] [名] -(e)s/-e サクランボの種.

die **Kịrsch·mar·me·la·de** [キるシュ・マるメラーデ] [名] -/-n サクランボジャム.

kịrsch·rot [キるシュ・ろート] [形] サクランボのように赤い.

die **Kịrsch·tor·te** [キるシュ・トるテ] [名] -/-n チェリーケーキ.

das **Kịrsch·was·ser** [キるシュ・ヴァッサー] [名] -s/- キルシュヴァッサー, チェリーブランデー.

der **Kịr·tag** [キるターク] [名] -(e)s/-e 《南独・オーストリア》=Kirchweih.

das **Kịs·met** [キスメット] [名] -s/ 〘イスラム教〙アラーの意志, 運命, 宿命: ～!《転》仕方がないや.

das **Kịs·sen** [キッセン] [名] -s/- **1.** クッション(Sofa～);枕(まくら)(Kopf～);座布団(Sitz～), いす用クッション, (置き物の)台布団;(〔複〕のみ)寝具一式.

der **Kịs·sen·be·zug** [キッセン・ベツーク] [名] -(e)s/..züge 枕カバー;クッションカバー.

die **Kịs·sen·schlacht** [キッセン・シュラはト] [名] -/-en 《口》枕投げ.

die **Kịs·te** [キステ] [名] -/-n **1.** (梱包(こんぽう)用)木箱, (ふたのついた)箱, ボックス;《口》おしり;車, ボート, 飛行機;《ジャーゴン》刑務所: in die ～ gehen《転・口》床に入る. **2.** 《口》事柄, 用件, 一件.

das **Ki·su·a·he·li** [キズアへーリ] [名] -(s)/ スワヒリ語.

die **Ki·ta** [キータ] [名] -/-s =Kindertagesstätte.

die **Kit·che·nẹtte** [kɪtʃənɛ́t キチェネット] [名] -/-s 《稀》簡易台所.

der **Kịtsch** [キッチュ] [名] -(e)s/ キッチュ, 俗悪〔低俗〕な作品, まがいもの(絵画・文学・映画・音楽など);趣味の悪いもの.

kịt·schig [キッチひ] [形] 悪趣味な, 似非(えせ)芸術的な;お涙ちょうだいの.

der **Kịtt** [キット] [名] -(e)s/-e (〔複〕は種類)接着剤;パテ;《口・蔑》がらくた, (つまらない)しろもの.

das **Kịtt·chen** [キットひぇン] [名] -s/- 《口》刑務所.

der **Kịt·tel** [キッテル] [名] -s/- **1.** 上っ張り, 仕事着, スモック. **2.** オーバーブラウス;《南独》(男物の)上着, ジャケット;《オーストリア》スカート.

die **Kịt·tel·schür·ze** [キッテルシュるツェ] [名] -/-n エプロンドレス.

kịt·ten [キッテン] [動] *h.* **1.** 〔〈et^4〉ヲ〕(接着剤で)接合する, 継合せる(割れた花瓶などを). **2.** 〔〈et^4〉ヲ〕修復する(結婚・友情などを). **3.** 〔〈et^4〉ヲ+an〔in/auf〕〈et^4〉ニ〕接着剤(パテ)でくっつける.

das **Kịtz** [キッツ] [名] -es/-e ヤギ〔カモシカ・ノロジカ〕の子.

die **Kịt·ze** [キッツェ] [名] -/-n =Kitz.

der **Kịt·zel** [キッツェル] [名] -s/- **1.** (主に〔単〕)むずむずする感じ, むずがゆさ. **2.** (たまらない)欲望.

kịt·ze·lig [キッツェリひ] [形] =kitzlig.

kịt·zeln [キッツェルン] [動] *h.* **1.** 〔〈j^4/et^4〉ヲ//〈j^4〉ノ+〈場所〉ヲ〕くすぐる. **2.** 〔補足なし〕触れるとくすぐったい〔ちくちくする・むずがゆい〕(ウール・口ひげなどが). **3.** 〔(〈j^4〉ノ)+〈場所〉ニ〕触れてむずむずする〔ちくちくする・くすぐったい〕. **4.** 〔〈et^4〉ヲ//〈j^4〉ノ+〈場所〉ヲ〕心地よく刺激する(鼻・目など感覚器官を): Der Bratenduft *kitzelte* seine Nase〔ihn in der Nase〕. 肉を焼

くにおいが彼の鼻を心地よく刺激した. den Gaumen ~ 食欲をそそる, 良い味がする(食べ物が). **5.** 〔⟨et⁴⟩ヲ〕くすぐる(虚栄心・自尊心などを). **6.** 〔⟨j⁴⟩ヲ〕むずむず(うずうず)させる(冒険への思いなどが).

kitzen [キッツェン] 動 h. 〘牧畜など〙子を産む(山羊・のろ鹿・かもしかなどが).

der **Kịtz・ler** [キッツラー] 名 -s/ 陰核, クリトリス.

kịtz・lig [キッツリヒ] 形 **1.** くすぐったい, くすぐられたがりの. **2.** 〔in ⟨et³⟩〕敏感な(反応を示す), うるさい. **3.** 微妙な, 面倒な.

der **Ki・wi¹** [キーヴィ] 名 -s/-s 〘鳥〙キウィ(ニュージーランド人).

die **Ki・wi²** [キーヴィ] 名 -/-s 〘植〙キウィフルーツ.

kJ =Kilojoule 〘理〙キロジュール.

k. J. =künftigen Jahres 来年に(の).

k. k. =kaiserlich-königlich 帝国兼王国の, オーストリア・ハンガリーの.

KKW =Kernkraftwerk 原子力発電所.

kl =Kiloliter キロリットル.

Kl. 1. =Klasse. **2.** =Klappe 3 〘ト書〙.

kla・bạs・tern [クラバスターン] 動 〔方〕 **1.** s. 〘移動〙どたばた歩く. **2.** h. 〔⟨j⁴/et⁴⟩ヲ〕殴る, ぶちのめす(動物などを). **3.** h. 〔an ⟨et³⟩〕いじくっている; (手)仕事をしている.

der **Kla・bau・ter・mann** [クラバウター・マン] 名 -(e)s/..männer 〘北独〙(苦境の際に助けてくれる)善鷹; (危険を知らせる)船の精.

der **Klạcks** [クラックス] 名 -es/-e 〘口〙(どろりとした物の)少量: ⟨et¹⟩ ist für ⟨j⁴⟩ ein ~ ⟨人ニハ⟩⟨事ハ⟩朝飯前だ.

klạcks! [クラックス] 間 ことり, かちゃん, ペちゃ.

die **Klạd・de** [クラデ] 名 -/-n **1.** 雑記帳; 当座帳. **2.** 草稿, 草案.

klad・de・ra・dạtsch! [クラデらダッチュ] 間 ドシャーン, ガチャーン(物の落ちる音), ガターン(成績・威信などが下ることを表して).

der **Klad・de・ra・dạtsch** [クラデらダッチュ] 名 -(e)s/-e 〘口〙(倒産などの後の)大混乱, てんやわんや; スキャンダル, 大騒動.

klạf・fen [クラッフェン] 動 h. 〘状態〙大きく(深く)口を開けている(深淵・傷口などが).

klạ̈f・fen [クレッフェン] 動 h. **1.** 〘牧畜など〙きゃんきゃんほえた声でわめく(おびえたりして), 甲高い声でののしる.

der **Klạ̈f・fer** [クレッファー] 名 -s/- 〘口・蔑〙きゃんきゃんよくほえる(小)犬; がみがみ言う人.

der [*das*] **Klạf・ter** [クラフター] 名 -s/-〘古・稀〙die ~ -/-n) **1.** クラフター(昔の長さの尺度. 両腕を広げた長さ). **2.** クラフター, 棚(昔の薪の量の単位. 約3立方メートル). **3.** 〘海〙〔方〕尋, ひろ.

klạf・tern [クラフターン] 動 h. 〔⟨et⁴⟩ヲ〕一棚ずつ積む(たきぎを).

klạf・ter・tief [クラフター・ティーふ] 形 一尋(㍍)の深さの; 非常に深い.

klạg・bar [クラーク・バーあ] 形 〘法〙告訴できる: gegen ⟨j⁴⟩ ~ werden ⟨人ヲ⟩告訴される.

die **Klạ・ge** [クラーゲ] 名 -/-n **1.** 〘文〙嘆き(悲鳴)の声(言葉), 悲痛〔苦情〕の訴え(Weh~). **2.** 不平, 苦情, 不満, 不機, 苦情. **3.** 〘法〙訴え, 訴訟: öffentliche ~ 公訴.

der **Klạ・ge・laut** [クラーゲ・ラウト] 名 -(e)s/-e 嘆き声, うめき声.

das **Klạ・ge・lied** [クラーゲ・リート] 名 -(e)s/-er 悲歌, 哀歌.

die **Klạ・ge・mau・er** [クラーゲ・マウあー] 名 -/ 嘆きの壁(エルサレムの神殿の西側の壁).

klạ・gen [クラーゲン] 動 h. 〘牧畜など〙〘文〙泣きながら悲しみ〔痛み〕を訴える(身振りをまじえて). **2.** 〔über ⟨et⁴⟩ヲ〕訴える(苦痛を). **3.** 〔über ⟨j⁴/et⁴⟩ニツィテ〕苦情(不平・怒り)を訴える. **4.** 〔über ⟨j⁴/et⁴⟩ニツィテ〕泣き言を言う, ぐちを並べる. **5.** 〔⟨j⁴⟩ニ + ⟨et⁴⟩ヲ〕嘆きて話す, 訴える(不運・窮状などを). **6.** 〔um ⟨j⁴⟩ニ対シテ/über ⟨et⁴⟩ヲ〕悼んて(惜しんて・悔んて)嘆く. **7.** 〔gegen ⟨j⁴⟩相手取ッテ + (auf ⟨et⁴⟩ヲねがッテ)〕〘法〙訴訟を起こす.

(*das*) **Klạ・gen・furt** [クラーゲン・ふルト] 名 -s/ 〘地名〙クラーゲンフルト(オーストリアの都市).

der **Klạ̈・ger** [クレーガー] 名 -s/-〘法〙原告.

die **Klạ・ge・schrift** [クラーゲ・シュリふト] 名 -/-en 〘法〙訴状.

das **Klạ・ge・weib** [クラーゲ・ヴァイぷ] 名 -(e)s/-er 〘古〙(葬式に雇われる)泣き女.

klạ̈g・lich [クレークリヒ] 形 **1.** 悲しげな. **2.** 哀れな, 惨めな, 悲惨な. **3.** 〔〘蔑〙も有〕乏しい, わずかな, とるにたらない; みっともない.

der **Kla・mạuk** [クラマウク] 名 -s/〘口〙〔〘蔑〙も有〕(うるさい)騒ぎ, どんちゃん騒ぎ; 〘口〙(のシーン).

klạmm [クラム] 形 (冷たく)湿っぽい; (寒さで)かじかんだ; 〘口〙懐が寒い.

die **Klạmm** [クラム] 名 -/-en 峡谷.

die **Klạm・mer** [クラマー] 名 -/-n **1.** クリップ; 洗濯挟み(Wäsche~); ホッチキスの針; かすがい(Bau~). **2.** 〘印〙ステープル; 〘医〙(傷口用)クリップ(Wund~). **3.** 〘歯〙歯列矯正用バンド(Zahn~). **2.** 括弧; 括弧の中の文: 〘数〙(数式の中の)括弧. **3.** 抱きしめてはならないこと.

klạm・mern [クラマーン] 動 h. **1.** 〔sich⁴ + an ⟨j⁴/et⁴⟩ニ〕しがみつく〔すがる〕ッく. **2.** 〔sich⁴ + an ⟨et⁴⟩ニ〕しがみつく(希望・ある人の言葉に); 執着する. **3.** 〔sich⁴ + um ⟨et⁴⟩ヲ〕しっかり掴(ク)む(手・指などが). **4.** 〔⟨et⁴⟩ヲ + um ⟨et⁴⟩ニ〕しっかり掴む(手〔指〕で). **5.** 〔⟨et⁴⟩ヲ〕留め具で留める(傷口・書類などを). **6.** 〔⟨et⁴⟩ヲ + an ⟨et⁴⟩ニ〕留め具で留める(メモ用紙をノートに・洗濯物をロープなどに). **7.** 〘牧畜など〙〘ボクシ〙クリンチする.

klạmm・heim・lich [クラム・ハイムリヒ] 形 〘口〙ひそかな, こっそり(行われる).

die **Kla・mọt・te** [クラモッテ] 名 -/-n **1.** 〘口・蔑〙古くさいだらだらした喜劇. **2.** 〘複のみ〙〘口〙衣服. **3.** (主にの〘複〙)がらくた. **4.** 〘(プラ)〙石の破片, あたりに散らばっている石.

die **Klạm・pe** [クラムペ] 名 -/-n 〘海〙(船の)索止め, 係留鉤(ク); (甲板上の)端艇架.

die **Klạmp・fe** [クラムプふェ] 名 -/-n 〘口〙ギター; 〘カラかい〙.

kla・mụ̈・sern [クラミューザーン] 動 h. 〔⟨et⁴⟩ヲ〕〘北独〙じっくり考える〔調べる〕.

der **Klạn** [クラーン] 名 -s/-e =Clan.

klạng [クラング] 動 klingen の過去形.

der **Klạng** [クラング] 名 -(e)s/Klänge **1.** 響き, 音響. **2.** (特徴的な)音: 音色: einen guten ~ haben 音〘評判〙が良い. **3.** 〘音〙音楽, 楽の音(ネ), 調べ.

das **Klạng・bild** [クラング・ビルト] 名 -(e)s/-er 音響のイメージ.

klạ̈n・ge [クレンゲ] 動 klingen の接続法2式.

die **Klạng・far・be** [クラング・ふぁるベ] 名 -/-n 〘楽〙音色.

die **Klạng・fül・le** [クラング・ふュレ] 名 -/ 豊かな音量.

klạng・lich [クラング・リヒ] 形 音の, 響きの, 音響上の.

klạng・los [クラング・ロース] 形 響かない, 声を立てない.

der **Klạng・reg・ler** [クラング・れーグラー] 名 -s/- 〘エ〙トーンコントローラー.

klạng・voll [クラング・ふォル] 形 **1.** よく響く. **2.** 有名な.

die **Klạng・wir・kung** [クラング・ヴィるクング] 名 -/ 音響効果.

Klappbett 660

das **Klapp·bett** [クラップ・ベット] 图 -(e)s/-en 折り畳み式ベッド.

die **Klapp·brü·cke** [クラップ・ブリュッケ] 图 -/-n 跳ね橋.

der **Klapp·de·ckel** [クラップ・デッケル] 图 -s/- (蝶番(ちょうつがい)つき)はね開きのふた.

die **Klap·pe** [クラッペ] 图 -/-n **1.** 跳ねぶた, 垂れ板:(ポケットの)フラップ;(封筒の)蓋;(本のカバーの)折返し;(心臓の)弁;(管楽器の)鍵, キー;〖映〗(ジョン)カチンコ. **2.** 《口》(主に《俗》)口: Halt die ~! 黙れ. **3.** 《口》ベッド;〖じゅう〗(電話の)内線, 子機(子電話)の増設電話機. **4.** (ジョン)男性用公衆便所(ホモの交渉場所). 【慣用】 die〔seine〕Klappe halten 沈黙を守る. eine große Klappe haben 《口》大口をたたく. zwei Fliegen mit einer Klappe schlagen 一石二鳥である.

klap·pen [クラッペン] 動 h. **1.** 〈et⁴〉+〈方向〉へ〕倒す, 上げる, 下ろす, 立てる. **2.** 〖擬声〗ぱたぱた〔こつこつ〕と音を立てる, ばたん〔がたん〕と音を立てる. **3.** 〖擬声〗// Es+mit 〈et³〉ッ〗《口》うまくいく. **4.** 〈じゅう〉《方》ひっつかまえる. 【慣用】〈et⁴〉zum Klappen bringen 《口》〈事を〉うまく成功させる. zum Klappen kommen 《口》うまくいく.

das **Klap·pen·horn** [クラッペン・ホルン] 图 -(e)s/..hörner 〖楽〗クラップホルン.

der **Klap·pen·schrank** [クラッペン・シュランク] 图 -(e)s/..schränke (昔の)手動電話交換機.

der **Klap·pen·text** [クラッペン・テクスト] 图 -(e)s/-e (本の)カバーの折返しに印刷された宣伝〔紹介〕文.

die **Klap·per** [クラッパー] 图 -/-n 鳴子(なるこ), がらがら.

klap·per·dürr [クラッパー・デュル] 形 《口》骨と皮ばかりの.

klap·pe·rig [クラッペリヒ] 形 = klapprig.

der **Klap·per·kas·ten** [クラッパー・カステン] 图 -s/..kästen おんぼろピアノ〔テレビ・自動車〕.

klap·pern [クラッパーン] 動 **1.** h. 〖擬声〗かたかた〔こつこつ・かちかち〕鳴る(戸・換気扇・靴のかかと・歯などが); がたがた震える(人が寒さのために). **2.** h. 〖擬声〗〈mit 〈et³〉ッ〗かちゃかちゃ〔かたかた〕鳴らす(食器・くちばしなどを); 《口》ばちばちさせる(まぶたを). **3.** s. 〈方向〉へ〗〖擬声〗かたかた・こつこつ〕音を立てて動いて〔歩いて・走って〕行く.

die **Klap·per·schlan·ge** [クラッパー・シュランゲ] 图 -/-n 〖動〗ガラガラヘビ.

der **Klap·per·storch** [クラッパー・シュトルヒ] 图 -(e)s/..störche 〖幼〗(赤ん坊を運んでくる)コウノトリ: Zu uns kommt der ~. うちにコウノトリが赤ん坊を連れてくる.

der **Klappfallenfänger** [クラップ・ファレン・フェンガー] 图 -s/- 〖植〗開口部が閉じる捕虫袋を持つ食虫植物.

das **Klapp·fens·ter** [クラップ・フェンスター] 图 -s/- (突)上げ窓.

das **Klapp·horn** [クラップ・ホルン] 图 -(e)s/..hörner = Klappenhorn.

der **Klapp·hut** [クラップ・フート] 图 -(e)s/..hüte オペラハット(折り畳み式シルクハット).

die **Klapp·ka·me·ra** [クラップ・カ(-)メラ] 图 -/-s 蛇腹式カメラ.

der **Klapp·la·den** [クラップ・ラーデン] 图 -s/..läden [-] (蝶番(ちょうつがい)つき)よろい戸.

das **Klapp·mes·ser** [クラップ・メッサー] 图 -s/- 折り畳みナイフ, ジャックナイフ.

das **Klapp·rad** [クラップ・ラート] 图 -(e)s/..räder 折り畳み自転車.

klap·prig [クラップリヒ] 形 **1.** がたがたの, がたきの; よぼよぼの. **2.** やわな(作りの).

der **Klapp·sitz** [クラップ・ズィッツ] 图 -es/-e (劇場などの)跳ね上げ〔折り畳み〕式座席, (バスなどの)補助席.

der **Klapp·stuhl** [クラップ・シュトゥール] 图 -(e)s/..stühle 折り畳みいす.

der **Klapp·tisch** [クラップ・ティッシュ] 图 -(e)s/-e 折り畳み式テーブル.

das **Klapp·ver·deck** [クラップ・フェアデック] 图 -(e)s/-e 折り畳み式の幌(ほろ).

der **Klaps** [クラップス] 图 -es/-e 〈口〉(軽い)平手打ち: 〈j³〉 einen ~ geben 〈人を〉ポンとたたく. 【慣用】einen Klaps haben 《口》少し頭がおかしい.

klaps! [クラップス] 間 (軽い平手打ちなどの音)ぴしゃ, びしゃ.

klap·sen [クラップセン] 動 h. 〈j³〉// 〈j³〉+auf 〈et³〉ッ〗《口》ぴしゃりとたたく.

die **Klaps·müh·le** [クラップス・ミューレ] 图 -/-n 《口》精神病院.

klar [クラーる] 形 **1.** 澄んだ, 透明な: ~e Suppe コンソメ. 晴れ(渡っ)た, 明るい: ~e Sicht haben 見晴しがよい. ein ~er Moment〔Augenblick〕(病人などの)意識のはっきりしている時. **3.** はっきり聞取れる. Sprich ~ und deutlich! はっきり分りやすく話しなさい. **4.** はっきりした, 明らかな: mit ~em Vorsprung siegen はっきり差をつけて勝つ. 明晰(めいせき)な: einen ~en Kopf haben 頭脳明晰である. ~ denken können 理路整然と考えることができる. **6.** 明確〔明快・明白〕な: eine ~e Antwort 明快な答. Mir ist nicht ~, ob ... ...かどうか私には分らない. **7.** 〖(zu〈et⁴〉)〗準備ができている(船・飛行機など): Das Schiff ist zum Einsatz ~. その船は出航の準備ができている. K~ zur Landung! 着陸準備よし. **8.** 《方》精製した, 細かい. 【慣用】〈et⁴〉ins Klare bringen〈事を〉明らかにする. (Ist) alles klar? すっかり分りましたか. klar wie Kloßbrühe〔dicke Tinte〕sein 《口》分りにくい. mit 〈et³〉ins Klare kommen〈事を〉はっきり理解して適切に処理する. (Na,) klar! もちろんだとも, 当り前だ. (sich³) über 〈et⁴〉ins Klare kommen〈事を〉はっきり理解する. sich³ über 〈et⁴〉 klar〔im Klaren〕sein〈事を〉はっきり分っている.

(*die*) **Kla·ra** [クラーら] 图 〖女名〗クラーラ.

die **Klär·an·la·ge** [クレーア・アンラーゲ] 图 -/-n 浄化装置, 汚水処理場.

das **Klär·be·cken** [クレーア・ベッケン] 图 -s/- 浄化槽.

der **Klar·blick** [クラー・ブリック] 图 -(e)s/-e 大局的認識, 洞察力, 慧眼(けいがん).

klar·bli·ckend [クラー・ブリッケント] 形 冷徹な.

(*das*) **Klär·chen** [クレーアヒェン] 图 〖女名〗クレールヒェン(Klara の愛称).

klar den·kend, ⓡ**klar·den·kend** [クラーあ デンケント] 形 冷静かつ明晰に考える.

der **Kla·re** [クラーれ] 图 《形容詞的変化; ただし, ⓡ 3格は》-(口)(透明な)蒸留酒.

klä·ren [クレーれン] 動 h. **1.** 〈et⁴〉ッ〗はっきりさせる, 解明する(疑問・事件・原因などを). **2.** 〔sich⁴〕はっきりする, 明らかになる, 解明される. **3.** 〈et⁴〉ッ〗きれいにする, 澄ませる, 透明にする, 浄化する(空気・水・排水などを); 〖料〗(…の)あくをとる. **4.** 〔sich⁴〕きれいになる, 澄む, 透明になる, 浄化される. **5.** 〖擬声〗〖球〗ボール(バック)をクリアーする.

klar|ge·hen* [クラー・ゲーエン] 動 s. 〖擬声〗《口》うまくいく, 順調に進む(片づく)(仕事などが).

die **Klar·heit** [クラーるハイト] 图 -/-en **1.** (ⓡのみ)(水・空などの)明澄, 透明性;(輪郭・音声などの)明確;(思考などの)明晰(めいせき);(説明・事実などの)明快, 明白: sich³ über 〈et⁴〉~ verschaffen〈事を〉解明する. **2.** 明るいイメージ.

kla·rie·ren [クラリーれン] 動 h. 〖海〗 **1.** 〈et⁴〉ッ〗出港〔入港〕の税関手続きをする. **2.** = klarmachen 2.

die **Kla·ri·net·te** [クラリネッテ] 图 -/-n クラリネット.

der **Kla·ri·net·tịst** [クラりネティスト] [名] -en/-en クラリネット奏者.
(die) **Kla·rịs·sa** [クラりっサ] [名] 〚女名〛クラリッサ.
die **Kla·rịs·se** [クラりっセ] [名] -/-n クララ女子修道会の修道女.
der **Kla·rịs·sen·or·den** [クラりっセン・オるデン] [名] -s/ 〚カトリック〛クララ女子修道会.
die **Kla·rịs·sin** [クラりっスィン] [名] -/-nen ＝Klarisse.
kla̲r|kom·men* [クラーあ・コメン] [動] s. 《口》 **1.** 〔mit ⟨j^3⟩ト〕うまくやっていく, (…を)うまく扱う. **2.** 〔mit ⟨et^3⟩ヲ〕うまくやる, 簡単にこなす(任務・課題などを).
kla̲r|le·gen [クラーあ・レーゲン] [動] h. 〔⟨j^3⟩ニ＋⟨et^4⟩ヲ〕《口》(詳しく説明して)はっきり分らせる.
kla̲r ma·chen, [旧]**kla̲r|ma·chen** [クラーあ マっへン] [動] h. **1.** 〔⟨j^3⟩ニ＋⟨et^4⟩ヲ〕《口》分らせる, 理解させる(相違・実情などを). **2.** 〔sich^3＋⟨et^4⟩ヲ〕《口》分る, 理解する.
kla̲r|ma·chen [クラーあ・マっへン] [動] h. **1.** 〔⟨et^4⟩ヲ〕《口》支払う(金・勘定などを). **2.** 〔⟨et^4⟩ノ/zu ⟨et^3⟩ノタメノ〕〚海〛準備をする.
der **Klä̲r·schlamm** [クレーあ・シュラム] [名] -(e)s/-e (浄化槽の)汚泥.
der **Kla̲r·schrift·le·ser** [クラーあ・シュりふト・レーザー] [名] -s/- 〚コンピュータ〛文字読み取り機.
kla̲r se·hen*, [旧]**kla̲r|se·hen*** [クラーあ ゼーエン] [動] h. 〚補足なし〛《口》どうなっているのかはっきり分る.
die **Kla̲r·sicht·pa·ckung** [クラーあ・ズィひト・パックング] [名] -/-en 透明包装.
kla̲r|stel·len [クラーあ・シュテレン] [動] h. 〔⟨et^4⟩ヲ〕はっきりさせる, 明確にする(事実・実態などを).
die **Kla̲r·stel·lung** [クラーあ・シュテルング] [名] -/-en はっきりさせること, 明確にすること.
der **Kla̲r·text** [クラーあ・テクスト] [名] -(e)s/-e **1.** 誰にでも分るテキスト; 平文(へいぶん)(暗号文に対して): im ～ はっきり言うと. ～ reden/sprechen 率直に話す. **2.** 〚コンピュータ〛ロックされていない(そのまま読める)文字, 平文.
die **Klä̲·rung** [クレーるング] [名] -/-en 浄化; 解明.
kla̲r wer·den*, [旧]**kla̲r|wer·den*** [クラーあ ヴェーあデン] [動] s. **1.** 〔⟨j^3⟩ニ〕明らかになる, 分る(ようになる)(事情が). **2.** 〔sich^3＋über ⟨et^4⟩ニツイテ〕はっきり分る(ようになる)(人が).
klạs·se [クラっセ] [形] (無変化)《口》すばらしい.
die **Klạs·se** [クラっセ] [名] -/-n **1.** 学級, クラス; 学年; 教室(Klassenzimmer); (大学の)学部, 学科. **2.** 〚社〛階級. **3.** (サービスの質の)等級; (価値・序列の)等級: ein Abteil erster ～ 1等車室. der Verdienstorden erster ～ 勲1等功労賞. **4.** 〚生〛綱(こう). **5.** (乗物の)種類, クラス; (クラスくじの)等級; 〚スポーツ〛クラス, 級: der Führerschein ～ III 第3種運転免許証. **6.** (《[単]のみ》)《口》(能力の)優れた質: ein Künstler erster ～ 一流の芸術家. Das ist ～! そいつはすごいや.
der **Klạs·se·film** [クラっセ・ふぃルム] [名] -(e)s/-e すばらしい映画.
das **Klas·se·ment** [klasəmɑ̃ː クラスマーン] [名] -s/-s 〔《スイス》-e も有〕区分け, 分類; 〚スポーツ〛ランキング.
die **Klạs·sen·ar·beit** [クラっセン・アるバイト] [名] -/-en 授業中にする課題(ペーパーテスト).
klạs·sen·be·wusst, [旧]**klạs·sen·be·wußt** [クラっセン・ベヴスト] [形] 階級意識のある.
das **Klạs·sen·be·wusst·sein,** [旧]**Klạs·sen·be·wußt·sein** [クラっセン・ベヴスト・ザイン] [名] -s/ 階級意識.
das **Klạs·sen·buch** [クラっセン・ブーふ] [名] -(e)s/..bücher (教師の)学級日誌.
der **Klạs·sen·geist** [クラっセン・ガイスト] [名] -(e)s/ 階級精神; 仲間意識.
die **Klạs·sen·ge·sell·schaft** [クラっセン・ゲゼルシャふト] [名] -/-en 階級社会.
der **Klạs·sen·hass,** [旧]**Klạs·sen·haß** [クラっセン・ハス] [名] -es/ 階級間の憎しみ.
der **Klạs·sen·ka·me·rad** [クラっセン・カメらート] [名] -en/-en クラスメート, 級友.
der **Klạs·sen·kampf** [クラっセン・カムプふ] [名] -(e)s/..kämpfe 階級闘争.
der **Klạs·sen·leh·rer** [クラっセン・レーらー] [名] -s/- クラス担任の教師.
klạs·sen·los [クラっセン・ロース] [形] 階級〔等級〕のない.
die **Klạs·sen·lot·te·rie** [クラっセン・ロテりー] [名] -/-n クラスくじ(賞金〔品〕別に宝くじ券が売られ, 別々の日に抽選される).
der **Klạs·sen·spre·cher** [クラっセン・シュプれっひゃー] [名] -s/- 学級委員.
das **Klạs·sen·tref·fen** [クラっセン・トれっふぇン] [名] -s/- クラス会, 同窓会.
der **Klạs·sen·un·ter·schied** [クラっセン・ウンターシート] [名] -(e)s/-e 階級間の相違〔差別〕; 〚スポーツ〛ランク〔リーグ〕間の実力の差.
das **Klạs·sen·wahl·recht** [クラっセン・ヴァール・れひト] [名] -(e)s/-e (プロイセンの)三階級別選挙制.
das **Klạs·sen·zim·mer** [クラっセン・ツィマー] [名] -s/- 教室.
der **Klạs·se·spie·ler** [クラっセ・シュピーラー] [名] -s/- すばらしいプレーヤー, 演奏家.
die **Klas·si·fi·ka·ti·o̲n** [クラスィふぃカツィオーン] [名] -/-en 等級分け, 分類, 区分; 等級分け〔分類〕されたもの.
klas·si·fi·zie̲·ren [クラスィふぃツィーれン] [動] h. **1.** 〔⟨j^4/et^4⟩ヲ＋nach ⟨et^3⟩ニヨッテ〕分類する. **2.** 〔⟨j^4⟩ヲ＋als ⟨j^4⟩〔⟨[形]⟩〕ノ〕部類に入れる.
die **Klas·si·fi·zie̲·rung** [クラスィふぃツィーるング] [名] -/-en 等級分け, 分類, 区分.
..klas·sig [..クラっスィひ] [接尾] 数詞につけて「…クラスの, …級の, …流の」を表す形容詞を作る: zwei*klassig* 2クラスの. erst*klassig* 第一級の. dritt*klassig* 三流の.
die **Klạs·sik** [クラっスィク] [名] -/ **1.** ギリシア・ローマの古典古代の文化〔芸術〕. **2.** 古典時代, 古典主義の時代, 古典期. **3.** 文化の最盛期.
der **Klạs·si·ker** [クラっスィカー] [名] -s/ **1.** 古典古代の(代表的)詩人〔芸術家〕. **2.** 古典主義者, 古典時代の代表的人物(ギリシア・ローマの古典古代を模範とする). **3.** 古典的作家(一流の詩人・作家・芸術家; 巨匠). **4.** (時代を超えた)古典的作品.
klạs·sisch [クラっスィシュ] [形] **1.** 古典(古代)の, 古代ギリシア・ローマの. **2.** 古典主義の, 古典期の, クラシックの. **3.** 古典的な; 模範的な, 典型的な. **4.** 《口》すごい.
der **Klas·si·zịs·mus** [クラスィツィスムス] [名] -/..men **1.** (《[単]のみ》)擬古典主義. **2.** 古典主義様式の特徴.
klas·si·zịs·tisch [クラスィツィスティシュ] [形] (擬)古典主義の.
klạs·tisch [クラスティシュ] [形] 〚地質〛砕屑(さいせつ)状の.
der **Klạtsch** [クラっチュ] [名] -(e)s/-e **1.** (《[単]のみ》)おしゃべり, 世間話; 《口・蔑》うわさ話, 陰口, ゴシップ. **2.** ぴしゃっ〔ばたん・どさっ〕という音.
klạtsch! [クラっチュ] [間] (拍手や, 軟らかい物が硬い平面・水面などに落ちる音)ぱちっ, ぴちゃ, どさっ.
die **Klạtsch·ba·se** [クラっチュ・バーゼ] [名] -/-n 《口・蔑》おしゃべり女.
die **Klạt·sche** [クラっチェ] [名] -/-n **1.** ハエたたき. **2.** 《口・蔑》おしゃべり女. **3.** 告げ口をする人. **4.** 《方・生徒》トラの巻. **5.** 《方・口》びんた.
klạt·schen [クラっチェン] [動] h. **1.** 〔(⟨方向⟩

K

ニ当ッテ]〕びちゃ〔ばしゃ・びちゃびちゃ〕と音を立て(てい)る：(Es が主語で)Es *klatschte* mächtig, als er ins Wasser sprang. 彼が水に跳び込んだとき，ばしゃっと大きな音がした． **2.**〔*et⁴*ラァ＋〈方向〉ニ〕《口》(音を立てて)たたきつける． **3.**〈方向〉ヲ〕手の平でばちっ(ぱちぱちョ)とたたく． **4.**〔*et⁴*ラァ〕拍手で示す；拍手で(…を)取る(拍子・リズムを). **5.**〔〈様態〉ラァ〕拍手をする． **6.**〔mit〈*j³*〉＋über〈*j⁴*ニツイテ〉〕《口》くちゃくちゃしゃべる，うわさ話をする，陰口をたたく． **7.**〔〈*j³*〉ニ＋〈*et⁴*ヲァ〕《方》告げ口する．

die **Klatsche·rei** [クラッチェらイ] 名 -/-en 《口・蔑》絶えずうわさ話をすること．

klatsch·haft [クラッチュハフト] 形 《稀》陰口〔ゴシップ〕の好きな．

das **Klatsch·maul** [クラッチュ・マウル] 名 -(e)s/..mäuler 《口》うわさ話を好む人，ゴシップメーカー．

der **Klatsch·mohn** [クラッチュ・モーン] 名 -(e)s/-e〖植〗ヒナゲシ．

klatsch·nass, ⑩**klatsch·naß** [クラッチュ・ナス] 形 《口》びしょぬれの．

das **Klatsch·nest** [クラッチュ・ネスト] 名 -(e)s/-er 《口・蔑》噂話の好きな町〔村〕．

die **Klatsch·rose** [クラッチュ・ろーゼ] 名 -/-n〖植〗ヒナゲシ．

die **Klatsch·spalte** [クラッチュ・シュパルテ] 名 -/-n《口・蔑》(新聞の)ゴシップ欄．

die **Klatsch·sucht** [クラッチュ・ズふト] 名 -/《蔑》噂〔ゴシップ〕好き．

klatsch·süch·tig [クラッチュ・ズュヒティヒ] 形 うわさ好き〔陰口〕の好きな．

die **Klatsch·tan·te** [クラッチュ・タンテ] 名 -/-n 《口・蔑》＝Klatschbase.

das **Klatsch·weib** [クラッチュ・ヴァイプ] 名 -(e)s/-er 《口・蔑》＝Klatschbase.

klau·ben [クラウベン] 動 *h.* **1.**〔〈*et⁴*〉ヲ＋von〈*et³*〉aus〈*et⁴*〉ハラカラ〕《南独・オェストリ》一つ一つつまんで取る〔取除く・取出す〕(パンくずなどを); 〖鉱〗選鉱する． **2.**〔〈*et⁴*〉ヲ〕《南独・オェストリ》一つ一つ摘んで〔掘って・拾い〕集める(果実・ジャガイモ・薪などを); 《方》一つ一つつまんでより分ける(豆などを).

die **Klaue** [クラウエ] 名 -/-n **1.**(猛獣・猛禽(ﾓｳｷﾝ)の)かぎ爪（ﾂﾒ）; (牛・豚などの)〈*et³*ノ〉ひずめ（昆虫の)爪; 〖狩〗(犬の)前足． **2.**〖工〗(機械・工具などの)爪形の部分; 切欠（ｷﾘｶｸ）, ノッチ． **3.**《口・蔑》手． **4.**(のみ)《口・蔑》金くぎ流の筆跡，悪筆．

klauen [クラウエン] 動 *h.*〔(〈*j³*〉カラ)＋〈*et⁴*〉ヲ〕《口》(大してねうちのない物を)くすねる，盗む，(大して価値のない物を).

die **Klauen·seuche** [クラウエン・ゾイヒェ] 名 -/-n 口蹄（ｺｳﾃｲ）疫．

klau·fen [クラウふェン] 動 *h.*〔〈*et⁴*〉ヲ〕《口》万引する，盗む．

(*der*) **Klaus**¹ [クラウス] 名 〖男名〗クラウス(Nikolaus の短縮形).

der **Klaus**² [クラウス] 名 -/-e [Kläuse] **1.**《ﾓｳ・口》間ぬけ． **2.**《方》＝Nikolaus². **3.**《獣》Dietrich².

die **Klau·se** [クラウゼ] 名 -/-n **1.** 隠者の住家，庵(ｲｵﾘ); (修道士の)居室；(静かな)住まい，小部屋． **2.**(中部アルプスの)谷間，峡谷．

die **Klau·sel** [クラウゼル] 名 -/-n **1.** 条項，約款． **2.**〖修〗定型韻律による終句; 〖楽〗定型終止．

der **Klaus·ner** [クラウスナー] 名 -s/- 隠者，隠修士．

die **Klaus·tro·pho·bie** [クラウストろ・ふォビー] 名 -/〖心〗閉所恐怖症．

die **Klau·sur** [クラウズーア] 名 -/-en **1.**(のみ)(世間から)引きこもること，隔絶の; 〖ｶﾄﾘｯｸ〗(修道院の)禁域制: in ~ tagen (報道陣を締出して)会談をする． **2.**〖ｶﾄﾘｯｸ〗(修道院の)禁域． **3.** 筆記試験(の答案).

die **Klau·sur·arbeit** [クラウズーア・アルバイト] 名 -/-en 筆記試験(の答案).

die **Klau·sur·ta·gung** [クラウズーア・ターグング] 名 -/-en 秘密会議．

die **Kla·via·tur** [クラヴィアトゥーア] 名 -/-en **1.** 鍵盤（ｹﾝﾊﾞﾝ）. **2.**(可能性・種類・形などの)多様さ，広い範囲．

das **Kla·vi·chord** [クラヴィコルト] 名 -(e)s/-e クラヴィコード(鍵盤楽器).

das **Kla·vier** [クラヴィーア] 名 -s/-e ピアノ．

der **Kla·vier·aus·zug** [クラヴィーア・アウス・ツーク] 名 -(e)s/..züge (管弦楽・オペラ曲などの)ピアノ用スコア．

die **Kla·vier·be·glei·tung** [クラヴィーア・ベグライトゥング] 名 -/ ピアノ伴奏．

das **Kla·vier·kon·zert** [クラヴィーア・コンツェルト] 名 -(e)s/-e **1.** ピアノ協奏曲． **2.** ピアノコンサート．

der **Kla·vier·leh·rer** [クラヴィーア・レーらー] 名 -s/- ピアノ教師．

die **Kla·vier·schule** [クラヴィーア・シューレ] 名 -/-n ピアノ教則本．

das **Kla·vier·spiel** [クラヴィーア・シュピール] 名 -s/ ピアノ演奏．

der **Kla·vier·spie·ler** [クラヴィーア・シュピーラー] 名 -s/- ピアノ演奏者．

der **Kla·vier·stim·mer** [クラヴィーア・シュティマー] 名 -s/- ピアノ調律師．

das **Kla·vier·stück** [クラヴィーア・シュテュック] 名 -(e)s/-e ピアノ曲．

die **Kla·vier·stunde** [クラヴィーア・シュトゥンデ] 名 -/-n ピアノのレッスン．

das **Kla·vi·zim·bel** [クラヴィツィムベル] 名 -s/- 《古》＝Cembalo.

die **Kle·be·fo·lie** [クレーベ・ふォーリエ] 名 -/-n 接着フォイル〔フィルム〕．

das **Kle·be·mit·tel** [クレーベ・ミッテル] 名 -s/- 接着剤．

kle·ben [クレーベン] 動 *h.* **1.**〔〈場所〉ニ〕張りついている，くっついている，張ってある，へばりついている: am Gegner ~ 〖球〗相手に密着してマーク(ガード)する． am Lehm ~ bleiben 粘土にくっついている． **2.**〔〈*et⁴*〉ヲ＋〈方向〉ニ〕《南独》, 張りつける(切手・壁紙などを)． **3.**〔〈*et⁴*〉ヲ〕くっつける，張り合せる(接着剤などで). **4.**〔〖*情*〗〕つく，くっつく，粘着力がある; 《口》〔〈*et³*〉ニ〕ぐずぐずしている，粘る，(…)に長居する: bei〈*j³*〉~ bleiben〈人ノ所ニ〉いつまでもいる． an seinem Posten ~ (bleiben) 自分の地位にしがみついている． **6.** an〈*et³*〉ニ〕《口》執着する，こだわる． an Einzelheiten ~ (bleiben) 枝葉末節にこだわる． 〖慣用〗**Blut klebt an seinen Händen.** 《文》彼は殺人者だ〔彼の手は血塗られている〕．〈*j³*〉**eine kleben** 《口》〈人ニ〉平手打ちを食わす． **Er klebt zu sehr am Alten.** 彼はあまりにも固陋（ﾛｳ）だ． **Meine Hose klebt vor Dreck.** 《口》ぼくのズボンは泥々だ〔泥でべとついている〕． **Mir klebt die Zunge am Gaumen.** ぼくはのどがからからだ〔舌が上あごにくっついている〕． **kleben bleiben** 《口》進級できずに原級に留まる，落第する: in der Schule kleben bleiben 学校で留年している． **an**〈*j³*〉**et³**〉**kleben bleiben**〈人・物ニ〉ついて離れない，結びついている: Der Skandal wird an ihm kleben bleiben. そのスキャンダルは彼についてまわるだろう．

kle·ben blei·ben*, ⑩**kle·ben|blei·ben*** [クレーベン ブライベン] 動 *s.* **1.**〔〈場所〉ニ〕くっついている，粘りついている；こびりついて離れない． **2.**〔〈場所〉ニ〕《口》動きがとれずに[離れられずに]，いつまでも居[座り]続ける; 《口》進級できずに原級に留まる．

das **Kle·be·pflas·ter** [クレーベ・プふラスター] 名 -s/- 絆創膏（ﾊﾞﾝｿｳｺｳ）．

der **Kle·ber** [クレーバー] 名 -s/- **1.** 《口》接着剤. **2.** グルテン. **3.** 《俗》居残り本.

kle·be·rig [クレーベリヒ] 形 =klebrig.

der **Kle·be·strei·fen** [クレーベ・シュトライフェン] 名 -s/- = Klebstreifen.

der **Kle·be·zet·tel** [クレーベ・ツェッテル] 名 -s/- (裏にのりを塗った)ラベル, ステッカー, シール.

das **Kleb·mit·tel** [クレープ・ミッテル] 名 -s/- =Klebemittel.

das **Kleb·pflas·ter** [クレープ・プフラスター] 名 -s/- =Klebepflaster.

kleb·rig [クレーブリヒ] 形 **1.** べとべとの, ねばねばする. **2.** ねちねちした.

der **Kleb·stoff** [クレープ・シュトっフ] 名 -(e)s/-e 接着剤.

der **Kleb·strei·fen** [クレープ・シュトライフェン] 名 -s/- 粘着テープ.

kle·ckern [クレッカーン] 動 《口》 **1.** h.《〈方向〉ニ》こぼして〔たらして〕染みをつける. **2.** 《ッ+〈方向〉ニ》こぼす, たらす. **3.**《〈方向〉ニ》こぼれて〔たれて〕汚す〔染みをつける〕. **4.** h.《略》ぽつぽつ嵩む〔片づく〕〈仕事などが〉; ぽつぽつ売れる〈商売・注文などが〉. **5.** h.《略》《資》金を小出しにする〔けちけち出す〕.

kle·cker·wei·se [クレッカー・ヴァイゼ] 副《口》少しずつ〈の〉, ぽつぽつ〈の〉.

der **Klecks** [クレックス] 名 -es/-e 汚れ, 染み; 《口》(ジャム・バターなどの)少量, ちょっとした量.

kleck·sen [クレックセン] 動 h. **1.**《〈方向〉ニ》インク〔絵具〕の染みを作る〔つける〕〈万年筆などが〉. **2.**《略》《口・蔑》(染み同然の)へたな絵を描く〔字を(インクで)書く〕. **3.**《et⁴ッ+auf〈et³〉ニ》《口》ぽたりと落す〈絵の具・練り辛子・バターなどを〉.

die **Kleck·se·rei** [クレックセらイ] 名 -/-en **1.** 《口・蔑》絵にまで染み〔汚れ〕をつけること; へたに描く〔書く〕こと; ぽたりと落とすこと. **2.** ぽたりと落とされたもの; へたな絵.

die **Kleck·so·gra·fie, Kleck·so·gra·phie** [クレクソグらふぃー] 名 -/-n 〔心〕インクブロット図形.

die **Kle·da·sche** [クレダーシェ] 名 -/-n 《主に略》《方・口・蔑》衣服, 身なり.

(*der*) **Klee**¹ [クレー] 〔人名〕クレー(Paul ~, 1879-1940, スイスの画家).

der **Klee**² [クレー] 名 -s/- 〔植〕クローバー, シロツメクサ: 〈j⁴〉 ǜber den grünen ~ loben〈人・物・事を〉褒めすぎる.

das **Klee·blatt** [クレー・ブラット] 名 -(e)s/..blätter **1.** クローバーの葉(仲のよい)三〔四〕人組. **2.** 〔交通〕四つ葉形立体交差〔インターチェンジ〕.

das **Klee·salz** [クレー・ザルツ] 名 -es/-e 酸蓚(しゅう)カリウム(しみ抜き用).

der **Klei·ber** [クライバー] 名 -s/- 〔鳥〕ゴジュウカラ.

das **Kleid** [クライト] 名 -(e)s/-er **1.** ワンピース, ドレス. **2.** 《略の)(一般的に)衣服, 服. **3.** 《古》制服;〔地方・階級に特有な〕衣装. **4.** 〔詩〕《古》背広, スーツ. **5.** 〔詩・動物〕羽; 毛皮. 【慣用】 **nicht aus den Kleidern kommen** 寝る暇もない.

klei·den [クライデン] 動 h. **1.**《j⁴ッ+〈様態〉ニ》着せる, 装いをさせる, 身なりをさせる. **2.**〔sich⁴+〈様態〉ニ〕服装をする〔装いをする 身なりをする〕. **3.**《j³ニ》《⁽³⁾+〈様態〉ニ》似合う, 合う〈服装・色などが〉:〈j³〉 gut〔北独・口〕. **4.**《et⁴ッ+in〈et⁴〉ニシテ》表現する.

die **Klei·der·ab·la·ge** [クライダー・アップ・ラーゲ] 名 -/-n クローク, 携帯品預り所.

das **Klei·der·bad** [クライダー・バート] 名 -(e)s/..bäder (服の)ドライクリーニング.

der **Klei·der·bü·gel** [クライダー・ビューゲル] 名 -s/- ハンガー, 洋服掛け.

die **Klei·der·bürs·te** [クライダー・ビュルステ] 名 -/-n 洋服ブラシ.

der **Klei·der·ha·ken** [クライダー・ハーケン] 名 -s/- (壁の)洋服掛け(のフック).

die **Klei·der·kam·mer** [クライダー・カマー] 名 -/-n 〔軍〕被服倉庫.

der **Klei·der·kas·ten** [クライダー・カステン] 名 -s/-..kästen [-]《南独・ドイツ・スイス》=Kleiderschrank.

die **Klei·der·laus** [クライダー・ラウス] 名 -/..läuse 〔昆〕コロモジラミ.

der **Klei·der·schrank** [クライダー・シュらンク] 名 -(e)s/..schränke 洋服だんす, 衣装戸棚.

der **Klei·der·stän·der** [クライダー・シュテンダー] 名 -s/- スタンド式のコート掛け.

der **Klei·der·stoff** [クライダー・シュトっフ] 名 -(e)s/-e 服地.

kleid·sam [クライトザーム] 形 よく似合う.

die **Klei·dung** [クライドゥング] 名 -/-en (主に略) 衣服, 衣類(下着は除く); 服装, 身なり.

das **Klei·dungs·stück** [クライドゥングス・シュテュック] 名 -(e)s/-e (個々の)衣服(下着の上に着る物).

die **Klei·e** [クライエ] 名 -/-n (麦類種類) ぬか, ふすま.

klein [クライン] 形 **1.**《大きさ》〔〈et⁴〉ダッ〕小さい, 小型の: der ~e Finger (手の)小指. die ~e Zehe (足の)小指. ein ~ kariertes Muster 細かいチェック模様. ein ~ gedrucktes Text 細字印刷のテキスト. Kleider in ~en Größen 小さなサイズの服. Der Anzug ist mir (eine Nummer) zu ~. その背広は私には(サイズ一つだけ)小さすぎる. Versuchen Sie sehr ~ zu schreiben! 非常に小さい字で書くようにして下さい. **2.** 〈長さ・幅〉小さい: der ~e Zeiger (時計の)短針. **3.** 〈身長〉小さい: ein ~es Kind (für sein Alter) (年の割に)小さい子供. ~ von Gestalt sein 小柄である. **4.** 〈時間・数量〉少しの・少ない: eine ~e Weile/Pause 少しの間/休憩. eine ~e Stunde 小一時間 eine ~e Leserschaft 僅かな読者. den Schein ~ machen お札をくずす. **5.**〈年齢〉小さい, 幼い: Bücher für die K~(st)en 幼児向けの(絵本). **6.** 〈程度〉ちょっとした, ささやかな: eine ~e Erkältung ちょっとした風邪. **7.** 取るに足らない, 並の: ein ~er Angestellter 平凡な(しがない・安)サラリーマン. in ~en Verhältnissen leben つましく暮す. **8.** 《口》おずおずした: ~ beigeben 小さくなって〔屈服して〕引下がる. **9.** 狭量な, 視野の狭い: ein ~er Geist 小人物. ~ von 〈j³〉 denken 〈人のことを〉 小人物だと思う. 【慣用】 **bei Kleinem** (北独)次第に. **bis ins Kleinste** 細かいところまで. **ein kleines Intervall** 〔楽〕(2 - 3度などの)短い音程. **ein klein(es) bisschen** ほんのちょっと. **ein klein wenig** ほんのわずか. 〈j³〉 ein Kleines sein 《文》〈人にとって〉ささいなことである **eine Welt im Kleinen** 小さいが大きな一世界. **Große und Kleine** 大人も子供も. **Haben Sie es klein/kleiner?** 《口》(おつりのいらないように)小さいの/もっと小さいのをお持ちではありませんか. **im Kleinen** 小規模に, 詳細に. **im Kleinen verkaufen** 小売りをする. **im Kleinen wie im Großen** 規模の大小にかかわらず. **klein, aber fein** 《口》小さいながら良質の. **klein, aber oho** 《口》小粒がぴりっとした. **klein anfangen** (元手なしに)小さな高売込みから始める, でっぱ板から始める. **klein [ein kleines Geschäft] machen** (幼)おしっこをする. **klein und hässlich machen** (口)縮こまりする, おじけづく. **kleine Augen machen** 《口》疲れている. **kurz und klein** こなごなに. **nichts klein haben** 《口》小銭を持っていない. **sich⁴ klein machen** かがむし, やがむ; 卑下する. **über ein Kleines** 《古》少したってから. **um ein Kleines** 《文》少しだけ; すんでのところで. **von klein auf〔an〕** 小さい時から. **Pippin der Kleine** ピピン

(小)《フランク国王(751-768)》. 〈et^1〉 **wird klein geschrieben** 〈物・事が〉軽視される.

(*der/die*) **Klein** [クライン] [名] 〖人名〗クライン.

das **Klein** [クライン] [名] -s/ 〖料〗(ガチョウ・野ウサギ・チキンの)首, 頭, 手羽, 足と内臓;(首などを含む)臓物料理.

die **Klein·an·zei·ge** [クライン・アン・ツァイゲ] [名] -/-n (新聞などの)一段組み広告.

die **Klein·ar·beit** [クライン・アるバイト] [名] -/ 煩瑣(はんさ)な仕事.

klein·a·si·a·tisch [クライン・アズィアーティシュ] [形] 小アジアの.

(*das*) **Klein·a·si·en** [クライン・アーズィエン] [名] -s/ 〖地名〗小アジア.

das **Klein·au·to** [クライン・アウト] [名] -s/-s 小型自動車.

die **Klein·bahn** [クライン・バーン] [名] -/-en (狭軌の)ローカル線, 軽便鉄道.

der **Klein·bau·er** [クライン・バウあー] [名] -n/-n (副業的な)小農.

der **Klein·be·trieb** [クライン・ベトリーブ] [名] -(e)s/-e 小企業;小農経営.

die **Klein·bild·ka·me·ra** [クライン・ビルト・カ(ー)メら] [名] -/-s 〖写〗小型カメラ.

der **Klein·buch·sta·be** [クライン・ブーふ・シュターベ] [名] -ns/-n 小文字.

der **Klein·bür·ger** [クライン・ビュるガー] [名] -s/- 小市民, プチブル;《口・蔑》小市民的俗物.

klein·bür·ger·lich [クライン・ビュるガーリひ] [形] 小市民階級の;《蔑》小市民的俗物の, プチブル的な.

das **Klein·bür·ger·tum** [クライン・ビュるガートゥーム] [名] -s/ 小市民階級.

der **Klein·bus** [クライン・ブス] [名] -ses/-se マイクロバス.

der **Klein·com·pu·ter** [クライン・コムピューター] [名] -s/- 小型電算機, ミニコンピュータ.

klein·deutsch [クライン・ドイチュ] [形] (19 世紀の)小ドイツ主義の.

der/die/das **Klei·ne** [クライネ] [名] 《形容詞的変化》 **1.** (der ～)小さな男の子;《口・冗》ぼうや. **2.** (die ～)小さな女の子;《口》若い娘. **3.** (das ～)動物の子;《口・冗》小さな子供.

die **Klein·fa·mi·lie** [クライン・ふぁミーリエ] [名] -/-n 〖社〗核家族.

das **Klein·flug·zeug** [クライン・ふルーク・ツォイク] [名] -(e)s/-e 小型飛行機.

der **Klein·gar·ten** [クライン・ガるテン] [名] -s/..gärten 小農〔菜〕園(郊外にあり, レジャー用).

der **Klein·gärt·ner** [クライン・ゲるトナー] [名] -s/- 小農〔菜〕園の所有者〔賃借者〕.

das **Klein·ge·druck·te** [クライン・ゲドるっクテ] [名] 《形容詞的変化》(契約書などの見落としやすい)細字印刷された箇所(補注・規定・事項など). ⇨ klein 1.

das **Klein·geld** [クライン・ゲルト] [名] -(e)s/ 小銭.

klein·gläu·big [クライン・グロイビひ] [形] 《蔑》疑い深い, 小心で人〔事〕を信頼できない.

klein ha·cken, [旧]**klein|ha·cken** [クライン ハッケン] [動] *h.* 〔〈et^4〉ヲ〕細かく割る〔刻む〕.

der **Klein·han·del** [クライン・ハンデル] [名] -s/ 小売(業).

der **Klein·händ·ler** [クライン・ヘンドラー] [名] -s/- 小売業者.

die **Klein·heit** [クラインハイト] [名] -/ 小さいこと, 小柄;(規模の)小ささ;(量の)少なさ;《稀》(精神の)狭さ, 狭量.

klein·her·zig [クライン・へるツィひ] [形] 小心な.

das **Klein·hirn** [クライン・ヒるン] [名] -(e)s/-e 〖医〗小脳.

das **Klein·holz** [クライン・ホルツ] [名] -es/ たきつけ, 木っ端. 【慣用】〈et^4〉 **zu Kleinholz machen** 《口》〈物を〉徹底的にぶちこわす. 〈j^4〉 **zu Kleinholz machen** 〔**Kleinholz aus** 〈j^3〉 **machen**〕《口》〈人を〉さんざん殴る〔しかる〕.

die **Klei·nig·keit** [クライニひカイト] [名] -/-en ささいなこと, 小事;たやすいこと;つまらないもの: 〈j^3〉 eine ～ mitbringen 〈人に〉ちょっとしたおみやげを持って行く. 〈et^4〉 eine ～ rücken 《口》〈物を〉少しばかり動かす. Es kostet eine ～. 《口》《反語的に》それはかなり値が張る.

der **Klei·nig·keits·krä·mer** [クライニひカイツ・クれーマー] [名] -s/- 些細(ささい)なことにこだわる人.

klein ka·riert [クライン カリーあト] [形] 細かいチェック〔格子じま〕の.

klein·ka·riert [クライン・カリーあト] [形] 《口》了見の狭い, (因襲的で)あれこれうるさい. ⇨ klein 1.

das **Klein·kind** [クライン・キント] [名] -(e)s/-er 〖官〗幼児(2歳から5歳).

die **Klein·kin·der·be·wahr·an·stalt** [クライン・キンダー・ベヴァーあ・アンシュタルト] [名] -/-en 託児所, 保育所.

das **Klein·kli·ma** [クライン・クリーマ] [名] -s/-s〔-te〕〖気〗局地気候.

das **Klein·kraft·rad** [クライン・クらふト・らート] [名] -(e)s/..räder 〖交通〗(第一種)原動機付自転車.

der **Klein·kram** [クライン・クらーム] [名] -(e)s/ 《口》 **1.** こまごましたもの;小間物. **2.** こまごました仕事, 雑用.

der **Klein·krieg** [クライン・クリーク] [名] -(e)s/-e ゲリラ戦;いざこざ.

klein|krie·gen [クライン・クリーゲン] [動] *h.* 《口》 **1.** 〔〈et^4〉ヲ〕細かく〔小さく〕砕く(堅い肉を歯などで);壊してしまう(子供がおもちゃなどを);裂いて〔破って〕しまう(布地などを);食べ尽してしまう;使い果たす(遺産などを). **2.** 〔〈j^4〉ヲ〕屈伏させる, 意気地を失くさせる, 弱気にさせる. 【慣用】 **nicht kleinzukriegen sein** 丈夫である, へこたれることがない. **sich^4 nicht kleinkriegen lassen** 自説を曲げない, 屈伏しない.

der/die **Klein·kri·mi·nel·le** [クライン・クリミネレ] [名] 《形容詞的変化》軽犯罪者.

die **Klein·kunst** [クライン・クンスト] [名] -/ **1.** 工芸. **2.** 寄席(よせ)演芸.

die **Klein·kunst·büh·ne** [クラインクンスト・ビューネ] [名] -/-n 寄席(よせ), 演芸場.

klein·laut [クライン・ラウト] [形] 急に元気をなくした〔急にしょんぼりした〕, 急に歯切れの悪くなった.

klein·lich [クラインリひ] [形] ささいなことにこだわる, 度量〔了見〕の狭い.

die **Klein·lich·keit** [クラインリひカイト] [名] -/ 《蔑》 **1.** ([単]のみ)こせこせしたこと, 度量〔了見〕の狭いこと. **2.** こせこせした行為, ことこまかな異議.

klein ma·chen, [旧]**klein|ma·chen** [クライン マっヘン] [動] *h.* **1.** 〔〈et^4〉ヲ〕細かく割る. ⇨ klein 4., 【慣用】.

klein|ma·chen [クライン・マっヘン] [動] *h.* 〔〈et^4〉ヲ〕《口》使い果たす.

die **Klein·ma·le·rei** [クライン・マーレらイ] [名] -/-en 細密画;細密描写.

der **Klein·mut** [クライン・ムート] [名] -(e)s/ 《文》小心, 臆病(おくびょう).

klein·mü·tig [クライン・ミューティひ] [形] 《文》小心な.

das **Klein·od** [クライン・オート] [名] -(e)s/-e〔..odien [クライン・オーディエン]〕《文》 **1.** ([複]-ien)高価な装身具. **2.** 高価〔貴重〕なもの, 宝石.

der **Klein·rent·ner** [クライン・れントナー] [名] -s/- 小額年金生活者.

der **Klein·rus·se** [クライン・るっセ] [名] -n/-n 小ロシア人.

klein schnei·den*, [旧]**klein|schnei·den*** [クライン シュナイデン] [動] *h.* 〘〈et⁴〉ヲ〙小さく切る, 細かく刻む.

klein schrei·ben*, [旧]**klein|schrei·ben*** [クライン シュらイベン] [動] *h.* 〘〈et⁴〉ヲ〙《口》軽視する. ⇨ klein 1,【慣用】.

klein|schrei·ben*, [旧]**klein schrei·ben*** [クライン・シュらイベン] [動] *h.* 〘〈et⁴〉ヲ〙小文字で書く: Diese Wörter werden kleingeschrieben. これらの単語は小文字で書きます.

die **Klein·schrei·bung** [クライン・シュらイブング] [名] -/ 語頭を小文字で書くこと.

der **Klein·staat** [クライン・シュタート] [名] -(e)s/-en 小国.

die **Klein·staa·te·rei** [クライン・シュターテらイ] [名] -/ 小国分裂状態.

die **Klein·stadt** [クライン・シュタット] [名] -/..städte[..シュテーテ, ..シュテッテ] 小都市《人口 2 万人以下の都市》.

der **Klein·städ·ter** [クライン・シュテーター, クライン・シュテッター] [名] -s/- 小都市の住民.

klein·städ·tisch [クライン・シュテーティシュ, クライン・シュテッティシュ] [形] 小都市(風)の; 小さな(田舎)町の.

das **Kleinst·kind** [クラインスト・キント] [名] -(e)s/-er 〘官〙乳幼児《2 歳まで》.

die **Kleinst·woh·nung** [クラインスト・ヴォーヌング] [名] -/-en 1 DK 住居, ワンルームマンション.

das **Klein·tier** [クライン・ティーあ] [名] -(e)s/-e 小動物, ペット.

das **Klein·vieh** [クライン・ふぃー] [名] -(e)s/ 小家畜《羊・豚・鶏など》.

der **Klein·wa·gen** [クライン・ヴァーゲン] [名] -s/- 小型自動車.

(*die*) **Kleio** [クライオ] [名] 〘ギ神〙=Klio.

(*der*) **Kleist** [クライスト] [名] 〘人名〙クライスト《Heinrich von ~, 1777-1811, (劇)作家》.

der **Kleis·ter** [クライスター] [名] -s/- 《[複]は種類》 **1.** 糊(のり); 《口・蔑》糊のようなかゆ. **2.** 《口・蔑》がらくた.

kleis·te·rig [クライステりひ] [形] 糊(のり)のついた; 《口》糊のような.

kleis·tern [クライスターン] [動] *h.* 《口》 **1.** 〘〈et⁴〉ヲ+〈方向〉ニ〙糊(のり)で張る《ポスターなどを》; 厚く塗る《バターなどを》. **2.** 〘〈et⁴〉ヲ〙糊で張り合せる〔修繕する・張って作る〕《紙・破れた箇所・紙の風船などを》.

die **Kleis·to·ga·mie** [クライスト・ガミー] [名] -/ 〘植〙閉鎖受精.

die **Kle·ma·tis** [クレマーティス, クレーマティス] [名] -/- 〘植〙クレマチス.

(*der*) **Kle·mens** [クレーメンス] [名] **1.** 〘男名〙クレーメンス. **2.** ~ V. クレメンス 5 世《1264-1314 年, 1309 年アヴィニョンでの「バビロンの幽囚」が始まったときの教皇》.

die **Klem·me** [クレメ] [名] -/-n **1.** 《紙・髪などの》クリップ; クランプ, 万力; ねじ留めのキャップ; 〘医〙鉗子(かんし); 〘電〙(ねじ留め)端子. **2.** 《口》苦境, 窮地, ジレンマ, 板挟み.

klem·men [クレメン] [動] *h.* **1.** 〘〈et⁴〉ヲ+〈方向〉ニ〙挟む, 抱える; 嵌(は)める; 押し込む. **2.** 〘sich⁴〙無理やり割込む. **3.** 〘sich⁰+〈et¹〉ヲ〙挟まれる《指・足などを》. **4.** 〘補足なし〙つかえてなかなか動かない〔動きが悪い〕《戸・引出しなどが》. **5.** 〘〈et⁴〉ヲ〙《口》かっ払う. 【慣用】**sich⁴ hinter die Bücher klemmen** 《口》本にしがみついて猛勉強をする. **sich⁴ hinter 〈et⁴〉 klemmen** 《口》〈事を〉懸命にやる《仕事などを》. **sich⁴ hinter 〈j⁴〉 klemmen** 《口》〈人に〉援助をせがむ. **Wo klemmt es (denn)?** 《口》(いったい)どこがひっかかっているんだ〔面倒の原因は何だ〕.

der **Klem·mer** [クレマー] [名] -s/- 《方》鼻眼鏡.

die **Klemm·schrau·be** [クレム・シュらウベ] [名] -/-n 締めつけねじ.

der **Klemp·ner** [クレムプナー] [名] -s/- ブリキ屋, ブリキ職人, 板金工; (ガス・水道の)配管工.

die **Klemp·ne·rei** [クレムプネらイ] [名] -/-en **1.** 《[単]のみ》ブリキ職人の仕事. **2.** ブリキ職人の仕事場.

(*die*) **Kle·o·pa·tra** [クレオーパトら] [名] 〘人名〙クレオパトラ《紀元前 69-30, エジプトの女王》.

der **Klep·per** [クレッパー] [名] -s/- 《蔑》やせ馬, 老いぼれ馬.

die **Klep·sy·dra** [クレップスュドら] [名] -/..sydren [クレプスュードれン] 《古》水時計.

der **Klep·to·ma·ne** [クレプト・マーネ] [名] -n/-n 〘心〙窃盗狂, 病的盗癖者.

die **Klep·to·ma·nie** [クレプト・マニー] [名] -/ 〘心〙盗癖.

die **Klep·to·ma·nin** [クレプト・マーニン] [名] -/-nen 〘心〙盗癖のある女性.

klep·to·ma·nisch [クレプト・マーニシュ] [形] 〘心〙盗癖のある; 盗癖の.

kle·ri·kal [クレりカール] [形] **1.** (カトリックの)聖職者の. **2.** 教権主義の.

der **Kle·ri·ka·lis·mus** [クレりカリスムス] [名] -/ 教権〔聖職権〕主義.

der **Kle·ri·ker** [クレーりカー] [名] -s/- 〘カトリック〙聖職者.

der **Kle·rus** [クレーるス] [名] -/ 〘カトリック〙《総称》聖職者.

die **Klet·te** [クレッテ] [名] -/-n **1.** 〘植〙ゴボウ. **2.** ゴボウの頭状花. 【慣用】**an 〈j³〉 wie eine Klette hängen** 〈人に〉くっついて離れない〔うるさくつきまとう〕.

der **Klet·ten·ver·schluss**, [旧]**Klet·ten·ver·schluß** [クレッテン・ふぇあシュルス] [名] -es/..schlüsse =Klettverschluss.

die **Klet·te·rei** [クレッテらイ] [名] -/-en 《口》〘登山〙クライミング, 登攀(とうはん); 《(蔑)も有》あちこち登って回ること.

das **Klet·ter·ei·sen** [クレッター・アイゼン] [名] -s/- 〘登山〙アイゼン.

der **Klet·te·rer** [クレッテらー] [名] -s/- 登るのが上手な人〔動物〕; 〘スポーツ〙《ジャーゴン》山道の上手な自転車競技選手〔レーサー〕.

der **Klet·ter·ha·ken** [クレッター・ハーケン] [名] -s/- 〘登山〙ピトン, ハーケン.

der **Klet·ter·ma·xe** [クレッター・マクセ] [名] -n/-n 《口・冗》 **1.** =Fassadenkletterer. **2.** 何にでも登りたがる子供; 巧みな登攀(とうはん)者.

klet·tern [クレッターン] [動] **1.** *s.* 〘〈方向〉へ〙(手足を使って)登る, よじ登る; 《口》はうようにして入る〔出る〕; 乗込む, 降りる; 上がる《物価・メーターなどが》. **2.** *s./h.* 〘補足なし〙ロッククライミングをする. 【慣用】**Das ist, um auf die Bäume zu klettern.** 《口》そいつは頭に来る.

die **Klet·ter·pflan·ze** [クレッター・プふランツェ] [名] -/-n 〘植〙攀縁(はんえん)植物《ツタ・ブドウなど》.

die **Klet·ter·ro·se** [クレッター・ろーゼ] [名] -/-n 〘植〙ツルバラ.

der **Klet·ter·schuh** [クレッター・シュー] [名] -(e)s/-e 登山靴.

das **Klet·ter·seil** [クレッター・ザイル] [名] -(e)s/-e 〘登山〙ザイル; 〘体操〙ロープ.

die **Klet·ter·stan·ge** [クレッター・シュタンゲ] [名] -/-n 〘体操〙登り棒.

der **Klet·ter·vo·gel** [クレッター・ふォーゲル] [名] -s/..vögel 〘鳥〙攀禽(はんきん)類《キツツキなど》.

das **Klet·zen·brot** [クレッツェン・ブろート] [名] -(e)s/-e 《オーストリア》乾燥ナシとスパイス入りのパン.

der **Klett·ver·schluss**, [旧]**Klett·ver·schluß** [クレット・ふぇあシュルス] [名] -es/..schlüsse マジックテープ, 面

klicken 666

ファスナー.

kli·cker [クリッケン] 動 h. 1. 〔擬声〕かちっと音を立てる(カメラ・ライターなどの). 2. 〔mit⟨et³⟩〕かちっと音を立てる.

der **Klicker** [クリッカー] 名 -s/- (方)ビー玉.

der **Kli·ent** [クリエント] 名 -en/-en (弁護士・税理士などの)依頼人,クライアント.

die **Kli·en·tel** [クリエンテール] 名 -/-n (総称)(弁護)依頼人,支持者.

das **Kliff** [クリッフ] 名 -(e)s/-e (北独)(海岸の)断崖.

das **Kli·ma** [クリーマ] 名 -s/-s〔..mate クリマーテ〕 1. 気候. 2. 雰囲気,環境;風潮;傾向;情勢. 3. (人工調節された室内の)エアーコンディション.

die **Kli·ma·an·la·ge** [クリーマ・アン・ラーゲ] 名 -/-n (室内の)空気調節装置,エアコンディショナー.

der **Kli·ma·gip·fel** [クリーマ・ギプフェル] 名 -s/-n 〔政〕(ジッ)地球サミット(環境と開発に関する国連会議).

das **Kli·mak·te·ri·um** [クリマクテーリウム] 名 -s/..rien 〔医〕更年期.

der **Kli·ma·sün·der** [クリーマ・ズュンダー] 名 -s/-n (口)地球環境破壊者.

die **Kli·ma·tech·nik** [クリーマ・テクニク] 名 -/ 空調技術.

kli·ma·tisch [クリマーティシュ] 形 1. 気候(風土)(上)の. 2. 気候療法に適した.

kli·ma·ti·sie·ren [クリマティズィーレン] 動 h. 〔et⁴⟩=⟩空気調節設備(装置)をつける(建物・部屋などに);(…の)空気調節をする.

die **Kli·ma·to·lo·gie** [クリマトロギー] 名 -/ 気候学.

der **Kli·ma·wech·sel** [クリーマ・ヴェクセル] 名 -s/- (現在地を変えることによる)変化する気候の状況,転地(療法).

die **Kli·max** [クリーマクス] 名 -/-e (主に⁽ˢ⁾) 1. 〔文〕クライマックス,最高潮,絶頂. 2. 〔修〕漸層(ソン)法. 3. 〔医〕更年期.

das **Kli·max·sta·di·um** [クリーマクス・シュターディウム] 名 -s/..dien 〔生態〕極相段階.

der **Klim·bim** [クリムビム] 名 -s/ (口) 1. がらくた,よけいなもの. 2. から騒ぎ,ばか騒ぎ. 3. 騒ぎ立てること.

klim·men(*) [クリメン] 動 klomm〔klimmte〕; ist geklommen〔geklimmt〕〔⟨方向⟩=⟩(文)よじ登る.

der **Klimm·zug** [クリム・ツーク] 名 -(e)s/..züge 〔体操〕懸垂.

klim·pern [クリムパーン] 動 h. 1. 〔擬声〕かちゃかちゃ〔ちゃりん(ちゃりん)〕と音を立てる(かぎ・硬貨などが). 2. 〔mit⟨et³⟩〕かちゃかちゃ〔ちゃりん(ちゃりん)〕と鳴らす. 3. 〔auf⟨et³⟩〕ぽつんぽつん弾く(ピアノ・ギターなどを). 4. 〔et⁴⟩= 〕(auf⟨et³⟩=⟩たどたどしく弾く(曲をピアノなどで).

(*der*) **Klimt** [クリムト] 名 〔人名〕クリムト(Gustav ~, 1862-1918, オーストリアの画家).

das **Kline·fel·ter-Syn·drom** [クラインフェルター・ズュンドローム] 名 -s/-e 〔医〕クラインフェルター症候群.

die **Klin·ge** [クリンゲ] 名 -/-n 1. 刃,刀身;替え刃;(文・古)刀,剣: die ~*n* (miteinander) kreuzen (文)やいばを交える,論争する. 2. (方)狭く深い峡谷.

die **Klin·gel** [クリンゲル] 名 -/-n ベル,呼びりん;鈴.

der **Klin·gel·beu·tel** [クリンゲル・ボイテル] 名 -s/- (教会の)献金袋.

der **Klin·gel·draht** [クリンゲル・ドラート] 名 -(e)s/..drähte 呼びりん(ベル用)導線.

klin·ge·ling [クリンゲリング] 間 =klingling.

der **Klin·gel·knopf** [クリンゲル・クノプフ] 名 -(e)s/..knöpfe 呼びりんの押しボタン.

klin·geln [クリンゲルン] 動 h. 1. 〔擬声〕(…のベルが)鳴る: Das Telefon *klingelt*. 電話(のベル)が鳴っている. (Es が主語の)Es hat *geklingelt*. (ドアの)呼鈴が鳴った. Es *klingelt* um fünf Uhr. 5時のベルが鳴っている. Es *klingelt* zum Unterricht. 授業開始のベルが鳴っている. 2. 〔(an⟨et³⟩)/bei⟨j³⟩〕ベルを鳴らす. 3. 〔nach⟨j³⟩〕ベルを鳴らして呼ぶ. 【慣用】Es klingelt bei⟨j³⟩. (人が)やっと話がのみ込めた,(人が)やっといい考えを思いついた: Jetzt hat es aber *geklingelt*. (口)もう我慢の限界だ.

der **Klin·gel·zug** [クリンゲル・ツーク] 名 -(e)s/..züge 呼びりんの引きひも.

klin·gen* [クリンゲン] 動 klang; hat geklungen 1. 〔擬声〕鳴る,音を立てる(鐘・楽器・グラスなどが). 2. 〔((場所)=/⟨方向⟩=〕響く,鳴り渡る,聞こえる. 3. 〔⟨形⟩=〕音を立てる. 4. 〔⟨様態⟩=〕聞こえる, (…な)感じ(響き)がある. 【慣用】Das Instrument *klingt* nicht. その楽器は音が良くない. die Gläser klingen lassen 乾杯のためにグラスを打合せる. Es klingt, als ob ... あたかも…のように聞こえる〔な感じがする〕. in⟨j³⟩ eine Saite zum Klingen bringen (文)⟨人⟩の心の琴線に触れる. in〔mit〕klingender Münze bezahlen (文)現金で支払う. klingender Lohn〔Gewinn〕報酬などとしてのお金,金儲け.

der **Kling·klang** [クリング・クラング] 名 -(e)s/ ちりんちりん〔ちゃりんちゃりん〕という音.

kling·ling [クリング・リンク] 間 (鈴の音などを表して)ちりんちりん,りんりん.

die **Kli·nik** [クリーニク] 名 -/-en 1. (専門)病院. 2. (⁽ˢ⁾のみ)(大学の)臨床講義.

der **Kli·ni·ker** [クリーニカー] 名 -s/- (大学病院の研究・教育を行う)医師,臨床医;臨床実習生.

das **Kli·ni·kum** [クリーニクム] 名 -s/..ka〔..ken〕 1. (⁽ˢ⁾のみ)〔医〕臨床実習. 2. 総合(大学付属)病院.

kli·nisch [クリーニシュ] 形 〔医〕大学附属の臨床部門での,クリニックでの,臨床上の: ein ~er Fall 入院治療を要する症例. ~er Tod 医師によって確認された死(心拍・呼吸停止).

die **Klin·ke** [クリンケ] 名 -/-n (ドアの)取っ手,ノブ;(機械などの)レバー,ハンドル.

klin·ken [クリンケン] 動 h. 1. 〔(an⟨et³⟩)〕取っ手を動かす. 2. 〔⟨et⁴⟩+in⟨et⁴⟩=/..⟩レバーを操作して固定する. 3. 〔⟨et⁴⟩+aus⟨et³⟩=⟩レバーを操作してはずす.

der **Klin·ker** [クリンカー] 名 -s/- 硬質れんが.

der **Klin·ker·bau** [クリンカー・バウ] 名 -(e)s/-ten 1. (硬質)レンガ造りの建物. 2. (口)〔造船〕(船体を薄板で張る)クリンカー式造船法.

das **Kli·no·mo·bil** [クリノ・モビール] 名 -s/-e (治療・手術設備のある)救急車.

(*die*) **Klio** [クリーオ] 名 〔ギ神話〕クリオ(歴史の女神).

klipp [クリップ] 副 (次の形で) ~ und klar (口)はっきりと.

der **Klipp** [クリップ] 名 -s/-s 1. クリップ,(万年筆のキャップなどの)クリップ. 2. (クリップ式の)イヤリング,ブローチ;ヘアピン;ネクタイピン.

die **Klip·pe** [クリッペ] 名 -/-n 1. 岩礁,暗礁. 2. 障害,難関,困難な点.

der **Klip·per** [クリッパー] 名 -s/- 1. (19世紀の)快速帆船. 2. 長距離旅客機.

der **Klipp·fisch** [クリップ・フィッシュ] 名 -(e)s/-e 塩鱈(ミミ)の干物,棒鱈.

die **Klipp·schu·le** [クリップ・シューレ] 名 -/-n 1. (北独)=Grundschule. 2. (蔑)程度の低い学校.

der **Klips** [クリプス] 名 -es/-e =Klipp 2.

klir·ren [クリレン] 動 h. 1. 〔擬声〕かちゃかちゃ鳴る(腕飾りの鎖・かぎなどが);ちゃりんちゃりん鳴る(グラス

製品などが);ちゃんと音を立てる(ガラス・金属製品などが落ちて);びりびり震える(窓ガラスなどが). 2. [mit〈et⁴ッテ〉]ちゃかちゃか[ちゃりんちゃりん・がちゃん]と音を立てる. 【慣用】**Die Kälte klirrt** [**Es klirrt vor Kälte**]. しんしんと冷え込む. **Es war klirrend kalt.** ひどい寒さだった.

das **Kli·schee** [クリシェー] 名 -s/-s **1.** [印](ジシン)凸版. **2.** 〔文・蔑〕月並みな表現, 決り文句. **3.** 《文・蔑》《安直な》模倣;紋切型の観念, ステレオタイプな考え方.

kli·schie·ren [クリシーれン] 動 h.〈et⁴ッテ〉〔文・蔑〕型どおりにまねて作る;[印](…の)凸版を作る.

das **Klis·tier** [クリスティーあ] 名 -s/-e [医]浣腸(かん).

die **Klis·tier·sprit·ze** [クリスティーあ・シュプリッツェ] 名 -/-n 浣腸(かんちょ)器.

die **Kli·to·ris** [クリートリス] 名 -/[..rides クリトーリデース] [医]陰核, クリトリス.

der **Klitsch** [クリッチュ] 名 -(e)s/-e 〔方〕 **1.** (口)生焼けのパン[ケーキ]. **2.** 粥(がゆ)状のもの, ねばねばしたもの. **3.** 軽くたたくこと.

die **Klit·sche** [クリッチェ] 名 -/-n (口) **1.** 貧弱な農場;小企業[工場];やせた土地;寒村. **2.** 田舎芝居(小屋).

klit·schig [クリッチ] 形 〔方〕生焼けでべとべとの.

klitsch·nass, ⓢ**klitsch·naß** [クリッチュ・ナス] 形 (口)びしょぬれの.

klit·tern [クリッターン] 動 h. **1.** 〈et⁴ッテ〉〔文・蔑〕継ぎはぎ細工で作る[まとめる](作品・論文・見解などを). **2.** 〈et⁴ッテ〉〔文〕歪曲(わいきょく)して叙述する. **3.** 〈et⁴ッテ〉〔方〕細かく[小さく]する. **4.** 〔慣用〕〔方〕へなへな[汚い]字を書く.

klit·ze·klein [クリッツェ・クライン] 形 (口)ちっぽけな.

die **Kli·vie** [クリーヴィエ] 名 -/-n =Clivia.

das **Klo** [クロー] 名 -s/-s (口)(水洗)便所;便器.

die **Klo·ake** [クロアーケ] 名 -/-n **1.** 下水道(溝), 下水本管. **2.** [動]排泄腔(はいせつくう).

der **Klo·ben** [クローベン] 名 -s/- **1.** 丸太, [転・口]粗野(そやな)な男. **2.** [手工]小型バイス, 手万力. **3.** (ちょうつがいの)軸, ひじ金;鉄のフック.

klo·big [クローピ] 形 ごつい;無骨な, 武骨な.

klomm [クロム] klimmen の過去形.

klöm·me [クレェメ] 動 klimmen の接続法2式.

der **Klon** [クローン] 名 -s/-e 〔生〕クローン.

klo·nen [クローネン] 動 h.〔生〕 **1.** 〈et⁴ッテ〉無性増殖する. **2.** 〈et⁴ッテ〉無性増殖させる(特に植物を).

klö·nen [クレェネン] 動 h.〈über j³/et⁴ッティフテ〉[北独](くつろいでおしゃべりをする.

klo·nie·ren [クロニーれン] 動 h.〈et⁴ッテ〉[生]無性増殖させる.

der **Klo·nus** [クローヌス] 名 -/..ni [医]クローヌス, 間代(かんたい)性痙攣(けいれん)(症).

klop·fen [クロプフェン] 動 h. **1.** 《〈方向/場所〉ッ》(とんとん)軽くたたく, ノックする:〈Es が主語で〉**Es klopft.** ノックの音がする. **2.** 〈et⁴ッテ〉たたいて柔らかくする(肉・麻などを);たたいて小さくする[砕く](石などを);たたいてきれいにする(マット・カーペットなどを). **3.** 〈et⁴ッテ + von 〈et³〉aus 〈et⁴ッテ〉〉たたいて(取り)除く(雪をマントから・灰をパイプの中などから). **4.** 〈et⁴ッテ + in〈et⁴〉(小ん)〉(軽く)たたき入れる[打ち込む](釘を壁の中に・アイスホッケーのパックをゴールなどに). **5.** 〔慣用〕こつこつ木をたたく(キツツキが);[車]ノッキングする. **6.** 〔慣用〕どきどきする, 鼓動する(心臓が);打つ(脈が). **7.** 〈et⁴ッテ〉【慣用】**an das Glas klopfen** グラスを(スプーンなどで)軽くたたいて静粛を求める(宴会などで). 〈j³ッ〉**aus dem Bett klopfen** 扉をノックして〈人ッ〉を起こす. **Beifall klopfen** 机の上をこつこつたたいて賛意[称賛]を示す. **mit dem Fuß den Takt der Musik klopfen** 足で床を軽く踏んで音楽の拍子を取る(示す).

der **Klop·fer** [クロプファー] 名 -s/- じゅうたんたたき;ドアのノッカー.

klopf·fest [クロプフ・フェスト] 形 [車・工]アンチノック(性)の.

die **Klopf·fes·tig·keit** [クロプフ・フェスティヒカイト] 名 -/ [車・工]アンチノック性.

der **Klopf·geist** [クロプフ・ガイスト] 名 -(e)s/-er 戸を叩く霊.

das **Klopf·zei·chen** [クロプフ・ツァイヒェン] 名 -s/- ノックによる合図.

der **Klöp·pel** [クレッペル] 名 -s/- **1.** (鐘・鈴の)舌;(太鼓などの)撥(ばち), スティック;たたき棒. **2.** レース編用ボビン.

die **Klöp·pel·ar·beit** [クレッペル・アルバイト] 名 -/-en **1.** (のみ)ボビンレース編み. **2.** ボビンレースの製品.

klöp·peln [クレッペルン] 動 h. **1.** 〈et⁴ッテ〉ボビンレース編みで作る. **2.** 〔慣用〕ボビンレース編みをする. **3.** 〈et⁴ッテ + auf〈et⁴〉ッテ〉〔方〕とんとん叩いて出す(音などを). **4.** 〈場所ッ〉〉とんとんという音をたてる.

die **Klöp·pel·spit·ze** [クレッペル・シュピッツェ] 名 -/-n ボビンレース.

klop·pen [クロッペン] 動 h. **1.** 〈j⁴/et⁴ッテ〉[北独・中独]叩く, 殴る. **2.** 〔相互代名詞sich⁴〕殴り合う.

die **Klöpp·le·rin** [クレッペルリン] 名 -/-nen ボビンレース編みをする女性;ボビンレース製造の女工.

der **Klops** [クロップス] 名 -es/-e **1.** [北独]肉団子. **2.** (口)重大な誤り.

(*der*) **Klop·stock** [クロップ・シュトック] 名 [人名]クロップシュトック(Friedrich Gottlieb ~, 1724-1803, 詩人).

das **Klo·sett** [クロゼット] 名 -s/-s[-e] (水洗)便所;便器.

das **Klo·sett·be·cken** [クロゼット・ベッケン] 名 -s/- 便器.

das **Klo·sett·pa·pier** [クロゼット・パピーア] 名 -s/-e トイレットペーパー.

der **Klo·spruch** [クロー・シュプルッフ] 名 -(e)s/..sprüche (口) =Toilettenspruch.

der **Kloß** [クロース] 名 -es/Klöße **1.** [北独・古独](こね粉・肉・ジャガイモなどの)団子. **2.** (古)塊. 【慣用】**einen Kloß im Hals haben** (口)(興奮したりして)のどが詰まって話せない. **einen Kloß im Mund haben** もぐもぐ話す.

die **Kloß·brü·he** [クロース・ブリューエ] 名 -/-n 団子のゆで汁. 【慣用】**klar wie Kloßbrühe sein** 明白である.

das **Klos·ter** [クロースター] 名 -s/Klöster 修道院.

der **Klos·ter·bru·der** [クロースター・ブルーダー] 名 -s/..brüder (平)修道士.

die **Klos·ter·frau** [クロースター・ふらう] 名 -/-en 修道女, 尼僧.

klös·ter·lich [クレェスターリヒ] 形 修道院らしい;修道院所属の.

die **Klos·ter·re·gel** [クロースター・れーゲル] 名 -/-n 修道院の規則(戒律).

die **Klos·ter·schwes·ter** [クロースター・シュヴェスター] 名 -/-n 修道女.

(*die*) **Klo·tho** [クロート] 名 [ギ神]クロト(運命の三女神Moiraの一人).

der **Klotz** [クロッツ] 名 -es/Klötze[Klötzer] **1.** 丸太;積み木;(木製の)フック. **2.** (口) **j³** ~ **am Bein sein** (口)〈人ヒと*³*〉重荷[足手まとい]である. **2.** (㊤ Klötze)(口・蔑)粗野な人間, 無骨者. **3.** (㊤のみ)(ゾイ・口)お金.

klot·zen [クロッツェン] 動 **1.** h.〔慣用〕〔方〕(お金をか

けて)大々的〔派手〕に行う(催し物・事業などで);きつい仕事をする. **2.** s. 〘醤〙《方》重い足どりで歩く. **3.** h. 〘醤〙〘ズポ〙相手の向かすねとけばす(サッカーなどで).

klotzig [クロツィヒ] 形 **1.** ごつごつした;不細工〔不格好〕な. **2.** 《口》すごい.

der **Klub** [クルプ] 名 -s/-s **1.** クラブ,会;友達〔知り合い〕仲間. **2.** クラブハウス,(クラブの)集会所. **3.** 〘政治〙(議会の)会派.

die **Klub·jacke** [クルプ・ヤッケ] 名 -/-n ブレザー.

der **Klub·ob·mann** [クルプ・オプ・マン] 名 -(e)s/..männer〔leute〕〘政治〙会派の長.

der **Klub·ses·sel** [クルプ・ゼッセル] 名 -s/- クラブチェアー,高級安楽いす.

die **Klub·sit·zung** [クルプ・ズィッツング] 名 -/-en 〘政治〙会派会議.

die **Kluft**[1] [クルフト] 名 -/Klüfte **1.** (岩などの深い)裂け目〔割れ目〕. **2.** (著しい)相違,対立;(人間関係の)溝,亀裂,断絶.

die **Kluft**[2] [クルフト] 名 -/-en 《口》制服,ユニホーム;(特定の目的のための)服,服装.

das **Kluft·was·ser** [クルフト・ヴァッサー] 名 -s/- 〘地質〙岩石の割れ目に生じる地下水(風化の一因).

klug [クルーク] 形 klüger;klügst **1.** 利口な,賢い;教養〔学識・人生経験〕のある,分別のある:ein ~*er* Kopf 頭のいい人. ~ reden 利口そうな口をきく. ein ~*e* Bücher 専門の知識を教えてくれる本. **2.** 抜け目のない,駆引のうまい:ein ~*er* Rat 巧みな助言. Du hättest ~ daran, zu schweigen. 君は黙っていればよかったのに. 【慣用】aus 〈j³〉 nicht klug werden 〈人の〉気持〔考え〕が分らない〈事³〉理解できない. Hinterher ist man immer klüger. 後になってはじめてどうしたらよかったか分る. nicht recht klug sein 〈口〉ちょっと頭がおかしい. so klug wie vorher〔zuvor〕sein 相変らず分らない. wie nicht klug 非常に,がむしゃらに.

die **Klü·ge·lei** [クリューゲライ] 名 -/-en 《稀》細かな詮索,考え過ぎ.

klü·geln [クリューゲルン] 動 h. 〈an〈et³〉/über〈et⁴〉〉〘ニッチ〙〔細かい点まで〕あれこれ考える.

klu·ger·wei·se [クルーガー・ヴァイゼ] 副 賢明にも.

die **Klug·heit** [クルークハイト] 名 -/-en **1.** (動のみ)利口さ,才知,聡明;分別,思慮深さ,抜け目なさ. **2.** (動のみ)(主に《皮》)賢明な発言;こざかしい発言.

klüg·lich [クリューグリヒ] 副 《文語》賢明にも.

klug|re·den [クルーク・レーデン] 動 h. 〘醤〙《口》知ったかぶりをして話す,利口ぶった口をきく. ⇨ klug 1.

der **Klum·patsch** [クルムパッチュ] 名 -(e)s/- 《口・蔑》がらくた.

klum·pen [クルムペン] 動 **1.** h. 塊になる(塩・羽毛などが);凝固する(血液などが);粒々になる(プディング・ソースなどが). **2.** 〈an〈j³/et³〉〉塊になってこびりついている(泥などが).

der **Klum·pen** [クルムペン] 名 -s/- 塊.

der **Klumpfuß** [クルムプ・フース] 名 -es/..füße 〘医〙内反足.

klum·pig [クルムピヒ] 形 (いくつも)塊ができた;玉(ˢ)になった;不格好な.

der **Klün·gel** [クリュンゲル] 名 -s/- **1.** 《蔑》徒党,(派)閥. **2.** 《方》円錐花序.

die **Klün·gel·wirt·schaft** [クリュンゲル・ヴィルトシャフト] 名 -/-en 《蔑》陰で行うこと,縁者びいき.

der **Klun·ker** [クルンカー] 名 -s/-n(der ~ -s/-も有)小さい塊;飾り玉;房飾り;(動のみ)装身具.

die **Kluppe** [クルッペ] 名 -/-n ノギス,ダイス回し,カリパス;〘林業・ドイツ〙洗濯挟み;〘獣医〙去勢器.

die **Klus** [クルース] 名 -/-en 峡谷.

die **Klü·se** [クリューゼ] 名 -/-n 〘海〙ホースパイプ,錨鎖孔(ˢˢ).

der **Klu·sil** [クルズィール] 名 -s/-e 〘言〙破裂音.

der **Klü·ver** [クリューヴァー] 名 -s/- 〘海〙ジブセール(船首の三角帆).

der **Klü·ver·baum** [クリューヴァー・バウム] 名 -(e)s/..bäume 〘海〙ジブブーム.

das **Klys·ma** [クリュスマ] 名 -s/..men 〘医〙浣腸.

(*die*) **Kly·täm·nes·tra** [クリュテムネストラ] 名 〘ギ神〙クリュタイムネストラ(Agamemnon の妻).

km[1] =Kilometer キロメートル.

km[2] =Quadratkilometer 平方キロメートル.

km[3] =Kubikkilometer 立方キロメートル.

k. M. =künftigen Monats 来月に(の).

km/h, km/st =Kilometer pro〔in der〕Stunde 時速…キロメートル.

kn =Knoten 〘海〙ノット.

knab·bern [クナッベルン] 動 h. **1.** 〈et⁴〉ほりほりかんで食べる(ピーナツなどを). **2.** 〈an〈et³〉〉かじっている(特にリス・ネズミなどが). 【慣用】**an** 〈et³〉 (noch lange) zu knabbern haben 〈事³〉(今後もずっと)苦しまなければならない. **nichts mehr zu knabbern haben** 《口》お金が底をついている.

der **Kna·be** [クナーベ] 名 -n/-n 《文》少年,男の子,童;《口》《冗》の有)若者,男,やつ.

das **Kna·ben·al·ter** [クナーベン・アルター] 名 -s/ 《文》少年時代.

der **Kna·ben·chor** [クナーベン・コーア] 名 -(e)s/..chöre 少年合唱団.

kna·ben·haft [クナーベンハフト] 形 男の子〔少年〕のような;《稀》男の子らしい.

das **Kna·ben·kraut** [クナーベン・クラウト] 名 -(e)s/..kräuter 〘植〙ハクサンチドリ(ランの一種).

das **Knäb·lein** [クネープライン] 名 -s/- (Knabe の縮小形)《詩》童子.

knack! [クナック] 間 =knacks!

das **Knä·cke·brot** [クネッケ・ブロート] 名 -(e)s/-e クネッケ(小麦とライ麦の粗びきで作る堅パン);一切れのクネッケ.

knacken [クナッケン] 動 **1.** h. 〘醤〙ぱちっ(かちっ・ぱりっ・みしっ)と音を立てる(スイッチ・床板などが):(Es が主語で)Es *knackt* im Telefon. 受話器の中でちゃっと音がする. **2.** h. 〈mit〈et³〉〉ぽきんと鳴らす(指の関節などを),かちかち鳴らす(歯などを). **3.** s. 〘醤〙《口》ぽきんと音を立てて折れる(枝などが),ぱりっと音を立てて割れる(窓ガラスなどが). **4.** h. 〈et⁴〉ぽきっと音を立てて割る(クルミなどを);《口》ぱちんとつぶす(シラミなどを);解く(なぞを);《口》こじ開ける(錠前・金庫・車などを). **5.** h. 〘醤〙《口》眠っている. 【慣用】**an** 〈et⁴〉 **noch lange zu knacken haben** 〈事³〉片づけるのにまだまだ苦労しなければならない.

der **Knacker** [クナッカー] 名 -s/- **1.** クルミ割り(Nuss~);《口》金庫破り. **2.** 《方》⇨ Knackwurst. **3.** (次の形で)alter ~《口・蔑》年寄りの(男). **4.** (レコードの傷でノイズの出る箇所).

der **Knacki** [クナッキ] 名 -s/-s 〘ジン〙受刑者;刑務所帰り(人).

knackig [クナッキヒ] 形 《口》**1.** ぱりぱりした,かりかりした;ひどく. **2.** ぴちぴちした(魅力的な);すばらしい.

der **Knack·laut** [クナック・ラウト] 名 -(e)s/-e **1.** ぱちっ(ぽきっ)という音. **2.** 〘言〙声門閉鎖音.

die **Knack·man·del** [クナック・マンデル] 名 -/-n 殻なしアーモンド.

der **Knacks** [クナックス] 名 -es/-e 《口》**1.** かちっ(ぱりっ・ぱりぱり)という音. **2.** 《口》ひび,亀裂;(身体・精神上の)欠陥,故障.

knacks! [クナックス] 間 (堅いものの折れたり壊れたりする音)ぽきっ,ぱりっ,めりっ,みしっ.

die **Knack·wurst** [クナック・ヴルスト] 名 -/..würste ク

ナックヴルスト〔かむとばりっと音がする〕.
die **Knagge** [クナッゲ] 名 -/-n **1.**〚建築工法〛持送り. **2.**〚機械製作〛回し金, ドグ.
der **Knall** [クナル] 名 -(e)s/-e ばちっ〔どかん・ばたん〕という音;〔転〕騒ぎ.【慣用】**einen Knall haben**《口》頭が変だ. **Knall und Fall**〔**Knall auf Fall**〕直ちに, 突然.
der〔*das*〕**Knall·bon·bon** [クナル・ボンボン(-)ン] 名 -s/-s クラッカー(爆竹の一種).
die **Knall·büch·se** [クナル・ビュクセ] 名 -/-n《口・冗》鉄砲.
der **Knall·ef·fekt** [クナル・エフェクト] 名 -(e)s/-e《口》あっと驚かせる効果, 効果満点の落ち.
knal·len [クナレン] 動 **1.** *h.*〚爆弾・むち・足音などが〛すごい音を立てる〔爆弾・むち・足音などが〛. **2.** *h.* [Es+〈場所〉デ]凄い音または〚衝突(事故)が起きる;〔口〕びんたが飛ぶ. **3.** *h.* [mit〈et³〉]ばたん〔ぱちっ・がつん〕と鳴らす〔いわす〕〔戸・かかとなどを〕. **4.** *h.*〈方向〉= 〚発射する(銃などで)〛. **5.** *h.*〈et⁴〉+〈方向〉=《口》激しくたたき〔投げ〕つける;〚球技〛猛烈な勢いでシュートする〔打つ〕. **6.** *h.*〈j³〉=+〈et⁴〉+〈方向〉=〔口〕ぱしっと食らわす〔びんこつなどを〛. **7.** *h.*〚sich⁴+〈方向〉=〛どしんと倒れ込む. **8.** *h.*〈方向〉= 音を立ててぶつかって行く〈et⁴〉+バイなどが〛. **9.** *s.*〚稀〛音を立てて破れる〔裂ける〕〔風船・タイヤなどが〛. **10.** *h.*〈方向〉=じりじり〔ぎらぎら〕照りつける. **11.** *h.*《口》どぎつい, けばけばしい〔色・ネオンサイン・照明などが〛.【慣用】**Das ist zum Knallen.**《口》そいつはひどく滑稽(ｺｯｹｲ)だ.
knall·eng [クナル・エング] 形《口》きちきちの.
die **Knall·erb·se** [クナル・エルプセ] 名 -/-n かんしゃく玉(爆竹の一種).
der **Knall·frosch** [クナル・ふろッシュ] 名 -(e)s/..frö·sche ねずみ花火.
das **Knall·gas** [クナル・ガース] 名 -es/-e〚化〛爆鳴気(ガス).
die **Knall·gas·ex·plo·si·on** [クナルガース・エクスプロズィオーン] 名 -/-en〚化〛爆鳴ガス爆発.
die **Knall·gas·re·ak·ti·on** [クナルガース・れアクツィオーン] 名 -/-en〚化〛爆鳴ガス反応.
knall·gelb [クナル・ゲルプ] 形 けばけばしい黄色の.
knall·hart [クナル・ハルト] 形《口》**1.** ひどく厳しい;ひどくきつい;冷酷な. **2.**〚球技〛強烈な.
knal·lig [クナリヒ] 形《口》**1.** けばけばしい, 耳をつんざく, 人をあっと言わせる. **2.** びっちりした. **3.** すごく.
der **Knall·kopf** [クナル・コップふ] 名 -(e)s/..köp·fe《口》ばか, 頭のいかれたやつ.
knall·rot [クナル・ろート] 形《口》どぎつい赤の.
knapp [クナップ] 形 **1.** わずかな, 乏しい. **2.** すれすれの, ぎりぎりの:eine *-e* Mehrheit ぎりぎりの過半数. ～ befriedigend よくできた《評点》. **3.** ～, そこそこ, …足らず:eine *-e* Stunde 1時間そこそこ. **4.** すれすれに:～ vor Sonnenuntergang 日没直前に. **5.** ぴったりの, きつい. **6.** 簡潔な.
der **Knap·pe** [クナッペ] 名 -n/-n **1.**《古》(騎士に仕える見習いの)若者, 小姓;盾持ち(Schild～). **2.**〚鉱〛鉱員, 坑夫.
knapp hal·ten*, ⓞknapp|hal·ten* [クナップ ハルテン] 動 h. [〈j³〉=+mit〈et³〉]少し〔必要な物〕しか与えない(子供に金などを). **2.** [〈et⁴〉少な目に供給する(商品などを).
die **Knapp·heit** [クナップハイト] 名 -/ **1.** 不足, 欠乏. **2.**(文章などの)簡潔さ.
der **Knapp·sack** [クナップ・ザック] 名 -(e)s/..säcke ナップザック.
die **Knapp·schaft** [クナップシャふト] 名 -/-en〚鉱〛

鉱業被用者保険組合〔共済組合〕;《総称》(一鉱区の)鉱業労働者.
knap·sen [クナプセン] 動 *h.*〚慣用〛《口》倹約をする, 切り詰めた生活をする.
die **Knar·re** [クナれ] 名 -/-n **1.** がらがら(玩具). **2.**《口》鉄砲.
knar·ren [クナれン] 動 *h.*〚慣用〛ぎしぎし〔ぎいぎい・がたがた〕と音を立てる〔ベッド・樹々などが〛;mit ～*der* Stimme sprechen しわがれ声で話す.
der **Knast** [クナスト] 名 -(e)s/..nä·ste〔-e〕《口》**1.**(のみ)禁固刑. **2.** 刑務所.
der **Knas·ter** [クナスタ―] 名 -s/-《口》安タバコ;《古》高級(パイプ)タバコ.
der **Knatsch** [クナーチュ] 名 -(e)s/《方》いざこざ, 不愉快なこと, 不平不満.
knat·schen [クナーチェン] 動 *h.*〚慣用〛《方》ぶつぶつ不平を言う, ぐずる, めそめそする;ぺちゃぺちゃ音を立てる(食事の際に).
knat·tern [クナッターン] 動 **1.** *h.*〚慣用〛だだだ〔ばりばり・ばたばた・ばさばた〕と音を立てる(機関銃・オートバイ・旗などが). **2.** *s.* [〈場所〉ッ]爆音を立てて走って行く(オートバイなどが).
das〔*der*〕**Knäu·el** [クノイエル] 名 -s/-(糸などを巻いたり, 紙などをまるめた)玉;〔転〕群集.
der **Knauf** [クナウふ] 名 -(e)s/..Knäu·fe (頭の丸い)取っ手, 握り;柄頭(ﾂｶｶﾞｼﾗ);柱頭(Säulen～).
der **Knau·ser** [クナウザー] 名 -s/-《口・蔑》けち, しみったれ(人).
die **Knau·se·rei** [クナウゼらイ] 名 -/《口・蔑》けちること, しみったれた行動.
knau·se·rig [クナウゼりヒ] 形《口》しみったれた, けちな.
knau·sern [クナウザーン] 動 *h.* [mit〈et³〉]《口》ひどくけちる(金などを).
die **Knaus-Ogi·no-Me·tho·de** [クナウス・オギーノ・メトーデ] 名 -/〚医〛クナウス・オギノ法(受胎調節法).
knaut·schen [クナウチェン] 動 *h.* **1.** 〈et⁴〉しわくちゃにする(紙・布・衣服などを). **2.** 〚慣用〛しわになる.
knaut·schig [クナウチヒ] 形《口》しわくちゃの;しわになりやすい.
die **Knautsch·zo·ne** [クナウチュ・ツォーネ] 名 -/-n〚車〛(自動車前後部の)衝撃吸収部.
der **Kne·bel** [クネーベル] 名 -s/- **1.** 猿轡(ｻﾙｸﾞﾂﾜ) (Mund～). **2.**(荷物のひもを締めたり, 重い荷物を運ぶための)棒;(つる掛けのこの刃の張りを調節する)締め木;棒状〔紡錘形〕ボタン.
der **Kne·bel·bart** [クネーベル・バート] 名 -(e)s/..bärte 八字ひげ.
kne·beln [クネーベルン] 動 *h.* **1.** 〈j⁴〉= 猿轡(ｻﾙｸﾞﾂﾜ)をかませる. **2.**《古》(…の)手も足をも縛って動けなくする. **3.** 〈et⁴〉ッ妨害〔抑圧・弾圧〕する(言論の自由・進歩などを).
der **Kne·bel·ver·trag** [クネーベル・ふぇあトらーク] 名 -(e)s/..träge 片務契約.
der **Knecht** [クネヒト] 名 -(e)s/-e **1.**《古》(農家の)下男, 作男;(昔の)従士, 下僕. **2.**(主に®)人の言いなりになる者, 唯々諾々と服従する者;〔転〕(欲望などの)奴隷.
knech·ten [クネヒテン] 動 *h.*〚慣用〛《文・雅》隷属する, 隷従させる, 絶対服従させる. 奴隷にする(女性, 民衆などを).
knech·tisch [クネヒティシュ] 形《文・蔑》下僕のような, 奴隷的(のような), 卑屈な.
die **Knecht·schaft** [クネヒトシャふト] 名 -/(主に®)《文・蔑》奴隷制〔拘束〕状態, 抑圧された生活.
die **Knech·tung** [クネヒトゥング] 名 -/《文・蔑》抑圧;奴隷化.
der **Kneif** [クナイふ] 名 -(e)s/-e《方》(靴屋・庭師な

どの)職人ナイフ.

knei·fen* [クナイふぇン] [動] kniff; hat gekniffen **1.** 〔〈j⁴〉ヲ//〈j³⁽⁴⁾〉ノ+in 〈et⁴〉ヲ〕つねる, きつくつまむ〔挟む〕(人が指で・動物が歯などで). **2.** 〔補足なし〕きつくて〔食込んで〕痛い(衣類が). **3.** 〔〈j⁴〉ハ〕《口・古》痛い. **4.** 〔〈et⁴〉ヲ〕つぶる, 細める(目を); 固く合せる(唇を). **5.** 〔vor 〈j³/et³〉ニ〕おじけづいてしり込みする; おじけづいて(…を)回避する(上司・任務などを). 【慣用】**Der Bauch kneift ihn** 〔**Sein Bauch kneift**〕. 《口》彼は腹が痛い.

der **Knei·fer** [クナイふぁー] [名] -s/- (つるのなり)鼻眼鏡.

die **Kneif·zan·ge** [クナイふ・ツァンゲ] [名] -/-n やっとこ(Beißzange).

die **Knei·pe** [クナイペ] [名] -/-n 《口》居酒屋, 飲み屋; 〘学生組合〙学生組合の飲み会; 飲み会の集会室.

knei·pen¹ [クナイペン] [動] *h.* 〔補足なし〕《口》(居酒屋で)酒を飲む; 〘学生組合〙飲み会に参加する.

knei·pen²⁽*⁾ [クナイペン] [動] knipp〔kneipte〕; hat geknippen〔gekneipt〕《方》=kneifen 1, 2, 3.

der **Knei·pen·wirt** [クナイペン・ヴィるト] [名] -(e)s/-e 居酒屋の亭主, 飲み屋のおやじ.

die **Knei·pe·rei** [クナイペらイ] [名] -/-en 《口・蔑》あまりにも頻繁(ひんぱん)な大酒盛り.

kneip·pen [クナイペン] [動] *h.* 〔補足なし〕《口》クナイプ式水浴療法をする.

die **Kneipp·kur** [クナイプ・クーあ] [名] -/-en クナイプ式水浴療法.

kneis·ten [クナイステン] [動] *h.* 〔〈et⁴〉ヲ〕《北東独》こらして見る(目を).

knet·bar [クネート・バーあ] [形] こねることのできる.

die **Kne·te** [クネーテ] [名] -/ **1.** 《口》=Knetmasse. **2.** 《口》金(かね).

kne·ten [クネーテン] [動] *h.* **1.** 〔〈et⁴〉ヲ〕こねる; 揉(も)む, マッサージする. **2.** 〔〈et⁴〉ノ形ヲ+aus 〈et³〉デ〕作る(パン・茶碗などの形を).

die **Knet·mas·se** [クネート・マッセ] [名] -/-n (工作用)粘土.

der **Knick** [クニック] [名] -(e)s/-e〔-s〕 **1.** (複 -e)(紙・布地などの)折れ目, しわ. **2.** (複 -e)(道路などの)急カーブ; (管などの) 屈曲(箇所); (卵の)殻の割れた箇所. **3.** (複 -s)《北独》(敷地の囲い・障害物の)低木が植えられた土塁.

der **Kni·cke·bein** [クニッケ・バイン] [名] -s/ クニッケバイン酒(卵の黄身入りのリキュール).

kni·cken [クニッケン] [動] *h.* **1.** 〔〈et⁴〉ヲ〕折り曲げる(枝・紙などを); (無理に)捻(ね)る, 挫(くじ)く. **2.** 〔補足なし〕折れ曲がる(枝などが); ひびが入る(卵(の殻)などが). **3.** 〔〈j⁴〉ヲ〕意気消沈させる, 落胆させる. **4.** 〔〈et⁴〉ヲ〕打砕く(プライド・希望などを). 【慣用】〈j³〉 **das Herz knicken** 〈人ヲ〉意気阻喪させる. **in die Knie knicken** ひざを(がくっと)折る〔曲げる〕.

der **Kni·cker** [クニっカー] [名] -s/- 《口》けちん坊; 〘狩〙(首を刺すための)とどめ用ナイフ.

die **Kni·cker·bo·cker** [(ク)ニっカー・ボっカー], **Kni·cker·bo·ckers** [(ク)ニっカー・ボっカーズ] [複名] ニッカーボッカー.

kni·cke·rig [クニッケりひ] [形] 《口》けちな.

die **Knick·fes·tig·keit** [クニック・ふぇスティひカイト] [名] -/ 折れ曲がるおそれのないこと; 〘工〙耐座屈性.

knick·rig [クニックりひ] [形] =knickerig.

der **Knicks** [クニックス] [名] -es/-e (女性の片足を引き)ひざをかがめてするお辞儀.

knick·sen [クニックセン] [動] *h.* 〔補足なし〕(片足を後ろに引いて)ひざをかがめてお辞儀をする(女性が).

das **Knie** [クニー] [名] -s/-[クニー(エ)] **1.** 膝(ひざ), 膝頭: auf die ~ fallen ひざまずく. **2.** (ズボン・ストッキングの)膝の部分. **3.** (川・煙筒などの)屈曲部. **4.** 〘工〙エルボー. 【慣用】〈j⁴〉 **auf** 〔**in**〕 **die Knie zwingen** 《文》〈人ヲ〉屈服させる. **in den Knien weich werden** 《口》不安におののいている. **in die Knie brechen** 〔**fallen**〕 くずおれる. 〈**et**⁴〉 **übers Knie brechen** 《口》〈事ヲ〉性急に片づける〔決める〕. 〈**j**⁴〉 **übers Knie legen** 《口》〈人ヲ〉ひっぱたく. (**vor** 〈**j**³〉) **in die Knie gehen** へなへなになる, (〈人ニ〉)屈服する.

die **Knie·beu·ge** [クニー・ボイゲ] [名] -/-n 〘体操〙屈膝(くっしつ).

die **Knie·bund·ho·se** [クニー・ブント・ホーゼ] [名] -/-n 膝下でバンドで留める半ズボン.

der **Knie·fall** [クニー・ふぁル] [名] -(e)s/..fälle (敬意や服従を表すため)両ひざを曲げてひざまずくこと.

knie·fäl·lig [クニー・ふぇりひ] [形] 平身低頭しての; 《古》ひざまずいての: vor 〈j³〉 ~ werden 〈人ノ〉前にひざまずく.

knie·frei [クニー・ふらイ] [形] ひざ上までの丈の.

das **Knie·ge·lenk** [クニー・ゲレンク] [名] -(e)s/-e ひざ関節.

der **Knie·hang** [クニー・ハング] [名] -(e)s/ 〘体操〙膝かけ懸垂.

der **Knie·he·bel** [クニー・ヘーベル] [名] -s/- (ひざで操作するオルガンの)増音器; 〘工〙トグル継手.

knie·hoch [クニー・ホーほ] [形] ひざまでの丈の.

die **Knie·ho·se** [クニー・ホーゼ] [名] -/-n ひざ丈の半ズボン.

die **Knie·keh·le** [クニー・ケーレ] [名] -/-n ひかがみ.

kni·en [クニー(エ)ン] [動] **1.** *h.*/《南独》*s.* 〔(〈方向〉ニ)〕ひざまずいている, 片〔両〕ひざを着いている. **2.** *h.* 〔sich⁴+〈方向〉ニ〕ひざまずく, 片〔両〕ひざを着く. **3.** *h.* 〔sich⁴+in 〈et⁴〉ニ〕《口》熱心に取組む(書類(の山)・仕事などに).

das **Knie·rohr** [クニー・ろーあ] [名] -(e)s/-e L字形管.

der **Knies** [クニース] [名] -es/ 《口》 **1.** (べっとりした)汚れ(の層). **2.** (表には出ない)不和〔争い・意見の相違〕.

die **Knie·schei·be** [クニー・シャイベ] [名] -/-n 膝の皿.

der **Knie·schüt·zer** [クニー・シュッツァー] [名] -s/- 〘スポーツ〙ひざ当て.

der **Knie·seh·nen·re·flex** [クニー・ゼーネン・れふレクス] [名] -es/-e 〘医〙膝蓋腱(しつがいけん)反射, 膝蓋反射.

der **Knie·strumpf** [クニー・シュトるムプふ] [名] -(e)s/..strümpfe ハイソックス.

das **Knie·stück** [クニー・シュテュック] [名] -(e)s/-e L字形管; 〘美〙頭からひざまでの肖像画.

knie·tief [クニー・ティーふ] [形] ひざまでの深さの.

kniff [クニふ] [動] kneifen の過去形.

der **Kniff** [クニふ] [名] -(e)s/-e **1.** つねること, つまむこと. **2.** (紙・布などの)折り目, ひだ, しわ. **3.** (仕事などの)こつ, 要領; ごまかし, 策略, トリック.

knif·fe [クニっふぇ] [動] kneifen の接続法 2 式.

knif·fe·lig [クニっふぇりひ] [形] =knifflig.

knif·fen [クニっふぇン] [動] *h.* 〔〈et⁴〉ヲ〕折る; (…に)折り目をつける.

kniff·lig [クニふりひ] [形] 細心の注意を要する, 面倒な.

der **Knig·ge** [クニっゲ] [名] -(s)/- 礼儀作法の本; 案内〔手引〕書.

der **Knilch** [クニルひ] [名] -s/-e 《口・蔑》いやなやつ.

knipp [クニっプ] [動] kneipen²の過去形.

knip·pe [クニっペ] [動] kneipen²の接続法 2 式.

knips! [クニっプス] [間] かちん, ちょきん, ぱちっ.

knip·sen [クニプセン] [動] *h.* 《口》 **1.** 〔補足なし〕ぱちっと音を立てる: mit den Fingern ~ 指をぱちんと鳴らす. am Schalter ~ スイッチをパチッと入れる〔切る〕. **2.** 〔〈et⁴〉ヲ〕(ぱちっと)入れる〔切る〕(スイッチなどを); (…に)ぱちんとはさみを入れる(乗車券などに). **3.** 〔〈j⁴/et⁴〉ヲ〕写真に撮る. **4.** 〔〈et⁴〉ヲ+〈方向〉ヘ〕(ぱちんと)指〔つめ〕ではじいて飛ばす.

der **Knịrps** [クニるプス] [名] -es/-e《口》 **1.** 小さな男の子;《蔑》小男, ぱっとしない男. **2.**〘商標〙クニルプス《折り畳みがさ》.

knịr·schen [クニるシェン] [動] *h.* 〔補足なし〕きゅっきゅっ〔きしきし・きいーきいー〕と音を立てる《靴の下の雪・(カーブで)タイヤなどが》.【慣用】**mit den Zähnen knirschen** 歯ぎしりする.

knịs·tern [クニスターン] [動] *h.* **1.**〔補足なし〕かさかさ〔さらさら〕と音を立てる《紙・絹布などが》;ぱちぱちと音を立てる《火・静電気などが》;ぎゅっぎゅっと音がする《雪などが》: eine ～*de* Atmosphäre ぴりぴりとした雰囲気. **2.**〔Es+in 〈et^{3}〉ノ中デ〕きしむ音がする. **3.**〔mit 〈et^{3}〉ヲ〕かさかさ〔ぱちぱち〕させる.

der **Knịt·tel·vers** [クニッテル・ふぇるス] [名] -es/-e〘韻律〙クニッテル詩《1行4強勢で2行ずつ韻を踏む》.

der **Knịt·ter** [クニッター] [名] -s/- 《主に[複]》(布地の)しわ.

knịt·ter·arm [クニッター・アるム] [形] しわのつきにくい.

knịt·ter·frei [クニッター・ふらイ] [形] しわにならない.

knịt·te·rig [クニッテりひ] [形] しわになりやすい;しわくちゃの, しわだらけの.

knịt·tern [クニッターン] [動] *h.* **1.**〔補足なし〕しわが寄る《布地・衣服などが》. **2.**〔〈et^{4}〉ヲ〕しわ(くちゃ)にする《紙・布地などを》.

der **Kno̲·bel·be·cher** [クノーベル・べっひゃー] [名] -s/- ダイスカップ;〘兵〙半長靴.

kno̲·beln [クノーベルン] [動] *h.* **1.**〔(um 〈et^{4}〉ヲ/〈[文]〉デアルコトヲ)〕ダイス〔くじ〕で決める: Wir haben *geknobelt*, wer das Essen bezahlen muss. 私たちは食事代をだれが払うかをダイスで決めた. **2.**〔(um 〈et^{4}〉ヲ賭ケテ)〕ダイス〔さいころ〕で遊ぶ. **3.**〔(an 〈et^{3}〉ニ対シテ)〕《口》知恵をしぼる.

der **Kno̲b·lauch** [クノーブ・ラウほ, クノッブ・ラウほ] [名] -(e)s/〘植〙ニンニク;ニンニクの鱗茎(りんけい).

der **Knö̩·chel** [クネっひぇル] [名] -s/- **1.** 指の第二関節(Finger～);くるぶし(Fuß～). **2.**《古》さいころ.

knö̩·chel·tief [クネっひぇル・ティーふ] [形] くるぶしまでの深さの.

der **Knọ·chen** [クノっへン] [名] -s/- **1.** 骨;([単]のみ)骨質. **2.** ([複]のみ)《口》体〔手足〕(の骨). **3.**《口》やつ. **4.**《口》両口スパナ.【慣用】**auf die Knochen gehen**《口》ひどく骨が折れる〔厄介だ〕. **bis auf〔in〕die Knochen** 骨の髄まで, 徹底的に. **für 〈j^{4}/et^{4}〉 die Knochen hinhalten** 〈人/事のために〉体を張る. **〈j^{3}〉 in die Knochen fahren** 〈人の〉全身を走る《恐怖などが》. **〈j^{3}〉 in den Knochen stecken〔sitzen〕** 〈人に〉名残りがあとまで続く.

die **Knọ·chen·ar·beit** [クノっへン・アるバイト] [名] -/-en《口》重労働.

der **Knọ·chen·bau** [クノっへン・バウ] [名] -(e)s/ 骨格, 骨組み.

der **Knọ·chen·bruch** [クノっへン・ブるっふ] [名] -(e)s/..brüche 骨折.

der **Knọ·chen·fisch** [クノっへン・ふぃっシュ] [名] -(e)s/-e〘動〙硬骨魚類.

der **Knọ·chen·fraß** [クノっへン・ふらース] [名] -es/〘医〙骨疽(こっそ), カリエス.

das **Knọ·chen·ge·rüst** [クノっへン・ゲりゅスト] [名] -(e)s/-e 骨組み, 骨格,《口》骨と皮ばかりの人.

knọ·chen·hart [クノっへン・ハるト] [形] 非常にかたい.

die **Knọ·chen·haut** [クノっへン・ハウト] [名] -/〘医〙骨膜.

der **Knọ·chen·leim** [クノっへン・ライム] [名] -(e)s/-e 骨膠(こつこう), ゼラチン.

der **Knọ·chen·mann** [クノっへン・マン] [名] -(e)s/..männer **1.**《文》(骸骨(がいこつ)の姿をした)死神. **2.**《口》(人間の)骨格標本.

das **Knọ·chen·mark** [クノっへン・マるク] [名] -(e)s/ 骨髄.

der **Knọ·chen·mark·spen·der** [クノっへンマるク・シュペンダー] [名] -s/-〘医〙骨髄提供者.

die **Knọ·chen·mark·trans·plan·ta·tion** [クノっへンマるク・トらンス・プランタツィオーン] [名] -/-en〘医〙骨髄移植.

das **Knọ·chen·mehl** [クノっへン・メール] [名] -(e)s/ 骨粉.

der **Knọ·chen·split·ter** [クノっへン・シュプリッター] [名] -s/- 骨片.

knọ·chen·trọ·cken [クノっへン・トろっケン] [形]《口》 **1.** からからに干からびた. **2.** 非常に辛口の. **3.** おそろしく無味乾燥な;ひどくそっけない;非常に乾いた《音》.

knö̩·chern [クネっひゃーン] [形] 骨(製)の;《稀》骨張った.

knọ·chig [クノっひひ] [形] 骨張った.

knock·out, knock-out [nɔk'aʊt ノック・アウト, ノック・アウト] [形] ノックアウトされた《略 k. o.》.

der **Knock·out, Knock-out** [ノック・アウト, ノック・アウト] [名] -(s)/-s〘ボクシング〙ノックアウト《略 K. o.》.

der **Knö̲·del** [クネーデル] [名] -s/-《南独・オーストリア》(肉・ジャガイモ・パンなどで作られる)団子.

knö̲·deln [クネーデルン] [動] *h.*〔補足なし〕《口》団子がのどにつかえたような声で歌う〔話す〕.

die **Knöll·chen·bak·te·rie** [クネルひぇン・バクテーりエ] [名] -/-n《主に[複]》〘生〙根粒菌.

die **Knọl·le** [クノレ] [名] -/-n **1.**〘植〙塊茎, 塊根. **2.**《口》瘤(こぶ);団子鼻. **3.**《口》(交通)違反通告書.

der **Knọl·len** [クノレン] [名] -s/-《方》塊;(交通)違反通告書.

der **Knọl·len·blät·ter·pilz** [クノレン・ブレッター・ピルツ] [名] -es/-e〘植〙テングタケ.

das **Knọl·len·ge·wächs** [クノレン・ゲヴェっクス] [名] -es/-e 塊茎植物.

die **Knọl·len·na·se** [クノレン・ナーゼ] [名] -/-n 団子鼻.

knọl·lig [クノリひ] [形] 塊茎〔団子〕状の;《方》塊になった, ごろごろした.

der **Knọpf** [クノップふ] [名] -(e)s/Knöpfe **1.** (服の)ボタン;(ベル・スイッチなどの)押しボタン(Druck～), つまみ;(針・杖などの)頭. **2.**《口》(《蔑》も有)(小)男, ちび;《口》小さなかわいい子供. **3.**《南独・オーストリア・スイス》結び目;(バラなどの)つぼみ(Knospe). **4.**《南独・オーストリア》(肉・ジャガイモなどの)団子. **5.**〘狩〙(ノロ鹿の)貧弱な角. **6.** ([複]のみ)《口》はした金.【慣用】**Knöpfe auf den Augen/Ohren haben**《口》よく見ようと/聞こうとしない. **sich^{3} 〈et^{4}〉 an den Knöpfen abzählen**《口》〈事を〉いいかげんに決める.

knö̩p·fen [クネップふぇン] [動] *h.* **1.**〔〈et^{4}〉ノ〕ボタンを掛ける〔はずす〕. **2.**〔〈et^{4}〉ヲ+〈方向〉ニ〕ボタンで留める.

die **Knöpf·li** [クネプふり] [複名]《スイス》クネップリ《パスタの一種》.

das **Knọpf·loch** [クノップふ・ロっほ] [名] -(e)s/..löcher ボタン穴: aus allen〔sämtlichen〕*Knopflöchern* 十分に, 非常に, はちきれんばかりに.

die **Knọpf·loch·chi·rur·gie** [クノップふロっほ・ひるるギー] [名] -/《口》ボタンホール外科学《手術時に大きな開口部を必要としない新しい外科手術》.

die **Knọpf·zel·le** [クノップふ・ツェレ] [名] -/-n ボタン電池.

knọr·ke [クノるケ] [形] (無変化)《ベルリン・古》すばらしい, すてきな.

der **Knọr·pel** [クノるペル] [名] -s/- 軟骨(組織).

der **Knọr·pel·fisch** [クノるペル・ふぃっシュ] [名] -(e)s/-e〘動〙軟骨魚類.

knọr·pe·lig [クノるペりひ] [形] =knorplig.

das **Knọr·pel·werk** [クノるペル・ヴェるク] [名] -(e)s/-e

【芸術学】(バロックの)軟骨模様.
knorplig [クノルプリヒ] 形 軟骨(質)の.
der Knorren [クノルン] 名 -s/- 〖方〗 1. (木の)ふし, こぶ. 2. 切株; 丸太.
knorrig [クノリヒ] 形 1. 節くれだった. 2. 頑固な.
die Knospe [クノスペ] 名 -/-n 1. つぼみ; 芽; (転)芽生え. 2. 〖生〗芽体.
knospen [クノスペン] 動 h. 〖雅〗つぼみをつける, 芽吹く.
der Knote [クノーテ] 名 -n/-n 〖古〗武骨者.
knoten [クノーテン] 動 h. 1. 〔⟨et⁴⟩ッ+(um⟨et⁴⟩=)〕(巻いて)結ぶ(ネクタイ・ネッカチーフなどを). 2. 〔⟨et⁴⟩ッ+⟨方向⟩〕結びつける. 3. 〔⟨et⁴⟩ッ〕結ぶ, 結び合せる(ひもなどを).
der Knoten [クノーテン] 名 -s/- 1. 結び目; 束ねた髪. 2. 〖植〗(幹・茎・板の)ふし; 〖医〗結節. 3. 〖海〗ノット(記号 kn). 4. 難問, 難点, 難局; (物語の筋の)葛藤（゙ットゥ）, もつれ. 5. 〖理〗(定常波の)節; 〖天〗(基準面と天体軌道の)交点; 〖鉄道〗(ダイヤグラムの)交点. 〖慣用〗den gordischen Knoten durchhauen ゴルディオスの結び目〔難問題〕を解く.
der Knoten・punkt [クノーテン・プンクト] 名 -(e)s/-e 分岐[集結]点; (交通の)要衝, 要（゙ょぅ）; 結節点.
die Knoten・schrift [クノーテン・シュリフト] 名 -/-en キープ(インカの結縄（゙ょぅ）文字).
der Knoten・stock [クノーテン・シュトック] 名 -(e)s/..stöcke ふしだらけの杖（゙え）.
der Knöterich [クネ゙ーテリヒ] 名 -s/-e 〖植〗ミチヤナギ.
knotig [クノーティヒ] 形 ふし[こぶ]だらけの; 〖医〗結節性の.
das Know-how [no:hau ノー・ハウ, ノー・ハウ] 名 -(s)/ ノーハウ, 技術情報.
der Knuff [クヌッフ] 名 -(e)s/Knüffe 〘口〙こぶし[ひじ]で軽く突くこと.
knuffen [クヌッふェン] 動 h. 〔⟨j⁴⟩ッ/⟨j³⁽⁴⁾⟩ッ+in ⟨et⁴⟩ッ〕〘口〙軽く突く[突っつく].
der Knülch [クニュルヒ] 名 -s/-e =Knilch.
knüllen [クニュレン] 動 h. 1. 〔⟨et⁴⟩ッ〕手でくしゃくしゃに丸める(紙などを). 2. 〖雅〗しわが寄る(布地・衣服などが).
der Knüller [クニュラー] 名 -s/- 〘口〙大当たり, 大ヒット商品, 大評判の(共感を呼ぶ)出来事[もの].
knüpfen [クニュプふェン] 動 h. 1. 〔⟨et⁴⟩ッ〕結ぶ(ネクタイ・ネッカチーフ・靴ひもなどを); (稀)結んで作る(蝶結びのリボン・結び目・輪などを); 一目ずつ結んで編む(網・じゅうたんなどを): Bande der Freundschaft ～ 友情のきずなを結ぶ. 2. 〔⟨et⁴⟩ッ+an⟨et⁴⟩ッ〕結びつける. 3. 〔⟨et⁴⟩ッ+an⟨et⁴⟩ッ〕結びつけて(関連して)行う(質問などを); 寄せる(希望などを); つける(条件などを). 4. 〔sich⁴+an⟨j⁴/et⁴⟩ッ〕結びついている(思いは・前提などが); 寄せられている(期待・希望などが); つけられている(条件などが).
der Knüppel [クニュッペル] 名 -s/- 1. (太く短い)棒切れ, 棍棒（゙ぅ）, 棍棒; 〖冶金〗(圧延された)角棒鋼. 2. フロアシフトレバー(Schalt～); 操縦桿（゙ん） (Steuer～). 3. 〖方〗バゲット(棒状のパン). 〖慣用〗Da liegt der Knüppel beim Hund. それは当然悪い結果を招く. ⟨j³⟩ (einen) Knüppel zwischen die Beine werfen ⟨人⟩の～の邪魔をする.
der Knüppel・damm [クニュッペル・ダム] 名 -(e)s/..dämme (沼地などの)丸太道.
knüppel・dick [クニュッペル・ディック] 副 1. (次の形で)Es kommt ～. 〘口〙困ったことがいっぺんにやってくる. 2. (次の形で) ～ voll 〘口〙ひどくこんでいる.
knurren [クヌレン] 動 h. 1. 〖雅〗うーっとうなる(犬・ライオンなどが); ぶうーっとうなる音を立てる (モーターなどが). 2. 〔über⟨j⁴/et⁴⟩ニツィテ〕ぶつぶつ[ぶうぶう]不満を述べる. 3. 〘⟨文⟩〙不機嫌なような声で言う.
der Knurr・hahn [クヌル・ハーン] 名 -(e)s/..hähne 〖魚〗ホウボウ科; (転)ぶつぶつ文句を言う奴.
knurrig [クヌリヒ] 形 ぶつぶつ不平を言う, 気難しい.
das Knusper・häuschen [クヌスパー・ホイスヒェン] 名 -s/- (童話のレープクーヘンでできた)お菓子の家. ⇨ Lebkuchen.
knuspern [クヌスパーン] 動 h. 〘方〙 1. 〘⟨j⁴⟩ッ〙ぽりぽり[がりがり]かんで食べる. 2. 〔an⟨et³⟩ッ〕ぽりぽり[がりがり]かじる.
knusprig [クヌスプリヒ] 形 1. ぱりっと焼けた. 2. 〘口〙ぴちぴちした.
der Knust [クヌースト] 名 -(e)s/-e(Knüste) 〘方〙(パンの最初[最後]の)端.
die Knute [クヌーテ] 名 -/-n 1. (柄の短い)皮のむち. 2. (㊥のみ)圧政.
knutschen [クヌーチェン] 動 h. 〘口〙 1. 〔⟨j⁴⟩ッ/mit⟨j³⟩ッ〕はげしく抱きしめて(抱合って)キスをする(愛撫する). 2. 〔(相互代名詞sich⁴)〕はげしく抱合ってキスし合う[愛撫し合う].
der Knutsch・fleck [クヌーチュ・ふレック] 名 -(e)s/-e 〘口〙キスマーク.
der Knüttel [クニュッテル] 名 -s/- =Knüppel.
der Knüttel・vers [クニュッテル・ふェるス] 名 -s/- = Knittelvers.
k. o. [カーオー] 形 〖ボクシ〗ノックアウトされた; 〘口〙グロッキーである.
der K. o. [カーオー] 名 -/- 〖ボクシ〗ノックアウト (Knockout).
der Koadjutor [コアトユートーア] 名 -s/-en [コアトユトーレン] 〖カトリック〗司教補佐.
das Koagulans [コア・グランス] 名 -/..lantia [コアグランツィア](..lantien [コアグランツィエン]) (主に㊥) 〖医〗血液凝固剤.
koagulieren [コアグリーれン] 動 1. h. 〔⟨et⁴⟩ッ〕 〖化〗凝固[凝結]させる. 2. s. 〖雅〗〖化〗凝固[凝結]する.
der Koala [コアーラ] 名 -s/-s 〖動〗コアラ.
koalieren [コアリーれン] 動 h. 1. 〖雅〗連合する (二政党などが). 2. 〔(mit⟨et³⟩ト)〕連合する.
die Koalition [コアリツィオーン] 名 -/-en (政党の)連合, 連立(内閣); 〖雅〗 die Große ～ 大連立.
die Koalitions・freiheit [コアリツィオーンス・ふらイハイト] 名 〖法〗(労働者の)団結の自由.
die Koalitions・regierung [コアリツィオーンス・れギーるング] 名 -/-en 連立政府.
ko・axial [コアクスィアール] 形 〖工〗同軸の.
das Ko・axial・kabel [コアクスィアール・カーベル] 名 -s/- 〖工〗同軸ケーブル.
der Kob [コップ] 名 -s/-s 〘口〙(地域担当の)巡回警官 (Kontaktbeamte).
das Kobalt [コーバルト] 名 -s/- コバルト(記号 Co).
das Kobalt・blau [コーバルト・ブラウ] 名 -s/- コバルトブルー.
die Kobalt・bombe [コーバルト・ボムベ] 名 -/-n 〖軍〗コバルト爆弾.
der Kobalt・glanz [コーバルト・グランツ] 名 -es/- 輝コバルト鉱.
der Kobel [コーベル] 名 -s/- 1. ⟨南独・スイス⟩家畜小屋. 2. リスの巣.
der Koben [コーベン] 名 -s/- 家畜小屋, 豚小屋.
(das) Koblenz [コープレンツ] 名 [地名]コーブレンツ(モーゼル川とライン川の合流点の都市).
der Koblenzer [コープレンツァー] 名 -s/- コーブレンツの人.
der Kobold [コーボルト] 名 -(e)s/-e コーボルト(家の

精の小人);〔転〕いたずらっ子.
ko·bold·haft [コーボルトハフト] 形 コーボルトのような.
der **Ko·bolz** [ゴボルツ] 名 〔次の形で〕(einen) ~ schießen[schlagen] でんぐり返しをする.
die **Ko·bra** [コーブら] 名 -/-s 〔動〕コブラ.
(*der*) **Koch**[1] [コッホ] 名 〖人名〗コッホ(Robert ~, 1843-1910, 細菌学者・医師).
der **Koch**[2] [コッホ] 名 -(e)s/Köche コック, 料理人, 調理師.
das **Koch·buch** [コッホ・ブーふ] 名 -(e)s/..bücher 料理の本.
koch·echt [コッホ・エヒト] 形 煮沸してもいたまない〔色が落ちない〕.
die **Koch·ecke** [コッホ・エッケ] 名 -/-n キッチンコーナー.
das **Kö·chel·ver·zeich·nis** [ケッヒェル・ふぇるツァイヒニス] 名 -ses/ 〖楽〗ケッヘル番号(L. Ritter von Köchel によるMozartの年代順作品番号. 略 KV).
ko·chen [コッヘン] 動 h. **1.** 〈et⁴ッァ〉煮る, 茹でる, 炊く, 蒸す; 沸かす: ~d heißes Wasser 沸騰するほど熱い水. 〈et⁴ッァ〉作る(煮る・茹でるなどして料理などを): das Mittagessen/das Abendessen ~ 昼食/夕食を作る.「朝食を作る」はdas Frühstück machen 〔zubereiten〕. **3.** 〈et⁴ッァ〉作る(煮る・茹でるなどして). **4.** 〖慣用〗料理をする, 食事を作る. **5.** 〔形/3格順〕〈ある人の〉料理は(…で)ある): Er *kocht* gut/schlecht. 彼の料理はおいしい/まずい. **6.** 〔j⁴ッァ〕沸いている, 沸騰している, 煮え立っている; 荒れ狂っている(海・波が). **7.** 〈et⁴ッァ〉煮沸する. **8.** 〈j⁴ッァ〉溶かす(タールなどを). **9.** 〖慣用〗〚口〛ひどく興奮する, かっかする: Das Blut *kochte* in seinen Adern.〚文〛彼はひどく興奮していた.
ko·chend heiß, 〖新〗**ko·chend·heiß** [コッヘント ハイス] ⇨ kochen 1.
der **Ko·cher**[1] [コッハー] 名 -s/- こんろ, コッヘル.
der **Ko·cher**[2] [コッハー] 名 -s/ 〖川名〗コッハー川.
der **Ko·cher** [コッヒャー] 名 -s/- 籠(ぇぉ), 矢筒; 双眼鏡のケース; ゴルフバック.
die **Kö·cher·flie·ge** [ケッヒャー・ふリーゲ] 名 -/-n 〖昆〗トビケラ.
koch·fer·tig [コッホ・ふぇるティヒ] 形 煮るだけで食べられる, インスタントの.
koch·fest [コッホ・ふぇスト] 形 =kochecht.
die **Koch·fla·sche** [コッホ・ふラッシェ] 名 -/-n フラスコ.
die **Koch·frau** [コッホ・ふらウ] 名 -/-en 〖方〗(臨時雇いの)炊事婦, 料理女.
die **Koch·ge·le·gen·heit** [コッホ・ゲレーゲンハイト] 名 -/-en 炊事の設備.
das **Koch·ge·schirr** [コッホ・ゲシる] 名 -(e)s/-e 飯盒(はんごう); 〖軍〗のみ調理用器具.
der **Koch·herd** [コッホ・ヘーアト] 名 -(e)s/-e レンジ, こんろ.
die **Kö·chin** [ケッヒン] 名 -/-nen Kochの女性形.
der **Koch·kes·sel** [コッホ・ケッセル] 名 -s/- 大鍋.
die **Koch·kis·te** [コッホ・キステ] 名 -/-n 保温器(さっと煮た料理を鍋ごと入れておくと煮上がる).
die **Koch·kunst** [コッホ・クンスト] 名 -/..künste 料理〔調理〕法.
der **Koch·kurs** [コッホ・クルス] 名 -es/-e 料理講座.
der **Koch·löf·fel** [コッホ・🄛・レッふェル] 名 -s/- 料理用木製大型スプーン.
die **Koch·ni·sche** [コッホ・ニーシェ] 名 -/-n (部屋の隅の)簡易キッチン.
die **Koch·plat·te** [コッホ・プラッテ] 名 -/-n クッキングホットプレート, 電熱鉄板.
das **Koch·salz** [コッホ・ザルツ] 名 -s/ 食塩.
der **Koch·topf** [コッホ・トップふ] 名 -(e)s/..töpfe 深鍋.

der **Ko·de** [コート] 名 -s/-s **1.** 〖情報〗コード, 符号(記号(信号))体系; 暗号化したテキストを解読・変換する鍵). **2.** 〖言〗コード(①伝達内容を信号化するために共有される規則体系. ②社会言語学で, 社会構造に基づく言語使用).
das **Ko·de·in** [コデイーン] 名 -s/ 〖薬〗コデイン(鎮咳(ちんがい)剤).
der **Kö·der** [ケーダー] 名 -s/- (猟・釣の)餌(えさ).
kö·dern [ケーダーン] 動 h. **1.** 〈et⁴ッァ〉(mit 〈et³〉/3格ヤァ)おびき寄せる, 捕える, 釣る〈ネズミ・魚などを〉. **2.** 〈j⁴ッァ〉(mit 〈et³〉ァ)〚口〛釣る(お金・約束などで).
der **Ko·dex** [コーデクス] 名 -(es)/-e[Kodizes [コーディツェース]] **1.** (古代の)木簡; (中世の)写本. **2.** (ローマ法の)法典. 規則〔模範〕集. **4.** 〖廃〗-e 不文律.
ko·die·ren [コディーれン] 動 h. 〈et⁴ッァ〉暗号〔符号〕化する(テキスト・情報などを); 〖情報〗コードによって別の記号に置き換える(記号を); 〖言〗言語化する(想念などを).
die **Ko·di·fi·ka·ti·on** [コディふィカツィオーン] 名 -/-en **1.** 法典編纂; (体系的)集大成. **2.** 法令集.
ko·di·fi·zie·ren [コディふィツィーれン] 動 h. 〈et⁴ッァ〉〖法〗法典化する; 規定〔規範〕集にまとめる.
das **Ko·di·zill** [コディツィル] 名 -s/-e 〖法〗遺言補足書.
die **Ko·edu·ka·ti·on** [コーエドゥカツィオーン, コエドゥカツィオーン] 名 -/ 男女共学.
der **Ko·ef·fi·zi·ent** [コエふィツィエント] 名 -en/-en 〖数〗係数; 〖理・工〗係数, 率.
(*der/die*) **Koeh·ler** [ケーラー] 名 〖人名〗ケーラー.
(*der/die*) **Koe·nig** [ケーニヒ] 名 〖人名〗ケーニヒ.
die **Ko·exis·tenz** [コーエクスィステンツ, コエクスィステンツ] 名 -/ 〚文〛共存, 併立: friedliche ~ 平和共存.
ko·exis·tie·ren [コーエクスィスティーれン, コエクスィスティーれン] 動 h. 〔(mit 〈j³/et³〉ヶ)〕共存する.
das **Kof·fe·in** [コふェイーン] 名 -s/ カフェイン.
kof·fe·in·frei [コふェイーン・ふらイ] 形 カフェインを含まない.
der **Kof·fer** [コふァー] 名 -s/- **1.** トランク, スーツケース, 旅行鞄(かばん): den ~ packen トランクに(物を)詰める; ある場所(職場・地位)を去る. einen ~ aufgeben トランクをチッキで出す. **2.** 〖土〗(路床になる道路の)掘り下げ部分. **3.** 〖兵〗重い砲弾; 〚口〛ひどく大きなもの. **4.** 〚ジァ〛一袋のタバコ(囚人の間で支払いに使われる). 〖慣用〗**aus dem Koffer leben** (職業上)常に旅行している. **die Koffer packen** 旅立つ.
das **Kof·fer·ge·rät** [コふァー・ゲレート] 名 -(e)s/-e ポータブル機器(特にラジオ).
der **Kof·fer·gram·mo·phon** [コふァー・グらモふォーン] 名 -s/-e ポータブル(レコード)プレーヤー.
der **Kof·fer·griff** [コふァー・グりふ] 名 -(e)s/-e トランクの取手.
der **Kof·fer·ku·li** [コふァー・クーリ] 名 -s/-s 手荷物運搬用カート.
das **Kof·fer·ra·dio** [コふァー・らーディオ] 名 -s/-s 携帯用ラジオ.
der **Kof·fer·raum** [コふァー・らウム] 名 -(e)s/..räume (車の)トランクルーム.
die **Kog·ge** [コッゲ] 名 -/-n コッゲ(特にハンザ同盟の帆船).
der **Ko·gnak** [k5njak コニャック] 名 -s/-s コニャック.
die **Ko·gnak·scha·le** [コニャック・シャーレ] 名 -/-n コニャックグラス.
der **Ko·gnat** [コグナート] 名 -en/-en 〈主に🄐〉親族; 血族.
die **Ko·gni·ti·on** [コグニツィオーン] 名 -/-en 〖心・教〗

認識, 認知;〖法〗〔古〕審理.
ko|**gni**|**tiv** [コグニティーフ] 形〖心・教〗認識に関する.
das **Kog·no·men** [コグノーメン] 名 -s/〔..mina〕(古代ローマの)第三名.
die **Ko·ha·bi·ta·ti·on** [コハビタツィオーン] 名 /-en **1.**〔文〕性交. **2.**(フランスの大統領と政治路線の異なる政府との)政治協力.
ko·hä·rent [コヘレント] 形 **1.**〖理〗干渉性の, コヒーレントの. **2.**〔稀〕関連(統一)性のある.
die **Ko·hä·renz** [コヘレンツ] 名 **1.**〔文〕関連〔統一〕性. **2.**〖理〗(可)干渉性, コヒーレンシー. **3.**〖言〗結束性(テキストのまとまり).
die **Ko·hä·si·on** [コヘズィオーン] 名 -/〔文〕緊密なつながり, 団結, 結束;〖理〗(原子などの)凝集.
ko·hä·siv [コヘズィーフ] 形〖理〗凝集力のある.
(*der*) **Kohl**[1] [コール] 〖人名〗コール(Helmut 〜, 1930〜, 1982年以降旧西独・ドイツの首相).
der **Kohl**[2] [コール] 名 -(e)s/-e (種類1. 〖植〗キャベツ;〔方〕白キャベツ. **2.**〔口〕たわごと, ばか話. 【慣用】Das macht den Kohl nicht fett.〔口〕それでは役に立たない. seinen Kohl pflanzen 単純な生活を送る.
der **Kohl·dampf** [コールダムプふ] 名 -(e)s/〔口〕飢え, 空腹. 【慣用】Kohldampf schieben 腹がへっている.
die **Koh·le** [コーレ] 名 -/-n **1.**(種類)石炭. **2.**(主に)(燃料としての)石炭. **3.**(活性炭(Aktiv〜);炭素ブラシ;(素描用の)木炭(Zeichen〜). **4.**〔口〕金(%), 銭(ё). 【慣用】weiße Kohle 水力. feurige Kohlen auf 〈j〉 Haupt sammeln〈文〉人を恥じ入らせる. (wie) auf (glühenden) Kohlen sitzen(あせって)じりじりしている.
die **Koh·le·che·mie** [コーレ·ひぇミー] 名 -/ 石炭化学.
die **Koh·le·fa·den·lam·pe** [コーレ·ふぁーデン·ラムペ] 名 -/-n =Kohlenfadenlampe.
die **Koh·le·för·de·rung** [コーレ·ふぇるデるング] 名 -/ =Kohlenförderung.
der **Koh·le·herd** [コーレ·ヘーアト] 名 -(e)s/-e 石炭のかまど.
das **Koh·le·hy·drat** [コーレ·ヒュドラート] 名 -(e)s/-e =Kohlenhydrat.
die **Koh·le·hy·drie·rung** [コーレ·ヒュドリールング] 名 -/〖化〗石炭水素添加.
das **Koh·le·kraft·werk** [コーレ·クらふト·ヴェるク] 名 -(e)s/-e (石炭による)火力発電所.
das **Koh·le·la·ger** [コーレ·ラーガー] 名 -s/- 貯炭場, 石炭庫.
koh·len[1] [コーレン] 動 h. **1.**〈et⁴ を〉炭にする(木を). **2.**〖機〗いぶる, 炭化する. **3.**〖航〗〖海〗石炭を積む(船に).
koh·len[2] [コーレン] 動 h. 〖機〗〔口〕でたらめを並べる, ほら話をする.
das **Koh·len·be·cken** [コーレン·ベッケン] 名 -s/- **1.**〖地質〗石炭盆地. **2.**(金属製)火鉢.
der **Koh·len·berg·bau** [コーレン·ベるク·バウ] 名 -(e)s/ 採炭.
das **Koh·len·berg·werk** [コーレン·ベるク·ヴェるク] 名 -(e)s/-e 炭鉱.
der **Koh·len·bren·ner** [コーレン·ブれナー] 名 -s/- 炭焼き夫.
der **Koh·len·bun·ker** [コーレン·ブンカー] 名 -s/- (船の)石炭庫.
das **Koh·len·di·o·xid** [コーレン·ディー·オクスィート] 名 -(e)s/ =Kohlendioxyd.
das **Koh·len·di·o·xyd** [コーレン·ディー·オクスュート] 名 -(e)s/〖化〗二酸化炭素, 炭酸ガス.
der **Koh·len·ei·mer** [コーレン·アイマー] 名 -s/- 石炭バ

ケツ.
die **Koh·len·fa·den·lam·pe** [コーレン·ふぁーデン·ラムペ] 名 -/-n 炭素電球.
die **Koh·len·feu·e·rung** [コーレン·ふぉイエるング] 名 -/-en **1.**(のみ)石炭による暖房. **2.**石炭暖房装置.
das **Koh·len·flöz** [コーレン·ふレーツ] 名 -es/-e〖地〗炭層.
die **Koh·len·för·de·rung** [コーレン·ふぇ·るデるング] 名 -/ 採炭.
die **Koh·len·gru·be** [コーレン·グルーベ] 名 -/-n 炭坑.
der **Koh·len·händ·ler** [コーレン·ヘンドラー] 名 -s/- 石炭商(人).
die **Koh·len·hand·lung** [コーレン·ハンドルング] 名 -/-en 石炭商(企業).
der **Koh·len·herd** [コーレン·ヘーアト] 名 -(e)s/-e =Kohleherd.
das **Koh·len·hy·drat** [コーレン·ヒュドラート] 名 -(e)s/-e 炭水化物.
die **Koh·len·in·dus·trie** [コーレン·インドゥストリー] 名 -/-n 石炭産業.
der **Koh·len·mei·ler** [コーレン·マイラー] 名 -s/- 炭焼き窯.
das **Koh·len·mon·o·xid** [コーレン·モノクスィート] 名 -(e)s/ =Kohlenmonoxyd.
das **Koh·len·mon·o·xyd** [コーレン·モノクスュート] 名 -(e)s/〖化〗一酸化炭素.
das **Koh·len·ox·id** [コーレン·オクスィート] 名 -(e)s/ =Kohlenoxyd.
das **Koh·len·ox·yd** [コーレン·オクスュート] 名 -(e)s/〖化〗(一)酸化炭素.
der **Koh·len·pott** [コーレン·ポット] 名 -s/〔口〕石炭つぼ(ルール地方のこと).
koh·len·sau·er [コーレン·ザウあー] 形〖化〗炭酸の.
die **Koh·len·säu·re** [コーレン·ゾイれ] 名 -/ 炭酸.
koh·len·säu·re·hal·tig [コーレン·ゾイれ·ハルティひ] 形 炭酸を含む.
der **Koh·len·säu·re·schnee** [コーレン·ゾイれ·シュネー] 名 -s/ 粉末状のドライアイス.
die **Koh·len·schau·fel** [コーレン·シャウふぇル] 名 -/-n 石炭用スコップ.
der **Koh·len·staub** [コーレン·シュタウプ] 名 -(e)s/ 石炭の粉, 炭塵(%).
der **Koh·len·stoff** [コーレン·シュトっふ] 名 -(e)s/ 炭素(記号 C).
die **Koh·len·stoff·fa·ser**, (Koh·len·stoff·a·ser [コーレンシュトっふ·あーザー] 名 -/-n (分綴は..ff-f..)(主に)炭素繊維.
der **Koh·len·was·ser·stoff** [コーレン·ヴァッサー·シュトっふ] 名 -(e)s/-e〖化〗炭化水素.
die **Koh·len·ze·che** [コーレン·ツェひぇ] 名 -/-n 炭鉱.
das **Koh·le·pa·pier** [コーレ·パピーあ] 名 -s/ カーボン紙.
der **Koh·le·pfen·nig** [コーレ·プふぇニひ] 名 -es/〔口〕石炭税(1955年まで炭鉱保護のために電力料金に課せられた税金).
(*der/die*) **Köh·ler**[1] [ケーラー] 〖人名〗ケーラー.
der **Köh·ler**[2] [ケーラー] 名 -s/- 炭焼き(人).
der **Köh·ler**[3] [ケーラー] 名 -s/-〖魚〗タラ.
der **Koh·le·stift** [コーレ·シュティふト] 名 -(e)s/-e (デッサン用)木炭;〔電〕炭素棒.
die **Koh·le·ver·flüs·si·gung** [コーレ·ふぇあふリュスィグング] 名 -/〖化〗石炭液化.
die **Koh·le·zeich·nung** [コーレ·ツァイひヌング] 名 -/-en 木炭画.
die **Kohl·her·nie** [コール·ヘるニエ] 名 -/-n〖農〗根瘤(ёё)病.
die **Kohl·herz·gall·mü·cke** [コール·ヘるツ·ガル·ミュッケ]

虫こぶをつくる).
der **Kohl·kopf** [コール・コップふ] 名 -(e)s/..köpfe キャベツの玉.
die **Kohl·mei·se** [コール・マイゼ] 名 -/-n 〖鳥〗シジュウガラ.
kohl·ra·ben·schwarz [コール・らーベン・シュヴァるツ] 形 真っ黒な; 真っ暗な.
der **Kohl·ra·bi** [コール・らービ] 名 -(s)/-(s) 〖植〗コールラビ, カブカンラン.
die **Kohl·rü·be** [コール・りゅーベ] 名 -/-n **1.** 〖植〗スウェーデンカブ; 《俗》カブカンラン. **2.** 《口・冗》頭.
kohl·schwarz [コール・シュヴァるツ] 形 真っ黒な; 黒く汚れた.
der **Kohl·weiß·ling** [コール・ヴァイスリング] 名 -s/-e 〖昆〗モンシロチョウ.
die **Ko·hor·te** [コホるテ] 名 -/-n (古代ローマの)部隊; 《文·蔑》グループ, 集団; 〖社〗コーホート.
die **Koi·ne** [コイネー] 名 -/..nai [コイナイ] **1.** 《のみ》コイネー《古代ギリシア共通語》. **2.** 〖言〗標準語.
die **Ko·in·zi·denz** [コインツィデンツ] 名 -/-en 《文》(二つの出来事の)同時発生; 〖医〗併発; 〖生〗共生.
ko·i·tie·ren [コイティーれン] 動 h. **1.** 《様態》デ 性行為を行う. **2.** 《mit〈j³〉》性交する. **3.** 《j³シュ》相手にして性交する.
der **Ko·i·tus** [コイトゥス] 名 -/- (se) 性交.
die **Ko·je** [コーイェ] 名 -/-n **1.** 〖海〗(船室内の)作りつけ寝台; 《口·冗》ベッド. **2.** (展覧会場などの)ブース. **3.** 壁龕(がん), ニッチ.
der **Ko·jo·te** [コヨーテ] 名 -n/-n 〖動〗コヨーテ; 《蔑》ならず者.
die **Ko·ka** [コーカ] 名 -/- 〖植〗コカ(Kokastrauchの短縮形).
das **Ko·ka·in** [コカイーン] 名 -s/ 〖化〗コカイン.
die **Ko·kar·de** [コカるデ] 名 -/-n (制帽の)花形帽章; (軍用機の)国籍マーク.
der **Ko·ka·strauch** [コーカ・シュトらウホ] 名 -(e)s/..sträucher =Koka.
ko·keln [コーケルン] 動 h. 《俗》《方》火遊びをする.
der **Ko·ker** [コーカー] 名 -s/- 〖海〗舵頭管(ぜん).
die **Ko·ke·rei** [コーケらイ] 名 -/-en **1.** 《のみ》コークス製造. **2.** コークス製造工場.
ko·kett [コケット] 形 コケティッシュな.
die **Ko·ket·te** [コケッテ] 名 -/-n 《文·古》媚(こ)を売る〔コケットな〕女.
die **Ko·ket·te·rie** [コケテリー] 名 -/-n 媚態(ぴた), コケットリー.
ko·ket·tie·ren [コケティーれン] 動 h. **1.** 《様態》しなをつくる, 媚態(ぴた)を示す. **2.** 《mit〈j³〉》…に媚を売る. **3.** 《mit〈et³〉》もて遊ぶ, 思わせぶりだけで実行しない. **4.** 《mit〈et³〉》冗談めかして指摘する(自分の欠点などを).
die **Ko·kil·le** [コキレ] 名 -/-n 〖冶金〗(金属製)鋳型.
die **Kok·ke** [コッケ] 名 -/-n (主に《複》)球菌.
der **Kok·kus** [コックス] 名 -/Kokken 球菌.
ko·ko·laps [ココローれス] 名 -/- 《口》ばかばかしいこと; ばか騒ぎ.
der **Ko·kon** [kokó:, kokó:n ココーン, ココーング] 名 -s/-s 繭.
(*der*) **Ko·kosch·ka** [ココシュカ, ココシカ] 名 〖人名〗コココシュカ(Oskar ~, 1886-1980, オーストリアの画家·劇作家).
die **Ko·kos·fa·ser** [コーコス·ふぁーザー] 名 -/-n ヤシの繊維.
das **Ko·kos·fett** [コーコス·ふぇット] 名 -(e)s/ ヤシ油.
der **Ko·kos·läu·fer** [コーコス·ロイふぁー] 名 -s/- ヤシ繊維の細長い敷物.
die **Ko·kos·nuss**, 〚旧〛**Ko·kos·nuß** [コーコス·ヌス] 名 -/..nüsse ココヤシの実.
das **Ko·kos·öl** [コーコス·①-ル] 名 -(e)s/ ヤシ油.
die **Ko·kos·pal·me** [コーコス·パルメ] 名 -/-n 〖植〗ココヤシ.
die **Ko·kot·te** [ココッテ] 名 -/-n 《古》高級娼婦.
der **Koks**¹ [コークス] 名 -es/-e 《俗》(は種類)コークス.
der **Koks**² [コークス] 名 -es/- 《ジシー》コカイン.
kok·sen [コークセン] 動 h. 《様態》《口》ぐっすり眠る; 《ジシー》コカインをやる.
der **Kok·ser** [コークサー] 名 -s/- 《ジシー》コカイン中毒者.
die **Ko·lat·sche** [コラーチェ] 名 -/-n 《オシー》コラーチェ(揚げ菓子).
der **Kol·ben** [コルベン] 名 -s/- **1.** 〖工〗ピストン; (ポンプなどの)プランジャー, 棒ピストン. **2.** (銃床の)床尾(Gewehr~); 先の太い棍棒(Streit~). **3.** 〖植〗穂状(花序; トウモロコシの穂軸(Mais~). **4.** 〖化〗フラスコ; 蒸留器(Destiller~). **5.** 《口》でかい鼻; 〖狩〗(幼い鹿の)袋角(ぷろ).
der **Kol·ben·hub** [コルベン·フープ] 名 -(e)s/..hübe 〖工〗ピストン行程.
die **Kol·ben·ma·schi·ne** [コルベン·マシーネ] 名 -/-n 〖工〗ピストン機関.
der **Kol·ben·mo·tor** [コルベン·モ(-)トーあ] 名 -s/- 〖工〗ピストンエンジン.
der **Kol·ben·ring** [コルベン·リング] 名 -(e)s/-e 〖工〗ピストンリング.
der **Kol·ben·schlag** [コルベン·シュラーク] 名 -(e)s/..schläge (銃の)床尾で殴ること.
die **Kol·ben·stan·ge** [コルベン·シュタンゲ] 名 -/-n 〖工〗ピストン桿(ん).
der (*das*) **Kol·chos** [コルひョス] 名 -/..chose [コルひョーゼ] =Kolchose.
die **Kol·cho·se** [コルひョーゼ] 名 コルホーズ, 集団農場.
die **Ko·li·bak·te·rie** [コーリ·バクテーリエ] 名 -/-n 《主に《複》》大腸菌.
der **Ko·li·bri** [コーリブリ] 名 -s/-s 〖鳥〗ハチドリ.
die **Ko·lik** [コーリク, コリーク] 名 -/-en (胃腸などの)疝痛(しん), さしこみ.
die **Ko·li·tis** [コーリティス] 名 -/..tiden [コリティーデン] 〖医〗大腸炎.
der **Kolk** [コルク] 名 -(e)s/-e 〖地質〗甌穴(おう), ポットホール(河床の岩にできる穴).
der **Kolk·ra·be** [コルク·らーベ] 名 -n/-n 〖鳥〗ワタリガラス.
kol·la·bie·ren [コラビーれン] 動 s. 《様態》〖医〗脳貧血を起こす, 虚脱状態になる;〖理〗重力崩壊する.
der **Kol·la·bo·ra·teur** [..tǿ:r コラボらトーあ] 名 -s/-e (敵·占領軍への)協力者.
die **Kol·la·bo·ra·ti·on** [コラボらツィオーン] 名 -/-en (敵·占領軍への)協力.
kol·la·bo·rie·ren [コラボりーれン] 動 h. 《mit〈j³〉》協力する(敵·占領軍などに);《文·稀》(…と)共同で仕事をする.
der **Kol·laps** [コラプス, コラプス] 名 -es/-e **1.** 〖医〗(血行障害による)急激な虚脱状態. **2.** 《大》(星の)重力崩壊. **3.** (経済などの)崩壊.
kol·la·te·ral [コラテらール] 形 **1.** 同じ側の, 並立の; 〖生〗側副の; 〖医〗副行の. **2.** 傍系の.
der **Kol·la·te·ral·scha·den** [コラテらール·シャーデン] 名 -s/..schäden 〖軍〗(軍事行動による)一般市民の財的·人的被害.
die **Kol·la·ti·on** [コラツィオーン] 名 -/-en **1.** (原本との)照合. **2.** 〖製本〗丁合 (ちょう) 調べ. **3.** 《カシー》(断食日に許される)軽い夕食;《古》軽食.

4. 〖カトリック〗聖職授任. **5.** 〖法〗《古》持戻し.

kol·la·ti·o·nie·ren [コラツィオニーれン] [動] *h.* **1.** 〔〈et^4〉ヲ＋(mit 〈et^3〉ト)〕校合〔照合〕する. **2.** 〔〈et^4〉ノ〕〖製本〗丁合をとる.

das **Kol·leg** [コレーク] [名] -s/-s〔..gien〕 **1.** 《古》(大学の)講義. **2.** 〖カトリック〗神学院;(イエズス会の全寮制)ギムナジウム. **3.** コレーク(高校卒業資格を取得するための学校).

der **Kol·le·ge** [コレーゲ] [名] -n/-n (職務上の)同僚;仕事仲間;(組合などの)仲間;〖旧東独〗同志;就労者;《口》君(呼びかけ).

das **Kol·leg·geld** [コレーク·ゲルト] [名] -(e)s/-er (昔の大学の)聴講料.

das **Kol·leg·heft** [コレーク·へふト] [名] -(e)s/-e 講義(用)ノート.

kol·le·gi·al [コレギアール] [形] **1.** 同僚の,同僚らしい. **2.** 合議体の〔による〕.

die **Kol·le·gi·a·li·tät** [コレギアリテート] [名] -/ **1.** (気分のよい)同僚関係,同僚のよしみ,同僚としてふさわしい態度. **2.** 合議制の原理.

die **Kol·le·gin** [コレーギン] [名] -/-nen Kollege の女性形.

das **Kol·le·gi·um** [コレーギウム] [名] -s/..gien **1.** (同僚·同業者の)集団〔一団〕;(学校の)全教員;〖旧東独〗弁護団. **2.** 合議制の団体.

die **Kol·leg·map·pe** [コレーク·マっペ] [名] -/-n (ファスナーで閉める)抱え鞄(かばん),書類鞄.

die **Kol·lek·ta·ne·en** [コレクターネエン,コレクタネーエン] [複名] 《文》(文学作品·論文からの)抜き書き〔引用〕集.

die **Kol·lek·te** [コレクテ] [名] -/-n (礼拝中〔後〕の)献金;〖カトリック〗(昔の)集禱(しゅうとう)文.

die **Kol·lek·ti·on** [コレクツィオーン] [名] -/-en (商品見本の)コレクション;(ニューモード)コレクション;(絵画·切手などの)コレクション,収集品.

kol·lek·tiv [コレクティーふ] [形] 共同の,集団の: ~*e* Sicherheit 集団安全保障. ~*es* Unbewusstes 集団的無意識.

das **Kol·lek·tiv** [コレクティーふ] [名] -s/-e〔-s〕 **1.** 集団,共同体;(共同作業の)チーム;(社会主義国の)労働〔生産〕集団. **2.** 〖統計〗母集団;〖理〗(相関関係にある)分子集合体.

der **Kol·lek·ti·vis·mus** [コレクティヴィスムス] [名] -/ 集団主義;集産主義.

die **Kol·lek·tiv·schuld** [コレクティーふ·シュルト] [名] -/ (集団の)共同責任,連帯責任.

das **Kol·lek·ti·vum** [コレクティーヴム] [名] -s/..va〔..ven〕 〖言〗集合名詞.

die **Kol·lek·tiv·wirt·schaft** [コレクティーふ·ヴィるトシャふト] [名] -/-en (社会主義国の)集団農場,コルホーズ.

der **Kol·lek·tor** [コレクトーあ] [名] -s/-en [コレクトーれン] 〖電〗コレクター;〖理〗太陽熱集熱器.

die **Kol·lek·tor·flä·che** [コレクトーあ·ふレっひェ] [名] -/-n 〖理〗(太陽電池などの)集熱パネル.

der **Koll·em·bo·le** [コレムボーレ] [名] -n/-n (主に[複])〖昆〗トビムシ.

der **Kol·ler**[1] [コラー] [名] -s/- **1.** 《口》(発作的な)激怒,かんしゃく,狂躁(きょうそう)(状態). **2.** 〖獣医〗(馬の)暈倒(うんとう)病.

das **Kol·ler**[2] [コラー] [名] -s/- **1.** (中世の)皮製胴着. **2.** (15-16世紀の婦人用衣服の)肩までかかる幅広の襟;(16-17世紀の紳士用)丈の短い上着. **3.** (コートなどの)肩当て布,ヨーク.

kol·lern[1] [コラーン] [動] *h.* **1.** 〔補足なし〕ぐっぐっと鳴く(七面鳥などが):(Es が主語で)Es *kollert* im Magen. おなかがぐうぐういう. **2.** 〔補足なし〕暈倒(うんとう)病にかかる(馬が);《口》激怒する.

kol·lern[2] [コラーン] [動] 《方》 **1.** *s.* 〔〈方向〉ニ/über 〈et^4〉ノ上ヲ〕ころころ〔ごろごろ〕転がる〔転がり落ちる〕(果実などが),ぽろぽろこぼれ落ちる(涙などが). **2.** *h.* 〔sich^4＋〈方向〉ニ/über 〈et^4〉ノ上ヲ〕転がって行く,転がり落ちる.

kol·li·die·ren [コリディーれン] [動] **1.** *s.* 〔(mit 〈et^3〉ト)〕衝突する. **2.** *h.* 〔(mit 〈et^3〉ト)〕ぶつかる(ある催し物が他の催し物などと);衝突する,相いれない,相反する(自分の意見が他の人の意見などと).

das **Kol·li·er** [kɔliéː コリエー] [名] -s/-s **1.** (宝石などを多く使った)豪華な首飾り. **2.** 毛皮の襟巻き.

die **Kol·li·si·on** [コリズィオーン] [名] -/-en (車·船などの)衝突;(意見·利害などの)衝突,対立,不一致.

das **Kol·lo** [コロ] [名] -s/-s〔Kolli〕 貨物.

das **Kol·lo·di·um** [コローディウム] [名] -s/ 〖化〗コロジオン.

kol·lo·id [コロイート] [形] =kolloidal.

das **Kol·lo·id** [コロイート] [名] -(e)s/-e 〖化〗コロイド.

kol·lo·i·dal [コロイダール] [形] 〖化〗コロイド(状)の.

die **Kol·lo·ka·ti·on** [コロカツィオーン] [名] -/-en **1.** 〖言〗連語(関係);コロケーション. **2.** 配列;序列;席次.

das **Kol·lo·qui·um** [コロ(ー)クヴィウム] [名] -s/..quien (大学教員と学生の討論形式の)研究会;(学者や政治家の)研究会議;《オーストリア》(大学の)筆記〔口答〕テスト.

die **Kol·lu·si·on** [コルズィオーン] [名] -/-en 〖法〗共謀;証拠湮滅(いんめつ).

(*das*) **Köln** [[ケ]ルン] [名] -s/ 〖地名〗ケルン(ライン河畔の都市).

Köl·ner [[ケ]ルナー] [形] (無変化)ケルンの: der ~ Dom ケルン大聖堂.

das **Kol nid·re** [コール ニドれー] [名] --/ 〖ユダヤ教〗コールニドレー(贖罪(しょくざい)の日の前夜に唱える祈禱(きとう)文).

köl·nisch [[ケ]ルニシュ] [形] ケルンの: ~(*es*) Wasser オーデコロン(Eau de Cologne).

das **Köl·nisch·was·ser** [[ケ]ルニシュ·ヴァっサー,ケルニシュ·ヴァっサー] [名] -s/- オーデコロン.

das **Ko·lo·fo·ni·um** [コロフォーニウム] ⇨ Kolophonium.

die **Ko·lom·bi·ne** [コロムビーネ] [名] -/-n 〖劇〗コロンビーネ(Harlekin の恋人役).

das **Ko·lon** [コーロン] [名] -s/-s〔Kola〕 〖言〗《古》コロン(記号:);〖詩〗コロン;〖医〗結腸.

der **Ko·lo·ne** [コローネ] [名] -n/-n コロヌス(古代ローマの,自由であるが土地に縛られた小作人).

ko·lo·ni·al [コロニアール] [形] **1.** 植民地の. **2.** 〖生〗コロニーをなす.

der **Ko·lo·ni·a·lis·mus** [コロニアリスムス] [名] -/ 植民地主義.

die **Ko·lo·ni·al·macht** [コロニアール·マはト] [名] -/..mächte 植民地を持つ強大国.

die **Ko·lo·ni·al·po·li·tik** [コロニアール·ポリティーク] [名] -/ 植民地政策.

das **Ko·lo·ni·al·reich** [コロニアール·らイひ] [名] -(e)s/-e 広大な植民地.

die **Ko·lo·ni·al·wa·ren** [コロニアール·ヴァーれン] [複名] 《古》(植民地産の)輸入食料品.

das **Ko·lo·ni·al·wa·ren·ge·schäft** [コロニアールヴァーれン·ゲシェふト] [名] -(e)s/-e (輸入)食品店.

der **Ko·lo·ni·al·wa·ren·händ·ler** [コロニアールヴァーれン·ヘンドラー] [名] -s/- 《古》(植民地産の)輸入食料品店主.

die **Ko·lo·nie** [コロニー] [名] -/-n **1.** 植民地,コロニー. **2.** 居留民(団). **3.** 居留地,入植地;団地,(特定の人々の)コロニー;流刑地. **4.** 〖生〗コロニー,(アリ·ミツバチ·鳥などの)集団,群体;(細菌·かびなどの)集落;(植物の)群落.

die **Ko·lo·ni·sa·ti·on** [コロニザツィオーン] 名 -/-en 1. 植民地の建設〔育成〕. 2. 開拓, 拓殖；(国内の)後進地域の経済開発.

der **Ko·lo·ni·sa·tor** [コロニザートーあ] 名 -s/ -(コロニザートーれン) 植民者；(未開墾地の)開拓者.

ko·lo·ni·sie·ren [コロニズィーれン] 動 h. 〈et⁴を〉植民地〔海外領土〕にする(国・地域などを)；開拓する(未開墾地などを).

der **Ko·lo·nist** [コロニスト] 名 -en/-en 1. (ヨーロッパからの)植民地入植者；開拓者. 2. コロニー, 居住地の住民.

die **Ko·lon·na·de** [コロナーデ] 名 -/-n コロネード, 列柱, 列柱廊.

die **Ko·lon·ne** [コロネ] 名 -/-n 1. 長い列；(縦列で行進する)部隊, 縦隊. 2. (野外労働の)班, グループ, 隊. 3. (ページなどの)欄, 段；(表などの)縦の列〔欄〕. 4. 〖化〗蒸留塔. 〖慣用〗 **die fünfte Kolonne** 第五列(敵国の内部擾乱(ぢ))をはかる秘密工作隊).

das **Ko·lo·pho·ni·um** [コロフォーニウム] 名 -s/ ロジン《特にヴァイオリンの弓に塗るための》.

die **Ko·lo·ra·tur** [コロラトゥーあ] 名 -/-en 〖楽〗コロラトゥーラ(アリアの速く装飾的なパッセージ).

die **Ko·lo·ra·tur·sän·ge·rin** [コロラトゥーあ・ゼングリン] 名 -/-nen 〖楽〗コロラトゥーラ歌手.

die **Ko·lo·ra·tur·so·pran** [コロラトゥーあ・ゾプラーン] 名 -s/-e 〖楽〗コロラトゥーラソプラノ；コロラトゥーラソプラノ歌手.

ko·lo·rie·ren [コロリーれン] 動 h. 〈et⁴を〉〖美〗着色〔彩色〕する(スケッチなどに).

das **Ko·lo·rit** [コロリ(-)ト] 名 -(e)s/-e 1. 彩色〔配色〕(法)；色彩効果；〖医〗色素；(肌の)色素沈着. 2. 特色, 特徴；〖楽〗音色.

der **Ko·loss,** ⓐ**Ko·loß** [コロス] 名 -es/-e 巨大なもの〔像〕；巨像；〖口・冗〗臣人(大男).

ko·los·sal [コロサール] 形 1. 巨大な. 2. 《口》ものすごい；ものすごく.

ko·los·sa·lisch [コロサーリシュ] 形 〈文〉巨大な.

der **Ko·los·ser** [コロッサー] 名 -s/ - コロサイ人.

der **Ko·los·ser·brief** [コロッサー・ブリーフ] 名 -(e)s/ 〖新約〗コロサイ人への手紙, コロサイ書.

das **Ko·los·se·um** [コロセウム] 名 -s/ コロセウム.

die **Kol·por·ta·ge** [コルポるタージェ] 名 -/-n 1. 低俗文学(読み物), 赤本. 2. うわさを広めること.

der **Kol·por·ta·ge·ro·man** [コルポるタージェ・ロマーン] 名 -s/-e (連載)低俗小説, 三文小説.

der **Kol·por·teur** [..tǿːr コルポるテーあ] 名 -s/ -e うわさ〔デマ〕を広める人；〈古〉書籍類の行商人.

kol·por·tie·ren [コルポるティーれン] 動 h. 〈et⁴を〉広める, 流す(うわさ・不確かな情報などを).

das **Kölsch** [ケルシュ] 名 -(s)/ 1. ケルシュビール(ケルン産ビール). 2. ケルン方言.

das **Ko·lum·ba·ri·um** [コルムバーリウム] 名 -s/..rien 1. コルムバリウム(古代ローマの納骨用壁龕(鴇)がある地下墓所). 2. 納骨堂.

(*das*) **Ko·lum·bi·en** [コルムビエン] 名 -s/ 〖国名〗コロンビア.

(*der*) **Ko·lum·bus** [コルムブス] 名 〖人名〗コロンブス《Christoph ~, 1451-1506, イタリアの航海者》.

die **Ko·lum·ne** [コルムネ] 名 -/-n 1. (新聞などの)コラム. 2. 〖印〗段, 欄(Spalte). 3. (表などの)縦の列〔欄〕.

der **Ko·lum·nen·ti·tel** [コルムネン・ティ(-)テル] 名 -s/ - 〖印〗柱；**der lebende ~** 頭見出し. **der tote ~** ページナンバー, ノンブル.

der **Ko·lum·nist** [コルムニスト] 名 -en/-en (新聞・雑誌の)コラムニスト, コラム欄執筆者.

das **Ko·ma¹** [コーマ] 名 -/-s (彗星の核を取巻くガス状の)コマ；(レンズの収差の)コマ.

das **Ko·ma²** [コーマ] 名 -s/-s 〔..mata〕 〖医〗昏睡(ﾞ), 意識不明.

der **Kom·bat·tant** [コムバタント] 名 -en/-en 1. (国際法上の)戦闘員. 2. 〈文・古〉参戦者.

der **Kom·bi** [コムビ] 名 -(s)/-s ステーションワゴン.

das **Kom·bi·nat** [コムビナート] 名 -(e)s/-e (社会主義国の)コンビナート, 企業合同.

die **Kom·bi·na·ti·on** [コムビナツィオーン] 名 -/-en 1. 結合, 組合せ, 配合. 2. (ジャケットとズボンなどの)組合せの服；つなぎ(服)；〈古〉コンビネーション(婦人・子供の下着). 3. 〖スポ〗複合競技；〖球〗連携プレー, 〖体操〗演技の組合せ；〖ジダンス〗指し手の(効果的)組合せ；〖ジャズ〗コンビネーション・ブルー. 4. (鍵の)数字(文字)の組合せ；〖数〗組合せ. 5. 連想, 総合〔複合〕思考〔推理・判断〕.

das **Kom·bi·na·ti·ons·prä·pa·rat** [コムビナツィオーンス・プれパらート] 名 -(e)s/-e 〖薬〗配合薬.

das **Kom·bi·na·ti·ons·schloss,** ⓑ**Kom·bi·na·ti·ons·schloß** [コムビナツィオーンス・シュロス] 名 - es/..schlösser 組合せ錠, ダイヤル錠.

die **Kom·bi·na·ti·ons·wir·kung** [コムビナツィオーンス・ヴィるクング] 名 -/-en 〖環〗(異種の化学物質の)複合作用.

kom·bi·na·to·risch [コムビナトーリシュ] 形 (事柄を結びつけて)推論の, 推理の.

die **Kom·bi·ne** [..bȃɪn コムバイン, ..bíːnə コムビーネ] 名 -/-s 〖農〗コンバイン.

kom·bi·nie·ren [コムビニーれン] 動 h. 1. 〈et⁴を〉組合せる(上着とズボン・複数の色・装置などを). 2. 〈sich⁴ mit〈et³〉〉組合させる, 結びつく, 連結〔連動〕する. 3. 〈et⁴を mit〈et³〉〉結びつけて考える, 頭の中で結びつける. 4. 〈様態〉全体の(相互)関連をとらえる, 総合判断を下す, 全体像を思い描く(複雑な事態・問題に直面して). 5. 〈〈文〉〉トイ句結論〉あれこれ考え合せて達する, (…と)推論する.

der **Kom·bi·wa·gen** [コムビー・ヴァーゲン] 名 -s/ - ステーションワゴン.

die **Kom·bü·se** [コムビューゼ] 名 -/-n 〖海〗(船内の)調理室.

der **Ko·met** [コメート] 名 -en/-en 彗星, ほうき星.

ko·me·ten·haft [コメーテンハフト] 形 彗星のような(ように速い).

der **Ko·me·ten·schweif** [コメーテン・シュヴァイフ] 名 -(e)s/-e 彗星の尾；〖魚〗コメット(観賞魚).

der **Kom·fort** [..fóːr コムふォーあ, ..fort コムふォると] 名 -s/ 快適, 便利；生活を快適にする設備.

kom·for·ta·bel [コムふォるターベル] 形 ⓒ⑤(..bl..) 快適な.

die **Ko·mik** [コーミク] 名 -/ 滑稽(ᇎ), おかしみ.

der **Ko·mi·ker** [コーミカー] 名 -s/ - 喜劇俳優, コメディアン.

das **Kom·in·form** [コミンふォるム] 名 -s/ コミンフォルム, 共産党情報局(Kommunistisches Informationsbüro).

die **Kom·in·tern** [コミンテるン] 名 -/ コミンテるン, 共産主義インターナショナル(Kommunistische Internationale).

ko·misch [コーミシュ] 形 1. 滑稽(ᇎ)な, 面白い, 喜劇的な；**die ~e Alte** 喜劇での老婆役. 2. 変な, 妙な. 3. (妙な形で)〈j³〉**ist/wird (es) ~**〈人₃〉気分が悪い/悪くなる.

das **Ko·mi·tee** [コミテー] 名 -s/-s 委員会.

das **Kom·ma** [コマ] 名 -s/-s〔Kommata〕 コンマ(記号,)；〖数〗小数点；〖楽〗コンマ.

Kommandant 678

der **Kom·man·dạnt** [コマンダント] 名 -en/-en **1.** 指揮官;司令官,艦長,機長,戦車長. **2.** 《スィ》= Kommandeur.

die **Kom·man·dan·tur** [コマンダントゥーあ] 名 -/-en 司令部.

der **Kom·man·deur** [..dǿːr コマンデーあ] 名 -s/-e (大隊から師団までの)指揮官.

kom·man·die·ren [コマンディーれン] 動 h. **1.** 〔j⁴/et⁴〕ッ指揮する(中隊・艦隊などを). **2.** 〔j⁴〕ッ+〈方向〉ニ派遣させる. **3.** 〔et⁴〕ッ命じる(発射・退却などを). **4.** 〈(j⁴)ニ〕〔口〕(命令口調で)指図する(周囲の者・部下などに).

der **Kom·man·di·tär** [コマンディテーあ] 名 -s/-e (ス1)=Kommanditist.

die **Kom·man·di·te** [コマンディーテ] 名 -/-n 支社,支店 〔古〕合資会社.

die **Kom·man·dit·ge·sell·schaft** [コマンディート·ゲゼルシャフト] 名 -/-en 合資会社(略 KG); ～ auf Aktien 株式合資会社(略 KGaA).

der **Kom·man·di·tịst** [コマンディティスト] 名 -en/-en (合資会社の)有限責任社員.

das **Kom·man·dit·ka·pi·tal** [コマンディート·カピタール] 名 -s/-e[-ien] 〔経·法〕(合資会社などの)有限責任資本.

das **Kom·man·do** [コマンド] 名 -s/-s (《ス¹ッ》-s/..den も有) **1.** 命令,号令;(命じられた)使命: ein ～ geben 号令をかける. **2.** 指揮権. **3.** (特別な任務のための)分遣隊,特別出動隊,チーム,コマンド. **4.** 司令部.

die **Kom·man·do·brü·cke** [コマンド·ブりュッケ] 名 -/-n 船橋,艦橋,ブリッジ.

der **Kom·man·do·stab** [コマンド·シュターブ] 名 -(e)s/..stäbe 〔軍〕司令部幕僚.

der **Kom·man·do·stand** [コマンド·シュタント] 名 -(e)s/..stände (砲兵隊·大部隊の)指揮所.

die **Kom·man·do·stel·le** [コマンド·シュテレ] 名 -/-n 司令部幕僚の所在地.

der **Kom·man·do·turm** [コマンド·トゥるム] 名 -(e)s/..türme (艦の)司令塔.

kọm·men* [コメン] 動 kam ; ist gekommen **1.** 〔場所など〕ニ来る(ここに),行く(そちらに). **2.** Er ist vor einigen Minuten *gekommen*. 彼は二三分前に来ました〔ここに着いた〕. Ich *komme* morgen. 私は明日行き〔まいり〕ます〔そちらに着きます〕. einen Arzt ～ lassen 医者に来てもらう. **2.** 〈方向〉ニ **a.** 着く,来る (ある目的地を目ざして行き,そこに着く): nach Hause ～ 家に帰って来る. *Komme* ich hier zum Bahnhof？ この道を行けば駅に着きますか. (移動を表す他の動詞の過去分詞とともに)Er *kam* vor die Vorhalle gefahren. 彼はポーチの前に車で乗りつけた. Er *kam* endlich auf die Sache zu sprechen. 彼はやっとそのことを話しだした〔本題に入った〕. **b.** (…から)来る: Er *kam* aus München. 彼はミュンヒェンから来た. Ich *komme* aus Köln. 私はケルンから来ている〔ケルン出身です〕. von der Arbeit ～ 仕事から戻って来る. Nachmittags *kommt* der Wind von der See. 午後は風は海から吹いて来る. Die Beschwerden *kamen* von allen Seiten. 苦情が至る所から寄せられた. **c.** (…を)経由する〔通る〕: Unser Zug *kommt* über Nürnberg. われわれの列車はニュルンベルク経由だ. Auf dieser Reise *kam* ich durch viele schöne Gegenden. この旅行で私は多くの風光明媚(ｶﾞ)な地方を通った. **3.** 〔zu〈et³〉〕出席する,参加する,行く,来る. **4.** 〔zu〈j³〉〕訪問する. **5.** 〔場所〕ニ来る,着く(物が運ばれて来る): Wann *kommt* die Post？ いつ郵便は来ますか. das Essen ～ lassen 食事を取寄せる〔食事の出前を頼む〕. vor Gericht ～ 裁判ざたになる〔法廷に持出され

る〕. **6.** 〔〈j³〉ニハ+〈形〉〕思われる,見える(ある事が). **7.** 〔〈j³〉ニ+〈様態〉ン〕〔口〕態度をとる,振舞いをする. **8.** 〔〈j³〉ニ+mit〈et³〉ッ〕〔口〕言いにし〔に〕来る(要件・質問を);〔口〕持出す(話題として). **9.** 〔植など〕出て来る,現れる(芽·涙·熱などが);(徐々に)始まる,来る(夜·夏休みなどが);起こる,生じる: Ihr Tod *kam* für ihn völlig überraschend. 彼女の死は,彼にとってはまったく思いがけなく起こった. Was auch immer ～ mag, … 何が起ころうとも…. Das durfte jetzt nicht ～. 〔口〕それは場違いな発言だった. **10.** 〔Es+〈様態〉〕ニなる,(…へと)進展する: Es *kommt* noch so weit, dass er verhaftet wird. 彼が逮捕されるというところまで事態は進展する. Es *kommt* zu Entlassungen. (事態は)解雇者が出るまでになる. **11.** 〔〈j³〉ニ〕浮かぶ(考えなどが). **12.** 〔〈方向〉ニ〕入る(学校·施設などに): in den Himmel/in die Hölle ～ 天国に入る/地獄に落ちる. bei einem Friseur in die Lehre ～ ある美容〔理髪〕師について修業に入る. **13.** 〈方向〉ニ **a.** 仕舞われる,置かれる,入れられる,仕舞うところは(…)です. **b.** 入る,席を占める;載る: auf den ersten Platz ～ 1位に入る. in die neue Regierung ～ 新しい内閣に入る〔入閣する〕. in das Parlament ～ 議員になる〔議会に席を占める〕. an die Spitze ～ 先頭に立つ. auf die erste Seite der morgigen Ausgabe ～ 明日の号の第一面に載る(記事·写真などが). **14.** 〔in〈et⁴〉ニ/〈方向〉ニ〕ニなる,陥る,(…)しはじめる: in Gefahr ～ 危機に陥る. in Not ～ 苦境に陥る,困窮する. in Bewegung/ins Rutschen ～ 動き/滑り出す. in Stimmung ～ 愉快になる. in Verzweiflung ～ 絶望に陥る. in Zorn〔Wut〕～ 怒り出す. (zu 動とともに)Er *kam* wieder auf den eigenen Füßen zu stehen. 彼は再び自分の足で立てる〔経済的に自立する〕ようになった. unter die Räder ～ 落ちぶれる,堕落する. **15.** 〔zu〈et³〉〕とらえる,支配しはじめる (感情·精神的状態などが). **16.** 〔zu〈et³〉ノタメノ/aus〈et³〉カラ出ル)時間〔機会〕を見つける: dazu ～, 〈j³〉anzurufen 〈人ニ〉電話する機会〔チャンス〕が見つかる. Vormittags *komme* ich kaum aus dem Büro. 午前中は,私は事務所から出る時間〔機会〕はほとんどない. **17.** 〔zu〈et³〉ッ〕得る,獲得する,至る,(…)に達する〔至る〕. **18.** 〔um〈et⁴〉ッ〕失う,なくす(重要なものを): ums Leben ～ 死ぬ. **19.** 〈方向〉ニ **a.** たどり着く,(…を)突止める,探し当てる: hinter das Geheimnis ～ その秘密〔機密〕を探し当てる〔の内容を知る〕. Wie *kommst* du darauf？ どうして君はそんな考え〔推測〕にたどり着いたのか. **b.** (…を手に入れ,(…)に成功する: an das geheime Papier ～ その秘密文書を手に入れる. **20.** 〈様態〉ニある,来る,続く(順番·順序が); vor/hinter〔nach〕〈j³〉ニ (順番が)人ンの前/次である. **21.** 〔auf〈j⁴/et⁴〉ヵヵタ〈et⁴〉ニ割リアテラレル](…)の割合〔配分·比率〕になる;割当てられる: Von dem gesamten Betrag *kommt* ein Drittel auf die Reparatur der Anlage. 総額のうち3分の1が装置の修理〔費〕に当てられる. **22.** 〔von〔aus〕〈j³〉ヵヵラ〕来る,起こる,由来する,(…)が原因である,(…)の出である,(…)のせいである: Das *kommt* davon！ そら見ろ,そうなるのは分っていたんだ. **23.** 〔von〈j³〉ヵヵラ+auf〈j⁴〉ニ〕遺贈される,受継がれる,相続される. **24.** 〔zu〈et³〉/in〈et⁴〉ッ〕達する,至る: zum Ausbruch ～ 突発する,爆発する. zur Entfaltung ～ 発展する,開く. zu Fall ～ 倒れる,転ぶ,落ちる,失脚する,破滅する. zum Einsatz ～ 投入される〔救助隊などが〕. zur Anwendung ～ 〔文〕用いられる,適用される. zur Durchführung ～ 〔文〕実行される,実施される. 〈j³〉zu Gesicht/zu Gehör ～ 〈人ニ〉見られる〔気づかれる〕/聞かれてしまう〈人の〉耳に達する. **25.** 〔文〕

《口》いく《性的快感の頂点に達する》. 【慣用】**auf ⟨j⁴⟩ nichts kommen lassen** ⟨人について⟩悪口は言わせない. **Der Leichtsinn kommt dich 〔dir〕 teuer zu stehen.** 《口》その軽率さが君に高くつくことになるよ. **im Kommen sein** 最新の流行になる. **Komm !** さあ! 《du に対する促しの言葉》. **Komm' ich heute nicht, komm' ich morgen.** ぐずだなあ. **Wie hoch kommt das (alles) ?** 《口》(全部で)いくらになる? **wieder zu sich³ kommen** 意識を回復する, われに返る. **Wie's kommt, so kommt's.** 《口》なるようにしかならない.

kom·mend [コメント] [形] 来たる, 次の; 将来有望な: (am) *~en* Sonntag 次の日曜日に.

der **Kom·men·sa·lis·mus** [コメンザリスムス] [名] −/ 〘生〙片利(ぺんり)共生.

kom·men·su·ra·bel [コメンズらーベル] [形] (《付》《比》は..bl..) 同一規律で計れる;〘数〙通約的な.

der **Kom·ment** [kɔmɑ̃ː コマーン] [名] −s/−s 〘学生組合〙(学生生活の)しきたり, 慣例.

der **Kom·men·tar** [コメンターあ] [名] −s/−e **1.** (新聞などの)解説(記事); 論評, コメント. **2.** 注釈(書), 注解(書). **3.** (《蔑》も有)個人的コメント.

der **Kom·men·ta·tor** [コメンタートーあ] [名] −s/−en [コメンタトーれン] 注釈〔注解〕者; (時事問題・スポーツ番組などの)解説者, コメンテーター.

kom·men·tie·ren [コメンティーれン] [動] *h.* **1.** 〔⟨et⁴⟩ニ〕注釈〔注解〕をつける. **2.** 〔⟨et⁴⟩ヲ〕解説〔論評〕する. **3.** 〔⟨j⁴/et⁴⟩ニツイテ〕《口》一言意見〔感想〕を述べる, 寸評を加える.

der **Kom·mers** [コメるス] [名] −es/−e 〘学生組合・生徒〙酒宴, コンパ.

das **Kom·mers·buch** [コメるス・ブーふ] [名] −(e)s/ ..bücher (祝典・懇親用の)学生歌集.

der **Kom·merz** [コメるツ] [名] −es/ (今日では主に《蔑》)商業; もうけ.

kom·mer·zi·a·li·sie·ren [コメるツィアリズィーれン] [動] *h.* 〔⟨et⁴⟩ヲ〕商業〔営利〕化する, 金もうけの手段にする(スポーツ・芸術などを);〘財政〙流通債券にする(公的債務を).

kom·mer·zi·ell [コメるツィエル] [形] 商業(上)の; 営利(本位)の, コマーシャルの.

der **Kom·mer·zi·en·rat** [コメるツィエン・らート] [名] −(e)s/..räte 商業顧問官(1919 年までの大実業家; (《単》のみ)称号).

der **Kom·mi·li·to·ne** [コミリトーネ] [名] −n/−n 《学生》(大学の)学友.

die **Kom·mi·li·to·nin** [コミリトーニン] [名] −/−nen Kommilitone の女性形.

der **Kom·mis** [kɔmíː コミー] [名] −[コミー(ス)]/−[コミース] 《古》店員.

der **Kom·miss,** ㊐**Kom·miß** [コミス] [名] −es/ 《学生》軍隊, 兵役.

der **Kom·mis·sar** [コミサーあ] [名] −s/−e **1.** (国家が任命した)委員. **2.** 警部(人; (《単》のみ)位).

der **Kom·mis·sär** [コミセーあ] [名] −s/−e (南独・スイス・オーストリア)＝Kommissar.

das **Kom·mis·sa·ri·at** [コミサりアート] [名] −(e)s/−e **1.** 警部の職務〔事務室〕. **2.** (南独・オーストリア)警察署.

kom·mis·sa·risch [コミサーりシュ] [形] 代行の, 代理の.

das **Kom·miss·brot,** ㊐**Kom·miß·brot** [コミス・ブろート] [名] −(e)s/−e 四角い黒パン.

die **Kom·mis·si·on** [コミスィオーン] [名] −/−en **1.** 委員会; 専門委員会. **2.** 〘商〙《古》委託販売, 取次ぎ.

der **Kom·mis·si·o·när** [コミスィオネーあ] [名] −s/−e 〘経〙委託売買人, 取次業者.

der **Kom·mis·si·ons·buch·han·del** [コミスィオーンス・ブーふ・ハンデル] [名] −s/ 〘経〙書籍取次商.

die **Kom·mis·si·ons·ge·bühr** [コミスィオーンス・ゲビューあ] [名] −/−en 〘経〙手数料, コミッション.

das **Kom·mis·si·ons·ge·schäft** [コミスィオーンス・ゲシェふト] [名] −(e)s/−e 〘経〙取次〔問屋〕(業), 委託販売(業).

kom·mod [コモート] [形] 《オーストリア》快適な.

die **Kom·mo·de** [コモーデ] [名] −/−n 整理だんす.

der **Kom·mo·do·re** [コモドーれ] [名] −s/−n〔−s〕 **1.** 艦隊司令官; 飛行編隊長(人; (《単》のみ)職名). **2.** コモドーレ, 古参船長(人; (《単》のみ)名誉称号).

kom·mun [コムーン] [形] 共通の; ありふれた.

kom·mu·nal [コムナール] [形] 地方公共団体の.

die **Kom·mu·nal·ab·ga·ben** [コムナール・アップ・ガーベン] [複名] 地方〔市町村〕税.

der **Kom·mu·nal·be·am·te** [コムナール・ベアムテ] [名] (形容詞的変化)地方公務員.

die **Kom·mu·nal·po·li·tik** [コムナール・ポリティーク] [名] −/ 地方公共団体の政治.

kom·mu·nal·po·li·tisch [コムナール・ポリーティシュ] [形] 地方公共団体の政治の.

der **Kom·mu·nal·ver·band** [コムナール・ふぇあバント] [名] −(e)s/..bände 地方公共団体連合体.

die **Kom·mu·nal·ver·wal·tung** [コムナール・ふぇあヴァルトゥング] [名] −/−en 地方行政〔自治〕.

die **Kom·mu·nal·wahl** [コムナール・ヴァール] [名] −/−en 市町村議員選挙.

der **Kom·mu·nar·de** [コムナるデ] [名] −n/−n **1.** (1871 年の)パリ・コミューン参加〔支持〕者. **2.** (自治的)生活共同体〔コミューン〕のメンバー.

die **Kom·mu·ne** [コムーネ] [名] −/−n 地方自治体; (反ブルジョア的な)生活共同体, コミューン. 【慣用】**Pariser Kommune** パリコミューン(フランス革命時代の自治政府; 1871 年のパリの革命政府).

der **Kom·mu·ni·kant** [コムニカント] [名] −en/−en 〘カトリック〙聖体拝領者;〘言・社〙(情報)伝達関与者.

die **Kom·mu·ni·ka·ti·on** [コムニカツィオーン] [名] −/−en **1.** (《単》のみ)伝達, 通信, コミュニケーション. **2.** つながり, 結びつき, 関連.

das **Kom·mu·ni·ka·ti·ons·mit·tel** [コムニカツィオーンス・ミッテル] [名] −s/− コミュニケーションの手段.

der **Kom·mu·ni·ka·ti·ons·sa·tel·lit** [コムニカツィオーンス・ザテリート] [名] −en/−en 通信衛星.

kom·mu·ni·ka·tiv [コムニカティーふ] [形] コミュニケーションの; 話し好きの.

der **Kom·mu·ni·ka·tor** [コムニカートーあ] [名] −s/−en [コムニカトーれン] (主に《冗》)他人と気楽に意志疎通できる〔話し合える〕人.

das **Kom·mu·ni·kee** [コムニケー] ⇨ Kommuniqué.

die **Kom·mu·ni·on** [コムニオーン] [名] −/−en 〘カトリック〙聖体拝領; 初聖体拝領; 聖体.

das **Kom·mu·ni·qué** [kɔmynikéː コミュニケー, kɔmu.. コムニケー] [名] −s/−s 公式声明書, コミュニケ; (公的機関への)答申書.

der **Kom·mu·nis·mus** [コムニスムス] [名] −/ 共産主義; (反資本主義の)共産主義体制〔運動〕.

der **Kom·mu·nist** [コムニスト] [名] −en/−en 共産主義者; 共産党員.

kom·mu·nis·tisch [コムニスティシュ] [形] 共産主義の: die *K~e* Internationale 共産主義インターナショナル, コミンテルン(略 Komintern).

die **Kom·mu·ni·tät** [コムニテート] [名] −/−en **1.** 《古》コミュニティー, 共同社会; 入会(いりあい)地; (学生)食堂. **2.** 〘プロテスタント〙コミュニティー(修行・伝道団体).

kom·mu·ni·zie·ren [コムニツィーれン] [動] *h.* **1.** 〔補足なし〕〘カトリック〙聖体を拝領する. **2.** 〔(mit ⟨j³⟩ト)〕意思の疎通を図る, 話合う. **3.** 〔補足なし〕連結している, 連携している, 連関している(物・事が相互に).

Kommutator 680

der **Kom·mu·ta·tor** [コムタートーア] 名 -s/-en [コムタトーレン]〖電〗整流子,整流器.

der **Ko·mö·di·ant** [コメ⊘ディアント] 名 -en/-en **1.** 役者. **2.** 〚蔑〛偽善者.

ko·mö·di·an·tisch [コメ⊘ディアンティシュ] 形 役者の(才能がある);芝居がかった.

die **Ko·mö·die** [コメ⊘ーディエ] 名 -/-n **1.** (個々の)喜劇. **2.** (喜劇を上演する)小劇場. **3.** 喜劇(作品);滑稽({アッ})な出来事,茶番(劇). **4.** (主に個)見せかけ,狂言.

die **Ko·mo·ren** [コモーレン] 複数 〚国名〛コモロ(アフリカの東,インド洋上の諸島からなる国).

Komp. =Kompanie〚軍〛中隊.

der **Kom·pa·gnon** [コモーニョン,コムパニョーン,kɔ̃mpaɲjõ コムパニョーン,kɔ̃mpanjɔŋ コムパニョーンク] 名 -s/-s **1.** 〚経〛(商店などの)共同出資者(経営者). **2.** (企ての)仲間,相棒.

kom·pakt [コムパクト] 形 目の詰んだ,堅く締まった,きっちり詰まった;コンパクトな;〘口〙ずんぐりした.

die **Kom·pakt·schall·platte** [コムパクト・シャル・プラッテ] 名 -/-n コンパクトディスク(CD-Platte).

die **Kom·pa·nie** [コムパニー] 名 -/-n **1.** 〚軍〛中隊(100人から250人までの兵員からなる.略 Komp.). **2.** 〚古〛商会社(略 Co.).

der **Kom·pa·nie·chef** [コムパニー・シェフ] 名 -s/-s 〚軍〛中隊長.

der **Kom·pa·nie·füh·rer** [コムパニー・ふューらー] 名 -s/- =Kompaniechef.

das **Kom·pa·nie·ge·schäft** [コムパニー・ゲシェふト] 名 -(e)s/-e 〚古〛共同経営.

die **Kom·pa·ra·ti·on** [コムパらツィオーン] 名 -/-en 〚言〛比較変化;〘稀〙比較.

die **Kom·pa·ra·tis·tik** [コムパらティスティク] 名 -/ 比較文学;比較言語学.

kom·pa·ra·tiv [コムパらティーふ,コムパらティーふ] 形 〚言〛比較役の.

der **Kom·pa·ra·tiv** [コムパらティーふ] 名 -s/-e 〚言〛(形容詞などの)比較級.

der **Kom·pa·ra·tiv·satz** [コムパらティーふ・ザッツ] 名 -es/..sätze 〚言〛比較文.

der **Kom·par·se** [コムパるゼ] 名 -n/-n 〚映〛せりふのない端役,群衆の一人.

die **Kom·par·se·rie** [コムパるぜりー] 名 -/-n 〚映〛端役連中,その他大勢.

die **Kom·par·sin** [コムパるズィン] 名 -/-nen Komparseの女性形.

der **Kom·pass, ⍟Kom·paß** [コムパス] 名 -es/-e 磁石,羅針盤(儀);〘転〙指針.

die **Kom·pass·na·del, ⍟Kom·paß·na·del** [コムパス・ナーデル] 名 -/-n 磁針,羅針.

die **Kom·pass·ro·se, ⍟Kom·paß·ro·se** [コムパス・ローゼ] 名 -/-n (羅針盤の)羅障({らば}),コンパスカード.

kom·pa·ti·bel [コムパティーベル] 形 (個個は..bl..)両立する;〚医〛適合する;〚言〛結合可能な;〘コンピュ〙互換性のある,コンパチブルの;〚医〛適合性の.

die **Kom·pa·ti·bi·li·tät** [コムパティビリテート] 名 -/-en 〚工・コンピュ〛両立(互換)性,コンパチブル(方式);〚医〛適合性.

das **Kom·pen·di·um** [コムペンディウム] 名 -s/..dien 〚文〛概要;ハンドブック.

die **Kom·pen·sa·ti·on** [コムペンザツィオーン] 名 -/-en 代償,補償;〚経〛相殺,賠償;〚医〛補償作用;〚心〛代償作用;〚理〛(反作用による)補償.

das **Kom·pen·sa·ti·ons·ge·schäft** [コムペンザツィオーンス・ゲシェふト] 名 -(e)s/-e 〚経〛コンペンセーション(バーター)取引;求償貿易.

kom·pen·sa·to·risch [コムペンザトーリシュ] 形 〚教〛補整的な.

kom·pen·sie·ren [コムペンズィーレン] 動 h. **1.** 〈et^4〉ヲ釣合せる,プラス・マイナス・ゼロにする(複数の相反する作用力などを);〚経〛相殺する,差引勘定をする. **2.** 〈et^4〉ヲ+durch 〈et^4〉ニヨッテ/mit 〈et^3〉デ 埋合せる,補う.

kom·pe·tent [コムペテント] 形 **1.** 専門知識のある;〚言〛言語能力のある. **2.** (für 〈et^4〉ニツイテ)〚法〛権限を有する,所轄({トカッ})の. **3.** 〚地質〛(地圧によって)変形しない.

die **Kom·pe·tenz** [コムペテンツ] 名 -/-en 専門知識,能力,〚法〛権限;〚言〛(母語の)言語能力.

kom·pi·lie·ren [コムピリーレン] 動 h. **1.** 〈et^4〉ヲ+(aus 〈et^3〉カラ)〚蔑〛寄せ集めて書く. **2.** 〈et^4〉ヲ 〚コンピュ〛コンパイラーで作る.

das **Kom·ple·ment** [コムプレメント] 名 -(e)s/-e **1.** 補足(補完)(するもの). **2.** 〚数〛補集合. **3.** 〚医〛補体.

kom·ple·men·tär [コムプレメンテーア] 形 相補的な.

der **Kom·ple·men·tär** [コムプレメンテーア] 名 -s/-e 〚経〛(合資会社の)無限責任社員.

die **Kom·ple·men·tär·far·be** [コムプレメンテーア・ふぁるべ] 名 -/-n 〚光〛補色.

kom·ple·men·tie·ren [コムプレメンティーレン] 動 h. 〈et^4〉ヲ+(mit 〈et^3〉デ)補う,補足する;完全なものにする,補完する.

der **Kom·ple·ment·win·kel** [コムプレメント・ヴィンケル] 名 -s/- 〚数〛余角.

das **Kom·plet** [kɔmplé: コムプレー, kõplé: コンプレー] 名 -(s)/-s アンサンブル(共生地のワンピースと上着・コート).

kom·plett [コムプレット] 形 **1.** 完全な,すべて整った;(全体の,全部の)(全員)そろった;〈j^1〉 ist jetzt ~ 〘口〙〈人ハ〉支度が整っている. **2.** 〘口〙まったくの. **3.** 〘トランプ〙満員の.

kom·plet·tie·ren [コムプレティーレン] 動 h. 〈et^4〉ヲ 完全にする,完成させる(収集・装置などを).

kom·plex [コムプレックス] 形 複合的な,複雑な,錯綜した;(特に旧東独))総合的な,包括的な;複合の:eine ~e Zahl 〚数〛複素数.

der **Kom·plex** [コムプレックス] 名 -es/-e **1.** 複合体,(建造物の)集合体. **2.** 〚心〛コンプレックス. **3.** 〚化〛錯体;〚医〛=Syndrom.

das **Kom·plex·au·ge** [コムプレックス・アウゲ] 名 -s/-n 〚動〛複眼.

der **Kom·pli·ce** [..plít͡sə コムプリーツェ,..plít͡sə コムプリーセ] 名 -n/-n =Komplize.

die **Kom·pli·ka·ti·on** [コムプリカツィオーン] 名 -/-en 厄介,ごたごた,紛糾({はキッ});〚医〛合併症.

das **Kom·pli·ment** [コムプリメント] 名 -(e)s/-e **1.** お世辞,お愛想: ein unverbindliches ~ 外交辞令. 〈j^3〉 für 〈et^4〉 ~e machen 〈人ニ〉〈事・物 ニタイシテ〉お世辞を言う. Mein ~! お見事! **2.** 〚古〛挨拶.

kom·pli·men·tie·ren [コムプリメンティーレン] 動 h. **1.** 〈j^4〉ヲ+(方向ヘ〈ヘ3〉)〚文〛招じ入れる,案内する(出口[入口]までなど);〈j^4〉 in den Sessel ~ 〈人ニ〉安楽いすをすすめる(その場所まで案内して).〈j^4〉 aus dem Zimmer ~ 〘婉〙〈人ニ〉部屋からお引きとりを願う. **2.** 〈j^3〉ニ 〚古〛ようこそと言う.

der **Kom·pli·ze** [コムプリーツェ] 名 -n/-n 〚蔑〛共犯者.

kom·pli·zie·ren [コムプリツィーレン] 動 h. **1.** 〈et^4〉ヲ 複雑にする,難しくする(事態・問題・任務などを). **2.** (sich⁴) 複雑になる,難しくなる.

kom·pli·ziert [コムプリツィーァト] 形 複雑な,込み入った: ein ~er Bruch 複雑骨折.

das(der) **Kom·plott** [コムプロット] 名 -(e)s/-e (暗殺などの)陰謀.

die **Kom·po·nen·te** [コムポネンテ] [名] -/-n 構成要素, 成分;(ベクトルなどの)分力.

kom·po·nie·ren [コムポニーれン] [動] *h.* **1.** 〘〈et^{4}〉ヲ〙作曲する. **2.** 〘補足なし〙作曲をする, 作曲活動をする. **3.** 〘〈et^{4}〉ヲ〙《文》(巧みに)組〔取〕合せる(さまざまな色彩・多くの素材などを). **4.** 〘〈et^{4}〉ヲ+(aus 〈et^{3}〉カラ)〙《文》(巧みに)組合せて作る(寄木細工のテーブルなどを).

der **Kom·po·nist** [コムポニスト] [名] -en/-en 作曲家.

der **Kom·po·si·teur** [..tǿːr コムポズィテーあ] [名] -s/-e 《古》=Komponist.

die **Kom·po·si·ti·on** [コムポズィツィオーン] [名] -/-en **1.** 音楽作品, 楽曲;([単]のみ)作曲. **2.** 《文》(芸術作品の)構成, 構図, コンポジション;合成〔構成〕されたもの. **3.** 〘言〙合成, 複合.

kom·po·si·to·risch [コムポズィトーりシュ] [形] 作曲に関する;構成上の.

das **Kom·po·si·tum** [コムポーズィトゥム] [名] -s/..ta〔..ten〕〘言〙複合語, 合成語.

der **Kom·post** [コムポスト, コムポスト] [名] -(e)s/-e 堆肥(たいひ).

kom·pos·tie·ren [コムポスティーれン] [動] *h.* **1.** 〘〈et^{4}〉ヲ〙〘農〙堆肥(たいひ)にする(わらなどを). **2.** 〘〈et^{4}〉ニ〙堆肥(たいひ)を施す.

die **Kom·pos·tie·rung** [コムポスティーるング] [名] -/-en 〘農〙堆肥(たいひ)化;堆肥の施用.

das **Kom·pott** [コムポット] [名] -(e)s/-e コンポート(砂糖煮の果物).

kom·press, [旧]**kom·preß** [コムプれス] [形] **1.** 〘印〙べた組の. **2.** 《古》ぎっしりつまった.

die **Kom·pres·se** [コムプれッセ] [名] -/-n 〘医〙湿布;(圧迫包帯の下の)厚く重ねたガーゼ.

die **Kom·pres·si·on** [コムプれスィオーン] [名] -/-en **1.** 〘理・工〙圧搾, 圧縮. **2.** 〘医〙圧迫;挫傷.

der **Kom·pres·si·ons·ver·band** [コムプれスィオーンス・ふぇあバント] [名] -(e)s/..bände 〘医〙圧迫包帯.

der **Kom·pres·sor** [コムプれッソーあ] [名] -s/-en [コムプれソーれン] 〘工〙圧縮機, コンプレッサー.

kom·pri·mie·ren [コムプりミーれン] [動] *h.* **1.** 〘〈et^{4}〉ヲ〙圧迫する(血管などを);〘理・工〙圧縮〔圧搾〕する(気体を). **2.** 〘〈et^{4}〉ヲ〙要約する(テキストなどを).

kom·pri·miert [コムプりミーあト] [形] 簡潔な;圧搾された.

der〔*das*〕**Kom·pro·miss,** [旧]**Kom·pro·miß** [コムプろミス] [名] -es/-e 妥協, 示談;折衷したもの.

der **Kom·pro·miss·ler,** [旧]**Kom·pro·mißler** [コムプろミスラー] [名] -s/- 《蔑》すぐ妥協する人.

kom·pro·miss·los, [旧]**kom·pro·miß·los** [コムプろミス・ロース] [形] 妥協のない.

kom·pro·mit·tie·ren [コムプろミティーれン] [動] *h.* 〘〈j^{4}〉ノ〙体面〔面目・威信〕を傷つける〔汚す〕,(…に)恥をかかす;(〈j^{4}〉がsich^{4}の場合)自己の体面を汚す, 恥をかく.

der **Kom·so·mol** [コムソモル] [名] -/ コムソモール(旧ソ連の共産主義青年同盟).

der **Kom·so·mol·ze** [コムゾモルツェ] [名] -n/-n コムソモール団員.

die **Kom·tess,** [旧]**Kom·teß** [コムテス, kõtɛ́s コンテス] [名] -/-en =Komtesse.

die **Kom·tes·se** [コムテっセ, kõtɛ́sə コンテっセ] [名] -/-n 《南独・オーストリア》伯爵令嬢.

der **Kom·tur** [コムトゥーあ] [名] -s/-e 騎士修道会管区長;コムトゥール十字勲章の所持者.

die **Kom·tu·rei** [コムトゥらイ] [名] -/-en 騎士修道会管区.

die **Kon·cha** [コンひゃ] [名] -/-s〔..chen〕 **1.** = Konche. **2.** 〘医〙甲介(骨), 耳甲介.

die **Kon·che** [コンひぇ] [名] -/-n **1.** 〘建〙(教会の)半円形後陣〔アプス〕;アプスの半円形屋根. **2.** (チョコレート製造の)丸型精練機.

kon·chie·ren [コンひーれン] [動] *h.* 〘〈et^{4}〉ヲ〙精練機で熱処理する.

die **Kon·dem·na·ti·on** [コンデムナツィオーン] [名] -/-en **1.** 《古》有罪の判決. **2.** 〘海〙船舶修理不能宣告, 廃船宣言. **3.** (船舶などの)捕獲, 没収.

das **Kon·den·sat** [コンデンザート] [名] -(e)s/-e 〘理〙凝縮液.

die **Kon·den·sa·ti·on** [コンデンザツィオーン] [名] -/-en (気体の)液化, 凝縮;〘化〙縮合.

der **Kon·den·sa·ti·ons·kern** [コンデンザツィオーンス・ケるン] [名] -(e)s/-e 〘気〙凝結核.

die **Kon·den·sa·ti·ons·wär·me** [コンデンザツィオーンス・ヴェるメ] [名] -/ 〘理〙凝縮熱.

der **Kon·den·sa·tor** [コンデンザートーあ] [名] -s/-en [コンデンザトーれン] **1.** 〘工〙凝縮器, 復水器, 液化装置. **2.** 〘電〙蓄電器, コンデンサー.

kon·den·sie·ren [コンデンズィーれン] [動] **1.** *h.* 〘〈et^{4}〉ヲ〙濃縮する(果汁などを);〘理〙液化する(気体を). **2.** *h./s.* 〘補足なし〙液化する, 液状になる: *kondensierte* Milch 練乳, コンデンスミルク.

die **Kon·dens·milch** [コンデンス・ミルひ] [名] -/ 練乳.

der **Kon·den·sor** [コンデンゾーあ] [名] -s/-en [コンデンゾーれン] 〘光・工〙集光器.

der **Kon·dens·strei·fen** [コンデンス・シュトらイふぇン] [名] -s/- 飛行機雲.

das **Kon·dens·was·ser** [コンデンス・ヴァっサー] [名] -s/ 凝縮水, 結露水.

die **Kon·di·ti·on** [コンディツィオーン] [名] -/-en **1.** ([単]のみ)(心身の)健康状態, 調子, 具合;〘スポーツ〙(選手の)体力, 体調, コンディション. **2.** (主に[複])〘商〙(取引・支払いなどの)条件.

kon·di·ti·o·nal [コンディツィオナール] [形] 〘言〙条件を示す.

der **Kon·di·ti·o·nal·satz** [コンディツィオナール・ザッツ] [名] -es/..sätze 〘言〙条件文.

kon·di·ti·o·nie·ren [コンディツィオニーれン] [動] *h.* **1.** 〘〈et^{4}〉ノ〙コンディショニングをする(工業材料の). **2.** 〘〈et^{4}〉ヲ〙〘心〙条件付ける.

kon·di·ti·o·niert [コンディツィオニーあト] [形] **1.** 条件づけられた: *~er* Reflex〘心〙条件反射. **2.** 〘〈様態〉ナ〙状態〔品質〕の.

kon·di·ti·ons·schwach [コンディツィオーンス・シュヴァっは] [形] コンディションの良くない.

kon·di·ti·ons·stark [コンディツィオーンス・シュタるク] [形] コンディションの良い.

der **Kon·di·tor** [コンディートーあ] [名] -s/-en [コンディトーれン] 菓子製造者, 菓子職人.

die **Kon·di·to·rei** [コンディトらイ] [名] -/-en (喫茶店付き)洋菓子店;([単]のみ)洋菓子製造.

die **Kon·di·tor·wa·ren** [コンディートーあ・ヴァーれン] [複名] ケーキ〔菓子〕類.

die **Kon·do·lenz** [コンドレンツ] [名] -/-en 《稀》 **1.** ([単]のみ)哀悼, お悔み. **2.** 哀悼の辞, お悔みの言葉.

der **Kon·do·lenz·be·such** [コンドレンツ・ベズーふ] [名] -(e)s/-e 弔問.

der **Kon·do·lenz·brief** [コンドレンツ・ブりーふ] [名] -(e)s/-e 弔慰状, お悔みの手紙.

kon·do·lie·ren [コンドリーれン] [動] *h.* 〘〈j^{3}〉ニ〙お悔みを言う: 〈j^{3}〉 zum Tod seiner Mutter ~ 〈人に〉母親の死のお悔みを言う.

das〔*der*〕**Kon·dom** [コンドーム] [名] -s/-e〔-s〕 コンドーム.

das **Kon·do·mi·ni·um** [コンドミーニウム] [名] -s/..nien 〘法〙(一定地域の)共同管理, コンドミニウム;共同管理下にある地域.

der **Kon·dor** [コンドーあ] [名] -s/-e 〘鳥〙コンドル.

K

der **Kon·dot·ti·e·re** [コンドティエーれ] 名 -s/..ri (14-15世紀のイタリアの)傭兵(ホラハい)隊長.
die **Kon·du·i·te** [コンドゥイーテ, kõdyiːtə コンデュイーテ] 名 -/-n《古》品行, 行状.
der **Kon·dukt** [コンドゥクト] 名 -(e)s/-e《文・古》荘重なお供の列；葬列.
der **Kon·duk·teur** [..tœːr コンドゥック㋞ーあ] 名 -s/-e(スイス)車掌.
das **Kon·fekt** [コンふェクト] 名 -(e)s/-e (㊨は種類) 1.《小さな》チョコレート〔砂糖〕菓子. 2.《南独・オーストリア》(紅茶に添える)クッキー.
die **Kon·fek·ti·on** [コンふェクツィオーン] 名 -/-en 既製服製造；既製服；既製服産業.
der **Kon·fek·ti·o·när** [コンふェクツィオネーあ] 名 -s/-e 既製服製造業者；既製服デザイナー.
der **Kon·fek·ti·ons·an·zug** [コンふェクツィオーンス・アン・ツーク] 名 -(e)s/..züge 既製の背広.
das **Kon·fek·ti·ons·ge·schäft** [コンふェクツィオーンス・ゲ・シェふト] 名 -(e)s/-e 既製服店.
die **Kon·fe·renz** [コンふェれンツ] 名 -en 1. 会議, 会談；協議会. 2. 海運同盟. 3.〖㌦・㌪〗= Konferenzsendung.
der **Kon·fe·renz·saal** [コンふェれンツ・ザール] 名 -(e)s/..säle 会議室.
die **Kon·fe·renz·schal·tung** [コンふェれンツ・シャルトゥング] 名 -/-en〖㌦・電話〗多元回路.
die **Kon·fe·renz·sen·dung** [コンふェれンツ・ゼンドゥング] 名 -/-en〖㌦・㌪〗多元回路会議放送(遠隔者も回線を通じて会議に参加できる).
der **Kon·fe·renz·teil·neh·mer** [コンふェれンツ・タイル・ネーマー] 名 -s/- 会議〔協議会〕出席者.
kon·fe·rie·ren [コンふェリーれン] 動 h. 1.《(mit〈j³〉)》会議〔会談〕を行う, 協議〔相談・交渉〕する. 2.《〈et⁴〉/bei〈et³〉》司会をする(集会・放送番組・ショーなどの〔で〕).
die **Kon·fes·si·on** [コンふェスィオーン] 名 -/-en 1.《文》(信仰・信条の)告白. 2. (所属する)宗教, 宗派, 宗旨. 3.〖神〗信条(書).
kon·fes·si·o·nell [コンふェスィオネル] 形 宗派の.
kon·fes·si·ons·los [コンふェスィオーンス・ロース] 形 無宗派の.
die **Kon·fes·si·ons·schu·le** [コンふェスィオーンス・シューレ] 名 -/-n (カトリック・プロテスタントなどの)宗派別学校.
das **Kon·fet·ti** [コンふェッティ] 名 -(s)/ 1. (カーニバルなどでまく)色紙の丸い小さな紙片, 紙吹雪. 2.《㋑㋷㋻》(古) = Konfekt 1.
der **Kon·fi·dent** [コンふィデント] 名 -en/-en 1.《文・古》親友. 2.《㋑㋷㋻》(警察の)回し者, 密偵.
die **Kon·fi·gu·ra·ti·on** [コンふィグらツィオーン] 名 -/-en 1.《文》(芸術上の)構成；形態, 形状. 2.〖化・理〗(原子の)立体配置；〖コンピュータ〗(システムとしての)構成. 3.《天・占》星位. 4.〖医〗形状；変形. 5.〖言〗序型；布置；階層. 6.〖心〗形態.
der **Kon·fir·mand** [コンふィるマント] 名 -en/-en〖プロテスタント〗堅信礼を受ける(受けたばかりの)少年.
die **Kon·fir·ma·ti·on** [コンふィるマツィオーン] 名 -/-en〖プロテスタント〗堅信礼.
kon·fir·mie·ren [コンふィるミーれン] 動 h. 1.《〈j⁴〉》〖プロテスタント〗堅信礼を施す. 2.《〈et⁴〉》確認する；証明する.
die **Kon·fi·se·rie** [kõfizəˈriː, kõf..コンふィゼりー] 名 -/-n《スイス》 1. (自家製のプラリーネ〔チョコレートボンボン〕を販売する)菓子店. 2. (自家製造菓子店の)プラリーネ, クッキー.
der **Kon·fi·seur** [kõfiˈzœːr, kõf..コンふィゼーあ] 名 -s/-e《スイス》プラリーネ〔チョコレートボンボン〕, クッキー等を作る菓子職人.
die **Kon·fis·ka·ti·on** [コンふィスカツィオーン] 名 -/-en〖法〗没収.
kon·fis·zie·ren [コンふィスツィーれン] 動 h.《〈et⁴〉》〖法〗没収する.
der **Kon·fi·tent** [コンふィテント] 名 -en/-en《古》告解者.
die **Kon·fi·tü·re** [コンふィテューれ] 名 -/-n ジャム(一種類の果物で作り, 果粒入り).
der **Kon·flikt** [コンふリクト] 名 -(e)s/-e 1. 衝突, 争い, 紛争；武力衝突. 2. (内面の)葛藤(かっとう), 矛盾.《慣用》mit〈et³〉in Konflikt geraten〈事と〉利害が衝突する；〈事に〉違反する.
kon·flikt·fä·hig [コンふリクト・ふェーイヒ] 形 争うことができる.
die **Kon·flikt·for·schung** [コンふリクト・ふぉるシュング] 名 -/ 紛争研究.
kon·flikt·freu·dig [コンふリクト・ふろイディヒ] 形 紛争を好む.
kon·flikt·ge·la·den [コンふリクト・ゲラーデン] 形 紛争の火種をかかえた.
der **Kon·flikt·stress**,㊨**Kon·flikt·streß** [コンふリクト・シュトれス, コンふリクト・ストれス] 名 -es/-e〖医〗葛藤によるストレス.
die **Kon·fö·de·ra·ti·on** [コンふぇデらツィオーン] 名 -/-en 国家連合.
kon·form [コンふォるム] 形《(mit〈j⁴〈et³〉〉)》一致〔合致〕する, 同じ；~e Abbildung〖数〗等角〔共形〕投影図. mit〈j³〉~ gehen〔sein〕〈人と〉(見解が)一致する.
der **Kon·for·mis·mus** [コンふォるミスムス] 名 -/《文》大勢順応主義.
der **Kon·for·mist** [コンふォるミスト] 名 -en/-en 1.《文》大勢順応主義者. 2.〖キ教〗英国国教徒.
der **Kon·fra·ter** [コン・ふらータ―] 名 -s/..tres〖カトリック〗(修道)兄弟.
die **Kon·fron·ta·ti·on** [コンふろンタツィオーン] 名 -/-en 1. (人との)対決；(事件・問題などに)直面すること. 2. (二つの物事の)対比, 対照.
kon·fron·tie·ren [コンふろンティーれン] 動 h. 1.《〈j⁴〉㋙〈〈j³〉㋵/mit〈j³〉〉》対決させる《被告を証人などと》. 2.《〈j⁴〉㋙〈mit〈et³〉〉》直面させる《現実・問題などに》. 3.《〈et⁴〉㋙mit〈et³〉》突合せる《観察データを他のものなどと》.
kon·fus [コンふース] 形 込み入った, 分かりにくい；頭が混乱した.
die **Kon·fu·si·on** [コンふズィオーン] 名 -/-en 1. 混乱(状態), (頭の)混乱, 狼狽(ろうばい), 狼狽(ろう); 2. (発言・事態などの)不明確, あいまいさ, 混迷. 2.〖法〗混同.
(*der*) **Kon·fu·tse** [コンふーツェ] 名〖人名〗孔子(紀元前551-479頃, 中国の思想家).
kon·fu·zi·a·nisch [コンふツィアーニシュ] 形 孔子の.
der **Kon·fu·zi·a·nis·mus** [コンふツィアニスムス] 名 -/ 儒教.
kon·fu·zi·a·nis·tisch [コンふツィアニスティシュ] 形 儒教の.
(*der*) **Kon·fu·zi·us** [コンふーツィウス] 名〖人名〗孔子.
kon·ge·ni·al [kon.., kõŋ.. コンゲニアール] 形《文》(精神的に)同質の；息のあった；原作と同水準の.
kon·ge·ni·tal [kon.., kõŋ.. コンゲニタール] 形〖医〗先天性の.
das **Kon·glo·me·rat** [コングロメらート] 名 -(e)s/-e 1.《文》(雑質の物の)集合体, 寄集め, 混合；〖経〗コングロマリット. 2.〖地質〗礫岩(れきがん).
(*der*) **Kon·go**¹ [コンゴ] 名 -s/ (定冠詞付きの2格は-(s))〖国名〗コンゴ(コンゴ共和国とコンゴ民主共和国の名称).
der **Kon·go**² [コンゴ] 名 -(s)/〖川名〗コンゴ川.

der **Kon·go·le·se** [コンゴレーゼ] 名 -n/-n コンゴ人.
die **Kon·go·le·sin** [コンゴレーズィン] 名 -/-nen Kongolese の女性形.
kon·go·le·sisch [コンゴレーズィシュ] 形 コンゴ(人)の.
die **Kon·gre·ga·ti·on** [コン.., コンゴガツィオーン] 名 -en 1. 〔ｶﾄﾘｯｸ〕修道院(修道院の連合体); 単式誓願修道会;(ローマ聖庁の)聖省;枢機卿(ｽｳ)会議の常設委員会(Kardinals~).
der **Kon·gress**, ⓐ **Kon·greß** [kɔn.., kɔŋ.. コングれス] 名 -es/-e 1. (大規模な)会議, 大会;(各国代表的)会議;(総称)会議参加者. 2. (⑨のみ)アメリカ合衆国議会.
kon·gru·ent [kɔn.., kɔŋ.. コングるエント] 形 1. 完全に一致する. 2. 〔数〕合同の.
die **Kon·gru·enz** [kɔn.., kɔŋ.. コングるエンツ] 名 -/-en 1. 〔文〕一致,合致. 2. 〔言〕(性・数・格・人称の)一致;(動詞と他の文成分との)意味上の一致. 3. 〔数〕合同.
kon·gru·ie·ren [kɔn.., kɔŋ.. コングるイーれン] 自 *h.* 〔(mit 〈et³〉)〕完全に(あらゆる点で)一致する(考え・意見などが);〔数〕合同である;〔言〕一致する.
die **Ko·ni·die** [コニーディエ] 名 -/-n(主に⑨)〔植〕(菌類の)分生(胞)子.
die **Ko·ni·fe·re** [コニふぇーれ] 名 -/-n (主に⑨)〔植〕松柏類,針葉樹類.
(der/die) **Kö·nig**¹ [ケーニヒ] 名 〖人名〗ケーニヒ.
der **Kö·nig**² [ケーニヒ] 名 -s/-e 1. 王,国王(人;(⑨のみ)位). 2. 第一人者,王者. 3. 〔ﾄﾗﾝﾌﾟ〕キング;(ボウリングの)キングピン. 【慣用】 **die Heiligen Drei Könige aus dem Morgenland** 東方の三博士(マタイ福音書 2, 1).
die **Kö·ni·gin** [ケーニギン] 名 -/-nen 1. 女王,王妃(人;(⑨のみ)位). 2. 女王蜂 (Bienen~). 3. 女王にも比せられる女性・物. 4. 〖ﾁｪｽ・ﾄﾗﾝﾌﾟ〗クイーン.
die **Kö·ni·gin·mut·ter** [ケーニギン・ムッター] 名 -/..mütter 母后,皇太后,国王(女王)の母.
die **Kö·ni·gin·wit·we** [ケーニギン・ヴィトヴェ] 名 -/-n (寡婦となった)皇太后.
kö·nig·lich [ケーニクリヒ] 形 1. (国)王の;王者の(ような)(略 kgl.): ein ~er Erlass 勅令. (Seine) *K~e* Hoheit 殿下(王子・大公への呼びかけ). 2. 気前のいい,たっぷりとした. 3. 〔口〕すごい.
das **Kö·nig·reich** [ケーニク・らイヒ] 名 -(e)s/-e 王国.
der **Kö·nigs·ad·ler** [ケーニヒス・アードラー] 名 -s/- 〔鳥〕イヌワシ(Steinadler の俗称).
(das) **Kö·nigs·berg** [ケーニヒス・ベルク] 名 〖地名〗ケーニヒスベルク(旧ソ連の Kaliningrad. かつての東プロイセンの州都).
der **Kö·nigs·fa·san** [ケーニヒス・ふぁザーン] 名 -(e)s/-e(n) 〔鳥〕(中国産の)ヤマドリ.
der **Kö·nigs·forst** [ケーニヒス・ふぉるスト] 名 -(e)s/-e ケーニヒスフォルスト(ラインラント=プファルツ州の自然公園).
der **Kö·nigs·hof** [ケーニヒス・ホーふ] 名 -(e)s/..höfe 王の宮廷,王宮.
die **Kö·nigs·ker·ze** [ケーニヒス・ケルツェ] 名 -/-n 〔植〕モウズイカ.
die **Kö·nigs·kro·ne** [ケーニヒス・クローネ] 名 -/-n 王冠.
der **Kö·nigs·ma·cher** [ケーニヒス・マッハー] 名 -s/- 〖ｼﾞｬｰ〗キングメーカー,政界の実力者.
das **Kö·nigs·schloss**, ⓐ **Kö·nigs·schloß** [ケーニヒス・シュロス] 名 -es/..schlösser 王宮.
der **Kö·nigs·see** [ケーニヒス・ゼー] 名 -s/ 〖湖名〗ケーニヒスゼー(バイエルン州南部に位置する).
kö·nigs·treu [ケーニヒス・トろイ] 形 王に忠実な.

das **Kö·nigs·was·ser** [ケーニヒス・ヴァッサー] 名 -s/ 〔化・工〕王水.
das **Kö·nig·tum** [ケーニヒトゥーム] 名 -s/..tümer 1. (⑨のみ)王制. 2. 王国.
ko·nisch [コーニシュ] 形 円錐(ｽｲ)形の.
Konj. 1. =Konjunktion〔言〕接続詞. 2. = Konjunktiv〔言〕接続法.
die **Kon·jek·tur** [コンイェクトゥーア] 名 -/-en 1. 〔文芸学〕(古文書などの)原典批判,考訂,校訂. 2. 〔古〕推定.
die **Kon·ju·ga·ti·on** [コンユガツィオーン] 名 -/-en〔言〕(動詞の)変化(活用);〔生〕接合.
kon·ju·gie·ren [コンユギーれン] 他 〔〈et⁴〉ッ〕〔言〕変化(活用)させる(動詞・助動詞を).
die **Kon·junk·ti·on** [コンユンクツィオーン] 名 -/-en〔言〕接続詞(略 Konj.);〔論〕連言;〔天〕合(ｺﾞｳ).
kon·junk·ti·o·nal [コンユンクツィオナール] 形 〔言〕接続詞の.
der **Kon·junk·ti·o·nal·satz** [コンユンクツィオナール・ザッツ] 名 -es/..sätze〔言〕接続詞文.
der **Kon·junk·tiv** [コンユンクティーふ] 名 -s/-e〔言〕接続法(略 Konj.).
kon·junk·ti·visch [コンユンクティーヴィシュ, コンユンクティーヴィシュ] 形 〔言〕接続法の.
die **Kon·junk·ti·vi·tis** [コンユンクティヴィーティス] 名 -/..tiden [コンユンクティーデン]〔医〕結膜炎.
die **Kon·junk·tur** [コンユンクトゥーア] 名 -/-en〔経〕景気;好況.
die **Kon·junk·tur·ana·ly·se** [コンユンクトゥーア・アナリューゼ] 名 -/-n 景気動向の分析.
der **Kon·junk·tur·auf·schwung** [コンユンクトゥーア・アウふ・シュヴング] 名 -s/..schwünge 景気の上昇.
die **Kon·junk·tur·aus·gleichs·rück·la·ge** [コンユンクトゥーア・アウスグライヒス・りゅックラーゲ] 名 -/-n〔経〕景気調整準備金.
die **Kon·junk·tur·aus·sich·ten** [コンユンクトゥーア・アウス・ズィヒテン] 複 景気見通し.
das **Kon·junk·tur·ba·ro·me·ter** [コンユンクトゥーア・バロメーター] 名 -s/-〔経〕景気指標.
kon·junk·tur·be·dingt [コンユンクトゥーア・ベディングト] 形 〔経〕景気に制約された.
die **Kon·junk·tur·be·le·bung** [コンユンクトゥーア・ベレーブング] 名 -/-en〔経〕景気の回復.
der **Kon·junk·tur·be·richt** [コンユンクトゥーア・ベりヒト] 名 -(e)s/-e 景気動向報告.
die **Kon·junk·tur·de·bat·te** [コンユンクトゥーア・デバッテ] 名 -/-en 景気動向についての論議.
die **Kon·junk·tur·di·ag·no·se** [コンユンクトゥーア・ディアグノーゼ] 名 -/-n 景気の診断.
kon·junk·tu·rell [コンユンクトゥれル] 形 〔経〕景気の.
die **Kon·junk·tur·flau·te** [コンユンクトゥーア・ふラウテ] 名 -/-n〔経〕景気の停滞.
das **Kon·junk·tur·for·schungs·in·sti·tut** [コンユンクトゥーア・ふぉるシュングス・インスティトゥート] 名 -(e)s/-e 景気動向調査研究所.
das **Kon·junk·tur·hoch** [コンユンクトゥーア・ホーホ] 名 -s/-s 好景気.
der **Kon·junk·tur·in·di·ka·tor** [コンユンクトゥーア・インディカートーる] 名 -s/-en 景気動向指標.
das **Kon·junk·tur·kli·ma** [コンユンクトゥーア・クリーマ] 名 -s/-s 〖ｴﾝｸﾞﾘｯｼｭ〗..mate 景気環境.
die **Kon·junk·tur·la·ge** [コンユンクトゥーア・ラーゲ] 名 -/-n〔経〕景気状況.
die **Kon·junk·tur·pha·se** [コンユンクトゥーア・ふぁーゼ] 名 -/-n 景気の状相(局面).
die **Kon·junk·tur·po·li·tik** [コンユンクトゥーア・ポリティーク] 名 -/〔経〕景気政策.
das **Kon·junk·tur·pro·gramm** [コンユンクトゥーア・プログら

ム] [名] -s/-e 〖経〗(政府の)景気対策.
der **Kon·junk·tur·puf·fer** [コンユンクトゥーあ・ブっふぁー] [名] -s/- 〖経〗景気緩衝材.
der **Kon·junk·tur·rit·ter** [コンユンクトゥーあ・りっター] [名] -s/- 《蔑》日和見主義者.
die **Kon·junk·tur·sprit·ze** [コンユンクトゥーあ・シュプりっツェ] [名] -/-n 〖経〗景気刺激策.
die **Kon·junk·tur·the·o·rie** [コンユンクトゥーあ・テオリー] [名] -/-n 景気理論.
das **Kon·junk·tur·tief** [コンユンクトゥーあ・ティーふ] [名] -s/-s 景気の底.
die **Kon·junk·tur·über·hit·zung** [コンユンクトゥーあ・ユーバーヒっツング] [名] -/-en 《主に[単]》景気の過熱.
das **Kon·junk·tur·ziel** [コンユンクトゥーあ・ツィール] [名] -(e)s/-e 景気の目標.
der **Kon·junk·tur·zu·schlag** [コンユンクトゥーあ・ツー・シュラーク] [名] -(e)s/..schläge 〖経〗景気(抑制)付加税, 好況時特別増税.
der **Kon·junk·tur·zy·k·lus** [コンユンクトゥーあ・ツュークルス] [名] -/..zyklen 〖経〗景気循環.
kon·kav [kɔn.., kɔŋ.. コンカーふ] [形] 〖光〗凹面の; くぼんだ.
das **Kon·kla·ve** [kɔn.., kɔŋ.. コンクラーヴェ] [名] -s/-n 〖カトリック〗教皇選挙会議; 教皇選挙会議室.
die **Kon·klu·si·on** [kɔn.., kɔŋ.. コンクルズィオーン] [名] -/-en 〖哲〗(三段論法の)断案, 結論.
die **Kon·kor·danz** [kɔn.., kɔŋ.. コンコるダンツ] [名] -/-en **1.** (聖書などの)語句〔用語〕索引, コンコルダンス; (各版の)ページ異同対照表. **2.** 〖地質〗整合; (〔単〕のみ)〖印〗コンコルダンツ(活字の大きさの単位).
das **Kon·kor·dat** [kɔn.., kɔŋ.. コンコるダート] [名] -(e)s/-e コンコルダート(ローマ教皇庁と国家との政教条約); 《スイス》(各州間の)条約.
die **Kon·kor·dia** [kɔn.., kɔŋ.. コンコるディア] [名] -/ 和合, 一致.
das **Kon·kre·ment** [kɔn.., kɔŋ.. コンクれメント] [名] -(e)s/-e 〖医〗結石.
kon·kret [kɔn.., kɔŋ.. コンクれート] [形] 具体的な, 具象的な; 事実的な; 明瞭な: ein ~*es* Beispiel 具体例. ~*e* Kunst 具象芸術.
kon·kre·ti·sie·ren [kɔn.., kɔŋ.. コンクれティズィーれン] [動] *h.* 〔<et⁴>ヲ〕(具体的に)説明する〔規定する〕, 明確にする.
das **Kon·kre·tum** [kɔn.., kɔŋ.. コンクれートゥム] [名] -s/..ta 〖言〗具象名詞.
das **Kon·ku·bi·nat** [kɔn.., kɔŋ.. コンクビナート] [名] -(e)s/-e 〖法〗内縁関係.
die **Kon·ku·bi·ne** [kɔn.., kɔŋ.. コンクビーネ] [名] -/-n (昔の)内縁の妻; 《古・蔑》情婦, 妾(めかけ).
die **Kon·ku·pis·zenz** [kɔn.., kɔŋ.. コンクピスツェンツ] [名] -/ 〖神・哲〗(原罪の結果としての)欲望, 肉欲.
der **Kon·kur·rent** [kɔn.., kɔŋ.. コンクれント] [名] -en/-en 競争相手, ライバル.
die **Kon·kur·renz** [kɔn.., kɔŋ.. コンクれンツ] [名] -/-en **1.** (〔単〕のみ)(特に経済上の)競争; (《総称》)競争相手, 商売がたき: <j³> ~ machen 〈人ト〉競争する. **2.** 競技, コンクール.
kon·kur·renz·fä·hig [kɔn.., kɔŋ.. コンクれンツ・ふぇーイひ] [形] 競争力のある.
der **Kon·kur·renz·kampf** [kɔn.., kɔŋ.. コンクれンツ・カムプふ] [名] -(e)s/..kämpfe (主に〔単〕)(特に経済上の)競争.
kon·kur·renz·los [kɔn.., kɔŋ.. コンクれンツ・ロース] [形] 競争相手のいない.
der **Kon·kur·renz·neid** [kɔn.., kɔŋ.. コンクれンツ・ナイト] [名] -(e)s/ ライバルの成功に対する妬(ねた)み.
kon·kur·rie·ren [kɔn.., kɔŋ.. コンクリーれン] [動] *h.* 〔(mit <j³/et³>ト) + (um <j⁴/et⁴>ヲ求メテ)〕競争〔競合〕する, 争う.
der **Kon·kurs** [kɔn.., kɔŋ.. コンクるス] [名] -es/-e **1.** 支払停止. **2.** 〖法〗破産.
die **Kon·kurs·er·öff·nung** [kɔn.., kɔŋ.. コンクるス・エあ㋓ふヌング] [名] -/-en 破産宣告.
die **Kon·kurs·mas·se** [kɔn.., kɔŋ.. コンクるス・マっセ] [名] -/-n 破産財団.
das **Kon·kurs·ver·fah·ren** [kɔn.., kɔŋ.. コンクるス・ふぇあふぁーれン] [名] -s/- 破産手続.
der **Kon·kurs·ver·wal·ter** [kɔn.., kɔŋ.. コンクるス・ふぇあヴァルター] [名] -s/- 破産管財人.
kön·nen* [ケネン] [助] 《話法》 ich kann, du kannst, er kann; konnte; hat... können (本動詞の不定詞と共に用いる. 文脈などから明らかな不定詞は省略される. 不定詞が省略された場合の過去分詞は gekonnt) **1.** (恒常的能力)…することができる: Auto fahren/Klavier spielen ~ 自動車の運転が/ピアノを弾くことができる. Deutsch sprechen ~ ドイツ語が話せる. gut schwimmen/kochen ~ 水泳/料理がじょうずにできる. (物・事が主語で)Mein Auto *kann* schneller fahren als seines. 私の車は彼の車より速く走れる. Vorsicht *kann* nicht〔nie〕schaden. 用心に越したことはない. **2.** (個々の具体的状況下での能力・可能性)…することができる: Sie *konnte* alle Aufgaben lösen. 彼女は課題をすべて解くことができた. Kommst du? — Ich *kann* leider nicht. 来るかい. — 残念だが行けない. Das war ein Wettkampf, *kann* ich sagen. それはすごい試合だったよ, 私には断言できるけど. Da *kann* man nichts machen. それじゃどうしようもない. *Kann* ich Ihnen helfen? 何かお役に立てるでしょうか. *K*~ Sie mir bitte sagen, wie spät es ist? 恐縮ですが今何時でしょうか(教えて頂けますか). **3.** (推量)…かもしれない, …すること〔であること〕があり得る: Der Schlüssel *kann* verloren gegangen sein. そのかぎはなくなったのかもしれない. Es *kann* sein, dass sie schon morgen kommt. 彼女は明日にもやって来るかもしれない. Kommst du mit? — *Kann* sein. 君も一緒に来るかい. — 行くかもしれない. Das *kann* doch nicht sein. そんなことはありえないだろう. Das *kann* wahr sein. それは本当かもしれない. Du *könntest* Recht haben. もしかしたら君の言うとおりかもしれない. **4.** (状況による許容)…して差し支えない, …することができる, …してもかまわない: Du *kannst* ruhig die Wahrheit sagen, ich schimpfe nicht. 安心して本当のことをおっしゃい, しかりはしないから. Er *kann* einem Leid tun. 彼はだれの目から見ても気の毒だ. Es war zu laut, ich *konnte* nicht schlafen. あまり騒音が激しいので, 私は眠ることができなかった. (譲歩文で) Du *kannst* ihn stundenlang ansehen, er merkt nichts. 君が何時間見つめていても, 彼は何も気がつきやしないよ. **5.** (話者の容認)…してかまわない, …して差支えない: Das *kannst* du meinetwegen tun. ぼくとしては君がそうしてもかまわない. So etwas *kannst* du nicht machen. そんなことはしてはいけません. Das *kann* so bleiben. それはそのままでかまわない(風俗・習慣からの容認).

—— [動] ich kann, du kannst, er kann; konnte; hat gekonnt **1.** 〔(<et⁴>ガ)〕できる: viel/alles ~ 多くのことが/なんでもできる. Ich *kann* nicht (mehr). もうだめだ, 参った. das Gedicht auswendig ~ その詩を暗唱することができる. Sie *kann* Russisch, aber kein Japanisch. 彼女はロシア語ができるが日本語はできない. Ich habe getan, was ich *konnte*. 私はできるだけのことをしました. Ich *kann* nicht anders als ablehnen. 私には断るより他にしかたがない. **2.** 〔<方向>へ(カラ)〕行く〔来る・出る〕ことができ

K

る： Ohne Schlüssel *kann* man nicht ins Haus. かぎがなければ家の中へは入れない. Er *konnte* nicht heraus. 彼は外へ出られなかった. 【慣用】(es) mit 〈j³〉 (gut) können《口》〈人と〉うまくやっていける. für 〈et⁴〉 nichts können《口》〈事に〉責任がない. Kann ich ?《口》これをしてもいい(動作を開始しながら). Mir kann keiner. だれも私に手出しできやしない. Wo kann man hier mal ?《口》ここのトイレはどこかな.

das **Kön·nen** [ケ̈ネン] [名] -s/ 能力,力量,手腕,腕前.

der **Kön·ner** [ケ̈ナー] [名] -s/- 能力〔手腕〕のある人,(芸・技などの)達者な人.

der **Kon·nex** [コネクス] [名] -es/-e (人との個人的)関係,つながり;(物事相互の)関連.

die **Kon·ne·xi·on** [コネクスィオーン] [名] -/-en **1.**《主に[複]》《文》有利な関係,(有力な)つて,コネ. **2.**〘言〙連結;連関.

das **Kon·nos·se·ment** [コノセメント] [名] -(e)s/-e 〘海〙船荷証券.

die **Kon·no·ta·ti·on** [コノタツィオーン] [名] -/-en 〘論〙(概念の)内包;〘言〙コノテーション,副次的意味.

kon·no·ta·tiv [コノタティーふ,コノタティーふ] [形]〘言〙共示的な,内包的な.

konn·te [コンテ] [動] können の過去形.

könn·te [ケ̈ンテ] [動] können の接続法2式.

(*der*) **Kon·rad** [コンらート] [名] **1.**〘男名〙コンラート. **2.** ～ II. コンラート2世(990頃-1039年,神聖ローマ皇帝).

der **Kon·rek·tor** [コンれクトーあ] [名] -s/-en [コンれクトーれン]〘学校〙校長代理.

die **Kon·san·gu·i·ni·tät** [コンザングイニテート] [名] -/《古》血縁関係.

die **Kon·se·kra·ti·on** [コンゼクらツィオーン] [名] -/-en **1.**〘カトリック〙聖別;(パンとブドウ酒の)聖変化;司教叙階. **2.** (ローマ帝政時代の死せる皇帝の)神格化.

kon·se·krie·ren [コンゼクりーれン] [動] *h.*〘カトリック〙 **1.**〔〈j⁴〉ヲ〕叙階する(叙階式で司教を聖別する). **2.**〔〈et⁴〉ヲ〕聖別する(祭壇などを);聖変化させる(ミサでパンとブドウ酒を).

der **Kon·se·ku·tiv·dol·met·scher** [コンゼクティーふ・ドルメッチャー] [名] -s/- 〘通訳〙逐次通訳者.

der **Kon·se·ku·tiv·satz** [コンゼクティーふ・ザッツ] [名] -es/..sätze 〘言〙結果文.

der **Kon·sens** [コンゼンス] [名] -es/-e (主に[単])《文》意見の一致,コンセンサス;《古》承諾,同意.

kon·sen·tie·ren [コンゼンティーれン] [動] *h.*《古》 **1.**〔補足なし〕意見が一致している. **2.**〔〈et⁴〉ニ〕同意する.

kon·se·quent [コンゼクヴェント] [形] 首尾一貫した,筋の通った;徹底した,断固とした.

kon·se·quen·ter·wei·se [コンゼクヴェンター・ヴァイゼ] [副] 首尾一貫して.

die **Kon·se·quenz** [コンゼクヴェンツ] [名] -/-en **1.** (必然的な)結果,成行き,帰結;(当然の)結論. **2.**《[単]のみ》首尾一貫性;徹底性,確固〔断固〕たること. 【慣用】aus 〈et³〉 die Konsequenzen ziehen 〈事から〉結論を出す.

der **Kon·ser·va·tis·mus** [コンぜるヴァティスムス] [名] -/〘政〙＝Konservativismus.

kon·ser·va·tiv [コンぜるヴァティーふ,コンぜるヴァティーふ] [形] 保守的な;旧来の;保守(主義)の;〘医〙保存(療法)的な.

der/die **Kon·ser·va·ti·ve** [コンぜるヴァティーヴェ] [名]《形容詞的変化》保守主義者;保守党員.

der **Kon·ser·va·ti·vis·mus** [コンぜるヴァティヴィスムス] [名] -/ **1.** 保守的な考え;(政治的)保守主義. **2.** 保守党,保守的政治運動.

der **Kon·ser·va·tor** [コンぜるヴァートーあ] [名] -s/-en [コンぜるヴァトーれン] (博物館などの)管理者,学芸員.

der **Kon·ser·va·to·rist** [コンぜるヴァトりスト] [名] -en/-en 音楽院の学生.

das **Kon·ser·va·to·ri·um** [コンぜるヴァトーりウム] [名] -s/..rien 音楽院.

die **Kon·ser·ve** [コンぜるヴェ] [名] -/-n **1.** 缶詰,瓶詰： Musik aus der ～《転・口》保存された音楽(レコード・テープの音楽). **2.** (缶詰・瓶詰の)保存食品;〘医〙保存血液(Blut～). **3.**《口》(テープ・ディスクへの)録音,録画.

die **Kon·ser·ven·büch·se** [コンぜるヴェン・ビュクセ] [名] -/-n (缶詰の)缶.

die **Kon·ser·ven·do·se** [コンぜるヴェン・ドーゼ] [名] -/-n ＝Konservenbüchse.

die **Kon·ser·ven·fa·brik** [コンぜるヴェン・ふぁブリーク] [名] -/-en 缶詰工場.

kon·ser·vie·ren [コンぜるヴィーれン] [動] *h.* **1.**〔〈et⁴〉ヲ〕保存する(食品・血漿(けっしょう)・死体などを). **2.**〔〈et⁴〉ヲ〕保存する,保つ(絵画・建物・風習・言語習慣などを)： Musik auf Tonband ～《口》音楽をテープに採っておく.

die **Kon·ser·vie·rung** [コンぜるヴィーるング] [名] -/-en 保存,保存処理.

das **Kon·ser·vie·rungs·mit·tel** [コンぜるヴィーるングス・ミッテル] [名] -s/- (缶詰食品用の)化学保存料.

die **Kon·si·g·na·ti·on** [コンズィグナツィオーン] [名] -/-en **1.**〘経〙(特に海外での)商品委託販売. **2.**《古》記録.

kon·si·g·nie·ren [コンズィグニーれン] [動] *h.*〔〈et⁴〉ヲ〕〘経〙委託販売に出す(商品を).

das **Kon·si·li·um** [コンズィーリウム] [名] -s/..lien (特に診断のための医師の)協議;協議団〔会〕.

kon·sis·tent [コンズィステント] [形] 密度の高い;堅牢(けんろう)な,強靭(きょうじん)な;安定した;(論理が)整合的な.

die **Kon·sis·tenz** [コンズィステンツ] [名] -/ (物質の)硬度,密度;堅牢性,安定性,強靭(きょうじん)性;(論理の)首尾一貫性,整合性.

das **Kon·sis·to·ri·um** [コンズィストーりウム] [名] -s/..rien 〘カトリック〙(教皇が司会する)枢機卿(けい)会議;(オーストリアの)司教区庁;〘プロテスタント〙教会役員会.

die **Kon·so·le** [コンゾーレ] [名] -/-n **1.**〘建〙持ち送り. **2.** (壁に取付けた2本脚の)作りつけの台〔棚〕;(プレーヤー・テレビなどの)コンソール型キャビネット.

kon·so·li·die·ren [コンゾリディーれン] [動] *h.* **1.**〔〈et⁴〉ヲ〕《文》強固にする,安定させる(国家などがその地位・威信・経済などを);(〈et⁴〉がsich⁴の場合)強固になる,安定する. **2.**〔〈et⁴〉ヲ〕〘経〙統合〔整理〕する,国債化する(短期の借入などを).

die **Kon·so·li·die·rung** [コンゾリディーるング] [名] -/-en **1.** 強化,保全,安定化. **2.**〘経〙(勘定科目の)統合;(複数の企業の)連結(決算);(国公債の)整理統合;(短期借入の)国債化. **3.**〘医〙骨化;(病状の)安定化.

der **Kon·so·nant** [コンゾナント] [名] -en/-en 〘言〙子音.

kon·so·nan·tisch [コンゾナンティシュ] [形]〘言〙子音の.

der **Kon·so·nan·tis·mus** [コンゾナンティスムス] [名] -/〘言〙子音組織.

die **Kon·so·nanz** [コンゾナンツ] [名] -/-en **1.**〘楽〙協和音. **2.**〘言〙協和音;子音連鎖.

der **Kon·sor·te** [コンゾるテ] [名] -n/-n **1.**《[複]のみ》一味,一派,相棒. **2.**〘経〙(シンジケート団の)メンバー企業〔銀行〕.

das **Kon·sor·ti·um** [コンゾるツィウム] [名] -s/..tien[..ツィエン]〘経〙(大事業のための銀行などの一時的)企業組合;協調融資団,(国際的)コンソーシアム,引受けシンジケート団.

die **Kon·spi·ra·ti·on** [コンスピらツィオーン] [名] -/-en 陰謀,謀反.

K

kon·spi·ra·tiv [コンスピらティーふ] 形 陰謀[謀反]の; 陰謀[謀反]とかかわりのある.

kon·spi·rie·ren [コンスピりーれン] 動 h. 〔mit ⟨j³⟩ + (gegen ⟨j⁴/et⁴⟩ਠ(反) 刈ドル⟩〕結託[共謀]する, 陰謀[謀反]を企む.

der Kon·sta·bler [コンスターブラー] 名 -s/- **1.** 《古》警官. **2.** (昔の海軍・砲兵隊の)砲術下士官.

kon·stant [コンスタント] 形 **1.** 不変の, 一定の: eine ~e Größe 〔数〕定数. **2.** 頑(がん)な. **3.** 不断の, 絶え間のない, 恒常的な.

die Kon·stan·te [コンスタンテ] 名 -/-n (形容詞的変化も有)不変なもの; (主に無冠詞)〔数・理〕定数.

(der) Kon·stan·tin [コンスタンティーン, コンスタンティン] 名 **1.** 〖男名〗コンスタンティン. **2.** ~ der Große コンスタンティヌス大帝(285 頃-337 年, ローマ皇帝).

kon·stan·ti·nisch [コンスタンティーニシュ] 形 コンスタンティヌス大帝の.

(das) Kon·stan·ti·no·pel [コンスタンティノーペル] 名 -s/ 〖地名〗コンスタンティノープル(トルコの首都イスタンブールの旧称).

der Kon·stan·ti·no·pe·ler [コンスタンティノーペラー] 名 -s/- コンスタンティノープルの人.

der Kon·stan·ti·nop·ler [コンスタンティノープラー] 名 -s/- =Konstantinopeler.

der Kon·stan·ti·no·po·li·ta·ner [コンスタンティノポリターナー] 名 -s/- =Konstantinopeler.

(der) Kon·stanz¹ [コンスタンツ] 名 〖男名〗コンスタンツ.

die Kon·stanz² [コンスタンツ] 名 -/ 不変(性), 恒常(性).

(das) Kon·stanz³ [コンスタンツ] 名 -/ 〖地名〗コンスタンツ(ボーデン湖畔の都市).

(die) Kon·stan·ze [コンスタンツェ] 名 〖女名〗コンスタンツェ.

kon·sta·tie·ren [コンスタティーれン] 動 h. **1.** 〈et⁴ッ〉《稀》確かめる, 確認する, 突きとめる. **2.** 〈⟨文⟩ッ〉断言する.

die Kon·stel·la·ti·on [コンステラツィオーン] 名 -/-en **1.** 《文》(全体の)形勢, 状勢, 状況. **2.** 〔天・占〕(惑星・月と太陽, および相互の)位置(関係).

kon·ster·nie·ren [コンステるニーれン] 動 h. 〈⟨j⁴ッ⟩〉びっくり[当惑・狼狽(ろうばい)]させる.

kon·ster·niert [コンステるニーあト] 形 狼狽(ろうばい)した, 度を失った.

kon·sti·tu·ie·ren [コンスティトゥイーれン] 動 h. **1.** 〈et⁴ッ〉創設する, 設立する, 制定する(共和国・委員会・新しい学問分野・憲法などを). **2.** 〈sich⁴〉設立される, 発足する. **3.** 〈et⁴ッ〉(存在[成立]の)基本の要件(基礎)である.

die Kon·sti·tu·ti·on [コンスティトゥツィオーン] 名 -/-en **1.** 体質, 体の状態; 〔医〕体格. **2.** 〔化〕(分子の)構造. **3.** 〔政〕憲法; 条例, (団体の)規約, 定款; 〖カトリック〗教皇令; 修道会会則.

der Kon·sti·tu·ti·o·na·lis·mus [コンスティトゥツィオナリスムス] 名 -/ 立憲政体, 立憲主義.

kon·sti·tu·ti·o·nell [コンスティトゥツィオネル] 形 〔政〕憲法の, 立憲の: eine ~e Monarchie 立憲君主制(国).

der Kon·sti·tu·ti·ons·typ [コンスティトゥツィオーンス・テューブ] 名 -s/-en 〔医・心〕体質型.

kon·sti·tu·tiv [コンスティトゥティーふ] 形 本質的な; 〔哲〕構成的な; 〔法〕設権的な.

kon·stru·ie·ren [コンストるイーれン] 動 h. **1.** 〈et⁴ッ〉設計する(橋・車・機械などを); 〔幾何〕作図する. **2.** 〈et⁴ッ〉〔数・論〕組立てる(理論・数式などを); 〔言〕構成する(文を); 〈文〉まとめる, 構想する(仮説・小説などを); 《蔑》(あれこれこじつけて)むりやりまとめる.

kon·stru·iert [コンストるイーあト] 形 わざとらしい, こじつけの.

das Kon·strukt [コンストるクト] 名 -(e)s/-e[-s] 概念構成体.

der Kon·struk·teur [..tø:r コンストるク⑦ーあ] 名 -s/-e 設計技師, 設計者.

die Kon·struk·ti·on [コンストるクツィオーン] 名 -/-en **1.** 設計; 設計案, モデル; (設計された)構造. **2.** 〔言〕構文, (語句の)組立て; (組立てられた)文[語句]. **3.** 〔幾何〕作図; 〔数・論〕(組立てられた)式, 理論. **4.** (思考の)構成[構築]; 構成的な論述[思考].

das Kon·struk·ti·ons·bü·ro [コンストるクツィオーンス・ビュろー] 名 -s/-s 設計事務所.

der Kon·struk·ti·ons·feh·ler [コンストるクツィオーンス・フェーラー] 名 -s/- 設計[構造]上の欠陥.

kon·struk·tiv [コンストるクティーふ] 形 **1.** 建設的な: ~es Misstrauensvotum 〔政〕建設的不信任投票(連邦総理大臣に対するもの). **2.** 構造上の, 設計上の.

der Kon·struk·ti·vis·mus [コンストるクティヴィスムス] 名 -/ 〔美・論・数〕構成主義.

der Kon·sul [コンズル] 名 -s/-n 領事; (古代ローマの)執政官, コンスル.

kon·su·la·risch [コンズラーリシュ] 形 領事(館)の.

das Kon·su·lat [コンズラート] 名 -(e)s/-e 領事館; 領事の職(在職期間); (古代ローマの)執政官の職(在職期間).

die Kon·sul·ta·ti·on [コンズルタツィオーン] 名 -/-en (特に医者との)相談; 《方》(専門家の)助言; 〔政〕(政府間などの)協議; 審議.

kon·sul·tie·ren [コンズルティーれン] 動 h. **1.** 〈⟨j⁴ッ⟩〉相談する, 助言を求める(医者・弁護士など専門家に); 〔政〕〈…と〉協議する(同盟諸国などと); 〈⟨j⁴ッ⟩〉が相互代名詞sich⁴の場合)(互いに)協議する. **2.** 〈et⁴ッ〉参照する.

der Kon·sum¹ [コンズーム] 名 -s/ **1.** 消費(飲食物の摂取). **2.** 〔経〕=Konsumtion 1.

der Kon·sum² [コンズ(ー)ム, コンズーム] 名 -s/-s 《古》**1.** (剰のみ)消費組合. **2.** 消費組合の販売店.

der Kon·su·ment [コンズメント] 名 -en/-en 〔経〕消費者; 〖生〗消費者(他の植物や動物を食べて生きる生物).

die Kon·sum·ge·nos·sen·schaft [コンズーム・ゲノッセンシャふト] 名 -/-en 〔経〕消費協同組合.

das Kon·sum·gut [コンズーム・グート] 名 -(e)s/..gü·ter (主に剰)〔経〕消費財.

die Kon·sum·gü·ter·in·dus·trie [コンズーム・ギューター・インドゥストりー] 名 -/〔経〕消費財製造産業.

kon·su·mie·ren [コンズミーれン] 動 h. 〈et⁴ッ〉消費する(特に食料品・酒・タバコ・薬品などを. またエンジンが燃料を).

der Kon·sum·ter·ror [コンズーム・テろーあ] 名 -s/ 《感・蔑》(宣伝で消費をあおる)消費テロ.

die Kon·sum·ti·on [コンズムツィオーン] 名 -/-en **1.** 〔経〕消費. **2.** 〖医〗消耗. **3.** 〔法〕吸収.

der Kon·sum·ver·ein [コンズーふふぁあアイン] 名 -(e)s/-e 消費組合販売店.

die Kon·ta·gi·on [コンタギオーン] 名 -/-en 〖医〗感染, 伝染.

der Kon·takt [コンタクト] 名 -(e)s/-e **1.** (人との)接触, 関係, 連絡, コンタクト. **2.** 接触, (タイヤの)接地: persönlicher~(パズナーリヒャー)身体接触. **3.** 〔電〕接触; 〖化・工〗固体接触.

der Kon·takt·ab·zug [コンタクト・アップ・ツーク] 名 -(e)s/..zü·ge 〔写〕べた焼き, 密着印画.

kon·takt·arm [コンタクトアるム] 形 人づき合いの悪い

人との接触が少ない.

die **Kon·takt·auf·nah·me** [コンタクト·アウふ·ナーメ] [名] -/-n 接触〔連絡〕開始, コンタクトをとること.

der **Kon·takt·be·am·te** [コンタクト·ベアムテ] [名]《形容詞的変化》=Kontaktbereichsbeamte.

der **Kon·takt·be·reichs·be·am·te** [コンタクト·べらイひス·ベアムテ] [名]《形容詞的変化》(地域担当の)巡回警官《略 Kob》.

der **Kon·tak·ter** [コンタクター] [名] -s/- 〖経〗(広告代理店の)得意先係.

kon·takt·freu·dig [コンタクト·ふろイディひ] [形] 人づき合いの良い.

das **Kon·takt·glas** [コンタクト·グラース] [名] -es/..glä·ser 《主に[複]》=Kontaktlinse.

kon·tak·tie·ren [コンタクティーれン] [動] *h.* 〘〈j^4〉ト/mit 〈j^3〉ト〙接触する, コンタクトをとる, 接触〔コンタクト〕を保つ.

die **Kon·takt·in·fek·ti·on** [コンタクト·インふェクツィオーン] [名] -/-en 〖医〗接触伝染.

die **Kon·takt·ko·pie** [コンタクト·コピー] [名] -/-n 〖写〗べた焼き, 密着印画.

die **Kon·takt·lin·se** [コンタクト·リンゼ] [名] -/-n 《主に[複]》コンタクトレンズ.

der **Kon·takt·mann** [コンタクト·マン] [名] -(e)s/..männer〔..leute〕(情報収集などのための)連絡員;(広告代理店の)得意先係.

die **Kon·takt·per·son** [コンタクト·ぺるゾーン] [名] -/-en 〖医〗(感染者〔源〕との)直接〔間接〕接触者, 保菌容疑者.

die **Kon·takt·scha·le** [コンタクト·シャーレ] [名] -/-n 《主に[複]》=Kontaktlinse.

kon·takt·schwach [コンタクト·シュヴァっは] [形] 人づき合いの悪い.

die **Kon·takt·sper·re** [コンタクト·シュペれ] [名] -/-n 〖法〗(囚人の他者·外界との)接触禁止.

das **Kon·takt·stu·di·um** [コンタクト·シュトゥーディウム] [名] -s/..dien 〖大学〗(大学卒業生再教育のための)研修.

die **Kon·ta·mi·na·ti·on** [コンタミナツィオーン] [名] -/-en **1.** 〖言〗混淆(こんこう), 混成. **2.** (化学〔放射性〕物質·菌などによる)汚染;〖理〗(核燃料による)汚染.

kon·ta·mi·niert [コンタミニーあト] [形] 汚染された.

die **Kon·tem·pla·ti·on** [コンテムプラツィオーン] [名] -/《文》観照, 沈思黙考;〖宗〗瞑想(めいそう), 観想.

kon·tem·pla·tiv [コンテムプラティーふ] [形] 観照的な;瞑想〔観想〕的な.

kon·tem·po·rär [コンテムポれーあ] [形] 同時代の.

der **Kon·ten·tiv·ver·band** [コンテンティーふ·ふぇあバント] [名] -(e)s/..bände 〖医〗固定包帯.

der **Kon·ter·ad·mi·ral** [コンター·アトミらール] [名] -s/-e〔《オーストリア》..räle〕海軍少将《人;《[単]のみ》位》.

die **Kon·ter·ban·de** [コンター·バンデ] [名] -/ 〖法〗(第三国の船で不法に運ばれる)戦時禁制品;《古》密輸品.

das **Kon·ter·fei** [コンター·ふぁイ, コンター·ふぁイ] [名] -s/-s〔-e〕《古》肖像写真, 肖像画.

kon·ter·ka·rie·ren [コンター·カリーれン] [動] *h.* 〘〈et^4〉ヲ〙妨害する.

kon·tern [コンターン] [動] *h.* **1.** 〘〈j^4/et^4〉ニ+(mit 〈et^3〉デ)〙断固反対する, 反論する;〖ボクシング·レスリング·球〗カウンター攻撃をする. **2.** 〘〈[文]〉ト〙反論〔反駁(はんばく)〕する. **3.** 〘〈et^4〉ヲ〙〖工〗止めナットでロックする《ナットを》;〖印〗反転印刷する《原版を》.

die **Kon·ter·re·vo·lu·ti·on** [コンター·れヴォルツィオーン] [名] -/-en **1.** 反革命. **2.** 反共革命;《[単]のみ》反共分子.

der **Kon·ter·schlag** [コンター·シュラーク] [名] -(e)s/..schläge **1.** 〖ボクシング〗カウンターブロウ;〖球〗カウンター攻撃. **2.** 《文》逆襲, 反撃.

der **Kon·ter·tanz** [コンター·タンツ] [名] -es/..tänze コントルダンス, 対舞《4組の男女が向かい合って踊るダンス》;コントルダンス〔対舞〕の曲.

der **Kon·text** [コンテクスト, コンテクスト] [名] -es/-e コンテキスト, 文脈;《文》前後関係, 脈絡.

der **Kon·ti·nent** [コンティネント, コンティネント] [名] -(e)s/-e 大陸;《[単]のみ》(特定の)大陸;ヨーロッパ大陸.

kon·ti·nen·tal [コンティネンタール] [形] 大陸(性)の.

das **Kon·ti·nen·tal·kli·ma** [コンティネンタール·クリーマ] [名] -s/ 〖地〗大陸性気候.

der〔*das*〕**Kon·ti·nen·tal·schelf** [コンティネンタール·シェルふ] [名] -s/-e (大)陸棚.

der **Kon·ti·nen·tal·so·ckel** [コンティネンタール·ゾッケル] [名] -s/ (大)陸棚.

die **Kon·ti·nen·tal·sper·re** [コンティネンタール·シュペれ] [名] -/ 大陸封鎖《1806年のナポレオンによる対英戦略体制》.

das **Kon·tin·gent** [コンティンゲント] [名] -(e)s/-e (仕事などの)割当, 分担;(人·物の)割当数〔量·額〕;(ある国の)分担兵力(Truppen~).

kon·tin·gen·tie·ren [コンティンゲンティーれン] [動] *h.* 〘〈et^4〉ヲ〙〖経〗割当制にする《生活必需品·ガソリン·生産·輸出·輸入などを》.

die **Kon·tin·genz** [コンティンゲンツ] [名] -/-en 〖哲〗偶然性.

kon·ti·nu·ier·lich [コンティヌイーあリひ] [形] 連続的な.

die **Kon·ti·nu·i·tät** [コンティヌイテート] [名] -/-en 連続, 継続, 連続〔継続〕性.

das **Kon·ti·nu·um** [コンティーヌウム] [名] -s/..nua〔..nuen〕 連続, 連続体.

das **Kon·to** [コント] [名] -s/..ten〔..ti, -s〕 **1.** (銀行の)口座(Bank~): ein laufendes ~ 当座預金. **2.** (貸借)勘定, (帳簿の)口座. 【慣用】**auf 〈j^2〉 Konto** 《口》〈人の〉勘定で. **〈et^1〉 geht auf 〈j^2〉 Konto** 《口》〈事は〉〈人の〉責任である. **〈j^4/et^4〉 auf den Konto haben** 《口》〈人の〉死〔零落〕に責任がある, 〈事を〉ひき起こしている.

der **Kon·to·aus·gleich** [コント·アウス·グライひ] [名] -(e)s/-e 〖銀行〗勘定清算.

der **Kon·to·aus·zug** [コント·アウス·ツーク] [名] -(e)s/..züge 〖銀行〗口座残高通知書, 収支計算書.

das **Kon·to·buch** [コント·ブーふ] [名] -(e)s/..bücher 〖簿〗取引先勘定元帳.

die **Kon·to·gut·schrift** [コント·グート·シュりふト] [名] -/-en 預金.

der **Kon·to·in·ha·ber** [コント·イン·ハーバー] [名] -s/- 〖銀行〗銀行口座所有者.

das **Kon·to·kor·rent** [コント·コれント] [名] -s/-e 〖経〗交互計算;〖簿〗取引先勘定元帳;《[単]のみ》交互計算簿記.

die **Kon·to·num·mer** [コント·ヌマー] [名] -/-n 〖銀行〗口座番号.

das **Kon·tor** [コントーあ] [名] -s/-e 国外支店;〖旧東独〗通商センター;《古》(商人·商社の)事務所. 【慣用】**Das ist ein Schlag ins Kontor.** 《口》これは驚いた.

die **Kon·to·ris·tin** [コントりスト] [名] -/-nen (商社の)女子事務員.

der **Kon·to·stand** [コント·シュタント] [名] -(e)s/..stände 〖銀行〗勘定残高, 貸借差額.

die **Kon·to·über·zie·hung** [コント·ユーバーツィーウング] [名] -/ 超過引出し.

kon·tra [コントら] [前] 〔+4格〕〖法〗…に対して: in Sachen Müller ~ Schmidt ミュラー対シュミットの件において.

—— [副] 反対して.

das **Kon·tra** [コントら] [名] -s/-s **1.** 反対. **2.** 〖トランプ〗コントラ《スカートで》. 【慣用】**〈j^3〉 Kontra ge-**

K

ben《口》〈人に〉激しく反論する.

der **Kon·tra·bass,** 旧**Kon·tra·baß** [コントら·バス] [名] -es/..bässe コントラバス.

die **Kon·tra·dik·ti·on** [コントらディクツィオーン] [名] -/-en 〘哲〙矛盾.

kon·tra·dik·to·risch [コントらディクトーりシュ] [形]〘哲〙矛盾する.

das **Kon·tra·fa·gott** [コントら·ふぁゴット] [名] -(e)s/-e コントラファゴット.

der **Kon·tra·hent** [コントらヘント] [名] -en/-en **1.**《文》論争相手; 戦い〔争い〕の相手. **2.** (競技の)相手;〘法·商〙契約の相手.

kon·tra·hie·ren [コントらヒーれン] [動] *h.* **1.** 〔(sich⁴)〕〘生·医〙収縮する(筋肉などが). **2.** 〔〈et⁴〉ヲ〕〘生·医〙収縮させる(筋肉などを). **3.** 〔〈et⁴〉ヲ〕〘法·商〙取決める, 結ぶ(契約·協定などを). **4.** 〔〈j⁴〉ニ〕〘学生組合〙《古》決闘を申入れる. **5.** 〔[補足なし]〕〘フェンシング〙相手の突き〔攻撃〕をかわして反撃する.

die **Kon·tra·in·di·ka·ti·on** [コントら·インディカツィオーン, コントら·インディカツィオーン] [名] -/-en〘医〙禁忌.

der **Kon·trakt** [コントらクト] [名] -(e)s/-e 契約; 契約書.

der **Kon·trakt·bruch** [コントらクト·ブるっふ] [名] -(e)s/..brüche 契約違反.

kon·trakt·brü·chig [コントらクト·ブりゅっひひ] [形] 契約違反の.

die **Kon·trak·ti·on** [コントらクツィオーン] [名] -/-en〘医〙(筋肉などの)収縮;〘言〙縮約;〘理·地質〙収縮;〘経〙通貨供給の収縮.

K

kon·trakt·lich [コントらクトリひ] [形] 契約の.

der **Kon·tra·post** [コントら·ポスト] [名] -(e)s/-e〘芸術学〙コントラポスト.

kon·tra·pro·duk·tiv [コントら·プろドゥクティーふ] [形] 逆効果な.

der **Kon·tra·punkt** [コントら·プンクト] [名] -(e)s/-e **1.**〘楽〙対位法. **2.**《文》対比〔対立〕的なもの.

kon·tra·punk·tisch [コントら·プンクティシュ] [形] **1.**〘楽〙対位法の. **2.** 対比〔対立〕的な.

kon·trär [コントれーあ] [形] 反対の, 相いれない.

der **Kon·trast** [コントらスト] [名] -es/-e 対照, 対比;〘写·映〙コントラスト.

kon·tras·tie·ren [コントらスティーれン] [動] *h.*《文》**1.** 〔mit〔zu〕〈et³〉ト〕対照をなす. **2.** 〔〈et⁴〉ヲ+mit〈et³〉ト〕対比する.

kon·tras·tiv [コントらスティーふ] [形]〘言〙対照〔比較〕による.

das **Kon·trast·mit·tel** [コントらスト·ミッテル] [名] -s/-〘医〙造影剤.

das **Kon·trast·pro·gramm** [コントらスト·プろグらム] [名] -s/-e (他局のものと類似しない)対案番組.

kon·trast·reich [コントらスト·らイひ] [形] コントラストの強い.

die **Kon·tra·zep·ti·on** [コントらツェプツィオーン] [名] -/-en〘医〙避妊.

kon·tra·zep·tiv [コントらツェプティーふ] [形]〘医〙避妊の.

das **Kon·tra·zep·ti·vum** [コントらツェプティーヴム] [名] -s/..va〘医〙避妊薬.

der **Kon·troll·ab·schnitt** [コントろル·アップ·シュニット] [名] -(e)s/-e (入場券などの)半券, 半片.

die **Kon·trol·lam·pe** [コントろル·ラムペ] ⇨ Kontrolllampe.

der **Kon·troll·ap·pa·rat** [コントろル·アパらート] [名] -(e)s/-e **1.** 制御装置. **2.** 管理機構, 監督官庁.

die **Kon·trol·le** [コントろレ] [名] -/-n **1.** 検査, 点検, チェック. **2.** 監視, 監督, 統制: 〈j⁴/et⁴〉 unter ~ stellen 〈人·物·事ヲ〉監視〔監督〕下に置く. **3.** 制御, コントロール: die ~ über 〈j⁴/et⁴〉〈人·物·事の〉コントロール. 〈j²〉 ~ entgleiten 〈人の〉手におえなくなる. **4.** (自動車レースなどの)チェックポイント.

der **Kon·trol·leur** [..lǿːr コントろ(レ)ーあ] [名] -s/-e (電車などの)検札係; 検査官, 監督官.

kon·trol·lier·bar [コントろリーあ·バーあ] [形] 監視〔制御·検査〕できる.

kon·trol·lie·ren [コントろリーれン] [動] *h.* **1.** 〔〈j⁴/et⁴〉ヲ〕監視〔監督〕する, 管理する(組織·食品·行動·軍縮·体重などを). **2.** 〔〈j⁴/et⁴〉ヲ〕検問する(警察などが), 検札する(車掌が), 点検する(書類·機械·製品などを), 検査する(入国者·身分証明書·手荷物などを): 〈j⁴/et⁴〉 auf 〈et⁴〉 hin/nach 〈et³〉 ~ 〈人·物ヲ〉〈事ヲ〉知るために/〈物ヲ探して〉検査する. **3.** 〔〈場所〉デ〕検札〔検問〕をする. **4.** 〔〈j⁴/et⁴〉ヲ〕支配する, (自分の)勢力下に置く(市場·企業·政党などを). **5.** 〔〈et⁴〉ヲ〕制御する, コントロールする, 意のままに動かす〔操作する〕(車·機械などを).

die **Kon·trol·lis·te** [コントろル·リステ] ⇨ Kontrollliste.

die **Kon·troll·kas·se** [コントろル·カッセ] [名] -/-n《古》レジスター.

die **Kon·t·roll·lam·pe, Kon·t·roll-Lam·pe,** 旧**Kon·trol·lam·pe** [コントろル·ランペ] [名] -/-n〘工〙(機械の)パイロットランプ, 表示灯.

die **Kon·t·roll·lis·te, Kon·t·roll-Lis·te,** 旧**Kon·trol·lis·te** [コントろル·リステ] [名] -/-n チェックリスト.

der **Kon·trol·lor** [コントろローあ] [名] -s/-e《オーストリア》= Kontrolleur.

der **Kon·troll·punkt** [コントろル·プンクト] [名] -(e)s/-e 検問所, チェックポイント.

der **Kon·troll·rat** [コントろル·らート] [名] -(e)s/ (第二次大戦後のドイツ被占領地区)管理委員会.

die **Kon·troll·stel·le** [コントろル·シュテレ] [名] -/-n 検問所.

der **Kon·troll·stem·pel** [コントろル·シュテムペル] [名] -s/- 検印.

das **Kon·troll·sys·tem** [コントろル·ズュステーム] [名] -s/-e 制御システム.

der **Kon·troll·turm** [コントろル·トゥるム] [名] -(e)s/..türme 管制塔, コントロールタワー.

die **Kon·troll·uhr** [コントろル·ウーあ] [名] -/-en タイムレコーダー.

das **Kon·troll·zen·trum** [コントろル·ツェントるム] [名] -s/..ren コントロールセンター.

kon·tro·vers [コントろ·ヴェるス] [形] 対立する; 議論の余地のある, 未解決の.

die **Kon·tro·ver·se** [コントろ·ヴェるゼ] [名] -/-n《文》論争, 論議, 意見の対立.

die **Kon·tu·maz** [コントゥマーツ] [名] -/ **1.**〘法〙《古》(公判廷への)欠席. **2.**《オーストリア》〘官〙検疫隔離.

die **Kon·tur** [コントゥーあ] [名] -/-en (〘美〙 der ~ -s/-en も有) (主に[複])輪郭(線).

kon·tu·ren·los [コントゥーれン·ロース] [形] 輪郭のはっきりしない.

die **Kon·tur·fe·der** [コントゥーあ·ふぇーダー] [名] -/-n (主に[複])大羽(鳥の体形を示す, 表面をおおう羽).

kon·tu·rie·ren [コントゥりーれン] [動] *h.* 〔〈et⁴〉ノ〕輪郭を(線で)描く(人物像などの); 概略を示す(計画などの).

der **Ko·nus** [コーヌス] [名] -/-se〔..nen〕〘数〙円錐(えんすい), 円錐台, 円錐体;〘工〙(機械·道具の)円錐形の部品〔部分〕.

die **Kon·va·les·zenz** [コンヴァレスツェンツ] [名] -/ **1.**〘法〙追完. **2.**〘医〙回復(期).

die **Kon·vek·ti·on** [コンヴェクツィオーン] [名] -/-en〘気·地·理〙対流.

der **Kon·vek·tor** [コンヴェクトーあ] [名] -s/-en [コンヴェクトーれン] 対流放熱器.

die **Kon·ve·ni·enz** [コンヴェニエンツ] [名] -/-en《文·古》**1.** 慣例〔しきたり〕にかなったこと, 適切さ. **2.** 便利さ, 便宜のよさ.

der **Kon·vent** [コンヴェント] [名] -(e)s/-e **1.** 〖カトリック〗(修道院内の投票権のある修道士の)総会;《総称》修道院内居住者;〖プロテスタント〗(研修・審議などのための)牧師集会. **2.** (学生組合の毎週行われる)会合,集会;〖大学〗《総称》(各大学の)教授資格者. **3.** 《[単]のみ》(フランス革命時の)国民公会.

das **Kon·ven·ti·kel** [コンヴェンティーケル] [名] -s/- 《蔑》(秘密)集会;(教会外の)宗教的集会.

die **Kon·ven·ti·on** [コンヴェンツィオーン] [名] -/-en **1.** (特に国際法上の)協定,条約. **2.** 《主に[複]》慣習,因襲,しきたり. **3.** 〖フェンシング〗(フルーレ・サーブルの)規則.

die **Kon·ven·ti·o·nal·stra·fe** [コンヴェンツィオナール・シュトらーふぇ] [名] -/-n 〖法〗違約罰,違約金.

kon·ven·ti·o·nell [コンヴェンツィオネル] [形] 慣習的な;型にはまった,ありきたりの;〖軍〗通常の: ~*e* Waffen 通常兵器.

der **Kon·ven·tu·a·le** [コンヴェントゥアーレ] [名] -n/-n **1.** 〖カトリック〗(投票権のある)修道士. **2.** (フランシスコ会の一分会の)コンヴェンツアル会士.

kon·ver·gent [コンヴェるゲント] [形] **1.** 収斂(しゅうれん)する;一致した. **2.** 〖数〗収束する.

die **Kon·ver·genz** [コンヴェるゲンツ] [名] -/-en **1.** 《文》(意見・目的などの)収斂(しゅうれん),一致. **2.** 〖理・数〗収束. **3.** 〖生〗相近;収斂(現象);〖医〗輻輳(ふくそう);〖心〗(遺伝と環境の)複合作用,輻輳;〖海洋〗合流.

das **Kon·ver·genz·kri·te·ri·um** [コンヴェるゲンツ・クりテーりウム] [名] -s/..rien **1.** 〖数〗収束基準. **2.** 〖経〗収斂基準(欧州経済通貨同盟加盟国がみたすべきマーストリヒト条約(1993年発効)に定められた基準).

kon·ver·gie·ren [コンヴェるギーれン] [動] *h.* 〖補足なし〗近づく,(近づいて)一致する(二本の線・両者の意見などが);〖数〗収束する.

die **Kon·ver·sa·ti·on** [コンヴェるザツィオーン] [名] -/-en 《主に[単]》《文》会話,雑談;会話の練習.

das **Kon·ver·sa·ti·ons·le·xi·kon** [コンヴェるザツィオーンス・レクスィコン] [名] -s/..ka 百科事典.

die **Kon·ver·si·on** [コンヴェるズィオーン] [名] -/-en **1.** (特にカトリックへの)改宗. **2.** 転換,変換,変化;〖言〗(語形変化なしの)品詞の転換;〖論〗換位;〖法〗(無効行為の)転換;〖心〗転換;〖金融〗(公債などの)切替え;〖核工学〗転換;〖化〗(一酸化炭素)転化;〖コンピュータ〗コンバージョン.

der **Kon·ver·ter** [コンヴェるター] [名] -s/- **1.** 〖冶金〗転炉. **2.** 〖核工学〗転換炉. **3.** 〖ラジオ・テレビ〗周波数変換器,コンバーター. **4.** 〖写〗コンバーションレンズ. **5.** 〖コンピュータ〗コンバーター.

kon·ver·ti·bel [コンヴェるティーベル] [形] ([付]は ..bl..)=konvertierbar.

die **Kon·ver·ti·bi·li·tät** [コンヴェるティビリテート] [名] -/ 〖経〗(通貨の)交換(可能)性.

kon·ver·tier·bar [コンヴェるティーあ・バーあ] [形] 〖経〗交換可能な;〖コンピュータ〗互換性のある.

kon·ver·tie·ren [コンヴェるティーれン] [動] **1.** *h./s.* 〔(von 〈et^3〉カラ)+(zu 〈et^3〉ニ)〕改宗する(特にカトリックに). **2.** *h.* 〔〈et^4〉ヲ〕〖経〗(他国の通貨〔金〕と)交換する(通貨を). **3.** *h.* 〔〈et^4〉ヲ+(von 〈et^3〉カラ)+(auf 〈et^4〉ニ)〕〖コンピュータ〗交換する(データを別のフォーマットに)移す(ある媒体の情報を別の媒体に).

der **Kon·ver·tit** [コンヴェるティート] [名] -en/-en (特にカトリックへの)改宗者.

kon·vex [コンヴェックス] [形] 〖光〗凸面の;中高の.

das **Kon·vikt** [コンヴィクト] [名] -(e)s/-e 神学生寮;《オーストリア》(カトリックの)寄宿舎.

der **Kon·voi** [コンヴォイ,コンヴォイ] [名] -s/-s **1.** 〖軍〗護送船団,護送車両隊. **2.** (隊を組んで走るトラックなどの)一団,列.

die **Kon·vo·ka·ti·on** [コンヴォカツィオーン] [名] -/-en 《文・稀》(会議への)召集.

das **Kon·vo·lut** [コンヴォルート] [名] -(e)s/-e **1.** 《文》(書類などの)束;合本,論集. **2.** 〖医〗糸球;脳回.

kon·vul·siv [コンヴルズィーふ] [形] =konvulsivisch.

kon·vul·si·visch [コンヴルズィーヴィシュ] [形] 〖医〗痙攣(けいれん)性の.

kon·ze·die·ren [コンツェディーれン] [動] *h.* 〔(〈j^3〉ニ対シテ)+〈et^4〉ヲ/〈[文]〉デアルコトヲ〕容認〔承認〕する.

die **Kon·ze·le·bra·ti·on** [コンツェレブらツィオーン] [名] -/-en 〖カトリック〗(複数の司祭で行う)共同ミサ.

kon·ze·le·brie·ren [コンツェレブりーれン] [動] *h.* 〖補足なし〗〖カトリック〗ミサを共同司式する(複数の司祭が).

das **Kon·zen·trat** [コンツェントらート] [名] -(e)s/-e 濃縮液〔物〕;《転》レジュメ,エッセンス.

die **Kon·zen·tra·ti·on** [コンツェントらツィオーン] [名] -/-en **1.** (ある地域への企業などの)集中;(軍隊の)集結;(権力・資本などの)集中化. **2.** 《[単]のみ》(あることへの)全力集中,専念;注意力の集中,精神の集中. **3.** 〖化〗濃度;濃縮.

die **Kon·zen·tra·ti·ons·fä·hig·keit** [コンツェントらツィオーンス・ふぇーイひカイト] [名] -/ 集中力.

die **Kon·zen·tra·ti·ons·kon·trol·le** [コンツェントらツィオーンス・コントろレ] [名] -/-n 〖経・法〗(経済力)集中規制.

das **Kon·zen·tra·ti·ons·la·ger** [コンツェントらツィオーンス・ラーガー] [名] -s/- (ナチス時代の)強制収容所(略 KZ).

das **Kon·zen·tra·ti·ons·ver·bot** [コンツェントらツィオーンス・ふぇあボート] [名] -(e)s/-e 〖経・法〗(経済力)集中禁止.

kon·zen·trie·ren [コンツェントりーれン] [動] *h.* **1.** 〔〈j^4/et^4〉ヲ+(〈場所〉ニ)〕集中させる,結集する,集結させる(労働力・資本などを). **2.** 〔〈et^4〉ヲ+auf 〈j^4/et^4〉ニ〕集中する(注意・思考・努力などを). **3.** 〔sich^4〕精神を集中する. **4.** 〔sich^4+auf 〈et^4〉ニ〕(全力を)傾注する,努力〔考え・注意〕を集中する(仕事・試験などに);神経を集中させる(物音などに). **5.** 〔sich^4+auf 〈j^4/et^4〉ニ〕集中する,集まる(同情・砲撃などが). **6.** 〔〈et^4〉ヲ〕〖化〗濃縮する.

kon·zen·triert [コンツェントりーあト] [形] **1.** 集結〔集積〕した;(精神を)集中した: mit ~*er* Aufmerksamkeit 注意を集中して. **2.** 〖化〗濃縮された: ~*e* Lösung 濃縮液. eine ~*e* Darstellung 凝縮した表現.

kon·zen·trisch [コンツェントりシュ] [形] 集中的な;〖数〗同心の.

das **Kon·zept** [コンツェプト] [名] -(e)s/-e **1.** 草稿,下書き,草案. **2.** 計画,構想. **【慣用】** 〈j^4〉 **aus dem Konzept bringen** 〈人ヲ〉うろたえさせて話の筋道を分らなくさせる. **aus dem Konzept kommen** 〔**geraten**〕 うろたえる,うろたえて話の筋が分らなくなる. 〈j^3〉 **das** 〔**sein**〕 **Konzept verderben** 《口》〈人の〉計画を妨害する. 〈j^3〉 **nicht ins** 〔**in sein**〕 **Konzept passen** 〈人と〉意見が一致しない(計画などで).

die **Kon·zep·ti·on** [コンツェプツィオーン] [名] -/-en **1.** 《文》(学説・作品などの)構想;基本的なものの見方,中心的理念. **2.** 〖医〗妊娠,受胎.

kon·zep·ti·ons·los [コンツェプツィオーンス・ロース] [形] 構想に欠ける.

das **Kon·zept·pa·pier** [コンツェプト・パピーあ] [名] -s/ 草稿用紙.

der **Kon·zern** [コンツェるン] [名] -(s)/-e 〖経〗コンツェルン.

das **Kon·zern·un·ter·neh·men** [コンツェるン・ウンターネーメン] [名] -s/- 〖経〗コンツェルン(構成)企業.

Konzert 690

das Konzert [コンツェルト] 名 -(e)s/-e **1.** 音楽会, 演奏会, コンサート; 協奏曲, コンチェルト. **2.** (ⓌⓌのみ)《文》協調, 協同.
konzertant [コンツェルタント] 形 【楽】コンサート形式の; 協奏曲風の.
der Konzertation [コンツェルタツィオーン] 名 -/-en **1.** 【政】協定, 合意. **2.** 《古》競争, 対抗(心).
der Konzertflügel [コンツェルト・フリューゲル] 名 -s/- 演奏会用グランドピアノ.
konzertieren [コンツェルティーレン] 動 h. (備考)コンサートを催す; 【楽】(協奏曲の)ソロの部分を演奏する. **2.**〈et⁴ッ + mit j³ッ〉《古》協同する: eine konzertierte Aktion 【経】賃金決定等における(国家主導による使用者・被用者合意の)協調行動.
konzertiert [コンツェルティーアト] 形 共同の, 申し合わせた.
der Konzertmeister [コンツェルト・マイスター] 名 -s/- コンサートマスター.
der Konzertsaal [コンツェルト・ザール] 名 -(e)s/..säle コンサートホール, 演奏会場.
die Konzession [コンツェスィオーン] 名 -/-en **1.** 【官】(営業の)認許, 認可, 許可, 免許. **2.** 《主に官》譲歩, 容認.
der Konzessionär [コンツェスィオネーア] 名 -s/-e 《官》認許(認可)の所有者.
konzessiv [コンツェスィーフ] 形 【言】認容(譲歩)の.
der Konzessivsatz [コンツェスィーフ・ザッツ] 名 -es/..sätze 【言】認容文, 譲歩文.
das Konzil [コンツィール] 名 -s/-e(-ien) 【ⅡⅡⅡ】公会議; 【大学】全学評議会.
konziliant [コンツィリアント] 形 宥和(和)的な.
konzipieren [コンツィピーレン] 動 h. **1.** 〈et⁴ッ〉構想(立案)する(車・プロジェクトなどを). **2.** 〈et⁴ッ〉草案を作成する(演説・論文などの). **3.** (備考)【医】妊娠する.
konzis [コンツィース] 形 【修】簡潔な.
der Koog [コーク] 名 -(e)s/Köge 《北独》干拓地, ポルダー.
die Kooperation [コオペラツィオーン] 名 -/-en 協力, 協同, (企業間の)提携.
kooperativ [コオペラティーフ] 形 協力的な; 共同の.
die Kooperative [コオペラティーヴェ] 名 -/-n (旧東独の)協同組合, 共同経営体.
kooperieren [コオペリーレン] 動 h. 〈mit〈j³ッ〉〉協力する, 提携する(主に政治・経済の分野で).
die Koordinate [コオルディナーテ] 名 -/-n 【数】座標; 【地】経緯度を示す数値.
die Koordination [コオルディナツィオーン] 名 -/-en **1.** 【文】(相互の)調整; 協調. **2.** 【言】並列. **3.** 【化】配位.
koordinieren [コオルディニーレン] 動 h. 〈et⁴ッ〉調整する(複数の計画・放送番組などを): ~de Konjunktion 【言】並列接続詞.
Kop. = Kopeke コペイカ
die Kopeke [コペーケ] 名 -/-n コペイカ(ロシアの貨幣単位. 1/100 ルーブル. 略 Kop.).
(das) Kopenhagen [コーペンハーゲン] 名 -s/ 【地名】コペンハーゲン(デンマークの首都).
die Köpenickiade [Ⓦーペニキアーデ] 名 -/-n 権威を利用した詐欺行為.
der Köper [ケーパー] 名 -s/- 【織】**1.** (ⓌⓌのみ)綾織. **2.** 綾織物.
kopernikanisch [コペルニカーニッシュ] 形 コペルニクス的な: das ~e Weltsystem コペルニクスの宇宙体系. eine ~e Wende コペルニクス的転回.
(der) Kopernikus [コペルニクス] 名 【人名】コペルニクス(Nikolaus ~, 1473-1543, ポーランドの天文学者).

der Kopf [コプフ] 名 -(e)s/Köpfe **1.** 頭, 頭部: den ~ abwenden 顔をそむける den ~ neigen 首をかしげる. 〈j³ッ〉den ~ waschen〈人ッ〉の頭(頭髪)を洗ってやる〈人ッ〉厳しくしかる. den ~ in die Hand stützen 手のひらに頭をのせる. sich⁴ am ~ stoßen 頭をぶつける. auf dem ~ stehen 三点倒立をしている; さかさまである. mit dem ~ nicken うなずく. von ~ bis Fuß 頭のてっぺんから足の先まで; 徹底徹尾. **2.** 頭脳(足で覚)の持ち主; (組織の)首脳, 頭(ラュ). **3.** 思考力, 意志力: einen dicken ~ haben 頑固である.〈et¹ッ〉im ~ behalten〈事ッ〉覚えている. **4.** 頭数(ラュッ), 一人: Die Besatzung war 100 Köpfe stark. 乗組員の数は100人であった. **5.** 上座,(新聞・本の)ヘッドライン, レターヘッド; (釘などの)頭; (キャベツなどの)結球. 【慣用】〈j³ッ〉〈et¹〉an den Kopf werfen〈人ッ〉〈事ッ〉ずけずけ言う. 〈j³ッ〉auf den Kopf herumtanzen〈口〉〈人ッ〉をなめすいに加減に対処する.〈et¹ッ〉auf den Kopf stellen〈口〉〈物・事ッ〉を逆にする, 混乱させる, 徹底的に探す. aus dem Kopf 暗記して, 空で. bis über den Kopf 完全に. den Kopf aus der Schlinge ziehen うまく罪(窮地)をのがれる. den Kopf einziehen 恐れをなす, ひるむ. den Kopf hängen lassen うなだれる, 意気沮喪(ラュ)する. **5.** 上座, (新聞・本の)ヘッドライン. den Kopf hoch tragen 昂然として いる. den Kopf in den Sand stecken (現実などに)目をふさぐ. den Kopf oben behalten 意気軒昂としている. 〈j³ッ〉den Kopf verdrehen 〈口〉〈人ッ〉を夢中にさせる. den Kopf verlieren 心の落着きを失う. den Kopf voll haben 考えごとで頭がいっぱいである. einen dicken (schweren) Kopf haben (二日酔いで)頭痛がする. einen kühlen Kopf bewahren 沈着を保つ. Es geht um Kopf und Kragen.〈口〉命にかかわる大問題だ. im Kopf (aus) rechnen 暗算する. Kopf an Kopf 互角に. Kopf hoch! 元気を出せ.〈et¹〉kostet〈j³ッ〉〔j¹ッ〕den Kopf 〈事ッ〉は〈人ッ〉の首にかかわる. mit bloßem Kopf 帽子をかぶらずに. mit dem Kopf durch die Wand wollen〈口〉(不可能なことを)無理にやろうとする. mit seinem Kopf für〈et⁴ッ〉einstehen 命がけで〈事ッ〉に当る. 〈j³ッ〉nicht aus dem Kopf gehen (wollen)〈人ッ〉の頭から離れない.〈j³ッ〉nicht in den Kopf gehen (wollen)〈人ッ〉の頭に入らない. nicht wissen, wo einem der Kopf steht 仕事が多くてどこから手をつけたらよいか分らない. nur〈et¹ッ〉im Kopf haben〈事ッ〉のみ頭にない.〈j³ッ〉raucht der Kopf〈口〉〈人ッ〉長い間じっと考える.〈j³ッ〉schwirrt der Kopf〈人ッ〉の頭が(混乱して)くらくらする. seinen Kopf aufsetzen 強情を張る. Kopf stehen 三点倒立をする. seinen Kopf riskieren 生命の危険を冒す. sich³ den Kopf zerbrechen〈口〉頭を悩ます. sich³〈et⁴〉durch den Kopf gehen lassen〈事ッ〉静かに考える. sich³〈et⁴〉in den Kopf setzen〈事ッ〉しようと固く心に決める.〈et¹〉steigt〈j³ッ〉in den(zu) Kopf 〈物ッ〉〈人ッ〉を酔わせる,〈事ッ〉〈人ッ〉を高慢にさせる.〈j³ッ〉über den Kopf wachsen〈文〉〈人ッ〉の言うことを聞かない,〈人ッ〉の手に負えなくなる. über die Köpfe hinwegreden 聴衆のおかまいなしにまくしたてる.〈j³ッ〉vor den Kopf stoßen〈口〉〈人ッ〉をむっとさせる. wie vor den Kopf geschlagen sein〈口〉ぼうぜんとしている.
die Kopfarbeit [コプフ・アルバイト] 名 -/ 頭脳労働.
der Kopfarbeiter [コプフ・アルバイター] 名 -s/- 頭脳労働者.
der Kopfbahnhof [コプフ・バーン・ホーフ] 名 -(e)s/ ..höfe 頭端式駅(行止まり駅で到着した列車は逆向きに発車する).
der Kopfball [コプフ・バル] 名 -(e)s/..bälle 【スッ】ヘディングによるボール.
die Kopfbedeckung [コプフ・ベデックング] 名 -/-en かぶり物, 帽子, 頭巾(ッッ), ヘッド・ギア.
das Köpfchen [ケプフヒェン] 名 -s/- **1.** 小さな

頭. **2.**《口》才覚,機転;頭脳: mit ～ 頭をよく使って. **3.**〖植〗頭状花序.

köpfeln [ケプフェルン] 動 h.《南独・ｵｰｽﾄﾘｱ》**1.**〖俗〗(頭からの)飛込みをする(水の中などに). **2.** = köpfen 2, 3.

köpfen [ケプフェン] 動 h. **1.**《j⁴/et⁴ﾝ》首をきる,斬首〖ﾚｷｼ〗刑に処する: ein Ei ～(半熟)玉子の上部をカットする. eine Flasche ～ 瓶の栓を抜く. **2.**《《et⁴ﾝ》+《方向〉へ〉》ヘディングする. **3.**《et⁴ﾝ》〖ｻｯｶｰ〗ヘディングで決める(ゴールを).

das **Kopfende** [コップﾞ・エンデ] 名 -s/-n **1.**(ベッドの)頭部. **2.** 上端,先端.

die **Kopffüßer** [コップﾞふぅーサー] 名 -s/-《動》頭足類.

das **Kopfgeld** [コップﾞ・ゲルト] 名 -(e)s/-er 〈犯人などの通報にかけた〉懸賞金.

die **Kopfgrippe** [コップﾞ・グリッペ] 名 -/-n〈俗称〉頭の流感(脳炎・激しい頭痛を伴う流感).

das **Kopfhaar** [コップﾞ・ハール] 名 -(e)s/-〖雅〗頭髪.

der **Kopfhänger** [コップﾞ・ヘンガー] 名 -s/-《口》意気消沈した人,意気地なし.

kopfhängerisch [コップﾞ・ヘングリシュ] 形 意気地のない.

die **Kopfhaut** [コップﾞ・ハウト] 名 -/- 頭皮.

der **Kopfhörer** [コップﾞ・ヘーら] 名 -s/- ヘッドホン.

das **Kopfkissen** [コップﾞ・キッセン] 名 -s/- 枕(まくら).

der **Kopfkissenbezug** [コップﾞ・キッセン・ベツーク] 名 -(e)s/..bezüge 枕〈まくら〉カバー.

kopflastig [コップﾞ・ラスティク] 形 **1.** 頭部が重すぎの.(転)頭でっかちの(組織);理に偏した. **2.**《口》へぼれけの.

die **Kopflaus** [コップﾞ・ラウス] 名 -/..läuse〖昆〗アタマジラミ.

die **Kopflehne** [コップﾞ・レーネ] 名 -/-n ヘッドレスト.

die **Kopfleiste** [コップﾞ・ライステ] 名 -/-n(新聞または書物の)上部飾りカット,天飾り.

kopflos [コップﾞ・ロース] 形 頭部のない;(びっくりして)思慮〔分別〕を失った.

die **Kopflosigkeit** [コップﾞ・ローズィクカイト] 名 -/- 慌てふためいた〔無分別な〕状態.

das **Kopfnicken** [コップﾞ・ニッケン] 名 -s/- うなずき,会釈.

die **Kopfnuss,** ⓐ**Kopfnuß** [コップﾞ・ヌス] 名 -/..nüsse《口》**1.**(指の中関節で)頭を軽くたたくこと. **2.** 難しいクイズ〔パズル〕.

der **Kopfputz** [コップﾞ・プッツ] 名 -es/-《古》頭飾り.

kopfrechnen [コップﾞ・れヒネン] 動《不定詞でのみ》〖ﾚｷｼ〗暗算する.

das **Kopfrechnen** [コップﾞ・れヒネン] 名 -s/- 暗算.

der **Kopfsalat** [コップﾞ・ザラート] 名 -(e)s/-e〖植〗レタス,タマヂシャ.

kopfscheu [コップﾞ・ショイ] 形《次の形で》～ werden おじけづく,まごつく.〈j³〉～ machen《口》〈人⁴〉をおじけづかせる,まごつかせる.

der **Kopfschmerz** [コップﾞ・シュメるツ] 名 -es/-en《主に⑨》頭痛.【慣用】〈j³〉 **Kopfschmerzen bereiten** {machen}《口》〈人³〉の頭痛の種である. sich³ über〈et⁴〉{wegen〈et²〉} **keine Kopfschmerzen machen**《口》…を気に病まない.

die **Kopfschmerztablette** [コップﾞ・シュメるツ・タブレッテ] 名 -/-n 頭痛薬の錠剤.

die **Kopfschuppe** [コップﾞ・シュッペ] 名 -/-n(主に⑨)ふけ.

der **Kopfschuss,** ⓐ**Kopfschuß** [コップﾞ・シュス] 名 -es/..schüsse 頭部への銃撃;頭部銃創.

das **Kopfschütteln** [コップﾞ・シュッテルン] 名 -s/- 頭を左右に振ること(否定・驚きなどを表す).

kopfschüttelnd [コップﾞ・シュッテルント] 形(訳がわからず)頭を左右に振る;驚いた.

der **Kopfsprung** [コップﾞ・シュプるング] 名 -(e)s/..sprünge 頭からの飛込み.

der **Kopfstand** [コップﾞ・シュタント] 名 -(e)s/..stände 三点倒立,頭支持倒立.

Kopf stehen*, ⓐ**kopfstehen*** [コップﾞ・シュテーエン] 動 h.〖ﾚｷｼ〗《口》びっくり〔困惑・狼狽〕している;《稀》逆立ちしている. ◇ **Kopf**【慣用】.

das **Kopfsteinpflaster** [コップﾞ・シュタイン・プラスター] 名 -s/- 丸石舗装.

die **Kopfsteuer** [コップﾞ・シュトイアー] 名 -/-n 人頭税.

die **Kopfstimme** [コップﾞ・シュティメ] 名 -/-n〖楽〗頭声.

der **Kopfstoß** [コップﾞ・シュトース] 名 -es/..stöße〖ｻｯｶｰ〗ヘディング;〖ﾎﾞｸｼﾝｸﾞ〗バッティング.

die **Kopfstütze** [コップﾞ・シュテュッツェ] 名 -/-n ヘッドレスト.

das **Kopftuch** [コップﾞ・トゥーふ] 名 -(e)s/..tücher 頭を包むスカーフ.

kopfüber [コップﾞ・ユーバー] 副 真っ逆さまに;やる気満々で.

die **Kopfwäsche** [コップﾞ・ヴェッシェ] 名 -/-n **1.** 洗髪. **2.**《口》とがめだて,非難.

das **Kopfweh** [コップﾞ・ヴェー] 名 -s/-《口》頭痛.

die **Kopfzahl** [コップﾞ・ツァール] 名 -/-en 頭数.

das **Kopfzerbrechen** [コップﾞ・ツェるブれッヒェン] 名 -s/- 苦心,苦慮: sich³ über〈et⁴〉～ machen〈事⁴〉頭を悩ます.

die **Kopie** [コピーエ] 名 -/-n **1.** 写し;複写,コピー. **2.**(芸術作品の)複製,模写. **3.**(主に⑨)模倣,真似. **4.**〖写〗陽画;(映画の)プリント.

die **Kopieranstalt** [コピーあ・アン・シュタルト] 名 -/-en〖写〗プリント制作所.

das **Kopierbuch** [コピーあ・ブーふ] 名 -(e)s/..bücher〖経〗《古》(手紙の写しなどをまとめた)控え帳.

kopieren [コピーれン] 動 h. **1.**〈et⁴ﾝ〉写し〔コピー・謄本〕を作る(書類・証明書などの);プリントを作る(写真・映画などの);複製〔模造品〕を作る(絵画などの). **2.**〈j⁴/et⁴ﾝ〉真似〔模倣〕をする(教師・身振りなどの).

der **Kopierer** [コピーら] 名 -s/- 複写機.

die **Kopierpresse** [コピーあ・プれッセ] 名 -/-n《古》複写機.

der **Kopierstift** [コピーあ・シュティふト] 名 -(e)s/-e 水溶性色鉛筆.

kopiert [コピーあト] 形 コピーされた.

der **Kopilot** [コー・ピロート] 名 -en/-en 副操縦士.

der **Kopist** [コピスト] 名 -en/-en コピー係;(写真の)プリントをする人;模写〔書写〕する人.

die **Koppel¹** [コッペル] 名 -/-n **1.**(囲いをした)放牧地. **2.**(皮ひもでつながれた)一連の犬〔馬〕;(一連の犬〔馬〕をつなぐ)皮ひも. **3.**〖楽〗(パイプオルガンの)連合栓,カプラー.

das **Koppel²** [コッペル] 名 -s/-(〖ﾐﾘ〗die ～/-n)革バンド,帯皮;剣帯.

koppeln [コッペルン] 動 h. **1.**〈j⁴/et⁴ﾝ〉つなぎ合せる(複数の囚人・馬・大などを). **2.**〈et⁴ﾝ〉+《an〈et³〉/mit〈et³〉》連結する(車両・回線・器具などを). **3.**〈et⁴ﾝ+un〈et⁴〉/mit〈et³〉》結びつける,連鎖させる(２つの利益を他人の利益などと). **4.**〈et⁴ﾝ〉〖言〗ハイフンで結ぶ(語と語を). **5.**〖ﾚｷｼ〗〖海〗(海図によって)船の位置を算出する.

die **Koppelung** [コッペルング] 名 -/- en =Kopplung.

koppheister [コップ・ハイスター] 副《北独》真っ逆さまに: ～ schießen とんぼ返りをする.

die **Kopplung** [コプルング] 名 -/-en 連結,結合,関

Kopra 692

連;(機械の)継手,軸継手;(パイプオルガンの)連合栓,カップラー.
- *die* **Ko·pra** [コープら] 名 -/ コプラ(ヤシの乾燥核実).
- *die* **Ko·pro·duk·ti·on** [コー・プロドゥクツィオーン] 名 -/-en 共同製作品;(映画・テレビ放送の)共同制作作品.
- *der* **Kop·te** [コプテ] 名 -n/-n コプト人《古代エジプト人の子孫で,コプト教会の信者》.
- **kop·tisch** [コプティシュ] 形 コプト人〔教会・語〕の.
- *die* **Ko·pu·la** [コープら] 名 -/-s〔..lae[..レ]〕 1.〔言・論〕コプラ, 連辞, 繋辞(ﾚｲｼ). 2.〔生〕交尾.
- *die* **Ko·pu·la·ti·on** [コプラツィオーン] 名 -/-en 1.〔生〕交尾;〔園〕接ぎ木. 2.《古》婚姻. 3. 性交.
- **ko·pu·la·tiv** [コプらティーふ] 形〔言〕並列的な.
- **ko·pu·lie·ren** [コプリーれン] 動 h. 1.〔動〕〔生〕交尾する. 2.〈et⁴ッ〉〔園〕接ぎ木で改良する(植物を). 3.〈et⁴ッ〉〔言〕並列化する(単語などを接続詞で). 4.〈j³ッ〉《古》結婚させる(司祭・戸籍係が). 5. 性交する.
- **kor¹** [コーあ] 動 kiesen²の過去形.
- **kor²** [コーあ] 動 küren の過去形.
- (*der*) **Ko·rah** [kǒːra コーら] 名〔旧約〕コラ(Mose に逆らった Levi の係): eine Rotte ~ コラのともがら(わがまま勝手な一味).
- *die* **Ko·ral·le** [コらレ] 名 -/-n 1. サンゴ〔珊瑚(ｻﾝｺﾞ)〕〔腔腸動物〕. 2.(装飾品の材料としての)サンゴの骨軸.
- *die* **Ko·ral·len·bank** [コらレン・バンク] 名 -/..bänke サンゴ礁.
- *der* **Ko·ral·len·fi·scher** [コらレン・ふぃっシャー] 名 -s/-(サンゴ細工を作るために)サンゴを採取する人.
- **ko·ral·len·rot** [コらレン・ろート] 形 赤いサンゴ色の.
- *das* **Ko·ral·len·tier** [コらレン・ティーあ] 名 -(e)s/-e〔動〕サンゴチュウ.
- *der* **Ko·ran** [コらーン,コーら(-ン)] 名 -s/-e コーラン(イスラム教の経典).
- *der* **Korb** [コるプ] 名 -(e)s/Körbe (単位を表す@は -) 1. 籠(ｶｺﾞ), 笊(ｻﾞﾙ), バスケット. 2.〔漁〕籠(漁獲量の単位). 3.(@のみ)籠編み細工. 4.(護岸用の)粗朶(ｿﾀﾞ)束;〔ﾊﾞﾄﾐﾝﾄﾝ〕バスケット;得点,〔ﾌｪﾝｼﾝｸﾞ〕マスク;(籠形の)鍔(ﾂﾊﾞ). 5.(気球などの)ゴンドラ;(蜜蜂の)籠形の巣(Bienen~);リフト用の〕ケージ(Förder~). 6. 拒絶,断わり.〖慣用〗einen Korb bekommen〔sich³ einen Korb holen〕拒絶される.〈j³〉einen Korb geben〈人の〉(結婚の)申出を断る.
- *der* **Korb·ball** [コるプ・バル] 名 -(e)s/-〔ｽﾎﾟ〕ネットボール(バスケットボールに似た競技).
- *der* **Korb·blüt·ler** [コるプ・ブりュートラー] 名 -s/-〔植〕キク科植物.
- *das* **Körb·chen** [ケるプヒェン] 名 -s/- 1. 小さな籠. 2.(子供や犬の)寝籠. 3.(ブラジャーの)カップ. 4.〔植〕頭状花序. 5.〔昆〕(ミツバチの)花粉槽.
- *der* **Korb·er** [コるバー] 名 -s/-(ﾏﾚ)籠職人.
- *die* **Korb·fla·sche** [コるプ・ふらッシェ] 名 -/-n 籠(ｶｺﾞ)入り胴張り瓶.
- *der* **Korb·flech·ter** [コるプ・ふレヒタ-] 名 -s/- =Korbmacher.
- *der* **Korb·ma·cher** [コるプ・マっはー] 名 -s/- 籠(ｶｺﾞ)〔籐(ﾄｳ)〕編み職人.
- *das* **Korb·mö·bel** [コるプ・Ⓟ-ベル] 名 -s/-(主に@)籐(ﾄｳ)製家具.
- *der* **Korb·ses·sel** [コるプ・ゼッセル] 名 -s/- 籐(ﾄｳ)製の安楽いす.
- *der* **Korb·stuhl** [コるプ・シュトゥール] 名 -(e)s/..stühle 藤椅子(ﾄｳｲｽ).
- *der* **Korb·wa·gen** [コるプ・ヴァーゲン] 名 -s/- 籐(ﾄｳ)製の乳母(ｳﾊﾞ)車.
- *die* **Korb·wa·re** [コるプ・ヴァーれ] 名 -/-n(主に@)籠細工品,籠細工物.
- *die* **Korb·wei·de** [コるプ・ヴァイデ] 名 -/-n〔植〕コリヤナギ(籠細工に使う).
- *der* **Kord** [コるト] 名 -(e)s/-e[-s] コードレーン;コール天, コーデュロイ.
- *die* **Kor·del** [コるデル] 名 -/-n (太い)組みひも;《方》荷造りひも;(ｶﾞｲｼ)ひも状の縁飾り.
- **kor·di·al** [コるディアール] 形 真心のこもった, ねんごろな.
- *die* **Kor·di·a·li·tät** [コるディアリテート] 名 -/-en《古》真心,親切.
- *die* **Kor·dil·le·ren** [..diljéːrən コるディリエーれン] 複数〔地名〕コルディリェラ山系(南北アメリカ大陸の西部にある山系).
- *der* **Kor·don** [kɔrdõ: コるドーン] 名 -s/-s〔〔ﾌﾗﾝｽ〕〕 1.(警察・軍隊の)非常(哨戒(ｼｮｳｶｲ))線;交通遮断線, (デモ隊などの進入阻止のための)警官〔兵士〕の列. 2. 大綬(最高位の勲章用下げひも).
- *der* **Kord·samt** [コるト・ザムト] 名 -(e)s/-e コール天, コーデュロイ.
- *das* **Kor·du·an** [コるドゥアン] 名 -s/ コルドバ革.
- *die* **Ko·re** [コーれ] 名 -/-n〔芸術学〕コレー(古代ギリシアの着衣の少女像);〔建〕女性立像柱.
- **kö·re¹** [ケーれ] 動 kiesen²の接続法 2 式.
- **kö·re²** [ケーれ] 動 küren の接続法 2 式.
- (*das*) **Ko·rea** [コれーア] 名 -s/〔地名〕朝鮮;(国名)大韓民国(Republik ~) 朝鮮民主主義人民共和国(Demokratische Volksrepublik ~).
- *der* **Ko·rea·krieg** [コれーア・クリーク] 名 -(e)s/ 朝鮮戦争(1950-53 年).
- *der* **Ko·re·a·ner** [コれアーナー] 名 -s/- 朝鮮の人;韓国人, 北朝鮮人.
- **ko·re·a·nisch** [コれアーニッシュ] 形 朝鮮人(人・語)の, 韓国人(人・語)の.
- **kö·ren** [ケーれン] 動 h.〈et⁴ッ〉種畜に選ぶ.
- *der* **Kör·hengst** [ケーあ・ヘングスト] 名 -es/-e(検査・認定ずみの)種馬.
- *der* **Ko·ri·an·der** [コリアンダー] 名 -s/-〔植〕コエンドロ, コリアンダー.
- (*das*) **Ko·rinth** [コリント] 名 -s/〔地名〕コリント(ギリシアの地名).
- *die* **Ko·rin·the** [コリンテ] 名 -/-n 小粒の干しブドウ.
- *der* **Ko·rin·then·ka·cker** [コリンテン・カッカー] 名 -s/-《口・蔑》些事(ｻｼﾞ)にこだわる人.
- *der* **Ko·rin·ther** [コリンター] 名 -s/- コリント人.
- **ko·rin·thisch** [コリンティシュ] 形 コリント(式)の.
- *der* **Kork** [コるク] 名 -(e)s/-e 1. コルク(材). 2.《方》コルク栓(Korken).
- *die* **Kork·ei·che** [コるク・アイヒェ] 名 -/-n〔植〕コルクガシ.
- **kor·ken** [コるケン] 形 コルク(製)の.
- *der* **Kor·ken** [コるケン] 名 -s/-(瓶の)コルク栓, プラスチックの栓.
- *der* **Kor·ken·zie·her** [コるケン・ツィーアー] 名 -s/- コルク抜き.
- *der* **Kor·mo·ran** [コるもらーン] 名 -s/-e〔鳥〕ウ.
- *der* **Kor·mus** [コるムス] 名 -/〔植〕茎葉体.
- *der* **Korn¹** [コるン] 名 -(e)s/-《口》コルン(~ branntwein)(穀物蒸留酒).
- *das* **Korn²** [コるン] 名 -(e)s/Körner (種類を表す@は-e) 1.(植)(パン用)穀物(特にライ麦). 2.(草・穀物の)種子, 穀粒(Samen~). 3.(砂・塩などの)粒. 4.(@のみ)〔写〕粒子;〔地質〕(岩石の)粒子(の大きさ)物質の構造;(紙・皮革などの表面の)きめ. 5.(@-e)(銃の)照星:〈et⁴〉aufs ~ nehmen〈物を〉ねらう;《口》〈事を〉激しく批判する.〈j³〉aufs ~ nehmen〈人に〉ねらいをつける;《口》〈人

を〉見張る. **6.** 《[単]-e》《古》(金貨などの)品位.

die **Korn·blu·me** [コるン・ブルーメ] [名] -/-n 〘植〙ヤグルマギク.

korn·blu·men·blau [コるンブルーメン・ブラウ] [形] ヤグルマギクのような青色の;《口》へべれけの.

der **Korn·brannt·wein** [コるン・ブらントヴァイン] [名] -(e)s/-e 穀物蒸留酒.

das **Körn·chen** [㋘るンひぇン] [名] -s/- 小さな粒《種・穀物・塩・砂などの》: ein ~ Wahrheit ほんの少しの真実.

(*die*) **Kor·ne·lie** [コるネーリエ] [名] 〘女名〙コルネリア.

kör·nen [㋘るネン] [動] *h.* **1.** 〘〈et⁴〉ヲ〙粒状に〔細かく〕砕く;粒状〔顆粒(かりゅう)〕にする《エッセンスを抽出して》: *gekörnte* Fleischbrühe 顆粒状のスープの素. **2.** 〘〈et⁴〉ヲ〙ざらざら〔ぶつぶつ〕にする《紙・皮革・金属などの表面を》: die *gekörnte* Seite der Pappe ボール紙のざらざらした面. **3.** 〘〈et⁴〉ヲ〙〘狩〙穀物のえさで誘う. **4.** 〘〈et⁴〉ニ〙〘工〙センターポンチでくぼみを打つ《金属板などに穴を開ける目印として》.

der **Kör·ner·fres·ser** [㋘るナー・ふれっサー] [名] -s/- **1.** 〘動〙穀物を常食する鳥《スズメなど》. **2.** 《冗》穀物を常食する人.

die **Kör·ner·frucht** [㋘るナー・ふるふト] [名] -/..früchte 穀物, 豆類;穀物〔豆類〕の実.

der **Kor·nett**¹ [コるネット] [名] -(e)s/-e〔-s〕〘史〙(プロイセン軍の部隊の)最年少士官.

das **Kor·nett**² [コるネット] [名] -e(s)/-e〔-s〕〘楽〙コルネット《①管楽器の一種. ②オルガン音栓の音の一種》.

das **Korn·feld** [コるン・ふぇルト] [名] -(e)s/-er 穀物畑, (ライ)麦畑.

kör·nig [㋘るニひ] [形] **1.** 粒状の. **2.** (表面が)ざらざらした, 粒子の荒い.

die **Korn·kam·mer** [コるン・カマー] [名] -/-n 穀(物)倉;穀倉地帯.

die **Korn·ra·de** [コるンらーデ] [名] -/-n 〘植〙ムギナデシコ, ムギセンノウ.

die **Ko·ro·na** [コろーナ] [名] -/..nen **1.** 〘天〙(太陽の)コロナ. **2.** 《口》仲間, (若者の)グループ;《古・蔑》徒党, 不良仲間.

ko·ro·nar [コろナーあ] [形] 冠状血管の.

das **Ko·ro·nar·ge·fäß** [コろナーあ・ゲふぇース] [名] -es/-e 〘医〙(心臓の)冠状血管.

der **Kör·per** [㋘るパー] [名] -s/- **1.** 体, 身体, 肉体;胴体. **2.** 物体;《稀》(物の)胴体. **3.** 〘理〙物体;〘幾何〙立体: regelmäßiger ~ 正多面体. **4.** (特定の)団体: der gesetzgebende ~ 立法府. **5.** 濃度, こく.

der **Kör·per·bau** [㋘るパー・バウ] [名] -(e)s/ 体格.

kör·per·be·hin·dert [㋘るパー・ベヒンダート] [形] 身体障害の.

der/die **Kör·per·be·hin·der·te** [㋘るパー・ベヒンダーテ] [名] 《形容詞的変化》身体障害者.

die **Kör·per·be·hin·de·rung** [㋘るパー・ベヒンデるング] [名] -/-en 〘官〙身体障害.

das **Kör·per·chen** [㋘るパーひぇン] [名] -s/- 小さな体〔物体〕;〘理〙分子, 粒子.

kör·per·ei·gen [㋘るパー・アイゲン] [形] 〘生〙体にそなわった.

die **Kör·per·fül·le** [㋘るパー・ふゅレ] [名] -/ 肥満.

der **Kör·per·ge·ruch** [㋘るパー・ゲるっふ] [名] -(e)s/ 体臭.

das **Kör·per·ge·wicht** [㋘るパー・ゲヴィひト] [名] -(e)s/ 体重.

die **Kör·per·grö·ße** [㋘るパー・グ㋹ーセ] [名] -/ 身長, 体長.

das **Kör·per·haar** [㋘るパー・ハーあ] [名] -(e)s/-e 体毛.

die **Kör·per·hal·tung** [㋘るパー・ハルトゥング] [名] -/-en 姿勢.

die **Kör·per·hy·gi·e·ne** [㋘るパー・ヒュギエーネ] [名] -/ 身体の衛生.

die **Kör·per·kraft** [㋘るパー・クらふト] [名] -/..kräfte 体力, 筋力.

die **Kör·per·kul·tur** [㋘るパー・クルトゥーあ] [名] -/ **1.** 《古》身体の手入れ. **2.** (身体の)トレーニング, 体育, スポーツ《とくに〘旧東独〙》.

kör·per·lich [㋘るパーリひ] [形] 肉体〔身体〕の, 肉体的な;物質的な: eine ~*e* Strafe 体罰. ~*e* Gegenstände 〘法〙有体物.

kör·per·los [㋘るパー・ロース] [形] 肉体のない;実体のない;身軽な;〘スポ〙体を接触させない.

die **Kör·per·ma·ße** [㋘るパー・マーセ] [複名] (身長・胸囲などの)身体の寸法〔サイズ〕.

die **Kör·per·pfle·ge** [㋘るパー・プふレーゲ] [名] -/ 体の手入れ, 身体衛生.

die **Kör·per·schaft** [㋘るパーシャふト] [名] -/-en 〘法〙団体;法人: gesetzgebende ~*es* 立法機関.

kör·per·schaft·lich [㋘るパーシャふトリひ] [形] 団体の, 法人の;団体〔法人〕の形での.

die **Kör·per·schafts·steu·er** [㋘るパーシャふツ・シュトイあー] [名] -/-n 法人税.

die **Kör·per·spra·che** [㋘るパー・シュプらーへ] [名] -/ ボディーランゲージ.

die **Kör·per·stra·fe** [㋘るパー・シュトらーふぇ] [名] -/-n 体罰.

der **Kör·per·teil** [㋘るパー・タイル] [名] -(e)s/-e 身体の部分.

die **Kör·per·tem·pe·ra·tur** [㋘るパー・テムペらトゥーあ] [名] -/-en 体温.

die **Kör·per·ver·let·zung** [㋘るパー・ふぇあレっツング] [名] -/-en 〘法〙傷害.

die **Kör·per·wär·me** [㋘るパー・ヴェるメ] [名] -/ 体の暖かさ, 体温.

der **Kor·po·ral** [コるポらール] [名] -s/-e〔..räle〕 **1.** 《古》下士官. **2.** 《スイ》伍長(ごちょう).

das **Kor·po·ra·le** [コるポらーレ] [名] -s/..lien 〘カトリ〙コルポラレ, 聖体布《ミサで聖体や聖杯の下に敷く白い布》.

die **Kor·po·ra·ti·on** [コるポらツィオーン] [名] -/-en 団体;学生組合.

kor·po·ra·tiv [コるポらティーふ] [形] 団体の;結束した;学生組合の.

der/die **Kor·po·rier·te** [コるポリーあテ] [名] 《形容詞的変化》《文》学生組合員.

das **Korps** [ko:*r* コーあ] [名] -[コーあ(ス)]/-[コーあス] 〘軍〙兵団, 軍団;《文》学生組合. 【慣用】**das diplomatische Korps** 外交団.

der **Korps·bru·der** [コーあ・ブるーダー] [名] -s/..brüder 〘学生組合〙学生組合の仲間.

der **Korps·geist** [コーあ・ガイスト] [名] -(e)s/ 学生組合精神;《主に《蔑》》身分〔階級〕意識.

der **Korps·stu·dent** [コーあ・シュトゥデント] [名] -en/-en 学生組合員.

kor·pu·lent [コるプレント] [形] 肉づきのいい, 栄養のいい.

die **Kor·pu·lenz** [コるプレンツ] [名] -/ 肥満.

der **Kor·pus**¹ [コるプス] [名] -/-se **1.** 《[単]のみ》(家具の)本体《扉・引出しなどを除いた部分》. **2.** 《口・冗》(人の)体, 肉体. **3.** 〘美〙キリストの十字架像. **4.** 《スイ》(商店の)カウンター;(事務用)デスク.

das **Kor·pus**² [コるプス] [名] -/..pora **1.** コーパス《①古代・中世のテキスト・文書などの用例収集資料;②言語研究の基礎となるテキスト・発話の集積》. **2.** 《今日では主に der ~, [単]のみ》(弦楽器などの)共鳴体.

K

das **Kor·pus·kel** [コるプスケル] [名] -s/-n (die ～ -/n も有)〘理〙粒子(中性子・陽子など).

die **Kor·pus·ku·lar·strah·lung** [コるプスクラーあ・シュトらールング] [名] -/-ea〘理〙粒子線.

die **Kor·pus·ku·lar·the·o·rie** [コるプスクラーあ・テオりー] [名] -/ 〘理〙(光の)粒子説.

der **Kor·ral** [コらール] [名] -s/-e (家畜・獲物を入れる)囲い柵〔地〕.

die **Kor·ra·si·on** [コらズィオーン] [名] -/-en 〘地質〙磨食, 削磨.

das **Kor·re·fe·rat** [コれふぇらート, コれふぇらート] [名] -(e)s/-e 《文》(研究報告の)補足〔追加〕報告.

der **Kor·re·fe·rent** [コれふぇれント, コれふぇれント] [名] -en/-en 補足〔追加報告〕をする人;(試験の)副審査員, 副査.

kor·re·fe·rie·ren [コれふぇりーれン, コれふぇりーれン] [動] *h.* 〘補足なし〙補足〔追加〕報告をする(副報告者が);副査〔副鑑定人〕として報告をする.

kor·rekt [コれクト] [形] 正確な, 正しい;規則に忠実な, (規範に合った)きちんとした.

die **Kor·rekt·heit** [コれクトハイト] [名] -/ 正しさ, 正確さ;適切な〔きちんとした〕態度.

kor·rek·ti·o·nie·ren [コれクツィオニーれン] [動] *h.* 〔〈et^4〉(ノ誤り)ヲ〕《スイス》正す.

kor·rek·tiv [コれクティーふ] [形] 《古》訂正の;調整の;矯正の.

der **Kor·rek·tor** [コれクトーあ] [名] -s/-en [コれクトーれン] **1.** (印刷所の)校正係;(答案の)添削・採点者. **2.** (古代ローマ帝政時代の)監督官.

die **Kor·rek·tur** [コれクトゥーあ] [名] -/-en **1.** 《文》修正, 訂正;〘印〙校正;校正刷り: ～ lesen 校正する. **2.** 《文》変更.

der **Kor·rek·tur·bo·gen** [コれクトゥーあ・ボーゲン] [名] -s/- 〘印〙ゲラ刷り.

die **Kor·rek·tur·fah·ne** [コれクトゥーあ・ふぁーネ] [名] -/-n 〘印〙校正刷り, ゲラ刷り.

das **Kor·rek·tur·zei·chen** [コれクトゥーあ・ツァイひぇン] [名] -s/- 校正記号.

das **Kor·re·lat** [コれラート] [名] -(e)s/-e 《文》相関関係のもの, 相関概念;〘言〙相関語.

die **Kor·re·la·ti·on** [コれラツィオーン] [名] -/-en 《文》相関関係, 相関性;〘数・医〙相関.

kor·re·la·tiv [コれラティーふ] [形] 相関的な.

der **Kor·re·pe·ti·tor** [コれペティートーあ] [名] -s/-en [コれペティトーれン] 〘楽〙(オペラなどの)コレペティートル.

der **Kor·re·spon·dent** [コれスポンデント] [名] -en/-en **1.** 通信員, 特派員(Sonder～). **2.** 〘経〙文書係;〘商〙得意先, 取引先;《古》文通相手.

die **Kor·re·spon·denz** [コれスポンデンツ] [名] -/-en 《文》 **1.** (㊥のみ)文通;(業務上の)通信. **2.** 往復書簡集;(業務上の)往復文書. **3.** 《古》一致, 調和.

das **Kor·re·spon·denz·bü·ro** [コれスポンデンツ・ビュろー] [名] -s/-s (新聞の)通信社.

kor·re·spon·die·ren [コれスポンディーれン] [動] *h.* **1.** 〔(mit 〈j^3〉ト)＋(über 〈et^4〉ニツイテ)〕文通をしている, 手紙で交渉〔折衝〕している. **2.** 〔mit 〈et^3〉ト〕《文》調和が取れている, 一致している. **3.** 〔mit 〈et^3〉ニ〕対応している.

der **Kor·ri·dor** [コりドーあ] [名] -s/-e (玄関に通ずる)廊下, 玄関の間;〘政〙回廊地帯;空中回廊(Luft～).

die **Kor·ri·gen·da** [コりゲンダ] [複名] 〘印〙(学術書の)誤植, ミスプリント;正誤表.

das **Kor·ri·gens** [コりゲンス] [名] -/..gentia [コりゲンツィア]〔..gentien [コりゲンツィエン]〕(主に㊥)〘薬〙矯正剤, 矯味矯臭薬.

kor·ri·gier·bar [コりギーあ・バーあ] [形] 訂正できる.

kor·ri·gie·ren [コりギーれン] [動] *h.* **1.** 〔〈et^4〉ヲ〕直す, 正す, 証正する, 添削する, 校正する(文章・字などを). **2.** 〔〈et^4〉ヲ〕修正する, 調整する. **3.** 〔〈j^4/et^4〉ヲ〕正す, 訂正する, 直す: 〈j^4〉～ 〈人の〉発言を訂正する, 〈人の〉欠点〔態度〕を矯正する, (目上の)〈人を〉諫(いさ)める. sich^4 ～ 自分の発言を訂正する, 自分の欠点〔態度〕を改める. eine Aussage ～ 発言(の内容)を訂正する. seine Aussprache ～ 彼の発音を直す.

kor·ro·die·ren [コろディーれン] [動] 〘化・医〙 **1.** *h.* 〔〈et^4〉ヲ〕腐食させる. **2.** *s.* 〔補足なし〕腐食する.

die **Kor·ro·si·on** [コろズィオーン] [名] -/-en (金属表面の)腐食;〘地質〙溶食;〘医〙(組織の)腐食.

kor·ro·si·ons·be·stän·dig [コろズィオーンス・ベシュテンディひ] [形] 耐蝕(たいしょく)性の.

kor·rum·pie·ren [コるムピーれン] [動] *h.* 《文・蔑》 **1.** 〔〈j^4〉ヲ〕買収する, 抱込む(官吏・政治家などを). **2.** 〔〈j^4〉ヲ〕(道徳的に)堕落〔腐敗〕させる(個人・グループ・社会などを);(〈j^4〉が sich^{4}の場合)堕落する.

kor·rum·piert [コるムピーあト] [形] (古文書などが)破損した.

kor·rupt [コるプト] [形] 《蔑》賄賂(わいろ)のきく;腐敗した.

die **Kor·rup·ti·on** [コるプツィオーン] [名] -/-en 《蔑》買収;汚職;(道徳的な)堕落, 腐敗.

die **Kor·sa·ge** [..ʒə コるザージェ] [名] -/-n コルサージュ.

der **Kor·sar** [コるザーあ] [名] -en/-en コルセール(二人乗り競争用ヨット);(昔の)海賊;海賊船.

der **Kor·se** [コるゼ] [名] -n/-n コルシカ島人.

das **Kor·se·lett** [コるゼレット] [名] -s/-s〔-e〕 オールインワン, コースレット.

das **Kor·sett** [コるゼット] [名] -s/-s〔-e〕 コルセット;〘医〙コルセット.

(*das*) **Kor·si·ka** [コるズィカ] [名] -s/ 〘地名〙コルシカ島.

kor·sisch [コるズィシュ] [形] コルシカ(島・人)の.

der **Kor·so** [コるゾ] [名] -s/-s **1.** 飾立てた車〔馬車〕の祝祭パレード;車を連ねたデモ隊. **2.** 《稀》目抜き通り.

der **Kor·tex** [コるテクス] [名] -(es)/-e〔..tizes[..ティツェース]〕〘医・生〙皮質;脳皮質;(植物の)外層.

das **Kor·ti·son** [コるティゾーン] [名] -s/ 〘医〙コーチゾン.

der **Ko·rund** [コるント] [名] -(e)s/-e 鋼玉; blauer/roter ～ サファイア/ルビー.

die **Kor·vet·te** [コるヴェッテ] [名] -/-n コルベット艦;(昔の)武装した帆船.

der **Kor·vet·ten·ka·pi·tän** [コるヴェッテン・カピテーン] [名] -s/-e 海軍少佐.

der **Ko·ry·bant** [コりゅバント] [名] -en/-en コリュバント(大地の女神 Kybele の神官).

ko·ry·ban·tisch [コりゅバンティシュ] [形] 狂乱の, 乱痴気騒ぎの.

die **Ko·ry·phäe** [コりゅふぇーエ] [名] -/-n 《文》(ある分野の)第一人者;〘バレエ〙《オーストリア》プリマバレリーナ.

der **Ko·sak** [コザック] [名] -en/-en コサック;コサック騎兵;コサックの馬.

die **Ko·sche·nil·le** [..nɪ́ljə コシェニリエ] [名] -/-n **1.** 〘昆〙エンジムシ. **2.** (㊥のみ)カルミン(エンジムシから取れる紅色色素).

ko·scher [コーシャー] [形] (ユダヤ教の食事の)掟(おきて)にかなった;《口》あやしいところ〔問題〕のない.

die **Ko·se·form** [コーゼ・ふぉるム] [名] -/-en 愛称形.

der **Ko·se·kans** [コーゼカンス] [名] -/-〔..kanten〕〘数〙コセカント, 余割(記号 cosec).

ko·sen [コーゼン] [動] *h.* 《詩》 **1.** 〔〈et^4〉ヲ〕愛撫(あいぶ)する. **2.** 〔(mit 〈j^3〉ト)〕甘い言葉や愛撫を交わす.

der **Ko·se·na·me** [コーゼ・ナーメ] [名] -ns/-n 愛称.

das **Ko·se·wort** [コーゼ・ヴォるト] [名] -(e)s/..wörter

〔-e〕 **1.** 《[複] ..wörter》愛称語. **2.** 《[複]のみ;[複] -e》優しい言葉.

der **Ko̲·si·nus** [コーズィヌス] [名] -/-(se) 〖数〗コサイン, 余弦《記号 cos》.

die **Kos·me̲·tik** [コスメーティク] [名] -/ **1.** 美容(術), 化粧(法). **2.** 粉飾, 糊塗(こと), 表面的修正.

die **Kos·me̲·ti·ka** [コスメーティカ] [複名] 化粧品.

die **Kos·me̲·ti·ke·rin** [コスメーティケリン] [名] -/-nen (女性)美容師, エステティシャン, メーキャップ専門家.

der **Kos·me̲·tik·sa·lon** [コスメーティク・ザロ(-)ン] [名] -s/-s 美容院.

das **Kos·me̲·ti·kum** [コスメーティクム] [名] -s/..ka 《主に[複]》化粧品.

kos·me̲·tisch [コスメーティシュ] [形] **1.** 美容(上)の. **2.** うわべだけの.

ko̲s·misch [コスミシュ] [形] 宇宙の;途方もなく大きい.

das **Kos·mo·dro̲m** [コスモ・ドろーム] [名] -s/-e (旧ソ連の)宇宙ロケット基地.

die **Kos·mo·go·ni̲e** [コスモ・ゴニー] [名] -/-n 〖天〗宇宙進化論.

die **Kos·mo·gra·fi̲e, Kos·mo·gra·phi̲e** [コスモ・グらふぃー] [名] -/-n **1.** 《古》(記述的)宇宙論, 宇宙形状論. **2.** (中世の)地理学.

die **Kos·mo·lo·gi̲e** [コスモ・ロギー] [名] -/-n 宇宙論.

der **Kos·mo·na̲ut** [コスモナウト] [名] -en/-en (旧ソ連の)宇宙飛行士;

die **Kos·mo·na̲u·tik** [コスモナウティク] [名] -/ (旧ソ連の)宇宙飛行学.

kos·mo·na̲u·tisch [コスモナウティシュ] [形] 宇宙飛行士の.

der **Kos·mo·po·li̲t** [コスモ・ポリート] [名] -en/-en **1.** 世界市民, コスモポリタン. **2.** (帝国主義的)世界主義者. **3.** 〖生〗汎存(はんそん)種《世界中に分布している動植物》.

kos·mo·po·li̲·tisch [コスモ・ポリーティシュ] [形] **1.** 世界市民の;コスモポリタンの. **2.** 〖生〗汎存(はんそん)の.

der **Ko̲s·mos** [コスモス] [名] -/ 宇宙, 宇宙空間;(秩序のある)世界.

der **Ko·so·va̲·re** [コソヴァーれ, kɔso.. コソヴァーれ] [名] -n/-n コソボ人.

(*der*〔*das*〕) **Ko̲·so·vo** [コソヴォ] [名] -s/ 《der〔das〕~ -(s)/ 》〖地名〗コソボ《ユーゴスラビア=セルビア共和国南部の自治州》.

die **Ko̲st** [コスト] [名] -/ 食事, 賄い;食物: ~ und Logis 賄いつきの下宿. 〈j⁴〉 in ~ nehmen 《古》〈人ₒ〉賄っている. geistige ~ 《転》精神的糧.

kos·ta̲l [コスタール] [形] 〖医〗肋骨(ろっこつ)の.

ko̲st·bar [コスト・バーあ] [形] 高価(で見事)な, 豪華な;貴重な: sich⁴ ~ machen 貴重な存在になる;めったに姿を見せない.

die **Ko̲st·bar·keit** [コストバーあカイト] [名] -/-en **1.** 《[単]のみ》高価, 貴重. **2.** 貴重品, 高価なもの.

ko̲s·ten[1] [コステン] [動] *h.* **1.** 〔〈et⁴〉ₒ/von 〈et³〉ₒ〕味見する, 試食〔試飲〕する. **2.** 〔〈et⁴〉ₒ〕《文》味わう, 体験〔経験〕する.

ko̲s·ten[2] [コステン] [動] *h.* **1.** 〔〈et⁴〉(ₙ値段)ₜ〕ある: Was〔Wieviel〕*kostet* das alles? 全部でいくらですか. Das *kostet* nichts. それはただです. **2.** 〔〈j⁴〉ₙ+〈et⁴〉ₒ〕払わねばならない, (…には…か)かかる《金額が》 **3.** 〔〈j⁴/et⁴〉ₙ+〈et⁴〉ₒ〕必要とする, 要する《時間・労力などを》. **4.** 〔〈j⁴〉ₙ/〈j³〉ₙ+〈j⁴/et⁴〉ₒ〕失わせる: Dieser Fehler wird ihn〔ihm〕die Stellung ~. この失策で彼は職〔地位〕を失うだろう. **【慣用】Das kostet mich〔mir〕das Leben.** それはぼくの命にかかわる. **Das kostet nicht die Welt.** 《口》それはすごく金がかかるわけではない. **koste es〔es koste〕, was es wolle** 何が何でも. **sich⁴⁽³⁾ 〈et⁴〉 etwas kosten lassen** 《口》〈物ₙ〉かなりのお金を支出する.

die **Ko̲s·ten** [コステン] [複名] **1.** 費用, 経費, 出費: für alle ~ aufkommen 費用を全額負担する. die entstehenden ~ übernehmen 必要経費を負担する. **2.** (経費の)負担;犠牲: auf eigene ~ 自己負担で. auf ~ anderer leben 他人の犠牲の上に立って生活する. **【慣用】auf 〈j²〉 Kosten kommen** 《口》〈人ₒ〉期待どおりで満足する.

der **Ko̲s·ten·an·schlag** [コステン・アン・シュラーク] [名] -(e)s/..schläge 費用の見積り〔概算〕.

der **Ko̲s·ten·auf·wand** [コステン・アウふ・ヴァント] [名] -(e)s/ 経費, 支出.

das **Ko̲s·ten·dämp·fungs·ge·setz** [コステン・デムプふングス・ゲゼッツ] [名] -es/-e 社会保険費抑制法, 疾病保険費用抑制法.

ko̲s·ten·de·ckend [コステン・デッケント] [形] 〖経〗コストをカバーする.

die **Ko̲s·ten·ex·plo·si·on** [コステン・エクスプロズィオーン] [名] -/-en 〖経〗《ジャーゴン》コストの爆発的高騰.

die **Ko̲s·ten·fra·ge** [コステン・ふらーゲ] [名] -/-n 経費の問題.

ko̲s·ten·frei [コステン・ふらイ] [形] 費用の要らない, 無料の.

ko̲s·ten·güns·tig [コステン・ギュンスティひ] [形] 〖経〗コストの割安な.

ko̲s·ten·los [コステン・ロース] [形] 無料の.

ko̲s·ten·neu·tral [コステン・ノイトらール] [形] 〖形〗コストがとんとんの.

die **Ko̲s·ten-Nu̲t·zen-A·na·ly·se** [コステン・ヌッツェン・アナリューゼ] [名] -/-n 〖政・経〗費用便益分析.

ko̲s·ten·o·ri·en·tiert [コステン・オりエンティーあト] [形] コスト面に向けられた.

ko̲s·ten·pflich·tig [コステン・プふりひティひ] [形] 費用支払い義務のある.

der **Ko̲s·ten·punkt** [コステン・プンクト] [名] -(e)s/ 《口》費用の点〔問題〕.

die **Ko̲s·ten·rech·nung** [コステン・れひヌング] [名] -/-en 〖経〗コスト計算.

der **Ko̲s·ten·vor·an·schlag** [コステン・ふぉーあ・アン・シュラーク] [名] -(e)s/..schläge 〖経〗費用の見積り.

ko̲s·ten·wirk·sam [コステン・ヴィるクザーム] [形] コストに対して有効な.

der **Ko̲st·gän·ger** [コスト・ゲンガー] [名] -s/- 《古》賄いつき下宿人.

der **Ko̲st·ge·ber** [コスト・ゲーバー] [名] -s/- 賄いつき下宿の家主.

das **Ko̲st·geld** [コスト・ゲルト] [名] -(e)s/ 生活費;賄い代, 食費.

kö̲st·lich [ケストリひ] [形] **1.** とても美味な;とても気持のいい;とても面白い. **2.** 《文・古》とても高価な.

die **Ko̲st·pro·be** [コスト・プろーベ] [名] -/-n 試食〔試飲〕用のサンプル;《転》技量〔能力〕の一例〔一端〕.

kost·spie·lig [コスト・シュピーリひ] [形] 費用のかかる

die **Ko̲st·spie·lig·keit** [コスト・シュピーリひカイト] [名] -/ 費用がかさむこと.

das **Kos·tü̲m** [コステューム] [名] -s/-e **1.** (時代・階級などに特有の)服装;《古》(民族・職業などに特有の)衣装. **2.** 舞台衣装装束, コスチューム. **3.** 仮装, 扮装(ふんそう) **4.** (婦人用)スーツ.

der **Kos·tü̲m·ball** [コステューム・バル] [名] -(e)s/..bälle 仮装舞踏会.

das **Kos·tü̲m·fest** [コステューム・ふぇスト] [名] -(e)s/-e 仮装舞踏会.

kos·tü·mie̲·ren [コステュミーれン] [動] **1.** 〔〈j⁴〉ₙ+(als 〈j⁴/et⁴〉ₙ)〕仮装〔扮装(ふんそう)〕をさせる;《〈j⁴〉が sich⁴の場合》仮装〔扮装〕をする. **2.** 〔〈j⁴〉ₙ〕《口・蔑》ひどい(身)なりをさせる;《〈j⁴〉が sich⁴の場合》ひどい(身)なりをする.

die **Kos·tü̲m·pro·be** [コステューム・プろーベ] [名] -/-n

K

〘劇〙ドレスリハーサル.

der **Kos·tüm·ver·leih** [コスチューム·ふぇあライ] [名] -(e)s/-e 貸衣装業.

der **Kost·ver·äch·ter** [コスト·ふぇあエひター] [名]《次の形で》kein ~ sein《冗》美酒美食を好む;うまいものに目がない, 享楽家である.

das **K.-o.-Sys·tem** [カーオー·ズュステーム] [名] -s/-e 〘スポーツ〙トーナメント方式.

der **Kot** [コート] [名] -(e)s/-e〔-s〕《主に[単]》《文》糞(ふん), 便;《古》(道路の)泥, 泥んこ.

der **Ko·tan·gens** [コータンゲンス] [名] -/- 〘数〙コタンジェント(記号 cot, ctg, cotg).

der **Ko·tau** [コタウ] [名] -s/-s 叩頭(こうとう): vor ⟨j³⟩ einen ~ machen《文》⟨人に⟩ぺこぺこする.

das **Ko·te·lett** [コテレット, kɔtlɛ́t コトレット] [名] -s/-s (子牛・豚・羊などの)焼き〔揚げ〕用あばら肉: ein paniertes ~ カツレツ.

die **Ko·te·let·ten** [コテレッテン, kɔtlɛ́tən コトレッテン] [複名] もみあげを長くのばしたひげ.

der **Kö·ter** [ケーター] [名] -s/- 《蔑》犬.

der **Kot·flü·gel** [コート·ふリューゲル] [名] -s/- (タイヤの)泥除け, フェンダー.

(*das*) **Kö·then** [ケーテン] [名] -s/ 〘地名〙ケーテン(ザクセン=アンハルト州の都市).

der **Ko·thurn** [コトゥルン] [名] -s/-e コトゥルン(古代ギリシアの悲劇俳優の厚底の舞台靴): auf hohem ~ 感情をこめた〔荘重な〕口調で.

ko·tig [コーティひ] [形] 糞(ふん)だらけの;泥だらけの.

der **Kot·ter** [コッター] [名] -s/- 《古》 **1.** 《北独》あばら家. **2.** 《オーストリア》拘禁;監獄.

die **Ko·ty·le·do·ne** [コテュレドーネ] [名] -/-n **1.** 《主に[複]》〘植〙子葉. **2.** 〘医・生〙胎盤葉.

die **Kot·ze**[1] [コッツェ] [名] -/ 《口》嘔吐(おうと)物, へど: die ~ kriegen 吐き気〔不快感〕を催す.

die **Kot·ze**[2] [コッツェ] [名] -/-n 《南独・オーストリア》粗毛の毛布;粗毛の肩掛け.

kot·zen [コッツェン] [動] *h.* 〔補足なし〕《口》へどを吐く. 【慣用】**das (große〔kalte〕) Kotzen kriegen〔bekommen〕**(ひどい)不快〔嫌悪〕感を感じる. **Das ist einfach zum Kotzen!** そいつはまったく腹立たしい〔むかむかする〕. **sich⁴ zum Kotzen fühlen** 吐き気がする, 気分が悪い. **⟨j⁴/et⁴⟩ zum Kotzen finden** ⟨人・事に⟩嫌悪を感じる〔うんざりする〕.

kotz·lang·wei·lig [コッツ·ラング·ヴァイリひ] [形] 《口》ものすごく退屈な.

kp =Kilopond キロポンド.

KPD [カーペーデー] =Kommunistische Partei Deutschlands ドイツ共産党.

Kr [カーエる] =Krypton 〘化〙クリプトン.

Kr. =Kreis (行政単位としての)郡.

die **Krab·be** [クらッベ] [名] -/-n **1.** 〘魚〙カニ. **2.** 《口・冗》元気な子, かわいい女の子. **3.** 〘建〙クロケット(葉形の装飾).

krab·beln [クらッベルン] [動] **1.** *s.* 〔補足なし〕這(は)っている, 這い回っている(甲虫類などが);這う(幼児が). **2.** *h.* 〔⟨場所⟩ニ/⟨j⁴⟩ニ〕《口》ちくちくする, むずがゆくさせる: Der neue Pullover *krabbelt* auf der Haut. 新しいプルオーバーは肌にちくちくする. **3.** *h.* 〔⟨j⁴⟩ヲ//⟨j⁴⟩ノ+⟨場所⟩ヲ〕《口》くすぐる.

der **Krach** [クらっは] [名] -(e)s/Kräche **1.** 《[単]のみ》(すさまじい)騒音;《主に[単]》(突然の)すさまじい音. **2.** 《口》(はげしい)口論, 言い争い;(大声での)叱責(しっせき), 罵声(ばせい). **3.** 《口》(突然の)倒産経済恐慌;(突然の軍事的)衝突. 【慣用】**Krach machen〔schlagen〕**《口》ぎゃあぎゃあ文句を言う〔抗議をする〕.

kra·chen [クらっへン] [動] **1.** *h.* 〔補足なし〕大きな〔すさまじい〕音を立てる(落雷・爆弾などが). **2.** *h.* 〔Es〕大きな音がする;《口》交通〔衝突〕事故が起きる;《口》殴り合いが起きる. **3.** *s.* 〔補足なし〕音を立てて砕ける〔割れる・折れる・裂ける・破ける〕(窓ガラス・湖の氷・ズボン・縫い目などが);《口》倒産する. **4.** *s.* 〔⟨方向⟩ニ〕音を立てて衝突する. **5.** *h.* 〔⟨et⁴⟩ヲ+⟨方向⟩ニ〕勢いよく〔激しく〕投出す〔投げつける・たたきつける・ぶつける〕. **6.** *h.* 〔sich⁴+(mit ⟨j³⟩ト)〕《口》口論〔けんか・論争〕する. 【慣用】**Er schuftet, dass es nur so kracht.** 《口》彼はとことんまで働く. **Es kam zum Krachen.** 《口》激しい口論〔論争〕になった〔が始まった〕. **Halt den Mund, oder es kracht gleich!** 《口》黙れ, さもないとひっぱたくぞ. **krachende Kälte** 厳しい寒さ.

die **Krach·le·der·ne** [クらっは·レーダーネ] [名] 《形容詞的変化》《南独》(短い)革ズボン.

die **Krach·man·del** [クらっは·マンデル] [名] -/-n 殻つきアーモンド.

kräch·zen [クれひツェン] [動] *h.* **1.** 〔補足なし〕かあかあ〔があがあ・ぎゃあぎゃあ〕鳴く(カラス・オウムなどが);しわがれ〔がらがら〕声で話す(老人・古いラジオなどが);《口》咳(せき)をする, 騒々しく咳払いをする. **2.** 〔⟨文⟩ト〕しわがれ声で言う.

kra·cken [クらッケン, krɛ́.. クれッケン] [動] *h.* 〔⟨et⁴⟩ヲ〕〘化〙クラッキング〔分解蒸留〕する.

der **Krä·cker** [クれッカー] [名] -s/- =Cracker.

das **Krack·ver·fah·ren** [クらック·ふぇあふぁーれン] [名] -s/- 〘化〙クラッキング, 分解蒸留法.

das **Krad** [クらート] [名] -(e)s/Kräder 〘軍〙オートバイ(Kraftrad).

kraft [クらふト] [前] 〔+2格〕…(の力)により: ~ (seines) Amtes (彼の)職務権限により. ~ (eines) Gesetzes 法律により.

die **Kraft** [クらふト] [名] -/Kräfte **1.** (肉体・精神的な)力, 能力: *Kräfte* sammeln 元気を回復する. nach *Kräften* 力の限り, 力相応に. bei *Kräften* sein 元気である. wieder zu *Kräften* kommen 健康を回復する. **2.** 〘理〙力. **3.** (薬などの)効き目, 効力. **4.** (法律の)効力: Das Gesetz ist noch in ~. その法律はまだ有効である. **5.** 働き手, スタッフ. **6.** 《[複]のみ》(政治的・社会的)勢力. 【慣用】**außer Kraft sein/treten** (法律が)無効である/無効になる. **außer Kraft setzen** 無効にする. **die treibende Kraft sein** 推進者である. **in Kraft treten** (法律などが)発効する. **⟨et⁴⟩ in Kraft setzen** ⟨事を⟩施行する(法律などを).

der **Kraft·akt** [クらふト·アクト] [名] -(e)s/-e 力業.

die **Kraft·an·stren·gung** [クらふト·アン·シュトれングング] [名] -/-en 力をふるしぼること, 肉体的努力.

der **Kraft·arm** [クらふト·アるム] [名] -(e)s/-e 〘理〙てこの力点と支点の間の腕.

der **Kraft·auf·wand** [クらふト·アウふ·ヴァント] [名] -(e)s/ 力を尽すこと, 骨折り.

der **Kraft·aus·druck** [クらふト·アウス·ドるック] [名] -(e)s/..drücke (怒り・驚きなどの)口汚い〔乱暴な〕言葉.

die **Kraft·brü·he** [クらふト·ブりゅーエ] [名] -/-n 濃い肉スープ.

die **Kraft·drosch·ke** [クらふト·ドろシュケ] [名] -/-n 《古》タクシー.

der **Kräf·te·ver·fall** [クれふテ·ふぇあふぁル] [名] -(e)s/ 力の衰え.

das **Kräf·te·ver·hält·nis** [クれふテ·ふぇあヘルトニス] [名] -ses/-se 力〔勢力〕関係.

der **Kraft·fah·rer** [クらふト·ふぁーらー] [名] -s/- 〘官〙自動車運転者〔手〕.

das **Kraft·fahrt-Bun·des·amt** [クらふト·ふぁーあト·ブンデス·アムト] [名] -(e)s/ 〘法〙(ドイツ)連邦陸運局.

das **Kraft·fahr·zeug** [クらふト·ふぁーあ·ツォイク] [名] -(e)s/-e 〘官〙《総称》自動車(略 Kfz).

die **Kraft·fahr·zeug·dich·te** [クらふトふぁーあツォイク·ディひテ] [名] -/-n 自動車密度(人口当りの台数).

das **Kraft·fahr·zeug·kenn·zei·chen** [クらふトふぁーあツォイク・ケンツァイひぇン] [名] -s/ 〖官〗自動の登録番号〔ナンバー〕.

der **Kraft·fahr·zeug·me·cha·ni·ker** [クらふトふぁーあツォイク・メひゃーニカー] [名] -s/- 自動車整備工.

die **Kraft·fahr·zeug·pa·pie·re** [クらふトふぁーあツォイク・パピーれ] [複名] 車検証と自動車登録証.

die **Kraft·fahr·zeug·steu·er** [クらふトふぁーあツォイク・シュトイあー] [名] -/-n 自動車税.

das **Kraft·feld** [クらふト・ふぇルト] [名] -(e)s/-er 〖理〗力の場.

das **Kraft·fut·ter** [クらふト・ふッター] [名] -s/ 濃厚飼料.

kräf·tig [クれふティひ] [形] **1.** 力のある, 力強い; たくましい: ~ gebaut sein たくましい体格である. **2.** 元気な; 発育のいい. **3.** 滋養に富んだ. **4.** (きわだって)強烈な, 激しい; 断固たる: *~en* Hunger haben ひどく空腹である. einen *~en* Schluck nehmen ぐっと飲む. 〈j^3〉 ~ die〔seine〕Meinung sagen《口》〈人に〉はっきりと意見を言う. **5.** 露骨な: ein *~er* Fluch ひどい悪態.

kräf·ti·gen [クれふティゲン] [動] *h.* **1.** 〖〈j^4/et^4〉ヲ〗強くする, 丈夫にする, 元気にする, (…の)元気〔体力・気力〕を回復させる. **2.** 〔sich^4〕強くなる, 丈夫になる, 元気になる, 体力がつく, 体力〔気力〕が回復する.

die **Kräf·ti·gung** [クれふティグング] [名] -/-en 《主に[単]》体力増強〔回復〕; 強壮化, 強化.

das **Kräf·ti·gungs·mit·tel** [クれふティグングス・ミッテル] [名] -s/- 強壮剤.

kraft·los [クらふト・ロース] [形] 力のない, 弱々しい; 〖法〗無効の, 失効した.

die **Kraft·lo·sig·keit** [クらふト・ローズィひカイト] [名] -/ 無力な状態, 弱さ; 無効.

die **Kraft·ma·schi·ne** [クらふト・マシーネ] [名] -/-n 〖工〗原動機.

der **Kraft·mei·er** [クらふト・マイあー] [名] -s/- 《口》(《蔑》も有)力自慢の男, 体力をひけらかす男.

der **Kraft·mensch** [クらふト・メンシュ] [名] -en/-en 力持ち, 非凡な体力の持ち主.

der **Kraft·mes·ser** [クらふト・メッサー] [名] -s/- 力量計.

die **Kraft·post** [クらふト・ポスト] [名] -/ (昔の)郵政省バス事業.

die **Kraft·pro·be** [クらふト・ブろーベ] [名] -/-n 力くらべ.

das **Kraft·rad** [クらふト・らート] [名] -(e)s/..räder 〖官〗原動機付二輪車(略 Krad).

der **Kraft·raum** [クらふト・らウム] [名] -(e)s/..räume 〖スポーツ〗アスレティックジム.

der **Kraft·stoff** [クらふト・シュトっふ] [名] -(e)s/-e 〖車〗燃料.

das **Kraft·stoff-Luft-Ge·misch** [クらふトシュトっふ・ルふト・ゲミッシュ] [名] -(e)s/-e 〖車〗(内燃機関の)燃料と空気の混合気.

der **Kraft·stoff·ver·brauch** [クらふトシュトっふ・ふぇあブらウほ] [名] -(e)s/ 燃料消費(量).

der **Kraft·strom** [クらふト・シュトろーム] [名] -(e)s/ 動力用電流.

kraft·strot·zend [クらふト・シュトろっツェント] [形] 力のあふれる.

der **Kraft·ver·kehr** [クらふト・ふぇあケーあ] [名] -s/ 〖官〗自動車交通〔運輸〕.

kraft·voll [クらふト・ふぉル] [形] 力強い; 力いっぱいの.

der **Kraft·wa·gen** [クらふト・ヴァーゲン] [名] -s/- 〖官〗自動車.

das **Kraft·werk** [クらふト・ヴェるク] [名] -(e)s/-e 発電所.

das **Kraft·wort** [クらふト・ヴォるト] [名] -(e)s/-e〔..wörter〕口汚い〔乱暴な〕言葉.

das **Krä·gel·chen** [クれーゲルひぇン] [名] -s/- (Kragen の縮小形)小さいカラー〔襟〕.

der **Kra·gen** [クらーゲン] [名] -s/- 〔《南独・スイス・オーストリア》Krägen も有〕 **1.** 襟; 着脱できるカラー. **2.** 《方》(鳥などの)首; (瓶の)首; 〖狩〗(動物の)首(周り)の縞; 《古》(人間の)首. 【慣用】〈j^4〉 **am**〔**beim**〕 **Kragen packen** 〈人の〉襟首をつかむ, 《口》〈人を〉とっちめる. **Es geht** 〈j^3〉 **an den Kragen.** 《口》〈人が〉責任を追及される. 〈et^1〉 **kostet** 〈j^4〉 **Kopf und Kragen** 〈事が〉〈人の〉命にかかわる.

der **Kra·gen·knopf** [クらーゲン・クノっプふ] [名] -(e)s/..knöpfe カラーボタン; (シャツなどの)第一ボタン.

die **Kra·gen·wei·te** [クらーゲン・ヴァイテ] [名] -/-n (ワイシャツの)カラーサイズ.

der **Krag·stein** [クらーク・シュタイン] [名] -(e)s/-e 〖建〗コンソール; モディリオン, 軒, 持ち送り.

die **Krä·he** [クれーエ] [名] -/-n 〖鳥〗カラス.

krä·hen [クれーエン] [動] *h.* 〖補足なし〗こけこっこーと鳴く, 時をつくる(雄鶏が); あぁあぁと言う(赤坊が満足げに); 甲高い声で話す〔叫ぶ〕; 耳障りな甲高い声で歌う.

die **Krä·hen·fü·ße** [クれーエン・ふゅーセ] [複名] 《口》 **1.** からすの足跡(目じりのしわ). **2.** (ぞんざいな)走書きの字. **3.** (追跡車をパンクさせるためにまく)まきびし.

das **Krä·hen·nest** [クれーエン・ネスト] [名] -es/-er カラスの巣; 〖海〗マストの上の見張台.

Kräh·win·kel [クれー・ヴィンケル] [名] -s/ (無冠詞)《嘲》因習的気風の田舎町.

(*das*) **Kra·kau** [クらーカウ] [名] -s/ 〖地名〗クラカウ(ポーランドの都市クラクフ(Kraków)のドイツ語名).

der **Kra·ke** [クらーケ] [名] -n/-n **1.** 〖北欧伝説〗クラーケ(タコの怪物). **2.** 〖動〗タコ.

der **Kra·keel** [クらケール] [名] -s/ 《口・蔑》どなり声; うるさい騒ぎ, けんか; 騒音.

kra·kee·len [クらケーレン] [動] krakeelte; hat krakeelt 《口・蔑》〖補足なし〗大声でわめく〔ののしる〕, 大声でけんかする.

der **Kra·kee·ler** [クらケーラー] [名] -s/- 《口・蔑》大声でけんか〔口論〕をする人.

kra·keln [クらーケルン] [動] *h.* 〖(〈et^4〉ヲ)+auf 〈et^4〉ニ〗《口・蔑》へたくそな字〔金釘流〕で書く.

die **Kra·ke·lü·re** [クらケリューれ] [名] -/-n =Craquelure.

der **Kra·ko·wi·ak** [クらコーヴィアク] [名] -s/-s クラクフダンス(ポーランドの民族舞踊).

die **Kral·le** [クらレ] [名] -/-n **1.** (ネコ・ワシなどの)かぎ爪. **2.** 爪形の道具. **3.** =Parkkralle. 【慣用】〈j^3〉 **die Krallen zeigen** 《口》〈人に〉はむかう. 〈et^4〉 **in die Krallen bekommen**〔**kriegen**〕《口》〈物を〉手に入れる, 支配下に置く.

kral·len [クらレン] [動] *h.* **1.** 〖sich^4+an〔in〕〈j^4/et^4〉ヲ〗かぎ爪でしっかりつかむ(獣・猛禽(もうきん)などが); (指・爪で)しっかりつかむ(人が). **2.** 〖〈et^4〉デ+in〔um〕〈j^4/et^4〉ヲ〗しっかりつかむ(指などで). **3.** 〖sich^4+in〔um〕〈et^4〉ヲ〗しっかりつかむ(手・指が). **4.** 〖sich^3+〈et^4〉ヲ〗《口》かっぱらう. **5.** 〖sich^3+〈j^4〉ヲ〗《口》とっつかまえる(警察が犯人などを); 《口》呼びつけてとっちめる(部下などを).

kral·lig [クらりひ] [形] かぎ爪のような; かぎ爪を持った; かぎ爪でひっかいた.

der **Kram** [クらーム] [名] -(e)s/ 《口・蔑》 **1.** がらくた, くだらない物〔事〕. **2.** (ちょっと)やる事, 仕事. **3.** 《方》(屠殺した動物の)内臓. 【慣用】〈et^1〉 **passt** 〈j^3〉 **nicht in den Kram** 《口》〈事が〉〈人に〉不都合である〔気に入らない〕. **nicht viel Kram**〔**keinen Kram**〕 **machen** 《口》仰々しいことをしない.

kra·men [クらーメン] [動] *h.* **1.** 〖〈場所〉ヲ〗《口》引っかき回す, 捜し回る, 調べる. **2.** 〖〈場所〉ヲ引ッカキ回シテ+nach 〈et^3〉ヲ〗《口》捜す. **3.** 〖〈et^4〉ヲ+aus 〈et^3〉カラ〗《口》捜して取出す. **4.** 〖(mit 〈j^3〉

K

ト)〕《方》恋愛関係にある. **5.** 〔補足なし〕《スイス》小売商を営む;ちょっとした贈り物を買込む.

der **Krä·mer** [クれーマー] [名] -s/- **1.** 《方》食品店主, 小売商;(昔の)商館主;商人. **2.** 《蔑》こせこせ〔けちけち〕した人.

der **Krä·mer·geist** [クれーマー・ガイスト] [名] -(e)s/ 《蔑》けちくさい根性;けちくさい根性の人.

die **Krä·mer·see·le** [クれーマー・ゼーレ] [名] -/-n 《蔑》こせこせ〔けちけち〕した人《小心で欲が深い人間》.

der **Kram·la·den** [クらーム・ラーデン] [名] -s/..läden 《口・蔑》食品雑貨店.

der **Kram·mets·vo·gel** [クらメッツ・ふぉーゲル] [名] -s/..vögel 《方》〖鳥〗ノハラツグミ.

die **Kram·pe** [クらムペ] [名] -/-n U字くぎ, ステープル.

der **Kram·pen** [クらムペン] [名] -s/- **1.** ＝Krampe. **2.** 《バイエルン・オーストリア》つるはし.

der **Krampf** [クらムプふ] [名] -(e)s/Krämpfe **1.** (筋肉の)痙攣(けいれん)(Muskel∼). **2.** (([単]のみ)《口・蔑》必死の努力;悪あがき. **3.** (次の形で) einen ∼ drehen 《スイス》《口》違法なことをする.

die **Krampf·a·der** [クらムプふ・アーダー] [名] -/-n 静脈瘤(りゅう).

krampf·ar·tig [クらムプふ・アーあティひ] [形] 痙攣(けいれん)性の.

kramp·fen [クらムプふぇン] [動] *h.* **1.** 〔(sich^4)〕痙攣(けいれん)を起こす(心臓・胃・筋肉などが). **2.** 〔〈et^4〉ヲ+um〔in〕〈et^4〉ヲ〕きつくつかむ, 握りしめる(手・指などで). **3.** 〔sich^4+um〔in〕〈et^4〉ヲ〕握りしめる, きつくつかむ(人・手・指が). **4.** 〔sich^3+〈j^4/et^4〉ヲ〕《方》引っつかむ. **5.** 〔補足なし〕《スイス》懸命に〔無理な〕努力をする.

krampf·haft [クらムプふハふト] [形] 痙攣(けいれん)のような, 引きつったような;必死の.

der **Kram·pus** [クらムプス] [名] -(ses)/-se 《オーストリア》クランプス(悪魔の姿をしたサンタクロースの従者).

der **Kran** [クらーン] [名] -(e)s/Kräne〔-e, -en〕 **1.** 起重機, クレーン. **2.** (([複] Kräne, -en)《南独・西中独》(水道の)栓;《方》(ガス・たるの)栓, コック.

der **Kran·füh·rer** [クらーン・ふゅーらー] [名] -s/- クレーン操縦者.

krän·gen [クれンゲン] [動] *h.* 〔補足なし〕〖海〗傾く(船が).

kra·ni·al [クらニアール] [形] **1.** 〖医〗頭蓋(ずがい)の. **2.** 《古》頭の方の.

der **Kra·nich** [クらーニひ] [名] -s/-e 〖鳥〗ツル.

krank [クらンク] [形] kränker, kränkst **1.** 病気の;よく機能しない, 病める;《口》頭がどうかした: ein ∼*es* Herz haben 心臓が悪い. ∼ zu〔im〕Bett liegen 病床にある. **2.** 〔vor 〈et^3〉ニ〕悩んでいる: ein vor Liebe ∼*es* Mädchen 恋に悩む少女. **3.** 〖狩〗手負いの. **【慣用】** **auf den Tod krank sein** 病気で死にかかっている. **krank an Leib und Seele sein** 《文》身心共に病んでいる. 〈j^4〉 **krank machen** 〈人ヲ〉いらいら〔病気に〕させる. **krank spielen** 〔**sich^4 krank stellen**〕仮病をつかう. **nach** 〈j^3/et^3〉 **krank sein** 〈人・物・事ヲ〉恋いこがれている, (…に)あこがれている. **sich^4 krank fühlen** 気分がすぐれない.

der/die **Kran·ke** [クらンケ] [名] (形容詞的変化)病人, 患者.

krän·keln [クれンケルン] [動] *h.* 〔補足なし〕健康が勝れない, 病気がちである.

kran·ken [クらンケン] [動] *h.* 〔an 〈et^3〉ニ〕苦しんでいる(会社が資金不足などに);《古》(…を)病んでいる(ぜんそくなど慢性の病気を).

krän·ken [クれンケン] [動] *h.* **1.** 〔〈j^4〉ヲ+(mit 〈et^3〉デ/durch 〈et^4〉デ)//〈j^4〉ノ+in〔an〕〈et^3〉ヲ〕傷つける(気持・自尊心を). **2.** 〔sich^4+über 〈j^4〉ノコトヲ/〈et^4〉ヲ〕《文・古》気に病む, (…で)心を痛める.

die **Kran·ken·an·stalt** [クらンケン・アン・シュタルト] [名] -/-en (主に[複])〖官〗総合病院.

das **Kran·ken·au·to** [クらンケン・アウト] [名] -s/-s 救急車.

die **Kran·ken·bah·re** [クらンケン・バーれ] [名] -/-n 担架.

der **Kran·ken·be·such** [クらンケン・ベズーふ] [名] -(e)s/-e 病気見舞い;往診, 回診.

das **Kran·ken·bett** [クらンケン・ベット] [名] -(e)s/-en 病床.

das **Kran·ken·geld** [クらンケン・ゲルト] [名] -es/-er 疾病給付金.

die **Kran·ken·ge·schich·te** [クらンケン・ゲシひテ] [名] -/-n 病歴;カルテ;既往歴簿.

der **Kran·ken·gym·nast** [クらンケン・ギュムナスト] [名] -en/-en 医療体操指導員.

die **Kran·ken·gym·nas·tik** [クらンケン・ギュムナスティク] [名] -/ 医療体操.

das **Kran·ken·haus** [クらンケン・ハウス] [名] -es/..häuser 病院.

die **Kran·ken·kas·se** [クらンケン・カッセ] [名] -/-n 疾病保険金庫.

die **Kran·ken·kost** [クらンケン・コスト] [名] -/ 病人食.

das **Kran·ken·la·ger** [クらンケン・ラーガー] [名] -s/- 《文》病床;病床期間.

die **Kran·ken·pfle·ge** [クらンケン・プふレーゲ] [名] -/ 看護, 看病.

der **Kran·ken·pfle·ger** [クらンケン・プふレーガー] [名] -s/- 看護師, 看護職.

die **Kran·ken·pfle·ge·rin** [クらンケン・プふレーゲりン] [名] -/-nen 《稀》(女性の)看護師.

der **Kran·ken·saal** [クらンケン・ザール] [名] -(e)s/..säle (大部屋の)病室.

der **Kran·ken·schein** [クらンケン・シャイン] [名] -(e)s/-e 疾病〔健康〕保険証;《方・口》病気届.

die **Kran·ken·schwes·ter** [クらンケン・シュヴェスター] [名] -/-n 看護婦.

der **Kran·ken·stuhl** [クらンケン・シュトゥール] [名] -(e)s/..stühle 車いす.

der **Kran·ken·trä·ger** [クらンケン・トれーガー] [名] -s/- 患者運搬係.

die **Kran·ken·ver·si·cher·ten·kar·te** [クらンケン・ふぇあズィっひゃーテン・カるテ] [名] -/-n (コンピューター読み取りの)健保登録カード.

die **Kran·ken·ver·si·che·rung** [クらンケン・ふぇあズィっひぇるング] [名] -/-en 疾病〔健康〕保険, 医療保険;疾病保険業〔会社〕: gesetzliche ∼ 公的医療保険.

der **Kran·ken·wa·gen** [クらンケン・ヴァーゲン] [名] -s/- 救急車;病人輸送車.

der **Kran·ken·wär·ter** [クらンケン・ヴェるター] [名] -s/- (主に精神科の)看護人.

das **Kran·ken·zim·mer** [クらンケン・ツィマー] [名] -s/- (個室の)病室;(施設などの)病室.

krank|fei·ern [クらンク・ふぁイあーン] [動] *h.* 〔補足なし〕《口・冗》病気を理由に仕事を休む(たいした病気でないのに);《方》就労不能である.

krank·haft [クらンクハふト] [形] 病気による;病的な.

die **Krank·heit** [クらンクハイト] [名] -/-en **1.** 病気, 疾病;《転》病弊. **2.** ([単]のみ)病気の期間.

das **Krank·heits·bild** [クらンクハイツ・ビルト] [名] -(e)s/-er 〖医〗症候群, シンドローム.

der **Krank·heits·er·re·ger** [クらンクハイツ・エあれーガー] [名] -s/- 病原体.

krank·heits·hal·ber [クらンクハイツ・ハルバー] [副] 病気のために.

der **Krank·heits·herd** [クらンクハイツ・ヘーあト] [名] -(e)s/-e 〖医〗病巣.

der **Krank·heits·keim** [クらンクハイツ・カイム] [名] -(e)s/-e 病原菌.

der **Kránk·heits·ver·lauf** [クランクハイツ・フェあラウフ] 名 -(e)s/ ..läufe 病状経過.
das **Kránk·heits·zei·chen** [クランクハイツ・ツァイヒェン] 名 -s/- 病状, 症候.
kránk|la·chen [クランク・ラッヘン] 動 *h.* {sich³} 《口》死ぬほど大笑いする.
kränk·lich [クレンクリヒ] 形 病気がちの, 病弱な.
die **Kränk·lich·keit** [クレンクリヒカイト] 名 -/ 病弱, 病身.
kránk|ma·chen [クランク・マッヘン] 動 *h.* 《^{俗便}》《口・冗》病気を理由に仕事を休む(たいした病気でないのに).
kránk|mel·den, ⓐ**kránk mel·den** [クランク・メルデン] 動 *h.* 〈j³〉ノ病欠届を出す: sich⁴ für eine Woche ～ (自分の)一週間の病欠届を出す.
die **Kránk·mel·dung** [クランク・メルドゥング] 名 -/-en (雇用者・学校などへの)病気〔欠〕届.
kránk|schrei·ben*, ⓐ**kránk schrei·ben*** [クランク・シュらイベン] 動 *h.* 〈j⁴〉ノ(病欠届用の)診断書を書く.
die **Kränkung** [クレンクング] 名 -/-en (人の感情〔自尊心〕を)傷つけること.
der **Kranz** [クらンツ] 名 -es/Kränze **1.** (花・枝葉などで編んだ)輪, 冠; (勝者の)月桂冠; 栄冠. **2.** (人・物の)輪; (頭に巻きつけた)鉢巻き状の輪(Haar～); 《方》王冠型のケーキ(～kuchen); 《^{俗便}》(1-3位・栄誉の)賞. **3.** 〖狩〗赤鹿の足跡.
das **Kränz·chen** [クレンツヒェン] 名 -s/- **1.** 小さな輪〔冠〕; 小さな赤鹿の足跡. **2.** (婦人の定期的な)サークル(の集まり).
krän·zen [クレンツェン] 動 *h.* **1.** 〈j⁴ʃet⁴〉ノ《文・稀》花輪で飾る. **2.** 〖狩〗足跡を残す(赤鹿が).
das **Kránz·geld** [クらンツ・ゲルト] 名 -(e)s/ 〖法〗(婚約解消による)慰謝料.
das **Kránz·ge·sims** [クらンツ・ゲズィムス] 名 -es/-e 〖建〗コルニス, 軒蛇腹(^{じゃ}).
die **Kránz·spen·de** [クらンツ・シュペンデ] 名 -/-n 葬儀の花輪.
der **Kráp·fen** [クらップふェン] 名 -s/- **1.** 《方》(ジャム入り)揚げパン. **2.** 〖料〗(肉・野菜・果物などの)天ぷら風揚げ物.
krass, ⓐ**kraß** [クらス] 形 極端な, 著しい.
..krat [接尾] 名詞につけて「…者」を表す男性名詞を作る: Demo*krat* 民主主義者.
der **Krá·ter**¹ [クらーター] 名 -s/- **1.** 噴火口; (月面の)クレーター; (爆弾による)穴.
der **Krá·ter**² [クらーター] 名 -s/-e クラテル(古代ギリシアで水とブドウ酒をまぜるつぼ).
der **Krá·ter·see** [クらーター・ゼー] 名 -s/-n 火口湖.
der **Krátten** [クらッテン] 名 -s/- (^{うる})(柳の枝で作った)バスケット.
die **Krátz·bürs·te** [クらッツ・ビュるステ] 名 -/-n 《口・冗》強情っ張り, あまのじゃく(特に女性・娘).
krátz·bürs·tig [クらッツ・ビュるスティヒ] 形 あまのじゃくな, 強情な.
die **Krátze** [クらッツェ] 名 -/-n かき落す〔集める〕道具; 〖鉱〗スクレーパー; 〖紡〗梳綿(^{りゅう})機.
die **Krätze**¹ [クレッツェ] 名 -/ 《^医》疥癬(^{かい})背負いかご.
die **Krätze**² [クレッツェ] 名 -/ **1.** 疥癬(^{かいせん}), 皮癬(^ひ): sich³ die ～ an den Hals ärgern 《口》ひどく怒る. **2.** 〖工〗溶滓(^{ようし}).
das **Krátz·ei·sen** [クらッツ・アイゼン] 名 -s/- (玄関の)鉄製泥ぬぐい.
krátzen [クらッツェン] 動 *h.* **1.** 〈^備〉《口》引っかかる(人・動物がつめで). **2.** 〈j⁴〉ノ〈j³〉ノ+〈et⁴〉ノ〈j⁴〉ノ+〈場所〉ノ引っかく. **3.** 〈〈場所〉〉ノ引っかいて〔こすって〕(がりがり)音を立てる: Die Feder kratzt auf diesem Briefpapier. ペンがこのレターペーパーだとひっかかって(がりがり)音を立てる. **4.** 〔(mit〈et⁴〉ノ)+〈場所〉ノ〕引っかく, こする. 引っかいて〔擦って〕がりがり音を立てる. **5.** 〈j⁴〉ノ〈j³〉ノ+〈場所〉ノ〕かいてやる. **6.** 〔sich⁴ʃ〈et³〉ノ〕〈場所〉ノ+〈場所〉ノ〕かく(自分のかゆいところを). **7.** 〈j⁴〉ノ〈j³〉ノ〈場所〉ノ〈場所〉ノ〕(ちくちくと)むずがゆくさせる. **8.** 〔〈j³⁽⁴⁾〉ノ〕ひりひりする. (Esが主語で) Es *kratzt* mir[mich] im Hals. 私はのどがひりひりする(風邪で). **9.** 〔〈et³〉ノ+in〈et³〉ノ〕引っかいて作る(掘る・彫る). **10.** 〔〈et¹〉ノ+aus〈et³〉ノ/〈かκτν〉ノ/von〈et³〉ノ〕かき出す〔取る〕(灰などを). **11.** 〔〈et⁴〉ノ+auf〈et³〉ノ〕引っかくようにして薄く塗る(バターをパンなどに). **12.** 〔〈et⁴〉ノする; 〖紡〗すく(すきぐしで羊毛などを); 《方》盗む, 勝手に持って行く. 〖慣用〗an seiner Ehre/Vormachtstellung kratzen 彼の名誉/優位を損なわせる(侵害する). Das kratzt mich nicht. そんなことは私は気にかけない. (hart) zu kratzen haben 《口》必死に働いて, 切詰めた生活をしなくてはならない. sich³ den Bart kratzen 《口》ひげをそる.
der **Krátzer** [クらッツァー] 名 -s/- **1.** かき傷, かき跡; かき落すと〔擦って音を出す〕道具. **2.** 鉤頭虫(^{こうとう})(腸壁に寄生する).
der **Krätzer** [クレッツァー] 名 -s/- 酸味の強い安ワイン; 乳白色の濁った新ワイン.
krátz·fest [クらッツ・ふェスト] 形 ひっかき傷のつきにくい.
der **Krátz·fuß** [クらッツ・ふース] 名 -es/..füße (昔の片足を後ろに下げる男性の)深いおじぎ: einen ～ machen 《口》いんぎんなおじぎをする.
krátzig [クらッツィヒ] 形 ざらざら〔ごわごわ〕した; 耳ざわりな; (すばくて)のどがひりひりする; 《口》強情な.
krätzig [クレッツィヒ] 形 疥癬(^{かいせん})にかかった.
der **Krátz·putz** [クらッツ・プッツ] 名 -(e)s/ 〖土〗スグラフィット(壁面を掻き落しで仕上げる工法).
krau·chen [クらウヘン] 動 *h.* 《方》=kriechen 1, 2. 《^{俗便}》《口》やっとのことで進む.
das **Kraul** [クらウル] 名 -(s)/ 〖^{スポ}〗クロール(泳法).
krau·len¹ [クらウレン] 動 *h./s.* **1.** クロールで泳ぐ. **2.** 〈方向〉ノクロールで泳いで行く(来る). **3.** *h./s.* 〈et⁴〉ノクロールで泳ぐ(ある距離を).
krau·len² [クらウレン] 動 *h.* 〔〈j³〉ノ〈j⁴〉ノ+〈et⁴〉ノ〈j⁴〉ノ+〈場所〉ノ〕指先で軽くなでる(かく).
kraus [クらウス] 形 **1.** 縮れた, カールした; しわの寄った; さざ波の立つ. **2.** 《^蔑》支離滅裂な.
(*der/die*) **Krau·se**¹ [クらウゼ] 名 -/-n 〖人名〗クラウゼ.
die **Krau·se**² [クらウゼ] 名 -/-n **1.** ひだ飾り, フリル, ラッフル; ひだ襟, フリル付きのカフス; (縮れた)あごひげ. **2.** (髪の)縮れ; 〖口〗パーマネントウェーブ.
der **Kräu·sel·krepp** [クろイゼル・クれップ] 名 -s/-s〔-e〕クレープ(縮み織物).
kräu·seln [クろイゼルン] 動 *h.* **1.** 〈et⁴〉ノ軽く縮らせる(カールする)(髪の毛を); (…に)さざ波を立てる(風が湖などに); (…に)ゆるやかなひだ〔波形〕をつける(カーテンなどに); (…に)軽くしわを寄せる(額・鼻などに). **2.** 〔sich⁴〕軽く縮れている(髪の毛が); さざ波が立つ(海などに); 渦を巻いて漂う〔立ちのぼる〕(煙が). **3.** 〔sich⁴〕ゆるやかなひだ〔波形〕がついている, しわが寄っている. 〖慣用〗sich⁴ vor Lachen kräuseln 《口》大笑いする.
krau·sen [クらウゼン] 動 *h.* **1.** 〈et⁴〉ノ縮らせる(髪の毛を); (…に)しわを寄せる(額・鼻などに); (…に)ひだ〔波形〕をつける(スカート・カーテンなどに). **2.** 〔sich¹〕しわが寄る(額・顔・衣服などが). **3.** 〔^{俗便}〕しわになる.
das **Kráus·haar** [クらウス・ハーあ] 名 -(e)s/ 縮れ毛.
kráus·haa·rig [クらウス・ハーりヒ] 形 縮れ毛の, カールし

た髪の.

der **Kraus·kohl** [クラウス・コール] [名] -(e)s/-e 〘植〙チリメンキャベツ.

der **Kraus·kopf** [クラウス・コップふ] [名] -(e)s/..köpfe **1.** 縮れ毛の頭;縮れ毛の人;《蔑》頭の混乱した人. **2.** 〘工〙菊形バイト, さらもみ錐(きり).

der **Kraut**[1] [クラウト] [名] -s/ 《北独》《総称》カニ, エビ.

das **Kraut**[2] [クラウト] [名] -(e)s/Kräuter **1.** 草;薬草(Heil～);香辛料植物(Würz～);《口》《主に《蔑》》タバコ. **2.** 《[単]のみ》(食用にならない)葉や茎の部分. **3.** 《[単]のみ》《南独・オーストリア》キャベツ. **4.** 《[単]のみ》《北西独》(果物などの)濃縮シロップ. 【慣用】**Gegen 〈j^4/et^4〉 ist kein Kraut gewachsen.** 《口》〈人・事に〉対して打つ手がない. **ins Kraut schießen** 《口》葉ばかりが育ち過ぎる;(いやなことが)はびこる. **Kraut und Lot** 〘狩〙弾薬. **wie Kraut und Rüben** 《口》雑然と, 乱雑に.

kraut·ar·tig [クラウト・アーあティひ] [形] 草のような.

der **Krau·ter** [クラウター] [名] -s/- 《冗》(年寄りの)変人;《口・蔑》平凡な商売人〔職人の親方〕;《古》蔬菜(そさい)栽培者.

das **Kräu·ter·buch** [クろイター・ブーふ] [名] -(e)s/..bücher 薬草図鑑.

der **Kräu·ter·kä·se** [クろイター・ケーゼ] [名] -s/- 薬草入りチーズ.

der **Kräu·ter·tee** [クろイター・テー] [名] -s/-s 薬草湯, ハーブティー.

die **Kraut·flo·ra** [クらウト・ふローら] [名] -/..ren 〘生〙草本植物相.

der **Kraut·gar·ten** [クらウト・ガるテン] [名] -s/..gärten 《方》菜園.

der **Kraut·jun·ker** [クらウト・ユンカー] [名] -s/- 《古・嘲》田舎貴族.

der **Kraut·kopf** [クらウト・コップふ] [名] -(e)s/..köpfe 《南独・オーストリア》キャベツの玉.

der **Kra·wall** [クらヴァル] [名] -s/-e 騒動, 暴動, 乱闘;《[単]のみ》《口》大騒ぎ, 騒音. 【慣用】**Krawall schlagen** けんか腰で苦情を言う.

die **Kra·wat·te** [クらヴァッテ] [名] -/-n **1.** ネクタイ;(婦人用の毛皮の)えり巻き, ストール(Pelz～). **2.** 〘レスリング〙首締め. **3.** 〘医〙頸部固定ギプス(Gips～).

die **Kra·wat·ten·na·del** [クらヴァッテン・ナーデル] [名] -/-n ネクタイピン.

der **Kra·weel·bau** [クらヴェール・バウ] [名] -(e)s/ 〘造船〙平張り工法.

kra·xeln [クらクセルン] [動] *s.* 〔auf 〈et^4〉に〕《南独・オーストリア》(苦労して)登る〔よじ登る〕(山・木などに).

die **Kra·yon·ma·nier** [krεjõ:mani:r クれヨーン・マニーあ] [名] -/ 〘美〙クレヨン技法.

die **Kre·a·ti·on** [クれアツィオーン] [名] -/-en **1.** 〘服〙(デザイナーの)創作衣装, 創作モード;《文》(芸術上の)作品. **2.** 《[単]のみ》創造, 創作.

kre·a·tiv [クれアティーふ] [形] 創造的な, 創造力のある.

die **Kre·a·ti·vi·tät** [クれアティヴィテート] [名] -/ 《文》創造力;〘言〙創造性.

die **Kre·a·tur** [クれアトゥーあ] [名] -/-en **1.** 《文》(神の)被造物;生き物. **2.** (軽蔑すべき・哀れむべき)人;《蔑》腰ぎんちゃく.

kre·a·tür·lich [クれアテューあリひ] [形] 生き物特有な.

der **Krebs** [クれープス] [名] -es/-e **1.** 〘動〙ザリガニ(Fluss～);(主に[複]) エビ・カニ類. **2.** 癌(がん);〘植〙癌腫(がんしゅ)病. **3.** 《[単]のみ》〘天〙かに座. **4.** 〘占〙かに座生れの人;《[単]のみ》巨蟹(きょかい)宮. **5.** 《[複]のみ》〘出版〙返本. **6.** 〘楽〙逆行形の旋律.

krebs·ar·tig [クれープス・アーあティひ] [形] 癌(がん)性の.

die **Krebs·be·hand·lung** [クれープス・ベハンドルング] [名] -/ 癌(がん)治療.

kreb·sen [クれープセン] [動] **1.** *h.* 〔補足なし〕カニ〔ザリガニ〕を捕る. **2.** *h.* 〔(mit 〈et^3〉デ)〕《口》無駄な努力〔尽力〕をする. **3.** *s.* 〔〈方向〉へ〕《口》苦労して進む, はって進む, 手探りで進む. **4.** *s.* 〔(vor 〈j^3/et^3〉(ノ前)カラ)〕《スイス》後ろへ退く〔下がる〕;しり込みする.

die **Krebs·ent·ste·hung** [クれープス・エントシュテーウング] [名] -/-en 発癌(はつがん).

Krebs er·re·gend, krebs·er·re·gend [クれープスエあれーゲント] [形] 発癌(はつがん)性の.

die **Krebs·for·schung** [クれープス・ふぉるシュング] [名] -/-en 癌(がん)研究.

die **Krebs·früh·er·ken·nung** [クれープス・ふりゅー・エあケヌング] [名] -/ 癌(がん)の早期発見.

der **Krebs·gang** [クれープス・ガング] [名] -(e)s/ **1.** 《[単]のみ》後ずさり, 退歩, 悪化. **2.** 〘楽〙逆行.

die **Krebs·ge·schwulst** [クれープス・ゲシュヴルスト] [名] -/..schwülste 癌(がん)(腫瘍(しゅよう)).

das **Krebs·ge·schwür** [クれープス・ゲシュヴューあ] [名] -(e)s/-e 癌(がん)性腫瘍(しゅよう).

krebs·krank [クれープス・クランク] [形] 癌(がん)にかかった.

der/die **Krebs·kran·ke** [クれープス・クランケ] [名] 《形容詞変化》癌(がん)患者.

krebs·rot [クれープス・ろート, クれープス・ろート] [形] (ゆでたエビガニのように)真っ赤な.

der **Krebs·scha·den** [クれープス・シャーデン] [名] -s/..schäden 《文》(社会の)癌(がん), 害毒, 諸悪の根源.

die **Krebs·sup·pe** [クれープス・ズッペ] [名] -/-n ザリガニのスープ.

die **Krebs·vor·sor·ge** [クれープス・ふぉーあ・ゾるゲ] [名] -/ 〘官〙癌(がん)予防対策.

die **Krebs·zel·le** [クれープス・ツェレ] [名] -/-n 癌(がん)細胞.

die **Kre·denz** [クれデンツ] [名] -/-en 《古》調理台, 配膳(はいぜん)台, サイドボード.

kre·den·zen [クれデンツェン] [動] *h.* 〔〈j^3〉ニ+〈et^4〉ヲ〕《文》供する, 差出す, 勧める(グラスに注いだシャンペンなどを).

der **Kre·dit**[1] [クれディート] [名] -(e)s/-e **1.** 〘経〙貸付金, クレジット. **2.** 《[単]のみ》信用貸し, 掛け(売り・買い). **3.** 《[単]のみ》〘商〙信用.

das **Kre·dit**[2] [クれーディト] [名] -s/-s 〘銀行〙貸方.

die **Kre·dit·ab·tei·lung** [クれディート・アップタイルング] [名] -/-en 貸付課.

die **Kre·dit·an·stalt** [クれディート・アン・シュタルト] [名] -/-en 信用施設: ～ des öffentlichen Rechts 公法上の信用〔金融〕機関. ～ für Wiederaufbau 復興金融公庫, 復興信用〔金融〕機関.

die **Kre·dit·bank** [クれディート・バンク] [名] -/-en 信用銀行, 商業銀行.

der **Kre·dit·brief** [クれディート・ブリーふ] [名] -(e)s/-e 信用状.

kre·dit·fä·hig [クれディート・ふぇーイひ] [形] 債務支払能力のある.

der **Kre·dit·ge·ber** [クれディート・ゲーバー] [名] -s/- 信用供与者, 与信者, 貸し手.

die **Kre·dit·ge·nos·sen·schaft** [クれディート・ゲノッセンシャふト] [名] -/-en 信用協同組合.

die **Kre·dit·ge·wäh·rung** [クれディート・ゲヴェーるング] [名] -/-en 信用供与, 貸付.

kre·di·tie·ren [クれディティーれン] [動] *h* 〘商〙 **1.** 〔〈j^3〉ニ〕信用貸しをする, クレジットを供与する. **2.** 〔〈j^3〉ニ)+et^4〉ヲ〕信用貸し〔掛売〕する;供与する(経済援助などを);(…の)貸方に記入する(ある金額を).

das **Kre·dit·in·sti·tut** [クれディート・インスティトゥート] [名] -(e)s/-e 信用〔金融〕機関.

die **Kre·dit·kar·te** [クれディート・カるテ] [名] -/-n クレジットカード.

das **Kre·dit·kar·ten·in·sti·tut** [クれディートカるテン・インステ

K

ィトゥート] [名] -(e)s/-e クレジットカード機関.
der **Kre·dit·markt** [クれディート・マるクト] [名] -(e)s/..märkte 信用市場.
die **Kre·dit·mit·tel** [クれディート・ミッテル] [複名] 借入資金.
der **Kre·dit·neh·mer** [クれディート・ネーマー] [名] -s/- 信用受供者,(貸付金の)借り主.
der **Kre·di·tor** [クれーディトーあ] [名] -s/-en [クれディトーれン]〘商〙債権者.
die **Kre·dit·sprit·ze** [クれディート・シュプりッツェ] [名] -/-n〘経〙金融刺激策.
die **Kre·dit·ver·si·che·rung** [クれディート・ふぇあズィっひぇるング] [名] -/-en 信用保険.
der **Kre·dit·ver·trag** [クれディート・ふぇあトらーク] [名] -(e)s/..träge 信用契約, 貸倒保険.
das **Kre·dit·we·sen** [クれディート・ヴェーゼン] [名] -s/ 信用制度.
das **Kre·dit·we·sen·ge·setz** [クれディートヴェーゼン・ゲゼっツ] [名] -es/-e 信用制度法.
kre·dit·wür·dig [クれディート・ヴュるディひ] [形] (経済的に)信用に値する.
die **Kre·dit·wür·dig·keit** [クれディート・ヴュるディひカイト] [名] -/ (経済的)信用力.
das **Kre·do** [クれード] [名] -s/-s **1.**〘キ教〙使徒信経(しんぎょう), 使徒信条;〘カトリック〙クレド(ミサの一部). **2.**《文》(世界観的)信念, 信条.
(*das*) **Kre·feld** [クれーふぇルト] [名] -s/ 〘地名〙クレーフェルト《ノルトライン=ヴェストファーレン州の都市》.
kre·gel [クれーゲル] [形]《[付][比]は kregl..》《北独》元気はつらつとした.
die **Krei·de** [クらイデ] [名] -/-n **1.** チョーク, 白墨;《[単]のみ》白亜. **2.**《[単]のみ》〘地質〙白亜紀. **【慣用】auf Kreide leben**《口》つけで生活する. **bei 〈j³〉 in der Kreide sein〔stehen〕**《口》〈人に〉借金がある. **mit doppelter Kreide (an) schreiben**《口》つけを倍に水増しする.
krei·de·bleich [クらイデ・ブライひ] [形] 蒼白(そうはく)な.
der **Krei·de·fel·sen** [クらイデ・ふぇルゼン] [名] -s/- 白亜の岩.
krei·de·hal·tig [クらイデ・ハルティひ] [形] 白亜を含む.
das **Krei·de·pa·pier** [クらイデ・パピーあ] [名] -s/ アート紙.
der **Krei·de·strich** [クらイデ・シュトりっひ] [名] -(e)s/-e 白墨の線.
krei·de·weiß [クらイデ・ヴァイス] [形] 真っ白な, 蒼白(そうはく)な.
die **Krei·de·zeich·nung** [クらイデ・ツァイひヌング] [名] -/-en コンテ〔クレヨン〕画.
die **Krei·de·zeit** [クらイデ・ツァイト] [名] -/ 〘地質〙白亜紀.
krei·dig [クらイディひ] [形] 白墨だらけの; 白亜を含んだ;《文》蒼白(そうはく)な.
kre·ie·ren [クれイーれン] [動] *h.* 〔〈et⁴〉ヲ〕《文》創案〔創作〕する, 作り出す《新しい服装・新語・独自の様式などを》: eine Rolle ~〘劇〙ある役を(自分の創案で)初演する.
der **Kreis** [クらイス] [名] -es/-e **1.**〘幾何〙円《円周; 円周に囲まれた平面》. **2.** 輪: einen ~ (um 〈j⁴〉) bilden〔schließen〕(〈人のまわりに〉)円陣をつくる. sich⁴ im ~e umsehen 周囲を見回す. **3.** (集まった・一座の)人々; サークル, 仲間;《[複]のみ》(社会の)グループ, 階層, …界: der ~ der Gäste 一座の客. im ~ der Freunde 仲間内. in politischen ~*en* 政界で. die besseren〔besten〕~*e* 上流社会. **4.** 郡《Gemeinde の上位の行政区画》. **5.** 範囲. **6.** 一連のもの: ein breiter ~ von Problemen 一連の幅広い問題. **7.**〘電〙回路.
der **Kreis·ab·schnitt** [クらイス・アップ・シュニット] [名] -(e)s/-e〘幾何〙円の切片, 弓形.
der **Kreis·arzt** [クらイス・アーあツト, クらイス・アるツト] [名] -es/..ärzte 郡医官.
der **Kreis·aus·schnitt** [クらイス・アウス・シュニット] [名] -(e)s/-e〘幾何〙扇形.
die **Kreis·bahn** [クらイス・バーン] [名] -/-en 円軌道.
die **Kreis·be·we·gung** [クらイス・ベヴェーグング] [名] -/-en 円〔旋回〕運動.
der **Kreis·bo·gen** [クらイス・ボーゲン] [名] -s/-〘幾何〙円弧.
krei·schen⁽*⁾ [クらイシェン] [動] kreischte〔krisch〕; hat gekreischt〔gekrischen〕《不規則変化は《古》》 **1.**〔[補足なし]〕金切り声を上げる, 甲高い歓声〔喚声〕を上げる《子供などが》; 甲高い鋭い声で鳴く《カモメなどが》. **2.**〔〈[文]〉ト〕金切り声で言う〔叫ぶ〕. **3.**〔[補足なし]〕耳障りな高い音を立てる《のこぎり・戸・ブレーキなどが》.
der **Krei·sel** [クらイゼル] [名] -s/- **1.** こま; ジャイロスコープ. **2.**〘サッカー〙(選手間の)パス回し. **3.**《ジャーゴン》ロータリー式交通.
der **Krei·sel·kom·pass**, [旧] **Krei·sel·kom·paß** [クらイゼル・コムパス] [名] -es/-e ジャイロコンパス, 羅針儀.
krei·seln [クらイゼルン] [動] **1.** *s./h.*〔[補足なし]〕ぐるぐる回る, 回転する《こまなどが》. **2.** *s.*〔〈方向〉へ〕回転しながら〔渦を巻きながら〕動く〔進む・流れる〕《風などが》. **3.** *h.*〔[補足なし]〕こまを回して遊ぶ;〘サッカー〙パスを回す.
die **Krei·sel·pum·pe** [クらイゼル・プムペ] [名] -/-n 渦巻きポンプ.
krei·sen [クらイゼン] [動] **1.** *h./s.*〔um 〈j⁴/et⁴〉 (ノ周リ)ヲ/〈場所〉ヲ〕回る, 旋回する, 弧〔円〕を描いて動く〔飛ぶ〕, 循環する. **2.** *h./s.*〔um 〈j⁴/et⁴〉ヲ〕巡ってなされる《議論・会話などが》; 巡って離れない《想念・夢想などが》. **3.** *h.*〔〈場所〉デ〕〘体操〙両足旋回をする. **4.** *h.*〔〈et⁴〉ヲ〕〘体操〙ぐるぐる回す《腕などを》.
die **Kreis·flä·che** [クらイス・ふレっひぇ] [名] -/-n 円形の面; 円の面積.
kreis·för·mig [クらイス・[ふぇ]るミひ] [形] 円形の, 環状の.
kreis·frei [クらイス・ふらイ] [形] 郡に属さない.
der **Kreis·lauf** [クらイス・ラウふ] [名] -(e)s/..läufe **1.** 血液循環, 血行(Blut~). **2.** 循環(運動), 回帰(運動), (円軌道の)運行.
die **Kreis·lauf·stö·rung** [クらイスラウふ・シュ[テ]ーるング] [名] -/-en〘医〙循環〔血行〕障害.
die **Kreis·li·nie** [クらイス・リーニエ] [名] -/-n 円形の線, 円周.
kreis·rund [クらイス・るント] [形] まん丸な.
die **Kreis·sä·ge** [クらイス・ゼーゲ] [名] -/-n 丸鋸(まるのこ)盤;《口・冗》かんかん帽.
krei·ßen [クらイセン] [動] *h.*〔[補足なし]〕《古》陣痛が起こっている, 分娩(ぶんべん)中である.
der **Kreiß·saal** [クらイス・ザール] [名] -(e)s/..säle〘医〙(病院の)分娩(ぶんべん)室.
die **Kreis·stadt** [クらイス・シュタット] [名] -/..städte[..シュテーテ, ..シュテッテ] 郡庁所在の都市.
der **Kreis·tag** [クらイス・ターク] [名] -(e)s/-e 郡議会.
der **Kreis·um·fang** [クらイス・ウム・ふぁング] [名] -(e)s/..fänge 円周.
der **Kreis·ver·kehr** [クらイス・ふぇあケーあ] [名] -(e)s/-e〘交通〙ロータリー式交通.
der **Krem**¹ [kreːm, krɛːm クれーム] [名] -s/-e〔-s〕《口》=Krem².
die **Krem**² [クれーム] [名] -/-s **1.** クリーム《菓子》;(ケーキ用)クリーム. **2.**《稀》(化粧)クリーム.
die **Kre·ma·ti·on** [クれマツィオーン] [名] -/-en 火葬.
das **Kre·ma·to·ri·um** [クれマトーりウム] [名] -s/..rien 火葬場.
die **Kre·me** [kreːm, krɛːm クれーム] ⇨ Creme,

K

Krem.

kre·mie·ren [クれミーれン] [動] *h.* 〔〈et^4〉ヲ〕《(スイス)》火葬にする.

der **Kreml** [kré:məl クれーメル, krɛ́.. クれメル] [名] -(s)/- **1.** 《(単)のみ》クレムリン;ロシア政府. **2.** (ロシアの)都市の城塞(じょうさい)化された部分.

die **Krẹm·pe** [クれムペ] [名] -/-n (帽子の)つば(Hut～).

der **Krẹm·pel**[1] [クれムペル] [名] -s/ 《口・蔑》がらくた,くだらない物: den ganzen ～ hinwerfen 《転》(途中で)投げ出す.

die **Krẹm·pel**[2] [クれムペル] [名] -/-n 〔織〕梳毛(そもう)〔梳綿〕機.

krẹm·peln[1] [クれムペルン] [動] *h.* **1.** 〔〈et^4〉ヲ+〈方向〉ニ〕まくる《そで・ズボンのすそなどを》. **2.** 〔〈et^4〉ヲ〕《(スイス)》折返す《そでなどを》.

krẹm·peln[2] [クれムペルン] [動] *h.* 〔〈et^4〉ヲ〕〔織〕カーディング〔梳毛(そもう)・梳綿〕する《繊維を》.

(*das*) **Krẹms** [クれムス] [名] -'/ 〔地名〕クレムス《オーストリアの都市》.

der **Krẹm·ser** [クれムザー] [名] -s/- クレムザー《乗合馬車》.

der **Kren** [クれーン] [名] -(e)s/ 《南独・オーストリア》〔植〕セイヨウワサビ,ホースラディッシュ(Meerrettich).

der **Kre·no·bi·ọnt** [クれノビオント] [名] -en/-en 〔生〕泉とその出口付近に棲息(せいそく)する動物.

das **Kre·ol** [クれオール] [名] -s/ 〔言〕クレオール《母語として用いられるようになった土着語とヨーロッパ系言語との混合語》.

der **Kre·o·le** [クれオーレ] [名] -n/-n クレオール人《中南米に移住した白人や,ブラジルの黒人奴隷の子孫》.

das **Kre·o·li·sche** [クれオーリシェ] [名] 《形容詞的変化》〔言〕クレオール語.

der **Kre·o·pha·ge** [クれオふぁーゲ] [名] -n/-n 〔生〕《稀》肉食動物.

das **Kre·o·sot** [クれオゾート] [名] -(e)s/ 〔医・薬〕クレオソート.

kre·pie·ren [クれピーれン] [動] *s.* 〔(補足なし)〕炸裂(さくれつ)する《爆弾などが》;《口》死ぬ《動物が》,くたばる《人間が》.

der **Krẹpp**[1] [クれップ] [名] -s/-s〔-e〕 クレープ,縮み(織り).

die **Krẹpp**[2] [クれップ] [名] -/-s ⇨ Crêpe[2].

das **Krẹp·pa·pier** [クれップ・パピーあ] [名] ⇨ Krepppapier.

der〔*das*〕**Krẹpp·gum·mi** [クれップ・グミ] [名] -s/-(s) クレープゴム《縮みじわ付きのゴム》.

das **Krẹpp·pa·pier, Krẹpp-Pa·pier,** [旧]**Krẹp·pa·pier** [クれップ・パピーあ] [名] -s/-e クレープペーパー.

die **Krẹpp·soh·le** [クれップ・ゾーレ] [名] -/-n ラバーソール.

das **Kre·sol** [クれゾール] [名] -s/-e 《(複)は種類》〔化〕クレゾール.

die **Krẹs·se** [クれッセ] [名] -/-n **1.** 〔植〕コショウソウ. **2.** クレソン(Brunnen～, Garten～).

(*das*) **Kre·ta** [クれータ] [名] -s/ 〔地名〕クレタ島.

der **Kre·ter** [クれーター] [名] -s/-クレタ島の人;〔新約〕クレテ人.

(*die*) **Kre·thi und Ple·thi** [クれーティ ウント プレーティ] [複名] 《(単)も有;無冠詞で》《蔑》だれも彼も,有象無象.

der **Kre·tin** [kretɛ́: クれテーン] [名] -s/-s 〔医〕クレチン病患者;《口・蔑》ばか,白痴.

kre·tisch [クれーティシュ] [形] クレタ(島)の.

kreuch! [クろイひ] [動] 《古》kriechen の du に対する命令形.

kreu·chen [クろイひぇン] [動] *s.* 《次の形で》alles, was da *kreucht* und fleucht〔fliegt〕 地にはい空を飛ぶものすべて《すべての動物》.

kreuchst [クろイひスト] [動] 《古》kriechen の現在形 2 人称単数.

kreucht [クろイひト] [動] 《古》kriechen の現在形 3 人称単数.

kreuz [クろイツ] [副] 《次の形で》～ und quer (無秩序・無計画に)あちこちに. 【慣用】**in die Kreuz und (in die) Quere** 縦横に.

das **Kreuz** [クろイツ] [名] -es/-e **1.** 十字形,十字記号,バツ〔×〕印;(死亡を表す)十字架の印. **2.** 十字架《キリスト教の象徴》,十字(架)の印: ein ～ schlagen 十字を切る. **3.** (はりつけの)十字架. **4.** 仙骨(せんこつ)部(～bein),腰. **5.** 《(単)のみ》(精神的な)重荷,苦痛,苦難. **6.** 《(単)のみ;無冠詞》(トランプの)クラブ. **7.** 《(複) Kreuz》クラブの札;クラブが切札のゲーム. **8.** 〔楽〕シャープ,嬰(えい)記号. **9.** 《(単)のみ》インターチェンジ. 【慣用】〈j^4〉 **aufs Kreuz legen** 《口》〈人を〉欺く. **das Rote Kreuz** 赤十字. **drei Kreuze hinter** 〈j^3/et^3〉 **machen** 《口》〈人・事と〉関わりなくなってほっとする. **Kreuz des Südens** 南十字星(座). **mit** 〈j^3〉 **über(s) Kreuz sein**〔**stehen**〕〈人と〉争っている〔意見が合わない〕. **zu Kreuze kriechen** 《口》ぺこぺこする.

die **Kreuz·ab·nah·me** [クろイツ・アップ・ナーメ] [名] -/-n 〔美〕(キリストの)十字架降架の図.

kreuz·an·stän·dig [クろイツ・アン・シュテンディひ] [形] 非常に礼儀正しい.

das **Kreuz·band** [クろイツ・バント] [名] -(e)s/..bänder **1.** 帯封. **2.** 〔解〕十字靱帯(じんたい).

das **Kreuz·bein** [クろイツ・バイン] [名] -(e)s/-e 〔解〕仙骨.

der **Kreuz·blüt·ler** [クろイツ・ブリュートラー] [名] -s/- 〔植〕十字花科植物.

kreuz·brav [クろイツ・ブらーふ] [形] 《口》まっ正直な.

kreu·zen [クろイツェン] [動] **1.** *h.* 〔〈et^4〉ヲ〕組む《腕・脚などを》,交差させる《二本の線〔棒〕などを》;横断する,横切る《道路・広場などを》. **2.** *h.* 〔〈et^4〉ト〕交差する,交わる《道路が線路などと》. **3.** *h.* 〔相互代名詞 sich^4〕(互いに)交差する,交わる. **4.** *h.* 〔sich^4+(mit 〈et^3〉ト)〕対立する,相反する,衝突する《考え・見解などが》. **5.** *h./s.* 〔〈場所〉ヲ〕遊弋(ゆうよく)〔巡航〕する,走り回る《特に艦船が》. **6.** *h./s.* 〔(補足なし)〕〔海〕(風上に向って)ジグザグに帆走する. **7.** *h.* 〔〈et^4〉ヲ+(mit 〈et^3〉ト)〕〔生〕交配させる,掛合せる《動植物を》.

der **Kreu·zer**[1] [クろイツァー] [名] -s/- クロイツァー《昔の南独・オーストリア・スイスの小額硬貨》.

der **Kreu·zer**[2] [クろイツァー] [名] -s/- 〔軍〕巡洋艦;〔帆走〕クルーザー.

die **Kreuz·er·hö·hung** [クろイツ・エあ[へ]ーウング] [名] -/ 〔(カトリック)〕聖十字架称賛(の祝日)(9 月 14 日).

der **Kreu·zes·tod** [クろイツェス・トート] [名] -(e)s/-e (キリストの)十字架上の死.

der **Kreuz·fah·rer** [クろイツ・ふぁーらー] [名] -s/- 〔史〕十字軍戦士.

die **Kreuz·fahrt** [クろイツ・ふぁーあト] [名] -/-en **1.** 十字軍(の遠征). **2.** ((豪華)客船による)巡航,クルージング.

das **Kreuz·feu·er** [クろイツ・ふぉイあー] [名] -s/- 《主に(単)》〔軍〕《古》十字砲火. 【慣用】**im Kreuzfeuer der Kritik stehen** 批判を一斉に浴びる.

kreuz·fi·del [クろイツ・ふぃデール] [形] 《口》ひどく陽気な.

kreuz·för·mig [クろイツ・[ふぇ]るミひ] [形] 十字形の.

der **Kreuz·gang** [クろイツ・ガング] [名] -(e)s/..gänge 〔建〕(修道院などの中庭を囲む)回廊.

das **Kreuz·ge·lenk** [クろイツ・ゲレンク] [名] -(e)s/-e = Kardangelenk.

das **Kreuz·ge·wöl·be** [クろイツ・ゲ[ヴェ]ルベ] [名] -s/- 〔建〕交差ヴォールト.

die **Kreuz·her·ren** [クろイツ・へれン] [複名] 〔(カトリック)〕聖十字修道会《十字軍の時代に成立した修道会》.

kreu·zi·gen [クロイツィゲン] 動 h.〈j⁴ヲ〉十字架にかける, 磔(はっ)にする:der *Gekreuzigte* 十字架にかけられた人〔キリスト〕.

die **Kreu·zi·gung** [クロイツィグング] 名 -/-en 磔刑(たっけい), 磔(はっ);〖美〗キリストの磔刑図〔描写〕.

das **Kreu·zi·gungs·bild** [クロイツィグングス・ビルト] 名 -(e)s/-er キリスト磔刑像.

kreuz·lahm [クロイツ・ラーム] 形 〈口〉(重労働で)腰の立たなくなった.

kreuz·lang·wei·lig [クロイツ・ラング・ヴァイリヒ] 形 ひどく退屈な.

die **Kreuz·ot·ter** [クロイツ・オッター] 名 -/-n 〖動〗マムシ.

der **Kreuz·reim** [クロイツ・ライム] 名 -(e)s/-e 〖詩〗交差韻.

der **Kreuz·rit·ter** [クロイツ・リッター] 名 -s/- 十字軍騎士;(特にドイツの)騎士修道会士.

der **Kreuz·schmerz** [クロイツ・シュメルツ] 名 -es/-en 〈口〉腰痛.

der **Kreuz·schna·bel** [クロイツ・シュナーベル] 名 -s/..schnäbel 〖鳥〗イスカ.

die **Kreuz·schrau·ben·zie·her** [クロイツ・シュラウベン・ツィーアー] 名 -s/- プラスねじまわし.

die **Kreuz·spin·ne** [クロイツ・シュピネ] 名 -/-n 〖昆〗オニグモ.

der **Kreuz·stich** [クロイツ・シュティッヒ] 名 -(e)s/-e 〖手芸〗クロスステッチ.

die **Kreu·zung** [クロイツング] 名 -/-en **1.** 交差点, 十字路(Straßen~). **2.** 〖生〗交雑;交雑種(Rassen~).

kreuz·un·glück·lich [クロイツ・ウン・グリュックリヒ] 形 〈口〉ひどく不幸〔不運〕な.

kreu·zungs·frei [クロイツングス・フライ] 形 〖交通〗交差点のない, 立体交差の.

der **Kreu·zungs·punkt** [クロイツングス・プンクト] 名 -(e)s/-e 交差点.

das **Kreuz·ver·hör** [クロイツ・ふぇあ～ア] 名 -(e)s/-e 〖法〗(検事・弁護士による)交互尋問:〈j³〉ins ~ nehmen〔転〕〈人〉を質問攻めにする.

der **Kreuz·weg** [クロイツ・ヴェーク] 名 -(e)s/-e **1.** 十字路, 四つ辻(?);〈文〉重大な岐路. **2.** 〖カトリック〗十字架の道行き(絵画・彫刻);十字架の道行きの祈り.

kreuz·wei·se [クロイツ・ヴァイゼ] 副 〈口〉十字(形)に.

das **Kreuz·wort·rät·sel** [クロイツ・ヴォルト・れートゼル] 名 -s/- クロスワードパズル.

das **Kreuz·zei·chen** [クロイツ・ツァイヒェン] 名 s/- 〖カトリック〗(手で切る)十字の印.

der **Kreuz·zug** [クロイツ・ツーク] 名 -(e)s/..züge **1.** (中世の)十字軍(?)教会が推進した不信者・異端者に対する戦い;〖聖〗地奪回の近東への遠征〕. **2.** 熱意をこめたキャンペーン.

krib·be·lig [クリベリヒ] 形 〈口〉 **1.** いらいらした. **2.** 〈稀〉むずむずする.

krib·beln [クリベルン] 動 **1.** *h.* 〈körperlich〉 むずむずする, むず痒(カタ)い〔身体・全身で感じる): Es *krib·belt* ihm〔ihn〕in der Nase. 彼は鼻がむずむずしている。 Es *kribbelt* mir in den Fingern. 私は(?)じりじりしている。 **3.** *s* 〈場所ヲ〉ひしめいて右往左往する〔人間・アリなどが〕.

kribb·lig [クリブリヒ] 形 =kribbelig.

das **Kri·cket** [クリケット] 名 -s/- 〖スポーツ〗クリケット.

die **Kri·da** [クリーダ] 名 -/- 〖オーストリア〗〖法〗(法に違反する)倒産.

krie·chen* [クリーヒェン] 動 er kriecht(kreucht); kroch; ist/hat gekrochen(kreucht ist〈古〉) **1.** *s.* 〈《方向》ニ〉爬行(いぎょう)する(イモムシなどが),

這(は)う(人間・動物・植物が):這うように流れる(煙・霧などが);這い出る〔進む〕〔列車・車の列・時が〕. **2.** *s.* 〈《方向》ニ〉(這って)隠れる, 潜り込む. **3.** *s./h.* 〈j³ヲ〉ぺこぺこする, へつらう. **4.** *s.* 〈《状態》ニ〉〖工〗変形する, 伸びる(固体が).

der **Krie·cher** [クリーヒャー] 名 -s/- 〈蔑〉こびへつらう人.

die **Krie·che·rei** [クリーヒェライ] 名 -/-en 〈蔑〉 **1.** (単のみ)へつらい, おべっか. **2.** へつらいの態度.

krie·che·risch [クリーヒェリシュ] 形 〈蔑〉へつらうような, 卑屈な.

die **Kriech·spur** [クリーヒ・シュプーア] 名 -/-en **1.** 〖交通〗(高速道路の)低速走行車線. **2.** はった跡〔動物や人間の〕.

das **Kriech·tier** [クリーヒ・ティーア] 名 -(e)s/-e 爬虫類.

der **Krieg** [クリーク] 名 -(e)s/-e 戦争, 戦争状態: ein häuslicher ~ 家庭内論争. im ~ miteinander leben〔liegen〕互いにいがみあっている。 in ~ führen 戦争をする。 die nicht ~ führenden Staaten 非交戦国。 ~ spielen 戦争ごっこをする。【慣用】 kalter Krieg 冷戦. 〈j³/et³〉den Krieg ansagen 〈人・事ニ対して〉措置〔対策〕を講じることを明らかにする.

krie·gen [クリーゲン] 動 *h.* 〖口〗 **1.** (〈von〉〈j³ヲ〉)〈et⁴ヲ〉もらう, 受取る, 受ける, 得る: einen Brief ~ 手紙を受取る。 einen Befehl ~ 命令を受ける。 einen hohen Posten ~ 高い地位を得る。 (他の動詞の過去分詞とともに)Sie hat eine Kette ge·schenkt *gekriegt.* 彼女は首飾りをプレゼントされた. etwas Unangenehmes gesagt ~ 嫌なことをいわれる. **2.** 〈et⁴ヲ〉für 〈et⁴ヲ〉もらう, 受取る〈金額などを〉. **3.** 〈et⁴ヲ〉くらう, 受ける(平手打ち・罰などを);(…に)なる(生理的・心理的状態に);かかる〔病気に〕;(…を)起こす(発作などを). **4.** 〈j⁴ヲ/et⁴ヲ〉くる予定である, 見込まれる, 避けられない(来客・雨など). **5.** 〈j³/et³ヲ〉手に入れる, 見つける, 得る, (…と)結婚する. **6.** 〈et⁴ヲ〉つける(木が芽・花などを). **7.** 〈j³ヲ〉+ zu 〈et³〉させる(苦労して説得して). **8.** 〈j⁴ヲ〉(…を) 苦心して〕: das Fleisch weich ~ その肉を柔らかくする. **9.** 〈j³/et³ヲ〉+ 〈方向〉へ〈カラ〉/〈場所〉ヲ〈通ッテ〉運ぶ(苦労して): Der Mann den Kleiderschrank durch die Tür *kriegt* ? この洋服ダンスはドアを通るかどうか. **10.** 〈j⁴ヲ〉(やっと)間に合う(列車などに). **11.** 〈j⁴ヲ〉つかまえる. **12.** 〈et⁴ヲ〉+ zu (動)スルコトガ できる:(…)しなければならなくなる: Das Kind hat ein Stück Kuchen zu essen *ge·kriegt.* その子はケーキを一切れ食べさせてもらった. 【慣用】 Er kriegt immer seinen Willen. 彼はいつも自分の意志を押通す. es nicht über sich⁴ kriegen〈口〉…するを決心がつかない: Ich habe es nicht über mich *gekriegt,* ihn zu heiraten. 私は彼と結婚する決心がつかなかった. Löcher/Risse kriegen(あちこち)穴が開く/割れ目ができる. Sie kriegt ein Kind. 彼女は妊娠している. Was kriegen Sie? 何をお望みですか, おいくらで. Wir werden es schon kriegen. われわれはそれを何とかやり遂げられるだろう.

der **Krie·ger** [クリーガー] 名 -s/- 〈古〉戦士;〖民族〗戦いに赴く部族の男. 【慣用】 ein kalter Krieger 冷戦を支持する政治家. ein müder Krieger 〈口〉(社会生活の)落後者.

das **Krie·ger·denk·mal** [クリーガー・デンク・マール] 名 -(e)s/..mäler [-e] 〈古〉戦没者記念碑.

krie·ge·risch [クリーゲリシュ] 形 **1.** 好戦的な. **2.** 戦争の, 軍事(上)の.

der **Krie·ger·ver·ein** [クリーガー・ふぇあアイン] 名 -(e)s/-e 在郷軍人会.

die **Krie·ger·wit·we** [クリーガー・ヴィトヴェ] 名 -/-n 戦

争未亡人.

Krieg führend, ⓌⓉ**kriegführend** [クリーク ふゅーれント] 形 交戦中の. ⇨ Krieg.

die **Kriegführung** [クリーク・ふゅーるング] 名 -/-en (主に㊥)戦争を行なうこと: eine moderne ～ 近代戦. psychologische ～ (転)心理戦.

die **Kriegsanleihe** [クリークス・アン・ライエ] 名 -/-n 戦時国債.

das **Kriegsbeil** [クリークス・バイル] 名 -(e)s/-e 戦斧(いくおの), (アメリカインディアンの)トマホーク. 【慣用】das Kriegsbeil ausgraben /begraben《口》争いを始める/やめる.

die **Kriegsbemalung** [クリークス・ベマールング] 名 -/-en《民族》戦士の化粧(インディアンなどの): in voller ～《冗》厚化粧で;勲章を胸いっぱいに飾って.

der **Kriegsbericht** [クリークス・ベりヒト] 名 -(e)s/-e 戦況報告,軍事報道.

der **Kriegsberichter** [クリークス・ベりヒター] 名 -s/- 従軍記者,前戦特派員.

der **Kriegsberichterstatter** [クリークス・ベりヒト・エあシュタッター] 名 -s/- 従軍記者.

kriegsbeschädigt [クリークス・ベシェーディヒト] 形 戦傷を受けた.

der/die **Kriegsbeschädigte** [クリークス・ベシェーディヒテ] 名《形容詞的変化》戦傷者,傷痍(しょうい)軍人.

die **Kriegsbeute** [クリークス・ボイテ] 名 -/-n 戦利品.

der/die **Kriegsblinde** [クリークス・ブりンデ] 名《形容詞的変化》戦傷による失明者.

der **Kriegsdienst** [クリークス・ディーンスト] 名 -(e)s/-e 軍務,兵役.

der **Kriegsdienstverweigerer** [クリークス・ディーンスト・ふぇあヴァイゲらー] 名 -s/- 兵役拒否[忌避]者.

die **Kriegsdienstverweigerung** [クリークス・ディーンスト・ふぇあヴァイゲるング] 名 -/-en 兵役拒否[忌避].

der **Kriegseintritt** [クリークス・アイン・トりット] 名 -(e)s/-e 戦争介入.

das **Kriegsende** [クリークス・エンデ] 名 -s/ 終戦.

die **Kriegsentschädigung** [クリークス・エントシェーディグング] 名 -/-en 戦時賠償(金).

die **Kriegserklärung** [クリークス・エあクレーるング] 名 -/-en 宣戦布告.

die **Kriegsflagge** [クリークス・ふらッゲ] 名 -/-n 軍艦旗.

die **Kriegsflotte** [クリークス・ふロッテ] 名 -/-n (一国の全)艦隊,海軍力.

der **Kriegsfreiwillige** [クリークス・ふらイ・ヴィりゲ] 名《形容詞的変化》(戦時の)志願兵.

der **Kriegsfuß** [クリークス・ふース] 名《次の形で》mit ⟨j³⟩ auf (dem) ～ stehen [leben]《冗》⟨人と⟩反目し合っている. mit ⟨et³⟩ auf (dem) ～ stehen《事に》てこずっている.

das **Kriegsgebiet** [クリークス・ゲビート] 名 -(e)s/-e 戦闘区域.

die **Kriegsgefahr** [クリークス・ゲふぁーあ] 名 -/-en 戦争(勃発)の危険.

der/die **Kriegsgefangene** [クリークス・ゲふぁンゲネ] 名《形容詞的変化》捕虜.

die **Kriegsgefangenschaft** [クリークス・ゲふぁンゲンシャふト] 名 -/《敵国での》捕虜の状態.

das **Kriegsgericht** [クリークス・ゲりヒト] 名 -(e)s/-e 軍法会議.

das **Kriegsgeschrei** [クリークス・ゲシュらイ] 名 -s/ 鬨(とき)の声;《古》戦争が迫っているという流言.

der **Kriegsgewinnler** [クリークス・ゲヴィンラー] 名 -s/-《蔑》戦争成金.

das **Kriegsglück** [クリークス・グりュック] 名 -(e)s/《文》(偶発的な)有利な戦局.

der **Kriegshafen** [クリークス・ハーふェン] 名 -s/..häfen 軍港.

das **Kriegshandwerk** [クリークス・ハント・ヴェるク] 名 -(e)s/《古》作戦,用兵術.

die **Kriegshetze** [クリークス・ヘッツェ] 名 -/《蔑》戦争挑発.

der/die **Kriegshinterbliebene** [クリークス・ヒンターブりーベネ] 名《形容詞的変化》戦争遺族.

der **Kriegskamerad** [クリークス・カメらート] 名 -en/-en 戦友.

die **Kriegskunst** [クリークス・クンスト] 名 -/..künste《文・古》戦術.

die **Kriegslist** [クリークス・リスト] 名 -/ (戦争での)策略.

die **Kriegsmarine** [クリークス・マりーネ] 名 -/ 海軍.

das **Kriegsmaterial** [クリークス・マテりアール] 名 -s/ 軍需物資.

der **Kriegsminister** [クリークス・ミニスター] 名 -s/- (昔の)国防大臣.

das **Kriegsministerium** [クリークス・ミニステーりウム] 名 -s/..rien (昔の)国防省.

kriegsmüde [クリークス・ミューデ] 形 厭戦(えんせん)的な.

der **Kriegspfad** [クリークス・プふぁート] 名《次の形で》auf dem ～ sein《冗》まさに攻撃しようとしている.

der **Kriegsrat** [クリークス・らート] 名 -(e)s/..räte《次の形で》～ (ab) halten《冗》作戦会議を開く.

das **Kriegsrecht** [クリークス・れヒト] 名 -(e)s/ 戦時国際法.

der **Kriegsschaden** [クリークス・シャーデン] 名 -s/..schäden (主に㊥)戦争による損害[被害].

der **Kriegsschauplatz** [クリークス・シャウ・プらッツ] 名 -es/..plätze 戦場.

das **Kriegsschiff** [クリークス・シふ] 名 -(e)s/-e 軍艦.

die **Kriegsschuld** [クリークス・シュルト] 名 -/ 戦争責任.

die **Kriegsschule** [クリークス・シューレ] 名 -/-n (昔の)士官学校.

das **Kriegsspiel** [クリークス・シュピール] 名 -(e)s/-e 戦争ごっこ;《軍》机上作戦.

die **Kriegsstärke** [クリークス・シュテるケ] 名 -/ 動員兵力.

der **Kriegsteilnehmer** [クリークス・タイル・ネーマー] 名 -s/- 参戦者.

die **Kriegstrauung** [クリークス・トらウウング] 名 -/-en 出征中の軍人との結婚.

der **Kriegstreiber** [クリークス・トらイバー] 名 -s/-《蔑》戦争扇動者.

das **Kriegsverbrechen** [クリークス・ふぇあブれッヒェン] 名 -s/-《法》戦争犯罪(戦時の国際法に反する行為).

der **Kriegsverbrecher** [クリークス・ふぇあブれッヒャー] 名 -s/- 戦争犯罪人.

der/die **Kriegsversehrte** [クリークス・ふぇあゼーあテ] 名《形容詞的変化》戦傷者.

kriegsverwendungsfähig [クリークス・ふぇアヴェンドゥングス・ふぇーイヒ] 形《官》兵役に適格な(略 kv.).

kriegswichtig [クリークス・ヴィヒティヒ] 形 軍事上重要な.

die **Kriegswirtschaft** [クリークス・ヴィるトシャふト] 名 -/ 戦時経済.

die **Kriegswissenschaft** [クリークス・ヴィッセンシャふト] 名 -/-en 国防学;軍備および戦争遂行のための科学.

die **Kriegszeit** [クリークス・ツァイト] 名 -/-en 戦時.

das **Kriegsziel** [クリークス・ツィール] 名 -(e)s/-e 戦争目的.

der **Kriegszug** [クリークス・ツーク] 名 -(e)s/..züge《古》出征,出兵,作戦行動.

der **Kriegszustand** [クリークス・ツー・シュタント] 名 -(e)s/ 戦争状態.

(die) **Kriemhild** [クりームヒルト] 名《女名》クリームヒル

ト(„das Nibelungenlied“ の主人公).
der **Krill** [クリル] [名] -(e)s/-e 〘動〙オキアミ.
die **Krim** [クリム] [名] -/ 〘地名〙クリミア(半島).
der **Kri·mi** [クリ(-)ミ] [名] -(s)/-(s) 《口》推理映画〔劇・小説〕, 探偵物, 犯罪物(Kriminalfilm, Kriminalstück, Kriminalroman).
kri·mi·nal [クリミナール] [形] 《古》刑法(上)の.
der **Kri·mi·nal·be·am·te** [クリミナール・ベアムテ] [名] 《形容詞的変化》刑事警察の警察官, (私服の)刑事.
der **Kri·mi·na·ler** [クリミナーラー] [名] -s/- 《口》刑事.
der **Kri·mi·nal·film** [クリミナール・ふぃルム] [名] -(e)s/-e 推理〔探偵・犯罪〕映画.
kri·mi·na·li·sie·ren [クリミナリズィーれン] [動] *h.* **1.** 〔〈j^4〉ヲ〕犯罪行為に走らせる, (…に)犯罪性向を植えつける. **2.** 〔〈j^4/et^4〉ヲ〕犯罪的と見なす, (…の)犯罪性を暴く.
der **Kri·mi·na·list** [クリミナリスト] [名] -en/-en **1.** 刑事警察の警察官, (私服の)刑事; (刑事警察の)専門職員. **2.** 《古》犯罪学者, 刑法学者.
die **Kri·mi·na·lis·tik** [クリミナリスティク] [名] -/ 犯罪(捜査・予防)科学.
kri·mi·na·lis·tisch [クリミナリスティシュ] [形] 犯罪科学の.
die **Kri·mi·na·li·tät** [クリミナリテート] [名] -/ **1.** 《総称》犯罪(行為). **2.** 犯罪を犯すこと, 犯罪性.
die **Kri·mi·nal·po·li·zei** [クリミナール・ポリツァイ] [名] -/ 刑事警察.
die **Kri·mi·nal·psy·cho·lo·gie** [クリミナール・プスュひょ・ロギー] [名] -/ 犯罪心理学.
der **Kri·mi·nal·ro·man** [クリミナール・ろマーン] [名] -s/-e 推理〔探偵・犯罪〕小説.
kri·mi·nell [クリミネル] [形] **1.** 前科のある, 犯罪をおかしがちな; 《口》犯罪的な; とんでもない. **2.** 刑法に触れる.
der/die **Kri·mi·nel·le** [クリミネレ] [名] 《形容詞的変化》犯罪者, 犯人.
die **Kri·mi·no·lo·gie** [クリミノ・ロギー] [名] -/ 犯罪学.
der **Krim·krieg** [クリム・クリーク] [名] -(e)s/ クリミア戦争(1853-56年).
der **Krim·mer** [クリマー] [名] -s/- **1.** クリマー(Krim 産の子羊の毛). **2.** 〘織〙アストラカン.
der **Krims·krams** [クリムス・クらムス] [名] -(es)/ 《口》がらくた; 《転》取るに足りないこと.
der **Krin·gel** [クリンゲル] [名] -s/- (小さい)輪, 円; 丸い線, 渦巻き; リング状クッキー.
krin·geln [クリンゲルン] [動] *h.* **1.** 〔〈et^4〉ヲ〕丸くする, 環状〔輪状〕にする. **2.** 〔$sich^4$〕丸くなる, 環状〔輪状〕になる. 【慣用】**sich⁴ (vor Lachen) kringeln** 《口》大笑いする. **zum Kringeln sein** 《口》大笑いのたねになる.
die **Kri·no·li·ne** [クリノリーネ] [名] -/-n クリノリンスカート(19世紀の輪骨張りアンダースカート).
die **Kri·po** [クリ(-)ポ] [名] -/-s (主に[単])刑事警察(Kriminalpolizei).
die **Krip·pe** [クリッペ] [名] -/-n **1.** (長方形の)まぐさおけ(Futter～). **2.** (クリスマスに飾る)キリスト降誕のうまやの模型(Weihnachts～). **3.** 託児所, 保育所(Kinder～). 【慣用】**an die Krippe kommen** 《口》実入りのいい地位につく.
das **Krip·pen·spiel** [クリッペン・シュピール] [名] -(e)s/-e キリスト降誕劇.
der **Kris** [クリース] [名] -es/-e クリース(刀身が波形の両刃の短剣).
krisch [クリッシュ] [動] 《古》kreischen の過去形.
kri·sche [クリッシェ] [動] 《古》kreischen の接続法2式.
die **Kri·se** [クリーゼ] [名] -/-n **1.** 危機, 重大な局面, ピンチ: die ～ kriegen 《口》動揺する. **2.** 〘医〙= Krisis 2.
kri·seln [クリーゼルン] [動] *h.* 〔Es+〈場所〉ハ〕危機(的状態)にある〔瀕(ひん)している〕: Es *kriselt* bei der Firma. その商社は危機的状態にある.
kri·sen·an·fäl·lig [クリーゼン・アン・ふぇりひ] [形] 危機〔恐慌〕に弱い.
kri·sen·fest [クリーゼン・ふぇスト] [形] 危機〔恐慌〕に強い.
kri·sen·haft [クリーゼンハふト] [形] 危機的な.
der **Kri·sen·herd** [クリーゼン・ヘーあト] [名] -(e)s/-e (政治・経済上)危機をはらんだ地域.
die **Kri·sen·pha·se** [クリーゼン・ふぁーゼ] [名] -/-n 危機的段階.
der **Kri·sen·stab** [クリーゼン・シュターブ] [名] -(e)s/..stäbe 危機対策本部.
die **Kri·sis** [クリーズィス] [名] -/Krisen **1.** 《古》= Krise 1. **2.** 〘医〙(病気の)峠, 分利.
kris·peln [クリスペルン] [動] *h.* 〔〈et^4〉ニ〕〘製革〙揉(も)み上げ加工をしてしぼを出す.
der **Kris·tall**[1] [クリスタル] [名] -s/-e 結晶; 水晶(Berg～).
das **Kris·tall**[2] [クリスタル] [名] -s/ クリスタルガラス; 《総称》クリスタルガラス製品.
kris·tal·len [クリスタレン] [形] クリスタルガラス(製)の; 《文》水晶のように透明な.
das **Kris·tall·glas** [クリスタル・グラース] [名] -es/..gläser **1.** 《[単]のみ》クリスタルガラス. **2.** クリスタルガラスのグラス.
kris·tal·li·sie·ren [クリスタリズィーれン] [動] *h.* **1.** 〔〈様態〉ニ〕結晶する. **2.** 〔$sich^4$〕結晶化する; 《文》明確な輪郭〔形姿〕をとる(想念・記憶・漠然とした印象などが).
kris·tall·klar [クリスタル・クラーあ, クリスタル・クラーあ] [形] クリスタルガラスのように透明な.
die **Kris·tall·nacht** [クリスタル・ナはト] [名] -/ 〘ナチ〙《ジャーゴン》水晶の夜(1938年11月9日夜, ナチスが行ったユダヤ人に対する組織的迫害).
die **Kris·tal·lo·gra·fie, Kris·tal·lo·gra·phie** [クリスタロ・グらふぃー] [名] -/ 結晶学.
der **Kris·tall·zu·cker** [クリスタル・ツッカー] [名] -s/- グラニュー糖.
der **Kris·ti·a·nia** [クリスティアーニア] [名] -s/-s 〘スキー〙クリスチャニア(高速回転技術).
das **Kri·te·ri·um** [クリテーりウム] [名] -s/..rien **1.** 基準, 標準, 試金石. **2.** 〘スポーツ〙予選; (自転車競技の)ポイント別サーキットレース.
die **Kri·tik** [クリティーク] [名] -/-en **1.** 批評, 評価: unter aller 〔jeder〕 ～ sein きわめて(出来が)悪い. **2.** 非難; (以前の社会主義国での)批判. **3.** 《[単]のみ》《総称》批評家, 評論界.
der **Kri·ti·kas·ter** [クリティカスター] [名] -s/- 《蔑》小うるさい批評家.
der **Kri·ti·ker** [クリーティカー] [名] -s/- **1.** (新聞・雑誌の)批評家, 評論家. **2.** 批判者, 口やかましい人.
kri·tik·los [クリティーク・ロース] [形] (主に《蔑》)無批判な, 批判力のない.
die **Kri·tik·lo·sig·keit** [クリティーク・ローズィひカイト] [名] -/ 無批判, 批判力欠如.
kri·tisch [クリーティシュ] [形] **1.** 批判の, 批判〔批評〕能力のある. eine ～*e* Ausgabe des Werkes この作品の原典批判版(校訂本). **2.** 批判的な: eine ～*e* Bemerkung 批判的な所見. **3.** (極限に達して)転換期にある; 〘理〙臨界の: der ～*e* Punkt 〘スキー〙K 点. die ～*en* Jahren der Frau 更年期. ～*er* Zustand 〘理〙臨界状態. **4.** 危機的な.
kri·ti·sie·ren [クリティズィーれン] [動] *h.* 〔〈j^4/et^4〉ヲ〕批評〔論評〕する; 批判〔非難・叱責(しっせき)〕する, こきおろす. 【慣用】**Er hat immer an allem/an mir etwas zu kritisieren.** 彼はいつもあらゆることに/私のことには何

K

かけちをつける.

der **Kri·ti·zis·mus** [クリティツィスムス] [名] -/ 批判的見解〔立場〕;〖哲〗(カントの)批判主義.

die **Krit·te·lei** [クりっテライ] [名] -/-en 《蔑》あら捜し,難くせ.

krit·teln [クりっテルン] [動] *h.* 〖(an <j^3/et^3>ニ/über <j^4/et^4>ニ)〗《蔑》けちをつける,文句を言う.

der **Kritt·ler** [クりっトラー] [名] -s/- 《蔑》人にけちをつけたがる人,あら捜し屋.

die **Krit·ze·lei** [クりっツェライ] [名] -/-en 《口・蔑》 **1.** ([単]のみ)(考えもなくごちゃごちゃ)描くこと;ふぞろいな字でちまちま書くこと,なぐり書きすること. **2.** (ごちゃごちゃ)描いたもの;(小さく,乱雑に)書いたもの,なぐり書き.

krit·zeln [クりっツェルン] [動] *h.* **1.** 〖(<et^4>ヲ)+<場所/方向>ニ〗(考えもなくごちゃごちゃ)描く(渦巻や線などを). **2.** 〖<et^4>ヲ+(<方向>ニ)〗ふぞろいな字でちまちま書込む.

der **Kro·a·te** [クろアーテ] [名] -n/-n クロアチア人.

(*das*) **Kro·a·ti·en** [クろアーツィエン] [名] -s/ 〖国名〗クロアチア.

kro·a·tisch [クろアーティシュ] [形] クロアチア(人・語)の.

kroch [クろっほ] [動] kriechen の過去形.

krö·che [ク[れ]っひぇ] [動] kriechen の接続法２式.

das **Kro·cket** [クろケット, クろケット] [名] -s/ 〖球技〗クロッケー.

der **Kro·kant** [クろカント] [名] -s/ クロカン(砕いたアーモンドやクルミを入れたカラメル);クロカンプラリーネ(チョコレートで包んだクロカン).

K

die **Kro·ket·te** [クろケッテ] [名] -/-n (主に[複])コロッケ.

das **Kro·ki** [クろーキ] [名] -s/-s **1.** (軍事用の)略図,見取り図. **2.** 〖美〗クロッキー.

das **Kro·ko** [クろーコ] [名] -(s)/-s ワニ皮(Krokodilleder).

das **Kro·ko·dil** [クろコディール] [名] -s/-e 〖動〗クロコダイル(ワニの一種).

die **Kro·ko·dils·trä·nen** [クろコディールス・トれーネン] [複名] (次の形で) ~ vergießen〔weinen〕 空涙を流す.

der **Kro·kus** [クろークス] [名] -/-〔-se〕〖植〗クロッカス.

der **Krom·lech** [..lɛk クろ(ー)ムレク, ..lɛç クろ(ー)ムレひ] [名] -s/-e〔-s〕〖考古〗環状列石.

das **Kron·blatt** [クろーン・ブラット] [名] -(e)s/..blätter 〖植〗花弁.

die **Kro·ne** [クろーネ] [名] -/-n **1.** 冠,王冠(Königs~),帝冠(Kaiser~);王〔帝〕位. **2.** 王室,帝室,皇室. **3.** (花嫁の頭の)花環(Braut~). **4.** (時計の)竜頭(りゅうず);波頭;シャンデリア;樹冠(Baum~);〖植〗花冠;〖天〗冠座. **5.** クローネ(ドイツの金貨,1871-1924;オーストリアの貨幣単位,1892-1924;ノルウェー・スウェーデン・デンマークなどの貨幣単位). **6.** ([単]のみ)最高のもの,極致,完成,頂点: die ~ der Schöpfung 最高の被造物(人間). die ~ des Glücks 至福. die ~ der Dummheit 愚の骨頂. **7.** 〖歯〗歯冠;(金属・セラミックスなどの)代用歯冠;〖狩〗(３本以上に枝分れした鹿の)角先;(ノロ鹿の雄の)角;〖動〗蹄冠. 【慣用】**Das setzt allem die Krone auf!** そいつはひどすぎる. **einen in der Krone haben** 《口》酔っ払っている. **<j^3> in die Krone fahren** 《口》<人ヲ>不機嫌にする〔怒らせる〕.

krö·nen [ク[れ]ーネン] [動] *h.* **1.** 〖<j^4>ヲ+(zu <j^3>ニ)〗(正式に)即位させる(教皇が皇帝などを. 戴冠(たいかん)式で冠を授けることで);任じる(国王などに). **2.** 〖<j^4>ニ+mit <et^3>ヲ〗授ける(月桂冠・花冠などを). **3.** 〖<et^4>ノ〗頂きを(冠のように)飾っている(丸屋根・森などが). **4.** 〖<et^4>ノ〗最後を飾る(生涯の仕事などの). **5.** 〖<et^4>ヲ+mit <et^3>デ〗(最後を飾って)締めくくる〔終える〕(競技生活をオリンピックの優勝などで).

der **Kro·nen·kor·ken** [クろーネン・コるケン] [名] -s/- (瓶の)王冠.

die **Kro·nen·mut·ter** [クろーネン・ムッター] [名] -/-n 〖工〗菊形ナット.

der **Kron·er·be** [クろーン・エるべ] [名] -n/-n 王位継承者.

das **Kron·glas** [クろーン・グラース] [名] -es/ (光学用)クラウンガラス.

das **Kron·gut** [クろーン・グート] [名] -(e)s/..güter 王室領.

der **Kro·ni·de** [クろニーデ] [名] -n/-n 〖ギ神〗クロノスの子(Zeus の添え名としても).

das〔*der*〕 **Kron·ju·wel** [クろーン・ユヴェール] [名] -s/-en (主に[複])王室の宝器.

die **Kron·ko·lo·nie** [クろーン・コロニー] [名] -/-n (イギリスの)直轄植民地.

der **Kron·kor·ken** [クろーン・コるケン] [名] -s/- =Kronenkorken.

der **Kron·leuch·ter** [クろーン・ロイひター] [名] -s/- シャンデリア.

(*der*) **Kro·nos** [クろノス] [名] 〖ギ神〗クロノス(Titan 神族の王).

der **Kron·prinz** [クろーン・プリンツ] [名] -en/-en 皇太子.

die **Kron·prin·zes·sin** [クろーン・プリンツェッスィン] [名] -/-nen 皇太子妃;(王位継承の)王女,皇女.

die **Krons·bee·re** [クろーンス・ベーれ] [名] -/-n 《方》〖植〗コケモモ.

der **Kron·schatz** [クろーン・シャッツ] [名] -es/..schätze (主に[単])王室の財宝.

die **Krö·nung** [ク[れ]ーヌング] [名] -/-en **1.** 戴冠(たいかん)(式),即位(式). **2.** 最高潮,頂点,有終の美,クライマックス.

die **Krö·nungs·fei·er·lich·keit** [ク[れ]ーヌングス・ふぁイあーりひカイト] [名] -/-en (主に[複])戴冠(たいかん)式,即位式.

die **Krö·nungs·in·si·g·ni·en** [ク[れ]ーヌングス・インズィグニエン] [複名] 王位〔帝位〕の象徴(王冠・笏(しゃく)など).

der **Kron·zeu·ge** [クろーン・ツォイゲ] [名] -n/-n 〖法〗 **1.** 主要証人. **2.** (英米法の)共犯者証人(免責を条件に共犯者に不利な証言をする者).

der **Kropf** [クろっプふ] [名] -(e)s/Kröpfe **1.** 甲状腺腫(せんしゅ). **2.** (鳥の)そ嚢(のう).

kröp·fen [ク[れ]ップふぇン] [動] *h.* **1.** 〖補足なし〗〖狩〗えさをむさぼり食う,そ嚢(のう)にえさをため込む(猛鳥類が). **2.** 〖<et^4>ヲ〗《方》強制肥育する(ガチョウなどを). **3.** 〖<et^4>ヲ〗〖建〗張りめぐらす(軒蛇腹などを);〖木工〗接合する(押し縁などを);〖工〗クランク状に曲げる(軸・パイプなどを).

kropf·ig [クろっプふぃひ] [形] **1.** 〖医〗甲状腺腫(せんしゅ)の. **2.** 〖植〗こぶ病の,成育不全の.

die **Kröp·fung** [ク[れ]ップふング] [名] -/-en 〖工〗屈曲部;([単]のみ)〖狩〗(猛鳥類が)えさを食べること.

das **Kropp·zeug** [クろップ・ツォイク] [名] -(e)s/ 《口》 **1.** (《冗》も有)子供ら(の一団);《蔑》ならず者たち;がらくた.

die **Krö·se** [ク[れ]ーゼ] [名] -/-n **1.** (昔の)ラフ,ひだ襟. **2.** (たる底をはめるための)たる板の溝.

kross, [旧]**kroß** [クろス] [形] 《方》ぱりっと焼上がった.

der **Krö·sus** [ク[れ]ーズス] [名] -(ses)/-se (《冗》も有)大富豪.

die **Krö·te** [ク[れ]ーテ] [名] -/-n **1.** 〖動〗ヒキガエル. **2.** 《口・冗》ちっちゃな子;(生意気な)娘っ子,おてんば;《蔑》いやな〔ばかな〕やつ. **3.** ([複]のみ)《口》ぜに,マルク,ユーロ. 【慣用】**eine Kröte schlucken** いやなことを黙ってがまんする.

der **Krö·ten·test** [ク[れ]ーテン・テスト] [名] -(e)s/-e 〖医〗マイニニ妊娠テスト.

Krs. =Kreis(行政単位としての)郡.

die **Krü·cke** [クりゅっケ] [名] -/-n **1.** 松葉杖(づえ),肘

(⁵⁄₆) つき杖. **2.** (杖・傘などの)にぎり, 柄. **3.** 《口》能なし,ぼんくら,ぼんこつ.

krü·cken [クリュッケン] 動 h. **1.** 〔(sich⁴)+ (〈方向〉へ)〕松葉杖(ぷ)をついて歩いて行く. **2.** 〈et⁴〉ッ〕棒でかきまわす, かき出す. **3.** 《™》《方》うそを言う.

der **Krück·stock** [クリュック・シュトック] 名 -(e)s/..stöcke (握りのついた)杖, ステッキ.

krud [クルート] 形 **1.**《古》生の;消化しにくい. **2.** 粗野な.

(*der/die*) **Krue·ger** [クリューガー] 名 『人名』クリューガー.

der **Krug**¹ [クるーク] 名 -(e)s/Krüge (取っ手のついた)水差し, つぼ, ジョッキ.

der **Krug**² [クるーク] 名 -(e)s/Krüge 《北独》(田舎の宿屋を兼ねた)飲食店.

(*der/die*) **Krü·ger** [クリューガー] 名 『人名』クリューガー.

die **Kru·ke** [クるーケ] 名 -/-n 《北独》陶製の大型瓶;ひょうきんな変わり者.

der **Krüll·schnitt** [クリュル・シュニット] 名 -(e)s/-e (パイプタバコの)中《荒》きざみ.

das **Krüm·chen** [クりュームひェン] 名 -s/- パンくず, (砕けたものの)小量.

die **Kru·me** [クるーメ] 名 -/-n **1.** パンくず(Brot~), (ケーキなどの)くず, (砕けたものの)小量;(主に⑳)パンの内側の柔らかい部分. **2.** (耕地の)表土層, 作土(Acker~).

der **Krü·mel** [クりューメル] 名 -s/- (パン・ビスケットなどの)小さなくず;《口》(主に《兜》)おちびちゃん.

krü·me·lig [クリューメりヒ] 形 ぼろぼろ砕けやすい;パン(ケーキ)くずだらけの.

krü·meln [クりューメルン] 動 h. **1.** 《™》ぼろぼろ砕ける(ビスケット・土の塊などが). **2.** 《™》ぼろぼろくずをこぼす(パンなどを食べる際に).

die **Krü·mel·struk·tur** [クリューメル・シュトるクトゥーア, クリューメル・ストるクトゥーア] 名 -/『農』団粒構造.

krumm [クるム] 形 (〈方〉krümmer;krümmst) **1.** 曲った, 湾曲した:〈j⁴〉 ~ und lahm schlagen 〈人⁴〉を足腰の立たぬほど打ちのめす. **2.** 《口》不正な, まっとうでない. 【慣用】krumme Finger machen 盗みをする. 〈et⁴〉 **auf die krumme Tour machen**〈事⁴〉をまっとうでないやり方でやる.

krumm·bei·nig [クるム・バイニヒ] 形 脚の曲った, がに股の.

der **Krumm·darm** [クるム・ダルム] 名 -(e)s/..därme 回腸.

krüm·men [クりュメン] 動 h. **1.** 〈et⁴〉ッ〕曲げる, 湾曲させる(指・脚・背中などを). **2.** 〔sich⁴〕前かがみに身体を丸くする(痛みのあまりに・大笑いに);曲る, 反る,たわむ,丸くなる(背中・ブリキ板などが). **3.** 〔sich⁴+〈場所〉ッ〕/〈方向〉ヘ〕(うねうねと)曲って行く, 弧を描く(川・道路などが).

der **Krüm·mer** [クりュマー] 名 -s/- **1.** 耕耘(ヘム)機. **2.** 曲管.

das **Krumm·holz** [クるム・ホルツ] 名 -es/..hölzer **1.** (㊇のみ)『植』ヨーロッパハイマツ. **2.** (造船・そりの滑り木などに用いられる)天然の曲り材. **3.** (屠殺(ᵗᵤ)した動物をつるす)曲り木.

das **Krumm·horn** [クるム・ホルン] 名 -(e)s/..hörner 『楽』クルムホルン(オルガンの)クロモルタ音栓.

krumm|la·chen [クるム・ラッヘン] 動 h. 〔sich⁴〕《口》非常に激しく笑う. 【慣用】sich krumm·und schie-flachen 《口》腹をよじって笑う.

krumm|le·gen, ⑳krumm|le·gen [クるム レーゲン] 動 h. 〔sich⁴〕《口》生活費を切詰める: sich⁴ für 〈et⁴〉 ~ 〈物・事⁴〉のために生活費を切詰める.

krumm·li·nig [クるム・リーニヒ] 形 曲線を描く.

krumm neh·men*, ⑳krumm|neh·men* [クる

ム ネーメン] 動 h.〔(〈j³〉ッ) +〈et⁴〉ᵈ〕《口》不機嫌になる(ある人の言葉・態度で).

der **Krumm·säbel** [クるム・ゼーベル] 名 -s/- 半円刀, 曲剣.

der **Krumm·stab** [クるム・シュターブ] 名 -(e)s/..stäbe 司教のしゃく杖(ネ゙ょ),司教杖.

die **Krüm·mung** [クりュムング] 名 -/-en **1.**《稀》曲げること. **2.** 曲線, 湾曲, カーブ, 丸いふくらみ;『数』曲率.

krum·peln [クるムペルン] 動 h. 《™》《方》しわになる (紙・布地などが).

krumpf·echt [クるムプふ・エヒト] 形 『紡』防縮性の.

krumpf·frei [クるムプふ・ふらイ] 形 『紡』縮まない.

der **Krupp** [クるップ] 名 -s/- 『医』クループ, 偽膜性咽頭(シ̣ュ)炎.

die **Krup·pe** [クるッペ] 名 -/-n (馬の)しり.

der **Krüp·pel** [クりュッペル] 名 -s/- 不具者;《罵》かたわ者.

krüp·pel·haft [クりュッペルハフト] 形 身体障害の, 不具の.

krüp·pe·lig [クりュッペリヒ] 形 肢体の不自由な;いびつに育った(木).

krüpp·lig [クりュプリヒ] 形 =krüppelig.

die **Krus·ta·zee** [クるスタツェーエ] 名 -/-n (主に㊇) 『動』甲殻類.

die **Krus·te** [クるステ] 名 -/-n 堅くなった外皮〔表面〕;パンの皮(Brot~);地殻(Erd~);(こびりついた)ほこり〔あか〕(Schmutz~);(菓子の)糖衣(Zucker~);(傷などの)かさぶた.

das **Krus·ten·tier** [クるステン・ティーア] 名 -(e)s/-e 『動』甲殻類.

krus·tig [クるスティヒ] 形 硬い外皮のある;『医』かさぶたのできた.

das **Kru·zi·fix** [クるツィふィックス, クるツィふィックス] 名 -es/-e キリストの十字架像;キリスト磔刑像の十字架〔クロス〕.

die **Kryp·ta** [クリュプタ] 名 -/..ten クリプタ(教会の聖遺物安置・墓所用地下堂).

kryp·tisch [クりュプティシュ] 形 謎のような. ⇒ Kryptographie.

die **Kryp·to·gra·fie** [クりュプト・ぐらふぃー] ⇒ Kryptographie.

das **Kryp·to·gramm** [クりュプト・ぐらム] 名 -s/-e **1.** 判じ文. **2.**《古》暗号文.

die **Kryp·to·gra·phie** [クりュプト・ぐらふぃー] 名 -/-n **1.**《心》(無意識に)描いたもの(大人が電話などしながら). **2.**《古》暗号. **3.** 暗号法.

das **Kryp·ton** [クりュプトン, クりュプトーン] 名 -s/ 『化』クリプトン(記号 Kr).

der **Kryp·tor·chis·mus** [クりュプトるひスムス] 名 -/..men 『医』停留睾丸(ʚᵃ̇).

die **Ksa·bi** [クサービ] 名 Kasba の複数.

KSZE=Konferenz über Sicherheit und Zusammenarbeit in Europa 全欧安全保障協力会議.

Kt.=Kanton (スイス連邦の)州, カントン.

kte·no·id [クテノイート] 形 『動』櫛(ヒュ)の歯状の.

Ku [カーウー]=Kurtschatovium『化』クルチャトビウム.

(*das*) **Ku·ba** [クーバ] 名 **1.** 『国名』キューバ. **2.** 『地名』キューバ島.

die **Ku·ba·kri·se** [クーバ・クリーゼ] 名 -/ キューバ危機(1962-63 年).

die **Kub·ba** [クッバ] 名 -/-s(Kubben) 『建』(イスラムのモスク〔霊廟〕の)ドーム;丸屋根のある〔霊廟〕.

der **Kü·bel** [キューベル] 名 -s/- **1.** 手おけ, バケツ, (大形の)植木鉢. **2.** 〔厨房の〕便器. 【慣用】Es gießt (wie) mit (aus) Kübeln.《口》どしゃ降りの雨だ. **Kübel voll 〔von〕 Bosheit über 〈j⁴〉 ausgießen** 《口》

Kübelwagen 708

〈人について〉さんざん悪口を言う.
der **Kü·bel·wa·gen** [キューベル・ヴァーゲン] 名 -s/- 軍用ジープ；【鉄道】ホッパ車.
der [*das*] **Ku·bik·de·zi·me·ter** [クビーク・デ(-)ツィ・メータ-] 名 -s/- 立方デシメートル(記号 cdm, dm³).
der **Ku·bik·in·halt** [クビーク・イン・ハルト] 名 -(e)s/-e 体積, 容積.
der [*das*] **Ku·bik·ki·lo·me·ter** [クビーク・キロ・メータ-] 名 -s/- 立方キロメートル(記号 cbkm, km³).
der [*das*] **Ku·bik·me·ter** [クビーク・メータ-] 名 -s/- 立方メートル(略 cbm, m³).
der [*das*] **Ku·bik·mil·li·me·ter** [クビーク・ミリ・メータ-] 名 -s/- 立方ミリメートル(記号 cmm, mm³).
die **Ku·bik·wur·zel** [クビーク・ヴるツェル] 名【数】立方根.
die **Ku·bik·zahl** [クビーク・ツァール] 名 -/-en【数】三乗数, 立方数.
der [*das*] **Ku·bik·zen·ti·me·ter** [クビーク・ツェンティ・メータ-] 名 -s/- 立方センチメートル(記号 ccm, cm³).
ku·bisch [クービシュ] 形 立方体の；【数】三次［乗］の.
der **Ku·bis·mus** [クビスムス] 名 -/【芸術学】キュビズム, 立体派.
ku·bi·stisch [クビスティシュ] 形 キュビズム［立体派］の.
der **Ku·bus** [クーブス] 名 -/Kuben 1.【数】立方, 三乗. 2. 立方体.
die **Kü·che** [キュッヒェ] 名 -/-n 1. 台所, 調理場, 炊事場；台所設備一式. 2. 料理；料理法. 3. 《総称》調理場の従業員, コック.
der **Ku·chen** [クーヘン] 名 -s/- 1. ケーキ, 洋菓子；kleine ～《方》クッキー, ビスケット. 2.（ブドウ・油性植物などの）搾りかす.
der **Kü·chen·ab·fall** [キュッヒェン・アップ・ふァル] 名 -(e)s/..fälle 《複》台所のごみ, 生ごみ, 残飯.
der **Ku·chen·bä·cker** [クーヘン・ベッカ-] 名 -s/- ケーキ職人.
das **Ku·chen·blech** [クーヘン・ブレッヒ] 名 -(e)s/-e ケーキ用天パン.
der **Kü·chen·bul·le** [キュッヒェン・ブレ] 名 -n/-n《口》【兵】炊事係, コック.
der **Kü·chen·chef** [キュッヒェン・シェふ] 名 -s/-s コック長, シェフ.
die **Ku·chen·form** [クーヘン・ふォるム] 名 -/-en ケーキ型.
die **Ku·chen·ga·bel** [クーヘン・ガーベル] 名 -/-n ケーキ用フォーク.
der **Kü·chen·gar·ten** [キュッヒェン・ガるテン] 名 -s/..gärten 家庭菜園.
das **Kü·chen·ge·rät** [キュッヒェン・ゲれート] 名 -(e)s/-e 台所用品, 調理用器具.
der **Kü·chen·herd** [キュッヒェン・ヘーあト] 名 -(e)s/-e (台所の)レンジ.
die **Kü·chen·hil·fe** [キュッヒェン・ヒルふェ] 名 -/-n 台所(調理場)のお手伝いの(女性).
der **Kü·chen·jun·ge** [キュッヒェン・ユング] 名 -n/-n《古》料理人見習.
das **Kü·chen·ka·bi·nett** [キュッヒェン・カビネット] 名 -s/-e《文・冗》(大物政治家などの)私設ブレーン［顧問団］.
das **Kü·chen·kraut** [キュッヒェン・クらウト] 名 -(e)s/..kräuter（主に《複》)(家庭菜園の)香辛料植物.
das **Kü·chen·la·tein** [キュッヒェン・ラタイン] 名 -s/《皮》へた［不正確］なラテン語；《冗》料理(調理場)の特殊用語.
die **Kü·chen·ma·schi·ne** [キュッヒェン・マシーネ] 名 -/-n 調理用の電気器具,《方・古》(焼物と煮物用の)二段オーブンのレンジ.
der **Kü·chen·meis·ter** [キュッヒェン・マイスター] 名 -s/- マイスターの資格を持つコック［シェフ］.

das **Kü·chen·mes·ser** [キュッヒェン・メッサー] 名 -s/- 調理用ナイフ.
das **Kü·chen·per·so·nal** [キュッヒェン・ぺるゾナール] 名 -s/- 調理場の従業員.
die **Kü·chen·schel·le** [キュッヒェン・シェレ] 名 -/-n【植】セイヨウオキナグサ.
der **Kü·chen·schrank** [キュッヒェン・シュらンク] 名 -(e)s/..schränke (台所の)食器戸棚.
der **Ku·chen·teig** [クーヘン・タイク] 名 -(e)s/-e ケーキの生地.
der **Ku·chen·tel·ler** [クーヘン・テラー] 名 -s/- ケーキ皿.
das **Kü·chen·tuch** [キュッヒェン・トゥーふ] 名 -(e)s/..tücher ふきん.
die **Kü·chen·uhr** [キュッヒェン・ウーア] 名 -/-en 台所の時計；(料理用)キッチンタイマー.
der **Kü·chen·zet·tel** [キュッヒェン・ツェッテル] 名 -s/- 予定献立表.
das **Küch·lein**¹ [キューフライン] 名 -s/-《古》ひな鳥.
das **Küch·lein**² [キュッフライン] 名 -s/- 小さなケーキ.
ku·cken [クッケン] 動《北独》=gucken.
das **Kü·cken** [キュッケン] 名 -s/-《⁽方⁾北独》=Küken.
der **Ku·ckuck** [クックック] 名 -s/-e 1.【鳥】カッコウ. 2.《口》悪魔(Teufel の婉曲な表現): Hol dich der ～! いまいましいやつめ(呪いの言葉). (Das) weiß der ～. そんなことだれが知るものか；本当にそうなんだ. Zum ～! 畜生, いまいましい. 〈j⁾ zum ～〉wünschen〈人を〉忌み嫌う.《冗》(差押えの)封印.【慣用】Bei 〈j⁾ ist der Kuckuck los.《口》〈人のところが〉上を下への大騒ぎだ. ein Kuckuck unter Nachtigallen《冗》専門家の間にまじった一人の素人. zum [beim] Kuckuck sein《口》なくなっている, 駄目になっている.
das **Ku·ckucks·ei** [クックックス・アイ] 名 -(e)s/-er 1. カッコウの卵. 2.《口》(おしつけられた)あやしげなもの, 迷惑なもの；(家族の中の)父親の異なる子.
die **Ku·ckucks·uhr** [クックックス・ウーア] 名 -/-en カッコウ時計(日本では通称ハト時計).
der [*das*] **Kud·del·mud·del** [クッデル・ムッデル] 名 -s/-《口》(めちゃくちゃな)混乱, ごたごた.
(*die*) **Kud·run** [クードるーン] 名【女名】=Gudrun.
die **Ku·fe**¹ [クーふェ] 名 -/-n (そりの)すべり木, 滑走板(Schlitten～)；【工】(ベアリングなどの)ボール；(スケート靴の)ブレード；(ヘリコプターなどの)スキッド(接地部分).
die **Ku·fe**² [クーふェ] 名 -/-n 1. 樽(⁽ᵗ₂⁾), 桶(⁽ᵗ⁾). 2. クーフェ(昔のビールの量の単位.プロイセンでは485ℓ, ザクセンでは785ℓ).
der **Kü·fer** [キューふぁー] 名 -s/- 1. 酒蔵管理人(Wein～). 2.《南独・スイス》桶(⁽ᵗ⁾)職人.
die **Kuff** [クふ] 名 -/-e (昔の)北海沿岸用貨物帆船.
(*das*) **Kuf·stein** [ク(-)ふシュタイン] 名 -s/【地名】クフシュタイン(オーストリアの保養地).
die **Ku·gel** [クーグル] 名 -/-n 1. 球, 球体；(砲丸投げの)砲丸, (ボウリング・ルーレットなどの)球(⁽ᵗ₂⁾), ボール；【工】(ベアリングなどの)ボール. 2.《口》銃弾, 砲弾. 3.【球技】(⁽ᵗ₂⁾)ボール.【慣用】eine ruhige Kugel schieben《口》仕事に精を出さない；楽な仕事をする.
der **Ku·gel·ab·schnitt** [クーゲル・アップ・シュニット] 名 -(e)s/-e =Kugelsegment.
der **Ku·gel·blitz** [クーゲル・ブリッツ] 名 -es/-e 球電(雷雨時などに雲間から飛ぶ火の玉).
das **Kü·gel·chen** [キューゲルヒェン] 名 -s/- 小さな球.
der **Ku·gel·fang** [クーゲル・ふぁング] 名 -(e)s/..fänge 射垜(⁽ᵈ⁾)《射撃場の射撃場の背後の土手》.
ku·gel·fest [クーゲル・ふェスト] 形 防弾の.
die **Ku·gel·form** [クーゲル・ふォるム] 名 -/ 球形.

ku·gel·för·mig [クーゲル・ふぇるミヒ] 形 球形の.
das **Ku·gel·ge·lenk** [クーゲル・ゲレンク] 名 -(e)s/-e 〖解〗球関節;〖工〗玉継ぎ手.
ku·ge·lig [クーゲリヒ] 形 球形(球状)の;丸々とした: sich⁴ ～ lachen 〈口〉笑い転げる.
der **Ku·gel·kopf** [クーゲル・コップふ] 名 -(e)s/..köpfe (電動タイプライターの)活字ボール.
das **Ku·gel·la·ger** [クーゲル・ラーガー] 名 -s/- 〖工〗ボールベアリング.
ku·geln [クーゲルン] 動 **1.** *s.*〈〈方向〉=/über 〈et⁴〉(ノ上ヲ), 転がり行く(来る), 転がり込む(出る), 転がり落ちる(ボール・涙などが). **2.** *h.*〈et⁴ッ=〈方向〉=/über 〈et⁴〉(ノ上ヲ), 転がす(ボールを部屋の隅(中)などに). **3.** *h.* 〈sich⁴+〈場所〉=〉ごろごろ転がり回る(人が): sich⁴ vor Lachen ～ 笑い転げる. 【慣用】 Das war zum Kugeln. 大笑いするほど面白かった.
der **Ku·gel·re·gen** [クーゲル・れーゲン] 名 -s/ 弾雨.
ku·gel·rund [クーゲル・るント] 形 球のように丸い;丸々とふとった.
der **Ku·gel·schrei·ber** [クーゲル・シュらイバー] 名 -s/- ボールペン.
das **Ku·gel·seg·ment** [クーゲル・ゼグメント] 名 -(e)s/-e 〖幾何〗球欠.
ku·gel·si·cher [クーゲル・ズィッヒャー] 形 防弾の;銃弾から守られた.
das **Ku·gel·sto·ßen** [クーゲル・シュトーセン] 名 -s/ 砲丸投げ.
die **Kuh** [クー] 名 -/Kühe **1.** 雌ウシ. **2.** (鹿・象・キリンなどの)雌;〈罵〉あま女. 【慣用】 Da stand er nun wie die Kuh vorm neuen Tor. 〈口〉彼は途方に暮れていた. melkende Kuh うまい商売.
das **Kuh·dorf** [クー・ドるふ] 名 -(e)s/..dörfer 〈〈口・蔑〉〉寒村.
das **Kuh·eu·ter** [クー・オイター] 名 -s/- (〈〈方〉〉der -s/-も可)雌牛の乳房.
der **Kuh·fla·den** [クー・ふラーデン] 名 -s/- 牛糞(ぷん).
die **Kuh·glo·cke** [クー・グロッケ] 名 -/-n カウベル.
der **Kuh·han·del** [クー・ハンデル] 名 -s/ 〈口〉裏取引.
die **Kuh·haut** [クー・ハウト] 名 -/..häute 牛の皮(原皮). 【慣用】 auf keine Kuhhaut gehen 〈口〉うんざりするほどひどい, 度外れている.
der **Kuh·hirt** [クー・ヒると] 名 -en/-en 牛飼い.
kühl [キュール] 形 **1.** 涼しい, うすら寒い; 冷えた: Mir ist ～. 私はすこし寒い. **2.** 冷淡な, 冷たい: Sie bekam e~ Antwort 冷たい返事. Sie ist ～ zu mir. 彼女は私に冷たい. **3.** 冷静な-クールな: einen ～en Kopf behalten (bewahren) 冷静さを保つ. aus einem ～en Grund 〈口・冗〉何でもない理由で.
die **Kühl·an·la·ge** [キュール・アン・ラーゲ] 名 -/-n 冷蔵(冷凍)装置.
die **Küh·le** [キューレ] 名 -/ **1.** 冷たさ, 涼しさ, すがすがしさ. **2.** 冷静;冷淡, 冷ややかさ.
küh·len [キューレン] 動 *h.* **1.** 〈et⁴ッ〉冷やす, 冷却する(傷口・ビール・エンジンなどを). **2.** 〈罵〉冷たい, 冷たく感じる, 冷やす効果がある(窓ガラス・飲み物・(冷)湿布などが). 【慣用】 sein Mütchen an〈j³〉kühlen 〈ある人〉に八つ当たりする.
der **Küh·ler** [キューラー] 名 -s/- 〖車〗ラジエーター;〖化〗冷却器;(ワインなどの)クーラー.
die **Küh·ler·fi·gur** [キューラー・ふぃグーア] 名 -/-en 〖車〗ラジエーターマスコット.
die **Küh·ler·hau·be** [キューラー・ハウベ] 名 -/-n 〖車〗ボンネット.
die **Kühl·flüs·sig·keit** [キュール・ふリュッスィヒカイト] 名 -/-en 〖工〗冷却水(液).
das **Kühl·haus** [キュール・ハウス] 名 -es/..häuser 冷蔵(冷凍)倉庫.
die **Kühl·ket·te** [キュール・ケッテ] 名 -/-n 〖経〗コールドチェーン, 低温流通システム(冷凍食品の).
der **Kühl·kreis·lauf** [キュール・クらイス・ラウふ] 名 -(e)s/ -läufe 〖工〗冷却液の循環.
das **Kühl·mit·tel** [キュール・ミッテル] 名 -s/- 冷却剤.
der **Kühl·raum** [キュール・らウム] 名 -(e)s/..räume 冷凍(冷蔵)室.
die **Kühl·rip·pe** [キュール・りッペ] 名 -/-n 〖工〗放熱フィン.
das **Kühl·schiff** [キュール・シふ] 名 -(e)s/-e 冷凍船;〖醸〗冷却槽.
die **Kühl·schlan·ge** [キュール・シュランゲ] 名 -/-n 〖工〗冷却蛇管, コイル型冷却管.
der **Kühl·schrank** [キュール・シュらンク] 名 -(e)s/ ..schränke 冷蔵庫.
die **Kühl·tru·he** [キュール・トるーエ] 名 -/-n フリーザー, 冷蔵庫.
der **Kühl·turm** [キュール・トゥるム] 名 -(e)s/..türme 〖工〗冷却塔.
die **Küh·lung** [キュールング] 名 -/-en **1.** 冷やす(冷却する)こと;冷却装置. **2.** (のみ特殊)涼気, 涼しさ.
der **Kühl·wa·gen** [キュール・ヴァーゲン] 名 -s/- 冷蔵(冷凍)貨車, 冷蔵(冷凍)トラック.
das **Kühl·was·ser** [キュール・ヴァッサー] 名 -s/..wässer 冷却水.
die **Kuh·milch** [クー・ミルヒ] 名 -/ 牛乳.
der **Kuh·mist** [クー・ミスト] 名 -(e)s/ 牛糞(ぷん)(の堆肥).
kühn [キューン] 形 大胆な, 思い切った;型破りの(奇抜)な;厚かましい: eine ～e Idee 斬新なアイデア.
die **Kühn·heit** [キューン・ハイト] 名 -/-en **1.** (のみ特殊)大胆さ, 勇敢さ;奇抜さ;図太さ, 厚かましさ. **2.** 図太い(厚かましい)行為.
die **Kuh·pocken** [クー・ポッケン] 複名 牛痘(①牛の痘瘡. ②種痘に用いる牛痘ウイルス).
der **Kuh·stall** [クー・シュタル] 名 -(e)s/..ställe 牛舎, 牛小屋.
kuh·warm [クー・ヴァるム] 形 (搾りたての)生暖かい.
ku·jo·nie·ren [クヨニーれン] 動 *h.* 〈j⁴ッ〉〈口〉いびる, いじめる, (…に)嫌がらせをする.
k. u. k. [káː'ontkáː カーウントカー] =kaiserlich und königlich (オーストリア)帝国および(ハンガリー)王国の.
das **Kü·ken** [キューケン] 名 -s/- **1.** 鶏のひな, ひよこ;〈口〉ちっちゃな子, おぼこ(娘). **2.** 〖工〗コック.
der **Ku·ku·ruz** [ク(ー)クるツ] 名 -(es)/ 〈〈方〉〉トウモロコシ.
der **Ku·lak** [クラック] 名 -en/-en (帝政ロシアの)豪農.
ku·lant [クラント] 形 サービスのいい, 好意的な.
die **Ku·lanz** [クランツ] 名 -/ (商売上の)サービス, 好意, 好意的態度.
der **Ku·li**¹ [クーリ] 名 -s/-s 苦力, クーリー;肉体労働に利用される人.
der **Ku·li**² [クーリ] 名 -s/-s 〈口〉ボールペン.
ku·li·na·risch [クリナーりシュ] 形 料理(法)の, 美食の;(精神的緊張を欠く)楽しむため(だけ)の.
die **Ku·lis·se** [クリッセ] 名 -/-n **1.** (舞台の)書き割り, 舞台装置;(転 口 茂)見えみり, まやかし. hinter den ～n 舞台裏で. hinter die ～n sehen 〈口〉楽屋裏をのぞく. **2.** 〖工〗(蒸気機関の)リンク. **3.** 〖金融〗場外取引;(総称)場外仲買人.
der **Ku·lis·sen·schie·ber** [クリッセン・シーバー] 名 -s/- 〈口・冗〉(劇場の)大道具方, 裏方.
die **Kul·ler·au·gen** [クラー・アウゲン] 複名 〈口・冗〉くりくりした目: ～ machen (驚いて)目を丸くする.
kul·lern [クラーン] 動 〈口〉 **1.** *s.*〈〈方向〉=/über

⟨et⁴⟩(ノ上ヲ)転がって行く[来る],転がり込む[出る],転がり落ちる. **2.** *h.* 〖⟨et⁴⟩ッ+⟨方向⟩/über ⟨et⁴⟩(ノ上ヲ)〗転がす(石を谷底などに).【慣用】*h.* mit den Augen kullern 目玉をぐるぐるさせる(敬い・驚き・怒りなどを表して). *h.* sich⁴ vor Lachen kullern 大笑いする.

der [*das*] **Kulm** [クルム] 图 -(e)s/-e (山の)円頂.
die **Kul·mi·na·tion** [クルミナツィオーン] 图 -/-en (経歴などの)頂点への到達;〚天〛子午線通過,南中.
der **Kul·mi·na·tions·punkt** [クルミナツィオーンス・プンクト] 图 -(e)s/-e 頂点;〚天〛子午線通過点,南中点.
kul·mi·nie·ren [クルミニーレン] 動 *h.* 〖(in ⟨et³⟩ヂ)〗クライマックス(最高潮)に達する(興奮・感激・討論などが);全盛を極める(交易などが);最高の成果を示す(研究などが);〚天〛子午線に達する,正中する(天体が).
der **Kult** [クルト] 图 -(e)s/-e (宗教儀式,礼拝,祭礼;(熱狂的)崇拝,礼賛;熱中,こること.
das **Kult·buch** [クルト・ブーフ] 图 -(e)s/..bücher 指針の書,バイブル.
kul·tisch [クルティシュ] 形 祭祀(ˢⁱ)の,礼拝の.
der **Kul·ti·va·tor** [クルティヴァートール] 图 -s/-en [クルティヴァーレン] カルチベーター,耕耘(ˢⁱⁿ)機.
kul·ti·vier·bar [クルティヴィーア・バール] 形 耕作しうる.
kul·ti·vie·ren [クルティヴィーレン] 動 *h.* 〖⟨et⁴⟩ッ〗開墾[開拓]する(原野などを);栽培する,作つくる(小麦などを). **2.** 〖⟨et⁴⟩ッ〗大事に育てる[保つ](友人関係などを);注意して整える(身なり・文体などを);洗練[向上]させる(感覚・振舞い・生活様式などを).
kul·ti·viert [クルティヴィーアト] 形 洗練された,磨きあげた.
die **Kult·stätte** [クルト・シュテッテ] 图 -/-n 礼拝の場所.
die **Kul·tur** [クルトゥーア] 图 -/-en **1.** (ⓈⒼのみ)文化: die menschliche ~ 人類文化. die westliche/ östliche ~ 西洋/東洋文化. **2.** (ⓈⒼのみ)教養; (知的)洗練,錬磨. **3.** (ⓈⒼのみ)〚農・園〛開墾,耕作;栽培. **4.** 〚農・林・園〛(植えつけた)苗木(木);〚医・生〛(培養中の)微生物(組織細胞).
das **Kul·tur·ab·kom·men** [クルトゥーア・アップ・コメン] 图 -s/- 文化協定.
die **Kul·tur·an·thro·po·lo·gie** [クルトゥーア・アントロポ・ロギー] 图 -/ 文化人類学.
der **Kul·tur·at·ta·ché** [クルトゥーア・アタシェー] 图 -s/-s (大)[公]使館の)文化担当官.
der **Kul·tur·aus·tausch** [クルトゥーア・アウス・タウシュ] 图 -(e)s/ 文化交流.
der **Kul·tur·bo·den** [クルトゥーア・ボーデン] 图 -s/..böden **1.** 耕作地. **2.** 文化発展の地.
kul·tu·rell [クルトゥレル] 形 文化の,文化的な.
das **Kul·tur·er·be** [クルトゥーア・エルベ] 图 -s/ 文化遺産.
kul·tur·fä·hig [クルトゥーア・フェーイヒ] 形 耕作可能な;文化創造的な.
der **Kul·tur·film** [クルトゥーア・フィルム] 图 -(e)s/-e 文化映画.
der **Kul·tur·flüch·ter** [クルトゥーア・フリュヒター] 图 -s/- 〚生〛文化忌避性動植物(人為的環境に適応できない動植物).
der **Kul·tur·fol·ger** [クルトゥーア・フォルガー] 图 -s/- 〚生〛文化親近性動植物(人為的環境に適応できる動植物).
die **Kul·tur·ge·schich·te** [クルトゥーア・ゲシヒテ] 图 -/-n **1.** (ⓈⒼのみ)文化史;文化史学. **2.** 文化史の本.
kul·tur·ge·schicht·lich [クルトゥーア・ゲシヒトリヒ] 形 文化史の,文化史的な.
das **Kul·tur·gut** [クルトゥーア・グート] 图 -(e)s/..güter 文化財.
die **Kul·tur·haupt·stadt** [クルトゥーア・ハウプト・シュタット] 图 -/..städte (ヨーロッパ)文化首都(EUが毎年選ぶ文化都市).
die **Kul·tur·ho·heit** [クルトゥーア・ホーハイト] 图 -/ 文化主権,文化高権.
der **Kul·tur·kampf** [クルトゥーア・カムプフ] 图 -(e)s/ 〚史〛文化闘争(1871-87年,プロイセンとカトリック教会の間の対立).
das **Kul·tur·land** [クルトゥーア・ラント] 图 -(e)s/..länder **1.** (ⓈⒼのみ)耕地. **2.** 文化国(高度な文化の国).
die **Kul·tur·land·schaft** [クルトゥーア・ラントシャフト] 图 -/-en 人工的に開発された地域(の景観).
der **Kul·tur·mi·nis·ter** [クルトゥーア・ミニスター] 图 -s/- 〚旧東独〛=Kultusminister.
das **Kul·tur·mi·nis·te·ri·um** [クルトゥーア・ミニステーリウム] 图 -s/..rien 〚旧東独〛=Kultusministerium.
die **Kul·tur·pflan·ze** [クルトゥーア・プフランツェ] 图 -/-n 栽培植物.
die **Kul·tur·po·li·tik** [クルトゥーア・ポリティーク] 图 -/ 文化政策.
kul·tur·po·li·tisch [クルトゥーア・ポリーティシュ] 形 文化政策の.
die **Kul·tur·ras·se** [クルトゥーア・らッセ] 图 -/-n (家畜の)改良種.
die **Kul·tur·re·vo·lu·tion** [クルトゥーア・れヴォルツィオーン] 图 -/-en 〚ᴹᵃˣ主義〛文化革命.
der **Kul·tur·schock** [クルトゥーア・ショック] 图 -(e)s/-e 〚社〛カルチャーショック.
der **Kul·tur·staat** [クルトゥーア・シュタート] 图 -e(s)/-en 文化国家.
die **Kul·tur·stu·fe** [クルトゥーア・シュトゥーふェ] 图 -/-n 文化段階.
der **Kul·tur·trä·ger** [クルトゥーア・トれーガー] 图 -s/- 文化の担い手.
das **Kul·tur·volk** [クルトゥーア・ふォルク] 图 -(e)s/..völker 文化民族(高度の文化を持つ民族).
die **Kul·tur·wis·sen·schaft** [クルトゥーア・ヴィッセンシャふト] 图 -/-en (主に)精神科学,文化科学.
der **Kul·tus** [クルトゥス] 图 -/ **1.** 〚文〛礼拝,祭式;崇拝,傾倒,熱中. **2.** 〚官〛文化部門: das Ministerium für Unterricht und ~ 文部科学省.
der **Kul·tus·mi·nis·ter** [クルトゥス・ミニスター] 图 -s/- 文部科学大臣.
das **Kul·tus·mi·nis·te·ri·um** [クルトゥス・ミニステーリウム] 图 -s/..rien 文部科学省.
die **Kul·tus·mi·nis·ter·kon·fe·renz** [クルトゥスミニスターコン・ふぇれンツ] 图 -/-en 文部大臣会議.
das **Ku·ma·rin** [クマリーン] 图 -s/ 〚化〛クマリン.
der **Küm·mel** [キュメル] 图 -s/- **1.** 〚植〛ヒメウイキョウ,キャラウェイ;ヒメウイキョウの実,キャラウェイシード. **2.** キュンメル酒.
das **Küm·mel·brot** [キュメル・ブロート] 图 -(e)s/-e キャラウェイパン.
küm·meln [キュメルン] 動 *h.* **1.** 〖⟨et⁴⟩ッ〗キャラウェイの実を入れる. **2.** ⁽ᵐᵉⁱˢᵗ⁾ 〖口〗酒(シュナップス)を飲む. **3.** (次の形で) eine ~ 〖口〗一杯ひっかける.
der **Kum·mer** [クマー] 图 -s/ 心痛,心配,悲嘆,苦悩;心配[悲しみ]事,厄介(な問題).
der **Kum·mer·bund** [クマー・ブント] 图 -(e)s/-e カマーバンド,腹帯.
küm·mer·lich [キュマーリヒ] 形 **1.** 発育不全の,貧弱な;みすぼらしい,惨めな. **2.** わずかな,乏しい.
der **Küm·mer·ling** [キュマーリング] 图 -s/-e 〘蔑〙発育不全の人[動物・植物].
küm·mern [キュメーン] 動 *h.* **1.** 〖sich⁴+um⟨j⁴/et⁴⟩ッ〗面倒を見る,世話をする;(…を)気にかける;(…;

Kunstdruck

に)関心[興味]を持つ. **2.**〖j³⁄₂〗関係がある, 関わりがある, (…の)心をわずらわす. **3.**〖備考〗発育不良である(生物が);無気力になる(人間が).
die **Küm·mer·nis** [キュマーニス]名 -/-se〚文〛心痛, 悲痛, 苦悩, 苦難.
kum·mer·voll [クマー・ふぉル]形 悲しみ[苦悩]に満ちた.
das **Kum·met** [クメット]名 -s/-e (〚バイ〛der ～ s/-e) (車をひく牛·馬の)頸環(けいかん).
der **Kum·pan** [クンパーン]名 -s/-e **1.**〚口〛仲間;(〚蔑〛) (犯罪などの)一味, ぐる. **2.**〚動物行動〛パートナー.
der **Kum·pel** [クンペル]名 -s/-;(〚ロ〛)-;〚ルツ〛--n も有り〚鉱〛坑夫;〚口〛(仕事)仲間.
die **Ku·mu·la·ti·on** [クムラツィオーン]名 -/-en 集積, 蓄積, 累積.
ku·mu·la·tiv [クムラティーふ]形 蓄積の, 累積の.
ku·mu·lie·ren [クミュリーレン]動 h.〚文〛 **1.**〈et⁴ ッ〉蓄積[集積·累積]する. **2.** (sich⁴)〚蓄積[集積·累積]する. **3.**〈et⁴ッ+auf〈j⁴〉〉集める(選挙で票を).
der **Ku·mu·lus** [クームルス]名-/..li〚気〛積雲.
die **Ku·mys, Ku·myss,**〚（B）**Ku·myß** [クーミュス]名 / 馬乳酒.
kund [クント]形〈次の形で〉〈j³〉〈et⁴〉～ und zu wissen tun〚古〛〈人に〉〈事を〉知らせる.
künd·bar [キュント·バール]形 解約可能な.
der **Kun·de¹** [クンデ]名 -n/-n **1.** (商店などの)顧客, お客さん, 得意先, 取引先. **2.**〚口·蔑〛やつ;〚欺〛浮浪者.
die **Kun·de²** [クンデ]名 -/-n (主に〚B〛)〚文·古〛知らせ, 通知;(学問的)知識.
die **Kun·de³** [クンデ]名 -/-n〚ル⁴ル⁵〛(総称)顧客.
..kun·de [..クンデ]接尾 名詞につけて「…に関する学問」を表す名詞を作る: Erd**kunde** 地理学.
kün·den [キュンデン]動 h.〚文〛 **1.**〚B〛〚文〛公示する(判決などを), あまんじ知らせる(真理などを);告げ知らせる(前兆が不幸などを). **2.**〚von〈et³〉ニツィテ〛〚文〛知識[情報]を与えてくれる(遺跡がその時代のことについて). **3.** (〈(j³)〉)+〈et⁴〉ッ〛解約の予告をする(契約などの).
die **Kun·den·be·ra·tung** [クンデン·べらートゥング]名 -/-en 顧客相談;顧客相談所.
der **Kun·den·dienst** [クンデン·ディーンスト]名 -(e)s/-e **1.** (〚B〛のみ)顧客サービス. **2.** サービスセンター[部門].
das **Kun·den·dienst·netz** [クンデンディーンスト·ネッツ]名 -es/-e 顧客サービス網.
der **Kun·den·fang** [クンデン·ふぁング]名 -(e)s/〚蔑〛あらゆる手口を使って客を集めること.
die **Kun·den·spra·che** [クンデン·シュプらーへ]名 -/-n〚古〛=Gaunersprache.
die **Kun·den·wer·bung** [クンデン·ヴェるブング]名 -/得意先勧誘.
kund|ge·ben* [クント·ゲーベン]動 h.〚文〛 **1.** (〈(j³)〉ニ)+〈et⁴〉ッ〛表明する, (公に)知らせる, 伝える(見解·気持·真実·ニュースなどを). **2.** (sich⁴+in〈et³〉ニ]表れ(てい)る, 示され(てい)る(その態度に好意を).
die **Kund·ge·bung** [クント·ゲーブング]名 /en **1.** (野外の)政治集会. **2.**〚古〛告知, 表明.
kun·dig [クンディヒ]形 **1.** 経験豊富な, 十分な専門的知識をもった. **2.**〈次の形で〉〈et²〉～ sein〚文〛〈事に〉精通している.
kün·di·gen [キュンディゲン]動 h. **1.**〚j³⁽⁴⁾〛解雇を通告する(〈j³〉はオーストリアまたは〚口〛). **2.**〚慣用〛退職を申出る. **3.**〈et⁴〉解約を通告する;破棄を通告する. **4.**〚〈j³〉ニ+〈et⁴〉〛賃貸契約の解約を通告する.〚慣用〛〈j³〉den Gehorsam kündigen〈人に〉もはや服従しない.〚j³〛die Freundschaft kündigen〈人に〉絶交を宣言する.
die **Kün·di·gung** [キュンディグング]名 -/-en **1.** 解約告知, 解雇通知. **2.** Kündigungsfrist.
die **Kün·di·gungs·frist** [キュンディグングス·ふりスト]名 -/-en 解約告知[解雇通知]期間(解約などの効果が生じるまでの期間).
der **Kün·di·gungs·schutz** [キュンディグングス·シュッツ]名 -es/〚法〛解雇保護.
der **Kün·di·gungs·ter·min** [キュンディグングス·テるミーン]名 -s/-e 解約告知[解雇通知]のできる期限.
die **Kun·din** [クンディン]名 -/-nen Kunde¹ 1 の女性形.
kund|ma·chen [クント·マッヘン]動 h.〚et⁴〛ッ〛〚官〛〚B〛公示する.
die **Kund·ma·chung** [クント·マッフング]名 -/-en〚南独·〚B〛·〚ス〛公示, 告示.
die **Kund·schaft¹** [クントシャふト]名 -/-en **1.** (〚B〛のみ)(総称)顧客, 得意先. **2.**〚ル⁴ル⁵〛(個々の)顧客. **3.** (〚B〛のみ)〚古〛顧客であること.
die **Kund·schaft²** [クントシャふト]名 -/-en〚古〛 **1.** 偵察, 探索. **2.**〚古〛知らせ, 報告.
kund·schaf·ten [クントシャふテン]動 h.〚慣用〛探索[偵察]する.
der **Kund·schaf·ter** [クントシャふター]名 -s/- 探索[偵察]者.
kund|tun* [クント·トゥーン]動 h.〚文〛 **1.** (〈(j³)〉=)+〈et⁴〉ッ〛表明する, (公に)知らせる, 伝える(見解·気持·真実·ニュースなどを). **2.** (sich⁴+in〈et³〉=)明らかになる, 表れ(てい)る(気持が態度などに).
künf·tig [キュンふティヒ]形 来たるべき, 将来[未来]の.
—— 副 今後, 将来において.
künf·tig·hin [キュンふティヒ·ヒン]副〚文〛今後, 将来.
kun·geln [クンゲルン]動 h. 〚mit〈j³〉ト/um〈et⁴〉ラムグッテ〛〚口〛闇取引をする.
(*die*) **Ku·ni·gun·de** [クニグンデ]名〚女名〛クニグンデ.
(*der*) **Ku·no** [クーノ]名〚男名〛クーノ (Konrad の短縮形).
die **Kunst** [クンスト]名 -/Künste **1.** 芸術, 美術: die bildende ～ 造形芸術. die darstellenden *Künste* 舞台芸術(映画·テレビを含む). die schönen *Künste* 芸術(文学·音楽·絵画·彫刻を含む). **2.** (〚B〛のみ)芸術作品. **3.** 技術, 技能, 技法, 技術: ärztliche ～ 医術. **4.** つくり物, 人造品.〚慣用〛alle seine Künste spielen lassen〚口〛手練手管のかぎりをつくす. eine brotlose Kunst 金にならない仕事. die schwarze Kunst 魔法, 魔術;印刷術. die sieben freien Künste (中世の)七自由学科(文法·弁証法·修辞学·算術·幾何·天文学·音楽). keine Kunst sein〚口〛たやすいことである. mit seiner Kunst am Ende sein もうどうすればよいのか分らない. Was macht die Kunst?〚口〛仕事の調子はどうだい.
der **Kunst·af·ter** [クンスト·アふター]名 -s/〚医〛人工肛門.
die **Kunst·aka·de·mie** [クンスト·アカデミー]名 -/-n 芸術大学, 美術学校.
der **Kunst·arm** [クンスト·アるム]名 -es/-e 義腕.
die **Kunst·aus·stel·lung** [クンスト·アウスシュテルング] 名 / on 美術展.
der **Kunst·bau** [クンスト·バウ]名 -s/-ten〚土〛高度の建築技術による土木構築物(橋·トンネルなど).
das **Kunst·bein** [クンスト·バイン]名 -(e)s/-e 義足, 義脚.
das **Kunst·blatt** [クンスト·ブラット]名 -(e)s/..blätter (アート紙に印刷した)美術複製画.
die **Kunst·blu·me** [クンスト·ブルーメ]名 -/-n 造花.
der **Kunst·druck** [クンスト·ドるック]名 -(e)s/-e **1.**

《(単)のみ》美術印刷. **2.** (印刷した)美術複製画.
das **Kunst·druck·pa·pier** [クンスト・ドるっク・パピーあ] [名] -s/-e アート紙.
der **Kunst·dün·ger** [クンスト・デュンガー] [名] -s/- 化学肥料.
die **Kunst·eis·bahn** [クンスト・アイス・バーン] [名] -/-en 人工スケートリンク.
die **Küns·te·lei** [キュンステライ] [名] -/-en 《稀・蔑》 **1.** 《(単)のみ》わざとらしさ, 作為. **2.** 作為的作品.
die **Kunst·er·zie·hung** [クンスト・エあツィーウング] [名] -/ 美術《授業科目》;芸術(理解のための)教育.
die **Kunst·fa·ser** [クンスト・ふぁーザー] [名] -/-n 化学繊維.
der **Kunst·feh·ler** [クンスト・ふぇーラー] [名] -s/- 医療ミス.
kunst·fer·tig [クンスト・ふぇるティひ] [形] 腕の立つ.
die **Kunst·fer·tig·keit** [クンスト・ふぇるティひカイト] [名] -/ 熟練.
der **Kunst·flie·ger** [クンスト・ふリーガー] [名] -s/- 曲技飛行士.
der **Kunst·flug** [クンスト・ふルーク] [名] -(e)s/..flüge 曲技飛行.
der **Kunst·freund** [クンスト・ふろイント] [名] -(e)s/-e 美術〔芸術〕愛好家.
der **Kunst·ge·gen·stand** [クンスト・ゲーゲン・シュタント] [名] -(e)s/..stände 美術品.
kunst·ge·mäß [クンスト・ゲメース] [形] 《古》=kunstgerecht.
der **Kunst·ge·nuss,** [旧]**Kunst·ge·nuß** [クンスト・ゲヌス] [名] -es/..nüsse 芸術の(もたらす)楽しみ〔喜び〕.
kunst·ge·recht [クンスト・ゲれひト] [形] 技法にかなった, 正式な〔プロの〕(やり方の).
die **Kunst·ge·schich·te** [クンスト・ゲシひテ] [名] -/-n **1.** 《(単)のみ》美術史;美術史学. **2.** 美術史の本.
kunst·ge·schicht·lich [クンスト・ゲシひトリひ] [形] 美術史(上)の;美術史学の.
das **Kunst·ge·wer·be** [クンスト・ゲヴェるベ] [名] -s/ 美術工芸;美術工芸品.
das **Kunst·ge·wer·be·mu·se·um** [クンストゲヴェるベ・ムゼーウム] [名] -s/..seen 美術工芸館.
das **Kunst·glied** [クンスト・グリート] [名] -(e)s/-er 義肢.
der **Kunst·griff** [クンスト・グりふ] [名] -(e)s/-e **1.** (すばらしい)手際, こつ. **2.** 術策, 手管.
die **Kunst·hand** [クンスト・ハント] [名] -/..hände 義手.
der **Kunst·han·del** [クンスト・ハンデル] [名] -s/ 美術品売買.
der **Kunst·händ·ler** [クンスト・ヘンドラー] [名] -s/- 美術商.
die **Kunst·hand·lung** [クンスト・ハンドルング] [名] -/-en 美術工芸品店.
das **Kunst·hand·werk** [クンスト・ハント・ヴェるク] [名] -(e)s/-e 工芸;工芸品.
das **Kunst·harz** [クンスト・ハーあツ] [名] -es/-e 〖化〗合成樹脂.
das **Kunst·herz** [クンスト・へるツ] [名] -es〔-en〕/-e〔-en〕 人工心臓.
die **Kunst·hoch·schu·le** [クンスト・ホーほ・シューレ] [名] -/-n 美術大学.
der **Kunst·ho·nig** [クンスト・ホーニひ] [名] -s/-e 人造蜂蜜(はちみつ).
der **Kunst·ken·ner** [クンスト・ケナー] [名] -s/- 美術通.
der **Kunst·kopf** [クンスト・コっプふ] [名] -(e)s/..köpfe 〖ラジオ〗ダミーヘッド《人頭型の録音装置》.
die **Kunst·kri·tik** [クンスト・クりティーク] [名] -/-en 美術批評.
der **Kunst·kri·ti·ker** [クンスト・クりーティカー] [名] -s/- 美術批評家.
der **Kunst·lauf** [クンスト・ラウふ] [名] -(e)s/..läufe = Eiskunstlauf, Rollkunstlauf.
das **Kunst·le·der** [クンスト・レーダー] [名] -s/- 人造皮革.
der **Künst·ler** [キュンストラー] [名] -s/- **1.** 芸術家, アーチスト: bildender ~ 造形芸術家. **2.** 名人, 達人.
künst·le·risch [キュンストレりシュ] [形] 芸術(上)の, 芸術的な, 芸術家の.
die **Künst·ler·ko·lo·nie** [キュンストラー・コロニー] [名] -/-n 芸術家村.
der **Künst·ler·na·me** [キュンストラー・ナーメ] [名] -ns/-n ペンネーム, 芸名.
das **Künst·ler·pech** [キュンストラー・ペっひ] [名] -(e)s/ 《口・冗》ちょっとした災難.
das **Künst·ler·tum** [キュンストラートゥーム] [名] -s/ 芸術家であること, 芸術家としての本質.
künst·lich [キュンストリひ] [形] **1.** 人工の, 人造の: ein ~*es* Auge/Gebiss 義眼/義歯. **2.** 人工的な: ~*e* Befruchtung 人工受粉. ⟨j⁴⟩ ~ beatmen ⟨人に⟩人工呼吸を施す. **3.** 作為的な, わざとらしい.
das **Kunst·lied** [クンスト・リート] [名] -(e)s/-er 創作歌謡, 歌曲.
kunst·los [クンスト・ロース] [形] 簡素な(作りの).
der **Kunst·ma·ler** [クンスト・マーラー] [名] -s/- 画家.
das **Kunst·mär·chen** [クンスト・メーあひぇン] [名] -s/- 創作童話.
der **Kunst·markt** [クンスト・マるクト] [名] -(e)s/-e 美術市場.
die **Kunst·pau·se** [クンスト・パウゼ] [名] -/-n (演説などの)わざとらしい〔不要な〕間(ま).
der **Kunst·preis** [クンスト・プらイス] [名] -es/-e 芸術賞.
kunst·reich [クンスト・らイひ] [形] 芸術性豊かな;熟練した.
der **Kunst·rei·ter** [クンスト・らイター] [名] -s/- 曲馬師.
die **Kunst·rich·tung** [クンスト・りひトゥング] [名] -/-en (好まれる)芸術の傾向.
die **Kunst·samm·lung** [クンスト・ザムルング] [名] -/-en 美術品の収集〔コレクション〕.
der **Kunst·schatz** [クンスト・シャッツ] [名] -es/..schätze 美術工芸品;美術工芸コレクション.
der **Kunst·schlos·ser** [クンスト・シュロっサー] [名] -s/- 金物細工職人.
der **Kunst·schmied** [クンスト・シュミート] [名] -(e)s/-e 鍛冶細工の職人.
das **Kunst·schwim·men** [クンスト・シュヴィメン] [名] -s/ シンクロナイズドスイミング.
die **Kunst·sei·de** [クンスト・ザイデ] [名] -/-n 人絹〔レーヨン〕の布地.
der **Kunst·sinn** [クンスト・ズィン] [名] -(e)s/-e 芸術的センス.
kunst·sin·nig [クンスト・ズィニひ] [形] 芸術的センスのある.
die **Kunst·spra·che** [クンスト・シュプらーへ] [名] -/-n 人工語;不自然な文体.
das **Kunst·sprin·gen** [クンスト・シュプりンゲン] [名] -s/ (水泳の)飛込み競技.
der **Kunst·sprin·ger** [クンスト・シュプりンガー] [名] -s/- 飛び込み選手.
der **Kunst·stoff** [クンスト・シュトっふ] [名] -(e)s/-e プラスチック, 合成物質.
kunst|stop·fen [クンスト・シュトっプふぇン] [動] *h.* 《不定詞・過去分詞でのみ》〖(⟨et⁴⟩ノ)〗かけはぎをする.
die **Kunst·stop·fe·rei** [クンスト・シュトっプふぇらイ] [名] -/-en **1.** 《(単)のみ》かけはぎ. **2.** かけはぎ店.
das **Kunst·stück** [クンスト・シュテュっク] [名] -(e)s/-e 芸, 曲芸, 芸当, 離れ業. 【慣用】**Das ist (doch) kein Kunststück.** それは簡単だ. **Kunststück!** 《皮》たいした

Kuratorium

ことではない.

der **Kunst·stu·dent** [クンスト・シュトゥデント] 名 -en/-en 美術大学〔美術史・芸術学専攻〕の学生.

die **Kunst·theo·rie** [クンスト・テオリー] 名 -/-n 芸術〔美術〕(理論).

der **Kunst·tisch·ler** [クンスト・ティッシュラー] 名 -s/- 美術家具職人.

der **Kunst·töp·fer** [クンスト・⑦ップファー] 名 -s/- 陶芸家.

das **Kunst·tur·nen** [クンスト・トゥるネン] 名 -s/ 体操競技.

der **Kunst·ver·lag** [クンスト・ふぇあラーク] 名 -(e)s/-e 美術出版社.

kunst·voll [クンスト・ふォル] 形 芸術性の豊かな;精巧な;巧みな.

das **Kunst·werk** [クンスト・ヴェるク] 名 -(e)s/-e 芸術作品,技巧をこらしたもの,技術の粋,芸術品.

die **Kunst·wis·sen·schaft** [クンスト・ヴィッセンシャフト] 名 -/ (造形)芸術学.

das **Kunst·wort** [クンスト・ヴォるト] 名 -(e)s/..wörter 〖言〗(専門語などの)新造語.

kun·ter·bunt [クンター・ブント] 形 色とりどりの;多彩な;乱雑な.

(*der*) **Kunz** [クンツ] 名〖男名〗クンツ. ⇨ Hinz.

das **Ku·pee** [クペー] 名 -s/-s 1. (二人乗り)軽四輪馬車;クーペ型自動車. 2. 《古》(客車の)車室. ⇨ Coupé.

der **Kü·per** [キューパー] 名 -s/- 〖北独〗 1. 樽〔桶〕屋. 2. (港の)商品検査官.

das **Kup·fer** [クップふァー] 名 -s/- 1. (®のみ)〖化〗銅(記号 Cu). 2. (®のみ)銅製品,銅器;銅貨 (〜geld). 3. 銅版画 (〜stich).

das **Kup·fer·berg·werk** [クップふァー・ベるク・ヴェるク] 名 -(e)s/-e 銅山.

das **Kup·fer·dach** [クップふァー・ダッは] 名 -(e)s/..dächer 銅板ぶき屋根.

der **Kup·fer·draht** [クップふァー・ドらート] 名 -(e)s/..drähte 銅線.

der **Kup·fer·druck** [クップふァー・ドるック] 名 -(e)s/-e 1. (®のみ)銅版印刷. 2. 銅版画.

das **Kup·fer·erz** [クップふァー・エるツ] 名 -es/-e 銅鉱.

kup·fer·far·ben [クップふァー・ふァるベン] 形 銅色の.

das **Kup·fer·geld** [クップふァー・ゲルト] 名 -(e)s/- 銅貨.

kup·fer·hal·tig [クップふァー・ハルティク] 形 銅を含んだ.

kup·fe·rig [クップふぇりク] 形 銅のような;銅色の.

der **Kup·fer·kies** [クップふァー・キース] 名 -s/ 〖鉱〗黄銅鉱.

die **Kup·fer·mün·ze** [クップふァー・ミュンツェ] 名 -/-n 銅貨.

kup·fern [クップふァーン] 形 1. 銅(製)の. 2. 銅色の,銅のような.

kup·fer·rot [クップふァー・ロート] 形 赤銅色の.

der **Kup·fer·schie·fer** [クップふァー・シーふァー] 名 -s/- 〖地質〗含銅粘板岩.

der **Kup·fer·schmied** [クップふァー・シュミート] 名 -(e)s/-e 銅板金工;銅工芸家.

der **Kup·fer·ste·cher** [クップふァー・シュテッひャー] 名 -s/- 1. 銅版彫刻家,銅版画家. 2. 〖昆〗キクイムシ. 【慣用】 Mein lieber Freund und Kupferstecher! 《口》おいおい君(たしなめの呼びかけ).

der **Kup·fer·stich** [クップふァー・シュティッヒ] 名 -(e)s/-e (彫刻)銅版画;(®のみ)銅版彫刻術.

das **Kup·fer·sul·fat** [クップふァー・ズルふァート] 名 -(e)s/-e 〖化〗硫酸銅.

das **Kup·fer·vit·ri·ol** [クップふァー・ヴィトりオール] 名 -s/ 胆礬(たんぱん)銅.

ku·pie·ren [クピーれン] 動 h. 1. 〈et³〉₃+〈et⁴〉

₃〗切って短くする(犬の耳・鳥の翼などを). 2. 〈et¹〉₃+an〈et³〉₃〗切って形を整える(馬の尾・犬の耳などを). 3. 〈et³〉₃〗剪定 (せんてい) する;刈込む. 4. 〖et⁴〗₃〖医〗進行を抑える〖止める〗.

der **Ku·pon** [kupõ: クポーン, kupɔ́ŋ クポング] 名 -s/-s = Coupon.

die **Kup·pe** [クッペ] 名 -/-n 丸い頭部;丸い山頂;指先 (Finger〜).

die **Kup·pel** [クッペル] 名 -/-n 丸屋根,丸天井,円蓋 (えんがい),ドーム.

das **Kup·pel·dach** [クッペル・ダッは] 名 -(e)s/..dächer 円屋根.

die **Kup·pe·lei** [クッペライ] 名 -/ 《蔑·古》(男女間の)取持ち;(政略的な)結婚の世話;〖法〗(職業的な)売春斡旋 (あっせん).

kup·peln [クッペルン] 動 h. 1. 〈et⁴〉₃+〈an〈et⁴〉₃〉〗〖交通〗連結する(車両などを). 2. 〈et¹〉₃〖工〗つなぐ,接続する,連動させる(回路・装置などを). 3. 〖®〗〖車〗クラッチをかける;〖鉄道〗連結作業を行う. 4. 〖®〗《古》男女の仲を取持つ. 【慣用】 mit 〈et³〉 gekuppelt sein 《事と》同時になされる〔生じている〕, 《…と》関連性がある.

der **Kupp·ler** [クップラー] 名 -s/- 《蔑》(職業的な男女間の)取持ち役,ぽん引き,売春斡旋 (あっせん) 業者.

die **Kup·pe·lung** [クッペルング] 名 -/-en = Kupplung 1, 3.

kupp·le·risch [クップレリッシュ] 形 《蔑》男女の仲を取持つ,売春斡旋の.

die **Kupp·lung** [クップルング] 名 -/-en 1. (®のみ)(車両・機械などの)連結,結合,接続. 2. クラッチ;クラッチペダル. 3. 〖交通〗(車両の)連結器;〖工〗継手,連動装置,カップリング.

der **Kupp·lungs·au·to·mat** [クップルングス・アウトマート] 名 -en/-en オートクラッチ.

das **Kupp·lungs·pe·dal** [クップルングス・ペダール] 名 -s/-e 〖車〗クラッチペダル.

die **Kur¹** [クーあ] 名 -/-en 治療,治療法,療養. 【慣用】 〈et¹〉 in (die) Kur nehmen 《物·事を》徹底的に調べて復元〔再建〕する. 〈j⁴〉 in (die) Kur nehmen 《口》《人と》切々と説く,強く意見する.

die **Kur²** [クーあ] 名 -/ (®のみ) = Kür.

die **Kur³** [クーあ] 名 -/ 〖史〗(選帝侯による)皇帝選挙;選帝侯国;選帝侯の位.

die **Kür** [キューあ] 名 -/-en 〖スポ〗(スケート・体操などの)自由演技 (〜übung). 2. 《稀》選択.

die **Kur·an·stalt** [クーあ·アン·シュタルト] 名 -/-en 療養所,サナトリウム.

ku·rant [クらント] 形 《古》流通している: 〜e Münzen 通貨.

das **Ku·rant** [クらント] 名 -(e)s/-e 《古》通貨.

das **Ku·ra·re** [クらーれ] 名 -s/ 〖医·薬〗クラーレ(インディアンの矢毒,麻酔薬).

der **Kü·rass**, ⁽ⓐ⁾ **Küraß** [キらス] 名 -es/-e (15-19世紀のよろいの)胸甲.

der **Kü·ras·sier** [キュらスィーあ] 名 -s/-e (15-19世紀の)甲騎兵,軽騎兵.

der **Ku·rat** [クらート] 名 -en/-en 〖カトリ〗助任司祭;支聖堂付き司祭.

die **Ku·ra·tel** [クらテール] 名 -/-en 〖法〗《古》後見.

der **Ku·ra·tor** [クらートーあ] 名 -s/..ren [クらトーれン] 1. (財団の)受託者;《古》後見人. 2. (大学の)事務局長(財務·法務を担当). 3. (博物館などの)主任研究〔学芸〕員,管理者.

das **Ku·ra·to·ri·um** [クらトーりウム] 名 -s/..rien (公共機関·財団などの)管理〔監督〕委員会;(博物館などの)主任研究〔学芸〕員〔管理者〕の職.

der **Kur·auf·ent·halt** [クーア・アウふエントハルト] 名 -(e)s /-e 療養のための滞在.
die **Kur·bel** [クルベル] 名 -/-n [工]クランク.
das **Kur·bel·ge·häu·se** [クルベル・ゲホイゼ] 名 -s/- [工]クランク室.
kur·beln [クルベルン] 動 1. *h.* 〘慣用〙[工]クランクを回す;《口》車のハンドルを操作する. 2. *h.* 〈et⁴〉ッ+〈方向〉ヘ〉クランクを回して動かす. 3. *h.* 〈et⁴〉ッ〉《口》（機械で）回転させて〔によって・巻いて〕作る（イレジ・ザイル・紙巻タバコなどを）;機械で鎖縫い刺しゅうする（模様を）. 4. *h.* 〈et⁴〉ッ〉《口》撮る（映画を）;（映画に）撮る（風景・場面などを）. 5. *h.* 〘慣用〙《口》映画撮影をする. 6. *s.* 〔*h.*〕〘慣用〙《口》旋回（宙返り）する（航空機が）;サーキットを走る（車で〕.
die **Kur·bel·stan·ge** [クルベル・シュタンゲ] 名 -/-n [工] クランク連接棒.
die **Kur·bel·wel·le** [クルベル・ヴェレ] 名 -/-n [工]クランク軸.
der **Kür·bis** [キュルビス] 名 ..bises/..bise 1. [植]カボチャ;カボチャの実. 2. 《口》頭.
die **Kür·bis·fla·sche** [キュルビス・ふラッシェ] 名 -/-n ひょうたん,ひさご（容器）.
kü·ren⁽*⁾ [キューレン] 動 kürte〔kor〕;hat gekürt〔gekoren〕（不規則変化は〈古〉）〈j⁴〉ッ+〔zu〈j³〉ッ〕〕《文》選ぶ.
der **Kur·fürst** [クーア・ふゅるスト] 名 -en/-en 選帝侯,選帝侯（1806年まで）.
das **Kur·fürsten·tum** [クーア・ふゅるステントゥーム] 名 -s/..tümer 選帝侯国.
kur·fürst·lich [クーア・ふゅるストリヒ] 形 選帝侯の.
der **Kur·gast** [クーア・ガスト] 名 -(e)s/..gäste 療養〔湯治・保養〕客.
das **Kur·haus** [クーア・ハウス] 名 -es/..häuser 療養〔保養〕地にある）療養所〔保養センター〕.
die **Ku·rie** [クーリエ] 名 -/-n 1. 教皇庁. 2. [史]クリア（古代ローマの市民組織の単位）;元老院議事堂.
der **Ku·rier** [クリーア] 名 -s/-e 1. （外交文書を運ぶ）伝書使. 2. 使いの者,メッセンジャー. [鉄道]手荷物特急便.
ku·rie·ren [クリーレン] 動 *h.* 1. 〈j⁴/et⁴〉ッ〉治す,治療する. 2. 〈j³〉ッ+von〈et³〉ッ〉治す,治療する;《口》正させる,改めさせる（偏見などを）: Ich bin davon nicht mehr kuriert. 《口》私はもうそれに懲りた.
die **Ku·ri·len** [クリーレン] 複名 [地名]千島列島.
ku·ri·os [クリオース] 形 奇怪〔珍奇〕な.
die **Ku·ri·o·si·tät** [クリオズィテート] 名 -/-en 1. 《⑱のみ》奇妙,珍奇. 2. 珍品.
das **Ku·ri·o·sum** [クリオーズム] 名 -s/..sa 珍しいこと,奇妙な出来事;珍しいもの.
die **Kur·ku·ma**¹ [クルクマ] 名 -/..kumen [クルクーメン] [植]ウコン.
die **Kur·ku·ma**² [クルクマ] 名 -/(das -(s)/也有) 薑黄（きょう）（ウコンの根茎.カレーの主原料）.
die **Kur·mark** [クーア・マルク] 名 -/- [地名]クーアマルク（Mark Brandenburg の中心部の旧称）.
der **Kur·ort** [クーア・オルト] 名 -(e)s/-e 療養地,湯治場,保養地.
kur·pfu·schen [クーア・プふッシェン] 動 *h.* 〘慣用〙《稀》もぐりで医者をやる.
der **Kur·pfu·scher** [クーア・プふッシャー] 名 -s/- [法]無免許医師;《口・蔑》もぐり医者.
die **Kur·pfu·sche·rei** [クーア・プふッシェライ] 名 -/-en もぐり（無免許）の治療.
die **Kur·ren·de** [クレンデ] 名 -/-n （昔の）学生聖歌隊（埋葬時などに報酬を受けて聖歌を歌う）;[プロテスタント]少年〔学生〕聖歌隊.

kur·rent [クレント] 形 〘ラテン〙ドイツ文字（で）の.
die **Kur·rent·schrift** [クレント・シュリふト] 名 -/-en （昔のドイツ式の）筆記体.
der **Kurs** [クルス] 名 -es/-e 1. 講習（会),コース,課程;（総称）講習会の参加者. 2. （有価証券なの）市場価格,相場. 3. （船・航空機の）進路,コース,針路,航路;〔転〕路線. 4. 〘スポ〙走路,コース. 【慣用】**außer Kurs kommen**〔sein〕（もはや）好まれない,愛されていない. 〈et⁴〉**außer Kurs setzen** 〈事を〉無効にする. **hoch im Kurs stehen** 大いに尊重されている.
der **Kurs·ab·schlag** [クルス・アップ・シュラーク] 名 -(e)s/..schläge [金融]逆日歩.
der **Kurs·be·richt** [クルス・ベりヒト] 名 -(e)s/-e [金融]相場表.
das **Kurs·buch** [クルス・ブーふ] 名 -(e)s/..bücher 時刻表.
der **Kur·schat·ten** [クーア・シャテン] 名 -s/- 《口・冗》療養地で知合った様々の友達.
der **Kürsch·ner** [キュるシュナー] 名 -s/- 毛皮加工職人.
die **Kürsch·ne·rei** [キュるシュネライ] 名 -/-en 1. 《⑱のみ》毛皮加工業. 2. 毛皮加工工場.
der **Kurs·ein·bruch** [クルス・アインブるっふ] 名 -(e)s/..brüche [金融]相場の暴落.
der **Kurs·ge·winn** [クルス・ゲヴィン] 名 -(e)s/-e [金融]株価収益,為替差益.
kur·sie·ren [クルズィーレン] 動 *h.* [*s.*]〔《場所》ッ〉流通している（偽の）貨幣などが）;広まっている（うわさなどが）;回覧されている（文書などが）.
kur·siv [クるズィーふ] 形 [印]イタリックの.
der **Kur·siv·druck** [クるズィーふ・ドるック] 名 -(e)s/- イタリックでの印刷.
die **Kur·si·ve** [クるズィーヴェ] 名 -/-n [印]イタリック体.
die **Kur·siv·schrift** [クるズィーふ・シュリふト] 名 -/- [印]イタリック体.
die **Kurs·kor·rek·tur** [クルス・コれクトゥーア] 名 -/-en 針路〔軌道〕修正;〔転〕路線修正正.
kur·so·risch [クるゾーリシュ] 形 ざっと通しての,大まかな.
der **Kurs·rück·gang** [クルス・りュック・ガング] 名 -(e)s/..gänge [金融]相場の下落.
die **Kurs·schwan·kung** [クルス・シュヴァンクング] 名 -/-en [金融]相場の変動.
der **Kurs·sturz** [クルス・シュトゥるツ] 名 -es/..stürze [金融]相場の急落.
der **Kurs·teil·neh·mer** [クルス・タイル・ネーマー] 名 -s/- 講習会参加者,受講生.
der **Kur·sus** [クるズス] 名 -/Kurse 講習（会),課程,コース;（総称）講習会参加者.
der **Kurs·ver·fall** [クルス・ふぇあふぁル] 名 -(e)s/..fälle [金融]相場の下落.
der **Kurs·ver·lust** [クルス・ふぇアルスト] 名 -(e)s/-e [金融]株価〔為替〕差損.
der **Kurs·wa·gen** [クルス・ヴァーゲン] 名 -s/- 進路別直通車両（当該の客車を途中で他の列車に連結する）.
der **Kurs·wert** [クルス・ヴェーアト] 名 -(e)s/-e [金融]（有価証券の）相場価格.
der **Kurs·zet·tel** [クるス・ツェッテル] 名 -s/- [金融]相場表.
(*der*) **Kurt** [クるト] 名 [男名]クルト（Konrad の短縮形）.
die **Kur·ta·xe** [クーア・タクセ] 名 -/-n 療養地〔リゾート地〕滞在税.
die **Kur·ti·ne** [クるティーネ] 名 -/-n 1. （要塞の稜堡（ほう）をつなぐ）幕壁. 2. 《古》[劇]中幕.
die **Kur·ti·sa·ne** [クるティザーネ] 名 -/-n （昔の貴族位

の)愛人, (王侯・貴族の)愛妾(ぷぱ).
das **Kurt·scha·to·vi·um** [クュチャトーヴィウム] 名 -s/
〖化〗クルチャトビウム(超ウラン元素, 記号 Ku).
die **Kür·übung** [キューア・ユーブング] 名 -/-en 〖楽〗自由演習.
die **Kur·ve** [クュヴェ, ..fə クュふェ] 名 -/-n **1.** (道路の)カーブ, 曲り道; 屈曲. **2.** 弧; 〖幾何〗曲線. **3.** (体・物体の描く)曲線, カーブ; 〖⑩のみ〗(口)(女性の体の)曲線美, ボディーライン. **4.** (楕円形のスタジアムの)スタンドの湾曲した部分. 【慣用】**die Kurve kratzen** 〔口〕さっと逃げる. **die Kurve kriegen** 〔口〕何とか切り抜ける.

kur·ven [クュヴェン, ..fən クュふェン] 動 s. **1.** ((《場所》ヮ)弧を描いて飛ぶ, 旋回する(航空機が〔で〕); 弧を描いて走る, カーブを切る(車などが〔で〕). **2.** (durch ⟨et⁴⟩〕〔口〕あちこち走りつ回る(乗り物で国・町などを). **3.** (über ⟨et⁴⟩ニッィテ)〔口〕頭をひねる.
das **Kur·ven·li·ne·al** [クュヴェン・リネアール, クュふェン・リネアール] 名 -s/-e 曲線定規.
der **Kur·ven·mes·ser** [クュヴェン・メッサー, クュふェン・メッサー] 名 -s/- = Kurvimeter.
kur·ven·reich [クュヴェンライヒ, クュふェンライヒ] 形 カーブの多い(口・冗)曲線美の.
kur·vig [クュヴィヒ, ..fiç クュふィヒ] 形 カーブした, 曲線状の.
das **Kur·vi·me·ter** [クュヴィ・メーター] 名 -s/- キルビメーター;曲線測定器.

kurz [クュツ] 形 kürzer; kürzest **1.** (空間(〈et⁴〉ヲ/ガ)短い, 近い: der *kürzeste* Weg zum Hotel ホテルへの一番近い近道. **den Rock (zwei Zentimeter) *kürzer* machen そのスカートの丈を(2センチ)つめる. ~ **vor dem Bahnhof** 駅のすぐ前に(で). **2.** (時間)(((〈et⁴〉ヲ)短い, 短期の; (《人》ニ)einen *-en* Blick wenden ⟨人ニ⟩ちらっと視線を向ける. Die zweite Pause ist (fünf Minuten) *kürzer* als die erste. 2回目の休憩時間は最初より(5分)短い. Er hat bei uns nur ~ gearbeitet. 彼は私たちの所で少しだけ[短期間だけ]働いた. ~ darauf それからすぐに ~ vorher/danach 少し前に/後に. **3.** 簡潔な, 手短な;そっけない, ぶっきらぼうな: 〈et⁴〉 in ~*en* Worten sagen ⟨事⁴⟩を手短に言う. ~ angebunden sein 無愛想である. **4.** 手早い;さっさと: einen ~*en* Entschluss fassen 決断がはやい. 【慣用】〔口〕vor kurzem 近いうちに, den Kürzeren ziehen〔口〕貧乏くじを引く, ~ **treten** つましく暮す, 自制する. **ein kurzes Gedächtnis haben** 〔口〕物覚えが悪い. **einen kurzen Atem haben** 〔文〕ぜんそくにかかっている. **es kurz machen** 手短にする. **kurz entschlossen** (ためらわずに)素早く決めて. **kurz und bündig**〔knapp〕簡潔に. **kurz und gut**〔klein〕要するに. ⟨et⁴⟩ **kurz und klein schlagen** 〔口〕⟨物⁴⟩を粉々に壊す. **kurz und schmerzlos** 〔口〕あっさりと, ずばりと. **seit kurzem** 少し前から, 近頃. **kurz fassen** かいつまんで述べる. **über kurz oder lang**〔lang oder kurz〕遅かれ早かれ(いずれ). **vor kurzem** 少し前に. **zu kurz kommen** 損をする, ばかをみる.

die **Kurz·ar·beit** [クュツ・アルバイト] 名 -/ 短時間労働; 操業短縮.
kurz|ar·bei·ten [クュツ・アルバイテン] 動 h. 〖職〗短時間労働をする. ⇨ kurz 2.
das **Kurz·ar·bei·ter·geld** [クュツ・アルバイター・ゲルト] 名 -es/-er 短時間労働者手当, 操短手当.
kurz·är·me·lig [クュツ・エルメリヒ] 形 袖の短い.
kurz·at·mig [クュツ・アートミヒ] 形 呼吸困難な, 息づかいの荒い;〔転〕息の短い, 切れ切れの.
die **Kurz·at·mig·keit** [クュツ・アートミヒカイト] 名 -/ 息づかいの荒いこと, 呼吸困難.
kurz·bei·nig [クュツ・バイニヒ] 形 脚の短い.

der **Kurz·be·richt** [クュツ・ベリヒト] 名 -(e)s/-e 簡単な報告.
die **Kur·ze** [クュツェ] 名 〖形容詞の変化〗〔口〕**1.** 小さいグラス一杯の蒸留酒(火酒). **2.** (電気の)ショート.
die **Kür·ze** [キュツェ] 名 -/-n **1.** (⑩のみ)短さ(時間などの);短い長さ〔距離〕(髪・道などの). **2.** (⑩のみ)短い言葉;簡潔(表現・言葉などの). **3.** 〖詩〗短音節. 【慣用】**in Kürze** 間もなく, 近々.
das **Kür·zel** [キュツェル] 名 -s/- 速記符号(文字), 略語, 略記号.
kür·zen [キュツェン] 動 h. **1.** ⟨et⁴⟩短くする(スカート・そで・髪・つめなどを). **2.** ⟨et⁴⟩ッ縮める, 短くする, 簡約〔要約〕する(演説・作文などを);減らす, 一部カットする(給料・予算などを);〔稀〕短縮する(労働時間[期間]などを).
kur·zer·hand [クュツアーハント] 副 即座に, さっさと.
der **Kurz·film** [クュツ・ふィルム] 名 -(e)s/-e 短編映画.
die **Kurz·form** [クュツ・ふォルム] 名 -/-en 〖言〗短縮形.
kurz·fris·tig [クュツ・ふリスティヒ] 形 **1.** 突然の, 直前になっての. **2.** 短期(間)の;早急の, 早期の.
kurz ge·fasst, ⓐ**kurz·ge·faßt** [クュツ ゲふァスト] 形 簡潔な, 手短な.
die **Kurz·ge·schich·te** [クュツ・ゲシヒテ] 名 -/-n 〖文芸学〗ショートストーリー.
kurz ge·scho·ren, ⓐ**kurz·ge·scho·ren** [クュツ ゲショーレン] 形 短く刈った.
kurz·haa·rig [クュツ・ハーリヒ] 形 短毛の;短髪の;毛先の短い.
kurz hal·ten*, ⓐ**kurz·hal·ten*** [クュツ ハルテン] 動 h. ⟨j⁴⟩ッ手綱をゆるめない(部下・生徒などの);食事を制限する(太らないように);小遣いを少な目に抑える(節約を教えるために).
kurz·le·big [クュツ・レービヒ] 形 **1.** 短命の. **2.** すぐすたれる;長くもたない.
kürz·lich [キュツリヒ] 副 この間, 先日.
kurz|schlie·ßen* [クュツ・シリーセン] 動 h. ⟨et⁴⟩ッ短絡〔ショート〕させる(回路などを).
der **Kurz·schluss**, ⓐ**Kurz·schluß** [クュツ・シュルス] 名 -es/..schlüsse **1.** 〖電〗ショート. **2.** 誤った判断〔結論〕;思考の短絡, 逆上.
die **Kurz·schluss·hand·lung**, ⓐ**Kurz·schluß·hand·lung** [クュツシュルス・ハンドルング] 名 -/-en 短絡的行動.
kurz·schlüs·sig [クュツ・シュリュスィヒ] 形 短絡の;短絡的な.
die **Kurz·schrift** [クュツ・シュリふト] 名 -/-en 速記文字;速記(術).
kurz·sich·tig [クュツ・ズィヒティヒ] 形 **1.** 近視[近眼]の. **2.** 近視眼的な.
die **Kurz·sich·tig·keit** [クュツ・ズィヒティヒカイト] 名 -/ **1.** 近視, 近眼. **2.** 短見, 浅慮;近視眼的行動.
die **Kurz·stre·cke** [クュツ・シュトレッケ] 名 -/-n 短距離, 短区間;〖競〗短距離.
der **Kurz·stre·cken·lauf** [クュツシュトレッケン・ラウふ] 名 -(e)s/..läufe 短距離競走.
der **Kurz·stre·cken·läu·fer** [クュツシュトレッケン・ロイふァー] 名 -s/- 短距離走者, スプリンター.
die **Kurz·stre·cken·ra·ke·te** [クュツシュトレッケン・ラケーテ] 名 -/ n 〖軍〗短距離ミサイル.
kurz tre·ten*, ⓐ**kurz·tre·ten*** [クュツ トレーテン] 動 h. **1.** 〖軍〗〔稀〕歩幅を狭めて行進する(方向転換の際などに歩調を合わせるために). **2.** 〖軍〗つましく[耐乏]生活をする(給料自由などに);無理をしない(病気後などに). ⇨ kurz 【慣用】.
kur·zum [クュツ・ウム, クュツ・ウム] 副 要するに.
die **Kür·zung** [キュツング] 名 -/-en **1.** 〔稀〕(時間)短縮. **2.** (予算などの)削減, 切りつめ.

die **Kurz·wa·ren** [クルツ・ヴァーレン] 複《総称》(ボタン・糸などの)裁縫用品.

kurz·weg [クルツ・ヴェック, クルツ・ヴェック] 副 =kurzerhand.

die **Kurz·weil** [クルツ・ヴァイル] 名 -/《古》退屈しのぎ, 娯楽.

kurz·wei·lig [クルツ・ヴァイリヒ] 形 気晴らしになる.

die **Kurz·wel·le** [クルツ・ヴェレ] 名 -/-n 〖理・無線・ｼﾞｪｯ〗短波.

der **Kurz·wel·len·emp·fän·ger** [クルツヴェレン・エムプふェンガー] 名 -s/-〖無線・ｼﾞｪｯ〗短波受信機.

der **Kurz·wel·len·sen·der** [クルツ・ヴェレン・ゼンダー] 名 -s/-〖無線・ｼﾞｪｯ〗短波放送局.

das **Kurz·wort** [クルツ・ヴォルト] 名 -(e)s/..wörter 〖言〗略語, 短縮語.

das **Kurz·zeit·ge·dächt·nis** [クルツ・ツァイト・ゲデヒトニス] 名 -ses/-〖心〗短期記憶.

kusch! [クッシュ] 間 (犬に向って)伏せて静かに!

die **Ku·schel·ecke** [クッシェル・エック] 名 -/-n クッシェルコーナー(幼稚園などのクッションや抱きぬいぐるみのあるいこいのコーナー・デパートのベビールームなど).

ku·sche·lig [クッシェリヒ] 形 ふかふかの.

ku·scheln [クッシェルン] 動 h.〈口〉 **1.** [sich⁴+an 〈j⁴/et⁴〉⌒] 身体をぴったり寄せる[押しつける]. **2.** [sich⁴+in 〈et⁴〉⌒] もぐり込む(ベッド・人の腕の中などに), くるまる(毛布などに), 身体をひったり寄せる(ソファーの片隅などに).

das **Ku·schel·tier** [クッシェル・ティーァ] 名 -(e)s/-e 動物の縫いぐるみ.

ku·schen [クッシェン] 動 h. **1.** (vor 〈j³〉/ﾆﾉﾞﾃﾞ)逆わずに黙っている. **2.** 〈(sich⁴)〉伏せをする(犬が).

kusch·lig [クッシュリヒ] 形 =kuschelig.

die **Ku·si·ne** [クズィーネ] 名 -/-n (女の)いとこ, 従姉妹.

der [das] **Kus·kus** [クスクス] 名 -/- クスクス(北アフリカの料理).

der **Kuss, ⓐKuß** [クス] 名 -es/Küsse キス, 接吻(ﾂ̈ｺ).

kuss·echt, ⓐkuß·echt [クス・エヒト] 形 キスしても色の落ちない.

küs·sen [キュッセン] 動 h. **1.** 〈j⁴〉キスする, 口づけする, 接吻(ｾｯ)する;〈j⁴〉が相互代名詞sich⁴の場合)キスをかわす:〈j⁴〉auf den Mund/die Wange ⌒〈人の〉口/ほおに口づけする. **2.** 〈j⁴〉/〈et⁴〉にキスする, 口づけする, 接吻する(儀礼的に). **3.** 〈et⁴〉にキスする, 口づけする.

kuss·fest, ⓐkuß·fest [クス・ふェスト] 形 =kussecht.

die **Kuss·hand, ⓐKuß·hand** [クス・ハント] 名 -/..hände 投げキス. 〖慣用〗〈j⁴/et⁴〉 **mit Kusshand nehmen** 〈口〉〈人・物〉を大歓迎する, 大喜びで受け取る.

die **Küs·te** [キュテ] 名 -/-n 海岸(Meeres~);海岸[沿海]地域:an der ⌒ 海岸[海辺]で.

die **Küs·ten·ar·til·le·rie** [キュステン・アるティルレリー] 名 -/-n〖軍〗海岸(沿岸)防衛砲兵隊.

die **Küs·ten·fi·sche·rei** [キュステン・ふィッシェらイ] 名 -/-沿岸漁業.

das **Küs·ten·ge·biet** [キュステン・ゲビート] 名 -(e)s/-e 海岸(沿海)地域.

das **Küs·ten·ge·wäs·ser** [キュステン・ゲヴェッサー] 名 -s/-沿岸海, 領海.

der **Küs·ten·han·del** [キュステン・ハンデル] 名 -s/-沿海(沿岸)貿易.

die **Küs·ten·schiff·fahrt, ⓐKüs·ten·schiff·fahrt** [キュステン・シふ ふぁあト] 名 -/-沿岸航行.

der **Küs·ten·strei·fen** [キュステン・シュトらイふェン] 名 -s/-沿海地帯.

die **Küs·ten·wa·che** [キュステン・ヴァッヘ] 名 -/-n 沿岸警備(隊).

der **Küs·ter** [キュスター] 名 -s/- (教会の)使用人, 寺男;《ｶﾄﾘ》香部屋係.

der **Kus·tos** [クストス] 名 -/..toden [クストーデン] **1.** (博物館などの)学芸員. **2.** (昔の本のページの右下に印刷される次ページの最初の単語). **3.**《古》教会の雇人.

ku·tan [クターン] 形 〖医〗皮膚の.

die **Ku·ti·ku·la** [クティークラ] 名 -/-s〖..lä]〖生〗クチクラ, 角皮.

der **Kutsch·bock** [クッチュ・ボック] 名 -(e)s/..böcke (馬車の)御者台.

die **Kut·sche** [クッチェ] 名 -/-n (箱型の)乗用馬車;〈口・蔑〉(《冗》も有)(大型の)ボロ車.

der **Kut·scher** [クッチャー] 名 -s/- (馬車の)御者.

kut·schie·ren [クチーれン] 動 **1.** s.〈方向〉へ〉馬車で行く[来る・走る]. **2.** s. [mit 〈et³〉+〈方向〉⌒/durch 〈et⁴〉ﾅﾆﾞ] 車で行く[来る・走る]〈乗り物で〉. **3.** h.〈j⁴/et⁴〉+〈方向〉⌒/durch 〈et⁴〉ﾅﾆﾞ] 馬車に乗せて行く[来る・走る], 馬車で運ぶ. **4.** h.〈j⁴/et⁴〉+〈方向〉⌒/durch 〈et⁴〉ﾅﾆﾞ] (口)乗せて行く[来る・走る], 運ぶ. **5.** h.〈(〈et⁴〉⌒)〉御する(馬車を);馬車を御する;(口)運転する(車を).

die **Kut·te** [クッテ] 名 -/-n (フード付きの)修道服, 僧衣;〈若〉服(特にコート, パーカ);〈南独〉作業用の上っ張り.

der **Kut·tel** [クッテル] 名 -/-n (主に圏)(牛の)臓物.

der **Kut·ter** [クッター] 名 -s/- 1本マストの小帆船;カッター(ヨットの一種);(発動機つき)小型漁船;〖軍〗艦載戦の短艇, カッター.

das **Ku·vert** [kuvé:r, kuvé:r クヴェーる, 〈方〉kuvért クヴェルト] 名 -s/-s〈[〈方〉-(e)s/-e] **1.** 封筒. **2.**〈文・古〉一人前の食器一そろい.

ku·ver·tie·ren [クヴェるティーれン] 動 h.〈et⁴〉ﾆ〉封筒に入れる.

die **Ku·ver·tü·re** [クヴェるテューれ] 名 -/-n (ケーキなどの)チョコレートコーティング.

(das) **Ku·wait** [kuvaít クヴァイト, kú:..クーヴァイト] 名 -s/〖国名〗クウェート.

der **Kux** [クックス] 名 -es/-e〖経〗《古》鉱山株.

kV = Kilovolt キロボルト.

KV = Köchelverzeichnis〖楽〗ケッヘル番号.

kv. = kriegsverwendungsfähig〖官〗兵役に適格な.

kW = Kilowatt〖電〗キロワット.

KW = Kurzwelle〖理・無線・ｼﾞｪｯ〗短波.

der **Kwass, ⓐKwaß** [クヴァス] 名 -[-es)/ クワス(ビールに似たロシアの飲料).

kWh = Kilowattstunde〖電〗キロワット時.

(die) **Ky·be·le** [キューベレ, キュベーレ] 名 〖ギ神〗キュベレ(豊穣の女神).

die **Ky·ber·ne·tik** [キュベるネーティク] 名 -/ **1.**〖工〗サイバネティクス. **2.**《ﾌﾟﾛﾃｽ》教会統治方法の教え, 教会・教区指導規範.

ky·ber·ne·tisch [キュベるネーティシュ] 形 サイバネティックスの.

der **Kyff·häu·ser** [kff.. キふホイザー] 名 -(s)/〖地名〗キフホイザー(ハルツ山脈の南東の森林山脈).

der **Ky·kli·ker** [キュークリカー] 名 -s/- =Zykliker.

der **Ky·klop** [キュクロープ] 名 -en/-en =Zyklop.

das **Ky·ma·ti·on** [キュマーツィォン] 名 -s/-s〖..tien]〖建〗キュマティオン(ギリシア神殿などの軒蛇腹最上部の装飾帯).

der **Ky·ni·ker** [キューニカー] 名 -s/- キュニク学派(犬儒派)の人.

der **Ky·pho·se** [キュふぉーゼ] 名 -/-n 〖医〗脊柱(ｾ̈ｷﾁｭｳ)後湾.

das **Ky·rie** [キューりエ] 名 -/-s キリエ(~eleison).

das **Ky·rie·e·lei·son** [キューリエ・エライゾン, キューリエ・エレーイゾン] 名 -s/-s キリエ・エレイソン, あわれみの聖歌.
Ky·rie e·lei·son [キューリエ エライゾン, キューリエ エレーイゾン] 間 〖キ教〗キリエ・エレイソン(「主よ, あわれみたまえ」の意. 礼拝の冒頭などに唱える言葉).
Ky·ri·e·leis [キュリエライス] 間 〖キ教〗キリエライス (Kyrie eleison! の短縮形).
ky·ril·lisch [キュリリシュ] 形 キリール(文字)の.
die **Ky·ril·li·za** [キュリリツァ] 名 -/ キリル文字.
das **KZ** [カーツェット] 名 -(s)/-(s) (ナチスの)強制収容所(Konzentrationslager).

L

das **l^1, L^1** [ɛl エル] [名] -/- (《口》-s/-s) ドイツ語アルファベットの第12字.
l^2 ＝Liter リットル.
L^2 ＝fünfzig (ローマ数字)50.
l. **1.** ＝lies! (…と)読むこと. **2.** ＝links 左に.
L. ＝Lira リラ(イタリアの旧貨幣単位).
La [エルアー] ＝Lanthan 〖化〗ランタン.
LA [名] ＝Lastenausgleich 負担調整(第二次大戦後の旧西ドイツ国民に対する補償金).
der **Laacher See** [ラーはー ゼー] [名] -s/ 〖湖名〗ラーハー湖(ラインラント＝プファルツ州の火口湖).
das **Lab** [ラープ] [名] -(e)s/-e レンニン(凝乳酵素);レンネット(チーズ用の酵素剤).
der **Laban** [ラーバン] [名] -s/-e **1.** ([単]のみ;主に無冠詞)〖旧約〗ラバン(Jakobの義父). **2.** 《口》やせたのっぽの男〔若者〕.
labberig [ラっべりひ] [形] 《口・蔑》 **1.** 水っぽい,味のない. **2.** ぐにゃぐにゃの,ふにゃふにゃの,だらっとした;力の入らない,ふらふらする.
labbern [ラっバーン] [動] *h.* **1.** 〔〈et^4〉ヲ〕《北独・口》くちゃくちゃ食べる,ずるずる飲む. **2.** 〔補足なし〕《北独・口・蔑》くだらないことをぺちゃくちゃしゃべる. **3.** 〔補足なし〕〖海〗だらりとたれる(帆が).
die **Labe** [ラーベ] [名] -/ 《詩》元気づける〔気分爽快(そうかい)にする〕もの〔飲料・食物〕.
das **Label** [lé:bəl レーベル] [名] -s/-s ラベル.
laben [ラーベン] [動] *h.* **1.** 〔〈j^4〉ヲ＋(mit 〈et^3〉デ)〕《文》さわやかな気分にさせる(冷たい飲物などで),(…の)元気を回復させる(食べ物で): das Auge ～ 《転》目を楽しませる(景色などが). **2.** 〔sich^4＋an 〈et^3〉ノ〕味を楽しむ;《文》(…で)さわやかな気分になる,元気を回復する.
labern [ラーバーン] [動] *h.* 〔補足なし〕《口》おしゃべりをする;《蔑》くだらないおしゃべりをする.
der **Labetrunk** [ラーベ・トるンク] [名] -(e)s/..trünke 《詩》元気づける〔気分を爽快(そうかい)にする〕飲み物.
das **Labferment** [ラープ・ふぇるメント] [名] -s/-e 〖化〗ラープ酵素,レンニン.
labial [ラビアール] [形] 〖医〗口唇の;〖言〗唇音の.
der **Labial** [ラビアール] [名] -s/-e 〖言〗唇音.
der **Labiallaut** [ラビアール・ラウト] [名] -(e)s/-e 〖言〗唇音.
labil [ラビール] [形] 不安定な;〖心〗情緒不安定な;〖医〗病気になりやすい.
die **Labilität** [ラビリテート] [名] -/-en (主に[単])変りやすさ,不安定.
das **Labium** [ラービウム] [名] -s/..bien〔..bia〕 **1.** 〖解〗唇(くち);陰唇. **2.** ([複]..bien)〖楽〗歌口. **3.** 〖昆〗下唇.
das **Labkraut** [ラープ・くらウト] [名] -(e)s/..kräuter 〖植〗ヤエムグラ.
der **Labmagen** [ラープ・マーゲン] [名] -s/..mägen 皺胃(しゅうい・しわい)(反芻類の第4胃).
das **Labor** [ラボーあ] [名] -s/-s〔-e〕 (理化学・医学の)実験室,試験所(Laboratorium).
der **Laborant** [ラボらント] [名] -en/-en 実験助手.
das **Laboratorium** [ラボらトーリウム] [名] -s/..rien (理化学・医学の)実験室〔所〕,試験所;(薬局の)調剤室;(写真家の)暗室.
laborieren [ラボリーれン] [動] *h.* **1.** 〔an 〈et^3〉ニ〕《口》悩まされている(病気などに);(…で)苦労している(仕事などで). **2.** 〔補足なし〕《稀》実験(室)の作業を行う.
der **Labrador** [ラブらドーあ] [名] -s/-e **1.** ラブラドル(犬). **2.** 曹灰長石.
das **Labsal** [ラープザール] [名] -(e)s/-e (《南独・オーストリア》die ～ -/-eも有)《文》元気づける〔気分爽快(そうかい)にする〕もの〔飲料・食物〕.
das **Labskaus** [ラプス・カウス] [名] -/ 〖料〗ラプスカウス(船員料理の一種).
die **Labung** [ラーブング] [名] -/-en 《文》 **1.** 元気づける〔気分爽快(そうかい)にする〕こと. **2.** 元気づける〔気分爽快にする〕もの.
das **Labyrinth** [ラビュリント] [名] -(e)s/-e 迷宮,迷路;〖芸術学〗ラビリント(ゴシック聖堂の床面にしるされた迷路図);〖解〗(内耳の)迷路.
die **Lache**^{1} [ラっへ] [名] -/-n (主に[単])《口》笑い(声);笑い方.
die **Lache**^{2} [ラっへ, ラーへ] [名] -/-n 水たまり(Wasser～),(飲物・オイルなどのこぼれて)たまった液体.
die **Lache**^{3} [ラっへ] [名] -/-n 〖林〗(樹脂採取用の)幹の刻み目.
lächeln [レっひぇルン] [動] *h.* **1.** 〔補足なし〕ほほえむ,にっこりする,微笑する. **2.** 〔über 〈j^4/et^4〉ヲ〕面白がる,面白がってにやにやする. **3.** 〔〈様態〉ニ〕ほほえむ,薄笑いを浮かべる. **4.** 〔〈j^3〉ニ〕《古・詩》ほほえみかける(幸運などが).
lachen [ラっヘン] [動] *h.* **1.** 〔補足なし〕 笑う. **2.** 〔〈様態〉ニ〕笑う. **3.** 〔über 〈j^4/et^4〉ヲ〕笑う. **4.** 〔〈j^3〉ニ〕《詩》笑いかける,笑顔を見せる: Die Welt *lachte* uns. 世間がわれわれに笑顔を見せた〔好意的だった〕. **5.** 〔〈et^2〉ニ〕《詩》笑って立向かう(怖気づいたり,恐れたりしない). 【慣用】**Bei ihm hatte ich nichts zu lachen.** 《口》彼の所では私はひどい扱いを受けた. **Da〔Hier〕gibt's (gar) nichts zu lachen.** 笑いごとじゃないぞ. **Dass ich nicht lache!** ばかばかしい. **Die Leute platzten vor Lachen.** 《口》みんなどっと笑った. **Du hast〔kannst〕gut〔leicht〕lachen.** 君は(私のひどい立場にいないから)笑っていられるんだ. **Er lachte ein kurzes Lachen.** 彼はちょっと笑った. **Er lachte sich^3 eins.** 《口》ひそかに凱歌(がいか)をあげる. **Es ist doch zum Lachen.** 《口》それはお笑い草だ,ばかばかしい. **Es〔Das〕wäre ja〔doch〕gelacht, wenn wir so etwas nicht könnten!** 《口》われわれにはそんなことができないなんてことは絶対にない〔そんなことができなければ,お笑いだよ〕. **〈j^3〉 ins Gesicht lachen** 〈人ヲ〉あからさまに嘲笑(ちょうしょう)する. **Jetzt ist mir nicht zum Lachen (zumute〔zu Mute〕).** 今は私はとても笑う気にはなれない. **sich^3 ins Fäustchen lachen** ほくそ笑む,(人の不幸を)ひそかに笑う. **sich^4 vor Lachen nicht mehr halten können** 我慢できずに笑い出す. **Tränen lachen** 涙が出るほど笑う. **〈j^3〉 vergeht (noch) das Lachen** 〈人ハ〉笑ってはいられなくなる.
der **Lacher** [ラっはー] [名] -s/- **1.** 笑う人. **2.** (不意の)笑い(声). 【慣用】**die Lacher auf seiner Seite haben** (討論などで)ユーモアで笑わせて人を味方にする.
lächerlich [レっひゃーリひ] [形] **1.** おかしな;ばかげた;《稀》笑いたくなるような. **2.** (話にならないほど)わずかな;(ばかばかしいほど)ささいな;とても. 【慣用】**〈et^4〉 ins Lächerliche ziehen** 〈事ヲ〉茶化す. **〈j^4〉/sich^4 lächerlich machen** 〈人ヲ〉笑いものにする/笑いものになる.
die **Lächerlichkeit** [レっひゃーリひカイト] [名] -/-en **1.** ([単]のみ)おかしさ,ばかばかしさ;わずか〔ささい〕であること. **2.** (主に[複])《蔑》ばかげていること.
lächern [レっひゃーン] [動] *h.* 〔〈j^4〉ヲ〕《方》笑いたい気

持にさせる《主に Es が主語》.

(*die*) **La·che·sis** [ラっへズィス] [名] 〖ギ神〗ラケシス《運命の三女神 Moira の一人》.

das **Lach·gas** [ラっは・ガース] [名] -es/ 笑気(しょうき)《一酸化二窒素. 麻酔剤に用いられた》.

lach·haft [ラっはハふト] [形] ばかばかしい; とても.

der **Lach·krampf** [ラっは・クらムプふ] [名] -(e)s/..krämpfe 発作的〔衝動的〕な笑い.

die **Lach·lust** [ラっは・ルスト] [名] -/ 笑いたい気持.

lach·lus·tig [ラっは・ルスティひ] [形] 笑い上戸の.

der **Lachs** [ラっクス] [名] -es/-e 〖魚〗サケ.

die **Lach·sal·ve** [ラっは・ザルヴェ] [名] -/-n 爆笑.

lachs·far·ben [ラっクス・ふぁるベン] [形] サーモンピンクの.

der **Lachs·schin·ken** [ラっクス・シンケン] [名] -s/- ラックスシンケン《脂身を巻きつけたハム》.

die **Lachs·trep·pe** [ラっクス・トれっペ] [名] -/-n サケのための魚梯(ぎょてい).

die **Lach·tau·be** [ラっは・タウベ] [名] -/-n 〖鳥〗ワライバト.

der **Lack** [ラっク] [名] -(e)s/-e 《[複]は種類》 **1.** ラッカー, ニス, エナメル, 漆; (マニキュア用)エナメル(Nagel~). **2.** 〖植〗ニオイアラセイトウ(Gold~). 【慣用】 **Der Lack ist ab.** もう新しく〔若く〕ない.

der **Lack·af·fe** [ラっク・アっふェ] [名] -n/-n 《口・蔑》きざなしゃれ男.

die **Lack·ar·beit** [ラっク・アるバイト] [名] -/-en **1.** 《[単]のみ》漆塗り, 漆工芸. **2.** 漆工芸品.

der **La·ckel** [ラっケル] [名] -s/- 《南独・[オーストリア]・口・蔑》ばか者.

la·cken [ラっケン] [動] *h.* =lackieren 1, 2.

die **Lack·far·be** [ラっク・ふぁるベ] [名] -/-n ラッカー, エナメル.

la·ckie·ren [ラキーれン] [動] *h.* **1.** 〚〈et^4〉ニ〛ラッカー〔ニス・エナメル・漆〕を塗る. **2.** 〚〈j^4〉ニ//〈j^3〉ノ+〈et^4〉ニ〛ネイルエナメルを塗る. **3.** 〚〈j^4〉ヲ〛《口》だます, (…に)いっぱい食わす. 【慣用】〈j^3〉 **eine lackieren** 《口》〈人の〉横っ面を張る.

der **La·ckie·rer** [ラキーらー] [名] -s/- 塗装工, 塗物師.

die **La·ckie·rung** [ラキーるング] [名] -/-en 塗装; 塗装膜.

die **Lack·kunst** [ラっク・クンスト] [名] -/ 漆工芸.

das **Lack·le·der** [ラっク・レーダー] [名] -s/- エナメル革.

das〔*der*〕**Lack·mus** [ラっクムス] [名] -/ 〖化〗リトマス.

das **Lack·mus·pa·pier** [ラっクムス・パピーあ] [名] -s/ 〖化〗リトマス試験紙.

der **Lack·schuh** [ラっク・シュー] [名] -(e)s/-e エナメル革の靴.

der **Lack·stie·fel** [ラっク・シュティーふェル] [名] -s/- エナメル革のブーツ.

der **La·cri·ma Chris·ti** [ラークリマ クリスティ] [名] --/-- ラクリマ・クリスティ《「キリストの涙」と名付けられたヴェスヴィオ産イタリアワイン》.

la·cri·mo·so [ラクりモーソ] [副] 〖楽〗ラクリモーソ, 涙ぐんで悲痛に.

das **La·crosse** [lakrɔ́s ラクろス] [名] -/ ラクロス《1 チーム 10 人で行われるホッケーに似た球技》.

die **La·de** [ラーデ] [名] -/-n **1.** 《方》引出し(Schub~). **2.** 《方・古》櫃(ひつ), 長持ち. **3.** (馬の)銜(はみ)受り. **4.** 〖ユダヤ教〗契約の聖櫃(ひつ)(Bundes~).

der **La·de·baum** [ラーデ・バウム] [名] -(e)s/..bäume 〖船〗デリックブーム《デッキクレーンの腕木》.

die **La·de·büh·ne** [ラーデ・ビューネ] [名] -/-n =Laderampe.

die **La·de·flä·che** [ラーデ・ふレっひェ] [名] -/-n (貨車などの)積載面積.

das **La·de·ge·schirr** [ラーデ・ゲシる] [名] -(e)s/ (貨物船の)荷役用設備.

das **La·de·ge·wicht** [ラーデ・ゲヴィひト] [名] -(e)s/-e 最大積載量.

die **La·de·hem·mung** [ラーデ・ヘムング] [名] -/-en 《主に[単]》(火器の)装塡(そうてん)装置の故障.

die **La·de·li·nie** [ラーデ・リーニエ] [名] -/-n 満載喫水線.

la·den[1]* [ラーデン] [動] er lädt; lud; hat geladen **1.** 〚〈j^4/et^4〉ヲ+(auf〔in〕〈et^4〉ニ)〛積(込)む, 載せる; 背負わせる. **2.** 〚補足なし〛荷の積込みをする. **3.** 〚〈et^4〉ニ+(mit〈et^3〉ヲ)〛積(込)む; 貨物〔荷物〕を積(込)む. **4.** 〚〈et^4〉ヲ〛(貨物として)積む〔載せる〕. **5.** 〚〈et^4〉ヲ+aus〔von〕〈et^3〉カラ〛降ろす; 〖コンピュータ〗ロードする. **6.** 〚〈et^4〉ニ〛弾薬をこめる《火器に》; 爆薬を装塡(そうてん)する《発破用の孔などに》; 《ジャーゴン》フィルムを装塡する《カメラに》; 〖理〗充電する《バッテリーに》, 帯電〔荷電〕させる《電極などに》. **7.** 〚〈et^4〉ヲ+auf sich^4〛背負い込む《責任・負担などを》. 【慣用】 **elektrisch geladen sein** 〖理〗帯電している. **scharf laden** 実弾を装塡する. **schwer**〔**ganz schön**〕**geladen haben** 《口》すっかり酔っ払っている. **schwer laden** (トラックなどが)許容限度いっぱいに荷物を積む.

la·den[2]* [ラーデン] [動] er lädt〔ladet〕; lud; hat geladen 《現在時称の規則変化は《方》》〚〈j^4〉ヲ+(zu〈et^3〉ニ)〛《文》招く, 招待する; 〖法〗召喚する, 出頭させる.

der **La·den** [ラーデン] [名] -s/Läden〔-〕 **1.** 《[複] Läden》 店, 小売店, 商店; 《口》飲食店, ホテル, 劇場. **2.** 《[複] Läden〔-〕》(窓の)よろい戸, シャッター(Fenster~). **3.** 《[単]のみ》《口》(取り組んでいる)仕事〔用件〕; 事情: Der ~ läuft. その件はうまく行っている. den ~ hinwerfen その件を断念する.

der **La·den·be·sit·zer** [ラーデン・ベズィっツァー] [名] -s/- 店主.

der **La·den·dieb** [ラーデン・ディーブ] [名] -(e)s/-e 万引き(人).

der **La·den·dieb·stahl** [ラーデン・ディーブ・シュタール] [名] -(e)s/..stähle 万引き(行為).

der **La·den·hü·ter** [ラーデン・ヒューター] [名] -s/- 《蔑》棚ざらしの商品.

der **La·den·in·ha·ber** [ラーデン・イン・ハーバー] [名] -s/- 店主.

die **La·den·kas·se** [ラーデン・カっセ] [名] -/-n 商店のレジ.

die **La·den·ket·te** [ラーデン・ケっテ] [名] -/-n チェーンストア.

das **La·den·mäd·chen** [ラーデン・メートひェン] [名] -s/- 《古》見習女子店員.

der **La·den·preis** [ラーデン・プらイス] [名] -es/-e 小売〔店頭〕価格.

das **La·den·schild** [ラーデン・シルト] [名] -(e)s/-er (商店の)看板.

der **La·den·schluss**, [旧]**La·den·schluß** [ラーデン・シュルス] [名] -es/ 営業時間の終了, 閉店.

das **La·den·schluss·ge·setz**, [旧]**La·den·schluß·ge·setz** [ラーデンシュルス・ゲゼっツ] [名] -es/-e 閉店時間法.

der **La·den·schwen·gel** [ラーデン・シュヴェンゲル] [名] -s/- 《古・蔑》見習の若い店員〔小僧〕.

die **La·den·stra·ße** [ラーデン・シュトらーセ] [名] -/-n 商店街.

der **La·den·tisch** [ラーデン・ティっシュ] [名] -(e)s/-e (商店の)売り台, カウンター. 【慣用】〈et^4〉 **unter dem Ladentisch verkaufen** 《口》〈物を〉裏でこっそり売る.

die **La·den·toch·ter** [ラーデン・トほター] [名] -/..töchter 《スイス》女性店員.

die **La·den·tür** [ラーデン・テューあ] [名] -/-en 店の(出入口の)ドア.

der **La·de·platz** [ラーデ・プラっツ] [名] -es/..plätze 荷

L

積み場.
- *der* **Lader** [ラーダー] 名 -s/- 荷積み作業員;荷積み用自動車両(フォークリフトなど).
- *die* **Laderampe** [ラーデ・らんペ] 名 -/-n (倉庫などから張出した)貨物の積下ろし用エプロン.
- *der* **Laderaum** [ラーデ・ラウム] 名 -(e)s/..räume 貨物室.
- *der* **Ladestock** [ラーデ・シュトック] 名 -(e)s/..stöcke (昔の銃の)弾込め棒.
- **lädieren** [レディーれン] 動 h.《j⁴/et⁴》》傷つける.
- *der* **Ladino**¹ [ラディーノ] 名 -s/-s ラディノ(ラテンアメリカの混血白人〔インディアン〕).
- *das* **Ladino**² [ラディーノ] 名 -s/ ラディノ語(スペイン系ユダヤ人の話すスペイン語).
- **lädst** [レーツト] 動 laden の現在形 2 人称単数.
- **lädt** [レート] 動 laden の現在形 3 人称単数.
- *die* **Ladung**¹ [ラードゥング] 名 -/-en **1.** 積荷,貨物;(積荷の)1 車〔隻〕分の量: eine ~ Holz 1 台〔隻〕分の材木. **2.** 1 回〔発〕分の装薬〔弾薬・爆薬〕. **3.**《理》電荷. **4.**《口》かなりの量.
- *die* **Ladung**² [ラードゥング] 名 -/-en《法》召喚;召喚状(Vor~).
- *die* **Lady** [léːdi レーディ] 名 -/-s〔Ladies [レーディス]〕 **1.**《㊥のみ》レディー(イギリスの上級貴族夫人の称号). **2.** 淑女,貴婦人.
- **ladylike** [léːdilaik レーディ・ライク] 形 レディー〔貴婦人〕らしい.
- (*der*) **Laërtes** [ラエ̌ルテス] 名《ギ神》ラエルテス (Odysseus の父).
- *die* **Lafette** [ラふェッテ] 名 -/-n 砲架,砲車.
- *der* **Laffe**¹ [ラッふェ] 名 -n/-n《古・蔑》きざな男.
- *die* **Laffe**² [ラッふェ] 名 -/-n **1.**《南西独》スプーンの先;(やかんなどの)口. **2.**《狩》(牛・豚などの)肩肉.
- **lag** [ラーク] 動 liegen の過去形.
- *der* **Lag** [lεk レック] 名 -s/《経》ラグ,遅延.
- **LAG** =Lastenausgleichsgesetz 負担調整法.
- *das* **Lagan** [lεgən レゲン] 名 -s/-s《海》(海難時の)浮標付き投げ荷.
- *die* **Lage** [ラーゲ] 名 -/-n **1.** (物の)位置,場所;《醸造》特定産地のワイン. **2.** 寝方,寝相;《水泳》体位;《剣》剣の構え;《主に㊥》《水泳》メドレーリレー(の泳法): 《et⁴》 in die richtige ~ bringen《物⁴》正しく置く. **3.** 情勢,状況,局面,立場;《軍・政》《ジシ》情況分析会議: in der ~ sein,《et⁴》 zu tun《事⁴》することができる. **4.** (積み重なった)層;《製本》1 折丁: eine ~ Watte ひと重ねの綿. **5.** 音域,声域;《楽》(弦楽器の運指の)ポジション. **6.**《口》(酒などの)一座の人数分の量: eine ~ Bier ausgeben 皆にビールを一杯ずつ振舞う. **7.**《東中独》天井.
- **läge** [レーゲ] 動 liegen の接続法 2 式.
- *der* **Lagebericht** [ラーゲ・ベりヒト] 名 -(e)s/-e 状況報告.
- *das* **Lagenschwimmen** [ラーゲン・シュヴィメン] 名 -s/《ズヷ》 (水泳の)個人メドレー.
- **lagenweise** [ラーゲン・ヴァイゼ] 副 層状に,ひと重ねずつ.
- *der* **Lageplan** [ラーゲ・プラーン] 名 -(e)s/..pläne 見取図,配置図.
- *das* **Lager** [ラーガー] 名 -s/-〔Läger〕 **1.**《㊥は-》宿営〔野営〕地,休暇用合宿施設;(難民・捕虜・囚人の)収容所;強制収容所(Konzentrations~). **2.**《㊥は-》《古》寝場所;《狩》(猟獣の)休息場. **3.**《㊥》Läger も有》倉庫;在庫品:《et⁴》 auf ~ haben《物⁴》を在庫がある. **4.**《㊥は-》《工》軸受け;《地質》鉱脈;《土》梁《ﾊり》受け. **5.**《㊥》《政治抗争などの》陣営. **6.**《生》葉状体.

- *der* **Lagerabbau** [ラーガー・アップ・バウ] 名 -(e)s/《経》在庫の削減.
- *der* **Lagerabgang** [ラーガー・アップ・ガング] 名 -(e)s/ 在庫日減り(売行き).
- *der* **Lageraufseher** [ラーガー・アウふ・ゼーアー] 名 -s/- 宿営地〔キャンプ場・収容所〕の番人.
- *die* **Lageraufstockung** [ラーガー・アウふ・シュトックング] 名 -/-en 在庫の増加.
- *der* **Lagerbestand** [ラーガー・ベシュタント] 名 -(e)s/..stände《経》在庫品,ストック.
- *das* **Lagerbier** [ラーガー・ビーる] 名 -(e)s/-e ラガービール.
- *das* **Lagerbuch** [ラーガー・ブーふ] 名 -(e)s/..bücher 在庫品台帳.
- **lagerfähig** [ラーガー・ふェーイク] 形 貯蔵〔保存〕のきく.
- *das* **Lagerfeuer** [ラーガー・ふォィアー] 名 -s/- キャンプファイヤー.
- *die* **Lagergebühr** [ラーガー・ゲビューア] 名 -/-en《経》倉庫(保管)料.
- *die* **Lagerhaltung** [ラーガー・ハルトゥング] 名 -/ 倉庫保管.
- *das* **Lagerhaus** [ラーガー・ハウス] 名 -es/..häuser 倉庫.
- *der* **Lagerist** [ラーゲりスト] 名 -en/-en 倉庫管理人;在庫品管理者.
- *die* **Lagerkartei** [ラーガー・カるタイ] 名 -/-en《商》カード式在庫品台帳.
- *die* **Lagerkennzahlen** [ラーガー・ケン・ツァーレン] 複名 在庫指数.
- *die* **Lagerkosten** [ラーガー・コステン] 複名《経》倉庫費用.
- **lagern** [ラーガーン] 動 h. **1.**《(様態)す/(場所)》宿営〔野営〕する(部隊などが);(仮の寝床で)寝る;《鉱》鉱床〔鉱脈・鉱層〕をなしている(鉱物が);貯蔵〔保存〕される(食料品などが);寝かせである(ワインなどが);《工》支えられている(支柱などの上に);立ちこめている,覆っている(霧・熱気などが);積もっている(ほこりなどが). **2.**《j⁴/et⁴》》+《(様態)ず/(場所)》》寝かせる,横たえる;据える;貯蔵する;寝かせておく(ワインなどを). **3.**《sich⁴ 《+場所)》身を横たえる〔腰をおろして〕休息する;層をなして立ちこめる(雲などが).《慣用》 ähnlich/ anders gelagert sein 似たような〔異なった〕状況である. **lagernde Post** 局留め(局渡しの)郵便.
- *der* **Lagerplatz** [ラーガー・プラッツ] 名 -es/..plätze **1.** 宿営〔野営〕地,休息地. **2.** 置場,集積場,貯蔵地.
- *der* **Lagerraum** [ラーガー・ラウム] 名 -(e)s/..räume 倉庫(室);貯蔵〔保存〕室(場).
- *der* **Lagerschuppen** [ラーガー・シュッペン] 名 -s/- 倉庫用小屋.
- *die* **Lagerstätte** [ラーガー・シュテッテ] 名 -/-n 寝床;《地質》鉱床.
- *die* **Lagerung** [ラーゲるング] 名 -/-en (主に㊥) **1.** 横たえること,置く〔据える〕こと. **2.** 保存,貯蔵. **3.**《工》軸受け;《地質》(岩石の)成層.
- *der* **Lagerverwalter** [ラーガー・ふェるヴァルター] 名 -s/- 倉庫管理人;在庫品管理者.
- *der* **Lago Maggiore** [..maddʒóːre ラーゴ マドヂョーれ] マジョーレ湖.
- *die* **Lagune** [ラグーネ] 名 -/-n ラグーン,潟,礁湖.
- **lahm** [ラーム] 形 **1.** 麻痺《ﾏﾋ》した,不随の: ~ gehen 足を引きずって歩く. **2.**《口》しびれた;不十分な;活気のない,つまらない.
- **lahmen** [ラーメン] 動 h. 《(auf[an]《et³》ݕ)》麻痺《ﾏﾋ》している(脚・足が),(…を)ひきずって歩く;片足を引きずって歩く(主に動物が).

läh·men [レーメン] 動 h. **1.**〈j⁴/et⁴ッ〉麻痺(ポ)させる,不随にする(毒物・事故など). **2.**〈j⁴/et⁴ッ〉萎(々)えさせる(創造力・気力などを),(…の)活気(活力)を失わせる(人・経済(生活)など).

lahm le·gen ⑩lahm|le·gen [ラーム レーゲン] 動 h.〈et⁴ッ〉麻痺させる,停滞させる(交通・生産活動などを.

die **Läh·mung** [レームング] 名 -/-en(身体の)麻痺(ポ);(経済などの)麻痺状態.

die **Lahn** [ラーン] 名 -/ ラーン川(ライン河の支流).

die **Lah·nung** [ラーヌング] 名 -/-en〖水利〗(北海の)干潟の潮止め堤防.

der **Laib** [ライプ] 名 -(e)s/-e〔単位を表す⑱は~有〕(円形・長円形の)一かたまり(パン・チーズなど).

die **Lai·bung** [ライブング] 名 -/-en〖土・建〗(アーチの)内輪(々);(窓・扉の枠の)抱き.

der **Laich** [ライヒ] 名 -(e)s/-e(魚などの)卵塊.

lai·chen [ライヒェン] 動 h.〖魚ル〗(卵塊状に)産卵する〔魚・カエルなどが〕.

der **Laich·platz** [ライヒ・プラッツ] 名 -es/..plätze(魚などの)産卵場所.

der **Laie** [ライエ] 名 -n/-n **1.** 素人,門外漢. **2.** 一般の信者,平信徒.

das (der) **Lai·en·a·po·sto·lat** [ライエン・アポストラート] 名 -(e)s/-e〖カト〗信徒修道士,労務修士.

der **Lai·en·bru·der** [ライエン・ブルーダー] 名 -s/..brüder〖カト〗信徒修道士,助修士,労務修士.

lai·en·haft [ライエンハフト] 形 素人の,素人くさい.

der **Lai·en·kelch** [ライエン・ケルヒ] 名 -(e)s/〖キ教〗一般信者の聖血拝領(フス派の世俗二様聖餐(豸ぅ)において).

der **Lai·en·pries·ter** [ライエン・プリースター] 名 -s/- 教区付〔在俗〕司祭(Weltpriester の俗称).

der **Lai·en·rich·ter** [ライエン・リヒター] 名 -s/- 参審裁判官(Schöffe の俗称).

die **Lai·en·schwes·ter** [ライエン・シュヴェスター] 名 -/-n〖カト〗信徒修道女,助修女.

das **Lai·en·spiel** [ライエン・シュピール] 名 -(e)s/-e 素人芝居;素人芝居の戯曲.

die **Lai·sie·rung** [ライズィールング] 名 -/-en〖カト〗(聖職者の)還俗(ぞ).

das **Lais·ser·al·ler** [lɛseʼalé: レセ・アレー] 名 /=Laisser-faire.

das **Lais·ser-faire** [lɛsefɛ́:r レセ・ふぇーア] 名 -/〈文〉 **1.** 自由放任主義. **2.**〈古〉気まま.

der **La·kai** [ラカイ] 名 -en/-en お仕着を着た昔の召使,従僕;〈蔑〉(人の言いなりになる)下僕のような人.

die **La·ke** [ラーケ] 名 -/-n 塩漬け用の漬け汁.

das **La·ken** [ラーケン] 名 -s/- 敷布,シーツ.

der **Lak·ko·lith** [ラコリート] 名 -s(-en)/-e(-en)〖地質〗ラコリス,餅盤(ぶん).

la·ko·nisch [ラコーニッシュ] 形〈文〉間にしぐ要を得た,寡黙な.

die **La·krit·ze** [ラクリッツェ] 名 -/-n カンゾウ〔甘草〕のエキス(塊状),カンゾウエキスの飴(。).

der **Lak·rit·zen·saft** [ラクリッツェン・ザふト] 名 -(e)s/..säfte カンゾウ〔甘草〕エキス.

die **Lak·to·se** [ラクトーゼ] 名 -/ 乳糖,テクトース.

der **Lak·to·ve·ge·ta·ris·mus** [ラクト・ヴェゲタリスムス] 名 -/ (乳製品や卵などを許容する)乳卵菜食主義.

die **La·ku·ne** [ラクーネ] 名 -/-n **1.**〖言〗(テキストの)欠落箇所. **2.**〖解〗凹窩(ポう),線〔陰〕窩.

la·kus·trisch [ラクストリシュ] 形〖生〗淡水性の;〖地質〗淡水の中でできた.

la·la [ララ] 副〈口〉〔次の形で〕so ~ まあまあ,まずまず.

lal·len [ラレン] 動 h. **1.**〖幼児ル〗回らぬ舌で訳の分らないことをしゃべる(幼児・酔漢など). **2.**〔et⁴ッ〕怪しいろれつで話す〔言う〕.

das **Lall·wort** [ラル・ヴォルト] 名 -(e)s/..wörter〖言〗幼児語.

die **La·lo·pho·bie** [ラロ・ふォビー] 名 -/〖医〗発語恐怖症.

das **La·ma**¹ [ラーマ] 名 -(s)/-s ラマ僧.

das **La·ma**² [ラーマ] 名 -s/-s **1.**〖動〗ラマ(ラクダ科). **2.**(⑱のみ)〖織〗ラマ.

der **La·ma·is·mus** [ラマイスムス] 名 -/ ラマ教.

der **La·ma·ist** [ラマイスト] 名 -en/-en ラマ教徒.

la·ma·is·tisch [ラマイスティシュ] 形 ラマ教の.

der **La·marck·is·mus** [ラマルキスムス] 名 -/〖生〗ラマルキズム(フランスの科学者 J. B. Lamarck, 1744-1829,の唱えた進化論).

die **Lam·ba·da** [ラムバダ] 名 -/-s(der ~ -s/-s も有)ランバダ(ラテン音楽のリズムによるダンス).

das **Lamb·da** [ラムブダ] 名 -(s)/-s ラムダ(ギリシア語アルファベットの第 11 字,Λ).

der **Lam·bre·quin** [lãbrakɛ̃ː ランブラカーン] 名 -s/-s ランブルカン(①〔窓〕窓などの垂れ下がり飾り布.② 〖建〗①を模したバロック建築の石飾り).

der **Lam·bris** [lãbrí: ランブリー] 名 -[..リー(-ス)/..リース] die -/-(..rien[ランブリーエン])腰板,腰羽目;幅木.

der **La·mé, Lamee** [lamé: ラメー] 名 -(s)/-s ラメ(①金糸・銀糸などのメタリックヤーン.②メタリックヤーンを織り込んだ生地).

die **La·mel·le** [ラメレ] 名 -/-n **1.**(放熱機などの)フィン,(ブラインドなどの)羽板,薄片. **2.**〖生〗(キノコの)菌褶(よう).

die **La·men·ta·ti·on** [ラメンタツィオーン] 名 -/-en **1.** 悲嘆. **2.**(⑱のみ)〖旧約〗エレミアの哀歌;〖カト〗哀歌.

la·men·tie·ren [ラメンティーレン] 動 h. **1.**〔über〈j⁴/et⁴〉ニッィテ〕〈口〉(大げさに)嘆き悲しむ,(さんざん)泣きごとを並べる. **2.**〔nach〈et³〉ゥ/um〈et⁴ッ〉ノ方〕泣きうるさく欲しがる.

das **La·men·to** [ラメント] 名 -s/-s〔..ti〕 **1.**(⑱-s)〈口・蔑〉悲嘆の叫び. **2.**〖楽〗ラメント,悲歌.

la·men·to·so [ラメントーゾ] 副〖楽〗ラメントーソ,悲しげに.

das **La·met·ta** [ラメッタ] 名 -s/(クリスマスツリー用の)薄い金属片のかざり,(略・皮)べたべたつけた勲章.

die **La·mi·na** [ラーミナ] 名 -/..nae[..ネー] **1.**〖植〗葉身. **2.**(⑱-s も有)〖解〗板片,葉(ぅ).

das **La·mi·nat** [ラミナート] 名 -(e)s/-e 積層物,ラミネートフィルム.

la·mi·nie·ren [ラミニーレン] 動 h. **1.**〔et⁴ッ〕ラミネート(加工)する. **2.**〔et⁴ッ〕+auf〔et⁴〕= 被せる(箔(ぐ)・フォイルなどを).

das **Lamm** [ラム] 名 -(e)s/Lämmer **1.** 子羊;〈稀〉子やぎ;~ Gottes 神の小羊(①〖キ教〗キリストのこと.②〖美〗犠牲となったキリストの象徴としての子羊). **2.**(⑱のみ)子羊の毛皮. **3.** 柔和で忍耐強い人.

der **Lamm·bra·ten** [ラム・ブラーテン] 名 -s/- ラム〔子羊〕の焼肉.

das **Lämm·chen** [レムヒェン] 名 n/(Lamm 1, 3 の縮小形)小さな子羊〔子やぎ〕;柔和で忍耐強い子.

läm·men [レメン] 動 h.〖幼児ル〗子羊を産む〔羊が〕.

der **Läm·mer·gei·er** [レマー・ガイあー] 名 -s/-〖鳥〗ひげわし.

die **Läm·mer·wol·ke** [レマー・ヴォルケ] 名 -/-n(主に⑱)羊雲(Schäfchenwolke, Federwolke の俗称).

das **Lamm·fell** [ラム・ふェル] 名 -(e)s/-e 子羊の毛皮.

das **Lamm·fleisch** [ラム・ふライシュ] 名 -(e)s/ ラム

〔子羊〕の肉.

lamm·fromm [ラム・ふろム] [形] 子羊のようにおとなしい.

die **Lamms·ge·duld** [ラムス・ゲドゥルト] [名] -/ 《口》(驚くほどの)忍耐強さ.

das **Lämp·chen** [レムプひぇン] [名] -s/- 《Lampe の縮小形》小さな電灯; 小さな電球.

die **Lam·pe** [ラムペ] [名] -/-n 電灯(器具), ランプ; 電球, (蛍光灯などの)管球. 【慣用】**die ewige Lampe** 〘カトリック〙常明灯(Hostie(聖体)の保管所の赤いランプ).

der **Lam·pen·docht** [ラムペン・ドほト] [名] -(e)s/-e ランプの芯.

das **Lam·pen·fie·ber** [ラムペン・ふぃーバー] [名] -s/ (舞台・試験などでの)極度の緊張.

der **Lam·pen·schirm** [ラムペン・シるム] [名] -(e)s/-e ランプシェード, 電灯の笠.

der〔*das*〕**Lam·pi·on** [lampi̯ɔ̃ː ラムピオーン, ..pi̯ɔ̃ŋ ラムピオング, lámpi̯ɔ̃ː ラムピオーン, ..i̯ɔŋ ラムピオング] [名] -s/-s 提灯(ちょうちん).

(*der*) **Lam·precht** [ラムプれひト] [名] 〘男名〙ランプレヒト.

die **Lam·pre·te** [ラムプれーテ] [名] -/-n 〘魚〙ヤツメウナギ.

das **La·na·me·ter** [ラナ・メーター] [名] -s/- 〘紡〙ラナメーター(羊毛繊維の品質測定器).

die **Lan·ça·de** [lãsáːdə ランサーデ] [名] -/-n 〘馬術〙ランサード(後脚で立ち, 前方に跳躍すること).

lan·cie·ren [lãsíːrən ランスィーれン] [動] *h*. **1.** 〔〈et⁴〉ヲ+(in 〈et⁴〉ニ)〕意図的に流す(ニュース・うわさなどを). **2.** 〔〈j⁴〉ヲ+in 〈et⁴〉ニ〕うまく手を回して送り込む, 就ける(内閣・会長のポストなどに). **3.** 〔〈j⁴/et⁴〉ヲ〕(うまく宣伝して)売出す, 有名にする.

das **Land** [ラント] [名] -(e)s/Länder〔-e〕 **1.** 国; (ドイツ・オーストリアの)州(Bundes~); (総称)国〔州〕全体(の人々): das ~ Hessen ヘッセン州. 〈j⁴〉 des ~*es* verweisen 〈人ヲ〉国外追放する. Das ~ geriet in Aufruhr. 国じゅうが大混乱に陥った. **2.** (単のみ)土地; 耕作地, 田畑: das ~ bebauen 畑を耕す. **3.** (単のみ)陸, 陸地: an ~ gehen〔steigen〕上陸する. ~ in Sicht! 〘海〙陸が見えるぞ. **4.** (単のみ)田舎, 田園地帯: auf dem ~*e* leben 田舎で生活する. aufs ~ gehen 田舎へ行く. **5.** (複-e)《古》地帯, 地域. 【慣用】**aus aller Herren Ländern** あらゆる国々から. **das Gelobte Land** 〘聖〙約束の土地(パレスチナ). **ins Land gehen**〔**ziehen**〕(時間が)過ぎ去る. **wieder im Land**(**e**) **sein** 《口》帰国している. (**wieder**) **Land sehen** 窮地を脱する見込みがある.

der **Land·a·del** [ラント・アーデル] [名] -s/ (昔の)地方貴族.

der **Land·am·mann** [ラント・アマン] [名] -(e)s/..ammänner 《スイス》(いくつかの州の)州知事.

die **Land·ar·beit** [ラント・アるバイト] [名] -/-en 農業労働, 農作業, 畑仕事.

der **Land·ar·bei·ter** [ラント・アるバイター] [名] -s/- 農業労働者.

der **Land·arzt** [ラント・アーあツト, ラント・アるツト] [名] -es/..ärzte 地方医, 村医者.

der **Land·au·er** [ランダウあー] [名] -s/- ランダウ馬車(幌(ほろ)つきで四人乗り).

land·aus [ラント・アウス] [副] (次の形で) ~, landein 国中の至るところで; 多くの国を通って.

der **Land·bau** [ラント・バウ] [名] -(e)s/ 農作(果樹・ぶどう栽培を含む).

der **Land·be·sitz** [ラント・ベズィッツ] [名] -es/ 土地所有; 所有地.

die **Land·be·völ·ke·rung** [ラント・ベ(ふぇ)ルケるング] [名] -/ (総称)地方(の)住民; 農村人口.

der **Land·be·woh·ner** [ラント・ベヴォーナー] [名] -s/- 田舎の住民.

das **Land·brot** [ラント・ブろート] [名] -(e)s/- 田舎の自家製パン; 田舎風ライ麦パン.

die **Land·but·ter** [ラント・ブッター] [名] -/ 並製バター(法的に定められた3品質の最下級).

die **Län·de** [レンデ] [名] -/-n 《方》船着き場.

die **Lan·de·bahn** [ランデ・バーン] [名] -/-en (着陸用)滑走路.

die **Lan·de·er·laub·nis** [ランデ・エあラウプニス] [名] -/-se 着陸許可.

land·ein [ラント・アイン] [副] ⇨ landaus.

land·ein·wärts [ラントアイン・ヴェるツ] [副] (海岸から)内陸へ.

die **Lan·de·kopf** [ランデ・コップふ] [名] -(e)s/..köpfe 〘軍〙(上陸した海岸に築く)橋頭堡.

lan·den [ランデン] [動] **1.** *s*. 〔(〈場所〉ニ)〕着陸〔着地〕する(航空機が〔で〕・スキーのジャンパーが); 降りる(鳥などが); 着く(陸地に), 接岸する, 上陸する. **2.** *s*. 〔〈場所〉ニ〕《口》着く, 到着する(旅行・ドライブなどで目的地に); 《口》行着く先〔停止する所〕は(…で)ある(予測しない場所に行着く): Wir hatten den Weg verloren und sind in einem fremden Ort *gelandet*. われわれは道に迷って, 着いたのは知らない場所だった. **3.** *h*. 〔〈j⁴/et⁴〉ヲ+(〈場所〉ニ)〕着陸させる(パイロットが航空機を); 降下させる(落下傘部隊などを); 上陸させる, 陸揚げする(救援物資・部隊などを). **4.** *h*. 〔〈et⁴〉ヲ〕《口》やってのける, 勝取る. **5.** *h*. 〔〈et⁴〉ヲ+an 〈et³〉ニ〕〘ボクシング〙当てる, ヒットさせる(パンチを). 【慣用】**bei 〈j³〉 nicht landen können** 《口》〈人の〉共感〔同意〕が得られない.

die **Land·en·ge** [ラント・エンゲ] [名] -/-n 地峡.

der **Lan·de·platz** [ランデ・プラッツ] [名] -es/..plätze **1.** 小飛行場; 離着陸可能な場所. **2.** 船着場.

die **Län·de·rei·en** [レンデらイエン] [複名] 広大な所有地.

der **Län·der·kampf** [レンダー・カムプふ] [名] -(e)s/..kämpfe 〘スポーツ〙国際試合.

die **Län·der·kun·de** [レンダー・クンデ] [名] -/ 地誌学.

die **Län·der·par·la·men·te** [レンダー・パるラメンテ] [複名] (総称)(特にドイツの全連邦)州議会.

das **Län·der·spiel** [レンダー・シュピール] [名] -(e)s/-e 〘スポーツ〙(二国家のナショナルチームの)対抗〔国際〕試合.

das **Land·er·zie·hungs·heim** [ラント・エあツィーウングス・ハイム] [名] -(e)s/-e (田園にある)私立全寮制(高等)学校.

die **Lan·des·bank** [ランデス・バンク] [名] -/-en 州立銀行.

der **Lan·des·bi·schof** [ランデス・ビショふ] [名] -s/..schöfe 〘プロテスタント〙地区監督.

der **Lan·des·brauch** [ランデス・ブらウほ] [名] -(e)s/..bräuche =Landessitte.

die **Lan·des·far·ben** [ランデス・ふぁるベン] [複名] 国旗の色.

der **Lan·des·fürst** [ランデス・ふゅるスト] [名] -en/-en 領主.

das **Lan·des·ge·richt** [ランデス・ゲりひト] [名] -(e)s/-e 《オーストリア》地方裁判所.

die **Lan·des·gren·ze** [ランデス・グれンツェ] [名] -/-n 国境; 州境.

der **Lan·des·haupt·mann** [ランデス・ハウプト・マン] [名] -(e)s/..männer〔..leute〕(1933年までのプロイセンの)州知事; 《オーストリア》州政府首相.

die **Lan·des·haupt·stadt** [ランデス・ハウプト・シュタット] [名] -/..städte 首都; 州都.

der **Lan·des·herr** [ランデス・へる] [名] -(e)n/-(e)n 領主, 領邦君主.

die **Lan·des·ho·heit** [ランデス・ホーハイト] [名] -/ 領邦主権.

das **Lan·des·kind** [ランデス・キント] [名] -(e)s/-er (主

に㊑)国民, 臣民.

die **Lan·des·kir·che** [ランデス・キルヒェ] 图 -/-n 〖プロテスタント〗地区教会.

die **Lan·des·kun·de** [ランデス・クンデ] 图 -/ 地域研究.

lan·des·kun·dig [ランデス・クンディヒ] 形 その国〔土地〕の事情に通じた.

lan·des·kund·lich [ランデス・クントリヒ] 形 地域研究の.

die **Lan·des·lis·te** [ランデス・リステ] 图 -/-n 〖政〗(連邦議会選挙候補者の)州名簿.

die **Lan·des·meis·ter·schaft** [ランデス・マイスターシャフト] 图 -/-en 国内選手権試合〔競技会〕.

die **Lan·des·mut·ter** [ランデス・ムッター] 图 -/..mütter **1.** 《文》女性の国王〔休暇〕(領 邦)君主). **2.** ((冗)有)女性首相〔国家元首〕;首相[国家元首]の妻.

der **Lan·des·rat** [ランデス・ラート] 图 -(e)s/..räte (ホャ)州政府閣僚.

die **Lan·des·re·gie·rung** [ランデス・れギーるング] 图 -/-en 州政府.

die **Lan·des·sit·te** [ランデス・ズィッテ] 图 -/-n 国〔土地〕の風俗習慣.

die **Lan·des·spra·che** [ランデス・シュプらーヘ] 图 -/-n 国語.

die **Lan·des·tracht** [ランデス・トらはト] 图 -/-en 民族衣装.

die **Lan·des·trau·er** [ランデス・トらウあー] 图 -/ 国喪.

lan·des·üb·lich [ランデス・ユープリヒ] 形 その国〔地方〕で普通〔慣例〕の.

der **Lan·des·va·ter** [ランデス・ふぁーター] 图 -s/..väter **1.** 《文》国王〔昔の(領 邦)君主). **2.** ((冗)有)首相;国家元首.

die **Lan·des·ver·fas·sung** [ランデス・ふぇあふぁッスング] 图 -/-en 州憲法.

der **Lan·des·ver·rat** [ランデス・ふぇあらート] 图 -(e)s/ 国家反逆罪.

der **Lan·des·ver·rä·ter** [ランデス・ふぇあれーター] 图 -s/- 国家反逆人.

die **Lan·des·ver·tei·di·gung** [ランデス・ふぇあタイディグング] 图 -/ 国防.

die **Lan·des·ver·wei·sung** [ランデス・ふぇあヴァイズング] 图 -/-en (ﾌﾟｫﾄｽｲｽ)国外追放, 国外退去令.

lan·des·ver·wie·sen [ランデス・ふぇあヴィーゼン] 形 (ﾌﾟｫﾄｽｲｽ)国外退去を命じられた, 国外に追放された.

die **Lan·des·wäh·rung** [ランデス・ヴェーるング] 图 -/-en 国の通貨.

das **Lan·de·ver·bot** [ランデ・ふぇあボート] 图 -(e)s/-e 着陸禁止〔拒否〕.

der **Land·fah·rer** [ラント・ふぁーらー] 图 -s/- 放浪者.

die **Land·flucht** [ラント・ふルはト] 图 -/ (農民の)大量離村.

land·flüch·tig [ラント・ふリュヒティヒ] 形 《古》国外に逃亡した.

land·fremd [ラント・ふれムト] 形 その国〔土地〕に不案内な.

der **Land·frie·de** [ラント・ふリーデ] 图 -ns/-n ラントフリーデ(中世の私闘〔Fehde〕禁止令).

der **Land·frie·den** [ラント・ふリーデン] 图 -s/- =Landfriede.

der **Land·frie·dens·bruch** [ラントふリーデンス・ブるッフ] 图 -(e)s/..brüche **1.** 〖法〗騒乱罪. **2.** ラントフリーデ違反. ⇨ Landfriede.

der **Land·gang** [ラント・ガング] 图 -(e)s/gänge 〖海〗(船員の上陸)外出;(稀)渡り板.

die **Land·ge·mein·de** [ラント・ゲマインデ] 图 -/-n 田舎の小さな町.

das **Land·ge·richt** [ラント・ゲりヒト] 图 -(e)s/-e 地方裁判所;地方裁判所の建物.

die **Land·ge·win·nung** [ラント・ゲヴィヌング] 图 -/ 埋立て, 干拓.

der **Land·graf** [ラント・グらーふ] 图 -en/-en 方伯(人;(㊑)のみ)公爵と伯爵の間の爵位).

das **Land·gut** [ラント・グート] 图 -(e)s/..güter (大)農場〔農園〕.

das **Land·haus** [ラント・ハウス] 图 -en/..häuser 田舎の別荘, 田舎家.

das **Land·heim** [ラント・ハイム] 图 -(e)s/-e 林間学校.

der **Land·jä·ger** [ラント・イェーガー] 图 -s/- **1.** 《方・古》田舎の巡査. **2.** 小型で平らなサラミソーセージ.

die **Land·kar·te** [ラント・カるテ] 图 -/-n 地図.

der **Land·kreis** [ラント・クらイス] 图 -es/-e 郡(市町村(Gemeinde)の上位行政区.

land·läu·fig [ラント・ロイふィヒ] 形 世間一般の, 普通の.

das **Land·le·ben** [ラント・レーベン] 图 -s/ 田舎暮らし.

der **Länd·ler** [レントラー] 图 -s/- レントラー(オーストリアの3拍子の民族舞踊とその音楽).

die **Land·leu·te** [ラント・ロイテ] 複数 **1.** 《古》地方の住民. **2.** Landmannの複数.

länd·lich [レントリヒ] 形 田舎の, 地方の, 田園的な, ひなびた: ～e Gemeinden 農村.

länd·lich-sitt·lich [レントリヒ・ズィットリヒ] 形 いかにも素朴な.

die **Land·luft** [ラント・ルふト] 图 -/ 田舎のきれいな空気;(主に((冗))田舎の家畜小屋〔こやし〕臭い空気.

die **Land·macht** [ラント・マハト] 图 -/..mächte 陸軍国;((㊑)のみ)陸軍力.

der **Land·mann** [ラント・マン] 图 -(e)s/..leute 《文・古》農夫.

die **Land·mar·ke** [ラント・マるケ] 图 -/-n 〖海〗陸標, ランドマーク.

der **Land·mes·ser** [ラント・メッサー] 图 -s/- 《古》測量技師.

die **Land·nah·me** [ラント・ナーメ] 图 -/ 占領, 土地占有〔占拠〕.

die **Land·par·tie** [ラント・パるティー] 图 -/-n 《古》田園へのピクニック.

der **Land·pfar·rer** [ラント・プふぁらー] 图 -s/- 田舎司祭〔牧師〕.

die **Land·pla·ge** [ラント・プラーゲ] 图 -/-n 広域災害;(転・口)いらいらさせる人.

die **Land·po·me·ran·ze** [ラント・ポメらンツェ] 图 -/-n (口・蔑)((冗)有)山出しの娘(女).

der **Land·rat** [ラント・らート] 图 -(e)s/..räte 郡長;(オ)(いくつかの州の)州議会.

das **Land·rats·amt** [ラント・らーツ・アムト] 图 -(e)s/..ämter 郡庁;郡庁舎.

die **Land·rat·te** [ラント・らッテ] 图 -/-n 〖海〗(口)陸者(ｵｶﾓﾉ).

das **Land·recht** [ラント・れヒト] 图 -(e)s/-e (中世の)ラント法(領邦国家の一般法).

der **Land·re·gen** [ラント・れーゲン] 图 -s/- 長雨.

der **Land·rü·cken** [ラント・リュッケン] 图 -s/- 長く伸びた山の背.

die **Land·schaft** [ラントシャふト] 图 -/-en **1.** 風景, 景観;(風土的に特色のある)地帯, 地方;(転))状況. **2.** 風景画.

der **Land·schaf·ter** [ラントシャふター] 图 -s/- 《古》=Landschaftsmaler.

land·schaft·lich [ラントシャふトリヒ] 形 風景の;(言語的に)地域〔地方〕(特有)の.

das **Land·schafts·bild** [ラントシャふツ・ビルト] 图 -(e)s/-er 風景画〔写真〕;景色, 景観.

der **Land·schafts·gärt·ner** [ラントシャふツ・ゲるトナー] 图

Landschaftsgestaltung 724

die **Land·schafts·ge·stal·tung** [ラントシャフツ・ゲシュタルトゥング] 名 -/-en (ある地域の)自然景観の形成.
der **Land·schafts·ma·ler** [ラントシャフツ・マーラー] 名 -s/- 風景画家.
die **Land·schafts·pfle·ge** [ラントシャフツ・プフレーゲ] 名 -/ (総称)景観〔環境〕保全措置.
der **Land·schafts·plan** [ラントシャフツ・プラーン] 名 -(e)s/..pläne 自然景域・景観計画図 (L-Plan).
der **Land·schafts·schutz** [ラントシャフツ・シュッツ] 名 -es/ 景観保護.
das **Land·schafts·schutz·ge·biet** [ラントシャフツ・シュッツ・ゲビート] 名 -(e)s/-e 景観保護地域.
das **Land·schul·heim** [ラント・シュール・ハイム] 名 -(e)s/-e 林間学校施設.
der **Land·ser** [lántsər ランツァー] 名 -s/- 《古》兵卒.
die **Lands·ge·mein·de** [ランツ・ゲマインデ] 名 -/-n (ズイ)(いくつかの小さな州の)州民集会.
(*das*) **Lands·hut** [ランツ・フート] 名 -s/ [地名]ランツフート(バイエルン州の都市).
der **Land·sitz** [ラント・ズィッツ] 名 -es/-e 邸宅付き大農場〔農園〕.
der **Lands·knecht** [ランツ・クネヒト] 名 -(e)s/-e (16世紀の歩兵の)傭兵(%ボ).
der **Lands·mann** [ランツ・マン] 名 -(e)s/..leute 同国〔同郷〕人: Was bist du für ein ~? 国はどちら.
die **Lands·män·nin** [ランツ・メニン] 名 -/-nen 同国〔同郷〕の女性.
die **Lands·mann·schaft** [ランツ・マンシャフト] 名 -/-en 同国〔同郷〕人会; (東欧からの引揚げ者の)同郷会; (ズイ)同国〔同郷〕出身であること.
die **Land·stadt** [ラント・シュタット] 名 -/..städte 田舎町.
die **Land·stän·de** [ラント・シュテンデ] 複名 〔史〕領邦等族(領邦国家において身分制議会を構成した階級).
die **Land·stra·ße** [ラント・シュトラーセ] 名 -/-n (市街地外の)地方道路, 州〔郡〕道路.
der **Land·strei·cher** [ラント・シュトライヒャー] 名 -s/- 浮浪者.
die **Land·strei·che·rei** [ラント・シュトライヒャらイ] 名 -/ 浮浪(生活).
die **Land·streit·kräf·te** [ラント・シュトらイト・クれふテ] 複名 陸軍.
der **Land·strich** [ラント・シュトりッヒ] 名 -(e)s/-e 区域, 地域.
der **Land·sturm** [ラント・シュトゥるム] 名 -(e)s/..stürme (予備役兵の)国備軍; (ズイ)(高年齢兵の)国民軍.
der **Land·tag** [ラント・ターク] 名 -(e)s/-e **1.** 州議会; 州議会議事堂. **2.** 〔史〕領邦議会.
der/die **Land·tags·ab·ge·ord·ne·te** [ラントタークス・アプ・ゲオるドネテ] 名 (形容詞的変化)州議会議員.
die **Land·tags·wahl** [ラントタークス・ヴァール] 名 -/-en 州議会選挙.
die **Lan·dung** [ランドゥング] 名 -/-en **1.** 着陸; (転)(スキーのジャンパーなどの)着地; (稀)接岸. **2.** 上陸(降下・着陸)させること.
das **Lan·dungs·boot** [ランドゥングス・ボート] 名 -(e)s/-e 上陸用舟艇.
die **Lan·dungs·brü·cke** [ランドゥングス・ブりュッケ] 名 -/-n 桟橋.
der **Lan·dungs·platz** [ランドゥングス・プラッツ] 名 -es/..plätze 舟着き場.
der **Land·ur·laub** [ラント・ウーアラウプ] 名 -(e)s/-e (船員の)上陸休暇.
die **Land·ver·mes·sung** [ラント・ふぇあメッスング] 名 -/-en 《古》国地測量.

der **Land·vogt** [ラント・ふォークト] 名 -(e)s/..vögte (中世の)帝国直轄地の代官.
das **Land·volk** [ラント・ふォルク] 名 -(e)s/ 《古》(総称)農村の住民.
land·wärts [ラント・ヴェるツ] 副 (海から)陸の方へ.
der **Land·weg** [ラント・ヴェーク] 名 -(e)s/-e **1.** 陸路. **2.** 野道, 農道.
die **Land·wehr** [ラント・ヴェーア] 名 -/-en (特に予備役の)国防のための臨時非常召集; (中世の)国境の防塁〔砦〕.
der **Land·wein** [ラント・ヴァイン] 名 -(e)s/-e 土地のワイン.
der **Land·wind** [ラント・ヴィント] 名 -(e)s/-e 陸風.
der **Land·wirt** [ラント・ヴィるト] 名 -(e)s/-e 農業経営者, 農民.
die **Land·wirt·schaft** [ラント・ヴィるトシャフト] 名 -/-en **1.** (㏘のみ)農業(経営). **2.** (小さな)農場.
land·wirt·schaft·lich [ラント・ヴィるトシャフトりヒ] 形 農業の.
das **Land·wirt·schafts·mi·nis·te·ri·um** [ラントヴィるトシャフツ・ミニステーりウム] 名 -s/..rien 農林省.
die **Land·zun·ge** [ラント・ツンゲ] 名 -/-n 岬(キ゚゛).

lang[1] [ラング] 形 länger ; längst **1.** (空間)((〈et⁴〉ルガン)長い: Dieses Seil ist (fünf Meter) *länger* als das andere. この綱(ザイル)はもう一本のより(5メートル)長い. **2.** (空間: 尺度)(〈et⁴〉ン)長さの: mehrere zwei Meter ~e Bretter 2メートルの長さの数枚の板. **3.** (時間)((〈et⁴〉ルガン)長い, 長期の: eine (zehn Minuten) zu ~ gehaltene Rede (10分)長くなりすぎた演説. **4.** (時間: 尺度)〈et⁴〉長さの, (…の時間)のかかる, …の間の: eine drei Stunden ~ e Wanderung. 3時間かかるハイキング. einen Augenblick〔eine Sekunde〕 ~ 一瞬(の間). **5.** (口)長身の. **6.** (詳細的)長い: ein ~er Brief 長い手紙. (慣用) 〈et⁴〉 auf die lange Bank schieben (口)〈事〉を延期する. die langen Kerls 長身近衛兵(プロセンのフリードりヒ1世の). ein langes Gesicht machen がっかりした顔をする. eine lange Leitung haben (口)呑み込みがわるい. 〈ゴ⁵〉 eine lange Nase machen (口)人を小ばかにする. einen langen〔den längeren〕 Atem haben (口)(競争相手より)長く持ちこたえる. einen langen Hals machen (口)(好奇心を抱いて・ほしがって・のぞきこもうとして)首を長くする. in Lang (すその)長いドレスを着て. lang und breit (des Langen und Breiten) 長々と, きわめて詳細に. lange Finger machen (口)盗みをする. lange Ohren machen (口)聞き耳を立てる. lange Soße (口)(薄く)のばしたソース. mit langer Nase abziehen (口)(目的を達しないままに)すごすご引きさがる. seit langem (長すぎると思えるほど)ずっと前から. über lang und kurz (kurz und lang) 遅かれ早かれ(いずれ). 〈et⁴〉 von langer Hand vorbereiten 〈事〉を用意周到に準備する(特に好ましくないことを).

lang[2] [ラング] 前 [+4格](北独)…に沿って(後置される): die Straße ~ gehen 通りを歩いて行く.
―― 副 《北独》沿って: Wir müssen hier ~. この道に沿って行かねばならない.

(*der/die*) **Lang** [ラング] 名 〔人名〕ラング.
lang·är·me·lig [ラング・エるメりヒ] 形 袖の長い.
lang·ar·mig [ラング・アるミヒ] 形 腕〔柄〕の長い.
lang·ärm·lig [ラング・エるムりヒ] 形 =langärmelig.
lang·at·mig [ラング・アートミヒ] 形 長たらしい, 冗長な.
lang·bei·nig [ラング・バイニヒ] 形 脚の長い.
lan·ge [ラングェ] 副 länger ; am längsten **1.** 長い間, 長くずっと前に: Wir haben uns ~ nicht gesehen. お久しぶりですね. ~ fertig sein とうに済んでいる. ~ vorher そのずっと前に. nicht ~ darauf〔danach〕 それから間もなく. **2.** (次の形で)(noch) ~ nicht と

längstens

ても…ではない，…どころではない：Das ist noch ～ nicht alles. まだまだそれで終りどころではない．【慣用】Es ist (schon) lange/länger her. それは（もう）ずっと前のことだ．Du fragst du noch lange？なぜまたそんなに聞くんだ．⟨j¹⟩ wird's nicht mehr lange machen《口》〈人に〉もう長いことはないだろう．

(der/die) **Lan-ge** [ランゲ] 名 【人名】ランゲ．

die **Län-ge** [レンゲ] 名 -/-n **1.**〔物体・距離の〕長さ；(長さを示す名詞と共に，④で)…の長さ；[競馬] 馬身；艇身：drei Meter in der ～ 長さが3メートル．der ～ nach 縦に〈長々と〉．eine ～ von drei Kilometern 3キロの長さ．**2.**〔主に④〕〔時間の〕長さ，期間；(時間の長さを示す名詞と共に，④で)…の長さ：ein Vortrag von einer Stunde ～ 長さ1時間の講演．**3.**〔地〕経度：auf[unter] 15° westlicher ～ 西経15度のところにある．**4.**（④のみ）冗慢な箇所．**5.**〔詩〕長音節．【慣用】auf die Länge （口）長い間に，結局．⟨et⁴⟩ in die Länge ziehen〈事を〉長びかせる．sich⁴ in die Länge ziehen 長びく．

län-ge-lang [レンゲ・ラング] 副《口》長々と．

lan-gen [ランゲン] 動 h.《口》**1.**〔略式〕足りる，間に合う〔量・蓄えなどが〕．**2.**[mit ⟨et³⟩で] 足りる，間に合う．**3.**〔к方向へ〕手を伸ばす，手をやる；〔…に〕手が届く，〔長さが〕届く，達する．**4.**⟨et⁴⟩ザ (von ⟨et³⟩から/aus ⟨et³⟩の中から)〉手を伸ばして取る．【慣用】⟨j³⟩ eine langen （口）〈人を〉ひっぱたく．Jetzt langt's mir ! （私は）もう我慢ならない．

län-gen [レンゲン] 動 h.《古》**1.**⟨et⁴⟩を 長くする〔スカートの丈）などを〕；薄める〔ソース・スープを〕；延ばす〔ゴムひもなどを〕．**2.**⟨et⁴⟩を長びかせる〔話・会談などを〕．**3.**[sich⁴] 長くなる，延びる．

die **Län-gen-ein-heit** [レンゲン・アインハイト] 名 -/-en 長さの単位．

der **Län-gen-grad** [レンゲン・グラート] 名 -(e)s/-e〔差1度の範囲の〕経度．

die **Lan-ger-hans-In-seln** [ランガー・ハンス・インゼルン] 複数【医】ランゲルハンス島（膵臓中のインスリンを分泌する細胞群）．

der **Län-gen-kreis** [レンゲン・クライス] 名 -es/-e【地】子午線，経線．

das **Län-gen-maß** [レンゲン・マース] 名 -es/-e 長さの単位．

der **Län-gen-see** [ランゲン・ゼー] 名 -s/【湖名】マジョーレ湖（イタリアとスイスの国境に位置する）．

län-ger [レンガー] 形（lang¹, lange の比較級）より長い；（絶対的比較級で）〔空間の〕かなりの長さの；〔時間の〕しばらくの．

der **Lan-get-ten-stich** [ランゲッテン・シュティッヒ] 名 -(e)s/-e 〔裁縫〕波形模様．

die **Lan-ge-wei-le** [ランゲ・ヴァイレ，ランゲ・ヴァイレ] 名 -[Langenweile]/（無冠詞のとき2・3格で Langerweile も可）退屈．

der **Lang-fin-ger** [ラング・ふィンガー] 名 -s/《口》すり，泥棒．

lang-fri-stig [ラング・ふリスティヒ] 形 長期の．

(die) **Lang-gäs-ser** [ラング・ゲッサー] 名【人名】ランゲッサー（Elisabeth ～, 1899-1950, 女流詩人・小説家）．

lang|ge-hen [ラング・ゲーエン] 動 s.⟨an⟨et³⟩で⟩《口》沿って歩いて行く．【慣用】wissen [sehen], wo es [was] langgeht 《口》状況〔事態〕をわきまえている．

lang ge-streckt, ® **lang-ge-streckt** [ラング シュトレックト] 形 細長い．

das **Lang-haar** [ラング・ハール] 名 -(e)s/（犬や猫の）長毛，〔稀〕長髪．

die **Lang-haar-fri-sur** [ラング・ハール・ふリズーア] 名 -/-en 長髪のヘアスタイル．

lang-haa-rig [ラング・ハーリヒ] 形 毛の長い；長髪の；毛先の長い．

das **Lang-haus** [ラング・ハウス] 名 -es/..häuser【建】（長堂式教会堂の）身廊部（入口から内陣に至るまでの長方形の部分）．

lang-hin [ラング・ヒン] 副《文》遥か遠くへ．

das **Lang-holz** [ラング・ホルツ] 名 -es/..hölzer 長材．

lang-jäh-rig [ラング・イェーリヒ] 形 長年の，多年の，長期の．

lang-köp-fig [ラング・ケップふィヒ] 形【人類・医】長頭（性）の．

der **Lang-lauf** [ラング・ラウふ] 名 -(e)s/〔スキー〕クロスカントリースキー．

lang-le-big [ラング・レービヒ] 形 **1.** 長命の．**2.** 長続きする；長持ちする．

die **Lang-le-big-keit** [ラング・レービヒカイト] 名 -/長命，長続き；長持ち．

lang|lie-gen [ラング・リーゲン] 動 h. [sich⁴]《口》（ごろりと）横になる，寝そべる．

läng-lich [レングリヒ] 形 縦長の，細長い．

läng-lich rund, ® läng-lich-rund [レングリヒ ルント] 形 楕(円)円形の．

die **Lang-mut** [ラング・ムート] 名 -/《文》忍耐強さ，我慢，辛抱．

lang-mü-tig [ラング・ミューティヒ] 形《文》忍耐〔辛抱〕強い．

der **Lan-go-bar-de** [ランゴバルデ] 名 -n/-n ランゴバルド人．

das **Lang-ohr** [ラング・オーア] 名 -(e)s/-en 〔冗〕野〔家〕ウサギ；ロバ．

das **Lang-pferd** [ラング・プふぇーアト] 名 -(e)s/-e〔体操〕跳馬．

längs [レングス] 前 [＋2格〔3格〕]…に沿って：～ des Flusses 川沿いに．
—— 副 縦に：⟨et⁴⟩ ～ durchschneiden 〈物を〉縦に（二つに）切る．

die **Längs-ach-se** [レングス・アクセ] 名 -/-n 縦軸．

lang-sam [ラングザーム] 形 **1.** ゆっくりした，遅い．**2.** のろまな．**3.** 漸次の，徐々に，そろそろ：Wollen wir ～ gehen ! そろそろ行きましょうか．【慣用】Immer schön langsam !《口》（あわてないで）ゆっくりゆっくり！ Langsam, aber sicher !《口》早くなくとも確実に．

die **Lang-sam-keit** [ラングザームカイト] 名 -/ 速度が遅いこと；緩慢；遅鈍．

der **Lang-schlä-fer** [ラング・シュレーふァー] 名 -s/- 朝寝坊の人．

die **Lang-schrift** [ラング・シュリふト] 名 -/-en 普通の文字（速記文字（Kurzschrift）に対して）．

längs ge-streift, ® längs-ge-streift [レングス ゲシュトらイふト] 形 縦じまの．

die **Längs-li-nie** [レングス・リーニエ] 名 -/-n 縦の線．

die **Lang-spiel-plat-te** [ラング・シュピール・プラッテ] 名 -/-n LPレコード．

die **Längs-rich-tung** [レングス・リヒトゥング] 名 -/-en 縦方向．

der **Längs-schnitt** [レングス・シュニット] 名 -(e)s/-e **1.** 縦に切ること．**2.** 縦断面（図）．

die **Längs-sei-te** [レングス・ザイテ] 名 -/-n 長い方の側．

längs-seits [レングス・ザイツ] 副〔海〕舷側（ナヘ）に沿って．
—— 前 [＋2格]〔海〕舷側に（沿って）．

längst [レングスト] (lang¹の最高級) 形 最も長い；一番背の高い．
—— 副 **1.** とっくに；ずっと前から．**2.**〔次の形で〕～ nicht とうてい…ではない，…どころではない．

läng-stens [レングステンス] 副《口》**1.** 長くても．**2.** 遅くとも：～ in einer Woche 遅くとも1週間後

langstielig [ラング・シュティーリヒ] 形 **1.** 柄[脚]の長い, 茎の長い. **2.** 《口》長ったらしい, 退屈な.

die **Lạng-strecke** [ラング・シュトれッケ] 名 -/-n 長距離; [競ジッ]（競走の）長距離.

der **Lạng-strecken-flug** [ラングシュトれッケン・ふルーク] 名 -(e)s/..flüge 長距離飛行.

der **Lạng-strecken-lauf** [ラングシュトれッケン・ラウふ] 名 -(e)s/..läufe [ェスポ]長距離競走.

der **Lạng-strecken-läufer** [ラングシュトれッケン・ロイふぁ-] 名 -s/- 長距離走者.

die **Lạng-strecken-rakete** [ラングシュトれッケン・らケーテ] 名 -/-n 長距離ミサイル.

Langue [lã:gə ラーング, lã:k ラーンク] 名 -/ 【言】ラング.

die **Lạn-gu-ste** [ラングステ] 名 -/-n 【動】イセエビ.

die **Lạng-wei-le** [ラング・ヴァイレ] 名 -/ =Langeweile.

lạng-wei-len [ラング・ヴァイレン] 動 h. **1.** 〈j⁴ッ〉退屈させる. **2.** 〈sich⁴〉退屈する.

der **Lạng-wei-ler** [ラング・ヴァイラー] 名 -s/- 《口・蔑》退屈な人; （遅くて）いらいらさせる人.

lạng-wei-lig [ラング・ヴァイリヒ] 形 **1.** 退屈な: Es ist mir sehr ~. 私はとても退屈している. **2.** 《口》やたらに時間のかかる; のろまな.

die **Lạng-wel-le** [ラング・ヴェレ] 名 -/-n 【理・無線・ジッ】長波; [ジッ]長波波域.

lạng-wie-rig [ラング・ヴィーリヒ] 形 長時間かかる, 長びく, 長期の.

die **Lạng-wie-rig-keit** [ラング・ヴィーリヒカイト] 名 -en （主に）長時[長期]間かかること, 長びくこと.

der/die **Lạng-zeit-arbeits-lose** [ラング・ツァイトアルバイツ・ローゼ] 名 （形容詞的変化）長期失業者.

das **Lạng-zeit-pro-gramm** [ラング・ツァイト・プロプらム] 名 -s/-e 長期計画.

das **La-no-lin** [ラノリーン] 名 -s/ ラノリン.

das **Lạn-than** [ランターン] 名 -s/ 【化】ランタン（希土類元素. 記号 La）.

die **La-nu-go** [ラヌーゴ] 名 -/..gines [..ギネース] 【医】（胎児の）うぶ毛.

die **Lạnze** [ランツェ] 名 -/-n 槍, （騎士の）長槍 (きッ). 【慣用】 eine Lanze für 〈j⁴〉 brechen 断固 〈人に〉味方する.

der **Lạn-zett-bo-gen** [ランツェット・ボーゲン] 名 -s/- 【建】ランセット（尖り）アーチ（特に英国ゴシック建築の）.

die **Lan-zẹt-te** [ランツェッテ] 名 -/-n 【医】披針, ランセット（特に眼の手術用の小型メス）.

das **Lạn-zett-fen-ster** [ランツェット・ふェンスター] 名 -s/- 【建】ランセット形の窓.

lạn-zett-lich [ランツェットリヒ] 形 【植】披針（ランセット）形の.

(*der*) **La-o-ko-on** [..koɔn ラオーコオン] 【ギ神】ラオコーン（大蛇に殺されたトロイアの神官）.

die **La-o-ko-on-gruppe** [ラオコオン・グるッペ] 【美】ラオコーン群像（Laokoon と二人の息子の像）.

die **La Ọla**, **La ola** [ラ オーラ] 名 --/--s （主に無反詞词］ウェーブ（スタジアムなどで観客が立ったり座ったりして作る波のようなもの）.

(*das*) **La-os** [ラーオス] 名 -s/ 【国名】ラオス（インドシナ半島の国）.

der **La-o-te** [ラオーテ] 名 -n/-n ラオス人.

la-o-tisch [ラオーティシュ] 形 ラオス（人・語）の.

(*der*) **La-o-tse** [..ツェ, láutsə ラウ・ツェ] 【人名】老子（中国, 周代の哲学者）.

die **La-pa-ro-to-mie** [ラパろ・トミー] 名 -/-n 【医】開腹（術）.

la-pi-dar [ラピダーあ] 形 簡潔で的確な.

das **La-pi-da-ri-um** [ラピダーリウム] 名 -s/..rien 石碑コレクション.

die **La-pịl-li** [ラピリ] 複名 【地質】火山礫 (カッ).

der **La-pis-la-zu-li** [ラピス・ラーツリ] 名 -/- 【鉱】ラピスラズリ, 瑠璃 (るッ), 青金石.

(*der*) **La-place** [laplás ラ・プラース] 【人名】ラプラース（Pierre Simon ～, 1749-1827, フランスの数学・天文学者）.

die **Lap-pa-lie** [ラパーリエ] 名 -/-n 些細なこと, 小事.

die **Läpp-chen-pro-be** [レップヒェン・プローベ] 名 -/-n 【医】パッチテスト.

der **Lạppe** [ラッペ] 名 -n/-n ラップ人.

der **Lạppen** [ラッペン] 名 -s/- **1.** 布きれ, ぼろきれ, 革の切れ端. **2.** 《口》（高額）紙幣; 運転免許証. **3.** （鶏などの）肉垂 (ﾆ{); （肺などの）葉 (まⅢ); (⊕のみ)（水鳥の）水かき. **4.** 《口》弱虫. 【慣用】〈j⁴〉durch die Lappen gehen 《口》〈人から〉逃れる.

läp-pern [レッパーン] 動 h. 《方》 **1.** 〈et⁴ッ〉ちびちび飲む. **2.** [Es+〈j⁴〉ɴ+nach〈et³〉]急に食べたくなる. 【慣用】 Es〔Das〕 läppert sich. 《口》わずかなものが積ってたくさんになる.

lạp-pig [ラッピヒ] 形 **1.** 《口》だらっとした, たるんだ. **2.** 《口・蔑》たったの, (ばかばかしいほど）わずかな. **3.** ぎざぎざの.

läp-pisch [レッピシュ] 形 《蔑》ばかげた, 子供っぽい; 取るに足らない.

(*das*) **Lạpp-land** [ラップ・ラント] 名 -s/ 【地名】ラップランド（北欧・ロシアのラップ人の居住地域）.

der **Lạpp-län-der** [ラップ・レンダー] 名 -s/- ラップ人.

lạpp-län-disch [ラップ・レンディシュ] 形 ラップランドの.

der **Lạp-sus** [ラプスス] 名 -/- [..スース] 《文》誤り, 失敗.

der **Lạpsus Ca-la-mi**, ⊕**Lapsus ca-la-mi** [ラプスス カーラミ] 名 --/-- [ラプスース ..] 《文》誤字.

der **Lạpsus Lin-guae**, ⊕**Lapsus lin-guae** [..lǐnguæ ラプスス リングエ] 名 --/-- [ラプスース ..lǐnguae] 《文》言い間違い.

der **Lạp-top** [lɛptɔp ラップ・トップ] 名 -s/-s [コンピ]ラップトップ, ノート型パソコン.

die **Lạr-che** [レるヒェ] 名 -/-n 【植】カラマツ;（⊕のみ）カラマツ材.

(*die*) **La-ren** [ラーれン] 複名 【ロ神】ラレス（家の神）.

lạr-go [ラるゴ] 副 【楽】ラルゴ, 非常にゆっくりと, かつ豊かに.

das **Lạr-go** [ラるゴ] 名 -(s)/-s[..ghi] 【楽】ラルゴの楽曲.

das **La-ri-fa-ri** [ラリふぁーり] 名 -s/ 《口》たわ言, ばかげたこと.

la-ri-fa-ri ! [ラリふぁーり] 間 《口》ばかばかしい, くだらない.

――― 形 《口》うわべだけの, いいかげんな.

der **Lärm** [レるム] 名 -(e)s/ 騒音, 騒ぎ, 喧噪 (ｹ{); ～ machen 騒音をたてる. 【慣用】 Lärm schlagen 警鐘を打ち鳴らす, 大声で抗議する. viel Lärm um nichts 空騒ぎ.

die **Lärm-be-kämpfung** [レるム・ベケムプふング] 名 -/ 騒音防止（策）.

die **Lärm-be-läs-ti-gung** [レるム・ベレスティグング] 名 -/-en 騒音の悩み, 騒音公害.

lärm-emp-find-lich [レるム・エムプふぃントリヒ] 形 騒音に神経質な.

lär-men [レるメン] 動 h. **1.** [ﾄ{]騒々しい声を上げる, 大声を上げて騒ぐ; 音を立てる（機械などが）. **2.** [ⅠⅠ{]（⊕）怒鳴る.

die **Lärm-mess-an-la-ge**, ⊕**Lärm-meß-an-la-ge** [レるム・メス・アン・ラーゲ] 名 -/-n 騒音測定装置.

lar-mo-yant [larmoajánt ラるモアヤント] 形 《文》（主に《蔑》）涙をさそう, 哀れっぽい.

der **Lärm·pe·gel** [レる厶・ベ・ゲる] 名 -s/- 騒(雑)音のレベル.
der **Lärm·schutz** [レる厶・シュッツ] 名 -es/ 騒音防止;騒音防止設備.
die **Lärm·schutz·wall** [レる厶シュッツ・ヴァる] 名 -(e)s/..wälle (高速道路などの)遮音用土塁.
die **Lärm·schutz·wand** [レる厶シュッツ・ヴァント] 名 -/..wände 遮音壁.
die **Lärm·schwer·hö·rig·keit** [レる厶・シュヴェーァ・(ヘ)ーリヒカイト] 名 -/-en 騒音による難聴(聴力障害).
das **L'art pour l'art** [láːr puːr láːr ラーァ プーァ ラーァ] 名 ---/ 〘文〙芸術のための芸術.
die **Lar·ve** [ラるフェ] 名 -/-n **1.**〘動〙幼虫, 幼生. **2.**〘古〙仮面;〘蔑〙無表情な顔.
la·ryn·ge·al [ラりュンゲアール] 形〘医〙喉頭(ミミ)の.
die **La·ryn·go·lo·gie** [ラりュンゴ・ロギー] 名 -/〘医〙喉頭(ミミ)医学.
las [ラース] 動 lesen の過去形.
die **La·sa·gne** [lazánja ラザーニエ] 複名〘料〙ラザーニエ.
lasch [ラッシュ] 形 生気のない, 元気のない;いい加減な;〘方〙味のない.
die **La·sche** [ラッシェ] 名 -/-n **1.**〘工〙接合板, 裏桟, (レールの)継ぎ目板. **2.**(ポケット・封筒などの)蓋, (靴の)舌革, (ベルトの)留め輪.
lä·se [レーゼ] 動 lesen の接続法 2 式.
der **La·ser** [レーザー レーザー] 名 -s/-〘工〙レーザー.
das **La·ser·drom** [lezáːr.. レーザー・ドローム] 名 -s/-e レザードローム(レーザー光線銃による野外戦闘ゲーム場).
der **La·ser·dru·cker** [レーザー・ドるッカー] 名 -s/-〘コンピ〙レーザープリンター.
die **La·ser·ka·no·ne** [レーザー・カノーネ] 名 -/-n レーザー装置.
der **La·ser·strahl** [レーザー・シュトらール] 名 -(e)s/-en レーザー光線.
die **La·ser·tech·nik** [レーザー・テヒニク] 名 -/-en レーザー技術.
la·sie·ren [ラズィーれン] 動 h.〈et⁴ズ〉透明ラッカーを塗る;(絵に)ワニスをかける.
die **Lä·si·on** [レズィオーン] 名 -/-en〘医〙損傷.
lass¹, ⓐ**laß** ¹ [ラス] 動 lassen の du に対する命令形.
das **Las·sa·fie·ber** [ラッサ・ふぃーバー] 名 -/〘医〙ラッサ熱.
(*der*) **Las·sal·le** [lasál ラサル] 名〘人名〙ラサール(Ferdinand ~, 1825–64, 政治家).
las·sen* [ラッセン] 動 er lässt; ließ; hat ... lassen **1.**《使役・操作》[(〈j¹/et⁴〉ヲ(ニ))/von〈j³〉ニヨッテ/durch〈j⁴/et⁴〉ニヨッテ]〈inf.〉…させる:〈j⁴〉(ein Lied) singen ~〈人⁴〉に(1 曲)歌わせる(歌ってもらう) Wasser in die Wanne laufen ~ 水をバスタブに流し入れる. die Industrie sich⁴ weiter entwickeln ~ 工業をさらに発展させる. Sie ließ mich ihn grüßen. 彼女は私に彼によろしくと言った. Ich *ließ* mich entschuldigen. 私は欠席すること(他の人に)伝えてもらった. Mein Vater *lässt* Sie grüßen. 父からあなたによろしくとのことです. den Wagen reparieren ~ 車を修理させる. sich³ die Haare schneiden ~ 髪を切ってもらう.〈j³〉〈et⁴〉von einer Sekretärin/durch einen Boten mitteilen ~〈人⁴〉に〈事⁴〉を秘書によって/メッセンジャーボーイを通して知らせる. **2.**《許容・容忍・黙認》[(〈j¹/et⁴〉ヵ゛(ニ))]〈inf.〉するがままにしておく, するのを許す, させるのを放っておく, するがままにしておく: L~ Sie mich ausreden! 私に最後まで話させて下さい. den Motor laufen ~ エンジンをかけたままにしておく. die Dinge laufen ~ 物事を成り行きにまかせておく. die *lässt* sich nicht verhöhnen. 彼は他人が自分をばかにするのを許さない. **3.**《受動の可能性・適合性》[sich¹+(〈不〉ニ)+〈動〉ニ], されるのに適している: Die Tür ließ sich nur schwer öffnen. ドアは開けにくかった. Das Wasser *lässt* sich trinken. この水は飲める. Das *lässt* sich nicht machen. それは実行不可能だ. Das *lässt* sich hören. それはもっともだ.(Es が主語で)Hier *lässt* es sich gut aushalten. ここはよく静養できます. **4.**《打解けた感じの要求》《動詞の不定詞とともに次の形で》Lass uns/Lasst uns/Lassen Sie uns ... …しようじゃないか, しようじゃありませんか: Lass/Lasst uns feiern! (君)(君たち)お祝いをしようじゃないか. L~ Sie uns noch ein Glas Bier trinken! もう一杯ビールを飲みましょうよ. **5.**《中止・放棄》[〈et⁴〉ヲ/(〈et⁴〉ノママデ)+sein]〘口〙やめる, 放り出す(途中で): Ich *lasse* jetzt die Arbeit Arbeit sein. 私は今仕事を切り上げる(うち切る). 【慣】**Das lasse ich mir nicht gefallen.** そんなことは私は我慢できない(不愉快だ). **Er lässt sich oft verleugnen.** 彼はよく居留守を使う. **Er ließ alles stehen und liegen und lief davon.** 彼はすべてを放り出して逃出した. **Ich lasse bitten.** お客を通せ(召使いが秘書などに言う). **Lassen Sie sich nicht stören!** お構いなく.

—— 動 er lässt; ließ; hat gelassen **1.**〈〈et⁴〉ヲ/von〈et³〉ヲ〉やめる, よす, 断念する: das Rauchen (vom Rauchen) ~ 禁煙する. vom Spielen/Alkohol ~ かけ事/酒をやめる. Ich konnte es nicht ~, den Krimi weiterzulesen. 私はその推理小説を読み続けるのを止められなかった. **2.**〈j⁴/et⁴〉ヲ+〈場所〉ニ〉置いておく, 残しておく(いく); (置き)忘れている: Wo habe ich nur meinen Autoschlüssel *gelassen*? ぼくは車のキーをいったいどこに(置き)忘れてきたんだろう. die Zeitung auf dem Tisch ~ 新聞をテーブルの上に置いておく(いく). In dieser Boutique hat sie viel Geld *gelassen*.〘口〙このブティックで彼女はたくさんのお金を使った. **3.**〈j⁴/et⁴〉ヲ+〈場所/様態〉ニ〉置いた(入れた)ままにしておく, (…の)ままにしておく: das Manuskript in der Mappe ~ 原稿をブリーフケースに入れたままにしておく. die Tür offen ~ 戸を開いたままにしておく. alles beim alten ~ すべてを元のままにしておく. Lass mich in Frieden! 私をそっとしておいてくれ.〈j⁴〉in seinem Irrtum ~〈人⁴〉の思い違いを(改めさせずに)そのままにしておく. das Problem außer Acht ~ その問題を考慮せずにおく. **4.**〈〈j³〉ニ+〈et⁴〉(〈様態〉ニ)〉渡す, 預ける, 貸す, 譲り渡す: L~ Sie mir bitte den Zündschlüssel! 私にそのイグニッションキーをお預け下さい.〈j³〉〈et⁴〉als〔zum〕Pfand ~〈人⁴〉に〈物⁴〉を担保として預ける.〈j³〉〈et⁴〉bis heute Abend ~〈人⁴〉に〈物⁴〉を今日の夕方まで貸す.〈j³〉〈et⁴〉billig ~〈人⁴〉に〈物⁴〉を安く譲る. **5.**〈〈j⁴/et⁴〉ヲ+〈方向〉ニ〉入れる, 放す: frische Luft ins Zimmer ~ 新鮮な空気を部屋の中へ入れる. die Kühe auf die Weide ~ 牛を放牧場に放す. **6.**〈〈j⁴/et⁴〉ヲ+〈方向〉ニ(ニカラ)〉出してやる, 行かせる, 放す: Sie ließ das Kind in den Garten. 彼女は子供を庭へ出してやった. das Pferd aus dem Stall ~ 馬をうま屋から出してやる. den Dampf aus dem Kessel ~ ボイラーから蒸気を放出する. **7.**〈〈j³〉ニ+〈et⁴〉/〈j⁴〉ニ+〈方向〉ニカラ〉(干渉・邪魔をせずに)容認する, さまたげない: Sie ließ ihm seinen Glauben. 彼女は彼の信仰を容認していた. Sie ließ ihn nicht in ihr Zimmer. 彼女は彼が彼女の部屋に入ろうとするのをはばんだ. 【慣用】〈et⁴〉**an der Garderobe lassen**〈物⁴〉をクロークに預ける. **einen lassen**〘口〙屁(へ)をたれる. **Tu, was du nicht lassen kannst!** 君は(自分を抑えずに)やりたいことをやりたまえ, 君は自分がすることは自分で決めたらいい. **Uns wurde nichts gelassen.** われわれはすべてを奪い取ら

れた. **von ⟨j³⟩ lassen** 《古》⟨人と⟩手〔縁〕を切る.

läs·sest [レッセスト] [動] 《古》lassen の現在形 2 人称単数.

läs·sig [レっスィひ] [形] 無造作な, さりげない;《古》投げやりな;《口》容易な, たやすい;《若》すごい.

die **Läs·sig·keit** [レっスィひカイト] [名] -/ **1.** さりげなさ, 無造作. **2.** だらしなさ, 怠慢.

läss·lich, [旧]**läß·lich** [レスリひ] [形] **1.** 〖カトリック〗重大でないので許される(罪). **2.** 《古》ささいな, 取るに足らない. **3.** 《古》寛大な.

das〔*der*〕**Las·so** [ラっソー] [名] -s/-s 投げ縄(特にカウボーイの);〖フィギュアスケート〗(女性パートナーを)回転させながら頭上にささえる演技.

lässt, [旧]**läßt** [レスト] [動] lassen の現在形 2・3 人称単数.

die **Last** [ラスト] [名] -/-en **1.** 荷, 荷物; 重さ, 荷重;〖海〗バラスト;収納庫; 船倉;〖空〗(重い)貨物;〖電〗負荷. **2.** (精神的な)重荷, 重圧; 責任: ⟨j³⟩ zur ~ fallen ⟨人の⟩重荷になる. ⟨j³⟩ ⟨et⁴⟩ zur ~ legen ⟨人に⟩⟨事の⟩責任〔罪〕を負わせる. **3.** (複のみ)(経済的な)負担;抵当.

der **Last·arm** [ラスト・アるム] [名] -(e)s/-e 〖理〗梃子(てこ)の腕.

das **Last·au·to** [ラスト・アウト] [名] -s/-s トラック.

las·ten [ラステン] [動] *h.* 〔auf ⟨j³/et³⟩に〕重くのしかかっている, 重圧をかける;かかっている(嫌疑が): Auf diesem Grundstück ~ hohe Schulden. この地所は高額の負債の担保になっている. eine ~*de* Hitze うっとうしい暑さ. eine ~*de* Stille 重苦しい沈黙.

der **Las·ten·auf·zug** [ラステン・アウふ・ツーク] [名] -(e)s/..züge 貨物用エレベーター.

der **Las·ten·aus·gleich** [ラステン・アウス・グライひ] [名] -(e)s/ 負担調整(第二次大戦後の旧西独国民に対する補償金. 略 LA).

las·ten·frei [ラステン・ふらイ] [形] 抵当に入っていない.

der **Las·ten·seg·ler** [ラステン・ゼーグラー] [名] -s/- 輸送用グライダー.

der **Las·ter**¹ [ラスター] [名] -s/- 《口》トラック.

das **Las·ter**² [ラスター] [名] -s/- 悪徳; 悪習, 悪癖. **【慣用】 ein langes Laster** 《口》のっぽ.

der **Läs·te·rer** [レステらー] [名] -s/- 中傷〔冒瀆(ぼうとく)〕者.

las·ter·haft [ラスターハふト] [形] 悪習に染まった, 不道徳な.

die **Las·ter·haf·tig·keit** [ラスターハふティひカイト] [名] -/ 背徳, 不品行.

die **Las·ter·höh·le** [ラスター・ヘーレ] [名] -/-n 《口・蔑》悪徳の巣窟(そうくつ).

das **Las·ter·le·ben** [ラスター・レーベン] [名] -s/ 《蔑》(《冗》も有)乱れた生活.

läs·ter·lich [レスターリひ] [形] 中傷的な, 冒瀆(ぼうとく)的な.

das **Läs·ter·maul** [レスター・マウル] [名] -(e)s/..mäuler 《口》悪口を言う人;口の悪さ.

läs·tern [レスターン] [動] *h.* **1.** 〔über ⟨j⁴/et⁴⟩ノ〕陰口をきく, 悪口をいう, (…を)中傷〔誹謗(ひぼう)〕する. **2.** 〔⟨j⁴/et⁴⟩ヲ〕冒瀆(ぼうとく)する(神・信仰などを).

die **Läs·te·rung** [レステるング] [名] -/-en 冒瀆(ぼうとく)的な言葉;中傷, 誹謗(ひぼう).

die **Läs·ter·zun·ge** [レスター・ツンゲ] [名] -/-n =Lästermaul.

das **Las·tex** [ラステクス] [名] -/ 〖商標〗ラステックス(ゴム糸が織込まれた伸縮性のある布).

läs·tig [レスティひ] [形] 重荷〔負担〕になる, 面倒な, 厄介な: ⟨j³⟩ ~ sein〔fallen〕⟨人にとって⟩煩わしい.

die **Läs·tig·keit** [レスティひカイト] [名] -/-en (主に[単])厄介なこと, 煩わしさ.

der **Last·kahn** [ラスト・カーン] [名] -(e)s/..kähne はしけ.

der **Last·kraft·wa·gen** [ラスト・クらふト・ヴァーゲン] [名] -s/- トラック(略 Lkw, LKW).

der **Last·kraft·wa·gen·fah·rer** [ラストクらふトヴァーゲン・ふぁーらー] [名] -s/- トラック運転手.

das **Last-Mi·nute-An·ge·bot** [lá:stmínɪt.. ラースト・ミニっト・アンゲボート] [名] -(e)s/-e (旅行・航空会社などの)(ラスト)タイムサービス.

der **Last-Mi·nute-Flug** [ラースト・ミニっト・ふルーク] [名] -(e)s/..Flüge (ラスト)タイムサービスによるフライト.

die **Last-Mi·nute-Rei·se** [ラースト・ミニっト・らイゼ] [名] -/-n (ラスト)タイムサービスによる旅行.

das **Last·pferd** [ラスト・プふぇーあト] [名] -(e)s/-e 荷馬.

das **Last·schiff** [ラスト・シふ] [名] -(e)s/-e 貨物船.

die **Last·schrift** [ラスト・シュりふト] [名] -/-en 〖銀行〗引落し;借方記入.

der **Last·schrift·ver·kehr** [ラストシュりふト・ふぇあケーあ] [名] -s/- 〖銀行〗借方記入(方式)取引.

das **Last·tier** [ラスト・ティーあ] [名] -(e)s/-e 荷役用家畜.

der **Last·trä·ger** [ラスト・トれーガー] [名] -s/- 荷物運搬人.

der **Last·wa·gen** [ラスト・ヴァーゲン] [名] -s/- =Lastkraftwagen.

der **Last·wa·gen·fah·rer** [ラストヴァーゲン・ふぁーらー] [名] -s/- トラック運転手.

der **Last·zug** [ラスト・ツーク] [名] -(e)s/..züge トレーラートラック.

die **La·sur** [ラズーあ] [名] -/-en **1.** (主に[単])透明な塗料の被膜. **2.** 透明な塗料.

der **La·su·rit** [ラズりート] [名] -s/-e 〖鉱〗青金石, 瑠璃(るり).

las·ziv [ラスツィーふ] [形] 《文》扇情的な, わいせつな;みだらな.

die **Las·zi·vi·tät** [ラスツィヴィテート] [名] -/-en 《文》 **1.** ([単]のみ)わいせつ, みだらさ. **2.** わいせつ〔みだら〕な行動〔発言〕.

lat. =lateinisch ラテン語の.

Lä·ta·re [レターれ] [名] (無冠詞;無変化)〖プロテスタント〗喜びの主日(復活祭前の第 3 日曜日).

das **La·tein** [ラタイン] [名] -s/ ラテン語;ラテン語ラテン文学(授業科目). **【慣用】 mit seinem Latein am Ende sein** もうどうしていいか分らない, 途方に暮れる.

(*das*) **La·tein·a·me·ri·ka** [ラタイン・アメーりカ] [名] -s/ 〖地名〗ラテンアメリカ.

la·tein·a·me·ri·ka·nisch [ラタイン・アメりカーニシュ] [形] ラテンアメリカ(人)の.

der **La·tei·ner** [ラタイナー] [名] -s/- 《文》ラテン語の習得〔学習〕者.

das **La·tei·ner·se·gel** [ラタイナー・ゼーゲル] [名] -s/- (小船の)大三角帆.

la·tei·nisch [ラタイニシュ] [形] ラテン語の;ラテン文字〔字体〕の;ラテン系の人〔民族〕の.

das **La·tei·nisch** [ラタイニシュ] [名] -(s)/ ラテン語.

das **La·tei·ni·sche** [ラタイニシェ] [名] (形容詞的変化;[単]のみ) **1.** (定冠詞と共に)ラテン語. **2.** ラテン的なもの〔こと〕.

die **La·tein·schrift** [ラタイン・シュりふト] [名] -/-en ラテン文字, ローマ字.

die **La·tein·schu·le** [ラタイン・シューレ] [名] -/-n ラテン語学校(ギムナジウムの前身).

die **La-Tène-Kul·tur** [latɛ́:n.. ラ・テーン・クルトゥーあ] [名] -/ 〖考古〗ラテーヌ期文化.

la·tent [ラテント] [形] 《文》潜在的な;〖医〗潜伏性〔期〕の.

die **La·tenz** [ラテンツ] [名] -/-en **1.** 《文》潜在, 潜伏(期). **2.** 〖生理〗潜時.

die **La·tenz·pe·ri·o·de** [ラテンツ・ペりオーデ] [名] -/

L

〖心〗(性欲衝動の)潜伏期(およそ6-10歳の間).
die La**tenz**zeit [ラテンツ・ツァイト] 名 -/-en 〖医〗潜伏期;〖生理〗潜時.
la**te**ral [ラテらール] 形 横(から)の, 側面(から)の：~es Denken 水平思考.
der La**te**ran [ラテらーン] 名 -s/ ラテラノ宮殿(ローマの昔の教皇の宮殿).
der La**te**rit [ラテリート] 名 -s/-e 〖地質〗ラテライト, 紅土.
die La**ter**na ma**gi**ca [ラテるナ マーギカ] 名 -/..nae..cae[..ネ..ツェ] 幻灯機.
die La**ter**ne [ラテネネ] 名 -/-n **1.** ランタン, カンテラ；ちょうちん；街灯(Straßen〜). **2.** 〖土〗(屋根の)明り取りの塔. **3.** (馬の面上の)白毛斑(ﾊﾝ).
der La**ter**nen**an**zünder [ラテるネン・アン・ツュンダー] 名 -s/- (昔の街灯の)点灯夫.
die La**ter**nen**ga**rage [ラテるネン・ガらージェ] 名 -/-n 《冗》路上の夜間車をとめておく場所.
der La**ter**nen**pfahl** [ラテるネン・プふぁール] 名 -(e)s/..pfähle 街灯の柱.
der La**tex** [ラーテックス] 名 -/..tizes[..ティツェース] ラテックス(ゴムの樹液).
das La**ti**fun**di**um [ラティ・ふンディウム] 名 -s/..dien ラティフンディウム①古代ローマの奴隷を使って経営した広大な地所. ②《冗》私有の広大な土地・山林).
la**ti**ni**sie**ren [ラティニズィーれン] 動 h. 〈et⁴ッ〉〖言〗ラテン語化する(単語・名前などを).
der La**ti**nis**mus** [ラティニズムス] 名 -/..men 〖言〗ラテン語以外の言語の中のラテン語的語法.
der La**ti**nist [ラティニスト] 名 -en/-en ラテン語学者.
der Latin Lo**ver**, La**tin**lo**ver** [létɪn lávər レティン ラヴァー] 名 -(s)/- 熱烈な南国ファン(愛好家).
das La**ti**num [ラティーヌム] 名 -s/ ラテン語学力認定試験.
die La**ti**tu**de** [ラティテューデ] 名 -/-n 緯度;《古》広がり.
la**ti**tu**di**nal [ラティトゥディナール] 形 緯度の.
(*das*) La**ti**um [ラーツィウム] 名 -s/ 〖地名〗ラティウム(イタリア中部, ローマ帝国発祥の地).
die La**tri**ne [ラトリーネ] 名 -/-n 仮設便所；《口・蔑》ひそかに流されるうわさ(デマ).
das La**tri**nen**ge**rücht [ラトリーネン・ゲりュひト] 名 -(e)s/-e 《口・蔑》ひそかに流されるうわさ[デマ].
die La**tri**nen**pa**role [ラトリーネン・パろーレ] 名 -/-n 《口・蔑》= Latrinengerücht.
der Latsch [ラーチュ] 名 -(e)s/-e 《口》**1.** スリッパ. **2.** 《蔑》足をだらしなく引きずって歩く人. **3.** 《東中独》薄いコーヒー.
die Lat**sche**¹ [ラーチェ] 名 -/-n 《口》**1.** スリッパ. **2.** 《蔑》だらしない女.
die Lat**sche**² [ラッチェ] 名 -/-n 〖植〗ヨーロッパハイマツ.
latschen [ラーチェン] 動 s. 〖軽蔑〗《口》足をだらしなく引きずって(だらだらと)歩いて行く；いやがやながら歩いて行く. 〖慣用〗h. 〈j³〉 eine latschen 《方》〈人に〉びんたを食らわす.
die **Lat**schen [ラーチェン] 名 -s/-《主に複》〖口》1. ハリッパまたは古くさい靴. 〖慣用〗 aus den Latschen kippen 《口》失神する. 気を失う.
die Lat**schen**kiefer [ラッチェン・キーふぁー] 名 -/-n 〖植〗ヨーロッパハイマツ.
latschig [ラーチひ] 形 だらだらした, だらしない.
die **Lat**te [ラッテ] 名 -/-n **1.** 細長い薄板, 木摺(ｷﾞ)；木舞. **2.** 〖ｽﾎﾟｰﾂ〗(ゴールの)クロスバー；(高跳びの)バー. **3.** 《口》たくさん: eine (lange) 〜 von Vorstrafen haben いっぱい前科がある. 〖慣用〗

〈et⁴〉 auf der Latte haben 《口》〈事ᵎ〉うまい. 〈j⁴〉 auf der Latte haben 《口》〈人ᵎ〉を嫌っている. **eine lange Latte** 《口》のっぽ. (sie) nicht alle auf der Latte haben 《口》ちょっと頭がおかしい.
die **Lat**ten**kis**te [ラッテン・キステ] 名 -/-n (運送用)木箱.
der **Lat**ten**rost** [ラッテン・ろスト] 名 -(e)s/-e (細板の)すのこ.
der **Lat**ten**ver**schlag [ラッテン・ふぇあシュラーク] 名 -(e)s/..schläge 木舞(ﾊﾞ)張りの仕切り.
der **Lat**ten**zaun** [ラッテン・ツァウン] 名 -(e)s/..zäune 木柵(ﾎﾞ).
der **Lat**tich [ラッティひ] 名 -s/-e 〖植〗レタス, チシャ.
die **Lat**wer**ge** [ラトヴェるゲ] 名 -/-n 〖医〗舐剤(ﾆｻﾞ)；《方》果実のムース(特にスモモの).
der Latz [ラッツ] 名 -es/Lätze[〖ﾚｯﾂェ〗] - e も有〗**1.** = Lätzchen. **2.** 胸当て；(民族衣装のズボンの)前あて；《方》(ズボンの)前あきの比翼(Hosen〜).
das **Lätz**chen [レッツひェン] 名 -s/- (乳幼児の)食事用のよだれかけ.
die **Latz**ho**se** [ラッツ・ホーゼ] 名 -/-n 胸当てつきズボン, オーバーオール.
lau [ラウ] 形 **1.** 〈生〉ぬるい；温暖な〈転〉ぱっとしない(商売など). **2.** 煮えきらない〈人・態度など). 〖慣用〗 für lau 《方》無料で.
das **Laub** [ラウプ] 名 -(e)s/ (木全体の)葉.
der **Laub**baum [ラウプ・バウム] 名 -(e)s/..bäume 広葉樹.
der **Lau**be¹ [ラウベ] 名 -n/-n 〖魚〗ウグイ.
die **Lau**be² [ラウベ] 名 -/-n **1.** 園亭, 東屋(ｱﾂﾞﾏ). **2.** アーケード. **3.** (劇場の)ボックス席.
der **Lau**ben**gang** [ラウベン・ガング] 名 -(e)s/..gänge **1.** 〖建〗アーケード；(住宅の)バルコニー式通路. **2.** 〖園〗(トンネルの形をした)パーゴラ.
die **Lau**ben**ko**lonie [ラウベン・コロニー] 名 -/-n (レジャー用)家庭菜園が集まっている地区.
der **Laub**fall [ラウプ・ふぁル] 名 -(e)s/ 落葉(ﾗｸﾖｳ).
die **Laub**fär**bung** [ラウプ・ふぇるブング] 名 -/-en 葉が色づくこと, 紅葉.
der **Laub**frosch [ラウプ・ふろッシュ] 名 -(e)s/..frösche 〖動〗アマガエル.
das **Laub**holz [ラウプ・ホルツ] 名 -es/..hölzer 広葉樹材；(主に複)広葉樹の木.
das **Laub**hüt**ten**fest [ラウプ・ヒュッテン・ふぇスト] 名 -(e)s/-e 仮庵(ｶﾘｲｵ)の祭(ユダヤ教の収穫感謝祭).
die **Laub**sä**ge** [ラウプ・ゼーゲ] 名 -/-n 糸鋸(ｲﾄﾉｺ).
die **Laub**sä**ge**ar**beit** [ラウプゼーゲ・アるバイト] 名 -/-en (懸のみ)糸鋸(ﾉｺ)細工. 糸鋸細工の製品.
der **Laub**wald [ラウプ・ヴァルト] 名 -(e)s/..wälder 広葉樹林.
das **Laub**werk [ラウプ・ヴェるク] 名 -(e)s/-e **1.** 《文》(木全体の)葉. **2.** 〖建〗葉形装飾.
der **Lauch** [ラウホ] 名 -(e)s/-e 〖植〗ネギ；リーキ.
das **Lau**da**num** [ラウダヌム] 名 -s/ 阿片チンキ.
die **Lau**da**tio** [ラウダーツィオ] 名 -/-nes[ラウダーツィオーネース] 称賛の演説.
die **Lau**des [ラウデース] 複名 〖ｶﾄﾘｯｸ〗賛課(聖務日課の朝の祈り).
die **Lau**e [ラウエ] 名 -/-n 〖ﾙｯﾌﾟ〗雪崩(ﾅﾀﾞﾚ).
die **Lau**e**ne** [ラウエネ] 名 -/-n 〖ﾙｯﾌﾟ〗 = Laue.
die **Lau**er¹ [ラウアー] 名 -s/- 二番搾りのワイン.
die **Lau**er² [ラウアー] 名 〈次の形で〉 auf der 〜 liegen [sein] 〈口〉待ち伏せ(待受け)ている. sich⁴ auf die 〜 legen 《口》待伏せる.
lauern [ラウあーン] 動 h. **1.** [auf〈j⁴/et⁴〉ッ] 待ち伏せする, 待受ける；窺(ｳｶｶﾞ)う；《口》(今か今かと)いらいらして待つ: 〈j³〉〜d eine Frage stellen 〈人に〉意地

L

の悪い〔底意のある〕質問をする. **2.** 〔〈場所〉ｦ〕待ちかまえている《危険などが》.

der **Lauf** [ラウふ] [名] -(e)s/Läufe **1.** (（単）のみ)走ること, ランニング;歩行 : sich⁴ in ～ setzen 歩き出す. **2.** 〖スポーツ〗競走. **3.** (（単）のみ)(天体の)運行;(機械の)作動, 動き. **4.** (（単）のみ)進行, 経過, 成行き, (時の)流れ : im ～ des Sommers 夏のうちに. Das ist der ～ der Welt. それが世のならいだ. **5.** (（単）のみ)(道などが)走っていること, (川の)流れ : der obere ～ eines Flusses 川の上流. **6.** 〖狩〗(獣や犬の)足. **7.** 〖楽〗パッセージ. **8.** (小銃の)銃身. 【慣用】〈et³〉 **freien Lauf lassen** 〈事を〉成行きにまかせる. 〈et¹〉 **nimmt seinen Lauf** 〈事が〉押しとどめようもなく進行する.

die **Lauf·ach·se** [ラウふ·アクセ] [名] -/-n 〖工〗従輪車軸.

die **Lauf·bahn** [ラウふ·バーン] [名] -/-en **1.** 経歴, 履歴;人生行路の一時期;(職業上の)進路. **2.** 〖スポーツ〗トラック, 走路. **3.** 〖天〗《稀》軌道.

das **Lauf·brett** [ラウふ·ブれット] [名] -(e)s/-er **1.** 歩み〔踏み〕板, 足場板. **2.** (ファッションショーなどの)客席に張出したステージ.

der **Lauf·bur·sche** [ラウふ·ブるシェ] [名] -n/-n 使い走りの少年.

lau·fen* [ラウふェン] [動] er läuft ; lief ; ist/hat gelaufen **1.** *s.* 〔(〈場所〉ｦ/〈方向〉ﾍ)〕 **a.** 走る, 駆ける;走って行く : *gelaufen* kommen 走って来る. sich⁴ im *L*～ überschlagen 走っていて転倒する. **b.** 《口》歩く;(歩いて)行く《gehen の代りに》. **c.** 歩く;歩いて行く《乗り物を利用せずに徒歩で移動する》. **d.** 走る;走って行く, 移動する《動物の素早い移動を表して》. **e.** (同じ速度でなめらかに)動く;動いて行く《物が主語》: Der Kran *läuft* auf Schienen. クレーンがレールの上を滑るように動いている. Der Mond *läuft* um die Erde. 月は(一定の速度で)地球の周りを回る. **f.** 走る《震えなどが》, 広まる, 伝わる《ざわめきなどが》:《Es が主語で》Vor Grauen *lief* es mir eiskalt über den Rücken. 恐ろしさのあまり冷たいものが背筋を走った. **2.** *s.* 〔補足なし〕歩く《歩行能力を示して》: Mein Enkelchen *läuft* schon. 私の孫はもう歩ける. **3.** *s.* 〔補足なし〕動いている, 動く, 運転〔作動〕中である《機械などが》, ついている《ラジオ・テレビなどが》. **4.** *s.* 〔(〈場所〉ｦ/〈方向〉ﾍ)〕運行している, 走る, 走っている《fahren のかわりに》. **5.** *s.* 〔(〈場所〉ｦ/〈方向〉ﾍ)〕流れる, 注ぐ《液体が》: Der Käse *läuft*. 《口》チーズが溶け始めている. **6.** *s.* 〔補足なし〕流れ出ている, 漏れている《容器などが》: Das Fass *läuft*. そのたるは漏る. Dem Kind *läuft* die Nase. その子の鼻から鼻水が出ている. **7.** *s.* 〔(〈方向〉ﾍ/〈様態〉ﾃﾞ)〕通っている, 走っている, 伸びている《道路などが》: Die beiden Linien ～ parallel. その二本の線は平行している〔平行に走っている〕. **8.** *s.* 〔(〈様態〉ﾃﾞ)〕起こる, 行われる;進行する, 進捗する : wie geplant ～ 計画どおりに進行する. Das Geschäft *läuft*. 《口》商売は繁盛している.《Es が主語で》Wie *läuft's* ? 《口》どういう具合にするのか;どんな進行具合か. **9.** *s.* 〔補足なし〕続行している, …中である, 始まっている : Die Untersuchungen ～. 調査は続行している. **10.** *s.* 〔〈時間〉ﾉ間〕有効である《乗車券などが》. **11.** *s.* 〔〈様態〉ﾉ〕名義〔名称〕になっている : Das Konto *läuft* auf seinen Namen. その口座は彼の名義になっている. Der Plan *läuft* unter der Bezeichnung 〔dem Namen〕„Phönix" その計画は「不死鳥」と呼ばれている〔という名称になっている〕. **12.** *s.* 〔〈場所〉ﾃﾞ〕上映〔放送・放映〕され(てい)る. **13.** *s.* 〔補足なし〕《口》(よく)売れる. **14.** *s.* 〔〈方向〉ﾆ〕ぶつかる, 衝突する《走ったり, 歩いたりしていて》. **15.** *s.* 〔〈方向〉ﾍ〕《口・蔑》(いつも)行く, 通う : jeden Abend in die Kneipe ～ 毎晩その飲み屋へ行く. wegen jeder Kleinigkeit zum Arzt ～ ちょっとしたことでいつもすぐに医者に行く. **16.** *s.* 〔〈et⁴〉ｦ〕歩く《ある距離・区間・道程を》. **17.** *s.* 〔(in 〈et³〉ﾃﾞ)〕走る, (…に)出る《レースなどに》;レースに出る. **18.** *s./h.* 〔〈et⁴〉ｦ〕出す《タイム・記録を》. **19.** *h./s.* 〔〈et⁴〉ｦ〕走る《競走などである距離・区間を》. **20.** *s.* 〔〈様態〉ﾃﾞ〕走る, 滑る《競走・スキー・スケートなどで》. **21.** *s./h.* 〔〈et⁴〉ﾃﾞ〕走る, 滑る, (…を)する : Ski/Schlittschuh ～ スキー/アイススケートをする. **22.** *h.* 〔sich⁴+〈様態〉ﾆ〕走って(…に)なる : sich⁴ müde/außer Atem ～ 走って疲れる/息が切れる. **23.** *h.* 〔Es+sich⁴+〈形〉ﾉ〕歩き〔走り〕具合である : Auf diesem Weg *läuft* es sich gut. この道は歩き〔走り〕やすい. 【慣用】*s.* **Gefahr laufen** 危険な状態にある〔陥る〕. **gelaufen sein** 《口》済んでしまっている(ので変えられない). 〈j⁴〉 **laufen lassen** 〈人を〉釈放する, (容疑者などを)泳がせておく. *h.* **sich³ die Füße wund laufen** 走って〔歩いて〕足に靴ずれができる. *h.* **sich³ ein Loch in die Schuhsohle laufen** 走って〔歩いて〕靴底に穴ができる. *s.* 〈j³〉 **über** 〔**in**〕 **den Weg laufen** 〈人に〉たまたま道で出会う. *s.* **um die Wette laufen** 競走する.

lau·fend [ラウふェント] [形] 走って〔動いて・流れて〕いる, 流通している;継続的な;連続した;日常の, 経常の;現在の. 【慣用】**am laufenden Band** 《口》ひっきりなしに. 〈j⁴〉 **auf dem Laufenden halten** 〈人に〉常に最新の情報を知らせておく. **auf dem Laufenden sein**〔**bleiben**〕 常に最新の事情に通じている. **das laufende Jahr** 今年(略 lfd. J.). **der laufende Meter** 切売りの1メートル(略 lfd. m). **die laufenden Ausgaben/Einkünfte** 経常支出/収入. **die laufenden Geschäfte** 日常業務. **die laufende Nummer** (雑誌の)今月〔今週〕号. **eine laufende Masche** 伝線《ストッキングの》. **laufende Nummern** 通し番号;バックナンバー. **laufende Rechnung**〖経〗当座勘定. **laufender Wechsel**〖経〗流通手形. **mit** 〈et³〉 **auf dem Laufenden sein** 〈事を〉(そのつど)きちんと済ませている〔滞らせていない〕. **sich⁴ auf dem Laufenden halten** 常に最新の情報を得ようとしている.

lau·fen las·sen*, [旧]**lau·fen|las·sen*** [ラウふェン ラッセン] [動] ließ laufen ; hat laufen lassen〔laufen gelassen〕(laufen gelassen は《稀》)〔〈j⁴〉ｦ〕《口》逃がしてやる, 放免してやる;泳がせておく《容疑者などを》.

der **Läu·fer** [ロイふァー] [名] -s/- **1.** 走者, ランナー, 中〔長〕距離選手. **2.** 《古》(サッカーなどの)ハーフバック. **3.** ランナー《廊下などの長いじゅうたん》. **4.** (乳離れした)子豚. **5.** (チェスの)ビショップ. **6.** 長手積みの壁石〔れんが〕. **7.** (電動機などの)回転子, ローター, 羽根車;(ひきうすの)回転石.

die **Lau·fe·rei** [ラウふェらイ] [名] -/-en 《口》駆けずり回ること, 奔走(ほんそう).

das **Lauf·feu·er** [ラウふ·ふォイあー] [名] -s/- (燃え広がる)野火 : wie ein ～ 非常に早く.

die **Lauf·flä·che** [ラウふ·ふレっひェ] [名] -/-n **1.** 〖工〗(タイヤなどの)接地面. **2.** (ボウリングの)レーン;(スキーの)ソール.

das **Lauf·git·ter** [ラウふ·ギッター] [名] -s/- ベビーサークル.

der **Lauf·gra·ben** [ラウふ·グらーベン] [名] -s/..gräben 〖軍〗塹壕(ざんごう).

läu·fig [ロイふィひ] [形] さかりのついた.

der **Lauf·jun·ge** [ラウふ·ユンゲ] [名] -n/-n 使い走りの少年.

der **Lauf·kä·fer** [ラウふ·ケーふァー] [名] -s/- 〖昆〗オサムシ.

die **Lauf·kat·ze** [ラウふ·カッツェ] [名] -/-n 〖工〗走行ウインチ, ウインチ台車.

der **Lauf·kran** [ラウふ·クらーン] [名] -(e)s/..kräne 〔-e〕〖工〗(レールの上を移動する)走行クレーン.

die **Lauf·kund·schaft** [ラウふ・クントシャふト] [名] -/ 浮動客, ふりの客層.

die **Lauf·ma·sche** [ラウふ・マッシェ] [名] -/-n (ストッキングなどの)伝線.

der **Lauf·pass,** [旧]**Lauf·paß** [ラウふ・パス] [名] -es/..pässe《次の形で》〈j³〉 den ~ geben《口》〈人と〉縁を切る, …を解雇する. den ~ bekommen〔erhalten〕解雇される, 追い出される.

das **Lauf·rad** [ラウふ・らート] [名] -(e)s/..räder **1.**〖工〗駆動されていない車輪;(タービンの)羽根車;(走行ウインチなどの)走行車輪. **2.** (昔の)足けり式自転車.

die **Lauf·rol·le** [ラウふ・ろレ] [名] -/-n キャスター, 戸車.

die **Lauf·schie·ne** [ラウふ・シーネ] [名] -/-n〖工〗ガイドレール.

die **Lauf·schrift** [ラウふ・シュりふト] [名] -/-en (電光掲示板〔ニュース〕の)流れ動く文字.

der **Lauf·schritt** [ラウふ・シュりット] [名] -(e)s/-e **1.**《次の形で》im ~ 駆足で. **2.**〖スポ〗走法.

der **Lauf·schuh** [ラウふ・シュー] [名] -(e)s/-e ウォーキングシューズ;《主に[複]》〖スポ〗ランニングシューズ.

läufst [ロイふスト] [動] laufen の現在形 2 人称単数.

der **Lauf·stall** [ラウふ・シュタル] [名] -(e)s/..ställe = Laufgitter.

der **Lauf·steg** [ラウふ・シュテーク] [名] -(e)s/-e (ファッションショーなどの)客席に張出したステージ.

läuft [ロイふト] [動] laufen の現在形 3 人称単数.

der **Lauf·vo·gel** [ラウふ・ふぉーゲル] [名] -s/..vögel〖鳥〗走禽(そうきん)類.

das **Lauf·werk** [ラウふ・ヴェるク] [名] -(e)s/-e **1.**〖工〗動力〔駆動〕装置, 連動メカニズム;(時計の)動力伝導の歯車装置;(鉄道車両の)走行装置. **2.**《口・冗》脚. **3.**〖コンピ〗ディスクドライブ(CD-ROM-~).

die **Lauf·zeit** [ラウふ・ツァイト] [名] -/-en **1.** 上映〔上演〕期間〔時間〕. **2.** (満期まで)の期間;(法令などの)有効〔通用〕期間. **3.** 所要時間.

der **Lauf·zet·tel** [ラウふ・ツェッテル] [名] -s/- **1.** 作業行程票. **2.** 回覧状;(資料などの)閲覧〔受領〕済サイン記入票. **3.** (立寄り先の確認欄のある)構内通行証;(製品などにつける)作業工程票.

die **Lau·ge** [ラウゲ] [名] -/-n 灰汁(あく);洗剤溶液(Wasch~);〖化〗アルカリ液.

lau·gen [ラウゲン] [動] *h.*〔〈et⁴〉ヲ+von〈et³〉カラ〕《古》(石けん水で)洗い落す.

lau·gen·ar·tig [ラウゲン・アーあティひ] [形] アルカリ液のような.

die **Lau·heit** [ラウハイト] [名] -/ 優柔不断な態度, 決断の悪さ.

die **Lau·ne** [ラウネ] [名] -/-n **1.**《[単]のみ》気分, 機嫌: heiterer ~ sein 明るい気分である. in〔bei〕~ sein 上機嫌である. 〈j⁴〉 bei guter ~ halten〈人の〉機嫌を取る. **2.**《主に[複]》気まぐれ, むら気;(天候・幸運などの)変りやすさ. **3.** 気まぐれな考え, 思いつき.

lau·nen·haft [ラウネンハふト] [形] 気まぐれな, むら気な;変りやすい.

die **Lau·nen·haf·tig·keit** [ラウネンハふティひカイト] [名] -/ むら気, 移り気, 気まぐれ.

lau·nig [ラウニひ] [形] ユーモアスな, 上機嫌の.

lau·nisch [ラウニシュ] [形] むら気な;すぐ不機嫌になる;気まぐれな;天気が変りやすい.

der **Lau·re·at** [ラウれアート] [名] -en/-en **1.** (古代ローマの)桂冠詩人. **2.** (学術・芸術などの)受賞者.

(der) **Lau·ren·ti·us** [ラウれンツィウス] [名] **1.**〖男名〗ラウレンティウス. **2.**〖人名〗ラウレンティウス(258年, ローマで殉教した聖人).

(der) **Lau·rin** [ラウりーン] [名] ラウリーン(チロル地方伝説の小人の王).

die **Laus** [ラウス] [名] -/Läuse〖昆〗シラミ. **【慣用】** **〈j³〉 eine Laus in den Pelz〔ins Fell〕 setzen**《口》〈人を〉ひどい目にあわせる;〈人に〉不信感をもたせる. **〈j³〉 ist eine Laus über die Leber gelaufen**《口》〈人は〉虫の居所が悪い.

(das) **Lau·sanne** [lozán ロザン] [名] -s/〖地名〗ローザンヌ(スイス, ヴァート州の州都).

der **Lau·san·ner** [lozánər ロザナー] [名] -s/- ローザンヌ市民.

der **Laus·bub** [ラウス・ブープ] [名] -en/-en《口》(主に好意的に)いたずら小僧.

der **Laus·bu·ben·streich** [ラウスブーベン・シュトらイひ] [名] -(e)s/-e (子供の)いたずら〔悪ふざけ〕.

die **Laus·bü·be·rei** [ラウス・ビューベらイ] [名] -/-en (子供の)いたずら〔悪ふざけ〕.

der **Lausch·an·griff** [ラウシュ・アン・グりふ] [名] -(e)s/-e 盗聴.

lau·schen [ラウシェン] [動] *h.* **1.**〔補足なし〕盗み〔立〕聞きする. **2.**〔〈et³〉ニ〕(じっと)耳を傾ける(鳥の声・報告などに). **3.**〔auf〈et⁴〉ニ〕(はっとして)耳をすます〔そばだてる〕(物音などに).

der **Lau·scher** [ラウシャー] [名] -s/- **1.** 立聞き〔盗み聞き〕する人, 盗聴者. **2.**〖狩〗(イノシシを除く偶蹄(ぐうてい)類・狼・狐の)耳.

lau·schig [ラウシひ] [形] 人目につかず心地よい.

der **Lau·se·ben·gel** [ラウゼ・ベンゲル] [名] -s/-(s)《口・蔑》(好意的も有)いたずら小僧.

der **Lau·se·jun·ge** [ラウゼ・ユンゲ] [名] -n/-n《口》= Lausebengel.

lau·sen [ラウゼン] [動] *h.* **1.**〔〈j⁴/et⁴〉ノ〕シラミ取りをする. **2.**〔〈j⁴〉ノ〕《口》体を徹底的に調べる(所持品検査のため);《口》金をすっかりまきあげる(賭博(とばく)などで). **【慣用】** **Ich denke, mich laust der Affe.**《口》たまげたなあ, とても信じられない.

der **Lau·ser** [ラウザー] [名] -s/-《方・冗》= Lausbub.

lau·sig [ラウズィひ] [形] **1.**《口・蔑》いやな, みじめな;取るに足らない. **2.** ものすごい.

die **Lau·sitz** [ラウ・ズィッツ] [名] -/-en〖地名〗ラウジッツ(ナイセ川・シュプレー川流域の地方).

laut¹ [ラウト] [形] **1.** 大きな声〔音〕の: einen ~*en* Schrei ausstoßen 大きな叫び声をあげる. (Sprechen Sie) ~*er*! もっと大きな声で(話して下さい). **2.** 騒々しい, やかましい;がさがさする. **【慣用】** **eine laute Reklame** (色が)どぎつい広告, 騒々しい宣伝. **〈j¹〉 hat ein lautes Wesen**〈人は〉騒々しい. **laut denken** 独り言を言う. **laute Farben** けばけばしい色. **laut werden** (人が)怒って大声を出す;(事が)知れわたる. **〈et⁴〉 laut werden lassen**〈事を〉公にする.

laut² [ラウト] [前]〔+2格/3格〕(特に2格であることが明らかでない複数名詞のときは3格. 付加語のない無冠詞の単数名詞のときは名詞は無変化)〖官〗…(の発言・文面)によれば, …に従って(略 lt.): ~ dieses Gesetzes〔diesem Gesetz〕この法律によれば.

der **Laut** [ラウト] [名] -(e)s/-e 音;音声. **【慣用】** **keinen Laut von sich³ geben** ひとことも言わない, 物音を立てない. **Laut geben**〖狩〗(犬が)ほえる;《口》申出る.

laut·bar [ラウト・バーあ] [形]《次の形で》~ werden《古》知れわたる.

die **Laut·bil·dung** [ラウト・ビルドゥング] [名] -/-en〖言〗調音.

die **Lau·te** [ラウテ] [名] -/-n〖楽〗リュート(弦楽器).

lau·ten [ラウテン] [動] *h.* **1.**〔〈[文]〉ノ/〈様態〉ノ〕文面〔文句〕である, 内容〔文言〕である: Seine Antwort *lautete*: „Verdammte Scheiße!" 彼の返事は「くそいまいましい」であった. Wie *lautet* der Befehl? 命令はどういう内容〔文言〕なんだ. Der Bericht *lautet* dahin, dass ... その報告は, およそ…という主旨の

L

ものである. **2.**〈様態〉ノ〉〈文〉ものである;響きを持っている. **3.**〔auf〈et⁴〉ッ〕内容とする: auf 〈j³〉 Namen ~〈人の〉名前で発行されている〔書類が〕;〈人の〉名前になっている〔証券などが〕. **4.**〔〈et⁴〉ッ+〈様態〉ダ〕発音する.

läuten [ロイテン] 動 h. **1.**〔{器}鳴る,鳴響く〔鐘が〕;〔南独・{オースト}〕鳴る〔電話・目覚まし時計などが〕;呼び鈴〔ベル〕を鳴らす: 〔Es が主語で〕Es *läutete* an der Tür. 戸口で呼び鈴〔ベル〕がなった. **2.**〔〈et⁴〉ッ〕告げる,知らせる〔鐘が時刻などを〕. **3.**〔〈et⁴〉ッ〕鳴らす〔鐘を〕.【慣用】**von〈et³〉läuten hören〔gehört〕haben**〈事について〉うわさで聞いている.

der **Lautenspieler** [ラウテン・シュピーラー] 名 -s/- 〔楽〕リュート奏者.

lauter¹ [ラウター] 形 **1.** 純粋な;澄んだ;〈転〉まったくの. **2.** 誠実な: die ~e Wahrheit まったくの真実.

lauter² [ラウター] 形〔無変化〕まったくの;ただ…ばかり;~ Lügen まったくの嘘. vor ~ Freude ただもううれしくて.

die **Lauterkeit** [ラウターカイト] 名 -/ 純粋さ,誠実さ.

läutern [ロイターン] 動 h.〈文〉**1.**〔〈et⁴〉カラ〕不純物を取除く;(…)を澄ます〔液体を〕;(…)を精錬する〔鉱石を〕. **2.**〔〈et⁴〉ッ〕良い人格に変える,大成させる〔病気などの体験が〕;醇化する〔心・性質を〕;〔〈j³〉がsich⁴の場合〕良い人格になる,大成する.

die **Läuterung** [ロイテルング] 名 -/ 浄化,純化;精錬.

das **Läutewerk** [ロイテ・ヴェルク] 名 -(e)s/-e〔目覚ましの〕ベル〔装置〕;〔踏切などの〕警報器.

das **Lautgesetz** [ラウト・ゲゼッツ] 名 -es/-e〔言〕音韻法則.

lautgetreu [ラウト・ゲトロイ] 形 発音どおりの.

lauthals [ラウト・ハルス] 副 声をふりしぼって.

die **Lautheit** [ラウトハイト] 名 -/ 音〔声〕の大きいこと;音量.

lautieren [ラウティーレン] 動 h.〔〈et⁴〉ッ〕音節ごとに正確に発音する.

die **Lautlehre** [ラウト・レーれ] 名 -/ 〔言〕音声学;音論.

lautlich [ラウトリヒ] 形 音声〔音韻〕(上)の.

lautlos [ラウト・ロース] 形 音を立てない,しずまりかえった,声を出さない.

die **Lautlosigkeit** [ラウト・ローズィヒカイト] 名 -/ 無音,無声,静かさ.

die **Lautmalerei** [ラウト・マーレライ] 名 -/ 〔言〕擬声〔語〕,擬音〔語〕.

die **Lautschrift** [ラウト・シュりふト] 名 -/-en〔言〕音標文字.

der **Lautsprecher** [ラウト・シュプれヒャー] 名 -s/- 拡声器,(ラウド)スピーカー.

die **Lautsprecheranlage** [ラウトシュプれヒャー・アン・ラーゲ] 名 -/-n 拡声器〔ラウドスピーカー〕装置.

der **Lautsprecherwagen** [ラウトシュプれヒャー・ヴァーゲン] 名 -s/- 拡声器つきの車,広報〔宣伝〕車.

lautstark [ラウト・シュタるク] 形 大声の,声高の;音の大きな.

die **Lautstärke** [ラウト・シュテるケ] 名 -/-n 声の大きさ,大声;音量.

der **Lautstärkeregler** [ラウトシュテるケ・れーグラー] 名 -s/- 音量調節装置.

die **Lautverschiebung** [ラウト・ふぇあシーブング] 名 -/-en〔言〕子音推移.

der **Lautwandel** [ラウト・ヴァンデル] 名 -s/〔言〕音韻変化.

der **Lautwechsel** [ラウト・ヴェクセル] 名 -s/-〔言〕音韻交替.

das **Läutwerk** [ロイト・ヴェるク] 名 -(e)s/-e **1.**= Läutewerk. **2.**〔教会の〕鐘楼.

das **Lautzeichen** [ラウト・ツァイヒェン] 名 -s/-〔言〕表音〔音声〕記号.

lauwarm [ラウ・ヴァるム] 形 生ぬるい,生暖かい;〈転〉熱〔意〕のない.

die **Lava** [ラーヴァ] 名 -/..ven〔地質〕溶岩.

das **Lavabo** [ラヴァーボ] 名 -(s)/-s **1.**〔{カトリ}〕洗手式;聖水盤. **2.**〔{スイ}〕洗面台.

der **Lavastrom** [ラーヴァ・シュトローム] 名 -(e)s/..ströme 溶岩流.

lavendel [ラヴェンデル] 形 ラベンダー〔薄紫〕色の.

der **Lavendel** [ラヴェンデル] 名 -s/-〔植〕ラベンダー.

das **Lavendelwasser** [ラヴェンデル・ヴァッサー] 名 -s/ ラベンダー〔香〕水.

lavieren¹ [ラヴィーレン] 動 h. **1.**〔〈et⁴〉ッ+〈場所〉ッ〕巧みに操って行く〔船を〕. **2.**〔zwischen〈et³〉間デ〕うまく立回る. **3.**〔sich⁴+aus〈et³〉ッ〕うまく切り抜ける.

lavieren² [ラヴィーレン] 動 h.〔〈et⁴〉ノ〕〔美〕線〔輪郭〕をぼかす〔ペン画などの〕,(…)に水彩絵の具を塗る〔スケッチに〕.

die **Lävulose** [レヴローゼ] 名 -/〔化〕レブロース,左旋性果糖.

Law and Order, ⓐ **Law and order** [lóː ɛnt óːrdər ロー エント オーあダー]〔英語〕法と秩序,〔法的措置・警察の取締りによる〕治安強化.

die **Lawine** [ラヴィーネ] 名 -/-n 雪崩({なだ})〔Schnee-~〕;〈転〉〔物事の〕殺到.

lawinenartig [ラヴィーネン・アーティヒ] 形 雪崩({なだれ})のような.

die **Lawinengefahr** [ラヴィーネン・ゲふぁーあ] 名 -/ 雪崩({なだれ})の危険.

das **Lawinenunglück** [ラヴィーネン・ウン・グリュック] 名 -(e)s/-e 雪崩({なだれ})災害.

das **Lawn-Tennis, Lawntennis** [lɔ́ːntɛnis ローン・テニス] 名 -/〔{スポ}〕ローンテニス〔芝コートで行うテニス〕.

das **Lawrencium** [lorɛ́ntsjom ろれンツィウム] 名 -s/〔化〕ローレンシウム〔超ウラン元素,略 Lr〕.

lax [ラクス] 形〔〔蔑〕も有〕いい加減な,だらしのない,ルーズな.

das **Laxans** [ラクサンス] 名 -/..xantia〔ラクサンツィア〕〔..xanzien〔ラクサンツィエン〕〕=Laxativ.

das **Laxativ** [ラクサティーふ] 名 -s/-e〔医〕緩下剤.

das **Laxativum** [ラクサティーヴム] 名 -s/..va =Laxativ.

die **Laxheit** [ラクスハイト] 名 -/-en だらしのない態度,いい加減なやり方;〔⓪のみ〕だらしなさ,いい加減さ,ルーズさ.

laxieren [ラクスィーレン] 動 h.〔{器}〕〔医〕便通をつける〔薬が〕.

das **Lay-out**[léːaot レ・アーウト,レー・アウト] 名 -s/-s〔印〕割付け,レイアウト;〔電〕(回路の)設計.

das **Lazarett** [ラツァれット] 名 -(e)s/-e 傷病兵〔軍〕の病棟.

das **Lazarettschiff** [ラツァれット・シふ] 名 -(e)s/-e 病院船.

der **Lazarettzug** [ラツァれット・ツーク] 名 -(e)s/..züge 病院列車.

der **Lazarist** [ラツァリスト] 名 -en/-en〔{カトリ}〕ラザリスト会士〔ヴィンツェンチオ会士の通称〕.

(der) **Lazarus**¹ [ラーツァるス] 名 **1.**〔新約〕ラザロ〔イエスによって死の4日後生返る.ヨハネ福音書 11〕. **2.**〔新約〕ラザロ〔ルカ福音書に登場する病気の貧乏人〕.

der **Lazarus**² [ラーツァるス] 名 -{-ses}/-se〔口〕気の毒な人;〔病気などで〕ひどく苦しんでいる人.

lb. ポンド《目方の単位》(Pond).
l. c. ＝〚ラテ語〛loco citato 前記引用個所で.
das **LCD** [エルツェーデー] [名] -s/-s ＝liquid crystal display 液晶表示〔ディスプレイ〕.
Ld. ＝〚英語〛limited 有限責任の.
die **LDPD** [エルデーペーデー] [名] -/ ＝Liberal-Demokratische Partei Deutschlands(旧東独の)ドイツ自由民主党.
(*die*) **Lea** [レーア] [名] 〚旧約〛レア(Jakob の妻).
der **Lea·der** [lí:dər リーダー] [名] -s/- **1.** 《オーストリア・スイ》〚スポ〛(選手権試合の)首位のチーム. **2.** (バトン)リーダー.
(*der*) **Le·an·der** [レアンダー] [名] 〚ギ神〛レアンドロス, レアンダー(女神官 Hero の恋人).
das **Lean·ma·nage·ment, Lean Ma·nage·ment** [lí:nmænɪdʒmənt リーン・メニヂュメント] [名] -s, --s/-s, --s 〚経〛リーン経営管理(減量化・フレキシブル化等をはかるもの).
lea·sen [lí:zən リーゼン] [動] *h.* 〚〈et⁴〉ヲ〛リースで借りる.
das **Lea·sing** [lí:zɪŋ リーズィング] [名] -s/-s 〚経〛リース.
die **Le·be·da·me** [レーベ・ダーメ] [名] -/-n 《蔑》ぜいたくで享楽的な女.
das **Le·be·hoch** [レーベ・ホーほ] [名] -s/-s 万歳.
der **Le·be·mann** [レーベ・マン] [名] -(e)s/..männer 《蔑》ぜいたくな享楽家.
le·ben [レーベン] [動] *h.* **1.** 〚補足なし〛 **a.** 生きている(生命がある): Mein Großvater *lebt* noch. 私の祖父はまだ生きている. *L*~ Sie noch? 《口》おや, まだ生きていたんですか(長く会わずに, また音信もなかった人に冗談半分に言う). Wie geht's dir? —Man *lebt*! 《口》どうだい? —まあまあだ. Das Porträt *lebt*. その肖像(画)は生きているようだ. Der Brauch *lebt* in dieser Gegend. その風習はこの地方では生きている. Lang *lebe* der König! 王様万歳! Es *lebe* die Freiheit! 自由万歳! **b.** 生き続ける, (忘れられずに)残る(精神的な価値のあるものが): Sein Geist wird immer unter uns ~. 彼の精神は常にわれわれの間で生き続けるだろう. **2.** 〚〈場所〉ニ〛いる, 生きている, 生息している(生命体がこの世に存在している). **3.** 〚〈様態〉ナ〛生活を送る, 暮らしをする: wie ein Fürst ~ 王侯のような暮らしをする. in glücklicher Ehe ~ 幸福な結婚生活を送る. aus dem Koffer ~ 絶えず旅行生活を送っている. in Herden〔in der Herde〕~ 群生している(動物が). von der Familie getrennt ~ 家族と別れて暮す. über seine Verhältnisse ~ 自分の収入と釣合わない派手な生活を送る. **4.** 〚〈場所〉ニ〛住んでいる, 居住する, 生息する: auf dem Land/im Ausland ~ 田舎/外国に住んでいる. Fische ~ im Wasser. 魚は水中に生息する. Er *lebt* in einer anderen Welt. 彼は別世界に住んでいる. **5.** 〚von 〈et³〉デ〛生き(てい)る(生きて行く上で必要な食料を常食する). **6.** 〚〈形〉ニ〛食事をしている: fleischlos/Diät ~ 肉抜きの/食餌(しょくじ)療法で定められた食事をしている. **7.** 〚von 〈j³/et³〉デ〛生計を立て(てい)る, (…にたよって)生き(てい)る. von der Rente ~ 年金で生計を立てている. Er *lebt* noch von seinen Eltern. 彼はまだ親がかりだ. **8.** 〚〈et⁴〉ヲ〛 **a.** 送る; 過ごす(〈et⁴〉は名詞Leben): ein glückliches Leben ~ 幸福な生活を送る; 幸福な生涯を過ごす. **b.** 実践する(自分の生活で): eine Weltanschauung/seinen Glauben ~ ある世界観/自分の信仰を(身をもって)実践する. **9.** 〚mit 〈j³〉ト＋in 〈et³〉ノ〛関係〔状態〕にある. 【慣用】**Er kann nicht leben und nicht sterben.** 彼は重病で弱っている. **Es stimmt〔Es ist wahr〕, so wahr ich lebe.** 《口》それは本当だ, 絶対に. **Hier lebt es sich gut.** ここは暮らしいい. **Leb(e) wohl!〔Leben Sie wohl!〕** さようなら, お元気で(長い別れのときのあいさつ). **Man muss leben und leben lassen.** みんな共存共栄しなければならない. **Und so was lebt!** 《口》そんなやつがいるなんて!(あまりにも愚かな人についての驚き, 憤激を表す).
das **Le·ben** [レーベン] [名] -s/- **1.** (主に[単])生命, 生: sein ~ lassen 命を落す. sich³ das ~ nehmen 自殺する. seinem ~ ein Ende machen〔setzen〕自殺する. auf ~ und Tod kämpfen 生死を賭(と)して戦う. mit dem ~ davonkommen 命拾いをする. **2.** (主に[単])人生, 一生, 生涯: der Frühling des ~*s* 《文》青春. fürs ganze ~ 生涯にわたって. das ~ Jesu イエス伝. **3.** (主に[単])生活; 暮らし(方); 生態; 生きがい: ein glückliches ~ führen 幸せな生活を送る. **4.** ([単]のみ)(ある領域の)生活, 活動: im öffentlichen ~ stehen. 公的活動をしている. **5.** ([単]のみ)実生活, 実社会, 人生; 事実, 現実: nach dem ~ gezeichnet sein 実物通りに描かれている. **6.** ([単]のみ)活気, 生気. 【慣用】**〈j³〉 das Leben sauer machen** 〈人の〉生活〔一生〕を辛いものにする. **einem Kind das Leben schenken** 《文》子供を産む. **〈et⁴〉 für sein Leben gern tun** 《口》〈事を〉大喜びでする. **〈et⁴〉 ins Leben rufen** 〈物を〉創立する. **mit dem Leben abgeschlossen haben** 人生をあきらめた. **sein Leben teuer verkaufen** 激しく戦った末に命を落す. **seinem Leben ein Ende machen〔setzen〕** 《婉》自殺する. **〈j³〉 nach dem Leben trachten** 〈j の〉命をねらう. **nie im Leben/im Leben nicht** 《口》断じて…ない. **sich⁴ durchs Leben schlagen** 生存競争に勝ち抜く. **〈j⁴〉 ums Leben bringen** 〈人を〉殺す. **ums Leben kommen** 命を落す. **wie das blühende Leben aussehen** 《口》健康そのものに見える.
le·bend [レーベント] [形] 生きている; 現存の: ~*e* Blumen 生花. ~*es* Inventar 〚法〛生ける属具(家畜類).
der/die **Le·ben·de** [レーベンデ] [名] (形容詞的変化)生きている人, 生存者. 【慣用】 **es von den Lebenden nehmen** 《口》高値を吹っかける.
das **Le·bend·ge·wicht** [レーベント・ゲヴィひト] [名] -(e)s/-e (屠畜(とちく)の)生体重量; 《冗》(人の)体重.
le·ben·dig [レベンディひ] [形] **1.** 生きている, 生命のある: ein ~*es* Wesen 生きもの. Er war vor Schreck mehr tot als ~. 彼は死なんばかりに驚いた. **2.** 生き(続け)ている: ~*e* Tradition 生きている伝統. **3.** 生き生きした, 活気のある, にぎやかな: ~ diskutieren 活発に議論する. 【慣用】**bei lebendigem Leibe verbrennen** 生きながら火刑に処す, 生きながら火に焼かれて死ぬ. **es von den〔vom〕Lebendigen nehmen** 法外な値段を請求する. **lebendige Farben** 鮮やかな色.
die **Le·ben·dig·keit** [レベンディひカイト] [名] -/ 生きていること; 生き生きしていること, 生気, 活気.
der **Le·bens·abend** [レーベンス・アーベント] [名] -s/-e 《文》晩年.
der **Le·bens·ab·schnitt** [レーベンス・アップ・シュニット] [名] -(e)s/-e 人生〔生涯〕の一時期.
der **Le·bens·ab·schnitts·part·ner** [レーベンスアップシュニッツ・パるトナー] [名] -s/- 《口》(《冗》にも)人生の一時期の伴侶.
die **Le·bens·a·der** [レーベンス・アーダー] [名] -/-n 生命線, ライフライン.
das **Le·bens·al·ter** [レーベンス・アルター] [名] -s/- 年齢; 年齢期.
die **Le·bens·angst** [レーベンス・アングスト] [名] -/..ängste 生の不安.
die **Le·bens·art** [レーベンス・アーあト] [名] -/ 生き方, 生活様式; 礼儀作法.
die **Le·bens·auf·ga·be** [レーベンス・アウふ・ガーベ] [名] -/-n 人生の課題〔任務〕, 生涯の仕事.

L

die **Le·bens·äu·ße·rung** [レーベンス・オイセるング] [名] -/-en 生きているしるし.

die **Le·bens·bahn** [レーベンス・バーン] [名] -/-en 《文》(前もって決めた)生きていく道, 人生行路.

der **Le·bens·baum** [レーベンス・バウム] [名] -(e)s/..bäume 〚聖〛生命〔知恵〕の木;〚植〛クロベ.

die **Le·bens·be·din·gun·gen** [レーベンス・ベディングンゲン] [複名] 生活条件.

le·bens·be·ja·hend [レーベンス・ベヤーエント] [形] 人生肯定的な.

der **Le·bens·be·reich** [レーベンス・ベらイひ] [名] -(e)s/-e 生活領域.

die **Le·bens·be·schrei·bung** [レーベンス・ベシュらイブング] [名] -/-en 伝記.

die **Le·bens·dau·er** [レーベンス・ダウあー] [名] -/ 寿命;耐用年数.

das **Le·bens·en·de** [レーベンス・エンデ] [名] -s/ 人生の終り, 死.

die **Le·bens·er·fah·rung** [レーベンス・エあふぁーるング] [名] -/-en 人生経験.

die **Le·bens·er·in·ne·run·gen** [レーベンス・エあイネるンゲン] [複名] 回想録;一生の(さまざまな)思い出.

die **Le·bens·er·war·tung** [レーベンス・エあヴァるトゥング] [名] -/ (平均)余命.

der **Le·bens·fa·den** [レーベンス・ふぁーデン] [名] 《次の形で》〈j^{3}〉 den ~ abschneiden 《文》〈人を〉殺す;〈人の〉生きがいを奪う.

le·bens·fä·hig [レーベンス・ふぇーイひ] [形] 生育可能な, 生存能力のある.

die **Le·bens·fä·hig·keit** [レーベンス・ふぇーイひカイト] [名] -/ 生存能力, 生活力.

L

le·bens·feind·lich [レーベンス・ふぁイントリひ] [形] 生存に適さない.

le·bens·fern [レーベンス・ふぇるン] [形] 現実離れした.

die **Le·bens·form** [レーベンス・ふぉるム] [名] -/-en 生活様式.

die **Le·bens·fra·ge** [レーベンス・ふらーゲ] [名] -/-n 死活問題.

le·bens·fremd [レーベンス・ふれムト] [形] 世事に疎い;浮世離れした.

die **Le·bens·freu·de** [レーベンス・ふろイデ] [名] -/ 生きる喜び.

le·bens·froh [レーベンス・ふろー] [形] 生きる喜びに満ちた.

die **Le·bens·füh·rung** [レーベンス・ふゅーるング] [名] -/ 生活態度, 生き方.

die **Le·bens·funk·ti·on** [レーベンス・ふンクツィオーン] [名] -/-en 《主に[複]》〚生・医〛生活機能.

die **Le·bens·ge·fahr** [レーベンス・ゲふぁーあ] [名] -/ 生命の危険 : unter ~ 生命の危険を冒して.

le·bens·ge·fähr·lich [レーベンス・ゲふぇーありひ] [形] 命にかかわる.

der **Le·bens·ge·fähr·te** [レーベンス・ゲふぇーあテ] [名] -n/-n **1.** 《文》人生の伴侶(はんりょ). **2.** 同棲している男.

die **Le·bens·ge·fähr·tin** [レーベンス・ゲふぇーあティン] [名] -/-nen **1.** 《文》(女性の)人生の伴侶(はんりょ). **2.** 同棲している女.

das **Le·bens·ge·fühl** [レーベンス・ゲふゅール] [名] -(e)s/-e 生感, 生きているという実感.

die **Le·bens·geis·ter** [レーベンス・ガイスター] [複名] 生気, 活力, 活気.

die **Le·bens·ge·mein·schaft** [レーベンス・ゲマインシャふト] [名] -/-en 生活共同体, 共同生活(同棲(どうせい)など);〚生〛群集.

der **Le·bens·ge·nuss**, [旧] **Le·bens·ge·nuß** [レーベンス・ゲヌス] [名] -es/..nüsse 生きる楽しみ.

die **Le·bens·ge·schich·te** [レーベンス・ゲシひテ] [名] -/-n 生涯の歴史, 伝記.

die **Le·bens·ge·wohn·heit** [レーベンス・ゲヴォーンハイト] [名] -/-en 《主に[複]》生活習慣.

le·bens·groß [レーベンス・グろース] [形] 実物〔等身〕大の.

die **Le·bens·grö·ße** [レーベンス・グ[れ]ーセ] [名] -/ 《次の形で》in (voller) ~ 等身大で : Plötzlich stand er in voller ~ vor uns. 《冗》不意に当の彼自身が我々の前に姿を現した.

die **Le·bens·hal·tung** [レーベンス・ハルトゥング] [名] -/ 生計, 暮らし向き.

der **Le·bens·hal·tungs·in·dex** [レーベンスハルトゥングス・インデクス] [名] -(es)/-e〔..dizes〕 〚経〛(標準)生計費指数.

die **Le·bens·hal·tungs·kos·ten** [レーベンスハルトゥングス・コステン] [複名] 〚経〛生活費.

die **Le·bens·hil·fe** [レーベンス・ヒルふぇ] [名] -/-n 生活扶助〔援助〕.

der **Le·ben·in·halt** [レーベンス・イン・ハルト] [名] -(e)s/-e 生きがい, 人生の意味.

das **Le·bens·in·te·res·se** [レーベンス・インテれっセ] [名] -s/-n (生死存亡にかかわる)重大関心事.

das **Le·bens·jahr** [レーベンス・ヤーあ] [名] -(e)s/-e 年齢.

der **Le·bens·kampf** [レーベンス・カムプふ] [名] -(e)s/..kämpfe 生存競争.

le·bens·klug [レーベンス・クルーク] [形] 人生経験豊かな, 世故にたけた.

die **Le·bens·klug·heit** [レーベンス・クルークハイト] [名] -/ 人生経験が豊かなこと, 世故にたけていること.

die **Le·bens·kraft** [レーベンス・クらふト] [名] -/..kräfte 生命力, 生活力, ヴァイタリティー.

le·bens·kräf·tig [レーベンス・クれふティひ] [形] 生命〔生活〕力のある.

der **Le·bens·künst·ler** [レーベンス・キュンストラー] [名] -s/- 処世にたけた人, 世渡りの上手な人.

die **Le·bens·la·ge** [レーベンス・ラーゲ] [名] -/-n 生活状況, 境遇.

le·bens·lang [レーベンス・ラング] [形] 一生つづく, 終身の.

le·bens·läng·lich [レーベンス・レングリひ] [形] 終身の;《稀》一生つづく : eine ~*e* Haft 終身禁固. Dafür bekommst du ~. それで君は終身刑だ.

der **Le·bens·lauf** [レーベンス・ラウふ] [名] -(e)s/..läufe 履歴書;履歴, 経歴.

das **Le·bens·licht** [レーベンス・リひト] [名] -(e)s/-er **1.** 《文》命のともしび. **2.** 誕生日にともす(一本の太い)蠟燭. **【慣用】**〈j^{3}〉 **das Lebenslicht ausblasen** 《口》〈人を〉殺す.

die **Le·bens·li·nie** [レーベンス・リーニエ] [名] -/-n (手相の)生命線.

die **Le·bens·lust** [レーベンス・ルスト] [名] -/ 生きる喜び.

le·bens·lus·tig [レーベンス・ルスティひ] [形] 人生を楽しむ, 陽気な.

das **Le·bens·mit·tel** [レーベンス・ミッテル] [名] -s/- 《主に[複]》食料品.

das **Le·bens·mit·tel·ge·schäft** [レーベンスミッテル・ゲシェふト] [名] -(e)s/-e 食料品店.

die **Le·bens·mit·tel·kar·te** [レーベンスミッテル・カるテ] [名] -/-n 食糧配給切符.

le·bens·mü·de [レーベンス・ミューデ] [形] 生活に疲れた, 生に倦(う)んだ.

der **Le·bens·mut** [レーベンス・ムート] [名] -(e)s/ 生きる勇気〔意欲〕.

le·bens·nah [レーベンス・ナー] [形] 現実〔実生活〕に即した.

der **Le·bens·nerv** [レーベンス・ネるふ] [名] -s/-en 生きるのに必要なもの, (組織・制度の)中枢, 存在基盤, 生命線.

le・bens・not・wen・dig [レーベンス・ノート・ヴェンディヒ] 形 生きるのに生活に必需の.

die **Le・bens・phi・lo・so・phie** [レーベンス・ふぃロ・ゾふぃー] 名 -/ **1.** 〖哲〗生の哲学. **2.** 人生哲学.

die **Le・bens・qua・li・tät** [レーベンス・クヴァリテート] 名 -/ 生活の質.

der **Le・bens・raum** [レーベンス・らウム] 名 -(e)s/..räume 生活圏；〖生〗(動植物の)生息圏.

die **Le・bens・re・gel** [レーベンス・れーゲル] 名 -/-n 生活規範〔規範〕.

der **Le・bens・ret・ter** [レーベンス・れッター] 名 -s/- 人命救助者；人命救助員.

der **Le・bens・stan・dard** [レーベンス・シュタンダルト, レーベンス・スタンダルト] 名 -s/-s 生活水準.

die **Le・bens・stel・lung** [レーベンス・シュテルング] 名 -/-en 終身職.

der **Le・bens・stil** [レーベンス・シュティール, レーベンス・スティール] 名 -(e)s/-e 生活様式.

le・bens・tüch・tig [レーベンス・テュヒティヒ] 形 生活力のある.

der **Le・bens・über・druss**, ⑪**Le・bens・über・druß** [レーベンス・ユーバー・ドるス] 名 -es/ 厭世〔えんせい〕.

le・bens・über・drüs・sig [レーベンス・ユーバー・ドりュッスィヒ] 形 人生に倦(う)んだ.

der **Le・bens・un・ter・halt** [レーベンス・ウンター・ハルト] 名 -(e)s/ 生活費.

le・bens・un・tüch・tig [レーベンス・ウン・テュヒティヒ] 形 生活力のない.

le・bens・ver・nei・nend [レーベンス・ふぇあナイネント] 形 人生否定的な.

die **Le・bens・ver・si・che・rung** [レーベンス・ふぇあズィッヒェるング] 名 -/-en 生命保険.

le・bens・voll [レーベンス・ふォル] 形 生き生きとした；真に迫った.

le・bens・wahr [レーベンス・ヴァーア] 形 真に迫った, 現実に忠実な.

der **Le・bens・wan・del** [レーベンス・ヴァンデル] 名 -s/ 生き方, 行状.

das **Le・bens・was・ser** [レーベンス・ヴァッサー] 名 -s/ **1.** 〖神話〗不老不死の)生命の水. **2.** 〖冗〗蒸留酒.

der **Le・bens・weg** [レーベンス・ヴェーク] 名 -(e)s/-e (主に⑪)人生行路.

die **Le・bens・wei・se** [レーベンス・ヴァイゼ] 名 -/ 生活の仕方, 生き方： eine sitzende ～ 座業, 座職.

die **Le・bens・weis・heit** [レーベンス・ヴァイスハイト] 名 -/-en **1.** (⑪のみ)人生知, 処世知. **2.** 人生〔処世〕訓.

das **Le・bens・werk** [レーベンス・ヴェるク] 名 -(e)s/-e ライフワーク.

le・bens・wert [レーベンス・ヴェーアト] 形 生きるに値する.

le・bens・wich・tig [レーベンス・ヴィヒティヒ] 形 生命〔生活〕に欠くべからざる；重大な.

das **Le・bens・zei・chen** [レーベンス・ツァイヒェン] 名 -s/- 生きているしるし；〖転〗消息.

die **Le・bens・zeit** [レーベンス・ツァイト] 名 -/ 寿命： auf ～ 終生〔終身〕の, 生涯にわたって.

das **Le・bens・ziel** [レーベンス・ツィール] 名 -(e)s/-e 人生の目標.

der **Le・bens・zweck** [レーベンス・ツヴェック] 名 -(e)s/-e 人生の目的〔意義〕.

die **Le・ber** [レーバー] 名 -/-n **1.** 肝臓. **2.** (食用の)レバー, 肝(きも). 〖慣用〗〈j³〉 an der Leber fressen 《口》(心痛・怒りなどが)〈人〉をさいなむ. frisch 〔frei〕von der Leber weg reden 《口》腹を割って話す. sich³ 〈et⁴〉 von der Leber reden 《口》〈事〉を話して気を軽くする.

die **Le・ber・blüm・chen** [レーバー・ブリュームヒェン] 名 -s/- 〖植〗スハマソウ.

der **Le・ber・egel** [レーバー・エーゲル] 名 -s/- 〖動〗カンテツ(牛馬などの寄生虫).

die **Le・ber・ent・zün・dung** [レーバー・エントツュンドゥング] 名 -/-en 肝炎.

der **Le・ber・fleck** [レーバー・ふレック] 名 -(e)s/-e 肝斑(ほくろ).

der **Le・ber・kä・se** [レーバー・ケーゼ] 名 -s/ レバーケーゼ(ひき肉とレバーにスパイス・ベーコン・卵を加え長方形にして焼きスライスする).

der **Le・ber・knö・del** [レーバー・クネーデル] 名 -s/- 《南独・オーストリア》レバー入り団子.

le・ber・krank [レーバー・クらンク] 形 肝臓病の.

der **Le・ber・krebs** [レーバー・クれープス] 名 -es/ 肝臓癌(がん).

das **Le・ber・lei・den** [レーバー・ライデン] 名 -s/- 慢性肝臓病.

die **Le・ber・pas・te・te** [レーバー・パステーテ] 名 -/-n 〖料〗レバーペースト.

der **Le・ber・tran** [レーバー・トらーン] 名 -(e)s/ 肝油.

die **Le・ber・wurst** [レーバー・ヴルスト] 名 -/..würste レバーソーセージ. 〖慣用〗 die gekränkte [beleidigte] Leberwurst spielen 《口》くだらない〔ささいな〕ことでむくれる.

die **Le・ber・zel・le** [レーバー・ツェレ] 名 -/-n 〖解〗肝細胞.

die **Le・ber・zir・rho・se** [レーバー・ツィろーゼ] 名 -/-n 〖医〗肝硬変.

die **Le・be・welt** [レーベ・ヴェルト] 名 -/ **1.** 享楽的な上流社会. **2.** 生物界.

das **Le・be・we・sen** [レーベ・ヴェーゼン] 名 -s/- 生物.

das **Le・be・wohl** [レーベ・ヴォール] 名 -(e)s/-s(-e) 《文》別れの言葉： ～ sagen 〈j³〉 に別れを告げる.

leb・haft [レープハふト] 形 **1.** 活発な, 生き生きとした；活気のある；鮮やかな： Hier herrscht ～es Treiben ここは活況を呈している. **2.** 派手な；強い, 激しい.

die **Leb・haf・tig・keit** [レープハふティヒカイト] 名 -/ 活発さ, 活気；精彩.

der **Leb・ku・chen** [レープ・クーヘン] 名 -s/- レープクーヘン(はちみつ・香辛料入りのクッキー).

das **Leb・ku・chen・herz** [レープ・クーヘン・ヘるツ] 名 -ens/-en ハート形のレープクーヘン.

leb・los [レープ・ロース] 形 死んだ(ような), じっと動かない, 活気〔生気〕のない；〖転〗生命のない, 魂のない（物）.

die **Leb・lo・sig・keit** [レープ・ローズィヒカイト] 名 -/ 生命がないこと, 活気のなさ.

der **Leb・tag** [レープ・ターク] 名 《次の形で》(all) sein ～ 《口》一生の間. sein ～ nicht 《口》決して…ない.

die **Leb・zei・ten** [レープ・ツァイテン] 複名 《次の形で》zu 〔bei〕 ～ 存命中： auf ～ (今後)一生の間.

der **Leb・zel・ten** [レープ・ツェルテン] 名 -s/- 《オーストリア》《古》=Lebkuchen.

der **Lech** [レヒ] 名 -s/ 〖川名〗レヒ川(バイエルン州南部のドナウ川右岸の支流).

(das) **Lech・feld** [レヒ・ふェルト] 名 -(e)s/ 〖地名〗レヒフェルト(バイエルン州南部地域).

lech・zen [レヒツェン] 動 h. nach 〈et³〉 《文》渇望する(水・自由・権力などを).

leck [レック] 形 漏水する, 浸水する.

das **Leck** [レック] 名 -(e)s/-s 漏水〔浸水〕箇所.

die **Lecke** [レッケ] 名 -/-n (家畜・野獣の)塩なめ場；〖狩〗塩で猟獣を誘う場所.

lecken¹ [レッケン] 動 h. **1.** 〈et⁴〉/an 〈et³〉 舐(な)める. **2.** 〈et⁴〉 舐めて食べる(ソフトクリームなどを)；舐めてきれいにする(傷口などを). **3.** 〈et⁴〉+von 〈et³〉 舐めてとる： sich³ das Blut von der Schnittwunde ～ 切り傷の血を舐めてとる. 【慣用】**Die Flammen lecken in die Höhe.** 炎がめらめらと空高く燃え上がる. **Leck mich (doch)!** 《口》ほっといてくれ. **wie geleckt sein〔aussehen〕** 舐めたようにきれいになっている.

lẹcken[2] [レッケン] [動] *h.* 〔補足なし〕漏れる(おけ・タンクなどが);浸水する(ボートなどが).

lẹcker [レッカー] [形] おいしい, おいしそうな;《口》チャーミングな;《稀》より好みの強い.

der **Lẹcker·bis·sen** [レッカー・ビッセン] [名] -s/- おいしい食物;《転》味わいのある佳品.

die **Le·cke·rei** [レッケらイ] [名] -/-en おいしいもの, 甘いもの;(㊥のみ)《口》(絶えず)舐(な)めること.

das **Lẹcker·li** [レッカーリ] [名] -s/- 《ｽｲｽ》レッカーリ(はちみつ・スパイス入りのクッキー);《口》おいしいもの, 甘いもの.

das **Lẹcker·maul** [レッカー・マウル] [名] -(e)s/..mäuler 《口》美食家, 舌のこえた人;甘いもの好き, 甘党.

die **LED** [エルエーデー] [名] -/ =light-emitting diode 発光ダイオード.

led. =ledig 独身〔未婚〕の.

(*die*) **Le·da** [レーダ] [名] 〖ギ神〗レダ(白鳥となった Zeus と交わり, Helene を生むスパルタの王妃).

das **Le·der** [レーダー] [名] -s/- **1.** 革, 皮革;(窓ガラスふき用の)セーム皮(Fenster～). **2.** 〖サッカー〗《ジャーゴン》(サッカー)ボール. 【慣用】**〈j³〉 ans Leder wollen** 《口》〈人に〉襲いかかる. **gegen 〈j⁴/et⁴〉 vom Leder ziehen** 〈人・物・事を〉こき下ろす,〈人に〉くってかかる.

der **Le·der·band** [レーダー・バント] [名] -(e)s/..bände 革装本.

der **Le·der·ein·band** [レーダー・アイン・バント] [名] -(e)s/..bände (本の)革装.

der **Le·de·rer** [レーデらー] [名] -s/- 《南独・ｵｰｽﾄﾘｱ》《古》なめし工.

der **Le·der·gür·tel** [レーダー・ギュるテル] [名] -s/- 革帯, 革ベルト.

der **Le·der·hand·schuh** [レーダー・ハント・シュー] [名] -(e)s/-e 革手袋.

die **Le·der·haut** [レーダー・ハウト] [名] -/ 真皮;(目の)強膜.

die **Le·der·ho·se** [レーダー・ホーゼ] [名] -/-n 革のズボン.

die **Le·der·ja·cke** [レーダー・ヤッケ] [名] -/-n 皮のジャケット.

der **Le·der·kof·fer** [レーダー・コっふぁー] [名] -s/- 革のトランク.

le·dern[1] [レーダーン] [動] *h.* 〔〈et⁴〉ヲ〕セーム革で磨く(窓ガラスなどを). 【慣用】**〈j⁴〉 ledern** 《口》〈人を〉ぶん殴る.

le·dern[2] [レーダーン] [形] **1.** 革(製)の. **2.** 革のような, 革のように堅い. **3.** 《口》つまらない.

der **Le·der·rie·men** [レーダー・りーメン] [名] -s/- 革ベルト, 革ひも.

die **Le·der·wa·ren** [レーダー・ヴァーれン] [複名] 革製品.

das **Le·der·zeug** [レーダー・ツォイク] [名] -(e)s/ 革製品.

le·dig [レーディひ] [形] **1.** 独身の, 未婚の(略led.): eine ～*e* Mutter 未婚の母. ein ～*es* Kind 《古》私生児. **2.** 〔〈et²〉ヲ〕《文》免れている: aller Sorgen/der Verantwortung ～ sein 何ひとつ苦労がない/責任を免れている. 〈j⁴〉〈et²〉 ～ sprechen〈人を〉〈事から〉解放してやる. **3.** 《方》空(から)の: ein ～*er* Acker 休閑地.

der/die **Le·di·ge** [レーディゲ] [名] (形容詞的変化)未婚の男〔女〕, 独身者.

le·dig·lich [レーディクリひ] [副] (語飾)(動詞・形容詞・副詞・名詞を修飾)ただ…だけ, 単に…(にすぎない): Das ist ～ eine Formsache. それは単に形式的な事柄だ.

die **Lee**[1] [レー] [名] -/ (主に無冠詞)〖海〗風下: in ～ 風下に. nach ～ 風下へ.

das **Lee**[2] [レー] [名] -s/ 〖地〗風下側(山などの).

leer [レーあ] [形] **1.** 空(から)の, 空白の, 空漠たる: ein ～*es* Glas 空のグラス. ein ～*es* Blatt 白紙. den Teller ～ essen 皿のものを平らげる. ein Zimmer ～ mieten 家具つきでない部屋を借りる. **2.** 人のいない;空席の: ein ～*es* Zimmer 人のいない〔家具のない〕がらんとした部屋. Das Haus steht ～. その家は空き屋だ. **3.** 空虚〔空疎〕な;うつろな: ～*e* Versprechungen 空約束. ein ～*es* Gerede 無駄口. 〈j⁴〉 ～〔mit ～*en* Augen〕 ansehen 〈人を〉うつろな目で見つめる. 【慣用】**einen Laden leer kaufen** 店の品を買い占める. **ins Leere gehen/sprechen** むなしい/言っても無駄である. **ins Leere greifen/starren** 空(くう)をつかむ/見つめる. **leer an 〈et³〉 sein** 〈事が〉欠けている. **leer ausgehen** (分け前が)何ももらえない. **leer laufen** 空転する(⇨ leer laufen). **leeres Stroh dreschen** 《口》無駄口をたたく. **mit leeren Händen** 手ぶらで. **vor leeren Bänken〔Rängen/leerem Haus〕spielen** 少ない観客を前に演じる.

die **Lee·re** [レーれ] [名] -/ 空(から), 人がいない〔がらんとしている〕こと, 虚空;《転》空虚, むなしさ.

lee·ren [レーれン] [動] *h.* **1.** 〔〈et⁴〉ヲ〕空(から)にする(容器を), 飲干す(グラスを). **2.** 〔sich⁴〕(人が去って)空になる, だれもいなくなる(広間・列車などが). **3.** 〔〈et⁴〉ヲ＋〈方向〉ニ〕《ｵｰｽﾄﾘｱ》注ぐ, 流す;(…の)中身をあける.

das **Leer·ge·wicht** [レーあ・ゲヴィひト] [名] -(e)s/-e (特に自動車の)自重.

das **Leer·gut** [レーあ・グート] [名] -(e)s/ 再利用用空(から)容器.

der **Leer·lauf** [レーあ・ラウふ] [名] -(e)s/..läufe 空転, 空(から)回り;(仕事・時間の)無駄, 空転: in den ～ schalten ギヤをニュートラルにする.

leer lau·fen*, ⓗ**leer|lau·fen*** [レーあ ラウふぇン] [動] *s.* 〔補足なし〕(中の液体が流れ・漏れ出て)空(から)になる(浴槽・おけなどが). 【慣用】**〈j⁴〉 leer laufen lassen** 〖スポ〗フェイントをかけて〈人を〉かわす.

der **Leer·schritt** [レーあ・シュりっト] [名] -(e)s/-e (スペースバーを打つことで生じる)スペース, 間隔.

leer ste·hend, ⓗ**leer·ste·hend** [レーあ シュテーエント] [形] 人のいない, 空席の, がらがらの, 人の住んでいない.

die **Leer·stel·le** [レーあ・シュテレ] [名] -/-n **1.** 〖言〗空位. **2.** 空いた場所〔箇所〕. **3.** =Leerschritt.

die **Leer·tas·te** [レーあ・タステ] [名] -/-n スペースバー.

die **Lee·rung** [レーるング] [名] -/-en 空(から)にすること;(ポストからの郵便物の)取集.

die **Lee·sei·te** [レー・ザイテ] [名] -/-n 〖海・地〗風下(側).

(*die*) **Le Fort** [ləfóːr ル ふぉーあ] [名] 〖人名〗ル・フォール(Gertrud von ～, 1876-1971, 女流作家).

die **Lef·ze** [レふツェ] [名] -/-n (犬などの)唇.

le·gal [レガール] [形] 合法的な, 適法の.

le·ga·li·sie·ren [レガリズィーれン] [動] *h.* 〔〈et⁴〉ヲ〕〖法〗認証する;《文》合法〔適法〕化する.

die **Le·ga·li·tät** [レガリテート] [名] -/ 適法〔合法〕(性).

das **Le·ga·li·täts·prin·zip** [レガリテーツ・プりンツィープ] [名] -s/ 〖法〗起訴法定主義(検察官は有罪判決の可能性のある犯罪すべてを起訴する).

die **Le·gas·the·nie** [レガステニー] [名] -/-n 〖心・医〗読み書き能力不全(症).

der **Le·gat**[1] [レガート] [名] -en/-en **1.** 〖カトリック〗教皇特使. **2.** (古代ローマの)使節, 軍司令官の幕僚, 属州総督.

das **Le·gat**[2] [レガート] [名] -(e)s/-e 〖法〗遺贈.

die **Le·ga·ti·on** ［レガツィオーン］ 名 -/-en 教皇使節団；『ぶふき』(1870年までの)旧教皇領の一地方, 枢機卿管区.

der **Le·ga·ti·ons·rat** ［レガツィオーンス・らート］ 名 -(e)s/..räte 公使館参事官.

le·ga·to ［レガート］ 副 〖楽〗レガート, 音を切らずになめらかに.

die **Le·ge·bat·te·rie** ［レーゲ・バッテりー］ 名 -/-n バタリー, (採卵種の鶏用ケージ（棚型の鶏舎）.

le·gen ［レーゲン］ 動 *h.* **1.** 〔j⁴/et⁴〕ッ+〈方向〉ニ〕寝かせる, 横たえる, 横に（して）おく；〖ミ喬〗倒す（相手を）. **2.** 〔et⁴〕ッ+an〈et⁴〕〕立てかける. **3.** 〔sich⁴+〈方向〉ニ〕横になる, 横たわる, 寝る. **4.** 〔j⁴/et⁴〕ッ+〈方向〉ニ〕横たえる, 寝かせる：Weinflasche in den Kühlschrank ～ ワインの瓶を冷蔵庫の中に寝かせて置く. die Hand an die Mütze ～ 片手を（上げて）帽子（の縁）に当てる（挙手の礼をする）. den Kranken in das Bett ～ 病人をベッドに寝かせる. den Kopf an seine Schulter ～ 頭を彼の肩にもたせ掛ける. das Tischtuch auf den Esstisch ～ テーブルクロスを食卓の上に敷く. den Arm um ihre Hüfte ～ 彼女の腰に腕を回す. 〈j³〉 eine Binde vor die Augen ～ 布で〈人の〉目隠しをする. den Riegel vors Tor ～ 門扉にかんぬきをかける. Er *legte* seine ganze Energie in das Werk. 彼はその作品に精根を傾けた. **b.** 連れて行く, 運ぶ：Die Mutter hat das eingeschlafene Kind in sein Zimmer *gelegt.* 母親は眠ってしまった子供を(寝かせるために)子供の部屋へ抱いて行った. **5.** 〔sich⁴+〈方向〉ニ〕**a.** 傾く, もたれる：In der Kurve hat sich der Lastwagen etwas auf die Seite *gelegt.* そのカーブでトラックは横に傾いた. sich⁴ mit den Ellbogen ins Fenster ～ 窓台に両ひじをついてもたれる. **b.** （降って）覆う, 垂れこめる：Auf den Hof hatte sich Schnee. 中庭を雪が覆った. Nebel *legt* sich auf 〔über〕den Flughafen. 霧が空港の上に立ちこめる. Die Reue *legte* sich ihm auf die Seele. 後悔が彼の心の大きな重荷になった. **c.** 害〔悪影響〕を及ぼす（内臓に）. **6.** 〔sich⁴〕弱まる, 穏やかになる；静まる, 冷める, 収まる（嵐・怒り・関心などが）. **7.** 〔sich⁴+auf〈et⁴〕〕専念している,（もっぱら）取組んでいる. **8.** 〔et⁴〕ッ〕敷設する, 敷く, 並べる. **9.** 〔et⁴〕ッ+〈様態〉ニ〕する：eine Stadt in Trümmer ～ 都市を瓦礫（が）の山にする. die Stirn in Falten ～ 額にしわを寄せる. **10.** 〔et⁴〕ッ〕きちんと整える（洗濯物を）, セットする（髪を）. **11.** 〔〈et⁴〕ッ〕〕産む（鶏などが卵を）. **12.** 〔et⁴〕ッ〕植えつける. 〖慣用〗das Fundament〔den Grundstein〕zu〈et³〉legen 〈事〉の基礎を作る,〈物〉の礎式をなす. die Hand an 〈j⁴〉 legen 〈人に〉手をかける. die Hand auf die Stirn legen 〈人の〉額に手を当てる（熱を計るなど）. die Hand auf 〈et⁴〕 legen 〈物を〉占有する,〈物の〉所有権を得る,〈物を〉押収する. die Hände in den Schoß legen のらくら〔ぶらぶら〕している. einen Hund an die Kette legen 犬を鎖につなぐ. Feuer an ein Haus legen 建物に放火する. Hand an sich⁴ legen 自殺する. 〈j⁴〉 in Fesseln〔in Ketten〕legen 〈人に〉鎖につなぐ〔拘束する〕. 〈j⁴〉 ins Grab legen 〈人⁴〉を埋葬する. Karten legen トランプのカードを並べる. sich⁴ schlafen legen 就寝する. sich⁴ (krank) legen 病床に就く. Wert auf 〈j⁴/et⁴〕 legen 〈人・物・事を〉重要視する（大事にする）.

le·gen·där ［レゲンデーあ］ 形 **1.** 聖人伝の, 伝説の；伝説的な. **2.** 信じられないような.

die **Le·gen·de** ［レゲンデ］ 名 -/-n **1.** 聖人伝, 聖徒物語伝；伝説(となった人〔物事〕). **2.** 伝説（尾ひれのついた話）；根拠のない話〔説〕. **3.** 〖楽〗譚 (た) 詩〔聖譚〕曲. **4.** （貨幣などの）銘；(挿絵の)説明；（地図などの）記号説明.

die **Le·gen·den·bil·dung** ［レゲンデン・ビルドゥング］ 名 -/-en 神話〔根拠のない話〕作り.

le·ger ［leʒéːr, ..ʒéːr レジェーあ］ 形 **1.** 無造作な, さりげない. **2.** カジュアルな. **3.** いいかげんな.

die **Leg·föh·re** ［レーク・…］ 名 -/-n 〖方〗=Latsche²

Leg·gings ［レッギングス］ 複名 **1.** レギンス（足の部分のない女性用タイツ）. **2.** （インディアンの）皮製脚絆（きゃはん）, 脛当て.

Leg·gins ［レギンス］ 複名 =Leggings.

le·gie·ren ［レギーれン］ 動 *h.* **1.** 〔et³〕ッ+mit 〈et³〉デ/〈et³〕ッ+und+〈et³〕ッ〕合金を作る. **2.** 〔et⁴〕ッ〕〖料〗とろみをつける.

die **Le·gie·rung** ［レギーるング］ 名 -/-en 合金.

die **Le·gi·on** ［レギオーン］ 名 -/-en **1.** （古代ローマの）軍団. **2.** 義勇軍, 備兵（ふう）部隊, 外人部隊. **3.** 多数, 大勢：Die Zahl der Demonstranten ist ～. 〖文〗デモの参加者の数は非常に多い.

der **Le·gi·o·nar** ［レギオナーあ］ 名 -s/-e （古代ローマの）軍団の兵士.

der **Le·gi·o·när** ［レギオネーあ］ 名 -s/-e 義勇兵, 備兵（ふう）, 外人部隊の兵士.

die **Le·gi·o·närs·krank·heit** ［レギオネースクらンクハイト］ 名 -/ 〖医〗在郷軍人病（肺炎の一種）.

die **Le·gis·la·ti·ve** ［レギスラティーヴェ］ 名 -/-n 〖政〗立法権；立法府.

die **Le·gis·la·tur** ［レギスラトゥーあ］ 名 -/-en 〖政〗立法；立法会の任期（～ periode）；（昔の）立法府.

die **Le·gis·la·tur·pe·ri·o·de** ［レギスラトゥーあ・ぺりオーデ］ 名 -/-n （議会議員の）選出期間.

le·gi·tim ［レギティーム］ 形 合法的な；嫡出の；正当な.

die **Le·gi·ti·ma·ti·on** ［レギティマツィオーン］ 名 -/-en **1.** 〖文〗正当性, 資格. **2.** 資格証明書, 認証書. **3.** 〖法〗(非嫡出子の)嫡出子たる適格取得. **4.** 正当化の根拠〔理由〕づけ.

das **Le·gi·ti·ma·ti·ons·pa·pier** ［レギティマツィオーンス・パピーあ］ 名 -s/-e 資格〔身分〕証明書；〖法〗資格〔免責〕証書.

le·gi·ti·mie·ren ［レギティミーれン］ 動 *h.* **1.** 〖文〗〈et⁴〕〕合法〔正当〕であると認める. **2.** 〔j⁴〕ニ+zu〈動〉スル〕権限を与える. **3.** 〔sich⁴+als/〈デりカト〉〕自分の身分を証明する. **4.** 〔j⁴〕ッ〕嫡出子資格を付与する.

die **Le·gi·ti·mie·rung** ［レギティミーるング］ 名 -/-en 合法〔正当〕と認めること；身分を証明すること；権限を与えること；嫡出子資格の付与.

die **Le·gi·ti·mi·tät** ［レギティミテート］ 名 -/ 〖文〗合法性, 正当性；嫡出適格性.

der **Le·gu·an** ［レグアーン, レーグアン］ 名 -s/-e 〖動〗イグアナ.

das **Le·gu·men** ［レグーメン］ 名 -s/- 〖植〗豆果, 荚果 (きょうか).

das **Le·hen** ［レーエン］ 名 -s/- 〖史〗(中世の)封土.

der **Lehm** ［レーム］ 名 -(e)s/-e 〈特に種類〉粘土, ローム.

der **Lehm·bo·den** ［レーム・ボーデン］ 名 -s/..böden ローム〔粘土〕質の土(地).

lehm·far·ben ［レーム・ふぁるベン］ 形 粘土色〔黄褐色〕の.

die **Lehm·gru·be** ［レーム・グルーベ］ 名 -/-n 粘土採掘坑.

die **Lehm·hüt·te** ［レーム・ヒュッテ］ 名 -/-n 土壁の小屋.

leh·mig ［レーミヒ］ 形 粘土〔ローム〕質の；粘土の味〔におい〕がする；粘土で汚れた.

die **Leh·ne** ［レーネ］ 名 -/-n **1.** 背もたれ, ひじ掛け. **2.** 《南独・オーストリア》(山などの)斜面.

leh·nen [レーネン] [動] *h.* **1.** 〔〈et⁴〉ヲ＋an〔gegen〕〈et⁴〉ニ〕立掛ける, もたせかける. **2.** 〔sich⁴＋an〔gegen〕〈j⁴/et⁴〉ニ〕寄掛かる, もたれる. **3.** 〔an〈et³〉ニ〕立掛けてある, 寄掛かっている. **4.** 〔sich⁴＋über〈et⁴〉ノ上ニ/aus〈et³〉カラ〕身をのり出す.

der **Lehns·eid** [レーンス・アイト] [名] -(e)s/-e 〘史〙(封臣の)忠誠〔臣従〕の誓い.

der **Lehn·ses·sel** [レーン・ぜっセル] [名] -s/- 安楽いす.

das **Lehns·gut** [レーンス・グート] [名] -(e)s/..güter 〘史〙レーエン, 封土(地).

der **Lehns·herr** [レーンス・へる] [名] -(e)n/-(e)n 〘史〙封建君主, 封主.

der **Lehns·mann** [レーンス・マン] [名] -(e)s/..männer〔..leute, -en〕〘史〙封臣, 封建家臣.

die **Lehns·pflicht** [レーンス・プふリひト] [名] -/-en 〘史〙(封臣の)忠誠の義務;(封主の)保護義務.

das **Lehns·recht** [レーンス・れひト] [名] -(e)s/ 〘史〙封建法.

der **Lehn·stuhl** [レーン・シュトゥール] [名] -(e)s/..stühle (高い背もたれの)ひじ掛けいす.

das **Lehns·we·sen** [レーンス・ヴェーゼン] [名] -s/ 〘史〙封建制度.

die **Lehn·ü·ber·set·zung** [レーン・ユーバーゼっツング] [名] -/-en 〘言〙直訳借用.

die **Lehn·ü·ber·tra·gung** [レーン・ユーバートらーグング] [名] -/-en 〘言〙意訳借用.

das **Lehn·wort** [レーン・ヴォるト] [名] -(e)s/..wörter 〘言〙借用語.

das **Lehr·amt** [レーあ・アムト] [名] -(e)s/..ämter 〘官〙教職;〘カトリック〙教会の教導職.

der **Lehr·amts·an·wär·ter** [レーあアムツ・アン・ヴェるター] [名] -s/- 〘官〙(小学校・基幹学校)教員試補.

der **Lehr·amts·kan·di·dat** [レーあアムツ・カンディダート] [名] -en/-en 〘官〙高等学校教員研修生.

die **Lehr·an·stalt** [レーあ・アン・シュタルト] [名] -/-en 〘官〙学校.

der **Lehr·auf·trag** [レーあ・アウふ・トらーク] [名] -(e)s/..träge (大学の)講師委嘱.

lehr·bar [レーあ・バーあ] [形] 教えることができる〔やさしい〕.

der/die **Lehr·be·auf·trag·te** [レーあ・ベアウふトらークテ] [名] (形容詞的変化)(大学の)講師.

die **Lehr·be·fä·hi·gung** [レーあ・べふぇーイグング] [名] -/ 教員資格.

der **Lehr·be·ruf** [レーあ・べるーふ] [名] -(e)s/-e 教職;見習期間を要する職業.

der **Lehr·brief** [レーあ・ブりーふ] [名] -(e)s/-e **1.** (昔の)徒弟修業証書. **2.** 通信教育の教材.

das **Lehr·buch** [レーあ・ブーふ] [名] -(e)s/..bücher 教科書.

die **Leh·re** [レーれ] [名] -/-n **1.** 修業, 実習;([単]のみ)(特に大学の)教育: bei 〈j³〉 in die ～ gehen 〈人の所に〉見習として入る. **2.** 学説, 教義;学問体系. **3.** 教え, 教訓, 戒め: eine ～ aus 〈et³〉 ziehen 〈事を〉教訓とする. **4.** 〘工〙ゲージ.

leh·ren [レーれン] [動] *h.* **1.** 〔補足なし〕講義をする〔持っている〕, 教えている(大学・専門学校で). **2.** 〔〈et⁴〉ヲ〕講義する. **3.** 〔〈j⁴⁽³⁾〉ニ＋〈et⁴〉ヲ/(zu)〈動〉ヲ〕教える, 教授する(〈j³〉は《稀》). **4.** 〔〈et⁴〉ヲ/〈文〉デアルコトヲ〕教える, はっきり示す〔分らせる〕(事が主語). 【慣用】 **Ich werde dich lehren, frech zu sein!** おまえは生意気だが, そんな態度はきっと私がやめさせてやるぞ. **Lehre du mich Kinder erziehen!** 私に子供の教育を教えるつもりなのか〔私の方が子供の教育については詳しいのだから余計な口を利くな〕.

der **Leh·rer** [レーらー] [名] -s/- 教師, 教員, 先生: ～ für Geographie 地理の先生.

die **Leh·rer·aus·bil·dung** [レーらー・アウス・ビルドゥング] [名] -/ 教員養成.

die **Leh·rer·bil·dungs·an·stalt** [レーらー・ビルドゥングス・アン・シュタルト] [名] -/-en (昔の)小学校教員養成所, 師範学校.

die **Leh·re·rin** [レーれりン] [名] -/-nen 女性教師〔教員〕, (女性の)先生.

das **Leh·rer·kol·le·gi·um** [レーらー・コレーギウム] [名] -s/..gien (一つの学校の)全教員.

die **Leh·rer·kon·fe·renz** [レーらー・コンふぇれンツ] [名] -/-en 〘学校〙教員会議.

der **Leh·rer·man·gel** [レーらー・マンゲル] [名] -s/ 教員不足.

die **Leh·rer·schaft** [レーらーシャふト] [名] -/-en (主に[単])(一つの学校・地域の)全教員.

das **Leh·rer·se·mi·nar** [レーらー・ゼミナーあ] [名] -s/-e (昔の)小学校教員養成所.

das **Lehr·fach** [レーあ・ふぁっは] [名] -(e)s/..fächer **1.** 授業科目, 教科. **2.** 教職.

der **Lehr·film** [レーあ・ふぃルム] [名] -(e)s/-e 教育〔教材用〕映画.

die **Lehr·frei·heit** [レーあ・ふらイハイト] [名] -/ 学説〔教育〕の自由.

der **Lehr·gang** [レーあ・ガング] [名] -(e)s/..gänge (教育)課程, コース.

das **Lehr·ge·bäu·de** [レーあ・ゲボイデ] [名] -s/- 《文》体系的学説, 学問体系.

das **Lehr·ge·dicht** [レーあ・ゲディひト] [名] -(e)s/-e 〘文芸学〙教訓詩.

das **Lehr·geld** [レーあ・ゲルト] [名] -(e)s/-er (昔の徒弟が親方に払う)授業料. 【慣用】 **Lehrgeld zahlen** 高い授業料〔代償〕を払う.

lehr·haft [レーあハふト] [形] 教訓的な;《蔑》教師臭い.

der **Lehr·herr** [レーあ・へる] [名] -(e)n/-(e)n (昔の)親方.

das **Lehr·jahr** [レーあ・ヤーあ] [名] -(e)s/-e 見習期間の1年;([複]のみ)見習期間, 修業時代.

der **Lehr·jun·ge** [レーあ・ユンゲ] [名] -n/-n 見習.

die **Lehr·kan·zel** [レーあ・カンツェル] [名] -/-n 《オーストリア》《古》(大学の)講座.

der **Lehr·kör·per** [レーあ・ケるパー] [名] -s/- 〘官〙(一つの学校・大学の)全教員.

die **Lehr·kraft** [レーあ・クらふト] [名] -/..kräfte 〘官〙教員.

der **Lehr·ling** [レーありング] [名] -s/-e 見習(生), 実習生, 徒弟.

das **Lehr·mäd·chen** [レーあ・メートひぇン] [名] -s/- 《古》(女性の)見習.

die **Lehr·ma·schi·ne** [レーあ・マシーネ] [名] -/-n 教育機器, ティーチングマシン.

die **Lehr·mei·nung** [レーあ・マイヌング] [名] -/-en 定説.

der **Lehr·meis·ter** [レーあ・マイスター] [名] -s/- **1.** 《文》師匠, 恩師. **2.** 《古》親方.

die **Lehr·me·tho·de** [レーあ・メトーデ] [名] -/-n 教授法.

das **Lehr·mit·tel** [レーあ・ミッテル] [名] -s/- (主に[複])〘学校〙教材, 教具.

der **Lehr·plan** [レーあ・プラーン] [名] -(e)s/..pläne 〘学校〙教育課程, カリキュラム.

die **Lehr·pro·be** [レーあ・プろーべ] [名] -/-n 〘学校〙教育実習.

lehr·reich [レーあ・らイひ] [形] 教えられるところの多い.

der **Lehr·satz** [レーあ・ザっツ] [名] -es/..sätze 定理.

die **Lehr·stel·le** [レーあ・シュテレ] [名] -/-n 見習養成の職場.

der **Lehr·stoff** [レーあ・シュトっふ] [名] -(e)s/-e 〘学校〙教材.

der **Lehr·stuhl** [レーあ・シュトゥール] [名] -(e)/..stühle 〘官〙(大学の)講座, 教授のポスト.

L

die **Lehr·tä·tig·keit** [レーア・テーティのカイト] 名 -/-en 〘官〙教育活動.
die **Lehr·ver·an·stal·tung** [レーア・ふぇあ・アンシュタルトゥング] 名 -/-en (大学の)授業;（1シリーズの）講習.
der **Lehr·ver·trag** [レーア・ふぇあトラーク] 名 -(e)s/..träge 見習契約.
die **Lehr·zeit** [レーア・ツァイト] 名 -/ 見習期間.
..lei [..ライ] 接尾 数詞や量を表す語につけて「…の種類の」意味を表す: zweier*lei* 二種類の. aller*lei* 多種多様な.
der **Leib** [ライプ] 名 -(e)s/-er **1.** 〘文〙身体,体;体つき;（人・動物の）胴体. **2.** 〘文〙腹部,腹: noch nichts (Ordentliches) im ~ haben まだ何も（まともなものを）食べていない. **3.** 〘古〙生命: ~ und Gut 生命財産. ~ und Leben 生命. **4.** 〘建〙柱身,塔身. 【慣用】〈et⁵〉 am eigenen Leib erfahren 〈事を〉身をもって体験する. 〈j³〉 auf den Leib (zu Leibe) rücken 〘口〙〈人に〉激しく迫る. der Leib des Herrn 聖体. mit Leib und Seele 全身全霊を打込んで. 〈j³〉 mit 〈et³〉 vom Leibe bleiben 〘文〙〈人を〉そばへ近づけない. sich³ 〈j⁴〉 vom Leibe halten 〘口〙〈人を〉近づけない〔遠ざける〕. 〈j³〉 (wie) auf den Leib geschrieben sein 〘文〙〈人に〉うってつけである. 〈j³〉 (wie) auf den Leib 〈j³〉 geschnitten 〔geschneidert〕 sein 〈人に〉あつらえたようにぴったりだ. 〈et³〉 zu Leibe gehen 〔rücken〕〘文〙〈事を〉解決に取組む.
der **Leib·arzt** [ライプ・アーアット,ライプ・アルット] 名 -es/..ärzte 侍医.
die **Leib·bin·de** [ライプ・ビンデ] 名 -/-n 腹巻き,腹帯.
der **Leib·bursch** [ライプ・ブルシュ] 名 -en/-en 〘学生組合〙新入生世話係.
das **Leib·chen** [ライプひェン] 名 -s/- **1.** 〘古〙（女性の）胴着,ボディス. **2.** （昔の）子供のガーターつき胴着. **3.** 〘スポ〙（男性の）アンダーシャツ/タイツ,トリコット,レオタード.
leib·ei·gen [ライプ・アイゲン] 形（昔の）農奴身分の.
der/die **Leib·ei·ge·ne** [ライプ・アイゲネ] 名（形容詞的変化）（昔の）農奴.
die **Leib·ei·gen·schaft** [ライプ・アイゲンシャフト] 名 -/（昔の）農奴身分.
lei·ben [ライベン] 動 *h.*（次の形で）wie er/sie *leibt* und lebt 彼/彼女の姿そっくりに〔がいつもそうであるとおりに〕.
die **Lei·bes·be·schaf·fen·heit** [ライベス・ベシャふェンハイト] 名 -/ 体格,体質.
der **Lei·bes·er·be** [ライベス・エルベ] 名 -n/-n 実子相続人.
die **Lei·bes·er·zie·hung** [ライベス・エアツィーウング] 名 -/ 〘官〙体育（の授業）.
die **Lei·bes·frucht** [ライベス・ふるふト] 名 -/ 〘医〙胎児.
die **Lei·bes·kräf·te** [ライベス・クれふテ] 複名（次の形で）aus〔nach〕~n 力の限り.
die **Lei·bes·stra·fe** [ライベス・シュトらーふェ] 名 -/-n 〘古〙体刑.
die **Lei·bes·übung** [ライベス・ユーブング] 名 -/-en（主に複）体操;（複のみ）〘古〙体育（の授業）.
der **Lei·bes·um·fang** [ライベス・ウムふァング] 名 -(e)s/..fänge 身体の入り具合,肥満の度合.
die **Lei·bes·vi·si·ta·tion** [ライベス・ヴィジタツィオーン] 名 -/-en（所持品を調べる）身体検査,ボディチェック.
die **Leib·gar·de** [ライプ・ガルデ] 名 -/-n 親衛隊,近衛連隊.
das **Leib·ge·richt** [ライプ・ゲリヒト] 名 -(e)s/-e 好きな料理〔食べ物〕.
leib·haft [ライプハふト] 形〘稀〙=leibhaftig.
leib·haf·tig [ライプハふティヒ,ライプハふティク] 形 **1.** 肉体を具えた,人間の姿をした;（当の）その人〔そのもの〕の）: ein ~er Satan サタンの化身. der ~e Geiz けちそのもの. Da stand er ~ vor mir. そのときまぎれもなく彼が私の前に立っていた. **2.** 〘口〙本物の. —— 副〘文飾〙〘方〙（信じられないことだが）本当に.
..lei·big [..ライビヒ] 接尾 形容詞につけて「…な体をした」を表す形容詞を作る: dick*leibig* 肥満体の.
leib·lich [ライプリヒ] 形 肉体〔身体〕の;血を分けた.
(*der*) **Leib·niz** [ライプニッツ] 名 〘人名〙ライプニッツ (Gottfried Wilhelm Freiherr von ~, 1646-1716, 数学・哲学・神学者).
leib·ni·zisch [ライプニツィッシュ] 形 ライプニッツ的な〔流の〕.
die **Leib·ren·te** [ライプ・れンテ] 名 -/-n 終身年金.
der **Leib·schmerz** [ライプ・シュメルツ] 名 -es/-en（主に複）腹痛.
die **Leib·spei·se** [ライプ・シュパイゼ] 名 -/-n （ラテ語）好きな料理〔食べ物〕.
die **Leib·wa·che** [ライプ・ヴァッヘ] 名 -/-n **1.**（総称）護衛. **2.**（稀）=Leibwächter(in).
der **Leib·wäch·ter** [ライプ・ヴェヒター] 名 -s/- 護衛,ボディーガード.
die **Leib·wä·sche** [ライプ・ヴェッシェ] 名 -/ 下着,肌着.
das **Leib·weh** [ライプ・ヴェー] 名 -(e)s/ 腹痛.
die **Lei·ca** [ライカ] 名 -/-s 〘商標〙ライカ（ドイツの Ernst Leitz 社製のカメラ）.
die **Lei·che** [ライヒェ] 名 -/-n **1.** 死体,遺体;〘稀〙（動物の）死骸〔ぶい〕: eine lebende ~ 生ける屍〔しかばね〕. **2.** 〘印〙（植字の）脱落部分. **3.** 〘方・古〙埋葬式. 【慣用】**eine Leiche im Keller haben** 〘口〙後ろぐらいところがある. **Nur über meine Leiche!** 私の目の黒いうちは私はそんなことはさせないぞ. **über Leichen gehen**〘蔑〙手段を選ばず目的を追求する.
das **Lei·chen·be·gäng·nis** [ライヒェン・ベグングニス] 名 -ses/-se 〘文〙埋葬式.
der **Lei·chen·be·schau·er** [ライヒェン・ベシャウあー] 名 -s/- 検死官〘医〙.
der **Lei·chen·be·stat·ter** [ライヒェン・ベシュタッター] 名 -s/- 葬儀屋.
die **Lei·chen·bit·ter·mie·ne** [ライヒェン・ビッター・ミーネ] 名 -/-n 〘皮〙（わざとらしい）いかにも悲しそうな顔.
lei·chen·blass, 旧 **lei·chen·blaß** [ライヒェン・ブラス] 形 真っ青な.
der **Lei·chen·fled·de·rer** [ライヒェン・ふレッデらー] 名 -s/- 〘法〙（死人の）物をはぎ取る泥棒,死体はぎ.
die **Lei·chen·frau** [ライヒェン・ふらウ] 名 -/-en 遺体を清めて服を着せる女.
der **Lei·chen·ge·ruch** [ライヒェン・グるっホ] 名 -(e)s/..gerüche 死臭.
das **Lei·chen·gift** [ライヒェン・ギふト] 名 -(e)s/-e 屍毒〔どく〕,プトマイン.
die **Lei·chen·hal·le** [ライヒェン・ハレ] 名 -/-n 霊安室,遺体仮安置所.
das **Lei·chen·hemd** [ライヒェン・ヘムト] 名 -(e)s/-en 屍衣.
die **Lei·chen·öff·nung** [ライヒェン・エふヌング] 名 -/-en 死体解剖.
die **Lei·chen·re·de** [ライヒェン・れーデ] 名 -/-n 弔辞,追悼の辞: Halte keine ~! ぐちを言うな.
die **Lei·chen·schän·dung** [ライヒェン・シェンドゥング] 名 -/-en 死体凌辱〔じょく〕;屍姦〔しかん〕.
die **Lei·chen·schau** [ライヒェン・シャウ] 名 -/ 検死.
das **Lei·chen·schau·haus** [ライヒェン・シャウ・ハウス] 名 -es/..häuser 死体保管所.
der **Lei·chen·schmaus** [ライヒェン・シュマウス] 名 -es/..schmäuse 〘冗〙埋葬後の会食.
die **Lei·chen·star·re** [ライヒェン・シュタれ] 名 -/ 死後

Leichenstein 740

der **Lei·chen·stein** [ライヒェン・シュタイン] 名 -(e)s/-e 《古》墓石.

das **Lei·chen·tuch** [ライヒェン・トゥーふ] 名 -(e)s/..tücher (昔の)遺体を包む白布;《古》棺覆い.

die **Lei·chen·ver·bren·nung** [ライヒェン・ふぇあブレヌング] 名 -/-en 火葬.

das **Lei·chen·wachs** [ライヒェン・ヴァックス] 名 -es/- 屍蠟(ろう).

der **Lei·chen·wa·gen** [ライヒェン・ヴァーゲン] 名 -s/- 霊柩(れいきゅう)車;〔葬列を従えた〕柩を載せた車〔馬車〕.

der **Lei·chen·zug** [ライヒェン・ツーク] 名 -(e)s/..züge 葬列.

der **Leich·nam** [ライヒナーム] 名 -(e)s/-e 《文》遺体,遺骸(いがい),亡骸(なきがら),屍.

leicht [ライヒト] 形 **1.**（重量）軽い,軽量の：〜 bekleidet sein 軽装である. **2.** 易しい,楽な：Das ist 〜*er* gesagt als getan. それは言うほどたやすくできない. **3.**（傾向）…しやすい： die 〜*e* Biegsamkeit des Glasfiberstabs グラスファイバー製の(棒高跳びの)棒の曲りやすさ. 〜 verdaulich sein 消化しやすい. An dieser Kurve geschieht 〜 ein Unglück. このカーブは事故が起きやすい. **4.**（程度）軽い,わずかな：〜*es* Fieber haben 微熱がある. 〜*e* Verletzungen davontragen 軽傷を負う. 〜 erstaunt sein ちょっと驚いている. **5.** 軽い,身体によい,あっさりした：〜 essen 軽い食事をする. **6.** 気軽な;肩のこらない：ein 〜*es* Buch 肩のこらない本. **7.** 緩い;軽薄な.【慣用】〈et⁴〉 auf die leichte Schulter nehmen 〈事を〉軽く考える. Das ist leicht möglich. それは十分にありうる. Die Erde sei 〈j³〉 leicht! 〈人を〉覆う土のからんことを〔埋葬の際の文句〕. eine leichte Hand haben 器用である. es ist leicht haben 気楽である：Er hat es im Leben nicht *leicht* gehabt. 彼の人生は楽ではなかった. leichten Fußes〔Herzens〕 足どりも〔心も〕軽く. leichtes Blut haben 軽率〔軽薄〕である. mit〈j³/et³〉 ein leichtes Spiel haben 〈人・物・事を〉たやすく片づける.〈j³〉 um 〈et⁴〉 leichter machen 《口》〈人から〉〈物を〉まきあげる.

der **Leicht·ath·let** [ライヒト・アトレート] 名 -en/-en 陸上競技選手.

die **Leicht·ath·le·tik** [ライヒト・アトレーティク] 名 -/ 陸上競技.

der **Leicht·bau** [ライヒト・バウ] 名 -(e)s/ 軽量構造.

die **Leicht·bau·wei·se** [ライヒト・バウ・ヴァイゼ] 名 -/ 軽量構造方式.

das **Leicht·ben·zin** [ライヒト・ベンツィーン] 名 -s/-e 軽ベンジン.

leicht be·waff·net, ⓐ**leicht·be·waff·net** [ライヒト ベヴァふネット] 形 軽装備の.

leicht·blü·tig [ライヒト・ブリューティヒ] 形 陽気な,楽天的な.

der **Leich·ter** [ライヒター] 名 -s/- 〔海〕はしけ;水上コンテナ.

leicht fal·len*, ⓐ**leicht·fal·len*** [ライヒト ふぁレン] 動 s.〈j³〉ニ〉たやすい,容易である,楽である(仕事などが).

leicht·fer·tig [ライヒト・ふぇァティヒ] 形 《蔑》軽率な;《古》軽薄な,ふしだらな.

die **Leicht·fer·tig·keit** [ライヒト・ふぇァティヒカイト] 名 -/ 軽率,軽はずみ.

leicht·flüch·tig [ライヒト・ふリュヒティヒ] 形 〔化〕蒸発〔気化〕しやすい.

leicht·flüs·sig [ライヒト・ふリュッスィヒ] 形 〔工〕融解しやすい.

der **Leicht·fuß** [ライヒト・ふース] 名 -es/..füße 《口・冗》軽薄〔軽率〕な男.

leicht·fü·ßig [ライヒト・ふースィヒ] 形 足どりの軽い.

leicht·gän·gig [ライヒト・ゲンギヒ] 形 〔工〕操作の容易な.

das **Leicht·ge·wicht** [ライヒト・ゲヴィヒト] 名 -(e)s/-e **1.**（単のみ）〔スポーツ〕ライト級. **2.** 〔ボ〕ライト級の選手;《口・冗》軽量の人.

leicht·gläu·big [ライヒト・グロイビヒ] 形 信じやすい.

die **Leicht·gläu·big·keit** [ライヒト・グロイビヒカイト] 名 -/ 信じやすさ.

leicht·her·zig [ライヒト・ヘルツィヒ] 形 のんきな,気楽な.

leicht·hin [ライヒト・ヒン] 副 軽々しく;かすかに,ことのついで(のように),ちらっと.

die **Leich·tig·keit** [ライヒティヒカイト] 名 -/ **1.** 軽さ. **2.** 容易さ： mit 〜《口》たやすく.

die **Leicht·in·dus·trie** [ライヒト・インドゥストリー] 名 -/ 《旧東独》消費財生産工業.

leicht·le·big [ライヒト・レービヒ] 形 軽薄な生活態度の.

die **Leicht·lohn·grup·pe** [ライヒト・ローン・グルッペ] 名 -/-n (特に女性が編入される)最低賃金グループ.

leicht ma·chen, ⓐ**leicht·ma·chen** [ライヒト マッヘン] 動 h.〈et⁴〉 +〈et⁴〉 +〈zu〉〈動〉スルノヲ〉容易にしてやる,楽にできるようにしてやる. **2.**〔sich⁴ + 〈et³〉ヲ〕sich⁴ es + bei〔mit〕〈et³〉ヲ〉楽にやってのける,容易にやりとげる.

der **Leicht·ma·tro·se** [ライヒト・マトローゼ] 名 -n/-n 普通船員.

das **Leicht·me·tall** [ライヒト・メタル] 名 -s/-e 軽金属.

leicht neh·men*, ⓐ**leicht·neh·men*** [ライヒト ネーメン] 動 h.《〈et⁴〉ヲ》安易〔気楽〕に考える,深刻には受けとめない.

das **Leicht·öl** [ライヒト・エール] 名 -(e)s/-e 軽油.

das **Leicht·schwer·ge·wicht** [ライヒト・シュヴェーア・ゲヴィヒト] 名 -(e)s/-e **1.**（単のみ）ライトヘビー級. **2.** ライトヘビー級の選手.

der **Leicht·sinn** [ライヒト・ズィン] 名 -(e)s 軽率,無思慮;《稀》軽薄.

leicht·sin·nig [ライヒト・ズィニヒ] 形 軽率な;《（蔑）も有》軽薄な,道徳観念の乏しい.

leicht tun*, ⓐ**leicht·tun*** [ライヒト トゥーン] 動 h.〔sich³(⁴) + mit〔bei〕〈et³〉ヲ〕《口》楽々と〔容易に〕やってのける.

leicht ver·dau·lich [ライヒト・ふぇあダウリヒ] 形 消化しやすい.

leicht ver·derb·lich [ライヒト・ふぇあデるブリヒ] 形 腐り〔いたみ〕やすい.

leicht ver·letz·te [ライヒト・ふぇあレッツテ] der/die 〔形容詞的変化〕(事故などの)軽傷者.

leicht ver·ständ·lich [ライヒト・ふぇあシュテントリヒ] 形 分りやすい.

leicht ver·wun·det [ライヒト・ふぇあヴンデット] 形 軽傷の.

der/die **Leicht·ver·wun·de·te** [ライヒト・ふぇあヴンデテ] 〔形容詞的変化〕(特に戦争で武器による)軽傷者.

leid [ライト] 形 **1.**（次の形で）〈j⁴⁽²⁾/et⁽²⁾〉 〜 sein/werden《口》〈人・物・事ヲ〉うんざりしている/うんざりする（2格は《文》）： Ich bin den Schmeichler 〜. 私はあのおべっか使いはうんざりだ. Er ist seines Lebens 〜. 彼は人生にうんざりしている.〈j⁴/et⁴〉 〜 haben《口》〈人・物・事ヲ〉うんざりしている. **2.**（なり）嫌な,よくない.

das **Leid** [ライト] 名 -(e)s/ **1.** 心痛,悩み,悲しみ;〈j³〉 〜 klagen 〈人に〉自分の悩みを〔悲しみを〕訴える. **2.** 危害,不当な仕打ち：〈j³〉 ein 〜 tun 〔zufügen〕〈人に〉危害を加える〔悪いことをする〕. **3.**（次の形で）es tut〈j³〉 〜 （, dass …）〈人ニ〉〈…のことを〉残念に〔申訳なく〕思う;悔む： Es tut mir 〜, dass ich Sie gestört habe. あなたのお邪魔をして申訳ありません. So 〜 es mir tut, aber ich kann nicht. たいへん申訳ないのですが,私にはできません.

Es tut mir ~, aber so geht es nicht. わるいけれど, そうはいきませんよ. Es wird Ihnen einmal ~ tun. あなたはいずれ悔むことになりますよ. **4.** 《次の形で》〈j¹〉 tut 〈j³〉 ~ 〈人ₐ〉〈人ₕ〉気の毒に思う : Er tut mir ~, weil ... …なので, 私は彼を気の毒に思う. 【慣用】 **sich³ ein Leid(s) antun** 《文》自殺する.

die **Lei·de·form** [ライデ・ふぉるム] [名] -/-en 《主に[単]》〘言〙受動態, 受動形.

lei·den* [ライデン] [動] litt ; hat gelitten **1.** [補足なし] 苦しんでいる, 苦しむ(重病・身体の苦痛・心痛などで). **2.** 〔an 〈et³〉ニ〕罹(かか)っている(病気に) ; (…で)苦しんでいる. **3.** 〔unter 〈j³/et³〉ニ〕苦しめられている, (…を)耐えがたく感じる(身体〔精神〕的障害・妨害・抑圧などに). **4.** 〔durch 〈et⁴〉デ/unter 〈et³〉デ〕傷む(損傷を受ける). **5.** 〔〈et⁴〉ヲ〕受けている, 被っている, (…に)見舞われている : Not ~ 貧窮している. Hunger/Durst ~ 腹を空かせている/のどが渇いている. **6.** 《können, mögen とともに》〔〈j⁴/et⁴〉ヲ〕好む, (…が)好きである, (…に)好感を持つ : Ich kann ihn (gut) ~. 私は彼が好きだ. Den Hut mag ich nicht ~. その帽子は私には気に入らない. bei 〈j³〉 gut 〔sehr〕 *gelitten* sein 〈人に〉好かれている. **7.** 〔〈j⁴/et⁴〉ヲ〕耐える, 我慢する : Während der Arbeit kann er niemand(en) um sich ~. 仕事中, 彼は自分のまわりに人がいるのを耐えられない. **8.** 《事が主語. 主に否定文で》〔〈et⁴〉ヲ〕許容する : Diese Angelegenheit *leidet* keinen weiteren Verzug. この件はもうこれ以上先に延ばすことはできない. 【慣用】 **Ich leide es hier nicht länger.** 私はこれ以上ここに居るのは辛抱できない.

das **Lei·den** [ライデン] [名] -s/- **1.** (長期の)病苦, 病気. **2.** (主に[複])苦しみ, 悩み ; 苦難 : das ~ Christi キリストの受難.

lei·dend [ライデント] [形] 長患いの, 慢性の病気に罹(かか)っている ; 苦悩に満ちた.

die **Lei·den·schaft** [ライデンシャふト] [名] -/-en **1.** 激情, 情熱 : frei von jeder ~ sein 冷静そのものである. **2.** 熱狂, 熱中, 熱望する〔好きでたまらない〕もの : die ~ für 〈et⁴〉 〈物・事に〉対する熱中. **3.** (([単]のみ))(激しい)恋慕の心 : die ~ zu 〈j³〉 〔für 〈j⁴〉〕 〈人に〉対する恋情.

lei·den·schaft·lich [ライデンシャふトリひ] [形] **1.** 情熱的な ; 熱烈な ; 熱狂的な. **2.** 《gern を修飾》非常に(…するのが)好きだ : ~ gern reiten 乗馬がとても好きだ.

die **Lei·den·schaft·lich·keit** [ライデンシャふトリひカイト] [名] -/ 激しさ, 熱烈さ ; 熱狂的〔情熱的〕であること.

lei·den·schafts·los [ライデンシャふツ・ロース] [形] 冷静な, 激情に動かされない.

der **Lei·dens·ge·fähr·te** [ライデンス・ゲふぇーあテ] [名] -n/-n 苦難〔運命〕をともにする仲間 ; 同病者.

der **Lei·dens·ge·nos·se** [ライデンス・ゲノっセ] [名] -n/-n (《冗》も有)苦難をともにする人.

die **Lei·dens·ge·schich·te** [ライデンス・ゲシひテ] [名] -/-n 苦難の歴史 ; (([単]のみ))〘キ教〙(キリストの)受難史 : die ~ Christi キリストの受難史.

die **Lei·dens·mie·ne** [ライデンス・ミーネ] [名] -/ (わざとらしい)苦しみに満ちた表情.

der **Lei·dens·weg** [ライデンス・ヴェーク] [名] -(e)s/-e 《文》苦難の道.

lei·der [ライダー] [副] 《文飾》残念ながら, 気の毒なことに : *L*~ habe ich keine Zeit. 残念ながら暇がありません. Können Sie mir dabei helfen? — *L*~ nicht 〔nein〕! それに手を貸していただけますか. — 残念ながら駄目です(*L*~ nein! は《口》). Ist sie wieder krank? — *L*~ ja! 彼女はまた病気ですか. — 気の毒なことにそうです.

leid·er·füllt [ライト・エあふゅルト] [形] 苦悩に満ちた.

lei·dig [ライディひ] [形] 腹立たしい, いやな, 厄介な.

leid·lich [ライトリひ] [形] まあまあの, まずまずの.

leid·tra·gend [ライト・トラーゲント] [形] とばっちりをくう, 被害を受ける ; 《稀》喪に服している.

leid·voll [ライト・ふぉル] [形] 《文》苦悩に満ちた.

das **Leid·we·sen** [ライト・ヴェーゼン] [名] -s/ 《主に次の形で》 zu meinem ~ お気の毒ですが.

die **Lei·er** [ライあー] [名] -/-n **1.** リラ(古代・中世のたて琴). **2.** バーディガーディ(中世の弦楽器) (Dreh~) ; 《口》クランク. **3.** 《口・蔑》聞きあきた話〔ぐち〕.

der **Lei·er·kas·ten** [ライあー・カステン] [名] -s/..kästen 《口》(辻音楽師の)手回しオルガン.

der **Lei·er·kas·ten·mann** [ライあーカステン・マン] [名] -(e)s/..männer 手回しオルガン弾き.

lei·ern [ライあーン] [動] *h.* 《口》 **1.** [補足なし] クランクを回す. **2.** 〔〈et⁴〉ヲ+〈方向〉ニ(カラ)〕クランクで巻き上げる. **3.** 〔〈et⁴〉ヲ〕(単調に)だらだら唱える, 棒読みする. **4.** [補足なし] しまりのない話し〔読み〕方をする ; 手回しオルガンを鳴らす.

das **Leih·amt** [ライ・アムト] [名] -(e)s/..ämter 公営質屋.

die **Leih·ar·beit** [ライ・アるバイト] [名] -/-en (派遣社員に対する)委託仕事.

der **Leih·ar·bei·ter** [ライ・アるバイター] [名] -s/- 出向社員.

die **Leih·bi·b·li·o·thek** [ライ・ビブリオテーク] [名] -/-en 貸出し図書館.

die **Leih·bü·che·rei** [ライ・ビューひぇらイ] [名] -/-en (賃貸の)貸出文庫, 貸本屋.

die **Lei·he** [ライエ] [名] -/-n **1.** 〘法〙使用貸借. **2.** 《口》質屋.

lei·hen* [ライエン] [動] lieh ; hat geliehen **1.** 〔〈j³〉ニ+〈et⁴〉ヲ〕貸す, 融資する. **2.** 〔(sich³)+〈et⁴〉ヲ+(von 〈j³〉カラ/bei 〈et³〉デ)〕借りる : den Betrag bei der Sparkasse ~ その金額を貯蓄銀行で借りる. **3.** 〔〈j³/et³〉ニ+〈et⁴〉ヲ〕《文》与える, 貸す : 〈j³〉 seine Stimme/sein Ohr ~ 〈人に〉味方する/耳を貸す. 【慣用】 **nicht gern leihen** 他人に物を貸すのを好まない.

die **Leih·ga·be** [ライ・ガーベ] [名] -/-n (美術品などの)貸出し品.

die **Leih·ge·bühr** [ライ・ゲビューあ] [名] -/-en 貸出料.

das **Leih·haus** [ライ・ハウス] [名] -es/..häuser (公益)質屋.

die **Leih·mut·ter** [ライ・ムっター] [名] -/..mütter 代理母.

der **Leih·schein** [ライ・シャイン] [名] -(e)s/-e 質札 ; (図書館の)貸出証.

der **Leih·wa·gen** [ライ・ヴァーゲン] [名] -s/- レンタカー.

leih·wei·se [ライ・ヴァイゼ] [副] 貸し〔借り〕の形で(の) : 〈j³〉 das Buch ~ überlassen 〈人に〉その本を貸す. (動詞派生名詞には[付]も有) ~*r* Austausch der Bücher 本の貸し借り.

der **Leim** [ライム] [名] -(e)s/-e ([複]は種類)膠(にかわ), のり ; 鳥もち. 【慣用】 〈j⁴〉 **auf den Leim führen** 〔**locken**〕 〈人を〉だます. 〈j³〉 **auf den Leim gehen** 〔**kriechen**〕 《口》〈人に〉だまされる. **aus dem Leim gehen** (友情などが)こわれる ; 《口》(つなぎ合わせたところから)こわれる.

lei·men [ライメン] [動] *h.* **1.** 〔〈et⁴〉ヲ〕膠(にかわ)〔接着剤〕で(元どおりに)継ぎ合せる. **2.** 〔〈et⁴〉ヲ+an 〈et⁴〉ニ/auf 〈et⁴〉ノ上ニ/unter 〈et⁴〉ノ下ニ〕膠〔接着剤〕で接着する. **3.** 〔〈j⁴〉ヲ〕《口》ペテンにかける.

die **Leim·far·be** [ライム・ふぁるベ] [名] -/-n 水性ペイント.

lei·mig [ライミひ] [形] 膠(にかわ)状の ; 膠でべとつく.

die **Leim·ru·te** [ライム・るーテ] [名] -/-n 鳥もちを塗った竿.

der **Lein** [ライン] [名] -(e)s/-e 〘植〙アマ.

..lein [..ライン] [接尾] 主に..ch, ..g で終る名詞につ

けて「小さいもの, かわいいもの」を表す中性の縮小名詞を作る. 基礎語は変音する. 上記以外の名詞には同じ意味を表す..chen が多く用いられる： Bächlein 小川. Rös*lein* 小さなバラ. Hüt*lein* 小さな帽子. Fräu*lein* お嬢さん. Äug*lein* 小さな〔かわいい〕目.

die **Leine**[1] [ライネ] [名] -/-n 物干し用のひも(Wäsche~)；細引き, 綱, ロープ；(犬などの)引き綱. 【慣用】〈j⁴〉 **an der (kurzen) Leine haben 〔halten〕** 《口》〈人の〉手綱をにぎっている. 〈j⁴〉 **an die Leine legen** 《口》〈人を〉意のままにする. **Leine ziehen** 《口》姿を消す.

die **Leine**[2] [ライネ] [名] -/ 〖川名〗ライネ川(ニーダーザクセン州を流れるアラー川の支流).

lei·nen [ライネン] [形] 亜麻(製)の；リンネルの.

das **Lei·nen** [ライネン] [名] -s/- 亜麻繊維；亜麻布, リンネル；〖製本〗クロース装丁.

der **Lei·nen·band** [ライネン・バント] [名] -(e)s/..bände クロース装の本.

das **Lei·nen·garn** [ライネン・ガるン] [名] -(e)s/-e 亜麻糸.

das **Lei·nen·ge·we·be** [ライネン・ゲヴェーベ] [名] -s/- リンネル.

das **Lei·nen·zeug** [ライネン・ツォイク] [名] -(e)s/ 亜麻布〔リンネル〕製品.

der **Lein·ku·chen** [ライン・クーヘン] [名] -s/- 〖農〗(亜麻仁油の)油かす.

das **Lein·öl** [ライン・エール] [名] -(e)s/-e (複は種類) 亜麻仁油.

der **Lein·pfad** [ライン・プふぁート] [名] -(e)s/-e (船を引くための川岸の)引船道.

der **Lein·sa·men** [ライン・ザーメン] [名] -s/ 亜麻の種子, 亜麻仁.

das **Lein·tuch** [ライン・トゥーふ] [名] -(e)s/..tücher 《方》敷布, シーツ.

die **Lein·wand** [ライン・ヴァント] [名] -/..wände **1.** (単のみ)亜麻布, リンネル. **2.** スクリーン. **3.** 画布, カンバス.

der **Lein·we·ber** [ライン・ヴェーバー] [名] -s/- 亜麻布織工.

das **Lein·zeug** [ライン・ツォイク] [名] -(e)s/ リンネル製品.

(*das*) **Leip·zig** [ライプツィひ] [名] -s/ 〖地名〗ライプツィヒ(①ザクセン州の都市. ②同市を中心とする旧東独時代の県).

Leip·zi·ger[1] [ライプツィガー] [形] (無変化)ライプツィヒの： ~ Allerlei ライプツィヒ風野菜料理. die ~ Disputation ライプツィヒ(宗教)討論(ルター・カールシュタット・エック間の論争, 1519 年).

der **Leip·zi·ger**[2] [ライプツィガー] [名] -s/- ライプツィヒの人〔住民〕.

lei·se [ライゼ] [形] **1.** 小さい(音・声)；静かな： mit ~*r* Stimme 小声で. **2.** (程度)わずかな, かすかな： ein ~*r* Duft ほのかな香り. bei der ~*sten* Berührung ほんのちょっと触っただけで. einen ~*n* Schlaf haben 眠りが浅い. von 〈et³〉 nicht die ~*ste* Ahnung haben 〈事を〉まったく知らない. nicht den ~*sten* Verdacht haben. 少しも疑わない. 【慣用】**nicht im Leisesten vermuten** 思ってもみない.

der **Lei·se·tre·ter** [ライゼ・トれーター] [名] -s/- **1.** 《蔑》自分の考えをはっきり言わない人. **2.** 《冗》(底がやわらかく)音をたてない靴.

die **Leis·te** [ライステ] [名] -/-n **1.** 縁, 枠, 押し縁. **2.** 〖織〗耳；(シャツなどのボタン付き)前開；〖解〗鼠径(そけい)部；〖登山〗(足がやっとのる程度の)小さい岩棚.

leis·ten [ライステン] [動] *h.* **1.** 〔〈et⁴〉ッ〕 **a.** 成し遂げる, 果す；行う： viel ~ 多くの成果をあげる. **b.** (…の)性能を有する： Der Motor *leistet* 85 PS. このエンジンは 85 馬力ある. **2.** 〔sich³+〈et⁴〉ッ〕《口》奮発して〔大金を払って〕買う〔する〕；(臆面もなく)やってのける. **3.** 〔〈et⁴〉ッ〕する：〈j³〉 Gesellschaft ~ 〈人の〉相手をつとめる. 〈j³〉 Hilfe ~ 〈人を〉援助する. auf 〈et⁴〉 Verzicht ~ 〈事を〉断念する. Widerstand ~ 反対〔反抗〕する. 【慣用】**sich³ 〈et⁴〉 leisten können** 〈物・事を〉買う〔する〕(金銭的)余裕がある；〈事を〉しても差支えない；〈物を〉着ても〔身につけても〕おかしくない.

der **Leis·ten** [ライステン] [名] -s/- 靴型；シューキーパー： alles über einen ~ schlagen 《口》何もかも一律に扱う.

der **Leis·ten·bruch** [ライステン・ブるっふ] [名] -(e)s/..brüche 〖医〗鼠径(そけい)ヘルニア.

die **Leis·ten·ge·gend** [ライステン・ゲーゲント] [名] -/ 〖解〗鼠径(そけい)部.

die **Leis·tung** [ライストゥング] [名] -/-en **1.** 成果, 出来, 業績, 成績；(単のみ)履行, 遂行, 果すこと, 成し遂げること. **2.** (債務などの)給付, 履行, 弁済. **3.** (主に単)(機械などの)能力, 性能；〖理〗仕事率, 工率, 出力；〖経〗生産能力〔能率〕, 生産高.

der **Leis·tungs·ab·fall** [ライストゥングス・アップ・ふぁル] [名] -(e)s/..fälle 能力〔業績・出力・性能〕低下.

die **Leis·tungs·bi·lanz** [ライストゥングス・ビランツ] [名] -/-en 〖経〗経常収支.

der **Leis·tungs·druck** [ライストゥングス・ドるっク] [名] -(e)s/ 成績〔業績〕向上の要求がもたらす精神的重圧〔プレッシャー〕.

leis·tungs·fä·hig [ライストゥングス・ふぇーイひ] [形] 性能の良い, 生産性の高い, 有能な, 体力のある；給付能力のある.

die **Leis·tungs·fä·hig·keit** [ライストゥングス・ふぇーイひカイト] [名] -/ 能力, 技量；性能, 生産能力；給付能力.

leis·tungs·ge·recht [ライストゥングス・ゲれひト] [形] 仕事量に応じた.

die **Leis·tungs·ge·sell·schaft** [ライストゥングス・ゲゼルシャふト] [名] -/-en (主に単)能力〔業績〕主義社会.

die **Leis·tungs·gren·ze** [ライストゥングス・グれンツェ] [名] -/ 性能〔能力〕の限界.

die **Leis·tungs·klas·se** [ライストゥングス・クラッセ] [名] -/-n **1.** 〖スポ〗能力別級. **2.** 《稀》(製品の)等級.

der **Leis·tungs·kurs** [ライストゥングス・クるス] [名] -es/-e 〖学校〗重点教科.

die **Leis·tungs·kur·ve** [ライストゥングス・クるヴェ] [名] -/-n 〖学校〗成績曲線.

der **Leis·tungs·lohn** [ライストゥングス・ローン] [名] -(e)s/..löhne (特に旧東独の)能率給.

das **Leis·tungs·prin·zip** [ライストゥングス・プリンツィープ] [名] -/ 〖経・教〗能力〔業績〕主義.

die **Leis·tungs·prü·fung** [ライストゥングス・プりゅーふング] [名] -/-en 学力検査；能力〔性能〕テスト；効率検査.

die **Leis·tungs·schau** [ライストゥングス・シャウ] [名] -/-en 〖経・農〗物産の展示(会).

leis·tungs·schwach [ライストゥングス・シュヴァっは] [形] 能力〔性能・能率〕の悪い.

der **Leis·tungs·sport** [ライストゥングス・シュポるト] [名] -(e)s/ (記録や優勝を目的とする)競技スポーツ.

leis·tungs·stark [ライストゥングス・シュタるク] [形] 能力〔性能・成績・出力・能率〕の優れた.

die **Leis·tungs·stei·ge·rung** [ライストゥングス・シュタイゲるング] [名] -/-en 能力〔性能・成績・出力・能率〕向上；生産性向上.

der **Leis·tungs·trä·ger** [ライストゥングス・トれーガー] [名] -s/- 〖スポ〗チームに対する貢献度の高い選手.

das **Leis·tungs·ver·mö·gen** [ライストゥングス・ふぇあメーゲン] [名] -s/ =Leistungsfähigkeit.

die **Leis·tungs·zu·la·ge** [ライストゥングス・ツー・ラーゲ] [名] -/-n =Leistungszuschlag.

der **Leis·tungs·zu·schlag** [ライストゥングス・ツー・シュラーク] [名] -(e)s/..schläge (好成績をあげた者への)特

別手当.

der **Leit·ar·ti·kel** [ライト・アるティ(ー)ケル] [名] -s/- 社説, (雑誌の)論説, 巻頭論文.

das **Leit·bild** [ライト・ビルト] [名] -(e)s/-er 模範, 理想像.

das **Leit·bün·del** [ライト・ビュンデル] [名] -s/- 〘植〙導〔道〕束.

lei·ten [ライテン] [動] *h.* **1.** 〔⟨j^4/et^4⟩ヲ〕長をつとめる《会社・隊・部・課などの》, リーダーをつとめる《チーム・グループの》, (…を)率いる. **2.** 〔⟨et^4⟩ヲ〕主宰する: eine Sitzung ~ 会議の議長〔司会〕をつとめる. ein Seminar ~ 演習(科目)を指導する. das Fußballspiel ~ そのサッカーの試合の審判をつとめる. **3.** 〔⟨j^4/et^4⟩ヲ+⟨方向⟩ニ〕導く, 案内する, 連れて行く《先導・同伴して, また指示を与えて》: den Blinden an der Hand ~ 視覚障害者の手を引いて行く. sich^4 von ⟨et^3⟩ ~ lassen ⟨事ニ⟩左右〔支配〕される. **4.** 〔(⟨et^4⟩ヲ)〕〘理〙伝える, 伝導する《熱・電気・振動などを》. **5.** 〔⟨et^4⟩ヲ+⟨方向⟩ニ〕導く, 通す: Erdöl durch Rohre zu diesem Kombinat ~ 石油をパイプでこのコンビナートに送る. das Gesuch an die zuständige Stelle ~ 申請書を担当部署に回す.

lei·tend [ライテント] [形] 指導的な, 指揮〔管理・統率〕する; 主導的な; 〘理〙導体の, 伝導性の.

der **Lei·ter**^{1} [ライター] [名] -s/- **1.** 指導者, リーダー, 司会者; (部・課などの)長, 主任; 〘スポーツ〙(試合の)レフェリー. **2.** 〘理・工〙導体.

die **Lei·ter**^{2} [ライター] [名] -/-n 梯子(はしご).

die **Lei·ter·spros·se** [ライター・シュプろっセ] [名] -/-n 梯子(はしご)の横木.

der **Lei·ter·wa·gen** [ライター・ヴァーゲン] [名] -s/- (梯子(はしご)形の枠のある)荷車.

der **Leit·fa·den** [ライト・ふぁーデン] [名] -s/..fäden 手引き, 入門書, マニュアル; 指針.

leit·fä·hig [ライト・ふぇーイひ] [形] 〘理・工〙伝導性のある.

die **Leit·fä·hig·keit** [ライト・ふぇーイひカイト] [名] -/-en 《主に[単]》〘理・工〙伝導性, 伝導率.

das **Leit·fos·sil** [ライト・ふぉスィール] [名] -s/-ien 〘地質〙示準化石.

der **Leit·ge·dan·ke** [ライト・ゲダンケ] [名] -ns/-n 主導理念, 中心思想, 主眼.

das **Leit·ge·we·be** [ライト・ゲヴェーベ] [名] -s/- 〘植〙通導組織.

der **Leit·ham·mel** [ライト・ハメル] [名] -s/..hämmel **1.** (群れを)先導する羊. **2.** 《蔑》ボス, 首魁(しゅかい).

der **Leit·hund** [ライト・フント] [名] -(e)s/-e 盲導犬; 先導犬.

die **Leit·i·dee** [ライト・イデー] [名] -/-n 中心理念.

die **Leit·li·nie** [ライト・リーニエ] [名] -/-n **1.** 〘交通〙車線境界線. **2.** 指針, 指標, ガイドライン. **3.** 〘幾何〙準線.

das **Leit·mo·tiv** [ライト・モティーふ] [名] -s/-e 中心思想; 〘楽〙ライトモチーフ; 〘文芸学〙主要モチーフ.

die **Leit·pflan·ze** [ライト・プふランツェ] [名] -/-n 〘植〙指標植物.

die **Leit·plan·ke** [ライトプランケ] [名] -/-n 〘交通〙ガードレール.

der **Leit·satz** [ライトザっツ] [名] -es/..sätze 指導原理.

der **Leit·stand** [ライト・シュタント] [名] -(e)s/..stände (発電所などの)コントロールセンター.

die **Leit·stel·le** [ライトシュテレ] [名] -/-n 指令センター.

der **Leit·stern** [ライトシュテるン] [名] -(e)s/-e 目印となる星; 《転・文》導きの星, 指針.

der **Leit·strahl** [ライトシュトらール] [名] -(e)s/-en 〘空・軍〙誘導ビーム; 〘幾何・理〙動径.

das **Leit·tier** [ライトティーあ] [名] -(e)s/-e 〘狩〙赤鹿〔ダマ鹿〕の群れの先頭に立つ雌鹿; 〘動〙(群れの)リーダー, ボス.

die **Lei·tung** [ライトゥング] [名] -/-en **1.** 《[単]のみ》指導, 指揮, 統率; 司会, 主宰, 管理; 〘スポーツ〙審判. **2.** 指導者グループ, 首脳陣〔部〕, 経営陣. **3.** (水道などの)導管; 電線; 電話線〔回線〕. 【慣用】 **auf der Leitung stehen** 〔**sitzen**〕 《口》のみこみが悪い. **eine lange Leitung haben** 《口》理解が遅い.

die **Lei·tungs·bahn** [ライトゥングス・バーン] [名] -/-en 〘生〙通導路《血管・維管束など》.

der **Lei·tungs·draht** [ライトゥングス・ドらート] [名] -(e)s/..drähte 電線, 導線.

das **Lei·tungs·netz** [ライトゥングス・ネっツ] [名] -es/-e 配電網; (水道・ガスなどの)配管網.

das **Lei·tungs·rohr** [ライトゥングス・ろーあ] [名] -(e)s/-e 導管.

das **Lei·tungs·was·ser** [ライトゥングス・ヴァっサー] [名] -s/ 水道の水.

die **Leit·wäh·rung** [ライト・ヴェーるング] [名] -/-en 〘経〙基準通貨.

das **Leit·werk** [ライト・ヴェるク] [名] -(e)s/-e 〘空〙操縦翼《特に尾部の》; 〘コンピュータ〙制御装置; 〘航行〙導流堤.

der **Leit·wert** [ライト・ヴェーあト] [名] -(e)s/-e 〘理・電〙コンダクタンス.

der **Leit·zins** [ライト・ツィンス] [名] -en/-en 〘経〙基準金利.

die **Lek·ti·on** [レクツィオーン] [名] -/-en **1.** 〘教〙(教科書の)課; 課題; 《古》(1 回分の)授業, 講義. **2.** 《文》教訓, 戒め. **3.** 〘キ教〙聖書の朗読, 読誦(どくじゅ). **4.** 〘馬術〙(馬場馬術テストの)課題.

das **Lek·ti·o·nar** [レクティオナーあ] [名] -s/-e〔..rien〕 〘キ教〙読誦(どくじゅ)集; (読誦用)朗読壇.

der **Lek·tor** [レクトーあ] [名] -s/-en [レクトーれン] **1.** (特に大学の語学)講師. **2.** (特に出版社の)原稿審査係, 編集者. **3.** 〘カトリック〙読師; 〘プロテスタント〙聖書を朗読する信徒.

das **Lek·to·rat** [レクトらート] [名] -(e)s/-e **1.** 〘大学〙講師職. **2.** 〘出版〙原稿審査部, 編集部; 原稿審査(係の判断).

lek·to·rie·ren [レクトりーれン] [動] *h.* **1.** 〔⟨et^4⟩ヲ〕審査する《原稿を》. **2.** 〔補足なし〕(原稿審査の)編集者をしている.

die **Lek·tü·re** [レクテューれ] [名] -/-n **1.** 《[単]のみ》読むこと, 読書; 〘教〙講読. **2.** 《主に[単]》読み物.

das **Lem·ma** [レマ] [名] -s/-ta 見出し語, 検索語. **2.** 〘数・論〙補助定理; 前提; (古代論理学の)前提. **3.** 《古》題辞, 表題.

der **Lem·ming** [レミング] [名] -s/-e 〘動〙レミング, 旅鼠(たびねずみ)《ハタネズミの一種》.

der **Le·mur** [レムーあ] [名] -en/-en =Lemure.

der **Le·mu·re** [レムーれ] [名] -n/-n 《主に[複]》 **1.** 〘ロ神〙レムレース《死者の霊》. **2.** 〘動〙キツネザル. ⇨ Maki.

le·mu·ren·haft [レムーれンハふト] [形] 《文》(死者の霊)レムレースのような.

le·mu·risch [レムーりシュ] [形] 《文》(死者の霊)レムレースの(ような).

(*die*) **Le·na** [レーナ] [名] 〘女名〙レーナ《Helene, Magdalena の短縮形》.

(*der*) **Le·nau** [レーナウ] [名] 〘人名〙レーナウ《Nikolaus ~, 1802-50, オーストリアの詩人》.

die **Len·de** [レンデ] [名] -/-n **1.** 《主に[複]》〘解〙腰, 腰部; 《[複]のみ》《文》(陰部を含む)腰. **2.** (食肉用家畜の)腰肉.

der **Len·den·bra·ten** [レンデン・ブらーテン] [名] -s/- 〘料〙腰肉のロースト.

len·den·lahm [レンデン・ラーム] [形] (疲れて)腰の立たない; 《転・蔑》弱腰の, 説得力の乏しい.

der **Len·den·schurz** [レンデン・シュるツ] [名] -es/-e 〘民

L

族〕腰布, 腰みの.
- *das* **Len·den·stück** [レンデン・シュテュック] 名 -(e)s/-e 〔料〕腰肉.
- *der* **Len·den·wir·bel** [レンデン・ヴィるベル] 名 -s/- 〔解〕腰椎.
- (*der*) **Lenin** [レーニーン] 名 〖人名〗レーニン (Wladimir Iljitsch 〜, 1870-1924, ロシア革命の指導者).
- (*das*) **Leningrad** [レーニーングらート] 名 〖地名〗レニングラード (Sankt Petersburg の 1924-91 年の旧称).
- *der* **Le·ni·nis·mus** [レニニスムス] 名 -/ レーニン主義. ⇨ Lenin.
- *der* **Le·ni·nist** [レニニスト] 名 -en/-en レーニン主義者.
- **le·ni·nis·tisch** [レニニスティシュ] 形 レーニン主義の.
- *die* **Le·nis** [レーニス] 名 -/..nes [..ネース] 〔言〕軟音.
- **lenk·bar** [レンク・バール] 形 操縦できる; 扱いやすい.
- **len·ken** [レンケン] 動 *h*. 1. ⟨et⁴ッ⟩ 運転する (車・自転車などを), 操縦する (船・飛行機などを); 御する (馬・馬車を). 2. ⟨j/et⁴ッ⟩ 指導する, 導く. 3. ⟨et⁴ッ⟩ 主導権をとる (協議・交渉などの); (…を) 統制する (経済・言論などを). 4. ⟨et⁴ッ+⟨方向⟩⟩ 向ける, 導く: den Wagen nach links 〜 車のハンドルを左に切る. das Gespräch auf ein anderes Thema 〜 話を他の話題に導く. 5. ⟨⟨方向⟩⟩ 〔文・古〕 向かう; 通じている: nach Hause 〜 家路をたどる. Der Pfad *lenkt* in eine Schlucht. 小道は峡谷へ通じている.
- *der* **Len·ker** [レンカー] 名 -s/- 1. (馬車の) 御者; 操縦 (運転) 者. 2. (乗物の) ハンドル; 操縦桿 (⁰). 3. 〔文〕 (国などを) 御する (導く) 人, 指導者. 〖慣用〗sich³ den goldenen Lenker verdienen (口) (嘲) (上司や部下に) べこべこする.
- *das* **Lenk·rad** [レンク・らート] 名 -(e)s/..räder (自動車などの) ハンドル.
- *die* **Lenk·rad·schal·tung** [レンクらート・シャルトゥング] 名 -/-en 〔車〕コラムシフト.
- **lenk·sam** [レンクザーム] 形 (稀) 扱いやすい.
- *die* **Lenk·säu·le** [レンク・ゾイレ] 名 -/-n 〔車〕ハンドルシャフト.
- *die* **Lenk·stan·ge** [レンク・シュタンゲ] 名 -/-n (バイクなどの) ハンドル.
- *die* **Len·kung** [レンクング] 名 -/-en 1. (働のみ) 指導, 統御, 統制; (乗物の) 操縦, 運転. 2. 操縦 (運転) 装置.
- **len·to** [レント] 副 〖楽〗レント, 遅く.
- (*der*) **Lenz**¹ [レンツ] 名 〖人名〗レンツ (① Jakob Michael Reinhold 〜, 1751-92, 劇作家・詩人. ② Siegfried 〜, 1926- , 小説家・劇作家).
- *der* **Lenz**² [レンツ] 名 -es/-e 1. (詩) 春. 2. (働のみ) (冗) 年齢: mit 17 *-en*. 17 歳で.
- **len·zen**¹ [レンツェン] 動 *h*. 〔Es〕 (詩) 春になる.
- **len·zen**² [レンツェン] 動 *h*. 〔海〕 1. ⟨et⁴ッ⟩ ポンプで排水する (バラスト用水タンクなどを). 2. ⟨et⁴ッ+aus⟨et³ッ⟩⟩ ポンプで排水する (浸水した水を船倉などから). 3. 〔艦🎌〕帆を少なくして追風で走る (帆船が).
- (*der*) **Leo** [レーオ] 名 〖男名〗レーオ (Leonhard, Leopold の短縮形).
- (*der*) **Le·o·nar·do** [レオナるド] 名 〖人名〗レオナルド (〜 da Vinci, 1452-1519, イタリアの画家・彫刻家・自然科学者).
- *der* **Le·on·ber·ger** [レーオンベるガー] 名 -s/- 〔動〕レーオンベルガー (犬).
- (*der*) **Le·on·hard** [レーオンハルト] 名 〖男名〗レーオンハ

ルト.
- (*der*) **Le·o·ni·das** [レオーニダス] 名 〖人名〗レオニダス (前 480 没, スパルタ王).
- **le·o·ni·nisch**¹ [レオニーニシュ] 形 (次の形で) der 〜e Vers 〖詩〗レオニ詩行.
- **le·o·ni·nisch**² [レオニーニシュ] 形 (次の形で) ein 〜er Vertrag 〖法〗獅子 (⁰) の契約 (契約者の一人が利益を独占する契約).
- **le·o·nisch** [レオーニシュ] 形 〔紡〕金属糸の.
- (*die*) **Le·o·no·re** [レオノーれ] 名 〖女名〗レオノーレ (Eleonore の短縮形).
- *der* **Le·o·pard** [レオパルト] 名 -en/-en 〔動〕ヒョウ.
- (*der*) **Le·o·pold** [レーオポルト] 名 〖男名〗レーオポルト.
- *das* **Le·o·tard** [liətɑ:rt リエターあト] 名 -s/-s (古) レオタード.
- *die* **Le·pi·do·pte·ren** [レピドプテーレン] 複名 〖生〗鱗翅目 (⁰ᵅ) 目の昆虫, 鱗翅類 (チョウ, などと).
- *das* (*der*) **Le·po·rel·lo** [レポれロ] 名 -s/-s 〔印・製本〕経本折り.
- *die* **Le·pra** [レープら] 名 -/ 癩 (⁰) 〔ハンセン〕病.
- *der*/*die* **Le·pra·kran·ke** [レープら・クらンケ] 名 (形容詞的変化) 癩 (⁰) 〔ハンセン〕病患者.
- **le·prös** [レプろース] 形 〖医〗癩 (⁰) 性の; 癩 〔ハンセン〕病による; 癩 〔ハンセン〕病にかかった.
- **le·pros** [レプろース] 形 = leprös.
- *das* **Le·pro·so·ri·um** [レプろゾーりウム] 名 -s/..rien 〖医〗(古) 癩 (⁰) 療養所; 癩患者居住地.
- *das* **Lep·ton** [レプトン] 名 -s/-en [レプトーネン] 〖理〗レプトン, 軽粒子.
- **lep·to·som** [レプトゾーム] 形 〖医・人類〗やせ型の.
- **..ler** [..ラー] 接尾 名詞などにつけて「…の人, …する人」を表す名詞を作る: Altenheim*ler* 老人ホームの人. Ausflüg*ler* 行楽客. Erstsemest*er* 一学期生. Ruhrgebiet*ler* ルール地方の人. Sport*ler* スポーツマン.
- *das* **LER** [エルエーエる] 名 -/ (主に無冠詞で) = Lebensgestaltung-Ethik-Religionskunde 生活-倫理-宗教 (ブランデンブルク州の授業科目).
- *die* **Ler·che** [レるヒェ] 名 -/-n 〔鳥〕ヒバリ.
- *die* **Lern·be·gier·de** [レるン・ベギーあデ] 名 -/ 向学心, 知識欲.
- **lern·be·gie·rig** [レるン・ベギーりヒ] 形 向学心に燃えた.
- *der*/*die* **Lern·be·hin·der·te** [レるン・ベヒンデアテ] 名 (形容詞的変化) (主に働) 知恵遅れの子ども (児童).
- **lern·ei·frig** [レるン・アイふりヒ] 形 勉強熱心な.
- **ler·nen** [レるネン] 動 *h*. (不定詞とともに使用される場合, 完了形では過去分詞はまれに lernen). 1. ⟨⟨et⁴ッ⟩/⟨文⟩デフルコン⟩ 勉強する, 学習する, 学ぶ. 2. ⟨et⁴ッ⟩ 覚える: ein Gedicht auswendig 〜 詩を暗記する. Vokabeln 〜 単語を覚える. die Hauptstädte 〜 (口) 国々の首都の名前を覚える. 3. ⟨et⁴ッ/(zu) ⟨動⟩スルコン⟩ 習う, 覚える, 学ぶ: bei ⟨j³⟩ Klavier (spielen) 〜 ⟨人について⟩ピアノを習う. lesen/schreiben 〜 読み方/書き方を習う. Ich *lernte* die Maschine bedienen (Ich *lernte*, die Maschine zu bedienen). ぼくはその機械の操作を習った. 4. ⟨(aus ⟨et³ッ⟩)+⟨et⁴ッ/⟨文⟩デフルコン⟩⟩ 学ぶ, 知る, 身につける (処世の知恵・生活態度などを). 5. ⟨⟨et⁴ッ⟩⟩ 習う, 修業する, 学ぶ, (…の) 職業教育 (訓練) を受ける. 〖慣用〗 Bäcker/Koch lernen パン屋/コックの見習をする. Gelernt ist gelernt ! さすが実地で経験を積んだ (専門家) だけのことはあるね. ⟨et⁴ッ⟩ lernt sich leicht/schwer ⟨et¹⟩ lässt sich leicht/schwer lernen ⟨事⟩ 学ぶ (覚える) のがやさしい/難しい. ⟨et¹⟩ will gelernt sein ⟨事⟩ (熱心に) 学ばなければ (練習しなければ) マスターできない.
- *die* **Lern·ma·schi·ne** [レるン・マシーネ] 名 -/-n 〖教〗教育機器.

das **Lẹrn·mit·tel** [レるン·ミッテル] [名] –s/– 《主に[複]》学習用教材.

die **Lẹrn·mit·tel·frei·heit** [レるンミッテル·ふらイハイト] [名] –/ 〘学校〙教材の無償供与.

der **Lẹrn·pro·zess,** [旧]**Lẹrn·pro·zeß** [レるン·プろツェス] [名] –es/–e **1.** 〘心·教〙学習過程. **2.** (経験などにより)認識〔理解〕が深まる過程.

die **Lẹrn·schwes·ter** [レるン·シュヴェスター] [名] –/–n 見習い看護婦.

das **Lẹrn·ziel** [レるン·ツィール] [名] –(e)s/–e 〘教〙学習目標.

die **Le̲s·art** [レース·アーあト] [名] –/–en (異本間の)語句の異同, 異文;解釈, 説明.

le̲s·bar [レース·バーあ] [形] 判読できる;読みやすい.

die **Le̲s·bar·keit** [レースバーあカイト] [名] –/ 判読可能;読みやすさ.

die **Lẹs·be** [レスベ] [名] –/–n 《口》レスビアン.

der **Lẹs·bi·er** [レスビあー] [名] –s/– レスボス島の住民.

die **Lẹs·bi·e·rin** [レスビエリン] [名] –/–nen レスボス島の女性;レスビアン, 同性愛の女性.

lẹs·bisch [レスビシュ] [形] レスボス(島)の;レスビアンの.

(*das*) **Lẹs·bos** [レスボス] [名] –/ 〘地名〙レスボス島《エーゲ海の島》.

die **Le̲·se** [レーゼ] [名] –/–n ブドウの収穫(Wein∼);(一般に)採取, 取入れ;《口》詞華集.

die **Le̲·se·bril·le** [レーゼ·ブりレ] [名] –/–n 読書用眼鏡.

das **Le̲·se·buch** [レーゼ·ブーふ] [名] –(e)s/..bücher 読本.

das **Le̲·se·dra·ma** [レーゼ·ドらーマ] [名] –s/..men レーゼドラマ《上演よりも読むための戯曲》.

die **Le̲·se·e·cke** [レーゼ·エッケ] [名] –/–n 読書コーナー.

die **Le̲·se·frucht** [レーゼ·ふるふト] [名] –/..früchte《主に[複]》《文》読書による知識.

das **Le̲·se·ge·rät** [レーゼ·ゲれート] [名] –(e)s/–e (マイクロフィルム)リーダー;〘コンピュータ〙自動読取り装置.

die **Le̲·se·hal·le** [レーゼ·ハレ] [名] –/–n 公共図書館;(雑誌などの)読書室, 閲覧室.

der **Le̲·se·hun·ger** [レーゼ·フンガー] [名] –s/ 激しい読書欲.

le̲·se·hung·rig [レーゼ·フングりひ] [形] 読書に飢えている.

die **Le̲·se·lam·pe** [レーゼ·ラムペ] [名] –/–n 読書用ライト.

le̲·sen[1*] [レーゼン] [動] er liest; las; hat gelesen **1.** 〔(〈j^4/et^4〉ヲ/〈[文]〉デアルコトヲ)〕読む, 読んでいる;読んで聞かせる, 朗読する. **2.** 〔(補足なし)/(über)〈et^4〉ノ〕講義をする. **3.** 〔sich^4+〈様態〉ニ〕 **a.** 読める: Dieses Sachbuch über die alten Germanen *liest* sich wie ein Roman. この古代ゲルマン人についての一般向け解説書はまるで小説のように読める. **b.** 読んでなる: sich^4 satt/müde ∼ 読み飽きる/疲れる. **4.** 〔〈et^4〉ヲ/〈[文]〉デアルコトヲ+(aus 〈et^3〉カラ/in 〈et^3〉ニ)〕読み取る, 察知する, 推量る. **5.** 〔〈et^4〉ヲ〕〘コンピュータ〙読み取る.
【慣用】 **Hier ist zu lesen, dass ...** ここには, …と書かれてある. **sich^4 durch einen Roman lesen** (長編)小説を読通す. **zwischen den Zeilen lesen** 行間を読む.

le̲·sen[2*] [レーゼン] [動] er liest; las; hat gelesen 〔〈et^4〉ヲ〕摘む, 摘取る《ブドウの房·イチゴなどを》;拾い集める《落穂·薪などを》;手に取ってえり分ける《豆·レタスの葉などを》.

le̲·sens·wert [レーゼンス·ヴェーあト] [形] 読む価値のある.

die **Le̲·se·pro·be** [レーゼ·プろーベ] [名] –/–n **1.** (本の)見本ページ, 内容見本. **2.** 〘劇〙本読み.

das **Le̲·se·pult** [レーゼ·プルト] [名] –(e)s/–e 書見台.

der **Le̲·ser** [レーザー] [名] –s/– **1.** 読者;購読者. **2.** 〘コンピュータ〙リーダー.

die **Le̲·se·rat·te** [レーゼ·らッテ] [名] –/–n 《口·冗》本の虫.

der **Le̲·ser·brief** [レーザー·ブりーふ] [名] –(e)s/–e 読者からの手紙, (新聞·雑誌などへの)投書.

die **Le̲·se-Rẹcht·schreib-Schwä·che** [レーゼ·れひト·シュらイブ·シュヴェっひぇ] [名] –/ 〘心·医〙読み書き能力不全(症).

der **Le̲·ser·kreis** [レーザー·クらイス] [名] –es/–e 読者層.

le̲·ser·lich [レーザーリひ] [形] 読みやすい(筆跡の).

die **Le̲·ser·schaft** [レーザーシャふト] [名] –/–en《主に[単]》読者(全体), 読書界.

die **Le̲·ser·zu·schrift** [レーザー·ツー·シュりふト] [名] –/–en (新聞·雑誌への)投書, 投稿.

der **Le̲·se·saal** [レーゼ·ザール] [名] –(e)s/..säle 閲覧室.

der **Le̲·se·stoff** [レーゼ·シュトっふ] [名] –(e)s/–e 読み物.

das **Le̲·se·stück** [レーゼ·シュテュック] [名] –(e)s/–e (授業用の)短い読物.

die **Le̲·se·wut** [レーゼ·ヴート] [名] –/ 《口》猛烈な読書欲.

das **Le̲·se·zei·chen** [レーゼ·ツァイひぇン] [名] –s/– しおり;〘コンピュータ〙ブックマーク.

der **Le̲·se·zir·kel** [レーゼ·ツィるケル] [名] –s/– (有料の)読書サークル.

(*das*) **Le·so̲·tho** [レゾート] [名] –s/ 〘国名〙レソト《アフリカ南部の内陸国》.

(*der*) **Lẹs·sing** [レっスィング] [名] 〘人名〙レッシング《Gotthold Ephraim ∼, 1729–81, 劇作家, 文芸·芸術批評家》.

die **Le̲·sung** [レーズング] [名] –/–en **1.** (作家の)朗読(会)(Dichter∼);(礼拝の)聖書朗読. **2.** 〘キ教〙朗読された聖書の一節. **3.** (議会の)読会. **4.** (異本間の)語句の異同, 異文.

le·ta̲l [レタール] [形] 〘医〙致命的な, 致死の.

die **Le·ta·li·tä̲t** [レタリテート] [名] –/ 〘医〙致死〔致命〕率.

die **Le·thar·gi̲e** [レタるギー] [名] –/ 無気力, 無感動, 無感覚;〘医〙嗜眠(しみん).

le·thạr·gisch [レタるギシュ] [形] **1.** 無気力な, 無感動な. **2.** 〘医〙嗜眠(しみん)性の.

die **Le̲·the** [レーテ] [名] –/ **1.** 《詩》忘却: ∼ trinken 忘却する. **2.** 〘ギ神〙レテ《冥界(めいかい)の川》.

(*die*) **Le̲·to** [レート] [名] 〘ギ神〙レト《Apollo と Artemis の母》.

der **Lẹt·te** [レッテ] [名] –n/–n ラトヴィア人.

die **Lẹt·ter** [レッター] [名] –/–n 活字体の文字;〘印〙活字.

das **Lẹt·tern·me·tall** [レッターン·メタル] [名] –s/ 活字用合金.

lẹt·tisch [レッティシュ] [形] ラトヴィア(人·語)の.

(*das*) **Lẹtt·land** [レット·ラント] [名] –s/ 〘国名〙ラトヴィア《バルト海沿岸の国》.

der **Lẹtt·ner** [レットナー] [名] –s/– (中世の教会堂の)内陣仕切り.

die **Lẹt·tres de ca·che̲t** [lɛ́trədəkaʃé: レトる ドゥ カシェー] [複名] (フランス革命以前の)拘禁令状, 逮捕状《フランス国王が裁判なしで発する秘密命令書》.

lẹt·zen [レッツェン] [動] *h.* 〔〈j^4〉ヲ+(an 〈et^4〉デ)〕《古》元気づける.

lẹtzt [レット] [形] **1.** 《順番》最後の, 最終の: die ∼*e* Stufe der Treppe 階段の最後の段. am *L∼en* 〔∼*en* Tag〕 des Monats みそかに. Du bist der *L∼e* 〔∼*e*〕, dem ich es sagen würde. 私は君にそれは言わないつもりだ. Ich kam als *L∼er* 〔∼*er*〕 *an.* 私が最後に到着した. **2.** (残った)最後の: die ∼*e* Hoffnung 最後の希望. **3.** 《時間》この前の;最新〔最近〕の: ∼*es* 〔im ∼*en*〕 Jahr 昨年. (am) ∼*en* Sonntag この前の日曜日に. die ∼*e* Neuheit 最新型(の製品). **4.** 《程度》究極の, 最後の, 最終的な: der ∼*e* Zweck 究極の目的. zum ∼*en* Mittel greifen 最後の手段に訴える. **5.** 《質·価値》最低

L

Letzt 746

の, 最下級〔位・等〕の: der *L~e* in der Klasse クラス最下位の生徒. 【慣用】**am** 〔**zum**〕**Letzten** について. **bis aufs Letzte** 完全に. **bis ins Letzte** 細部にまで, 精密に. **bis zum Letzten** 最後まで, 徹底的に. **Das ist doch das Letzte！**《口》そいつは最低だ, 恥知らずもいいとこだ. 〈j⁵〉**das Letzte an Kraft abverlangen**〈人に〉の限りを求める. **das letzte hergeben** 全力をふりしぼる. **Das wäre nun das Letzte.** そんなことは問題にもならない. **den letzten Seufzer tun**《文》息を引取る. **der letzte Schrei**〔口〕最新流行. **der letzte Wille** 遺言, 遺志. **der Weisheit letzter Schluss** 最後に考えた結論. 〈j⁵〉**die letzte Ehre erweisen**《文》〈人に〉最後の敬意を表する〔葬儀〔埋葬〕に参列する〕. **die Letzte Ölung**〔[ö:luŋ]〕〔古〕終油の秘跡. **die letzten Dinge**〔宗〕最後の事〔死・審判・天国・地獄など死にまつわるイメージのこと〕. **Es geht uns Letzte.** のるかそるかだ. **im letzten Moment** 最後の瞬間に. **in den letzten Zügen liegen**《口》危篤状態にある；もう一息で完成である. **in letzter**〔**der letzten**〕**Zeit** 最近. **letztes Mal**〔**beim letzten Mal(e)**〕前回に. **zum letzten Mal(e)** これを最後に. 〈j⁵〉**zum Letzten treiben**〈人を〉窮地に追いつめる. 〈j⁵〉**zur letzten Ruhe betten**〔**bringen/tragen**〕《文》〈人を〉最後の安らぎの床に就かせる〔埋葬する〕.

der **Letzt** [レット] 名 -/ 《次の形で》**zu guter ~** 結局, とどのつまりは.

letzte·mal [レッテ·マール] 副 《次の形で》**das ~** 最後に；前回.

letzten·mal [レッテン·マール] 副 《次の形で》**beim ~** 最後の時に. **zum ~** 最後に.

letz·tens [レッテンス] 副 1. 最近, 先日. 2. 最後に: Erstens habe ich kein Geld, zweitens ..., drittens ... und ~ keine Zeit. 第一に私には金がないし, 第二に…, 第三に…そして最後に時間がない.

letz·ter [レツター] 《letzt の比較級》形 (先に述べた二者のうちの) 後者の. ⇒ **erster**.

letzt·genannt [レツト·ゲナント] 形 最後に挙げた.

letzt·hin [レット·ヒン] 副 この間; 最近.

letzt·jährig [レット·イェーリヒ] 形 去年の.

letzt·lich [レツトリヒ] 副 結局; 最後に, 最終的に.

letzt·möglich [レット·(メ)-クリヒ] 形 ぎりぎりの(可能な).

letzt·willig [レツト·ヴィリヒ] 形 遺志の, 遺志による.

der **Leu** [ロイ] 名 -en/-en 〔詩〕ライオン.

die **Leucht·bak·terie** [ロイヒト·バクテーリエ] 名 -/-n 〔生〕発光細菌.

die **Leucht·boje** [ロイヒト·ボーイェ] 名 -/-n 〔海〕灯浮標.

die **Leucht·bom·be** [ロイヒト·ボムベ] 名 -/-n 投下照明弾.

die **Leucht·di·ode** [ロイヒト·ディ·オーデ] 名 -/-n 発光ダイオード.

die **Leuch·te** [ロイヒテ] 名 -/-n 照明器具; 明り;《口》頭のいい〔よくできる〕人.

leuch·ten [ロイヒテン] 動 h. 1. 〔継続〕光(っている), 輝く, 光を放つ〔天体・火・電灯・雪・宝石など〕. 2. 〈方向ッッ〉照らす. 【慣用】**ein leuchtendes Blau** 輝くような青色. **ein leuchtendes Vorbild** 偉大な模範. 〈j⁵〉**leuchten**〈人の〉足もと〔道〕を照らしてあげる. **vor Freude leuchten** 喜びに輝く〔目・顔が〕.

der **Leuch·ter** [ロイヒター] 名 -s/- 蠟燭(ぢ)立て, 燭台(ぢ).

die **Leucht·farbe** [ロイヒト·ふぁるべ] 名 -/-n 〔理〕発光〔夜光〕塗料.

das **Leucht·feuer** [ロイヒト·ふぉいあー] 名 -s/- 〔交通〕灯火標識.

das **Leucht·gas** [ロイヒト·ガース] 名 -es/ 都市ガス.

das **Leucht·ge·schoss**, ⑨ **Leucht·ge·schoß** [ロイヒト·ゲ·ショス] 名 -es/-e 照明〔信号〕弾.

der **Leucht·käfer** [ロイヒト·ケーふぁー] 名 -s/- 〔昆〕ホタル.

die **Leucht·kraft** [ロイヒト·クらふト] 名 -/..kräfte 明るさ;〔天〕光度.

die **Leucht·kugel** [ロイヒト·クーゲル] 名 -/-n 発光信号弾; 照明弾.

das **Leucht·or·gan** [ロイヒト·オルガーン] 名 -s/-e 〔生〕(発光動物の)発光器.

die **Leucht·pis·to·le** [ロイヒト·ピストーレ] 名 -/-n 発光信号弾用ピストル.

die **Leucht·rake·te** [ロイヒト·らケーテ] 名 -/-n 発光信号用ロケット.

die **Leucht·re·kla·me** [ロイヒト·れクラーメ] 名 -/-n ネオンサイン.

die **Leucht·röh·re** [ロイヒト·(レ)-れ] 名 -/-n (蛍光)放電管.

das **Leucht·schiff** [ロイヒト·シふ] 名 -(e)s/-e 灯(台)船.

der **Leucht·schirm** [ロイヒト·シるム] 名 -(e)s/-e 〔理〕蛍光板.

das **Leucht·spur·ge·schoss**, ⑨ **Leucht·spur·ge·schoß** [ロイヒト·シュプーア·ゲ·ショス] 名 -es/-e 〔軍〕曳光(ぢこう)弾.

die **Leucht·spur·mu·ni·tion** [ロイヒト·シュプーア·ムニツィオーン] 名 -/-en 〔軍〕曳光(ぢこう)弾薬.

der **Leucht·stoff** [ロイヒト·シュトふ] 名 -(e)s/-e 〔理〕発光物質.

die **Leucht·stoff·lam·pe** [ロイヒトシュトふ·ラムペ] 名 -/-n 〔電〕蛍光灯.

die **Leucht·stoff·röh·re** [ロイヒトシュトふ·(レ)-れ] 名 -/-n 〔電〕蛍光管.

der **Leucht·turm** [ロイヒト·トゥるム] 名 -(e)s/..türme 灯台.

der **Leucht·turm·wärter** [ロイヒト·トゥるム·ヴェるター] 名 -s/- 灯台守.

die **Leucht·uhr** [ロイヒト·ウーア] 名 -/-en 《稀》夜光時計.

die **Leucht·ziffer** [ロイヒト·ツィっふぁー] 名 -/-n 発光〔夜光〕文字.

das **Leucht·ziffer·blatt** [ロイヒトツィっふぁー·ブラット] 名 -(e)s/..blätter 発光〔夜光〕文字板.

leug·nen [ロイグネン] 動 h. 1. 〈et⁴ッッ〉否認する (罪・犯行などを). 2. 〈et⁴ッッ〉否定する(自明なことなどを).

der **Leug·ner** [ロイグナー] 名 -s/- 否認〔否定〕する人.

die **Leug·nung** [ロイグヌング] 名 -/-en 否定, 否認.

die **Leuk·ämie** [ロイケミー] 名 -/ 〔医〕白血病.

leuk·ämisch [ロイケーミッシュ] 形 〔医〕白血病(性)の.

das **Leu·kom** [ロイコーム] 名 -s/-e 〔医〕角膜白斑.

der **Leuko·plast**¹ [ロイコ·プラスト] 名 -en/-en 〔生〕白色体.

das **Leuko·plast**² [ロイコ·プラスト] 名 -(e)s/-e 〔商標〕ロイコプラスト(亜鉛華(含有)絆創膏(ばんそう)).

die **Leuko·to·mie** [ロイ·コ·トミー] 名 -/-n 〔医〕(脳の)白質切断(術).

der **Leuko·zyt** [ロイコ·ツュート] 名 -en/-en (主に⑨)〔医〕白血球.

der **Leu·mund** [ロイムント] 名 -(e)s/ (素行上の)評判.

das **Leu·munds·zeug·nis** [ロイムンツ·ツォイクニス] 名 -ses/-se (被告の)素行上の評判についての証言〔証明書〕;《古》〔法〕(警察の)素行証明書.

die **Leu·te** [ロイテ] 複名 1. (一般に)人々, 人たち; 世間の人たち: gut mit den ~n umgehen können 人づき合いがうまい. 2. 《口》従業員, 部下; 《古》(農場の)使用人, 働き手: meine ~ in der Firma

会社の私の部下. **3.**《口》家族：deine ～ 君の家族.【慣用】**in aller Leute Munde sein** 人口に膾炙(かいしゃ)している.〈et⁴〉**unter die Leute bringen**《口》〈事〉を世間に知らせる. **unter die Leute kommen** 世間に知られる.

..leute [..ロイテ] 接尾 ..mann で終る名詞の複数形で「…人たち」の総称を表す. ..männer は複数の個体を表す. ..leute を用いない名詞もある：Geschäfts*leute*/..männer ビジネスマンたち. Sports*leute*/..männer スポーツマンたち. Kauf*leute* 商人たち. Lands*leute* 同国〔同郷〕人たち. See**leute** 船員たち.

der **Leute-schin-der** [ロイテ・シンダー] 名 -s/- 《蔑》部下を虐待する人.

der **Leut-nant** [ロイトナント] 名 -s/-s〔-e〕少尉(人；〔㊤のみ〕位).

leut-se-lig [ロイト・ゼーリヒ] 形 (下の者に対して)気さくな.

die **Leut-se-lig-keit** [ロイト・ゼーリヒカイト] 名 -/ 気さくさ.

die **Le-va-de** [レヴァーデ] 名 -/-n〔馬術〕レヴァーデ(後脚だけで立つ動作).

die **Le-van-te** [レヴァンテ] 名 -/〔地名〕レバント地方(東地中海沿岸地方).

der **Le-van-ti-ner** [レヴァンティーナー] 名 -s/- レバント地方の住民.

das **Le-ver** [lavé: ルヴェー] 名 -s/-s (17-18世紀のフランス王などの)朝の引見.

(*der*) **Le-vi** [lέːvi レーヴィ] 名 -s/〔旧約〕レヴィ (Jakob と Lea の子, レヴィ部族の祖).

der **Le-vi-a-than** [レヴィアータン, レヴィアターン] 名 -s/〔旧約〕レヴィアタン(竜のような怪物).

das **Le-vi-rat** [レヴィラート] 名 -(e)s/-e〔民族〕嫂婚(そうこん)(子供のない寡婦と亡夫の兄弟との婚姻).

der **Le-vit** [レヴィート] 名 -en/-en〔旧約〕レヴィ(部族)の人；ユダヤの祭司；〔㊤のみ〕〔ヵ〕(荘厳ミサの)助祭と副助祭.【慣用】〈j³〉 **die Leviten lesen**《口》〈人に〉厳しく説教する.

die **Le-vi-ta-ti-on** [レヴィタツィオーン] 名 -/-en〔超心理〕物体浮揚(夢・心霊現象として).

der **Le-vi-ti-kus** [レヴィーティクス] 名 -/〔旧約〕レヴィ記.

le-vi-tisch [レヴィーティシュ] 形 レヴィ人〔部族〕の；祭司〔助祭〕の.

die **Lev-koi-e** [レフコーイェ] 名 -/-n〔植〕アラセイトウ.

die **Lex** [レクス] 名 -/Leges [レーゲース]〔議会〕(提案者・当該事項の名称と共に)法.

das **Le-xem** [レクセーム] 名 -s/-e〔言〕語彙(ごい)素.

die **Le-xik** [レクスィク] 名 -/ 語彙(ごい).

le-xi-ka-lisch [レクスィカーリシュ] 形 辞書の；語彙(ごい)の.

der **Le-xi-ko-graf, Le-xi-ko-graph** [レクスィコ・グらーふ] 名 -en/-en 辞典編集者；《稀》事典編集者

die **Le-xi-ko-gra-fie, Le-xi-ko-gra-phie** [レクスィコ・ぐらふぃー] 名 -/ 辞典〔事典〕編集(法).

die **Le-xi-ko-lo-gie** [レクスィコ・ロギー] 名 -/〔言〕語彙(ごい)論.

das **Le-xi-kon** [レクスィコン] 名 -s/..ka〔-ken〕(特定分野の)事典；《古》辞書；〔言〕語彙(ごい)目録.

das **Le-zi-thin** [レツィティーン] 名 -s/-e〔化・生〕レシチン.

lfd. =laufend 現在〔最新〕の；連続している.

lfd. J. =laufenden Jahres 今年に〔の〕, その年に〔の〕.

lfd. m =laufender Meter；laufenden Meters (切売り) 1 メートル；1 メートルで.

lfd. M. =laufenden Monats 今月に〔の〕.

lfd. Nr. =laufend Nummer (雑誌などの)最新号.

lfm =laufendes Meter；laufenden Meters (切り売り) 1 メートル；1 メートルで.

LG =Landgericht 地方裁判所.

das **L'hom-bre** [lõːbrə ロンブる] 名 -s/〔ピ〕オンブル, ロンブル(8, 9, 10 のカードぬきで 3-5 人でする).

Li [エルイー] =Lithium〔化〕リチウム.

die **Liai-son** [ljεzõ リエゾーン] 名 -/-s **1.**《文・古》恋愛関係, 情事；〔転〕協力, 密接な関係. **2.**〔言〕リエゾン, 連声；〔料〕(ソースなどの)つなぎ.

die **Lia-ne** [リアーネ] 名 -/-n (主に㊤)つる植物.

der〔*die*〕**Li-as** [リーアス] 名 -/〔地質〕ライアス統.

der **Li-ba-ne-se** [リバネーゼ] 名 -n/-n レバノン人.

die **Li-ba-ne-sin** [リバネーズィン] 名 -/-nen レバノン人女性.

li-ba-ne-sisch [リバネーズィシュ] 形 レバノン(人)の.

der **Li-ba-non**[1] [リーバノン] 名 -(s)/〔国名〕(主に定冠詞とともに)レバノン(地中海東端の国).

der **Li-ba-non**[2] [リーバノン] 名 -(s)/〔山名〕レバノン山脈.

die **Li-ba-non-ze-der** [リーバノン・ツェーダー] 名 -/-n〔植〕レバノンスギ.

das **Li-bell** [リベル] 名 -s/-e (古代ローマの)訴状；《古》誹謗(ひぼう)文書.

die **Li-bel-le** [リベレ] 名 -/-n **1.**〔昆〕トンボ. **2.** (水準器の)気泡管.

li-be-ral [リベらール] 形 リベラルの, 自由主義の；リベラルな, 偏見のない；自由主義政党の.

der/*die* **Li-be-ra-le** [リベらーレ] 名 -n〔形容詞的変化〕自由主義政党の支持者；リベラルな人.

li-be-ra-li-sie-ren [リベらリズィーれン] 動 h.〈et⁴〉を緩和する(法・規制などを)；〔経〕自由化する.

die **Li-be-ra-li-sie-rung** [リベらリズィーるング] 名 -/ 緩和；自由化.

der **Li-be-ra-lis-mus** [リベらリスムス] 名 -/ リベラリズム, 自由主義；リベラルなこと〔状態〕.

die **Li-be-ra-li-tät** [リベらリテート] 名 -/ 自由主義的なこと, リベラルな考え方〔態度〕.

(*das*) **Li-be-ria** [リベーりア] 名 -s/〔国名〕リベリア(西アフリカの国).

der **Li-be-ro** [リーベロ] 名 -s/-s〔ヶ〕〔ｻ〕リベロ.

(*die*) **Li-ber-tas** [リベるタス] 名 /〔ロ神〕リベルタス(自由の女神).

die **Li-ber-tät** [リベるテート] 名 -/-en (昔の身分上の)自由；《稀》自由, 自立.

die **Li-ber-ti-na-ge** [..ʒə リベるティナージェ] 名 -/《文》放縦, 放埒(ほうらつ).

li-bi-di-nös [リビディネース] 形〔心〕リビドーの.

die **Li-bi-do** [リービド, リビド] 名 -/〔心〕リビドー.

die **Li-bra-ti-on** [リブらツィオーン] 名 -/-en〔天〕秤動(しょうどう).

der **Li-bret-tist** [リブれティスト] 名 -en 台本作者.

das **Li-bret-to** [リブれット] 名 -s/-s〔..retti〕(歌劇などの)台本, リブレット.

(*das*) **Li-by-en** [リービュエン] 名 -s/〔国名〕リビア(北アフリカの国).

lic., Lic. =Lizentiat[1] リツェンツィアート.

li-cet [líːtset リーツェット]〔ラ〕許されている.

licht [リヒト] 形 **1.**《文》明るい；明るい色の. **2.** 木立のまばらな；編み目のあらい；薄い. **3.** 内のり〔内径〕の.

..lich [..リヒ] 接尾 名詞 形容詞 動詞につけて「性質, 状態, 傾向」などを表す形容詞を作る：gefähr*lich* 危険な. mensch*lich* 人間的な. staat*lich* 国家の. bläu*lich* 青みがかった. neu*lich* 最近の. beweg*lich* 動かせる. sterb*lich* 死すべき. veränder*lich* 変りやすい.

das **Licht** [リヒト] 名 -(e)s/-er〔《文》-e〕**1.**(㊤のみ)光；日光；照明：gegen das ～ fotografieren 逆光で写真をとる.〈j³〉 im ～ stehen〈人の〉光をさえぎ

る;〈人の〉邪魔をする. **2.** ([複]-er)灯火, 明り, 電灯, 信号灯: ~ machen 明りをつける. **3.** ろうそく. **4.** 知識, 能力: sein ~ leuchten lassen 自分の知識を役立てる; 自分の能力を発揮する. sein ~ unter den Scheffel stellen 謙遜して自分の才能を隠す. **5.** ([複]-er)(絵画の)もっとも明るい部分, ハイライト. **6.** ([単]のみ)《口・古》電気. **7.** ([複]-er)(主に[複])〘狩〙(獣の)目. 【慣用】**〈et⁴〉ans Licht bringen** 〈事を〉明るみに出す. **ans Licht kommen** 明るみに出る. **bei Licht besehen〔betrachtet〕** よく見ると. **das ewige Licht** 〘ｶﾄﾘｯｸ〙常明灯(祭壇の赤いランプ. キリストの現在の象徴). **das Licht der Welt erblicken** 《文》生れ出る. **〈j³〉 geht ein Licht auf** 《口》〈人が〉突然あることを悟る. **grünes Licht geben** ゴーサインを出す. **〈j⁴〉 hinters Licht führen** 〈人を〉欺く. **〈et⁴〉 in einem milderen Licht sehen** 〈事を〉好意的に見る. **〈j⁴/et⁴〉 ins rechte Licht rücken 〔setzen〕**〈人・物・事の〉正しい姿を見えるようにする. **Licht in 〈et⁴〉 bringen** 〈事を〉明らかにする. **sich⁴ in einem guten/schlechten Licht zeigen** 良い印象/悪い印象を与える. **sich³ selbst im Licht stehen** 自ら不利を招く.

die **Licht·an·la·ge** [リひト・アン・ラーゲ] [名] -/-n 照明設備.

das **Licht·bad** [リひト・バート] [名] -(e)s/..bäder 〘医〙光線浴, 日光浴.

die **Licht·be·hand·lung** [リひト・ベハンドルング] [名] -/-en 〘医〙光線療法.

licht·be·stän·dig [リひト・ベシュテンディひ] [形] 光で変色しない.

das **Licht·bild** [リひト・ビルト] [名] -(e)s/-er **1.** 〘官〙(証明書用)写真. **2.** 《古》写真; スライド.

der **Licht·bil·der·vor·trag** [リひト・ビルダー・ふぉーあ・トらーク] [名] -(e)s/..träge スライド使用の講演.

der **Licht·bild·ner** [リひト・ビルドナー] [名] -s/- 《古》写真師.

licht·blau [リひト・ブラウ] [形] 淡青色の, ライトブルーの.

der **Licht·blick** [リひト・ブリック] [名] -(e)s/-e 希望の光, 光明.

der **Licht·bo·gen** [リひト・ボーゲン] [名] -s/- 〘工〙電弧, アーク放電.

die **Licht·bre·chung** [リひト・ブれっひゅング] [名] -/-en 〘理〙光の屈折.

licht·dicht [リひト・ディひト] [形] 光を通さない.

der **Licht·druck** [リひト・ドるック] [名] -(e)s/-e **1.** ([単]のみ)〘理〙光圧; 〘印〙コロタイプ. **2.** コロタイプの印刷物.

licht·durch·läs·sig [リひト・ドゥるひ・レっスィひ] [形] 光を通す.

die **Lich·te** [リひテ] [名] -/ 内径, 内のりの幅.

licht·echt [リひト・エひト] [形] 光で変色しない.

licht·emp·find·lich [リひト・エムプふぃントリひ] [形] 感光性の; 光に敏感な.

die **Licht·emp·find·lich·keit** [リひト・エムプふぃントリひカイト] [名] -/-en (主に[単])光に対する敏感性; 感光性〔度〕.

lich·ten¹ [リひテン] [動] *h.* **1.** 〔〈et⁴〉ヲ〕まばらにする; 間伐する(森(の樹木)を). **2.** 〔〈et⁴〉ヲ〕《文》明るくする(太陽が闇などを). **3.** 〔sich⁴〕まばらになる(行列などが); 薄くなる(髪などが); 《文》明るくなる; 解明される.

lich·ten² [リひテン] [動] *h.* 〔〈et⁴〉ヲ〕〘海〙揚げる(いかりを).

der **Lich·ter** [リひター] [名] -s/- =Leichter.

der **Lich·ter·baum** [リひター・バウム] [名] -(e)s/..bäume 《文》ろうそくを灯したクリスマスツリー.

der **Lich·ter·glanz** [リひター・グランツ] [名] -es/ (多くの)灯火〔ろうそく〕の輝き.

lich·ter·loh [リひター・ロー] [形] 炎々と燃える; 燃えるようなな.

das **Lich·ter·meer** [リひター・メーあ] [名] -(e)s/-e 光の海.

der **Licht·fil·ter** [リひト・ふぃルター] [名] -s/- (〘写・光〙das ~)(レンズの)フィルター; 濾光(ろこう)器.

die **Licht·ge·schwin·dig·keit** [リひト・ゲシュヴィンディひカイト] [名] -/ 光速.

der **Licht·hof** [リひト・ホーふ] [名] -(e)s/..höfe **1.** 採光用中庭. **2.** 〘写〙ハレーション. **3.** 《稀》暈(かさ).

die **Licht·hu·pe** [リひト・フーペ] [名] -/-n パッシングライト.

das **Licht·jahr** [リひト・ヤーあ] [名] -(e)s/-e 〘天〙光年.

der **Licht·ke·gel** [リひト・ケーゲル] [名] -s/- 円錐(えんすい)形に広がる光.

die **Licht·leh·re** [リひト・レーれ] [名] -/ 《稀》光学.

die **Licht·lei·tung** [リひト・ライトゥング] [名] -/-en 《口》電線.

licht·los [リひト・ロース] [形] 暗い.

die **Licht·ma·schi·ne** [リひト・マシーネ] [名] -/-n 〘車〙(点灯用)発電機, ジェネレーター.

Licht·mess, [旧]**Licht·meß** [リひト・メス] [名] (無冠詞; 無変化)〘ｶﾄﾘｯｸ〙聖母マリアお潔(きよ)めの祝日(2月2日).

der **Licht·mes·ser** [リひト・メっサー] [名] -s/- 露出計.

die **Licht·pau·se** [リひト・パウゼ] [名] -/-n 青写真, 複写.

der **Licht·punkt** [リひト・プンクト] [名] -(e)s/-e (点状の)光源, 一点の光.

das **Licht·quant** [リひト・クヴァント] [名] -s/-en 〘理〙光(量)子.

die **Licht·quel·le** [リひト・クヴェレ] [名] -/-n 光源.

der **Licht·reiz** [リひト・らイツ] [名] -es/-e 光による刺激.

die **Licht·re·kla·me** [リひト・れクラーメ] [名] -/-n ネオンサイン.

der **Licht·schacht** [リひト・シャはト] [名] -(e)s/..schächte **1.** 採光用吹抜け; (地下室の窓の前の)採光〔通気〕空間. **2.** 〘写〙(レフレックスカメラの)ファインダーボックス.

der **Licht·schal·ter** [リひト・シャルター] [名] -s/- 電灯のスイッチ.

der **Licht·schein** [リひト・シャイン] [名] -(e)s/ 光.

licht·scheu [リひト・ショイ] [形] 光を嫌う; 後ろ暗いところのある.

die **Licht·schran·ke** [リひト・シュらンケ] [名] -/-n 光バリヤー.

der **Licht·schutz** [リひト・シュっツ] [名] -es/ 遮光, 日焼け止め.

der **Licht·schutz·fak·tor** [リひトシュっツ・ふぁクトーあ] [名] -s/-en 日焼け止め率.

licht·schwach [リひト・シュヴァっは] [形] 光度の弱い, 明るくない.

die **Licht·sei·te** [リひト・ザイテ] [名] -/-n 光の当る側面, 明るい面.

das **Licht·si·gnal** [リひト・ズィグナール] [名] -s/-e 灯光信号.

das **Licht·spiel** [リひト・シュピール] [名] -(e)s/-e 《古》映画.

das **Licht·spiel·haus** [リひトシュピール・ハウス] [名] -es/..häuser 《古》映画館.

das **Licht·spiel·the·a·ter** [リひトシュピール・テアーター] [名] -s/- 《古》映画館.

licht·stark [リひト・シュタるク] [形] 光度の強い; 明るい.

die **Licht·stär·ke** [リひト・シュテるケ] [名] -/-n 〘理〙光度; 〘写〙(レンズの)明るさ.

der **Licht·strahl** [リひト・シュトらール] [名] -(e)s/-en 光線; 《転》光明.

der **Licht·strom** [リひト・シュトろーム] [名] -(e)s/ 〘理〙

L

光束.

licht-un-durch-läs-sig [リヒト・ウン・ドゥるヒ・レッスィヒ] 形 光を通さない.

die **Lich-tung** [リヒトゥング] 名 -/-en **1.** 森の中の空き地. **2.** 〖医〗内腔, 内経.

licht-voll [リヒト・フォル] 形〖文〗明るい〈空・未来など〉；明確な.

die **Licht-wel-le** [リヒト・ヴェレ] 名 -/-n 〖理〗光波.

die **Licht-zeit** [リヒト・ツァイト] 名 -/-en 〖天〗光差.

das **Lid** [リート] 名 -(e)s/-er まぶた〈Augen~〉.

der **Li-do** [リード] 名 -s/-s (Lidi) 砂州, 砂嘴(きし).

der **Lid-rand** [リート・らント] 名 -(e)s/..ränder 目の縁(ふち).

der **Lid-schatten** [リート・シャッテン] 名 -s/ アイシャド

lieb [リープ] 形 **1.** (〖ジブ〗) 愛する, 大切な, 大事な (3格は述語的用法のみ): L~er Herr [L~e Frau] Schmidt ! (親愛なる)シュミットさん. (Mein)~er Hans! ハンス君. Sie ist mir ~ und wert (teuer). 彼女は私の大事な大事な人だ. Wenn dir den Leben ~ ist, halte Ruhe! 命が大事だったら安静にしていなさい. **2.** ((〖ジブ〗こっちゃ)) 好ましい, 歓迎すべき, ありがたい (3格は述語的用法のみ): Es wäre mir ~, wenn ... …してくれると有難いのですが. **3.** 愛情のこもった, 親切心〖好意〗あふれる, 心からの: Mit ~en Grüßen, Dein Hans. 愛情をこめたあいさつをもって, 君のハンス (より) 〈手紙の結び〉. Sie waren alle ~ zu mir. 彼らは皆私に親切だった. Sei so ~ und komm mit ! いいじゃあないか, 一緒に行ってくれよ. Sie sind ~ von Ihnen. ご好意ありがとうございます. von〈j³〉~ sprechen〈人の〉ことを好意的に話す. **4.** 感じのいい, 愛すべき, かわいい[おとなしい]: ein ~er Kerl 愛すべき奴. Sei ~ ! いい子にして. 〖慣用〗(Ach) du lieber Himmel [Gott] ! おやまあ, いやはや. **das liebe Geld** お金. **den lieben langen Tag** 日がな一日. **die liebe Gott** 神様. **die liebe Sonne** お日様. **die lieben Verwandten** (うるさい)親戚の人たち. **manch liebes [manches liebe] Mal** ((口))何度も. 〈et⁴〉~ **nötig wie das liebe Brot haben**〈物・事〉を毎日のパンのようにどうしても必要としている. **seine liebe (Mühe und) Not mit〈j³/et³〉haben**(彼は)〈人・物・事〉に手を焼いている. **sich⁴ bei〈j³〉lieb Kind machen**((口))〈人に〉取入ろうとする. **Unsere Liebe Frau**(ウンゼーレ・リーベ・フラゥ) 聖母マリア.

das **Lieb** [リープ] 名 -s/ 〖詩〗愛人, 恋人.

lieb-äu-geln [リープ・オイゲルン] 動 *h.* **1.** [mit〈et³〉] 〜 手に入れたいといつも考えている〈新しい車・地位などを〉；実現させたいといつも考えている〈理念・計画などを〉. **2.** [mit〈j³〉] (娼)色目を使う.

das **Lieb-chen** [リープヒェン] 名 -s/- 〈古〉恋人, 愛しい女〈♀〉. ((蔑))情婦.

die **Lie-be** [リーベ] 名 -/-n, **1.** (○○○のみ)愛, 愛情；恋愛, 情愛；(神への)慈愛: eine unglückliche ~ 失恋. die ~ zu〈j³〉〈人に対する〉愛情. Werke der ~ 慈善事業. **2.** (○○○のみ)(事柄への)強い好み, 愛好, 愛着: die ~ zur Musik 音楽への愛好. zu〈j³〉~ する人, 恋人, 愛人. **3.** (○○○のみ)好意, 親切: Tun Sie mir die ~ und ... すみませんが…をしていただけませんか. **5.** (○○○のみ)性的交渉 -- ~ **machen**((口))性交する. 〖慣用〗**Liebe auf den ersten Blick** 一目ぼれ. **mit Liebe** 心をこめて.

lie-be-dürf-tig [リーベ・デュるフティヒ] 形 愛に飢えた.

der **Lie-be-die-ner** [リーベ・ディーナー] 名 -s/- 〈古・蔑〉おべっか使い.

die **Lie-be-die-ne-rei** [リーベ・ディーネらイ] 名 -/ (蔑)おべっか.

lie-be-die-ne-risch [リーベ・ディーネりシュ] 形 (蔑)追従的な.

lie-be-die-nern [リーベ・ディーナーン] 動 *h.* [(vor [bei]〈j³〉₌)] (蔑) へつらう, ぺこぺこする.

lie-be-leer [リーベ・レーア] 形 愛情のない.

die **Lie-be-lei** [リーベらイ] 名 -/-en (蔑) 戯れの恋.

lie-beln [リーベルン] 動 *h.* **1.** [mit〈j³〉] (古)戯れの恋をする. **2.** 〈et⁴〉〜〖狩〗なでてやる〈犬などを〉.

lie-ben [リーベン] 動 *h.* **1.** 〈j⁴〉を愛する；かわいがる; (〈j⁴〉が相互代名詞sichの場合) 愛し合っている. **2.** 〈et⁴〉〜 好む, 愛好する〈動物・音楽・清潔さなどを〉；愛する〈祖国・真理などを〉. **3.** 〈j⁴〉〜 愛を交わす.

lie-bend [リーベント] 形 (特定の人を)愛している: eine ~e Mutter (子供に対して)愛情の深い母親. 〖慣用〗**liebend gern** 心から喜んで.

der/die **Lie-ben-de** [リーベンデ] 名 [形容詞的変化] (主に (集)) 恋愛中の男〔女〕, 恋人.

lie-bens-wert [リーベンス・ヴェーアト] 形 愛すべき, 人好きのする.

lie-bens-wür-dig [リーベンス・ヴュるディヒ] 形 親切な: Das ist sehr ~ von Ihnen. ご親切にたいへんありがとうございます. Würden Sie so ~ sein und mir helfen ? 恐れ入りますが手を借していただけますでしょうか.

lie-bens-wür-di-ger-wei-se [リーベンスヴュるディガー・ヴァイゼ] 副〈文飾〉親切にも.

die **Lie-bens-wür-dig-keit** [リーベンス・ヴュるディヒカイト] 名 -/-en **1.** (○○○のみ)親切, 好意. **2.** 親切な行動〔発言〕.

lie-ber [リーバー] 形〔liebの比較級〕より愛する；より好ましい.

―― 副 **1.** 〔gernの比較級〕より好んで, (むしろ)…したい: Ich möchte ~ Tee als Kaffee (trinken [haben]). 私はコーヒーより紅茶の方がいいのです. Ich bleibe ~ zu Hause. 私はむしろ家にいます. **2.** 〈文飾〉(むしろ) …の方がよい: Komm ~ gleich zurück ! すぐ戻って来た方がいいよ. **Je eher, je ~.** 早ければ早いほどよい.

das **Lie-bes-aben-teu-er** [リーベス・アーベントイアー] 名 -s/- 恋のアバンチュール〖火遊び〗.

die **Lie-bes-af-fä-re** [リーベス・アふぇーれ] 名 -/-n 情事, 色恋沙汰.

der **Lie-bes-akt** [リーベス・アクト] 名 -(e)s/-e 〈文〉性行為.

der **Lie-bes-ap-fel** [リーベス・アブふェル] 名 -s/..äpfel **1.** 赤い糖衣をかけたリンゴ(年の市などで売られる). **2.** (古)トマト.

die **Lie-bes-be-zie-hung** [リーベス・ベツィーウング] 名 -/-en 恋愛関係.

der **Lie-bes-brief** [リーベス・ブリーふ] 名 -(e)s/-e 恋文, ラブレター.

der **Lie-bes-dienst** [リーベス・ディーンスト] 名 -(e)s/-e 親切, 好意.

die **Lie-bes-er-klä-rung** [リーベス・エあクレーるング] 名 -/-en 愛の告白.

die **Lie-bes-ga-be** [リーベス・ガーベ] 名 -/-n 〈文・古〉(慈善の)施し物.

das **Lie-bes-ge-dicht** [リーベス・ゲディヒト] 名 -(e)s/-e 恋愛詩.

die **Lie-bes-ge-schich-te** [リーベス・ゲシヒテ] 名 -/-n 恋愛小説, 恋物語；色恋沙汰 (沙汰).

der **Lie-bes-gott** [リーベス・ゴット] 名 -(e)s/..götter 〖神話〗愛の神.

die **Lie-bes-göt-tin** [リーベス・ゲッティン] 名 -/-nen 〖神話〗愛の女神.

die **Lie-bes-hei-rat** [リーベス・ハイらート] 名 -/-en 恋愛結婚.

der **Lie-bes-kno-chen** [リーベス・クノッヘン] 名 -s/-

《方》エクレア.
liebeskrank [リーベス・クランク] 形 恋患いの.
der **Liebeskummer** [リーベス・クマー] 名 -s/ 恋〔失恋〕の悩み.
das **Liebeslied** [リーベス・リート] 名 -(e)s/-er 恋の歌.
die **Liebeslust** [リーベス・ルスト] 名 -/ 《文》愛の喜び.
das **Liebesmahl** [リーベス・マール] 名 -(e)s/..mähler [-e] 1. 《宗》=Agape 1. 2. (昔の)将校団の宴会.
die **Liebesmühe** [リーベス・ミューエ] 名《次の形で》〈et³〉 ist vergebliche [verlorene] ~〈事³〉むだ骨折りである.
das **Liebespaar** [リーベス・パーア] 名 -(e)s/-e 相愛のカップル.
die **Liebesperlen** [リーベス・ぺルレン] 複名 (色とりどりの)砂糖粒, あられ砂糖(ケーキの飾りなどに使う).
das **Liebesspiel** [リーベス・シュピール] 名 -(e)s/-e ペッティング.
liebestoll [リーベス・トル] 形 恋に狂った.
der **Liebestrank** [リーベス・トランク] 名 -(e)s/..tränke 媚薬(び³).
das **Liebesverhältnis** [リーベス・ふェアヘルトニス] 名 -ses/-se 恋愛関係.
das **Liebeswerben** [リーベス・ヴェるベン] 名 -s/ 求愛.
das **Liebeswerk** [リーベス・ヴェるク] 名 -(e)s/-e 好意的行動, 慈善的行為.
liebevoll [リーベ・ふォル] 形 愛情〔心〕のこもった; 優しい; 念入りな.
die **Liebfrauenkirche** [リープ・ふらウエン・キるひェ] 名 -/ 聖母マリア教会.
liebgewinnen*, ®**lieb|gewinnen*** [リープ ゲヴィネン] 動 h.〈j⁴/et⁴〉ッ 好きになる, (…に)愛着を感じるようになる.
lieb haben*, ®**lieb|haben*** [リープ ハーベン] 動 h.〈j⁴〉ッ (大)好きである, (…を)愛している.
der **Liebhaber** [リープ・ハーバー] 名 -s/- 1. 愛人, 情夫; セックスパートナーとしての男;《劇》《古》二枚目. 2.《古》求愛者. 3. 愛好家, 好事家;《古》アマチュア.
die **Liebhaberausgabe** [リープハーバー・アウス・ガーベ] 名 -/-n 愛蔵版.
die **Liebhaberei** [リープ・ハーベらイ] 名 -/-en 趣味, 道楽.
der **Liebhaberpreis** [リープハーバー・プらイス] 名 -es/-e 愛好家(収集家)の(法外な)取引値段.
der **Liebhaberwert** [リープハーバー・ヴェーあト] 名 -(e)s / 愛好家〔収集家〕にとっての価値.
(der) **Liebknecht** [リープ・クネヒト] 名《人名》リープクネヒト①Karl~, 1871-1919, 政治家. スパルタクス団を組織. ② Wilhelm~, 1826-1900, 社会主義者).
liebkosen [リープ・コーゼン, リープ・コーゼン] 動 liebkoste; hat geliebkost(liebkost)〈j⁴〉ッ《文・古》愛撫(ぶ³)する.
die **Liebkosung** [リープ・コーズング, リープ・コーズング] 名 -/-en《文・古》愛撫(ぶ³).
lieblich [リープリヒ] 形 1.《文》愛らしい, ほのぼのとした; 快い, おいしそうな, まろやかな. 2.《口・皮》結構な.
die **Lieblichkeit** [リープリヒカイト] 名 -/ 愛らしさ; 感じの良さ, 快さ.
der **Liebling** [リープリング] 名 -s/-e 1. 寵児(ちょう), 特に愛されている人;《親しい間柄での呼掛け》君, あなた. 2. お気に入り.
die **Lieblingsbeschäftigung** [リープリングス・ベシェふ

ティグング] 名 -/-en 大好きな仕事〔活動〕.
das **Lieblingsfach** [リープリングス・ふぁッハ] 名 -(e)s/..fächer 好きな科目.
das **Lieblingsgericht** [リープリングス・ゲりヒト] 名 -(e)s/-e 好物の料理.
der **Lieblingsschüler** [リープリングス・シューラー] 名 -s/- お気に入りの生徒.
lieblos [リープ・ロース] 形 1. ぶあいそうな, 愛情のない, 思いやりのない. 2. いい加減に.
die **Lieblosigkeit** [リープ・ローズィヒカイト] 名 -/-en (主に⑲) 1. ぶあいそうな態度〔扱い〕. 2.(⑲のみ)いい加減さ, ぞんざいさ.
liebreich [リープ・らイヒ] 形《文》愛情に満ちた.
der **Liebreiz** [リープ・らイツ] 名 -es/《文》愛らしさ; 飾らない魅力.
liebreizend [リープ・らイツェント] 形《文・古》しとやかな, 愛らしい.
die **Liebschaft** [リープシャふト] 名 -/-en 情事, 色事.
der/die **Liebste** [リープステ] 名《形容詞的変化》《古》恋人, 愛人.
der[das] **Liebstöckel** [リープ・シュテッケル] 名 -s/-《植》レビスチクム(香辛料になる).
(das) **Liechtenstein** [lɪçtən..リヒテン・シュタイン] 名 -s /《国名》リヒテンシュタイン.
liechtensteinisch [リヒテン・シュタイニシュ] 形 リヒテンシュタイン(人)の.
das **Lied** [リート] 名 -(e)s/-er 1. 歌, 歌曲, リート: ein geistliches/weltliches ~ 宗教/世俗歌曲. 2. 叙事詩: das ~ der Nibelungen ニーベルンゲンの歌. 3. 鳥のさえずり(Vogel~).【慣用】das alte[gleiche] Lied sein《口》いつものことである, 聞きあきている. das Hohe Lied (旧約聖書の)雅歌. von〈et³〉ein Lied singen können[zu singen wissen]〈事について〉(不快な)経験からよく知っている.
der **Liederabend** [リーダー・アーベント] 名 -s/-e 歌曲の夕べ.
das **Liederbuch** [リーダー・ブーふ] 名 -(e)s/..bücher 歌曲集.
der **Liederjan** [リーダー・ヤーン] 名 -s/-e《口》だらしのない人.
liederlich [リーダーリヒ] 形 だらしない;《蔑》ふしだらな.
die **Liederlichkeit** [リーダーリヒカイト] 名 -/ だらしなさ; ふしだらさ.
der **Liedermacher** [リーダー・マッハー] 名 -s/- (シンガー)ソングライター.
der **Liederzyklus** [リーダー・ツューヶルス] 名 -/..zyklen 連歌歌曲.
lief [リーふ] 動 laufen の過去形.
liefe [リーふェ] 動 laufen の接続法 2 式.
der **Lieferant** [lifa..リふェらント] 名 -en/-en 納入〔納品〕業者, (資材などの)供給(業)者.
der **Lieferanteneingang** [リふぁらンテン・アイン・ガング] 名 -(e)s/..gänge 納入業者用入口.
lieferbar [リーふェー・バール] 形 納入〔引渡し〕可能な.
die **Lieferbedingung** [リーふぇー・ベディングング] 名 -/-en 納入〔引渡し〕条件.
der **Lieferbetrieb** [リーふぇー・べトリープ] 名 -(e)s/-e 納入会社.
die **Lieferfrist** [リーふぇー・ふりスト] 名 -/-en 納期.
liefern [リーふェーン] 動 h. 1.《〈j³〉》+〈et⁴〉ッ 配達する, 納入する; 供給する; 提供する. 2.〈et⁴〉ッ 産出する, 生み出す, 造り出す.【慣用】den Beweis für〈et⁴〉liefern〈事⁴ ための〉証拠を挙げる. ein hervorragendes Spiel liefern すばらしいゲームを(観客に)見せる.〈j³〉 eine Schlacht liefern〈人と〉一戦を交える.〈j³〉 einen Kampf liefern〈人に〉負けまいと頑張る, (観客に)試合らしい試合を見せる. für

⟨et⁴⟩ Beispiele liefern ⟨事について⟩実例を挙げる. Ich bin geliefert！しまった！私はもう駄目だ. ⟨j³⟩ in die Hände liefern ⟨人を⟩(裏切って)⟨人の⟩手に引渡す. nur an den Kleinhandel/auch an Privatpersonen liefern 小売店のみ/個人にも商う.

der **Lie·fer·schein** [リーフェー・シャイン] 名 -(e)s/-e 納品書.

der **Lie·fer·ter·min** [リーフェー・テルミーン] 名 -s/-e 引渡期日.

die **Lie·fe·rung** [リーふェるング] 名 -/-en 1. 配達, 納入. 2. 納入[配達]品. 3. 《出版》(継続出版物の)分冊.

die **Lie·fe·rungs·be·din·gun·gen** [リーふェるングス・ベディングンゲン] 複数 ＝Lieferbedingungen.

der **Lie·fer·wa·gen** [リーフェー・ヴァーゲン] 名 -s/- 配達[配送]車.

die **Lie·fer·zeit** [リーフェー・ツァイト] 名 -/-en 納期.

die **Lie·ge** [リーゲ] 名 -/-n 寝いす.

das **Lie·ge·geld** [リーゲ・ゲルト] 名 -(e)s/《航行》滞船料.

die **Lie·ge·kur** [リーゲ・クーふ] 名 -/-en 安静(静臥)療法.

lie·gen* [リーゲン] 動 lag; hat[ist] gelegen (ist は⦅南独・スイス・オストリア⦆) 1. 〔姿勢〕横になっている, 横たわっている, 寝ている. Flaschenwein soll nicht stehen, sondern ～. (瓶入りの)ワインは立てではなく寝かせて置かなければならない. auf dem Rücken ～ あお向けに寝ている. in der Sonne ～ 日向に横になっている. im[zu] Bett ～ ベッドで寝ている, 病床に就いている. auf dem Friedhof ～ 墓地に埋葬されている. im Hinterhalt ～ 待伏せしている. unter das Auto zu ～ kommen 車の下敷になる, 車にひかれる. Die Kugel *liegt*. 砲丸が落ちて止まる(砲丸投げで). 【慣用】(sich⁴ legen)の意味も有り. 2. 〔an ⟨et³⟩〕立掛けてある; 寄掛かって[もたれて]いる. 3. 〔⦅様態⦆デ/⦅場所⦆ニ〕ある, いる; 積もっている. Der Schnee *liegt* einen halben Meter hoch. 雪が半メーター積もっている. Die Dünen *lagen* öde vor mir. 砂丘は荒涼として私の眼前に拡がっていた. 〔Es が主語で〕Es *liegt* Schnee. 雪が積もっている. 4. 〔場所〕ニ〕取付けられている, 設置[敷設]されている: Ein rotes Haarband *lag* um ihren Kopf. 彼女の頭には赤いヘアバンドが巻かれていた. Die Wasserleitung hatte schon da *gelegen*. 水道(管)がすでにそこには敷設されていた. 5. 〔⦅様態⦆デ〕かぶせられている(髪が), 敷いてある; 覆われている. 6. 〔⦅様態⦆デ/⦅場所⦆ニ〕ある, いる: Die Waren ～ nach Sorten gesondert im Lager. 商品は種類別に分類されて倉庫にある. Das Schiff *liegt* am Kai. その船は埠頭に停泊している. Das Geld *liegt* auf der Bank. その金は銀行に預けてある. Ein Lächeln *lag* um ihren Mund. 微笑が彼女の口元に浮かんでいた. Eine große Verantwortung *lag* auf ihm. 大きな責任が彼にかかっていた. 7. 〔⦅様態⦆デ/⦅場所⦆ニ〕ある, いる(地理・地勢上のある位置に, または家屋内のある位置に): verkehrsgünstig ～ 交通の便の良いところにある. Köln *liegt* am Rhein. ケルンはライン河畔にある. Das Zimmer *liegt* zur Straße. その部屋は道路に面している. Das Fenster *liegt* nach Süden. その窓は南側に向いている. 8. 〔場所/時点〕ニ〕ある: Der Punkt *liegt* auf dem Kreisumfang. その点は円周上にある. Das *liegt* in der Zukunft. それは将来のことである. Dazwischen *lagen* drei Wochen. その間に 3 週間が経過した. 9. 〔場所〕ニ〕滞在している; 入浸っている; ⦅軍⦆駐留〔宿営〕している. 10. 〔⦅様態⦆デ/⦅場所⦆ニ〕ある(順位・他者との関係・情況などを示して): an der Spitze ～ トップにいる. mit 3 : 0 (=drei zu null)

in Führung ～ 3対0でリードしている. gut (im Wettkampf) ～ (競技で)優位に立っている. Wie *liegt* die Angelegenheit？ その件はどんな具合か. 11. 〔⦅様態⦆デ〕いる(本来の意味が薄れ特定の前置詞句とともに用いて): mit ⟨j³⟩ im Streit/in (scharfer) Konkurrenz ～ ⟨人と⟩争って(激しく)競争している. mit ⟨j³⟩ im Prozess ～ ⟨人と⟩係争中である. unter Beschuss ～ 砲火を浴びている. 12. 〔⦅場所⦆ニ〕ある, 含まれている(内在している): Ihr Schmerz *liegt* tiefer. 彼女の苦悩はもっと深いところにある. Es *liegt* nun einmal in ihm. それはとにかく彼の生れつきの性質[才能]だ. in meiner Macht/in meinem Ermessen ～ 私の権限/裁量の範囲内に属する. nicht in meinem Interesse ～ 私の関心事ではない. 13. 〔bei[an]⟨j³⟩=〕ある(ある人の権限・決定権・裁量に委ねられている, あるいは責任などが). 14. 〔Es+an ⟨j³/et³⟩=〕原因がある, (…の)せいである: An mir soll es nicht ～. 私は邪魔するつもりはない(私のせいだとは言われたくない). 15. 〔⟨j³⟩=〕合っている, ふさわしい, 向いている. 16. 〔(Es)+⟨j³⟩= +an ⟨j³/et³⟩=〕大事[大切]である(Es は文頭以外は省略): Was *liegt* daran？ それがどうしたと言うのだ(たいしたことじゃないのだ). 【慣用】⟨j³⟩ auf dem Halse liegen ⟨人の⟩苦労の種である, ⟨人の⟩厄介者となっている. Der Wagen *liegt* gut auf der Straße. その車はロードホールディングが良い. Es *liegt* mir wie Blei in den Gliedern. 私は四肢が鉛のようだ. gerne hart/weich liegen 硬いベッド/軟らかいベッドで寝るのを好む. ⟨j³⟩ im Blut liegen ⟨人に⟩生れつき才能がある. im Sterben liegen 臨終の床にいている. in ⟨j³⟩ Hand liegen (権限などが) ⟨人の⟩手中にある. (klar) auf der Hand liegen (口)明白である. Lass die Dinge, (so) wie sie liegen！ [Lass es, (so) wie die Dinge liegen！] そのままにしておけ. ⟨j³⟩ (schwer) im Magen liegen (食物が) ⟨人の⟩胃にもたれる. vor Anker liegen 投錨〔停泊〕している. vor ⟨j³⟩ auf den Knien liegen ⟨人の前に⟩ひざまずいている, ⟨人に⟩屈従している. Was an uns liegt, werden wir tun. われわれにできることはわれわれはする. Was liegt, liegt. いったん出したカードは引っ込められない(トランプなどで). ⟨j³⟩ zu Füßen liegen ⟨人の前に⟩土下座している, ⟨人に⟩服従している, ⟨人を⟩崇拝する.

lie·gen blei·ben*, ⦅旧⦆lie·gen|blei·ben* [リーゲン ブライベン] 動 s. 1. 〔⦅補足⦆デ〕横たわった[倒れた]ままでいる(人が); (解けずに)残る(積雪が); (やりかけで)中断したままである(仕事などが); 売れ残っている(商品が). 2. 〔⦅様態⦆デ〕そのままになっている, 置き忘れられている(物が); (先へ進めず)立往生する(車などが).

lie·gend [リーゲント] 形 横になって[寝て]いる; (…に)ある; 水平の; (横に)寝かせた: ～er Anschlag 伏射. ～e Güter 不動産.

lie·gen las·sen*, ⦅旧⦆lie·gen|las·sen* [リーゲン ラッセン] 動 ließ liegen; hat liegen lassen(liegen gelassen)(liegen gelassen は⦅稀⦆) 1. 〔⟨j⁴/et⁴⟩ヲ・⦅補足⦆デ〕置きさりにする; 置き忘れる. 2. 〔⟨et⁴⟩ヲ〕やらずに[やりかけで]放っておく(仕事などを). 【慣用】alles liegen und stehen lassen haben und davonrennen 何もかもそのまま置き去りにして逃走る. ⟨j⁴/et⁴⟩ links liegen lassen (口) ⟨人・物・事などを⟩に無視する.

die **Lie·gen·schaft** [リーゲンシャふト] 名 -/-en 1. ⦅主に⦆⦅法⦆土地, 地所. 2. ⦅スイス⦆家屋敷.

der **Lie·ge·platz** [リーゲ・プラッツ] 名 -es/..plätze 係船場.

der **Lie·ge·sitz** [リーゲ・ズィッツ] 名 -es/-e リクライニングシート.

der **Lie·ge·stuhl** [リーゲ・シュトゥール] 名 -(e)s/..stühle デッキチェア.

der **Lie·ge·stütz** [リーゲ・シュテュッツ] [名] -(e)s/-e 〖体操〗腕立て伏せ.

der **Lie·ge·wa·gen** [リーゲ・ヴァーゲン] [名] -s/- (鉄道の)簡易寝台車.

die **Lie·ge·zeit** [リーゲ・ツァイト] [名] -/-en 〖航行〗停泊期間.

lieh [リー] [動] leihen の過去形.

lie·he [リーエ] [動] leihen の接続法 2 式.

lies! [リース] [動] lesen の du に対する命令形.

das **Lies·chen** [リースひぇン] [名] -s/- **1.** =Liese 1. **2.** (（単）のみ;主に無冠詞)〖女名〗リースヒェン. 【慣用】**Lieschen Müller** 普通の〔平均的〕女. **Fleißiges Lieschen** 〖植〗ベゴニア.

die **Lie·se** [リーゼ] [名] -/-n **1.** 《口・蔑》娘, 女. **2.** (（単）のみ;主に無冠詞)〖女名〗リーゼ(Elisabeth の短縮形).

(*die*) **Lie·se·lot·te** [リーゼ・ロッテ, リーゼ・ロッテ] [名] 〖女名〗リーゼロッテ(Elisabeth Charlotte の短縮形).

die **Lie·sen** [リーゼン] [複名] 《北独》豚の腹の脂肪.

lie·sest [リーゼスト] [動] lesen の現在形 2 人称単数.

ließ [リース] [動] lassen の過去形.

lie·ße [リーセ] [動] lassen の接続法 2 式.

liest [リースト] [動] lesen の現在形 2・3 人称単数.

der **Lift**[1] [リふト] [名] -(e)s/-e〔-s〕 エレベーター;〖スキー〗リフト(Ski~).

der〔*das*〕**Lift**[2] [リふト] [名] -s/-s リフティング(しわ取り美顔術).

der **Lift·boy** [リふト・ボイ] [名] -s/-s エレベーターボーイ.

lif·ten[1] [リふテン] [動] *s.* 〔補足なし〕(スキー)リフトに乗って行く.

lif·ten[2] [リふテン] [動] *h.* **1.** 〔〈et⁴〉ノ〕〖医〗たるみ〔しわ〕を取る. **2.** 〔〈j⁴〉ニ〕《口》除皺(じょしゅう)術をほどこす. **3.** 〔〈et⁴〉ヲ〕揚げる(リフトなどで);つり上げる(値段などを).

das **Lif·ting** [リふティング] [名] -s/-s **1.** =Lift². **2.** かかと上げ体操.

die **Li·ga** [リーガ] [名] -/Ligen 同盟, 連盟;〖スポーツ〗リーグ.

das **Li·ga·ment** [リガメント] [名] -(e)s/-e 〖解〗靭帯.

die **Li·ga·tur** [リガトゥーあ] [名] -/-en 〖印〗合字;〖楽〗リガトゥラ;タイ, 弧線;〖医〗結紮(けっさつ).

der **Li·ger** [リーガー] [名] -s/- 〖動〗ライガー(雄ライオンと雌虎の交雑種).

das **Light·pro·dukt, Light-Pro·dukt** [láɪt.. ライト・プロドゥクト] [名] -(e)s/-e 健康に有害な物質があまり含まれていない製品(カロリー・脂肪等の量が一般より少ない食品).

der **Li·gist** [リギスト] [名] -en/-en リーグのメンバー.

das **Li·gnin** [リグニーン] [名] -s/-e 〖化〗木質素, リグニン.

der **Li·gnit** [リグニート] [名] -s/-e 亜炭;《古》樹炭.

der **Li·gus·ter** [リグスター] [名] -s/- 〖植〗イボタノキ.

li·ie·ren [リイーれン] [動] 〔sich⁴+mit 〈j³〉ト〕(親密な)関係を結ぶ;提携する.

der **Li·kör** [リ(ケ)ーあ] [名] -s/-e リキュール.

der **Lik·tor** [リクトーあ] [名] -s/-en [リクトーれン] リクトル(古代ローマの高官の使丁で束桿(そくかん)を持って先導した). ⇨ Faszes.

li·la [リーラ] [形] (無変化)ライラック色の: Es geht mir ~. 《口》(身体の)調子はまあまあだ.

das **Li·la** [リーラ] [名] -s/-(《口》-s)ライラック〔藤〕色.

die **Li·lie** [リーリエ] [名] -/-n 〖植〗ユリ;〖紋〗ユリ.

(*der*) **Li·li·en·cron** [リーリエン・クろーン] [名] 〖人名〗リーリエンクローン(Detlev Freiherr von ~, 1844-1909, 詩人・小説家).

das **Li·li·en·ge·wächs** [リーリエン・ゲヴェックス] [名] -es/-e 〖植〗ユリ科の植物.

(*der*) **Li·li·en·thal** [リーリエン・タール] [名] 〖人名〗リーリエンタール(Otto ~, 1848-96, 飛行機開発者).

li·li·en·weiß [リーリエン・ヴァイス] [形] わずかに黄みがかった白色の;《詩》ユリのように白い.

(*das*) **Li·li·put** [リーリプット] [名] -s/ 〖地名〗リリパット(J. Swift, 1667-1745, の「ガリバー旅行記」の小人の国).

der **Li·li·pu·ta·ner** [リリプターナー] [名] -s/- リリパット人;《口》小人.

die **Li·li·put·bahn** [リーリプット・バーン] [名] -s/-en (遊園地などの)小型鉄道.

das **Li·li·put·for·mat** [リーリプット・ふォるマート] [名] -(e)s/-e 小型版.

(*die*) **Lil·li** [リリ] [名] 〖女名〗リリ (Elisabeth の短縮形).

lim =Limes 〖数〗極限値.

(*das*) **Lim·burg** [リムブるク] [名] -s/-(s) 〖地名〗リンブルク(①ヘッセン州の都市. ②オランダ南部の地方. ③ベルギーの北東部の地方. ④ベルギーの都市).

der **Lim·bur·ger** [リムブるガー] [名] -s/- **1.** リンブルクの住民. **2.** リンブルクチーズ.

der **Lim·bus** [リムブス] [名] -/..bi **1.** (（単）のみ)〖カトリック〗リンボ(洗礼を受けない幼児やキリスト教に接しなかった善人の霊魂のとどまる所. 天国と地獄の間にある). **2.** 〖工〗(角度測定器の)目盛板. **3.** 〖植〗舷(げん)部.

der **Li·me·rick** [リメりック] [名] -(s)/-s 〖詩〗リメリック(英語の諷刺的五行詩).

der **Li·mes** [リーメス] [名] -/- **1.** (特にライン川からドナウ川に至る古代ローマの)国境防壁. **2.** 〖数〗極限値(記号 lim).

die **Li·met·ta** [リメッタ] [名] -/..metten =Limette.

die **Li·met·te** [リメッテ] [名] -/-n 〖植〗ライム.

das **Li·mit** [リミット] [名] -s/-s〔-e〕 限度, 限界, リミット;〖経〗指値(さしね);〖スポーツ〗(予選通過のためなどの)最低成績〔記録〕;〖ボクシング〗(体重別階級の)リミット.

li·mi·tie·ren [リミティーれン] [動] *h.* 〔〈et⁴〉ヲ+〈様態〉ニ〕限定する, 制限する. 〈et⁴〉 nach oben/unten ~ 〈事に〉上限/下限を設ける.

lim·nisch [リムニシュ] [形] 〖生〗淡水性の;〖地質〗淡水の中でできた.

die **Lim·no·lo·gie** [リムノ・ロギー] [名] -/ 湖沼学.

die〔*das*〕**Li·mo** [リ(ー)モ] [名] -/-(s) 《口》炭酸果汁飲料(Limonade).

die **Li·mo·na·de** [リモナーデ] [名] -/-n 炭酸果汁飲料.

die **Li·mo·ne** [リモーネ] [名] -/-n 〖植〗ライム;《稀》レモン.

der **Li·mo·nit** [リモニート] [名] -s/-e 褐鉄鉱.

die **Li·mou·si·ne** [limuzíːnə リムズィーネ] [名] -/-n 〖車〗リムジン.

(*die*) **Li·na** [リーナ] [名] 〖女名〗リーナ (Karoline, Pauline などの短縮形).

lind [リント] [形] **1.** 《文》快い, 穏やかな, 心地よい暖かさの;《稀》柔らかい, 優しい. **2.** (無変化;付加語的には後置)薄い黄緑の.

(*die*) **Lin·da** [リンダ] [名] 〖女名〗リンダ(Sieglinde などの短縮形).

(*das*) **Lin·dau** [リンダウ] [名] -s/ 〖地名〗リンダウ(ボーデン湖の中島の観光都市).

die **Lin·de** [リンデ] [名] -/-n 〖植〗ヨウシュ〔セイヨウ〕ボダイジュ;(（単）のみ)シナ材.

der **Lin·den·baum** [リンデン・バウム] [名] -(e)s/..bäume 〖植〗リンデンバウム, ヨウシュ〔セイヨウ〕ボダイジュ.

lin·dern [リンダーン] [動] *h.* 〔〈et⁴〉ヲ〕和らげる, 軽減する, 緩和する(痛み・苦しみ・悲惨な状態などを).

die **Lin·de·rung** [リンデるング] [名] -/-en 和らげること, 鎮痛, 緩和, 軽減.

das **Lin·de·rungs·mit·tel** [リンデるングス・ミッテル] [名] -s/- 鎮痛剤.

lind·grün [リント・グリューン] 形 薄い黄緑の.
der **Lind·wurm** [リント・ヴるム] 名 -(e)s/..würmer 〚詩〛〔伝・紋〛(翼のない)竜, 大蛇.
(die) **Li·ne** [リーネ] 名 〚女名〛リーネ. ⇨ Lina.
die (das) **Li·ne·age** [líniɪʧ リニッヂ] 名 -/-s 〚民族〛一族.
das **Line·al** [リネアール] 名 -s/-e 定規.
das **Line·a·ment** [リネアメント] 名 -(e)s/-e **1.** 〚美〛線の配列. **2.** 〚地質〛リニアメント, 線条構造. **3.** 〚医〛手〔顔〕の線.
li·ne·ar [リネアーあ] 形 **1.** 〚文〛(直)線状の; 〚理〛直線の; 〚芸術学〛線描の; 〚楽〛〚言〛線条的な. **2.** 〚数〛線形の, 一次の. **3.** 直線的の, コンスタントな.
der **Line·ar·mo·tor** [リネアーあ・モ•(一)卜—る] 名 -s/-en 〚電〛リニアモーター.
..ling [..リング] 接尾 形容詞・動詞・名詞・数詞などにつけて「人, 動物, 物」などを表す名詞を作る: Feigling きょう弁者. Frühling 春. Findling 拾い子. Eindringling 侵入者. Prüfling 受験者. Stichling トゲウオ. Dichterling へぼ詩人. Erstling 処女作. Zwilling 双子.
das **Lin·ga** [リンガ] 名 -s/ リンガ, 男根(インドのシバ神の表象).
das **Lin·gam** [リンガム] 名 -s/ = Linga.
die **Lin·ge** [léɛ ラーンシュ] 名 -/ 〔ネ〕洗濯物(ホテル業で).
die **Lin·ge·rie** [lɛ̃ʒərí: ランジェリー] 名 -/-n 〔ネ〕 **1.** 洗濯物; 洗濯室; (ホテルなどの)リネン室, ランドリー. **2.** 下着専門店.
die **Lin·gua fran·ca** [lɪŋɡuafráŋka リングア ふらンカ] 名 -/ **1.** リングアフランカ(中世で東地中海での通商用に使われたアラビア語とイタリア語などの混成語). **2.** (混成)通商語.
lin·gu·al [リングアール] 形 〚医〛舌の.
der **Lin·gu·ist** [リングイスト] 名 -en/-en 言語学者.
die **Lin·gu·is·tik** [リングイスティク] 名 -/ 言語学.
lin·gu·is·tisch [リングイスティシュ] 形 言語学(上)の.
die **Li·nie** [リーニエ] 名 -/-n **1.** 線; 野線 ((罫));〚ライン〛〚船〛喫水線 (Wasser~): eine gerade ~ 直線. punktierte ~n 点線. in gerader ~ 一直線に. **2.** 路線, 系統, 航路, 空路; (特定の路線の)乗物. **3.** 列, 行列;(行動・政治などの)方針, 路線: in einer ~ stehen 一列に並ぶ. ⟨et⁴⟩ auf die gleiche ~ stellen 〈事を〉同列に扱う. **4.** 系統, 血筋. **5.** (身体などの)線, 輪郭: auf die ~ achten 身体の線に気を付ける. in scharfen ~n 鋭い輪郭で. **6.** 〚古〛(チェス盤の縦の列;〚®のみ〛〚海〛赤道. **7.** 〚軍〛戦線; 戦列;〚®のみ〛(昔の)常備軍. 〚慣用〛 **auf der ganzen Linie** ありとあらゆる面で, まったく. **in erster/zweiter Linie** (まず)第一/第二に. **in vorderster Linie stehen** 最前線に立つ. **Linie halten** 〚印〛行がまっすぐにいる.
das **Li·ni·en·blatt** [リーニエン・ブラット] 名 -(e)s/..blätter 下敷用罫紙(%^).
der **Li·ni·en·blitz** [リーニエン・ブリッツ] 名 -es/-e 〚気〛樹枝状電光.
der **Li·ni·en·bus** [リーニエン・ブス] 名 -ses/-se 路線バス.
der **Li·ni·en·dienst** [リーニエン・ディーンスト] 名 -(e)s/-e (特に飛行機・船の)定期船.
der **Li·ni·en·flug** [リーニエン・ふルーク] 名 -(e)s/..flüge 定期航空便.
das **Li·ni·en·flug·zeug** [リーニエン・ふルーク・ツォイク] 名 -(e)s/-e 定期便の飛行機.
das **Li·ni·en·pa·pier** [リーニエン・パピーあ] 名 -s/-e 罫紙(%^).
der **Li·ni·en·rich·ter** [リーニエン・リヒタァ] 名 -s/- 〚球〛

ラインスマン.
das **Li·ni·en·schiff** [リーニエン・シふ] 名 -(e)s/-e 定期船.
der **Li·ni·en·spie·gel** [リーニエン・シュピーゲル] 名 -s/- = Linienblatt.
li·ni·en·treu [リーニエン・トろイ] 形 〚蔑〛党の路線(イデオロギー)に忠実な.
die **Li·ni·en·trup·pen** [リーニエン・トるッペン] 複名 〚軍〛(昔の)常備軍.
li·ni·en [リーニーれン] 動 *h.* (略ょう)= liniieren.
li·ni·ie·ren [リニイーれン] 動 *h.* ⟨et⁴⟩ 罫線(%^)を入れる.
das **Li·ni·ment** [リニメント] 名 -(e)s/-e 〚医〛リニメント剤, 塗布剤.
link¹ [リンク] 形 **1.** 左の, 左側の. **2.** (布地などの)裏の: ~e Maschen 裏編み(裏編みの)目. **3.** 左派(左翼)の. 〚慣用〛 **linker** (zur linken) **Hand** 左側に. **mit dem linken Bein** [Fuß] **zuerst aufgestanden sein** 〚口〛虫の居どころが悪い. **zwei linke Hände haben** 〚口〛不器用である.
link² [リンク] 形 〚口〛いかさまの; いかがわしい.
die **Lin·ke** [リンケ] 名 (形容詞的変化) **1.** (主に®)左手; (政党などの)左派. **2.** 〚ボクシ〛左のパンチ. 〚慣用〛 **zur Linken** 左側に.
lin·ken [リンケン] 動 *h.* ⟨j⁴⟩〚口〛だます, (…に)いっぱい食わせる.
lin·ker·hand [リンカー・ハント] 副 左側に.
lin·ker·seits [リンカー・ザイツ] 副 左側に.
lin·kisch [リンキシュ] 形 不器用な.
links [リンクス] 副 **1.** 左(側・手)に: In Japan wird ~ gefahren. 日本では(車は)左側通行である. Die Kirche lassen wir ~ liegen. 教会を左手に見て行く. **von** ~ **auftreten** 左手から登場する. (nach) ~ **einbiegen** 左へ曲がる. **von rechts nach** ~ **ist es** ~. 彼は左利きだ. **3.** 〚政〛左派に: ~ stehen 左派〔左翼〕である. **4.** 裏(側)に, 裏から: ein Kleidungsstück (nach) ~ **drehen** (wenden) 衣服を裏返す. **5.** 〚服〛裏編みで: zwei ~, zwei rechts stricken 二目ゴム編み, 二目裏, 二目表に編む. 〚慣用〛 ⟨j⁴⟩ (auf) **links drehen** ⟨j⁴⟩⟨人を⟩徹底的に問い詰める. **Die Augen links!** からし左. ⟨j⁴/et⁴⟩ **links liegen lassen** ⟨口⟩⟨人・物・事を⟩わざと無視する. **Links um!** 左向け左. ⟨et⁴⟩ **mit links machen** ⟨口⟩⟨事を⟩たやすくやる. **nicht (mehr) wissen, was links und (was) rechts ist** ⟨口⟩右も左もわからなくなる. **weder links noch rechts schauen** 右顧左眄(えべん)せずにおのが道を歩む.
—— 前 (+2格) …の左(側・手)に: ~ der Donau ドナウ左岸に.
der **Links·ab·bie·ger** [リンクス・アップ・ビーガー] 名 -s/- 〚交通〛左折するドライバー, 左折車.
die **Links·ab·bie·ger·spur** [リンクスアップビーガー・シュプーあ] 名 -/-en 左折レーン.
der **Links·au·ßen** [リンクス・アウス・レーガー] 名 -s/- 〚ボクシ〛左をガードするボクサー.
der **Links au·ßen, ®Links·au·ßen** [リンクス アウセン] 名 -/- 〚球〛レフトウイング.
der **Links·drall** [リンクス・ドらル] 名 -(e)s/ (銃の)腔綫(ライ)の左巻き傾向; (転)(思想的)左傾.
links·dre·hend [リンクス・ドれーエント] 形 左回りの; (埋・化〛左旋性の.
die **Links·dre·hung** [リンクス・ドれーウング] 名 -/-en 左回り, 左旋回.
der **Links·ex·tre·mis·mus** [リンクス・エクストれミスムス] 名 -/ 〚政〛極左主義.
der **Links·ex·tre·mist** [リンクス・エクストれミスト] 名 -en/

-en 〖政〗極左主義者.
das **Links·ge·win·de** [リンクス・ゲヴィンデ] [名] -s/- 〖工〗左ねじ.
der **Links·hän·der** [リンクス・ヘンダー] [名] -s/- 左利きの人.
links·hän·dig [リンクス・ヘンディひ] [形] 左利きの;左手での.
links·he·rum [リンクス・へるム] [副] 左回りに.
links·in·tel·lek·tu·ell [リンクス・インテレクトゥエル] [形] 左翼知識人の.
die **Links·kur·ve** [リンクス・クるヴェ] [名] -/-n 左カーブ.
links·ra·di·kal [リンクス・らディカール] [形] 左翼急進主義の.
der/die **Links·ra·di·ka·le** [リンクス・らディカーレ] [名] (形容詞的変化) 左翼急進主義者.
links·sei·tig [リンクス・ザイティひ] [形] 左側の.
links·um [リンクス・ウム] [副] 左向きに: *L*~! 左向け左. *L*~ kehrt! 回れ左.
der **Links·ver·kehr** [リンクス・ふぇあケーあ] [名] -(e)s/ (車の)左側通行.
(*der*) **Lin·né** [lɪné: リネー] [名] 〖人名〗リンネ(Carl von ~, 1707-78, スウェーデンの自然科学者).
lin·nen [リネン] [形] 《古》リネンの.
das **Lin·nen** [リネン] [名] -s/- 《古》リネン, 亜麻織物.
Lin·nésch [lɪné:ʃ リネーシュ] [形] リンネの: das ~*e* 〔Linné'sche〕 System リンネの分類法.
das **Li·no·le·um** [リノーレウム, リノレーウム] [名] -s/ リノリウム.
der **Li·nol·schnitt** [リノール・シュニット] [名] -(e)s/-e **1.** (㊥のみ)リノリウム版画法. **2.** リノリウム版画.
der **Li·non** [linõ: リノーン, línɔn リノン] [名] -(s)/-s 〖織〗リノン(綿織物).

L

die **Lin·se** [リンゼ] [名] -/-n **1.** 〖光〗レンズ;〖医〗(眼の)水晶体;コンタクトレンズ(Kontakt~);《口》(カメラの)レンズ. **2.** 〖植〗レンズマメ;レンズマメの実;(食料の)レンズマメ. **3.** 〖地質〗レンズ(両凸状の小岩体). **4.** 《口》(㊥のみ)硬貨.
lin·sen [リンゼン] [動] *h.* 〔(〈方向〉ッ)〕《口》(こっそり)のぞく.
das **Lin·sen·ge·richt** [リンゼン・ゲりひト] [名] -(e)s/-e レンズマメ料理.
die **Lin·sen·sup·pe** [リンゼン・ズっぺ] [名] -/-n レンズマメスープ.
(*das*) **Linz** [リンツ] [名] -s/ 〖地名〗リンツ(オーストリア, オーバーエースターライヒ州の州都).
das **Li·pid** [リピート] [名] -(e)s/-e 〖生化〗(主に㊥)脂肪, 類脂質;(㊥のみ)(総称)脂肪〔リポイド〕類.
der **Li·piz·za·ner** [リピツァーナー] [名] -s/- リピッツァー(ウィーンのスペイン乗馬学校で用いられるLipizza産の純血種の馬).
das **Li·pom** [リポーム] [名] -s/-e 〖医〗脂肪腫(しゅ).
die **Li·po·ma·to·se** [リポマトーゼ] [名] -/-n 〖医〗脂肪腫(しゅ)症;脂肪過多症.
die **Lip·pe**[1] [リっぺ] [名] -/-n **1.** 唇;〖植〗唇弁. **2.** (㊥のみ)《口》しゃべり方, 弁舌: eine dicke 〔große〕 ~ riskieren 大口をたたく. **【慣用】an 〈j²〉 Lippen hängen** 〈人の〉言うことをじっと聞く. **〈et⁴〉 auf den Lippen haben** 〈事が〉口から出る〔出かかる〕. **〈et⁴〉 über die Lippen bringen** 〈事を〉口に出すことができる. **sich³ auf die Lippen drängen** 思わず口をついて出る. **über 〈j²〉 Lippen 〔〈j³〉 über die Lippen〕 kommen** 〈人の〉口から出てくる.
die **Lip·pe**[2] [リっぺ] [名] -/ 〖川名〗リッペ川(ノルトライン=ヴェストファーレン州のライン川の支流).
(*das*) **Lip·pe**[3] [リっぺ] [名] -s/ 〖地名〗リッペ(ドイツ北西部のかつての共和国).
das **Lip·pen·be·kennt·nis** [リっペン・ベケントニス] [名] -ses/-se 《蔑》口先だけの(信仰)告白.
der **Lip·pen·blüt·ler** [リっペン・ブリュー트ラー] [名] -s/- 〖植〗唇形花植物.
der **Lip·pen·laut** [リっペン・ラウト] [名] -(e)s/-e 〖言〗唇音.
der **Lip·pen·pin·sel** [リっペン・ピンゼル] [名] -s/- 口紅用の筆.
der **Lip·pen·stift** [リっペン・シュティふト] [名] -(e)s/-e リップスティック;口紅.
Liq. =Liquor〖解〗髄液;〖医〗水薬.
li·quid [リクヴィート] [形] 〖化〗液体の;〖経〗流動性のある;流動資金のある;〖言〗流音の: ~*e* Mittel 流動資本.
die **Li·qui·da·ti·on** [リクヴィダツィオーン] [名] -/-en **1.** (会社の)清算;(品物の)換金. **2.** (医者などの)報酬請求. **3.** 解消, 解決, 廃止;粛清.
li·qui·de [リクヴィーデ] [形] =liquid.
li·qui·die·ren [リクヴィディーれン] [動] *h.* **1.** 〔〈et⁴〉ッ〕〖経〗整理解散する(会社・団体などを). **2.** 〔〈et⁴〉ッ〕〖経〗換金する. **3.** 〔〈et⁴〉ッ〕(報酬として)請求する. **4.** 〔〈j⁴/et⁴〉ッ〕粛清する, 抹殺する;廃止する;解決する. **5.** 〔[補足なし]〕解散する(会社・団体などが).
die **Li·qui·die·rung** [リクヴィディーるング] [名] -/-en (会社の)清算;解消, 廃止;粛清.
die **Li·qui·di·tät** [リクヴィディテート] [名] -/ 〖経〗流動性;流動資金.
der **Li·qui·di·täts·eng·pass**, ⓐ**Li·qui·di·täts·eng·paß** [リクヴィディテーツ・エング・パス] [名] -es/..pässe 〖経〗流動性ネック.
der **Li·quor** [リークヴォーあ] [名] -/-es [リクヴォーれース] **1.** 〖解〗髄液. **2.** 〖薬〗水薬(略 Liq.).
die **Li·ra** [リーら] [名] -/Lire リラ(イタリアの貨幣単位. 略 L.).
(*die*) **Lis·beth** [リ(ー)スベっト] [名] 〖女名〗リースベト(Elisabeth の短縮形).
lisch! [リっシュ] [動] löschen の du に対する命令形.
li·schest [リっシェスト] [動] löschen の現在形 2 人称単数.
lischst [リシュスト] [動] löschen の現在形 2 人称単数.
lischt [リシュト] [動] löschen の現在形 3 人称単数.
die **Li·se·ne** [リゼーネ] [名] -/-n 〖建〗付け柱のストリップ.
lis·peln [リスペルン] [動] *h.* **1.** 〔[補足なし]〕〖言〗歯擦音を舌たらずに発音する(s, z 音などを);さらさら音をたてる(葉などが). **2.** 〔〈et⁴〉ッ〕《文》(おずおずと)小声で話す, ささやく(よく分らない言葉などを). **3.** 〔〈j³〉ニ+〈文〉ト〕《文》ささやく.
(*das*) **Lis·sa·bon** [リサボン, リサボン] [名] -s/ 〖地名〗リスボン(ポルトガルの首都).
die **List** [リスト] [名] -/-en 策略;(㊥のみ)狡猾(こうかつ)さ.
die **Lis·te** [リステ] [名] -/-n 表, 一覧表, リスト;立候補者名簿(Wahl~): eine ~ anlegen リストを作る. auf der schwarzen ~ stehen ブラックリストに載っている.
der **Lis·ten·platz** [リステン・プラっツ] [名] -es/..plätze (選挙の)名簿順位.
der **Lis·ten·preis** [リステン・プらイス] [名] -es/-e (カタログ)表示価格, 定価.
die **Lis·ten·wahl** [リステン・ヴァール] [名] -/-en 〖議会〗(比例代表制の)名簿式選挙.
lis·tig [リスティひ] [形] ずるがしこい, 狡猾(こうかつ)な.
lis·ti·ger·wei·se [リスティガー・ヴァイゼ] [副] (文飾)狡猾(こうかつ)にも.
(*der*) **Liszt** [lɪst リスト] [名] 〖人名〗リスト(Franz von ~, 1811-86, ハンガリー生れの作曲家・ピアニスト).
lit. =Litera 文字.
Lit. =Litera 文字.
die **Li·ta·nei** [リタナイ] [名] -/-en **1.** 〖カトリック〗連禱(れんとう). **2.** 《蔑》長々と並べてたてること;いつも同じ愚

痴〔繰り言・説教〕.

(*das*) **Li·tau·en** [リ(ー)タウエン] [名] -s/ 〖国名〗リトアニア《バルト海沿岸の国》.

der **Li·tau·er** [リ(ー)タウあー] [名] -s/- リトアニア人.

li·tau·isch [リ(ー)タウイシュ] [形] リトアニア(人・語)の.

das〔*der*〕**Li·ter** [リ(ー)ター] [名] -s/- リットル《記号 ℓ》.

die **Li·te·ra** [リテら] [名] -/-s〔..rä〕 **1.** 《古》文字《略 lit., Lit.》. **2.** 〖銀行〗(紙幣などの)番号.

der **Li·te·rar·his·to·ri·ker** [リテらーあ・ヒストーりカー] [名] -s/- 文学史家.

li·te·ra·risch [リテらーりシュ] [形] 文学〔文芸〕の;《文》文学的な.

der **Li·te·rat** [リテらート] [形] -en/-en 文筆家, 文士.

die **Li·te·ra·tur** [リテらトゥーあ] [名] -/-en **1.** 文学, 文芸: die schöne ～ 文学. in die ～ eingehen 文学のテーマになる. zur ～ zählen 文学的に価値がある. **2.** 《[単]のみ》文献. **3.** 《[単]のみ》《総称》著作物, 書物;〖楽〗(楽譜になっている)音楽, 作品.

die **Li·te·ra·tur·an·ga·be** [リテらトゥーあ・アン・ガーベ] [名] -/-n 《主に[複]》参考文献の表示.

die **Li·te·ra·tur·ge·schich·te** [リテらトゥーあ・ゲシひテ] [名] -/-n **1.** 《[単]のみ》文学史. **2.** 文学史の本.

der **Li·te·ra·tur·hin·weis** [リテらトゥーあ・ヒン・ヴァイス] [名] -es/-e 《主に[複]》(参考)文献の指示.

die **Li·te·ra·tur·kri·tik** [リテらトゥーあ・クりティーク] [名] -/ 文芸批評.

der **Li·te·ra·tur·nach·weis** [リテらトゥーあ・ナーは・ヴァイス] [名] -es/-e 参考文献の表示.

das **Li·te·ra·tur·ver·zeich·nis** [リテらトゥーあ・ふぇあツァイひニス] [名] -ses/-se 参考文献目録.

die **Li·te·ra·tur·wis·sen·schaft** [リテらトゥーあ・ヴィっセンシャふト] [名] -/ 文芸学.

die **Li·ter·fla·sche** [リ(ー)ター・ふラっシェ] [名] -/-n 1 リットル瓶.

li·ter·wei·se [リ(ー)ター・ヴァイゼ] [副] リットル単位で;《口》何リットルも(多量に).

die **Li·tew·ka** [litɛ́fka リテふカ] [名] -/..ken リテフカ《昔の 2 列ボタンで折襟の制服の上着》.

die **Lit·faß·säu·le** [リっトふぁス・ゾイレ] [名] -/-n (円筒形の)広告柱.

das **Li·thi·um** [リーティウム] [名] -s/ 〖化〗リチウム《記号 Li》.

der **Li·tho·graf, Li·tho·graph** [リト・グらーふ] [名] -en/-en 石版画家;石版印刷工.

die **Li·tho·gra·fie, Li·tho·gra·phie** [リト・グらふぃー] [名] -/-n **1.** 《[単]のみ》石版印刷(術). **2.** 石版. **3.** (印刷された)石版画;(石版に描かれた)線画.

li·tho·gra·fie·ren, li·tho·gra·phie·ren [リト・グらふぃーれン] [動] *h.* **1.** 〔〈et⁴〉ヲ〕石版刷り〔石版画〕にする. **2.** 〔[補足なし]〕石版画をつくる.

li·tho·gra·fisch, li·tho·gra·phisch [リト・グらーふぃシュ] [形] 石版(印刷・画)の.

die **Li·tho·lo·gie** [リト・ロギー] [名] -/ 岩石学.

die **Li·tho·s·phä·re** [リト・スふぇーれ] [名] -/ 〖地質〗岩石圏.

li·to·ral [リトらール] [形] 〖地〗沿岸(性)の.

das **Li·to·ral** [リトらール] [名] -s/-e 〖地〗沿岸帯.

die **Li·to·tes** [リトーテス] [名] -/- 〖修〗曲言法, 緩叙法《反対語の否定を用いて意味を強調すること, 例えは sehr viel の代りの nicht wenig》.

litt [リっト] [動] leiden の過去形.

lit·te [リっテ] [動] leiden の接続法 2 式.

die **Li·tur·gie** [リトゥるギー] [名] -/-n 〖キ教〗典礼;礼拝式.

die **Li·tur·gik** [リトゥるギク] [名] -/ 礼拝〔典礼〕学.

li·tur·gisch [リトゥるギシュ] [形] 典礼(上)の

die **Lit·ze** [リっツェ] [名] -/-n (平たい)組みひも, モール;〖電〗リッツ線;〖工〗(鋼索の)ストランド.

live [laɪf ライふ] [形] 《無変化;付加語的には後置》 **1.** 〖放送〗生〔実況〕で, ライブで. **2.** 実演の, 実際の: ～senden 生〔実況〕放送する.

die **Live·auf·zeich·nung, Live-Auf·zeich·nung** [ライふ・アウふ・ツァイひヌング] [名] -/-en 〖ラジオ・テレビ〗ライブ録音〔録画〕.

der **Live·mit·schnitt, Live-Mit·schnitt** [ライふ・ミっト・シュニっト] [名] -(e)s/-e (特にレコードの)ライブ録音.

die **Live·sen·dung, Live-Sen·dung** [ライふ・ゼンドゥング] [名] -/-en 生放送.

li·vi·de [リヴィーデ] [形] **1.** 〖医〗青藍(せいらん)色の. **2.** 《古》妬んでいる.

(*das*) **Liv·land** [リーふラント] [名] -s/ 〖地名〗リーフラント, リヴォニア《エストニア, ラトヴィアにまたがる地方》.

der **Liv·län·der** [リーふレンダー] [名] -s/- リーフラント〔リヴォニア〕人.

die **Li·vree** [リヴれー] [名] -/-n [リヴれーエン] (特にホテルなどの)制服.

li·v·riert [リヴりーあト] [形] 制服を着た.

der **Li·zen·ti·at**[1] [リツェンツィアート] [名] -en/-en リツェンツィアート(の学位所有者)《略 lic., Lic.》.

das **Li·zen·ti·at**[2] [リツェンツィアート] [名] -(e)s/-e リツェンツィアート《①スイスの学位. ②カトリック神学部の学位》.

die **Li·zenz** [リツェンツ] [名] -/-en **1.** 認可, 免許;(特許の)使用許可, ライセンス;(著作権の)許諾. **2.** 〖スポーツ〗ライセンス.

die **Li·zenz·aus·ga·be** [リツェンツ・アウス・ガーベ] [名] -/-n (他社から出版権を与えられた)出版許可版.

der **Li·zenz·ge·ber** [リツェンツ・ゲーバー] [名] -s/- 許諾者.

die **Li·zenz·ge·bühr** [リツェンツ・ゲビューあ] [名] -/-en 認可〔免許〕料;版権〔ライセンス〕使用料.

der **Li·zen·zi·at**[1] [リツェンツィアート] [名] -en/-en ＝Lizentiat[1].

das **Li·zen·zi·at**[2] [リツェンツィアート] [名] -(e)s/-e ＝Lizentiat[2].

der **Li·zenz·neh·mer** [リツェンツ・ネーマー] [名] -s/- (特許権などの)実施〔利用〕被許諾者.

der **Li·zenz·spie·ler** [リツェンツ・シュピーラー] [名] -s/- (スポーツ団体に所属している)プロ選手.

der **Li·zenz·trä·ger** [リツェンツ・トれーガー] [名] -s/- 〖法〗(特許権などの)ライセンス所有者.

der **Li·zenz·ver·trag** [リツェンツ・ふぇあトらーク] [名] -(e)s/..träge ライセンス契約.

der **Lkw, LKW** [エルカーヴェー, エルカーヴェー] [名] -(s)/-s〔-〕＝Lastkraftwagen トラック.

der **Lla·no** [ljáːno リヤーノ] [名] -s/-s 《主に[複]》リャノス《南米の広大なサバンナ》.

der **Lloyd** [lɔyt ロイト] [名] -(s)/ ロイド《海上保険・商船・海運新聞などの社名》: ～'s ロイド保険組合.

lm ＝Lumen 〖理〗ルーメン《光束の単位》.

das **Lob** [ローブ] [名] -(e)s/-e 《主に[単]》称賛, 賛辞: voll des ～*es* für 〈j⁴/et⁴〉 sein 《文》〈人・物・事ヲ〉絶賛する.

die **Lob·by** [lɔ́bi ロビ] [名] -/-s〔Lobbies[ロビース]〕 **1.** (英・米の国会議事堂の)ロビー;《総称》ロビイスト. **2.** 《文》(ホテルなどの)ロビー.

der **Lob·by·ist** [lɔbiíst ロビイスト] [名] -en/-en 〖政〗ロビイスト.

die **Lo·bek·to·mie** [ロベク・トミー] [名] -/-n 〖医〗肺葉切除(術).

die **Lo·be·lie** [ロベーリエ] [名] -/-n 〖植〗ロベリア.

lo·ben [ローベン] [動] *h.* **1.** 〔〈j⁴/et⁴〉ヲ＋(für 〈et⁴〉ノコトデ/wegen 〈et²〉ノ故ニ)〕ほめる, 称賛する. **2.** 〔〈文〉ト〕(ほめ言葉を)言う. 【慣用】**Da lob' ich mir**

[L]

lobenswert 756

den Wein. 私はワインの方がいい〔好きだ〕. **Das lob' ich mir！**それはいい, 気に入った. **Gelobt sei Jesus Christus.** イエス・キリストはたたえられてあれ.

lo·bens·wert [ローベンス・ヴェーアト]〖形〗称賛に値する.

die **Lo·bes·er·he·bung** [ローベス・エアヘーブング]〖名〗-/-en （主に〖複〗）〖文〗言葉を極めた称賛.

der **Lob·ge·sang** [ローブ・ゲザング]〖名〗-(e)s/..sänge《詩》賛歌, 頌歌(ﾚょぅ).

die **Lob·hu·de·lei** [ローブ・フーデライ]〖名〗-/-en 〘蔑〙おべっか, へつらい, 阿諛(ぁゆ).

lob·hu·deln [ローブ・フーデルン]〖動〗h.〔j³⁽⁴⁾₌〕おべっかを使う, お追従を言う.

löb·lich [レープリヒ]〖形〗（〘皮〙も有）ほめられていい；ごりっぱな.

das **Lob·lied** [ローブ・リート]〖名〗-(e)s/-er 頌歌(ﾚょぅ), 賛歌, 頌歌.【慣用句】**ein Loblied auf 〔j⁴/et⁴〕 singen (anstimmen)**〔人・物・事を〕ほめそやす.

die **Lo·bo·to·mie** [ロボトミー]〖名〗-/-n =Leukotomie.

lob·prei·sen(*) [ローブ・プライゼン]〖動〗lobpreiste(lobpries) ; hat gelobpreist (lobgepriesen)〔j⁴/et⁴ ₌〕《詩》ほめたたえる（神・神の業などを）.

die **Lob·re·de** [ローブ・れーデ]〖名〗-/-n 賛辞；大げさな称賛.

der **Lob·red·ner** [ローブ・れートナー]〖名〗-s/- 賛辞を述べる人.

lob·sin·gen* [ローブ・ズィンゲン]〖動〗lobsang ; hat lobgesungen〔j³ ₌〕《詩》たたえて歌う.

der **Lob·spruch** [ローブ・シュプるッホ]〖名〗-(e)s/..sprüche《文》たたえる賛辞.

der **Lo·car·ner** [ロカるナ]〖名〗-s/- ロカルノの住民.

der **Lo·car·ne·se** [ロカるネーゼ]〖名〗-n/-n =Locarner.

(*das*) **Lo·car·no** [ロカるノ]〖名〗-s/ 〖地名〗ロカルノ（スイス, テッシン州の都市）.

die **Lo·ca·tion** [loke ションぅ・ロケーション]〖名〗-/-s (ジャン) 1. 場所；土地. 2. 〖映〗ロケ地.

das **Loch** [ロっホ]〖名〗-(e)s/Löcher 1. 穴；くぼみ；〖プら〗ホール；〖口〗暗く狭い住居；《天》ブラック・ホール. **sich³ ein ～ in den Kopf stoßen** 頭にけがをする. 2. （獣の）巣穴；〖口・蔑〗ほら穴；〖口〗牢獄. 3. 〖口〗尻の穴. 4. 〖卑〗腟；〖卑・蔑〗女.【慣用】〖j³〗**ein Loch〔Löcher〕 in den Bauch fragen〔reden〕**〖口〗〈人と〉うんざりするほど質問を浴びせる／しゃべりたてる. **ein Loch〔Löcher〕 in die Luft gucken**〖口〗ぼんやりしている. **ein Loch〔Löcher〕 in die Wand stieren**〖口〗じれあらぬ方を見つめる. **ein Loch zurückstecken**〖口〗要求を一段下げる. 〈et¹〉 **reißt ein großes Loch in den Beutel**〖口〗〈物・事は〉大変な出費. **wie aus ein Loch saufen**〖口〗底なしに飲む.

das **Loch·ei·sen** [ロっホ・アイゼン]〖名〗-s/- （杭打ち用）穿孔(ぜん)機・ポンチ, たがね.

lo·chen [ロっヘン]〖動〗h.〔et⁴₌〕（綴じ）穴をあける；パンチを入れる（切符などに）；〖コンピュ〗穿孔(ぜん)（パンチ）する.

der **Lo·cher** [ロっほー]〖名〗-s/- 1. （綴じ穴をあける）穴あけ器, パンチャー；カード（テープ）穿孔(ぜん)機. 2. キーパンチャー.

lö·che·rig [レッヒぇりヒ]〖形〗穴だらけの.

lö·chern [レッヒぁン]〖動〗h. 〖口〗 1. 〔j³ッ+mit 〈et³〉〕うるさがらせる, うんざりさせる（質問・願いなどで）. 2.〔j³ッ〕根掘り葉掘り聞く；しつこくせがむ.

die **Lo·chi·en** [ロっヒエン]〖複〗〖医〗悪露(ぉ).

die **Loch·kar·te** [ロっホ・カるテ]〖名〗-/-n 〖コンピュ〗パンチカード.

die **Loch·kar·ten·ma·schi·ne** [ロっホカるテン・マシーネ]〖名〗-/-n 〖コンピュ〗パンチカード機械.

löch·rig [レッヒりヒ]〖形〗=löcherig.

die **Loch·sä·ge** [ロっホ・ゼーゲ]〖名〗-/-n 回しびき鋸(ﾉこぎり), 糸鋸.

die **Loch·sti·cke·rei** [ロっホ・シュティっケらイ]〖名〗-/-en 1. （〘個〙のみ）〖手芸〗アイレットワーク, 穴かがり刺繍(しゅぅ). 2. アイレットワークの作品.

der **Loch·strei·fen** [ロっホ・シュトらイふぇン]〖名〗-s/- 〖コンピュ〗穿孔(ぜん)テープ.

die **Lo·chung** [ロっホゥング]〖名〗-/-en 1. （〘個〙のみ）穴をあけること, 穿孔. 2. パンチ穴, とじ穴.

die **Loch·zan·ge** [ロっホ・ツァンゲ]〖名〗-/-n 改札ばさみ, パンチ.

der **Loch·zie·gel** [ロっホ・ツィーゲル]〖名〗-s/- 穴あきれんが.

die **Locke**¹ [ロっケ]〖名〗-/-n 1. カール（した髪）, 巻き毛：**das Haar in ～n legen** 髪をカールする. 2. （羊毛などの）毛房.

die **Locke**² [ロっケ]〖名〗-/-n 〖狩〗呼び笛；おとりの鳥.

locken¹ [ロっケン]〖動〗h. 1. 〔et⁴ ₌+mit〈et³ₙ〉〕呼〔招〕き寄せる〈人・声などで〉. 2. 〔j³ₙ〕興味をそそる. 3. 〔j³/et⁴ ₌+〈方向〉₌ᴋᴀウ〕おびき出す〔誘い出す〕；おびき入れる, 誘い込む. 4. 〔j³ₙ+zu〈et³ₙ〉/zu〈動〉ᴋウ〕〔巧みに誘って〕させる.

locken² [ロっケン]〖動〗h. 1. 〔et⁴ ₌〕カールする（髪を）. 2. 〔sich⁴〕（自然に）カールする（髪が）. 3. 〔sich⁴+〈場所〉₌〕カールして垂れている（髪が額などに）.

löcken [レッケン]〖動〗h. 〖雅ｺ語〗《文》ける（牛・馬が）：（主に次の形で）**wider〔gegen〕 den Stachel ～**自由の制約に対して抵抗する〔反抗する〕（使徒行伝 26, 14）.

das **Lo·cken·haar** [ロっケン・ハーあ]〖名〗-(e)s/-e カールした髪.

der **Lo·cken·kopf** [ロっケン・コっぷ]〖名〗-(e)s/..köpfe 巻き毛の頭；巻き毛の頭の子供〔若者〕.

der **Lo·cken·wi·ckel** [ロっケン・ヴィっケル]〖名〗-s/- 〘稀〙=Lockenwickler.

der **Lo·cken·wick·ler** [ロっケン・ヴィっクラー]〖名〗-s/- ヘアカーラー.

locker [ロっカー]〖形〗 1. ぐらぐらの, 緩んだ：**ein ～er Zahn** ぐらぐらの歯. 2. 緩やかな；リラックスした：**eine ～e Verbindung** 緩やかな結びつき. **mit ～em Handgelenk** 手首の力を抜いて. **die Zügel ～ lassen** 手綱を緩める. 3. さらさらした, ふわっとした；まばらな, 目の粗い：**～er Sand** さらさらの砂. **～ stricken** ざっくり編む. 4. いい加減な：**ein ～er Vogel (Bruder)**〘口〙遊び人.【慣用】**bei 〈j³〉 ist eine Schraube locker**〖口〗〈人〉の頭のねじが緩んでいる. **eine lockere Hand haben** 手が早い〔すぐに殴る〕.

locker|las·sen* [ロっカー・らっセン]〖動〗h. 〘慣用〙〖口〗（やろうとしたことを）途中でやめる（主に否定文で用いる）.

locker|ma·chen [ロっカー・マっヘン]〖動〗h. 〖口〗 1. 〔et⁴ ₌〕出す（お金を）. 2. 〔bei j³ ₌+〈et⁴〉₌〕出させる（お金を）.

lockern [ロっカーン]〖動〗h. 1. 〔et⁴ ₌〕緩める, ほぐす（バンド・筋肉・規定などを）. 2. 〔sich⁴〕緩む, ほぐれる（ねじ・気分などが）.

die **Lo·cke·rung** [ロっケるング]〖名〗-/-en （主に〘個〙）緩める〔緩む〕（緩和, ほぐれる〔ほぐれる〕こと.

lo·ckig [ロっキヒ]〖形〗巻き毛の, カールした.

das **Lock·mit·tel** [ロっク・ミっテル]〖名〗-s/- おとり, おびき寄せる手段.

die **Lock·pfei·fe** [ロっク・ぷぁいふぇ]〖名〗-/-n 〖狩〗鳥寄せの笛.

der **Lock·ruf** [ロっク・るーふ]〖名〗-(e)s/-e （ひな鳥を）さそう鳴き声,〔獲物を〕おびき寄せる鳴き声.

die **Lock·spei·se** [ロっク・シュパイゼ]〖名〗-/-n 《文》撒

(ま)き餌(え).

der **Lock·spit·zel** [ロック・シュピッツェル] [名] -s/- 《蔑》(警察の)おとり.

die **Lo·ckung** [ロックング] [名] -/-en 誘惑;呼出す〔呼寄せる・招き寄せる〕こと.

der **Lock·vo·gel** [ロック・ふぉーゲル] [名] -s/..vögel おとり;《蔑》(人を犯罪に誘う)おとり.

das **Lock·vo·gel·an·ge·bot** [ロックふぉーゲル・アン・ゲボート] [名] -(e)s/-e 目玉商品.

die **Lock·vo·gel·wer·bung** [ロックふぉーゲル・ヴェるブング] [名] -/ (他の商品も安いと思わせるための)客寄せ用安売り品広告.

lo·co [ロ(ー)コ] [形] 《ラテ語》《商》その場で(渡せる状態で), 在庫している: ～ Berlin ベルリン渡しで;《楽》ローコ, もとの音程〔位置〕で.

lo·co ci·ta·to [..tsitá:to ローコ ツィタート] 《ラテ語》前記引用個所で.

lo·den [ローデン] [形] ローデン製の.

der **Lo·den** [ローデン] [名] -s/- ローデン(防水性のウール地).

der **Lo·den·man·tel** [ローデン・マンテル] [名] -s/..mäntel ローデン地のコート.

lo·dern [ローダーン] [動] **1.** *h.* 《補足なし》(めらめらと)燃上がる(火・薪・怒りなどが). **2.** *s.* 〔〈方向〉ニ〕(めらめらと)燃上がる.

der **Löf·fel** [レっふぇル] [名] -s/- **1.** スプーン, 匙(さじ) (Ess～): ein ～ Zucker 砂糖一さじ. **2.** 《狩》ウサギの耳;《医》搔爬(そうは)器. **【慣用】den Löffel sinken lassen** 《口》死ぬ. **die Löffel spitzen** 《口》聞き耳を立てる. 〈j³〉 **eins hinter die Löffel geben** 《口》〈人に〉びんたを一発くらわす. 〈j⁴〉 **über den Löffel barbieren** 《口》〈人を〉まんまとだます. **die Weisheit mit Löffeln gefressen haben** 《口》とても頭がいい.

der **Löf·fel·bag·ger** [レっふぇル・バッガー] [名] -s/- パワーショベル.

die **Löf·fel·chen·stel·lung** [レっふぇルひぇン・シュテルング] [名] -/-en 《口》(一人がもう一人の背後にぴったり寄り添って〔体を押しつけて〕)スプーンを重ねたように横になっていること;(性交体位の)側臥位.

löf·feln [レっふぇルン] [動] *h.* **1.** 〔〈et⁴〉ヲ〕スプーンで食べる(スープなどを). **2.** 〔〈et⁴〉ヲ＋aus 〈et³〉ノ中カラ/in 〈et⁴〉ノ中ヘ〕スプーンですくって出す〔入れる〕. **3.** 〔in 〈et³〉ヲ〕スプーンでかきまわす. **4.** 〔〈et⁴〉ヲ〕《口》理解する. **【慣用】**〈j³〉 **eine löffeln** 《口》〈人に〉びんたを食らわす.

die **Löf·fel·stel·lung** [レっふぇル・シュテルング] [名] -/-en ＝Löffelchenstellung.

der **Löf·fel·stiel** [レっふぇル・シュティール] [名] -(e)s/-e スプーンの柄.

löf·fel·wei·se [レっふぇル・ヴァイゼ] [副] スプーンで, 一さじずつ.

der〔*das*〕**Loft** [ロふト] [名] -(s)/-s **1.** ロフト(工場などの上階を改造した住居). **2.** (das ～のみ)(単のみ)ロフト(ゴルフのクラブフェースの傾斜角度).

log¹ [ローク] [動] lügen の過去形.

log² ＝Logarithmus 《数》対数.

das **Log** [ロック] [名] -s/-e 《海》測程器.

die **Lo·ga·rith·men·ta·fel** [ロガリトメン・ターふぇル] [名] -/-n 《数》対数表.

der **Lo·ga·rith·mus** [ロガリトムス] [名] -/..men 《数》対数(記号 log).

das **Log·buch** [ロック・ブーふ] [名] -(e)s/..bücher 《海》航海日誌.

die **Lo·ge** [ló:ʒə ロージェ] [名] -/-n **1.** 桟敷席, ボックス席;守衛室. **2.** フリーメースンの支部;支部の集会所.

..lo·ge [..ローゲ] [接尾] 「…学に通暁した人, …学者」を表す男性名詞を作る: Sozio*loge* 社会学者.

lö·ge [レーゲ] [動] lügen の接続法2式.

der **Lo·gen·bru·der** [ロージェン・ブるーダー] [名] -s/..brüder フリーメーソンの支部の会員.

der **Lo·gen·schlie·ßer** [ロージェン・シュリーサー] [名] -s/- (劇場の)ドア係.

die **Log·ge** [ロッゲ] [名] -/-n 《海》＝Log.

log·gen [ロッゲン] [動] *h.* 〔(〈et⁴〉ノ)〕《海》速度を測程器で測る.

der **Log·ger** [ロッガー] [名] -s/- 《海》ラガー(ニシン漁船).

die **Log·gia** [lɔ́dʒ(i̯)a ロっヂャ, ロっヂア] [名] -/Loggien [..dʒi̯ən] (建物から張り出していない屋根付きの)バルコニー;《建》(吹き放しの)列柱廊, 開廊, ロッジャ.

..lo·gie [..ロギー] [接尾] 「…学, …論」を表す女性名詞を作る: Sozio*logie* 社会学.

der **Lo·gier·be·such** [loʒí:r.. ロジーあ・ベズーふ] [名] -(e)s/-e (個人の家の)泊り客;(個人の家に)泊ること.

lo·gie·ren [loʒí:rən ロジーれン] [動] *h.* **1.** 〔〈場所〉ニ〕《古》泊まる. **2.** 〔〈j⁴〉ヲ＋〈場所〉ニ〕《スイ》泊める.

die **Lo·gik** [ローギック] [名] -/ **1.** 論理学. **2.** 論理, 論法;論理性, 首尾一貫性.

der **Lo·gi·ker** [ローギカー] [名] -s/- 論理学者;論理的な人.

das **Lo·gis** [loʒí: ロジー] [名] -[..ジー(ス)]/-[..ジース] 宿;下宿;《海》([ロージス]も有)船員室. ⇨ Kost.

lo·gisch [ローギシュ] [形] **1.** 論理学(上)の. **2.** 論理的な. **3.** 《口》当然の.

lo·gi·scher·wei·se [ローギシャー・ヴァイゼ] [副] 《文飾》論理からして, 当然のことながら.

die **Lo·gis·tik**¹ [ロギスティク] [名] -/ 記号〔数理〕論理学.

die **Lo·gis·tik**² [ロギスティク] [名] -/ 《軍》兵站(へいたん);《経》ロジスティックス.

der **Lo·gi·zis·mus** [ロギツィスムス] [名] -/ **1.** 《哲・数》論理主義. **2.** 《文・蔑》論理偏重.

lo·go [ローゴ] [形] (無変化)《若・口》当然の.

der〔*das*〕**Lo·go** [ローゴ] [名] -s/-s ロゴ(タイプ)(社名などのデザイン文字).

das **Lo·go·gramm** [ロゴ・グらム] [名] -s/-e 表語文字, 語標.

der **Lo·go·griph** [ロゴ・グリーふ] [名] -s〔-en〕/-e〔-en〕文字謎(語のつづりを削ったり加えたりして別の語をつくる. Greis-Reis-Eis など).

der **Lo·go·pä·de** [ロゴ・ペーデ] [名] -n/-n 言語障害治療士.

die **Lo·go·pä·die** [ロゴ・ペディー] [名] -/ 言語障害の治療〔矯正〕.

der **Lo·gos** [ロ(ー)ゴス] [名] -/Logoi[ロ(ー)ゴイ] **1.** (主に単)話, 言葉;思想, 意味, 概念. **2.** (単のみ)《哲》ロゴス, (人間・神の)理性, 世界理性;《神》神のみ言葉, 神の子(イエス・キリスト).

die **Lo·go·ty·pe** [ロゴ・テューペ] [名] -/-n 《印》連字活字.

die **Loh·bei·ze** [ロー・バイツェ] [名] -/-n (皮革用)なめし液.

die **Lo·he**¹ [ローエ] [名] -/-n 《文》(燃上がる)炎.

die **Lo·he**² [ローエ] [名] -/-n (皮なめし用)樹皮粉末.

lo·hen¹ [ローエン] [動] *h.* 《補足なし》《文》燃上がる.

lo·hen² [ローエン] [動] *h.* 〔〈et⁴〉ヲ〕《製革》樹皮粉末でなめす(皮を).

(*der*) **Lo·hen·grin** [ローエングリーン] [名] 《ドイツ伝説》ローエングリーン, 白鳥の騎士(聖盃王伝説に登場).

der **Loh·ger·ber** [ロー・ゲるバー] [名] -s/- 皮なめし工.

der **Lohn** [ローン] [名] -(e)s/Löhne **1.** (時間給の)賃金, 給料(Arbeits～). **2.** (単のみ)報い, 報酬, 応報: um Gottes ～ 無償で. **【慣用】in Lohn und Brot stehen** 定職がある. 〈j⁴〉 **um Lohn und Brot**

L

bringen 〈人の〉職を奪う.

die **Lohn·ar·beit** [ローン・アルバイト] 名 -/-en **1.** (㊥のみ)賃金労働. **2.** 〖経〗賃仕事.
der **Lohn·ar·bei·ter** [ローン・アルバイター] 名 -s/- 賃金労働者.
der **Lohn·aus·fall** [ローン・アウス・ふぁル] 名 -(e)s/ 賃金カット[不払い].
der **Lohn·aus·gleich** [ローン・アウス・グライひ] 名 -(e)s/-e 賃金補償.
der **Lohn·buch·hal·ter** [ローン・ブーふ・ハルター] 名 -s/- 給与係.
das **Lohn·büro** [ローン・ビュろ-] 名 -s/-s 給与課.
der **Lohn·die·ner** [ローン・ディーナー] 名 -s/- 臨時雇い,時間給の手伝い.
der **Lohn·emp·fän·ger** [ローン・エムプふェんガー] 名 -s/- 賃金労働者.
loh·nen [ローネン] 動 h. **1.** 〈sich⁴〉役に立つ,有益である,引合う,無駄でない(《口》sich⁴の省略も有). **2.** 〈et⁴〉に値する,(…の)しがいがある. **3.** 〈j⁴〉=＋〈et³〉=xdxrxr (mit 〈et³〉ダ/〖形〗ノ仕方デ)報いる(良い行為に対して).
löh·nen [リョーネン] 動 h. **1.** 〈j⁴〉に賃金を払う. **2.** 〈et⁴〉ッッ(《口》賃金(報酬)として払う(ある金額を).
loh·nend [ローネント] 形 やりがいのある;もうかる.
loh·nens·wert [ローネンス・ヴェーあト] 形 やりがいのある;有益[有利]な.
die **Lohn·er·hö·hung** [ローン・エあヘ-ウング] 名 -/-en 賃上げ.
die **Lohn·for·de·rung** [ローン・ふぉるデるング] 名 -/-en (主に㊥)賃上げ要求.
die **Lohn·fort·zah·lung** [ローン・ふぉるト・ツァールング] 名 -/-en (病気・けがの際の一定期間の)賃金支払い継続.
lohn·in·ten·siv [ローン・インテンズィーふ] 形 〖経〗(費用総額に占める)人件費の割合が高い.
die **Lohn·kür·zung** [ローン・キュるツング] 名 -/-en 賃金カット.
das **Lohn·ni·veau** [ローン・ニヴォー] 名 -s/-s 賃金水準.
die **Lohn·pau·se** [ローン・パウゼ] 名 -/-n 賃上げ停止[延期].
die **Lohn-Preis-Spi·ra·le** [ローン・プらイス・シュピらレ] 名 -/-n 〖経〗賃金と物価の悪循環.
die **Lohn·quo·te** [ローン・クヴォーテ] 名 -/-n 賃金比率.
das **Lohn·rah·men·ab·kom·men** [ローン・らーメン・アプ・コメン] 名 -s/- 基本賃金協約.
die **Lohn·steu·er** [ローン・シュトイあー] 名 -/-n 賃金(給料等)所得税.
der **Lohn·steu·er·jah·res·aus·gleich** [ローンシュトイあー・ヤーれス・アウスグライひ] 名 -(e)s/-e 給与所得税の年末調整.
die **Lohn·steu·er·kar·te** [ローンシュトイあー・カるテ] 名 -/-n 給与所得税算定用住民票(地方公共団体が発行).
der **Lohn·stopp** [ローン・シュトプ] 名 -s/-s 賃上げ停止.
der **Lohn·strei·fen** [ローン・シュトらイふェン] 名 -s/- 給与明細書.
der **Lohn·ta·rif** [ローン・タリーふ] 名 -(e)s/-e 賃金表.
die **Lohn·tüte** [ローン・テューテ] 名 -/-n 給料袋.
die **Löh·nung** [リョーヌング] 名 -/-en 賃金支払;(支払われた)賃金.
die **Lohn·ver·e·de·lung** [ローン・ふぇアエーデルング] 名 -/-en 〖経〗賃金加工,委託加工.
die **Lohn·ver·hand·lung** [ローン・ふぇあハンドルング] 名 -/-en 賃金交渉.
der **Lohn·zet·tel** [ローン・ツェッテル] 名 -s/- 給与明細書.

die **Loi·pe** [ロイペ] 名 -/-n 〖スポ〗(距離競技の)コース.
die **Lok** [ロック] 名 -/-s 機関車(Lokomotive).
lo·kal [ロカール] 形 地方の,ローカルな;局地(局部)的な;〖言〗場所の: ～e Betäubung 局所麻酔.
das **Lo·kal** [ロカール] 名 -(e)s/-e **1.** 飲食店;酒場. **2.** 集会室.
die **Lo·kal·an·äs·the·sie** [ロカール・アンエステズィー] 名 -/-n 〖医〗局所麻酔.
der **Lo·kal·au·gen·schein** [ロカール・アウゲン・シャイン] 名 -(e)s/ 《㊉》=Lokaltermin.
die **Lo·kal·bahn** [ロカール・バーン] 名 -/-en ローカル線.
das **Lo·kal·blatt** [ロカール・ブラット] 名 -(e)s/..blätter **1.** 地方紙. **2.** 地方版.
das **Lo·kal·der·by** [ロカール・デるビ] 名 -s/-s 同地区のチーム同志の注目の試合.
lo·ka·li·sie·ren [ロカリズィーれン] 動 h. **1.** 〈et⁴〉ッッ)位置(場所)を突止める(確定する)(震源地・病巣・火事などの). **2.** 〈et⁴〉ッッ)局地(局部)で食止める(火事・紛争・疫病などを).
die **Lo·ka·li·sie·rung** [ロカリズィーるング] 名 -/-en 〖文〗局部化,局限化;(位置を)つきとめること.
die **Lo·ka·li·tät** [ロカリテート] 名 -/-en (一定の位置・性状の)土地,場所,部屋;《婉》トイレ;《冗》飲食店.
das **Lo·kal·ko·lo·rit** [ロカール・コロりト] 名 -(e)s/- ローカルカラー.
der **Lo·kal·ma·ta·dor** [ロカール・マトドーあ] 名 -s/-e 地方の名士(特にスポーツ選手).
die **Lo·kal·nach·richt** [ロカール・ナーはりヒト] 名 -/-en (主に㊥)ローカルニュース,地方記事.
der **Lo·kal·pa·tri·o·tis·mus** [ロカール・パトりオティスムス] 名 -/ (過度の)郷土愛.
der **Lo·kal·ter·min** [ロカール・テるミーン] 名 -s/-e (犯行)現場で行われる裁判所の審理.
die **Lo·kal·zei·tung** [ロカール・ツァイトゥング] 名 -/-en 地方新聞.
der **Lo·kal·zug** [ロカール・ツーク] 名 -(e)s/..züge ローカル列車.
der **Lo·ka·tiv** [ローカティーふ] 名 -s/-e 〖言〗位置格,所格.
der **Lok·füh·rer** [ロック・ふゅーらー] 名 -s/- 機関士.
(der) **Lo·ki** [ローキ] 名 〖北欧神〗ロキ(火と没落の魔物たは神).
die **Lo·ko·mo·bi·le** [ロコ・モビーレ] 名 -/-n 自動推進蒸気機関[原動機].
die **Lo·ko·mo·ti·ve** [ロコ・モティーヴェ,ロコ・モティーふェ] 名 -/-n 機関車.
der **Lo·ko·mo·tiv·füh·rer** [ロコモティーふ・ふゅーらー] 名 -s/- 機関士.
die **Lo·ko·wa·re** [ローコ・ヴァーれ] 名 -/-n 〖商〗すぐに引渡せる(在庫の)商品,現物.
der **Lo·kus** [ロークス] 名 -(ses) /-(se) 《口》トイレ.
die **Lo·ku·ti·on** [ロクツィオーン] 名 -/-en 〖言〗(稀)発話行為.
die **Lo·li·ta** [ロリータ] 名 -/-s ロリタ(無邪気で誘惑的な早熟な少女. V.Nabokov, 1899-1977, の同名の小説による).
der (das) **Lom·bard** [ロムバると, ロムバると] 名 -(e)s/-e 〖銀行〗《ジン》ロンバルド・クレジット〔貸付〕(有価証券などを担保とする).
der **Lom·bar·de** [ロムバるデ] 名 -n/-n ロンバルディアの住民.
die **Lom·bar·dei** [ロムバるダイ] 名 -/ 〖地名〗ロンバルディア(イタリア北部の州).
das **Lom·bard·ge·schäft** [ロムバると・ゲシェふト, ロムバると・ゲシェふト] 名 -(e)s/-e 〖銀行〗ロンバルド・クレジット〔貸付〕業務.

lom·bar·die·ren [ロムバるディーれン] [動] *h.* 〔〈et⁴〉ヲ〕〘銀行〙担保にして金を貸付ける《有価証券などを》.

der **Lom·bard·satz** [ロムバるト・ザっツ, ロムバるト・ザっツ] [名] -es/ . . sätze 〘銀行〙ロンバード・レート〔貸付金利〕.

(das) **Lon·don** [ロンドン] [名] -s/ 〘地名〙ロンドン.

der **Long·drink, Long Drink** [lɔ̃ŋdrɪŋk ロング・ドりンク] [名] -(s), --s/-s, --s 薄いアルコール飲料.

die **Lon·ge** [lɔ̃:ʒə ローンジュ] [名] -/-n 調馬綱〔索〕; (水泳・曲芸用)安全索.

lon·gi·tu·di·nal [ロンギ・トゥディナール] [形] 縦(方向)の; 〘地〙経度の, 経線の.

di **Lon·gi·tu·di·nal·wel·le** [ロンギトゥディナール・ヴェレ] [名] -/-n 〘理〙縦波.

der **Long·sel·ler** [lɔ̃ŋzɛlər ロング・ゼラー] [名] -s/- ロングセラー.

der **Look** [lʊk ルック] [名] -s/-s ルック: ein neuer ~ ニュールック.

der〔*das*〕**Loo·ping** [lú:pɪŋ ルーピング] [名] -s/-s 〘空〙宙返り.

der **Lor·beer** [ロるベーあ] [名] -s/-en **1.** 〘植〙ゲッケイジュ; (スパイス用)ベイリーフ. **2.** 月桂冠; 《転》栄冠, 名誉. 【慣用】**Lorbeeren ernten** 《口》栄冠をかちとる, 成功する. **(sich⁴) auf seinen Lorbeeren ausruhen** 《口》自分の成功の上にあぐらをかく.

der **Lor·beer·baum** [ロるベーあ・バウム] [名] -(e)s/ . . bäume 〘植〙ゲッケイジュ.

das **Lor·beer·blatt** [ロるベーあ・ブラっト] [名] -(e)s/ . . blätter (スパイス用)月桂樹の葉, ベイリーフ.

der **Lor·beer·kranz** [ロるベーあ・クらンツ] [名] -er/ . . kränze 月桂冠.

der **Lord** [ロるト] [名] -s/-s 卿(きょう), ロード《人; 《[単]のみ》英国貴族の称号》.

die **Lor·do·se** [ロるドーゼ] [名] -/-n 〘医〙脊椎(せきつい)前湾(症).

(die) **Lo·re**¹ [ロー れ] [名] **1.** 〘女名〙ローレ《Leonore, Eleonore 短縮形》. **2.** 〘神話〙ローレ《小妖精》.

die **Lo·re**² [ローれ] [名] -/-n トロッコ; 無蓋(むがい)貨車.

die **Lo·re·lei** [ローれライ, ローれライ] [名] -/ =Loreley.

die **Lo·re·ley** [ローれライ, ローれライ] [名] -/ **1.** ローレライ《ライン川右岸の岩山》. **2.** 〘女名〙ローレライ《同所で舟乗りを惑わした伝説の女性》.

(der) **Lo·renz** [ローれンツ] [名] **1.** 〘男性〙ローレンツ. **2.** 〘人名〙ローレンツ《Konrad ~, 1903-89, オーストリアの動物行動学者》.

die **Lor·gnet·te** [lɔrnjɛ́tə ロるニエっテ] [名] -/-n 柄(え)つきの眼鏡.

das **Lor·gnon** [lɔrnjɔ̃: ロるニヨーン] [名] -s/-s 柄(え)つきの片眼鏡; 柄つきの眼鏡.

der **Lo·ri**¹ [ローり] [名] -s/-s 〘鳥〙ヒインコ.

der **Lo·ri**² [ローり] [名] -s/-s 〘動〙ロリス, ドウケ〔ノロマ〕ザル.

die **Lor·ke** [ロるケ] [名] -/ 《方》薄くまずいコーヒー; 《転》思わしくない状態.

los [ロース] [形] **1.** 解かれている, 放されている, 取れている: Der Hund ist von der Kette ~. 犬が鎖を解いて放してある. **2.** 〔〈j⁴/et⁴〉カラ〕《口》解放されて〔手が切れて〕いる, (…を)厄介払いしている; (…を)無くしている: Sie ist ihren Schnupfen noch nicht ~. 彼女は鼻風邪がまだ抜けていない. Meine Einlage bin ich ~. 私は出資金を失った. **3.** (特別なことが)起きている, 始まっている: Was ist ~? 何が起こったんだ; なんだって. Im Dorf ist nichts ~. 村は退屈だ. **4.** (次の形で) mit 〈j³/et³〉 ~ sein 〈人・物・事は〉…である: Was ist mit dir ~? (君は)どうしたんだ《具合でも悪いのか》. Mit ihm ist nicht viel ~. 彼は調子が悪い〔(能力などが)たいしたことはない〕. Mit ihr ist heute nichts ~. 彼女は今日は機嫌が悪い. Damit ist nichts ~. それは役に立たない. 【慣用】**aller Sorgen los und ledig sein** 一切の心配から解放されている. **Bei 〈j³〉 ist eine Schraube los.** 《口》〈人は〉(頭の)ねじが緩んでいる《頭がおかしい》. **Da ist der Teufel 〔die Hölle〕 los.** 《口》そこは大騒ぎ〔大混乱〕だ.

——— [副] **1.** 《さまざまな行為の開始を促す号令》出発だ, 始めろ, かかれ, やれ, 撃て: Also ~! さあ行こう〔始めよう〕, さあ行け〔始めろ〕. Nun aber ~! さあ(急いで)始めろ. Achtung, fertig, ~! 位置について, 用意, どん. **2.** 《von の前置詞句とともに》(それまで属していたものから)離れて: *L*~ von Rom! ローマを離れよ《オーストリアのローマからの解放のスローガン》. **3.** 《口》《分離動詞 los|~ の動詞部分が省略された形で》: Er ist schon ~ 〔losgegangen〕. 彼はもう出発した. Ich habe die Schraube ~ 〔loggeschraubt〕. 私はねじを緩めた. Er ist auf den Mann ~ 〔losgesprungen〕. 彼はその男めがけてとびかかった.

das **Los** [ロース] [名] -es/-e **1.** くじ; くじ引き, 抽選: ein ~ ziehen くじを引く. **2.** 宝〔富〕くじ: Jedes dritte ~ gewinnt. 3枚に1枚(の券)が当りくじだ. **3.** 《口》運命. **4.** 〘経〙(商品の)一口, 一組, ロット. 【慣用】**das große Los** 大当たり.

. . los [. . ロース] [接尾] 名詞の4格または2格につけて「…のない」を表す形容詞を作る: arbeits*los* 失業中の. hoffnung*los* 望みのない.

los|ar·bei·ten [ロース・アるバイテン] [動] *h.* **1.** 〔補足なし〕働き始める. **2.** 〔auf 〈et⁴〉ヲ目指シテ〕働く, 努力する.

lös·bar [[レ]ース・バーあ] [形] 解答〔解決〕できる; 溶ける.

los|bin·den* [ロース・ビンデン] [動] *h.* **1.** 〔〈et⁴〉ノ〕鎖〔綱〕を解く《犬・小舟などの》. **2.** 〔〈j⁴〉ヲ〕解放する《捕虜などを》.

los|bre·chen* [ロース・ブれっひぇン] [動] **1.** *h.* 〔〈et⁴〉ヲ〕(ぐいっと)折り〔もぎ〕取る《枝などを》. **2.** *s.* 〔補足なし〕(突然)起こる《雷雨・歓声などが》; (不意に)折れて取れる, もげる; 急に怒鳴り出す. **3.** *s.* 〔〈[文]〉ト〕急に怒鳴り出す.

los|brül·len [ロース・ブりゅレン] [動] *h.* 〔補足なし〕大声を上げ始める; うなり出す.

losch [ロっシュ] [動] löschen²の過去形.

lösch·bar [[レ]っシュ・バーあ] [形] 消すことができる; いやすことができる.

das **Lösch·blatt** [[レ]っシュ・ブラっト] [名] -(e)s/ . . blätter 吸取紙.

lösche [[レ]っシェ] [動] löschen²の接続法2式.

der **Lösch·ei·mer** [[レ]っシュ・アイマー] [名] -s/- 消火用バケツ.

lö·schen¹ [[レ]っシェン] [動] *h.* **1.** 〔〈et⁴〉ヲ〕消す《ろうそく・火事などを》; 消和する《石灰を》; 吸取って乾かす《インクを》. **2.** 〔補足なし〕消火する: mit Schaum ~ 泡(消火器)で消火する. **3.** 〔〈et⁴〉ヲ〕消す, 抹消する《録音・記載項などを》; いやす《のどの渇きを》; 帳消し〔棒引き〕にする, 清算する《自債などを》.

lö·schen²* [[レ]っシェン] [動] er lischt ; losch ; ist geloschen 〔補足なし〕《古》消える《火・命などが》.

lö·schen³ [[レ]っシェン] [動] *h.* 〔〈et⁴〉ヲ〕〘海〙陸揚げする《積荷を》; (…の)荷降ろしをする《船の》.

der **Lö·scher** [[レ]っシャー] [名] -s/- (小型の)消火器具(Feuer~); インク吸取紙, インク吸取器.

das **Lösch·fahr·zeug** [[レ]っシュ・ふぁーあ・ツォイク] [名] -(e)s/-e 消防車.

das **Lösch·ge·rät** [[レ]っシュ・ゲれート] [名] -(e)s/-e 消火器(Feuer~).

der **Lösch·kalk** [[レ]っシュ・カルク] [名] -(e)s/-e 《[種]は種類》消石灰.

die **Lösch·mann·schaft** [[レ]っシュ・マンシャふト] [名] -/-en 消防隊.

das **Lösch·pa·pier** [[レ]っシュ・パピーあ] [名] -s/-e 《主に[単]》吸取紙.

L

Löschtrupp

der **Lösch|trupp** [L▽ッシュ・トルップ] 名 -s/-s 消防隊.
die **Löschung**¹ [L▽ッシュング] 名 -/-en 消すこと, 消火; 抹消; 清算, 帳消し.
die **Löschung**² [L▽ッシュング] 名 -/-en 〔海〕荷揚げ, 陸揚げ.
der **Lösch|zug** [L▽ッシュ・ツーク] 名 -(e)s/..züge 消防車の列.
los|drücken [ロース・ドリュッケン] 動 h. 〔博尼〕引金をひく, 発砲する.
lose [ロ-ゼ] 形 **1.** (取れそうに)緩んだ; ほどけかけ(て束ねて)いる)ばらばらの; 親密でない: ein ~r Bolzen 緩んだボルト. ~ Blätter とじてない紙片(ルーズリーフ). Der Knopf hängt nur noch ~ an der Jacke. 上着のボタンは今にも取れそうだ. **2.** ゆったりした: Die Bluse sitzt ~. そのブラウスはゆったりしている. **3.** 〔文〕ばらばらの: Häuser ~ bauen 家をあちこちに)ばらばらに建てる. 〜 ばら売りの: Lebensmittel werden kaum ~ verkauft. 食料品はほとんどばら売りはされない. **4.** 〔古〕ふしだらな; 生意気な, 不遠慮な: einen ~n Mund haben 生意気な口をきく.
die **Lose|blatt|aus|ga·be** [ロ-ゼ・ブラット・アウス・ガ-ベ] 名 -/-n 加除式出版物(ルーズリーフ式の法令集など).
das **Löse|geld** [L▽-ゼ・ゲルト] 名 -(e)s/-er 身代金.
los|eisen [ロース・アイゼン] 動 h. 〔口〕 〈j⁴〉+ 〈von 〈j³/et³〉カラ/aus 〈et³〉カラ〉 (苦労して)解放する. **2.** 〔bei 〈et³〉カラ〉+ 〈et⁴〉デ〉 (うまく)せしめて来る(お金などを).
losen¹ [ロ-ゼン] 動 h. 〔um 〈j⁴/et⁴〉ニツイテ/〈文〉デフルジェニ〉くじ(引き)で決める.
lo·sen² [ロ-ゼン] 動 h. 〔博尼〕(南独・オーストリア・スイス)(耳を澄まして)よく聞く.
lösen [L▽-ゼン] 動 h. **1.** 〈et⁴〉はがす, 離し取る, 取る; 〈et⁴〉がsich⁴の場合〉はがれる, 離れる, 取れる. **2.** 〔sich⁴+aus 〈et³〉/von 〈j³/et³〉カラ〉離れ去る, 離脱する; 〈et⁴〉緩める, ほどく; 鎮める; 〈et⁴〉がsich⁴の場合〉緩む, ほどける; 鎮まる. **4.** 〈et⁴〉解く, 解決する(問題などを); 〈et⁴〉がsich⁴の場合〉解決される. **5.** 〈et⁴〉解消する, 取消す(契約などを). **6.** 〈et⁴〉+ 〈in 〈et³〉ニ〉〉溶かす; 〈et⁴〉がsich⁴の場合〉溶ける. **7.** 〈et⁴〉発射する, 撃つ; 〈et⁴〉がsich⁴の場合〉発射される. **8.** 〔方〕買う(切符・券を). **9.** 〈et⁴〉方〕手にする(物を売ってである金額を).
los|fahren* [ロース・ファ-レン] 動 s. **1.** 〔博尼〕走り出す, 発進する, 出発する(乗り物が; 乗り物で). **2.** 〔auf 〈j⁴/et⁴〉ニ〉向かって走る(突進する)(乗り物が; 乗り物で). **3.** 〔auf 〈j⁴〉ニ〉つかみかかる, 詰め寄る(人が). **4.** 〔博尼〕いきり立つ, (急に)怒鳴りだす. **5.** 〈文〉〕怒鳴りたてる.
los|geben* [ロース・ゲ-ベン] 動 h. 〈j⁴〉 (稀) 釈放(放免)する.
los|gehen* [ロース・ゲ-エン] 動 s. **1.** 〔博尼〕歩き出す; 出かける, 出発する; 〔口〕取れる(ボタンなどが). **2.** 〔博尼〕暴発する(銃などが); 爆発する(爆弾などが). **3.** 〔auf 〈j⁴〉ニ〉つかみ(飛び)かかる. **4.** 〔auf 〈et⁴〉ニ〉向かって進む(突進する). **5.** 〔auf 〈et⁴〉ニ〉勢いよく取りかかる(仕事・試験問題などに); 邁進する(図的を). **6.** 〔auf 〈et⁴〉ニ〉〔口〕始まる(催し・騒ぎなどが). 【慣用】Geh (mir) los mit deinem Gerede! そんなはなしはやめて(ほっておいて)くれ.
los|haben* [ロース・ハ-ベン] 動 h. 〈et⁴〉心得がある.
los|kaufen [ロース・カウフェン] 動 h. 〈j⁴〉身代金を払って自由の身にする.
los|kommen* [ロース・コメン] 動 s. 〔口〕 **1.** 〔博尼〕抜け出す(職場などから), (こっちへ)出て来る; (その場から)立去る. **2.** 〔auf 〈j⁴〉ニ〉向かってやって来る. **3.** 〔von 〈j³/et³〉カラ〉自由になる, 離れる, 逃げる. **los|lachen** [ロース・ラッヘン] 動 h. 〔博尼〕突然笑い出す.
los|lassen* [ロース・ラッセン] 動 h. **1.** 〈j⁴/et⁴〉放す(持ったり握ったりしているものを). 離す, 〔…から離れる(手・目が); 〔解き〕放す(犬・鳥などを), 解放 〔釈放〕する(捕虜・囚人などを). **2.** 〈j⁴〉+ auf 〈j⁴〉〉(向けて)けしかける(猟犬を獲物に向かって); さし向ける(人を). **3.** 〈et⁴〉〕〔口〕口に出す(悪態などを), 話す; 公表する(公開質問状などを). **4.** 〈et⁴〉+ an 〈j⁴〉〉〔口〕送りつける(手紙・電報などを).
los|laufen* [ロース・ラウフェン] 動 s. **1.** 〔博尼〕走り出す. **2.** 〔auf 〈j⁴/et⁴〉目ガケテ〕走る.
los|legen [ロース・レ-ゲン] 動 h. 〔〔mit 〈et³〉〕〕〔口〕(勢い込んで)しゃべりだす; (勢い込んで)始める.
lös·lich [L▽-スリヒ] 形 可溶性の.
die **Lös·lich·keit** [L▽-スリヒカイト] 名 -/ 可溶性.
los|lösen [ロース・L▽-ゼン] 動 h. **1.** 〈et⁴〉+ 〈von 〈et³〉カラ〉〉(はがして)切り取る(切手・汚れなどを); (解いて)はずす(ロープなどを). **2.** 〔sich⁴+ 〈von 〈et³〉〕〕はがれる, 取れる, 離れる.
los|machen [ロース・マッヘン] 動 h. **1.** 〈et⁴〉〕〔口〕はずし, 離す; 解いてはずす(ロープなどを); 〔…の)綱をはずす(犬・ボートなどを). **2.** 〔博尼〕〔海〕出航〔出港〕する; 〔口〕急ぐ, さっさとやる. **3.** 〈et⁴〉+ 〈von 〈aus〉〉〕〔口〕抜け出す(職場・用事などから), 脱け出す(身体を拘束しているもの・束縛などから); …を逃れる(義務などを). 【慣用】einen (et·was) los|machen 〔口〕破目をはずして陽気に騒ぐ.
los|müssen* [ロース・ミュッセン] 動 h. 〔博尼〕〔口〕行かねばならない.
die **Los|nummer** [ロース・ヌマ-] 名 -/-n (宝)くじの番号.
los|platzen [ロース・プラッツェン] 動 s. 〔口〕 **1.** 〔〈文〉〕思わず言う. **2.** 〔博尼〕ぶっと吹き出す.
los|prusten [ロース・プルーステン] 動 h. 〔博尼〕〔口〕ぶっと吹き出す.
los|reißen* [ロース・ライセン] 動 h. **1.** 〈et⁴〉〕(凄い力で)引きはがす. **2.** 〔sich⁴+ 〈von 〈et³〉〉〕(むりやり)身体を引離す.
der **Löss** [L▽ス], **Löß** [L▽-ス] 名 Lösses[-es]/Lösse[-ge-] レス, 黄土.
los|sagen [ロース・ザ-ゲン] 動 h. 〔sich⁴+von 〈j³/et³〉〕関係を絶つ, 縁を切る, 〔…を〕捨てる.
die **Los|sagung** [ロース・ザ-グング] 名 -/-en 関係を断つ〔縁を切る〕こと.
los|schicken [ロース・シッケン] 動 h. 〔口〕 **1.** 〈et⁴〉発送する. **2.** 〈j⁴〉+ 〈um 〈et⁴〉ニ〉〉やる(買物などに).
los|schießen* [ロース・シ-セン] 動 h. 〔口〕 **1.** 〔〔mit 〈et³〉〕〕急いでしゃべり始める〔話す〕, (前置きぬきで)用件を切り出す. **2.** h. 〔博尼〕撃ち始める. **3.** 〈et⁴〉勢いよく動き出(だ)す. **4.** s. 〔auf 〈j⁴/et⁴〉ニ〉さっと跳びかかる, 向かって走りだす.
los|schimpfen [ロース・シンプフェン] 動 h. 〔博尼〕突然ののしり始める.
los|schlagen* [ロース・シュラ-ゲン] 動 h. **1.** 〈et⁴〉+ 〈von 〈et³〉カラ〉〉たたき落す〔はがす〕. **2.** 〔auf 〈j⁴〉ニ〉殴りかかる. **3.** 〈et⁴〉〕〔口〕(安く)売りさばく. **4.** 〔博尼〕〔軍〕奇襲をかける.
los|schnallen [ロース・シュナレン] 動 h. 〈j⁴/et⁴〉〕(ベルトなどの)留金をはずす.
los|schrauben [ロース・シュラウベン] 動 h. 〈et⁴〉〕ねじをはずす.
los|sprechen* [ロース・シュプレヒェン] 動 h. 〔〈j⁴〉ヲ+von 〈et³〉〕解放する(義務・責任などから).

2. 〔〈j⁴〉ニ〕〘カトリック〙罪の赦しを言渡す;〘手工〙職人〔技能工〕の資格を認定する.

die **Los·spre·chung** [ロース·シュプれっひゅング] [名] -/-en **1.** 解放;〘カトリック〙罪の赦(ゆる)し, 赦免. **2.** (資格の)認定.

los|sprin·gen* [ロース·シュプりンゲン] [動] *s.* **1.** 〘補足なし〙《口》取れて飛ぶ(ボタンなどが);《方》駆出す. **2.** 〔auf〈j⁴〉ニ〕飛びかかる.

los|steu·ern [ロース·シュトイあーン] [動] *h.* **1.** 〔auf〈j⁴/et⁴〉ニ〕向かってまっしぐらに進む. **2.** 〔auf〈et⁴〉ニ〕邁進(まいしん)する(目標などに).

los|stür·men [ロース·シュテュるメン] [動] *s.* 《口》 **1.** 〘補足なし〙急いで立去る. **2.** 〔auf〈j⁴/et⁴〉ニ向カッテ〕突進する.

der **Lost** [ロスト] [名] -(e)s/ 〘軍〙ロスト, マスタードガス(毒ガスの一種).

los|tren·nen [ロース·トれネン] [動] *h.* **1.** 〔〈et⁴〉ヲ+(von〔aus〕〈et³〉カラ)〕切離す. **2.** 〔sich⁴+(von〈et³〉カラ)〕離れる.

die **Lo·sung**[1] [ローズング] [名] -/-en 標語, スローガン;〘プロテスタント〙(日々に唱える)聖書の言葉;〘軍〙合言葉.

die **Lo·sung**[2] [ローズング] [名] -/-en 〘狩〙(獣・犬の)糞(ふん).

die **Lo·sung**[3] [ローズング] [名] -/-en 〘商〙一日の売上高.

die **Lö·sung** [㋹ーズング] [名] -/-en **1.** 解く〔ほどく〕こと, 離すこと, 解法. **2.** 解消. **3.** 解決;解答, 打開策. **4.** 〘理・化〙溶解;溶液. **5.** 《スイス》自転車〔モペット〕納税証取得.

das **Lö·sungs·mit·tel** [㋹ーズングス·ミッテル] [名] -s/- 〘理・化〙溶剤.

das **Lo·sungs·wort** [ローズングス·ヴォるト] [名] -(e)s/-e 標語, スローガン.

los|wer·den* [ロース·ヴェーあデン] [動] *s.* **1.** 〔〈j⁴〉ヲ〕(厄介なので)追払う〔出す〕. **2.** 〔〈et⁴〉ヲ〕振捨てる, 払拭(ふっしょく)する(いやな気持・考えなどを);(他人に)打明けて胸のつかえをとる. **3.** 〔〈et⁴〉ヲ〕《口》(やっと)売りさばく. **4.** 〔〈et⁴〉ヲ〕《口》取られる, なくす(財布・資格などを, かけ事・買い物などで大金を).

los|zie·hen* [ロース·ツィーエン] [動] *s.* 《口》 **1.** 〘補足なし〙出かける, 繰りだす(複数の人が). **2.** 〔über〔gegen〕〈j⁴/et⁴〉ヲ〕(さんざん)けなす, こきおろす.

das **Lot** [ロート] [名] -(e)s/-e **1.** 〘土〙下げ振り;〘海〙測鉛. **2.** ([単]のみ)〘土〙鉛直. **3.** 〘幾何〙垂線. **4.** 〘工〙蠟(ろう)(付け用合金). **5.** ([複]-)《古》ロート(重量の単位). **【慣用】**〈et⁴〉(**wieder**) **ins Lot bringen**〈事を〉元どおりに直す〔きちんとする〕.

lo·ten [ローテン] [動] *h.* **1.** 〔〈et⁴〉ヲ〕〘土〙鉛直かどうか調べる(壁などを). **2.** 〘補足なし〙〘海〙測深する.

lö·ten [㋹ーテン] [動] *h.* 〔〈et⁴〉ヲ〕〘工〙蠟(ろう)付け(で修理)する: einen ~《口・冗》一杯やる.

(*das*) **Loth·rin·gen** [ロートりンゲン] [名] -s/ 〘地名〙ロートリンゲン(フランス北東部の地方).

die **Lo·ti·on** [lotsi̯óːn ロツィオーン, lóːʃən ローシェン] [名] -/-en 〔(英語式発音)-s〕ローション.

der **Löt·kol·ben** [㋹ート·コルベン] [名] -s/- はんだ鏝(こて);《口》(酒飲みの)赤い鼻.

die **Löt·lam·pe** [㋹ート·ラムペ] [名] -/-n 蠟(ろう)付け用ブローランプ.

die **Lot·lei·ne** [ロート·ライネ] [名] -/-n 〘海〙測鉛索.

das **Löt·me·tall** [㋹ート·メタル] [名] -s/-e 蠟(ろう)付け用合金.

der **Lo·tos** [ロートス] [名] -/- **1.** 〘植〙ハス. **2.** 〘ギ神〙ロトス(食べると記憶を失うと言われる果実およびその木).

die **Lo·tos·blü·te** [ロートス·ブリューテ] [名] -/-n ハスの花.

der **Lo·tos·sitz** [ロートス·ズィッツ] [名] -es/ (ヨガの)蓮華坐.

lot·recht [ロート·れひト] [形] 垂直な, 切立った.

die **Lot·rech·te** [ロート·れひテ] [名] 《形容詞的変化》垂直線.

das **Löt·rohr** [㋹ート·ろーあ] [名] -(e)s/-e 吹管, ブローパイプ.

der **Lot·se** [ローツェ] [名] -n/-n 〘海〙水先案内;《転》(知らない町などの)案内人.

lot·sen [ローツェン] [動] *h.* **1.** 〔〈et⁴〉ヲ+〈方向〉ヘ〕〘海〙水先案内する;〘空〙誘導する(管制官が). **2.** 〔〈j⁴〉ヲ+〈方向〉ヘ〕道案内する, 導く;(口説いて)引っ張って行く.

das **Lot·sen·boot** [ローツェン·ボート] [名] -(e)s/-e 水先案内人を運ぶランチ.

der **Lot·sen·dienst** [ローツェン·ディーンスト] [名] -(e)s/-e 水先〔交通〕案内サービス.

die **Löt·stel·le** [㋹ート·シュテレ] [名] -/-n 蠟(ろう)付けされた〔される〕箇所.

(*das*) **Lott·chen** [ロットひェン] [名] 〘女名〙ロットヒェン.

(*die*) **Lot·te** [ロッテ] [名] 〘女名〙ロッテ(Charlotte の短縮形).

die **Lot·te·rie** [ロテリー] [名] -/-n 宝〔富〕くじ: (in der) ~ spielen 宝くじを買う.

der **Lot·te·rie·ein·neh·mer** [ロテリー·アイン·ネーマー] [名] -s/- 宝〔富〕くじ販売人.

das **Lot·te·rie·los** [ロテリー·ロース] [名] -es/-e 宝〔富〕くじの券.

lot·te·rig [ロッテりひ] [形] 《口》だらしない, 乱雑な.

das **Lot·ter·le·ben** [ロッター·レーベン] [名] -s/ 《蔑》だらしない生活.

lot·tern [ロッターン] [動] *h.* 〘補足なし〙《方》だらしない生活をする;《スイス》混乱する(世の中などが).

die **Lot·ter·wirt·schaft** [ロッター·ヴィるトシャふト] [名] -/ 《蔑》放漫経営.

das **Lot·to** [ロット] [名] -s/-s **1.** ナンバーくじ(一種の宝くじ). **2.** 数字〔絵〕合せゲーム.

die **Lo·tung** [ロートゥング] [名] -/-en (下げ振りで)鉛直か否かを調べること;(測鉛による)水深測量.

die **Lö·tung** [㋹ートゥング] [名] -/-en 蠟(ろう)付け.

das **Löt·was·ser** [㋹ート·ヴァッサー] [名] -s/ (蠟(ろう)付け箇所の)さび落し溶液;《口・冗》火酒.

das **Löt·zinn** [㋹ート·ツィン] [名] -(e)s/ 蠟(ろう).

der **Lou·is**[1] [lúːi ルーイ] [名] -[ルーイ(ース)]/-[ルーイース]《口》売春婦のひも.

(*der*) **Lou·is**[2] [lúːi ルーイ] [名] 〘男名〙ルーイ.

der **Lou·is·dor** [lui̯dóːr ルイドーあ] [名] -s/-e (単位を表す[複]は-)ルイドール, ルイ金貨(フランスの金貨).

das **Lou·is-qua·torze** [lwikatɔ́rz ルウィ·カトるズ] [名] -/ ルイ 14 世様式(フランスのバロック様式).

die **Lounge** [laʊntʃ ラウンチュ] [名] -/-s (ホテルなどの)ラウンジ.

love [laf ラふ] 〘英語〙〘テニス〙ラブ.

die **Love·pa·ra·de, Love-Pa·ra·de** [lʌ́vpəreɪd ラヴ·ペれイド] [名] -/-s ラブパレード(毎年ベルリンで行われる(テクノポップ)パーティ好きの若者たちの熱狂的パレード).

der **Lö·we** [㋹ーヴェ] [名] -n/-n **1.** 〘動〙(雄の)ライオン, 獅子(しし). **2.** 〘紋〙ライオン. **3.** ([単]のみ)〘天〙獅子座. **4.** 〘占〙獅子座生れの人;([単]のみ)獅子宮.

der **Lö·wen·an·teil** [㋹ーヴェン·アン·タイル] [名] -(e)s/-e 獅子(しし)の分け前, 最大〔最上〕の分け前.

der **Lö·wen·bän·di·ger** [㋹ーヴェン·ベンディガー] [名] -s/- ライオン使い〔調教師〕.

das **Lö·wen·maul** [㋹ーヴェン·マウル] [名] -(e)s/ 〘植〙キンギョソウ.

das **Lö·wen·mäul·chen** [㋹ーヴェン·モイルひェン] [名] -s/ 〘植〙キンギョソウ.

der **Lö·wen·mut** [㋹ーヴェン·ムート] [名] -(e)s/ 豪胆.

L

die **Löwen·stim·me** [レーヴェン・シュティメ] 名 -/-n 《口》(ライオンのような)大きな声.

die **Löwen·zahn** [レーヴェン・ツァーン] 名 -(e)s/《植》タンポポ.

der **Low·im·pact, Low Im·pact** [lōːˈimpɛkt ロー・インパクト] 名 -s, --s/-s, --s 《スポーツ》ローインパクト(自然への衝撃[インパクト]を最低にすること、体に無理なストレスを与えないこと、必要最低限のものですませることなど).

die **Löw·in** [レーヴィン] 名 -/-nen 雌ライオン.

lo·y·al [lɔajáːl ロアヤール] 形 忠誠心のある、忠実な；誠実な；(敵対者にも)フェアな；違法的な.

die **Lo·y·a·li·tät** [lɔajalitɛ́ːt ロアヤリテート] 名 -/-en (主に®) 忠誠(心)、誠実、誠意.

die **LP** [エルペー、エルピー] 名 -/-(s) LP(レコード) (Langspielplatte).

die **LPG** [エルペーゲー] 名 -/-(s) (旧東独の)農業生産協同組合(Landwirtschaftliche Produktionsgenossenschaft).

der **L-Plan** [エル・プラーン] 名 =Landschaftsplan 自然景観・景観計画図.

Lr [エルエル] =Lawrencium 《化》ローレンシウム(超ウラン元素の一つ).

das **LSD** [エルエスデー] 名 -(s)/ エルエスディー(幻覚促進剤).

LSF =Lichtschutzfaktor 日焼け止め率.

lt. =laut²

Lt. =Leutnant 少尉.

Lu [エルウー] =Lutetium 《化》ルテチウム.

(*das*) **Lü·beck** [リューベック] 名 -s/ 《地名》リューベック(シュレースヴィヒ＝ホルシュタイン州の都市).

Lü·becker [リューベッカー] 形 (無変化)リューベックの：das ~ Holstentor リューベックのホルステントーア(同市の城門).

lü·bisch [リュービシュ] 形 リューベックの：das *L~e* Recht リューベック法(中世の都市法).

der **Luchs** [ルクス] 名 -es/-e **1.** 《動》オオヤマネコ. **2.** オオヤマネコの毛皮. 【慣用】Augen wie ein Luchs haben 鋭い目をしている、目ざとい. wie ein Luchs aufpassen 鋭く見張る.

das **Luchs·auge** [ルクス・アウゲ] 名 -s/-n オオヤマネコの目；《転》非常な目ざとさ.

luch·sen [ルクセン] 動 *h.* **1.** 《口》《猟》油断なく目を光らせる. **2.** (auf ⟨et⟩ョ)うかがう. **3.** ⟨et⟩ッッ盗む.

die **Lücke** [リュッケ] 名 -/-n **1.** 透き間：eine ~ lassen 透き間を残す. **2.** 欠落箇所、空白、欠陥：eine ~ des Gesetzes 法の抜け穴.

der **Lücken·büßer** [リュッケン・ビューサー] 名 -s/- 穴う め役、代役、間に合わせ.

lücken·haft [リュッケンハフト] 形 透き間のある；欠陥のある、不備な.

die **Lücken·haftigkeit** [リュッケンハフティカイト] 名 -/ 透き間のあること；欠陥のあること、不完全.

lücken·los [リュッケン・ロース] 形 透き間のない；完全(無欠)な.

lud [ルート] 動 laden の過去形.

der **Lu·de** [ルーデ] 名 -n/-n **1.** 《口・蔑》娼婦のひも. **2.** 《古》浮浪者；遊び人.

lü·de [リューデ] 動 laden の接続法2式.

das **Lu·der** [ルーダー] 名 -s/- **1.** 《口》すれっからし、あばずれ；やつ、野郎. **2.** 《狩》(野獣をおびき寄せるための)死んだ動物；呼び返しおとり(鷹を呼びもどすためのハトの羽).

das **Lu·der·le·ben** [ルーダー・レーベン] 名 -s/ 《蔑》だらしのない生活.

(*der*) **Lu·dolf** [ルードルフ] 名 《男名》ルードルフ.

lu·dolfsch, Ludolf'sch, ® **Lu·dolfsch** [ルードルフシュ] 形 ルードルフの：die ~e Zahl《数》円周率(記号 π) ⇒ Pi 2.

(*der*) **Lud·wig** [ルートヴィヒ] 名 **1.** 《男名》ルートヴィヒ **2.** ~ der Deutsche ドイツ人王ルートヴィヒ(806 頃-876 年, 東フランク王). **3.** ~ II. ルートヴィヒ2世(1845-86 年, バイエルン王). **4.** ~ XIV. der Sonnenkönig 太陽王ルイ 14 世(1638-1715 年, フランス国王).

(*das*) **Lud·wigs·burg** [ルートヴィヒス・ブルク] 名 -s/ 《地名》ルートヴィヒスブルク(バーデン＝ヴュルテンベルク州の都市).

(*das*) **Lud·wigs·ha·fen am Rhein** [ルートヴィヒス・ハーフェン アム ライン] 名 -s/-/ 《地名》ルートヴィヒスハーフェン・アム・ライン(ラインラント＝プファルツ州の都市).

die **Lu·es** [ルーエス] 名 -/ 梅毒.

die **Luf·fa** [ルッファ] 名 -/-s 《植》ヘチマ.

die **Luft** [ルフト] 名 -/Lüfte **1.** (®のみ)空気、大気；外気：an die ~ gehen 戸外に出る、散歩に行く. **2.** (®は《文》)空中、空. **3.** (®は《詩》)微風、そよ風. **4.** (®の)息、呼吸：tief ~ holen 深く息を吸う. **5.** (®の)空間、すき間；余地：sich³ et·was ~ schaffen いくらか自由[活動]できるようにする. 【慣用】⟨j⟩⁴ an die (frische) Luft setzen [befördern] 《口》〈人〉をおっぱらう出す；お払い箱にする. ⟨j³⟩ bleibt die Luft weg 《口》〈人〉はあっけにとられる. Die Luft ist rein [sauber]. 《口》だれもいない、ことに大丈夫だ. ⟨j³⟩ den Atem nehmen 〈人〉の行動を制約する. Es ist dicke Luft. 《口》緊張した雰囲気だ. ⟨et¹⟩ geht [fliegt] in die Luft 〈物ュ〉爆発する. gesiebte Luft atmen 《口》刑務所にいる. in der Luft hängen [schweben] 《口》宙に浮いている、経済的に不安定である. in der Luft liegen 目前に迫っている、一般的風潮である. in die Luft gehen 《口》怒る、かっとなる. ⟨et¹⟩ ist aus der Luft gegriffen [geholt] 〈事ュ〉は根も葉もない. Luft für ⟨j⟩⁴ sein 《口》〈人ュ〉とって空気のような存在だ. per Luft 空路で. seinem Zorn Luft machen. 怒りをぶちまける. sich³ Luft machen 《口》身動きできる余裕を作る；抑えていたものをすっきり出す. sich⁴ in Luft auflösen 《口》影も形もなくなる. von Luft und Liebe leben 《口》驚くほど少食だ. wieder Luft holen können 《口》(経済的に)ひと息つく.

die **Luft·ab·wehr** [ルフト・アップ・ヴェーア] 名 -/ 《軍》(航空機による)防空；防空(飛行)部隊.

der **Luft·an·griff** [ルフト・アングリフ] 名 -(e)s/-e 《軍》空襲.

die **Luft·auf·klä·rung** [ルフト・アウフ・クレーラング] 名 -/-en 《軍》空中偵察.

die **Luft·auf·nah·me** [ルフト・アウフ・ナーメ] 名 -/-n 航空写真.

der **Luft·aus·tausch** [ルフト・アウス・タウシュ] 名 -es/ 《気》(対流などによる)空気の交流.

das **Luft·bad** [ルフト・バート] 名 -(e)s/..bäder 《古》空気浴；空気浴地.

der **Luft·bal·lon** [ルフト・バロ(ー)ン] 名 -s/-s[-e] 風船玉；気球.

der **Luft·be·feuch·ter** [ルフト・べフォイヒター] 名 -s/- 加湿器.

die **Luft·be·la·stung** [ルフト ベラストゥング] 名 -/-en 大気汚染.

die **Luft·be·we·gung** [ルフト・ベヴェーグング] 名 -/-en (主に®)《気》大気の運動[流れ]；微風.

das **Luft·bild** [ルフト・ビルト] 名 -(e)s/-er 航空写真；《詩》蜃気楼(しんきろう).

die **Luft·bla·se** [ルフト・ブラーゼ] 名 -/-n 気泡、泡.

die **Luft-Bo·den-Ra·ke·te** [ルフト・ボーデン・らケーテ] 名 -/-n 《軍》空対地ミサイル.

die **Luft·brem·se** [ルフト・ブレムゼ] 名 -/-n (主に®)

die **Luftbrücke** [ルフト・ブリュッケ] 名 -/-n (特に1948-49年のベルリン封鎖のときの) 空輸.
das **Lüftchen** [リュフトヒェン] 名 -s/- 《主に》微風.
luftdicht [ルフト・ディヒト] 形 気密の: ～ verpackt 真空パックの.
die **Luftdichte** [ルフト・ディヒテ] 名 -/ 〖理・気〗空気密度.
der **Luftdruck** [ルフト・ドるック] 名 -(e)s/ 1. 〖理〗気圧. 2. 爆風.
der **Luftdruckmesser** [ルフトドるック・メッサー] 名 -s/- 気圧計, バロメーター.
luftdurchlässig [ルフト・ドゥるひ・レッスィひ] 形 通気性のある.
lüften [リュフテン] 動 h. 1. 〖雑に〗換気する. 2. 〈et⁴〉風を通す(部屋などに); (…を)風に当てる(衣類などを). 3. 〈et⁴〉ちょっと上げる(ふた・幕・帽子などを). 4. 〈et⁴〉明かす(秘密・身分・本名などを).
der **Lüfter** [リュフター] 名 -s/- 通風機, ファン; 温風機.
die **Luftfahrt** [ルフト・ふぁーあト] 名 -/-en 1. (◎のみ)航空; 飛行(便). 2. 《稀》(気球・飛行船による)空の旅.
die **Luftfahrtgesellschaft** [ルフトふぁーあト・ゲゼルシャフト] 名 -/-en 航空会社.
das **Luftfahrzeug** [ルフト・ふぁーあ・ツォイク] 名 -(e)s/-e 航空機.
die **Luftfederung** [ルフト・ふぇーデるング] 名 -/-en 〖車〗エアサスペンション.
die **Luftfeuchtigkeit** [ルフト・ふォイヒティひカイト] 名 〖気〗大気中の湿度.
der **Luftfilter** [ルフト・ふィルター] 名 -s/- (〖工〗 das ～) エアフィルター.
die **Luftflotte** [ルフト・ふロッテ] 名 -/-n 〖軍〗飛行大隊.
die **Luftfracht** [ルフト・ふらはト] 名 -/-en 航空貨物; 航空貨物運賃.
luftgekühlt [ルフト・ゲキュールト] 形 〖工〗空冷(式)の.
luftgetrocknet [ルフト・ゲトろクネット] 形 空気乾燥させた.
das **Luftgewehr** [ルフト・ゲヴェーあ] 名 -(e)s/-e 空気銃.
der **Lufthafen** [ルフト・ハーふェン] 名 -s/..häfen (稀) = Flughafen.
die **Lufthansa** [ルフト・ハンザ] 名 -/ ルフトハンザ (Deutsche Lufthansa AG).
der **Lufthauch** [ルフト・ハウホ] 名 -(e)s/-e 《文》微風.
die **Luftheizung** [ルフト・ハイツング] 名 -/-en 温風暖房.
die **Luftherrschaft** [ルフト・へるシャフト] 名 -/ 〖軍〗制空権.
die **Lufthoheit** [ルフト・ホーハイト] 名 -/ 領空権.
die **Lufthülle** [ルフト・ヒュレ] 名 -/ (大)気圏.
luftig [ルフティひ] 形 1. 風通しの良い. 2. 周囲のひらけた, 空中高くの. 3. 通気性の良い, 薄手の. 4. 浮薄な, いい加減な.
der **Luftikus** [ルフティクス] 名 -(ses)/-se 《口・戯》軽薄な男.
der **Luftkampf** [ルフト・カムプふ] 名 -(e)s/..kämpfe 〖軍〗空中戦.
das **Luftkissen** [ルフト・キッセン] 名 -s/- 空気枕; 〖工〗エアクッション.
das **Luftkissenfahrzeug** [ルフトキッセン・ふぁーあ・ツォイク] 名 -(e)s/-e ホバークラフト.
die **Luftklappe** [ルフト・クラッペ] 名 -/-n 空気弁; (エンジンの)チョーク.

der **Luftkorridor** [ルフト・コリドーあ] 名 -s/-e 〖空〗空中回廊(国際協定に基づく航空路).
die **Luftkrankheit** [ルフト・クランクハイト] 名 -/ 航空病, 飛行機酔い.
der **Luftkrieg** [ルフト・クリーク] 名 -(e)s/-e 〖軍〗航空戦.
die **Luftkühlung** [ルフト・キュールング] 名 -/-en (主に◎)〖工〗(エンジンなどの)空冷; (部屋の)冷房.
der **Luftkurort** [ルフト・クーあ・オるト] 名 -(e)s/-e 大気療法地, (空気のよい)保養地.
die **Luftlandetruppe** [ルフト・ランデ・トるっぺ] 名 -/-n 〖軍〗空挺(くうてい)部隊.
luftleer [ルフト・レーあ] 形 真空の.
die **Luftlinie** [ルフト・リーニエ] 名 -/-n 1. (主に◎)(2地点間の)最短(直線)距離. 2. 《稀》航空会社.
die **Lüftlmalerei** [リュフトル・マーレらイ] 名 -/-en (◎のみ)(南独の)外壁絵画. 2. 外壁に描かれた絵画.
das **Luftloch** [ルフト・ろっは] 名 -(e)s/..löcher 空気口, 通気孔; 《口》エアポケット.
die **Luft-Luft-Rakete** [ルフト・ルフト・らケーテ] 名 -/-n 〖軍〗空対空ミサイル.
die **Luftmasche** [ルフト・マッシェ] 名 -/-n 〖手芸〗ピコット(かぎ針編みの編み目).
die **Luftmatratze** [ルフト・マトらっツェ] 名 -/-n エアマット.
die **Luftmine** [ルフト・ミーネ] 名 -/-n 高性能爆弾; 空中投下機雷.
der **Luftpirat** [ルフト・ピらート] 名 -en/-en ハイジャッカー.
die **Luftpiraterie** [ルフト・ピらテリー] 名 -/-n ハイジャック.
die **Luftpistole** [ルフト・ピストーレ] 名 -/-n エアピストル.
die **Luftpost** [ルフト・ポスト] 名 -/ 航空便, エアメール; mit ～ 航空便で.
der **Luftpostbrief** [ルフトポスト・ブリーふ] 名 -(e)s/-e 航空便の手紙.
die **Luftpumpe** [ルフト・プムペ] 名 -/-n 気圧ポンプ.
der **Luftraum** [ルフト・らウム] 名 -(e)s/..räume 領空.
der **Luftreifen** [ルフト・らイふェン] 名 -s/- 空気タイヤ.
die **Luftreinhaltung** [ルフト・らイン・ハルトゥング] 名 -/ 空(大)気の清浄を保つこと.
die **Luftreklame** [ルフト・れクラーメ] 名 -/-n 空中広告.
die **Luftröhre** [ルフト・れーれ] 名 -/-n 〖解〗気管.
der **Luftsack** [ルフト・ザック] 名 -(e)s/..säcke 〖車〗エアバッグ; 〖動〗鳥の気嚢(きのう).
der **Luftschacht** [ルフト・シャはト] 名 -(e)s/..schächte 空気立坑.
die **Luftschaukel** [ルフト・シャウケル] 名 -/-n 《方》(遊園地の)ボート形ブランコ.
die **Luftschicht** [ルフト・シヒト] 名 -/-en 〖気〗大気層.
das **Luftschiff** [ルフト・シふ] 名 -(e)s/-e 飛行船.
die **Luftschiffahrt, Luftschiff-Fahrt,** (旧) **Luftschiffahrt** [ルフト・シふ・ふぁーアト] 名 -/ 1. (◎のみ)飛行船による飛行. 2. 《稀》飛行船の旅.
die **Luftschlacht** [ルフト・シュラはト] 名 -/-en 空中戦.
die **Luftschlange** [ルフト・シュランゲ] 名 -/-n (主に◎)(空中に投げる色つき)紙テープ.
das **Luftschloss,** (旧) **Luftschloß** [ルフト・シュロス] 名 -es/..schlösser (主に◎)空中楼閣.
die **Luftschraube** [ルフト・シュらウベ] 名 -/-n 〖工〗プロペラ.

der **Luft·schutz** [ルフト・シュッツ] 名 -es/ 防空;防空組織.
der **Luft·schutz·bun·ker** [ルフトシュッツ・ブンカー] 名 -s/- 防空壕(ごう).
der **Luft·schutz·kel·ler** [ルフトシュッツ・ケラー] 名 -s/- 防空用地下室.
der **Luft·schutz·raum** [ルフトシュッツ・らウム] 名 -(e)s/..räume 防空待避所.
der **Luft·schutz·wart** [ルフトシュッツ・ヴァルト] 名 -(e)s/-e (第二次大戦時の)地区防空責任者.
die **Luft·sperre** [ルフト・シュぺれ] 名 -/-n 【軍】(特定空域の)飛行制限.
das **Luft·sperr·ge·biet** [ルフト・シュぺる・ゲビート] 名 -(e)s/-e 飛行禁止区域.
die **Luft·spie·ge·lung** [ルフト・シュピーゲルング] 名 -/-en 蜃気楼(しんきろう).
der **Luft·sprung** [ルフト・シュプルング] 名 -(e)s/..sprünge (喜んで)躍り上がること, 小躍り.
die **Luft·streit·kräf·te** [ルフト・シュトらイト・クれふテ] 複名 【軍】空軍.
der **Luft·strom** [ルフト・シュトローム] 名 -(e)s/..ströme 気流.
der **Luft·stütz·punkt** [ルフト・シュテュッツ・プンクト] 名 -(e)s/-e 【軍】空軍基地.
das **Luft·ta·xi** [ルフト・タクスィ] 名 -s/-s 空(そら)のタクシー(短距離の客を運ぶヘリコプター・小型機).
die **Luft·tem·pe·ra·tur** [ルフト・テムぺらトゥーあ] 名 -/-en 【気】気温.
luft·tüch·tig [ルフト・テュヒティヒ] 形 飛行準備のできた;飛行機に酔わない.
die **Lüf·tung** [リュふトゥング] 名 -/-en **1.** 換気, 風を通す(入れる)こと. **2.** 換気(通風)装置.
die **Luft·ver·än·de·rung** [ルフト・ふぇアンデるング] 名 -/-en 転地.
der **Luft·ver·kehr** [ルフト・ふぇアケーア] 名 -s/ 航空交通.
die **Luft·ver·schmut·zung** [ルフト・ふぇアシュムッツング] 名 -/-en 大気汚染.
die **Luft·ver·tei·di·gung** [ルフト・ふぇアタイディグング] 名 -/ 防空, 空の守り.
die **Luft·ver·un·rei·ni·gung** [ルフト・ふぇアウンらイニグング] 名 -/-en 大気を汚染すること;大気の汚染状態.
die **Luft·waf·fe** [ルフト・ヴァふぇ] 名 -/-n 空軍.
der **Luft·wech·sel** [ルフト・ヴェクセル] 名 -s/ 転地.
der **Luft·weg** [ルフト・ヴェーク] 名 -(e)s/-e **1.** (地のみ)空路. **2.** (地のみ)【解】気道.
der **Luft·wi·der·stand** [ルフト・ヴィーダー・シュタント] 名 -(e)s/..stände 【理】空気抵抗.
der **Luft·wir·bel** [ルフト・ヴィルベル] 名 -s/- 気流の渦, 乱気流.
der **Luft·zie·gel** [ルフト・ツィーゲル] 名 -s/- 日干しれんが.
die **Luft·zu·fuhr** [ルフト・ツー・ふーあ] 名 -/ 給気, 通気.
der **Luft·zug** [ルフト・ツーク] 名 -(e)s/..züge (主に地)空気の流れ, (透き間)風.
(der) **Lug** [ルーク] 名 (《次の形で》) ~ und Trug (文) うそ偽り.
die **Lu·ga·ne·se** [ルガネーゼ] 名 -n/-n ルガーノ市民.
(das) **Lu·ga·no** [ルガーノ] 名 -s/ 【地名】ルガーノ(スイスの保養地).
die **Lü·ge** [リューゲ] 名 -/-n 嘘(うそ), 偽り. 【慣用】eine fromme Lüge 善意の嘘. ⟨j³⟩ Lügen strafen ⟨人の⟩嘘を証明する.
lu·gen [ルーゲン] 動 h. (《方向》)(から) (文・古) 窺(うかが)う, 覗(のぞ)く, 注視する;(物が主語)覗いて(見えて)いる.
lü·gen* [リューゲン] 動 log; hat gelogen **1.** (補足なし) 嘘(うそ)をつく, 偽りを言う. **2.** (《又》) 嘘をつく, 偽る. **3.** (《et⁴》) 偽って言う. 【慣用】das Blaue vom Himmel lügen (口) 真っ赤な嘘をつく. lügen, dass sich⁴ die Balken biegen (口) 途方もない嘘をつく. wie gedruckt lügen (口) 途方もない嘘をつく.
der **Lü·gen·de·tek·tor** [リューゲン・デテクトーあ] 名 -s/-en 嘘発見器.
das **Lü·gen·ge·bäu·de** [リューゲン・ゲボイデ] 名 -s/- Lügengespinst.
die **Lü·gen·ge·schich·te** [リューゲン・ゲシヒテ] 名 -/-n 嘘の話, 作り話.
das **Lü·gen·ge·spinst** [リューゲン・ゲシュピンスト] 名 -(e)s/-e (文) 嘘で塗り固めた話, 嘘八百.
das **Lü·gen·ge·we·be** [リューゲン・ゲヴェーベ] 名 -s/- = Lügengespinst.
lü·gen·haft [リューゲンハふト] 形 (蔑) 虚偽の; 嘘つきの.
die **Lü·gen·haf·tig·keit** [リューゲンハふティヒカイト] 名 -/ 虚偽, 偽り.
das **Lü·gen·maul** [リューゲン・マウル] 名 -(e)s/..mäuler (口・蔑)((罵))(も)嘘つき.
der **Lüg·ner** [リューグナー] 名 -s/- 嘘つき.
lüg·ne·risch [リューグネリシュ] 形 (蔑) 虚偽の; 嘘つきの.
(das) **Lu·is·chen** [ルイースヒェン] 名 【女名】ルイースヒェン.
(die) **Lu·i·se** [ルイーゼ] 名 【女名】ルイーゼ.
(der) **Lu·kács** [lúkaːtʃ ルカーチュ] 名 【人名】ルカーチ (Georg (von) ~, 1885-1971, ハンガリーの文芸学者).
die **Lu·kar·ne** [ルカルネ] 名 -/-n **1.** (方) 天窓. **2.** 【建】(特にフランス後期ゴシック宮殿の)天窓付き屋根裏部屋.
(der) **Lu·kas** [ルーカス] 名 **1.** 【男名】ルーカス. **2.** 【新約】ルカ(聖人): das Evangelium des ~ ルカ福音書.
das **Lu·kas·evan·ge·li·um** [ルーカス・エヴァンゲーリウム] 名 -s/ ルカ福音書.
die **Lu·ke** [ルーケ] 名 -/-n **1.** 天窓 (Dach~). **2.** (船の)ハッチ. **3.** (北独)側の窓のよろい戸.
lu·kra·tiv [ルクらティーふ] 形 割のよい.
lu·kul·lisch [ルクリシュ] 形 ぜいたくな.
der **Lu·latsch** [luːlaːtʃ ルーラ(ー)チュ] 名 -(e)s/-e (口) のろまなのっぽ (の若者): ein langer ~ ウドの大木.
lul·len [ルレン] 動 h. **1.** ⟨j⁴.ッッ+in⟨et³⟩=⟩引入れる, つかせる (小声で歌ったり, 話したりしてある状態に): das Kind in den Schlaf ~ 子守歌をうたって子供を寝かしつける. **2.** (幼児)(方)小便をする. **3.** ⟨an⟨et³⟩ッッ⟩(方)吸う, しゃぶる (幼児が).
die **Lum·ba·go** [ルムバーゴ] 名 -/ 【医】腰痛.
die **Lum·bal·an·äs·the·sie** [ルムバール・アンエステズィー] 名 -/-n 【医】腰椎(ようつい) 麻酔.
die **Lum·bal·punk·ti·on** [ルムバール・プンクツィオーン] 名 -/-en 【医】腰椎穿刺(せんし).
lum·be·cken [ルムベッケン] 動 h. ⟨et⁴⟩ 【製本】ルムベック法で製本する, 無線とじる.
der **Lum·ber·jack** [lámbərdʒɛk ラムバー・ヂェック] 名 -s/-s ランバージャケット.
das **Lu·men** [ルーメン] 名 -s/-{..mina} **1.** 【理】ルーメン (光束の単位, 記号 lm). **2.** 【医・生】内腔; 内径. **3.** (古) 賢者.
die **Lu·mi·nes·zenz** [ルミネスツェンツ] 名 -/-en 【理】ルミネセンス (蛍光・燐光(りんこう)など).
die **Lu·mi·nes·zenz·di·o·de** [ルミネスツェンツ・ディ・オーデ] 名 -/-n 発光ダイオード.
lu·mi·nes·zie·ren [ルミネスツィーれン] 動 h. (補足なし) 【理】ルミネセンスを発する.
lu·mi·nös [ルミネース] 形 明るい; すぐれた.

der **Lüm·mel** [リュメル] 名 -s/- **1.**《蔑》粗野な〔柄の悪い〕男〔若者〕;《口》若僧,兄(鯵)ちゃん. **2.**《口》ペニス.

die **Lüm·me·lei** [リュメライ] 名 -/-en《蔑》柄の悪さ,無作法な態度.

lüm·mel·haft [リュメルハフト] 形《蔑》無作法な,粗野な.

lüm·meln [リュメルン] 動 h. (sich⁴+〈方向〉₂)《口・蔑》だらしなく座る〔寝そべる〕.

die **Lüm·mel·tü·te** [リュメル・テューテ] 名 -/-n《口》コンドーム.

der **Lump** [ルンプ] 名 -en/-en《蔑》ろくでなし.

lum·pen [ルムペン] 動《隱》《口》のらくらと〔怠けて〕暮す,飲み〔遊び〕ほうける.【慣用】sich⁴ nicht **lumpen lassen** 気前のいいところを見せる.

der **Lum·pen** [ルムペン] 名 -s/- **1.** ぼろ(きれ);《口》《方》ぞうきん;《主に懃》《蔑》ぼろ服: in ~ ぼろを着て.

das **Lum·pen·ge·sin·del** [ルムベン・ゲジンデル] 名 -s/《蔑》ごろつき共.

der **Lum·pen·händ·ler** [ルムペン・ヘンドラー] 名 -s/- 古物商.

der **Lum·pen·hund** [ルムペン・フント] 名 -(e)s/-e 《蔑》ごろつき.

der **Lum·pen·kerl** [ルムベン・ケルル] 名 -(e)s/-e《蔑》ごろつき.

das **Lum·pen·pack** [ルムベン・バック] 名 -(e)s/ = Lumpengesindel.

das **Lum·pen·pro·le·ta·ri·at** [ルムペン・プロレタリアート] 名 -(e)s/《マル主義》ルンペン・プロレタリアート.

der **Lum·pen·samm·ler** [ルムペン・ザムラー] 名 -s/- **1.**《古》くず屋. **2.**《冗》最終電.

die **Lum·pe·rei** [ルムペらィ] 名 -/-en **1.**《蔑》下劣な行為〔仕方〕. **2.**《口》《主に懃》つまらないこと.

lum·pig [ルムビヒ] 形 **1.**《蔑》卑劣〔下劣〕な. **2.**《口・蔑》ごくわずかの. **3.**《稀》みすぼらしい.

(*die*) **Lu·na** [ルーナ] 名 -/（前置の 2 格は -s) **1.**〔ロ神〕ルナ(月の女神). **2.**《詩》(擬人化された)月.

lu·nar [ルナール] 形《天》月の.

lu·na·risch [ルナーリシュ] 形《古》=lunar.

das **Lu·na·ri·um** [ルナーリウム] 名 -s/..rien《天》ルナリウム,太陰運行儀.

der **Lu·na·tis·mus** [ルナティスムス] 名 -/《医》夢遊病.

der **Lunch** [lanʃ ランシュ, lantʃ ランチュ] 名 -(e)s/-(e)s[-e] (軽い)昼食,ランチ.

lun·chen [lánʃən ランシェン, lántʃən ランチェン] 動 h.《懃》(軽い)昼食をとる.

das **Lunch·paket** [ランシュ・パケート, ランチェ・バケート] 名 -(e)s/-e (遠足などの参加者のための)弁当.

(*das*) **Lü·ne·burg** [リューネ・ブルク] 名 -/〔地名〕リューネブルク(ニーダーザクセン州の都市とその地方).

Lü·ne·bur·ger [リューネ・ブルガー] 形《無変化》リューネブルクの: die ~ Heide リューネブルクの荒野.

die **Lü·net·te** [リュネッテ] 名 -/-n【建】(窓・扉の上の)半円形の壁;【工】(旋盤などの)振れ止め.

die **Lun·ge** [ルンゲ] 名 -/-n 肺, 肺臓.【慣用】**eiserne Lunge**【医】鉄の肺. **grüne Lunge** 緑地帯.

der **Lun·gen·au·to·mat** [ルンゲン・アウトマート] 名 -en/-en レギュレーター(スキューバの呼吸ガス供給器).

das **Lun·gen·bläs·chen** [ルンゲン・ブレースヒェン] 名 -s/- (主に懃)【解】肺胞.

das **Lun·gen·em·phy·sem** [ルンゲン・エムふぇゼーム] 名 -s/-e【医】肺気腫(蕩).

die **Lun·gen·ent·zün·dung** [ルンゲン・エントツュンドゥング] 名 -/-en 肺炎.

der **Lun·gen·fisch** [ルンゲン・ふぃッシュ] 名 -(e)s/-e (主に懃)【魚】肺魚.

der **Lun·gen·flü·gel** [ルンゲン・ふリューゲル] 名 -s/-【解】肺翼.

der **Lun·gen·in·farkt** [ルンゲン・インふァるクト] 名 -(e)s/-e【医】肺梗塞(読).

lun·gen·krank [ルンゲン・クランク] 形 肺病の.

die **Lun·gen·krank·heit** [ルンゲン・クランクハイト] 名 -/-en 肺の病気.

der **Lun·gen·krebs** [ルンゲン・クれープス] 名 -es/ 肺癌(潔).

die **Lun·gen·schwind·sucht** [ルンゲン・シュヴィントズふト] 名 -/《古》肺病(Lungentuberkuloseの俗語).

die **Lun·gen·spit·ze** [ルンゲン・シュピッツェ] 名 -/-n 肺尖(江).

die **Lun·gen·tu·ber·ku·lo·se** [ルンゲン・トゥベるクローゼ] 名 -/ 肺結核.

lun·gern [ルンガーン] 動 h.〈場所〉ᴅ(ᴢᴜ)《稀》ぶらぶらしている,たむろする.

der **Lun·ker** [ルンカー] 名 -s/- (鋳物の)引け巣, 鋳巣.

die **Lün·se** [リュンゼ] 名 -/-n 車軸のピン.

die **Lun·te** [ルンテ] 名 -/-n 火縄;〔狩〕(狐・貂(ಜ)の)尾;【紡】(よりを少しかけた)粗糸.【慣用】**die Lunte ans Pulverfass legen** 争い〔険悪な事態〕に火をつけることをする. **Lunte riechen**《口》臭い〔おかしい〕と思う.

die **Lu·nu·la** [ルーヌラ] 名 -/..lae [..レ] (..nulen [ルヌーレン]) **1.** (青銅期時代の)半円形の首飾り. **2.**〔ᴋᴀᴛʜ〕半円形聖体納器. **3.**【解】(爪の)半月.

die **Lu·pe** [ルーペ] 名 -/-n 虫眼鏡, 拡大鏡, ルーペ.【慣用】〈j¹/et³〉**unter die Lupe nehmen**〈人・物〉を細かく調べる.

lu·pen·rein [ルーペン・ライン] 形 **1.** 拡大鏡で見ても)まったく無傷の. **2.** 完璧な,模範的な.

die **Lu·pi·ne** [ルピーネ] 名 -/-n【植】ルピナス.

die **Lup·pe** [ルッペ] 名 -/【鋳】粒鉄.

der **Lurch** [ルるヒ] 名 -(e)s/-e 両生類.

die **Lu·re** [ルーれ] 名 -/-n ルーレ(ゲルマン時代のS字形管楽器).

das **Lu·rex** [ルーれクス] 名 -/〔商標〕ルーレクス(メタリック繊維の糸〔布〕).

die **Lu·sche** [ルッシェ] 名 -/-n《口》**1.** (トランプで)点数にならないカード. **2.**《方・蔑》だらしのない人, ふしだらな女; 売春婦. **3.**《方》紙巻タバコ.

der **Lu·ser** [ルーザー] 名 -s/-〔狩〕=Lauscher².

die **Lust** [ルスト] 名 -/Lüste **1.** (⑬のみ)(…)したい気持, 欲求: große ~ auf〈et⁴〉haben〈物ᴀ〉欲しくてたまらない. große ~ zu〈et³〉haben〈事ᴅ〉したくてたまらない. ~/keine ~ haben,〈et⁴〉zu tun〈事ᴀ〉したい気がする/する気がない. **2.** (⑬のみ)快い感情, 喜び, 楽しみ: ~ an〈et³〉haben〈事ᴅ〉楽しい. **3.**《文》(性的)欲求, 情欲(Fleisches~), (感覚的)欲望; (性的)快楽.【慣用】**Lust und Liebe** 非常な愛着. **nach Lust und Laune** 気の向くままに.

die **Lust·bar·keit** [ルストバーかイト] 名 -/-en《文・古》楽しい催し(行事).

der **Lu·ster** [ルスター] 名 -s/-(ᴏ̈sᴛʀ)=Lüster 1.

der **Lüs·ter** [リュスター] 名 -s/- **1.** シャンデリア. **2.** (うわ楽による)光沢;【織】ラスター(光沢のある綿織物);【製革】つや出し(仕上げ加工).

lüs·tern [リュスターン] 形《文》**1.** 〔(auf〈et⁴〉ᴅ/nach〈et³〉ᴅ〕欲しがっている: ~ auf Obst sein 果物が食べたくてならない. mit ~en Blicken 物欲しそうな目つきで. **2.** 好色な, みだらな.

die **Lüs·tern·heit** [リュスターンハイト] 名 -/《文》みだらさ, 好色;物欲しそうであること.

die **Lust·fahrt** [ルスト・ふぁーあト] 名 -/-en《古》行楽の旅.

der **Lust·gar·ten** [ルスト・ガるテン] [名] -s/..gärten (昔の)遊歩庭園.

das **Lust·haus** [ルスト・ハウス] [名] -es/..häuser 園亭.

lus·tig [ルスティひ] [形] **1.** 陽気な, 愉快な：die ~*e* Person 〘劇〙道化役. **2.** (愉快にさせる)面白い. **3.** 平気で, 無神経に. **【慣用】sich[4] über ⟨j[4]/et[4]⟩ lustig machen** ⟨人・物・事を⟩笑い草にする. **solange/wie ⟨j[1]⟩ lustig ist** ((口))⟨人が⟩好きなだけ/気の向くように. **wozu ⟨j[1]⟩ lustig ist** ⟨人が⟩したいこと.

die **Lus·tig·keit** [ルスティひカイト] [名] -/ 愉快なこと, 陽気.

der **Lust·kna·be** [ルスト・クナーベ] [名] -n/-n ((文))稚児(男色の対象となる少年).

der **Lüst·ling** [リュストリング] [名] -s/-e ((古・蔑))好色家.

lust·los [ルスト・ロース] [形] **1.** 気乗りのしない, やる気のない. **2.** 〘商〙買い気のない.

die **Lust·lo·sig·keit** [ルスト・ローズィひカイト] [名] -/ やる気のなさ.

der **Lust·molch** [ルスト・モルひ] [名] -(e)s/-e ((口))((冗)も有)好色漢.

der **Lust·mord** [ルスト・モるト] [名] -(e)s/-e 色情性殺人.

das **Lust·ob·jekt** [ルスト・オプイェクト] [名] -(e)s/-e 性的快楽の対象.

das **Lus·trum** [ルストるム] [名] -s/..stra 〔..stren〕(古代ローマで)五年間;(古代ローマの五年毎の大祓(おおはらえ)の)いけにえの獣.

das **Lust·schloss,** [旧]**Lust·schloß** [ルスト・シュロス] [名] -es/..schlösser 離宮, 夏の居館.

die **Lust·seu·che** [ルスト・ゾイひぇ] [名] -/ **1.** ([単]のみ)((古))梅毒. **2.** ((文))性病.

das **Lust·spiel** [ルスト・シュピール] [名] -(e)s/-e **1.** ([単]のみ)喜劇(ジャンル). **2.** 喜劇(作品).

lust·wan·deln [ルスト・ヴァンデルン] [動] *s.*〔*h.*〕〔⟨場所⟩ヲ〕((文・古))散策する(庭園の中などを).

das **Lu·te·ti·um** [ルテーツィウム] [名] -s/ 〘化〙ルテチウム(記号 Lu).

(*der*) **Lu·ther** [ルっター] [名] 〘人名〙ルター(Martin ~, 1483-1546, 宗教改革者).

der **Lu·the·ra·ner** [ルテらーナー] [名] -s/- 〘キ教〙ルター派の人.

das **Lu·ther·deutsch** [ルっター・ドイチュ] [名] -(s)/ 〘言〙ルター・ドイツ語(ルターの聖書翻訳のドイツ語).

lu·the·risch [ルっテりシュ] [形] ルター(派)の, ルーテル教会の：die ~*e* Reformation ルターの宗教改革. die ~*e* 〔Luther'sche〕 Bibelübersetzung ルターの聖書翻訳.

der **Lu·ther·rock** [ルっター・ろっク] [名] -(e)s/..röcke (福音ルター派の牧師の)黒い詰襟の僧服.

die **Lu·ther·ro·se** [ルっター・ろーゼ] [名] -/-n ルターの薔薇(ばら)(白薔薇の中に黒い十字架つきの赤いハートがある紋章).

das **Lu·ther·tum** [ルっタートゥーム] [名] -s/ 〘キ教〙ルター主義;ルター派の教義.

lut·schen [ルっチェン] [動] *h.* **1.** 〔⟨et[4]⟩ヲ〕(口の中で)しゃぶる(あめなどを), なめて食べる(アイスクリームなどを). **2.** 〔an ⟨et[3]⟩ヲ〕(口にくわえて)しゃぶる(指・おしゃぶりなどを).

der **Lut·scher** [ルっチャー] [名] -s/- 棒つきキャンデー;(哺乳瓶の)乳首;((口))(赤ん坊用)おしゃぶり.

die **Lut·te** [ルっテ] [名] -/-n 〘鉱〙風管.

(*das*) **Lüt·tich** [リュっティひ] [名] -s/ 〘地名〙リエージュ(ベルギーの都市).

der **Lutz** [ルっツ] [名] -/- (フィギュアスケートの)ルッツジャンプ.

die **Luv**[1] [ルーふ] [名] -/ (das ~ -s/ も有;主に無冠詞)〘海〙風上：in ~ 風上に. nach ~ 風上へ.

das **Luv**[2] [ルーふ] [名] -s/ 〘地〙風上：im ~ der Alpen アルプスの風上で.

lu·ven [ルーふぇン, ルーヴェン] [動] *h.* 〔補足なし〕〘海〙船首を風上へ向ける;風上に向く(船が).

die **Luv·sei·te** [ルーふ・ザイテ] [名] -/ 〘海・地〙風上側.

das **Lux** [ルクス] [名] -/- 〘理〙ルクス(照度の単位. 記号 lx).

die **Lu·xa·ti·on** [ルクサツィオーン] [名] -/-en 〘医〙脱臼.

(*die*) **Lu·xem·burg**[1] [ルクセムブるク] [名] 〘人名〙ルクセンブルク(Rosa ~, 1870-1919, 女性社会主義者).

(*das*) **Lu·xem·burg**[2] [ルクセムブるク] [名] -s/ 〘国名・地名〙ルクセンブルク.

der **Lu·xem·bur·ger** [ルクセムブるガー] [名] -s/- ルクセンブルク人〔市民〕.

lu·xie·ren [ルクスィーれン] [動] *h.* 〔⟨et[4]⟩ヲ〕〘医〙脱臼する.

das **Lux·me·ter** [ルクス・メーター] [名] -s/- 照度計.

lu·xu·rie·ren [ルクスりーれン] [動] *h.* **1.** 〔補足なし〕((古))ぜいたくに暮す. **2.** 〔補足なし〕〘生〙雑種強勢を示す;異常に発達する.

lu·xu·ri·ös [ルクスりエース] [形] 豪華な, 贅沢(ぜいたく)な, デラックスな.

der **Lu·xus** [ルクスス] [名] -/ 贅沢(ぜいたく).

der **Lu·xus·ar·ti·kel** [ルクスス・アるティ(ー)ケル] [名] -s/- 贅沢(ぜいたく)品.

die **Lu·xus·aus·ga·be** [ルクスス・アウス・ガーベ] [名] -/-n (本の)豪華版.

der **Lu·xus·damp·fer** [ルクスス・ダムプふぁー] [名] -s/- 豪華客船.

das **Lu·xus·ho·tel** [ルクスス・ホテル] [名] -s/-s 豪華ホテル.

die **Lu·xus·steu·er** [ルクスス・シュトイあー] [名] -/-n 奢侈(しゃし)税.

(*das*) **Lu·zern** [ルツェるン] [名] -s/ 〘地名〙ルツェルン(①スイスの州. ②同州の州都).

die **Lu·zer·ne** [ルツェるネ] [名] -/-n 〘植〙ムラサキウマゴヤシ.

(*die*) **Lu·zia** [ルーツィア] [名] 〘女名〙ルーツィア.

lu·zid [ルツィート] [形] 明解な;((古))明るい.

der **Lu·zi·fer** [ルーツィふぇる] [名] -s/ **1.** (主に無冠詞)ルシフェル, ルツィファー(悪魔の長). **2.** 明けの明星, 金星.

das **Lu·zi·fe·rin** [ルツィふぇりーン] [名] -s/-e 〘化・生〙ルシフェリン(蛍などの発光素).

lu·zi·fe·risch [ルツィふぇーりシュ] [形] 悪魔のような.

lx ＝Lux〘理〙ルクス.

(*die*) **Ly·dia** [リューディア] [名] 〘女名〙リューディア.

(*das*) **Ly·di·en** [リューディエン] [名] -s/ 〘地名〙リディア(古代, 小アジアの国).

der **Ly·di·er** [リューディあー] [名] -s/- リディア人.

ly·disch [リューディシュ] [形] リュディア(人・語)の.

lym·pha·tisch [リュムふぁーティシュ] [形] 〘医〙リンパ(液)の, リンパ管〔節〕の.

die **Lymph·drü·se** [リュムふ・ドりゅーゼ] [名] -/-n 〘医〙((古))リンパ腺(Lymphknoten).

die **Lym·phe** [リュムふぇ] [名] -/-n 〘医〙 **1.** リンパ液. **2.** 牛痘苗.

das **Lymph·ge·fäß** [リュムふ・ゲふぇース] [名] -es/-e 〘医〙リンパ管.

der **Lymph·kno·ten** [リュムふ・クノーテン] [名] -s/- 〘医〙リンパ節.

das **Lym·phom** [リュムふぉーム] [名] -s/-e 〘医〙リンパ腫(しゅ).

der **Lym·pho·zyt** [リュムふぉ・ツュート] [名] -en/-en (主に[複])〘医〙リンパ球.

lyn·chen [lýn.. リュンひぇン, lín.. リンひぇン] [動] *h.* 〔⟨j[4]⟩

ニ】私刑〔リンチ〕を加える.
die **Lynch·jus·tiz** [リュンひ・ユスティーツ, リンひ・ユスティーツ] [名] -/ 私刑, リンチ.
der **Lynch·mord** [リュンひ・モるト, リンひ・モるト] [名] -(e)s/ -e リンチ殺人.
die **Ly·o·phi·li·sa·ti·on** [リュオ・ふぃリザツィオーン] [名] -/ -en 凍結乾燥.
die **Ly·ra** [リューら] [名] -/..ren **1.** リラ(①古代ギリシアのたて琴. ②ヴァイオリン属の古楽器. ③ハーディ・ガーディ. ④リール・ギタール. ⑤(軍楽隊用の)鉄琴, グロッケンシュピール). **2.** (《単のみ》)〖天〗琴座.
die **Ly·rik** [リューりっク] [名] -/ 叙情詩.
der **Ly·ri·ker** [リューりカー] [名] -s/- 叙情詩人.
ly·risch [リューりシュ] [形] **1.** 叙情詩の. **2.** 叙情的な. **3.** 〖音〗リリックな. **4.** 情緒たっぷりの, 感傷的な.
die **Ly·se** [リューゼ] [名] -/-n **1.** =Lysis. **2.** 〖化〗溶解.
die **Ly·sis** [リューズィス] [名] -/..sen **1.** 〖医〗(熱の)消散. **2.** 〖医・生〗(細胞の)溶解. **3.** 〖心〗人格の崩壊.
das **Ly·sol** [リュゾール] [名] -s/ 〖商標〗リゾール《消毒殺菌剤》.
das **Ly·ze·um** [リュツェーウム] [名] -s/..zeen [..ツェーエン] **1.** 《古》女子高等学校. **2.** 《スイス》(ギムナジウムの)上級学年.

L

M

das **m**[1], **M**[1] [ɛm エム] [名] -/- (《口》-s/-s)ドイツ語アルファベットの第 13 字.

m[2] **1.** ＝Meter メートル. **2.** ＝Milli.. ミリ…. **3.** ＝Minute〘天〙分(表記は..ᵐ).

M[2] **1.** ＝Mach 〘理〙マッハ(音速の単位). **2.** ＝Machzahl〘理〙マッハ数. **3.** ＝Mark マルク(ドイツの旧貨幣単位＝100 Pfennig). **4.** mega.. メガ…. **5.** ＝Mille (ローマ数字)1000. **6.** ＝Magnitude〘地〙マグニチュード. **7.** ＝medium エム(服のサイズ).

m. ＝Maskulinum〘言〙男性名詞.

m^2 ＝Quadratmeter 平方メートル.

m^3 ＝Kubikmeter 立方メートル.

M. ＝〘フランス語〙Monsieur …さん, …氏, …様.

μ [myː ミュー] ＝Mikron ミクロン.

mA ＝Milliampere〘電〙ミリアンペア.

Ma ＝Mach〘理〙マッハ(音速の単位).

ma. ＝mittelalterlich 中世の.

MA. ＝Mittelalter 中世.

M. A. **1.** ＝Magister Artium マギステルアルティウム(自由(学芸)七科のマギスター保持者). **2.** [ɛméɪ エムエイ]＝Master of Arts マスターオブアーツ, 文学修士(号).

der **Mä·an·der** [メアンダー] [名] -s/- 〘地〙(川の)曲流, 蛇行(だこう);〘芸術学〙ギリシア雷文(らいもん), メアンダー.

das **Maar** [マーあ] [名] -(e)s/-e〘地〙マール(火山の小火口, 火口湖).

die **Maas** [マース] [名] -/ 〘川名〙マース川(フランス・ベルギー・オランダを流れ北海に注ぐ).

der **Maas·trịch·ter Ver·trag** [マーストりひター ふぇあトらーク] [名] -(e)s/ マーストリヒト条約(1992 年. ヨーロッパ連合のための条約).

der **Maat** [マート] [名] -(e)s/-e〔-en〕 **1.** (海軍の)三等兵曹(人;(単のみ)位). **2.** 〘海〙(帆船の)操舵〔甲板長〕助手.

die **Mạc·chie** [mákiə マッキエ] [名] -/-n マキ(地中海地方の低木密林).

das **Mạch** [マっは] [名] -(s)/- 〘理〙マッハ(音速の単位. 記号 Ma, M).

die **Mạch·art** [マっは・アーあト] [名] -/-en 作り(方), デザイン, 仕立て.

mạch·bar [マっは・バーあ] [形] 実現できる;思いどおりに操作できる.

die **Mạ·che** [マっへ] [名] -/ (口・蔑)見せかけ, 取り繕い;(ジャーゴン)(文芸作品の)作り, 体裁. **【慣用】** 〈et^4〉 **in der Mache haben**《口》〈物を〉製作中である〔作っている〕. 〈et^4〉 **in die Mache nehmen**《口》〈物の〉製作にとりかかる. 〈j^4〉 **in der Mache haben**《口》〈人を〉さんざん殴る;〈人を〉しつこく責める.

mạ·chen [マっヘン] [動] *h.* (不定詞とともに使用される場合,完了形では過去分詞はまれに machen) **1.** 〔〈et^4〉ヲ〕作る, 作成する, 製造する, 仕立てる:〈et^4〉 in Handarbeit ～ 〈物を〉手仕事で作る. von der Akte einige Kopien ～ その書類から二三部コピーを作成する. (しばしば他の動詞の代りに用いられて)Dramen ～ 戯曲を作る. viele Lieder ～ 多くの歌曲を作る. ein Haus ～ 一軒の家を作る. ein Foto von ihr ～ 彼女の写真を作成する. Essen ～ 食事を作る. eine Tasse Kaffee ～ コーヒーを一杯いれる. $sich^3$ einen Anzug ～ lassen 自分の背広を作らせる. (本来の意味が薄れて) das Bett ～ (使用した)ベッドを整える. das Schlafzimmer ～ 寝室を片づける〔整理する〕. $sich^3$ die Haare ～《口》自分の髪を整える〔セットする〕. den Wagen in der Werkstatt ～ lassen 車を修理工場で修理させる. **2.** 〔(〈j^3〉ニ)＋〈j^4/et^4〉ヲ〕生じさせる, もたらす, 引起こす(ある現象などを);かける(面倒などを):〈j^3〉 Schwierigkeiten ～〈人を〉てこずらせる. 〈j^3〉 viel Arbeit ～〈人に〉大変手数をかける. einen Flecken in die Bluse ～ ブラウスに染みを作る. *M*～ Sie sich keine Mühe! お構いなく. Er *machte* sich mit seiner Aufrichtigkeit viele Freunde. 彼は率直さで多くの友人を作った. (しばしば他の動詞の代りに用いられて)〈j^3〉 Sorgen/Freude ～〈人に〉心配をかける/喜びをもたらす. Staub ～ ほこりをたてる. (本来の意味が薄れて)Lärm ～ 大騒ぎをしている. 〈j^3〉 Mut ～〈人を〉勇気づける. Musik ～ 音楽を演奏する〔流す〕. großen Eindruck auf 〈j^4〉 ～〈人に〉大きな印象を与える. **3.** 〔〈et^4〉ヲ〕 **a.** する, 行う, 実行する, (…に)する;(…を)する(顔つきなど): Dienst ～ 勤務する. Propaganda ～ 宣伝(活動)を行う. (eine) Pause ～ 休憩にする. Feierabend ～ (その日の)仕事じまいにする. ein erstauntes Gesicht ～ びっくりした顔をする. Er *macht* ihr schöne Augen. 彼は彼女に色目を使う. (しばしば他の動詞の代りに用いられて)ein Examen ～ 試験を受ける. Urlaub ～ 休暇を取る. (本来の意味が薄れて) einen Spaziergang ～ 散歩する. bei 〈j^3〉 einen Besuch ～〈人を〉訪問する. 〈et^3〉 ein Ende ～〈事を〉終らせる. ein Komma ～ コンマを打つ. 〈et^4〉 zu Geld ～〈物を〉換金する〔売る〕. 〈j^3〉 Platz ～〈人に〉座る〔通り過ぎる〕場所を空ける. **b.** する, している: Was *machst* du da? そこでおまえは何をしているんだ. Was *machst* du mit diesen alten Schallplatten? 君はこれらの古いレコードをどうするんだ. Das lässt sich ～. そうすることはできる. *Mach* was dran!《口》残念ながらそうなんだ. Mit mir könnt ihr es ja ～!《口》勝手にばかにするがいい. Das *macht* man doch nicht. そんなことはするものではない. (〈et^4〉なしで) *M*～ wir! さあ, しよう. Lass mich nur ～!《口》私にまかせろ. Er *macht* sowieso nicht mehr lang.《口》彼はどっちみちもう長くは(生きられ)ない. Wird *gemacht*!《口》かしこまりました. (本来の意味が薄れて) Was ～ Ihre Kinder? (あなたの)お子さんたちはどうしていますか. Was *macht* Ihre Arbeit? あなたの仕事の具合はどうですか. *Mach's* gut!《口》元気でね(別れのあいさつ). Also bekomme ich die Hälfte des Gewinns, *gemacht*? ではぼくが利益の半分をもらう, それでいいね. **4.** 〔〈j^4/et^4〉ヲ＋〈[形]〉ニ〕させる, する: 〈j^4〉 müde ～〈人を〉疲れさせる. 〈et^4〉 schmutzig/sauber ～〈物を〉汚す/きれいにする. Bitte, ～ Sie es sich bequem! どうぞお楽になさって下さい. Sie hat sich besonders hübsch *gemacht*. 彼女は特に美しく着飾った. $sich^4$ wichtig ～ 偉そうにする. $sich^4$ bei 〈j^3〉 beliebt ～〈人に〉好かれる. **5.** 〔〈j^4〉ヲ＋〈[動]スルヨウニ〉〕させる: Er *macht* uns immer mit seinen Witzen lachen. 彼はわれわれをいつも小話〔ジョーク〕で笑わせる. **6.** 〔〈j^4〉ヲ＋zu 〈j^3〉ニ〕する(特定の人間・グループにする, ある地位に就ける). **7.** 〔〈j^4〉ヲ〕《口》育成する(後援などをして). **8.** 〔〈et^4〉ヲ〕稼ぐ, 手に入れる(商売などによって). **9.** 〔$sich^4$＋an 〈et^4〉ニ〕取りかかる. **10.** 〔$sich^4$＋〈[形]〉ノ状態デ＋(〈場所〉ニ)〕(似)合う, 調和する, 適切である, ふさわしい: Der Vorhang *macht* sich gut. そのカーテンは(その場所に)よく合う. Das Zitat *machte* sich gut in der Rede. その引用はその演説の中で適切だった. **11.** 〔$sich^4$〕《口》よくなる, 進歩〔発展〕する, 変化する.

12. 〖〈et^4〉ニ〗 **a.** なる(支払うべき金額を示して)：Was *macht* das〔es〕? それはいくらか. **b.**《口》なる(加・減・乗・除の計算の結果を示して)：Eins und vier *macht* fünf. 1＋4＝5. **13.** 〖〈j^4〉ヲ〗《口》演じる,(…の役を)引受ける. **14.** 〖in〔auf〕〈j^4/et^4〉ヲ〗《口・蔑》装う：Sie *macht* wieder in〔auf〕Dame von Welt. 彼女はまた上流社会の婦人を装っている. **15.** 〖in〈et^3〉ヲ〗《口》している(商売や活動を). **16.** 〖補足なし〗《口》する, 漏らす(大〔小〕便を). **17.** 〖補足なし〗急ぐ. **18.** 〖(〈文〉デアルコトヲ)〗《口》急いでする. **19.** 〖es＋(mit〈j^3〉ト)〗《口・婉》やる(es は性交を示す). **20.** 〖〈方向〉へ〗《方》行く(行ってその地に留まる. 完了時称の助動詞は sein も用いる).
【慣用】**„Au !“/„Oh !“, machte er.**「痛い!」/「おお!」と彼は叫んだ. **〈j^4〉 aus 〈j^3〉 machen**〈人から〉〈人を〉作りあげる：Dieses Erlebnis hat einen anderen Menschen aus mir *gemacht*. この体験が私を別の人間に育てあげた. **Er macht es nicht unter zehn Euro pro Stunde.**《口》彼は, 時給 10 ユーロ以下では仕事をしない. **es kurz machen** 手短に言う. **etwas aus 〈j^3〉 machen**〈人を〉ひとかどの人物に育てあげる. **etwas aus sich^3 machen**(相手に)好印象を与える, 自分の良いところを見せる, 新しい能力を示すようになる. **Mach dir〔Macht euch〕nichts d(a)raus !**《口》そんなことに腹を立てる〔気分を悪くする〕なよ, そんなことをあまり重大に考えるな. **Mach nicht so lange !** すぐに戻って来いよ, あまり待たせるなよ. **Macht nichts !**《口》いや, べつに, たいしたことじゃないよ(相手の謝罪に対して). **Nun mach's mal〔nur〕halb !** 大げさなことを言うな, そんなまねはよせ. **sich^4 auf den Weg〔die Reise〕machen** 出発する. **sich^3 nichts aus 〈j^3/et^3〉 machen**《口》〈人・物を〉好きなわけではない,〈人・物に〉関心を持たない. **sich^3 〈et^4〉 zu eigen machen**〈事を〉身につける(習慣・能力などを). **Wie man's macht, macht man's falsch.** どうやっても, けなす人はいるものだ. **zu 〈et^3〉〔für 〈et^4〉〕 gemacht sein**〈事に〉向いている. **〈j^3〉 zu schaffen machen**〈人に〉苦労をかける.

die **Machenschaft** [マっヘンシャふト] [名] -/-en (主に[複])《蔑》陰謀, 悪だくみ.

der **Macher** [マっはー] [名] -s/- **1.** 実行者, 張本人; 黒幕. **2.** 指導者.

der **Macherlohn** [マっはー・ローン] [名] -(e)s/..löhne (主に[単])(衣類の)仕立代, 製作費.

die **Machete** [マヘーテ, matʃéːtə マチェーテ] [名] -/-n (南米の)山刀.

(*der*) **Machiavelli** [makiavέli マキアヴェリ] [名] 〖人名〗マキャヴェリ(Niccolò ～, 1469–1527, イタリアの政治家).

der **Machiavellismus** [マキアヴェリスムス] [名] -/ マキャベリズム, 権謀術数主義.

der **Machiavellist** [マキアヴェリスト] [名] -en/-en マキャベリスト, 権謀術数家.

machiavellistisch [マキアヴェリスティシュ] [形] マキャベリズムの.

die **Machinationen** [マひナツィオーネン] [複名] **1.** (複のみ)《文》陰謀. **2.** 《古》策略.

der **Macho** [mátʃo マっチョ] [名] -s/-s《口》マッチョ(男っぽさを誇示する男).

der **Machorka** [マほるカ] [名] -s/-s (複は種類)マホルカ(粗刻みのロシアタバコ).

die **Macht** [マはト] [名] -/Mächte **1.** ([単]のみ)(人・物を支配する)力, 威力：die ～ über〈j^4/et^4〉〈人・事に〉対する支配権. Das steht nicht in meiner ～. それは私の力ではどうにもならない. aus eigener ～ 自力で. mit aller ～ 全力をあげて, 是が非でも. **2.** ([単]のみ)(政治的・社会的)勢力, 権力, 支配力：an die〔zur〕～ gelangen〔kommen〕権力の座につく. (政治的・経済的)大国, 強国;《古》兵力, 軍勢：die verbündeten *Mächte* 同盟諸国. **3.** (主に[複])超自然的な力〔存在〕：die *Mächte* der Finsternis 闇の諸力.

der **Machtanspruch** [マはト・アン・シュプるっふ] [名] -(e)s/..sprüche 権力〔支配権〕の要求.

die **Machtbefugnis** [マはト・べふークニス] [名] -/-se (主に[複])権能, 権限, 職権.

der **Machtbereich** [マはト・べらイひ] [名] -(e)s/-e 勢力範囲.

die **Machtergreifung** [マはト・エあグらイふング] [名] -/ 〖政〗権力掌握(特に 1933 年ヒトラーの).

der **Machthaber** [マはト・ハーバー] [名] -s/- (《蔑》も有)権力者.

der **Machthunger** [マはト・フンガー] [名] -s/ 権力欲.

mächtig [メひティひ] [形] **1.** 強力な, 勢力のある：ein ～*er* Diktator 強力な独裁者. **2.** 〖〈et^2〉ヲ〗《文》意のままにする; 熟達した：eine des Deutschen ～*e* Frau ドイツ語に堪能な女性. Er ist seiner Sinne nicht ～. 彼は自分の感情をコントロールできない. **3.** 大きい, 堂々たる, 巨大な：ein ～*er* Baum 大木. ein ～*es* Essen《方》腹にもたれる食事. **4.** 〖(〈et^4〉ノ)〗(層の)厚さの, 厚い：ein zehn Meter ～*es* Kohlenflöz 10 メートルの厚さの石炭層. **5.** 《口》すごい, ひどい; すごく：～*en* Hunger haben すごく空腹だ. sich^4 ～ ärgern すごく怒る.

die **Mächtigkeit** [メひティひカイト] [名] -/-en **1.** ([単]のみ)強力〔強大〕であること; 巨大. **2.** 〖鉱〗(層の)厚さ;〖数〗濃度.

der **Machtkampf** [マはト・カムプふ] [名] -(e)s/..kämpfe 権力闘争.

machtlos [マはト・ロース] [形] 〖gegen〈j^4/et^4〉ニ対シテ/gegenüber〈j^3/et^3〉ニ対シテ〗無力な, 影響力〔権力〕のない.

die **Machtlosigkeit** [マはト・ローズィひカイト] [名] -/ 権力のなさ, 無力.

die **Machtpolitik** [マはト・ポリティーク] [名] -/ パワーポリティックス, 権力政治, 武力政策〔外交〕.

machtpolitisch [マはト・ポリーティシュ] [形] パワーポリティックスの.

die **Machtprobe** [マはト・プろーべ] [名] -/-n 力くらべ.

der **Machtspruch** [マはト・シュプるっふ] [名] -(e)s/..sprüche 至上命令, 鶴の一声.

die **Machtstellung** [マはト・シュテルング] [名] -/-en 権力のある地位, 権力の座.

die **Machtübernahme** [マはト・ユーバー・ナーメ] [名] -/ 〖政〗権力継承.

machtvoll [マはト・ふォル] [形] 強力な, 力強い; 有力な.

die **Machtvollkommenheit** [マはト・ふォルコメンハイト] [名] -/ 絶対的権力：aus eigener ～ 独断で.

das **Machtwort** [マはト・ヴォるト] [名] -(e)s/-e 絶対命令：ein ～ sprechen 有無を言わせずに決断する.

machulle [マふレ] [形] (次の形で) ～ sein《口》破産している, 一文無しである; 疲れ切っている; 気が狂っている.

das **Machwerk** [マっは・ヴェるク] [名] -(e)s/-e《蔑》駄作.

die **Machzahl, Mach-Zahl** [マっは・ツァール] [名] -/-en 〖理〗マッハ数(略 M).

die **Macke** [マっケ] [名] -/-n 損傷, 欠陥;《口》奇妙な癖.

der **Macker** [マっカー] [名] -s/- **1.** 《北独》相棒, 仕事仲間. **2.** 《若》ボーイフレンド;《蔑》やつ. **3.** 《口》リーダー.

der **Mackintosh** [mǽkıntɔʃ メっキントシュ] [名] -〔-s〕/-s マッキントッシュ(①ゴム引防水布. ②防水外套).

MAD [エムアーデー] ＝Militärischer Abschirmdienst (ドイツの)軍事防諜機関.

M

Madagaskar 770

(das) **Ma·da·gas·kar** [マダガスカる] 图 -s/ 〖地名〗マダガスカル島;〘国名〙マダガスカル.
der **Ma·da·gas·se** [マダガッセ] 图 -n/-n マダガスカル人.
ma·da·gas·sisch [マダガッシッシュ] 形 マダガスカル(島)の.
die **Ma·dam** [マダム] 图 -/-s{-en} 《口・古》(一家の)女主人;《冗》マダム(太った女性);《方・冗》奥さん.
die **Ma·da·me** [madám マダム] 图 -/Mesdames [メダム] 奥様(呼びかけ);夫人(人名と共に)(略Mme.; ⓜ Mmes.).
das **Mäd·chen** [メートひェン] 图 -s/- **1.** 女の子,少女;若い女性,娘. **2.** 《古》お手伝いさん,メイド(Haus〜): ein 〜 für alles 〘口〙何でも引受ける人. **3.** 《古》ガールフレンド: ein festes 〜 恋人(女).
mäd·chen·haft [メートひェンハフト] 形 少女らしい,乙女のような.
der **Mäd·chen·han·del** [メートひェン・ハンデる] 图 -s/ (他国との)少女売買.
die **Mäd·chen·klas·se** [メートひェン・クラッセ] 图 -/-n 女子クラス.
der **Mäd·chen·na·me** [メートひェン・ナーメ] 图 -ns/-n **1.** 女性の名前. **2.** 旧姓(既婚女性の).
die **Mäd·chen·schu·le** [メートひェン・シューレ] 图 -/-n 女学校.
die **Ma·de** [マーデ] 图 -/-n 〘昆〙ウジ.
die **Ma·dei·ra** [..déːra マデーら, ..dáira マダイら] 图 -s/-s マデイラ(ポルトガルのマデイラ諸島産のワイン).
das **Ma·del** [マーデる] 图 -s/-n (南独·ｵｰｽﾄﾘｱ) =Mädchen.
das **Mä·del** [メーデる] 图 -s/-(s) 《ｼｭｳｧｲﾂｪﾙﾃﾞｭｰﾁｭ-n)》〘口〙=Mädchen.
die **Ma·de·moi·selle** [madəmoazέl マドモアゼル] 图 -/Mesdemoiselles [メドモアゼル] お嬢さん(呼びかけ);嬢(人名と共に)(略Mlle.;ⓜ Mlles.).
ma·dig [マーディヒ] 形 ウジのわいた,虫食いの. 【慣用】〈j³〉 〈et⁴〉 madig machen 〘口〙〈人の〉〈物・事の〉喜びを(けちをつけて)台なしにする. 〈j¹/et¹〉 madig machen 〘口〙〈人・物・事⋅〉けちをつける,〈人・物・事⋅〉笑いものにする. sich⁴ madig machen 〘口〙嫌われ者になる.
der **Ma·djar** [madjáːr マドヤーる] 图 -en/-en マジャール人. ⇨Ungar.
das **Ma·dja·ren·reich** [マドヤーれン・らイヒ] 图 -(e)s/ 〖地名〗ハンガリー(Ungarn).
ma·dja·risch [マドヤーりシュ] 形 マジャール(人・語)の.
die **Ma·don·na** [マドンナ] 图 -/..donnen 〘キ教〙 **1.** (唯一の)聖母マリア. **2.** 聖母(子)像.
das **Ma·don·nen·bild** [マドンネン・ビるト] 图 -(e)s/-er 聖母マリア像.
das **Ma·don·nen·ge·sicht** [マドンネン・ゲズィヒト] 图 -(e)s/-er 聖母マリア(マドンナ)のような顔.
ma·don·nen·haft [マドンネンハフト] 形 聖母マリアのような.
(das) **Ma·drid** [マドりット] 图 -s/ 〖地名〗マドリード(スペインの首都).
das **Ma·dri·gal** [マドりガール] 图 -s/-e マドリガル(①〘楽〙14世紀と16,17世紀の多声歌曲. ②〘詩〙短詩形の叙情〘恋愛〙詩).
ma·es·to·so [maεstóːzo マエストーゾ] 副 〘楽〙マエストーソ,荘厳に.
der **Ma·es·tro** [maέstro マエストろ] 图 -s/-s[Maestri] マエストロ(①大作曲家・大音楽家. ②《古》音楽教師).
(der) **Mae·ter·linck** [máːtərlɪŋk マーターリンク] 图 〖人名〗メーテルリンク(Maurice 〜, 1862-1949, ベルギーの詩人・劇作家).
die **Mä·eu·tik** [メオイティク] 图 -/ 〘哲〙産婆術(ソク

ラテスの教育方法).
mä·eu·tisch [メオイティシュ] 形 〘哲〙産婆術の.
die **Maf·fia** [マフィア] 图 -/-s マフィア.
die **Ma·fia** [マふィア] 图 -/-s =Maffia.
der **Ma·fi·o·so** [マふィオーゾ] 图 -{-s}/..si マフィアの一員.
mag [マーク] 動 mögenの現在形 1・3人称単数.
Mag. =Magister 〘ﾗﾃﾝ語〙学士号.
die **Ma·gal·hães·stra·ße**, **Ma·gal·hães·Stra·ße** [magaljêiʃ マガるヘンィシュトるーセ] 图 -/ 〖海名〗マゼラン海峡.
das **Ma·ga·zin** [マガツィーン] 图 -s/-e **1.** 収納庫,貯蔵庫;書庫,資料庫. **2.** (連発銃の)弾倉(=カメラ・機械の)マガジン. **3.** マガジン(娯楽雑誌). **4.** (テレビ・ラジオの)ニュース解説番組.
der **Ma·ga·zi·neur** [..nǿːr マガツィ(ネ-ø-る] 图 -s/-e 《ｵｰｽﾄﾘｱ》倉庫係.
ma·ga·zi·nie·ren [マガツィニーれン] 動 h. 〈⟨et⁴⟩〉倉庫に入れる〘貯蔵する〙;書庫に入れる〘収納する〙,資料庫〘保管庫〙に入れる〘保管する〙.
die **Ma·ga·zin·sen·dung** [マガツィーン・ゼンドゥング] 图 -/-(e)n =Magazin 4.
die **Magd** [マークト] 图 -/Mägde 《古》 **1.** 女中,下女;雇われ農婦. **2.** 乙女.
(die) **Mag·da·le·na** [マグダレーナ] 图 **1.** 〖女名〗マグダレーナ. **2.** Maria 〜 〘新約〙マグダラのマリア(イエスの復活を最初に見た女性).
(die) **Mag·da·le·ne** [マグダレーネ] 图 〖女名〗マグダレーネ.
(das) **Mag·de·burg** [マグデブるク] 图 -s/ 〖地名〗マクデブルク(①ザクセン=アンハルト州の州都. ②旧東独時代の同市を中心とする県).
Mag·de·bur·ger¹ [マグデブるガー] 形 (無変化)マクデブルクの: die 〜 Halbkugeln マクデブルクの半球(真空にすると離れなくなる).
der **Mag·de·bur·ger**² [マグデブるガー] 图 -s/- マクデブルクの人.
das **Mäg·de·lein** [メークデライン] 图 -s/- 《古》少女;若い女性.
das **Mägd·lein** [メークトライン] 图 -s/- =Mägdelein.
der **Ma·ge** [マーゲ] 图 〘法〙〘古〙血族.
Ma·gel·lansch [magel(j)áːnʃ マゲラーンシュ,マグルヤーンシュ] 形 マゼランの: die 〜en Wolken 〘天〙マゼラン星雲.
die **Ma·gel·lan·stra·ße** [magel(j)áːn.. マガラーンシュトるーセ, マグルヤーン・シュトるーセ, mágeljan.. マグルヤーンシュトるーセ] 图 -/ =Magalhãesstraße.
(die) **Ma·ge·lo·ne** [マゲローネ] 图 〖女名〗マゲローネ.
der **Ma·gen** [マーゲン] 图 -s/-[Mägen] 胃: 〈j³〉 dreht sich der 〜 um 〈人⁴〉不快でむかむかする. 〈j³〉 knurrt der 〜 (空腹で)〈人⁴〉のお腹がなる. die Arznei auf nüchternen 〜 nehmen 薬を(朝)食前に飲む. sich⁴ am 〜 operieren lassen 胃の手術をする. 【慣用】〈j³〉 hängt der Magen in die [den] Kniekehlen 〘口〙〈人⁴〉お腹がぺこぺこだ. 〈j³〉 (schwer) im Magen liegen 〈人⁴〉にははなはだ不快である,〈人⁴〉の気を重くしている.
die **Ma·gen·be·schwer·den** [マーゲン・ベシュヴェーアデン] 图《複》 胃の障害,胃痛.
der **Ma·gen·bit·ter** [マーゲン・ビッター] 图 -s/- 苦味薬草酒.
der **Ma·gen-Darm-Ka·tarr** [マーゲン・ダるム・カタる] 图 -s/-e =Magen-Darm-Katarrh.
der **Ma·gen-Darm-Ka·tarrh** [マーゲン・ダるム・カタる] 图 -s/-e 胃腸カタル.
die **Ma·gen·er·wei·te·rung** [マーゲン・エアヴァイテるング] 图 -/-en 〘医〙胃拡張.
das **Ma·gen·ge·schwür** [マーゲン・ゲシュヴューあ] 图 -(e)s/-e 胃潰瘍(ｲｶｲﾖｳ).

M

die **Ma·gen·gru·be** [マーゲン・グるーベ] [名] -/-n みぞおち.

das **Ma·gen·knur·ren** [マーゲン・クヌれン] [名] -s/ (空腹などで)胃がぐうぐう鳴ること, 胃が鳴る音.

der **Ma·gen·krampf** [マーゲン・クらムプふ] [名] -(e)s/..krämpfe 胃痙攣(けいれん).

ma·gen·krank [マーゲン・クらンク] [形] 胃病の.

der **Ma·gen·krebs** [マーゲン・クれーブス] [名] -es/ 胃癌(いがん).

die **Ma·gen·krank·heit** [マーゲン・クらンクハイト] [名] -/-en 胃病.

der **Ma·gen·pfört·ner** [マーゲン・プ[ふぇ]るトナー] [名] -s/- 〘解〙幽門.

die **Ma·gen·re·sek·ti·on** [マーゲン・れゼクツィオーン] [名] -/-en 〘医〙胃切除.

der **Ma·gen·saft** [マーゲン・ザふト] [名] -(e)s/..säfte 胃液.

die **Ma·gen·säu·re** [マーゲン・ゾイれ] [名] -/-n 〘医〙胃酸.

der **Ma·gen·schmerz** [マーゲン・シュメるツ] [名] -es/-en 《主に[複]》 胃痛.

der **Ma·gen·spie·gel** [マーゲン・シュピーゲル] [名] -s/- 〘医〙胃カメラ.

die **Ma·gen·spie·ge·lung** [マーゲン・シュピーゲルング] [名] -/-en 〘医〙胃カメラ検査.

die **Ma·gen·ver·stim·mung** [マーゲン・ふぇあシュティムング] [名] -/-en 消化不良.

ma·ger [マーガー] [形] **1.** やせた, 骨ばった. **2.** 脂肪分〔脂身〕の少ない;オイルの少ない《混合ガソリン》. **3.** 不毛な, 乏しい;景気の悪い;貧弱な. **4.** 〘印〙肉細の《活字》.

die **Ma·ger·keit** [マーガーカイト] [名] -/ **1.** やせていること. **2.** 貧弱な〔(地味が)やせている・乏しい〕こと. **3.** 〘印〙肉細であること.

die **Ma·ger·koh·le** [マーガー・コーレ] [名] -/-n 〘鉱〙半無煙炭.

die **Ma·ger·milch** [マーガー・ミルひ] [名] -/ 脱脂乳, スキムミルク.

die **Ma·ger·sucht** [マーガー・ズふト] [名] -/ 〘医・心〙羸痩(るいそう)《心的・器質的障害によって病的にやせること》, 拒食症.

das **Mag·gi** [マギ] [名] -(s)/ 〘商標〙マギー《調味料・スープなどの商品名》.

der **Ma·gh·reb** [マグれブ] [名] -/ マグレブ《西アラブ, モロッコ・北アルジェリア・チュニジアの総称》.

die **Ma·gie** [マギー] [名] -/ **1.** 魔法, 魔術;奇術, マジック： schwarze ～ 黒魔術《悪魔の力による》. ein Meister der ～ 奇術師. **2.** 魔力《言葉などの》.

der **Ma·gi·er** [マーギあー] [名] -s/- 魔術師, 魔法使;奇術師, マジシャン.

ma·gisch [マーギシュ] [形] 魔法の, 呪術的な;不思議な, 妖しい： ein ～*es* Quadrat 魔法陣.

der **Ma·gis·ter** [マギスター] [名] -s/- **1.** 修士号, マギスター;マギスター(の学位取得者). **2.** 〘オーストリア〙学士号《略 Mag.》;薬剤師. **3.** マギスター《中世の大学教員資格》. **4.** 《古》先生.

der **Ma·gis·ter Ar·ti·um** [マギスター アるツィウム] [名] -s -/-- マギステルアルツィウム《哲学修士. 略 M. A.》.

die **Ma·gis·t·ra·le** [マギストらーレ] [名] -/-n 〘交通〙(大都市の)幹線道路

der **Ma·gis·t·rat** [マギストらート] [名] -(e)s/-e **1.** (古代ローマの)高官;官職;役所. **2.** 市当局, 市庁, 市参事会.

das **Mag·ma** [マグマ] [名] -s/..men 〘地質〙マグマ, 岩漿(がんしょう).

die **Ma·g·na Char·ta** [..kárta マグナ カるタ] [名] --/ マグナカルタ, 大憲章.

ma·g·na cum lau·de [マグナ クム ラウデ] 〘ラテン語〙優〔評点第2位〕で《ドクトル試験の評価》.

der **Ma·g·nat** [マグナート] [名] -en/-en **1.** (財界の)有力者, 大立者. **2.** (特にポーランド・ハンガリーの昔の)大貴族.

die **Ma·g·ne·sia** [マグネーズィア] [名] -/ 〘化〙マグネシア, 酸化マグネシウム, 苦土.

das **Ma·g·ne·si·um** [マグネーズィウム] [名] -s/ 〘化〙マグネシウム《記号 Mg》.

der **Ma·g·net** [マグネート] [名] -en〔-(e)s〕/-e(n) **1.** 磁石;電磁石(Elektro～). **2.** 人々をひきつけるもの〔人〕, 注目〔関心〕の的.

das **Ma·g·net·band** [マグネート・バント] [名] -(e)s/..bänder 〘工〙磁気テープ.

das **Ma·g·net·ei·sen** [マグネート・アイゼン] [名] -s/- 磁鉄鉱.

der **Ma·g·net·ei·sen·stein** [マグネートアイゼン・シュタイン] [名] -(e)s/-e 磁鉄鉱.

das **Ma·g·net·feld** [マグネート・ふぇルト] [名] -(e)s/-er 〘理〙磁場, 磁界.

ma·g·ne·tisch [マグネーティシュ] [形] 磁気の, 磁気を帯びた;〘工〙磁性の;《転》人を魅する： das ～*e* Feld 磁場. der ～*e* Pol 磁極.

der **Ma·g·ne·ti·seur** [..zø͜ːr マグネティ[セ]ーあ] [名] -s/-e 磁気療法士.

ma·g·ne·ti·sie·ren [マグネティズィーれン] [動] *h.* **1.** 〘<et⁴>ヲ〙〘理〙磁化する, (…に)磁気を帯びさせる. **2.** 〘<j⁴>ニ〙磁気療法を施す.

der **Ma·g·ne·tis·mus** [マグネティスムス] [名] -/ **1.** 磁気(作用), 磁性;磁気学. **2.** 人をひきつける力. **3.** メスメリズム, 磁気療法： der tierische ～ 動物磁気療法.

der **Ma·g·ne·tit** [マグネティート] [名] -s/-e 磁鉄鉱.

die **Ma·g·net·kar·te** [マグネート・カるテ] [名] -/-n 磁気カード.

der **Ma·g·net·kom·pass,** [旧] **Ma·g·net·kom·paß** [マグネート・コムパス] [名] -es/-e 磁気コンパス.

die **Ma·g·net·na·del** [マグネート・ナーデル] [名] -/-n 磁針.

die **Ma·g·ne·to·hy·d·ro·dy·na·mik** [マグネト・ヒュドろ・デュナーミク] [名] -/ 磁気〔電磁〕流体力学.

ma·g·ne·to·hy·d·ro·dy·na·misch [マグネト・ヒュドろ・デュナーミシュ] [形] 磁気〔電磁〕流体力学(方式)の： der ～*e* Generator 磁気〔電磁〕流体〔MHO〕発電機〔装置〕.

das **Ma·g·ne·to·me·ter** [マグネト・メーター] [名] -s/- 〘理〙磁力計.

das **Ma·g·ne·to·fon, Ma·g·ne·to·phon** [マグネト・ふぉーン] [名] -s/-e 〘商標〙マグネットフォン《テープレコーダーの一種》.

die **Ma·g·ne·to·s·phä·re** [マグネト・スふぇーれ] [名] -/ (地球の)磁気圏.

die **Ma·g·net·plat·te** [マグネート・プラッテ] [名] -/-n 〘コンピュータ〙磁気ディスク.

der **Ma·g·net·pol** [マグネート・ポール] [名] -s/-e 〘理〙(磁石の)磁極;(地球磁場の)磁極.

das **Ma·g·ne·t·ron** [マグネトろーン] [名] -s/-e [マグネトろーネ]〔-s〕 〘理〙マグネトロン, 磁電管.

die **Ma·g·net·schwe·be·bahn** [マグネート・シュヴェーベ・バーン] [名] -/-en 磁気浮上鉄道《リニアモーターカーなどの》.

das **Ma·g·net·schwe·be·fahr·zeug** [マグネート・シュヴェーベ・ふぁーあ・ツォイク] [名] -(e)s/-e 磁気浮上の乗り物.

das **Ma·g·net·ton·ge·rät** [マグネート・トーン・ゲれート] [名] -(e)s/-e 磁気テープレコーダー.

die **Ma·g·net·zün·dung** [マグネート・ツュンドゥング] [名] -/-en 〘車〙マグネット〔磁力〕点火.

das **Ma·g·ni·fi·kat** [マグニーふぃカト] [名] -(s)/-s **1.** 《[単]のみ》〘カトリック〙マグニフィカト《聖母マリア賛歌》.

2. マニフィカト(新約ルカ 1, 46-55 による合唱曲). **3.** 《方・古》カトリック聖歌集.

die **Ma·gni·fi·zenz** [マグニイふぃツェンツ] [名] -/-en **1.** (㊥のみ)閣下(大学学長の称号). **2.** 学長閣下(人): Seine ～ … 学長閣下は…(3人称で). Eure〔Euer〕～. 学長閣下(呼びかけ).

die **Ma·gni·tu·de** [マグニトゥーデ] [名] -/-n 〖地〗マグニチュード(記号 M).

die **Ma·gno·lie** [マグノーリエ] [名] -/-n モクレン属の花木(モクレン・タイサンボクなど).

die **Ma·gnum** [マ(ー)グヌム] [名] -/..na **1.** マグナム(ワイン・ゼクトの 2 本分の大型瓶). **2.** マグナム弾薬筒.

(*der*) **Ma·gnus** [マ(ー)グヌス] [名] 〖男名〗マグヌス.

der **Ma·got** [マーゴット] [名] -s/-s マゴット, バーバリエイプ(北アフリカ産の猿).

magst [マークスト] [動] mögen の現在形 2 人称単数.

der **Ma·gyar** [madjá:r マドヤーあ] [名] -en/-en ＝Madjar.

mäh! [メー] [間] (羊・山羊の鳴き声)めえー.

das **Ma·ha·go·ni** [マハゴーニ] [名] -s/ マホガニー材.

das **Ma·ha·ja·na** [マハヤーナ] [名] -/ ＝Mahayana.

der **Ma·ha·ra·dscha** [..rá:dʒa マハらーヂャ] [名] -s/-s マハラージャ(人;(㊥のみ)インドの領主の称号).

die **Ma·ha·ra·ni** [マハらーニ] [名] -/-s マハラーニ(人;(㊥のみ)Maharadscha の妃の称号).

der **Ma·hat·ma** [マハートマ] [名] -s/-s マハトマ(人;(㊥のみ)インドでの賢者・聖者の称号).

das **Ma·ha·ya·na** [マハヤーナ] [名] -/ 大乗(仏教).

der **Mäh·bin·der** [メー・ビンダー] [名] -s/- バインダー, 刈取り結束機.

die **Mahd**[1] [マート] [名] -/-en 《方》刈取り〔入れ〕; 刈取った〔入れた〕穀物〔牧草〕.

das **Mahd**[2] [マート] [名] -(e)s/Mähder 《ｵｰｽﾄﾘｱ・ｽｲｽ》山の牧草地.

der **Mah·di** [máxdi マはディ, má:di マーディ] [名] -(s)/-s 〖ｲｽﾗﾑ教〗(特にスンニ派の)救世主.

der **Mäh·dre·scher** [メー・ドれっシャー] [名] -s/- コンバイン, 刈取り脱穀機.

mä·hen[1] [メーエン] [動] *h.* **1.** 〔<et[4]>ッ〕刈る(麦・芝などを). **2.** 〔補足なし〕刈取り作業をする. **3.** 〔<et[4]>ノ〕刈取りをする(畑などの).

mä·hen[2] [メーエン] [動] *h.* 〔補足なし〕めえと鳴く(羊・山羊が).

der **Mä·her** [メーあー] [名] -s/- **1.** 《口》刈取り機, 草刈機. **2.** 《古》刈取り人.

das **Mah-Jongg** [madʒɔ́ŋ マヂョング] [名] -s/-s 麻雀.

das **Mahl** [マール] [名] -(e)s/Mähler〔-e〕(主に㊥)《文》料理; 食事.

mah·len(*) [マーレン] [動] mahlte; hat gemahlen **1.** 〔<et[4]>ッ＋(zu <et[3]>ニ/<形>ノ状態ニ)〕ひく(穀物・コーヒーを粉などに). **2.** 〔補足なし〕粉ひきの仕事をする(人が), 粉をひく(製粉機などが), ゆっくりとよくかむ(歯が). **3.** 〔<et[4]>ッ〕ひく, ひいて作る(小麦粉などを).

(*der*) **Mah·ler** [マーラー] [名] 〖人名〗マーラー(Gustav ～, 1860-1911, オーストリアの作曲家).

der **Mahl·gang** [マール・ガング] [名] -(e)s/..gänge 〖工〗臼(ｳｽ)型製粉機.

das **Mahl·gut** [マール・グート] [名] -(e)s/ 〖製粉〗製粉原料.

der **Mahl·strom** [マール・シュトろーム] [名] -(e)s/..strö-me (大)渦巻き.

der **Mahl·zahn** [マール・ツァーン] [名] -(e)s/..zähne 臼歯(ｷｭｳｼ).

die **Mahl·zeit** [マール・ツァイト] [名] -/-en **1.** (定刻の)食事: eine leichte ～ 軽い食事. **2.** (一緒に)食事をとること: ～! お食事ですね(昼食時, 特に仕事仲間のあいさつの言葉). Gesegnete ～! 召上がれ(食事をする人に対して). Prost ～! とんだことになった〔なる〕ぞ.

der **Mäh·ma·schi·ne** [メー・マシーネ] [名] -/-n 刈取り機, 草刈機.

der **Mahn·be·scheid** [マーン・ベシャイト] [名] -(e)s/-e 〖法〗督促決定.

der **Mahn·brief** [マーン・ブりーふ] [名] -(e)s/-e 督促〔催促〕状.

die **Mäh·ne** [メーネ] [名] -/-n (馬・ライオンなどの)たてがみ;《冗》たてがみ(のような人間の長髪).

mah·nen [マーネン] [動] *h.* **1.** 〔<j[4]>ニ＋(zu <et[3]>ヲ(スルヨウニ)/zu<動>スルヨウニ)〕促す. **2.** 〔<文>ト〕(促して)言う. **3.** 〔<j[4]>ニ＋(an <et[4]>ヲ)〕忘れないように〔念のため〕注意する. **4.** 〔<j[4]>ニ＋(wegen <et[2]>ノ)〕督促をする. **5.** 〔<j[4]>ニ＋an <j[4]/et[4]>ヲ〕《文》思い出させる.

das **Mahn·mal** [マーン・マール] [名] -(e)s/-e〔..mäler〕(過去の過ちへの)いましめの記念碑.

das **Mahn·schrei·ben** [マーン・シュらイベン] [名] -s/- 督促〔催促〕状.

die **Mah·nung** [マーヌング] [名] -/-en 催促; 警告; 督促状.

das **Mahn·ver·fah·ren** [マーン・ふぇあふぁーれン] [名] -s/- 〖法〗督促手続き.

der **Mahr** [マーあ] [名] -(e)s/-e 夢魔;(心の)重苦しさ.

die **Mäh·re** [メーれ] [名] -/-n 《古》やせ馬, 老馬.

(*das*) **Mäh·ren** [メーれン] [名] -s/ 〖地名〗モラヴィア(チェコの一地方).

mäh·risch [メーりシュ] [形] モラヴィア(人)の.

der **Mai** [マイ] [名] -〔(e)s〕/-(《詩》-en/-e も有)(主に㊥)5 月: der Erste ～ メーデー. im ～ seines Lebens 青春時代に. am 17. ～ geboren sein 同性愛者である.

der **Mai·baum** [マイ・バウム] [名] -(e)s/..bäume メイポール, 五月柱(五月祭に立てる柱); 五月の樹(五月祭に戸口に飾る白樺の若枝).

die **Mai·bow·le** [マイ・ボーレ] [名] -/-n クルマバソウをスパイスに使ったパンチ.

die **Maid** [マイト] [名] -/-en **1.** 《古》少女, 乙女. **2.** 《嘲》小娘.

die **Maie** [マイエ] [名] -/-n (der -n/-n も有)《古》**1.** (聖霊降臨祭に家と教会飾りにする)白樺の若枝. **2.** メイポール.

der **Mai·en** [マイエン] [名] -s/- 《ｽｲｽ》 **1.** 花束. **2.** ＝Maiensäß.

das **Mai·en·säß** [マイエン・ゼース] [名] -es/-e 《ｽｲｽ》5 月用の放牧地.

die **Mai·fei·er** [マイ・ふぁイあー] [名] -/-n メーデー(5 月 1 日).

der **Mai·fei·er·tag** [マイ・ふぁイあー・ターク] [名] -(e)s/-e メーデー.

das **Mai·glöck·chen** [マイ・グ⓪っクひェン] [名] -s/- 〖植〗スズラン.

der **Mai·kä·fer** [マイ・ケーふぁー] [名] -s/- 〖昆〗コガネムシ.

(*das*) **Mai·land** [マイ・ラント] [名] -s/ 〖地名〗ミラノ(イタリアの州とその首都名).

der **Mai·län·der** [マイ・レンダー] [名] -s/- ミラノ市民〔出身者〕.

die **Mai·ling·lis·te** [mé:lɪŋ.. メーリング・リステ] [名] -/-n 〖ｺﾝﾋﾟｭｰﾀ〗メーリングリスト.

die **Mail·or·der** [mé:l'ɔ:rdər メール・オーあダー] [名] -/-s 〖商〗通信販売.

der **Main** [マイン] [名] -(e)s/ 〖川名〗マイン川(ラインの支流で, ドイツ中部を西に流れる): der rote ～ 赤マイン川(フランケン山地から流れる支流). der weiße

～ 白マイン川《フィヒテル山脈から流れる支流》.
die **Mai·nau** [マイナウ] [名] -/ 〘地名〙マイナウ《ボーデンゼーの島》.
der **Main·li·ner** [mé:nlaɪnər メーン·ライナー] [名] -s/- 《ジャーゴン》麻薬を静脈注射する人.
die **Main·me·t·ro·po·le** [マイン·メトろ·ポーレ] [名] -/ マイン河畔のメトロポリス《フランクフルト・アム・マインのこと》.
(*das*) **Mainz** [マインツ] [名] -'/ 〘地名〙マインツ《ドイツ, ラインラント=プファルツ州の州都》.
der **Main·zer** [マインツァー] [名] -s/- マインツ市民.
der **Mais** [マイス] [名] -es/-e 《(複)は種類》〘植〙トウモロコシ;トウモロコシの実.
der **Mais·brei** [マイス·ブらイ] [名] -(e)s/ ひき割りトウモロコシの粥(かゆ).
der **Maisch** [マイシュ] [名] -(e)s/-e =Maische.
die **Mai·sche** [マイシェ] [名] -/-n 〘醸〙マッシュ, (ビール・ワイン・スピリットなどの)仕込み汁.
mai·schen [マイシェン] [動] *h.* **1.** 〔補足なし〕(アルコール飲料の)仕込み汁〔マッシュ〕を作る. **2.** 〔<et⁴>ヲ〕仕込み汁〔マッシュ〕にする《ブドウなどを》.
die **Mais·flo·cken** [マイス·ふロッケン] [名] [複名] コーンフレーク.
der **Mais·kol·ben** [マイス·コルベン] [名] -s/- トウモロコシの穂軸.
das **Mais·mehl** [マイス·メール] [名] -(e)s/ トウモロコシ粉.
die **Mai·so·net·te** [mɛzɔnɛ́t メゾネット] [名] -/-s メゾネット《(高層集合住宅の)上下二階にまたがる住居の形式》.
die **Mai·son·net·te** [mɛzɔnɛ́t メゾネット] [名] -/-n =Maisonette.
der **Maî·tre de Plai·sir,** [旧]**Maî·tre de plai·sir** [mɛ́:trə də plɛzí:r メートる ド プレズィーあ] [名] ---/-s -- 《古》祝宴の世話役.
(*die*) **Ma·ja**[1] [マーヤ] [名] 〘人名〙マヤ夫人《仏陀の母》.
(*die*) **Ma·ja**[2] [マーヤ] [名] 〘ギ神〙マイア《Atlas の娘で, Hermes の母》;〘ロ神〙マイア《春の女神》.
die **Ma·ja**[3] [マーヤ] [名] -/ 〘ヒンズー教〙マーヤ《幻像として現れる世界》.
die **Ma·jes·tät** [マイェステート] [名] -/-en **1.** 《(単)のみ》陛下《国王または皇帝の称号及び呼びかけ: Seine ～ 陛下(略 S. M.). Ihre ～ 女王〔皇后〕陛下. Eure〔Euer〕～! 陛下. **2.** 陛下(人): Ihre ～*en* 両陛下《皇帝・国王夫妻》. **3.** 《(単)のみ》《文》威厳, 尊厳;崇高, 荘厳.
ma·jes·tä·tisch [マイェステーティシュ] [形] 壮厳な;威厳のある, 堂々とした.
die **Ma·jes·täts·be·lei·di·gung** [マイェステーツ·ベライディグング] [名] -/-en 〘法〙《古》大逆罪, 不敬罪;《嘲》目上の人の感情を害するぶしつけな発言〔行動〕.
die **Ma·jo·li·ka** [マヨ リカ] [名] -/..ken〔-s〕 マジョリカ焼《陶器》.
die **Ma·jo·nä·se** [マヨネーゼ] [名] -/-n =Mayonnaise.
der **Ma·jor** [マヨーあ] [名] -s/-e (陸・空軍の)少佐《人;《(単)のみ》位》.
der **Ma·jo·ran** [マーヨらン, マヨらーン] [名] -s/-e 〘植〙マヨラナ, ハナハッカ《香辛料》.
das **Ma·jo·rat** [マヨらート] [名] -(e)s/-e 〘法〙長子相続権〔財産〕.
der **Ma·jor·do·mus** [má:jo:r.. マーヨーあ·ドームス] [名] -/- 〘史〙(フランク王国メロヴィング王朝の)宮宰(Hausmeier).
ma·jo·renn [マヨれン] [形] 〘法〙《古》成年である.
ma·jo·ri·sie·ren [マヨりズィーれン] [動] *h.* 〔<j⁴>ヲ〕数で圧倒する《多数民族が少数民族などを》;(…に)多数決で勝つ.
die **Ma·jo·ri·tät** [マヨりテート] [名] -/-en 多数, 過半数.
die **Ma·jus·kel** [マユスケル] [名] -/-n 〘印〙(斜字体の)大文字.
ma·ka·ber [マカーバー] [形] 《(付)(比)は..b(e)r..》 不気味な, ぞっとする;ブラック《ユーモア》.
der〔*das*〕 **Ma·ka·dam** [マカダム] [名] -s/-e 〘土〙マカダム道路《砕石を固めた舗装》.
ma·ka·da·mi·sie·ren [マカダミズィーれン] [動] *h.* 〔<et⁴>ヲ〕〘土〙マカダム舗装にする.
das **Ma·kart·bu·kett** [マカるト·ブケット] [名] -(e)s/-e〔-s〕 《古》ドライフラワーの花束.
(*das*) **Ma·ke·do·ni·en** [マケドーニエン] [名] -s/ 〘地名〙マケドニア《①バルカン半島の国. ②ギリシア北部を中心とする地方》.
der **Ma·ke·do·ni·er** [マケドーニあー] [名] -s/- マケドニア人.
ma·ke·do·nisch [マケドーニシュ] [形] マケドニアの.
der **Ma·kel** [マーケル] [名] -s/- 《文》恥辱, 汚名, 汚点;欠点, 欠陥, 傷.
die **Mä·ke·lei** [メーケライ] [名] -/-en 《蔑》 **1.** 《(単)のみ》いちいち文句をつけること. **2.** 《稀》口うるさい文句.
mä·ke·lig [メーケリひ] [形] 《蔑》口やかましい, 好みのうるさい.
ma·kel·los [マーケル·ロース] [形] 欠点のない, きず〔染み〕一つない;非の打ちどころのない;完全に.
mä·keln [メーケルン] [動] *h.* 〔an<j³/et³>ニ〕いちいち文句をつける.
das **Make-up** [me:k'ap メーク·アップ, メーク·アップ] [名] -s/-s **1.** 化粧, メーキャップ. **2.** 化粧品;ファンデーション.
der **Ma·ki** [マーキ] [名] -s/-s 〘動〙キツネザル.
das **Ma·ki·mo·no** [マキモーノ] [名] -s/-s 巻物.
der **Mak·ka·bä·er** [マカベーあー] [名] -s/- マカベ人《紀元前 2 世紀, ユダヤ独立の指導者 Judas Makkabäus にちなむ一族》: die Bücher der ～ 〘旧約〙マカベ書.
die **Mak·ka·ro·ni** [マカろーニ] [複名] マカロニ.
der **Mak·ler** [マークラー] [名] -s/- 仲立人(なかだちにん).
der **Mäk·ler** [メークラー] [名] -s/- **1.** 《蔑》口やかましい人. **2.** 《方》=Makler.
die **Mak·ler·ge·bühr** [マークラー·ゲビューあ] [名] -/-en 仲立手数料.
mäk·lig [メークリひ] [形] =mäkelig.
die **Ma·ko** [マコ] [名] -/-s (der〔das〕 ～ -(s)/-s) エジプト木綿;エジプト木綿の布.
das **Ma·kra·mee** [マクらメー] [名] -(s)/-s **1.** 《(単)のみ》マクラメ(編み). **2.** 《稀》マクラメレース.
die **Ma·kre·le** [マクれーレ] [名] -/-n 〘魚〙サバ.
der **Ma·k·ro·ga·met** [マクろ·ガメート] [名] -en/-en 〘生〙大配偶子.
der **Ma·k·ro·kos·mos** [マクろ·コスモス, マークろ·コスモス] [名] -/ 大宇宙.
der **Ma·k·ro·nähr·stoff** [マークろ·ネーあ·シュトっふ] [名] -(e)s/-e 〘生〙大栄養素《植物にとっての窒素・リン・カリウム, 人間にとっての炭水化物・脂肪・蛋白(たんぱく)質など》.
die **Ma·k·ro·ne** [マクろーネ] [名] -/-n マコロン《クッキーの一種》: <j³>auf die ～ gehen〔fallen〕 <人にとって>煩わしくなる.
die **Ma·k·ro·öko·no·mie** [マクろ·エコノミー, マークろ·エコノミー] [名] -/ 〘経〙マクロ経済学.
die **Ma·k·ro·phy·sik** [マクろ·ふゅズィーク, マークろ·ふゅズィーク] [名] -/ 巨視的物理学.
die **Ma·k·rop·sie** [マクろプスィー] [名] -/-n 〘医〙大視症.
ma·k·ros·ko·pisch [マクろ·スコーピシュ] [形] 肉眼で見える;巨視的な.
die **Ma·k·ro·so·mie** [マクろ·ゾミー] [名] -/-n 〘医〙巨

Makulatur 774

人症.

die **Ma·ku·la·tur** [マクラトゥーア] 名 -/-en **1.** 〖印〗破(や)れ紙(印刷ミスの紙). **2.** 古紙, くず紙, 反故(ほご). 【慣用】**Makulatur reden**《口》ばかげたことを言う.

ma·ku·lie·ren [マクリーれン] 動 *h.* 〈et⁴ジ〉〖印〗つぶしにする.

die **MAK-Wer·te** [エムアーカー・ヴェーァテ] 複名 (健康に有害な化学物質の)職場における最大許容値(Maximale Arbeitsplatz-Konzentrationen).

mal [マール] 副 **1.** 掛ける(計算記号×, ·) : zwei ~ zwei ist vier (2×2=4) 2掛ける2は4. **2.** (einmal の短縮形) **a.** 《口》いつか, そのうち; かつて. **b.** (次の形で) noch ~ so ... wie ... 《口》…の倍だけ…. 〖例文は⇨einmal〗 **c.** (次の形で)mal..., mal..., ある時は…, ある時は…. **3.** (einmal の短縮形)《口》 **a.** (命令文で動詞を修飾して)さあ, ちょっと. **b.** (nicht einmal で)(で)すら…ない. **c.** (他の副詞の強めとして) (nun) ~ とうしても; erst ~ (何よりもまず); wieder ~ またもや. 〖例文は⇨einmal〗

das **Mal¹** [マール] 名 -(e)s/-e(Mäler) **1.** 《雅》主に〈体〉に)痕, しみ, 痣(あざ); 傷跡; 〈転〉しるし, 記号. 〖主に Mäler〗《文》碑. **3.** 《雅》-e〖スポ〗(野球の)ベース; 〖ラグ〗ゴール; インゴール.

das **Mal²** [マール] 名 -(e)s/-e 回, 度 : das eine oder andere ~ 時々. dies(es) eine ~ この一回だけ. ein anderes ~ 又の機会に. jedes ~ 毎回. auf's ~ 一度に; 突然. beim ersten ~ 一度めに. ~ für ~ その都度. ein für alle ~ これを限りに. mit einem ~ 不意に, 突然. ein ~ über das andere 一回おきに. ein ums (übers) andere ~ 一度おきに何度も. von ~ zu ~ 回を追うたびに. zum dritten ~(e) 三度目に.

..mal [..マール] 接尾 数詞・代名詞・形容詞について...1. (…回・倍) : einmal 1回. manchmal とき折. unzähligemal 何回(度)も. **2.** (…のときに) : einmal いつか. jedesmal そのつど.

der **Ma·la·chit** [マラひート] 名 -s/-e マラカイト, 孔雀石(ᵔᵉᵏᵒᵓ).

ma·la·chit·grün [マラひート・グリューン] 形 マラカイトグリーンの.

ma·lad [マラート] 形 体調がすぐれない.

ma·la·de [マラーデ] 形 気分のすぐれない, 体調の悪い.

ma·la fide [マーラ ふぃーデ] 〖ラ語〗悪意の(で).

der **Ma·la·ga** [マ(ー)ラガ] 名 -s/-s マラガ(スペインのマラガ産甘口ワイン).

der **Ma·laie** [マライエ] 名 -n/-n マレー人.

die **Ma·lai·in** [マライイン] 名 -/-nen マレー人女性.

ma·lai·isch [マライィシュ] 形 マライ(人・語)の.

die **Ma·lai·se** [malɛ́:za ーゼ] 名 -/-n《*(スイ)das ~ -s/-s》《文》 **1.** 不快感, 不機嫌. **2.** 苦況.

die **Ma·la·ko·lo·gie** [マラコ·ロギー] 名 -/ 軟体動物学.

die **Ma·la·ria** [マラーリア] 名 -/ マラリア.

die **Ma·lä·se** [マレーゼ] 名 -/-n《*(スイ)das ~ -s/-s》=Malaise.

(*das*) **Ma·la·wi** [マラーヴィ] 名 -s/ 〖国名〗マラヴィ(南西アフリカの国).

(*das*) **Ma·lay·sia** [マライズィア] 名 -s/ 〖国名〗マレーシア.

das **Mal·buch** [マール·ブーふ] 名 -(e)s/..bücher 塗り絵帳.

die **Ma·le·di·ven** [マレディーヴェン] 複名 **1.** 〖国名〗モルジヴ(インドの南西, 多数の島からなる国). **2.** 〖地名〗モルジヴ群島.

das **Ma·le·fiz** [マレふィーッ] 名 -es/-e **1.** 〈古〉悪事, 犯行. **2.** 〈方〉刑事裁判所.

der **Ma·le·fiz·kerl** [マレふィーッ·ケルル] 名 -(e)s/-e 《南独・口》がむしゃらなやつ; しゃくにさわるやつ.

ma·len [マーレン] 動 *h.* **1.** (〈et⁴ジ〉)描く(絵の具と筆で) : ein Aquarell/ein Stillleben ~ 水彩画/静物画を描く. (ein Bild) in Öl/nach der Natur ~ 油絵/写生画を描く. Er *malt*. 彼は画を描く(職業または趣味として). **2.** 〈et⁴ジ〉ペンキ(塗料)を塗る, 色を塗る. **3.** 〈et⁴ジ〉(方)ペンキ(塗料)を塗る, 色を塗る. **4.** 〈et⁴ジ〉+〈様態〉描き出す, 叙述する; 思い描く. **5.** 〈j⁵ジ〉+〈et³ジ〉《口》口紅(ネイルエナメル)を塗る. **6.** sich⁴+in(auf) 〈et³ジ〉《文》現れている : Auf[In] seinem Gesicht *malt* sich Entzücken. 彼の顔には恍惚(こうこつ)感が表れている. 【慣用】**den Teufel an die Wand malen**《口》不吉なことを言う.

der **Ma·le·par·tus** [マレパルトゥス] 名 -/ マルパルトゥス(動物寓話の Reineke Fuchs の巣穴).

der **Ma·ler** [マーラー] 名 -s/- **1.** 画家, 絵かき. **2.** ペンキ屋, 塗装工.

die **Ma·le·rei** [マーレらイ] 名 -/-en **1.** (⊕のみ)絵画(芸術). **2.** (主に⊕)(個々の)絵.

ma·le·risch [マーレリシュ] 形 **1.** 絵画の, 絵画的な. **2.** 絵のような美しい.

die **Ma·ler·lein·wand** [マーラー·ライン·ヴァント] 名 -/..wände 画布, カンバス.

das **Mal·heur** [malǿ:r マレーア] 名 -s/-e[-s] **1.**《口》(ちょっと)困ったこと. **2.**〈古〉災難.

(*das*) **Ma·li** [マーリ] 名 -s/ 〖国名〗マリ(北西アフリカの国).

..ma·lig [..マーリヒ] 接尾 数詞・副詞の後につけて「…回(度)の」, 「…のときの」という意味の形容詞を作る : einmalig 一回(限り)の. erstmalig 最初の. damalig あの(当)時の. oftmalig 度々の.

ma·li·gne [マリグネ] 形 《医》悪性の.

ma·li·zi·ös [マリツィオース] 形 《文》意地悪な.

der **Mal·kas·ten** [マール·カステン] 名 -s/..kästen 絵の具箱.

das **Mall** [マル] 名 -(e)s/-e 〖海〗型板, モールド.

(*das*) **Mal·lor·ca** [マロるカ, majɔ́r..ーカ マヨるカ] 名 〖地名〗マジョルカ島(地中海の島).

der **Mal·lor·qui·ner** [majɔrkí:nər マヨるキーナー, malɔr..マロるキーナー] 名 -s/- マジョルカ島の住民.

mal·lor·qui·nisch [マヨるキーニッシュ, マロるキーニッシュ] 形 マジョルカ島の.

der **Malm** [マルム] 名 -(e)s/ 〖地質〗マルム(白ジュラ)統.

mal|neh·men* [マール·ネーメン] 動 *h.* = multiplizieren.

die **Ma·lo·che** [マロッへ, マロー·へ] 名 -/-n《口》(厳しい)仕事,《隠》労働.

ma·lo·chen [マロッヘン, マローヘン] 動 malochte ; hat malocht [隠]《口》きつい労働をする, あくせく働く.

der **Ma·los·sol** [マソソル] 名 -s/ 甘塩のキャビア.

..mals [..マルス] 接尾 不定代名詞・副詞の後につけて「回(度)数」, 「時点」を表す副詞を作る : mehrmals 幾度も. vielmals 重ね重ね, よろしく. oftmals しばしば. erstmals 初めて. nochmals もう一度. damals あの(当)時に.

der **Mal·strom** [マール·シュトろーム] 名 -(e)s/..ströme =Mahlstrom.

(*das*) **Mal·ta** [マルタ] 名 -s/ **1.** 〖地名〗マルタ(地中海の島). **2.** 〖国名〗マルタ.

das **Mal·ta·fie·ber** [マルタ·ふぃーバー] 名 -s/ 〖医〗マルタ熱, 地中海熱.

der(*das*) **Mal·ter** [マルター] 名 -s/- **1.** マルテル(穀物などの体積の単位, または薪の量の単位). **2.** 〈方・口〉モルタル.

Mal·te·ser¹ [マルテーザー] 形 《無変化》マルタ(島)

の）：ein ～ Hündchen マルチーズ犬.
der **Mal·te·ser**² [マルテーザー] 名 -s/- **1.** マルタ島の人. **2.** マルタ騎士団の騎士. **3.** 〖動〗マルチーズ犬.
der **Mal·te·ser-Hilfs·dienst** [マルテーザー・ヒルフス・ディーンスト] 名 -(e)s/ マルタ騎士団救援活動(機関)(病人・身体障害者・老人介護および災害救援のための機関. 1953年設立).
das **Mal·te·ser·kreuz** [マルテーザー・クロイツ] 名 -es/-e マルタ騎士団十字架；〖映〗マルタクロス(映写機の断続的フィルム送り装置).
der **Mal·te·ser·or·den** [マルテーザー・オルデン] 名 -s/ マルタ騎士団(1530年以後の Johanniterorden の名称).
der **Mal·te·ser·rit·ter** [マルテーザー・リッター] 名 -s/- マルタ騎士団の騎士.
mal·te·sisch [マルテーズィッシュ] 形 マルタ(島・人・語)の.
der **Mal·thu·si·a·nis·mus** [マルトゥズィアニスムス] 名 -/ 〖経・政〗マルサス主義.
mal·trä·tie·ren [マルトレティーレン] 動 h. 〈j⁴/et⁴〉ッ 虐待する(人・動物を)；乱暴に扱う(物を).
der **Ma·lus** [マールス] 名 -(-ses)/-(-se) 〖学校・ネジ〗減点, ハンディ；〖車〗(保険料の)割増料金.
die **Mal·va·sier** [マルヴァズィーア] 名 -s/- マームジーワイン(ギリシア産).
die **Mal·ve** [マルヴェ] 名 -/-n 〖植〗ゼニアオイ.
mal·ven·far·big [マルヴェン・ふぁるビヒ] 形 ゼニアオイ色の.
das **Malz** [マルツ] 名 -es/ 麦芽, モルト.
das **Malz·bier** [マルツ・ビーア] 名 -(e)s/-e モルト〔麦芽〕ビール(アルコール分の少ない濃色ビール).
der [das] **Malz·bon·bon** [マルツ・ボンボン(-)] 名 -s/-s 麦芽糖(喉)あめ.
das **Mal·zei·chen** [マール・ツァイヒェン] 名 -s/- 掛け算記号(×または・).
mäl·zen [メルツェン] 動 h. 〈et⁴〉ッ 〖醸〗麦芽にする.
der **Mäl·zer** [メルツァー] 名 -s/- 麦芽製造人.
die **Mäl·ze·rei** [メルツェらイ] 名 -/-en 麦芽製造所.
das[der] **Malz·ex·trakt** [マルツ・エクストラクト] 名 -(e)s/-e 麦芽エキス.
der **Malz·kaf·fee** [マルツ・カふェー] 名 -s/ 麦芽コーヒー(代用コーヒー).
der **Malz·zu·cker** [マルツ・ツッカー] 名 -s/ 麦芽糖.
die **Ma·ma** [ママ, ママー] 名 -/-s 〖口〗ママ, お母さん.
das **Ma·ma·chen** [ママー・ヒェン] 名 -s/- ママ, お母ちゃん(Mamaの愛称形).
der **Mam·bo** [マンボ] 名 -(s)/-s (*die* ～/-s も有) マンボ(ダンス).
der **Ma·me·luck** [マメルック] 名 -en/-en **1.** (イスラム教国の)奴隷傭兵(ホウミ). **2.** マムルーク王朝の人(エジプトの13‐16世紀の王朝).
die **Ma·mi** [マミ] 名 -/-s マミ(Mamaの愛称形).
die **Mam·ma** [ママ] 名 -/-e [マメ] **1.** 〖医〗乳房；乳腺. **2.** 〖獣医〗(牛などの)乳房.
die **Mam·mo·gra·fie** [マモ・グらふィー] 名 -/- = Mammographie.
die **Mam·mo·gra·phie** [マモ・グらふィー] 名 -/-n 〖医〗乳房X線撮影.
der **Mam·mon** [マモン] 名 -s/ 〖土に〖蔑〗〖冗〗〗富, 金銭.
das **Mam·mut** [マム(-)ト] 名 -s/-e(-s) 〖動〗マンモス.
der **Mam·mut·bau** [マム(-)ト・バウ] 名 -(e)s/-ten 巨大な建物.
der **Mam·mut·baum** [マム(-)ト・バウム] 名 -(e)s/..bäume 〖植〗セコイア.
das **Mam·mut·un·ter·neh·men** [マム(-)ト・ウンターネーメン] 名 -s/- 巨大な企業；マンモス企業.
mampfen [マムプふェン] 動 h. 〈et⁴〉ッ 〖口〗口いっぱいにほお張って食べる.
die **Mam·sell** [マムゼル] 名 -/-en(-s) **1.** (飲食店の)調理配膳係の女性. **2.** 〖古〗家政婦. **3.** 〖古〗未婚の女性：～ Schmidt シュミット嬢(さん).
man¹ [マン] 代 〈不定〉⑪ 1格の語としてのみ用い, 他の格には einer の2格 eines, 3格 einem, 4格 einen を用いる. man は人称代名詞 er で受けることはできず, man をくり返し用いるが, 所有代名詞は sein,再帰代名詞は sich を用いる). **1.** (一般に)人, 人々, だれも(特に訳さなくてよい場合が多い)：Von dort oben hat ～ eine herrliche Aussicht. あの上からの眺めはすばらしい. *M*～ nehme ...(薬の処方や料理の手引きなどで)…を入れなさい〔飲みなさい〕. *M*～ sagt, dass ... (うわさでは)…という ことだ. **2.** (不特定の)だれか〔ある人〕が：*M*～ klopft an die Tür. だれかが戸をノックしている. **3.** 〈受動文に代る能動文の主語として〉 *M*～ vermutet, dass ... …(である)と推定される. 【能動文を受動文に変えるとき, 能動文の主語 man は受動文には現れない：Man hilft ihm. ＝Es wird ihm geholfen. 彼は助けてもらう】 **4.** (世間一般を代表して)So etwas tut ～ nicht. そういうことは(普通は・常識的には)しない. **5.** 〈直接話を避けるため, 2人称(まれに3人称)主語に代えて〉 Hat ～ sich gut erholt ? (君〔君たち〕は)元気を回復したか. **6.** 〈話し手が自分を一般化して言いたいときに ich(まれに wir)に代えて〉 Sie sieht einen an, als hätte ～ was verbrochen. 彼女はまるで(私が)何か悪いことをしたみたいな目で〔私〕を見る.
man² [マン] 副 〈話者の気持〉(命令文で, なだめたり励ましたりして) 〖北独〗まあ, さあ.
m. a. n. ＝meiner Ansicht nach 私の意見では.
das **Ma·na** [マナ] 名 -/ マナ(人・動物・物などに宿るとされる超自然力).
die **Mä·na·de** [メナーデ] 名 -/-n **1.** 〖ギ神〗マイナス(Dionysosの侍女). **2.** 狂乱状態の女.
das **Ma·nage·ment** [ménit∫mənt メニチメント] 名 -s/-s **1.** (大企業の)経営, 管理, マネジメント. **2.** 経営陣, 管理職.
ma·na·gen [ménit∫ən メニチェン] 動 h. **1.** 〈et⁴〉ッ 〖口〗うまく扱う(材料・装置などを). **2.** 〈et⁴〉ッ 〈⑪〉ンふゥヵにふぉルマン 〖スポーツ〗取扱う, 取仕切る(事業・催し物などを), 取計う(仕事・用件などを). **3.** 〈j⁵〉ッ マネージャーを務める.
der **Ma·na·ger** [ménit∫ər メニチャー] 名 -s/- (大企業の)経営(管理)者, 支配人；(芸能人・プロのスポーツ選手などの)マネージャー.
die **Ma·na·ger·krank·heit** [メニチャー・クらンクハイト] 名 -/ マネージャー病(管理者の重症のストレス).
manch [マンヒ] 代 〈不定〉(変化形は dieser に準じるが, 無語尾もあり, 不定冠詞可(?)の前では常に無語尾. 多くは⑪で⑪あるが, 数えられるものについては⑪もある). **1.** (⑪で)(全体の中で半分までいかない程度の)かなりの(数の), 幾人(幾つ)もの, いろいろな：(付加語的用法)(強変化名詞の2格の前では主に ～en), 弱変化名詞の2格の前では通常に ～en. 後続の形容詞はふつう弱化はしいでの混変化であるが無冠詞と(ein)の後で付随変化】～er Beamte (～ ein) Beamter) 公務員の中でかなりの数の人. ～ Apfel in der Kiste ist schon faul. 木箱の中のリンゴは幾つも腐っている. die Ursache ～ eines 〔～en〕 ehelichen Streites かなりな数の夫婦げんかの原因(2格では主に ～ eines). (その種のものの数が目立つという意味で)Ich habe auf der Straße ～en Bettler gesehen. 私は路上で何人もこじきを見た.《独立的用法》*M*～er glaubt, ... かなりの(数の)人が…と思っている.

Ich habe Ihnen *~es* zu erzählen. 私はあなたにいろいろとお話することがある. In *~em* hast du Recht. いろいろな点で君の言うとおりだ. Da war noch *~es*, was ungeklärt blieb. 不明な点がまだかなりあった. **2.** 《[複]で》かなりの数の：《付加語的用法》《後続の形容詞およびその名詞化は1・4格では強・弱変化ともあるが2・3格では主に強変化》 *~e* alte(n)〔~ alte〕Menschen かなりの数の老人たち. *~e* Intellektuelle(n) 少なからざる数のインテリたち. die Werke *~er* berühmter Schriftsteller 何人かの有名作家の作品. *~e* Länder 幾つもの国々.《独立的用法》*M~e* sind anderer Meinung. かなりの人が意見を異にしている.

man·cher·lei [マンひゃーライ] [数] 《種数》いろいろな；いろいろなもの〔こと〕：~ Obst いろいろな果物. ~ Schwierigkeiten いろいろな厄介事. auf ~ Weise いろいろなやり方で. Ich habe ~ eingekauft. 私はいろんな物を買入れた.

man·cher·orts [マンひゃー·オるツ] [副] 《文》あちらこちらで.

das **Man·ches·ter·tum** [mɛ́ntʃɛstərtuːm メンチェスタートゥーム] [名] -s/ マンチェスター学派の理論《自由貿易論》.

manch·mal [マンひ·マール] [副] (不定期に)ときどき, 何回〔度〕か；時には：*M~* habe ich Kopfschmerzen. ときどき私は頭痛がする.

das **Man·da·la** [マンダラ] [名] -(s)/-s 〖宗〗曼陀羅(まんだら)；〖心〗マンダラ《ユングの心理学で自己発見のシンボルとしての夢像》.

der **Man·dant** [マンダント] [名] -en/-en 〖法〗(弁護士の)訴訟依頼人, 委任者.

der **Man·da·rin** [マンダりーン] [名] -s/-e (中国清時代の)高官, マンダリン.

die **Man·da·ri·ne** [マンダりーネ] [名] -/-n 〖植〗マンダリン《中国原産の柑橘類》.

das **Man·dat** [マンダート] [名] -(e)s/-e **1.** 訴訟委任. **2.** (選挙民の議員に対する)委任；議席. **3.** 委任統治領.

der **Man·da·tar** [マンダターあ] [名] -s/-e **1.** 受任者, 訴訟代理人. **2.** 《(ｵｰｽﾄﾘｱ)》(国会)議員.

das **Man·dats·ge·biet** [マンダーツ·ゲビート] [名] -(e)s/-e 委任統治領.

die **Man·del**[1] [マンデル] [名] -/-n **1.** 〖植〗アーモンドの種子；アーモンド(の種子の仁(じん)). **2.** 《主に[複]》扁桃腺(へんとうせん)；〖解〗扁桃.

die **Man·del**[2] [マンデル] [名] -/-n 《古》マンデル《数量単位. 卵15ないし16個, 立てた穀物の束の約15束》.

das **Man·del·au·ge** [マンデル·アウゲ] [名] -s/-n 《主に[複]》アーモンド形の目.

der **Man·del·baum** [マンデル·バウム] [名] -(e)s/..bäume アーモンドの木.

die **Man·del·ent·zün·dung** [マンデル·エントツュンドゥング] [名] -/-en 扁桃腺(へんとうせん)炎.

man·del·för·mig [マンデル·ふぇるミひ] [形] アーモンド形の.

die **Man·do·li·ne** [マンドリーネ] [名] -/-n マンドリン.

die **Man·dor·la** [マンドるラ] [名] -/..dorlen [マンドるレン] 〖美〗マンドルラ《キリストなどの像全体を包むアーモンド形の身光(しんこう)》.

die **Man·d·ra·go·ra** [マンドらーゴら] [名] -/..goren [マンドらゴーれン] 〖植〗マンドラゴラ.

der **Man·d·rill** [マンドりル] [名] -s/-e 〖動〗マンドリル.

die **Man·d·schu·rei** [mandʒuráɪ マンヂュらイ, mantʃu.. マンチュらイ] [名] -/ 〖地名〗満州《中国東北地方》.

die **Ma·ne·ge** [..ʒə マネージェ] [名] -/-n (サーカスの)円形演技場；(乗馬学校の)馬場.

die **Ma·nen** [マーネン] [複名] 〖ロ神〗マネス《死者たちの霊》.

(der) **Man·fred** [マンふれート] [名] 〖男名〗マンフレート.

mang [マング] [前] 〔+3格/4格〕《北独》…の中に(へ), …の間に(へ).

das **Man·gan** [マンガーン] [名] -s/ マンガン《記号 Mn》.

das **Man·gan·erz** [マンガーン·エるツ] [名] -es/-e マンガン鉱.

die **Man·gan·knol·len** [マンガーン·クノレン] [複名] マンガン団塊.

man·gan·sau·er [マンガーン·ザウあー] [形] マンガン酸の.

die **Man·gan·säu·re** [マンガーン·ゾイれ] [名] -/-n マンガン酸.

die **Man·ge** [マンゲ] [名] -/-n =Mangel[2].

der **Man·gel**[1] [マンゲル] [名] -s/Mängel **1.** 《[単]のみ》不足, 欠乏, 欠如：ein ~ an 〈j^3/et^3〉〈人・物・事の〉不足. **2.** 《主に[複]》欠陥, 欠点；〖法〗瑕疵(かし).

die **Man·gel**[2] [マンゲル] [名] -/-n (洗濯物の仕上げ用の)ローラー.

der **Man·gel·be·ruf** [マンゲル·べるーふ] [名] -(e)s/-e 人手不足の職業.

man·gel·haft [マンゲルハふト] [形] 不十分な, 不完全な, 欠点〔欠陥・不備〕のある；(成績の)不可〔5〕.

die **Man·gel·haf·tig·keit** [マンゲルハふティひカイト] [名] -/ 欠陥〔欠点〕があること, 不充分〔不完全〕であること.

die **Män·gel·haf·tung** [メンゲルハふトゥング] [名] -/ 〖法〗瑕疵(かし)担保責任, 債務不履行の保証義務.

die **Man·gel·krank·heit** [マンゲル·クらンクハイト] [名] -/-en 〖医〗欠乏症.

man·geln[1] [マンゲルン] [動] *h.* **1.** 〔Es+(〈j^3〉ハ)+an 〈j^3/et^3〉ニ〕不足している, 欠けている. **2.** 〔〈j^3〉ハ〕(…が)ない〔欠けている〕(勇気・分別などが).

man·geln[2] [マンゲルン] [動] *h.* 〔〈et^4〉ヲ〕《南独》仕上げローラーにかける(洗濯物を).

die **Män·gel·rü·ge** [メンゲル·りゅーゲ] [名] -/-n 〖法〗瑕疵の責問〔通知〕.

man·gels [マンゲルス] [前] 〔+2格〔3格〕〕《官》…の欠如により：~ eindeutiger Beweise 明白な証拠を欠くため.《付加語のない強変化名詞の[複]では3格. [単]では主に無変化》~ Beweisen〔Beweis〕証拠を欠くために.

die **Man·gel·wa·re** [マンゲル·ヴァーれ] [名] -/-n 不足がちな〔品薄の〕商品.

man·gen [マンゲン] [動] *h.*=mangeln[2].

die **Man·go** [マンゴー] [名] -/-nen [マンゴーネン]〔-s〕〖植〗マンゴー(の果実).

der **Man·gold** [マンゴルト] [名] -(e)s/-e 《[複]は種類》〖植〗フダンソウ.

die **Man·gro·ve** [マングろーヴェ] [名] -/-n 〖植〗マングローブ.

der **Man·gro·ve·baum** [マングろーヴェ·バウム] [名] -(e)s/..bäume マングローブの木.

der **Man·gro·ven·baum** [マングろーヴェン·バウム] [名] -(e)s/..bäume =Mangrovebaum.

die **Man·gus·te** [マングステ] [名] -/-n 〖動〗マングース.

der **Ma·ni·chä·er** [マニひぇーあー] [名] -s/- マニ教徒；《口・冗》うるさい借金取り.

der **Ma·ni·chä·is·mus** [マニひぇイスムス] [名] -/ 〖宗〗マニ教《ペルシアの予言者 Mani, 216-277, を開祖とする二元論的教義の宗教》.

die **Ma·nie** [マニー] [名] -/-n **1.** 〖心〗(精神病の)躁(そう)の状態；《古》狂気, 精神異常. **2.** 《文》病的な欲求.

die **Ma·nier** [マニーあ] [名] -/-en **1.** (主に[単])仕方, 流儀；(芸術上の)手法, 作風. **2.** (主に[単])《文・蔑》わざとらしさ, 作為. **3.** (主に[複])作法, マ

ナー：keine 〜en haben 礼儀をわきまえていない. **4.**〖楽〗装飾音.

ma·nie·riert [maniˈrːrt マニリーあト] 形 わざとらしい,不自然な;型どおりの.

die **Ma·nie·riert·heit** [maniˈrːrt.. マニリーあトハイト] 名 -/-en 不自然,わざとらしさ,気取り.

der **Ma·nie·ris·mus** [maniˈrs.. マニリスムス] 名 -/..men **1.**〖美〗マニエリスム（誇張の多い技巧的な様式）;〖文芸学〗マニエリスム（隠喩（ ）や暗喩（ ）などを駆使した文体）. **2.**〖美〗マニエリスムの時代. **3.**〖芸術学・文芸学〗（種々の時代の）反古典主義的な様式. **4.** マニエリスム的特徴（表現）.

ma·nie·ris·tisch [maniˈrs.. マニリスティシュ] 形 マニエリスムの.

ma·nier·lich [マニーありヒ] 形〈口・古〉きちんとした.

ma·ni·fest [マニフェスト] 形 歴然とした;〖医〗顕性の.

das **Ma·ni·fest** [マニフェスト] 名 -(e)s/-e **1.** マニフェスト,宣言,声明;宣言書,声明文. **2.**〖海〗積荷目録.

der **Ma·ni·fes·tant** [マニフェスタント] 名 -en/-en **1.**〈 ・ 〉デモ（政治集会）の参加者. **2.**〖法〗〈古〉開示宣誓者.

die **Ma·ni·fes·ta·ti·on** [マニフェスタツィオーン] 名 -/-en 表明;現れ;〖医〗発現.

ma·ni·fes·tie·ren [マニフェスティーれン] 動 h. **1.** [sich]〈文〉はっきり現れる. **2.**〈et[4]〉〈文〉はっきり示す,表明する. **3.**〖 〗〈古〉デモをする,政治集会（デモ）に参加する;〖法〗〈古〉開示宣誓をする.

die **Ma·ni·kü·re** [マニキューれ] 名 -/-n **1.**（のみ）マニキュア（術）. **2.** マニキュア師. **3.** マニキュアセット入れ.

ma·ni·kü·ren [マニキューれン] 動 h.〈j[4]/et[4]〉マニキュアをする.

(das) **Ma·ni·la** [マニーラ] 名 -s/〖地名〗マニラ（フィリピンの首都）.

der **Ma·ni·la·hanf** [マニーラ・ハンふ] 名 -(e)s/ マニラ麻.

der **Ma·ni·ok** [マニオク] 名 -s/-s〖植〗タピオカ.

der **Ma·ni·pel** [マニーペル] 名 -s/- **1.**（古代ローマの）歩兵中隊. **2.**（die 〜 -/-n も有）〖 〗マニプル（ミサのとき左腕に掛ける帯）.

die **Ma·ni·pu·la·ti·on** [マニプラツィオーン] 名 -/-en **1.**〈文〉（世論などの）操作. **2.**〈口〉ずるい取り扱い（操作）. **3.**〖工〗操作;〖医〗処置,手技;〖商〗（商品を）消費者のニーズに合せること. **4.**（主に ）〈文〉ごまかし.

ma·ni·pu·lie·ren [マニプリーれン] 動 h. **1.**〈j[4]/et[4]〉〈文〉操作する（世論・需要などを）. **2.**〈et[4]〉〈口〉改ざんする,ごまかす（小切手・帳簿などを）,不正操作する（相場などを）. **3.**〈et[4]〉〈文〉巧みに扱う,正しく操作する（機械などを）;〖商〗消費者のニーズに合せる（商品を）. **4.**〔an〔mit〕〈et[3]〉〕〈文〉操作を行う,細工する.

ma·nisch [マーニシュ] 形 異常な,病的な;〖心〗躁（ ）病（性）の;狂気の.

ma·nisch-de·pres·siv [マーニシュ・デプれスィーふ] 形〖医〗躁鬱（ ）病の.

das **Man·ko** [マンコ] 名 -s/-s 欠陥;〖経〗不足量,欠損.

(der) **Mann**[1] [マン] 名〖人名〗マン ① Thomas 〜, 1875-1955, 小説家. ② Heinrich 〜, 1871-1950, ① の兄. 作家.

der **Mann**[2] [マン] 名 -(e)s/Männer〔-en〕〈人数を表す は -〉 **1.**（ Männer）(成人した)男,男性;男らしい人;（一般的に）人：ein ganzer 〜 立派〔堂々（ ）〕な人. ein 〜 in den besten Jahren 働き盛りの男. ein 〜 der Tat 行動の人. ein 〜 von Einfluss 影響力のある人. ein 〜 von Welt 世なれた人. ein 〜 von Wort（約束を守る）信頼できる人. zum 〜 werden 一人前の男になる. Er ist nicht der 〜 dazu. 彼はそれには向いていない. ein 〜 über Bord!〖海〗人が海に落ちたぞ. **2.**（ Männer）夫（Ehe〜）：mein 〜（私の）夫. einen 〜 bekommen（女が）結婚相手を得る. **3.**（ ）人員：Alle 〜 an Deck!〖海〗全員甲板に集合. ein Leutnant und zehn 〜 少尉一人に兵卒 10 名. **4.**（ -en）家臣,封臣,従者;信奉者. **5.**〔口〕おい,おまえ〔礼儀を欠いた呼びかけ〕;ああ,驚きだ〔恐ろしい〕〔驚き,恐れの叫び〕：O 〜! ああ. 何てことだ.【慣用】**alter〔toter〕Mann** 廃坑. 〜 **an den Mann bringen**〈口〉〈物〉を売りつける,〈事〉を話題にする. **den starken Mann markieren〔spielen〕**〈口〉強い男ぶる,偉ぶる. **den wilden Mann machen**〈口〉荒れ狂う. **der Mann auf〔von〕der Straße** 普通の人間. **der Mann des Tages** 時の人. **der Mann im Mond** 月中の人（月のウサギを形の姿に見たてたもの）. **der schwarze Mann**（子供をおどす）お化け. **ein toter Mann sein**〈口〉もはや死に体である. **Mann an Mann** きっしりと並んで. **Mann decken**〖球〗（自分が受持つ）相手選手をマークする. **Mann für Mann**（一人一人）次々に. **Mann gegen Mann** 一騎討ちで. **mit Mann und Maus untergehen** 一人残らずおぼれる. **nicht Manns genug sein**,〈et[4]〉**zu tun**〈事〉する十分な実行力がない. **pro Mann** 一人につき（一割). **seinen Mann stehen〔stellen〕** りっぱに仕事が任務を果す. **von Mann zu Mann sprechen**（男同士）正々堂々と話す.

..mann [..メン] 接尾 名詞の後につけてその名詞が示す「職業（身分・特性）を持った男」という意味の男性名詞（主に〈口〉）を作る. まれに動詞の語幹や形容詞の後につくこともある：Bank*mann* 銀行員. Adels*mann* 貴族（階級 の人）. Ehe*mann* 夫. Pistolen*mann* ピストルを持った男. Inner*mann* 道楽者. Lau*mann* 優柔不断な男. （職業・身分などの集団を意味する場合の複数形は -leute. 個々の男を意味する場合には -männer.）

das **Man·na** [マナ] 名 -(s)/〔die 〜 -/ も有〕 **1.**〖聖〗マナ（イスラエルの民が神から与えられた食物. 出エジプト記 16）. **2.** 子期せぬ天の恵み. **3.**〖薬〗マンナ（マンナトネリコなどの甘い樹液. 緩下剤）.

mann·bar [マン・バーあ] 形〈文〉結婚適齢期の（女性）,性的に成熟した（男）;〈稀〉雄々しい.

die **Mann·bar·keit** [マンバーあカイト] 名 -/ 性的成熟, 結婚適齢期.

das **Männ·chen** [メンヒェン] 名 -s/- **1.**（動物の）雄. 〜 machen（犬やウサギが）後足で立つ,ちんちんする.（sein）〜 machen〖軍〗直立不動の姿勢をとる. **2.** 小男. 〜 malen いくつかの小さな人の姿を描く. 【慣用】**nicht mehr wissen, ob Männchen oder Weibchen ist**〈口〉すっかり頭が混乱している;へとへとである.

die **Mann·de·ckung** [マン・デックング] 名 -/ 〖球〗マンツーマンディフェンス.

das〔*der*〕**Man·ne·quin** [mánək マネカン, -kɛ マネカーン] 名 -s/-s **1.** ファッションモデル,マヌカン. **2.**（洋服の動く）人体模型;〈稀〉マネキン人形.

..män·ner [..メノ] 接尾 ⇒..leuto.

die **Män·ner·freund·schaft** [メナー・ふろイントシャふト] 名 -/-en 男同士の友情.

das **Män·ner·kind·bett** [メナー・キント・ベット] 名 -(e)s/ =Couvade.

die **Män·ner·sei·te** [メナー・ザイテ] 名 -/-n 教会内の南側（中世の男性席側）.

die **Män·ner·stim·me** [メナー・シュティメ] 名 -/-n 男声.

die **Män·ner·treu** [メナー・トろイ] 名 -/-〈俗称〉クワガ

タソウ属の植物.
die **Männer·welt** [メナー・ヴェルト] 名 -/ ((冗))も有)(居合わせている)男たち.
das **Mannes·alter** [マネス・アルター] 名 -s/ 成年, 壮年.
die **Mannes·kraft** [マネス・クらふト] 名 -/..kräfte 1. ((婉)のみ)((古))男の性的能力. 2. ((詩))男の実行((創造))力.
Mannes·mann [マネス・マン] マンネスマン(機械・電機・通信機器メーカー).
der **Mannes·stamm** [マネス・シュタム] 名 -(e)s/..stämme 男系.
das **Mannes·wort** [マネス・ヴォルト] 名 -(e)s/-e ((古))(信ずべき)男子の一言.
mann·haft [マンハふト] 形 男らしい.
die **Mann·haftig·keit** [マンハふティヒカイト] 名 -/ ((文))男らしさ.
(*das*) **Mann·heim** [マン・ハイム] 名 -s/ (地名)マンハイム(バーデン-ヴュルテンベルク州の都市).
der **Mann·heimer** [マン・ハイマー] 名 -s/- マンハイム市民.
die **Mann·heit** [マンハイト] 名 -/ ((古))男であること; 男らしさ;男の性的能力.
mannig·fach [マニヒ・ふぁっは] 形 様々な,色々な.
mannig·faltig [マニヒ・ふぁルティヒ] 形 ((文))種々の,多様な.
die **Mannig·faltig·keit** [メニヒ・ふぁルティヒカイト] 名 -/ 多種多様,多様性.
männig·lich [メンリヒ] 代 ((不定))((無変化))((雅))おのおの,各人の;だれでも.
die **Männin** [メニン] 名 -/-nen ((稀))男まさりの女;((聖))(男の伴侶(ロマセ)としての)女.
das **Männ·lein** [メンライン] 名 -s/- 小男: ~ und Weiblein ((口))男も女も.
männ·lich [メンリヒ] 形 1. 男性の;雄の: ~e Wesen 雄の生物: die siegreiche ~ 優勝チーム. eine ~e Blüte 雄花. das ~e Glied 陰茎. Seine Stimme klingt noch nicht ~. 彼の(声)はまだ声変わりしていない. 2. 男らしい,男性的の. 3. ((言・詩))男性の: ein ~er Reim 男性韻.
die **Männ·lich·keit** [メンリヒカイト] 名 -/ 1. 男らしさ. 2. (性的能力をもつ)男であること;((婉))男のもの((性器)).
das **Mann·loch** [マン・ろっは] 名 -(e)s/..löcher (タンクなどの)マンホール.
das **Manns·bild** [マンス・ビルト] 名 -(e)s/-er ((口))男.
die **Mann·schaft** [マンシャふト] 名 -/-en 1. チーム,選手団: 2. ((総称))乗組員;部隊の兵;((口))作業チーム,スタッフ. 3. ((軍)のみ)兵員,兵卒.
die **Mann·schafts·auf·stellung** [マンシャふツ・アウふシュテルング] 名 -/-en ((競))(チームの)出場メンバー,選手の配置(表);チームの編成.
der **Mann·schafts·führer** [マンシャふツ・ふューらー] 名 -s/- ((競))(チームの)主将,キャプテン;チームの代表.
der **Mann·schafts·geist** [マンシャふツ・ガイスト] 名 -(e)s/ チームの団結心.
der **Mann·schafts·kapitän** [マンシャふツ・カピテーン] 名 -s/-e ((競))チームのキャプテン.
die **Mann·schafts·messe** [マンシャふツ・メッセ] 名 -/-n ((海))(船の)船員食堂.
der **Mann·schafts·raum** [マンシャふツ・らウム] 名 -(e)s/..räume ((海))船の乗組員室,水夫室.
das **Mann·schafts·rennen** [マンシャふツ・れンネン] 名 -s/ (自転車の)団体競走.
manns·hoch [マンス・ホーほ] 形 人の背丈ほどの.
die **Manns·leute** [マンス・ロイテ] 複 ((口・古))男たち,男連中.
die **Manns·person** [マンス・ぺるゾーン] 名 -/-en ((口・古))(よく知らない)男の人.
manns·toll [マンス・トル] 形 ((口))男狂いの.
das **Manns·volk** [マンス・ふォルク] 名 -(e)s/ ((口・古))男連中.
(*der*) **Mannus** [マヌス] 名 ((ゲ神))マヌス(Tuisto の息子で,ゲルマン人の祖).
das **Mann·weib** [マン・ヴァイプ] 名 -(e)s/-er ((蔑))男のような女.
mano destra [マー/・デストら] ((伊語))((楽))右手で(演奏すること)((略 m. d.)).
das **Mano·meter** [マノ・メーター] 名 -s/- 1. ((理))圧力計. 2. おや,ああ(驚きや不満の叫び声).
ma non troppo [マ ノン トろッポ] ((伊語))((楽))しかし,はなはだしく(過度)にならないように.
mano sinistra [マー・ノ ズィニストら] ((伊語))((楽))左手で(演奏すること)((略 m. s.)).
das **Ma·növer** [マ②ーヴァー] 名 -s/- 1. ((軍))大演習. 2. ((蔑))巧妙な手口,術策. 3. (乗り物の)熟練した操作,操縦;((軍))巧みな動かし方,作戦行動.
das **Ma·növer·ge·lände** [マ②ーヴァー・ゲレンデ] 名 -s/- ((軍))演習地.
ma·növrieren [マ②グりーれン] 動 h. 1. ((軍))(軍)戦術の展開をする,作戦行動をとる(部隊などが);((海))巧みな操船をする(船・人が). 2. 〈et⁴ ⁺ ⁺方向〉巧みに動かす(船・車などを). 3. ((蔑))((主に(蔑)))策略を用いる,(汚ない)駆引きをする. 4. 〈じゃット⁺方向〉=〉((主に(蔑)))巧みに連れていく(場所に);巧みに導く(情況に),巧みに就ける(地位に).
ma·növrier·fähig [マ②グりーア・ふェーイヒ] 形 操縦可能な.
ma·növrier·un·fähig [マ②グりーア・ウン・ふェーイヒ] 形 操縦不能の.
manque [mã:k マーンク] マンク(ルーレットで 1 から 18 までの目).
das **Man·sard·dach** [マンザド・ダッは] 名 -(e)s/..dächer ((建))マンサード屋根(下半分が急な傾斜となっている二重勾配(ਫ਼)の屋根).
die **Man·sarde** [マンザデ] 名 -/-n マンサード屋根の屋根裏部屋((屋階)).
die **Man·sarden·wohnung** [マンザデン・ヴォーヌング] 名 -/-en マンサード屋根の屋根裏の住居.
das **Man·sarden·zimmer** [マンザデン・ツィマー] 名 -s/- マンサード屋根の屋根裏部屋.
der **Mansch** [マンシュ] 名 -(e)s/ ((口・蔑))どろどろした物.
man·schen [マンシェン] 動 h. ((口)). 1. 〈in〈et³〉〉かき回す(どろどろしたものを). 2. ((幼))どろんこ遊びをする.
die **Man·schette** [マンシェッテ] 名 -/-n 1. (ワイシャツなどの)カフス. 2. (植木鉢の)縁飾り. 3. ((医))(血圧を測る際に腕に巻く)腕帯,圧迫帯;((工))パッキングリング;((スポ))(レスリングの)首じめ. 【慣用】 **vor 〈j³/et³〉 Manschetten haben** ((口))〈人・物・事を〉こわがっている.
der **Man·schetten·knopf** [マンシェッテン・クノップふ] 名 -(e)s/..knöpfe カフスボタン.
der **Mantel** [マンテル] 名 -s/Mäntel 1. オーバー,コート,外套(ﾄﾞ): 〈j³〉 in 〈den/dem〉 ~ helfen 〈人₃に〉 オーバーを着るの/脱ぐのを手伝う. den ~ offen tragen ボタンをはずしてオーバーを着ている. den ~ des Schweigens über 〈et⁴〉 breiten ((転))〈事⁴を〉黙認する. 2. ((工))(外側おおう)外被,外装,被筒;(チューブをおおう)タイヤ(弾丸の)被甲;((幾何))(円筒などの)側面. 3. (大腦の)外被膜;((軟体動物の)外套膜. 4. ((林))森縁(森林の外縁の樹木). 5. ((経))利札なし債券,持分証書. 6. ((法))企業の法的形態. 【慣用】 **den Mantel nach dem Wind**

hängen 日和見主義をとる. 〈et⁴〉 **mit dem Mantel der christlichen Nächstenliebe bedecken** 〈事を〉大目に見る.

das **Män·tel·chen** [メンテルひぇン] [名] -s/- 小さなマント: 〈et³〉 ein ～ umhängen 〈事を〉言い繕ろう.

das **Man·tel·fut·ter** [マンテル・ふっター] [名] -s/- コートの裏地〔ライナー〕.

das **Man·tel·ge·schoss,** [旧]**Man·tel·ge·schoß** [マンテル・ゲショス] [名] -es/-e 被甲弾.

das **Man·tel·ge·setz** [マンテル・ゲゼッツ] [名] -es/-e 〘法〙大綱的法律, 概則的法律.

der **Man·tel·sack** [マンテル・ザック] [名] -(e)s/..säcke 《古》(馬のくらの後につける)旅行カバン; 《方》オーバーのポケット.

der **Man·tel·ta·rif** [マンテル・タりーふ] [名] -s/-e 〘経〙概括的労働条件表.

der **Man·tel·ta·rif·ver·trag** [マンテルタりーふ・ふぇあトらーク] [名] -(e)s/..träge 〘経〙概括的労働協約.

die **Man·tik** [マンティク] [名] -/ 占い術, 予言術.

die **Man·til·le** [名] -/-n マンチラ《① [mantíl(j)ə マンティレ, マンティルエ]スペインの頭と肩を覆うレースのショール. ②[mã:tí:j(ə) マンティーユ, マンティーエ] = Fichu》.

die **Man·tis** [マンティス] [名] -/- 〘昆〙カマキリ.

das **Man·tra** [マントら] [名] -(s)/-s 〘宗〙マントラ, 真言(しんごん)《仏などの真実のことば》.

(*das*) **Man·tua** [マントゥア] [名] -s/ 〘地名〙マントヴァ《イタリア北部の都市》.

das **Ma·nu·al** [マヌアール] [名] -s/-e **1.** (オルガン・チェンバロなどの)鍵盤(けんばん). **2.** 《古》便覧(びんらん), 手引き書; (業務)日記.

das **Ma·nu·a·le** [マヌアーレ] [名] -(s)/-(n) = Manual.

(*der*) **Ma·nu·el** [マーヌエ(ー)ル] [名] 〘男名〙マーヌエル.

ma·nu·ell [マヌエル] [形] 手による; 手(先)の.

die **Ma·nu·fak·tur** [マヌふぁクトゥーあ] [名] -/-en 《古》 **1.** 工場制手工業, マニュファクチュア; 手作り生産品. **2.** 手仕事; ニット, 織物.

die **Ma·nu·fak·tur·wa·ren** [マヌふぁクトゥーあ・ヴァーれン] [複名] **1.** 手作り品, 工場制手工業製品. **2.** 《古》メートル売りの織物; 裁縫用品.

ma·nu pro·pria [マーヌ プろープりア] 〘ラテン語〙自筆で(略 m. p.).

das **Ma·nus** [マーヌス] [名] -/- 《オーストリア・スイス》= Manuskript.

das **Ma·nu·s·kript** [マヌスクりプト] [名] -(e)s/-e **1.** 原稿; (講演などの)草稿(略 Ms., Mskr., [複] Mss). **2.** (古代・中世の)写本.

der **Ma·o·is·mus** [マオイスムス] [名] -/ 毛沢東主義.

der **Ma·o·ist** [マオイスト] [名] -en/-en 毛沢東主義者.

ma·o·is·tisch [マオイスティシュ] [形] 毛沢東主義の.

der **Ma·ori**¹ [maúri マウり, maó:ri マオーり] [名] -(s)/-(s) マオリ人《ニュージーランドの原住民》.

das **Ma·ori**² [マウり, マオーり] [名] -(s)/ マオリ語.

(*der*) **Mao Tse-tung** [マウ ツェ・トゥング] [名] 〘人名〙毛沢東《1893-1976 年, 中国共産党の指導者》.

die **Map·pe** [マっペ] [名] -/-n **1.** 書類鞄(かばん); 学童鞄(Schul～). **2.** 紙挟み, ファイル. **3.** 画集, アルバム.

die **Ma·quil·la·ge** [makijá:ʒə マキヤージュ] [名] -/ **1.** 《文・稀》メーキャップ. **2.** (いかさま賭博師が)カードに目印をつけること.

der **Ma·quis** [makí: マキー] [名] -[マキー(ス)]/- マキ《①地中海地方の灌木の密生林. ②第二次世界大戦中のフランスの対独抵抗地下組織》.

die **Mär** [メーあ] [名] -/-en 《文》物語, 伝説; 《冗・皮》奇妙な話, 信用できない〔虚偽の〕報告.

der **Ma·ra·bu** [マーらブ] [名] -s/-s 〘鳥〙ハゲコウ.

der **Ma·ra·but** [マらブート] [名] -(s)/-(s) (イスラム教の)隠者, 聖者.

die **Ma·rä·ne** [マれーネ] [名] -/-n 〘魚〙《北東独》マレーナ《マスの類》.

der **Ma·ras·chi·no** [maraskí:no マらスキーノ] [名] -s/-s マラスキーノ《ダルマチア産のサクランボウのリキュール》.

der **Ma·ras·mus** [マらスムス] [名] -/ 〘医〙消耗症, 衰弱; 《転》衰退.

der **Ma·ra·thon** [má(:)ratɔn マ(ー)らトン] [名] -s/-s = Marathonlauf.

der **Ma·ra·thon·lauf** [マ(ー)らトン・ラウふ] [名] -(e)s/..läufe 〘スポ〙マラソン.

der **Ma·ra·thon·läu·fer** [マ(ー)らトン・ロイふぁー] [名] -s/- マラソン選手.

die **Ma·ra·thon·sit·zung** [マ(ー)らトン・ズィっツング] [名] -/-en 長時間にわたる会議.

die **Mar·bel** [マるベル] [名] -/- 《方》ビー玉(Murmel).

die **Mär·bel** [マるベル] [名] -/-n = Marbel.

(*das*) **Mar·burg an der Lahn** [マーあブるク アン デあ ラーン, マるブるく アン デあ ラーン] [名] -s ---/ 〘地名〙マールブルク《ヘッセン州ラーン河畔の都市》.

Mar·bur·ger¹ [マーあブるガー, マるブるガー] [形] 《無変化》マールブルクの: die ～ Schule マールブルク学派《新カント派》.

der **Mar·bur·ger**² [マーあブるガー, マるブるガー] [名] -s/- マールブルク市民.

der **Marc** [mã:r マーあ] [名] -s/ マール《ブドウのしぼりかすから作るブランデー》.

mar·ca·to [マるカート] [副] 〘楽〙マルカート, ひとつひとつの音をはっきりと.

das **Mär·chen** [メーあひぇン] [名] -s/- **1.** おとぎ話, 童話, メルヘン. **2.** (言い逃れの信用できない)作り話.

das **Mär·chen·buch** [メーあひぇン・ブーふ] [名] -(e)s/..bücher 童話の本.

mär·chen·haft [メーあひぇンハふト] [形] おとぎ話(風)の; おとぎの国のように美しい; 《口》信じられないような; 《口》信じられないほど.

das **Mär·chen·land** [メーあひぇン・ラント] [名] -(e)s/..länder おとぎの国; おとぎの国のような美しい土地.

die **Mär·chen Stra·ße** [メーあひぇン シュトらーセ] [名] --/ メルヒェン街道《ブレーメンからハーナウまで》.

(*der*) **Mar·co** [マるコ] [名] 〘男名〙マルコ.

der **Mar·der** [マるダー] [名] -s/- 〘動〙テン.

das **Ma·re** [マーれ] [名] -/-〔..ria〕海《月・火星の暗黒部》.

die **Mä·re** [メーれ] [名] -/-n = Mär.

(*die*) **Mar·ga·re·ta** [マるガれータ] [名] 〘女名〙マルガレータ.

(*die*) **Mar·ga·re·te** [マるガれーテ] [名] 〘女名〙マルガレーテ.

die **Mar·ga·ri·ne** [マるガりーネ] [名] -/-n 《主に[単]》マーガリン.

die **Mar·ge** [márʒə マるジェ] [名] -/-n 隔たり, 相違; 〘経〙利ざや; 価格差; 金利差; (債券などの)発行差金; (異なる市場相場間の)値ざや, 価格差.

die **Mar·ge·ri·te** [マるゲりーテ] [名] -/-n 〘植〙フランスギク《マーガレットとは別品種》.

mar·gi·nal [マるギナール] [形] **1.** 周辺の; 副次的な; 〘社・心〙境界(領域)の: *～e* Gruppen マージナルグループ. *～e* Persönlichkeit 周辺人. **2.** 〘植〙縁辺の.

die **Mar·gi·na·lie** [マるギナーリエ] [名] -/-n **1.** 《主に[複]》〘言・文芸学〙欄外〔余白〕の書込み; 傍注. **2.** 《文》副次的な〔さして重要でない〕こと.

(*die*) **Mar·git** [マるギット] [名] 〘女名〙マルギット《Margarete の短縮形》.

M

(die) **Mar·grit** [マるグりット] 名 《女名》マルグリット (Margarete の短縮形).
(die) **Ma·ri·a** [マリーア] 名 **1.** 〖新約〗《2格は Mariä, Mariens》マリア(イエスの母): Jungfrau ~ 処女マリア. *Mariä* Verkündigung お告げの日(3月25日). *Mariä* Himmelfahrt [die Himmelfahrt *Mariens*] 聖母マリア被昇天の大祝日(8月15日). **2.** ~ Magdalena マグダラのマリア. **3.** ~ Theresia マリア・テレジア (1717-80年, オーストリア・ハンガリー帝国の女帝). **4.** ~ Stuart メアリー・スチュアート(1542-87年, スコットランド女王). **5.** 《次の形で》(Jesus,) ~ und Josef! [Jesses ~!] 何てことだ.
die **Ma·ri·a·ge** [..ɔ マリアージュ] 名 -/-n **1.** 〖トランプ〗マリッジ. **2.** 《文・古》結婚.
Maria Laach [マリーア ラーㇸ] マリア・ラーハ大修道院(Bonn の南部にあり, ロマネスク様式の建築で知られる).
die **Ma·ri·a·nen** [マリアーネン] 複 〖地名〗マリアナ諸島(西太平洋の群島).
ma·ri·a·nisch [マリアーニシュ] 形 《カトリック》聖母マリア(崇拝)の.
die **Ma·ri·an·ne** [マリアネ] 名 -s/ **1.** 《主に無冠詞》《女名》マリアンヌ. **2.** 《冗》フランス共和国.
der **Ma·ri·a·the·re·si·en·ta·ler** [マリーア・テれーズィエンターラー] 名 -s/- オーストリア帝国時代のターレル銀貨.
(die) **Ma·rie**¹ [マリー] 名 **1.** 《女名》マリー. **2.** ~ Antoinette マリー・アントアネット(1755-93年, Maria Theresia の娘. ルイ16世の妃).
die **Ma·rie**² [マリー] 名 -/ 《口》金(Mariatheresientaler にちなむという). ▷ Mariatheresientaler.
(das) **Ma·ri·en·bad** [マリーエン・バート] 名 〖地名〗マリーエンバート(チェコの保養地).
das **Ma·ri·en·bild** [マリーエン・ビㇽト] 名 -(e)s/-er 〖美〗(聖母)マリア像, 聖母子像(キリストを抱いている場合).
die **Ma·ri·en·dich·tung** [マリーエン・ディヒトゥング] 名 -/-en 〖文芸学〗聖母マリア(崇拝)文学.
das **Ma·ri·en·fest** [マリーエン・フェスト] 名 -(e)s/-e 《カトリック》聖母マリアの祝日. ▷ Maria.
der **Ma·ri·en·kä·fer** [マリーエン・ケーふㇵー] 名 -s/- 〖昆〗テントウムシ.
die **Ma·ri·en·kir·che** [マリーエン・キるヒェ] 名 -/-n 聖母教会.
der **Ma·ri·en·kult** [マリーエン・クㇽト] 名 -(e)s/ = Marienverehrung.
der **Ma·ri·en·tag** [マリーエン・ターク] 名 -(e)s/-e = Marienfest.
die **Ma·ri·en·ver·eh·rung** [マリーエン・ふェアエーるング] 名 -/ 《カトリック・ギリシア正教》聖母マリア崇敬.
das **Ma·ri·hua·na** [..huáːna マリフアーナ,..xuáːna マりフアーナ] 名 -s/ マリファナ.
die **Ma·ril·le** [マリㇽ] 名 -/-n 《ﾍ字》〖植〗アンズ.
die **Ma·rim·ba** [マリンバ] 名 -/-s 〖楽〗マリンバ(木琴の一種).
ma·rin [マリーン] 形 海の; 海生の.
die **Ma·ri·na·de** [マリナーデ] 名 -/-n マリネード(漬け汁・ドレッシング); マリネ.
die **Ma·ri·ne** [マリーネ] 名 -/-n **1.** 《総称》(一国の全)船舶; 海軍. **2.** 〖美〗海景画.
ma·ri·ne·blau [マリーネ・ブラウ] 形 ネイビーブルー〔濃紺〕の.
der **Ma·ri·ne·flie·ger** [マリーネ・ふリーガー] 名 -s/- 《口》海軍航空兵.
die **Ma·ri·ne·in·fan·te·rie** [マリーネ・インふァンテリー] 名 -/ 海兵隊.
der **Ma·ri·ne·of·fi·zier** [マリーネ・オふィツィーア] 名 -s/-e 海軍士官.

der **Ma·ri·ner** [マリーナー] 名 -s/- 《ジャーゴン》船員; 水兵.
der **Ma·ri·ne·sol·dat** [マリーネ・ゾㇽダート] 名 -en/-en 水兵.
die **Ma·ri·ne·sta·ti·on** [マリーネ・シュタツィオーン] 名 -/-en 海軍基地.
ma·ri·nie·ren [マリニーれン] 動 h. 〈et⁴ɔ〉マリネードに漬ける, マリネにする(ニシンなどを).
die **Ma·ri·o·la·trie** [マリオ・ラトリー] 名 -/ 《カトリック》=Marienverehrung.
die **Ma·ri·o·lo·gie** [マリオ・ロギー] 名 -/ 《カトリック》マリア論(聖母マリアに関する神学の一部門).
ma·ri·o·lo·gisch [マリオ・ローギッシュ] 形 マリア論の.
die **Ma·ri·o·net·te** [マリオネッテ] 名 -/-n 操り人形; 《転》傀儡(ﾊﾟ).
die **Ma·ri·o·net·ten·re·gie·rung** [マリオネッテン・れギーるング] 名 -/-en 傀儡(ﾊﾟ)政権.
das **Ma·ri·o·net·ten·thea·ter** [マリオネッテン・テアーター] 名 -s/- 操り人形芝居; 人形芝居劇場.
ma·ri·tim [マリティーム] 形 海洋の; 海運の.
das **Mar·jell·chen** [マるイェㇽヒェン] 名 -s/- 〘〔口〕Märker〙マルク(ドイツの旧貨幣単位. 1 Mark=100 Pfennig) 〖個々の貨幣を示す場合は Markstücke, Markscheine〗: Deutsche ~ ドイツ・マルク(略 DM). ~ der DDR 旧東ドイツ・マルク(略 M).
die **Mark**² [マるク] 名 -/-en 《カロリング朝・オットー朝時代の》辺境地, 境界地域, マルク: die ~ Brandenburg マルク・ブランデンブルク.
das **Mark**³ [マるク] 名 -(e)s/ **1.** 骨髄; 髄質, 髄: 〈j³〉das ~ aus den Knochen saugen 《口》〈人の〉骨の髄までしゃぶる. kein ~ in den Knochen haben 病弱である; 気骨がない. 〈j³〉 durch ~ und Bein gehen 〈人の〉骨身にしみる. 〈j⁴〉 bis ins ~ treffen 〈人を〉深く傷つける. **2.** (果肉の)ピューレ.
mar·kant [マるカント] 形 際立った, 特徴のある.
die **Mar·ke** [マるケ] 名 -/-n **1.** (商品の)銘柄, 種類, ブランド; 《口》変り者: Diese ~ führen wir nicht. このブランドの商品は当方では扱っておりません. **2.** 礼券, (携帯品)預り札(Garderoben~), 認識票(Erkennungs~), (私服刑事などの)身分証バッジ(Dienst~), (貯金通帳への)納入済証(Beitrags~), (犬の)鑑札(Hunde~). **3.** 切手(Brief~). **4.** (到達点を示す)印, 標識, マーク; (跳躍・投擲などの)記録.
der **Mar·ken·ar·ti·kel** [マるケン・アるティ(-)ケル] 名 -s/- 〖経〗銘柄品, ブランド商品.
die **Mar·ken·but·ter** [マるケン・ブッター] 名 -/ 優良バター(法的に定められた3品質の最上級).
das **Mar·ken·fa·bri·kat** [マるケン・ふァブリカート] 名 -(e)s/-e ブランド製品.
die **Mar·ken·wa·re** [マるケン・ヴァーれ] 名 -/-n =Markenartikel.
das **Mar·ken·zei·chen** [マるケン・ツァイヒェン] 名 -s/- 商標; トレードマーク(人・事を特徴づけるもの).
der **Mär·ker** [メるカー] 名 -s/- マルク・ブランデンブルクの住人; (マルク共同体の)森林・牧草地の共同所有者. ▷ Mark².
mark·er·schüt·ternd [マるク・エるシュッテるント] 形 心の髄を揺り動かす(耳をつんざく)ような.
der **Mar·ke·ten·der** [マるケテンダー] 名 -s/- (昔の)酒保斯人, 従軍商人.
die **Mar·ke·ten·de·rei** [マるケテンデらイ] 名 -/-en (昔の)移動酒保; (®のみ)移動酒保での販売.
die **Mar·ke·te·rie** [マるケテリー] 名 -/-n 《主に®》〖芸術学〗寄木細工.
das **Mar·ke·ting** [マるケティング, máːrkɪtɪŋ マーキティング] 名 -(s)/ 〖経〗マーケティング.

das **Mar·ke·ting·mix** [マるケティング・ミックス,マーあキティング・ミックス] [名] -/ 〖経〗マーケティングミックス.
der **Mark·graf** [マるク・グらーふ] [名] -en/-en 辺境伯(①辺境地の長官. ②(⑱のみ)公爵と伯爵の間の位. ③辺境伯の位を持つ人).
die **Mark·gräf·in** [マるク・グれーふぃン] [名] -/-nen 辺境伯夫人.
die **Mark·graf·schaft** [マるク・グらーふシャふト] [名] -/-en 辺境伯領.
mar·kie·ren [マるキーれン] [動] *h.* **1.** 〔〈et⁴〉ニ〕印をつける, 標識〔値札・付け札〕をつける;(ｵｰｽﾄﾘｱ)使用済みの印をつける(切符などに). **2.** 〔〈et⁴〉ヲ〕示す, 標示する(ブイが水路などを);画する, 示す(新時代などを). **3.** 〔〈et⁴〉ヲ〕際立たせる, 目立たせる;(〈et⁴〉がsich⁴の場合)際立つ, 目立つ. **4.** 〔〈et⁴〉ヲ〕形だけざっと演じる〔歌う・演奏する〕(役・パートなどをリハーサルなどで). **5.** 〔〈j⁴/et⁴〉ノ〕(口)ふりをする(ばか者・病気などの). **6.** 〔〈et⁴〉ヲ〕〖ｽﾎﾟｰﾂ〗マークする(得点を). **7.** 〔〈j⁴〉ヲ〕〖ｽﾎﾟｰﾂ〗マークする(相手チームの選手を).
die **Mar·kie·rung** [マるキーるング] [名] -/-en **1.** 印〔標識〕をつけること. **2.** 印, 標識.
mar·kig [マるキひ] [形] 力強い.
mär·kisch [メるキシュ] [形] 辺境領の, マルク・ブランデンブルクの.
die **Mar·ki·se** [マるキーゼ] [名] -/-n **1.** (巻き上げ方式の)日除け. **2.** マルキーズ形;マルキーズ形の宝石.
der **Mark·kno·chen** [マるク・クノっへン] [名] -s/- 髄の多い骨.
der **Mar·ko·man·ne** [マるコマネ] [名] -n/-n マルコマンニ人(ゲルマン民族の一種族).
der **Mark·schei·der** [マるク・シャイダー] [名] -s/- 鉱山調査測量技師.
der **Mark·stein** [マるク・シュタイン] [名] -(e)s/-e 画期的な出来事;(古)境界石.
das **Mark·stück** [マるク・シュテュック] [名] -(e)s/-e 旧1マルク硬貨.
der **Markt** [マるクト] [名] -(e)s/Märkte **1.** 市(いち), 市場(いちば);市の立つ広場(～platz): auf den ～ gehen 市場へ(買い物に)行く. **2.** 市場(しじょう), 需要: der ～ für 〈et⁴〉〈物の〉市場. den ～ drücken 〖商〗大量に安く売る. Der ～ ist übersättigt. 〖商〗市場は供給過剰だ. 〈et⁴〉 auf den ～ werfen 〈物を〉市場に出す. 〈et¹〉 ist nicht auf dem〔am〕 ～ 〖商〗〈物は〉市場に出回っていない. **3.** 販路. **4.** スーパーマーケット(Super～). 【慣用】**der Gemeinsame Markt** (口)(欧州)共同市場(正式の呼称は die Europäische Wirtschaftsgemeinschaft). **schwarzer Markt** 闇市. **grauer Markt** 灰色市場(黙認されている, ダンピング価格の商品市場).
die **Markt·ana·ly·se** [マるクト・アナリューゼ] [名] -/-n 〖経〗市場(しじょう)分析.
der **Markt·an·teil** [マるクト・アン・タイル] [名] -(e)s/-e 〖経〗市場(しじょう)占有率, シェア.
markt·be·herr·schend [マるクト・べへるシェント] [形] 〖経〗市場(しじょう)を支配する.
die **Markt·be·o·bach·tung** [マるクト・ベオーバはトゥング] [名] -/-en 市場観察.
der **Markt·be·richt** [マるクト・べりひト] [名] -(e)s/-e 〖経〗市場〔市況〕報告.
der **Markt·brun·nen** [マるクト・ブるネン] [名] -s/- 市(いち)の立つ広場の噴水.
die **Markt·bu·de** [マるクト・ブーデ] [名] -/-n ＝Marktstand.
mark·ten [マるクテン] [動] *h.* 〔(mit 〈j³〉ト)＋(um 〈et⁴〉ノ)〕(稀)交渉をする(値段の);値引きの交渉をする.
markt·fä·hig [マるクト・ふぇーイひ] [形] 市場(いちば)向きの, 売行きのいい.
der **Markt·fle·cken** [マるクト・ふレっケン] [名] -s/- (市場権を有する)市場(いちば)町.
die **Markt·for·schung** [マるクト・ふぉるシュング] [名] -/-en 〖経〗市場(しじょう)調査, マーケットリサーチ.
die **Markt·frau** [マるクト・ふらウ] [名] -/-en 市場(いちば)の女性商人.
der **Markt·füh·rer** [マるクト・ふゅーらー] [名] -s/- 〖経〗市場(しじょう)占有率〔シェア〕1位の企業.
markt·gän·gig [マるクト・ゲンギひ] [形] 〖経〗よくはける(商品).
die **Markt·hal·le** [マるクト・ハレ] [名] -/-n 屋内市場(の建物).
die **Markt·la·ge** [マるクト・ラーゲ] [名] -/ 〖経〗市況, 商況.
die **Markt·lü·cke** [マるクト・リュッケ] [名] -/-n 市場(しじょう)のギャップ(需要より供給が少ない場合).
die **Markt·ni·sche** [マるクト・ニーシェ] [名] -/-n 市場(しじょう)のわずかなすきま(需要より供給が少ない場合).
die **Markt·ord·nung** [マるクト・オるドヌング] [名] -/-en **1.** 市場秩序. **2.** 市(いち)の開催規則.
markt·o·ri·en·tiert [マるクト・オリエンティーあト] [形] 市場〔市況〕に合わせた.
der **Markt·platz** [マるクト・プラッツ] [名] -es/..plätze 市(いち)の立つ広場, (都市の)中央広場.
der **Markt·preis** [マるクト・プらイス] [名] -es/-e 〖経〗市場(しじょう)価格, 市〔時〕価, 相場.
das **Markt·recht** [マるクト・れひト] [名] -(e)s/ (昔の)開市権;市場(しじょう)法.
der **Markt·schrei·er** [マるクト・シュらイあー] [名] -s/- (蔑)誇大な売込みをする市場(いちば)の商人, 香具師(やし).
markt·schrei·e·risch [マるクト・シュらイエりシュ] [形] (蔑)誇大宣伝の.
das **Markt·seg·ment** [マるクト・ゼグメント] [名] -(e)s/-e 〖経〗市場区分.
der **Markt·stand** [マるクト・シュタント] [名] -(e)s/..stände 市(いち)の屋台店.
der **Markt·tag** [マるクト・ターク] [名] -(e)s/-e 市(いち)の立つ日.
das **Markt·weib** [マるクト・ヴァイプ] [名] -(e)s/-er (口)(主に(蔑))市場(いちば)の物売り女.
der **Markt·wert** [マるクト・ヴェーあト] [名] -(e)s/ 〖経〗市場(しじょう)価値.
die **Markt·wirt·schaft** [マるクト・ヴィるトシャふト] [名] -/ 〖経〗市場(しじょう)経済.
markt·wirt·schaft·lich [マるクト・ヴィるトシャふトリひ] [形] 〖経〗市場経済の.
der **Markt·zu·gang** [マるクト・ツー・ガング] [名] -(e)s/..gänge 市場(しじょう)参入.
(der) **Mar·kus** [マるクス] [名] **1.** 〖男名〗マルクス. **2.** 〖新約〗マルコ(Paulus の同伴者): das Evangelium des〔nach〕～ マルコ福音書.
das **Mar·kus·evan·ge·li·um** [マるクス・エヴァンゲーリウム] [名] -s/ 〖新約〗マルコ(による)福音書. ⇨Markus 2.
die **Marl·lei·ne** [マるル・ライネ] [名] -/-n 〖海〗マーリン, 細索.
die **Mar·me·la·de** [マるメラーデ] [名] -/-n ジャム;マーマレード.
der **Mar·mor** [マるモーあ] [名] -s/-e (⑱は種類)大理石.
das **Mar·mor·bild** [マるモーあ・ビルト] [名] -(e)s/-er 大理石像.
der **Mar·mor·bruch** [マるモーあ・ブるっふ] [名] -(e)s/..brüche 大理石の採石場.
mar·mo·rie·ren [マるモりーれン] [動] *h.* 〔〈et⁴〉ニ〕大理石模様をつける.
mar·mo·riert [マるモりーあト] [形] 大理石模様の.
der **Mar·mor·ku·chen** [マるモーあ・クーへン] [名] -s/- マ

M

—ブルケーキ.
marmorn [マルモルン, マルモーアン] 形 大理石の;《文》大理石のような.
die **Marmorplatte** [マルモーア・プラッテ] 名 -/-n 大理石板.
marod [マロート] 形 《おᵉストリᵃ》《口》軽い病気の.
marode [マローデ] 形 **1.**〖兵〗《古》行軍できない. **2.**《古》疲れ切った. **3.**《業績》不振の,破綻した.
der **Marodeur** [..döːr マロデーア] 名 -s/-e 〖兵〗（昔の）落後して略奪する兵.
marodieren [マロディーレン] 動 h.《おᵉストリᵃ》〖兵〗落後兵になって略奪行為を働く.
der **Marokkaner** [マロカーナー] 名 -s/- モロッコ人.
marokkanisch [マロカーニッシュ] 形 モロッコ(人)の.
(das) **Marokko** [マロッコ] 名 -s/〖国名〗モロッコ（北西アフリカの国）.
die **Marone** [マローネ] 名 -/-n (..ni) クリの実;焼きぐり;(⑳-n) ニセイロガワリ（食用茸）.
der **Maroni** [マローニ] 名 **1.**《南独・おᵉストリᵃ》クリの実;焼きぐり. **2.** Marone の複数形.
der **Maronit** [マロニート] 名 -en/-en (主に⑳) マロ派教徒（レバノンのシリア教会の教徒）.
der (das) **Maroquin** [..kɛ̃ː マロカン] 名 -s/ モロッコ革.
die **Marotte** [マロッテ] 名 -/-n 奇癖.
der **Marquis** [markiː マルキー] 名 -[..(-s)]/-[..キース]（フランスの）侯爵（人;(⑳のみ)位）.
die **Marquise** [markiːzə マルキーゼ] 名 -/-n 女性侯爵,侯爵夫人.
der **Marrane** [マラーネ] 名 -n/-n (主に⑳) マラーノ（中世スペインで迫害をのがれるためにキリスト教徒になったユダヤ人に対する蔑称）.
die **Marroni** [マローニ] 名 -/-n《スイス》= Maroni 1.
der **Mars** [マルス] 名 -/ **1.**（主に無冠詞）〖ローマ神〗マルス（古代ローマの軍神）. **2.**〖天〗火星.
der **Marsala** [マルザーラ] 名 -s/-(s) マルサラ（シチリア島のマルサラ産ワイン）.
der **Marsbewohner** [マルス・ベヴォーナー] 名 -s/-（想像上の）火星人,火星の生物.
der **Marsch**¹ [マルシュ] 名 -es/Märsche **1.** 行進;足早に長い距離を歩くこと;〖軍〗進軍,行軍: auf dem ～ sein 進軍中である. **2.** 行進曲,マーチ. 〖慣用〗〈j⁴〉 **in Marsch setzen**〈人⁴を〉進発させる（仕事にとりかからせる）.〈j³〉 **den Marsch blasen**《口》〈人⁴を〉どやしつける.
die **Marsch**² [マルシュ] 名 -/-en （北海沿岸の）肥沃な低地帯.
marsch ! [マルシュ] 間 **1.** （特に軍隊の命令で）（前へ）進め！. **2.**《口》さっさと,さあさあ（…しなさい）: M～, ins Bett ! とっとと寝なさい.
der **Marschall** [マルシャル] 名 -s/..schälle **1.** 元帥（人;(⑳のみ)位）. **2.** マルシャル（宮廷で軍事を担当）.
der **Marschallsstab** [マルシャルス・シュターブ] 名 -(e)s/..stäbe = Marschallstab.
der **Marschallstab** [マルシャル・シュターブ] 名 -(e)s/..stäbe 元帥杖（杖²）: den ～ im Tornister tragen 軍人として出世する見込みがある.
der **Marschbefehl** [マルシュ・ベフェール] 名 -(e)s/-e 〖軍〗行軍（進軍）命令,進発令.
marschbereit [マルシュ・ベらイト] 形 行軍の準備のできた;《口》出かける支度のできた.
der **Marschflugkörper** [マルシュ・フルーク・(Kᵉルパー] 名 -s/-〖軍〗巡航ミサイル.
das **Marschgepäck** [マルシュ・ゲペック] 名 -(e)s/-〖軍〗行軍装備.
marschieren [マルシーレン] 動 s. **1.** 〖軍ᵉとᵒ〗行進する;〖軍〗行軍する,進軍する. **2.**〖軍ᵉとᵒ〗（足早で長距離を）歩く. **3.** 〖軍ᵉとᵒ〗《口》（留まることなく）どんどん進行する（進歩・事態などが）.
die **Marschkolonne** [マルシュ・コロネ] 名 -/-n〖軍〗行軍縦隊.
die **Marschmusik** [マルシュ・ムズィーク] 名 -/ 行進曲,マーチ.
die **Marschordnung** [マルシュ・オルドヌング] 名 -/-en〖軍〗行軍隊形.
die **Marschroute** [マルシュ・るーテ] 名 -/-n 行軍(行進)経路;(転)（交渉・試合などの）手順,進め方.
das **Marschtempo** [マルシュ・テムポ] 名 -s/-s 行軍（行進）速度;行進曲のテンポ.
die **Marschverpflegung** [マルシュ・ふぇあプふレーグング] 名 - 行軍(行進)の携行糧食.
die **Marseillaise** [marsɛjéːzə マるセイエーゼ] 名 -/ ラ・マルセイエーズ.
(das) **Marseille** [marsɛ́j マるセイ] 名 -s/〖地名〗マルセイユ（地中海に臨むフランスの港町）.
der **Marshallplan, Marshall-plan** [máːrʃal.. マºシャル・ブラーン] 名 -(e)s/ マーシャルプラン（米国国務長官 G. C. Marshall, 1880-1959, による欧州復興援助計画）.
die **Marsstenge** [マルス・シュテンゲ] 名 -/-n〖海〗トップマスト,中檣（Ṗこう）.
der **Marstall** [マルシタル] 名 -(e)s/..ställe（王侯の）厩舎（きゅうしゃ）;(総称)御料馬.
die **Marter** [マルター] 名 -/-n《文》拷問,責め苦.
das **Marterl** [マルタール] 名 -s/-(n)《バイエルン・おᵉストリᵃ》（事故のあった場所などの）遭難記念碑.
martern [マルテルン] 動《文》**1.** 〈j⁴を〉拷問にかける. **2.** 〈j⁴を〉（精神的に）責めさいなむ.
der **Marterpfahl** [マルター・プふぁール] 名 -(e)s/..pfähle （昔のアメリカインディアンの）拷問柱.
der **Martertod** [マルター・トート] 名 -(e)s/-e《文》拷問による死;殉教.
die **Martha** [マルタ] 名〖女名〗マルタ.
martialisch [マルツィアーリッシュ] 形《文》好戦的な;恐ろしげな.
(der) **Martin** [マルティーン] 名 **1.**〖男名〗マルティーン. **2.** ～ von Tours トゥール司教マルティヌス（316頃-397年, フランク王の守護聖人）.
das **Martingal** [マルティンガール] 名 -s/-e〖乗馬〗マルティンガール（腹帯から前脚の間を通り手綱に続く股綱）.
das **Martin-Horn** [マルティーン・ホルン] 名 -s/..Hörner〖商標〗⇒ Martinshorn.
(das) **Martini** [マルティーニ] 名 -/《主に無冠詞》= Martinstag.
die **Martinsgans** [マルティーンス・ガンス] 名 -/..gänse 聖マルティヌスの祝日に食べる鵞鳥（ガṡ）.
das **Martinshorn** [マルティーンス・ホルン] 名 -(e)s/..hörner（救急車・パトカーなどの）サイレン（元来は商標名）.
der **Martinstag** [マルティーンス・ターク] 名 -(e)s/-e （主に⑳）聖マルティヌスの祝日（11月11日）.
der **Märtyrer** [メるテュらー] 名 -s/- 殉教者;《文》（主義・信念に）殉じた人.
die **Märtyrerkrone** [メるテュらー・クローネ] 名 -/-n 殉教者の名誉（ⁿ冠）.
der **Märtyrertod** [メるテュらー・トート] 名 -(e)s/-e 殉教死.
das **Märtyrertum** [メるテュらー・トゥーム] 名 -s/ 殉教者であること,殉難.
das **Martyrium** [マルテューりウム] 名 -s/..rien **1.** 殉教の（信念に殉じる）苦難;(転)苦難. **2.** 殉教者の聖墓教会.
das **Martyrologium** [マルテュろ・ローギウム] 名 -s/..gien〖キリスト〗殉教録.

(der) **Marx** [マるクス] 名 〖人名〗マルクス(Karl ～, 1818-83, マルクス主義の創始者).
der **Marxismus** [マるクスィスムス] 名 -/ マルクス主義, マルキシズム. ⇨ Marx, Engels.
der **Marxismus-Leninismus** [マるクスィスムス・レニニスムス] 名 -/ マルクス・レーニン主義. ⇨ Marx, Lenin.
der **Marxist** [マるクスィスト] 名 -en/-en マルクス主義者, マルキスト.
marxistisch [マるクスィスティシュ] 形 マルクス主義の.
der **Marxist-Leninist** [マるクスィスト・レニニスト] 名 -en-en/-en-en マルクス・レーニン主義者.
der **März** [メるツ] 名 -(es)/-e 〖詩〗-en/-e (主に ®) 3月.
der **Märzbecher** [メるツ・ベッヒャー] 名 -s/- =Märzenbecher.
das **Märzbier** [メるツ・ビーあ] 名 -(e)s/-e =Märzenbier.
der **Märzenbecher** [メるツェン・ベッヒャー] 名 -s/- 〖植〗スノーフレーク, スズランズイセン.
das **Märzenbier** [メるツェン・ビーあ] 名 -(e)s/ メルツェンビール(元来は3月に醸造された強いビール).
das **Marzipan** [マるツィパーン, マるツィパーン] 名 -s/-e (〖オース〗der ～) マルツィパン(アーモンド・砂糖・香料からなる菓子の原料).
die **Märzrevolution** [メるツ・れヴォルツィオーン] 名 -/ 三月革命(1848 年).
die **Mascara** [マスカら] 名 -/-s マスカラ.
die **Masche** [マッシェ] 名 -/-n **1.** (編み物・網などの) 目, (ストッキングの) 伝線: eine rechte/linke ～ stricken 一目表/裏に編む. durch die ～n des Gesetzes schlüpfen (転)法の網の目をくぐり抜ける. **2.** 〖オース〗蝶結びのリボン(紐); 蝶ネクタイ. **3.** 〖口〗(うまい)手; (ずるい)手口, 手管.
der **Maschendraht** [マッシェン・ドらート] 名 -(e)s/..drähte 金網.
maschenfest [マッシェン・ふェスト] 形 伝線しない(ストッキング), 編み目のほつれない.
die **Maschenware** [マッシェン・ヴァーれ] 名 -/-n ニットウエア.
das **Maschenwerk** [マッシェン・ヴェるク] 名 -(e)s/ 編み細工.
die **Maschine** [マシーネ] 名 -/-n **1.** 機械; 〖口〗(自動車の)エンジン; 〖口〗飛行機(を操作する/作動させる). **2.** (特定の)飛行機; 〖口〗オートバイ; タイプライター(Schreib～); ミシン(Näh～); 洗濯機(Wasch～); 〖稀〗(蒸気)機関車: mit einer ～ der Lufthansa nach Frankfurt fliegen ルフトハンザの飛行機でフランクフルトへ飛ぶ. ～ schreiben タイプを打つ. auf der ～ nähen ミシンで縫う. **3.** 〖口〗大女.
maschinell [マシネル] 形 機械による; 機械的な.
der **Maschinenbau** [マシーネン・バウ] 名 -(e)s/ 機械製造; 機械工学.
der **Maschinenbauer** [マシーネン・バウあー] 名 -s/- 機械製造者(工).
der **Maschinenbauingenieur** [マシーネンバウ・インジェニ④ーあ] 名 -s/-e 機械製造技師.
die **Maschinenfabrik** [マシーネン・ふぁブりーク] 名 -/-en 機械(製造)工場.
das **Maschinengarn** [マシーネン・ガるン] 名 -(e)s/-e ミシン糸.
das **Maschinengewehr** [マシーネン・ゲヴェーあ] 名 -(e)s/-e 機関銃, マシンガン(略 MG).
das **Maschinenhaus** [マシーネン・ハウス] 名 -es/..häuser 機械室, 機関室.
maschinenlesbar [マシーネン・レース・バーる] 形 〖言〗機械で読み取り可能な.

maschinenmäßig [マシーネン・メースィヒ] 形 機械のような.
der **Maschinenmeister** [マシーネン・マイスター] 名 -s/- 機械管理責任者; (劇場の)道具方主任.
das **Maschinenöl** [マシーネン・④ール] 名 -(e)s/-e 機械油, 潤滑油.
die **Maschinenpistole** [マシーネン・ピストーレ] 名 -/-n 自動小銃(略 MP, MPi).
der **Maschinenraum** [マシーネン・らウム] 名 -(e)s/..räume 機械(機関)室.
der **Maschinensatz** [マシーネン・ザッツ] 名 -es/ 〖印〗機械植字.
der **Maschinenschaden** [マシーネン・シャーデン] 名 -s/..schäden 機械(機関)の故障.
der **Maschinenschlosser** [マシーネン・シュロッサー] 名 -s/- 機械組立工.
das **Maschinenschreiben** [マシーネン・シュらイベン] 名 -s/ タイプライターで(文字を)打つこと, タイプ印字.
der **Maschinenschreiber** [マシーネン・シュらイバー] 名 -s/- タイピスト, タイプ係.
die **Maschinenschrift** [マシーネン・シュりふト] 名 -/-en タイプライター印書.
maschinenschriftlich [マシーネン・シュりふトリヒ] 形 タイプで打った.
der **Maschinensetzer** [マシーネン・ゼッツァー] 名 -s/- 〖印〗機械植字工.
der **Maschinenstürmer** [マシーネン・シュテュるマー] 名 -s/- (産業革命期の)機械破壊者; (転)新技術の導入に反対する人.
das **Maschinenzeitalter** [マシーネン・ツァイト・アルター] 名 -s/ 機械文明時代(1914年頃以後).
die **Maschinerie** [マシネり-] 名 -/-n **1.** 機械装置; 〖劇〗(舞台の)機械装置. **2.** (政治・経済などの)機構, 仕組み.
Maschineschreiben*, ®**maschineschreiben*** [マシーネ シュらイベン] 動 ⇨ Maschine 2.
der **Maschinist** [マシニスト] 名 -en/-en **1.** 機械の運転者, 機関士. **2.** (船の)機関長.
der **Maser**[1] [méːzər メーザー, máːzər マーザー] 名 -s/- 〖理〗メーザー(microwave amplification by stimulated emission of radiation の短縮語. マイクロ波を増幅・発振させる装置).
die **Maser**[2] [マーザー] 名 -/-n 木目(もく).
maserig [マーゼりヒ] 形 木目のある, 木目模様の.
masern [マーザーン] 動 h. 〈et1を〉木目模様をつける.
die **Masern** [マーザーン] 複名 はしか.
die **Maserung** [マーゼるンケ] 名 -/-en 木目模様, (大理石・皮などの)木目模様.
der **Maskaron** [マスカろーン] 名 -s/-e 〖建〗仮面飾り(バロック建築の人面装飾).
die **Maske** [マスケ] 名 -/-n **1.** 仮面; 石膏(せっこう)のマスク(デスマスク・ライフマスク); (転)見せかけ: unter der ～ (et2の)仮面をかぶって. die ～ fallen lassen 仮面をはずす, 本性をあらわす. 〈j3〉 die ～ herunterreißen 〈人の〉仮面をはぐ. **2.** 仮面をつけた人. **3.** (防護・酸素吸入などの)面, マスク; (美顔)パック. **4.** 〖劇〗メーキャップ; 〖こう〗メーキャップルーム. **5.** 〖写〗マスク; マスクフィルター. **6.** 〖コンピュ〗マスク.
der **Maskenball** [マスケン・バル] 名 -(e)s/..bälle 仮面(仮装)舞踏会.
der **Maskenbildner** [マスケン・ビルドナー] 名 -s/- メーキャップ係.
das **Maskenkostüm** [マスケン・コステューム] 名 -s/-e 仮装用衣装.

Maskerade 784

die **Mas·ke·ra·de** [マスケラーデ] 名 -/-n 1. 仮装；〔古〕仮装舞踏会. 2. 見せかけ.

mas·kie·ren [マスキーレン] 動 h. 1. 〈j⁴ッ〉仮面〔マスク・覆面〕をかぶせる；〔方〕仮装させる. 2. 〔sich⁴〕仮面〔マスク・覆面〕をかぶる〔仮装する〕. 3. 〈et⁴ッ〉覆い隠す，偽装する. 4. 〔et⁴ッ〕〔料〕ソース〔糖衣〕をかける；〔写〕マスクフィルターを使う〔フィルムなどに〕.

das **Mas·kött·chen** [マスコットヒェン] 名 -s/- Maskotte の縮小形.

die **Mas·kot·te** [マスコッテ] 名 -/-n マスコット.

mas·ku·lin [マスクリーン] 形 1. 〔稀〕男(性)の. 2. 男らしい；(女が)男みたいな. 3. 〔言〕男性の.

das **Mas·ku·li·num** [マスクリーヌム] 名 -s/..na〔言〕男性名詞(略m.)；(Ⓢのみ)(名詞の)男性.

der **Ma·so·chis·mus** [マゾヒスムス] 名 -/..men 1. (Ⓢのみ)〔心〕マゾヒズム. 2. マゾヒズムの行動. 3. 自虐的行為.

der **Ma·so·chịst** [マゾヒスト] 名 -en/-en マゾヒスト；自虐的人間.

ma·so·chịs·tisch [マゾヒスティシュ] 形 マゾヒズムの；自虐的な.

maß [マース] 動 messen の過去形.

die **Maß**¹ [マース] 名 -/-(e)(単位を表すⓈは-)〔ℬ，ᵒᵉˢᵗ〕マース(ビールの量の単位．1マース＝1ℓ).

das **Maß**² [マース] 名 -es/-e 1. (長さ・容積の)尺度，単位；物差，枡(が)；(評価の)基準：metrische ~e メートル法の尺度．das ~ an 〈et⁴〉 anlegen 〈物に〉計量〔測定〕する．in natürlichem ~ 実物大で，mit unseren ~en messen 〈物・事〉を自分たちの尺度〔基準〕で測る. 2. 寸法，数量：~ nehmen 寸法をとる．ein Anzug nach ~ 注文服．Sie hat ideale ~e. 彼女は八頭身だ. 3. 程度(Aus～)，範囲：ein gewisses ~ an Mut ある程度の勇気．in dem ~e, dass ... …の程度に応じて．mit gleichem ~ 一律に．in hohem ~ zufrieden sein 大いに満足している. 4. 中庸，節度；克己：~ halten 節度を守る．das rechte ~ halten ほどをわきまえる．das ~ überschreiten 度を越す．〔慣用〕Das Maß ist voll. もう我慢ならない．ein gerütteltes Maß 〔文〕非常に多く．in(mit) Maßen ほどほどに，適度に．mit zweierlei Maß messen (二つの)異なる物差で扱う(不公平な判断をする)．ohne Maß und Ziel 際限なく，過度に．über die〔alle〕Maßen 〔文〕この上なく．weder Maß noch Ziel kennen 限度を知らない，極端に走る.

die **Mas·sa·ge** [..ʒə マサージェ] 名 -/-n マッサージ：sich einer³ ~ unterziehen マッサージをしてもらう.

das **Mas·sa·ge·in·sti·tut** [マサージェ・インスティトゥート] 名 -(e)s/-e 1. マッサージ治療院. 2. ＝Massagesalon 2.

der **Mas·sa·ge·sa·lon** [マサージェ・ザロ(-)ン] 名 -s/-s 1. 〔古〕マッサージ治療院. 2. 〔婉〕マッサージサロン(もぐりのセックスサービスをする).

das **Mas·sa·ker** [マサーカー] 名 -s/- 大量殺戮(ᵏˢ)，大虐殺.

mas·sa·krie·ren [マサクリーレン] 動 h. 1. 〈j⁴ッ〉(大量に)虐殺する. 2. 〈j⁴ッ〉(口)(主に〔冗〕)虐待する，苦しめる.

der **Maß·an·zug** [マース・アン・ツーク] 名 -(e)s/..züge あつらえの背広，オーダーメードのスーツ.

die **Maß·ar·beit** [マース・アルバイト] 名 -/-en あつらえもの，特技品；(転)すばらしく出来映えのもの.

die **Mas·se** [マッセ] 名 -/-n 1. (形のないねとねとした)物質，塊. 2. (〔蔑〕も有)大衆：Er hat die ~n hinter sich. 彼には大衆の支持がある. 3. 多数，大量，群衆；(Ⓢのみ)〔ᴾᵒˡ〕主義〕人民：eine ~ Geld haben《口》したたか金を持っている．in ~n 大量に，大勢で．in der ~ verschwinden 群衆の中に姿を消す. 4. 〔理〕質量. 5. 〔法〕相続財産(Erb~)；〔経〕破産財団(Konkurs~).

mä·ße [メーセ] 動 messen の接続法2式.

die **Maß·ein·heit** [マース・アインハイト] 名 -/-en 計量の単位.

die **Mas·sel** [マッセル] 名 -/-n 〔冶金〕銑鉄(ᶻᵉⁿ).

mas·sen.. [マッセン..] 接頭 名詞につけて「大量の…」を表す：Massenentlassung 大量解雇.

..ma·ßen [..マーセン] 接尾 形容詞・過去分詞形容詞につけて「…な仕方で」を表す．基礎語には接合要素 -er を付ける：folgendermaßen 次のように．gleichermaßen 同じように．anerkanntermaßen だれも認めるように．bekanntermaßen 周知のごとく.

der **Mas·sen·ab·satz** [マッセン・アップ・ザッツ] 名 -es/..sätze 大量販売.

der **Mas·sen·an·drang** [マッセン・アン・ドランク] 名 -(e)s 大勢の人が押寄せること，人の殺到.

die **Mas·sen·ar·beits·lo·sig·keit** [マッセン・アルバイツ・ローズィヒカイト] 名 -/ 大量失業.

der **Mas·sen·ar·ti·kel** [マッセン・アルティケル] 名 -s/- 大量生産品.

das **Mas·sen·auf·ge·bot** [マッセン・アウフ・ゲボート] 名 -(e)s/-e 大量動員.

der **Mas·sen·be·darfs·ar·ti·kel** [マッセン・ベダルフス・アルティケル] 名 -s/- 大量の需要がある品.

die **Mas·sen·be·we·gung** [マッセン・ベヴェーグンク] 名 -/-en 大衆運動.

das **Mas·sen·blatt** [マッセン・ブラット] 名 -(e)s/..blätter 大衆紙.

die **Mas·sen·ent·las·sung** [マッセン・エントラッスンク] 名 -/-en (主にⓈの)大量解雇.

die **Mas·sen·fer·ti·gung** [マッセン・ふぇルティグンク] 名 -/-en 大量生産.

die **Mas·sen·ge·sell·schaft** [マッセン・ゲゼルシャふト] 名 -/-en 〔社〕大衆社会.

das **Mas·sen·grab** [マッセン・グラープ] 名 -(e)s/..gräber (殺害などされた大勢の犠牲者の)集団埋葬所.

mas·sen·haft [マッセンハふト] 形 大量の，多数の；《口》たっぷり.

die **Mas·sen·hys·te·rie** [マッセン・ヒュステリー] 名 -/-n 集団ヒステリー.

die **Mas·sen·ka·ram·bo·la·ge** [マッセン・カラムボラージェ] 名 -/-n (車の)玉突衝突(事故).

das **Mas·sen·kom·mu·ni·ka·ti·ons·mit·tel** [マッセン・コムニカツィオーンス・ミッテル] 名 -s/- ＝Massenmedium.

die **Mas·sen·kund·ge·bung** [マッセン・クント・ゲーブンク] 名 -/-en 大規模な政治集会.

die **Mas·sen·me·di·en** [マッセン・メーディエン] 複名 ➪ Massenmedium.

das **Mas·sen·me·di·um** [マッセン・メーディウム] 名 -s/..dien (主にⓈの)マスメディア.

der **Mas·sen·mord** [マッセン・モルト] 名 -(e)s/-e 大量殺人，集団虐殺.

der **Mas·sen·mör·der** [マッセン・メルダー] 名 -s/- 大量殺人犯；大量殺人に関与した者.

die **Mas·sen·pro·duk·ti·on** [マッセン・プロドゥクツィオーン] 名 -/-en 大量生産，マスプロ(ダクション).

die **Mas·sen·psy·cho·lo·gie** [マッセン・プスュヒョ・ロギー] 名 -/ 群集心理学.

die **Mas·sen·psy·cho·se** [マッセン・プスュヒョーゼ] 名 -/-n 群集(異常)心理.

der **Mas·sen·sport** [マッセン・シュポルト] 名 -(e)s/ 大衆スポーツ.

das **Mas·sen·ster·ben** [マッセン・シュテるベン] 名 -s/ 大量死.

die **Mas·sen·sug·ges·ti·on** [マッセン・ズゲスツィオーン] [名] -/-en 集団暗示.

die **Mas·sen·sze·ne** [マッセン・スツェーネ] [名] -/-n (映画・オペラなどの)群衆シーン.

die **Mas·sen·tier·hal·tung** [マッセン・ティーあ・ハルトゥング] [名] -/-en (家畜の)大規模飼育.

die **Mas·sen·ver·haf·tung** [マッセン・ふぇあハふトゥング] [名] -/-en 大量〔一斉〕逮捕.

die **Mas·sen·ver·nich·tung** [マッセン・ふぇあニひトゥング] [名] -/-en 大量殺戮(さつりく).

die **Mas·sen·ver·samm·lung** [マッセン・ふぇあザムルング] [名] -/-en 大集会.

mas·sen·wei·se [マッセン・ヴァイゼ] [副] 大量〔多量〕に〔の〕.

die **Mas·sen·zahl** [マッセン・ツァール] [名] -/-en 〖理〗(原子核の)質量数.

der **Mas·seur** [masø̃ːr マ㊥ーあ] [名] -s/-e マッサージ師.

die **Mas·seu·rin** [masø̃ːrɪn マ㊥ーリン] [名] -/-nen 女マッサージ師.

die **Mas·seu·se** [masø̃ːzə マ㊥ーゼ] [名] -/-n **1.** Masseur の以前の女性形. **2.** マッサージサロンの売春婦.

die **Maß·ga·be** [マース・ガーベ] [名] -/ 《次の形で》mit der ~, dass ... …という条件で. nach ~ dieser Bestimmung この規定に準じて.

maß·ge·bend [マース・ゲーベント] [形] 規準となる, 決定的な, 権威ある.

maß·geb·lich [マース・ゲープリひ] [形] (決定的に)重要な.

maß·ge·recht [マース・ゲれひト] [形] 寸法どおりの.

Maß hal·ten*, ⓘ**maß|hal·ten*** [マース ハルテン] [動] *h.* ⇨ Maß 4.

mas·sie·ren[1] [マスィーれン] [動] *h.* 〔⟨j^4⟩ヲ//(⟨j^3⟩ノ)+⟨et^4⟩ヲ〕マッサージする.

mas·sie·ren[2] [マスィーれン] [動] *h.* 〔⟨j^4/et^4⟩ヲ〕集結させる(部隊などを); 集中する(援助・圧力などを).

mas·sig [マッスィひ] [形] **1.** どっしりした. **2.** 《口》たっぷり, どっさり.

mä·ßig [メースィひ] [形] **1.** 適度な, 穏当な, 妥当な, 節度のある. **2.** それほど多くない; それほど…ない: ein ~ großes Zimmer それほど大きくない部屋. **3.** それほどよくない, 並の.

..mä·ßig [..メースィひ] [接尾] 名詞につけて形容詞を作る. **1.** (…的な, …のような): frühlings*mäßig* 春のような. gewohnheits*mäßig* 習慣的な. **2.** (…に応じた): gesetz*mäßig* 法則どおりの. plan*mäßig* 計画に基づいた. **3.** (…による): fabrik*mäßig* 工場生産方式による. zwang*mäßig* 強制的な. **4.** 《口》(…に関する): gefühls*mäßig* 感情的な. qualitäts*mäßig* 質に関する.

mä·ßi·gen [メースィゲン] [動] *h.* 《文》 **1.** 〔⟨et^4⟩ヲ〕緩める(速度などを), 和らげる(声などを), 抑える(怒り・欲求などを). **2.** 〔$sich^4$〕控え目にする, 適度にする. **3.** 〔$sich^4$〕和らぐ(暑さ・寒さが), おさまる(嵐などが).

die **Mä·ßig·keit** [メースィひカイト] [名] -/ 節度, 中庸, ほど良さ; 《稀》芳しくないこと, 月並み: ~ im Trinken 酒をほどほどにたしなむこと.

die **Mä·ßi·gung** [メースィグング] [名] -/ 抑えること, 抑制; 控え目にすること, 節制.

mas·siv [マスィーふ] [形] (無変化も有) **1.** 無垢(く)の; 中身の詰まった: ~ silbern 銀無垢の. ~ Eiche〔Eiche ~〕無垢のオーク. **2.** 石〔コンクリート〕造りの; がっしりした, どっしりした, 堅牢な. **3.** 激しい, ひどい: ganz ~*en*〔~〕Druck auf ⟨j^4⟩ ausüben⟨人に⟩強い圧力をかける.

das **Mas·siv** [マスィーふ] [名] -s/-e **1.** 連山. **2.** 〖地質〗底盤.

der **Maß·krug** [マース・クるーク] [名] -(e)s/..krüge 《南独・オーストリア》(1 ℓ入りの)ビール用ジョッキ.

das **Maß·lieb·chen** [マース・リーブひぇン] [名] -s/- 〖植〗ヒナギク.

maß·los [マース・ロース] [形] 過度な, 極度の; ひどく.

die **Maß·lo·sig·keit** [マース・ローズィひカイト] [名] -/ 過度であること, 節度〔際限〕のないこと.

die **Maß·nah·me** [マース・ナーメ] [名] -/-n 処置, 措置: gegen ⟨et^4⟩/zu ⟨et^3⟩ ~*n* ergreifen〔treffen〕⟨事に対する⟩/⟨事のための⟩措置を講ずる.

die **Mas·so·ra** [マソーら, マソらー] [名] -/ マソラ(ヘブライ語旧約聖書の校訂集).

die **Maß·re·gel** [マース・れーゲル] [名] -/-n 措置, 対策; 処分.

maß·re·geln [マース・れーゲルン] [動] *h.* 〔⟨j^4⟩ヲ〕処分〔処罰〕する.

der **Maß·schnei·der** [マース・シュナイダー] [名] -s/- オーダー・メイドの洋服屋.

der **Maß·stab** [マース・シュターブ] [名] -(e)s/..stäbe **1.** (地図などの)縮尺: eine Landkarte im ~ 1 : 10 000 1 万分の 1 の地図. **2.** (評価・判断の)尺度, 基準: an ⟨et^4⟩ einen strengen ~ anlegen ⟨事に⟩厳しい基準を当てはめる. **3.** 《稀》物差し, メジャー.

maß·stab·ge·recht [マースシュターブ・ゲれひト] [形] 尺度〔寸法・縮尺〕どおりの.

maß·stab·ge·treu [マースシュターブ・ゲトろイ] [形] = maßstabgerecht.

maß·stabs·ge·treu [マースシュターブス・ゲトろイ] [形] = maßstabgetreu.

maß·voll [マース・ふぉル] [形] 穏健〔穏当〕な, 節度のある.

das **Maß·werk** [マース・ヴェるク] [名] -(e)s/ 〖建〗トレーサリー(ゴシック様式の窓の透かし彫り飾り).

der **Mast**[1] [マスト] [名] -(e)s/-en〔-e〕 **1.** 帆柱, マスト. **2.** ポール, 支柱, 電柱.

die **Mast**[2] [マスト] [名] -/-en (主に㊥)(家畜などの)肥育; 〖林〗《総称》(1 年間にとれる)ドングリ(オーク・ブナの実); 〖狩〗猪のえさ(根や幼虫).

der **Mast·baum** [マスト・バウム] [名] -(e)s/..bäume 帆柱, マスト.

der **Mast·darm** [マスト・ダるム] [名] -(e)s/..därme 直腸.

mäs·ten [メステン] [動] *h.* **1.** 〔⟨et^4⟩ヲ〕肥育する(動物を). **2.** 〔⟨j^4⟩ヲ〕《口》(たくさん食べさせて)太らせる(子供などを).

der **Mas·ter** [マースター] [名] -s/- **1.** 坊っちゃん, 若だんな(英国の召使が少年に対して用いる敬称). **2.** マスター, 修士(人; (㊥のみ)英米での学位). **3.** 〖スポ〗追出し猟の指揮者. **4.** マスターテープ, (レコードの)原盤, (コピーの)原版; 〖工〗親装置.

die **Mas·ti·tis** [マスティーティス] [名] -/..titiden [マスティティーデン] 〖医〗乳腺炎.

der **Mas·tix** [マスティクス] [名] -(es)/ **1.** 〖化〗マスチック, 乳香(樹脂の一種). **2.** (道路舗装用)マスチックス.

der **Mast·korb** [マスト・コるプ] [名] -(e)s/..körbe マストの見張り台.

der **Mast·och·se** [マスト・オクセ] [名] -n/-n 肥育牛.

das **Mas·to·don** [マストドン] [名] -s/-ten [マストドンテン] 〖動〗マストドン(長鼻目の化石獣).

das **Mast·schwein** [マスト・シュヴァイン] [名] -(e)s/-e 肥育豚.

die **Mäs·tung** [メストゥング] [名] -/-en (主に㊥)肥育.

die **Mas·tur·ba·ti·on** [マストゥるバツィオーン] [名] -/-en マスターベーション, 手淫(しゅいん).

mas·tur·bie·ren [マストゥるビーれン] [動] *h.* **1.**

Masure

〔sich⁴〕マスターベーション〔手淫(しゅいん)〕をする. **2.** 〈j⁴を〉手淫を行う.
der **Ma·sure** [マズーれ] 名 -n/-n マズーレン〔マズリア〕の人.
(*das*) **Ma·su·ren** [マズーれン] 名 -s/ 〖地名〗マズーレン, マズリア《ポーランド, 旧東プロイセンの地方》.
ma·su·risch [マズーリシュ] 形 マズーレン〔マズリア〕の.
die **Ma·sur·ka** [マズるカ] 名 -/..ken(-s) =Mazurka.
der **Ma·ta·dor** [マタドーあ] 名 -s〔-en〕/-e(n) **1.** マタドール《牛にとどめを刺す闘牛士》. **2.** 中心人物, 大物.
das **Match** [mɛtʃ メッチュ] 名 -(e)s/-s[-e] 《(ス²)der ~》試合.
der **Match·ball** [メッチュ・バル] 名 -(e)s/..bälle 《球》マッチポイント.
der **Mate** [マーテ] 名 -/ マテ茶.
die **Ma·ter** [マーター] 名 -/-n 〖印〗母型, 鋳型; 紙型; 謄写用原紙;〖解〗母(脳膜など).
die **Ma·ter do·lo·ro·sa** [マーター ドロろーザ] 名 -/ 〖芸術学〗悲しみの聖母(像).
ma·te·ri·al [マテリアール] 形 **1.** 原料の, 物質の. **2.** 〖哲〗質料的な.
das **Ma·te·ri·al** [マテリアール] 名 -s/-ien **1.** 材料, 原料, 資材; 〈転〉素質. **2.** 器材, 用具 : ~ien für die Büroarbeit 事務用品. das rollende ~ 〖鉄〗車両. **3.** 資料, 題材. **4.** 人材, 人的資源.
der **Ma·te·ri·al·feh·ler** [マテリアール・ふぇーラー] 名 -s/- 材料の欠陥.
die **Ma·te·ri·a·li·sa·tion** [マテリアリザツィオーン] 名 -/-en **1.** 〖理〗(エネルギーの)物質化. **2.** 〖心〗(心霊の)具象化現象.
ma·te·ri·a·li·sie·ren [マテリアリズィーレン] 動 h. **1.** 〈et³を〉〖理〗物質化させる(エネルギーを);〈et³が sich⁴の場合〉物質化する. **2.** 〈et³を〉〖心〗具象化させる(霊魂が死者の霊などを);〈et³が sich⁴の場合〉具象化する.
der **Ma·te·ri·a·lis·mus** [マテリアリスムス] 名 -/ 《〈茂〉も有》実利〔物質〕主義, 唯物論.
der **Ma·te·ri·a·list** [マテリアリスト] 名 -en/-en **1.** 《〈茂〉も有》実利〔物質〕主義者. **2.** 唯物論者. **3.** 〈古〉輸入食料品業者.
ma·te·ri·a·lis·tisch [マテリアリスティシュ] 形 実利〔物質〕主義の, 唯物論の.
die **Ma·te·ri·al·prü·fung** [マテリアール・プリューふンク] 名 -/-en 材料試験.
der **Ma·te·ri·al·scha·den** [マテリアール・シャーデン] 名 -s/..schäden 材料損傷〔損害〕.
die **Ma·te·ri·al·schlacht** [マテリアール・シュラはト] 名 -/-en 〖軍〗物量戦.
die **Ma·te·ri·al·wa·re** [マテリアール・ヴァーレン] 名 -/-n 〈古〉家庭用品, 雑貨;輸入食料品.
die **Ma·te·rie** [マテーリエ] 名 -/-n **1.** 《単のみ》〖文〗物質;〖化・理〗物質;〖哲〗(形相に対する)質;(精神に対する)物質 : die tote ~ 無機物. **2.** 〖文〗(研究・対話の)題目, 主題.
ma·te·ri·ell [マテリエル] 形 **1.** 物質の;〖哲〗質料的な. **2.** (生きるのに必要な)物質の, 金銭上の : ~e Bedürfnisse 物の要求. **3.** 物質〔実利〕主義的な. **4.** 材料〔原料〕の : der ~e Wert des Schmucks 装身具のもつ価値.
die **Ma·ter·ni·tät** [マテるニテート] 名 -/ 〖医〗母性.
die **Ma·the** [マテ] 名 -/ (主に無冠詞)〈生徒〉数学(Mathematik).
die **Ma·the·ma·tik** [マテマティーク] 名 -/ 数学 : angewandte ~ 応用数学.
der **Ma·the·ma·ti·ker** [マテマーティカー] 名 -s/- 数学者.

ma·the·ma·tisch [マテマーティシュ] 形 数学(上)の; 数学的な : ~e Zeichen 数学記号.
(*die*) **Ma·thil·de** [マティルデ] 名 〖女名〗マティルデ.
die **Ma·ti·nee** [matiné マティネー, mátine マティネ] 名 -/-n マティネー, 昼間興行.
der **Mat·jes·he·ring** [マイェス·ヘーリング] 名 -s/-e 塩漬けにした若いニシン.
die **Ma·trat·ze** [マトらッツェ] 名 -/-n **1.** (ベッドの)敷布団;(スプリング[入り])マットレス(Sprungfeder~, Luft~). **2.** 〈口·戯〉顔一面の濃い髭;濃い胸毛.
die **Mä·tres·se** [メトれッセ] 名 -/-n (王侯の)側室; 《〈茂〉(妻のある男の)愛人, 情婦.
das **Ma·tri·ar·chat** [マトリ·アるひゃート] 名 -(e)s/-e 母権制.
die **Ma·tri·kel** [マトリーケル] 名 -/-n (大学の)学籍簿, 学生名簿.·《(ス²)》戸籍台帳.
ma·tri·mo·ni·al [マトリ·モニアール] 形 〖法〗〈古〉婚姻上の.
die **Ma·trix** [マートリクス] 名 -/..rizes マトリーツェース **1.** 〖生〗基質, 母質. **2.** 〖数〗行列, マトリックス; 〖コンピュ〗マトリックス. **3.** 〖言〗行列(表). **4.** 〖鉱〗鉱石を囲んでいる岩石部分.
der **Ma·trix·dru·cker** [マートリクス·ドるッカー] 名 -s/- 〖コンピュ〗ドットマトリックスプリンター.
die **Ma·tri·ze** [マトリーツェ, マトリッツェ] 名 -/-n **1.** 〖印〗母型; 紙型(しがた);(謄写版の)原紙. **2.** 〖工〗(レコードの)母型, (プレスの)母型.
die **Ma·tro·ne** [マトろーネ] 名 -/-n 落着いた気品のある年配の婦人.《〈茂〉太った年配の女.
ma·tro·nen·haft [マトろーネンハふト] 形 落着いた気品のある婦人らしい.
das **Ma·tro·ny·mi·kon** [マトろニューミコン] 名 -s/..ka =Metronymikon.
der **Ma·tro·se** [マトろーゼ] 名 -n/-n **1.** 船員. **2.** 〈海軍〉の二等水兵(人;《⊕のみ》位).
der **Ma·tro·sen·an·zug** [マトろーゼン·アン·ツーク] 名 -(e)s/..züge セーラー服.
die **Ma·tro·sen·blu·se** [マトろーゼン·ブルーゼ] 名 -/-n セーラー服の上着.
die **Ma·tro·sen·müt·ze** [マトろーゼン·ミュッツェ] 名 -/-n 水兵帽.
die **Ma·tro·sen·uni·form** [マトろーゼン·ウニ·ふぉるム] 名 -/-en 水兵服.
der **Matsch** [マッチュ] 名 -(e)s/-e **1.** 〖トラ〗完敗. **2.** 《⊕のみ》〈口〉泥んこ, ぬかるみ;ぬかった泥んこの雪;どろどろのもの.
mat·schen [マッチェン] 動 h. 《(in〈et³〉/⊕中)》〈口〉ばちゃばちゃやる(水たまりなどで);泥んこ遊びをする.
mat·schig [マッチヒ] 形 〈口〉泥んこの, ぬかるみの; (熟して·腐って)ふよよよれの, どろどろの.
matt [マット] 形 **1.** ぐったりした, 力のでない;弱々しい : sich⁴ ~ fühlen 体がだるい. **2.** 光沢のない, 艶(つや)のない, 不透明な, ぼんやりした;くすんだ·さえない : ~es Glas 曇り〔すり〕ガラス. **3.** 説得力のない, 冴えない. **4.** 〖チェス〗詰んだ:(Schach und) ~ ! (王手)詰み!〈j⁴〉~ setzen〈人⁴を〉詰みにする;〈人⁴を〉にっちもさっちも行かなくさせる.
das **Matt** [マット] 名 -s/-s 〈主に⊕〉〖チェス〗チェックメート, 王手詰め.
die **Mat·te¹** [マッテ] 名 -/-n マット, 敷物;〖スポ〗(レスリングなどの)マット.【慣用】**auf der Matte stehen** 〈口〉(仕事などの)準備ができている.
die **Mat·te²** [マッテ] 名 -/-n 〈ス²〉(山の)牧草地, 草地.
der **Mat·ten·rich·ter** [マッテン·リひター] 名 -s/- (柔道·レスリングの)審判.
das **Mat·ter·horn** [マッター·ホるン] 名 -(e)s/ 〖山名〗マッターホルン《スイス·イタリア国境の岩山》.

das **Matt·glas** ［マットグラース］ 名 -es/ すり〔つや消し〕ガラス.
das **Matt·gold** ［マットゴルト］ 名 -(e)s/ つや消しの金.
(*des*) **Matthäi** ［マテーイ］ 名《Matthäus の 2 格》: das Evangelium ~ マタイ福音書. Bei ihm ist ~ am Letzten. 《口》彼はもう財政的に〔肉体的に〕終りだ.
(*der*) **Matthäus** ［matέːos マテーウス］ 名 **1.**〖男名〗マテーウス. **2.**（2 格の古形は Matthäi）〖新約〗マタイ（十二使徒の一人）: das Evangelium nach ~ マタイ福音書.
(*der*) **Matthias** ［マティーアス］ 名〖男名〗マティーアス.
mat·tie·ren ［マティーレン］ 動 *h.*〈et⁴〉つや消しにする（金属・木材・ガラスなどを）.
die **Mat·tig·keit** ［マティヒカイト］ 名 -/ ぐったりしていること, 疲労, 無気力.
die **Matt·schei·be** ［マットシャイベ］ 名 -/-n すり（曇り）ガラスのガラス板;〖写〗ピントガラス;《口》（テレビ受像機の）スクリーン.【慣用】**Mattscheibe haben**《口》頭がぼうっとする.
das **Ma·tur** ［マトゥーア］ 名 -s/《スイ》die ~/ ）= Matura.
die **Ma·tu·ra** ［マトゥーラ］ 名 -/《スイ・オーストリア》ギムナジウム卒業試験.
der **Ma·tu·rand** ［マトゥラント］ 名 -en/-en《スイ》ギムナジウム卒業試験受験者.
der **Ma·tu·rant** ［マトゥラント］ 名 -en/-en《オーストリア》ギムナジウム卒業試験受験者.
ma·tu·rie·ren ［マトゥリーレン］ 動 *h.*〖慣用・スイ・オーストリア〗ギムナジウム卒業試験を受ける.
die **Ma·tu·ri·tät** ［マトゥリテート］ 名 -/ **1.**〖スイ〗ギムナジウム卒業試験; (Matura による) 大学入学資格. **2.**《古》成熟.
die **Ma·tu·tin** ［マトゥティーン］ 名 -/-e(n)〖カトリック〗朝課, 朝の祈り.
der **Matz** ［マッツ］ 名 -es/-e(Mätze)《口・冗》（かわいい）坊や.
das **Mätz·chen** ［メッツヒェン］ 名 -s/-《口》《複のみ》いたずら, 悪ふざけ;（主に複）下手なしたり, 浅はかなくらみ.
die **Mat·ze** ［マッツェ］ 名 -/-n 種なしパン.
der **Mat·zen** ［マッツェン］ 名 -s/-= Matze.
mau ［マウ］ 形《口》**1.** 気分が悪い: Mir ist (es) ~. 私は気分が悪い. **2.** 思わしくない.
die **Mau·er** ［マウアー］ 名 -/-n **1.**（石・れんがなどの）壁, 外壁, 塀; 防壁, 囲壁, 城壁;（転）人垣;（精神的な）障壁: die ~ des Schweigens durchbrechen 沈黙の壁を突破する. sich⁴ mit einer ~ von Vorurteilen umgeben 偏見にこりかたまって拒否的態度をとる. **2.**〖馬術〗（れんが・石積みの）障害物;〖サッカー〗（ディフェンスの）壁.【慣用】**die Berliner Mauer** ベルリンの壁 (1961〜1989). **die Chinesische Mauer** 万里の長城.
das **Mau·er·blüm·chen** ［マウアー・ブリューム ヒェン］ 名 -s/-《口》**1.** 壁の花（①ダンスの相手がない女性. ②男たちに注目されない娘）. **2.** 目立たない人〔物〕事.
der **Mau·er·bre·cher** ［マウアーブレッヒャー］ 名 -s/-（昔の）城壁破壊器.
der **Mau·er·fall** ［マウアー・ファル］ 名 -(e)s/《口》（ベルリンの）壁の崩壊 (1989 年).
die **Mau·er·kro·ne** ［マウアー・クローネ］ 名 -/-n 城壁上端の壁石;（ダム・堰堤の）頂部;（紋章の図柄の）壁冠.
das **Mau·er·loch** ［マウアー・ロッホ］ 名 -(e)s/..löcher 壁の穴.

mau·ern ［マウアーン］ 動 *h.* **1.**〈et⁴〉石〔れんが〕で築く〔造る〕（壁・床段などを）. **2.**〖慣用〗石組み〔れんが積み〕の作業をする. **3.**〖慣用〗壁を築く;〖サッカー〗壁を造る（ほとんど全員でゴールを守る；守備中心的試合をする）. **4.**〖慣用〗〖カード〗〖サッカー〗安全にプレーする.
die **Mau·er·öffnung** ［マウアー・エ①フヌング］ 名 -/（ベルリンの）壁の開放 (1989 年).
der **Mau·er·sal·pe·ter** ［マウアー・ザルペーター］ 名 -s/-（厩舎などの）壁に生じる硝酸カルシウム.
die **Mau·er·schwal·be** ［マウアー・シュヴァルベ］ 名 -/-n = Mauersegler.
der **Mau·er·seg·ler** ［マウアー・ゼーグラー］ 名 -s/-〖鳥〗ヨーロッパアマツバメ.
der **Mau·er·stein** ［マウアー・シュタイン］ 名 -(e)s/-e **1.** 壁石. **2.**〖土〗焼成しない建築用石材.
das **Mau·er·werk** ［マウアー・ヴェェルク］ 名 -(e)s/-e（主に複）**1.**（石材の）組積. **2.** 建物の石〔れんが〕壁（の全体）.
die **Mau·ke**¹ ［マウケ］ 名 -/〖獣医〗繋靱（牛馬の足の湿疹）;〖植〗（ブドウの）黒豆病,（タバコの）縮葉病. **2.**《口・古》痛風. **3.**（主に複）《方》足.
die **Mau·ke**² ［マウケ］ 名《次の形で》keine ~ zu 〈et³〉haben 《口》〈事⁴〉をする気がない.
das **Maul** ［マウル］ 名 -(e)s/Mäuler **1.**（動物の）口;《口・蔑》（人間の）口: ein großes ~ haben 〔führen〕大口をたたく. ein schiefes ~ ziehen 〔machen〕ふくれ面をする. das ~ aufsperren ぼう然として口をあんぐりあける. sich³ das ~（über〈j³〉）zerreißen 〈人の〉の悪口を言う. **2.**《口・蔑》（無礼な）口（のきき方）: die bösen *Mäuler* 口きばない連中. **3.**（ベンチなどの）口.
der **Maul·affe** ［マウル・アッフェ］ 名 -n/-n **1.**《次の形》~n feilhalten《蔑》口をぽかんとあけてつっ立っている. **2.**《古》= Gaffer.
der **Maul·beer·baum** ［マウル・ベーア・バウム］ 名 -(e)s/..bäume〖植〗クワの木.
das **Mäul·chen** ［モイルヒェン］ 名 -s/-《口》（Mäulerchen）**1.** 小さな口: ein ~ machen〔ziehen〕口をとがらす, ふくれ面をする. **2.**《方》キス.
mau·len ［マウレン］ 動 *h.*《口・蔑》**1.**〈et⁴〉口をとがらせてぶうぶう言う. **2.**《冗》文句を言う.
der **Maul·esel** ［マウル・エーゼル］ 名 -s/-〖動〗ケッテイ（雄馬と雌ロバの交配種）.
maul·faul ［マウル・ファウル］ 形《口》口数の少ない.
der **Maul·held** ［マウル・ヘルト］ 名 -en/-en《蔑》大言壮語をする男.
der **Maul·korb** ［マウル・コルプ］ 名 -(e)s/..körbe（特に犬の口にはめる）口輪, 口籠;〖転〗; 〈j³〉einen ~ anlegen〖転〗〈人〉に箝口令をしく.
die **Maul·schel·le** ［マウル・シェレ］ 名 -/-n《古》平手打ち.
die **Maul·sper·re** ［マウル・シュペレ］ 名 -/〖獣医〗開口障害;《口》けいれんして口が閉まらないこと: die ~ kriegen《口》驚いてあいた口がふさがらない.
die **Maul·ta·sche** ［マウル・タッシェ］ 名 -/-n **1.** マウルタッシェ（スープの実にするギョーザ風のもの）. **2.**（趣のみ）〈マウルタッシェン〉を入れたシュヴァーベンの名物料理）.
das **Maul·tier** ［マウル・ティーア］ 名 -(e)s/-e〖動〗ラバ（雄ロバと雌馬との交配種）.
die **Maul·trom·mel** ［マウル・トロメル］ 名 -/-n ビヤボン, 口琴.
die **Maul- und Klau·en·seu·che** ［マウル ウント クラウエン・ゾイヒェ］ 名 -/ 口蹄疫（ショウテイエキ）.
das **Maul·werk** ［マウル・ヴェェルク］ 名 -(e)s/《口・蔑》多弁, 口達者.

Maulwurf 788

der **Maul·wurf** [マウル・ヴるフ] 名 -(e)s/..würfe 【動】モグラ; (ﾆﾞｼｭｯ) 敵方に深く潜入した人物.

der **Maul·wurfs·hü·gel** [マウルヴるフス・ヒューゲル] 名 -s/- モグラの盛り土.

die **Mau-Mau**¹ [マウ・マウ] 複数 マウマウ団(白人放逐をスローガンとするケニアの秘密結社).

das **Mau-Mau**² [マウ・マウ] 名 -(s)/ (ﾄﾗﾝﾌﾟ)マウマウ.

der **Mau·re** [マウれ] 名 -n/-n ムーア人; ベルベル人; モーリタニア人.

der **Mau·rer** [マウらー] 名 -s/- **1.** れんが工(積み職人), 左官. **2.** フリーメーソンの会員(Frei~). **3.** 《口》(トランプで)安全プレーする人.

die **Mau·rer·ar·beit** [マウらー・アるバイト] 名 -/-en 左官仕事, れんが積み, 石積み.

der **Mau·rer·ge·sel·le** [マウらー・ゲゼレ] 名 -n/-n 左官職人, れんが工.

das **Mau·rer·hand·werk** [マウらー・ハント・ヴェるク] 名 -(e)s/ 左官業, れんが職.

..·ter·kel·le [..・ケレ] 名 -/-n 左官ごて.

der **Mau·rer·meis·ter** [マウらー・マイスター] 名 -s/- 左官(れんが工)の親方.

der **Mau·rer·po·lier** [マウらー・ポリーア] 名 -s/-e 左官(れんが工)の職人頭.

die **Mau·res·ke** [マウれスケ] 名 -/-n 〖美〗モレスク(抽象的なアラビア模様).

(*das*) **Mau·re·ta·ni·en** [マウれターニエン] 名 -s/ 〖国名〗モーリタニア(北西アフリカの国名).

mau·risch [マウリシュ] 形 ムーア人の.

(*das*) **Mau·ri·ti·us** [マウリーツィウス] 名 -'/ **1.** 〖地名〗モーリシャス島(インド洋上の島). **2.** 〖国名〗モーリシャス.

die **Maus** [マウス] 名 -/Mäuse **1.** 〖動〗マウス, (ハツカ)ネズミ. **2.** 《口》かわいい子(女の子・恋人の愛称). **3.** 《口》拇指(ﾎﾞｼ)球;〖医〗関節鼠(ﾈｽﾞﾐ). **4.** 〖のみ〗《口》金(ｶﾈ); マルク(ドイツの旧貨幣). **5.** 〖ｺﾝﾋﾟｭｰﾀ〗マウス. 【慣用】**eine weiße Maus** 《口・擬》目立たない人, 例外. **eine weiße Maus** 《口》白ネズミ(交通警官). **Mäuse merken** 《口》ごまかしに気づく. **weiße Mäuse sehen** 《口》(酔って)幻覚を見る〔幻覚が現れる〕.

die **Mau·sche·lei** [マウシュライ] 名 -/-en 《蔑》イディッシュ訛(ﾅﾏﾘ).

mau·scheln [マウシェルン] 動 h. **1.** 《軽蔑》《口》不正な取引〔取決め〕をする; いんちきをする(トランプで). **2.** (ﾕﾀﾞﾔ人流の)マウシェルンをする. **3.** 《口》イディッシュ訛(ﾅﾏﾘ)でしゃべる; わけの分からないことを言う.

das **Mau·scheln** [マウシェルン] 名 -s/- 〖ﾄﾗﾝﾌﾟ〗マウシェルン(3人から6人でするゲーム).

das **Mäus·chen** [モイスヒェン] 名 -s/- **1.** 子ネズミ. **2.** おちびちゃん(かわいい子供への呼びかけ). **3.** 《口》(肘先の)尺骨の端(ぶつけると痛いところ). 【慣用】**Da möchte ich Mäuschen sein.** 《口》もぐりこんでそこに居てみたいの.

mäus·chen·still [モイスヒェン・シュティル] 形 《口》(緊張・期待で)しんとして静まり返った.

der **Mau·se·bus·sard** [モイゼ・ブッサるト] 名 -s/-e 〖鳥〗ノスリ.

die **Mau·se·fal·le** [マウゼ・ふァレ] 名 -/-n ネズミ取り器.

die **Mäu·se·fal·le** [モイゼ・ふァレ] 名 -/-n (稀)ネズミ取り器.

das **Mau·se·loch** [マウゼ・ロッホ] 名 -(e)s/..löcher ネズミの穴; <j³> würde sich am liebsten in ein ~ verkriechen 《口》<人³>穴があったら入りたいくらいだ.

mau·sen [マウゼン] 動 h. **1.** <et⁴>ッ 《口》ちょろまかす, すねる. **2.** (ﾈｺが)(古)ネズミを捕る(猫など が). **3.** ((<j³>ｶﾞ/mit <j³>ﾄ)) 《口》性交する.

das **Mäu·se·nest** [モイゼ・ネスト] 名 -(e)s/-er ネズミの巣.

der **Mau·ser**¹ [マウザー] 名 s/- (ﾊﾂｶ)ネズミ〔モグラ〕捕り.

die **Mau·ser**² [マウザー] 名 -/ (鳥の)換羽.

die **Mau·se·rei** [マウゼらイ] 名 -/-en **1.** 《口・冗》(しょっちゅう)ちょろまかすこと. **2.** 《方・口》(しょっちゅう)性交すること.

der **Mäu·se·rich** [モイゼりヒ] 名 -s/-e 《口》雄ネズミ.

mau·sern [マウザーン] 動 h. **1.** (sich⁴) 羽が生え変える, 換羽する(鳥が). **2.** (sich⁴ + (zu <j³/et³>ﾆ)) 《口》成長する, 発展する; (成長〔発展〕して)すっかり変る.

die **Mau·ser·pis·to·le** [マウザー・ピストーレ] 名 -/-n モーゼルけん銃.

mau·se·tot [マウゼ・トート] 形 《口》完全に死んだ.

das **Mäu·se·zähn·chen** [モイゼ・ツェーンヒェン] 名 -s/- **1.** (子供の)小さなとがった歯. **2.** (主に複)〖手芸〗ピコット編み.

maus·grau [マウス・グらウ] 形 ねずみ色の.

mau·sig [マウズィヒ] 形 (次の形で) sich⁴ ~ machen 《口》出しゃばる.

die **Maus·klick** [マウス・クリック] 名 -s/-s 〖ｺﾝﾋﾟｭｰﾀ〗マウスクリック.

das **Mäus·lein** [モイスライン] 名 -s/- 小ネズミ.

das **Mau·so·le·um** [マウゾレーウム] 名 -s/..leen [..レーエン] 壮大な霊廟(ﾚｲﾋﾞｮｳ)(小アジアのMausolos 王, ?-前353, にちなむ).

das **Maus·pad** [..pɛd マウス・ペッド] 名 -s/-s 〖ｺﾝﾋﾟｭｰﾀ〗マウスパッド.

die **Maus·tas·te** [マウス・タステ] 名 -/-n 〖ｺﾝﾋﾟｭｰﾀ〗マウスのボタン.

die **Maut** [マウト] 名 -/-en (ﾄﾞｲﾂ南)(道路・橋などの)通行料(税); 通行料徴収所.

mauve [述部的に moːf モーフ, 付加語的に moːvə モーヴェ] 形 (赤みをおびた)薄紫色の.

m. a. W. =mit anderen Worten 言い換えれば.

(*der*) **Max** [マックス] 〖男名〗マックス: **strammer ~** シュトラマー・マックス(パンの上にハムと目玉焼きとスパイスをきかせ炒上めた挽肉)のせたもの).

ma·xi [マクスィ] 形 〖服〗マキシの.

die **Ma·xi** [マクスィ] 名 -s/-s **1.** (複のみ)(主に無冠詞)〖服〗マキシ; マキシ丈. **2.** 《口》=Maxikleid.

der **Ma·xi** [マクスィ] 名 -s/-s 《口》=Maxirock.

die **Ma·xi-CD** [マクスィ・ツェーデー] 名 -/-s マキシシングルCD.

das **Ma·xi·kleid** [マクスィ・クライト] 名 -(e)s/-er マキシのドレス.

ma·xi·mal [マクスィマール] 形 **1.** 最大(限)の; 最高の; Ladegewicht: *max.* (= ~)500kg 積載量: 最大500キロ. **e** Geschwindigkeit 最高速度. **2.** (ﾅｼ)《口》すばらしい.

der **Ma·xi·mal·be·trag** [マクスィマール・ベトらーク] 名 -(e)s/..träge 最高額.

die **Ma·xi·mal·for·de·rung** [マクスィマール・ふォるデるング] 名 -/-en 最大限の要求.

der **Ma·xi·ma·list** [マクスィマリスト] 名 -en/-en **1.** 最大限の要求をする人. **2.** (権力の即時継承を要求する)過激な社会主義者.

der **Ma·xi·man·tel** [マクスィ・マンテル] 名 -s/..mäntel 〖服〗マキシコート.

die **Ma·xi·me** [マクスィーメ] 名 -/-n 〖文〗(実践)原則, 原理, 格率, 格律.

ma·xi·mie·ren [マクスィミーれン] 動 h. <et⁴>ッ 最大限に拡大〔強化〕する, 最大限に高める; 〖数〗最大値にする.

(*der*) **Ma·xi·mi·li·an** [マクスィミーリアン] 〖男名〗マクシミリアン. **2.** **~ I.** マクシミリアン1世(神

聖ローマ皇帝, 1459–1519 年).

das **Ma·xi·mum** [マクスィムム] [名] -s/..ma 1. (主に[単])最大限, マキシム. 2. 〖数〗最大値, 極大. 3. 〖気〗(気温などの)最高値. 4. 《若》最高.

der **Ma·xi·rock** [マクスィ·ろック] [名] -(e)s/..röcke マキシスカート.

die **Max-Planck-Ge·sell·schaft** [マックス·プランク·ゲゼルシャふト] [名] -/ マックス・プランク協会(諸自然・精神科学の研究所を持つ学術振興機関. 略 MPG).

(der) **May** [マイ] [名] 〖人名〗マイ(Karl ～, 1842–1912, ドイツの冒険物語作家).

der **Ma·ya** [má:ja マーヤ] [名] -(s)/-(s) マヤ族(インディオの一種族).

May·day [mé:de: メーデー] [名] メーデー(国際遭難救助無線信号).

(der/die) **May·er** [マイあー] [名] 〖人名〗マイアー.

die **Ma·yo** [マーヨ] [名] -/-s 《口》マヨネーズ(Mayonnaise).

die **Ma·yon·nai·se** [majɔnɛ́:zə マヨネーゼ] [名] -/-n マヨネーズ.

die **MAZ** [マッツ] [名] -/ 〖テレビ〗=magnetische Bildaufzeichnung 磁気テープ録画.

(das) **Ma·ze·do·ni·en** [マツェドーニエン] [名] -s/ 〖地名〗《口》=Makedonien.

der **Mä·zen** [メツェーン] [名] -s/-e 《文》(芸術・スポーツなどの)後援者, パトロン, 保護者.

das **Mä·ze·na·ten·tum** [メツェナーテントゥーム] [名] -s/ (芸術・スポーツの)後援, 奨励, 保護; メセナ活動.

mä·ze·na·tisch [メツェナーティシュ] [形] (芸術・スポーツの)後援〔奨励・保護〕の.

ma·ze·rie·ren [マツェリーれン] [動] *h.* 〖(〈et^4〉ヲ)〗〖生〗解離する; 〖生・化〗温浸〔冷浸〕する.

die **Ma·zis·blü·te** [マ(ー)ツィス·ブリューテ] [名] -/-en 〖植〗メース(香辛料).

die **Ma·zur·ka** [mazʊ́r.. マズるカ] [名] -/..ken〔-s〕マズルカ(ポーランドの 3 拍子の民族舞踊).

mb =Millibar 〖気〗ミリバール.

mbar =Millibar 〖気〗ミリバール.

Mbit=Megabit 〖コンピュータ〗メガビット.

Mbyte=Megabyte 〖コンピュータ〗メガバイト.

m.c. =mensis currentis 今月中に, 今月の.

der **Mc-Job** [mǽkdʒɔp メックチョップ] [名] -s/-s 《ジャーゴン》低賃金で不安定な職場.

Md [エムデー] =Mendelevium 〖化〗メンデレヴィウム.

MD =Musikdirektor (教会などの)音楽監督.

Md. =Milliarde 10 億.

m. d. =mano destra 〖楽〗右手で.

mdal. =mundartlich 方言の.

MdB =M. d. B.

M. d. B. =Mitglied des Bundestags (ドイツの)連邦議会議員.

MdL =M. d. L.

M. d. L. =Mitglied des Landtags (ドイツの)州議会議員.

M. d. R. =Mitglied des Reichstags (旧ドイツ)帝国議会議員.

m. E. =meines Erachtens 私の考えでは.

mea cul·pa [メーア クルパ] 〖ラテン語〗私の過失により; 私の過失(過失の自認).

die **Me·cha·nik** [メひゃーニク] [名] -/-en 1. (主に[単])〖理〗力学; 〖工〗機械工学. 2. 機械装置; ([単]のみ)(機械の)機能, メカニズム. 3. ([単]のみ)機械的な自動性.

der **Me·cha·ni·ker** [メひゃーニカー] [名] -s/- 機械工.

me·cha·nisch [メひゃーニシュ] [形] 1. 〖理〗力学的な; (化学的に対して)物理作用による, 機械的な: ～*e* (Empfängnis)verhütungsmittel 外用避妊器具. ～*e* Sinne 〖植〗機械的刺激受容(感覚). ～*e* Verwitterung 〖地質〗機械的風化(作用). 2. 機械工学(上)の, 機械装置の: ein ～*es* Wunderwerk 機械工学の傑作. 3. 機械仕掛の. 4. 機械的な, 自動的な, 無意識的な; 一本調子の: eine ～*e* Bewegung 機械的な動き. eine ～*e* Arbeit 単調な仕事.

me·cha·ni·sie·ren [メひゃニズィーれン] [動] *h.* 〖〈et^4〉ヲ〗機械化する(工場・生産などを).

die **Me·cha·ni·sie·rung** [メひゃニズィーるング] [名] -/-en 機械化.

der **Me·cha·nis·mus** [メひゃニスムス] [名] -/..men 1. 機械装置. 2. ([単]のみ)(機械の)機能, メカニズム. 3. 自動的に機能するシステム, メカニズム. 4. 〖哲〗機械論.

die **Me·cha·tro·nik** [メひゃトろーニク] [名] -/ 〖工〗機械電子工学.

meck! [メック] [間] (山羊の鳴き声)めえーえ.

die **Me·cke·rei** [メッケらイ] [名] -/-en 《口・蔑》あら捜しすること, 文句ばかり言うこと.

der **Me·cke·rer** [メッケらー] [名] -s/- 《口・蔑》あら捜しをする人, 不平家, 小言屋.

me·ckern [メッカーン] [動] *h.* 1. 〔補足なし〕めええと鳴く(山羊が); きんきん声を出す(人が). 2. 〖〈文〉ト〗《口・蔑》きんきん声で言う. 3. 〔über 〈j^4/et^4〉ニツイテ/gegen 〈j^4/et^4〉ニ対シテ〕《口・蔑》不平〔文句〕を言う.
【慣用】**meckernd lachen** けけけと笑う.

(das) **Meck·len·burg** [メ(ー)クレンブるク] [名] -s/ 〖地名〗メクレンブルク(①バルト海沿岸の地方. ②フォーアポンメルンと共にドイツ新 5 州の一つ).

der **Meck·len·bur·ger** [メ(ー)クレンブるガー] [名] -s/- メクレンブルクの人.

(das) **Meck·len·burg-Vor·pom·mern** [メ(ー)クレンブるク·ふぉーあ·ポマーン] [名] -s/ 〖地名〗メクレンブルク=フォーアポンメルン(ドイツ, バルト海沿岸の州).

die **Me·dail·le** [medáljə メダルエ] [名] -/-n メダル, 記念牌(はい), 賞牌.

der **Me·dail·len·ge·win·ner** [メダルエン·ゲヴィナー] [名] -s/- 〖スポーツ〗メダリスト.

der **Me·dail·len·spie·gel** [メダルエン·シュピーゲル] [名] -s/- 〖スポーツ〗(参加国別の)メダル獲得数一覧表.

das **Me·dail·lon** [medaljõ: メダルヨーン] [名] -s/-s〔-e〕 1. (首飾りの)ロケット. 2. 〖美〗メダイヨン(肖像画などの円形浮彫り), 大型メダル. 3. 〖料〗メダイヨン(円形の魚・肉片).

(die) **Me·dea** [メデーア] [名] 〖ギ神〗メディア(コルキス王の王女. Jason が金羊毛を奪うのを助ける).

die **Me·dia** [メーディア] [名] -/..diä〔..dien〕 1. 〖言〗有声破裂音. 2. 〖医〗(血管・リンパ管の)中膜.

me·di·al [メディアール] [形] 1. 《文》霊媒の. 2. 〖言〗中間態の; 〖医〗中間の. 3. 《文》(マス)メディアの.

me·di·an [メディアーン] [形] 〖解〗正中の.

me·di·at [メディアート] [形] 1. 《古》間接的な. 2. 帝国非直属の.

me·di·ä·val [メディエヴァール] [形] 中世の.

der **Me·di·ä·vist** [メディエヴィスト] [名] -en/-en 中世研究者.

die **Me·di·ä·vis·tik** [メディエヴィスティク] [名] -/ 中世研究.

der **Me·di·ce·er** [..tsé:ər メディツェーあー, ..tʃé:ər メディチェーあー] [名] -s/- メディチ家の人(フィレンツェのルネサンス期の支配者の一族).

me·di·ce·isch [..tsé:ɪʃ メディツェーイシュ, ..tʃé:ɪʃ メディチェーイシュ] [形] メディチ家の.

der **Me·di·ci** [mé:ditʃi メーディチ] [名] -/- =Mediceer.

die **Me·di·en** [メーディエン] [複名] ⇨ Medium.

die **Me·di·en·di·dak·tik** [メーディエン·ディダクティク] [名] -/

-en (マス)メディア利用の教育法.
der **Me·di·en·pä·da·go·ge** [メーディエン・ペダゴーゲ] 名 -n/-n (マス)メディアを研究[利用]する教育(学)者.
die **Me·di·en·pä·da·go·gik** [メーディエン・ペダゴーギク] 名 -/ (マス)メディア研究[利用]の教育論.
me·di·en·pä·da·go·gisch [メーディエン・ペダゴーギシュ] 形 (マス)メディア研究[利用]教育論の.
me·di·en·po·li·tisch [メーディエン・ポリーティシュ] 形 メディア政策の.
der **Me·di·en·ver·bund** [メーディエン・ふぇアブント] 名 -(e)s/-e 経営集中化のためのマスメディアの結合;教育における複数メディアの組合せ.
das **Me·di·ka·ment** [メディカメント] 名 -(e)s/-e 薬,薬剤,薬物.
der **Me·di·ka·men·ten·miss·brauch**, ⓐ **Me·di·ka·men·ten·miß·brauch** [メディカメンテン・ミスブらウㇶ] 名 -(e)s/ 薬の乱用.
me·di·ka·men·tös [メディカメンテース] 形 [医]薬による.
der **Me·di·kus** [メーディクス] 名 -/..dizi (口・冗)医者.
me·dio [メーディオ] 副 [商](月の)15日に.
der **Me·dio** [メーディオ] 名 -(s)/-s [銀行](月の)15日(この日が土,日,祝日の場合は次のウィークデー).
me·di·o·ker [メディオーカー] 形 並の,平凡な.
die **Me·di·o·thek** [メディオ・テーク] 名 -/-en 視聴覚ライブラリー.
die **Me·di·ta·ti·on** [メディタツィオーン] 名 -/-en (文)瞑想(%);[宗・哲・心]黙想,観想: in ~ verfallen 瞑想にふける.
me·di·ta·tiv [メディタティーふ] 形 瞑想[黙想・観想]的な.
me·di·ter·ran [メディテらーン] 形 地中海(地方)の.
me·di·tie·ren [メディティーれン] 動 *h.* 1. ((über ⟨et³⟩ニッィテ))熟考[考察]する,瞑想(%)にふける,沈思黙考する. 2. [宗・哲・心]観想する,黙想する.
me·di·um [mí:djəm ミーディエㇺ] 形 1. [料]ミディアムの. 2. (服の)中サイズの.
das **Me·di·um** [メーディウㇺ] 名 -s/..dien[..dia] 1. (文)媒介物. 2. (主にⓐ)(マス)メディア;教育メディア;広告媒体. 3. (ⓐ ..dien)[化・理]媒質. 4. (ⓐ ..dien)[超心理]霊媒;[医・心]被験者. 5. (ⓐ ..dien)[言]中間態.
die **Me·di·zin** [メディツィーン] 名 -/-en 1. (ⓐのみ)医学: gerichtliche ~ 法医学. innere ~ 内科学. 2. (液状の)薬.
der **Me·di·zin·ball** [メディツィーン・バル] 名 -(e)s/..bälle メジシンボール(体操訓練用の重い大きなボール).
der **Me·di·zi·ner** [メディツィーナー] 名 -s/- 医学者;医学部学生.
me·di·zi·nisch [メディツィーニシュ] 形 医学の;薬用の.
der **Me·di·zin·mann** [メディツィーン・マン] 名 -(e)s/..männer (未開民族の)呪医(ｼﾞｭ),まじない師;(口・冗)医者.
das **Med·ley** [médli メドリ] 名 -s/-s [楽]メドレー.
die **Me·dre·se** [メドれーゼ] 名 -/-n =Medresse.
die **Me·dres·se** [メドれっセ] 名 -/-n メドレセ(①イスラムの法学・神学大学.②モスク付属のコーラン学校).
(*die*) **Me·du·sa** [メドゥーザ] 名 [ギ神話]メドゥサ(ゴルゴンの一人.頭髪が蛇で,彼女を見るものを石に変えた).
die **Me·du·se** [メドゥーゼ] 名 -/-n 1. [動]クラゲ(腔腸動物). 2. =Medusa.
der **Me·du·sen·blick** [メドゥーゼン・ブリック] 名 -(e)s/-e (主にⓐ)メドゥサのまなざし;恐ろしいまなざし.
das **Me·du·sen·haupt** [メドゥーゼン・ハウプト] 名 -(e)s/..häupter 1. [ギ神話]メドゥサの頭[首];(転)恐ろしい顔. 2. [医]へそ周囲の皮下静脈が浮上がる状態.
me·du·sisch [メドゥーズィシュ] 形 メドゥサのような,恐ろしい.
das **Meer** [メーㇰ] 名 -(e)s/-e 1. 海,海洋,大洋: das offene ~ 外洋,公海. das Japanische ~ 日本海. das Rote ~ 紅海. das Schwarze ~ 黒海. das Tote ~ 死海. 1000 m über dem ~ liegen 海抜1000メートルにある. am ~ 海辺に. ans ~ fahren 海(辺)に行く. Die Sonne versank im(ins) ~. (詩)太陽が海に沈んだ. Das Schiff verschwindet übers ~. 船は海の彼方に消えていく. ein ~ von Blut (転)血の海. 2. (文)おびただしい量: ein ~ von ⟨et³⟩ 大量の⟨物⟩.
der **Meer·bu·sen** [メーㇰ・ブーゼン] 名 -s/- (古)大きな入江[湾].
die **Meer·en·ge** [メーㇰ・エンゲ] 名 -/-n 海峡.
die **Mee·res·al·ge** [メーㇰス・アルゲ] 名 -/-n (主にⓐ)海草.
der **Mee·res·arm** [メーㇰス・アるㇺ] 名 -(e)s/-e (稀)細長い入江[湾].
der **Mee·res·bo·den** [メーㇰス・ボーデン] 名 -s/..böden 海底.
die **Mee·res·früch·te** [メーㇰス・ふりゅㇶテ] 複名 [料]シーフード料理.
der **Mee·res·grund** [メーㇰス・グるント] 名 -(e)s/ 海底.
die **Mee·res·kun·de** [メーㇰス・クンデ] 名 -/ 海洋学.
die **Mee·res·küs·te** [メーㇰス・キュステ] 名 -/-n 海岸.
das **Mee·res·leuch·ten** [メーㇰス・ロイヒテン] 名 -s/ (夜光虫などの)海面の燐光(%).
der **Mee·res·spie·gel** [メーㇰス・シュピーゲル] 名 -s/- 1. 海面. 2. 海水準(海面の平均的な高さ): 550m über dem ~ 海抜550メートル(略 ü. d. M., ü. M.). ... unter dem ~ 海面下…(略 u. d. M., u. M.).
die **Mee·res·strö·mung** [メーㇰス・シュトゥーㇺング] 名 -/-en 海流,潮流.
die **Mee·res·tie·fe** [メーㇰス・ティーふェ] 名 -/-n 海深.
das **Mee·res·ufer** [メーㇰス・ウーふァー] 名 -s/- (詩)海辺.
meer·grün [メーㇰ・グりューン] 形 海緑色の.
die **Meer·jung·frau** [メーㇰ・ユングふらウ] 名 -/-en 人魚.
die **Meer·kat·ze** [メーㇰ・カッツェ] 名 -/-n [動]オナガザル.
der **Meer·ret·tich** [メーㇰ・れティッㇶ] 名 -s/-e 1. [植]セイヨウワサビ,ホースラディシュ. 2. セイヨウワサビの根茎;(ⓐのみ)おろしたセイヨウワサビ.
(*das*) **Meers·burg** [メーㇰスブるク] 名 -s/ [地名]メールスブルク(ボーデンゼー北岸の都市).
der **Meer·schaum** [メーㇰ・シャウㇺ] 名 -(e)s/ 海泡石.
das **Meer·schwein·chen** [メーㇰ・シュヴァインヒェン] 名 -s/- [動]テンジクネズミ,モルモット.
das **Meer·un·ge·heu·er** [メーㇰ・ウン・ゲホイアー] 名 -s/- [神話]海の怪物.
das **Meer·wär·me·kraft·werk** [メーㇰ・ヴェるメ・クらふト・ヴェるク] 名 -(e)s/-e [工]海洋温度差発電所.
das **Meer·was·ser** [メーㇰ・ヴァッサー] 名 -s/ 海水.
das **Meer·weib** [メーㇰ・ヴァイプ] 名 -(e)s/-er = Meerjungfrau.
das **Mee·ting** [mí:tɪŋ ミーティング] 名 -s/-s ミーティング,会合,(政治)集会;(小規模なスポーツの)競技会.
das **Me·ga·bit** [メ(一)ガ・ビト] 名 -(s)/-(s) [コンピュータ]メガビット(記号 Mbit).
das **Me·ga·byte** [..baɪt メ(一)ガ・バイト,メガ・バイト] 名 -s/-s [コンピュータ]メガバイト(記号 Mbyte).

das **Me·ga·fon** [メガ・フォーン] 名 -s/-e =Megaphon.

das **Me·ga·hertz** [メ(-)ガ・ヘルツ, メガ・ヘルツ] 名 -/- 〖理〗メガヘルツ(記号 MHz).

der **Me·ga·lith** [メガ・リート] 名 -s[-en]/-e(n) (有史前の墓や記念物的)巨石.

das **Me·ga·lith·grab** [メガリート・グラープ] 名 -(e)s/..gräber 巨石墳墓.

die **Me·ga·lith·kul·tur** [メガリート・クルトゥーア] 名 -/ 巨石文化.

die **Me·ga·lo·ma·nie** [メガロ・マニー] 名 -/-n 〖心〗誇大妄想.

die **Me·ga·lo·po·lis** [メガロ・ポーリス] 名 -/..polen [メガロ・ポーレン] メガロポリス(大都市が連なってできた巨大都市域);巨大都市.

das **Me·ga·phon** [メガ・フォーン] 名 -s/-e メガホン.

die **Me·gä·re** [メゲーレ] 名 1. 〖(⊕のみ)〗〖ギ神〗メガイラ(復讐(ふくしゅう)と正義の女神). 2. 〖文〗性悪女.

die **Me·ga·ton·ne** [メ(-)ガ・トネ, メガ・トネ] 名 -/-n メガトン(記号 Mt).

das **Me·ga·watt** [メ(-)ガ・ヴァット, メガ・ヴァット] 名 -s/- 〖理〗メガワット(=10⁶W)(記号 MW).

das **Mehl** [メール] 名 -(e)s/-e (⊕種類) 1. 小麦粉(Weizen~), 穀物の粉. 2. 粉(にひいたもの).

der **Mehl·brei** [メール・ブライ] 名 -(e)s/ 小麦粉〖穀物粉〗の粥(かゆ).

meh·lig [メーリヒ] 形 1. 粉だらけの, 粉をまぶした; 粉のような細かい. 2. (乾いて)ぱさぱさの, すかすかした; (艶のない)粉っぽい白さの; 粉(こ)ふきの.

der **Mehl·sack** [メール・ザック] 名 -(e)s/..säcke 粉(用)の袋;粉の入った袋:wie ein ~ schlafen 泥のように眠る.

die **Mehl·schwal·be** [メール・シュヴァルベ] 名 -/-n 〖鳥〗イワツバメ.

die **Mehl·schwit·ze** [メール・シュヴィッツェ] 名 -/-n 〖料〗ルー(バターなどで茶色にいためた小麦粉).

das **Mehl·sieb** [メール・ズィーブ] 名 -(e)s/-e 粉ふるい.

die **Mehl·spei·se** [メール・シュパイゼ] 名 -/-n 1. 穀粉(小麦粉)料理, パスタ. 2. (南ドイツ)(食後の)甘いもの;ケーキ.

der **Mehl·speis·koch** [メールシュパイス・コッホ] 名 -(e)s/..köche (南ドイツ)(ホテル・レストランの)菓子専門の職人.

die **Mehl·sup·pe** [メール・ズッペ] 名 -/-n 小麦(穀物)粉スープ, 小麦でとろみをつけたスープ.

der **Mehl·tau** [メール・タウ] 名 -(e)s/ うどん粉病.

der **Mehl·wurm** [メール・ヴルム] 名 -(e)s/..würmer 〖昆〗ゴミムシダマシの幼虫(害虫).

mehr 《viel の比較級》 [メーア] 代《不定》(無変化) 1. (次の形で) ~ (...) als ..., より多くの, …より以上の:《付加語的用法》Er hat noch ~ Bücher als ich. 彼のほうが私よりもっとたくさんの本を持っている. 《独立的用法》~ als die Hälfte 半分以上. ~ als wir gewesen kosten 予想以上に金がかかる. Das Ergebnis war ~ als mager〔kläglich〕. 成果は〖乏しいどころか〗ほとんどいないも同然であった. 2. (一定程度の数量を越えて)もっと(多く)《付加語的用法》Wir brauchen ~ Geld. われわれにはもっとたくさんの金がいる. Auf ein paar Euro ~ oder weniger kommt es nicht an. 数ユーロぐらい多い少ないは問題ではない. diesmal mit ~ Sorgfalt こんどはもっと慎重に, ふえる, ふえる結果:《独立的用法》hundert Personen und ~ 百人以上. drei oder ~ 3 たばそれ以上. ein paar Euro ~ あと数ユーロ多く(上乗せした額). Was willst du noch ~ ? 以上これだけ何がほしいのかね. Das gehört aber ein bisschen ~ dazu. それにはもっと頑張らねばだめだね. Bald〔Demnächst〕(darüber) ~. (その件については)じきにもっと詳しく話そう. Dieser Wein schmeckt nach ~. 〖口〗このワインはもっと飲みたくなるしろものだ. 【慣用】mehr oder weniger〔minder〕 多かれ少なかれ, 多少とも, ある程度まで. mehr und mehr〔immer mehr〕 ますます. nicht mehr und nicht weniger〔minder〕 als ... 〖文〗そのもの, ほかならぬ…と同じく:Er ist nicht *mehr* und nicht weniger als ein Narr. 彼は正真正銘のばかだ. ... und and(e)re〔and(e)res〕 mehr (略 u. a. m.). ... und dergleichen mehr 等々(略 u. dgl. m.).
— (sehr, viel の比較級) 副 1. …より以上に, いっそう, もっと:Ich liebe sie ~ als dich. 私は彼より彼女の方をもっと愛している. ..., um so ~ freute ich mich darüber. ..., それだけにいっそう私にはそれがうれしかった. Bei meinen Erklärungen müsst ihr ~ aufpassen. 私が説明するときには(君たちは)もっと注意していなければいけない.(分詞的形容詞など比較級のない形容詞または副詞とともに比較級を作って) Diese Straße ist heute ~ befahren als sonst. この通りは今日は普段より車が多い. ~ rechts/nach oben gehen もっと右に/上へ行く. 2. (次の形で) ~ als ... というよりはむしろ… 〖口〗eher): Er ist ~ Künstler als Geschäftsmann. 彼は実業家というよりは芸術家だ. 3. (否定詞とともに)もう…ではない〖しない〗:Ich weiß es nicht ~. 私はそれをもう覚えていない. Das mache ich nie ~. そんなことは(私は)もう決してしません. Du bist kein Kind ~. おまえはもう子供ではない. Da blieb nichts ~ übrig. そこにはもう何も残っていなかった. Im Saal war niemand ~. ホールにはもうだれもいなかった. 【慣用】einmal mehr またもや. Es dauert nicht mehr lange. もうそんなにかからない〖用意がすぐ終わる〗. Ich kann nicht mehr ! 私はもうだめだ〔力がつきた〕. Ich werd' nicht mehr ! 〖口〗もうだめだ〖力がつきた〗(驚いたなあ). Ich ist nicht mehr 〈人が〉もう(この世に)いない. nur mehr 〖南独;オーストリア〗もう…しかない.

das **Mehr** [メーア] 名 -(s)/-e[-en] 1. (比較級 mehr の名詞化) 〖(⊕のみ)〗より多くの量, 余剰, 超過:ein ~ an ⟨et³⟩⟨物・事₃⟩より多いこと. 2. 〖ス〗多数決, 票決の結果:~の多数;票決.

die **Mehr·ar·beit** [メーア・アルバイト] 名 -/ 超過勤務, 時間外労働;超過勤務でした仕事;〖マ主義的〗剰余労働.

die **Mehr·aus·ga·be** [メーア・アウス・ガーベ] 名 -/-n (主に⊕) 超過支出.

mehr·bah·nig [メーア・バーニヒ] 形 二車線以上の.

der **Mehr·be·darf** [メーア・ベダルフ] 名 -(e)s/ 需要過剰.

die **Mehr·be·las·tung** [メーア・ベラストゥング] 名 -/-en 過重負担, 過負荷.

der **Mehr·be·trag** [メーア・ベトラーク] 名 -(e)s/..träge 超過〔剰余〕額.

mehr·deu·tig [メーア・ドイティヒ] 形 あいまいな;多義的な.

mehr·di·men·si·o·nal [メーア・ディメンズィオナール] 形 多次元の.

das **Mehr·ein·kom·men** [メーア・アイン・コメン] 名 -s/- 超過所得.

die **Mehr·ein·nah·me** [メーア・アイン・ナーメ] 名 -/-n 超過収入.

meh·ren [メーレン] 動 h. 〖文〗 1. 〖et⁴を〗増す, ふやす, 増大させる(財産・権力などを). 2. (sich⁴) 増す, ふえる, 増大する. 【慣用】Seid fruchtbar und mehret euch. 生めよ, ふやせよ(創世記 1, 28).

meh·re·re [メーレレ] 代《不定》 (変化形は形容詞に準ずる. 後続の形容詞は強変化). 1. 《付加語的用法》〖無冠詞の複数名詞のみにつく〗 a. (二つ, あるいは多くはそれ以上の不定数を示して)数人〔個〕の, 幾人〔個〕かの: ~ Kinder 幾人かの子供. ~ Tage 数

日. ~ hundert Leute 何百人もの人々. ein Verfasser ~*r* viel gelesener(gelesenen) Bücher ець冊のよく読まれた本の著者. **b.** (種類の異なる不定数のものを示して)幾つかの(異なった), いろいろな: ~ Bedeutungen 幾つかの(いろいろな)意味. **2.** 〔独立的用法〕**a.** (®として)数人(個), 幾人: Er kam mit ~*n* seiner Freunde. 彼は彼の友達の数人とやって来た. **b.** (®として)あれこれのこと, 幾つかのこと: Ich hatte noch ~*s* zu tun. 私はまだあれこれしなければならないことがあった.

mehr·er·lei [メーろ-ライ] 数 《種数》《口》いろいろないろいろなもの(こと).

der **Mehr·er·trag** [メーあ·エあトらーク] 名 -(e)s/..träge 超過収益〔収穫〕.

mehr·fach [メーあ·ふぁっは] 形 **1.** 何回〔何度〕かの; 数倍の; 数通りの, 幾つかの, 幾重もの: ein ~ vorbestrafter Mann 前科何犯かの男. **2.** 何回〔何度〕も, いろいろと, 幾重にも: 《口》何回〔何度〕か, 数回.

der **Mehr·fach·impf·stoff** [メーあ·ふぁっは·イムプフ·シュトフ] 名 -(e)s/-e 混合ワクチン.

das **Mehr·fa·mi·li·en·haus** [メーあ·ふぁミーリエン·ハウス] 名 -es/..häuser 集合世帯住宅, 共同住宅.

der **Mehr·far·ben·druck** [メーあ·ふぁるベン·どるっく] 名 -(e)s/-e **1.** (®のみ)多色印刷. **2.** 多色印刷物.

mehr·far·big [メーあ·ふぁるビヒ] 形 多色(刷り)の.

das **Mehr·ge·bot** [メーあ·ゲボート] 名 -(e)s/-e (競売での)競り上げ値〔上値〕.

das **Mehr·ge·wicht** [メーあ·ゲヴィヒト] 名 -(e)s/ 超過重量.

die **Mehr·heit** [メーあハイト] 名 -/-en **1.** (®のみ)多数, 大多数, 大部分; (稀)多数: die schweigende ~ 声なき多数, サイレント·マジョリティー. **2.** (票決での)多数, 過半数; (得票の)多数派: die einfache/absolute ~ 単純多数/絶対多数. mit einer ~ von 7 Stimmen gewinnen 7票差で勝つ.

mehr·heit·lich [メーあハイトリヒ] 形 多数の, 過半数の; 《スイ》たいてい.

der **Mehr·heits·be·schluss**, ®**Mehr·heits·be·schluß** [メーあハイツ·ベシュルス] 名 -es/..schlüsse 多数決.

die **Mehr·heits·be·tei·li·gung** [メーあハイツ·ベタイリグング] 名 -/-en 《経》多数の資本参加(出資額の多数を占めていること).

die **Mehr·heits·ent·schei·dung** [メーあハイツ·エントシャイドゥング] 名 -/-en 大多数による決定.

mehr·heits·fä·hig [メーあハイツ·ふぇーイヒ] 形 (議決で)多数を取れる.

die **Mehr·heits·wahl** [メーあハイツ·ヴァール] 名 -/-en 多数決選挙.

mehr·jäh·rig [メーあ·イェーりヒ] 形 何年かの; 多年にわたる; 《植》多年生の.

der **Mehr·kampf** [メーあ·カムプふ] 名 -(e)s/..kämpfe 《スポ》多種目競技.

die **Mehr·kos·ten** [メーあ·コステン] 複 超過分の費用.

der **Mehr·la·der** [メーあ·ラーダー] 名 -s/- 連発銃.

die **Mehr·leis·tung** [メーあ·ライストゥング] 名 -/-en 予定以上の成果; 追加作業; (機械の)出力増加値; (保険の)割増; 増加生産高.

der **Mehr·ling** [メーあリング] 名 -s/-e 多生児の一人.

mehr·ma·lig [メーあ·マーリヒ] 形 何回〔何度〕かの, 数回の.

mehr·mals [メーあ·マールス] 副 何回〔何度〕か, 数回.

das **Mehr·par·tei·en·sys·tem** [メーあ·パるタイエン·ズュステーム] 名 -s/ 《政》複数政党制.

der **Mehr·pha·sen·strom** [メーあ·ふぁーゼン·シュトろーム] 名 -(e)s/ 《電》多相交流.

der **Mehr·preis** [メーあ·プらイス] 名 -es/-e 割増価格.

das **Mehr·pro·dukt** [メーあ·プろドゥクト] 名 -(e)s/-e 剰余生産物.

mehr·sil·big [メーあ·ズィルビヒ] 形 多音節の.

mehr·spra·chig [メーあ·シュプらーヒヒ] 形 数か国語の; 数か国語を話す.

die **Mehr·spra·chig·keit** [メーあ·シュプらーヒヒカイト] 名 -/ 数か国語であること; 数か国語を話す能力.

mehr·stim·mig [メーあ·シュティミヒ] 形 《楽》多声の.

die **Mehr·stu·fen·ra·ke·te** [メーあ·シュトゥーフェン·らケーテ] 名 -/-n 《工》多段式ロケット.

mehr·stu·fig [メーあ·シュトゥーふィヒ] 形 数段の; 多段式の.

mehr·stün·dig [メーあ·シュテュンディヒ] 形 数時間の.

mehr·tä·gig [メーあ·テーギヒ] 形 数日の.

mehr·tei·lig [メーあ·タイリヒ] 形 幾つかの部分からなる.

die **Meh·rung** [メーるング] 名 -/-en 《主に®》《文》増加, 増大.

der **Mehr·ver·brauch** [メーあ·ふぇあブろウは] 名 -(e)s/ 過剰消費.

die **Mehr·weg·fla·sche** [メーあ·ヴェーク·ふらッシェ] 名 -/-n 回収再利用される(リサイクル)瓶.

der **Mehr·wert** [メーあ·ヴェーあト] 名 -(e)s/-e 《経》付加価値; (マ主義)剰余価値.

mehr·wer·tig [メーあ·ヴェーあティヒ] 形 《論》多値の; 《化》多価の.

die **Mehr·wert·steu·er** [メーあ·ヴェーあト·シュトイあー] 名 -/ 《経》付加価値税(略 MwSt.).

die **Mehr·zahl** [メーあ·ツァール] 名 -/-en **1.** (®のみ)大部分, 大半. **2.** (主に®)《言》複数.

die **Mehr·zweck·hal·le** [メーあ·ツヴェック·ハレ] 名 -/-n 多目的ホール.

mei·den* [マイデン] 動 mied; hat gemieden〔j'/et³〕《文》避ける; (じ'が相互代名詞 sich⁴の場合)互いに相手を避ける.

der **Mei·er** [マイあー] 名 -s/- **1.** 《史》(中世の)荘園(さう)管理人, 荘官(さう). **2.** 《古》小作人, 農場管理人; 《南独》酪農家. 《慣用》Ich will Meier heißen, wenn... 《口》絶対に … ということはない.

(*der/die*) **Mei·er** [マイあー] 名 《人名》マイアー.

die **Mei·e·rei** [マイエらイ] 名 -/-en **1.** 《古》小作地. **2.** 《方》乳製品工場.

die **Mei·le** [マイレ] 名 -/-n **1.** マイル: die englische ~ イギリスマイル(約 1,609 m). drei ~*n* gegen den Wind stinken 《口》どんなに離れていても臭いくらいの. **2.** 《口》(町中の真っすぐな長い)通り.

der **Mei·len·stein** [マイレン·シュタイン] 名 -(e)s/-e マイルストーン(《古》(昔の)里程標. ®画期的な転機).

mei·len·weit [マイレン·ヴァイト, マイレン·ヴァイト] 形 何マイルもの, はるかな: ~ von 〈et³〉 entfernt sein 《古ピッ》ほど遠い.

der **Mei·ler** [マイラー] 名 -s/- 炭焼きがま(Kohlen~); 原子炉(Atom~).

mein [マイン] 代 《所有》 1人称®. 《名詞の付加語としての変化形は不定冠詞の, ®は dieser に準ずる(⇨「諸品詞の変化」). その他の所有代名詞も mein と同じ変化をする. ただし unser と euer では, 語尾に e がつくとき, unsre, unsrer のように語幹の e を省くことが多い. 独立的用法では形容詞の格変化に準ずる. **1.** (付加語的用法)私の, ぼくの: ~ Zimmer 私の部屋. ~*e* Eltern 私の両親. einer ~*er* Mitschüler ぼくの同級生の一人. M~*e* liebe Freundin(!) 親愛なる貴女(手紙の書出し). ~*es* Wissens 私の知るところでは. ~*en* Spaziergang machen 私の(いつもの)散歩をする. ~ Bus 私の(いつも)乗るバス. **2.** 〔独立的用法〕私のもの, ぼくのもの: Das Buch ist

～(*e*)*s*. その本はぼくのだ.【meins は《口》】Das sind deine Schuhe, nicht ～*e*〔die ～*en*〕. これはおまえの靴で, 私のではない. 【定冠詞とともに形容詞の弱変化での用法は《文》】《無変化で述語として》Du bist ～. 《文》君は私のものだ. 《語頭大〔小〕文字・㊚・㊛で》der/die *M*～*e*〔～*e*〕私の夫/妻. 《語頭大〔小〕文字・㊥[単]で》das *M*～*e*〔～*e*〕私の財産〔義務〕. 《語頭大〔小〕文字・[複]で》die *M*～*en*〔～*en*〕私の家族〔味方・仲間〕. **【慣用】mein Ein und Alles** (私にとって)かけがえのないもの. **Mein Gott**〔**Oh, du meine Zeit**〕**!** なんとまあ(驚き). **Mein Lieber ! Jetzt ist aber Schluss**. いいか, これが最期だぞ(警告). **Mein lieber Mann !** まさか(信じられない驚き). **Mein und Dein verwechseln**〔**nicht unterscheiden können**〕すぐ他人のものに手を出す, 人のものを盗む.

der **Mein·eid** [マイン・アイト] [名] –(e)s/–e 偽誓, 偽証：～ leisten 偽誓する.

mein·ei·dig [マイン・アイディヒ] [形] 偽証をした.

mei̱·nen [マイネン] [動] *h*. **1.** 〘〈[文]〉ト/〈et^4〉ト〙考える, 思う：Er *meinte*, so etwas solle man nicht sagen. 彼は, そんなことは言うべきではないと思った. *M*～ Sie, dass es ein Kind hätte leisten können ? 子供でもそれはできたとあなたは考えるのですか. Wir *meinten*, ihm helfen zu können. 彼の力になってあげられるとわれわれは思った. Was *meinst* du zu diesem Wein ? このワインをどう思いますか. 《〈et^4〉なしで》Ich *meine* ja nur (so) ! 《口》ちょっとそう思っただけですよ. *Meinst* du ? 君は本当にそう思うのか. **2.** 〘(mit 〈et^3〉デ)＋〈[文]〉ト/〈et^4〉ト〙言いたい, 言うつもりである：*Meint* er mit seiner Bemerkung, dass unser Film (sich) nicht lohne ? 彼は(要するに)われわれの映画は見るに値しないと言いたいのか. Was ～ Sie damit ? 何ですって?(相手の言いたいことが分らない場合に). **3.** 〘〈j^4/et^4〉ヲ〙言って〔考えて〕いる(発言・思考の対象を示して)：Welches Auto ～ Sie ? どの車(のこと)をあなたは言って〔考えて〕いるんですか. Damit *meint* er dich. 彼は君のことを言っているんだよ. Ich *meine* etwas ganz anderes. 私が言って〔考えて〕いるのはまったく別の事です. **4.** 〘〈j^4〉ヲ＋〈様態〉ト〙《文》思い込んでいる, 確信している, 妄想している：〈j^4〉/sich⁴ im Recht ～ 〈人を〉/自分を正しいと思い込んでいる. **5.** 〘〈et^4〉ヲ＋〈[形]〉デ〙言う, する：Er *meint* es gut/ehrlich. 彼は善意で/正直な気持でそう言って〔して〕いるんだ. **6.** 〘〈[文]〉ト/〈et^4〉ヲ〙言う(sagen の代り). **【慣用】Die Sonne meint es gut mit uns.** 《口》太陽が照って(くれて)暖かい. **Er meint, wunder was er kann.** 《口》彼は自分を買いかぶり過ぎている. **Er meinte es gut mit mir.** 彼は私に好意的だった. **Ich würde meinen, ...** 私は…と考えます. **Wenn Sie meinen !** あなたがそうだとおっしゃるならそれで結構です！ **Wenn Sie meinen, gehen wir.** よろしければ〔あなたがそうしたいなら〕出かけましょう. **Wie Sie meinen !** お好きなように！

mei̱·ner [マイナー] [代] **1.** 《人称》1人称[単] ich の2格：Er bedarf ～. あの人には私が必要なんです. ～ würdig sein 私にふさわしい. statt ～ 私の代りに. **2.** 《所有》mein の[単]㊛2・3格, [複]2格：statt ～ Mutter 私の母の代りに. eine ～ Töchter 私の娘たちの一人.

mei̱·ner·seits [マイナー・ザイツ] [副] 私の側で, 私としては：Ganz ～ ! こちらこそ(挨拶で).

mei̱·nes·glei̱·chen [マイネス・グライひェン] [代] 《不定》《無変化》《職業・地位・性質などに関して》私のような人.

mei̱·nes·tei̱ls [マイネス・タイルス] [副] 私としては, 私のほうでは.

mei̱·net·ha̱l·ben [マイネット・ハルベン] [副] 《古》＝meinetwegen.

mei̱·net·we̱·gen [マイネット・ヴェーゲン] [副] **1.** 私のために：*M*～ brauchst du nicht zu warten. 私のために君は待つ必要はない. **2.** 《口》私としては…してもかまわない. **3.** 《口》例えば, まあ….

mei̱·net·wi̱l·len [マイネット・ヴィレン] [副] 《次の形で》um ～ 私のために.

der/die/das **mei̱·ni·ge** [マイニゲ] [代] 《所有》1人称[単]. 《文・古》＝mein 2. の定冠詞付き用法

(*das*) **Mei̱·nin·gen** [マイニンゲン] [名] –s/ 〘地名〙マイニンゲン(テューリンゲン州の古都).

die **Mei̱·nung** [マイヌング] [名] –/–en **1.** (個人的)意見, 見解, 考え, 評価：meiner ～ nach〔nach meiner ～〕私の考えでは. 〈j^2〉～ nicht teilen können 〈人の〉意見に同調できない. 〈j^2〉～ über 〈j^4/et^4〉〈人の〉〈人・物・事についての〉意見. 〈j^2〉～ zu 〈et^3〉〈人の〉〈物・事に対する〉意見. Wir sind gleicher ～. われわれは意見が同じだ. mit 〈j^3〉 einer ～ sein 〈人と〉同意見である. Ich bin der ～, dass... 私は…の意見です. sich³ eine ～ von 〈j^3/et^3〉 bilden 〈人・物・事について〉認識する. eine hohe ～ von 〈j^3〉 haben 〈人を〉高く評価している. **2.** (社会一般の)考え：die allgemeine ～ 一般の考え. die öffentliche ～ 世論.

die **Mei̱·nungs·äu·ße·rung** [マイヌングス・オイセるング] [名] –/–en **1.** 意見の表明. **2.** 《稀》表明された意見.

der **Mei̱·nungs·aus·tausch** [マイヌングス・アウス・タウシュ] [名] –(e)s/意見の交換.

die **Mei̱·nungs·bil·dung** [マイヌングス・ビルドゥング] [名] –/–en 《主に[単]》意見〔世論〕の形成.

der **Mei̱·nungs·for·scher** [マイヌングス・ふぉるシャー] [名] –s/– 世論調査者.

die **Mei̱·nungs·for·schung** [マイヌングス・ふぉるシュング] [名] –/–en 世論調査.

die **Mei̱·nungs·frei·heit** [マイヌングス・ふらイハイト] [名] –/ 言論の自由.

der **Mei̱·nungs·füh·rer** [マイヌングス・ふゅーらー] [名] –s/– オピニオンリーダー.

der **Mei̱·nungs·ma·cher** [マイヌングス・マっはー] [名] –s/– (主に[複])オピニオン形成者.

der **Mei̱·nungs·streit** [マイヌングス・シュトらイト] [名] –(e)s/–e 論争.

der **Mei̱·nungs·um·schwung** [マイヌングス・ウム・シュヴング] [名] –(e)s/ 世論の急変.

die **Mei̱·nungs·ver·schie·den·heit** [マイヌングス・ふぇあシーデンハイト] [名] –/–en **1.** (主に[複])意見の相違. **2.** 《婉》口論, いさかい.

die **Mei·o̱·se** [マイオーゼ] [名] –/–n 〘生〙(細胞の)減数分裂.

die **Mei̱·se** [マイゼ] [名] –/–n 〘鳥〙シジュウカラ. **【慣用】eine**〔**'ne**〕**Meise haben** 《口》少し頭がおかしい.

der **Mei̱·ßel** [マイセル] [名] –s/– (石彫り・彫金用)のみ, たがね; (外科用の)のみ.

mei̱·ßeln [マイセルン] [動] *h*. **1.** 〘補足なし〙のみ〔たがね〕で彫る. **2.** 〘an 〈et^3〉ヲ〙のみ〔たがね〕で彫る(石・彫像などを). **3.** 〘〈et^4〉ヲ＋(in 〈et^4〉ニ)〙のみ〔たがね〕で彫って作る(彫像・穴などを), のみ〔たがね〕で刻む(碑文などを). **4.** 〘〈et^4〉ヲ〙のみ〔たがね〕で加工する(石などを).

(*das*) **Mei̱·ßen** [マイセン] [名] –s/ 〘地名〙マイセン(ザクセン州の都市).

Mei̱·ße·ner[1] [マイセナー] [形] (無変化)マイセンの：～ Porzellan マイセンの磁器.

der **Mei̱·ße·ner**[2] [マイセナー] [名] –s/– マイセン市民.

der **Mei̱ß·ner** [マイスナー] [名] –s/– ＝Meißener².

meist [マイスト] 《viel の最高級》[代] 《不定》《定冠詞とともに形容詞的変化をし, 数えられない名詞以外は複数名詞につく. 副詞的には am meisten》 **1.**

M

meistbegünstigt 794

《付加語的用法》**a.** 最も多くの, 最大〔高〕の; いちばん: die ~*en* Stimmen erhalten 最高の票を獲得する. das ~*e*[am ~*en*] Talent haben いちばん才能がある. Der Schüler arbeitet in dieser Klasse am ~*en*. その生徒はクラスでいちばん勉強する.《分詞形容詞の最高級の代りに用いて》die am ~*en* befahrene Straße 最も交通量の多い道路. **b.** たいていの, 大多数の:《®でも》die ~*en* Leute たいていの人々. die ~*e* Zeit 大部分の時間.【この意味での副詞 ⇨ meist, meistens〕 **2.**《独立的用法》大多数, 大部分, ほとんどすべて:《®でも》die ~*en* seiner Bücher 彼の本の大部分. Die ~*en* behaupten, dass …ほとんどの人は…と主張する.《®でも》Er hat das ~*e* des Verbrechens gestanden. 彼は犯行の大部分を自白した.
—— 副 たいてい, ほとんど: Er kommt ~ gegen Abend. 彼はたいてい夕方に来る. Die Gäste waren ~ alte Leute. 客はほとんど老人だった.

meistbegünstigt［マイスト・ベギュンスティヒト］形 最恵国待遇の.

die **Meistbegünstigung**［マイスト・ベギュンスティグング］名 -/ 〖経〗最恵国待遇.

meistbietend［マイスト・ビーテント］形〖商〗最高付け値中の, 最高入札値の.

meistens［マイステンス］副 たいてい, 多くは.

meistenteils［マイステン・タイルス］副 たいてい, 大部分.

der **Meister**［マイスター］名 -s/- **1.**（手工業者で資格試験に合格した）マイスター, 親方;（工場の）職長: den[seinen] ~ machen（口）マイスターの資格試験に受かる. **2.** 大家, 名人, 巨匠. **3.**〖文学術〗師匠, 先生. **4.**〖スポ〗チャンピオン, 選手権保持者: deutscher ~ im Hochsprung 走り高跳びのドイツチャンピオン. **5.**（組織の）長. **6.**〔お兄さん(見知らぬ男性への気さくな呼びかけ).【慣用】in ⟨j³⟩ seinen Meister gefunden haben 自分より腕のすぐれた〔人と〕出会った,〈人の〉腕前に脱帽した. **Meister Lampe**（童話などの）うさぎさん. **Meister Petz**（童話などの）くまさん. ⟨j³⟩／⟨et²⟩ **Meister werden**《古》〈人・事に〉打勝つ. **seinen Meister finden** 自分より腕のすぐれた人に出会う. **Übung macht den Meister.** 名人はけいこの賜物(たまもの).

der **Meisterbrief**［マイスター・ブリーフ］名 -(e)s/-e マイスター（親方）の免状.

der **Meistergesang**［マイスター・ゲザング］名 -(e)s/〖文芸学〗職匠歌人の歌, マイスターゲザング（Meistersinger によって作られた歌）.

meisterhaft［マイスター・ハフト］形 すばらしい, 見事な;（稀）すぐれた技量の.

die **Meisterhand**［マイスター・ハント］名《次の形で》von ~ 名匠の手による: ein Instrument von ~ 名工の作った楽器.

die **Meisterin**［マイスタリン］名 -/-nen **1.** Meister の女性形. **2.**（親方）のおかみさん.

die **Meisterklasse**［マイスター・クラッセ］名 -/-n **1.**（一流の芸術家が指導する芸術・音楽大学の）マスタークラス. **2.**〖スポ〗トップクラス.

meisterlich［マイスター・リヒ］形 = meisterhaft.

meistern［マイスターン］動 h. **1.**〈et⁴〉ッ〉克服する（困難・問題などを）, やり遂げる（課題などを）. **2.**〈et⁴〉ッ〉抑える（感情・欲望などを）. **3.**〈sich⁴〉自制する. **4.**〈et⁴〉ッ〉自由自在に使いこなす, マスターしている（道具・技術などを）.

die **Meisterprüfung**［マイスター・プリューフング］名 -/-en マイスター（親方）資格試験.

der **Meistersang**［マイスター・ザング］名 -(e)s/ = Meistergesang.

die **Meisterschaft**［マイスター・シャフト］名 -/-en **1.**（®でのみ）名人芸, 熟達. **2.**〖スポ〗選手権; 選手権試合: die europäische ~ im Tennis erringen テニスのヨーロッパ選手権を獲得する.

der **Meisterschaftskampf**［マイスターシャフツ・カンプ］名 -(e)s/..kämpfe〖スポ〗選手権試合.

das **Meisterschaftsspiel**［マイスターシャフツ・シュピール］名 -(e)s/-e〖スポ〗選手権試合のチームゲーム.

der **Meisterschuss**, ®**Meisterschuß**［マイスター・シュス］名 -es/..schüsse 模範的な射撃.

der **Meisterschütze**［マイスター・シュッツェ］名 -n/-n 射撃の名手.

der **Meistersinger**［マイスター・ズィンガー］名 -s/-（14-16 世紀ドイツの）職匠歌人, マイスタージンガー.

das **Meisterstück**［マイスター・シュテュック］名 -(e)s/-e **1.** マイスター（親方）資格試験用の作品. **2.** 傑作.

der **Meistertitel**［マイスター・ティ(ー)テル］名 -s/- **1.** マイスター（親方）の称号. **2.**〖スポ〗チャンピオンのタイトル.

das **Meisterwerk**［マイスター・ヴェルク］名 -(e)s/-e **1.**（芸術の分野における）傑作, 名作. **2.** 見事に仕上げられたもの, 傑作.

das **Mekka**［メッカ］名 -s/ **1.**（活動などの）中心地. **2.**（®のみ; 無冠詞）〖地名〗メッカ（サウジアラビアの都市）.

das **Mekonium**［メコーニウム］名 -s/ **1.**〖医〗（新生児の）胎便. **2.**〖動〗蛹便(ようべん). **3.**《古》アヘン.

die **Melancholie**［..kolī: メラン・コリー］名 -/-n 憂鬱(ゆううつ)（状態）, ふさぎ込み, メランコリー;〖医〗鬱病.

der **Melancholiker**［メラン・コーリカー］名 -s/- 憂鬱(ゆううつ)質の人, ふさぎ屋;〖医〗鬱病患者.

melancholisch［メラン・コーリッシュ］形 憂鬱(ゆううつ)質の, ふさぎ込んだ; 憂鬱な.

(*der*) **Melanchthon**［メランヒトン］名〖人名〗メランヒトン（本名 Philipp Schwarzerd, 1497-1560, 宗教改革者）.

(*das*) **Melanesien**［メラネー・ズィエン］名 -s/〖地名〗メラネシア（オーストラリア北東の島々）.

die **Melange**［melā:ʒə メラーンジェ］名 -/-n **1.** 混合物,（コーヒー豆の）ブレンド. **2.** 混色. **3.** 交織（物）; 交織物. **4.**〖ドィッ〗ミルクコーヒー.

das **Melanin**［メラニーン］名 -s/-e〖生化〗メラニン.

der **Melanit**［メラニート］名 -s/-e〖地質〗黒ざくろ石.

das **Melanom**［メラノーム］名 -s/-e〖医〗黒色腫.

die **Melasse**［メラッセ］名 -/-n 糖蜜(とうみつ).

(*der*) **Melchior**［メルヒオーる］名 **1.**〖男名〗メルヒオル. **2.**〖キ教〗メルヒオル（東方の三博士の一人）. ⇨ Balthasar.

das **Meldeamt**［メルデ・アムト］名 -(e)s/..ämter 住民登録課（Einwohner~）.

der **Meldegänger**［メルデ・ゲンガー］名 -s/-〖軍〗伝令.

der **Meldehund**［メルデ・フント］名 -(e)s/-e〖軍〗伝令犬.

melden［メルデン］動 h. **1.**〈et⁴〉ッ〉知らせる, 報道する, 公表する, 報告する, 予報する. **2.**〈j⁴/et⁴〉ッ〉届出る, 知らせる, 伝える（所管の官庁などに）: einen Unfall der Polizei ~ 事故を警察に届ける（知らせる）.〈j³〉 wegen ⟨et²⟩ beim Lehrer/bei der Polizei ~〈人を〉事〔のために〕先生に言いつける／警察に訴える. **sich⁴ ~ 〈人が〉krank ~** 病気届を出す. **3.**〔sich⁴〕für ⟨et⁴〉ッ〉zu ⟨et⁴〉ッ〉（したいと）申出る, 申込む, 出願する, 志願する: sich⁴ zur Teilnahme ~ 参加（協力）を申出る. sich⁴ für den Sprachkurs ~ 語学講座の受講を申込む. **4.**〔sich⁴〕（自分についての消息を知らせる,（受付などに）来たことを知らせる: Am Telefon **meldete** sich niemand. 電話には

だれも出なかった．Wir ~ uns wieder mit Nachrichten um 22 Uhr．また22時にニュースをお伝えします．Das Baby *meldet* sich．赤ちゃんが泣き始める（泣くことで注意をひく）．Der Hunger〔Mein Magen〕*meldet* sich．〖転〗空腹を感じだす．Der Winter *meldet* sich．〖転〗冬の兆(㉕)しが現れる．**5．**〈sich⁴〉（授業などで）手をあげる．**6．**〖狩〗（犬が）ほえる；〖狩〗（鹿・大雷鳥が）発情して鳴く．【慣用】**nichts/nicht viel zu melden haben**〈口〉まったく/あまり口出しができない（発言権がない）．**Wen darf ich melden?** どなたと〔どなたからのお電話だと〕お伝えしたらよろしいでしょうか（来客などの名前を確かめる場合）．**Wer etwas sagen will, soll sich melden．**何か言いたい人は，手を上げなさい（授業などで）．

die **Mel·de·pflicht**［メルデ・プフリヒト］图 -/-en 届出義務．

mel·de·pflich·tig［メルデ・プフリヒティヒ］形 届出義務のある．

der **Mel·der**［メルダー］图 -s/- 〖軍〗=Meldegänger．

der **Mel·de·rei·ter**［メルデ・ライター］图 -s/- 〖軍〗（軍の）伝令騎兵．

der **Mel·de·schluss**, ⓓ**Mel·de·schluß**［メルデ・シュルス］图 -es/...schlüsse 申込み〔届出・申告〕締切．

die **Mel·de·stel·le**［メルデ・シュテレ］图 -/-n =Meldeamt．

die **Mel·dung**［メルドゥング］图 -/-en **1．**報告，通知．**2．**（特に官庁からの）報道，情報．**3．**届出，申告；（参加）申込み，出願，志願；挙手．

me·liert［メリーアト］形 **1．**色の交った，混紡の．**2．**白髪交りの．

die **Me·li·o·ra·ti·on**［メリオラツィオーン］图 -/-en 〖農〗土壌改良；〖文・古〗改善；〖言〗語義の向上．

das **Me·li·o·ra·tiv**［メリオラティーフ］图 -s/..va〖言〗向上形（歴史的変化によって語義が向上した語）．

me·li·o·rie·ren［メリオリーレン］動 *h．*〈et⁴〉〖農〗改良する（土壌などを）；〖言〗改良〔改善〕する．

die **Me·lis·se**［メリッセ］图 -/-n 〖植〗メリッサ，セイヨウヤマハッカ．

der **Melk·ei·mer**［メルク・アイマー］图 -s/- 搾乳用の桶（バケツ）．

mel·ken⁽*⁾［メルケン］動 er melkt[milkt]; melkte[molk] hat gemolken[gemelkt]（現在・過去時称の不規則変化は〈古〉．過去分詞は主に不規則変化）**1．**〈((et⁴))〉搾る（雌牛・山羊などを）．**2．**〈et⁴〉搾る（乳を）．**3．**〈(j⁴)〉〖口〗金を搾り取る．**4．**〈〖古〗〉乳を出す（雌牛などが）．

der **Mel·ker**［メルカー］图 -s/- 搾乳者，搾乳業者．

die **Melk·ma·schi·ne**［メルク・マシーネ］图 -/-n 搾乳機．

die **Me·lo·die**［メロディー］图 -/-n **1．**メロディー（①旋律，（歌）の節（ㄦ） ②〈主にⓓ〉（オペレッタなどの個々の）曲，歌）．**2．**〖言〗イントネーション（Satz~）．

die **Me·lo·dik**［メローディク］图 -/〖楽〗**1．**旋律学〔論〕．**2．**（ある音楽・音楽家の）独特の旋律．

me·lo·di·ös［メロディェース］形 調べの美しい，抑揚に富む．

me·lo·disch［メローディシュ］形 **1．**快い響きの．**?**〖楽〗メロディー〔旋律〕の．

das **Me·lo·dram**［メロ・ドラム］图 -s/-en，〖楽〗メロドラマ的シーン．**2．**=Melodrama．

das **Me·lo·dra·ma**［メロ・ドラーマ］图 -s/..men メロドラマ（①〖楽・文芸学〗音楽伴奏つきで感情的な台詞の演劇．②〖劇・映〗（〖蔑〗も有）感傷的なドラマ〔映画〕）．

me·lo·dra·ma·tisch［メロ・ドラーティシュ］形 メロドラマ〔調〕の．

die **Me·lo·ne**［メローネ］图 -/-n **1．**〖植〗メロン；メロンの実．**2．**〈口・蔑〉山高帽．

das **Me·los**［メーロス］图 -/〖楽〗メロス（リズムに対するメロディー）．**2．**〖言〗言葉のメロディー；（詩の）響き．

die **Mel·po·me·ne**［メルポーメネ］图 〖ギ神〗メルポメネ（悲劇の守護女神）．

der **Mel·tau**［メール·タウ］图 -(e)s/（アブラムシなどの）蜜；〖植〗うどん粉病，べと病．

(die) **Me·lu·si·ne**［メルズィーネ］图 〖女名〗メルジーネ（フランス伝説の海の妖精）．

die **Mem·bran**［メムブラーン］图 -/-en **1．**〖生〗薄膜，皮膜；〖化・理〗（フィルター用の）膜．**2．**〖工〗振動板．

die **Mem·bra·ne**［メムブラーネ］图 -/-n =Membran．

der **Me·mel**¹［メーメル］图 -/〖川名〗メーメル川，ネマン川（かつての東プロイセンとリトアニア共和国の境界にある川）．

(das) **Me·mel**²［メーメル］图 -s/〖地名〗メーメル（リトアニア共和国の都市．1920年までドイツ領）．

das **Me·men·to**［メメント］图 -s/-s 〖ﾗﾃﾝ〗メメント（ミサでの死者と生者のための代願の祈り）；〈文〉警告．

me·men·to mo·ri［メメント モーリ］〖ﾗﾃﾝ語〗死を思え，死を忘れるな．

die **Mem·me**［メメ］图 -/-n 〈古・蔑〉弱虫，臆病(ﾋﾞｮｳ)者．**2．**〈主に⑤〉〖方・口〗乳房．

mem·men·haft［メンメンハフト］形 〈古・蔑〉臆病(ﾋﾞｮｳ)な，意気地なしの．

(der) **Mem·non**［メムノン］图 〖ギ神〗メムノン（曙(ｱｹﾎﾞﾉ)の女神 Eos の息子．皮膚が黒く，エチオピアの王となる）．

das **Me·mo**［メーモ］图 -s/-s 〈ﾋﾞｼﾞﾈｽ〉**1．**覚書（~randum）．**2．**メモ用紙．

das **Me·moire**［memoá:re メモアーレ］图 -s/-s = Memorandum．

die **Me·moi·ren**［memoá:rən メモアーレン］複图 〈文〉回想録，回顧録．

die **Me·mo·ra·bi·li·en**［メモらビーリエン］複图 〈文〉記憶すべき〔記憶に残る〕（出来）事．

das **Me·mo·ran·dum**［メモらンドゥム］图 -s/..den(..da)〈文〉メモ，備忘録；覚書．

das **Me·mo·ri·al**¹［メモリアール］图 -s/-e(-ien) 〈古〉日誌，備忘録．

das **Me·mo·ri·al**²［memó:riəl メモーリエル］图 -s/-s **1．**記念の行事；〖ｽﾎﾟｰﾂ〗記念競技会．**2．**記念碑．

me·mo·rie·ren［メモリーレン］動 *h．*〈et⁴〉〉暗記する，覚え込む（詩・数などを）；記憶によみがえらせる，思い出す．

die **Me·na·ge**［..ʒə メナージェ］图 -/-n **1．**カスタ（食卓の薬味立て）．**2．**〈古〉温い食事を運ぶ容器．**3．**〖ﾐﾘﾀﾘ〗食事，(軍隊の)糧食．**4．**〖ﾐﾘﾀﾘ〗〈古〉家事，家政．

die **Me·na·ge·rie**［..ʒərf: メナジェリー］图 -/-n 〈古〉動物の見世物；動物園．

die **Men·ar·che**［メナるヒェ］图 -/-n 〖医〗初経．

(der) **Men·del**［メンデル］图 〖人名〗メンデル（Gregor Johann ~，1822-84，オーストリアの植物学者）．

das **Men·de·le·vi·um**［メンデレーヴィウム］图 -s/〖化〗メンデレヴィウム（超ウラン元素．記号 Md）．

der **Men·de·lis·mus**［メンデリスムス］图 -/〖ﾒﾃﾞﾘｽﾞﾑ〗〈メンデルの遺伝法則に立つ考え方〉．

men·deln［メンデルン］動 *h．*〖ﾒﾝﾃﾞﾙ〗〖生〗メンデルの法則に従って遺伝する．

men·delsch, Men·del'sch, ⓓ**Men·delsch**［メンデルシュ］形 die *~en* Gesetze メンデルの法則．

(der) **Men·dels·sohn**［メンデルス・ゾーン］图 〖人名〗メンデルスゾーン（Moses ~，1729-86，啓蒙主義の哲学

者).
(*der*) **Mẹn·dels·sohn Bar·thọl·dy** [..bartɔ́ldi メンデルスゾーン バるトルディ] [名] 〖人名〗メンデルスゾーン=バルトルディ(Felix ~, 1809-47, 作曲家).
der **Men·di·kạnt** [メンディカント] [名] -en/-en 托鉢(たくはつ)修道会士.
(*der*) **Me·ne·la·os** [メネラーオス] [名] 〖ギ神〗メネラオス(スパルタ王. Helena の夫).
das **Me·ne·te·kel** [メネテーケル] [名] -s/- 《文》不吉な前兆, 凶事の前触れ.
die **Mẹn·ge** [メンゲ] [名] -/-n **1.** 多数, 大量;(特定の)数量: in großer ~ 大勢で. in ~*n* 多量に. in kleinen ~*n* 少量で. **2.** 群衆(Menschen~), 大勢, 人込み. **3.** 〖数〗集合. **【慣用】in rauhen Mengen** 《口》ごっそり. **jede〔die〕Menge** 《口》(好きなだけ)いくらでも.
mẹn·gen [メンゲン] [動] *h.* **1.** 〔〈et⁴〉ッ〕混ぜる(セメントと砂, 調味料などを). **2.** 〔〈et⁴〉ッ+in〔unter〕〈et⁴〉ノ中ニ〕混ぜる: Rosinen in〔unter〕den Teig ~ 干しブドウをパン生地に混ぜる. **3.** 〔sich⁴+mit〈et³〉ト〕混る, 混ざる. **4.** 〔相互代名詞sich⁴〕互いに混り合う. **5.** 〔sich⁴+unter〈j⁴〉ノ中ニ〕《口》紛れ込む. **6.** 〔sich⁴+in〈et⁴〉ニ〕《口》口出しする, 干渉する.
die **Mẹn·gen·leh·re** [メンゲン・レーれ] [名] -/ 〖数・論〗集合論.
mẹn·gen·mä·ßig [メンゲン・メースィひ] [形] (数)量的な.
der **Mẹn·gen·ra·batt** [メンゲン・らバット] [名] -(e)s/-e 〖経〗数量値引, 大量購入割引.
das **Mẹng·sel** [メングゼル] [名] -s/- 《方》混合物, ごたまぜ.
(*der*) **Mẹng-tse** [メング・ツェ] [名] 〖人名〗孟子(もうし)(紀元前 372-289, 中国の哲学者).
der **Mẹn·hir** [..hiːr メンヒーあ] [名] -s/-e メンヒル, 立石(有史前の巨石記念物).
die **Me·nin·gi·tis** [メニンギーティス] [名] -/..tiden [メニンギティーデン] 〖医〗髄膜炎, 脳膜炎.
der **Me·nịs·kus** [メニスクス] [名] -/..ken **1.** 〖解・医〗(特にひざ関節の)半月板. **2.** 〖理〗メニスカス(毛細管現象による液体表面の曲面). **3.** 〖光〗メニスカスレンズ(凹と凸の両面をもつ).
der **Me·nịs·kus·riss,** [旧]**Me·nịs·kus·riß** [メニスクス・りス] [名] -es/-e 〖医〗半月板亀裂.
die **Mẹn·ni·ge** [メニゲ] [名] -/ 鉛丹(さび止め塗料).
mẹn·nig·rot [メニひ・ろート] [形] 鉛丹色の.
der **Men·no·nit** [メノニート] [名] -en/-en メノナイト〔メノー〕派教徒(再洗礼派の一つで, 兵役・誓願・離婚などを禁じる).
die **Me·no·pau·se** [メノ・パウゼ] [名] -/-n 〖医〗月経閉止, 閉経.
die **Me·no·ra** [メノら―] [名] -/- (ユダヤ教の祭式に用いる) 7 本枝の燭台.
die **Me·no·sta·se** [メノ・スターゼ] [名] -/-n 〖医〗月経停止.
die **Mẹn·sa** [メンザ] [名] -/-s〔..sen〕学生食堂;〖カトリック〗祭台.
das **Mẹn·sa·es·sen** [メンザ・エッセン] [名] -s/- 学生食堂の食事.
der **Mẹnsch**[1] [メンシュ] [名] -en/-en **1.** 人間;(特定の)人;(一定の資質のある)人間, 人物, 人格. **2.** 《口》(無作法な呼びかけ)おい;(驚きの表現)うわー: *M*~, das ist aber teuer! ひぇー, なんて高価なんだ. **【慣用】ein neuer Mensch werden** 改心する. **eine Seele von Mensch〔von einem Menschen〕sein** 真からいい人である. **etwas für den inneren/äußeren Menschen tun** 十分に飲食する/身なりを整える. **kein Mensch** だれも…でない: Kein *Mensch* war zu sehen. 人っ子一人見えなかった. **kein Mensch mehr〔nur noch ein halber Mensch〕sein** 《口》くたくたに疲れている. **von Mensch zu Mensch** 心と心の通じた, 打ちとけて. **wie der erste Mensch** 《口》ぎこちなく, 無器用に.
das **Mẹnsch**[2] [メンシュ] [名] -(e)s/-er 《方》(《主に》《蔑》)女, あま.
der **Mẹn·schen·af·fe** [メンシェン・アっふぇ] [名] -n/-n 〖動〗類人猿.
mẹn·schen·ähn·lich [メンシェン・エーンリひ] [形] 人間に似た.
das **Mẹn·schen·al·ter** [メンシェン・アルター] [名] -s/- 生涯, 一生;一世代(30 年);人の平均年齢.
das **Mẹn·schen·bild** [メンシェン・ビルト] [名] -(e)s/-er 人間像.
der **Mẹn·schen·feind** [メンシェン・ふぁイント] [名] -(e)s/-e 人間嫌い.
mẹn·schen·feind·lich [メンシェン・ふぁイントリひ] [形] 人間嫌いの;非人間的な;人の害となる.
der **Mẹn·schen·fres·ser** [メンシェン・ふれっサー] [名] -s/- (童話の)人食い人;《口》食人種;《転》横暴な人.
die **Mẹn·schen·fres·se·rei** [メンシェン・ふれっせらイ] [名] -/ 人肉を食う風習(Kannibalismus).
der **Mẹn·schen·freund** [メンシェン・ふろイント] [名] -(e)s/-e 博愛主義者.
mẹn·schen·freund·lich [メンシェン・ふろイントリひ] [形] 博愛(主義)の, 人情の厚い;人間にとって好ましい.
das **Mẹn·schen·ge·dẹn·ken** [メンシェン・ゲデンケン] [名] -s/ (次の形で) seit ~ 有史以来, 大昔から.
das **Mẹn·schen·ge·schlecht** [メンシェン・ゲシュレひト] [名] -(e)s/ 《文》人類.
die **Mẹn·schen·ge·stalt** [メンシェン・ゲシュタルト] [名] -/-en 人間の形〔姿〕;人間の写絵: ein Teufel in ~ 人間の姿をした悪魔.
der **Mẹn·schen·han·del** [メンシェン・ハンデル] [名] -s/ 〖法〗人身売買.
das **Mẹn·schen·herz** [メンシェン・へるツ] [名] -ens/-en 《文》人の心, 人情.
der **Mẹn·schen·ken·ner** [メンシェン・ケナー] [名] -s/- 人情の機微に通じた人, 人間通.
die **Mẹn·schen·kennt·nis** [メンシェン・ケントニス] [名] -/ 人を正しく評価する能力.
das **Mẹn·schen·kind** [メンシェン・キント] [名] -(e)s/-er **1.** 《稀》子供. **2.** (主に[複])人の子, 人間.
das **Mẹn·schen·le·ben** [メンシェン・レーベン] [名] -s/- (人の)一生, 生涯;人命.
mẹn·schen·leer [メンシェン・レーあ] [形] 人気(ひとけ)のない.
die **Mẹn·schen·lie·be** [メンシェン・リーベ] [名] -/ 人間愛.
das **Mẹn·schen·ma·te·ri·al** [メンシェン・マテリアール] [名] -s/ 人的資源.
die **Mẹn·schen·men·ge** [メンシェン・メンゲ] [名] -/-n 群衆.
mẹn·schen·mög·lich [メンシェン・[メ]ークリひ] [形] 人間にできる.
das **Mẹn·schen·op·fer** [メンシェン・オプふぁー] [名] -s/- **1.** (事故などの)犠牲者. **2.** 人身御供(ひとみごくう).
die **Mẹn·schen·ras·se** [メンシェン・らっせ] [名] -/-n 人種.
der **Mẹn·schen·raub** [メンシェン・らウプ] [名] -(e)s/-e 人間の掠奪, 人さらい.
das **Mẹn·schen·recht** [メンシェン・れひト] [名] -(e)s/-e (主に[複])人権.
mẹn·schen·scheu [メンシェン・ショイ] [形] 人見知りする.
der **Mẹn·schen·schin·der** [メンシェン・シンダー] [名] -s/- 《蔑》人を虐待〔酷使〕する人間.
der **Mẹn·schen·schlag** [メンシェン・シュラーク] [名] -(e)s/ (ある気質を共有する)人々, 人種.

die **Men·schen·see·le** [メンシェン・ゼーレ] [名] -/-n 人間の魂, 人の心. 【慣用】**keine Menschenseele ...** 人っ子一人…でない.

Men·schens·kind ! [メンシェンス・キント] [間] 《口》《驚き・非難・叱責》おや, あれ, おいおい : ~, nimm dich zusammen. おいおい, しっかりしろよ.

der **Men·schen·sohn** [メンシェン・ゾーン] [名] -(e)s/ 〖キ教〗人の子《イエスの自称の表現》.

men·schen·un·wür·dig [メンシェン・ウン・ヴュるディひ] [形] 人間にふさわしくない, 非人間的な.

der **Men·schen·ver·stand** [メンシェン・ふぇあシュタント] [名] -(e)s/ (普通の)人間の理解力, 知性 : der gesunde ~ 良識, 常識.

das **Men·schen·werk** [メンシェン・ヴェるク] [名] -(e)s/ -e 《文》(不完全な・はかない)人間の仕事〔事業〕.

die **Men·schen·wür·de** [メンシェン・ヴュるデ] [名] -/ 人間の尊厳, 人の品位.

men·schen·wür·dig [メンシェン・ヴュるディひ] [形] 人間としての品位〔尊厳〕のある, 人間らしい.

der **Men·sche·wik** [メンシェヴィック] [名] -en/-en〔-i〕〖史〗メンシェヴィキ《ロシア社会民主労働党の分裂の際, Lenin らの Bolschewik と対立した少数穏健派の人》.

die **Mensch·heit** [メンシュハイト] [名] -/ **1.** 人類 : 〈j^{4}〉 auf die ~ loslassen 《口・冗》〈人を〉実社会に送り出す. **2.** 《古》人間であること, 人間性.

die **Mensch·heits·ge·schich·te** [メンシュハイツ・ゲシひテ] [名] -/ 人類史.

mensch·lich [メンシュリひ] [形] **1.** 人間の; 人間的な; 一個人としての : ein ~*es* Wesen 人間. etwas *M*~*es* 人間的なこと; まずいこと; ばつのわるいこと《おならなど》; 万一のこと《事故・死》. Er steht mir ~ nahe. 彼は私には(一個の)人間として好感が持てる. rein ~ gesehen 純粋に個人的に見れば. **2.** 人間〔人情〕味のある, 人道的な : etwas *M*~*es* 人情味. eine ~*e* Seite haben 人間味のある一面を持っている. **3.** まともな; まあまあの : ~*e* Bedingungen まあまあの条件.

die **Mensch·lich·keit** [メンシュリひカイト] [名] -/-en **1.** 《[単]のみ》人間であること; 人間らしさ, 人道的精神. **2.** 《[複]のみ》《稀》人間的な弱さ〔過ち〕.

die **Mensch·wer·dung** [メンシュ・ヴェるドゥング] [名] -/ -en **1.** 〖キ教〗託身, 受肉. **2.** 〖生〗人類の発生.

men·sis cur·ren·tis [メンズィス クれンティス] 〖ラテン語〗今月中に; 今月の《略 m. c.》.

mens·tru·al [メンストるアール] [形] 《古》月々の; 〖医〗月経の.

die **Mens·tru·a·ti·on** [メンストるアツィオーン] [名] -/-en 〖医〗月経.

mens·tru·ie·ren [メンストるイーれン] [動] *h.* 《補足なし》〖医〗月経がある, 月経中である.

die **Men·sur** [メンズーあ] [名] -/-en **1.** 〖フェンシング〗ディスタンス. **2.** 〖学生組合〗(刀剣類による)学生の決闘. **3.** 〖楽〗メンスーラ《音符間の時価関係》; メンズール《楽器の管長と管径の比》. **4.** メスシリンダー《円筒状体積計》.

men·su·ra·bel [メンズらーベル] [形] 《[付]は..bl..》《文》測定可能な.

die **Men·su·ral·no·ta·ti·on** [メンズらール・ノタツィオーン] [名] -/ 〖楽〗定量記譜法.

..ment [..mɛnt ..メント, ..mã: ..マーン] [接尾] 動詞につけて行為・その結果を表す中性名詞を作る. **1.** 《発音は[..メント]格変化は-(e)s/-e》 : Experi*ment* 実験. **2.** 《発音は[..マーン]格変化は-s/ -s》 : Abonne*ment* 予約購読.

men·tal [メンタール] [形] 精神の, 心の.

die **Men·ta·li·tät** [メンタリテート] [名] -/-en 《文》気質, メンタリティー.

die **Men·tal·re·ser·va·ti·on** [メンタール・れぜるヴァツィオーン] [名] -/-en 〖法〗心裡(しんり)留保.

das **Men·thol** [メントール] [名] -s/ 〖化〗メントール, はっか脳.

der〔*das*〕**Men·ti·zid** [メンティツィート] [名] -s/-e 《文》洗脳.

der **Men·tor** [メントーあ] [名] -s/-en [メントーれン] **1.** (体験豊富な)助言者; 《古》家庭教師; 〖教〗高等学校見習い教諭の指導者. **2.** 《[単]のみ; 主に無冠詞》〖ギ神〗メントル《Telemach の保護者であり, 忠実な友》.

das **Me·nu** [menýː メニュー] [名] -s/-s 《スイス》= Menü.

das **Me·nü** [メニュー] [名] -s/-s **1.** コース料理, 定食. **2.** 〖コンピュータ〗メニュー.

das **Me·nu·ett** [メヌエット] [名] -(e)s/-e〔-s〕メヌエット《３拍子の舞踏・楽曲》.

(*der*) **Me·phis·to** [メふぃスト] [名] メフィスト《Mephistopheles の短縮形》.

(*der*) **Me·phis·to·phe·les** [メふぃストーふぇレス] [名] メフィストフェレス《Faust 伝説に登場する悪魔》.

me·phis·to·phe·lisch [メふぃストふぇーリシュ] [形] メフィストフェレス的な, 悪魔的な.

die **Mer·cal·li·ska·la** [メるカリ・スカーラ] [名] -/ 〖地震〗メルカリ震度階.

die **Mer·ca·tor·pro·jek·ti·on** [メるカートーあ・プろイェクツィオーン] [名] -/-en 〖地〗メルカトル図法《経線と緯線が直交する地図投影法》.

(*die*) **Mer·ce·des** [mɛrtséːdɛs メるツェーデス] [名] 〖女名〗メルツェーデス.

der **Mer·ce·des-Benz** [メるツェーデス・ベンツ] [名] -/- 〖商標〗メルセデス=ベンツ《ダイムラー・ベンツ社の乗用車》.

die **Mer·ce·rie** [mɛrsəríː メるセりー] [名] -/-n 《スイス》 **1.** 《[単]のみ》手芸用品. **2.** 手芸用品店.

das **Mer·chan·di·sing** [mǿːrtʃəndaɪzɪŋ [メ]ーあチェンダイズィング, mœ́r.. [メ]るチェンダイズィング] [名] -s/ 〖経〗マーチャンダイジング, 商品化計画.

mer·ci [mɛrsíː メるスィー] 《スイス》ありがとう.

der **Mer·gel** [メるゲル] [名] -s/- 《[複]は種類》〖地質〗泥灰岩.

mer·geln [メるゲルン] [動] *h.* 〖〈et^{4}〉に〗泥灰岩〔マール〕を肥料として施す.

der **Me·ri·di·an** [メりディアーン] [名] -s/-e 〖地・天〗子午線, 経線.

me·ri·di·o·nal [メりディオナール] [形] 〖地〗子午線の; 《古》南の.

die **Me·rin·ge** [メりンゲ] [名] -/-n メレンゲ.

das **Me·rin·gel** [メりンゲル] [名] -s/- =Meringe.

der **Me·ri·no** [メりーノ] [名] -s/-s メリノ《スペイン産綿羊》; メリノウール地.

die **Me·ri·no·wol·le** [メりーノ・ヴォレ] [名] -/-n メリノウール.

das **Me·ri·tum** [メーりトゥム] [名] -s/..riten [メりーテン] 《文》手柄, 功績.

mer·kan·til [メるカンティール] [形] 商業の, 商人の.

der **Mer·kan·ti·lis·mus** [メるカンティリスムス] [名] -/ 重商主義.

das **Mer·kap·tan** [メるカプターン] [名] -s/-e 〖化〗メルカプタン, チオール.

merk·bar [メるク・バーあ] [形] **1.** それと分る(ような), 目に見える(ほどの). **2.** 覚えやすい.

das **Merk·blatt** [メるク・ブラット] [名] -(e)s/..blätter 注意書き, 説明書.

mer·ken [メるケン] [動] *h.* **1.** 〔〈et^{4}〉に〕気づく, (…を)感じ取る, (…が)分る. **2.** 〔sich^{3}+〈et^{4}〉ヲ〕覚えておく, 心にとめる. **3.** 〔auf 〈et^{4}〉に〕《古》注意を払う, 聞き耳を立てる. 【慣用】〈et^{4}〉 **an** 〈et^{3}〉 **merken**

〈事に〉〈事で〉気づく. **Ich werd' mir's merken.** そのことはよく覚えておく;必ずこの仕返しはするからな. **nichts von** 〈et³〉 **merken** 〈事に〉全然気づかない. **sich³ nichts merken lassen** 何もけどらせない.

das **Merk·heft** [メるク・へふト] [名] -(e)s/-e メモ帳.

mẹrk·lich [メるクリひ] [形] 目立った;めっきり.

das **Mẹrk·mal** [メるク・マール] [名] -(e)s/-e 特徴, 目印;指標, メルクマール;〖言〗素性.

der **Mẹrk·spruch** [メるク・シュプるっふ] [名] -(e)s/..sprüche **1.** 金言, 格言. **2.** (規則などを記憶するための)覚え歌.

der **Mer·kur**¹ [メるクーあ] [名] -s/ **1.** (主に無冠詞)〖ロ神〗メルクリウス, マーキュリー(神々の使者で, 商売を司る神). **2.** 〖天〗水星.

der〔*das*〕**Mer·kur**² [メるクーあ] [名] -s/ (錬金術で)水銀.

der **Mer·ku·ri·a·lịs·mus** [メるクりアリスムス] [名] -/ 〖医〗水銀中毒.

der **Mer·kur·stab** [メるクーあ・シュターブ] [名] -(e)s/..stäbe 〖ロ神〗メルクリウスの杖(つえ)(蛇の巻きついた翼つきの杖. 商業の象徴).

das **Mẹrk·wort** [メるク・ヴォるト] [名] -(e)s/..wörter 〖劇〗(出番の合図となる)きっかけの台詞.

mẹrk·wür·dig [メるク・ヴュるディひ] [形] (奇)妙な, 変な;《古》注目すべき.

mẹrk·wür·di·ger·wei·se [メるク・ヴュるディガー・ヴァイゼ] [副] 《文飾》(奇)妙なことに.

die **Mẹrk·wür·dig·keit** [メるク・ヴュるディひカイト] [名] -/-en **1.** (単のみ)奇珍さ, 奇異. **2.** 奇妙な物〔出来事〕.

das **Mẹrk·zei·chen** [メるク・ツァイひぇン] [名] -s/- 目印.

der **Mẹrk·zet·tel** [メるク・ツェッテル] [名] -s/- メモ用紙.

der **Mer·lin** [メるリーン] [名] -s/-e **1.** 〖鳥〗メルリーン(小形のタカ). **2.** (アーサー王伝説の)魔術師.

der **Me·ro·win·ger** [メーろヴィンガー] [名] -s/- メロヴィング王家の人(5世紀から8世紀にかけて, フランク王国を支配した王家の人).

me·ro·win·gisch [メーろヴィンギシュ] [形] メロヴィング王家〔王朝〕の.

(*das*) **Mẹr·se·burg** [メるゼブるク] [名] -s/ 〖地名〗メルゼブルク(ザクセン=アンハルト州の都市).

Mẹr·se·bur·ger¹ [メるゼブるガー] [形] (無変化)メルゼブルクの: die ~ Zaubersprüche メルゼブルクの呪文(じゅもん)(ドイツ語最古の文書の一つ).

der **Mẹr·se·bur·ger**² [メるゼブるガー] [名] -s/- メルゼブルク市民.

mer·ze·ri·sie·ren [メるツェりズィーれン] [動] *h.* 〔〈et⁴〉ヲ〕〖紡〗マーセライズ加工する.

die **Me·sal·li·ance** [mezaliã:s メザリアーンス] [名] -/-n 《文》 **1.** (身分の)不釣合いな結婚. **2.** しっくりしない間柄〔夫婦関係〕.

me·schug·ge [メシュッゲ] [形] -ner; -nst (付は-n..)《口》頭のいかれた.

die **Me·se·ta** [メゼータ] [名] -/..ten 〖地〗台地.

das **Mes·ka·lin** [メスカリーン] [名] -s/ メスカリン(サボテンの一種に含まれるアルカロイド. 幻覚を生じさせる).

der **Mẹs·mer** [メスマー] [名] -s/- 《スイ》=Mesner.

der **Mes·me·rịs·mus** [メスメりスムス] [名] -/ 動物磁気療法.

der **Mẹs·ner** [メスナー] [名] -s/- 《方》(教会の)使用人, 聖物管理人.

me·so·ke·phal [メゾ・ケふぁール] [形] =mesozephal.

das **Me·so·li·thi·kum** [メゾ・リーティクム] [名] -s/ 〖地質〗中石器時代.

me·so·li·thisch [メゾ・リーティシュ] [形] 〖地質〗中石器時代の.

das **Me·son** [メーゾン] [名] -s/-en [メゾーネン] (主に[複])〖理〗中間子.

(*das*) **Me·so·po·ta·mi·en** [メゾポターミエン] [名] -s/ 〖地名〗メソポタミア(アジア南西部の歴史的地方).

me·so·ze·phal [メゾ・ツェふぁール] [形] 〖医〗中頭(性)の.

das **Mẹss·band,** [旧]**Mẹß·band** [メス・バント] [名] -(e)s/..bänder 巻尺.

mẹss·bar, [旧]**mẹß·bar** [メス・バーあ] [形] 測れる, 測定可能な.

der **Mẹss·be·cher,** [旧]**Mẹß·be·cher** [メス・べっひゃー] [名] -s/- 計量カップ.

das **Mẹss·bild,** [旧]**Mẹß·bild** [メス・ビルト] [名] -(e)s/-er 〖測量〗(空中からの)測量写真.

die **Mẹss·brü·cke,** [旧]**Mẹß·brü·cke** [メス・ブりゅっケ] [名] -/-n 〖電〗ブリッジ.

das **Mẹss·buch,** [旧]**Mẹß·buch** [メス・ブーふ] [名] -(e)s/..bücher 〖カトリ〗ミサ典書.

der **Mẹss·die·ner,** [旧]**Mẹß·die·ner** [メス・ディーナー] [名] -s/- 〖カトリ〗ミサの侍者.

die **Mẹs·se**¹ [メっセ] [名] -/-n **1.** 〖カトリ〗ミサ;〖楽〗ミサ曲: die Hohe ~ 荘厳ミサ. eine stille ~ (音楽なしの)読誦(どくじゅ)ミサ. schwarze ~ 黒ミサ. eine ~ lesen ミサを行う. zur ~ gehen ミサに行く. **2.** 見本市, メッセ;《方》年の市: auf die ~ gehen 見本市に行く.

die **Mẹs·se**² [メっセ] [名] -/-n 〖海〗 **1.** (大型船の高級船員・乗組員の)食堂. **2.** (この食堂での)会食者.

der **Mẹs·se·be·su·cher** [メっセ・ベズーはー] [名] -s/- 見本市の客.

das **Mẹs·se·ge·län·de** [メっセ・ゲレンデ] [名] -s/- 見本市会場.

mẹs·sen* [メっセン] [動] er misst; maß; hat gemessen **1.** 〔〈et⁴〉ヲ〕測る, 測定する, 計測する(高さ・大きさ・温度などを).【「重さを量る」は wiegen】 **2.** 〔〈j⁴/et⁴〉ヲ〕測る, 測定する: 〈j⁴〉 mit dem Bandmaß ~ 〈人の〉身体を巻尺で測る. Wie könnte man die Begabung eines Kindes ~? 子供の才能はどうやって量ったらよいのだろうか. alle mit gleichem Maß ~ すべての人を同じ基準で判断する〔公正に扱う〕. **3.** 〔〈et⁴〉ヲ〕《文》ある(測定された数量を示して): Er *misst* 1,70m in der Größe. 彼は(背丈は)1.70 メートルである. **4.** 〔〈j⁴/et⁴〉ヲ+an 〈j³/et³〉デ〕評価する, 判断する, (…と言う尺度で)測る. **5.** 〔〈j⁴〉ヲ〕《文》じろじろ見る, 凝視する(見定めるために). 【慣用】 **sich⁴ mit 〈j³/et³〉 an〔in〕 〈et³〉 messen können** 《文》〈人・事に〉〈事で〉匹敵する.

die **Mes·sen·ger-RNS** [mɛ́sındʒə.. メっスィンヂェ・エるエンエス] [名] -/ 〖遺〗メッセンジャー・リボ核酸.

der **Mẹs·ser**¹ [メっサー] [名] -s/- (測定)計器, メーター;測定する人, 測量〔計量〕者.

das **Mẹs·ser**² [メっサー] [名] -s/- **1.** ナイフ, 小刀;短剣;(食事用の)ナイフ;包丁;かみそり(Rasier~). **2.** (手術用の)メス;(機械類の)刃: 〈j⁴〉 unters ~ nehmen 《口》〈人を〉手術する. 【慣用】 **〈j⁴〉 ans Messer liefern** 《口》〈人を〉裏切って破滅させる. **bis aufs Messer** 《口》あらゆる手段を尽して. **〈j³〉 das Messer an die Kehle setzen** 《口》(ナイフをのどに当てて)〈人を〉脅迫する. **〈j³〉 ins (offene) Messer laufen** 《口》〈人の〉思うつぼにはまる. **〈j³〉 (selbst) das Messer in die Hand geben** 《口》〈人に〉みずから反論の余地を与える. **〈et¹〉 steht auf des Messers Schneide** 〈事の〉決着が予断を許さない.

das **Mẹs·ser·bänk·chen** [メっサー・ベンクひぇン] [名] -s/- (食卓上の)ナイフ置き, ナイフレスト.

der **Mẹs·ser·held** [メっサー・ヘルト] [名] -en/-en 《蔑》刃傷沙汰(にんじょうざた)を起こす〔刃物三昧の〕男.

die **Mẹs·ser·klin·ge** [メっサー・クリンゲ] [名] -/-n ナイフの刃.

M

der **Mẹs·ser·rü·cken** [メッサー・りゅッケン] [名] -s/- ナイフの峰.

mẹs·ser·scharf [メッサー・シャるふ] [形] ナイフのように鋭い;《転・口》正確な;(洞察力の)鋭い: ～ decken 〚サッカ〛ぴったりマークする.

der **Mẹs·ser·schmied** [メッサー・シュミート] [名] -(e)s/-e 刃物師.

die **Mẹs·ser·spit·ze** [メッサー・シュピッツェ] [名] -/-n **1.** ナイフの切っ先. **2.** 少量: eine ～ Pfeffer こしょう少々(料理で).

die **Mes·ser·ste·che·rei** [メッサー・シュテっひぇらイ] [名] -/-en 《蔑》刃傷沙汰(にんじょうざた).

der **Mẹs·ser·stich** [メッサー・シュティっひ] [名] -(e)s/-e ナイフで刺すこと.

der **Mẹs·se·stand** [メッセ・シュタント] [名] -(e)s/..stände 見本市の商品陳列台〔ブース〕.

das **Mẹss·ge·fäß,** [旧]**Mẹß·ge·fäß** [メス・ゲふぇース] [名] -es/-e **1.** 計量容器, メートルグラス. **2.** 〚カトリック〛ミサ用ブドウ酒の容器.

das **Mẹss·ge·rät**[1], [旧]**Mẹß·ge·rät**[1] [メス・ゲれート] [名] -(e)s/-e 計量〔計測〕器, 測量器, 測定器, ゲージ, メーター.

das **Mẹss·ge·rät**[2], [旧]**Mẹß·ge·rät**[2] [メス・ゲれート] [名] -(e)s/-e《主に[複]》〚カトリック〛ミサ用祭具.

das **Mẹss·ge·wand,** [旧]**Mẹß·ge·wand** [メス・ゲヴァント] [名] -(e)s/..gewänder 〚カトリック〛(ミサ用の)祭服.

das **Mẹss·glas,** [旧]**Mẹß·glas** [メス・グラース] [名] -es/..gläser 計量カップ;ビュレット.

die **Mes·si·a·de** [メスィアーデ] [名] -/-n メシアーデ, 救世主文学.

mes·si·a·nisch [メスィアーニシュ] [形] メシア〔救世主〕の;メシア思想の;救世的な.

der **Mes·si·a·nịs·mus** [メスィアニスムス] [名] -/ メシア〔救世主〕思想, 救世主信仰.

der **Mes·si·as** [メスィーアス] [名] -/-se **1.** 《[単]のみ》メシア, 救世主. **2.** 解放者, 救済者.

(*das*) **Mes·si·na** [メスィーナ] [名] -s/ 〚地名〛メッシーナ(シチリア島の都市).

das **Mẹs·sing** [メッスィング] [名] -s/-e 《[複]は種類》黄銅, 真鍮(しんちゅう).

mẹs·sin·gen [メッスィンゲン] [形] 黄銅〔真鍮(しんちゅう)〕(製)の.

das **Mẹss·in·s·t·ru·ment,** [旧]**Mẹß·in·stru·ment** [メス・インストるメント] [名] -(e)s/-e 計測器, 測定〔測量〕器.

die **Mẹss·lat·te,** [旧]**Mẹß·lat·te** [メス・ラッテ] [名] -/-n 標尺, スタジアロッド(土地の測量に用いる棒).

der **Mẹss·mer** [メスマー] [名] -s/- ＝Mesmer.

das **Mẹss·op·fer,** [旧]**Mẹß·op·fer** [メス・オプふぁー] [名] -s/- 〚カトリック〛ミサ聖祭.

die **Mẹss·tech·nik,** [旧]**Mẹß·tech·nik** [メス・テひニク] [名] -/ 測定〔測量〕の技術, 測定〔測量〕法.

der **Mẹss·tisch,** [旧]**Mẹß·tisch** [メス・ティッシュ] [名] -(e)s/-e (測量用)平板.

das **Mẹss·tisch·blatt,** [旧]**Mẹß·tisch·blatt** [メスティッシュ・ブラット] [名] -(e)s/..blätter 測量用地図.

die **Mẹss·uhr,** [旧]**Mẹß·uhr** [メス・ウーあ] [名] -/-en ダイヤルゲージ.

die **Mẹs·sung** [メッスング] [名] -/-en **1.** 計測, 測定, 測量: eine ～ vornehmen〔durchführen〕測量する. **2.** 測定値.

der **Mẹss·wein,** [旧]**Mẹß·wein** [メス・ヴァイン] [名] -(e)s/-e 〚カトリック〛ミサ用ブドウ酒.

der **Mẹss·wert,** [旧]**Mẹß·wert** [メス・ヴェーあト] [名] -(e)s/-e 測定値.

der **Mes·ti·ze** [メスティーツェ] [名] -n/-n メスティーソ(特に白人と中南米のインディオの混血児).

der **Met** [メート] [名] -(e)s/ 蜂蜜(はちみつ)酒.

die **Me·ta·bo·lie** [メタ・ボリー] [名] -/-n 〚動〛形態の変化;〚生〛変態;〚生・医〛新陳代謝.

der **Me·ta·bo·lịs·mus** [メタ・ボリスムス] [名] -/ 変更, 変換;〚生・医〛代謝.

die **Me·ta·ge·ne·se** [メタ・ゲネーゼ] [名] -/-n 〚生〛真正世代交代.

die **Me·ta·kri·tik** [メタ・クりティーク] [名] -/ 〚哲〛メタ批評.

das **Me·tạll** [メタル] [名] -s/-e 金属: edle ～*e* 貴金属. ein Becher aus ～ 金属製カップ. eine Stimme mit viel/wenig ～ 《転》張りのあるよく通る/あまり通らない声.

der **Me·tạll·ar·bei·ter** [メタル・アるバイター] [名] -s/- 金属工業労働者, 金属工.

me·tạl·len [メタレン] [形] 金属(製)の;《文》金属的な.

das **Me·tạll·geld** [メタル・ゲルト] [名] -/ 鋳貨, 硬貨.

me·tạll·hal·tig [メタル・ハルティひ] [形] 金属を含む.

die **Me·tạll·in·dus·trie** [メタル・インドゥストりー] [名] -/-n 金属工業.

me·tạl·lisch [メタリシュ] [形] 金属の;メタリックな.

die **Me·tạll·kun·de** [メタル・クンデ] [名] -/ 金属学.

die **Me·tal·lo·gie** [メタロギー] [名] -/ 金属学.

die **Me·tạll·plat·te** [メタル・プラッテ] [名] -/-n 金属板.

der **Me·tall·schnitt** [メタル・シュニット] [名] -(e)s/-e **1.** 《[単]のみ》金属版画法. **2.** 金属版画. **3.** (本の)小口金.

der **Me·tạll·über·zug** [メタル・ユーバー・ツーク] [名] -(e)s/..züge 金属被覆.

die **Me·tal·lur·gie** [メタルるギー] [名] -/ 冶金(やきん)学.

Me·tạll ver·ar·bei·tend, [旧]**me·tạll·ver·ar·bei·tend** [メタル ふぇあアるバイテント] [形] 金属加工の.

die **Me·tạll·ver·ar·bei·tung** [メタル・ふぇあアるバイトゥング] [名] -/-en 金属加工.

die **Me·tạll·wa·ren** [メタル・ヴァーれン] [複名] 金属製品.

me·ta·mọrph [メタ・モるふ] [形] 変形の;〚生〛変態の;〚鉱〛変成の.

der **Me·ta·mor·phit** [メタ・モるふぃート] [名] -s/-e 〚地質〛変成岩.

die **Me·ta·mor·pho·se** [メタ・モるふぉーゼ] [名] -/-n **1.** 《文》変形, 変身, 変容. **2.** 〚植・動〛変態. **3.** 〚地質〛(岩石などの)変成作用. **4.** 〚ギ神・文学〛(動・植物などへの)転身, 変身. **5.** 〚楽〛《[複]のみ》メタモルフォーゼ, 変容(主題の自由な変化).

die **Me·tạ·pher** [メタふぁー] [名] -/-n 〚修〛メタファー, 隠喩(いんゆ), 暗喩(あんゆ).

die **Me·ta·pho·rik** [メタ・ふぉーりク] [名] -/ 〚修〛隠喩(いんゆ)〔暗喩(あんゆ)〕法;(一つの作品で用いられた)メタファーのすべて.

me·ta·pho·risch [メタ・ふぉーりシュ] [形] メタファー〔隠喩・暗喩〕的な.

die **Me·ta·phra·se** [メタ・ふらーゼ] [名] -/-n メタフラシス(①〚文芸学〛韻文を散文にすること. ②〚修〛同義語による言い換え).

die **Me·ta·phy·sik** [メタ・ふゅズィーク] [名] -/-en **1.** 《主に[単]》形而上(けいじじょう)学. **2.** 形而上学に関する著作. **3.** 《[単]のみ》〚哲〛(弁証法に対する)形而上学.

me·ta·phy·sisch [メタ・ふゅーズィシュ] [形] 形而上(けいじじょう)学の;形而上的な.

der **Me·ta·plas·mus** [メタ・プラスムス] [名] -/..men 〚言〛語形変異.

die **Me·ta·spra·che** [メタ・シュプらーへ] [名] -/-n 〚言・数・サイバネティックス〛メタ言語(言語を分析・記述するための高次言語).

die **Me·ta·s·ta·se** [メタ・スターゼ] [名] -/-n **1.** 〚医〛転移. **2.** 〚修〛転嫁法.

die **Me·ta·the·se** [メタ・テーゼ] [名] -/-n ＝Metathesis.

M

Metathesis 800

die **Me·ta·the·sis** [メター・テズィス] 名 -/..thesen〔言〕音位〔字位〕転換(例えば Bernstein-Brennstein).

die **Me·tem·psy·cho·se** [メテム・プスュヒょーゼ] 名 -/-n〔宗〕輪廻(%).

der〔*das*〕**Me·te·or** [メテオーあ,メーテオーあ] 名 -s/-e [メテオーレ]〔天〕流星: ein ～ am Filmhimmel 映画界の彗星.

me·te·or·haft [メテオーあハフト] 形 彗星(芸)の如き.

me·te·o·risch [メテオーリシュ] 形 流星の;彗星(芸)のような;〔気〕大気現象の.

der **Me·te·o·rit** [メテオリート] 名 -s〔-en〕/-(e)n〔天〕隕石(翁).

der **Me·te·o·ro·lo·ge** [メテオロ・ローゲ] 名 -n/-n 気象学者.

die **Me·te·o·ro·lo·gie** [メテオロロ・ギー] 名 -/ 気象学.

me·te·o·ro·lo·gisch [メテオロ・ローギシュ] 形 気象(学)の.

der **Me·te·or·stein** [メテオーあ・シュタイン] 名 -(e)s/-e 隕石(翁).

der〔*das*〕**Me·ter** [メーター] 名 -s/- メートル(記号 m): 10 ～ lang und 2 ～ hoch 長さ10メートル,高さ2メートル. ein Umfang von fünf ～ *n* 周囲5メートル. 〔慣用〕laufende〔am laufenden〕Meter〔口〕絶えず,たて続けに.

..**me·ter** [..メーター] 接尾 接頭辞につけて「…を測る器具〔人〕」を表す名詞を作る: Baro*meter* 気圧計. Chrono*meter* クロノメーター. Geo*meter* 測量師, 幾何学者.

me·ter·hoch [メーター・ホーホ] 形 1メートル(以上)もの高さの.

das **Me·ter-Ki·lo·gramm-Se·kun·de-Sys·tem** [メーター・キログらム・ゼクンデ・ズュステーム] 名 -s/- エム・ケー・エス単位(メートル・キログラム・秒を基本とする単位. MKS-System).

me·ter·lang [メーター・ラング] 形 1メートル(以上)もの長さの.

das **Me·ter·maß** [メーター・マース] 名 -es/-e メートル尺の物差(巻尺).

die **Me·ter·se·kun·de** [メーター・ゼクンデ] 名 -/-n 秒速…メートル(記号 m/s, m/sec).

me·ter·tief [メーター・ティーふ] 形 1メートル(以上)もの深さの.

me·ter·wei·se [メーター・ヴァイゼ] 副 メートル(単位)で.

der **Me·ter·zent·ner** [メーター・ツェントナー] 名 -s/- (ジ)〈古〉100 キログラム(記号 q).

das **Me·tha·don** [メタドーン] 名 -s/〔化・医〕メタドン(ヘロイン中毒の治療代用麻薬).

das **Me·than** [メターン] 名 -s/ メタン.

das **Me·tha·nol** [メタノール] 名 -s/ メタノール.

die **Me·tho·de** [メトーデ] 名 -/-n 1.方法,方式;仕方,やり方. 〔慣用〕Methode haben 計画性がある,よく練り上げられている.

die **Me·tho·dik** [メトーディク] 名 -/-en 1.方法論. 2.〈南のみ〉教授法. 3.〈きまった〉仕方,手法.

me·tho·disch [メトーディシュ] 形 方法論(上)の;一定の方法による.

der **Me·tho·dist** [メトディスト] 名 -en/-en〔プロテス〕メソジスト派教徒.

der **Me·thu·sa·lem** [メトゥーザレム] 名 -(s)/-s 1.〈口〉非常に高齢な男性. 2.〈南のみ〉主に無冠詞〕〔旧約聖書〕メトセラ(969歳まで生きたと言われる人類の始祖の一人).

der **Me·thyl·al·ko·hol** [メテュール・アルコホール] 名 -s/ メチルアルコール.

das **Me·tier** [metjé: メティエー] 名 -s/-s (技能が要求される)職業,仕事,役割.

der **Me·tö·ke** [メテーケ] 名 -n/-n メトイコイ(古代ギリシア都市の東アジアの在留外人).

die **Me·to·ny·mie** [メトニュミー] 名 -/-n〔修〕換喩.

die **Me·to·pe** [メトーペ] 名 -/-n〔建〕メトープ.

..**me·trie** [..メトリー] 接尾 「…測定(法)」を意味する女性名詞を作る: Thermo*metrie* 温度測定(法).

die **Me·trik** [メートリク] 名 -/-en〔詩〕韻律学;韻律に関する著作;〔楽〕拍節法.

me·trisch [メートリシュ] 形 1.〔詩〕韻律の;〔楽〕拍節法の. 2.メートル(法)の.

die **Me·tro** [メ(ー)トろ] 名 -/-s メトロ(特にパリ・モスクワの地下鉄).

die **Me·tro·lo·gie** [メトろ・ロギー] 名 -/ 度量衡学,計測学.

das **Me·tro·nom** [メトろ・ノーム] 名 -s/-e〔楽〕メトロノーム.

das **Me·tro·ny·mi·kon** [メトろニューミコン] 名 -s/..ka〔言〕母親の名に由来する名.

die **Me·tro·po·le** [メトろ・ポーレ] 名 -/-n〔文〕首都; (世界的)大都市;中心地;(昔の)本国(植民地に対して).

die **Me·tro·po·lis** [メトろ・ポーリス] 名 -/..polen [メトろポーレン]〔文・古〕＝ Metropole.

der **Me·tro·po·lit** [メトろポリート] 名 -en/-en〔カトリ〕首都大司教;〔東方教会〕首都大主教;(ロシア教会の)府主教.

das **Me·trum** [メートるム] 名 -s/..tren ((古)-s/..tra)〔詩〕韻律;〔楽〕音歩(韻脚を連ねることから生じるリズム);拍節.

das **Mett** [メット] 名 -(e)s/ 豚の生食肉ひき肉.

die **Met·te** [メッテ] 名 -/-n〔キ教〕朝課, 宵課.

(*der*) **Met·ter·nich** [メターーニヒ] 名〔人名〕メッテルニヒ(Klemens Fürst von ～, 1773-1859, オーストリアの政治家).

der **Met·teur** [metǿ:r メッテーあ] 名 -s/-e〔印〕本組み工,メーキャップ係.

die **Mett·wurst** [メット・ヴルスト] 名 -/..würste ミートベースト(ひき肉から作ったソーセージ).

die **Met·ze** [メッツェ] 名 -/-n メッツェ(昔の穀物計量単位).

die **Met·ze·lei** [メッツェライ] 名 -/-en〈蔑〉大量殺,殺戮.

met·zeln [メッツェルン] 動 h. 1.〈j⁴>っ〉〈稀〉虐殺する. 2.〈<et⁴>っ〉(方)屠殺(ろ)する.

die **Met·zel·sup·pe** [メッツェル・ズッペ] 名 -/-n (方)ソーセージスープ.

der **Metz·ger** [メッツガー] 名 -s/- 〔西中独・南独〕肉屋,食肉製造販売業者.

die **Metz·ge·rei** [メッツゲライ] 名 -/-en〔西中独・南独・えー〕肉屋,食肉製造販売業.

der **Metz·ger·gang** [メッツガー・ガング] 名 -(e)s/..gänge (主に南)(方)むだ足,骨折り損 einen ～ machen 不首尾に終る.

der **Metz·gers·gang** [メッツガース・ガング] 名 -(e)s/..gänge ＝ Metzgergang.

der **Metz·ler** [メッツラー] 名 -s/- (ジー)肉屋,食肉製造販売業者.

das **Meu·ble·ment** [møbləmɑ̃: ＠ プレマーン] 名 -s/-s〈古〉家具調度.

der **Meu·chel·mord** [モイヒェル・モルト] 名 -(e)s/-e〈蔑〉暗殺,謀殺.

der **Meu·chel·mör·der** [モイヒェル・メるダー] 名 -s/-〈蔑〉暗殺者.

meu·cheln [モイヒェルン] 動 h.〈j⁴>っ〉〈蔑〉暗殺〔謀殺〕する.

meuch·le·risch [モイヒレリシュ] 形〈蔑〉暗殺〔闇討ち〕の.

meuch·lings [モイひリングス] [副] 《文・蔑》闇討ちで, だまし討ちで.

die **Meu·te** [モイテ] [名] -/-n 《主に[単]》〖狩〗(追立て猟の)猟犬の群れ;《口》(《蔑》も有)(不穏な)一団, 人の群れ.

die **Meu·te·rei** [モイテらイ] [名] -/-en (囚人・兵士・船員などの)暴動, 反乱.

der **Meu·te·rer** [モイテらー] [名] -s/- 反乱者.

meu·tern [モイターン] [動] *h.* 〔(gegen 〈j^4/et^4〉ニ対シテ)〕反乱〔暴動〕を起こす《囚人・兵士・船員などが》;《口》文句〔苦情〕を言う.

der **Me·xi·ka·ner** [メクスィカーナー] [名] -s/- メキシコ人.

me·xi·ka·nisch [メクスィカーニシュ] [形] メキシコ(人)の.

(*das*) **Me·xi·ko** [メクスィコ] [名] -s/ **1.** 〖国名〗メキシコ. **2.** 〖地名〗メキシコシティ.

(*der*) **Mey·er** [máɪər マイあー] [名] 〖人名〗マイアー《Conrad Ferdinand ~, 1825-98, スイスの詩人・小説家》.

(*der*) **Mey·er·beer** [マイあー・べーあ] [名] 〖人名〗マイアーベーア《Giacomo ~, 1791-1864, オペラ作曲家》.

MEZ =mitteleuropäische Zeit 中部ヨーロッパ標準時.

der〔*das*〕**Mez·za·nin** [メツァニーン] [名] -s/-e 中二階.

mez·za vo·ce [..vóːtʃə メッツァ ヴォーチェ] 〖イタリア語〗〖楽〗メザ・ヴォーチェ, 半分の音量で, 柔らかい弱音で(略 m. v.).

mez·zo·for·te [メッツォ・ふぉるテ] [副] 〖楽〗メゾフォルテ, 中くらいに強く.

das **Mez·zo·for·te** [メッツォ・ふぉるテ] [名] -s/-s〔..ti〕〖楽〗メゾフォルテ.

mez·zo·pi·a·no [メッツォ・ピアーノ] [副] 〖楽〗メゾピアノ, 中くらいに弱く.

das **Mez·zo·pi·a·no** [メッツォ・ピアーノ] [名] -s/-s〔..ni〕〖楽〗メゾピアノ.

der **Mez·zo·so·pran** [メッツォ・ゾプらーン] [名] -s/-e〖楽〗メゾソプラノ(声種);《稀》メゾソプラノの歌手.

die **Mez·zo·so·pra·nis·tin** [メッツォ・ゾプらニスティン] [名] -/-nen メゾメプラノの歌手.

das **Mez·zo·tin·to** [メッツォ・ティント] [名] -(s)/-s〔..ti〕〖芸術学〗 **1.** (《[単]のみ》)メゾチント(彫法). **2.** メゾチント版画.

MfS =Ministerium für Staatssicherheit (旧東独の)国家公安省.

mg =Milligramm ミリグラム.

Mg [エムゲー] =Magnesium 〖化〗マグネシウム.

das **MG** [エムゲー] [名] -(s)/-(s) =Maschinengewehr 機関銃.

Mgr. **1.** =Monseigneur 猊下(げいか);殿下, 閣下. **2.** =Monsignore 猊下.

mhd. =mittelhochdeutsch 中高ドイツ語の.

MHz =Megahertz 〖理〗メガヘルツ.

Mi. =Mittwoch 水曜日.

das **Mi·as·ma** [ミアスマ] [名] -s/..men 瘴気(しょうき)《大気・地中にあるとされた病源》.

mi·au! [ミアウ] [間] 《猫の鳴き声》にゃお.

mi·au·en [ミアウエン] [動] miaute; hat miaut 〔補足なし〕にゃおと鳴く《猫が》.

mich [ミっひ] [代] **1.** 《人称》1人称[単] ich の4格. 私を, ぼくのことを: Er liebt ~. 彼は私を愛している. Ohne ~ ist er hilflos. 私がいなければ, 彼はどうにもならない. **2.** 《再帰》1人称[単]4格: Ich wasche ~. 私は体を洗う. Ich freue ~ auf die Sommerferien. ぼくは夏休みを楽しみにしている.

(*der*) **Mi·cha** [ミっひゃ] [名] 〖旧約〗ミカ《十二人の小預言者の一人》: der Prophet ~ ミカ書.

(*der*) **Mi·cha·el** [ミひゃエ(ー)ル] [名] **1.** 〖男名〗ミヒャエル. **2.** 〖聖〗ミカエル《七人の大天使の一人. 竜の姿の悪魔に勝つ》.

das **Mi·cha·e·li** [ミひゃエーリ] [名] -/ 《主に無冠詞》=Michaelstag.

das **Mi·cha·e·lis** [ミひゃエーリス] [名] -/ 《主に無冠詞》=Michaelstag.

der **Mi·cha·els·tag** [ミひゃエ(ー)ルス・ターク] [名] -(e)s/-e 《主に[単]》聖ミカエル祭〔の日〕《9月29日》.

der **Mi·chel** [ミっひぇル] [名] **1.** 愚直なお人好し: der deutsche ~ ドイツのミヒェル, 典型的ドイツ人《非政治的で世間知らずのドイツ人》. **2.** ドイツ人. **3.** 《[単]のみ;主に無冠詞》〖男名〗ミヒェル《Michael の短縮形》.

(*der*) **Mi·chel·an·ge·lo** [mikelándʒelo ミケランヂェロ] [名] 〖人名〗ミケランジェロ《~ Buonarroti, 1475-1564, イタリアルネッサンスの彫刻家・画家・建築家》.

(*der*) **Mi·chels·tag** [ミっひぇルス・ターク] [名] -(e)s/-e 《方》=Michaelstag.

mi·cke·rig [ミっケりひ] [形] 貧相〔貧弱〕な, ぱっとしない.

die **Mi·cky·maus** [míkɪ.. ミッキ・マウス] [名] -/ ミッキーマウス《ディズニー漫画の主人公》.

das **Mid·der** [ミッダー] [名] -s/ 《北西独》子牛の乳腺料理.

der **Mid·gard** [ミっトガるト] [名] -/ 〖北欧神〗ミドガルド《人間の住む世界》.

die **Mid·gard·schlan·ge** [ミっトガるト・シュランゲ] [名] -/ 〖北欧神〗ミドガルドの大蛇《人間の世界を囲む蛇で, 大洋の象徴》.

mi·di [ミディ] [形] 〖服〗ミディの.

das **Mi·di** [ミディ] [名] -s/-s《主に無冠詞》〖服〗ミディ;ミディ〔ふくらはぎ丈〕の洋服.

die **Mi·di·nette** [..nɛ́t ミディネット] [名] -/-n **1.** (パリの)お針子〔(女性の)帽子製作工〕. **2.** 《古・蔑》軽薄な娘.

die **Mid·life·cri·sis, Mid·life-Cri·sis** [mɪ́tlaɪf kraɪsɪs ミっトライふ・クらイスィス] [名] --/ 中年の危機.

mied [ミート] [動] meiden の過去形.

mie·de [ミーデ] [動] meiden の接続法2式.

das **Mie·der** [ミーダー] [名] -s/- (婦人用下着の)コルセット;ボディス《婦人用の胴着》.

der **Mief** [ミーふ] [名] -(e)s/ 《口・蔑》(室内の)汚れた空気;《転》(小さな町などの)息が詰まるような雰囲気.

mie·fen [ミーふェン] [動] *h.* 〔補足なし〕《口・蔑》いやなにおいがする《足などが》;《Es が主語で》空気がにごって臭い, (あたりに)いやなにおいがする.

die **Mie·ne** [ミーネ] [名] -/-n 表情, 顔つ, そぶり: eine saure ~ machen いやな顔をする. gute ~ zum bösen Spiel machen どんなことにもいやな顔をしない. ~ machen, 〈et^4〉 zu tun 〈事を〉する気配を見せる.

das **Mie·nen·spiel** [ミーネン・シュピール] [名] -(e)s/ 表情の動き.

die **Mie·re** [ミーれ] [名] -/-n 〖植〗ハコベ.

mies [ミース] [形] 《口》 **1.** 《蔑》ひどい, 悪い;下劣な, 陰険な: 〈j^4/et^4〉 ~ machen 《口》〈人・事を〉悪く言う. 〈j^3〉〈et^4〉 ~ machen 《口》〈人の〉〈事に〉けちをつけて人の気分を台なしにする. **2.** 具合〔気分〕が悪い.

die **Mie·se** [ミーゼ] [名] -/-n 《口》 **1.** 《ジャーゴン》マルク硬貨. **2.** 《[複]のみ》(トランプ遊びでの)マイナス点, 失点;(口座の)不足額, 赤字: in die ~ kommen 引出し超過になる;マイナス点になる.

die **Mie·se·kat·ze** [ミーゼ・カッツェ] [名] -/-n 《方・幼》=Miezekatze.

der **Mie·se·pe·ter** [ミーゼ・ペーター] [名] -s/- 《口》不平家, けちをつける人.

mie·se·pe·te·rig [ミーゼ・ペーテりひ] [形] =miesepetrig.

mie·se·pet·rig [ミーゼ・ペートりひ] [形] 《口》いつも不機嫌な.

mies ma·chen, [旧]**mies|ma·chen** [ミース マっへン]

M

[動] *h.* ⇨ mies 1.
der **Mies·ma·cher** [ミース・マっはー] [名] -s/- 《口・蔑》不平家, けちをつける人, 酷評家.
die **Mies·ma·che·rei** [ミース・マっへらイ] [名] -/ 《口・蔑》けちばかりつけること, 人の気分を台なしにすること.
die **Mies·mu·schel** [ミース・ムっシェル] [名] -/-n 〖貝〗イガイ.
der **Miet·aus·fall** [ミート・アウス・ふぁル] [名] -(e)s/..fälle 賃貸料〔家賃〕が入らないこと.
das **Miet·au·to** [ミート・アウト] [名] -s/-s **1.** タクシー. **2.** レンタカー.
die **Mie·te**¹ [ミーテ] [名] -/-n **1.** 賃借料, 借り賃, 家賃, 部屋代; 賃貸料: kalte/warme ~ 《口》暖房費なし/暖房費込みの部屋代. die ~ für die Wohnung/das Zimmer 家賃/部屋代. **2.** 《(単)のみ》賃借り: <et⁴> in ~ haben 〈物を〉賃借りしている. zur ~ bei <j³> wohnen 〈人の所に〉間借りしている.
die **Mie·te**² [ミーテ] [名] -/-n (越冬用野菜の)室(むろ); (野外に積んだ)干草堆(かんそうたい), 禾束堆(かそくたい), わら〔まき〕の山.
mie·ten¹ [ミーテン] [動] *h.* 〔<et⁴>ヲ〕借りる, 賃借りする(特に住居・部屋・土地を).
mie·ten² [ミーテン] [動] *h.* 〔<et⁴>ヲ〕《方》室(むろ)に入れる(ジャガイモなどを).
der **Mie·ter** [ミーター] [名] -s/- (建物・部屋などの)賃借人, テナント.
die **Miet·er·hö·hung** [ミート・エあ㊀ーウング] [名] -/-en 賃貸料の値上げ.
der **Mie·ter·schutz** [ミーター・シュっツ] [名] -es/ 借家人保護.
das **Mie·ter·schutz·ge·setz** [ミーターシュっツ・ゲゼっツ] [名] -es/-e 借家人保護法.
der **Miet·er·trag** [ミート・エあトらーク] [名] -(e)s/..träge 賃貸収益.
die **Miet·fi·nan·zie·rung** [ミート・ふぃナンツィーるング] [名] -/-en 〖経〗賃貸借金融, 設備リース金融.
miet·frei [ミート・ふらイ] [形] 賃貸料がただの.
das **Miet·haus** [ミート・ハウス] [名] -es/..häuser = Mietshaus.
der **Miet·kauf** [ミート・カウふ] [名] -(e)s/..käufe 〖経〗買取特約権付賃借.
der **Miet·ling** [ミートリング] [名] -s/-e (昔の)召使い, 下男; 《稀・蔑》金のために人の手先になる男.
die **Miet·par·tei** [ミート・パるタイ] [名] -/-en (賃貸アパートの)入居世帯.
der **Miet·preis** [ミート・プらイス] [名] -es/-e 賃貸借料.
das **Miets·haus** [ミーツ・ハウス] [名] -es/..häuser アパート, アパート部分のある大きな家屋〔住宅〕, 賃貸住宅.
die **Miets·ka·ser·ne** [ミーツ・カゼるネ] [名] -/-n 《蔑》兵舎のようなアパート.
das **Miet·ver·hält·nis** [ミート・ふぇあヘルトニス] [名] -ses/-se 〖官〗賃貸借関係.
der **Miet·ver·trag** [ミート・ふぇあトらーク] [名] -(e)s/..träge 賃貸契約.
der **Miet·wa·gen** [ミート・ヴァーゲン] [名] -s/- レンタカー.
miet·wei·se [ミート・ヴァイゼ] [副] 《稀》賃貸〔賃借〕で.
die **Miet·woh·nung** [ミート・ヴォーヌング] [名] -/-en 賃貸住宅, 借りている住い.
der **Miet·zins** [ミート・ツィンス] [名] -es/-e 《南独・オーストリア・スイス》(家・部屋などの)賃貸借料.
die **Miez** [ミーツ] [名] -/-en 《口》= Mieze 1.
die **Mie·ze** [ミーツェ] [名] -/-n 《口》 **1.** ニャンコちゃん(猫の愛称). **2.** おんなのこ.
die **Mie·ze·kat·ze** [ミーツェ・カっツェ] [名] -/-n 《口》ニャンコ(猫の愛称).
der **Mi·gnon**¹ [mɪnjõ: ミニヨーン, mínjõ ミニヨン] [名] -s/-s 《古》 **1.** 愛人, お気に入り. **2.** 〖印〗ミニオン(7ポイント活字).
(*die*) **Mi·gnon**² [ミニヨーン, ミニヨン] [名] 〖女名〗ミニョン(ゲーテの『ヴィルヘルム・マイスターの修業時代』に登場する少女の名).
die **Mi·grä·ne** [ミグれーネ] [名] -/ 偏頭痛.
die **Mi·gra·ti·on** [ミグらツィオーン] [名] -/-en **1.** 〖生・社〗移動. **2.** 〖社〗移住, 人口移動. **3.** 〖地質〗(石油などの根源岩からの)移動.
der **Mijn·heer** [mənéːr メネーあ] [名] -s/-s **1.** (無冠詞)だんな様(オランダ語の呼びかけ). **2.** 《冗》オランダ人.
der **Mi·ka·do**¹ [ミカード] [名] -s/-s **1.** 帝(みかど)(日本の天皇). **2.** (Mikado²の)最高得点の棒.
das **Mi·ka·do**² [ミカード] [名] -s/-s ミカド(異なる点数の細い棒を使ってするゲーム).
das **Mi·kro** [ミークろ] [名] -s/-s 《口》マイク(~fon).
die **Mi·kro·be** [ミクろーベ] [名] -/-n 《主に(複)》微生物.
die **Mi·kro·bi·o·lo·gie** [ミクろ・ビオ・ロギー] [名] -/ 微生物学.
der **Mi·kro·chip** [..tʃɪp ミークろ・チップ] [名] -s/-s 〖電〗マイクロチップ, 超高密度集積回路, LSI.
der **Mi·kro·com·pu·ter** [ミークろ・コムピューター] [名] -s/- マイクロコンピュータ, マイコン.
das (*der*) **Mi·kro·fiche** [mikrofíːʃ ミクろ・ふぃーシュ, míːkro.. ミークろ・ふぃーシュ] [名] -s/-s 〖写〗マイクロフィッシュ(多数のマイクロコピーを収めたはがき大のマイクロフィルムシート).
der **Mi·kro·film** [ミークろ・ふぃルム] [名] -(e)s/-e マイクロフィルム.
das **Mi·kro·fon** [ミクろ・ふぉーン, ミークろ・ふぉーン] [名] -s/-e マイクロフォン.
mi·kro·fo·nisch [ミクろ・ふぉーニシュ] [形] 《稀》マイクロフォンの.
die **Mi·kro·fo·to·gra·fie** [ミークろ・ふぉトグらふぃー] [名] -/-n **1.** 《(単)のみ》顕微鏡写真撮影. **2.** 顕微鏡写真.
das **Mi·kro·kli·ma** [ミークろ・クリーマ] [名] -s/-s(-te) 微気候(地表面に接する空間の気候); (地形性)局地気候.
die **Mi·kro·ko·pie** [ミクろ・コピー] [名] -/-n マイクロコピー, 縮小複写.
der **Mi·kro·kos·mos** [ミクろ・コスモス, ミークろ・コスモス] [名] -/ **1.** 〖哲〗小宇宙. **2.** 〖生〗微小生態系, ミクロの世界. **3.** 〖理〗微視的物理学の領域.
der (*das*) **Mi·kro·me·ter** [ミクろ・メーター] [名] -s/- **1.** ミクロン(千分の1ミリ. 記号 μm). **2.** (das ~)(計測器の)マイクロメーター.
das **Mi·kron** [ミークろン] [名] -s/- 《古》ミクロン(千分の1ミリ. 記号 μ).
(*das*) **Mi·kro·ne·si·en** [ミクろネーズィエン] [名] -s/ 〖地名〗ミクロネシア(西太平洋の多数の島の総称).
der **Mi·kro·or·ga·nis·mus** [ミークろ・オるガニスムス] [名] -/..men 《主に(複)》微生物.
das **Mi·kro·phon** [ミクろ・ふぉーン, ミークろ・ふぉーン] [名] -s/-e = Mikrofon.
mi·kro·pho·nisch [ミクろ・ふぉーニシュ] [形] 《稀》= mikrofonisch.
die **Mi·kro·phy·sik** [ミクろ・ふゅズィーク] [名] -/ 〖理〗微視的物理学.
der **Mi·kro·pro·zes·sor** [ミークろ・プろツェっソーあ] [名] -s/-en [ミクろ・プろツェっソーれン] 〖工〗マイクロプロセッサー.
die **Mi·krop·sie** [ミクろプスィー] [名] -/-n 〖医〗小視症.
das **Mi·kro·s·kop** [ミクろ・スコープ] [名] -s/-e 顕微鏡.
mi·kro·s·ko·pie·ren [ミクろ・スコピーれン] [動] *h.* 〔(<et⁴>ヲ)〕顕微鏡で検査する.
mi·kro·s·ko·pisch [ミクろ・スコーピシュ] [形] **1.** 顕微鏡でしか見えない; 微小な. **2.** 顕微鏡の; 顕微鏡に

M

よる.

der〔*das*〕**Mi·kro·tom** [ミクろトーム] [名] -s/-e 〘生・医〙ミクロトーム《検鏡用切片をつくる機器》.

das **Mi·kro·tron** [ミークろ・トろーン] [名] -s/-s〔-e[ミクろトろーネ]〕 マイクロトロン《電子加速器の一種》.

die **Mi·kro·wel·le** [ミークろ・ヴェレ] [名] -/-n 〘電〙 **1.** 《主に[複]》マイクロ波, 極超短波. **2.** 《[単]のみ》マイクロ波の照射. **3.** 《口》電子レンジ.

das **Mi·kro·wel·len·ge·rät** [ミークろヴェレン・ゲれート] [名] -(e)s/-e 電子レンジ.

der **Mi·kro·wel·len·herd** [ミークろヴェレン・ヘーあト] [名] -(e)s/-e =Mikrowellengerät.

der **Mi·kro·zen·sus** [ミクろ・ツェンズス] [名] -/- 〘統計〙(ドイツの)抽出国勢調査.

der **Mi·lan** [ミーラン, ミラーン] [名] -s/-e 〘鳥〙トビ.

(*das*) **Mi·la·no** [ミラーノ] [名] -s/ ミラノ《イタリアの都市》.

die **Mil·be** [ミルベ] [名] -/-n 〘昆〙ダニ.

die **Milch** [ミルひ] [名] -/ **1.** 乳; ミルク, 牛乳: kondensierte ~ コンデンスミルク. **2.** (魚の雄の)精液; (鳩の)嗉嚢乳(そのうにゅう); (植物の)乳液; (化粧品の)乳液. 【慣用】**aussehen wie Milch und Blut**(女性が)健康ではちきれそうに美しい.

die **Milch·bar** [ミルひ・バーあ] [名] -/-s ミルクホール.

der **Milch·bart** [ミルひ・バーあト] [名] -(e)s/..bärte (産毛のようなひげが生えたばかりの)青二才.

der **Milch·brei** [ミルひ・ブらイ] [名] -(e)s/-e 牛乳粥(かゆ).

das **Milch·bröt·chen** [ミルひ・ブ[れ]ートひぇン] [名] -s/- 牛乳入りブレートヒェン《小型の丸いパン》.

der **Milch·bru·der** [ミルひ・ブるーダー] [名] -s/..brüder 《古》乳兄弟.

die **Milch·drü·se** [ミルひ・ドりゅーゼ] [名] -/-n 乳腺.

mil·chen [ミルひぇン] [形] 乳製の.

der **Mil·cher** [ミルひゃー] [名] -s/- **1.** 〘植〙チチタケ(茸). **2.** =Milchner.

die **Milch·fla·sche** [ミルひ・ふラッシェ] [名] -/-n 哺乳(ほにゅう)瓶; 牛乳瓶.

die **Milch·frau** [ミルひ・ふらウ] [名] -/-en 《口》(女性の)牛乳配達人, 牛乳屋.

das **Milch·ge·schäft** [ミルひ・ゲシェふト] [名] -(e)s/-e 牛乳店.

das **Milch·ge·sicht** [ミルひ・ゲズィひト] [名] -(e)s/-er **1.** 青二才. **2.** 青白くほっそりとした顔.

das **Milch·glas** [ミルひ・グラース] [名] -es/..gläser **1.** 乳白ガラス. **2.** 牛乳コップ.

mil·chig [ミルひひ] [形] 乳白色の, ミルクのような; うっすらとした.

der **Milch·kaf·fee** [ミルひ・カふぇー] [名] -s/-s ミルクコーヒー.

das **Milch·känn·chen** [ミルひ・ケンひぇン] [名] -s/- ミルクさし〔ポット〕

die **Milch·kan·ne** [ミルひ・カネ] [名] -/-n (集乳用)ミルク缶; (牛乳を買って入れてくる)ミルク缶.

die **Milch·kuh** [ミルひ・クー] [名] -/..kühe 乳牛.

der **Milch·la·den** [ミルひ・ラーデン] [名] -s/..läden 牛乳屋, 乳製品販売店.

das **Milch·mäd·chen** [ミルひ・メートひぇン] [名] -s/- 《口》牛乳配達の女の子, 牛乳屋の売り子.

die **Milch·mäd·chen·rech·nung** [ミルひメートひぇン・れひヌング] [名] -/-en とらぬタヌキの皮算用《La Fontaine, 1621-95, の牛乳売りの少女の寓話(ぐうわ)から》.

der **Milch·mann** [ミルひ・マン] [名] -(e)s/..männer 《口》牛乳配達人, 牛乳屋の店員.

der **Milch·ner** [ミルひナー] [名] -s/- (成長した)雄の魚.

das **Milch·pro·dukt** [ミルひ・プろドゥクト] [名] -(e)s/-e 乳製品.

das **Milch·pul·ver** [ミルひ・プルふぁー, ミルひ・プルヴァー] [名] -s/- 粉ミルク.

die **Milch·pum·pe** [ミルひ・プムペ] [名] -/-n 搾乳器.

der **Milch·reis** [ミルひ・らイス] [名] -es/-e 《主に[単]》ミルクライス《ミルクで煮たライス》.

die **Milch·säu·re** [ミルひ・ゾイれ] [名] -/ 〘化〙乳酸.

die **Milch·säu·re·bak·te·rie** [ミルひゾイれ・バクテーりエ] [名] -/-n 《主に[複]》乳酸菌.

die **Milch·scho·ko·la·de** [ミルひ・ショコラーデ] [名] -/-n ミルクチョコレート.

der **Milch·schorf** [ミルひ・ショるふ] [名] -(e)s/ 〘医〙乳痂《乳児の顔にできる湿疹》.

die **Milch·schwes·ter** [ミルひ・シュヴェスター] [名] -/-n 《古》(女の)乳きょうだい.

die **Milch·spei·se** [ミルひ・シュパイゼ] [名] -/-n 牛乳〔乳製品〕(を主にした)料理.

die **Milch·stra·ße** [ミルひ・シュトらーセ] [名] -/ 〘天〙天の川, 銀河.

das **Milch·stra·ßen·sys·tem** [ミルひシュトらーセン・ズュステーム] [名] -s/-e 〘天〙 **1.** 《[単]のみ》銀河系. **2.** 《稀》銀河系外星雲.

der **Milch·topf** [ミルひ・トップふ] [名] -(e)s/..töpfe ミルクパン, 牛乳わかし.

die **Milch·tü·te** [ミルひ・テューテ] [名] -/-n 牛乳パック.

das **Milch·vieh** [ミルひ・ふぃー] [名] -(e)s/ 乳をとる家畜《特に乳牛》.

die **Milch·wirt·schaft** [ミルひ・ヴィるトシャふト] [名] -/-en **1.** 《[単]のみ》酪農. **2.** 酪農場.

der **Milch·zahn** [ミルひ・ツァーン] [名] -(e)s/..zähne 乳歯.

der **Milch·zu·cker** [ミルひ・ツッカー] [名] -s/ 乳糖, ラクトース.

mild [ミルト] [形] **1.** 寛大な, 温情のある; 穏やかな; 温厚な: ~ gesagt 穏やかに言えば. **2.** 温暖な; 柔らかな: ein ~*er* Winter 暖冬. **3.** スパイスの強くない, まろやか〔マイルド〕な味の; 刺激の少ない《化学物質》. **4.** 《古》慈悲深い. **5.** 《稀》控え目な.

M

mil·de [ミルデ] [形] mild の述語的・副詞的用法の形.

die **Mil·de** [ミルデ] [名] -/ **1.** (気候などの)穏やかさ; (光などの)柔らかさ; (酒などの)まろやかさ, マイルド. **2.** 寛容, 寛大; 《古》慈悲深い施し.

mil·dern [ミルダーン] [動] *h.* **1.** 〘<et^4>ヲ〙軽くする, 軽減する《罰などを》, 減軽する《刑などを》. **2.** 〘<et^4>ヲ〙鎮める《怒り・興奮などを》, 和らげる《光の強度・痛みなどを》, 弱める《ショック・口調などを》, 緩和する《貧困(状態)などを》. **3.** 〔sich^4〕静〔鎮〕まる《怒りなどが》, 和らぐ《痛みなどが》, 弱まる《ショックなどが》, 緩む, 穏やかになる《寒気などが》. 【慣用】〈j^3〉 **mildernde Umstände zubilligen** 〈人の〉情状を酌量する.

die **Mil·de·rung** [ミルデるング] [名] -/ **1.** (罰の)軽減. **2.** (香りなどを)和らげること; (怒りなどの)鎮静. **3.** (苦しみなどの)緩和, 軽減. **4.** (天候が)和らぐこと.

der **Mil·de·rungs·grund** [ミルデるングス・グるント] [名] -(e)s/..gründe 減軽の事由.

mild·her·zig [ミルト・へるツィひ] [形] 《稀》心の優しい, 慈悲深い.

mild·tä·tig [ミルト・テーティひ] [形] 《文》慈悲深い, 慈善の.

die **Mild·tä·tig·keit** [ミルト・テーティひカイト] [名] -/ 《文》慈善.

das **Mi·li·eu** [miliǿ: ミリ㋓ー] [名] -s/-s **1.** (社会的)環境, 境遇. **2.** 〘生〙環境. **3.** 《スイ》売春婦の世界; 売春婦のいる地区. **4.** 《オーストリア》《古》小さなテーブルクロス.

mi·li·eu·ge·schä·digt [ミリ㋓ー・ゲシェーディひト] [形] 環境に害された.

mi·li·tant [ミリタント] [形] 戦闘〔好戦〕的な.

der **Mi·li·tär**[1] ［ミリテーあ］ [名] -s/-s 《主に[複]》 高級将校.

das **Mi·li·tär**[2] ［ミリテーあ］ [名] -s/ 《古》軍;軍隊, 軍部: zum ～ gehen 入隊する.

das **Mi·li·tär·ab·kom·men** ［ミリテーあ·アップ·コメン］ [名] -s/- 軍事協定.

der **Mi·li·tär·arzt** ［ミリテーあ·アーあツト, ミリテーあ·アるツト］ [名] -es/..ärzte 軍医.

der **Mi·li·tär·at·ta·ché** ［ミリテーあ·アタシェー］ [名] -s/-s 大使館〔公使館〕付き武官.

das **Mi·li·tär·bünd·nis** ［ミリテーあ·ビュントニス］ [名] -ses/-se 軍事同盟.

der **Mi·li·tär·dienst** ［ミリテーあ·ディーンスト］ [名] -(e)s/ 兵役, 軍務.

das **Mi·li·tär·flug·zeug** ［ミリテーあ·ふルーク·ツォイク］ [名] -(e)s/-e 軍用機.

das **Mi·li·tär·ge·fäng·nis** ［ミリテーあ·ゲふェングニス］ [名] -ses/-se 軍刑務所.

der **Mi·li·tär·geist·li·che** ［ミリテーあ·ガイストリひェ］ [名] 《形容詞的変化》従軍聖職者.

das **Mi·li·tär·ge·richt** ［ミリテーあ·ゲりひト］ [名] -(e)s/-e 軍事裁判所, 軍法会議.

die **Mi·li·ta·ria** ［ミリターりア］ [複名] 軍事関係(全般);〘出版〙軍事関係書籍;軍事関係文献;《古》軍事郵便.

mi·li·tä·risch ［ミリテーりシュ］ [形] **1.** 軍(事)の, 軍隊〔軍用〕の. **2.** 軍隊式〔風〕の, 軍人らしい.

mi·li·ta·ri·sie·ren ［ミリタりズィーれン］ [動] *h.* **1.** 〔〈et[4]〉ニ〕軍事施設を作る, 軍隊を配備する, (…を)武装化する(ある地域などを);(…の)軍制を組織する. **2.** 〔〈et[4]〉ヲ〕軍国(主義)化する(国家などを).

die **Mi·li·ta·ri·sie·rung** ［ミリタりズィーるング］ [名] -/ **1.** 武装化;軍制の組織化. **2.** 軍国化, 軍国主義化.

der **Mi·li·ta·ris·mus** ［ミリタりスムス］ [名] -/ 《蔑》軍国主義.

der **Mi·li·ta·rist** ［ミリタりスト］ [名] -en/-en 《蔑》軍国主義者.

mi·li·ta·ris·tisch ［ミリタりスティシュ］ [形] 軍国主義的な.

die **Mi·li·tär·jun·ta** ［ミリテーあ·ユンタ］ [名] -/..ten 軍事政権.

die **Mi·li·tär·ka·pel·le** ［ミリテーあ·カペレ］ [名] -/-n 軍楽隊.

die **Mi·li·tär·mu·sik** ［ミリテーあ·ムズィーク］ [名] -/ 軍楽.

die **Mi·li·tär·pflicht** ［ミリテーあ·プふりひト］ [名] -/ 兵役義務.

die **Mi·li·tär·po·li·zei** ［ミリテーあ·ポリツァイ］ [名] -/ 憲兵隊(略 MP).

der **Mi·li·tär·putsch** ［ミリテーあ·プッチュ］ [名] -(e)s/-e 軍事クーデター.

die **Mi·li·tär·re·gie·rung** ［ミリテーあ·れギーるング］ [名] -/-en **1.** 軍事政権. **2.** (占領地などの)軍政府.

die **Mi·li·tär·seel·sor·ge** ［ミリテーあ·ゼール·ゾるゲ］ [名] -/-n 〘軍〙軍司牧.

die **Mi·li·ta·ry** ［mílitəri ミリテり］ [名] -/-s 〘馬術〙総合馬術競技.

die **Mi·li·tär·zeit** ［ミリテーあ·ツァイト］ [名] -/ 兵役期間.

die **Mi·liz** ［ミリーツ］ [名] -/-en **1.** 民兵部隊;《古》軍隊. **2.** (社会主義国の)民警. **3.** 《スイス》(スイスの)戦力.

der **Mi·liz·sol·dat** ［ミリーツ·ゾルダート］ [名] -en/-en 民兵.

milk! ［ミルク］ [動] melken の du に対する命令形.

der **Milk·shake** ［..ʃeːk ミルク·シェーク］ [名] -s/-s ミルクセーキ.

milkst ［ミルクスト］ [動] 《古》melken の現在形 2 人称単数.

milkt ［ミルクト］ [動] 《古》melken の現在形 3 人称単数.

Mill. =Million(en) 100 万.

das **Mil·le** ［ミレ］ [名] -/- 《主に[複]》1000 (Tausend);《口》旧 1000 マルク.

das **Mil·le·fi·o·ri·glas** ［ミレ·ふぃオーり·グラース］ [名] -es/..gläser ミレフィオーリガラス(彩色ガラス棒を束ねて溶融し切断面に小花模様が出るようにした装飾ガラス).

das **Mil·len·ni·um** ［ミレニウム］ [名] -s/..ennien 1000 年;〘キ教〙千年王国(世界終末前にキリストが再び現れて千年間この世を統治すると言う説).

(*die*) **Mil·li** ［ミリ］ [名] 〘女名〙ミリィ(Emilie の愛称).

das **Mil·li·am·pere** ［mɪliˈampɛːr ミリ·アムペーあ, ミリ·アムペーあ］ [名] 〘理〙ミリアンペア(記号 mA).

der **Mil·li·ar·där** ［ミリアるデーあ］ [名] -s/-e 億万長者, 大富豪.

die **Mil·li·ar·de** ［ミリアるデ］ [名] -/-n 10 億(略 Md., Mrd.).

das **Mil·li·bar** ［ミリ·バーあ, ミリ·バーあ］ [名] -s/- 〘気〙ミリバール(記号 mb, mbar).

das **Mil·li·gramm** ［ミリ·グらム, ミリ·グらム］ [名] -s/-e ミリグラム(記号 mg).

der (*das*) **Mil·li·me·ter** ［ミリ·メーター, ミリ·メーター］ [名] -s/- ミリメートル(記号 mm).

das **Mil·li·me·ter·pa·pier** ［ミリメーター·パピーあ］ [名] -s/-e 1 ミリ方眼紙.

die **Mil·li·on** ［ミリオーン］ [名] -/-en **1.** 100 万(略 Mill., Mio.). **2.** 《[複]のみ》何百万の人〔額〕: *～en* von Werktätigen 何百万の勤労者. in die *～en* gehen (費用などが)数百万に及ぶ.

der **Mil·li·o·när** ［ミリオネーあ］ [名] -s/-e 百万長者.

mil·li·o·nen·fach ［ミリオーネン·ふぁっは］ [形] 100 万倍(以上)もの.

die **Mil·li·o·nen·stadt** ［ミリオーネン·シュタット］ [名] -/..städte 人口百万(以上)の大都市.

mil·li·ons·tel ［ミリオーンステル］ [数] 《分数》100 万分の 1 の.

das **Mil·li·ons·tel** ［ミリオーンステル］ [名] -s/- (《スイス》der ～)100 万分の 1.

mil·li·on·tel ［ミリオーンテル］ [数] 《分数》=millionstel.

das **Mil·li·on·tel** ［ミリオーンテル］ [名] -s/- =Millionstel.

das **Mil·li·rem** ［ミリ·れム］ [名] -(s)/-(s) 〘理〙ミリレム(放射線人体吸収線量の単位).

der **Mill·stät·ter See** ［ミルシュテッター ゼー］ [名] --s/ 〘湖名〙ミルシュタット湖(オーストリア南部に位置).

(*der*) **Mil·ton** ［míltən ミルテン］ [名] 〘人名〙ミルトン(John ～, 1608-74, イギリスの詩人).

die **Milz** ［ミルツ］ [名] -/-en 脾臓(ひぞう).

der **Milz·brand** ［ミルツ·ブらント］ [名] -(e)s/ 〘医〙炭疽(たんそ), 脾脱疽(ひだつそ)(家畜・人の伝染病).

der **Mi·me** ［ミーメ］ [名] -n/-n 《古》役者.

mi·men ［ミーメン］ [動] *h.* **1.** 〔〈j[4]/et[4]〉ノ〕《口・蔑》ふりをする, (…を)装う. **2.** 〔〈j[4]/et[4]〉ヲ〕《稀》演じる, (…に)扮(ふん)する.

die **Mi·me·se** ［ミメーゼ］ [名] -/-n **1.** 〘動〙隠蔽(いんぺい)擬態. **2.** 《文》=Mimesis.

die **Mi·me·sis** ［ミーメズィス］ [名] -/..mesen ［ミメーゼン］ 《文》 **1.** (古代芸術における)自然の模倣;ミメシス(プラトンの哲学でイデア〔原型〕に対する模像〔個物〕). **2.** 〘修〙(他人の言葉の風刺的な)物真似;(人物の)言葉による模倣.

mi·me·tisch ［ミメーティシュ］ [形] 《文》模倣の;ミメシスの;〘動〙隠蔽擬態の.

die **Mi·mik** ［ミーミク］ [名] -/ 身振り, 物まね《口》複

雑な構造物〔装置〕.
die **Mi|mi|kry** [..kri ミミクリ] 名 -/ **1.**〖動〗標識擬態. **2.**〔欺きや保身のための〕順応.
(*der*) **Mi|mir** [ミーミる] 名〖北欧神〗ミーミル(英知の泉の番人).
mi|misch [ミーミシュ] 形 身振り[表情]の;身振り[表情]による;演技の.
die **Mi|mo|se** [ミモーゼ] 名 -/-n **1.**〖植〗オジギソウ, ネムリグサ;アカシア. **2.**((蔑))〖も有〗神経過敏な人.
mi|mo|sen|haft [ミモーゼンハふト] 形 ((蔑))〖も有〗感じやすい, 過敏な.
der **Mi|mus** [ミームス] 名 -/..men〖文芸学〗 **1.**(古代の)茶番狂言の役者. **2.**(古代の)茶番狂言. **3.**((のみ))身振り表情の演技.
min. , **Min.** = Minute (時間の単位としての)分.
das **Mi|na|rett** [ミナれット] 名 -(e)s/-e ミナレット(イスラム教寺院の細長い尖塔〔塔〕).
(*das*) **Min|den** [ミンデン] 名 -s/〖地名〗ミンデン(ノルトライン=ヴェストファーレン州の都市).
min|der [ミンダー] 副〖文〗より少なく : nicht ~ 同じ程度に. mehr oder ~ 多かれ少なかれ.
—— 形 それほどよくない, 低い : Waren von ~er Qualität 低級品.
min|der|be|gabt [ミンダー・ベガープト] 形 才能に恵まれない.
min|der|be|mit|telt [ミンダー・ベミッテルト] 形 財力のない ; geistig ~ sein (転・口・蔑)知能が足りない.
der **Min|der|be|trag** [ミンダー・ベトらーク] 名 -(e)s/..träge 不足分, 欠損, 赤字.
das **Min|der|ge|wicht** [ミンダー・ゲヴィヒト] 名 -(e)s/-e 重量〔斤量〕不足.
die **Min|der|heit** [ミンダーハイト] 名 -/-en **1.** ((のみ))(ある数の人の中の)少数. **2.** 少数派, 少数党 : eine nationale ~ 少数民族.
der **Min|der|hei|ten|schutz** [ミンダーハイテン・シュッツ] 名 -es/ 少数者[民族]保護.
die **Min|der|heits|be|tei|li|gung** [ミンダーハイツ・ベタイリグング] 名 -/-en 少数の資本参加(出資額が少数であること).
min|der|jäh|rig [ミンダー・イェーりヒ] 形〖法〗未成年の(18 歳未満の).
der/die **Min|der|jäh|ri|ge** [ミンダー・イェーりゲ] 名(形容詞的変化)未成年者.
die **Min|der|jäh|rig|keit** [ミンダー・イェーりヒカイト] 名 -/ 未成年.
min|dern [ミンダーン] 動 *h.*/〖文〗 **1.**〔〈et⁴〉を〕減少させる, 低下させる(収量・価値などを). 〔落ちす〕(速度など を). **2.**〔sich⁴〕減少する, 減じる, 低下する, 落ちる.
die **Min|de|rung** [ミンデるング] 名 -/-en 減少, 低下.
der **Min|der|wert** [ミンダー・ヴェーあト] 名 -(e)s/((ジ))より低い価値〔価格〕, 価値の減少, 減価.
min|der|wer|tig [ミンダー・ヴェーあティヒ] 形 価値の低い, 劣等の : sich⁴ ~ fühlen 劣等感を持つ.
die **Min|der|wer|tig|keit** [ミンダー・ヴェーあティヒカイト] 名 -/ 劣等, 粗悪.
das **Min|der|wer|tig|keits|ge|fühl** [ミンダーヴェーあティヒカイツ・ゲふュール] 名 -(e)s/-e〖心〗劣等感.
der **Min|der|wer|tig|keits|kom|plex** [ミンダーヴェーあティヒカイツ・コムプれックス] 名 (e)s/-e〖心〗インフェリオリティ〔劣等〕コンプレックス.
die **Min|der|zahl** [ミンダー・ツァール] 名 -/ 少数 : in der ~ sein 少数である.
min|dest [ミンデスト] 形((minder の最高級))最も少ない, 最低(限)の, ごくわずかな : nur die ~en Aussichten haben, ... zu 動~する見込みはごくわずかでない. 【慣用】nicht im Mindesten [mindesten] 少しも…ない. zum Mindesten [mindesten] 少なくとも.

das **Min|dest|al|ter** [ミンデスト・アルター] 名 -s/- 最低年齢.
min|des|tens [ミンデステンス] 副 ((語修))(動詞・形容詞・副詞・名詞を修飾)少なくとも;せめて : ~ dreimal 少なくとも 3 回.
das **Min|dest|ge|bot** [ミンデスト・ゲボート] 名 -(e)s/-e 最低競売価格.
das **Min|dest|halt|bar|keits|da|tum** [ミンデスト・ハルトバーあカイツ・ダートゥム] 名 -s/..ten 品質保持[賞味]期限.
der **Min|dest|lohn** [ミンデスト・ローン] 名 -(e)s/..löhne 最低賃金.
das **Min|dest|maß** [ミンデスト・マース] 名 -es/ 最小〔最低〕限.
der **Min|dest|preis** [ミンデスト・プらイス] 名 -es/-e (公的)最低価格.
die **Min|dest|re|ser|ve** [ミンデスト・れぜるヴェ] 名 -/-n (主に ((独)))〖経〗最低(支払い)準備金, 最低銀行準備金.
das **Min|dest|sa|lär** [ミンデスト・ザレーあ] 名 -s/-((ス))初任給.
der **Min|dest|um|tausch** [ミンデスト・ウム・タウシュ] 名 -(e)s/ (特に旧東独の)法定平価.
die **Mi|ne**¹ [ミーネ] 名 -/-n **1.** 地雷, 機雷. **2.** 鉱山;坑道. **3.** (鉛筆などの)芯 (よ). **4.**〖生〗(昆虫などに食われた植物の)穿孔.
die **Mi|ne**² [ミーネ] 名 -/-n ミナ(①古代ギリシア・近東の重量単位. ②古代ギリシアの貨幣).
das **Mi|nen|feld** [ミーネン・ふェルト] 名 -(e)s/-er 地雷原;機雷敷設海域.
der **Mi|nen|le|ger** [ミーネン・レーガー] 名 -s/-〖軍〗機雷敷設艦;地雷敷設用装甲車.
das **Mi|nen|räum|boot** [ミーネン・ろイム・ボート] 名 -(e)s/-e〖軍〗小型掃海艇.
die **Mi|nen|sper|re** [ミーネン・シュペれ] 名 -/-n 機雷〔地雷〕封鎖.
das **Mi|nen|such|boot** [ミーネン・ズーふ・ボート] 名 -(e)s/-e〖軍〗掃海艇.
der **Mi|nen|su|cher** [ミーネン・ズーはー] 名 -s/- =Minensuchboot.
das **Mi|nen|such|ge|rät** [ミーネン・ズーふ・ゲれート] 名 -(e)s/-e〖軍〗地雷〔機雷〕探知機.
der **Mi|nen|wer|fer** [ミーネン・ヴェるふぁー] 名 -s/-〖軍〗(昔の)迫撃砲.
das **Mi|ne|ral** [ミネらール] 名 -s/-e〔-ien〕 鉱物, 鉱石.
das **Mi|ne|ral|bad** [ミネらール・バート] 名 -(e)s/..bäder 鉱泉療養地.
der **Mi|ne|ral|brun|nen** [ミネらール・ブるネン] 名 -s/- 鉱泉.
der **Mi|ne|ral|dün|ger** [ミネらール・デュンガー] 名 -s/- 無機肥料.
die **Mi|ne|ra|li|sa|ti|on** [ミネらリザツィオーン] 名 -/-en〖生〗無機化の;〖地質〗鉱化.
mi|ne|ra|lisch [ミネらーリシュ] 形 鉱物(質・性)の, 鉱物を含む.
der **Mi|ne|ra|lo|ge** [ミネら・ローゲ] 名 -n/-n 鉱物学者.
die **Mi|ne|ra|lo|gie** [ミネら・ロギー] 名 -/ 鉱物学.
mi|ne|ra|lo|gisch [ミネら・ローギシュ] 形 鉱物学(上)の.
das **Mi|ne|ral|öl** [ミネらール・オール] 名 -(e)s/-e 鉱油, 石油.
die **Mi|ne|ral|öl|in|dus|trie** [ミネらール・オール・インドストりー] 名 -/-n 石油産業.
die **Mi|ne|ral|öl|steu|er** [ミネらール・シュトイあー] 名 -/ 石油税.
die **Mi|ne|ral|quel|le** [ミネらール・クヴェレ] 名 -/-n 鉱泉.

das **Mi·ne·ral·was·ser** [ミネラール・ヴァッサー] 名 -s/..wässer 鉱泉水;ミネラルウォーター.

(*die*) **Mi·ner·va** [ミネㇽヴァ] 名《ロ神》ミネルヴァ《知恵・芸術・芸術をつかさどる女神》. ⇨ Athene.

die **Mi·ne·stro·ne** [ミネストろーネ] 名 -/-(ni) ミネストローネ《イタリア風野菜スープ》.

der **Mi·neur** [..nö́ːr ミ・ネーァ] 名 -s/-e《軍》地雷《機雷・爆薬》敷設工兵.

der **Mi·ni**[1] [ミニ] 名 -s/-s《口》ミニ《スカート》.

das **Mi·ni**[2] [ミニ] 名 1.《⊕のみ;主に無冠詞》《服》ミニ(の服);ミニ丈. 2.《口》ミニドレス.

die **Mi·ni·a·tur** [ミニアトゥーァ] 名 -/-en ミニアチュール, 細密画;手写本彩飾画.

die **Mi·ni·a·tur·aus·ga·be** [ミニアトゥーァ・アウスガーベ] 名 -/-n 豆本.

die **Mi·ni·a·tu·ri·sie·rung** [ミニアトゥりズィーるング] 名 -/-en《電》超小型化《電子工学部品などの》.

das **Mi·ni·au·to** [ミニ・アウト] 名 -s/-s《⊕》ミニカー.

mi·nie·ren [ミニーれン] 動 h.《鉱》坑道を堀削する.

das **Mi·ni·golf** [ミニ・ゴㇽフ] 名 -s/ ミニゴルフ.

mi·nim [ミニーム] 形《スイス》《古》ごくわずかの.

mi·ni·mal [ミニマール] 形 最小(限)の, ごくわずかな.

der **Mi·ni·mal·be·trag** [ミニマール・ベトらーク] 名 -(e)s/..träge 最低額.

mi·ni·ma·li·sie·ren [ミニマリズィーれン] 動 h.《et⁴ を》《最小限に切詰める《費用などを》;最低に評価する》《数》極小値化する《関数などを》.

das **Mi·ni·max·prin·zip** [ミーニ・マックス・プりンツィープ] 名 -s/《数》マックスの原則《こうむるべき最大の損害を最小限にとどめる行動選択の原則》.

mi·ni·mie·ren [ミニミーれン] 動 h. 1.《et⁴ を》《数》極小値を求める. 2.《et⁴ を》《文》最小限に抑える.

die **Mi·ni·mo·de** [ミニ・モーデ] 名 -/ ミニの流行《モード》.

das **Mi·ni·mum** [ミーニムム] 名 -s/Minima 1.《主に⊕》《文》最小《最低》限, ミニマム. 2.《数》極小(値);《気》(特に気温などの一日の)最低値. 3. 低気圧の中心.

die **Mi·ni·pil·le** [ミニ・ピレ] 名 -/-n《口》ミニピル《薬量の少ないピル》.

der **Mi·ni·rock** [ミニ・ろック] 名 -(e)s/..röcke ミニスカート.

das **Mi·ni·spi·on** [ミニ・シュピオーン] 名 -s/-e 小型盗聴器.

der **Mi·nis·ter** [ミニスター] 名 -s/- 大臣,…相: der ~ des Inneren/Äußeren 内務/外務大臣.

der **Mi·nis·te·ri·al·be·am·te** [ミニステりアール・ベアムテ] 名《形容詞的変化》本省つきの官史.

der **Mi·nis·te·ri·al·di·rek·tor** [ミニステりアール・ディれクトーァ] 名 -s/-en 省の局長.

der **Mi·nis·te·ri·al·di·ri·gent** [ミニステりアール・ディリゲント] 名 -en/-en 省庁の部長.

die **Mi·nis·te·ri·a·le** [ミニステりアーレ] 名 -n/-n 1. ミニステリアーレ, 家士《中世領主に仕えた非自由人の高位の役人》. 2. 省に所属する人.

der **Mi·nis·te·ri·al·rat** [ミニステりアール・らート] 名 -(e)s /..räte 省の課長.

mi·nis·te·ri·ell [ミニステりエㇽ] 形 省の;大臣の.

das **Mi·nis·te·ri·um** [ミニステーりウム] 名 -s/..rien 省;省の庁舎.

der **Mi·nis·ter·prä·si·dent** [ミニスター・プれズィデント] 名 -en/-en 首相, 総理大臣;(ドイツの)州政府首相, 州首相.

der **Mi·nis·ter·rat** [ミニスター・らート] 名 -(e)s/..räte 1.《主に⊕》《総称》閣僚, 閣議, (旧東独などの)閣僚評議会, (欧州連合・欧州共同体の)閣僚理事会.

mi·nis·tra·bel [ミニストらーベㇽ] 形《⊕⊕は..bl..》大臣になる力のある.

der **Mi·nis·trant** [ミニストらント] 名 -en/-en《カトリ》ミサの侍者(Messdiener).

mi·nis·trie·ren [ミニストりーれン] 動 h.《博⊆⊆》《カトリ》ミサの侍者を勤める.

der **Mink** [ミンク] 名 -s/-e 1.《動》ミンク. 2. ミンクの毛皮.

die **Min·na** [ミナ] 名 -/-s 1.《⊕のみ;主に無冠詞》《女名》ミナ(Helmine, Wilhelmine の愛称). 2.《口・古》女中, お手伝いさん: 〈j⁴〉 zur ~ machen 〈人⁴を〉激しくしかりつける. 3.《口》《次の形で》die grüne ~ 囚人護送車.

die **Min·ne** [ミネ] 名 1. ミンネ《中世騎士の女性に捧げる愛》. 2. 愛, 恋愛《古風な表現》.

der **Min·ne·dienst** [ミネ・ディーンスト] 名 -(e)s/《中世騎士の婦人への》愛の奉仕.

das **Min·ne·lied** [ミネ・リート] 名 -(e)s/-er《文芸学》《ドイツ中世騎士の》恋愛歌, ミンネリーデ.

min·nen [ミネン] 動 h.《j³を》《古》愛する, (…に)恋をする.

der **Min·ne·sang** [ミネ・ザング] 名 -(e)s/《文芸学》ミンネザング(Minnelied の総称).

der **Min·ne·sän·ger** [ミネ・ゼンガー] 名 -s/-《中世の》恋愛詩人, ミンネゼンガー.

min·nig·lich [ミニクリヒ] 形《古》愛らしい;愛情のこもった.

mi·no·isch [ミノーイシュ] 形 ミノス(島)の: die ~e Kultur ミノス《クレタ》文明.

das **Mi·no·rat** [ミノらート] 名 -(e)s/-e《法》末子相続権;末子相続財産.

mi·no·renn [ミノれン] 形《法》《古》未成年である.

der **Mi·no·rist** [ミノリスト] 名 -en/-en《カトリ》下級聖品者.

die **Mi·no·ri·tät** [ミノりテート] 名 -/-en 1.《⊕のみ》《票決などの》少数. 2. 少数派, 少数党;少数民族.

(*der*) **Mi·nos** [ミーノス] 名《ギ神》ミノス《クレタ島の王, Ariadne の父. Minotaurus を迷宮に閉じ込める》.

der **Mi·no·taur** [..táʊr ミノタウㇺ] 名 -s/《ギ神》=Minotaurus.

der **Mi·no·tau·rus** [ミノタウるス] 名 -/《ギ神》ミノタウルス《クレタ王 Minos の妻と牛の間にできた頭が雄牛で体が人間の怪物》.

der **Mi·nu·end** [ミヌエント] 名 -en/-en《数》被減数.

mi·nus [ミーヌス] 接 マイナス, 引く《記号》: Sieben ~ vier ist(gibt/macht) drei. 7-4=3.
—— 副 1.《数・電》マイナス, 負: M~ drei mal ~ drei ergibt plus neun. (-3)×(-3)=9. Der Strom fließt von plus nach ~. 電流はプラスからマイナスへ流れる. 2.《温度》零下: Das Thermometer zeigt ~ drei Grad (drei Grad ~). 寒暖計は零下3度を指している. 3.《示された数や記号より悪いことを示す》マイナス: B~(B-)Bマイナス.
—— 前《+2格》《商》…を差引いて: der Kaufpreis ~ der Anzahlung 内金を差引いた代金.

das **Mi·nus** [ミーヌス] 名 -/- 1. 欠損, 赤字. 2.《悪い方向に作用する》マイナス, 欠点, 短所.

die **Mi·nus·kel** [ミヌスケㇽ] 名 -/-n《印》小文字.

der **Mi·nus·pol** [ミーヌス・ポーㇽ] 名 -(e)s/-e《電》陰極《マイナス》極;《理》《磁石の》陰極.

der **Mi·nus·punkt** [ミーヌス・プンクト] 名 -(e)s/-e 1. マイナス点, 減点. 2. 否定的な面.

das **Mi·nus·zei·chen** [ミーヌス・ツァイヒェン] 名 -s/-《数》負号, マイナス記号《記号 -》.

die **Mi·nu·te** [ミヌーテ] 名 -/-n 1. 分(Stunde《1時間》の 1/60. 略 Min.);瞬間: auf ein paar ~n

数分〔少し〕の間. bis zur letzten〔bis auf die letzte〕~ 最後の瞬間まで. in ein paar ~*n* 二三分のうちに. nach wenigen ~*n* 数分後に. in letzter ~ 最後の瞬間に. **2.** (角度・緯度・経度の単位の)分 (′) (Grad (1度) の 1/60. 記号 ′). 【慣用】**auf die Minute** 1分もちがえずに(時間厳守).

mi·nu·ten·lang [ミヌーテン・ランゲ] 形 数分間の.
der **Mi·nu·ten·zei·ger** [ミヌーテン・ツァイガー] 名 -s/- (計器の)分針, 長針.
..mi·nü·tig [..ミニューティヒ] 接尾 =..minütig.
..mi·nü·tig [..ミニューティヒ] 接尾 数詞などにつけて「…分間の」を表す形容詞を作る: fünf*minütig* 〔5-minütig〕5 分間の.
mi·nu·ti·ös [ミヌツィ㋹ース] 形 =minuziös.
..mi·nüt·lich [..ミニュートリヒ] 接尾 =..minütlich.
mi·nüt·lich [ミニュートリヒ] 形 1分ごとの.
..mi·nüt·lich [..ミニュートリヒ] 接尾 数詞などにつけて「…分ごとの」を表す形容詞を作る: fünf*minütlich* 〔5-minütlich〕5 分ごとの.
mi·nu·zi·ös [ミヌツィ㋹ース] 形 《文》綿密〔細密〕な, 細心の;《古》細かいことにこだわる.
die **Min·ze** [ミンツェ] 名 -/-n 〖植〗ハッカ.
Mio. =Million(en) 100万.
das **Mi·o·zän** [ミオツェーン] 名 -s/ 〖地質〗中新世.
mir [ミーア] 代 1. 《人称》1 人称㊝ ich の 3 格. 私に, ぼくに: Hilf ~ ! ぼくを助けてくれ. Mein Sohn ist ~ ähnlich. 息子は私に似ている. Er reist mit ~. 彼は私と一緒に旅行する. 《関心を示す》Das war ~ vielleicht ein Lärm. それは大騒ぎだったろう な. **2.** 《再帰》1 人称㊝第 3 格: Ich kaufe ~ ein Buch. 私は(自分のための)本を買う. Darf ich ~ eine Frage erlauben ? お尋ねしたいのですが. Ich sah ~ den neuen Film an. 私は新しい映画を見た. 【慣用】**mir nichts, dir nichts** いきなり, 突然.
der **Mir** [ミーる, ミる] 名 -s/-e ミール(帝政ロシアの農村共同体).
die **Mi·ra** [ミーら] 名 -/ 〖天〗ミラ(鯨座の変光星).
die **Mi·ra·bel·le** [ミらベレ] 名 -/-n 〖植〗キイロウメム, ミラベル.
mi·ra·bi·le dic·tu [ミらービレ ディクトゥ] 〖ラテン語〗《文》言うも不思議な, 信じがたいことに.
die **Mi·ra·ge** [ミらージュ] 名 -/-n **1.** 《気》蜃気楼 (ぬや゚). **2.** 《古》自己欺瞞. **3.** 《㊧-s》ミラージュ(フランスの戦闘機).
das **Mi·ra·kel** [ミらーケル] 名 -s/- 《文》不思議(なこと), 奇跡;(中世の)奇跡劇.
mi·ra·ku·lös [ミらクローズ] 形 《古》奇跡的な.
die **Mis·an·drie** [ミザンドリー] 名 -/ 〖医・心〗男性嫌悪.
der **Mis·an·throp** [ミザントローブ] 名 -en/-en 《文》人間嫌い(人).
die **Mis·an·thro·pie** [ミザントろピー] 名 -/ 人間嫌い.
mis·an·thro·pisch [ミザントろービッシュ] 形 人間嫌いの.
misch·bar [ミッシュ・バーる] 形 混合できる.
die **Misch·bat·te·rie** [ミッシュ・バテリー] 名 -/-n 湯水混合水栓.
die **Misch·e·he** [ミッシュ・エーエ] 名 -/-n **1.** 異人種間の結婚(ナチの用語. 特にアーリア人とユダヤ人との間の). **2.** 宗教的・国籍を異にする者間の結婚.
mi·schen [ミッシェン] 動 h. **1.** 〔〈et⁴〉ッ〕混ぜる(ワインと水, 何種かのスパイスなどを). **2.** 〔〈et⁴〉ッ+in 〈unter〉ッ/㊌〕混ぜる. **3.** 〔〈et⁴〉ッ+aus 〈et³〉ッ複合〕作る(カクテル・コンクリートなどを). **4.** 〔sich⁴+mit 〈et³〉ッ〕混ざる, 混じる. **5.** 《相互代名詞sich⁴》互いに混じり合う. **6.** 〔sich⁴+in 〈et⁴〉ッ〕入交じる, 混入する. **7.** 〔〈et⁴〉ッ〕切る, 混ぜる(カード・くじなどを). **8.** 〔sich⁴+in 〈et⁴〉ッ〕口出しをする, はさむ. **9.** 〔sich⁴+unter 〈et⁴〉/㊌〕加わる (群衆の中などに). **10.** 〔〈et⁴〉ッ〕〖映・㌽・㌣〗ミキシングする.

misch·er·big [ミッシュ・エルビヒ] 形 〖生〗(遺伝子の)異型接合体の.
das **Misch·ge·mü·se** [ミッシュ・ゲミューゼ] 名 -s/- ミックスヴェジタブル.
das **Misch·ge·tränk** [ミッシュ・ゲトれンク] 名 -(e)s/-e ミックスドリンク, 混合飲料.
die **Misch·kul·tur** [ミッシュ・クルトゥーア] 名 -/-en 混合文化;〖農〗混合栽培.
der **Mischling** [ミッシュリング] 名 -s/-e 混血児;〖生〗雑種.
der **Misch·masch** [ミッシュ・マッシュ] 名 -(e)s/-e 《口》(主に《蔑》)ごちゃまぜ.
die **Misch·ma·schi·ne** [ミッシュ・マシーネ] 名 -/-n 〖土〗(コンクリートなどの)ミキサー.
die **Misch·poke** [ミッシュ・ポーケ] 名 -/ 《口・蔑》一家, 一族;不逞(いてい)のやから, 一味.
das **Misch·pult** [ミッシュ・ブルト] 名 -(e)s/-e ミキシング用調整装置, ミキサー, ミキシングパネル.
die **Misch·spra·che** [ミッシュ・シュプらーヘ] 名 -/-n 〖言〗混成〔混種〕言語.
die **Mi·schung** [ミッシュング] 名 -/-en **1.** 混合;ミキシング. **2.** 混合物, ミックス;入交じったもの.
das **Mi·schungs·ver·hält·nis** [ミッシュングス・ふぇあヘルトニス] 名 -ses/-se 混合比, 混合の割合.
der **Misch·wald** [ミッシュ・ヴァルト] 名 -(e)s/..wälder (濶葉〔ヴァ〕樹と針葉樹の)混合林.
die **Mi·se** [ミーゼ] 名 -/-n **1.** 一時払い生命保険料. **2.** 賭け金.
mi·se·ra·bel [ミゼらーベル] 形 (㊝は..bl..) なんともひどい, 悲惨な, 惨めな;卑劣な.
die **Mi·se·re** [ミゼーれ] 名 -/-n 《文》苦境, 窮状.
das **Mi·se·re·re** [ミゼれーれ] 名 -(s)/- **1.** ミゼレーレ(ラテン語の旧約聖書の詩編 51 (Vulgata 聖書では 50)の初句(私を憐れんでください)およびその名称). **2.** 〖医〗吐糞(ふん).
Mi·se·ri·cor·di·as Do·mi·ni [ミゼりコるディアス ドーミニ] (無冠詞・無変化)〖プロテス〗復活祭後の第 2 日曜日.
die **Mi·se·ri·kor·die** [ミゼりコるディエ] 名 -/-n ミゼリコルディア(教会の聖職者席のはね上げ椅子の裏につけられた起立した時の背もたれ).
das **Mi·se·ri·kor·di·en·bild** [ミゼりコるディエン・ビルト] 名 -(e)s/-er 〖芸術学〗キリスト受難像.
die **Mi·so·ga·mie** [ミゾ・ガミー] 名 -/ 〖心〗結婚嫌い.
der **Mi·so·gyn** [ミゾ・ギューン] 名 -s〔-en〕/-e(n) 〖医・心〗女嫌いの男.
die **Mi·so·gy·nie** [ミゾ・ギュニー] 名 -/ **1.** 〖医・心〗女嫌い. **2.** 《文》女性蔑視.
die **Mis·pel** [ミスペル] 名 -/-n 〖植〗セイヨウカリン;セイヨウカリンの実.
die **Miss, ㊨Miß** [ミス] 名 -/Misses [mɪsɪs ミスィス] **1.** (無冠詞) 嬢, ミス…. **2.** (美人コンテストの)ミス…: ~ Germany ミスドイツ. **3.** 《冗》ミス(あるいりの女性を体現している女性). **4.** 《古》(イギリスほか)の女性家庭教師.
miss, ㊨miß [ミス] 動 messen の du に対する命令形.
miss··, ㊨miß·· [ミス..] 接頭 動詞・形容詞・名詞につけて「誤り, 過失, 不良, 不正, 否定」などを表す. **1.** 非分離動詞(通例アクセント無だが, 複合動詞につくときはアクセント有): *miss*brauchen 悪用する. *miss*deuten 曲解する. *miss*verstehen 誤解する. **2.** 形容詞・名詞(アクセントが有る場合が多い) **a.** アクセントが有る場合: *miss*trauisch 疑ぐり深い.

*Miss*trauen 不信. **b.** アクセントが無い場合：*miss-artet* 変質した. *Miss*lingen 失敗.

die **Mis·sa** [ミッサ] 名 -/Missae [ミッセ] ミサ聖祭.

miss·ach·ten, ⓓ**miß·ach·ten** [ミス・アハテン, ミス・アハテン] ⓓ missachtete ; hat missachtet (gemissachtet) **1.** 〔et⁴ッ〕無視する (規則・忠告など). **2.** 〔et⁴ッ〕軽視する, 侮る.

die **Miss·ach·tung**, ⓓ**Miß·ach·tung** [ミス・アハトゥング] 名 -/ 無視, 軽蔑.

das **Mis·sal** [ミサール] 名 -s/-e 〔ｶﾄﾘｯｸ〕ミサ典書.

das **Mis·sa·le** [ミサーレ] 名 -s/-n(..lien) =Missal.

die **Mis·sa so·lem·nis** [ミッサ ゾレムニス] 名 --/Missae .. nes [ミッセ .. ネース] 〔ｶﾄﾘｯｸ〕荘厳ミサ.

miss·be·ha·gen, ⓓ**miß·be·ha·gen** [ミス・ベハーゲン] ⓓ (稀)不愉快にさせる.

das **Miss·be·ha·gen**, ⓓ**Miß·be·ha·gen** [ミス・ベハーゲン] 名 -s/ 不快, 不愉快.

die **Miss·bil·dung**, ⓓ**Miß·bil·dung** [ミス・ビルドゥング] 名 -/-en 奇形.

miss·bil·li·gen, ⓓ**miß·bil·li·gen** [ミスビリゲン] ⓓ h. 〔et⁴ッ〕是認〔承認〕しない, (…に) 同意〔賛成〕しない.

die **Miss·bil·li·gung**, ⓓ**Miß·bil·li·gung** [ミス・ビリグング] 名 -/-en (主にⓢ)不賛成, 不同意.

der **Miss·brauch**, ⓓ**Miß·brauch** [ミス・ブラウホ] 名 -s/..bräuche **1.** 乱用, 悪用, 悪用 (薬などの) 濫用. **2.** (稀) (婦女子に対する) 暴行.

miss·brau·chen, ⓓ**miß·brau·chen** [ミスブラウヘン] ⓓ h. **1.** 〔et⁴ッ〕悪用する, 濫用する (職権などを). **2.** 〔et⁴ッ〕濫用する (薬などを). **3.** 〔j³ッ〕〔文〕凌辱 (りょうじょく) する.

miss·bräuch·lich, ⓓ**miß·bräuch·lich** [ミス・ブロイヒリヒ] 形 乱用〔悪用〕の.

miss·deu·ten, ⓓ**miß·deu·ten** [ミスドイテン] ⓓ h. 〔et⁴ッ〕曲解〔誤解〕する (意図・態度などを), 誤って解釈する (テキスト・条文などを).

die **Miss·deu·tung**, ⓓ**Miß·deu·tung** [ミス・ドイトゥング] 名 -/-en 誤った解釈.

mis·sen [ミッセン] ⓓ h. (主に話法の助動詞と) 〔j⁴/et⁴ッ〕〔文〕なしで済ます: Wir können ihn nur schwer ~. 私たちは彼がいないととても困る. Diese Erinnerung möchte ich nicht ~. この思い出は忘れたくない.

der **Miss·er·folg**, ⓓ**Miß·er·folg** [ミス・エあフォルク] 名 -(e)s/-e 失敗, 不成功.

die **Miss·ern·te**, ⓓ**Miß·ern·te** [ミス・エルンテ] 名 -/-n 凶作.

die **Mis·se·tat** [ミッセ・タート] 名 -/-en 〔文・古〕悪事, 悪行.

der **Mis·se·tä·ter** [ミッセ・テーター] 名 -s/- 〔文・古〕悪事を働いた人.

miss·fal·len*, ⓓ**miß·fal·len*** [ミスふぁレン] ⓓ h. 〔j³ニ〕〔文〕気に入らない.

das **Miss·fal·len**, ⓓ**Miß·fal·len** [ミスふぁレン] 名 -s/ 不満.

miss·fäl·lig, ⓓ**miß·fäl·lig** [ミス・ふぇリヒ] 形 〔古〕**1.** 不機 (そう) な: sich⁴ über 〔j⁴/et⁴〕~ äußern 〈人・物・事に〉不満の意を表する. **2.** 〔j³ッ〕気に入らない.

miss·ge·bil·det, ⓓ**miß·ge·bil·det** [ミス・ゲビルデット] 形 奇形の.

die **Miss·ge·burt**, ⓓ**Miß·ge·burt** [ミス・ゲブーアト] 名 -/-en **1.** (古)奇形児. **2.** (口)できそこない, 失敗作; 〔罵〕陰険なやつ.

miss·ge·launt, ⓓ**miß·ge·launt** [ミス・ゲラウント] 形 〔文〕不機嫌な.

das **Miss·ge·schick**, ⓓ**Miß·ge·schick** [ミス・ゲシック] 名 -(e)s/-e 不運, 災難.

miss·ge·stalt, ⓓ**miß·ge·stalt** [ミス・ゲシュタルト] 形 (稀)=missgestaltet.

die **Miss·ge·stalt**, ⓓ**Miß·ge·stalt** [ミス・ゲシュタルト] 名 -/-en 奇形の醜い人.

miss·ge·stal·tet, ⓓ**miß·ge·stal·tet** [ミス・ゲシュタルテット] 形 奇形の.

miss·ge·stimmt, ⓓ**miß·ge·stimmt** [ミス・ゲシュティムト] 形 不機嫌な.

miss·glü·cken, ⓓ**miß·glü·cken** [ミスグリュッケン] ⓓ s. 〔((j³ｦ))〕失敗する, 不成功に終る (試み・創作することなどに).

miss·gön·nen, ⓓ**miß·gön·nen** [ミス・ゲネン] ⓓ h. 〔j³ｦ+〈et⁴ッ〉〕快く思わない, 妬 (ねた) む.

der **Miss·griff**, ⓓ**Miß·griff** [ミス・グりふ] 名 -(e)s/-e 失策, 失敗: einen ~ tun やり損なう, しくじる.

die **Miss·gunst**, ⓓ**Miß·gunst** [ミス・グンスト] 名 -/ 妬 (ねた) み.

miss·güns·tig, ⓓ**miß·güns·tig** [ミス・ギュンスティヒ] 形 妬 (ねた) ましげな.

miss·han·deln, ⓓ**miß·han·deln** [ミスハンデルン] ⓓ h. 〔j⁴/et⁴ッ〕虐待する (⦅冗⦆で車・ピアノなども).

die **Miss·hand·lung**, ⓓ**Miß·hand·lung** [ミスハンドルング] 名 -/-en 虐待, いじめ.

miss·hel·lig, ⓓ**miß·hel·lig** [ミス・ヘリヒ] 形 〔古〕一致しない, 不和の.

die **Miss·hel·lig·keit**, ⓓ**Miß·hel·lig·keit** [ミス・ヘリヒカイト] 名 -/-en (主にⓢ) (ちょっとした)仲たがい, 不仲, 不和.

das **Mis·sing·link, Mis·sing Link**, ⓓ**Mis·sing link** [ミッスィング・リンク] 名 -/ 〔生〕ミッシングリンク (生物の存在は仮想されるが化石が発見されないためにつながらない系列の環).

das **Mis·sing·sch** [ミッシングシュ] 名 -s/ ミシング語 (北独で用いられる低地ドイツ語に高地ドイツ語が混合した方言).

die **Mis·si·on** [ミスィオーン] 名 -/-en **1.** 〔文〕使命, 任務. **2.** 〔文〕(外国への)使節団, 派遣団；外交使節 (団), 代表 (団). **3.** (ⓢのみ) 伝道, 布教：~ treiben 伝道する.

der **Mis·si·o·nar** [ミスィオナーア] 名 -s/-e 伝道者, 宣教師.

der **Mis·si·o·när** [ミスィオネーア] 名 -s/-e 〔ｵｰｽﾄﾘｱ〕=Missionar.

mis·si·o·na·risch [ミスィオナーリシュ] 形 布教〔伝道〕の.

mis·si·o·nie·ren [ミスィオニーレン] ⓓ h. **1.** 〔((場所ﾃ))〕布教〔伝道〕活動をする. **2.** 〔j⁴/et⁴ッ=〕布教をする (他宗教の信者・ある国などに).

das **Mis·si·ons·haus** [ミスィオーンス・ハウス] 名 -es/..häuser 宣教師養成所.

die **Mis·si·ons·schwes·ter** [ミスィオーンス・シュヴェスター] 名 -/-n 布教伝道をする修道女.

der **Mis·sis·sip·pi¹** [ミスィスィッピ] 名 -(s)/ 〔川名〕ミシシッピ川 (米国中部の大河).

der **Mis·sis·sip·pi²** [ミスィスィッピ] 名 -s/ ミシシッピ (米国南部の州).

der **Miss·klang**, ⓓ**Miß·klang** [ミス・クラング] 名 -(e)s/..klänge 不協和音；(転)不一致, 不調和.

der **Miss·kre·dit**, ⓓ**Miß·kre·dit** [ミス・クれディート] 名 -(e)s/ (次の形で) in ~ kommen (geraten) 評判が悪くなる. 〈j⁴〉 in ~ bringen 〈人の〉評判を悪くする.

miss·lang, ⓓ**miß·lang** [ミスラング] ⓓ misslingen の過去形.

miss·län·ge, ⓓ**miß·län·ge** [ミスレンゲ] ⓓ misslingen の接続法2式.

miss·lau·nig, ⓓ**miß·lau·nig** [ミス・ラウニヒ] 形 不

機嫌な.

miss·lich, ⓑ**miß·lich** [ミスリヒ] 形 いやな, 不快な, 困った.

miss·lie·big, ⓑ**miß·lie·big** [ミス・リービヒ] 形 嫌われている：sich⁴ bei ⟨j³⟩ ～ machen ⟨人に⟩嫌われる.

miss·lin·gen*, ⓑ**miß·lin·gen*** [ミスリンゲン] 動 misslang ; ist misslungen《(⟨j³ん⟩)》失敗する(試み・ケーキをなどに).

miss·lun·gen, ⓑ**miß·lun·gen** [ミスルンゲン] 動 misslingen の過去分詞.

der **Miss·mut**, ⓑ**Miß·mut** [ミス・ムート] 名 -(e)s/ 不機嫌, 不快.

miss·mu·tig, ⓑ**miß·mu·tig** [ミス・ムーティヒ] 形 不機嫌な.

miss·ra·ten*, ⓑ**miß·ra·ten*** [ミスラーテン] 動 s. 《⟨j³ᵢ⟩》思いどおりに行かない(試みなどに), 出来損ないになる.

der **Miss·stand**, ⓑ**Miß·stand** [ミス・シュタント] 名 -(e)s/..stände (規定などに合わない)不都合(な状態).

die **Miss·stim·mung**, ⓑ**Miß·stim·mung** [ミス・シュティムング] 名 -/-en 気まずい空気, 不機嫌な(いらだたしい)気分.

misst, ⓑ**mißt** [ミスト] 動 messen の現在形 2・3 人称単数.

der **Miss·ton**, ⓑ**Miß·ton** [ミス・トーン] 名 -(e)s/..töne 不協和音(の調子の合わない音) : ⟨et¹⟩ bringt *Misstöne* in ihr Verhältnis (転)⟨事の⟩彼らの関係に不協和音を生じさせる.

miss·tö·nend, ⓑ**miß·tö·nend** [ミス・テーネント] 形 調子の合わない.

miss·trau·en, ⓑ**miß·trau·en** [ミストラウエン] 動 h. ⟨j³/et³ッを⟩信用しない(人・約束などを).

das **Miss·trau·en**, ⓑ**Miß·trau·en** [ミス・トラウエン] 名 -s/ 不信(の念), 疑念；不信任 : ～ gegen⟨j⁴/et⁴⟩ haben [hegen] ⟨人・事に⟩不信の念を抱く.

der **Miss·trau·ens·an·trag**, ⓑ**Miß·trau·ens·an·trag** [ミストラウエンス・アン・トラーク] 名 -(e)s/..träge 【議会】不信任動議.

das **Miss·trau·ens·vo·tum**, ⓑ**Miß·trau·ens·vo·tum** [ミストラウエンス・ヴォートゥム] 名 -s/ 1. 【議会】不信任投票. 2. 不信の表明.

miss·trau·isch, ⓑ**miß·trau·isch** [ミス・トラウイシュ] 形 不信感を抱いた, 疑い深い.

das **Miss·ver·gnü·gen**, ⓑ**Miß·ver·gnü·gen** [ミス・ふぇアグニューゲン] 名 -s/ (文)不満, 不快, 立腹.

miss·ver·gnügt, ⓑ**miß·ver·gnügt** [ミス・ふぇアグニュークト] 形 (文)不機嫌な.

das **Miss·ver·hält·nis**, ⓑ**Miß·ver·hält·nis** [ミス・ふぇアヘルトニス] 名 -ses/-se 不釣合い, 不均衡, アンバランス.

miss·ver·ständ·lich, ⓑ**miß·ver·ständ·lich** [ミス・ふぇアシュテントリヒ] 形 誤解されやすい.

das **Miss·ver·ständ·nis**, ⓑ**Miß·ver·ständ·nis** [ミス・ふぇアシュテントニス] 名 -ses/-se 誤解, 思い違い, (誤解に基づく)感情の行違い : ein ～ aufklären 誤解をとく.

miss·ver·ste·hen*, ⓑ**miß·ver·ste·hen*** [ミス・ふぇアシュテーエン] 動 h. ⟨j⁴/et⁴ッを⟩誤解する, 違った意味にとる, (…の意味を)取違える.

der **Miss·wachs**, ⓑ**Miß·wachs** [ミス・ヴァックス] 名 -es/ 【農】発育不良.

die **Miss·wei·sung**, ⓑ**Miß·wei·sung** [ミス・ヴァイズング] 名 -/ 【理】(地磁気の)偏角.

die **Miss·wirt·schaft**, ⓑ**Miß·wirt·schaft** [ミス・ヴィルトシャフト] 名 -/ 放漫(ずさんな)経営.

der **Miss·wuchs**, ⓑ**Miß·wuchs** [ミス・ヴクス] 名 -es/ (植物の)奇形.

der **Mist**¹ [ミスト] 名 -(e)s/ 1. 堆肥(たい), 積み肥, (家畜の)糞；(口)ごみ, 廃棄物. 2. (口・蔑)がらくた；くだらないこと；いやな［厄介な］こと. 【慣用】 **Das ist nicht auf ⟨j³⟩ Mist gewachsen.** (口)このことは⟨人の⟩頭から出たものではない.

der **Mist**² [ミスト] 名 -es/-e 【海】もや, かすみ.

das **Mist·beet** [ミスト・ベート] 名 -(e)s/-e (堆肥(たい)を敷いた)温床.

die **Mis·tel** [ミステル] 名 -/-n 【植】ヤドリギ.

mis·ten¹ [ミステン] 動 h. 1. ⟨et⁴ッを⟩掃除する(家畜小屋などを). 2. ⟨et⁴ッに⟩堆肥(たい)[厩肥(きゅう)]を施す(畑に). 3. 【獣】糞(ふ)をする(牛・馬が).

mis·ten² [ミステン] 動 h. [Es]【海】もやがかかる.

der **Mis·ter** [ミスター] 名 -s/- 1. (無冠詞)ミスター…, …氏〔様〕(略 Mr.；英語 Mr). 2. (美男コンテストの)ミスター… (あるものを体現している男性).

der **Mist·fink** [ミスト・ふぃンク] 名 -en/-en (口・蔑)汚い[下劣な]やつ.

die **Mist·ga·bel** [ミスト・ガーベル] 名 -/-n 堆肥(たい)用フォーク.

der **Mist·hau·fen** [ミスト・ハウふぇン] 名 -s/- 堆肥(たい)の山.

mis·tig¹ [ミスティヒ] 形 家畜の糞(ふ)でよごれた, 汚い；ひどい.

mis·tig² [ミスティヒ] 形 【海】もやのかかった.

der **Mist·kä·fer** [ミスト・ケーふぁー] 名 -s/- 【昆】センチコガネ.

der **Mist·kerl** [ミスト・ケルル] 名 -(e)s/-e (口・蔑)《(罵)も有》下司野郎.

der **Mis·tral** [ミストラール] 名 -s/-e 【気】ミストラル(フランス南部に吹く冷たい西風).

das **Mist·stück** [ミスト・シュテュック] 名 -(e)s/-e (口・蔑)《(罵)も有》下劣なやつ.

das **Mist·vieh** [ミスト・ふぃー] 名 -s/..viecher (口・蔑)《(罵)も有》 1. 畜生(言うことをきかない腹の立つ動物). 2. =Mistkerl.

das **Mist·wet·ter** [ミスト・ヴェッター] 名 -s/ (口)悪い天気.

die **Mis·zel·len** [ミスツェレン] 複名 (文)(学術誌の)雑録, 雑報(欄).

mit [ミット] 前 〔+3格〕 1. a. (同伴・共同)…と, …と一緒に, …とともに, …を連れて ： ～ ihm reisen 彼と一緒に旅行する. b. (相互関係)…と, …を相手に : ～ ihr tanzen 彼女と踊る. 2. (付属・具備・所持)…のついた. …を持った : ein Wagen ～ Aluminiumfelgen アルミホイールつきの車. der Mann ～ der Brille 眼鏡をかけた男. Würstchen ～ Senf 辛子添えソーセージ. 3. (包含・収容)…の入った, …込みの : ein Sack ～ Kartoffeln ジャガイモの入った袋. der Preis ～ MwSt. 付加価値税込みの値段. 4. (道具・手段・方法)…を用いて : ～ der Maschine schreiben タイプライターで書く. ～ dem Auto fahren 自動車で行く. ～ einem Achselzucken antworten 肩をすくめる身振りで答える. 5. (付帯状況)…で : ～ Absicht わざと. ～ Geduld 根気よく. ～ Gewalt 無理やりに, むりやりに. ～ lauter Stimme 大きな声で. ～ schlechtem Gewissen やましい心で, 気がとがめながら. ～ Vergnügen 喜んで. ～ 130km/h 時速 130 キロで. ～ oben ohne (口)上半身裸で. 6. (時間)…と同時に, …の時点で : ～ dem Einbruch der Dämmerung 夕方暗くなると同時に. ～ sechzehn Jahren 16 歳で. 7. (関係)…に関して : Was ist (los) ～ dir ? 君はどうしたのか. Fort ～ dir! 失せろ. Wie weit sind Sie ～ Ihrer Arbeit ? お仕事はどのくらいはかどりましたか. M～ dem Taschenrechner kann ich nichts anfan-

Mitangeklagte

gen. この携帯用電卓は使い方が私には分らない. ~ ⟨et³⟩ aufhören ⟨事を⟩やめる. ~ ⟨et³⟩ zufrieden sein ⟨事に⟩満足している.【慣用】**mit der Zeit** 時とともに,だんだんに. **mit einem Mal** 突然に. **mit einem Wort** 一言でいえば, 要するに. **mit Recht** 正当にも, もっともな.

── 副 **1.** 一緒に, ともに, 同様に, …は他～: Ich war ~ dabei. 私も一緒にそこに居た. Das gehört ~ dazu. これもそれには付く(それと一緒に). ~ sein (口)一緒に行っている. **2.**(最高級とともに)(口)…の一人(一つ): Seine Zeit ist ~ die beste. 彼のタイムは最高記録に入る. **3.**《北独・口》(damit, womit から分離して)Da habe ich nicht ~ gerechnet. それは考えに入れていなかった.

der/die **Mit·an·ge·klag·te** [ミット・アン・ゲクラークテ] 名 (形容詞的変化)共同被告人.

die **Mit·ar·beit** [ミット・アルバイト] 名 -/ **1.** 協力, 共同作業. **2.** (生徒の授業への)参加.

mit|ar·bei·ten [ミット・アルバイテン] 動 *h.* **1.** [in ⟨et³⟩/an ⟨et³⟩で]一緒に仕事をする. **2.** [in ⟨et³⟩に]参加する, 協力する.

der **Mit·ar·bei·ter** [ミット・アルバイター] 名 -s/- 従業員, 社員;所員, 共同研究者, 協力者;(新聞などへの)寄稿者,(同僚の)同人: meine ~ 私とともに働いている人たち(上司が上下関係を示すUntergebene 部下」という言葉を避けて用いる). ein freier ~ (an [bei]) einer Zeitung 新聞のフリーライター.

mit|be·kom·men* [ミット・ベコメン] 動 *h.* **1.** ⟨et³⟩持たせてもらう(弁当・持参金などを);受継ぐ(親から血・能力などを). **2.** ⟨et³⟩小耳にはさむ, たまたま聞く. **3.** ⟨et³⟩聞取る, 理解する (相手の発言などを). **4.** ⟨et³⟩に参加(関与)する.

mit|be·nut·zen [ミット・ベヌッツェン] 動 *h.* ⟨et³⟩共同で使用(利用)する.

der **Mit·be·sit·zer** [ミット・ベズィッツァー] 名 -s/- 共有者.

mit|be·stim·men [ミット・ベシュティメン] 動 *h.* **1.** [(in ⟨et³⟩で/bei ⟨et³⟩/に)]決定に参加する. **2.** ⟨et³⟩を(稀)共同決定する.

die **Mit·be·stim·mung** [ミット・ベシュティムング] 名 -/(経)共同決定(特に企業管理への被用者の参加).

das **Mit·be·stim·mungs·ge·setz** [ミット・ベシュティムングス・ゲゼッツ] 名 -es/-e 共同決定法.

das **Mit·be·stim·mungs·recht** [ミット・ベシュティムングス・レヒト] 名 -(e)s/-e 共同決定権;(総称)共同決定法(旧東独)国民の方が決定権を持つ共同決定法.

der **Mit·be·wer·ber** [ミット・ベヴェルバー] 名 -s/- 競争相手, ライバル.

der **Mit·be·woh·ner** [ミット・ベヴォーナー] 名 -s/- 同居者.

mit|brin·gen* [ミット・ブリンゲン] 動 *h.* **1.** ⟨j³⟩と ⟨j⟩et⁴⟩持って(連れて)来る;買って来る(食物などを). **2.** ⟨et⁴⟩持合せている(前提条件の能力などを).

das **Mit·bring·sel** [ミット・ブリングゼル] 名 -s/- (口)おみやげ.

der **Mit·bru·der** [ミット・ブルーダー] 名 -s/..brüder **1.**《文》同胞, 同朋, 隣人. **2.** 同僚の助修士.

der **Mit·bür·ger** [ミット・ビュルガー] 名 -s/- [官]同国人, 同市民.

mit|dür·fen* [ミット・デュルフェン] 動 *h.* [慣用](口)一緒に行って(来て)よい.

das **Mit·ei·gen·tum** [ミット・アイゲントゥーム] 名 -s/ 〔法〕共有.

der **Mit·ei·gen·tü·mer** [ミット・アイゲンテューマー] 名 -s/- 〔法〕共同所有者, 共有者.

mit·ei·nan·der [ミット・アイナンダー] 副 互いに;一緒

に: Glück und Unglück ~ teilen 幸不幸を互いに分ち合う.

die **Mi·tel·la** [ミテラ] 名 -/..tellen 三角巾(きん), つり包帯.

mit|emp·fin·den* [ミット・エムプフィンデン] 動 *h.* ⟨et⁴⟩ッ共にする, 共に感じる(他人の喜び・悲しみなどを).

der **Mit·er·be** [ミット・エルベ] 名 -n/-n 共同相続人.

mit|er·ben [ミット・エルベン] 動 *h.* ⟨et⁴⟩ッ共同相続する.

mit|er·le·ben [ミット・エルレーベン] 動 *h.* **1.** ⟨et⁴⟩ッともに(間近で)体験する,(…の)場に居合せる. **2.** ⟨et⁴⟩ッ共に生きる(時代・戦争などを).

mit|es·sen* [ミット・エッセン] 動 *h.* ⟨j³⟩と一緒に食事する. ⟨et⁴⟩ッ一緒に食べる(皮なども).

der **Mit·es·ser** [ミット・エッサー] 名 -s/- **1.** にきび: ~ entfernen にきびをとる. **2.**(口・冗)(他人の家で)ご馳走になる人.

mit|fah·ren* [ミット・ファーレン] 動 *s.* (in ⟨et³⟩に/bei ⟨j³⟩ノ車に)一緒に乗って行く, 同乗する.【慣用】**bei einer Rallye mitfahren** ラリーに参加する.

der **Mit·fah·rer** [ミット・ファーラー] 名 -s/- 同乗者.

mit|füh·len [ミット・フューレン] 動 *h.* **1.** ⟨et⁴⟩ッ同感(同情)する;(…と)ともにする. **2.** [mit ⟨j³⟩と]気持を同じくする,(…)に共感する.

mit|füh·ren [ミット・フューレン] 動 *h.* **1.** ⟨et⁴⟩ッ携行(携帯)する. **2.** ⟨et⁴⟩ッ運ぶ(川が砂などを).

mit|ge·ben* [ミット・ゲーベン] 動 *h.* **1.** ⟨j³⟩と ⟨et⁴⟩ッ持たせてやる(食物・手紙などを). **2.** ⟨j³⟩ =+ ⟨j⁴⟩ッつけてやる(護衛などを). **3.** ⟨j³⟩ =+ ⟨et⁴⟩ッ分けさせてやる(教育などを).

der/die **Mit·ge·fan·ge·ne** [ミット・ゲふァンゲネ] 名 (形容詞的変化)獄友仲間.

das **Mit·ge·fühl** [ミット・ゲフュール] 名 -(e)s/ 同情, 思いやり: ~ mit ⟨j³⟩ haben ⟨人⁴⟩に同情する.

mit|ge·hen* [ミット・ゲーエン] 動 *s.* **1.**((⟨方向⟩ヘ))一緒に行く;同行する. **2.** [慣用]一緒に押し流される(雪崩で樹木などが). **3.** [慣用]聞き入る, 見入る, ついて行く(生徒が授業などで);〔スポ〕相手のパンチを受け流す.【慣用】⟨et⁴⟩ **mitgehen heißen [lassen]**(口)⟨物⁴⟩を盗んで持って行く.

mit·ge·nom·men [ミット・ゲノメン] 形 (乱暴に使って)傷んだ;疲れきった.

die **Mit·gift** [ミット・ギフト] 名 -/-en(古)持参金, 嫁入り道具.

der **Mit·gift·jä·ger** [ミット・ギフト・イェーガー] 名 -s/-(古・蔑)持参金目当ての求婚者.

das **Mit·glied** [ミット・グリート] 名 -(e)s/-er **1.**(家族・共同体などの)一員. **2.**(組織の構成員, 会員, メンバー, 党員: ein ordentliches/außerordentliches ~ 正会員/準会員. **3.**(政府・議会などの)メンバー, 議員, 委員.

die **Mit·glie·der·lis·te** [ミット・グリーダー・リステ] 名 -/-n 会員(党員・組合員)名簿.

die **Mit·glie·der·ver·samm·lung** [ミット・グリーダー・ふぁあザムルング] 名 -/-en (会員・党員などの)集会, 総会.

der **Mit·glieds·aus·weis** [ミット・グリーツ・アウス・ヴァイス] 名 -es/-e 会員〔党員・組合員〕証.

der **Mit·glieds·bei·trag** [ミット・グリーツ・バイ・トラーク] 名 -(e)s/..träge 会費, 党費, 組合費.

die **Mit·glied·schaft** [ミット・グリートシャフト] 名 -/-en(組織の)一員であること(資格);(総称)会員, 党員, 組合員.

die **Mit·glieds·kar·te** [ミット・グリーツ・カルテ] 名 -/-n 会員(党員・組合員)証.

das **Mit·glieds·land** [ミット・グリーツ・ラント] 名 -(e)s/..länder 構成国, 加盟国.

der **Mit·glied·staat** [ミット・グリート・シュタート] 名 -(e)s/-en 〔政〕構成国, 加盟国.

mit|ha·ben* [ミット・ハーベン] [動] *h.* 〖〈j⁴/et⁴〉ヲ〗《口》連れて〔持って〕来ている, 連れて〔所持・携帯して〕いる.

mit|hal·ten* [ミット・ハルテン] [動] *h.* **1.** 〖(bei 〈et³〉デ)〗競い〔張り〕合う《コンクールなどで》, 負けずに〔肩を並べて〕する《仕事などで》;《文》ともにする《食事などを》. **2.** 〖〈et⁴〉ヲ〗(他人と同じに)保つ《テンポ・生活のスタイルなどを》.

mit|hel·fen* [ミット・ヘルふぇン] [動] *h.* 〖(bei〔in〕〈et³〉ヲ)〗一緒に手伝う.

der **Mit·her·aus·ge·ber** [ミット・へらウス・ゲーバー] [名] -s/- 共編者.

die **Mit·hil·fe** [ミット・ヒルふぇ] [名] -/ 手助け, 助力, 協力.

mit·hin [ミット・ヒン] [副] それ故, したがって.

mit|hö·ren [ミット・⊘ーれン] [動] *h.* **1.** 〖〈et⁴〉ヲ〗一緒に聞く;偶然に耳にする, (…が)(たまたま)聞こえる. **2.** 〖(〈et⁴〉ヲ)〗盗み聞きする;盗聴する.

(*der*) **Mi·th·ra** [ミートら] [名] 〖ペルシア・ロ神〗ミトラ《光の神》.

(*der*) **Mi·th·ras** [ミートらス] [名] =Mithra.

der **Mit·in·ha·ber** [ミット・イン・ハーバー] [名] -s/- 共同所有者, 共同経営者.

der **Mit·kämp·fer** [ミット・ケムプふぁー] [名] -s/- 共に戦う人, 戦友.

mit|klin·gen* [ミット・クリンゲン] [動] *h.* **1.** 〖補足なし〗共鳴する. **2.** 〖in 〈et³〉ニ〗(…の)響きが感じられる.

mit|kom·men* [ミット・コメン] [動] *s.* **1.** 〖(〈方向〉ヘ)〗一緒に来る〔行く〕. **2.** 〖補足なし〗一緒に着く《荷物などが》. **3.** 〖(bei 〈et³〉ニ)〗《口》ついていける《他人の足どり・口述などに》. **4.** 〖(in 〈et³〉ニ)+〈様態〉デ〗《口》ついていける《生徒が授業などに》.

mit|kön·nen* [ミット・⊘ネン] [動] *h.* 《口》 **1.** 〖補足なし〗一緒に行ける〔来られる〕. **2.** 〖(mit 〈et³〉ニ)〗ついていける. 【慣用】**Da kann ich nicht mehr mit.** これにはもうついていけない.

mit|krie·gen [ミット・クリーゲン] [動] *h.* 《口》=mit|bekommen.

mit|lau·fen* [ミット・ラウふぇン] [動] *s.* **1.** 〖補足なし〗一緒に走る〔行く〕. **2.** 〖補足なし〗《口》平行して行われる《複数の仕事などが》.

der **Mit·läu·fer** [ミット・ロイふぁー] [名] -s/- 《蔑》ただついていくだけの人, 消極的な参加者, 同調者.

der **Mit·laut** [ミット・ラウト] [名] -(e)s/-e 子音.

das **Mit·leid** [ミット・ライト] [名] -(e)s/ 同情, 哀み, 思いやり: mit 〈j³〉 ~ haben〈人ニ〉同情する.

mit|lei·den* [ミット・ライデン] [動] *h.* 〖(mit 〈j³〉ニ)〗同情する, (…と)共に悩む.

die **Mit·lei·den·schaft** [ミット・ライデンシャふト] [名] 《次の形で》〈j⁴〉/〈et⁴〉 in ~ ziehen〈人ヲ〉巻添えにする;〈物ニ〉害を及ぼす.

mit·leid·er·re·gend, Mit·leid er·re·gend [ミットライト・エあれーゲント] [形] 哀れな, 哀れみをさそう.

mit·lei·dig [ミット・ライディヒ] [形] 思いやりのある;《反語的に》さげすんだ.

mit·leid·los [ミットライト・ロース] [形] 思いやりのない, 無慈悲な.

mit·leids·los [ミットライツ・ロース] [形] =mitleidlos.

mit·leids·voll [ミットライツ・ふぉル] [形] 思いやりのこもった.

mit·leid·voll [ミットライト・ふぉル] [形] 思いやりのある, 慈悲深い.

mit|ma·chen [ミット・マっへン] [動] *h.* **1.** 〖〈et⁴〉ヲ〗一緒に行う《仕事などを》, (…に)加わる《遠足・講習などに》. **2.** 〖(bei 〈et³〉ニ)〗《口》参加する. **3.** 〖〈et⁴〉ヲ〗《口》やってやる《他人の仕事などを》. **4.** 〖〈et⁴〉ニ〗《口》あう: viel ~ いろんな目にあう. Da *machst* du vielleicht was *mit*. 君はやっかいな目にあうかも知れないぞ. 【慣用】**Das Wetter macht mit.** 天気も上々だ. **jede Mode mitmachen** どんな流行にも遅れない〔乗る〕. **Mein Herz macht nicht mehr mit.** (私の)心臓がもうもたない. 〈**j⁴**〉 **mitmachen lassen** 〈人を〉仲間に入らせる.

der **Mit·mensch** [ミット・メンシュ] [名] -en/-en 《主に[複]》(同じ共同体の)人間, 仲間, 同胞.

mit|müs·sen* [ミット・ミュっセン] [動] *h.* 〖補足なし〗《口》一緒に行かな〔来な〕ければならない.

die **Mit·nah·me** [ミット・ナーメ] [名] -/ 携行.

mit|neh·men* [ミット・ネーメン] [動] *h.* **1.** 〖〈j⁴/et⁴〉ヲ+(〈方向〉ヘ)〗持って行く, 連れて〔乗せて〕行く;持帰る;持出す《図書館から本などを》, 持去る《泥棒などが》. **2.** 〖〈et⁴〉ヲ〗《口》通りすがりに買う. **3.** 〖〈j⁴/et⁴〉ヲ〗《口》(通りすがりに)引っかけて〔こすって〕傷つける〔壊す〕《車などが》. **4.** 〖〈et⁴〉ヲ〗《口》とらえる, 利用する, 逃さない《機会などを》;《機会をとらえて・ついでに》見物する, 訪れる, 一緒に行う. **5.** 〖〈j⁴〉ニ〗(精神的・肉体的に)こたえる, 痛手を与える《あることが》. **6.** 〖(aus 〈et³〉カラ)+〈et⁴〉ヲ〗得る, 学び取る《〈et⁴〉は etwas, viel, nichts など》.

mit·nich·ten [ミット・ニひテン] [副] 《語飾》《動詞・形容詞・副詞・名詞を修飾》《古》決して…ない.

das **Mi·to·chon·dri·um** [ミト・ほンドリウム] [名] -s/ ..drien 〖生〗ミトコンドリア.

die **Mi·to·se** [ミトーゼ] [名] -/-n 〖生〗有糸分裂.

die **Mi·tra** [ミートら] [名] -/..tren **1.** 〖カトリック〗ミトラ, 司教冠. **2.** 〖医〗ミトラ(頭部の頭布状の包帯). **3.** ミトラ(①古代の女性のヘアバンド. ②古代オリエントの支配者の頭に巻いたバンド. ③古代戦士の下腹部を守るためにつけた金属の帯).

der **Mit·rau·cher** [ミット・らウはー] [名] -s/- 受動〔間接〕喫煙者.

mit|re·den [ミット・れーデン] [動] *h.* **1.** 《主に können と》〖補足なし〗話に加わる, 意見をさしはさむ, 口を出す. **2.** 〖(bei〔in〕〈et³〉デ)〗決定に加わる.

mit|rei·sen [ミット・らイゼン] [動] *s.* 〖補足なし〗一緒に旅行する.

mit|rei·ßen* [ミット・らイセン] [動] *h.* **1.** 〖〈j⁴/et⁴〉ヲ〗さらって行く《激流などが》. **2.** 〖〈j⁴〉ノ〗心を奪う, 感動を誘う, (…を)魅了する.

die **Mi·t·ro·pa** [ミトろーパ] [名] -/ ミトローパ(Mitteleuropäische Schlaf- und Speisewagen-Aktiengesellschaft の略. 中部ヨーロッパ寝台・食堂車株式会社).

mit·samt [ミット・ザムト] [前] 〖+3格〗…もろとも.

mit|schlei·fen* [ミット・シュライふぇン] [動] *h.* **1.** 〖〈j⁴/et⁴〉ヲ〗引っさらって行く《列車・雪崩などが》. **2.** 〖〈et⁴〉ヲ+(〈方向〉ヘ)〗《口》引きずって行く《重い物などを》. **3.** 〖〈j⁴〉ヲ+(〈方向〉ヘ)〗《口》(むりやり)連れて行く.

mit|schlep·pen [ミット・シュレっペン] [動] *h.* 《口》 **1.** 〖〈et⁴〉ヲ+(〈方向〉ヘ)〗引きずって行く《重い物などを》. **2.** 〖〈j⁴〉ヲ+〈方向〉ヘ〗(むりやり)連れて行く.

mit|schnei·den* [ミット・シュナイデン] [動] *h.* 〖〈et⁴〉ヲ〗〖ラジオ・テレビ〗(放送と同時に)録音〔録画〕する.

der **Mit·schnitt** [ミット・シュニット] [名] -(e)s/-e 〖ラジオ・テレビ〗録音, 録画.

mit|schrei·ben* [ミット・シュらイベン] [動] *h.* **1.** 〖(〈et⁴〉ヲ)〗筆記する《講義などを》, 口述筆記をする, ノートをとる. **2.** 〖〈et⁴〉ヲ〗(他の人と)一緒に書く《答案などを》.

die **Mit·schuld** [ミット・シュルト] [名] -/ 共犯, 共同責任者: eine ~ an 〈et³〉〈事ノ〉共同責任.

mit·schul·dig [ミット・シュルディひ] [形] 〖(an 〈et³〉ニ)〗共犯の, 同罪の, 共同責任のある: Ich fühle mich ~ am Tod meiner Mutter. 母の死の原因の一端は自分にあると私は感じている.

der/die **Mit·schul·di·ge** [ミット・シュルディゲ] [名] 《形容詞的変化》共犯者, 共同責任者.

der Mitschüler [ミット・シューラー] 名 -s/- 同級生,同じ学校に通っている者.

mit|schwin-gen* [ミット・シュヴィンゲン] 動 h. **1.** 〔體〕共振(共鳴)する(弦・音などが). **2.** (in ⟨et³⟩ニ)こもっている(感情が言葉などに).

mit sein*, ⓓ **mit|sein*** [ミット ザイン] 動 s. ⇨ mit I.

mit|sin-gen* [ミット・ズィンゲン] 動 h. (⟨et⁴⟩ッ)一緒に歌う.

mit|sol-len* [ミット・ゾレン] 動 h. 〔體〕(口)同行すべきである,一緒に持って行くべきである.

mit|spie-len* [ミット・シュピーレン] 動 h. **1.** (⟨⟨et⁴⟩ ッ⟩)一緒にする(ゲームなどを);遊びの仲間に入る,一緒に遊ぶ(ゲームをする). **2.** [in(bei) ⟨et³⟩ニ](チームなどに),出演する(劇などに). **3.** [(bei) ⟨et³⟩ニ)関与している,からんでいる. **4.** ⟨j³⟩ッァ⟨横態⟩…害を与える,(…の)目にあわせる.

der Mitspieler [ミット・シュピーラー] 名 -s/- 遊び仲間;チームメイト;共演者.

das Mitsprache-recht [ミット・シュプラーヘ・レヒト] 名 -(e)s/ 議決に参加する権利,共同決定権.

mit|spre-chen* [ミット・シュプレッヒェン] 動 h. **1.** (⟨⟨et⁴⟩ッ)一緒に唱える(誓約・祈りなどを). **2.** [(bei ⟨et³⟩ニ関与)決定に加わる;意見を述べる. **3.** [bei ⟨et³⟩ニ)からんでいる.

mittag [ミッターク] 副 ⇨ Mittag¹.

der Mittag¹ [ミッターク] 名 -s/-e **1.** 正午,真昼;(方)午後: eines ~s ある日の昼に. am(zu) ~ 昼に. gegen ~ 正午ごろ. bald nach ~ 正午すぎ. über ~ 昼どきに. gestern/heute/morgen ~ (ⓓ mittag) 昨日/今日/明日の昼に. (am) Montag ~ (ⓓ mittag)月曜の昼に. Die Kirchturmuhr schlägt ~. 教会の塔の時計が12時を告げている. **2.** (ⓓのみ)(口)昼休み: ~ machen 昼休みにする. unter ~ 昼休み中に. **3.** (ⓓのみ)(古)南(Süden): ge(ge)n ~ 南の方に. 〔慣用〕**zu Mittag essen** 昼食をとる.

das Mittag² [ミッターク] 名 -s/ (口)昼食(~-essen): ~ essen 昼食を食べる.

das Mittag-brot [ミッターク・ブロート] 名 -(e)s/ (方)昼食.

das Mittag-es-sen [ミッターク・エッセン] 名 -s/- **1.** (ⓓのみ)昼食をとること. **2.** (温かい)昼食.

mittä-gig [ミッテーギヒ] 形 正午の,真昼の.

mittäg-lich [ミッテークリヒ] 形 正午(ごと)の;真昼の;(古)南(方)の.

mittags [ミッタークス] 副 **1.** (毎日)正午に;(毎日)昼ごろ. ~ um zwölf Uhr(um zwölf Uhr ~)お昼の12時に. montags/~(Montag ~)(古)月曜の正午に. von morgens bis ~ 朝から正午まで. **2.** (方)(毎日)午後に.

das Mittags-brot [ミッタークス・ブロート] 名 -(e)s/-e (文)昼食.

die Mittags-hitze [ミッタークス・ヒッツェ] 名 -/ 真昼の暑さ.

der Mittags-kreis [ミッタークス・クライス] 名 -es/-e (稀)=Meridian.

die Mittags-li-nie [ミッタークス・リーニエ] 名 -/ 〔天〕子午線.

das Mittags-mahl [ミッタークス・マール] 名 -(e)s/-e (文)昼食.

die Mittags-mahl-zeit [ミッタークス・マール・ツァイト] 名 -/-en 昼食,昼食会.

die Mittags-pau-se [ミッタークス・パウゼ] 名 -/-n 昼休み.

die Mittags-ru-he [ミッタークス・ルーエ] 名 -/ 昼の憩い(午後1時から3時頃);昼食後の休み,昼休み.

der Mittags-schlaf [ミッタークス・シュラーフ] 名 -(e)s/ 昼寝.

die Mittags-son-ne [ミッタークス・ゾネ] 名 -/ 真昼の太陽.

die Mittags-stun-de [ミッタークス・シュトゥンデ] 名 -/-n 昼時分(12時頃から1時間ほど).

der Mittags-tisch [ミッタークス・ティッシュ] 名 -(e)s/-e 昼食の席;(古)(定ёвая)の定食.

die Mittags-zeit [ミッタークス・ツァイト] 名 -/-en (ⓓのみ)昼時(正午頃);昼の憩いの時. **2.** 昼休み.

der Mittäter [ミット・テーター] 名 -s/- 共同正犯,共犯者.

die Mittäter-schaft [ミット・テーターシャフト] 名 -/ 共同正犯.

die Mitte [ミッテ] 名 -/-n (主にⓓ) **1.** (空間の)中心,中央,中間;(時間の)半ば,中ほど: die ~ des Zimmers 部屋の中央. ⟨j⁴⟩ in die ~ nehmen ⟨人を⟩真ん中にする. ~ des Monats 月の中ごろ. ~ März 3月中旬. ~ (der) Vierzig 40代の半ば. **2.** (仲間の)集い,サークル: einer aus ihrer ~ 彼らの仲間の一人. **3.** 〔政〕(右派・左派に対する)中間派,中立派(政党): Politik der ~ 中道政治. **4.** (古)腰,ウエスト. 〔慣用〕**Ab durch die Mitte!** (口)出ていけ,どけ. **die goldene Mitte** 中庸の徳.

mit|tei-len* [ミット・タイレン] 動 h. **1.** (⟨j³⟩ ッ+⟨et⁴⟩ ッ⟩知らせる,伝える,通知する,報告する,発表する. **2.** (sich⁴+⟨j³⟩ッ) (文)本心を打ち明ける. **3.** ⟨⟨et³⟩ ニ+⟨et⁴⟩ッ⟩(文)伝える(熱・香りなどを). **4.** (sich⁴+⟨j³⟩/⟨et³⟩ニ)(文)伝わる(気分・熱などが).

mit-teil-sam [ミット・タイルザーム] 形 口の軽い,おしゃべりな.

die Mittei-lung [ミット・タイルング] 名 -/-en 通知,知らせ: ⟨j³⟩ eine ~ von ⟨et³⟩ [über ⟨et⁴⟩] machen ⟨人に⟩⟨事について⟩通知する.

mittel [ミッテル] 形 (口)中くらいの,並の;まあまあ: Wie geht es dir? — Na, so ~! どうだい. —まあまあだな.

das Mittel [ミッテル] 名 -s/- **1.** 手段,方法: ein ~ zu ⟨et³⟩ ⟨事ノ⟩ための手段. mit allen ~n あらゆる手を尽して. **2.** 薬,薬品;化学薬剤; ein ~ für die Verdauung 消化薬. ein ~ zur Beruhigung 精神安定剤. ein ~ gegen Schnupfen 鼻風邪の薬. ein ~ gegen Ungeziefer 殺虫剤. **3.** (ⓓのみ)資金(Geld~),資力: aus eigenen ~n 自己資金で. Er lebt über seine ~. 彼は分不相応の生活をしている. **4.** 平均(値): im ~ 平均して. 〔慣用〕**Mittel und Wege suchen/finden** ある事の方法を求める/見いだす. **sich⁴ für ⟨j⁴⟩ ins Mittel legen** (文)⟨人の⟩仲立ちをする,仲裁する.

..mittel [..ミッテル] 接尾 名詞や動詞の語幹の後につけて「手段・資材[料]・薬剤」を表す中性名詞を作る: Beweismittel 立証手段,証拠物件. Geldmittel 資金. Heilmittel 治療薬〔法〕.

das Mittel-al-ter [ミッテル・アルター] 名 -s/ **1.** 中世(略 MA.). **2.** (口・冗)中年の人.

mittel-al-ter-lich [ミッテル・アルターリヒ] 形 **1.** 中世の;中世風の;時代遅れの. **2.** (稀)中年の.

(das) Mittel-ame-ri-ka [ミッテル・アメーリカ] 名 -s/ 〔地名〕中央アメリカ,中米.

mittel-bar [ミッテル・バール] 形 間接的: ~er Täter 〔法〕間接正犯者. ~e Täterschaft 〔法〕間接正犯.

der Mittel-bau [ミッテル・バウ] 名 -(e)s/-e[ten] **1.** (ⓓ-ten)建築群の中央棟. **2.** (ⓓ-e;主にⓓ)中間層(教授以外の教員・助手など).

das Mittel-chen [ミッテルヒェン] 名 -s/- (口)(いいかげんな)薬.

mittel-deutsch [ミッテル・ドイチュ] 形 **1.** (南北の中間の)中部ドイツの;(古)(オーデル・ナイセ川から旧西独の境界に至る)中部ドイツ(旧東独)の. **2.** 中部ドイツ語の.

(*das*) **Mịt·tel·deutsch·land** [ミッテル・ドイチュラント] [名] -s/ 〖地名〗中部ドイツ;《古》中部ドイツ(旧西独での旧東独の呼称).

das **Mịt·tel·ding** [ミッテル・ディング] [名] -(e)s/-e《主に[単]》中間物, どっちつかずのもの.

(*das*) **Mịt·tel·eu·ro·pa** [ミッテル・オイろーパ] [名] -s/ 〖地名〗中央ヨーロッパ, 中欧.

mịt·tel·eu·ro·pä·isch [ミッテル・オイろペーイシュ] [形] 中部ヨーロッパの: die ～e Zeit 中部ヨーロッパ標準時(日本より 8 時間遅い. 略 MEZ).

mịt·tel·fein [ミッテル・ふぁイン] [形] 中程度の;〖商〗中級(品)の.

das **Mịt·tel·feld** [ミッテル・ふぇルト] [名] -(e)s/-er **1.** 〖球〗競技場の中央部;〖スポーツ〗(競争や順位表での)中位グループ. **2.** 〖言〗(文の)中域.

der **Mịt·tel·feld·spie·ler** [ミッテルふぇルト・シュピーラー] [名] -s/- 〖サッカー〗ミッドフィールダー.

der **Mịt·tel·fin·ger** [ミッテル・ふぃンガー] [名] -s/- 中指.

(*das*) **Mịt·tel·fran·ken** [ミッテル・ふらンケン] [名] -s/ 〖地名〗ミッテルフランケン(バイエルン州の地域).

mịt·tel·fris·tig [ミッテル・ふりスティひ] [形] 〖経〗中期の.

der **Mịt·tel·fuß·kno·chen** [ミッテル・ふース・クノっへン] [名] -s/- 〖解〗中足骨.

der **Mịt·tel·gang** [ミッテル・ガング] [名] -(e)s/..gänge (列車・アーケード・地下道などの)中央通路.

das **Mịt·tel·ge·bir·ge** [ミッテル・ゲビるゲ] [名] -s/- 中級山岳(地帯)(500-1000 m のなだらかな山地).

das **Mịt·tel·ge·wicht** [ミッテル・ゲヴィひト] [名] -(e)s/-e 〖スポーツ〗**1.** ([単]のみ)ミドル級. **2.** ミドル級の選手.

das **Mịt·tel·glied** [ミッテル・グリート] [名] -(e)s/-er 中間の部分;中間の列;(指などの)中節;(鎖などの)結合環;〖論〗媒概念;〖数〗中項.

mịt·tel·groß [ミッテル・グろース] [形] 中位の大きさの.

die **Mịt·tel·grö·ße** [ミッテル・グ㋹ーセ] [名] -/-n **1.** 中位の背丈〔広さ・数量〕. **2.** (衣服の)中サイズ.

die **Mịt·tel·hand** [ミッテル・ハント] [名] -/..hände **1.** 〖解〗中手. **2.** (馬の)中軀(ちゅうく). **3.** 〖トランプ〗(スカートの) 2 番手.

mịt·tel·hoch·deutsch [ミッテル・ホーほ・ドイチュ] [形] 中高ドイツ語の(略 mhd.).

das **Mịt·tel·hoch·deutsch** [ミッテル・ホーほ・ドイチュ] [名] -(s)/ 中高ドイツ語(11-14 世紀の上部・中部のドイツ語).

die **Mịt·tel·klas·se** [ミッテル・クラっセ] [名] -/-n **1.** 中流階級. **2.** 《主に[複]》(高等学校の)中級学年のクラス(8-10 学年). **3.** 中級, 中程度.

der **Mịt·tel·klas·se·wa·gen** [ミッテルクラっセ・ヴァーゲン] [名] -s/- 中級車.

der **Mịt·tel·kreis** [ミッテル・クらイス] [名] -es/-e 〖サッカー・アイスホッケー〗センターサークル.

die **Mịt·tel·la·ge** [ミッテル・ラーゲ] [名] -/-n **1.** (土地の)中央〔中間〕部;中くらいの高度;中腹. **2.** 〖楽〗中音部〔音域〕.

mịt·tel·län·disch [ミッテル・レンディシュ] [形] 地中海(沿岸諸国)の.

der **Mịt·tel·land·ka·nal** [ミッテル・ラント・カナール] [名] -s/ 〖川名〗ミッテルラント運河(Ems と Elbe 間の運河).

der **Mịt·tel·läu·fer** [ミッテル・ロイふぁー] [名] -s/- 〖サッカー・ハンドボール〗センターハーフ.

die **Mịt·tel·li·nie** [ミッテル・リーニエ] [名] -/-n 〖スポーツ〗センターライン, ハーフライン. **2.** 〖交通〗センターライン. **3.** 〖数〗中線.

mịt·tel·los [ミッテル・ロース] [形] 資産〔資金〕のない.

die **Mịt·tel·mäch·te** [ミッテル・メひテ] [複名] 中欧諸国(第一次世界大戦中のドイツとその同盟国).

das **Mịt·tel·maß** [ミッテル・マース] [名] -es/-e《主に[単]》(《蔑》も有)並み, 中程度, 平均, 平凡.

mịt·tel·mä·ßig [ミッテル・メースィひ] [形] 中くらいの, 並の.

die **Mịt·tel·mä·ßig·keit** [ミッテル・メースィひカイト] [名] -/ (主に《蔑》)並み, 凡庸, 平凡.

das **Mịt·tel·meer** [ミッテル・メーあ] [名] -(e)s/-e 〖海名〗地中海.

der **Mịt·tel·meer·raum** [ミッテルメーあ・らウム] [名] -(e)s/ 地中海圏.

mịt·teln [ミッテルン] [動] *h.* 〔〈et⁴〉ﾉ〕平均値を求める(数・量の).

mịt·tel·nie·der·deutsch [ミッテル・ニーダー・ドイチュ] [形] 中低ドイツ語の(略 mnd.).

das **Mịt·tel·ohr** [ミッテル・オーあ] [名] -(e)s/ 〖解〗中耳.

die **Mịt·tel·ohr·ent·zün·dung** [ミッテルオーあ・エントツュンドゥング] [名] -/-en 〖医〗中耳炎.

mịt·tel·präch·tig [ミッテル・プれひティひ] [形] 《口・冗》中くらいのすばらしさの, 並みの.

der **Mịt·tel·punkt** [ミッテル・プンクト] [名] -(e)s/-e **1.** 〖幾何〗中心. **2.** 中心, 中心地, 中心人物: im ～ des Interesses stehen 関心の的になっている.

die **Mịt·tel·punkt·schu·le** [ミッテルプンクト・シューレ] [名] -/-n 中心学校(地域の中心に, 生徒数の少ない各地区の学校に代えて設立されたもの).

mịt·tels [ミッテルス] [前] 〔+2格〔3格〕〕(付加語のない強変化名詞の[複]では 3 格も有. [単]では無変化も有)《古・硬》…を用いて.

der **Mịt·tel·schei·tel** [ミッテル・シャイテル] [名] -s/- (頭髪の)真ん中分け.

die **Mịt·tel·schicht** [ミッテル・シひト] [名] -/-en 〖社〗(社会の)中間層, 中流階級.

das **Mịt·tel·schiff** [ミッテル・シふ] [名] -(e)s/-e (教会堂の)身廊, ネーヴ.

die **Mịt·tel·schu·le** [ミッテル・シューレ] [名] -/-n 中等学校(4 年制の基礎学校(Grundschule)の次の段階の実科学校(Realschule). 《スイス》《オーストリア・古》ギムナジウム).

mịt·tel·schwer [ミッテル・シュヴェーあ] [形] 中程度の重さ〔強さ・堅さ・難易度〕の.

das **Mịt·tel·schwer·ge·wicht** [ミッテル・シュヴェーあ・ケヴィひト] [名] -(e)s/-e 〖重量拳〗 **1.** ([単]のみ)ミドル級. **2.** ミドル級の選手.

der **Mịt·tels·mann** [ミッテルス・マン] [名] -(e)s/..männer〔..leute〕仲介者, 仲立人, 仲買人 (Vermittler).

die **Mịt·tels·per·son** [ミッテルス・ぺるゾーン] [名] -/-en = Mittelsmann.

mịt·telst[1] [ミッテルスト] [前] 〔+2格〔3格〕〕= mittels.

mịt·telst[2] [ミッテルスト] [形] (mittler の最高級)(5 つ以上のものの)真ん中の.

der **Mịt·tel·stand** [ミッテル・シュタント] [名] -(e)s/ (総称)中産〔中流〕階級, 中間層.

mịt·tel·stän·disch [ミッテル・シュテンディシュ] [形] 中産〔中流〕階級の.

die **Mịt·tel·stands·po·li·tik** [ミッテルシュタンツ・ポリティーク] [名] -/-en (主に[単])〖政・経〗中小企業政策,中間層育成策.

die **Mịt·tel·stein·zeit** [ミッテル・シュタイン・ツァイト] [名] -/ 中石器時代.

die **Mịt·tel·stim·me** [ミッテル・シュティメ] [名] -/-n 〖楽〗内声(主にアルトとテノール).

die **Mịt·tel·stre·cke** [ミッテル・シュトれっケ] [名] -/-n 〖交通・スポーツ〗中距離.

der **Mịt·tel·stre·cken·lauf** [ミッテルシュトれっケン・ラウふ] [名] -(e)s/..läufe 〖スポーツ〗中距離競走.

der **Mịt·tel·stre·cken·läu·fer** [ミッテルシュトれっケン・ロイふぁー] [名] -s/- 〖スポーツ〗中距離ランナー.

die **Mịt·tel·stre·cken·ra·ke·te** [ミッテルシュトれっケン・らケーテ] [名] -/-n 中距離ミサイル.

der **Mit·tel·strei·fen** [ミッテル・シュトライフェン] 名 -s/- (自動車道の)中央分離帯.

die **Mit·tel·stu·fe** [ミッテル・シュトゥーフェ] 名 -/-n 中級(ギムナジウムの)中級 3 学年(8-10 学年).

der **Mit·tel·stür·mer** [ミッテル・シュテュルマー] 名 -s/-《球》センターフォワード.

der **Mit·tel·weg** [ミッテル・ヴェーク] 名 -(e)s/-e **1.** 中央の道. **2.** 中道: der goldene ~ (黄金の)中庸.

die **Mit·tel·wel·le** [ミッテル・ヴェレ] 名 -/-n《理・無線・テレビ》中波(略 MW).

der **Mit·tel·wert** [ミッテル・ヴェーアト] 名 -(e)s/-e 平均値.

das **Mit·tel·wort** [ミッテル・ヴォルト] 名 -(e)s/..wörter《言》分詞: das ~ der Gegenwart/der Vergangenheit 現在/過去分詞.

mit·ten [ミッテン] 副 **1.** 〔空間〕真ん中に〔で〕,真ん中に: ~ auf der Straße 道の真ん中に. **2.** 〔時間〕最中に,さなかに: ~ in der Nacht 夜半中に.

mit·ten·drin [ミッテン・ドリン] 副 その真ん中に〔で〕;その最中に.

mit·ten·durch [ミッテン・ドゥるヒ] 副 真ん中を貫いて;真っ二つに;《口》中位に,普通に.

mit·ten·mang [ミッテン・マング] 副《北独》《口》その真っただ中で,その中に混って.

(*das*) **Mit·ten·wald** [ミッテン・ヴァルト] 名 -(e)s/ 〔地名〕ミッテンヴァルト(バイエルン州の保養地).

die **Mit·ter·nacht** [ミッター・ナホト] 名 -/ **1.** (主に無冠詞)真夜中,夜半: gegen ~ 夜半ごろ. kurz nach ~ 夜半すぎに. um ~ 夜半中に. **2.** 《古》北: ge(ge)n ~ ziehen 北へ向かって進む.

mit·ter·näch·tig [ミッター・ネヒティヒ] 形《稀》真夜中の.

mit·ter·nächt·lich [ミッター・ネヒトリヒ] 形 真夜中(ごと)の.

mit·ter·nachts [ミッター・ナホツ] 副 真夜中に.

die **Mit·ter·nachts·son·ne** [ミッターナホツ・ゾネ] 名 -/ 真夜中の太陽(極地の真夏に見られる).

mitt·ler [ミッㇳらー] (mittel の比較級) 形 **1.** 中間の,中央の,真ん中の: die drei ~en Räume 中間の三つの部屋. der M ~e Osten 中東(地域). **2.** 中位の,中級の,中等の,中規模の: eine Frau ~en Alters 中年の女性. ein Mann von ~er Größe 中背の男. ~e Reife 中等教育修了資格.

der **Mitt·ler** [ミッㇳらー] 名 -s/-《文》仲介者;〔キ教〕仲保〔介〕者(イエス・キリスト).

mitt·ler·wei·le [ミッㇳらー・ヴァイレ] 副 そうこうするうちに; (時のたつうちに)だんだん.

mitt·schiffs [ミッㇳ・シㇷス] 副《海》(船の)中央で.

der **Mitt·som·mer** [ミッㇳ・ゾマー] 名 -s/- 夏至のころ.

mit|tun* [ミッㇳ・トゥーン] 動 h.《方》=mit|machen 2, 3.

der **Mitt·woch** [ミッㇳ・ヴォッㇹ] 名 -(e)s/-e 水曜日(略 Mi.).

mitt·wochs [ミッㇳ・ヴォッホス] 副 (毎)水曜日に.

mitt·zwan·zi·ger [ミッㇳ・ツヴァンツィガー] 形 20 代〔歳〕代半ばの.

der **Mitt·zwan·zi·ger** [ミッㇳ・ツヴァンツィガー] 名 -s/- 20 歳代半ばの男.

mit·un·ter [ミッㇳ・ウンター] 副 時々,時折.

der/die **Mit·un·ter·zeich·ne·te** [ミッㇳ・ウンター・ツァイヒネテ] 名 (形容詞的変化)連署者の.

mit·ver·ant·wort·lich [ミッㇳ・ふぇあアントヴォㇽトリㇶ] 形 〔(für $\langle j^4/et^4\rangle$)〕共同〔連帯〕責任のある.

die **Mit·ver·ant·wor·tung** [ミッㇳ・ふぇあアントヴォㇽトゥング] 名 -/ 連帯〔共同〕責任.

mit|ver·die·nen [ミッㇳ・ふぇあディーネン] 動 h.《口》一緒に生計費を稼ぐ(所帯主の他に妻などが).

der **Mit·ver·fas·ser** [ミッㇳ・ふぇあふぁッサー] 名 -s/- 共著者.

der/die **Mit·ver·schwo·re·ne** [ミッㇳ・ふぇあシヴォーれネ] 名 (形容詞的変化)共謀者.

die **Mit·welt** [ミッㇳ・ヴェㇽㇳ] 名 -/ (総称)同時代人,同時代の人々.

mit|wir·ken [ミッㇳ・ヴィㇽケン] 動 h. **1.** 〔an(bei) $\langle et^3\rangle$〕協力する,一緒に参加する. **2.** 〔in $\langle et^3\rangle$〕加わる(オーケストラなどに,共演〔出演〕する(芝居などに). **3.** 〔bei $\langle et^3\rangle$〕ともに作用する.

der/die **Mit·wir·ken·de** [ミッㇳ・ヴィㇽケンデ] 名 (形容詞的変化)協力者,参加者;出演者,共演者.

die **Mit·wir·kung** [ミッㇳ・ヴィㇽクング] 名 -/ 協力,助力;共演.

das **Mit·wir·kungs·recht** [ミッㇳヴィㇽクングス・れㇶㇳ] 名 -(e)s/ 関与権.

der **Mit·wis·ser** [ミッㇳ・ヴィッサー] 名 -s/- 他人の秘密〔悪事〕を知っている人.

die **Mit·wis·ser·schaft** [ミッㇳ・ヴィッサーシャフト] 名 -/ 他人の秘密〔悪事〕を知っていること.

mit|wol·len* [ミッㇳ・ヴォレン] 動 h.《略口》《口》一緒に行きたい〔来たい〕と思う.

mit|zäh·len [ミッㇳ・ツェーレン] 動 h. **1.** 〔$\langle j^4/et^4\rangle$〕数〔勘定〕に入れる. **2.** 《略口》数〔勘定〕に入る.

(*die*) **Mit·zi** [ミッツィ] 名〔女名〕ミッツィ (Maria の愛称).

der **Mix·be·cher** [ミックス・ベッヒャー] 名 -s/- (カクテル用)シェーカー.

das **Mixed** [mikst ミックスト] 名 -(s)/-(s)《球》**1.** 混合ダブルス. **2.** 混合ダブルスのチーム.

die **Mixed pick·les, Mixed Pickles** [mfkspfkals ミックス・ピックルス] 名《料》ミックスピクルス.

mi·xen [ミクセン] 動 h. **1.** 〔$\langle et^4\rangle$〕 (aus $\langle et^3\rangle$ 夕混ぜテ)(カクテルなどを). **2.** 〔$\langle et^4\rangle$〕 (mit $\langle et^3\rangle$ト)(ミキサーで混ぜる). **3.** 〔$\langle et^4\rangle$〕《映・放送》ミキシングする.

der **Mi·xer** [ミクサー] 名 -s/- **1.** バーテン(ダー). **2.** (料理用の)ミキサー. **3.** 《映・ラシ・テレビ》ミキサー(①音声調整技師.②音声調節装置).

das **Mix·tum com·po·si·tum** [ミックストゥム コムポーズィトゥム] 名 -/..ta..ta《文》ごた混ぜ.

die **Mix·tur** [ミクストゥーア] 名 -/-en《口》混合液;《薬》水剤;《楽》ミクストゥール(オルガンの混合音).

das **MKS-Sys·tem** [エムカーエス・ズュステーム] 名 -s/ MKS 単位(Meter-Kilogramm-Sekunde-System).

ml = Milliliter ミリリットル.

Mlle. = Mademoiselle …嬢.

Mlles. = Mesdemoiselles(Mademoiselle の複数形).

mm = Millimeter ミリメートル.

mm² = Quadratmillimeter 平方ミリメートル.

mm³ = Kubikmillimeter 立方ミリメートル.

m. m. = 〔ﾗﾃﾝ語〕mutatis mutandis 必要な変更を加えて.

Mme. = Madame …夫人.

Mmes. = Mesdames(Madame の複数形).

Mn [エムエン] = Mangan 〔化〕マンガン.

mnd. = mittelniederdeutsch 中低ドイツ語の.

die **Mne·me** [ムネーメ] 名 -/《医・心》(能力としての)記憶,ムネメ.

die **Mne·mo·nik** [ムネモーニク] 名 -/《心》記憶術.

mne·mo·nisch [ムネモーニッシュ] 形 記憶術の.

(*die*) **Mne·mo·sy·ne** [ムネモズューネ] 名《ギ神》ムネモシュネ(記憶の女神).

die **Mne·mo·tech·nik** [ムネモ・テヒニク] 名 -/-en《心》記憶術.

mne·mo·tech·nisch [ムネモ・テヒニシュ] 形 記憶術の.

Mo [エムオー] = Molybdän 〔化〕モリブデン.

Mo. =Montag 月曜日.
der **Moa** [モーア] [名] -(s)/-s 〘鳥〙モア.
der **Mob** [モッブ] [名] -s/ 群衆, 暴徒, モッブ.
das **Möbel** [メーベル] [名] -s/-〔《スイ》-n も有〕 **1.** 《主に複》家具, 調度, 室内備品. **2.** 《単のみ》《口・冗》ばかでかい〔どうしようもない〕物. 【慣用】**altes Möbel** 《口》古くから当然のようにいる人.
die **Möbel·fa·brik** [メーベル・ふぁブリーク] [名] -/-en 家具製作所.
das **Möbel·ge·schäft** [メーベル・ゲシェふト] [名] -(e)s/-e 家具店.
der **Möbel·händ·ler** [メーベル・ヘンドラー] [名] -s/- 家具商人.
die **Möbel·po·li·tur** [メーベル・ポリトゥーあ] [名] -/-en 家具用つや出し.
der **Möbel·spe·di·teur** [メーベル・シュペディテーあ] [名] -s/-e 家具運送業者.
das **Möbel·stück** [メーベル・シュテュック] [名] -(e)s/-e (個々の)家具.
der **Möbel·tisch·ler** [メーベル・ティッシュラー] [名] -s/- 家具職人.
der **Möbel·wa·gen** [メーベル・ヴァーゲン] [名] -s/- 家具運搬車.
mo·bil [モビール] [形] **1.** 動く, 移動可能な;〘経〙流動性のある(資本);流動的な: *~er* Besitz 〘法・経〙動産. **2.** 出動態勢にある, 動員された: ~ machen 動員する. **3.** 《口》元気な, 活発な.
das **Mo·bi·le** [モービレ] [名] -s/-s モビール(天井などからつるす動く装飾品).
das **Mo·bi·li·ar** [モビリアーあ] [名] -s/-e 《主に単》(総称)家財道具.
die **Mo·bi·li·en** [モビーリエン] [複名] 〘法・経〙動産;《古》家財道具.
mo·bi·li·sie·ren [モビリズィーれン] [動] *h.* **1.** 〔〈j⁴〉ヲ〕《古》動員する(軍隊などを);召集する. **2.** 〔〈j⁴〉ヲ〕総動員する(国民などを). **3.** 〔〈et⁴〉ヲ〕結集する(力などを);呼び覚ます(コーヒーが活気などを). **4.** 〔〈et⁴〉ヲ〕〘経〙流動化する(資本などを). **5.** 〔〈j⁴/et⁴〉ヲ〕〘医〙(運動療法で)運動可能にする(患者などを), 動かせるようにする(関節・四肢などを).
die **Mo·bi·li·tät** [モビリテート] [名] -/ **1.** 《文》活発さ, 機敏. **2.** 〘社〙移動性.
mo·bil|ma·chen [モビール・マっヘン] [動] *h.* 〔補足なし〕戦時体制をとる(国家・政府が).
die **Mo·bil·ma·chung** [モビール・マっふング] [名] -/-en 〘軍〙動員.
das **Mo·bil·te·le·fon** [モビール・テ(ー)レふォン] [名] -s/-e 移動電話.
mö·bi·ussch, Mö·bi·us'sch, [旧]**Mö·bi·ussch** [mǿːbiʊsʃ メービウスシュ] [形] メービウスの: *~es* Band〘幾何〙メービウスの帯(ドイツの数学者・天文学者 A. F. Möbius による).
mö·blie·ren [メブリーれン] [動] *h.* 〔〈et⁴〉ニ〕家具を備えつける(住居などに).
mö·bliert [メブリーあト] [形] 家具つきの: ~ wohnen 家具つきの貸間〔貸家〕に住んでいる. ein *~er* Herr 《冗》家具つきの部屋の住人.
moch·te [モほテ] [動] mögen の過去形.
möch·te [メひテ] [動] mögen の接続法 2 式.
der **Möch·te·gern** [メひテ・ゲるン] [名] -(s)/-s〔-e〕《口・嘲》大物ぶっている人, 背のびしたがる人.
die **Mo·cke** [モッケ] [名] -/-n 《方》種豚.
die **Mock·tur·tle·sup·pe** [mɔ̃ktœrtəl.. モックテーあテル・ズっペ, ..tœrtəl.. モック・テるテル・ズっペ] [名] -/-n 〘料〙(子牛の肉を使った)擬製海亀スープ.
mod. =moderato 〘楽〙モデラート.
mo·dal [モダール] [形] 〘言〙話法の, 様態の;〘楽〙モードゥスによる, 旋法の.
das **Mo·dal·ad·verb** [モダール・アトヴェるプ] [名] -s/..bien 〘言〙様態の副詞.
die **Mo·da·li·tät** [モダリテート] [名] -/-en **1.** 《主に複》《文》様態;〘哲・論〙様相. **2.** 〘言〙モダリティ;話し手の心的態度.
die **Mo·dal·no·ta·ti·on** [モダール・ノタツィオーン] [名] -/-en 〘楽〙(12-13 世紀の)モーダル記譜法.
die **Mo·dal·par·ti·kel** [モダール・パるティ(ー)ケル] [名] -/-n 〘言〙心態詞(心理・感情を表す副詞など).
der **Mo·dal·satz** [モダール・ザッツ] [名] -es/..sätze 〘言〙様態の副詞的文.
das **Mo·dal·verb** [モダール・ヴェるプ] [名] -s/-en 〘言〙話法の助動詞.
der **Mod·der** [モッダー] [名] -s/ 《北独》《口》ぬかるみ, 泥んこ, 汚泥.
die **Mo·de** [モーデ] [名] -/-n **1.** (服装・髪型などの)流行, モード;《複のみ》流行の服: aus der ~ kommen 流行遅れになる. in ~ kommen 流行する. mit der ~ gehen 流行を追う. große ~ sein 大流行している. **2.** (ある時代の)はやり, 好み, 趣味, 時流, 風俗, ファッション: nach der ~ gehen 時流に従う.
der **Mo·de·ar·ti·kel** [モーデ・アるティ(ー)ケル] [名] -s/- 流行品;よく売れる流行の品.
die **Mo·de·far·be** [モーデ・ふぁるベ] [名] -/-n 流行色.
das **Mo·de·ge·schäft** [モーデ・ゲシェふト] [名] -(e)s/-e 婦人服飾専門店.
das **Mo·de·haus** [モーデ・ハウス] [名] -es/..häuser **1.** (比較的大きな)婦人服飾専門店. **2.** 服飾メーカー.
die **Mo·de·krank·heit** [モーデ・クらンクハイト] [名] -/-en 流行病;《転》流行狂.
der **Mo·del** [モーデル] [名] -s/- **1.** (die ~ -/-n も有)《方》(クッキー作りなどの)型. **2.** (ワックスの)流し型. **3.** (捺染(なっせん)用)型版. **4.** (刺しゅう・編み物などの)図柄見本.
das **Mo·del** [モデル] [名] -s/-s (ファッション)モデル;(写真の)モデル.
das **Mo·dell** [モデル] [名] -s/-e **1.** 模型, ひな型, モデル;〘工・美〙原型;モデル(原子核などの). **2.** 模範;モデル. **3.** (製品などの)見本;型, …式, モデル;〘法〙意匠, デザイン. **4.** (絵画・小説などの)モデル;ファッションモデル;《婉》(広告に出る)売春婦: einem Maler ~ stehen 画家のモデルになる. **5.** 〘服飾〙(デザイナーの)新作(見本), モデル.
die **Mo·dell·ei·sen·bahn** [モデル・アイゼン・バーン] [名] -/-en 鉄道模型.
der **Mo·dell·fall** [モデル・ファル] [名] -(e)s/..fälle 模範例, モデルケース;典型的な例.
mo·del·lie·ren [モデリーれン] [動] *h.* **1.** 〔(〈et⁴〉デ)〕形を作る(粘土などで). **2.** 〔〈j⁴/et⁴〉ヲ〕作る: 〈j²〉Büste in Ton ~ 〈人の〉胸像を粘土で作る. **3.** 〔〈et⁴〉ノ〕モデルを作る(あるプロセスなどの). **4.** 〔〈et⁴〉ヲ+〈様態〉ニ〕デザインする(服などを).
die **Mo·del·lie·rung** [モデリーるング] [名] -/-en **1.** (粘土・ろうで)形を作ること;(花瓶・像などを)形作ること. **2.** 形作られたもの, ある型の製品, モデル.
das **Mo·dell·kleid** [モデル・クライト] [名] -(e)s/-er モデル(デザイナーが作る見本の服).
die **Mo·dell·pup·pe** [モデル・プッペ] [名] -/-n マネキン(人形);(洋服仕立用などの)人台, ボディー.
der **Mo·dell·tisch·ler** [モデル・ティッシュラー] [名] -s/- (工業製品の)模型〔ひな型〕製作者.
mo·deln [モーデルン] [動] *h.* **1.** 〔an 〈j³/et³〉ニ〕(あちこち)手を加える. **2.** 〔〈et⁴〉ヲ〕形作る, (…の)形を変える. **3.** 〔〈j⁴〉ノ〕性格を変える. **4.** 〔〈et⁴〉ニ〕〘手工〙《南独》木型で形をつける.
der〔*das*〕**Mo·dem** [モーデム] [名] -s/-s 〘コンピュータ・電〙モデム, 変復調装置.

der **Mo·de·narr** [モーデ・ナる] 名 -en/-en 〚蔑〛流行づくめのしゃれ男.
das **Mo·den·haus** [モーデン・ハウス] 名 -es/..häuser ＝Modehaus 1.
die **Mo·den·schau** [モーデン・シャウ] 名 -/-en ファッションショー.
die **Mo·de·puppe** [モーデ・プッペ] 名 -/-n (口・蔑）ファッション人形（流行づくめの女).
der **Mo·der** [モーダー] 名 -s/ 腐敗物；(方)汚泥,どろこ.
die **Mo·de·ra·ti·on** [モデらツィオーン] 名 -/-en 1. 〔ﾗｼﾞｵ・ﾃﾚﾋﾞ〕(討論番組などの)司会. 2. 〔文・古〕抑制された〔穏健な〕態度；和らげる〔抑制する〕こと.
mo·de·ra·to [モデらート] 副 〔楽〕モデラート, 中庸の速度で(略 mod.).
der **Mo·de·ra·tor** [モデらートーあ] 名 -s/-en [モデらトーレン] 1. 〔核物理〕モデレーター(原子炉の中性子減速材). 2. 〔ﾗｼﾞｵ・ﾃﾚﾋﾞ〕司会者. 3. 〔ﾌﾟﾛﾃｽﾀﾝﾄ〕教会会議議長.
der **Mo·der·ge·ruch** [モーダー・ぐるっほ] 名 -(e)s/ 腐った〔朽ちた〕におい.
mo·de·rie·ren [モデリーれン] 動 h. 1. 〔et⁴を〕〔ﾗｼﾞｵ・ﾃﾚﾋﾞ〕司会をする(討論番組などの). 2. 〔et⁴を〕〔古〕和らげる(口調などを).
mo·de·rig [モードりヒ] 形 腐った〔朽ちた〕においのする.
mo·dern¹ [モデるン] 形 1. 最新流行の, モダンな：Er ist ~ gekleidet. 彼ははやりの服を着ている. 2. 現代(近代)の；現代(近代)的の. 3. 現代の(古典に対して)：die ~e Musik 現代音楽. der ~e Fünfkampf 近代五種競技.
mo·dern² [モーダーン] 動 h./s. 〔雅・なに〕腐り〔朽ち〕かける(葉・枝などが).
die **Mo·der·ne** [モデるネ] 名 -/ 〔文〕 1. 現代(近代)(精神). 2. (芸術の)現代的傾向.
mo·der·ni·sie·ren [モデるニズィーれン] 動 h. 1. 〔et⁴を〕現代風〔モダン〕にする(服装・住居などを). 2. 〔et⁴を〕近代化する(工場・方法などを)；現代文にする(古文のつづりなどを).
der **Mo·der·nis·mus** [モデるニスムス] 名 -/..men 1. (単のみ)現代〔近代〕主義, モダニズム；〔ｶﾄﾘｯｸ〕(20世紀初頭の)近代主義. 2. 〔言・文体・芸術学〕様式の現代的要素.
die **Mo·der·ni·tät** [モデるニテート] 名 -/-en 現代〔近代〕性.
der **Mo·de·sa·lon** [モーデ・ザロ(ー)ン] 名 -s/-s 高級婦人服店.
die **Mo·de·schau** [モーデ・シャウ] 名 -/-en ＝Modenschau.
der **Mo·de·schmuck** [モーデ・シュムック] 名 -(e)s/-e (安価な)流行のアクセサリー.
der **Mo·de·schöp·fer** [モーデ・シェップふぁー] 名 -s/- ファッションデザイナー.
der **Mo·de·schrift·stel·ler** [モーデ・シュりふト・シュテラー] 名 -s/- 流行作家.
die **Mo·de·wa·re** [モーデ・ヴァーれ] 名 -/-n (主に複)流行の(商)品.
das **Mo·de·wort** [モーデ・ヴォるト] 名 -(e)s/..wörter 流行語.
der **Mo·de·zeich·ner** [モーデ・ツァイヒナー] 名 -s/- ファッションデザイナー.
die **Mo·di·fi·ka·ti·on** [モディふぃカツィオーン] 名 -/-en 1. (文)修正, 変更；修正〔変更〕された形(個所). 2. 〔生〕(非遺伝性の)一時的変異. 3. 〔化〕(結晶構造の)変態；〔言〕修飾造語；変容.
mo·di·fi·zie·ren [モディふぃツィーれン] 動 h. 1. 〔et⁴を〕修正する(プログラムなどを). 2. 〔et⁴を〕変更を加える(状態などに)；(…を)限定〔制限〕する.
mo·disch [モーディシュ] 形 1. (最新)流行の, はやりの；ファッションの. 2. 当世風の, 今風の.
der **Mo·dist** [モディスト] 名 -en/-en 1. (中世後期の)飾り文字書家. 2. 〔古〕ファッション店主.
die **Mo·di·stin** [モディスティン] 名 -/-nen (女性の)帽子製作者.
mod·rig [モードりヒ] 形 ＝moderig.
der **Mo·dul¹** [モードゥル] 名 -s/-n 1. 〔建〕モドゥル(建築物の寸法の基準). 2. 〔工〕モジュール(歯車の直径と歯数の比率). 3. 〔理・工〕係数；弾性係数(Elastizitäts~). 4. 〔数〕モジュール, 加群.
das **Mo·dul²** [モードゥル] 名 -s/-e 〚ｺﾝﾋﾟｭｰﾀｰ〛モジュール（一つの構成単位をなす電子機器部品群).
die **Mo·du·la·ti·on** [モドゥラツィオーン] 名 -/-en 変化, 調整；〔楽〕転調；〔電〕変調.
mo·du·lie·ren [モドゥリーれン] 動 h. 1. 〔et⁴を〕変える(考え・音色などを), 調整する. 2. 〔von et³〕 ~ nach 〔et³〕〕転調して演奏する, 転調する(奏者・メロディーなどが). 3. 〔et⁴を〕〔電〕変調する.
der **Mo·dus** [モ(ー)ドゥス] 名 -/Modi 1. 〔文〕方式；〔哲〕様態. 2. 〔言〕法, 話法. 3. 〔楽〕モードゥス(中世音楽の)①旋法 ②教会旋法 ③リズム体系. 4. 〔定量記譜法の長・短音符の比率). 4. 〔統計〕最大頻度.
der **Mo·dus O·pe·ran·di**, ⓐ**Mo·dus o·pe·ran·di** [モ(ー)ドゥス オペらンディ] 名 --/Modi -- 仕事の仕方〔方法〕.
der **Mo·dus Pro·ce·den·di**, ⓐ**Mo·dus pro·ce·den·di** [モ(ー)ドゥス プろツェデンディ] 名 --/Modi -- 手続きの仕方〔方法〕.
der **Mo·dus Vi·ven·di**, ⓐ**Mo·dus vi·ven·di** [モ(ー)ドゥス ヴィヴェンディ] 名 --/Modi -- 1. 生活態度, (共存が可能な)生存様式. 2. 暫定協定.
(der/die) **Moel·ler** [mœlər ⓐメラ一] 名 〔人名〕メラー.
das **Mo·fa** [モーふぁ] 名 -s/-s モーターバイク(Motorfahrrad).
die **Mo·fet·te** [モふェッテ] 名 -/-n 〔地質〕炭酸孔.
die **Mo·ge·lei** [モーゲライ] 名 -/-en (口) 1. (単のみ)(しょっちゅう)ごまかすこと. 2. いんちき, カンニング.
mo·geln [モーゲルン] 動 h. (口) 1. 〔bei et³〕いんちき(ごまかし・カンニング)をする. 2. 〔et⁴⁴z〕〕+〈方向〉〕紛れ込ませる. 3. 〔sich⁴+〈方向〉〕紛れ込む, うまくもぐり込む(策略などを用いて).
die **Mo·gel·pa·ckung** [モーゲル・パックング] 名 -/-en 〔経〕〚ｺﾏｰｼｬﾙ〛(上げ底的)いんちき包装.
mö·gen* [メーゲン] 動 〔話法〕ich mag, du magst, er mag; mochte; hat ... mögen(本動詞の不定詞と共に用いる. 文脈などから明らかな不定詞は省略される. 不定詞を省略された場合の過去分詞は gemocht) 1. (願望・希望. 主に接続法2式の形の möchte を用いる)…したいと思う：Ich möchte Herrn Schröder sprechen. 私はシュレーダー氏に面会したいのです的. Das möchte ich überhört haben. 私はそのことを聞かなかったことにしたい. Ich möchte Englisch sprechen können. 私は英語が話せるようになりたい. 2. (推量. 普通は直説法の平叙文で)…かも知れない, …だろう：Er mag vierzig Jahre alt sein. 彼は40歳ぐらいだろうか. Es mochten zwanzig Leute sein. およそ20人ぐらいだったろうか. Es mag〔möchte〕sein, dass ... もしかすると…かも知れない. 3. (要求. 多くは間接話法の中で接続法1式möge または möchte の形で)…してもらいたい：Er bat sie, sie möge ihm helfen. 彼は彼女に手伝ってもらいたいと頼んだ. Sie möchte mich bitte morgen anrufen. 彼女には明日電話してもらいたい(と伝えてほしい). Möchten Sie bitte sofort zurückkommen ! すぐに

戻って来て頂きたいのですが. Es *mag* noch erwähnt werden, dass ... なお…ということにも言及しておきたい. *Möge*〔*Möchte*〕es so bleiben. 現状のままであってほしい.【möchte の方が丁重】 **4.** 《意図. 主に否定文で》…したい, …するつもりである： Ich *mag* ihn jetzt nicht stören. 私は今は彼の邪魔をしたくない. Tun Sie, was Sie ~〔*möchten*〕? あなたのご勝手になさって下さい. Ich *mochte* nicht (gern) nach Hause. 私は家に帰りたくなかった. **5.** 《疑問の気持. 返答を期待しない疑問文で》…だろう(か)： Wer *mag* das sein ? それは一体だれだろう. Wie *mag* das gekommen sein ? 一体どうしてそういうことになったんだろう. **6.** 《認容・無関心な許可. 直説法で》したければ…してもかまわない： Sie *mag* es (ruhig) tun. 彼女はそうしたいならそうするがいい. Er *mag* das Buch behalten, wenn er will. ほしいのならその本は彼にやる. *M*~ sie nur kommen, ich fürchte mich nicht. 彼らが来るというなら来るがいい, 私は恐ろしくはない.【認容文に続く文の定動詞は正置】 **7.** 《譲歩. 普通直説法で》…かも知れないが, たとえ…としても： Sie *mag* eine Schönheit sein, ich kann sie aber nicht lieben. 彼女は美人かも知れないが, 私は彼女を愛せない. Er *mag* wollen oder nicht, er muss mitkommen. そうしたかろうとそうしたくなかろうと彼は一緒に来なければならない.【譲歩文に続く文の定動詞は正置】 【慣用】 **〈j^4/et^4〉 (gern〔gut〕) leiden mögen** 〈人・物・事が〉好きである. **Ich möchte sagen, dass ...** …と言えると思う. **Man möchte meinen, dass ...** …と思いたくなる.

—— [動] ich mag, du magst, er mag ; mochte ; hat gemocht **1.** 〔〈j^4/et^4〉ガ〕好きである： Wir *mochten* ihn alle gern. われわれは皆彼が好きだった. Ich *mag* keinen Fisch. 私は魚は好きではない. *M*~ Sie klassische Musik ? クラシック音楽はお好きですか. **2.** 〔〈et^4〉ガ〕欲しい, (…を)望む： *Möchten* Sie noch eine Tasse Kaffee ? コーヒーをもう一杯いかがですか. **3.** 〔〈方向〉へ(カラ)〕行き〔来・出〕たい; Ich *mag* nach Hause. 私は家へ帰りたい. 【慣用】 **Ich möchte, dass ...** 私は…して〔であって〕ほしい.

mög·lich [⊘ークリひ] [形] **1.** 〔(〈j^3〉ニ)〕可能な, 得られる： eine nur ihr ~*e* Darstellung der schweren Rolle 彼女にしかできないその難しい役の演技. (so ... wie ~ の形で)so viel wie ~ できるかぎり. Ich komme so bald wie ~. (私は)できるだけすぐに来〔行き〕ます. **2.** 起こり〔あり・考え〕うる： ein immerhin ~*er* Unfall それでも起こりうる事故. Es ist (leicht/wohl) ~, dass ... …ということは(まったく/たぶん)有りうる. **3.** 《all とともに》《口》(考えられる)ありとあらゆる： Er setzte sich allen ~*en* Verdächtigungen aus. 彼はありとあらゆる嫌疑をかけられた. 【慣用】 **alles Mögliche bedenken** あらゆる可能性を考慮に入れる (**Das ist doch**) **nicht möglich !** そんな(ことってあるものか). **das Mögliche〔sein Mögliches〕tun** 出来るかぎりのことをする. **wenn** (**es** 〈**j^3**〉) **möglich** (**ist**) (それが〈人に〉)できれば.

mög·li·chen·falls [⊘ークリひェン・ふぁルス] [副] 可能な場合には;ひょっとすると.

mög·li·cher·wei·se [⊘ークリひゃー・ヴァイゼ] [副] 《文飾》(もしかすると)…かも知れない.

die **Mög·lich·keit** [⊘ークリひカイト] [名] -/-en **1.** 可能性： die ~ haben, 〈et^4〉 zu tun 〈事を〉することができる. **2.** 見込み, 実現の可能性;(考えられる・ありうる)可能性： Es besteht die ~, dass ... …の見込みがある. alle ~*en* in Betracht ziehen 起こりうることをすべて考慮する. Es gibt dafür mehrere ~*en*. それにはいくつかの可能性があります. **3.** 機会, チャンス： alle ~*en* nutzen すべての機会を利用する. **4.** 《[複]のみ》能力, 資力： seine finanziellen ~*en* ausschöpfen 経済力を使い果たす. 【慣用】 **Ist es**〔**denn das**〕 **die Möglichkeit !** まさか(そんなことが). **nach Möglichkeit** 可能ならば, できれば.

die **Mög·lich·keits·form** [⊘ークリひカイツ・ふぉるム] [名] -/-en 〖言〗接続法, 叙想法.

mög·lichst [⊘ークリひスト] [副] 《語飾》《動詞・形容詞・副詞を修飾》できるだけ;できれば： sich^4 aus 〈et^3〉 ~ heraushalten 〈事に〉できるだけ関わらないようにする. ~ bald できるだけ早く. ~ heute noch なるべく今日中に.

der **Mo·gul** [モーグル, モグール] [名] -s/-n ムガル朝の王《インドのイスラム帝国の君主》.

der **Mo·hair** [mohɛ́:r モヘーあ] [名] -s/-e 《[複]は種類》モヘア《アンゴラ山羊の毛》;モヘヤ地.

(*der*) **Mo·ham·med** [モーハメット] [名] 〖人名〗ムハンマド, マホメット《570 頃-632, イスラム教の開祖》.

der **Mo·ham·me·da·ner** [モハメダーナー] [名] -s/- 《口・古》マホメット教徒.

mo·ham·me·da·nisch [モハメダーニシュ] [形] 《通俗的に》マホメット教(徒)の.

der **Mo·ham·me·da·nis·mus** [モハメダニスムス] [名] -/ マホメット教.

der **Mo·hi·ka·ner** [モヒカーナー] [名] -s/- モヒカン族《アメリカインディアンの一種族》： der letzte〔der Letzte der〕 ~ 《口・冗》最後に残った人〔物〕.

der **Mohn** [モーン] [名] -(e)s/-e 《[複]は種類》〖植〗ケシ;ヒナゲシ(Klatsch~);ケシの種.

die **Möh·ne** [⊘ーネ] [名] -/ 〖川名〗メーネ川《ノルトライン=ヴェストファーレン州, ルール川の支流》.

der **Mohr** [モーあ] [名] -en/-en 《古》ムーア人《黒人の古称》.

die **Möh·re** [⊘ーれ] [名] -/-n 〖植〗ニンジン;ニンジンの根.

der **Moh·ren·kopf** [モーれン・コップふ] [名] -(e)s/..köpfe モーレンコップ《チョコレートをかけた球形の菓子》.

die **Moh·ren·wä·sche** [モーれン・ヴェッシェ] [名] -/-n 《《冗》も有》罪ある人の潔白を示そうとする試み, むだ骨.

die **Mohr·rü·be** [モーあ・りゅーべ] [名] -/-n 〖植〗《北独》ニンジン(Möhre).

die **Moi·ra** [mɔ́yra モイら] [名] -/..ren 〖ギ神〗 **1.** 《[複]のみ》モイラ《運命の三女神で, 普通, Klotho, Lachesis, Atropos を指す》. **2.** 《[単]のみ》運命.

das **Moi·ré** [moaré: モアれー] [名] -s/-s **1.** モアレ《①布地の波形・木目模様. ②(der ~ -s/-s も有)波形・木目模様のついた布地》. **2.** 〖印〗モアレ《しま状に現れる網目の乱れ》. **3.** (テレビ画面の)波状の乱れ.

moi·rie·ren [moarí:rən モアりーれン] [動] *h.* 〔〈et^4〉ニ〕〖織〗波形模様をつける.

mo·kant [モカント] [形] 《文》嘲笑的な, あざけるような.

der **Mo·kas·sin** [モカスィーン, モカスィーン] [名] -s/-s〔-e〕 モカシン《①北米インディアンの靴. ②底から 1 枚革で包み甲をつけた靴》.

das **Mo·kick** [モーキック] [名] -s/-s モーキック《Moped und Kickstarter の短縮形. キック付モペット. 最高速度 40 キロ》.

mo·kie·ren [モキーれン] [動] *h.* 〔sich^4+über 〈j^4/et^4〉ヲ〕《文》嘲弄(ちょうろう)する, からかう, そしる.

der **Mok·ka** [モッカ] [名] -s/-s 《[複]は種類》モカ《コーヒーの品種》;モカコーヒー《濃いコーヒー》.

die **Mok·ka·tas·se** [モッカ・タッセ] [名] -/-n モカコーヒー用デミタス《カップ》.

das **Mol** [モール] [名] -s/-e 《単位としての[複]は-》〖化〗モル《物質の量の単位》.

der **Mo·lar** [モラーあ] [名] -s/-en 〖医〗臼歯(きゅうし).

der **Molch** [モルひ] [名] -(e)s/-e **1.** 〖動〗有尾類

(イモリ・サンショウウオなど). 2. ((蔑))も有)あいつ, やつ.
die **Moldau**[1] [モルダウ] 名 -/ 〔川名〕モルダウ川(チェコを流れるエルベ川左岸の支流).
(das) **Moldau**[2] [モルダウ] 名 -s/ 1. 〔地名〕モルダビア地方(ルーマニアの一地方). 2. 〔国名〕モルドバ.
(das) **Moldova** [モルドーヴァ] 名 -s/ 〔国名〕《モルドスィ》モルドバ.
die **Mole** [モーレ] 名 -/-n 防波堤, 突堤.
das **Molekül** [モレキュール] 名 -s/-e 〔化〕分子.
molekular [モレキュラーあ] 形 〔化〕分子の.
die **Molekularbewegung** [モレクラーあ・ベヴェーグング] 名 -/-en 〔理・化〕分子の運動.
die **Molekularbiologie** [モレクラーあ・ビオ・ロ・ギー] 名 -/ 分子生物学.
das **Molekulargewicht** [モレクラーあ・ゲヴィヒト] 名 -(e)s/-e 〔化〕分子量.
die **Molesten** [モレステン] 複各 《文・古》(身体の恒常的な)不調, 苦痛;(日常の)煩わしいこと.
molestieren [モレスティーレン] 動 h. 〈j[4]ッ+(mit <et[3]ッ])〉《文・古》煩わす, 悩ます.
(der) **Molière** [..li̯ɛ:r モリエーあ] 名 〔人名〕モリエール(1622-73年, フランスの喜劇作家).
molk [モルク] 動 《古》melken の過去形.
die **Molke** [モルケ] 名 -/ 乳清.
mölke [ゲルケ] 動 melken の接続法 2 式.
die **Molkerei** [モルケライ] 名 -/-en 乳製品工場.
die **Molkereibutter** [モルケライ・ブタ] 名 -/ 上製バター(法的に定められた 3 品質の中級).
das **Moll** [モル] 名 -/- 〔楽〕短調.
der **Mollakkord** [モル・アコらド] 名 -(e)s/-e 〔楽〕短和音.
die **Molle** [モレ] 名 -/-n 1. 《北独》(こね)桶(≒). 2. 《ニリ》グラス一杯のビール: Es gießt mit ~n. どしゃ降り. 3. 《ニリ》ベッド.
der **Möller**[1] [⊗ラー] 名 -s/- 〔冶金〕鉄鉱石と溶剤の混合物.
(der/die) **Möller**[2] [⊗ラー] 名 〔人名〕メラー.
mollig [モリヒ] 形 ふっくらした; 暖かくて心地よい;ふかふかで暖かい.
die **Molluske** [モルスケ] 名 -/-n (主に飛)〔生〕軟体動物.
das **Molluskizid** [モルスキツィート] 名 -(e)s/-e 〔農〕(ナメクジなどの)軟体動物駆除剤.
der **Molo** [モーロ] 名 -s/..li =Mole.
der **Moloch** [モーロッホ] 名 -s/-e 1. ((飛のみ;主に無冠詞))モレク, モロク(セム族の神で, 子供がいけにえに捧げられた). 2. 《文》常に犠牲を強いるもの. 3. 〔動〕モロクトカゲ, トゲトカゲ.
der **Molotowcocktail, Molotow-Cocktail** [móːlɔtɔfkɔktɛːl モーロトふ・コクテール] 名 -s/-s 火炎瓶.
(der) **Moltke** [モルトケ] 名 〔人名〕モルトケ(Helmuth Graf von ~, 1800-91, プロイセンの軍人).
der **Molton** [モルトン] 名 -s/-s 〔織〕モレトン(両面起毛の綿ネル).
das **Molybdän** [モリュプデーン] 名 -s/ 〔化〕モリブデン(記号 Mo).
das **Moment**[1] [モメント] 名 -(e)s/-e 瞬間;時点: Einen ~, bitte! ちょっと待って. ~ mal! 《口》ちょっと待った(言葉・思考をさえぎるときに). jeden ~ 今にも, すぐに. im gleichen/nächsten ~ 同じ/次の瞬間に. im ~ ちょうど今, 今は. den richtigen ~ verpassen/erwischen 時機を逸する/とらえる.
das **Moment**[2] [モメント] 名 -(e)s/-e 1. 契機, きっかけ, 要因, 動機;根拠, 観点;局面: ein entscheidendes ~ 決め手. 2. 〔理〕モーメント.
momentan [モメンターン] 形 1. 目下の, 現在の.
2. 一時的な, 瞬間的な.
die **Momentaufnahme** [モメント・アウふ・ナーメ] 名 -/-n 〔写〕スナップショット, 速写.
(das) **Monaco** [モーナコ, モナコ] 名 -s/ 〔国名〕モナコ(地中海北西岸の立憲公国及びその首都).
die **Monade** [モナーデ] 名 -/-n 〔哲〕 1. 《((⑰))のみ》単一体. 2. (ライプニッツの)モナド, 単子.
(das) **Monako** [モーナコ, モナコ] 名 -s/ =Monaco.
der **Monarch** [モナるヒ] 名 -en/-en 君主.
die **Monarchie** [モナるヒー] 名 -/-n 1. 《((⑰)のみ)》君主制. 2. 君主国.
monarchisch [モナるヒシュ] 形 君主(制・国)の.
der **Monarchist** [モナるヒスト] 名 -en/-en 君主(制)主義者.
monarchistisch [モナるヒスティシュ] 形 君主(制)主義の.
das **Monasterium** [モナステーリウム] 名 -s/..rien 修道院;修道院聖堂.
der **Monat** [モーナト] 名 -(e)s/-e 月, 1 か月の(2 格の略 d. M.): diesen ~ 今月. jeden ~ 毎月. nächsten ~ 来月に. alle zwei ~e 2 か月ごとに. auf zwei ~e 向う 2 か月間. für drei ~e 3 か月の予定で. in einem ~ ある月に. im schönen ~ Mai うるわしの 5月に. vor/nach vier ~en 4 か月前/後に. seit ~en 数か月来. über ~e hin 数か月間にわたり. am Anfang des ~s 月のはじめに. in der Mitte des ~s 月の中旬(中ば)に. Der Säugling ist drei ~e alt. この新生児は(生れて) 3 か月です. Sie ist im siebten ~. 彼女は妊娠 7 か月だ.
monatelang [モーナテ・ラング] 形 何か月も(続く);何か月もの
..monatig [..モーナティヒ] 接尾 数詞の後につけて「…か月間の」,「(生後…か月の)」の意味の形容詞を作る: drei*monatig* [3-monatig]3 か月間の, 生後 3 か月の.
monatlich [モーナトリヒ] 形 毎月の, 月々の.
..monatlich [..モーナトリヒ] 接尾 数詞などにつけて「…か月ごとの」の意味の形容詞を作る: drei*monatlich* [3-monatlich]3 か月ごとの.
der **Monatsanfang** [モーナツ・アン・ふぁング] 名 -(e)s/..anfänge 月初め.
die **Monatsbinde** [モーナツ・ビンデ] 名 -/-n 月経帯.
die **Monatsblutung** [モーナツ・ブルートゥング] 名 -/-en 月経.
das **Monatsende** [モーナツ・エンデ] 名 -s/-n 月末.
die **Monatsfrist** [モーナツ・ふりスト] 名 -/ 一か月の期間.
das **Monatsgehalt** [モーナツ・ゲハルト] 名 -(e)s/..hälter 月給.
das **Monatsgeld** [モーナツ・ゲルト] 名 -(e)s/-er 毎月の支払いの金額;〔金融〕1 か月物資金.
das **Monatsheft** [モーナツ・ヘふト] 名 -(e)s/-e (月刊誌の)号.
die **Monatskarte** [モーナツ・カるテ] 名 -/-n 一か月の定期乗車(入場)券.
der **Monatslohn** [モーナツ・ローン] 名 -(e)s/..löhne 一か月の賃金.
die **Monatsschrift** [モーナツ・シュりふト] 名 -/-en 月刊雑誌.
monatsweise [モーナツ・ヴァイゼ] 形 月ごとの.
—— 副 月ごとに.
monatweise [モーナト・ヴァイゼ] 副 月ごとに(の), 月々(の).
monaural [モナウラール] 形 〔医・工〕片耳の;〔電〕モノラルの.
der **Mönch** [⊗ンヒ] 名 -(e)s/-e 1. 修道士, 修

道僧, 僧侶. **2.** 〖狩〗角のない雄シカ. **3.** 〖土〗雄がわら(半月筒状の凸がわら);〔蝶盤階段の〕心柱(½ろ). **4.** 〖工〗(養魚池などの)排水装置.

(*das*) **Mönchengladbach** [⊘ンヒェン・グラットバッハ] 名 -s/ 〖地名〗メンヒェングラトバッハ(ノルトライン=ヴェストファーレン州の都市).

mönchisch [メンヒッシュ] 形 修道士の(ような).

das **Mönchskloster** [メンヒス・クロースター] 名 -s/ ..klöster 男子修道院.

die **Mönchskutte** [メンヒス・クッテ] 名 -/-n 修道服.

der **Mönchsorden** [メンヒス・オルデン] 名 -s/- 男子修道会.

das **Mönchstum** [メンヒストゥーム] 名 -s/ = Mönchtum.

die **Mönchszelle** [メンヒス・ツェレ] 名 -/-n 僧房.

das **Mönchtum** [メンヒトゥーム] 名 -s/ 修道院制度;修道士(思想);修道士であること.

der **Mond** [モーント] 名 -(e)s/-e **1.** 〖⑪のみ〗月:der abnehmende/zunehmende ~ 下弦/上弦の月. Der ~ nimmt ab/zu. 月が欠ける/満ちる. **2.** 〖天〗(惑星の)衛星(Satellit). **3.** 満月形のもの;三日月形のもの. **4.** 〖古・詩〗月(Monat). 【慣用】**auf(hinter) dem Mond leben(sein)** 〖口〗現実を知らない,浮世離れしている. **Die Uhr geht nach dem Mond.** 〖口〗その時計は狂っている. **in den Mond gucken** 〖口〗(分け前をもらえず)指をくわえて見ている.

mondän [モンデーン] 形 派手好みな;上流社会的な.

der **Mondaufgang** [モーント・アウフ・ガング] 名 -(e)s/..gänge 月の出.

die **Mondbahn** [モーント・バーン] 名 -/-en 月(衛星)の軌道.

das **Möndchen** [⊘ーントヒェン] 名 -s/- **1.** 小さな月(衛星);三日月形のもの. **2.** (つめのつけ根の半月形の)爪氏(½)(Nagel~).

die **Mondfähre** [モーント・フェーレ] 名 -/-n 月着陸船.

die **Mondfinsternis** [モーント・フィンステルニス] 名 -/-se 〖天〗月食.

der **Mondflug** [モーント・フルーク] 名 -(e)s/..flüge 月への宇宙飛行.

das **Mondgesicht** [モーント・ゲズィヒト] 名 -(e)s/-er **1.** まん丸い顔;〖医〗(ステロイド剤による)ムーンフェース. **2.** 〖冗〗お月様みたいの顔.

mondhell [モーント・ヘル] 形 〖文〗月明りの.

mondial [モンディアール] 形 〖文〗全世界におよぶ,世界規模の.

das **Mondjahr** [モーント・ヤール] 名 -(e)s/-e 太陰年.

das **Mondkalb** [モーント・カルプ] 名 -(e)s/..kälber 〖口〗ばか;〖古〗(牛の)奇胎.

die **Mondlandefähre** [モーント・ランデ・フェーレ] 名 -/-n 月着陸船.

die **Mondlandschaft** [モーント・ラントシャフト] 名 -/-en **1.** 月面の風景. **2.** 月に照らされた風景. **3.** 月面のような荒涼とした風景.

die **Mondlandung** [モーント・ランドゥング] 名 -/-en 月面着陸.

das **Mondlicht** [モーント・リヒト] 名 -(e)s/ 月光.

die **Mondnacht** [モーント・ナハト] 名 -/..nächte 月夜.

die **Mondphase** [モーント・ファーゼ] 名 -/-n (満月・半月などの)月相.

der **Mondpreis** [モーント・プライス] 名 -es/-e (ぶっつ)(法外な)いんちき値段.

die **Mondscheibe** [モーント・シャイベ] 名 -/ (満月の)丸い月面.

der **Mondschein** [モーント・シャイン] 名 -(e)s/ 月光,月明り. 【慣用】**Der kann mir im Mondschein begegnen.** 〖口〗あいつのことなど知るものか.

der **Mondscheintarif** [モーント・シャイン・タリーフ] 名 -(e)s/-e (電話の)夜間通話割引料金(表)(1980年まで).

der **Mondsee** [モーント・ゼー] 名 -s/ 〖湖名〗モントゼー(オーストリア西部の湖).

die **Mondsichel** [モーント・ズィッヒェル] 名 -/-n 三日月,弦月.

die **Mondsonde** [モーント・ゾンデ] 名 -/-n 月探査機.

der **Mondstein** [モーント・シュタイン] 名 -(e)s/-e ムーンストーン,月長石.

die **Mondsucht** [モーント・ズフト] 名 -/ 夢遊病.

mondsüchtig [モーント・ズュヒティヒ] 形 夢遊病の.

die **Mondsüchtigkeit** [モーント・ズュヒティヒカイト] 名 -/ 夢遊病.

die **Mondumlaufbahn** [モーント・ウム・ラウフ・バーン] 名 -/-en (衛星の)月を回る軌道.

der **Mondwechsel** [モーント・ヴェクセル] 名 -s/- 月の満ち欠けが始まる月.

der **Monduntergang** [モーント・ウンター・ガング] 名 -(e)s/..gänge 月の入り.

der **Monegasse** [モネ・ガッセ] 名 -n/-n モナコ人〔市民〕. ➡ Monaco.

die **Monegassin** [モネ・ガッスィン] 名 -/-nen Monegasseの女性形.

monegassisch [モネ・ガッスィッシュ] 形 モナコの.

monetär [モネテーア] 形 〖経〗通貨の,財政(上)の.

der **Monetarismus** [モネタリスムス] 名 -/ 〖経〗マネタリズム,貨幣主義(マクロ経済学で名目貨幣量の動きを重視する立場).

die **Moneten** [モネーテン] 複名 〖口〗ぜに,かね.

die **Moneymaker** [mánime:kɐr マニ・メーカー] 名 -s/- 《口・蔑》いかもの的ビジネスマン,大金を稼ぐ人.

der **Mongole** [モンゴーレ] 名 -n/-n モンゴル人.

die **Mongolei** [モンゴライ] 名 -/ **1.** 〖地名〗モンゴル高原. **2.** 〖国名〗モンゴル国:die Äußere ~ 外モンゴル. die Innere ~ 内モンゴル.

die **Mongolenfalte** [モンゴーレン・ファルテ] 名 -/-n 〖人類〗蒙古(も)ひだ(モンゴル系人種の上まぶたの内寄りのひだ).

der **Mongolenfleck** [モンゴーレン・フレック] 名 -(e)s/-e 〖人類〗蒙古斑(はん).

mongolid [モンゴリート] 形 モンゴロイドの.

der/die **Mongolide** [モンゴリーデ] 名 《(形容詞的変化)》〖人類〗モンゴロイド,モンゴル系人種.

die **Mongolin** [モンゴーリン] 名 -/-nen Mongoleの女性形.

mongolisch [モンゴーリッシュ] 形 モンゴル(人・語)の.

der **Mongolismus** [モンゴリスムス] 名 -/ 〖古〗蒙古症.

die **Mongolistik** [モンゴリスティク] 名 -/ モンゴル学.

mongoloid [モンゴロイート] 形 モンゴル人に似た;〖医〗蒙古症の.

der/die **Mongoloide** [モンゴロイーデ] 名 《(形容詞的変化)》モンゴル系の特徴のある人.

monieren [モニーレン] 動 *h.*〔et⁴⁻〕文句〔苦情〕を言う(納入品・勘定などに).

(*die*) **Monika** [モーニカ] 名 〖女名〗モーニカ.

der **Monismus** [モニスムス] 名 〖哲〗一元論.

der **Monitor** [モーニトーア] 名 -s/-en [モニトーレン]〔-e〕 **1.** 〖工〗監視装置. **2.** テレビモニター;(パソコンの)画面;〖医〗モニター. **3.** 〖理〗放射線探知装置. **4.** 〖鉱〗水射機.

das **Monitum** [モーニトゥム] 名 -s/..ta 〖文〗苦情,異議;叱責(ほ).

der **Mono** [モー(ーノ)] 名 -s/ モノラル(Monophonieの短縮形).

monochrom [モノ・クローム] 形 単色の,白黒の,モノ

クロの.
- *die* **Mo·no·die** [モノディー] 名 -/-n 〖楽〗モノディ(①単声歌. ②(通奏低音つき)独唱歌.
- *die* **Mo·no·fo·nie** [モノ・ふォニー] 名 -/ =Monophonie.
- **mo·no·gam** [モノガーム] 形 性的関係を一人だけにかぎる;一雄一雌の;〖民族〗一夫一婦制の.
- *die* **Mo·no·ga·mie** [モノ・ガミー] 名 -/ 一夫一婦制.
- **mo·no·gen** [モノ・ゲーン] 形 〖生〗単一遺伝子の;〖地質〗単成の.
- *die* **Mo·no·ge·ne·se** [モノ・ゲネーゼ] 名 -/-n 〖生〗単性生殖.
- *die* **Mo·no·go·nie** [モノ・ゴニー] 名 -/-n =Monogenese.
- *die* **Mo·no·gra·fie** [モノ・グらふィー] 名 -/-n =Monographie.
- *das* **Mo·no·gramm** [モノ・グらム] 名 -s/-e モノグラム(氏名の頭文字などの組合せ文字).
- *die* **Mo·no·gra·phie** [モノ・グらふィー] 名 -/-n モノグラフィー(個別テーマの学術論文).
- *das* **Mon·o·kel** [モノケル] 名 -s/- モノクル, 片眼鏡.
- **mo·no·klin** [モノクリーン] 形 〖理〗単斜の;〖植〗雌雄同花の.
- *die* **Mo·no·ko·ty·le·do·ne** [モノ・コテュレドーネ] 名 -/-n 〖植〗単子葉植物.
- *die* **Mo·no·kra·tie** [モノ・クらティー] 名 -/-n 独裁, 独裁政治.
- **mo·no·ku·lar** [モノクラーぁ] 形 〖医〗単眼(性・用)の.
- *die* **Mo·no·kul·tur** [モ(-)ノ・クルトゥール] 名 -/-en 〖農〗 1. ((廃))のみ)単作. 2. 単作耕地.
- *die* **Mo·no·la·trie** [モノ・ラトリー] 名 -/ 〖宗〗一神崇拝(多くの神々の中から一神を崇拝する).
- *der* **Mo·no·lith** [モノ・リート] 名 -s/-e(-n)(-e(n) モノリート(巨大な一つの石から造られた像・柱など).
- **mo·no·li·thisch** [モノ・リーティシュ] 形 1. 〖土〗一体構造の;一枚岩の. 2. 〖電〗集積の.
- *der* **Mo·no·log** [モノ・ローク] 名 -(e)s/-e 〖文芸学〗独白, モノローグ.
- **mo·no·lo·gisch** [モノ・ローギシュ] 形 《文》独白(風)の.
- **mo·no·man** [モノ・マーン] 形 〖心・医〗偏執狂の.
- *die* **Mo·no·ma·nie** [モノ・マニー] 名 -/-n 〖心・医〗偏執狂.
- *der* **Mo·no·mer** [モノメーる] 名 〖化〗単量体(⇒Polymer)の.
- **mo·no·phag** [モノ・ふぁーク] 形 〖生〗単食性の(①1種類の植物または動物だけ食べること. ②植物が特定の種の植物だけに寄生すること).
- *die* **Mo·no·pho·nie** [モノ・ふォニー] 名 -/ モノラル(録音などで).
- *der* **Mo·no·ph·thong** [モノ・ふトング] 名 -s/-e 〖言〗単母音.
- *das* **Mo·no·pol** [モノ・ポール] 名 -s/-e 独占(専売)権;〖経〗独占企業.
- **mo·no·po·li·sie·ren** [モノ・ポリズィーれン] 動 h. ⟨et⁴⟩〗〖経〗独占化する.
- *der* **Mo·no·po·list** [モノ・ポリスト] 名 -en/-en〖経〗独占企業者;独占資本家, 専売業者.
- *die* **Mo·no·pol·kom·mis·sion** [モノポール・コミッスィオーン] 名 〖経・法〗独占(調査鑑定)委員会.
- *die* **Mo·no·pol·stel·lung** [モノ・ポール・シュテルンク] 名 -/-en (市場の)独占的地位.
- *der* **Mo·no·pte·ros** [モノプテロス] 名 -/..pteren [モノプテーれン] [..ptera [モノプテら]〗 モノプテロス(列柱で屋根を支えた古代の円形神殿).
- *die* **Mo·no·se·mie** [モノゼミー] 名 -/ 〖言〗単義(性).
- **mo·no·syl·la·bisch** [モノ・ズュラービシュ] 形 〖言〗単音節の.

- *der* **Mo·no·the·is·mus** [モノ・テイスムス] 名 -/ 一神教, 一神論.
- *der* **Mo·no·the·ist** [モノ・テイスト] 名 -en/-en 一神教信者, 一神論者.
- **mo·no·the·is·tisch** [モノ・テイスティシュ] 形 一神〖論〗の.
- **mo·no·ton** [モノ・トーン] 形 単調な;〖数〗単調な.
- *die* **Mo·no·to·nie** [モノ・トニー] 名 -/-n 単調.
- *die* **Mo·no·type** [..taɪp モー(-)ノ・タイプ] 名 -/-s〖印〗〖商標〗モノタイプ(自動鋳造植字機).
- *das* **Mon·oxid** [モ(-)ノクスィート, モノクスィート] 名 -(e)s/-e =Monoxyd.
- *das* **Mon·oxyd** [モ(-)ノクスュート, モノクスュート] 名 -(e)s/-e 〖化〗一酸化物.
- *die* **Mon·özie** [モ◎ツィー] 名 -/ 〖植〗雌雄同株.
- **mon·ö·zisch** [モ◎ーツィッシ] 形 〖植〗雌雄同株の.
- *der* **Mo·no·zyt** [モノ・ツュート] 名 -en/-en (主に◎)〖医〗単球, 単核白血球(最も大型の白血球).
- *die* **Mon·roe·dok·trin** [monrɔ́(:)..モンろー・ドクトリーン, モンろ・ドクトリーン] 名 -/ モンロー主義(アメリカ大統領J. Monroeの欧米相互不干渉の外交政策).
- *der* **Mon·sei·gneur** [mõsɛnjó:r モンセニョーる] 名 -s/-e [-s] 閣下, 猊下 (略) (①(◎のみ)フランスの高位者・上級貴族・高位聖職者の称号及び呼びかけ. ②その称号を持つ人.
- *der* **Mon·sieur** [məsjǿ メスィ◎ー] 名 -(s) /Messieurs[mεsjǿ メスィ◎ーン]...さん, ...氏, ...様(フランス語の男性の敬称. 略M.; ◎ MM.); (呼びかけとして)旦那さん.
- *der* **Mon·si·gnore** [monzinjóːre モンズィニョーれ] 名 -(s)/..ri 猊下 (略) (①(◎のみ)イタリアの高位聖職者の称号及び呼びかけ. ②その称号を持つ人. 略(M.; ◎ Msgr.).
- *das* **Mons·ter** [モンスター] 名 -s/- 怪物, 怪獣.
- *der* **Mons·ter·bau** [モンスター・バウ] 名 -(e)s/-ten ((蔑))の怪物的建築物.
- *der* **Mons·ter·film** [モンスター・ふィルム] 名 -(e)s/-e 1. ((蔑))も有り超大作映画. 2. 怪物(が登場する)映画.
- *die* **Mons·tranz** [モンストらンツ] 名 -/-en 〖カトリ〗聖体顕示台.
- **mon·strös** [モンストろース] 形 1. 《文》怪物のような, 恐ろしい. 2. 巨大な;《文》(主に《蔑》)途方もない, 法外な;《古》〖医〗奇形の.
- *das* **Mons·trum** [モンストるム] 名 -s/..stren [..stra] 1. (巨大な)怪物, 化物. 2. 巨大なもの. 3. 〖医〗奇形.
- *der* **Mon·sun** [モンズーン] 名 -s/-e 〖地〗モンスーン, 季節風.
- *der* **Mon·tag** [モー・ターク] 名 -(e)s/-e 月曜日 (略Mo.): am ~ 月曜日に. jeden ~ im Monat 月の毎月曜日に. am ~abend 月曜の夕方に. ~ vormittags 月曜の午前に. der kommende ~ 次の月曜日. die Nacht vom(von) Sonntag auf (zu(m)) ~ 日曜日から月曜日にかけての夜. 〖慣用〗 blauen Montag machen 月曜日に理由なく休む.
- *die* **Mon·ta·ge** [..ʒə モターシュ] 名 -/-n 1. (機械などの)組立て, 据付け, 取付け: auf ~ sein 据付け(組立て)で現場に出かけている. 2. 〖グラフィ〗モンタージュ, 画面構成; (企業の)画面構成部. 3. 〖映〗モンタージュ;モンタージュした箇所; 〖美・文芸学〗モンタージュ; 〖美〗モンタージュの作品.
- *der* **Mon·ta·ge·bau** [モターシュ・バウ] 名 -(e)s/-ten 1. (◎のみ)組立工法. 2. 組立工法による建造物.
- *die* **Mon·ta·ge·hal·le** [モターシュ・ハレ] 名 -/-n 組立工場.
- **mon·tä·gig** [モーン・テーギ〖] 形 月曜日の.

mon·täg·lich ［モーン·テークリひ］ [形] 月曜日ごとの.
mon·tags ［モーン·タークス］ [副] (毎)月曜日に.
die **Mon·tags·de·mons·tra·ti·on** ［モーンタークス·デモンストらツィオーン］ [名] -/-en 月曜デモ(1989年9月～1990年3月, ライプツィヒのニコライ教会での「平和の祈り」集会後のデモで, 旧東独SED体制の崩壊とドイツ統一を招来した).
mon·tan ［モンターン］ [形] **1.** 鉱山業の, 冶金(やきん)の. **2.** 山地の.
die **Mon·tan·in·dus·trie** ［モンターン·インドゥストりー］ [名] -/-n 鉱業.
der **Mon·ta·nist** ［モンタニスト］ [名] -en/-en 鉱山〔冶金(やきん)〕の専門家.
die **Mon·tan·u·ni·on** ［モンターン·ウニオーン］ [名] -/ 欧州石炭鉄鋼共同体.
der **Mont·blanc** ［mõblã: モンブラーン］ [名] -(s)/ 〘山名〙モンブラン(フランス・イタリア国境のアルプスの最高峰).
der **Mon·te Ro·sa** ［モンテ ろーザ］ [名] --/ 〘山名〙モンテ・ローザ(スイス・イタリア国境の山塊).
der **Mon·teur** ［mɔntǿ:r モン[テ]ーあ］ [名] -s/-e (機械などの)組立工, 仕上工.
der **Mon·teur·an·zug** ［モン[テ]ーあ·アン·ツーク］ [名] -(e)s/..züge (上下つなぎの)作業服.
(*das*) **Mon·te·vi·deo** ［モンテ·ヴィデーオ］ [名] -s/ 〘地名〙モンテヴィデオ(ウルグアイの首都).
mon·tie·ren ［モンティーれン］ [動] *h.* **1.** 〔〈et⁴〉ヲ〕組立てる(機械などを). **2.** 〔〈et⁴〉ヲ＋(〈方向/場所〉ニ)〕取りつける, 据えつける. **3.** 〔〈et⁴〉ヲ〕〘グラフィック・映〙モンタージュする, 編集する;〘美〙制作する(コラージュなどを). **4.** 〔〈et⁴〉ヲ＋(in〈et⁴〉ニ)〕嵌(は)めこむ(宝石を).
(*das*) **Mon·treux** ［mõtrǿ モントれ］ [名] -'/ 〘地名〙モントルー(スイス, ヴァート州の保養地).
die **Mon·tur** ［モントゥーあ］ [名] -/-en **1.** 《古》制服. **2.** 《口》(特定の目的の)衣服. **3.** (宝石の)台.
das **Mo·nu·ment** ［モヌメント］ [名] -(e)s/-e **1.** 記念碑. **2.** 《文》記念碑的業績, 金字塔. **3.** (人の)思い出の品, かたみ.
mo·nu·men·tal ［モヌメンタール］ [形] 記念碑的な, 壮大な.
der **Mo·nu·men·tal·film** ［モヌメンタール·ふぃルム］ [名] -(e)s/-e 超大作映画.
der **Moon·boot** ［mú:nbu:t ムーン·ブート］ [名] -s/-s (主に[複])ムーンブーツ(合成皮革の厚手の冬用長靴).
das **Moor** ［モーあ］ [名] -(e)s/-e 湿原, 泥炭地, 沼地.
das **Moor·bad** ［モーあ·バート］ [名] -(e)s/..bäder 泥土浴;泥土浴の保養地.
der **Moor·bo·den** ［モーあ·ボーデン］ [名] -s/..böden 湿原土壌, 泥炭土.
moo·rig ［モーりひ］ [形] 湿原の, 沼沢地の.
die **Moor·kul·tur** ［モーあ·クルトゥーあ］ [名] -/-en (主に[単]) 湿原開発.
das **Moor·tier·chen** ［モーあ·ティーあひぇン］ [名] -s/- (主に[複])〘動〙コケムシ〔苔蘚虫〕類(触手動物).
das **Moos** ［モース］ [名] -es/-e〔Möser〕 **1.** ([単]のみ)苔(こけ). **2.** ([複] -e)蘚苔(せんたい)類. **3.** ([複] -e〔Möser〕)《南独・オーストリア・スイス》湿地, 湿原. **4.** ([単]のみ)《口》金(かね), おかね.
die **Moos·bee·re** ［モース·ベーれ］ [名] -/-n 〘植〙こけもも;こけももの実.
moos·grün ［モース·グりゅーン］ [形] モスグリーンの.
moo·sig ［モーズィひ］ [形] こけの生えた;《南独・オーストリア・スイス》湿原〔湿地〕の.
das **Mo·ped** ［モーペット, モーペート］ [名] -s/-s モペット(原動機付き自転車).
der **Mo·ped·fah·rer** ［モーペット·ふぁーらー, モーペート·ふぁーらー］ [名] -s/- モペットの乗り手.

der **Mopp**, [旧]**Mop** ［モップ］ [名] -s/-s モップ.
der **Mop·pel** ［モッペル］ [名] -s/- 《口・冗》でぶ(太った小さな人〔子供〕).
mop·pen ［モッペン］ [動] *h.* **1.** 〔〈et⁴〉ヲ〕モップでふく(床などを). **2.** 〔補足なし〕モップがけをする. 【慣用】**Das ist doppelt gemoppelt.** それは必要のない二重の表現だ.
der **Mops** ［モップス］ [名] -es/Möpse **1.** パグ(チンの一種). **2.** 《口》でぶでちびな人. **3.** ([複]のみ)《口》金(かね), (ドイツの旧)マルク;(女の)乳房.
mop·sen ［モプセン］ [動] *h.* 《口》 **1.** 〔sich⁴〕退屈する. **2.** 〔〈et⁴〉ヲ〕くすねる.
mop·sig ［モプスィひ］ [形] 《口》でぶでちびの, むくんだ;退屈な: ～ werden〔sich⁴ ～ machen〕《方》ずうずうしくなる.
die **Mo·ral** ［モらール］ [名] -/-en (主に[単]) **1.** 道徳, 倫理;道義;節操: eine doppelte ～ 自分の都合で変る道徳観. (〈j³〉) ～ predigen 《蔑》(〈人に〉)道徳を強要する. **2.** 〘哲〙道徳哲学, 倫理学. **3.** ([単]のみ)規律, 士気: die ～ der Mannschaft チームの士気. **4.** ([単]のみ)(物語などに含まれる)教訓.
das **Mo·ra·lin** ［モらリーン］ [名] -s/ 《蔑・冗》偏狭な道徳解釈.
mo·ra·lin·sau·er ［モらリーン·ザウあー］ [形] 《蔑・冗》道徳臭ふんぷんたる.
mo·ra·lisch ［モらーリシュ］ [形] **1.** 道徳的な, 倫理的な: eine ～*e* Verpflichtung 道義的責任. eine ～*e* Ohrfeige 胸にこたえる叱責. **2.** 品行方正な. **3.** (集団の)規律に関する, 士気の: die ～*e* Einstellung der Mannschaft チームの精神的心構え〔士気〕. **4.** 《稀》教訓的な. 【慣用】**einen 〔den〕 Moralischen haben** 《口》後悔する, 良心がとがめる.
mo·ra·li·sie·ren ［モらリズィーれン］ [動] *h.* 〔補足なし〕《文》道徳的考察を行う;(《蔑》にも)道徳を説く;お説教する.
der **Mo·ra·list** ［モらリスト］ [名] -en/-en 道徳家, 道徳主義者;モラリスト;《蔑》道学者.
die **Mo·ra·li·tät** ［モらリテート］ [名] -/-en **1.** ([単]のみ)《文》道徳性, 倫理性. **2.** 〘文芸学〙(中世の)教訓劇, 勧善懲悪劇.
der **Mo·ral·ko·dex** ［モらール·コーデクス］ [名] -es/-e〔..dizes〕 道徳規範.
der **Mo·ral·pre·di·ger** ［モらール·プれーディガー］ [名] -s/- 《蔑》(道徳的な)お説教をたれる人.
die **Mo·ral·pre·digt** ［モらール·プれーディひト］ [名] -/-en (《蔑》も有)(道徳的な)お説教.
die **Mo·ral·the·o·lo·gie** ［モらール·テオ·ロギー］ [名] -/ 〘カトリック〙倫理神学.
die **Mo·rä·ne** ［モれーネ］ [名] -/-n 〘地質〙モレーン, 氷堆石(ひょうたいせき)(氷河が運んだ土砂石塊).
der **Mo·rast** ［モらスト］ [名] -(e)s/-e〔..räste〕 沼沢地;([単]のみ)泥, ぬかるみ: ein ～ von Korruption 《転》堕落の泥沼.
mo·ras·tig ［モらスティひ］ [形] 泥沼のような, ぬかった.
das **Mo·ra·to·ri·um** ［モらトーりウム］ [名] -s/..rien モラトリアム, 支払猶予;(実施の一時)停止, 延期.
mor·bid ［モるビート］ [形] 病弱な;《転》淡い(色など);(道徳的に)病める, 崩壊に瀕(ひん)した.
die **Mor·bi·di·tät** ［モるビディテート］ [名] -/ 病弱〔脆弱(ぜいじゃく)〕(な体質), 病的状態;〘医〙罹患率.
der **Mor·bus** ［モるブス］ [名] -/..bi 〘医〙病気, …病.
die **Mor·chel** ［モるひぇル］ [名] -/-n 〘植〙アミガサタケ(食用きのこ).
der **Mord** ［モるト］ [名] -(e)s/-e 殺人, 殺害: einen ～ begehen 殺人を犯す. Das ist (ja der reine 〔glatte〕) ～! 《口・転》そいつはやっかいな問題だ.
der **Mord·an·schlag** ［モるト·アン·シュラーク］ [名] -(e)s/..schläge 殺人のための襲撃.
der **Mord·bren·ner** ［モるト·ブれナー］ [名] -s/- 《古》放

火殺人犯.
der **Mord·bu·be** [モルト・ブーベ] 名 -n/-n 《古》人殺し.
mor·den [モルデン] 動 h. **1.** 《雅》人殺しをする. **2.** 《jﾄ》《稀》殺害する. **3.** 《jﾄ》殺す(事故・戦争などで人の死を引き起こす).
der **Mör·der** [⊘るダー] 名 -s/- 殺人者(犯);《狩》長く鋭い角の赤鹿(のろじか).
mör·de·risch [⊘るデリシュ] 形 **1.** 殺人[人殺し]の,残虐な. **2.** 《口》殺人的な,ものすごい;ものすごく.
mör·der·lich [⊘るダーリヒ] 形 《口・稀》=mörderisch[2].
die **Mord·gier** [モルト・ギーあ] 名 -/ (強い)殺意.
mord·gie·rig [モルト・ギーリヒ] 形 血に飢えた.
das **Mord·in·s·tru·ment** [モルト・インストルメント] 名 -(e)s/-e (殺人の)凶器;《冗》凶器(危ない道具など).
die **Mord·kom·mis·sion** [モルト・コミスィオーン] 名 -/-en (警察の)殺人捜査班(課).
der **Mords·durst** [モルツ・ドゥるスト] 名 -(e)s/ 《口》ものすごいのどの渇き.
der **Mords·glück** [モルツ・グリュック] 名 -(e)s/ 《口》途方もない幸運.
der **Mords·hun·ger** [モルツ・フンガー] 名 -s/ 《口》ものすごい空腹.
der **Mords·kerl** [モルツ・ケるル] 名 -(e)s/-e[-s] 《口》どえらいやつ;どでかい男.
mords·mä·ßig [モルツ・メースィヒ] 形 《口》ものすごい;ものすごく.
die **Mord·tat** [モルト・タート] 名 -/-en 殺人行為,凶行.
der **Mord·ver·dacht** [モルト・ふぇあダハト] 名 -(e)s/-e[..dächt] 殺人容疑: unter ~ stehen 殺人容疑がかけられている.
der **Mord·ver·such** [モルト・ふぇあズーふ] 名 -(e)s/-e 殺人の企て,殺人未遂.
die **Morelle** [モれレ] 名 -/-n 《植》モレロチェリー.
das **Mo·res** [モーレース] 複数 《次の形で》jﾄ ~ lehren(jﾄ) ~ beibringen(口)〈人に〉強く意見をする,…を激しく叱る.
mor·ga·na·tisch [モるガナーティシュ] 形 《次の形で》~e Ehe(貴族と低い身分の女性との)身分違いの結婚.
mor·gen[1] [モるゲン] 副 ⇒ Morgen 1.
mor·gen[2] [モるゲン] 副 **1.** あした,明日: M~ ist Freitag. 明日は金曜日だ. ~ früh[Frühe]/Abend 明日の朝/明晩. ~ um neun Uhr 明日の9時に. in acht Tagen[über acht Tage]/in einem Jahr 1週間後/1年後の明日. bis/ab ~ 明日まで/から. **2.** 明日《近い将来の意味で》: die Welt von ~ 明日の世界. 【慣用】〈jﾄ〉 **auf morgen vertrösten** 明日まで待つように〈人を〉なだめる. **Bis morgen !** またあした.
der **Mor·gen**[1] [モるゲン] 名 -s/- **1.** 朝;午前: Es wird ~. 朝になる. alle ~ 毎朝. am ~ 朝に. am frühen/nächsten ~ 早朝/翌朝に. gegen ~ 朝方に. heute ~ [⓪ morgen] 今朝. jeden ~ 毎朝. vom ~ bis zum Abend 朝から晩まで. **2.** 《転・詩》黎明(れいめい),初め,始まり. **3.** 《⓪のみ》《古》東(Osten): ge(ge)n ~ wandern 東をさして行く. **4.** 《古》モルゲン(25-34アール). 【慣用】**Guten Morgen!** おはようございます. 〈jﾄ〉 **guten Morgen sagen** 〈人に〉朝のあいさつをする.
das **Mor·gen**[2] [モるゲン] 名 -/ 明日;未来,将来.
die **Mor·gen·an·dacht** [モるゲン・アンダはト] 名 -/-en 朝の祈り(礼拝).
die **Mor·gen·aus·ga·be** [モるゲン・アウス・ガーベ] 名 -/-n 朝刊.
die **Mor·gen·däm·me·rung** [モるゲンデメルング] 名 -/-en 朝の薄明,夜明け,あけぼの,黎明(れいめい).
mor·gend·lich [モるゲントリヒ] 形 《毎》朝の.
das **Mor·gen·es·sen** [モるゲン・エッセン] 名 -s/- 《スイ》朝食.
die **Mor·gen·ga·be** [モるゲン・ガーベ] 名 -/-n (昔の)朝の贈り物(結婚の翌朝に夫が妻に与える).
das **Mor·gen·grau·en** [モるゲン・グらウエン] 名 -s/ 夜明け,明け方: beim[im] ~ 夜明けに.
die **Mor·gen·gym·nas·tik** [モるゲン・ギュムナスティク] 名 -/ 朝の体操.
der **Mor·gen·him·mel** [モるゲン・ヒメル] 名 -s/ 朝空.
der **Mor·gen·kaf·fee** [モるゲン・カふェー] 名 -s/ コーヒー付きの朝食;モーニングコーヒー.
das **Mor·gen·land** [モるゲン・ラント] 名 -(e)s/ 《古》中近東諸国.
der **Mor·gen·län·der** [モるゲン・レンダ] 名 -s/- 《古》中近東の人.
mor·gen·län·disch [モるゲン・レンディシュ] 形 《古》中近東の(国の).
die **Mor·gen·luft** [モるゲン・ルふト] 名 -/ 朝の空気: ~ wittern 《冗》チャンスが来たと思う.
der **Mor·gen·muf·fel** [モるゲン・ムっふェル] 名 -s/- 寝起きの悪い人.
die **Mor·gen·post** [モるゲン・ポスト] 名 -/ 朝の郵便.
der **Mor·gen·rock** [モるゲン・ろック] 名 -(e)s/..röcke(朝起床時に着る)モーニングガウン.
das **Mor·gen·rot** [モるゲン・ろート] 名 -(e)s/ 朝焼け,曙光(とう);《転》夜明け,始まり.
die **Mor·gen·röte** [モるゲン・レ-テ] 名 -/ =Morgenrot.
mor·gens [モるゲンス] 副 《毎日》朝に,午前に: ~ um 6 (Uhr)[um 6 Uhr ~]朝の6時に. ~ montags[Montag] ~ 《毎》月曜日の朝に. von ~ bis mittags 朝から昼まで.
die **Mor·gen·son·ne** [モるゲン・ゾネ] 名 -/ 朝日.
der **Mor·gen·stern** [モるゲン・シュテるン] 名 -(e)s/-e **1.** 《⓪のみ》明けの明星(金星). **2.** (中世の)モルゲンシュテルン(棒の先にとげのある鉄製の球のついた武器).
die **Mor·gen·stun·de** [モるゲン・シュトゥンデ] 名 -/-n (主に⓪)朝の時間: in den frühen ~n 早朝に.
die **Mor·gen·zei·tung** [モるゲン・ツァイトゥング] 名 -/-en 朝刊紙.
mor·gig [モるギヒ] 形 明日の.
die **Morgue** [mɔrk モるク] 名 -/-n モルグ(パリの死体保管所).
mo·ri·bund [モリブント] 形 《医》瀕死(ひんし)の.
(der) **Mö·ri·ke** [メーりケ] 《人名》メーリケ(Eduard ~, 1804-75, 詩人・小説家).
der **Mo·ris·ke** [モリスケ] 名 -n/-n (主に⓪)(表向きキリスト教徒としてスペインに残った)ムーア人.
die **Mo·ri·tat** [モーリタート] 名 -/-en [モーリターテン,モリターテン] **1.** モリタート(恐ろしい絵を見せながら,手回しオルガンの伴奏で大道芸人が歌う教訓的な歌). **2.** モリタート風の詩[歌].
das **Mo·ri·ta·ten·lied** [モーリターテン・リート,モリターテン・リート] 名 -(e)s/-er =Moritat.
der **Mo·ri·ta·ten·sän·ger** [モーリターテン・ゼンガー,モリターテン・ゼンガー] 名 -s/- =Bänkelsänger.
(der) **Mo·ritz** [モーリッツ] 《男名》 **1.** 《男名》モーリッツ: der kleine ~ 小さなモーリッツ(漫画の登場人物名);単細胞の人. **2.** 《人名》モーリッツ(Karl Philipp ~, 1756-93, 前古典主義の作家・美学者・心理学者).
der **Mor·mo·ne** [モるモーネ] 名 -n/-n モルモン教徒.
mo·ros [モろース] 形 《古》不機嫌な.

das **Mor·phem** [モるふぇーム] [名] -s/-e 〖言〗形態素.

(der) **Mor·pheus** [モるふぉイス] [名] 〖ギ神〗モルペウス《夢の神》: in ~' Armen ruhen〔schlafen〕安眠する.

das **Mor·phin** [モるふぃーン] [名] -s/ 〖化・医〗=Morphium.

der **Mor·phi·nis·mus** [モるふぃニスムス] [名] -/ 〖医〗=Morphiumsucht.

der **Mor·phi·nist** [モるふぃニスト] [名] -en/-en モルヒネ常用者〔中毒者〕.

das **Mor·phi·um** [モるふぃウム] [名] -s/ モルヒネ.

die **Mor·phi·um·sucht** [モるふぃウム・ズふト] [名] -/ モルヒネ中毒.

mor·phi·um·süch·tig [モるふぃウム・ズュひティひ] [形] モルヒネ中毒の.

die **Mor·pho·lo·gie** [モるふぉ・ロギー] [名] -/ **1.** 〖哲・生・医〗形態学;〖言〗形態〔語形〕論. **2.** 地形学. **3.** 〖社〗構造論.

mor·pho·lo·gisch [モるふぉ・ローギシュ] [形] 〖哲・生・医〗形態学の;〖言〗形態〔語形〕論の;地形学の;〖社〗構造論の.

morsch [モるシュ] [形] 朽ちた,腐った,もろくなった.

das **Mor·se·al·pha·bet, Mor·se-Al·pha·bet** [モるゼ・アルふぁベート] [名] -(e)s/ モールス信号のアルファベット.

der **Mor·se·ap·pa·rat, Mor·se-Ap·pa·rat** [モるゼ・アパらート] [名] -(e)s/-e モールス電信機.

mor·sen [モるゼン] [動] *h.* **1.** 〔補足なし〕モールス信号で電信を打つ. **2.** 〔〈et^{4}〉ヲ〕モールス信号で打電する(SOS などを).

der **Mör·ser** [⊗るザー] [名] -s/- **1.** 乳鉢,すり鉢. **2.** 〖軍〗擲弾(てきだん)筒;(昔の)臼砲(きゅうほう).

das **Mor·se·zei·chen** [モるゼ・ツァイひぇン] [名] -s/- モールス信号.

die **Mor·ta·li·tät** [モるタリテート] [名] -/ 〖医〗死亡率.

der **Mör·tel** [⊗るテル] [名] -s/- モルタル,しっくい.

mör·teln [⊗るテルン] [動] *h.* **1.** 〔補足なし〕モルタルを使って仕事をする. **2.** 〔〈et^{4}〉ニ〕モルタルを塗る;…をモルタルで接合する.

die **Mör·tel·pfan·ne** [⊗るテル・プふぁネ] [名] -/-n モルタルの練り舟.

das **Mo·sa·ik** [モザイーク] [名] -s/-e(n) モザイク.

der **Mo·sa·ik·fuß·bo·den** [モザイーク・ふース・ボーデン] [名] -s/..böden モザイクの床.

der **Mo·sa·ik·stein** [モザイーク・シュタイン] [名] -(e)s/-e モザイクの(個々の)石.

mo·sa·isch, [旧] **Mo·sa·isch** [モザーイシュ] [形] モーセの,モーセにちなむ;ユダヤの,イスラエルの: die ~*en* Bücher モーセ五書《旧約聖書巻頭の五書》. die ~*en* Gesetze モーセの律法.

(das) **Mo·sam·bik** [モザムビーク] [名] -s/ 〖国名〗モザンビーク《南東アフリカの国》.

der **Mo·schaw** [mɔ̃ʃaf モシャふ] [名] -s/-im[モシャヴィーム] モシャヴ《イスラエル自営小農の共同農場》.

die **Mo·schee** [モシェー] [名] -/-n モスク《イスラム教の寺院》

der **Mo·schus** [モッシュス] [名] -/ 麝香(じゃこう).

der **Mo·schus·och·se** [モッシュス・オクセ] [名] -n/-n 〖動〗ジャコウウシ.

das **Mo·schus·tier** [モッシュス・ティーあ] [名] -(e)s/-e 〖動〗ジャコウジカ.

Mo·se [モーゼ] [名] Moses^{1}の 2 格.

die **Mö·se** [⊗ーゼ] [名] -/-n 《口》女性の陰部.

der **Mo·sel**^{1} [モーゼル] [名] -s/ 《口》モーゼルワイン(~wein).

die **Mo·sel**^{2} [モーゼル] [名] -/ 〖川名〗モーゼル川《ラインラント=プファルツ州を流れるライン川の支流》.

der **Mo·sel·wein** [モーゼル・ヴァイン] [名] -(e)s/-e モーゼルワイン《モーゼル川流域産のワイン. 緑の瓶入り》.

mo·sern [モーザーン] [動] *h.* 〔(über 〈j^{4}/et^{4}〉ニツイテ/an 〈j^{3}/et^{3}〉ニツイテ)〕《口》(しょっちゅう)不平〔文句〕を言う.

(der) **Mo·ses**^{1} [..zəs, ..zɛs モーゼス] [名] 《2 格は Mosis〔Mose〕》〖旧約〗モーセ《紀元前 1225 年頃,イスラエルの基を築いた預言者》: die fünf Bücher *Mosis*〔*Mose*/des ~〕モーセ五書《旧約聖書巻頭の五書》.

der **Mo·ses**^{2} [モーゼス] [名] -/- 〖海〗モーセ《①《嘲》少年水夫. ②ヨットの船載ボート》.

Mo·sis [モーズィス] [名] Moses^{1}の 2 格.

(das) **Mos·kau** [モスカウ] [名] -s/ 〖地名〗モスクワ《ロシア連邦の首都》.

der **Mos·ki·to** [モスキート] [名] -s/-s 《主に[複]》〖昆〗カ.

das **Mos·ki·to·netz** [モスキート・ネッツ] [名] -es/-e 蚊帳(かや).

der **Mos·lem** [モスレム] [名] -s/-s モスレム,イスラム教徒.

mos·le·misch [モスレーミシュ] [形] モスレム〔イスラム教(徒)〕の.

der **Most** [モスト] [名] -(e)s/-e **1.** モスト《①発酵用ブドウ液. ②発酵中の白濁したワイン》. **2.** 《南独・スイス・オーストリア》果実酒;《方》果汁.

mos·ten [モステン] [動] *h.* **1.** 〔補足なし〕(圧搾して)ブドウ液〔モスト〕を造る. **2.** 〔〈et^{4}〉ノ〕果汁を搾る(リンゴなどの).

der **Mos·tert** [モスタート] [名] -s/ 《北西独》辛子,マスタード.

der **Most·rich** [モストりひ] [名] -s/ 《北東独》辛子,マスタード.

das **Mo·tel** [モーテル,モテル] [名] -s/-s モーテル.

die **Mo·tet·te** [モテッテ] [名] -/-n 〖楽〗モテット.

die **Mo·ti·on** [モツィオーン] [名] -/-en **1.** 《文》動作,運動. **2.** 《スイス》(議会での)動議. **3.** 〖言〗(接尾辞による)女性名詞化;(名詞の性に応じた形容詞の)語尾変化.

das **Mo·tiv** [モティーふ] [名] -s/-e **1.** 動機,動因. **2.** (芸術作品の)モチーフ;題材. **3.** 〖楽〗動機,モチーフ.

die **Mo·ti·va·ti·on** [モティヴァツィオーン] [名] -/-en 〖心・教〗動機づけ,モチベーション;〖言〗(記号と意味の)有縁性.

mo·ti·vie·ren [モティヴィーれン] [動] *h.* **1.** 〔〈et^{4}〉ノ〕理由づけをする. **2.** 〔〈j^{4}〉ニ+(zu 〈et^{3}〉ヘノ)〕動機を与える,意欲を起こさせる.

mo·ti·viert [モティヴィーあト] [形] 《文》意欲〔理由〕をもった;〖言〗動機づけのある.

die **Mo·ti·vie·rung** [モティヴィーるング] [名] -/-en 《文》 **1.** 動機づけ. **2.** 意欲を起こさせること.

das **Mo·to·cross, Mo·to-Cross** [モト・クろス,モート・クろス] [名] -/ 《主に[単]》モトクロス《オートバイのクロスカントリーレース》.

das **Mo·to·drom** [モト・ドろーム] [名] -s/-e オートドローム《モータースポーツ用の楕円形のコース》.

der **Mo·tor** [モートーあ,モトーあ] [名] -s/..toren [モトーれン] エンジン,発動機,モーター;《転》原動力: den ~ laufen lassen エンジンをかける. Der ~ springt an. エンジンが始動する. mit laufendem ~ parken エンジンをかけたままで駐車する.

das **Mo·tor·boot** [モートーあ・ボート,モトーあ・ボート] [名] -(e)s/-e モーターボート.

die **Mo·tor·dreh·zahl** [モートーあ・ドれー・ツァール,モトーあ・ドれー・ツァール] [名] -/-en 〖車〗エンジン回転数.

das **Mo·to·ren·ge·räusch** [モトーれン・ゲろイシュ] [名] -(e)s/- (何台もの車が立てる)エンジンの音.

der **Mo·to·ren·lärm** [モトーれン・レるム] [名] -s/ エンジン〔モーターの〕騒音.

Motorfaher 824

der **Motorfahrer** [モートーア・ファーらー, モートーア・ふぁーらー] 名 -s/- (⦅スイス⦆) 〖官〗自動車運転者.

das **Motorfahrrad** [モートーア・ふぁーらート, モトーア・ふぁーらート] 名 -(e)s/..räder モーターバイク(略 Mofa).

das **Motorfahrzeug** [モートーア・ふぁーあ・ツォイク, モトーア・ふぁーあ・ツォイク] 名 -(e)s/-e **1.** (⦅スイス⦆) 〖官〗自動車. **2.** 原動機つき車両.

das **Motorgeräusch** [モートーア・ゲろイシュ, モトーア・ゲろイシュ] 名 -(e)s/- エンジン音.

die **Motorhaube** [モートーア・ハウべ, モトーア・ハウべ] 名 -/-n 〖車〗エンジンフード, ボンネット.

..motorig [..モトーりヒ] 接尾 数詞につけて「…個のエンジンを備えた」を表す: zwei*motorig* 〔2-motorig〕双発〔エンジン〕の.

die **Motorik** [モトーりク] 名 -/ 〖医〗(脳の命令による) 身体運動; 運動学; ⦅文⦆一様な動き〔リズム〕.

motorisch [モトーりシュ] 形 **1.** 〖医〗運動(性)の **2.** エンジン〔モーター〕の;(稀)エンジン〔モーター〕駆動の. **3.** (動きが)安定した, 一様な.

motorisieren [モトりズィーれン] 動 h. **1.** 〈et⁴〉機械化する(農業などを), 自動車化する(交通などを): motorisiert sein 車〔オートバイ〕を持っている. **2.** 〈et⁴〉[エンジン]エンジン[モーター]を取りつける. **3.** (sich⁴)⦅口⦆車を買う.

die **Motorisierung** [モトりズィーるング] 名 -/-en (主に⦅独⦆) **1.** 機械化, モータリゼーション. **2.** エンジン〔モーター〕の取り付け.

die **Motorjacht** [モートーア・ヤはト, モトーア・ヤはト] 名 -/-en モーターヨット.

die **Motorleistung** [モートーア・ライストゥング, モトーア・ライストゥング] 名 -/-en 〖工〗エンジン〔モーター〕の出力.

das **Motoröl** [モートーア・エール, モトーア・エール] 名 -(e)s/-e エンジンオイル.

der **Motorpflug** [モートーア・プふルーク, モトーア・プふルーク] 名 -(e)s/..pflüge 自動耕耘(こううん)機.

die **Motorpumpe** [モートーア・プムペ, モトーア・プムペ] 名 -/-n 電動ポンプ.

das **Motorrad** [モートーア・らート, モトーア・らート] 名 -(e)s/..räder オートバイ.

der **Motorradfahrer** [モートーア・らート・ふぁーらー, モトーア・らート・ふぁーらー] 名 -s/- オートバイの運転者.

der **Motorroller** [モートーア・ろラー, モトーア・ろラー] 名 -s/- スクーター.

die **Motorsäge** [モートーア・ゼーゲ, モトーア・ゼーゲ] 名 -/-n 電動のこぎり.

der **Motorschaden** [モートーア・シャーデン, モトーア・シャーデン] 名 -s/..schäden エンジン〔モーター〕の故障.

das **Motorschiff** [モートーア・シふ, モトーア・シふ] 名 -(e)s/-e 内燃機船.

der **Motorschlitten** [モートーア・シュリッテン, モトーア・シュリッテン] 名 -s/- スノーモービル.

der **Motorsport** [モートーア・シュポるト, モトーア・シュポるト] 名 -(e)s モータースポーツ.

die **Motorspritze** [モートーア・シュプりッツェ, モトーア・シュプりッツェ] 名 -/-n 動力消防ポンプ.

der **Motorwagen** [モートーア・ヴァーゲン, モトーア・ヴァーゲン] 名 -s/- (トレーラー・路面電車などの)エンジン〔モーター〕のついている車両.

die **Motte** [モッテ] 名 -/-n **1.** 〖昆〗(総称)(小型の)ガ, 蛾の幼虫. **2.** ⦅口・古⦆女の子, 軽薄な若い女; 陽気な人. 【慣用】Ach, du kriegst die Motten! ⦅口⦆君にはびっくりだ. die Motten haben ⦅口⦆肺病にかかっている. Motten (im Kopf) haben ⦅口⦆とんでもないことを考えている〔思いつく〕.

mottenecht [モッテン・エひト] 形 =mottenfest.

mottenfest [モッテン・ふェスト] 形 防虫加工の.

der **Mottenfraß** [モッテン・ふらース] 名 -es/-e (主に⦅独⦆)(衣服の)虫食い.

die **Mottenkiste** [モッテン・キステ] 名 -/-n (昔の)防虫衣装箱; aus der ~ ⦅口⦆古めかしい.

das **Mottenpulver** [モッテン・プルふぁー, モッテン・プルヴァー] 名 -s/- 粉末防虫剤.

mottensicher [モッテンズィッヒャー] 形 防虫(加工)の.

mottenzerfressen [モッテン・ツェあふれッセン] 形 虫食いだらけの.

das **Motto** [モット] 名 -s/-s モットー, 標語, 座右銘; (書物などの)題辞.

motzen [モッツェン] 動 h. **1.** ⟨(über ⟨j⁴/et⁴⟩ニツイテ/gegen ⟨j⁴/et⁴⟩ニタイシテ)⟩⦅口⦆ぶつぶつ不平〔不満〕を言う. **2.** ⟨(mit ⟨j³⟩ト)⟩⦅方⦆むくれて口を利かない.

die **Mouche** [muʃ ムシュ] 名 -/-s **1.** ⦅文⦆付けほくろ. **2.** ⟨スボ⟩(標的の中央の)黒点.

die **Mouches volantes** [muʃvolɑ̃:t ムシュ ヴォラーント] ⦅複名⦆ 〖医〗飛蚊(ぶん)症.

die **Mousse** [mus ムス] 名 -/-s 〖料〗ムース(①ピューレした魚・肉のオードブル. ②チョコレートクリームのデザート).

moussieren [mu̥siːrən ムスィーれン] 動 h. 〔⦅稀⦆⦅文⦆〕泡立つ(シャンペンなどが).

das **Movens** [モーヴェンス] 名 -/ ⦅文⦆動因, 動機.

die **Möwe** [メーヴェ] 名 -/-n 〖鳥〗カモメ.

die **Moxibustion** [モクスィブスィオーン] 名 -/ (もぐさの)灸(きゅう)(漢方医療).

der **Mozaraber** [モツァらーバー] 名 -s/- (主に⦅独⦆) モサラべ(8-15世紀イスラム支配下でのスペインのキリスト教徒).

(*der*) **Mozart** [モーツァるト] 名 〖人名〗モーツァルト(① Wolfgang Amadeus ~, 1756-91, ウィーン古典派の作曲家. ② Leopold ~, 1719-87, オーストリアの前古典主義の作曲家. ①の父).

mozartisch, ⦅独⦆**Mozartisch** [モーツァるティシュ] 形 モーツァルト風の.

die **Mozartkugel** [モーツァるト・クーゲル] 名 -/-n モーツァルトクーゲル(マルチパンとヌガーをチョコレートでくるんだ球形の菓子).

der **Mozartzopf** [モーツァるト・ツォップふ] 名 -(e)s/..zöpfe モーツァルト型おさげがみ.

der **Mozzarella** [モッツァれラ] 名 -s/-s モッツァレッラ(イタリアのチーズ).

die **MP** [ɛmpfː エムピー] 名 -/-s **1.** =Maschinenpistole 自動小銃. **2.** =Militärpolizei 憲兵隊.

m.p. =manu propria 自筆で.

MPa =Megapascal 100万パスカル.

MPG =Max-Planck-Gesellschaft マックス・プランク協会.

die **Mpi** [ɛmpfː エムピー] 名 -/-s =MP 1.

MPU =medizinisch-psychologische Untersuchung 医学的=心理学的検査(自動車運転適性検査).

Mr. =Mister ミスター(男性の敬称).

Mrd. =Milliarde(n) 10億.

Mrs. =Mistress ミセス(既婚婦人に対する敬称).

MS =Motorschiff 発動〔内燃〕機船の.

Ms. =Manuskript 原稿.

m/s =Meter je Sekunde 〖理〗毎秒…メートル.

m. s. =mano sinistra 〖楽〗左手で.

Msgr. =Monsignore 猊下(げいか).

Mskr. =Manuskript 原稿.

der/die **MS-Kranke** [エムエス・クらンケ] 名 (形容詞的変化)多発性硬化症患者.

Mss. =Manuskripte 原稿(複).

Mt =Megatonne メガトン.

MTA =medizinisch-technische(r) Assistent(in)

臨床検査技師.

die **Mụ·cke** [ムっケ] [名] -/-n **1.** 《[複]のみ》気まぐれ, むら気, 不機嫌： Er hat seine ～*n*. 彼は気まぐれだ. **2.** 《南独》〖昆〗カ.

die **Mụ̈·cke** [ミュっケ] [名] -/-n〖昆〗 **1.** カ. **2.** 《方》ハエ. **3.** 《[複]のみ》《口》銭(ぜに). **【慣用】aus einer Mücke einen Elefanten machen** 《口》針小棒大に言う. **die〔eine〕Mücke machen** 《口》逃げ去る.

der **Mụ·cke·fuck** [ムっケ・ふっク] [名] -s/ 《口》薄い〔まずい〕コーヒー；代用コーヒー.

mụ·cken [ムっケン] [動] *h.* 〔補足なし〕《口》ぶつぶつ言う, 文句を言う.

der **Mụ̈·cken·stich** [ミュっケン・シュティっひ] [名] -(e)s/-e 蚊(か)が刺すこと, 蚊の刺し傷.

der **Mụ·cker** [ムっカー] [名] -s/- 《蔑》 **1.** (異をさしはさむ勇気のない)小心者, いくじなし. **2.** 《方》気むずかし屋.

das **Mụ·cker·tum** [ムっカートゥーム] [名] -s/ 小心で卑屈な態度.

der **Mụcks** [ムクス] [名] -es/-e 《主に[単]》《口》(抑えた反抗の表現としての)ぶつぶつ声, 小さな身動き： keinen ～ sagen うんともすんとも言わない.

mụck·sen [ムクセン] [動] *h.* 《口》 **1.** 〔(sich^4)〕身動きする, 声を立てる. **2.** 〔(sich^4)〕ぶつぶつ言う, 文句を言う.

der **Mụck·ser** [ムクサー] [名] -s/- 《口》＝Mucks.

mụcks·mäus·chen·stịll [ムクス・モイスひぇン・シュティル] [形] 《口》しんと静まりかえった.

mü·de [ミューデ] [形] **1.** 眠い；疲れた, くたくたの： die ～*en* Kinder 眠くなった子供達. mit ～*n* Schritten 疲れた足どりで. von der Arbeit ～ sein 仕事で疲れている. **2.** 〔⟨j$^{2(4)}$/et$^{2(4)}$⟩ニ〕飽きた, うんざりした《4格はまれ》： des langen Zuhörens ～ Teilnehmer 長々と聞かされるのに飽きた聴講者. seiner ～ werden 彼に飽き飽きする. **【慣用】ein Pferd müde reiten** 馬がくたくたになるまで走らせる. **(es) müde sein/werden,** ⟨**et^4**⟩ **zu tun** ⟨事ヲ⟩するのに飽きている/飽きる. **müde sein wie ein Hund** へとへとに疲れている. **sich^4 müde weinen** 泣き疲れる.

die **Mü·dig·keit** [ミューディひカイト] [名] -/ 疲れ, 疲労；眠け. **【慣用】(Nur) keine Müdigkeit vorschützen!** 《口》逃げ口上を言うな, さっさとやれ.

der **Mu·dscha·hẹd** [mʊdʒahέt ムヂャヘっト] [名] -/..din ムシャーヒド(イスラムの殉教者).

(der/die) **Muel·ler** [ミュラー] [名]〖人名〗ミュラー.

der **Mu·ẹz·zin** [ムエツィーン] [名] -s/-s〖イスラム教〗祈禱(きとう)の時刻を大声で告げ知らせる人, 勤行時報係.

der **Mụff**^{1} [ムふ] [名] -(e)s/ 《北独》かび臭い空気.

der **Mụff**^{2} [ムふ] [名] -(e)s/-e 〖服〗マフ《円筒状の毛皮で, 女性が両側から手を入れて寒さを防ぐ》.

die **Mụf·fe** [ムっふぇ] [名] -/-n **1.** 〖工〗(筒形の)連結部, ソケット, スリーブ. **2.** 《口》《次の形で》⟨j^3⟩ geht die ～ (eins zu hunderttausend)⟨人ガ⟩不安で震える. ～ haben 不安である.

der **Mụf·fel** [ムっふぇル] [名] -s/- **1.** 《口》無愛想な人；(ある事に)無関心な人. **2.** 〖狩〗(反芻動物の)鼻口《鼻孔の周囲と口》;〖動〗(哺乳(ほにゅう)動物の)鼻面.

..muf·fel [..ムっふぇル] [接尾] 名詞につけて「…に無関心な人, 嫌い(の人)」を表す： Benimm*muffel* 行儀作法に無とんちゃくな人. Fisch*muffel* 魚嫌い(の人).

mụf·fe·lig^1 [ムっふぇりひ] [形] 《口》《主に《蔑》》無愛想な, 不機嫌な, 仏頂面の.

mụf·fe·lig^2 [ムっふぇりひ] [形] 《口》《主に《蔑》》かび臭い.

mụf·feln^1 [ムっふぇルン] [動] *h.* 《口》《主に《蔑》》 **1.** 〔補足なし〕ぶすっとしている；(口いっぱいほお張って)口をもぐもぐさせている. **2.** 〔⟨et^4⟩ヲ/⟨[文]⟩ト〕ぶつぶつ言う.

mụf·feln^2 [ムっふぇルン] [動] *h.* 〔Es〕《方》かび臭い.

mụf·fen [ムっふぇン] [動] *h.* 《方》＝muffeln^2.

mụf·fig^1 [ムっふぃひ] [形] かび臭い；《転》偏狭な.

mụf·fig^2 [ムっふぃひ] [形] 《口》《主に《蔑》》無愛想な, 不機嫌な.

mụff·lig [ムふりひ] [形] ＝muffelig^{1,2}.

der **Mụf·f·lon** [ムふロン] [名] -s/-s〖動〗ムフロン《野生のヒツジ》.

der **Mụf·ti** [ムふティ] [名] -s/-s〖イスラム教〗律法学者.

muh!, Muh! [ムー] [間] 《幼》《牛の鳴き声》もー.

die **Mü·he** [ミューエ] [名] -/-n 苦労, 骨折り, 努力： mit ⟨j^3/et^3⟩ ～ haben ⟨人・事デ⟩苦労する. sich^3 ～ geben, ⟨et^4⟩ zu tun ⟨事ヲ⟩しようと骨折る〔努力する〕. sich^3 die ～ machen, ⟨et^4⟩ zu tun ⟨事ヲ⟩するために努力をする. keine ～ scheuen 労を惜しまない. Wenn es Ihnen keine ～ macht. もしご迷惑でなければ. Machen Sie sich bitte keine ～! どうぞおかまいなく. **【慣用】der〔die〕Mühe wert sein** …し甲斐がある. **mit Müh und Not** かろうじて, やっとのことで.

mü·he·los [ミューエ・ロース] [形] たやすい, 楽な；苦もなく.

mu·hen [ムーエン] [動] *h.* 〔補足なし〕もーと鳴く《牛が》.

mü·hen [ミューエン] [動] *h.* 《文》 **1.** 〔sich^4〕苦労〔苦心〕する, 骨折る. **2.** 〔sich^4＋um ⟨j^4/et^4⟩ノ〕面倒を見る, 世話をする；(…のために)手を尽す.

mü·he·voll [ミューエ・ふぉル] [形] 苦労〔努力〕のいる.

die **Mü·he·wal·tung** [ミューエ・ヴァルトゥング] [名] -/ 《硬》骨折り, 尽力.

die **Müh·le** [ミューレ] [名] -/-n **1.** 製粉機；ミル, (粉)ひき器. **2.** 製粉所, 粉ひき〔水車・風車〕小屋. **3.** 《[単]のみ；無冠詞》ミューレ《五目並べのように3連を作るゲーム》. **4.** (ミューレの)3連. **5.** 《口》(《蔑》も有)(がたがたする)乗り物. **【慣用】Das ist Wasser auf seine Mühle.** それは彼の思うつぼだ.

das **Müh·len·rad** [ミューレン・らート] [名] -(e)s/..räder ＝Mühlrad.

(das) **Mühl·hau·sen** [ミュール・ハウゼン] [名] -s/〖地名〗ミュールハウゼン《テューリンゲン州の都市. 旧東独時代の名称トーマス＝ミュンツァー＝シュタット》.

das **Mühl·rad** [ミュール・らート] [名] -(e)s/..räder 水車の羽根車.

der **Mühl·stein** [ミュール・シュタイン] [名] -(e)s/-e 石臼(いしうす).

die **Muh·me** [ムーメ] [名] -/-n 《古》おば；(よその)おばさん.

die **Müh·sal** [ミューザール] [名] -/-e 《文》苦労, 難儀.

müh·sam [ミューザーム] [形] 骨の折れる；やっとのことで.

müh·se·lig [ミュー・ゼーリひ] [形] 難儀な；やっとの思いで.

die **Müh·se·lig·keit** [ミュー・ゼーリひカイト] [名] -/-en 苦労, 骨折り, 難儀.

der **Mu·lạt·te** [ムラっテ] [名] -n/-n ムラート《白人と黒人の(第一代目の)混血児》.

die **Mu·lạt·tin** [ムラっティン] [名] -/-nen Mulatte の女性形.

der **Mụlch** [ムルひ] [名] -(e)s/-e〖農・園〗マルチ《敷草・敷わら》.

die **Mụl·de**^{1} [ムルデ] [名] -/-n **1.** 《方》(木をくりぬいた)桶(おけ), 鉢. **2.** 盆地, 窪地(くぼち).

die **Mụl·de**^{2} [ムルデ] [名] -/ 〖川名〗ムルデ川《ザクセン州を流れるエルベ川の支流》.

die **Mu·le·ta** [ムレータ] [名] -/-s (闘牛士の)赤い布.

das **Mu·li** [ムーリ] [名] -s/-(s) 《南独・オーストリア》〖動〗ラバ.

der **Mụll**^{1} [ムル] [名] -(e)s/-e 《[複]は種類》マル《柔らかい紗(しゃ)のような布》.

der **Mụll**^{2} [ムル] [名] -(e)s/-e 《北独》腐植土.

der **Mụ̈ll** [ミュル] [名] -(e)s/ ごみ, くず, 塵芥(じんかい), 廃棄物： radioaktiver ～ 放射性廃棄物.

die **Mụ̈ll·ab·fuhr** [ミュル・アップ・ふーあ] [名] -/-en **1.**

M

(清掃局の)ごみ収集. **2.** 清掃局.

die **Müll·ab·saug·an·la·ge** [ミュル・アップ・ザウク・アン・ラーゲ] [名] -/-n 〘工〙吸引式塵芥空気輸送設備(ビルなどからパイプラインで塵芥を集積場へ送る).

der **Mul·lah** [mʊ́la ムラ] [名] -s/-s ムッラー(①イスラムの法・教義の師. ②([単]のみ)①の尊称).

das **Müll·au·to** [ミュル・アウト] [名] -s/-s =Müllwagen.

der **Müll·beu·tel** [ミュル・ボイテル] [名] -s/- (ごみバケツにつるすビニールの)ごみ袋.

die **Mull·bin·de** [ムル・ビンデ] [名] -/-n ガーゼ包帯.

der **Müll·con·tai·ner** [ミュル・コンテーナー] [名] -s/- (戸外の)ごみコンテナー〔容器〕.

die **Müll·de·po·nie** [ミュル・デポニー] [名] -/-n 〘官〙塵芥(じんかい)投棄場.

der **Müll·ei·mer** [ミュル・アイマー] [名] -s/- ごみバケツ.

(*der*/*die*) **Mül·ler**[1] [ミュラー] [名] 〘人名〙ミュラー.

der **Mül·ler**[2] [ミュラー] [名] -s/- 粉屋, 製粉業者.

die **Mül·le·rei** [ミュレらイ] [名] -/ 製粉.

die **Mül·le·rin** [ミュレりン] [名] -/-nen **1.** Müller[2]の女性形. **2.** 《古》粉屋の妻〔娘〕.

der **Mül·ler-Thur·gau** [ミュラー・トュるガウ, ミュラー・トューあガウ] [名] -/ ミュラー・トゥルガウ(①([単]のみ)ワイン用のブドウの品種名. ② ①のブドウからつくった白ワイン).

die **Müll·gru·be** [ミュル・グるーベ] [名] -/-n ごみ捨て穴.

der **Müll·hau·fen** [ミュル・ハウふェン] [名] -s/- ごみの山.

der **Müll·kas·ten** [ミュル・カステン] [名] -s/..kästen ごみ箱.

die **Müll·kip·pe** [ミュル・キッペ] [名] -/-n ごみ捨て場.

der **Müll·kut·scher** [ミュル・クッチャー] [名] -s/- 《方》ごみ収集員.

der **Müll·schlu·cker** [ミュル・シュルッカー] [名] -s/- ダストシュート.

die **Müll·ton·ne** [ミュル・トネ] [名] -/-n 大型ごみ容器.

die **Müll·tren·nung** [ミュル・トれヌング] [名] -/ ごみの分別.

die **Müll·ver·bren·nung** [ミュル・ふぇあブれヌング] [名] -/-en ごみの焼却.

der **Müll·wa·gen** [ミュル・ヴァーゲン] [名] -s/- ごみ収集車.

mul·mig [ムルミひ] [形] (粉状の)軟らかい(腐植土); 《方》朽ちた, 腐った;《口》いやな感じの, 気がかりな; 気分の悪い, 不快な.

der **Mul·ti** [ムルティ] [名] -s/-s 《ジャーゴン》多国籍コンツェルン(multinationaler Konzern).

mul·ti·funk·ti·o·nal [ムルティ・ふンクツィオナール] [形] 多機能の.

mul·ti·kul·ti [ムルティ・クルティ] [形] 《口》多文化の, マルチカルチャーの.

mul·ti·kul·tu·rell [ムルティ・クルトゥれル] [形] マルチカルチャーの.

mul·ti·la·te·ral [ムルティ・ラテらール, ムルティ・ラテらール] [形] 〘政〙多角的な, 多国間の.

das **Mul·ti·me·dia** [ムルティ・メーディア, maltimí́diə マルティ・ミーディエ] -(s)/ (主に無冠詞)マルチメディア.

die **Mul·ti·me·di·a·show** [..ʃoː ムルティメーディア・ショー, マルティミーディエ・ショー] [名] -/ マルチメディアショー.

der **Mul·ti·mil·li·o·när** [ムルティ・ミリオネーあ, ムルティ・ミリオネーあ] [名] -s/-e 億万長者.

mul·ti·na·ti·o·nal [ムルティ・ナツィオナール, ムルティ・ナツィオナール] [形] 〘政・経〙多国籍の, 多国家の.

mul·ti·pel [ムルティーペル] [形] 《文》多種の, 多様な; 〘心〙多重の, 多元の;〘医〙多発性の.

das **Mul·ti·ple·choice·ver·fah·ren, Mul·ti·ple-Choice-Ver·fah·ren** [máltɪpəltʃɔʏs.. マルティペル・チョイス・ふぇあふぁーれン] [名] -s/- 〘心・教〙多項選択方式.

das **Mul·ti·plex** [ムルティ・プレックス] [名] -(es)/-e シネマ・コンプレックス(同じビル内に複数の映画館がある施設).

der **Mul·ti·pli·kand** [ムルティプリカント] [名] -en/-en 〘数〙被乗数.

die **Mul·ti·pli·ka·ti·on** [ムルティプリカツィオーン] [名] -/-en 〘数〙掛け算, 乗法.

der **Mul·ti·pli·ka·tor** [ムルティプリカートーあ] [名] -s/-en [ムルティプリカトーれン] **1.** 〘数〙乗数. **2.** 知識〔情報〕を広める人〔施設〕(教師・ジャーナリスト・図書館など).

mul·ti·pli·zie·ren [ムルティプリツィーれン] [動] *h.* **1.** 〔〈et^4〉ニ+mit 〈et^3〉ヲ〕〘数〙掛ける, 乗じる. **2.** 〔〈et^4〉ヲ〕《文》(何倍にも)増やす〔増大させる〕. **3.** 〔sich^4〕《文》(何倍にも)増える〔増大する〕.

mul·ti·va·lent [ムルティ・ヴァレント] [形] 〘心〙多価〔多義〕の.

die **Mul·ti·va·lenz** [ムルティ・ヴァレンツ] [名] -/-en 〘心〙多価性.

der **Mu·lus** [ムールス] [名] -/..li **1.** =Maulesel. **2.** 《古・冗》ムールス(大学入学前の高卒者).

die **Mu·mie** [ムーミエ] [名] -/-n ミイラ.

mu·mi·en·haft [ムーミエンハふト] [形] ミイラのような.

mu·mi·fi·zie·ren [ムミふぃツィーれン] [動] **1.** *h.* 〔〈et^4〉ヲ〕ミイラにする(死体などを);〘医〙ミイラ化する(組織を). **2.** *s.* 〔補足なし〕〘医〙ミイラ化する(組織が).

die **Mu·mi·fi·zie·rung** [ムミふぃツィーるング] [名] -/-en ミイラにすること.

der **Mumm** [ムム] [名] -s/ 《口》気力; 体力: keinen ~ in den Knochen haben 根性がない.

der **Mum·mel·greis** [ムメル・グらイス] [名] -es/-e 《口・蔑》(歯抜けの)老いぼれ.

der **Müm·mel·mann** [ミュメル・マン] [名] -(e)s/..männer 《口・冗》ウサギ.

müm·meln [ミュメルン] [動] *h.* 《方》 **1.** 〔〈et^4〉ヲ〕もぐもぐ嚙(か)む. **2.** 〔an 〈et^3〉ヲ〕もぐもぐ嚙(か)じる. **3.** 〔補足なし〕もぐもぐ食べる(特にウサギが); もぐもぐしゃべる.

der **Mum·men·schanz** [ムメン・シャンツ] [名] -es/ 《古》仮装舞踏会; 仮装.

die **Mum·me·rei** [ムメらイ] [名] -/-en =Mummenschanz.

der **Mum·pitz** [ムムピッツ] [名] -es/ 《口・蔑》ばかげたこと, 戯言(たわごと).

der 〔*die*〕 **Mumps** [ムムプス] [名] -/ おたふく風邪.

(*das*) **Mün·chen** [ミュンひェン] [名] -s/ 〘地名〙ミュンヒェン(バイエルン州の州都).

Mün·che·ner[1] [ミュンひェナー] [形] (無変化)ミュンヒェンの: das ~ Abkommen ミュンヒェン協定(1938年). das ~ Kindl ミュンヒェンの小修道士(同市の象徴).

der **Mün·che·ner**[2] [ミュンひェナー] [名] -s/- ミュンヒェン市民.

der **Münch·hau·sen** [ミュンひ・ハウゼン] [名] -/- **1.** ([単]のみ; 主に無冠詞)〘人名〙ミュンヒハウゼン(Karl Friedrich Hieronymus Freiherr von ~, 1720-97, 「ほら吹き男爵」と呼ばれたドイツの軍人・物語作家). **2.** 大ほら吹き.

die **Münch·hau·se·ni·a·de** [ミュンひ・ハウゼニアーデ] [名] -/-n ミュンヒハウゼン風物語.

die **Münch·hau·si·a·de** [ミュンひ・ハウズィアーデ] [名] -/-n =Münchhauseniade.

der **Münch·ner** [ミュンひナー] [名] -s/- =Münchener[2].

der **Mund** [ムント] [名] -(e)s/Münder〔《稀》-e, Münde〕 **1.** (人間の)口: den ~ aufmachen 口を開く; 話す. Hand vor den ~ halten 手を口にあてがう. mit vollem ~*e* 口いっぱいほお張って. drei *Münder* haben 《口》三人の子供がいる. **2.** (一般に)口の形をしたもの;〘鉱〙坑口(~loch). 【慣用】**an** 〈j^2〉

Mund hängen 〈人の〉 話に聞きほれる. 〈j^3〉 **das Wort aus dem Mund nehmen** 〈人の〉話を先取りして言う. 〈j^3〉 **das Wort im Mund herumdrehen** 〈人の〉言葉を故意に曲解する. 〈j^4/et^4〉 **dauernd im Mund führen** 〈人・物・事を〉絶えず口にする. **den Mund halten** 《口》口をつぐむ. 〈j^3〉 **den Mund verbieten** 〈人を〉黙らせる. 〈j^3〉 **den Mund wässrig machen** 《口》〈人の〉食欲を刺激する. **einen großen Mund haben** 《口》大言壮語する. **immer mit dem Mund vorneweg sein** 《口》出しゃばる. **in aller Munde sein** みんなの噂になっている, 人口に膾炙(かいしゃ)している. 〈j^3〉 〈et^4〉 **in den Mund legen** 〈人に〉〈事を〉語らせる, 〈事を〉〈人の〉せいにする. **Mund und Augen**〔**Nase**〕 **aufsperren**〔**aufreißen**〕《口》あぜんとする. 〈j^3〉 **nach dem Mund reden** 〈人の〉話に調子を合せる. **nicht auf den Mund gefallen sein** 《口》当意即妙の受答えのできる. **seinen Mund halten** 《口》秘密を守る. **sich^3 den Mund fusselig**〔**fransig**〕 **reden** 長々と説得する. **sich^3 den Mund verbrennen** 《口》失言する. 〈j^3〉 **über den Mund fahren** 《口》〈人の〉話をさえぎる. **von Mund zu Mund gehen** 口伝えに広がる. **wie auf den Mund geschlagen sein** 驚いてあっけにとられる. **wie aus einem Mund** 異口同音に.

die **Mụnd·art** [ムント・アーあト] [名] -/-en 方言.

mụnd·art·lich [ムント・アーあトリひ] [形] 方言の(略 mdal.).

die **Mụnd·du·sche** [ムント・ドゥッシェ, ムント・ドゥーシェ] [名] -/-n ウォーターピック(水を吹きつけて歯を洗う歯科用器具).

das **Mụ̈n·del** [ミュンデル] [名] -s/-(〖民法〗der ～;女子の場合はまれに die ～ -/-n) 被後見人.

das **Mụ̈n·del·geld** [ミュンデル・ゲルト] [名] -(e)s/-er (後見人が管理する)被後見人の財産.

mụ̈n·del·si·cher [ミュンデル・ズィっひゃー] [形] 〖銀行〗被後見人にとって安全な.

mụn·den [ムンデン] [動] *h.* 〔〈j^3〉ノ〕《文》口に合う(飲食物が).

mụ̈n·den [ミュンデン] [動] *s.*〔*h.*〕 **1.** 〔in 〈et^4〉ニ〕注いでいる, 流れ込む(川が川・海などに). **2.** 〔auf〔in〕〈$et^{4(3)}$〉ニ〕通じている(道路・廊下などが). **3.** 〔in 〈$et^{4(3)}$〉ニ〕なる, 行きつく: Das Gespräch *mündete* in eine stürmische Diskussion. 話合いは激しい議論になった.

(*das*) **Mụ̈n·den** [ミュンデン] [名] -s/ 〖地名〗ミュンデン(正式名: Hannoversch ～. ニーダーザクセン州の都市).

mụnd·faul [ムント・ふぁウル] [形] 《口》口の重い, 無口な.

die **Mụnd·fäu·le** [ムント・ふぉイレ] [名] -/ 〖医〗潰瘍性口内炎.

mụnd·ge·recht [ムント・ゲれひト] [形] 一口大の: 〈j^3〉 〈et^4〉 ～ machen 《転》〈人に〉〈事を〉抵抗なく受入れてもらえるようにする.

der **Mụnd·ge·ruch** [ムント・ゲるっふ] [名] -(e)s/..gerüche (主に[単])口臭.

die **Mụnd·har·mo·ni·ka** [ムント・ハるモーニカ] [名] -/-s〔..ken〕ハーモニカ.

die **Mụnd·höh·le** [ムント・[ヘ]ーレ] [名] -/-n 口腔(こうこう).

mụ̈n·dig [ミュンディひ] [形] 成年の;大人の, 一人前の.

die **Mụ̈n·dig·keit** [ミュンディひカイト] [名] -/ 成年.

mụ̈nd·lich [ミュントリひ] [形] 口頭の, 口述の, 口伝えの: die ～*e* Verhandlung 口頭弁論. Alles andere〔Weitere〕 ～. 委細はお目にかかった上で(手紙の結び).

die **Mụnd·pfle·ge** [ムント・プふレーゲ] [名] -/ 口腔(こうこう)衛生.

die **Mụnd·pro·pa·gan·da** [ムント・プろパガンダ] [名] -/ 口コミ, 口頭による宣伝.

der **Mụnd·raub** [ムント・らウプ] [名] -(e)s/ 〖法〗(昔の)わずかな食物・消費財の窃盗.

der **Mụnd·schenk** [ムント・シェンク] [名] -en/-en (宮廷の)献酌侍従〔侍臣〕.

der **Mụnd·schutz** [ムント・シュッツ] [名] -es/-e **1.** (手術用の)マスク. **2.** 〖ボクシング〗マウスピース.

der **M-und-S-Rei·fen** [ɛ́m'ʊnt'ɛ́s.. エム・ウント・エス・らイふぇン] [名] -s/- =Matsch-und-Schnee-Reifen スノータイヤ.

die **Mụnd·stel·lung** [ムント・シュテルング] [名] -/-en (発音の際の)口の形.

das **Mụnd·stück** [ムント・シュテュック] [名] -(e)s/-e **1.** (管楽器の)マウスピース;(パイプなどの)吸い口. **2.** (くつわの)馬銜(はみ).

mụnd·tot [ムント・トート] [形] 《主に次の形で》 〈j^4〉 ～ machen 〈人の〉口を封じる.

das **Mụnd·tuch** [ムント・トゥーふ] [名] -(e)s/..tücher 《古》ナプキン.

die **Mụ̈n·dung** [ミュンドゥング] [名] -/-en **1.** 河口;合流点;(通りの)出口. **2.** 銃口, 砲口.

das **Mụ̈n·dungs·feu·er** [ミュンドゥングス・ふぉイあー] [名] -s/- (発射の際の)銃口〔砲口〕からの炎.

der **Mụ̈n·dungs·scho·ner** [ミュンドゥングス・ショーナー] [名] -s/- 〖軍〗銃口蓋;〖兵〗《冗》コンドーム.

der **Mụn·dus** [ムンドゥス] [名] -/ 〖哲〗世界, 宇宙, 世界秩序: ～ intelligibilis/sensibilis 叡智(えいち)界/感性界.

der **Mụnd voll,** 旧**Mụnd·voll** [ムント ふぉル] [名] -/- 一口(分).

der **Mụnd·vor·rat** [ムント・ふぉーあ・らート] [名] -(e)s/..räte 弁当, 携行食糧.

das **Mụnd·was·ser** [ムント・ヴァッサー] [名] -s/..wässer うがい薬.

das **Mụnd·werk** [ムント・ヴェるク] [名] -(e)s/ 《口》口, 弁舌: ein flinkes/loses ～ haben 口が達者である/生意気な口を利く. 【**慣用**】**ein großes Mund haben** ほら吹きである. 〈j^3〉 **über das Mund fahren** 〈人の〉話をさえぎる.

das **Mụnd·werk·zeug** [ムント・ヴェるク・ツォイク] [名] -(e)s/-e (主に[複])〖動〗(昆虫などの)口器.

der **Mụnd·win·kel** [ムント・ヴィンケル] [名] -s/- 口もと, 口角.

die **Mụnd-zu-Mụnd-Be·at·mung** [ムント・ツー・ムント・ベアートムング] [名] -/ 〖医〗口移し人工呼吸(法).

der **Mụn·go** [ムンゴ] [名] -(s)/-s 〖動〗マングース.

der **Mụ·ni** [ムーニ] [名] -s/- 《スイ》繁殖用動物.

die **Mu·ni·ti·on** [ムニツィオーン] [名] -/ 弾薬: scharfe ～ 実弾.

die **Mu·ni·ti·ons·fa·brik** [ムニツィオーンス・ふぁブリーク] [名] -/-en 弾薬工場.

das **Mu·ni·ti·ons·la·ger** [ムニツィオーンス・ラーガー] [名] -s/- 弾薬庫.

das **Mu·ni·zi·pi·um** [ムニツィーピウム] [名] -s/..pien **1.** 〖史〗ムニキピウム(古代ローマの自治都市). **2.** 《古》市当局.

die **Mun·ke·lei** [ムンケライ] [名] -/-en 《口》(長々と続く)ひそひそ話, 陰口.

mụn·keln [ムンケルン] [動] *h.* 〖(von 〈j^3/et^3〉ニツイテ/über 〈j^4/et^4〉ニツイテ)〗《口》ひそひそ話す〔うわさをする〕.

(*das*) **Mụ̈ns·ter**[1] [ミュンスター] [名] -s/ 〖地名〗ミュンスター(ノルトライン=ヴェストファーレン州の都市).

das〔*der*〕**Mụ̈ns·ter**[2] [ミュンスター] [名] -s/- 大聖堂(修道院または司教座聖堂参事会の大教会堂).

der **Müns·te·ra·ner** [ミュンステらーナー] [名] -s/- ミュンスター市民.

das **Mụ̈ns·ter·land** [ミュンスター・ラント] [名] -(e)s/ 〖地名〗ミュンスターラント(ヴェストファーレン盆地の一部).

mụn·ter [ムンター] [形] **1.** 快活な, 活発な;(元どおり)健康な;無頓着(むとんちゃく)な: in ～*er* Laune sein 上

Munterkeit 828

機嫌である. gesund und ~ sein 元どおり元気になる. **2.** (まだ・もう)目の覚めている: früh ~ werden 朝早く目が覚める.
die **Mun·ter·keit** [ムンターカイト] 名 -/ 快活;目覚めていること.
der **Münz·au·to·mat** [ミュンツ・アウトマート] 名 -en/-en (硬貨用の)自動販売機.
die **Mün·ze** [ミュンツェ] 名 -/-n **1.** 鋳貨,鋳造貨幣,コイン;記念メダル: ~n prägen[schlagen] 貨幣を鋳造する. in klingender ~ bezahlen 〈文〉現金で支払う. 〈et⁴〉 für bare ~ nehmen 〈事を〉真にうける. **2.** 貨幣鋳造所.
die **Münz·ein·heit** [ミュンツ・アインハイト] 名 -/-en 鋳貨単位.
der **Münz·ein·wurf** [ミュンツ・アイン・ヴるふ] 名 -(e)s/..würfe (自動販売機などの)硬貨投入口.
mün·zen [ミュンツェン] 動 h. 〈et⁴〉ッग 貨幣に鋳造する. 【慣用】 auf 〈j⁴/et⁴〉 gemünzt sein 〈人・事に〉向けられている(非難などが).
der **Mün·zer** [ミュンツァー] 名 -s/- 〈古〉貨幣鋳造工.
der **Münz·fäl·scher** [ミュンツ・ふぇルシャー] 名 -s/ = Falschmünzer.
der **Münz·fern·spre·cher** [ミュンツ・ふぇるン・シュプれッヒャー] 名 -s/- 硬貨投入式公衆電話.
der **Münz·fuß** [ミュンツ・ふース] 名 -es/..füße (法定)貨幣品位.
das **Münz·ka·bi·nett** [ミュンツ・カビネット] 名 -s/-e **1.** (博物館の)コイン陳列室;コインキャビネット. **2.** コインコレクション.
die **Münz·kun·de** [ミュンツ・クンデ] 名 -/-n **1.** (御のみ)貨幣〈古銭〉学. **2.** 貨幣学書.
der **Münz·meis·ter** [ミュンツ・マイスター] 名 -s/- 硬貨鋳造主任.
das **Münz·recht** [ミュンツ・れヒト] 名 -(e)s/ 貨幣鋳造権;貨幣法.
die **Münz·samm·lung** [ミュンツ・ザムルング] 名 -/-en コイン〈メダル〉の収集.
die **Münz·sor·te** [ミュンツ・ゾルテ] 名 -/-n 硬貨の種類.
der **Münz·stem·pel** [ミュンツ・シュテムペル] 名 -s/- 貨幣の極印.
der **Münz·tank** [ミュンツ・タンク] 名 -s/-s (ガソリンスタンドの)硬貨投入式の自動給油機.
der **Münz·wechs·ler** [ミュンツ・ヴェクスラー] 名 -s/- 硬貨自動両替機.
das **Münz·we·sen** [ミュンツ・ヴェーゼン] 名 -s/ 貨幣制度.
die **Mur** [ムーあ] 名 -/ 〖川名〗ムール川(オーストリア中部を流れるドラウ川の支流).
die **Mu·rä·ne** [ムれーネ] 名 -/-n 〖魚〗ウツボ.
mürb [ミュるプ] 形 〈南独・オーストリア〉 = mürbe.
mür·be [ミュるベ] 形 **1.** 柔らかい,さっくりとした. **2.** もろくなった,朽ちた. **3.** 士気〔気力・戦意〕を失った.
der **Mürb·e·teig** [ミュるベ・タイク] 名 -(e)s/-e (ケーキなどを作る)柔らかい生地.
die **Mu·re** [ムーれ] 名 -/-n 土石流.
die **Mü·ritz** [ミューリッツ] 名 〖湖名〗ミューリッツ(ドイツ北部,メクレンブルク地方に位置する).
murk·e·lig [ムるケリヒ] 形 〈方・口・蔑〉未成熟の;虚弱な;ぱっとしない.
der **Murks** [ムるクス] 名 -es/ 〈口・蔑〉まずいこと,不手際;やっつけ仕事,不手際な仕事.
murk·sen [ムるクセン] 動 h. 〈bei et³〉ッन 〈口・蔑〉いいかげんなやり方をする(仕事などで);(いつまでも)何かもたもたやっている.
die **Mur·mel** [ムるメル] 名 -/-n 〈方〉ビー玉.
mur·meln [ムるメルン] 動 h. **1.** 〈et⁴〉ッन つぶやく. **2.** 〖慣なし〗〈文〉さらさら音を立てる(小川などが).

das **Mur·mel·tier** [ムるメル・ティーあ] 名 -(e)s/-e 〖動〗マーモット: wie ein ~ schlafen ぐっすり眠る.
mur·ren [ムれン] 動 h. **1.** 〈über 〈j⁴/et⁴〉ッニっイテ〉 ぶつぶつ文句を言う. **2.** 〖慣なし〗〈文〉どろどろ鳴り響く(雷・大砲などが).
mür·risch [ミュリシュ] 形 不機嫌な,不満そうな,無愛想な.
das **Mus** [ムース] 名 -es/-e 〈〈方〉der ~〉 ムース,マッシュ(果物・じゃがいもなどを煮てすりつぶしたもの): 〈j⁴/et⁴〉 zu Mus machen〔schlagen〕 〈口〉〈人を〉たきのめす,〈物を〉たたきつぶす.
der **Mus·a·get** [ムザゲート] 名 -en/-en **1.** 〖ギ神〗ムーサゲテース(Apoll・Heraklesの添え名) **2.** 〈古〉学芸の友(促進者.
die **Mu·schel** [ムッシェル] 名 -/-n **1.** (二枚)貝;(二枚貝の)貝殻. **2.** 〖電話〗の受話口(Hör~),送話口(Sprech~);〈稀〉耳介,耳殻(Ohr~). **3.** 〈口〉膣. **4.** 〖オーストリア〗便器.
mu·sche·lig [ムッシェリヒ] 形 (二枚貝の)貝〔殻〕状の.
der **Mu·schel·kalk** [ムッシェル・カルク] 名 -s/ 〖地質〗貝殻石灰岩層.
der **Mu·schel·krebs** [ムッシェル・クれープス] 名 -es/-e (主に複)〖動〗貝虫類.
der **Mu·schi** [mú(:)ʃi ムッシ,ムーシ] 名 -s/-s **1.** 〈幼〉ねこちゃん. **2.** 〈口〉プシィ(女性の陰部).
der **Mu·schik** [ムシク,ムシク] 名 -s/-s (ロシア帝国の)百姓,農民.
die **Mu·se** [ムーゼ] 名 -/-n 〖ギ神〗ムーサ,ミューズ(芸術・学問をつかさどる九人の女神): die zehnte ~ 〈冗〉キャバレー,寄席演芸;映画. die leichte ~ 軽演劇(オペレッタなど). von der ~ geküsst werden 詩興がわく.
mu·se·al [ムゼアール] 形 **1.** 博物館の,美術館の. **2.** 博物館行きの,時代遅れの.
der **Mu·sel·man** [ムーゼルマン] 名 -en/-en 〈..マネン,ムーゼル・マネン〉〈古〉イスラム教徒.
mu·sel·ma·nisch [ムーゼル・マーニシュ,ムーゼル・マーニシュ] 形 〈古〉イスラム教(徒)の.
der **Mu·sel·mann** [ムーゼル・マン] 名 -(e)s/..männer = Muselman.
der **Mu·sen·al·ma·nach** [ムーゼン・アルマナ八] 名 -s/-e (18-19世紀のアンソロジー形式の)年刊詩集,文芸年鑑.
der **Mu·sen·sohn** [ムーゼン・ゾーン] 名 -(e)s/..söhne 〈古〉詩人;大学生.
die **Mu·sette** [ムゼット ミュゼット] 名 -/-s 〖楽〗ミュゼット(①17-18世紀のフランスのバッグパイプ. ②ミュゼット伴奏の舞曲. ③(弦楽器抜きの)軽音楽楽団).
das **Mu·se·um** [ムゼーウム] 名 -s/..seen 〈..ゼーエン〉 博物館,美術館.
der **Mu·se·ums·füh·rer** [ムゼーウムス・ふューラー] 名 -s/- 博物〔美術〕館案内人〔書〕.
mu·se·ums·reif [ムゼーウムス・らイふ] 形 〈口・皮〉博物館行きの.
das **Mu·si·cal** [mjúːzikəl ミューズィカル] 名 -s/-s ミュージカル.
die **Mu·sik** [ムズィーク] 名 -/-en **1.** (御のみ)音楽: klassische ~ hören クラシック音楽を聴く. ~ studieren 音楽大学で学んでいる. **2.** 音楽(作品),(楽)曲: ~ von Bach aufführen バッハの曲を演奏する. die ~ zu einem Ballett schreiben バレエ音楽を作曲する. einen Text in ~ setzen 詞に曲をつける. **3.** (主に御)〈口〉楽隊,楽団,バンド. 【慣用】 Musik im Blut haben 生まれながらの音楽の才能がある. Musik in 〈j³〉 Ohren sein 〈人にとって〉非常に喜ばしい(知らせなどが).

die **Mu·sik·a·ka·de·mie** [ムズィーク・アカデミー] [名] -/-n 音楽大学.
die **Mu·si·ka·li·en** [ムズィカーリエン] [複名] 楽譜.
die **Mu·si·ka·li·en·hand·lung** [ムズィカーリエン・ハンドルング] [名] -/-en 楽譜店.
mu·si·ka·lisch [ムズィカーリシュ] [形] 音楽の;音楽の才能のある;音楽的な(響の): eine ~*e* Ader 音楽の素質.
die **Mu·si·ka·li·tät** [ムズィカリテート] [名] -/ 音楽的素質;音楽性,音楽的効果.
der **Mu·si·kant** [ムズィカント] [名] -en/-en (ダンスやパレードの際に演奏する)楽士.
der **Mu·si·kan·ten·kno·chen** [ムズィカンテン・クノっヘン] [名] -s/- 《口》ひじの先端: sich⁴ am ~ stoßen ひじをぶつける.
der **Mu·sik·au·to·mat** [ムズィーク・アウトマート] [名] -en/-en **1.** 自動楽器. **2.** ジュークボックス.
mu·sik·be·geis·tert [ムズィーク・ベガイスタート] [形] 熱狂的音楽ファンの.
die **Mu·sik·be·glei·tung** [ムズィーク・ベグライトゥング] [名] -/-en 音楽伴奏.
die **Mu·sik·box** [ムズィーク・ボックス] [名] -/-en ジュークボックス.
der **Mu·sik·di·rek·tor** [ムズィーク・ディれクトーあ] [名] -s/-en 音楽監督(人;(単のみ)称号. 略 MD).
der **Mu·si·ker** [ムーズィカー] [名] -s/- 音楽家;(オーケストラの)楽団員(Orchester~).
die **Mu·sik·er·zie·hung** [ムズィーク・エあツィーウング] [名] -/ (授業科目の)音楽.
der **Mu·sik·freund** [ムズィーク・ふろイント] [名] -(e)s/-e 音楽愛好者.
die **Mu·sik·ge·schich·te** [ムズィーク・ゲシヒテ] [名] -/-n **1.** (単のみ)音楽の歴史;音楽史(学問としての). **2.** 音楽史(著作としての).
die **Mu·sik·hoch·schu·le** [ムズィーク・ホーほ・シューレ] [名] -/-n 音楽大学.
das **Mu·sik·in·s·tru·ment** [ムズィーク・インストるメント] [名] -(e)s/-e 楽器.
die **Mu·sik·ka·pel·le** [ムズィーク・カペレ] [名] -/-n 楽隊,楽団,バンド.
die **Mu·sik·kas·set·te** [ムズィーク・カセっテ] [名] -/-n 音楽カセットテープ.
das **Mu·sik·korps** [..ko:*r* ムズィーク・コーあ] [名] -[..コーあ(ス)]/-[..コーあス] 軍楽隊.
die **Mu·sik·kri·tik** [ムズィーク・クりティーク] [名] -/-en **1.** (単のみ)音楽批評. **2.** (新聞雑誌などの個々の)音楽批評〔評〕.
die **Mu·sik·leh·re** [ムズィーク・レーれ] [名] -/-n **1.** (単のみ)音楽理論. **2.** 音楽理論書.
der **Mu·sik·leh·rer** [ムズィーク・レーらー] [名] -s/- 音楽教師.
die **Mu·sik·schu·le** [ムズィーク・シューレ] [名] -/-n 音楽学校.
das **Mu·sik·stück** [ムズィーク・シュテュック] [名] -(e)s/-e 音楽作品,(短い)器楽曲.
die **Mu·sik·stun·de** [ムズィーク・シュトゥンデ] [名] -/-n 音楽の(授業)時間.
die **Mu·sik·tru·he** [ムズィーク・トるーエ] [名] -/-n コンソール型オーディオセット.
der **Mu·si·kus** [ムーズィクス] [名] -/..sizi 《古》=Musiker.
der **Mu·sik·ver·lag** [ムズィーク・ふぇあラーク] [名] -(e)s/-e 音楽出版社.
mu·sik·ver·stän·dig [ムズィーク・ふぇあシュテンディひ] [形] 音楽が解る.
die **Mu·sik·wis·sen·schaft** [ムズィーク・ヴィっセンシャふト] [名] -/ 音楽学.
(*der*) **Mu·sil** [ムーズィル] [名] 〖人名〗ムージル(Robert ~, 1880-1942, オーストリアの小説家).
mu·sisch [ムーズィシュ] [形] 芸術〔音楽〕の;芸術〔音楽〕的な(才能のある).
das **Mu·siv·gold** [ムズィーふ・ゴルト] [名] -(e)s/ モザイク金,偽金(ぎきん),彩色金.
mu·si·zie·ren [ムズィツィーれン] [動] *h.* **1.** 〔補足なし〕一緒に音楽を奏でる〔演奏する〕(複数の人が). **2.** 〔<et⁴>ヲ〕演奏する(楽団が音楽作品を).
das **Mus·ka·rin** [ムスカリーン] [名] -s/ ムスカリン(ベニテングダケの有毒成分).
der **Mus·kat** [ムスカート,ムスカット] [名] -(e)s/-e 〖植〗ナツメグ(ニクズクの実.香辛料).
die **Mus·kat·blü·te** [ムスカート・ブリューテ] [名] -/-n ニクズクの花(外皮は干してメース,種子はナツメグとなる.ともに香辛料).
der **Mus·ka·tel·ler** [ムスカテラー] [名] -s/- **1.** (単のみ)マスカットブドウ. **2.** マスカットワイン.
der **Mus·ka·tel·ler·wein** [ムスカテラー・ヴァイン] [名] -(e)s/-e マスカットワイン.
die **Mus·kat·nuss**, [旧]**Mus·kat·nuß** [ムスカート・ヌス,ムスカット・ヌス] [名] -/..nüsse ニクズクの種子(香辛料のナツメグになる).
der **Mus·kel** [ムスケル] [名] -s/-n 筋肉,筋: willkürliche/unwillkürliche ~*n* 随意筋/不随意筋.
die **Mus·kel·dys·tro·phie** [ムスケル・デュストロふぃー] [名] -/-n 筋ジストロフィー.
die **Mus·kel·fa·ser** [ムスケル・ふぁーザー] [名] -/-n 筋肉繊維.
der **Mus·kel·ka·ter** [ムスケル・カーター] [名] -s/- 筋肉痛.
die **Mus·kel·kraft** [ムスケル・クらふト] [名] -/..kräfte 筋力.
der **Mus·kel·ma·gen** [ムスケル・マーゲン] [名] -s/-〔..mägen〕〖動〗(鳥の)筋胃,砂嚢(さのう).
der **Mus·kel·protz** [ムスケル・プろッツ] [名] -en〔-es〕/-e(n) 《口》筋肉隆々たる男.
der **Mus·kel·schwund** [ムスケル・シュヴント] [名] -(e)s/ 〖医〗筋萎縮(いしゅく)(症).
die **Mus·kel·zer·rung** [ムスケル・ツェるング] [名] -/-en 〖医〗筋肉の過度伸長,肉ばなれ.
die **Mus·ke·te** [ムスケーテ] [名] -/-n マスケット銃(旧式の小銃).
der **Mus·ke·tier** [ムスケティーあ] [名] -s/-e (昔の)マスケット銃兵,歩兵.
mus·ku·lär [ムスクレーあ] [形] 〖医〗筋肉の,筋系の.
die **Mus·ku·la·tur** [ムスクラトゥーあ] [名] -/-en (全身・部分の)筋肉.
mus·ku·lös [ムスクレース] [形] 筋肉隆々たる.
das **Müs·li** [ミュースリ] [名] -(s)/-(s) ミュースリ(オートミール・(ドライ)フルーツ・ナッツなどに牛乳を加えた料理).
der **Mus·lim** [ムスリム] [名] -/-e =Moslem.
mus·li·misch [ムスリーミシュ] [形] =moslemisch.
das **Mus·pel·heim** [ムースペル・ハイム] [名] -(e)s/ 《主に無冠詞》〖北欧神〗ムースペルハイム(火の世界,火の巨人の国).
muss, [旧]**muß** [ムス] [動] müssen の現在形 1・3 人称単数.
das **Muss**, [旧]**Muß** [ムス] [名] -/ 必然,強制;義理.
die **Muss·be·stim·mung, Muss-Be·stim·mung**, [旧]**Muß-Be·stim·mung** [ムス・ベシュティムング] [名] -/-en 強行規定.
die **Mu·ße** [ムーセ] [名] -/ 《文》暇,時間の余裕.
die **Muss·ehe**, [旧]**Muß·ehe** [ムス・エーエ] [名] -/-n 《口》(妊娠したために)せざるを得ない結婚.
der **Mus·se·lin** [ムセリーン] [名] -s/-e 〖織〗モスリン,メリンス.

M

müs·sen* [ミュッセン] 助 《話法》ich muss, du musst, er muss ; musste ; hat ... müssen(本動詞の不定詞と共に用いる). 文脈などから明らかな不定詞は省略される. 不定詞が省略された場合の過去分詞（gemusst）. **1.**（外的・内的必要）…しなければならない，…せざるを得ない: Ich *musste* zu Hause bleiben, weil ich krank war. 私は病気だったので，私は家に残らなくてはならなかった. Du *musst* nicht gehen, wenn du nicht willst. 行きたくなければ行かなくてもいい. この意味で müssen を否定する場合(全文否定)には普通, nicht brauchen, zu 動を用いる. nicht müssen は否定の強調表現. ⇨brauchen〕 **2.**（社会的義務）…しなければならない: Da er mein Freund ist, *muss* ich ihn unterstützen. 彼は私の友達だから私は彼を援助しなくてはならない. **3.**（推量）…に違いない，…するはずだ: An der Kreuzung *muss* etwas passiert sein, denn viele Leute stehen da herum. その交差点で何かが起こったに違いない，人々が取囲んでいるのだから. Sie *muss* einst eine Schönheit gewesen sein. 彼女は昔は美人だったに違いない.（接続法2式でも）Er *müsste* eigentlich schon hier sein. 彼は本当はもうここに来ているはずなんだが. **4.**（話者または第三者の命令・要求）…しなければならない: Du *musst* mir gehorchen. 君はぼくの言うことを聞かなくちゃいけない. Was〔Wieviel〕*muss* ich zahlen? 私はいくら払わなければなりませんか. Ich *muss* dreimal täglich gurgeln. 私は毎日3回うがいをしなければならない（医者の指示で）. Heute *muss* ich Überstunden machen. 今日私は超過勤務〔残業〕をしなければならない（上役の命令で）. Bei Erdbeben *muss* man an den Straßenrand fahren und halten 地震の際には車を道路の端に寄せて停車しなければならない（法規などで）.（間接話法で）Er sagte, sie *müssten* sofort kommen. 彼は彼らがすぐ来るようにと言った.【この意味では⇨sollen 1.】 **5.**（勧誘. 直説法または接続法2式 müsste で）（ぜひ）…して〔下さい〕: Sie ～ diesen Roman unbedingt einmal lesen. この小説をぜひ一度読んで下さい.【接続法2式は丁重な言い方】 **6.**（必然・余儀ない事情）…しなければならない，…せざるを得ない：であらねばならない: Wir ～ alle einmal sterben. われわれは皆いつか死なねばならない. Es kommt doch Winter werden. いずれ冬が来る. Es tut mir leid, Sie stören zu ～. お邪魔をせざるを得なくて恐縮です. *Muss* es denn ausgerechnet heute sein ? よりにもよって今日でなければならないのか. Ich *muss* Ihnen leider sagen, dass ... 残念ながらあなたに…と言わざるを得ない. **7.**（自然的の強制. 直説法で）思わず…せずにはいられない: Als wir es sahen, *mussten* wir alle lachen. それを見たときわれわれは皆が笑わずにはいられなかった. „Du Hund !", *musste* er schreien. 「こん畜生」と彼は思わず叫ばずにはいられなかった. **8.**（気質・性分）…しないと気がすまない: Sie *muss* immer alles selbst machen. 彼女はいつでも何もかも自分でやらなくちゃ気がすまない性分である. **9.**（禁止・不必要. 否定詞 nicht と）（北独）…してはならない，…する必要はない: Das *musst* du nicht sagen. それを言っちゃいけないよ. **10.**（かなわない願望. 常に接続法2式 müsste を用いて）…しているのだ，…であってほしいものだ: Das *müsste* immer so sein. それはいつもそうであってほしいものだ. Man *müsste* noch mal zwanzig sein. もう一度20歳になりたいものだ.
―― 動 Ich muss, du musst, er muss ; musste ; hat gemusst 1.〔〈et⁴〉… しなければならない〕: *Muss* ich das wirklich? 私は本当にそれをしなければならないのか. Er hat *gemusst*, ob er wollte oder nicht. 彼が望もうが望むまいが，彼はしなければならなかった. **2.**（〈方向〉ヘ〔カラ〕）行かねば〔来なければ・出なければ〕ならない: Er hat zum Arzt *gemusst*. 彼は医者に行かねばならなかった. Der Brief *muss* sofort zur Post. その手紙はすぐに郵便局に持って行かねばならない. Ich *muss* mal.（口）ちょっとトイレに（行かなくては）.

die **Mu·ße·stun·de** [ムーセ・シュトゥンデ] 名 -/-n 暇な時間, 余暇.
mü·ßig [ミュースィヒ] 形《文》 **1.** 無為に過ごす: ein ～*es* Leben führen 無為の生活をする. **2.** 暇な. **3.** 無益〔無駄〕な.
der **Mü·ßig·gang** [ミュースィヒ・ガング] 名 -(e)s/《文》無為, 怠惰.
der **Mü·ßig·gän·ger** [ミュースィヒ・ゲンガー] 名 -s/-《文》無為に過ごす者, のらくら者.
musst, ®**mußt** [ムスト] 動 müssen の現在形2人称単数.
muss·te, ®**muß·te** [ムステ] 動 müssen の過去形.
müss·te, ®**müß·te** [ミュステ] 動 müssen の接続法2式.
der **Mus·tang** [ムスタング] 名 -s/-s 〔動〕ムスタング（北米大草原地帯のスペイン種の再野生馬）.
das **Mus·ter** [ムスター] 名 -s/- **1.** ひな形, 手本の型；模範: nach ～ 手本にならって. **2.**（品物の）見本, サンプル. **3.**（布地などの）柄, 模様, 図案.
das **Mus·ter·bei·spiel** [ムスター・バイ・シュピール] 名 -(e)s/-e（模）範例.
der **Mus·ter·be·trieb** [ムスター・ベトリープ] 名 -(e)s/-e モデル（模範的）企業.
das **Mus·ter·bild** [ムスター・ビルト] 名 -(e)s/-er 模範.
das **Mus·ter·ex·em·plar** [ムスター・エクセンプラー] 名 -s/-e 見本；（《皮》も有）模範的見本, 理想的人間.
der **Mus·ter·gat·te** [ムスター・ガッテ] 名 -n/-n《皮》（《皮》も有）模範的な夫.
mus·ter·gül·tig [ムスター・ギュルティヒ] 形 模範的な.
mus·ter·haft [ムスター・ハフト] 形 模範的な.
die **Mus·ter·kar·te** [ムスター・カルテ] 名 -/-n（生地・色などの）サンプルカード.
der **Mus·ter·kna·be** [ムスター・クナーベ] 名 -n/-n 《蔑》優等生, 模範的生徒.
der **Mus·ter·kof·fer** [ムスター・コッふァー] 名 -s/- 商品見本ケース.
die **Mus·ter·kol·lek·ti·on** [ムスター・コレクツィオーン] 名 -/-en 商品見本集.
die **Mus·ter·mes·se** [ムスター・メッセ] 名 -/-n 見本市.
mus·tern [ムスターン] 動 h. **1.**〈j⁴/et⁴を〉じろじろ見る, 詳しく観察する；〔軍〕査閲する（部隊などを）. **2.**〈j⁴を〉徴兵検査する. **3.**〈et⁴を〉模様〔柄〕をつける. **4.**〈j⁴〉（方・蔑）変な（似合わない）服装をさせる；（〈j⁴〉sich の場合）変な服装をする.
die **Mus·ter·rol·le** [ムスター・ロレ] 名 -/-n〔海〕（乗り組んでいる）船員名簿.
der **Mus·ter·schü·ler** [ムスター・シューラー] 名 -s/- 模範生.
der **Mus·ter·schutz** [ムスター・シュッツ] 名 -es/〔法〕意匠保護（Geschmacks〜）；実用新案保護（Gebrauchs〜）.
die **Mus·te·rung** [ムステルング] 名 -/-en **1.** 詳しく観察すること；〔古〕審査. **2.**〔軍〕査閲, 徴兵検査. **3.** 模様.
der **Mus·ter·zeich·ner** [ムスター・ツァイヒナー] 名 -s/- 意匠デザイナー.
der **Mut** [ムート] 名 -(e)s/ **1.** 勇気；意気, 気力, 元気: der ～ für 〈et⁴〉〔zu 〈et³〉〕〈事³〉に対する勇気. ～ fassen〔schöpfen〕勇気〔元気〕を出す. den ～ sinken lassen 意気消沈する. 〈j³〉～ machen 〈人⁴〉を勇気づける. **2.**《文》気分: guten ～*es*

sein 上機嫌である. Mir ist gut zu ～*e*. 私は気分がいい.

das **Mu·ta·gen** [ムタゲーン] [名] -s/-e《主に[複]》〘生〙突然変異原〔誘発要因〕.

der **Mu·tant** [ムタント] [名] -en/-en **1.** 〘生〙突然変異体. **2.** 《ｵｰｽﾄﾘｱ》変声期の少年.

die **Mu·ta·ti·on** [ムタツィオーン] [名] -/-en **1.** 〘生〙突然変異. **2.** 〘医〙声変り. **3.** 《ｽｲｽ》変化.

mu·ta·tis mu·tan·dis [ムターティース ムタンディース]〘ラテン語〙必要な変更を加えて.

das **Müt·chen** [ミュートひぇン] [名] -s/ 《次の形で》sein ～ (an 〈j^3〉) kühlen (〈人に〉)当り散らしてうっ憤を晴らす.

mu·ten [ムーテン] [動] *h.* **1.** 〔補足なし〕〘鉱〙採掘権の設定を申請する. **2.** 〔補足なし〕《ｼﾞｬｰｺﾞﾝ》占い杖(つえ)で水脈〔鉱脈〕を探し当てる. **3.** 〔補足なし〕《古》親方資格の受験を出願する.

mu·tie·ren [ムティーれン] [動] *h.* **1.** 〔補足なし〕〘生〙突然変異する《細胞などが》. **2.** 〔補足なし〕〘医〙変声期にある《人・声が》.

mu·tig [ムーティひ] [形] 勇気のある;勇敢な,大胆な.

mu·ti·lie·ren [ムティリーれン] [動] *h.* 〔(〈et^4〉ヲ)〕〘医〙断節する.

mut·los [ムート·ロース] [形] 意気消沈した,気落ちした.

die **Mut·lo·sig·keit** [ムート·ローズィひカイト] [名] -/ 意気消沈.

mut·ma·ßen [ムート·マーセン] [動] *h.* 〔〈et^4〉ヲ/〈[文]〉デアルコトヲ〕推測する.

mut·maß·lich [ムート·マースリひ] [形] …と推測される: der ～*e* Täter 容疑者.
―― [副] 《文飾》察するところ〔どうやら〕…らしい.

die **Mut·ma·ßung** [ムート·マースング] [名] -/-en 推測.

die **Mut·pro·be** [ムート·プろーベ] [名] -/-n 度胸〔肝〕試し.

das **Mutt·chen** [ムットひぇン] [名] -s/- **1.** 《Mutter 1の愛称形》おかあちゃん. **2.** ＝Mütterchen 2.

die **Mut·ter**[1] [ムッター] [名] -/Mütter **1.** 母,母親;(動物の)母親: eine werdende ～ 妊婦. **2.** 母親代りをする人. **3.** 〘工〙母型. **4.** 《ｼﾞｬｰｺﾞﾝ》親会社(Muttergesellschaft). 【慣用】**bei Mutter Grün schlafen** 《口》野宿する. **die Mutter Gottes** 聖母マリア. **Mutter Natur** 《文》母なる自然.

die **Mut·ter**[2] [ムッター] [名] -/-n 〘工〙ナット,雌ねじ(Schrauben～).

die **Müt·ter·be·ra·tungs·stel·le** [ミュッター·べらートゥングス·シュテレ] [名] -/-n 妊産婦相談所.

die **Mut·ter·bin·dung** [ムッター·ビンドゥング] [名] -/-en 〘心〙(特に息子の)母親に対する執着.

der **Mut·ter·bo·den** [ムッター·ボーデン] [名] -s/ 腐植表層土.

die **Mut·ter·brust** [ムッター·ブるスト] [名] -/..brüste 《文》母の胸〔乳房〕.

das **Müt·ter·chen** [ミュッターへン] [名] -s/ **1.** おかあちゃん. **2.** おばあちゃん《小さな,老いた女性》.

die **Mut·ter·er·de** [ムッター·エーあデ] [名] -/ ＝Mutterboden.

die **Mut·ter·freu·den** [ムッター·ふろイデン] [複名] 《次の形で》～ entgegensehen 《文》身ごもっている. ～ genießen 子供が産まれたばかりである.

die **Mut·ter·ge·sell·schaft** [ムッター·ゲゼルシャふト] [名] -/-en 〘経〙親会社.

das **Mut·ter·ge·stein** [ムッター·ゲシュタイン] [名] -(e)s/-e 〘地質〙母岩;石油〔天然ガス〕の含まれている岩層.

das **Mut·ter·glück** [ムッター·グリュック] [名] -(e)s/ 《文》母である喜び.

die **Mut·ter·got·tes** [ムッター·ゴッテス] [名] -/ 〘ｶﾄﾘｯｸ〙神の御母,聖母マリア.

das **Mut·ter·got·tes·bild** [ムッターゴッテス·ビルト] [名] -(e)s/-er 〘ｶﾄﾘｯｸ〙聖母像.

das **Mut·ter·haus** [ムッター·ハウス] [名] -es/..häuser **1.** 母の家((教会の)看護婦・社会奉仕員養成所). **2.** (修道院の)母院. **3.** 親会社.

das **Müt·ter·heim** [ミュッター·ハイム] [名] -(e)s/-e 母子寮.

das **Mut·ter·herz** [ムッター·へるツ] [名] -ens/-en 《文》母の心.

der **Mut·ter-Kind-Pass,** [旧]**Mut·ter-Kind-Paß** [ムッター·キント·パス] [名] -es/..Pässe 《ｵｰｽﾄﾘｱ》＝Mutterpass.

das **Mut·ter·korn** [ムッター·コるン] [名] -(e)s/-e 麦角(ばっかく)《菌がイネ科植物に寄生してできる.薬用》.

der **Mut·ter·ku·chen** [ムッター·クーへン] [名] -s/- 〘医〙胎盤.

das **Mut·ter·land** [ムッター·ラント] [名] -(e)s/..länder **1.** 母国;(植民地に対する)本国. **2.** 原産国;発祥の地.

die **Mut·ter·lau·ge** [ムッター·ラウゲ] [名] -/-n 〘化〙母液.

der **Mut·ter·leib** [ムッター·ライプ] [名] -(e)s/-er 母胎,子宮: vom ～ an 生れたときから.

müt·ter·lich [ミュッターリひ] [形] **1.** 母親の;母方の. **2.** 母親のような,母性的な.

müt·ter·li·cher·seits [ミュッターリひャー·ザイツ] [副] 母方で: mein Großvater ～ 私の母方の祖父.

die **Müt·ter·lich·keit** [ミュッターリひカイト] [名] -/ 母親らしさ,母性.

die **Mut·ter·lie·be** [ムッター·リーベ] [名] -/ 母性愛.

mut·ter·los [ムッター·ロース] [形] 母(親)のない.

das **Mut·ter·mal** [ムッター·マール] [名] -(e)s/-e〔..mäler〕(先天性の)痣(あざ),母斑(ぼはん).

die **Mut·ter·milch** [ムッター·ミルひ] [名] -/ 母乳. 【慣用】〈et^4〉 **mit der Muttermilch einsaugen** 〈事を〉幼いときに身につける.

der **Mut·ter·mord** [ムッター·モるト] [名] -(e)s/-e 母殺し.

der **Mut·ter·mund** [ムッター·ムント] [名] -(e)s/..münder〔-e, ..münde〕《主に[単]》〘医〙子宮口.

der **Mut·ter·pass,** [旧]**Mut·ter·paß** [ムッター·パス] [名] -es/..pässe 妊産婦手帳.

das **Mut·ter·recht** [ムッター·れひト] [名] -(e)s/ 〘民族〙母権制.

das **Mut·ter·schaf** [ムッター·シャーふ] [名] -(e)s/-e 母羊.

die **Mut·ter·schaft** [ムッター·シャふト] [名] -/-en 母親であること;母性.

das **Mut·ter·schafts·geld** [ムッターシャふツ·ゲルト] [名] -(e)s/-er 母性〔妊産婦〕手当金《就業女性に支払われる出産前後の給付金. Mutterschaftshilfeの一種》.

die **Mut·ter·schafts·hil·fe** [ムッターシャふツ·ヒルふぇ] [名] -/ (社会保険の)妊産婦扶助.

die **Mut·ter·schafts·hil·fe** [ムッターシャふツ·ヒルふぇ] [名] -/-n (社会保険としての)母性〔妊産婦〕給付《母性手当金・出産手当金・病院〔産院〕介護など》.

der **Mut·ter·schafts·ur·laub** [ムッターシャふツ·ウーあラウプ] [名] -(e)s/-e (以前の)出産(育児)休暇,産休.

das **Mut·ter·schiff** [ムッター·シふ] [名] -(e)s/-e 母船;〘軍〙母艦.

der **Mut·ter·schlüs·sel** [ムッター·シュリュッセル] [名] -s/- レンチ,スパナ.

der **Mut·ter·schoß** [ムッター·ショース] [名] -(e)s/..schöße 《文》母の膝(ひざ)〔ふところ〕;胎内.

der **Mut·ter·schutz** [ムッター·シュッツ] [名] -es/ 〘法〙母性保護.

das **Mut·ter·schutz·recht** [ムッターシュッツ·れひト] [名] -(e)s/-e 〘法〙母性保護法.

M

das **Mutterschwein** [ムッター・シュヴァイン] 名 -(e)s/-e 母豚.

mutterseelenallein [ムッター・ゼーレン・アライン] 形 まったく一人ぼっちの.

das **Muttersöhnchen** [ムッター・ゾーンヒェン] 名 -s/- 《口・蔑》(男の)甘えっ子, お母さん子.

die **Muttersprache** [ムッター・シュプらーヘ] 名 -/-n 母語, 母国語.

die **Mutterstelle** [ムッター・シュテレ] 名《次の形で》bei j³ ~ vertreten《人の》母親代りになる.

der **Muttertag** [ムッター・ターク] 名 -(e)s/-e 母の日(5月の第2日曜).

das **Muttertier** [ムッター・ティーア] 名 -(e)s/-e 1.《農》雌の家畜. 2. 子持ちの雌, 雌親.

der **Mutterwitz** [ムッター・ヴィッツ] 名 -es/ 生来の才知.

die **Mutti** [ムッティ] 名 -/-s ムッティ(Mutter の愛称形);《口》奥さん, おばさん.

mutual [ムトゥアール] 形 相互の.

mutuell [ムトゥエル] 形 =mutual.

die **Mutung** [ムートゥング] 名 -/-en《鉱》採掘権賦与申請.

der **Mutwille** [ムート・ヴィレ] 名 -ns/ いたずら心, 悪のり, 軽はずみな〈ふざけた〉気持.

mutwillig [ムート・ヴィリヒ] 形 いたずらの, 悪ふざけの;《古》軽率な.

die **Mütze** [ミュッツェ] 名 -/-n 帽子(ベレー帽・ハンチングなど), キャップ;(ポットなどの)保温カバー.

der **Mützenschirm** [ミュッツェン・シルム] 名 -(e)s/-e 帽子のひさし.

m.v.=mezza voce メザ・ヴォーチェ, 半分の音量で, 柔らかい弱音で.

MW 1. =Megawatt《電》メガワット. 2. =Mittelwelle《電》中波.

m.W. =meines Wissens 私の知るところでは.

MwSt., Mw.-St. =Mehrwertsteuer《経》付加価値税.

das **My** [my: ミュ] 名 -(s)/-s 1. ミュー(ギリシア語アルファベットの第12字, M). 2.《㊥のみ》ミクロン(Mikron)(記号 μ).

(das) **Myanmar** [ミューアンマーあ] 名 -s/《国名》ミャンマー(インドシナ半島の国で旧称 Birma).

die **Myasthenie** [ミュアステニー] 名 -/-n《医》筋無力症.

die **Myelitis** [ミュエリーティス] 名 -/..tiden [ミュエリティーデン]《医》脊髄(꧘꧘)炎;骨髄炎.

(das) **Mykene** [ミュケーネ] 名 -s/ ミュケナイ(古代ギリシア都市).

die **Mykologie** [ミュコ・ロギー] 名 -/ 菌学, 菌類学.

die **Mykorrhiza** [ミュコ・リーツァ] 名 -/..zen《生》菌根.

die **Mykose** [ミュコーゼ] 名 -/-n《医》真菌症.

das **Myokard** [ミュオカるト] 名 -(e)s/-e《解》心筋.

der **Myokardinfarkt** [ミュオカるト・インふぁるクト] 名 -(e)s/-e《医》心筋梗塞(꧘꧘).

die **Myokarditis** [ミュオカるディーティス] 名 -/..tiden [ミュオカるディティーデン]《医》心筋炎.

die **Myologie** [ミュオ・ロギー] 名 -/《医》筋学.

das **Myom** [ミオーム] 名 -s/-e《医》筋腫(꧘꧘).

die **Myopie** [ミオピー] 名 -/-n《医》近視.

die **Myriade** [ミュりアーデ] 名 -/-n 1.《主に㊥》《文》多数, 無数; ~n Sterne〔von Sternen〕無数の星.

die **Myrmekologie** [ミュるメコ・ロギー] 名 -/ 蟻学.

die **Myrre** [ミュれ] 名 -/-n =Myrrhe.

die **Myrrhe** [ミュれ] 名 -/-n ミルラ, 没薬(꧘꧘)(香気のある樹脂で香料・薬剤用).

die **Myrte** [ミュるテ] 名 -/-n《植》ミルテ, ギンバイカ.

der **Myrtenkranz** [ミュるテン・クらンツ] 名 -es/..kränze(花嫁のかぶる)ミルテの花冠.

das **Mysterienspiel** [ミュステーリエン・シュピール] 名 -(e)s/-e(中世の)神秘劇(聖書の物語を題材とする).

mysteriös [ミュステリエース] 形 不可解な, なぞめいた.

das **Mysterium** [ミュステーリウム] 名 -s/..rien 1.《文》神秘, 不可思議;秘儀, 密儀. 2.《稀》神秘劇.

mystifizieren [ミュスティふィツィーれン] 動 h. 1.《j⁴/et⁴ʷ》神秘化する. 2.《j³ʷ》《古》欺く, 煙にまく.

die **Mystik** [ミュスティク] 名 -/ 神秘主義.

der **Mystiker** [ミュスティカー] 名 -s/- 神秘主義者(思想家).

mystisch [ミュスティシュ] 形 1. 神秘主義の. 2. 謎めいた, 不可解な;《口》はっきりしない.

der **Mystizismus** [ミュスティツィスムス] 名 -/..men《文》 1.《㊥のみ》神秘主義. 2. 神秘主義にもとづく考え〔考え方〕.

die **Mythe** [ミューテ] 名 -/-n《古》=Mythos 1.

mythisch [ミューティシュ] 形 神話の;神話となった, 伝説的な.

die **Mythologie** [ミュト・ロギー] 名 -/-n 1.(主に㊥:総称的)神話. 2. 神話学.

mythologisch [ミュト・ローギシュ] 形 神話(上)の.

mythologisieren [ミュト・ロギズィーれン] 動 h.《j⁴/et⁴ʷ》神話化する.

die **Mythomanie** [ミュトマニー] 名 -/-n《医》虚言症.

der **Mythos** [ミュートス] 名 -/..then 1. 神話. 2. 神話(伝説)的になった人物・出来事.

der **Mythus** [ミュートゥス] 名 -/..then =Mythos.

die **Myxobakterien** [ミュクソ・バクテーリエン] 複名《生》粘液バクテリア.

die **Myxomatose** [ミュクソマトーゼ] 名 -/-n《獣医》ウイルス性粘液腫(ウサギの伝染病).

das **Myzel** [ミツェール] 名 -s/-ien《生》菌糸体.

das **Myzelium** [ミツェーリウム] 名 -s/..lien《生》菌糸体.

N

das **n¹, N¹** [ɛn エン] 图 -/-《《口》-s/-s》ドイツ語アルファベットの第 14 字.

n² **1.** =nano. ナノ…(単位名につけて「10 億分の1」を意味する). **2.** =Neutron 〖理〗中性子.

N² **1.** [ɛn] =Nitrogenium 〖化〗窒素 (Stickstoff). **2.** =Newton 〖理〗ニュートン(力の単位). **3.** =Neper 〖電〗ネーパー(減衰比率の単位).

N³ **1.** =Nord, Norden 北. **2.** =Nahverkehrszug 近距離列車.

n. =Neutrum 〖言〗中性.

N. **1.** =Neutrum 〖言〗中性. **2.** =Nominativ 〖言〗1 格, 主格.

Na [ɛnアー] =Natrium 〖化〗ナトリウム.

na! [ナ] 圂《話し手同士の間でだけ理解できる簡略化された会話文の冒頭に置かれ, 出来事・考え, 話されたことなどに対する驚き・いら立ち・疑い・促し・なだめ・反発・拒否・あきらめなどの気持を表す》《口》 **1.** 《驚き》いや, おや: N~!, was soll denn das? いや, これは何ということだ. **2.** 《いら立ち・促し》おい, さあ: N~, schnell! おい, 早くしろ. **3.** 《疑い》さあ: N~, wer glaubt! さあね, 信じられないね. **4.** 《なだめ》また: N~, ~! まあまあ. **5.** 《反発》さて, へえ: N~ und~? へえ, それがどうした. **6.** 《拒否》いや: N~, ich danke! いや, 私はお断りだ. **7.** 《あきらめ》まあ: N~ (ja) gut! まあいいだろう. **8.** 《予想の的中》ほら: N~ also! ほらみろ. N~, ich hab's ja gesagt! そらね, ぼくが言ったじゃないか. **9.** 《肯定を強めて》…だとも: N~, warum nicht? もちろんだとも. **10.** 《安心》やれやれ: N~endlich! やれやれやれだ. **11.** 《親しい呼びかけ》やあ, ねえ: N~, wie geht es denn? やあ, どう?

die **Naab** [ナープ] 图 -/《川名》ナープ川(ドナウ川の支流で, バイエルン州を流れる).

die **Na·be** [ナーベ] 图 -/-n (車輪の)ボス, 轂(こしき).

der **Na·bel** [ナーベル] 图 -s/- 臍(へそ);《転》中心: der ~ der Welt 世界の中心.

die **Na·bel·bin·de** [ナーベル・ビンデ] 图 -/-n (新生児の)へそ包帯.

der **Na·bel·bruch** [ナーベル・ブルッフ] 图 -(e)s/..brü·che 〖医〗へそヘルニア.

die **Na·bel·schau** [ナーベル・シャウ] 图 -/-en《口》 **1.** 自己執着, 自己陶酔. **2.** 過度に肌を見せることと.

die **Na·bel·schnur** [ナーベル・シュヌーア] 图 -/..schnü·re へその緒.

der **Na·bel·strang** [ナーベル・シュトラング] 图 -(e)s/..stränge =Nabelschnur.

der **Na·bob** [ナーボブ] 图 -s/-s **1.** (インドの)大守. **2.**《《戯》も有》成金, 富豪.

der **NABU** [ナーブ] 图 -/ =Naturschutzbund Deutschland ドイツ自然保護連合.

nach [ナーハ] 前《+3 格》《方向・目標》…へ, …に向かって: … oben 上へ. ~ vorn hin ~ rechts 右へ. ~ außen 外側へ. ~ Norden 北へ. allen Richtungen 四方へ. ~ Hause gehen 家へ帰る. ~《無冠詞がつく地名・国名は in die Schweiz のように in を用いる》Sehnsucht ~ der Heimat 故郷へのあこがれ. 《j³/et³》suchen 〈人・物〉を捜す.《et³》gierig sein 〈物〉を欲しくてたまらない. **2.**《時間》…のあとで, …すぎに: ~ dem Essen 食後に. ~ einigen Jahren 数年後に. zehn (Minuten) ~ fünf 5 時 10 分. einen Monat ~ diesem Tag その日の 1 か月後に. ~ Christus キリスト降誕後《西暦紀元》(略 n. Chr.). Er kam ~ einer halben Stunde. 彼は半時間後に来た.《未来の場合は in einer halben Stunde kommen 半時間たったら来る》. **3.**《順位・後続》…の次に, …の順に, …のあとから: Bitte, ~ Ihnen. どうぞお先に. einer ~ dem anderen ひとりひとり順に. ~《j³》an der Reihe sein 順番は〈人の〉次である. N~ Tokyo ist Osaka die größte Stadt Japans. 東京の次に大阪が日本最大の都市. **4.**《方法・規準・判断》…に従って, …に基づいて, …によれば: Spaghetti ~ Mailänder Art ミラノ風のスパゲッティ. ~《et³》riechen 〈物〉のにおいがする. ~ dem Alphabet サルファベット順に. ~《et³》Gewicht verkaufen 〈物〉を目方で売る. ~ Kants Philosophie カントの哲学によれば. ~ geltendem Recht 現行法によれば.《nach が後置される場合も有》 ~ meiner Meinung (meiner Meinung ~) 私の意見では. allem Anschein ~ どう見ても, おそらくは. der Reihe ~ 順番に.《j¹》 dem Namen ~ kennen 〈人の〉名前は知っている.

—— 副 **1.**《3 格とともに》(…の)後に続いて: Mir ~! おれについてこい. Dem Dieb ~! あの泥棒を追いかけろ. **2.**《次の形で》 ~ und ~ 徐々に, しだいに. ~ wie vor (いまだに)相変わらず. **3.**《北独》(danach, wonach から nach が分離して) Wo sollten wir uns ~ richten? 私たちは何に従ったらいいのか.

nach|äffen [ナーハ・エッフェン] 動 h.《j¹/et⁴》まねをする(からかって).《猿》まねをする.

die **Nach|äf·fe·rei** [ナーハ・エッフェライ] 图 -/-en《蔑》(からかって[じゅう])まねすること. **2.** 猿まねの行為.

nach|ah·men [ナーハ・アーメン] 動 h. **1.**《j¹/et⁴》まねる, 模倣〔模写〕する. **2.**《j¹/et⁴》模範〔手本〕にする, 見習う. **3.**《et⁴》《稀》模造する.

nach|ah·mens·wert [ナーハ・アーメンス・ヴェーアト] 形 模倣する価値のある, 見習うに足る.

der **Nach|ah·mer** [ナーハ・アーマー] 图 -s/- まねる人, 模倣者;見習う人.

die **Nach·ah·mung** [ナーハ・アームング] 图 -/-en **1.**《㊙のみ》模倣, 模造, まね. **2.** 模造されたもの, 模造品.

der **Nach·ah·mungs·trieb** [ナーハ・アームングス・トリープ] 图 -(e)s/-e〖動物行動・心〗模倣本能.

nach|ar·bei·ten [ナーハ・アルバイテン] 動 h. **1.**《et⁴》仕事を後から働いて補う: zwei Stunden ~ 2 時間分の仕事を後から働いて補う. **2.**《et⁴》(後から)手を加える, (…を)手直しする. **3.**《et⁴》真似して〔本物そっくりに〕作る. **4.**《j³》模範〔手本〕にする(学習, 人が親方などを). **5.**《et⁴》順次改良する(理論などを).

nach|ar·ten [ナーハ・アーテン] 動 s.《j³》《文》似てくる.

der **Nach·bar** [ナッハバー ア] 图 -n(=s)/-n 隣人, 隣家〔近所〕の人;すぐそばの人, 隣家〔席〕の人.《転》隣国.

das **Nach·bar·dorf** [ナハバー·ドルフ] 图 -(e)s/..dör·fer 隣村.

das **Nach·bar·haus** [ナハバー・ハウス] 图 -es/..häu·ser 隣家.

die **Nach·ba·rin** [ナハバーリン] 图 -/-nen 隣人(女性), 隣家〔近所〕の女性;すぐそばの女性, 隣家〔席〕の女性.

das **Nach·bar·land** [ナハバー・ラント] 图 -(e)s/

..länder 隣国.
nachbarlich [ナハバーりリヒ] 形 隣の,隣人の,近所同士の.
die **Nachbarschaft** [ナハバーあシャフト] 名 -/-en **1.** (主に(帷)) 1. 近隣,近所 : in der ～ 近所に. **2.** 隣人関係,近所づき合い. **3.** 近所の人たち.
die **Nachbarschaftshilfe** [ナハバーあシャフツ・ヒルふぇ] 名 -/-n (主に(帷))近隣相互扶助(活動).
die **Nachbarsfamilie** [ナハバーあス・ふぁミーリエ] 名 -/-n 隣(近所)の家族(一家).
das **Nachbeben** [ナーッ・ベーベン] 名 -s/- 余震.
nach|behandeln [ナーッ・ベハンデルン] 動 h. **1.** 〈et⁴ッ〉(…の)後(ご)処置を行う. **2.** 〈j¹/et¹ッ〉後処置(治療)を行う(患者・傷跡の).
die **Nachbehandlung** [ナハ・ベハンドルング] 名 -/-en 後(ご)処置;〖医〗後処置(療法).
nach|bekommen* [ナーッ・ベコメン] 動 h. 〈et⁴ッ〉**1.** …に追加してもらう, (…の)お代わりをもらう;あとから追加で手に入れる.
die **Nachbereitung** [ナーッ・ベらイトゥング] 名 -/-en 〖教〗復習.
nach|bessern [ナーッ・ベッサーン] 動 h. 〈et⁴ッ〉補修(修理)する;修正する.
die **Nachbesserung**, **Nachbeßrung** [ナーッ・ベッセるング] 名 -/-en 補修, 修理;修正.
nach|bestellen [ナーッ・ベシュテレン] 動 h. 〈et⁴ッ〉追加注文する.
die **Nachbestellung** [ナーッ・ベシュテルング] 名 -/-en 追加注文.
nach|beten [ナーッ・ベーテン] 動 h. **1.** (〈j³〉)+〈et⁴ッ〉(稀)復唱する(祈りを). **2.** 〈et⁴ッ〉(口・蔑)受売りする.
das **Nachbild** [ナーッ・ビルト] 名 -(e)s/-er **1.** 〖理〗残像. **2.** (古)模造(複製)品.
nach|bilden [ナーッ・ビルデン] 動 h. 〈et⁴ッ〉まねて(本物そっくりに)作る, 模造(模作)する(古代の彫刻などを).
die **Nachbildung** [ナーッ・ビルドゥング] 名 -/-en **1.** ((帷)のみ)模作, 模造. **2.** 模造品,模作品.
nach|blättern [ナーッ・ブレターン] 動 h. 〖in 〈et³ッ〉〗(口)ページをぱらぱらめくって見る(本などの).
nach|bleiben* [ナーッ・ブライベン] 動 s. (方) **1.** 〖(帷)〗取残されている;残る, 遅れる : im Unterricht/hinter den anderen Läufern ～ 授業において行けない/他の走者たちよりも遅れる. **2.** 〖(帷)〗消えずに残る(傷跡・後遺症などが). **3.** 〖(帷)〗遅れる(時計が);居残りする(学校で罰として).
nach|blicken [ナーッ・ブリッケン] 動 h. 〈j³/et³ッ〉見送る, 目で追う.
nach|bohren [ナーッ・ボーれン] 動 h. **1.** 〈et⁴ッ〉掘り(削り)直す(穴などを). **2.** 〖bei 〈j³〉〗(口)執拗に質問を繰返す, 問いただす.
der **Nachbrenner** [ナーッ・ブれナー] 名 -s/- **1.** 〖工〗アフターバーナー. **2.** 〖狩〗時機を逸した発射.
nachchristlich [ナーッ・クリストリヒ] 形 西暦紀元後の.
nach|datieren [ナーッ・ダティーれン] 動 h. 〈et⁴ッ〉(実際より)前の日付を記入する(文書・手紙などに); (稀)あとから日付を記入する.
nachdem [ナーッ・デーム] 接 〖従属〗**1.** (nachdem の副文は,主文が現在または未来なら現在完了,主文が過去ならば過去完了)…したあとで, …してから : Eine Stunde ～ ich dort angekommen war, rief ich ihn an. 私はそこに着いて1時間後に,彼に電話した. **2.** (理由)(南独・(帷))…なので.
【慣用】**je nachdem (, ob/wie) ...** (かどうか/どんな具合に)によって, …しだいで : Je *nachdem* (, wie) das Wetter sein wird, ... 天気がどうなるかによって….

nach|denken* [ナーッ・デンケン] 動 h. **1.** (über 〈j⁴/et⁴〉ニッィテン)よく考える, 思案する, 熟考する. Sie hat (darüber) *nachgedacht*, ob sie das Angebot annehmen solle. 彼女はその申出を受けるべきかどうか思案した. **2.** 〈et³ッ〉(^x)熟考する, 思案する. **3.** 〈et⁴ッ〉(稀)自分のものとして理解(追体験)する.
nachdenklich [ナーッ・デンクリヒ] 形 じっくり考える, 考え込んでいる;《文》考えさせられる.
die **Nachdenklichkeit** [ナーッ・デンクリヒカイト] 名 -/- 考え込むこと;考えさせられること.
nach|dichten [ナーッ・ディヒテン] 動 h. 〈et⁴ッ〉翻案する.
die **Nachdichtung** [ナーッ・ディヒトゥング] 名 -/-en **1.** ((帷)のみ)翻案. **2.** 翻案した作品.
nach|dieseln [ナーッ・ディーゼルン] 動 h. 〖(帷)〗〖車〗(スイッチを切った後)しばらく動きつづける(エンジンが).
nach|drängen [ナーッ・ドれンゲン] 動 h./s. 前の人を押す(押しのけたり,満員の場所に入ろうとして); (続々と)押寄せて来る(詰めかける).
nach|dringen [ナーッ・ドりンゲン] 動 h. (〈j³/et³ッ〉)(後から)激しく追う.
der **Nachdruck** [ナーッ・ドるック] 名 -(e)s/-e **1.** ((帷)のみ)強調,力点;強い(調子),強い語勢. **2.** 〖印〗再版,復刻版;復刻,複製,リプリント;海賊版 : ～ verboten！ 不許複製.
nach|drucken [ナーッ・ドるッケン] 動 h. 〈et⁴ッ〉再版(復刻)する.
die **Nachdruckerlaubnis** [ナーッ・ドるック・エアラウプニス] 名 -/-se 〖テキスト・作品の〗複製許可.
nachdrücklich [ナーッ・ドりュックリヒ] 形 強い(調子の), 厳しい;(稀)後まで残る.
die **Nachdrücklichkeit** [ナーッ・ドりュックリヒカイト] 名 -/- 力がこもっていること,力強さ, 迫力.
nach|dunkeln [ナーッ・ドゥンケルン] 動 s./h. 次第に黒ずむ.
nach|eifern [ナーッ・アイふぁーン] 動 h. 〖〈j³〉//〈j³〉+in〈et³ッ〉〗手本にして努力する, (…に)負けまいとする.
nach|eilen [ナーッ・アイレン] 動 s. 〈j³/et³ッ〉あとを急いで追う.
nacheinander [ナーッ・アイナンダア] 副 **1.** (空間)相次いで, 次々に;順々に. Bitte ～ eintreten！ どうぞ続いて順にお入り下さい. **2.** (時間)(引)続いて, 連続して. zweimal ～ 二度連続して. **3.** 相互に : ～ schauen 互いに面倒を見合う.
nach|empfinden* [ナーッ・エムふぃンデン] 動 h. **1.** 〈et⁴ッ〉同じように感ずる, 心から分る(他の人の喜び・悲しみなどを). **2.** 〈et⁴ッ+(〈j³/et³ッ〉=)〉倣って(まねて)作る.
der **Nachen** [ナッヘン] 名 -s/- (詩)小舟.
das **Nachentgelt** [ナーッ・エントゲルト] 名 -(e)s/-e 〖郵〗(受取人が払う)不足郵便料金.
der **Nacherbe** [ナーッ・エるベ] 名 -n/-n 〖法〗後位相続人.
nach|erleben [ナーッ・エアレーベン] 動 h. 〈et⁴ッ〉追体験する;(稀)あらためて思い起こす.
die **Nachernte** [ナーッ・エるンテ] 名 -/-n 二番刈り(収穫).
nach|erzählen [ナーッ・エアツェーレン] 動 h. 〈et⁴ッ〉(後から)自分の言葉で語る(聞いた(読んだ)話などを).
die **Nacherzählung** [ナーッ・エアツェールング] 名 -/-en (読んだ(聞いた)話を)自分の言葉で再現した文章.
Nachf. =Nachfolger(in) 後継者,後任.
der **Nachfahr** [ナーッ・ふぁー] 名 -en(-s)/-en = Nachfahre.

der **Nach·fah·re** [ナーは·ふぁーれ] [名] -n/-n 《文》子孫, 後裔(こうえい).

nach|fah·ren* [ナーは·ふぁーれン] [動] **1.** *s.* 〔(⟨j^3/et^3⟩ヲ)〕追いかける(乗物で). **2.** *s.* 〔補足なし〕後を追って走る(乗物が). **3.** *h./s.* 〔⟨et^4⟩ヲ〕なぞる. **4.** *s.* 〔補足なし〕〘狩〙獣の足跡を追う(犬が).

nach|fär·ben [ナーは·ふぇるベン] [動] *h.* 〔⟨et^4⟩ヲ〕染め直す.

nach|fas·sen [ナーは·ふぁっセン] [動] *h.* **1.** 〔補足なし〕つかみ〔にぎり〕直す. **2.** 〔⟨et^4⟩ヲ〕〘兵〙再度受領する(食事を). **3.** 〔補足なし〕《口》真相の究明につとめる, しつこく追究する.

die **Nach·fei·er** [ナーは·ふぁイあー] [名] -/-n あとからの〔期日に遅れた〕祝い;(正式な祝いの)あとの祝い, 二次会,(本祭後の)あとの祭り.

nach|fei·ern [ナーは·ふぁイあーン] [動] *h.* 〔⟨et^4⟩ヲ〕あとから祝う(誕生日などを);(…の)あとの祝い〔二次会•あとの祭り〕をする.

das **Nach·feld** [ナーは·ふぇルト] [名] -(e)s/-er 〘言〙(文の)後域(文枠の後).

die **Nach·fol·ge** [ナーは·ふぉルゲ] [名] -/-n (主に[単])後任, 後継;継承;倣うこと.

nach|fol·gen [ナーは·ふぉルゲン] [動] *s.* **1.** 〔⟨j^3⟩ニ〕《文》(つき)従う. **2.** 〔⟨j^3/et^3⟩ノ〕あとを追う, あとについて行く. 【慣用】**⟨j^3⟩ im Amt nachfolgen** ⟨人の⟩後任となる. **⟨j^3⟩ im Tod nachfolgen** ⟨人の⟩あとを追って死ぬ.

nach·fol·gend [ナーは·ふぉルゲント] [形] あとに続く, 次の: im *N*~*en* あとで.

der **Nach·fol·ger** [ナーは·ふぉルガー] [名] -s/- 後任, 後継者.

nach|for·dern [ナーは·ふぉるダーン] [動] *h.* 〔⟨et^4⟩ヲ〕追加要求〔請求〕する.

die **Nach·for·de·rung** [ナーは·ふぉるデるング] [名] -/-en **1.** (単のみ)追加要求〔請求〕すること. **2.** 追加要求〔請求〕.

nach|for·schen [ナーは·ふぉるシェン] [動] *h.* **1.** 〔⟨[文]⟩デアルカヲ〕調べる, 調査する. **2.** 〔⟨et^3⟩ヲ〕《文》さぐる.

die **Nach·for·schung** [ナーは·ふぉるシュング] [名] -/-en (主に[複])調査, 探求.

die **Nach·fra·ge** [ナーは·ふらーゲ] [名] -/-n **1.** 〘商〙需要: die ~ nach ⟨et^3⟩ ⟨物に対する⟩需要. **2.** 《古》問合せ, 照会. **3.** 《稀》追加質問. **4.** 〘統計〙(選挙の)出口調査.

nach|fra·gen [ナーは·ふらーゲン] [動] *h.* **1.** 〔(bei ⟨j^3⟩ニ)+(nach ⟨j^3/et^3⟩ヲ)〕問合せる. **2.** 〔(bei ⟨j^3⟩ニ)+um ⟨et^4⟩ヲ〕願い出る. **3.** 〔補足なし〕質問を繰返す. 【慣用】**viel/kaum nachgefragt werden**〘商〙需要が多い/ほとんどない.

die **Nach·frist** [ナーは·ふりスト] [名] -/-en 〘法〙猶予期間.

nach|füh·len [ナーは·ふゅーレン] [動] *h.* 〔⟨et^4⟩ヲ〕同じように感じる, 心から分る(他の人の感情•気持を).

nach|fül·len [ナーは·ふゅレン] [動] *h.* **1.** 〔⟨et^4⟩ヲ+(in ⟨et^4⟩ニ)〕注(つ)ぎ足す. **2.** 〔⟨et^4⟩ヲ〕いっぱいにする(空になってきた容器を).

nach|ge·ben* [ナーは·ゲーベン] [動] *h.* **1.** 〔⟨j^3⟩ニ+⟨et^4⟩ヲ〕後から追加して与える: sich³ Kartoffeln ~ lassen ジャガイモのおかわりをもらう. **2.** 〔(⟨j^3/et^3⟩ニ)〕譲歩する, 負ける, 屈する. **3.** 〔補足なし〕(外力に屈して)へこむ〔曲る•たわむ•しなる•延びる•ゆるむ〕. **4.** 〔⟨j^3/et^3⟩ニ+(in 〔an〕⟨et^3⟩デ)〕後れをとる, 劣る(主に否定文で用いる). **5.** 〔補足なし〕〘経〙下落する(価格などが).

nach·ge·bo·ren [ナーは·ゲボーれン] [形] (上の子よりずっと)後になって生れた, 末っ子の;《稀》父の死〔親の離婚〕後生れた.

die **Nach·ge·bühr** [ナーは·ゲビューあ] [名] -/-en (郵便の)不足料金.

die **Nach·ge·burt** [ナーは·ゲブーあト] [名] -/-en (主に[単]) **1.** 後産(あとざん);後産で排出される胎盤. **2.** 《罵》ろくでなし.

nach|ge·hen* [ナーは·ゲーエン] [動] *s.* **1.** 〔⟨j^3/et^3⟩ノ〕後について行く, 後をつける〔たどる〕. **2.** 〔⟨et^3⟩ヲ〕追究する, 詳しく調べる. **3.** 〔⟨et^3⟩ニ〕(日々)従事〔専念〕する(仕事•商売などに);ふける(娯楽などに). **4.** 〔⟨j^3⟩ノ〕頭〔心〕から離れない. **5.** 〔補足なし〕遅れる(時計が);過小表示する(計器類が).

nach·ge·las·sen [ナーは·ゲラッセン] [形] 遺稿の,(死後に)遺(のこ)された.

nach·ge·macht [ナーは·ゲマはト] [形] 模倣〔模造•偽造〕された.

nach·ge·ord·net [ナーは·ゲオるドネット] [形] 〔⟨j^3/et^3⟩ヨリ〕〘官〙下位の.

nach·ge·ra·de [ナーは·ゲらーデ] [副] **1.** 次第に, 徐々に. **2.** 《語飾》(動詞•形容詞•副詞•名詞を修飾)まさに, まったく.

nach|ge·ra·ten* [ナーは·ゲらーテン] [動] *s.* 〔⟨j^3⟩ニ〕似てくる.

der **Nach·ge·schmack** [ナーは·ゲシュマック] [名] -(e)s/ 後味.

nach·ge·wie·se·ner·ma·ßen [ナーは·ゲヴィーゼナー·マーセン] [副] 《文飾》確証されたように.

nach·gie·big [ナーは·ギービひ] [形] 人の言いなりになる, すぐ譲歩する;《稀》(材質の)柔らかな,(外力に屈して)へこみ〔曲り•たわみ〕やすい;〘法〙任意の.

die **Nach·gie·big·keit** [ナーは·ギービひカイト] [名] -/ **1.** 外力に対する弱さ. **2.** 譲歩, 人の言いなりになること.

nach|gie·ßen* [ナーは·ギーセン] [動] *h.* **1.** 〔⟨j^3⟩ニ+(⟨et^4⟩ヲ)//⟨et^4⟩ヲ+(in ⟨et^4⟩ニ)〕注(つ)ぎ足す. **2.** 〔⟨et^4⟩ヲ〕注ぎ足していっぱいにする(容器を).

nach|grü·beln [ナーは·グりゅーベルン] [動] *h.* 〔⟨et^3⟩ニツイテ/über⟨et^4⟩ニツイテ〕あれこれ思案を重ねる(⟨et^3⟩は《文》).

nach|gu·cken [ナーは·グッケン] [動] *h.* 《方》 **1.** 〔(⟨et^4⟩ヲ/⟨[文]⟩デアル事ヲ)〕調べる, 確かめる. **2.** 〔⟨j^3/et^3⟩ヲ〕見送る.

nach|ha·ken [ナーは·ハーケン] [動] *h.* **1.** 〔(bei⟨et^3⟩ヲ遮ッテ)〕《口》(関連)質問をする. **2.** 〔(in⟨et^3⟩ノ)〕《口》真相究明につとめる. **3.** 〔補足なし〕〘サッカー〙後ろからトリッピングをする.

der **Nach·hall** [ナーは·ハル] [名] -(e)s/-e (主に[単])残響.

nach|hal·len [ナーは·ハレン] [動] *h./s.* 〔補足なし〕響きが残る;《転》余韻を残す(印象などが).

nach|hal·ten* [ナーは·ハルテン] [動] *h.* 〔補足なし〕持続する.

nach·hal·tig [ナーは·ハルティひ] [形] 後まで残る, 持続的な: einen ~*en* Eindruck hinterlassen 消え難い印象を残す. ~*e* Forstwirtschaft 〘林〙保続林業.

nach|hän·gen* [ナーは·ヘンゲン] [動] *h.* **1.** 〔⟨et^3⟩ニ〕耽(ふ)ける(思い出などに);(…を)哀しく思い出す. **2.** 〔⟨j^3⟩ニ〕つきまとう(罪の意識などが). **3.** 〔in ⟨et^3⟩デ〕《口》遅れている: in Latein ~ ラテン語でもたついている. **4.** 〔⟨et^4⟩ノ〕〘狩〙足跡をつけて行く.

nach·hau·se [ナーは·ハウゼ] ⇨ nach 1.

der **Nach·hau·se·weg** [ナーは·ハウゼ·ヴェーク] [名] -(e)s/-e 家路, 帰途.

nach|hel·fen* [ナーは·ヘルふェン] [動] *h.* 〔((⟨j^3/et^3⟩ニ))〕手を貸す, 助力する.

nach·her [ナーは·ヘーあ, ナーは·ヘーあ] [副] **1.** あとで, 後ほど. Bis ~! ではまたあとで〔後ほど〕. **2.** (その)あとで. einige Tage ~ 数日後に. **3.** 《方》おそらく;とうとう.

nach·he·rig [ナーは·ヘーりひ] [形] その後の.

N

Nachhilfe 836

die **Nach|hil·fe** [ナーㇵ・ヒルふェ] 名 -/-n **1.**《稀》手助け,助力,援助. **2.** 補習授業(~stunde).
die **Nach|hil·fe·stun·de** [ナーㇵ・ヒルふェ・シュトゥンデ] 名 -/-n 補習授業.
der **Nach|hil·fe·un·ter·richt** [ナーㇵ・ヒルふェ・ウンターリヒト] 名 -(e)s/-e 補習授業.
Nach·hin·ein, ⓓ **nach·hin·ein** [ナーㇵ・ヒナイン] 副《次の形で》im ~ あとで;あとになって(から).
nach|hin·ken [ナーㇵ・ヒンケン] 動 *s.* **1.**《⟨j³/et³⟩》後から片足をひきずって行く. **2.**《(⟨j³/et³⟩)》後れを取る,遅れる.
der **Nach·hol·be·darf** [ナーㇵ・ホール・ベダるふ] 名 -(e)s/-e《主にⓓ》(長期間欠けて〔不足して〕いたことを)取戻す必要〔欲求〕.
nach|ho·len [ナーㇵ・ホーレン] 動 *h.* **1.**《⟨j⁴⟩ナッ(⟨方向へ⟩)》後から連れて来る(持って来る). **2.**《⟨et⁴⟩》取戻す,埋合せる(寝不足・授業の遅れなどを).
die **Nach·hut** [ナーㇵ・フート] 名 -/-en《軍》後衛.
nach|ja·gen [ナーㇵ・ヤーゲン] 動 **1.** *s.*《⟨j³/et³⟩》追いかける,追跡する. **2.** *h.*《⟨j³⟩ニ+⟨et⁴⟩ッ》(口)後を追って急いで送る.
der **Nach·klang** [ナーㇵ・クラング] 名 -(e)s/..klänge **1.** 残響,余韻. **2.** 余情,余韻,名残.
nach|klin·gen [ナーㇵ・クリンゲン] 動 *s.* **1.**《慣用》余韻を響かせる. **2.**《in ⟨j³⟩心》余韻を残す. **3.**《in ⟨et³⟩ニ》影響〔名残り〕を留めている.
der **Nach·kom·me** [ナーㇵ・コメ] 名 -n/-n 子孫,後裔(えい).
nach|kom·men* [ナーㇵ・コメン] 動 *s.* **1.**《慣用》後から来る〔行く〕;(後から)生れる(弟などが). **2.**《⟨j³⟩ニ》ついて来る. **3.**《⟨et³⟩ッ》《文》聞き入れ,かなえる(要求などを),果す(義務などを). **4.**《mit ⟨et³⟩ニ/bei ⟨et³⟩ッ》(遅れずに)ついて行く. **5.**《⟨j³⟩ニ》《方》似て来る,似ている.
die **Nach·kom·men·schaft** [ナーㇵ・コメンシャふト] 名 -/《総称》子孫.
der **Nach·kömm·ling** [ナーㇵ・⑦ムリング] 名 -s/-e (兄・姉より)ずっと後から生れた子供.
nach·kon·zi·li·ar [ナーㇵ・コンツィリアー] 形《⟨カト⟩》(第二バチカン)公会議(1965年)後の.
die **Nachkriegsgeneration** [ナーㇵ・クリークス・ゲネらツィオーン] 名 戦後世代,戦後派.
die **Nachkriegszeit** [ナーㇵ・クリークス・ツァイト] 名 -/ 戦後の時期.
der **Nachkundendienst** [ナーㇵ・クンデン・ディーンスト] 名 -(e)s/-e **1.**《ⓓ》(顧客への)アフターサービス. **2.** 顧客アフターサービス部.
die **Nach·kur** [ナーㇵ・クーㇽ] 名 -/-en 後療法.
der **Nach·laß**, ⓓ **Nach·laß** [ナーㇵ・ラス] 名 -es/-e〔..lässe〕 **1.** 遺産;遺作,遺品: der literarische ~ 遺稿. **2.**《商》値引き,割引き. **3.**《稀》免除.
nach|las·sen* [ナーㇵ・ラセン] 動 *h.* **1.**《慣用》弱まる(雨などが),和らぐ(痛みなどが),下がる(高熱などが);衰える(視力・気力などが),低下する(成績・圧力・熱意などが);落込む(商売などが): Nicht ~ ! 頑張れ! **2.**《⟨j³⟩ニ+⟨et⁴⟩ッ》《商》値引く. **3.**《(⟨j³⟩ニ)+⟨et⁴⟩ッ》免じる(刑期の残りを). **4.**《mit ⟨et³⟩ニ》《方》止める(要求・尋問などを). **5.**《⟨et⁴⟩ッ》緩める(ザイルなどを).
die **Nach·las·sen·schaft** [ナーㇵ・ラセンシャふト] 名 -/-en《古》遺産.
nach·läs·sig [ナーㇵ・レスィヒ] 形 いい加減な,投げやりな;だらしない;気のない.
nachlässigerweise [ナーㇵ・レスィガー・ヴァイゼ] 副 いい加減に,だらしなく.
die **Nach·läs·sig·keit** [ナーㇵ・レスィヒカイト] 名 -/-en

1.《ⓓのみ》怠慢,だらしなさ. **2.** いい加減な〔だらしない〕態度〔振舞い〕.
der **Nach·laß·pfle·ger**, ⓓ **Nach·laß·pfle·ger** [ナーㇵ・ラス・プふレーガー] 名 -s/-《法》遺産保護人.
der **Nach·laß·ver·wal·ter**, ⓓ **Nach·laß·ver·wal·ter** [ナーㇵ・ラス・ふぇアヴァルター] 名 -s/- 遺産管理人.
nach|lau·fen* [ナーㇵ・ラウふェン] 動 *s.* **1.**《⟨j³/et³⟩》後からついて行く〔走る〕,(…を)追いかける. **2.**《⟨j³⟩ニ》(口)つきまとう,(…を)追いかけまわす;《(蔑)も有》信奉者などに盲従する. **3.**《⟨j³⟩ッ》(口)獲得しようとしやっきに努力する. **4.**《慣用》遅れる(時計が);過小表示する(計量類が). **5.** = zulaufen 6.《慣用》Diese Kleider laufen sich nach.《口》この服はよく見かける.
der **Nach·läu·fer** [ナーㇵ・ロイふァー] 名 -s/- **1.**《(蔑)も有》盲従者. **2.**《ビリヤ》(突いた球の後をころがる)後球.
nach|le·ben [ナーㇵ・レーベン] 動 *h.* **1.**《⟨j³⟩ッ》手本にして生きる. **2.**《⟨et³⟩ッ》従って生きる(戒律・主義などに).
nach|le·gen [ナーㇵ・レーゲン] 動 *h.*《⟨et⁴⟩ッ》火にくべる,つぎ足す(薪・石炭などを);追加として皿にのせる.【慣用】dem Feuer im Ofen ~ ストーブに薪〔石炭〕をつぐ.
die **Nach·le·se** [ナーㇵ・レーゼ] 名 -/-n **1.** 取〔刈り・摘み〕残しの収穫,落穂拾い;取残しの収穫物. **2.**《文》拾遺,補遺. **3.**《放送》(シリーズ物の)総集編.
nach|le·sen* [ナーㇵ・レーゼン] 動 *h.* **1.**《⟨et⁴⟩ッ》読み直す(演説のテキスト・字句などを);(読んで)確認する. **2.**《⟨et⁴⟩ッ》二番摘み〔刈り〕を行う(ブドウ(畑)などが),まだ収穫していない分を取入れる(ジャガイモ畑などの). **3.**《⟨et⁴⟩ッ》もう一度選別する(豆などを).
nach|lie·fern [ナーㇵ・リーふぇァン] 動 *h.*《⟨et⁴⟩ッ》後日納品する;追加として納品する〔出す〕.
die **Nach·lie·fe·rung** [ナーㇵ・リーふぇるング] 名 -/-en 後日(追加)納入,後日(追加)納入品.
nach|lö·sen [ナーㇵ・⓻・ゼン] 動 *h.*《⟨et⁴⟩ッ》乗車〔乗船〕後に買う(切符・急行券などを).
nachm. = nachmittags 午後.
nach|ma·chen [ナーㇵ・マッヘン] 動 *h.*《口》 **1.**《(⟨j³⟩ノ)+⟨et⁴⟩ッ》まねて(同じことを)やる. **2.**《⟨j³⟩/⟨et³⟩ッ》物まねをする. **3.**《⟨et⁴⟩ッ》本物に似せて作る(美術品などを),偽造〔贋造(がん)〕する(貨幣などを),本物に似せて書く(筆跡などを). **4.**《⟨et⁴⟩ッ》後からやる(残した仕事などを).
die **Nach·mahd** [ナーㇵ・マート] 名 -/ = Grummet.
nach|ma·len [ナーㇵ・マーレン] 動 *h.* **1.**《⟨et⁴⟩ッ》模写する. **2.**《⟨et⁴⟩ッ》塗り直す;(口)(…の紅を)塗り直す.
nach·ma·lig [ナーㇵ・マーリヒ] 形《古》後の.
nach·mals [ナーㇵ・マールス] 副《古・稀》後(のち)に.
nach|mes·sen* [ナーㇵ・メセン] 動 *h.*《⟨et⁴⟩ッ》測り直す.
der **Nach·mie·ter** [ナーㇵ・ミーター] 名 -s/- 次の借り手.
nach·mit·tag [ナーㇵ・ミッターク] 副 ⇨ Nachmittag 1.
der **Nach·mit·tag** [ナーㇵ・ミッターク] 名 -s/-e 午後: des ~s 午後に. am ~ 午後に. früh am〔am frühen ~〕午後の早くに. den ganzen ~ 午後中ずっと. heute/morgen ~〔ⓓ nachmittag〕今日/明日の午後に. **2.** 午後の催し.
nach·mit·tags [ナーㇵ・ミッタークス] 副 (毎日)午後に: ~ um drei(Uhr)〔um drei Uhr ~〕午後3時に. Montag〔montags〕~ (毎)月曜の午後に. von ~ an 午後から.

der **Nach·mit·tags·kaf·fee** [ナーɐミッタークス·カフェー] 名 -s/ 午後のコーヒー (とケーキなどのおやつ).

das **Nach·mit·tags·kleid** [ナーɐミッタークス·クライト] 名 -(e)s/-er アフタヌーンドレス.

die **Nach·mit·tags·vor·stel·lung** [ナーɐミッタークス·ふォーɐ·シュテルング] 名 -/-en マチネー, 昼興行.

die **Nach·nah·me** [ナーɐ·ナーメ] 名 -/-n 〚郵〛 1. 代金引換：als ［mit/per/unter〛 ～ 代金引換で. 2. 代金引換郵便物.

die **Nach·nah·me·ge·bühr** [ナーɐ·ナーメ·ゲビューɐ] 名 -/-en 代金引換郵便料.

die **Nach·nah·me·sen·dung** [ナーɐ·ナーメ·ゼンドゥング] 名 -/-en 代金引換郵便物.

der **Nach·na·me** [ナーɐ·ナーメ] 名 -ns/-n 姓, 名字.

nach|neh·men* [ナーɐ·ネーメン] 動 h. 〚et⁴ɀ〛 1. 〚官〛着替払いで徴収する. 2. 〚sich³〛+〚et⁴ɀ〛 お代わりする.

nach|plap·pern [ナーɐ·プラッペるン] 動 h. 〚et⁴ɀ〛 〚口〛(〚戯〛を)口真似して言う, 受売りして言う(わけもわからずに人の言葉を).

das **Nach·por·to** [ナーɐ·ポɐト] 名 -s/-s [..ti] 〚郵便の〛不足料金.

nach|prü·fen [ナーɐ·プりューふェン] 動 h. 1. 〚j³ɀ〛追試験を行う. 2. 〚et⁴ɀ〛調べ直す.

die **Nach·prü·fung** [ナーɐ·プりューふンヶ] 名 -/-en 確認, 再調査, 再検査；追試験.

nach|räu·men [ナーɐ·ろイメン] 動 h. 〚j³ɀ〛+〚et⁴ɀ〛(〚口〛後片づけをする.

nach|rech·nen [ナーɐ·れヒネン] 動 h. 1. 〚et⁴ɀ〛検算する. 2. 〚慣こ〛過去った年月を数える, 経過した時間を逆算する.

die **Nach·re·de** [ナーɐ·れ-デ] 名 -/-n 1. 陰口：böse ～ über 〚j³ɀ〛 führen 〈人の〉陰口を言う. üble ～ 〚法〛名誉毀損(𠬝𠯾). 2. 〚古〛結語, エピローグ.

nach|re·den [ナーɐ·れ-デン] 動 h. 1. 〚j³ɀ〛+〚et⁴ɀ〛(真に受けて)言う通りに言う. 〚j³ɀ〛ニツィテ+〚et⁴ɀ〛〚形〛+〚文〛(稀)言いふらす：〚j³ɀ〛 übles ［übel〛 ～ 〈人の〉悪口を言いふらす. 3. =nachsagen 1.

nach|rei·fen [ナーɐ·らイふェン] 動 s. 〚慣こ〛収穫後に熟する.

nach|rei·sen [ナーɐ·らイゼン] 動 s. 〚〚j³ɀ〛〛後を追って旅行に出かける.

die **Nach·richt** [ナーɐ·りヒト] 名 -/-en 1. 知らせ, 通知, 便り, ニュース：eine ～ von 〚j³/et³〛 〈人·物·事についての〉ニュース. eine ～ von Thomas an Lotte トーマスのロッテからの知らせ. keine ～ von 〚j³〛 haben 〈人の〉消息がない. 2. (֎のみ)ニュース放送, 報道番組.

die **Nach·rich·ten·a·gen·tur** [ナーɐ·りヒテン·アゲントゥーɐ] 名 -/-en 通信社.

das **Nach·rich·ten·bü·ro** [ノーɐ·りヒテン·ビューろー] 名 -s/-s 通信社.

der **Nach·rich·ten·dienst** [ナーɐ·りヒテン·ディーンスト] 名 -(e)s/-e 1. 通信社；〚古〛ニュース放送. 2. (国家の)情報局, 情報機関, 秘密情報機関.

der **Nach·rich·ten·sa·tel·lit** [ナーɐ·りヒテン·ザテリート] 名 -en/-en 通信衛星.

die **Nach·rich·ten·sen·dung** [ナーɐ·りヒテン·ゼンドゥング] 名 -/-en ニュース放送.

die **Nach·rich·ten·sper·re** [ナーɐ·りヒテン·シュペれ] 名 -/-n 報道の差止め.

der **Nach·rich·ten·spre·cher** [ナーɐ·りヒテン·シュプれヒɐ] 名 -s/- ニュースアナウンサー.

die **Nach·rich·ten·tech·nik** [ナーɐ·りヒテン·テヒニク] 名 -/-en 通信技術, 電気工学.

die **Nach·rich·ten·trup·pe** [ナーɐ·りヒテン·トるッペ] 名 -/-n 〚軍〛(昔の)通信隊.

die **Nach·rich·ten·über·mitt·lung** [ナーɐ·りヒテン·ユーバɐミットルング] 名 -/ ニュース伝達, 報道.

das **Nach·rich·ten·we·sen** [ナーɐ·りヒテン·ヴェーゼン] 名 -s/ 通信機関〚制度〛, 報道機関〚機構〛.

der **Nach·rich·ter** [ナーɐ·りヒトɐ] 名 -s/- 1. 〚古〛死刑執行人. 2. 〚軍〛〚古〛通信隊員. 3. 〚口〛報道記者.

nach·richt·lich [ナーɐ·りヒトりヒ] 形 ニュースの, 情報の.

nach|rü·cken [ナーɐ·りュッケン] 動 s. 1. 〚慣こ〛前に詰める. 2. 〚慣こ〛(前任者の)あとを継ぐ：für 〚j³〛 ～ 〈人の〉後任となる. auf den Posten des Parteivorsitzenden ～ 後継党首となる. 3. 〚〚j³/et³〛〛あとを追って移動する, 後に続く.

der **Nach·ruf** [ナーɐ·るーふ] 名 -(e)s/-e 追悼の辞：ein ～ auf 〚j⁴〛 〈人の〉追悼文.

nach|ru·fen* [ナーɐ·るーふェン] 動 h.〚j³〛背後カラ+〚et⁴ɀ〛/〚文〛ト叫ぶ.

der **Nach·ruhm** [ナーɐ·るーム] 名 -(e)s/ 死後の名声.

nach|rüh·men [ナーɐ·りューメン] 動 h. 〚j³〛ノ+〚et⁴ɀ〛あとからほめたたえる(故人の業績などを). 本人のいないところでほめそやす.

nach|rüs·ten [ナーɐ·りュステン] 動 h. 〚工〛 1. 〚et⁴ɀ〛+(für〚et⁴ɀ/an〛)追加装備〚設置〛する. 2. 〚慣こ〛軍備を増強する.

die **Nach·rüs·tung** [ナーɐ·りュストゥング] 名 -/-en 1. 〚工〛システムアップすること. 2. 軍備の補強.

nach|sa·gen [ナーɐ·ザーゲン] 動 h. 1. 〚et⁴ɀ〛そのまま繰返して言う(言われた言葉·文などを)；復唱する(命令などを). 2. 〚j³〛ニツィテ+〚et⁴ɀ〛/〚文〛ト陰で言いふらす.

die **Nach·sai·son** [ナーɐ·ゼゾン] 名 -/-s 〚〚南独·͓ÖĎĎ〛-en も有〛季節はずれ, シーズンオフ.

der **Nach·satz** [ナーɐ·ザッツ] 名 -es/..sätze 1. 追加文, 補遺；追伸. 2. 〚言〛後置文；〚楽〛後楽節.

nach|schaf·fen⁽*⁾ [ナーɐ·シャッふェン] 動 h. 1. (規則変化)買い足す(部品などを). 2. (不規則変化)〚et⁴ɀ〛手本〚モデル〛どおりに作る.

nach|schau·en [ナーɐ·シャウエン] 動 h. 〚南独·͓ÖĎĎ·ÅĎ〛 =nach|sehen 1, 2, 3, 4.

nach|schen·ken [ナーɐ·シェンケン] 動 h. 〚j³〛ニ+〚et⁴ɀ〛//+(in〚et⁴ɀ〛)〚文〛注ぎ足す.

nach|schi·cken [ナーɐ·シッケン] 動 h. ((〚j³〛ニ)+〚j⁴/et⁴ɀ〛後から送る；回送する(郵便物を).

nach|schie·ßen* [ナーɐ·シーセン] 動 1. h. 〚j³〛ノ背後カラ+〚et⁴ɀ〛発射する. 2. s. 〚j³〛ノ後ɀ〛〚口〛素早く追いかける. 3. h. 〚慣こ〛(防がれて跳ね返ったボールを)もう一シュートする. 4. 〚et⁴ɀ〛〚口〛追加して出す(金を).

der **Nach·schlag** [ナーɐ·シュラーク] 名 -(e)s/..schläge 1. (食事の)追加, おかわり(特に軍隊で). 2. 〚楽〛後打音.

nach|schla·gen* [ナーɐ·シュラーゲン] 動 1. h. ((〚et⁴ɀ〛)+(in〚et³〛)調べる(辞書などを). 2. h. 〚et⁴ɀ〛〚口〛引く(辞書·事典を). 3. s. 〚文〛〚j³〛ニ似てくる.

das **Nach·schla·ge·werk** [ノーɐシュラーゲ·ヴェɐク] 名 (o)ɐ/-e 参考図書, レファレンスブック.

nach|schlei·chen* [ナーɐ·シュライヒェン] 動 〚j³〛ノあとをひそかに追う.

nach|schlep·pen [ナーɐ·シュレッペン] 動 h. 1. ((〚et⁴ɀ〛背後カラ))引きずりながらついていく. 2. 〚et⁴ɀ〛引きずる.

der **Nach·schlüs·sel** [ナーɐ·シュリュッセル] 名 -s/- (良くない目的で作られた)合いかぎ.

nach|schme·cken [ナーɐ·シュメッケン] 動 h. 1.

【〈形〉ノ〕後味が残る. **2.** 〔et⁴ヲ〕〔冗〕もう一度味わう.
nach|schrei・ben* 〔ナーハ・シュらイベン〕 動 h. **1.** 〔et⁴ヲ〕手本どおりに書く. **2.** 〔et⁴ヲ〕筆記する，メモをとる；あとから書かせてもらう（試験などを特別に）.
die **Nach・schrift** 〔ナーハ・シュりふト〕 名 -/-en **1.** （手紙の）追伸（略 NS）；補遺. **2.** 筆記録，ノート.
der **Nach・schub** 〔ナーハ・シューブ〕 名 -(e)s/..schübe 〖軍〗 **1.** 補給：~ an Munition 弾薬の補給. **2.** 補給物資.
die **Nach・schub・trup・pe** 〔ナーハシューブ・トるッペ〕 名 -/-n 補給部隊.
der **Nach・schuss**, ⓐ **Nach・schuß** 〔ナーハ・シュス〕 名 -es/..schüsse **1.** 〖経〗追加出資. **2.** 〖サッカー・アイスホッケー〗再シュート.
nach|schüt・ten 〔ナーハ・シュッテン〕 動 h. 〔et⁴ヲ〕つぎ足す（砂・石炭などを）.
nach|se・hen* 〔ナーハ・ゼーエン〕 動 h. **1.** 〔j³/et³ヲ〕見送る，目で追う. **2.** 〔(〈文〉)ダれカニコラ〕見て確かめる〔調べる〕. **3.** 〔(et⁴ヲ)＋(in〈et³デ〉)〕調べる（辞書などを）. **4.** 〔et⁴ヲ〕点検する（機械などを）；（…に）目を通す（作文などに）. **5.** 〔j³ヲ〕＋〔et⁴ヲ〕大目に見る，とがめない.
das **Nach・se・hen** 〔ナーハ・ゼーエン〕 名 （次の形で）das ~ haben 何ももらえない，損をする.〈j³〕das ~ lassen〈人ヲ〉損をさせる.
nach|sen・den* ⁽*⁾ 〔ナーハ・ゼンデン〕 動 h.（主に不規則変化）〔et⁴ヲ〕＋（〈方向〉へ〕〕回送する：Bitte ~ ! 転送先へ回送願います（郵便物の表示）.
die **Nach・sen・dung** 〔ナーハ・ゼンドゥング〕 名 -/-en 〖郵〗回送.
nach|set・zen 〔ナーハ・ゼッツェン〕 動 h. **1.** 〔j³/et³ヲ〕スピードで追いかける. **2.** 〔et⁴ヲ〕後ろに置く；後回しにする.
die **Nach・sicht** 〔ナーハ・ズィヒト〕 名 -/ 寛容，大目に見ること：mit 〈j³〉 ~ üben 〈人⁴に〉大目に見る.
nach・sich・tig 〔ナーハ・ズィヒティヒ〕 形 寛大な，温情のある；大目に見る：eine ~e Beurteilung 甘い評価.
nach・sichts・voll 〔ナーハ・ズィヒツ・ふォル〕 形 =nachsichtig.
die **Nach・sil・be** 〔ナーハ・ズィルベ〕 名 -/-n 〖言〗後綴（ヅヅり），接尾辞.
nach|sin・gen* 〔ナーハ・ズィンゲン〕 動 h. 〔et⁴ヲ〕まねて歌う.
nach|sin・nen* 〔ナーハ・ズィネン〕 動 h. **1.** 〔über 〈et⁴〉ニツイテ〕〈文〉じっくりと考える. **2.** 〔et⁴ヲ ニツイテ〕（後から）考える試みる.
nach|sit・zen* 〔ナーハ・ズィッツェン〕 動 h.（主に müssen と）〖学校〗（罰として）放課後学校に残（さ）れる.
der **Nach・som・mer** 〔ナーハ・ゾマー〕 名 -s/- 晩夏，（初秋の）夏の戻り；遅咲きの恋.
der **Nach・spann** 〔ナーハ・シュパン〕 名 -(e)s/-e 〔..spänne〕〖映・テレ〗末尾のクレジットタイトル；終りの字幕.
die **Nach・spei・se** 〔ナーハ・シュパイゼ〕 名 -/-n デザート.
das **Nach・spiel** 〔ナーハ・シュピール〕 名 -(e)s/-e **1.** 〖劇〗切狂言，幕切れ後の小劇；〖楽〗後奏曲. **2.** （性行為の）後戯. **3.** （事件の）不快な結果，余波.
nach|spie・len 〔ナーハ・シュピーレン〕 動 h. **1.** 〔et⁴ヲ〕（人がやってみせた通りに）まねて演じる［演奏する］；〖劇〗後を追って上演する（他の劇場で初演された劇を）. **2.** 〔et⁴ヲ〕〖ヂ〗（トリックを取ったあとに）出す. **3.** 〔(〈et⁴〉ノノヂ分)〕〖サッ〗試合時間を延長する.
nach|spi・o・nie・ren 〔ナーハ・シュピオニーれン〕 動 h. 〈口〉〔j³ヲ〕跡をつけてスパイする，行動をスパイする.
nach|spre・chen* 〔ナーハ・シュプれヒェン〕 動 h. 〔et⁴ヲ〕（人の後について）復唱する（誓いの言葉などを）.
nach|spü・len 〔ナーハ・シュピューレン〕 動 h. **1.** 〔et⁴ヲ〕すすぐ. **2.** 〔(mit 〈et³〉デ)〕洗浄する. **3.** 〔et⁴ヲ〕すぐに（喉に）流し込む.
nach|spü・ren 〔ナーハ・シュピューれン〕 動 h. 〈文〉 **1.** 〔j³/et³ノ〕跡をつける，(…を)追跡する. **2.** 〔et⁴ヲ〕探る（秘密などを）.
nächst 〔ネーヒスト〕 〔nahe の最高級〕 形 **1.** （空間）次の，最寄りの，手近での：auf der ~en Seite 次ページの. an der ~en Kreuzung 次の交差点のところに. **2.** （時間・順序）次の：am ~en Tag その次の日に. ~e Woche/~es Jahr 来週／来年. in der ~en Woche/im ~en Jahr 来週の／来年の. ~es Mal 次回. das ~e Mal 次回に. Als N~es kommt eine Begrüßungsansprache. 次に来るのが歓迎の辞だ. 〖慣用〗 **der/die/das nächste Beste** 次善の（最寄りの）見つかり次第の〔人〕〔もの〕. **Der Nächste, bitte !** 次の（男の）方どうぞ. **fürs Nächste** さしあたり. **mit nächsten** 〈古〉近いうちに，次のところに.
── 前 〔＋3 格〕〈文〉 **1.** （順序・順位）…の次に，…に次いで. **2.** （空間）…のすぐ近くに，…のそばに.
nächst・best 〔ネーヒスト・ベスト〕 形（どれであれ）手近の.
der/die/das **Nächst・bes・te** 〔ネーヒスト・ベステ〕 名 〔形容詞的変化〕（誰でもいい）手近な人，(何でもいい)手近なもの.
nächst・dem 〔ネーヒスト・デーム〕 副 そのあとで，その次に.
der **Nächs・te** 〔ネーヒステ〕 名 -n/-n 〈文〉同胞，隣人.
nach|ste・hen* 〔ナーハ・シュテーエン〕 動 h. **1.** 〔j³ノ〕陰に隠れて目立たない〔ひけをとらない〕. **2.**（主に否定文で）〔j³/et³ニ〕＋（an(in〈et³〉デ)〕劣る，引けをとる.
nach・ste・hend 〔ナーハ・シュテーエント〕 形 次の，以下の：im N~en 以下に.
nach|stei・gen* 〔ナーハ・シュタイゲン〕 動 s. 〔j³ノ〕あとから登る；〈口〉…を追いかけ口説く（特に女性を）.
nach|stel・len 〔ナーハ・シュテレン〕 動 h. **1.** 〔et⁴ヲ〕＋(〈et⁴ノ〉)〕〖言〗後に置く. **2.** 〔et⁴ヲ〕遅らせる（時計を）：die Uhr eine Stunde ~ 時計を1時間遅らせる. **3.** 〔et⁴ヲ〕〖工〗調整し直す. **4.** 〔j³/et³ヲ〕〈文〉執拗につけねらう；〈口〉追いかけ回す（特に女性を）. **eine Szene nachstellen** 手本〔先例〕にならってある場面を再構成する（演劇などで），現場を再現する.
die **Nach・stel・lung** 〔ナーハ・シュテルング〕 名 -/-en **1.** 〖言〗後置. **2.** 追跡；追い回すこと.
die **Nächs・ten・lie・be** 〔ネーヒステン・リーベ〕 名 -/ 隣人愛.
nächs・tens 〔ネーヒステンス〕 副 近々；〈口〉(こんなふうだと)そのうちに…（しかねない）.
nächst・fol・gend 〔ネーヒスト・ふォルゲント〕 形 すぐ後に続く.
nächst・lie・gend 〔ネーヒスト・リーゲント〕 形 すぐ近くの，隣りの，ごく明瞭な.
nach|sto・ßen* 〔ナーハ・シュトーセン〕 **1.** s. 〖軍〗追撃する. **2.** h. 〖軍〗〈口〉さらに厳しく追及する，追討ちをかける.
nach|stre・ben 〔ナーハ・シュトれーベン〕 動 h. 〔j³/et³ノ〕〈文〉めざして努力する，(…に)倣おうとする.
nach|stür・zen 〔ナーハ・シュテュるツェン〕 動 s. **1.** 〖軍〗続いて〔次々と〕（くずれ）落ちる. **2.** 〔j³ノ〕急いで追いかける.
nach|su・chen 〔ナーハ・ズーヘン〕 動 h. **1.** 〔(〈et⁴〉ヲ)〕さがす. **2.** 〔um 〈et⁴〉ヲ〕〈文〉（正式に）願い出る，申請する.
nacht 〔ナハト〕 ⇨ Nacht 1.
die **Nacht** 〔ナハト〕 名 -/Nächte **1.** 夜，晩 eines ~s ある夜のこと（時を表す他の男性名詞との類化か

ら). diese/letzte/jede ～ 今晩/昨晩/毎晩. gestern/morgen ～ 昨日の/明日の夜に. heute ～ [nacht]昨夜;今夜. Tag und ～ 昼も夜も. in der ～ 夜に. bis spät in die ～ 夜遅くまで. **2.** 暗闇, 夜陰. 【慣用】**bei Nacht und Nebel** 夜陰に乗じて;秘かに. **die Nacht zum Tage machen** 夜通し働く, 徹夜で飲む. **Gute Nacht！** 御休みなさい. **Heilige Nacht** 聖夜. **schwarz wie die Nacht** 真っ黒の,真っ暗. **sich[3] die Nacht um die Ohren schlagen** (口)徹夜する. **über Nacht** 一夜にして.

nachtaktiv [ナハト・アクティーフ] 形 【動】夜行性の.
die **Nachtarbeit** [ナハト・アルバイト] 名 -/ 夜業, 夜間労働.
das **Nachtasyl** [ナハト・アズュール] 名 -s/-e (浮浪者の)宿泊所.
die **Nachtausgabe** [ナハト・アウス・ガーベ] 名 -/-n (夕刊の)最終版.
nachtblind [ナハト・ブリント] 形 夜盲症の, 鳥目の.
die **Nachtblindheit** [ナハト・ブリントハイト] 名 -/ 夜盲症,鳥目.
der **Nachtdienst** [ナハト・ディーンスト] 名 -(e)s/-e 夜勤.
der **Nachteil** [ナー・タイル] 名 -(e)s/-e 不利, 不利益, 損, 損失;短所, 欠点: im ～ sein 不利な立場にある.
nachteilig [ナー・タイリヒ] 形 不利な, 不都合な, 損な.
nächtelang [ネヒテ・ラング] 形 幾夜もの, 数夜にわたる.
das **Nachtessen** [ナハト・エッセン] 名 -s/- (南独・スイス)夕食.
die **Nachteule** [ナハト・オイレ] 名 -/-n (口・冗)宵っ張りの人.
der **Nachtfalter** [ナハト・ファルター] 名 -s/- **1.** 【昆】蛾. **2.** (冗)夜遊びの好きな人.
der **Nachtflug** [ナハト・フルーク] 名 -(e)s/..flüge 夜間飛行.
die **Nachtflugbeschränkung** [ナハトフルーク・ベシュレンクング] 名 -/-en 夜間飛行の制限.
der **Nachtfrost** [ナハト・フロスト] 名 -(e)s/..fröste 夜間の(氷点下の)寒気;霜.
das **Nachtgebet** [ナハト・ゲベート] 名 -(e)s/-e 就寝前の祈り.
das **Nachtgeschirr** [ナハト・ゲシル] 名 -(e)s/-e 《古》=Nachttopf.
das **Nachtgewand** [ナハト・ゲヴァント] 名 -(e)s/..gewänder 《文》寝間着, ネグリジェ.
die **Nachtgleiche** [ナハト・グライヒェ] 名 -/-n = Tagundnachtgleiche.
das **Nachthemd** [ナハト・ヘムト] 名 -(e)s/-en (ひざまでの長さの)寝間着.
der **Nachthimmel** [ナハト・ヒメル] 名 -s/- 夜空.
die **Nachtigall** [ナハティガル] 名 -/-en 【鳥】ナイチンゲール, 小夜鳴鳥 ((略)).
nächtigen [ネヒティゲン] 動 h. 《場所》で 夜を過ごす; ((略))(…に)泊まる.
die **Nächtigung** [ネヒティグング] 名 -/-en ((略))宿泊.
der **Nachttisch** [ナー・ティッシュ] 名 -(e)s/-e ブザト.
der **Nachtklub** [ナハト・クルップ] 名 -s/-s ナイトクラブ.
das **Nachtlager** [ナハト・ラーガー] 名 -s/- **1.** 《文》寝床. **2.** 夜営.
das **Nachtleben** [ナハト・レーベン] 名 -s/ (大都会の)夜の歓楽(主と《冗》)夜遊び.
nächtlich [ネヒトリヒ] 形 夜の, 夜間の, 暗闇の, 夜陰に乗じた.

nächtlicherweile [ネヒトリヒャー・ヴァイレ] 副《文》夜間に, 夜分に.
das **Nachtlokal** [ナハト・ロカール] 名 -(e)s/-e 終夜営業の飲食店(酒場).
das **Nachtmahl** [ナハト・マール] 名 -(e)s/-e[..mähler]《南独・オーストリア》夕食.
nachtmahlen [ナハト・マーレン] 動 h. (南独・オーストリア)夕食をとる.
der **Nachtmahr** [ナハト・マー] 名 -(e)s/-e 幽霊;夢魔.
die **Nachtmusik** [ナハト・ムズィーク] 名 -/-en《稀》セレナーデ, 夜想曲.
nachtönen [ナー・ト(テ)ーネン] 動 h. 《俗に》《稀》反響する.
der **Nachtportier** [ナハト・ポルティエー] 名 -s/-s 夜勤フロント係;夜間管理人.
das **Nachtquartier** [ナハト・クヴァルティーア] 名 -s/-e 宿泊所, 宿舎.
der **Nachtrag** [ナー・トラーク] 名 -(e)s/..träge (文書などの)追記, 補遺;追加;追伸.
nachtragen* [ナー・トラーゲン] 動 h. **1.** 《j[3]》ノ《et[4]》ゥ+《et[4]》ゥ 運ぶ;(…に…を)後から届ける. **2.** 《et[4]》ゥ 書き加える, つけ加えて言う. **3.** 《j[3]》ノ+《et[4]》ゥ いつまでも根に持つ.
nachtragend [ナー・トラーゲント] 形 いつまでも根にもつ, 執念深い.
nachträgerisch [ナー・トレーゲリシュ] 形《文・蔑》執念深い.
nachträglich [ナー・トレークリヒ] 形 後からの, 後れ ばせの, 事後の.
der **Nachtragsetat** [ナー・トラークス・エタート] 名 -s/-【行政】=Nachtragshaushalt.
der **Nachtragshaushalt** [ナー・トラークス・ハウス・ハルト] 名 -(e)s/-e【行政】追加予算.
nachtrauern [ナー・トラオアーン] 動 h. 《j[3]/et[3]》ゥ 惜しむ; 《物》の死を悼む.
nachtreten* [ナー・トレーテン] 動 h. 《俗に》《ナツ》(反則した相手を)仕返しに蹴る.
die **Nachtruhe** [ナハト・ルーエ] 名 -/ 夜の休息 [眠り], 安眠.
der **Nachttrupp** [ナー・トルップ] 名 -s/-s =Nachthut.
nachts [ナハツ] 副 (毎日)夜に, 夜中に: ～ um drei (Uhr) [um drei Uhr ～]夜中の3時に. montags [～ Montag] ～ (毎)月曜日の夜に.
das **Nachtschattengewächs** [ナハト・シャッテン・ゲヴェックス] 名 -es/-e【植】ナス科の植物.
die **Nachtschicht** [ナハト・シヒト] 名 -/-en (交替制の)夜勤;夜勤の組[班].
nachtschlafend [ナハト・シュラーフェント] 形《次の形で》bei[zu] ～er Zeit (口)人の寝静まっている夜中に.
der **Nachtschwärmer** [ナハト・シュヴェルマー] 名 -s/- **1.**【昆】蛾. **2.**《冗》夜遊びの好きな人.
nachtschwarz [ナハト・シュヴァルツ] 形 黒々とした;真っ暗な.
die **Nachtschwester** [ナハト・シュヴェスター] 名 -/-n 夜勤(宿直)看護婦.
die **Nachtseite** [ナハト・ザイテ] 名 -/-n《詩》陰の面, 暗黒面.
der **Nachtstrom** [ナハト・シュトローム] 名 -(e)s/ 深夜電力.
der **Nachtstuhl** [ナハト・シュトゥール] 名 -(e)s/..stühle 便器つきのいす.
der **Nachttisch** [ナハト・ティッシュ] 名 -(e)s/-e ナイトテーブル.
die **Nachttischlampe** [ナハト・ティッシュ・ランペ] 名 -/-n ナイトテーブルスタンド.

Nachttopf 840

der **Nacht·topf** [ナハト・トップフ] 名 -(e)s/..töpfe 寝室用便器.

der **Nacht·tre·sor** [ナハト・トレゾーア] 名 -s/-e 夜間金庫.

nach|tun* [ナーㇵ・トゥーン] 動 h.〔〈j³〉+〈et⁴〉〕《口》まねる：es 〈j³〉 〜〈人に〉続いて同じことをする，〈人の〉まねをする.

die **Nacht-und-Nebel-Aktion** [ナハト・ウント・ネーベル・アクツィオーン] 名 -/-en〔夜間の〕抜打ち捜査.

die **Nacht·vor·stel·lung** [ナハト・フォーア・シュテルング] 名 -/-en 夜間興行.

die **Nacht·wa·che** [ナハト・ヴァッヘ] 名 -/-n **1.** 夜勤，夜間当直；夜警，夜間パトロール；夜間看護. **2.** 夜警〔人〕，夜間当直者.

der **Nacht·wäch·ter** [ナハト・ヴェヒタ-] 名 -s/- **1.** 夜間警備員；（昔の）夜警〔人〕. **2.** 《口》うすのろ. **3.** 《口・冗》〔道端の〕糞（ᐟ）.

nacht·wan·deln [ナハト・ヴァンデルン] 動 h./s.〔懵など〕夢中遊行する.

der **Nacht·wand·ler** [ナハト・ヴァンドラ-] 名 -s/- 夢遊病者.

nacht·wand·le·risch [ナハト・ヴァンドレリッシュ] 形 = schlafwandlerisch.

die **Nacht·zeit** [ナハト・ツァイト] 名 -/ 夜間；zu später 〜 夜遅く. zur 〜 夜分に.

das **Nacht·zeug** [ナハト・ツォイク] 名 -s/ 宿泊用品.

der **Nacht·zug** [ナハト・ツーク] 名 -(e)s/..züge 夜行列車.

die **Nacht·un·ter·su·chung** [ナーハ・ウンターズーフング] 名 -/-en〔病後・手術後の最終〕検査〔診察〕.

nach|voll·zie·hen* [ナーハ・フォルツィーエン] 動 vollzog nach; hat nachvollzogen〔〈et⁴〉〕自分のものとして理解する，追体験する.

nach|wach·sen* [ナーハ・ヴァクセン] 動 s.〔懵など〕再び生えてくる〔草・髪・トカゲの尾などが〕.

die **Nach·wahl** [ナーハ・ヴァール] 名 -/-en〔一定の選挙区の〕期日を遅らせた選挙，事後選挙；補欠選挙.

die **Nach·we·hen** [ナーハ・ヴェーエン] 複名 **1.**〔医〕後陣痛. **2.**《文》事後の苦しみ：die 〜 des Erdbebens 地震の後遺症.

nach|wei·nen [ナーハ・ヴァイネン] 動 h.〔〈j³/et³〉〕ノタメニ +〈et⁴〉〕流す〔涙を〕；〔…を〕しのんで泣く.

der **Nach·weis** [ナーハ・ヴァイス] 名 -es/-e 証明，立証：den 〜 für〈et⁴〉erbringen〔liefern〕〈事を〉証明〔立証〕する.

nach·weis·bar [ナーハ・ヴァイス・バー] 形 証明〔実証〕できる.

nach|wei·sen* [ナーハ・ヴァイゼン] 動 h. **1.**〔〈j³〉+〈et⁴〉〕証明〔実証〕する，立証する. **2.**〔〈et⁴〉〕検出する. **3.**〔〈〈j³〉ニ〉+〈et⁴〉〕《官》紹介〔斡旋（ᐟ）〕する.

nach·weis·lich [ナーハ・ヴァイスリヒ] 形 歴然とした，明白な〔証明〕；副 明らかに.

die **Nach·welt** [ナーハ・ヴェルト] 名 -/ 後世，後代.

die **Nach·wen·de·zeit** [ナーハ・ヴェンデ・ツァイト] 名 -/ 転換期後の時代〔特に新連邦内におけるベルリーンの壁崩壊（1989年）後の時代〕.

nach|wer·fen* [ナーハ・ヴェルフェン] 動 h. **1.**〔〈j³〉ニ+〈et⁴〉〕後から投げて与える；《口》ただ同然で与える. **2.**〔〈et⁴〉〕追加投入する.

nach|wie·gen* [ナーハ・ヴィーゲン] 動 h.〔〈et⁴〉〕〔念のため〕量り直す.

der **Nach·win·ter** [ナーハ・ヴィンター] 名 -s/- 寒の戻り〔の日々〕.

nach|wir·ken [ナーハ・ヴィルケン] 動 h.〔懵など〕影響〔作用〕し続ける.

die **Nach·wir·kung** [ナーハ・ヴィルクング] 名 -/-en あとあとまで残る作用〔影響〕；後遺症.

das **Nach·wort** [ナーハ・ヴォルト] 名 -(e)s/-e あとがき，後記.

der **Nach·wuchs** [ナーハ・ヴークス] 名 -es/ **1.** 後進，後継者. **2.**《口》〔一家の〕後継ぎの子供. **3.**《稀》あとから生えてくること，再生.

die **Nach·wuchs·sor·gen** [ナーハ・ヴークス・ゾルゲン] 複名 後継者難.

nach|zah·len [ナーハ・ツァーレン] 動 h.〔〈et⁴〉〕遅れて払う〔給料などを〕，追加に払う〔追加料金などを〕.

nach|zäh·len [ナーハ・ツェーレン] 動 h.〔〈j⁴/et⁴〉〕数え直す，検算する.

das **Nach·zäh·len** [ナーハ・ツェーレン] 名 -s/ 数え直し.

die **Nach·zah·lung** [ナーハ・ツァールング] 名 -/-en 後〔追加〕払い；追加支払金.

nach|zeich·nen [ナーハ・ツァイヒネン] 動 h.〔〈et⁴〉〕**1.** 模写する. **2.**〔〈j⁴/et⁴〉〕スケッチ〔写生〕する. **3.**〔〈et⁴〉〕〔簡略に述べる，粗描する〔歴史などを〕.

nach|zie·hen* [ナーハ・ツィーエン] 動 **1.** h.〔〈et⁴〉〕引きずる〔足などを〕. **2.** h.〔〈et⁴〉〕引き直す〔線を〕，引く〔眉を〕；〔sich³〕die Lippen 〜 唇に紅をさす. **3.**〔〈et⁴〉〕締め直す〔ねじ・綱などを〕. **4.** h.〔〈et⁴〉〕追加栽培する. **5.** s.〔〈j³/et³〉〕〔人のあとから〕ついて行く〔列車になって〕. **6.** s.〔〈j³〉後＋誰かナ＋〈方向ニ〉〕〕移転する，引っ越す. **7.** h.〔懵など〕〔棋〕〔相手の指し手どおりに〕次の手を指す. **8.** h.〔懵など〕《口》追加する.

nach|zot·teln [ナーハ・ツォッテルン] 動 s.〔〈j³〉〕《口》後からのろのろついて行く.

der **Nach·zug** [ナーハ・ツーク] 名 -(e)s/..züge **1.**〔鉄道〕後続臨時列車. **2.**〔先発した一部家族の〕後を追っての引越し.

der **Nach·züg·ler** [ナーハ・ツューグラー] 名 -s/- **1.** 遅刻者，遅れてくる人，落後者. **2.**〔兄・姉よりずっと遅れて生まれた子供.

der **Nacke·dei** [ナッケダイ] 名 -s/-s《口・冗》**1.** 裸ん坊〔特に幼児〕. **2.** ヌーディスト.

der **Nacken** [ナッケン] 名 -s/- 首筋，うなじ，襟首. 【慣】〔j³〕den Nacken steifen《文》〈人ヲ〉耐え抜くよう激励する. 〔j³〕im Nacken haben〈人ニ〉しつこくつきまとわれている. 〔j³〕im Nacken sitzen〈人ニ〉しつこくつきまとっている. vor〔j³〕den Nacken beugen《文》〈人ニ〉屈服する.

nackend [ナッケント] 形《方》= nackt 1.

der **Nacken·he·bel** [ナッケン・ヘーベル] 名 -s/-〔レスリング〕ネルソン.

der **Nacken·schlag** [ナッケン・シュラーク] 名 -(e)s/..schläge **1.** 首筋への一撃. **2.** 大きな打撃.

nackicht [ナッキヒト] 形《北独以口》= nackt 1.

nackig [ナッキヒ] 形《方》= nackt 1.

nackt [ナクト] 形 **1.** 裸の，むき出しの，あらわな：mit 〜m Auge 裸で. mit 〜en Fäusten 素手で. **2.**〔毛・ひげ・葉のない〕つるっとした，〔羽毛のない〕裸の；〔装飾のない〕むきだしの：ein 〜er Baum/Hügel 葉の落ちた木/はげ山. eine 〜e Glühbirne 裸の電球. **3.**〔敷物のない〕じかの：auf dem 〜en Boden 床（ᐟ）〔地べた〕にじかに. **4.** 赤裸々な，あからさまな，ありのままの. **5.** ただの：das 〜e Leben retten 命だけは助かる.

der **Nackt·frosch** [ナクト・フロッシュ] 名 -es/..frösche《口・冗》裸の幼児.

die **Nackt·heit** [ナクトハイト] 名 -/ 裸，裸体，むき出し，〔転〕《文》殺風景.

die **Nackt·kul·tur** [ナクト・クルトゥーア] 名 -/ 裸体主義，ヌーディズム.

der **Nackt·sa·mer** [ナクトザーマー] 名 -s/-〔主に〕〔植〕裸子植物.

die **Nackt·schne·cke** [ナクト・シュネッケ] [名] -/-n 〘動〙ナメクジ.

die **Na·del** [ナーデル] [名] -/-n **1.** 針；縫い針(Näh~)；ピン，留め針(Steck~)；飾りピン(Anstec~)；ヘアピン(Haar~)；(帽子の)留めピン(Hut~). **2.** (注射器の)針(Injektions~)；(レコードの)針(Grammophon~)；(エッチング)針(Radier~)；(編み物の)針(Strick~)；(磁石・羅針盤などの)針. **3.** 《主に[複]》〘植〙針葉. **【慣用】** 〈et^4〉 **mit heißer 〔der heißen〕 Nadel nähen** 〈物を〉応急に縫う. **wie auf Nadeln sitzen〔stehen〕** いたたまれない，そわそわしている. 〈j^4/et^4〉 **wie eine Nadel suchen** 〈人・物を〉くまなく探す.

die **Na·del·ar·beit** [ナーデル・アるバイト] [名] -/-en 針仕事；裁縫の授業.

der **Na·del·baum** [ナーデル・バウム] [名] -(e)s/..bäume 針葉樹.

der **Na·del·brief** [ナーデル・ブりーふ] [名] -(e)s/-e 針の紙包み.

die **Na·del·büch·se** [ナーデル・ビュクセ] [名] -/-n 針箱.

na·del·för·mig [ナーデル・[ふぇ]るミひ] [形] 針状の.

das **Na·del·geld** [ナーデル・ゲルト] [名] -(e)s/ **1.** 《古》(妻への)小遣い銭. **2.** (未婚の成人皇女への)年金.

das **Na·del·holz** [ナーデル・ホルツ] [名] -es/..hölzer **1.** 針葉樹材. **2.** 《主に[複]；総称》針葉樹.

das **Na·del·kis·sen** [ナーデル・キッセン] [名] -s/- (裁縫の)針刺し，針山.

der **Na·del·kopf** [ナーデル・コップふ] [名] -(e)s/..köpfe 留め〔待ち〕針の頭.

die **Na·del·ma·le·rei** [ナーデル・マーレらイ] [名] -/-en 〘手芸〙(サテンステッチの)刺繡(ししゅう)画.

na·deln [ナーデルン] [動] *h.* [補足なし] 落葉する(針葉樹が).

das **Na·del·öhr** [ナーデル・[エ]ーあ] [名] -(e)s/-e 針のめど.

die **Na·del·spit·ze** [ナーデル・シュピッツェ] [名] -/-n **1.** 針の先. **2.** 〘手芸〙ニードルポイントレース.

der **Na·del·stich** [ナーデル・シュティっひ] [名] -(e)s/-e **1.** 針で刺すこと；針であけた穴，(針による)刺し傷：〈j^3〉 ~*e* versetzen 〈人に〉皮肉を言う. **2.** 針目，ステッチ.

der **Na·del·strei·fen** [ナーデル・シュトらイふぇン] [名] -s/- 《主に[複]》(布地の)ピンストライプ.

der **Na·del·wald** [ナーデル・ヴァルト] [名] -(e)s/..wälder 針葉樹林.

der **Na·dir** [ナディーあ，ナーディる] [名] -s/ 〘天〙天底.

die **Na·gai·ka** [ナガイカ] [名] -/-s コサックの革鞭.

die **Na·ga·na** [ナガーナ] [名] -/ 〘獣医〙ツェツェバエ病.

der **Na·gel** [ナーゲル] [名] -s/Nägel **1.** 釘(くぎ)；鋲(びょう)：〈et^4〉 an einen ~ hängen 〈物を〉釘にかける. **2.** (指の)爪(つめ). **3.** 〘交通〙(路面の)鋲. **【慣用】** 〈et^4〉 **an den Nagel hängen** 《口》〈事を〉放り出す. 〈j^3〉 **auf〔unter〕 den Nägeln brennen** 《口》〈人にとって〉火急なことである. **den Nagel auf den Kopf treffen** 《口》要点をずばり言う，急所をつく. **ein〔der〕 Nagel zu** 〈j^2〉 **Sarg sein** 《口》〈人の〉命を縮めさせるほど腹だたしい. **einen Nagel im Kopf haben** 《口》うぬぼれている. **Nägel mit Köpfen machen** 《口》とことんまでやり抜く.

das **Na·gel·bett** [ナーゲル・ベット] [名] -(e)s/-e(n) 〘解〙爪床(そうしょう).

der **Na·gel·boh·rer** [ナーゲル・ボーらー] [名] -s/- 〘工〙(くぎ穴をあける)ねじ錐(きり).

die **Na·gel·bürs·te** [ナーゲル・ビュるステ] [名] -/-n 爪(つめ)ブラシ.

die **Na·gel·fei·le** [ナーゲル・ふぁイレ] [名] -/-n 爪(つめ)やすり.

na·gel·fest [ナーゲル・ふぇスト] [形] ⇨niet- und nagelfest.

die **Na·gel·haut** [ナーゲル・ハウト] [名] -/..häute (つめの)甘皮.

der **Na·gel·kopf** [ナーゲル・コップふ] [名] -(e)s/..köpfe くぎの頭.

der **Na·gel·lack** [ナーゲル・ラック] [名] -(e)s/-e ネールエナメル.

der **Na·gel·lack·ent·fer·ner** [ナーゲルラック・エントふぇるナー] [名] -s/- 除光液，ネールエナメルリムーバー.

na·geln [ナーゲルン] [動] *h.* **1.** 〔〈et^4〉ヲ＋an〔auf〕〈et^4〉ニ〕釘(くぎ)づけにする，鋲(びょう)で留める. **2.** 〔〈et^4〉ニ〕鋲を打つ. **3.** 〔〈et^4〉ヲ〕釘で組立てる. **4.** [補足なし] 釘〔鋲〕打ちの作業をする. **5.** 〔〈et^4〉ヲ〕〘医〙釘でつぐ(骨折した脚などを). **6.** [補足なし]〘工〙ノッキングする(エンジンが).

na·gel·neu [ナーゲル・ノイ] [形] 《口》真新しい，新品の.

die **Na·gel·pfle·ge** [ナーゲル・プふレーゲ] [名] -/ 爪(つめ)の手入れ.

die **Na·gel·pro·be** [ナーゲル・プろーベ] [名] -/ 厳密な調査〔検査〕.

die **Na·gel·sche·re** [ナーゲル・シェーれ] [名] -/-n 爪(つめ)切りばさみ.

der **Na·gel·schuh** [ナーゲル・シュー] [名] -(e)s/-e 底に鋲(びょう)を打った靴，スパイクシューズ.

die **Na·gel·zan·ge** [ナーゲル・ツァンゲ] [名] -/-n くぎ抜き，ペンチ，やっとこ；やっとこ型の爪切り.

na·gen [ナーゲン] [動] *h.* **1.** 〔an 〈et^3〉ヲ〕嚙(か)る；かむ(唇などを)；浸食する(川などが). **2.** 〔〈et^4〉ヲ＋von 〈et^3〉カラ〕かじり取る. **3.** 〔〈et^4〉ヲ＋in 〈et^4〉ニ〕かじって開ける(木に穴などを). **4.** 〔sich⁴＋durch 〈et^4〉ニ〕かじって穴を開ける. **5.** 〔an 〈j^3/et^3〉ヲ〕(持続的に)苦しめる〔さいなむ〕；(徐々に)むしばむ. **【慣用】** **nichts zu nagen und zu beißen haben** 《口》食べるものが何もない.

der **Na·ger** [ナーガー] [名] -s/- 〘動〙＝Nagetier.

das **Na·ge·tier** [ナーゲ・ティーあ] [名] -(e)s/-e 齧歯(げっし)類の動物.

der **Na·ge·zahn** [ナーゲ・ツァーン] [名] -(e)s/..zähne 齧歯(げっし)類動物の門歯〔切歯〕.

nah [ナー] [形] ＝nahe.

die **Näh·ar·beit** [ネー・アるバイト] [名] -/-en 仕立てている物，縫いもの.

die **Nah·auf·nah·me** [ナー・アウふ・ナーメ] [名] -/-n 〘写〙接写；〘映〙クローズアップ.

der **Nah·be·reich** [ナー・べらイひ] [名] -(e)s/-e 近距離圏.

na·he [ナーエ] [形] näher；nächst **1.** (空間)近い，近くの：Dieser Weg ist *näher.* 《口》この道の方が近い. Er steht mir am *nächsten.* 彼は私の一番身近な人だ. Ihre Wohnung liegt ~ an〔bei〕 der Kirche. 彼女の住まいは教会の近くにある. Stell dich ~ ans Fenster！ 窓の近くに立ちなさい. **2.** (時間)近い，間近な，さし迫った，もうすぐ：in ~*r* Zukunft 近い将来に. Es war ~ an Mittag. (時刻は)正午に近かった. Sie ist ~ an siebzig. 彼女は70近い. **3.** 《関係》親しい，親密な：die *nächsten* Verwandten 最も近い近親者たち. in ~*r* Verbindung mit 〈j^3〉 stehen 〈人と〉親しい関係にある. **【慣用】** **aus〔von〕 nah und fern** 《文》遠近(おちこち)から. **der Nahe Osten** 近東. 〈j^3〉 **geistig nahe sein** 〈人と〉精神的に近い. **nahe daran sein,** 〈et^4〉 **zu tun** ほとんど〈事を〉しそうである. 〈et^3〉 **nahe sein** 〈事を〉しそうである：der Verzweiflung *nahe* sein 絶望しかけている. **von nahem** (観察などで)近くから，詳しく. 〈j^3〉 **zu nahe treten** 〈人の〉感情を害する.

—— [前] 〔＋3格〕《文》…の近くに.

die **Na·he** [ナーエ] [名] -/ 〘川名〙ナーエ川(ラインラン

ト=プファルツ州を流れるライン川の支流).
die **Nähe** [ネーエ] 名 -/ **1.** 近く,近いこと;近いところ,近所：aus nächster ～ ごく近くから.in der ～ 近くに. **2.** (時間が)近いこと,(近い)将来,目前,間近：in unmittelbarer ～ 間近に. **3.** 親密さ,(間柄の).
na·he·bei [ナーエ・バイ] 副 すぐ近くに,すぐそばに.
na·he brin·gen, ⓐ**na·he|brin·gen*** [ナーエ ブリンゲン] 動 h. **1.** 〈j³に+j⁴/et⁴ップ〉理解させる,(…を…に)なじませる. **2.** 〈j⁴ップ+einander〉互いに親密にさせる. **3.** 〈j⁴ップ+et³ップ〉近づける.
na·he ge·hen*, ⓐ**na·he|ge·hen*** [ナーエ ゲーエン] 動 s. 〈j³ップ〉胸にこたえる,心に響く,(…を)悲しませる.
na·he kom·men*, ⓐ**na·he|kom·men*** [ナーエ コメン] 動 s. **1.** 〈j³ップ〉近い;(…と)ほとんど同じである(真相・侮辱などに). **2.** 〈j³ップ〉親しくなる,〈j³〉が相互代名詞sich³の場合)互いに親しくなる.
na·he le·gen, ⓐ**na·he|le·gen** [ナーエ レーゲン] 動 h. **1.** 〈j³ップ+et⁴ップ/zu動スルコト〉勧める,促す. **2.** 〈et⁴ップ〉すぐ思いつかせる,抱かせる(考えなどを).
na·he lie·gen*, ⓐ**na·he|lie·gen*** [ナーエ リーゲン] 動 h. (慣用)すぐ思い浮かべられる,当然だと考えられる,容易に考えられる(推測などが).
na·he lie·gend, ⓐ**na·he|lie·gend** [ナーエ リーゲント] 形 すぐ理解できる,もっとも な.
na·hen [ナーエン] 動 (文) **1.** (慣用)近づく,迫る(朝・破局などが). **2.** h. [sich⁴+〈j³/et³〉ッ=](古)近づく;近づいて来る.
nä·hen [ネーエン] 動 **1.** (慣用)縫い物をする,針仕事をする. **2.** 〈et⁴ップ〉縫って作る,[医]縫合する(傷). **3.** 〈et⁴ップ+〈方向〉ッ=〉縫いつける(ワンピースにボタンなどを).
nä·her [ネーあ-] 形 **1.** 《nahe の絶対的比較級》より詳しい,より詳細な：des N〜en より詳しく. **2.** 《nahe の比較級》より近くの;よりさし迫った;より親密な.
nä·her brin·gen*, ⓐ**nä·her|brin·gen*** [ネーあ-ブリンゲン] 動 h. 〈j³ップ+〈j⁴/et⁴ップッ=〉ップ〉(もっと)よく分からせる,(もっと)親しみを持たせる.
das **Nä·he·re** [ネーエレ] 名 (形容詞的変化より詳しいこと,詳細,委細：～s mitteilen 詳細を知らせる.
die **Nä·he·rei** [ネーエライ] 名 -/-en **1.** ((戯))有)(しじゅう)縫い物をすることと. **2.** 縫いもの.
das **Nah·er·ho·lungs·ge·biet** [ナー・エあホールングス・ゲビート] 名 都市近郊の保養地.
die **Nä·he·rin** [ネーエリン] 名 -/-nen お針子.
nä·her kom·men*, ⓐ**nä·her|kom·men*** [ネーあ- コメン] 動 s. 〈j³ップ〉(より)親しくなる;〈j³〉が相互代名詞sich³の場合)互いに親しくなる.
nä·her lie·gen*, ⓐ**nä·her|lie·gen*** [ネーあ- リーゲン] 動 h. 〈j³ップ〉= (als 〈j³ップ3〉)まず頭に浮かぶ,納得しやすい,妥当であると思える.
nä·hern [ネーアン] 動 h. **1.** [sich⁴+〈j³/et³〉ッ=]近づく,近寄る;近づいて来る. **2.** 〈et⁴ップッ=〉近づいて来る(春・破局などが);近づける(ある時点などに). **3.** [sich⁴+〈j³/et³〉ッ=]近づく,近寄る,接触する(ある意図を持って). **4.** [sich⁴+〈j³/et³〉ッ=]近づく(発展・変化して). **5.** [sich⁴+〈j³/et³〉ッ=](稀)近づける. **6.** 〈et⁴ップ+〈et⁴〉ッ=〉(文)近づける,適合させる.
nä·her ste·hen*, ⓐ**nä·her|ste·hen*** [ネーあ- シュテーエン] 動 h. 〈j³ップ〉(より)親密である.
nä·her tre·ten*, ⓐ**nä·her|tre·ten*** [ネーあ- トレーテン] 動 s. **1.** 〈et³ッ=〉(積極的に)取組む,興味を持つ. **2.** 〈j³ップ〉より親しくなる,親交を深める.
der **Nä·he·rungs·wert** [ネーエるングス・ヴェーあト] 名

-(e)s/-e 〖数〗近似値.
na·he ste·hen*, ⓐ**na·he|ste·hen*** [ナーエ シュテーエン] 動 h. **1.** 〈j³ップ〉親しい,考え(心情)が似通っている,血縁関係がある,近い関係にある. **2.** 〈et³ップ〉関係がある,近い関係にある(主義などに). **3.** 〈et³ップ〉似ている：(分類上)近い関係にある.
na·he tre·ten*, ⓐ**na·he|tre·ten*** [ナーエ トレーテン] 動 h. 〈j³ップ〉知合いになる,親しくなる.
na·he·zu [ナーエ・ツー] 副 《語飾》(動詞・形容詞・副詞・名詞を修飾)ほぼ,ほとんど. Es dauerte ～ drei Jahre. それは3年近く続いた.
der **Näh·fa·den** [ネー・ふァーデン] 名 -s/..fäden 縫い糸.
das **Näh·garn** [ネー・ガルン] 名 -(e)s/-e 縫い糸.
der **Nah·kampf** [ナー・カムプふ] 名 -(e)s/..kämpfe [軍]白兵戦(の);[ｽﾎﾟｰﾂ]接近戦.
das **Nah·kampf·mit·tel** [ナーカムプふ・ミッテル] 名 -s/- 白兵戦兵器(刀・ピストルなど).
der **Näh·korb** [ネー・コるプ] 名 -(e)s/..körbe 裁縫道具(仕立て中のもの)を入れるバスケット.
nahm [ナーム] 動 nehmen の過去形.
die **Näh·ma·schi·ne** [ネー・マシーネ] 名 -/-n ミシン.
näh·me [ネーメ] 動 nehmen の接続法2式.
die **Näh·na·del** [ネー・ナーデル] 名 -/-n 縫い針.
Nah·ost [ナー・オスト] (無冠詞・無変化)近東.
nah·öst·lich [ナー・囲)スト(リ)ヒ] 形 近東の.
das **Nähr·bier** [ネーあ・ビーあ] 名 -(e)s/ 滋養分に富むアルコール分の少ないビール.
der **Nähr·bo·den** [ネーあ・ボーデン] 名 -s/..böden 培養基,(細菌の)培地;温床.
die **Nähr·creme**, **Nähr·krem**, **Nähr·kre·me** [..kre:m ネーあ・クれーム] 名 -/-s 栄養クリーム.
näh·ren [ネーれン] 動 **1.** 〈j⁴ップ〈様態〉ッ=〉(..で)栄養を与える,(…を)育てる：Sie konnte ihr Kind nicht selbst ～. 彼女は自分の子供を母乳で育てられなかった. **2.** [sich⁴+von 〈et³〉ッ=](日常)食べて生きている,常食にしている,栄養源とする. **3.** 〈j⁴ップ〉(文)養う,扶養する. **4.** 〈sich⁴+von 〈et³〉ッ=〉(文)生計を立てる. **5.** (慣用)栄養のある(飲食物・食事が). **6.** 〈et⁴ップ+(in 〈j³/et³〉ｊ=)〉(文)育(ｸﾞ)む,抱く(計画・希望・愛情などを),つのらせる(怒り・疑念などを). **7.** (文)繁殖させる,増大させる.
nahr·haft [ナーあハふト] 形 栄養のある;((口))実入りのいい.
das **Nähr·mit·tel** [ネーあ・ミッテル] 名 -s/- (主に(観))穀物食品(オートミール・めん類など).
die **Nähr·mut·ter** [ネーあ・ムッター] 名 -/..mütter 《古》里親(女性);子供を預って世話をする女性.
das **Nähr·prä·pa·rat** [ネーあ・プれパラート] 名 -(e)s/-e 栄養強化食品.
das **Nähr·salz** [ネーあ・ザルツ] 名 -es/-e (主に(観))栄養塩類.
der **Nähr·stand** [ネーあ・シュタント] 名 -(e)s/ 《古》農民階級.
der **Nähr·stoff** [ネーあ・シュトッふ] 名 -(e)s/-e (主に(観))栄養素.
die **Nah·rung** [ナーるング] 名 -/ 食物,食品;栄養,養分;糧(ﾃ);〖慣用〗Nahrung erhalten 〔finden〕 ますます勢いづく,さらに強まる,さらに広まる. 〈et³〉 (neue) Nahrung geben 〈事を〉さらに強める,勢いづかせる.
die **Nah·rungs·auf·nah·me** [ナーるングス・アウふ・ナーメ] 名 -/ 食事をとること,食物(栄養)摂取.
die **Nah·rungs·fa·ser** [ナーるングス・ふァーザー] 名 -/-n 食物繊維.
die **Nah·rungs·ket·te** [ナーるングス・ケッテ] 名 -/-n 〖生〗食物連鎖.
der **Nah·rungs·man·gel** [ナーるングス・マンゲル] 名 -s/

食糧不足.

das **Nahrungsmittel** [ナーるングス・ミッテル] [名] -s/- 《主に[複]》食料(品), 食物.

die **Nahrungsmittelallergie** [ナーるングスミッテル・アレるギー] [名] -s/-n 食物アレルギー.

die **Nahrungsmittelindustrie** [ナーるングスミッテル・インドゥストりー] [名] -/-n 食品工業.

die **Nahrungsmittelvergiftung** [ナーるングスミッテル・ふぇあギふトゥング] [名] -/-en 〖医〗食中毒.

die **Nahrungssorgen** [ナーるングス・ゾるゲン] [複名] 食物の心配, 生活苦.

die **Nahrungssuche** [ナーるングス・ズーへ] [名] -/ (野生の動物の)えさ探し.

die **Nahrungsverweigerung** [ナーるングス・ふぇあヴァイゲるング] [名] -/-en 拒食症.

der **Nährwert** [ネーあ・ヴェーあト] [名] -(e)s/-e 栄養価.

die **Nähseide** [ネー・ザイデ] [名] -/-n 縫製用絹糸.

die **Naht** [ナート] [名] -/Nähte **1.** 縫い目. **2.** 〖医〗縫合部;〖解〗縫合. **3.** 〖工〗(溶接の)継ぎ目, 結合部. **4.** 〖軍〗(隣接する部隊間の)境界線. **【慣用】aus allen〔den〕Nähten platzen** 太りすぎる, 大きくなりすぎる.

der **Nähtisch** [ネー・ティッシュ] [名] -(e)s/-e 裁縫台.

nahtlos [ナート・ロース] [形] **1.** 縫い〔継ぎ〕目のない, シームレスの;〖工〗溶接の継ぎ目のない. **2.** (中断・変更のない)スムーズな.

die **Nahtstelle** [ナート・シュテレ] [名] -/-n 接合部;〖工〗(溶接の)継ぎ目.

(*der*) **Nahum** [ná:hʊm ナーフム] [名] 〖旧約〗ナホム《紀元前7世紀, ユダヤの預言者》: der Prophet ~ 預言者ナホム;ナホム書.

der **Nahverkehr** [ナー・ふぇあケーあ] [名] -s/ 近距離交通〔運輸〕.

das **Nahverkehrsmittel** [ナーふぇあケーあス・ミッテル] [名] -s/- 近距離交通機関.

der **Nahverkehrszug** [ナーふぇあケーあス・ツーク] [名] -(e)s/..züge 近距離列車.

das **Nähzeug** [ネー・ツォイク] [名] -(e)s/ **1.** 裁縫道具. **2.** =Näharbeit.

naiv [ナイーふ] [形] 素朴な, ナイーブな, 純真な, 無邪気な;(《[蔑]》も有)単純な, 浅はかな: *~e* Dichtung 〖文芸学〗素朴文学. den *N~en*/die *N~e* spielen 無知を装う.

die **Naive** [ナイーヴェ] [名] 《形容詞的変化》〖劇〗若い恋人役を演ずる女優.

die **Naivität** [ナイヴィテート] [名] -/ 素朴さ, 無邪気さ;(《[蔑]》も有)単純, ばか正直.

der **Naivling** [ナイーふリング] [名] -s/-e 《口・蔑》単純な人.

die **Najade** [ナヤーデ] [名] -/-n **1.** 〖ギ神〗ナイアス《泉・川の精》. **2.** 〖動〗イシガイ, ドブガイ《貝》.

der **Name** [ナーメ] [名] 2格 -ns, 3格 -n, 4格 -n/[複] -n **1.** (類の)名称;(個々の人や物の)名, 名前: ein anderer ~ für 〈et⁴〉〈物の〉別名. der falsche/richtige ~ 偽名/本名. ein Mann mit *~n* Fischer フィッシャーという名の人. Wie ist Ihr ~? お名前は何と言いますか. seinen *~n* unter ein Dokument setzen 彼の名を文書に署名する. mit seinem vollen *~n* フルネームで. 〈j⁴〉 beim *~n* rufen 〈人の〉名前を呼ぶ. 〈j⁴〉nur dem *~n* nach kennen 〈人のことを〉名前しか知らない. **2.** 名義, 名目. **3.** 評判, 名声: die großen *~n* der Geschichte 歴史上の大人物. **【慣用】〈et⁴〉 beim Namen nennen** 〈事を〉はっきり言う,〈事を〉(言いつくろわずに)〈事と〉言う. **in 〈j²/et²〉 Namen** 〈人・物・事の〉名において. **sich³ einen Namen machen** 有名になる.

der **Namen** [ナーメン] [名] -s/- 《稀》=Name.

die **Namengebung** [ナーメン・ゲーブング] [名] -/-en 命名;〖旧東独〗命名式.

das **Namengedächtnis** [ナーメン・ゲデひトニス] [名] -ses/ 名前の記憶.

das **Namen-Jesu-Fest** [ナーメン・イェーズ・ふぇスト] [名] -(e)s/-e 〖カトリック〗イエスのみ名の祝日《1月1日から6日の間の日曜日》.

die **Namenkunde** [ナーメン・クンデ] [名] -/ 固有名詞学, 名称研究.

die **Namenliste** [ナーメン・リステ] [名] -/-n 名簿.

namenlos [ナーメン・ロース] [形] **1.** 無名の, 匿名の. **2.** 《文》名状し難い;ひどく.

namens [ナーメンス] [副] という名前の: ein Mann ~ Müller ミュラーという名前の男.

―― [前] 〔+2格〕〖官〗…の名において: ~ des Gerichts 裁判所の名において.

das **Namenspapier** [ナーメンス・パピーあ] [名] -s/-e 〖銀行〗記名証券.

das **Namensrecht** [ナーメンス・れひト] [名] -(e)s/ 〖法〗氏名権.

das **Namensschild** [ナーメンス・シルト] [名] -(e)s/-er 表札;名札.

die **Namensschwester** [ナーメンス・シュヴェスター] [名] -/-n 《文》同姓の女性.

der **Namenstag** [ナーメンス・ターク] [名] -(e)s/-e 〖カトリック〗洗礼名の日, 聖名祝日《当人と同名の聖人の祝日》.

der **Namensvetter** [ナーメンス・ふぇッター] [名] -s/-n 同姓の男性.

der **Namenszug** [ナーメンス・ツーク] [名] -(e)s/..züge 署名;《古》モノグラム.

namentlich [ナーメントリひ] [形] 名前の, 記名の: eine *~e* List 名簿.

―― [副] 《語飾》《形容詞・副詞・名詞を修飾》ことに, とりわけ: ~ im Gebirge とりわけ山地では.

das **Namenverzeichnis** [ナーメン・ふぇあツァイひニス] [名] -ses/-se 名簿;人名索引.

namhaft [ナームハふト] [形] **1.** (専門分野で)著名な. **2.** 著しい, かなりな. **【慣用】〈j⁴/et⁴〉 namhaft machen** 〖官〗〈人・物の〉名前を挙げる.

(*das*) **Namibia** [ナミービア] [名] -s/ 〖国名〗ナミビア《アフリカ南西部の国》.

..namig [..ナーミひ] [接尾] 形容詞につけて「…な名前」を表す形容詞を作る: falsch*namig* 偽名の. gleich*namig* 同名の.

nämlich[1] [ネームりひ] [副] **1.** …だから, つまり: Er kann heute nicht kommen. Er ist ~ krank. 彼は今日は来れません. 病気だからです. 《他の語とともに文頭で》Ich kann nicht mitspielen, heute ~ muss ich Aufgaben machen. ぼくは一緒に遊べないよ. 今日は宿題をしなくちゃいけないから. **2.** さらに詳しく言えば, すなわち;しかも: in bestimmten Gegenden, ~ in den Millionenstädten 特定の地域, すなわち百万都市において.

nämlich[2] [ネームりひ] [形] 《文・古》同一の: Er sagt immer das *N~e*. 彼はいつも同じことを言っている.

die **Nänie** [ネーニエ] [名] -/-n (古代ローマの)死者を悼(いた)む嘆き, 挽歌(ばんか).

nannte [ナンテ] [動] nennen の過去形.

das **Nanofarad** [ナノ・ふぁらート] [名] -(s)/- 〖電〗ナノファラッド《記号 nF》.

der〔*das*〕**Nanometer** [ナノ・メーター] [名] -s/- ナノメートル《記号 nm》.

der **Nansenpass,** [旧]**Nansenpaß** [ナンゼン・パス] [名] -es/..pässe ナンセンパスポート《無国籍者のための仮旅券. Fridjof Nansen, 1861-1930, が提唱》.

nanu! [ナヌー] [間] 《不審・驚きを表して》おやおや, なんだって.

N

Napalm 844

das **Na·palm** [ナーパルム] 名 -s/ 〖商標〗ナパーム(焼夷(ぷぃ)爆弾の原料).
die **Na·palm·bom·be** [ナーパルム・ボムベ] 名 -/-n ナパーム弾.
der **Napf** [ナップ] 名 -(e)s/Näpfe (ペットの餌入れなどの浅い)鉢.
der **Napf·ku·chen** [ナップフ・クーヘン] 名 -s/- 鉢形のケーキ.
das **Naph·tha** [ナフタ] 名 -s/ ((稀))die ～ -/) 〖化〗ナフサ; 《古》石油.
das **Naph·tha·lin** [ナフタリーン] 名 -s/-e ナフタリン.
(der) **Na·po·le·on** [ナポレオーン] 名 **1.**〖人名〗ナポレオン: Code ～ ナポレオン法典. **2.** ～ Ⅰ. ナポレオン１世 (～ Bonaparte, 1769-1821, フランスの皇帝).
der **Na·po·le·on·dor** [ナポレオンドール] 名 -s/-e (単位を表わす) ナポレオン金貨(ナポレオン１, ３世の時代の貨幣).
na·po·le·o·nisch, ® **Na·po·le·o·nisch** [ナポレオーニシュ] 形 ナポレオン１世の.
die **Nap·pa** [ナッパ] 名 -(s)/-s 〖(®種類)〗ナッパ革.
nap·pie·ren [ナピーレン] 動 h. 〈et⁴³〉〖料〗ソースをかける; 衣当りをする.
die **Nar·be** [ナルベ] 名 -/-n **1.** 傷跡. **2.** 〖植〗柱頭. **3.** 〖製革〗銀面(毛を処理したあとの粒起面). **4.** 草の根の密な表土(Gras～).
nar·ben [ナルベン] 動 h. 〈et⁴³〉〖製革〗脱毛処理する(獣皮を); 銀面処理する(なめし皮を).
die **Nar·ben·bil·dung** [ナルベン・ビルドゥング] 名 -/-en 瘢痕(ﾊﾝ)形成.
die **Nar·ben·sei·te** [ナルベン・ザイテ] 名 -/-n 〖製革〗(獣皮の)粒起面, 銀面(表面).
nar·big [ナルビヒ] 形 傷跡のある; あばたのある.
die **Nar·de** [ナルデ] 名 -/-n 〖植〗ナルド(オミナエシ科の植物); ナルドの香油(軟膏(ﾅﾝ)).
die **Nar·gi·leh** [ナるギレー, ..le ナるギーレ] 名 -/-(s) (das ～ -s/-s も有) (中近東の)水煙管(ｷﾞｾﾙ).
die **Nar·ko·ma·nie** [ナるコ・マニー] 名 -/ 〖医〗麻酔剤(睡眠剤)常用癖.
die **Nar·ko·se** [ナるコーゼ] 名 -/-n 麻酔.
das **Nar·ko·ti·kum** [ナるコーティクム] 名 -s/..ka 〖医〗麻酔剤; 麻薬.
nar·ko·tisch [ナるコーティシュ] 形 麻酔(性)の; 酔わせるような.
der **Nar·ko·ti·seur** [..zǿːr ナるコティゼーア] 名 -s/-e 麻酔科医.
nar·ko·ti·sie·ren [ナるコティズィーレン] 動 h. 〈j⁴〉〖医〗麻酔をかける.
der **Narr** [ナる] 名 -en/-en **1.** 《古》愚か者, ばか者. **2.** (昔の)道化師, 道化役者: den ～*en* spielen 道化(役)を演ずる; とぼける. **3.** カーニバルの参加者. 〖慣用〗einen Narren an 〈j³/et³〉 gefressen haben 《口》〈人・物・事に〉そっこんれむ. 〈j⁴〉 zum Narren haben[halten] 〈人を〉からかう, だます, ばかにする.
nar·ren [ナルン] 動 h. 〈j⁴〉《文》愚弄(ぐ³)する, かつぐらかす.
die **Nar·ren·frei·heit** [ナルン・ふらイハイト] 名 -/ 無礼御免, 特権的自由.
das **Nar·ren·haus** [ナルン・ハウス] 名 -es/..häuser 《口》精神病院.
die **Nar·ren·kap·pe** [ナルン・カッペ] 名 -/-n 道化師の帽子; カーニバルの帽子.
die **Nar·ren·pos·se** [ナルン・ポッセ] 名 -/-n (主に®) 悪ふざけ.
das **Nar·ren·seil** [ナルン・ザイル] 名 〈次の形で〉 〈j⁴〉 am ～ führen《古》〈人を〉からかう.
nar·ren·si·cher [ナルン・ズィッヒャー] 形 《口》だれにでも使える〔できる〕.

die **Nar·ren·spos·se** [ナルンス・ポッセ] 名 -/-n = Narrenposse.
der **Nar·ren·streich** [ナルン・シュトらイヒ] 名 -(e)s/-e 《古》悪ふざけ, いたずら.
die **Nar·re·tei** [ナれタイ] 名 -/-en 《文》悪ふざけ, 揶揄(ﾔﾕ); 馬鹿げたまね(考え).
die **Narr·heit** [ナるハイト] 名 -/-en **1.** (®のみ)愚かさ. **2.** 愚行, たわごと, ばかげたいたずら.
die **När·rin** [ネリン] 名 -/-nen Narr の女性形.
när·risch [ネリシュ] 形 **1.** 愚かな, ばかげた; 《口》我を忘れるほどの: auf 〈j¹/et⁴〉 ～ sein〈人・物に〉夢中になっている. **2.** カーニバルの.
der **Nar·ziss**, ® **Nar·ziß** [ナるツィス] 名 -[-es]/-e **1.** (®のみ; 主に無冠詞)〖ギ神〗ナルキッソス, ナルシス (水仙に変えられた美少年). **2.** 自己陶酔者. ⇨ Narzißt.
die **Nar·zis·se** [ナるツィッセ] 名 -/-n 〖植〗スイセン.
der **Nar·ziss·mus**, ® **Narziß·mus** [ナるツィスムス] 名 -/ ナルシズム, 自己陶酔.
der **Nar·zisst**, ® **Nar·ziß·t** [ナるツィスト] 名 -en/-en ナルシスト, 自己陶酔者.
nar·zisstisch ,® **nar·ziß·tisch** [ナるツィスティシュ] 形 ナルシスト的な; ナルシシズムの.
die **NASA** [ナーザ] 名 -/ = National Aeronautics and Space Administration (アメリカの)航空宇宙局.
na·sal [ナザール] 形 **1.**〖医〗鼻の; 〖言〗鼻音の. **2.** 鼻声の, 鼻にかかった.
der **Na·sal** [ナザール] 名 -s/-e 〖言〗鼻音.
na·sa·lie·ren [ナザリーれン] 動 h. 〈et⁴³〉〖言〗鼻音化する.
na·schen [ナッシェン] 動 h. **1.** (〈et⁴³〉)(次々と)つまんで食べる(チョコレートなどを). **2.** 〖von et³〉つまみ食いする, おいしいところだけ選んで食べる.
das **Näs·chen** [ネースヒェン] 名 -s/- 小さい鼻.
der **Nascher** [ナッシャー] 名 -s/- 甘党, 間食〔つまみ食い〕の好きな人.
der **Näscher** [ネッシャー] 名 -s/- (®) = Nascher.
die **Na·sche·rei** [ナッシェらイ] 名 -/-en **1.** (®のみ)(しじゅう)甘いものを食べる〔つまみ食いする〕こと. **2.** = Näscherei.
die **Nä·sche·rei** [ネッシェらイ] 名 -/-en (主に®) 《文・古》お菓子, 甘いもの.
nasch·haft [ナッシュハフト] 形 甘いもの〔間食〕好きな.
die **Nasch·kat·ze** [ナッシュ・カッツェ] 名 -/-n 《口》間食〔つまみ食い〕の好きな人; 甘党.
das **Nasch·werk** [ナッシュ・ヴェるク] 名 -(e)s/ 《古》菓子類.
die **Na·se** [ナーゼ] 名 -/-n **1.** 鼻: sich³ die ～ putzen《口》鼻をかむ. 〈j³〉 läuft die ～ 〈人は〉鼻水が出る. in der ～ bohren 鼻をほじる. auf die ～ fallen 前に倒れる; 挫折する. vor der ～ の目の前で. **2.** 嗅覚, 鋭敏なセンス: die richtige ～ für〈et⁴〉 haben〈事に〉対するセンスがある. **3.**《冗》鼻(車・船・飛行機などの先端). **4.** 岩鼻, 岬. **5.** (建物の)突出部; (かんなの)刃; (瓦の)爪; (塗料の)たれ. 〖慣用〗〈j³〉〈et⁴〉 an der Nase ansehen《口》〈人の〉顔を見て〈事を〉分かる. 〈j⁴〉 an der Nase herumführen《口》〈人を〉だます. auf der Nase liegen《口》病気で寝ている. 〈j³〉〈et⁴〉 auf die Nase binden《口》〈人に〉(必要のない)〈事を〉話す. 〈j³〉〈et⁴〉 aus der Nase ziehen《口》〈人から〉うまく〜まんまと聞き出す. die Nase hoch tragen《口》鼻高々である. die [seine] Nase in ein Buch stecken《口》熱心に勉強する. die Nase vorn haben《口》(競技で)一着になる. 〈j³〉 eine lange Nase zeigen [machen]《口》〈人を〉嘲笑する. eine Nase bekommen《口》しかられる. 〈j³〉 eine Nase drehen《口》〈人を〉愚弄する. immer der Nase nach《口》真っすぐに,

⟨j³⟩ in die Nase stechen 《口》⟨人に⟩非常に気に入る. ⟨j³⟩ mit der Nase auf ⟨et³⟩ stoßen 《人に》⟨事を⟩はっきり分らせる. mit langer Nase abziehen 《口》すごすご引下がる. seine Nase in alles stecken 《口》何にでもくちばしを出す. sich⁴ an die [seine] eigene Nase fassen 《口》他人のことより自分自身のことを探す. sich³ die goldene Nase verdienen まんまともうける. über ⟨j⁴⟩ die Nase rümpfen 《口》⟨人を⟩見下す. ⟨j³⟩ ⟨et⁴⟩ unter die Nase reiben 《人に》⟨事を⟩つきつける. von ⟨j³⟩/et³⟩ die Nase voll haben 《口》⟨人・物・事に⟩うんざりしている. ⟨j³⟩ ⟨j⁴⟩ vor die Nase setzen 《口》⟨人を⟩⟨人の⟩上役にする.

na·se·lang [ナーゼ・ラング] 副 =nasenlang.
näseln [ネーゼルン] 動 h. 《慣》《言》鼻にかかった発音〔話し方〕をする.
das **Na·sen·bein** [ナーゼン・バイン] 名 -(e)s/-e 鼻骨.
das **Na·sen·blu·ten** [ナーゼン・ブルーテン] 名 -s/ 鼻血.
der **Na·sen·flü·gel** [ナーゼン・ふリューゲル] 名 -s/- 鼻翼, 小鼻.
die **Na·sen·höh·le** [ナーゼン・ヘーレ] 名 -/-n 〔解〕鼻腔(くう).
die **Na·sen·kor·rek·tur** [ナーゼン・コれクトゥーあ] 名 -/-en 鼻の整形.
na·sen·lang [ナーゼン・ラング] 副 《次の形で》 alle ~ 《口》ひっきりなしに.
die **Na·sen·län·ge** [ナーゼン・レンゲ] 名 -/-n わずかな差;〔競馬〕鼻の差: ⟨j⁴⟩ um eine ~ schlagen ⟨人を⟩僅差で破る.
der **Na·sen·laut** [ナーゼン・ラウト] 名 -(e)s/-e 〔言〕鼻音.
das **Na·sen·loch** [ナーゼン・ロッホ] 名 -(e)s/..löcher 鼻孔.
der **Na·sen·ring** [ナーゼン・リング] 名 -(e)s/-e 〔牛などの〕鼻輪;〔装飾〕リング状の鼻飾り.
der **Na·sen·rücken** [ナーゼン・リュッケン] 名 -s/- 鼻梁(りょう), 鼻筋.
die **Na·sen·spit·ze** [ナーゼン・シュピッツェ] 名 -/-n 鼻の頭, 鼻先. 【慣用】 ⟨j³⟩ ⟨et⁴⟩ an der Nasenspitze ansehen 《口》⟨人の⟩顔色から⟨事を⟩読みとる. nicht weiter sehen, als die Nasenspitze reicht 《口》目先のことしか考えない.
der **Na·sen·stü·ber** [ナーゼン・シュテューバー] 名 -s/- 鼻を指で軽く突くこと;《方》非難, 叱責.
die **Na·sen·trop·fen** [ナーゼン・トロップふェン] 《複数》点鼻薬.
na·se·weis [ナーゼ・ヴァイス] 形 出しゃばりの, ませた.
nas·füh·ren [ナース・ふューれン] 動 h. ⟨j⁴⟩いいようにあしらう[だます], からかう, だまして面白がる.
das **Nas·horn** [ナース・ホるン] 名 -(e)s/..hörner 〔動〕サイ.
das **Na·si·go·reng**, ⓑ **Na·si-go·reng** [ナズィ・ゴれング] 名 -(s)/-s ナーシゴレン(インドネシアの焼飯).
nas·lang [ナース・ラング] 副 =nasenlang.
nass, ⓑ **naß** [ナス] 形 (nasser [nässer]; nassest [nässest]) **1.** ぬれた, 湿った: ~ von Schweiß sein 汗がぬれている. bis auf die Haut ~ werden 肌までぬれる. ein ~er Sommer. 今年は雨の多い夏だった. 【慣用】 das Bett nass machen おねしょをする. ein nasses Grab finden 水死する. für nass 《方》ただで, 無料で. ⟨j⁴⟩ nass machen ⟨人に⟩こてんこてんにやっつける, ⟨人を⟩トリックプレイでかわす(相手の選手を).
das **Nass**, ⓑ **Naß** [ナス] 名 -es/ 〔詩〕《水泳のための》水;《日常消費するの》水;お湿り, 雨;飲み物: Gut ~! 楽しい水泳を.
(*das*) **Nas·sau** [ナッサウ] 名 -s/ 〔地名〕ナッサウ(① ラインラント=プファルツ州の都市. ② 旧大公領).
der **Nas·sau·er¹** [ナッサウあー] 名 -s/- ナッサウ市民.
der **Nas·sau·er²** [ナッサウあー] 名 -s/- 《口》にわか雨.
nas·sau·ern [ナッサウあーン] 動 h. 《慣》《口》たかりの常習者である, 人にたかって生きる.
die **Näs·se** [ネッセ] 名 -/ 濡(ぬ)れていること, ひどい湿気, 水分.
näs·sen [ネッセン] 動 h. **1.** ⟨et⁴⟩《文》濡(ぬ)らす. **2.** 《慣》じくじくしている, 湿めっぽい;〔狩〕尿をする(動物が).
nass·forsch, ⓑ **naß·forsch** [ナス・ふォるシュ] 形 威勢のよすぎる.
nass·kalt, ⓑ **naß·kalt** [ナス・カルト] 形 湿っぽく冷たい, じめじめと寒い.
der **Nass·ra·sie·rer**, ⓑ **Naß·ra·sie·rer** [ナス・らズィーらー] 名 -s/- かみそりでひげをそる人;かみそり.
die **Nass·ra·sur**, ⓑ **Naß·ra·sur** [ナス・らズーあ] 名 -/-en かみそりでのひげそり.
die **Nass·zel·le**, ⓑ **Naß·zel·le** [ナス・ツェレ] 名 -/-n 〔土〕水回り.
die **Nas·tie** [ナスティー] 名 -/ 〔植〕傾性.
(*die*) **Na·ta·lie** [ナターリエ] 〔女名〕ナターリエ, ナタリー.
(*der*) **Na·than** [ナータン] 名 **1.** 〔男名〕ナータン(Nathanael, Jonathan の短縮形): ~ der Weise 賢者ナータン(Lessing の戯曲の主人公). **2.** 〔旧約〕ナータン(David の顧問役, 預言者). ⇨ David.
(*der*) **Na·tha·na·el** [ナターナエ(ール)] 名 **1.** 〔男名〕ナターナエル. **2.** 〔新約〕ナタナエル(Bartholomäus と同一人物).
die **Na·ti·on** [ナツィオーン] 名 -/-en 国民;国家;《口》民族: die Vereinten ~en 国際連合.
na·ti·o·nal [ナツィオナール] 形 **1.** 国民の, 民族の, 国家の: die ~e Kultur 国民文化. ~e Interessen 国益. eine ~ Minderheit 少数民族. **2.** 国内の: auf ~er Ebene 国内レベルで. **3.** 愛国的な.
na·ti·o·nal·be·wusst, ⓑ **na·ti·o·nal·be·wußt** [ナツィオナール・ベヴスト] 形 国民〔民族〕意識のある.
die **Na·ti·o·nal·bi·bli·o·thek** [ナツィオナール・ビブリオテーク] 名 -/-en 国立図書館.
der **Na·ti·o·nal·cha·rak·ter** [ナツィオナール・カらクター] 名 -s/-e 国民性.
das **Na·ti·o·na·le** [ナツィオナーレ] 名 -s/- 《オース》身上申告書;身上申告用紙.
die **Na·ti·o·nal·elf** [ナツィオナール・エルふ] 名 -/-en 《サッカー》ナショナルチーム.
die **Na·ti·o·nal·far·be** [ナツィオナール・ふあるベ] 名 -/-n 《主に複》国家の色(国旗・紋章などの色).
der **Na·ti·o·nal·fei·er·tag** [ナツィオナール・ふァイアー・ターク] 名 -(e)s/-e 国民の祝日.
die **Na·ti·o·nal·flag·ge** [ナツィオナール・ふラッゲ] 名 -/-n 国旗.
das **Na·ti·o·nal·ge·richt** [ナツィオナール・ゲりヒト] 名 -(e)s/-e その国特有の料理.
das **Na·ti·o·nal·ge·tränk** [ナツィオナール・ゲトれンク] 名 -(e)s/-e 国民の好む飲み物, その国特有の飲み物.
der **Na·ti·o·nal·held** [ナツィオナール・ヘルト] 名 -en/-en 国民の英雄.
die **Na·ti·o·nal·hym·ne** [ナツィオナール・ヒュムネ] 名 -/-n 国歌.
na·ti·o·na·li·sie·ren [ナツィオナリズィーれン] 動 h. **1.** ⟨et⁴⟩国有〔国営〕化する(企業などを). **2.** ⟨j⁴⟩国籍を与える, 帰化を許す.
der **Na·ti·o·na·lis·mus** [ナツィオナリスムス] 名 -/ **1.** 《主に蔑》国家主義, ナショナリズム. **2.** 《稀》民族独立主義.
der **Na·ti·o·na·list** [ナツィオナリスト] 名 -en/-en 国家〔民族〕主義者, ナショナリスト.

nationalistisch [ナツィオナリスティシュ] 形 国家主義的な.

die **Nationalität** [ナツィオナリテート] 名 -/-en 《文》 1. 国籍: deutscher ～ sein ドイツ国籍である. 2. ある民族の一員であること; 少数民族.

die **Nationalitätenstaat** [ナツィオナリテーテン・シュタート] 名 -(e)s/-en 多民族国家.

die **Nationalitätskennzeichen** [ナツィオナリテーツ・ケン・ツァイヒェン] 名 -s/- (自動車などの)国籍符号.

die **Nationalmannschaft** [ナツィオナール・マンシャフト] 名 -/-en ナショナルチーム, 全国選抜チーム.

das **Nationalmuseum** [ナツィオナール・ムゼーウム] 名 -s/..seen 国立博物館.

der **Nationalökonom** [ナツィオナール・エコノム] 名 -en/-en 国民経済学者.

die **Nationalökonomie** [ナツィオナール・エコノミー] 名 -/ 国民経済学.

der **Nationalpark** [ナツィオナール・パルク] 名 -s/-s[-e] 国立公園.

der **Nationalrat** [ナツィオナール・ラート] 名 -(e)s/..räte 1. (⊕のみ)(スイス・オーストリアの)国民議会. 2. (スイス・オーストリアの)国民議会議員.

der **Nationalsozialismus** [ナツィオナール・ゾツィアリスムス] 名 -/ 1. 国家社会主義. 2. 国家(国民)社会主義(特に1933-45年のドイツ政体).

der **Nationalsozialist** [ナツィオナール・ゾツィアリスト] 名 -en/-en 国家(国民)社会主義者.

nationalsozialistisch [ナツィオナール・ゾツィアリスティシュ] 形 国家(国民)社会主義の.

der **Nationalspieler** [ナツィオナール・シュピーラー] 名 -s/- 〚競〛ナショナルチームの選手.

der **Nationalstaat** [ナツィオナール・シュタート] 名 -(e)s/-en 民族国家, 国民国家.

die **Nationalstraße** [ナツィオナール・シュトらーセ] 名 -/-n (⊕)自動車専用道路.

die **Nationaltracht** [ナツィオナール・トらはト] 名 -/-en 民族衣裳.

die **Nationalversammlung** [ナツィオナール・ふぇあザムルング] 名 -/-en 国会;(特に憲法制定のための)国民会議.

die **Nativität** [ナティヴィテート] 名 -/-en 〚占〛出生時の天宮図(星位). 2. 《古》誕生(出生)(時).

die **Nato, NATO** [ナート] 名 -/ 北大西洋条約機構(North Atlantic Treaty Organization).

das **Natrium** [ナートりウム] 名 -s/ ナトリウム(記号Na).

das **Natron** [ナートろン] 名 -s/ ナトロン, 炭酸ソーダ.

die **Natronlauge** [ナートろン・ラウゲ] 名 -/-n 苛性ソーダ液.

die **Natter** [ナッター] 名 -/-n 〚動〛(主に毒のない)ヘビ. 〖慣用〗eine Natter am Busen nähren 獅子(し)身中の虫を養う.

das **Natternhemd** [ナッターン・ヘムト] 名 -(e)s/-en ヘビの脱皮殻(ぬけがら).

die **Natur** [ナトゥーア] 名 -/-en 1. (⊕のみ)自然; 自然界; 自然現象. 2. (⊕のみ)(人工でない)自然(状態・物): nach der ～ zeichnen 自然のままに描く, 写生する. in die freie ～ 戸外へ. 3. (主に⊕)本性, 天性: von ～ (aus) 生れつき, 元来. nicht in 〈j³〉～ liegen 〈人の〉性分に合わない. 4. (形容詞とともに)(あるタイプの)人間: eine schöpferische ～ 創造的な人間. 5. (⊕のみ)(事柄の)性格, 性質. 〖慣用〗〈j³〉gegen (wider) die Natur gehen (sein) 〈人の〉性分に合わない. Natur sein 本物(天然の物)である. 〈j³〉zur zweiten Natur werden 〈人の〉第二の天性となる.

die **Naturalabgaben** [ナトゥらール・アップ・ガーベン] 複名 現物貢租.

die **Naturalien** [ナトゥらーリエン] 複名 1. (金銭の代りに用いられる)農産物, 原材料, 現物: in ～ bezahlen 現物で支払う. 2. (稀)博物標本.

die **Naturaliensammlung** [ナトゥらーリエン・ザムルング] 名 -/-en 博物標本コレクション.

die **Naturalisation** [ナトゥらリザツィオーン] 名 -/-en 1. 市民権付与; 帰化. 2. 獣の形のままに仕立てること.

naturalisieren [ナトゥらリズィーれン] 動 h. 1. 〈j⁴〉=〉国籍を与える, 帰化を許す. 2. 〈et⁴〉⊕〚生〛帰化させる(外来の動植物を). 3. 〈et⁴〉⊕(稀)獣の形のままに仕立てる(毛皮の頭などを).

der **Naturalismus** [ナトゥらリスムス] 名 -/..men 1. (⊕のみ)(文芸・美術の)自然主義. 2. 自然主義的要素. 3. (⊕のみ)(19世紀末の)自然主義. 4. 〚哲〛自然主義(の世界観).

der **Naturalist** [ナトゥらリスト] 名 -en/-en (19世紀末の)自然主義作家.

naturalistisch [ナトゥらリスティシュ] 形 自然主義の.

der **Naturallohn** [ナトゥらール・ローン] 名 -(e)s/..löhne 現物給与.

die **Naturalwirtschaft** [ナトゥらール・ヴィるトシャふト] 名 -/ 自然経済, 物々交換経済.

die **Naturanlage** [ナトゥーア・アン・ラーゲ] 名 -/-n 素質, 気質; 体質.

der **Naturarzt** [ナトゥーア・アーあット, ナトゥーア・アるット] 名 -es/..ärzte 自然療法医.

die **Naturbegabung** [ナトゥーア・ベガーブング] 名 -/-en 並ばずれた才能; 並ばずれた英才.

naturbelassen [ナトゥーア・ベラッセン] 形 天然の, 自然のままの; 無添加の.

die **Naturbeobachtung** [ナトゥーア・ベオバはトゥング] 名 -/-en 自然観察.

die **Naturbeschreibung** [ナトゥーア・ベシュらイブング] 名 -/-en 自然描写; (⊕のみ)博物誌.

naturblond [ナトゥーア・ブろント] 形 生れつきのブロンドの.

der **Naturbursche** [ナトゥーア・ブるシェ] 名 -n/-n 自然児.

das **Naturdenkmal** [ナトゥーア・デンク・マール] 名 -(e)s/..mäler 天然記念物.

nature [natýːr ナテューあ] 形 (無変化; 主に後置) 〚料〛材料そのままのまま: Schnitzel ～ シュニッツェルナテューア(衣なしのカツ).

naturell [ナトゥれル] 形 (無変化; 主に後置) 1. 天然の, 無着色の. 2. 〚料〛=nature.

das **Naturell** [ナトゥれル] 名 -s/-e 資質, 天性.

das **Naturereignis** [ナトゥーア・エアアイグニス] 名 -ses/-se 自然現象.

die **Naturerscheinung** [ナトゥーア・エアシャイヌング] 名 -/-en 自然現象.

das **Naturerzeugnis** [ナトゥーア・エアツォイグニス] 名 -ses/-se 天然の産物.

naturfarben [ナトゥーア・ふぁるベン] 形 無着色の, 自然色の.

der **Naturfarbstoff** [ナトゥーア・ふぁるプ・シュトっふ] 名 -(e)s/-e 天然色素.

die **Naturfaser** [ナトゥーア・ふぁーザー] 名 -/-n 天然繊維.

der **Naturforscher** [ナトゥーア・ふォるシャー] 名 -s/- 自然研究者.

die **Naturforschung** [ナトゥーア・ふォるシュング] 名 -/ 自然研究.

der **Naturfreund** [ナトゥーア・ふろイント] 名 -(e)s/-e 自然愛好家.

die **Naturgabe** [ナトゥーア・ガーベ] 名 -/-n 天分, 資質.

na·tur·ge·mäß [ナトゥーあ・ゲメース] [形] 自然な, 自然(条件)に合った.
── [副] 《文飾》当然, もちろん.

die **Na·tur·ge·schich·te** [ナトゥーあ・ゲシひテ] [名] -/ **1.** 《古》博物学, 自然誌. **2.** 発生学.

das **Na·tur·ge·setz** [ナトゥーあ・ゲゼっツ] [名] -es/-e 自然法則.

na·tur·ge·treu [ナトゥーあ・ゲトろイ] [形] 自然に忠実な, 自然そのままの, 実物どうりの.

die **Na·tur·heil·kun·de** [ナトゥーあ・ハイル・クンデ] [名] -/ 自然療法.

der/*die* **Na·tur·heil·kun·di·ge** [ナトゥーあ・ハイル・クンディゲ] [名] 《形容詞的変化》自然療法家〔治療師〕.

na·tur·i·den·tisch [ナトゥーあ・イデンティシュ] [形] 天然成分と同一の.

der **Na·tu·ris·mus** [ナトゥりスムス] [名] -/ 《稀》ヌーディズム.

die **Na·tur·ka·ta·st·ro·phe** [ナトゥーあ・カタストろーふぇ] [名] -/-n 自然災害.

das **Na·tur·kind** [ナトゥーあ・キント] [名] -(e)s/-er 自然児.

die **Na·tur·kon·s·tan·te** [ナトゥーあ・コンスタンテ] [名] -/-n 〘理〙普遍定数.

die **Na·tur·kraft** [ナトゥーあ・クらふト] [名] -/..kräfte 《主に[複]》自然の力.

die **Na·tur·kun·de** [ナトゥーあ・クンデ] [名] -/ 《古》(小・中学校の)博物学(生物学・地質学・鉱物学).

die **Na·tur·land·schaft** [ナトゥーあ・ラントシャふト] [名] -/-en 人間の手が加わっていない土地, 自然景観.

die **Na·tur·leh·re** [ナトゥーあ・レーれ] [名] -/ 《古》(小・中学校の)物理(化)学.

na·tür·lich [ナテューありひ] [形] **1.** 自然〔天然〕の: ein *~er* Tod 自然死. einen *~en* Widerwillen gegen 〈et⁴〉 haben 〈物・事に〉生理的な嫌悪感を抱いている. **2.** 本物〔実物〕そのままの, 生写しの: eine griechische Plastik in *~er* Größe 実物大のギリシア彫像. **3.** 生れつきの, 生得の, 天性の: eine *~e* Begabung 生れつきの才. **4.** 当然の, 当り前の: eine *~e* Folge 当然の成行き. Mir kam am *~sten* vor, dass sie sich beschwert hat. 私には, 彼女が苦情を言ったのはごくごく当然のことに思えた. **5.** (わざとらしさのない)自然な, 気取りのない: ein *~es* Wesen 飾らない〔気取りのない〕性格. **【慣用】** **ein natürliches Kind**〘法〙《古》庶子;《口》実子. **eine natürliche Person**〘法〙自然人 **natürliche Zahlen**〘数〙自然数. **seine natürlichen Bedürfnisse befriedigen** 彼の生理的な要求を満足させる.
── [副] 《文飾》 **1.** もちろん, 当然: Du hast ~ Recht. もちろん君の言うとおりだ. Kommst du mit? ―*N*~! 一緒に来るかい. ―もちろんだ. 《aber とともに zwar, wohl の意味で》 *N*~ freue ich mich darüber, aber ... 私にはそれはうれしいには違いないが, しかし…. **2.** 思ったとおり: Er hat ~ die Forderung wieder abgelehnt. 彼は思ったとおりその要求をまた拒否した.

na·tür·li·cher·wei·se [ナテューありひゃー・ヴァイゼ] [副] 《文飾》当然のことながら.

die **Na·tür·lich·keit** [ナテューありひカイト] [名] -/ **1.** 自然(のまま)であること, 自然らしさ. **2.** 自然さ, 飾り〔気取り〕のなさ. **3.** 当然〔自明〕のこと.

der **Na·tur·mensch** [ナトゥーあ・メンシュ] [名] -en/-en **1.** 自然児. **2.** 未開人. **3.** 自然愛好家.

na·tur·not·wen·dig [ナトゥーあ・ノート・ヴェンディひ] [形] 自然的必然の.

der **Na·tur·park** [ナトゥーあ・パるク] [名] -s/-s〔-e〕 自然公園.

die **Na·tur·phi·lo·so·phie** [ナトゥーあ・ふぃロ・ゾふぃー] [名] -/-n 自然哲学.

das **Na·tur·pro·dukt** [ナトゥーあ・プろドゥクト] [名] -(e)s/-e 自然の産物, 農産物.

das **Na·tur·recht** [ナトゥーあ・れひト] [名] -(e)s/ 〘倫〙自然法.

das **Na·tur·reich** [ナトゥーあ・らイひ] [名] -(e)s/-e 《主に[単]》自然界.

na·tur·rein [ナトゥーあ・らイン] [形] (食品が)天然の, 純粋な.

die **Na·tur·re·li·gi·on** [ナトゥーあ・れリギオーン] [名] -/-en 自然宗教.

das **Na·tur·schau·spiel** [ナトゥーあ・シャウ・シュピール] [名] -(e)s/-e 大自然の景観.

die **Na·tur·schön·heit** [ナトゥーあ・[シェ]ーンハイト] [名] -/-en 《主に[複]》美しい自然の風物.

der **Na·tur·schutz** [ナトゥーあ・シュっツ] [名] -es/ 自然保護.

das **Na·tur·schutz·ge·biet** [ナトゥーあシュっツ・ゲビート] [名] -(e)s/-e 自然保護地区.

das **Na·tur·schutz·ge·setz** [ナトゥーあシュっツ・ゲゼっツ] [名] -es/-e 自然保護法.

das **Na·tur·spiel** [ナトゥーあ・シュピール] [名] -(e)s/-e 《稀》自然の戯れ, 造化の妙.

das **Na·tur·the·a·ter** [ナトゥーあ・テアーター] [名] -s/- 《古》(17-18 世紀宮廷の)野外劇場.

die **Na·tur·treue** [ナトゥーあ・トろイエ] [名] -/ 真に迫っていること.

der **Na·tur·trieb** [ナトゥーあ・トりーブ] [名] -(e)s/-e 《古》本能.

na·tur·ver·bun·den [ナトゥーあ・ふぇあブンデン] [形] 自然に密着した, 自然が好きな.

das **Na·tur·volk** [ナトゥーあ・ふぉルク] [名] -(e)s/..völker 《主に[複]》〘民族〙《古》原始〔未開〕民族.

der **Na·tur·wein** [ナトゥーあ・ヴァイン] [名] -(e)s/-e (砂糖を加えていない)天然ワイン.

na·tur·wid·rig [ナトゥーあ・ヴィードりひ] [形] 自然(の法則)に反する.

die **Na·tur·wis·sen·schaft** [ナトゥーあ・ヴィっセンシャふト] [名] -/-en 《主に[複]》自然科学.

der **Na·tur·wis·sen·schaft·ler** [ナトゥーあ・ヴィっセンシャふトラー] [名] -s/- 自然科学者.

na·tur·wis·sen·schaft·lich [ナトゥーあ・ヴィっセンシャふトりひ] [形] 自然科学の.

na·tur·wüch·sig [ナトゥーあ・ヴュークスィひ] [形] 自然のままの, のびのびした; 自然発生的な.

das **Na·tur·wun·der** [ナトゥーあ・ヴンダー] [名] -s/- 自然の驚異.

der **Na·tur·zu·stand** [ナトゥーあ・ツー・シュタント] [名] -(e)s/ (人の手が入っていない)自然状態; (人間の共同生活の)原始状態.

der **Nau·p·li·us** [ナウプリウス] [名] -/..plien 〘動〙ノープリウス(甲殻類の幼生).

(*das*) **Nau·ru** [ナウーる] [名] -s/ 〘国名〙ナウル(南太平洋の国).

'naus [ナウス] [副] 《南独》=hinaus.

die **Nau·sea** [ナウゼーア, ナウゼア] [名] -/ 〘医〙吐き気, 悪心(おしん).

(*die*) **Nau·si·kaa** [..kaa ナウズィーカア] [名] 〘キ神〙ナウシカアー(Phäake の王の娘. 漂着した Odysseus を救った).

die **Nau·tik** [ナウティク] [名] -/ 航海術.

der **Nau·ti·lus** [ナウティルス] [名] -/-〔-se〕 〘貝〙オオムガイ.

nau·tisch [ナウティシュ] [形] 〘海〙航海術の.

die **Na·vi·ga·ti·on** [ナヴィガツィオーン] [名] -/ 〘海・空〙ナヴィゲーション, 航法.

na·vi·gie·ren [ナヴィギーれン] [動] *h.* 〘海・空〙 **1.** 〔補足なし〕(現在位置を確認しながら)正しい針〔航〕路を航行〔飛行〕する. **2.** 〔〈et⁴〉ヲ〕(現在位置を確認しな

がら)正しい針路を航行〔飛行〕させる.

na̩·xisch [ナクスィシュ] [形] ナクソス(島)の.

(*das*) **Na̩·xos** [ナクソス] [名] -'/ 〖地名〗ナクソス(島)《ギリシア多島海最大の島》.

der **Na·za·rä̲·er** [ナツァれーあー] [名] -s/- **1.** 《[単]のみ》ナザレの人《イエスの呼名》. **2.** ナザレの人《①初期キリスト教徒. ② 4 世紀頃のシリアのユダヤ人キリスト教徒》.

der **Na·za·re̲·ner** [ナツァれーナー] [名] -s/- **1.** =Nazaräer. **2.** ナザレ派の人《① 19 世紀の南西ドイツ・スイスのキリスト再臨派信者. ② 19 世紀ドイツのロマン派の新宗教画家集団に属する人》.

(*das*) **Na̲·za·reth** [ナーツァれット] [名] -s/ 〖地名〗ナザレ《イスラエルの都市》: Jesus von ～ ナザレのイエス.

der **Na̲·zi** [ナーツィ] [名] -s/-s 《口・蔑》ナチ(ス)党員(Nationalsozialist).

das **Na̲·zi·gold** [ナーツィ・ゴルト] [名] -(e)s/ 《口》ナチの金(資産)《特にユダヤ人から不当に奪ったもの》.

der **Na·zi̩s·mus** [ナツィスムス] [名] -/ 《口・蔑》ナチズム(Nationalsozialismus).

na·zi̩s·tisch [ナツィスティシュ] [形] 《蔑》ナチ(ス)の(nationalsozialistisch).

Nb [エンベー] =Niob 〖化〗ニオブ.

NB =notabene 注意(せよ);ところで.

n. Br. =nördlicher Breite 北緯.

die **NC-Fä·cher** [エンツェー・ふぇっひゃー] [複名] (大学入学許可数の)定員制学科(Numerus-clausus-Fächer).

Nchf. =Nachfolger 後継者.

n. Chr. =nach Christus〔Christo〕 西暦…年. 【「西暦紀元前…年」は vor Christo(略 v. Chr.)】

Nd [エンデー] =Neodym 〖化〗ネオジム.

der **NDR** [エンデーエる] [名] -(s)/ =Norddeutscher Rundfunk 北ドイツ放送.

ne [nə ネ] [副] 《前で述べたことを強めて》(…でしょう,)ね.

Ne [エンエー] =Neon 〖化〗ネオン.

ne ! [ネー] [副] 《口》=nein.

'ne [nə ネ] 《口》不定冠詞 eine の短縮形.

der **Ne·a̩n·der·ta·ler** [ネアンダーターラー] [名] -s/- ネアンデルタール人《化石人》.

(*das*) **Ne·a̲·pel** [ネアーペル] [名] -s/ 〖地名〗ナポリ《イタリアの州およびその州都》.

der **Ne·a·po·li·ta̲·ner** [ネアポリターナー] [名] -s/- **1.** ナポリ市民. **2.** 《主に[複]》《[ｵｰｽﾄﾘｱ]》クリーム入りワッフル.

ne·a·po·li·ta̲·nisch [ネアポリターニシュ] [形] ナポリ(風)の.

ne̩b·bich ! [ネっビひ] [間] **1.** 《嘆》残念だ. **2.** 《口》まあいいさ,たいしたことじゃない.

der **Ne̲·bel** [ネーベル] [名] -s/- **1.** 霧,もや,かすみ: künstlicher ～ 煙幕. wegen ～(*s*) ausfallen 《口・冗》突然中止となる. **2.** 〖天〗星雲.

die **Ne̲·bel·bank** [ネーベル・バンク] [名] -/..bänke 霧峰《厚い霧の層》.

der **Ne̲·bel·fleck** [ネーベル・ふレック] [名] -(e)s/-e 〖天〗星雲.

ne̲·bel·haft [ネーベルハふト] [形] おぼろげな,ぼんやりとした;《稀》霧のかかった.

das **Ne̲·bel·horn** [ネーベル・ホるン] [名] -(e)s/..hörner 〖海〗霧笛.

ne̲·be·lig [ネーベリひ] [形] =neblig.

die **Ne̲·bel·kap·pe** [ネーベル・カっペ] [名] -/-n 山頂にかかった霧の笠;〖神話〗隠れ頭布.

die **Ne̲·bel·krä·he** [ネーベル・クれーエ] [名] -/-n 〖鳥〗ハイイロガラス.

der **Ne̲·bel·mond** [ネーベル・モーント] [名] -(e)s/-e 《主に[単]》《古》11 月.

ne̲·beln [ネーベルン] [動] *h.* **1.** 〔Es〕《文》霧がかかる. **2.** 〔[補足なし]〕《文》霧がたちこめる. **3.** 〔(<et⁴>ヲ+<方向>ニ)〕噴霧器で(薬剤)散布する.

der **Ne̲·bel·schein·wer·fer** [ネーベル・シャイン・ヴェるふぁー] [名] -s/- 《主に[複]》〖車〗フォグランプ.

die **Ne̲·bel·schluss·leuch·te,** [旧]**Ne̲·bel·schluß·leuch·te** [ネーベル・シュルス・ロイひテ] [名] -/-n 〖車〗後部フォグランプ.

der **Ne̲·bel·schwa·den** [ネーベル・シュヴァーデン] [名] -s/- 《主に[複]》流れる霧の塊.

der **Ne̲·bel·strei·fen** [ネーベル・シュトらイふぇン] [名] -s/- 棚引く霧.

der **Ne̲·bel·wald** [ネーベル・ヴァルト] [名] -(e)s/..wälder 〖地〗雲霧林.

die **Ne̲·bel·wand** [ネーベル・ヴァント] [名] -/..wände 霧の壁.

der **Ne̲·bel·wer·fer** [ネーベル・ヴェるふぁー] [名] -s/- 〖軍〗《古》ロケット砲.

das **Ne̲·bel·wet·ter** [ネーベル・ヴェッター] [名] -s/ 霧深い天候.

ne̲·ben [ネーベン] [前] 〔+3 格/4 格〕 **1. a.** 〔+3 格〕《位置》…の隣に,…の横〔脇〕に: Er steht ～ mir. 彼は私の隣に立っている. Dort steht Haus ～ Haus. そこは家が建て込んでいる. **b.** 〔+4 格〕《方向》…の隣へ,…の横〔脇〕へ: Ich setze mich ～ ihn. 私は彼の隣へ座る. **2.** 〔+3 格〕《併存》…のほかに. **3.** 〔+3 格〕《比較》…に比べると.

die **Ne̲·ben·ab·sicht** [ネーベン・アっプ・ズィひト] [名] -/-en 付随目的,副次的意図,下心.

das **Ne̲·ben·amt** [ネーベン・アムト] [名] -(e)s/..ämter 兼職,兼任.

ne̲·ben·amt·lich [ネーベン・アムトリひ] [形] 兼職〔兼任〕の.

ne·ben·a̩n [ネーベン・アン] [副] 隣で〔に〕: Er wohnt〔ist〕～. 彼は隣に住んでいる. im Zimmer ～ 隣の部屋で〔に〕. nach ～ gehen 隣(の部屋〔家・店〕)へ行く.

der **Ne̲·ben·an·schluss,** [旧]**Ne̲·ben·an·schluß** [ネーベン・アン・シュルス] [名] -es/..schlüsse 内線電話.

die **Ne̲·ben·ar·beit** [ネーベン・アるバイト] [名] -/-en **1.** 副業,アルバイト;(ある仕事に)付随する仕事. **2.** 副次的な仕事.

die **Ne̲·ben·aus·ga·be** [ネーベン・アウス・ガーベ] [名] -/-n **1.** 《主に[複]》追加〔付帯〕支出. **2.** (新聞の)地方版.

der **Ne̲·ben·aus·gang** [ネーベン・アウス・ガング] [名] -(e)s/..gänge わきの出口.

die **Ne̲·ben·bahn** [ネーベン・バーン] [名] -/-en (鉄道の)支線.

die **Ne̲·ben·be·deu·tung** [ネーベン・ベドイトゥング] [名] -/-en 副次的意義.

ne·ben·bei̲ [ネーベン・バイ] [副] **1.** そのかたわら,片手間に. **2.** ついでに: ～ bemerkt〔gesagt〕ついでに言うと,ちなみに.

der **Ne̲·ben·be·ruf** [ネーベン・べるーふ] [名] -(e)s/-e 副業.

ne̲·ben·be·ruf·lich [ネーベン・べるーふリひ] [形] 副業の,内職の.

die **Ne̲·ben·be·schäf·ti·gung** [ネーベン・ベシェふティグング] [名] -/-en 副次的活動〔仕事〕,余技.

der **Ne̲·ben·buh·ler** [ネーベン・ブーラー] [名] -s/- **1.** 恋敵;〖動〗(雄がテリトリー・雌をめぐって争う)ライバル. **2.** 《口》競争相手.

die **Ne̲·ben·buh·ler·schaft** [ネーベン・ブーラーシャふト] [名] -/ ライバル関係.

der **Ne̲·ben·ef·fekt** [ネーベン・エふぇクト] [名] -(e)s/-e 副次的効果〔作用〕.

ne·ben·ei·na̩n·der [ネーベン・アイナンダー] [副] **1.** 相

並んで，並び合って．**2.** （二つのものが）同時に：～ bestehen 共存する．

das **Ne·ben·ei·n·an·der** ［ネーベン・アイナンダー，ネーベン・アイナンダー］ [名] -s/ 並存；共存：ein friedliches ～ 平和共存．

ne·ben·ei·n·an·der le·gen, [旧]**ne·ben·ein·an·der|le·gen** ［ネーベンアイナンダー レーゲン］ [動] *h.* 〔⟨et^4⟩ヲ〕互いに並べて置く．

ne·ben·ei·n·an·der set·zen, [旧]**ne·ben·ein·an·der|set·zen** ［ネーベンアイナンダー ゼっツェン］ [動] *h.* 〔⟨j^4/et^4⟩ヲ〕互いに並べる．

ne·ben·ei·n·an·der stel·len, [旧]**ne·ben·ein·an·der|stel·len** ［ネーベンアイナンダー シュテレン］ [動] *h.* 〔⟨j^4/et^4⟩ヲ〕並べ（て立て）る．

der **Ne·ben·ein·gang** ［ネーベン・アイン・ガング］ [名] -(e)s/..gänge 脇の入口．

die **Ne·ben·ein·künf·te** ［ネーベン・アイン・キュンふテ］ [複名] 副収入，別途収入．

die **Ne·ben·ein·nah·me** ［ネーベン・アイン・ナーメ］ [名] -/-n 《主に[複]》＝Nebeneinkünfte.

das **Ne·ben·fach** ［ネーベン・ふぁっは］ [名] -(e)s/..fächer （大学での）副専攻科目．

die **Ne·ben·fi·gur** ［ネーベン・ふぃグーあ］ [名] -/-en 脇役の人物；副次的人物．

der **Ne·ben·fluss,** [旧]**Ne·ben·fluß** ［ネーベン・ふルス］ [名] -es/..flüsse 支流．

die **Ne·ben·fol·ge** ［ネーベン・ふォルゲ］ [名] -/-n 〖法〗付随効果（刑罰に服することで投票や公務につくことができなくなること）．

die **Ne·ben·fra·ge** ［ネーベン・ふらーゲ］ [名] -/-n 副次的問題．

die **Ne·ben·frau** ［ネーベン・ふらウ］ [名] -/-en **1.** （一夫多妻制での）第一夫人以外の妻．**2.** めかけ，側室．

die **Ne·ben·gas·se** ［ネーベン・ガっセ］ [名] -/-n 横丁，裏通り．

das **Ne·ben·ge·bäu·de** ［ネーベン・ゲボイデ］ [名] -s/- **1.** 付属建造物，別棟，別館，離れ．**2.** 隣接する建物．

der **Ne·ben·ge·dan·ke** ［ネーベン・ゲダンケ］ [名] -ns/-n 付随的な考え，下心．

ne·ben·ge·ord·net ［ネーベン・ゲオるドネット］ [形] 並列の．

das **Ne·ben·ge·räusch** ［ネーベン・ゲろイシュ］ [名] -(e)s/-e 雑音，ノイズ，（心臓などの）不整音．

das **Ne·ben·gleis** ［ネーベン・グライス］ [名] -es/-e 〖鉄道〗側線．

die **Ne·ben·hand·lung** ［ネーベン・ハンドルング］ [名] -/-en （小説などの）脇筋（わきすじ）．

das **Ne·ben·haus** ［ネーベン・ハウス］ [名] -es/..häuser 隣家．

ne·ben·her ［ネーベン・ヘーあ］ [副] 《稀》その他に，かたわら；ついでに．

ne·ben·hin ［ネーベン・ヒン］ [副] 《稀》ついでに

der **Ne·ben·ho·den** ［ネーベン・ホーデン］ [名] -s/- 《主に[複]》〖解〗副睾丸（ふくこうがん）．

die **Ne·ben·kla·ge** ［ネーベン・クラーゲ］ [名] -/-n 〖法〗付随私訴．

der **Ne·ben·klä·ger** ［ネーベン・クレーガー］ [名] -s/- 〖法〗付随私訴原告．

die **Ne·ben·kos·ten** ［ネーベン・コステン］ [複名] （原価計算での）付随〔付帯〕費用．

die **Ne·ben·li·nie** ［ネーベン・リーニエ］ [名] -/-n 〖系譜学〗傍系；〖鉄道〗支線．

der **Ne·ben·mann** ［ネーベン・マン］ [名] -(e)s/..männer〔..leute〕 隣にいる人；（球技で）隣のポジションの人．

der **Ne·ben·mensch** ［ネーベン・メンシュ］ [名] -en/-en 《稀》 **1.** （生活圏を共にする）隣人．**2.** 隣りにいる人．

die **Ne·ben·nie·re** ［ネーベン・ニーれ］ [名] -/-n 《主に[複]》〖解〗副腎．

die **Ne·ben·per·son** ［ネーベン・ぺるゾーン］ [名] -/-en ＝Nebenfigur.

das **Ne·ben·pro·dukt** ［ネーベン・プろドゥクト］ [名] -(e)s/-e 副産物．

der **Ne·ben·raum** ［ネーベン・らウム］ [名] -(e)s/..räume **1.** 隣室．**2.** 非居住空間（台所・浴室など）．

die **Ne·ben·rol·le** ［ネーベン・ろレ］ [名] -/-n 脇役（わきやく）；副次的役割．

die **Ne·ben·sa·che** ［ネーベン・ザっへ］ [名] -/-n 副次的な事柄，枝葉末節．

ne·ben·säch·lich ［ネーベン・ゼひリひ］ [形] 副次的な，枝葉末節の．

die **Ne·ben·säch·lich·keit** ［ネーベン・ゼひリひカイト］ [名] -/-en **1.** 《[単]のみ》副次的であること，重要でないこと．**2.** 副次的な事柄．

der **Ne·ben·satz** ［ネーベン・ザッツ］ [名] -es/..sätze **1.** 〖言〗副文．**2.** ついでに述べた言葉．

die **Ne·ben·schild·drü·se** ［ネーベン・シルト・ドりゅーゼ］ [名] -/-n 《主に[複]》〖解〗副甲状腺．

der **Ne·ben·sinn** ［ネーベン・ズィン］ [名] -(e)s/ 副次的意味．

ne·ben·ste·hend ［ネーベン・シュテーエント］ [形] （本文の）横にある，欄外の．

die **Ne·ben·stel·le** ［ネーベン・シュテレ］ [名] -/-n **1.** 支店，支社．**2.** 内線電話．

die **Ne·ben·stra·ße** ［ネーベン・シュトらーセ］ [名] -/-n わき道，裏通り．

die **Ne·ben·stre·cke** ［ネーベン・シュトれっケ］ [名] -/-n バイパス；重要でない航空路；（鉄道の）支線（区間）．

der **Ne·ben·strom** ［ネーベン・シュトろーム］ [名] -(e)s/..ströme 〖環〗副流煙（火のついたタバコの先端から出る煙）．

der **Ne·ben·tisch** ［ネーベン・ティっシュ］ [名] -(e)s/-e 隣のテーブル．

die **Ne·ben·tür** ［ネーベン・テューあ］ [名] -/-en 側面の戸；隣の戸．

der **Ne·ben·um·stand** ［ネーベン・ウム・シュタント］ [名] -(e)s/..stände 付随的事情．

der **Ne·ben·ver·dienst** ［ネーベン・ふぇあディーンスト］ [名] -es/-e 《主に[単]》副収入，臨時収入．

der **Ne·ben·weg** ［ネーベン・ヴェーク］ [名] -(e)s/-e わき道，間道．

der **Ne·ben·win·kel** ［ネーベン・ヴィンケル］ [名] -s/- 〖幾何〗補角．

die **Ne·ben·wir·kung** ［ネーベン・ヴィるクング］ [名] -/-en 《主に[複]》副作用．

der **Ne·ben·wohn·sitz** ［ネーベン・ヴォーン・ズィッツ］ [名] -es/-e （主たる居所とは）別の居所，もう一つの居所．

das **Ne·ben·zim·mer** ［ネーベン・ツィマー］ [名] -s/- 隣室．

der **Ne·ben·zweck** ［ネーベン・ツヴェック］ [名] -(e)s/-e 副次的目的．

neb·lig ［ネーブリひ］ [形] 霧のかかった，霧の深い：in *～er* Ferne 霧にかすんだ遠方に．*～e* Ideen 漠然とした考え．

nebst ［ネープスト］ [前] 〔+3格〕《古》並びに，…とともに；Er kommt ～ (seiner) Familie. 彼は家族ともどもやって来る．

ne·bu·los ［ネブロース］ [形] 《文》曖昧模糊（あいまいもこ）とした．

ne·bu·lös ［ネブ㋹ース］ [形] ＝nebulos.

das **Ne·ces·saire, Ne·ses·sär** ［nesɛsɛ́ːr ネセセーあ］ [名] -s/-s **1.** （携帯用）小物入れ．**2.** 洗面用具入れ（Reise～）．

der **Ne·ckar** ［ネっカる］ [名] -s/ 〖川名〗ネッカル川（バーデン＝ヴュルテンブルク州を流れるライン川の支流）．

N

nẹ·cken [ネッケン] [動] *h.* 〔〈j⁴/et⁴〉ヲ＋(mit 〈j³/et³〉ノコトデ)〕からかう;(〈j⁴〉が相互代名詞sich⁴の場合)互いにからかい合う.

die **Ne·cke·rei** [ネッケらイ] [名] -/-en (絶えず)からかうこと;からかいの冗談.

nẹ·ckisch [ネッキシュ] [形] いたずらっぽい, 珍妙な, おどけた;小粋な, 大胆な(服装の).

nee! [ネー] [副] =ne!

die **Neer** [ネーあ] [名] -/-en 《北独》逆巻く渦.

der **Nẹf·fe** [ネッふぇ] [名] -n/-n 甥(おい).

die **Ne·ga·ti·on** [ネガツィオーン] [名] -/-en **1.** 《文》否定. **2.** 〖哲・論〗否定. **3.** 〖言〗否定;否定詞.

ne·ga·tiv [ネーガティーふ, ネガティーふ] [形] **1.** 否定〔拒否〕的な;〖論〗否定の: 〈j³/et³〉 ～ gegenüberstehen 〈人・事に〉否定的である. **2.** 不都合な, 芳しくない: ～*e* Leistungen 芳しくない成績〔成果〕. **3.** 〖数〗負の;〖理〗陰の, マイナスの;〖写〗ネガの;〖医〗陰性の: der ～*e* Pol 陰〔マイナス〕極. ein ～*es* Testergebnis 陰性のテスト結果.

das **Ne·ga·tiv** [ネーガティーふ, ネガティーふ] [名] -s/-e 〖写〗ネガ, 陰画.

der **Ne·ga·tiv·film** [ネーガティーふ・ふぃルム, ネガティーふ・ふぃルム] [名] -(e)s/-e 〖写〗ネガフィルム.

das **Ne·ga·ti·vum** [ネーガティーヴム] [名] -s/..va 《文》不利〔不都合〕な事.

der **Ne·ger** [ネーガー] [名] -s/- 黒人.

der **Ne·ger·kuss,** [旧]**Ne·ger·kuß** [ネーガー・クス] [名] -es/..küsse ネーガークス(チョコレート菓子).

ne·gie·ren [ネギーれン] [動] *h.* 〔〈et⁴〉ヲ〕否認〔否定〕する;拒否する;無視する;〖言〗否定(文)にする.

das **Ne·g·li·gé, Ne·g·li·gee** [..ʒéː ネグリジェー] [名] -s/-s ネグリジェ.

ne·go·zi·a·bel [ネゴツィアーベル] [形] (〔付〕は..bl..)〖経〗市場性のある.

ne·grid [ネグリート] [形] 〖人類〗ネグリーデ〔黒色人種〕の.

der/die **Ne·gri·de** [ネグリーデ] [名] (形容詞的変化)〖人類〗ネグリーデ, 黒色人種の人.

der **Ne·gri·to** [ネグリート] [名] -(s)/-(s) ネグリート(東南アジアの矮小黒色人種の人).

ne·gro·id [ネグろイート] [形] 〖人類〗ネグロイドの.

der **Ne·gus** [ネーグス] [名] -/-〔-se〕 (昔の)エチオピア皇帝の称号.

neh·men* [ネーメン] [動] er nimmt; nahm; hat genommen **1.** 〔〈j⁴/et⁴〉ヲ＋von〈et³〉カラ/aus〈et³〉(ノ中)カラ〕取る, (取)出す(〈j⁴〉は手で扱える幼児のみ). **2.** 〔〈j⁴/et⁴〉ヲ＋〈方向〉ヘ〕抱〔担ぎ〕上げる, 抱える;くるようにする(手でつかんで). **3.** 〔〈j⁴/et⁴〉ヲ〕(手に)取る, つかむ: 〈j⁴〉 am Arm ～ 〈人の〉腕をつかむ. 〈j⁴〉 an der Hand ～ 〈人の〉手を取る. **4.** 〔(sich³)＋〈j⁴/et⁴〉ヲ〕取る(自分のものにする): (sich³) immer die besten Stücke ～ (自分に)いつも一番いいところを取る. den Läufer ～ 〖チェス〗ビショップを取る. 〈j⁴〉 zur Frau/zum Mann ～ 〈人を〉妻/夫とする. sich³ eine Frau ～ 《口》嫁を取る〔もらう〕. sich³ (die) Zeit für Theaterbesuche ～ 観劇のための時間をさく. **5.** 〔〈et⁴〉ヲ〕(受)取る(差出された物を)(一杯のワイン・チップなどを). **6.** 〔〈j⁴/et⁴〉ヲ＋〈形〉ニ〕受けとめる〔解する〕. **7.** 〔〈j⁴/et⁴〉ヲ＋als〔für〕〈j⁴/et⁴〉ト〕見なす. **8.** 〔〈j⁴〉ヲ〕雇う. **9.** 〔〈et⁴〉ヲ〕利用する(可能な交通手段から一つを選んで). **10.** 〔〈j⁴/et⁴〉ニ〕決める, (…を)選ぶ, する, とる(比較検討して). **11.** 〔〈et⁴〉ヲ〕服用する;《文》とる, 摂取する. **12.** 〔〈j⁴/et⁴〉ヲ〕(奪い)取る, 盗む. **13.** 〔〈j³〉カラ＋〈et⁴〉ヲ〕奪う, 失わせる;取り除く. sich³ das Leben ～ 自ら命を断つ. **14.** 〔〈j⁴/et⁴〉ヲ＋auf〈et⁴〉ニ〕とる(テープ・フィルムなどに). **15.** 〔〈et⁴〉ヲ＋(zu〈et³〉ニ/für〈et⁴〉ニ)〕使う, 用いる. **16.** 〔〈j⁴〉ヲ＋zu sich³/in〈et⁴〉ニ〕引取る. **17.** 〔〈et⁴〉ヲ＋auf sich⁴〕負う, 引き受ける. **18.** 〔〈et⁴〉ヲ〕とる, 受ける(休暇・レッスンなどを). **19.** 〔〈et⁴〉ヲ〕(乗り)越える(ハードル・坂などを). **20.** 〔〈et⁴〉ヲ〕取る(報酬として金銭などを). **21.** 〔〈j⁴/et⁴〉ヲ〕考えてみる, 思い浮かべてみる. **22.** 〔〈j⁴〉ヲ＋〈様態〉ニ〕取扱う. **23.** 〔〈et⁴〉ヲ〕〖軍〗占領する, 奪取する. **24.** 〔〈j⁴〉ニ＋〈形〉ノ〕〖スポーツ〗ファウル〔反則行為〕をする(特に球技で). **25.** 〔〈et⁴〉ヲ〕〖スポーツ〗受ける(ボールを), くう(ボクシングでパンチを). **26.** (動詞派生の4格名詞または前置詞句とともに機能動詞として) **a.** …する: eine Abkürzung ～ 近道する. von 〈j³〉 Abschied ～ 〈人に〉別れを告げる. einen Aufschwung ～ 発展する. ein Bad ～ 《文》入浴する. auf 〈j⁴/et⁴〉 Einfluss ～ 〈人・事に〉影響力を及ぼす. Maß ～ 採寸する. an 〈j³〉 Rache ～ 〈人に〉復讐をする. Rücksicht auf 〈j⁴/et⁴〉 ～ 〈人・事に〉配慮する. Zuflucht zu 〈et³〉 ～ 〈物・事に〉逃れる. 〈j⁴〉/〈et⁴〉 in Empfang ～ 〈物を〉受取る;《口》〈人を〉歓迎する〔出迎える〕. 〈j⁴〉 in Schutz ～ 〈人を〉保護する. zu 〈et³〉 Stellung ～ 〈事に〉自分の意見を言う. **b.** …し始める(特に機能動詞 haben などによる継続を示す表現と対照して): Interesse an 〈et³〉 ～ 〈事に〉興味を持つ. 〈et⁴〉 in Arbeit ～ 〈物を〉作り始める. 〈et⁴〉 in Betrieb ～ 〈物の〉営業〔操業〕を開始する. 〈et⁴〉 in Gebrauch ～ 〈物を〉使い始める. 【慣用】**〈et⁴〉 an sich⁴ nehmen** 〈物を〉預かる, 〈物を〉横領する. **〈j⁴〉 beim Wort nehmen** 〈人に〉約束の履行を求める. **einen nehmen** 《口》一杯やる(酒を). **genau genommen** 厳密にとれば. **im Grunde (genommen)** 結局, つまるところ. **〈j⁴/et⁴〉 mit sich³ nehmen** 〈人を〉同伴する, 〈物を〉携行する. **Nehmen Sie meinen herzlichsten Dank!** 《文》心から感謝致します. **Platz nehmen** 席につく. **sich³ nicht nehmen lassen, ... zu** [動]どうしても…をしようとする: Er ließ es sich nicht *nehmen*, persönlich zu gratulieren. 彼はどうしても自分でお祝いを述べようとした. **〈j⁴/et⁴〉 so nehmen, wie 〈j¹/et¹〉 ist** 〈人・物・事を〉あるがままにとる〔受けとめる〕. **Wie man's nimmt.** 《口》受取り方次第だ. **Woher nehmen und nicht stehlen?** 盗みでもしなければどこでそれを手に入れればいいんだ.

die **Neh·rung** [ネーるング] [名] -/-en 砂州, 砂嘴(さし).

der **Neid** [ナイト] [名] -(e)s/ 嫉妬(しっと), 妬(ねた)み, 羨望: Das muss ihr der ～ lassen. 《口》しゃくだけど彼女のそれは認めざるをえない. vor ～ erblassen 妬ましくてたまらなくなる.

nei·den [ナイデン] [動] *h.* 〔〈j³〉ノ＋〈et⁴〉ヲ〕《文》妬(ねた)む, 羨(うらや)む.

der **Nei·der** [ナイダー] [名] -s/- 嫉妬する〔ねたむ〕人.

der **Neid·ham·mel** [ナイト・ハメル] [名] -s/-〔..hämmel〕《口・蔑》妬(ねた)みっぽい人.

(*der*) **Neid·hart** [ナイト・ハるト] [名] 〖人名〗ナイトハルト (～ von Reuenthal, 13世紀前半の騎士詩人).

nei·disch [ナイディシュ] [形] 〔(auf 〈j⁴/et⁴〉ヲ)〕妬(ねた)んでいる, 羨(うらや)ましがっている.

der **Neid·kopf** [ナイト・コップふ] [名] -(e)s/..köpfe **1.** 〖建・民俗〗(教会・家屋に取り付けた)魔除けの獣〔人〕面. **2.** 《方・蔑》嫉妬(しっと)深い人.

neid·los [ナイト・ロース] [形] 妬(ねた)み心のない.

die **Nei·ge** [ナイゲ] [名] -/-n (主に[単])《文》(容器の底の)残り;《転》終り: die ～ austrinken 残りを飲みほす. Der Tag geht zur ～. 日が傾く. zur〔auf die〕～ gehen なくなりかける.

nei·gen [ナイゲン] [動] *h.* **1.** 〔〈et⁴〉ヲ＋(〈方向〉ニ)〕傾ける, 斜めにする, 下げる, (曲げて)垂らす. **2.** 〔sich⁴＋(〈方向〉ニ)〕傾く, 斜めになる, 下がる, (曲がって)垂れる;傾斜している. **3.** 〔sich⁴〕《文》終りに近づく(日・年・休暇・祭典などが)(dem Ende〔zum Ende〕をともなうこともある). **4.** 〔zu 〈et³〉ニ〕なりが

ちである《肥満・ヒステリーなどに》;(…を)する性癖がある《興奮・浪費などを》. 【慣用】〈j^3〉 **sein Ohr neigen** 《文》〈人の〉言葉に耳を傾ける. **sich⁴ vor 〈j^3〉 neigen** 《文》〈人に〉お辞儀をする.

die **Nei·ge·tech·nik** [ナイゲ・テヒニク] [名] -/-en 車体傾斜装置《電車のカーブの際の車室の遠心力をおさえる装置》.

die **Nei·gung** [ナイグング] [名] -/-en **1.** 《[単]のみ》傾けること. **2.** 傾斜, 傾き, 勾配. **3.** 好み, 愛好 : eine ~ für 〈et^4〉 〈物・事に〉対する好み. **4.** 《[単]のみ》傾向 : die ~ zu 〈et^3〉 〈事に〉なりやすい傾向. **5.** 《[単]のみ》意欲, (…する)気 : keine ~ zeigen, 〈et^4〉 zu tun 〈事を〉する気がない. **6.** 《主に[単]》愛情.

die **Nei·gungs·e·he** [ナイグングス・エーエ] [名] -/-n 愛情のある結婚生活.

die **Nei·gungs·hei·rat** [ナイグングス・ハイラート] [名] -/-en 恋愛結婚.

der **Nei·gungs·win·kel** [ナイグングス・ヴィンケル] [名] -s/- 〖数〗傾斜角.

nein [ナイン] [副] **1.** 《決定疑問文の否定の答えを導いて》いいえ, いや;《疑問文が否定の場合は》ええ, はい, そうです : Kommst du mit ? — *N*~ (, ich komme nicht mit). 一緒に来るかい. —いや(, 私は一緒に行かない). Haben Sie keine Kinder ? — *N*~ , ich habe keine (Kinder). お子さんはいないのですか. —はい, いません. Möchten Sie noch eine Tasse Tee? —*N*~, danke. お茶もう一杯いかがですか. いいえ, 結構です. **2.** 《前に述べられた内容または相手の行為を否定して》だめだ, やめろ, いやだ : Den werde ich aus meinem Haus verstoßen. — *N*~, das geht zu weit ! やつを家からたたき出してやる. —だめだよ, それはいきすぎだ. 《相手から危害などを加えられそうになって》*N*~-~-~ ! やめろ, やめろ, やめてくれ. **3.** 《叙述文の形の否定の疑問文の後ろに置き, 同意の答えを求めて. アクセント有》そうではないか, 違いますか : Man kann ihm nicht glauben, ~ ? 彼(の言うこと)は信用できない, そうではないですか. **4.** 《話者の気持》 **a.** 《意外な出来事に驚いて. アクセント無》まさか, まあ : *N*~ so was ! まさか, そんな. *N*~, wie schön ! まあ〔わあっ〕なんてすばらしい. *N*~, dass unsere Mannschaft besiegt wurde ! まさか, われわれのチームが負けたなんて. **b.** 《単独で用いて. 急には信じられなく》《口》うそ, ええっ ! : Er ist schon wieder mit dem Auto schwer verunglückt ! — *N*~ ! 彼がまた自動車でひどい事故にあったぞ. —うそ〔ええっ〕! **c.** 《先に述べたことでは不十分だと思って. アクセント無》いや(…といってもいい). Hunderte, ~, Tausende ... 何百人, いや何千人もの人…. 【慣用】**Aber nein !** いやまさか, とんでもない, まっぴらだ, まあ〔あら〕いやだ. **Ach nein !** へえーまさか, 本当かい. **Nein doch !** いやそんなことはない, とんでもない. **Nein und abermals nein !** そうではない〔違う・いやだ〕, 絶対そうではない〔違う・いやだ〕. **nein〔Nein〕 (zu 〈et^3〉) sagen** (〈事に〉)ノーと答える. **nicht nein sagen können** (人がよくて)ノーと言えない. **O〔Oh〕 nein !** とんでもない, そんなことはない.

das **Nein** [ナイン] [名] -(s)/-(s) 拒否(の言葉), 反対(票), ノー.

'nein [ナイン] [副] 《南独》=hinein.

der **Nein·sa·ger** [ナイン・ザーガー] [名] -s/- 《蔑》いつも反対する人.

die **Nein·stim·me** [ナイン・シュティメ] [名] -/-n 反対票.

die **Nei·ße** [ナイセ] [名] -/ 〖川名〗ナイセ川《オーダー川の支流》: die Glatzer ~ グラーツァー・ナイセ川《ポーランド, シュレージエンを流れる》. die Lausitzer ~ ラウジッツァー・ナイセ川《ポーランドとドイツの国境近くを流れる》.

der **Ne·k·ro·log**¹ [ネクろ・ローク] [名] -(e)s/-e 《文》追悼の辞.

das **Ne·k·ro·log**² [ネクろ・ローク] [名] -(e)s/-e =Nekrologium.

das **Ne·k·ro·lo·gi·um** [ネクろ・ローギウム] [名] -/..gien (修道院などの)死者名簿, 過去帳.

die **Ne·k·ro·man·tie** [ネクろ・マンティー] [名] -/ 交霊術.

die **Ne·k·ro·phi·lie** [ネクろ・ふぃリー] [名] -/ 〖心・性科学〗死体性愛, 屍姦(しかん).

die **Ne·k·ro·po·le** [ネクろポーレ] [名] -/-n ネクロポリス《古代の共同墓地》.

die **Ne·k·ro·po·lis** [ネクろーポリス] [名] -/..polen [ネクろポーレン] =Nekropole.

die **Ne·k·rop·sie** [ネクろプスィー] [名] -/-n 検死.

die **Ne·k·ro·se** [ネクろーゼ] [名] -/-n 〖医〗壊死(えし).

der **Nek·tar** [ネクタる] [名] -s/-e **1.** 《[単]のみ》〖ギ神〗ネクター《不老不死の飲み物》. **2.** 〖植〗花蜜(かみつ). **3.** 果肉入りジュース.

die **Nek·ta·ri·ne** [ネクタりーネ] [名] -/-n 〖植〗ネクタリン.

das **Nek·ton** [ネクトン] [名] -s/ 〖生〗遊泳生物.

die **Nel·ke** [ネルケ] [名] -/-n **1.** ナデシコ科の植物《カーネーションなど》. **2.** 丁子(ちょうじ), クローヴ(Gewürz~).

das **Nel·ken·öl** [ネルケン・[エ]ール] [名] -(e)s/ 丁字〔クローブ〕油.

(die) **Nel·li** [ネリ] [名] 〖女名〗ネリー《Kornelia の短縮形》.

das **Ne·ma·ti·zid** [ネマティツィート] [名] -s/-e 線虫駆除剤.

der **Ne·ma·to·de** [ネマトーデ] [名] -n/-n 《主に[複]》〖動〗線虫類(動物).

die **Ne·me·sis** [ネ(ー)メズィス] [名] -/ **1.** 《主に無冠詞》〖ギ神〗ネメシス《復讐(ふくしゅう)の女神》. **2.** 《文》(罪を罰する)正義, 公正.

das **NE-Me·tall** [エンエー・メタル] [名] -s/-e =Nichteisenmetall 非鉄金属.

'nen [nən ネン] 《口》不定冠詞 einen の短縮形.

der **Nenn·be·trag** [ネン・ベトらーク] [名] -(e)s/..träge 〖経〗額面価額.

nen·nen* [ネネン] [動] nannte ; hat genannt **1.** 〔〈j^4/et^4〉に+〈j^4/et^4〉と〕名前をつける, 命名する. **2.** 〔〈j^4/et^4〉ヲ+〈j^4/et^4〉ト/〈[形]〉ト〕言う, 呼ぶ, 称する. **3.** 〔〈j^3〉ニ+〈j^4/et^4〉ヲ〕挙げる, (…の)名を挙げる;言う, 教える. **4.** 〔〈j^4/et^4〉ノ〕名前を挙げる, (…を)言う〔示す〕《提案・意向として他者の考えを打診するために》: 〈j^4〉 als 〔zum〕 Zeugen ~ 証人として〈人の〉名前を挙げる. **5.** 〔〈j^4〉ヲ+bei〔mit〕〈et^3〉デ〕呼びかける, 呼ぶ《ファーストネームなどで》. **6.** 〔sich⁴+〈$j^{1(4)}$/$et^{1(4)}$〉ト〕名乗る, 自称する《〈j^4/et^4〉はまれ》. **7.** 〔〈j^4〉ノ〕〖スポ〗エントリーをする, 参加申込をする. 【慣用】**das Kind 〔die Dinge〕 beim (rechten) Namen nennen** 《口》はっきりものを言う. **〈j^4〉 du nennen** 〈人を〉du(君)で呼ぶ. **〈et^4〉 sein eigen nennen** 〈物を〉自分のものと言う.

nen·nens·wert [ネネンス・ヴェーあト] [形] 言うに値する.

der **Nen·ner** [ネナー] [名] -s/- 〖数〗分母. 【慣用】**einen (gemeinsamen) Nenner finden** 共通の基盤を見出す. **〈et^4〉 auf einen (gemeinsamen) Nenner bringen** 〈事を〉調整する, とりまとめる.

der **Nenn·fall** [ネン・ふぁル] [名] -(e)s/ 〖言〗主格, 1格.

die **Nenn·form** [ネン・ふぉるム] [名] -/-en 〖言〗不定詞.

die **Nenn·leis·tung** [ネン・ライストゥング] [名] -/-en 〖工〗定格出力.

der **Nenn·on·kel** [ネン・オンケル] [名] -s/- 「おじさん」と呼んでいる(親戚以外の)親しい人.

N

die **Nenn·tan·te** [ネン・タンテ] 名 -/-n「おばさん」と呼んでいる(親戚以外の)親しい人.

nenn·te [ネンテ] 動 nennen の接続法2式.

die **Nen·nung** [ネヌング] 名 -/-en 指名すること；(名前などを)挙げること；〖ネズ〗エントリー.

der **Nenn·wert** [ネン・ヴェーァト] 名 -(e)s/-e 〖経〗券面額；額面価格.

das **Nenn·wort** [ネン・ヴォルト] 名 -(e)s/..wörter 〖言〗名詞.

das **Neo·dym** [ネオデューム] 名 -s/ 〖化〗ネオジウム(記号 Nd).

der **Neo·fa·schis·mus** [ネオ・ふぁシスムス，ネーオ・ふぁシスムス] 名 -/ ネオファシズムス.

der **Neo·klas·si·zis·mus** [ネオ・クラッスィツィスムス，ネーオ・クラッスィツィスムス] 名 -/ 新古典主義(20世紀初頭の古典的形式美の復興を目指した芸術傾向).

neo·klas·si·zis·tisch [ネオ・クラッスィツィスティッシュ，ネーオ・クラッスィツィスティッシュ] 形 新古典主義の.

der **Neo·li·be·ra·lis·mus** [ネオ・リベらリスムス，ネーオ・リベらリスムス] 名 -/ 〖経〗新自由主義(国家の介入と競争の保証を伴う自由な競争秩序を提唱).

das **Neo·li·thi·kum** [ネオ・リーティクム] 名 -s/ 新石器時代.

der **Neo·lo·gis·mus** [ネオロギスムス] 名 -/..men 1. 〖言〗新語. 2. (独のみ)革新熱.

das **Neon** [ネーオン] 名 -s/ 〖化〗ネオン(記号 Ne).

der **Neo·na·zi** [ネーオ・ナーツィ] 名 -s/-s ネオナチ.

der **Neo·na·zis·mus** [ネオナツィスムス，ネーオナツィスムス] 名 -/ ネオナチズム(ナチズムの復活を目指す運動).

der **Neo·na·zist** [ネーオ・ナツィスト，ネーオ・ナツィスト] 名 -en/-en ネオナチ主義者.

die **Ne·on·lam·pe** [ネーオン・ランペ] 名 -/-n ネオン灯.

das **Ne·on·licht** [ネーオン・リヒト] 名 -(e)s/ ネオンの光.

die **Ne·on·röh·re** [ネーオン・和ーれ] 名 -/-n ネオン管.

der **Neo·phyt** [ネオ・ふューート] 名 -en/-en 1. 〖キ教〗新受洗者，新信徒. 2. 帰化植物.

das **Neo·pren** [ネオプれーン] 名 -s/ 〖商標〗ネオプレーン(合成ゴム).

der **Neo·rea·lis·mus** [ネオ・れアリスムス，ネーオ・れアリスムス] 名 -/ ネオリアリズム(第二次大戦後のイタリア映画などの写実的な新傾向).

der **Neo·ve·ris·mus** [ネオ・ヴェリスムス，ネーオ・ヴェリスムス] 名 -/ =Neorealismus.

das **Neo·zo·i·kum** [ネオツォーイクム] 名 -s/ 〖地質〗新生代.

(das) **Ne·pal** [ネーパル，ネパール] 名 -s/ 〖国名〗ネパール(ヒマラヤ山中の国).

das **Ne·per** [ネーパー] 名 -/- 〖理〗ネーパー(減衰比率の単位. 記号 N, Np).

das **Ne·pho·skop** [ネふォ・スコープ] 名 -s/-e 〖気〗雲行観測計.

die **Ne·phrek·to·mie** [ネふれクトミー] 名 -/-n 〖医〗腎摘出.

der **Ne·phrit** [ネふリート] 名 -s/-e 〖鉱〗軟玉.

die **Ne·phri·tis** [ネふリーティス] 名 -/..tiden 〖医〗腎炎.

die **Ne·phro·se** [ネふろーゼ] 名 -/-n 〖医〗ネフローゼ(腎臓の機能異常).

der **Ne·po·tis·mus** [ネポティスムス] 名 -/ 〖文〗=Vetternwirtschaft.

der **Nepp** [ネップ] 名 -s/ 〖口・蔑〗(高値を)ふっかけること.

nep·pen [ネッペン] 動 h. 〈j⁴ン=〉〖口・蔑〗(高い値段(料金)を)吹っかける，(…から)ぼる.

das **Nepp·lo·kal** [ネップ・ロカール] 名 -(e)s/-e 〖口・蔑〗暴カバー.

der **Nep·tun** [ネプトゥーン] 名 -s/ 1. (主に無冠詞) 〖ロ神〗ネプトゥヌス，ネプチューン(海神)：(dem)~ opfern 〖冗〗船べりへどを吐く. 2. 〖天〗海王星.

nep·tu·nisch [ネプトゥーニシュ] 形 1. ネプトゥヌスの. 2. 〖地質〗(古)水成(論)の：-es Gestein 水成岩.

der **Nep·tu·nis·mus** [ネプトゥニスムス] 名 -/ 〖地質〗水成論.

das **Nep·tu·ni·um** [ネプトゥーニウム] 名 -s/ 〖化〗ネプニウム(放射性元素の一つ. 記号 Np).

..ner [..ナー] 接尾 1. 名詞の後につけて「…の人」「…する人」の意味の男性名詞を作る：Rent*ner* 年金生活者. Red*ner* 演説者. 2. -a で終る国名・地名の後につけて「…の住民」の意味の男性名詞を作る：Amerika*ner* アメリカ人.

die **Ne·re·i·de** [ネれーイデ] 名 -/-n 1. (主に復)〖ギ神〗ネレイス(海のニンフ). 2. 〖動〗ゴカイ(環形動物).

(der) **Ne·reus** [ネーろイス] 名 〖ギ神〗ネレウス(海神).

(der) **Ne·ro** [ネーろ] 名 〖人名〗ネロ(本名 Lucius Domitius Ahenobarbus, 37-68, ローマ皇帝).

ne·ro·nisch [ネろーニシュ] 形 ネロのような.

(die) **Ner·thus** [ネるトゥス] 名 〖ゲ゙神〗ネルトゥス(成長の女神).

der **Nerv** [ネるふ] 名 -s/-en 1. 神経：die sensiblen ~en 知覚神経. 2. 核心，神髄. 3. (独のみ)神経(心の働きとしての)：keine ~en kennen 〖口〗無神経だ. die ~en behalten 平静を保つ. völlig mit den ~en fertig sein〔heruntersein〕〖口〗まったく神経がまいってしまって，いらいらして. mit den ~en fertig sein〔heruntersein〕〈j³〉auf die ~en gehen〈人の〉神経にさわる，〈人を〉いらいらさせる. 4. 〖植〗葉脈；〖昆〗翅脈(ほく). ◆〖慣用〗Nerven zeigen 集中(抑制)が切れはじめる，いらいらし始める. (vielleicht) Nerven haben 〖口〗妙なことを考えつく, たいした神経だ.

ner·ven [nɛrfən ネるふェン] 動 h. 〖口〗1. 〈j⁴ン〉いらいらさせる，(…に)うるさくせがむ. 2. 〈j⁴ン〉〖口〗神経を疲れさせる(単調な仕事などが).

der **Ner·ven·arzt** [ネるふェン・アーるツト，ネるふェン・アるツト] 名 -es/..ärzte 神経科医.

ner·ven·auf·rei·bend [ネるふェン・アウふらイベント] 形 神経をすり減らすような.

die **Ner·ven·bahn** [ネるふェン・バーン] 名 -/-en 〖解・生理〗神経路.

das **Ner·ven·bün·del** [ネるふェン・ビュンデル] 名 -s/- 1. 〖解〗神経束. 2. 〖口〗ひどく神経質な人.

die **Ner·ven·ent·zün·dung** [ネるふェン・エントツュンドゥング] 名 -/-en 神経炎.

die **Ner·ven·fa·ser** [ネるふェン・ふぁーザー] 名 -/-n 〖解〗神経繊維.

das **Ner·ven·fie·ber** [ネるふェン・ふぃーバー] 名 -s/ 〖古〗チフス.

die **Ner·ven·heil·an·stalt** [ネるふェン・ハイル・アンシュタルト] 名 -/-en 〖医〗神経科病院，精神病院.

der **Ner·ven·kit·zel** [ネるふェン・キッツェル] 名 -s/ 〖口〗わくわくする感じ，スリル.

ner·ven·krank [ネるふェン・クらンク] 形 神経の病気の.

die **Ner·ven·krank·heit** [ネるふェン・クらンクハイト] 名 -/-en 1. 神経病. 2. 精神病／ノイローゼ.

der **Ner·ven·krieg** [ネるふェン・クリーク] 名 -(e)s/ 神経戦(争).

das **Ner·ven·lei·den** [ネるふェン・ライデン] 名 -s/- 神経症.

ner·ven·lei·dend [ネるふェン・ライデント] 形 神経の病気の.

die **Ner·ven·sä·ge** [ネるふェン・ゼーゲ] 名 -/-n 〖口〗ひどく神経にさわる人(物・事).

der **Ner·ven·schmerz** [ネるふェン・シュメるツ] 名 -es/

-en《主に[複]》神経痛.

der **Nẹr·ven·schock** [ネるふぇン・ショック] [名] -(e)s/-s〔-e〕 神経性ショック(精神的衝撃によって起こる).

nẹr·ven·schwach [ネるふぇン・シュヴァっは] [形] 神経の細い.

die **Nẹr·ven·schwä·che** [ネるふぇン・シュヴェっひぇ] [名] -/ 神経質;神経衰弱.

nẹr·ven·stär·kend [ネるふぇン・シュテるケント] [形] 神経を強くする.

der **Nẹr·ven·strang** [ネるふぇン・シュトらング] [名] -(e)s/..stränge 〘解〙神経束.

das **Nẹr·ven·sys·tem** [ネるふぇン・ズュステーム] [名] -s/-e 〘解・生理〙神経系.

die **Nẹr·ven·zel·le** [ネるふぇン・ツェレ] [名] -/-n 〘生〙神経細胞.

das **Nẹr·ven·zen·trum** [ネるふぇン・ツェントるム] [名] -s/..tren 〘解・生理〙神経中枢.

der **Nẹr·ven·zu·sam·men·bruch** [ネるふぇン・ツザメン・ブるっふ] [名] -(e)s/..brüche 神経が参っていること, 神経虚脱.

nẹr·vig [ネるふぃひ, ネるヴィひ] [形] 筋骨たくましい, 力のこもった;《口》わずらわしい.

nẹrv·lich [ネるふりひ] [形] 神経系の.

ner·vös [ネる(ヴェ)ース] [形] **1.** 神経質な, 神経過敏な, いらだちやすい. **2.** 〘医〙神経系の: *~e* Erschöpfung 神経衰弱.

die **Ner·vo·si·tät** [ネるヴォズィテート] [名] -/ **1.** いらいらした状態, 神経質. **2.** 《古》神経衰弱.

der **Nẹr·vus Re̱·rum,** [旧]**Nẹr·vus re̱·rum** [ネるヴス れーるム] [名] --/ 《文》かんじんなもの, すべての努力の目標, お金.

der **Nẹrz** [ネるツ] [名] -es/-e **1.** 〘動〙ミンク. **2.** ミンクの(毛でおおわれた)皮膚;ミンクの毛皮.

das **Nẹrz·fell** [ネるツ・ふぇル] [名] -(e)s/-e ミンクの(毛でおおわれた)皮膚.

der **Nẹs·sel**[1] [ネっセル] [名] -s/- (イラクサ糸で織った)からむし布.

die **Nẹs·sel**[2] [ネっセル] [名] -/-n 〘植〙イラクサ(Brenn~): sich^4(mit 〈et^3〉) in die *~n* setzen 《口》(〈事$_で$〉)苦しい羽目に陥る. wie auf *~n* sitzen 《口》いらいらしている.

der **Nẹs·sel·aus·schlag** [ネっセル・アウス・シュラーク] [名] -(e)s/..schläge 蕁麻疹(じんましん).

das **Nẹs·sel·fie·ber** [ネっセル・ふぃーバー] [名] -s/ 蕁麻(じんま)熱.

die **Nẹs·sel·kap·sel** [ネっセル・カプセル] [名] -/-n《主に[複]》〘動〙刺胞.

die **Nẹs·sel·sucht** [ネっセル・ズふト] [名] -/ =Nesselausschlag.

das **Nẹs·sel·tier** [ネっセル・ティーあ] [名] -(e)s/-e《主に[複]》〘動〙刺胞動物.

das **Nes·ses·sär** [ネセセーあ] ⇨ Necessaire.

(*der*) **Nẹs·sus** [ネっスス] [名] 〘ギ神〙ネッソス(自分の毒血を塗った衣服で Herakles に復讐する).

das **Nẹs·sus·ge·wand** [ネっスス・ゲヴァント] [名] -(e)s/..gewänder =Nessushemd.

das **Nẹs·sus·hemd** [ネっスス・ヘムト] [名] -(e)s/-en 〘ギ神〙ネッソスの衣服;《文》破滅をもたらす贈り物.

das **Nẹst** [ネスト] [名] -(e)s/-er **1.** (小鳥などの)巣;(人の)住み家: das eigene〔sein eigenes〕 ~ beschmutzen 身内〔自分の国〕のことを悪く言う. sich^4 ins gemachte ~ setzen 《口》金持の家に婿入りする;他人が準備したものから利益を得る. **2.** 《口》ベッド: ins ~ gehen 床に入る. **3.** (盗賊の)巣窟. **4.** 《口・蔑》へんぴなところ〔町・村〕. **5.** ひとかたまり, 群れ. **6.** 〘軍〙カムフラージュした基地. **7.** 〘鉱〙鉱巣. **8.** 束髪.

die **Nẹs·tel** [ネステル] [名] -/-n 《方》結び紐(ひも).

nẹs·teln [ネステルン] [動] *h.* **1.** 〔an〈et^3〉$_ヲ$/in〈et^3〉$_{(ノ中)ヲ}$〕もたもたいじくる(ひも・ボタン・髪などを). **2.** 〔〈et^4〉$_ヲ$+〈方向〉$_{ニ(カラ)}$〕もたもたいじくってつける〔はずす〕.

der **Nẹst·flüch·ter** [ネスト・ふリュひター] [名] -s/- 〘動〙(巣立ちの早い)離巣鳥.

das **Nẹst·häk·chen** [ネスト・ヘークひぇン] [名] -s/- 《口》末っ子.

der **Nẹst·ho·cker** [ネスト・ホっカー] [名] -s/- 〘動〙(巣立ちの遅い)留巣鳥.

der **Nẹst·ling** [ネストリング] [名] -s/-e まだ巣立ちできないひな鳥.

der **Nẹs·tor** [ネストーあ] [名] -s/-en [ネストーれン] **1.** 《[単]のみ;主に無冠詞》〘ギ神〙ネストル(トロイア戦争でのギリシア軍の長老). **2.** 長老, 老大家.

der **Nes·to·ri·a·nis·mus** [ネストりアニスムス] [名] -/ 〘神〙ネストリウスの教義(コンスタンティノープルの総主教 Nestorius, 380 頃-451 頃, による教義).

(*der*) **Nẹs·troy** [ネストろイ] [名] 〘人名〙ネストロイ(Johann Nepomuk ~, 1801-62, ウィーンの民衆劇の代表者).

die **Nẹst·wär·me** [ネスト・ヴェるメ] [名] -/ 家庭のぬくもり.

die **Nẹt·su·ke** [nɛ́ts(u)ke ネッケ, ネツケ] [名] -/-(s) (das ~ -(s)/-(s)も有)根付(日本独特の彫物細工として珍重される).

nẹtt [ネット] [形] **1.** 感じのいい, 親切な:(丁重な頼みやお礼に用いて) Seien Sie bitte so ~ und reichen Sie mir die Zeitung! すみませんが, 新聞を取っていただけますか. Das ist sehr ~ von Ihnen. それはどうもご親切様. **2.** こぎれいな, こざっぱりとした, かわいい: Sie ist ~ angezogen. 彼女はこぎれいな身なりをしている. **3.** 《口》(ど)えらい;(ど)えらく: Das kostete ihn *~es* Geld. そのために彼にはえらくお金がかかった. **4.** 《口・皮》いやな, 不快な: Das kann ja ~ werden. こいつはとんだことになりかねないぞ.

die **Nẹt·tig·keit** [ネっティひカイト] [名] -/-en **1.** 《[単]のみ》親切さ. **2.** 《主に[複]》感じのいいこと, 優しい言葉, お世辞;かわいい〔こぎれいな〕もの.

nẹt·to [ネット] [形] 〘商〙正味で;手取りで(略 nto.).

das **Nẹt·to·ein·kom·men** [ネット・アイン・コメン] [名] -s/- 純所得, 可処分所得.

das **Nẹt·to·ge·halt** [ネット・ゲハルト] [名] -(e)s/..hälter 手取りの給料.

das **Nẹt·to·ge·wicht** [ネット・ゲヴィひト] [名] -(e)s/-e 正味重量.

der **Nẹt·to·ge·winn** [ネット・ゲヴィン] [名] -(e)s/-e 純益.

das **Nẹt·to·in·lands·pro·dukt** [ネット・イン・ランツ・プろドゥクト] [名] -(e)s/-e 〘経〙国内純生産.

der **Nẹt·to·lohn** [ネット・ローン] [名] -(e)s/..löhne 手取り賃金.

der **Nẹt·to·preis** [ネット・プらイス] [名] -es/-e 正価.

die **Nẹt·to·raum·zahl** [ネット・らウム・ツァール] [名] -/-en 〘海〙純トン数.

die **Nẹt·to·re·gis·ter·ton·ne** [ネット・れギスター・トネ] [名] -/-n 〘海〙《古》登簿純トン数.

das **Nẹt·to·so·zi·al·pro·dukt** [ネット・ゾツィアール・プろドゥクト] [名] -(e)s/-e 〘経〙社会〔国民〕純生産(高).

das **Nẹtz** [ネッツ] [名] -es/-e **1.** 網, ネット;(捕獲用の)網;(ヘア)ネット(Haar~);(買い物用)網袋(Einkaufs ~);網棚(Gepäck~);クモの巣(Spinnen~). **2.** 網状のもの;ネットワーク, 回路網, 配管網: ein ~ von Straßen 道路網. **3.** 〘地〙経緯線. **4.** 〘幾何〙展開図;〘解〙網状組織. **【慣用】**〈j^3〉 **ins Netz gehen** 〈人$_の$〉わなにかかる.

der **Nẹtz·an·schluss,** [旧]**Nẹtz·an·schluß** [ネッツ・アン・シュルっス] [名] -es/..schlüsse 配電網への接続.

N

das **Netz·an·schluss·ge·rät**, ⓓ **Netz·anschluß-gerät** [ネッツアンシュルス・ゲレート] 名 -(e)s/-e 〖電〗エリミネーター.

netz·ar·tig [ネッツ・アーティヒ] 形 網状の.

die **Netz·ät·zung** [ネッツ・エッツング] 名 -/-en 〖印〗オートタイプ,網(目)版印刷.

das **Netz·au·ge** [ネッツ・アウゲ] 名 -s/-n 〖動〗複眼.

der **Netz·ball** [ネッツ・バル] 名 -(e)s/..bälle ネットインしたボール.

net·zen [ネッツェン] 動 h. 1. 〈et⁴〉〖文〗ぬらす,湿らす. 2. 〈et⁴〉〖方〗水をやる〖撒く〗.

der **Netz·flüg·ler** [ネッツ・フリューグラー] 名 -s/- 〖昆〗脈翅(みゃくし)類.

netz·för·mig [ネッツ・(ふぇ)るミヒ] 形 網状の.

die **Netz·haut** [ネッツ・ハウト] 名 -/..häute (目の)網膜.

das **Netz·hemd** [ネッツ・ヘムト] 名 -(e)s/-en (紳士用)メッシュのシャツ.

die **Netz·kar·te** [ネッツ・カrテ] 名 -/-n 周遊券.

der **Netz·ma·gen** [ネッツ・マーゲン] 名 -s/..mägen〔-〕〖動〗(反芻(はんすう)動物の)網胃(第2室).

der **Netz·plan** [ネッツ・プラーン] 名 -(e)s/..pläne 〖経〗ネットワーク計画.

die **Netz·span·nung** [ネッツ・シュパヌング] 名 -/-en 〖電〗配電電圧.

das **Netz·werk** [ネッツ・ヴェrク] 名 -(e)s/-e 1. (糸・針金などの)網(細工). 2. 〈転〉網状の広いネットワーク. 3. ネットワーキング. 3. 〖電〗回路網. 4. 〖経〗=Netzplan.

neu [ノイ] 形 1. 新しい: ein ~er Staat 新興国. Das ist mir ~. それは(私は)知らなかった(初耳・初体験)だ. 2. 新参〔新米・新入〕の; (ある分野で)未経験の: ~e Mitglieder 新会員たち. 3. 新品の: ~e Schuhe 新しい靴. 4. (古〔旧〕ものに対し)新しい: das ~e Jahr 新年. ~e Kartoffeln 新ジャガ. 5. (さらに追加した)新しい: eine ~e Folge 新シリーズ. 6. 最近の,近代〔近世〕の: in ~erer/~ester Zeit 比較的最近/ごく近近. ~ere/~este Geschichte 近代史/現代史. Die Nachricht ist ~en/~esten Datums. そのニュースは最近/最新のものだ. 〖慣用〗Auf ein Neues! もう一度初めから(やり直そう). 〈et⁴〉 **auf neu herrichten** 〖口〗〈物〉を新品同様に修理する. **aufs Neue** 新たに,改めて. **Das ist der Neue/die Neue.** 〖口〗この人は新しい人(男の/女の)人です(紹介して). **das Neue Testament** 新約聖書. **die Neue Welt** 新世界(アメリカ). **die neuere Literaturwissenschaft** (ドイツのルター以後の)近代文学研究. **die neueren 〔neuen〕Sprachen** 近代語(die alten Sprachen(古典語)に対して). **Neuen〔neuen〕Wein trinken** ワインの新酒を飲む. **seit neuestem** 最近,ここ最近の間から. **von neuem** 新たに,改めて.

der **Neu·an·kömm·ling** [ノイ・アン・⑦ムリング] 名 -s/-e 新入り,新参者,新人.

die **Neu·an·schaf·fung** [ノイ・アン・シャッフング] 名 -/-en 新調〔新規購入〕;新調〔新規購入〕した物.

neu·a·pos·to·lisch [ノイ・アポストーリシュ] 形 〖キ教〗新使徒の.

neu·ar·tig [ノイ・アーティヒ] 形 新種の,新式の.

die **Neu·auf·la·ge** [ノイ・アウフ・ラーゲ] 名 -/-n 新版;新版の刊行; 〈転〉焼直し.

der **Neu·bau** [ノイ・バウ] 名 -(e)s/-ten〔-e〕 1. (ⓓのみ)新築,新設;再建. 2. (ⓓ-ten)新築(中)の家屋;新しい建物. 3. 〖工〗(自動車などの)ニューモデル.

die **Neu·bau·woh·nung** [ノイバウ・ヴォーヌング] 名 -en 新築住居.

die **Neu·be·ar·bei·tung** [ノイ・ベアルバイトゥング] 名 -/-en 新改訂;改訂版.

die **Neu·bil·dung** [ノイ・ビルドゥング] 名 -/-en 1. 新造;改造; (組織などの)新生. 2. 新造物,新たに生じたもの; 〖言〗新造語.

(*das*) **Neu·bran·den·burg** [ノイ・ブランデンブルク] 名 -s/ 〖地名〗ノイブランデンブルク(メクレンブルク=フォーアポンメルン州の都市).

(*das*) **Neu·châ·tel** [nøʃatɛl ⓕ シャテル] 名 -s/ = Neuenburg.

neu·deutsch [ノイ・ドイチュ] 形 (主に 〈蔑〉)新しいドイツ風の;近現のドイツ語の.

der **Neu·druck** [ノイ・ドルック] 名 -(e)s/-e 再版,重版.

(*das*) **Neu·en·burg** [ノイエン・ブルク] 名 -s/ 〖地名〗ノイエンブルク(スイス西部の州とその州都).

der **Neu·en·bur·ger** [ノイエン・ブルガー] 名 -s/- ノイエンブルクの人.

die **Neu·ent·wick·lung** [ノイ・エントヴィックルング] 名 -/-en 新製品の発達〔開発〕;新製品.

neu·er·dings [ノイあー・ディングス] 副 1. 近頃,最近,このところ(ずっと). 2. 〖南独・ドイツ・スイス〗改めて,再び.

der **Neu·er·er** [ノイえー・] 名 -s/- 1. 革新〔改新〕者. 2. 〖旧東独〗発明改良活動家.

neu·er·lich [ノイあーりヒ] 形 新たな;新たに.

neu·ern [ノイあーン] 動 h. 〈et⁴〉革新〔改新・改革〕する.

die **Neu·er·schei·nung** [ノイ・エあシャイヌング] 名 -/-en 新刊書;新譜.

die **Neu·e·rung** [ノイえるング] 名 -/-en 1. (ⓓのみ)革新,改変. 2. 新しい制度〔機構〕.

die **Neu·e·rungs·sucht** [ノイえルングス・ズフト] 名 -/ 〈蔑〉病的な改革熱.

neu·es·tens [ノイエステンス] 副 〈稀〉最近.

das **Neue Tes·ta·ment** [ノイエ テスタメント] 名 -(e)s / 〖キ教〗新約聖書〔略 N. T.〕. 〖旧約聖書〗は das Alte Testament〗

der **Neu·fund·län·der** [ノイ・フント・レンダー] 名 -s/- ニューファンドランド住民〔出身者〕; 〖動〗ニューファンドランド犬.

neu ge·ba·cken, ⓓ **neu·ge·backen** [ノイ ガバッケン] 形 ほやほやの,なりたての: ein ~er Ehemann 新婚ほやほやの夫.

neu·ge·bo·ren [ノイ・ゲボーれン] 形 生まれたばかりの: sich⁴ wie ~ fühlen 生き返ったように感じる.

das **Neu·ge·bo·re·ne** [ノイ・ゲボーれネ] 名 (形容詞的変化) 新生児.

die **Neu·ge·stal·tung** [ノイ・ゲシュタルトゥング] 名 -/-en 改編,改造,再開発.

die **Neu·gier** [ノイギーあ] 名 -/ 好奇心: die ~ auf 〈et⁴〉〈物〉・事に対する〕好奇心.

die **Neu·gier·de** [ノイギーあデ] 名 -/ = Neugier.

neu·gie·rig [ノイギーりヒ] 形 1. 好奇心の強い,せんさく好きな: 〈j〉 ~ machen〈人〉の好奇心をそそる. 2. (auf 〈j⁴/et⁴〉/〈文〉トイツセン〕) 関心のある, (…を)知りたがっている: ein schon auf Mädchen ~er Junge もう女の子に関心のある男の子. Ich bin ~, wie er in Zukunft zurechtkommen wird. 私は彼が将来どうなるか知りたいものだ.

die **Neu·go·tik** [ノイ・ゴーティック] 名 -/ 〖建〗新ゴシック(様式)(18-19世紀).

neu·grie·chisch [ノイ・グリーヒシュ] 形 現代ギリシア語の.

(*das*) **Neu·gui·nea** [..ginéːa ノイ·ギネーア] 名 -s/ 〖地名〗ニューギニア.

die **Neu·heit** [ノイハイト] 名 -/-en 1. (ⓓのみ)新しさ. 2. 新製品,新作.

neu·hoch·deutsch [ノイ・ホーホ・ドイチュ] 形 新高ドイツ語の(略 nhd.).

das **Neu·hoch·deutsch** [ノイ・ホーホ・ドイチュ] 图 -(s)/ 新高ドイツ語(17世紀以降の高地ドイツ語).
die **Neu·ig·keit** [ノイイヒカイト] 图 -/-en **1.** ニュース. **2.** 《稀》新製品;《⑪のみ》新しさ.
die **Neu·in·sze·nie·rung** [ノイ・インスツェニーるング] 图 -/-en 〚劇〛新演出.
das **Neu·jahr** [ノイ・ヤーる, ノイ・ヤーる] 图 -(e)s/-e 元日, 元旦: Prosit ~ ! 新年おめでとう.
der **Neu·jahrs·emp·fang** [ノイヤーるス・エムプふぁング] 图 -(e)s/..empfänge (市・国家元首などの主催する)新年のレセプション.
das **Neu·jahrs·fest** [ノイヤーるス・ふェスト] 图 -(e)s/-e 新年の祝宴会.
der **Neu·jahrs·gruß** [ノイヤーるス・グるース] 图 -es/..grüße 《主に⑪》新年の挨拶(熟).
der **Neu·jahrs·wunsch** [ノイヤーるス・ヴンシュ] 图 -(e)s/..wünsche 年賀, 新年の挨拶(熟).
der **Neu·kan·ti·a·ner** [ノイ・カンティアーナー, ノイ・カンティアーナー] 图 -s/- 新カント学派の学者.
der **Neu·kan·ti·a·nis·mus** [ノイ・カンティアニスムス, ノイ・カンティアニスムス] 图 -/ 新カント主義.
das **Neu·land** [ノイ・ラント] 图 -(e)s/ **1.** 新開地. **2.** 《稀》未知の土地. **3.** 新たな[未知の]領域.
das **Neu·la·tein** [ノイ・ラタイン] 图 -s/ 近代ラテン語.
neu·la·tei·nisch [ノイ・ラタイニシュ] 形 近代ラテン語の.
neu·lich [ノイリヒ] 副 この間, 先日: ~ morgens この間の朝に.
der **Neu·ling** [ノイリング] 图 -s/-e 新参者, 新入り, 初心者.
(*der*/*die*) **Neu·mann** [ノイ・マン] 图 〚人名〛ノイマン.
die **Neu·me** [ノイメ] 图 -/-n 《主に⑪》〚楽〛ネウマ(中世の記譜記号).
neu·mo·disch [ノイ・モーディシュ] 形 《蔑》⑪も有)当節はやりの.
der **Neu·mond** [ノイ・モーント] 图 -(e)s/ 新月.
neun [ノイン] 数 《基数》9 : Alle ~(e)! (ボウリングのピン9本を)全部1発で倒したぞ. 〚他の用法は⇒ acht[1]〛
die **Neun** [ノイン] 图 -/-en **1.** (数・数字の)9. **2.** (トランプの)9の札. **3.** 《口》9番〚系統〛(のバス・市電). 〚慣用〛Ach du grüne Neune ! 《口》こいつはまった.
das **Neun·au·ge** [ノイン・アウゲ] 图 -s/-n 〚魚〛ヤツメウナギ.
das **Neun·eck** [ノイン・エック] 图 -(e)s/-e 九角形.
der **Neun·er** [ノイナー] 图 -s/- 《口》=Neun 1, 3.
neu·ner·lei [ノイナーライ] 形 《種数》9種類の;9種類のもの[こと].
neun·fach [ノイン・ふぁっハ] 形 9倍〚9重〛の.
neun·hun·dert [ノイン・フンデるト] 数 《基数》900.
neun·jäh·rig [ノイン・イェーりヒ] 形 9年[歳]の;9年間の.
neun·mal [ノイン・マール] 副 9回[度・倍].
neun·mal·ge·scheit [ノインマール・ゲシャイト] 形 =neunmalklug.
neun·mal·klug [ノインマール・クルーク] 形 《嘲》利口ぶった, 知ったかぶりの.
neun·mo·na·tig [ノイン・モーナティヒ] 形 生後9か月の;9か月間の.
neun·mo·nat·lich [ノイン・モーナトリヒ] 形 9か月ごとの.
neun·schwän·zig [ノイン・シュヴェンツィヒ] 形 9尾の.
neunt [ノイント] 数 《序数》《形容詞的変化》9番目の. 〚数字表記は「9.」 〛〚用法は⇒ acht[2]〛
neun·tä·gig [ノイン・テーギヒ] 形 9日間の.
neun·tel [ノインテル] 数 《分数》9分の1の.
das **Neun·tel** [ノインテル] 图 -s/-《分数》der -s/-) 9分の1.
neun·tens [ノインテンス] 副 第9に.
neun·zehn [ノイン・ツェーン] 数 《基数》19.
neun·zig [ノインツィヒ] 数 《基数》90.
neun·zi·ger [ノインツィガー] 形 《無変化》〚数字表記は「90er」〛 **1.** 《口》90の;(世紀の)90年の. **2.** 90歳代の;90年代の. 〚用例は⇒ achtziger〛
der **Neun·zi·ger** [ノインツィガー] 图 -s/- **1.** 90歳の男性;90歳代の男性. **2.** 90年産のワイン. **3.** 《⑪のみ》90歳代;90年代. 〚用例は⇒ Achtziger[1] 3〛
neun·zigst [ノインツィヒスト] 数 《序数》《形容詞的変化》90番目の, 第90の. 〚数字表記は「90.」〛
neun·zigs·tel [ノインツィヒステル] 数 《分数》90分の1の.
das **Neun·zigs·tel** [ノインツィヒステル] 图 -s/- (《⑪》der -s/-) 90分の1.
die **Neu·ord·nung** [ノイ・オるドヌング] 图 -/-en 《主に⑪》再編成, 改革, 新秩序.
die **Neu·ori·en·tie·rung** [ノイ・オりエンティーるング] 图 -/ 《文》新たな方向づけ.
der **Neu·phi·lo·lo·ge** [ノイ・ふぃロ・ローゲ] 图 -n/-n 近代語学者〚文献学者〛.
die **Neu·phi·lo·lo·gie** [ノイ・ふぃロ・ロギー] 图 -/ 近代語学〚文献学〛.
der **Neu·pla·to·ni·ker** [ノイ・プラトーニカー] 图 -s/- 新プラトン学派の学者.
neu·pla·to·nisch [ノイ・プラトーニシュ] 形 新プラトン学派[主義]の.
der **Neu·pla·to·nis·mus** [ノイ・プラトニスムス] 图 -/ 新プラトン主義(Plotinによる哲学学派).
der **Neu·py·tha·go·re·is·mus** [ノイ・ピュタゴれイスムス] 图 -/ 新ピタゴラス主義(紀元前1世紀から紀元1世紀のギリシア哲学と古代東方思想の折衷的学説).
die **Neu·ral·gie** [ノイらルギー] 图 -/-n 〚医〛神経痛.
neu·ral·gisch [ノイらルギシュ] 形 **1.** 〚医〛神経痛の. **2.** 《口》弱い:ein ~er Punkt 弱点.
die **Neu·ras·the·nie** [ノイらステニー] 图 -/-n 〚医〛 **1.** 《⑪のみ》神経衰弱. **2.** 神経衰弱症.
der **Neu·ras·the·ni·ker** [ノイらステーニカー] 图 -s/- 〚医〛神経衰弱患者.
neu·ras·the·nisch [ノイらステーニシュ] 形 神経衰弱の.
die **Neu·re·ge·lung** [ノイ・れーゲルング] 图 -/-en 新規定.
neu·reich [ノイ・らイヒ] 形 《蔑》成金の.
der **Neu·ro·chi·rurg** [ノイろ・ヒるるク, ノイろ・ヒるるク] 图 -en/-en 神経外科医.
die **Neu·ro·chi·rur·gie** [ノイろ・ヒるるギー, ノイろ・ヒるるギー] 图 -/ 神経外科.
neu·ro·gen [ノイろ・ゲーン] 形 〚医〛神経性の.
das **Neu·ro·hor·mon** [ノイろ・ホるモーン, ノイろ・ホるモーン] 图 -s/-e 〚医〛神経ホルモン(アドレナリンなど).
der **Neu·ro·lo·ge** [ノイろ・ローゲ] 图 -n/-n 神経科医.
die **Neu·ro·lo·gie** [ノイろ・ロギー] 图 -/ 神経学;神経病学.
neu·ro·lo·gisch [ノイろ・ロギシュ] 形 神経学の;神経病(学)の.
das **Neu·ron** [ノイろン] 图 -s/-e[-en] 〚解・生理〛ニューロン(神経伝達の基本単位[最小連続したもの]).
die **Neu·ro·pa·tho·lo·gie** [ノイろ・パト・ロギー, ノイろ・パト・ロギー] 图 -/ 神経病理学.
neu·ro·psy·chisch [ノイろ・プスュー・ヒシュ, ノイろ・プスュー・ヒシュ] 形 〚医〛神経心理(学)の.
die **Neu·ro·psy·cho·lo·gie** [ノイろ・プスュホ・ロギー, ノイろ・プスュホ・ロギー] 图 -/ 神経心理学.
die **Neu·ro·se** [ノイろ・ゼー] 图 -/-n 〚医・心〛神経症, ノイローゼ.
der **Neu·ro·ti·ker** [ノイろ・ティーカー] 图 -s/- 神経症患

neurotisch [ノイローティシュ] 形 神経症〔ノイローゼ〕の.
die **Neurotomie** [ノイロトミー] 名 -/-n 〖医〗神経切断〔術〕.
der **Neuschnee** [ノイ・シュネー] 名 -s/ 新雪.
(das) **Neuseeland** [ノイ・ゼー・ラント] 名 -s/ 〖国名〗ニュージーランド.
der **Neuseeländer** [ノイ・ゼー・レンダー] 名 -s/- ニュージーランド人.
neuseeländisch [ノイ・ゼー・レンディシュ] 形 ニュージーランドの.
der **Neusiedler See** [ノイ・ズィードラー ゼー] 名 --s/ 〖湖名〗ノイジードラーゼー(オーストリア東端の湖).
das **Neusilber** [ノイ・ズィルバー] 名 -s/ 洋銀(合金).
der **Neusprachler** [ノイ・シュプらーハラー] 名 -s/- 近代ヨーロッパ外国語学者.
neusprachlich [ノイ・シュプらーハりヒ] 形 近代ヨーロッパ外国語の;近代ヨーロッパ外国語の授業を重視する.
(das) **Neusüdwales** [..ve:ls ノイ・ズュート・ヴェールス] 名 -/ 〖地名〗ニュー=サウス=ウェールズ(オーストラリアの州).
neutestamentlich [ノイ・テスタメントりヒ] 形 新約聖書の.
neutral [ノイトらール] 形 1. 中立の;不偏不党の,公平な：ein ~es Land 中立国. eine ~ Zone 非武装地帯;ニュートラルゾーン. eine ~e Ecke 〖ボクシング〗ニュートラルコーナー. 2. 中립的な,(何にでもマッチする)くせのない,無難な. 3. 〖化・理・言〗中性の：ein ~es Elementarteilchen 中性子. 【慣用】**ein neutraler Briefbogen** (名前入りでない)白紙の便箋(びんせん).
die **Neutralisation** [ノイトらリザツィオーン] 名 -/-en 中立化;無力化;〖化〗中和;〖競技〗(試合の)一時中断.
neutralisieren [ノイトらリズィーれン] 動 h. 1. 〈et4を〉中立化する(地域・国など). 2. 〈j4/et4を〉 (mit 〈j3/et3〉/durch 〈j4/et4〉) 〖文〗無力〔無害〕化する(ライバル・勢力・毒などを). 3. 〈et4を〉 (mit 〈et3〉) 〖化〗中和する;〖電〗中性にする. 4. 〈et4を〉 〖競技〗一時中断する(競走などを).
der **Neutralismus** [ノイトらリスムス] 名 -/ 中立主義.
die **Neutralität** [ノイトらリテート] 名 -/ 1. (国家の)中立;中立(の姿勢),不偏不党. 2. 中間性;中性.
das **Neutrino** [ノイトリーノ] 名 -s/-s 〖核物理〗中性微子,ニュートリノ.
das **Neutron** [ノイトろン] 名 -s/-en [ノイトろーネン] 〖核物理〗中性子,ニュートロン(記号 n).
die **Neutronenbombe** [ノイトろーネン・ボムベ] 名 -/-n 中性子爆弾.
die **Neutronenstrahlung** [ノイトろーネン・シュトらールンク] 名 -/ 中性子の放射.
das **Neutrum** [ノイトるム] 名 -s/..tra [..tren] 1. 〖言〗中性名詞(形);(働のみ)中性(略 n., N., Neutr.). 2. 〖文〗(働)(働)も有)性的魅力に乏しい人. 3. 決断を回避する人.
neuvermählt [ノイふェルメールト] 形 新婚の.
neu vermählt [ノイ ふェルメールト] 形 再婚の.
die **Neuwahl** [ノイ・ヴァール] 名 -/-en 改選.
der **Neuwert** [ノイ・ヴェーあト] 名 -(e)s/-e 新品価格.
neuwertig [ノイ・ヴェーあティヒ] 形 新品同様の.
die **Neuzeit** [ノイ・ツァイト] 名 -/ 近代(16 世紀-現代);(稀)進歩した現代.

neuzeitlich [ノイ・ツァイトりヒ] 形 近代の;近代的な.
der **Newcomer** [njú:kamər ニュー・カマー] 名 -(s)/-(s) 新入り,新人,新顔.
der **New look, New Look** [njú:lók ニュー・ルック] 名 -(s)/-(s) ニュールック.
der **New-Orleans-Jazz** [nju: ɔ́:líənz dʒɛz ニュー・オーリエンズ・ヂェズ, nju:ɔ:líːnz.. ニュー・オーリンズジャズ(ニューオーリンズで始まった初期の即興的ジャズスタイル).
die **Newsgroup** [njú:sgruːp ニュース・グるープ] 名 -/-s 〖コンピュータ〗ニュースグループ(同じ関心を持つ人たちの情報交換の場).
der **Newsletter** [njú:slɛtər ニュース・レター] 名 -(s)/-(s) (定期的)会報;(定期的)インターネットメッセージ.
(der) **Newton**[1] [njú:tən ニューテン] 〖人名〗ニュートン(Isaac ~, 1643-1727,イギリスの物理・数学者).
das **Newton**[2] [ニューテン] 名 -s/- 〖理〗ニュートン(力の単位.記号 N).
newtonsch, Newtonsch, Newtonsch [njú:tənʃ ニューテンシュ] 形 ニュートンの：das ~e Gravitationsgesetz ニュートンの万有引力の法則. ~e Ringe ニュートン環.
(das) **New York** [njú:jɔ́:k ニュー・ヨーク] 名 -s/ 〖地名〗ニューヨーク(市・州).
der **Nexus** [ネクスス] 名 -/- [..ス-ス] 関連.
N. F. = Neue Folge 新シリーズ.
die **NGO** [endʒi:óu エヌヂー・オウ] 名 -/ =non-governmental organization 非政府組織.
nhd. =neuhochdeutsch 新高ドイツ語の.
Ni [エヌ・イー] =Nickel 〖化〗ニッケル.
die **Nibelungen** [ニーベルンゲン] 複 ニーベルンゲン族(ゲルマン伝説の小人族,またはその宝を受継いだ Gunther 王の一族).
der **Nibelungenhort** [ニーベルンゲン・ホルト] 名 -(e)s/ ニーベルンゲンの宝. ⇔Nibelungen.
das **Nibelungenlied** [ニーベルンゲン・リート] 名 -(e)s/ ニーベルンゲンの歌(13 世紀の英雄叙事詩).
die **Nibelungensage** [ニーベルンゲン・ザーゲ] 名 -/ ニーベルンゲン伝説.
die **Nibelungentreue** [ニーベルンゲン・トろイエ] 名 -/ (〖蔑〗も有)ニーベルンゲンの忠誠(絶対的忠誠). ドイツ帝国とオーストリア・ハンガリー帝国の盟約から).
(das) **Nicaragua** [ニカら-グア] 名 -s/ 〖国名〗ニカラグア(中央アメリカの国).
nicht [ニヒト] 副 1. 〈語飾〉(動詞・形容詞・副詞・名詞を修飾)…(し~ない)：Er trinkt ~. 彼は酒を飲まない. Er kommt ~ mit. 彼は一緒には来ない. Das ist ~ schlecht/unmöglich. それは悪くない/できない(あり得ない)ことではない. Die Sitzung dauerte ~ lange. 会議は長くはかからなかった. Er ist ~ Lehrer. 彼は(職業は)教師ではない(kein を用いると特性・能力の意味がない)：Er ist kein Lehrer. 彼は教師などではない(教師の能力・資質などない). N~ jeder weiß das. だれもがそれを知っているわけではない. 2. 〈話者の気持〉 a. (主に疑問文で.相手の肯定・同意などを期待して)…ではないか,だろう？：Wollen Sie ~ mitkommen？ 一緒にいらっしゃらないのですか. Ist es ~ herrlich hier？ ここはすてきではないですか. b. (感嘆文で.ひどく感心して)(なんと)…なのだろう,なんだねえ：Was du ~ alles kannst！ 君はなんでもできるんだねえ. 【慣用】**absolut nicht** 絶対〔全然〕…ない. **(Bitte) nicht！** やめて(下さい). **(Bitte) nicht stürzen！** 天地無用. **durchaus nicht** 決して…ない. **(ganz und) gar nicht** まったく…ない. **gewiss nicht** 確かに…ない. **nicht anders als …** …(する)より他ない：Ich konnte *nicht* anders als ihn höflich empfangen. 私は彼を丁重に迎えるほかなかった.

nicht, dass ... ...というわけではない。**Nicht doch！** そんなことはない。**nicht (ein) mal ...** ...すら…ない。**nicht im geringsten [mindesten]** 少しも…ない。**nicht länger** もはや(これ以上長く)…ない。**nicht mehr** (これまでともかく)もう(これ以上)…でない。**nicht mehr und nicht weniger** 何以上でもそれ以下でもない。**nicht nur ... sondern auch ...** …だけではなく…もまた。**nicht (so) ohne sein** なかなかのものである。**nicht ... , sondern ...** …ではなく…である。**nicht (wahr)** …だろう？**: Du bist hungrig, nicht (wahr)？** 君, お腹が空いているだろう？ **nicht zuletzt** …はもとより, 特に **: Es ist nicht zuletzt meine Schuld, dass ...** …はわけてもぼくの責任だ。**noch nicht** まだ…ない。**Warum nicht？** いいではないか(なぜいけないのか)；かまいません。

◆**nicht の位置**
　文中の動詞以外の語句を部分的に否定する場合, nicht は常にそれらの語句の直前に置かれる。動詞を含んで否定するいわゆる全文否定には, nicht は定動詞の後に置かれるが, 動詞に補足語がある場合, それらの語句と nicht との位置関係が問題となる。動詞の補足語と関連させて通常の nicht の位置を簡単に示せば, 概略次のようになる(本文意味区分 1 の例文に見られるように, 動詞複合体の部分, つまり助動詞構文の動詞不定形・過去分詞や分離動詞の前綴などは常に文末要素である)。
a. － e. では nicht は常に前に置かれ, 全文または部分否定となる。
a. (1格補足語) Er ist ～ Lehrer. 彼は教師ではない。Er ist ～ Lehrer, sondern ... 彼は教師ではなく ...
b. (形容詞補足語) Sie ist ～ krank. 彼女は病気ではない。Sie ist ～ krank, sondern ... 彼女は病気ではなく…である。
c. (様態の補足語) Er fährt ～ schnell. 彼はスピードを出さない。Er fährt ～ schnell, sondern ... 彼はスピードを出さずに…に車を走らせる。
d. (位置の補足語) Er wohnt ～ in Bonn. 彼はボンには住んでいない(ただし一般的な副詞 dort などは dort も可)。Er wohnt ～ in Bonn, sondern ... 彼はボンではなく, …に住んでいる。
e. (方向の補足語) Er geht heute ～ ins Kino. 彼は今日は映画に行かない。Er geht ～ ins Kino, sondern ... 彼は映画ではなく, …に行く。
f. (前置詞格補足語) nicht を後ろに置くと全文否定, 前に置くと部分を除いては全文否定。Wartet auf mich ～ [～ auf mich] ! 君たち私を待つな。Er wartet ～ auf mich, sondern ... 彼は私ではなく, …を待っている。
g. － i. では nicht を後ろに置けば全文否定, 前に置けば部分否定。
g. (2格補足語) Er gedachte seines Vaters ～, aber ... 彼は父親のことは覚えていなかったが, しかし ...。Er gedachte ～ seines Vaters, sondern ... 彼は父親のことではなく, …を覚えている。
h. (3格補足語) Er hilft seinem Vater ～. 彼は父親の手伝いをしない。Er hilft ～ seinem Vater, sondern ... 彼は父親ではなく, …の手伝いをする。
i. (4格補足語) Sie besuchte mich ～. 彼女は私を訪ねなかった。Sie besuchte ～ mich, sondern ... 彼女は私ではなく, …を訪ねた。(◆ただし, 動詞と一体になった無冠詞の4格名詞の場合は, 動詞複合体の部分と同じく nicht は常にその前に置かれる: Sie spielt ～ Klavier. 彼女はピアノを弾かない。Sie spielt ～ Klavier, sondern ... 彼女はピアノではなく, …を弾く)

die **Nicht·ach·tung** [ニヒト・アハトゥング] 名 -/ 無視；軽視.

nicht·amt·lich [ニヒト・アムトリヒ] 形 非公式の.

die **Nicht·an·er·ken·nung** [ニヒト・アン・エアケヌング] 名 -/ 不承認.

der **Nicht·an·griffs·pakt** [ニヒト・アン・グリフス・パクト] 名 -(e)s/-e 不可侵条約.

die **Nicht·be·ach·tung** [ニヒト・ベアハトゥング] 名 -/ 無視.

die **Nicht·be·fol·gung** [ニヒト・ベふォルグング] 名 -/ 遵守しないこと, 違反.

der/die **Nicht·be·rufs·tä·ti·ge, nicht Berufstä·ti·ge** [ニヒト・ベルーふス・テーティゲ] 名 (形容詞変化) 無職の人.

der **Nicht·christ** [ニヒト・クリスト] 名 -en/-en 非キリスト教徒.

nicht·christ·lich [ニヒト・クリストリヒ] 形 非キリスト教(徒)の.

die **Nich·te** [ニヒテ] 名 -/-n 姪(めい).

nicht·ehe·lich [ニヒト・エーエリヒ] 形 正式な結婚によらない；〖法〗非嫡出の.

die **Nicht·ein·mi·schung** [ニヒト・アイン・ミッシュング] 名 -/ (内政)不干渉, 不介入.

das **Nicht·ei·sen·me·tall** [ニヒト・アイゼン・メタル] 名 -s/-e 非鉄金属(略 NE-Metall).

nicht·eu·kli·disch [ニヒト・オイクリーディシュ] 形 非ユークリッドの.

der **Nicht·fach·mann** [ニヒト・ふァッハ・マン] 名 -s/..leute 非専門家, しろうと.

nich·tig [ニヒティヒ] 形 〖文〗取るに足らない, ささいな；〖法〗無効の.

die **Nich·tig·keit** [ニヒティヒカイト] 名 -/-en **1.** (⑪のみ)〖文〗取るに足らないこと, 些事(さじ). **2.** 取るに足らないもの. **3.** (⑪のみ)〖法〗無効.

die **Nich·tig·keits·kla·ge** [ニヒティヒカイツ・クラーゲ] 名 -/-n 〖法〗無効の訴.

nicht lei·tend, ⑪**nichtleitend** [ニヒト ライテント] 形 〖理〗不導体の.

der **Nicht·lei·ter** [ニヒト・ライター] 名 -s/- 〖理〗不導体.

das **Nicht·me·tall** [ニヒト・メタル] 名 -s/-e 非金属.

nicht·nu·kle·ar [ニヒト・ヌクレアーア] 形 原子力によらない.

nicht öf·fent·lich [ニヒト・ぉッふェントリヒ] 形 非公開の.

der **Nicht·rau·cher** [ニヒト・ラウハー] 名 -s/- 非喫煙者；(無冠詞)〖口〗(列車の)禁煙車室(～abteil).

das **Nicht·rau·cher·ab·teil** [ニヒト・ラウハー・アップ・タイル] 名 -(e)s/-e (鉄道の)禁煙車室.

die **Nicht·re·gie·rungs·or·ga·ni·sa·ti·on** [ニヒト・れギーるングス・オルガニザツィオーン] 名 -/-en 非政府組織(略 NRO).

nicht ros·tend, ⑪**nichtrostend** [ニヒト ろステント] 形 さびない.

nichts [ニヒツ] 代 《不定》(無変化. ⑪ 1・3・4 格のみ) **1.** (独立的用法)何も…でない, 何一つ…でない, 少しも…ない, 無, つまらないもの, くだらないこと: Was hast du gesehen？ ― ～! 君は何か見たかな―何も(見なかった). Sie haben ～ zu essen. 彼らには食べるものが何も1つない. gar ～ まったく…でない. überhaupt ～ そもそも…でない N～ ist einfacher als [so einfach wie] das. これほど簡単なことはない. um ～ besser als ... ...より少しも良くない. sich[4] in ～ unterscheiden いささかも違わない. ～ von Bedeutung [Belang] sein 少しも重要でない. **2.** (名詞化した形容詞または代名詞や副詞とともに) ...のような(そういう)ものはない: Unter dem Himmel gibt es ～ Neues. この世に新しいものは何一つ存在しない. ～ dergleichen hören そういうことは何も聞いていない. ～

sonst〔sonst ～〕sagen 他には何も言わない. **【慣用】Das macht〔tut〕nichts.** そんなことはなんでもない. **Das sieht nach nichts aus.**《口》それではぱっとしない. **Das tut nichts zur Sache.** それはどうにもならない. **Er lässt auf sie nichts kommen.**《口》彼は彼女を(他人の)非難から守る. **es zu nichts bringen/kommen** 成功しない/昇進しない. **für nichts und wieder nichts**(für nichts の強調)まったくむだに：Ich mache mir doch nicht für *nichts* und wieder *nichts* so viel Arbeit！そんな骨折損の仕事はまっぴらだ. **für〔um〕nichts**（…したのにそれも）何の足しにもならない：viel Lärm um *nichts* 空騒ぎ. **Mach dir nichts daraus！**《口》そんなことは何とも思うな〔…に腹を立てるな〕. **Macht nichts！**《口》なんでもないよ〔気にしなくてもいいよ〕. **mir nichts, dir nichts**《口》いきなり, だしぬけに. **nichts (anderes) als〔nichts anderes (als)〕...** …だけ, …ばかり：Damit hatte er *nichts* (anderes) als Ärger. そのことで彼は怒りに怒った. Sie spricht *nichts* anderes(als) ... 彼女は…(のこと)ばかり言う. **Nichts da！**《口》そんなことは(問題にならない)ない, とんでもない. **nichts davon haben** 得にならない. **nichts weniger als ...**《否定の強調》けっして…ではない：Er ist *nichts* weniger als beruhigt. 彼は気持が少しも落着かない. 《肯定の強調》まさしく…(に他ならぬ)：Das ist *nichts* weniger als ein moderner Sportwagen. これぞまさしく現代のスポーツカーだ. **nichts wie〔wie nichts〕**急に, あっという間に. **Nichts zu danken！**《口》どう致しまして(相手の感謝に対して). **Nichts zu machen！**《口》もう変えられない. **sich³ nichts aus 〈et³〉 machen**〈物が〉あまり好きではない. **so gut wie nichts** ほとんど…でない：Ich habe so gut wie *nichts* verstanden. 私はほとんど理解できなかった. **um nichts (in der Welt)** 絶対に, どんなことがあろうと. **Weiter nichts！** これで全部だ, これで終りだ.

das **Nịchts** [ニヒツ] [名] -/-e **1.**（[単]のみ)空(くう), 虚空;〖哲〗無. **2.**（[単]のみ）ごくわずかの量〔数〕：〈et⁴〉 für ein ～ bekommen.〈物を〉ただ同然で手に入れる. **3.**《蔑》取るに足りない人. **【慣用】vor dem Nichts stehen** 無一物である. **ein Nichts von 〈et³〉** 無いも同然の〈物〉.

nịchts ahnend, [旧]**nịchts·ah·nend** [ニヒツ アーネント] [形] 何も知らない.

der **Nịcht·schwim·mer** [ニひト・シュヴィマー] [名] -s/- 泳げない人.

nichts·des·to·mịn·der [ニヒツ・デスト・ミンダー] [副]《稀》＝nichtsdestoweniger.

nichts·des·to·trọtz [ニヒツ・デスト・トろっツ] [副] ＝nichtsdestoweniger.

nichts·des·to·we·ni·ger [ニヒツ・デスト・ヴェーニガー] [副] それにもかかわらず.

der/die **Nịcht·sess·haf·te, nịcht Sess·haf·te,** [旧] **Nịcht·seß·haf·te** [ニひト・ゼスハふテ] [名]《形容詞的変化》〖官〗住所不定者.

der **Nịchts·kön·ner** [ニヒツ・ケ̈ナー] [名] -s/-《蔑》無能な人.

der **Nịchts·nutz** [ニヒツ・ヌッツ] [名] -es/-e《古・蔑》役立たず.

nịchts·nut·zig [ニヒツ・ヌッツィひ] [形]《古・蔑》役立たずの.

nịchts sa·gend, [旧]**nịchts·sa·gend** [ニヒツ ザーゲント] [形] 意味のない, 内容のない, 無表情な.

der **Nịchts·tu·er** [ニヒツ・トゥーあー] [名] -s/-《蔑》怠け者.

das **Nịchts·tun** [ニヒツ・トゥーン] [名] -s/ 無為, 何もしないこと;怠惰.

nịchts·wür·dig [ニヒツ・ヴュるディひ] [形]《文・蔑》下劣な.

die **Nịchts·wür·dig·keit** [ニヒツ・ヴュるディひカイト] [名] -/-en《文・蔑》 **1.**（[単]のみ)卑劣, 下劣. **2.** 卑劣〔下劣〕な行為.

das **Nịcht·wis·sen** [ニひト・ヴィっセン] [名] -s/ 知らないこと.

das **Nịcht·zu·tref·fen·de, nịcht Zu·tref·fen·de** [ニひト・ツー・トれっふェンデ] [名]《形容詞的変化》該当しないもの, 当てはまらないもの.

der **Nị·ckel**¹ [ニッケル] [名] -s/- **1.**（[単]のみ;主に無冠詞)〖男名〗ニッケル(Nikolaus の短縮形). **2.**〖神話〗ニッケル(水の精). **3.**《方》きかん坊.

der **Nị·ckel**² [ニッケル] [名] -s/-《口・古》＝Nickelmünze.

das **Nị·ckel**³ [ニッケル] [名] -s/〖化〗ニッケル(記号 Ni).

die **Nị·ckel·bril·le** [ニッケル・ブりレ] [名] -/-n ニッケル縁の眼鏡.

die **Nị·ckel·mün·ze** [ニッケル・ミュンツェ] [名] -/-n ニッケル硬貨.

nị·cken [ニッケン] [動] *h.* **1.**〔[補足なし]〕うなずく, 会釈する;首〔頭〕を上下に振る(馬などが歩行の際に);頭部を上下動させる(車・船・航空機が走行〔飛行〕中に);《文》上下に揺れる(草などが);《口》(眠くて)こっくりこっくりする. **2.**〔〈et⁴〉ヲ＋〈方向〉ニ〕〖サッカー〗ヘディングする. **【慣用】〈j³〉 Dank/Zustimmung nicken**《文》〈人に〉うなずいて感謝/同意を示す. **mit dem Kopf nicken** うなずく.

der **Nị·cker** [ニッカー] [名] -s/-《口》 **1.** 軽くうなずくこと. **2.**《稀》居眠り. **3.**《蔑》フロント係.

das **Nị·cker·chen** [ニッカーひェン] [名] -s/-《口》居眠り.

die **Nịck·haut** [ニック・ハウト] [名] -/..häute 瞬膜.

der **Nị·cki** [ニッキ] [名] -s/-s（綿)ビロードのプルオーバー.

die **Ni·da·ti·on** [ニダツィオーン] [名] -/-en〖医〗着床.

(das) **Nid·wal·den** [ニート・ヴァルデン] [名] -s/〖地名〗ニートヴァルデン. ⇨ Unterwalden.

nie [ニー] [副]（いかなる時も)決して…ない：Ich habe das noch ～ (zuvor) gehört. 私はそんなことはいまだかつて聞いたことがない. ～ wieder/mehr もう二度と…ない/もう決して…ない. *N*～ wieder Krieg！二度と戦争をするな. **【慣用】Einmal und nie wieder！** 二度とご免だ. **Jetzt oder nie！** 今をおいて他に(機会は)ない. **nie im Leben**（一生)決して…ない. **nie und nimmer** 絶対〔金輪際〕ない.

nie·der [ニーダー] [形] **1.** 下級の. **2.** 下層の, 下賤な：Menschen von ～*er* Herkunft 素姓の卑しい人々. **3.** 下卑た, 低俗な：～*e* Triebe 卑しい衝動. **4.**〖生〗下等な：～*e* Eiweiße 下等たんぱく. **5.**《方》低い.

―― [副] 下へ：*N*～ mit den Waffen！武器を捨てよ. *N*～ mit 〈j³/et³〉！〈人・事を〉倒せ. auf und ～ 上下に;あちこち, 行ったり来たり.

(das) **Nie·der·bay·ern** [ニーダー・バイあーン] [名] -s/〖地名〗ニーダーバイエルン(バイエルン州南東部地域).

nie·der|beu·gen [ニーダー・ボイゲン] [動] *h.*《文》 **1.**〔〈et⁴〉ヲ〕下へ曲げる, かがめる(上体・頭を). **2.**〔sich⁴〕身をかがめる.

nie·der|bre·chen* [ニーダー・ブれっひェン] [動]《文》 **1.** *h.*〔〈et⁴〉ヲ〕倒壊させる, 押〔引〕倒す. **2.** *s.*〔[補足なし]〕倒壊〔崩壊〕する(建物・壁・崖などが);地面〔床〕に倒れる(人が).

nie·der|bren·nen* [ニーダー・ブれネン] [動] **1.** *h.*〔〈et⁴〉ヲ〕火をかけて焼払う. **2.** *s.*〔[補足なし]〕焼け落ちる(建物などが);燃え尽きる(ろうそくなどが).

nie·der·deutsch [ニーダー・ドイチュ] [形]〖言〗低地ドイツ(語)の.

das **Nie·der·deutsch** [ニーダー・ドイチュ] [名] -(s)/ 低地ドイツ語.

nie·der|don·nern [ニーダー・ドナーン] [動] **1.** *s.*

N

〖方向〗=〗ごう音を立てて落下する(雪崩が谷間などに). **2.** *h.* 〖j⁴ッ〗《口》怒鳴りつけて〖厳しく批判して〗黙り込ませる.

der **Nie|der|druck** [ニーダー・ドるック] 名 -(e)s/..drücke 〖工〗低圧.

nie|der|drücken [ニーダー・ドりュッケン] 動 *h.* **1.** 〖et⁴ッ〗押し下げる. **2.** 〖j⁴ッ+〈〈方向〉=〗〗《上から》抑えつける. **3.** 〖j⁴ッ〗《文》気持を滅入らせる, (…を)意気消沈させる.

nie|der|fah|ren* [ニーダー・ふァーレン] 動 *s*. 〖文〗〖補足〗下りて来る(車などが); 走る(稲妻が): zur Hölle ~ 地獄へ落ちる.

nie|der|fal|len* [ニーダー・ふァレン] 動 *s*. 《文》 **1.** 〖補足〗落下する, 倒れる; 降る(木の葉・雪などが). **2.** 〖vor 〈j³〉前=〗ひざまずく.

der **Nie|der|flur|wa|gen** [ニーダー・ふルーあ・ヴァーゲン] 名 -s/ 低床式車両(電車・バスなどの).

die **Nie|der|fre|quenz** [ニーダー・ふれクヴェンツ] 名 -/-en 〖理〗低周波.

der **Nie|der|gang** [ニーダー・ガング] 名 -(e)s/..gänge **1.** 《のみ》《文》没落, 衰退. **2.** 〖海〗昇降階段. **3.** 《稀》下降.

nie|der|ge|drückt [ニーダー・ゲドりュックト] 形 意気消沈した.

nie|der|ge|hen* [ニーダー・ゲーエン] 動 *s*. **1.** 〖〈場所〉=〗着陸する, 着水する, 降下する. **2.** 〖〈場所〉=〗〗(激しい勢いで)降る〖豪雨・雪崩などが〗; 《稀》ゆっくり降りる(幕などが);《稀》沈む(太陽などが);《稀》没落する, 衰微する, 終りになる. **3.** 〖ボク〗ダウンする.

nie|der|ge|schla|gen [ニーダー・ゲシュラーゲン] 形 打ちひしがれた, 意気消沈した; 鎮圧された.

die **Nie|der|ge|schla|gen|heit** [ニーダー・ゲシュラーゲンハイト] 名 -/ 意気消沈, 落胆.

nie|der|ge|schmet|tert [ニーダー・ゲシュメッタート] 形 意気消沈した, うちひしがれた.

nie|der|glei|ten* [ニーダー・グライテン] 動 *s*. 〖補足〗《文》下方に滑空して行く(グライダーなどが); 滑るように無い落ちる(葉・紙などが).

nie|der|hal|ten* [ニーダー・ハルテン] 動 *h.* **1.** 〖j⁴/et⁴ッ〗(地面〖床〗に)押えつけておく. **2.** 〖j⁴ッ〗押えつける(民衆・部下などを). **3.** 〖et⁴ッ〗抑える(反抗・欲望などを).

nie|der|ho|len [ニーダー・ホーレン] 動 *h.* 〖et⁴ッ〗降ろす(旗・帆などを).

nie|der|kämp|fen [ニーダー・ケムプふェン] 動 *h.* **1.** 〖j⁴ッ〗《稀》打負かす. **2.** 〖et⁴ッ〗抑える, こらえる(怒り・涙などを).

nie|der|kni|en [ニーダー・クニー(エ)ン] 動 **1.** *s*. 〖〈場所〉=〗《文》ひざまずく, ひざまずいた姿勢になる. **2.** *h*. 〖sich⁴+〈方向〉=〗ひざまずく, ひざをつく.

nie|der|knüp|peln [ニーダー・クニュッペルン] 動 *h.* 〖j⁴ッ〗こん棒で殴り倒す.

nie|der|kom|men* [ニーダー・コメン] 動 *s*. **1.** 〖(mit 〈j³〉ッ〗《文・古》生み落とす; お産をする. **2.** 〖〈方向〉=〗《文》下りて来る.

die **Nie|der|kunft** [ニーダー・クンふト] 名 -/..künfte 《文・古》出産.

die **Nie|der|la|ge** [ニーダー・ラーゲ] 名 -/-n **1.** 敗北, 敗戦. **2.** (特にビルの)倉庫. **3.** 《古》支店.

die **Nie|der|lan|de** [ニーダー・ランデ] 複名 〖国名〗オランダ(略 NL.).

Nie|der|län|der[1] [ニーダー・レンダー] 形 《無変化》オランダの.

der **Nie|der|län|der**[2] [ニーダー・レンダー] 名 -s/ オランダ人.

nie|der|län|disch [ニーダー・レンディシュ] 形 オランダ(人・語)の.

das **Nie|der|län|disch** [ニーダー・レンディシュ] 名 -(s)/ オランダ語. 〖用法は⇨Deutsch〗

das **Nie|der|län|di|sche** [ニーダー・レンディシェ] 名 《形容詞的変化》《のみ》 **1.** (定冠詞とともに)オランダ語. **2.** オランダ的なもの〖こと〗.〖用法は⇨Deutsche[2]〗

nie|der|las|sen* [ニーダー・ラッセン] 動 *h.* **1.** 〖et⁴ッ〗《古》下ろす(幕・シャッターなどを). **2.** 〖sich⁴+〈方向/場所〉=〗《文》腰をかける(鳥が): sich⁴ auf eine(einer) Bank ~ ベンチに腰を下ろす. sich⁴ auf die Knie ~ ひざまずく. **3.** 〖sich⁴+〈場所〉=(ｧ)〗住居を定める, 定住する; 開業する.

die **Nie|der|las|sung** [ニーダー・ラッスング] 名 -/-en **1.** 《のみ》居住, 定住; (定住による)開業. **2.** 〖経〗営業地, 企業の所在地; 支店.

das **Nie|der|las|sungs|recht** [ニーダー・ラッスングス・れヒト] 名 -(e)s/ 〖法〗居住・開業の自由の権利.

nie|der|le|gen [ニーダー・レーゲン] 動 *h.* **1.** 〖et⁴ッ〗《文》(下へ)置く, 地面〖床〗に下ろす: die Waffen ~ 戦闘を中止する, 降伏する. die Krone ~ 退位する. **2.** 〖j⁴ッ〗《文》横たえる, 寝かせる. **3.** 〖et⁴ッ〗辞める(官職などを), 放棄する(職務などを), 止める(仕事・活動などを). **4.** 〖et⁴ッ〗《稀》取壊す, 解体する; 切倒す. **5.** 〖j⁴ッ+in 〈et³〉ッ〗《文》書留める, 記す. **6.** 〖et⁴ッ〗《古》預ける, 保管してもらう.

nie|der|ma|chen [ニーダー・マッヘン] 動 *h.* 〖j⁴ッ〗《文》大量に虐殺する.

nie|der|mä|hen [ニーダー・メーエン] 動 *h.* 〖j⁴ッ〗ばたばたと撃ち殺す.

nie|der|met|zeln [ニーダー・メッツェルン] 動 *h.* =niedermachen.

(das) **Nie|der|ös|ter|reich** [ニーダー・①ーステらイヒ] 名 -s/ 〖地名〗ニーダーエースターライヒ(オーストリアの州).

nie|der|pras|seln [ニーダー・プらッセルン] 動 *s*. **1.** (auf 〈j⁴〉ッ) 激しく〖音を立てて〗降注ぐ. **2.** (auf 〈j⁴〉ッ) 浴びせられる(質問などが).

nie|der|rei|ßen* [ニーダー・らイセン] 動 *h.* **1.** 〖et⁴/et³ッ〗打壊す, 倒壊させる. **2.** 〖j⁴/et⁴ッ〗《稀》引倒す.

nie|der|rin|gen* [ニーダー・リンゲン] 動 *h.* **1.** 〖j⁴ッ〗組伏せる(格闘技などで), (苦闘の末)負かす. **2.** 〖et⁴ッ〗(苦労して)抑える(興奮などを).

der **Nie|der|sach|se** [ニーダー・ザクセ] 名 -n/-n ニーダーザクセン人.

(das) **Nie|der|sach|sen** [ニーダー・ザクセン] 名 -s/ 〖地名〗ニーダーザクセン(ドイツの州).

nie|der|säch|sisch [ニーダー・ゼクスィシュ] 形 ニーダーザクセン(方言)の.

nie|der|schie|ßen* [ニーダー・シーセン] 動 **1.** *h*. 〖j⁴ッ〗打倒する, 射殺する. **2.** *s*. (auf 〈j⁴/et⁴〉ッ目ガケテ) 急降下する(戦闘機・ワシなどが).

der **Nie|der|schlag** [ニーダー・シュラーク] 名 -(e)s/..schläge **1.** 〖気〗降水(雨・雪・あられなど). **2.** 〖化〗沈殿(物); 《稀》結露. **3.** (文章による)表現, schlen ～ finden 表現される. **4.** 〖ボク〗ノックダウン. **5.** 〖楽〗下拍.

nie|der|schla|gen* [ニーダー・シュラーゲン] 動 *h.* **1.** 〖j⁴+et⁴ッ〗殴り倒す; 横倒しにする. **2.** 〖et⁴ッ〗鎮圧(弾圧)する(暴動・ストなどを); 《古》鎮静する(興奮などを), 下げる(高熱を); 〖法〗打切る(裁判・訴訟手続きを), 却下する(告訴を), 《稀》晴らす(容疑を). **3.** 〖j³ッ+〈et⁴〉ッ〗〖法〗免じる(罰金などを). **4.** 〖et⁴ッ〗伏せる(顔・視線を). **5.** 〖et⁴ッ+(aus 〈et³〉ッ)〗〖化〗析出させる. **6.** 〖sich⁴+(auf

[an]⟨et³)₌)〕結露する. **7.** 〔sich⁴+in⟨et³)₌)〕具象化されている、反映する、(はっきり)現れている.

die **Nie·der·schlags·men·ge** [ニーダーシュラークス・メンゲ] 名 -/-n〖気〗降水[雪]量.

nie·der·schlags·reich [ニーダーシュラーグライヒ] 形 降水量の多い.

die **Nie·der·schla·gung** [ニーダー・シュラーグング] 名 /-en **1.** 鎮圧,制圧. **2.**〖法〗(訴訟などの)打ち切り;(税などの)免除.

(das) **Nie·der·schle·si·en** [ニーダー・シュレーズィエン] 名 -s/ 〖地名〗ニーダーシュレージエン《旧プロイセンの州、シュレージエンの北西部》.

nie·der|schmet·tern [ニーダー・シュメッターン] 動 h. 〈j⁴ッ〉打ちのめす;(精神的に)打ちのめす.

nie·der|set·zen [ニーダー・ゼッツェン] 動 h. 〈et⁴ッ〉書記さす、書留める.

nie·der|schrei·ben* [ニーダー・シュらイベン] 動 h. 〈et⁴ッ〉書記さす、書留める.

nie·der|schrei·en* [ニーダー・シュらイエン] 動 h.〈j⁴ッ〉大声を上げて妨害する、野次り倒す.

die **Nie·der·schrift** [ニーダー・シュりフト] 名 -/-en **1.** 書き記すこと、執筆. **2.** 書き(記された)物.

nie·der|set·zen [ニーダー・ゼッツェン] 動 h. **1.**〈j⁴/et⁴ッ〉下ろす、下に置く. **2.**〔sich⁴+⟨⟨方向⟩₌)〕座る、腰を下ろす.

nie·der|sin·ken* [ニーダー・ズィンケン] 動 s. **1.**〔⟨⟨方向⟩ヘ⟩〕くずおれる、倒れ込む. **2.**〖雅〗《稀》沈没する、沈む.

die **Nie·der·span·nung** [ニーダー・シュパヌング] 名 /-en〖電〗低電圧《250ボルトまで、工業用などでは1000ボルト以下》.

nie·der|ste·chen* [ニーダー・シュテッヒェン] 動 h.〈j⁴ッ〉刺して倒す、刺し殺す.

nie·der|stei·gen* [ニーダー・シュタイゲン] 動 s. **1.**〔von⟨et³⟩ッ〕《文》降りてくる《山などから》. **2.**〈et⁴ッ〉降りる《階段などを》.

nie·der|stim·men [ニーダー・シュティメン] 動 h.〈j⁴/et⁴ッ〉投票で否決する《候補者・提案などを》.

nie·der|sto·ßen* [ニーダー・シュトーセン] 動 **1.** h.〈j⁴ッ〉突《押》倒す. **2.** s.〔(auf⟨j⁴/et⁴⟩プロジェクトッ〕急降下する《戦闘機・ワシなどが》.

nie·der|stre·cken [ニーダー・シュトれッケン] 動 **1.**《文》倒す《銃・ナイフなどで》. **2.**〔sich⁴+(auf⟨et³⁽⁴⁾⟩₌)〕長々と身を横たえる.

die **Nie·der·tracht** [ニーダー・トらハト] 名 -/ 《文》卑劣なさま[仕方];卑劣な行い.

nie·der·träch·tig [ニーダー・トれヒティヒ] 形 **1.** 卑劣[低劣]な. **2.**《口》ひどい;ひどく.

die **Nie·der·träch·tig·keit** [ニーダー・トれヒティヒカイト] 名 -/-en **1.**《@のみ》卑劣さ. **2.** 卑劣な行い.

nie·der|tre·ten* [ニーダー・トれーテン] 動 **1.**〈et⁴ッ〉踏みつける《つぶす》;《稀》踏み固める. **2.**〈et⁴ッ〉《文》履きる減らす.

die **Nie·de·rung** [ニーデるング] 名 -/-en(水辺の)低地,《転》(社会の)下層.

der **Nie·der·wald** [ニーダー・ヴァルト] 名 -(e)s/..wälder 〖林〗低林.

nie·der·wärts [ニーダー・ヴェッツ] 副《文》下方へ.

nie·der|wer·fen* [ニーダー・ヴェるフェン] 動 h. **1.**〔sich⁴⟨et⁴⟩₌〕《文》打ち負かす;《口》病床に就かせる、衰弱させる《病気・高熱などが》;《文》(精神的に)打ちのめす. **3.**〈et⁴ッ〉《文》鎮圧《弾圧》する.

das **Nie·der·wild** [ニーダー・ヴィルト] 名 -(e)s/〖狩〗《総称》小形の狩猟鳥獣.

nied·lich [ニートりヒ] 形 **1.** かわいらしい、愛くるしい. **2.**《方》《冗》《皮)ちっちゃい、かわいい《ケーキなど》.

der **Nied·na·gel** [ニート・ナーゲル] 名 -s/..nägel さかむけ、ささくれ.

nied·rig [ニートりヒ] 形 **1.**(空間) **a.**(高さが)低い: eine ~e Stirn 狭い額. bei ~em Wasserstand 水位が低いときに. **b.**(位置が)低い: ein ~es Dach (軒の)低い屋根. ~ fliegen 低空を飛ぶ. **2.**(数量・値段)低い: ~e Temperaturen 低い温度. mit ~er Geschwindigkeit 低速で. **3.**(心・行状)低劣な,低俗な,いやしい: eine ~e Gesinnung いやしい根性. **4.**(身分・地位)低い: ein Mensch von ~em Stand 低い地位の人間.

die **Nied·rig·keit** [ニートりひカイト] 名 -/-en **1.**《@のみ》低いこと. **2.** 下劣さ,卑劣さ.

das **Nied·rig·lohn·land** [ニートりひ・ローン・ラント] 名 -(e)s/..länder 低賃金国.

nied·rig ste·hend, @ **nied·rig·ste·hend** [ニートりひ シュテーエント] 形 低い発展段階の.

das **Nied·rig·was·ser** [ニートりひ・ヴァッサー] 名 -s/- **1.**(河川・湖の)低水位. **2.**(干潮時の)最低水位.

nie·mals [ニーマールス] 副 決して…でない: Das werde ich ~ tun. 私はそれを二度としません.

nie·mand [ニーマント] 代《不定》@1格.《変化形は〈@諸品詞の変化)》だれも…でない、だれ一人…しない: N~ ist dort. だれもそこにいない. Er ist ~(e)s Feind. 彼には敵は一人もいない. Wir haben ~(en) gesehen. 私たちはだれにも会わなかった. Ich habe dort ~ Bedeutendes getroffen. 私はそこではこれはというほどの人に出会わなかった《形容詞の名詞化の前では無変化 ⇔ jemand 3》. Er ist ein N~. 彼はまったく取るに足りない人間である.

das **Nie·mands·land** [ニーマンツ・ラント] 名 -(e)s/(戦場や国境付近の)無人地帯;《稀》人跡未踏の地.

die **Nie·re** [ニーれ] 名 -/-n 腎臓(じん);《主に@》(食肉用家畜の)腎臓:〈j³〉 an die ~n gehen《口》《人の》かんに触る.

die **Nie·ren·be·cken·ent·zün·dung** [ニーれン・ベッケン・エントツュンドゥング] 名 -/-en 腎盂(じんう)炎.

der **Nie·ren·bra·ten** [ニーれン・ブらーテン] 名 -s/- 〖料〗(子牛の)腎臓(じん)と背肉の包み焼き.

die **Nie·ren·ent·zün·dung** [ニーれン・エントツュンドゥング] 名 -/-en 腎炎.

die **Nie·ren·in·suf·fi·zi·enz** [ニーれン・インスフィツィエンツ] 名 -/-en 腎不全.

der **Nie·ren·stein** [ニーれン・シュタイン] 名 -(e)s/-e 〖医〗腎臓(じん)結石.

der **Nie·ren·tisch** [ニーれン・ティッシュ] 名 -(e)s/-e 腎臓(じん)の形をした低いテーブル.

die **Nie·ren·trans·plan·ta·ti·on** [ニーれン・トらンスプランタツィオーン] 名 -/-en 腎臓(じん)移植.

nie·seln [ニーゼルン] 動 h.〖Es〗雨がしとしと降る、霧雨が降る.

der **Nie·sel·re·gen** [ニーゼル・れーゲン] 名 -s/-《主に@》霧雨.

nie·sen [ニーゼン] 動 h.〖雅俗〗くしゃみをする.

das **Nies·pul·ver** [ニース・プルふぁー, ニース・ブルヴァー] 名 -s/- くしゃみを起こさせる粉.

der **Nieß·brauch** [ニース・ブらウホ] 名 -(e)s/〖法〗用益権.

der **Nieß·brau·cher** [ニース・ブらウハー] 名 -s/-〖法〗用益権者.

der **Nieß·nutz** [ニース・ヌッツ] 名 -es/〖法〗= Nießbrauch.

die **Nies·wurz** [ニース・ヴッツ] 名 -/-en〖植〗クリスマスローズ.

der [das] **Niet** [ニート] 名 -(e)s/-e = Niete².

die **Nie·te¹** [ニーテ] 名 -/-n 空(から)くじ;《口》能なし.

die **Nie·te²** [ニーテ] 名 -/-n 鋲(びょう),リベット.

nie·ten [ニーテン] 動 h.〈et⁴ッ〉リベット《鋲(びょう)》で接合する.

die **Nie·ten·ho·se** [ニーテン・ホーゼ] [名] -/-n 《ポケット口の両端などが》鋲留めのズボン《主にジーパン》.

niet·fest [ニート・ふぇスト] [形] 鋲(びょう)で固定された.

der **Niet·na·gel** [ニート・ナーゲル] [名] -s/..nägel 《稀》=Niete².

niet- und na·gel·fest [ニート ウント ナーゲル・ふぇスト] 《次の形で》(alles,) was nicht ~ ist 《口》《くぎ付けになっていない》持っていけるもの(すべて).

(der) **Nietz·sche** [níːtʃə ニーチェ, níːtsʃə ニーッシェ] [名] 〖人名〗ニーチェ《Friedrich Wilhelm ~, 1844-1900, 哲学者》.

(das) **Nifl·heim** [níːfəl.. ニーふぇルハイム] [名] -(e)s/ 〖北欧神〗死者の国, 冥界(めいかい).

der **Ni·ger** [ニーガー] [名] -(s)/ **1.** 〖川名〗ニジェール川《西アフリカ》. **2.** 《無冠詞も有; 2 格は-s》〖国名〗ニジェール《北アフリカ内陸の国》.

(das) **Ni·ge·ria** [ニゲーリア] [名] -s/ 〖国名〗ナイジェリア《西部アフリカの国》.

der **Ni·hi·lis·mus** [ニヒリスムス] [名] -/ ニヒリズム, 虚無主義《哲学・世界観としての》.

der **Ni·hi·list** [ニヒリスト] [名] -en/-en ニヒリスト, 虚無主義者.

ni·hi·lis·tisch [ニヒリスティシュ] [形] ニヒリズムの; 虚無的〔ニヒリスティック〕な.

ni·hil ob·stat [níːhɪl ɔ́pstat ニーヒル オプスタット] 〖カトリック〗出版(印刷)許可《教会が審査の上で与える許可》.

(die) **Ni·ke** [ニーケ] [名] 〖ギ神〗ニケ《勝利の女神》.

(der) **Ni·k·las** [ニ(ー)クラス] [名] 〖男名〗ニクラス《Nikolaus の短縮形》.

(der) **Ni·ko·laus**¹ [ニ(ー)コラウス] [名] **1.** 〖男名〗ニコラウス. **2.** ~ von Kues (Cusanus) ニーコラウス・クザーヌス《1401-64 年, 聖職者・哲学者》. **3.** ~ I., Kaiser von Russland ロシア皇帝, ニコライ 1 世《1796-1855 年》.

der **Ni·ko·laus**² [ニ(ー)コラウス] [名] -es/-e 《《口》-/..läuse》 **1.** 《[単]のみ》der heilige ~ 聖ニコラウス, サンタクロース. **2.** サンタクロース(の人). **3.** =Nikolaustag.

der **Ni·ko·laus·tag** [ニ(ー)コラウス・ターク] [名] -(e)s/-e 聖ニコラウスの祝日《12 月 6 日》.

(der) **Ni·ko·lo** [ニコロ, ニコロー] [名] -s/-s 《バイエルン・オーストリア》聖ニコラウス, サンタクロース. ⇨Nikolaus².

das **Ni·ko·tin** [ニコティーン] [名] -s/ 〖化〗ニコチン.

ni·ko·tin·arm [ニコティーン・アるム] [形] 低ニコチンの.

ni·ko·tin·frei [ニコティーン・ふらイ] [形] ニコチンを含まない.

der **Ni·ko·tin·ge·halt** [ニコティーン・ゲハルト] [名] -(e)s/-e ニコチン含有量.

ni·ko·tin·hal·tig [ニコティーン・ハルティひ] [形] ニコチンを含有する.

die **Ni·ko·tin·ver·gif·tung** [ニコティーン・ふぇあギふトゥング] [名] -/-en ニコチン中毒.

der **Nil** [ニール] [名] -s/ 〖川名〗ナイル川.

das **Nil·pferd** [ニール・プふぇーあト] [名] -(e)s/-e 〖動〗カバ.

der **Nim·bo·stra·tus** [ニムボ・ストらートゥス] [名] -/..strati 〖気〗乱層雲《たれこめた雨雲》.

der **Nim·bus** [ニムブス] [名] -/-se **1.** 〖美〗(神・聖人などの頭部の)光輪, 頭光(ずこう). **2.** 《[単]のみ》《文》栄光, 名声. **3.** 《古》=Nimbostratus.

nimm! [ニム] [動] nehmen の du に対する命令形.

nim·mer [ニマー] [副] 《文・古》決して…ない; 《南独・オーストリア》もはや…ない.

der **Nim·mer·leins·tag** [ニマーラインス・ターク] [名] -(e)s/ =Sankt-Nimmerleins-Tag.

nim·mer·mehr [ニマー・メーあ] [副] 《古》決して…ない; 《南独・オーストリア》もうこれ以上…ない.

nim·mer·mü·de [ニマー・ミューデ] [形] 《文》疲れを知らぬ.

nim·mer·satt [ニマー・ザット] [形] 《口》いくら食べても満足しない, 飽くことを知らぬ.

der **Nim·mer·satt** [ニマー・ザット] [名] -(e)s/-e **1.** 《口》飽くことを知らない人; 大食漢. **2.** 〖鳥〗トキコウ.

(das) **Nim·mer·wie·der·se·hen** [ニマー・ヴィーダー・ゼーエン, ニマー・ヴィーダー・ゼーエン] [名] 《次の形で》auf ~ 《口》永久に.

nimmst [ニムスト] [動] nehmen の現在形 2 人称単数.

nimmt [ニムト] [動] nehmen の現在形 3 人称単数.

der **Nim·rod** [ニムろット] [名] -s/-e [..ろーデ] **1.** 《文》《《冗》も有》熱狂的な狩猟家. **2.** 《[単]のみ; 主に無冠詞》〖旧約〗ニムロデ《古代バビロニアの王》.

(die) **Ni·na** [ニーナ] [名] 〖女名〗ニーナ《Katharina, Anna などの愛称》.

das **Ni·ob** [ニオーブ] [名] -s/ ニオブ《金属元素の一つ. 記号 Nb》.

(die) **Ni·o·be** [ニーオベ] [名] 〖ギ神〗ニオベ《多くの子供を殺され, Zeus によって涙を流す石に変えられた王妃》.

der **Ni·o·bi·de** [ニオビーデ] [名] -n/-n 《die ~ -/-n》ニオベの子供.

das **Ni·o·bi·um** [ニオービウム] [名] -s/ =Niob.

der **Nip·pel** [ニっペル] [名] -s/- **1.** 〖工〗ニップル, 継ぎ管. **2.** 《口》(接続用)突起; ペニス. **3.** 〖工〗グリースニップル.

nip·pen [ニっペン] [動] *h.* 〖(an〔von〕 <et³>ヲ)〗ほんの少し飲む, (…に)ちょっと口をつける.

die **Nip·pes** [ニっペス, nɪp(s) ニっプ(ス)] [複名] (陶製の)小さな置き物.

die **Nipp·flut** [ニっプ・ふルート] [名] -/-en 小潮.

(das) **Nip·pon** [ニっポン] [名] -s/ 日本.

die **Nipp·sa·chen** [ニっプ・ザっへン] [複名] =Nippes.

die **Nipp·ti·de** [ニっプ・ティーデ] [名] -/-n 小潮.

nir·gend·hin [ニるゲント・ヒン] [副] どこへも…しない.

nir·gends [ニるゲンツ] [副] どこにも…ない: Sie war ~ zu finden. 彼女はどこにも見つからなかった. ~ sonst〔sonst ~〕 ほかのどこでも…ない. **【慣用】überall und nirgends zu Hause sein** 居所が定まらない.

nir·gends·wo [ニるゲンツ・ヴォー] [副] =nirgendwo.

nir·gend·wo [ニるゲント・ヴォー] [副] どこにも…ない.

nir·gend·wo·her [ニるゲント・ヴォ・へーあ] [副] どこからも…ない.

nir·gend·wo·hin [ニるゲント・ヴォ・ヒン] [副] どこへも…ない.

der **Ni·ros·ta** [ニろスタ] [名] -s/ 〖商標〗ニロスタ《nichtrostender Stahl ステンレススチール》.

das **Nir·wa·na** [ニるヴァーナ] [名] -(s)/ 〖仏教〗ニルヴァーナ, 涅槃(ねはん).

..nis [..ニス] [接尾] 名詞・形容詞・動詞の語幹の後につけて「状態・行為・結果・場所」を表す中性名詞・女性名詞を作る. 動詞の語幹との間に -t が入ることもある. また, 語幹の最後の -n は省略される. 基礎語の母音はしばしば変母音となる: das Bünd*nis* 同盟. das Geheim*nis* 秘密. die Erkennt*nis* 認識. das Ergeb*nis* 結果. das Verzeich*nis* 目録. das Gefäng*nis* 刑務所.

die **Ni·sche** [ニーシェ] [名] -/-n ニッチ, 壁龕(へきがん); アルコーヴ. eine ökologische ~ 〖生〗ニッチ, 生態的地位.

der **Ni·schel** [ニっシェル] [名] -s/- 《方・口》頭.

die **Niss,** [旧]**Niß** [ニス] [名] -/Nisse 《古》=Nisse.

die **Nis·se** [ニっセ] [名] -/-n シラミの卵.

die **Nis·sen·hüt·te** [ニっセン・ヒュッテ] [名] -/-n 《古》かまぼこ兵舎.

nis·ten [ニステン] [動] *h.* 〖(<場所>ニ)〗巣を作る《鳥などが》; 巣くう.

die **Nist·höh·le** [ニスト・⊘ーレ] [名] -/-n (木のうろなど

N

Nistkasten 862

で営巣する鳥の)巣穴.
der **Nist·kas·ten** [ニスト・カステン] 名 -s/..kästen 巣箱.
das **Ni·trat** [ニトラート] 名 -(e)s/-e 硝酸塩.
das **Ni·trit** [ニトリート] 名 -s/-e 亜硝酸塩.
die **Ni·trit·bak·te·rie** [ニトリート・バクテーリエ] 複名〖化・農〗亜硝酸細菌.
das **Ni·tro·ge·ni·um** [ニトロ・ゲーニウム] 名 -s/ 窒素〔記号 N〕.
das **Ni·tro·gly·ze·rin** [ニトロ・グリュツェリーン, ニートロ・グリュツェリーン] 名 -s/ 〖化〗ニトログリセリン.
ni·tro·phil [ニトロ・ふぃール] 形〖植〗好窒素性の, 窒素の多い土壌を好む.
das **Ni·tro·phos·phat** [ニトロ・ふぉスふァート, ニートロ・ふぉスふァート] 名 -(e)s/-e 複合肥料, 燐硝安.
das **Ni·tro·sa·min** [ニトロザミーン] 名 -s/ 〖化〗ニトロソアミン(発癌〔ガン〕性物質).
die **Ni·tro·zel·lu·lo·se** [ニトロ・ツェルロ-ゼ] 名 -/ 〖化〗ニトロセルロース.
nit·sche·wo！ [ニッチェ・ヴォー] 間〘口〙何でもないよ, 気にしないよ.【普通は Macht nichts！】
ni·val [ニヴァール] 形〖気〗雪(雪氷)の.
das **Ni·veau** [nivó: ニヴォー] 名 -s/-s **1.** 水平面, 水位, 高さ. **2.** 水準, レベル. **3.** 〔測地・天文器具の〕水準器.
ni·veau·frei [ニヴォー・ふらイ] 形〖交通〗立体式の.
ni·veau·gleich [ニヴォー・グライヒ] 形〖交通〗同一面での, 平面での.
ni·veau·los [ニヴォー・ロース] 形 程度〔レベル〕の低い.
ni·veau·voll [ニヴォー・ふォル] 形 程度〔レベル〕の高い.
ni·vel·lie·ren [ニヴェリーれン] 動 h. **1.**〈et⁴ を〉〖文〗均質にする, 同水準にする(社会生活などを); 解消する〈差異・格差などを〉. **2.**〖建〗〈et⁴ の〉水準測量を行う. **3.**〈et⁴ を〉平らにする〈畑などを〉.
das **Ni·vel·lier·ge·rät** [ニヴェリーア・ゲレート] 名 -(e)s/-e Nevelliergerät.
das **Ni·vel·lier·in·stru·ment** [ニヴェリーア・インストるメント] 名 -(e)s/-e〖測量〗= Nevelliergerät.
die **Ni·vel·lie·rung** [ニヴェリーるング] 名 -/-en **1.** 格差をなくすこと, 平均化; 〘稀〙均ならし. **2.** 水準測量.
nix [ニクス] 代〈不定〉〘口〙=nichts.
der **Nix** [ニクス] 名 -es/-e 〖ゲルマ神〗ニクス(男の水の精).
die **Ni·xe** [ニクセ] 名 -/-n 〖ゲルマ神〗ニクセ(女の水の精, 人魚).
ni·xen·haft [ニクセンハふト] 形〘文〙ニクセ〔人魚〕のような.
(das) **Niz·za** [ニッツァ] 名 -s/〖地名〗ニース(フランス南東部海岸の都市).
n. J. = nächsten Jahres 来年に(の).
der **NKWD** [エンカーヴェーデー] 名 -/ =Narodny Komissariat Wnutrennich Del 内務人民委員部〔旧ソ連の秘密警察, 1934-1946 年).
nm. = nachmittags 午後に.
n. M. = nächsten Monats 来月に(の).
NN = Normalnull 平均海(水)面.
N. N. 1. =〘ラ語〙nomen nescio 名前を知らない: Herr N. N. 何某氏. **2.** =Normalnull 〖測量〗平均海(水)面.
NNO = Nordnordost, Nordnordosten 北北東.
NNW = Nordnordwest, Nordnordwesten 北北西.
das **No** [ノー] 名 -/ 能(~-Spiel).
NO = Nordost, Nordosten 北東.
No. = Numero 番, 号.
Noä [ノーエ] = Noah の 2 格.
der **No·a·chi·de** [ノアヒーデ] 名 -n/-n 〘旧約〙ノアの子孫〔後裔〕.
(der) **No·ah** [nó:a ノーア] 名 -(s)/〘旧約〙ノア(箱舟で大洪水を逃れた人類の祖)：die Arche ~ 〔-s/Noä〕ノアの箱舟.
no·bel [ノーベル] 形 (《①②》は..bl..) **1.**〘文〙高貴な, 気高い, 高潔な. **2.** ぜいたくな; (お)上品な(《①》も有); 〘口〙気前のいい.
(der) **No·bel**¹ [ノベル] 〖人名〗ノーベル(Alfred ~, 1833-96, スウェーデンのダイナマイトの発明者).
(der) **No·bel**² [ノーベル] 名 -s/〘寓話〙ノーベル(ライオンの名).
die **No·bel·ge·gend** [ノーベル・ゲーゲント] 名 -/-en 〘嘲〙高級住宅地.
die **No·bel·her·ber·ge** [ノーベル・ヘルベルゲ] 名 -/-n 〘嘲〙高級ホテル.
das **No·be·li·um** [ノベーリウム] 名 -s/ 〖化〗ノーベリウム(超ウラン元素の一つ. 記号 No).
der **No·bel·preis** [ノベル・プらイス] 名 -es/-e ノーベル賞.
der **No·bel·preis·trä·ger** [ノベルプらイス・トれーガー] 名 -s/- ノーベル賞受賞者.
die **No·bi·li·tie·rung** [ノビリティーるング] 名 -/-en 〘文〙貴族に列すること.
die **No·bles·se** [noblέs(ə) ノブレス, ノブレッセ] 名 -/ **1.**(《①のみ》)気高さ, 気品. **2.**〘古〙貴族; 貴族の一族.
no·blesse o·blige [noblέs oblí:ʒ ノブレス オブリージュ] 〘ɔɾ語〙〘文〙〘冗〙も有)貴族は貴族らしくその義務を果たさなければならない.

noch¹ [ノッホ] 副 **1.**(今・その時)まだ, いまだに, 今でも：Das Baby schläft ~. 赤ちゃんはまだ寝ている. Ich sehe ~, wie sie die Rolle spielte. 私は今も彼女がその役を演じた様が目に見える. **2.**(次のことを始める前に)まず, とりあえず：Ich gehe ~ einkaufen. 私は(先に)まず買い物に行って来ます. **3.** いつか, そのうちに, この先：Sie wird ~ kommen. 彼女はこのうちに来るだろう. Wer weiß, was ~ passieren wird！この先まだ何が起こるか分ったものではない. **4.** かろうじて, なんとか：Ich habe den Zug ~ erreicht. 私はその列車にかろうじて間に合った. **5.**〖語飾〗(動詞・形容詞・副詞・名詞を修飾) **a.**(その上)さらに, もっと：Sagen Sie das ~ einmal！もう一度おっしゃって下さい. dumm und dazu ~(~ dazu) frech 馬鹿でその上ずうずうしい.(Möchtest du) ~ ein Bier？もう一杯ビールを(どう). **b.**〖形容詞・副詞の比較級を修飾〗もっと, さらに：Sprechen Sie ~ langsamer！もっとゆっくり話して下さい. **c.**(主に時の副詞を修飾)つい…, その時にはまだ：N~ gestern habe ich〔Gestern habe ich ~〕ihn gesehen. つい昨日私は彼に会った. **d.**(主に時の副詞や場所の副詞に修飾)…のうちに：~ heute〔heute ~〕今日中に. N~ ehe es dunkelte, …. 日が暮れないうちに, …. ~ am Unfallort 事故現場においてなお… **e.**(主に数量を示す名詞を修飾. アクセント無)〔残りが)あと…だけ, まだ：Ich habe nur ~ fünf Euro. 私はあと 5 ユーロしかない. **f.** まだなんとか, まだなんとか：Das kann man ~ hingehen lassen. それはまだなんとか大目に見ることができる. **g.** …にもなりかねない, …すらしかねない：…, sonst fällst du in der Prüfung ~ durch.…, さもないとおまえは試験に落第しかねないぞ. **6.**(話者の気持)(アクセント無) **a.**(叙述文で. 相手の同意を期待して)…ですよね：Er hat wenigstens ~ den festen Willen, sich zu ändern！彼に少なくとも自分を変えようとする固い意志はありますよね. **b.**(疑問文で. 記憶をたどって)…だったかなあ, …だっけ：Wie heißt er ~？彼(の名前)はなんていうんだっけ. Wann war es ~？それはいつのことだっけ. **c.**(叙述文で常に否定詞とともに)(たった)…も…ないのか：Das kostet ~ keine zehn Euro. それは10ユーロもしないのか. **d.**《叙述文・感嘆文で》興奮・激昂してきっと…だぞ：Du wirst es ~ bereuen! 君はきっとそれを後悔するぞ. **e.**《叙述文・修辞的疑問文で, 憤慨して》…している場合かね：Wie kannst du ~ lachen? だぞ笑っていられる場合かね. 【慣用】**eben noch**(**noch eben**)やっと. **gerade noch** ほうじて, まあなんとか. **immer noch**(**noch immer**) いぜんとして, 相変わらず. **Noch !** もっと(子供がもっとほしがって). **Noch eines (möchte ich sagen),** もう一言 (言っておきたいことは). **noch so groß wie** ... / **dreimal so groß wie** ... **sein** …の2倍/3倍の大きさである. **noch so** たとえどんなに…でも：Du kannst *noch* so sehr bitten, ich erlaube es nicht. 君がたとえどんなに頼んでも, 私はそれを許可しない. **noch und noch** もっともっと, あとからあとから, きりがないほど. **noch und nochmals** (**noch und noch einmal**) 再三再四. **nur noch** いまではもう…にすぎない, もう…でしかない.

noch² [ノッㇵ]接《主に次の形で》**weder ... (,) noch** ... …でも…でもない：Sie ist weder groß ~ klein. 彼女の背は高くも低くもない(高からず低からず).《時に他の否定詞とともに》**Niemals fehlte er, ~ hat er sich verspätet.** 彼は一度も欠席しなかったし, 遅刻もしなかった.

noch·ma·lig [ノッㇵ・マーリㇰ]形 再度の, もう一度の.
noch·mals [ノッㇵ・マールス]副 もう一度, 再度, 再び.
das **Nock** [ノック]名 -s/-e (die ~ -en も有)【海】円材の末端；船橋の縁の突出部.
die **Nocke** [ノッケ]名 -/-n (ホイピーン・チェンスト)(口・蔑)うぬぼれ女.
der **Nocken** [ノッケン]名 -s/-【エ】カム.
die **Nocken·wel·le** [ノッケン・ヴェレ]名 -/-n【エ】カム軸.
das **Nockerl** [ノッカール]名 -s/-n (バイエル・チェンスト) **1.**【料】スープに入れる小さな団子. **2.**(口・冗)(世間知らずの)娘.
das **Nocturne** [nɔktýrn ノクテュルン]名 -s/-s (die ~ -/-s)【楽】ノクターン, 夜想曲.
die **No·e·tik** [ノエーティㇰ]名 -/【哲】認識論.
no·e·tisch [ノエーティシュ]形【哲】認識論の；ノエシス的.
no iron [nó: áiərn ノー アイアーン, . . áiərn ノー アイルン]【英語】ノーアイロン.
nölen [ネーレン]動 *h*. (北独・口・蔑)もたもた(のろのろ)する.
no·lens vo·lens [ノーレンス ヴォーレンス]【ラテン語】良くも悪くも, いやが応でも.
die **No·li·me·tan·ge·re** [ノーリ・メ・タンゲれ]名 -/- **1.**【植】ネムリソウ(ミモザ)(属), ホウセンカ(属)の植物). **2.**【美】ノリ・メ・タンゲレ(復活したキリストがマリア・マグダレーナの前に現れる場面の描写.「われに触るな」の意).
Nom. =Nominativ【言】1格, 主格.
der **No·ma·de** [ノマーデ]名 -n/-n 遊牧民族の人.
no·ma·disch [ノマーディシュ]形 遊牧民の.
das **No·men** [ノーメン]名 -s/..mina (-)【言】名詞；名詞的品詞(名詞と形容詞の総称).
die **No·men·kla·tur** [ノメン・クラトゥーア]名 -/-en (専門用語の)命名法；術語集, 専門用語集.
die **No·men·kla·tu·ra** [ノメン・クラトゥーら]名 -/【旧ソ連】ノーメンクラツーラ(① 党幹部ポストのリスト. ② 特権的支配層).
no·mi·nal [ノミナール]形 **1.** 名詞的な；【言】名詞類(名詞・形容詞)の. **2.**【経】名目的な.
das **No·mi·nal·ein·kom·men** [ノミナール・アイン・コメン]名 -s/-【経】名目所得.
der **No·mi·na·lis·mus** [ノミナリスムス]名 -/ **1.**【哲】唯名論, 名目論. **2.**【経】名目主義.
das **No·mi·nal·ka·pi·tal** [ノミナール・カピタール]名 -s/【経】名目資本金.
der **No·mi·nal·lohn** [ノミナール・ローン]名 -(e)s/..löhne【経】名目賃金.
der **No·mi·nal·wert** [ノミナール・ヴェーアト]名 -(e)s/-e =Nennwert.
der **No·mi·nal·zins** [ノミナール・ツィンス]名 -es/-en【金融】名目金利.
der **No·mi·na·tiv** [ノーミナティーフ]名 -s/-e【言】 **1.** (のみの)1格, 主格(略 N., Nom.). **2.** 1格の語.
no·mi·nell [ノミネル]形 名義だけの, 表向きの；【経】名目的な.
no·mi·nie·ren [ノミニーレン]動 *h*.〈j⁴ヲッ+(für〈et⁴=〉)〉指名する, ノミネートする；【スポーツ】指名する.
die **No·mi·nie·rung** [ノミニールング]名 -/-en 指名する(される)こと.
der **No·mos** [ノ(ー)モス]名 -/..moi **1.**【哲】ノモス(人為法の総称). **2.**【楽】ノモス(祭事から発展した古代ギリシア音楽の形).
das **No·name·pro·dukt, No-Name-Pro·dukt,** Ⓑ **No-name-Pro·dukt** [nó:ne:m. . ノー・ネーム・プろドゥクト]名 -(e)s/-e ブランド名のついていない商品.
die **Non·cha·lance** [nõʃaláːs ノン・シャランース]名 -/【文】無頓着, 無関心, のん気, 投げやり.
non·cha·lant [nõʃalãː ノン・シャラン, 付加語的にはnõʃalánt ノン・シャラント]形【文】無頓着(無関心)な, のん気な, 投げやりな.
die **No·ne** [ノーネ]名 -/-n【カトリ】(聖務日課の)第9時課(午後3時の祈り)；【楽】9度の音；9度音程.
das **No·nett** [ノネット]名 -(e)s/-e【楽】ノネット(①九重奏曲. ②九重奏団).
das **Nonfic·tion, Non-Fic·tion,** Ⓑ **Non-fic·tion** [nɒnfikʃən ノン・ふぃクション]名 -s/-s ノンフィクションの本.
das **Non·food, Non-Food,** Ⓑ **Non-food** [nɒnfúːt ノン・ふート]名 -s/- (das) 非食品.
der **Nonfood·ar·ti·kel, Non-Food-Ar·ti·kel,** Ⓑ **Non-food-Ar·ti·kel** [nɒnfúːt. . (-)ケル]名 -s/- (スーパーマーケットの)食料品以外の商品.
der **No·ni·us** [ノーニウス]名 -/..nien (-se) ノギス(金属製物差しの一種).
der **Non·kon·for·mis·mus** [ノ(ー)ン・コンふォミスムス]名 -/ 非協調主義；(イギリスの)非国教主義.
der **Non·kon·for·mist** [ノ(ー)ン・コンふォミスト]名 -en/-en【文】非協調主義者；(イギリスの)非国教徒.
non·kon·for·mis·tisch [ノ(ー)ン・コンふォミスティシュ]形 非協調主義(者)の；(英国の)非国教的.
non mul·ta, sed mul·tum [ノン ムルタ, ゼット ムルトゥム]【ラテン語】広く浅くではなく, 深く窮(きわ)め.
die **Non·ne** [ノネ]名 -/-n **1.** 修道女, 尼僧. **2.**【土】雌がわら(平瓦). **3.**【昆】ノンネマイマイガ.
das **Non·nen·klos·ter** [ノネン・クローステァ]名 -s/..klöster 女子修道院, 尼僧院.
non olet [ノーン オーレト]【ラテン語】それ(お金)は臭くない(公衆便所に税をかけたことを息子のティトゥスに非難されたローマ皇帝ウェスパシアヌスの言葉と言われる).
die **Non·pa·reille** [nõpaREːj ノン・パれュ]名 **1.** (クッキーなどにふりかける)色とりどりの砂糖粒. **2.**【印】ノンパレル(6ポイント). **3.**【古】軽い生地.
das **Non·plus·ul·tra** [ノ(ー)ン・プルス・ウルトら]名 -/最高のもの.
non scho·lae, sed vi·tae dis·ci·mus [nó:n sçó:le zɛt víːte dístsimus ノーン ひょーレ ゼット ヴィーテ ディスツィムス, nó:n skó:le. . ノーン スコーレ ゼット ヴィーテ ディスツィムス]【ラテン語】我々は学校のためではなく, 人生

Nonsens 864

のために学ぶ.
der **Nonsens** [ノンゼンス] 名 -(e)s／ ナンセンス.
der **Nonstopflug, Non-stop-Flug, Non-Stop-Flug** [nɔnʃtɔ́p..ノン・シュトップ・ふルーク, nɔnstɔ́p..ノン・ストップ・ふルーク] 名 -(e)s/flüge ノンストップ〔無着陸〕飛行, 直行便.
das **Nonstopkino, Nonstop-Kino, Non-Stop-Kino** [ノンシュトップ・キーノ, ノン・ストップ・キーノ] 名 -s/-s 入替えなしの映画館.
die **Noologie** [noo..ノオ・ロギー] 名 -/【哲】精神論.
noologisch [ノオ・ローギシュ] 形 精神論の.
die **Noppe** [ノッペ] 名 -/-n (織物の)ネップ, 節；(ゴム面などの)いぼいぼ.
noppen [ノッペン] 動 h. 〈et⁴ッ〉ネップを取除く(布地の)；(…に)ネップを作るもの(糸に).
(*die*) **Nora** [ノーら] 名 【女名】ノーラ.
Nord¹ [ノルト] 名 (㊸のみ；無変化；無冠詞) 1. 〖海・気〗北(略 N). 2. (地名の後に置いて)(…の)北部, 北地区(略 N).
der **Nord**² [ノルト] 名 -(e)s/-e (主に㊸)〖海〗〖詩〗北風(～wind).
(*das*) **Nordamerika** [ノルト・アメーリカ] 名 -s/ 【地名】北アメリカ.
der **Nordatlantikpakt** [ノルト・アトランティク・パクト] 名 -(e)s/ 北大西洋条約(1949年締結,略 NATO).
norddeutsch [ノルト・ドイチュ] 形 北ドイツの；北ドイツ(人)特有の.
(*das*) **Norddeutschland** [ノルト・ドイチュラント] 名 -s/【地名】北ドイツ.
norden [ノルデン] 動 h. 〈et⁴ッ〉北に合わせる(磁石・地図などを).
der **Norden** [ノルデン] 名 -s/ 1. (主に無冠詞)北(合成語・地名などでは Nord. 略 N)：aus(von)～北から. im ～ 北(の方)に. nach ～ 北へ. 2. 北部, 北地区；北国, 北欧：im hohen ～ 極北で.
nordfriesisch [ノルト・ふりーズィシュ] 形 北フリース(ラント)の.
(*das*) **Nordfriesland** [ノルト・ふりース・ラント] 名 -(e)s／【地名】北フリースラント(シュレースヴィヒ=ホルシュタイン州の湿地帯).
nordisch [ノルディシュ] 形 1. 北欧の；〖言*〗ノルディックの. 2. 北方系の(ナチの用語).
die **Nordistik** [ノルディスティク] 名 -/ 北欧研究.
das **Nordkap** [ノルト・カップ] 名 -s/ 【地名】ノールカップ(ヨーロッパ最北の岬).
der **Nordländer** [ノルト・レンダー] 名 -s/- 北国の人, 北欧人.
nordländisch [ノルト・レンディシュ] 形 北国の.
nördlich [ネルトリヒ] 形 1. (正しくは㊸の方の)北部の：die ～e Halbkugel 北半球. 48 Grad ～er Breite 北緯 48度(略 48° n. Br.). (10km) ～ von Köln ケルンの北(10 キロ)に. (方向)北寄りへの；北寄りからの：Das Flugzeug hat einen ～(er)en Kurs. その飛行機は(さらに)北寄りに進路をとっている. 2. (稀)北方の, 北国の(人々)独特の.
—— 前〔+ 2格〕…の北方に.
das **Nordlicht** [ノルト・リヒト] 名 -(e)s/-er 1. 北極光, オーロラ. 2. 〖冗・蔑〗北ドイツ出身の有力者〔政治家〕(南ドイツから見て).
(*das*) **Nördlingen** [ネルトリンゲン] 名 -s/ 【地名】ネルトリンゲン(バイエルン州の都市).
Nordnordost¹ [ノルト・ノルト・オスト] 名 (㊸のみ；無変化；無冠詞)〖海・気〗北北東(略 NNO).
der **Nordnordost**² [ノルト・ノルト・オスト] 名 -(e)s/-e (主に㊸)〖海〗〖詩〗北北東の風.
der **Nordnordosten** [ノルト・ノルト・オステン] 名 s/ (主に無冠詞)北北東(略 NNO).

Nordnordwest¹ [ノルト・ノルト・ヴェスト] 名 (㊸のみ；無変化；無冠詞)〖海・気〗北北西(略 NNW).
der **Nordnordwest**² [ノルト・ノルト・ヴェスト] 名 -(e)s/-e (主に㊸)〖海〗〖詩〗北北西の風.
der **Nordnordwesten** [ノルト・ノルト・ヴェステン] 名 -s/ (主に無冠詞)北北西(略 NNW).
Nordost¹ [ノルト・オスト] 名 (㊸のみ；無変化；無冠詞) 1. 〖海・気〗北東(略 NO). 2. (地名の後に置いて)(…の)北東部, 北東地区(略 NO).
der **Nordost**² [ノルト・オスト] 名 -(e)s/-e (主に㊸)〖海〗〖詩〗北東の風.
der **Nordosten** [ノルト・オステン] 名 -s/ 1. (主に無冠詞)北東(略 NO). 2. 北東部, 北東地区.
nordöstlich [ノルト・エストリヒ] 形 北東の, 北東へ(からの).
der **Nordpol** [ノルト・ポール] 名 -s/ 北極.
(*das*) **Nordrhein-Westfalen** [ノルト・らイン・ヴェスト・ふぁーレン] 名 -s/【地名】ノルトライン=ヴェストファーレン(ドイツの州).
nordrhein-westfälisch [ノルト・らイン・ヴェスト・ふぇーリシュ] 形 ノルトライン=ヴェストファーレン(州)の.
die **Nordsee** [ノルト・ゼー] 名 -/〖海名〗北海.
die **Nordseite** [ノルト・ザイテ] 名 -/-n 北側.
der **Nordstern** [ノルト・シュテるン] 名 -(e)s/-e 北極星.
der **Nord-Süd-Dialog** [ノルト・ズュート・ディアローク] 名 -(e)s/〖政〗南北対話.
das **Nord-Süd-Gefälle** [ノルト・ズュート・グふェレ] 名 -s/〖政〗南北格差.
der **Nord-Süd-Konflikt** [ノルト・ズュート・コンふリクト] 名 -(e)s/〖政〗南北問題.
nordwärts [ノルト・ヴェルツ] 副 《稀》北方へ；北の方で.
Nordwest¹ [ノルト・ヴェスト] 名 (㊸のみ；無変化；無冠詞) 1. 〖海・気〗北西(略 NW). 2. (地名の後に置いて)(…の)北西部, 北西地区(略 NW).
der **Nordwest**² [ノルト・ヴェスト] 名 -(e)s/-e (主に㊸)〖海〗〖詩〗北西の風.
der **Nordwesten** [ノルト・ヴェステン] 名 -s/ 1. (主に無冠詞)北西(略 NW). 2. 北西部, 北西地区.
nordwestlich [ノルト・ヴェストリヒ] 形 北西の, 北西へ(からの).
—— 前〔+ 2格〕…の北西に.
der **Nordwind** [ノルト・ヴィント] 名 -(e)s/-e 北風.
(*das*) **Norge** [ノルゲ] 名 -s/ 【国名】ノルウェー(ノルウェー語の表記).
die **Nörgelei** [ネるゲらイ] 名 -/-en 〖蔑〗 1. (㊸のみ)(しょっちゅう)文句をつけること. 2. (主に㊷)文句, 苦情.
nörgelig [ネるゲリヒ] 形 〖蔑〗文句の多い, けちばかりつける.
nörgeln [ネるゲルン] 動 h. 〈an〔j³/et³〕ニツイテ/über〔et⁴〕ニツイテ〉〖蔑〗ぶつくさ言う, (つまらぬ)けちをつける.
der **Nörgler** [ネるグラー] 名 -s/- 〖蔑〗不平家.
die **Norm** [ノるム] 名 -/-en 1. (主に㊸)規範. 2. 標準, 基準. 3. 〖工業製品の〗規格；(労働の)ノルマ. 4. 〖㊥*〗標準記録. 5. 〖印〗折り標.
normal [ノるマール] 形 1. 標準の, 規定(規格)の：～es Körpergewicht haben 標準体重である. 2. 普通の, 平常の：auf ～em Weg 普通のやり方で. 3. (心身が)正常な, 正気な：Bist du noch ～ ?《口》それでも気は確かか.
das **Normal** [ノるマール] 名 -s/-e 1. 〖化〗規定. 2. (㊸のみ；無冠詞で)レギュラー(ガソリン).
das **Normalbenzin** [ノるマール・ベンツィーン] 名 -s/-e レギュラーガソリン.
die **Normale** [ノるマーレ] 名 -(n)/-n 〖数〗法線.
normalerweise [ノるマーラー・ヴァイゼ] 副 普通は, 通常は.

das **Nor·mal·ge·wicht** [ノルマール・ゲヴィヒト] 名 -(e)s /-e 標準体重.

nor·ma·li·sie·ren [ノルマリズィーレン] 動 h. **1.** 〖et⁴을〗正常化する,平常に戻す. **2.** 〖sich⁴〗正常になる,平常に戻る.

das **Nor·mal·maß** [ノルマール・マース] 名 -es/-e **1.** (度量衡の)原器. **2.** 標準尺度.

das **Nor·mal·null** [ノルマール・ヌル] 名 -s/ 〖測量〗平均海(水)面(略 NN, N. N.).

die **Nor·mal·schu·le** [ノルマール・シューレ] 名 /-n 〖ス〗教育大学;(国立の)国民学校教員養成所.

die **Nor·mal·sich·tig·keit** [ノルマール・ズィヒティカイト] 名 -/ 正(常)視.

die **Nor·mal·spur** [ノルマール・シュプーア] 名 -/ (中央ヨーロッパの鉄道の)標準軌間〔ゲージ〕.

der **Nor·mal·ton** [ノルマール・トーン] 名 -(e)s/..töne 〖楽〗標準音.

die **Nor·mal·uhr** [ノルマール・ウーア] 名 /-en 標準時計.

der **Nor·mal·ver·brau·cher** [ノルマール・ふぇあブラウハー] 名 -s/- **1.** 平均的消費者. **2.** 並の人.

die **Nor·mal·zeit** [ノルマール・ツァイト] 名 -/ 標準時.

die **Nor·man·die** [ノルマンディー] 名 -/ 〖地名〗ノルマンディー(フランスの地方).

der **Nor·man·ne** [ノルマネ] 名 -n/-n ノルマン人.

nor·man·nisch [ノルマニシュ] 形 ノルマン人〔語〕の.

nor·ma·tiv [ノルマティーふ] 形 〖文〗規範的な.

nor·men [ノルメン] 動 h. 〖et⁴ を〗規格化する, 標準化する(製品・製法・検査方法などを).

die **Nor·men·kon·trol·le** [ノルメン・コントロレ] 名 -/ 〖法〗規範統制.

nor·mie·ren [ノルミーレン] 動 h. 〖文〗 **1.** 〖et⁴ を〗一律に規制する, 画一的に定める(指導方法などを). **2.** =normen.

die **Nor·mie·rung** [ノルミールング] 名 -/-en 規制, 画一化;規格化, 規格統一;(用語などの)制定.

die **Nor·mung** [ノルムング] 名 -/-en 規格統一, 規格化;(専門用語の)制定.

norm·wid·rig [ノルム・ヴィードリヒ] 形 規範〔ノルマ〕に反する, 規格〔基準〕からはずれた.

die **Nor·ne** [ノルネ] 名 -/-n (主に ®) 〖北欧神〗ノルネ, 運命の女神(運命の三女神).

(*das*) **Nor·we·gen** [ノルヴェーゲン] 名 -s/ 〖国名〗ノルウェー.

Nor·we·ger¹ [ノルヴェーガー] 形 〖無変化形〗ノルウェーの.

der **Nor·we·ger²** [ノルヴェーガー] 名 -s/- ノルウェー人.

nor·we·gisch [ノルヴェーギシュ] 形 ノルウェー(人・語)の.

das **Nor·we·gisch** [ノルヴェーギシュ] 名 -(s)/ ノルウェー語.〖用法は ▷ Deutsch〗

das **Nor·we·gi·sche** [ノルヴェーギシェ] 名 (形容詞的変化);(®のみ) **1.** 〖定冠詞とともに〗ノルウェー語. **2.** ノルウェー的なもの(こと).〖用法は ▷ Deutsche〗

die **No·so·lo·gie** [ノゾロギー] 名 -/ 〖医〗疾病分類学.

das **No-Spiel** [ノー・シュピール] 名 -(e)s/-e 能楽.

(*der*) **Nos·sack** [ノザック] 名 〖人名〗ノザック(Hans Erich ～, 1901-77, 作家).

die **Nos·tal·gie** [ノスタルギー] 名 -/-n 〖文〗郷愁, ノスタルジア;〖古〗懐郷病.

nos·tal·gisch [ノスタルギシュ] 形 郷愁に満ちた, 郷愁をそそる;〖文・古〗懐郷病の.

der **Nos·tra·da·mus** [ノストラダームス] 名 〖人名〗ノストラダムス(1503-66, フランスの占星術師).

not [ノート] ▷ Not.

die **Not** [ノート] 名 -/Nöte **1.** (®のみ)困窮, 窮乏, 貧困;(主に ®)苦境, 難地: ～ leiden 困窮する.

2. 苦労, 労苦;(®のみ)苦労, 苦悩;(主に ®)心配事, 困難. **3.** 〔急を要する〕必要, 緊急.【慣用】**aus der Not eine Tugend machen** 禍(わざわい)を転じて福となす. **in Not und Tod** 〖文〗逆境の中でも. **mit knapper Not** かろうじて. **mit** 〖j³/et³〗 **seine (liebe) Not haben** 〈人・物・事で〉手こずる〔苦労する〕. **Not tun** 〖sein〗〖文・古〗必要である. **ohne Not** 苦もなく, 〖文〗必要がければ, 必要もないのに. **Not am Mann ist** いざという時には. **zur Not** 〖口〗必要とあれば.

die **No·ta** [ノータ] 名 -s/ **1.** 〖古〗覚書, メモ. **2.** 〖商〗勘定書;注文: 〖et⁴〗 in ～ geben/nehmen 〈物⁴を〉注文する/受注する.

die **No·ta·beln** [ノタベルン] 複名 (昔のフランス市民階級の)名士〔有力者〕たち.

no·ta·be·ne [ノタベーネ] 副 〖文〗注意(せよ);それはそうと, ところで(略 NB).

das **No·ta·be·ne** [ノタベーネ] 名 -(s)/-(s) 〖文・稀〗メモ.

die **No·ta·bi·li·tät** [ノタビリテート] 名 -/-en **1.** (®のみ)〖古〗身分の高いこと. **2.** (主に ®)〖文〗名士.

der **Not·an·ker** [ノート・アンカー] 名 -s/- **1.** 〖海〗予備のアンカー. **2.** 最後の頼り, 頼みの綱.

der **No·tar** [ノタール] 名 -s/-e 公証人.

das **No·ta·ri·at** [ノタリアート] 名 -(e)s/-e 公証人職;公証人役場.

no·ta·ri·ell [ノタリエル] 形 〖法〗公証人による: eine ～e Urkunde 公正証書. ～ beglaubigt 公正証された.

der **Not·arzt** [ノート・アーツト] 名 -es/..ärzte 当直医;(救急車に乗りこむ)救急医.

der **Not·arzt·wa·gen** [ノート・アーツト・ヴァーゲン, ノート・アーツト・ヴァーゲン] 名 -s/- **1.** 救急医用の車. **2.** =Klinomobil.

die **No·ta·ti·on** [ノタツィオーン] 名 -/-en **1.** 表記法. **2.** 〖楽〗記譜;(®のみ)記譜法. **3.** 〖チェス〗棋譜.

die **Not·auf·nah·me** [ノート・アウふ・ナーメ] 名 -/-n **1.** (旧東独からの)難民受入れ;難民収容所. **2.** 急患の受入れ;急患病棟〔室〕.

der **Not·aus·gang** [ノート・アウス・ガング] 名 -(e)s/..gänge 非常口.

der **Not·aus·stieg** [ノート・アウス・シュティーク] 名 -(e)s/-e 緊急脱出口.

der **Not·be·helf** [ノート・ベヘルふ] 名 -(e)s/-e 応急措置, 間に合せ, 一時しのぎ.

die **Not·be·leuch·tung** [ノート・ベロイヒトゥング] 名 -/-en 非常照明.

die **Not·brem·se** [ノート・ブレムゼ] 名 -/-n 非常ブレーキ.

der **Not·dienst** [ノート・ディーンスト] 名 -(e)s/-e 当直勤務, (緊急事態のための)待機勤務〔業務〕.

die **Not·durft** [ノート・ドゥるふト] 名 -/ 〖文〗 **1.** 用便. **2.** (生活)必需品.

not·dürf·tig [ノート・デュるふティヒ] 形 一時しのぎの, 応急の;ぎりぎりの.

die **No·te** [ノーテ] 名 -/-n **1.** 〖楽〗音符;(®のみ)楽譜: eine ganze ～ 全音符. nach/ohne ～n 譜面を見ながら/暗譜で. **2.** (成績の)評点, 点数;(審判員の出す)点. **3.** 〖法〗外交文書, 覚書, 通牒(つうちょう). **4.** (®のみ)特色, 色合い. **5.** (主に ®)〖銀行〗紙幣, 銀行券(Banknote). **6.** 〖文·稀〗註.

der **No·ten·aus·tausch** [ノーテン・アウス・タウシュ] 名 -(e)s/ (外交上の)覚書の交換.

die **No·ten·bank** [ノーテン・バンク] 名 -/-en 発券銀行.

das **No·ten·blatt** [ノーテン・ブラット] 名 -(e)s/..blätter (1枚1枚の)楽譜.

das **No·ten·heft** [ノーテン・ヘふト] 名 -(e)s/-e 五線紙のノート.

die **No·ten·li·nie** [ノーテン・リーニエ] 名 -/-n (主に ®)譜線.

das **No·ten·pa·pier** [ノーテン・パピーあ] [名] -s/ 五線紙.
das **No·ten·pult** [ノーテン・プルト] [名] -(e)s/-e 譜面台.
der **No·ten·schlüs·sel** [ノーテン・シュリュッセル] [名] -s/- 音部記号.
der **No·ten·stän·der** [ノーテン・シュテンダー] [名] -s/- = Notenpult.
das **No·ten·sys·tem** [ノーテン・ズュステーム] [名] -s/-e **1.** 成績評価体系. **2.** 〘楽〙譜表.
der **No·ten·wech·sel** [ノーテン・ヴェクセル] [名] -s/- (外交上の)覚書の交換.
der **Not·fall** [ノート・ふぁル] [名] -(e)s/..fälle 緊急〔非常〕の場合;必要な〔になる〕状態: im ~ やむをえない場合には.
die **Not·fall·me·di·zin** [ノートふぁル・メディツィーン] [名] -/-en 緊急医療.
not·falls [ノート・ふぁルス] [副] やむをえない場合には.
die **Not·flag·ge** [ノート・ふラッゲ] [名] -/-n 遭難信号旗.
not·ge·drun·gen [ノート・ゲドるンゲン] [副] 必要に迫られて, やむを得ず.
das **Not·geld** [ノート・ゲルト] [名] -(e)s/ 〘貨幣〙(インフレなどの際の)緊急貨幣〔通貨〕.
der **Not·gro·schen** [ノート・グろッシェン] [名] -s/- 万一に備えてためた金.
der **Not·ha·fen** [ノート・ハーふェン] [名] -s/..häfen 〘海〙避難港.
der **Not·hel·fer** [ノート・ヘルふぁー] [名] -s/- 救難者;〘カトリック〙救護聖人.
die **Not·hil·fe** [ノート・ヒルふェ] [名] -/ **1.** 〘法〙緊急救助. **2.** 応急手当.
no·tie·ren [ノティーれン] [動] *h.* **1.** 〔〈et⁴〉ヲ〕メモ〔ノート〕する, 書留める;記譜する(音楽作品を);(…に)気づく. **2.** 〔〈et⁴〉ニ+(mit 〈et³〉ノ)〕〘経・金融〙値〔相場〕をつける(証券取引所などが). **3.** 〔〈et⁴〉ヲ〕〘経・金融〙確定(して公表)する(取引所などがその日の取引相場を). **4.** 〔mit 〈et³〉ノ/〈様態〉ノ〕〘経・金融〙値〔相場〕がつく. **【慣用】** **〈j⁴〉 für 〈et⁴〉 notieren** 〈人ヲ〉〈事ノ〉予約者として記帳する. **〈j⁴〉 notieren** 〈人ノ〉身上を記録する.
die **No·tie·rung** [ノティーるング] [名] -/-en **1.** (単のみ)書き留めること, 記帳. **2.** 表記法;〘楽〙記譜;(単のみ)記譜法;〘チェス〙棋譜. **3.** 〘経・金融〙相場付け;相場.
nö·tig [ネーティひ] [形] 必要な: 〈j⁴/et⁴〉 ~ haben 〈人・物・事ガ〉必要である. wenn ~ 必要なら. 〈et⁴〉 zu tun ~ haben 〈事ヲ〉しなければならない. **【慣用】** **Das ist doch nicht nötig〔Das wäre doch nicht nötig gewesen〕!** このようなことなさらなくてよかったのに(お礼の言葉). **Gerade du hast es〔Du hast es gerade〕nötig!** 君はそんなことをする柄じゃないよ. **〈j¹〉 hat es sehr nötig** 《口》〈人ハ〉トイレに行きたがっている.
nö·ti·gen [ネーティゲン] [動] *h.* 〔〈j⁴〉ニ+(zu 〈動〉スルコトヲ/zu 〈et³〉ヲ)〕強制〔強要〕する, むりやりやらせる(人が);せざるを得なくさせる(事情・事態などが);熱心に〔しきりに〕勧める. **【慣用】** **〈j⁴〉 ins Zimmer nötigen** 〈人ニ〉部屋に入るようにとしきりに勧める. **Lassen Sie sich nicht nötigen!** 遠慮なくおとり下さい(食事で). **zu 〈et³〉 genötigt sein〔sich⁴ zu 〈et³〉 genötigt sehen〕** 〈事ヲ〉せざるを得ない.
nö·ti·gen·falls [ネーティゲン・ふぁルス] [副] 必要な場合には.
die **Nö·ti·gung** [ネーティグング] [名] -/-en **1.** (主に単)強要. **2.** (単のみ)《文》必要性;やむにやまれぬ気持. **3.** しきりに勧めること, 無理強い.
die **No·tiz** [ノティーツ] [名] -/-en **1.** (主に複)メモ, 覚書き. **2.** (主に単)(新聞の)小記事, 短信. **3.** 〘金融〙相場付け;相場. **4.** (次の形で) von 〈j³/et³〉 ~ machen 〈人・物・事ニ〉注意を払う.
der **No·tiz·block** [ノティーツ・ブロック] [名] -(e)s/..blöcke〔-s〕(はぎとり式)メモ用紙.
das **No·tiz·buch** [ノティーツ・ブーふ] [名] -(e)s/..bücher メモ帳, 雑記帳, 手帳.
(*der*) **Not·ker** [ノートカー] [名] 〘男名〙ノートカー: ~ der Deutsche ドイツ人ノートカー(~ Labeo, 950 頃-1022, 神学者).
die **Not·la·ge** [ノート・ラーゲ] [名] -/-n 苦境, 窮地.
not·lan·den [ノート・ランデン] [動] notlandete; ist/hat notgelandet; notzulanden **1.** *s.* 〔補足なし〕不時着する(パイロット・航空機が). **2.** *h.* 〔〈et⁴〉ヲ〕不時着させる(航空機を).
die **Not·lan·dung** [ノート・ランドゥング] [名] -/-en 不時〔緊急〕着陸.
Not lei·dend, (旧)**not·lei·dend** [ノート ライデント] [形] (生活に)困窮している;〘商〙不渡りの.
der/die **Not Lei·den·de, Not·lei·den·de** [ノート ライデンデ] [名] (形容詞的変化)生活困窮者.
die **Not·lei·ter** [ノート・ライター] [名] -/-n 非常用はしご.
die **Not·lö·sung** [ノート・レーズング] [名] -/-en 応急の解決方法.
die **Not·lü·ge** [ノート・リューゲ] [名] -/-n やむを得ずつく〔方便の〕うそ: zu einer ~ greifen やむを得ずうそをつく.
die **Not·maß·nah·me** [ノート・マース・ナーメ] [名] -/-n 緊急措置, 非常〔応急〕処置.
der **Not·na·gel** [ノート・ナーゲル] [名] -s/..nägel 《口・蔑》間に合わせ, 穴埋め(人・物).
no·to·risch [ノトーりシュ] [形] 《文・蔑》札つきの;《文・古》周知の, 顕著な;〘法〙裁判所が認知した.
der **Not·pfen·nig** [ノート・プふェニひ] [名] -s/-e = Notgroschen.
das **Not·quar·tier** [ノート・クヴァるティーあ] [名] -s/-e 緊急避難(宿泊)所.
die **No·t·re-Da·me** [nɔtrədáːm ノトる・ダム] [名] -/ **1.** 聖母マリア. **2.** ノートルダム(寺院).
not·reif [ノート・らイふ] [形] 〘農〙早期成熟の.
die **Not·rei·fe** [ノート・らイふェ] [名] -/ 〘農〙(十分に育つ前の)早期成熟.
der **Not·ruf** [ノート・るーふ] [名] -(e)s/-e **1.** 非常〔緊急〕呼出;緊急呼出し電話番号. **2.** (動物の)身の危険をつげる鳴声.
die **Not·ruf·num·mer** [ノートるーふ・ヌマー] [名] -/-n 非常〔緊急〕呼出電話番号.
die **Not·ruf·säu·le** [ノートるーふ・ゾイレ] [名] -/-n (警察・道路管理事務所への)非常〔緊急〕電話柱〔ポール〕.
die **Not·rut·sche** [ノート・るっチェ] [名] -/-n 緊急着陸時用のシューター, 滑り台型の避難口.
not·schlach·ten [ノート・シュラはテン] [動] *h.* 〔〈et⁴〉ヲ〕緊急屠殺(とさつ)する(病気の家畜などを).
die **Not·schlach·tung** [ノート・シュラはトゥング] [名] -/-en (治る見込のない家畜の)緊急畜殺.
der **Not·schrei** [ノート・シュらイ] [名] -(e)s/-e **1.** 《文・古》救いを求める叫び声. **2.** = Notruf 2.
das **Not·si·gnal** [ノート・ズィグナール] [名] -s/-e 非常〔遭難〕信号.
der **Not·sitz** [ノート・ズィッツ] [名] -es/-e (乗り物・ホールなどの)補助席.
der **Not·stand** [ノート・シュタント] [名] -(e)s/..stände **1.** 危機的状態, 窮状, 苦境. **2.** 〘法〙非常事態: den ~ ausrufen 非常事態を宣言する.
das **Not·stands·ge·biet** [ノートシュタンツ・ゲビート] [名] -(e)s/-e 苦境にある地域.
das **Not·stands·ge·setz** [ノートシュタンツ・ゲゼッツ] [名] -es/-e (主に複)緊急事態法, 非常時法.
der **Not·strom** [ノート・シュトろーム] [名] -(e)s/ 非常時電流.

N

die **Not·tau·fe** [ノート・タウふェ] 名 -/-n 《キ教》緊急洗礼(非聖職者による未成礼者の生命の危険時の洗礼).

das **Not·tur·no** [ノトゥрノ] 名 -s/-s(..ni)《楽》ノットゥルノ(①夜曲.②セレナーデ風の歌曲.③《稀》ノクターン).

der **Not·ver·band** [ノート・ふぇアバント] 名 -(e)s/..bände 救急包帯.

die **Not·ver·ord·nung** [ノート・ふぇアオアドヌング] 名 -/-en《憲法》緊急命令.

not·was·sern [ノート・ヴァッサーン] 動 notwasserte; ist/hat notgewassert; notzuwassern《空》**1.** *s.*《飛》緊急着水する. **2.** *h.* 〈et⁴ɔɔ〉緊急着水させる.

die **Not·wehr** [ノート・ヴェーア] 名 -/ 《法》正当防衛.

not·wen·dig [ノート・ヴェンディヒ, ノート・ヴェンディヒ] 形 **1.** 〔für 〈j³/et⁴〉〕(ぜひ)必要な; 不可欠な: die (dafür) ~en Rohstoffe (それに)必要な原料.〈j⁴/et⁴〉~ brauchen〈人・物・事を〉ぜひとも必要とする. **2.** 必然(当然)の, 不可避の: eine ~e Folge 当然の結果.

not·wen·di·ger·wei·se [ノートヴェンディガー・ヴァイゼ] 副《文節》必然的に, 当然, どうしても.

die **Not·wen·dig·keit** [ノート・ヴェンディヒカイト, ノート・ヴェンディヒカイト] 名 -/-en **1.** (の·のみ)必要性, 必然性. **2.** 必要なもの(こと), 必然的なこと.

die **Not·zucht** [ノート・ツゥホト] 名 -/ 《法》強姦(ごうかん)(現在の Vergewaltigung 以前の用語).

not·züch·ti·gen [ノート・ツュヒティゲン] 動 notzüchtigte; hat notgezüchtigt; notzuzüchtigen〈j⁴ɔɔ〉《法》強姦(ごうかん)する.

der(*das*) **Nou·gat** [nú:gat ヌーガット] 名 -s/-s ヌガー.

die **Nou·velle Cui·sine**, ⑪ **Nou·velle cui·sine** [nuvɛlkɥizín ヌヴェル キュイズィーヌ] 名 --/《料》ヌーヴェル·キュイジーヌ(素材をいかした料理法)

Nov. =November 11月.

die **No·va** [ノーヴァ] 名 -/Novä《天》新星.

(*der*) **No·va·lis** [ノヴァーリス] 名《人名》ノヴァーリス(本名 Friedrich von Hardenberg, 1772-1801, 詩人).

die **No·va·tion** [ノヴァツィオーン] 名 -/-en《法》更改.

die **No·vel·le** [ノヴェレ] 名 -/-n **1.** 短編小説. **2.**《政·法》改正法.

no·vel·lie·ren [ノヴェリーレン] 動 *h.*〈et⁴ɔɔ〉《政·法》改正法[条項]により修正(補完)する(法律·法典を).

der **No·vel·list** [ノヴェリスト] 名 -en/-en 短編小説家.

no·vel·li·stisch [ノヴェリスティシュ] 形 短編小説(風)の.

der **No·vem·ber** [ノヴェムバー] 名 -(s)/- 11月(略 Nov.).

die **No·ve·ne** [ノヴェーネ] 名 -/-n《カトリ》9日間の祈り.

die **No·vi·tät** [ノヴィテート] 名 -/-en 新しいもの, 新作, 新刊本;《古》ニュース.

der **No·vi·ze** [ノヴィーツェ] 名 -n/-n《カトリ》修練士.

die **No·vi·zi·at** [ノヴィツィン] 名 -/-n《カトリ》修練女.

das **No·vi·zi·at** [ノヴィツィアート] 名 -(e)s/-e《カトリ》修練期(修道院での試験期間);修練院.

die **No·vi·zin** [ノヴィツィン] 名 -/-nen《カトリ》修練女.

das **No·vum** [ノーヴム] 名 -s/Nova《文》新しい物;新しい観点.

die **No·xe** [ノクセ] 名 -/-n《医》有害なもの, 病毒.

Np 1. [エンペー] =Neptunium《化》ネプツニウム. **2.** =Neper《電》ネーパー.

NPD =Nationaldemokratische Partei Deutschlands ドイツ国家民主党.

Nr. =Nummer ナンバー.

die **NRO** 名 -/ =Nichtregierungsorganisation 非政府組織, NGO.

NRT =Nettoregistertonne 登録純トン数.

NS¹ =Nationalsozialismus 国家[国民]社会主義, ナチズム.

NS² 1. =nach Sicht(手形の)一覧後. **2.** =Nachschrift 追伸.

NSDAP =Nationalsozialistische Deutsche Arbeiterpartei 国家[国民]社会主義ドイツ労働者党, ナチス党.

n. St. =neuen Stils グレゴリオ暦の.

N. T. =Neues Testament 新約聖書.

nto. =netto《経》正味で, 風袋なしで, ネットで; 諸掛けなしで 手取りで.

nu [ヌー] 副《方》さあ, 今や(nun).

der(*das*) **Nu** [ヌー] 名 -s/ **1.**《稀》短い時間, 瞬間. **2.**(次の形で)im [in einem] ~《口》たちまち, 即座に.

die **Nu·an·ce** [nyã:sə ニュアーンセ] 名 -/-n **1.** ニュアンス, 色合い; 微妙な差: (um) eine ~ 少しばかり, こころもち. **2.**(芸術作品などの)微妙なニュアンス.

nu·an·cen·reich [nyã:sən. ニュアーンセン·らイヒ] 形 ニュアンスに富んだ.

nu·an·cie·ren [nyãsí:rən ニュアンスィーレン] 動 *h.*〈et⁴ɔɔ〉微妙なニュアンスをつける.

das **Nu·buk** [ヌ(ー)ブク] 名 -(s)/ ヌバック(ビロード状の子牛の皮).

nüch·tern [ニュヒテアン] 形 **1.** しらふの, 酔っていない. **2.** (朝から)食事をしていない: auf ~en Magen 空腹時に. ein Schreck auf ~en Magen《口·転》予期せぬ驚き. **3.** 冷静な, 事実に即した, ありのままの, 客観的な;(実用性一点張りの)無味乾燥な, 飾り気のない. **4.**《方》味のない.

die **Nüch·tern·heit** [ニュヒテアンハイト] 名 -/ **1.** 空腹; しらふ. **2.** 冷静さ, 客観性; 無味乾燥.

der **Nu·ckel** [ヌッケル] 名 -s/-《方》おしゃぶり.

nu·ckeln [ヌッケルン] 動 *h.* **1.**〔an〈et³ɔɔ〉/〈et³ɔɔ〉〕吸う, しゃぶる(特に幼児が親指などを). **2.**〔et⁴ɔɔ/an〈et³ɔɔ〉〕ちびちび飲む.

die **Nu·ckel·pin·ne** [ヌッケル·ピネ] 名 -/-n《口》のろい小型車.

die **Nu·del** [ヌーデル] 名 -/-n **1.**(主に⑪)ヌードル, 麺(めん)類. **2.**(ガチョウなどの肥育用の)棒状の練り餌(えさ). **3.**(主に形容詞とともに)《口》人, やつ, 女. **4.**(主に⑪)《方》焼けパン.【慣用】〈j⁴ɔɔ〉 auf die Nudel schieben《方》〈人を〉からかう[笑いものにする].

..nu·del [..ヌーデル] 接尾 名詞につけて基礎語の意味する特性を持つ(女の)人を表す名詞を作る: Giftnudel 意地の悪い(女の)人. Skandalnudel スキャンダラスな(女の)人.

das **Nu·del·brett** [ヌーデル·プれット] 名 -(e)s/-er 麺板(めんいた);《口·冗》ちっぽけな舞台.

nu·del·dick [ヌーデル·ディック] 形《口》でぶの.

das **Nu·del·holz** [ヌーデル·ホルツ] 名 -es/..hölzer 麺棒(めんぼう).

nu·deln [メーデルン] 動 *h.* **1.**〈et⁴ɔɔ〉(棒状の)練り餌(+)で肥育する(ガチョウなどを). **2.**〈et⁴ɔɔ〉《古》麺棒でのばす. **3.**〈j⁴ɔɔ〉《方》抱き締める.【慣用】**Ich bin**(**wie**) **genudelt.**《口》私は満腹だ.

die **Nu·del·sup·pe** [ヌーデル·ズッペ] 名 -/-n ヌードル入りスープ.

der **Nu·dis·mus** [ヌディスムス] 名 -/ ヌーディズム, 裸体主義.

der **Nu·dist** [ヌディスト] 名 -en/-en ヌーディスト, 裸体主義者.

die **Nu·di·tät** [ヌディテート] [名] -/-en 《文》 **1.** 《[単]のみ》裸体, ヌード. **2.** 《[複]のみ》(猥褻(わいせつ)な)裸体描写.

der〔*das*〕**Nu·gat** [ヌーガット] [名] -s/ ヌガー.

das **Nug·get** [nágət ナゲット] [名] -(s)/-s 塊金.

nu·k·le·ar [ヌクレアーあ] [形] **1.** 〖核物理〗核の; 核エネルギーによる. **2.** 《文》核兵器の, 核武装した.

die **Nu·k·le·ar·me·di·zin** [ヌクレアーあ・メディツィーン] [名] -/ 核医学.

die **Nu·k·le·ar·phy·sik** [ヌクレアーあ・ふゅズィーク] [名] -/ 核物理学.

die **Nu·k·le·ar·stra·te·gie** [ヌクレアーあ・シュトらテギー, ヌクレアーあ・ストらテギー] [名] -/-n 核戦略.

der **Nu·k·le·ar·test** [ヌクレアーあ・テスト] [名] -(e)s/-s〔-e〕核実験.

die **Nu·k·le·ar·waf·fe** [ヌクレアーあ・ヴァっふぇ] [名] -/-n ＝Atomwaffe.

die **Nu·k·le·in·säu·re** [ヌクレイーン・ゾイれ] [名] -/-n 〖化・生〗核酸.

das **Nu·k·le·on** [ヌークレオン] [名] -s/-en [ヌクレオーネン] 〖核物理〗核子.

das **Nu·k·le·o·tid** [ヌクレオティート] [名] -(e)s/-e 〖生化・遺〗ヌクレオチド.

der **Nu·k·le·us** [ヌークレウス] [名] -/..klei 〖生〗細胞核; 〖解〗神経核; 〖考古〗石核.

null [ヌル] [数] 《基数》ゼロ, 零(0): ~ Komma zwei 0.2. (温度計などの)零度: fünf Grad unter ~ 零下5度. ~ Uhr 零時. ~ und nichtig 無効の. 【慣用】**die Stunde null**(まったく新しいことが始まる)原点, ゼロ点. **gleich null sein** 《口》無に等しい. **in null Komma nichts** 《口》またたく間に. **null für null aufgehen** 正しいことが判明する. **null Komma nichts** 《口》まったく…でない. **Nummer null** 《口》トイレ(Null-Null).

der〔*das*〕**Null**¹ [ヌル] [名] -(s)/-s 〖トランプ〗＝Nullspiel

die **Null**² [ヌル] [名] -/-en **1.** ゼロ, 零; (桁数の) 0の数字: Da kannst du noch ein paar *~en* anhängen. 《冗》君が思っているより多額の出費になるよ. **2.** 《口・蔑》駄目なやつ.

null·acht·fünf·zehn [ヌル・アはト・ふゅンふ・ツェーン] [形] 《口》ありきたりの, ありふれた.

nul·la poe·na si·ne le·ge [nʊ́laрǿːna.. ヌラ ペーナ ズィーネ レーゲ] 〖ラテン語〗〖法〗法律なくしては刑罰なし.

die **Null·bock·ge·ne·ra·ti·on, Null-Bock-Gene·ra·ti·on** [ヌル・ボック・ゲネらツィオーン] [名] -/ しらけ世代, 無関心世代.

die **Null·di·ät** [ヌル・ディエート] [名] -/ 〖医〗ゼロダイエット(水分・ビタミン・ミネラルのみが与えられるダイエット法).

der **Nul·lei·ter** [ヌル・ライター] ⇨ Nullleiter.

nul·li·fi·zie·ren [ヌリふぃツィーれン] [動] *h.* 〔<et⁴>ヲ〕〖法〗《古》無効にする, 廃棄する.

die **Nul·li·nie** [ヌル・リーニエ] ⇨ Nulllinie.

der **Null·lei·ter, Null-Lei·ter,** [旧]**Nul·lei·ter** [ヌル・ライター] [名] -s/- 〖電〗中性線.

die **Null·li·nie, Null-Li·nie,** [旧]**Nul·li·nie** [ヌル・リーニエ] [名] -/-n 零線.

die **Null·lö·sung, Null-Lö·sung,** [旧]**Nul·lö·sung** [ヌル・レーズング] [名] -/ 〖政〗軍備拡張の終結提案.

der **Null·me·ri·di·an** [ヌル・メりディアーン] [名] -s/ 〖地〗ゼロ子午線.

das **Null-Null** [ヌル・ヌル] [名] -/-(s) 《口》トイレ.

die **Null·num·mer** [ヌル・ヌマー] [名] -/-n 〖印〗(創刊号の前の)宣伝用見本紙〔誌〕.

die **Nul·lö·sung** [ヌル・レーズング] ⇨ Nulllösung.

der〔*das*〕**Null ou·vert** [nʊl'uvéːr, ..vɛ́ːr ヌル ウヴェーあ] [名] --(s)/--s 〖トランプ〗ヌルウヴェール(Nullspiel の手の一つ).

der **Null·punkt** [ヌル・プンクト] [名] -(e)s/-e (目盛りの)零点; 零度; 《転》最低《気分などが》: absoluter ~ 絶対零度.

die **Null·run·de** [ヌル・るンデ] [名] -/-n 《ジャーゴン》ベア・ゼロの賃金交渉.

das **Null·spiel** [ヌル・シュピール] [名] -(e)s/-e 〖トランプ〗ヌルシュピール(スカートでトリックを取らなければ勝つゲーム).

der **Null·ta·rif** [ヌル・タりーふ] [名] -s/-e 無料承認: zum ~ 無料で.

nul·lum cri·men si·ne le·ge [ヌルム クりーメン ズィーネ レーゲ] 〖ラテン語〗〖法〗法律なくしては犯罪なし.

das **Null·wachs·tum** [ヌル・ヴァクストゥーム] [名] -s/ 〖経〗ゼロ成長.

die **Nul·pe** [ヌルペ] [名] -/-n 《口・蔑》能なし, ばか者.

das **Nu·me·ra·le** [ヌメらーレ] [名] -s/..lien 〖言〗数詞.

nu·me·rie·ren [ヌメりーれン] ⇨ nummerieren.

nu·me·risch [ヌメーりシュ] [形] 数の(上の); 数値の.

der **Nu·me·rus** [ヌ(ー)メるス] [名] -/..ri 〖言〗数; 〖数〗真数.

der **Nu·me·rus clau·sus** [ヌ(ー)メるス クラウズス] [名] --/ (特定学科などの)定員制, 入学者数制限.

nu·mi·nos [ヌミノース] [形] 〖神〗ヌミノースな(畏怖(いふ)と魅力を感じさせる).

die **Nu·mis·ma·tik** [ヌミスマーティク] [名] -/ 貨幣〔古銭〕学.

der **Nu·mis·ma·ti·ker** [ヌミスマーティカー] [名] -s/- 貨幣〔古銭〕学者, コイン収集家.

die **Num·mer** [ヌマー] [名] -/-n **1.** 番号; (雑誌・新聞の)号数, ナンバー; 《方》評点: laufende ~ 通し番号(略 Nr.). Sie ist unter ~ 22341 zu erreichen. 彼女とは22341番で電話連絡ができます. die alten *~n* der Zeitschrift 雑誌のバックナンバー. ~ null 《口》トイレ. **2.** (ショーなどの)出し物; (ポップスなどの)曲目, ナンバー. **3.** (靴などの)サイズ(番号), 号数. **4.** 《口》人: eine tolle ~ とんでもない人. **5.** 《口》性交. 【慣用】**auf Nummer Sicher**〔**sicher**〕**gehen** 《口》危険なことは何もしない. **auf Nummer Sicher**〔**sicher**〕**sein**〔**sitzen**〕《口》刑務所に入っている. **bei** 〈j³〉 **eine große**〔**dicke**〕**Nummer haben** 《口》〈人に〉高く評価されている. **eine Nummer**〔**ein paar Nummern**〕**zu groß** (**für** 〈j⁴〉) **sein** 《口》(〈人には〉)少々無理である. (**nur**) **eine Nummer sein** 個人として尊重されない.

num·me·rie·ren, [旧]**nu·me·rie·ren** [ヌメりーれン] [動] *h.* 〔<j⁴/et⁴>ニ〕(通し)番号をつける.

die **Num·me·rie·rung,** [旧]**Nu·me·rie·rung** [ヌメりーるング] [名] -/-en **1.** (通し)番号付け. **2.** (付けられた通し)番号.

num·mern [ヌマーン] [動] *h.* 〔<j⁴/et⁴>ニ〕《稀》番号をつける.

das **Num·mern·kon·to** [ヌマーン・コント] [名] -s/..ten 〔..ti, -s〕〖銀行〗番号口座.

die **Num·mern·schei·be** [ヌマーン・シャイベ] [名] -/-n (電話の)ダイヤル.

das **Num·mern·schild** [ヌマーン・シルト] [名] -(e)s/-er (自動車の)ナンバープレート; 番号標示板〔標識〕.

nun [ヌーン] [副] **1.** 今, 今度, もう: *N~* bist du an der Reihe. 今度は君の番だ. *N~*, wo〔da〕du hier bist …. 君がここに来てくれた今, … (da はやや《文》). **2.** (このような状態になった)今や, これで; (論理的な帰結を示して)だから: Die Sache duldet〔leidet〕~ keinen Aufschub. 事は今や一刻の猶予も許さない. Du hast den Fehler begangen, ~ musst du auch dafür aufkommen. 君は(その)過失を犯した. だからその償いもしなければならない. **3.** (以前とは違って)今では; 今日では: Die Wirtschaftslage hat sich ~

N

gebessert. 経済状態は今では上向いた. **4.** 《叙述文で予想と現実の不一致を示し. アクセント無》ところが(それがそうではなくて)：Er wollte ~ nie da gewesen sein. 彼はところがそこへ行ったことはないと主張した. **5.** 《話が続くことを示し. アクセント無》て, それから；ところで：Als sie ~ im Dorf ankamen, ... さて彼らが村に着いてみると,…. **6.** 《語調》《話者の気持を表す副詞的の強め》《叙述文で》やはり；《疑問文で》いったい：Du hast ~ doch wirklich Recht. やはり実際君の言うことは正しい. Was ist ~ eigentlich mit dir los？ いったい君はどうしたんだ. **7.** 《話者の気持》**a.** 《単独で用い, 催促・勧誘・慰め・結論づけなどをして. アクセント有》*N* ~ ？ (それ)で(どうしたらいいのですか, どうしろというのですか)？ *N* ~, warum antwortest du nicht？ どうして, なぜ返事をしないのだ. ~ ~ ！ So schlimm wird es nicht sein！まあ, まあ(そう言いなさんな), それほど(悪い状態)ではないだろう. **b.** 《叙述文で主に(ein)mal とともに. 既成の事実をもはや変更できずに. アクセント無》…なのだから：So ist das Leben ~. 人生はそういうものだよ. Das ist ~ (ein)mal so！それが(も)そういうものだよ. **c.** 《叙述文で da とともに. 当惑・断念して. アクセント無》…してみたもの(の)：Da haben wir uns ~ Mühe gegeben, und es war umsonst. 私たちは骨を折ってみたものの, 無駄だった. **d.** 《決定疑問文で. 納得できずに. アクセント無》…だとでもいうのですか：Sollen wir das ~ tun？ 危ないにそれをしろとでもいうのですか. **e.** 《失望・焦慮・危惧して. アクセント無》どうなんだ. さてはっとしろ：…なのだろうか, ひょっとして：Bist du ~ damit einverstanden oder nicht？ (君は)それに賛成なのか賛成でないのか, どうなんだ. 【慣用】**Je nun.** まあね, そりゃあね. **nun denn** それじゃあ. **nun gerade** ますますもって. **Nun gut(schön)！** まあよかろう. **Nun ja！** まあいいや. **nun und nimmer(mehr)** 決して…ない. **Nun, wenn schon！** まあそれもいいさ. **von nun an** これから先, 今後. **Was nun？** で, 次には.

── 接 《従属》《文・古》 **1.** …した今：*N* ~ er den Fehler gemacht hat, ... 彼が誤りを犯した今, …. **2.** …したとき.

nun·mehr [ヌーン・メーア] 副 《文》今や.
nun·mehr·ig [ヌーン・メーリヒ] 形 《文・稀》目下の.
die **Nun·ti·a·tur** [ヌンツィアトゥーァ] 名 -/-en 教皇大使の職；教皇大使館.
der **Nun·ti·us** [ヌンツィウス] 名 -/..tien 教皇大使.
nup·ti·al [ヌプツィアール] 形 《古》婚礼の；婚姻の.
nur [ヌーァ] 副 **1.** 《語調》《動詞・形容詞・副詞・名詞を修飾》**a.** ただ…しか, …でしかない；ひたすら…しかない：Ich wollte ~ sagen, dass ... 私はただ…ということを言いたかっただけだ. Er ist auch ~ ein Mensch. 彼もまたただの人間でしかない. Ich habe ~ (noch) zehn Euro. 私は(あと)10 ユーロしかない. **b.** 《独占・排他的》《もっぱら》…のほかない：Da konnten sie ~ mit saurer Miene lächeln. 彼らはただ苦笑するほかなかった. **c.** 《強調》(およそ)…するかぎり：mit allen ~ denkbaren Mitteln およそ考えられるかぎりのあらゆる手をつくして. **d.** 《nur (noch) +比較級の形で》《さらに》いっそう：Sie wurde ~ noch stolzer. 彼女はいっそう高慢になった. **e.** 《nur+不定 原級の形で》《度内容こだに》あまりにも, まさに：Das wusste er ~ zu gut. そのことを彼はあまりにもよく知りすぎていた. **2.** 《前文の内容を制限して》ただし：Er ist ein ausgezeichneter Vorgesetzter, ~ ist er in seinem Privatleben ganz anders. 彼は優れた上役だが, ただ私生活ではまったく別だ. **3.** 《話者の気持》《アクセント無》**a.** 《無関心・冷淡に》かまわずに. 勝手に：Lass ihn ~ reden！ 彼に勝手に言わせておけ. **b.** 《疑問文で. 心配・懸念して》いったい：Wie konnte sie ~ so etwas denken？ 彼女はいったいどうしてそんなふ

うに思ったのだろう. **c.** 《願望文で》…でありさえすればいい：Wenn er ~ käme！ 彼がきてくれさえすればなあ. Dass es ~ bald aufhörte zu regnen！ 雨が(止みそうもないが)早く止みさえすればなあ. **d.** 《命令文で. 勧誘・励まし・落着きを促すとしてあ, さあ, ともかく, どうぞ：*N* ~ Mut！ さあ勇気を出して. *N* ~ ruhig！ まあ落着いて. **e.** 《叙述文で. 譲歩して》まあ, しかたがないから：Ich will es dir ~ gestehen. まあ君に(それを)白状するとしよう. 【慣用】**nicht nur ..., sondern auch ...** …だけでなく…もまた. **nur dass ...** ただし, …ではあるが, ただ, ただ…であるだけだ. **nur eben** かろうじて, やっと. **Nur her damit！** 《口》まあ見せてごらん. **nur noch (mehr)** いまでははもう…にすぎない, 残りはわずかに …である(nur mehr は主に《南独・オ》). **nur so** ただただんなふうに, ただなんとなく(理由なしに)；激しく.

(das) **Nürn·berg** [ニュルン·ベルク] 名 -s/ 《地名》ニュルンベルク(バイエルン州の都市).
Nürn·ber·ger[1] [ニュルン·ベルガー] 形 《無変化》ニュルンベルクの：die ~ Gesetze ニュルンベルク法(1935年, 人種法). der ~ Trichter ニュルンベルクのじょうご《速修術). die ~ Prozesse ニュルンベルク裁判(1945-49年).
der **Nürn·ber·ger**[2] [ニュルン·ベルガー] 名 -s/ - ニュルンベルク市民.
nu·scheln [ヌッシェルン] 動 h. 《口》 **1.** 《軽蔑》不明瞭にものを言う. **2.** 《et⁴>》不明瞭な発音で《もぐもぐ》話す.
die **Nuss**, ⓓ**Nuß** [ヌス] 名 -/Nüsse **1.** 《植》ナッツ, 木の実；クルミ《ハシバミ》の実；クルミ《ハシバミ》の実の中味：für <j⁴> eine harte ~ sein 《口》《人に》とって厄介な問題である. **2.** 《形容詞とともに》《蔑》やつ. **3.** 《料》もも肉. **4.** 《方》《指の関節で》頭をこつんとやること. **5.** 《狩》《犬・狐などの》雌の外陰部. **6.** 《工》《錠》の捻心(ねじ).
der **Nuss·baum**, ⓓ**Nuß·baum** [ヌス·バウム] 名 -(e)s/..bäume クルミの木(Wal~)；《ⓓのみ》無冠詞》ウォルナット材.
nuss·braun, ⓓ**nuß·braun** [ヌス·ブラウン] 形 クルミ(ハシバミ)色の.
der **Nuss·kern**, ⓓ**Nuß·kern** [ヌス·ケルン] 名 -(e)s/-e クルミの実の中味.
der **Nuss·kna·cker**, ⓓ**Nuß·kna·cker** [ヌス·クナッカー] 名 -s/- くるみ割り器(具).
die **Nuss·koh·le**, ⓓ**Nuß·koh·le** [ヌス·コーレ] 名 -/-n 石炭の小塊.
die **Nuss·scha·le, Nuss·Scha·le**, ⓓ**Nuß·scha·le** [ヌス·シャーレ] 名 -/-n クルミの殻.
die **Nuss·scho·ko·la·de, Nuss·Scho·ko·la·de**, ⓓ**Nuß·scho·ko·la·de** [ヌス·ショコラーデ] 名 -/-n ヘーゼルナッツチョコレート.
die **Nüs·ter** [ニュ(ー)スター] 名 -/-n 《主に⑥》鼻孔(特に馬の).
die **Nut** [ヌート] 名 -/-en 《木工》切り込み, 溝, ノッチ.
die **Nu·ta·tion** [ヌタツィオーン] 名 -/-en 《生》生長運動；《天》章動.
die **Nu·te** [ヌーテ] 名 -/-n =Nut.
nu·ten [ヌーテン] 動 h. <et⁴> 溝をつける(角材などに).
die **Nu·tria** [ヌートリア] 名 -/-s 《動》ヌートリア.
das **Nu·tri·ment** [ヌトリメント] 名 -(e)s/-e 《医》栄養物.
nu·tri·tiv [ヌトリティーフ] 形 《医》栄養の(ある)；栄養上の.
die **Nut·sche** [ヌーチェ, ヌッチェ] 名 -/-n 《化》吸引漏斗.
die **Nut·te** [ヌッテ] 名 -/-n 《口・蔑》売春婦.
nut·tig [ヌッティヒ] 形 《口・蔑》売春婦のような.

nụtz [ヌッツ] [形] 《方》＝nütze.

der **Nụtz** [ヌッツ] [名] 《次の形で》〈j³〉 zu 〔zu 〈j²〉〕 ～ und Frommen《古》〈人ₒ〉ために.

die **Nụtz·an·wen·dung** [ヌッツ・アン・ヴェンドゥング] [名] -/-en 利用, 応用.

nụtz·bar [ヌッツ・バーあ] [形] 〔(für 〈et⁴〉ₙ)〕役に立つ, 有用な, 有益〔有効〕な.

die **Nụtz·bar·keit** [ヌッツバーあカイト] [名] -/ 役立つこと, 有益, 有用, 有効.

die **Nụtz·bar·ma·chung** [ヌッツバーあ・マっふング] [名] -/-en《主に[単]》有効利用, 活用.

nụtz·brin·gend [ヌッツ・ブリンゲント] [形] 〔(für 〈j⁴〉ₙ)〕有益〔有利〕な, 利益をもたらす.

nüt·ze [ニュッツェ] [形] 《次の形で》(zu) 〈et³〉/nichts ～ sein 〈事ₙ〉役立つ/何の役にも立たない.

der **Nụtz·ef·fekt** [ヌッツ・エふェクト] [名] -(e)s/-e 効率.

nụt·zen [ヌッツェン] [動] *h.* 《北独》＝nützen.

der **Nụt·zen** [ヌッツェン] [名] -s/ 利益, 有用, 効用：〈et¹〉 ist 〈j³/et³〉 von ～ 〈事ₐ〉〈人・物・事ₙₜₒ〉有効である.

nụ̈t·zen [ニュッツェン] [動] *h.* 《南独・オーストリア・スイス》【《北独》では nutzen】 **1.** 〔(〈j³〉ₙ＋〈様態〉ₙ)〕役に立つ, 有効である, 有益である, 効果がある【この意味では nützen が用いられる傾向がある】. **2.** 〔〈et⁴〉ₒ＋(zu 〈et³〉ₙ)〕利用する, 役立てる, 使う【この意味では nutzen が用いられる傾向がある】【慣用】**Es nützt (nun) alles nichts.** 《口》もはやぐずぐずしてはいられない. **Was nützt das alles?** そんなことが何の役に立つのか, 何の役にも立たない..

das **Nụtz·fahr·zeug** [ヌッツ・ふぁーあ・ツォイク] [名] -(e)s/-e 〖交通〗営業車.

die **Nụtz·flä·che** [ヌッツ・ふレっひぇ] [名] -/-n (土地・建物の)有効面積.

der **Nụtz·gar·ten** [ヌッツ・ガるテン] [名] -s/..gärten 実用園(菜園など).

das **Nụtz·holz** [ヌッツ・ホルツ] [名] -es/..holzer 〖林〗実用材.

die **Nụtz·last** [ヌッツ・ラスト] [名] -/-en 積載重量, 実荷重.

die **Nụtz·leis·tung** [ヌッツ・ライストゥング] [名] -/-en 〖工〗有効出力.

nụ̈tz·lich [ニュッツリひ] [形] **1.** 〔〈j³〉ₙ＋(bei 〈et³〉ₙ)〕役に立つ, 助けになる：Könnte ich Ihnen bei der Arbeit ～ sein? 私はあなたのこの仕事に役立つでしょうか. **2.** 有用〔有益〕な：ein ～*es* Haustier 有用な家畜. 【慣用】**das Angenehme mit dem Nützlichen verbinden** 趣味と実益を兼ねる. **sich⁴ bei 〈et³〉 nützlich machen** 〈事ₙ〉助力する.

die **Nụ̈tz·lich·keit** [ニュッツリひカイト] [名] -/ 有益, 有用, 効用.

der **Nụ̈tz·ling** [ニュッツリング] [名] -s/-e 〖林・農〗有用生物(益虫・益鳥・益獣).

nụtz·los [ヌッツ・ロース] [形] 無益〔無駄〕な, むなしい.

die **Nụtz·lo·sig·keit** [ヌッツ・ローズィひカイト] [名] -/ 無益, 無用.

der **Nụtz·nie·ßer** [ヌッツ・ニーサー] [名] -s/- 受益者.

die **Nụtz·nie·ßung** [ヌッツ・ニースング] [名] -/ **1.** 《文》受益. **2.** (《[単]のみ》)〖法〗用益権.

die **Nụtz·pflan·ze** [ヌッツ・プふランツェ] [名] -/-n 有用植物.

das **Nụtz·tier** [ヌッツ・ティーあ] [名] -(e)s/-e 有用動物.

die **Nụt·zung** [ヌッツング] [名] -/-en《主に[単]》利用, 使用.

das **Nụt·zungs·recht** [ヌッツングス・れひト] [名] -(e)s/-e 〖法〗(農地などの)使用収益権; (著作物の)利用権.

NW ＝Nordwest, Nordwesten 北西.

das **Ny̱** [ニュー] [名] -(s)/-s ニュー(ギリシア語アルファベットの第 13 字 ν, N).

die **Nyk·ti·nas·tie** [ニュクティ・ナスティー] [名] -/-n 〖植〗昼夜〔就眠〕運動.

das **Ny·lon** [náɪlɔn ナイロン] [名] -s/-s (《[単]のみ》)〖商標〗ナイロン; (《[複]のみ》)《口・古》ナイロンストッキング.

der **Ny·lon·strumpf** [ナイロン・シュトるムプふ] [名] -(e)s/..strümpfe《主に[複]》ナイロンストッキング.

die **Nym·phe** [ニュムふぇ] [名] -/-n **1.** 〖ギ・ロ神〗ニンフ, 妖精. **2.** 〖動〗ニンフ, 若虫. **3.** (魅惑的な)美少女.

ny̱m·phen·haft [ニュムふぇンハふト] [形] ニンフのような.

nym·pho·man [ニュムふぉ・マーン] [形] 〖医・心〗ニュンフォマニアの, (女性の)色情狂の.

die **Nym·pho·ma·nie** [ニュムふぉ・マニー] [名] -/ 〖医・心〗ニンフォマニア, (女性の)色情狂.

die **Nym·pho·ma·nin** [ニュムふぉ・マーニン] [名] -/-nen 〖医・心〗ニンフォマニア, 色情狂(女性)患者.

das **Ny̱·norsk** [ニューノるスク] [名] -/ 新ノルウェー語(Bokmål と並ぶ話し言葉に基づく標準語).

der **Nys·tag·mus** [ニュスタグムス] [名] -/ 〖医〗眼球振盪(しんとう).

(die) **Ny̱x** [ニュックス] [名] 〖ギ神〗ニュクス(夜の女神).

O

das **O**, **O**¹ [オー] 名 -/- ((口)) -s/-s) ドイツ語アルファベットの第 15 字.

O² =Ost, Osten 東.

O³ [オー] =Oxygenium 《化》酸素 (Sauerstoff).

o! [オー] 間 《喜び・あこがれ・恐れ・呼びかけ・肯定・否定などを表す後続の語を強調して》ああ. おお. まあ: O weh! おお痛い(悲しい・何ということだ). O Wunder! おお, 信じられないことだ〔いやはや驚いた〕. O Maria! おお, マリアよ. O ja! そうだとも. O nein! いいえ, ぜんぜん違いますよ. 【単独の「おお」は oh】

das **ö**, **Ö** [エー] 名 -/- o, O の変音.

o. a. =oben angeführt 上記の.

o. Ä., ⓐ**ö. ä.** =oder Ähnliche(s) などの.

die **O-a-se** [オアーゼ] 名 -/-n オアシス.

ob¹ [オッブ] 接《従属》 **1.**《間接疑問文を導いて》…であるかどうか: Er fragte mich (danach), ~ meine Frau krank ist. 彼は私に私の妻が病気かどうかたずねた.《主文を省略して》O~ es wohl regnen wird? 雨が降るかしら. **2.**《als とともに事実に反する類比を導いて》(本当はそうではないが)…であるかのように: Mir kam es vor, als ~ ich schon Stunden gewartet hätte. 私はもう何時間も待たされたような気がした. **3.**《次の形で》~ ... oder ...であろうと…であろうと: O~ es regnet oder nicht, er trägt immer einen Regenmantel. 雨が降ろうが降るまいが彼はいつもレインコートを着ている. **4.**《次の形で》~ ..., ~ ..., ~ Mann, ~ Frau 男も女も. 【慣用】**Na, (und) ob!** そのとおり. もちろん. **auch ...** ((口))…ではあるが, たとえ…であろうとも. **Und ob!**《(口)強意》もちろん, いうまでもない(否定的な疑問文に答えて)いえ, とんでもない.

ob² [オッブ] 前《+2 格 (3 格)》 **1.**《文・古》…のゆえに. **2.**《+3 格》(古)…の上(部)に: Rothenburg ~ der Tauber [地名]ローテンブルク・オブ・デア・タウバー(タウバー川を見下ろす位置にある).

der **OB** [オー・ベー] 名 -(s)/-s (-) =Oberbürgermeister (大都市の)市長.

die **OB** [オー・ベー] 名 -/-s (-) =Oberbürgermeisterin (大都市の女性)市長.

o. B. =ohne Befund 所見(異常)なし.

die **O-b-acht** [オーバッハト] 名 -/ 《雅独》注意, 用心: auf ⟨j⁴/et⁴⟩ ~ geben (haben) ⟨人・物・事⟩に気をつける.

(*der*) **O-bad-ja** [オバトヤ] 名《旧約》オバデヤ(十二小預言者の一人): der Prophet ~ オバデア書.

die **ÖBB** [エー・ベー・ベー] 複数 =Österreichische Bundesbahnen オーストリア国有鉄道.

das **Ob-dach** [オッブ・ダッハ] 名 -(e)s/ 《雅》(一時的な)宿泊所, 宿舎.

ob-dach-los [オッブダッハ・ロース] 形 住む所のない.

der/die **Ob-dach-lo-se** [オッブダッハ・ローゼ] 名《形容詞的変化》住む所のない人, 浮浪者, ホームレス.

das **Ob-dach-lo-sen-asyl** [オッブダッハ・ローゼン・アジュール] 名 -s/-e (浮浪者の)収容施設.

das **Ob-dach-lo-sen-heim** [オッブダッハ・ローゼン・ハイム] 名 -(e)s/-e =Obdachlosenasyl.

die **Ob-duk-ti-on** [オブドゥクツィオーン] 名 -/-en 《医》(法医学上の)死体解剖, 剖検.

ob-du-zie-ren [オブドゥツィーレン] 動 h. ⟨et⁴⟩《医》解剖(剖検)する(死因を調べるために死体を).

die **O-be-di-enz** [オベディエンツ] 名 -/ (ピー) **1.** (上位の聖職者への)服従. **2.** (教会分裂時の)教皇支持派.

die **O-Bei-ne** [オー・バイネ] 複数 ((口)) O 脚, がに股.

o-bei-nig, **O-bei-nig** [オー・バイニヒ] 形 ((口)) O 脚の.

der **O-be-lisk** [オベリスク] 名 -en/-en オベリスク, 方尖塔.

oben [オーベン] 副 **1.**(空間) **a.** 上に, 上の方に, 上の階に; 表面に, 上向きに: O~ wohnt ein junges Ehepaar. 上の階には若い夫婦が住んでいる. ~ schwimmen 水面に浮いている. ~ am Himmel 空の高い所に. das Fenster ~ 上の窓. auf den Bergen ~ 高い山々の上に. nach/von ~ 上へ(水面へ・上の階へ・上向きに・天上へ)/上から.(地図の上下から)in Dänemark ~ ((口))上のデンマークに. **b.** 上の席に: ~ am Tisch sitzen 上席に座っている. **2.**(テキストなどの)上記の所に: Wie ich bereits ~ erwähnte, ...(私が)すでに上記のように……. siehe ~ 上を見よ (略 s. o.). wie ~ 上記のように(略 w. o.). **3.**(社会・組織の)上層部に; ((口))上役に: nach ~ wollen 上役に出世したがる. Er ist ~ sehr beliebt. 彼は上(役)に非常に受けがいい. eine Weisung von ~ 上からの指示.【慣用】**den Kopf oben behalten** 毅然としている, しおたれない. **Mir steht das bis (hier) oben.**((口))私はそれにもううんざりだ. **nach oben buckeln und nach unten treten** 上にぺこぺこして下に威張る. **nicht mehr wissen, wo (was) oben und unten ist** ((口))てんやわんやで, 何が何やらさっぱり分からない. **Oben!** 上(側)(箱などの上書き). **oben ohne** ((口))トップレスで. **von oben bis unten** 上から下まで(全身). **von oben herab** 見下して, 高飛車に.

o-ben-an [オーベン・アン] 副 トップで, 1 番に, 上席(上座)に; 上端に: ~ auf der Liste stehen リストのトップに載っている.

o-ben-auf [オーベン・アウフ] 副《次の形で》~ sein 健康(元気・上機嫌)である; 自負心(自信)がある;《方》(一番)上に, トップに.

o-ben-drauf [オーベン・ドラウフ] 副 一番(さらにその)上に.

o-ben-drein [オーベン・ドライン] 副 その上, おまけに.

o-ben er-wähnt, ⓐ**o-ben-er-wähnt** [オーベン・エアヴェーント] 形 上述(前述)の.

o-ben ge-nannt, ⓐ**o-ben-ge-nannt** [オーベン・ゲナント] 形 =oben erwähnt.

o-ben-hin [オーベン・ヒン] 副 うわべだけ, いい加減に, ぞんざいに; ついでに.

o-ben-hin-aus [オーベン・ヒナウス] 副《次の形で》~ wollen 立身出世を志す, 高望みをする.

o-ben ste-hend, ⓐ**o-ben-ste-hend** [オーベン・シュテーエント] 形 上記の.

o-ber¹ [オーバー] 形 上の, 上部の, (川の)上流の; 上流階級の, 上級の.

o-ber² [オーバー] 前《+3 格》(古)…の上(の方)に.

der **O-ber** [オーバー] 名 -s/- **1.**(レストランの)ウェーター, ボーイ. **2.**(ドイツ式トランプの)オーバー(クィーンにあたる).

(*das*) **O-ber-am-mer-gau** [オーバー・アマー・ガウ] 名 -s/ [地名]オーバーアマーガウ(バイエルン州の町).

der **O-ber-arm** [オーバー・アルム] 名 -(e)s/-e 上腕, 上膊(ぼ), 二の腕.

der **O-ber-arzt** [オーバー・アーアツト, オーバー・アルツト] 名 -es/..ärzte 医長.

der **O·ber·auf·se·her** [オーバー・アウふ・ゼーあー] [名] -s/- 上級〔総・主任〕監督(人).
die **O·ber·auf·sicht** [オーバー・アウふ・ズィひト] [名] -/-en 総監督, 総管理.
der **O·ber·bau** [オーバー・バウ] [名] -(e)s/-ten **1.** (建造物などの)上方の部分, 上部構造;〘土〙(道路の)上層部分. **2.** 〘鉄道〙(軌道の)上部構造(レール・枕木・道床からなる部分).
der **O·ber·bauch** [オーバー・バウほ] [名] -(e)s/..bäuche (主に[複])上腹部.
(das) **O·ber·bay·ern** [オーバー・バイあーン] [名] -s/ 〘地名〙オーバーバイエルン(バイエルン州の高地地方).
der **O·ber·be·fehl** [オーバー・べふぇール] [名] -(e)s/ 最高指揮権.
der **O·ber·be·fehls·ha·ber** [オーバー・べふぇールス・ハーバー] [名] -s/- 〘軍〙最高指令官.
der **O·ber·be·griff** [オーバー・ベグりふ] [名] -(e)s/-e 上位概念.
die **O·ber·be·klei·dung** [オーバー・ベクライドゥング] [名] -/-en (下着の上に着る)衣服, 上着.
das **O·ber·bett** [オーバー・べット] [名] -(e)s/-en 掛布団.
der **Ober·boots·mann** [オーバー・ボーツマン] [名] -(e)s/..leute (海軍の)兵曹長(人;([単]のみ)位).
der **O·ber·bür·ger·meis·ter** [オーバー・ビュるガー・マイスター, オーバー・ビュるガー・マイスター] [名] -s/- 上級市長(郡独立市や比較的大きな都市の市長. 略 OB).
das **O·ber·deck** [オーバー・デック] [名] -s/-s **1.** (船の)上甲板. **2.** (二階建てバスの)上階.
o·ber·deutsch [オーバー・ドイチュ] [形] 上部ドイツ語の.
das **O·ber·deutsch** [オーバー・ドイチュ] [名] -(s)/ 上部ドイツ語.
der/die **O·be·re** [オーベれ] [名] (形容詞的変化) **1.** (主に[複])上に立つ人, 上役, 幹部. **2.** 〘カトリック〙(修道会の)上長.
o·ber·faul [オーバー・ふぁウル] [形] 《口》ひどくいかがわしい, いんちき臭い.
der **O·ber·feld·we·bel** [オーバー・ふぇルト・ヴェーベル] [名] -s/- 〘軍〙(陸・空軍の)曹長(人;([単]のみ)位).
die **O·ber·flä·che** [オーバー・ふレっひぇ] [名] -/-n **1.** 水面;《転》うわべ, 皮相. **2.** 表面.
o·ber·flä·chen·ak·tiv [オーバーふレっひぇン・アクティーふ] [形] 〘理・化〙表面活性の;界面活性の.
die **O·ber·flä·chen·span·nung** [オーバーふレっひぇン・シュパヌング] [名] -/-en 表面張力.
die **O·ber·flä·chen·struk·tur** [オーバーふレっひぇン・シュトるクトゥーあ, オーバーふレっひぇン・ストるクトゥーあ] [名] -/-en 表面構造;〘言〙表層構造.
das **O·ber·flä·chen·was·ser** [オーバーふレっひぇン・ヴァっサー] [名] -s/ 地表水(河川・湖沼などの水の総称).
o·ber·fläch·lich [オーバー・ふレひりひ] [形] **1.** 表面の. **2.** うわべだけの, 表面的な;浅薄な: bei *~er* Betrachtung うわべだけ見れば.
der **O·ber·förs·ter** [オーバー・ふぇるスター] [名] -s/- 上級森林官.
(das) **O·ber·fran·ken** [オーバー・ふらンケン] [名] -s/ 〘地名〙オーバーフランケン(バイエルン州の地方).
o·ber·gä·rig [オーバー・ゲーりひ] [形] 上面発酵の.
die **O·ber·gä·rung** [オーバー・ゲーるング] [名] -/ 〘醸〙上面発酵.
der **O·ber·ge·frei·te** [オーバー・ゲふらイテ] [名] (形容詞的変化)(陸・空軍の)上等兵, (海軍の)上等水兵(人;([単]のみ)位).
das **O·ber·ge·richt** [オーバー・ゲりひト] [名] -(e)s/-e 《スイス》州裁判所.
das **O·ber·ge·schoss**, [旧]**O·ber·ge·schoß** [オーバー・ゲショス] [名] -es/-e (建物の)上階(二階から上).
die **O·ber·gren·ze** [オーバー・グれンツェ] [名] -/-n 上限.
o·ber·halb [オーバー・ハルプ] [前] 〔+2格〕…の上方〔上部〕に〔で〕: ~ des Dorfs 村の上手に. ~ der Brücke 橋の上流に.
—— [副] 《次の形で》 ~ von <et³> 〈物の〉上方に.
die **O·ber·hand** [オーバー・ハント] [名] -/ 優位, 優越: die ~ gewinnen 〔bekommen/erhalten〕 優位に立つ.
das **O·ber·haupt** [オーバー・ハウプト] [名] -(e)s/..häupter 《文》首長, 首脳: das ~ der Familie 家長.
das **O·ber·haus** [オーバー・ハウス] [名] -es/..häuser (議会の)上院;([単]のみ)(英国の)貴族院.
die **O·ber·haut** [オーバー・ハウト] [名] -/ 〘医・生〙表皮.
das **O·ber·hemd** [オーバー・ヘムト] [名] -(e)s/-en ワイシャツ.
die **O·ber·herr·schaft** [オーバー・へるシャふト] [名] -/ 最高支配権, 主導権.
der **O·ber·hir·te** [オーバー・ヒるテ] [名] -n/-n 《文》高位聖職者, 教皇, 司教.
die **O·ber·hit·ze** [オーバー・ヒッツェ] [名] -/ (オーブンの)上火.
die **O·ber·ho·heit** [オーバー・ホーハイト] [名] -/ 宗主権.
die **O·be·rin** [オーベりン] [名] -/-nen **1.** 女子修道院長;修道女が経営する施設の所長. **2.** 看護婦長.
der **O·ber·in·ge·ni·eur** [オーバー・インジェニ[エ]ーあ] [名] -s/-e 主任技師.
o·ber·ir·disch [オーバー・イるディシュ] [形] 地上〔地表〕にでた, 空中にかかった.
(das) **O·ber·i·ta·li·en** [オーバー・イターリエン] [名] -s/ 〘地名〙上部〔北部〕イタリア.
der **O·ber·kell·ner** [オーバー・ケルナー] [名] -s/- 給仕長, ボーイ長.
der **O·ber·kie·fer** [オーバー・キーふぁー] [名] -s/- 上あご.
das **O·ber·kom·man·do** [オーバー・コマンド] [名] -s/-s **1.** ([単]のみ)最高指揮権. **2.** 最高司令部.
der **O·ber·kör·per** [オーバー・[ケ]るパー] [名] -s/- 上体, 上半身.
das **O·ber·land** [オーバー・ラント] [名] -(e)s/ 高地, 山地.
der **O·ber·län·der** [オーバー・レンダー] [名] -s/- 高地の住民.
das **O·ber·lan·des·ge·richt** [オーバー・ランデス・ゲりひト, オーバー・ランデス・ゲりひト] [名] -(e)s/-e 上級地方裁判所, 高等裁判所(略 OLG).
o·ber·las·tig [オーバー・ラスティひ] [形] 〘海〙荷を高く積み過ぎて不安定な.
der **O·ber·lauf** [オーバー・ラウふ] [名] -(e)s/..läufe (水源に近い)上流.
das **O·ber·le·der** [オーバー・レーダー] [名] -s/- (靴の)甲革.
die **O·ber·lei·tung** [オーバー・ライトゥング] [名] -/-en **1.** 最高管理〔指揮・経営〕(権). **2.** (電車などの)架線.
der **O·ber·lei·tungs·om·ni·bus** [オーバーライトゥングス・オムニブス] [名] -ses/-se トロリーバス(略 Obus).
der **O·ber·leut·nant** [オーバー・ロイトナント] [名] -s/-s〔-e〕(陸・空軍の)中尉(人;([単]のみ)位).
das **O·ber·licht** [オーバー・リひト] [名] -(e)s/-er〔-e〕 **1.** ([単]のみ)天窓〔上〕からの光. **2.** 天窓. **3.** ([複]-er)天井灯.
die **O·ber·li·ga** [オーバー・リーガ] [名] -/..gen オーバーリーガ(サッカーではRegionalliga の下のリーグ).
die **O·ber·lip·pe** [オーバー・リっペ] [名] -/-n 上唇.
der **O·ber·maat** [オーバー・マート] [名] -(e)s/-e〔-en〕(海軍の)二等兵曹(人;([単]のみ)位).
(der) **O·be·ron** [オーべろン] [名] オーベロン(フランス伝説の妖精の王).

(das) **O·ber·ös·ter·reich** [オーバー・ｴ・ーステらイヒ] 名 〖地名〗オーバーエースターライヒ(オーストリアの州).
die **O·ber·pfalz** [オーバー・プふァルツ] 名 -/ 〖地名〗オーバープファルツ.
die **O·ber·post·di·rek·ti·on** [オーバー・ポスト・ディれクツィオーン, オーバー・ポスト・ディれクツィオーン] 名 -/-en 郵便管理局; 上級郵便局.
der **O·ber·pries·ter** [オーバー・プリースター] 名 -s/- (古代の)大神官, (古代ユダヤの)大祭司, 祭司長.
die **O·ber·pri·ma** [オーバー・プリーマ, オーバー・プリーマ] 名 -/..men 上級プリーマ(ギムナジウムの最高学年).
der **O·ber·pri·ma·ner** [オーバー・プリマーナー, オーバー・プリマーナー] 名 -s/- (9 年制ギムナジウムの) 9 年生.
die **O·ber·re·al·schu·le** [オーバー・れアール・シューレ, オーバー・れアール・シューレ] 名 -/-n (昔の)実科ギムナジウム.
der **O·ber·re·gie·rungs·rat** [オーバー・れギーるングス・らート, オーバー・れギールングス・らート] 名 -(e)s/..räte 上席上級行政官.
der **O·ber·rhein** [オーバー・らイン] 名 -(e)s/- 〖川名〗上部ライン(バーゼルからマインツまで).
der **O·ber·rhein·gra·ben** [オーバー・らイン・グらーベン] 名 -s/ 〖地〗上部ライン地溝.
o·ber·rhei·nisch [オーバー・らイニッシュ] 形 上部ラインの.
das **O·bers** [オーバース, オーベるス] 名 -/ 《ﾊﾞｲｴﾙﾝ・ｵｰｽﾄﾘｱ》生クリーム.
der **O·ber·schen·kel** [オーバー・シェンケル] 名 -s/- 太もも, 大腿(だいたい).
die **O·ber·schicht** [オーバー・シヒト] 名 -/-en **1.** (社会の)上層階級(部). **2.** 《稀》上層.
o·ber·schläch·tig [オーバー・シュレヒティヒ] 形 上掛けの(水車).
o·ber·schlau [オーバー・シュらウ] 形 《口・皮》ひどくずるい.
(das) **O·ber·schle·si·en** [オーバー・シュレーズィエン] 名 -s/ 〖地名〗オーバーシュレージエン(シュレージエンの南東部).
die **O·ber·schu·le** [オーバー・シューレ] 名 -/-n 《口》上級学校(① 10-16 歳までの生徒が学ぶ学校. ②旧東独の 10 年制の義務学校).
die **O·ber·schwes·ter** [オーバー・シュヴェスター] 名 -/-n (看護)婦長.
die **O·ber·sei·te** [オーバー・ザイテ] 名 -/-n 上の面, 表面.
die **O·ber·se·kun·da** [オーバー・ゼクンダ, オーバー・ゼクンダ] 名 -/..den 《古》上級ゼクンダ(ギムナジウムの第 7 学年).
der **O·ber·se·kun·da·ner** [オーバー・ゼクンダーナー, オーバー・ゼクンダーナー] 名 -s/- 《古》(9 年制ギムナジウムの) 7 年生.
o·berst [オーバスト] 《bの最高級》形 一番上の, 最上階の; 最上位の, 最高の : das ~e zuunterst kehren 上下ごちゃごちゃに引っかき回す. O~e Bundesbehörden 連邦最高行政機関(大統領府・首相官房・会計検査院など各省).
der **O·berst** [オーバスト] 名 -s(-en)/-en(-e) (陸・空軍の)大佐(八; 《ｵｰｽﾄﾘｱのみ》位).
der **O·ber·staats·an·walt** [オーバー・シュターツ・アン・ヴァルト, オーバー・シュターツ・アン・ヴァルト] 名 -(e)s/..wälte (地方裁判所の)上級検事, 検事長.
der **O·ber·stabs·feld·we·bel** [オーバー・シュターブス・ふェルト・ヴェーベル, オーバー・シュターブス・ふェルト・ヴェーベル] 名 -s/- 陸軍(空軍)上級曹長(八; 《ｵｰｽﾄﾘｱのみ》位).
der **O·ber·stadt·di·rek·tor** [オーバー・シュタット・ディれクトーあ, オーバー・シュタット・ディれクトーあ] 名 -s/-en 上級市主事.
der **O·ber·stei·ger** [オーバー・シュタイガー] 名 -s/- 〖鉱〗(坑内の)監督技師.
die **O·ber·stim·me** [オーバー・シュティンメ] 名 -/-n 〖楽〗最高声部, 上声.

der **O·berst·leut·nant** [オーバースト・ロイトナント, オーバースト・ロイトナント] 名 -s/-s(-e) (陸・空軍の)中佐(人; 《ｵｰｽﾄﾘｱのみ》位).
das **O·ber·stüb·chen** [オーバー・シュテューブヒェン] 名 -s/- 《口》思考力 : nicht (ganz) richtig im ~ sein 頭がおかしい.
der **O·ber·stu·di·en·di·rek·tor** [オーバー・シュトゥーディエン・ディれクトーあ, オーバー・シュトゥーディエン・ディれクトーあ] 名 -s/-en **1.** 高等学校長. **2.** 《旧東独》高等学校最上級教諭(①《ｵｰｽﾄﾘｱのみ》教師の最高名誉称号. ②①の称号の持主).
die **O·ber·stu·fe** [オーバー・シュトゥーふェ] 名 -/-n (ギムナジウム・実科学校の上級 3 学年); (各学校の)上級段階(クラス).
die **O·ber·tas·se** [オーバー・タッセ] 名 -/-n カップ, 茶わん.
das(der) **O·ber·teil** [オーバー・タイル] 名 -(e)s/-e 上部.
die **O·ber·ter·tia** [オーバー・テるツィア, オーバー・テるツィア] 名 -/..tien 《古》上級テルツィア(9 年制ギムナジウムの第 5 学年).
der **O·ber·ter·tia·ner** [オーバー・テるツィアーナー, オーバー・テるツィアーナー] 名 -s/- 《古》(9 年制ギムナジウムの) 5 年生.
der **O·ber·ton** [オーバー・トーン] 名 -(e)s/..töne 〖理・楽〗倍音.
das **O·ber·was·ser** [オーバー・ヴァッサー] 名 -s/ (せき・水車せきなどの)せき止められた水. 【慣用】 **Oberwasser bekommen** 《口》優位に立つ. **Oberwasser haben** 《口》優勢である.
die **O·ber·wei·te** [オーバー・ヴァイテ] 名 -/-n 胸囲; 《口・冗》(女性の)胸.
ob·gleich [オプ・グらイヒ] 接 《従属》=obwohl.
die **Ob·hut** [オプ・フート] 名 -/ 《文》保護, 庇護(ひご) : in seine ~ nehmen 〈人〉の世話を引き受ける. unter ⟨j²⟩ ~ stehen 〈人〉の庇護のもとにある.
o·big [オービヒ] 形 上記〔上述〕の.
das **Ob·jekt** [オプイェクト, オプイェクト] 名 -(e)s/-e **1.** 対象; 〖哲〗客体, 客観. **2.** 〖言〗目的語. **3.** 〖商〗(土地・建物などの)物件. **4.** 《ｵｰｽﾄﾘｱ》〖官〗建物; 《旧東独》販売店, レストラン; (国家公安局が使用〔要求〕する)施設(物). **5.** 〖芸術学〗オブジェ.
ob·jek·tiv [オプイェクティーふ, オプイェクティーふ] 形 客観的な; 先入観のない, 公正な.
das **Ob·jek·tiv** [オプイェクティーふ, オプイェクティーふ] 名 -s/-e 対物レンズ.
ob·jek·ti·vie·ren [オプイェクティヴィーれン] 動 h. ⟨et²⟩ 客観化する; 対象化する.
der **Ob·jek·ti·vis·mus** [オプイェクティヴィスムス] 名 -/ 〖哲〗客観主義; 〖ﾏﾙｸｽ 主義〗客観主義(傍観者的・日和見的な態度).
ob·jek·ti·vis·tisch [オプイェクティヴィスティシュ] 形 客観主義的な.
die **Ob·jek·ti·vi·tät** [オプイェクティヴィテート] 名 -/ (偏見などのない)客観性.
die **Ob·jekt·kunst** [オプイェクト・クンスト] 名 -/ オブジェ美術.
der **Ob·jekts·satz** [オプイェクツ・ザッツ] 名 -es/..sätze 〖言〗目的語文.
die **Ob·jekt·spra·che** [オプイェクト・シュプらーヘ] 名 -/-n 〖言〗(研究)の対象言語.
der **Ob·jekt·trä·ger** [オプイェクト・トれーガー] 名 -s/- (顕微鏡の)スライドグラス, 載物ガラス.
der **O·bla·te**[1] [オプラーテ] 名 -n/-n (両親が修道院に入れた)献身児童; 《ｶﾄﾘｯｸ》(新しい修道会の)会員; 献身会士(修道院(会)に奉仕する信徒).
die **O·bla·te**[2] [オプラーテ] 名 -/-n **1.** ウェファース,

ゴーフル；(クッキーなどの)台. **2.**〖カトリ〗(聖別していない)ホスチア. **3.** (薬の)カプセル，オブラート.

ob|lie·gen* [オップ・リーゲン, オッブリーゲン] 動 er liegt ob [obliegt]; lag ob [oblag]; hat obgelegen [oblegen]; obzuliegen [zu obliegen] **1.**《文》課せられている，(…の)仕事《義務・責任》である. **2.**〈et³⁴ッ〉(没頭〖専念・従事〗)している.

die **Ob·lie·gen·heit** [オップ・リーゲンハイト] 名 -/-en 《文》義務，責務.

o·bli·gat [オブリガート] 形 **1.**《文》(主に〖嘲〗)お定まりの，いつもの；《古》不可欠な. **2.**〖楽〗オブリガートの.

die **O·bli·ga·ti·on** [オブリガツィオーン] 名 -/-en **1.**〖法〗《古》債務(関係). **2.**〖経〗債券，社債，公債.

o·bli·ga·to·risch [オブリガトーリシュ] 形 《文》義務的な，必須〈必修〉の；(主に〖嘲〗)お定まりの.

das **O·bli·go** [オ(ー)ブリゴ] 名 -s/-s 〖経〗債務；担保；ohne ～ 担保なしで，償還請求に応じず(略 o. O.).

o·blique [oblíːk オブリーク, 付加語的には oblíːkvə オブリークヴェ] 形《古》斜めの；～*r* Kasus〖言〗斜〖従属〗格.

o·blong [オップ・ロング] 形《古》細長い；長方形の.

der **Ob·mann** [オプ・マン] 名 -(e)s/ ..männer [.. leute] **1.** 会長，理事長，委員長；〖スポーツ〗審判長. **2.** 利益代表者.

die **O·boe** [オボーエ] 名 -/-n オーボエ；(オルガンの)オーボエ音栓.

der **O·bo·ist** [オボイスト] 名 -en/-en オーボエ奏者.

der **O·bo·lus** [オーボルス] 名 -/-(-se) **1.** 少額の寄付金. **2.** オボロス(古代ギリシアの小額硬貨).

die **Ob·rig·keit** [オーブリヒカイト] 名 -/-en 当局，お上；《冗》上司.

ob·rig·keit·lich [オーブリヒカイトリヒ] 形《古》当局による〈の〉.

der **Ob·rig·keits·staat** [オーブリヒカイツ・シュタート] 名 -(e)s/-en 専制〖官僚〗主義国家.

der **O·brist** [オブリスト] 名 -en/-en **1.**《古》=Oberst. **2.**〖蔑〗軍事政権のメンバー.

ob·schon [オップ・ショーン] 接《従属》《文》=obwohl.

die **Ob·se·qui·en** [オプゼークヴィエン] 複名 =Exequien.

das **Ob·ser·va·to·ri·um** [オプゼるヴァトーリウム] 名 -s/ ..rien (天文・気象などの)観測所.

ob·ser·vie·ren [オプゼるヴィーレン] 動 h. **1.**〈j⁴/et⁴ッ〉《古》(…を)観察する. **2.**〈j⁴/et⁴ッ〉監視する，見張る《警察が》.

die **Ob·ses·si·on** [オプゼスィオーン] 名 -/-en 〖心〗強迫観念.

der **Ob·si·di·an** [オプズィディアーン] 名 -s/-e 黒曜石.

ob|sie·gen [オップズィーゲン, オップ・ズィーゲン] 動 er obsiegt [siegt ob] ; obsiegte [siegte ob] ; hat obsiegt [obgesiegt] ; zu obsiegen [obzusiegen] 〈(über ⟨j⁴/et⁴ッ⟩)〉《古》勝利を収める(正義・良識などが)；打勝つ(敵・困難などに).

ob·skur [オプスクーる] 形《文》得体の知れない.

ob·so·let [オプゾレート] 形《文》すたれた；余計な.

die **Ob·sor·ge** [オップ・ゾるゲ] 名 -/ 《オーストリア》世話．

das **Obst** [オープスト] 名 -es/ (総称)果物，果実.

der **Obst·an·bau** [オープスト・アンバウ], **Obst·bau** [オープスト・バウ] 名 -(e)s/ 果樹栽培.

der **Obst·baum** [オープスト・バウム] 名 -(e)s/..bäume 果樹.

die **Obst·ern·te** [オープスト・エるンテ] 名 -/-n 果実の収穫；(総称)収穫された果実.

die **Ob·ste·trik** [オプステートリク] 名 -/ 〖医〗産科学.

der **Obst·gar·ten** [オープスト・ガるテン] 名 -s/..gärten 果樹園.

der **Obst·han·del** [オープスト・ハンデル] 名 -s/ 果実の取引.

der **Obst·händ·ler** [オープスト・ヘンドラー] 名 -s/- 果実商人，果物屋.

obs·ti·nat [オプスティナート] 形《文》頑迷〖頑固〗な.

die **Ob·sti·pa·ti·on** [オプスティパツィオーン] 名 -/-en 〖医〗便秘.

der **Obst·kern** [オープスト・ケるン] 名 -(e)s/-e 果実の種.

der **Obst·ku·chen** [オープスト・クーヘン] 名 -s/- フルーツケーキ.

die **Obst·kul·tur** [オープスト・クルトゥーあ] 名 -/-en **1.** (㊝のみ)果樹栽培. **2.** 果樹の苗木. **3.** (㊝のみ)(苗木を植えたばかりの)果樹園.

der **Obst·ler** [オープストラー] 名 -s/- 《方》**1.** フルーツブランデー. **2.** 果物屋.

das **Obst·mes·ser** [オープスト・メッサー] 名 -s/- 果物ナイフ.

ob·stru·ie·ren [オプストるイーレン] 動 h.〈et⁴ッ〉《文》妨げる，妨害する，阻む；〖議会〗妨害する(議案の成立などを)；〖医〗…に閉塞を起す.

die **Ob·struk·ti·on** [オプストるクツィオーン] 名 -/-en 《文》**1.** 妨害；議事妨害. **2.**〖医〗閉塞.

die **Ob·struk·ti·ons·po·li·tik** [オプストるクツィオーンス・ポリティーク] 名 -/ 議事進行妨害策.

der **Obst·saft** [オープスト・ザフト] 名 -(e)s/..säfte 果汁，フルーツジュース.

der **Obst·sa·lat** [オープスト・ザラート] 名 -(e)s/-e フルーツサラダ.

die **Obst·scha·le** [オープスト・シャーレ] 名 -/-n **1.** 果物の皮. **2.** 果物鉢，フルーツボール.

die **Obst·tor·te** [オープスト・トるテ] 名 -/-n フルーツトルテ(果物をのせたケーキ).

das **Obst·was·ser** [オープスト・ヴァッサー] 名 -s/..wässer フルーツブランデー.

der **Obst·wein** [オープスト・ヴァイン] 名 -(e)s/-e 果実酒.

ob·szön [オプスツェーン] 形《文》猥褻(ｳｨ)な，卑猥(ﾋﾜｲ)な；(ｼﾞｮｰｸ)けしからぬ，べらぼうな.

die **Ob·szö·ni·tät** [オプスツェニテート] 名 -/-en **1.** (㊝のみ)猥褻(ｳｨ)さ，卑猥(ﾋﾜｲ)さ. **2.** 猥褻な表現.

der **O·bus** [オーブス] 名 ～(ses)/-se トロリーバス(oberleitungsomnibus).

(das) **Ob·wal·den** [オップ・ヴァルデン] 名 -s/ 〖地名〗オプヴァルデン. ⇨ Unterwalden.

ob|wal·ten [オップ・ヴァルテン, オップヴァルテン] 動 er waltet ob [obwaltet]; waltete ob [obwaltete]; hat obwaltet [obgewaltet]; zu obwalten [obzuwalten] 《古》現に存在する.

ob·wal·tend [オップ・ヴァルテント, オップヴァルテント] 形《古》現在の.

ob·wohl [オップ・ヴォール] 接《従属》…にもかかわらず，…であるのに；O～ es regnete, ging sie spazieren. 雨が降っていたのに，彼女は散歩に出た.

ob·zwar [オップ・ツヴァーる] 接《従属》《文》=obwohl.

die **Och·lo·kra·tie** [オホロクらティー] 名 -/-n 衆愚政治.

der **Ochs** [オックス] 名 -en/-en 《南独・オーストリア・スイス》=Ochse.

der **Och·se** [オクセ] 名 -n/-n (去勢された)雄牛；〖罵〗ばか者，間抜け. **wie der Ochse vorm Berg 〖neuen Tor〗** 《口》どうしていいか分らず突っ立っている. **den Ochsen hinter den Pflug〖den Pflug vor die Ochsen〗spannen** 《口》あべこべにする. **zu ⟨et³⟩ taugen wie der Ochse zum Seiltanzen** 《口》〈事〉の役に立たない.

och·sen [オクセン] 動 h. 〈((et⁴)ッ)〉《口》猛勉強する

Ofenrohr

das **Ọch·sen·au·ge** [オクセン·アウゲ] 名 -s/-n **1.**〖建〗(屋根の)丸窓. **2.**《方》目玉焼; 半分に切ったアプリコットをのせたクッキー. **3.**〖植〗ブタクサムム. **4.**〖昆〗ジャノメチョウ.

das **Ọch·sen·fleisch** [オクセン·フライシュ] 名 -(e)s/ 牛肉.

das **Ọch·sen·ge·spann** [オクセン·ゲシュパン] 名 -(e)s/-e 〈車につないだ〉一連の牛; 牛車.

der **Ọch·sen·maul·sa·lat** [オクセン·マウル·ザラート] 名 -(e)s/-e〖料〗オックステールサラダ(雄牛の唇入りサラダ).

die **Ọch·sen·schwanz·sup·pe** [オクセン·シュヴァンツ·ズッペ] 名 -/-n〖料〗オックステールスープ.

die **Ọch·sen·tour** [オクセン·トゥーア] 名 -/-en《口》(きつくて)はかどらない仕事;(特に政治家の)牛の歩みのような昇進.

der **Ọch·sen·zie·mer** [オクセン·ツィーマー] 名 -s/-〈牛の陰茎で作った昔の〉殴打用鞭棒.

die **Ọch·sen·zun·ge** [オクセン·ツング] 名 -/-n 牛の舌;〖料〗牛タン;〖植〗アンチュース, ウシノシタグサ; カンゾウタケ(きのこの一種).

das **Ọchs·le** [オクスレ] 名 -s/-〖醸〗エクスレ(果汁の比重単位).

der〔*das*〕**Ọcker** [オッカー] 名 -s/- 黄土(どう); オーカー(黄土色の顔料); 黄土色.

ọcker·gelb [オッカー·ゲルプ] 形 黄土色の.

die **OCR-Schrift** [oʊsíːɑːɐ̯ オウシー·アー·シュリフト] 名 -/〖コンピュ〗光学式読取り文字.

(*der*) **Oc·ta·vi·a·nus** [オクタヴィアーヌス] 名〖人名〗オクタヴィアヌス(*Augustus* 皇帝の即位前の名前).

od. =oder それとも, または, あるいは.

öd [エート] 形 =öde.

die **O·da·lịs·ke** [オダリスケ] 名 -/-n オダリスク(昔のトルコの後宮の白人女奴隷); (トルコの)ダンサー.

die **Ö·de** [エーデ] 形 **1.**…人気(ひとけ)のない. **2.** 不毛の, 荒涼とした. **3.** つまらない, 味気ない.

die **Ö·de** [エーデ] 名 -/-n **1.**(主に⑧)荒れ地; 荒涼, 寂寥(せきりょう). **2.**(⑧のみ)退屈, 空虚.

der **Ọ·dem** [オーデム] 名 -s/《詩》息吹.

das **Ö·dem** [エデーム] 名 -s/-e〖医〗水腫(しゅ), 浮腫(ふしゅ).

der **O·den·wald** [オーデン·ヴァルト] 名 -(e)s/〖山名〗オーデンヴァルト(ハイデルベルクの北の山岳).

das **O·de·on** [オデーオン] 名 -s/-s《文》オデオン(映画館·音楽堂などの名前).

o·der [オーダー] 接《並列》(略 od.) **1.**〈二つ以上の選択の可能性を並べて〉それとも, または, あるいは: Ich werde ihr schreiben, ～ sie anrufen. 私は彼女に手紙を書くか, それとも電話をかけるつもりだ. **2.**〈選択の意味が弱きりいずれも可として〉…か…: Morgen ～ übermorgen können Sie zu mir kommen！明日か明後日には私のところにおいでになってかまいません. **3.**〈言い替えて〉すなわち, つまり, または: ein Liter ～ tausend Kubikzentimeter 1 リットルすなわち 1000 cc. **4.** さもないと, でなければ: Jetzt muss ich gehen, ～ ich komme zu spät zur Arbeit. もう行かなくては, さもないと仕事に遅れてしまう. **5.**〈修辞的疑問文に追加して相手の同意を求めて〉…だね, …ではないのかね: Du gehst doch mit zum Schwimmen, ～？君も一緒に泳ぎにいくね. **6.**(so とともに文末で)またはそれと似たような(もの), またはそれくらい: Es war ein Betrag von zehn Euro ～ so. それは 10 ユーロかそれくらいの金額だった. **7.**〈修辞的疑問文の文頭で相手の異議を封じて〉それとも…だというのか(そんなはずはあるまい): Natürlich hat sie es getan. *O*～ glaubst du es

etwa nicht？それをしたのはもちろん彼女さ, それともなたはそうではないと思うのか.【慣用】**dieser oder jener/dies(es) oder jenes**《口》だれや彼や/あれこれ. **entweder ... oder ...** …か, それとも…か (⇨ entweder). **früher oder später** 遅かれ早かれ. **jetzt oder nie**(時間がどれくらいかあるにはともかく)いつかは. **mehr oder weniger**〔**minder**〕多かれ少なかれ. **so oder so**〔**so oder anders**〕いずれにしても, いずれにせよ. **über kurz oder lang**(時間がどれくらいかかるかはともかく)いつかは. **wohl oder übel** 否でも応でも.

die **O·der** [オーダー] 名 -/〖川名〗オーデル川(ポーランドとドイツの国境を流れバルト海に注ぐ).

die **O·der-Nei·ße-Li·nie** [オーダー·ナイセ·リーニエ] 名 -/ オーデル·ナイセ国境線(ドイツとポーランドの国境).

das **O·de·um** [オデーウム] 名 -s/Odeen [オデーエン] (古代の)円形演技場.

das **O·deur** [odǿːɐ̯ オドゥーア] 名 -s/-s〔-e〕《古》匂い, 芳香.

(*der*) **O·din** [オーディン] 名〖北欧神〗オーディン(ゲルマン民族の主神).

o·di·os [オディオス] 形《文》いやな, 嫌悪すべき.

ö·di·pal [エディパール] 形〖心〗エディプスコンプレックスによる.

(*der*) **Ö·di·pus** [エーディプス] 名〖ギ神〗オイディプス(父を殺し, 母である王妃を妻とした悲劇の主人公).

der **Ö·di·pus·kom·plex** [エーディプス·コムプレックス] 名 -es/〖精神分析〗エディプスコンプレックス.

das **O·di·um** [オーディウム] 名 -s/《文》汚名, 汚名.

das **Ö·dland** [エート·ラント] 名 -(e)s/...länder〖林·農〗荒地.

(*der*) **O·do·aker** [オドアーカー] 名〖人名〗オドアケル(433–493 年, 西ローマ帝国を滅ぼしたゲルマンの傭兵隊長).

die **O·don·to·lo·gie** [オドント·ロギー] 名 -/ 歯科学.

die **O·dys·see** [オデュセー] 名 -/-n **1.**(⑧のみ)オデュッセイア(Homer 作の叙事詩). ⇨Odysseus. **2.** 長い漂泊〔冒険〕の旅.

o·dys·se·isch [オデュセーイシュ] 形 オデュッセイアのような.

(*der*) **O·dys·seus** [オデュソイス] 名〖ギ神〗オデュッセウス(イタケ王. Penelope の夫. トロイア戦争の英雄).

die **OECD** [オー·エー·ツェー·デー] 名 -/ 経済協力開発機構(*Organization for Economic Cooperation and Development*).

die **OEEC** [オー·エー·エー·ツェー] 名 -/ =*Organization for European Economic Cooperation* 欧州経済協力機構(1948–60 年).

OeNB 1. =*Österreichische Nationalbank* オーストリア国立銀行. **2.** =*Österreichische Nationalbibliothek* オーストリア国立図書館.

das **Oer·sted** [ǿːrstɛt オーアステット, ..ʃtɛt エーシュテット] 名 -(s)/- =Örsted.

das **Œu·vre** [ǿːvrə エーヴル] 名 -/-s (芸術家の)全作品.

OEZ =*Osteuropäische Zeit* 東ヨーロッパ標準時.

der **O·fen** [オーフェン] 名 -s/Öfen **1.** 暖炉, ストーブ, オーブン. **2.**(ジシン)自動車, オートバイ. **3.**《方》レンジ, かまど.【慣用】**Der Ofen ist aus.**《口》お終いだ. **ein heißer Ofen**《口》高性能の乗用車; 大型オートバイ; 特別に魅力的な女性.

die **O·fen·bank** [オーフェン·バンク] 名 -/..bänke 暖炉のまわりの(造りつけの)ベンチ.

o·fen·frisch [オーフェン·フリッシュ] 形 焼き立ての.

die **O·fen·ka·chel** [オーフェン·カッヘル] 名 -/-n ストーブ用タイル.

die **O·fen·klap·pe** [オーフェン·クラッペ] 名 -/-n ストーブの通気孔つき天板; 焚き口口の扉.

das **O·fen·rohr** [オーフェン·ローる] 名 -(e)s/-e ストーブ

Ofenröhre

の煙道;〖兵〗(第 2 次大戦の)バズーカ砲.
die **O·fen·röh·re** [オーふぇン-Ⓡ-れ] 图 -/-n オーブン, 天火.
die **O·fen·sau** [オーふぇン-ザウ] 图 -/〖冶金〗鉱滓(ざい).
der **O·fen·schirm** [オーふぇン-シㇽㇺ] 图 -(e)s/-e (暖炉前の)熱気よけスクリーン〔ついたて〕.
die **O·fen·schwär·ze** [オーふぇン-シュヴェるツェ] 图 -/鉄を黒く塗装する黒鉛.
der **O·fen·set·zer** [オーふぇン-ゼッツァー] 图 -s/- 暖炉取付工.
o·fen·warm [オーふぇン-ヴァㇽㇺ] 厖 焼立ての.
das **Off** [オふ] 图 -/〖映·劇·ﾃﾚﾋﾞ〗声だけで画面に出ないこと.
der **Off·beat, ⓌOff-Beat** [ɔfbiːt オふ·ビート] 图 -(s)/- (ジャズの)オフ·ビート.
of·fen [オっふぇン] 厖 **1.** 開いた, あいている, 開放的な: eine ~e Flasche 口をあけた瓶. ~es Haar 束ねてない髪. ein ~es Haus (客を歓待する)開放的な家. eine ~e Gesellschaft/Stadt 開かれた社会/無防備都市. mit ~em Regenmantel レインコートのボタンをかけずに. Das Geschäft ist (hat) auch sonntags ~. その店は日曜日もあいている. **2.** 覆いのない, むきだしの: ein ~er Wagen オープンカー. ein ~es Grab まだ埋められていない墓穴. ~e Schuhe (サンダルなど)甲のあいた靴. ~es Licht 裸火〔直火〕. **3.** 開けた, 広々とした;〖狩〗解禁の;〖ｽｷｰ〗オープンの: ein ~es Gelände 開けた平地. ~es Fahrwasser (結氷しない)航行可能な水路. auf ~er See 〔~em Meer〕沖で, 外海(そと)で. Der Garten ist hinten ~. その庭は裏は(囲いがない)開けている. ein ~er Wettbewerb オープン競技会. **4.** 未解決の, 未決定の;未払いの, 未決算の: ~e Fragen 未解決の諸問題〔懸案〕. Die Rechnung steht noch ~. その勘定はまだ未払いだ. **5.** 空いている: ~e Stellen 空席のポスト. Die letzten zehn Zeilen bleiben ~. 最後の 10 行が空白のままになっている. **6.** 隠しごとをしない, 腹蔵のない, 率直な: Sie ist sonst immer ~ zu mir. 彼女は普段はいつも私に隠しごとをしない. ~ gesagt 打明けて言うと. **7.** あからさまな, 公然の, 公開の: ~e Feindschaft むきだしの敵意. 〈et⁴〉~ zur Schau stellen〔tragen〕〈物·事を〉あからさまに見せる. ein ~es Geheimnis 公然の秘密. ~ abstimmen 公開投票で決める. **8.** 〖言〗開音の;母音で終る: ein ~er Vokal 開母音. **9.** 守備の甘い. 〖慣用〗auf offener Bühne 劇(演技)の最中に. auf offener Straße 公道で, 往来の真ん中で. auf offener〔freier〕Strecke 駅からはなれた線路上で;人里はなれたところで. bei〈j³〉ein offenes Ohr finden〈人に〉開いてもらう. ein offener Brief 公開状. eine offene Anstalt 開放施設(一定の枠内で自由行動が許される監獄·病院). eine offene Bauweise 密集しない家の建て方. eine offene Hand für〈j¹〉haben〈人に対して〉気前がよい, 人をよく助ける. eine offene Handelsgesellschaft 合名会社(略 OHG). eine offene Rechnung オープン〔未決済〕の勘定. eine offene Rücklage 公示積立金. eine offene Wunde berühren 痛いところに触れる. einen offenen Sinn für〈et⁴〉haben〈事に〉感受性がある. einen offenen Wein bestellen ワインをグラス(デカンター)で注文する. mit offenem Mund dastehen (驚いて)口をあんぐりあけて立っている. mit offenen Armen そ を広げて. mit offenen Augen(Sinnen)durch die Welt〔durchs Leben〕gehen 目を見開いて世を渡る. mit offenen Augen ins Verderben rennen みすみす破滅の一途をたどる. mit offenen Augen schlafen 〖口〗ぼんやりしている. mit offenen Karten spielen 公然と事を行う. offen an den Tag treten 明るみに出る. offen gegenüber〈j³/et³〉〔für〈et⁴〉〕sein〈人·事に〉

心が開かれている. **offen und ehrlich handeln** 公明正大に振舞う. **offen zu Tage liegen** 明白である. **offener Kredit** 無担保信用貸付. **Tag/Politik der offenen Tür** 公開日/門戸開放政策. **überall offene Türen finden** どこでも歓迎される.
(das) **Of·fen·bach am Main** [オっふぇン·バっは アㇺ マイン] 图 -s/〖地名〗オッフェンバッハ(ヘッセン州の都市).
of·fen·bar [オっふぇン·バーあ, オっふぇン·バーあ] 厖 明らかな, 明白な: 〈et¹〉macht ~, dass ...〈物·事が〉…ということを明らかにしている.
── 副 〘文飾〙(見たところ)どうやら…らしい: Das hat er ~ missverstanden. それを彼はどうやら誤解したらしい.
of·fen·ba·ren [オっふぇン·バーれン] 動 offenbarte; hat offenbart〔geoffenbart〕〘文〙**1.** 〈(〈j³〉=)+〈et⁴〉ﾃﾞｰﾌﾟﾍﾙ·ﾌﾟﾚﾌｨｸｽ〉明かす, 打明ける(気持·罪·秘密など);明らかにする, 暴露する(秘密などを).〖宗〗啓示する. *geoffenbarte* Religion 啓示宗教. **2.** 〈sich⁴+(als〈j¹⁽⁴⁾/et¹⁽⁴⁾〉ﾃﾞｰﾌﾟﾍﾙｼｵﾝ)〉明らかになる, はっきりする. **3.** 〈sich⁴+〈j³〉〉心の中を打明ける.
die **Of·fen·ba·rung** [オっふぇン·バーるング] 图 -/-en **1.** 〘文〙打明けること. **2.** 〖宗〗啓示: die ~ des Johannes (新約聖書の)ヨハネ黙示録.
der **Of·fen·ba·rungs·eid** [オっふぇン·バーるングス·アイト] 图 -(e)s/-e 〖法〗開示宣誓.
of·fen blei·ben*, ⓌOf·fen|blei·ben* [オっふぇン ブライベン] 動 s. 〖正〗~|bleiben*〈物が〉開けられたままである(窓·口などが);未解決〔未決定〕のままである.
(das) **Of·fen·burg** [オっふぇン·ブㇽㇰ] 图 -s/〖地名〗オッフェンブルク(バーデン·ヴュルテンベルク州の都市).
of·fen hal·ten*, ⓌOf·fen|hal·ten* [オっふぇン ハルテン] 動 h. **1.** 〈et⁴〉〔ずっと〕あけておく(店などを), 開けたままにしておく(目などを). **2.** 〈(〈j³〉ﾉﾀﾒﾆ)+〈et⁴〉〉(手で押さえて)開けておく(扉などを). **3.** 〈sich⁴+〈j³〉〉〈物事〉保留しておく,見合せる. しないでおく(回答·決定などを). 〖慣用〗**die Hand offen halten** 〖口〗チップなどをほしがる. **sich³ einen Ausweg offen halten** 責任を避ける, 逃げ道を用意しておく.
die **Of·fen·heit** [オっふぇン·ハイト] 图 -/**1.** 率直さ. **2.** (先入観がなく)心が開かれていること, (事に)取組む用意〔のあること〕.
of·fen·her·zig [オっふぇン·ヘるツィヒ] 厖 腹蔵のない, 率直な;〘冗〙襟ぐりの大きな(服).
die **Of·fen·her·zig·keit** [オっふぇン·ヘるツィヒカイト] 图 -/腹蔵のないこと, 率直さ.
of·fen·kun·dig [オっふぇン·クンディヒ, オっふぇン·クンディヒ] 厖 (だれが見ても)明らかな;明白な: ~ werden/machen 公になる/公にする.
of·fen las·sen*, ⓌOf·fen|las·sen* [オっふぇン ラッセン] 動 h. **1.** 〈et⁴〉あけたままにしておく(窓などを);(のりづけせずに)開封のままにしておく(封筒などを);空白のままにしておく(行·欄などを). **2.** 〈et⁴〉空けておく(ポストなどを);未解決〔未決定〕のままにしておく;そのまま残しておく(可能性などを);(…の)回答を留保する.
of·fen le·gen, ⓌOf·fen|le·gen [オっふぇン レーゲン] 動 h. 〈(〈j³〉=)+〈et⁴〉〉〖官〗明らかにする, 公表する.
die **Of·fen·markt·po·li·tik** [オっふぇン·マルクト·ポリティーク] 图 -/-en 〖経〗公開市場政策.
of·fen·sicht·lich [オっふぇン·ズィヒトリヒ, オっふぇン·ズィヒトリヒ] 厖 明らかな, 明白〔明瞭〕な.
── 副 〘文飾〙(稀)どうやら…らしい.
of·fen·siv [オっふぇンズィーふ] 厖 攻撃的な;〖ｽﾎﾟ〗攻撃的な.
die **Of·fen·si·ve** [オっふぇンズィーヴェ] 图 -/-n 攻撃, 攻勢;(Ⓦのみ)〖ｽﾎﾟ〗攻撃的な試合運び.

offen stehen*, ⓐ**offen|stehen*** [オっフェン シュテーエン] 動 h. **1.** ⒠開いている〈窓・戸棚などが〉;ボタンがかかっていない,ファスナーが開いている〈シャツ・ズボンなどが〉;空いている〈地位などが〉;未払い［未決済］である〈勘定が〉. **2.** 〈j³〉 開かれている〈可能性などが〉;公開［開放］されている〈公共施設などが〉. **3.** 〈j³〉 決定に委ねられている. 【慣用】 **jeder Verführung offen stehen** どんな誘惑にも屈しやすい.

öffentlich [ｴっフェントリヒ] 形 **1.** 公然の,公開の,周知の: ein ～es Geheimnis 公然の秘密. ⒠ ～ bekannt machen〈事を〉公示［公表・声明］する. **2.** 公衆［公共］の: ein ～er Fernsprecher 公衆電話. eine ～e Bibliothek 公共図書館. **3.** 公の,公的な;公営の,自治体の: die ～e Meinung 世論. die ～e Wohl 公共の福祉. ～e Gelder 公金. 【慣用】 **der öffentliche Haushalt** 国家［自治体］財政. **die öffentliche Hand** 国家公共団体. **eine öffentliche Anleihe** 公債. **eine öffentliche Sitzung** 公開会議. **eine öffentliche Urkunde** 公文書. **öffentliche Schulen**〈稀〉国公立校（普通はたんに Schule）.

die **Öffentlichkeit** [ｴっフェントリヒカイト] 名 -/ **1.** 公衆,一般の(人々), 世間: ⒠ an [vor] die ～ bringen〈事を〉公表する. in aller ～ 公衆の面前で. an die ～ kommen 有名になる. **2.** 公開: unter Ausschluss der ～ 非公開で.

die **Öffentlichkeitsarbeit** [ｴっフェントリヒカイツ・アルバイト] 名 -/ （企業・政党などの）広報活動.

öffentlich-rechtlich [ｴっフェントリヒ・れヒトリヒ] 形 【法】公法上の,公法による［に基づく］.

offerieren [オふェリーレン] 動 h. **1.** 〈et⁴〉〈様態³〉 売りに出す,オファーする. **2.** 〈j³〉 に〈et⁴〉 を勧める,提供する〈タバコ・座席などを〉. **3.** 〈(j³)³〉+〈et⁴〉〈古〉提供すると申し出る〈援助などを〉.

das **Offert** [オふェると] 名 -(e)s/-e ⒜=Offerte.

die **Offerte** [オふェるテ] 名 -/-n 【商】オファー, (売品の)提供〈取引の申込み〉; 〈 〉 申込書.

das **Offizialat** [オふィツィアラート] 名 -(e)s/-e ⒞ 司教区裁判所.

der **Offizialverteidiger** [オふィツィアール・ふぇあタイディガー] 名 -s/- 【法】国選弁護人.

der **Offiziant** [オふィツィアント] 名 -en/-en〈古〉 **1.** ⒞ ミサ執行司祭. **2.** 下級官吏,(学校の)管理人.

offiziell [オふィツィエル] 形 **1.** 公用の;公式の;正式の: ～e Verlautbarung 公式発表. **2.** 改まった,格式張った.

der **Offizier** [オふィツィーア] 名 -s/-e 【軍】 **1.** 将校（⒠のみ）位. **2.** ⒞ （ポーン以外の）大きく動ける駒.

der **Offiziersanwärter** [オふィツィーアス・アンヴェアター] 名 -s/- 士官候補生（略 OA）.

der **Offiziersbursche** [オふィツィーアス・ブるシェ] 名 -n/-n （昔の）従卒.

das **Offizierskasino** [オふィツィーアス・カズィーノ] 名 -s/-s 将校食堂（集会所）,士官クラブ.

das **Offizierskorps** [..koːr オふィツィーアス・コーあ] 名 [コーあ/-[..コーあ]（兵力の）全将校（部隊）の将校団.

die **Offiziersmesse** [オふィツィーアス・メっセ] 名 -/-n （軍艦の）士官食堂（集会室）;士官クラブ.

die **Offiziersschule** [オふィツィーアス・シューレ] 名 -/-n 士官（養成）学校;士官（研修）学校.

die **Offizin** [オふィツィーン] 名 -/-en **1.** 【薬】調剤室; 〈 〉薬局. **2.**〈古〉印刷所.

offizinal [オふィツィナール] 形 =offizinell.

offizinell [オふィツィネル] 形 【薬】薬用の,薬用になる.

(薬局)常備の.

offiziös [オふィツィーオース] 形 半ば公式の,官辺筋の,半官半民の.

das **Offizium** [オふィーツィウム] 名 -s/..zien **1.** ⒞ 職務;聖務;聖務日課;特別ミサ. **2.** ⒠ 職責.

off limits ! [5f lɪmɪts オふリミッツ]【英語】立入禁止.

offline [5flaɪn オふ・ライン]【英語】〈 〉オフライン(で).

öffnen [ｴふネン] 動 h. **1.** 〈et⁴〉 開ける,開(ᵃ)ける;切開する. **2.** 〈j³〉 に入口の(戸)を開けてやる. **3.** 〈時点³〉 に開く（店などが）;開ける（人が店などを）: Die Kunsthalle ist von zehn bis 20 Uhr geöffnet. 美術館は10時から20時まで開いている. （「業務をしている」の意味で, sein の代わりに haben も）Der Laden hat bis 20 Uhr geöffnet. その商店は8時まで開けている. **4.** 〈sich⁴〉 開(ᵃ)く,開けられる（戸・つぼみなどが）; 〈sich⁴ nicht〉 Die Tür öffnet und schließt automatisch. ドアは自動的に開閉する. **5.** 〈sich⁴+〈j³/et³〉〉 胸中を打明ける; 心が開(ᵃ)いている. **6.** 〈sich⁴+〈j³/et³〉〉 開かれる（道・可能性などが）. 【慣用】 **die Augen(den Blick) öffnen**〈j³ に〉真実を教える. **Hier öffnen !** ここを開けよ（容器・包装などの指示）. 〈j³〉 **sein Herz öffnen**〈文〉〈人に〉思いを寄せる.

der **Öffner** [ｴふナー] 名 -s/- 開ける道具; 缶切り, 栓抜き, ペーパーナイフ; (玄関ドアの)電子解錠装置.

die **Öffnung** [ｴふヌング] 名 -/-en **1.** 開くこと, 開けること, 開放; 解剖, 切開. **2.** 開いた箇所,開口部,口,穴,透き間.

der **Offsetdruck** [5fzet.. オふ・ゼット・ドるック] 名 -(e)s/-e **1.** ⒜のみ オフセット印刷. **2.** オフセット印刷物.

offshore [5fjoːr オふ・ショーあ]【英語】沖(合)の(で), 岸を離れて.

o-förmig, O-förmig [オー・ⓐ るミヒ] 形 O 字形の.

oft [オふト] 副 öfter ; am öftesten **1.** しばしば,(繰返し)何度も,度々: Die Oper habe ich schon ～ gehört. そのオペラなら何度か聴いた. (単に回数の意味で)Wie ～ haben Sie von ihm die Bezahlung gefordert ? 何回彼にその支払いの請求をしましたか. **2.** (短い間隔で)頻繁に: Der Bus fährt ～. そのバスは頻繁に通っている. ～ することがよくある, よく: Ich lese ～ bis tief in die Nacht. 私は夜遅くまで本を読むことがよくある. 【慣用】 **oft genug** 何度も, **so und so oft** 何度となく.

öfter [ｴふター] 副 (oft の比較級) よりくらべて;(絶対的比較級で)何度か,時々.
—— 形〈口〉度々の, 幾度(回)かの. 【慣用】 **des Öfteren** 何度も何度も.

öfters [ｴふタース] 副〈方〉=öfter.

oftmalig [オふト・マーリヒ] 形〈硬〉度々の, 頻繁な.

oftmals [オふト・マールス] 副 度々,しばしば, 何度も.

oh ! [オー] 間 (驚き・恐縮・拒絶を表して)おお, ああ, まあ, わあ. **1.** O～, Verzeihung ! おお, すみません. O～, wie schrecklich ! おお, 何とひどい. 【コンマを用いず後続の語を強調する「おお」は O !】.

oha ! [オハ] 間 〈口〉(驚きなどの感嘆) おやまあ, ほお

der **Oheim** [オーハイム] 名 -(e)s/-e〈古〉伯(叔)父.

OHG =Offene Handelsgesellschaft 合名会社.

der **Ohm¹** [オーム] 名 -(e)s/-e〈古〉伯(叔)父.

das **Ohm²** [オーム] 名 -(e単位を表すⓐは-) オームの（昔の液量単位. およそ150 ℓ）.

das **Ohm³** [オーム] 名 -(s)/- 【電】オーム（電気抵抗の単位. 記号 Ω）.

der **Öhm** [ｴーム] 名 -(e)s/-e〈西独〉伯(叔)父.

ohmsch [オームシュ]《形》〖理〗オームの：der ~e [Ohm'sche] Widerstand オームの抵抗.

oh·ne [オーネ]《前》(+ 4 格)(名詞は主に無冠詞) **1.** …なしに，…をもたずに，…のない，…がついていない：Er ist ~ Arbeit. 彼は現在失業中である. ein Topf ~ Deckel 蓋なしの深鍋. ~ Mantel コートを着ずに. ganz ~ Fehler 非の打ちどころがない. ~ (allen [jeden]) Zweifel 何の疑いもなく. ~ Halt ノンストップで. ~ Bedeutung 重要でない. ~ mein Wissen 私の知らぬ間に. ~ Schönheit かなり美しい. ~ (Schlafanzug) schlafen 何も着ないで寝る. Vierer ~ (Steuermann)《漕艇》舵手なしフォア. **2.** …を入れずに，…を除いて，…をのぞく，その他に：Kaffee ~ Zucker und Milch 砂糖とミルクを入れない(ブラック)コーヒー. Gewicht ~ Verpackung 包装を除いた重量. O~ mich sind es zehn Teilnehmer. 私の他に参加者は 10 名である. O~ mich!《口》私はごめんだよ. 【慣用】nicht (so) ohne sein《口》相当なものである. ohne weiteres あっさり, 無造作に.
——《接》《従属》(dass 文 または zu 不定詞とともに)(予想されるようなこと)なしに, (…が)起こらずに, (…で)ない(のに)：Er ging davon, ~ dass er sich noch einmal umdrehte [~ sich noch einmal umzudrehen]. 彼は二度と振返らずに立去った. Ich wartete eine halbe Stunde, ~ dass sie gekommen wäre. 私は半時間も待ったのに, とうとう彼女は来なかった.

oh·ne·dem [オーネ·デーム]《副》《古》=ohnehin.
oh·ne·dies [オーネ·ディース]《副》=ohnehin.
oh·ne·ein·an·der [オーネ·アイナンダー]《副》互いに相手なしで.
oh·ne·glei·chen [オーネ·グライヒェン]《副》比べもののない, 比なし[無類]の.
oh·ne·hin [オーネ·ヒン]《副》それでなくても, どっちみち.
die Ohn·macht [オーン·マハト]《名》-/-en **1.** 気絶, 失神：in ~ fallen 失神する. **2.** 無力.
ohn·mäch·tig [オーン·メティヒ]《形》**1.** 気絶した, 失神状態の. **2.** 無力な, 為すすべもない：~e Wut やり場のない憤り.

oho! [オホー]《間》(驚き·反対·立腹)おや, おお.

das Ohr [オーア]《名》-(e)s/-en **1.** 耳(耳介·聴覚器官)：große ~en 大きな耳. nur auf einem ~ hören 片方の耳が聞こえない. **2.** (本のページの隅の)折れ(Esels~). 【慣用】auf den Ohren sitzen《口》からの空で聞く. bis unter die Ohren in Schulden stecken《口》借金で首が回らない. die Ohren hängen lassen《口》うちしおれる.〈j³〉die Ohren lang ziehen《口》〈人の〉耳を引っ張ってしかる. die Ohren spitzen《口》耳をそばだてる. die Ohren steif halten《口》くじけない, 勇気を失わない. 〈j³〉die Ohren voll jammern《口》〈人に〉しつこく泣きごとを言う. die Ohren vor〈j¹/et³〉verschließen〈人·事に〉聞く耳を持たない. ein feines Ohr für〈et⁴〉haben〈事に対して〉すぐれた理解力を持っている. ein offenes Ohr bei〈j³〉finden〈人に〉話を聞いてもらえる. ein offenes Ohr für〈j³〉haben〈人の〉願いを聞く耳を持っている.〈j³〉eins hinter die Ohren geben《口》〈人を〉ぶん殴る. es (faustdick) hinter den Ohren haben《口》する賢い人だ. ganz Ohr sein 注意深く聞く. 〈et⁴〉im Ohr haben〈事を〉耳にしている.〈et³〉ins Ohr sagen〈人に〉耳打ちする. lange Ohren machen《口》聞き耳を立てる. mit den Ohren schlackern《口》ひどく仰天する. mit halbem Ohr zuhören 聞き流す.〈j³〉mit〈et³〉in den Ohren liegen《口》〈人に〉〈事で〉しつこく頼む. nichts für fremde Ohren sein 内輪の話だ. noch nicht trocken [noch feucht] hinter den Ohren sein《口》まだ若すぎる.〈j³〉sein Ohr leihen《文》〈人の〉言うことに耳をかす. sich⁴ aufs Ohr legen《口》寝る. sich³〈et⁴〉hinter die Ohren schreiben《口》〈事を〉よく覚えておく. tauben Ohren predigen 馬の耳に念仏である.〈j³〉die Ohren hauen《口》〈人を〉だます. viel um die Ohren haben《口》しなくてはならない事がいっぱいある.〈j³〉zu Ohren kommen〈人の〉耳に入る.

das Öhr [エーあ]《名》-(e)s/-e めど, 針の穴 (Nadel-~); (道具の)小穴(柄などをさし込む).
der Ohren·arzt [オーれン·アーあット, オーれン·アㇽット]《名》-es/..ärzte 耳鼻咽喉(いんこう)科医(Hals-Nasen-Ohren-Arzt の短縮形).
die Ohren·beich·te [オーれン·バイヒテ]《名》-/-n〖カトリック〗告解(秘密懺悔(ざんげ)).
ohren·be·täu·bend [オーれン·ベトイベント]《形》《口》耳も割れんばかりの.
der Ohren·blä·ser [オーれン·ブレーザァ]《名》-s/-《古·蔑》陰口をたたく人.
die Ohren·ent·zün·dung [オーれン·エントツュンドゥング]《名》-/-en 耳炎.
die Ohren·heil·kun·de [オーれン·ハイル·クンデ]《名》-/ 耳科学.
das Ohren·lei·den [オーれン·ライデン]《名》-s/- 耳の病気.
das Ohren·sau·sen [オーれン·ザウゼン]《名》-s/ 耳鳴り.
das Ohren·schmalz [オーれン·シュマルツ]《名》-es/ 耳垢(みみあか).
der Ohren·schmaus [オーれン·シュマウス]《名》-es/《口》耳の保養(ごちそう).
der Ohren·schmerz [オーれン·シュメㇽツ]《名》-es/-en (主に複)耳の痛み, 耳痛.
die Ohren·schüt·zer [オーれン·シュッツァー]《複名》(防寒用)耳覆い.
der Ohren·ses·sel [オーれン·ゼッセル]《名》-s/- ウィングチェア.
der Ohren·spie·gel [オーれン·シュピーゲル]《名》-s/-〖医〗耳鏡.
der Ohren·stöp·sel [オーれン·シュテップセル]《名》-s/-《口》耳栓.
der Ohren·zeu·ge [オーれン·ツォイゲ]《名》-n/-n 自分の耳で聞いたことを証言する証人.
die Ohr·fei·ge [オーあ·ふぁイゲ]《名》-/-n 平手打ち, びんた.
ohr·fei·gen [オーあ·ふぁイゲン]《動》h.〈j⁴に〉平手打ちを食わす.
das Ohr·fei·gen·ge·sicht [オーあふぁイゲン·ゲズィヒト]《名》-(e)s/-er《口·蔑》生意気な顔つき.
das Ohr·ge·hän·ge [オーあ·ゲヘンゲ]《名》-s/- ペンダントイヤリング.
das Ohr·läpp·chen [オーあ·レップヒェン]《名》-s/- 耳たぶ.
die Ohr·mu·schel [オーあ·ムッシェル]《名》-/-n **1.**〖解〗耳たぶ(ぶ), 耳殻(かく). **2.**〖建〗(バロック様式の)耳状装飾.
der Ohr·ring [オーあ·リング]《名》-(e)s/-e イヤリング.
die Ohr·spei·chel·drü·se [オーあ·シュパイヒェル·ドリューゼ]《名》-/-n〖解〗耳下腺.
der Ohr·wurm [オーあ·ヴㇺ]《名》-(e)s/..würmer **1.**〖昆〗ハサミムシ. **2.**《口》覚えやすい歌(ヒットソング). **3.**《古·蔑》おべっか使い.

..oid [..オイート]《接尾》名詞のあとにつけて「…に似た, …に似たもの」を表す名詞·形容詞を作る：anthropoid 人間に似た. Präfixoid 擬似接頭辞, Suffixoid 擬似接尾辞.

o. J. =ohne Jahr 発行年の記載なし.

oje! [オイェ], **oje·mi·ne!** [オイェーミネ]《間》《古》(恐れ·狼狽(ろうばい)).

o. k., O. K. =okay オーケー.

das O·ka·pi [オカピ]《名》-s/-s〖動〗オカピ.

die O·ka·ri·na [オカリーナ]《名》-/-s[..nen] オカリナ《陶

製の笛).

o·kay [oké: オケー] 副 《口》オーケー(略 o. k., O. K.).
——形 《口》オーケー: Es ist alles ~. 万事オーケーだ。 Sie ist ~. 彼女はオーケーだ(仲よくできる). sich⁴ ~ fühlen 体調はオーケーだ. Ihr Flug geht [ist] ~. 《空》(ジシ)あなたの航空券の予約はオーケーです.

das **O·kay** [oké: オケー] 名 -(s)/-s 《口》オーケー, 同意: sein ~ geben オーケーを出す.

die **O·ke·a·ni·de** [オケアニーデ] 名 -/-n 《主に複》〖ギ神〗オケアニス(海の精).

(*der*) **O·ke·a·nos** [オケーアノス] 名 〖ギ神〗オケアノス(大洋を支配し, Titan 神族の一人).

die **Ok·ka·si·on** [オカズィオーン] 名 -/-en 1.〖古〗機会, きっかけ. 2.〖商〗有利な買物(の機会).

ok·ka·si·o·nell [オカズィオネル] 形 時たまの.

die **Ok·klu·si·on** [オクルズィオーン] 名 -/-en 1.〖古〗閉鎖, 閉塞. 2.〖医〗(腸などの)閉塞. 3.〖歯〗(上下の歯列の正常な)咬合(ミネ). 4.〖気〗閉塞(前線).

ok·klu·siv [オクルズィーふ] 形 閉鎖の, 閉塞性の.

der **Ok·klu·siv** [オクルズィーふ] 名 -s/-e 〖言〗閉鎖音.

ok·kult [オクルト] 形 オカルトの.

der **Ok·kul·tis·mus** [オクルティスムス] 名 -/ オカルティズム(心霊学・神秘学など).

ok·kul·tis·tisch [オクルティスティシュ] 形 オカルティズムの.

der **Ok·kult·tä·ter** [オクルト・テータァ] 名 -s/- (刑法の触れるような)狂信的オカルティスト.

die **Ok·ku·pa·ti·on** [オクパツィオーン] 名 -/-en 1. 占領. 2.〖法〗〖古〗先占.

ok·ku·pie·ren [オクピーレン] 動 h. 〈et⁴ラ〉占領〔占拠〕する〖法〗〖古〗先占する;〈転・口〉ひとりじめする.

der **Ö·ko** [エーコ] 名 -s/- 《口・冗》環境保護運動家.

öko.. [エ(ー)コ..] 接頭(Ökologie の短縮形)名詞につけて「エコロジーの」を表す. ハイフンなしでも用いる.

das (*der*) **Ö·ko·au·dit** [..o:dit エーコ・オーディット] 名 -s/-s (第三者による企業の)環境監査.

die **Ö·ko·bi·lanz** [エーコ・ビランツ] 名 -/-en 《口》環境アセスメント〔環境評価〕; 生産物・行動の環境への影響.

die **Ö·ko·bi·la·nz** ..fri:k エーコ・ふリーク] 名 -s/-s 熱狂的な環境保護主義者.

der **Ö·ko·freak** エーコ・ラーデン] 名 -s/..läden 自然食品・エコグッズ店.

die **Ö·ko·la·den** [エコ・ロギー] 名 -/ エコロジー, 生態学.

die **Ö·ko·lo·gie** [エコ・ロギー] 名 -/ エコロジー, 生態学.

die **Ö·ko·lo·gie·be·we·gung** [エコロギー・ベヴェーグング] 名 -/-en 環境保護運動.

öko·lo·gisch [エ・コロー·ギシュ] 形 生態学の; 生態(上)の. ~e Bewegung 環境保護運動.

der **Öko·nom** [エコ·ノーム] 名 -en/-en 1.〖古〗農場経営者. 2. 経済学者.

die **Öko·no·mie** [エコ・ノミー] 名 -/-n 1. 経済. 2.〖古〗経済学. 3. 〔複のみ〕経済性, 節約. 3. 〖(ネッ)農業経営.

öko·no·misch [エ・コ·ノーミシュ] 形 1. 経済(上)の. 2. 無駄のない, 経済的な

die **Öko·steu·er** [エ·コ·シュトイァー] 名 -/-n 《口》環境税.

das **Öko·sys·tem** [エ·コ·ズィステーム] 名 -s/-e 生態系.

der **Öko·top** [エ·コ·トープ] 名 -s/-e エコトープ(同一自然環境の最小生息単位地域).

Okt. =Oktober 10 月.

der **Ok·ta·e·der** [オクタエーダァ] 名 -s/- 〖数〗正八面体.

das **Ok·ta·gon** [オクタ·ゴーン] 名 -s/-e =Oktogon.

das **Ok·tan** [オクターン] 名 -s/-e 1.〖化〗オクタン. 2.〖無変化〗オクタン価.

der **Ok·tant** [オクタント] 名 -en/-en 1.〖数〗八分円; 八分空間. 2. 八分儀.

die **Ok·tan·zahl** [オクターン·ツァール] 名 -/-en オクタン価(略 OZ).

die **Ok·tav**¹ [オクターふ] 名 -/-en 1.〖(鋭)〗=Oktave 1. 2.〖ギル〗(キリスト降誕祭と復活祭後の)8 日間〖8 日目の祝祭. 3.〖フェン〗オクターヴ.

das **Ok·tav**² [オクターふ] 名 -s/ 8 つ折り判(本の判, 記号 8°).

der **Ok·tav·band** [オクターふ·バント] 名 -(e)s/..bände 八つ折り判の書物.

die **Ok·ta·ve** [オクターヴェ] 名 -/-n 1.〖楽〗オクターヴ(①第 8 音.②8 度音程). 2.〖詩〗八行連句.

das **Ok·tav·for·mat** [オクターふ·ふぉるマート] 名 -(e)s/-e 八つ折り判(紙の寸法).

(*die*) **Ok·ta·via** [オクターヴィア] 〖女名〗オクターヴィア.

(*der*) **Ok·ta·vi·a·nus** [オクタヴィアーヌス] 名 = Octavianus.

das **Ok·tett** [オクテット] 名 -(e)s/-e 八重奏〔唱〕曲; 八重奏団.

der **Ok·to·ber** [オクトーバー] 名 -(s)/- 10 月(略 Okt.).

das **Ok·to·ber·fest** [オクトーバー·ふェスト] 名 -(e)s/-e オクトーバーフェスト(10 月の第一日曜日までの 2 週間行われるミュンヒェンの祭).

die **Ok·to·ber·re·vo·lu·ti·on** [オクトーバー·れヴォルツィオーン] 名 -/ 十月革命(1917 年, ロシアでの社会主義革命).

das **Ok·to·gon** [オクト·ゴーン] 名 -s/-e 八角形; 八角形の建造物.

ok·t·ro·yie·ren [ɔktroajíːrən オクトロアイーレン] 動 h. 〈((j³)z) + 〈et⁴ッ〉〗〖文〗押しつける〔政治体制などを〕.

ok·t·ro·yiert [オクトロアイーあト] 形 押しつけられた.

oku·lar [オクラーア] 形 目の, 視覚上の.

das **O·ku·lar** [オクラーア] 名 -s/-e 接眼レンズ.

O·ku·li [オークリ] 名 〔無冠詞〕四旬節の第 3 の主日.

o·ku·lie·ren [オクリーれン] 動 h. 〈et⁴ッ〉〖園〗接ぎ木〔芽接ぎ〕して改良する(バラなどを).

die **Ö·ku·me·ne** [エクメーネ] 名 -/ 1.〖地〗人類居住地域. 2.〖神〗全キリスト教徒·教会;一致運動.

Ö·ku·me·nisch [エクメーニシュ] 形 1.〖地〗人類の居住地域の. 2.〖ヵフッ〗全カトリック教徒·教会の;〖神〗全キリスト教会の; 教会一致運動の.

der **Ö·ku·me·nis·mus** [エクメニスムス] 名 -/ 〖ヵトリ ック〗世界教会運動, 教会一致運動.

der **Ok·zi·dent** [オクツィデント, オクツィデント] 名 -s/ 1.《古》西洋. 2.《古》西方, 西方.

ok·zi·den·ta·lisch [オツィデンターリ] 形 1. 西洋の. 2.《古》西(方)の.

ok·zi·den·ta·lisch [オッツィデンターリシュ] 形 =okzidental.

das **Öl** [エーる] 名 -(e)s/-e 1. 油, オイル. 2. 石油(Erd~);(燃料)オイル(Heiz~); 潤滑油(Schmier~); 植物油(Pflanzen~); 食用油(Speise~); サラダオイル(Salat~); 日焼け止めオイル(Sonnen~). 3. 油絵の具〔~farbe〕= ein Bild in ~ malen 油絵を描く. 〖慣用〗Öl auf die Wogen gießen 人々を沈める, 争いを調停する. Öl ins Feuer gießen 火に油を注ぐ.

ö. L. =östlicher Länge 東経.

der **Öl·ab·schei·der** [エ-ル・アップ・シャイダー] 名 -s/- 【工】(水・蒸気からの)油分離器.

das **Öl·an·saug·schiff** [エ-ル・アン・ザウク・シふ] 名 -(e)s/-e 【環】流出油吸引回収船.

der **Öl·baum** [エ-ル・バウム] 名 -(e)s/..bäume オリーブの木.

der **Öl·berg** [エ-ル・ベルク] 名 -(e)s/ 〖山名〗橄欖(かんらん)山(イエスが昇天したとされる Jerusalem 東方の丘).

das **Öl·bild** [エ-ル・ビルト] 名 -(e)s/-er 油絵.

(das) **Ol·den·burg** [オルデン・ブルク] 名 -s/ 〖地名〗オルデンブルク(ニーダーザクセン州の都市).

der **Ol·den·bur·ger** [オルデン・ブルガー] 名 -s/- **1.** オルデンブルク市民. **2.** (馬の)オルデンブルク種.

der **Ol·die** [óːldi オールディ] 名 -s/-s 《口》 **1.** 今でも人気のある昔のヒット作, なつかしのメロディー. **2.** 《冗》古い(世代の)人. **3.** 古いもの.

der **Öl·druck** [エ-ル・ドるック] 名 -(e)s/-e 【印】オイル印刷. **2.** 【車】油圧.

die **Öl·druck·brem·se** [エ-ルドるック・ブれムゼ] 名 -/-n 【車】油圧ブレーキ.

der **Old·timer** [óːlttaimər オールト・タイマー] 名 -s/- **1.** 《冗》ベテラン, 古参; 年配の人【男】. **2.** クラシックカー; 古い型を構した物(家具など).

der **Ole·an·der** [オレアンダー] 名 -s/- 〖植〗キョウチクトウ.

Ole·in [オレイ-ン] 名 -s/-e 【化】オレイン.

ölen [エ-レン] 動 h. 〈et^2 と〉油をさす, 注油する; 油を塗り込む.

ol·fak·to·risch [オルふぁクトーリシュ] 形 【医】嗅覚(きゅうかく)の; 嗅覚による.

die **Öl·far·be** [エ-ル・ふぁるべ] 名 -/-n 油絵の具; 油性塗料, ペンキ.

der **Öl·film** [エ-ル・ふぃルム] 名 -(e)s/-e 油膜.

das **Öl·för·der·land** [エ-ル・(ふ)エダー・ラント] 名 -(e)s/..länder 産油国.

die **Öl·för·de·rung** [エ-ル・(ふ)エデるング] 名 -/ (石油の)採油.

OLG =Oberlandesgericht (ドイツの)上級地方裁判所.

die **Öl·gel·der** [エ-ル・ゲルダー] 複名 【経】オイルマネー.

das **Öl·ge·mäl·de** [エ-ル・ゲメルデ] 名 -s/- 油絵.

die **Öl·ge·win·nung** [エ-ル・ゲヴィヌング] 名 -/ (石油・植物油の)採油.

der **Öl·göt·ze** [エ-ル・ゲッツェ] 名 《次の形で》wie ein ~ (口・蔑)押し黙ったまま, ぼうっとして.

öl·hal·tig [エ-ル・ハルティヒ] 形 油を含んだ.

die **Öl·hei·zung** [エ-ル・ハイツング] 名 -/-en 石油暖房.

ölig [エ-リヒ] 形 **1.** 油のついた, 油で汚れた; 油性の, 油を含んだ. **2.** 《蔑》もったいぶった, いやにソフトな.

die **Oli·g·ar·chie** [オリガるヒ-] 名 -/-n **1.** (国のみ)寡頭制. **2.** 寡頭制国家.

oli·go·phag [オリゴ・ふぁーク] 形 【動】少食(狭食)性の(限られた生物しか食べないこと).

das **Oli·go·pol** [オリゴ・ポール] 名 -s/-e 【経】寡占.

das **Oli·go·zän** [オリゴ・ツェーン] 名 -s/ 【地質】漸新世.

Olim [オ-リム] 〖ラ語〗かつて, 昔: seit ~s Zeiten (文・冗)ずっと昔から. zu ~s Zeiten ずっと昔に.

oliv [オリ-ふ] 形 (標準語では無変化)オリーブ色の.

die **Oli·ve** [オリ-ヴェ] 名 -/-n 【植】オリーブの実. (ドアなどの)オリーブ状の取っ手.

der **Oli·ven·baum** [オリ-ヴェン・バウム] 名 -(e)s/..bäume オリーブの木.

oli·ven·far·ben [オリ-ヴェン・ふぁるベン] 形 =oliv.

oli·ven·far·big [オリ-ヴェン・ふぁるビヒ] 形 =oliv.

das **Oli·ven·öl** [オリ-ヴェン・エ-ル] 名 -(e)s/ オリーブ油.

oliv·far·ben [オリ-ふ・ふぁるベン] 形 =oliv.

oliv·far·big [オリ-ふ・ふぁるビヒ] 形 =oliv.

oliv·grün [オリ-ふ・グリューン] 形 オリーブグリーンの.

das (der) **Oli·vin** [オリヴィ-ン] 名 -s/-e 【地質】オリビン, 橄欖(かんらん)石.

der **Öl·ka·nis·ter** [エ-ル・カニスター] 名 -s/- (石)油缶.

die **Öl·kan·ne** [エ-ル・カネ] 名 -/-n =Ölkanister.

die **Öl·kri·se** [エ-ル・クリ-ゼ] 名 -/-n 石油危機.

der **Öl·ku·chen** [エ-ル・クーヘン] 名 -s/- 固形油粕(あぶらかす).

oll [オル] 形 《方》 **1.** 年とった; 古い. **2.** (親しい呼びかけや否定的性格を強めて): dieser ~e Geizkragen! このケチおやじ.

die **Öl·lam·pe** [エ-ル・ラムペ] 名 -/-n 石油ランプ.

das **Öl·land** [エ-ル・ラント] 名 -(e)s/..länder 石油産出国.

die **Ol·la po·dri·da** [オラ ポドリ-ダ] 名 --/ オラポドリーダ(スペインの肉と野菜のシチュー).

der/die **Ol·le** [オレ] 名 (形容詞的変化)《方》=Alte¹.

die **Öl·lei·tung** [エ-ル・ライトゥング] 名 -/-en 送油管, パイプライン.

die **Öl·ma·le·rei** [エ-ル・マ-レらイ] 名 -/-en **1.** (通のみ)油絵の具で描くこと. **2.** 油絵.

die **Öl·müh·le** [エ-ル・ミューレ] 名 -/-n 搾油所.

der **Öl·mul·ti** [エ-ル・ムルティ] 名 -s/-s (主に《ジャーナ》)石油多国籍企業.

der **Öl·ofen** [エ-ル・オ-ふェン] 名 -s/..öfen 石油ストーブ.

die **Öl·pal·me** [エ-ル・パルメ] 名 -/-n 【植】アブラヤシ.

das **Öl·pa·pier** [エ-ル・パピ-ア] 名 -s/-e 油紙.

die **Öl·pest** [エ-ル・ペスト] 名 -/ 原油による(海〔海岸〕の)汚染.

die **Öl·quel·le** [エ-ル・クヴェレ] 名 -/-n 油井(ゆせい).

die **Öl·raf·fi·ne·rie** [エ-ル・らふぃネリ-] 名 -/-n 精油所.

der **Öl·rauch** [エ-ル・らウヒ] 名 -(e)s/ 【環】石油製品が燃焼する際に出る煙.

die **Öl·sar·di·ne** [エ-ル・ザルディ-ネ] 名 -/-n オイルサーディン.

der **Öl·scheich** [エ-ル・シャイヒ] 名 -s/-e[-s] 《口》産油国の大金持の首長.

der **Öl·schie·fer** [エ-ル・シ-ふぁー] 名 -s/- 油母頁岩.

der **Öl·stand** [エ-ル・シュタント] 名 -(e)s/..stände エンジンオイルの量/タンクの中の油量.

der **Öl·tan·ker** [エ-ル・タンカー] 名 -s/- タンカー, 油送船.

das **Öl·tuch** [エ-ル・トゥ-ふ] 名 -(e)s/..tücher オイル・クロス, 油布.

die **Ölung** [エ-ルング] 名 -/-en 《稀》注油, 塗油. 【慣用】die Letzte Ölung 【カト】終油の秘跡.

das **Öl·vor·kom·men** [エ-ル・ふぉー・コメン] 名 -s/- 石油鉱床, 油層.

die **Öl·wan·ne** [エ-ル・ヴァネ] 名 -/-n 【車】オイルパン.

der **Öl·wech·sel** [エ-ル・ヴェクセル] 名 -s/- 【車】オイル交換.

der **Olymp** [オリュムプ] 名 -s/ **1.** 〖ギ神〗オリュンポス山. **2.** 《口・冗》天井桟敷.

das **Olym·pia** [オリュムピア] 名 -(s)/ 〖文〗オリンピック競技大会.

die **Olym·pi·a·de** [オリュムピア-デ] 名 -/-n **1.** オリンピック(競技大会). **2.** 《稀》オリンピアード(4年間). **3.** オリンピック(知識分野のコンテスト).

die **O·lym·pia·mann·schaft** [オリュンピア・マンシャフト] 名 -/-en オリンピック選手団.

das **O·lym·pia·sta·di·on** [オリュンピア・シュターディオン] 名 -s/..dien オリンピックスタジアム.

der **O·lym·pi·er** [オリュムピア] 名 -s/- **1**. 《ギ神》オリンポスの神(特に Zeus). **2**. 《文・古》傑出した人物.

der **O·lym·pi·o·ni·ke** [オリュムピオニーケ] 名 -n/-n オリンピックの優勝者(選手).

die **O·lym·pi·o·ni·kin** [オリュムピオニーキン] 名 -/-nen (女性の)オリンピックの優勝者(選手).

o·lym·pisch [オリュムピシュ] 形 **1**. オリンポス(山)の: ~e Götter オリンポスの神々. **2**. オリンピックの: die *O*~en Spiele オリンピック競技大会(Olympiade). ~e Ringe 五輪のマーク. **3**. 《文》威厳のある, 悠揚迫らぬ.

das **Öl·zeug** [エール・ツォイク] 名 -(e)s/-e (油布製)防水服.

der **Öl·zweig** [エール・ツヴァイク] 名 -(e)s/-e オリーブの枝(平和の象徴).

die **Oma** [オーマ] 名 -/-s 《口》おばあちゃん(祖母の愛称); 《若》(大人の女性); 《口》《冗・蔑》(中年以上の)ばあさん(年配の女性).

(*das*) **Oman** [オマーン] 名 -s/ 《国名》オマーン(アラビア半島の国).

der **Om·buds·mann** [オムブッツ・マン] 名 -(e)/..männer[..leute] オンブズマン, 行政監察委員.

das **O·me·ga** [オメガ] 名 -(s)/-s オメガ《ギリシア語アルファベットの第24字 ω, Ω》.

das **O·me·lett** [ɔmə(ɛ)lɛt オムレット, オムレット] 名 -(e)s/-e [-s] オムレツ.

die **O·me·let·te** [ɔm(ə)lɛt オムレット, オムレット] 名 -/-n (キッチェ・スイス)オムレツ.

das **O·men** [オーメン] 名 -s/-[Omina] 前兆, 前触れ: ein gutes/schlechtes ~ 吉兆/凶兆.

das **O·mi·kron** [オミクロン] 名 -s/-s オミクロン《ギリシア語アルファベットの第15字 o, O》.

o·mi·nös [オミ◯ース] 形 不吉な; 怪しげな, 気味の悪い, いかがわしい.

der **Om·ni·bus** [オムニブス] 名 -ses/-se バス.

der **Om·ni·bus·bahn·hof** [オムニブス・バーン・ホーフ] 名 -(e)s/..höfe バスターミナル.

die **Om·ni·bus·li·nie** [オムニブス・リーニエ] 名 -/-n バス路線.

om·ni·po·tent [オムニポテント, オムニポテント] 形 《文》全能の.

die **Om·ni·po·tenz** [オムニポテンツ, オムニポテンツ] 名 -/ 《文》(神の)全能; 絶大な力, 絶対的力(地位).

om·ni·prä·sent [オムニプれゼント, オムニプれゼント] 形 《文》遍在する.

der **Om·ni·vo·re** [オムニヴォーれ] 名 -n/-n 《動》雑食性動物.

das **On** [オン] 名 -/ 《映・劇・など》画面(舞台)に人が出ていること.

(*der*) **O·nan** [オーナン] 名 《旧約》オナン(妻をめとった子が子を作らず, 罰を受けた Juda の子).

die **O·na·nie** [オナニー] 名 -/ オナニー, 自慰.

o·na·nie·ren [オナニーれン] 動 h. 《婉曲》オナニーを(自慰)する.

der **O·na·nist** [オナニスト] 名 -en/-en オナニー(自慰)常習者.

o·na·nis·tisch [オナニスティシュ] 形 オナニー(自慰)の.

das **On·dit** [ɔ̃di: オンディー] 名 -(s)/-s 《文·尊》(ラʒ).

on·du·lie·ren [オンドゥリーれン] 動 《古》**1**. (et4 ~)ヘアアイロンでウェーブをつける(髪に). **2**. (j³ ~)髪にヘアアイロンでウェーブをつける.

der **One·step** [vánstɛp ヴァン・ステプ], ⓐ **One step** 名 -s/-s ワンステップ(1900年頃のアメリカの社交ダンス).

der **On·kel**[1] [オンケル] 名 -s/- 《口》-s/-s **1**. おじ, 叔(伯)父. **2**. 《幼》小父さん. **3**. 《口·蔑》おっさん.

der **On·kel**[2] [オンケル] 名 -s/- (次の形で)großer (dicker) ~ 《口》足の親指. über den (großen) ~ laufen 《口》内またで歩く.

die **On·kel·ehe** [オンケル・エーエ] 名 -/-n 《口》(寡婦年金保持のための)寡婦の内縁関係.

on·kel·haft [オンケルハフト] 形 (主に《蔑》)おじさんのように親切な, おじさんぶった.

on·ko·gen [オンコ・ゲーン] 形 《医》腫瘍(ヨシ)を形成する.

der **On·ko·lo·ge** [オンコ・ローゲ] 名 -n/-n 腫瘍(ヨシ)専門医.

die **On·ko·lo·gie** [オンコ・ロギー] 名 -/ 腫瘍(ヨシ)学.

on·line [ɔnlain オン・ライン] 形 《英語》《コンピ》オンラインの(で).

das **On·line·ban·king** [ɔnlainbɛŋkiŋ オン・ラインベンキング] 名 -s/ 《コンピ》オンラインバンキング.

der **On·line·be·trieb** [オンライン・ベトリープ] 名 -(e)s/-e 《コンピ》オンラインサービススタッフのグループ.

der **On·line·dienst** [オンライン・ディーンスト] 名 -(e)s/-e 《コンピ》オンラインサービス.

die **On·line·zei·tung** [オンライン・ツァイトゥング] 名 -/-en 《コンピ》オンライン新聞; オンライン情報網.

ONO =Ostnordost, Ostnordosten 東北東.

der **O·no·lo·ge** [オノ・ローゲ] 名 -n/-n ワイン醸造学者.

die **O·no·lo·gie** [オノ・ロギー] 名 -/ ブドウ栽培法; ブドウ酒醸造学.

die **O·no·ma·si·o·lo·gie** [オノマズィオ・ロギー] 名 -/ 《言》命名論, 名称論, 名義論.

die **O·no·mas·tik** [オノマスティク] 名 -/ 《言》名称学, 固有名詞学.

die **O·no·ma·to·lo·gie** [オノマト・ロギー] 名 -/ 《言》=Onomastik.

o·no·ma·to·po·e·tisch [オノマト·ポエ–ティシュ], **o·no·ma·to·pö·e·tisch** [オノマト·◯·エ–ティシュ] 形 《言》擬声の, 擬音の.

die **O·no·ma·to·pö·ie** [オノマト·◯·イー] 名 -/-n 《言》擬音(擬態)(語), オノマトペ.

das **Ö·no·me·ter** [(ɛ)/ノ·メーター] 名 -s/- (ワインに含まれる)アルコールの度.

on parle français [ɔ̃parlfrãsɛ: オン パルル ふらンセー] 《フラ 語》ここではフランス語を話します《店の看板など》.

on·tisch [オンティシュ] 形 《哲》存在的な.

die **On·to·ge·ne·se** [オント·ゲネーゼ] 名 -/ 《生》個体発生. 《系統発生は Phylogenese》

on·to·ge·ne·tisch [オント·ゲネーティシュ] 形 《生》個体発生の.

die **On·to·lo·gie** [オント·ロギー] 名 -/ 《哲》存在論.

on·to·lo·gisch [オント·ロギシュ] 形 《哲》存在論の.

der **O·nyx** [オーニュクス] 名 -(e)s/-e 《鉱》オニキス, 縞瑪瑙(シマメノウ).

o. O. 1. =ohne Ort 発行地の記載なし. **2.** =ohne Obligo 担保責任なしに.

die **O·o·ge·ne·se** [ōōgeˑネーゼ] 名 -/-n 《医·生》卵形成.

o. O. u. J. =ohne Ort und Jahr 発行地および発行年度の記載なし.

der **OP**[1] [オー·ペー] 名 -(s)/-(s) =Operationssaal 手術室.

der **OP**[2] [オー·ペー] =Operation 手術.

op. =Opus (音楽)作品.

o. P. =ordentlicher Professor 正教授.

der **O·pa** [オーバ] 名 -s/-s **1**. 《口》おじいちゃん(祖

父の愛称). **2.** 《口》(《冗・蔑》も有)じいさん.

o·pak [オパーク] [形] 乳白色の.

der **O·pal** [オパール] [名] -s/-e **1.** オパール. **2.** オパール織.

o·pa·len [オパーレン] [形] オパール(製)の;オパール色の.

die **O·pa·les·zenz** [オパレスツェンツ] [名] -/ 〖光〗蛋白光, 乳白光.

o·pa·les·zie·ren [オパレスツィーれン] [動] *h.* 〔補足なし〕〖光〗蛋白(たんぱく)光〔乳白光〕を発する.

das **O·pal·glas** [オパール·グラース] [名] -es/ 乳白ガラス.

o·pa·li·sie·ren [オパリズィーれン] [動] *h.* 〔補足なし〕オパール色に光る.

die **O·pan·ke** [オパンケ] [名] -/-n オパンケ(靴).

der **O·pa·pa** [オー·パパ] [名] -s/-s 《幼》おじいちゃん.

die **Op-Art,** [旧]**Op-art** [オップ·アーあト] [名] -/ オプアート(光学的トリックを用いた現代抽象美術).

die **OPEC** [ó:pɛk オーペック] [名] -/ =Organization of the Petroleum Exporting Countries 石油輸出国機構.

das **OPEC-Land** [オーペック·ラント] [名] -(e)s/..Länder オペック〔石油輸出機構〕加盟国.

der **O·pel** [オーペル] -(s)/-s 〖商標〗オペル(同名の自動車会社の車).

das **O·pen·air, O·pen Air,** [旧]**Open air** [ó:pən'ɛ:r オーペン·エーあ] --s/--s =Openairfestival, Openairkonzert.

das **O·pen·air·fes·ti·val, O·pen-Air-Fes·ti·val,** [旧]**Open-air-Fes·ti·val** [オーペンエーあ·ふぇスティヴァル, オーペンエーあ·ふぇスティヴェル] [名] -s/-s 野外公演.

das **O·pen·air·kon·zert, O·pen-Air-Kon·zert,** [旧]**O·pen-air-Kon·zert** [オーペン·エーあ·コンツェるト] [名] -(e)s/-e 野外コンサート.

die **O·pen·end·dis·kus·si·on, O·pen-End-Dis·kus·si·on,** [旧]**Open-end-Dis·kus·si·on** [ó:pənɛ́nt.. オーペン·エント·ディスクスィオーン] [名] -/-en 終了時間の設定していない討論会.

die **O·per** [オーパー] [名] -/-n **1.** ([単]のみ)オペラ, 歌劇(ジャンル). **2.** オペラ(作品);オペラの上演: in die ~ gehen オペラを見に行く. **3.** オペラハウス, 歌劇場(~*n*haus). **4.** ([単]のみ)(機関としての)オペラハウス, 歌劇場;歌劇団: zur ~ gehen オペラ歌手になる.

die **O·pe·ra buf·fa** [オーぺら ブっふぁ] [名] --/..re buffe オペラ·ブッファ(喜劇的オペラ).

die **O·pe·ra se·ria** [オーぺら ゼーりア] [名] --/..re..rie オペラ·セリア(叙情悲劇的オペラ).

der **O·pe·ra·teur** [オペら[テ]ーあ] [名] -s/-e **1.** (手術の)執刀医. **2.** 《古》カメラマン;映写技師.

die **O·pe·ra·ti·on** [オペらツィオーン] [名] -/-en **1.** 手術. **2.** 《文》行動, 企て;〖軍〗作戦(行動). **3.** 〖数〗演算. **4.** (学問的な)手続き, 操作.

das **O·pe·ra·ti·ons·ge·biet** [オペらツィオーンス·ゲビート] [名] -(e)s/-e 〖軍〗作戦地域.

der **O·pe·ra·ti·ons·saal** [オペらツィオーンス·ザール] [名] -(e)s/..säle 手術室(略 OP).

die **O·pe·ra·ti·ons·schwes·ter** [オペらツィオーンス·シュヴェスター] [名] -/-n 手術補助看護婦.

der **O·pe·ra·ti·ons·tisch** [オペらツィオーンス·ティッシュ] [名] -(e)s/-e 手術台.

o·pe·ra·tiv [オペらティーふ] [形] **1.** 〖医〗手術(上)の. **2.** 〖軍〗作戦上の. **3.** 《文》実効のある.

der **O·pe·ra·tor** [オペらートーあ] [名] -s/-en [オペらトーれン] 〔-(s)〕 **1.** 〖数〗演算子;〖言〗演算子, 作用素, 操作子. **2.** (発音は[ɔpərέɪtə オペれイテ]も有) ([複]-(s))オペレーター.

die **O·pe·ret·te** [オペれッテ] [名] -/-n **1.** ([単]のみ)オペレッタ, 喜歌劇(ジャンル). **2.** オペレッタ(作品). **3.** オペレッタの上演.

o·pe·rie·ren [オペりーれン] [動] *h.* **1.** 〔(〈j⁴/et⁴〉ヲ)〕手術する. **2.** 〔〈様態〉ニ(デ)〕《文》行動する. **3.** 〔mit 〈j³/et³〉ヲ〕《文》操る, 扱う, 使う. **4.** 〔〈場所〉デ/〈様態〉デ〕〖軍〗作戦行動を行う.

das **O·pern·glas** [オーパーン·グラース] [名] -es/..gläser オペラグラス.

der **O·pern·gu·cker** [オーパーン·グッカー] [名] -s/- 《口》オペラグラス.

o·pern·haft [オーパーンハふト] [形] オペラ風の, 贅(ぜい)をつくした.

das **O·pern·haus** [オーパーン·ハウス] [名] -es/..häuser オペラハウス, 歌劇場.

der **O·pern·sän·ger** [オーパーン·ゼンガー] [名] -s/- オペラ歌手.

der **O·pern·text** [オーパーン·テクスト] [名] -(e)s/-e オペラの台本.

das **Op·fer** [オップふぁー] [名] -s/- **1.** いけにえ;捧げ物, 供物(くもつ). **2.** 犠牲, 犠牲的行為. **3.** 犠牲者. 【慣用】〈j³〉〈et⁴〉 **zum Opfer bringen** 〈人のために〉〈物・事を〉犠牲にする. 〈j³/et³〉 **zum Opfer fallen** 〈人・物・事の〉犠牲(者)となる.

op·fer·be·reit [オップふぁー·べらイト] [形] 犠牲をいとわない.

op·fer·freu·dig [オップふぁー·ふろイディひ] [形] 喜んで犠牲になる.

die **Op·fer·ga·be** [オップふぁー·ガーべ] [名] -/-n 捧げ物, 供物(くもつ).

das **Op·fer·geld** [オップふぁー·ゲルト] [名] -(e)s/ (教会への)献金.

das **Op·fer·lamm** [オップふぁー·ラム] [名] -(e)s/..lämmer **1.** いけにえの小羊. **2.** ([単]のみ)神の小羊(キリストの別名). **3.** 《口》罪なき犠牲者.

der **Op·fer·mut** [オップふぁー·ムート] [名] -(e)s/ 《文》犠牲的精神.

op·fern [オップふぁーン] [動] *h.* **1.** 〔(〈et³〉ニ)+(〈j⁴/et⁴〉ヲ)〕いけにえ〔供物〕として捧げる;いけにえを捧げる. **2.** 〔(für 〈j⁴/et⁴〉ノタメニ/〈j³/et³〉ノタメニ)+〈j⁴/et⁴〉ヲ〕犠牲にする, 捧げる. **3.** 〔sich⁴+(für 〈j⁴/et⁴〉ノタメニ)〕自分を犠牲にする, 自分の生活〔生命〕を犠牲にする, 献身する. **4.** 〔sich⁴〕《口・冗》犠牲になる(面倒なことを引受ける).

die **Op·fer·scha·le** [オップふぁー·シャーレ] [名] -/-n いけにえの血を受ける鉢;お神酒(みき)用の容器.

der **Op·fer·stock** [オップふぁー·シュトック] [名] -(e)s/..stöcke (教会の)献金箱.

das **Op·fer·tier** [オップふぁー·ティーあ] [名] -(e)s/-e いけにえの動物.

der **Op·fer·tod** [オップふぁー·トート] [名] -(e)s/ 《文》(自らを)犠牲(にする)死.

die **Op·fe·rung** [オップふぇるング] [名] -/-en いけにえを捧げること;犠牲にすること;〖カトリック〗奉献.

op·fer·wil·lig [オップふぁー·ヴィリひ] [形] 進んで犠牲になる.

(*die*) **O·phe·lia** [オふぇーリア] [名] 〖女名〗オフェーリア(シェイクスピア劇『ハムレット』の主人公の恋人).

der **Oph·thal·mo·lo·ge** [オふタルモ·ローゲ] [名] -n/-n 〖医〗眼科医.

die **Oph·thal·mo·lo·gie** [オふタルモ·ロギー] [名] -/ 〖医〗眼科学.

das **O·pi·at** [オピアート] [名] -(e)s/-e 〖薬〗オピアト, アヘン剤.

die **O·pi·nio com·mu·nis** [オピーニオ コムーニス] [名] --/ 《文》一般的見解.

(*der*) **O·pitz** [オーピッツ] [名] 〖人名〗オーピッツ(Martin ~, 1597-1639, 詩人・詩学者).

das **O·pi·um** [オーピウム] [名] -s/ アヘン.

die **O·pi·um·höh·le** [オーピウム·[ヘ]ーレ] [名] -/-n アヘン

der **O·pi·um·krieg** [オービウム・クリーク] 名 -(e)s/ アヘン戦争(1840-42年).
der **O·pi·um·rau·cher** [オービウム・らウはー] 名 -s/- アヘン吸煙者.
die **O·pi·um·sucht** [オービウム・ズふト] 名 -/ アヘン中毒.
der **OPNV** [⑤..ベーエンふぁう] 名 -/ =öffentlicher Personennahverkehr 公共近距離旅客輸送.
der [*das*] **O·pos·sum**[1] [オポッスム] 名 -s/-s オポッサム(フクロネズミ)の毛皮製品.
das **O·pos·sum**[2] [オポッスム] 名 -s/-s 〖動〗オポッサム, フクロネズミ(の仲間)の毛皮.
opp. =Opera 作品集(Opus の複数形).
der **Op·po·nent** [オポネント] 名 -en/-en 論敵, 反対者, (論争)相手.
op·po·nie·ren [オポニーれン] 動 h. 〈j³〉=/gegen〈j⁴〉/et⁴〉〗反論する, 反対する, 抵抗する.
op·por·tun [オポルトゥーン] 形 〖文〗時宜(ぎ)にかなった.
der **Op·por·tu·nis·mus** [オポるトゥニスムス] 名 -/ 〖文〗日和見(みい)主義; 〖ﾏﾙ〗主義)オポチュニズム.
der **Op·por·tu·nist** [オポるトゥニスト] 名 -en/-en 〖文〗日和見(みい)主義者; 〖ﾏﾙ〗主義)オポチュニスト.
op·por·tu·nis·tisch [オポるトゥニスティシュ] 形 〖文〗日和見(みい)主義の, 日和見主義者的な; 〖医〗(病原体が)日和見の(健康な人には無害).
die **Op·po·si·ti·on** [オポズィツィオーン] 名 -/-en 1. 〖文〗反対, 対立: in ～ zu〈j³〉/〈et³〉stehen〈人と〉対立している/〈事に〉反対している. 2. 反対派; 野党. 3. 〖天〗衝(ガミ). 4. 〖言〗音韻対立; (意味的)対立.
op·po·si·ti·o·nell [オポズィツィオネル] 形 1. 〖文〗反対[対立]の. 2. 野党の, 野党の.
der **Op·po·si·ti·ons·füh·rer** [オポズィツィオーンス・ふゅーらー] 名 -s/- 野党党首.
die **Op·po·si·ti·ons·par·tei** [オポズィツィオーンス・パるタイ] 名 -/-en 野党.
o. Prof. =ordentlicher Professor 正教授.
der **Op·ta·tiv** [オプターティふ] 名 -s/-e 〖言〗希求法, 願望法; 希求[願望]法の動詞.
op·tie·ren [オプティーれン] 動 h. 1. 〖für〈et⁴〉〗自分の国籍として〈国を〉選ぶ(国際法に基づいて住民である国(籍)を). 2. 〈et⁴〉/auf〈et⁴〉〗〖法・経〗取引選択権を有する.
die **Op·tik** [オプティク] 名 -/-en 1. (⑭のみ)光学. 2. 〖ﾗ゙ﾝ〗対物レンズ. 3. (⑭のみ)視覚的表現(印象・効果), 外見; (転)(もの)の見方.
der **Op·ti·ker** [オプティかー] 名 -s/- 光学器械製造(販売)業者, 眼鏡屋, 眼鏡士.
op·ti·mal [オプティマール] 形 最適な, 最善の, 最高の.
op·ti·mie·ren [オプティミーれン] 動 h. 〖文〗1. 〖et⁴〗〗最善[最高]の状態にする, 最も効率の良い状態にする(人間関係・組織などを); 〖数〗(…の)最大値を求める. 2. 〖sich〗最善[最高]の状態になる, 最も効率が良くなる.
die **Op·ti·mie·rung** [オプティミーるング] 名 -/-en 〖文〗最適[最善・最高]にすること.
der **Op·ti·mis·mus** [オプティミスムス] 名 -/ 楽天[楽観]主義; 楽観; (哲学的見解としての)オプティミスム.
der **Op·ti·mist** [オプティミスト] 名 -en/-en 楽天家, 楽観論者, オプティミスト.
op·ti·mis·tisch [オプティミスティシュ] 形 楽天[楽観]主義的な, 楽天[楽観]的な.
das **Op·ti·mum** [オプティムム] 名 -s/..tima 最高[最善]の状態; 〖生〗最高の環境(条件).
die **Op·ti·on** [オプツィオーン] 名 -/-en 国籍選択; 選択権; 〖法・経〗オプション, 取引選択権; 〖ﾎﾟﾏﾝ〗(枢機卿

などの空位聖職禄)自由選定権.
op·tisch [オプティシュ] 形 光学の; 視覚的な; 外見上の: eine ～e Täuschung 目の錯覚, 錯視.
die **Op·to·me·trie** [オプト・メトリー] 名 -/ 〖医〗検眼(視力測定; メガネレンズの処方).
o·pu·lent [オプレント] 形 〖文〗豪勢な(食事など); 贅(ざい)を尽くした.
die **O·pun·tie** [オプンツィエ] 名 -/-n 〖植〗ウチワサボテン, オプンティア.
das **O·pus** [オープス] 名 -/Opera 〖楽〗作品(略 op.). 2. (芸術家・学者などの)作品, 仕事, 著作.
das **O·pus·cu·lum, O·pus·ku·lum** [オプスクルム] 名 -s/..la 小作品, 小品, 小曲.
..or [..オ(-)る] 接尾 「…する人, …するもの」の意味の男性名詞をつくる: der Rektor 学長. der Moderator〖原子力〗減速材; 〖映〗司会者
o·ra et la·bo·ra! [オーら エト ラボーら] 〖ﾗﾃﾝ語〗祈れ, そして働け(ベネディクト派のモットー).
das **O·ra·kel** [オらーケル] 名 -s/- 1. 神託, お告げ; (転)謎めいた言葉. 2. 神託の下される場所.
o·ra·kel·haft [オらーケルハフト] 形 神託めいた; 謎めいた.
o·ra·keln [オらーケルン] 動 orakelte; hat orakelt. (⑪) 1. 〖über〈et⁴〉〗ニッィてもあれこれ憶測する/von〈j³/et³〉について神のお告げめいたことを言う, 予言する. 2. 〖⑥ᴸ〗予言する(神のお告げめいたことを言う).
der **O·ra·kel·spruch** [オらーケル・シュプるっフ] 名 -(e)s/..sprüche 神託の言葉, お告げ.
o·ral [オらール] 形 1. 〖医〗口の, 経口の; オーラル(セックス)の; 〖解〗口腔の; 口唇(唇)(期)の. 2. 〖言〗口腔の. 3. 口語の, 口述[口頭]の.
der **O·ral·ver·kehr** [オらール・ふぇあケーあ] 名 -s(e)/ オーラルセックス.
o·ran·ge [orãʒə オらーンジェ, orãʒə オらンジェ] 形 (標準語では無変化)オレンジ色の: ein ～(s) Kleid オレンジ色のドレス.
die **O·ran·ge**[1] [オら(-)ンジェ] 名 -/-n オレンジ.
die **O·ran·ge**[2] [オら(-)ンジェ] 名 -/-〖(口)-s〗オレンジ色, だいだい色.
die **O·ran·ge·a·de** [orãʒa:də, orãʒa:.. オらンジャーデ] 名 -/-n オレンジエード飲料.
das **O·ran·ge·at** [orãʒa:t オらンジャート] 名 -s/-e(味は種類)オレンジピール(オレンジの皮の砂糖漬).
o·ran·ge·far·ben [オら(-)ンジェふぁるベン], **o·ran·ge·far·big** [オら(-)ンジェふぁるビッ] 形 =orange.
der **O·ran·gen·baum** [オら(-)ンジェン・バウム] 名 -(e)s/..bäume オレンジの木.
o·ran·gen·far·ben [オら(-)ンジェン・ふぁるベン], **o·ran·gen·far·big** [オら(-)ンジェン・ふぁるビッ] 形 =orange.
die **O·ran·gen·mar·me·la·de** [オら(-)ンジェン・マるメラーデ] 名 -/-n オレンジマーマレード.
der **O·ran·gen·saft** [オら(-)ンジェン・ザふト] 名 -(e)s/..säfte オレンジジュース.
die **O·ran·ge·rie** [orãʒəri:, orãʒ.. オらンジェリー] 名 -/-n オランジュリー(南方植物の栽培温室).
der **O·rang-U·tan** [オーらン・ウータン] 名 -s/-s 〖動〗オランウータン.
(*die*) **O·ra·ni·en** [オらーニエン] 固有 オランイェ家(オランダ国王を出した家).
o·ra pro no·bis! [オーら プロ ノービス] 〖ﾗﾃﾝ語〗我らのために祈りたまえ(カトリックの連禱(れんとう)で).
die **O·ra·tio ob·li·qua** [オらーツィオ オブリークヴァ] 名 --/〖言〗間接話法.
die **O·ra·tio rec·ta** [オら-ツィオ れクタ] 名 --/〖言〗直接話法.
der **O·ra·tor** [オらート-あ] 名 -s/-en [オらトーれン] 1. (古代の)雄弁家. 2. 〖文・稀〗講演者.

o·ra·to·risch [オラトーリシュ] 形 **1.** 《文》雄弁な，演説(家)の．**2.** オラトリオ(聖譚(ﾀﾝ)曲)風の．

das **O·ra·to·ri·um** [オラトーリウム] 名 -s/..rien **1.** (樂のみ)オラトリオ，聖譚(ﾀﾝ)曲(ジャンル)．**2.** オラトリオ(作品)．**3.** 《私》(の)礼拝堂；聖堂内貴賓席．**4.** オラトリオ会の聖堂；(樂のみ)オラトリオ会．

der **Or·bit** [オるビット] 名 -s/-s 《字》(衛星の)周回軌道．

die **Or·bi·ta** [オるビタ] 名 -/..tae [..テ] 《医》眼窩(ｶﾞﾝ)．

die **Or·bi·tal·sta·ti·on** [オるビタール・シュタツィオーン] 名 -/-en 宇宙ステーション．

das **Or·ches·ter** [orkéstər，orçɛ́s..，オるひェスター] 名 -s/- **1.** オーケストラ，管弦楽団．**2.** オーケストラボックス．

die **Or·ches·ter·be·glei·tung** [オるケスター・ベグライトゥング，オるひェスター・ベグライトゥング] 名 -/-en オーケストラ伴奏．

der **Or·ches·ter·gra·ben** [オるケスター・グらーベン，オるひェスター・グらーベン] 名 -s/..gräben (歌劇場の)オーケストラボックス．

der **Or·ches·ter·raum** [オるケスター・らウム，オるひェスター・らウム] 名 -(e)s/..räume (劇場の)オーケストラボックス．

die **Or·chestra** [オるひェストら] 名 -/..stren オルケストラ①古代ギリシア劇場で舞台前の半円形のコロス〔合唱隊〕席．② 15-16世紀では宮廷席．③ 17世紀では楽団席．

die **Or·ches·tra·ti·on** [オるケストらツィオーン，オるひェストらツィオーン] 名 -/-en **1.** (楽想の)管弦楽化，管弦楽法．**2.** 管弦楽用編曲．

or·ches·trie·ren [オるケストリーれン，オるひェストリーれン] 動 h. 〔<et⁴>ッ〕[楽] 管弦楽化する(楽想などを)；管弦楽用に編曲する．

die **Or·ches·trie·rung** [オるケストリールング，オるひェストリールング] 名 -/-en [楽] オーケストレーション，管弦楽用編曲．

die **Or·chi·dee** [オるひデーエ] 名 -/-n [植] ラン．

das **Or·dal** [オるダール] 名 -s/-ien (中世の)神判．

der **Or·den** [オるデン] 名 -s/- **1.** 修道会；教団；結社：der Deutsche ～ ドイツ騎士団．**2.** 勲章．

das **Or·dens·band** [オるデンス・バント] 名 -(e)s/..bänder **1.** 勲章の綬(ｼﾞｭ)．**2.** [昆] ベニシタバ(ガの一種)．

der **Or·dens·bru·der** [オるデンス・ブるーダー] 名 -s/..brüder **1.** 修道僧．**2.** [昔の]結社構成員；騎士団団員．

die **Or·dens·burg** [オるデンス・ブるク] 名 -/-en 騎士団の居城．

der **Or·dens·geist·li·che** [オるデンス・ガイストリひェ] (形容詞的変化) ［ｶﾄﾘ] 修道司祭．

das **Or·dens·kleid** [オるデンス・クライト] 名 -(e)s/-er 修道(会)服．

die **Or·dens·re·gel** [オるデンス・れーゲル] 名 -/-n ［ｶﾄﾘ] 修道会会則．

der **Or·dens·rit·ter** [オるデンス・リッター] 名 -s/- 騎士団の騎士．

die **Or·dens·schwes·ter** [オるデンス・シュヴェスター] 名 -/-n ［ｶﾄﾘ] 修道女．

der **Or·dens·stern** [オるデンス・シュテるン] 名 -(e)s/-e 星形の勲章；[植] スぺリア．

die **Or·dens·ver·lei·hung** [オるデンス・ふぇあライウング] 名 -/-en 叙勲．

or·dent·lich [オるデントリひ] 形 **1.** きちんとした，規律正しい，きちょうめんな；整理〔整頓〕された，整然とした．**2.** 品行方正な，ちゃんとした．**3.** 正規の，正式の；定例の：ein ～er Professor 正教授(o. Prof.)．**4.** 《口》本式の，本格的な；(主にアクセントのない) ganz, recht などに)まあまあの，なかなかの：Hier gibt es nichts O～es zu essen. ここにはいしい食べ物がない．Der Film war recht ～. その映画はまあまあだった．**5.** 《口》たっぷりの，十分な：Greif doch ～ zu! さあどんどん食べて．
—— 副《語飾》(動詞・形容詞・副詞を修飾)《口》本当に：Ich war ～ verärgert. 私は本当に腹が立った．

die **Or·der** [オるダー] 名 -/-s[-n] **1.** 指令，命令．**2.** (-s)［商・金融] 注文，用命．

or·dern [オるデるン] 動 h. 〔<et⁴>ッ〕[商] (大量)注文する．

der **Or·der·scheck** [オるダー・シェック] 名 -s/-s ［銀行] 指図式小切手．

das **Or·di·na·le** [オるディナーレ] 名 -(s)/..lia (主に複)序数．

die **Or·di·nal·zahl** [オるディナール・ツァール] 名 -/-en 序数．

or·di·när [オるディネーあ] 形 **1.** (主に《蔑》)下品な，趣味の悪い．**3.** 《古》ありきたりの，どこにでもある．

das **Or·di·na·ri·at** [オるディナリアート] 名 -(e)s/-e **1.** 正教授の地位〔職〕．**2.** ［ｶﾄﾘ] 司教区庁．

das **Or·di·na·ri·um** [オるディナーリウム] 名 -s/..rien **1.** ［ｶﾄﾘ] ミサ通常文．**2.** 《官》通常予算．

der **Or·di·na·ri·us** [オるディナーリウス] 名 -/..rien **1.** (大学の)正教授．**2.** ［ｶﾄﾘ] (教会)裁治権者(教皇・司教など)．

der **Or·di·när·preis** [オるディネーあ・プらイス] 名 -es/-e ［商] (本)の定価．

die **Or·di·na·te** [オるディナーテ] 名 -/-n [数] 縦〔y〕座標．

die **Or·di·na·ten·ach·se** [オるディナーテン・アクセ] 名 -/-n [数] 縦〔y〕軸．

die **Or·di·na·ti·on** [オるディナツィオーン] 名 -/-en **1.** ［ﾌﾟﾛﾃｽ] 叙任する；［ｶﾄﾘ] 牧師任〔司祭任〕職(式)．**2.** [医] 処方；《古》診察時間；［ｵｰｽﾄ] 診察室．

or·di·nie·ren [オるディニーれン] 動 h. **1.** 〔<j⁴>ッ〕［ﾌﾟﾛﾃｽ] 牧師に任命する(牧師を)．**2.** 〔<j⁴>ッ zu <j³>ッ〕［ｶﾄﾘ] 叙階する(司教などに)．**3.** 〔<et⁴>ッ〕[医] 処方する(薬を)．**4.** 〔ｵｰｽﾄ] [医] 診察(時間)を受持つ．

ord·nen [オるドネン] 動 h. **1.** 〔<et⁴>ッ〕整理〔整頓〕する，並べる．**2.** 〔<et⁴>ッ〕整理する，秩序立てる，きちんとまとめる(髪・考えなどを)．**3.** 〔<et⁴>ッ〕整理する(遺産・身辺などを)．**4.** 〔sich⁴〕整列する，並ぶ．〔慣用〕Blumen in die Vase/zu einem Strauß ordnen 花を花瓶に生ける/花束にする．

der **Ord·ner** [オるドナー] 名 -s/- **1.** (行事の)整理係．**2.** 書類とじ，ファイル．

die **Ord·nung** [オるドヌング] 名 -/-en (主に単) **1.** 秩序，整理整頓された状態；(人体・機械などの)よい調子：～ schaffen〔machen〕整頓する，片づける．**2.** 規律，規則正しい生活；規定，法令．**3.** (社会の)機構，体制；(有機体・原子などの)内部構造．**4.** 順序，順番；等級：eine Straße erster ～ の道路．**5.** フォーメーション，隊形．**6.** [生] 目(ｸ)．**7.** [数] 次数．**8.** [集合論] 順序．〔慣用〕der Ordnung halber (形式的な)手続上．in bester〔schönster〕Ordnung 《口》非の打ちどころのない状態で．in Ordnung 異常なし．オーケーだ．〈j¹/et¹〉in Ordnung bringen 《口》〈人〉を〉(肉体的・精神的に)元気にする／〈事〉をうまく処理する，解決する．in Ordnung gehen 《口》(予定どおり)きちんと行く．in Ordnung kommen 《口》(再び)きちんとなる．in Ordnung sein 《口》きちんとしている，整っている；健康である；信頼がおける．〈j¹〉zur Ordnung rufen (議場などで)〈人〉に秩序を守るよう警告する．

ordnungsgemäß [オルドヌングス・ゲメース] 形 規定どおりの，きちんとした．
ordnungshalber [オルドヌングス・ハルバー] 副 規則上．
der **Ordnungshüter** [オルドヌングス・ヒューター] 名 -s/- 《主に〔冗〕》秩序の番人（警官）．
die **Ordnungskraft** [オルドヌングス・クらふト] 名 -/..kräfte 《主に®》保安要員，警備員．
die **Ordnungsliebe** [オルドヌングス・リーベ] 名 -/ 整理整頓〔秩序〕好き，きちょうめん．
ordnungsliebend [オルドヌングス・リーベント] 形 整理整頓〔秩序〕好きな，きちょうめんな．
ordnungsmäßig [オルドヌングス・メースィヒ] 形 《口》規定どおりの，きちんとした；(分類上の)序列による．
der **Ordnungsruf** [オルドヌングス・るーふ] 名 -(e)s/-e (議長の)議事規則違反に対する警告．
der **Ordnungssinn** [オルドヌングス・ズィン] 名 -(e)s/ 整理整頓〔秩序〕の精神．
die **Ordnungsstrafe** [オルドヌングス・シュトらーふェ] 名 -/-n 〖法〗秩序罰．
ordnungswidrig [オルドヌングス・ヴィードりひ] 形 〖法〗秩序違反の．
die **Ordnungswidrigkeit** [オルドヌングス・ヴィードりひカイト] 名 -/-en 〖法〗秩序違反．
die **Ordnungszahl** [オルドヌングス・ツァール] 名 -/-en 序数．
die **Ordonanz, Ordonnanz** [オルドナンツ] 名 -/-en 〖軍〗士官クラブ付きの士官候補生；《古》命令．
der **Ordonanzoffizier, Ordonnanzoffizier** [オルドナンツ・オふィツィーア] 名 -s/-e 〖軍〗司令官〔幕僚部〕付将校．
das **Ordovizium** [オルドヴィーツィウム] 名 -s/ 〖地質〗オルドビス系．
das **Öre** [オーレエ] 名 -s/- (die ~ -/-も有り)エーレ(デンマーク・ノルウェー・スウェーデンの貨幣単位)．
die **Oreade** [オれアーデ] 名 -/-n 《主に®》〖ギ神〗オレイアス(山の精)．
der **Oregano** [オれ・ガーノ] 名 -/ オレガノ(香辛料)．
oremus! [オれームース] 〖ラ語〗祈りましょう！
(der) **Orest** [オれスト] =Orestes.
(der) **Orestes** [オれステス] 〖ギ神〗オレステス(母とその情人に復讐をしたAgamemnonの息子)．
der **ORF** [オー・エる・エふ] 名 -(s)/ =Österreichischer Rundfunk GmbH オーストリア放送．
(der) **Orff** [オるふ] 〖人名〗オルフ(Carl ~, 1895-1982, 作曲家)．
das **Organ** [オルガーン] 名 -s/-e **1.**(動植物の)器官，臓器: die inneren ~ 内臓．**2.**〖口〗声．**3.**《主に®》《文》(団体の)機関誌〔紙〕．**4.**《文》(公的)機関，機体: die gesetzgebenden ~e 立法機関．〖慣用〗ein Organ für 〈et⁴〉 haben 〈事〉のセンスがある．
die **Organbank** [オルガーン・バンク] 名 -/-en 〖医〗臓器バンク．
das **Organell** [オルガネル] 名 -s/-en 〖生〗細胞小器官．
die **Organisation** [オルガニザツィオーン] 名 -/-en **1.**(®のみ)組織化；組織，機構．**2.**〖医〗器質化．**3.**(ある目的のために)手を組むこと，組織化すること；(政治などの)組織体，団体．
der **Organisationsfehler** [オルガニザツィオーンス・ふェーラー] 名 -s/- 組織の(構造的)欠陥．
das **Organisationstalent** [オルガニザツィオーンス・タレント] 名 -(e)s/-e 組織的な；組織能力のある人．
der **Organisator** [オルガニザートーア] 名 **1.**組織者，オルガナイザー；組織能力のある人．**2.**〖生〗(胚にある)組織形成体．
organisatorisch [オルガニザトーリシュ] 形 組織(上)の．

organisch [オルガーニシュ] 形 **1.**《文》有機物の；〖化〗有機(化合物)の: ~er Dünger 有機肥料．**2.**〖医・生〗器質の，器官の．**3.**《文》有機的な；系統的な: ein ~er Zusammenhang 有機的連関．
organisieren [オルガニズィーれン] 動 h. **1.**〈et⁴〉ヮ〗組織(編成)する，(周到に計画を立てて)作り上げる〔創設する〕(軍隊・政党・教育制度などを)；(周到に計画を立てて)準備する(パーティー・仕事・犯罪などを)．**2.**《sich⁴》組織される，組織的になる(抵抗運動などが)．**3.**〈j⁴〉ヮ〗/zu〈et³〉ノタメニ/〈形〗ニ〗組織する．**4.**《sich⁴＋in〈et³〉ニ〉加入〔加盟〕する(団体・組織に)；(…を)組織する(人々が集まって労働組合などの団体・組織を)．**5.**《sich⁴＋zu〈et³〉ノタメニ/〈形〉ニ〉組織を作る(人々が集まって): sich⁴ politisch ~ (人々が集まって)政治団体〔組織〕を作る．**6.**〈et⁴〉ヮ〗うまく手に入れる，(非合法な手段で)調達する．〖医〗(自然に)回復させる．
der **Organismus** [オルガニスムス] 名 -/..men **1.**生物体，有機体．**2.**《主に®》〖生〗生物．**3.**《文》(社会的)組織体．
der **Organist** [オルガニスト] 名 -en/-en オルガン奏者．
der **Organizer** [5:ganaizər. オーゲナイザー] 名 -s/- 電子手帳．
die **Organspende** [オルガーン・シュペンデ] 名 -/-n 〖医〗臓器提供．
der **Organspender** [オルガーン・シュペンダー] 名 -s/- 〖医〗臓器提供者，ドナー．
die **Organtransplantation** [オルガーン・トランスプランタツィオーン] 名 -/-en 〖医〗臓器移植．
die **Organverpflanzung** [オルガーン・ふェあプふランツング] 名 -/-en 〖医〗臓器移植．
die **Organza** [オルガンツァ] 名 -s/ 〖織〗オーガンザ(絹のひも織物)．
der **Orgasmus** [オルガスムス] 名 -/..men オルガスムス．
orgastisch [オルガスティシュ] 形 オルガスムスの．
die **Orgel** [オるゲル] 名 -/-n パイプオルガン．
der **Orgelbauer** [オるゲル・バウあー] 名 -s/- パイプオルガン製作者．
das **Orgelkonzert** [オるゲル・コンツェるト] 名 -(e)s/-e パイプオルガン演奏会；オルガン協奏曲．
orgeln [オるゲルン] 動 h. **1.**〖慣用〗手回しオルガンを鳴らす；《方・蔑》退屈〔へた〕な音楽を奏でる；《口》ごうごうと音を立てる．**2.**〖慣用〗狩〗発情して鳴く(鹿が)．**3.**《mit〈j³〉/〈j⁴〉ヮ相手ニ》《口》性交する．
die **Orgelpfeife** [オるゲル・プふァイふェ] 名 -/-n パイプオルガンの音管(パイプ): wie die ~n dastehen 身長順に並んでいる．
das **Orgelregister** [オるゲル・れギスター] 名 -s/- オルガンの音栓，オルガンストップ．
der **Orgelspieler** [オるゲル・シュピーラー] 名 -s/- オルガン奏者．
der **Orgiasmus** [オルギアスムス] 名 -/..men 《文》(ディオニュソスの)狂宴．
orgiastisch [オルギアスティシュ] 形 (オルギアのように)大はしゃぎの，羽目をはずした．
die **Orgie** [オるギエ] 名 -/-n オルギア，狂宴(Dionysosの祭礼に由来)．〖慣用〗(wahre) Orgien feiern 際限がない．
der **Oriont** [オーりエント，オりエント] 名 -s/ オリエント，中近東；《古》東，東方．
der **Orientale** [オりエンターレ] 名 -n/-n オリエント〔中近東〕の人．
orientalisch [オりエンターリシュ] 形 オリエント〔中近東〕の．
der **Orientalist** [オりエンタリスト] 名 -en/-en オリエント(東洋)学者．
die **Orientalistik** [オりエンタリスティク] 名 -/ オリエ

ント〔東洋〕学.

ori·en·tie·ren [オリエンティーれン] 動 h. **1.** 〔sich⁴+(an[nach]〈et³〉ﾂ)〕自分のいる位置〔場所〕を確認する,自分の進む方向〔道〕を確認する. **2.** 〔〈j⁴〉=〕+über〈et³〉ﾆﾂｨｰﾃ〕情報を提供する,教える. **3.** 〔sich⁴+(über〈et³〉ﾆﾂｨｰﾃ〕情報を得る,展望〔見通し〕を得る,確かめる,知る. **4.** 〔sich⁴+an[nach]〈j³/et³〉ﾂ〕〔文〕手本〔基準・指針〕にする. **5.** 〔(sich⁴)+auf〈et⁴〉=〕〔方〕目標〔ねらい〕を置く. **6.** 〔〈et⁴〉ﾂ+auf〈et⁴〉=〕〔方〕傾注する,向ける(努力などを). **7.** 〔〈j⁴〉/Ⅲ意ﾀ+auf〈et⁴〉=〕〔方〕向けさせる. **8.** 〔〈et⁴〉ﾂ+nach〈et³〉向=〕〔土〕建てる: eine Kirche nach Osten ~ 教会を内陣が東向きになるように建てる.

ori·en·tiert [オリエンティーあト] 形 **1.** 〔nach[an]〈et³〉ﾂ〕方向に向いている;(…を)基準にしている:Das Zimmer ist nach Westen ~. その部屋は西向きだ. **2.** 〔〈様態〉ﾂ〕傾向を持つ: links ~ sein 左翼である. **3.** 〔über〈et⁴〉ﾆﾂｨｰﾃ〕よく知っている.

die Ori·en·tie·rung [オリエンティーるング] 名 -/-en **1.** (⑩のみ)方向づけ;方向感覚: die ~ verlieren 方向を失う. **2.** 知識(情報)を与えること,オリエンテーション: die ~ über〈et³〉〈物・事についての〉情報. **3.** (精神的な)態度, 姿勢, 方針: die ~ an〈et³〉〈事を基準とする〉態度. **4.** 〔方〕力を傾注すること, ねらいを置くこと, 志向. **5.** 〔土〕教会を(内陣が)東向きにしるように建てること.

die Ori·en·tie·rungs·hil·fe [オリエンティーるングス・ヒルふぇ] 名 -/-n 手引き;指標,指針.

der Ori·en·tie·rungs·lauf [オリエンティーるングス・ラウふ] 名 -(e)s/..läufe 〔ｽﾎﾟ〕オリエンテーリング.

ori·en·tie·rungs·los [オリエンティーるングス・ロース] 形 (道に)迷った.

der Ori·en·tie·rungs·punkt [オリエンティーるングス・プンクト] 名 -(e)s/-e (位置確認のための)目印;(判断の)拠り所.

der Ori·en·tie·rungs·sinn [オリエンティーるングス・ズィン] 名 -(e)s/ 方向感覚.

die Ori·en·tie·rungs·stu·fe [オリエンティーるングス・シュトゥーふぇ] 名 -/-n 〔学校〕進級決定段階(ドイツの学制で就学後第5・6学年).

die Ori·en·tie·rungs·ver·mö·gen [オリエンティーるングス・ふぇあ㋄ーゲン] 名 -s/ 方向感覚能力.

der Ori·ent·tep·pich [オリエント・テッピヒ] 名 -s/-e オリエンタルカーペット(ペルシャ絨毯(ｼﾞｭｳﾀﾞﾝ)など).

die Ori·flam·me [オーリふﾗﾒ] 名 -/ (中世の)フランス王の軍旗.

der Ori·ga·no [オリーガノ] 名 -/ オレガノ(スパイス).

ori·gi·nal [オリギナール] 形 **1.** 本物の,オリジナルの: die ~ Urkunde オリジナルの証書. (無変化で): ~ Empirestil 本物のアンピール様式. **2.** 独創的な. **3.** (映画・放送などで)現場の,実況の.

das Ori·gi·nal [オリギナール] 名 -s/-e **1.** 原物, 原作, 原画, 原典. **2.** 〔文〕(作品の)モデル. **3.** 〔口〕変人.

die Ori·gi·nal·aus·ga·be [オリギナール・アウス・ガーベ] 名 -/-n (書物の)原版.

ori·gi·nal·ge·treu [オリギナール・ゲトろイ] 形 原作に忠実な.

die Ori·gi·na·li·tät [オリギナリテート] 名 -/-en (主に⑩) **1.** 本物であること. **2.** 独自性,独創性.

die Ori·gi·nal·über·tra·gung [オリギナール・ユーベルトらーグング] 名 -/〔ﾗｼﾞｵ・ﾃﾚﾋﾞ〕生中継.

ori·gi·när [オリギネーあ] 形 〔文〕本来の,もともとの;独自の.

ori·gi·nell [オリギネル] 形 独創的な;〔口〕奇抜な.

der Ori·on [オリーオン] 名 -(s)/ **1.** (主に無冠詞)〔ギ神〕オリオン(巨人の狩人). **2.** 〔天〕オリオン座.

der Or·kan [オるカーン] 名 -(e)s/-e ハリケーン: ein ~ des Beifalls (転)嵐のような拍手.

der Or·kan [オるカーン] 名 -(e)s/-e ハリケーン;(転)あらし(拍手の),爆発(感情の).

der Or·kus [オるクス] 名 -/〔ロ神〕死者の国;〔口〕トイレ.

(das) Or·le·ans [5rleã オるレアン] 名 -/〔地名〕オルレアン(フランス中部の都市): die Jungfrau von ~ オルレアンの少女(ジャンヌ・ダルク).

das Or·na·ment [オるナメント] 名 -(e)s/-e〔美〕装飾,装飾模様.

or·na·men·tal [オるナメンタール] 形 〔美〕装飾の,装飾的な.

die Or·na·men·tik [オるナメンティク] 名 -/〔美〕 **1.** (総称)装飾,文様. **2.** 装飾術.

der Or·nat [オるナート] 名 -(e)s/-e〔文〕祭服, 法衣;(儀式用)官服.

der Or·ni·tho·lo·ge [オるニト・ローゲ] 名 -n/-n 鳥類学者.

die Or·ni·tho·lo·gie [オるニト・ロギー] 名 -/〔鳥〕鳥類学.

die Or·ni·tho·phi·lie [オるニト・ふィリー] 名 -/〔生〕鳥媒.

die Oro·ge·ne·se [オろ・ゲネーゼ] 名 -/-n〔地質〕造山運動.

(der) Or·pheus [オるふぉイス] 名〔ギ神〕オルペウス, オルフェウス(ギリシア神話の最高の詩人).

die Or·phik [オるふィク] 名 -/ オルペウス教(古代ギリシアの密教).

der Or·phi·ker [オるふィカー] 名 -s/- オルペウス教徒.

or·phisch [オるふィシュ] 形 オルペウス教の;〔文〕神秘的な.

das Or·plid [オるプリート, オるプリート] 名 -s/ オルプリート(詩人Mörikeらが創作したおとぎの島).

das Ör·sted [㋓-オーステット, ㋓-オーシュテット] 名 -(s)/- エールステッド(磁場の強さの単位. 記号 Ö, Oe).

der Ort¹ [オるト] 名 -(e)s/-Örter[-e〕 **1.** (⑩ -e) 場所, 現場, 地点: am rechten〔richtigen〕~ 正しい場所に, 適所に. 〈et⁴〉wieder an seinen ~ stellen〈物を〉元の場所に置く. an diesem ~ dieser Ort ここで, この場合. **2.** (⑩ -e) 町, 村, 市, 地域, 地方;(総称)町(村)の人: hier am ~ 当地で. von ~ zu ~ ziehen 各地を遍歴する. der ganze ~ 町〔村〕中の人. **3.** (⑩ -e) (適当な)場: Es ist hier nicht der ~, darauf einzugehen. ここはそれを取上げる場ではない, その点についてはここで述べるべきでない. 〔数〕(特に)〔次の形で〕geometrischer ~〔数〕軌跡. astronomischer ~〔天〕(天体の)位置. **5.** (⑩ -e; das ~ も有)(ﾋﾟｶﾙ) (1798年までの)州. 〔慣用〕am angeführten Ort 前掲個所で(略 a. a. O.). an Ort und Stelle その場で, 即刻, 所定の場所で. fehl am Ort sein 所を得ていない.

das Ort² [オるト] 名 -(e)s/Örter〔鉱〕切羽(ｷﾘﾊ): vor ~ 切羽で;〔口〕(事件などの)現場で.

das Ört·chen [㋓るヒェン] 名 -s/- 小さな所〔場所〕;小さな町〔村〕;〔口・婉〕トイレ: ein stilles〔gewisses〕~ トイレ.

or·ten [オるテン] 動 h. **1.** 〈et⁴〉ﾂ〕〔海・空〕現在位置を測定〔確認〕する(船・航空機・魚群などの). **2.** 〔〈et⁴〉ﾂ〕見定める(動向などを).

der Or·ter [オるター] 名 -s/- 位置測定係, ナヴィゲーター, 航法士.

or·tho·dox [オるト・ドクス] 形 **1.** 〔宗〕正統派の. **2.** ギリシア正教の. **3.** 〔文〕正統的な, オーソドックスな;〔文・蔑〕頑迷固陋(ｺﾞｳ)な.

die Or·tho·do·xie [オるト・ドクスィー] 名 -/ **1.** 〔宗〕(信仰)正統;〔神〕(教義を守ろうとする)正統主義. **2.** 〔文・蔑〕教説への偏狭な固執.

die Or·tho·gra·fie, Or·tho·gra·phie [オるト・グらふィー] 名 -/-n 正書(正字)法.

or·tho·gra·fisch, or·tho·gra·phisch [オるト・グらー

ぃシュ] [形] 正書〔正字〕法(上)の.

der **Or·tho·pä·de** [オるト・ペーデ] [名] -n/-n 整形外科医.

die **Or·tho·pä·die** [オるト・ペディー] [名] -/ 整形外科学.

or·tho·pä·disch [オるト・ペーディシュ] [形] 整形外科(学)の.

ọ̈rt·lich [エるトリひ] [形] 局地的な, 地方の, その土地(特有)の; 局所〔局部〕の: *～e* Betäubung 〘医〙局所麻酔.

die **Ọ̈rt·lich·keit** [エるトリひカイト] [名] -/-en 場所, 地方; 《口・婉》トイレ.

die **Ọrts·an·ga·be** [オるツ・アン・ガーベ] [名] -/-n 地名表示〔記載〕.

ọrts·an·säs·sig [オるツ・アン・ぜっスィひ] [形] (その地に)居住する.

der **Ọrts·aus·gang** [オるツ・アウス・ガング] [名] -(e)s/ ..gänge 町〔村〕の出口.

die **Ọrts·be·stim·mung** [オるツ・ベシュティムング] [名] -/-en **1.** 〘地〙(経緯度による)位置確定. **2.** 〘言〙場所の規定語.

die **Ọrt·schaft** [オるトシャふト] [名] -/-en 村, 村落, 小さな町.

das **Ọrt·scheit** [オるト・シャイト] [名] -(e)s/-e (馬具の引き革を結びつける)横木.

der **Ọrts·ein·gang** [オるツ・アイン・ガング] [名] -(e)s/ ..gänge 町〔村〕の入口.

ọrts·fremd [オるツ・ふれムト] [形] (その地に)居住していない, 土地のものではない; 土地に不案内な.

das **Ọrts·ge·dächt·nis** [オるツ・ゲデひトニス] [名] -ses/-se 場所についての記憶, 土地勘.

das **Ọrts·ge·spräch** [オるツ・ゲシュプれーひ] [名] -(e)s/-e 市内通話.

die **Ọrts·grup·pe** [オるツ・グるっペ] [名] -/-n (団体・政党などの)地方支部.

die **Ọrts·kennt·nis** [オるツ・ケントニス] [名] -/-se 土地〔地方〕に関する知識.

ọrts·kun·dig [オるツ・クンディひ] [形] その土地に詳しい.

die **Ọrts·na·me** [オるツ・ナーメ] [名] -ns/-n 地名, 市町村名.

das **Ọrts·netz** [オるツ・ネッツ] [名] -es/-e 地域通話網; 地域配線〔配管〕網.

die **Ọrts·po·li·zei** [オるツ・ポリツァイ] [名] -/-en 《主に[単]》地方警察.

der **Ọrts·sinn** [オるツ・ズィン] [名] -(e)s/ 方向感覚.

die **Ọrts·ta·fel** [オるツ・ターふェル] [名] -/-n (境界に表示されている)市〔町・村〕名標識.

der **Ọrts·teil** [オるツ・タイル] [名] -(e)s/-e 市〔町・村〕の地区.

ọrts·üb·lich [オるツ・ユーブリひ] [形] 〘官〙その地の慣行の.

ọrts·un·kun·dig [オるツ・ウン・クンディひ] [形] その土地に詳しくない.

der **Ọrts·ver·kehr** [オるツ・ふぇあケーあ] [名] -s/ 市内交通; 市内郵便; 市内通話.

der **Ọrts·wech·sel** [オるツ・ヴェクセル] [名] -s/ 転居, 転地.

die **Ọrts·zeit** [オるツ・ツァイト] [名] -/-en 地方時; 現地時間.

der **Ọrts·zu·schlag** [オるツ・ツー・シュラーク] [名] -(e)s/ ..schläge (公務員の)地域手当.

die **Ọr·tung** [オるトゥング] [名] -/-en 〘海・空〙位置測定.

Os [オーエス] =Osmium〘化〙オスミウム.

der **Ọs·car** [オスカる] [名] -(s)/-(s) 《口》オスカー(米国のアカデミー賞の記念像. アカデミー賞の別名).

die **Ö·se** [エーゼ] [名] -/-n (靴などの)紐(ひも)穴, 鳩目; (ホックの)留め金; 〘海〙(ロープの端を結んだ)輪, (ロープの先端の)目.

(*der*) **O·si·ris** [オズィーリス] [名] 〘エジプト神〙オシリス(ナイル川と冥界(めいかい)の神).

(*der*) **Ọs·kar** [オスカる] [名] 〘男名〙オスカル: 《次の形で》frech wie ～ sein 厚かましい限りである.

(*das*) **Ọs·lo** [オスロ] [名] -s/ 〘地名〙オスロ(ノルウェーの首都).

der **Os·ma·ne** [オスマーネ] [名] -n/-n オスマントルコ人.

os·ma·nisch [オスマーニシュ] [形] オスマン(トルコ・帝国)の.

das **Ọs·mi·um** [オスミウム] [名] -s/ 〘化〙オスミウム(記号 Os).

die **Os·mo·lo·gie** [オスモ・ロギー] [名] -/ 〘医〙嗅覚(きゅうかく)学.

die **Os·mo·se** [オスモーゼ] [名] -/- 〘化・植〙浸透.

(*das*) **Os·na·brụ̈ck** [オスナブりゅっク] [名] -s/ 〘地名〙オスナブリュック(ニーダーザクセン州の都市).

OSO =Ostsüdost, Ostsüdosten 東南東.

der **Ö·so·pha·gus** [エゾーふぁグス] [名] -/..gi 〘解〙食道.

das **Os·sa·ri·um** [オサーりウム] [名] -s/..rien 納骨堂; (古代パレスチナの)骨つぼ.

der **Ọs·si** [オっスィ] [名] -s/-s 《口》(《蔑》にも)オッシー(旧東独の男性).

die **Ọs·si** [オっスィ] [名] -/-s 《口》(《蔑》にも)オッシー(旧東独の女性).

(*der*) **Os·si·an** [オスィアン, オスィアーン] [名] 〘人名〙オシアン(ケルト族の伝説的英雄・吟遊詩人).

die **Os·si·fi·ka·ti·on** [オスィふぃカツィオーン] [名] -/-en 〘医〙骨化, 骨形成, 化骨.

os·si·fi·zie·ren [オスィふぃツィーれン] [動] *h./s.* 〔補足なし〕〘医〙骨化する.

das **Os·su·a·ri·um** [オスアーりウム] [名] -s/..rien = Ossarium.

Ọst[1] [オスト] [名] 《[単]のみ; 無変化; 無冠詞》 **1.** 〘海・気〙東(略O): ～ und West 東西(両陣営). **2.** 《地名の後に置いて》(…の)東部, 東地区(略 O).

der **Ọst**[2] [オスト] [名] -(e)s/-e 《主に[単]》〘海〙〘詩〙東風.

die **Os·tal·gie** [オスタルギー] [名] -/ 旧東独へのノスタルジー.

(*das*) **Ọst·a·si·en** [オスト・アーズィエン] [名] -s/ 〘地名〙東アジア.

(*das*) **Ọst·ber·lin** [オスト・べるリーン] [名] -s/ 〘地名〙ベルリン東部.

(*das*) **Ọst-Ber·lin** [オスト・べるリーン] [名] -s/ 〘地名〙(旧)東ベルリン.

der **Ọst·block** [オスト・ブロック] [名] -(e)s/ (かつての)東欧ブロック〔圏〕.

der **Ọst·block·staat** [オストブロック・シュタート] [名] -(e)s/-en 《主に[複]》(かつての)東欧ブロック〔圏〕の国.

ọst·deutsch [オスト・ドイチュ] [形] ドイツ東部の; (旧)東ドイツの.

(*das*) **Ọst·deutsch·land** [オスト・ドイチュ・ラント] [名] -s/ (旧)東ドイツ(Deutsche Demokratische Republik の通称); ドイツ東部(エルベ川以東).

ọs·ten [オステン] [動] *h.* 〔<et[4]>ヲ〕〘土〙《稀》東向きに建てる.

der **Ọs·ten** [オステン] [名] -s/ **1.** 《主に無冠詞》東(方位)(合成語・地名などでは Ost, 略 O): aus 〔von〕～ 東から. im ～ 東(の方)に. nach ～ 東へ(向かって). **2.** (国・地域・都市などの)東部, 東地区. **3.** 《総称》東方の国々, 東欧: der Ferne ～ 極東. der Mittlere ～ 中東. der Nahe ～ 近東. **4.** (以前の社会主義国の)東欧諸国.

os·ten·ta·tiv [オステンタティーふ] [形] これ見よがしの, 挑発的な.

die **Os·te·o·lo·gie** [オステオ・ロギー] [名] -/ 〘医〙骨学.

die **Os·te·o·plas·tik** [オステオ・プラスティク] 名 -/-en 〖医〗骨形成(術).

die **Os·ter·blu·me** [オースター・ブルーメ] 名 -/-n 復活祭の頃に咲く花(タンポポ・サクラソウなど).

das **Os·ter·ei** [オースター・アイ] 名 -(e)s/-er 復活祭の卵(彩色したゆで卵やチョコレートの卵).

die **Os·ter·fe·ri·en** [オースター・ふぇーリエン] 複数 (学校の)復活祭休暇.

das **Os·ter·fest** [オースター・ふぇスト] 名 -(e)s/ = Ostern.

die **Os·ter·glo·cke** [オースター・グロッケ] 名 -/-n 〖植〗ラッパズイセン.

der **Os·ter·ha·se** [オースター・ハーゼ] 名 -n/-n 復活祭のウサギ(子供たちに復活祭の卵を持ってくると言われている).

die **Os·te·ria** [オステリーア] 名 -/-s〔..rien [オステリーエン〕](イタリアの宿泊所を兼ねる)飲食店.

die **Os·ter·ker·ze** [オースター・ケるツェ] 名 -/-n〖カトリック〗復活祭用の蠟燭(??).

das **Os·ter·lamm** [オースター・ラム] 名 -(e)s/..läm·mer 1. (ユダヤ教で)過越祭のいけにえの小羊. 2. 復活祭の小羊(小羊形の焼き菓子).

ös·ter·lich [エースタリヒ] 形 復活祭の.

der **Os·ter·mo·nat** [オースター・モーナト] 名 -(e)s/-e (主に⑯古) 4月.

der **Os·ter·mon·tag** [オースター・モーンターク] 名 -(e)s/-e 復活祭の月曜日(復活祭の第2日目).

(das) **Os·tern** [オースターン] 名 -/- (主に無冠詞. 南独・オーストリア・スイス・願望型式・成句では複数形も用いる)復活祭. イースター(春分(3月21日)後の最初の満月のあとの第1日曜日): zu(an) ~ 〖北独〗〖南独〗復活祭の日に.

(das) **Ös·ter·reich** [エーステらイヒ] 名 -s/〖国名〗オーストリア.

der **Ös·ter·rei·cher** [エーステらイヒャー] 名 -s/- オーストリア人.

die **Ös·ter·rei·che·rin** [エーステらイヒェリン] 名 -/-nen オーストリア人女性.

ös·ter·rei·chisch [エーステらイヒシュ] 形 オーストリア(人・方言)の.

ös·ter·rei·chisch-un·ga·risch [エーステらイヒシュ・ウンガリシュ] 形 オーストリア・ハンガリーの: die Ö-~e Monarchie オーストリア・ハンガリー帝国.

(das) **Ös·ter·reich-Un·garn** [エーステらイヒ・ウンガるン] 名 -s/ オーストリア・ハンガリー帝国(1867-1918年).

der **Os·ter·sonn·tag** [オースター・ゾンターク] 名 -(e)s/-e 復活祭の日曜日, 復活祭日.

die **Os·ter·wo·che** [オースター・ヴォッヘ] 名 -/-n 復活祭週間(①復活祭後の1週間. ②=Karwoche).

die **Os·ter·zeit** [オースター・ツァイト] 名 -/ 復活祭の頃(特に復活祭の前).

(das) **Ost·eu·ro·pa** [オスト・オイローパ] 名 -s/〖地名〗ヨーロッパ, 東欧.

ost·eu·ro·pä·isch [オスト・オイロペーイシュ] 形 東ヨーロッパ(東欧)の.

ost·frie·sisch [オスト・ふリーズィシュ] 形 東フリース(ラント)の.

(das) **Ost·fries·land** [オスト・ふリースラント] 名 -(e)s/〖地名〗東フリースラント(ニーダーザクセン州の地域).

der [das] **Os·ti·na·to** [オスティナート] 名 -s/-s〔..ti〕〖楽〗執拗(執拗)低音, 固執低音.

(das) **Ost·in·di·en** [オスト・インディエン] 名 -s/〖地名〗東インド.

ost·in·disch [オスト・インディシュ] 形 東インドの: die O-~e Kompanie 東インド会社.

os·tisch [オスティシュ] 形 〖人類〗アルプスの, 高山の.

die **Ost·kir·che** [オスト・キるヒェ] 名 -/-n 東方(正)教会.

öst·lich [エストリヒ] 形 1. (位置)東の, 東部の: dreizehn Grad ~er Länge 東経13度(略 13°ö. L.). (10 km) ~ von Berlin ベルリンから東方(10キロ)に. 2. (方向)東寄りへの; 東寄りからの: Das Schiff hat einen ~(er)en Kurs. 船は(さらに)東寄りに進路をとっている. ~e Winde 東寄りの風. 3. (東欧など)東方〔東洋〕の; 東方〔東洋〕の人々に特徴的な; (以前の)東側(陣営)の: ~e Völker 東の諸民族.
— 前［＋2格］…の東方に.

die **Ost·mark**[1] [オスト・マるク] 名 -/ (旧)東独マルク(1948-90年に使用).

die **Ost·mark**[2] [オスト・マるク] 名 -/-en〖地名〗〖史〗 1. (⑯のみ)〖ナチス〗オストマルク(1938-45年のオーストリアの公称). 2. (⑯のみ)東部辺境地域(Posen, Westpreußen, Oberschlesien). 3. die Bayerische ~ バイエルン東部辺境圏(10世紀, 後にオーストリアの中核となる).

Ost·nord·ost[1] [オスト・ノるト・オスト] 名 (⑯のみ; 無変化; 無冠詞)〖海・気〗東北東(略 ONO).

der **Ost·nord·ost**[2] [オスト・ノるト・オスト] 名 -(e)s/-e (主に⑯)〖海〗〖詩〗東北東の風.

der **Ost·nord·os·ten** [オスト・ノるト・オステン] 名 -s/ (主に無冠詞)東北東(略 ONO).

die **Ost·po·li·tik** [オスト・ポリティク] 名 -/ 東方政策.

(das) **Ost·preu·ßen** [オスト・プロイセン] 名 -s/〖地名〗東プロイセン(バルト海沿岸の旧プロイセンの地域).

das **Os·tra·kon** [オストらコン] 名 -s/..ka オストラコン(パピルスの代用としての記録用陶片).

der **Os·tra·zis·mus** [オストらツィスムス] 名 -/ 1. オストラシズム, 陶片追放(古代ギリシアで陶片に国外追放者の名を書いたことによる). 2. 厳しく責めること.

das **Ös·tro·gen** [エストろゲーン] 名 -s/-e〖医〗卵胞ホルモン, エストロゲン.

das **Ost·rom** [オスト・ろーム] 名 -s/ 東ローマ帝国.

die **Ost·see** [オスト・ゼー] 名 -/〖地名〗バルト海.

die **Ost·sei·te** [オスト・ザイテ] 名 -/-n 東側.

Ost·süd·ost[1] [オスト・ズュート・オスト] 名 (⑯のみ; 無変化; 無冠詞)〖海・気〗東南東(略 OSO).

der **Ost·süd·ost**[2] [オスト・ズュート・オスト] 名 -(e)s/-e (主に⑯)〖海〗〖詩〗東南東の風.

der **Ost·süd·os·ten** [オスト・ズュート・オステン] 名 -s/ (主に無冠詞)東南東(略 OSO).

die **Os·tung** [オストゥング] 名 -/-en〖土〗東向き建造.

ost·wärts [オスト・ヴェるツ] 副 東方へ; 〖稀〗東方に.

der **Ost·wind** [オスト・ヴィント] 名 -(e)s/-e 東風.

die **Ost·zo·ne** [オスト・ツォーネ] 名 -/-n 1.〖古〗東部地区(特にベルリンのソヴィエト占領地区). 2. (かつての)東独.

(der) **Os·wald** [オスヴァルト] 名〖男名〗オスヴァルト.

die **OSZE** [オーエスツェットエー] 名 -/ = Organisation für Sicherheit und Zusammenarbeit in Europa 欧州(全欧)安保協力機構.

die **Os·zil·la·ti·on** [オスツィラツィオーン] 名 -/-en 1.〖理〗振動, 発振. 2.〖地質〗(地殻・海面の)昇降運動; (氷河の先端の)消長.

der **Os·zil·la·tor** [オスツィラートーる] 名 -s/-en [オスツィラトーれン]〖理〗〖電〗発振器.

os·zil·lie·ren [オスツィリーれン] 自動 h.〖稀〗〖理〗振動する; 〖電〗発振する; 〖地質〗昇降運動をする(地殻が), 揺れ伸長する際に氷河の先端が.

der **Os·zil·lo·graf, Os·zil·lo·graph** [オスツィロ・グらーム] 名 -en/-en〖理・医〗オシログラフ, 振動記録器.

(der) **Ot·mar** [オトマール] 名〖男名〗オトマル.

das **Oto·skop** [オト・スコープ] 名 -s/-e〖医〗耳鏡.

der **Ot·ter**[1] [オッター] 名 -s/-〖動〗カワウソ.

die **Ot·ter**[2] [オッター] 名 -/-n〖動〗マムシ(Viper).

das **Ot·tern·ge·zücht** [オッターン・ゲツュヒト] 名 -(e)s

〖聖〗マムシの末(ǯǔ)(マタイ福音書3, 7);邪悪な一味, 悪党ども.

(die) **Ot·ti·lie** [オティーリエ] 名〖女名〗オティーリエ.
(der) **Ot·to**[1] [オット] 名 **1.**〖男名〗オットー. **2.** ~ der Große オットー大帝(912-973年, 初代神聖ローマ皇帝).
der **Ot·to**[2] [オット] 名 -s/-s (口)(大きさで)人目を引くもの: Sie hat einen strammen 〔mächtigen〕~ 彼女はどでかい胸をしている.【慣用】**den flotten Otto haben** 下痢をしている. **Otto Normalverbraucher** 平均的人間.
(der) **Ot·to·kar** [オットカる] 名 **1.**〖男名〗オトカル. **2.** ~ Ⅱ. オトカル2世(1233-78年, ボヘミア王).
der **Ot·to·ma·ne**[1] [オットマーネ] 名 -n/-n =Osmane.
die **Ot·to·ma·ne**[2] [オットマーネ] 名 -/-n (トルコ風)長いす.
der **Ot·to·mo·tor** [オット・モ(-)ト-あ] 名 -s/-en オットーエンジン.
der **Ot·to·ne** [オットーネ] 名 -n/-n オットー朝の王(ザクセン王朝の王). ⇨ Otto[1].
ot·to·nisch [オットーニシュ] 形 オットー朝の.
ÖTV [エ-テーふぁウ] =Gewerkschaft Öffentliche Dienste, Transport und Verkehr 公勤務・運輸・交通労働組合.
out [aot アウト] 副 **1.**(スポーツ)(球)アウト. **2.**《次の形で》~ **sein**〔口〕人気が落ち目である, 流行遅れである.
das **Out·fit** [áotfit アウト・ふィット] 名 -(s)/-s 衣装, 装備.
der〔das〕**Out·put** [áotpot アウト・プット] 名 -s/-s〖経〗生産高;〖コンピ〗出力, アウトプット;〖電〗出力.
ou·tri·ert [utri:rt ウトリーあト] 形〖文〗誇張した.
der **Out·si·der** [áotzaidər アウト・ザイダー] 名 -s/-〖文〗アウトサイダー.
die **Ou·ver·tü·re** [uvertý:rə ウヴェるテューれ] 名 -/-n〖楽〗序曲, 前奏曲.
der **Ou·zo** [ú:zo ウーゾ] 名 -(s)/-s ウゾー(ギリシアのアニスブランデー).
o·val [オヴァール] 形 楕円(形)の, 卵形の.
das **O·val** [オヴァール] 名 -s/-e 楕円形, 卵形.
das **O·var** [オヴァーあ] 名 -s/-e〖医〗卵巣.
das **O·va·ri·um** [オヴァーリウム] 名 -s/..rien〖医・動〗卵巣,〖植〗子房.
die **O·va·tion** [オヴァツィオーン] 名 -/-en 大喝采(ạ·ầ).
der **O·ver·all** [óːvara(:)l オーヴェらる(-)る, ...ro:l オーヴェろール] 名 -s/-s 胸当てズボン, オーバーオール.
die **O·ver·drive** [ó:vərdraif オーヴァー・ドらイふ] 名 -(s)/-s〖工〗オーバードライブ.
das〔der〕**O·ver·kill** [ó:vərkıl オーヴァー・キル] 名 -(s)/-〖軍〗過剰殺戮.
(der) **O·vid** [オヴィート] 名〖人名〗オヴィディウス(Publius Ovidius Naso, 紀元前43 西暦17頃. 古代ロ

ーマの詩人).
o·vi·par [オヴィ-パーあ] 形〖生〗卵生の.
o·vo·vi·vi·par [オヴォ・ヴィヴィパーあ] 形〖生〗卵胎生の.
die **O·vu·la·tion** [オヴラツィオーン] 名 -/-en〖動・医〗排卵.
der **O·vu·la·tions·hem·mer** [オヴラツィオーンス・ヘマー] 名 -s/-〖医〗排卵抑制剤.
das **O·vu·lum** [オーヴルム] 名 -s/..la **1.**〖植〗胚珠. **2.**〖生・医〗卵(子);〖医〗(稀)(腔)座薬.
das **O·vum** [オーヴム] 名 -s/ Ova〖生・医〗卵(子).
die **O·xal·säu·re** [オクザール・ゾイレ] 名〖化〗蓚酸(ºȧ·ˇ·).
der **O·xer** [オクサー] 名 -s/-〖乗馬〗平行障害;(稀)(牧場の)柵(ǯ·).
das **O·xid** [オクスィート] 名 -(e)s/-e =Oxyd.
o·xi·die·ren [オクスィディーれン] 動 h./s. =oxydieren.
das **O·xyd** [オクスュート] 名 -(e)s/-e〖化〗酸化物.
die **O·xy·da·tion** [オクスュダツィオーン] 名 -/-en〖化〗酸化.
o·xy·da·tiv [オクスュダティーふ] 形〖化〗酸化の, 酸化力のある.
o·xy·die·ren [オクスュディーれン] 動〖化〗 **1.** h./s.〖(化)〗酸化する. **2.** h.〈et⁴〉を〖化〗酸化させる.
das **O·xy·gen** [オクスュ・ゲーン] 名 -s/ =Oxygenium.
das **O·xy·ge·ni·um** [オクスュ・ゲーニウム] 名 -s/〖化〗酸素(記号O).
das **O·xy·mo·ron** [オクスュ・モーロン] 名 -s/..ra〖修〗撞着(ạ·ˇǔ·)〖矛盾〗語法.
OZ =Oktanzahl オクタン価.
der **O·ze·an** [オーツェアーン] 名 -s/-e 大洋, 海洋.
der **O·ze·an·damp·fer** [オーツェアーン・ダンぷあー] 名 -s/- 遠洋航路汽船.
(das) **O·ze·a·ni·en** [オツェアーニエン] 名 -s/〖地名〗オセアニア, 大洋州.
o·ze·a·nisch [オツェアーニシュ] 形 大洋の, 海洋性の;オセアニアの,〈転・文〉巨大な.
die **O·ze·a·no·gra·fie, O·ze·a·no·gra·phie** [オツェアノ・ぐらふィー] 名 -/ 海洋学.
der **O·ze·an·rie·se** [オーツェアーン・リーゼ] 名 -n/-n〖口〗超大型汽船.
der **O·ze·lot** [オ(-)ツェロット] 名 -s/-e {-}〖動〗オセロット(中南米のオオヤマネコ);オセロットの毛皮.
das〔der〕**O·zon** [オツォーン] 名 -s/ **1.**〖化〗オゾン. **2.**〖口・冗〗新鮮な空気.
das **O·zon·gas** [オツォーン・ガース] 名 -es/〖化〗オゾンガス.
das **O·zon·loch** [オツォーン・ロッホ] 名 -(e)s/..löcher オゾンホール.
o·zon·reich [オツォーン・らイヒ] 形 オゾンに富んだ.
die **O·zon·schicht** [オツォーン・シヒト] 名 -/〖気〗オゾン層.

P

das **p**¹, **P**¹ [pe: ペー] 名 -/- (《口》-s/-s)ドイツ語アルファベットの第 16 字.

p² **1.** =Para バラ(ユーゴスラヴィアの貨幣単位). **2.** =Penni ペニ(フィンランドの貨幣単位). **3.** =Penny, Pence ペニー(英国の貨幣単位). **4.** =piano[楽]ピアノ(演奏上弱く,やわらかに). **5.** =Proton [理]陽子,プロトン. **6.** =Punkt[印]ポイント.

P² **1.** =Parkplatz 駐車場. **2.** [ペー]=Phosphor 《化》燐(%). **3.** =piko.. ピコ(1兆分の1). **4.** =Poise [理]ポアズ(粘度の単位). **5.** =Pond [理]ポンド(重量の単位).

P³=Papier 有価証券.

p. 1. =Pagina ページ. **2.** =pinxit …画(画家が署名に添える). **3.** =protestiert (手形で)引受拒絶.

P. 1. =Pastor 牧師. **2.** =Pater 神父. **3.** =Papa² 教皇.

Pa 1. [ペーアー]=Protactinium 《化》プロトアクチニウム. **2.** =Pascal パスカル(圧力の単位).

pa. =prima 〔商〕〔古〕極上の.

p. a. =pro anno 毎年,一年間に.

p. A. =per Adresse …気付.

paar [パーあ] 代 《不定》(無変化で複数名詞の付加語として) **1. a.** (無変化の ein とともに)二三の,若干の(《口》では ein 一を書くこともある): ein ~ Schritte 数歩. ein ~ Hundert(hundert) Bücher 二三百冊の本. ein ~ Worte schreiben 短い手紙を書く. in ein ~ Tagen 数日後に. **b.** (数詞とともに)…より少し多い: ein ~ zwanzig 20 あまり(22, 23 ぐらい). **2.** (®の die, diese, alle, meine などとともに)わずかな(数の),二三の: die ~ Minuten ほんの数分. alle ~ Tage 二三日おきに.

paar² [パーあ] 形 〔生〕〔解〕の; 〔数〕偶数の.

das **Paar** [パーあ] 名 -(e)s/-e 〔単位を表す®は-〕 **1.** (二つの物からなる)一組,一対,一足;(2人)一組,カップル: ein ~ Ohrringe 一対のイヤリング. **2.** 2頭(匹・羽)一組,つがい. 〔慣用〕〔j¹〕 zu Paaren treiben 〈人⁴〉窮地に追い込む(敗走させる).

paa·ren [パーレン] 動 h. **1.** (相互代名詞 sich⁴)交尾する,番(ぷ)う. **2.** 〈et⁴ッ〉掛け合せ,交配させる(〈et⁴〉と). **3.** 〔競〕〔⁴〕番になる. **4.** 〔j¹/et⁴〕2 人〔2頭〕ずつ一組にする,一組〔ペア〕にする. **5.** 〈et⁴〉+mit 〈et³ッ〉結合させている,併せ持っている. **6.** 〔sich⁴+mit 〈et³ッ〉〕結びついている,一体となっている〔天分が経験など〕.

der **Paar·hu·fer** [パーあ・フーふぁ] 名 -s/- 〔動〕偶蹄(%)類.

paa·rig [パーリヒ] 形 〔生・解〕対の;偶数の.

der **Paar·lauf** [パーあ・ラウふ] 名 -(e)s/ ペアスケーティング.

paar·mal [パーあ・マール] 副 (次の形で)ein/alle ~ 二三度/二三度ごとに.

die **Paa·rung** [パーるング] 名 -/-en **1.** (二つのものを)一組にすること;組合せ;結合. **2.** 交尾;交配.

die **Paa·rungs·zeit** [パーるングス・ツァイト] 名 -/-en 〔動・狩〕交尾期.

paar·wei·se [パーあ・ヴァイゼ] 副 2 人〔2つ〕ずつ〔で〕,ペアで〔での〕.

der **Paar·ze·her** [パーあ・ツェーあ-] 名 -s/- 〔動〕=Paarhufer.

die **Pace** [peːs ペース] 名 -/ (馬の)歩態,歩度;〔競〕(競争の)ペース.

der **Pace·ma·cher** [ペース・まっはー] 名 -s/- 〔競馬〕ペースメーカー.

der **Pace·maker** [..meːkər ペース・メーカー] 名 -s/- **1.** 〔競馬〕=Pacemacher. **2.** [医]ペースメーカー.

die **Pacht** [パハト] 名 -/-en **1.** (主に®)(用益)賃貸借: 〈et⁴〉 in ~ geben/nehmen 〈物・事⁴〉賃貸し/賃借りする. **2.** (主に®)賃貸借契約. **3.** 賃貸〔賃借〕料,小作料.

pach·ten [パヒテン] 動 h. 〈et⁴ッ〉賃借りする. 〔慣用〕 das Glück/Unglück gepachtet haben (《口》)幸運/不運を独占する(しょっちゅういい目/ひどい目にあう). **Er tut so, als habe er die Klugheit für sich gepachtet.** (《口》)彼はまるで自分だけがとても利口であるかのように振舞う. **〔j¹〕 gepachtet haben**〈人⁴を〉思いのままに使う〔扱う〕.

der **Pächter** [ペヒター] 名 -s/- 賃借人,小作人.

das **Pacht·geld** [パハト・ゲルト] 名 -(e)s/-er 用益賃貸借料.

das **Pacht·gut** [パハト・グート] 名 -(e)s/..güter 小作地,借地.

das **Pacht·land** [パハト・ラント] 名 -(e)s/ 小作農地.

der **Pacht·vertrag** [パハト・ふぇあトらーク] 名 -(e)s/..träge 用益賃貸借契約.

pacht·weise [パハト・ヴァイゼ] 副 賃貸借で(の).

der **Pacht·zins** [パハト・ツィンス] 名 -es/-en 用益賃貸借料.

der **Pack**¹ [パック] 名 -(e)s/-e(Päcke) 包み,束,荷物: ein ~ Zeitungen 一束の新聞. **mit Sack und ~** (家財道具など)一切合財もって.

das **Pack**² [パック] 名 -(e)s/ (《口》・蔑)(総称)ならず者,ごろつきども.

die **Package·tour, Package-Tour** [pɛkɪtʃuːr ペキッちゅーる] 名 -/-en 自家用車でするパッケージツアー.

das **Päck·chen** [ペックヒェン] 名 -s/- **1.** 小さな包み,小さな束;〔海〕制服(作業服)の包み. **2.** (商品の)一袋,小さなパック: ein ~ Zigaretten 一袋の(紙包みの)シガレット. **3.** (2 kg 以下の)小型小包. 〔慣用〕 **Jeder hat sein Päckchen zu tragen.** だれにでも悩みはある.

das **Pack·eis** [パック・アイス] 名 -es/ 叢氷(ホボウ),パックアイス.

pa·cken [パッケン] 動 h. **1.** 〈et⁴ッ=〉(いっぱいに)荷物を詰める,(…の)荷作りをする. **2.** 〈et⁴ッ〉+(in 〈et⁴〉〈パッハ〉〈方向⁴〉)詰める,入れる,包む,(たたんで)しまう,荷作りする. **3.** 〈et⁴ッ〉+aus 〈et³〉〈ハッハ〉取出す. **4.** 〔j¹/et⁴〕(ぎゅっと)つかむ;(…に)かみつく〔動物が〕: Sie packte seinen Arm [ihn am(beim) Arm]. 彼女は彼の腕をぎゅっとつかんだ. **5.** 〔j⁴ッ〕襲う(不安などが)〔Es が主語で〕Es hat ihn **gepackt.** 彼は病気になった,彼は恋にとりこになった. **6.** 〔j⁴ッ〕心を強くとらえる. **7.** 〔j⁴ッ〕〔ぞう〕勝つ. **8.** 〈et⁴ッ〉(やっとのことで)間に合う. **9.** 〔es〕《口》分る. **10.** 〔sich⁴〕《口》さっさと立去る. **gepackt (voll) sein** ぎっしり満員である. **Packen wir's noch ?** 《口》おれたちは果して時間どおりに間に合わせられるだろうか. **sich⁴ aufs Sofa packen** ソファーに横になる.

der **Packen** [パッケン] 名 -s/- 一山,一束,一抱え.

pa·ckend [パッケント] 形 興味津々の,感銘深い.

der **Packer** [パッカー] 名 -s/- **1.** 梱包(カャ)係;

具荷造運搬作業員(Möbel~). **2.** 〖狩〗猪狩の猟犬.

der **Pack·esel** [パック・エーゼル] [名] -s/- 《口》荷物を運ぶロバ;《転》雑用係.

die **Pack·lein·wand** [パック・ライン・ヴァント] [名] -/ 梱包(こんぽう)用亜麻布.

die **Pack·na·del** [パック・ナーデル] [名] -/-n 梱包(こんぽう)用大針.

das **Pack·pa·pier** [パック・パピーあ] [名] -s/-e 包装紙.

der **Pack·raum** [パック・らウム] [名] -(e)s/..räume 梱包室.

der **Pack·sat·tel** [パック・ザッテル] [名] -s/..sättel 荷鞍(にぐら).

die **Pa·ckung** [パックング] [名] -/-en **1.** 一包み,一箱,1パック. **2.** 包装(紙),包装用容器,パッケージ. **3.** 湿布,パック. **4.** 〖工〗詰め物,パッキング;〖土〗砕石路床. **5.** 《スイ》(手)荷物;〖軍〗装備. **6.** 〖スポ〗《ジャーゴン》大敗. **7.** 殴打.

der **Pack·wa·gen** [パック・ヴァーゲン] [名] -s/- (旅客列車の)手荷物車;(昔の)荷車.

der **Pack·zet·tel** [パック・ツェッテル] [名] -s/- 〖経〗梱包商品添付リスト票;(パッケージに入れる)品質検査証票.

der **Pä·da·go·ge** [ペダゴーゲ] [名] -n/-n 教育家,教育者;教育学者.

die **Pä·da·go·gik** [ペダゴーギク] [名] -/ 教育学.

pä·da·go·gisch [ペダゴーギシュ] [形] **1.** 教育学(上)の: eine *~e* Hochschule 教育大学(略 PH). **2.** 教育的な.

das **Pad·del** [パッデル] [名] -s/- (カヌーの)パドル.

das **Pad·del·boot** [パッデル・ボート] [名] -(e)s/-e (カヌー・カヤックなどの)パドルでこぐボート.

pad·deln [パッデルン] [動] **1.** *h./s.* 〔補足なし〕パドルで(小)舟をこぐ,カヌー〔カヤック・ゴムボート〕を走らせる. **2.** *s.* 〔〈方向〉へ/〈場所〉ヲ〕パドルで(小)舟をこいで行く,カヌーをこいで行く;犬かきで泳いで行く(犬などが);かき分けて進む(人込みを).

der **Pad·dock** [pɛ́dɔk ペドック] [名] -s/-s (厩舎(きゅうしゃ)付属の)小放牧場.

der **Pad·dy** [pɛ́di ペディ] [名] -s/ 籾(もみ).

der **Pä·de·rast** [ペデらスト] [名] -en/-en (少年を好む)男色家.

die **Pä·de·ras·tie** [ペデらスティー] [名] -/ 少年愛.

(*das*) **Pa·der·born** [パーダーボるン] [名] -s/ 〖地名〗パーダーボルン(ノルトライン=ヴェストファーレン州,ヴェストファーレンの古都).

der **Pä·di·a·ter** [ペディあーター] [名] -s/- 小児科医.

die **Pä·di·a·trie** [ペディアトリー] [名] -/ 小児科学.

pä·do·phil [ペド・ふぃール] [形] 〖医・心〗小児性愛の.

die **Pä·do·phi·lie** [ペド・ふぃリー] [名] -/ 〖医・心〗小児性愛,児童嗜愛(しあい).

der **Pad·steg** [パッド・シュテーク] [名] -(e)s/-e (眼鏡の)パッドブリッジ.

die **Pa·el·la** [paɛ́lja パエルヤ] [名] -/-s 〖料〗 **1.** パエリヤ(スペイン風の魚貝類炊き込みご飯). **2.** パエリヤ用鍋.

paff! [パふ] [間] (銃声などの音)ぱん.

paf·fen [パッふェン] [動] *h.* 《口》 **1.** 〔補足なし〕タバコをぷかぷか吹かす;煙をぱっぱと吐き出す(機関車が). **2.** 〔〈et⁴〉ヲ〕ぷかぷか吹かす(タバコ・パイプを);ぱっぱと吐き出す(タバコの煙などを).

pag. =Pagina ページ.

der **Pa·ge** [pá:ʒə パージェ] [名] -n/-n **1.** (ホテルの)ボーイ. **2.** 〖史〗(騎士見習の)小姓.

der **Pa·gen·kopf** [パージェン・コップふ] [名] -(e)s/..köpfe おかっぱ頭.

der **Pa·ger** [pé:dʒər ペーヂャー] [名] -s/- 〖無線〗ページャー(携帯用小型無線呼出し機,ポケットベル).

die **Pa·gi·na** [パーギナ] [名] -/-s 《古》ページ(略 p., pag.).

pa·gi·nie·ren [パギニーれン] [動] *h.* 〔〈et⁴〉ニ〕〖出版〗ノンブルを打つ,ページ数をつける.

die **Pa·go·de** [パゴーデ] [名] -/-n **1.** パゴダ,仏塔. **2.** (der ~ -n/-n も有)《古》(陶製の首と手が動く)小神仏像.

die **Pail·let·te** [pajɛ́tə パイイェッテ] [名] -/-n 〖服〗スパンコール.

pair [pɛ:r ペーあ] [形] (ルーレットで)偶数の.

der **Pair** [ペーあ] [名] -s/-s 〖史〗(フランスの)大貴族.

die **Pak** [パック] [名] -/-(s) 〖軍〗対戦車砲(Panzerabwehrkanone);(⑩のみ)対戦車砲兵隊.

das **Pa·ket** [パケート] [名] -(e)s/-e **1.** 包み(紙などで包装し(てひもをかけ)たもの),(ボール箱などに詰めた)荷物. **2.** 郵便小包(2 kg から 20 kg まで);(商品単位として)一箱,パック. **3.** 〖政・経〗ひとまとまりのもの: ein ~ von Gesetzentwürfen 一括法案. ein ~ Aktien 大量株.

die **Pa·ket·an·nah·me** [パケート・アン・ナーメ] [名] -/-n **1.** (⑩のみ)小包受付. **2.** 小包受付窓口.

die **Pa·ket·aus·ga·be** [パケート・アウス・ガーベ] [名] -/-n **1.** (⑩のみ)小包引き渡し. **2.** 小包引き渡し窓口.

das **Pa·ket·boot** [パケート・ボート] [名] -(e)s/-e (以前の)郵便船.

die **Pa·ket·kar·te** [パケート・カるテ] [名] -/-n 小包み送り状,荷札.

die **Pa·ket·post** [パケート・ポスト] [名] -/-en 小包郵便業務;小包郵便配達(配達車と配達人).

die **Pa·ket·waa·ge** [パケート・ヴァーゲ] [名] -/-n 〖郵〗小包はかり.

(*das*) **Pa·ki·s·tan** [パーキスタ(ー)ン] [名] -s/ 〖国名〗パキスタン.

der **Pa·ki·s·ta·ni** [パキスターニ] [名] -(s)/-(s) パキスタン人.

der **Pakt** [パクト] [名] -(e)s/-e 条約,協定;契約.

pak·tie·ren [パクティーれン] [動] *h.* 〔(mit 〈j³〉ト)〕(《蔑》も有)結託する,手を組む.

PAL [pa:l パール] =phase alternation line 〖テレビ〗パル. ⇨PAL-System.

die **Pa·lä·an·thro·po·lo·gie** [パレ・アントろポ・ロギー] [名] -/ 古人類学.

der **Pa·la·din** [パラディーン,パ(ー)ラディーン] [名] -s/-e カール大帝につき従う十二人の騎士;《文》忠臣;《蔑》信奉者.

das **Pa·lais** [palɛ́: パレー] [名] -[パレー(ス)]/-[パレース] =Palast.

die **Pa·lä·o·gra·fie, Pa·lä·o·gra·phie** [パレオ・グらふぃー] [名] -/ 古文書学.

pa·lä·o·gra·fisch, pa·lä·o·gra·phisch [パレオ・グらーふぃシュ] [形] 古文書学の.

das **Pa·lä·o·li·thi·kum** [パレオ・リーティクム] [名] -s/ 旧石器時代.

pa·lä·o·li·thisch [パレオ・リーティシュ] [形] 旧石器時代の.

der **Pa·lä·on·to·lo·ge** [パレ・オント・ローゲ] [名] -n/-n 古生物学者.

die **Pa·lä·on·to·lo·gie** [パレ・オント・ロギー] [名] -/ 古生物学.

pa·lä·on·to·lo·gisch [パレ・オント・ローギシュ] [形] 古生物学の.

das **Pa·lä·o·zän** [パレオ・ツェーン] [名] -s/ 〖地質〗暁新世.

das **Pa·lä·o·zo·i·kum** [パレオ・ツォーイクム] [名] -s/ 古生代.

pa·lä·o·zo·isch [パレオ・ツォーイシュ] [形] 古生代の.

der **Pa·las** [パ(ー)ラス] [名] -/-se (城の)本丸,居館.

P

Palast 892

der **Pa·last** [パラスト] 名 -(e)s/..läste 宮殿, (貴族などの)豪華な館; (転·蔑)豪勢な邸宅.
pa·last·ar·tig [パラスト·アーティヒ] 形 宮殿のような.
(das) **Pa·läs·ti·na** [パレスティーナ] 名 -s/ [地名] パレスチナ.
der **Pa·läs·ti·nen·ser** [パレスティネンザー] 名 -s/- パレスチナ人.
die **Pa·läs·tra** [パレストラ] 名 -/..stren パライストラ(古代ギリシアの格闘士の練習場).
die **Pa·last·re·vo·lu·ti·on** [パラスト·れヴォルツィオーン] 名 -/-en [政]宮廷のクーデター; (転)(会社などでの)部下の反乱.
pa·la·tal [パラタール] 形 [医]口蓋(ﾋﾞ)の; [言]硬口蓋の.
der **Pa·la·tal** [パラタール] 名 -s/-e [言]硬口蓋(ﾋﾞ)音.
pa·la·ta·li·sie·ren [パラタリズィーれン] 動 h. 〈et⁴ツ〉 [言]口蓋(ﾋﾞ)音化する(子音などを).
der **Pa·la·tin** [パラティーン] 名 -s/-e [史]宮中伯.
die **Pa·lat·schin·ke** [パラチンケ] 名 -/-n (主に墺) (ｵｰｽﾄﾘｱ)パラチンケ(ジャムなどをくるんで巻いた薄焼きのパンケーキ).
die **Pa·lau-In·seln** [パーラウ·インゼルン] 複名 [地名]パラオ諸島(ミクロネシアに位置し, 1899-1919までドイツ帝国領).
das **Pa·la·ver** [パラーヴァー] 名 -s/- 1. (口·蔑)長談義; いつまでも終らない交渉. 2. (方)叫び, 騒ぎ.
pa·la·vern [パラーヴァーン] 動 h. palaverte; palavert 〈(mit³)j³ト über〈et⁴ﾂﾆｶﾞﾃ〉〉(口·蔑)らちもないおしゃべりを長々とする, らちの明かない交渉(会議·集会)を延々とやる.
der **Pa·laz·zo** [パラッツォ] 名 -(s)/..lazzi [ｲﾀﾘｱ語]宮殿.
der **Pa·le·tot** [páləto パレト, pal(ə)tó: バルトー, パレトー] 名 -s/-s パルトー(コートの一種).
die **Pa·let·te** [パレッテ] 名 -/-n 1. パレット. 2. (文)[宣伝]豊富な選択の可能性, 多彩さ. 3. [工·経]パレット(フォークリフト用の荷台).
der(*das*) **Pa·limp·sest** [パリムプゼスト] 名 -es/-e パリムプセスト(羊皮紙などの古い文字を消してそのあとに新たに書かれた文書).
das **Pa·lin·drom** [パリンドローム] 名 -s/-e 回文(前後どちらから読んでも意味のある語句).
die **Pa·lin·ge·ne·se** [パリン·ゲネーゼ] 名 -/-n 1. [宗]再生島, 輪廻( ). 2. [生]原形(反復)発生. 3. [地質]転生, パリンジェネシス.
die **Pa·li·no·die** [パリノディー] 名 -/-n [文芸学]改詠詩.
die **Pa·li·sa·de** [パリザーデ] 名 -/-n 1. (主に複) 防御柵(ﾗｸ)用の杭(ﾋ). 2. 防御柵; [馬術]柵障害.
der **Pa·li·sa·den·zaun** [パリザーデン·ツァウン] 名 -(e)s/..zäune (とがり杭(ﾗｸ)の)防御柵(ﾗｸ).
der **Pa·li·san·der·holz** [パリザンダー·ホルツ] 名 -es/..hölzer ブラジル紫檀(ﾀﾞﾝ)材.
das **Pal·la·di·um** [パラーディウム] 名 -s/..dien 1. パラディオン(町や家の守護神としてのパラス·アテネ像); (文·稀)聖なるもの. 2. (単のみ)[化]パラジウム(記号Pd).
(die) **Pal·las** [パラス] 名 [ギ神]パラス(アテネの添名).
der **Pal·lasch** [パラシュ] 名 -(e)s/-e パラッシュ(甲騎兵用の重いサーベル).
pal·li·a·tiv [パリアティーふ] 形 [医](痛みなどを一時的に抑える)こそく的な.
der **Pal·li·no** [パリーノ] 名 -s/-s 的球(イタリアの球遊び(Boccia)の).
das **Pal·li·um** [パリウム] 名 -s/..lien 1. 〔ｶﾄﾘｯｸ〕パリウム(教皇·大司教が祭服の上につけるY字形白帯). 2. パリウム(①中世の戴冠(ﾀｲ)式用マント. ②古代ローマで男子用外套(ｶﾞｲ)として用いた長方形の布). 3. [生](脳の)外套.

Palm·a·rum [パルマールム] 名 (無冠詞; 無変化) 〔ｶﾄﾘｯｸ〕復活祭直前の日曜日(Palmsonntag).
die **Pal·me** [パルメ] 名 -/-n [植]ヤシ, 椰子, シュロ, 棕櫚; (文)シュロの葉(勝利の象徴).
die **Pal·met·te** [パルメッテ] 名 -/-n 1. [芸術学]パルメット, 椰子( )の葉紋. 2. [園]格子垣(壁面)仕立ての果樹.
pal·mie·ren [パルミーれン] 動 h. 〈et⁴ツ〉掌中に隠す(手品などで).
das **Palm·kätz·chen** [パルム·ケッツヒェン] 名 -s/- [植]ネコヤナギの尾状花序.
das **Palm·öl** [パルム·オール] 名 -(e)s/-e ヤシ(パーム)油.
der **Palm·sonn·tag** [パルム·ゾンターク, パルム·ゾンターク] 名 -s/-e [ｷ敎]棕櫚(ﾛ)(枝)の主日(復活祭直前の日曜日).
der **Palm·we·del** [パルム·ヴェーデル] 名 -s/- ヤシ(シュロ)の葉.
die **Pal·pa·ti·on** [パルパツィオーン] 名 -/-en [医]触診.
pal·pi·tie·ren [パルピティーれン] 動 h. 〔医〕鼓動する, 打つ.
das **PAL-Sys·tem** [パール·ズュステーム] 名 -s/ 〔ﾃﾚﾋﾞ〕パルシステム(ドイツや他の西欧諸国(フランスを除く)のカラーテレビ放送システム).
(die) **Pa·me·la** [パメ(ー)ラ] 名 [女名]パメーラ.
(die) **Pa·mi·na** [パミーナ] 名 [女名]パミーナ(モーツァルトの『魔笛』の登場人物の名).
die **Pam·pa** [パンパ] 名 -/-s (主に複)パンパ(ス)(アルゼンチンの大草原).
die **Pam·pe** [パムペ] 名 -/ 1. (北独·中独)(主に蔑)ねばねばした粥(ﾕ). 2. ぬかるみ.
die **Pam·pel·mu·se** [パムペルムーゼ, パムペルムーゼ] 名 -/-n グレープフルーツ; グレープフルーツの木.
der **Pampf** [パムプふ] 名 -(e)s/-e (南独)=Pampe.
pamp·fen [パムプふェン] 動 h. (南独) 1. 〔幼児〕たらふく食う; 口いっぱいに詰めこむ, ほお張る. 2. 〈et⁴ツ〉(口いっぱいにほお張って)いかにもうまそうに食べる.
das **Pam·phlet** [パムふレート] 名 -(e)s/-e (文·蔑)中傷[誹謗(ﾋﾎﾞｳ)]文書.
der **Pam·phle·tist** [パムふレティスト] 名 -en/-en (文) (蔑)中傷[誹謗]文書の作者.
pam·pig [パムピヒ] 形 1. (北独·東独)どろどろした, 粥(ﾕ)状の. 2. (口·蔑)横柄な, ずうずうしい.
(der) **Pan** [パーン] 名 [ｷﾞ神]パン.
die **Pa·na·de** [パナーデ] 名 -/-n [料]パナード(小麦粉などを卵で溶いたもので, 衣やつなぎ用に用いる).
pan·a·fri·ka·nisch [パン·アふりカーニシュ] 形 汎(ﾊﾟ)(全)アフリカ主義の.
der **Pan·a·fri·ka·nis·mus** [パン·アふりカニスムス] 名 -/ 汎(ﾊﾟ)(全)アフリカ主義.
der **Pa·na·ma¹** [パナマ] 名 -s/-s 1. パナマ帽(~hut). 2. [織]パナマクロース.
(das) **Pa·na·ma²** [パナマ] 名 -s/ [国名]パナマ.
der **Pa·na·ma·hut** [パナマ·フート] 名 -(e)s/..hüte パナマ帽.
der **Pa·na·ma·ka·nal** [パナマ·カナール] 名 -s/ パナマ運河.
pan·a·me·ri·ka·nisch [パン·アメリカーニシュ] 形 汎(ﾊﾟ)(全)アメリカ主義の.
der **Pan·a·me·ri·ka·nis·mus** [パン·アメリカニスムス] 名 -/ 汎(ﾊﾟ)(全)アメリカ主義.
pan·a·ra·bisch [パン·アらービシュ] 形 汎(ﾊﾟ)(全)アラブ主義の.
der **Pan·a·ra·bis·mus** [パン·アらビスムス] 名 -/ 汎(ﾊﾟ)(全)アラブ主義.

das **Pa·na·ri·ti·um** [バナリーツィウム] 名 -s/..tien 〖医〗瘭疽.

der **Pa·nasch** [バナッシュ] 名 -(e)s/-e (兜(禁)の)羽根飾り.

pa·na·schie·ren [バナシーれン] 動 h. **1.** ((〈et⁴〉ッ))分割投票する(比例代表制の選挙で). **2.** 〈et⁴ニ〉〖古〗縞(͡)模様をつける.

pan·chro·ma·tisch [パン・クろマーティシュ] 形 〖写〗パンクロ(マチック)の, 全整色の.

der **Pan·da** [パンダ] 名 -s/-s 〖動〗パンダ.

das **Pan·dä·mo·ni·on** [パンデモーニオン], **Pan·dä·mo·ni·um** [パンデモーニウム] 名 -s/..nien 悪霊(伏魔)殿;(総称)悪魔.

die **Pan·dek·ten** [パンデクテン] 複数 パンデクテン(古代ローマ法の法規(法典)を集めたもの).

die **Pan·de·mie** [パンデミー] 名 -/-n 〖医〗汎(͡)流行病.

pan·de·misch [パンデーミシュ] 形 〖医〗汎(͡)(発)流行性の.

der **Pan·dit** [パンディット] 名 -s/-e〔-s〕 バンディット(バラモン教の学者;(⁕のみ)称号).

(die) **Pan·do·ra** [パンドーら] 名 〖ギ神〗パンドラ.

der **Pan·dur** [パンドゥーる] 名 -en/-en パンドゥール ① (昔の)ハンガリーの武装従者. ② 17-18世紀南ハンガリーに駐留したオーストリア歩兵).

das **Pa·neel** [パネール] 名 -s/-e 鏡板;鏡板の壁〔天井〕.

das **Pa·ne·gy·ri·kon** [パネギューりコン] 名 -(s)/..ka (ギリシア正教の)聖人祝日説教集.

das **Pa·nel** [pɛnəl ペネル] 名 -s/-s パネル(パネル調査に選定された回答者グループ).

pa·nem et cir·cen·ses [... tsɪrtsɛnzeːs パーネム エト ツィるツェンゼース] 〖ラ語〗パンとサーカス(為政者が民衆に与える食料と娯楽としての).

der **Pa·net·to·ne** [パネットーネ] 名 -(s)/..ni パネットーネ(砂糖ひげ果実入りのイタリアの菓子パン).

die **Pan·flö·te** [パーン・ふ②-テ] 名 -/-n 〖楽〗パンフルート(楽器).

der **Pan·ger·ma·nis·mus** [パン・ゲるマニスムス] 名 -/ 〖史〗汎ゲルマン主義.

der **Pan·has** [パンハース] 名 -/ 〖料〗パンハース(ソバ粉とブイヨンを混ぜて焼いたヴェストファーレン地方の料理).

die **Pa·nier**[1] [パニーあ] 名 -/ (͡)(フライの)衣.

das **Pa·nier**[2] [パニーあ] 名 -s/-e 〖古〗戦旗, 軍旗;〖文〗標語. 【慣用】〈et⁴〉 **auf sein Panier schreiben**〖文〗〈事〉を旗印にする.

pa·nie·ren [パニーれン] 動 ((〈et⁴〉ッ))〖料〗フライ用の衣をつける.

das **Pa·nier·mehl** [パニーあ・メール] 名 -(e)s/ パン粉.

die **Pa·nik** [パーニック] 名 / cn (土(͡)に)恐慌, パニック.

pa·nik·ar·tig [パーニック・アーるティヒ] 形 パニック状態の.

die **Pa·nik·ma·che** [パーニック・マッヘ] 名 -/ 〖蔑〗(故意に)パニックを作り出すこと.

die **Pa·nik·stim·mung** [パーニック・シュティムング] 名 -/ on パニック状態.

pa·nisch [パーニシュ] 形 パニックに襲われた, 恐慌状態の.

das **Pan·je·pferd** [パンイェ・ふェあート] 名 -(e)s/-e 小型の東欧産馬.

das **Pan·kre·as** [パンクれアス] 名 -/..kreaten 〖パンクれアーテン〗〖医〗膵臓(͡).

die **Pan·ne** [パネ] 名 -/-n **1.** (突然の)故障, エンスト, パンク. **2.** 過失, ミス.

der **Pan·nen·dienst** [パネン・ディーンスト] 名 -(e)s/-e (自動車の)故障修理サービス係.

das **Pan·op·ti·kum** [パノプティクム] 名 -s/..ken 蠟(͡)人形館, 珍品陳列室.

das **Pa·no·ra·ma** [パノらーマ] 名 -s/..men 眺望, 全景;(画像・写真の)パノラマ.

der **Pa·no·ra·ma·spie·gel** [パノらーマ・シュピーゲル] 名 -s/-〖車〗ワイドミラー.

pan·schen [パンシェン] 動 h. **1.** ((〈et⁴〉ッ))水で薄める(..に)水を混ぜる. **2.** (͡)〖口〗水でぱちゃぱちゃ遊ぶ.

der **Pan·sen** [パンゼン] 名 -s/- **1.** 〖動〗瘤胃((͡)(反芻(͡)動物の第一胃). **2.** 〖方・冗〗胃, 腹.

der **Pan·sla·wis·mus** [パン・スラヴィスムス] 名 -/ 汎(͡)〔全〕スラブ主義.

der **Pan·ta·lo·ne** [パンタローネ] 名 -(s)/-s〔..ni〕パンタローネ(Commedia dell'arte のけちな商人役).

die **Pan·ta·lons** [pɑ̃talɔ̃ːs, panta.. パンタローンス, pãːtalɔ̃ːs パーンタローンス, パンタローンス] 複数 パンタロン(フランス革命期に流行した長ズボン);(スピードスケート選手用のタイツ.

pan·ta rhei [パンタ らイ] 〖ギ語〗万物きは流転する(ヘラクレイトスの言葉). ⇒ Heraklit.

der **Pan·ter** [パンター] 名 -s/- =Panther.

der **Pan·the·is·mus** [パンテイスムス] 名 -/ 〖哲・宗〗汎(͡)神論.

der **Pan·the·ist** [パンテイスト] 名 -en/-en 汎(͡)神論者.

pan·the·is·tisch [パンテイスティシュ] 形 汎(͡)神論の.

das **Pan·the·on** [パンテオン] 名 -s/-s **1.** (古典古代のパンテオン, 万神殿;(国家の偉人たちを合祀(͡)する)霊廟((͡)). **2.** 〖宗〗(総称)(ある宗教の)神々.

der **Pan·ther** [パンター] 名 -s/- 〖動〗ヒョウ.

die **Pan·ti·ne** [パンティーネ] 名 -/-n (北独)木のサンダル. 【慣用】**aus den Pantinen kippen** 〖口〗気絶する, うろたえる, 仰天する.

der **Pan·tof·fel** [パントっふェル] 名 -s/..ffeln つっかけ式のくつ, スリッパ. 【慣用】**den Pantoffel schwingen** 〖口〗亭主をしりに敷く. **unter dem Pantoffel stehen** 〖口〗女房のしりに敷かれている.

der **Pan·tof·fel·held** [パントっふェル・ヘルト] 名 -en/-en 〖口・蔑〗恐妻家.

das **Pan·tof·fel·ki·no** [パントっふェル・キーノ] 名 -s/-s 〖口・冗〗テレビ,(家庭の)テレビ受像機.

das **Pan·tof·fel·tier·chen** [パントっふェル・ティーあヒェン] 名 -s/- 〖生〗ゾウリムシ.

der **Pan·to·graf, Pan·to·graph** [パント・グらーふ] 名 -en/-en パントグラフ, 縮図〔写図〕機.

der **Pan·to·kra·tor** [パントクらートーる, パントクラートーれン] 名 -s/-en [パントクラートーれン] **1.** (⁕のみ)パントクラトア(全能の神・復活したキリストの称号). **2.** 〖芸術学〗パントクラトル(特にビザンチン聖堂の全能のキリスト像).

die **Pan·to·let·te** [パントレッテ] 名 -/-n サンダル靴, ミュールタイプのサンダル.

der **Pan·to·mi·me**[1] [パントミーメ] 名 -n/-n パントマイムの役者.

die **Pan·to·mi·me**[2] [パントミーメ] 名 -/-n パントマイム, 無言劇.

pan·to·mi·misch [パントミーミシュ] 形 パントマイムの;(̈)全身的表出運動の.

die **Pan·try** [pɛntri ペントり] 名 -/-s (船・旅客機などの)食料貯蔵室, 配膳(͡)室, パントリー.

pant·schen [パンチェン] 動 h. =panschen.

der **Pan·zer** [パンツァー] 名 -s/- **1.** (騎士の)甲冑((͡));(軍艦などの)装甲. **2.** 戦車,(⁕のみ)〖軍〗機甲部隊(~truppe). **3.** 甲, 甲羅, 甲殻.

die **Pan·zer·ab·wehr** [パンツァー・アップ・ヴェーあ] 名 -/ 〖軍〗対戦車防御;対戦車部隊.

die **Pan·zer·ab·wehr·ka·no·ne** [パンツァーアップヴェーあ・

カノーネ] [名] -/-n 〖軍〗対戦車砲(略 Pak).

die **Pạn·zer·di·vi·si·on** [パンツァー・ディヴィズィオーン] [名] -/-en 〖軍〗戦車師団.

die **Pạn·zer·faust** [パンツァー・ふぁウスト] [名] -/..fäuste 〖軍〗携行用対戦車砲, バズーカ砲.

das **Pạn·zer·glas** [パンツァー・グラース] [名] -es/ 防弾ガラス.

der **Pạn·zer·gra·ben** [パンツァー・グらーベン] [名] -s/..gräben 〖軍〗対戦車壕(ごう).

der **Pạn·zer·gre·na·dier** [パンツァー・グれナディーあ] [名] -s/-e 〖軍〗戦車隊と協同する歩兵隊員;戦車隊と協同する歩兵隊.

das **Pạn·zer·hemd** [パンツァー・ヘムト] [名] -(e)s/-en 鎖帷子(かたびら).

der **Pạn·zer·kreu·zer** [パンツァー・クろイツァー] [名] -s/- 〖軍〗(以前の)装甲巡洋艦.

pạn·zern [パンツァーン] [動] *h.* **1.** [〈et⁴〉ヲ]装甲する(車・軍艦などを). **2.** [〈j⁴〉ニ]甲冑(かっちゅう)〔鎧兜(よろいかぶと)〕を着せる;(〈j⁴〉がsich⁴の場合)甲冑〔鎧兜〕を身に着ける. **3.** [sich⁴+gegen 〈et⁴〉ニ対シテ](心の)準備をする, 動じないようにする(質問などに対して).

die **Pạn·zer·plat·te** [パンツァー・プラッテ] [名] -/-n 装甲〔甲鉄〕板.

das **Pạn·zer·schiff** [パンツァー・シふ] [名] -(e)s/-e (以前の)装甲艦.

die **Pạn·zer·schlacht** [パンツァー・シュラはト] [名] -/-en 戦車戦.

der **Pạn·zer·schrank** [パンツァー・シュらンク] [名] -(e)s/..schränke 鋼鉄製金庫.

der **Pạn·zer·schüt·ze** [パンツァー・シュッツェ] [名] -n/-n 〖軍〗戦車砲手.

der **Pạn·zer·späh·wa·gen** [パンツァー・シュペー・ヴァーゲン] [名] -s/- 〖軍〗装甲偵察車.

die **Pạn·zer·sper·re** [パンツァー・シュペれ] [名] -/-n 〖軍〗対戦車障害物(防壁・地雷原など).

die **Pạn·zer·trup·pe** [パンツァー・トるッペ] [名] -/-n 〖軍〗戦車部隊.

der **Pạn·zer·turm** [パンツァー・トゥるム] [名] -(e)s/..türme 〖軍〗(戦車)砲塔, 装甲砲塔.

die **Pạn·ze·rung** [パンツェるング] [名] -/-en 装甲化;装甲板.

der **Pạn·zer·wa·gen** [パンツァー・ヴァーゲン] [名] -s/- 〖軍〗装甲車.

die **Pạn·zer·wes·te** [パンツァー・ヴェステ] [名] -/-n 防弾チョッキ.

der **Pạn·zer·zug** [パンツァー・ツーク] [名] -(e)s/..züge 〖軍〗装甲列車.

die **Pä·o̱·nie** [ペオーニエ] [名] -/-n 〖植〗シャクヤク, ボタン.

der **Pa·pa**[1] [パパー, パパ] [名] -s/-s 《口》パパ.

der **Pa̱·pa**[2] [パーパ] [名] -s/ **1.** 〖カトリック〗パパ様(教皇) **2.** (東方正教会の)上級司祭(略 P.).

der **Pa·pa·gạl·lo** [パパガロ] [名] -(s)/-s〔..galli〕女性観光客を狙う女たらし(イタリアなど南欧の).

der **Pa·pa·gei** [パパガイ, パパガイ] [名] -en〔-s〕/-en〔-e〕〖鳥〗オウム.

die **Pa·pa·gei·en·krank·heit** [パパガイエン・クらンクハイト] [名] -/ 〖医〗オウム病.

(*der*) **Pa·pa·ge̱·no** [パパゲーノ] [名] 〖人名〗パパゲーノ(モーツァルト『魔笛』の鳥刺しの名).

der **Pa·pa·rạz·zo** [パパらッツォ] [名] -s/..razzi 《口》(《蔑》も有)パパラッチ(しつこい新聞雑誌のカメラマン〔事件記者〕).

das **Pa·per** [pé:pər ペーパー] [名] -s/-s 文書, 書類,(講演)草案.

das **Pa·per·back** [pé:pərbæk ペーパー・ベック] [名] -s/-s ペーパーバック.

die **Pa·pe·te·ri̱e** [パペテリー] [名] -/-n 《スイス》文房具店;文房具.

der **Pạ·pi** [パピ] [名] -s/-s パピィ(Papa¹の愛称形).

das **Pa·pi̱er** [パピーあ] [名] -s/-e **1.** (単のみ)紙. **2.** 書類, 記録;(主に複)証明書(類). **3.** 〖財政〗有価証券. 【慣用】(**nur**) **auf dem Papier stehen** 机上の空論である. 〈**et⁴**〉 **zu Papier bringen** 〈事を〉書き記す.

die **Pa·pi̱er·bahn** [パピーあ・バーン] [名] -/-en (製紙工場で完成品になる前の)帯状の紙.

die **Pa·pi̱er·blu·me** [パピーあ・ブルーメ] [名] -/-n **1.** 造花, ペーパーフラワー. **2.** 〖植〗トキワバナ.

der **Pa·pi̱er·bo·gen** [パピーあ・ボーゲン] [名] -s/- 全紙.

der **Pa·pi̱er·brei** [パピーあ・ブらイ] [名] -(e)s/-e 製紙用パルプ.

das **Pa·pi̱er·deutsch** [パピーあ・ドイチュ] [名] -(s)/ 無味乾燥な〔硬い〕ドイツ語.

pa·pi̱e·ren [パピーれン] [形] **1.** 紙(製)の. **2.** 紙のような(外見・手触りの);無味乾燥な.

die **Pa·pi̱er·fa·brik** [パピーあ・ふぁブリーク] [名] -/-en 製紙工場.

das **Pa·pi̱er·geld** [パピーあ・ゲルト] [名] -(e)s/ 紙幣.

das **Pa·pi̱er·ge·wicht** [パピーあ・ゲヴィひト] [名] -(e)s/-e 〖ボクシング・レスリング〗 **1.** (単のみ)ペーパーウェイト級. **2.** ペーパーウェイト級の選手.

der **Pa·pi̱er·korb** [パピーあ・コるプ] [名] -(e)s/..körbe 紙くずかご.

der **Pa·pi̱er·krieg** [パピーあ・クリーク] [名] -(e)s/-e 《口・蔑》(役所との複雑・緩慢な)書類の戦争.

das **Pa·pier·ma·ché, Pa·pier·ma·schee** [papí:ɐmaʃe: パピーあ・マシェー, papiemaʃé: パピエ・マシェー] [名] -s/-s 混凝(こんくり)紙, 紙粘土(張り子の材料).

das **Pa·pi̱er·mes·ser** [パピーあ・メッサー] [名] -s/- **1.** 《古》開封用ナイフ. **2.** ペーパーナイフ, 紙切りナイフ.

die **Pa·pi̱er·müh·le** [パピーあ・ミューレ] [名] -/-n (製紙用)パルプ攪拌(かくはん)機;《古》製紙工場.

die **Pa·pi̱er·rol·le** [パピーあ・ろレ] [名] -/-n ロールティシュー〔ペーパー〕, 巻紙, 巻取り紙.

die **Pa·pi̱er·sche·re** [パピーあ・シェーれ] [名] -/-n 紙切りばさみ.

die **Pa·pi̱er·schlan·ge** [パピーあ・シュランゲ] [名] -/-n (カーニバルなどで用いる)紙テープ.

der〔*das*〕**Pa·pi̱er·schnip·sel** [パピーあ・シュニプセル], **Pa·pi̱er·schnit·zel** [パピーあ・シュニッツェル] [名] -s/- 紙の切りくず.

die **Pa·pi̱er·ser·vi·et·te** [パピーあ・ぜるヴィエッテ] [名] -/-n 紙ナプキン.

der **Pa·pi̱er·strei·fen** [パピーあ・シュトらイふぇン] [名] -s/- 紙テープ.

das **Pa·pi̱er·ta·schen·tuch** [パピーあ・タッシェン・トゥーふ] [名] -(e)s/..tücher ティッシュペーパー.

der **Pa·pi̱er·ti·ger** [パピーあ・ティーガー] [名] -s/- 張り子の虎.

die **Pa·pi̱er·wäh·rung** [パピーあ・ヴェーるング] [名] -/-en 紙幣本位(制度).

die **Pa·pi̱er·wa·ren** [パピーあ・ヴァーれン] [複名] 紙製品, 文房具.

die **Pa·pịl·le** [パピレ] [名] -/-n 〖解〗乳頭.

das **Pa·pil·lo̱m** [パピローム] [名] -s/-e 〖医〗乳頭腫(しゅ).

die **Pa·pil·lo̱·te** [papijó:tə パピヨーテ] [名] -/-n **1.** ペーパーカーラー(毛髪カール用の紙). **2.** 〖料〗パピーヨット(料理用の紙).

die **Pa·pi·rọs·sa** [パピろッサ] [名] -/..rossy [..ろッスィ] 長い紙の吸い口付きタバコ.

der **Pa·pịs·mus** [パピスムス] [名] -/ 《蔑》教皇至上主義;頑迷なカトリシズム.

der **Pa·pịst** [パピスト] [名] -en/-en《蔑》教皇至上主義者, 教皇派の人.
pa·pịs·tisch [パピスティシュ] [形]《蔑》教皇至上主義の.
pạpp [パップ]《口》《次の形で》nicht mehr ～ sagen können おなかがいっぱいで口もきけない.
der **Pạpp** [パップ] [名] -s/-e《主に[単]》《方》お粥(かゆ); 糊(のり).
der **Pạpp·band** [パップ·バント] [名] -(e)s/..bände 厚紙表紙の本(略 Pp., Ppb., Ppbd.).
der **Pạpp·be·cher** [パップ·ベっひゃー] [名] -s/- 紙コップ.
der **Pạpp·de·ckel** [パップ·デッケル] [名] -s/- (一枚の)ボール紙, 厚紙.
die **Pạp·pe** [パっペ] [名] -/-n 厚紙, ボール紙. 【慣用】**Das ist nicht von〔aus〕Pappe.**《口》それはけっして見かけ倒しではない.
die **Pạp·pel** [パっペル] [名] -/-n **1.** ポプラ(の木). **2.**《[単]のみ》ポプラ材.
päp·peln [ペっペルン] [動] *h.*〔〈j⁴/et⁴〉ニ〕《口》滋養のあるものを与える. 【慣用】〈j²〉 **Eitelkeit päppeln** 〈人の〉の虚栄心をくすぐる.
pạp·pen [パっペン] [動] *h.*《口》 **1.**〔〈et⁴〉ヲ＋an〈et⁴〉ニ/auf〈et⁴〉ノ上ニ〕(のりをつけて)はる. **2.**〔(〈場所〉ニ)〕くっつく(雪·ガムなどが).
der **Pạp·pen·de·ckel** [パっペン·デッケル] [名] -s/- ＝Pappdeckel.
der **Pạp·pen·hei·mer** [パっペン·ハイマー] [名] -s/-《次の形で》seine ～ kennen《口》相手の人となりを知っている.
der **Pạp·pen·stiel** [パっペン·シュティール] [名]《口》《次の形で》〈et¹〉ist kein ～〈物·事は〉ばかにできない. für〔um〕einen ～ ただ同様で. keinen ～ wert sein 何の値打ちもない.
pap·per·la·papp ! [パっパーラパップ] [間] ばかばかしい, よしてよ(くだらないおしゃべりなどに対して).
pạp·pig [パっピひ] [形]《口》べたべたした; 生焼けの, ねちゃねちゃの; 煮すぎてどろどろの.
der **Pạpp·ka·me·rad** [パップ·カメらート] [名] -en/-en《口》射撃の標的人形;《転》人の言いなりになる人.
der **Pạpp·kar·ton** [パップ·カるト(ー)ン] [名] -s/-s ボール箱.
das **Pạpp·ma·ché, Pạpp·ma·schee** [..maʃéː パップ·マシェー] [名] -s/-s ＝Papiermaché.
das **Pạpp·ma·schee** [パップ·マっシェー] [名] -s/-s 混凝(こんくり)紙, 紙粘土.
die **Pạpp·schach·tel** [パップ·シャはテル] [名] -/-n ボール箱.
der **Pạpp·schnee** [パップ·シュネー] [名] -s/ べた雪.
der **Pạpp·tel·ler** [パップ·テラー] [名] -s/- 紙皿.
der **Pạp·pus** [パっプス] [名] -/-〔-se〕〖植〗冠毛.
der **Pa·pri·ka** [パ(ー)プりカ] [名] -s/-(s) **1.**〖植〗パプリカ. **2.** パプリカ〔ピーマン〕の実. **3.** パプリカ(粉末の香辛料).
der **Papst** [パープスト] [名] -(e)s/Päpste (ローマ)教皇. 【慣用】**päpstlicher sein als der Papst** その任にある者よりさらに厳しい.
..papst [..パープスト] [接尾] 名詞につけて基礎語の意味する世界で指導的立場にある人を表す: Literatur*papst* 文壇の大御所.
die **Pa̲pst·kro·ne** [パープスト·クろーネ] [名] -/-n 教皇冠.
päpst·lich [ペープストリひ] [形] (ローマ)教皇(職)の; 教皇(制)支持の.
das **Papst·tum** [パープストトゥーム] [名] -s/ 教皇職, 教皇権.
der **Pa·pua** [パープア, パプーア] [名] -(s)/-(s) パプア人.
(*das*) **Pa·pua-Neu·gui·nea** [..nɔyginéːa パープア·ノイギネーア, パプーア·ノイギネーア] [名] -s/ 〖国名〗パプア·ニューギニア.
der **Pa·py̲·rus** [パピューるス] [名] -/..ri **1.**〖植〗パピルス. **2.** (古代エジプトの)パピルス紙, パピルス文書.
das **Par** [paːr パーる] [名] -(s)/-s〖ゴルフ〗パー.
die **Pa·ra·bel** [パらーベル] [名] -/-n **1.** (教訓的な)たとえ話. **2.**〖数〗放物線.
die **Pa·ra·bẹl·lum** [パらベルム] [名] -/-s〖商標〗パラベルム(自動拳銃).
die **Pa·ra·bo̲l·an·ten·ne** [パらボール·アンテネ] [名] -/-n〖工〗パラボラアンテナ.
pa·ra·bo̲·lisch [パらボーリシュ] [形] **1.**《文》たとえ話の(ような). **2.**〖数〗放物線状の.
der **Pa·ra·bo̲l·spie·gel** [パらボール·シュピーゲル] [名] -s/-〖工〗放物面鏡.
(*der*) **Pa·ra·cẹl·sus** [..tsɛ́lzʊs パらツェルズス] [名]〖人名〗パラケルスス(本名 Theophrastus Bombastus von Hohenheim, 1493-1541, ルネサンス期のスイスの医師·自然科学者·哲学者).
die **Pa·ra̲·de** [パらーデ] [名] -/-n **1.**〖軍〗観〔閲〕兵式, 分列式〔行進〕. **2.**〖フェンシング〗パラード, かわし;〖チェス〗受け;〖球〗セービング. **3.**〖馬術〗停止. 【慣用】〈j³〉**in die Parade fahren**〈人に〉真っ向から反対する.
das **Pa·ra̲·de·bei·spiel** [パらーデ·バイ·シュピール] [名] -(e)s/-e 好例, 適例.
das **Pa·ra̲·de·bett** [パらーデ·ベット] [名] -(e)s/-en《古》豪華な寝台.
der **Pa·ra·dei̲·ser** [パらダイザー] [名] -s/-《オーストリア》トマト.
der **Pa·ra̲·de·marsch** [パらーデ·マるシュ] [名] -(e)s/..märsche〖軍〗観閲式の行進.
das **Pa·ra̲·de·pferd** [パらーデ·プふぇーあト] [名] -(e)s/-e (体面を保つのに適した)立派な馬;《口》自慢の人〔物·事〕.
der **Pa·ra̲·de·schritt** [パらーデ·シュりっト] [名] -(e)s/〖軍〗観閲式の歩調.
die **Pa·ra̲·de·u·ni·form** [パらーデ·ウニ·ふぉるム] [名] -/-en〖軍〗正装, 礼装.
pa·ra·di̲e·ren [パらディーれン] [動] *h.* **1.**〔補足なし〕〖軍〗分列行進をする. **2.**〔〈場所〉ニ〕《文》(人目をひくように)並べてある〔置かれている〕. **3.**〔mit〈et³〉ヲ〕《文》誇示する, ひけらかす(知識などを).
das **Pa·ra·di̲es** [パらディース] [名] -es/-e **1.**《[単]のみ》〖旧約〗エデンの園, 楽園;〖宗〗天国. **2.** 楽園; 黄金郷. **3.**〖建〗パラダイス(中央に噴水, 周囲に柱廊をめぐらせた前庭).
der **Pa·ra·di̲es·ap·fel** [パらディース·アップふぇル] [名] -s/..äpfel〖植〗パラダイス(バルカン半島原産の小型のリンゴ);《オーストリア》トマト;《方·古》ザクロの実.
pa·ra·di̲e·sisch [パらディーズィシュ] [形] **1.** 楽園の, エデンの園の. **2.** 極楽〔天国〕のような, 至福の.
der **Pa·ra·di̲es·vo·gel** [パらディース·ふぉーゲル] [名] -s/..vögel **1.**〖鳥〗ゴクラクチョウ. **2.** 風変りな人.
das **Pa·ra·dịg·ma** [パらディグマ] [名] -s/..men〔..mata〕 **1.**《文》模範, 範例. **2.**〖言〗パラディグマ, 連合; 語形変化表〔系列〕. **3.** パラダイム, 理論的枠組.
pa·ra·dọx [パらドクス] [形] **1.**《文》逆説的な, 矛盾した. **2.**《口》理屈に合わない, おかしな.
das **Pa·ra·dọx** [パらドクス] [名] -es/-e ＝Paradoxon.
das **Pa·ra·do·xon** [パらードクソン] [名] -s/..xa **1.**〖哲·文体論〗パラドックス, 逆理, 背理. **2.**《文》矛盾, 逆説.
das **Pa·raf·fi̲n** [パらふぃーン] [名] -s/-e パラフィン;《主に[複]》パラフィン系炭化水素.
der **Pa·ra·gra̲f, Pa·ra·gra̲ph** [パらグらーふ] [名] -en/-en **1.** (文章の)段落, 節; (法文などの)条(記号 §). **2.** パラグラフ記号(～zeichen).
der **Pa·ra·gra̲·fen·rei·ter, Pa·ra·gra̲·phen·rei·ter** [パらグらーふぇン·らイター] [名] -s/-《蔑》条文〔規則〕主義者.

der **Pa·ra·gu·ay**[1] [..gvaɪ パ(ー)らグヴァイ, ..guaɪ パらグアイ] [名] -(s)/ 〖川名〗パラグアイ川.

(*das*) **Pa·ra·gu·ay**[2] [パ(ー)らグヴァイ, パらグアイ] [名] -s/ 〖国名〗パラグアイ.

das **Pa·ra·li·po·me·non** [パらリポーメノン] [名] -s/ ..mena《主に[複]》〖文芸学〗補巻, 補遺.

pa·ral·lak·tisch [パらラクティシュ] [形] 〖理・天・写〗視差の.

die **Pa·ral·la·xe** [パらラクセ] [名] -/-n 〖理・天・写〗パララックス, 視差.

pa·ral·lel [パらレール] [形] 《(zu〔mit〕 ⟨j³/et³⟩ₓ)》平行の; 並行する;〖楽〗(声部が)平行の: Ein Pfad läuft ~ zum Fluss. 小道が川に平行に走っている.

die **Pa·ral·le·le** [パらレーレ] [名] -/-n **1.** 〖数〗平行線. **2.** 比較しうるもの, 匹敵するもの, 類似の現象, 類例. **3.** 〖楽〗平行, 平進行.

das **Pa·ral·lel·e·pi·ped** [パらレール・エピペート] [名] -(e)s/-e =Parallelepipedon.

das **Pa·ral·lel·e·pi·pe·don** [パらレル・エピーペドン] [名] -s/..da〔..peden [パらレル・エピペーデン]〕〖数〗平行六面体.

die **Pa·ral·lel·er·schei·nung** [パらレール・エあシャイヌング] [名] -/-en 平行現象.

der **Pa·ral·lel·fall** [パらレール・ふぁル] [名] -(e)s/..fälle 類似の事例.

der **Pa·ral·lel·im·port** [パらレール・イムポるト] [名] -(e)s/-e 〖経〗 **1.** (〈単〉のみ)並行輸入. **2.** 並行輸入品.

der **Pa·ral·le·lis·mus** [パらレリスムス] [名] -/..men 平行, 類似;〖哲〗並行論;〖言・文体論〗並列法.

die **Pa·ral·le·li·tät** [パらレリテート] [名] -/-en **1.** (〈単〉のみ)〖数〗平行(性). **2.** 類似性, 並行性.

der **Pa·ral·lel·kreis** [パらレール・クらイス] [名] -es/-e 〖地〗緯線.

der **Pa·ral·lel·markt** [パらレール・マるクト] [名] -(e)s/..märkte 〖金融〗(証券取引の)並行市場;(外国為替の)非公式市場.

das **Pa·ral·le·lo·gramm** [パらレロ・グらム] [名] -s/-e 〖数〗平行四辺形.

pa·ral·lel schal·ten, [旧]**pa·ral·lel·schal·ten** [パらレール シャルテン] [動] *h.* 〔⟨et⁴⟩ₓ〕〖電〗並列に接続する.

die **Pa·ral·lel·schal·tung** [パらレール・シャルトゥング] [名] -/-en 〖電〗並列接続.

der **Pa·ral·lel·schwung** [パらレール・シュヴング] [名] -(e)s/..schwünge 〖スキー〗パラレルターン.

der **Pa·ra·lo·gis·mus** [パら・ロギスムス] [名] -/..men 〖論〗偽推理.

die **Pa·ra·lym·pics** [パらリュムピクス] [複名] パラリンピック.

die **Pa·ra·ly·se** [パらリューゼ] [名] -/-n 〖医〗麻痺(まひ).

pa·ra·ly·sie·ren [パらリュズィーれン] [動] *h.* **1.** 〔⟨j⁴/et⁴⟩ₓ〕〖医〗麻痺(まひ)させる. **2.** 〔⟨et⁴⟩ₓ〕機能を麻痺させる(国家などの).

der **Pa·ra·ly·ti·ker** [パらリューティカー] [名] -s/- 〖医〗麻痺(まひ)患者.

pa·ra·ly·tisch [パらリューティシュ] [形] 〖医〗麻痺(まひ)(性)の.

die **Pa·ra·me·di·zin** [パーら・メディツィーン] [名] -/ パラメディシン(教室医学で認められている以外の医療・治療法).

das **Pa·ra·ment** [パらメント] [名] -(e)s/-e (主に[複])典礼服と装飾一式.

der **Pa·ra·me·ter** [パらー・メター] [名] -s/- **1.** 〖数〗パラメーター, 媒介変数. **2.** 〖経〗可変量;〖統計〗母数. **3.** 〖楽〗パラメーター. **4.** 要因, 要素.

pa·ra·mi·li·tä·risch [パーら・ミリテーりシュ] [形] 準軍事的な.

die **Pa·ram·ne·sie** [パらムネズィー] [名] -/-n 〖医・心〗記憶錯誤.

die **Pa·rä·ne·se** [パれネーゼ] [名] -/-n 《文》説諭, 説得, 勧告;(手紙・説教の)訓戒〔激励〕の部分.

die **Pa·ra·noia** [パら・ノイア] [名] -/ 〖医〗パラノイア, 妄想〔偏執〕症.

pa·ra·no·id [パら・ノイート] [形] 〖医〗妄想〔偏執〕性の.

der **Pa·ra·no·i·ker** [パら・ノーイカー] [名] -s/- 〖医〗パラノイア患者.

pa·ra·nor·mal [パら・ノるマール] [形] 〖超心理学〗科学的に説明不可能な.

die **Pa·ra·nuss,** [旧]**Pa·ra·nuß** [パーら・ヌス] [名] -/..nüsse 〖植〗ブラジルナッツ.

die **Pa·ra·phe** [パらーふぇ] [名] -/-n 《文》サイン, 署名(特にイニシャルだけなどの略式のもの).

die **Pa·ra·pher·na·li·en** [パらふぇるナーリエン] [複名] **1.** 《文》個人の所有物; 装備(品), 付随物. **2.** 〖法〗《古》(持参金以外の)妻の所有財産.

pa·ra·phie·ren [パらふぃーれン] [動] *h.* 〔⟨et⁴⟩ₓ〕《文》略式のサインをする(イニシャル・記号などで), 仮調印する.

die **Pa·ra·phra·se** [パら・ふらーゼ] [名] -/-n **1.** 〖言〗(原文の)平易な言換え, パラフレーズ; 意訳. **2.** 〖楽〗パラフレーズ.

pa·ra·phra·sie·ren [パら・ふらズィーれン] [動] *h.* 〔⟨et⁴⟩ₓ〕〖言〗パラフレーズする(文を); 意訳する;〖楽〗パラフレーズする.

die **Pa·ra·ple·gie** [パら・プレギー] [名] -/-n 〖医〗対(つい)麻痺.

die **Pa·ra·psy·cho·lo·gie** [パーら・プスュひょ・ロギー, パら・プスュひょ・ロギー] [名] -/ 超心理学.

der **Pa·ra·sit** [パらズィート] [名] -en/-en **1.** 〖文芸学〗(ギリシア喜劇の)食客, 居候. **2.** 〖生〗寄生生物, 寄生虫〔体〕. **3.** 〖地質〗側〔寄生〕火口.

pa·ra·si·tär [パらズィテーあ] [形] **1.** 〖生〗寄生(生物)の, 寄生虫(性)の. **2.** 《文・蔑》寄生的な, 寄生虫のような.

pa·ra·si·tisch [パらズィーティシュ] [形] =parasitär.

der **Pa·ra·si·tis·mus** [パらズィティスムス] [名] -/ 〖生〗寄生.

der〔*das*〕**Pa·ra·sol** [パら・ゾール] [名] -s/-s 《古》パラソル.

der **Pa·ra·sol·pilz** [パらゾール・ピルツ] [名] -es/-e 〖植〗カラカサタケ.

der **Pa·ra·sym·pa·thi·kus** [パら・ズュムパーティクス] [名] -/ 〖医・生理〗副交感神経.

pa·rat [パらート] [形] 用意してある;《古》出発の準備のできた: ⟨et⁴⟩ ~ haben〔halten〕⟨物・事ₓ⟩用意してある.

pa·ra·tak·tisch [パら・タクティシュ] [形] 〖言〗並列の.

die **Pa·ra·ta·xe** [パら・タクセ] [名] -/-n 〖言〗並列.

der **Pa·ra·ty·phus** [パーら・テューふス] [名] -/ 〖医〗パラチフス.

der〔*das*〕**Pa·ra·vent** [..vã: パらヴァーン] [名] -s/-s 《古》屏風(びょうぶ), ついたて.

par a·vion [pa:ravjõ: パーあ アヴィオーン] 〖フランス語〗航空便で.

par·boiled [pá:rbɔylt パーあ・ボイルト] [形] 〖料〗湯がいた, 湯通しをした, 半ゆでにした(米など).

das **Pär·chen** [ペーあひぇン] [名] -s/- 《Paar の縮小形》(愛し合う)カップル, ペア;(動物の)つがい, 2頭一組.

der **Par·cours** [parkú:r パる・クーあ] [名] -[..クーあ(ス)]/-[..クーあス] 〖馬術〗障害物コース;〖スポーツ〗競争のコース.

par·dauz! [パるダウツ] [間] 《古》どたん, ばたん.

par dis·tance [pa:rdistã:s パーあ ディスターンス] 〖フランス語〗遠くから;(必要な)距離を保って, 形式的に.

Parktor

der [*das*] **Par·don** [pardõ: バルドーン, pardɔ̃ŋ バルドング] 名 ～の〈古〉容赦, 許し：～！失礼.
par·do·nie·ren [バルドニーレン] 動 h.〈j⁴〉〈古〉赦す；(…に) 恩赦[特赦]を与える.
die **Par·ent·al·ge·ne·ra·tion** [パレンタール·ゲネラツィオーン] 名 -/-en 〖遺〗親世代.
die **Par·en·tel** [パレンテール] 名 〈古〉同族血族.
par·en·te·ral [パレンテラール] 形 〖医〗非経口性の.
die **Par·en·the·se** [パレン·テーゼ] 名 -/-n **1.**〖言〗挿入文〔語句〕. **2.**（丸）括弧, ダッシュ, コンマ：in ～ ちなみに.
par·en·the·tisch [パレン·テーティシュ] 形〈文〉付足しの；〖言〗挿入文〔語句〕の.
das **Pa·re·re** [パれ·ーれ] 名 -(s)/-(s) **1.**〈古〉(商業上の係争にかかわる第三者の公正な)判定. **2.**〈古〉（精神病院へ送ることを許可する医師の）診断.
die **Pa·re·se** [パれ·ゼ] 名 -/-n 〖医〗不全麻痺.
par ex·cel·lence [pa:rɛksɛlɑ̃:s パーあ エクセラーンス]〖ﾌﾗﾝｽ語〗完璧な, 正真正銘の, …きっての.
das **Par·fait** [parfɛ バルふェ] 名 -s/-s〖料〗パフェ, パフェ.
par force [pa:rfɔrs パーあ ふォるス]〖ﾌﾗﾝｽ語〗力づくで, なんとしても.
die **Par·force·jagd** [パーあふォるス·ヤークト] 名 -/-en〖狩〗追い猟（馬に乗り, 猟犬を使う猟〉.
das **Par·fum** [parfœ̃ バルふぁん] 名 -s/-s = Parfüm.
das **Par·füm** [バるふゅーム] 名 -s/-e[-s] 香水.〈転·文〉芳香.
die **Par·fü·me·rie** [バるふゅメリー] 名 -/-n 香水〔化粧品〕店；香水製造会社.
die **Par·füm·fla·sche** [バるふゅーム·ふらッシェ] 名 -/-en 香水瓶.
par·fü·mie·ren [バるふゅミーレン] 動 h. **1.**〈j⁴/et⁴〉に香水を振り〔吹き〕かける；〈j⁴〉sich⁴の場合〉自分に香水を振り〔吹き〕かける. **2.**〈et⁴〉に香料を入れる（石けんなどに）.
der **Par·füm·zer·stäu·ber** [バるふゅーム·ツェあシュトイバー] 名 -s/-香水スプレー.
pa·ri [バーリ]〖ｲﾀﾘｱ語〗**1.**〔次の形で〕zu/über/unter ～〖金融〗額面価格で/額面以上で/額面以下で. **2.**〔次の形で〕 ～ stehen やっとしい, 同等である.
der **Pa·ria** [バーリア] 名 -s/-s バリア（インドの最下層民）；〈比〉賤民（いゃしゅう), 下層民.
pa·rie·ren¹ [バリーレン] 動 h. **1.**〈et⁴〉〉〈ｽﾎﾟ〗防ぐ, 払う；セーブする. **2.**〈et⁴〉〔馬術〕停止させる, 並足にさせる. **3.**〈et⁴〉うまく受け答えする（質問に）.
pa·rie·ren² [バリーレン] 動 h.〈(j³/et³)〉〈口〉素直に従う.
die **Pa·rier·stan·ge** [バリーあ·シュタンゲ] 名 -/-n（剣などの）棒状の鍔（つば）.
pa·ri·e·tal [バエタール] 形〖生·医〗体壁の, 側壁の；〖医〗頭頂部の.
(*der*) **Pa·ris**¹ [パーリス] 名 〖ｷﾞ神〗パリス（トロイア王Priamosの息子〉.
(*das*) **Pa·ris**² [パリス] 名 -'/〖地名〗パリ.
pa·risch [パーリシュ] 形 パロス島（産）の.
der **Pa·ri·ser** [パリーザー] 名 -s/- パリ市民.
die **Pa·ri·se·rin** [パリーゼりン] 名 -/-nen パリの女性.
die **Pa·ri·si·en·ne** [pariziɛn パリズィ·エン] 名 -/- バリジェンヌ①模様のあるラメ入り絹織物. ② 1830年のフランス革命歌）.
die **Pa·ri·tät** [バリテート] 名 -/-en **1.**〈文〉同等, 対等. **2.**〖経〗平価.
pa·ri·tä·tisch [バリテーティシュ] 形〈文〉同等〔同格·同権〕の, 対等の, 同数の.
der **Park** [バるク] 名 -s/-s[-e；〈まれ〉Pärke] **1.**公園,（大きな）庭園. **2.**使用車両(Fuhr～)；保有機械(Maschinen～)；保有車両(Wagen～).
der **Par·ka** [バるカ] 名 -s/-s (*die* ～/-s も有) パーカ（フードつき（毛皮製）アノラック）.
das **Park-and-ride-Sys·tem** [pɑ:rkɛntrɑit.. パーあク·エントらィト·ズュステーム] 名 -s/ パーク·アンド·ライド·システム〔方式〕（最寄りの駅で車を駐車し都心には電車を利用する通勤方式〉.
die **Park·an·la·ge** [バるク·アン·ラーゲ] 名 -/-n 公園〔施設〕.
die **Park·bank** [バるク·バンク] 名 -/..bänke 公園のベンチ.
das **Park·deck** [バるク·デック] 名 -(e)s/-e[-e]（パーキングビルの）駐車階.
par·ken [バるケン] 動 h. **1.**〈(et⁴)ｦ〉＋〈場所〉ｦ駐車させる.〖自転車には ab|stellenを使う〗**2.**〈場所〉駐車している.【慣用】**Parken verboten!** 駐車禁止.
der **Par·ker** [バるカー] 名 -s/- 駐車する人.
das **Par·kett** [バるケット] 名 -(e)s/-e[-(-s) **1.**寄せ木張りの床：sich⁴ auf dem ～ bewegen können 上流社会との交際がうまくできる. **2.**（劇場などの）一階正面前方席, 平土間席；〈転〉（総称）平土間の観客. **3.**〖金融〗（取引所の）取引；立会場, 場.
der **Par·kett·bo·den** [バるケット·ボーデン] 名 -s/..böden = Parkettfußboden.
der **Par·kett·fuß·bo·den** [バるケット·ふース·ボーデン] 名 -s/..böden 寄せ木張りの床.
par·ket·tie·ren [バるケッティーレン] 動 h.〈et⁴〉ｦ床を寄せ木張りにする.
die **Park·ge·bühr** [バるク·ゲビューア] 名 -/-en 駐車料金.
das **Park·haus** [バるク·ハウス] 名 -es/..häuser パーキングビル.
der **Par·king·me·ter** [バーキング·メーター] 名 -s/-〈ｽｲｽ〉パーキングメーター.
der **Par·kin·so·nis·mus** [バーキンゾニスムス] 名 -/〖医〗〈古〉パーキンソン症候群.
die **Par·kin·son·krank·heit, Par·kin·son-Krank·heit** [バーキンソン·クランクハイト] 名 -/ パーキンソン病.
par·kin·son·sch, Par·kin·son'sch [バーキンソンシュ] 形 パーキンソン（氏）の：die ～e Krankheit バーキンソン病.
das **Par·kin·son·syn·drom, Ⓑ Par·kin·son-Syn·drom** [バーキンソン·ズュンドローム] 名 -s/-e〖医〗パーキンソン症候群.
die **Park·kral·le** [バるク·クらレ] 名 -/-n 駐車違反の車に（車輪が動かないように）取りつける鉤爪（かぎっめ).
die **Park·leuch·te** [バるク·ロイヒテ] 名 -/-n パーキングライト.
das **Park·licht** [バるク·リヒト] 名 -(e)s/-er = Parkleuchte.
die **Park·lü·cke** [バるク·リュッケ] 名 -/-n（駐車中の車間の）駐車余地.
das [*der*] **Par·ko·me·ter** [バるコメーター] 名 -s/- = Parkuhr.
der **Park·platz** [バるク·ブラッツ] 名 -es/..plätze 駐車車場, 駐車できる場所〔ﾊｰﾍﾟﾝ〕.
die **Park·schei·be** [バるク·シャイベ] 名 -/-n（フロントガラスの内側に表示する）駐車（開始時刻表示）カード.
der **Park·stu·dent** [バるク·シュトゥデント] 名 -en/-en〈口〉待ち学生（希望学科に入れるまで他学科を専攻している学生〉.
das **Park·stu·di·um** [バるク·シュトゥーディウム] 名 -s/ 志望学科への入学許可を待つ間他学科で修学すること.
das **Park·tor** [バるク·トーあ] 名 -(e)s/-e 公園の門.

die **Park·uhr** [パるク・ウーあ] [名] -/-en パーキングメーター.
das **Park·ver·bot** [パるク・ふぇあボート] [名] -(e)s/-e 駐車禁止;駐車禁止区域.
die **Park·zeit·uhr** [パるク・ツァイト・ウーあ] [名] -/-en パーキングメーター.
das **Par·la·ment** [パるラメント] [名] -(e)s/-e **1.** 議会. **2.** 国会議事堂.
der **Par·la·men·tär** [パるラメンテーあ] [名] -s/-e 軍使.
der **Par·la·men·ta·ri·er** [パるラメンターりあー] [名] -s/- 国会議員.
par·la·men·ta·risch [パるラメンターりシュ] [形] 議会〔国会〕の, 議会制の: *P~er* Rat 議会評議会.
der **Par·la·men·ta·ris·mus** [パるラメンタりスムス] [名] -/ 議会制〔主義〕.
die **Par·la·ments·fe·ri·en** [パるラメンツ・ふぇーりエン] [複名] 議会の休会期.
das **Par·la·ments·mit·glied** [パるラメンツ・ミット・グリート] [名] -(e)s/-er 国会議員.
der **Par·la·ments·sitz** [パるラメンツ・ズィッツ] [名] -es/-e 国会の議席.
die **Par·la·ments·sit·zung** [パるラメンツ・ズィッツング] [名] -/-en 国会の会議〔審議〕;議会の会期.
par·lan·do [パるランド] [副] 〘楽〙パルランド, 話すように.
par·lie·ren [パるリーれン] [動] *h.* **1.** 〘補足なし〙《古》おしゃべりをする. **2.** 〔<et⁴>ヲ〕話す(外国語を).
(*der*) **Par·me·ni·des** [パるメーニデス] [名] 〘人名〙パルメニデス(紀元前 540 頃-470 頃, ギリシアの哲学者).
der **Par·me·san** [パるメザーン] [名] -(s)/ パルメザン(チーズ).
der **Par·me·san·kä·se** [パるメザーン・ケーゼ] [名] -s/ =Parmesan.
der **Par·nass,** [旧]**Par·naß** [パるナス] [名] -〔..nasses〕/ **1.** 〘地名〙パルナッソス(ギリシア中部の山. アポロやミューズの住い). **2.** 《詩・古》詩歌の世界.
pa·ro·chi·al [パろひアール] [形] 聖堂区の.
die **Pa·ro·chi·al·kir·che** [パろひアール・キるひぇ] [名] -/-n 聖堂区教会.
die **Pa·ro·chie** [パろひー] [名] -/-n 聖堂区.
die **Pa·ro·die** [パろディー] [名] -/-n **1.** 《文》パロディー, もじり. **2.** 替え歌;〘楽〙パロディー.
pa·ro·die·ren [パろディーれン] [動] *h.* 〔<j⁴/et⁴>ノ〕パロディーを作る;(口)真似をして茶化す.
die **Pa·ro·don·ti·tis** [パろドンティーティス] [名] -/..titiden [パろドンティティーデン] 〘歯〙歯周炎.
die **Pa·ro·don·to·se** [パろドントーゼ] [名] -/-n〘歯〙歯周組織萎縮(いしゅく)症.
die **Pa·ro·le**¹ [パろーレ] [名] -/-n **1.** スローガン, モットー, 標語. **2.** 合言葉. **3.** デマ, 流言蜚語(ひご).
die **Pa·role**² [parɔl パろル] [名] -/ 〘言〙パロール.
das **Pa·ro·li** [パろーリ] [名] 《次の形で》 <j³/et³> ~ bieten 《文》<人・事に>負けずにやり返す.
das **Pa·ro·ny·mon** [パローニュモン] [名] -s/..ma〔..nyme [パロニューメ]〕〘言〙《古》同根語.
der **Pa·ro·xys·mus** [パろクスュスムス] [名] -/..men **1.** 〘医〙発作. **2.** 〘地質〙(火山の)激動期.
das **Par·sec** [パるゼック] [名] -/- 〘天〙パーセク(天体の距離を示す単位. 3.26 光年. 略:pc).
(*der*) **Par·si·fal** [パるズィふぁル] [名] 〘人名〙パルジファル(R. Wagner が楽劇で用いた Parzival の別形).
der **Par·sis·mus** [パるズィスムス] [名] -/ パールシー教(インドのゾロアスター教).
das **Pars pro To·to,** [旧]**Pars pro to·to** [パるス プろ トート] [名] ---/ 〘言〙提喩(ていゆ)(法)(部分名称で全体を表す).
part. =parterre 一階に.
Part. =Parterre 一階.
der **Part** [パるト] [名] -s/-s〔-e〕 **1.** 〘楽〙パート. **2.** (劇・映画の)役. **3.** 《[複]-en》〘商〙(船舶共有財産の)取り分.
die **Par·te**¹ [パるテ] [名] -/-n 《オーストリア》死亡広告〔通知状〕.
die **Par·te**² [パるテ] [名] -/-n **1.** 《方》(集合住宅の)入居世帯. **2.** 〘楽〙パート.
die **Par·tei** [パるタイ] [名] -/-en **1.** 党, 政党;(考えを同じくする)グループ, (党)派, 陣営. **2.** (契約・訴訟の)当事者の一方. **3.** (マンションなどの入居)世帯(Miet~). 【慣用】**für/gegen <j⁴/et⁴> Partei ergreifen** 〔**nehmen**〕<人・事に>味方/反対する. **Partei sein** 公正な立場にない. **über den Parteien stehen** 不偏不党である.
das **Par·tei·ab·zei·chen** [パるタイ・アップ・ツァイひぇン] [名] -s/- 党章.
der **Par·tei·bon·ze** [パるタイ・ボンツェ] [名] -n/-n 《蔑》政党のボス.
das **Par·tei·buch** [パるタイ・ブーふ] [名] -(e)s/..bücher 党員手帳.
der **Par·tei·chef** [パるタイ・シェふ] [名] -s/-s 党首.
das **Par·tei·chi·ne·sisch** [パるタイ・ひネーズィシュ] [名] -/ 《蔑》(党派内でしか通用しない)難解な政治〔党員〕用語.
die **Par·tei·dis·zi·plin** [パるタイ・ディスツィプリーン] [名] -/ 党紀.
die **Par·tei·en·fi·nan·zie·rung** [パるタイエン・ふぃナンツィーるング] [名] -/-en 政党資金調達(法);政治資金.
der **Par·tei·en·staat** [パるタイエン・シュタート] [名] -(e)s/-en 政党国家.
der **Par·tei·en·zwist** [パるタイエン・ツヴィスト] [名] -es/-e 政党間の争い.
der **Par·tei·freund** [パるタイ・ふろイント] [名] -(e)s/-e 党の同志, 党友.
der **Par·tei·füh·rer** [パるタイ・ふゅーらー] [名] -s/- 党の指導者, 党首.
der **Par·tei·gän·ger** [パるタイ・ゲンガー] [名] -s/- 《(蔑)も有》(党・政治家の)信奉者.
der **Par·tei·ge·nos·se** [パるタイ・ゲノッセ] [名] -n/-n (ナチス)党員;《稀》(労働党の)党員.
par·tei·isch [パるタイイシュ] [形] 党派的な, 偏った.
der **Par·tei·kon·gress,** [旧]**Par·tei·kon·greß** [パるタイ・コングれス] [名] -es/-e 党会議.
par·tei·lich [パるタイリひ] [形] **1.** 党の;当事者の;グループの. **2.** 階級の立場に立つ;〘旧東独〙労働者〔社会主義〕の党の立場に立つ. **3.** 《稀》党派的な.
die **Par·tei·lich·keit** [パるタイリひカイト] [名] -/ 階級性;〘旧東独〙党派性.
die **Par·tei·li·nie** [パるタイ・リーニエ] [名] -/-n (政党の)政治路線, 党路線.
par·tei·los [パるタイ・ロース] [形] 無党派の, 無所属の.
die **Par·tei·lo·sig·keit** [パるタイ・ローズィひカイト] [名] -/ 無党派〔無所属〕であること.
das **Par·tei·mit·glied** [パるタイ・ミット・グリート] [名] -(e)s/-er 党員.
die **Par·tei·nah·me** [パるタイ・ナーメ] [名] -/ 加担, 味方.
das **Par·tei·or·gan** [パるタイ・オるガーン] [名] -s/-e 党の機関;党の機関紙.
die **Par·tei·po·li·tik** [パるタイ・ポリティーク] [名] -/ **1.** 党政策, 党利党略. **2.** 党内政治.
das **Par·tei·pro·gramm** [パるタイ・プろグらム] [名] -s/-e 党の綱領.
der **Par·tei·se·kre·tär** [パるタイ・ゼクれテーあ] [名] -s/-e 党書記.
der **Par·tei·tag** [パるタイ・ターク] [名] -(e)s/-e 党大会;党中央委員会.
die **Par·tei·ung** [パるタイウング] [名] -/-en 派閥形成;

《稀》党〔グループ〕の分裂.
die **Par·tei·ver·samm·lung** [バるタイ・ふぇあザムるング] 名 -/-en 党大会.
die **Par·tei·zu·ge·hö·rig·keit** [バるタイ・ツー・ゲーりひカイト] 名 -/-en 党への所属, 党員であること.
par·terre [partέr バるテる] 副 一階に(略 part.)
das **Par·terre** [partέr(ə) バるテる, バるテれ] 名 -s/-s **1.** 一階(略 Part.). **2.** 《古》〔劇場などの〕一階正面後方.
die **Par·terre·akro·ba·tik** [バるテる・アクろバーティク, バるテれ・アクろバーティク] 名 -/ 〔『スポ』〕床運動.
der **Par·te·zet·tel** [バるテ・ツェッテる] 名 -s/- 〔『オーストリア』〕死亡通知.
die **Par·the·no·ge·ne·se** [バるテノ・ゲネーゼ] 名 -/ 〔『神』〕処女降誕;〔『生』〕処女〔単為〕生殖.
par·the·no·ge·ne·tisch [バるテノ・ゲネーティシュ] 形 〔『神』〕処女生殖の;〔『生』〕処女〔単為〕生殖の.
der **Par·the·non** [バるテノン] 名 -s/ パるテノン《アテネのアクロポリスにある女神 Athene の神殿》.
der **Par·ti·al·bruch** [バるツィアール・ブるっㇵ] 名 -(e)s/..brüche 〔『数』〕部分分数.
der **Par·ti·al·ton** [バるティアール・トーン] 名 -(e)s/..töne 《主に 複》部分音.
die **Par·tie** [バるティー] 名 -/-n **1.** 部分, 箇所. **2.** 〔オペラなどの〕役;〔『楽』〕パート, 声部;組曲. **3.** 一勝負, 一試合, 一番. **4.** 〔『商』〕〔取引商品の〕一口, 一山, ロット. **5.** 〔口〕結婚, 結婚相手: eine gute/schlechte ~ machen 裕福な相手と結婚する. **6.** 《古》〔グループでする〕遠足. **7.** 〔『オーストリア』〕〔仕事の〕班. ◆ 〔『慣用』〕 mit von der Partie sein 〔口〕一緒にやる.
der **Par·tie·füh·rer** [バるティー・ふューらー] 名 -s/- 〔『オーストリア』〕班長, 職長.
par·ti·ell [バるツィエる] 形 《文》部分〔局部〕的な.
die **Par·ti·kel**[1] [バるティ(-)ケる] 名 -/-n 〔『言』〕不変化詞;心態詞. 〔『カトリック』〕聖体の小片;聖遺物としてのキリストの十字架の木片.
das **Par·ti·kel**[2] [バるティ(-)ケる] 名 -s/- (die ~/-n も有)〔『理』〕粒子.
der **Par·ti·ku·la·ris·mus** [バるティクラリスムス] 名 -/ 《主に 蔑》地域エゴイズム;地方〔州〕分立主義.
par·ti·ku·la·ris·tisch [バるティクラリスティシュ] 形 《主に 蔑》地域エゴイズムの;地方〔州〕分立主義の.
der **Par·ti·ku·lier** [バるティクリーあ] 名 -s/-e 〔内陸水運の〕船主兼船長.
der **Par·ti·san** [バるティザーン] 名 -s(-en)/-en パルチザン.
die **Par·ti·sa·ne** [バるティザーネ] 名 -/-n (15-18世紀の)鎌槍《中世『史』》.
der **Par·ti·sa·nen·kampf** [バるティザーネン・カンプフ] 名 -(e)s/..kämpfe パルチザンの闘い.
die **Par·ti·ti·on** [バるティツィオーン] 名 -/-en 区分, 分割.
par·ti·tiv [バるティティーふ] 形 〔『言』〕部分の.
die **Par·ti·tur** [バるティトゥーあ] 名 -/-en 〔『楽』〕総譜, スコア.
das **Par·ti·zip** [バるティツィープ] 名 -s/..pien 〔『言』〕分詞: ~ Präsens 現在分詞. ~ Perfekt 過去〔完了〕分詞.
die **Par·ti·zi·pa·ti·on** [バるティツィパツィオーン] 名 -/-en 〔『文』〕参加, 関与.
par·ti·zi·pi·al [バるティツィピアール] 形 〔『言』〕分詞の.
par·ti·zi·pie·ren [バるティツィピーれン] 動 h. 《文》 **1.** {an (et[3])} 分け前にあずかる〔利益などの〕. **2.** {an (et[3])} 分ち合う〔喜びなどを〕.
das **Par·ti·zi·pi·um** [バるティツィーピウム] 名 -s/..pia 《古》= Partizip.
der **Part·ner** [パるトナー] 名 -s/- **1.** (生活を共にする)パートナー, 伴侶;(舞台・映画の)相手役. **2.** 〔『スポ』〕相手. **3.** 共同出資〔経営〕者.
die **Part·ner·ar·beit** [パるトナー・アるバイト] 名 -/-en 〔『教』〕ペアワーク.
die **Part·ner·be·zie·hung** [パるトナー・ベツィーウング] 名 -/-en パートナーの関係, 恋愛〔男女〕関係.
die **Part·ne·rin** [パるトネりン] 名 -/-nen Partner の女性形.
die **Part·ner·schaft** [パるトナーシャふト] 名 -/ 相手〔仲間〕であること, パートナーシップ, 共同〔協力〕(関係).
part·ner·schaft·lich [パるトナーシャふトりひ] 形 パートナーシップの.
die **Part·ner·stadt** [パるトナー・シュタット] 名 -/..städte 姉妹都市.
die **Part·ner·wahl** [パるトナー・ヴァール] 名 -/ パートナー選び(あるパートナーと生活を共にする決意をすること).
par·tout [partū: パるトゥー] 副 《口》どうしても.
das **Part·work** [pá:rtvɔrk パーあト・(ヴェ)ーあク, ..vœrk パー(ヴェ)るク] 名 -s/-s 〔『出版』〕分冊(配本)の出版物.
die **Par·ty** [pá:rti パーティ] 名 -/-s〔..ties〔..ティース〕〕パーティー.
die **Par·usie** [パるズィー] 名 -/ 〔『キ教』〕キリストの再臨.
der **Par·ve·nü** [parvəný:, ..vəný: パるヴェニュー] 名 -s/-s《文》成上がり者.
die **Par·ze** [パるツェ] 名 -/-n 《主に 複》〔『ロ神』〕パルカ(運命の三女神の一人).
die **Par·zel·le** [パるツェれ] 名 -/-n 一区画の土地.
par·zel·lie·ren [パるツェりーれン] 動 h. 〔et[3]〕〕区画割り〔分筆〕する.
(*der*) **Par·zi·val** [..fal パるツィふぁる] 名 〔『人名』〕パルツィヴァル《アーサー王伝説の騎士. Wolfram von Eschenbach の同名の叙事詩と Wagner の楽劇(Parsifal)の主人公》.
der **Pas** [pa パ] 名 -[パ(ス)]/-[パス]〔バレエの〕ステップ.
(*der*) **Pas·cal**[1] [パスカル]〔『人名』〕パスカル(Blaise ~, 1623-62, フランスの数学・哲学者).
das **Pas·cal**[2] [パスカル] 名 -(s)/- 〔『理』〕パスカル(圧力の単位. 記号 Pa).
der **Pasch** [パッシュ] 名 -(e)s/-e〔Päsche〕 **1.** パッシュ(2個以上のさいころで同じ目が出ること). **2.** ダブレット(ドミノで同じ目を持った牌).
der **Pa·scha**[1] [パッシャ] 名 -s/-s **1.** パシャ(トルコ・エジプトの高官;〔『昔』の〕称号). **2.** 《蔑》男尊女卑の男;亭主関白.
das **Pa·scha**[2] [pásçа パスㇰヒャ] 名 -s/ = Passah.
pa·schen[1] [パッシェン] 動 h. 〔『オーストリア』〕さいころ遊びをする.
pa·schen[2] [パーシェン] 動 h. {《et[4]》}〔口〕密輸する.
der **Pa·scher** [パッシャー] 名 -s/- 〔口〕密輸業者.
das **Pas de deux** [pādədǿ パド・ドゥー] 名 ---/---〔-『フ』ド・ドゥ〕〔男女の二人の踊り〕.
die **Pas·pel** [パスペる] 名 -/-n (der ~ -s/-も有)(洋服の)けん縁飾り, 縁取り, パイピング.
pas·pe·lie·ren [パスペリーれン] 動 h. 〔(et[3])〕ひも縁飾り(パイピング)をつける.
das **Pas·quill** [パスクヴィる] 名 -s/-e 《文・古》〔匿名の〕誹謗〔文〕.
der **Pass**, 〔『オーストリア』〕**Paß** [パス] 名 -es/Pässe **1.** 旅券, パスポート. **2.** 山越えの道, 峠道. **3.** 〔《動物の》側対歩(~gang). **4.** 〔『球技』〕パス. **5.** 〔『建』〕〔ゴシック様式の〕葉形飾り. **6.** 〔『狩』〕〔狐などの〕通り道.
pas·sa·bel [パサーベる] 形 〔《比較》..bl..〕まずまずの, 何とか受入れられる.

die **Pas·sa·ge** [‥ʒə パサージェ] [名] -/-n **1.** アーケード;(狭い)通路,水路. **2.** ([単]のみ)通過. **3.** 渡航. **4.** (文の)節. **5.** 〘楽〙パッセージ,経過句. **6.** 〘馬術〙パッサージュ(早歩の一種). **7.** 〘天〙(天体の)子午線通過.

pas·sa·ger [‥ʒéːr パサジェーあ] [形] 〘医〙一過性の.

der **Pas·sa·gier** [‥ʒíːr パサジーあ] [名] -s/-e 乗客,旅客(Fahrgast).

der **Pas·sa·gier·dampf·er** [パサジーあ・ダムプふぁー] [名] -s/- 客船.

das **Pas·sa·gier·flug·zeug** [パサジーあ・ふルーク・ツォイク] [名] -(e)s/-e 旅客機.

das **Pas·sa·gier·gut** [パサジーあ・グート] [名] -(e)s/‥güter 旅客手荷物.

das **Pas·sa·gier·schiff** [パサジーあ・シふ] [名] -(e)s/-e 客船.

das **Pạs·sah** [pása パサ] [名] -s/ 〘ﾕﾀﾞﾔ教〙過越(すぎこし)の祭.

das **Pạss·amt,** [旧]**Pạß·amt** [パス・アムト] [名] -(e)s/‥ämter 旅券課.

der **Pas·sạnt** [パサント] [名] -en/-en 通りがかりの人,通行人;《ｽｲｽ》通過旅客.

der **Pas·sat** [パサート] [名] -(e)s/-e 貿易風.

der **Pas·sat·wind** [パサート・ヴィント] [名] -(e)s/-e = Passat.

(*das*) **Pạs·sau** [パっサウ] [名] -s/ 〘地名〙パッサウ(バイエルン州の都市).

der **Pạs·sau·er** [パっサウあー] [名] -s/- パッサウ市民.

das **Pạss·bild,** [旧]**Pạß·bild** [パス・ビルト] [名] -(e)s/-er 旅券用写真.

die **Pạs·se** [パっセ] [名] -/-n ヨーク(衣服の肩などにつける当て布).

pas·sé, pas·see [pasé: パセー] [形] 《口》過去った,時代遅れの,古い.

pạs·sen [パっセン] [動] *h.* **1.** 〔<j³>ニ〕合う(服・靴などが). **2.** 〔<j³>ニ〕都合がいい;(…と)合う:(Esが主語で)Um zehn Uhr *passt* es mir gut. 10時なら私には都合がいい. **3.** 〔zu <j³/et³>ニ/in <j⁴>ニ〕(似)合う,適合する,向く. **4.** 〔<方向>ニ〕合う,入る,はまる,収まる. **5.** 〔<et⁴>ヲ+<方向>ニ〕合うようにする,はまるようにする,入るようにする. **6.** 〔sich⁴〕《口》ふさわしい,道徳〔風習・礼儀〕にかなっている. **7.** 〔補足なし〕〘ﾄﾗﾝﾌﾟ〙パスする;《口》答えをパスする. **8.** 〔(<et⁴>ヲ)+zu <j³>ニ〕〘球〙パスする(ボールを). **9.** 〔auf <j⁴/et⁴>ニ〕合致する;《方》注意を向ける;(…を)待伏せする.

pạs·send [パっセント] [形] **1.** 〔(zu <j³/et³>ニ)〕都合のいい,適切な,合う. **2.** 〔<j³>ニ〕ぴったりの. **【慣用】Haben Sie es passend ?** 《口》(お釣りのいらないように)ちょうどでお支払いいただけますか. **<et⁴> passend machen** <物ノ>寸法を合うようにする;仕立直す.

das **Passe·par·tout** [paspartú: パス・パるトゥー] [名] -s/-s (《ｽｲｽ》der ～) **1.** (絵・写真の)紙製枠,マット,台紙. **2.** 《ｽｲｽ》マスターキー. **3.** 《古》定期乗車〔入場〕券.

der **Passe·poil** [paspoál パスポアル] [名] -s/-s (《ｵｰｽﾄﾘｱ・ｽｲｽ》)=Paspel.

die **Pạss·form,** [旧]**Pạß·form** [パス・ふぉるム] [名] -/ (衣服などの)合い具合,フィット.

das **Pạss·fo·to,** [旧]**Pạß·fo·to** [パス・ふぉート] [名] -s/-s =Passbild.

der **Pạss·gang,** [旧]**Pạß·gang** [パス・ガング] [名] -(e)s/ 側対歩(キリンなどの片側の両脚を同時に前に出す歩き方).

pas·sier·bar [パスィーあ・バーあ] [形] 通過できる.

pas·sie·ren [パスィーれン] [動] **1.** *s.* 〔補足なし〕起こる,行われる. **2.** *s.* 〔<j³>ニ〕起こる,持上がる. **3.** *h.* 〔<et⁴>ヲ〕通過する,通る:die Zensur ～ 検閲をパスする.〔<et⁴>なしで〕Diese Ware *passiert* zollfrei. この品物には関税がかからない. **4.** *h.* 〔<et⁴>ヲ〕渡る;通り抜ける,くぐる. **5.** *h.* 〔<j⁴/et⁴>ノ〕そばを通り過ぎる. **6.** *h.* 〔<et⁴>ヲ〕〘料〙裏ごしする. **7.** *h.* 〔<j⁴>ノ〕〘ﾃﾆｽ〙横を抜く(パッシング・ショットを放って).

der **Pas·sier·schein** [パスィーあ・シャイン] [名] -(e)s/-e 通行証;旅券.

der **Pas·sier·schlag** [パスィーあ・シュラーク] [名] -(e)s/‥schläge 〘ﾃﾆｽ〙パッシングショット.

pạs·sim [パっスィム] [副] 〘印〙(前述の作品の)あちこちに.

die **Pas·si·on** [パスィオーン] [名] -/-en **1.** 熱烈な愛好,非常な熱意. **2.** ([単]のみ)〘キ教〙キリストの受難;《転》受難,苦難. **3.** 〘キ教〙キリストの受難図〔像〕;受難曲.

pas·si·o·na·to [パスィオナート] [副] 〘楽〙パシォナート,情熱的に.

pas·si·o·niert [パスィオニーあト] [形] 熱狂的な.

der **Pas·si·ons·sonn·tag** [パスィオーンス・ゾンターク] [名] -s/-e 〘ｶﾄﾘｯｸ〙受難の主日(復活祭より二つ前の日曜日).

das **Pas·si·ons·spiel** [パスィオーンス・シュピール] [名] -(e)s/-e (キリストの)受難劇.

die **Pas·si·ons·wo·che** [パスィオーンス・ヴォっへ] [名] -/-n (主に[単])受難週(Karwoche).

die **Pas·si·ons·zeit** [パスィオーンス・ツァイト] [名] -/ **1.** 〘キ教〙受難節(PassionssonntagからKarfreitagまで). **2.** 〘ｶﾄﾘｯｸ〙四旬節.

pas·siv [パスィーふ,パスィーふ] [形] **1.** 消極的な;受け身の;〘商〙貸方の:～*er* Raucher(人の煙草の煙を吸わされる)受動的喫煙者. **2.** 実際の活動はしていない,名目的な. **3.** 〘言〙《稀》受動(態)の. **4.** 〘化〙不動態の. **【慣用】passive Bestechung**〘法〙収賄. **passive Handelsbilanz**〘経〙輸入超過. **passiver Wortschatz** 知っているが使わない語彙. **passives Wahlrecht** 被選挙権.

das **Pạs·siv** [パスィーふ] [名] -s/-e (主に[単])〘言〙受動態.

die **Pas·si·va** [パスィーヴァ] [複名] 〘経〙(貸借対照表の)貸方,負債.

die **Pas·si·ven** [パスィーヴェン] [複名] 《ｵｰｽﾄﾘｱ》=Passiva.

pas·si·visch [パスィーヴィシュ,パスィーヴィシュ] [形] 〘言〙受動(態)の.

die **Pas·si·vi·tät** [パスィヴィテート] [名] -/ **1.** 消極性,消極的な態度. **2.** 〘化〙(卑金属の)不動態.

das **Pạs·siv·rau·chen** [パスィーふ・らウヘン] [名] -s/ 受動〔間接〕喫煙.

die **Pạs·siv·sei·te** [パスィーふ・ザイテ] [名] -/-n 〘商〙貸方.

die **Pạss·kon·trol·le,** [旧]**Pạß·kon·trol·le** [パス・コントろレ] [名] -/-n 旅券検査;旅券検査所.

die **Pạss·stel·le,** [旧]**Pạß·stel·le** [パス・シュテレ] [名] -/-n 旅券交付所.

die **Pạss·stra·ße,** [旧]**Pạß·stra·ße** [パス・シュトらーセ] [名] -/-n 峠道.

der **Pạs·sus** [パっスス] [名] -/-[‥スース] 《文》(文の)節,箇所.

das **Pạss·wort,** [旧]**Pạß·wort** [パス・ヴォるト] [名] -(e)s/‥wörter 合言葉;〘ｺﾝﾋﾟｭｰﾀ〙パスワード.

der **Pạss·zwang,** [旧]**Pạß·zwang** [パス・ツヴァング] [名] -(e)s/ 旅券携帯義務.

die **Pạs·ta** [パスタ] [名] -/Pasten **1.** (主に[単])パスタ. **2.** 《稀》=Paste.

die **Pạs·ta as·ci·ụt·ta** [pásta aʃúta パスタ アシュッタ] [名] -/Paste asciutte [パステ アシュッテ] スパゲッティミートソース.

die **Pạs·te** [パステ] [名] -/-n 練りもの,ペースト;〘薬〙パスタ(剤).

das **Pastell** [パステル] 名 -(e)s/-e パステル画;パステルカラー;(ⓢのみ)パステル画法.
das **Pastellbild** [パステル・ビルト] 名 -(e)s/-er パステル画.
pastellen [パステレン] 形 パステルカラーの;パステルカラーでかかれた.
die **Pastellfarbe** [パステル・ふぁるべ] 名 -/-n パステル;(主にⓢ)パステルカラー.
die **Pastellmalerei** [パステル・マーレらイ] 名 -/-en **1.** (ⓢのみ)パステル画法. **2.** パステル画.
pastellig [パステリヒ] 形 《稀》パステルカラーの.
die **Pastete** [パステーテ] 名 -/-n **1.** (ひき肉・レバー・魚肉・野菜などを香辛料と煮込んだ)ラグーを詰めるためのパイ皮;ラグーを詰めたパイ. **2.** (レバーなどの)パテ.
die **Pasteurisation** [pastori..パス⑦りザツィオーン] 名 -/-en パストゥール(低温)殺菌法.
pasteurisieren [pastori..パス⑦りズィーれン] 動 *h.*〈et⁴〉低温殺菌する.
die **Pasteurisierung** [pastori..パス⑦りズィーるング] 名 -/ 低温殺菌(処理).
das **Pasticcio** [pastitʃo パスティッチョ] 名 -s/-s[..ticci[..ティッチ]] **1.** 《美》偽作. **2.** 《楽》パスティッチョ①複数の作品の抜粋からなるオペラ.②複数の作曲家による同一作品).
die **Pastille** [パスティレ] 名 -/-n 口中錠,香錠,トローチ.
der **Pastinak** [パスティナク] 名 -s/-e =Pastinake.
die **Pastinake** [パスティナーケ] 名 -/-n 〘植〙パースニップ,アメリカボウフウ;パースニップの根.
der **Pastor** [パストア,パストーる] 名 -s/-en[パストーれン] 〘北独〙(教区)牧師;司教主任司祭.
pastoral [パストラール] 形 **1.** 司牧(者)の,牧師〔司祭〕職の. **2.** 〘蔑〙も有)もったいぶった. **3.** 牧歌的な,田園風の.
das **Pastorale**[1] [パストらーレ] 名 -s/-s(die 〜 -n も有) **1.** 〘楽〙パストラル①羊飼の笛を模した田園曲.②16世紀の田園劇);〘美〙田園(牧人)画;〘文芸学〙牧人劇.
das **Pastorale**[2] [パストらーレ] 名 -s/-s 〘ｶﾄﾘｯｸ〙司祭杖(ﾂｴ).
die **Pastoralkonstitution** [パストらール・こンスティトゥツィオーン] 名 -/-en 〘ｶﾄﾘｯｸ〙司牧憲章.
die **Pastoraltheologie** [パストらール・テオ・ロギー] 名 -/ 司牧神学,牧会学.
das **Pastorat** [パストらート] 名 -(e)s/-e 〘北独〙司祭〔牧師〕職;牧師〔司祭〕館.
pastos [パストース] 形 ペースト状の;〘美〙(油絵の具を盛りあがるほど)厚く塗った.
pastös [パス⑦ース] 形 ペースト状の,どろっとした;〘医〙むくんだ.
das **Patchwork** [pɛtʃvø:rk ぺッチェ・⑦ォーァク,..vœrk ぺッチェ・⑦ォるク] 名 -s/-s **1.** (ⓢのみ)(手芸の)パッチワーク(技法). **2.** パッチワーク(作品).
die **Patchworkfamilie** [pɛtʃvœrk..ぺッチ・⑦ォるク・ふぁミーリエ,..vœrk..ぺッチ・⑦ォるク・ふぁミーリエ] 名 -/-n 〘L〙パッチワーク家族(夫婦の共通の子供以外に,それぞれの以前の関係の子供なども一緒に住む家族).
der **Pate**[1] [パーテ] 名 -n/-n 代父,名親;〘方〙代子(ﾂｺﾞ);〘旧東独〙社会主義的代父.
die **Pate**[2] [パーテ] 名 -/-n =Patin.
die **Patella** [パテラ] 名 -/..tellen 〘医〙膝蓋骨(ｼﾂｶﾞｲｺﾂ).
der **Patellarreflex** [パテラーる・れふレックス] 名 -es/-e 〘医〙膝蓋(ｼﾂｶﾞｲ)腱反射.
die **Patene** [パテーネ] 名 -/-n 〘ｷﾘｽﾄ教〙パテナ(聖体を載せる皿).

das **Patengeschenk** [パーテン・ゲシェンク] 名 -(e)s/-e 代父母からの贈り物(洗礼・堅信礼の際の).
das **Patenkind** [パーテン・キント] 名 -(e)s/-er **1.** 名づけ子,代子(ﾂｺﾞ),教子(ﾂｺﾞ). **2.** 〘旧東独〙社会主義的名づけ子.
der **Patenonkel** [パーテン・オンケル] 名 -s/- **1.** 代父. **2.** 〘旧東独〙社会主義的代父.
die **Patenschaft** [パーテンシャふト] 名 -/-en (代子のキリスト教教育にかかわる)代父としての共同責任.
patent [パテント] 形 《口》 **1.** 有能で好感の持てる,よくできた. **2.** 極めて実用的な. **3.** 〘方〙しゃれた.
das **Patent** [パテント] 名 -(e)s/-e **1.** 特許権,パテント;特許状;特許品. **2.** (特に高級船員の)免状,辞令. **3.** 〘ｵｰｽﾄ〙(職業を営む上での)免許〔許可〕(状). **4.** 〘史〙(権利の)特許状;公示.
das **Patentamt** [パテント・アムト] 名 -(e)s/..ämter 特許庁.
die **Patentanmeldung** [パテント・アン・メルドゥング] 名 -/-en 特許出願.
die **Patentante** [パーテン・タンテ] 名 -/-n **1.** 代母. **2.** 〘旧東独〙社会主義的代母.
der **Patentanwalt** [パテント・アン・ヴァルト] 名 -(e)s/..wälte 弁理士.
patentieren [パテンティーれン] 動 *h.* **1.** 〈et⁴〉特許を与える. **2.** 〈et⁴〉〘工〙パテンティング処理をする(鋼線を).
der **Patentinhaber** [パテント・イン・ハーバー] 名 -s/- 特許権所有者.
das **Patentrecht** [パテント・れひト] 名 -(e)s/ 特許法;特許権.
das **Patentrezept** [パテント・れツェプト] 名 -(e)s/-e (一挙に問題を解決する)理想的処方箋(ｾﾝ),特効薬(的解決策).
der **Patentschutz** [パテント・シュッツ] 名 -es/ 特許権保護.
der **Patentverschluss**, ⓢ**Patentverschluß** [パテント・ふぇるシュルス] 名 -es/..schlüsse 新案特許ファスナー.
der **Pater** [パーター] 名 -s/- 〔Patres パートれース〕〘ｶﾄﾘｯｸ〙神父(略P.).
der **Paterfamilias** [パーター・ふぁミーリアス] 名 -/- 《口・冗》家父長.
der **Paternalismus** [パテるナリスムス] 名 -/ 《文》パターナリズム,父親的干渉.
die **Paternität** [パテるニテート] 名 -/ 〘古〙父であること;〘文・稀〙罪の告白.
das **Paternoster** [パター・ノスター] 名 -s/- 〘ｷﾘｽﾄ教〙主の祈り(マタイ6, 9 ラテン語訳で「われらが父(なる神)」の意)(Vaterunser).
der **Paternosteraufzug** [パター・ノスター・アウふ・ツーク] 名 -(e)s/..züge (数珠状の)循環式エレベーター;バケットコンベヤー.
das **Paterpeccavi** [pa:tərpɛkáːvi パーター・ペカーヴィ] 名 -s/- 《稀》罪の告白.
pathetisch [パテーティシュ] 形 (《蔑》も有)ひどく熱のこもった,大げさな: 〜 gesagt 大げさに言えば.
pathogen [パトゲーン] 形 〘医〙病原性の.
die **Pathogenese** [パト・ゲネーゼ] 名 -/-n 〘医〙病因〔病原〕(論).
der **Pathologe** [パト・ローゲ] 名 -n/-n 〘医〙病理学者.
die **Pathologie** [パト・ロギー] 名 -/ 〘医〙 **1.** (ⓢのみ)病理学. **2.** 病理学教室.
pathologisch [パト・ローギシュ] 形 **1.** 〘医〙病理学(上)の. **2.** 〘文〙病的な;〘医〙異常な.
das **Pathos** [パートス] 名 -/ 《文》(《蔑》も有)激

情,パトス,激越な調子,大仰さ.
die **Pa·ti·ence** [pasjã:s パスィアーンス] 图 -/-n […ンセン] **1.** 〖遊〗ペーシェンス(一人占いの一種). **2.** 色々な形をしたビスケット.
der **Pa·ti·ent** [パツィエント] 图 -en/-en 患者.
die **Pa·tin** [パーティン] 图 -/-nen 代母.
die **Pa·ti·na** [パーティナ] 图 -/ 緑青;古色.
das **Pa·tio** [パーティオ] 图 -s/-s 〖建〗パティオ,パトロール隊.
die **Pa·tis·se·rie** [パティセリー] 图 -/-n **1.** (ホテル・レストランの)製菓部. **2.** 〖ス〗(高級な)ケーキ・クッキー製造工場(高級なケーキ・クッキー類).
der **Pa·tis·si·er** [...sjé: パティスィエー] 图 -s/-s (ホテルの)菓子職人.
der **Pat·na·reis** [パトナ・ライス] 图 -es/ パトナ米(恙)(インドの細長い硬質米).
das **Pa·tois** [patoá パトア] 图 -[..ア-(ス)]/-[..アース] 〖文〗(〖蔑〗も有)(フランスの)農民の方言,お国なまり.
die **Pa·tres** [パートレース] 複图 Pater の複数形.
der **Pa·tri·arch** [パトリ・アるひ] 图 -en/-en **1.** (古代ユダヤの)太祖;族長,家長. **2.** 〖ｶﾄﾘ〗総大司教(人;〖⑩のみ〗称号). **3.** 〖ｷﾞﾘｼｬ正教〗総主教(人;〖⑩のみ〗称号).
pa·tri·ar·cha·lisch [パトリ・アるひゃーリッシ] 形 **1.** 父権(制)の,家父長(制)の;(古代ユダヤの)太祖の,族長の;(カトリックの)総大司教の(ギリシャ正教の)総主教の. **2.** 太祖[族長・家長]のような(威厳のある).
das **Pa·tri·ar·chat** [パトリ・アるひゃーと] 图 -(e)s/-e **1.** 家父長制,父権制. **2.** (der のみ)総大司教[総主教]区;総大司教[総主教]職.
das **Pa·tri·mo·ni·um** [パトリ・モーニウム] 图 -s/..nien (ローマ法における)父親の遺産;世襲財産.
das **Pa·tri·mo·ni·um Pe·tri** [パトリモーニウム ペートリ] 图 -/ ペトロ世襲領(後の教皇領).
der **Pa·tri·ot** [パトリオート] 图 -en/-en (〖蔑〗も有)愛国者.
pa·tri·o·tisch [パトリオーティシュ] 形 (〖蔑〗も有)愛国的な.
der **Pa·tri·o·tis·mus** [パトリオティスムス] 图 -/ 愛国心.
die **Pa·tris·tik** [パトリスティク] 图 -/ 〖神〗教父学.
die **Pa·tri·ze** [パトリーツェ] 图 -/-n 〖印〗凸型.
das **Pa·tri·zi·at** [パトリツィアート] 图 -(e)s/-e (主に⑩). **1.** (総称)古代ローマの貴族,パトリキ. **2.** (稀)(総称)(中世の)名門市民,都市貴族.
der **Pa·tri·zi·er** [パトリーツィあー] 图 -s/- **1.** 古代ローマの貴族. **2.** (中世の)名門市民,都市貴族.
die **Pa·tro·lo·gie** [パトろ・ロギー] 图 -/ =Patristik.
der **Pa·tron** [パトろーン] 图 -s/-e **1.** 守護聖人;(教会の)寄進[創立]者. **2.** 古代ローマの解放奴隷の保護者. **3.** 〖古〗後援者,パトロン. **4.** (口・蔑)やつ,野郎.
die **Pa·tro·na·ge** [..ʒə パトろナージェ] 图 -/-n 〖文〗引立て,情実人事.
das **Pa·tro·nat** [パトろナート] 图 -(e)s/-e **1.** (古代ローマの)解放奴隷の保護者権. **2.** 〖文〗後援. **3.** 〖ｶﾄ教〗(教会などの)寄進者とその後裔(恕)の保護権.
die **Pa·tro·ne** [パトろーネ] 图 -/-n **1.** 弾薬筒;薬包. **2.** (万年筆の)カートリッジ(フィルムのパトローネ. **3.** 〖織〗パターン図.
der **Pa·tro·nen·gurt** [パトろーネン・グルト] 图 -(e)s/-e (機関銃の)保弾帯(革製の)弾薬[用]ベルト.
die **Pa·tro·nen·hül·se** [パトろーネン・ヒュルゼ] 图 -/-n 薬莢(ょう).
die **Pa·tro·nen·ta·sche** [パトろーネン・タッシェ] 图 -/-n (ベルトに取りつける)弾薬盒(ｬ).

die **Pa·tro·nin** [パトろーニン] 图 -/-nen Patron 1, 3 の女性形.
das **Pa·tro·ny·mi·kon** [パトろニューミコン], **Pa·tro·ny·mi·kum** [パトろニューミクム] 图 -s/..ka 父称,父系姓名(Johnson(ジョンの息子)など父親の名に由来する人名).
die **Pa·trouil·le** [patróljə パトるルィエ] 图 -/-n **1.** 〖軍〗(兵士たちによる)パトロール. **2.** パトロール隊.
pa·trouil·lie·ren [patroljí:rən パトろルイーれン] 動 *h./s.* {〈(+場所)ɒʟ〉} パトロールする.
das **Pa·tro·zi·ni·um** [パトろツィーニウム] 图 -s/..nien […ニエン] **1.** 〖ｶﾄ教〗(教会に対する)保護聖人の加護;守護聖人の祝日. **2.** (古代ローマの被護民に対する)保護者の法定代理. **3.** (中世の領民に与えられた)領主による権利保護.
patsch! [パッチュ] 間 〖水をはねたりする音〗ばちゃっ;〖両手を打合せたりする音〗ぴしゃっ.
die **Pat·sche** [パッチェ] 图 -/-n (口) **1.** 火たたき. **2.** 手. **3.** (⑩のみ)ぬかるみ;(主に⑩)窮地,苦境.
pat·schen [パッチェン] 動 (口) **1.** *h.* 〖擬声〗ばちゃ〔ぴちゃ〕と音を立てる. **2.** *s.* {gegen 〈et⁴〉ɴ/auf 〈et⁴〉ʟ}〖擬声〗ばちゃばちゃ[ぴちゃぴちゃ]音を立ててぶつかる(雨が窓ガラスなど). **3.** *h.* {〈方向〉ɒʟ}ばちっ[ぴしゃっ]とたたく: 〈j³〉 ins Gesicht ~ 〈人の〉顔をぴしゃっとたたく. **4.** *s.* {durch 〈et⁴〉ɴ/in 〈et³〉ɴʟ〈ㅠ〉}ばちゃぱちゃ[ぴちゃぴちゃ]音を立てて歩く[走る].
der **Pat·schen** [パッチェン] 图 -s/- (〖ﾊﾞｲｴﾙﾝ〗). **1.** (主に⑩)スリッパ,室内履き. **2.** パンク.
pat·sche·nass, ⑩**pat·sche·naß** [パッチェ・ナス] 形 =patschnass.
die **Patsch·hand** [パッチュ・ハント] 图 -/..hände (幼)お手々.
patsch·nass, ⑩**patsch·naß** [パッチュ・ナス] 形 (口)びしょぬれの.
das **Pat·schu·li** [パッチュリ] 图 -s/-s **1.** (⑩のみ)パッチュリ(シソ科ヒゲオシベからつくった香料). **2.** パッチュリ油(~öl).
das **Pat·schu·li·öl** [パッチュリ・エール] 图 -(e)s/ パッチュリ油.
patt [パット] 形 (次の形で) ~ sein 〖ﾁｪｽ〗手詰り[ステールメイト]である.
das **Patt** [パット] 图 -s/-s **1.** 〖ﾁｪｽ〗手詰り. **2.** (政局・戦局などの)手詰り状態.
die **Pat·te** [パッテ] 图 -/-n (ポケットの)ふた;ボタン隠し,(それの)折返し.
das **Pat·tern** [pɛ́təɾn パターン] 图 -s/-s 〖心・社〗思考(行動)パターン;〖言〗型,文型.
pat·zen [パッツェン] 動 *h.* {bei 〈et³〉ɒʟ}(口)へまをする(仕事などで);〖ﾄﾞﾙｸ〗(インクなどの)染みをつける.
der **Pat·zer** [パッツァー] 图 -s/- **1.** (口)へま;よくまをする人,どじ. **2.** 〖ﾄﾞﾙｸ〗よく染みをつける人.
pat·zig [パッツィヒ] 形 (口・蔑)突っけんどんな;〖ﾊﾞｲｴﾙﾝ〗ねばっこい.
der **Pauk·bo·den** [パウク・ボーデン] 图 -s/..böden 〖学生組合〗決闘場.
die **Pau·ke** [パウケ] 图 -/-n **1.** 〖楽〗ティンパニー: mit ~n und Trompeten 鳴り物入りで,盛大に. **2.** (稀)お説教(Stand~). 【慣用】**auf die Pauke hauen** (口)ばか騒ぎをする;大いに羽目をはずす.
pau·ken [パウケン] 動 *h.* **1.** 〖擬声〗ティンパニーをたたく;ティンパニー奏者である: auf dem Klavier ~ 〖転・蔑〗ピアノをがんがん鳴らす. **2.** 〖学生組合〗決闘する(学生が鋭利でない剣で). **3.** {〈et⁴〉ɒ}(口)猛勉強して覚える,無理やり頭にたたき込む;猛勉強する. **4.** {〈j⁴〉ɒʟ aus 〈et³〉ᴋ}(口)救い出す.
der **Pau·ken·schlag** [パウケン・シュラーク] 图 -(e)s/..schläge ティンパニーをたたくこと[の一打]: mit

einem ～《転》大騒ぎして, センセーションを巻起こして.
der **Pau·ker** [パウカー] [名] -s/- **1.** ティンパニー奏者. **2.** 《生徒》教師《生徒のしりをたたくことから》; 猛烈に勉強する生徒.
die **Pau·ke·rei** [パウケらイ] [名] -/ 《口・蔑》 **1.** (絶えず)がり勉〔猛勉〕すること. **2.** (絶えずティンパニーなどを)がんがん叩くこと. **3.** (しょっちゅう)決闘すること.
(*der*) **Paul** [パウル] [名] 『男名』パウル.
(*die*) **Pau·la** [パウラ] [名] 『女名』パウラ.
(*die*) **Pau·li·ne** [パウリーネ] [名] 『女名』パウリーネ.
pau·li·nisch [パウリーニシュ] [形] 『神』(使徒)パウロの教義に基づく.
pau·li·nisch, [旧]**Pau·li·nisch** [パウリーニシュ] [形] 使徒パウロの: die ～*en* Briefe 『新約』パウロ書簡.
der **Pau·li·nis·mus** [パウリニスムス] [名] -/ 『キ教』使徒パウロの教義〔教え〕.
die **Pauls·kir·che** [パウルス・キるひぇ] [名] -/ 聖パウロ教会《1848 年, ドイツ初の民主的・合法的フランクフルト憲法制定国民議会が開催された》.
(*der*) **Pau·lus** [パウルス] [名] 《2 格の古形は Pauli》『新約』使徒パウロ《10 頃-64 頃. 初期キリスト教の伝道者》.
der **Pau·pe·ris·mus** [パウペリスムス] [名] -/ 社会的貧困.
die **Paus·ba·cke** [パウス・バッケ] [名] -/-n 《主に[複]》(子供の)赤いふっくらした頰(ほ).
paus·ba·ckig [パウス・バッキひ] [形] 《稀》＝pausbäckig.
paus·bä·ckig [パウス・べっキひ] [形] 頰(ほ)の赤くふっくらした.
pau·schal [パウシャール] [形] 総計の;《文》一括した, 概括的な.
der **Pau·schal·be·trag** [パウシャール・ベトらーク] [名] -(e)s/..träge 総額, 概算額.
die **Pau·scha·le** [パウシャーレ] [名] -/-n 総額, 概算額;《転・蔑》大ざっぱな判断.
die **Pau·scha·li·sie·rung** [パウシャリズィーるング] [名] -/-en 一般化しすぎること, 十把ひとからげに扱うこと.
die **Pau·schal·rei·se** [パウシャール・らイゼ] [名] -/-n パック旅行.
die **Pau·schal·sum·me** [パウシャール・ズメ] [名] -/-n 総額, 概算額.
die **Pau·schal·wert·be·rich·ti·gung** [パウシャール・ヴェーあト・べりひティグング] [名] -/-en 『経』(企業会計で)一括価値修正.
die **Pau·sche** [パウシェ] [名] -/-n (鞍(くら)の)ニーロール;『体操』(鞍馬の)取っ手.
die **Pau·se**[1] [パウゼ] [名] -/-n **1.** (一時的な)休止, 中断, 間(ま);中休み, 休憩. **2.** 『楽』休止;休止符. **3.** 『詩』休止, 間.
die **Pau·se**[2] [パウゼ] [名] -/-n 透写〔トレース〕図, (青写真法などによる)コピー(Licht～).
pau·sen [パウゼン] [動] *h.* 〈et⁴〉ヲ』透写〔トレース〕する, (…の)コピーをとる.
pau·sen·los [パウゼン・ロース] [形] 休みなしの;《口》(しつこい・わずらわしい)ひっきりなしの.
das **Pau·sen·zei·chen** [パウゼン・ツァイひぇン] [名] -s/- 『楽』休止符;(ラジオ・テレビの)番組間の休止の印.
pau·sie·ren [パウズィーれン] [動] *h.* 〔(〈時間〉ノ間)〕(一時)中断する, 間を置く;休憩する;(しばらく)休養する.
das **Paus·pa·pier** [パウス・パピーあ] [名] -s/ トレーシングペーパー, 透写紙;複写紙.
die **Pa·ve·se** [パヴェーゼ] [名] -/-n (中世の)石突き付きの盾.
der **Pa·vi·an** [パーヴィアーン] [名] -s/-e 『動』ヒヒ.
der **Pa·vil·lon** [páviljõ パヴィルヨン, páviljɔŋ パヴィルヨング, ..jõ: パヴィルヨーン] [名] -s/-s **1.** 園亭, 東屋(あずまや). **2.** (園遊会などの方形の)大テント;(博覧会などの)展示館, パビリオン. **3.** 『建』(複合建築物の)一部分;(パビリオンタイプの建物の個々の)棟.
der **Pa·vor noc·tur·nus** [pá:vo:r.. パーヴォーあ ノクトゥるヌス] [名] --/ 『医』夜驚症.
die **Pax** [パクス] [名] -/ 平和;『カトリック』親睦のあいさつ.
die **Pay·card** [pé:ɪka:rd ペイ・カーあド] [名] -/-s マネーカード.
das **Pay-per-View** [pé:ɪpəvjú: ペイ・ペー・ヴュー] [名] -s/ ペイ・パー・ビュー《有料テレビの加入契約者が視聴に応じて料金を払う方式》.
der **Pay-Sen·der** [peɪ.. ペイ・ゼンダー] [名] -s/- 有料放送局.
das **Pay-TV** [pé:ti:vi: ペー・ティーヴィー] [名] -/ 有料テレビ.
der **Pa·zi·fik** [パツィーふィク, パーツィふィク] [名] -s/ 『海名』太平洋.
pa·zi·fisch [パツィーふィシュ] [形] 太平洋の.
der **Pa·zi·fis·mus** [パツィふィスムス] [名] -/ 平和主義;平和主義の考え〔立場〕.
der **Pa·zi·fist** [パツィふィスト] [名] -en/-en 平和主義者.
pa·zi·fis·tisch [パツィふィスティシュ] [形] 平和主義の.
Pb [ペーベー] ＝Plumbum 『化』鉛.
pc ＝Parsec『天』パーセク《天体の距離の単位. 3.26 光年》.
der **PC**[1] [ペーツェー] [名] -(s)/-(s) ＝Personalcomputer パーソナルコンピュータ.
die **PC**[2] [ペーツェー] [名] -s/ ＝Political Correctness ポリティカル・コレクトネス《差別的でない〔公正を期した〕表現や行動をすること》.
p. c. ＝『ラテン語』pro centum パーセント.
PCB [ペーツェーベー] ＝Polychlorierte Biphenyle ピーシービー《廃油に含まれている不燃性の有害物質》.
p. Chr. (n) ＝post Christum (natum) 西暦紀元.
Pd [ペーデー] ＝Palladium 『化』パラジウム.
die **PDS** [ペーデーエス] [名] ＝Partei des Demokratischen Sozialismus 民主社会主義党《旧 SED》.
PE ＝Polyäthylen 『化』ポリエチレン.
die **Pea·nuts** [pí:nʌts ピーナッツ] [名] [複名] 《ジャーゴン》つまらないもの;語るに足らないこと.
das **Pech** [ぺひ] [名] -s(-es)/-e (([複]は種類)) **1.** 《[単]のみ》不運, 災難: ～ haben 運が悪い. So ein ～! 何てついていないんだろう. **2.** 瀝青(れきせい), ピッチ. **3.** 《南独・オーストリア》樹脂, やに. **【慣用】Pech an den Hosen haben** 《口》しりが長い. **schwarz wie Pech** 真っ黒な. **wie Pech und Schwefel zusammenhalten** 《口》切っても切れぬ仲である.

P

die **Pech·blen·de** [ぺひ・ブレンデ] [名] -/ 瀝青(れきせい)ウラン鉱.
der **Pech·draht** [ぺひ・ドらート] [名] -(e)s/ (靴を縫うための)ピッチ塗りの糸.
die **Pech·fa·ckel** [ぺひ・ふァッケル] [名] -/-n ピッチをしみこませた松明(たいまつ).
die **Pech·koh·le** [ぺひ・コーレ] [名] -/-n 瀝青炭.
die **Pech·na·se** [ぺひ・ナーゼ] [名] -/-n (中世の城壁の煮立てたピッチを敵に浴びせるための)ピッチ用突出口.
die **Pech·nel·ke** [ぺひ・ネルケ] [名] -/-n 『植』ヴィスカリア, ムシトリビランジ.
pech·ra·ben·schwarz [ぺひ・らーベン・シュヴァるツ] [形] 《口》真っ黒けの.
pech·schwarz [ぺひ・シュヴァるツ] [形] 《口》真っ黒な.
die **Pech·sträh·ne** [ぺひ・シュトれーネ] [名] -/-n 不運続き.
der **Pech·vo·gel** [ぺひ・ふォーゲル] [名] -s/..vögel 《口》運の悪い人.
das **Pe·dal** [ペダール] [名] -s/-e **1.** (自転車・自動車などの)ペダル. **2.** (ピアノ・ハープなどの)ペダル;(オルガンの)足鍵盤. **3.** 《口・冗》足.

der **Pe·dant** [ペダント] 名 -en/-en 《蔑》小事にこだわる人.

die **Pe·dan·te·rie** [ペダンテリー] 名 -/-n **1.** 《のみ》小事にこだわること, 杓子(ピロ゚)定規. **2.** 《蔑》杓子定規な行動.

pe·dan·tisch [ペダンティシュ] 形 《蔑》細かいことにまでひどくうるさい〔やかましい〕.

das **Pęd·dig·rohr** [ペッディヒ・ろーあ] 名 -(e)s/ 籐(お).

der **Pe·dęll** [ペデル] 名 -s/-e (《オーストリア》-en/-en)《古》(学校・大学の)建物の管理人.

das **Pe·di·gree** [..gri ペディグリー] 名 -s/-s (動植物の)血統表, 系統図.

die **Pe·di·kü·re** [ペディキューれ] 名 -/-n **1.** 《のみ》ペディキュア. **2.** (女性の)ペディキュア師.

pe·di·kü·ren [ペディキューれン] 動 pediküre; hat pedikürt ⟨j⁴/et³⟩=ペディキュアをする.

das **Pe·di·mẹnt** [ペディメント] 名 -s/-e 〖地〗山麓(だく)緩斜面.

die **Pe·do·lo·gie** [ペドロギー] 名 -/ 土壌学.

das **Pe·do·me·ter** [ペド・メータ] 名 -s/- 歩度計.

die **Pe·do·sphä·re** [ペド・スふぇーれ] 名 -/-n 〖地〗土壌(圏).

das **Pee·ling** [pí:lɪŋ ピーリング] 名 -s/-s ピーリングパック《のみ》.

die **Peep·show, ⑨Peep-Show** [pí:p·ʃjo: ピープ・ショー] 名 -/-s ピープショー; ピープショーの施設.

der **Peer** [pi:ɐ] 名 -s/-s **1.** 《英国の》高級貴族. **2.** 《英国の》上院議員.

die **Peer·group** [pí:ɐ·grú:p ピーア・グループ] 名 -/-s 〖教〗仲間集団, ピアグループ.

der **Pe·ga·sos** [ペーガソス] 名 -/ = Pegasus 1.

der **Pe·ga·sus** [ペーガズス] 名 -/ **1.** 〖ギ神〗ペガソス(有翼の天馬): den ~ reiten 詩を作る. **2.** 〖天〗ペガサス座(北天の星座).

der **Pe·gel** [ペーゲル] 名 -s/- 水位標〔計〕; 水位. 〖工・理〗レベル, 対数(表).

der **Pę·gel·stand** [ペーゲル・シュタント] 名 -(e)s/..stände 水位.

die **Pẹg·nitz** [ペーグニッツ] 名 -/ 〖川名〗ペグニッツ川(バイエルン州北部, レグニッツ川の支流).

die **Pei·es** [パイエス] 名《複》(正統派ユダヤ教徒の)こめかみにのばした巻毛.

die **Peil·an·ten·ne** [パイル・アンテネ] 名 -/-n 〖無線・海〗方向探知〔方位測定〕用アンテナ.

pei·len [パイレン] 動 h. **1.** ⟨⟨et⁴⟩⟩〖海〗位置〔方位〕を測定する. **2.** ⟨et⁴⟩〖海〗深さを測定する. **3.** 〔場所から〕⟨口⟩見る, のぞく.

der **Pei·der** [パイダー] 名 -s/- **1.** 方位〔水深〕測定員. **2.** 方位〔水深〕測定機.

die **Pei·lung** [パイルング] 名 -/-n 〖海〗水深〔方位〕測定.

die **Pein** [パイン] 名 -/-en (主に《のみ》)《文》苦痛, 苦悩.

pei·ni·gen [パイニゲン] 動 h. 《文》 **1.** ⟨j⁴/et⁴⟩=《古》苦痛を与える. **2.** ⟨j⁴⟩ッナ+(mit ⟨et³⟩ッナ)頂わす. **3.** ⟨j⁴⟩ッナ苦しめる(渇きなどが); 悩ます(不安などが).

der **Pei·ni·ger** [パイニガ−] 名 -s/- 《文》いじめる〔困らせる〕人.

pein·lich [パインリヒ] 形 **1.** 心苦しい, 気まずい, やっかいな: Es ist mir furchtbar ~, dass ich zu spät komme. 遅れて誠に恐縮です. **2.** ひどく几帳面な, 事細かな, きわめて入念な; 極度に: eine ~e Ordnung 事細かな規則, 几帳面すぎるほどの整頓. **3.** 〖法〗《古》刑事上の; 拷問による.

die **Pein·lich·keit** [パインリヒカイト] 名 -/-en **1.** (《のみ》)ばつの悪いこと, 気まずさ. **2.** きまり悪い行動; 気まずい発言〔状況〕.

die **Peit·sche** [パイチェ] 名 -/-n 鞭(お).

peit·schen [パイチェン] 動 **1.** h. ⟨j⁴/et⁴⟩ッナ鞭(お)で打つ; 激しく打つ(風雨が樹々などを). **2.** s. ⟨⟨方向⟩⟩ばらばら〔ぴちぴち〕っと音を立ててかかる(雨・しぶきなどが); ぴしっぴしっと響く(銃声などが). **3.** h. ⟨et⁴⟩ッナ〖卓球〗スマッシュする(ボールを). 〔〚口・蔑〛強引に通す(法律などを).

der **Peit·schen·hieb** [パイチェン・ヒープ] 名 -(e)s/-e 鞭(お)打ち.

der **Peit·schen·knall** [パイチェン・クナル] 名 -(e)s/-e 鞭(お)の音.

die **Peit·schen·lam·pe** [パイチェン・ラムペ], **Peit·schen·leuch·te** [パイチェン・ロイヒテ] 名 -/-n ハイウエー型街路灯(灯柱の上部が弓なりに曲っている).

die **Peit·schen·schnur** [パイチェン・シュヌーあ] 名 -/..schnüre 鞭(お)のひも.

der **Peit·schen·stiel** [パイチェン・シュティール] 名 -(e)s/-e 鞭(お)の柄.

die **Pe·jo·ra·ti·on** [ペヨラツィオーン] 名 -/-en 〖言〗語義の悪化.

pe·jo·ra·tiv [ペヨラティーふ] 形 〖言〗(語義の)悪化の, (語義を)悪化させる.

das **Pe·jo·ra·ti·vum** [ペヨラティーヴム] 名 -s/..va 〖言〗悪化(蔑称)語.

der **Pe·ki·ne·se** [ペキネーゼ] 名 -n/-n 〖動〗ペキニーズ(犬).

(das) **Pe·king** [ペーキング] 名 -s/ 〖地名〗ペキン〔北京〕(現在は Beijing と表記).

der **Pe·kin·ger** [ペーキンガー] 名 -s/- ペキン市民.

der **Pe·king·mensch** [ペーキング・メンシュ] 名 -en/-en 〖人類〗ペキン原人.

die **Pe·king·oper** [ペーキング・オーパー] 名 -/-n 京劇.

das **Pek·tin** [ペクティーン] 名 -s/-e 〖生〗ペクチン.

das **Pek·to·ra·le** [ペクトラーレ] 名 -(s)/-s(..lien) **1.** 〖カト〗(高位聖職者の)佩用(ぼう)十字架. **2.** (古代・中世の)胸飾り.

pe·ku·ni·är [ペクニエーあ] 形 金銭(上)の.

pek·zie·ren [ペツィーれン] 動 h. 〖俗〗(方)へまをする.

das **Pe·la·gi·al** [ペラギアール] 名 -s/-e 〖生態〗漂泳区. **2.** 〖生〗漂泳生物.

die **Pe·lar·go·nie** [ペラるゴーニエ] 名 -/-n 〖植〗ペラルゴニューム.

das **Pe·le·mê·le** [pɛlmɛ́l ペルメル] 名 -/ **1.** 《文・稀》ごちゃまぜ. **2.** バニラクリームをかけたフルーツゼリー.

die **Pe·le·ri·ne** [ペレリーネ] 名 -/-n 〖服〗ベレリーネ(コートの上に羽織るウエストまでのそでなしマント); 《古》雨除けのケープ.

(der) **Pe·leus** [ペーロイス] 名 〖ギ神〗ペレウス(Achilles の父).

der **Pe·li·kan** [ペーリカーン, ペリカーン] 名 -s/-e 〖鳥〗ペリカン.

die **Pel·la·gra** [ペラグら] 名 -(s)/ 〖医〗ペラグラ(ビタミン欠乏による疾患).

die **Pẹl·le** [ペレ] 名 -/-n (北独)(ジャガイモ・ソーセージなどの)薄皮. 〖慣用〗⟨j³⟩ **auf die Pelle rücken** ⟨口⟩⟨人に⟩まつわりつく, ⟨人に⟩しつこくせがむ.

pẹl·len [ペレン] 動 h. (北独) **1.** ⟨et⁴⟩ッナ皮をむく(ジャガイモなどの), 殻を取る(クルミなどの). **2.** ⟨et⁴⟩ッナ+von ⟨et³⟩ッナむいて取る(銀紙をチョコレートなどから). **3.** ⟨j⁴/et⁴⟩ッナ+aus ⟨et³⟩ッッ⟩むいて取出す(チョコレートを銀紙などから). **4.** ⟨sich⁴⟩ 皮がむける.

das **Pẹl·let** [ペレット] 名 -s/-s (主に《のみ》)球粒, ペレット(特に原子炉の燃料棒用のウラン小粒).

die **Pẹll·kar·tof·fel** [ペル・カるトッふェル] 名 -/-n (主に《のみ》)皮つきゆでジャガイモ.

der **Pe·lo·pon·nes** ［ペロポネース］ [名] -(es)/ 《die ～ -/ も有》〖地名〗ペロポネソス半島.

pe·lo·pon·ne·sisch ［ペロポネーズィシュ］ [形] ペロポネソスの： der *P*～*e* Krieg ペロポネソス戦争《紀元前 431-404 年》.

(der) **Pe·lops** ［ペーロプス］ [名] 〖ギ神〗ペロプス《Tantalus の息子》.

der **Pelz** ［ペルツ］ [名] -es/-e **1.** 毛皮. **2.** 《[単]のみ》(加工した)毛皮. **3.** 毛皮の衣服〔コート・ジャケット〕. **4.** 《口・古》(人間の)皮膚. **5.** 〖織〗毛足, パイル. 【慣用】〈j^3〉 **auf den Pelz rücken** 《口》〈人に〉執拗(しつよう)に迫る. 〈j^3〉 **den Pelz waschen** 《口》〈人を〉しかりつける;〈人を〉殴りつける. 〈j^3〉 **eins auf den Pelz brennen/geben** 《口》〈人に〉弾丸を一発見舞う/一発食らわせる.

der **Pelz·be·satz** ［ペルツ・ベザッツ］ [名] -es/..sätze (コートなどの)毛皮の縁飾り.

die **Pelz·bie·ne** ［ペルツ・ビーネ］ [名] -/-n 〖昆〗アオスジハナバチ.

das **Pelz·fut·ter** ［ペルツ・ふッター］ [名] -s/- 毛皮の裏地.

der **Pelz·händ·ler** ［ペルツ・ヘンドラー］ [名] -s/- 毛皮商人.

pel·zig ［ペルツィひ］ [形] **1.** 毛皮のような;綿毛に覆われた. **2.** 《方》鬆(す)のはいった. **3.** かさかさの, 舌苔(ぜったい)のできた;麻痺した.

der **Pelz·kra·gen** ［ペルツ・クらーゲン］ [名] -s/- 毛皮の襟.

der **Pelz·man·tel** ［ペルツ・マンテル］ [名] -s/..mäntel 毛皮のコート.

die **Pelz·müt·ze** ［ペルツ・ミュッツェ］ [名] -/-n 毛皮の帽子.

das **Pelz·tier** ［ペルツ・ティーあ］ [名] -(e)s/-e 毛皮獣《ミンクなど》.

die **Pelz·wa·re** ［ペルツ・ヴァーれ］ [名] -/-n 《主に[複]》毛皮製品.

das **Pelz·werk** ［ペルツ・ヴェるク］ [名] -(e)s/ (服飾材料用に加工した)毛皮.

der **Pem·mi·kan** ［ペミカーン］ [名] -s/ ペミカン《乾燥牛肉を砕き果実と脂肪を混ぜて固めた北米インディアンの保存食》.

der **Pe·nal·ty** ［pɛ́nəlti ペネルティ］ [名] -(s)/-s 〖アイスホッケー〗ペナルティーショット;〖サッカー〗ペナルティーキック;〖ハンドボール〗ペナルティースロー.

die **Pe·na·ten** ［ペナーテン］ [複名] 〖ロ神〗ペナテス《家の守護神》;《転》家, かまど.

Pence ［pɛns ペンス］ [複名] Penny の複数形.

der **P.E.N.-Club, PEN-Club** ［pɛ́nklʊp ペン・クルッブ］ [名] -s/ ペンクラブ.

das **Pen·dant** ［pãdã: パンダーン］ [名] -s/-s **1.** 《文》対をなすもの, 対応〔補完〕するもの. **2.** 《古》ペンダントつき耳飾り.

das **Pen·del** ［ペンデル］ [名] -s/- 振子.

die **Pen·del·be·we·gung** ［ペンデル・ベヴェーグング］ [名] -/-en 振子運動.

pen·deln ［ペンデルン］ [動] **1.** *h.* 〔補足なし〕(振子のように)揺れる;〖ボクシング〗ウィービングする. **2.** *s.* 〖(zwischen 〈et^3〉ノ間ヲ)〗行ったり来たりする;往復する.

die **Pen·del·sä·ge** ［ペンデル・ゼーゲ］ [名] -/-n 振子式丸鋸(のこ).

die **Pen·del·tür** ［ペンデル・テューあ］ [名] -/-en スイングドア.

die **Pen·del·uhr** ［ペンデル・ウーあ］ [名] -/-en 振子時計.

der **Pen·del·ver·kehr** ［ペンデル・ふぇあケーあ］ [名] -s/ 折返し運転;(通勤・通学のための乗り物での)往復.

der **Pen·del·zug** ［ペンデル・ツーク］ [名] -(e)s/..züge 折返し運行列車.

das **Pen·den·tif** ［pãdãtí:f パンダンティーふ］ [名] -s/-s 〖建〗ペンデンティブ《正方形平面にかけるドームを支える下四隅の球面三角形の部分》.

der **Pend·ler** ［ペンドラー］ [名] -s/- (自宅と職場〔学校〕の間を毎日往復する)通勤〔通学〕者.

der **Pen·do·li·no** ［ペンドリーノ］ [名] -s/-s 〖商標〗(ドイツ鉄道の)ふり子式列車《車体傾斜装置によってカーブをはやく曲がれる》.

(die) **Pe·ne·lo·pe** ［ペネーロペ］ [名] 〖ギ神〗ペネロペ《Odysseus の貞淑な妻》.

pe·ne·trant ［ペネトらント］ [形] 鼻をつくような, さすような;《蔑》しつこい, うるさい, 厚かましい.

die **Pe·ne·tranz** ［ペネトらンツ］ [名] -/-en 《主に[単]》 **1.** (さすような)刺激性;しつこさ. **2.** 〖遺〗(遺伝子の)浸透度.

die **Pe·ne·tra·ti·on** ［ペネトらツィオーン］ [名] -/-en **1.** 〖工〗貫通, 浸透. **2.** 《文》(ペニスの)挿入;〖医〗穿孔.

pe·ne·trie·ren ［ペネトりーれン］ [動] *h.* **1.** 〔〈et^4〉ヲ〕貫通する, 透過する;(…に)浸透〔侵入〕する. **2.** 〔〈j^4〉ニ〕ペニスを挿入する.

peng! ［ペング］ [間] (銃声などを表して)ばーん, どかん, がちゃん.

pe·ni·bel ［ペニーベル］ [形] (［付］［比］は..bl..)きちょうめんすぎる, きちんとしすぎている;《方》困った.

das **Pe·ni·cil·lin** ［penitsɪlí:n ペニツィリーン］ [名] -s/-e ペニシリン.

der **Pe·nis** ［ペーニス］ [名] -/-se〔Penes［ペーネース］〕ペニス.

das **Pe·ni·zil·lin** ［ペニツィリーン］ [名] -s/-e〖医〗ペニシリン.

das **Pen·nal** ［ペナール］ [名] -s/-e 《生徒》高等学校;《オーストリア》筆箱.

der **Pen·nä·ler** ［ペネーラー］ [名] -s/- (高等学校の)生徒.

der **Penn·bru·der** ［ペン・ブるーダー］ [名] -s/..brüder 《口・蔑》浮浪者;寝坊助.

die **Pen·ne**[1] ［ペネ］ [名] -/-n 《生徒》(高等)学校.

die **Pen·ne**[2] ［ペネ］ [名] -/-n 《口・蔑》(浮浪者などの)簡易宿泊所, 安宿;《口》売春婦.

pen·nen ［ペネン］ [動] *h.* 《口》 **1.** 〔補足なし〕眠る, 眠っている;ぼんやりしている. **2.** 〔mit 〈j^3〉ト〕寝る, 性交する.

der **Pen·ner** ［ペナー］ [名] -s/- 《口》 **1.** 浮浪者. **2.** よく眠る人;ぼんやりしている人. **3.** いやな奴.

der **Pen·ny** ［pɛ́ni ペニ］ [名] -s/Pennys, ［旧］Pennies［ペニース］《単位を表す[複]は Pence》ペニー《貨幣単位. 略 p》.

die **Pen·si·on** ［pãzi̯ó:n, paŋ.. パンズィオーン, pɛn.. ペンズィオーン, pãsi̯ó:n, paŋ.. パンスィオーン, pɛn.. ペンスィオーン］ [名] -/-en **1.** (官吏・吏員の)年金, 恩給. **2.** 《[単]のみ;主に無冠詞》年金〔恩給〕生活. **3.** 食事つき簡易ホテル, ペンション. **4.** 《[単]のみ》食事つき宿泊(料金)： ein Zimmer halber ～ 二食つき一室.

der **Pen·si·o·när** ［pãzi̯onɛ́:r, paŋ.. パンズィオネーあ, pɛn.. ペンズィオネーあ, pãsi̯onɛ́:r, paŋ.. パンスィオネーあ, pɛn.. ペンスィオネーあ］ [名] -s/-e **1.** (官吏・吏員の)年金〔恩給〕生活者. **2.** 《方》(一般の)年金生活者(Rentner). **3.** 《スイス》ペンションの宿泊人.

das **Pen·si·o·nat** ［パンズィオナート, ペンズィオナート, パンスィオナート, ペンスィオナート］ [名] -(e)s/-e 《古》(女子の)全寮制の学校.

pen·si·o·nie·ren ［パンズィオニーれン, ペンズィオニーれン, パンスィオニーれン, ペンスィオニーれン］ [動] *h.* 〔〈j^4〉ヲ〕(年金〔恩給〕を与えて)退職〔退官〕させる： sich^4 ～ lassen 退職〔退官〕する, 年金生活に入る.

die **Pen·si·o·nie·rung** ［パンズィオニーるング, ペンズィオニーるング, パンスィオニーるング, ペンスィオニーるング］ [名] -/-en 年金〔恩給〕を与えて退職〔退官〕させること;年金〔恩給〕つ

Pensionist 906

きで退職〔退官〕させられること.

der **Pen·si·o·nist** [パンズィオニスト, ペンズィオニスト, パンスィオニスト, ペンスィオニスト] 名 -en/-en 《南独・オーストリア》(官史・吏員の)年金〔恩給〕生活者.

pen·si·ons·be·rech·tigt [パンズィオーンス・ベれヒティヒト, パンズィオーンス・ベれヒティヒト, ペンズィオーンス・ベれヒティヒト, ペンズィオーンス・ベれヒティヒト] 形 年金〔恩給〕受給資格のある.

die **Pen·si·ons·kas·se** [パンズィオーンス・カッセ, パンズィオーンス・カッセ, ペンズィオーンス・カッセ, ペンズィオーンス・カッセ] 名 -/-n (企業の)退職年金基金.

pen·si·ons·rück·stel·lun·gen [パンズィオーンス・リュック・シュテルンゲン, パンズィオーンス・リュック・シュテルンゲン, ペンズィオーンス・リュック・シュテルンゲン, ペンズィオーンス・リュック・シュテルンゲン] 複《経》(企業会計で)退職年金引当金.

das **Pen·sum** [ペンズム] 名 -s/..sen(..sa) 課題, 宿題; 《教》《古》教材.

Pen·ta·chlor·phe·nol [ペンタ・クローる・ふぇノール] 名 -s/《化》ペンタクロロフェノール(除草剤).

die **Pen·ta·de** [ペンターデ] 名 -/-n《気》半旬(気象周期としての5日間).

das **Pen·ta·e·der** [ペンタ・エーダ] 名 -s/《幾何》五面体.

das **Pen·ta·gon** [-] 名 -s/-e **1.** (発音は[ペンタゴーン])《幾何》五角形. **2.** (発音は[ペンタゴン])(④のみ)ペンタゴン(五角形の平面の建物;アメリカ国防総省の通称).

pen·ta·go·nal [ペンタゴナール] 形《幾何》五角形の.

das **Pen·ta·gramm** [ペンタグラム] 名 -s/-e 五角の星形(魔除けの印としても用いる☆).

das **Pent·al·pha** [pent(')álfa ペンタルふぁ, ペントアルふぁ] 名 -/-s = Pentagramm.

der **Pen·ta·me·ter** [ペンタ・メータ] 名 -s/-《詩》五歩格, ペンタメーター.

der **Pen·ta·teuch** [ペンタ・トイヒ] 名 -s/《旧約》モーセ五書.

das **Pen·tath·lon** [pént(')atlon ペンタトロン, ペントアトロン, pent'á:t..] 名 -s/-s (古代ギリシアの)五種競技.

die **Pen·ta·to·nik** [ペンタトーニク] 名 -/《楽》五音音階.

die **Pen·te·re** [ペンテーれ] 名 -/-n (古代の)五段櫂船.

(*die*) **Pen·the·si·lea** [ペンテズィレーア] 名《ギ神》ペンテシレイア.

das **Pent·house** [pénthaus ペントハウス] 名 -/-s [..ハウズィズ] ペントハウス(高層ビルの屋上に作った高級アパート).

die **Pen·ti·men·ti** [ペンティメンティ] 複《美》ペンティメント(経年により透けて見えるようになった下層の絵具や描線).

die **Pen·to·de** [ペントーデ] 名 -/-n《電》五極(真空)管.

die **Pen·to·se** [ペントーゼ] 名 -/-n《生化》ペントース, 五炭糖.

die **Pe·nun·ze** [ペヌンツェ] 名 -/-n (主に④)(口)お金.

der **Pep** [ペップ] 名 -(s)/ 熱意, 意気込み, 活力.

der [*das*] **Pe·pi·ta** [ペピータ] 名 -s/-s シェパードチェック; シェパードチェックの生地.

das **Pe·plon** [ペープロン] 名 -s/..plen[-s] ペプロス (古代ギリシアのひだの多い上着).

der **Pe·plos** [ペープロス] 名 -/-(..plen) = Peplon.

das **Pep·sin** [ペプスィーン] 名 -s/-e《医・生》ペプシン; (④のみ)《生化》ペプシン剤.

per [per ペる] 前(+4格) **1.** …で(もって), …により: ~ Post 郵便で. ~ Einschreiben 書留で. ~ Bahn 鉄道で. ~ Adresse … 様方(略 p.A.). (mit 〈j³〉) ~ Du sein 〈人と〉 du で話す仲だ.

2.《商》…の時〔日付〕(まで)に: ~ sofort ただちに.

3.《商》…当り, …につき: ~ Kilo キロ当り.

per as·pe·ra ad as·tra [ペる アスペらア アト アストら]《ラ語》苦難の道を経て栄光へ.

per cas·sa [ペる カッサ]《イタ語》《商》現金払いで, 代金引換えで.

der **Per·che·akt, Perche-Akt** [perʃ.. ペるシュアクト] 名 -(e)s/-e (垂直に立てた長い棒の上でする)バランス曲芸.

die **Percht** [ペるヒト] 名 -/-en ベルヒト(アルプス地方の民族信仰の悪霊).

per con·to [ペる コント]《イタ語》《商》付けで, 後払いで.

die **Per·cus·si·on** [pərkáʃən ペるカッシュン, pœrkáʃ..《カッシン》] 名《楽》パーカッション①ボンゴやコンガなどの打楽器.②エレクトーンなどの余韻効果).

per·du [perdý: ペるデュー] 形 《口・古》(い)なくなった.

per·emp·to·risch [ペれムプトーりシュ] 形《法》権利を消滅させる, 権利滅却の.

per·em·to·risch [ペれムトーりシュ] 形 = peremptorisch.

pe·ren·nie·rend [ペれニーれント] 形 **1.**《植》多年生の. **2.** 1年中水のかれない.

die **Pe·re·stroi·ka** [ペれストろイカ] 名 -/ ペレストロイカ(ゴルバチョフによる旧ソ連の改革).

per·fekt [ペるふェクト] 形 **1.** 〔(in 〈et³〉)のみ〕完全(無欠)な, 完璧〔☆〕な: Sie ist ~ in Maschinenschreiben. 彼女のタイプは完璧だ. **2.**《口》最終的に決定された, 決定的な.

das **Per·fekt** [ペるふェクト] 名 -s/-e《言》現在完了(時称); (動詞の)現在完了形.

die **Per·fek·ti·on** [ペるふェクツィオーン] 名 -/ 完全さ, 完璧な技量.

per·fid [ペるふィート] 形《文》陰険で卑劣な.

per·fi·de [ペるふィーデ] 形 = perfid.

die **Per·fi·die** [ペるふィディー] 名 -/-n **1.** (④のみ)不誠実. **2.** 背信(不実な)行為.

die **Per·fo·ra·ti·on** [ペるふォらツィオーン] 名 -/-en **1.** 穴あけ, ミシン目入れ, 穿孔[☆], 鳩目打ち. **2.** (切手・紙の)ミシン目. **3.**《写》(フィルムの)送り穴. **4.**《医》穿孔.

per·fo·rie·ren [ペるふォりーれン] 動 **1.** h. 〈et⁴〉に)穴あけをする(板金などに); ミシン目を入れる, 目打ちをする(切手などに); 鳩目をつける(革やフェルトに). **2.** s./h. 《医》穿孔する(潰瘍〔☆〕などが). **3.** h. 〈j¹/et⁴〉〉《医》穿頭〔☆〕する(死んだ胎児を), (…に誤って)穿孔を起こさせる(胃壁などに).

die **Per·for·manz** [ペるふぉるマンツ] 名 -/-en《言》言語運用.

das **Per·ga·ment** [ペるガメント] 名 -(e)s/-e 羊皮紙; 羊皮紙に書かれた古文書.

das **Per·ga·ment·pa·pier** [ペるガメント・パピーる] 名 -s/-e 硫酸紙, パーチメント紙, 模造羊皮紙.

die **Per·go·la** [ペるゴラ] 名 -/..len パーゴラ(バラ・フジなどをからませた格子の棚(トンネル)).

das **Pe·ri·anth** [ペりアント] 名 -s/-e《植》花被.

pe·ri·cu·lum in mo·ra [ペりークルム イン モーら]《ラ語》危険が迫っている, ぐずぐずすると危険だ.

der **Pe·ri·dot** [ペりドート] 名 -s/-e《地質》橄欖〔☆〕石.

das **Pe·ri·gä·um** [ペりゲーウム] 名 -s/..gäen《天》近地点.

das **Pe·ri·hel** [ペりヘール] 名 -s/-e《天》近日点.

das **Pe·ri·he·li·um** [ペりヘーりウム] 名 -s/..lien = Perihel.

die **Pe·ri·kar·di·tis** [ペりカるディーティス] 名 -/..tiden

[ぺりカるディティーデン]〖医〗心膜炎.

(*der*) **Pe·ri·k·les** [ペーりクレス] [名]〖人名〗ペリクレス(紀元前500頃-429年,アテネの政治家).

die **Pe·ri·ko·pe** [ぺりコーペ] [名] -/-n〖神〗(ミサで読誦(どくしょう)される)聖書の一節;〖詩〗詩節群.

pe·ri·na·tal [ぺりナタール] [形]〖医〗周産期の.

die **Pe·ri·o·de** [ぺりオーデ] [名] -/-n **1.**《文》時期,時代;〖地質〗紀;〖気〗時期. **2.**〖数〗循環小数,循環節;〖化〗周期;〖理〗振動の周期;〖天〗周期. **3.** 月経. **4.**〖修・言〗双対文,複雑複合文(多くの副文章をもつ均整のとれた複合文). **5.**〖楽〗楽段;〖詩〗ペリオーデ.

das **Pe·ri·o·den·sys·tem** [ぺりオーデン・ズュステーム] [名] -s/ 〖化〗(元素の)周期系.

die **Pe·ri·o·di·ka** [ぺりオーディカ] [複名] Periodikum の複数形.

das **Pe·ri·o·di·kum** [ぺりオーディクム] [名] -s/..ka《主に[複]》定期刊行物.

pe·ri·o·disch [ぺりオーディシュ] [形]《文》定期的な,周期的な;《稀》ときどき起こる.

die **Pe·ri·o·di·zi·tät** [ぺりオディツィテート] [名] -/《文》周期性.

der **Pe·ri·ö·ke** [ぺり[エ]ーケ] [名] -n/-n ペリオイコイ(スパルタの参政権のない自由民).

das **Pe·ri·ost** [ぺりオスト] [名] -(e)s/-e〖医〗骨膜.

der **Pe·ri·pa·te·ti·ker** [ぺりパテーティカー] [名] -s/-〖哲〗ペリパトス学派の人;ペリパトス学派の学説の支持者〔信奉者〕.

die **Pe·ri·pe·tie** [ぺりペティー] [名] -/-n〖文芸学〗(ドラマなどの)急転.

pe·ri·pher [ぺりふぇーあ] [形] **1.**《文》周辺の;《転》副次的な. **2.**〖医〗末梢(まっしょう)の;〖コンピュータ〗周辺装置の.

die **Pe·ri·phe·rie** [ぺりふぇりー] [名] -/-n **1.**〖数〗周,円周. **2.**(特に都市の)周辺部. **3.**〖コンピュータ〗周辺装置.

die **Pe·ri·phra·se** [ぺりふらーゼ] [名] -/-n〖修〗迂言(うげん)法,婉曲表現.

der **Pe·ri·p·te·ros** [ぺりプテろス] [名] -/-〔..teren [ぺりプテーれン]〕ペリプテロス(周柱神殿).

das **Pe·ri·s·kop** [ぺりスコープ] [名] -s/-e 潜望鏡.

die **Pe·ri·stal·tik** [ぺりスタルティク] [名] -/ 〖医〗蠕動(ぜんどう)(運動).

die **Pe·ri·sta·se** [ぺりスターゼ] [名] -/-n〖医〗(生体の発達に影響を与える)環境.

das **Pe·ri·s·tyl** [ぺりステュール] [名] -s/-e 列柱郭(古代ギリシア・ローマの列柱に囲まれた中庭).

pe·ri·to·ne·al [ぺりトネアール] [形]〖医〗腹膜の.

das **Pe·ri·to·ne·um** [ぺりトネーウム] [名] -s/..neen〖医〗腹膜.

die **Pe·ri·to·ni·tis** [ぺりトニーティス] [名] -/..tiden [ぺりトニティーデン]〖医〗腹膜炎.

der **Per·ko·la·tor** [ぺるコラートーあ] [名] -s/-en [ぺるコラトーれン]〖薬〗パーコレーター,浸出器.

die **Per·kus·si·on** [名] -/-en **1.** [ぺるクッスィオーン](銃の)撃発. **2.** [pøːrkáʃən [ペ]ーあカッシェン, pœr.. [ペ]るカッシェン]〖楽〗パーカッション(ハルモニウムのリード打撃装置). **3.** [ぺるクッスィオーン]〖医〗打診(法).

der **Per·kus·si·ons·ham·mer** [ぺるクッスィオーンス・ハマー] [名] -s/..hämmer〖医〗打診槌(つち).

das **Per·kus·si·ons·in·s·tru·ment** [[ペ]ーあカッションス・インストるメント, [ペ]るカッションス・インストるメント] [名] -(e)s/-e〖楽〗打楽器.

per·ku·tan [ぺるクターン] [形]〖医〗経皮の.

per·ku·tie·ren [ぺるクティーれン] [動] *h.*〔〈et^4〉ヲ〕〖医〗打診する(患者の胸部などを).

die **Per·le** [ぺるレ] [名] -/-n **1.** 真珠. **2.**(真珠状の)玉;泡;水玉,しずく,露;丸薬;〖狩〗(角にできる)粒状の隆起. **3.** かけがえのない人〔もの〕,至宝,珠玉;《口・冗》(役に立つ)お手伝いさん;《若・古》誠実なガールフレンド. **4.**(《単》のみ;無冠詞)ペルレ(ゲヴュルツトラミーナー種とミュラー=トゥルガウ種を交配したブドウ);(無冠詞)ペルレ種のワイン.

per·len [ぺるレン] [動] **1.** *h./s.*〔auf 〈et^3〉ノ上デ〕玉(状)になる(汗が額の上などで). **2.** *s.*〔von 〈et^3〉カラ〕玉(状)になって転がる〔転がり落ちる〕. **3.** *h.*〔補足なし〕玉を転がすように響く(声などが). **【慣用】** *h.* **Der Sekt perlt im Glas.** シャンペンがグラスの中で泡立っている. *h.* **Die Wiese perlt von〔vom〕Tau.** 牧草地は一面に露で覆われている.

per·len [ぺるレン] [形]《稀》真珠(製)の.

der **Per·len·fi·scher** [ぺるレン・ふぃっシャー] [名] -s/- 真珠貝採りの漁師.

die **Per·len·ket·te** [ぺるレン・ケッテ] [名] -/-n 真珠のネックレス.

die **Per·len·schnur** [ぺるレン・シュヌーあ] [名] -/..schnüre ひもに通した真珠;真珠の連.

perl·grau [ぺるル・グらウ] [形]〖織〗パールグレーの.

das **Perl·huhn** [ぺるル・フーン] [名] -(e)s/..hühner〖鳥〗ホロホロチョウ.

die **Perl·mu·schel** [ぺるル・ムッシェル] [名] -/-n〖貝〗シンジュガイ.

das **Perl·mutt** [ぺるル・ムット, ぺるル・ムット] [名] -s/ = Perlmutter.

die **Perl·mut·ter** [ぺるル・ムッター, ぺるル・ムッター] [名] -/(das ~ -s/ も有) 真珠層;(das ~)真珠層の色彩〔光沢〕.

der **Perl·mut·ter·knopf** [ぺるルムッター・クノップふ, ぺるルムッター・クノップふ] [名] -(e)s/..knöpfe 真珠層のボタン.

das **Per·lon** [ぺるロン] [名] -s/ 〖商標〗ペルロン(ドイツのナイロン).

die **Perl·schrift** [ぺるル・シュりふト] [名] -/ 〖印〗パール(5ポイント活字);(タイプライターの)エリート活字.

perl·weiß [ぺるル・ヴァイス] [形] 真珠色の.

das **Perm** [ぺるム] [名] -s/ 〖地質〗ペルム紀,二畳紀.

per·ma·nent [ぺるマネント] [形] 持続的な,永続的な,恒常的な,常任の,常設の.

die **Per·ma·nenz** [ぺるマネンツ] [名] -/ 持続,永続.

per·me·a·bel [ぺるメアーベル] [形]([付][比]は..bl..) 透過性の,透水性の.

per·mis·siv [ぺるミッスィーふ] [形]〖社・心〗自由放任の,反対の立場も許容する.

das **Per·mit** [pǿːrmɪt [ペ]ーあミット, pœ́rmɪt [ペ]るミット] [名] -s/-s 許可(証).

per·mit·tie·ren [ぺるミティーれン] [動] *h.*〔〈j^4/et^4〉ヲ〕《文》許可する.

die **Per·mu·ta·ti·on** [ぺるムタツィオーン] [名] -/-en **1.**《文》交換;入れ替え. **2.**〖教〗置換. **3.**〖言〗置換.

per·ni·zi·ös [ぺるニツィ[エ]ース] [形] **1.**〖医〗悪性の. **2.**《文》悪質な,危険な.

per·o·ral [ぺるオらール] [形]〖医〗経口の.

per pe·des (a·po·s·to·lo·rum) [ぺる ペーデース (アポストローるム)]〖ラテン語〗(キリストの使徒のように)徒歩で(zu Fuß).

der〔*das*〕**Per·pen·di·kel** [ぺるペンディーケル] [名] -s/- **1.**〖海〗(船の)全長. **2.** 時計の振子.

per·pe·tu·ie·ren [ぺるペトゥイーれン] [動] *h.*〔〈et^4〉ヲ〕《文》(《蔑》も有)持続させる.

das **Per·pe·tu·um mo·bi·le** [ぺるペートゥウム モービレ] [名] --(s)/--(s)〔..tua..bilia〕(空想的)永久機関;〖楽〗無窮動.

per·plex [ぺるプレックス] [形]〔(über 〈et^4〉ニ)〕《口》あっけにとられた,面食らった.

per pro·cu·ra [ぺる プろクーら]〖ラテン語〗〖商〗代理とし

P

て, 全権を委託されて(署名の前に添える).

der **Per·ron** [pɛrõ: ぺろーン] [名] -s/-s **1.** 《スイス》プラットホーム. **2.** 《古》(市電の)デッキ.

per sal·do [ぺる ザルド] 〖商〗(貸借の)差引残高として.

per se [ぺる ゼー] 〖ラテ語〗おのずから.

die **Per·sen·ning** [ぺるゼニング] [名] -/-e(n)〔-s〕 **1.** ([単]のみ)〖織〗(テント用などの)防水布. **2.** 〖海〗防水シート.

(*die*) **Per·se·pho·ne** [ぺるゼーふぉネ] [名] 〖ギ神〗ペルセポネ(冥界(めいかい)の神 Hades の妃).

der **Per·ser** [ぺるザー] [名] -s/- **1.** ペルシア人. **2.** 《口》ペルシアじゅうたん(~teppich).

der **Per·ser·tep·pich** [ぺるザー・テッピひ] [名] -s/-e ペルシアじゅうたん.

der **Per·seus** [ぺるゾイス] [名] -/ **1.** (主に無冠詞)〖ギ神〗ペルセウス(Zeus と Danae の息子). **2.** 〖天〗ペルセウス座.

per·se·ve·rie·rend [ぺるゼヴェりーれント] [形] 〖心〗持続する.

der **Per·si·a·ner** [ぺるズィアーナー] [名] -s/- ペルシアン(カラクール種の子羊の毛皮);加工したペルシアン.

der **Per·si·a·ner·man·tel** [ぺるズィアーナー・マンテル] [名] -s/..mäntel ペルシアンのコート.

(*das*) **Per·si·en** [ぺるズィエン] [名] -s/ 〖国名〗ペルシア.

die **Per·si·fla·ge** [..ʒə ぺるズィふラージェ] [名] -/-n 《文》風刺, あてこすり.

per·si·flie·ren [ぺるズィふりーれン] [動] *h.* 〔〈j^4/et^4〉ヲ〕風刺する.

der **Per·sil·schein** [ぺるズィール・シャイン] [名] -(e)s/-e 《口・冗》潔白証明書(元々は非ナチ証明書).

das **Per·si·pan** [ぺるズィパーン, ぺるズィパーン] [名] -s/-e ペルジパン(アンズ・モモを用いた Marzipan の代用菓子).

per·sisch [ぺるズィシュ] [形] ペルシア(人・語)の.

das **Per·sisch** [ぺるズィシュ] [名] -(s)/ ペルシア語. 【用法は⇨ Deutsch】

das **Per·si·sche** [ぺるズィシェ] [名] (形容詞的変化;[単]のみ) **1.** (定冠詞とともに)ペルシア語. **2.** ペルシア的なもの〔こと〕【用法は⇨ Deutsche²】.

per·sis·tent [ぺるズィステント] [形] 〖医・生〗持続的な, 治りにくい.

die **Per·sis·tenz** [ぺるズィステンツ] [名] -/-en **1.** 〖医・生〗持続, 永続. **2.** 《古》忍耐, 粘り強さ.

die **Per·son** [ぺるゾーン] [名] -/-en **1.** (男・女・子供を含む)人, 個人;《稀》人柄, 人格: eine juristische ~ 法人. **2.** (外面的特性をそなえた)人, 人物;(文学・映画などの)登場人物: die lustige ~ 道化役者. **3.** 女, 少女. **4.** ([単]のみ)〖言〗人称. 【慣用】 **〈j¹〉 in (eigener) Person** 〈人が〉みずから. **〈et¹〉 in Person sein** 〈事〉そのものである. **〈j¹〉 und 〈j¹〉 in einer Person sein** 一人で〈人〉と〈人〉を兼ねている.

die **Per·so·na gra·ta** [ぺるゾーナ グらータ] [名] --/ 〖外交〗好ましい人物(特に外交官).

die **Per·so·na in·gra·ta** [ぺるゾーナ イングらータ] [名] --/ 〖外交〗好ましくない人物(特に外交官).

per·so·nal [ぺるゾナール] [形] **1.** 《文》人〔個人〕の, 人格をそなえた: ein ~*er* Gott 人格神. **2.** 〖言〗人称上の. **3.** 《稀》人事上の.

das **Per·so·nal** [ぺるゾナール] [名] -s/ **1.** (総称)職員, 従業員, スタッフ;使用人, 召使い. **2.** 《文》(総称)(小説・劇・映画などの)登場人物.

die **Per·so·nal·ab·tei·lung** [ぺるゾナール・アップタイルング] [名] -/-en 人事課.

die **Per·so·nal·ak·te** [ぺるゾナール・アクテ] [名] -/-n 人事記録.

die **Per·so·nal·an·ga·ben** [ぺるゾナール・アン・ガーベン] [複名] 身上書記載項目.

der **Per·so·nal·aus·weis** [ぺるゾナール・アウス・ヴァイス] [名] -es/-e 身分証明書.

der **Per·so·nal·com·pu·ter, Per·so·nal Com·pu·ter** [ぺるゾナール・コムピューター] [名] -s/- パーソナルコンピュータ(略 PC).

die **Per·so·nal·form** [ぺるゾナール・ふぉるム] [名] -/-en 〖言〗(動詞の)人称(変化)形.

die **Per·so·na·li·en** [ぺるゾナーリエン] [複名] 身上書;個人に関するデータ.

per·so·nal·in·ten·siv [ぺるゾナール・インテンズィーふ] [形] 〖経〗(機械ではなく)人員を要する, 人手による.

der **Per·so·na·lis·mus** [ぺるゾナリスムス] [名] -/ **1.** 〖哲・神〗人格神の信仰. **2.** 〖哲〗人格主義.

die **Per·so·nal·kos·ten** [ぺるゾナール・コステン] [複名] 〖経〗人件費.

der **Per·so·nal·lei·ter** [ぺるゾナール・ライター] [名] -s/- 人事課長.

das **Per·so·nal·pro·no·men** [ぺるゾナール・プろノーメン] [名] -s/-〔..mina〕〖言〗人称代名詞.

die **Per·so·nal·u·ni·on** [ぺるゾナール・ウニオーン] [名] -/-en **1.** 同君連合(共通の君主を持つ国家連合). **2.** 《文》兼務.

die **Per·so·nal·ver·tre·tung** [ぺるゾナール・ふぇあトれートゥング] [名] -/-en 〖行政〗 **1.** ([単]のみ)公勤務者代表. **2.** 公勤務者代表機関.

die **Per·so·na non gra·ta** [ぺるゾーナ ノーン グらータ] [名] ---/ =Persona ingrata.

das **Per·sön·chen** [ぺる[ぜ]ーンひぇン] [名] -s/- 小さなかわいい女の子〔女性〕.

per·so·nell [ぺるゾネル] [形] 人員の, 人事の;〖心〗個(人)にかかわる.

der **Per·so·nen·auf·zug** [ぺるゾーネン・アウふ・ツーク] [名] -(e)s/..züge 乗用エレベーター.

die **Per·so·nen·be·för·de·rung** [ぺるゾーネン・べ[ふぇ]るデるング] [名] -/-en 〖交通〗旅客輸送.

der **Per·so·nen·damp·fer** [ぺるゾーネン・ダムプふぁー] [名] -s/- 客船.

die **Per·so·nen·ge·sell·schaft** [ぺるゾーネン・ゲゼルシャふト] [名] -/-en 〖経〗人的会社.

das **Per·so·nen·kenn·zei·chen** [ぺるゾーネン・ケン・ツァイひぇン] [名] -s/- (国民総番号制などの)個人コードの番号.

die **Per·so·nen·kon·trol·le** [ぺるゾーネン・コントろレ] [名] -/-n 乗客(身体)検査.

der **Per·so·nen·kraft·wa·gen** [ぺるゾーネン・クらふト・ヴァーゲン] [名] -s/- 〖官〗乗用車(略 Pkw, PKW).

der **Per·so·nen·kult** [ぺるゾーネン・クルト] [名] -(e)s/-e (主に[単])《蔑》個人崇拝.

der **Per·so·nen·nah·ver·kehr** [ぺるゾーネン・ナー・ふぇあケーあ] [名] -s/ 旅客近距離輸送.

das **Per·so·nen·re·gis·ter** [ぺるゾーネン・れギスター] [名] -s/- 人名索引.

der **Per·so·nen·scha·den** [ぺるゾーネン・シャーデン] [名] -s/..schäden 〖法・保険〗人的損害(事故による死傷).

der **Per·so·nen·schutz** [ぺるゾーネン・シュッツ] [名] -es/ (警察・軍などによる)対人保護.

der **Per·so·nen·stand** [ぺるゾーネン・シュタント] [名] -(e)s/ =Familienstand.

die **Per·so·nen·such·an·la·ge** [ぺるゾーネン・ズーふ・アン・ラーゲ] [名] -/-n 無線呼び出し装置.

der **Per·so·nen·ver·kehr** [ぺるゾーネン・ふぇあケーあ] [名] -s/ 〖交通〗旅客輸送.

das **Per·so·nen·ver·zeich·nis** [ぺるゾーネン・ふぇあツァイひニス] [名] -ses/-se 人名リスト;乗客名簿;〖劇〗登場人物表.

die **Per·so·nen·waa·ge** [ぺるゾーネン・ヴァーゲ] [名] -/-n 体重計.

der **Per·so·nen·wa·gen** [ぺるゾーネン・ヴァーゲン] [名]

-s/- **1.** 乗用車. **2.** 客車.
der **Per·so·nen·zug** [ペルゾーネン・ツーク] 名 -(e)s/ ..züge **1.** 旅客列車. **2.** (以前の各駅停車の)普通列車.
die **Per·so·ni·fi·ka·ti·on** [ペルゾニフィカツィオーン] 名 -/-en 《文》 **1.** 人格化, 擬人化; 体現, 具現. **2.** 権化, 化身.
per·so·ni·fi·zie·ren [ペルゾニフィツィーレン] 動 *h.* **1.** 〔et⁴〕人格化〔擬人化〕する. **2.** 〔et⁴〕体現〔具現〕している, (…の)化身〔権化〕である.
die **Per·so·ni·fi·zie·rung** [ペルゾニフィツィールング] 名 -en 《文》人格化, 擬人化; 権化, 体現;《稀》体現.
per·sön·lich [ペルゼーンリヒ] 形 **1.** 個性的な, その人〔etw〕らしい: einen sehr ~en Stil schreiben 個性あふれる文章を書く. **2.** 本人自身の, 当人の: in ~er Anwesenheit 当人の面前で. Der Professor erschien ~. 当の教授自身が現れた. **3.** 個人的な, 個人の, 私的な: eine ~e Bekanntschaft 個人的な交友関係. Ich habe mit ihm darüber ~ gesprochen. 私は彼とそのことについて個人的に話合った. 〈et⁴〉 ~ nehmen〔auffassen〕〈事⁴〉を個人的に〔自分に〕向けられたものととる. **4.** 打解けた: einen ~en Ton anschlagen 打解けた調子になる. 【慣用】 **ein persönlicher Gott** 人格神. **ein persönliches Fürwort** 人称代名詞. **für**〈et⁴〉**persönlich haften** 〈事⁴〉に無限責任を負う. **Persönlich !** 親展(手紙で). **persönlich werden** 人身攻撃をする.
die **Per·sön·lich·keit** [ペルゼーンリヒカイト] 名 -/-en **1.** 《⊕のみ》人格. **2.** (人格の持ち主としての)人間. **3.** (すぐれた)人物.
das **Per·sön·lich·keits·recht** [ペルゼーンリヒカイツ・レヒト] 名 -(e)s/-e 《法》人格権.
die **Per·sön·lich·keits·wahl** [ペルゼーンリヒカイツ・ヴァール] 名 -/-en 《政》人物選挙(比例代表制に対して候補者個人に投票する選挙制度).
das **Per·spek·tiv** [ペルスペクティーフ] 名 -s/-e 小型望遠鏡.
die **Per·spek·ti·ve** [ペルスペクティーヴェ] 名 -/-n **1.** 遠近法, 遠近画法. **2.** 《文》将来の展望, 見通し; (旧東独)将来計画. **3.** 《文》視点, 見地.
per·spek·ti·visch [ペルスペクティーヴィッシュ] 形 **1.** 遠近〔遠視〕画法の; ある視点からの. **2.** (旧東独)将来を見通した.
der **Per·spek·ti·vis·mus** [ペルスペクティヴィスムス] 名 -/ 《哲》遠近法主義(観察者の立場によって世界や事物が異なって受け取られるとする).
(*das*) **Pe·ru** [ペルー] 名 -s/ 《国名》ペルー.
der **Pe·ru·bal·sam** [ペルー・バルザーム] 名 -s/ ペルーバルサム.
die **Pe·rücke** [ペリュッケ] 名 -/-n かつら;《狩》(角の)病的な腫れ.
per ul·ti·mo [ペル ウルティモ] 《修飾語》 《商》月末払いで.
per·vers [ペルヴェルス] 形 **1.** (性的に)倒錯した, 変態の. **2.** 《口》度を越した.
die **Per·ver·si·on** [ペルヴェルズィオーン] 名 -/-en (性的)倒錯.
die **Per·ver·si·tät** [ペルヴェルズィテート] 名 -/-en 《文》 **1.** 《⊕のみ》(性的に)倒錯していること, 倒錯性. **2.** 倒錯した行動〔発言〕.
per·ver·tie·ren [ペルヴェルティーレン] 動 《文》 **1.** *h.* 〔j⁴/et⁴〕異常にする, 倒錯させる(感覚などを);ゆがめる(言葉の意味などを). **2.** *s.* 〔慣用〕異常になる, 倒錯する(感覚など).
die **Per·zep·ti·on** [ペルツェプツィオーン] 名 -/-en 《哲·心》知覚;《医·生》(感覚細胞〔器官〕による刺激の)感受.
pe·sen [ペーゼン] 動 *s.* 〔慣用〕《口》走る, 駆ける;(車で)非常なスピードで走る.

das **Pes·sach** [ペッサは] 名 -s/ =Passah.
das **Pes·sar** [ペッサール] 名 -s/-e 《医》ペッサリー.
der **Pes·si·mis·mus** [ペスィミスムス] 名 -/ (人生観としての)厭世(えんせい)主義;(未来に関しての)悲観論;(この世は悪で改善も期待できないとする哲学的)ペシミズム, 厭世思想.
der **Pes·si·mist** [ペスィミスト] 名 -en/-en ペシミスト, 厭世(えんせい)主義者, 悲観論者.
pes·si·mis·tisch [ペスィミスティッシュ] 形 厭世(えんせい)(主義)的な;悲観的な.
die **Pest** [ペスト] 名 -/ ペスト, 黒死病. 【慣用】〈j³〉 **die Pest an den Hals wünschen** 《口》〈人₃〉をのろい殺したく思う.
(*der*) **Pes·ta·loz·zi** [ペスタロッツィ] 名 《人名》ペスタロッチ(Johann Heinrich ~, 1746-1827, スイスの教育家).
pest·ar·tig [ペスト・アーるティヒ] 形 《蔑》 (臭いが)ひどく嫌な.
die **Pest·beu·le** [ペスト・ボイレ] 名 -/-n ペスト腺腫(せんしゅ).
der **Pest·hauch** [ペスト・ハウは] 名 -(e)s/-e 《文》毒気, 瘴気(しょうき);《転》悪影響.
die **Pes·ti·lenz** [ペスティレンツ] 名 -/-en 《古》=Pest.
das **Pes·ti·zid** [ペスティツィート] 名 -s/-e 殺虫〔菌〕剤.
der **Pes·ti·zid·rück·stand** [ペスティツィート・リュック・シュタント] 名 -(e)s/..stände 《環》殺虫剤の残留物〔残留農薬〕.
pest·krank [ペスト・クランク] 形 ペストにかかった.
die **Pé·tan·que** [peták ペタンク] 名 -(s)/ (die ~ -/) 《⊕のみ》ペタンク(鉄球を用いたゲーム).
der **Pe·ter** [ペーター] 名 -s/- **1.** 《⊕のみ;主に無冠詞》《男名》ペーター. **2.** 《主に無冠詞》 ~ der Große ピョートル大帝. **3.** 《口》 **4.** 《口》 Schwarzer ~ 黒いペーター(一種のババ抜きで, 黒いペーターのカードを引いた者が顔に墨を塗られる): 〈j³〉 den schwarzen ~ zuschieben 〈人₃〉にいやなことを押しつける.
(*der/die*) **Pe·ters** [ペータース] 名 《人名》ペータース.
(*das*) **Pe·ters·burg** [ペーテルス・ブルク] 名 -s/ 《地名》ペテルブルク(正式名 Sankt ~. バルト海東端のロシア連邦の都市.元のソ連邦 Leningrad).
die **Pe·ter·si·lie** [ペーターズィーリエ] 名 -/-n 《植》パセリ. 【慣用】〈j³〉 **ist die Petersilie verhagelt** 《口》〈人₃〉ががっかりしている.
die **Pe·ters·kir·che** [ペーターストゥキルひェ] 名 -/ (ヴァチカンの)サンピエトロ寺院, 聖ペテロ大聖堂.
der **Pe·ters·pfen·nig** [ペーターストゥプフェニヒ] 名 -s/-e 《カト》教皇への献金.
der **Pe·ter·wa·gen** [ペーター・ヴァーゲン] 名 -s/- 《口》無線パトカー.
das **Pe·tit** [patíː プティー] 名 《印》8 ポイント活字.
die **Pe·ti·tes·se** [patitɛ́sə プティッセ] 名 -/-n 《文》ささいなこと, どうでもいいこと.
die **Pe·ti·ti·on** [ペティツィオーン] 名 -/-en 《官》請願(書).
das **Pe·tit Mal**, ⊕ **Pe·tit mal** [patí:máːl プティー マル] 名 -/ 《医》《古》(顛癇(てんかん)の)小発作.
das/der **Pe·tit Point** [patí:pɔɛ̃ プティ ポアン] 名 -/ 《⊕のみ》 プチポワン(ビーズを縫い込んだ手芸品).
die **Pe·tits Fours**, ⊕ **Pe·tits fours** [patíːfúːr ペティーふーる] 複 プチフール(一口サイズの小さいケーキ).
das **Pe·ti·tum** [ペティートゥム] 名 -s/..ta 《官》《古》申請, 請願.
(*die*) **Pe·tra** [ペートら] 名 《女名》ペートラ.
das **Pe·tre·fakt** [ペトれふぁクト] 名 -(e)s/-e(n) 《古》

生]化石.
- **Petri** [ペートリ] 名 Petrus の2格：der Stuhl ~ 教皇庁[座].~ Heil！大ações. ⇨ Petrus.
- **pe·tri·fi·zie·ren** [ペトリフィツィーレン] 動〈文〉 1. *s.* [稀] 化石になる. 2. *h.*〈et⁴〉化石化する.
- **pe·tri·fi·ziert** [ペトリフィツィーアト] 形 化石化した.
- *der* **Pe·tri·jün·ger** [ペートリ・ユンガー] 名 -s/-《冗》釣りの好きな人，太公望.
- *die* **Pe·tri·scha·le** [ペートリ・シャーレ] 名 -/- ペトリ皿 (細菌培養用).
- *die* **Pe·tro·che·mie** [ペトロ・ヒェミー] 名 -/ 石油化学；岩石化学.
- *die* **Pe·tro·ge·ne·se** [ペトロ・ゲネーゼ] 名 -/-n 岩石生成.
- *die* **Pe·tro·gra·fie, Pe·tro·gra·phie** [ペトログらふィー] 名 / 記載岩石学.
- *die* **Pe·trol·che·mie** [ペトロール・ヒェミー] 名 -/ 石油化学.
- *das* **Pe·tro·le·um** [ペトろーレウム] 名 -s/ 灯油；《古》石油.
- *der* **Pe·tro·le·um·ko·cher** [ペトろーレウム・コッはー] 名 -s/- 石油こんろ.
- *die* **Pe·tro·le·um·lam·pe** [ペトろーレウム・ラムペ] 名 -/-n 石油ランプ.
- *die* **Pe·tro·lo·gie** [ペトろ・ロギー] 名 -/ 岩石学.
- (*der*) **Pe·trus** [ペートるス] 名 1.《男名》ペートルス. 2.（2格の古形は Petri）《キ教》ペテロ (もともとは漁師，十二使徒の一人，初代ローマ教皇)；Petri Heil！大漁を (釣人のあいさつ).
- *das* **Pet·schaft** [ペッチャフト] 名 -s/-e (封印用の) 印章，封印.
- *der* **Pet·ti·coat** [pɛ́tikoːt ペティ・コート] 名 -s/-s《服》ペチコート.
- *das* **Pet·ting** [ペッティング] 名 -(s)/-s ペッティング.
- **pet·to** [ペット] 《イタ語》⇨ in petto.
- *die* **Pe·tu·nie** [ペトゥーニエ] 名 -/-n《植》ペチュニア.
- *der* **Petz** [ペッツ] 名 -es/-e クマ (寓話などで)：Meister ~ クマさん (男名 Bernhard の愛称としても).
- *die* **Pet·ze¹** [ペッツェ] 名 -/-n《生徒・蔑》ちくり屋，告げ口屋.
- *die* **Pet·ze²** [ペッツェ] 名 -/-n《方》雌犬.
- **pet·zen** [ペッツェン] 動 *h.*〈et⁴〉/《文》デルダ》《生徒・蔑》告げ口をする，言いつける.
- *der* **Pet·zer** [ペッツァー] 名 -s/- = Petze¹.
- **peu à peu** [pøapǿ ぺ ア ぺ]《フラ語》少しずつ，次第に.
- **Pf** = Pfennig ペニヒ (ドイツの旧貨幣単位).
- *der* **Pfad** [プふァート] 名 -(e)s/Pfähle 小道. 【慣用】**auf dem Pfad der Tugend wandeln**《文》《嘲》にも正道を歩む，高潔である. **die ausgetretenen Pfade verlassen**《文》独自の道を歩む. **vom Pfad der Tugend abweichen**《文》《嘲》にも悪事をなす.
- *der* **Pfa·der** [プふァーダー] 名 -s/-《スイ》= Pfadfinder.
- *der* **Pfad·fin·der** [プふァート・ふィンダー] 名 -s/- ボーイスカウト団員.
- *die* **Pfad·fin·de·rin** [プふァート・ふィンデリン] 名 -/-nen ガールスカウト団員.
- *der* **Pfaf·fe** [プふァッふェ] 名 -n/-n《蔑》坊主.
- *das* **Pfaf·fen·tum** [プふァッふェントゥーム] 名 -s/《蔑》坊主根性 [気質].
- **pfäf·fisch** [プふェッふィッシュ] 形《蔑》坊主臭い.
- *der* **Pfahl** [プふァール] 名 -(e)s/Pfähle 1. 杭（ぐい），支柱，柱：ein ~ im Fleische 肉体のとげ (悩みの種. 第二コリント書 12,7 による). 2.《紋》(盾の中央の) 縦帯.
- *der* **Pfahl·bau** [プふァール・バウ] 名 -(e)s/-ten 杭上 (ぐいじょう) 家屋，水上家屋.
- *der* **Pfahl·bür·ger** [プふァール・ビュるガー] 名 -s/-（中世の) 市民権を持つ市外住民；《古・蔑》俗物.
- **pfäh·len** [プふェーレン] 動 *h.* 1.〈et⁴〉杭で支える，に杭を打込む. 2.〈j⁴〉杭打ち (串刺) の刑に処する.
- *der* **Pfahl·rost** [プふァール・ろスト] 名 -(e)s/-e《土》杭（くい）打ち基礎.
- *das* **Pfahl·werk** [プふァール・ヴェるク] 名 -(e)s/《土》杭（くい）打ち工事.
- *die* **Pfahl·wur·zel** [プふァール・ヴるツェル] 名 -/-n《植》直根.
- *die* **Pfalz** [プふァルツ] 名 -/-en 1.（中世の) 王宮. 2.（⊛のみ）《地名》プふァルツ (昔のプふァルツ伯領).
- *der* **Pfalz·graf** [プふァルツ・ぐらーふ] 名 -en/-en（中世の) 宮中伯.
- *das* **Pfand** [プふァント] 名 -(e)s/Pfänder 1. 担保，(借金の) かた，質草. 2.（使用済み容器などの) 保証金，デポジット. 3.《文》証（あかし）：ein ~ seiner Treue 彼の誠実の証.
- **pfänd·bar** [プふェント・バール] 形 差押えの対象となる.
- *der* **Pfand·brief** [プふァント・ブリーふ] 名 -(e)s/-e《経・銀行》(抵当) 担保証券.
- **pfän·den** [プふェンデン] 動 *h.* 1.〈et⁴〉差押える. 2.〈j⁴〉(担保物件の) 差押えをする.
- *das* **Pfän·der·spiel** [プふェンダー・シュピール] 名 -(e)s/-e 担保[罰]ゲーム.
- *die* **Pfand·fla·sche** [プふァント・ふラッシェ] 名 -/-n デポジット瓶.
- *der* **Pfand·gläu·bi·ger** [プふァント・ぐロイビガー] 名 -s/-《法》質権者，質権者.
- *das* **Pfand·haus** [プふァント・ハウス] 名 -es/..häuser《古》質屋.
- *die* **Pfand·lei·he** [プふァント・ライエ] 名 -/-n 1.（⊛のみ) 抵当貸し；質屋業. 2. 質屋.
- *der* **Pfand·lei·her** [プふァント・ライアー] 名 -s/- 質屋 (人).
- *das* **Pfand·recht** [プふァント・れヒト] 名 -(e)s/《法》質権，担保権.
- *der* **Pfand·schein** [プふァント・シャイン] 名 -(e)s/-e 質札.
- *der* **Pfand·schuld·ner** [プふァント・シュルドナー] 名 -s/- 質入れする人，質権設定者.
- *die* **Pfän·dung** [プふェンドゥング] 名 -/-en 差押え.
- *die* **Pfan·ne** [プふァネ] 名 -/-n 1. フライパン，柄つきの平なべ. 2.《土》桟瓦（さんがわら）(Dach-~). 3.《解》関節窩（か）. 4.（火縄銃の) 火皿. 5.《冶金》(溶けた金属などを運ぶ) 取り鍋. 6.《地》窪地. 7. 差込み便器 (Bett-~). 【慣用】〈et⁴〉 **auf der Pfanne haben**《口》(人を仰天させるような《事》を) 用意している.〈j⁴〉 **in die Pfanne hauen**《口》《人⁴》をこてんこてんにやっつける.
- *der* **Pfann·ku·chen** [プふァン・クーヘン] 名 -s/- パンケーキ；《北独・東中独》ジャム入り揚げパン；《方》ポテトパンケーキ.【慣用】**platt wie ein Pfannkuchen sein**《口》あっけにとられて (びっくりして) いる.
- *der* **Pfarr·ad·mi·ni·stra·tor** [プふァる・アトミニストらートる] 名 -s/-en 代理牧師 [司祭].
- *das* **Pfarr·amt** [プふァる・アムト] 名 -(e)s/..ämter 主任司祭 [牧師] の職；主任司祭 [牧師] 館.
- *der* **Pfarr·be·zirk** [プふァる・ベツィるク] 名 -(e)s/-e 聖堂区；教区.
- *die* **Pfar·re** [プふァれ] 名 -/-n《方》= Pfarrei.
- *die* **Pfar·rei** [プふァらイ] 名 -/-en 1. 主任司祭もしくは教区牧師が管轄 (かんかつ) する最小単位の教区. 2. 主任司祭 [教区牧師] の地位 [職]. 3. 司祭館，牧師館 (Pfarrhaus).
- *der* **Pfar·rer** [プふァらー] 名 -s/-《カトリ》主任司祭；《プろテスタ》(教区) 牧師.
- *die* **Pfarr·frau** [プふァる・ふらウ] 名 -/-en《プろテスタント》牧師

の妻.

das **Pfarr·haus** [プふぁる·ハウス] [名] -es/..häuser 主任司祭〔牧師〕館.

das **Pfarr·kind** [プふぁる·キント] [名] -(e)s/-er 教区の信者.

die **Pfarr·kir·che** [プふぁる·キるひぇ] [名] -/-n 聖堂区〔教区〕教会.

die **Pfarr·stel·le** [プふぁる·シュテレ] [名] -/-n 主任司祭〔牧師〕の地位.

der **Pfarr·ver·we·ser** [プふぁる·ふぇあヴェーザー] [名] -s/- 代理牧師〔司祭〕.

der **Pfarr·vi·kar** [プふぁる·ヴィカーあ] [名] -s/-e 〘カトリック〙助任司祭;〘プロテスタント〙副牧師.

der **Pfau** [プふぁウ] [名] -(e)s/-e(n) (《《オーストリア》》-en/-e も有)〘鳥〙クジャク: Er ist ein (eitler) ~. 《文·蔑》彼は虚栄心が強い.

das **Pfau·en·au·ge** [プふぁウエン·アウゲ] [名] -s/-n **1.** クジャクの尾斑紋(はんもん);〘服〙クジャク紋. **2.** 〘昆〙クジャクチョウ.

die **Pfau·en·fe·der** [プふぁウエン·ふぇーダー] [名] -/-n クジャクの(尾)羽根(上尾筒の羽毛).

der **Pfau·en·hahn** [プふぁウエン·ハーン] [名] -(e)s/-e 雄クジャク.

die **Pfau·en·hen·ne** [プふぁウエン·ヘネ] [名] -/-n 雌クジャク.

der **Pfau·en·thron** [プふぁウエン·トろーン] [名] -(e)s/ 孔雀(くじゃく)座(かつてのイランの支配者の玉座).

die **Pfau·hen·ne** [プふぁウ·ヘネ] [名] -/-n クジャクの雌.

Pfd. =Pfund ポンド.

der **Pfef·fer** [プふぇっふぁー] [名] -s/- (《複》は種類) **1.** コショウ(香辛料). **2.** ぴりっとしたところ, 迫力, 精彩. 【慣用】**Bleib, wo der Pfeffer wächst!** 《口》どこか遠くへ行ってしまえ. **Da liegt der Hase im Pfeffer.** 《口》そこが難しいところだ. 〈j³〉 **Pfeffer geben** 《口》〈人を〉刺激する. **Pfeffer und Salz** 〘織〙霜降り模様. **roter** 〔**spanischer**〕 **Pfeffer** パプリカ(香辛料).

die **Pfef·fer·gur·ke** [プふぇっふぁー·グるケ] [名] -/-n コショウ味のキュウリのピクルス.

pfef·fe·rig [プふぇっふぇりひ] [形] =pfeffrig.

das **Pfef·fer·korn** [プふぇっふぁー·コるン] [名] -(e)s/..körner コショウの実.

der **Pfef·fer·ku·chen** [プふぇっふぁー·クーヘン] [名] -s/- 香辛料入りの甘い菓子(クリスマス用菓子)(Lebkuchen).

der **Pfef·fer·minz**[1] [プふぇっふぁー·ミンツ, プふぇっふぁー·ミンツ] [名] -es/-e ペパーミントリキュール.

das **Pfef·fer·minz**[2] [プふぇっふぁー·ミンツ, プふぇっふぁー·ミンツ] [名] -es/-e ペパーミントキャンデー.

das **Pfef·fer·minz**[3] [プふぇっふぁー·ミンツ, プふぇっふぁー·ミンツ] [名] -/ (主に無冠詞)ペパーミントの香り.

die **Pfef·fer·min·ze** [プふぇっふぁー·ミンツェ, プふぇっふぁー·ミンツェ] [名] / 〘植〙西洋ハッカ, ペパーミント.

der **Pfef·fer·minz·tee** [プふぇっふぁーミンツ·テー, プふぇっふぁーミンツ·テー] [名] -s/-s ペパーミントティー;ペパーミントティーの茶葉.

pfef·fern [プふぇっふぁーン] [動] *h.* **1.** 〘〈et⁴〉に〙コショウで味をつける. **2.** 〘〈et⁴〉ヲ+〈方向〉ヘ〙《口》力いっぱい放り投げる. 【慣用】〈j³〉 **eine pfeffern** 《口》〈人に〉一発食らわす.

die **Pfef·fer·nuss,** [旧]**Pfef·fer·nuß** [プふぇっふぁー·ヌス] [名] -/..nüsse コショウ入りのクッキー.

der **Pfef·fer·sack** [プふぇっふぁー·ザック] [名] -(e)s/..säcke 《古·蔑》金持の商人, 豪商.

das **Pfef·fer-und-Salz-Mus·ter** [プふぇっふぁー·ウント·ザルツ·ムスター] [名] -s/- 霜降り模様.

pfeff·rig [プふぇふりひ] [形] コショウのきいた.

die **Pfei·fe** [プふぁイふぇ] [名] -/-n **1.** 笛, ホイッスル, 警笛, 呼び子, 汽笛. **2.** パイプ. **3.** (パイプオルガンの)パイプ(Orgel~);(バックパイプの)パイプ. **4.** 《口》ペニス. **5.** 《口·蔑》能なし. 【慣用】**nach** 〈j²〉 **Pfeife tanzen** 〈人の〉笛に踊らされる.

pfei·fen* [プふぁイふぇン] [動] pfiff; hat gepfiffen **1.** 〘補足なし〙口笛を吹く, 笛〔ホイッスル〕を吹く. **2.** 〔auf 〈j⁴/et⁴〉ニ〕《口》不満の口笛を吹く, (…を)問題にしない, 当てにしない. **3.** 〘〈et⁴〉ヲ〙口笛〔笛〕で吹く. **4.** 〘(nach) 〈j³/et³〉ニ〙口笛〔笛〕で合図する. **5.** 〘補足なし〙笛のような音を立てる;鳴く(鳥·ネズミなどが). **6.** 〘(〈et⁴〉ヲ)〙〘スポーツ〙ホイッスルで知らせる, 笛を吹いて(…の)審判をつとめる. **7.** 〘補足なし〙《口》犯行を自供して共犯者の名前を明かす. **8.** 〘〈j³〉ニ+〈et⁴〉ヲ〙《口》打明ける. 【慣用】**Daher pfeift der Wind?** 《口》なるほどそれが真相か. **einen pfeifen** 《口》一杯ひっかける. **einen Warnruf pfeifen** 警戒の叫び声をあげる(小鳥などが). 〈j³〉 (**et**) **was pfeifen** 《口》〈人の〉願い〔要求〕をすげなく断る. **Jetzt pfeift der Wind aus einem anderen Loch.** 《口》これからは風向きが変ってもっと厳しい(措置が取られる)ぞ. **sich³ eins pfeifen** 《口》一人で口笛を吹く, 知らん顔をする.

das **Pfei·fen·be·steck** [プふぁイふぇン·ベシュテック] [名] -(e)s/-e パイプ用具セット.

der **Pfei·fen·de·ckel** [プふぁイふぇン·デッケル] [名] -s/- パイプのふた.

der **Pfei·fen·kopf** [プふぁイふぇン·コップふ] [名] -(e)s/..köpfe **1.** (パイプの)ボウル, 火皿. **2.** 《口·蔑》能なし.

der **Pfei·fen·stop·fer** [プふぁイふぇン·シュトっプふぁー] [名] -s/- パイプタバコを詰める用具.

der **Pfei·fen·ta·bak** [プふぁイふぇン·タ(ー)バック] [名] -s/-e パイプタバコ.

der **Pfei·fer** [プふぁイふぁー] [名] -s/- **1.** 笛を吹く人, 管楽器奏者. **2.** 口笛を吹く人.

das **Pfeif·kon·zert** [プふぁイふ·コンツェるト] [名] -(e)s/-e (聴衆·観客が不満を表して)いっせいに鳴らす口笛.

der **Pfeil** [プふぁイル] [名] -(e)s/-e **1.** 矢. **2.** 矢印.

der **Pfei·ler** [プふぁイラー] [名] -s/- **1.** 柱, 支柱, 橋脚;支え, よりどころ;《転》支える人, 柱石. **2.** 〘鉱〙鉱柱.

pfeil·ge·ra·de [プふぁイル·ゲらーデ] [形] 矢のように真っすぐな.

das **Pfeil·gift** [プふぁイル·ギふト] [名] -(e)s/-e 毒矢用の毒.

das **Pfeil·kraut** [プふぁイル·クらウト] [名] -(e)s/ 〘植〙オモダカ.

die **Pfeil·rich·tung** [プふぁイル·りひトゥング] [名] -/-en 矢印の方向.

pfeil·schnell [プふぁイル·シュネル] [形] 矢のように速い.

der **Pfeil·schuss,** [旧]**Pfeil·schuß** [プふぁイル·シュス] [名] -es/..schüsse 矢を射ること.

der **Pfen·nig** [プふぇニひ] [名] -s/-e (単位を表す《複》は-) ペニヒ(ドイツの旧貨幣単位. 1/100 Mark. 略 Pf). 【慣用】**für** 〈j⁴/et⁴〉 **keinen Pfennig geben** 〈人·物·事を〉もうだめだと思う. **jeden Pfennig** (**dreimal**) **umdrehen** 〔**auf den Pfennig sehen**〕 《口》けちである. **keinen Pfennig wert sein** 《口》一文の値打ちもない. **mit dem Pfennig rechnen müssen** びた一文も無駄にできない. **nicht für fünf Pfennig** 《口》全然…でない.

der **Pfen·nig·ab·satz** [プふぇニひ·アップ·ザッツ] [名] -es/..sätze 高くて先の細いヒール.

der **Pfen·nig·fuch·ser** [プふぇニひ·ふクサー] [名] -s/- 《口》一銭でも無駄にしない人, お金に細かい人.

die **Pfen·nig·fuch·se·rei** [プふぇニひ·ふクセらイ, プふぇニひ·ふクセらイ] [名] -/-en お金に細かいこと.

pfen·nig·wei·se [プふぇニひ·ヴァイゼ] [副] 1 ペニヒずつ.

der **Pferch** [プふぇるひ] [名] -(e)s/-e (夜間家畜を入れておく)柵(さく)〔板〕で囲われた土地;《古》囲い地に入れ

pfer・chen [プフェるヒェン] 動 h.《j⁴/et⁴》ァ+in〈et⁴〉ハヒン] 詰込む, 押込める.

das **Pferd** [プフェーあト] 名 -(e)s/-e **1.** 〖動〗ウマ: zu ~e 馬に乗って. **2.** 〖ﾈｽﾞﾐ〗鞍馬(ｱﾝﾊﾞ). **3.** 〖ﾁｪｽ〗ナイト. 【慣用】 aufs falsche/richtige Pferd setzen 《口》状況を誤って/正しく判断し, 行動する. das beste Pferd im Stall 《口》仲間内で一番仕事のできる者. Das hält ja kein Pferd aus. 《口》それに耐えられる者は一人もいない. das Pferd beim[am] Schwanz aufzäumen 《口》仕事の手順をあべこべにする.《j⁵》gehen die Pferde durch 《口》〈人が〉自制心を失う. mit 《j³》Pferde stehlen können 《口》〈人と〉安心して思い切ったことができる. wie ein Pferd arbeiten 《口》馬車馬のように働く.

das **Pferd・chen** [プフェーあトヒェン] 名 -s/- 小馬(チェスの)小さなナイト;(ﾒｲﾍﾞｲ)ひもむ売春婦.

der **Pferde・apfel** [プフェーあデ・アップフェル] 名 -s/..äpfel《主に》馬糞(ﾊﾞﾌﾝ).

die **Pferde・bahn** [プフェーあデ・バーン] 名 -/-en (昔の)馬車鉄道.

die **Pferde・bremse** [プフェーあデ・ブれムゼ] 名 -/-n 〖昆〗ウシバエ[アブ].

die **Pferde・decke** [プフェーあデ・デッケ] 名 -/-n 毛の粗い毛布.

der **Pferde・dieb** [プフェーあデ・ディープ] 名 -(e)s/-e 馬泥棒.

das **Pferde・fleisch** [プフェーあデ・フライシュ] 名 -(e)s/ 馬肉.

der **Pferde・fuß** [プフェーあデ・フース] 名 -es/..füße **1.** 馬の脚. **2.** 〖悪魔・牧神などの〗足; 欠点,弱脚: Bei〈et³〉schaut der ~ heraus. (Bei〈et³〉kommt der ~ zum Vorschein.) 《口》〈物・事が〉馬脚をあらわす. **3.** 〖解〗尖足(ｾﾝｿｸ).

das **Pferde・geschirr** [プフェーあデ・ゲシる] 名 -(e)s/-e 馬具.

der **Pferde・händ・ler** [プフェーあデ・ヘンドラー] 名 -s/- 馬商人,博労.

der **Pferde・huf** [プフェーあデ・フーフ] 名 -(e)s/-e 馬のひずめ.

der **Pferde・knecht** [プフェーあデ・クネヒト] 名 -(e)s/-e 馬丁.

die **Pferde・koppel** [プフェーあデ・コッペル] 名 -/-n (さくのある)馬の放牧場.

die **Pferde・kraft** [プフェーあデ・クらフト] 名 -/..kräfte《古》馬力.

die **Pferde・kur** [プフェーあデ・クーる] 名 -/-en 《口》荒療治 (Rosskur).

die **Pferde・länge** [プフェーあデ・レンゲ] 名 -/-n (競馬の)馬身.

der **Pferde・markt** [プフェーあデ・マるクト] 名 -(e)s/..märkte 馬市; 馬市の立つ広場.

der **Pferde・mist** [プフェーあデ・ミスト] 名 -(e)s/- 馬糞(ﾊﾞﾌﾝ)の堆肥(ﾀｲﾋ).

das **Pferde・rennen** [プフェーあデ・れネン] 名 -s/- 競馬.

der **Pferde・schwanz** [プフェーあデ・シュヴァンツ] 名 -es/..schwänze **1.** 馬の尾. **2.** ポニーテール(髪形).

die **Pferde・schwemme** [プフェーあデ・シュヴェメ] 名 -/-n (川岸などの)洗馬場.

der **Pferde・sport** [プフェーあデ・シュポるト] 名 -(e)s/-e (総称)馬術.

der **Pferde・stall** [プフェーあデ・シュタル] 名 -(e)s/..ställe 馬小屋, 厩舎(ｷｭｳ).

die **Pferde・stärke** [プフェーあデ・シュテるケ] 名 -/-n 〖工〗《古》馬力(略称 PS).

die **Pferde・zucht** [プフェーあデ・ツフト] 名 -/ 馬の飼育.

die **Pfette** [プフェッテ] 名 -/-n 〖土〗母屋桁(ﾓﾔｹﾞﾀ).

pfiff [プフィフ] 動 pfeifen の過去形.

der **Pfiff** [プフィフ] 名 -(e)s/-e **1.** (口笛や笛などの)鋭い音;汽笛,警笛. **2.**《口》魅力のポイント. **3.**《古》こつ.

pfiffe [プフィッフェ] 動 pfeifen の接続法2式.

der **Pfifferling** [プフィッファーリング] 名 -s/-e 〖植〗アンズタケ(食用きのこ).【慣用】keinen Pfifferling wert sein《口》何の値打ちもない.

pfiffig [プフィッフィヒ] 形 要領のいい;《口》気のきいた.

der **Pfiffikus** [プフィッフィクス] 名 -(ses)/-se《口・冗》抜け目のないやつ, ちゃっかり屋.

(das) **Pfingsten** [プフィングステン] 名 -/- (主に無冠詞)聖霊降臨祭(Ostern から50日目).

das **Pfingstfest** [プフィングスト・フェスト] 名 -(e)s/-e 聖霊降臨祭.

der **Pfingst・montag** [プフィングスト・モーンターク] 名 -(e)s/-e 聖霊降臨祭の月曜日.

der **Pfingst・ochse** [プフィングスト・オクセ] 名 -n/-n 聖霊降臨祭の牛(花輪で飾られて放牧される).

die **Pfingst・rose** [プフィングスト・ろーゼ] 名 -/-n 〖植〗シャクヤク.

der **Pfingst・sonntag** [プフィングスト・ゾンターク] 名 -(e)s/-e 聖霊降臨祭の日曜日.

der **Pfirsich** [プフィるズィヒ] 名 -s/-e 〖植〗モモ, ピーチ; モモの木(~baum).

(der) **Pfitzner** [プフィッツナー] 名 〖人名〗プフィッツナー (Hans ~, 1869-1949, ドイツの作曲家).

die **Pflanze** [プフランツェ] 名 -/-n **1.** 植物, 草木. **2.**《口・蔑》(一風変った人): eine Berliner ~ (頭の回転のいい)いかにもベルリン子らしい女性.

pflanzen [プフランツェン] 動 h. **1.**《et⁴》ァ+(〈方向/場所〉ニ)植える, 植えつける; 立てる(旗などを). **2.** 〖sich⁴+〈方向〉ニ〗《口》どっかと腰をおろす. **3.**《j⁴》ァ(ﾐｭﾝﾍﾝ)《口》からかう. **4.** 〖医〗=einpflanzen 3.

die **Pflanzen・butter** [プフランツェン・ブッター] 名 -/ (油ヤシなどの)植物性マーガリン.

die **Pflanzen・faser** [プフランツェン・ファーザー] 名 -/-n 植物性繊維.

das **Pflanzen・fett** [プフランツェン・フェット] 名 -(e)s/-e 植物性脂肪.

der **Pflanzen・fresser** [プフランツェン・ふれッサー] 名 -s/- 草食動物.

die **Pflanzen・heil・kunde** [プフランツェン・ハイル・クンデ] 名 -/ 薬草療法.

die **Pflanzen・kost** [プフランツェン・コスト] 名 -/ 植物性食品.

die **Pflanzen・krankheit** [プフランツェン・クらンクハイト] 名 -/-en 植物の病気.

die **Pflanzen・kunde** [プフランツェン・クンデ] 名 -/ 植物学.

die **Pflanzen・lehre** [プフランツェン・レーれ] 名 -/ 植物学.

das **Pflanzenöl** [プフランツェン・(エ)ール] 名 -(e)s/-e 植物油.

das **Pflanzen・reich** [プフランツェン・らイヒ] 名 -(e)s/ 植物界.

der **Pflanzen・schutz** [プフランツェン・シュッツ] 名 -es/ 植物保護.

das **Pflanzen・schutz・mittel** [プフランツェンシュッツ・ミッテル] 名 -s/- 植物用殺菌[虫]剤.

die **Pflanzen・welt** [プフランツェン・ヴェルト] 名 -/ 植物界.

der **Pflanzer** [プフランツァー] 名 -s/- 栽培家, 農園主;(海外の)プランテーション〖農園〗所有者.

das **Pflanz・holz** [プフランツ・ホルツ] 名 -es/..hölzer

pflanzlich [フランツリッヒ] 形 植物の,植物性の.
die **Pflanzung** [フランツング] 名 -/-en 1. 植つけ. 2. (小規模)プランテーション.
das **Pflaster** [フラスター] 名 -s/- 1. 舗装,舗石,敷石(Straßen~). 2. 膏薬(こうやく),絆創膏(ばんそうこう)(Heft~). 【慣用】**ein gefährliches [heißes] Pflaster** 危険な町. **ein teures Pflaster** (口)生活費のかさむ町. 〈j⁴〉〈et⁴〉 **als Pflaster geben**〈人に〉〈物を〉慰めるために与える. **Pflaster treten** 通りを歩き回(って疲れ)る.
der **Pflasterer** [フラスタラー] 名 -s/- (道路の)舗装工.
der **Pfläsgterer** [フレスタラー] 名 -s/- (南独・スイ)=Pflasterer.
der **Pflastermaler** [フラスター・マーラー] 名 -s/- 大道絵かき.
pflastermüde [フラスター・ミューデ] 形 街を歩き疲れた(転)都会生活に飽きた.
pflastern [フラステルン] 動 h. 1. 〈et⁴〉=(mit〈et³〉) 舗装する. 2. 〈et⁴〉=(口・稀)絆創膏(ばんそうこう)を張る.
pfläsgtern [フレステルン] 動 (南独・スイ)=pflastern.
der **Pflasterstein** [フラスター・シュタイン] 名 -(e)s/-e 舗石,敷石. 2. 糖衣でくるんだコショウ入り菓子.
der **Pflastertreter** [フラスター・トレーター] 名 -s/- (口)(蔑)ものぐさな者.
die **Pflasterung** [フラステルング] 名 -/-en 1. 舗装すること. 2. (道路の)舗装.
die **Pfläsgterung** [フレステルング] 名 -/-en (南独・スイ)=Pflasterung.
pflatschen [フラッチェン] 動 h. (方) 1. (Es)じゃ降りの雨が降る. 2. (擬声)ばしゃっ(ぴちゃぴちゃ)と水(泥)をはね上げる. 3. =platschen 4.
die **Pflaume**¹ [フラウメ] 名 -/-n 1. (植)スモモ,プラム,スモモ(プラム)の木. 2. (口・蔑)能なし. 3. (口)(女性の)外陰部.
die **Pflaume**² [フラウメ] 名 -/-n (方)あてこすり.
das **Pflaumenmus** [フラウメン・ムース] 名 -es/- スモモ(プラム)のムース(パンに塗るための).
pflaumenweich [フラウメン・ヴァイヒ] 形 (口・蔑)軟弱な.
die **Pflege** [フレーゲ] 名 -/ 1. 世話,養育,看護,介護. **In Pflege geben/nehmen** 子供を里子に出す/(…の)里親になる. **ambulante ~** 在宅介護. **Leistungen bei stationärer ~** 施設介護給付 2. (体・花などの)手入れ. 3. (文化財などの)保護,(音楽などの)振興,(良好な関係などの)育成.
pflegearm [フレーゲ・アルム] 形 手入れのあまりいらない.
pflegebedürftig [フレーゲ・ベデュルフティヒ] 形 世話(介護・看護)の必要な.
der/die **Pflegebefohlene** [フレーゲ・ベフォーレネ] 名 (形容詞的変化)被扶養(被保護)者;預かり子;受持ち患者(児童);教区内信徒.
die **Pflegeeltern** [フレーゲ・エルターン] 複名 養父母,里親.
der **Pflegefall** [フレーゲ・ファル] 名 -(e)s/..fälle 要介護者.
das **Pflegegeld** [フレーゲ・ゲルト] 名 -(e)s/-er 介護手当.
das **Pflegekind** [フレーゲ・キント] 名 -(e)s/-er 預けられて養育される子供,里子.
pflegeleicht [フレーゲ・ライヒト] 形 手入れの簡単な.
die **Pflegeleistung** [フレーゲ・ライストゥング] 名 -/-en 介護サービス.
die **Pflegemutter** [フレーゲ・ムッター] 名 -/..mütter 子供を預かって養育する女性;(女の)里親.
pflegen¹ [フレーゲン] 動 h. 1. 〈j⁴〉世話をする,面倒をみる,看護をする. 2. 〈sich⁴〉養生する,(体を)無理しない;外見(身だしなみ)に気を配る. 3. 〈et⁴〉手入れをする.
pflegen²⁽ᵉ⁾ [フレーゲン] 動 pflegte (pflog); hat gepflegt (gepflogen) (不規則変化は〈文〉) 1. (規則変化)〈zu〈動〉スルノヲ〉常である : **wie es zu gehen pflegt** 普通そうであるように. **wie man zu sagen pflegt** よく言うように. 2. (規則変化)〈et⁴〉を〈文・古〉育成する,保持する,促進する. 3. (不規則変化)〈et⁴〉を〈文・古〉行う.
die **Pflegeperson** [フレーゲ・ペルゾーン] 名 -/-en 介護者.
das **Pflegepersonal** [フレーゲ・ペルゾナール] 名 -s/ (総称)(病院などの)看護(介護)スタッフ.
der **Pfleger** [フレーガー] 名 -s/- 1. 看護士(Kranken~);(動物の)飼育係(Tier~). 2. 〔法〕(未成年者などの)保護者. 3. 〔スイ〕主催者,世話人;〔バドミ〕セコンド.
die **Pflegerin** [フレーゲリン] 名 -/-nen 1. 〈稀〉看護婦. 2. (女性の)飼育係. 3. Pfleger 2, 3 の女性形. 4. 保母.
der **Pflegesatz** [フレーゲ・ザッツ] 名 -es/..sätze (病院などの)経費支払基準額.
der **Pflegesohn** [フレーゲ・ゾーン] 名 -(e)s/..söhne (男の)里子.
der **Pflegevater** [フレーゲ・ファーター] 名 -s/..väter (男の)里親.
die **Pflegeversicherung** [フレーゲ・フェアズィッヒェルング] 名 -/-en 介護保険.
pfleglich [フレークリヒ] 形 丁寧な;大事に,大切に.
der **Pflegling** [フレークリング] 名 -s/-e 被保護者,被後見人;育てている動物(植物).
die **Pflegschaft** [フレーク・シャフト] 名 -/-en 〔法〕保護.
die **Pflicht** [フリヒト] 名 -/-en 1. 義務,責務,本分. 2. [スポ]規定演技. 【慣用】**Es ist 〈j²〉 (verdammte) Pflicht und Schuldigkeit, zu tun.**〈事を〉するのが〈人の〉当然の義務である. 〈j⁴〉 **in (die) Pflicht nehmen**(口)〈人に〉義務を負わせる.
pflichtbewusst, ⓢpflichtbewußt [フリヒト・ベヴスト] 形 義務(責任)感のある.
das **Pflichtbewusstsein, ⓢPflichtbewußtsein** [フリヒト・ベヴストザイン] 名 -s/ 義務感,責任感.
der **Pflichteifer** [フリヒト・アイファー] 名 -s/ 義務遂行の熱意;職務熱心.
pflichteifrig [フリヒト・アイフリヒ] 形 義務(責任)感の強い,職務熱心な.
die **Pflichterfüllung** [フリヒト・エアフュルング] 名 -/ 義務の遂行.
das **Pflichtexemplar** [フリヒト・エクセムプラーア] 名 -s/-e [出版](図書館などへ)義務として納められる印刷物.
das **Pflichtfach** [フリヒト・ファッハ] 名 -(e)s/..fächer 必修科目.
das **Pflichtgefühl** [フリヒト・ゲフュール] 名 -(e)s/ 義務感.
pflichtgemäß [フリヒト・ゲメース] 形 義務上(当然)の.
..pflichtig [..フリヒティヒ] 接尾 形容詞・名詞につけて「…の義務のある」を表す形容詞を作る : **schulpflichtig** 就学義務のある. **anmeldepflichtig** 申告義務のある.
die **Pflichtlektüre** [フリヒト・レクテューレ] 名 -/-n 必読書.
pflichtschuldig [フリヒト・シュルディヒ] 副 礼儀(義

務）上.

pflicht・schul・digst [プふリヒト・シュルディヒスト] 副 = pflichtschuldig.

die **Pflicht・schu・le** [プふリヒト・シューレ] 名 -/-n 義務教育学校.

der [das] **Pflicht・teil** [プふリヒト・タイル] 名 -(e)s/-e 〖法〗(相続財産の)遺留分.

pflicht・treu [プふリヒト・トロイ] 形 義務に忠実な.

die **Pflicht・übung** [プふリヒト・ユーブング] 名 -/-en 〖ス〗(体操などの)規定演技.

pflicht・vergessen [プふリヒト・ふぇあゲッセン] 形 義務を忘れた.

die **Pflicht・vergessen・heit** [プふリヒト・ふぇあゲッセンハイト] 名 -/ 義務を怠る[忘れる]こと, 職務怠慢.

die **Pflicht・verletzung** [プふリヒト・ふぇあレッツング] 名 -/-en 義務違反.

das **Pflicht・versäum・nis** [プふリヒト・ふぇあゾイムニス] 名 -ses/-se 職務怠慢.

die **Pflicht・versi・cherung** [プふリヒト・ふぇあズィッヒェルング] 名 -/-en 義務[強制]保険.

der **Pflicht・verteidi・ger** [プふリヒト・ふぇあタイディガー] 名 -s/- 〖法〗国選弁護人.

pflicht・widrig [プふリヒト・ヴィードリヒ] 形 義務に反する.

der **Pflock** [プふロック] 名 -(e)s/Pflöcke (太く短い)杭(くい). 【慣用】**einige [ein paar] Pflöcke zurückstecken** 〖口〗いくらか要求を引下げる.

pflocken [プふロッケン] 動 h. **1.** 〈j⁴/et⁴〉を〈方向〉に[で]固定する. **2.** 〈j⁴/et⁴〉を杭につなぐ.

pflöcken [プふレッケン] 動 h. 〈j⁴/et⁴〉を杭(くい)につなぐ, 杭で固定する.

pflog [プふローク] 動 pflegen の過去形.

pflöge [プふレーゲ] 動 pflegen の接続法 2 式.

pflücken [プふリュッケン] 動 h. 〈et⁴〉を摘む, 摘取る: **einen Strauß ~** 花を摘んで花束にする.

der **Pflücker** [プふリュッカー] 名 -s/- 摘み取る人.

pflück・reif [プふリュック・らイふ] 形 摘むほどに熟した.

der **Pflug** [プふルーク] 名 -(e)s/Pflüge **1.** 犂(すき). **2.** 〖ス〗プルーク (Schnee~).

pflügen [プふリューゲン] 動 h. **1.** 〈補足成分〉犂を起こしの作業をする. **2.** 〈et⁴〉を犂で耕やす; 犂で切る(畝間の溝を)切る船が水・波を分.

der **Pflüger** [プふリューガー] 名 -s/- 犂で耕す人.

das **Pflug・messer** [プふルーク・メッサー] 名 -s/- 〖農〗犂刀(れいとう).

die **Pflug・schar** [プふルーク・シャーあ] 名 -/-en (das ~ -(e)s/-e) 犂(すき)(の刃)先.

der **Pflug・sterz** [プふルーク・シュテるツ] 名 -es/-e 犂柄(すきえ).

die **Pfort・ader** [プふぉるト・アーダー] 名 -/-n 〖医〗門脈.

die **Pforte** [プふぉるテ] 名 -/-n **1.** (庭などに通じる)小さな門, 木戸. **2.** (僧院・病院などの)受付. **3.** (谷あいの細長い盆地(地名として)) Burgundische ~ ブルゴーニュ盆地.

der **Pförtner** [プふぇるトナー] 名 -s/- **1.** 門番, 守衛, 受付係. **2.** 〖解〗幽門.

(das) **Pforz・heim** [プふぉるツ・ハイム] 〖地名〗プふォルツハイム(バーデン=ヴュルテンベルク州の都市).

der **Pfosten** [プふォステン] 名 -s/- **1.** 柱, 支柱. **2.** 〖球〗(ゴール)ポスト (Tor~).

die **Pfote** [プふォーテ] 名 -/-n **1.** (犬や猫の特に前)足. **2.** 〖口〗(人間の手;⸤⸥のみ)〖蔑〗悪筆. 【慣用】**j³ auf die Pfoten klopfen** 〈人〉をたしなめる. **sich³ die Pfoten verbrennen** 〖口〗痛い目にあう.

der **Pfriem** [プふりーム] 名 -(e)s/-e (靴屋などが用いる革細工用の)突き錐(きり).

der **Pfropf** [プふろップふ] 名 -(e)s/-e (管・血管内の)血流を妨げる)凝塊, 詰った物; 血栓.

pfropfen¹ [プふろップふェン] 動 h. **1.** 〈et⁴〉に栓をする(瓶など). **2.** 〈et⁴〉+in〈et⁴〉⁄⸤⸥〖口〗詰込む(持物をトランクなどに).

pfropfen² [プふろップふェン] 動 h. 〈et⁴〉に接木をする.

der **Pfropfen** [プふろップふェン] 名 -s/- (瓶などの)栓.

das **Pfropf・messer** [プふろップふ・メッサー] 名 -s/- 接ぎ木用ナイフ.

das **Pfropf・reis** [プふろップふ・らイス] 名 -es/-er 接ぎ穂, 接ぎ枝.

die **Pfropfung** [プふろップふング] 名 -/-en 接ぎ木; 〖医〗植皮.

die **Pfründe** [プふりゅンデ] 名 -/-n 〖カトリック〗聖職禄; 聖職禄をもらえる地位.

der **Pfründner** [プふりゅントナー] 名 -s/- 聖職禄受領者; 〈方・古〉養老院(救貧院)入居者.

der **Pfuhl** [プふール] 名 -(e)s/-e **1.** 汚れた水たまり(池). **2.** 〈方〉下肥.

der [das] **Pfühl** [プふゅール] 名 -(e)s/-e 〈古〉柔かい寝床, しとね; 大型の柔らかいクッション(枕).

pfui! [プふイ] 間 (嫌悪・道徳的不快感を表して)べっ(汚らしい), ふん(いやらしい), ちぇっ.

der **Pful・men** [プふルメン] 名 -s/- 《南独・ス》幅広の枕.

das **Pfund** [プふント] 名 -(e)s/-e (単位を表す⸤⸥は-) **1.** ポンド(重量の単位. ドイツでは 500 グラム. 略 Pfd.). **2.** (イギリスの貨幣単位. 100 Pence). 【慣用】**mit seinem Pfunde wuchern** 〈文〉自分の能力[才能]を活用する(ルカ福音書 19, 11-28). **sein Pfund vergraben** 〈文〉自分の才能を埋もれさす(マタイ福音書 25, 18).

..pfünder [..プふュンダー] 接尾 数詞につけて「…ポンドの重量の物または動物」を表す男性名詞を作る: **ein Zehn*pfünder*** 10 ポンドの重さのあるもの.

pfundig [プふュンディヒ] 形 〖口〗すごい, すてきな.

..pfündig [..プふュンディヒ] 接尾 数詞などにつけて「重量が…ポンドの」を表す形容詞を作る: **zehn*pfündig*** 10 ポンドの.

der **Pfunds・kerl** [プふンツ・ケルル] 名 -(e)s/-e 〖口・感〗頼もしいやつ, すごいやつ.

pfund・weise [プふント・ヴァイゼ] 副 ポンド単位で; 大量に.

der **Pfusch** [プふッシュ] 名 -(e)s/- 〖口・蔑〗ぞんざいな仕事.

pfuschen [プふッシェン] 動 h. **1.** 〔bei〈et³〉⁄⸤⸥〕〖口〗やっつけ仕事をする; 〈方〉いんちきをする; 〈⸤⸥〉もぐりで仕事をする. **2.** 〈et⁴〉〈方・古〉くすねる, 盗む.

der **Pfuscher** [プふッシャー] 名 -s/- 〖口・蔑〗ぞんざいな仕事をする人.

die **Pfuscherei** [プふッシェらイ] 名 -/-en 〖口・蔑〗やっつけ仕事.

die **Pfütze** [プふュッツェ] 名 -/-n 水たまり; 〈転〉飲み残し.

das **P-Gespräch** [ペー・ゲシュプれーヒ] 名 -(e)s/-e 〖電話〗国際指名通話.

PGiroA = Postgiroamt 郵便振替預金局.

ph¹ [f] 外来語の[f]音.

ph² = Phot フォト.

pH [ペー・ハー] = potentia Hydrogenii 〖化〗ペーハー, ピーエイチ.

PH = Pädagogische Hochschule 教育大学.

der **Phäake** [ふぇアーケ] 名 -n/-n **1.** 〖ギ神〗パイアケス人(Odysseus が漂着した島の住民). **2.** 〈文〉憂いを知らず, 楽しく生きる人.

(die) **Phädra** [ふぇードら] 名 〖ギ神〗パイドラ(Minos 王の娘. Theseus の妻).

der **Phaethon** [ふぁーエトン] [名] -s/-s **1.** 《[単]のみ；主に無冠詞》〖ギ神〗パエトン(太陽神 Helios の息子. 父の太陽の戦車に乗り, 誤って地上を焼き, Zeus に打ち落とされる). **2.** 四輪無蓋の軽馬車.
der **Phagozyt** [ふぁゴ・ツュート] [名] -en/-en 〖医〗食細胞.
die **Phalanx** [ふぁーランクス] [名] -/..langen [ふぁランゲン] **1.** (古代ギリシアの)密集方陣(戦闘隊形)；《文》共同戦線；《転》結束の固い集団〔陣営〕. **2.** 〖医〗指節骨；趾節骨.
phallisch [ふぁリシュ] [形] **1.** 《文》男根のような. **2.** 男根の.
die **Phallokratie** [ふぁロ・クらティー] [名] -/ 《蔑》男性優位主義.
der **Phallus** [ふぁルス] [名] -/Phalli〔Phallen, -se〕(勃起(ぼっ)した)男根(生殖力の象徴).
die **Phänologie** [ふぇノ・ロギー] [名] -/ 生物季節学, フェノロジー.
das **Phänomen** [ふぇノメーン] [名] -s/-e **1.** 〖哲〗現象. **2.** 《文》特異な事象；非凡な人物, 偉才, 鬼才.
phänomenal [ふぇノメナール] [形] **1.** 〖哲〗現象(上)の. **2.** 並外れた, 非凡な.
der **Phänomenalismus** [ふぇノメナリスムス] [名] -/ 〖哲〗現象論.
die **Phänomenologie** [ふぇノメノ・ロギー] [名] -/ 〖哲〗現象学.
phänomenologisch [ふぇノメノ・ローギシュ] [形] 〖哲〗現象学の.
das **Phänomenon** [ふぇノーメノン] [名] -s/..na 〖哲〗現象.
der **Phänotyp** [ふぇノ・テューブ] [名] -s/-en ＝Phänotypus.
der **Phänotypus** [ふぇノ・テューブス] [名] -/..pen 〖生〗表現型.
die **Phantasie** [ふぁンタズィー] [名] -/-n **1.** 《[単]のみ》想像力, 空想力. **2.** 空想(の産物), 幻想. **3.** 《[複]のみ》〖医〗熱性譫妄(せんもう). **4.** 〖楽〗幻想曲.
das **Phantasiebild** [ふぁンタズィー・ビルト] [名] -(e)s/-er 幻想.
das **Phantasiegebilde** [ふぁンタズィー・ゲビルデ] [名] -s/- 空想の産物；想像力の産み出した創造物.
phantasielos [ふぁンタズィー・ロース] [形] 想像力のない.
der **Phantasiepreis** [ふぁンタズィー・プらイス] [名] -es/-e 《口》法外に高い値段.
phantasiereich [ふぁンタズィー・らイひ] [形] 想像力の豊かな.
phantasieren [ふぁンタズィーれン] [動] *h.* **1.** 〔(von 〈et³〉について)〕(いろいろ)空想する. **2.** 〔[補足なし]〕〖医〗譫言(うわごと)を言う. **3.** 〔[補足なし]〕〖音〗即興演奏をする.
phantasievoll [ふぁンタズィー・ふぉル] [形] 想像力に恵まれた；空想に富む, 想像力にあふれた.
das **Phantasma** [ふぁンタスマ] [名] -s/..men 〖心〗幻覚, 幻影.
die **Phantasmagorie** [ふぁンタスマゴりー] [名] -/-n 《文》幻(まぼろし), 幻影, 幻像；〖劇〗ファンタスマゴリー(幻像, 幽霊などを舞台に映し出すこと).
der **Phantast** [ふぁンタスト] [名] -en/-en 《蔑》(常軌を逸した)夢想家, 空想家.
phantastisch [ふぁンタスティシュ] [形] 空想〔夢想・幻想〕的な, 奇想天外な；《口》素敵な, 素晴らしい；とてつもない.
das **Phantom** [ふぁントーム] [名] -s/-e **1.** 幻(まぼろし), 幻影. **2.** 〖医〗幻(覚)肢；人体模型.
das **Phantombild** [ふぁントーム・ビルト] [名] -(e)s/-er (犯人の)モンタージュ写真.
der **Phantomschmerz** [ふぁントーム・シュメるツ] [名] -es/-en 〖医〗幻肢痛.
der **Pharao** [ふぁーらオ] [名] -s/-nen [ふぁらオーネン] **1.** 《[単]のみ》ファラオ(古代エジプト王の称号). **2.** ファラオ(人).
pharaonisch [ふぁらオーニシュ] [形] ファラオの.
der **Pharisäer** [ふぁりゼーあー] [名] -s/- **1.** パリサイ人(びと)(律法の形式に固執した古代ユダヤの保守的な人々)；《文・蔑》独善者, 偽善者. **2.** ファリゼーア(ラム酒と泡立てクリーム入りのホットコーヒー).
pharisäerhaft [ふぁりゼーあー・ハふト] [形] パリサイ人のような, 偽善的な.
pharisäisch [ふぁりゼーイシュ] [形] 《文》パリサイ人の；独善〔偽善〕的な.
die **Pharmaindustrie** [ふぁるマ・インドゥストりー] [名] -/-n 薬品工業.
der **Pharmakologe** [ふぁるマコ・ローゲ] [名] -n/-n 薬理学者.
die **Pharmakologie** [ふぁるマコ・ロギー] [名] -/ 薬理学.
pharmakologisch [ふぁるマコ・ローギシュ] [形] 薬理学の.
das **Pharmakon** [ふぁるマコン] [名] -s/..ka **1.** 《文》薬, 薬剤. **2.** 《古》媚薬.
die **Pharmakopöe** [..pǿ: ふぁるマコペー] [名] -/-n 薬局方.
der **Pharmazeut** [ふぁるマツォイト] [名] -en/-en 薬学者；製薬者；薬剤師.
die **Pharmazeutik** [ふぁるマツォイティク] [名] -/ 薬(剤)学.
pharmazeutisch [ふぁるマツォイティシュ] [形] 製薬の, 薬(剤)学の, 薬剤使用の.
die **Pharmazie** [ふぁるマツィー] [名] -/ 薬学.
pharyngal [ふぁりゅンガール] [形] 〖言〗咽頭(いんとう)音の.
die **Pharyngologie** [ふぁりゅンゴ・ロギー] [名] -/ 〖医〗咽頭(いんとう)学.
der **Pharynx** [ふぁーりゅンクス] [名] -/..ryngen [ふぁりゅンゲン] 〖医〗咽頭(いんとう).
die **Phase** [ふぁーゼ] [名] -/-n **1.** 《文》段階, 局面. **2.** 〖理〗位相, 相；〖化〗相；〖天〗相.
der **Phasenmesser** [ふぁーゼン・メッサー] [名] -s/- 〖電〗位相計.
die **Phasenverschiebung** [ふぁーゼン・ふぇあシーブング] [名] -/-en 〖理〗位相のずれ；位相差, 移相.
..phasig [..ふぁーズィひ] [接尾] 数詞・形容詞などにつけて「…相の, …位相の」を表す形容詞を作る： drei*phasig* 三相の. gleich*phasig* 同位相の.
phatisch [ふぁーティシュ] [形] 〖言〗交話〔交感〕的な.
das **Phenol** [ふぇノール] [名] -s/-e **1.** 〖化〗《[単]のみ》フェノール, 石炭酸. **2.** 《[複]のみ》フェノール類.
das **Phenolharz** [ふぇノール・ハーあツ] [名] -es/-e フェノール樹脂.
das **Phenyl** [ふぇニュール] [名] -s/-e 〖化〗フェニル.
das **Pheromon** [ふぇろモーン] [名] -s/-e 〖生〗フェロモン(同種の他の個体を刺激する分泌物).
das **Phi** [ふぃー] [名] -(s)/-s ファイ, フィー(ギリシア語アルファベットの第 21 字 φ, Φ).
..phil [..ふぃール] [接尾] 接頭辞などにつけて「…を好む」を表す形容詞を作る： anglo*phil* 親英的な. biblio*phil* 愛書家の.
der **Philanthrop** [ふぃラントろープ] [名] -en/-en 《文》博愛主義者.
die **Philanthropie** [ふぃラントろピー] [名] -/ 《文》博愛.
philanthropisch [ふぃラントろーピシュ] [形] 《文》博愛(主義)の.
die **Philatelie** [ふぃラテリー] [名] -/ (郵便)切手研究, 切手収集.

P

der **Phi·la·te·list** [ふぃラテリスト] 名 -en/-en（郵便）切手研究家，切手蒐集家.

(*der*) **Phi·le·mon** [ふぃレーモン] 名《ギ神》ビレモン《Baucis の夫．Zeus を歓待し，大洪水を逃れる》: ~ und Baucis ピレモンとバウキス《夫婦愛・忠実・客人歓待の模範》.

die **Phil·har·mo·nie** [ふぃ(ー)ル·ハルモニー] 名 -/-n 《楽》1.フィルハーモニー（音楽団体・オーケストラの名称）．2.フィルハーモニーホール．

der **Phil·har·mo·ni·ker** [ふぃ(ー)ル·ハルモーニカー] 名 -s/-《楽》1.フィルハーモニー管弦楽団員．2.（穆のみ）フィルハーモニー管弦楽団．

phil·har·mo·nisch [ふぃ(ー)ル·ハルモーニシュ] 形《楽》フィルハーモニーの．

der **Phil·hel·le·ne** [ふぃ(ー)ルヘレーネ] 名 -n/-n 1.古代ギリシア文化愛好者．2.（19世紀の対トルコの）ギリシア独立支持〔支援〕者．

der **Phil·hel·le·nis·mus** [ふぃ(ー)ルヘレニスムス] 名 -/（19世紀の対トルコの）ギリシア独立支持〔支援〕運動．

..**phi·lie** [..ふぃリー] 接尾 接頭辞などにつけて「…を好む」の意の女性名詞を作る：Anglo*philie* 英国びいき．Biblio*philie* 愛書．

(*der*) **Phi·lipp** [ふぃーリップ] 名 1.《男名》フィリップ．2.~ von Schwaben シュヴァーベン公フィリップ（1177-1208年，神聖ローマ皇帝）．3.~ der Schöne 端麗王フィリップ（1268-1314年，教皇庁をアヴィニョンに移したフランス国王）．4.~ II. フィリッポス2世（紀元前382頃-336年，マケドニア王．アレクサンドロス大王の父）．

der **Phi·lip·per·brief** [ふぃリッパー·ブリーふ] 名 -(e)s/《新約》ピリピ書．

die **Phi·lip·pi·ka** [ふぃリッピカ] 名 -/..ken 1.《文》弾劾演説，非難．2.フィリッポス論（マケドニアのフィリッポス2世に対する Demosthenes の攻撃演説）．

die **Phi·lip·pi·nen** [ふぃリピーネン] 複名《国名》フィリピン．

der **Phi·lip·pi·ner** [ふぃリピーナー] 名 -s/- フィリピン人．

phi·lip·pi·nisch [ふぃリピーニシュ] 形 フィリピン（人・語）の．

der **Phi·li·ster** [ふぃリスター] 名 -s/- 1.《旧約》ペリシテ人（前12世紀頃パレスチナに侵入した民族）．2.《文·蔑》（小市民的な）俗物．3.《学生組合》社会人の者；大学教育を受けていない人．

phi·li·ster·haft [ふぃリスターハふト] 形《文·蔑》俗物的な．

phi·li·strös [ふぃリストりョース] 形《文》俗物的な，狭量な．

der **Phil·u·me·nist** [ふぃルメニスト] 名 -en/-en マッチ箱〔マッチ箱のレッテル〕収集家．

der〔*das*〕**Phi·lo·den·dron** [ふぃロ·デンドロン] 名 -s/..dren 《植》フィロデンドロン．

der **Phi·lo·lo·ge** [ふぃロ·ローげ] 名 -n/-n 文献学者．

die **Phi·lo·lo·gie** [ふぃロ·ロギー] 名 -/- 文献学．

phi·lo·lo·gisch [ふぃロ·ローギシュ] 形 文献学（上）の；（学問的に）厳密な．

die **Phi·lo·me·la** [ふぃロ·メーラ]，**Phi·lo·me·le** [ふぃロ·メーレ] 名 -/..len《詩》1.小夜鳴鳥(さよなきどり)（小夜鳴鳥に変えられたアテネ王 Pandion の娘 Philomela にちなむ）．

der **Phi·lo·soph** [ふぃロ·ゾーふ] 名 -en/-en 哲学者；《口》哲学〔思索〕好きな人．

die **Phi·lo·so·phie** [ふぃロ·ゾふぃー] 名 -/-n 哲学．

phi·lo·so·phie·ren [ふぃロ·ゾふぃーレン] 動 *h.*〔über et〕哲学的な思索をする，じっくり考えて論じる．

das **Phi·lo·so·phi·kum** [ふぃロ·ゾーふぃクム] 名 -s/..ka （教職志望者に対する）哲学の試験；（カトリックの司祭職志望者に対する）中間試験．

phi·lo·so·phisch [ふぃロ·ゾーふぃシュ] 形 1.哲学（上）の，哲学的な；《転》世俗を離れた．2.思慮深い；哲学者風の：die ~e Fakultät 文学部．

das **Phil·trum** [ふぃルトるム] 名 -s/..tren 《解》人中(じんちゅう)．

die **Phi·mo·se** [ふぃモーゼ] 名 -/-n《医》包茎．

die **Phi·o·le** [ふぃオーレ] 名 -/-n フラスコ．

die **Phle·bi·tis** [ふレビーティス] 名 -/..tiden [ふレビティーデン]《医》静脈炎．

das **Phleg·ma** [ふレグマ] 名 -s/ 粘液質，鈍重，無感動．

die **Phleg·ma·sie** [ふレグマズィー] 名 -/-n《医》炎症．

der **Phleg·ma·ti·ker** [ふレグマーティカー] 名 -s/- 粘液質の人；鈍重（無感動）な人．

phleg·ma·tisch [ふレグマーティシュ] 形 粘液質の；鈍重な．

das **Phlo·em** [ふロエーム] 名 -s/-e《植》篩部(しぶ)．

phlo·gi·stisch [ふロギスティシュ] 形 炎症性の．

das **Phlo·gi·ston** [ふロ·ギストン] 名 -s/ 燃素．

der **Phlox** [ふロックス] 名 -es/-e (die ~ -/-e も有)《植》フロックス．

die **Phö·be** [ふぇーべ] 名 -/ 1.（主に無冠詞）《ギ神》ポイベー（月の女神）；ポイベ（Artemis と Selene の添え名）．2.《天》フェーベ（土星の衛星の一つ）．

die **Pho·bie** [ふォビー] 名 -/-n《医》恐怖症．

(*der*) **Phö·bus** [ふぇーブス] 名《ギ神》ポイボス（Apoll の添え名で，輝ける者の意）．

das **Phon** [ふォーン] 名 -s/-s（単位を表す穆は-）ホン（音の大きさの単位．記号 phon）．

das **Pho·nem** [ふォネーム] 名 -s/-e《言》音素．

die **Pho·ne·ma·tik** [ふォネマーティク] 名 -/《言》分節音素論．

die **Pho·ne·mik** [ふォネーミク] 名 -/《言》音素論．

die **Pho·ne·tik** [ふォネーティク] 名 -/ 音声学．

der **Pho·ne·ti·ker** [ふォネーティカー] 名 -s/- 音声学者．

pho·ne·tisch [ふォネーティシュ] 形 音声学（上）の：~e Schrift 音標文字．

pho·nisch [ふォーニシュ] 形 音声（上）の．

der **Phö·nix** [ふぇーニクス] 名 -(es)/-e 1.（主に穆）《ギ神》ポイニクス，フェニックス，不死鳥．2.（穆のみ）《天》不死鳥座（南天の星座）．

(*das*) **Phö·ni·zi·en** [ふぇーニーツィエン] 名 -s/《国名》フェニキア（シリア地方の地中海沿岸の古代都市国家）．

der **Phö·ni·zi·er** [ふぇーニーツィあー] 名 -s/- フェニキア人．

phö·ni·zisch [ふぇーニーツィシュ] 形 フェニキア（人・語）の．

das **Pho·no·dik·tat** [ふォーノディクタート] 名 -(e)s/-e 録音された口述文．

der **Pho·no·graph** [ふォノ·グらーふ] 名 -en/-en《古》フォノグラフ（エジソンが発明した蓄音機）．

die **Pho·no·lo·gie** [ふォノ·ロギー] 名 -/ 音韻論．

pho·no·lo·gisch [ふォノ·ローギシュ] 形 音韻論（上）の．

die **Pho·no·thek** [ふォノ·テーク] 名 -/-en 音響ライブラリー（レコード・テープなどを集めた資料館）．

die **Pho·no·ty·pi·stin** [ふォノ·テュピスティン] 名 -/-nen（口述用テープを聞いて打つ女性の）タイピスト．

die **Pho·ro·no·mie** [ふォろ·ノーミー] 名 -/《理》運動学；《労働科学・心》運動論．

das **Phos·gen** [ふォス·ゲーン] 名 -s/ ホスゲン，塩化カルボニル．

das **Phos·phat** [ふォスふァート] 名 -(e)s/-e 燐酸(りんさん)塩．

der **Phos·phor** [ふォスふォーあ] 名 -s/-e 1.（主に穆）燐(りん)（記号 P）．2.燐光物質．

die **Phos·pho·res·zenz** [ふぉスふぉれスツェンツ] [名] -/ 燐光(りんこう).
phos·pho·res·zie·ren [ふぉスふぉれスツィーれン] [動] *h.* 〘補足なし〙燐光(りんこう)を発する《文字盤の数字などが》.
phos·pho·rig [ふぉスふぉりひ] [形] 燐(りん)を含む.
phos·phor·sau·er [ふぉスふぉーあ·ザウあー] [形] 《㊎は..saur..》 燐酸(りんさん)の.
die **Phos·phor·säu·re** [ふぉスふぉーあ·ゾイれ] [名] -/ 燐酸(りんさん).
der **Phos·phor·was·ser·stoff** [ふぉスふぉーあ·ヴァッサー·シュトっふ] [名] -(e)s/ 燐(りん)化水素, 水素化燐, ホスフィン.
das **Phot** [ふぉート] [名] -s/- フォト《照度単位. 記号 ph》.
das **Pho·to** [ふぉート] [名] -s/-s =Foto[1,2].
das **Pho·to·al·bum** [ふぉート·アルブム] [名] -s/..alben =Fotoalbum.
der **Pho·to·ap·pa·rat** [ふぉート·アパらート] [名] -(e)s/-e =Fotoapparat.
die **Pho·to·che·mie** [ふぉト·ひぇミー, ふぉート·ひぇミー] [名] -/ 光化学.
pho·to·che·misch [ふぉト·ひぇーミシュ, ふぉート·ひぇーミシュ] [形] 光化学の.
pho·to·chrom [ふぉト·クろーム] [形] 〘理·光〙ホトクロミズムの, 光互変性の.
der **Pho·to·ef·fekt** [ふぉート·エふぇクト] [名] -(e)s/-e 〘電〙光電効果.
das **Pho·to·e·le·ment** [ふぉート·エレメント] [名] -(e)s/-e 〘電〙光電池.
pho·to·gen [ふぉト·ゲーン] [形] =fotogen.
der **Pho·to·graph** [ふぉト·グらーふ] [名] -en/-en =Fotograf.
die **Pho·to·gra·phie** [ふぉト·グらふぃー] [名] -/-n =Fotografie.
pho·to·gra·phie·ren [ふぉト·グらふぃーれン] [動] *h.* =fotografieren.
pho·to·gra·phisch [ふぉト·グらーふぃシュ] [形] =fotografisch.
die **Pho·to·in·dus·trie** [ふぉート·インドゥストりー] [名] -/-n 写真工業.
Pho·to·ki·na [ふぉト·キーナ]フォトキナ《カメラ見本市》.
pho·to·ko·pie·ren [ふぉト·コピーれン] [動] *h.* =fotokopieren.
das **Pho·to·me·ter** [ふぉト·メーター] [名] -s/- 〘理〙測光器, 光度計.
das **Pho·to·mo·dell** [ふぉート·モデル] [名] -s/-e =Fotomodell.
die **Pho·to·mon·ta·ge** [..ʒə ふぉート·モンタージェ] [名] -/-n =Fotomontage.
das **Pho·ton** [ふぉートン, ふぉトーン] [名] -s/-en [ふぉトーネン] 〘理〙光子, 光量子.
der **Pho·to·re·zep·tor** [ふぉト·れツェプトーあ] [名] -s/-en 《主に㊚》(人間や動物の目の)光受容器〔体〕.
der **Pho·to·satz** [ふぉート·ザッツ] [名] -es/ =Fotosatz.
die **Pho·to·sphä·re** [ふぉト·スふぇーれ, ふぉート·スふぇーれ] [名] -/ 〘天〙光球.
die **Pho·to·syn·the·se** [ふぉト·ズュンテーゼ, ふぉート·ズュンテーゼ] [名] -/ 〘生〙光合成.
die **Pho·to·ta·xis** [ふぉト·タクスィス] [名] -/..xen 〘生〙走光性.
die **Pho·to·the·ra·pie** [ふぉト·テらピー] [名] -/ 〘医〙光線療法.
pho·to·trop [ふぉト·トろープ] [形] **1.** 〘理·光〙光可逆変色の. **2.** 〘生〙屈光性の, 向光性の.
der **Pho·to·tro·pis·mus** [ふぉト·トろピスムス] [名] -/ 〘生〙屈光性, 向光性.
die **Pho·to·zel·le** [ふぉート·ツェレ] [名] -/-n 〘電〙光電管;光電池.
die **Phra·se** [ふらーゼ] [名] -/-n **1.** 《蔑》月並な言葉. **2.** 《古》決り文句, 慣用句: ～*n* dreschen 《口》中身のない耳ざわりのいいことばかり並べたてる. **3.** 〘言〙(文の構成要素としての)句, フレーズ. **4.** 〘楽〙楽句, フレーズ.
der **Phra·sen·dre·scher** [ふらーゼン·ドれっシャー] [名] -s/- 《蔑》中身のない耳ざわりのいいことばかり並べたてる人.
phra·sen·haft [ふらーゼンハふト] [形] 《蔑》決り文句の, 内容空疎な.
die **Phra·se·o·lo·gie** [ふらゼオ·ロギー] [名] -/-n 〘言〙慣用句集;《総称》(各言語の)慣用句, 慣用語法.
phra·se·o·lo·gisch [ふらゼオ·ローギシュ] [形] 〘言〙慣用句の.
phra·sie·ren [ふらズィーれン] [動] *h.* 〘(<et[4]>ヲ)〙〘楽〙楽句に区切る〔まとめる〕, フレージングする《曲·一連の音を》.
die **Phre·no·lo·gie** [ふれノ·ロギー] [名] -/ 骨相学.
phry·gisch [ふりゅーギシュ] [形] フリュギアの: die ～*e* Mütze フリュギア帽《ジャコバン党員が使用》.
die **Phthi·se** [ふティーゼ] [名] -/-n 〘医〙癆(ろう);肺癆.
die **Phthi·sis** [ふティーズィス] [名] -/..sen 〘医〙=Phtise.
der **pH-Wert** [ペーハー·ヴェーあト] [名] -(e)s/-e 〘化〙ペーハー値.
die **Phy·le** [ふゅーレ] [名] -/-n (古代ギリシアの)部族, フュレ.
die **Phyl·lo·ta·xis** [ふゅロ·タクスィス] [名] -/..xen 〘植〙葉序.
die **Phy·lo·ge·ne·se** [ふゅロ·ゲネーゼ] [名] -/-n 〘生〙系統発生.【「個体発生」は Ontogenese】
phy·lo·ge·ne·tisch [ふゅロ·ゲネーティシュ] [形] 〘生〙系統発生の.
die **Phy·lo·ge·nie** [ふゅロ·ゲニー] [名] -/-n 〘生〙=Phylogenese.
das **Phy·lum** [ふゅールム] [名] -s/..la 〘生〙門.
die **Phy·sik** [ふゅズィーク] [名] -/ 物理学.
phy·si·ka·lisch [ふゅズィカーリシュ] [形] 物理学(上)の; 物理(学)的な;《古》地形(学)の.
der **Phy·si·ker** [ふゅーズィカー] [名] -s/- 物理学者.
das **Phy·si·kum** [ふゅーズィクム] [名] -s/..ka 医学部前期(基礎科目)試験.
der **Phy·si·kus** [ふゅーズィクス] [名] -/-se 《古》地区医療機関の医官.
die **Phy·si·o·ge·o·gra·fie, Phy·si·o·ge·o·gra·phie** [ふゅズィオ·ゲオ·グらふぃー] [名] -/ 自然地理学.
die **Phy·si·o·gno·mie** [ふゅズィオ·グノミー] [名] -/-n **1.** 《文》人相, 顔形, 容貌(ようぼう);《転》(風景などの)外観, 相貌(そうぼう). **2.** 〘生〙相観.
die **Phy·si·o·gno·mik** [ふゅズィオ·グノーミク] [名] -/ 人相学, 観相学.
der **Phy·si·o·kra·tis·mus** [ふゅズィオ·クらティスムス] [名] -/ (18世紀の)重農主義.
der **Phy·si·o·lo·ge** [ふゅズィオ·ローゲ] [名] -n/-n 生理学者.
die **Phy·si·o·lo·gie** [ふゅズィオ·ロギー] [名] -/ 生理学.
phy·si·o·lo·gisch [ふゅズィオ·ローギシュ] [形] 生理学(上)の, 生理学的な.
der **Phy·si·o·the·ra·peut** [ふゅズィオ·テらポイト] [名] -en/-en 理学〔物理〕療法士.
die **Phy·si·o·the·ra·pie** [ふゅズィオ·テらピー] [名] -/ 理学〔物理〕療法.
die **Phy·sis** [ふゅーズィス] [名] -/ **1.** 《文》肉体, 体質. **2.** 〘哲〙自然(力), 自然現象.
phy·sisch [ふゅーズィシュ] [形] **1.** 肉体〔身体〕の, 肉体的な: ～*e* Liebe 性愛. **2.** 〘地〙地形(学)の. **3.** 自然の.

phy・to・gen [ふゅト・ゲーン] 形 植物起源の；[医]植物が原因の.
das **Phy・to・hor・mon** [ふゅト・ホルモーン] 名 -s/-e 植物ホルモン.
die **Phy・to・lo・gie** [ふゅトロギー] 名 -/ 植物学.
phy・to・phag [ふゅト・ふぁーク] 形 [生]草食(性)の.
der **Phy・to・pha・ge** [ふゅト・ふぁーゲ] 名 -n/-n [生]草食動物.
das **Pi** [ピー] 名 -(s)/-s **1.** ピー, パイ(ギリシア語アルファベットの第16字 π, Π). **2.** (®のみ)円周率, パイ(π).
die **Pi・af・fe** [ピアっふぇ] 名 -/-n [馬術]ピアッフェ(速歩の足踏み).
das **Pi・a・ni・no** [ピアニーノ] 名 -s/-s [楽]小型ピアノ.
pi・a・nis・si・mo [ピアニッスィモ] 副 [楽]ピアニッシモ,極めて弱く(記号 pp).
das **Pi・a・nis・si・mo** [ピアニッスィモ] 名 -s/-s [..mi] [楽]ピアニッシモの演奏・歌唱; ピアニッシモの楽句.
der **Pi・a・nist** [ピアニスト] 名 -en/-en ピアニスト.
pi・a・no [ピアーノ] 副 [楽]弱く(記号 p).
das **Pi・a・no** [ピアーノ] 名 -s/-s [古]ピアノ.
das **Pi・a・no・for・te** [ピアノ・ふぉるテ] 名 -s/-s [古]ピアノフォルテ(ピアノの本来の名前).
das **Pi・a・no・la** [ピアノーラ] 名 -s/-s [楽]ピアノラ(自動ピアノ).
die **Pi・as・sa・va** [ピアッサーヴァ] 名 -/..ven ピアサバ(ヤシの繊維).
die **Pi・as・sa・ve** [ピアッサーヴェ] 名 -/-n=Piassava.
die **Pi・az・za** [ピアッツァ] 名 -/..azze (イタリアの市の立つ)広場.
der **Pi・ca・dor** [ピカドーァ] 名 -s/-es ピカドール(闘牛で馬に乗って槍で牛を突く役).
pi・cheln [ピっひぇルン] 動 h. ((et⁴ を)) (口)(仲間と)飲む(酒を).
der **Pic・co・lo¹** [ピっコロ] 名 -s/-s = Pikkolo¹.
das **Pic・co・lo²** [ピっコロ] 名 -s/-s = Pikkolo².
die **Pic・co・lo・flö・te** [ピっコロ・ふりーテ] 名 -/-n ピッコロ.
der **Pi・chel・stei・ner** [ピっヒェル・シュタイナー] 名 -s/ 賽の目の牛肉と野菜の煮込み料理.
der **Pi・chel・stei・ner Topf** [ピっヒェルシュタイナー・トップふ] 名 -(e)s/ = Pichelsteiner.
pi・chen [ピっひぇン] 動 h. ((et⁴ を)) (方)ピッチを塗る.
die **Pi・cke** [ピっケ] 名 -/-n ピッケル.
der **Pi・ckel¹** [ピっケル] 名 -s/- つるはし; ピッケル(Eis~).
der **Pi・ckel²** [ピっケル] 名 -s/- 吹き出物, にきび.
die **Pi・ckel・flö・te** [ピっケル・ふりーテ] 名 -/-n = Piccoloflöte.
die **Pi・ckel・hau・be** [ピっケル・ハウベ] 名 ピッケル状突起のついたプロイセンの革製ヘルメット.
der **Pi・ckel・he・ring** [ピっケル・ヘーリング] 名 -s/-e **1.** [古]塩漬けニシン. **2.** (特にイギリスの)道化役.
pi・cke・lig [ピっケリヒ] 形 にきび[吹き出物]だらけの.
pi・cken¹ [ピっケン] 動 h. **1.** ((et⁴ を)) 啄(ついば)む. **2.** (方向 を) 嘴(くちばし)でつつく. **3.** ((et⁴ + aus et³) (中から)) (口)つまみ取る[出す], 突刺して取る[取出す].
pi・cken² [ピっケン] 動 h. ((方)) **1.** (場所 に)張りついている, 張ってある. **2.** (一般に)粘着力がある; べとべとする. **3.** (一般に)接着剤で接ぐ(復する). **4.** ((et⁴ + 方向)) 張りつける.
die **Pickles** [pfkəls ピっクルス] 複名 ミックスピクルス.
pick・lig [ピっクリヒ] 形 = pickelig.
das **Pick・nick** [ピっクニック] 名 -s/-e(-s) (ハイキングなどの)野外の食事.
pick・ni・cken [ピっクニッケン] 動 h. (意なし)野外で食事をする.
pi・co・bel・lo [ピコ・ベロ] 形 (無変化)(口)とても素敵な.
das **Pi・co・cu・rie** [..kyri̇: ピコ・キューリー] 名 -/- [理]ピコキューリー(放射能の単位. 1兆分の1キューリー).
der **Pi・cot** [..koː ピコー] 名 -s/-s [手芸]ピコット(レースなどの縁にけた環状の飾り).
das **Pid・gin・eng・lish, Pid・gin-Eng・lish** [pɪdʒɪnˈɪŋlɪʃ ピチン・イングリッシ] 名 -/ ピジン英語(英語と他の言語との混合語).
die **Pie・ce** [piɛ́ːs(ə), pjɛ́ːs(ə) ピエース, ピエーセ] 名 -/-n (文)(音楽・劇の)作品, 小曲, 間奏曲.
das **Pie・de・stal** [ピエデスタール] 名 -s/-e [建]ペデスタル(①円柱をのせる台. ②美術品をのせる台座). **2.** (文)(動物曲芸用の)台.
der **Piefke** [ピーふケ] 名 -s/-s **1.** ((オーストリア))(蔑)ドイツ(プロイセン)人. **2.** (北独)(蔑)威張りくさったやつ.
piek・fein [ピーク・ふぁイン] 形 (口)しゃれた, 極上の.
piek・sau・ber [ピーク・ザウバー] 形 (口)すごく清潔な.
der **Piep** [ピープ] 名 -s/-e (口)ぴいぴい(ちゅうちゅう)鳴く声. 【慣用】**einen Piep haben** (蔑)頭がおかしい. **keinen Piep mehr machen(tun)** 死んでいる. **keinen Piep mehr sagen** もううんともすんとも言わない; 死んでいる.
piep! [ピープ] 間 (鳥・ネズミなどの鳴き声)ぴいぴい, ちゅうちゅう. 【慣用】**nicht piep (Piep/Pieps) sagen** (口) ひとことも言わない. **nicht mehr piep (Piep/Pieps) sagen können** (口) もううんともすんとも言わない; 死んでいる.
die **Pie・pe** [ピーペ] 形 = piepegal.
piep・egal [ピープ・エガール] 形 ((j³ ニトッテ)) まったくどうでもいい.
der **Pie・pel** [ピーペル] 名 -s/-(s) (方・口)(男の)ちびっチャ; ペニス.
pie・pen [ピーペン] 動 h. (意なし)ぴいぴい(ぴよぴよ・ちゅうちゅう)鳴く; ぴっぴっと鳴る(ポケットベルなど). 【慣用】**Bei j³ piept es.** ((j³ ニ人³)) 頭がおかしい. **zum Piepen sein** (口)とてもこっけいである.
der **Piep・matz** [ピープ・マッツ] 名 -es/..mätze (幼)ぴよ子ちゃん(小鳥のこと). 【慣用】**einen Piepmatz haben** (口・冗)頭がおかしい.
piep・sen [ピープセン] 動 h. (意なし)ぴいぴい(ぴよぴよ)鳴く; ((et⁴ を)) 高い声で話す(歌う).
der **Piep・ser** [ピープサー] 名 -s/- **1.** (口)ぴいぴい(ぴよぴよ)いう鳴き声. **2.** ((建物内の発信音による呼出し装置)) (ポケットベル・呼出しリード など).
piep・sig [ピープスィヒ] 形 (口)高くて細い; きゃしゃな; ちっぽけな, ちょっぴりの.
der **Pier¹** [ピーァ] 名 -s/-e[-s] ([海]die ~ /-s) 埠頭, 桟橋.
der **Pier²** [ピーァ] 名 -(e)s/-e (北独)[動]タマキビガカイ.
die **Pier・ret・te** [ピエれっテ] 名 -/-n ピエレッテ(女ピエロ).
der **Pier・rot** [piɛró: ピエろー] 名 -s/-s (フランスのパントマイムの)ピエロ.
pie・sa・cken [ピーザッケン] 動 h. ((j⁴ を)) (口)さんざん苦しめる(悩ます).
die **Pie・ta** [ピエタ] 名 -/-s ピエタ(キリストの遺体を抱え嘆きの聖母像).
die **Pi・e・tät** [ピエテート] 名 -/-en **1.** (文)畏敬(いけい)(崇敬)の念. **2.** 葬儀社.
pi・e・tät・los [ピエテート・ロース] 形 (文)敬虔(けいけん)さ(畏敬)の念を欠く.
pi・e・tät・voll [ピエテート・ふォル] 形 (文)敬虔(けいけん)な, 畏敬(いけい)の念に満ちた.

der **Pi·e·tis·mus** [ピエティスムス] [名] -/ 敬虔(けいけん)主義《17-18 世紀ドイツのプロテスタントの改革運動》.

der **Pi·e·tist** [ピーティスト] [名] -en/-en 敬虔(けいけん)主義者;狂信的に敬虔な人.

pi·e·tis·tisch [ピーティスティシュ] [形] 敬虔(けいけん)主義の;敬虔主義者的な.

piet·schen [ピーチェン] [動] *h.* 〘補足なし〙《方》(仲間と)大酒を飲む.

pi·e·zo·e·lek·trisch [ピエツォ·エレクトりシュ] [形] 〘理〙圧電の.

die **Pi·e·zo·e·lek·t·ri·zi·tät** [ピエツォ·エレクトりツィテート] [名] -/ 〘理〙圧電気.

das **Pi·e·zo·me·ter** [ピエツォ·メーター] [名] -s/- 〘理〙ピエゾメーター《液体の圧縮率測定器》.

piff, paff ! [ピふパふ] [間] 《幼》(銃声を表して)ばんばん!

das **Pig·ment** [ピグメント] [名] -(e)s/-e 〘医·生〙(組織の)色素;〘化〙顔料.

die **Pig·men·ta·ti·on** [ピグメンタツィオーン] [名] -/-en 〘医·生〙色素沈着.

der **Pik**[1] [ピーク] [名] -s/-e〔-s〕 **1.** 山頂(Piz). **2.** (次の形で)einen ~ auf ⟨j⁴⟩ haben ⟨人を⟩ひそかに恨んでいる.

das **Pik**[2] [ピーク] [名] -s/-(s) **1.** スペード形. **2.** ([単]のみ;主に無冠詞)(トランプの)スペード. **3.** ([複]-)スペードが切り札のゲーム;スペードの札.

pi·kant [ピカント] [形] **1.** ぴりっと薬味の効いた. **2.** いかがわしい;きわどい;《古》魅力的な.

die **Pi·kan·te·rie** [ピカンテりー] [名] -/-n 《文》 **1.** ([単]のみ)独特な魅力,妙味;《稀》ぴりっとした味. **2.** きわどい話.

pi·ka·resk [ピカれスク] [形] 〘文芸学〙悪漢の,ピカレスクの.

pi·ka·risch [ピカーりシュ] [形] =pikaresk.

das **Pik·ass, Pik-Ass** [ピーク·アス,ピーク·アス] [名] -es/-e 〘トランプ〙スペードのエース.

die **Pi·ke** [ピーケ] [名] -/-n (17 世紀頃までの歩兵の)長槍(ちょうそう). **【慣用】von der Pike auf dienen〔lernen〕**《口》下からたたき上げる.

der **Pi·kee** [ピケー] [名] -s/-s (《オーストリア》das ~ も有)〘織〙ピケ《畝織綿布》.

pi·ken [ピーケン] [動] *h.* 《口》 **1.** 〘補足なし〙肌を(ちくちく)刺す《バラなどが》. **2.** 〔⟨j⁴/et⁴⟩ヲ〕ちくりと刺す,つつく.

das **Pi·kett** [ピケット] [名] -(e)s/-e **1.** 〘トランプ〙ピケット. **2.** 《スイス》(軍·消防の)出動態勢にある隊;出動態勢. **3.** 《古》前哨(部隊).

pi·kie·ren [ピキーれン] [動] *h.* **1.** 〔⟨et⁴⟩ヲ〕〘園〙移植する. **2.** 〔⟨et⁴⟩ニ〕芯(しん)を入れる,ハ刺しをする.

pi·kiert [ピキーあト] [形] 〔(über ⟨et⁴⟩ニ)〕《文》気分〔感情〕を害した.

der **Pik·ko·lo**[1] [ピッコロ] [名] -s/-s 見習給仕;シャンペンの小瓶(0.2ℓ入り).

das **Pik·ko·lo**[2] [ピッコロ] [名] -s/-s ピッコロ;小型のコルネット.

die **Pik·ko·lo·flö·te** [ピッコロ·ふレーテ] [名] -/-n ピッコロ.

das **Pi·ko·fa·rad** [ピコ·ふぁらート] [名] -(s)/- 〘理〙ピコファラッド.

der **Pi·kör** [ピケーあ] [名] -s/-e 〘狩〙猟犬(の群れ)の監督者,猟犬番(追い猟で).

pik·sen [ピークセン] [動] *h.* 《口》=piken.

das **Pik·to·gramm** [ピクト·グらム] [名] -s/-e ピクトグラム(絵文字).

der **Pi·lar** [ピラーあ] [名] -en/-en 〘馬術〙調馬柱.

der **Pi·las·ter** [ピラスター] [名] -s/- 〘建〙ピラスター,柱形,片蓋(かたふた)柱.

(*der*) **Pi·la·tus** [ピラートゥス] [名] 〘新約〙ピラト(Pontius ~, 39 年没,ユダヤのローマ総督.イエスの処刑に関与): von Pontius zu ~ laufen (無駄に)あちこち駆回る〔引回される〕.

der **Pi·lau** [ピラウ] [名] -s/ ピラフ.

der **Pi·law** [piláf ピラふ] [名] -s/ =Pilau.

der **Pil·ger** [ピルガー] [名] -s/- (聖地)巡礼者,聖地詣(もう)でをする人.

die **Pil·ger·fahrt** [ピルガー·ふぁーあト] [名] -/-en 巡礼(の旅).

pil·gern [ピルガーン] [動] *s.* **1.** 〔nach⟨et³⟩へ〕聖地詣(もう)でに行く,巡礼する;《口》行く. **2.** 〔⟨方向⟩へ〕《口》のんびり歩いて行く. **3.** 〔durch⟨et⁴⟩ヲ〕《口》歩きまわる.

die **Pil·ger·schaft** [ピルガーシャふト] [名] -/ 巡礼,聖地詣(もう)で;巡礼者であること.

die **Pil·ger·vä·ter** [ピルガー·ふぇーター] [複名] ピルグリムファーザーズ《1620 年アメリカ大陸に渡った英国清教徒団》.

der **Pil·grim** [ピルグりム] [名] -s/-e 《古》巡礼者.

die **Pil·le** [ピレ] [名] -/-n **1.** 丸薬;《口》錠剤,丸剤,カプセル剤. **2.** ([単]のみ;主に定冠詞と)《口》ピル,経口避妊薬(Antibaby~). **3.** 〘球〙《ジャーゴン》ボール. **【慣用】die bittere Pille schlucken**《口》いやな思いをする. ⟨j³⟩ **eine bittere Pille zu schlucken geben**《口》⟨人に⟩不愉快な話をする,⟨人を⟩不愉快な目にあわせる.

der **Pil·len·dre·her** [ピレン·ドれーあー] [名] -s/- **1.** 〘昆〙ダイコクコガネ. **2.** 《口·冗》薬屋.

der **Pil·len·knick** [ピレン·クニック] [名] -(e)s/-e〔-s〕経口避妊薬服用による(統計図表上の)出生率の急落.

der **Pi·lot** [ピロート] [名] -en/-en **1.** 〘空〙操縦士,パイロット;〘海〙《古》水先案内人. **2.** (モーターレースの)レーサー;(ボブスレーの)ドライバー. **3.** 〘魚〙ブリモドキ. **4.** 〘紡〙パイロットクロス.

die **Pi·lot·an·la·ge** [ピロート·アン·ラーゲ] [名] -/-n (化学工業の実験と生産の中間工程の)試験用設備〔装置〕.

der **Pi·lot·bal·lon** [ピロート·バロ(ー)ン] [名] -s/-s〔-e〕〘気〙測風気球.

die **Pi·lo·te** [ピローテ] [名] -/-n 〘土〙基礎杭.

das **Pi·lot·pro·jekt** [ピロート·プろイェクト] [名] -(e)s/-e 試験的プロジェクト.

die **Pi·lot·sen·dung** [ピロート·ゼンドゥング] [名] -/-en 〘ラジオ·テレビ〙実験放送.

die **Pi·lot·stu·die** [ピロート·シュトゥーディエ] [名] -/-n 実験的な〔予備〕研究.

der **Pi·lot·ver·such** [ピロート·ふぇあズーふ] [名] -(e)s/-e 試験的試み.

das **Pils** [ピルス] [名] -/- ピルゼンビール《チェコ西部の都市ピルゼンの産》.

der **Pil·se·ner**[1] [ピルゼナー] [名] -s/- ピルゼンの人.

das **Pil·se·ner**[2] [ピルゼナー] [名] -s/- ピルゼンビール.

das **Pils·ner** [pílznər ピルズナー] [名] -s/- =Pilsener[2].

der **Pilz** [ピルツ] [名] -es/-e **1.** 〘植〙キノコ. **2.** 真菌類,菌類. **3.** ([単]のみ)《口》(皮膚)糸状菌(Haut~).

das **Pilz·ge·richt** [ピルツ·ゲりひト] [名] -(e)s/-e 〘料〙キノコ料理.

die **Pilz·krank·heit** [ピルツ·クらンクハイト] [名] -/-en 〘医〙真菌症;〘農〙菌類による植物の病気.

die **Pilz·kul·tur** [ピルツ·クルトゥーあ] [名] -/-en 〘医·生〙菌の培養.

die **Pilz·ver·gif·tung** [ピルツ·ふぇあギふトゥング] [名] -/-en キノコ中毒.

der〔*das*〕**Pi·ment** [ピメント] [名] -(e)s/-e ピメント(香辛料).

P

der **Pịm·mel** [ピメル] [名] -s/- 《口》ちんぽこ.
pịm·pe·lig [ピムペリひ] [形] 《口・蔑》めそめそした, 弱虫の.
pịm·pern[1] [ピムパーン] [動] *h.* 〔補足なし〕《バイエ・オーストリア》かちゃかちゃ〔かたかた・ちゃらちゃら〕音を立てる.
pịm·pern[2] [ピムパーン] [動] *h.* 〔(〈j⁴〉ト)〕《口》やる《性交する》.
der **Pịmpf** [ピムプふ] [名] -(e)s/-e **1.** 《オーストリア》《口》小さな男の子. **2.** (Jugendbewegung の)最年少団員;ナチス少年団団員.
der **Pịn** [ピン] [名] -s/-s **1.** 〖ボーリング〗(命中した)ピン. **2.** 〖医〗(骨折骨端を固定する)ピン. **3.** ピンつき記章.
PỊN [ピン]=persönliche Identifikationsnummer (現金自動支払機などの)暗証番号.
die **Pi·na·ko·thek** [ピナコテーク] [名] -/-en 《文》絵画館.
die **Pi·nạs·se** [ピナッセ] [名] -/-n 〖海〗艦載艇; 《古》三本マスト帆船.
das **Pin·ce·nez** [pɛ̃sné: パンスネー] [名] -[..ネー(ス)]/-[..ネース] 《古》鼻眼鏡.
der **PỊN-Code** [..ko:t ピン・コート] [名] -s/-s 暗証番号.
(*der*) **Pịn·dar** [ピンダる] [名] 〖人名〗ピンダロス《紀元前518 頃-446 頃, ギリシアの叙情詩人》.
(*der*) **Pịn·da·ros** [ピンダろス] [名] 〖人名〗=Pindar.
pịn·ge·lig [ピンゲリひ] [形] 《口》細事にこだわる.
das **Pịng·pong** [ピング・ポング] [名] -s/ 〖英語〗《古》(《蔑》も有)ピンポン.
der **Pịn·gu·in** [ピングイーン] [名] -s/-e 〖鳥〗ペンギン.
die **Pi·nie** [ピーニエ] [名] -/-n 〖植〗カサマツ.
pink [ピンク] [形] 《無変化》ピンク(色)の.
die **Pịn·ke**[1] [ピンケ] [名] -/-n 〖海〗(昔の)三本マストの帆船.
die **Pịn·ke**[2] [ピンケ] [名] -/ 《口》金, 銭.
der **Pịn·kel** [ピンケル] [名] -s/-(s) 《口・蔑》(つまらない)男〔やつ〕: ein feiner ~ 気どり屋.
die **Pịn·kel·bu·de** [ピンケル・ブーデ] [名] -/-n 《口》(男性用)公衆便所.
pịn·keln [ピンケルン] [動] *h.* 《口》 **1.** 〔補足なし〕おしっこをする. **2.** 〔Es〕ばらばら雨が降る.
die **Pịn·kel·pau·se** [ピンケル・パウゼ] [名] -/-n 《口》用たしの小休止, トイレ休憩.
der **PỊN-Kode** [..ko:t ピン・コート] [名] -s/-s = PIN-Code.
das **Pin·ku·la·to·ri·um** [ピンクラトーりウム] [名] -s/..rien 《冗》男性用公衆便所.
die **Pịn·ne** [ピネ] [名] -/-n **1.** 〖海〗(ヨットなどの)舵柄. **2.** (磁気羅針儀の)尖軸; (磁石の針の)軸ピン. **3.** (金づちの)尖頭(せんとう). **4.** 《北独》ピン, 鋲(びょう).
pịn·nen [ピネン] [動] *h.* 〔〈et⁴〉ヲ+(〈方向〉ニ)〕《口》画鋲(がびょう)〔留めピン〕で留める.
die **Pịnn·wand** [ピン・ヴァント] [名] -/..wände 掲示板.
der **Pịn·scher** [ピンシャー] [名] -s/- 〖動〗ピンシャー《ドイツ産テリアの一種》; 《口・蔑》とるに足らない人間.
der **Pịn·sel**[1] [ピンゼル] [名] -s/- **1.** 絵筆, 刷毛(はけ); 《転》(画家の)筆致, タッチ. **2.** 〖狩〗(動物の尾や耳などの)筆の穂先状の毛の房. **3.** 《口》ペニス.
der **Pịn·sel**[2] [ピンゼル] [名] -s/- 《口・蔑》ばか, 間抜け.
die **Pin·se·lei** [ピンゼライ] [名] -/-en 《口・蔑》 **1.** 《[単]のみ》(しょっちゅう)素人絵を描くこと. **2.** へたな絵. **3.** 《古》ばかげた振舞, 愚行.
die **Pịn·sel·füh·rung** [ピンゼル・ふゅーるング] [名] -/ 筆づかい, 画法.
pịn·seln [ピンゼルン] [動] *h.* **1.** 〔(〈j⁴/et⁴〉ヲ)〕《口》絵筆で描く. **2.** 〔auf 〈et³〉ノ上ニ〕《口》絵筆で絵を描く. **3.** 〔〈et⁴〉ヲ+〈方向〉ニ〕《口》筆〔はけ〕で書く《スローガンを壁などに》; 丁寧に筆記する. **4.** 〔〈et⁴〉ニ〕《口》塗料を塗る; エナメルを塗る《つめに》; マスカラを塗る. **5.** 〔〈et⁴〉ニ+(mit 〈et³〉ヲ)〕塗る《筆で液体の薬を》; 薬を塗る.
der **Pịn·sel·strich** [ピンゼル・シュトりっひ] [名] -(e)s/-e 一塗り, 一筆; 筆づかい.
das **Pint** [paɪnt パイント] [名] -s/-s パイント《①英国の容量の単位, 0.568 *l*. 記号 pt. ②米国の液量の単位, 0.473 *l*. 記号 liq pt. ③米国の乾量の単位, 0.550 *l*. 記号 dry pt》.
die **Pịn·te** [ピンテ] [名] -/-n **1.** ピンテ《昔の液量単位. 0.9ℓ》. **2.** 《口》飲み屋.
das **Pin-up-Girl** [pɪn'ápgœ:ɐl ピン・アップ・ゲーあル, ..gœrl ピン・アップ・ゲるル] [名] -s/-s ピンナップガール《①ピンナップ写真. ②ピンナップ写真のモデル》.
pinx. =〖ラテン語〗pinxit …画.
pịn·xit [ピンクスィット] 〖ラテン語〗…画《画家が作品の署名に添える》.
die **Pin·zẹt·te** [ピンツェッテ] [名] -/-n ピンセット.
der **Pi·o·nier** [ピオニーあ] [名] -s/-e **1.** 《文》先駆者, 開拓者, パイオニア. **2.** 〖軍〗工兵. **3.** 〖旧東独〗ピオニール団員《共産党少年少女団員》.
die **Pi·o·nier·ar·beit** [ピオニーあ・アるバイト] [名] -/ **1.** パイオニア的仕事〔研究〕. **2.** 〖旧東独〗ピオニール団員としての活動.
die **Pi·o·nier·or·ga·ni·sa·ti·on** [ピオニーあ・オるガニザツィオーン] [名] -/-en 〖旧東独〗ピオニール団.
die **Pi·o·nier·pflan·ze** [ピオニーあ・プふランツェ] [名] -/-n (主に[複])〖生態〗先駆植物.
die **Pi·o·nier·trup·pe** [ピオニーあ・トるッペ] [名] -/-n 〖軍〗工兵隊.
das **Pi·pa·po** [ピパポー] [名] -s/ 《口》いろいろと全部, それに付随するものすべて.
die **Pipe·line** [páɪplaɪn パイプ・ライン] [名] -/-s パイプライン.
die **Pi·pẹt·te** [ピペッテ] [名] -/-n ピペット.
das **Pi·pi** [ピピー] [名] -s/ 《幼》おしっこ.
der **Pịps** [ピップス] [名] -es/ (家禽(かきん)の)気道の病気. **【慣用】den Pips haben** 《口》風邪をひいている.
das **Pi·qué** [piké: ピケー] [名] -s/-s ピケ《肉眼で認められるダイヤモンドの異物混入度》.
der **Pi·rat** [ピらート] [名] -en/-en 海賊.
das **Pi·ra·ten·schiff** [ピらーテンシふ] [名] -(e)s/-e 海賊船.
der **Pi·ra·ten·sen·der** [ピらーテン・ゼンダー] [名] -s/- 《ジャーゴン》海賊放送局.
die **Pi·ra·te·rie** [ピらテりー] [名] -/-n **1.** 海賊行為. **2.** 中立国の船に対する攻撃. **3.** シー〔ハイ〕ジャック.
die **Pi·ro·ge** [ピろーゲ] [名] -/-n (インディアンなどの)丸木舟.
die **Pi·rọg·ge** [ピろッゲ] [名] -/-n ピロシキ.
der **Pi·rol** [ピろール] [名] -s/-e 〖動〗コウライウグイス.
die **Pi·rou·ẹt·te** [piruɛ́tə ピるエッテ] [名] -/-n **1.** 〖バレエ・スケート〗ピルエット《つま先旋回》. **2.** 〖馬術〗ピルエット《後脚を軸にしての急旋回》.
die **Pịrsch** [ピるシュ] [名] -/ 〖狩〗忍び猟.
pịr·schen [ピるシェン] [動] *h./s.* **1.** 〔(auf 〈et⁴〉ヲ求メテ)〕〖狩〗忍び猟に行く《鹿などを求めて》. **2.** 〔(sich⁴)+〈方向〉へ/über 〈et⁴〉ノ上ヲ〕忍び足で行く.
pịs·pern [ピスパーン] [動] *h.* 《方》=wispern.
die **Pịs·se** [ピッセ] [名] -/ 《口》小便.
pịs·sen [ピッセン] [動] *h.* **1.** 〔補足なし〕《口》小便をする. **2.** 〔Es〕《口》じゃあじゃあ雨が降る.
das **Pis·soir** [pɪsoá:ɐ ピソアーあ] [名] -s/-e〔-s〕男性用公衆便所.
die **Pis·ta·zie** [ピスターツィエ] [名] -/-n 〖植〗ピスタチオ

(の木・実).
die **Pis·ta·zi·en·nuss**, ⓑ**Pis·ta·zi·en·nuß** [ピスターツィエン・ヌス] 名 -/..nüsse ピスタチオ(の実).
die **Pis·te** [ピステ] 名 -/-n **1.** 〔ᴾ〕滑走路；〔ᴾ〕(自動車レースなどの)コース. **2.** 〔空〕滑走路. **3.** (アフリカなどの)舗装してない道. **4.** (サーカスの)リングの囲い. **5.** 〔ⱼᵢ ⱼ ⱼ 〕ピスト.
das **Pis·till** [ピスティル] 名 -s/-e **1.** 〔植〕雌しべ,雌芯(ᵢᵢ). **2.** 〔薬〕乳棒.
die **Pis·to·le**¹ [ピストーレ] 名 -/-n ピストル,拳銃. 【慣用】〈j³〉die Pistole auf die Brust setzen 〈人〉に決断を迫る. **wie aus der Pistole geschossen** 《口》たちどころに,すぐに.
die **Pis·to·le**² [ピストーレ] 名 -/-n ピストール(以前のスペインの金貨).
das **Pis·to·len·schie·ßen** [ピストーレン・シーセン] 名 -s/ 〔ᴾᴾ〕ピストル射撃競技.
der **Pis·to·len·schuss**, ⓑ**Pis·to·len·schuß** [ピストーレン・シュス] 名 -es/..schüsse ピストルの射撃.
die **Pis·to·len·ta·sche** [ピストーレン・タッシェ] 名 -/-n 拳銃のホルスター.
das **Pis·ton** [pistɔ̃: ピストーン] 名 -s/-s **1.** コルネット. **2.** 〔楽〕(金管楽器の)ピストン. **3.** 〔工〕ピストン(昔の銃の点火ピン).
das **Pit** [ピット] 名 -s/-s 〔工〕(CD-ROM などの)ピット.
der **Pi·the·kan·thro·pus** [ピテカントロプス] 名 -/..pi 〔人類〕ピテカントロプス,直立猿人.
pit·sche·nass, ⓑ**pitsche·naß** [ピッチェ・ナス] 形 =pitschnass.
pit·sche·patsche·nass, ⓑ**pitsche·patsche·naß** [ピッチェ・パッチェ・ナス] 形 《口》びしょびしょにぬれた.
pitsch·nass, ⓑ**pitsch·naß** [ピッチ・ナス] 形 《口》びしょぬれの!
pitsch, patsch! [ピッチュ パッチュ] 間 〔幼〕(水の跳ねる音を表して)ぴちゃぴちゃ.
pit·to·resk [ピトレスク] 形 《文》絵画的な,絵のように美しい.
der [das] **Pi·vot** [pivó: ピヴォー] 名 -s/-s 〔工〕旋回支軸.
das **Pi·xel** [ピクセル] 名 -(s)/- 〔電・コンピュータ〕画素,ピクセル.
der **Piz** [ピッツ] 名 -es/-e 頂上(ラディーン語.多く山岳名の一部として).
die **Piz·za** [ピッツァ] 名 -/-s〔Pizzen〕ピザ(パイ).
die **Piz·ze·ria** [ピッツェリーア] 名 -/-s〔..rien [..リーエン]〕ピザハウス.
piz·zi·ca·to [ピッツィカート] 副 〔楽〕ピチカートの,弦を指ではじいて.
(das) **Pjöngjang** [ピョンヤング] 名 -s/ ピョンヤン(朝鮮民主主義人民共和国の首都).
Pkt. =Punkt 点, ピリオド；項目；〔楽〕符点.
der **Pkw, PKW** [ペーカーヴェー, ペーカー・ヴェー] 名 -(s)/-(s) =Personenkraftwagen 乗用車.
pl. =**1.** pluralisch 複数(形)の. **2.** Plural 複数(形).
Pl. =Plural 複数(形).
das **Pla·ce·bo** [plaʦeːbo プラツェーボ] 名 -s/-s 〔医〕プラシーボ,偽薬.
die **Pla·che** [プラヘ] 名 -/-n (南独・〔ᴾ〕)=Plane.
pla·cie·ren [platsíːran プラツィーレン] 動 h. =platzieren.
pla·cken [プラッケン] 動 h. 〈sich⁴〉《口》さんざん苦労する(骨折り)する.
die **Pla·cke·rei** [プラッケライ] 名 -/-en 《口》さんざんな苦労(骨折り).
pla·dern [プラーダーン] 動 h. 《北独》**1.** 〔ᴾ〕〕 (方向) ニ ニ ゴッテ 〔カラ カラ レ フ テ〕 激しい音を立てる. **2.** 〔Es〕雨がざあざあ降る.
plä·die·ren [プレディーレン] 動 h. **1.** 〔auf/für〈et³〉〕〈j³/⟨gegen⟩〉〔法〕論告で求刑する,最終弁論で主張する. **2.** 〔ᴾᴾ〕〔法〕論告(最終弁論)を行う. **3.** 〔für〈et⁴〉〕《文》賛成の意見を述べる.
das **Plä·doy·er** [plɛdoajé: プレドアイェー] 名 -s/-s **1.** 〔法〕(弁護側の)最終弁論；〔検事の〕論告. **2.** 《文》意見(表明).
der **Pla·fond** [plafɔ̃: プラふォーン] 名 -s/-s **1.** 《南独・墺》天井. **2.** 〔経〕(信用貸しなどの)限度額.
die **Pla·ge** [プラーゲ] 名 -/-n 苦労,難儀,悩みの種.
der **Pla·ge·geist** [プラーゲ・ガイスト] 名 -(e)s/-er 人を煩わす男の人,だだっ子.
pla·gen [プラーゲン] 動 h. **1.** 〔j⁴ mit〈et³〉〕煩わす,うんざりさせる. **2.** 〈j⁴〉の気持を逸(ⱼ)らせる〔落着かせない〕(名誉欲などの). **3.** 〈sich⁴〉あくせく働く,苦労する. **4.** 〔mit〈et³〉〕《口》悩まされる,苦しむ.
die **Plag·ge** [プラッゲ] 名 -/-n 《北独》**1.** (切取った)芝片,苗芝. **2.** ほろ切れ.
das **Pla·gi·at** [プラギアート] 名 -(e)s/-e 剽窃(ʰʸᵒᵘⱼⱼ)；剽窃(盗作)による作品.
der **Pla·gi·a·tor** [プラギアートーア] 名 -s/-en 〔プラギアートーレン〕剽窃(盗作)者.
pla·gi·ie·ren [プラギィーレン] 動 h. **1.** 〔ᴾᴾ〕剽窃(ʰʸᵒᵘⱼⱼ)〔盗作〕する. **2.** 〈j⁴/et⁴⟩剽窃〔盗作〕する；(転)その作品を模倣する.
das (der) **Plaid** [pleɪt プレード] 名 -s/-s ひざ掛け(タータンチェックの旅行用)；(ウールの)肩掛け.
das **Pla·kat** [プラカート] 名 -(e)s/-e (告知・広告・宣伝などの)張り紙,ポスター.
pla·ka·tie·ren [プラカティーレン] 動 h. **1.** 〈et⁴〉ポスターで知らせる；《文》派手に取り上げる. **2.** 〔ᴾᴾ〕ポスターを張る.
pla·ka·tiv [プラカティーフ] 形 《文》ポスターのような；目立つ.
der **Pla·kat·ma·ler** [プラカート・マーラー] 名 -s/- ポスター画家.
die **Pla·kat·säu·le** [プラカート・ゾイレ] 名 -/-n (円筒形の)広告塔.
der **Pla·kat·trä·ger** [プラカート・トレーガー] 名 -s/- (円筒形の)広告塔,ポスターを張るボード；サンドイッチマン.
die **Pla·ket·te** [プラケッテ] 名 -/-n 記念メダル；バッジ,ワッペン.
plan [プラーン] 形 平らな,平坦な；《蔑》平板な.
der **Plan**¹ [プラーン] 名 -(e)s/Pläne **1.** 計画,企画案,プラン；意図,予定；〔旧東独〕経済計画. **2.** 設計図,図面. **3.** (一定地域の)地図. 【慣用】**auf dem Plan stehen** 計画中である. **Pläne schmieden** 計画を練る.
der **Plan**² [プラーン] 名 -(e)s/Pläne 《文・古》平らな土地；(競技の)広場. 【慣用】〈j⁴/et⁴〉**auf den Plan rufen** 〈人・物〉を呼出す. **auf den Plan treten** 登場する,姿を現す.
die **Planche** [プラーンシュ] 名 -/-n 〔ᴾᴾ〕ピスト(試合に用いる床面).
die **Plan·chet·te** [plɑ̃ʃɛtə プランシェッテ] 名 -/-n 〔服〕コルセットの芯.
(der) **Planck** [プラング] 名 〔人名〕プランク(Max ~, 1858-1947, 物理学者).
die **Pla·ne** [プラーネ] 名 -/-n 防水シート,幌.
pla·nen [プラーネン] 動 h. **1.** 〈et⁴〉計画する,設計する. **2.** 〈et⁴〉/zu〈動〉スルコトヲ〕意図している,予定している.
pla·ne·risch [プラーネリッシュ] 形 計画〔図面〕上の.
der **Plä·ne·schmied** [プレーネ・シュミート] 名 -(e)s/-e 計画好きな人.

der **Pla·net** [プラネート] [名] -en/-en 惑星, 遊星.

pla·ne·ta·risch [プラネターリシュ] [形] 惑星の;《文》地球(的規模)の, グローバルな.

das **Pla·ne·ta·ri·um** [プラネターリウム] [名] -s/..rien プラネタリウム.

die **Pla·ne·ten·bahn** [プラネーテン・バーン] [名] -/-en 惑星の軌道.

das **Pla·ne·ten·ge·trie·be** [プラネーテン・ゲトりーベ] [名] -s/- 〖工〗遊星歯車装置.

der **Pla·ne·to·id** [プラネトイート] [名] -en/-en 〖天〗小惑星.

die **Plan·fest·stel·lung** [プラーン・ふェストシュテルング] [名] -/-en 〖官〗(公共事業のための強制的な土地収用の)計画確定.

der **Plan·film** [プラーン・ふィルム] [名] -(e)s/-e 〖写〗シート〔カット〕フィルム.

plan·ge·mäß [プラーン・ゲメース] [形] =planmäßig.

pla·nie·ren [プラニーれン] [動] *h.* 〔<et⁴>ヲ〕平らにする, ならす(道路などを).

die **Pla·nier·rau·pe** [プラニーあ・らウペ] [名] -/-n ブルドーザー.

die **Pla·ni·fi·ka·ti·on** [プラニふィカツィオーン] [名] -/-en (国の)経済計画(特にフランスの).

das **Pla·ni·me·ter** [プラニ・メーター] [名] -s/- 〖幾何〗面積計.

die **Pla·ni·me·trie** [プラニ・メトりー] [名] -/ 〖幾何〗面積測定;平面幾何学.

die **Plan·ke** [プランケ] [名] -/-n **1.** (長い)厚板. **2.** (工事場などの)板囲い.

die **Plän·ke·lei** [プレンケライ] [名] -/-en **1.** 〖軍〗小競合い. **2.** 言争い.

plän·keln [プレンケルン] [動] *h.* **1.** 〔[補足なし]〕〖軍〗《古》小競合いをする. **2.** 〔[補足なし]〕軽い〔冗談半分の〕口げんかをする.

plan·kon·kav [プラーン・コンカーふ] [形] 〖光〗平凹の.

plan·kon·vex [プラーン・コンヴェックス] [形] 〖光〗平凸の.

das **Plank·ton** [プランクトン] [名] -s/ 〖生〗プランクトン.

plan·los [プラーン・ロース] [形] 無計画な, 漫然とした.

plan·mä·ßig [プラーン・メースィひ] [形] 時刻(表)どおりの;計画的な, 計画どおりの.

das **Plan·qua·drat** [プラーン・クヴァドらート] [名] -(e)s/-e (地図の経線と緯線に囲まれた)ます目.

das **Plansch·be·cken** [プランシュ・ベッケン] [名] -s/- (子供の)水遊び用プール.

plan·schen [プランシェン] [動] *h.* 〔(in <et³>ノ中デ)〕ばちゃばちゃ水をはねとばして遊ぶ(子供が).

die **Plan·sche·rei** [プランシェらイ] [名] -/-en (主に[単])水遊び, ばちゃばちゃと水で遊ぶこと.

der **Plan·spie·gel** [プラーン・シュピーゲル] [名] -s/- 〖光〗平面鏡.

das **Plan·spiel** [プラーン・シュピール] [名] -(e)s/-e 〖軍〗図上演習.

die **Plan·stel·le** [プラーン・シュテレ] [名] -/-n (予算枠内の)正規ポスト.

die **Plan·ta·ge** [..ʒə プランタージェ] [名] -/-n (熱帯の)プランテーション, 大規模農業経営.

die **Pla·nung** [プラーヌング] [名] -/-en 立案, 計画すること;(立てられた)計画.

plan·voll [プラーン・ふォル] [形] 計画的な, 整然とした.

der **Plan·wa·gen** [プラーン・ヴァーゲン] [名] -s/- 幌馬車.

die **Plan·wirt·schaft** [プラーン・ヴィるトシャふト] [名] -/ 計画経済.

das **Plan·ziel** [プラーン・ツィール] [名] -(e)s/-e 〖旧東独〗(社会主義国経済の)計画目標.

das **Plap·per·maul** [プラッパー・マウル] [名] -(e)s/..mäuler《口・蔑》おしゃべりな人.

plap·pern [プラッパーン] [動] *h.* 《口》 **1.** 〔[補足なし]〕ぺちゃくちゃしゃべる(特に幼児が). **2.** 〔<et⁴>ヲ〕《蔑》しゃべりまくる(ばかげたことを).

die **Plap·per·ta·sche** [プラッパー・タッシェ] [名] -/-n 《口・蔑》おしゃべりな人.

die **Plaque** [plak プラック] [名] -/-s 〖医〗斑(はん);〖歯〗歯垢(しこう), プラク. **3.** 〖生〗溶菌斑.

plär·ren [プレれン] [動] *h.* 《蔑》 **1.** 〔[補足なし]〕ぎゃあぎゃあわめく;ぎゃあぎゃあ泣く〔鳴く〕;《転》がなり立てる(ラジオなどが). **2.** 〔<et⁴>ヲ〕がなる, わめく.

das **Plä·sier** [プレズィーあ] [名] -s/-e〔《オーストリア》-s〕《古》楽しみ, 娯楽.

das **Plas·ma** [プラスマ] [名] -s/..men **1.** 〖理〗プラズマ. **2.** 〖医〗血漿(けっしょう)(Blut~). **3.** 〖生〗原形質(Proto~).

die **Plas·ma·phy·sik** [プラスマ・ふュズィーク] [名] -/ プラズマ物理学.

die **Plas·mo·ly·se** [プラスモリューゼ] [名] -/-n 〖植〗原形質分離.

der **Plast** [プラスト] [名] -(e)s/-e =Plaste.

die **Plas·te** [プラステ] [名] -/-n 《方》プラスチック.

der **Plas·ti·fi·ka·tor** [プラスティふィカートーあ] [名] -s/-en [プラスティふィカトーれン] 〖化・工〗可塑剤.

die **Plas·tik**[1] [プラスティク] [名] -/-en **1.** ([単]のみ)彫刻, 彫塑. **2.** 彫刻作品. **3.** ([単]のみ)具象性. **4.** 〖医〗形成(外科)手術.

das **Plas·tik**[2] [プラスティク] [名] -s/ (主に無冠詞)プラスチック, 合成物質.

die **Plas·tik·bom·be** [プラスティク・ボムベ] [名] -/-n プラスチック爆弾.

der **Plas·ti·ker** [プラスティカー] [名] -s/- 彫刻家.

die **Plas·tik·fo·lie** [プラスティク・ふォーリエ] [名] -/-n プラスチックフィルム(ラップ, ビニールフィルムなど).

das **Plas·tik·geld** [プラスティク・ゲルト] [名] -(e)s/ 《口》クレジットカード.

der **Plas·tik·spreng·stoff** [プラスティク・シュプれングシュトっふ] [名] -(e)s/-e プラスチック爆弾.

die **Plas·tik·tü·te** [プラスティク・テューテ] [名] -/-n ビニール袋.

das **Plas·ti·lin** [プラスティリーン] [名] -s/ プラスチック粘土.

die **Plas·ti·li·na** [プラスティリーナ] [名] -/ =Plastilin.

plas·tisch [プラスティシュ] [形] **1.** 彫刻の, 彫塑の: die ~*e* Kunst 造型芸術. **2.** 可塑性のある. **3.** 立体的な;具象的な. 【慣用】**plastische Chirurgie** 形成外科.

die **Plas·ti·zi·tät** [プラスティツィテート] [名] -/ 具象性;〖工〗可塑性.

der〔*das*〕**Plas·tron** [plastrõ: プラストろーン] [名] -s/-s **1.** プラストロン(①幅広の絹のネクタイ. ②乗馬用の幅広の白ネクタイ. ③婦人服の胸飾り). **2.** (中世の)鎧(よろい)の胸当て. **3.** 〖フェンシング〗(練習用の)胸当て.

die **Pla·ta·ne** [プラターネ] [名] -/-n 〖植〗プラタナス, スズカケの木.

das **Pla·teau** [platõ: プラトー] [名] -s/-s 高原;山頂の平地;〖心〗プラトー, 高原現象.

(*der*) **Pla·ten** [プラーテン] [名] 〖人名〗プラーテン(August Graf von ~, 1796-1835, 詩人).

das **Pla·tin** [プラーティーン, プラティーン] [名] -s/ 〖化〗プラチナ, 白金(記号 Pt).

pla·tin·blond [プラーティーン・ブロント, プラティーン・ブロント] [形] プラチナブロンドの;プラチナブロンドの髪の.

die **Pla·ti·ne** [プラティーネ] [名] -/-n **1.** 〖電〗ボード. **2.** 〖金属〗(圧延用の)バー.

pla·ti·nie·ren [プラティニーれン] [動] *h.* 〔<et⁴>ヲ〕白金〔プラチナ〕めっきする.

die **Pla·ti·tu·de** [プラティトゥーデ] ⇨ Plattitüde.

die **Pla·ti·tü·de** [プラティテューデ] ⇨ Plattitüde.

(*der*) **Pla·to** [プラートー] [名] =Platon.

(der) **Pla·ton** [プラートン] 名 〖人名〗プラトン(紀元前427-347, ギリシアの哲学者).

der **Pla·to·ni·ker** [プラトーニカー] 名 -s/- プラトン学派の人, プラトン主義者.

pla·to·nisch [プラトーニシュ] 形 **1.** プラトン哲学の. **2.** 《文》プラトニックな, 精神的な;《皮》(具体性を欠く)観念的な: eine ~e Liebe プラトニックラブ. ~e Körper〖数〗正多面体.

der **Pla·to·nis·mus** [プラトニスムス] 名 -/ 〖哲〗プラトン主義.

platsch! [プラッチュ] 間 《水面を打ったり, 水気を含んだものが床に落ちたりする音》ばちゃっ, べちゃっ.

plat·schen [プラッチェン] 動 (口) h. **1.** 〘擬〙ぴちゃぴちゃ音を立てる(雨などが). ぱちゃん[ばしゃっ]と音を立てる. **2.** s. 《〈方向〉=ニ当テテ》ぴちゃぴちゃ[ばしゃばしゃ]と音を立てる. **3.** h/s. 《〈場所〉デ》ばしゃばしゃ動き回る〔歩く〕(水の中を). **4.** s. 《auf〈et⁴〉ノエニ/in〈et⁴〉ノエニ》ばしゃっ[どさっ]と落ちる. **5.** h. 〖Es〗激しく雨が降る.

plät·schern [プレッチェルン] 動 **1.** h. 〘擬〙ぴちゃぴちゃ音を立てる(波が). **2.** h. 《〈場所〉デ》ぴちゃぴちゃ水音を立てる. **3.** s. 《〈場所〉ヲ/〈方向〉ニ》ぴちゃぴちゃ音を立てて流れる〔ぶつかる〕.

platsch·nass, ⓐplatsch·naß [プラッチュ・ナス] 形 (方)=klatschnass.

platt [プラット] 形 **1.** 平らな, ぺしゃんこの: einen P-en haben タイヤがパンクしている. ~ sein (口)あっけにとられる. **2.** 《賤》平凡な, 深みのない. **3.** 明白な, まったくの, あからさまな.

das **Platt** [プラット] 名 -(s)/ 低地ドイツ語;方言.

das **Platt·brett** [プレット・ブレット] 名 -(e)s/-er (北独・中独)アイロン台.

platt·deutsch [プラット・ドイチュ] 形 〖言〗低地ドイツ語の.

das **Platt·deutsch** [プラット・ドイチュ] 名 -(s)/ 低地ドイツ語.

die **Plat·te** [プラッテ] 名 -/-n **1.** レコード(Schall-~). **2.** (電子レンジの)中皿;一皿の料理. **3.** プレート, ボード;タイル, 敷石;(壁面などの)記念碑;(写真の)乾板;平地, 高原. 【慣用】〈et⁴〉 auf der Platte haben (口)《事ヲ》出来る. eine andere Platte auflegen (口)話題を変える. eine kalte Platte コールドミート料理. ständig die gleiche Platte laufen lassen (口)同じ話ばかり繰返す.

die **Plät·te** [プレッテ] 名 -/-n **1.** (方)アイロン. **2.** 〘ミラ〙平底船.

das **Plätt·ei·sen** [プレット・アイゼン] 名 -s/- (北独・中独)アイロン.

plät·ten [プレッテン] 動 h. 〈et⁴〉ニ》(北独・中独)アイロンをかける. 【慣用】geplättet sein (口)ショックで口もきけないでいる.

die **Plat·ten·fir·ma** [プラッテン・ふぃるマ] 名 -/..men レコード会社.

der **Plat·ten·le·ger** [プラッテン・レーガー] 名 -s/- タイル張り職人.

der **Plat·ten·spie·ler** [プラッテン・シュピーラー] 名 -s/- レコードプレーヤー.

der **Plat·ten·tel·ler** [プラッテン・テラー] 名 -s/- ターンテーブル.

der **Plat·ten·wechs·ler** [プラッテン・ヴェクスラー] 名 -s/- レコードチェンジャー.

der **Plät·ter** [プレッター] 名 -s/- (北独・中独)アイロン掛けの職人.

plat·ter·dings [プラッター・ディングス] 副 (口) =glatterdings.

der **Platt·fisch** [プラット・ふィッシュ] 名 -(e)s/-e 〖魚〗カレイ.

die **Platt·form** [プラット・ふぉるム] 名 -/-en **1.** (旧式電車・列車の)デッキ. **2.** (塔や高い建物の屋上などの)展望台;(トラックの)荷台. **3.** (行動・目標設定などの)基盤, 論拠.

der **Platt·fuß** [プラット・ふース] 名 -es/..füße **1.** 《複で》〖医〗扁平(⌒⌒)足. **2.** 《口》べちゃんこのタイヤ.

platt·fü·ßig [プラット・ふゅースィヒ] 形 扁平(⌒⌒)足の.

die **Platt·heit** [プラット・ハイト] 名 -/-en **1.** (⊕のみ)平坦(⌒⌒);平凡. **2.** 月並な文句[話].

plat·tie·ren [プラッティーレン] 動 h. **1.** 〈et¹〉ニ+(mit〈et³〉デ)〗〖工〗鍍金(`⌒)する. **2.** 〈et⁴〉ヲ》〖織〗異種の糸を一方が表地方が裏になるように編む, プレーティングにする(メリヤスなどを).

die **Plat·ti·tü·de, ⓐPla·ti·tü·de** [プラティテューデ] 名 -/-n (文)陳腐な言葉, 月並な表現.

der **Platt·stich** [プラット・シュティッヒ] 名 -(e)s/-e 〖手芸〗フラットステッチ.

die **Plätt·wä·sche** [プレット・ヴェッシェ] 名 -/ (北独・中独)アイロンがけが必要な洗濯物.

der **Platz** [プラッツ] 名 -es/Plätze **1.** 広場. **2.** 座席(Sitz~). **3.** (特定の)場所, (決った)位置, 箇所;当地, 町;ここ: Er ist der rechte Mann an rechten ~. 彼は適任だ. am ~ 当地の. Auf die Plätze, fertig, los! 位置について, 用意, ドン. **4.** (⊕のみ)空間, 余地, スペース. **5.** 地位, 身分, 職務;(競技の先着)順位. **6.** 競技場, コート, フィールド: 〈j³〉 vom ~ stellen 〈人₃〉をコートから退場させる. 【慣用】 〈j³〉》keinen Platz haben 〈人₃〉にとって必要でない, 重要でない. nicht am Platz sein ふさわしくない. fehl am Platze sein 場違いである;筋違いである, ふさわしくない. Platz behalten 《文》着席したままでいる. 〈j³〉 auf die Plätze verweisen (試合で)〈人₃〉に勝つ. 〈j³〉 Platz machen 〈人₃〉に席[地位]を譲る, 場所をあけてやる. Platz neh·men 《文》座る, 着席する.

die **Platz·angst** [プラッツ・アングスト] 名 -/ 〖心〗広場恐怖症;(口)混雑した所で感じる胸苦しさ.

der **Platz·an·wei·ser** [プラッツ・アン・ヴァイザー] 名 -s/- 座席案内係.

die **Platz·an·wei·se·rin** [プラッツ・アン・ヴァイゼリン] 名 -/-nen (女性の)座席案内係.

das **Plätz·chen** [プレッツヒェン] 名 -s/- **1.** 小さな場所;小さな地;ささやかな地位. **2.** 円形の平らな小形の菓子(クッキー・ビスケット・キャンデー).

plat·zen [プラッツェン] 動 h. **1.** 〘擬〙破裂する, 爆発する;(ぴりっと)裂ける;(ばっくり)開く(傷口などが);開く(つぼみが). **2.** 〘擬〙(口)駄目になる, つぶれる. **3.** 〖in〈et⁴〉ニ〗(口)(ぱっと戸を開けて)突然やってくる.

der **Platz·hirsch** [プラッツ・ヒルシュ] 名 -(e)s/-e 〖狩〗(交尾場で)一番強い雄ジカ.

plat·zie·ren, ⓐpla·zie·ren [プラッツィーレン] 動 h. **1.** 〈j⁴/et⁴〉ヲ+〈方向〉ニ》座らせる, 立たせる, 置く. **2.** 〈j⁴/et⁴〉ヲ+〈方向〉ニ》配置する, 着席させる, 置く;(…の)席[場所]を(…に)割振る(⌒⌒)入れる(老人ホームなどに). **3.** 《〈et⁴〉ヲ+〈方向〉ヘ》〖球〗ねらいすましてシュートする(打つ). **4.** 《〈et⁴〉ヲ+〈場所〉ニ》〖ボクシング·フェンシング〗当てる, 命中させる(パンチなどを). **5.** 〘擬〙〖工〗プレースメントする. **6.** 《sich⁴+(〈場所〉ニ)》〖ふポーツ〗上位に上位に入賞する. **7.** 《〈et⁴〉ヲ+〈場所〉ニ》〖商〗投資する(資本を).

die **Platz·kar·te** [プラッツ・カルテ] 名 -/-n (列車の)座席指定券.

das **Platz·kon·zert** [プラッツ・コンツェルト] 名 -(e)s/-e 野外コンサート.

der **Platz·man·gel** [プラッツ・マンゲル] 名 -s/ 余地[スペース・場所]の不足.

die **Platz·pa·tro·ne** [プラッツ・パトローネ] 名 -/-n (訓練用の)空包.

der **Platz·re·gen** [プラッツ・れーゲン] [名] -s/- (激しい)にわか雨.
die **Platz·run·de** [プラッツ・るンデ] [名] -/-n **1.** 〖スポーツ〗トラック一周. **2.** 〖ゴルフ〗コースの全長. **3.** 〖空〗空港周辺の(規定の)飛行路.
platz·spa·rend, Platz spa·rend [プラッツ・シュパーれント] [形] 場所をとらない.
der **Platz·ver·weis** [プラッツ・ふぇあヴァイス] [名] -es/-e 〖スポーツ〗退場処分.
der **Platz·vor·teil** [プラッツ・ふぉる・タイル, プラッツ・ふぉあ・タイル] [名] -s/- 〖球〗地元の利.
der **Platz·wart** [プラッツ・ヴァるト] [名] -(e)s/-e 競技場の管理人.
der **Platz·wech·sel** [プラッツ・ヴェクセル] [名] -s/- **1.** 席の変更〔交換〕. **2.** 〖経〗同地払い手形. **3.** 〖球〗サイド〔コート〕チェンジ.
die **Plau·de·rei** [プラウデらイ] [名] -/-en おしゃべり, 雑談.
der **Plau·de·rer** [プラウデらー] [名] -s/- **1.** 話しのうまい人. **2.** おしゃべりな人.
plau·dern [プラウダーン] [動] *h.* **1.** 〔mit 〈j³〉と〕(くつろいで)おしゃべりをする. **2.** 〔〈様態〉デ〕くつろいでしゃべる. **3.** 〔補足なし〕秘密を漏らす;口外する.
das **Plau·der·stünd·chen** [プラウダー・シュテュントひぇン] [名] -s/- おしゃべりのひととき.
die **Plau·der·ta·sche** [プラウダー・タッシェ] [名] -/-n 《口・蔑》おしゃべりな人.
der **Plau·der·ton** [プラウダー・トーン] [名] -(e)s/ 雑談調.
(*das*) **Plau·en** [プラウエン] [名] -s/ 〖地名〗プラウエン(ザクセン州の都市).
der **Plau·er See** [プラウあー ゼー] [名] --s/ 〖湖名〗プラウ湖(ブランデンブルク州の湖).
der **Plausch** [プラウシュ] [名] -(e)s/-e (主に[単])《南独・オーストリア》雑談, おしゃべり;《スイス》楽しみ, 楽しい体験.
plau·schen [プラウシェン] [動] *h.* **1.** 〔補足なし〕《南独・オーストリア》楽しくおしゃべりをする. **2.** 〔補足なし〕《オーストリア》大げさな口をきく, うそをつく. **3.** 〔補足なし〕《オーストリア》口をすべらす.
plau·si·bel [プラウズィーベル] [形] ..(付)(比)は..bl..) もっともな, 納得のいく.
die **Plau·si·bi·li·tät** [プラウズィビリテート] [名] -/ もっともらしさ, 信憑(しんぴょう)性.
plauz! [プラウツ] [間] 《口》(落下・衝突の音)どしん, ばたん.
das **Play·back, Play-back** [plé:bɛk プレー・ベック] [名] -/-s **1.** プレイバック(①〖映〗画面撮りや放映の際にあらかじめ録音した音声を再生すること. ②先に録音したものにミキシングで追加して完成させるレコーディング). **2.** ([単]のみ)〖映・テレビ〗プレイバック方式.
der **Play·boy** [plé:bɔy プレー・ボイ] [名] -s/-s プレーボーイ.
das **Play·girl** [plé:gœ:ɐl プレー・ゲーあル, ..gœrl プレー・ゲるル] [名] -s/-s プレーガール;《婉》売春婦.
die **Play-off-Run·de** [ple:'ɔf.. プレー・オふ・るンデ, プレー・オふ・るンデ] [名] -/-n 優勝決定戦.
das **Pla·ze·bo** [プラツェーボ] [名] -s/-s =Placebo.
die **Pla·zen·ta** [プラツェンタ] [名] -/-s〔-ten〕 〖医〗胎盤;〖植〗胎座.
das **Pla·zet** [プラーツェット] [名] -s/-s 《文》(決定力のある人・役所の)同意, 承認.
pla·zie·ren [プラツィーれン] ⇨ platzieren.
der **Ple·be·jer** [プレベーヤー] [名] -s/- **1.** (古代ローマの)平民, プレブス. **2.** 《文・蔑》下賤(げせん)の者.
ple·be·jisch [プレベーイシュ] [形] **1.** (古代ローマの)平民の. **2.** 《文・蔑》柄〔品〕の悪い.
das **Ple·bis·zit** [プレビスツィート] [名] -(e)s/-e 〖政〗国民〔住民〕投票.
ple·bis·zi·tär [プレビスツィテーあ] [形] 国民〔住民〕投票の.
der **Plebs**[1] [プレプス] [名] -es/ (《オーストリア》die ～ -/) 《文・蔑》無教養な大衆, 愚民.
die **Plebs**[2] [プレ(ー)プス] [名] -/ (古代ローマの)平民, プレブス.
das **Plein·air** [plɛnɛ́:ɐ プレネーあ] [名] -s/-s 〖美〗 **1.** ([単]のみ)(総称)外光派の絵画. **2.** 外光派の絵.
die **Plein·air·ma·le·rei** [プレネーあ・マーレらイ] [名] -/-en =Pleinair.
das **Pleis·to·zän** [プライストツェーン] [名] -s/ 〖地質〗更新世, 最新世.
plei·te [プライテ] [形] (次の形で) ～ sein 《口》破産している;《冗》文無しだ.
die **Plei·te** [プライテ] [名] -/-n 《口》破産;失敗: ～ machen〔gehen〕 破産する.
der **Plei·te·gei·er** [プライテ・ガイあー] [名] -s/ 〖鳥〗ハゲワシ〔タカ〕(破産を象徴).
der **Plei·ti·er** [..tié: プライティエー] [名] -s/-s 《口》支払い不能者, 破産者.
die **Ple·ja·den** [プレヤーデン] [複名] **1.** 〖ギ神〗プレイアデス(Zeus に七つの星に変えられた, Atlas の七人の娘たち). **2.** 〖天〗プレアデス星団, 昴(すばる)(おうし座にある散開星団).
das **Plek·tron** [プレクトろン] [名] -s/..tren〔..tra〕= Plektrum.
das **Plek·trum** [プレクトるム] [名] -s/..tren〔..tra〕〖楽〗ピック, 義甲.
die **Plem·pe** [プレムペ] [名] -/-n **1.** 《方・蔑》水っぽい飲み物. **2.** 《冗・嘲・古》銃剣, サーベル.
plem·pern [プレムパーン] [動] *h.* 《方》 **1.** 〔〈et⁴〉ヲ〕まく, 注ぐ, かける(水などを). **2.** 〔〈時間〉ノ間〕のらくらと時間をつぶす.
plem·plem [プレム・プレム] [形] 《口》頭がおかしい.
der **Ple·nar·saal** [プレナーあ・ザール] [名] -(e)s/..säle 総会議場.
die **Ple·nar·sit·zung** [プレナーあ・ズィッツング] [名] -/-en 総会.
plen·tern [プレンターン] [動] *h.* 〔〈et⁴〉ヲ〕〖林〗択伐する, 間伐する.
das **Ple·num** [プレーヌム] [名] -s/..nen〔..na〕 総会.
der **Ple·o·chro·is·mus** [pleokro.. プレオ・クろイスムス] [名] -/ 〖理〗(結晶の)多色性.
ple·o·morph [プレオ・モるふ] [形] 多形の.
der **Ple·o·nas·mus** [プレオナスムス] [名] -/..men 〖修〗冗語(法).
ple·o·nas·tisch [プレオナスティシュ] [形] 〖修〗冗語(法)の.
die **Ple·o·ne·xie** [プレオネクスィー] [名] -/ **1.** 《文・古》貪欲(どんよく). **2.** 〖心〗プレオネキシー(知ったかぶりをしてなんにでも口をだしたがる傾向).
Ple·thi [プレーティ] ⇨Krethi und Plethi.
die **Pleu·el·stan·ge** [プロイエル・シュタンゲ] [名] -/-n 〖工〗連接棒.
die **Pleu·ra** [プロイら] [名] -/..ren 〖医〗肋膜;胸膜.
die **Pleu·reu·se** [plørǿ:zə プレれーゼ] [名] -/-n (婦人帽の)ダチョウの羽飾り.
die **Pleu·ri·tis** [プロイりーティス] [名] -/..tiden [プロイりティーデン] 〖医〗肋膜炎.
das **Ple·xi·glas** [プレクスィ・グラース] [名] -es/ 〖商標〗プレキシガラス(ガラスに似た樹脂).
der **Ple·xus** [プレクスス] [名] -/- 〖生理〗(神経・血管の)叢(そう).
die **Plin·se** [プリンゼ] [名] -/-n 《東中独・東低独》(砂糖煮果物の入った)パンケーキ;ポテトパンケーキ.
die **Plin·the** [プリンテ] [名] -/-n 〖土〗プリンス(①柱や建物の基底突出部. ②壁の幅木).
das **Pli·o·zän** [プリオツェーン] [名] -s/ 〖地質〗鮮新世.

das **Plis·see** [プリセー] 名 -s/-s 〖織〗プリセ(ちりめん風のしわのある布地)；プリーツ．
der **Plis·see·rock** [プリセー・ろック] 名 -(e)s/..röcke プリーツスカート．
plis·sie·ren [プリスィーレン] 動 h.〈et⁴ン〉プリーツをつける(スカートなどに)．
die **PLO** [ペーエルオー] 名 -/ パレスチナ解放機構 (Palestine Liberation Organisation)．
die **Plock·wurst** [プろック・ヴるスト] 名 -/..würste (牛・豚・脂身で作った)ドライソーセージ．
die **Plom·be** [プろンベ] 名 -/-n **1.** (鉛などの)封印．**2.** (古)(虫歯の)充塡(じゅう)物(材)．
plom·bie·ren [プロムビーレン] 動 h.〈et⁴ン〉鉛の封(シール)をつける(貨車などに)；(古)充塡(じゅう)材を詰める(歯に)．
der **Plopp** [プろップ] 名 -(e)s/-e 〖口〗ポン(パン)という音．
die **Plör·re** [プレれ] 名 -/-n (主に⑪)(北独)〖蔑〗水っぽい飲物(コーヒー)．
der **Plo·siv** [プロズィーフ] 名 -s/-e 〖言〗閉鎖音．
der[*das*] **Plot** [プろット] 名 -s/-s **1.** 〖文芸学〗筋，プロット，構想．**2.** 〖コンピュ〗プロット〖プロッター〖作図装置〗で描いたグラフィック)．
(*der*) **Plo·tin** [プロティーン] 〖人名〗プロティノス(205頃-270, ギリシアの哲学者)．
die **Plot·te** [プろッテ] 名 -/-n 〖口・蔑〗下らない映画．
der **Plot·ter** [プろッター] 名 -s/- 〖コンピュ・航行〗作図装置，プロッター．
die **Plöt·ze** [プレッツェ] 名 -/-n 〖魚〗ウグイ．
plot·zen [プろッツェン] 動 h. **1.** 〖軍学〗地面に落ちる(果実が)．**2.**〈et⁴ン〉(すばすばと)吸う(紙巻タバコなどを)．**3.**〖軍学〗一心不乱に働く．
plötz·lich [プレッツリヒ] 形 突然の,不意の,急の：ein ～*er* Einfall とっさの思いつき．Ein bisschen ～! 〖口〗ちょっと急いで．
die **Plötz·lich·keit** [プレッツリヒカイト] 名 -/ 突然であること，突発性．
die **Plu·der·ho·se** [プルーダー・ホーゼ] 名 -/-n (ひざ下足首でくくったゆる)(半)ズボン．
das **Plum·bum** [プルム・ブム] 名 -s/ 鉛(記号 Pb)．
das **Plu·meau** [plymó・プリュモー] 名 -s/-s 小型羽布団．
plump [プルムプ] 形 (太って)不格好な,ぶざまな；鈍重な,よたよたした；〖蔑〗見えすいた；ずうずうしい：sich⁴〈j³〉 ～ nähern 〈人に〉いやにばれなれしくする．
die **Plump·heit** [プルムプハイト] 名 -/-en **1.** (⑪のみ)鈍重さ,不器用さ,不格好．**2.** 〖蔑〗見えすいた発言〖行動〗．
der **Plumps** [プルムプス] 名 -es/-e 〖口〗落下；落下音(どすん,ぴしゃ,どぼん)．
plumps ! [プルムプス] 間 (落下の音)どすん,どぼん．
plump·sen [プルムプセン] 動 〖口〗 **1.** h.〖Es〗どすん〖ぴしゃ，ぽちゃ〗という音がする．**2.** s.〈方向〉〉どすん〖ぴしゃ〗と落ちる〖倒れる〗，どぼんと落ちる．
das **Plumps·klo** [プルムプス・クロー] 名 -s/-s 〖口〗くみ取り式便所．
der **Plum·pud·ding** [plámpudiŋ プラム・プディング] 名 -s/-s プラムプディング．
der **Plun·der** [プルンダー] 〖口・蔑〗がらくた．**2.** (⑪のみ)パイ風のイースト発酵生地(バイ風のイースト発酵生地で焼いた)クッキー．
der **Plün·de·rer** [プリュンデらー] 名 -s/- 略奪者．
das **Plun·der·ge·bäck** [プルンダー・ゲベック] 名 -(e)s/-e (バイ風のイースト発酵生地で焼いた)クッキー．
plün·dern [プリュンデるン] 動 **1.**〈et⁴ン〉略奪(行為)をする．**2.**〈et⁴ン〉(襲って)略奪する(町などを)．**3.**〈j⁴ン〉(古)身ぐるみはぐ．
die **Plün·de·rung** [プリュンデるング] 名 -/-en 略奪．

die **Plun·ze** [プルンツェ] 名 -/-n 〖方〗ブラッドソーセージ(Blutwurst)；〖口・蔑〗太っためじぶい女．
Plur. =Plural 〖言〗複数(形)．
der **Plu·ral** [プルーらール] 名 -s/-e 〖言〗複数(形)(略 pl., Pl., Plur.)．
das **Plu·ra·le·tan·tum** [プルーラ・タントゥム] 名 -s/-(Pluraliatantum) 〖言〗絶対複数名詞(複数でのみ用いられる名詞)．
plu·ra·lisch [プルーらーリッシュ] 形 〖言〗複数(形)の．
der **Plu·ra·lis Ma·jes·ta·tis**, ⑪ **Plu·ra·lis ma·jes·ta·tis** [プルーラリス マイェスタティス][..les-/..レース-] 尊敬の複数(君主が複数形を使って自分自身を表すこと)．
der **Plu·ra·lis·mus** [プルらリスムス] 名 -/ **1.** 〖文〗(社会の)多元性；(政治の)多元主義．**2.** 〖哲〗多元論．
plu·ra·lis·tisch [プルらリスティシュ] 形 多元的な；多元〖多政党〗主義の；〖哲〗多元論の．
die **Plu·ra·li·tät** [プルらリテート] 名 -/-en (主に⑪) **1.** 複数性．**2.** (稀)多数；多元性．
plus [プルス] 接 プラス(記号+)：Drei ～ vier ist [macht] sieben. 3+4=7.
—— 前 [+ 2 格(3 格)]〖商〗…を加えて：der Rechnungsbetrag ～ der [den] Versandkosten 請求書の額プラス送料．
—— 副 (温度)プラス：Das Thermometer zeigt ～ zwanzig Grad [zwanzig Grad ～]. 寒暖計は 20度を指している．**3.** 〖数・電〗プラス：Minus drei mal minus drei ist ～ neun. (-3)×(-3)=9. Der Strom fließt von ～ nach minus. 電流はプラスからマイナスへ流れる．**3.** プラス(示された数で記号などより上であることを示す)：B ～ [B⁺] B プラス．
das **Plus** [プルス] 名 -/- **1.** 剰余金,黒字．**2.** 利点,プラス面；プラスの評価．
der **Plüsch** [プリュッシュ, プリューシュ] 名 -(e)s/-e (⑪は種類) 〖繊〗プラッシュ,フラシ天(パイル織のー種)．
der **Plus·pol** [プルス・ポール] 名 -s/-e 〖電〗陽極．
das **Plus·quam·per·fekt** [プルスクヴァム・ペるふェクト] 名 -s/-e 〖言〗過去完了；過去完了形．
plus·tern [プルーステるン] 動 h. **1.**〈et⁴ッ〉(稀)逆立てる(羽毛を)．**2.**〈sich⁴〉羽毛を逆立てる；〖口・蔑〗偉そうにする．
das **Plus·zei·chen** [プルス・ツァイヒェン] 名 -s/- プラス記号(+)．
(*der*) **Plut·arch** [プルタる·] 〖人名〗プルタルコス,プルターク(45頃-125頃, ギリシアの著作家)．
der **Plu·to** [プルート] 名 -/ **1.** (主に無冠詞)〖ギ神〗プルート—(冥界(めい)の王 Hades の異名)．**2.** 〖天〗冥王(めい)星．
der **Plu·to·krat** [プルトクらート] 名 -en/-en 〖文〗金権政治家．
die **Plu·to·kra·tie** [プルトクらティー] 名 -/ n 〖文〗 **1.** (⑪のみ)金権政治〖体制〗．**2.** 金権主義国家．
plu·to·kra·tisch [プルトクらーティシュ] 形 〖文〗金権政治の．
(*der*) **Plu·ton** [プルートン] 名 =Pluto.
plu·to·nisch [プルトーニシュ] 形 **1**, 〖宗〗冥界(めい)の．**2.** 〖地質〗火成活動の,深成の：～*es* Gestein 深成岩．
der **Plu·to·nis·mus** [プルトニスムス] 名 -/ 〖地質〗 **1.** 火成活動,深成活動．**2.** (18-19 世紀の)火成説〖論〗(地殻変動は地球内部のマグマによるとする)．
der **Plu·to·nist** [プルトニスト] 名 -en/-en 火成論者．
das **Plu·to·ni·um** [プルトーニウム] 名 -s/ 〖化〗プルトニウム(記号 Pu)．
das **Plu·vi·a·le** [プルヴィアーレ] 名 -s/-(s) 〖カトリ〗プル

ヴィアレ(司祭の袖(そで)なし半円形の外衣).
die **Plu·vi·al·zeit** [ブルヴィアール・ツァイト] [名] -/-en 〘地〙多雨期(氷河時代の(亜)熱帯での降水時期).
der **Plu·vi·o·graf, Plu·vi·o·graph** [ブルヴィオ・グらーふ] [名] -en/-en 〘気〙自記雨量計.
das **Plu·vi·o·me·ter** [ブルヴィオ・メーター] [名] -s/- 〘気〙雨量計.
der **Plu·vi·ose** [plyvió:s プリュヴィオース] [名] -/-s 雨月(フランス革命暦. 1月20日から2月18日).
(*der*) **Plu·vi·us** [ブルーヴィウス] [名] 〘ロ神〙ブルヴィウス(ユピテルの添え名).
Pm [ペーエム] =Promethium 〘化〙プロメチウム.
p. m. **1.** =post meridiem 午後に. **2.** =post mortem 死後に. **3.** =pro memoria 記念に. **4.** =pro mille 千につき(記号‰).
der **Pneu** [プノイ] [名] -s/-s **1.** ((オース・スイ))ニューマティックタイヤ, 空気タイヤ(Pneumatik[1]). **2.** 〘医〙((ジャーゴン))気胸症(Pneumothorax).
das **Pneu·ma** [プノイマ] [名] -s/ 〘神〙霊, 聖霊;〘哲〙プネウマ.
der **Pneu·ma·tik**[1] [プノイマーティク] [名] -s/-s ((オース・スイ))空気タイヤ.
die **Pneu·ma·tik**[2] [プノイマーティク] [名] -/-en **1.** ((単のみ))〘理〙圧縮空気力学. **2.** 〘工〙空気圧搾装置;(パイプオルガンの)送風装置.
pneu·ma·tisch [プノイマーティシュ] [形] 〘哲〙プネウマの;〘神〙聖霊の;〘工〙圧搾空気による;〘生〙含気(性)の.
der **Pneu·mo·graf, Pneu·mo·graph** [プノイモ・グらーふ] [名] -en/-en 〘医〙呼吸(曲線)記録器.
die **Pneu·mo·ko·ni·o·se** [プノイモ・コニオーゼ] [名] -/-n 〘医〙塵肺(じんぱい).
die **Pneu·mo·nie** [プノイモニー] [名] -/-n (主に(単))〘医〙肺炎.
der **Pneu·mo·tho·rax** [プノイモ・トーらクス] [名] -(es)/-e (主に(単))〘医〙気胸.
Po[1] [ペーオー] =Polonium 〘化〙ポロニウム.
der **Po**[2] [ポー] [名] -s/-s =Popo.
der **Pö·bel** [ペーベル] [名] -s/ ((蔑))賤民(せんみん), 低級な大衆;暴徒.
pö·bel·haft [ペーベルハふト] [形] 賤民のような, 下衆(げす)な.
die **Pö·bel·herr·schaft** [ペーベル・へるシャふト] [名] -/ 衆愚政治.
pö·beln [ペーベルン] [動] *h.* [補足なし]((口))ぶしつけな振舞いをする, 無礼な口のきき方をする.
po·chen [ポっヘン] [動] *h.* **1.** [補足なし]((文))ノックする. **2.** [Es]((文))ノックの音がする. **3.** [〈方向〉ヲ]((文))とんとんとたたく. **4.** [補足なし]((文))脈打つ, 鼓動する, どきどきする(脈・血管・心臓が). **5.** [auf 〈et[4]〉ヲ]((文))自慢する;盾に取る(契約などを);強く主張する(所有権などを). **6.** [補足なし]〘トランプ〙ポッホをする.
po·chie·ren [pɔʃí:rən ポシーれン] [動] *h.* [〈et[4]〉ヲ]〘料〙(酢[塩]を入れ気泡が上る程度に沸した湯で)ゆでる: *pochierte* Eier 落し卵.
das **Poch·werk** [ポっほ・ヴェるク] [名] -(e)s/-e 〘鉱〙(昔の)砕鉱設機.
die **Po·cke** [ポっケ] [名] -/-n 膿疱(のうほう), 水疱.
die **Po·cken** [ポっケン] [複名] 〘医〙天然痘.
die **Po·cken·imp·fung** [ポっケン・イムプふング] [名] -/-en 天然痘予防接種, 種痘.
die **Po·cken·nar·be** [ポっケン・ナるベ] [名] -/-n 痘痕(とうこん), あばた.
po·cken·nar·big [ポっケン・ナるビひ] [形] あばた[痘痕(とうこん)]のある.
das **Pock·holz** [ポっク・ホルツ] [名] -es/ 〘医〙グアヤクの木, 癒瘡(ゆそう)木(治療薬になる).
po·ckig [ポっキひ] [形] あばた[痘痕(とうこん)]のある.
das **Po·da·gra** [ポーダグら] [名] -s/ 〘医〙足部痛風.
das [*der*] **Po·dest** [ポデスト] [名] -(e)s/-e **1.** (小さい)台, 壇. **2.** ((方))(階段の)踊り場.
der **Po·dex** [ポーデクス] [名] -(es)/-e ((口))お尻.
das **Po·di·um** [ポーディウム] [名] -s/..dien 演壇, 指揮台;(仮設の)舞台;〘建〙ポディウム, 基壇.
die **Po·di·ums·dis·kus·si·on** [ポーディウムス・ディスクっスィオーン] [名] -/-en パネルディスカッション.
das **Po·di·ums·ge·spräch** [ポーディウムス・ゲシュプれーひ] [名] -(e)s/-e =Podiumsdiskussion.
der **Pod·sol** [pɔtsɔ́l ポツォル, pɔtsó:l ポツォール] [名] -s/ 〘土壌学〙ポドゾル(北ヨーロッパ・シベリア・北米のタイガ地帯に分布する不毛の土壌).
das **Po·em** [ポエーム] [名] -s/-e ((冗))(かなり長い)詩.
die **Po·e·sie** [ポエーズィー] [名] -/-n **1.** 詩, 韻文, 詩歌, 詩作品. **2.** ((単のみ))文学, 文芸. **3.** ((単のみ))詩情.
das **Po·e·sie·al·bum** [ポエーズィー・アルブム] [名] -s/..ben 寄書き帳.
der **Po·et** [ポエート] [名] -en/-en ((冗))詩人.
der **Po·e·ta lau·re·a·tus** [ポエータ ラウれアートゥス] [名] --/..tae ..ti [..テ..ティ] 桂冠詩人(人;((単のみ))称号).
der **Po·e·tas·ter** [ポエタスター] [名] -s/- ((文・蔑・稀))へぼ詩人.
die **Po·e·tik** [ポエーティク] [名] -/-en **1.** ((単のみ))詩学, 詩論. **2.** 詩学書.
po·e·tisch [ポエーティシュ] [形] **1.** 詩の, 韻文の. **2.** 詩的な, 詩情のある.
der [*das*] **Po·grom** [ポグろーム] [名] -s/-e ポグロム(少数民族に対する組織的暴行).
poi·ki·lo·therm [ポイキロ・テるム] [形] 〘動〙変温性の.
der **Poi·lu** [poalý: ポアリュー] [名] -(s)/-s ひげ男(第一次大戦中のフランス兵のあだ名).
der **Point** [poɛ̃: ポアーン] [名] -s/-s **1.** 〘トランプ〙トリック. **2.** (さいころの)目. **3.** 〘金融〙ポイント.
die **Poin·te** [poɛ̃:tə ポアーンテ] [名] -/-n (話の)さわり, 急所, (笑い話などの)落ち.
der **Poin·ter** [pɔ́yntər ポインター] [名] -s/- 〘動〙ポインター(犬).
poin·tie·ren [poɛ̃tí:rən ポアンティーれン] [動] *h.* **1.** [(〈et[4]〉ヲ)]((文))強調する. **2.** [補足なし]((古))賭ける.
poin·tiert [ポアンティーあト] [形] ((文))的をついた, 的確な.
der **Poin·til·lis·mus** [poɛ̃tijísmʊs ポアンティイスムス] [名] -/ 〘美〙点描主義.
der **Po·kal** [ポカール] [名] -s/-e 脚つきの杯;優勝カップ;((単のみ))カップ争奪戦(~wettbewerb).
das **Po·kal·spiel** [ポカール・シュピール] [名] -(e)s/-e カップ争奪戦の試合.
das **Po·kal·sys·tem** [ポカール・ズュステーム] [名] -s/ 〘スポーツ〙カップ争奪戦のトーナメント方式.
der **Po·kal·wett·be·werb** [ポカール・ヴェっト・ベヴェるプ] [名] -(e)s/-e カップ争奪戦.
der **Pö·kel** [ペーケル] [名] -s/- 塩漬用の塩水.
das **Pö·kel·fleisch** [ペーケル・ふライシュ] [名] -(e)s/ 塩漬け肉.
der **Pö·kel·he·ring** [ペーケル・へーりング] [名] -s/-e 塩漬けのニシン.
pö·keln [ペーケルン] [動] *h.* [〈et[4]〉ヲ]塩漬けにする(豚肉・ニシンなどを).
das [*der*] **Po·ker** [ポーカー] [名] -s/ 〘トランプ〙ポーカー.
der **Pö·ker** [ペーカー] [名] -s/- ((北独))((幼))お尻.
das **Po·ker·face** [pó:kərfe:s ポーカー・ふェース] [名] -/-s ポーカーフェース;ポーカーフェースの人.
das **Po·ker·ge·sicht** [ポーカー・ゲズィひト] [名] -(e)s/-er=Pokerface.
po·kern [ポーカーン] [動] *h.* [補足なし]ポーカーをする;思いきった手を打つ(商売などで).

P

der **Pöks** [⌒‐クス] 名 -es/-e 《北独》《幼》お尻.
po·ku·lie·ren [ポクリーれン] 動 h. 《雅》《文・古》痛飲する.
der **Pol**¹ [ポール] 名 -s/-e **1.** 〖地〗極；〖天〗極. **2.** 〖電〗電極；〖理〗磁極；〖数〗極. 【慣用】**der ruhende Pol** 泰然自若とした頼りになる人.
der **Pol**² [ポール] 名 -s/-e (ビロードなどの)けばだっている表.
po·lar [ポラーあ] 形 (南・北)極の，極地の；《文》対極的な.
das **Po·lar·eis** [ポラーあ・アイス] 名 -es/- 極氷.
der **Po·lar·for·scher** [ポラーあ・ふぉるシャー] 名 -s/- 極地探検家.
die **Po·lar·front** [ポラーあ・ふろント] 名 -/-en 〖気〗極前線，寒帯前線.
der **Po·lar·fuchs** [ポラーあ・ふックス] 名 -es/..füchse 〖動〗ホッキョクギツネ.
das **Po·lar·ge·biet** [ポラーあ・ゲビート] 名 -(e)s/-e 極地.
der **Po·lar·hund** [ポラーあ・フント] 名 -(e)s/-e 北極犬.
die **Po·la·ri·sa·ti·on** [ポラリザツィオーン] 名 -/-en **1.** 〖化〗分極，〖理〗偏光. **2.** 〖文〗(思想・グループなどの)分極化，対立〔対極〕化.
po·la·ri·sie·ren [ポラリズィーれン] 動 h. **1.** 〈et⁴ッ〉〖理〗偏光させる(光を)；〖化〗(…に)分極を起こさせる. **2.** 〈et⁴ッ〉《文》分極化させる；〈et⁴ッsich⁴ の場合〉分極化する，両極に分れる，対立が顕著になる(思想・立場など).
die **Po·la·ri·tät** [ポラリテート] 名 -/-en 〖地・天・理〗極性；〖文〗対極性，対立.
der **Po·lar·kreis** [ポラーあ・クらイス] 名 -es/-e 極圏.
das **Po·lar·licht** [ポラーあ・リひト] 名 -(e)s/-er 極光，オーロラ.
das **Po·lar·meer** [ポラーあ・メーあ] 名 -(e)s/-e 極洋.
die **Po·lar·nacht** [ポラーあ・ナハト] 名 -/..nächte 極夜(極圏で24時間以上太陽が昇らないとき)；《(雅)のみ》極地の夜.
die **Po·la·ro·id·ka·me·ra** [polarofft.. ポラろイート・カメら, polaróyt.. ポラろイト・カメら] 名 -/-s 《商標》ポラロイドカメラ.
der **Po·lar·stern** [ポラーあ・シュテるン] 名 -(e)s/ 〖天〗北極星.
der **Pol·der** [ポルダー] 名 -s/- (東フリースラントの堤防で囲まれた)干拓地.
der **Po·le** [ポーレ] 名 -n/-n ポーランド人.
die **Po·le·mik** [ポレーミク] 名 -/-en **1.** 論争，論戦(論争の中での)辛辣な(個人)攻撃. **2.** 《(雅)のみ》(発言などの)論争的な性格.
po·le·misch [ポレーミシュ] 形 〖(gegen 〈j⁴/et⁴〉ニ対シテ)〗論駁〔の〕的な，攻撃的な.
po·le·mi·sie·ren [ポレミズィーれン] 動 h. 〖(gegen 〈j⁴/et⁴〉ニ対シテ)〗論争する，(…を)論駁〔〕する.
(das) **Po·len** [ポーレン] 名 -s/ 〖国名〗ポーランド(略 PL)：Noch ist ~ nicht verloren. 望み(救い)・可能性)はまだこともあるず. Da(Dann) ist ~ offen. それは困ったことだ，これは騒動になる.
die **Po·len·ta** [ポレンタ] 名 -s/(..ten) ポレンタ(トウモロコシの粥(ゆ)料理).
die **Po·len·te** [ポレンテ] 名 -/ 《口》警察.
die **Po·li·ce** [polísə ポリーセ] 名 -/-n 保険証券.
der **Po·lier** [ポリーあ] 名 -s/-e (大工などの)職人頭，現場監督.
po·lie·ren [ポリーれン] 動 h. 〈et⁴ッ〉磨く，ふく(テーブル・床などを)；研磨する，〖(転)〗磨きあげる(文章を).
die **Po·li·kli·nik** [ポーリ・クリーニク] 名 -/-en (大学病院などの)外来患者診療科.
die **Po·lin** [ポーリン] 名 -/-nen ポーランド人女性.

die **Po·lio** [ポーリオ] 名 -/ =Poliomyelitis.
die **Po·li·o·my·e·li·tis** [ポリオ・ミュエリーティス] 名 -/..tiden ポリオ・ミュエリーティーデン 〖医〗急性灰白髄炎，小児麻痺〔〕.
die **Po·lis** [ポ(ー)リス] 名 -/..leis [..ライス] (古代ギリシアの)ポリス，都市国家.
das **Po·lit·bü·ro** [ポリット・ビュろー] 名 -s/-s (共産党の)中央委員会政治局.
die **Po·li·tesse**¹ [ポリテッセ] 名 -/-n (特に駐車違反を取締る)婦人補助警官.
die **Po·li·tesse**² [ポリテッセ] 名 -/ **1.** 《古》慇懃(ぎん)さ. **2.** 《方》策略，抜け目なさ.
po·li·tie·ren [ポリティーれン] 動 h. 〈et⁴ッ〉〖(オーストリア)〗磨く(家具などを).
die **Po·li·tik** [ポリティーク] 名 -/-en (主に(雅)) **1.** 政治，政策. **2.** 策略，駆引，方策，手口.
der **Po·li·ti·kas·ter** [ポリティカスター] 名 -s/- 《口・蔑》素人で政治談議をする人.
der **Po·li·ti·ker** [ポリーティカー] 名 -s/- 政治家.
das **Po·li·ti·kum** [ポリーティクム] 名 -s/..ka 政治的に重要な事件，政治問題.
die **Po·li·tik·ver·dros·sen·heit** [ポリティーク・ふぇあドろッセンハイト] 名 -/ 《(雅)のみ》政治に対する嫌気，政治不信.
die **Po·li·tik·wis·sen·schaft** [ポリティーク・ヴィッセンシャふト] 名 -/-en 政治学.
po·li·tisch [ポリーティシュ] 形 **1.** 政治(上)の，政治的な，政策の：~e Parteien 政党. sich⁴ ~ neutral verhalten. 政治的に中立の立場を取る. **2.** 得策な，政略的な：Er hielt es für ~er, jetzt darüber zu schweigen. 彼は今はそのことを黙っている方が得策だと思った.
po·li·ti·sie·ren [ポリティズィーれン] 動 h. **1.** 〖(軽蔑)〗政治談義をする，政治を論じる(特に素人が)；政治活動をする. **2.** 〖(j¹/et⁴)〗政治化させる；〈et⁴ッsich⁴ の場合〉政治化する. **3.** 〈et⁴ッ〉政治問題化する.
der **Po·li·to·lo·ge** [ポリト・ローゲ] 名 -n/-n 政治学者.
die **Po·li·to·lo·gie** [ポリト・ロギー] 名 -/ 政治学.
die **Po·li·tur** [ポリトゥーあ] 名 -/-en **1.** 艶(〔〕)，光沢. **2.** 艶出し(剤)，光沢剤. **3.** 《(雅)のみ》《古》洗練されて〔磨きあげられて〕いること.
die **Po·li·zei** [ポリツァイ] 名 -/-en **1.** 警察：sich⁴ der ~ stellen 警察に出頭〔自首〕する. **2.** (《(雅)のみ》)警察官；警察署.
das **Po·li·zei·auf·ge·bot** [ポリツァイ・アウふ・ゲボート] 名 -(e)s/-e 動員された警官隊.
die **Po·li·zei·auf·sicht** [ポリツァイ・アウふ・ズィヒト] 名 -/ (警察による)保護監察.
das **Po·li·zei·au·to** [ポリツァイ・アウト] 名 -s/-s 警察の車，パトカー.
der **Po·li·zei·be·am·te** [ポリツァイ・ベアムテ] 名 《形容詞的変化》警察官.
die **Po·li·zei·be·hör·de** [ポリツァイ・ベ⌒ーあデ] 名 -/-n 警察署，警察当局.
der **Po·li·zei·chef** [ポリツァイ・シェふ] 名 -s/-s 警察署長.
die **Po·li·zei·di·rek·ti·on** [ポリツァイ・ディれクツィオーン] 名 -/-en 警察本部.
der **Po·li·zei·funk** [ポリツァイ・ふンク] 名 -s/ 警察無線.
der **Po·li·zei·ge·wahr·sam** [ポリツァイ・ゲヴァーあザーム] 名 -(e)s/-e 留置場.
die **Po·li·zei·ge·walt** [ポリツァイ・ゲヴァルト] 名 -/-en 警察権力；《(雅)のみ》警察力.
der **Po·li·zei·hund** [ポリツァイ・フント] 名 -(e)s/-e 警察犬.
der **Po·li·zei·kom·mis·sar** [ポリツァイ・コミサーあ] 名 -s/-e 警部.

po·li·zei·lich [ポリツァイリひ] [形] 警察の(行う), 警察による; 警察への.

der **Po·li·zei·prä·si·dent** [ポリツァイ・プれズィデント] [名] -en/-en (大都市の)警察本部長.

das **Po·li·zei·prä·si·di·um** [ポリツァイ・プれズィーディウム] [名] -s/..dien (大都市の)警察本部.

das **Po·li·zei·re·vier** [ポリツァイ・れヴィーあ] [名] -s/-e 警察管区; (管区の)警察署.

der **Po·li·zei·schutz** [ポリツァイ・シュっツ] [名] -es/ 警察の保護.

der **Po·li·zei·spit·zel** [ポリツァイ・シュピっツェル] [名] -s/- 《蔑》警察のスパイ.

der **Po·li·zei·staat** [ポリツァイ・シュタート] [名] -(e)s/-en 警察国家.

die **Po·li·zei·strei·fe** [ポリツァイ・シュトらイふェ] [名] -/-n 警察のパトロール; パトロールの警官.

der **Po·li·zei·strei·fen·wa·gen** [ポリツァイシュトらイふェン・ヴァーゲン] [名] -s/- パトロールカー.

die **Po·li·zei·stun·de** [ポリツァイ・シュトゥンデ] [名] -/-n 《主に[単]》法定閉店時刻.

die **Po·li·zei·ver·ord·nung** [ポリツァイ・ふェあオるドヌング] [名] -/-en 警察命令.

die **Po·li·zei·wa·che** [ポリツァイ・ヴァっへ] [名] -/-n 交番, 派出所.

po·li·zei·wid·rig [ポリツァイ・ヴィードりひ] [形] 警察の命令に違反した.

der **Po·li·zist** [ポリツィスト] [名] -en/-en 警官, 巡査.

die **Po·li·zis·tin** [ポリツィスティン] [名] -/-nen 婦人警官.

die **Po·liz·ze** [ポリっツェ] [名] -/-n 《オーストリア》=Police.

die **Pol·ka** [ポルカ] [名] -/-s ポルカ.

der **Pol·len** [ポレン] [名] -s/- 〘植〙花粉.

die **Pol·len·al·ler·gie** [ポレン・アレるギー] [名] -/-n 〘医〙花粉症.

die **Pol·len·a·na·ly·se** [ポレン・アナリューゼ] [名] -/-n (堆積物中の)花粉分析.

der **Pol·len·flug·ka·len·der** [ポレン・ふルーク・カレンダー] [名] -s/- 花粉情報カレンダー.

der **Pol·ler** [ポラー] [名] -s/- **1.** 〘海〙係柱, 係船柱. **2.** (道路交通の)標識柱.

die **Pol·lu·ti·on** [ポルツィオーン] [名] -/-en 〘医〙遺精, 夢精.

der **Pol·lux** [ポルクス] [名] -/ **1.** (主に無冠詞)〘ギ神〙ポリュデウケス, ポリュクス(Zeus の息子で, Kastor の双子の兄弟). **2.** 〘天〙ポルックス(双子座の β 星).

pol·nisch [ポルニシュ] [形] ポーランド(人・語)の.

das **Pol·nisch** [ポルニシュ] [名] -(s)/ ポーランド語【用法は⇨ Deutsch】.

das **Pol·ni·sche** [ポルニシェ] [名] (形容詞的変化; [単]のみ) **1.** (定冠詞とともに)ポーランド語. **2.** ポーランド的なもの〔こと〕【用法は⇨ Deutsche²】.

(*der*) **Po·lo**¹ [ポーロ] [名] 〘人名〙マルコ・ポーロ(Marco ～, 1254-1324, 極東を旅したヴェニスの商人).

das **Po·lo**² [ポーロ] [名] -s/ 《スポーツ》ポロ.

das **Po·lo·hemd** [ポーロ・ヘムト] [名] -(e)s/-en ポロシャツ.

die **Po·lo·nai·se** [..nɛ́:zə ポロネーゼ] [名] -/-n 〘楽〙ポロネーズ.

die **Po·lo·nä·se** [ポロネーゼ] [名] -/-n =Polonaise.

po·lo·ni·sie·ren [ポロニズィーれン] [動] *h.* 〔<j⁴/et⁴>ヲ〕《稀》ポーランド化する.

das **Po·lo·ni·um** [ポローニウム] [名] -s/ 〘化〙ポロニウム(記号 Po).

der **Pol·schuh** [ポール・シュー] [名] -(e)s/-e 〘理〙極片.

das **Pols·ter** [ポルスター] [名] -s/- (《オーストリア》der ～ -s/- 〔Pölster〕も有) **1.** (ソファーなどのスプリングや詰め物による)クッション; 《口》皮下脂肪(Fett～). **2.** (服の)パット; (非常時のための)蓄え, 予備のお金; 〘植〙団塊. **3.** 《オーストリア》クッション, 枕.

die **Pols·ter·gar·ni·tur** [ポルスター・ガるニトゥーあ] [名] -/-en (クッション入りで布〔革〕張りの)ソファーと安楽椅子のセット.

das **Pols·ter·mö·bel** [ポルスター・⊗ーベル] [名] -s/- クッション入りで布〔革〕張りの家具(安楽椅子など).

pols·tern [ポルスターン] [動] *h.* 〔<et⁴>ニ + (mit <et³>ノ)〕詰め物を入れる; パットを入れる: gut *gepolstert* sein 《口・冗》太りぎみである; 蓄え〔準備金〕がたっぷりある.

der **Pols·ter·ses·sel** [ポルスター・ゼっセル] [名] -s/- クッションつきの安楽いす.

der **Pols·ter·stuhl** [ポルスター・シュトゥール] [名] -(e)s/..stühle クッションつきいす.

die **Pols·te·rung** [ポルステるング] [名] -/-en **1.** クッション. **2.** クッション〔パッド〕を入れること.

der **Pol·ter·a·bend** [ポルター・アーベント] [名] -s/-e 婚礼の前夜祭(花嫁の家の前で悪魔払いのため食器などを割って騒ぐ).

der **Pol·ter·geist** [ポルター・ガイスト] [名] -(e)s/-er ポルターガイスト(家の中で大きな音を立てる霊).

pol·tern [ポルターン] [動] *h.* **1.** 〔補足なし〕がたがた〔がらがら・どしんどしん〕音を立てる: Es *poltert* draußen. 外でがたがた音がする. **2.** 〔<方向>ニ/<場所>カラ/über <et⁴>ヲ〕がたがた〔がらがら・どしんどしん〕音を立てて行く〔来る・落ちる〕. **3.** 〔補足なし〕がみがみ小言を言う. **4.** 〔<et⁴>ヲ/<[文]>ト〕怒鳴る. **5.** 〔補足なし〕《口》結婚式前夜を祝う.

das **Po·ly·a·mid** [ポリュ・アミート] [名] -s/-e 〘化・工〙ポリアミド(合成繊維の原料).

die **Po·ly·an·d·rie** [ポリュ・アンドりー] [名] -/ 〘民族〙一妻多夫(制).

das **Po·ly·ä·thy·len** [ポリュ・エテュレーン] [名] -s/-e 〘化・工〙ポリエチレン.

po·ly·chrom [..kró:m ポリュ・クろーム] [形] 〘美・写〙多色の, カラーの.

das **Po·ly·e·der** [ポリュ・エーダー] [名] -s/- 〘数〙多面体.

der **Po·ly·es·ter** [ポリュ・エスター] [名] -s/- 〘化・工〙ポリエステル.

das **Po·ly·e·thy·len** [ポリュ・エテュレーン] [名] -s/-e = Polyäthylen.

po·ly·fon [ポリュ・ふォーン] [形] =polyphon.

die **Po·ly·fo·nie** [ポリュ・ふォニー] [名] -/ =Polyphonie.

die **Po·ly·ga·mie** [ポリュ・ガミー] [名] -/ **1.** 複婚, 一夫多妻, 一妻多夫; 乱交, 複数のパートナーとの同棲. **2.** 〘植〙雑性.

po·ly·glott [ポリュ・グロっト] [形] 《文》 **1.** 数か国語に通じた. **2.** 数か国語で書かれた.

der/die **Po·ly·glot·te**¹ [ポリュ・グロっテ] [名] (形容詞的変化)《文》数か国語に通じた人.

die **Po·ly·glot·te**² [ポリュ・グロっテ] [名] -/-n 数か国語対訳聖書〔書〕; 《古》数か国語辞典.

das **Po·ly·gon** [ポリュ・ゴーン] [名] -s/-e 〘数〙多角形.

der **Po·ly·graf, Po·ly·graph** [ポリュ・グらーふ] [名] -en/-en 多用途記録計; 〘旧東独〙グラフィックアーティスト.

die **Po·ly·gy·nie** [ポリュ・ギュニー] [名] -/ 〘民族〙一夫多妻(制).

der **Po·ly·his·tor** [ポリュヒストーあ] [名] -s/-en [ポリュヒストーれン] 《古》博学な人.

(*die*) **Po·ly·hym·nia** [ポリュヒュムニア] [名] 〘ギ神〙ポリュムニア(Muse の一人で, 賛歌・舞踏の女神).

po·ly·mer [ポリュ・メーあ] [形] 多くの部分からなる; 〘化〙ポリマーの, 重合体の.

das **Po·ly·mer** [ポリュ・メーあ] [名] -s/-e (主に[複])〘化・工〙ポリマー, 重合体.

po·ly·morph [ポリュ・モるふ] [形] 〖鉱・生〗多形の.
(*das*) **Po·ly·ne·si·en** [ポリュネーズィエン] [名] -s/ 〖地名〗ポリネシア.
der **Po·ly·ne·si·er** [ポリュネーズィあー] [名] -s/- ポリネシア人.
po·ly·ne·sisch [ポリュネーズィシュ] [形] ポリネシア(人・語)の.
das **Po·ly·nom** [ポリュ・ノーム] [名] -s/-e 〖数〗多項式.
der **Po·lyp** [ポリューブ] [名] -en/-en **1.** 〖動〗ポリプ; 《口》タコ, 蛸. **2.** 〖医〗ポリープ, 茸腫(じょうしゅ): <j³> die ~*en* herausnehmen 〈人の〉ポリープを摘出する. **3.** 《口》ポリ, おまわり, でか.
po·ly·phag [ポリュ・ふぁーク] [形] 〖生〗多食〔雑食〕性の.
der **Po·ly·pha·ge** [ポリュ・ふぁーゲ] [名] -n/-n 〖動〗雑食性動物.
(*der*) **Po·ly·phem** [ポリュふぇーム] [名] 〖ギ神〗ポリュペモス(Poseidon の息子. 1つ目の巨人).
po·ly·phon [ポリュ・ふぉーン] [形] 〖楽〗ポリフォニーの, 多声の.
die **Po·ly·pho·nie** [ポリュ・ふぉニー] [名] -/ 〖楽〗ポリフォニー, 多声音楽.
das **Po·ly·pol** [ポリュ・ポール] [名] -s/-e 〖経〗多占.
das **Po·ly·pro·py·len** [ポリュ・プろピュレーン] [名] -s/ ポリプロピレン.
das **Po·ly·sa·cha·rid, Po·ly·sac·cha·rid** [ポリュ・ザはリート] [名] -(e)s/-e 〖生化〗多糖.
po·ly·sem [ポリュ・ゼーム] [形] 〖言〗多義の.
po·ly·se·man·tisch [ポリュ・ゼマンティシュ] [形] =polysem.
die **Po·ly·se·mie** [ポリュ・ゼミー] [名] -/-n 〖言〗(語の)多義性.
das **Po·ly·sty·rol** [ポリュ・ステュろール] [名] -s/-e 〖化・工〗ポリスチロール〔スチレン〕, スチロール樹脂.
das **Po·ly·syn·de·ton** [ポリュズュンデトン] [名] -s/..ta 〖言〗接続詞多用.
das **Po·ly·tech·ni·kum** [ポリュ・テひニクム] [名] -s/..ka 〔..ken〕(昔の)高等工業学校.
po·ly·tech·nisch [ポリュ・テひニシュ] [形] 総合技術の.
der **Po·ly·the·is·mus** [ポリュ・テイスムス] [名] -/ 多神論, 多神教.
der **Po·ly·the·ist** [ポリュ・テイスト] [名] -en/-en 多神論者, 多神教信者.
po·ly·the·is·tisch [ポリュ・テイスティシュ] [形] 多神教〔論〕の.
po·ly·to·nal [ポリュ・トナール] [形] 〖楽〗多調の.
das **Po·ly·u·re·than** [ポリュ・ウれターン] [名] -s/-e (主に[複])ポリウレタン.
das **Po·ly·vi·nyl·chlo·rid** [ポリュ・ヴィニュール・クロりート] [名] -(e)s/-e ポリ塩化ビニル(略 PVC).
po·ly·zy·klisch [ポリュ・ツュークリシュ] [形] 〖化〗多環式の.
die **Po·ma·de** [ポマーデ] [名] -/-n **1.** 《古》ポマード. **2.** 《稀》(唇の荒れを防ぐ)リップスティック(Lippen~).
po·ma·dig [ポマーディひ] [形] **1.** 《古》ポマードを塗った. **2.** 《方》うぬぼれた. **3.** 《口》だらけた.
die **Po·me·ran·ze** [ポメらンツェ] [名] -/-n 〖植〗ダイダイ; ダイダイの実.
der **Pom·mer** [ポマー] [名] -n/-n ポンメルンの人.
das **Pom·mer·land** [ポマー・ラント] [名] -(e)s/ 《稀》=Pommern.
(*das*) **Pom·mern** [ポマーン] [名] -s/ 〖地名〗ポンメルン(バルト海沿岸地方).
die **Pommes frites** [pɔm frít ポム ふりっト] [複名] 〖料〗ポンフリ(拍子木切りのフライドポテト).
die **Po·mo·lo·gie** [ポモ・ロギー] [名] -/ 果樹園芸学.
der **Pomp** [ポムプ] [名] -(e)s/ 華美, 豪華.
der **Pom·pa·dour** [..duːr ポムパドゥーあ] [名] -s/-e 〔-s〕《古》ポンパドゥール(婦人用手提げ袋).
(*das*) **Pom·pe·ji** [ポムペーイ] [名] -s/ 〖地名〗ポンペイ(Vesuv 火山の大噴火で西暦 79 年埋没したイタリアの古都名).
(*der*) **Pom·pe·jus** [ポムペーユス] [名] 〖人名〗ポンペイウス(Gnaeus ~ Magnus, 紀元前 106-48, ローマの政治家).
pomp·haft [ポムプハふト] [形] (《蔑》も有)華美な, けばけばしい.
der **Pom·pon** [põpõː ポンポーン, pɔmpõː ポムポーン] [名] -s/-s ポンポン, 玉房飾り.
pom·pös [ポム[ペ]ース] [形] 豪壮な, 豪華な; 《転》大げさな.
die **Pön** [[ペ]ーン] [名] -/-en 《古》刑罰.
pö·nal [[ペ]ナール] [形] 〖法〗《古》刑罰の, 刑法の.
das **Pö·na·le** [[ペ]ナーレ] [名] -s/..lien 《オーストリア》刑罰; 罰金.
der **Pon·cho** [pɔ́ntʃo ポンチョ] [名] -s/-s ポンチョ(①中南米の外衣. ②婦人・子供の袖なしマント).
das **Pond** [ポント] [名] -s/- 〖理〗《古》ポンド(記号 P).
der **Pö·ni·tent** [[ペ]ニテント] [名] -en/-en 〖カトリック〗《古》贖罪(しょくざい)者, 告解者.
die **Pon·te** [ポンテ] [名] -/-n 《方》渡し船.
der **Pon·ti·fex** [ポンティふぇクス] [名] -/..tifizes [ポンティーふぃツェース] (古代ローマの)大神官.
der **Pon·ti·fex ma·xi·mus** [ポンティふぇクス マクスィムス] [名] --/..fizes..mi [ポンティーふぃツェース マクスィミ] **1.** (古代ローマの)大神官長. **2.** ([単]のみ)ポンティフェクスマキシムス(①ローマ皇帝の称号. ②教皇の称号).
pon·ti·fi·kal [ポンティふぃカール] [形] 〖カトリック〗司教の, 教皇の.
das **Pon·ti·fi·kal·amt** [ポンティふぃカール・アムト] [名] -(e)s/..ämter 〖カトリック〗司教盛式ミサ.
das **Pon·ti·fi·ka·le** [ポンティふぃカーレ] [名] -(s)/..lien 〖カトリック〗 **1.** 司教の礼拝用典礼書. **2.** ([複]のみ)司教の権標(司教冠・司教杖); (主に[複])司教の礼拝勤行.
die **Pon·ti·fi·kal·mes·se** [ポンティふぃカール・メっセ] [名] -/-n =Pontifikalamt.
das 〔*der*〕 **Pon·ti·fi·kat** [ポンティふぃカート] [名] -(e)s/-e 〖カトリック〗教皇〔司教〕職; 教皇〔司教〕の任期.
der **Pon·ton** [põtõː, pɔntõː ポントーン, pɔ́ntõ ポントン] [名] -s/-s 〖海・軍〗浮き橋〔船橋〕用の船.
die **Pon·ton·brü·cke** [ポントーン・ブりゅっケ, ポントン・ブりゅっケ] [名] -/-n 船橋, 浮き橋.
die **Pon·ton·form** [ポントーン・ふぉるム, ポントン・ふぉるム] [名] -/-en (箱船のような)箱型.
der **Po·ny**[1] [pɔ́ni ポニ] [名] -s/-s 水平に切りそろえた前髪(女の子の髪形).
das **Po·ny**[2] [ポニ] [名] -s/-s ポニー(小型の馬).
der **Pool**[1] [puːl プール] [名] -s/-s **1.** 〖経〗共同出資; プール; 企業連合. **2.** 《ジャーゴン》連合.
das **Pool**[2] [プール] [名] -s/ 〖ビリヤード〗プール.
das **Pool·bil·lard** [プール・ビるヤるト] [名] -s/ 〖ビリヤード〗プール, ポケット玉突き.
der **Pop** [ポップ] [名] -(s)/ **1.** (総称)ポップ美術〔音楽・文学〕. **2.** ポップミュージック. **3.** 《口》ポップ風〔調〕.
der **Po·panz** [ポーパンツ] [名] -es/-e **1.** 《古》かかし, お化けの人形; 《蔑》こけおどし. **2.** 《蔑》他人の言いなりになる人.
die **Pop-Art,** [旧] **Pop-art** [pɔ́p'aːrt ポップ・アーあト] [名] -/ ポップアート; ポップアートの作品.
das **Pop·corn** [ポップ・コるン] [名] -s/ ポップコーン.
der **Po·pe** [ポーペ] [名] -n/-n **1.** 〖ギ正教〗教区司祭. **2.** 《蔑》坊主.

der **Po･pel** [ポーベル] 名 -s/- **1.**《口》鼻くそ. **2.**《方》鼻たれ小僧. **3.**《方・蔑》くだらないやつ.
po･pe･lig [ポーベリク] 《口・蔑》**1.** みすぼらしい, お粗末な. **2.** ごく普通の, 平凡な. **3.**《稀》けちな.
der **Po･pe･lin** [ポペリーン] 名 -s/-e =Popeline.
die **Po･pe･li･ne** [..lí:n ポペリーネ] 名 -/-[..リーネ] (die ～-/-も имеют) ポプリン.
po･peln [ポーペルン] 動 h.《擬》《口》鼻くそをほじくる.
die **Pop･far･be** [ポップ・ふぁるベ] 名 -/-n ポップアート風の色彩.
das **Pop･kon･zert** [ポップ・コンツェルト] 名 -(e)s/-e ポップ(ミュージック)コンサート.
die **Pop･kul･tur** [ポップ・クルトゥーア] 名 -/ ポップ文化.
pop･lig [ポープリヒ] 形 =popelig.
die **Pop･mu･sik** [ポップ・ムズィーク] 名 -/ ポップミュージック.
der **Po･po** [ポポー] 名 -s/-s《口》おしり.
die **Pop･per** [ポッパー] 複 名 ポッパー(1980年代の洗練された装いで, 社会に順応しているように振舞う若者たち).
pop･pig [ポッピヒ] 形 ポップ調の, ポップアート風な.
der **Pop･sän･ger** [ポップ・ゼンガー] 名 -s/- ポップ歌手.
po･pu･lär [ポプレーア] 形 **1.** 大衆に人気のある, ポピュラーな, 国民的な; 大衆の賛同を得る. **2.** 大衆向きの.
po･pu･la･ri･sie･ren [ポプラリズィーレン] 動 h.《文》**1.**〈et⁴を〉普及させる, 世間一般に親しまれるようにする. **2.**〈et⁴を〉一般向きにする[改める]〈論文などを〉.
die **Po･pu･la･ri･tät** [ポプラリテート] 名 -/ 人気, 大衆性;《稀》広く知られていること.
die **Po･pu･la･ti･on** [ポプラツィオーン] 名 -/-en **1.**《生》個体群. **2.**《古》人口, 全住民. **3.**《天》(星の)種族.
die **Po･pu･la･ti･ons･dich･te** [ポプラツィオーンス・ディヒテ] 名 -/《生》個体群密度.
der **Po･pu･lis･mus** [ポプリスムス] 名 -/ **1.**《政》大衆迎合[扇動]政治. **2.** ポピュリズム(庶民生活を写実的に描く文学運動).
der **Po･pu･list** [ポプリスト] 名 -en/-en **1.** 大衆迎合[扇動]政治家. **2.** ポピュリスト.
po･pu･lis･tisch [ポプリスティシュ] 形 大衆迎合[扇動]的な; ポピュリズム(文学)の.
die **Po･re** [ポーれ] 名 -/-n (海綿・軽石などのたくさんの細かい)孔, (皮膚の)毛穴, (葉の)気孔.
der **Por･no** [ポるノ] 名 -s/-s ポルノ(Pornofilm, Pornoromanなどの略).
der **Por･no･film** [ポるノ・ふぃルム] 名 -(e)s/-e《口》ポルノ映画.
der **Por･no･graf, Por･no･graph** [ポるノ・グらーふ] 名 -en/-en ポルノ製作者[作家].
die **Por･no･gra･fie, Por･no･gra･phie** [ポるノ・グらふィー] 名 -/-n **1.**(のみ)ポルノグラフィー. **2.** ポルノグラフィー作品.
por･no･gra･fisch, por･no･gra･phisch [ポるノ・グらーふィシュ] 形 ポルノグラフィーの.
der **Por･no･la･den** [ポるノ・ショップ] 名 -s/..läden ポルノショップ.
po･rös [ポぺース] 形 **1.** 気孔のある, 多孔性の, 透水[通気]性の. **2.** 細かい穴のあいた.
die **Po･ro･si･tät** [ポろズィテート] 名 -/ 多孔性, 透水性, 通気性.
der **Por･phyr** [ポるふューア, ポるふィューア] 名 -s/-e《地質》斑岩.
der **Por･ree** [pɔ́re ポれ] 名 -s/-s《植》ニラネギ, リーキ.
der[*das*] **Por･ridge** [pɔ́rɪtʃ ポリチュ] 名 -s/ ポリッジ(オートミールの粥(か)).
der(*das*) **Por･ta･ble** [pɔ́rtəbəl ポるテブる] 名 -s/- ポータブル(ラジオ・テレビ).
das **Por･tal** [ポるタール] 名 -s/-e **1.** (教会などの堂々とした)正面入口, 表玄関. **2.** (舞台の)可動プロセニアム(額縁);《工》(造船台の)船台門;(門形クレーンの)門形塔. **3.**《コンピュ》ブラウザのホーム[第1]ページ(Netscape, Explorerなどの検索ページ).
das **Por･ta･ti･le** [ポるタ-ティレ] 名 -s/..tilien [ポるタティーリエン](中世の)携帯祭壇.
das **Por･ta･tiv** [ポるタティーフ] 名 -s/-e ポータティヴ[携帯用]オルガン.
das **Porte･feuille** [portafœj ポるトふぇユ] 名 -s/-s **1.**《文・古》札入れ;《古》書類ばさみ. **2.**《政》(大臣の)職務領域. **3.**《経》ポートフォリオ, 全保有有価証券現在高.
das **Porte･mon･naie** [portmonέ: ポるト・モネー, pɔ́rtmɔnɛ ポるト・モネ] 名 -s/-s (小型の)財布.
das **Porte･pee** [ポるテペー] 名 -s/-s (以前の士官・上級下士官の剣の)飾り房付け革緒(***);〈j³ beim ～ fassen〈人の〉名誉心に訴える.
der(*das*) **Por･ter** [ポるター] 名 -s/- ポーター(英国の黒ビール).
das **Por･ter･house･steak** [pɔ́:rtrhaʊsteːk ポーるター･ハウス･ステーク, ポるター･ハウス･シュテーク] 名 -s/-s《料》ポーターハウス(ステーキ)(骨付きリブステーキ).
der **Por･tier** [portjé: ポるティエー] 名 -s/-s(《オース》der ～ -s/-e(-(e)s)) ドアマン[ボーイ];門番, 守衛;《古》(建物の)管理人.
die **Por･ti･e･re** [ポるティエーれ] 名 -/-n 戸口の厚いカーテン.
der(*die*) **Por･ti･kus** [ポるティクス] 名 -/-[..クース](..ken)《建》柱廊玄関, ポルチコ.
die **Por･ti･on** [ポるツィオーン] 名 -/-en **1.** 一人分, (料理の)一人前.《口》(少なからぬ)量.《慣用》halbe Portion (口・嘲)半人前(ひ弱).
por･ti･o･nie･ren [ポるツィオニーレン] 動 h.〈et⁴を〉一人前(一回分)ずつに分ける.
die **Por･ti･ons･wei･de** [ポるツィオーンス・ヴァイデ] 名 -/-n《農》多区画放牧場(家畜を半日から2日毎に次の区画に移動させ, 放牧用草地の最適利用をはかる).
por･ti･ons･wei･se [ポるツィオーンス・ヴァイゼ] 副 一人前ずつ(の).
das **Port･mo･nee** [ポるトモネー, ..mɔ́ne ポるトモネ] 名 -s/-s =Portemonnaie.
das **Por･to** [ポるト] 名 -s/-s[..ti] 郵便料金.
por･to･frei [ポるト・ふらィ] 形 郵便料金の不要な.
por･to･pflich･tig [ポるト・プリヒティヒ] 形 郵便料金の必要な.
das **Por･trait** [portrέ: ポるトれー] ⇨ Porträt.
das **Por･trät** [portrέ: ポるトれー] 名 -(e)s/-s[-e] 肖像, ポートレート;《転》(描かれた)人物像.
por･trä･tie･ren [ポるトれティーレン] 動 h.〈j⁴の〉肖像[ポートレート]を制作する;《転》人物像を描く.
der **Por･trät･ma･ler** [ポるトれー・マーラー] 名 -s/- 肖像画家.
(*das*) **Por･tu･gal** [ポるトゥガル] 名 -s/《国名》ポルトガル(略P).
der **Por･tu･gie･se** [ポるトゥギーゼ] 名 -n/-n ポルトガル人.
der **Por･tu･gie･ser** [ポるトゥギーザー] 名 -s/- **1.**（⊛のみ）(赤ワイン用の)ポルトガル種のブドウ. **2.** ポルトガル種の赤ワイン.
die **Por･tu･gie･sin** [ポるトゥギーズィン] 名 -/-nen ポルトガル人女性.
por･tu･gie･sisch [ポるトゥギーズィシュ] 形 ポルトガル(人・語)の.

das **Por·tu·gie·sisch** [ポルトゥギーズィシュ] 名 -(s)/ ポルトガル語.【用法は⇨ Deutsch】

das **Por·tu·gie·si·sche** [ポルトゥギーズィシェ] 名 《形容詞的変化に》 **1.** (定冠詞とともに)ポルトガル語. **2.** ポルトガル的なもの[こと].【用法は⇨ Deutsche²】

der **Port·wein** [ポルト・ヴァイン] 名 -(e)s/-e 《主に種類》ポートワイン.

das **Por·zel·lan** [ポルツェラーン] 名 -s/-e 磁器;《主のみ》磁器の器[製品];《主のみ》磁器類.【慣用】 **Porzellan zerschlagen** (口)不注意な言動で害をおよぼす.

die **Por·zel·lan·er·de** [ポルツェラーン・エーアデ] 名 -/ 白土, カオリン.

das **Por·zel·lan·ge·schirr** [ポルツェラーン・ゲシる] 名 -(e)s/-e 陶磁器の食器.

der **Por·zel·lan·la·den** [ポルツェラーン・ラーデン] 名 -s/..läden[-] 陶磁器店.

die **Por·zel·lan·ma·le·rei** [ポルツェラーン・マーレらイ] 名 -/-en 陶磁器の絵づけ.

Pos. =Position《経》(予算などの)項目.

das **Po·sa·ment** [ポザメント] 名 -(e)s/-en 《主に》縁飾り, レース飾り, 飾りひも.

der **Po·sa·men·ter** [ポザメンター] 名 -s/- (服飾・カーテンなどの)仕上げ飾り製造業者.

der **Po·sa·men·tier** [ポザメンティーる] 名 -s/-e =Posamenter.

der **Po·sa·men·tie·rer** [ポザメンティーらー] 名 -s/- (⇨ ²) =Posamenter.

die **Po·sau·ne** [ポザウネ] 名 -/-n トロンボーン: die ~ des Jüngsten Gericht《聖》最後の審判を告げるラッパ.

po·sau·nen [ポザウネン] 動 posaunte; hat posaunt **1.** 《他》トロンボーンを吹く. **2.** 《et⁴》トロンボーンで吹く. **3.** (口・蔑)吹聴する;《稀》声高に宣言する.

der **Po·sau·nen·blä·ser** [ポザウネン・ブレーザー] 名 -s/- トロンボーンを吹く人.

der **Po·sau·nist** [ポザウニスト] 名 -en/-en トロンボーン奏者.

die **Po·se¹** [ポーゼ] 名 -/-n 姿勢, ポーズ.

die **Po·se²** [ポーゼ] 名 -/-n **1.** (釣りの)浮き. **2.** (次の形で) in die/den ~n《北独》ベッドの中へで. aus den ~n《北独》ベッドの中から.

(*der*) **Po·sei·don** [ポザイドン] 名 《ギ神》ポセイドン(海神).

Po·se·mu·ckel, Po·se·mu·kel [ポーゼ・ムッケル, ポーゼ・ムッケル] 名 -s/ 《無冠詞で》片田舎.

po·sie·ren [ポズィーれン] 動 h.《主文》ポーズをとる, ポーズをつくる.

die **Po·si·tion** [ポズィツィオーン] 名 -/-en **1.** 位置, 場所;姿勢, 体位. **2.** 地位, ポスト;順位;立場. **3.** (船などの)現在位置. **4.**《経》(予算などの)項目(略 Pos.).

die **Po·si·tions·la·ter·ne** [ポズィツィオーンス・ラテるネ] 名 =Positionslicht.

das **Po·si·tions·licht** [ポズィツィオーンス・リヒト] 名 -(e)s/-er《海》航海灯;《空》位置灯.

po·si·tiv [ポーズィティーふ, ポズィティーふ] 形 **1.** 肯定的な. **2.** 好ましい;良い(と評価される). **3.** 《数》正の, プラスの, 《埋》陽の, プラスの;《写》陽画のポジの;《医》陽性の: ~ der ~ o Pol 陽極. **4.** 実際の, 現実的な: ~es Recht《法》実定法. **5.** (口)確かな.

der **Po·si·tiv¹** [ポーズィティーふ] 名 -s/-e《言》(形容詞の)原級.

das **Po·si·tiv²** [ポーズィティーふ, ポズィティーふ] 名 -s/-e《写》陽画, ポジ;《楽》ポジティブ(ペダルのない小型オルガン).

der **Po·si·ti·vis·mus** [ポズィティヴィスムス] 名 -/ 実証主義, 実証論, 実証哲学.

po·si·ti·vis·tisch [ポズィティヴィスティシュ] 形 実証主義の;(《蔑》も有)実証主義的な.

das **Po·si·tron** [ポーズィトろーン] 名 -s/-en ポズィトローネン《核物理》陽電子, ポジトロン.

die **Po·si·tur** [ポズィトゥーあ] 名 -/-en **1.** 《主のみ》構えた姿勢, ポーズ. **2.** 《主》(ボクシングやフェンシングの)構え. **3.** 《方》体つき.

die **Pos·se** [ポッセ] 名 -/-n 笑劇, 道化芝居.

der **Pos·sen** [ポッセン] 名 -s/-《主に⇨》《古》いたずら, 悪ふざけ: ~ treiben ふざける. 〈j³〉 einen ~ spielen〈人に〉いたずらをする.

pos·sen·haft [ポッセンハふト] 形 茶番めいた, ふざけた.

der **Pos·sen·rei·ßer** [ポッセン・らイサー] 名 -s/- 道化物, おどけ者, 悪ふざけをする人.

pos·ses·siv [ポッセスィーふ, ポッセスィーふ] 形《言》所有の.

das **Pos·ses·siv·pro·no·men** [ポッセスィーふ・プろノーメン] 名 -s/-[..mina]《言》所有代名詞.

pos·sier·lich [ポスィーあリヒ] 形 おどけた, (仕草の)かわいい.

die **Post** [ポスト] 名 -/-en **1.** (制度としての)郵便. **2.** 郵便局(~amt). **3.** (昔の)郵便バス(~bus);(昔の)郵便乗合馬車(~kutsche). **4.** 《主のみ》郵便物;(郵便物の)配達. **5.** 《古》知らせ. 【慣用】 **Ab (geht) die Post!** すぐ出かけるぞ, さっさとしろ. **Die Post geht ab.** 大いに盛り上がる. **mit gleicher Post**(同時発送の)別便で.

pos·ta·lisch [ポスターリシュ] 形 郵便の;郵便による.

das **Post·a·ment** [ポスタメント] 名 -(e)s/-e《文》(彫像・円柱などの)台座.

das **Post·amt** [ポスト・アムト] 名 -(e)s/..ämter 郵便局.

die **Post·an·schrift** [ポスト・アン・シュりふト] 名 -/-en(郵便の)宛名.

die **Post·an·wei·sung** [ポスト・アン・ヴァイズング] 名 -/-en 郵便為替;為替用紙.

das **Post·au·to** [ポスト・アウト] 名 -s/-s **1.** 郵便(自動)車. **2.** (口・稀)=Postbus.

die **Post·bank** [ポスト・バンク] 名 -/-en ポストバンク, 郵便銀行(ドイツ連邦郵便の金融部門が1995年に民営化されたもの. 正式には Deutsche Postbank AG ドイツ郵便銀行株式会社).

der **Post·be·am·te** [ポスト・ベアムテ] 名《形容詞的変化》郵便局員.

der **Post·be·zug** [ポスト・ベツーク] 名 -(e)s/ 郵便による注文;(新聞などの)購読.

der **Post·bo·te** [ポスト・ボーテ] 名 -n/-n《口》郵便配達人.

der **Post·bus** [ポスト・ブス] 名 -ses/-se 郵便バス(郵政省が1982年まで管轄した路線バス).

post Chri·stum [ポスト クりストゥム]《ラ語》=post Christum natum.

post Chri·stum na·tum [ポスト クりストゥム ナートゥム]《ラ語》キリスト生誕後, 西暦紀元後(nach Christi Geburt. 略 p.Chr.n.).

der **Post·dienst** [ポスト・ディーンスト] 名 -(e)s/-e **1.** 《主のみ》郵便局勤務. **2.** 郵便業務;《主のみ》郵便事業.

die **Post·di·rek·ti·on** [ポスト・ディれクツィオーン] 名 -/-en 郵政局.

der/die **Post·doc** [ポスト・ドック] 名 -s/-s(die ~ -/-s)《大学》博士号取得後の研究生.

pos·ten [ポステン] 動 h. 《スイ》 **1.** 〈et⁴〉買う. **2.** 《口·稀》買物をする.

der **Pos·ten** [ポステン] 名 -s/- **1.** 地位, ポスト;《ス ポ》(チーム編成の)ポジション. **2.** 《軍》部署, 持ち場, 歩哨;(哨所・哨兵). **3.** (個々の勘定の)項目;

Postenjäger 932

〖商〗ロット. **4.**(警察の)派出所,交番. **5.**〖狩〗大粒の散弾.【慣用】**auf dem Posten sein** 〖口〗体の調子がいい;用心している. **auf verlorenem Posten stehen〔kämpfen〕**絶望的な状態にある,勝つ見込みのない戦いをする. **Post stehen**歩哨に立っている.

der **Pos·ten·jä·ger** [ポステン・イェーガー] 名 -s/- 〖口・蔑〗良い地位を得ようと躍起になっている人,出世主義者.

die **Pos·ten·ket·te** [ポステン・ケッテ] 名 -/-n 〖軍〗歩哨(ฐะぅ)線.

das〔der〕**Pos·ter** [ポースター] 名 -s/- ポスター.

poste re·stante [pɔst rɛstá:t ポスト レスターント] 〖フランス語〗局留の.

die **Pos·te·ri·o·ra** [ポステリオーらス] 複名 **1.**〖文・古・冗〗尻(り),臀部(でん). **2.**〖文・古〗その後の事件〔出来事〕.

das **Post·fach** [ポスト・ふぁっは] 名 -(e)s/..fächer 郵便私書箱.

post fes·tum [ポスト ふェストゥム] 〖ラ語〗あとから,遅れて.

das **Post·flug·zeug** [ポスト・ふルーク・ツォイク] 名 -(e)s/-e 郵便飛行機.

post·frisch [ポスト・ふりッシェ] 形 消印のない(新品の).

die **Post·ge·bühr** [ポスト・ゲビューあ] 名 -/-en (以前の)郵便料金.

das **Post·ge·heim·nis** [ポスト・ゲハイムニス] 名 -ses/-se 〖法〗郵便の秘密(郵便物の検閲などの禁止).

das **Post·gi·ro·amt** [ポスト・ジーろ・アムト] 名 -(e)s/..ämter 郵便振替局(略 PGiroA).

das **Post·gi·ro·kon·to** [ポスト・ジーろ・コント] 名 -s/..ten 郵便振替口座.

der **Post·hal·ter** [ポスト・ハルター] 名 -s/- (兼業の)郵便局員;(昔の)郵便馬車宿駅長.

das **Post·horn** [ポスト・ホルン] 名 -(e)s/..hörner **1.**(昔の)郵便馬車のらっぱ. **2.**らっぱのマーク(郵便のシンボルマーク).

post·hum [pɔst (h)ú:m ポストフーム, ポストゥーム] 形 = postum.

pos·tie·ren [ポスティーれン] 動 h. **1.**〈j4〉〜〈場所/方向〉...〉配置する,立たせる. **2.**〈et4〉〜〈場所/方向〉...〉立てる,置く.

die **Pos·til·le** [ポスティレ] 名 -/-n **1.**〖宗〗信心書;説教集;〖蔑〗(特定テーマ〔グループ〕のための)特種雑誌〔新聞〕.

der **Pos·til·li·on** [pɔstiljóːn, ポスティルヨーン, ポスティリオーン] 名 -s/-e **1.**(昔の)郵便馬車の御者. **2.**〖昆〗モンキチョウ.

der **Pos·til·lon d'Amour, ⓐPos·til·lon d'amour** [pɔstijõdamúːr ポスティヨン ダムーる] 名 --s/--s [..ヨン-ズ] 〖冗〗恋の使者.

die **Post·kar·te** [ポスト・カるテ] 名 -/-n 郵便はがき;絵はがき.

der **Post·kas·ten** [ポスト・カステン] 名 -s/..kästen (北独)郵便ポスト.

die **Post·kut·sche** [ポスト・クッチェ] 名 -/-n (昔の)郵便馬車.

post·la·gernd [ポスト・ラーガーント] 形 局留の.

die **Post·leit·zahl** [ポスト・ライト・ツァール] 名 -/-en 郵便番号.

der **Post·ler** [ポストラー] 名 -s/- 《南独・ゔィーン・口》郵便局員.

post me·ri·di·em [ポスト メリディエム] 〖ラ語〗午後に.

der **Post·mi·nis·ter** [ポスト・ミニスター] 名 -s/- 郵政大臣.

das **Post·mi·nis·te·ri·um** [ポスト・ミニステーりウム] 名 -s/..rien 郵政省.

post·mo·dern [ポスト・モデルン] 形 ポストモダニズムの;ポストモダンの.

die **Post·mo·der·ne** [ポスト・モデるネ] 名 -/ **1.**(建築の)ポストモダニズム. **2.**〖芸〗ポストモダン.

post·mor·tal [ポスト・モるタール] 形〖医〗死後の.

post mor·tem [ポスト モるテム] 〖ラ語〗死後に.

post·na·tal [ポスト・ナタール] 形〖医〗出生〔出産〕(直)後の.

post·nu·me·ran·do [ポスト・ヌメらンド] 副〖経〗後払いで.

post·o·pe·ra·tiv [ポスト・オペらティーふ, ポスト・オペらティーふ] 形〖医〗(手術)後の.

das **Post·pa·ket** [ポスト・パケート] 名 -(e)s/-e 郵便小包.

post par·tum [ポスト パるトゥム] 〖医〗出産〔分娩(ぶん)〕後の.

das **Post·re·gal** [ポスト・れガール] 名 -s/ (以前の国家の)郵便事業特権.

der **Post·sack** [ポスト・ザック] 名 -(e)s/..säcke 郵袋.

der **Post·schaff·ner** [ポスト・シャふナー] 名 -s/- 〖郵〗(以前の下級の)郵便局員.

der **Post·schal·ter** [ポスト・シャルター] 名 -s/- 郵便局の窓口.

der **Post·scheck** [ポスト・シェック] 名 -s/-s 郵便小切手.

das **Post·scheck·amt** [ポスト・シェック・アムト] 名 -(e)s/..ämter (以前の)郵便振替為替局(略 PSchA).

das **Post·scheck·kon·to** [ポスト・シェック・コント] 名 -s/..ten (以前の)郵便振替口座.

das **Post·schiff** [ポスト・シふ] 名 -(e)s/-e 郵(便)船.

das **Post·schließ·fach** [ポスト・シュリース・ふぁっは] 名 -(e)s/..fächer 郵便私書箱(Postfach).

das **Post·skript** [ポスト・スクリプト] 名 -(e)s/-e 追伸(略 PS).

das **Post·skrip·tum** [ポスト・スクリプトゥム] 名 -s/..ta (ぼぅりゅぅ) =Postskript.

das **Post·spar·buch** [ポスト・シュパーあ・ブーふ] 名 -(e)s/..bücher 郵便貯金通帳.

die **Post·spar·kas·se** [ポスト・シュパーあ・カッセ] 名 -/-n 郵便貯金局.

der **Post·stem·pel** [ポスト・シュテムペル] 名 -s/- 郵便スタンプ;消印.

der **Pos·tu·lant** [ポストゥラント] 名 -en/-en 〖文・古〗志願者;〖カトリック〗修道志願者.

das **Pos·tu·lat** [ポストゥラート] 名 -(e)s/-e **1.**〖文〗(絶対に必要な)要求;要請;〖哲〗要請,公準;〖数〗公理. **2.**〖カトリック〗修道志願期.

pos·tu·lie·ren [ポストゥリーれン] 動 h. **1.**〈et4〉〜 〖文〗要求する,絶対に必要とする. **2.**〈et4〉〜〖哲〗公準〔要請〕とする. **3.**〈(文)ダふルコトラ〉〖文〗事実〔本当だ〕と断言する.

pos·tum [ポストゥーム] 形〖文〗死後(没後)の;死後に発表された;父親の死後に生れた.

post ur·bem con·di·tam [ポスト ウるベム コンディタム] 〖ラ語〗ローマ建国紀元.

der **Post·ver·kehr** [ポスト・ふェあケーア] 名 -s/ **1.**郵便業務. **2.**(個人の)郵便物のやりとり. **3.**(1982年までの)郵便の乗物による旅客の往来.

post·wen·dend [ポスト・ヴェンデント] 副 (手紙で)折返し.

das **Post·wert·zei·chen** [ポスト・ヴェーあト・ツァイひェン] 名 -s/- 郵便切手.

die **Post·wurf·sen·dung** [ポスト・ヴるふ・ゼンドゥング] 名 -/-en 〖郵〗ダイレクトメール.

der **Post·zug** [ポスト・ツーク] 名 -(e)s/..züge 郵便列車.

das **Pot** [ポット] 名 -s/ 〖俗〗マリファナ.

po·tem·kinsch, ⓐPo·tem·kinsch [ポテムキンシュ] 形 ポチョムキンの: 〜e [Potemkin'sche]

Dörfer 見せかけ, ごまかし.
po·tent [ポテント] 形 **1**. 性的〔生殖〕能力のある《男性》. **2**.《文》影響力のある, 強力な; 財力〔資力〕のある. **3**.《文》（創作）能力のある.
der **Po·ten·tat** [ポテンタート] 名 -en/-en《文・蔑》支配者, 権力者.
po·ten·ti·al [ポテンツィアール] 形 =potenzial.
das **Po·ten·ti·al** [ポテンツィアール] 名 -s/-e =Potenzial.
po·ten·ti·ell [ポテンツィエル] 形 =potenziell.
das **Po·ten·ti·o·me·ter** [ポテンツィオ・メーター] 名 -s/- =Potenziometer.
die **Po·ten·ti·o·me·trie** [ポテンツィオ・メトリ-] 名 -/-n =Potenziometrie.
die **Po·tenz** [ポテンツ] 名 -/-en **1**. (男のみ)《男性の》性交〔生殖〕能力; 性的能力. **2**.《文》能力, 力; 能力を持った人. **3**.〚数〛冪（べき）, 累乗: eine Zahl in die dritte ~ erheben ある数を二乗する. **4**.〚医〛（医薬品の）希釈度.
po·ten·zi·al [ポテンツィアール] 形《文》潜在的可能性のある; 可能性を表す.
das **Po·ten·zi·al** [ポテンツィアール] 名 -s/-e **1**.《文》潜在能力, 可能性. **2**.〚理〛ポテンシャル; 位置エネルギー.
der **Po·ten·zi·a·lis** [ポテンツィアーリス] 名 -s/..les [..レース]〚言〛可能法.
po·ten·zi·ell [ポテンツィエル] 形 潜在的な, 可能性のある: ~e Energie〚理〛位置の〔ポテンシャル〕エネルギー. 〈et⁴〉~ berücksichtigen 〈事〉の潜在的可能性を考慮する.
po·ten·zie·ren [ポテンツィーレン] 動 h. **1**.〈et⁴〉《文》高める, 強める（能力・欲望などを）; 〈et⁴〉sich⁴ の場合）高まる, 強まる. **2**.〈et⁴〉ッ+(mit〈et³〉ッ)〚数〛累乗する. **3**.〈et⁴〉ッ〚医〛希釈する（同種療法で薬剤を）.
das **Po·ten·zi·o·me·ter** [ポテンツィオ・メーター] 名 -s/-〚電〛電位差計; 分圧計.
die **Po·ten·zi·o·me·trie** [ポテンツィオ・メトリ-] 名 -/-n〚化〛電位差滴定法.
das **Pot·pour·ri** [pɔ́tpuri ポット・プリ] 名 -s/-s 接続曲, メドレー;《比》寄せ集め.
(*das*) **Pots·dam** [ポッダム] 名 -s/〚地名〛ポツダム（ブランデンブルク州の州都）.
Pots·da·mer [ポッダマー] 形《無変化》ポツダムの: die ~ Konferenz ポツダム会談（1945年7月17日～8月20日）. das ~ Abkommen ポツダム協定（ポツダム会談による協定. ドイツの非ナチ化・非軍事化・民主化など）.
der **Pott** [ポット] 名 -(e)s/Pötte《口》**1**. 深なべ, ポット; おまる: mit〈j³/et³〉zu ~ kommen《人事》をうまく処理する. **2**. 船, 汽船.
die **Pott·asche** [ポット・アッシェ] 名 -/-〚化〛炭酸カリウム.
der **Pott·wal** [ポット・ヴァール] 名 -(e)s/-e〚動〛マッコウクジラ.
potz·tau·send! [ポッ・タウゼント]《古》(驚きを表して)ひゃー, こりゃたまげた;（立腹を表して）ちくしょう.
das **Pou·lard** [pulá:r プラ・ア] 名 -s/-s =Poularde.
die **Pou·lar·de** [pulárdə プラルデ] 名 -/-n 肥育した若鶏.
das **Pou·let** [pule: プレ-] 名 -s/-s 肥育したひな鶏.
der **Pour le Mé·ri·te,**⓪**Pour le mé·ri·te** [pu:r lə merít プール メリト] 名 ---/--- **1**. (プロイセンの)勲功章. **2**. 科学芸術功労章.
die **Pous·sa·de** [pu..., po... プサーデ], **Pous·sa·ge** [pusá:ʒə, po...プサージュ] 名《口》-/-n《古》**1**. かりそめの恋. **2**.（主に《蔑》）愛人.
pous·sie·ren [pu..., po... プスィーレン] 動 h. **1**.

[mit〈j³〉ッ]《口・古》戯れの恋をする, いちゃつく. **2**.〈j⁴〉ッ《古》へつらう.
po·wer [pó:vər ポーヴァー] 形《方》貧弱な, みじめな.
das **Pow·er·play** [páʊərpleɪ パウアー・プレー] 名 -(s)/-〚スポーツ〛パワープレー, 集中攻撃.
der **Po·widl** [pɔ́vidəl ポヴィデル] 名 -s/-《オーストリア》すももプラムのムース.
pp =pianissimo〚楽〛ピアニッシモ.
pp. =per procura 代理で.
Pp. =Pappband 厚紙表紙の本.
PP. =Patres 神父たち（Pater の複数形）.
P. P. =praemissis praemittendis 敬称略《回覧の文書などに添える》.
ppa. =per procura 代理で.
Ppb. =Pappband 厚紙表紙の本.
Ppbd. =Pappband 厚紙表紙の本.
Pr [ペーエル] =Praseodym〚化〛プラセオジム.
PR =Public Relations ピーアール.
die **Prä·am·bel** [プレアムベル] 名 -/-n **1**.（条約や憲法などの）前文, 序文. **2**.（15-16世紀のオルガン・リュート曲などの）前奏曲.
die **Prä·ben·de** [プレベンデ] 名 -/-n 聖職禄.
die **Pracht** [プラハト] 名 -/- 華麗, 壮麗, 豪華.【慣用】**eine wahre Pracht sein** (口)《本当に》すばらしい. **..., dass nur so eine Pracht〔dass eine wahre Pracht〕ist.**《口》…は《実に》見事なものである.
die **Pracht·aus·ga·be** [プラハト・アウス・ガーベ] 名 -/-n（本の）豪華版.
das **Pracht·ex·em·plar** [プラハト・エクセムプラーる] 名 -s/-e《口》見事なサンプル, 逸品; 豪華版.
präch·tig [プレヒティヒ] 形 壮麗な, 豪奢（ごうしゃ）なきらびやかな; すばらしい, 見事な.
der **Pracht·kerl** [プラハト・ケルル] 名 -(e)s/-e《口》立派な人, 好漢; 見事なやつ《犬など》.
das **Pracht·stück** [プラハト・シュテュック] 名 -(e)s/-e《口》（同種のものの中の）見事なもの, 逸品, 絶品.
pracht·voll [プラハト・ふォル] 形 豪華な, 壮麗な; すばらしい.
die **Prä·des·ti·na·ti·on** [プレデスティナツィオーン] 名 -/- **1**.（特に Calvin が唱えた神の人間に対する）予定. **2**.《文》宿命, 天命.
prä·des·ti·niert [プレデスティニーアト] 形 [für〈et⁴〉ッ/ zu〈j³/et³〉ッ]宿命づけられている, 前もって定められている: Er ist für diesen Sport ~. 彼はこのスポーツをするように生れついている.
der **Prä·di·kant** [プレディカント] 名 -en/-en《カトリック》説教師, 伝道者; 副牧師.
das **Prä·di·kat** [プレディカート] 名 -(e)s/-e **1**. 評点, 言葉で表した評価: Qualitätswein mit ~（品質保証の）肩書つき高級ワイン. **2**. 爵位の名称（Adels~）. **3**.〚言〛述語. **4**.〚論〛賓辞（ひんじ）.
prä·di·ka·tiv [プレディカティーふ] 形〚言〛述語的〔述部〕の.
das **Prä·di·ka·tiv** [プレディカティーふ] 名 -s/-e〚言〛述語内容詞〔句〕.
der **Prä·di·kat·satz** [プレディカート・ザッツ] 名 -es/..sät·ze〚言〛述語文.
das **Prä·di·kats·no·men** [プレディカーツ・ノーメン] 名 -s/..mina [ ]〚言〛述部名詞類.
der **Prä·di·kats·wein** [プレディカーツ・ヴァイン] 名 -(e)s/-e（品質保証の）肩書つき高級ワイン.
prä·dis·po·niert [プレ・ディスポニーアト] 形 **1**.《文》あらかじめ決められた. **2**. [für〈et⁴〉ッ]〚医〛かかりやすい.
die **Prä·dis·po·si·ti·on** [プレ・ディスポズィツィオーン] 名 -/-en〚医〛素因, 疾病素質.
prae·mis·sis prae·mit·ten·dis [prɛmísi:s prɛmitɛ́ndi:s プレミスィース プレミテンディース]〚ラテン語〛

Präexistenz 934

《丞》敬称略(回覧の文書などで. 略 P.P.).
die **Prä·e·xis·tenz** [プレ・エクスィステンツ] 名 -/ 〚哲・神〛先在.
die **Prä·fa·ti·on** [プレふァツィオーン] 名 -/-en 〚キ教〛(ミサなどの)序詞(ﾋﾞﾖｳ).
der **Prä·fekt** [プレふェクト] 名 -en/-en **1.** (古代ローマの)長官, 司令官. **2.** (フランス・イタリアの県の)最高行政官, 知事. **3.** (寄宿舎で)下級生を監督する最上級生. **4.** 〚ｶﾄﾘ〛聖省長官;知牧.
der **Prä·fe·ren·ti·al·zoll, Prä·fe·ren·zi·al·zoll** [プレふェレンツィアール・ツォル] 名 -(e)s/..zölle 〚経〛特恵関税.
die **Prä·fe·renz** [プレふェレンツ] 名 -/-en **1.** 〚経〛特恵. **2.** 〚経〛(消費者の)好み. **3.** 〚文〛際立った好み, ひいき.
das **Prä·fix** [プレふィクス, プレ·ふィクス] 名 -es/-e 〚言〛接頭辞;〘古〙分離前つづり.
die **Prä·for·ma·ti·on** [プレふぉるマツィオーン] 名 -/ 〚文〛前もっての形成;〚生〛(個体の)発生前形成, 前成.
(das) **Prag** [プラーク] 名 -s/ 〚地名〛プラハ(チェコの首都).
der **Prä·ge·druck** [プレーゲ・ドるック] 名 -s/ **1.** 〚印〛浮出し印刷. **2.** 〚織〛押型写し.
die **Prä·ge·form** [プレーゲ・ふぉるム] 名 -/-en (貨幣などの)鋳型.
prä·gen [プレーゲン] 動 h. **1.** 〈et⁴ッ〉型押し[型づけ・型打ち・圧印]加工をする(皮革などに). **2.** 〈et⁴ッ〉鋳造する. **3.** 〈et⁴ッ+auf〈et⁴〉(ﾉｴﾆ)/in〈et⁴〉(ﾉﾅｶﾆ)〉刻印する, 圧印(プレス)する. **4.** 〈j⁴/et⁴ッ〉(影響を及ぼして)特徴を与える. **5.** 〈et⁴ッ+auf〈j⁴/et⁴〉ッ〉〚動物行動〛刷込む, 刻印づけする. **6.** 〈sich⁴〉〚文・稀〛形をとる. 〖慣用〗 sich⁴ 〈et⁴〉 ins Gedächtnis [Herz] prägen 〈事ッ〉記憶[心]に刻み込む.
Pra·ger¹ [プラーガー] 形 (無変化)プラハの.
der **Pra·ger²** [プラーガー] 名 -s/- プラハ市民.
der **Prä·ge·stem·pel** [プレーゲ・シュテムペル] 名 -s/- 〚印·金属〛押型.
der **Prä·ge·stock** [プレーゲ・シュトック] 名 -(e)s/..stöcke 〚印·金属〛型押し機.
die **Prag·ma·lin·gu·is·tik** [プラグマ・リングイスティク, プラグマ・リングイスティク] 名 -/ 〚言〛語用論的言語学.
die **Prag·ma·tik** [プラグマーティク] 名 -/ **1.** (⊕のみ)〚文〛実際的なセンス, 実用志向. **2.** 〚ｶﾄﾘ〛〚官〛(公務員の職階制で定められた)昇進の道;(公務員の)服務規程. **3.** (⊕のみ)〚言〛語用論.
der **Prag·ma·ti·ker** [プラグマーティカー] 名 -s/- 〚文〛実用主義者.
prag·ma·tisch [プラグマーティシュ] 形 実際[実務·実践]的な, 実用[実利]的な;〚言〛語用論(上)の.
prag·ma·ti·sie·ren [プラグマティズィーレン] 動 h. 〈j⁴ッ〉〚ｵｽﾄﾘ〛〚官〛本採用する.
der **Prag·ma·tis·mus** [プラグマティスムス] 名 -/ **1.** 〚哲〛プラグマティズム, 実用主義. **2.** 実用主義的な態度[考え方·仕方].
der **Prag·ma·tist** [プラグマティスト] 名 -en/-en プラグマティスト, 実利主義者.
präg·nant [プレグナント] 形 簡にして要を得た, 的確な.
die **Präg·nanz** [プレグナンツ] 名 -/ (表現が)簡にして要を得ていること, 的確さ.
die **Prä·gung** [プレーグング] 名 -/-en **1.** (貨幣の)鋳造;刻印. **2.** 型押しされた模様[像]. **3.** (特徴的な)型, タイプ: ein Parlamentarismus westlicher ~ 西欧型議会主義. **4.** 〚動物行動〛刷込み, 刻印づけ. **5.** 造語;新しく造られた表現.
die **Prä·his·to·rie** [プレ·ヒストーリエ, プレ·ヒストーリエ] 名 -/ 先史時代;先史学;前史.
prä·his·to·risch [プレ·ヒストーリシュ, プレー·ヒストーリシュ] 形 先史時代の, 有史以前の.
prah·len [プラーレン] 動 h. **1.** 〚mit 〈j³/et³〉ッ〛自慢する. **2.** 〈(文)ッ〉自慢して言う.
der **Prah·ler** [プラーラー] 名 -s/- 自慢する人.
die **Prah·le·rei** [プラーレらイ] 名 -/-en 〚蔑〛 **1.** (⊕のみ)自慢. **2.** 自慢顔の発言.
prah·le·risch [プラーレリシュ] 形 自慢顔の, 自慢ばかりする, 自慢たらたらの.
der **Prahl·hans** [プラール·ハンス] 名 -(es)/..hänse 〚口〛自慢好きな人.
der **Prahm** [プラーム] 名 -(e)s/-e [Prähme] 平底船.
das **Prä·ju·diz** [プレ·ユディーツ] 名 -es/-e 〚文〛 **1.** 先例となる決定. **2.** 〚法〛判例, 先例となる判決.
prä·ju·di·zie·ren [プレ·ユディツィーレン] 動 h. 〈et⁴ ニツィテ〉ッ〉〚法〛先例となる判決を行う;〚文〛先例となる決定を行う.
die **Prä·kog·ni·ti·on** [プレ·コグニツィオーン] 名 -/ 〚超心理〛予知, 前知.
die **Prak·tik** [プらクティク] 名 -/-en **1.** (実施)方法, やり方. **2.** (主に⊕)やりくち, 手口. **3.** (15-17世紀の)農民暦.
prak·ti·ka·bel [プらクティカーベル] 形 (⊕⊕は..bl..) 実用的な, 実際的な, 有用な;〚劇〛実物の.
das **Prak·ti·ka·bel** [プらクティカーベル] 名 -s/- 〚劇〛実際に使える(実物の)舞台装置.
der **Prak·ti·kant** [プらクティカント] 名 -en/-en 実習生.
der **Prak·ti·ker** [プらクティカー] 名 -s/- **1.** 実務家. **2.** 〚医〛(ｼﾞｮｳﾅ-)開業医.
das **Prak·ti·kum** [プらクティクム] 名 -s/..ka(..ken) (学校外での)実習;(理系の学科での)実習.
der **Prak·ti·kus** [プらクティクス] 名 -/-se 〚冗〛万事に通暁した人, 何でもこなす人, 実務に堪能な人.
prak·tisch [プらクティシュ] 形 **1.** 実際の, 実地の: ein ~es Beispiel 実例. ein ~er Arzt 開業医, (専門医に対する)一般医. **2.** 実用的な, 便利な: ein ~es Werkzeug 実用的な道具. **3.** 手際のよい, 実務的な: ~ veranlagt sein 実務的な才がある.
—— 副 〚文飾〛〚口〛実際的に, ほとんど.
prak·ti·zie·ren [プらクティツィーレン] 動 h. **1.** 〈et⁴ッ〉実地に適用する(技術などを);実行[実施]する. **2.** 〈ﾓﾉｺﾞﾄ〉診療を行う, 開業している(医師が);〚稀〛実習を行う. **3.** 〈et⁴ッ+auf〈et⁴〉ッ〉〚口〛巧みに移す[入れる·載せる](大きな物を狭い所などへ).
der **Prä·lat** [プレラート] 名 -en/-en 〚ｶﾄﾘ〛高位聖職者;〚ﾌﾟﾛﾃｽﾀﾝﾄ〛教区の長.
der **Prä·li·mi·nar·frie·den** [プレリミナーる·ふリーデン] 名 -s/- 〚法〛仮[予備]講和条約.
die **Prä·li·mi·na·ri·en** [プレリミナーリエン] 複複 (契約·条約締結のための)予備折衝[交渉].
die **Pra·li·ne** [プらリーネ] 名 -/-n ブラリネ(ナッツ·クリームなどの入ったチョコレート).
das **Pra·li·né, Pra·li·nee** [praliné: プらリネー, praliné プらリネ] 名 -s/-s 〚ｽｲｽ〛=Praline.
prall [プらル] 形 ぱんぱんに[いっぱいに]ふくらんだ, はち切れそうな;かんかん照りつける: das ~e Leben 張りのある生活.
der **Prall** [プらル] 名 -(e)s/-e (主に⊕)衝突.
pral·len [プらレン] 動 **1.** s. 〈(方向)ニ〉(どすんと)衝突する(ぶつかる). **2.** h. 〈(方向)ニ〉じりじり照りつける(太陽が).
der **Prall·hang** [プらル·ハング] 名 -(e)s/..hänge 〚地〛攻撃斜面(河川の外側湾曲部の急斜面).
prall·voll [プらル·ふぉル] 形 〚口〛いっぱいに詰まった.
prä·lu·die·ren [プレルディーレン] 動 h. 〚ﾔﾔ雅〛〚楽〛前奏をする(ピアノ·オルガンに).
das **Prä·lu·di·um** [プレルーディウム] 名 -s/..dien プレリ

ュード, 前奏曲.

die **Prä·mie** [プレーミエ] 名 -/-n **1.** 特別賞与, 報奨金, 割増金, 奨励金. **2.** 〖経〗(ノルマ以上の仕事に対する)特別手当. **3.** 保険料. **4.** (宝くじなどの)割増賞金.

prä·mi·en·be·gün·stigt [プレーミエン・ベギュンスティヒト] 形 割増金つきの.

das **Prä·mi·en·ge·schäft** [プレーミエン・ゲシェフト] 名 -(e)s/-e 〖商〗オプション(選択権付)取引(違約金を払えば解約できる定期取引).

das **Prä·mi·en·spa·ren** [プレーミエン・シュパーレン] 名 -s/ 割増金付預金.

prä·mi·e·ren [プレミーレン] 動 h. =prämiieren.

prä·mi·ie·ren [プレミイーレン] 動 h. 〈j⁴/et⁴〉=〗賞(金)を与える.

die **Prä·mis·se** [プレミッセ] 名 -/-n 〖哲〗(三段論法の)前提; 〖文〗(計画などの)前提.

der **Prä·mons·tra·ten·ser** [プレモンストラテンザー] 名 -s/- プレモントレ修道会士.

prä·na·tal [プレ・ナタール] 形 〖医〗出生前の, 胎児期の.

pran·gen [プランゲン] 動 h. **1.** 〈場所に〉目立つように置かれている, 目立つように掛けられている(張られている, 書かれている), これ見よがしにつけられている. **2.** 〖雅〗〖文〗美しく輝いている. **3.** [mit 〈j³/et³〉っ]〖方〗自慢する.

der **Pran·ger** [プランガー] 名 -s/- (罪人の)さらし台. 【慣用】 **am Pranger stehen** さらし者になっている. **an den Pranger kommen** さらし者となる. 〈j⁴/et⁴/et⁴〉 **an den Pranger stellen** 〈人・物・事を〉さらし者にする.

die **Pran·ke** [プランケ] 名 -/-n **1.** 〖猛獣の〗前足. **2.** 〖口〗(人の)ごつい手. **3.** 〖狩〗(猟獣の)足音.

prä·nu·me·ran·do [プレ・ヌメランド] 副 〖経〗前払いで.

das **Prä·pa·rat** [プレパラート] 名 -(e)s/-e **1.** 調合剤〖薬〗. **2.** 〖生・医〗標本, プレパラート.

die **Prä·pa·ra·ti·on** [プレパラツィオーン] 名 -/-en **1.** 〖古〗準備い; 下調べ. **2.** 〖生・医〗プレパラート〖標本〗の製作.

der **Prä·pa·ra·tor** [プレパラートア] 名 -s/-en [プレパラトーレン] 標本製作者.

prä·pa·rie·ren [プレパリーレン] 動 h. **1.** 〈et⁴〉っ〖生・医〗標本を作る(動植物などの); 解剖する. **2.** 〈et⁴〉っ〖文〗(後で使えるように)準備〖整備〗する. **3.** 〈et⁴〉っ〖文〗下調べをする, 準備をする(授業などの). **4.** [sich⁴+für 〈et⁴〉っ]〖文〗準備をする(試験などの).

die **Prä·pon·de·ranz** [プレ・ポンデランツ] 名 -/ 優位, 優勢.

die **Prä·po·si·ti·on** [プレ・ポズィツィオーン] 名 -/-en 〖言〗前置詞.

das **Prä·pu·ti·um** [プレプーツィウム] 名 -s/..tien 〖医〗包皮.

die **Prä·rie** [プレリー] 名 -/-n (北米の)大草原, プレーリー.

die **Prä·rie·aus·ter** [プレリー・アウスター] 名 -/-n プレーリーオイスター(ブランデー・卵黄・オイル・香料のカクテル).

das **Prä·ro·ga·tiv** [プレろガティーフ] 名 -(e)s/-e (昔の支配者の)特権, 大権; 〖古〗優先権, 特典.

das **Prä·sens** [プレーゼンス] 名 -/, .sentia [プレゼンツィア]〖..senzien [プレゼンツィエン] 〖言〗現在時称; (動詞の)現在形.

prä·sent [プレゼント] 形 〖文〗居合せている. 〈et⁴〉 haben 〈事を〉覚えている, 〈事を〉すぐに言える.

das **Prä·sent** [プレゼント] 名 -(e)s/-e 〖文〗(ちょっとした)贈り物, プレゼント(Geschenk).

prä·sen·tie·ren [プレゼンティーレン] 動 h. **1.** 〈j³〉=+〈et⁴〉っ〖文〗(差出して)勧める(煙草などを), 贈呈〖進呈〗する, 渡す(名刺などを), 呈示する(手形を),

差出す(請求書などを). **2.** 〈j³〉=+〈j⁴〉っ+〈様態〉っ〖デフェル〗〗紹介する. **3.** [sich⁴+〈j³〉っ/en+〈様態〉デフェル〗〕現れる, 姿を見せる, 自己紹介をする. **4.** 〈et⁴〉っ〖軍〗捧げ持つ. 【慣用】 〈j³〉 **die Rechnung für** 〈et⁴〉 **präsentieren** 〈人に〉自分のした〈事の〉責任を取らせる(後始末をさせる).

der **Prä·sen·tier·tel·ler** [プレゼンティーア・テラー] 名 -s/- (次の形で)**auf dem ~ sitzen** 〖口・蔑〗世間の見世物になっている.

die **Prä·senz** [プレゼンツ] 名 -/ **1.** 〖文〗〖ある〗こと, 存在, 現存, 出席; 〖ジェネ〗人体の発する力.

die **Prä·senz·bi·blio·thek** [プレゼンツ・ビブリオテーク] 名 -/-en 〖文〗(帯出禁止の)開架式図書館.

der **Prä·senz·dienst** [プレゼンツ・ディーンスト] 名 -(e)s/〖ポステル〗〖官〗(連邦軍の)現役勤務.

die **Prä·senz·lis·te** [プレゼンツ・リステ] 名 -/-n 出席者名簿.

die **Prä·senz·stär·ke** [プレゼンツ・シュテルケ] 名 -/-n 〖軍〗現有兵力.

das **Pra·se·o·dym** [プらゼオデューム] 名 -s/ 〖化〗プラセオジム(記号 Pr).

der **Prä·ser** [プレーザー] 名 -s/- 〖口〗=Präservativ.

das **Prä·ser·va·tiv** [プレぜるヴァティーフ] 名 -s/-e コンドーム.

der **Prä·ses** [プレーゼス] 名 -/..sides [..ズィーデス] 〖..siden プレズィーデン〗 **1.** 〖ポステル〗教会団体の代表司祭. **2.** 〖ポステル〗教会会議の議長.

der **Prä·si·de** [プレズィーデ] 名 -n/-n **1.** 〖学生組合〗コンパの幹事. **2.** 〖ジェネ〗委員会のメンバー.

der **Prä·si·dent** [プレズィデント] 名 -en/-en **1.** 大統領. **2.** (連盟・団体・公共機関などの)会長, 総裁, 長官, 議長. **3.** (大学の)行政長官, 学長.

die **Prä·si·den·ten·wahl** [プレズィデンテン・ヴァール] 名 -/-en 大統領(議長・会長・長官・大学行政長官・総裁)選挙.

die **Prä·si·dent·schaft** [プレズィデントシャフト] 名 -/-en (主に④)大統領職; 大統領在任期間.

prä·si·di·al [プレズィディアール] 形 大統領(議長・会長・長官・学長・総裁)の.

das **Prä·si·di·al·sys·tem** [プレズィディアール・ズュステーム] 名 -s/-e **1.** 国家元首と行政権の首長の権限を行使する大統領制度. **2.** (団体の一人が決定権をもつ)大統領制的体制.

prä·si·die·ren [プレズィディーレン] 動 h. 〈et⁴〉/〈et³〉議長〖委員長・会長・長官〗を務める(〈et⁴〉は 〈at³〉).

das **Prä·si·di·um** [プレズィーディウム] 名 -s/..dien (主に④) **1.** 議長の役. **2.** 議長団; 幹部会. **3.** 警察本部, 本署(Polizei~).

pras·seln [プらッセルン] 動 **1.** h./s. 〖〈方向〉っ〗ばちばち〖ばらばら〗音を立てる; 当ってばらばら〖ばらばら〗音を立てる(雨が屋根などに), 落ちてばらばら〖ばらばら〗音を立てる(豆が床などに). **2.** h. 〖ぱちぱち〗〗ばちばち弾ける音を立てる.

pras·sen [プらッセン] 動 h. 〖ポステル〗ぜいたくな生活をする; うまいものをたらふく飲み食いする.

prä·su·mie·ren [プレズミーレン] 動 h. 〈et⁴〉っ〖哲・法〗仮定する, 推定する; 〖文〗推測する.

die **Prä·sum·ti·on** [プレズムツィオーン] 名 -/-en 〖哲〗推定; 〖文〗推測, 仮定.

prä·sum·tiv [プレズムティーフ] 形 〖哲・法〗推測上の, 仮定の.

der **Prä·ten·dent** [プレテンデント] 名 -en/-en 〖文〗(地位などを)要求する人, 王位をねらう人.

prä·ten·ti·ös [プレテンツィエース] 形 〖文〗仰々しい, もったいぶった.

das **Prä·te·ri·tum** [プレテーリトゥム] 名 -s/..ta 〖言〗過去時制(Imperfekt); (動詞の)過去形.

die **Prä·to·ria·ner·gar·de** [プレトリアーナー・ガるデ] 名

Pratze

-/-n（古代ローマの）皇帝親衛隊.
die **Pra̱tze** [プラッツェ] 图 -/-n =Pranke 1, 2.
präventi̱v [プレヴェンティーふ] 形《文》予防の.
der **Präventi̱vkrieg** [プレヴェンティーふ・クリーく] 图 -(e)s/-e 予防戦争.
die **Präventi̱vmedizin** [プレヴェンティーふ・メディツィーン] 图 -/ 予防医学.
die **Pra̱xis** [プラクスィス] 图 -/..xen **1.**（㊓のみ）実践, 実行, 実際: in der ～ 実際上は. **2.**（主に㊓のみ）実施方法. **3.**（㊓のみ）実地の〔実務〕経験. **4.**（主に㊓のみ）〔医師・弁護士などの〕業務; 診療室, 事務所.
pra̱xisnah [プラクスィス・ナー] 形 実践〔実際〕的な.
die **Präzede̱nz** [プレツェデンツ] 图 -/-en《文》優先, 上位.
der **Präzede̱nzfall** [プレツェデンツ・ふァル] 图 -(e)s/..fälle《文》〔模範となる〕先例, 前例.
präzipiti̱eren [プレツィピティーレン] 動 *h.*〈et⁴ッ〉〖化〗沈殿させる;〖医〗沈降させる.
präzi̱s [プレツィース] 形 (プレツィーゼ) = präzise.
präzi̱se [プレツィーゼ] 形 明確な, 的確な, 精密な.
präzisi̱eren [プレツィズィーレン] 動 *h.*〈et⁴ッ〉《文》より明確〔正確〕に説明〔規定・表現〕する.
die **Präzisi̱on** [プレツィズィオーン] 图 -/《文》正確さ, 精密さ, 明確さ.
die **Präzisi̱onsarbeit** [プレツィズィオーンス・アルバイト] 图 -/-en 精密作業, 綿密な仕事.
die **Präzisi̱onswaage** [プレツィズィオーンス・ヴァーゲ] 图 -/-n 精密測定用秤 (はかり).
der **Préci̱s** [presi̱: フランス語] 图 - [..スィー(ス)]/..スィース《文体論》梗概 (こうがい), 提要.
die **Prede̱lla** [プレデラ] 图 -/-s (..dellen)〖芸術学〗プレデラ（祭壇画最下部の帯状の小画面）.
predigen [プレーディゲン] 動 *h.* **1.**〖宗教〗説教を行う. **2.**〈et⁴ッ〉告げる, 伝える〔福音を〕. **3.**（〈j³ッ〉+〈et⁴ッ〉）〖口〗〔始終〕熱心に説く〔愛などを〕. **4.**〈〈j³ッ〉+〈文⁴ッ〉〉〖口〗お説教をする.
der **Prediger** [プレーディガー] 图 -s/- 説教者;〖口〗〔道徳などを〕説く人.
die **Predigt** [プレーディヒト] 图 -/-en 説教;〖口〗お説教.
der **Pregel** [プレーゲル] 图 -s/《川名》プレーゲル川（ケーニヒスベルク〔カリーニングラート〕を流れる川）.
der **Pre̱is** [プライス] 图 -es/-e **1.** 値段, 価格; 物価. **2.** 賞, 賞品〔金〕; 褒美, 報酬. **3.**《文》〔神・自然などへの〕賛美, 称賛. 【慣用】hoch〔gut〕im Preis stehen よい値段で売れる. um jeden Preis 是が非でも, どうしても. um keinen Preis どんなことがあっても決して…しない.
die **Preisagentur** [プライス・アゲントゥーあ] 图 -/-en プライスエージェント（割安商品・業務を仲介）.
die **Pre̱isangabe** [プライス・アン・ガーベ] 图 -/-n 価格表示.
der **Pre̱isanstieg** [プライス・アン・シュティーク] 图 -(e)s/-e 値上がり, 物価騰貴.
die **Pre̱isaufgabe** [プライス・アウふ・ガーベ] 图 -/-n 懸賞問題.
der **Pre̱isauftrieb** [プライス・アウふ・トリープ] 图 -(e)s/-e〖経〗物価騰貴.
das **Pre̱isausschreiben** [プライス・アウス・シュらイベン] 图 -s/- 懸賞.
pre̱isbereinigt [プライス・べらイニヒト] 形〖経〗価格調整済みの.
pre̱isbewusst, ㊍**pre̱isbewußt** [プライス・ベヴスト] 形 値段に注意を払う.
die **Pre̱isbildung** [プライス・ビルドゥング] 图 -/-en〖経〗価格〔物価〕形成; 価格決定〔設定〕.
die **Pre̱isbindung** [プライス・ビンドゥング] 图 -/-en〖経〗〔統制・協定による〕価格拘束.
der **Pre̱isbrecher** [プライス・ブれひゃー] 图 -s/- 価格破壊をする人（競合商品を通常の価格よりずっと安く売る人）.
die **Pre̱isdiskriminierung** [プライス・ディスクりミニーるング] 图 -/-en〖経〗価格差別〔化〕.
die **Pre̱iselbeere** [プライゼル・ベーれ] 图 -/-n〖植〗コケモモ; コケモモの実.
die **Pre̱isempfehlung** [プライス・エムプふぇールング] 图 -/-en〖商〗販売価格勧告〔推奨〕, メーカー希望小売価格.
pre̱isen* [プライゼン] 動 pries; hat gepriesen〈j⁴/et⁴ッ〉+〈《文》alsッ〈j⁴/ッ〉〉《文》褒める, 褒め称える, 称賛〔賛美〕する:〈j¹〉glücklich ～〈人〉を幸運であると言う. sich⁴ als guter〔guten〕Koch ～ 良い料理人であると自賛する.
die **Pre̱isentwicklung** [プライス・エントヴィックルング] 图 -/-en 物価の動向.
die **Pre̱iserhöhung** [プライス・エあ㊉ーウング] 图 -/-en 値上げ.
die **Pre̱isermäßigung** [プライス・エあメースィグング] 图 -/-en 値引き, 割引.
die **Pre̱isfrage** [プライス・ふらーゲ] 图 -/-n **1.** 懸賞問題;（転）厄介な問題. **2.** 価格の問題.
die **Pre̱isgabe** [プライス・ガーベ] 图 -/ 放棄, 断念,（秘密などを）漏らすこと.
pre̱isgeben* [プライス・ゲーベン] 動 *h.* **1.**〈j⁴/et⁴ッ〉+〈《文》ダティふ〉《文》見棄てる, 放棄する, 断念する. **2.**〈j⁴/et⁴ッ〉+〈j³/et³ッ〉引き渡す, 委ねる, さらす. **3.**〈〈j³ッ〉+〈et⁴ッ〉〉漏らす, 打明ける.
pre̱isgebunden [プライス・ゲブンデン] 形〖経〗価格が拘束された.
pre̱isgekrönt [プライス・ゲク㊀ーント] 形 受賞した.
das **Pre̱isgericht** [プライス・ゲりヒト] 图 -(e)s/-e 受賞者選考委員会.
die **Pre̱isgrenze** [プライス・グれンツェ] 图 -/-n 価格の限界: die obere/untere ～ 価格の上限/下限.
pre̱isgünstig [プライス・ギュンスティひ] 形 割安の, 買い得な.
der **Pre̱isindex** [プライス・インデクス] 图 -(es)/-e[..dizes]〖経〗物価指数.
das **Pre̱iskartell** [プライス・カるテル] 图 -s/-e〖経〗価格カルテル.
die **Pre̱iskontrolle** [プライス・コントろレ] 图 -/-n 物価統制.
die **Pre̱islage** [プライス・ラーゲ] 图 -/-n 価格の程度〔高さ〕.
die **Pre̱islawine** [プライス・ラヴィーネ] 图 -/-n〖口〗〔とめどない〕物価の上昇.
die **Pre̱isliste** [プライス・リステ] 图 -/-n 価格〔定価〕表.
die **Pre̱is-Lohn-Spirale** [プライス・ローン・シュピらーレ] 图 -/-n〖経〗物価と賃金の悪循環.
der **Pre̱isnachlass**, ㊍**Pre̱isnachlaß** [プライス・ナー・ラス] 图 -es/-e[..lässe] 値引き, 割引.
das **Pre̱isniveau** [..nivo̱ː プライス・ニヴォー] 图 -s 物価水準.
die **Pre̱ispolitik** [プライス・ポリティーク] 图 -/ 物価政策.
der **Pre̱isrichter** [プライス・リヒター] 图 -s/- 賞の審査員.
das **Pre̱isrichterkollegium** [プライスりヒター・コレーギウム] 图 -s/..gien 賞の審査〔選考〕委員会.
der **Pre̱isrückgang** [プライス・りュック・ガング] 图 -(e)s/..gänge 物価の下落.
die **Pre̱isschere** [プライス・シェーれ] 图 -/-n〖経〗〔二つの物価指数間の〕鋏 (はさみ) 状価格差.
das **Pre̱isschild** [プライス・シルト] 图 -(e)s/-er 値札.

die **Preis·schrift** [プらイス・シュりふト] [名] -/-en 受賞論文.
die **Preis·schwan·kung** [プらイス・シュヴァンクング] [名] -/-en 《主に[複]》価格〔物価〕変動.
die **Preis·sen·kung** [プらイス・ゼンクング] [名] -/-en 値下げ.
die **Preis·sta·bi·li·tät** [プらイス・シュタビリテート, プらイス・スタビリテート] [名] -/ 物価安定.
die **Preis·stei·ge·rung** [プらイス・シュタイゲるング] [名] -/-en 物価の上昇.
der **Preis·stopp** [プらイス・シュトップ] [名] -s/-s 価格の凍結.
der **Preis·sturz** [プらイス・シュトゥるツ] [名] -es/..stürze 価格〔物価〕の暴落.
der **Preis·trä·ger** [プらイス・トれーガー] [名] -s/- 受賞者.
die **Preis·trei·be·rei** [プらイス・トらイベらイ] [名] -/ 《蔑》価格つり上げ.
die **Preis·über·wa·chung** [プらイス・ユーバーヴァっふング] [名] -/-en 物価の監視.
die **Preis·ver·tei·lung** [プらイス・ふぇあタイルング] [名] -/-en 賞の授与.
preis·wert [プらイス・ヴェーあト] [形] 割安な, 買い得な.
preis·wür·dig [プらイス・ヴュるディひ] [形] **1.** 《文》称賛に値する. **2.** 《古》割安な.
die **Preis·wür·dig·keit** [プらイス・ヴュるディひカイト] [名] -/ 《文》値ごろ, 割安.
pre·kär [プれケーあ] [形] 《文》(扱いの)難しい.
der **Prell·bock** [プれル・ボック] [名] -(e)s/..böcke 〖鉄道〗車止め.
prel·len [プれレン] [動] **1.** *h.* 〔〈j⁴〉ｦ+um〈et⁴〉ｦ〕(だまして)横取りする. **2.** *s.* 〔〈方向〉ﾆ〕《稀》激突する. **3.** *h.* 〔sich³+〈et⁴〉ｦ // sich⁴+an〈et³〉ｦ〕激しくぶつけて痛める. **4.** *h.* 〔〈et⁴〉ｦ〕〖球〗バウンドさせる《ボールを》. 【慣用】*h.* **die Zeche prellen** 《口》飲食代を踏倒す.
die **Prel·le·rei** [プれレらイ] [名] -/-en 詐取;詐欺.
der **Prell·schuss**, [旧]**Prell·schuß** [プれル・シュス] [名] -es/..schüsse 跳弾.
der **Prell·stein** [プれル・シュタイン] [名] -(e)s/-e (家や門の角に置いた)衝突除けの縁石.
die **Prel·lung** [プれルング] [名] -/-en 打撲傷.
das **Pré·lude** [prelý:t プれリュート] [名] -s/-s (ピアノ曲の)前奏曲, プレリュード.
der **Pre·mi·er** [prəmi̯é:, pre.. プれミエー] [名] -s/-s 首相(~minister).
die **Pre·mi·e·re** [prəmi̯é:rə, pre.. プれミエーれ] [名] -/-n (劇などの)初演, (映画の)封切り.
der **Pre·mi·e·ren·be·su·cher** [プれミエーれン・ベズーはー] [名] -s/- 初演〔封切映画〕の客.
das **Pre·mi·e·ren·pu·bli·kum** [プれミエーれン・プブリクム] [名] -s/ 《総称》初演〔封切り〕の観客〔聴衆〕.
der **Pre·mi·er·mi·nis·ter** [プれミエー・ミニスター] [名] -s/- 首相, 総理大臣.
das **Pre·n·o·nym** [プれノニューム] [名] -s/-e (自分の)名からつくった変名〔偽名〕.
der **Pres·by·ter** [プれスビュター] [名] -s/- **1.** 〖キ教〗(初期キリスト教会の)長老. **2.** 〖ｶﾄﾘｯｸ〗司祭(Priester). **3.** 〖ﾌﾟﾛﾃｽﾀﾝﾄ〗(長老派教会の)長老.
der **Pres·by·te·ri·a·ner** [プれスビュテりアーナー] [名] -s/- 〖ﾌﾟﾛﾃｽﾀﾝﾄ〗長老派教会員, 長老派の人.
das **Pres·by·te·ri·um** [プれスビュテーりウム] [名] -s/..rien **1.** 〖ﾌﾟﾛﾃｽﾀﾝﾄ〗長老会;長老会会議室. **2.** 〖ｶﾄﾘｯｸ〗(内陣の)司祭席;司教区の全司教.
pre·schen [プれっシェン] [動] *s.* 〔〈方向〉ﾍ/〈場所〉ｦ〕急ぐ, 疾走〔疾駆〕する《人・馬・車などが》.
die **Pre·shave·lo·tion, Pre-shave·lo·tion, Pre-Shave-Lo·tion**, [旧]**Pre-shave-Lo·tion** [prí:ʃe:flo:ʃən プリー・シェーふ・ローシェン] [名] -/-s プレシェーブローション.
pres·sant [プれサント] [形] 《方》緊急の, 急ぎの.
die **Pres·se** [プれっセ] [名] -/-n **1.** 《[単]のみ》新聞雑誌, 報道機関, ジャーナリズム;新聞雑誌の論評: die Freiheit der ~ 言論〔出版・報道〕の自由. **2.** プレス, 圧縮機;(果物を搾る)圧搾機, ジューサー;〖印〗《古》印刷機. **3.** 《口・蔑》(受験のための)学習塾.
die **Pres·se·a·gen·tur** [プれっセ・アゲントゥーあ] [名] -/-en 通信社.
das **Pres·se·amt** [プれっセ・アムト] [名] -(e)s/..ämter 内閣広報室.
der **Pres·se·be·richt** [プれっセ・ベりひト] [名] -(e)s/-e 新聞雑誌の報道.
das **Pres·se·bü·ro** [プれっセ・ビュろー] [名] -s/-s 広報部, 広報担当課.
der **Pres·se·chef** [プれっセ・シェふ] [名] -s/-s 広報室長.
der **Pres·se·dienst** [プれっセ・ディーンスト] [名] -(e)s/-e (党・団体などが定期的に刊行する)広報誌.
der **Pres·se·emp·fang** [プれっセ・エムプふぁング] [名] -(e)s/..fänge 記者会見.
der **Pres·se·fo·to·graf, Pres·se·pho·to·graph** [プれっセ・ふォト・グらーふ] [名] -en/-en 新聞〔雑誌〕社のカメラマン, 報道写真家.
die **Pres·se·frei·heit** [プれっセ・ふらイハイト] [名] -/ 言論〔出版・報道〕の自由.
das **Pres·se·ge·setz** [プれっセ・ゲゼッツ] [名] -es/-e 出版法, 新聞条例.
die **Pres·se·kam·pa·g·ne** [プれっセ・カムパニエ] [名] -/-n 新聞雑誌によるキャンペーン.
die **Pres·se·kon·fe·renz** [プれっセ・コンふぇれンツ] [名] -/-en 記者会見.
die **Pres·se·mel·dung** [プれっセ・メルドゥング] [名] -/-en 新聞雑誌の報道.
pres·sen [プれっセン] [動] *h.* **1.** 〔〈et⁴〉ｦ〕(一定の力を加えて)押す, プレス〔加圧・圧搾〕する;(プレスして)製作する《レコードなどを》. **2.** 〔〈et⁴〉ｦ〕搾る《果物を》;搾り取る《ジュースを》. **3.** 〔〈et⁴〉ｦ+aus〈et³〉ｶﾗ〕搾り出す《ジュースを果物から》. **4.** 〔〈j⁴/et⁴〉ｦ+〈方向〉ﾆ〕押しつける, 押当てる, 押込む;裏ごしする. **5.** 〔〈j⁴〉ﾆ+zu〈et³〉ｦ〕強いる, 強制する. **6.** 〔〈j⁴〉ｦ〕《古》抑圧〔弾圧〕する, 抑えつける. **7.** 〔[補足なし]〕〖医〗いきむ《陣痛時に》.
das **Pres·se·recht** [プれっセ・れひト] [名] -(e)s/ 出版法.
die **Pres·se·stel·le** [プれっセ・シュテレ] [名] -/-n (官庁・企業などの)広報室.
die **Pres·se·stim·me** [プれっセ・シュティメ] [名] -/-n 《主に[複]》新聞雑誌の論説;新聞の論評《ラジオなどでの各社の社説の要約・紹介》.
der **Pres·se·ver·tre·ter** [プれっセ・ふぇあトれーター] [名] -s/- 取材記者.
die **Press·form**, [旧]**Preß·form** [プれス・ふぉるム] [名] -/-en 〖工〗ダイ《押型成形のためのくぼみのついた型》.
das **Press·glas**, [旧]**Preß·glas** [プれス・グラース] [名] -es/..gläser 押型ガラス.
die **Press·he·fe**, [旧]**Preß·he·fe** [プれス・ヘーふぇ] [名] -/-n 圧縮酵母.
pres·sie·ren [プれスィーれン] [動] *h.* 〔[補足なし]〕《南独・ｵｰｽﾄﾘｱ・ｽｲｽ》急を要する《用件などが》;急ぐ: Es *pressiert*. それは急を要する. Es *pressiert* mir. 私は急いでいる. Er ist sehr *pressiert*. 彼はとても急いでいる.
die **Pres·si·on** [プれスィオーン] [名] -/-en 圧力, 強要, プレッシャー.
die **Press·koh·le**, [旧]**Preß·koh·le** [プれス・コーレ] [名] -/-n 練炭, たどん.
der **Press·kopf**, [旧]**Preß·kopf** [プれス・コップふ] [名] -(e)s/ (豚・牛の頭・皮を煮て作った)ゼラチン状ソー

セージ, ヘッドチーズ.

der **Press·ku·chen, [旧]Preß·ku·chen** [プれス・クーヘン] [名] -s/- 圧縮〔脱水〕ケーキ(油かすや汚泥を板〔塊〕状にしたもの).

der **Press·ling, [旧]Preß·ling** [プれスリング] [名] -s/-e プレス成形品(金属・石炭の粉・油かす・汚泥などの).

die **Press·luft, [旧]Preß·luft** [プれス・ルふト] [名] -/ 圧縮空気.

der **Press·luft·boh·rer, [旧]Preß·luft·boh·rer** [プれスルふト・ボーらー] [名] -s/- 圧縮空気削岩機〔ドリル〕.

der **Press·luft·ham·mer, [旧]Preß·luft·ham·mer** [プれスルふト・ハマー] [名] -s/..hämmer 〘土〙圧縮空気ハンマー.

die **Press·mas·se, [旧]Preß·mas·se** [プれス・マッセ] [名] -/-n 〘工〙成形素材.

der **Press·schlag, Press-Schlag, [旧]Preß·schlag** [プれス・シュラーク] [名] -(e)s/..schläge 〘サッカー〙二人のプレーヤーによる同時のキック.

der **Press·span, Press-Span, [旧]Preß·span** [プれス・シュパーン] [名] -(e)s/..späne (主に[単])圧搾紙, 板紙.

der **Press·stoff, Press-Stoff, [旧]Preß·stoff** [プれス・シュトっふ] [名] -(e)s/-e 〘工〙成形コンパウンド〔材料〕.

das **Press·stroh, Press-Stroh, [旧]Preß·stroh** [プれス・シュトろー] [名] -s/ 圧縮藁(わら).

die **Pres·sure·group, Pressure-Group, [旧]Pres·sure-group** [préʃərgru:p プれっシャー・グるーブ] [名] -/-s 圧力団体.

die **Press·we·he, [旧]Preß·we·he** [プれス・ヴェーエ] [名] -/-n (主に[複])〘医〙排出陣痛.

das **Pres·ti·ge** [..ʒə プれスティージェ] [名] -s/ 威信, 信望.

das **Pres·ti·ge·den·ken** [プれスティージェ・デンケン] [名] -s/ (世間的な)体面にこだわること, 世間体〔威信〕を気にすること.

pres·to [プれスト] [副] 〘楽〙プレスト, 極めて速く.

das **Prêt-à-por·ter** [prɛtapɔrté: プれタ・ポるテー] [名] -s/-s プレタポルテ, (有名デザイナーの作る)既製服.

pre·ti·ös [プれツィ[エ]ース] [形] =preziös.

die **Pre·ti·o·sen** [プれツィオーゼン] [複名] =Preziosen.

der **Preu·ße** [プろイセ] [名] -n/-n **1.** プロイセン人, プロシア人;《古》義務感の強い厳正な人: So schnell schießen die ~n nicht. 事はそう早くは運ばない, 慌てるな. **2.** ([複]のみ)《口・古》軍隊;兵役.

(*das*) **Preu·ßen** [プろイセン] [名] -s/ 〘地名〙プロイセン, プロシア(かつてのドイツ帝国最大の州).

das **Preu·ßen·tum** [プろイセントゥーム] [名] -s/ プロイセン主義, プロイセン気質.

die **Preu·ßin** [プろイスィン] [名] -/-nen プロイセン女性.

preu·ßisch [プろイスィシュ] [形] プロイセン(人・方言)の, プロイセン的な.

das **Preu·ßisch·blau** [プろイスィシュ・ブラウ] [名] -s/ プルシャンブルー(濃紺の顔料).

pre·zi·ös [プれツィ[エ]ース] [形] 《文》わざとらしい, 気取った.

die **Pre·zi·o·sen** [プれツィオーゼン] [複名] 貴重品, 高価な装身具.

(*der*) **Pri·a·mos** [プリーアモス] [名] 〘ギ神〙プリアモス(トロイアの王).

pri·a·pe·isch [プリアペーイシュ] [形] **1.** プリアポスの. **2.** 《古》わいせつな.

der **Pri·a·pis·mus** [プリアピスムス] [名] -/ 〘医〙持続勃起(ぼっき)(症).

(*der*) **Pri·a·pos** [プリアーポス, プリーアポス] [名] 〘ギ・ロ神〙プリアポス(巨大な男根を持つ豊穣の神).

(*der*) **Pri·a·pus** [プリアーブス] [名] =Priapos.

die **Pri·cke** [プリっケ] [名] -/-n 〘海〙澪標(みおつくし).

pri·ckeln [プリっケルン] [動] *h.* **1.** 〔(〈j³〉ハ)〕むずむずする, むずがゆい, くすぐったい, ちくちくする. **2.** 〔Es+(〈j³〉ハ+in 〈et³〉ガ)〕むずむず〔ちくちく〕する. **3.** 〔〈場所〉ヲ〕ちくちく刺激する(シャンペンが舌などを). **4.** 〔〈場所〉デ〕細かい泡を立てる(シャンペンなどが). **5.** 〔補足なし〕わくわく〔どきどき・いらいら〕させる, むずむずさせる(期待・緊張・不安などが).

der **Priel** [プリール] [名] -(e)s/-e (干潟内の)狭い水路.

der **Priem** [プリーム] [名] -(e)s/-e かみタバコ;ひとつまみのかみタバコ.

prie·men [プリーメン] [動] *h.* 〔補足なし〕かみタバコをかむ.

pries [プリース] [動] preisenの過去形.

prie·se [プリーゼ] [動] preisenの接続法2式.

der **Prieß·nitz·um·schlag** [プリース・ニッツ・ウム・シュラーク] [名] -(e)s/..schläge 〘医〙プリースニッツ式罨法(あんぽう).

der **Pries·ter** [プリースター] [名] -s/- 〘旧約〙祭司;(キリスト教以外の)神官, 僧侶(そうりょ);〘カトリック〙司祭.

das **Pries·ter·amt** [プリースター・アムト] [名] -(e)s/ 僧〔神〕職, 司祭職.

pries·ter·lich [プリースターリひ] [形] 聖職者の, 司祭の.

die **Pries·ter·schaft** [プリースターシャふト] [名] -/ (総称)僧侶(そうりょ), 神官, 司祭.

das **Pries·ter·tum** [プリースタートゥーム] [名] -s/ 僧〔神〕職, 司祭職;僧侶〔神官・司祭〕の身分;僧侶〔神官・司祭〕階級.

die **Pries·ter·wei·he** [プリースター・ヴァイエ] [名] -/-n 〘カトリック〙司祭叙階(式).

die **Prim** [プリーム] [名] -/-en **1.** 〘カトリック〙(聖務日課の)一時課. **2.** 〘フェンシング〙プリム, 第一の構え. **3.** 〘楽〙=Prime 1.

Prim. =Primararzt《オーストリア》主任医師.

pri·ma [プリーマ] [形] (無変化) **1.** 《口》素敵な, すばらしい: ein ~ Kerl すばらしいやつ. **2.** 〘商〙《古》極上の(略 pa., Ia).

die **Pri·ma** [プリーマ] [名] -/..men (9年制ギムナジウムの)最高学年(8学年 Unterprima と9学年 Oberprima. オーストリアでは第1学年).

die **Pri·ma·bal·le·ri·na** [プリマ・バレリーナ] [名] -/..nen プリマバレリーナ.

die **Pri·ma·don·na** [プリマ・ドナ] [名] -/..donnen プリマドンナ;《蔑》ちやほやされるのに慣れたわがまま者.

der **Pri·ma-fa·cie-Be·weis** [prí:mafá:tsiə.. プリーマ・ふぁーツィエ・ベヴァイス] [名] -es/-e 〘法〙一応の証拠.

der **Pri·ma·ner** [プリマーナー] [名] -s/- 《古》ギムナジウム最上級生: sich⁴ wie ein ~ benehmen (経験が少なくて)ぐずぐず〔おどおど〕した態度である.

pri·mär [プリメーあ] [形] 《文》最初の, 第一の, 第一義的な;〘化〙第一の;〘電〙一次の.

der **Pri·mar·arzt** [プリマーあ・アーあツト, プリマーあ・アるツト] [名] -es/..ärzte 《オーストリア》(病院の)主任医師, (各科・病棟の)部長〔医長〕(略 Prim.).

die **Pri·mär·ener·gie** [プリメーあ・エネるギー] [名] -/-n 〘工〙一次エネルギー(石炭・石油など).

der **Pri·ma·ri·us** [プリマーりウス] [名] -/..rien **1.** 〘楽〙(室内楽の)第一ヴァイオリン奏者. **2.** 《オーストリア》=Primararzt.

die **Pri·mär·li·te·ra·tur** [プリメーあ・リテらトゥーあ] [名] -/-en 第一次文献(文献学研究の直接の対象となる著作).

die **Pri·mar·schu·le** [プリマーあ・シューレ] [名] -/-n 《スイス》小学校.

der **Pri·mär·sek·tor** [プリメーあ・ゼクトーあ] [名] -s/-en 〘経〙第一次産業部門.

die **Pri·mär·strah·lung** [プリメーあ・シュトらールング] [名] -/-en 〘理〙一次宇宙線.

die **Pri·ma·ry** [práɪmərɪ プらイメリ] [名] -/..ries [..りズ] (米国の)予備選挙.

P

der **Pri·mas** [プリーマス] [名] -/-se〔..maten [プリマーテン]〕 **1.** 〖カトリック〗首座大司教《人;(単のみ)称号》. **2.** (複-se)ジプシー楽団のヴァイオリンを奏くリーダー.

der〔*das*〕**Pri·mat**[1] [プリマート] [名] -(e)s/-e **1.** 《文》優位,優先;優先権. **2.** 〖カトリック〗教皇首位権.

der **Pri·mat**[2] [プリマート] [名] -en/-en 《主に(複)》〖動〗霊長類.

der **Pri·ma·wech·sel** [プリーマ・ヴェクセル] [名] -s/- 〖商〗1号手形.

die **Pri·me** [プリーメ] [名] -/-n **1.** 〖楽〗一度(の音程);主音. **2.** 〖印・出版〗折り丁番号.

die **Pri·mel** [プリーメル] [名] -/-n 〖植〗サクラソウ.

der **Prim·gei·ger** [プリーム・ガイガー] [名] -s/- (室内楽の)第一ヴァイオリン奏者.

pri·mi·tiv [プリミティーふ] [形] **1.** 原始の,未開の: *~e* Völker 未開民族. **2.** 根源的な,素朴な: *~e* Kunst (日曜画家などの)プリミティブアート. **3.** 単純な,簡単な(道具・方法など). **4.** (《蔑》も有)簡素な,粗末な. **5.** 《蔑》幼稚な,(知的・文化的に)程度の低い.

die **Pri·mi·ti·vi·tät** [プリミティヴィテート] [名] -/-en **1.** (単のみ)原始的なこと,素朴,単純,幼稚. **2.** 幼稚な考え〔発言・行動〕.

die **Pri·miz** [プリミーツ] [名] -/-en 〖カトリック〗新任司祭が初めて行うミサ.

der **Pri·mi·zi·ant** [プリミツィアント] [名] -en/-en 〖カトリック〗新任司祭.

die **Pri·mo·ge·ni·tur** [プリモ・ゲニトゥーあ] [名] -/-en 〖法〗(昔の領主の一族の)長子相続.

der **Pri·mus** [プリームス] [名] -/..mi〔-se〕 《古》(高等学校の)首席(の生徒).

der **Pri·mus in·ter Pa·res**, [旧] **Pri·mus in·ter pa·res** [プリームス インター パーれース] [名] ---/Primi -- 《文》同輩中で首位に立つ者.

die **Prim·zahl** [プリーム・ツァール] [名] -/-en 〖数〗素数.

die **Prin·te** [プリンテ] [名] -/-n プリンテ(香料入りのクッキー).

prin·ted in, [旧] **Prin·ted in** [príntɪt ɪn プリンティト イン] 〖英語〗(…で)印刷された(印刷物が発行された国名を示す).

der **Prin·ter** [プリンター] [名] -s/- 印刷機;〖コンピュータ〗プリンター.

der **Prinz** [プリンツ] [名] -en/-en **1.** プリンス,王子,皇子《人;(単のみ)称号》. **2.** =Karnevalprinz.

die **Prin·zess**, [旧] **Prin·zeß** [プリンツェス] [名] -/-en 《古》=Prinzessin.

die **Prin·zes·sin** [プリンツェッスィン] [名] -/-nen **1.** プリンセス,王女,皇女《人;(単のみ)称号》. **2.** =Karnevalprinzessin.

der **Prinz·ge·mahl** [プリンツ・ゲマール] [名] -(e)s/-e 女王の夫君.

die **Prinz-Hein·rich-Müt·ze** [プリンツ・ハインりひ・ミュッツェ] [名] -/-n プリンツ・ハインリヒ・ミュッツェ,船員帽.

das **Prin·zip** [プリンツィープ] [名] -s/-ien〔-e〕原理;原則,主義: im ~ 原則的には. aus ~ 原則に従って. sich[3] 〈et[4]〉 zum ~ machen 〈事を〉自分の主義とする.

der **Prin·zi·pal**[1] [プリンツィパール] [名] -s/-e **1.** (劇団の)座長. **2.** 店主;(昔の徒弟の)親方.

das **Prin·zi·pal**[2] [プリンツィパール] [名] -s/-e 〖楽〗プリンシパル(パイプオルガンの主要なストップ〔音栓〕);(昔の)低音トランペット.

das〔*der*〕**Prin·zi·pat** [プリンツィパート] [名] -(e)s/-e (ローマ帝政初期の)プリンキパトゥス,元首制.

prin·zi·pi·ell [プリンツィピエル] [形] 原則上の;根本的な.

prin·zi·pi·en·fest [プリンツィーピエン・ふぇスト] [形] 主義に徹する.

prin·zi·pi·en·los [プリンツィーピエン・ロース] [形] 無原則な.

der **Prin·zi·pi·en·rei·ter** [プリンツィーピエン・らイター] [名] -s/- 《蔑》杓子(しゃくし)定規の人,原則〔教条〕主義者.

der **Prin·zi·pi·en·streit** [プリンツィーピエン・シュトらイト] [名] -(e)s/-e 原則〔主義〕をめぐる争い.

prin·zi·pi·en·treu [プリンツィーピエン・トろイ] [形] 主義〔原則〕に忠実な.

prinz·lich [プリンツリひ] [形] 王子の,プリンスの.

der **Prinz·re·gent** [プリンツ・れゲント] [名] -en/-en 摂政の宮.

das **Pri·on** [プリーオン] [名] -s/-en [プリオーネン] 〖医〗プリオン(狂牛病などの原因とされる小蛋白質).

der **Pri·or** [プリーオーあ] [名] -s/-en [プリオーれン] 〖カトリック〗(ドミニコ会などの)修道院長;修道分院院長;大修道院長代理.

die **Pri·o·rin** [プリオーりン,プリーオりン] [名] -/-nen Prior の女性形.

die **Pri·o·ri·tät** [プリオりテート] [名] -/-en **1.** (単のみ)(時間的に)先であること,先行. **2.** (単のみ)優位,優先権. **3.** (複のみ)優先順位. **4.** (複のみ)〖経〗優先株.

die **Pri·o·ri·täts·ak·tie** [プリオりテーツ・アクツィエ] [名] -/-n 《主に(複)》〖経〗優先株.

die **Pri·se** [プリーゼ] [名] -/-n **1.** 一つまみ: eine ~ Salz 一つまみの塩. **2.** 〖海〗(海戦での)捕獲物.

das **Pri·sen·recht** [プリーゼン・れひト] [名] -(e)s/ 捕獲権(敵国の船舶を拿捕(だほ)できる権利).

das **Pris·ma** [プリスマ] [名] -s/..men 〖光〗プリズム;〖数〗角柱.

pris·ma·tisch [プリスマーティシュ] [形] 〖光〗プリズムの;〖数〗角柱の形をした.

die **Prit·sche** [プリッチェ] [名] -/-n **1.** 《方》(道化の)簓(ささら)(薄板を重ねたもので打合せて音を出す). **2.** 簡素な(板張りの)寝台. **3.** (トラックの)側板が開く荷台. **4.** 《口・蔑》売春婦.

der **Prit·schen·wa·gen** [プリッチェン・ヴァーゲン] [名] -s/- 側板が開く荷台のトラック.

pri·vat [プリヴァート] [形] **1.** 個人の,個人的な;内輪の: eine *~e* Angelegenheit 私事. im *~en* Kreis(e) 内輪で. 〈j[4]〉 ~ unterbringen 〈人を〉(ホテルではなく)個人のうちに泊める. **2.** 私的な,プライベートな,非公式の: ein *~er* Brief 私信. **3.** 私用の;私立の;非公開の: ein *~er* Weg/Eingang 私道/勝手口. **【慣用】an/von privat** 個人客に/から.

die **Pri·vat·a·dres·se** [プリヴァート・アドれっセ] [名] -/-n 自宅住所.

die **Pri·vat·an·ge·le·gen·heit** [プリヴァート・アン・ゲレーゲンハイト] [名] -/-en 私事,私用.

die **Pri·vat·bank** [プリヴァート・バンク] [名] -/-en 民間銀行.

der **Pri·vat·be·sitz** [プリヴァート・ベズィッツ] [名] -es/ 私有財産,私有物.

der **Pri·vat·de·tek·tiv** [プリヴァート・デテクティーふ] [名] -s/-e 私立探偵.

der **Pri·vat·do·zent** [プリヴァート・ドツェント] [名] -en/-en (大学の)私講師(教授資格を持つが,正規の教授ではない地位の人).

der **Pri·vat·druck** [プリヴァート・ドるっク] [名] -(e)s/-e 私家版.

das **Pri·vat·ei·gen·tum** [プリヴァート・アイゲントゥーム] [名] -s/ 私有財産.

das **Pri·vat·fern·se·hen** [プリヴァート・ふぇるン・ゼーエン] [名] -s/ 民間テレビ(局).

der/*die* **Pri·vat·ge·lehr·te** [プリヴァート・ゲレーあテ] [名] (形容詞的変化)《古》在野の〔民間〕学者.

das **Pri·vat·ge·spräch** [プリヴァート・ゲシュプれーひ] [名] -(e)s/-e 個人的な会話;私用電話〔通話〕.

die **Pri·vat·hand** [プリヴァート・ハント] [名] 《次の形で》aus〔von〕~ 個人所有の,個人所有者の. in ~ sein 個人の所有である.

P

der **Pri·va·tier** [privatié: プリヴァティエー] 名 -s/-s 〔古〕→Privatmann 2.

pri·va·tim [プリヴァーティム] 副 私的に, 内々で.

das **Pri·vat·in·te·res·se** [プリヴァート・インテレっセ] 名 -s/-n 個人的利害.

pri·va·ti·sie·ren [プリヴァティズィーレン] 動 h. 1. 〔et⁴ッ〕〖経〗民営化する. 2. 〔〗〖文〗資金〔年金〕で生活をする.

die **Pri·va·ti·sie·rung** [プリヴァティズィールング] 名 -/-en 〖経〗民営化.

pri·va·tis·si·me [プリヴァティッスィメ] 副〖文・古〗ごく内輪で.

das **Pri·va·tis·si·mum** [プリヴァティッスィムム] 名 -s/..ma〖文・古〗 1. 選抜された少数のための講義〔演習〕. 2. 《冗》もっぱら個人的にする厳しい注意.

die **Pri·vat·kla·ge** [プリヴァート・クラーゲ] 名 -/-n 〖法〗私訴.

die **Pri·vat·kli·nik** [プリヴァート・クリーニク] 名 -/-en 私立病院.

das **Pri·vat·le·ben** [プリヴァート・レーベン] 名 -s/ 私生活.

der **Pri·vat·leh·rer** [プリヴァート・レーらー] 名 -s/ 個人教授の教師.

der **Pri·vat·mann** [プリヴァート・マン] 名 -(e)s/..leute 1. 私人. 2. 資産〔年金・金利〕生活者.

der **Pri·vat·pa·ti·ent** [プリヴァート・パツィエント] 名 -en/-en 自費の患者.

die **Pri·vat·per·son** [プリヴァート・ぺるゾーン] 名 -/-en 私人, 個人.

das **Pri·vat·recht** [プリヴァート・れひト] 名 -(e)s/〖法〗私法.

die **Pri·vat·sa·che** [プリヴァート・ザッへ] 名 -/-n 私事.

die **Pri·vat·schu·le** [プリヴァート・シューレ] 名 -/-n 私立学校.

der **Pri·vat·se·kre·tär** [プリヴァート・ゼクれテーあ] 名 -s/-e 私設秘書.

die **Pri·vat·sphä·re** [プリヴァート・スふェーれ] 名 -/ プライバシーの領域.

die **Pri·vat·stun·de** [プリヴァート・シュトゥンデ] 名 -/-n 個人教授.

der **Pri·vat·un·ter·richt** [プリヴァート・ウンターりヒト] 名 -(e)s/-e 個人教授.

das **Pri·vat·ver·mö·gen** [プリヴァート・ふぇあメーゲン] 名 -s/ 《口》個人資産, 私有財産.

der **Pri·vat·weg** [プリヴァート・ヴェーク] 名 -(e)s/-e 私道.

die **Pri·vat·wirt·schaft** [プリヴァート・ヴィるトシャふト] 名 -/ 私経済, 民間経済.

das **Pri·vat·zim·mer** [プリヴァート・ツィマー] 名 -s/ プライベートルーム《民家の一室を旅行者に貸していることを示す看板にも用いられる》.

das **Pri·vi·leg** [プリヴィレーク] 名 -(e)s/-ien 〔-e〕〖文〗特典, 特権; 〖法〗特権.

pri·vi·le·gie·ren [プリヴィレギーれン] 動 h. 〔j³ッ〕〖文〗特典〔特権〕を与える;〖法〗特権を与える.

pri·vi·le·giert [プリヴィレギーあト] 形 特権を与えられた: die ~en Schichten 特権階級.

pro [プろー] 前〔+4格〕…ごとに, …につき: ~ Kopf (und Nase) 一人につき. ~ Stunde 毎時.
—— 副 賛成して: ~ sein 賛成である.

das **Pro** [プろー] 名 -s/ 賛成;長所, 利点: das ~ und (das) Kontra einer Sache ある事の賛成と反対〔長所と短所〕.

pro an·no [プろー・アノ] 〖ラ語〗〔古〕毎年, 一年間に.

pro·ba·bel [プろバーベル] 形 〖他は..bl..〗〖文・古〗蓋然(ぜ)性のある.

der **Pro·band** [プろバント] 名 -en/-en 1. 〖心・医〗被験者. 2. 〖系譜学〗〖遺伝学的系図の〗発端者. 3. 〖法〗被保護観察者.

pro·bat [プろバート] 形 試験済みの; 〔効果の〕確かな.

die **Pro·be** [プろーべ] 名 -/-n 1. 試し, 検査, テスト: 〔j³ッ〕auf die ~ stellen〈人を〉試す. 2. 見本, サンプル; 〔転〕一編, 片鱗(%). 3. 試演, 下稽古, リハーサル.

der **Pro·be·ab·zug** [プろーべ・アップ・ツーク] 名 -(e)s/..züge 〖印〗見本〔試し〕刷り; 〖写〗試し焼き.

die **Pro·be·ar·beit** [プろーベ・アるバイト] 名 -/-en 能力検定のために提出された作品〔試し〕; 練習課題.

die **Pro·be·auf·nah·me** [プろーベ・アウふ・ナーメ] 名 -/-n スクリーンテスト;テストレコーディング;試し撮り.

der **Pro·be·druck** [プろーべ・ドるっク] 名 -(e)s/-e 〖印〗試し刷り.

das **Pro·be·ex·em·plar** [プろーべ・エクセムプラーあ] 名 -s/-e 見本, 試供品.

die **Pro·be·fahrt** [プろーべ・ふぁーあト] 名 -/-en 試運転, 試乗.

der **Pro·be·flug** [プろーべ・ふルーク] 名 -(e)s/..flüge 試験飛行; 〔パイロットの〕初飛行.

das **Pro·be·jahr** [プろーべ・ヤーあ] 名 -(e)s/-e 〔1年間の人の〕試用期間.

der **Pro·be·lauf** [プろーべ・ラウふ] 名 -(e)s/..läufe 〖工〗〔機械の〕試運転; 〔≋〕〔走者の〕走力テスト; 〔走路の〕試走.

der **Pro·be·leh·rer** [プろーベ・レーらー] 名 -s/ 〔〕〔大学卒業後ギムナジウムで1年間の実習をする〕見習い教師.

pro·ben [プろーベン] 動 h. 〔(et⁴ッ)〕リハーサル〔下稽古〕をする〈芝居などの〉.

die **Pro·be·num·mer** [プろーべ・ヌマー] 名 -/-n 〔新聞・雑誌の〕見本号.

der **Pro·be·schuss**, Ⓐ **Pro·be·schuß** [プろーべ・シュス] 名 -es/..schüsse 試射.

die **Pro·be·sei·te** [プろーべ・ザイテ] 名 -/-n 〖印〗見本刷りのページ.

die **Pro·be·sen·dung** [プろーべ・ゼンドゥング] 名 -/-en 見本〔試供品〕送付.

pro·be·wei·se [プろーべ・ヴァイゼ] 副 試験的に〔な〕.

die **Pro·be·zeit** [プろーべ・ツァイト] 名 -/-en 1. 〔人の〕試用期間. 2. 〔〕〖法〗保護観察期間.

pro·bie·ren [プろビーれン] 動 h. 1. 〔et⁴ッ〕〔できるかどうか〕やってみる. 2. 〔et⁴ッ〕〔合うかどうか〕試してみる. 3. 〔et⁴ッ〕試食〔試飲〕する. 4. 〔(et⁴ッ)〕〖劇〗〔〕リハーサル〔下稽古〕をする. 【慣用】es mit〈j³/et³〉probieren〈人・物を〉試しに使ってみる.

das **Pro·bier·glas** [プろビーア・グラース] 名 -es/..gläser 1. 試験管. 2. 〔小さな〕試飲用グラス.

der **Pro·bier·stein** [プろビーア・シュタイン] 名 -(e)s/-e 〔金属をこすりつけて純度などを判定する〕試金石.

das **Pro·blem** [プろブレーム] 名 -s/-e 1. 〖文〗〔解決すべき〕問題, 課題. 2. 〖他〗〔厄介な〕こと: mit〈j³/et³〉 ~e haben〈人・物・事を〉困っている.

die **Pro·ble·ma·tik** [プろブレマーティク] 名 -/ 問題点; 〔総称〕ある事柄をめぐるさまざまな問題.

pro·ble·ma·tisch [プろブレマーティシュ] 形 問題のある; 疑わしい, 不確実な.

pro·ble·ma·ti·sie·ren [プろブレマティズィーれン] 動 h. 〔et⁴ッ〕〖文〗問題として扱う〔論じる〕, 〔…の〕問題点を指摘する.

das **Pro·blem·be·wusst·sein**, Ⓐ **Pro·blem·be·wußt·sein** [プろブレーム・ベヴストザイン] 名 -s/ 問題意識.

pro·blem·los [プろブレーム・ロース] 形 問題のない.

die **Pro·blem·lö·sung** [プろブレーム・レーズング] 名 -/-en 問題解決.

die **Pro·blem·stel·lung** [プろブレーム・シュテルング] 名 -/

-en **1.** 問題提起. **2.** 論ずべき問題.

das **Pro·ce·de·re** [protse:dərə プロツェーデれ] 名 -/- =Prozedere.

pro cen·tum [.. tsɛ́ntum プロー ツェントゥム]《ラ語》パーセント(v. H. 記号%).

der **Pro·de·kan** [プロ-デカーン] 名 -s/-e 学部長代理.

pro do·mo [プロー ドーモ]《ラ語》《文》自分の(利益の)ために.

das **Pro·dukt** [プロドゥクト] 名 -(e)s/-e **1.** 産物, 製品. **2.**《数》積.

die **Pro·dukt·eli·mi·nie·rung** [プロドゥクト・エリミニールング] 名 -/-en 《商》(製品)プログラムからの削除.

die **Pro·dukt·en·bör·se** [プロドゥクテン-⊗-るぜ] 名 -/-n《経》商品取引所.

der **Pro·dukt·en·han·del** [プロドゥクテン・ハンデル] 名 -s/《商》農産物取引.

die **Pro·dukt·ge·stal·tung** [プロドゥクト・ゲシュタルトゥング] 名 -/-en 商品デザイン.

das **Pro·dukt·image** [..mɪtʃ プロドゥクト・イミチュ] -(s)/-s 製品イメージ.

die **Pro·duk·ti·on** [プロドゥクツィオーン] 名 -/-en **1.**(⊛のみ)《経》生産, 製造; 生産物, 製品, (劇·映画などの)制作品;《口》生産部門. **2.**《古》(ショーなどの)出し物.

die **Pro·duk·ti·ons·ab·tei·lung** [プロドゥクツィオーンス・アプタイルング] 名 -/-en 生産部門.

der **Pro·duk·ti·ons·aus·fall** [プロドゥクツィオーンス・アウスふァル] 名 -(e)s/..fälle 生産の低下.

der **Pro·duk·ti·ons·fak·tor** [プロドゥクツィオーンス・ふァクトーあ] 名 -s/-en 生産要素(土地·労働·資本).

der **Pro·duk·ti·ons·gang** [プロドゥクツィオーンス・ガング] 名 -(e)s/..gänge 生産過程.

die **Pro·duk·ti·ons·gü·ter** [プロドゥクツィオーンス・ギュタ-] 複名《経》生産財.

die **Pro·duk·ti·ons·ka·pa·zi·tät** [プロドゥクツィオーンス・カパツィテート] 名 -/-en 生産能力.

der **Pro·duk·ti·ons·lei·ter** [プロドゥクツィオーンス・ライタ-] 名 -s/- 生産指導者, 生産指導者.

die **Pro·duk·ti·ons·men·ge** [プロドゥクツィオーンス・メンゲ] 名 -/-n 生産量.

die **Pro·duk·ti·ons·mit·tel** [プロドゥクツィオーンス・ミッテル] 複名 生産要素;《マルクス主義で》生産手段.

der **Pro·duk·ti·ons·spiel·raum** [プロドゥクツィオーンス・シュピールラウム] 名 -(e)s/..räume 生産の適応性.

der **Pro·duk·ti·ons·zweig** [プロドゥクツィオーンス・ツヴァイク] 名 -(e)s/-e 生産の一部門.

pro·duk·tiv [プロドゥクティーふ] 形 生産的な;創造的な. ~e Suffixe《言》(新語を造る)生産的接尾辞.

die **Pro·duk·ti·vi·tät** [プロドゥクティヴィテート] 名 -/ 生産性;創造力.

die **Pro·duk·tiv·kraft** [プロドゥクティーふ・クらふト] 名 -/..kräfte《マルクス主義》生産力(頭脳·生産手段·技術·学問など).

der **Pro·dukt·le·bens·zy·klus** [プロドゥクト・レーベンス・ツュークルス] 名 -/..zyklen 商品〔製品〕のライフサイクル.

die **Pro·dukt- und Sor·ti·ments·po·li·tik** [プロドゥクト ウント ゾるティメンツ·ポリティーク] 名 -/-en《主に⊛》製品品揃え政策.

die **Pro·dukt·va·ri·a·ti·on** [プロドゥクト・ヴァリアツィオーン] 名 -/-en 商品〔製品〕の多様性.

der **Pro·du·zent** [プロドゥツェント] 名 -en/-en **1.** 生産者, 製造者, (映画の)プロデューサ. **2.**《生》(食物連鎖の)生産者.

pro·du·zie·ren [プロドゥツィーれン] 動 h. 〔et⁴ぅ〕生産する, 製造する. **2.**〔j⁴/et³ぅ〕制作〔プロデュース〕する(映画などを): den Sänger ~ 9歌手の

レコード〔ビデオ〕を制作する. **3.**〔et⁴ぅ〕《口》してみせる, 得意がしたくなしくもいいことを. **4.** 〔sich⁴〕《口》人目につくように振舞う, 自分の能力をひけらかす. **5.**〔et⁴ぅ〕《ぷ》(出して)見せる.

Prof. =Professor 教授.

pro·fan [プロふぁーン] 形《文》**1.** 世俗の, 非宗教〔教会〕的な. **2.** ありふれた, 月並みな.

pro·fa·nie·ren [プロふぁニーれン] 動 h.〔et⁴ぅ〕《文》聖性を奪う, (…を)世俗化する.

der **Pro·fess, ⊛ Pro·feß**[1] [プロふぇス] 名 -en/-en《カトリッㇰ》誓願修道士.

die **Pro·fess, ⊛ Pro·feß**[2] [プロふぇス] 名 -/-e《カトリッㇰ》修道誓願.

die **Pro·fes·si·on** [プロふぇスィオーン] 名 -/-en《古》職業, 生業.

der **Pro·fes·sio·nal** [プロふぇスィオナール, proféʃənəl プロふぇショネル] 名 -s/-e([proféʃənəl]と発音する場合は -s/-s) 職業〔プロ〕選手;専門家, プロ.

pro·fes·sio·nell [プロふぇスィオネル] 形 **1.** プロの, 本職の, 常習の. **2.** 専門家の, プロの認める〔使う〕.

der **Pro·fes·sor** [プロふぇッソーあ] 名 -en [プロふぇッソーれン] **1.**(⊛)《大学》教授(称号: 略 Prof.). **2.**(大学)教授: ein zerstreuter ~《口·冗》うっかり者. **3.**《古》ギムナジウム教師.

pro·fes·so·ral [プロふぇッソらール] 形 教授の, 教授らしい;《蔑》教授ぶった;学者ばかの.

die **Pro·fes·sur** [プロふぇッスーあ] 名 -/-en 教授職〔身分〕;(大学の)講座.

der **Pro·fi** [プローふぃ] 名 -s/-s Professional の短縮形.

das **Pro·fil** [プロふぃール] 名 -s/-e **1.** 横顔, (彫像の)側面, プロフィール. **2.**《文》明確な個性, はっきりした特色. **3.**《建·工》見取図, 縦〔横〕断面図;《地質》断面図. **4.** (タイヤ·靴底などの)溝. **5.**《建》建物の張出し部分. **6.**《交通·古》(通り抜ける橋·トンネルなどの)高さと幅.

der **Pro·fi·ler** [prɔ́ːfailɐr プロふぁイラー] 名 -s/-《犯罪学》プロフャイラー.

pro·fi·lie·ren [プロふぃリーれン] 動 h. **1.** 〔et⁴ぅ=〕溝〔波形·刻み目〕をつける(タイヤなどに). **2.** 〔j⁴/et³ぅ=〕はっきりした輪郭を与える, (…の)特色を出す. **3.** 〔sich⁴〕名をなす, 能力を発揮して認められる;《稀》際立った側面を見せる.

pro·fi·liert 形 特色のある, 性格のはっきりした;溝〔波形·刻み目〕をつけた.

die **Pro·fi·lie·rung** [プロふぃリールング] 名 -/ 側面〔プロフィール〕が際立つこと;(特定の分野で)能力を発揮すること.

die **Pro·fil·neu·ro·se** [プロふぃール・ノイローゼ] 名 -/-n 自己顕示性の神経症(特に職場で認められないことに対する不安).

der **Pro·fil·stahl** [プロふぃール・シュタール] 名 -s/..stähle《工》形鋼〔アンˈ〕.

der **Pro·fi·sport** [プローふぃ・シュポるト] 名 -(e)s/ プロスポーツ.

der **Pro·fit** [プロふぃート(-)ト] 名 -(e)s/-e **1.**《蔑》もうけ儲け. **2.** 資本収益.

pro·fi·ta·bel [プロふぃターベル] 形(⊕は..bl..)利益をもたらす.

das **Pro·fit·cen·ter, Pro·fit Cen·ter** [プロふぃットセンタ-] 名 -(s)/- 利益責任部門.

pro·fi·tie·ren [プロふぃティーれン] 動 h. **1.** 〔von〔et³ぅか〕/bei〔et³ぅ〕〕利益を得る, うまい汁を吸う. **2.** 〔von〔j³ぅ〕〕学ぶ.

pro for·ma [プロー ふぉるマ]《ラ語》形式上に;形だけ, 体裁上.

die **Pro·for·ma-Rech·nung** [プロ·ふぉるマ·れヒヌング] 名 -/-en《経》見積書.

Profos 942

der **Pro·fos** [プロふぉース] 名 -es〔-en〕/-e(n) (16-17世紀の軍隊の)法務官.

pro·fund [プロふント] 形 **1.** 深遠な. **2.** 〖医〗深部の, 深在性の.

das **Pro·ges·te·ron** [プロゲステローン] 名 -s/ 〖医〗プロゲステロン(女性ホルモンの一種).

die **Pro·gno·se** [プログノーゼ] 名 -/-n 予知, 予測, 予報;〖医〗予後.

die **Pro·gnos·tik** [プログノスティク] 名 -/ 〖医〗予後学.

das **Pro·gnos·ti·kon** [プログノスティコン], **Pro·gnos·ti·kum** [プログノスティクム] 名 -s/..ken(..ka) 〖医〗徴候.

pro·gnos·tisch [プログノスティシュ] 形 予測的な;〖医〗予後の.

das **Pro·gramm** [プログらム] 名 -s/-e **1.** プログラム;番組: das 〜 der Zeremonie 式次第(書). das erste 〜 第一放送(ドイツのテレビ). die Dritten 〜e 第三の放送(ケーブルテレビなどの). **2.** 計画, 予定. **3.** 基本方針, (政党の)綱領. **4.** 〖コンピ〗プログラム. 〖慣用〗**auf dem Programm stehen** 予定されている. **nach Programm** 期待にたがわず.

pro·gram·ma·tisch [プログらマーティシュ] 形 〖文〗 **1.** 綱領〔基本方針〕に則した. **2.** 方針を示す, 目的を定める.

pro·gramm·ge·mäß [プログらム・ゲメース] 形 予定通りの.

die **Pro·gramm·ge·stal·tung** [プログらム・ゲシュタルトゥング] 名 -/-en 番組〔プログラム〕作成.

der **Pro·gramm·hin·weis** [プログらム・ヒンヴァイス] 名 -es/-e (テレビ・ラジオの)番組案内.

pro·gram·mie·ren [プログらミーれン] 動 h. **1.** 〈et⁴ッ〉基本方針を決める. **2.** 〖コンピ〗プログラミングをする. **3.** 〈j¹/et⁴ッ + (auf 〈et⁴〉ヘ¹)〉始めから〔あらかじめ〕決めてしまう.

der **Pro·gram·mie·rer** [プログらミーらー] 名 -s/- プログラマー.

die **Pro·gram·mier·spra·che** [プログらミーア・シュプらーヘ] 名 -/-n 〖コンピ〗プログラミング言語.

das **Pro·gramm·ki·no** [プログらム・キーノ] 名 -s/-s 特選映画上映館(商業ベースにのらない映画を上映する).

der **Pro·gramm·punkt** [プログらム・プンクト] 名 -(e)s/-e プログラムの項目.

die **Pro·gramm·mu·sik, Pro·gramm-Mu·sik,** ⓪ **Pro·gramm·mu·sik**(分綴は..mm-m..) [プログらム・ムズィーク] 名 -/ 標題音楽.

die **Pro·gramm·vor·schau** [プログらム・ふぉーあ・シャウ] 名 -/-en (テレビ・ラジオの)番組予告.

pro·gres·siv [プログれスィーふ] 形 〖文〗 **1.** 進歩的な. **2.** 漸進〔段階〕的な, 累進の;〖医〗進行性の: 〜e Steuersätze 累進課税率.

die **Pro·hi·bi·ti·on** [プロヒビツィオーン] 名 -/-en **1.** 〖古〗禁止. **2.** 酒類製造販売禁止.

pro·hi·bi·tiv [プロヒビティーふ] 形 禁止〔妨害・阻止〕的な;予防的な.

das **Pro·jekt** [プロイェクト] 名 -(e)s/-e 開発計画, 企画, 構想, プロジェクト.

pro·jek·tie·ren [プロイェクティーれン] 動 h. 〈et⁴ッ〉〖文〗計画する, (…の)建設〔開発〕計画を立てる.

das **Pro·jek·til** [プロイェクティール] 名 -s/-e (小火器の)弾丸, 〖ミサ〗発射物(ミサイルなど).

die **Pro·jek·ti·on** [プロイェクツィオーン] 名 -/-en **1.** 〖光〗映写, 投影;〖稀〗映像. **2.** 〖数〗射影;射影図. **3.** 〖地〗投影;投影図. **4.** 〖地〗地図投影, 投影地図. **5.** 〖文〗(気持などの)投影. **6.** 〖文〗開発計画を立てること.

der **Pro·jek·ti·ons·ap·pa·rat** [プロイェクツィオーンス・アパらート] 名 -(e)s/-e =Projektor.

die **Pro·jek·ti·ons·lam·pe** [プロイェクツィオーンス・ラムペ] 名 -/-n 映写機用ランプ.

der **Pro·jek·ti·ons·schirm** [プロイェクツィオーンス・シルム] 名 -(e)s/-e 映写幕, スクリーン.

pro·jek·tiv [プロイェクティーふ] 形 〖数〗射影の;〖文〗(気持の)投影の.

der **Pro·jek·tor** [プロイェクトーあ] 名 -s/-en [プロイェクトーれン] 映写機, プロジェクター.

pro·ji·zie·ren [プロイツィーれン] 動 h. **1.** 〈et⁴ッ + (auf 〈et⁴〉ッ)〉映写する(スライドをスクリーンなどに). **2.** 〈et⁴ッ〉〖数・地〗射影する. **3.** 〈et⁴ッ + auf [in] 〈j⁴/et⁴〉ッ〉〖文〗投影する(不安を他の人などに).

die **Pro·kla·ma·ti·on** [プロクラマツィオーン] 名 -/-en 〖文〗宣言, 布告, 公布.

pro·kla·mie·ren [プロクラミーれン] 動 〈et⁴ッ〉〖文〗公式に表明する, 宣言する, 公布する, 布告する.

das **Pro·kli·ti·kon** [プロクリーティコン] 名 -s/..ka 〖言〗後接語.

der **Pro-Kopf-Ver·brauch** [プロ・コップふ・ふぇあブらウほ] 名 -(e)s/ 〖経〗国民一人当り消費.

das **Pro·krus·tes·bett** [プロクルステス・ベット] 名 -(e)s/-en プロクルステスのベッド(無理やり合せる規範. ベッドの長さに合せて, 足を切取ったり, 引伸ばしたりしたギリシア神話中の人物プロクルステスになむ).

die **Prok·to·lo·gie** [プロクト・ロギー] 名 -/ 〖医〗直腸病学.

die **Pro·ku·ra** [プロクーら] 名 -/..kuren 〖商〗代理権(ある社員に与えられた商法上の全権).

der **Pro·ku·ra·tor** [プロクらートーあ] 名 -s/-en [プロクらトーれン] **1.** (古代ローマの)属州の総督. **2.** (ヴェネツィア共和国の)執政官. **3.** (修道院の)管財人.

der **Pro·ku·rist** [プロクりスト] 名 -en/-en 代理人(Prokura の持ち主).

der **Pro·laps** [プロラップス, プロ-ラップス] 名 -es/-e 〖医〗脱(出)症.

das **Pro·le·go·me·non** [プロレゴーメノン] 名 -s/ .mena (⓵のみ)(論文の)前書き, 序文;(暫定的な)論文.

die **Pro·lep·se** [プロレプセ] 名 -/-n **1.** 〖植〗植物器官の早期発達, 〖園〗早期発芽. **2.** 〖言〗予期的叙述法(後続の副文の一成分を先取りして主文中に置く叙述法);〖修〗予弁法(反論を予期して反駁しておく術策). **3.** 〖哲〗(ストア学派などの)先取観念.

die **Pro·lep·sis** [プロレプスィス, プロレプスィス] 名 -/ ..epsen =Prolepse.

pro·lep·tisch [プロレプティシュ] 形 〖言〗予期的叙述法の.

der **Pro·let** [プロレート] 名 -en/-en **1.** 〖口・古〗プロレタリア. **2.** 〖蔑〗無作法な人.

das **Pro·le·ta·ri·at** [プロレタアリアート] 名 -(e)s/-e (主に⓵) **1.** 〖マル主義〗プロレタリアート, 無産階級. **2.** (古代ローマの)最下層階級.

der **Pro·le·ta·ri·er** [プロレターりあー] 名 -s/- **1.** プロレタリア, 無産者. **2.** (古代ローマの)最下層民.

pro·le·ta·risch [プロレターりシュ] 形 プロレタリアの.

die **Pro·li·fe·ra·ti·on** [プロりふぇらツィオーン] 名 -/ 〖医〗増殖.

der **Pro·log** [プローローク] 名 -(e)s/-e **1.** (文学作品の)プロローグ, 序章. **2.** (劇の)序幕, 序景. **3.** (数区間にわたる自転車競争の幕開けとなる)前哨レース.

pro·lon·gie·ren [プロロンギーれン] 動 h. **1.** 〈et⁴ッ〉〖経〗期限を延長する. **2.** 〈et⁴ッ〉(〖オース〗)期間を延長する(上映・上演などの).

pro me·mo·ria [プロー・メモーりア] 〖ラ語〗〖文〗(…を)記念して.

die **Pro·me·na·de** [プロメナーデ] 名 -/-n (公園など

の)遊歩道, プロムナード;《古》散歩.
das **Pro·me·na·den·deck** [プロмеナーデン・デック] 名 -(e)s/-〔-e〕《客船の》遊歩甲板.
die **Pro·me·na·den·mi·schung** [プロメナーデン・ミッシュング] 名 -/-en 《口》《戯》も《稀》雑種犬.
pro·me·nie·ren [プロメニーレン] 動《文》 **1.** *h.*《雅》散策〔逍遥〕する《遊歩道やにぎやかな場所を》. **2.** *s.*〔durch〈et⁴〉〕そぞろ歩いて行く.
pro·me·the·isch [プロメテーイシュ] 形 プロメテウスのような.
(*der*) **Pro·me·theus** [プロメートイス] 名〖ギ神〗プロメテウス《Titan 神族の一人. Zeus から火を奪い, 人間に与え, 岩壁につながれる》.
das **Pro·me·thi·um** [プロメーティウム] 名 -s/〖化〗プロメチウム(記号 Pm).
pro mille [プロ・ミレ] 〖シナ語〗千につき(略 p.m.); 1000 分の 1 (記号‰).
das **Pro·mil·le** [プロミレ] 名 -(s)/- **1.** パーミル, 1000 分の 1 (記号‰). **2.**《稠のみ》《口》血液中のアルコール量.
die **Pro·mil·le·gren·ze** [プロミレ・グレンツェ] 名 -/-n《運転者の》血中アルコール濃度の法的許容限度値.
pro·mi·nent [プロミネント] 形 **1.** 重鎮の, 著名な, 名流の. **2.**《文》重要な.
der/*die* **Pro·mi·nen·te** [プロミネンテ] 名〔形容詞的変化〕傑出した人物, 名士, 著名人.
die **Pro·mi·nenz** [プロミネンツ] 名 -/-en **1.**《稠のみ》《総称》名士《人》たち. **2.**《文》《稠のみ》重要な地位を占めていること;《稀》重要性. **3.**《稠のみ》名士, 著名人.
die **Pro·mis·ku·i·tät** [プロミスクイテート] 名 -/《文》乱交.
pro·mis·ku·i·tiv [プロミスクイティーフ] 形《文》乱交の.
pro·mis·so·risch [プロミソーリシュ] 形〖法〗《古》確約を与える: ～*er Eid* 陳述前の宣誓.
der **Pro·mo·ter** [プロモーター] 名 -s/- 《ボクシング・コンサートなどの》プロモーター, 興行主;〖経〗セールスプロモーター.
die **Pro·mo·tion**¹ [プロモツィオーン] 名 -/-en **1.** 博士の学位授与;〖キリ教〗博士の学位授与式. **2.**《スペ》昇進; 進級;〖スポ〗《上位クラスへの》昇格;《…回戦への》進出.
die **Pro·mo·tion**² [promóːʃən プロモーシェン] 名 -/〖経〗販売促進.
pro·mo·vie·ren [プロモヴィーレン] 動 *h.* **1.**《擬》博士の学位を得る《博士の学位〈請求〉論文を書く: zum Doktor der Philosophie in Geschichte ～ 哲学史学で博士の学位を得る/歴史学で博士の学位を得る》. **2.**〔*j⁴·et⁴*〕博士の学位を授与する:〈j⁴〉zum Doktor der Medizin ～ 〈人に〉医学博士の学位を授与する. **3.**〔*j⁴/et⁴*〕《文·古》援助〔後援〕する, 促進〔助成〕する.
prompt [プロムプト] 形 **1.** 即座の, 速やかな; 直ちに. **2.**《口》《主に《皮》》まんまと, やっぱり.
die **Pro·mul·ga·tion** [プロムルガツィオーン] 名 -/-en《文》公布.
pro·mul·gie·ren [プロムルギーレン] 動 *h.*〔*et⁴*〕《文》公布する.
das **Pro·no·men** [プロノーメン] 名 -s/-〔..mina〕〖言〗代名詞(Fürwort).
pro·no·mi·nal [プロ·ノミナール] 形〖言〗代名詞的な.
pro·non·ciert [プロノンスィールト プロノンスィーアト] 形《文》 **1.** 公然たる, 断固とした. **2.** はっきりした.
die **Pro·pä·deu·tik** [プロペドイティク] 名 -/-en **1.** 予備教育, 学問の入門指導. **2.** 入門書.
pro·pä·deu·tisch [プロペドイティシュ] 形 予備教育の, 入門の.
die **Pro·pa·gan·da** [プロパガンダ] 名 -/ 《政治・思想などの》宣伝〔活動〕, プロパガンダ;〖経〗宣伝.
der **Pro·pa·gan·da·feld·zug** [プロパガンダ・ふぇルト・ツーク] 名 -(e)s/..züge 宣伝活動, キャンペーン.
das **Pro·pa·gan·da·mi·nis·te·ri·um** [プロパガンダ・ミニステーリウム] 名 -s/..rien 宣伝省.
der **Pro·pa·gan·dist** [プロパガンディスト] 名 -en/-en 宣伝活動者;《旧東独》党宣伝担当者;〖経〗宣伝売員《広く知らせる人》.
pro·pa·gan·dis·tisch [プロパガンディスティシュ] 形 宣伝活動の;〖経〗宣伝の.
pro·pa·gie·ren [プロパギーレン] 動 *h.*〔*et⁴*〕《文》宣伝〔活動〕をする, キャンペーンをする.
das **Pro·pan** [プロパーン] 名 -s/ プロパン.
das **Pro·pan·gas** [プロパーン・ガース] 名 -es/ プロパンガス.
der **Pro·pel·ler** [プロペラー] 名 -s/- プロペラ; スクリュー.
pro·per [プロパー] 形《口》小ざっぱりとした; きれいな; きちんとした.
der **Pro·phet** [プロふェート] 名 -en/-en 予言者;《主に《宗》》《旧約聖書の》預言書.
die **Pro·phe·tie** [プロふェティー] 名 -/-n 予言.
pro·phe·tisch [プロふェーティシュ] 形 予言者の; 予言的な.
pro·phe·zei·en [プロふェツァイエン] 動 *h.*〔〈*j³*〉=〕〈*et⁴*〉予言する.
die **Pro·phe·zei·ung** [プロふェツァイウング] 名 -/-en 予言〈された事〉;《稀》予言する事.
das **Pro·phy·lak·ti·kum** [プロふュラクティクム] 名 -s/..ka〖医〗予防薬.
pro·phy·lak·tisch [プロふュラクティシュ] 形〖医〗予防の;《文》防止の.
die **Pro·phy·la·xe** [プロふュラクセ] 名 -/-n 《主に《医》》〖医〗予防, 予防措置.
die **Pro·por·tion** [プロポルツィオーン] 名 -/-en **1.**《文》釣合い, 均整, 割合, 比率; プロポーション. **2.**〖数〗比例; 比例式. **3.**〖楽〗プロポルツィオ.
pro·por·ti·o·nal [プロポルツィオナール] 形 **1.**〔〈*j³*/*et⁴*〉*zu*〈*j³*/*et⁴*〉〕釣合いのとれた, 比例した. **2.**〔〈*et⁴*〉*zu*〈*et⁴*〉〕〖数〗比例した.
die **Pro·por·ti·o·nal·wahl** [プロポルツィオナール・ヴァール] 名 -/-en〖政·経〗比例代表選挙.
pro·por·ti·o·niert [プロポルツィオニーアト] 形〈様態＝〉釣合いの〔均整の〕とれた.
der **Pro·porz** [プロポルツ] 名 -es/-e〖政〗国の重要ポストの比例配分制;《オース·スイ》比例代表制による選挙.
die **Pro·po·si·tion** [プロポズィツィオーン] 名 -/-en **1.**《古》提案.**2.**〖修〗主題;〖言〗命題.
prop·pen·voll [プロッペン・ふォル] 形《口》ぎゅうぎゅう詰めの.
das **Pro·pri·um** [プロープリウム] 名 -s/ **1.**〖心〗特性. **2.**〖キリ教〗特定典礼文.
der **Propst** [プロープスト] 名 -(e)s/Pröpste **1.**〖キリ教〗司教座聖堂首席司祭《人;《稠のみ》称号》. **2.**〖プロテスタント〗監督教区長《人;《稠のみ》称号》.
die **Props·tei** [プロープスタイ] 名 -/-en〖キリ教〗司教座教会首席司祭の職務〔教区·住居〕;〖プロテスタント〗監督教区長の職務〔教区·住居〕.
die **Pro·pul·sion** [プロプルスィオーン] 名 -/-en **1.**《古》推進, 駆動. **2.**〖医〗前力失追(パーキンソン病にみられる症状).
der **Pro·pusk** [プロ(-)プスク, プロプスク] 名 -s/-e 通行証, 身分証明書.
die **Pro·py·lä·en** [プロピュレーエン] 複 名〖建〗プロピュラエイオン(古代ギリシアの神殿の柱廊玄関).
der **Pro·rek·tor** [プロー·レクト·ア プロ·レクト·ア] 名 -s/-en プローレクトーレン プロ·レクトーレン] 学長代理.
die **Pro·sa** [プローザ] 名 -/ 散文;《転·文》散文的な

Prosaiker 944

もの, 無味乾燥.
der **Prosaiker** [プロザーイカー] 名 -s/- **1.** 《古》= Prosaist. **2.** 《文》(《蔑》も有)散文的な人.
prosaisch [プロザーイシュ] 形 《文》(《蔑》も有)散文的な, 趣きのない;《稀》散文による.
der **Prosaist** [プロザイスト] 名 -en/-en 散文作家.
der **Prosektor** [プロ-ゼクトーア, プロゼクトーア] 名 -s/-en [プロ-ゼクトーレン, プロゼクトーレン]《医》解剖医;(病院の)病理解剖室長.
der **Proselyt** [プロゼリュート] 名 -en/-en 改宗者, (古代の)ユダヤ教に改宗した異教徒;転向者: ~*en* machen《文・蔑》しつこく改宗[転向]を勧める.
der **Proselytenmacher** [プロゼリューテン・マッハァ] 名 -s/-《文・蔑》改宗[転向]を勧める人, 折伏者.
die **Proselytenmacherei** [プロゼリューテン・マッヘらイ] 名 -/《文・蔑》しつこい改宗[転向]勧誘.
das **Proseminar** [プロ-・ゼミナーる] 名 -s/-e (大学の)初級ゼミナール, プロゼミ.
(*die*) **Proserpina** [プロゼるピナ] 名《ロ神》プロセルピナ(ギリシア神話の Persephone).
das **Prosit** [プロージット] 名 -s/-s (主に⊕) 乾杯[おめでとう](のかけ声): ein ~ auf 〈j⁴〉 ausbringen 〈人 x〉「乾杯」 する.
prosit! [プロージット] 間 《口》(健康を祝して)乾杯, おめでとう(グラス・杯を挙げて言う): P~ Neujahr! 新年おめでとう.
die **Proskription** [プロスクリプツィオーン] 名 -/-en《文》追放.
die **Proskynese** [プロスキュネーゼ] 名 -/-n 跪拝(きはい).
die **Prosodie** [プロゾディー] 名 -/-n《詩》韻律論;【言】韻律素論(強勢・抑揚に関する学).
die **Prosodik** [プロゾーディク] 名 -en《稀》=Prosodie.
prosodisch [プロゾーディシュ] 形《詩》韻律論の;韻律素論の.
der **Prospekt** [プロスペクト] 名 -(e)s/-e **1.** (宣伝用)パンフレット, 案内書, 内容説明書, カタログ. **2.**《美》(都市の)全景図. **3.**《劇》(舞台の)背景(幕). **4.** (パイプオルガンの)前面. **5.**《経》目論見書(もくろみ). **6.** 大通り(ロシア語の呼称).
prospektieren [プロスペクティーれン] 動 h. 〈et⁴ナッ/〈場所ナッ〉【鉱】探鉱する.
prospektiv [プロスペクティーフ] 形《文》**1.** 将来(のこと)を見越した, 未来志向の. **2.** 見込みのある, 予想される. **3.** 今後の, これからの.
prosperieren [プロスペリーれン] 動 h.《雅》繁栄する, 栄える, ますます裕福になる.
die **Prosperität** [プロスペリテート] 名 -/ (経済的)繁栄, 繁栄, 好況.
prost! [プロースト] 間 =prosit!
die **Prostata** [プロスタタ] 名 -/..tae[..テ]【解・動】前立腺(せん).
der **Prostatakrebs** [プロスタタ・クれープス] 名 -es/-e【医】前立腺(せん)癌(がん).
die **Prostatitis** [プロスタティーティス] 名 -/..titiden [プロスタティティーデン]【医】前立腺(せん)炎.
prostituieren [プロスティトゥイーれン] 動 h. **1.** (sich⁴)売春する;物笑いの種になる. **2.** 〈j⁴/et⁴ッ〉汚す.
die **Prostituierte** [プロスティトゥイーあテ] 名《形容詞的変化》売春婦.
die **Prostitution** [プロスティトゥツィオーン] 名 -/ 売春;《文・稀》品位を汚すこと.
die **Prostration** [プロストらツィオーン] 名 -/-en **1.**【タケ】伏礼, 跪拝(きはい). **2.**【医】疲憊(ひはい).
das **Proszenium** [プロ-スツェーニウム] 名 -s/..nien **1.**【劇】プロセニアム(舞台の最前部);【建】(古代の)劇場の)前舞台. **2.** Proszeniumsloge の短縮形.
die **Proszeniumsloge** [..ロージェ] 名 -/-n プロセニアムわきの特別席.
prot. =protestantisch プロテスタントの, 新教の.
das **Protactinium** [プロタクティーニウム] 名 -s/【化】プロタクチニウム(記号 Pa).
der **Protagonist** [プロタゴニスト] 名 -en/-en **1.** (古代ギリシアの)第一俳優(兼演出家). **2.**《文》中心人物;主唱者.
das **Protaktinium** [プロタクティーニウム] 名 -s/ = Protactinium.
der **Protegé** [...ʒé: プロテジェー] 名 -s/-s《文》目をかけられている人.
protegieren [..ʒiːrən プロテジーれン] 動 h. 〈j⁴ッ〉《文》引立てる, ひいきする, 後援[保護]する.
das **Protein** [プロテイーン] 名 -s/-e【生化】蛋白(たん)質.
die **Protektion** [プロテクツィオーン] 名 -/-en (主に⊕)引立て, ひいき, 愛顧;《古》庇護(ひご).
der **Protektionismus** [プロテクツィオニスムス] 名 -/【経】保護貿易主義.
protektionistisch [プロテクツィオニスティシュ] 形 保護貿易主義の.
die **Protektionswirtschaft** [プロテクツィオーンス・ヴィるトシャフト] 名《蔑》情実人事.
der **Protektor** [プロテクトーア] 名 -s/-en [プロテクトーれン] **1.**《文》後援者, パトロン;名誉会長. **2.**【法】保護株主会. **3.**【工】(タイヤの)トレッド.
das **Protektorat** [プロテクトらート] 名 -(e)s/-e **1.**《文》後援;名誉会長職. **2.**【法】保護支配;保護領.
pro tempore [プロ- テムポれ] [ラテ語]さし当たり.
der **Protest** [プロテスト] 名 -(e)s/-e **1.** 抗議: unter ~ 抗議して, 異議を申立てて. **2.**【経】(手形などの)拒絶証書.
der **Protestant** [プロテスタント] 名 -en/-en プロテスタント, 新教徒;《稀》抗議する人.
protestantisch [プロテスタンティシュ] 形 プロテスタンティズムの(略 prot.);プロテスタントの.
der **Protestantismus** [プロテスタンティスムス] 名 -/ プロテスタンティズム, 新教;《総称》新教教会.
die **Protestbewegung** [プロテスト・ベヴェーグンク] 名 -/-en 抗議運動.
protestieren [プロテスティーれン] 動 h. **1.** ((gegen〈j⁴/et⁴〉ニ対シテ))抗議する, プロテストする, 異議を申立てる;抗議行動をする. **2.** 〈et⁴ッ〉【経】拒絶証書を作成する(手形の).
die **Protestkundgebung** [プロテスト・クント・ゲーブンク] 名 -/-en 抗議集会.
das **Protestschreiben** [プロテスト・シュらイベン] 名 -s/- 抗議文書.
der **Protestsong** [プロテスト・ソンク] 名 -s/-s プロテスト[抗議]ソング.
die **Protesturkunde** [プロテスト・ウーあ・クンデ] 名 -/-n 拒絶証書.
der **Proteus** [プロートイス] 名 -/- **1.** (⊕のみ;主に無冠詞)【ギ神】プロテウス(変幻自在の海神). **2.**《文》すぐ変節する人, 豹変(ひょうへん)しやすい人.
das **Prothallium** [プロ・タリウム] 名 -s/..thallien【植】前葉体.
die **Prothese** [プロ・テーゼ] 名 -/-n **1.** 人工補装具(義肢・義歯など). **2.**【言】語頭音添加.
das **Protokoll** [プロトコル] 名 -s/-e **1.** 記録, 議事録;議定書;調書: 〈et⁴〉 zu ~ geben《専》書記に記録に取らせる. **2.** (会外の)外交儀礼, 儀典. **3.** [コンピ]プロトコル. **4.** (方)(交通違反の)罰金命令書, 違反カード.
der **Protokollant** [プロトコラント] 名 -en/-en 記録

pro·to·kol·la·risch [プロトコラーリシュ] 形 **1.** 記録〔調書・議事録〕(の)(形)の；記録〔調書・議事録〕に基づく. **2.** 外交儀礼の.

der **Pro·to·koll·chef** [プロトコル・シェふ] 名 -s/-s （外務省の）儀典長.

der **Pro·to·koll·füh·rer** [プロトコル・ふゅーらー] 名 -s/- 記録係，書記.

pro·to·kol·lie·ren [プロトコリーレン] 動 h. **1.** 〔〈et³〉ッ〕記録する，議事録〈調書〉に取る. **2.** 〔謄写〕記録〔議事録〕を取る，調書を作成する.

das **Pro·ton** [プロートン] 名 -s/-en [プロトーネン] 〔核物理〕陽子，プロトン（略 p）.

das **Pro·to·plas·ma** [プロト・プラスマ] 名 -s/ 〔生〕原形質.

der **Pro·to·typ** [プロート・テューブ，プロト・テューブ] 名 -s/-en **1.** 〔文〕典型. **2.** （模範となる）原型. **3.** 〔工〕原型，試作モデル. **4.** （レーシングカーの）プロトタイプ. **5.** 〔理〕原器.

das **Pro·to·zo·on** [プロトツォーオン] 名 -s/..zoen [..ツォーエン] （主に複）〔生〕原生動物.

die **Pro·tu·be·ranz** [プロトゥベらンツ] 名 -/-en **1.** 〔解〕隆起. **2.** （主に複）〔天〕（太陽の）紅炎.

der **Protz** [プロッツ] 名 -es[-en]/-e[-en] 〔口〕威張り屋；(のみ)自慢，誇示.

die **Pro·tze** [プロッツェ] 名 -/-n 〔軍〕（昔の）弾薬運搬用二輪車（馬と砲車の間に連結された）.

prot·zen [プロッツェン] 動 h. 〔口〕**1.** 〔mit〈et³〉ッ〕自慢する，見せびらかす，ひけらかす. **2.** 〈〈文〉〉自慢して言う. **3.** 〔謄写〕豪華絢爛（けんらん）である，きらびやかである（物が主語）.

prot·zig [プロッツィヒ] 形 〔口〕（富を）誇示する，とくとくとした；金に飽かせた.

Prov. = Provinz （旧プロイセン・イタリア・カナダなどの）州.

die **Pro·vence** [provã:s プロヴァーンス] 名 -/ 〔地名〕プロヴァンス（フランス南東部の地域）.

die **Pro·ve·ni·enz** [プロヴェニエンツ] 名 -/-en 〔文〕産地；由来，起源.

der **Pro·vi·ant** [プロヴィアント] 名 -s/-e （主に単）（携帯用の）食料.

pro·vi·den·ti·ell [プロヴィデンツィエル] 形 〔古〕摂理により定められた.

die **Pro·vi·denz** [プロヴィデンツ] 名 -/-en 〔古〕摂理.

die **Pro·vinz** [プロヴィンツ] 名 -/-en **1.** （旧プロイセンなどの）州（略 Prov.）；〔カトリック〕管区. **2.** (のみ)（（蔑））地方，田舎.

der **Pro·vin·zi·al** [プロヴィンツィアール] 名 -s/-e 〔カトリック〕管区長.

pro·vin·zi·ell [プロヴィンツィエル] 形 **1.** （主に（蔑））田舎（風）の. **2.** 方言の.

der **Pro·vin·zler** [プロヴィンツラー] 名 -s/- （口・蔑））田舎者.

pro·vin·zle·risch [プロヴィンツレリシュ] 形 〔口〕**1.** （（蔑））田舎者の，田舎くさい. **2.** 〔稀〕田舎の.

die **Pro·vi·si·on** [プロヴィズィオーン] 名 -/-en 〔商〕（仲介・販売）手数料，口銭. **3.** 〔カトリック〕聖職給叙任.

der **Pro·vi·sor** [プロヴィーゾァ] 名 s/ ...en [プロヴィゾーレン] **1.** 〔古〕薬局に雇われている薬剤師. **2.** (カトリック)可祭代理人.

pro·vi·so·risch [プロヴィゾーリシュ] 形 仮の，臨時の，暫定的な，応急の.

das **Pro·vi·so·ri·um** [プロヴィゾーリウム] 名 -s/..rien **1.** 〔文〕暫定的なもの，暫定措置〔制度〕. **2.** （切手の）臨時発行.

der **Pro·vo·ka·teur** [..tø:r プロヴォカテーア] 名 -s/-e 〔文〕挑発者.

die **Pro·vo·ka·ti·on** [プロヴォカツィオーン] 名 -/-en 〔文〕挑発；〔医〕誘発.

pro·vo·ka·tiv [プロヴォカティーふ] 形 〔文〕挑発的な.

pro·vo·ka·to·risch [プロヴォカトーリシュ] 形 〔文〕挑発的な.

pro·vo·zie·ren [プロヴォツィーレン] 動 h. **1.** 〔〈j³〉ッ+zu〈et³〉ッ〕（〈文〉〕挑発する：~ *de* Zwischenrufe 挑発的野次. **2.** 〔〈et³〉ッ〕ひき起こす；〔医〕誘発する.

pro·xi·mal [プロクスィマール] 形 〔医〕中枢の，近位の.

das **Pro·ze·de·re** [プロツェーデれ] 名 -/- 〔文〕手順；（厄介な）手続き.

die **Pro·ze·dur** [プロツェドゥーア] 名 -/-en 〔文〕（厄介な）手続き；〔コンピ〕手順，手続.

das **Pro·zent** [プロツェント] 名 -/-e/-e （単位を表す時は-）**1.** パーセント，百分率（略 p. c., v. H. 記号 %）. **2.** (のみ)歩合，口銭. **3.** (のみ)割引，値引き.

..pro·zen·tig [..プロツェンティヒ] 接尾 数詞・形容詞につけて「…パーセントの」を表す形容詞を作る：drei*prozentig* 3 パーセントの. hoch*prozentig* パーセンテージの高い.

die **Pro·zent·rech·nung** [プロツェント・れひヌング] 名 -/ 百分算.

der **Pro·zent·satz** [プロツェント・ザッツ] 名 -es/..sätze パーセンテージ，百分率：ein großer/kleiner ~ （大）多数/少数.

pro·zen·tu·al [プロツェントゥアール] 形 〔文〕パーセントによる.

der **Pro·zess**, **®Pro·zeß** [プロツェス] 名 -es/-e **1.** 訴訟，裁判沙汰：〈j³〉 den ~ machen 〈人を〉告訴する. **2.** 過程，プロセス，進行，経過. **3.** 【慣用】mit 〈j³/et³〉 kurzen Prozess machen 〔口〕〈人・物・事を〉あっさりと片づける：〈人を〉平気で殺す.

die **Pro·zess·ak·te**, **®Pro·zeß·ak·te** [プロツェス・アクテ] 名 -/-n （主に複）訴訟記録.

die **Pro·zess·füh·rung**, **®Pro·zeß·füh·rung** [プロツェス・ふゅーるンク] 名 -/-en 訴訟遂行.

der **Pro·zess·geg·ner**, **®Pro·zeß·geg·ner** [プロツェス・ゲーグナー] 名 -s/- 訴訟の相手.

der **Pro·zess·schutz**, **®Pro·zeß·schutz** [プロツェス・シュッツ] 名 -es/-e 〔環〕プロセス保護方式（人工を排し，可能なかぎり自然の推移にまかせる山林等の保護方式）.

pro·zes·sie·ren [プロツェスィーれン] 動 h. **1.** 〔gegen〈j³〉カトに対して〕訴訟を起こす. **2.** 〔mit〈j³〉ト+um〈et⁴〉/wegen〈et²〉について〕係争する，法廷で争う. **3.** 〈j⁴〉ッ〔古〕告訴する.

die **Pro·zes·si·on** [プロツェスィオーン] 名 -/-en 〔カトリック・ギ正教〕（祭祭の）行列.

die **Pro·zess·kos·ten**, **®Pro·zeß·kos·ten** [プロツェス・コステン] 複名 訴訟費用.

die **Pro·zess·ord·nung**, **®Pro·zeß·ord·nung** [プロツェス・オルドヌング] 名 -/-en 〔法〕訴訟手続の規則.

der **Pro·zess·rech·ner**, **®Pro·zeß·rech·ner** [プロツェス・れヒナー] 名 -s/- 〔コンピ〕制御コンピュータ.

das **Pro·zess·recht**, **®Pro·zeß·recht** [プロツェス・れヒト] 名 -(e)s/ 〔法〕訴訟法.

pro·zes·su·al [プロツェスアール] 形 **1.** 〔法〕訴訟上の，訴訟に関する. **2.** 〔稀〕プロセスの.

die **Pro·zess·voll·macht**, **®Pro·zeß·voll·macht** [プロツェス・ふォルマハト] 名 -/-en 〔法〕訴訟代理権.

pro·zy·klisch [プロ・ツュークリシュ] 形 〔経〕（景気の）循環促進的な.

prü·de [プリューデ] 形 性に関して羞恥（しゅうち）心の強い，お上品ぶった.

die **Prü·de·rie** [プリューデリー] 名 -/-n （性的なことにつ

prü·fen [プリュ-フェン] 動 h. **1.** 〔⟨et⁴⟩ɴ + (auf ⟨et⁴⟩ᴺᴄᴵᴛᴇ)〕調べる, 検査する, 審査する(品質・性能などについて). **2.** 〔⟨j⁴⟩ɴ + (auf ⟨et⁴⟩ᴺᴄᴵᴛᴇ)〕観察する, 調べる, 試験する. **3.** 〔sich⁴〕自らを省みる. **4.** 〔⟨j⁴⟩ɴ + (in ⟨et⁴⟩ɴ)〕試験をする, 検定試験をする. **5.** 〔⟨j⁴⟩ɴ〕〖文〗試練を与える.
der **Prü·fer** [プリュ-ふァ-] 名 -s/- 検査官; 試験官.
das **Prüff·feld** [プリュ-ふ・ふェルト] 名 -(e)s/-er 〖工〗検査場.
das **Prüf·ge·rät** [プリュ-ふ・ゲれ-ト] 名 -(e)s/-e 〖工〗検査用機器.
der **Prüf·ling** [プリュ-ふリング] 名 -s/-e 受験者;検査を受ける製品〔部品〕.
das **Prüf·sie·gel** [プリュ-ふ・ズィーゲル] 名 -s/- 検査済印.
der **Prüf·stand** [プリュ-ふ・シュタント] 名 -(e)s/..stän·de 〖工〗試験台.
der **Prüf·stein** [プリュ-ふ・シュタイン] 名 -(e)s/-e 試金石.
die **Prü·fung** [プリュ-ふング] 名 -/-en 試験, テスト;審査, 調査, 検査;〖文〗試練.
die **Prü·fungs·ar·beit** [プリュ-ふングス・あるバイト] 名 -/-en 試験の答案.
die **Prü·fungs·auf·ga·be** [プリュ-ふングス・アウふ・ガ-ベ] 名 -/-n 試験問題.
der **Prü·fungs·aus·schuss**, ⓐ**Prü·fungs·aus·schuß** [プリュ-ふングス・アウス・シュス] 名 -es/..schüs·se = Prüfungskommision.
das **Prü·fungs·er·geb·nis** [プリュ-ふングス・エあゲ-プニス] 名 -ses/-se 試験結果.
die **Prü·fungs·fra·ge** [プリュ-ふングス・ふら-ゲ] 名 -/-n 試験の問い.
die **Prü·fungs·ge·bühr** [プリュ-ふングス・ゲビュ-ア] 名 -/-en 受験料.
der **Prü·fungs·kan·di·dat** [プリュ-ふングス・カンディダ-ト] 名 -en/-en 受験者.
die **Prü·fungs·kom·mis·sion** [プリュ-ふングス・コミスィオ-ン] 名 -/-en (国家試験などの)試験委員会.
die **Prü·fungs·ord·nung** [プリュ-ふングス・オルドヌング] 名 -/-en 試験実施規定.
der **Prü·gel** [プリュ-ゲル] 名 -s/- **1.** 〖方〗こん棒. **2.** 〖口〗ペニス. **3.** (ⓐのみ)殴打.
die **Prü·ge·lei** [プリュ-ゲ-らイ] 名 -/-en 殴り合い.
der **Prü·gel·kna·be** [プリュ-ゲル・クナ-べ] 名 -n/-n 身代わり役, スケープゴート.
prü·geln [プリュ-ゲルン] 動 h. **1.** 〔⟨j⁴/et³⟩ɴ〕殴る, 殴りつける(罰として). **2.** 〔⟨j⁴/et³⟩ɴ +⟨様態⟩ɴ〕殴って(…に)する:⟨j⁴⟩ blutig/zu Tod ~ ⟨人ₐ⟩殴って血を流させる/死なせる. **3.** 〔⟨j⁴/et³⟩ɴ +⟨方向⟩ₐₙ〕たたき出す. **4.** 〔sich⁴ + (mit ⟨j³⟩ₜ)〕殴り合いのけんかをする, 殴り合う. **5.** 〔相互代名詞 sich⁴〕互いに殴り合う.
die **Prü·gel·stra·fe** [プリュ-ゲル・シュトら-ふェ] 名 -/-n (主にⓐ)笞(ち)刑.
der **Prunk** [プるンク] 名 -(e)s 豪華, 華美.
prun·ken [プるンケン] 動 h. **1.** 〖雅〗華麗〔豪華〕で人目を引く;〖文〗光り輝いている, まばゆいほどに美しい. **2.** (mit ⟨j³⟩et³⟩ₜ)見せびらかす, ひけらかす, 自慢する. **3.** 〖ⓧ〗得意がって言う.
das **Prunk·ge·wand** [プるンク・ゲヴァント] 名 -(e)s/..ge·wänder 豪華な衣服(祭服・式服など).
der **Prunk·saal** [プるンク・ザ-ル] 名 -(e)s/..säle (宮殿の)豪華な広間.
die **Prunk·sucht** [プるンク・ズふト] 名 -/ (極度の)派手好き.
prunk·süch·tig [プるンク・ズュふティヒ] 形 派手好きな.
prunk·voll [プるンク・ふォル] 形 豪華絢爛(ばん)たる.

prus·ten [プる-ステン] 動 h. **1.** 〖擬声〗荒い息づかいをする: vor Lachen ~ (笑って)ぷっと吹き出す. **2.** 〔⟨et⁴⟩ɴ + (⟨方向⟩ₐₙ)〕ぷっと吐き出す〔吹きつける〕.
das **PS**¹ [ペ-エス] 名 -/- =Pferdestärke 馬力.
PS² =Postskript(um) 追伸.
der **Psalm** [プサルム] 名 -s/-en (旧約聖書の詩篇中の)詩.
der **Psal·mist** [プサルミスト] 名 -en/-en (旧約聖書の)詩篇作者(特にダヴィド王);賛美歌作者.
die **Psal·mo·die** [プサルモディ-] 名 -/-n 〖宗〗(礼拝式の)叙唱.
psal·mo·die·ren [プサルモディ-れン] 動 h. 〖擬声〗(礼拝式で)叙唱する.
der **Psal·ter** [プサルター] 名 -s/- **1.** プサルテリウム(中世のツィターに似た楽器). **2.** (旧約聖書の)詩篇;(中世の)詩篇とその交互歌唱付きの典礼本. **3.** 〖生〗(反芻(ซゅぅ)動物の)葉胃.
PSchA =Postschekamt (以前の)郵便振替為替局.
die **Pseu·do·lo·gie** [プソイド・ロギ-] 名 -/ 〖心・医〗虚言.
pseu·do·nym [プソイドニュ-ム] 形 偽(仮・変・筆)名の.
das **Pseu·do·nym** [プソイドニュ-ム] 名 -s/-e 偽名, 仮名, 変名;筆名, ペンネーム.
die **Pseu·do·wis·sen·schaft** [プソイド・ヴィッセンシャふト] 名 -/-en 〖文・蔑〗擬似(えせ)科学〔学問〕.
das **Psi** [プスィ-] 名 -(s)/-s プシー(ギリシア語アルファベットの第23字 Ψ, ψ).
die **Psit·ta·ko·se** [プスィタコ-ゼ] 名 -/-n 〖医〗オウム病.
die **Pso·ri·a·sis** [プソリ-アズィス] 名 -/..riasen [プソリアーゼン] 〖医〗乾癬(ฝ).
pst! [プスト] 間 しーっ(静かに);(呼びかけで)おい.
der **Psy·cha·go·ge** [プスュひャゴ-ゲ] 名 -n/-n 精神教育療法家.
die **Psy·che** [プスュ-ひェ] 名 -/-n **1.** (ⓐのみ;主に無冠詞)〖ロ神〗プシュケ(Erosの恋人). **2.** プシュケ, 魂, 精神, 心.
psy·che·de·lisch [プスュひェデ-リシュ] 形 **1.** 幻覚を起こす;サイケデリックな: die ~e Kunst 〖美〗サイケデリックアート. **2.** 幻覚症状の.
der **Psy·chi·a·ter** [プスュひアーター] 名 -s/- 精神科医.
die **Psy·chi·a·trie** [プスュひアトリ-] 名 -/-n **1.** 精神医学. **2.** 〖ⓐ〗精神病院, 精神科.
psy·chi·a·trie·ren [プスュひアトリ-れン] 動 h. 〔⟨j⁴⟩〕〖ⓐⓡ〗精神鑑定をする.
psy·chi·a·trisch [プスュひアートリシュ] 形 〖医〗精神医学(上)の.
psy·chisch [プスュ-ひシュ] 形 〖文〗精神的な, 心的な.
die **Psy·cho·ana·ly·se** [プスュひェ・アナリュ-ゼ] 名 -/-n 精神分析(による治療);〖ⓐ〗精神分析学.
der **Psy·cho·ana·ly·ti·ker** [プスュひェ・アナリュ-ティカー] 名 -s/- 精神分析医.
das **Psy·cho·dra·ma** [プスュひェ・ドら-マ] 名 -s/..men 〖文芸学〗心理劇;〖心〗サイコドラマ(心理療法の一つ).
psy·cho·gen [プスュひェ・ゲ-ン] 形 〖医・心〗心因(性)の.
die **Psy·cho·gra·fie**, **Psy·cho·gra·phie** [プスュひェ・ぐらふィ-] 名 -/ 〖心〗サイコグラフィー, 心誌法.
das **Psy·cho·gramm** [プスュひェ・ぐラム] 名 -s/-e 心読, サイコグラム.
die **Psy·cho·hy·gie·ne** [プスュひェ・ヒュギエ-ネ] 名 -/ 精神衛生(学).
die **Psy·cho·ki·ne·se** [プスュひェ・キネ-ゼ] 名 -/ 〖超心理〗精神の遠隔操作, 念力.

der **Psy·cho·lo·ge** [プスュヒョ・ローゲ] 名 -n/-n 心理学者.
die **Psy·cho·lo·gie** [プスュヒョ・ロギー] 名 -/ 1. 心理学. 2. 心理的洞察. 3. 心理状態.
psy·cho·lo·gisch [プスュヒョ・ローギッシュ] 形 1. 心理学の, 心理学に基づく. 2. 心理的洞察の;《口》心理的に巧みな, 人間の心理をよく心得た.
der **Psy·cho·lo·gis·mus** [プスュヒョ・ロギスムス] 名 -/ 心理主義.
die **Psy·cho·me·trie** [プスュヒョ・メトリー] 名 -/ 〖心〗計量心理学;〖超心理学〗サイコメトリー.
der **Psy·cho·path** [プスュヒョ・パート] 名 -en/-en 〖医〗精神病質者;《転》変人.
psy·cho·pa·thisch [プスュヒョ・パーティシュ] 形 〖心〗精神病質の.
das **Psy·cho·phar·ma·kon** [プスュヒョ・ふぁるマコン] 名 -s/..ka (主に複)〖医〗向精神薬.
die **Psy·cho·se** [プスュヒョーゼ] 名 -/-n 1. 〖医〗精神病. 2. 〖心〗異常心理状態.
die **Psy·cho·so·ma·tik** [プスュヒョ・ゾマーティク] 名 -/ 〖医〗心身医学.
psy·cho·so·ma·tisch [プスュヒョ・ゾマーティシュ] 形 〖医〗心身(医学)の.
der **Psy·cho·ter·ror** [プスュヒョ・テローあ] 名 -s/ 心理テロ.
der **Psy·cho·the·ra·peut** [プスュヒョ・てらポイト] 名 -en/-en 〖医〗精神(心理)療法医.
psy·cho·the·ra·peu·tisch [プスュヒョ・てらポイティシュ] 形 〖医・心〗精神(心理)療法の.
die **Psy·cho·the·ra·pie** [プスュヒョ・てらピー] 名 -/-n 〖医〗精神(心理)療法(学).
der **Psy·cho·thril·ler** [プスュヒョ・スリラー] 名 -s/- 《英·T.θrɪlər》〖心〗精神異常者の現れる映画·小説など].
psy·cho·tisch [プスュヒョ・ティシュ] 形 〖医·心〗精神病の;異常心理状態の.
das **Psy·chro·me·ter** [プスュヒロ・メータ] 名 -s/- 〖気〗湿度計.
der **Psy·chro·phyt** [プスュヒロ・ふュート] 名 -en/-en (主に複)〖植〗寒地植物.
pt =Pint パイント(英·米の容量の単位).
Pt =Platin 白金, プラチナ.
p. t. =〖ラ語〗pro tempore さしあたり.
der **Pto·le·mä·er** [プトレメーあ] 名 -s/- プトレマイオス家の人(紀元前 4 世紀から Kleopatra 7 世までのエジプト王家).
pto·le·mä·isch [プトレメーイシュ] 形 1. プトレマイオスの: das ~e Weltsystem プトレマイオスの宇宙体系(天動説). 2. プトレマイオス王朝の.
(der) **Pto·le·mä·us** [プトレメークス] 名 〖人名〗プトレマイオス(① ~ Claudius, 100 頃-160 頃, 天動説を主張したギリシアの天文·数学·地理学者. ② Ptolemäer 王朝の王の名).
das **Pto·ma·in** [プトマイーン] 名 -s/-e 〖医〗プトマイン, 死毒.
Pu [ペーウー] =Plutonium 〖化〗プルトニウム.
das〔der〕 **Pub** [pap パブ] 名 -s/-s パブ.
die **Pu·ber·tät** [プベるテート] 名 -/ 思春期.
pu·ber·tie·ren [プベるティーれン] 動 h. (稀に)思春期にある(達する).
die **Pu·bes** [プーベス] 名 -/ 〔.. ぺ .. ス〕〖医〗恥毛;陰部.
die **Pu·bes·zenz** [プベスツェンツ] 名 -/ 〖医〗性的な成熟.
pu·blice [púːblɪtsə プーブリッツェ] 副 《古》公に, 公開に.
die **Pu·bli·ci·ty** [pablísiti パブリスィティ] 名 -/ 1. 世間に知れ渡っていること, 周知. 2. 宣伝.
Pu·blic re·la·tions, Pu·blic Re·la·tions

[páblɪkrɪléːʃəns パブリク·リレーシェンス] 複名 宣伝活動(略 PR).
pu·blik [プブリーク] 形 《次の形で》 ~ werden/sein になる/公になっている. 〈et⁴〉~ machen 〈物·事を〉公にする.
die **Pu·bli·ka·tion** [プブリカツィオーン] 名 -/-en 1. (主に印刷による)発表, 公表, 出版, 刊行. 2. 出版物, 刊行物.
das **Pu·bli·kum** [プーブリクム] 名 -s/..ka〔..ken〕 1. (主に単)〖雅〗① 公衆, 世間;観客, 聴衆, 読者;視聴者. 2. (総称)(飲食店などの)客. 3. (口)話を聞いてくれる人. 4. 《古》(大学の)公開講義.
der **Pu·bli·kums·lieb·ling** [プーブリクムス·リープリング] 名 -s/-e 大衆のアイドル(俳優·歌手·スポーツ選手など).
pu·bli·zie·ren [プブリツィーれン] 動 h. 〈et⁴⁄ə〉出版〔刊行〕する;公表する.
der **Pu·bli·zist** [プブリツィスト] 名 -en/-en 1. ジャーナリスト, 政治評論家. 2. マスメディア〔新聞〕学者.
die **Pu·bli·zi·stik** [プブリツィスティク] 名 -/ 1. ジャーナリズム. 2. マスメディア学, 新聞学.
pu·bli·zi·stisch [プブリツィスティシュ] 形 ジャーナリズムの;新聞学の, マスメディア論の.
die **Pu·bli·zi·tät** [プブリツィテート] 名 -/ 1. 世間に知られていること. 2. 公開;〖経〗財務公開(制).
p. u. c. =post urbem conditam 〖ラ語〗ローマ建国紀元.
der **Puck** [プック] 名 -s/-s パック(いたずらな小妖精〈ようせい〉). 2. 〖アイスホッケー〗パック.
puckern [プカーン] 動 h. (口) (稀に)どきどきする. (Es+in〈et³〉ʒ〉ずきずきする.
das **Pud** [プート] 名 -/- プード(以前のロシアの重量単位, 16.38 kg).
pud·deln[1] [プッデルン] 動 h. 1. (稀に)《西中独》水をぱちゃぱちゃやる. 2. 〈et⁴⁄ン〉水肥を施す.
pud·deln[2] [プッデルン] 動 h. (稀に)〖冶金〗溶鉄を攪錬(かくれん)(パドル)する.
der **Pud·del·ofen** [プッデル·オーふェン] 名 -s/..öfen 〖冶金〗パドル炉.
der **Pud·ding** [プディング] 名 -s/-e〔-s〕 1. プディング. 2. プリン.
das **Pud·ding·pul·ver** [プディング·プルふァー, プディング·プルヴァー] 名 -s/- 〖料〗プリンパウダー.
der **Pu·del** [プーデル] 名 -s/- 1. 〖動〗プードル, むく犬: des ~s Kern 事の真相(ゲーテの「ファウスト」第一部による). 2. (口) (九柱戯の)投げ損じ. 3. (口)プードル帽(~ mütze). 〖慣用〗dastehen wie ein begossener Pudel (口)しょんぼり立っている.
die **Pu·del·müt·ze** [プーデル·ミュッツェ] 名 -/-n プードル帽.
pu·del·nackt [プーデル·ナクト] 形 (口)まる裸の.
pu·del·nass, (独) pu·del·naß [プーデル·ナス] 形 (口)びしょ濡れの.
pu·del·wohl [プーデル·ヴォール] 副 《次の形で》 sich⁴ ~ fühlen (口)すごく気分がいい.
der **Pu·der** [プーダー] 名 -s/ 《(口) das ~》(美容·医療用の)パウダー.
die **Pu·der·dose** [プーダー·ドーゼ] 名 -/-n 白粉(おしろい)入れ, コンパクト.
pu·dern [プダーン] 動 h. 〈j⁴⁄ン〉(〈j³⁄ン〉+〈et⁴⁄ン〉)パウダーをつける;白粉(おしろい)をつける.
die **Pu·der·quas·te** [プーダー·クヴァステ] 名 -/-n (化粧用)パフ.
der **Pu·der·zucker** [プーダー·ツッカー] 名 -s/ 粉砂糖, パウダーシュガー.
der **Pue·blo** [プエーブロ] 名 -s/-s プエブロインディアンの住宅団地.
pu·e·ril [プエリール] 形 〖医·心〗小児(型)の;子供っぽ

い).
das **Pu·er·pe·ri·um** [プェるペーリウム] 名 -s/..rien 【医】産褥(じょく).
der **Puff**¹ [プふ] 名 -(e)s/Püffe[-e] 《口》(こぶしやひじで)突く;ぽん|という音. 【慣用】**einen Puff vertragen (können)** 少々のことには動じない.
der **Puff**² [プふ] 名 -s/-e[-s] 1. クッションスツール;クッションスツール型の洗濯物入れ. 2. 《廃-e》《古》(衣服や髪の)ふくらみ.
der [*das*] **Puff**³ [プふ] 名 -s/-s 《口》《(蔑)も有》売春宿.
puff! [プふ] 間 《鈍い射撃音・爆発音など》ぽん.
der **Puffärmel** [プふ・エるメル] 名 -s/- パフスリーブ.
puf·fen [プッふェン] 動 1. *h.* 《j⁴(³)》+in 《et⁴》ッ》《口》こぶし(ひじ)で突く(主に親しみの表現として). 2. *h.* 《sich⁴+(mit《j³》)》《口》けんこつで殴り合う. 3. *h.* 《相互代名詞sich⁴》互いにけんこつで殴り合う. 4. *h.* 《j³ッ+《方向》へ》《口》こぶし(ひじ)で押しのける. 5. *h.* 《略》《口》ぼっぽっと音を立てる(蒸気機関車などが);《Es が主語で》**Es** *pufft* **in der Kaffeemaschine.** コーヒーメーカーの中でぽっぽっと音がする. 6. *s.* 《《方向》へ》《口》ぽっぽっと音を立てて動いて行く(走る・出る). 7. *h.* 《et⁴》ッ》《古》ふっくらさせる, 膨らます(そでなどを). 8. *h.* 《et⁴》ッ》はじけさす(米などを): **gepufter** **Mais** ポップコーン.
der **Puffer** [プっふぁー] 名 -s/- 1. (鉄道車両の)緩衝器, バンパー. 2. ポテトパンケーキ. 3. 《コンピュ》バッファ〔緩衝〕記憶装置(~speicher);【電】緩衝蓄電池(~batterie).
der **Pufferstaat** [プっふぁー・シュタート] 名 -(e)s/-en 緩衝国.
der **Puffmais** [プふ・マイス] 名 -es/ ポップコーン.
der **Pu·gi·list** [プギリスト] 名 -en/-en 《古》ボクサー.
puh! [プー] 間 《不快な人・物を避けて》ひゃぁ, わー;《力仕事などが終って》ふうー.
der **Pul·ci·nel·la** [poltʃi..プルチネラ] 名 -(s)/..nelle プルチネラ(Commedia dell'arte の道化役の召使. 鳥のくちばしのような鼻をした仮面をつける).
der **Pulk** [プルク] 名 -(e)s/-s[-e] 1. (戦車などの)部隊;(戦闘機などの)編隊. 2. (人の)群, 集団.
die **Pul·le** [プレ] 名 -/-n 《口》瓶.
pul·len¹ [プレン] 動 *h.* 【略】《海》ボートをこぐ;【馬術】引綱に逆らって突進する(馬が).
pul·len² [プレン] 動 *h.* 【略】《方・口》小便する.
der **Pul·li** [プリ] 名 -s/-s 《口》プルオーバー(Pullover).
der **Pull·man·wa·gen** [プルマン・ヴァーゲン] 名 -s/- プルマン車両(寝台設備のある特別車両).
der **Pull·over** [pol⁽ʷ⁾ó:vər プローヴァー, プルオーヴァー] 名 -s/- プルオーバー.
der **Pull·under** [pol⁽ʷ⁾óndər プルンダー, プルウンダー] 名 -s/- (頭からかぶる)ベスト.
pul·mo·nal [プルモナール] 形 【医】肺の.
der **Pulp** [プルプ] 名 -s/-e 1. 柔らかく煮詰めた果肉. 2. (滓(おり)をとった)ジャガイモの絞りかす.
die **Pul·pa** [プルパ] 名 -/..pae[..ペ] 1. 【医】歯髄;髄. 2. 【植】果肉.
die **Pul·pe** [プルペ] 名 -/-n = Pulp.
der **Pul·que** [pólkə プルケ] 名 -(s)/ プルケ(メキシコの酒).
der **Puls** [プルス] 名 -es/-e 1. 脈(拍);鼓動, 生気: 《j³》den ~ **fühlen** 《人の》脈をみる;《人の》気持〔意見〕を問いただす. 2. (1分間の)脈拍数. 3. (手首の)脈どころ. 4. 【電】パルス.
die **Puls·ader** [プルス・アーダー] 名 -/-n 動脈.
der **Pulsar** [プルザーあ] 名 -s/-e 【天】パルサー.
die **Pulsation** [プルザツィオーン] 名 -/-en 1. 脈動, 拍動. 2. 【天】(変光星の)脈動.
pul·sen [プルゼン] 動 *h.* 【略】脈を打つ(血液・血管などが);(転)躍動する. 2. 【ジジン】【医】《ジジン》脈をとる. 3. 《et⁴》ッ》【電】パルスにする, パルスにして放射する(電流・電磁波などを).
pul·sie·ren [プルズィーレン] 動 *h.* 【略】脈を打つ(血・血管が);(転)躍動している(都市などが).
das **Puls·o·me·ter** [プルス・シュレーグ] 名 -s/- 【工】だるま〔真空〕ポンプ.
der **Puls·schlag** [プルス・シュレーク] 名 -(e)s/..schläge 1. 脈拍;(転)脈動. 2. (個々の)脈拍.
der **Puls·wärmer** [プルス・ヴェるマー] 名 -s/- (防寒用)手首覆い.
die **Puls·zahl** [プルス・ツァール] 名 -/-en 【医】脈拍数.
das **Pult** [プルト] 名 -(e)s/-e (甲板(ばん)が斜めになった)斜面机, 見台;【楽用】の総譜・楽譜の譜面台.
das **Pult·dach** [プルト・ダッっ] 名 -(e)s/..dächer 【土】片流れ屋根.
das **Pul·ver** [プルふぁー, プルヴァー] 名 -s/- 1. 粉, 粉末;粉薬, 散薬;火薬(Schieß~). 2. 《口》金(だ). 【慣用】**das Pulver nicht erfunden haben** 《口》あまり頭が良くない. **sein Pulver trocken halten** 《口》用心している, いつでも用意ができている. **sein Pulver verschossen haben** 《口》(早くも)力尽きている, 限界である;論拠をすべて出しつくしている.
der **Pul·ver·dampf** [プルふぁー・ダムプふ, プルヴァー・ダムプふ] 名 -(e)s/ 硝煙.
das **Pul·ver·fass**, ⓐ**Pul·ver·faß** [プルふぁー・ふぁス, プルヴァー..] 名 -es/..fässer 火薬樽(だる). 【慣用】**einem Pulverfass gleichen** 一触即発の状態にある. **(wie) auf dem[einem] Pulverfass sitzen** 危険な状況にある.
pul·ve·rig [プルふェりひ, プルヴェりひ] 形 粉末(状)の, 粉のような.
pul·ve·ri·sie·ren [プルヴェリズィーれン] 動 *h.* 《et⁴》ッ》粉末にする, 粉々に砕く(すりつぶす).
der **Pul·ver·kaffee** [プルふぁー・カふぇー, プルヴァー・カふぇー] 名 -s/-s 粉末コーヒー.
die **Pul·ver·kammer** [プルふぁー・カマー, プルヴァー・カマー] 名 -/-n (軍艦の)弾薬庫;【軍】《古》(銃の)薬室.
der **Pul·ver·schnee** [プルふぁー・シュネー, プルヴァー・シュネー] 名 -s/ 粉雪.
pul·vrig [プルふりひ, プルヴりひ] 形 =pulverig.
der **Pu·ma** [プーマ] 名 -s/-s 【動】ピューマ.
der **Pum·mel** [プメル] 名 -s/- =Pummelchen.
das **Pum·mel·chen** [プメルひェン] 名 -s/- 《口》太っちょの子供, 丸ぽちゃの女の子.
pum·me·lig [プメりひ] 形 《口》丸ぽちゃの, 太めの.
der **Pump** [プムプ] 名 -s/ 《口》借金: **auf** ~ 借金して;掛けで.
die **Pum·pe** [プムペ] 名 -/-n 1. ポンプ. 2. 《口》心臓;(麻薬の)注射器.
pum·pen¹ [プムペン] 動 *h.* 1. 《et⁴》ッ+in 《et⁴》ッ=/aus《et⁴》ッ》ポンプで送る;《口》注ぎ込む(金を事業などに);ポンプで汲み出す. 2. 【略】ポンプを使って作業をする;ポンプとして働く(心臓などが). 【体操】腕立て伏せをする;《スポ》帆脚索(はし)をたぐったり, ゆるめたりする(前進速度を高めるために). 3. 《et⁴》ッ》【理】原子を励起する(レーザーを).
pum·pen² [プムペン] 動 *h.* 《口》 1. 《j³》ッ+《et⁴》ッ》貸す. 2. 《(sich³) + (von《j³》から) + 《et⁴》ッ》借りる.
der **Pum·pen·schwengel** [プムペン・シュヴェングル] 名 -s/- ポンプの把手(え).
pum·pern [プムペるン] 動 *h.* 《《方向/場所》ッ》《南独・誇張》《口》どんどんたたく;どきどきする(心臓が).
der **Pum·per·nickel** [プンパー・ニックル] 名 -s/- (主に⑦)プンパーニッケル(ライ麦製黒パン).

die **Pump·ho·se** [プムフ・ホーゼ] 名 -/-n ニッカーボッカー.

der **Pumps** [pœmps ⦿ムス] 名 -/- 《主に⦿》パンプス(婦人靴).

das **Pump·spei·cher·werk** [プムフ・シュパイヒャー・ヴェルク] 名 -(e)s/-e 揚水発電所.

der **Punch**[1] [pantʃ パンチ] 名 -s/-s 1.〖劇〗ポンチ(18世紀，イギリスの喜劇に登場する道化). 2. ポンチ誌(1841年に創刊されたイギリスの風刺誌).

der **Punch**[2] [パンチュ] 名 -s/-s 〖ボクシ〗パンチ；(⦿のみ)パンチ力.

der **Pun·cher** [pántʃər パンチャー] 名 -s/- 〖ボクシ〗パンチのあるボクサー.

der **Pun·ching·ball** [pántʃiŋ.. パンチング・バル] 名 -s/..bälle 〖ボクシ〗パンチングボール.

das **Punc·tum punc·ti** [プンクトゥム プンクティ] 名 --/-- 《文》肝心なもの，主要なもの(こと)(特に金銭を指して).

das **Punc·tum sa·li·ens** [プンクトゥム ザーリエンス] 名 --/-- 肝心な点.

der **Pu·ni·er** [プーニエル] 名 -s/- 古代カルタゴ人(ローマ側からの呼称).

pu·nisch [プーニシュ] 形 古代カルタゴの.

der **Punk** [paŋk パンク] 名 -(s)/- 1.(⦿のみ)主に無冠詞)パンク(1970年代後半に英国の若者などの間に流行した過激な反体制的風俗現象). 2. パンクの信奉者. 3.(⦿のみ)パンクロック.

der **Pun·ker** [páŋkər パンカー] 名 -s/- パンクロックの音楽家.

der **Punkt** [プンクト] 名 -(e)s/-e 1.(⦿ -e)点，斑点(忱)；(符号としての)点，ピリオド(略 Pkt.)；〖楽〗符点(~ neben einer Note)，スタッカート(~ über einer Note)；〖数〗掛け算記号(記号・)；(モールス信号の)短点: einen ~ setzen(machen)ピリオドを打つ. 2·2=4. 2掛ける2は4. ohne ~ und Komma reden 絶え間なくしゃべり続ける. 2.(⦿ -e)地点，(特定の)場所. 3.(⦿ -e)時点(Zeit~): ~ 12 Uhr 12時ちょうどに. Er kam auf den ~ genau. 彼は時間どおりにやって来た. 4.(⦿ -e)(競技・成績などの)得点，評点，点数: Sieg/Niederlage nach ~*en* 判定勝ち/判定負け. 5.(⦿ -e)論点，問題，項目(数え上げるような)の項目: ~ für ~ 一項目ずつ，逐一. 6.〖数〗(接)点: Die beiden Geraden schneiden sich in einem ~. 二直線は一点で交わる. 7.(⦿ -e)〖印〗ポイント(略 p).【慣用】den toten Punkt überwinden 極度の疲労から脱する. der Punkt auf dem i 最後の仕上げ. der springende Punkt 主要点，眼目. ein dunkler Punkt 汚点. ein schwacher Punkt 弱点. ein toter Punkt 死点，行詰まり. ein wunder Punkt 急所. Nun mach mal einen Punkt !《口》もう止めろ.

die **Punk·ta·ti·on** [プンクタツィオーン] 名 -/-en 1.〖法〗(法的に拘束力のない)仮契約，契約〖条約〗草案. 2.〖言〗(ヘブライ語の)母音符号.

das **Punkt·au·ge** [プンクト・アウゲ] 名 -s/-n 〖動〗単眼.

der **Punkt·ball** [プンクト・バル] 名 -(e)s/..bälle 〖ボクシ〗スピードボール(テニスボール大のパンチングボール)；〖ビリヤ〗.

der **Punk·to·lio·fo·rant** [プンクテリ ふぉらント] 名 ⦿n/-en 〖スポ〗〖ビリヤ〗 1.《稀》得点供給者(上手な得点者). 2. 得点配給チーム(負けてばかりいるチーム).

punk·ten [プンクテン] 動 h. 1.〈et⁴〉水玉模様をつける. 2.〖競〗採点する(審判員が)；ポイント〖点〗をかせぐ(チーム・選手が).

punkt·gleich [プンクト・グライひ] 形 〖スポ〗同点の.

punk·tie·ren [プンクティーレン] 動 h. 1.〈et⁴〉点

で描く；点で埋める；(…に)水玉模様をつける. 2.〈et⁴〉〖楽〗付点をつける(音符に)；〖彫刻〗模型上の基準点を(次々に)しるす(素材に). 3.〈et⁴〉〖医〗穿刺(ᵝ)をする(肺・脊髄(ᵝ)などに).

punk·tiert [プンクティーあト] 形 点線の；水玉(斑点)(模様)の.

die **Punk·ti·on** [プンクツィオーン] 名 -/-en 〖医〗穿刺(ᵝ).

pünkt·lich [ピュンクトリひ] 形 時間〖期限〗どおりの；《古》きちょうめんな: ~ auf die Minute 一分もたがわずに.

die **Pünkt·lich·keit** [ピュンクトリヒカイト] 名 -/ 時間厳守，時間にきちょうめんであること.

die **Punkt·nie·der·la·ge** [プンクト・ニーダー・ラーゲ] 名 -/-n 〖スポ〗判定負け.

punk·to [プンクト] 前〔+ 2 格〕〖ビジネ・古〗…の点で，…に関して.

der **Punkt·rich·ter** [プンクト・リひター] 名 -s/- 〖スポ〗採点審判員，ジャッジ.

die **Punkt·schrift** [プンクト・シュリフト] 名 -/-en 点字.

punkt·schwei·ßen [プンクト・シュヴァイセン] 動 h.(不定詞・過去分詞でのみ用いる；過去分詞は punktgeschweißt)〈(et⁴)〉〖工〗点溶接する.

der **Punkt·sieg** [プンクト・ズィーク] 名 -(e)s/-e 〖スポ〗判定勝ち.

das **Punkt·sys·tem** [プンクト・ズュステーム] 名 -s/-e (試験などの)点数制；〖ビジネ〗ポイント制.

punkt·u·ell [プンクトゥエル] 形 ある(いくつかの)点に関する，個々の，逐一の.

Punk·tum [プンクトゥム] 間《文・古》終り: Und damit ~ ! それまで.

die **Punk·tur** [プンクトゥーあ] 名 -/-en 〖医〗= Punktion.

die **Punkt·wer·tung** [プンクト・ヴェーあトゥング] 名 -/-en 点数評価.

die **Punkt·zahl** [プンクト・ツァール] 名 -/-en 得点(数).

der **Punsch** [プンシュ] 名 -(e)s/-e(Pünsche) パンチ，ポンチ(酒・砂糖・水・レモン・香料を混ぜた飲み物).

die **Pun·ze** [プンツェ] 名 -/-n 刻印器(打刻された)極印，刻印.

pun·zen [プンツェン] 動 h.〈et⁴〉〖装飾〗目打ちポンチで加工をする(〖ビジネ〗〖ボクシ〗極印〖刻印〗を打つ)(貴金属に).

der **Pup** [プープ] 名 -(e)s/-e《口》おなら.

pu·pen [プーペン] 動 h.《幼児》《口》ぶーっとおならをする.

die **Pu·pil·le** [プピレ] 名 -/-n 瞳孔，ひとみ.

pu·pi·ni·sie·ren [プピニズィーれン] 動 h.〈et⁴〉〖電話〗コイル装荷する.

die **Pu·pin·spu·le** [プピーン・シュプーレ] 名 -/-n 〖電・電話〗装荷コイル.

das **Püpp·chen** [ピュップひェン] 名 -s/- 小さい人形；《口》女の子；ガールフレンド.

die **Pup·pe** [プッペ] 名 -/-n 1. 人形；操り人形；マネキン(人形). 2.〖動〗さなぎ. 3.《口》女の子；ガールフレンド. 4.《方》互いに寄せかけた穀物の刈束.【慣用】bis in die Puppen《口》際限なく長く.

das **Pup·pen·ge·sicht** [プッペン・ゲズィヒト] 名 -(e)s/-er (女性の)人形(能面)のような顔.

das **Pup·pen·haus** [プッペン・ハウス] 名 -es/..häuser 人形の家；《冗》おもちゃのような家(小さな家).

die **Pup·pen·hül·le** [プッペン・ヒュレ] 名 -/-n 〖動〗蛹(ᵝ)包(ᵝ).

die **Pup·pen·kü·che** [プッペン・キュッひェ] 名 -/-n ままごとの台所；《冗》小さな台所.

das **Pup·pen·spiel** [プッペン・シュピール] 名 -(e)s/-e 人形芝居(劇)；人形劇の劇場；人形劇の作品.

der **Pup·pen·spie·ler** [プッペン・シュピーラー] 名 -s/- 人形遣い.

Puppentheater 950

das **Pup·pen·the·a·ter** [プッペン・テアーター] 名 -s/- 人形劇の劇場.
der **Puppen·wa·gen** [プッペン・ヴァーゲン] 名 -s/- 人形の乳母車.
der **Pups** [プーㇷ゚ス] 名 -es/-e 《口》=Pup.
pup·sen [プーㇷ゚セン] 動 h. =pupen.
pur [プーア] 形 **1.** 純粋な;《口》まったくの,単なる: die ~*e* Wahrheit まったくの真理〔事実〕. **2.** (無変化;主に名詞の後で)生(き)の, ストレートの.
das **Püree** [ピュれー] 名 -s/-s 〖料〗ピューレ.
das **Pur·ga·tiv** [プルガティーㇷ] 名 -s/-e =Purgativum.
das **Pur·ga·ti·vum** [プルガティーヴㇺ] 名 -s/..va 〖医〗下剤.
das **Pur·ga·to·ri·um** [プルガトーりウㇺ] 名 -s/ 《文》煉獄(ご).
pur·gie·ren [プルギーれン] 動 h. **1.** 〖儀礼〗〖医〗排便する. **2.** 〈*et⁴*ッ〉《文・古》浄化する, きれいにする.
das **Pur·gier·mit·tel** [プルギーア・ミッテル] 名 -s/- 〖医〗下剤.
pü·rie·ren [ピュりーれン] 動 h. 〖料〗〈*et⁴*ッ〉ピューレにする.
die **Pu·ri·fi·ka·ti·on** [プりフィカツィオーン] 名 -/-en 〖カトりツ〗(聖体拝領後の)聖杯のお清め.
pu·ri·fi·zie·ren [プりフィツィーれン] 動 h. 〈*et⁴*ッ〉《文》清める, 浄化する;精製する.
das **Purim** [プーりㇺ, プーりㇺ] 名 -s/-e (ユダヤの)プりㇺ祭(聖書エステル記9).
der **Pu·ris·mus** [プりスムㇲ] 名 -/ **1.** 〖言〗(外来語を排斥する)言語浄化運動. **2.** 〖芸術学〗純粋主義(他の様式の要素を排除して芸術の純粋性を守ろうとする). **3.** 《文》純粋主義.
der **Pu·rist** [プりㇲㇳ] 名 -en/-en 《文》純粋主義者.
der **Pu·ri·ta·ner** [プりターナー] 名 -s/- **1.** 清教徒, ピュータン. **2.** 《(蔑)も有》(道徳的)潔癖家.
pu·ri·ta·nisch [プりターニッシュ] 形 清教主義の;極度に簡素な;《(蔑)も有》(道徳的に)潔癖〔厳格〕な.
der **Pu·ri·ta·nis·mus** [プりタニスムㇲ] 名 -/ 清教主義, ピューりタニズㇺ.
der **Pur·pur** [プるプア] 名 -s/ **1.** (紫がかった)深紅色, 緋(ひ)色;深紅色(緋色)の染料. **2.** 《文》(王侯などの着る)緋の衣;帝位, 枢機卿, 枢機卿の位. 〖慣用〗den Purpur tragen 《文》枢機卿である. nach dem Purpur streben 《文》王位(枢機卿の位)を得ようとする.
pur·pur·far·ben [プるプア・ファるベン] 形 -s/ =purpurn.
pur·purn [プるプン] 形 (紫がかった)深紅色の.
pur·pur·rot [プるプア・ろーㇳ] 形 紫がかった深紅色の.
die **Pur·pur·schne·cke** [プるプア・シュネッケ] 名 -/-n 〖貝〗アクキガイ.
der **Pur·ser** [pörsər あーサー, pörsər サー] 名 -s/- (客船・旅客機の)パーサー.
der **Pur·zel·baum** [プる°ツェル・バウㇺ] 名 -(e)s/..bäume 〖口〗でんぐり返り.
pur·zeln [プる°ツェルン] 動 s. 《口》 **1.** 〈方向〉へ/〈場所〉でひっくり返る, 倒れる, 転げ落ちる;こぼれ落ちる. **2.** 〖儀礼〗暴落する(相場などが);破られる(記録などが).
der **Pu·schel** [プッシェル] 名 -s/- (die ~-/-n も有) 《方》 **1.** 総(ふさ)飾り. **2.** 道楽.
pu·schen [プッシェン] 動 h. 〈*j⁴/et⁴*ッ〉駆立てる, 促進する.
pu·shen [póʃən プッシェン] 動 h. 〈*et⁴*ッ〉《ジャーナ》どぎつい宣伝で売込む. **2.** 〈*et⁴*ッ〉《ジャーナ》売る(麻薬を). **3.** 〖儀礼〗〖デ〗プッシュする.
der **Pu·sher** [póʃər プッシャー] 名 -s/- 《ジャーナ》(麻薬の)売人.
die **Püs·sel·ar·beit** [ピュッセル・アるバイㇳ] 名 -/-en 根気と精密さを要する仕事.

pus·se·lig [プッセりㇰ] 形 **1.** つまらぬことに手間暇をかける. **2.** 根気の(精密さ)のいる.
puss·lig, ⑩**puß·lig** [プスりㇰ] 形 =pusselig.
die **Puß·ta** [プスタ] ⤴ Puszta.
die **Pus·te** [プーステ] 名 -/ 《口》 **1.** 《口》息: außer 〔aus der〕 ~ sein 息を切らしている. **2.** 〖ピㇲㇳ〗ピストル. 〖慣用〗〈*j³*〉geht die Puste aus 《口》〈人³〉(経済的に)やっていけなくなっている.
der **Pus·te·ku·chen** [プーステ・クーヘン] 《次の形で》 (Ja)~! 《口》何だって, とんでもない.
die **Pus·tel** [プㇲテル] 名 -/-n 〖医〗膿疱(のう).
pus·ten [プーㇲテン] 動 h. 《口》 **1.** 〈(*方向*)ニ〉ふうっと〔ふうふう・はあはあ〕息を吹込む(かける). **2.** 〈(*方向*)ニ〉ビューと吹く(風が). **3.** 〔Es〕風がびゅうびゅう吹いている. **4.** 〈*et⁴*ッ+〈方向〉ニ〉吹払う, 吹きつける;吹払う(寄せる)(風が). **5.** 〖儀礼〗(息を切らして)ふうふういう. **6.** 〖無線〗〖ジャーナ〗送信する. 〖慣用〗〈*j³*〉**ein Loch in den Schädel** ~〈口〉〈人ゥ〉頭に〔砿弾で〕風穴を開ける.
die **Pus·zta**, ⑩**Puß·ta** [pósta プㇲタ] 名 -/..ten プㇲタ(ハンガリーの草原).
pu·ta·tiv [プタティーㇷ] 形 〖法〗誤想に基づく.
die **Pu·te** [プーテ] 名 -/-n **1.** シチメンチョウの雌. **2.** 〈口・蔑〉(ばかなうぬぼれ)女.
der **Pu·ter** [プーター] 名 -s/- シチメンチョウの雄.
pu·ter·rot [プーター・ろーㇳ] 形 (シチメンチョウの肉垂れのように)真っ赤な.
pu·tres·zie·ren [プㇳれㇲツィーれン] 動 s. 〖儀礼〗〖医〗腐敗する.
der **Putsch** [プッチュ] 名 -(e)s/-e **1.** クーデター, 反乱. **2.** 〈ふ〉《口》突き.
put·schen [プッチェン] 動 h. 〖儀礼〗クーデター〔反乱〕を起こす: sich⁴ an die Macht ~ クーデターで権力の座につく. 〈*j⁴*〉aus dem Amt ~〈人⁴〉をクーデターで役職から追放する.
der **Put·schist** [プチㇲㇳ] 名 -en/-en 反乱者, クーデター加担者.
der **Pütt** [ピュッㇳ] 名 -(e)s/-e〔-s〕 鉱山, 縦坑.
die **Put·te** [プッテ] 名 -/-n 〖芸術学〗プッㇳ(しばしば天使の翼をもった裸の幼児像).
put·ten [プッテン] 動 h. 〈*et⁴*ッ〉〖ゴ〗パッㇳする.
der **Put·to** [プッㇳ] 名 -s/Putti (Putten) =Putte.
der **Putz** [プッツ] 名 -es/- **1.** 漆喰(ら), モルタル. **2.** 〈口〉派手なけんか, 口論. **3.** 《古》装身具;晴れ着;たっぷりした(長い)髪. 〖慣用〗**auf den Putz hauen** 《口》大きなことを言う, 羽目をはずす;大盤振舞をする. **Putz machen**《口》けんか〔つかみ合い〕を始める;大騒ぎをする.
put·zen [プッツェン] 動 h. **1.** 〈*et⁴*ッ〉磨く, 拭く, きれいにする. **2.** 《方》掃除する; 〖ジャーナ〗ドライクリーニングする;〈…の〉芯を切る(ろうそくなどの). **3.** 〈*j⁴/et⁴*ッ〉《古》飾立てる. **4.** 〈*et⁴*ッ〉《古》飾りになる. **4.** 〈*et⁴*ッ〉〖儀礼〗〖デ〗−ずる.
der **Put·zer** [プッツァー] 名 -s/- **1.** (靴・窓・機械などを)磨く人;左官. **2.** 〖兵〗《古》従卒.
die **Put·ze·rei** [プッツェらイ] 名 -/-en **1.** 《口・蔑》厄介な磨き仕事. **2.** 〖ジャーナ〗ドライクリーニング店.
die **Put·ze·te** [プッツェテ] 名 -/-n 《南独・ジャーナ》大掃除.
die **Putz·frau** [プッツ・ふらウ] 名 -/-en **1.** 《古》婦人服飾店主. **2.** 〖ジャーナ〗掃除婦.
put·zig [プッツィㇰ] 形 《口》(小さくて)かわいい;奇妙な, 変な, おかしな.
der **Putz·lap·pen** [プッツ・ラッペン] 名 -s/- 雑巾(ぞう), 磨き布.
die **Putz·ma·che·rin** [プッツ・マッハりン] 名 -/-nen 帽子製作者(女性).
das **Putz·mit·tel** [プッツ・ミッテル] 名 -s/- 洗浄剤, クレンザー.
die **Putz·sucht** [プッツ・ズㇷ°ㇳ] 名 -/ (極度の)おしゃ

れ好き.
putz·süch·tig [プッツ・ズュひティひ] [形] おしゃれ好きな.
die **Putz·wa·ren** [プッツ・ヴァーれン] [複名] 《古》服飾用の飾り《レース・縁飾りなど》.
die **Putz·wol·le** [プッツ・ヴォレ] [名] -/ （機械掃除用）毛糸玉.
das **Putz·zeug** [プッツ・ツォイク] [名] -(e)s/ 掃除道具.
das **Puz·zle** [pázəl パゼル, pásəl パセル, pǿzəl プゼル, pǿsəl プセル, pǿtsəl プッツェル] [名] -s/-s ジグソーパズル.
das **Puz·zle·spiel** [パゼル・シュピール, パセル・シュピール, プゼル・シュピール, プセル・シュピール, プッツェル・シュピール] [名] -(e)s/-e ＝Puzzle.
PVC ＝Polyvinylchlorid ポリ塩化ビニール.
die **Py·e·li·tis** [ピュエリーティス] [名] -/..tiden [ピュエリティーデン] 〘医〙腎盂(じんう)炎.
der **Pyg·mäe** [ピュグメーエ] [名] -n/-n ピグミー《アフリカの小人族》.
(*der*) **Pyg·ma·li·on** [ピュグマーリオン] [名] 〘ギ神〙ピュグマリオン《自作の女性像を恋し，それに Aphrodite から生命を与えてもらい，結婚したキプロス島の王》.
der **Py·ja·ma** [py(d)ʒá:ma ピュジャーマ, ピュヂャーマ, pi(d)ʒá:.. ピジャーマ, ピヂャーマ] [名] -s/-s 《《オーストリア・スイス》das ～も有》 パジャマ.
der **Py·k·ni·ker** [ピュクニカー] [名] -s/- 〘医・人類〙肥満型の人.
py·k·nisch [ピュクニシュ] [形] 〘医・人類〙肥満型の.
(*der*) **Py·la·des** [ピューラデス] [名] 〘ギ神〙ピュラデス《Orestes を助けた友》.
der **Py·lon** [ピュローン] [名] -en/-en **1.** ピュロン《エジプト神殿入口の塔門》. **2.** （つり橋の）塔. **3.** コーン《道路工事などで用いる円錐（えんすい）形の標識》. **4.** 〘空〙パイロン《タンク・ミサイルなどの取付け支柱》.
die **Py·lo·ne** [ピュローネ] [名] -/-n ＝Pylon.
der **Py·lo·rus** [ピュロールス] [名] -/..ren 〘解〙幽門.
py·o·gen [ピュオ・ゲーン] [形] 〘医〙化膿性の.
py·ra·mi·dal [ピュらミダール] [形] **1.** ピラミッド形の. **2.** 《口・古》巨大な，すごい.
die **Py·ra·mi·de** [ピュらミーデ] [名] -/-n **1.** （古代エジプトの）ピラミッド；ピラミッド形のもの；（体操の）ピラミッド. **2.** 〘幾何〙角錐（かくすい）；〘医〙錐体.
py·ra·mi·den·för·mig [ピュらミーデン・ふぉぇるミひ] [形] ピラミッド形の.
der **Py·ra·mi·den·stumpf** [ピュらミーデン・シュトゥムプふ] [名] -(e)s/..stümpfe 〘幾何〙角錐（かくすい）台.
die **Py·re·nä·en** [ピュれネーエン] [複名] 〘山名〙ピレネー山脈.
die **Py·re·nä·en·halb·in·sel** [ピュれネーエン・ハルプ・インゼル] [名] -/ 〘地名〙ピレネー半島《イベリア半島の別名》.
py·re·nä·isch [ピュれネーイシュ] [形] ピレネー山脈の.
die **Py·re·xie** [ピュれクスィー] [名] -/-n 〘医〙発熱.
das **Py·ri·din** [ピュりディーン] [名] -s/ 〘化〙ピリジン.
der **Py·rit** [ピュりート] [名] -s/-e 黄鉄鉱.
die **Py·ro·ly·se** [ピュろ・リューゼ] [名] -/-n 〘化〙熱分解.
der **Py·ro·ma·ne** [ピュろ・マーネ] [名] -n/-n 〘医・心〙放火癖のある人.
die **Py·ro·ma·nie** [ピュろ・マニー] [名] -/ 〘医・心〙放火癖.
die **Py·ro·man·tie** [ピュろ・マンティー] [名] -/ （古代の）火占い.
das **Py·ro·me·ter** [ピュろ・メーター] [名] -s/- 〘工〙高温計.
die **Py·ro·tech·nik** [ピュろ・テひニク] [名] -/ 花火の製造・打上げ.
der **Py·ro·tech·ni·ker** [ピュろ・テひニカー] [名] -s/- 花火製造業者.
der **Pyr·rhus·sieg** [ピュるス・ズィーク] [名] -(e)s/-e ピュロスの勝利《見せかけの勝利》.
(*der*) **Py·tha·go·ras** [ピュターゴらス] [名] 〘人名〙ピュタゴラス《紀元前 570 頃-480 頃，ギリシアの哲学・数学者・宗教家》.
der **Py·tha·go·re·er** [ピュタゴれーあー] [名] -s/- ピュタゴラス学派の人.
py·tha·go·re·isch [ピュタゴれーイシュ] [形] ピュタゴラスの： der ～*e* Lehrsatz〘数〙ピュタゴラスの定理.
die **Py·thia** [pý:tia ピューティア] [名] -/..thien **1.** 《[単]のみ；主に無冠詞》〘ギ神〙ピュティア《デルポイで Apollo の神託を告げる巫女（みこ）》. **2.** 《文》神託めいた予言をする女性.
py·thisch [ピューティシュ] [形] 《文》神託めいた，謎めいた.
Py·thisch [ピューティシュ] [形] ピュティアの： die ～*en* Spiele ピュティア競技会《アポロンに捧げられた芸術・スポーツ祭》.
der **Py·thon** [ピュートン] [名] -s/-s〔-en [ピュトーネン]〕 **1.** 《[単]のみ；主に無冠詞》〘ギ神〙ピュトン《Apollo に退治された怪物大蛇》. **2.** 〘動〙ニシキヘビ.
die **Py·thon·schlan·ge** [ピュートン・シュランゲ] [名] -/-n 〘動〙ニシキヘビ.
die **Py·xis** [ピュクスィス] [名] -/..xiden [ピュクスィーデン]〔..xides [ピュクスィデース]〕 聖体容器，聖体匣（こう）.

P

Q

das **q¹, Q** [ku: クー] 名 -/- 《(口)-s/-s》ドイツ語アルファベットの第 17 字.

q² **1.** =Quintal キンタール. **2.** 《略きごう》=Zentner 100 kg.

QbA [クーベーアー] =Qualitätswein bestimmter Anbaugebiete 特定生産地域内上質ワイン.

qcm = Quadratzentimeter 平方センチメートル.

qdm = Quadratdezimeter 平方デシメートル.

q. e. d. =『ラテン語』quod erat demonstrandum 以上証明終り.

das **Q-Fie·ber** [クー・フィーベル] 名 -s/ 〖医〗キュー熱(病原体リケッチアによる流行性感冒に似た病気).

qkm = Quadratkilometer 平方キロメートル.

qm = Quadratmeter 平方メートル.

qmm = Quadratmilimeter 平方ミリメートル.

quab·be·lig [クヴァッベリヒ] 形 =quabblig.

quab·beln [クヴァッベルン] 動 h. 〖擬態〗《北独》《口》ぶるんぶるん揺れる, ぶよぶよする.

quab·blig [クヴァップリヒ] 形《北独》ぶりぶりした, ぶよぶよした.

die **Quackelei** [クヴァッケライ] 名 -/-en 《方・口》くだらないおしゃべり.

quackeln [クヴァッケルン] 動 h. 〖擬態〗《北独》《口》くだらない長話をする.

der **Quack·sal·ber** [クヴァック・ザルバー] 名 -s/- 《蔑》怪しげな治療をする医者, にせ医者.

die **Quack·sal·be·rei** [クヴァック・ザルバライ] 名 -/-en 《蔑》いかさま療法.

quack·sal·bern [クヴァック・ザルバーン] 動 h. 〖擬態〗《蔑》いんちきな治療をする.

die **Quad·del** [クヴァッデル] 名 -/-n かゆい腫(は)れ.

der **Qua·der** [クヴァーダー] 名 -s/-(《ドイツ南部》-n) (die ~ -/-n も有) 角石(~stein). 〖幾何〗直方体, 直六面体.

der **Qua·der·stein** [クヴァーダー・シュタイン] 名 -(e)s/-e 角石.

die **Qua·dra·ge·se** [クヴァドラゲーゼ] 名, **Qua·dra·ge·si·ma** [クヴァドラゲージィマ] 名 -/ 〖キリスト教〗四旬節(灰の水曜日から復活祭前日までの平日 40 日間の断食期間).

der **Qua·drant** [クヴァドラント] 名 -en/-en **1.** 〖数〗四分円; 〖幾何・地・天〗象限(しょうげん). **2.** 〖天・海〗四分儀, 象限儀.

das **Qua·drat¹** [クヴァドラート] 名 -(e)s/-e **1.** 正方形(四方各街路に囲まれた)街区: magisches ~ 魔法陣. **2.** 〖数〗2 乗, 平方: eine Zahl ins (zum) ~ erheben ある数を 2 乗する. 【慣用】im (zum) Quadrat 四方に.

das **Qua·drat²** [クヴァドラート] 名 -(e)s/-en 〖印〗クワタ(字間の込め物の一種).

der (*das*) **Qua·drat·de·zi·me·ter** [クヴァドラート・デ・(-)ツィ・メーター] 名 -s/- 平方デシメートル(記号 dm², 《古》qdm).

qua·dra·tisch [クヴァドラーティシュ] 形 正方形の; 〖数〗2 乗の, 2 次の.

der **Qua·drat·ki·lo·me·ter** [クヴァドラート・キロ・メーター] 名 -s/- 平方キロメートル(記号 km², 《古》qkm).

der (*das*) **Qua·drat·me·ter** [クヴァドラート・メーター] 名 -s/- 平方メートル(記号 m², 《古》qm).

die **Qua·dra·tur** [クヴァドラトゥーア] 名 -/-en **1.** 〖数〗求積(法). **2.** 〖天〗矩, 矩象(くしょう). **3.** 〖建〗(ロマネスク建築などの)矩形構造形式. 【慣用】die Quadratur des Kreises (Zirkes) 《文》解決不能な問題.

die **Qua·drat·wur·zel** [クヴァドラート・ヴルツェル] 名 -/-n 〖数〗平方根.

die **Qua·drat·zahl** [クヴァドラート・ツァール] 名 -/-en 〖数〗平方数.

der (*das*) **Qua·drat·zen·ti·me·ter** [クヴァドラート・ツェンティ・メーター] 名 -s/- 平方センチメートル(記号 cm², 《古》qcm).

qua·drie·ren [クヴァドリーレン] 動 h. **1.** 〈et⁴ を〉〖数〗2 乗する. **2.** 〈et⁴ を〉〖芸術学〗方形のます目をつける(フレスコ画を描く壁などに); 角石模様をつける(角石で造った壁に見えるように).

die **Qua·dri·ga** [クヴァドリーガ] 名 -/..gen (古代ギリシア・ローマの)四頭立て二輪馬車.

die **Qua·dril·le** [kvadrɪljə クヴァドリルイエ, kad.. カドリルイエ] 名 -/-n カドリーユ(4 組が方陣を作って踊る舞踊およびその音楽).

die **Qua·dril·li·on** [クヴァドリリオーン] 名 -/-en 100 万の 4 乗, 杼(じょ)(10²⁴).

das **Qua·dri·vi·um** [クヴァドリーヴィウム] 名 -s/ 四学科(中世の大学で教えた自由学芸七学科中の算術・幾何学・天文学・音楽).

qua·dro [クヴァードロ] 形 〖ジャズ〗 4 チャンネルステレオ方式の.

qua·dro·fon, qua·dro·phon [クヴァドロ・ふぉーン] 形 4 チャンネルステレオ方式の.

die **Qua·dro·fo·nie, Qua·dro·pho·nie** [クヴァドロ・ふぉニー] 名 -/ 4 チャンネルステレオ方式.

qua·dro·fo·nisch, qua·dro·pho·nisch [クヴァドロ・ふぉーニシュ] 形 4 チャンネルステレオ(方式)の.

der **Qua·dru·pe·de** [クヴァドルペーデ] 名 -n/-n (主に複)〖動〗四足獣.

quak! [クヴァーク] 間 (カエルの鳴き声)けろけろ; (アヒルの鳴き声)があがあ.

qua·ken [クヴァーケン] 動 h. **1.** 〖擬声〗があがあ鳴く, ぐわっぐわっ鳴く(アヒル・カエルなどが). 〖転・蔑〗があがあ鳴っている(ラジオなどが). **2.** 〖擬声〗《口》ぎゃあぎゃあわめく, ぎゃあぎゃあがなる. **3.** 〈et⁴ を〉《口・蔑》わめく, がなる.

quä·ken [クヴェーケン] 動 h. (主に《蔑》)〖擬声〗ぴいぴい泣く(子供などが); きいきい音を立てる(楽器・声・レコードプレーヤーなどが).

der **Quä·ker** [クヴェーカー] 名 -s/- クエーカー教徒.

die **Qual** [クヴァール] 名 -/-en **1.** (身のみ)苦しみ, 苦痛. **2.** (主に複)(絶え間ない)苦しみ, 苦痛, 苦悩, 心痛.

quä·len [クヴェーレン] 動 h. **1.** 〈j⁴/et⁴ を〉(肉体的苦痛を与えて)苦しめる, いじめる, 虐待する. 〈j³ を⁴ mit et³ で〉(精神的に)苦しめる(非難・過度の期待・やきもちなどで); 困らせる, 手こずらせる, 悩ませる(しつこくつきまとったり, せがんだりして). **3.** 〈j³ を〉苦しめる, 悩ませる(病気・罪の意識・困難な問題などが). **4.** 〈sich⁴ (mit et³ で)〉苦しむ(病気・疑念などで). **5.** 〈sich⁴ +mit <et³>で〉苦労する(出来の悪い子供・宿題などで). **6.** 〈sich⁴ +〈方向〉に〉苦労して進む. **7.** 〈et⁴ を〉〖写〗〖ジャズ〗苦労して現像する(露出不足の写真などを).

die **Quä·le·rei** [クヴェーレらイ] 名 -/-en **1.** 虐待; 悩ませる(手こずらせる)こと. **2.** (身のみ)苦しむこと; 《口》つらい仕事, 難儀なこと.

quä·le·risch [クヴェーレりシュ] 形 《文》つらい, 苦痛な.

der **Quäl·geist** [クヴェール・ガイスト] 名 -(e)s/-e 《口》(しつこくせがんだりする)うるさい子.

die **Qua·li·fi·ka·ti·on** [クヴァリふぃカツィオーン] [名] -/-en 1. 資格を取ること;判定, 評価. 2. 《主に[単]》(職業などのための)資格, 能力;資格証明書. 3. 〘スポーツ〙予選;《主に[単]》(試合への)出場資格.

qua·li·fi·zie·ren [クヴァリふぃツィーれン] [動] *h.* 1. 〔<j⁴>ヲ〕教育〔養成〕する《特定の仕事・職務にふさわしい能力・資格を得させるために》: *qualifizierte* Arbeitskräfte 熟練労働者. 2. 〔<j⁴>ニ+für <et⁴>ニフサワシイ/zu <j³>ニナル〕能力〔資格〕を身につけさせる. 3. 〔sich⁴〕自己教育〔鍛練〕を行う. 4. 〔sich⁴+für <et⁴>ニフサワシイ/zu <j³>ニナル/als <j¹>トシテノ/als<[形]>ノ〕能力〔資格〕を身につける. 5. 〔sich⁴+für <et⁴>ノ〕〘スポーツ〙出場資格を得る. 6. 〔<j⁴>ノ+für <et⁴>ニフサワシイ/zu <j³>ニナル/als <j⁴>トシテノ〕資格〔能力〕を示している〔証明している〕《受けた(職業)教育・取得した免許・職業上の経験などが》. 7. 〔<j⁴/et⁴>ヲ+als <j⁴/et⁴>〔<[形]>〕ト〕《文》認める, 判断する, 分類する.

qua·li·fi·ziert [クヴァリふぃツィーあト] [形] 1. 特殊な能力〔資格〕を必要とする. 2. 《文》専門的な知識があることを証明する. 3. 特別な: ~*e* Mehrheit 特定多数.

die **Qua·li·fi·zie·rung** [クヴァリふぃツィーるング] [名] -/-en 《主に[単]》資格を身につけること, 出場資格を得ること;養成;《文》判定.

die **Qua·li·tät** [クヴァリテート] [名] -/-en 1. 質. 2. 《[複]のみ》優れた資質. 3. 《文》特質, 特性. 4. 品質の良さ;上質の品. 5. 〘織〙(ある種の)素材;〘言〙音質;〘チェス〙(ビショップ・ナイトより高いルークの)駒の価値.

qua·li·ta·tiv [クヴァリタティーふ, クヴァーリタティーふ] [形] 1. 《文》質的な;優れた資質の. 2. (良)質の. 3. 〘化〙定性の: die ~*e* Analyse 定性分析.

die **Qua·li·täts·ar·beit** [クヴァリテーツ・アるバイト] [名] -/-en 優良品;優れた仕事.

die **Qua·li·täts·be·zeich·nung** [クヴァリテーツ・ベツァイひヌング] [名] -/-en (商品の)品質等級表示.

das **Qua·li·täts·er·zeug·nis** [クヴァリテーツ・エあツォイクニス] [名] -ses/-se 高級品.

die **Qua·li·täts·klas·se** [クヴァリテーツ・クラっセ] [名] -/-n =Güteklasse.

die **Qua·li·täts·wa·re** [クヴァリテーツ・ヴァーれ] [名] -/-n 高級品.

der **Qua·li·täts·wein** [クヴァリテーツ・ヴァイン] [名] -(e)s/-e 上質ワイン.

die **Qual·le** [クヴァレ] [名] -/-n 〘動〙クラゲ.

qual·lig [クヴァリひ] [形] (クラゲのように)ぶよぶよした.

der **Qualm** [クヴァルム] [名] -(e)s/ (もくもく上がる)煙, 濃煙;《方》(立ちこめる)蒸気, もや.

qual·men [クヴァルメン] [動] *h.* 1. 〖補足なし〗もうもうと煙を出す〔吐く〕《煙突・ストーブ・火事などが》: (Es が主語で)Es *qualmt* in der Küche. 台所にはもうもうと煙が立ちこめている. 2. 〖補足なし〗《口》(《蔑》も有)タバコをむやみやたらに吸う. 3. 〔(<et⁴>ヲ)〕《口》(《蔑》も有)もうもうと吹かす《タバコ・パイプなどを》.【慣用】**Es qualmt.** 《口》ひどくしかられる;きわめて激しく〔迅速に〕行われる: Nimm dich zusammen, sonst *qualmt* es. 《口》気をつけろ, でないと, ひどくしかられるぞ.

qual·mig [クヴァルミひ] [形] (《蔑》も有)煙が立ちこめた.

der **Quals·ter** [クヴァルスター] [名] -s/- 《主に[単]》《北独》《口・蔑》痰(たん).

qual·voll [クヴァール・ふぉル] [形] 苦痛〔苦悩〕に満ちた;不安な(気持の).

das **Quant** [クヴァント] [名] -s/-en 〘理〙量子.

das **Quänt·chen** [クヴェントひェン] [名] -s/- 《主に[単]》《古》ほんのわずか: ein ~ Furcht 《転》一抹の恐れ.

die **Quan·ten**¹ [クヴァンテン] [複名] Quant, Quantum の複数形.

die **Quan·ten**² [クヴァンテン] [複名] 《口》どでかい足〔靴〕.

die **Quan·ten·me·cha·nik** [クヴァンテン・メひゃーニク] [名] -/ 〘理〙量子力学.

der **Quan·ten·sprung** [クヴァンテン・シュプるング] [名] -(e)s/..sprünge 1. 〘理〙量子飛躍. 2. 急激な変化.

quan·ten·the·o·re·tisch [クヴァンテン・テオれーティシュ] [形] 〘理〙量子論の.

die **Quan·ten·the·o·rie** [クヴァンテン・テオりー] [名] -/ 〘理〙量子論.

die **Quan·ten·zahl** [クヴァンテン・ツァール] [名] -/-en 〘理〙量子数.

die **Quan·ti·fi·ka·ti·on** [クヴァンティふぃカツィオーン] [名] -/-en 数量化, 定量化.

quan·ti·fi·zie·ren [クヴァンティふぃツィーれン] [動] *h.* 〔<et⁴>ヲ〕数量〔定量〕化する, (…の)量〔数・頻度・程度〕を確定する.

die **Quan·ti·tät** [クヴァンティテート] [名] -/-en 1. 量;数量. 2. 〘言〙音の長さ. 3. 〘詩〙音節の量.

quan·ti·ta·tiv [クヴァンティタティーふ, クヴァンティタティーふ] [形] 1. 量的な. 2. 〘化〙定量の: die ~*e* Analyse 定量分析.

die **Quan·ti·té né·g·li·gea·b·le** [kãtite neglìʒábl カンティテ ネグリジャブル] [名] -/ 〘フランス語〙取るに足りないわずかの量.

das **Quan·tum** [クヴァントゥム] [名] -s/..ten 量.

die **Quap·pe** [クヴァっぺ] [名] -/-n 〘動〙オタマジャクシ;〘魚〙カワメンタイ(Aal~).

die **Qua·ran·tä·ne** [karan.. カらンテーネ] [名] -/-n 検疫隔離;検疫停留.

die **Qua·ran·tä·ne·flag·ge** [カらンテーネ・ふラっゲ] [名] -/-n 〘海〙(船が掲げる黄色の)検疫旗.

der **Quark**¹ [クヴァるク] [名] -s/ 1. 凝乳, カード《チーズの原料》;カッテージチーズ. 2. 《口》ささいなこと, くだらないこと.

das **Quark**² [kvoːrk クヴォーあク, kvark クヴァるク] [名] -s/-s 〘理〙クォーク.

quar·kig [クヴァるキひ] [形] 凝乳〔カード〕のような.

quar·ren [クヴァれン] [動] *h.* 1. 〖補足なし〗《北独》《口・蔑》わあわあ泣く《子供が》;不平〔泣きごと〕を言う. 2. 〖補足なし〗があがあ〔くわっくわっと〕鳴く《カエルや水鳥などが》;《転・口・蔑》があがあわめく《拡声器などが》.

die **Quart**¹ [クヴァるト] [名] -/-en 〘楽〙4度;第4音;〘フェンシング〙カルト《剣先を左上に向ける構え》.

das **Quart**² [kvoːrt クヴォーあト] [名] -s/-e クヴァルト《昔の液量単位. 0.24-1.1 ℓ》;《[単]のみ》〘出版〙四つ折り判《記号 4°》.

die **Quar·ta** [クヴァるタ] [名] -/..ten 1. 《古》クヴァルタ《ギムナジウムの第3学年》. 2. 《オーストリア》クヴァルタ《ギムナジウムの第4学年》.

das **Quar·tal** [クヴァるタール] [名] -s/-e 四半期.

der **Quar·tal·ab·schluss**, [旧] **Quar·tal·ab·schluß** [クヴァるタール・アップ・シュルス] [名] -es/..schlüsse 《稀》=Quartalsabschluss.

der **Quar·tals·ab·schluss**, [旧] **Quar·tals·ab·schluß** [クヴァるタールス・アップ・シュルス] [名] -es/..schlüsse 〘経・商〙四半期ごとの決算.

der **Quar·tals·säu·fer** [クヴァるタールス・ゾイふぁー] [名] -s/- 《口》周期的に飲酒癖に襲われる人.

quar·tals·wei·se [クヴァるタールス・ヴァイゼ] [副] 《稀》四半期ごとに.

der **Quar·ta·ner** [クヴァるターナー] [名] -s/- ギムナジウムの3年生;《オーストリア》ギムナジウムの4年生.

das **Quar·tär** [クヴァるテーあ] [名] -s/ 〘地質〙第四紀.

der **Quart·band** [クヴァるト・バント] [名] -(e)s/..bände 四つ折り判の本.

die **Quar·te** [クヴァるテ] [名] -/-n 〘楽〙4度;第4音.

der **Quar·ter** [kvóːrtər クヴォーあター] [名] -s/- クォ

ーター《①英国の重量単位, 12.7 kg. ②英国の体積の単位, 290.95 *l*. ③米国の穀物の重量単位, 21.75 kg. ④米国・カナダの 1/4 ドル; 1/4 ドル硬貨》.

das **Quar·ter·deck** [クヴァるター・デック] [名] -(e)s/-s〔-e〕船尾〔後〕甲板.

das **Quar·tett** [クヴァるテット] [名] -(e)s/-e **1.** 〚楽〛四重奏〔唱〕曲; 四重奏〔唱〕団, カルテット. **2.** 《《皮》も有》四人組. **3.** 〚トランプ〛カルテットゲーム用のカード１組; カルテットゲームの４つ組; 《単のみ》カルテットゲーム. **4.** 〚詩〛クワルテット《ソネットの四行詩節》.

das **Quar·tier** [クヴァるティーあ] [名] -s/-e **1.** 宿, 宿泊所; 宿営所: ~ machen《古》宿を手に入れる; 〚軍〛《古》宿営所を設営する. ~ nehmen《文》宿泊する. **2.** 《スイス》(都市の)地区. **3.** 〚園〛(樹木〔果樹〕園の)区画.

quar·tie·ren [クヴァるティーれン] [動] *h.* **1.** 〔〈j⁴〉ヲ+(in 〈et⁴〉ニ)〕宿泊〔宿営〕させる. **2.** 〔(sich⁴)+〈場所〉ニ〕《稀》宿泊する.

der **Quar·tier·ma·cher** [クヴァるティーあ・マっはー] [名] -s/- 〚軍〛《古》宿営係.

der **Quar·tier·meis·ter** [クヴァるティーあ・マイスター] [名] -s/- **1.** 〚軍〛(参謀本部の)需品〔補給〕係将校. **2.** (行事参加者などに)宿を手配する人.

der **Quar·tier·schein** [クヴァるティーあ・シャイン] [名] -(e)s/-e 〚軍〛舎営証.

der **Quarz** [クヴァーあツ] [名] -es/-e 石英; クオーツ.

das **Quarz·glas** [クヴァーあツ・グラース] [名] -es/ 〚工〛石英ガラス.

die **Quarz·lam·pe** [クヴァーあツ・ラムペ] [名] -/-n 〚工〛石英水銀灯.

die **Quarz·uhr** [クヴァーあツ・ウーあ] [名] -/-en クオーツ時計, 水晶時計.

der **Qua·sar** [クヴァザーあ] [名] -s/-e 〚天〛準恒星状天体, クエーサー.

qua·si [クヴァーズィ] [副] 《語飾》(動詞・形容詞・副詞・名詞を修飾) いわば, (…も)同然, ほとんど, まるで: Sie sind ~ verlobt. 彼らは婚約しているも同然だ. ~ jeden Tag ほとんど毎日.

Qua·si·mo·do·ge·ni·ti [クヴァズィ・モド・ゲーニティ] 〚ラテン語〛〚プロテスタント〛復活祭後の最初の日曜日.

qua·si·of·fi·zi·ell [クヴァーズィ・オふぃツィエル] [形] 《文》準公式な.

die **Quas·se·lei** [クヴァっセライ] [名] -e/-en 《口・蔑》長たらしいおしゃべり.

quas·seln [クヴァっセルン] [動] *h.* 《口》(《蔑》も有) **1.** 〔(mit 〈j³〉ヲ相手ニ)〕とめどなくおしゃべりをする. **2.** 〔〈et⁴〉ヲ〕とめどなくしゃべる.

die **Quas·sel·strip·pe** [クヴァっセル・シュトりっペ] [名] -/-n 《口・冗・古》電話機; 《口・蔑》おしゃべりな人: an der ~ hängen 長電話をしている.

der **Quast** [クヴァスト] [名] -(e)s/-e 《北独》刷毛(はけ); 房飾り.

die **Quas·te** [クヴァステ] [名] -/-n (カーテンの縁などにつける)房飾り; 房; 《北独》刷毛(はけ).

die **Quas·ten·flos·ser** [クヴァステン・ふロっサー] [複名] 〚動〛総鰭(そうき)類.

die **Quäs·ti·on** [クヴェスツィオーン] [名] -/-en 〚哲〛(学問上の)問題, 争点.

der **Quäs·tor** [kvɛ́(ː)stoːr クヴェ(ー)ストーあ] [名] -s/-en [クヴェストーれン] **1.** (古代ローマの)財務文書官. **2.** 〚大学〛会計課長. **3.** 《スイス》(団体の)会計係.

die **Quäs·tur** [クヴェストゥーあ] [名] -/-en **1.** 《単のみ》(古代ローマの)財務文書官の職. **2.** 財務文書官の管轄区域. **3.** (大学の)会計課.

der **Qua·tem·ber** [クヴァテムバー] [名] -s/- 〚カトリック〛四季の斎日(さいじつ)《四季のはじめに３日間断食を行う》.

der **Quatsch** [クヴァっチュ] [名] -(e)s/ **1.** 《口・蔑》ばかげた発言〔行動・行為〕; くだらないこと; ばかげたこと. **2.** 冗談. **3.** 《方・口》どろんこ; どろどろしたもの. 【慣用】**Quatsch (mit Soße)!** ばかばかしい.

quatsch! [クヴァっチュ] [間] 《稀》びちゃっ, ぱしゃっ.

quat·schen [クヴァっチェン] [動] *h.* 《口》 **1.** 〔補足なし〕《口・蔑》ぺちゃくちゃしゃべる. **2.** 〔〈et⁴〉ヲ/〈様態〉ニ〕《口・蔑》しゃべる. **3.** 〔補足なし〕《口・蔑》陰口をきく, うわさ話をする. **4.** 〔補足なし〕《口》口外する, 秘密をもらす. **5.** 〔(mit 〈j³〉ト)〕《口》(くつろいで)おしゃべりをする.

die **Quat·sche·rei** [クヴァっチェらイ] [名] -/-en 《口・蔑》(くだらぬ)おしゃべり; 陰口; 口外すること.

der **Quatsch·kopf** [クヴァっチュ・コップふ] [名] -(e)s/..köpfe 《口・蔑》くだらないおしゃべりをするやつ.

quatsch·nass, ⓐ**quatsch·naß** [クヴァっチュ・ナス] [形] 《口》びしょぬれの.

das **Quat·tro·cen·to** [..tʃɛ́nto クヴァトろ・チェント] [名] -s/ クワトロチェント《イタリア初期ルネサンスの 15 世紀》.

die **Que·cke** [クヴェっケ] [名] -/-n 〚植〛カモジグサ.

das **Queck·sil·ber** [クヴェック・ズィルバー] [名] -s/ 水銀(記号 Hg). 【慣用】**Quecksilber im Leib〔Hintern〕haben** 《口》じっとしていない.

das **Queck·sil·ber·ba·ro·me·ter** [クヴェックズィルバー・バろ・メーター] [名] -s/- 水銀気圧計.

der **Queck·sil·ber·dampf** [クヴェックズィルバー・ダムプふ] [名] -(e)s/..dämpfe 水銀蒸気.

queck·sil·be·rig [クヴェック・ズィルべりひ] [形] =quecksilbrig.

queck·sil·bern [クヴェック・ズィルバーン] [形] =quecksilbrig.

die **Queck·sil·ber·säu·le** [クヴェックズィルバー・ゾイレ] [名] -/-n 〚気〛水銀柱.

die **Queck·sil·ber·ver·gif·tung** [クヴェックズィルバー・ふぇあギふトゥング] [名] -/-en 水銀中毒.

queck·silb·rig [クヴェック・ズィルブりひ] [形] **1.** 水銀のような. **2.** 一時もじっとしていない, ちょこまか動く.

die **Quee·ne** [クヴェーネ] [名] -/-n 《北独》未経産の雌牛.

(das) **Queens·land** [kwíːnzlənd クウィーンズ・レンド] [名] -(e)s/ 〚地名〛クイーンズランド《オーストラリアの州》.

der **Quell** [クヴェル] [名] -(e)s/-e 《主に単》《文》泉, 源泉; 源.

der **Quell·code** [..koːt クヴェル・コート] [名] -s/-s 〚コンピュータ〛ソースコード, ソースプログラム.

die **Quel·le** [クヴェレ] [名] -/-n **1.** 泉, 水源, 湧水, 源泉. **2.** 根源, 源. **3.** 資料, 出典, 典拠: historische ~*n* 史料. **4.** 情報源, 供給源.

quel·len[1*] [クヴェレン] [動] er quillt; quoll; ist gequollen **1.** 〔aus 〈et³〉カラ/durch 〈et⁴〉ノ間カラ/über 〈et⁴〉ヲ越エテ〕湧き〔流れ・あふれ〕出る(水・煙などが); 浮〔飛〕出る; 膨れ〔盛〕上がる. **2.** 〔補足なし〕(水分〔湿気〕を吸って)膨れる, ふやける《豆・ゼラチン・木材などが》; むくむく大きくなる《地平線の雲などが》.

quel·len[2] [クヴェレン] [動] *h.* 〔〈et⁴〉ヲ〕ふやかす《豆などを》; 《方》柔らかくなるまで煮る〔ゆでる〕《ジャガイモなどを》.

die **Quel·len·an·ga·be** [クヴェレン・アン・ガーベ] [名] -/-n 《主に複》引用文献目録, 出典一覧.

die **Quel·len·for·schung** [クヴェレン・ふぉるシュング] [名] -/-en 出典〔資料・文献〕の研究.

das **Quel·len·ma·te·ri·al** [クヴェレン・マテりアール] [名] -s/-ien 研究に使える資料.

die **Quel·len·steu·er** [クヴェレン・シュトイあー] [名] -/-n 〚税〛源泉徴収税.

der **Quell·fluss,** ⓐ**Quell·fluß** [クヴェル・ふルっス] [名] -es/..flüsse 〚地〛大きな河に流れ込む川.

das **Quẹll·ge·biet** [クヴェル·ゲビート] [名] -(e)s/-e 水源地.

die **Quẹll·kar·tof·fel** [クヴェル·カるトっふぇル] [名] -/-n 《方》《主に[複]》皮のままゆでたジャガイモ.

das **Quẹll·was·ser** [クヴェル·ヴァっサー] [名] -s/- 泉の水, わき水.

die **Quẹll·wol·ke** [クヴェル·ヴォルケ] [名] -/-n 〖気〗積雲.

die **Quen·ge·lei** [クヴェンゲライ] [名] -/-en 《口》 **1.** 《[単]のみ》だだをこねること;不平を言うこと. **2.** 《主に[複]》泣き言, 不平.

quẹn·geln [クヴェンゲルン] [動] *h.* 《口》 **1.** 〔[補足なし]〕めそめそ泣く(子供が);(泣いて)駄々をこねる〔ぐずる〕(子供が). **2.** 〖(über 〈j^4/et^4〉ニツイテ)〗愚痴〔泣き言〕を言う, ぶつぶつ不平を言う.

qu<u>e</u>r [クヴェーあ] [副] **1.** (斜め)横に, 交差した, はすかいに : das Blatt ~ legen 紙を横位置に置く. **2.** (…を)横切って : ~ durch den Garten/über die Straße gehen 庭を/道路を横切る. 【慣用】**kreuz und quer** 縦横に, あちこちに.

—— [形] 《稀》 **1.** 横の. **2.** 変な.

die **Qu<u>e</u>r·ach·se** [クヴェーあ·アクセ] [名] -/-n 横軸.

der **Qu<u>e</u>r·bahn·steig** [クヴェーあ·バーン·シュタイク] [名] -(e)s/-e (終端駅の)ホーム連絡通路(ホーム間をつなぐ).

der **Qu<u>e</u>r·bal·ken** [クヴェーあ·バルケン] [名] -s/- 横木; 桁(けた), 梁(はり);〖楽〗(音符をつなぐ)桁;〖スポーツ〗(ゴールの)クロスバー.

quer·beet [クヴェーあ·ベート, クヴェーあ·ベート] [副] 《口》やみくもに, むやみやたらに.

der **Qu<u>e</u>r·cord·rei·fen** [クヴェーあ·コるト·らイふェン] [名] -s/- 〖車〗ラジアルタイヤ.

quer·dụrch [クヴェーあ·ドゥるひ] [副] 横切って.

die **Qu<u>e</u>·re** [クヴェーれ] [名] -/ 横の方向. 【慣用】**〈j^3〉 in die Quere kommen** 《口》〈人の〉邪魔をする;〈人に〉出くわす;〈人の〉行く手をさえぎる.

die **Que·r<u>e</u>·le** [クヴェれーレ] [名] -/-n 《主に[複]》《文》争い, 葛藤(かっとう).

qu<u>e</u>·ren [クヴェーれン] [動] *h.* 〔〈et^4〉ヲ〕《古》横切る(通りなどを), (…と)交差する;〖登山〗トラバースする.

quer·feld·<u>ei</u>n [クヴェーあ·ふぇルト·アイン] [副] 野原を横切って.

der **Quer·feld·<u>ei</u>n·lauf** [クヴェーあふぇルトアイン·ラウふ] [名] -(e)s/..läufe 〖スポーツ〗クロスカントリーレース.

das **Quer·feld·<u>ei</u>n·ren·nen** [クヴェーあふぇルトアイン·れネン] [名] -s/- (自転車による)クロスカントリーレース.

die **Qu<u>e</u>r·flö·te** [クヴェーあ·ふ㋹ーテ] [名] -/-n 横笛.

das **Qu<u>e</u>r·for·mat** [クヴェーあ·ふぉるマート] [名] -(e)s/-e (本·写真などの)横長判;横長判の本〔写真〕.

qu<u>e</u>r ge·hen*, [旧]**qu<u>e</u>r|ge·hen*** [クヴェーあ ゲーエン] [動] *s.* 《口》 **1.** 〔[補足なし]〕うまくゆかない, 失敗する(計画·意図などが) **2.** 〔〈j^3〉ノ〕癇(かん)にさわる.

qu<u>e</u>r ge·streift, [旧]**qu<u>e</u>r·ge·streift** [クヴェーあ ゲシュトらイふト] [形] 横縞(よこじま)の.

der **Qu<u>e</u>r·kopf** [クヴェーあ·コっぷふ] [名] -(e)s/..köpfe 《口》(《蔑》も有)つむじ曲り, ひねくれ者, あまのじゃく.

qu<u>e</u>r·köp·fig [クヴェーあ·ケっぷふぃひ] [形] 《口》(《蔑》も有)つむじ曲りの, あまのじゃくの.

die **Qu<u>e</u>r·la·ge** [クヴェーあ·ラーゲ] [名] -/-n 〖医〗(胎児の)横位.

die **Qu<u>e</u>r·lat·te** [クヴェーあ·ラってテ] [名] -/-n 横木;〖スポーツ〗(サッカーなどのゴールの)クロスバー.

die **Qu<u>e</u>r·leis·te** [クヴェーあ·ライステ] [名] -/-n 横木, 横桟.

der **Qu<u>e</u>r·pass,** [旧]**Qu<u>e</u>r·paß** [クヴェーあ·パス] [名] -es/..pässe 〖スポーツ〗クロスパス.

die **Qu<u>e</u>r·pfei·fe** [クヴェーあ·プふぁイふぇ] [名] -/-n ファイフ(鼓笛隊用の小形横笛).

das **Qu<u>e</u>r·ru·der** [クヴェーあ·るーダー] [名] -s/- 〖空〗補助翼.

qu<u>e</u>r schie·ßen*, [旧]**qu<u>e</u>r|schie·ßen*** [クヴェーあ シーセン] [動] *h.* 〔[補足なし]〕《口》邪魔する, 妨害する.

das **Qu<u>e</u>r·schiff** [クヴェーあ·シふ] [名] -(e)s/-e 〖建〗(教会の)翼廊, 袖廊, トランセプト.

der **Qu<u>e</u>r·schlä·ger** [クヴェーあ·シュレーガー] [名] -s/- それ〔流れ〕弾;《口》へそ曲りな人.

der **Qu<u>e</u>r·schnitt** [クヴェーあ·シュニット] [名] -(e)s/-e **1.** 横断面;横断面図. **2.** 重要な部分のまとめ, 概観, 抜粋.

qu<u>e</u>r·schnitt·ge·lähmt [クヴェーあシュニット·ゲレームト] [形] =querschnittsgelähmt.

die **Qu<u>e</u>r·schnitt·läh·mung** [クヴェーあシュニット·レームング] [名] -/ =Querschnittslähmung.

qu<u>e</u>r·schnitts·ge·lähmt [クヴェーあシュニッツ·ゲレームト] [形] 〖医〗横断麻痺(まひ)の.

die **Qu<u>e</u>r·schnitts·läh·mung** [クヴェーあシュニッツ·レームング] [名] -/ 〖医〗横断麻痺(まひ).

qu<u>e</u>r schrei·ben*, [旧]**qu<u>e</u>r|schrei·ben*** [クヴェーあ シュらイベン] [動] *h.* 〔〈et^4〉ヲ〕〖銀行〗引受ける(手形を).

die **Qu<u>e</u>r·sei·te** [クヴェーあ·ザイテ] [名] -/-n (テーブルなどの)短い方の側(がわ).

die **Qu<u>e</u>r·stra·ße** [クヴェーあ·シュトらーセ] [名] -/-n (大通りと交差する)横の通り.

der **Qu<u>e</u>r·strich** [クヴェーあ·シュトりっひ] [名] -(e)s/-e 横線.

die **Qu<u>e</u>r·sum·me** [クヴェーあ·ズメ] [名] -/-n 〖数〗二けた以上の数字の各けたの数字の和(123 の場合 6).

der **Qu<u>e</u>r·trei·ber** [クヴェーあ·トらイバー] [名] -s/- 《口·蔑》(他人の計画や行動の)妨害ばかりする人.

die **Quer·trei·be·r<u>ei</u>** [クヴェーあ·トらイベらイ] [名] -/-en 《口·蔑》絶えず妨害すること.

quer·<u>ü</u>·ber [クヴェーあ·ユーバー] [副] 斜め〔はす〕向かいに, 斜め向うへ.

der **Que·ru·lạnt** [クヴェるラント] [名] -en/-en 《文·蔑》文句ばかり言う人, 不平家.

que·ru·l<u>ie</u>·ren [クヴェるリーれン] [動] *h.* 〔[補足なし]〕《文·蔑》しょっちゅう苦情〔不平·文句〕を言う;自分の権利を主張して文句をつける〔訴えを起こす〕.

die **Qu<u>e</u>r·ver·bin·dung** [クヴェーあ·ふぇあビンドゥング] [名] -/-en **1.** (専門分野·テーマ間などの)横のつながり. **2.** ある地区を横切って直接二つの地区を結ぶ(路)線.

die **Qu<u>e</u>·se** [クヴェーゼ] [名] -/-n 《北独》 **1.** (血)豆;胼胝(たこ). **2.** 〖動〗脳狗腸(のうこうちょう)条虫;犬条虫の幼虫.

der **Quẹtsch** [クヴェっチュ] [名] -(e)s/-e 《西中独·南独》無色のプラムブランデー.

die **Quẹt·sche**[1] [クヴェっチェ] [名] -/-n **1.** 《方》ジャガイモつぶし器 : in einer ~ sein 苦境にある. **2.** 《口·蔑》ちっぽけな村〔店·会社〕;(試験勉強のための)学習塾.

die **Quẹt·sche**[2] [クヴェっチェ] [名] -/-n 《西中独·南独》〖植〗セイヨウスモモ.

quẹt·schen [クヴェっチェン] [動] *h.* **1.** 〔〈j^4/et^4〉ヲ+〈方向〉ニ〕強く押しつける;割込ませる, 押込む, 詰込む. **2.** 〔sich⁴+〈方向〉ニ〕割込む, 自分(の身体)を押込む;(…を)押合いへし合いしながら進む, 人込みを押分けて(…から)出る. **3.** 〔$sich^4$/$sich^3$+〈et^4〉ヲ〕強く圧されて〔挟まれて〕けがをする. **4.** 〔〈j^3〉ノ+〈et^4〉ヲ〕強く圧して〔挟んで〕けがさせる(落ちて来た石などが);強く握る〔押える〕(握手の際に手を. 医者が患者の下腹部などを). **5.** 〔〈et^4〉ヲ〕《方》(潰し器で)つぶす(ジャガイモなどを). **6.** 〔〈et^4〉ヲ+aus 〈et^3〉カラ〕《方》搾って取る(果汁をレモンなどから).

die **Quẹtsch·fal·te** [クヴェっチュ·ふぁルテ] [名] -/-n 〖服〗

Q

ボックスプリーツ, 箱ひだ.

die **Quetsch·kar·tof·feln** [クヴェっチュ・カるトっふぇルン] [複名] 《方》マッシュポテト.

der **Quetsch·kas·ten** [クヴェっチュ・カステン] [名] -s/..kästen =Quetschkommode.

die **Quetsch·kom·mo·de** [クヴェっチュ・コモーデ] [名] -/-n 《冗》アコーディオン.

die **Quet·schung** [クヴェっチュング] [名] -/-en 挫傷(ざしょう), 打撲傷; (身体部分を)押しつぶすこと.

die **Quetsch·wun·de** [クヴェっチュ・ヴンデ] [名] -/-n 〘医〙挫傷(ざしょう), 打撲傷.

die **Queue**[1] [kø: [ケ]ー] [名] -/-s **1.** 《文・古》長蛇の列. **2.** 〘軍〙《古》隊列の後尾.

das **Queue**[2] [[ケ]ー] [名] -s/-s (der ~ も有) キュー, 玉突き棒.

die **Quiche** [kɪʃ キッシュ] [名] -/-s 〘料〙キッシュ.

die **Quiche Lorraine** [kɪ́ʃlɔrɛ́:n キッシュ ロれーン] [名] --/-s -s 〘料〙キッシュロレーヌ.

quick [クヴィック] [形] 《北独》活発な, 活気のある.

der **Quick·born** [クヴィック・ボるン] [名] -(e)s/-e 《古》若返りの泉.

quick·le·ben·dig [クヴィック・レベンディひ] [形] 元気はつらつとした.

das **Quid·pro·quo** [クヴィト・プろ・クヴォー] [名] -s/-s 《文》 **1.** 《古》取違え. **2.** 交換; 代償; 見返り.

quiek! [クヴィーク] [間] (豚などの鳴き声)きーきー.

quie·ken [クヴィーケン] [動] *h.* 〔補足なし〕きいきい鳴く(豚・ネズミ・モグラなどが); きゃあきゃあ叫ぶ(子供などが面白がって); きゃあっと叫ぶ(驚いたり, 喜んだりして).

quiek·sen [クヴィークセン] [動] *h.* =quieken.

der **Qui·e·tis·mus** [クヴィエティスムス] [名] -/ 静寂主義; 〘宗〙(17 世紀カトリックの)静寂主義.

der **Qui·e·tist** [クヴィエティスト] [名] -en/-en 静寂主義者.

qui·e·tis·tisch [クヴィエティスティシュ] [形] 静寂主義の.

quiet·schen [クヴィーチェン] [動] *h.* 〔補足なし〕きいー〔ぎいー〕と音を立てる, きいきいいう(ブレーキ・戸・ベッド・木製の階段などが); 《口》きゃあーと叫ぶ(驚いたり, 喜んだりして).

quietsch·ver·gnügt [クヴィーチュ・ふぇあグニュークト] [形] 《口》楽しくはしゃいだ, 上機嫌の.

quill! [クヴィル] [動] quellen の du に対する命令形.

quillst [クヴィルスト] [動] quellen の現在形 2 人称単数.

quillt [クヴィルト] [動] quellen の現在形 3 人称単数.

quin·ke·lie·ren [クヴィンケリーれン] [動] *h.* 《北独》 **1.** 〔補足なし〕さえずる. **2.** 〔補足なし〕言い逃れをする.

die **Quin·qua·ge·si·ma** [クヴィンクヴァゲーズィマ] [名] -/ 〘カトリック〙五旬節の主日; 《古》(復活祭と聖霊降臨祭の間の)50 日間.

das **Quin·quen·ni·um** [クヴィンクヴェニウム] [名] -s/..quennien 《古》5 年間.

die **Quint** [クヴィント] [名] -/-en **1.** 〘フェンシング〙キント(右胸部方向への突き〔打撃〕). **2.** 〘楽〙=Quinte.

die **Quin·ta** [クヴィンタ] [名] -/..ten **1.** 《古》ギムナジウムの第 2 学年. **2.** 《オーストリア》ギムナジウムの第 5 学年.

der **Quin·tal** [クヴィンタール] [名] -s/-e (単位としての[複]は-)キンタール(スイス・フランス・スペイン・ポルトガル・中南米諸国の古い重量単位. 約 100 kg. 記号 q).

der **Quin·ta·ner** [クヴィンターナー] [名] -s/- ギムナジウム 2 年生; 《オーストリア》ギムナジウム 5 年生.

die **Quin·te** [クヴィンテ] [名] -/-n 〘楽〙5 度; 第 5 音.

die **Quin·ter·ne** [クヴィンテるネ] [名] -/-n 《古》クヴィンテルネ(Lotto の 5 個の当り番号).

die **Quint·es·senz** [クヴィンテっセンツ] [名] -/-en 《文》核心, 真髄.

das **Quin·tett** [クヴィンテっト] [名] -(e)s/-e **1.** 〘楽〙五重奏〔唱〕曲; 五重奏〔唱〕団. **2.** 《《皮》も有》五人組.

die **Quin·til·li·on** [クヴィンティリオーン] [名] -/-en 100 万の 5 乗(10^{30}).

das **Qui·pu** [kípu キプ] [名] -(s)/-(s) キープ(古代インカ帝国の結縄文字).

der **Qui·ri·nal** [クヴィりナール] [名] -s/ クィリナーレ(ローマの七丘の一つクィリナリスの上にある宮殿. 現在はイタリア大統領官邸).

der **Quirl** [クヴィるル] [名] -(e)s/-e **1.** (料理用の)攪拌(かくはん)棒; 《口・冗》換気扇, 扇風機; せわしない人; 〘空〙《ジャーゴン》プロペラ. **2.** 〘植〙輪生.

quir·len [クヴィるレン] [動] **1.** *h.* 〔<et⁴>ヲ+(mit <et³>ト)〕攪拌(かくはん)棒でかき混ぜる(卵と牛乳などを). **2.** *h.* 〔補足なし〕渦巻く(水・煙などが); 《転》せわしなく動き回る(人々が). **3.** *s.* 〔durch <et⁴>ヲ〕渦巻いて流れて行く.

quir·lig [クヴィるりひ] [形] せかせかした, じっとしていない; 活動的な, 忙しい.

der **Quis·ling** [クヴィスリング] [名] -s/-e 《蔑》敵国〔占領国〕協力者.

die **Quis·qui·li·en** [クヴィスクヴィーリエン] [複名] 《文》ささいなこと, くだらぬこと.

quitt [クヴィット] [形] 貸し借りがない, 関係がなくなった. 【慣用】(**mit <j³>**) **quitt sein** (〈人に〉)貸し借りがない; (〈人と〉)縁が切れている. **mit <j³> quitt werden** 〈人と〉話がつく. **<j 4(2)/et 4(2)> quitt sein/werden** 〈人・事と〉縁が切れている/縁が切れる(2 格は古い).

die **Quit·te** [クヴィッテ] [名] -/-n 〘植〙マルメロ; マルメロの実.

quit·te·gelb [クヴィッテ・ゲルプ] [形] (病的に)黄ばんだ.

quit·tie·ren [クヴィッティーれン] [動] *h.* **1.** 〔(<et⁴>ノ)〕受領〔領収〕のサインをする, 受領〔領収〕書にサインする. **2.** 〔<et⁴>ニ+mit <et³>デ〕答える, 応じる. **3.** 〔<et⁴>ヲ〕《古》辞める: den 〔seinen〕 Dienst ~ 退職〔辞職〕する.

die **Quit·tung** [クヴィっトゥング] [名] -/-en **1.** 領収書, 受取証. **2.** (不愉快な)報い, しっぺ返し.

das **Qui·vive** [kiví:f キヴィーふ] [名] (次の形で)auf dem ~ sein 《口》警戒している.

das **Quiz** [kvɪs クヴィス] [名] -/- (特にラジオ・テレビなどの)クイズ.

quod erat de·mons·tran·dum [クヴォト エーらト デモンストらンドゥム] 〘ラテン語〙《文》以上証明終り(略 q. e. d.).

das **Quod·li·bet** [クヴォト・リベト] [名] -s/-s **1.** ([単]のみ)《文・古》ごちゃまぜ. **2.** 〘楽〙クォドリベット(さまざまなメロディーを結合させた音楽の一形式). **3.** 〘トランプ〙クオドリベット.

quod li·cet Jo·vi, non li·cet bo·vi [lí:tsɛt.. クヴォト リーツェト ヨーヴィ ノーン リーツェト ボーヴィ] 〘ラテン語〙《文》ジュピターに許されていることも牛には許されない(身分の高い者には許されても, 低い者には許されないの意).

quoll [クヴォル] [動] quellen の過去形.

quöl·le [ク[ヴェ]レ] [動] quellen の接続法 2 式.

das **Quo·rum** [クヴォーるム] [名] -s/ 《南独・スイス》《文》定足数.

die **Quo·ta·ti·on** [クヴォタツィオーン] [名] -/-en 〘金融〙相場.

die **Quo·te** [クヴォーテ] [名] -/-n 配分〔分担・配当・割当〕数〔量・額〕; 割合, 比率; 〘ラジオ・テレビ〙聴取率, 視聴率(Einschalt~).

der **Quo·ten·brin·ger** [クヴォーテン・ブリンガー] [名] -s/- 〘ラジオ・テレビ〙《ジャーゴン》高視聴率をかせぐ番組〔人〕.

die **Quo·ten·frau** [クヴォーテン・ふらウ] [名] -/-en 《ジャーゴン》割り当て女性(Quotenregelung によってある地位などについている女性).

die **Quo·ten·re·ge·lung** [クヴォーテン・れーゲルング] 名 -/-en 割り当て〔クォーター〕制(ある地位・職務を占める男女比率を定める規定).
der **Quo·ti·ent** [クヴォツィエント] 名 -en/-en 〘数〙商;指数.
quo·tie·ren [クヴォティーれン] 動 *h*.〔〈et⁴〉〓〙〘経〙相場〔値段〕をつける.

die **Quo·tie·rung** [クヴォティーるング] 名 -/-en 割当数を定めること;〘経〙相場づけ.
quo va·dis ? [クヴォー ヴァーディス] 〘ラ語〙《文》(主よ)いずこへ(①ペテロの言葉で,どうなるのだろうの意(ヨハネ福音書 13,36).②シェンキェビッチの歴史小説の題名).

R

das **r**¹, **R**¹ [ɛr エる] 名 -/-《(口)-s/-s》ドイツ語アルファベットの第18字.

r², **R**² =Radius 【数】半径.

R³ 1. =Rand ラント,ランド（南アフリカ共和国の貨幣単位）. 2. =[ﾗﾃﾝ語] rarus 稀(まれ)（図書・コインのカタログなどで）. 3. =Reaumur 【理】列氏. 4. =Retard（時計の緩急調速表示の）遅.『「速」は A』 5. =Röntgen 【理】レントゲン.

r. =rechts 右に.

R. =Regiment 連隊.

Ra [エるアー] 名 【化】ラジウム.

(*der*) **Ra·abe** [らーベ] 名《人名》ラーベ（Wilhelm ～, 1831-1910, 小説家）.

der **Ra·batt** [らバット] 名 -(e)s/-e 値引,割引;割戻し,リベート.

die **Ra·batte** [らバッテ] 名 -/-n 縁取り花壇.

ra·bat·tie·ren [らバティーれン] 動 h.《((ﾀﾞｯｼ)+(et⁴)》[ﾆ対シテ=mit (et³)] 【商】値引きする.

die **Ra·batt·mar·ke** [らバット・マるケ] 名 -/-n（商品を買うともらえる）割引サービス券.

der **Ra·batz** [らバッツ] 名 -es/《口》大騒ぎ,喧騒(けんそう);激しい抗議.

der **Ra·bau·ke** [らバウケ] 名 -n/-n《口》騒々しい無作法な若者,乱暴者.

der **Rab·bi** [らビ] 名 -(s)/-s[-nen[らビーネン]]ラビ（人;《@@の》ユダヤ教の教師・学者の尊称）.

das **Rab·bi·nat** [らビナート] 名 -(e)s/-e ラビの職（身分）.

der **Rab·bi·ner** [らビーナー] 名 -s/- ラビ（ユダヤ教の律法学者（教師））.

rab·bi·nisch [らビーニシュ] 形 ラビの;ラビ特有の.

der **Ra·be** [らーベ] 名 -n/-n【鳥】（大形の）カラス,ワタリガラス.【慣用】**ein weißer Rabe** 例外中の例外,世にもまれなもの.

das **Ra·ben·aas** [らーベン・アース] 名 -es/..ser《口・蔑》陰険（下劣）なやつ,意地悪,すれっからし.

die **Ra·ben·el·tern** [らーベン・エルタァン] 複名《蔑》冷酷無情な親.

die **Ra·ben·mut·ter** [らーベン・ムッター] 名 -/..mütter《蔑》冷酷無情な母親.

ra·ben·schwarz [らーベン・シュヴァるツ] 形 真っ黒(暗)な.

der **Ra·ben·va·ter** [らーベン・ふぁーター] 名 -s/..väter《蔑》冷酷無情な父親.

ra·bi·at [らビアート] 形 粗暴な;怒り狂った,激しい;断固たる.

die **Ra·bi·es** [らービエス] 名 -/【医】狂犬病.

der **Ra·bu·list** [らブリスト] 名 -en/-en《文・蔑》（詭弁(きべん)をあやつる）三百代言.

die **Ra·bu·lis·tik** [らブリスティク] 名 -/《文・蔑》こじつけ,三百代言的な言いくるめ.

ra·bu·lis·tisch [らブリスティシュ] 形《文・蔑》三百代言的な.

die **Ra·che** [らっヘ] 名 -/ 復讐(ふくしゅう),報復.【慣用】**(an (ﾀﾞｯｼ)) Rache nehmen**《(人に)》報復をする.**die Rache des kleinen Mannes**《口》(《冗》も有)（有力者に対する）弱者のささやかな仕返し.

der **Ra·che·akt** [らっヘ・アクト] 名 -(e)s/-e《文》報復行為,仕返し.

der **Ra·che·durst** [らっヘ・ドゥるスト] 名 -(e)s/《文》抑えがたい（激しい）復讐(ふくしゅう)心.

ra·che·durs·tig [らっヘ・ドゥるスティヒ] 形《文》復讐(ふくしゅう)心に燃えた.

der **Ra·che·ge·dan·ke** [らっヘ・ゲダンケ] 名 -ns/-n（主に@@の》復讐(ふくしゅう)の念.

die **Ra·che·göt·tin** [らっヘ・ゲッティン] 名 -/..nen 復讐(ふくしゅう)の女神（ギリシア神話の Erinnye）.

der **Ra·chen** [らっヘン] 名 -s/- 1. のど,咽頭(いんとう). 2. （猛獣などの）大きく開けた口.

rä·chen [れっヒェン] 動 h. 1.《(ﾀﾞｯｼ)》仇(あだ)を討つ,復讐(ふくしゅう)をする. 2.《et³》仕返しをする,報復をする（侮辱などの）. 3. **sich**⁴+(an (ﾀﾞｯｼ)ニ)[wegen (et²)ノ] 仕返しをする,復讐をする. 4. (**sich**⁴) 後になって祟(たた)る,後で報いが来る（失敗・軽率な行為などが）.

der **Ra·chen·blüt·ler** [らっヘン・ブリュートラー] 名 -s/- 【植】ゴマノハグサ科の植物.

der **Ra·chen·ka·tarr**, **Ra·chen·ka·tarrh** [らっヘン・カタる] 名 -s/-e【医】咽頭(いんとう)カタル.

die **Ra·chen·man·del** [らっヘン・マンデル] 名 -/-n【医】咽頭(いんとう)扁桃(へんとう).

der **Ra·chen·put·zer** [らっヘン・プッツァー] 名 -s/-《口・冗》すっぱいワイン;強いシュナップス（蒸留酒）.

der **Rä·cher** [れっヒャー] 名 -s/-《文》復讐(ふくしゅう)者,報復者.

die **Rach·gier** [らっヘ・ギーあ] 名 -/《文》復讐(ふくしゅう)心（欲）.

rach·gie·rig [らっヘ・ギーりヒ] 形《文》復讐(ふくしゅう)の念に燃えた.

die **Ra·chi·tis** [らヒーティス] 名 -/..tiden [らヒティーデン]【医】くる病.

ra·chi·tisch [らヒーティシュ] 形【医】くる病の.

die **Rach·sucht** [らっヘ・ズゥト] 名 -/《文》抑えがたい（激しい）復讐(ふくしゅう)心.

rach·süch·tig [らっヘ・ズュヒティヒ] 形《文》=rachgierig.

der **Ra·cker** [らっカー] 名 -s/-《口》いたずら（腕白）小僧.

ra·ckern [らっカァン] 動 h.《(ﾌﾟﾗｽ)》《口》あくせく働く,苦労する.

das **Ra·cket** [rέkət れケット, rakét らケット] 名 -s/-s（テニスの）ラケット.

die **Ra·clette** [raklét らクレット, らクレット] 名 -/-s (*das* ～ -s/-s も有) ラクレット（あぶって軟らかくしたチーズをじゃがいもなどに添えて出すスイス料理）;ラクレット用グリル.

rad 1. =Radiant 【数】弧度. 2. =Rad¹【理】ラド.

das **Rad**¹ [らット] 名 -(s)/-【理】ラド（放射線吸収線量の以前の単位.記号 rad, rd）. ⇨ Gray.

das **Rad**² [らート] 名 -es/Räder 1. 車輪,車;（機械の）ギア,歯車;ハンドル,ステアリング,船輪;糸車;水車. 2. 自転車（Fahr～）: ～ **fahren** 自転車に乗る;（口》にべこべこしてご機嫌を取る. 3.【体操】前方倒立回転,側転;（クジャクなどの）広げた尾羽の扇形: **ein ～ schlagen** 側転する;尾を広げる（クジャクが）. 4. （中世の車刑の）車輪.【慣用】**Bei (ﾀﾞｯｼ) ist ein Rad (Rädchen) locker. Bei (ﾀﾞｯｼ) fehlt ein Rad (Rädchen).**《口》人(ﾀﾞｯｼ)はいささか抜けている. **das fünfte Rad am Wagen sein**《口》無用の長物である. **nur ein Rad im Getriebe sein**（組織の）歯車の一つにすぎない. **unter die Räder kommen (geraten)**《口》車にひかれる;（中世の車刑で）車刑になきされて刑に付される. **das (der) 完膚なきまでに打ち負かされる.**

die **Rad·ach·se** [らート・アクセ] 名 -/-n【工】車軸.

der [das] **Ra·dar** [らダーる, らーダる] 名 -s/-e 1.《@@のみ》電波探知（無線測位）法. 2. レーダー,電

波探知機.

der **Ra·dar·bug** [らダーあ·ブーク, らーダーあ·ブーク] [名] -(e)s/-e 〘空〙(機首の)レーダードーム.

die **Ra·dar·fal·le** [らダーあ·ふぁレ, らーダーあ·ふぁレ] [名] -/-n 《口》ねずみ捕り(レーダーを用いたスピード違反取締り).

das **Ra·dar·ge·rät** [らダーあ·ゲれート, らーダーあ·ゲれート] [名] -(e)s/-e レーダー, 電波探知機.

der **Ra·dar·schirm** [らダーあ·シるム, らーダーあ·シるム] [名] -(e)s/-e 〘空〙レーダースクリーン.

die **Ra·dar·sta·ti·on** [らダーあ·シュタツィオーン, らーダーあ·シュタツィオーン] [名] -/-en レーダー基地.

der **Ra·dau** [らダウ] [名] -s/ 《口》騒ぎ, 騒々しさ.

der **Ra·dau·bru·der** [らダウ·ブるーダー] [名] -s/..brüder =Radaumacher.

der **Ra·dau·ma·cher** [らダウ·マっはー] [名] -s/- 《口·蔑》騒ぐ人.

der **Rad·ball** [らート·バル] [名] -(e)s/..bälle **1.** (単のみ)サイクルポロ. **2.** サイクルポロのボール.

die **Rad·brem·se** [らート·ブれムゼ] [名] -/-n 車輪ブレーキ.

das **Räd·chen** [れートひぇン] [名] -s/-〔Räderchen〕 **1.** 小さな歯車. **2.** (複-)(料理や裁縫に用いる)ルーレット.

der **Rad·damp·fer** [らート·ダムプふぁー] [名] -s/- 外輪〔外車〕気船.

die **Ra·de** [らーデ] [名] -/-n 〘植〙ムギセンノウ, ムギナデシコ.

ra·de·bre·chen [らーデ·ブれっひぇン] [動] *h.* 〔<et⁴>ヲ/in <et³>デ/<文>ト〕たどたどしく〔片言で〕話す.

ra·deln [らーデルン] [動] *s.* **1.** 〔補足なし〕《口》自転車で走る. **2.** 〔<方向>ヘ〕自転車で行く.

rä·deln [れーデルン] [動] *h.* **1.** 〔<et⁴>ヲ〕ルーレットで切る(パイ生地などを). **2.** 〔<et⁴>ヲ〕ルーレットで写す(布·紙などに型紙を).

der **Rä·dels·füh·rer** [れーデルス·ふゅーらー] [名] -s/- (暴動などの)首謀者.

..rä·de·rig [..れーデりひ] [接尾] 数詞などにつけて「…輪の」を表す形容詞を作る: drei*räderig* 三輪の.

rä·dern [れーダーン] [動] *h.* 〔<j⁴>ヲ〕車刑に処す(中世の刑罰).

das **Rä·der·tier** [れーダー·ティーあ] [名] -(e)s/-e (主に複)〘動〙輪虫.

das **Rä·der·werk** [れーダー·ヴェるク] [名] -(e)s/-e **1.** 歯車装置. **2.** 《転》(《蔑》も有)(官庁などの)仕組み, 機構.

(*der*) **Ra·detz·ky** [radɛ́tski らデッキ] [名] 〘人名〙ラデツキー(Josef Graf ~ von Radetz, 1766-1858, オーストリアの軍人).

Rad fah·ren*, [旧]**rad|fah·ren*** [らート ふぁーれン] [動] **1.** *s.* 〔補足なし〕自転車に乗る. **2.** *h./s.* 〔補足なし〕《口》上にぺこぺこして下に威張る. ⇨ Rad² 2.

der **Rad·fah·rer** [らート ふぁーらー] [名] -s/- **1.** 自転車に乗っている人. **2.** 《口·蔑》上にぺこぺこして下に威張る人.

der **Rad·fahr·weg** [らート·ふぁーあ·ヴェーク] [名] -(e)s/-e 自転車専用道路.

die **Rad·fel·ge** [らート·ふぇルゲ] [名] -/-n (車輪の)リム.

das **Rad·fens·ter** [らート·ふぇンスター] [名] -s/- (後期ロマネスクから初期ゴシックにおける)車輪窓.

der **Ra·dl** [らーディ] [名] -s/- 《バイエ·オース》《口》大根.

ra·di·al [らディアール] [形] 半径の;〘工〙放射状の, 輻射(ふくしゃ)型の;〘解〙橈骨(とうこつ)の.

die **Ra·di·al·li·nie** [らディアール·リーニエ] [名] -/-n 《オース》放射状道路;放射状市街電車路線.

der **Ra·di·ant** [らディアント] [名] -en/-en 〘数〙弧度(記号 rad).

der **Ra·di·a·tor** [らディアートーあ] [名] -s/-en [らディアトーれン] ラジエーター.

die **Ra·di·en** [らーディエン] [名] Radius の複数形.

ra·die·ren [らディーれン] [動] *h.* **1.** 〔<et⁴>ヲ/an <et³>ヲ〕消しゴムで消す, 字消しペンで削り取る. **2.** 〔<j⁴/et⁴>ヲ〕〘美〙エッチングにする, (エッチング用彫刻針で)銅板に彫る.

der **Ra·die·rer** [らディーらー] [名] -s/- 銅版画家.

der **Ra·dier·gum·mi** [らディーあ·グミ] [名] -s/-s 消しゴム.

das **Ra·dier·mes·ser** [らディーあ·メっサー] [名] -s/- 字消しナイフ.

die **Ra·dier·na·del** [らディーあ·ナーデル] [名] -/-n エッチング用彫刻針.

die **Ra·die·rung** [らディーるング] [名] -/-en 〘美〙 **1.** (単のみ)エッチング, 腐食銅版画技法. **2.** エッチング, 腐食銅版画.

das **Ra·dies·chen** [らディースひぇン] [名] -s/- 〘植〙 **1.** ハツカダイコン, ラディッシュ. **2.** ハツカダイコン(根の部分).

ra·di·kal [らディカール] [形] 根底からの, 徹底的な;断固とした;過激な: ~*e* Elemente 過激分子.

das **Ra·di·kal** [らディカール] [名] -s/-e 〘化〙基;〘数〙根基;〘言〙(セム語の)語根;(漢字の)部首.

der/*die* **Ra·di·ka·le** [らディカーレ] [名] (形容詞的変化) 急進主義者, 過激派の人.

ra·di·ka·li·sie·ren [らディカリズィーれン] [動] *h.* 〔<j⁴/et⁴>ヲ〕急進〔過激〕化させる.

der **Ra·di·ka·lis·mus** [らディカリスムス] [名] -/..men (主に単) **1.** (政治·世界観的)急進〔過激〕主義. **2.** 厳格な思考と行動の仕方.

der **Ra·di·ka·list** [らディカリスト] [名] -en/-en 急進主義者, 過激派の人.

die **Ra·di·kal·kur** [らディカール·クーあ] [名] -/-en 〘医〙根治療法.

die **Ra·di·kal·o·pe·ra·ti·on** [らディカール·オペらツィオーン] [名] -/-en 〘医〙根治的手術.

der **Ra·di·kand** [らディカント] [名] -en/-en 〘数〙被開方〔開平〕数.

das **Ra·dio** [らーディオ] [名] -s/-s **1.** (単のみ)ラジオ(放送): eine Nachricht im ~ hören/übertragen ニュースをラジオで聞く/放送する. **2.** (単のみ;無冠詞で都市名·国名と共に)…ラジオ放送局. **3.** (《南独·オース·スイス》der ~ も有)ラジオ(受信機).

ra·di·o·ak·tiv [らディオ·アクティーふ] [形] 〘理〙放射性〔能〕の.

die **Ra·di·o·ak·ti·vi·tät** [らディオ·アクティヴィテート] [名] -/ 〘理〙放射能;放射線.

der **Ra·di·o·ap·pa·rat** [らーディオ·アパらート] [名] -(e)s/-e ラジオ(受信機).

die **Ra·di·o·as·tro·no·mie** [らディオ·アストろノミー] [名] -/ 電波天文学.

die **Ra·di·o·fo·nie** [らディオ·ふぉニー] [名] -/ =Radiophonie.

die **Ra·di·o·fre·quenz·strah·lung** [らディオ·ふれクヴェンツ·シュトらールング] [名] -/-en 〘天·理〙(天体の放射する)電波.

das **Ra·di·o·ge·rät** [らーディオ·ゲれート] [名] -(e)s/-e ラジオ(受信機).

das **Ra·di·o·gramm** [らディオ·グらム] [名] -s/-e **1.** 放射線透過写真, X 線写真. **2.** 《古》無線電報.

das **Ra·di·o·i·so·top** [らーディオ·イゾ·トープ] [名] -s/-e 〘化〙放射性同位体, ラジオアイソトープ.

die **Ra·di·o·la·rie** [らディオラーりエ] [名] -/-n (主に複)〘動〙放散虫.

der **Ra·di·o·lo·ge** [らディオ·ローゲ] [名] -n/-n 〘医〙放射線医学者.

die **Ra·di·o·lo·gie** [らディオ·ローギー] [名] -/ 放射線学;放射線医学.

R

Radiometer 960

das **Ra·di·o·me·ter** [らヂオ・メーター] 名 -s/- 〖理〗放射計, ラジオメーター.
das **Ra·di·o·nu·klid** [らヂオ・ヌクリート] 名 -(e)s/-e 〖核物理〗放射性核種.
die **Ra·di·o·pho·nie** [らヂオ・フォニー] 名 -/ 無線電話.
der **Ra·di·o·re·cor·der, Ra·di·o·re·kor·der** [らヂオ・れコるダー] 名 -s/- カセットテープレコーダー付ラジオ, ラジカセ.
die **Ra·di·o·röh·re** [らヂオ・(れ)-れ] 名 -/-n 〖ラジオ用真空管.
die **Ra·di·o·son·de** [らヂオ・ゾンデ] 名 -/-n 〖エ・気〗ラジオゾンデ.
die **Ra·di·o·sta·ti·on** [らヂオ・シュタツィオーン] 名 -/-en ラジオ放送局.
die **Ra·di·o·te·le·gra·fie, Ra·di·o·te·le·gra·phie** [らヂオ・テレぐらふィー] 名 -s/-e 無線電信.
das **Ra·di·o·te·le·skop** [らヂオ・テレスコープ] 名 -s/-e 〖天〗電波望遠鏡.
die **Ra·di·o·the·ra·pie** [らヂオ・テらピー] 名 -/-n 〖医〗放射線療法.
der **Ra·di·o·we·cker** [らヂオ・ヴェッカー] 名 -s/- 〖口〗目覚し時計付きラジオ.
die **Ra·di·o·wel·le** [らヂオ・ヴェレ] 名 -/-n (主に複) 〖エ・電〗(放送)電波.
das **Ra·di·um** [らーヂウム] 名 -s/ 〖化〗ラジウム(記号 Ra).
ra·di·um·hal·tig [らーヂウム・ハルティヒ] 形 ラジウムを含む.
der **Ra·di·us** [らーヂウス] 名 -/..dien 1. 〖数〗半径(記号 r, R). 2. 航続距離; 勢力〔活動〕範囲 (Aktions~). 3. 〖解〗橈骨(きょう).
die **Ra·dix** [らーディクス] 名 -/..dizes [らディーツェース] 1. 〖植・薬〗根. 2. 〖解〗(歯・毛などの)根(ね).
ra·di·zie·ren [らディツィーれン] 動 h. 〈et⁴ッ〉〖数〗開く, (…の〔平方〕根を求める.
die **Rad·kap·pe** [らート・カッペ] 名 -/-n ホイールキャップ.
der **Rad·kranz** [らート・クらンツ] 名 -es/..kränze 〖エ〗(車輪などの)リム; (歯車の)歯先の部分.
der **Rad·ler** [らートらー] 名 -s/- 1. 自転車に乗る人. 2. 〔南独〕レモネード入りビール.
die **Rad·ler·maß** [らートらー・マース] 名 -/-e (ぱっ⁴の)レモネード入りビール.
der **Rad·man·tel** [らート・マンテル] 名 -s/..mäntel 1. (チューブを覆う)タイヤ. 2. (そでなしの)マント.
die **Rad·na·be** [らート・ナーベ] 名 -/-n (車輪の)轂(こしき), ハブ.
(*der*) **Ra·dolf** [らードルフ] 名 〖男名〗ラードルフ.
das **Ra·dom** [らードム] 名 -s/-s レーダードーム.
das **Ra·don** [らードン, らドン] 名 〖化〗ラドン(記号 Rn).
die **Rad·renn·bahn** [らート・れン・バーン] 名 -/-en 自転車競走路, 競輪場.
das **Rad·renn·en** [らート・れネン] 名 -s/- 自転車競走, 競輪.
der **Rad·renn·fah·rer** [らート・れン・ふぁーらー] 名 -s/- 自転車競走〔競輪〕の選手.
..rä·drig [..れードりヒ] 接尾 =..räderig.
der **Rad·scha** [rá(:)dʒa らー(ッ)ヂャ] 名 -s/-s ラージャ(インドの王侯の称号).
Rad schla·gen*, ⑪rad·schla·gen* [らート シュラーゲン] 動 h. (裏に) 〖体操〗側方倒立回転をする. ⇨ Rad² 3.
der **Rad·sport** [らート・シュポるト] 名 -(e)s/ 自転車競技.
der **Rad·stand** [らート・シュタント] 名 -(e)s/..stände 〖車〗ホイールベース, 軸底.

der **Rad·sturz** [らート・シュトゥるツ] 名 -es/..stürze 〖車〗(前輪の)キャンバー.
die **Rad·tour** [らート・トゥーる] 名 -/-en サイクリング.
der **Rad·wech·sel** [らート・ヴェクセル] 名 -s/- 車輪の交換.
der **Rad·weg** [らート・ヴェーク] 名 -(e)s/-e (車道の脇の)自転車道路.
die **RAF** [エるアーエふ] 名 -/ (ドイツの)赤軍派(Rote-Armee-Fraktion).
(*der*) **Raf·fa·el** [らッふァエ(ール] 名 〖人名〗ラファエロ, ラファエル(Raffaello(Santi)のドイツ語形版. 1483-1520, イタリアルネサンス期の画家).
raf·fa·e·lisch [らッふァエーリシュ] 形 ラファエロ風の〔的な〕.
raf·fen [らッふェン] 動 h. 〈et⁴ッ〉(an sich⁴) (蔑) (急いで〔欲ばって〕)かき込む〔ため込む〕(金・財宝などを). 2. 〈et⁴ッ〉〈〈方向〉カラ(ニ)〉〉急いで〔慌てて〕かき集める〔つかむ〕. 3. 〈et⁴ッ〉からげる, たくし上げる(スカートなどを); 絞る, 寄せる(カーテンなどを). 4. 〈et⁴ッ〉要約する(報告などを). 5. 〈et⁴ッ〉〖口〗分かる.
die **Raff·gier** [らふ・ギーあ] 名 -/ (蔑)強欲, 貪欲(どんよく).
raff·gie·rig [らふ・ギーりヒ] 形 (蔑)強欲〔貪欲〕な.
raf·fig [らっふィヒ] 形 〔方〕=raffgierig.
die **Raf·fi·na·de** [らふィナーデ] 名 -/-n 精糖.
das **Raf·fi·ne·ment** [..nəmá: らふィヌマーン] 名 -s/-s 〔文〕1. (芸術や技術の)極度の洗練, 巧緻(こぅち). 2. (圈のみ)狡猾(ごう), 抜け目なさ.
die **Raf·fi·ne·rie** [らふィネりー] 名 -/-n (砂糖・石油などの)精製所.
die **Raf·fi·nes·se** [らふィネッセ] 名 -/-n 1. (圈のみ)(文)狡猾(ごう), 抜け目なさ. 2. (主に圈)(最新技術による)立派〔精巧〕な設備.
raf·fi·nie·ren [らふィニーれン] 動 h. 〈et⁴ッ〉精製〔精錬〕する(原油・砂糖・金属などを).
raf·fi·niert [らふィニーあト] 形 1. 綿密に考え抜かれた; 抜け目のない. 2. 洗練された.
die **Raf·fi·niert·heit** [らふィニーあトハイト] 名 -/-en 1. (圈のみ)考え抜かれていること, 抜け目のないこと. 2. (圈のみ)考え抜かれたやり方; 抜け目のないやり方. 3. 洗練されたやり方.
der **Raff·ke** [らふケ] 名 -s/-s 〖口・蔑〗強欲〔貪欲〕な人; 成金.
der **Raff·zahn** [らふ・ツァーン] 名 -(e)s/..zähne 〖口〗1. 出っ歯. 2. (蔑)欲張りなやつ.
der **Raf·ter** [エらフター] 名 -s/- (ゴムボートで)ラフティングをする人(ゴムボートで急流下りをする人).
das **Raf·ting** [らふティング] 名 -s/ ゴムボートでの激流下り.
die **Ra·ge** [rã:ʒə らーヂェ] 名 -/ 〖口〗激怒: in der ~ 〖方〗興奮して, あわてて.
ra·gen [らーゲン] 動 h. 〈〈方向〉ニ(ニ)〉〉聳(そび)えている, そそり立っている, 突き出ている(山・岩・高層ビルなどが).
der **Ra·glan** [らグラ(ー)ン, réglən れグレン] 名 -s/-s 1. ラグランそでのコート. 2. (圈のみ)ラグラン仕立.
der **Ra·glan·är·mel** [らグラ(ー)ン・エルメル, れグレン・エルメル] 名 -s/- ラグランそで.
die **Ragnarök** [らグナ(れ)ッ] 名 〖北欧神〗ラグナレク(世界の没落).
das **Ra·gout** [ragúː らグー] 名 -s/-s 〖料〗ラグー(フランス風シチュー).
das **Ra·goût fin, Ra·goût fin** [ragúːfɛ̃ː らグー ふぁーン] 名 -/-s -s 〖料〗ラグーファン(コキーユ風のラグー).
der **Rag·time** [rɛ́ktaɪm れクタイム] 名 -/ 〖楽〗ラグタイム(①ジャズの一様式. ②①のリズムの曲).

die **Rah** [らー] -/-en 〚海〛=Rahe.
die **Ra·he** [らーエ] 名 -/-n 〚海〛(マストの)帆桁(ﾎﾞ)，ヤード．
(*die*) **Ra·hel** [ráːɛl らーエル] 名 1. 〚女名〛ラーエル． 2. 〚旧約〛ラケル(Jakob の妻)．
der **Rahm** [らーム] 名 -(e)s/ 《南独・ﾎﾟｯｸｽﾞｵｰｽﾞ》クリーム，乳脂．【慣用】 **den Rahm abschöpfen**〘口〙うまい汁をすう．
rah·men[1] [らーメン] 動 *h.* 〈et4 を〉枠〔額縁〕に入れる．
rah·men[2] [らーメン] 動 *h.* 〈et4 から〉《南独・ﾎﾟｯｸｽﾞｵｰｽﾞ》クリーム(分)をとる．
der **Rah·men** [らーメン] 名 -s/- 1. 額縁；(窓・戸の)枠；(刺繍(ｼｼｭｳ)の)枠(Stick-)．2. 〚工〛フレーム．3. (⑩のみ)大枠，枠組み；枠；範囲: aus dem ～ fallen(⁓に合わない)；aus dem ～ passen(⁓に適する)，通常の枠に入らない．4. 〚文芸学〛物語論(～erzählung)．
die **Rah·men·an·ten·ne** [らーメン・アンテネ] 名 -/-n 〚無線〛ループアンテナ．
die **Rah·men·be·din·gung** [らーメン・ベディングング] 名 -/-en (主に⑩)大枠の条件．
die **Rah·men·er·zäh·lung** [らーメン・エあツェールング] 名 -/-en 〚文芸学〛 1. (⑩のみ)枠物語．2. 枠物語形式の物語．
das **Rah·men·ge·setz** [らーメン・ゲゼッツ] 名 -es/-e 〚法〛大綱的法律．
die **Rah·men·richt·li·nie** [らーメン・リヒトリーニエ] 名 -/-n (主に⑩) 1. 〚政〛基本方針，政綱．2. 〚教〛(科目別の)教育指導要領．
der **Rah·men·ta·rif** [らーメン・タリーふ] 名 -s/-e = Manteltarif.
rah·mig [らーミヒ] 形《南独・ﾎﾟｯｸｽﾞｵｰｽﾞ》=sahnig.
der **Rahm·kä·se** [らーム・ケーゼ] 名 -s/- クリームチーズ．
die **Rah·ne** [らーネ] 名 -/-n《南独》赤蕪(ｱｶｶﾌﾞ)．
das **Rah·se·gel** [らー・ゼーゲル] 名 -s/- 〚海〛横帆(ﾖｺﾊﾞﾝ)．
RAI [らーイ] =Radiotelevisione Italiana イタリア・ラジオテレビ放送．
der **Raid** [reːt れート] 名 -s/-s (軍隊の)襲撃，急襲．
(*der*) **Raif·fei·sen** [らイふアイゼン] 〚人名〛ライフアイゼン(Friedrich Wilhelm ～, 1818-88, 農業協同組合の設立者)．
die **Raif·fei·sen·bank** [らイふアイゼン・バンク] 名 -/-en ライフアイゼン銀行(農業信用共同組合の一つ，1864年ライファイゼン創立の貯蓄貸付金庫に基づく)．
(*der*) **Rai·mund** [らイムント] 名〚男名〛ライムント．
der **Rain** [らイン] 名 -(e)s/-e 1.《文》(畑の)畦(ｱｾﾞ)．2.《南独・ﾎﾟｯｸｽﾞ》斜面．
rai·nen [らイネン] 動 *h.* 〈et4 に〉《古》境界の畦(ｱｾﾞ)をつける(畑などに)．
(*der*) **Rai·ner** [らイナー] 名〚男名〛ライナー．
der **Rain·farn** [らイン・ふぁるン] 名 -(e)s/-e 〚植〛ヨモギギク．
der **Ra·kel** [らーケル] 名 -/-n 〚印〛ドクター（(ローラーの余分なインクをこすり取る器具)．
rä·keln [れーケルン] 動 *h.* =rekeln.
die **Ra·ke·te** [らケーテ] 名 -/-n 1. ロケット；ロケット弾，ロケット砲．2. 打上げ花火．
die **Ra·ke·ten·ab·schuss·ba·sis**, ⑩ **Ra·ke·ten·ab·schuß·ba·sis** [らケーテン・アップ・シュス・バーズィス] 名〚軍〛ミサイル発射基地．
das **Ra·ke·ten·ab·wehr·sys·tem** [らケーテン・アップヴェーあ・ズュステーム] 名 -s/-e 〚軍〛対ミサイル防衛システム．
der **Ra·ke·ten·an·trieb** [らケーテン・アントリープ] 名 -(e)s/-e 〚工〛ロケット推進．
die **Ra·ke·ten·ba·sis** [らケーテン・バーズィス] 名 -/..basen 〚軍〛ミサイル基地．
das **Ra·ke·ten·flug·zeug** [らケーテン・ふルーク・ツォイク] 名 -(e)s/-e ロケット(推進)飛行機．
der **Ra·ke·ten·ge·schütz** [らケーテン・ゲシュッツ] 名 -es/-e 〚軍〛ミサイル砲．
der **Ra·ke·ten·schlit·ten** [らケーテン・シュリッテン] 名 -s/- 〚工〛ロケット橇(ｿﾘ)(宇宙飛行研究のための高速実験用ロケット推進軌道車)．
der **Ra·ke·ten·start** [らケーテン・シュタるト, らケーテン・スタるト] 名 -(e)s/-s[-e] ロケットの発射〔発進〕．
das **Ra·ke·ten·trieb·werk** [らケーテン・トリープ・ヴェるク] 名 -(e)s/-e 〚工〛ロケットエンジン．
die **Ra·ke·ten·waf·fe** [らケーテン・ヴァっふェ] 名 -/-n (主に⑩)ロケット兵器．
der **Ra·ke·ten·wer·fer** [らケーテン・ヴェるふぁー] 名 -s/- 〚軍〛ロケット弾〔ミサイル〕発射装置．
die **Ra·kett** [らケット] 名 -(e)s/-e[-s] =Racket.
der **Ra·ki** [らーキ] 名 -(s)/-s ラキ(干ブドウ，アニスなどでつくるトルコの蒸留酒)．
(*der*) **Ralf** [らルふ] 名 -s/〚男名〛ラルフ(Radolfの短縮形)．
die **Ral·le** [らレ] 名 -/-n 〚鳥〛クイナ．
die **Ral·lye** [ráli らリ, réli レリ] 名 -/-s(《ｽｲｽ》das ～ -s/-s) (自動車レースの)ラリー．
das **Ral·lye·cross, Ral·lye-Cross** [らリ・クろス, れリ・クろス] 名 -/- (主に⑩)ラリークロス(荒地のサーキットでの自動車レース)．
das **RAM** [らム] 名 -(s)/-(s) 〚ｺﾝﾋﾟｭｰﾀｰ〛ラム，等速読出し記憶装置(random access memory)．
der **Ra·ma·dan** [らマダーン] 名 -(s)/ ラマダーン(イスラム暦第9月で断食の月)．
der **Ra·man·ef·fekt** [らーマン・エふェクト] 名 -(e)s/〚理〛ラマン効果．
die **Ra·mie** [らミー] 名 -/-n ラミー繊維．
der **Ramm** [らム] 名 -(e)s/-e 1. 〚動〛(馬・牛の)膝蓋(ｼﾂｶﾞｲ)骨転位．2. =Rammbug.
der **Ramm·bär** [らム・ベーあ] 名 -en/-en 〚工・土〛杭打ち機のハンマー．
der **Ramm·bock** [らム・ボック] 名 -(e)s/..böcke 1.《方》雄羊；雄牛．2. (昔の)城壁破壊機．3. (杭(ｸｲ)打ち機の)鉄錘(ﾃｯｽｲ)；杭打ち機．
der **Ramm·bug** [らム・ブーク] 名 -(e)s/-e (昔の)突き出た船首．
ramm·dö·sig [らム・ﾄﾞ-ｽﾞｨﾋ] 形〘口〙ぼうっとした；《方》ばかな．
die **Ram·me** [らメ] 名 -/-n 〚土〛杭(ｸｲ)打ち機．
die **Ram·me·lei** [らメライ] 名 -/-en 押し合いへし合い；〘口〙性交．
ram·meln [らメルン] 動 *h.* 1. 〔durch 〈et4 ガ〉の中が(満ｶｲ)〕〘口〙突き(詰)め進む．2. 〔an〈et3 ヲ〉〕〘口〙激しく揺さぶる(戸などを)．3. 〔mit〈et3 ヲ〉〕〘口〙取っ組合いをする(子供たちなどが)．4. 〔sich4+an〈3/et3 ヲ〉〕〘口〙ぶつかる，ぶつかってけがをする．5. (雄雉)〚狩〛交尾をする(ウサギなどが)．6. 〔〈j4 ト〉〕〘口〙性交する．
ram·men [らメン] 動 *h.* 1. 〔〈et4 ヲ〉+in〈et4 ノ中ニ(深ｸ)〕打ち込む(くいを地面などに)．2. 〔auf/gegen〈et4 ヲ〉〕激突する 3. 〔〈et4 ヲ〉〕横腹にぶつかる(船・車などの)．
der **Ramm·ler** [らムラー] 名 -s/- 〚狩〛(ウサギの)雄．
die **Ram·pe** [らムペ] 名 -/-n 1. 傾斜路，(高速道路の)ランプ，(建物などの)アプローチ，(倉庫などの荷物積み降ろし用)プラットホーム．2. 〚劇〛エプロンステージ．3. (ロケットの)発射台(Start-～)．4. 〚登山〛(岩壁の)岩棚．
das **Ram·pen·licht** [らムペン・リヒト] 名 -(e)s/-er

〖劇〗 **1.** (単のみ)脚光, フットライト. **2.** (個々の)フットライト. **【慣用】im Rampenlicht stehen** 脚光を浴びている.

ram·po·nie·ren [らムポニーれン] [動] *h.* 〔⟨et^{4}⟩ヲ〕《口》ひどく傷める, 破損〔損傷〕する.

der **Ramsch**[1] [らムシュ] [名] -(e)s/-e 《主に単》《口・蔑》見切り品; がらくた.

der **Ramsch**[2] [らムシュ] [名] -(e)s/-e 〖トランプ〗(スカートで)ラムシュ.

ram·schen [らムシェン] [動] *h.* **1.** 〔補足なし〕〖トランプ〗ラムシュでゲームをする. **2.** 〔⟨et^{4}⟩ヲ〕《口・蔑》安く買う, 投売り価格で買込む(見切り品などを); 貪欲(どんよく)に手に入れる.

der **Ramsch·la·den** [らムシュ・ラーデン] [名] -s/..läden 《口・蔑》見切り品専門店.

die **Ramsch·wa·re** [らムシュ・ヴァーれ] [名] -/-n 《口・蔑》見切り品.

(*der*) **Ram·ses** [らムゼス] [名] 〖史〗ラムセス(古代エジプト, 第 19・20 代の王朝の王の名).

ran [らン] [副] 《口》=heran.

die **Ranch** [rɛntʃ れンチュ, ra:ntʃ らーンチュ] [名] -/-(e)s (北米・カナダの)牧畜農場.

der **Rand**[1] [らント, rɛnt れント] [名] -s/-(s) ラント, ランド(南アフリカ共和国の貨幣単位. 略 R).

der **Rand**[2] [らント] [名] -(e)s/Ränder **1.** (平地・平面の)へり, 端, 果て. **2.** (容器・眼鏡などの)縁; (凹地の)きわ, 端. **3.** (紙面の)余白; 欄外. **4.** 輪状の〔円い〕跡〔形〕. **5.** 《口》口. **【慣用】am Rande** ついでに. **am Rande des Grabes stehen** 死に瀕(ひん)している. **am Rande liegen** それほど重要ではない. **außer Rand und Band geraten**〔**sein**〕《口》羽目をはずす〔している〕, われを忘れる〔れている〕. **mit ⟨et^{3}⟩ zurande**〔**zu Rande**〕**kommen** 《口》⟨事ヲ⟩うまく処理できる〔なしとげる〕. **mit ⟨j^{3}⟩ zurande**〔**zu Rande**〕**kommen** 《口》⟨人ト⟩折合いがよい〔うまくやっていける〕. **⟨et^{1}⟩ versteht sich am Rande** ⟨事ガ⟩自明である.

die **Ran·da·le** [らンダーレ] [名] -/ 《口》激しい抗議, 騒動: ~ machen 大騒ぎ〔大暴れ〕をする.

ran·da·lie·ren [らンダリーれン] [動] *h.* 〔補足なし〕(集団で)大騒ぎする〔暴れ回る〕.

der **Ran·da·lie·rer** [らンダリーらー] [名] -s/- ばか騒ぎする人.

die **Rand·be·mer·kung** [らント・ベメるクング] [名] -/-en 欄外〔余白〕への書込み, 傍注; つけたしの〔ついでの〕発言.

die **Ran·de** [らンデ] [名] -/-n 《スイス》=Rahne.

das **Rän·del** [れンデル] [名] -s/- 〖工〗 **1.** ローレット. **2.** (製品の)ぎざぎざのついた縁.

rän·deln [れンデルン] [動] *h.* 〔⟨et^{4}⟩ニ〕〖工〗ローレットでぎざぎざをつける(貨幣などに).

rän·dern [れンダーン] [動] *h.* 〔⟨et^{4}⟩ノ〕《稀》へり〔縁〕に余白を残す(紙の); まわりにくまを生じさせる.

das **Rand·ge·biet** [らント・ゲビート] [名] -(e)s/-e **1.** 周辺地域. **2.** (学問分野の)周辺領域.

die **Rand·glos·se** [らント・グロッセ] [名] -/-n 傍注; つけたしの(辛辣な)寸評.

die **Rand·grup·pe** [らント・グるッペ] [名] -/-n 〖社〗マージナルグループ, 限界〔境界・周辺〕集団.

..ran·dig [..らンディヒ] [接尾] 形容詞などにつけて「…の縁の」を表す形容詞を作る: breit*randig* 縁の広い. weiß*randig* 白い縁の.

rand·los [らント・ロース] [形] 縁(ふち)のない.

das **Rand·meer** [らント・メーあ] [名] -(e)s/-e 〖地〗縁海.

ran·do·mi·sie·ren [らンドミズィーれン] [動] *h.* 〔補足なし〕〖統計〗無作為化する.

die **Rand·sied·lung** [らント・ズィードルング] [名] -/-en 都市周辺の住宅地.

der **Rand·staat** [らント・シュタート] [名] -(e)s/-en 周辺国.

rand·stän·dig [らント・シュテンディヒ] [形] 〖社〗マージナルグループの, 限界集団の.

der **Rand·stein** [らント・シュタイン] [名] -(e)s/-e (歩道の)縁石.

der **Rand·stel·ler** [らント・シュテラー] [名] -s/- (タイプライターの)マージンストップ.

der **Rand·strei·fen** [らント・シュトらイふェン] [名] -s/- へり〔縁〕の帯状部分, 路肩(ろかた).

die **Rand·ver·zie·rung** [らント・ふェあツィーるング] [名] -/-en 縁飾り.

rand·voll [らント・ふォル] [形] 縁までいっぱいの; 《転・口》たらふく飲んだ.

der **Ranft** [らンふト] [名] -(e)s/Ränfte 《方》パンの最初〔最後〕の切れ端; パンの皮.

rang [らング] [動] ringen の過去形.

der **Rang**[1] [らング] [名] -(e)s/Ränge **1.** 地位, 階級, 序列. **2.** (単のみ)(価値・意義などの)等級: ein Musiker von ~ 優れた音楽家. **3.** (劇場の)階上席. **4.** (宝くじなどの)…等; 〖スポーツ〗ランキング.

der **Rang**[2] [らング] [名] (次の形で)⟨j^{3}⟩ den ~ ablaufen 《口》⟨人ヲ⟩しのぐ〔出し抜く〕.

das **Rang·ab·zei·chen** [らング・アップ・ツァイひェン] [名] -s/- (昔の)階級章.

der/die **Rang·äl·tes·te** [らング・エルテステ] [名] (形容詞的変化) 最古参者.

die **Ran·ge** [らンゲ] [名] -/-n (《稀》der ~ -n/-n)《方》わんぱく〔おてんば〕な子.

rän·ge [れンゲ] [動] ringen の接続法 2 式.

ran|ge·hen* [らン・ゲーエン] [動] *s.* 《口》 **1.** 〔(an ⟨et^{4}⟩ニ)〕近寄る. **2.** 〔補足なし〕目的に向かって突き進む, どんどんやる.

ran·geln [らンゲルン] [動] *h.* 〔(mit ⟨j^{3}⟩ト)〕《口》取っ組〔つかみ〕合いをする.

die **Rang·er·hö·hung** [らング・エあ⊖ーウング] [名] -/-en 昇格, 昇進, 昇級.

der **Ran·gier·bahn·hof** [rãʒíːr.., raŋʒíːr.. らンジーあ・バーン・ホーふ] [名] -(e)s/..höfe (鉄道の)操車場.

ran·gie·ren [rãʒíːrən, raŋʒíːrən らンジーれン] [動] *h.* **1.** 〔補足なし〕入替え(作業)をする(操車係・機関車が). **2.** 〔auf ⟨et^{4}⟩ニ〕入る(機関車・列車が別の線路・待避線などに). **3.** 〔⟨et^{4}⟩ヲ+(auf ⟨et^{4}⟩ニ)〕入替える. **4.** 〔⟨場所⟩ニ〕ある, いる, 格づけされている, ランクされている. **5.** 〔⟨et^{4}⟩ヲ〕《方》整理する.

der **Ran·gie·rer** [らンジーらー] [名] -s/- 操車係.

das **Ran·gier·gleis** [らンジーあ・グライス] [名] -es/-e 引込線.

die **Ran·gier·lo·ko·mo·ti·ve** [らンジーあ・ロコ・モティーヴェ] [名] -/-n 入換え(操車)用機関車.

..ran·gig [..らンギヒ] [接尾] 序数詞・形容詞につけて「…流の, …級の」を表す形容詞を作る: erst*rangig* 第一級〔流〕の. höher*rangig* 位階のより高い.

die **Rang·lis·te** [らング・リステ] [名] -/-n **1.** 〖スポーツ〗順位表. **2.** 将校・高級官僚名簿.

die **Rang·ord·nung** [らング・オるドヌング] [名] -/-en 順位, 階級, 等級.

die **Rang·stu·fe** [らング・シュトゥーふェ] [名] -/-n 位階, 階級.

(*das*) **Ran·gun** [らングーン] [名] -s/ 〖地名〗ラングーン(ミャンマーの首都).

ran|hal·ten* [らン・ハルテン] [動] *h.* 〔sich^{4}+(bei ⟨et^{3}⟩ヲ)〕《口》せっせとやる(仕事などを); 急ぐ.

rank [らンク] [形] 《文》ほっそりとした, すらりとした.

der **Rank** [らンク] [名] -(e)s/Ränke **1.** (複のみ)《文・古》たくらみ, 奸計, 陰謀. **2.** 《スイス》(道の)カーブ; 解決策, 手立て.

(*der*) **Ran·ke**[1] [らンケ] [名] 〖人名〗ランケ(Leopold

von ~, 1795-1886, 歴史学者).
die **Ran·ke**[2] [ランケ] 名/n 『植』巻きひげ、つる.
die **Rän·ke** [レンケ] 複数 Rank の複数形.
ran·ken [ランケン] 動 1. *h.* {sich[4]+〈場所〉=+〈方向〉へ[向カッテ]}つるをはわせる:《巻きつける》.はわせて[巻きつけて]〔…へ〕伸びて行く《ツタ・ブドウなどの植物が》. 2. *s.*《場所》=〉つるを出してはう《絡み・巻きつく》. 3. *h.* {an 〈et[4]〉=}〔…に〕(伸ばす).
das **Ran·ken·ge·wächs** [ランケン・ゲヴェックス] 名-es/-e つる植物.
das **Ran·ken·werk** [ランケン・ヴェルク] 名-(e)s/ 絡みあったつる；唐草模様.
der **Rän·ke·schmied** [レンケ・シュミート] 名-(e)s/-e 《文・古》陰謀家.
das **Rän·ke·spiel** [レンケ・シュピール] 名-(e)s/-e 《文・古》陰謀.
rän·ke·süch·tig [レンケ・ズュヒティヒ] 形《文・古》陰謀好きな.
rän·ke·voll [レンケ・フォル] 形《文・古》陰謀に満ちた、陰謀家の.
ran|kom·men* [ラン・コメン] 動 *s.*《口》 1. 〔(an 〈j[4]/et[4]〉=〉(こちらへ)やって来る. 2. 〈an 〈et[4]〉=〉手が届く、達する. 3. 〈an 〈j[4]/et[4]〉=〉近づく；〔…を〕手に入れる. 4. =drankommen.
ran|krie·gen [ラン・クリーゲン] 動 *h.* {〈j[4]〉=}《口》きつい仕事[勉強]をやらせる；〔…を〕とっちめる.
die **Ran·kü·ne** [ランキューネ] 名-/-n《文》 1. (のみ)恨み、怨恨(さん). 2. 怨恨による[恨みをはらす]行為.
ran|ma·chen [ラン・マッヘン] 動 *h.*《口》=heranmachen.
ran|müs·sen* [ラン・ミュッセン] 動 {補足なし}《口》(しっかり)手伝わなければならない；仕事[任務]を一緒に分担しなければならない.
rann [ラン] 動 rinnen の過去形.
rän·ne [レネ] 動 rinnen の接続法2式.
rann·te [ランテ] 動 rennen の過去形.
ran|schmei·ßen* [ラン・シュマイセン] 動 *h.* {sich[4]+an〈j[4]〉=}《口》強引に[厚かましくも]近づきになろうとする、〔…に〕取入ろうとする.
die **Ra·nun·kel** [ラヌンケル] 名-/-n『植』ウマノアシガタ.
das **Rän·zel** [レンツェル] 名-s/-《(北独)der ~ も有》=Ranzen 1. 【慣用】 sein Ranzel packen [schnüren] 旅じたくをする；荷物をまとめて[職場を]出て行く.
der **Ran·zen** [ランツェン] 名-s/- 1. ランドセル(手提げかばんにもなる)；《俗》リュックサック；背嚢(のう). 2. 《口》太鼓腹、胃腸；背中.
ran·zig [ランツィヒ] 形 (油類が)傷んだ、悪くなった.
der **Rap** [ラップ] 名-(s)/-(s) ラップ(ポップミュージックのしゃべるような唱法).
(der) **Raphael** [ラファエール] 名『男名』(-l)『人名』ラファエル. 『キ教』ラファエル(大天使の一人).
rapid [ラピート] 形《南独・オーストリア》=rapide.
ra·pi·de [ラピーデ] 形 急激な、急速な.
die **Ra·pi·di·tät** [ラピディテート] 名-/《文・稀》急速さ.
das **Ra·pier** [ラピーア] 名-s/-e (昔の決闘用の)剣；(フェンシング用の)ラピエール.
der **Rap·pe**[1] [ラッペ] 名-n/-n 黒馬.
die **Rap·pe**[2] [ラッペ] 名-/-n《西中独》(野菜などの)細断器、おろし金. 《西中独・南独》ブドウの果柄.
der **Rap·pel** [ラッペル] 名-s/-《主に(補足)》《口》(一時的に)気が変になること：einen ~ kriegen 頭が変になる.
rap·pe·lig [ラッペリヒ] 形《方・口》頭がおかしい；いらいらした、落着きのない；がたがきた.
der **Rap·pel·kopf** [ラッペル・コップ] 名-(e)s/..köpfe《(補足)》頭が変になった人；頑固者；《(蔑)》かんしゃく持ち.
rap·pel·köp·fig [ラッペル・カップフィヒ], **rap·pel·köp·fisch** [ラッペル・カップフィシュ] 形《口・蔑》頭が変な；かんしゃく持ちの；頑固な.
rap·peln [ラッペルン] 動 1. *h.*《補足》《口》かたかた[がたがた]音を立てる(戸などが)；じりじり鳴る《目覚時計などが). 2. {an 〈et[3]〉=}《口》がたがた[かちゃかちゃ]させる(戸・取っ手・シャッターなどを)：(Es は主語で) Es *rappelt* an der Tür. ドアがかちゃかちゃいう. 3. *s.* {〈場所〉ッ/〈方向〉へ}《口》がたがた音を立てて行く. 4. *h.*《補足》《主に口》頭がおかしい. 5. *h.*《補足》《方・幼》おしっこをする. 6. *h.* {sich[4]+〈方向〉へ[カラリ]}《方・口》動く；やっと起上がる. 【慣用】*h.* Bei dir rappelt es ? 《口》君は頭がおかしいんじゃないか.
rap·pel·trock·en [ラッペル・トロッケン] 形《方》からからに乾いた.
der **Rap·pen** [ラッペン] 名-s/- ラッペン(スイス・リヒテンシュタインの貨幣単位. 1/100 Franken. 略 Rp.).
rap·pig [ラッピヒ] 形 =rappelig.
der **Rap·port** [ラポール] 名-(e)s/-e 1. (職務上の)報告. 2. 《文・古》相互関係；〔心〕ラポール(分析医と患者との間の通じ合い). 3. 『芸術学』連続模様のモチーフ、(連続模様の)モチーフの反復.
rap·por·tie·ren [ラポルティーレン] 動 *h.* 1. {〈j[3]〉=}+〈et[4]〉ッ/über〈et[4]〉ッイーバー}《古》報告する. 2. 《補足なし》反復する(模様などが).
der **Raps** [ラップス] 名-es/-e《(補足)》は種類》セイヨウアブラナ；セイヨウアブラナの種.
der **Raps·ku·chen** [ラップス・クーヘン] 名-s/-『農』固形菜種粕(家畜の飼料用).
das **Raps·öl** [ラップス・オール] 名-(e)s/-e 菜種油.
der **Rap·tus** [ラプトゥス] 名-/{-、-ses}/{-、-se}《(補足)》 1. 《補足のみ》《口》気まぐれ. 2. 『医』激越発作. 《補足-se)《冗》=Rappel. 3. 《補足-)『法』《古》強奪；誘拐.
die **Ra·pun·ze** [ラプンツェ], **Ra·pun·zel** [ラプンツェル] 名-/-n《主に(補足)》『植』ノジャル.
rar [ラー] 形 珍しい、希少の；めったにない：sich[4] ~ machen《口》めったに姿を見せない.
Rara A·vis [ラーラ アーヴィス] 名--/《文》珍しいもの、珍品、逸品.
die **Ra·ri·tät** [ラリテート] 名-/-en 1. 《補足のみ》《稀》珍しいこと、めったにないこと. 2. 《主に(補足)》珍しいもの[こと]；数少ないもの. 3. (収集品としての)珍品、貴重品.
die **Ra·ri·tä·ten·ka·bi·nett** [ラリテーテン・カビネット] 名-s/-e 珍品[貴重な収集品]陳列室.
das **Ra·rum** [ラーる] 名-s/Rara《主に(補足)》珍品、稀覯(きこう)本、稀書.
ra·sant [ラザント] 形 1.《文》猛烈な(速さの)；いかにも速そうな；急速な；魅力的な. 2. 『弾道学』平射の；低伸の(軌道を描いて飛ぶ).
die **Ra·sanz** [ラザンツ] 名-/ 1. 《口》非常な速さ；(速さ・迫力などによる)すばらしさ. 2. 『弾道学』平射；低伸.
rasch [ラッシュ] 形 1. 速い；素早い. 2. 機敏な、てきぱきした.
ra·scheln [ラッシェルン] 動 *h.* 1. 《補足》かさかさ[がさがさ・さらさら]音を立てる(落葉・絹のドレス・ネズミ・紙などが). 2. {Es}かさかさ[がさがさ・さらさら]音がする.
die **Rasch·heit** [ラッシュハイト] 名-/ 素早さ、急速さ.
ra·sen [ラーゼン] 動 1. *s.* {(〈場所〉ッ/〈方向〉=}《口》すごい速さで歩く[走る・動く]：mit dem Auto gegen einen Baum ~ 車で立木に激突する. 2. *s.*

〔補足なし〕《口》すごい速さで打つ《脈などが》，すごく速く過ぎる《時間が》． **3.** *h.* 〔補足なし〕激怒する，われを忘れる，正気を失う，荒れ狂う，暴れ(回)る．

der **Ra·sen** [らーゼン] [名] -s/- **1.** 芝生． **2.** 『鉱』地表．

ra·send [らーゼント] [形] 猛烈な；激しい，熱狂的な；《口》すごく．

das **Ra·sen·ei·sen·erz** [らーゼン・アイゼン・エーあツ，らーゼン・アイゼン・エるツ] [名] -es/- 『化』沼鉄鉱．

der **Ra·sen·mä·her** [らーゼン・メーあー] [名] -s/- 芝刈り機．

die **Ra·sen·pfle·ge** [らーゼン・プふレーゲ] [名] -/ 芝生の手入れ．

der **Ra·sen·platz** [らーゼン・プラッツ] [名] -es/..plätze 芝生；『スポーツ』芝生のフィールド〔コート〕．

die **Ra·sen·sche·re** [らーゼン・シェーれ] [名] -/-n 芝刈りばさみ．

die **Ra·sen·so·de** [らーゼン・ゾーデ] [名] -/-n 《北独》(植付け用の)四角に切った芝．

das **Ra·sen·spiel** [らーゼン・シュピール] [名] -(e)s/-e 芝生の上でする競技《サッカー・テニスなど》．

der **Ra·sen·sport** [らーゼン・シュポるト] [名] -(e)s/ 芝生の上で行うスポーツ．

der **Ra·sen·spren·ger** [らーゼン・シュプれンガー] [名] -s/- 芝生用スプリンクラー．

der **Ra·ser** [らーザー] [名] -s/- 《口・蔑》暴走者，スピード狂．

die **Ra·se·rei** [らーゼらイ] [名] -/-en **1.** (［単］のみ)狂乱． **2.** 《口》(《蔑》も有)(むちゃなスピードでの)暴走．

der **Ra·sier·ap·pa·rat** [らズィーあ・アパらート] [名] -(e)s/-e (安全・電気)かみそり： ein elektrischer ～ 電気かみそり．

die **Ra·sier·creme, Ra·sier·krem, Ra·sier·kre·me** [らズィーあ・クれーム] [名] -/-s〔《オーストリア・スイス》-n〕 シェービングクリーム．

ra·sie·ren [らズィーれン] [動] *h.* **1.** 〔〈j⁴〉ノ〕ひげを剃(そ)る：sich⁴ nass/trocken〔elektrisch〕 ～ ひげ剃り石けん〔クリーム〕をつけて/電気かみそりでひげを剃る． **2.** 〔〈j³〉ノ＋〈et⁴〉ヲ〕剃る(ひげ・毛を)． **3.** 〔(〈j³〉ノ)＋〈et⁴〉ヲ〕剃る(身体部分を)． **4.** 〔〈et⁴〉ヲ〕《口》あとかたもなく破壊する，根元からなぎ払う． **5.** 〔〈j⁴〉ヲ＋(bei 〈et³〉デ)〕《口》かもる，食いものにする．【慣用】〈j³〉/sich³ eine Glatze rasieren 〈人ヲ〉/自分を坊主頭にする．

die **Ra·sier·klin·ge** [らズィーあ・クリンゲ] [名] -/-n 安全かみそりの刃．

die **Ra·sier·krem** [らズィーあ・クれーム] ＝Rasiercreme.

das **Ra·sier·mes·ser** [らズィーあ・メッサー] [名] -s/- 西洋かみそり．

der **Ra·sier·pin·sel** [らズィーあ・ピンゼル] [名] -s/- ひげ剃(そ)り用ブラシ．

die **Ra·sier·sei·fe** [らズィーあ・ザイふぇ] [名] -/-n ひげ剃(そ)り用石けん．

das **Ra·sier·was·ser** [らズィーあ・ヴァッサー] [名] -s/-〔..wässer〕 シェービングローション．

das **Ra·sier·zeug** [らズィーあ・ツォイク] [名] -(e)s/ ひげ剃(そ)り道具．

die **Rä·son** [rɛzõː れゾーン] [名] -/ (次の形で)〈j⁴〉zur ～ bringen 〈人ニ〉道理をわきまえさせる． zur ～ kommen〔～ annehmen〕 道をわきまえるようになる．

rä·so·nie·ren [れゾニーれン] [動] *h.* 〔(über 〈et⁴〉ニツイテ)〕《文》長広舌をふるう，くだくだ(余計なことまで)説明する；《口》文句ばかり言う，不平〔不満〕をぶちまける．

das **Rä·son·ne·ment** [..nəmãː れゾヌマーン] [名] -s/-s 《文・古》(理性的)判断，思考，熟慮；《蔑》詭弁(きべん)．

der **Ras·pel**[1] [らスペル] [名] -/-n 《主に［複］》(野菜・ナッツなどを)おろしたもの．

die **Ras·pel**[2] [らスペル] [名] -s/- **1.** (目の粗い)鬼目やすり． **2.** (野菜・ナッツなどの)おろし器〔金〕．

ras·peln [らスペルン] [動] *h.* **1.** 〔〈et⁴〉ニ〕鬼目やすりをかける． **2.** 〔〈et⁴〉ヲ〕(おろし器〔金〕で)おろす． **3.** 《古》＝rascheln.

raß [らース], **räß** [れース] [形] 《南独・オーストリア・スイス》ひどく辛(から)い；身を切るような；かみ癖のある，たちの悪い；不愛想な，つっけんどんな．

die **Ras·se** [らッセ] [名] -/-n **1.** 『人類』人種；『生』種類，品種． **2.** 『生』亜種． 【慣用】 **mit〔von〕 Rasse** 《口》気性が激しい，すばらしい． **Rasse haben〔sein〕** 《口》気性が激しい，すばらしい．

der **Ras·se·hund** [らッセ・フント] [名] -(e)s/-e 純血種の犬．

die **Ras·sel** [らッセル] [名] -/-n (玩具の)がらがら；『楽』マラカス．

die **Ras·sel·ban·de** [らッセル・バンデ] [名] -/-n 《主に［単］》《口・冗》いたずら小僧たち，悪童連．

ras·seln [らッセルン] [動] **1.** *h.* 〔補足なし〕がらがら〔がちゃがちゃ〕音を立てる《鎖などが》，じりじり鳴る《目覚時計などが》；『医』ラッセル音をたてる《呼吸器が》． **2.** *s.* 〔〈場所〉ヲ/〈方向〉ニ〕がらがら〔がちゃがちゃ〕音を立てて進む〔動く〕． **3.** *s.* 〔durch 〈et⁴〉ニ〕《口》落第する．

die **Ras·sen·dis·kri·mi·nie·rung** [らッセン・ディスクりミニーるング] [名] -/ 人種差別．

die **Ras·sen·fra·ge** [らッセン・ふらーゲ] [名] -/ 人種問題．

der **Ras·sen·hass,** ［旧］**Ras·sen·haß** [らッセン・ハス] [名] -es/ 人種的反感．

die **Ras·sen·hy·gi·e·ne** [らッセン・ヒュギエーネ] [名] -/ 『ナチス』民族衛生．

dar **Ras·sen·kon·flikt** [らッセン・コンふリクト] [名] -(e)s/-e 人種間の紛争．

die **Ras·sen·kreu·zung** [らッセン・クろイツング] [名] -/-en 品種間の交雑．

die **Ras·sen·mi·schung** [らッセン・ミッシュング] [名] -/-en 人種間混血，人種混交．

die **Ras·sen·schran·ke** [らッセン・シュらンケ] [名] -/-n 《主に［複］》人種間の障壁．

die **Ras·sen·tren·nung** [らッセン・トれヌング] [名] -/ 人種隔離．

das **Ras·se·pferd** [らッセ・プふぇーあト] [名] -(e)s/-e 純血種の馬．

ras·se·rein [らッセ・らイン] [形] ＝reinrassig.

ras·sig [らッスィひ] [形] 癇(かん)の強い；気性の激しい；《転》酔いのきつい(ワイン)；速い，加速のきく(自動車)；きつい(香りの)(香水)．

ras·sisch [らッスィシュ] [形] 人種(上)の．

der **Ras·sis·mus** [らスィスムス] [名] -/ 人種差別主義；人種差別主義的態度〔考え〕．

ras·sis·tisch [らスィスティシュ] [形] 人種(差別)主義的態度の．

die **Rast** [らスト] [名] -/-en **1.** (旅などの)休息，休憩： ～ machen 休憩する． **2.** 『工』＝Raste. **3.** 『冶金』(溶鉱炉の)炉腹．

die **Ras·te** [らステ] [名] -/-n 『工』固定装置，ノッチ．

das **Ras·tel** [らステル] [名] -s/- 《オーストリア》(置物などの下敷にする)針金の編み細工．

ras·ten [らステン] [動] **1.** *h.* 〔補足なし〕休憩する，休息を取る《特にドライブ・徒歩旅行などで》． **2.** *s.* 〔補足なし〕《稀》固定〔ロック〕される．

der **Ras·ter**[1] [らスター] [名] -s/- **1.** 『印』網目スクリーン；網目；網撮り(された構造)． **2.** (設計用の)方眼． **3.** (照明器具の)ルーバー．

das **Ras·ter**[2] [らスター] [名] -s/- **1.** 『テレビ』ラスター；

R

走査パターン. **2.** 思考パターン.

die **Ras·ter·fahn·dung** [らスター·ふぁーンドゥング] [名] -/-en 《主に[単]》(コンピュータで)容疑者をふるいにかける捜査.

ras·tern [らスターン] [動] *h.* 〔〈et⁴〉ヲ〕〖印〗網撮りする;〖テレビ〗走査する.

das **Rast·haus** [らスト·ハウス] [名] -es/..häuser (高速道路沿いの)レストハウス, ドライブイン.

rast·los [らスト·ロース] [形] 休みのない;休みなく働く;せわしない.

die **Rast·lo·sig·keit** [らスト·ローズィひカイト] [名] -/ 休みのないこと;せわしなさ.

der **Rast·platz** [らスト·プラッツ] [名] -es/..plätze 休憩場所;(高速道路などの)パーキング〔サービス〕エリア, 駐車場.

die **Rast·stät·te** [らスト·シュテッテ] [名] -/-n =Rasthaus.

der **Rast·tag** [らスト·ターク] [名] -(e)s/-e (旅行中の)中休み日.

die **Ra·sur** [らズーあ] [名] -/-en **1.** (ひげを)剃(そ)ること;ひげ剃りあと. **2.** (消しゴム・刃で)消すこと;消したあと, 削除箇所.

der **Rat** [らート] [名] -(e)s/Räte **1.** 《[単]のみ》忠告, 助言;勧告. **2.** 《[単]のみ》方策, 手段;相談, 協議. **3.** 《主に[単]》協議会, 委員会;市町村議会;評議会;《主に[複]》(共産主義の)革命評議会. **4.** 委員;市町村議員;評議員. **5.** 顧問官, 参事官《人;《[単]のみ》名誉称号・役職名》. **【慣用】Da ist guter Rat teuer.** どうしていいのか分らない, 困ったことだ. **〈j³〉 mit Rat und Tat beistehen** 〈人に〉名実共に助力する. **mit sich³ Rat halten** 熟慮する. **sich³ keinen Rat wissen** 途方に暮れている. **〈j⁴〉 zu Rate〔zurate〕ziehen** 〈人に〉助言を求める. **〈et⁴〉 zu Rate〔zurate〕ziehen** 〈物を〉調べてみる〔参照する〕.

rät [れート] [動] raten の現在形 3 人称単数.

die **Ra·ta·touille** [ratatú̯i らタトゥイ] [名] -/-s (das ～ -s/-s も有)〖料〗ラタトゥイユ(トマト・なす・パプリカなどのごった煮).

die **Ra·te** [らーテ] [名] -/-n **1.** 分割払い金, 割賦金. **2.** 割合, 率. **3.** (特に船荷の)運賃.

ra·ten* [らーテン] [動] er rät; riet; hat geraten **1.** 〔〈j³〉ニ〕助言する, 忠告する. **2.** 〔〈j³〉ニ+〈et⁴〉ヲ/zu〈[動]〉スルヨウニ/zu 〈et³〉ヲ〕勧める. **3.** 〔(〈[文]〉デアルカヲ)〕当て推量する, 当てようとする: *Rate* mal, wem ich begegnet bin! 私がだれと出会ったか当ててごらん. *Rate* doch mal! まあ当ててごらん. **4.** 〔〈et⁴〉ヲ〕言当てる. **【慣用】Das möchte ich dir geraten haben.** そうしたほうが君の身のためになると思うよ. **Lass dir das geraten sein!** 言ったとおりにしたほうが君の身のためだよ. **sich³ nicht zu raten wissen** 途方に暮れている.

der **Ra·ten·be·trag** [らーテン·ベトらーク] [名] -(e)s/..träge 分割〔割賦〕払いの金額.

das **Ra·ten·ge·schäft** [らーテン·ゲシェふト] [名] -(e)s/-e 分割払い販売, 割賦取引.

der **Ra·ten·kauf** [らーテン·カウふ] [名] -(e)s/..käufe 分割〔割賦〕払い購入.

ra·ten·wei·se [らーテン·ヴァイゼ] [副] 分割〔割賦〕払いで(の).

die **Ra·ten·zah·lung** [らーテン·ツァールング] [名] -/-en 分割〔割賦〕払い.

die **Rä·te·re·gie·rung** [れーテ·れギーるング] [名] -/-en (共産圏諸国での)評議会政府;ソヴィエト政府.

die **Rä·te·re·pu·blik** [れーテ·れプブリーク] [名] -/-en 評議会共和国;〖史〗レーテ共和国.

das **Ra·te·spiel** [らーテ·シュピール] [名] -(e)s/-e なぞなぞ遊び.

das **Rä·te·sys·tem** [れーテ·ズュステーム] [名] -s/ 評議会制度.

der **Rat·ge·ber** [らート·ゲーバー] [名] -s/- 助言者, 顧問, 相談役;手引書.

das **Rat·haus** [らート·ハウス] [名] -es/..häuser 市庁舎, 市役所, 役場.

die **Ra·ti·fi·ka·ti·on** [らティふぃカツィオーン] [名] -/-en 〖法〗(条約の)批准.

die **Ra·ti·fi·ka·ti·ons·ur·kun·de** [らティふぃカツィオーンス·ウーあ·クンデ] [名] -/-n 批准書.

ra·ti·fi·zie·ren [らティふぃツィーれン] [動] *h.* 〔〈et⁴〉ヲ〕〖法〗批准する(条約などを).

die **Rä·tin** [れーティン] [名] -/-nen Rat 4, 5 の女性形.

die **Ra·tio** [らーツィオ] [名] -/ 《文》理性.

die **Ra·ti·on** [らツィオーン] [名] -/-en (食糧などの)配給量, 分配量;(兵士一人分の)口糧, 糧食: eiserne ～〖兵〗非常用携帯口糧.

ra·ti·o·nal [らツィオナール] [形] 《文》合理的な, 理性的な: ～*e* Zahlen〖数〗有理数.

ra·ti·o·na·li·sie·ren [らツィオナリズィーれン] [動] *h.* **1.** 〔〈et⁴〉ヲ〕合理化する(生産行程・家事労働などを);〖心〗合理化する(衝動的行為などを後から合理的に説明し正当化する). **2.** 〔[補足なし]〕合理化を行う(会社・官庁などが).

die **Ra·ti·o·na·li·sie·rung** [らツィオナリズィーるング] [名] -/-en 合理化.

der **Ra·ti·o·na·lis·mus** [らツィオナリスムス] [名] -/ **1.** 〖哲〗合理主義, 理性論. **2.** 合理主義的態度〔方法〕.

ra·ti·o·na·lis·tisch [らツィオナリスティシュ] [形] **1.** 〖哲〗合理主義の, 合理主義的な. **2.** 《文》合理的な.

ra·ti·o·nell [らツィオネル] [形] 合理化された, 効率のよい.

ra·ti·o·nie·ren [らツィオニーれン] [動] *h.* 〔〈et⁴〉ヲ〕配給する, 配給制にする(生活必需品などを).

die **Ra·ti·o·nie·rung** [らツィオニーるング] [名] -/-en 配給.

rät·lich [れートリひ] [形] 《古》得策である.

rat·los [らート·ロース] [形] 途方に暮れた, 困惑した.

die **Rat·lo·sig·keit** [らート·ローズィひカイト] [名] -/ 途方に暮れる〔困惑する〕こと.

der **Rä·to·ro·ma·ne** [れト·ろマーネ] [名] -n/-n レトロマン人(レトロマン語を話すアルプス地方の民族).

rä·to·ro·ma·nisch [れト·ろマーニシュ] [形] レトロマン人〔語〕の.

das **Rä·to·ro·ma·nisch** [れト·ろマーニシュ] [名] -(s)/ レトロマン語.

das **Rä·to·ro·ma·ni·sche** [れト·ろマーニシェ] [名] 《形容詞的変化;[単]のみ》レトロマン語.

rat·sam [らートザーム] [形] 勧められる, (…した方が)いい.

ratsch! [らッチュ] [間] (布や紙の裂ける音)びりっ.

die **Rat·sche** [らーチェ] [名] -/-n 《南独・オーストリア》 **1.** (おもちゃの)がらがら. **2.** 《口》おしゃべり女. **3.** 〖工〗爪車, ラチェット.

die **Rät·sche** [れーチェ] [名] -/-n 《南独・スイス》=Ratsche.

rat·schen [動] *h.* **1.** [らッチェン]〔[補足なし]〕《口》びりっと音を立てる(布などを引裂くような音). **2.** [らッチェン]〔sich⁴+an 〈et³〉デ〕《方》(自分の身体に)ひっかき傷を作る(とげなどで). **3.** [らーチェン]〔[補足なし]〕《南独・オーストリア》がらがらを鳴らして遊ぶ(幼児が); ぺちゃくちゃしゃべる.

rät·schen [れーチェン] [動] *h.* 《南独・スイス》=ratschen 3.

der **Rat·schlag** [らート·シュラーク] [名] -(e)s/..schläge 助言, 忠告.

rat·schla·gen [らート·シュラーゲン] [動] *h.* 〔mit 〈j³〉ト+(über 〈et⁴〉ニツイテ)〕《古》相談する, 協議する.

der **Rat·schluss, [旧]Rat·schluß** [らート·シュルス] [名] -es/..schlüsse 《文》(神の)決定, 思召(おぼしめし).

das **Rätsel** [れーツェル] [名] -s/- なぞなぞ;謎(なぞ), 不可解な人〔物・事〕. 【慣用】**in Rätseln sprechen** 謎めいた話し方をする. **vor einem Rätsel stehen** 謎に直面している.

rätselhaft [れーツェルハふト] [形] 謎めいた, 不可解な.

rätseln [れーツェルン] [動] *h.* 〔(über 〈et⁴〉ニツイテ/〈[文]デアルカ〉)〕頭をひねる, あれこれ考える〔推測する〕, 考えあぐねる.

das **Rätselraten** [れーツェル・らーテン] [名] -s/ **1.** 謎(なぞ)解き. **2.** 思案, 推測.

der **Ratsherr** [らーツ・へる] [名] -(e)n/-(e)n 《古》市参事会員.

der **Ratskeller** [らーツ・ケラー] [名] -s/- 市庁舎の地下レストラン(土地の名物料理や地酒がある).

der **Ratsschreiber** [らーツ・シュらイバー] [名] -s/- 《古》市役所書記.

die **Ratssitzung** [らーツ・ズィッツング] [名] -/-en 市〔町〕議会の会議, 参事〔協義・委員〕会の会議.

rätst [れーツト] [動] raten の現在形 2 人称単数.

der/die **Ratsuchende, Rat Suchende** [らート・ズーヘンデ] [名] (形容詞的変化)助言を求める人.

die **Ratsversammlung** [らーツ・ふぇあザムルング] [名] -/-en =Ratssitzung.

das **Rattan** [らッタン] [名] -s/ 〖植〗トウ.

die **Ratte** [らッテ] [名] -/-n 〖動〗ネズミ;《口》いやな野郎.

die **Rattenfalle** [らッテン・ふぁレ] [名] -/-n ねずみ捕(器具).

der **Rattenfänger** [らッテン・ふぇンガー] [名] -s/- ねずみを捕る種類の犬;《蔑》民衆をまどわす人: der ~ von Hameln ハーメルンの笛吹き男.

das **Rattengift** [らッテン・ギふト] [名] -(e)s/-e 殺鼠(さっそ)剤.

der **Rattenkönig** [らッテン・[ケ]ーニひ] [名] -s/-e **1.** (狭い巣で育ったために)尾や脚が絡み合った〔癒着した〕子ネズミ. **2.** 《口》こんがらがった厄介なこと.

die **Rattenplage** [らッテン・プラーゲ] [名] -/-n 〖環・農〗ネズミの害.

der **Rattenschwanz** [らッテン・シュヴァンツ] [名] -es/ ..schwänze ネズミのしっぽ;《口》こんがらがった厄介なこと.

der **Rätter** [れッター] [名] -s/- (die ~ -/-n も有)〖工〗レッタ, (回転式)選鉱ふるい.

rattern [らッターン] [動] **1.** *h.* 〔補足なし〕かたかた〔がたがた・だっだっだっ〕と音を立てる(ミシン・機関銃・エアハンマーなどが). **2.** *s.* 〔〈場所〉ヲ/〈方向〉ヘ〕かたかた〔がたがた・だっだっだっ〕と音を立てて行く.

der **Ratz** [らッツ] [名] -es/-e **1.** 《方》〖動〗ネズミ;〖狩〗ケナガイタチ. **2.** 〖動〗(俗称)ヤマネ.

die **Ratze** [らッツェ] [名] -/-n 《口》ネズミ.

ratzekahl [らッツェ・カール] [副] 《口》一つ残らず, きれいさっぱりと.

rau, [旧]**rauh** [らウ] [形] **1.** ざらざらした, 荒れた. **2.** 荒涼とした;厳しい(寒さの). **3.** しわがれた;(喉が炎症を起こして)ひりひりする. **4.** 荒っぽい, がさつな;〖球〗ラフな. **5.** 《方》生の, 加工されていない.

der **Raub** [らウプ] [名] -(e)s/-e (主に[単]) **1.** 略奪, 強奪. **2.** 略奪品, 獲物.

die **Raubank,** [旧]**Rauhbank** [らウ・バンク] [名] -/..bänke 長鉋(ながかんな).

der **Raubauz** [らウバウツ] [名] -es/-e 《口》がさつな奴.

raubauzig, [旧]**rauhbauzig** [らウ・バウツィひ] [形] 《口》粗野な, がさつな.

der **Raubbau** [らウプ・バウ] [名] -(e)s/ 〖農・林・鉱〗濫作;濫伐;濫掘;《転》濫費, 酷使.

der **Raubdruck** [らウプ・ドるック] [名] -(e)s/-e 不法出版;無許可の複製本, 海賊版.

das **Raubein,** [旧]**Rauhbein** [らウ・バイン] [名] -(e)s/-e **1.** 《口》荒っぽいが根はいいやつ. **2.** 〖球〗(ジャーゴン)ラフなプレーをする選手.

raubeinig, [旧]**rauhbeinig** [らウ・バイニひ] [形] 荒っぽいが根はいい;〖球〗(ジャーゴン)ラフプレーの.

rauben [らウベン] [動] *h.* **1.** 〔(〈j³〉カラ)+〈et⁴〉ヲ〕強奪する(金品などを). **2.** 〔〈j⁴/et⁴〉ヲ〕拉致(らち)する, 誘拐する;奪って行く(オオカミが羊などを). **3.** 〔〈j³〉ノ+〈et⁴〉ヲ〕《文》奪う, 失わせる(睡眠・食欲・視力などを).

der **Räuber** [ろイバー] [名] -s/- 盗賊, 強盗;〖動〗捕食者. 【慣用】**unter die Räuber gefallen sein** 《口》食いものにされる.

die **Räuberbande** [ろイバー・バンデ] [名] -/-n 《古》盗賊の一団.

die **Räuberei** [ろイベらイ] [名] -/-en 《蔑》強奪, 略奪.

die **Räubergeschichte** [ろイバー・ゲシひテ] [名] -/-n 盗賊物語;荒唐無稽(むけい)な作り話.

der **Räuberhauptmann** [ろイバー・ハウプト・マン] [名] -(e)s/..leute 《古》盗賊の首領.

die **Räuberhöhle** [ろイバー・[ヘ]ーレ] [名] -/-n 《古》盗賊の巣.

räuberisch [ろイベりシュ] [形] 強盗の(ような);〖動〗捕食の, 捕食性の.

räubern [ろイバーン] [動] *h.* **1.** 〔補足なし〕盗みを働く. **2.** 〔〈et⁴〉ニ〕侵入して金品を奪い取っていく(店などに).

der **Räuberroman** [ろイバー・ろまーン] [名] -s/-e 〖文芸学〗盗賊小説(18 世紀末の義賊を主人公とする娯楽小説).

das **Räuberzivil** [ろイバー・ツィヴィール] [名] -s/ 《口・冗》だらしない服装.

der **Raubfisch** [らウプ・ふぃッシュ] [名] -(e)s/-e 肉食魚.

die **Raubgier** [らウプ・ギーあ] [名] -/ 略奪欲.

raubgierig [らウプ・ギーりひ] [形] 略奪欲のある, 貪欲(どんよく)な.

die **Raubkatze** [らウプ・カッツェ] [名] -/-n 猫科の猛獣.

die **Raubkopie** [らウプ・コピー] [名] -/-n (映画・ビデオ・ディスクなどの)不正コピー.

der **Raubkrieg** [らウプ・クりーク] [名] -(e)s/-e 《古》侵略戦争.

das **Raublattgewächs** [らウ・ブラット・ゲヴェックス] [名] -es/-e (主に[複])〖植〗(毛の密生した硬葉の)ムラサキ科植物.

der **Raubmord** [らウプ・モるト] [名] -(e)s/-e 強盗殺人.

der **Raubmörder** [らウプ・[メ]るダー] [名] -s/- 強盗殺人犯.

die **Raubpressung** [らウプ・プれッスング] [名] -/-en 不正レコードプレス.

der **Raubritter** [らウプ・りッター] [名] -s/- (中世の)盗賊騎士.

das **Raubschiff** [らウプ・シふ] [名] -(e)s/-e 海賊船.

das **Raubtier** [らウプ・ティーあ] [名] -(e)s/-e 肉食獣, 猛獣.

der **Raubüberfall** [らウプ・ユーバー・ふぁル] [名] -(e)s/..fälle 略奪のための襲撃.

der **Raubvogel** [らウプ・ふぉーゲル] [名] -s/..vögel 〖動〗《古》肉食鳥.

das **Raubwild** [らウプ・ヴィルト] [名] -/ 〖狩〗(食用獣をねらう)狩猟対象獣.

das **Raubzeug** [らウプ・ツォイク] [名] -(e)s/ 〖狩〗狩猟対象とならない肉食動物(野犬など).

der **Raubzug** [らウプ・ツーク] [名] -(e)s/..züge 略奪行為, 盗みを行なうこと, 略奪行.

rauch [らウほ] [形] 毛の密生した.

der **Rauch** [らウほ] [名] -(e)s/ 煙.

R

der **Rauch·ab·zug** [らウホ・アップ・ツーク] 名 -(e)s/..züge 煙出し,排煙装置.

das **Rauch·bier** [らウホ・ビーァ] 名 -(e)s/-e ラオホビール《いぶしたモルトから作られる香りの強いビール》.

die **Rauch·bom·be** [らウホ・ボムベ] 名 -/-n 発煙爆弾.

rau·chen [らウヘン] 動 h. **1.**〖〈et⁴〉ョ〗吸う《タバコ類・アヘンなどを》. **3.**〖喫煙〗煙を出す,煙を上げる. **4.**〖〈et⁴〉ョ〗〖食品加工〗薫製にする.【慣用】**Es raucht.**《口》ひどくしかられる；きわめて激しく〔迅速に〕行われる：Nimm dich zusammen, sonst *raucht* es. 気をつけろ,でないとひどくしかられるよ. Sie stritten sich, dass es (nur so) *rauchte*. 彼らは猛烈に争った.

die **Rauch·ent·wick·lung** [らウホ・エントヴィックルング] 名 -/ 《火災などの》煙の発生.

der **Rau·cher** [らウハー] 名 -s/- **1.** 喫煙者. **2.**《無冠詞》《列車の》喫煙者用車室《~abteil》.

der **Räu·cher·aal** [ろイヒァー・アール] 名 -(e)s/-e 薫製ウナギ.

das **Rau·cher·ab·teil** [らウハー・アップタイル] 名 -(e)s/-e 喫煙者用コンパートメント.

das **Räu·cher·fass**, ®**Räu·cher·faß** [ろイヒァー・ふぁス] 名 -es/..fässer 香炉.

der **Räu·cher·fisch** [ろイヒァー・ふぃッシュ] 名 -(e)s/-e 薫製の魚.

der **Räu·cher·he·ring** [ろイヒァー・ヘーリング] 名 -s/-e 薫製ニシン.

der **Rau·cher·hus·ten** [らウハー・フーステン] 名 -s/- 長期喫煙者の慢性の咳.

räu·che·rig [ろイヒぇりヒ] 形《稀》煙でいっぱいの,すす臭い.

die **Räu·cher·kam·mer** [ろイヒァー・カマー] 名 -/-n 薫製室.

die **Räu·cher·ker·ze** [ろイヒァー・ケるツェ] 名 -/-n《円錐(ネミ)形の》香ろうそく;線香.

das **Räu·cher·männ·chen** [ろイヒァー・メンヒぇン] 名 -s/- 薫香人形《香ろうそくをともすための器》.

räu·chern [ろイヒぇるン] 動 h. **1.**〖〈et⁴〉ョ〗薫製にする; 〖指物〗〖…に〗アンモニアで着色する《オーク材など》. **2.**〖mit〈et³〉ョ〗たく,くゆらす,くべる《香木・燻蒸(殺虫)剤などを》. **3.**〖〈et⁴〉ョ〗香を焚く. **4.**〖〈et⁴〉ョ + (mit〈et³〉ョ)〗燻蒸消毒する.

der **Räu·cher·schin·ken** [ろイヒァー・シンケン] 名 -s/- 薫製のハム.

der **Räu·cher·speck** [ろイヒァー・シュペック] 名 -(e)s/- 薫製のベーコン.

die **Räu·cher·wa·re** [ろイヒァー・ヴァーれ] 名 -/-n《主に®》薫製品.

das **Räu·cher·werk** [ろイヒァー・ヴェるク] 名 -(e)s/- 香.

die **Rauch·fah·ne** [らウホ・ふぁーネ] 名 -/-n《汽船などの》たなびく煙.

der **Rauch·fang** [らウホ・ふぁング] 名 -(e)s/..fänge 《仕事場・台所などの漏斗状の》煙出し,フード；《ホォェス》煙突.

das **Rauch·fass**, ®**Rauch·faß** [らウホ・ふぁス] 名 -es/..fässer〖カトリック・ギリシャ教〗《提げ》香炉.

das **Rauch·fleisch** [らウホ・ふらイシュ] 名 -(e)s/- 薫製肉.

das **Rauch·gas** [らウホ・ガース] 名 -es/-e《主に®》煤煙,燃焼〔排気〕ガス.

die **Rauch·gas·ent·schwe·fe·lung** [らウホガース・エントシュヴェーふぇルング] 名 -/-en 燃焼ガスの脱硫.

rauch·ge·schwärzt [らウホ・ゲシュヴェるツト] 形 煙ですすけた.

das **Rauch·glas** [らウホ・グらース] 名 -es/..gläser 煤(ネ)色ガラス,曇りガラス.

rau·chig [らウヒヒ] 形 煙がもうもうとした；煤色の；煙臭い；《タバコのために》しわがれた《声の》.

die **Rauch·kon·zen·tra·ti·on** [らウホ・コンツェントらツィオーン] 名 -/-en《環》燃焼ガス濃度.

rauch·los [らウホ・ろース] 形 無煙の.

der **Rauch·pilz** [らウホ・ビルツ] 名 -es/-e《爆発による》きのこ雲.

der **Rauch·quarz** [らウホ・クヴァーるツ] 名 -es/-e 煙水晶.

die **Rauch·säu·le** [らウホ・ゾイレ] 名 -/-n 真っすぐ立ちのぼる煙.

die **Rauch·schrift** [らウホ・シュりふト] 名 -/-en《飛行機による》空中文字.

der **Rauch·schwa·den** [らウホ・シュヴァーデン] 名 -s/- もうもうと立ちのぼる煙.

die **Rauch·schwal·be** [らウホ・シュヴァルベ] 名 -/-n〖鳥〗《ヨーロッパ産の》ツバメ.

der **Rauch·ta·bak** [らウホ・タ(ー)バック] 名 -s/-e 喫煙タバコ《嚙みタバコなどに対して》.

der **Rauch·tisch** [らウホ・ティッシュ] 名 -(e)s/-e 喫煙用小テーブル.

der **Rauch·to·pas** [らウホ・トーパース] 名 -es/-e 煙トパーズ《Rauchquarzの俗称》.

das **Rauch·ver·bot** [らウホ・ふぇあボート] 名 -(e)s/-e 喫煙禁止.

die **Rauch·ver·gif·tung** [らウホ・ふぇあギふトゥング] 名 -/-en 燃焼ガス中毒.

der **Rauch·ver·zeh·rer** [らウホ・ふぇあツェーれー] 名 -s/- 空気浄化装置,空気清浄器.

die **Rauch·wa·re** [らウホ・ヴァーれ] 名 -/-n《主に®》毛皮製品.

die **Rauch·wa·ren** [らウホ・ヴァーれン] 名《複数》タバコ類.

das **Rauch·werk** [らウホ・ヴェるク] 名 -(e)s/- 毛皮製品.

die **Rauch·wol·ke** [らウホ・ヴォルケ] 名 -/-n 煙の雲.

das **Rauch·zim·mer** [らウホ・ツィマー] 名 -s/- 喫煙室.

die **Räu·de** [ろイデ] 名 -/-n《家畜の》疥癬(ミミミ).

räu·dig [ろイディヒ] 形 **1.** 疥癬(ミミミ)にかかっている：ein ~*es* Schaf《転》周囲に悪影響を与える奴. **2.**《毛皮の》ところどころはげている.

rauf [らウふ] 副《口》 = herauf, hinauf.

die **Rau·fa·ser** [らウ・ふぁーゼァ] 名 -/-n《主に®》《おがくずをまぜた壁紙・壁用の》粗繊維塗装.

das **Rau·fa·ser·pa·pier**, ®**Rauh·fa·ser·pa·pier** [らウふぁーゼァー・パピーァ] 名 -s/-e《表面がざらざらした紙《おがくずをつけて加工した紙や粗い繊維の和紙など》.

der **Rauf·bold** [らウふ・ボルト] 名 -(e)s/-e《蔑》けんか好きな人.

die **Rau·fe** [らウふぇ] 名 -/-n《家畜小屋の》飼棚(ホェェ)；格子,干草掛け.

rau·fen [らウふぇン] 動 h. **1.**〖〈et⁴〉ョ +《aus〈et³〉ョ》〗引抜く《植物を地面などから》,抜取る《穂・茎を株などから》,むしる,むしり取る《雑草を花壇などから》. **2.**〖(sich⁴) + (mit〈j³〉ョ)〗取っ組合い《殴り合い》のけんかをする.

die **Rau·fe·rei** [らウふぇらイ] 名 -/-en つかみ合い,取っ組合い.

der **Rauf·han·del** [らウふ・ハンデル] 名 -s/..händel 殴り合い,取っ組合い.

die **Rauf·lust** [らウふ・ルスト] 名 -/ けんか好き.

rauf·lus·tig [らウふ・ルスティヒ] 形 けんか好きな.

der **Rau·frost** [らウ・ふろスト] 名 -(e)s/..fröste《方》= Raureif.

das **Rauf·fuß·huhn** [らウ・ふース・フーン] 名 -(e)s/..hühner《主に®》〖鳥〗《よく飛べない》足に毛のはえたキジ目の鳥《ライチョウなど》.

das **Rau·fut·ter,** [旧]**Rauh·fut·ter** [らウ・ふっター] [名] -s/- 〚農〛粗飼料.

rauh [らウ] ⇨ rau.

die **Rau·heit** [らウハイト] [名] -/-en (主に[単])ざらざらしている〔荒れている〕こと;荒涼;厳しさ;しわがれていること;荒っぽいこと.

rau·hen [らウエン] [動] *h.* 〔〈et^4〉ヲ〕ざらざらにする,けば立てる,起毛する.

der **Rau·haar·da·ckel,** [旧]**Rauh·haar·da·ckel** [らウ・ハーあ・ダッケル] [名] -s/- 〚動〛ワイヤーヘアード・ダックスフント.

rau·haa·rig, [旧]**rauh·haa·rig** [らウ・ハーりひ] [形] 毛のこわい.

der **Raum** [らウム] [名] -(e)s/Räume **1.** 部屋,室(Zimmer より空間のニュアンスが強い). **2.** 空間,広がり;容積,容量. **3.** ([単]のみ)場所,スペース;余地,余白;可能性. **4.** (地理的・政治的)地域,地方;活動領域. **5.** ([単]のみ) 宇宙空間(Welt~). 【慣用】**im Raum stehen** 懸案となっている. **im Raum stehen bleiben** 未解決である. 〈et^3〉 **Raum geben** 《文》〈事に〉活動の余地を与える: der Vernunft *Raum* geben 理性を働かせる.

der **Raum·an·zug** [らウム・アン・ツーク] [名] -(e)s/..züge 宇宙服.

der **Raum·aus·stat·ter** [らウム・アウス・シュタッター] [名] -s/- 室内装飾業者;室内装飾業.

das **Raum·bild** [らウム・ビルト] [名] -(e)s/-er 〚光〛立体写真像.

das **Räum·boot** [ろイム・ボート] [名] -(e)s/-e 掃海艇.

räu·men [ろイメン] [動] *h.* **1.** 〔〈et^4〉ヲ+(aus 〈et^3〉カラ外へ/von 〈et^3〉カラ)〕どかす,取除く,運び出す,片づける. **2.** 〔〈et^4〉ヲ+〈方向〉ニ〕片づける,動かす,運ぶ. **3.** 〔〈et^4〉ヲ〕空ける,空にする,片づける,掃除する(住居・事故現場・道路などを). **4.** 〔〈et^4〉ヲ〕(要求・強制されて)退去する〔立ちのく・去る・空ける・明渡す・退く〕(町・広間・地位などを). **5.** 〔〈et^4〉カラ+von 〈j^3/et^3〉ヲ〕排除する,退去させる(道路からデモ隊などを);除去する(道路から雪などを). **6.** 〔〈et^4〉ヲ〕《方》仕舞う(道具などを).

die **Raum·er·spar·nis** [らウム・エあシュパーあニス] [名] -/ スペースの節約.

die **Raum·fäh·re** [らウム・ふぇーれ] [名] -/-n 宇宙船;宇宙連絡船,スペースシャトル.

der **Raum·fah·rer** [らウム・ふぁーらー] [名] -s/- 宇宙飛行士.

die **Raum·fahrt** [らウム・ふぁーあト] [名] -/-en 宇宙飛行(Welt~).

das **Raum·fahr·zeug** [らウム・ふぁーあ・ツォイク] [名] -(e)s/-e 宇宙船.

der **Raum·flug** [らウム・ふルーク] [名] -(e)s/..flüge 宇宙飛行.

die **Raum·for·schung** [らウム・ふぉるシュング] [名] -/ **1.** 宇宙研究;宇宙飛行研究. **2.** 地域研究.

die **Raum·ge·stal·tung** [らウム・ゲシュタルトゥング] [名] -/-en (主に[単])室内設計,インテリアデザイン.

der **Raum·glei·ter** [らウム・グライター] [名] -s/- 大気圏飛行が可能な宇宙船(宇宙連絡船・スペースシャトルなど).

der **Raum·in·halt** [らウム・イン・ハルト] [名] -(e)s/-e 〚数〛体積,容積.

die **Raum·kap·sel** [らウム・カプセル] [名] -/-n 宇宙カプセル;宇宙船の船室〔キャビン〕.

die **Raum·kunst** [らウム・クンスト] [名] -/..künste 室内装飾〔インテリアデザイン〕技術.

die **Raum·leh·re** [らウム・レーれ] [名] -/ 《稀》幾何学.

räum·lich [ろイムりひ] [形] 空間〔場所〕の,空間的な;立体的な,立体音響的な,三次元の.

die **Räum·lich·keit** [ろイムりひカイト] [名] -/-en **1.** (主に[複])(建物の中のいくつか続いている)部屋. **2.** ([単]のみ)〚芸術学〛空間性,立体性;立体的効果.

der **Raum·man·gel** [らウム・マンゲル] [名] -s/ 場所〔スペース〕の不足.

das **Raum·maß** [らウム・マース] [名] -es/-e 体積の単位.

der (*das*) **Raum·me·ter** [らウム・メーター] [名] -s/- ラウムメーター(積重ねた木材の体積単位. 略 rm).

die **Raum·ord·nung** [らウム・オるドヌング] [名] -/ 〚官〛国土整序〔計画〕(二つ以上の行政区域にまたがる総合地域再開発計画).

die **Raum·pfle·ge·rin** [らウム・プふレーゲりン] [名] -/-nen 掃除婦.

das **Raum·schiff** [らウム・シふ] [名] -(e)s/-e (大型の)宇宙船.

die **Raum·schiff·fahrt, Raum·schiff-Fahrt,** [旧]**Raum·schiffahrt** [らウムシふ・ふぁーあト] [名] -/ = Raumfahrt.

die **Raum·son·de** [らウム・ゾンデ] [名] -/-n 宇宙探査機.

raum·spa·rend, Raum spa·rend [らウム・シュパーれント] [形] 場所の節約になる.

die **Raum·sta·ti·on** [らウム・シュタツィオーン] [名] -/-en 宇宙ステーション.

der **Raum·trans·por·ter** [らウム・トらンスポるター] [名] -s/- 宇宙連絡船,スペースシャトル.

die **Räu·mung** [ろイムング] [名] -/ **1.** (そこにあるものを取片づけて)空にすること,片づけ. **2.** 明渡し,立退き,撤退.

die **Räu·mungs·frist** [ろイムングス・ふりスト] [名] -/-en 〚法〛明渡し猶予期間.

die **Räu·mungs·kla·ge** [ろイムングス・クラーゲ] [名] -/-n 〚法〛明渡しの訴え.

der **Räu·mungs·ver·kauf** [ろイムングス・ふぇあカウふ] [名] -(e)s/..käufe 在庫一掃セール.

der **Raum·win·kel** [らウム・ヴィンケル] [名] -s/- 〚数〛立体角.

die **Rau·näch·te,** [旧]**Rauh·näch·te** [らウ・ネひテ] [複名] 〚民俗〛悪霊の徘徊(はいかい)する夜(クリスマスイヴから1月6日の御公現の祝日までの12夜,魔除けの風習がある).

rau·nen [らウネン] [動] *h.* 《文》 **1.** 〔(〈et^4〉ヲ/〈文〉デアルト)〕ささやく. **2.** 〔über 〈j^4/et^4〉ニツイテ/von 〈j^3/et^3〉ニツイテ〕ひそひそと話す. **3.** 〔補足なし〕そよそよと吹く(風が);さやぐ(林・木の葉などが);さらさら音を立てる(小川などが).

raun·zen [らウンツェン] [動] *h.* **1.** 〔補足なし〕《バイエ・オースト》《口》不平を鳴らす,ぶつぶつ文句をつける. **2.** 〔〈文〉ト〕《口》怒鳴る.

die **Rau·pe** [らウペ] [名] -/-n **1.** 幼虫,いも虫,毛虫. **2.** ブルドーザー(Planier~);キャタピラー(~*n*kette). **3.** (金モールの)肩章. 【慣用】**Raupen im Kopf haben** 《口》おかしなことを考えている. 〈j^3〉 **Raupen in den Kopf setzen** 《口》〈人に〉妙な考えを吹込む.

das **Rau·pen·fahr·zeug** [らウペン・ふぁーあ・ツォイク] [名] -(e)s/-e 無限軌道〔カタピラー〕車.

der **Rau·pen·fraß** [らウペン・ふらース] [名] -es/ 毛虫による食害.

die **Rau·pen·ket·te** [らウペン・ケッテ] [名] -/-n キャタピラー,無限軌道.

der **Rau·pen·schlep·per** [らウペン・シュレッパー] [名] -s/- キャタピラーつきトラクター.

der **Rau·putz,** [旧]**Rauh·putz** [らウ・プッツ] [名] -es/ 〚土〛粗面塗り.

der **Rau·reif,** [旧]**Rauh·reif** [らウ・らイふ] [名] -(e)s/ 霧氷,粗氷.

raus [らウス] [副] 《口》 =heraus ; hinaus.

R

der **Rausch** [らウシュ] [名] -(e)s/Räusche **1.** 酔い, 酩酊(めいてい)；陶酔： im ~ des Erfolgs 成功に酔って. **2.** 《文》感覚を麻痺させるような多様性〔多彩さ〕： ein ~ von Farben めくるめく色彩.

rausch·arm [らウシュ・アるム] [形] 〘工〙ノイズの少ない.

der **Rau·sche·bart** [らウシェ・バーあト] [名] -(e)s/..bärte 《古・冗》顔一面のひげ；ひげもじゃの男.

rau·schen [らウシェン] [動] **1.** *h./s.* 〔補足なし〕ざわざわ〔じゃぶじゃぶ・さらさら〕音を立てる《風・海・小川・雨・林・絹の布地などが》： Es *rauscht* mir im Ohr. 私は耳鳴りがする. **2.** *s.* 〔〈方向〉へ/durch 〈et⁴〉ヲ押シワケテ〕ざわざわ〔じゃぶじゃぶ・さらさら〕音を立てて進む〔飛ぶ・流れる〕《ボート・鳥の群れなどが》. **3.** *s.* 〔aus 〈et³〉カラ外へ/durch 〈et⁴〉ヲ〕わざとらしい態度で足早に歩いて行く《特に女性が》. **4.** *h.* 〔補足なし〕〘狩〙発情期にある《猪が》.

das **Rausch·gift** [らウシュ・ギふト] [名] -(e)s/-e 麻薬.

der **Rausch·gift·han·del** [らウシュギふト・ハンデル] [名] -s/ 麻薬取引.

die **Rausch·gift·sucht** [らウシュギふト・ズふト] [名] -/ 麻薬中毒.

rausch·gift·süch·tig [らウシュギふト・ズュひティひ] [形] 麻薬中毒の.

der/die **Rausch·gift·süch·ti·ge** [らウシュギふト・ズュひティゲ] [名] 《形容詞的変化》麻薬中毒患者.

das **Rausch·gold** [らウシュ・ゴルト] [名] -(e)s/ オランダ金《模造金箔(きんぱく)に用いられる》.

rausch·haft [らウシュハふト] [形] 酔ったような, 陶酔した.

das **Rausch·mit·tel** [らウシュ・ミッテル] [名] -s/- = Rauschgift.

räus·pern [ろイスパーン] [動] *h.* 〔sich⁴〕咳払(せきばら)いをする： sich⁴ vernehmlich ~ 咳払いをして注意を引く.

der **Raus·schmei·ßer** [らウス・シュマイサー] [名] -s/- 《口》 **1.** （酒場などの）用心棒. **2.** ラストダンス.

der **Raus·schmiss,** [旧]**Raus·schmiß** [らウス・シュミス] [名] -es/-e 《口》追出すこと, 解雇すること.

raus|wer·fen* [らウス・ヴェるふェン] [動] *h.* 《口》 **1.** 〔〈j⁴/et⁴〉ヲ＋(〈場所〉カラ/aus 〈et³〉カラ)〕外へ投出す, 処分する, 追出す. **2.** 〔〈et⁴〉ヲ＋(aus 〈et³〉カラ)〕こちらへ投げる.

die **Rau·te**¹ [らウテ] [名] -/-n 〘幾何〙ひし形.

die **Rau·te**² [らウテ] [名] -/-n 〘植〙ヘンルーダ.

rau·ten·för·mig [らウテン・[ふぇ]るミひ] [形] ひし形の.

das〔*der*〕**Rave** [reɪv れイヴ] [名] -(s)/-s 《若》小宴,（テクノ）パーティー.

der **Ra·ver** [réɪvər れイヴァー] [名] -s/- パーティー狂い(の人).

die **Ra·vi·o·li** [らヴィオーリ] [複名] 〘料〙ラビオリ.

der **Ra·yon** [rɛjṍ: れヨーン] [名] -s/-s **1.** 《オーストリア・スイス》担当区域 **2.** 《スイス》（デパートの）売場.

die **Raz·zia** [らッツィア] [名] -/Razzien 警察の手入れ.

Rb [エるベー] =Rubidium 〘化〙ルビジウム.

RB¹ =Radio Bremen ブレーメン放送.

RB² =Regionalbahn 近距離列車.

Rbl =Rubel ルーブル《ロシアの貨幣単位》.

der **RBW-Fak·tor** [エるベーヴェー・ふぁクトーあ] [名] -s/-en 〘生〙生物学的効果比, 生物効果比率 (RBW=relative biologische Wirksamkeit).

rd =Rad¹ 〘理〙ラド.

rd. =rund およそ, 約.

Re¹ [エるエー] =Rhenium 〘化〙レニウム.

das **Re**² [れー] [名] -s/-s 〘トランプ〙（スカートの）リダブル.

RE =Regionalexpress 近距離急行列車.

der **Rea·der** [rí:dər りーダー] [名] -s/- 読本, リーダー；選集.

das **Rea·dy·made, Rea·dy-made** [rɛ́dime:t れディ・メート] [名] -/-s 〘芸術学〙（芸術作品にされた）日用品.

das **Re·a·gens** [re⁽ˑ⁾á:gɛns れアーゲンス] [名] -/..genzien [れアゲンツィエン] =Reagenz.

das **Re·a·genz** [れアゲンツ] [名] -/-ien 〘化〙試薬.

das **Re·a·genz·glas** [れアゲンツ・グラース] [名] -es/..gläser 試験管.

das **Re·a·genz·pa·pier** [れアゲンツ・パピーあ] [名] -s/-e 試験紙.

re·a·gie·ren [れアギーれン] [動] *h.* **1.** 〔(auf 〈et⁴〉ニ)〕反応する, 答える. **2.** 〔mit 〈et³〉ト〕〘化〙化学反応を起こす. **3.** 〔〈様態〉ノ〕〘化〙反応を示す《アルカリ性などの》.

die **Re·ak·ti·on** [れアクツィオーン] [名] -/-en **1.** 反応. **2.** 〘化〙反応. **3.** 《[単]のみ》《蔑》反動；反動勢力.

re·ak·ti·o·när [れアクツィオネーあ] [形] 《蔑》反動的な.

der **Re·ak·ti·o·när** [れアクツィオネーあ] [名] -s/-e 反動主義者.

die **Re·ak·ti·ons·fä·hig·keit** [れアクツィオーンス・ふぇーイひカイト] [名] -/ 反応力, 反発力；〘化〙反応性.

die **Re·ak·ti·ons·ge·schwin·dig·keit** [れアクツィオーンス・ゲシュヴィンディひカイト] [名] -/-en 〘化〙反応速度.

re·ak·ti·ons·schnell [れアクツィオーンス・シュネル] [形] 反応の速い.

die **Re·ak·ti·ons·wär·me** [れアクツィオーンス・ヴェるメ] [名] -/-n 〘化〙反応熱.

die **Re·ak·ti·ons·zeit** [れアクツィオーンス・ツァイト] [名] -/-en 〘生理〙反応時間.

re·ak·tiv [れアクティーふ] [形] 〘心〙反応性の；〘化〙反応性のある.

re·ak·ti·vie·ren [re⁽ˑ⁾.. れアクティヴィーれン] [動] *h.* **1.** 〔〈j⁴〉ヲ〕現役に復帰させる, 復職させる. **2.** 〔〈et⁴〉ヲ〕再び利用〔活用〕する；〘化〙再活性化する；〘医〙(…の)機能を回復させる. **3.** 〔〈et⁴〉ヲ〕再開する《さまざまな活動を》, 復活する《いったん廃れた技法などを》.

der **Re·ak·tor** [れアクトーあ] [名] -s/-en [れアクトーれン] 〘理〙原子炉(Kern~)；反応装置, 反応器.

die **Re·ak·tor·ka·ta·stro·phe** [れアクトーあ・カタストろーふぇ] [名] -/-n 原子炉大事故《炉心溶融による》.

der **Re·ak·tor·kern** [れアクトーあ・ケるン] [名] -(e)s/-e (原子炉の)炉心.

der **Re·ak·tor·un·fall** [れアクトーあ・ウン・ふぁル] [名] -(e)s/..fälle 原子炉事故.

re·al [れアール] [形] **1.** 《文》実体としてある, 現実の. **2.** 現実的な. **3.** 〘経〙実質の： das ~*e* Einkommen 実質所得.

das **Re·al·ein·kom·men** [れアール・アイン・コメン] [名] -s/- 〘経〙実質所得.

die **Re·al·en·zy·k·lo·pä·die** [れアール・エンツュクロ・ペディー] [名] -/-n 百科事典.

das **Re·al·gym·na·si·um** [れアール・ギュムナーズィウム] [名] -s/..sien (昔の)実科高等学校.

die **Re·al·in·ju·rie** [れアール・インユーりエ] [名] -/-n 〘法〙《古》暴力行為による侮辱.

die **Re·a·li·sa·ti·on** [れアリザツィオーン] [名] -/-en **1.** 実現；理解；換金, 現金化. **2.** 〘映・テレビ〙製作, 演出. **3.** 〘言〙実現, 具現.

re·a·li·sier·bar [れアリズィーあ・バーあ] [形] 実現可能な.

re·a·li·sie·ren [れアリズィーれン] [動] *h.* **1.** 〔〈et⁴〉ヲ〕《文》実現する, 実行する《理念・目標・計画などを》；(〈et⁴〉がsich⁴の場合)実現される. **2.** 〔〈et⁴〉ヲ〕理解する, 自覚する, 実感する《事情・情況などを》. **3.** 〔〈et⁴〉ヲ〕〘経〙換金する, 現金にする《物品・宝くじなどを》.

der **Re·a·lis·mus** [れアリスムス] [名] -/..men **1.** 《[単]のみ》現実主義, 現実感覚；《稀》現実. **2.** (芸術上の)写実主義, リアリズム；写実主義の時代；《[単]のみ》リアリズムの流派. **3.** 《[単]のみ》〘哲〙実在論.

der **Re·a·list** [れアリスト] [名] -en/-en 現実主義者；

（芸術上の）写実主義者；（哲学上の）実在論者.

die **Re·a·lis·tik** ［れアリスティク］ [名] -/ （描写の）写実性.

re·a·lis·tisch ［れアリスティシュ］ [形] 真に迫った, リアルな；現実主義的な；写実主義の, リアリズムの.

die **Re·a·li·tät** ［れアリテート］ [名] -/-en **1.** 《[単]のみ》現実；実在(性). **2.** 事実. **3.** 《[複]のみ》《ｵｰｽﾄﾘｱ》不動産.

re·a·li·ter ［れアーリター］ [副] 《文》現実には.

das **Re·al·le·xi·kon** ［れアール・レクスィコン］ [名] -s/..ka〔..ken〕事典.

der **Re·al·lohn** ［れアール・ローン］ [名] -(e)s/..löhne 〖経〗実質賃金.

die **Re·al·po·li·tik** ［れアール・ポリティーク］ [名] -/ 現実政策.

die **Re·al·schu·le** ［れアール・シューレ］ [名] -/-n 実科学校.

der **Re·al·teil** ［れアール・タイル］ [名] -(e)s/-e 〖数〗(複素数の)実数部分.

die **Re·a·ni·ma·ti·on** ［れアニマツィオーン］ [名] -/-en 〖医〗蘇生(そせい)させること.

re·a·ni·mie·ren ［れアニミーれン］ [動] *h.* 〔〈j^4〉ヲ〕〖医〗蘇生させる.

(*das*) **Re·au·mur** ［ré:omy:*r* れーオミューあ］ [名] -s/- 〖理〗列氏(温度単位で, 1°C＝1.25°R. 記号 R).

die **Re·be** ［れーベ］ [名] -/-n 〖植〗ブドウ(Wein～)；《文》ブドウの木.

(*die*) **Re·bek·ka** ［れベッカ］ [名] **1.** 〖女名〗レベッカ. **2.** 〖旧約〗リベカ(Isaak の妻).

der **Re·bell** ［れベル］ [名] -en/-en 反逆者, 反徒；《文》反逆児.

re·bel·lie·ren ［れベリーれン］ [動] *h.* 〔(gegen 〈j^4/et^4〉ニ対シテ)〕反乱〔暴動〕を起こす, 反逆する；《文》反抗する, 逆らう, 反発する, 不服従の態度をとる.

die **Re·bel·li·on** ［れベリオーン］ [名] -/-en 反乱；《文》反抗.

re·bel·lisch ［れベリシュ］ [形] 反乱を起こした, 反逆的な；反抗的な.

der **Re·ben·saft** ［れーベン・ザふト］ [名] -(e)s/ 《文》ブドウ酒.

das **Reb·huhn** ［れ(ー)プ・フーン］ [名] -(e)s/..hühner 〖鳥〗ヤマウズラ.

die **Reb·laus** ［れープ・ラウス］ [名] -/..läuse 〖昆〗ブドウネアブラムシ(ブドウの害虫).

der **Reb·stock** ［れープ・シュトック］ [名] -(e)s/..stöcke ブドウの木.

der〔*das*〕**Re·bus** ［れーブス］ [名] -/-se[..ブセ] 判じ絵.

Rec. ＝〖ﾗﾃﾝ語〗recipe 処方せよ.

der **Re·cei·ver** ［risí:və*r* りスィーヴァー］ [名] -s/- **1.** 〖ﾗｼﾞｵ〗レシーバー, 受信機. **2.** 〖ﾃﾆｽ・卓球・ﾊﾞﾄﾞﾐﾝﾄﾝ〗レシーバー.

der〔*das*〕**Re·chaud** ［reʃó: れショー］ [名] -s/-s **1.** (料理保温用の)ホットプレート, 保温器. **2.** 《南独・ｵｰｽﾄﾘｱ・ｽｲｽ》(ガス)こんろ.

re·chen ［れっひぇン］ [動] *h.* 〔〈et^4〉ヲ〕《南独・中独・ｵｰｽﾄﾘｱ・ｽｲｽ》熊手でかきならす〔寄せる・取る〕.

der **Re·chen** ［れっひぇン］ [名] -s/- **1.** 《南独・ｵｰｽﾄﾘｱ・ｽｲｽ》熊手, レーキ. **2.** 《方》(壁に取りつける)コート掛けのついた板. **3.** (川の取水口などの)ごみ除け格子.

die **Re·chen·an·la·ge** ［れっひぇン・アン・ラーゲ］ [名] -/-n 〖ｺﾝﾋﾟｭｰﾀ〗計算装置.

die **Re·chen·art** ［れっひぇン・アーあト］ [名] -/-en 計算法.

die **Re·chen·auf·ga·be** ［れっひぇン・アウふ・ガーベ］ [名] -/-n 計算問題.

der **Re·chen·au·to·mat** ［れっひぇン・アウトマート］ [名] -en/-en 自動計算機.

das **Re·chen·buch** ［れっひぇン・ブーふ］ [名] -(e)s/..bücher 《古》算数の教科書.

der **Re·chen·feh·ler** ［れっひぇン・ふぇーラー］ [名] -s/- 計算の誤り.

der **Re·chen·kniff** ［れっひぇン・クニっふ］ [名] -(e)s/-e 計算〔暗算〕をするためのこつ.

der **Re·chen·künst·ler** ［れっひぇン・キュンストラー］ [名] -s/- 計算〔暗算〕の名人.

die **Re·chen·ma·schi·ne** ［れっひぇン・マシーネ］ [名] -/-n 計算器；そろばん.

die **Re·chen·schaft** ［れっひぇンシャふト］ [名] -/ 釈明, 弁明：〈j^4〉 für 〈et^4〉 zur ～ ziehen 〈人に〉〈事の〉釈明を求める.

der **Re·chen·schafts·be·richt** ［れっひぇンシャふツ・べりひト］ [名] -(e)s/-e 始末書, 釈明書；事業報告書.

der **Re·chen·schie·ber** ［れっひぇン・シーバー］ [名] -s/- 計算尺.

die **Re·chen·stun·de** ［れっひぇン・シュトゥンデ］ [名] -/-n 算数の(授業)時間.

die **Re·chen·ta·fel** ［れっひぇン・ターふぇル］ [名] -/-n **1.** 計算表. **2.** (昔の)計算盤.

das **Re·chen·zen·trum** ［れっひぇン・ツェントるム］ [名] -s/..tren 計算機センター.

die **Re·cher·che** ［reʃɛ́rʃə れシェるシェ］ [名] -/-n 《主に[複]》捜査, 調査：～*n* anstellen 調査〔捜査〕する.

re·cher·chie·ren ［reʃɛrʃí:rən れシェるシーれン］ [動] *h.* **1.** 〔[補足なし]〕調査(活動)を行う(新聞記者などが). **2.** 〔〈et^4〉ヲ〕調査して明らかにする(事件の背景などを).

rech·nen ［れひネン］ [動] *h.* **1.** 〔〈様態〉デ/〈et^4〉ヲ〕計算する：richtig/falsch ～ 正しく計算する/計算をまちがう. schriftlich/im Kopf ～ 筆算/暗算する. mit dem Taschenrechner ～ ポケット電卓で計算する. eine Aufgabe〔an einer Aufgabe〕～ 計算の問題をする. **2.** 〔(〈et^4〉ヲ)＋〈様態〉デ〕計算する：den Betrag in Dollar ～ その金額をドルで計算する. Vom ersten März an *gerechnet*, ist es jetzt sieben Monate her. 3月1日から計算すると, もう7か月経っている. **3.** 〔〈et^4〉ヲ＋(zu 〈et^3〉ニ)〕《口》見積もる. **4.** 〔(〈et^4〉ヲ)＋für 〈et^4〉ニ/〈[形]〉ニ〕見込む, 計上する；予測する：hoch/niedrig ～ 多く/少なく見込む. dafür zwei Stunden/tausend Euro ～ そのために2時間/1000ユーロを見込む. **5.** 〔〈et^4〉ヲ〕評価して考えに入れる. **6.** 〔mit 〈j^3/et^3〉ヲ〕予期する, 見込む, 覚悟する. **7.** 〔auf 〈j^4/et^4〉ヲ〕当てにする, 頼りにする. **8.** 〔〈j^4/et^4〉ヲ〕数に入れる, 勘定に入れる. **9.** 〔〈j^4/et^4〉ヲ＋zu 〈j^3/et^3〉ノ〕一人〔一つ〕に数える. **10.** 〔zu 〈j^3/et^3〉ニ〕数えられる. **11.** 〔[補足なし]〕重きをなす. **12.** 〔[補足なし]〕(倹約して)やりくりする. **13.** 〔sich⁴〕《口》利益を生む, 儲(もう)かる.

der **Rech·ner** ［れひナー］ [名] -s/- **1.** 〖ｺﾝﾋﾟｭｰﾀ〗計算機. **2.** 計算する人.

rech·ne·risch ［れひネりシュ］ [形] **1.** 計算による；計算上の. **2.** 《稀・蔑》打算的な.

die **Rech·nung** ［れひヌング］ [名] -/-en **1.** 勘定書, 請求書：〈j^3〉 den Betrag in ～ stellen その金額を〈人に〉請求する. **2.** 《[単]のみ》勘定, 計算；考慮, 予測, 計画, もくろみ：〈et^4〉 außer ～ lassen 〈事を〉無視する. **3.** 計算問題. 【慣用】**auf eigene Rechnung** 自己負担で. **auf Rechnung kaufen** つけで買う. 〈j^3〉 **einen Strich durch die Rechnung machen** 〈人の〉計画を駄目にする. 〈et^4〉 **in Rechnung ziehen** 〈事を〉考慮に入れる. 〈et^1〉 **kommt**〔**geht**〕 **auf** 〈j^2〉 **Rechnung** 〈物・事が〉〈人の〉負担〔責任〕になる. 〈j^2〉 **Rechnung geht nicht auf** 〈人の〉予測が誤っている, 〈人の〉計画が失敗する. 〈et^3〉 **Rechnung tragen** 〈事を〉顧慮する.

der **Rech·nungs·ab·schluss,** [旧] **Rech·nungs·ab·schluß** ［れひヌングス・アップ・シュルス］ [名] -es/..schlüsse (年度末の)決算(書).

der Rechnungs·be·trag [レヒヌングス・ベトラ-ク] 名 -(e)s/..träge 計算書金額;送り状金額.

die Rechnungs·ein·heit [レヒヌングス・アインハイト] 名 -/-en 〖金融〗計算単位.

der Rechnungs·füh·rer [レヒヌングス・ふューらー] 名 -s/- 会計係;簿記係.

die Rechnungs·füh·rung [レヒヌングス・ふューるング] 名 -/ 簿記;会計(計算)処理.

der Rechnungs·hof [レヒヌングス・ホーふ] 名 -(e)s/..höfe 会計検査院.

das Rechnungs·jahr [レヒヌングス・ヤーア] 名 -(e)s/-e 会計年度.

die Rechnungs·le·gung [レヒヌングス・レーグング] 名 -/ 企業の)計算(決算・会計報告)書の作成.

der Rechnungs·prü·fer [レヒヌングス・プりューふぁー] 名 -s/- 会計監査人,会計監査官.

die Rechnungs·prü·fung [レヒヌングス・プりューふング] 名 -/-en 会計監査;会計検査.

das Rechnungs·we·sen [レヒヌングス・ヴェーゼン] 名 -s/ 〖経〗会計.

recht[1] [レヒト] 形 **1.** 適切な,適当な,ふさわしい,ちょうどよい: der ~e Mann für 〈j³/et⁴〉〈人・事に〉ふさわしい男である. am ~en Ort ちょうどよい所に. zur ~en Zeit ちょうどよい時に. gerade [eben] ~ kommen ちょうどよい時に来る[まう]時に来る. **2.** 正しい,間違いない: der ~e Gebrauch des Artikels 冠詞の正しい用法. Bin ich hier ~? (私は)ここに来ているのだが)ここでいいのかな. Habe ich ~ gehört? (私はそう聞いたのだが)それに間違いはありませんか. **3.** 正当[当然・合法]である: Es ist nicht ~ von ihm, sie so zu behandeln. 彼が彼女をそのように扱うのは正しくない. Das geschieht ihm ~. 彼がそういう目にあうのは当然だ. **4.** 〈j³に〉都合がよい: wenn es Ihnen ~ ist あなたのご都合がよければ. Mir ist heute gar nicht ~. 〈方〉私は今日は(体の)具合がよくない. **5.** 本当の,本物の,真の: ein ~es Kind ほんの子供. Mit der Arbeit hatte ich ~e Mühe. その仕事には本当に苦労した. 〈否定を弱めて〉dazu keine ~e Lust haben それにはどうも気乗りがしない. keinen ~en Erfolg haben 大きな(確かな)成果をあげられない. Das kann ich nicht ~ glauben. それはどうにも信じられない. 【慣用】Alles, was recht ist, aber ... それは確かだが,しかし…. erst recht ますます,なおいっそう. es 〈j³〉 recht machen 〈人を〉満足させる. etwas Rechtes 大したもの. ganz recht まったくそのとおり. 〈j¹/et⁴〉 ins rechte Licht rücken 〈人・物・事を〉良く見せる. 〈j³〉 ist am rechten Ort 〈人は〉適材適所である. ist jedes Mittel recht 〈人は〉手段を選ばない. nach dem Rechten sehen 万事が順調かどうかしらべてみる. nicht recht ... あまりよく…ない. nichts Rechtes 大したものではない. recht daran tun そうするのが正しい. recht eigentlich 正に. Recht geben 〈人の〉言うことを正しいと認める. Recht haben/behalten 言うことが正しい/(最終的に)正しいと認められる: Sie haben Recht. あなたのおっしゃるとおりです. recht und billig 全く当然に. schlecht und recht [recht und schlecht] どうにかこうにか,まあまあ(なんとか). So ist's recht [Recht so]! それでよろしい.

── 副 《語ері》《形容詞・副詞を修飾》なかなか,非常に. ~ gut なかなかよい. ~ herzlich danken 本当に心から礼を言う.

recht[2] [レヒト] 形 **1.** 右(手)の,右側の: R~er [Zur ~en)] Hand liegt die Kirche. 右手に教会がある. 〈j³〉 ~e Hand sein 〈人の〉右腕である. **2.** 右派の,右翼の: der ~e Flügel einer Partei 党の右派. **3.** 表(側)の: die ~e Seite eines Tischtuchs テーブルクロスの表. **4.** 〖数〗角の辺が垂直の: ein ~er Winkel 直角.

das Recht [レヒト] 名 -(e)s/-e **1.** 権利,権限: sich³ das ~ nehmen, 〈et⁴〉 zu tun あえて(勝手なが)〈事を〉する. zu seinem ~ kommen 権利が認められる. Alle ~e vorbehalten. (著作物の)全権利保留(ドイツ語のコピーライト表示). **2.** (㘳のみ)(総称)法,法律: nach geltendem ~ 現行法によれば. **3.** (㘳のみ)〈古〉法学. **4.** (㘳のみ)正当さ,正義: mit ~ 正しいにも,もっともなとで. mit gutem[vollem] ~ tun 〈事を〉しごく当然なこととしてする. zu ~ 正当に,当然に. 【慣用】im Recht sein (意見・行為が)正しい: Ich bin im Recht. 私の(意見・行為)が正しい. Recht bekommen 正しいと認められる. 〈j³〉 Recht geben 〈人の〉意見(行為)が正しいと認める. Recht haben/behalten 言うことが正しい/(最終的に)正しいものと認められる. Recht sprechen 判決を下す. von Rechts wegen 本来. zu Recht bestehen (要求が)正当である.

die Rech·te [レヒテ] 名 《形容詞的変化》 **1.** 《主に㘳》右手;右側: zur ~n 右側で,右側に. **2.** 〖ボクシング〗右パンチ. **3.** 《主に㘳》〖政〗右派,右翼.

das Recht·eck [レヒト・エック] 名 -s/-e 長方形,矩形.

recht·eckig [レヒト・エッキヒ] 形 長方形の,矩形の.

rech·ten [レヒテン] 動 h. 〈mit 〈j³〉 + (um 〈et⁴〉ノコトで)/über 〈et⁴〉コトニツイテ〉〈文〉(自己の正当性(権利)を主張して言い)争う.

rech·tens [レヒテンス] 副 **1.** 〈文飾〉当然. **2.** 〈次の形で〉 ~ sein 正当[合法的]である. für ~ erhalten [erachten] 正当と認める.

recht·er·seits [レヒター・ザイツ] 副 右側に.

recht·fer·ti·gen [レヒト・ふぇるティゲン] 動 h. **1.** 〈j⁴/et⁴〉弁護する,釈明する,(…の)正当性を証明する;正当化する,是認させる(成功が手段などを). **2.** 〈sich⁴〉弁明する(人が),申開きする;正当化される(事が).

die Recht·fer·ti·gung [レヒト・ふぇるティグング] 名 -/-en 正当化,正当性の証明,弁明;正当性.

recht·gläu·big [レヒト・グロイビヒ] 形 正統信仰の.

die Recht·ha·be·rei [レヒト・ハーベらイ] 名 -/ 〈蔑〉独善,ひとりよがり.

recht·ha·be·risch [レヒト・ハーベりシュ] 形 〈蔑〉独善的な.

recht·lich [レヒトりヒ] 形 **1.** 法律上の,(合)法的な. **2.** 〈古〉正直な,誠実な.

die Recht·lich·keit [レヒトりヒカイト] 名 -/ **1.** 合法性. **2.** 誠実,実直.

recht·los [レヒト・ロース] 形 法的権利のない.

die Recht·lo·sig·keit [レヒト・ローズィヒカイト] 名 -/ 法的権利のないこと.

recht·mä·ßig [レヒト・メースィヒ] 形 合法的な,法に基づいた.

die Recht·mä·ßig·keit [レヒト・メースィヒカイト] 名 -/ 合法,適法.

rechts [レヒツ] 副 **1.** 右(側)に: ~ gehen 右側を(歩いて)行く. ~ vom Rathaus 市庁舎の右側に. von ~ kommen 右(側)から来る. (nach) ~ abbiegen 右(側)へ曲る. **3.** 右派に,右翼に: Er steht weit ~. 彼の政治的立場はずっと右寄りだ. **3.** 〖手芸〗表(側)に;表編みを; einen Strumpf wieder nach ~ drehen (裏返しの)靴下を表へ返す. zwei ~, zwei links stricken 二目ゴム編み(二目表,二目裏)に編む. 【慣用】Augen rechts! かしら右. nicht (mehr) wissen, was [wo] rechts und links ist (口)右も左もわからない. 〈et⁴〉 rechts liegen lassen 〈物を〉相手に見下す行く. Rechts um! 右向け右. weder rechts noch links [weder links noch rechts] schauen 右顧左眄(うこさべん)せずにわが道を歩む.

── 前 (+ 2 格) …の右(側)に: ~ der Elbe エルベ川の右に.

die **Rẹchts·an·ge·le·gen·heit** [れひツ・アン・グレーゲンハイト] [名] -/-en 《主に[複]》 法律に関すること, 法律問題.
der **Rẹchts·an·spruch** [れひツ・アン・シュプるっふ] [名] -(e)s/..sprüche 権利の要求;法律上の請求権.
der **Rẹchts·an·walt** [れひツ・アン・ヴァルト] [名] -(e)s/..wälte 弁護士 : sich³ einen ~ nehmen 弁護士を頼む.
die **Rẹchts·an·wäl·tin** [れひツ・アン・ヴェルティン] [名] -/-nen 女性弁護士.
die **Rẹchts·an·walts·kam·mer** [れひツアンヴァルツ・カマー] [名] -/-n 弁護士会.
der **Rẹchts·aus·druck** [れひツ・アウス・ドるっク] [名] -(e)s/..drücke 法律用語.
die **Rẹchts·aus·kunft** [れひツ・アウス・クンふト] [名] -/..künfte 法律相談(所), 法律上の助言.
der **Rẹchts·aus·le·ger** [れひツ・アウス・レーガー] [名] -s/- 〖ボクシング〗左ききのボクサー, サウスポー.
der **Rechts·au·ßen** [れひツ・アウセン] [名] -/- 〖スポ〗ライトウィング.
der **Rẹchts·be·helf** [れひツ・ベヘルふ] [名] -(e)s/-e 〖法〗(上訴などの)法的救済(手断).
der **Rẹchts·bei·stand** [れひツ・バイシュタント] [名] -(e)s/..stände (弁護士ではない)法律顧問〔補助人〕.
die **Rẹchts·be·leh·rung** [れひツ・ベレーるング] [名] -/-en 〖法〗法律上の指示.
der **Rẹchts·be·ra·ter** [れひツ・べらーター] [名] -s/- 法律顧問.
die **Rẹchts·be·ra·tung** [れひツ・べらートゥング] [名] -/-en **1.** (弁護士による)法律相談. **2.** 法律相談所.
die **Rẹchts·be·schwer·de** [れひツ・ベシュヴェーあデ] [名] -/-n 〖法〗法律違反を理由とする抗告.
die **Rẹchts·beu·gung** [れひツ・ボイグング] [名] -/-en 〖法〗法の歪曲(わいきょく).
der **Rẹchts·bruch** [れひツ・ブるっふ] [名] -(e)s/..brüche 法律違反.
rẹcht·schaf·fen [れひト・シャっふェン] [形] 《古》 **1.** 実直な, 誠実な. **2.** 甚だしい;ひどく.
die **Rẹcht·schaf·fen·heit** [れひト・シャっふェンハイト] [名] -/ 《古》誠実さ, 実直さ.
rẹcht·schrei·ben [れひト・シュらイベン] [動] 《不定詞でのみ》〔補足なし〕正書法に従って書く.
der **Rẹcht·schreib·feh·ler** [れひト・シュらイプ・ふェーラー] [名] -s/- 正書法上の誤り.
die **Rẹcht·schrei·bung** [れひト・シュらイブング] [名] -/ **1.** 《主に[単]》正書法, 正字法. **2.** 《[単]のみ》(科目としての)正書法. **3.** 正書法教本.
der **Rẹchts·drall** [れひツ・ドらル] [名] -(e)s/-e 《主に[単]》銃身の右回りの旋条;《口》(車などの)右に寄る傾向;《転》(政治などの)右寄り.
rẹchts·dre·hend [れひツ・ドれーエント] [形] 〖工〗右回りの;〖理・化〗右旋性の.
die **Rẹchts·dre·hung** [れひツ・ドれーウング] [名] -/-en 右回り.
das **Rẹchts·emp·fin·den** [れひツ・エムプふィンデン] [名] -s/ 正義感(法的正義, 正不正に対する感覚).
der **Rẹchts·ex·tre·mis·mus** [れひツ・エクストれミスムス] [名] -/ 〖政〗極右主義.
der **Rẹchts·ex·tre·mist** [れひツ・エクストれミスト] [名] -en/-en 極右主義者.
rẹchts·ex·tre·mis·tisch [れひツ・エクストれミスティシュ] [形] 〖政〗極右(主義)の.
rẹchts·fä·hig [れひツ・ふェーイひ] [形] 〖法〗権利能力のある : ~*e* Vereine 社団法人.
die **Rẹchts·fä·hig·keit** [れひツ・ふェーイひカイト] [名] -/ 〖法〗権利能力.
der **Rẹchts·fall** [れひツ・ふァル] [名] -(e)s/..fälle 〖法〗訴訟事件.
die **Rẹchts·fra·ge** [れひツ・ふらーゲ] [名] -/-n 法律問題.
der **Rẹchts·gang** [れひツ・ガング] [名] -(e)s/ 〖法〗訴訟手続き.
rẹchts·gän·gig [れひツ・ゲンギひ] [形] 〖工〗右回りの, 右巻きの.
die **Rẹchts·ge·lehr·sam·keit** [れひツ・ゲレーあザームカイト] [名] -/ 《古》=Rechtswissenschaft.
der/die **Rẹchts·ge·lehr·te** [れひツ・ゲレーあテ] [名] 《形容詞的変化》《古》=Jurist(in).
das **Rẹchts·ge·schäft** [れひツ・ゲシェふト] [名] -(e)s/-e 〖法〗法律行為.
das **Rẹchts·ge·win·de** [れひツ・ゲヴィンデ] [名] -s/- 〖工〗右ねじ.
der **Rẹchts·grund** [れひツ・グるント] [名] -(e)s/..gründe 〖法〗権原.
die **Rẹchts·grund·la·ge** [れひツ・グるント・ラーゲ] [名] -/-n 〖法〗法的根拠.
rẹchts·gül·tig [れひツ・ギュルティひ] [形] 〖法〗法律上有効な.
das **Rẹchts·gut·ach·ten** [れひツ・グート・アはテン] [名] -s/- 法律上の鑑定.
der **Rẹchts·han·del** [れひツ・ハンデル] [名] -s/..händel 《文》訴訟, 係争.
der **Rẹchts·hän·der** [れひツ・ヘンダー] [名] -s/- 右利きの人.
rẹchts·hän·dig [れひツ・ヘンディひ] [形] 右利きの;右手での.
rẹchts·hän·gig [れひツ・ヘンギひ] [形] 〖法〗係争中の.
rẹchts·he·rum [れひツ・へるム] [副] 右回りに.
die **Rẹchts·hil·fe** [れひツ・ヒルふェ] [名] -/ 〖法〗共助(裁判所間, 官庁などの裁判に対する協力).
die **Rẹchts·kraft** [れひツ・クらふト] [名] -/ 〖法〗確定力, 既判力.
rẹchts·kräf·tig [れひツ・クれふティひ] [形] 〖法〗確定力のある.
rẹchts·kun·dig [れひツ・クンディひ] [形] 法律に通じている.
die **Rẹchts·kur·ve** [れひツ・クるヴェ] [名] -/-n 右カーブ.
die **Rẹchts·la·ge** [れひツ・ラーゲ] [名] -/ 〖法〗法的状況.
das **Rẹchts·mit·tel** [れひツ・ミッテル] [名] -s/- 〖法〗上訴.
die **Rẹchts·nach·fol·ge** [れひツ・ナーは・ふォルゲ] [名] -/-n 〖法〗権利承継.
der **Rẹchts·nach·fol·ger** [れひツ・ナーは・ふォルガー] [名] -s/- 〖法〗権利承継者.
die **Rẹchts·ord·nung** [れひツ・オるドヌング] [名] -/-en 法秩序.
die **Rẹchts·pfle·ge** [れひツ・プふレーゲ] [名] -/ 〖法〗司法.
der **Rẹchts·pfle·ger** [れひツ・プふレーガー] [名] -s/- 司法補助官.
die **Rẹchts·phi·lo·so·phie** [れひツ・ふィロ・ゾふィー] [名] -/ 法哲学.
die **Rẹcht·spre·chung** [れひト・シュプれっひゅング] [名] -/-en 《主に[単]》裁判(権).
rẹchts·ra·di·kal [れひツ・らディカール] [形] 極右の.
der **Rẹchts·ra·di·ka·lis·mus** [れひツ・らディカリスムス] [名] -/ 〖政〗右翼急進主義.
die **Rẹchts·sa·che** [れひツ・ザっへ] [名] -/-n 〖法〗法律問題, 係争事件.
der **Rẹchts·schutz** [れひツ・シュッツ] [名] -es/ 〖法〗法律上の保護, 権利保護.
rẹchts·schutz·ver·si·chert [れひツシュッツ・ふェあズィっひゃート] [形] 権利保護保険のかかった.
die **Rẹchts·schutz·ver·si·che·rung** [れひツシュッツ・ふェあズィっひェるング] [名] -/-en 権利保護保険(訴訟出費

redigieren

の保険).
rechtsseitig [れヅ・ザイティヒ] 形 右側の.
der **Rechtsspruch** [れヅ・シュプるっふ] 名 -(e)s/..sprüche 判決.
der **Rechtsstaat** [れヅ・シュタート] 名 -(e)s/-en 法治国家.
rechtsstaatlich [れヅ・シュタートリヒ] 形 法治国家の.
die **Rechtsstellung** [れヅ・シュテルング] 名 -/〖法〗法的地位, 法律上の地位.
der **Rechtsstreit** [れヅ・シュトろイト] 名 -(e)s/-e (主に㊤) 1. 法律上の争い, 法的争訟, 訴訟. 2. 法解釈上の論争.
der **Rechtstitel** [れヅ・ティ(ー)テル] 名 -s/-〖法〗権原.
rechtsum [れヅ・ウム] 副 右へ回って: R~! 右向け右. R~ kehrt! 回れ右.
rechtsungültig [れヅ・ウン・ギュルティヒ] 形〖法〗法的に無効な.
rechtsverbindlich [れヅ・ふぇあビントリヒ] 形〖法〗法的拘束力のある.
der **Rechtsverdreher** [れヅ・ふぇあドれーあ-] 名 -s/-法律をねじ曲げる人;(冗)法律家, 弁護士.
das **Rechtsverfahren** [れヅ・ふぇあふぁーれン] 名〖法〗訴訟手続き.
der **Rechtsverkehr**[1] [れヅ・ふぇあケーあ] 名 -s/右側通行.
der **Rechtsverkehr**[2] [れヅ・ふぇあケーあ] 名〖法〗法的往来, 法律交流.
rechtsverletzend [れヅ・ふぇあレッツェント] 形〖法〗法を侵す.
die **Rechtsverletzung** [れヅ・ふぇあレッツング] 名 -/-en 法の侵害, 違法行為;(他人の)権利の侵害.
der **Rechtsweg** [れヅ・ヴェーク] 名 -(e)s/-e〖法〗法的手段: den ~ beschreiten [einschlagen/gehen] 法的手段に訴える.
das **Rechtswesen** [れヅ・ヴェーゼン] 名 -s/ 法律制度.
rechtswidrig [れヅ・ヴィードりヒ] 形 違法の.
die **Rechtswissenschaft** [れヅ・ヴィッセンシャふト] 名 -/ 法(律)学.
der **Rechtszug** [れヅ・ツーク] 名 -(e)s/..züge〖法〗1. 審. 2. 審級.
rechtwinkelig [れヒト・ヴィンケリヒ] 形 =rechtwinklig.
rechtwinklig [れヒト・ヴィンクリヒ] 形 直角の.
rechtzeitig [れヒト・ツァイティヒ] 形 適時の, 時宜を得た, 時機を失しない, 時間に遅れない.
recipe! [réːtsipe れーツィペ] 〖ラ語〗処方せよ.
das **Recital** [rɪsáɪtəl りサイタル] 名 -s/-s リサイタル.
das **Reck** [れック] 名 -(e)s/-e[-s] (体操用具の)鉄棒.
der **Recke** [れッケ] 名 -n/-n 〖文〗(ゲルマン伝説の)勇士, 勇者.
recken [れッケン] 動 h. 1. 〔sich[4]〕(背)伸びをする, 身体を伸ばす, 背筋を伸ばす. 2. 〈et[4]〉+〈(方向)ɔ〉〉伸ばす(身体の部分を). 3. 〈et[4]〉〉〈(力)ɔ〉しむき出しは(洗濯切の).
(das) **Recklinghausen** [れクリング・ハウゼン] 名 -s/〖地名〗レクリングハウゼン(ノルトライン＝ヴェストファーレン州の都市).
der **Recklinghäuser** [れクリング・ホイザー] 名 -s/-レクリングハウゼン市民.
der **Recorder** [れコぉダー, rɪ... りコぉダー] 名 -s/- レコーダー, 録音器.
recte [れクテ] 副 正確に, 当然.
das **Recto** [れクト] 名 -s/-s =Rekto.

der **Rector magnificus** [れクトーあ マグニーふィクス] 名 -;.. fici..ートーれーㇲ. ふィツィ] (大学)学長(人;-(㊤の)称号).
das **Recycling** [rɪsáɪklɪŋ りサイクリング] 名 -(s)/ 1. リサイクリング,(資源の)再生利用. 2. (資金の)環流.
das **Recyclingpapier** [りサイクリング・パピーあ] 名 -s/ 再生紙.
der **Redakteur** [...tǿːɐ れダク(テ)ーあ] 名 -s/-e (新聞・雑誌の)編集者.
die **Redaktion** [れダクツィオーン] 名 -/-en 1. (㊤のみ)編集(作業). 2. (総称)編集部員. 3. 編集部〔局〕;編集室.
redaktionell [れダクツィオネル] 形 編集の;編集部〔の〕.
der **Redaktionsschluss**, ㊅ **Redaktionsschluß** [れダクツィオーンス・シュルス] 名 -es/ 編集事務終了.
der **Redaktor** [れダクトーあ] 名 -s/-en [れダクトーれン] (文学・学術書などの)編集者, 編者;(㋣)(新聞・雑誌の)編集者.
die **Rede** [れーデ] 名 -/-n 1. (㊤のみ)話, 発言, 談話;話題;(主に㊤)うわさ: Davon ist keine ~. それは問題にならない. Es geht die ~, dass ... ～という うわさである. 2. 演説, スピーチ;弁論, 弁舌. 3. 〖言〗文体;話法, 説話;発話, パロール. 【慣用】**nicht der Rede wert sein** 語るに足らない. 〈j[3]〉 **Rede und Antwort stehen**〈人ɔ〉釈明する. 〈j[4]〉 **zur Rede stellen**〈人ɔ〉釈明を求める.
die **Redefigur** [れーデ・ふィグーあ] 名 -/-en 〖修〗修辞的表現法, 文彩, 言葉のあや.
der **Redefluss**, ㊅ **Redefluß** [れーデ・ふルッス] 名 -es/..flüsse (主に㊤)((蔑)も有)よどみない弁舌, 能弁, 多弁.
die **Redefreiheit** [れーデ・ふらイハイト] 名 -/ 言論の自由;(集会などでの)発言権.
die **Redegabe** [れーデ・ガーベ] 名 -/ 弁舌の才.
redegewandt [れーデ・ゲヴァント] 形 弁の立つ, 雄弁な.
die **Redegewandtheit** [れーデ・ゲヴァントハイト] 名 -/ 能弁, 雄弁.
die **Redekunst** [れーデ・クンスト] 名 -/ 修辞学;雄弁術, 弁論術.
reden [れーデン] 動 h. 1. 〈〈et[4]〉ɔ〉話す;言う(考えを). 2. (㊤のみ)演説する;講演する. 3. 〈von〈j[3]/et[3]〉ɔ〉ɔ〉(話題にして)話す, 言う. 4. 〔(mit〈j[3]〉)+(über〈j[4]/et[4]〉ニッィて)〕話しをする, 話し合う. 【慣用】〈j[3]〉 **hat gut reden**〈人ɔ〉の立場では気楽に言っておられる(当人の身にもなってみろ). **mit sich[3] reden lassen** 物分りがいい. **sich[4] heiser reden** しゃべりすぎて声がかれる. **sich[4] in Wut/Begeisterung reden** 話しているうちに激高する/熱狂的になる. **Über〈et[4]〉 lässt sich reden**. 〈事ɔ〉話しあう余地がある. **von sich[3] reden machen** 注目を浴びる, 有名になる.
die **Redensart** [れーデンス・アーあト] 名 -/-en 1. 慣用句, 言い回し. 2. (㊤のみ)(内容のない)決まり文句.
die **Rederei** [れーデらイ] 名 -/-en 1. (㊤のみ)浅薄なおしゃべり. 2. ゴシップ.
die **Redeschlacht** [れーデ・シュラはト] 名 -/-en 論戦.
der **Redeschwall** [れーデ・シュヴァル] 名 -(e)s/-e (主に㊤)((蔑))言葉の洪水, 冗舌.
die **Redeweise** [れーデ・ヴァイゼ] 名 -/-n 話し方, 話しぶり, 口調.
die **Redewendung** [れーデ・ヴェンドゥング] 名 -/-en 言い回し: eine stehende ~ 決まり文句.
redigieren [れディギーれン] 動 h. 〈et[4]〉ɔ〉校閲する (原稿・放送番組などを);編集する(雑誌などを).

die **Re·din·gote** [redɛgɔ́t れダンゴット] 名 -/-n(der ~ -(s)/-s も有) ルダンゴト(乗馬服風の女性用コート).

die **Re·dis·kon·tie·rung** [れディスコンティールング] 名 -/-en (手形の)再割引.

re·di·vi·vus [れディヴィーヴス] 形 〖無変化〗(付加語的に後置して)〖文〗よみがえった,復活した.

red·lich [れートリヒ] 形 **1.** 実直な,真っ正直な: es ~ mit 〈j³〉 meinen 〈人に〉誠意を持っている. **2.** 大変な;ひどく: sich³ ~(e) Mühe geben 大いに努力する.

die **Red·lich·keit** [れートリヒカイト] 名 -/ 実直,正直.

der **Red·ner** [れートナー] 名 -s/- 講演者,演説者;雄弁家.

die **Red·ner·büh·ne** [れートナー・ビューネ] 名 -/-n 演壇.

die **Red·ner·ga·be** [れートナー・ガーベ] 名 -/ 弁舌の才.

red·ne·risch [れートネリシュ] 形 演説の,弁舌の.

das **Red·ner·pult** [れートナー・プルト] 名 -(e)s/-e 演壇.

die **Re·dou·te** [redúːtə れドゥーテ] 名 -/-n **1.** (古仮面(仮装)舞踏会. **2.** 《古》舞踏会場. **3.** (昔の砦の)角面堡(ほう).

das **Red·ox·sys·tem** [れドックス・ズュステーム] 名 -s/-e 〖化〗酸化還元系.

red·se·lig [れート・ゼーリヒ] 形 ((蔑)も有)おしゃべりな,冗長(ちょう)な;くどくどしい.

die **Red·se·lig·keit** [れート・ゼーリヒカイト] 名 -/ おしゃべり,冗長.

das **Re·du·it** [redýiː れデュイー] 名 -s/-s **1.** (昔の城塞(さい)内の安全に立てこもれる)防御郭. **2.** 最後の逃げ場,砦(とりで).

die **Re·duk·ti·on** [れドゥクツィオーン] 名 -/-en **1.** 〖文〗縮小,引下げ,削減,縮減,制限. **2.** 〖哲〗還元法(三段論法の);還元. **3.** 〖化〗還元;〖生〗還元,退化. **4.** 〖言〗(文の)還元;(音の)弱化;(語の)縮減. **5.** 〖気・理〗換算. **6.** 〖ﾕﾀﾔ〗指示. **7.** (主に⁽カ⁾)(宣教師が)南米インディアンを再植民させて造った居留地.

die **Re·duk·ti·ons·di·ät** [れドゥクツィオーンス・ディエート] 名 -/ ダイエット療法のための低カロリー食.

re·dun·dant [れドゥンダント] 形 〖文〗余剰的な,冗長な.

die **Re·dun·danz** [れドゥンダンツ] 名 -/-en **1.** 〖文〗(情報の)過剰,余剰. **2.** 〖ｺﾝﾋﾟｭ〗冗長性.

die **Re·du·pli·ka·ti·on** [れドゥプリカツィオーン] 名 -/-en 〖言〗(音節などの)重畳.

re·du·pli·zie·ren [れドゥプリツィーれン] 動 h. 〈et⁴ッ〉 〖言〗重ねる,重畳させる(音節などを).

der **Re·du·zent** [れドゥツェント] 名 -en/-en 〖生〗分解者.

re·du·zie·ren [れドゥツィーれン] 動 h. **1.** 〈et⁴ッ+ (auf〈et⁴ッ)〉減らす,引下げる,制限する,縮小〔短縮・削減・軽減・低減〕する(数・量・価格・規模・価値などを). **2.** 〈et⁴ッ+auf〈et⁴ッ〉節約する,簡略化する,還元する(学説や考えを簡単な言葉などに);〖理・気〗換算する. **3.** (sich⁴+(auf〈et⁴ッ〉))〖言〗弱化し,低下する(数・量・影響力が最小限度などに),減少する(価値が). **4.** 〈et⁴ッ+(zu〈et⁴ッ〉))〖言〗弱化する(母音 e を a 音などに);〖化・理〗還元する.

ree! [れー] 間 〖海〗(ヨットが船首を風上(うわて)に向けるよう舵(か)を風下に向ける号令)下手(たて)舵!

die **Ree·de** [れーデ] 名 -/-n (港外の)停泊地,錨地(ち).

der **Ree·der** [れーダー] 名 -s/- 船主;海運業者.

die **Ree·de·rei** [れーデらイ] 名 -/-en 海運会社,船会社.

re·ell [れエル] 形 **1.** まっとうな,堅実な;(口)ちゃんとした. **2.** 実際の,現実の: ~e Zahlen 〖数〗実数. das ~e Bild 〖光〗実像. **3.** 実際には.

das **Reep** [れープ] 名 -s/- 〖海〗綱,索,ロープ.

das **Reet** [れート] 名 -(e)s/ 〖北独〗〖植〗アシ,ヨシ.

der **REFA** [れーふぁ] 名 -/ レーファ(元はドイツ国(ライヒ)労働時間調査委員会(Reichsausschuß für Arbeitszeitermittlung)の略.現在は登記済社団レーファ労働研究・経営組織連盟(REFA-Verband für Arbeitsstudien und Betriebsorganisation e. V.)の略).

die **Re·fak·tie** [れふぁクツィエ] 名 -/-n 〖商〗(傷物などによる)値引き.

das **Re·fek·to·ri·um** [れふぇクトーリウム] 名 -s/..rien (修道院の)食堂.

das **Re·fe·rat** [れふぇらート] 名 -(e)s/-e **1.** 研究〔調査〕報告,レポート,(ゼミナールでの)発表. **2.** (短い)批判的な報告書,短評. **3.** (官庁などの)担当部局.

der **Re·fe·ree** [refəríː れふぇりー,rɛ́fəri れふぇリ] 名 -s/-s 〖ｽﾎﾟｰﾂ〗レフェリー,審判員.

der **Re·fe·ren·dar** [れふぇれンダーる] 名 -s/-e 修習生,司法修習生(第一次と第二次国家試験の間の実務修習中の上級行政職員・裁判官試補の候補者).

das **Re·fe·ren·dum** [れふぇれンドゥム] 名 -s/..den (..da) (特にスイスの)国民〔州民・住民〕投票.

der **Re·fe·rent** [れふぇれント] 名 -en/-en **1.** 研究〔調査〕報告者. **2.** (学問研究の)評価者,審査員. **3.** (官庁の)部門担当官. **4.** 〖言〗指示対象.

der **Re·fe·ren·ten·ent·wurf** [れふぇれンテン・エントヴるふ] 名 -(e)s/..würfe 専門部局担当者の試案.

die **Re·fe·renz** [れふぇれンツ] 名 -/-en **1.** (主に⁽ﾊ⁾)紹介(状),推薦(状). **2.** 身元保証人,身元照会者. **3.** 〖言〗指示.

re·fe·rie·ren [れふぇりーれン] 動 h. **1.** 〈ﾌﾟﾗ+ｯ〉報告(研究発表)をする. **2.** 〈(〈et⁴ッ〉/über 〈et⁴ッニッィテン〉))報告をする(前回の会議・ある本の内容などについて). **3.** 〈auf〈j⁴/et⁴ッ〉〉〖言〗指示する(語が言語外の対象を).

das **Reff**¹ [れふ] 名 -(e)s/-e (口・蔑)やせこけたばあさん: langes ~ やせてひょろ長い人.

das **Reff**² [れふ] 名 -(e)s/-e **1.** 背負い籠(ご). **2.** (本の)運送用木箱(Bücher~). **3.** 〖農〗大鎌に取りつけられたフォーク;フォークつき大鎌.

das **Reff**³ [れふ] 名 -(e)s/-s 〖海〗縮帆(リーフ)(装置).

ref·fen [れっふぇン] 動 h. 〈et⁴ッ〉〖海〗縮める,リーフする(帆を).

die **Re·fi·nan·zie·rung** [れふぃナンツィールング] 名 -/-en 〖金融〗再融資,資金(再)調達,リファイナンシング.

der **Re·flek·tant** [れふレクタント] 名 -en/-en (古)購入希望者,応募者,志願〔志望〕者.

re·flek·tie·ren [れふレクティーれン] 動 h. **1.** 〈et⁴ッ〉反射する(光などを);〖文〗反映する(考え方・現状などを). **2.** 〈über 〈et⁴ッニッィテン〉〉〖文〗熟考する,深く考える,反省する. **3.** 〈auf〈et⁴ッ〉〉(口)手に入れたい気持(気持)がある(物品・官職などを).

der **Re·flek·tor** [れふレクトーる] 名 -s/-en [れふレクトーれン] **1.** (光源の)反射鏡;反射望遠鏡;(原子炉の)反射体. **2.** 〖ｴﾚ〗(指向性アンテナの)反射体. **3.** (後部反射用の)リフレクター.

re·flek·to·risch [れふレクトーリシュ] 形 反射的な,反射性の.

der **Re·flex** [れふレックス] 名 -es/-e **1.** (光の)反射;(転)反映. **2.** 〖生理〗(神経などの)反射.

die **Re·flex·be·we·gung** [れふレックス・ベヴェーグング] 名

die **Re·fle·xi·on** [れふレクスィオーン] 名 -/-en **1.**（光などの）反射. **2.**《文》反省, 省察.
der **Re·fle·xi·ons·win·kel** [れふレクスィオーンス・ヴィンケル] 名 -s/- 〖理〗反射角.
re·fle·xiv [れふレクスィーふ] 形《文》熟慮された; 〖言〗再帰的な.
das **Re·fle·xiv** [れふレクスィーふ] 名 -s/-e 〖言〗再帰代名詞.
das **Re·fle·xiv·pro·no·men** [れふレクスィーふ・プろ・ノーメン] 名 -s/-〔..mina〕〖言〗再帰代名詞.
die **Re·flex·zo·ne** [れふレックス・ツォーネ] 名 -/-n 〖医〗（体の各部とつながっている体の表面の）つぼ.
die **Re·flex·zo·nen·mas·sa·ge** [れふレックスツォーネン・マッサージェ] 名 -/-n（体の表面の）つぼマッサージ(体の特定部位をマッサージすることで体内の機能回復を促進).
die **Re·form** [れふぉるム] 名 -/-en 改革, 改良.
die **Re·for·ma·ti·on** [れふぉるマツィオーン] 名 -/-en **1.**（⊕のみ）(16世紀の)宗教改革. **2.**《文》改革, 革新.
das **Re·for·ma·ti·ons·fest** [れふぉるマツィオーンス・ふぇスト] 名 -(e)s/ 〖プロテス〗宗教改革記念祭(10月31日).
der **Re·for·ma·ti·ons·tag** [れふぉるマツィオーンス・ターク] 名 -(e)s/ 〖プロテス〗宗教改革記念日(10月31日).
der **Re·for·ma·tor** [れふぉるマートーア] 名 -s/-en [れふぉるマトーレン] **1.**（ルター・カルヴィンなどの）宗教改革者. **2.** 改革者.
re·for·ma·to·risch [れふぉるマトーリシュ] 形 改革(者)の; 宗教改革(者)の.
re·form·be·dürf·tig [れふぉるム・ベデュるふティク] 形 改革の必要な.
die **Re·form·be·stre·bung** [れふぉるム・ベシュトれーブンク] 名 -/-en（主に⊕）改革への努力.
der **Re·for·mer** [れふぉるマー] 名 -s/-（特に政治の）改革者, 改革論者.
das **Re·form·haus** [れふぉるム・ハウス] 名 -es/..häuser 健康(自然)食品専門店.
re·for·mie·ren [れふぉるミーれン] 動 h.〈et⁴ッ〉改革（改良)する(組織・制度などを).
re·for·miert [れふぉるミーあト] 形〖キ教〗改革派の.
der/die **Re·for·mier·te** [れふぉるミーあテ] 名《形容詞的変化》(ツヴィングリ派・カルヴィン派の)改革派教会の信徒.
der **Re·for·mis·mus** [れふぉるミスムス] 名 -/《政》《蔑》〈革命によらない)改良主義.
die **Re·form·kost** [れふぉるム・コスト] 名 -/ 健康(自然)食品.
der **Re·frain** [rəfrɛ̃ː, re.. れふレーン] 名 -s/-s（詩・楽曲の節尾の)折返し, リフレイン.
die **Re·frak·ti·on** [れふらクツィオーン] 名 -/-en 〖理〗屈折.
das **Re·frak·to·me·ter** [れふらクト・メータ―] 名 -s/- 〖光〗屈折計.
der **Re·frak·tor** [れふらクトーア] 名 -s/-en [れふらクトーれン] 〖天〗屈折望遠鏡.
der **Re·fu·gié** [refyʒie̯. れふゅジェー] 名 -s/-s 亡命者(特に17世紀にフランスから亡命した新教徒〔ユグノー〕).
das **Re·fu·gi·um** [れふーギウム] 名 -s/..gien《文》避難所, 隠れ家.
Reg. = Regiment.
das **Re·gal**¹ [れガール] 名 -s/-e **1.** 本棚(Bücher~), 商品棚. **2.** 〖印〗活字スタンド・ケース.
das **Re·gal**² [れガール] 名 -s/-e リーガル(15-17世紀の携帯用オルガン); リード管の音栓.

das **Re·gal**³ [れガール] 名 -s/-ien（主に⊕）レガーリェン(中世王侯の高権・収益特権).
die **Re·gat·ta** [れガッタ] 名 -/..gatten **1.** 〖スポ〗レガッタ. **2.** レガッタ(縞のある線〔スフ〕織物).
Reg. -Bez. = Regierungsbezirk m.
re·ge [れーゲ] 形 活発な, 盛んな, 激しい, 積極的な; 生き生きした, 若々しい: ~er Verkehr 激しい交通.
die **Re·gel** [れーゲル] 名 -/-n **1.** 規則, 規定, ルール: ungeschriebene ~n 不文律. **2.**（⊕のみ）習慣, 習わし: in der ~ 通常, 一般に. **3.** 月経. 【慣用】**die Goldene Regel**〖キ教〗黄金律(特にマタイ福音書7, 12をさす). **nach allen Regeln der Kunst** 規則どおり完璧に;〔口〕徹底的に.
re·gel·bar [れーゲル・バーア] 形 調整〔調節・制御〕できる.
die **Re·gel·de·tri** [れーゲル・デトリ-] 名 -/ 〖数〗《古》3法法.
der **Re·gel·kreis** [れーゲル・クライス] 名 -es/-e 〖サイバネテ・生〗制御系.
re·gel·los [れーゲル・ロース] 形 不規則な, 無秩序な.
re·gel·mä·ßig [れーゲル・メースィヒ] 形 **1.** 規則正しい, 規則的な, 定期的な: 〖言〗規則変化動詞. ein ~er Gast 常連. Der Puls ist nicht ~. 脈が不整だ. **2.** 均整のとれた: ~e Gesichtszüge 整った顔立.
die **Re·gel·mä·ßig·keit** [れーゲル・メースィヒカイト] 名 -/-en（主に⊕）規則正しいこと; ととのえること.
re·geln [れーゲルン] 動 h.〈et⁴ッ〉整理する(交通・負債・財政などを); 片づける, 処理する(問題・用件などを); 決める, 取決める(法律・取決めなどによって). **2.**〈et⁴ッ〉調節する, 制御する(室温・音量・装置作動・生産工程などを). **3.**〈sich⁴〉かたがつく, 解決する(問題などが);（きちんと)行われる〔進行する〕(規則・取決め・計画などが).
re·gel·recht [れーゲル・れひト] 形 **1.** 規則どおりの, 正規の: ein ~es Verfahren 正規の手続き. **2.**〔口〕本格的な, 本式〔物・当〕の, まったくの; 本当に.
die **Re·gel·schu·le** [れーゲル・シューレ] 名 -/-n（教育官庁の管轄区域内の)標準学校.
die **Re·gel·stu·di·en·zeit** [れーゲル・シュトゥーディエン・ツァイト] 名 -/《大学》規定在籍期間.
die **Re·gel·tech·nik** [れーゲル・テヒニク] 名 -/ 制御工学.
die **Re·ge·lung** [れーゲルンク] 名 -/-en **1.** 整理; 調節; 規制; 規則. **2.** 〖サイバネテ〗制御.
die **Re·gel·ver·let·zung** [れーゲル・ふぇあレッツンク] 名 -/-en 規則違反.
der **Re·gel·ver·stoß** [れーゲル・ふぇあシュトース] 名 -es/..stöße〖スポ〗反則.
re·gel·wid·rig [れーゲル・ヴィードりヒ] 形 規則に反する, 反則の.
die **Re·gel·wid·rig·keit** [れーゲル・ヴィードりヒカイト] 名 -/-en 規則違反, 反則.
re·gen [れーゲン] 動 h. **1.**〈et⁴ッ〉《文》（わずかに)動かす(手・足・指など体の部分を. 体が枝・葉などを). **2.**〈sich⁴〉（わずかに)動く(昼・木の葉などが); 体を動かす;《文》生じる, 呼び覚まされる(精神・感覚などが).
der **Re·gen**¹ [れーゲン] 名 -s/-（主に⊕）**1.** 雨. **2.**（雨のように)降ってくるもの. 【慣用】**aus** *dem* **Regen in die Traufe kommen**〔口〕小難を避けて大難にあう. **ein warmer Regen**思いがけない金銭の援助.〈j³ in dem Regen stehen lassen〉〔口〕〈人₃〉を見殺しにする.
der **Re·gen**² [れーゲン] 名 -s/-〖川名〗レーゲン川.
re·gen·arm [れーゲン・アるム] 形 雨〔雨量〕の少ない.
der **Re·gen·bo·gen** [れーゲン・ボーゲン] 名 -s/- 虹.
die **Re·gen·bo·gen·far·be** [れーゲンボーゲン・ふぁるべ] 名

-/-n 《主に[複]》虹色.

re·gen·bo·gen·far·ben [れーゲンボーゲン・ふぁるベン] [形] 虹色の.

re·gen·bo·gen·far·big [れーゲンボーゲン・ふぁるビひ] [形] =regenbogenfarben.

die **Re·gen·bo·gen·haut** [れーゲンボーゲン・ハウト] [名] -/..häute 虹彩(こうさい).

die **Re·gen·bo·gen·pres·se** [れーゲンボーゲン・プれっセ] [名] -/ 《ジャーゴン》(けばけばしい色刷りの)通俗週刊誌.

das **Re·gen·dach** [れーゲン・ダっは] [名] -(e)s/..dächer 雨除けひさし.

re·gen·dicht [れーゲン・ディひト] [形] 雨の漏らない, 防水の.

die **Re·ge·ne·ra·ti·on** [れゲネらツィオーン] [名] -/-en **1.** 《文》回復, 再生. **2.** 〖医・生〗(失われた器官などの)再生;〖工〗再生.

das **Re·ge·ne·ra·ti·ons·ver·mö·gen** [れゲネらツィオーンス・ふぇあ[メ]ーゲン] [名] -s/ 〖生〗再生能力.

re·ge·ne·ra·tiv [れゲネらティーふ] [形] 〖医・生〗再生の;〖工〗再生(利用)の.

re·ge·ne·rie·ren [れゲネりーれン] [動] *h.* **1.** 〔〈et^4〉ヲ〕《文》再生〔回生〕させる, よみがえらせる, 再活性化する《道徳的力・組織などを》;《〈et^4〉がsich^{4}の場合》再生する. **2.** 〔sich^4+(〈[形]〉ニ)〕回復する《人が》. **3.** 〔(sich^4)〕〖医・生〗再生する《生物の組織・器官などが》. **4.** 〔〈et^4〉ヲ〕〖工〗再生する《機械・化学物質などを》.

der **Re·gen·fall** [れーゲン・ふぁル] [名] -(e)s/..fälle 《主に[複]》降雨.

re·gen·glatt [れーゲン・グラっト] [形] 雨でつるつるの.

der **Re·gen·guss,** [旧]**Re·gen·guß** [れーゲン・グス] [名] -es/..güsse どしゃ降り(の雨).

die **Re·gen·haut** [れーゲン・ハウト] [名] -/..häute 〖商標〗(薄手の)レインコート.

der **Re·gen·man·tel** [れーゲン・マンテル] [名] -s/..mäntel レインコート.

der **Re·gen·mes·ser** [れーゲン・メっサー] [名] -s/- 〖気〗雨量計.

re·gen·nass, [旧]**re·gen·naß** [れーゲン・ナス] [形] 雨でぬれた.

der **Re·gen·pfei·fer** [れーゲン・プふぁイふぁー] [名] -s/- 〖鳥〗チドリ.

re·gen·reich [れーゲン・らイひ] [形] 雨の多い, 多雨の.

der **Re·gens** [れーゲンス] [名] -/..gentes [れゲンテース] 〔..genten [れゲンテン]〕(カトリックの)神学校校長.

(*das*) **Re·gens·burg** [れーゲンス・ブるク] [名] -s/ 〖地名〗レーゲンスブルク《バイエルン州の都市》.

der **Re·gens·bur·ger**[1] [れーゲンス・ブるガー] [名] -s/- レーゲンスブルク市民.

die **Re·gens·bur·ger**[2] [れーゲンス・ブるガー] [名] -/- レーゲンスブルクソーセージ.

der **Re·gen·schat·ten** [れーゲン・シャっテン] [名] -s/- 〖地〗雨のかげ《山かげの雨の少ない地域》.

der **Re·gen·schau·er** [れーゲン・シャウあー] [名] -s/- にわか雨.

der **Re·gen·schirm** [れーゲン・シるム] [名] -(e)s/-e 雨傘.

der **Re·gent** [れゲント] [名] -en/-en 君主;摂政.

der **Re·gen·tag** [れーゲン・ターク] [名] -(e)s/-e 雨の日.

der **Re·gen·trop·fen** [れーゲン・トろっプふぇン] [名] -s/- 雨のしずく, 雨だれ.

die **Re·gent·schaft** [れゲントシャふト] [名] -/-en 君主〔摂政〕の統治;君主〔摂政〕職;君主〔摂政〕の任期.

der **Re·gen·wald** [れーゲン・ヴァルト] [名] -(e)s/..wälder 〖地〗熱帯雨林.

das **Re·gen·was·ser** [れーゲン・ヴァっサー] [名] -s/ 雨水.

das **Re·gen·wet·ter** [れーゲン・ヴェっター] [名] -s/ 雨天.

die **Re·gen·wol·ke** [れーゲン・ヴォルケ] [名] -/-n 雨雲.

der **Re·gen·wurm** [れーゲン・ヴるム] [名] -(e)s/..würmer 〖動〗ミミズ.

die **Re·gen·zeit** [れーゲン・ツァイト] [名] -/-en 雨季.

das **Re·gest** [れゲスト] [名] -(e)s/-en 《主に[複]》(記録文書の抜書きなどを年代順に編集した)文書目録.

der **Reg·gae** [rɛ́ge れゲ, rɛ́gi れギ] [名] -(s)/ 〖楽〗レゲエ《ジャマイカで生まれたポピュラー音楽》.

die **Re·gie** [reʒíː れジー] [名] -/ **1.** 〖劇・映・ラジオ・テレビ〗演出, 監督. **2.** 《文》管理: 〈et^4〉 in eigener ~ tun〔machen〕〈事ヲ〉自力でする.

die **Re·gie·an·wei·sung** [れジー・アン・ヴァイズング] [名] -/-en 演出上の指示, (台本の)ト書き.

der **Re·gie·as·sis·tent** [れジー・アスィステント] [名] -en/-en 演出助手, 助監督.

der **Re·gie·be·trieb** [れジー・ベトりーブ] [名] -(e)s/-e 〖経〗〔公的〕管理経営(体).

der **Re·gie·feh·ler** [れジー・ふぇーラー] [名] -s/- 《《冗》も有》演出ミス《催しなどの準備〔運営〕ミス》.

das **Re·gie·pult** [れジー・プルト] [名] -(e)s/-e (テレビ・ラジオの)コントロールデスク.

re·gie·ren [れギーれン] [動] *h.* **1.** 〔〈j^4/et^4〉ヲ/〈様態〉ニ〕支配する, 統治する, 治める. **2.** 〔〈場所〉デ〕主権を持っている;実権を握っている. **3.** 〔〈et^4〉ヲ〕〖言〗支配する《格を》. **4.** 〔〈et^4〉ヲ〕《稀》運転する《乗り物を》;操作する《機械を》.

die **Re·gie·rung** [れギーるング] [名] -/-en **1.** 政府, 内閣;行政機関. **2.** 統治;行政.

der **Re·gie·rungs·an·tritt** [れギーるングス・アン・トりっト] [名] -(e)s/-e 政権の座につくこと《大統領・首相・閣僚のポストにつくこと》.

die **Re·gie·rungs·bank** [れギーるングス・バンク] [名] -/..bänke (議院内の)閣僚席.

der **Re·gie·rungs·be·am·te** [れギーるングス・ベアムテ] [名] 《形容詞的変化》(政府任命の)行政〔政務〕官.

der **Re·gie·rungs·be·zirk** [れギーるングス・ベツィるク] [名] -(e)s/-e 行政区, 県《州(Land)と郡(Kreis)の中間に位置する. 略 Reg.-Bez.》.

die **Re·gie·rungs·bil·dung** [れギーるングス・ビルドゥング] [名] -/-en 組閣.

das **Re·gie·rungs·blatt** [れギーるングス・ブラっト] [名] -(e)s/..blätter 政府機関紙;官報.

der **Re·gie·rungs·chef** [れギーるングス・シェふ] [名] -s/-s 内閣首班.

die **Re·gie·rungs·de·le·ga·ti·on** [れギーるングス・デレガツィオーン] [名] -/-en 政府派遣使節団.

der **Re·gie·rungs·di·rek·tor** [れギーるングス・ディれクトーあ] [名] -s/-en 首席上級行政官.

die **Re·gie·rungs·er·klä·rung** [れギーるングス・エあクレーるング] [名] -/-en 政府声明.

die **Regierungsform** [れギーるングス・ふぉるム] [名] -/-en 政体.

re·gie·rungs·freund·lich [れギーるングス・ふろイントリひ] [形] 親政府の.

die **Re·gie·rungs·ge·walt** [れギーるングス・ゲヴァルト] [名] -/ 政権, 行政権.

die **Re·gie·rungs·krei·se** [れギーるングス・クらイゼ] [複名] 政府筋.

das **Re·gie·rungs·mit·glied** [れギーるングス・ミっト・グリート] [名] -(e)s/-er 政府の閣僚.

re·gie·rungs·nah [れギーるングス・ナー] [形] 政府に近い.

die **Re·gie·rungs·par·tei** [れギーるングス・パるタイ] [名] -/-en (政府)与党.

der **Re·gie·rungs·prä·si·dent** [れギーるングス・プれズィデント] [名] -en/-en 行政長官, 県知事.

der **Re·gie·rungs·rat** [れギーるングス・らート] [名] -(e)s/..räte **1.** 上級行政官《略 Reg.-Rat》. **2.**

《(ｽｲｽ)》州〔カントーン〕評議会〔政府〕；州評議会議員〔政府閣僚〕.

der **Re·gie·rungs·sitz** [れギーるングス・ズィッツ] [名] -es/-e 政府庁舎；政府官庁所在地, 首都, 首府.

der **Re·gie·rungs·spre·cher** [れギーるングス・シュプれっひゃー] [名] -s/- 政府スポークスマン.

re·gie·rungs·treu [れギーるングス・トろイ] [形] 政府に忠実な.

die **Re·gie·rungs·vor·la·ge** [れギーるングス・ふぉーあ・ラーゲ] [名] -/-n 政府案.

der **Re·gie·rungs·wech·sel** [れギーるングス・ヴェクセル] [名] -s/- 政権交代.

die **Re·gie·rungs·zeit** [れギーるングス・ツァイト] [名] -/-en 政権担当〔統治〕期間；在位期間.

das **Re·gime** [reʒíːm れジーム] [名] -(s)/-(s) **1.** 《主に《蔑》》政体, 政権；《転》管理. **2.** 《古》体系, 方式.

das **Re·gi·ment** [れギメント] [名] -(e)s/-e〔-er〕 **1.** (（複）-er)〔軍〕連隊(略 R.). **2.** (（複）-e)統治, 支配.

die **Re·gi·ments·fah·ne** [れギメンツ・ふぁーネ] [名] -/-n 連隊旗.

der **Re·gi·ments·kom·man·deur** [れギメンツ・コマン[デ]ーあ] [名] -s/-e 連隊長.

der **Re·gi·ments·stab** [れギメンツ・シュターブ] [名] -(e)s/..stäbe 連隊本部.

(*die*) **Re·gi·na** [れギーナ] [名] 〔女名〕レギーナ.

die **Re·gi·na Coe·li** [..tsǿːli れギーナ [ツェ]ーリ] [名] -/ 天の女王；〔ｶﾄﾘｯｸ〕聖母マリア(聖母マリア賛歌での名称).

die **Re·gi·on** [れギオーン] [名] -/-en **1.** 地域, 地方, 地帯. **2.** 《文》領域, 分野. **3.** 〔医〕部位, 局所. **【慣用】in höheren Regionen schweben** 《口》現実離れしている, 空想の世界に生きている.

re·gi·o·nal [れギオナール] [形] 地域の, 地域的な, ローカルな；〔医〕部位の, 局所の.

die **Re·gi·o·nal·aus·ga·be** [れギオナール・アウス・ガーベ] [名] -/-n 地方版；ローカル番組.

die **Re·gi·o·nal·bahn** [れギオナール・バーン] [名] -/-en 近距離列車(略 RB).

die **Re·gi·o·nal·bank** [れギオナール・バンク] [名] -/-en 〔経〕地方銀行.

die **Re·gi·o·nal·ex·press,** [旧]**Re·gi·o·nal·ex·preß** [れギオナール・エクスプれス] [名] -es/-e 近距離急行列車(略RE).

die **Re·gi·o·nal·for·schung** [れギオナール・ふぉるシュング] [名] -/ 地域研究.

re·gi·o·na·li·sie·ren [れギオナリズィーれン] [動] *h.* 〔<et⁴>ヲ〕地域〔地方〕に関係づける〔限定する〕.

der **Re·gi·o·na·lis·mus** [れギオナリスムス] [名] -/..men 《文》(文学・文化などの)地方主義；〔言〕地方色.

die **Re·gi·o·nal·li·ga** [れギオナール・リーガ] [名] -/..ligen レギオナールリーガ(サッカーでは Bundesliga の下の南北２リーグ).

das **Re·gi·o·nal·pro·gramm** [れギオナール・プろグらム] [名] -s/-e ローカル番組.

re·gi·o·när [れギオネーあ] [形] 〔医〕局所の.

der **Re·gis·seur** [reʒɪsǿːr れジ[セ]ーあ] [名] -s/-e 〔劇・映・ﾗｼﾞｵ・ﾃﾚﾋﾞ〕監督, 演出家, ディレクター.

das **Re·gis·ter** [れギスター] [名] -s/- **1.** 登記〔登録〕簿, 記録簿. **2.** 索引, インデックス；(辞書などの半円径の切込みをつけてアルファベット順を示した)爪かけ, 切込み. **3.** 〔楽〕音域；(パイプオルガンなどの)ストップ, 音栓. **4.** 〔印〕見当. **【慣用】alle Register ziehen** 全力を尽くす.

die **Re·gis·ter·ton·ne** [れギスター・トネ] [名] -/-n 〔海〕(船舶の)登録トン数(略 Reg.-T., RT).

der **Re·gis·tra·tor** [れギストらートーあ] [名] -s/-en [れギストらトーれン] 《古》 **1.** 登記係；文書係. **2.** ファイル.

die **Re·gis·tra·tur** [れギストらトゥーあ] [名] -/-en **1.** 登録, 登記；文書〔記録〕保管室；文書保管(戸)棚. **2.** 〔楽〕《総称》ストップ, 音栓.

der **Re·gis·trier·ap·pa·rat** [れギストりーあ・アパらート] [名] -(e)s/-e ＝Registriergerät.

der **Re·gis·trier·bal·lon** [れギストりーあ・バロ(ー)ン] [名] -s/-s〔-e〕〔気〕探測気球.

re·gis·trie·ren [れギストりーれン] [動] *h.* **1.** 〔<j⁴/et⁴>ヲ〕記銀〔記載・登録・登記〕する. **2.** 〔<et⁴>ヲ〕(自動的に)記録する(地震計・金銭登録器などが)；心〔目〕に留める, 記憶する；事実として確認する〔載せる〕. **3.** 〔(補足なし)〕〔楽〕音栓を作動させる, レジストレーションする.

das **Re·gis·trier·ge·rät** [れギストりーあ・ゲれート] [名] -(e)s/-e カウンター, 記録装置.

die **Re·gis·trier·kas·se** [れギストりーあ・カッセ] [名] -/-n レジスター, 金銭登録器.

die **Re·gis·trie·rung** [れギストりーるング] [名] -/-en 記録, 記載, 記帳, 登録, 登記.

das **Re·gle·ment** [reglәmã́ː れグレマーン] [名] -s/-s〔《(ｽｲｽ)》-e〕 服務規程, 業務規程；(スポーツの)規則, ルール.

re·gle·men·tie·ren [れグレメンティーれン] [動] *h.* 《文》(《蔑》も有) **1.** 〔<et⁴>ヲ〕規則で詳細に〔厳しく〕定める(作業・一日の生活などを). **2.** 〔<j⁴/et⁴>ヲ〕規則でがんじがらめにする(芸術家・詩などを).

der **Reg·ler** [れーグラー] [名] -s/- 〔工・ｻｲﾊﾞﾈﾃｨｯｸｽ〕調整器, 制御器.

reg·los [れーク・ロース] [形] ＝regungslos.

die **Reg·lo·sig·keit** [れーク・ローズィひカイト] [名] -/ 動かない〔身動きしない〕こと.

die **Reg·lung** [れーグルング] [名] -/ ＝Regelung.

reg·nen [れーグネン] [動] **1.** *h.* 〔Es＋(<方向>ニ/<et⁴>ノ)〕雨が降る： Es regnet große Tropfen. 大粒の雨が降る. **2.** *h.* 〔Es＋<et⁴>ガ〕雨あられと降る, 殺到する. **3.** *s.* 〔<方向>カラ(ニ)〕雨あられと降る.

reg·ne·risch [れーグネりシュ] [形] 雨模様の, 雨がちの.

die **Reg·nitz** [れーグニッツ] [名] -/ 〔川名〕レーグニッツ川.

Reg.-Rat ＝Regierungsrat 上級行政官.

der **Re·gress,** [旧]**Re·greß** [れグれス] [名] -es/-e **1.** 〔法〕求償, 返還請求；遡及(そきゅう), 償還請求. **2.** 〔哲〕(結果から原因への)後退.

die **Re·gres·si·on** [れグれっスィオーン] [名] -/-en **1.** 《文》逆行, 後退. **2.** 〔心・生〕退行；〔地質〕海退. **3.** 〔統計〕回帰.

re·gres·siv [れグれっスィーふ] [形] 《文》後退的な；〔哲〕後退的な；〔心〕退行的な；〔法〕遡及(そきゅう)的な；〔言〕逆行的な.

re·gress·pflich·tig, [旧]**re·greß·pflich·tig** [れグれス・プふりひティひ] [形] 〔法〕求償〔償還請求〕義務のある.

reg·sam [れークザーム] [形] 《文》活動的な, 活発な.

die **Reg·sam·keit** [れークザームカイト] [名] -/ 活気, 活発.

Regt. ＝Regiment.

Reg.-T. ＝Registertonne (船舶の)登録トン数.

re·gu·lär [れグレーあ] [形] **1.** 規定(通り)の, 正規の, 規則的な, 通常の, 普通の： der ~*e* Preis 定価. **2.** 《口》本当の, 本格的な.

die **Re·gu·la·ti·on** [れグラツィオーン] [名] -/-en **1.** 《稀》調節, 調整. **2.** 〔医・生〕調節.

re·gu·la·tiv [れグラティーふ] [形] 《文》調節〔調整・規制〕的な；〔生・医〕調節の.

das **Re·gu·la·tiv** [れグラティーふ] [名] -s/-e 《文》調整〔調節〕力, 調整〔調節〕するもの；規定, 条例.

der **Re·gu·la·tor** [れグラートーあ] [名] -s/-en [れグラトーれン] **1.** 《文》調整〔調節〕力. **2.** 〔工〕調整器；

(時計の)緩急計. **3.** 《古》振子時計.

re·gu·lier·bar [れグリーあ・バーあ] [形] 調整〔調節〕できる.

re·gu·lie·ren [れグリーれン] [動] *h.* **1.** 〔〈et^4〉ヲ〕調節〔調整〕する(時計・計器・速度・音量・温度などを). **2.** 〔〈et^4〉ヲ〕調整する(行事の進行を・信号が交通を・自律神経組織がホルモンの分泌などを). **3.** 〔sich^4〕自己調節〔調整〕する(市場・交通などが). **4.** 〔〈et^4〉ヲ〕改修する(河川を).

die **Re·gu·lie·rung** [れグリーるング] [名] -/-en 調節, 調整;規制;(河川の)改修.

die **Re·gung** [れーグング] [名] -/-en 《文》 **1.** (急に起こる)心の動き, 感情, 気持. **2.** (かすかな)動き. **3.** (主に[複])(ある事を実現しようとする)動き, 運動, 活動.

re·gungs·los [れーグングス・ロース] [形] 動かない, じっとしている.

die **Re·gungs·lo·sig·keit** [れーグングス・ローズィひカイト] [名] -/ 動かない〔身動きしない〕でいること.

das **Reh** [れー] [名] -(e)s/-e 〖動〗ノロ(ジカ).

die **Re·ha·bi·li·ta·ti·on** [れハビリタツィオーン] [名] -/-en **1.** 復権, 名誉回復. **2.** 〖医〗リハビリテーション, 社会復帰.

die **Re·ha·bi·li·ta·ti·ons·kli·nik** [れハビリタツィオーンス・クリーニク] [名] -/-en リハビリテーション病院.

re·ha·bi·li·tie·ren [れハビリティーれン] [動] *h.* **1.** 〔〈j^4〉ノ〕(失った)名誉〔権利〕を回復させる;(〈j^4〉がsich^{4}の場合)自分の名誉〔権利〕を回復する. **2.** 〔〈j^4〉ヲ〕社会復帰させる(リハビリテーションによって).

die **Re·ha·bi·li·tie·rung** [れハビリティーるング] [名] -/-en **1.** 〖法〗復権, 名誉回復. **2.** (患者の)社会復帰, リハビリテーション.

der **Reh·bock** [れー・ボック] [名] -(e)s/..böcke ノロ(ジカ)の雄.

der **Reh·bra·ten** [れー・ブらーテン] [名] -s/- ノロ(ジカ)の焼肉.

reh·braun [れー・ブらウン] [形] ノロジカ色の.

reh·far·ben [れー・ふぁるベン] [形] =rehbraun.

die **Reh·geiß** [れー・ガイス] [名] -/-en 雌のノロ(ジカ).

das **Reh·kalb** [れー・カルプ] [名] -(e)s/..kälber ノロ(ジカ)の子.

die **Reh·keu·le** [れー・コイレ] [名] -/-n ノロ(ジカ)のもも肉.

das **Reh·kitz** [れー・キッツ] [名] -es/-e ノロ(ジカ)の子.

der **Reh·pos·ten** [れー・ポステン] [名] -s/- シカ用の大粒の散弾.

der **Reh·rü·cken** [れー・りゅっケン] [名] -s/- **1.** ノロ(ジカ)の背肉. **2.** チョコレートコーティングされた箱形ケーキ.

die **Rei·be** [らイベ] [名] -/-n 《方》おろし金(がね).

das **Reib·ei·sen** [らイプ・アイゼン] [名] -s/- **1.** 《方》(料理用の)おろし金(がね). **2.** 《口》強情な女.

der **Rei·be·ku·chen** [らイベ・クーヘン] [名] -s/- 《ライン》ポテトパンケーキ;《方》鉢形のケーキ.

der **Rei·be·laut** [らイベ・ラウト] [名] -(e)s/-e 〖言〗摩擦音.

rei·ben* [らイベン] [動] rieb ; hat gerieben **1.** 〔〈et^4〉ヲ〕擦(す)る, さする, 揉(も)む(身体の部分・洗濯物などを);〖工〗リーマー〔ブローチ〕で研磨する. **2.** 〔(mit 〈et^3〉デ)+an 〈et^3〉ヲ/in 〈et^3〉(ノ中)ヲ/über 〈et^4〉(ノ表面)ヲ〕擦る, 拭(ぬぐ)う, 磨く. **3.** 〔〈et^4〉ヲ+aus 〈et^3〉(ノ中)カラ/von 〈et^3〉カラ〕擦って〔拭って〕取除く. **4.** 〔〈et^4〉ヲ+〈方向〉ニ〕すり込む, 塗る(クリーム・膏薬(こうやく)などを). **5.** 〔〈et^4〉ヲ+〈[形]〉ニ〕擦って〔磨いて〕(…に)する. **6.** 〔〈et^4〉ヲ〕(下ろし金で)すり下ろす(じゃがいも・チーズなどを). **7.** 〔sich^3+〈et^4〉ヲ+〈[形]〉ニ〕擦って(…に)する. **8.** 〔(an 〈et^3〉ニ当ッテ)〕擦れる(襟・靴などが). **9.** 〔sich^4+an〔mit〕〈j^3/et^3〉ト〕摩擦〔軋轢(あつれき)・葛藤(かっとう)〕を起こす, 苦労してつき合う〔取組む〕(隣人・世間・新しい傾向などと).

die **Rei·be·rei** [らイベらイ] [名] -/-en (主に[複])《口》もめごと, 摩擦, いざこざ.

die **Reib·flä·che** [らイプ・ふレっひぇ] [名] -/-n (マッチ箱の)摩擦面.

die **Rei·bung** [らイブング] [名] -/-en **1.** 摩擦, こすること;すれること;(リーマによる)研磨. **2.** 軋轢(あつれき), 摩擦. **3.** 〖理〗摩擦.

die **Rei·bungs·e·lek·tri·zi·tät** [らイブングス・エレクトりツィテート] [名] -/ 〖理〗摩擦電気.

die **Rei·bungs·flä·che** [らイブングス・ふレっひぇ] [名] -/-n **1.** 摩擦面. **2.** いざこざの原因〔可能性〕.

der **Rei·bungs·ko·ef·fi·zi·ent** [らイブングス・コエふぃツィエント] [名] -en/-en 〖理〗摩擦係数.

rei·bungs·los [らイブングス・ロース] [形] 摩擦〔支障〕のない, スムーズな.

die **Rei·bungs·wär·me** [らイブングス・ヴェるメ] [名] -/ 〖理〗摩擦熱.

reich [らイひ] [形] **1.** 金持の, 裕福な. **2.** 〔(an 〈j^3/et^3〉ノ)〕豊富な, 豊かな: eine ~*e* Ernte 豊作. ein an Bodenschätzen ~*es* Land 地下資源の豊かな国. ~ an Lesern sein 読者が多い. ~ illustriert sein 挿絵が豊富である. **3.** 多様な: ~*e* Möglichkeiten 多様な可能性. **4.** 《古》豪華な: in ~*en* Kleidern 豪華な衣装をまとって. 【慣用】**Arm und Reich** 貧乏人も金持も. **in reichem Maße** たっぷり. **reich heiraten** 金持と結婚する.

das **Reich** [らイひ] [名] -(e)s/-e **1.** 帝国, 王国;(ドイツ)国, ライヒ: das Heilige Römische ~ Deutscher Nation (ドイツ民族の)神聖ローマ帝国. das Dritte ~ 第三帝国. **2.** 《転・文》国, 世界, 領域: das ~ der Schatten 《詩》冥界(めいかい). 【慣用】**ins Reich der Fabel gehören** 真実ではない.

..reich [..らイひ] [接尾] 名詞の後につけて「…が多い」という意味の形容詞を作る: ideen*reich* アイデアに富んだ. regen*reich* 雨の多い.

rei·chen [らイひぇン] [動] *h.* **1.** 〔〈j^3〉ニ+〈et^4〉ヲ〕差出す, 手渡す;出す(店が飲食物を). **2.** 〔(für 〈j^4/et^4〉ニ)〕足りる, 間に合う, 十分である. **3.** 〔mit 〈et^3〉デ+(〈時点〉マデ)〕間に合う, 足りる, 十分である, (…が)もつ. **4.** 〔bis 〈方向〉マデ/〈様態〉デ〕届く, 達する: Sein Einfluss *reicht* sehr weit. 彼の影響力の及ぶ範囲は非常に広い. 【慣用】**Mir reicht's!** 《口》私はもうたくさんだ. **Soweit der Himmel reicht, ...** 見渡す限り〔至る所で〕, ….

die **Rei·chen·au** [らイひぇナウ] [名] -/ 〖地名〗ライヒェナウ島(ボーデン湖の島).

reich·hal·tig [らイひ・ハルティひ] [形] 内容豊富な, 品数の多い.

die **Reich·hal·tig·keit** [らイひ・ハルティひカイト] [名] -/ 内容豊富, 盛りだくさん.

reich·lich [らイひリひ] [形] **1.** 十分な, たっぷりした;大き目の: eine ~*e* Stunde たっぷり1時間. (無変化で) ~ Zeit/Gelegenheit haben 十分時間/機会がある. **2.** …以上の, 優に…な: mehr als ~ 過分に. erst nach ~ einer Stunde 1時間以上過ぎた後でやっと. **3.** 《口》かなり, 非常に.

die **Reichs·acht** [らイひス・アはト] [名] -/ (18世紀までの)帝国法保護剥奪(はくだつ)(刑), 帝国追放.

der **Reichs·ad·ler** [らイひス・アードラー] [名] -s/ 帝国の(紋章の)鷲(わし).

der **Reichs·ap·fel** [らイひス・アプふぇル] [名] -s/ 帝国宝珠(ドイツ国王・神聖ローマ帝国皇帝の権威を象徴する十字架つき宝珠).

die **Reichs·au·to·bahn** [らイひス・アウト・バーン] [名] -/-en ドイツ国高速自動車道路(1934-45年).

die **Reichs·bahn** [らイひス・バーン] [名] -/ (旧)ドイツ

国鉄道(1920-45年);〖旧東独〗国有鉄道(-1990);〖旧東独地域各州の〗連邦鉄道(1990-94年).
die **Reichs·bank** [ライヒス・バンク] 图 -/-en **1.** (㊩のみ)(1876-1945年の)ドイツ(帝)国銀行. **2.** (特定国の)発券銀行.
der/die **Reichs·deut·sche** [ライヒス・ドイチェ] 图《形容詞的変化》ワイマール共和国と第三帝国時代にドイツ国内に居住していたドイツ国民.
reichs·frei [ライヒス・ふらイ] 形 =reichsunmittelbar.
das **Reichs·ge·richt** [ライヒス・ゲりヒト] 图 -(e)s/ ドイツ帝国〖ドイツ国〗(最高)裁判所(1879-1945年).
die **Reichs·haupt·stadt** [ライヒス・ハウプト・シュタット] 图 ドイツ(帝)国首都(1945年までのベルリンのこと).
die **Reichs·in·si·gni·en** [ライヒス・インズィグニエン] 複图 (1806年までのドイツの)帝国権標(王冠,王笏(*っ),宝珠,剣など).
das **Reichs·kam·mer·ge·richt** [ライヒス・カマー・ゲりヒト] 图 -(e)s/-e ドイツ帝国最高法院(1495-1806年.).
der **Reichs·kanz·ler** [ライヒス・カンツラー] 图 -s/- ドイツ帝国宰相(1871-1918年);ドイツ国宰相(1919-45年)
die **Reichs·klein·o·di·en** [ライヒス・クライン・オーディエン] 複图 帝国宝物(戴冠式の礼服・手袋・聖遺物箱など).
die **Reichs·kri·stall·nacht** [ライヒス・クりスタル・ナハト] 图 -/ =Kristallnacht.
die **Reichs·mark** [ライヒス・マルク] 图 -/ ライヒスマルク(1924-48年のドイツの貨幣単位.略 RM.).
der **Reichs·mar·schall** [ライヒス・マるシャル] 图 -s/国家元帥(第二次世界大戦中とくにゲーリングのために設けられた軍隊の最高階級).
der **Reichs·prä·si·dent** [ライヒス・プれズィデント] 图 -en/-en (ワイマール共和国の)ドイツ国大統領(1914-34年).
die **Reichs·stadt** [ライヒス・シュタット] 图 -/.städte (1806年までの)帝国(直属)都市.
die **Reichs·stän·de** [ライヒス・シュテンデ] 複图 帝国等族(1806年まで帝国議会を構成していた諸侯・直属都市・高位聖職者の階級).
der **Reichs·tag** [ライヒス・ターク] 图 -(e)s/-e **1.** (1806年までの)帝国議会. **2.** (㊩のみ)(皇帝に対する等族の)使節会議;(北ドイツ同盟の)連邦国会(1867-71年);(ドイツ国の)国会(1871-1945年). **3.** (デンマーク・オランダなどの)国会.帝国議会堂;国会議事堂.
reichs·un·mit·tel·bar [ライヒス・ウン・ミッテル・バーあ] 形 帝国(皇帝)直属の.
der **Reichs·ver·we·ser** [ライヒス・ふぇあヴェーザー] 图 -s/- (1806年までの)帝国摂政;(1848年に短期にフランクフルト国民議会で任命されたドイツ帝国執政.
die **Reichs·wehr** [ライヒス・ヴェーあ] 图 -/ ドイツ国防軍(1921-35年).
der **Reich·tum** [ライヒトゥーム] 图 -s/.tümer **1.** (㊩のみ)富,富裕;(㊩のみ)財産,資産,資源. **2.** (㊩のみ)豊かさ,豊富.
die **Reich·wei·te** [ライヒ・ヴァイテ] 图 -/-n **1.** 手の届く距離;射程. **2.** 〖理〗(放射線などの)到達距離,〖無線〗リーピえより入,〖空〗航続距離.
reif [ライふ] 形 **1** 熟した,実った,熟成した;化膿(の)して来ている: ~ für die Rente sein 年金生活の時期に来ている. Dafür〔Dazu〕 ist die Zeit noch nicht ~. まだその機は熟していない. nur die ~e Frucht pflücken 〖㊒〗労せずに結果を享受する. **2.** 成熟した,分別盛りの,円熟した.
der **Reif**[1] [ライふ] 图 -(e)s/ 霜.
der **Reif**[2] [ライふ] 图 -(e)s/-e 〖文〗(輪形の)頭飾り,腕輪,指輪.

..**reif** [..ライふ] 接尾 **1.** 名詞の後につけて「…が必要な(をしてもよい」,「…にふさわしいほどすばらしい〔古臭い〕」という意味の形容詞を作る: erholungs*reif* 休養が必要な(を取)りたい. abtritts*reif* 辞任〔職〕すべき.druck*reif* そのまま印刷に回せる(ほど完全な)(原稿). serien*reif* 量産可能な(製品). olympia*reif* オリンピックで通用する(成績). schrott*reif* スクラップにするのがふさわしほど古い(車). **2.** 名詞や動詞の語幹の後につけて「…できるほど熟した」の意味の形容詞を作る: ernte*reif* 取入れ可能なほど熟した. pflück*reif* 摘めるほど熟した.
die **Rei·fe** [ライふェ] 图 -/ **1.** (果物などの)十分に熟すこと,成熟. **2.** (肉体的・精神的な)成熟;円熟: das Zeugnis der ~ ギムナジウム卒業証書. mittlere ~ 中等教育終了.
der **Rei·fe·grad** [ライふェ・グらート] 图 -(e)s/-e (果物などの)成熟度.
rei·fen[1] [ライふェン] 動 h. 〖Es〗霜が降りる.
rei·fen[2] [ライふェン] 動 **1.** s. 〖㊒〗熟する,熟れる,実る(果物・穀物などが);熟成する(ブランデー・チーズなどが). **2.** h. 〈et³〉 〖文〗熟させる,実らせる(太陽が果物などを). **3.** s. 〔zu 〈j³〉〕〖文〗成熟する: zum Manne/zur Frau ~ 一人前の男/女に成長する. **4.** h. 〈j³〉 〖文〗内面的に成熟(成長)させる(苦しい経験などが). **5.** s. 〔in〈j³〉/etなど〕 〖文〗(徐々に)熟する(問題・考え・決心などが). **6.** s. 〔zu〈et³〉〕 〖文〗(徐々に)結実して(なる)(おぼろげで予感が確信となる).
rei·fen[3] [ライふェン] 動 h. 〈et³〉たがをはめる(たる).
der **Rei·fen** [ライふェン] 图 -s/- **1.** タイヤ. **2.** (たがにあたるの)たが. **3.** (木製の)輪(カースの調教用や子供の遊戯用). **4.** (装身具の)輪,リング.
der **Rei·fen·druck** [ライふェン・ドるック] 图 -(e)s/.drücke タイヤ空気圧.
die **Rei·fen·pan·ne** [ライふェン・パネ] 图 -/-n タイヤのパンク.
das **Rei·fen·pro·fil** [ライふェン・プろふィール] 图 -s/-e タイヤのトレッドパターン.
der **Rei·fen·scha·den** [ライふェン・シャーデン] 图 -s/..schäden タイヤの損傷.
der **Rei·fen·wech·sel** [ライふェン・ヴェクセル] 图 -s/- タイヤ交換.
die **Rei·fe·prü·fung** [ライふェ・プりゅーふング] 图 -/-en ギムナジウム卒業試験.
die **Rei·fe·zeit** [ライふェ・ツァイト] 图 -/-en 成熟期;思春期.
das **Rei·fe·zeug·nis** [ライふェ・ツォイクニス] 图 -ses/-se ギムナジウム卒業証書.
reif·lich [ライふリヒ] 形 十分な: nach ~er Überlegung 熟慮の末.
der **Reif·rock** [ライふ・ろック] 图 -(e)s/..röcke フープスカート;サイドフープ(昔の張骨で裾をふくらませたスカート).
der **Rei·gen** [ライゲン] 图 -s/- 輪舞,円舞. 【慣用】 den Reigen beschließen しんがりをつとめる. den Reigen eröffnen 先頭を切る.
die **Rei·he** [ライエ] 图 -/-n **1.** 列,並び,行列;(劇場などの)席の列: 〈et³〉 in eine ~ stellen 〈物³〉一列に並べる. in einer ~ antreten 一列に並ぶ. in ~ zu vieren marschieren 四列縦隊で行進する. **2.** 連続;シリーズ,双書;(人・物・事の)一連,かなりの数: eine ~n der Opposition 反対派の人々. aus der eigenen ~n 〖㊒〗仲間うち(自陣)から. **3.** (㊩のみ)順序,順番: Die ~ ist an dir. 今度は君の番だ. an der ~ sein 〖口〗番である. an die ~ kommen 〖口〗番になる. aus der ~ kommen/sein

《口》混乱する/混乱している. außer der ～ 番外に, 例外的に. der ～ nach 順番に, 順々に. **4.** 〖数〗級数;〖楽〗音列, セリー. 【慣用】**aus der Reihe tanzen** 《口》人と違う振舞いをする. **bunte Reihe machen** 男女交互に座る. **⟨et⁴⟩ in die Reihe bringen** 《口》⟨物・事を⟩元どおりにする〔修繕する〕. **in einer Reihe mit ⟨j³⟩ stehen** ⟨人と⟩同格〔同等〕である. **in Reih und Glied** 整列して.

rei·hen[1] [らイエン] [動] *h.* 《文》 **1.** 〔⟨et⁴⟩ヲ＋⟨場所⟩ニ〕並べる(本・いすなどを). **2.** 〔⟨et⁴⟩ヲ＋(auf ⟨et⁴⟩ニ通シテ)〕連ねる: Perlen auf eine Schnur ～ 真珠を糸に通して連ねる. **3.** 〔sich⁴＋⟨場所⟩ニ〕並ぶ, 整列する. **4.** 〔sich⁴＋in ⟨et⁴⟩ニ〕加わる, 並ぶ(列・隊列などに). **5.** 〔⟨j⁴/et⁴⟩ヲ＋in ⟨j⁴/et⁴⟩(ノ中)ニ/unter ⟨j⁴/et⁴⟩ニ〕組入れる, 加える. 【慣用】**Ein Unglück reihte sich ans andere.** 不幸が次々に起こった.

rei·hen[2(*)] [らイエン] [動] reihte〔rieh〕; hat gereiht〔geriehen〕〔⟨et⁴⟩ヲ〕縫い目を粗く縫う, 縫いつける(服を仮縫いなどのために).

rei·hen[3] [らイエン] [動] *h.* 〔補足なし〕〖狩〗列をなして雌(鳥)を追う(交尾期に雄のカモなどが).

die **Rei·hen·fol·ge** [らイエン・ふぉルゲ] [名] -/-n 順序.

das **Rei·hen·haus** [らイエン・ハウス] [名] -es/..häuser 棟続きの同型の家, (連立式)テラスハウス.

der **Rei·hen·mo·tor** [らイエン・モ(ー)トーあ] [名] -s/-en 直列(型)エンジン.

die **Rei·hen·schal·tung** [らイエン・シャルトゥング] [名] -/-en 〖電〗直列接続.

die **Rei·hen·un·ter·su·chung** [らイエン・ウンターズーふング] [名] -/-en 集団検診.

rei·hen·wei·se [らイエン・ヴァイゼ] [副] 列を作って, 順番に;《口》次々に, 大量に.

der **Rei·her** [らイあー] [名] -s/- 〖鳥〗サギ.

die **Rei·her·fe·der** [らイあー・ふぇーダー] [名] -/-n サギの羽根(帽子の飾りなどの).

rei·hern [らイあーン] [動] *h.* 〔補足なし〕《口》ひどく吐く;《方・口》腹を下す.

..rei·hig [..らイイひ] [接尾] 数詞などにつけて「…列の」を表す形容詞を作る: drei*reihig* 3列の. doppel*reihig* 2列の.

reih·um [らイ・ウム] [副] 順番に, 順繰りに.

der **Reim** [らイム] [名] -(e)s/-e **1.** 〖詩〗韻; 脚韻(End～). **2.** 韻を踏んだ短い詩, 格言詩.

rei·men [らイメン] [動] *h.* **1.** 〔補足なし〕韻文〔詩〕を作る. **2.** 〔⟨et⁴⟩ヲ〕韻を踏んで作る(14行詩などを). **3.** 〔⟨et⁴⟩ヲ＋auf ⟨et⁴⟩ト/mit ⟨et³⟩ト〕韻を踏ませる, 押韻させる. **4.** 〔sich⁴＋(auf ⟨et⁴⟩ト)〕韻を踏んでいる. **5.** 〔相互代名詞sich⁴〕互いに韻を踏んでいる. 【慣用】**Das reimt sich nicht.** それは矛盾している〔つじつまが合わない〕.

der **Rei·mer** [らイマー] [名] -s/- 《蔑》へぼ詩人;《古》詩人.

reim·los [らイム・ロース] [形] 韻をふまない.

der **Reim·schmied** [らイム・シュミート] [名] -(e)s/-e (主に《蔑》)へぼ詩人.

(*der*) **Rei·mund** [らイムント] [名] 〖男名〗ライムント.

rein[1] [らイン] [形] **1.** 純粋な, 混じりけのない; なまりのない; 澄んだ: *～es* Deutsch なまりのない〔正しい〕ドイツ語. **2.** まったくの, 純然たる: *～er* Zufall まったくの偶然. **3.** 《口》まぎれもない;(最高級で)まるで…みたいな: Das ist ja *～er* Unsinn. そいつはまさにナンセンスだ. Das ist ja der *～ste* Roman. そいつはまるで小説みたいだ. **4.** 《文》清潔な, きれいな; 何も書いていない. **5.** 〖ユダヤ教〗(食物が律法にかなった)清浄な. 【慣用】**⟨et⁴⟩ ins Reine bringen** ⟨事に⟩片をつける. **⟨et⁴⟩ ins Reine schreiben** ⟨物・事を⟩清書する. **mit ⟨et³⟩ im Reinen sein** ⟨事が⟩はっきり分っている. **mit ⟨j³⟩ im Reinen sein** ⟨人と⟩話がついている. **mit ⟨j³⟩/⟨et³⟩ ins Reine kommen** ⟨人と⟩話がつく/⟨事に⟩決着がつく. **mit sich³ (selbst) ins Reine kommen** 自分の気持がはっきりする, 自分に得心がいく.

―― [副] **1.** 《語飾》(形容詞・副詞を修飾)純粋に; ただ, 単に: aus ～ persönlichen Gründen 純粋に個人的理由から. ～ durch Zufall 単に偶然に. **2.** 《文飾》《口》まるっきり: Er weiß ～ gar nichts. 彼はまるっきり何も知らないんだ.

rein[2] [らイン] [副] 《口》＝herein, hinein.

die **Rei·ne·clau·de** [rɛːnəklóːdə れーネクローデ] [名] -/-n ＝Reneklode.

(*der*) **Rei·ne·ke** [らイネっケ] [名] ライネケ(動物寓話(ぐうわ)に登場するずる賢いキツネの名).

die **Rei·ne·ma·che·frau** [らイネ・マっへ・ふらウ] [名] -/-en 掃除婦.

das **Rei·ne·ma·chen** [らイネ・マっへン] [名] -s/ 《方》掃除, 清掃.

(*der*) **Rei·ner** [らイナー] [名] 〖男名〗ライナー.

der **Rein·er·lös** [らイン・エあレース] [名] -es/-e 純益.

der **Rein·er·trag** [らイン・エあトらーク] [名] -(e)s/..träge 純収益.

rei·ne·weg [らイネ・ヴェック] [副] 《語飾》(動詞・形容詞・副詞・名詞を修飾)《口》まったく, 完全に.

der **Rein·fall** [らイン・ふぁル] [名] -(e)s/..fälle 《口》期待はずれ, 幻滅: einen ～ mit ⟨et³⟩ erleben ⟨物・事に⟩幻滅させられる.

rein|fal·len* [らイン・ふぁレン] [動] *s.* 《口》＝hereinfallen, hineinfallen.

das **Rein·ge·wicht** [らイン・ゲヴィひト] [名] -(e)s/ 正味重量.

der **Rein·ge·winn** [らイン・ゲヴィン] [名] -(e)s/-e 純利益.

(*der*) **Rein·hard** [らイン・ハるト] [名] 〖男名〗ラインハルト.

die **Rein·heit** [らインハイト] [名] -/ **1.** 純粋, 純正. 純度の高いこと. **2.** 清潔; 清らかさ.

das **Rein·heits·ge·bot** [らインハイツ・ゲボート] [名] -(e)s/-e (食料品の)純粋令.

(*die*) **Rein·hil·de** [らイン・ヒルデ] [名] 〖女名〗ラインヒルデ.

(*der*) **Rein·hold** [らイン・ホルト] [名] 〖男名〗ラインホルト.

rei·ni·gen [らイニゲン] [動] *h.* 〔⟨j⁴/et⁴⟩ヲ〕きれいにする, 清める, 洗う, 消毒する, 掃除する, 浄化する.
【慣用】**sich⁴/⟨j⁴⟩ von dem Verdacht reinigen** 自分の/⟨人の⟩嫌疑を晴らす. **⟨et⁴⟩ zum Reinigen bringen** ⟨物を⟩クリーニングに出す.

die **Rei·ni·gung** [らイニグング] [名] -/-en **1.** (主に[単])きれいにすること, 清掃, 掃除, クリーニング, 浄化. **2.** (ドライ)クリーニング店.

die **Rei·ni·gungs·an·stalt** [らイニグングス・アン・シュタルト] [名] -/-en 《古》(ドライ)クリーニング店.

das **Rei·ni·gungs·mit·tel** [らイニグングス・ミっテル] [名] -s/- 洗剤, クリーナー.

die **Re·in·kar·na·ti·on** [れインカるナツィオーン] [名] -/-en 生れ変り, 輪廻(りんね), 転生.

die **Rein·kul·tur** [らイン・クルトゥーあ] [名] -/-en **1.** 〖生〗純粋培養. **2.** 〖農〗＝Monokultur. 【慣用】**in Reinkultur** まったくの, 正真正銘の.

rein|lan·gen [らイン・ランゲン] [動] *h.* **1.** (次の形で) ⟨j³⟩ eine ～ 《口》⟨人に⟩一発(びんたを)食らわす. **2.** 〔補足なし〕《方》大げさに言う.

rein|le·gen [らイン・レーゲン] [動] *h.* 《口》＝hereinlegen, hineinlegen.

rein·lich [らインリひ] [形] **1.** きれい好きな; 清潔な, 小ざっぱりとした. **2.** 明確な.

die **Rein·lich·keit** [らインリひカイト] [名] -/ **1.** きれい好き; 清潔. **2.** 厳密〔明確〕さ.

die **Rein·ma·che·frau** [らイン・マっへ・ふらウ] [名] -/-en ＝Reinemachefrau.

R

das **Rein·ma·chen** [らイン・マッヘン] 名 -s/ =Reinemachen.
rein·ras·sig [らイン・らッスィヒ] 形 純血種の.
rein|re·den [らイン・れーデン] 動 h. 《口》=hineinreden.
die **Rein·schrift** [らイン・シュりフト] 名 -/-en 清書,浄書.
rein·sei·den, rein sei·den [らイン・ザイデン] 形 純絹の.
der **Rein·ver·lust** [らイン・ふぇあルスト] 名 -(e)s/-e 〖経〗純損失.
rein|wa·schen* [らイン・ヴァッシェン] 動 h. 《j⁴ニ》降りかかった疑いを晴らす;《j⁴ がsich⁴ の場合の》わが身に降りかかった疑いを晴らす.
rein·weg [らイン・ヴェック] 副 =reineweg.
rein|wol·len, rein wol·len [らイン・ヴォレン] 形 純毛の.
der **Reis**¹ [らイス] 名 -es/-e 《⓪は種類》 1. 〖植〗稲. 2. 米.
das **Reis**² [らイス] 名 -es/-er 1. 〖文〗若枝,小枝;若芽. 2. 接ぎ穂 (Pfropf~).
der **Reis·auf·lauf** [らイス・アウふ・らウふ] 名 -(e)s/..läufe 〖料〗ライスプディング.
der **Reis·bau** [らイス・バウ] 名 -(e)s/ 稲作,米作.
der **Reis·brei** [らイス・ブらイ] 名 -(e)s/-e (牛乳と砂糖で煮た) 米粥(ホタ).
die **Rei·se** [らイゼ] 名 -/-n 1. 旅,旅行 : eine ~ antreten 旅立つ. sich⁴ auf die ~ begeben 旅に出かける. Gute [Glückliche] ~! 道中ご無事で (旅行者への挨拶). auf der ~ nach Tirol チロルへの旅の途中で. 2. 《ジーン》(麻薬による)トリップ. 【慣用】auf Reisen gehen 旅行に出る. auf Reisen sein 旅行中である. die letzte Reise 〖婉〗最後の旅 (死出の旅). 《j⁴》auf die Reise schicken 〖ユーモ〗《人を》コースに送り出す(スタートさせる);(サッカーなどで)(遠いアシストボールを出して)《人を》走らせる.
das **Rei·se·an·den·ken** [らイゼ・アン・デンケン] 名 -s/- 旅行の記念品(土産).
die **Rei·se·apo·the·ke** [らイゼ・アポテーケ] 名 -/-n 旅行用救急箱(袋).
der **Rei·se·be·glei·ter** [らイゼ・ベグらイター] 名 -s/- 旅の同行者,旅行の添乗員.
die **Rei·se·be·schrei·bung** [らイゼ・ベシュらイブング] 名 -/-en 旅行記,紀行文.
das **Rei·se·bü·ro** [らイゼ・ビュろー] 名 -s/-s 旅行社;旅行社の店(営業所),観光案内所.
der **Rei·se·bus** [らイゼ・ブス] 名 -ses/-se 観光(旅行)バス.
die **Rei·se·decke** [らイゼ・デッケ] 名 -/-n 旅行用毛布.
rei·se·fer·tig [らイゼ・ふぇるティヒ] 形 旅行の支度のできた.
das **Rei·se·fie·ber** [らイゼ・ふぃーバー] 名 -s/ 旅行前の興奮(状態).
der **Rei·se·füh·rer** [らイゼ・ふゅーらー] 名 -s/- 1. 旅行案内人,ガイド. 2. 旅行案内書,ガイドブック.
der **Rei·se·ge·fähr·te** [らイゼ・ゲふぇーアテ] 名 -n/-n 旅行の同伴者,旅の道連れ.
das **Rei·se·ge·päck** [らイゼ・ゲペック] 名 -(e)s/ 旅行(旅客)荷物;託送手荷物;別送荷物.
die **Rei·se·ge·sell·schaft** [らイゼ・ゲゼルシャふト] 名 -/-en 団体旅行客,旅行団の一行;《⓪のみ》旅の道連れ[同伴].
der **Rei·se·kof·fer** [らイゼ・コッふぁー] 名 -s/- 旅行用トランク,スーツケース.
die **Rei·se·kos·ten** [らイゼ・コステン] 複名 旅費.
die **Rei·se·krank·heit** [らイゼ・クらンクハイト] 名 -/ 乗物酔い.

der **Rei·se·lei·ter** [らイゼ・らイター] 名 -s/- 団体旅行のガイド,添乗員.
die **Rei·se·lust** [らイゼ・ルスト] 名 -/ 旅に出たい気持.
rei·se·lus·tig [らイゼ・ルスティヒ] 形 旅行好きの.
der **Rei·se·mar·schall** [らイゼ・マるシャル] 名 -(e)s/..schälle 《口・冗》旅行の同行者;団体旅行のガイド (元は昔の王侯の旅行の随行員).
rei·sen [らイゼン] 動 s. 1. 《《様態》ヲ/《方向》ヘ》旅行する,(遠方へ)旅行する : allein/in Gesellschaft ~ 一人/団体で旅行する. dienstlich ~ 公用/社用で出張する. privat ~ 私用で旅行する. erster [in erster] Klasse ~ 一等で旅行する. in die Ferien/in Urlaub ~ 休暇で/(有給)休暇をとって旅行に出かける. 2. 〔《時点》ニ〕旅行に出る. 3. 〔《場所》オ〕旅行をする;(広い地域を)行商して回る.
der/die **Rei·sen·de** [らイゼンデ] 名 《形容詞的変化》旅行者,旅人;旅客;外交販売員,巡回セールスマン.
das **Rei·se·ne·ces·saire, Rei·se·nes·ses·sär** [らイゼ・ネセセーあ] 名 -s/-s 旅行用小物 (洗面道具) 入れ.
der **Rei·se·pass,** ⓪ **Rei·se·paß** [らイゼ・パス] 名 -es/..pässe 旅券,パスポート.
der **Rei·se·plan** [らイゼ・プらーン] 名 -(e)s/..pläne 旅行計画.
der **Rei·se·pro·spekt** [らイゼ・プろスペクト] 名 -(e)s/-e 旅行パンフレット.
die **Rei·se·route** [らイゼ・るーテ] 名 -/-n 旅行のコース.
der **Rei·se·scheck** [らイゼ・シェック] 名 -s/-s トラベラーズチェック.
die **Rei·se·spe·sen** [らイゼ・シュペーゼン] 複名 出張旅費.
die **Rei·se·ta·sche** [らイゼ・タッシェ] 名 -/-n 旅行かばん.
der **Rei·se·ver·kehr** [らイゼ・ふぇあケーア] 名 -s/ (休暇などの)旅行者の往来.
die **Rei·se·zeit** [らイゼ・ツァイト] 名 -/-en 旅行シーズン.
das **Rei·se·ziel** [らイゼ・ツィール] 名 -(e)s/-e 旅行の目的地.
das **Reis·feld** [らイス・ふぇルト] 名 -(e)s/-er 稲田,田,たんぼ.
das **Rei·sig** [らイズィヒ] 名 -s/ 柴(ば),そだ.
der **Rei·sig·be·sen** [らイズィヒ・ベーゼン] 名 -s/- 柴(ば)ぼうき.
das **Rei·sig·bün·del** [らイズィヒ・ビュンデル] 名 -s/- 柴(ば)の束.
der **Rei·si·ge** [らイズィゲ] 名 《形容詞的変化》(中世の)騎馬の傭兵.
das **Reis·korn** [らイス・コるン] 名 -(e)s/..körner 米粒.
der **Reis·lauf** [らイス・らウふ] 名 -(e)s/ =Reislaufen.
reis·lau·fen [らイス・らウふぇン] 名 -s/ (中世,特にスイス人が)外国の傭兵になること.
der **Reis·läu·fer** [らイス・ロイふぁー] 名 -s/- (中世の)外国人の傭兵(ﾍｲ).
das **Reis·papier** [らイス・パピーあ] 名 s/ ライスペーパー(薄紙).
der **Reis·pu·der** [らイス・ブーダー] 名 -s/ 米粉.
der **Reiß·aus** [らイス・アウス] 名 《次の形で》 ~ nehmen 《口》急いで逃げ出す.
die **Reiß·bahn** [らイス・バーン] 名 -/-en 〖空〗(気球のガス排出用)引裂き弁.
das **Reiß·blei** [らイス・ブらイ] 名 -(e)s/-e 石墨,黒鉛.

das **Reiß·brett** [らイス・ブれット] [名] -(e)s/-er 製図板.

der **Reis·schleim** [らイス・シュライム] [名] -(e)s/ 重湯(おもゆ).

rei·ßen* [らイセン] [動] riss; ist/hat gerissen **1.** *s.* 〖補足なし〗(ぷっつり)切れる《糸・ザイル・フィルムなどが》; 破れる, 裂ける《紙・布などが》. **2.** *h.* 〖〈j^4/et^4〉ヲ＋(in〈et^4〉ニ)〗引裂く: den Brief in Stücke ～ 手紙をずたずたに引裂く. **3.** *h.* 〖〈et^4〉ヲ＋in〈et^4〉ニ〗(引裂いて)作る〔開ける〕: ein Dreieck in die Hose ～ ズボンにかぎ裂きを作る. ein Loch in seinen Geldbeutel ～ 《口》自分の財布に大穴を開ける《多額な支出をする》. **4.** *h.* 〖sich^4∥sich^3＋〈et^4〉ニ〗引っかき傷〔裂傷〕を負う. **5.** *h.* 〖sich^3＋〈et^4〉ヲ〗負う, 受ける《傷を》. **6.** *h.* 〖〈j^4/et^4〉ヲ＋aus〈et^3〉(ノ中)カラ/von〈et^3〉カラ〗引抜く《雑草などを》, 引きちぎる《ボタンなどを》, 引ったくる《持物などを》. **7.** *h.* 〖sich^4＋aus〈et^3〉(ノ中)カラ/von〈et^3〉カラ〗自分の身体を振りほどく; 自分の身体を解き放す. **8.** *h.* 〖〈j^4/et^4〉ヲ＋(〈方向〉ヘ)〗引倒す, 引起こす, 引寄せる, 引きずって行く: den Wagen zur Seite ～ 急にハンドルを切って車を脇へ寄せる. alles mit sich^3 ～ あらゆる物を引きさらって行く《激流などが》. 〈j^4〉 mit ins Verderben ～〈人を〉道連れにして破滅させる. **9.** *h.* 〖〈et^4〉ヲ/an〈et^3〉ヲ〗強く引っ張る. **10.** *h.* 〖〈j^4/et^4〉ヲ＋an sich^4〗強引に抱寄せる《人を》; 引ったくる《物を》; 強引に手中に収める《事を》. **11.** *h.* 〖sich^4＋um〈j^4/et^4〉ヲ〗《口》求めてやっきとなる〔懸命に努力する〕. **12.** *h.* 〖Es＋〈j^4〉ノ＋in〔an〕〈et^3〉ニ〗《稀》痛みがはしる. **13.** *h.* 〖〈et^4〉ヲ〗かみ殺す《ライオンなどが獲物の動物を》; 〖スポーツ〗引っ掛けて倒す《ハードルを》; スナッチで挙げる. **14.** *h.* 〖〈et^4〉ヲ〗《古》描く《スケッチ・図面などを》; 〖芸術学〗金属板に彫る《線画・図柄などを》.

【慣用】*h.* **Possen/Witze/Zoten reißen** 悪ふざけをする/ジョークを飛ばす/猥談(わいだん)をする.

das **Rei·ßen** [らイセン] [名] -s/ 《口・古》リューマチ.

rei·ßend [らイセント] [形] **1.** 激しい流れの. **2.** 激しい《痛み》. **3.** 飛ぶような: Die Ware geht ～ ab〔findet ～*en* Absatz〕. その商品は飛ぶように売れる. **4.** 肉食の.

der **Rei·ßer** [らイサー] [名] -s/- 《口》(《蔑》も有) **1.** (劇・映画・本などの)スリリングな俗受けする作品. **2.** 飛ぶように売れる商品〔量産品〕.

rei·ße·risch [らイセりシュ] [形] 《蔑》どぎつくて安っぽい.

die **Reiß·fe·der** [らイス・ふぇーダー] [名] -/-n (製図用)からす口.

reiß·fest [らイス・ふぇスト] [形] 裂けにくい, 引裂きに強い.

die **Reiß·fes·tig·keit** [らイス・ふぇスティひカイト] [名] -/ 引裂きに対する強さ.

die **Reiß·koh·le** [らイス・コーレ] [名] -/ (デッサン用)木炭.

die **Reiß·lei·ne** [らイス・ライネ] [名] -/-n 〖空〗(気球のガス抜きの)引裂き綱; (パラシュートの)開き綱.

der **Reiß·na·gel** [らイス・ナーゲル] [名] -s/..nägel ＝ Reißzwecke.

die **Reiß·schie·ne** [らイス・シーネ] [名] -/-n T定規.

der **Reiß·ver·schluss**, [旧] **Reiß·ver·schluß** [らイス・ふぇあシュルス] [名] -es/..schlüsse チャック, ジッパー, ファスナー.

das **Reiß·ver·schluss·sys·tem**, [旧] **Reiß·ver·schluß·system** [らイスふぇあシュルス・ズュステーム] [名] -s/ 〖交通〗二車線〔双方向〕から交互に一車線に進入する方法.

der **Reiß·wolf** [らイス・ヴォルふ] [名] -(e)s/..wölfe (紙・布の)シュレッダー, 細断機.

die **Reiß·wol·le** [らイス・ヴォレ] [名] -/ 再生羊毛.

der **Reiß·zahn** [らイス・ツァーン] [名] -(e)s/..zähne (肉食動物の)裂肉臼歯(きゅうし).

das **Reiß·zeug** [らイス・ツォイク] [名] -(e)s/-e 製図用具.

die **Reiß·zwe·cke** [らイス・ツヴェッケ] [名] -/-n 画鋲(びょう).

der **Reis·wein** [らイス・ヴァイン] [名] -s/-e 日本酒.

die **Reit·bahn** [らイト・バーン] [名] -/-en 馬場.

rei·ten* [らイテン] [動] ritt; ist/hat geritten **1.** *s./h.* 〖(〈様態〉デ)〗(馬に)乗る, (馬に)乗って行く, 馬を進める〔走らせる〕; 乗馬をする: ～ lernen/können 乗馬を習う/馬に乗れる. auf einem Pferd ～ 馬に乗って行く. im Schritt ～ 並足で馬を進める. Er ließ das Kind auf seinen Schultern ～. 彼はその子を肩車した. Die Hexe *reitet* auf einem Besen. 魔女はほうきにまたがって飛ぶ. **2.** *s./h.* 〖〈et^4〉ヲ〗馬で行く《道・距離などを》; 馬に乗って過ごす《時間を》; (馬に乗って)行う《馬術競技・狩猟・パトロールなどを》. **3.** *h.* 〖〈et^4〉ニ〗乗(ってい)る《馬などに》. **4.** *h.* 〖〈et^4〉ヲ＋〈方向〉ヘ〗乗ってつれて行く《馬などを》.

【慣用】*h.* **Auf dieser Rennbahn reitet es sich leicht/schlecht.** このコースは馬を走らせやすい/にくい. *h.* **das Pferd zuschanden〔zu Schanden〕 reiten** 馬を乗りつぶす. **geritten kommen** 馬に乗ってやって来る. *h.* **〈j^4〉 in die Patsche reiten**〈人を〉苦境に陥れる. *h.* **sich^3 das Gesäß wund reiten** 尻の皮がすりむけるほど馬に乗る. *h.* **Was hat dich denn geritten!** (そんなに無分別なことをして)いったいどうしたというんだ.

der **Rei·ter** [らイター] [名] -s/- **1.** 馬の乗り手, 騎乗者, 騎手; (昔の)騎兵. **2.** 《オーストリア》干草掛け(Heu～): spanischer ～ 〖軍〗(有刺鉄線を張った)防御架. **3.** 乗り子《はかりの目盛板にまたがらせる分銅》; (見出しカードの)つまみ; 《ジャーゴン》広告架.

die **Rei·te·rei** [らイテらイ] [名] -/-en **1.** (〔単〕のみ)《口》乗馬. **2.** 〖軍〗(昔の)騎兵隊.

der **Rei·ters·mann** [らイタース・マン] [名] -(e)s/..männer〔..leute〕 《古》乗馬者, 騎手; 騎兵.

das **Rei·ter·stand·bild** [らイター・シュタント・ビルト] [名] -(e)s/-er 騎馬像.

die **Reit·ger·te** [らイト・ゲるテ] [名] -/-n 乗馬用むち.

die **Reit·ho·se** [らイト・ホーゼ] [名] -/-n 乗馬ズボン.

der **Reit·knecht** [らイト・クネひト] [名] -(e)s/-e (昔の)馬丁.

der **Reit·leh·rer** [らイト・レーらー] [名] -s/- 乗馬教師.

die **Reit·peit·sche** [らイト・パイチェ] [名] -/-n 乗馬用むち.

das **Reit·pferd** [らイト・プふぇーあト] [名] -(e)s/-e 乗用馬.

die **Reit·schu·le** [らイト・シューレ] [名] -/-n **1.** 馬術〔乗馬〕学校. **2.** 《南独・スイス》メリーゴーラウンド.

der **Reit·sitz** [らイト・ズィッツ] [名] -es/ 乗馬姿勢; 〖体操〗(平行棒での)開脚座.

der **Reit·sport** [らイト・シュポるト] [名] -(e)s/ (スポーツとしての)乗馬.

der **Reit·stall** [らイト・シュタル] [名] -(e)s/..ställe **1.** 乗馬用厩舎(きゅうしゃ). **2.** 馬術教習所.

der **Reit·stie·fel** [らイト・シュティーふぇル] [名] -s/- 乗馬(用長)靴.

der **Reit·stock** [らイト・シュトック] [名] -(e)s/..stöcke **1.** 乗馬むち. **2.** 〖工〗主軸台.

das **Reit·tier** [らイト・ティーあ] [名] -(e)s/-e 騎乗用動物.

das **Reit·tur·nier** [らイト・トゥるニーあ] [名] -s/-e 馬術競技.

der **Reit·un·ter·richt** [らイト・ウンターりひト] [名] -(e)s/ 乗馬のレッスン.

der **Reit·weg** [らイト・ヴェーク] [名] -(e)s/-e (沿道や森の中の)乗馬道.

das **Reit·zeug** [らイト・ツォイク] [名] -(e)s/ 《口》(乗馬服を含む)乗馬用具.

der **Reiz** [らイツ] [名] -es/-e **1.** 刺激. **2.** 魅力.

R

3. 魅惑的な美しさ〔すばらしさ〕.

reiz・bar [ライツ・バー] 形 怒りっぽい,神経過敏な;《稀》(刺激に)敏感な.

die **Reiz・bar・keit** [ライツバーカイト] 名 -/ 怒りっぽさ,短気さ[性];《生》被刺激性.

die **Reiz・emp・fin・dung** [ライツ・エムプふぃンドゥング] 名 /-en 刺激の知覚.

rei・zen [ライツェン] 動 h. **1.** 〈j⁴/et⁴ᵥᵥ〉いらいらさせる,怒らせる,興奮させる. **2.** 〈j⁴/et⁴ᵥᵥ＋(zu〈et³ᴺᴛ〉)〉刺激する: Der Pfeffer *reizte* mich zum Niesen. コショウが私にくしゃみをさせた. **3.** 〈j⁴ᵥᵥ〉興味をそそる,関心をひく,官能を刺激する. **4.** 〈j⁴+zu〈et³ᵥᵥ/zu〈et³〉ᵥᵥᵢᴺᵢ〉気持を起こさせる. **5.** 〈et⁴ᵥᵥ〉そそる: sein Interesse/seinen Magen ~ 彼の興味/食欲をそそる. **6.** 〈et⁴ᵥᵥ/〈様態〉ᴺᵢ〉ビッドする[スカート・ブリッジなどで].

rei・zend [ライツェント] 形 魅力的な,チャーミングな: Das ist ja ~. (口・皮)それは結構ですね.

der **Reiz・ker** [ライツカー] 名 -s/- 《植》チチタケ(きのこの一種).

das **Reiz・kli・ma** [ライツ・クリーマ] 名 -s/-s [-te] 《気・医》(寒暖・気圧の変動が激しい)刺激性気候.

reiz・los [ライツ・ロース] 形 味のない,薄味の;魅力のない,つまらない.

das **Reiz・mit・tel** [ライツ・ミッテル] 名 -s/- 〖医・薬〗刺激〔興奮〕剤;《転》心をそそるもの[手段],誘因.

die **Reiz・schwel・le** [ライツ・シュヴェレ] 名 -/-n 〖生理・心〗(感覚を生ずる最小の刺激強度).

der **Reiz・stoff** [ライツ・シュトッふ] 名 -(e)s/-e 刺激物;(皮膚・目などに)炎症を起こさせる物質.

das **Reiz・the・ma** [ライツ・テーマ] 名 -s/..men 刺激的な話題.

die **Reiz・über・flu・tung** [ライツ・ユーバーふルートゥング] 名 -/ 〖心〗(マスメディア・騒音などの)刺激の氾濫.

die **Rei・zung** [ライツング] 名 -/-en 刺激;〖医〗軽い炎症.

reiz・voll [ライツ・ふォル] 形 魅力あふれる,そそるものがある,やりがいのある.

das **Reiz・wort** [ライツ・ヴォルト] 名 -(e)s/..wörter 刺激的な言葉;〖心〗刺激語.

die **Re・jek・ti・on** [れイェクツィオーン] 名 -/-en **1.** 〖医〗拒絶反応. **2.** 〖法〗(訴状)棄却.

re・ka・pi・tu・lie・ren [れカピトゥリーれン] 動 h. 〈et⁴ᵥᵥ〉(要約して)繰返す[述べる];反芻(ᵣᵢᵢ)する,想起する.

re・keln [れーケルン] 動 h. (sich⁴)〈口〉ゆったりと手足〔身体〕を伸ばす,伸びをする.

die **Re・kla・ma・ti・on** [れクラマツィオーン] 名 -/-en 苦情,異議申立て,クレーム.

die **Re・kla・me** [れクラーメ] 名 -/-n **1.** (騒々しい)広告,宣伝. **2.** (口)広告[宣伝]のチラシ[パンフレット・ポスター・看板・映画],(テレビの)コマーシャル.

der **Re・kla・me・feld・zug** [れクラーメ・ふェルト・ツーク] 名 -(e)s/..züge 宣伝キャンペーン.

die **Re・kla・me・flä・che** [れクラーメ・ふレッヒェ] 名 -/-n 広告(ポスター)掲示板.

re・kla・mie・ren [れクラミーれン] 動 h. **1.** 〈et⁴ᵥᵥ〉ɳⁱⁱˢʰⁱᵗᵉ/wegen 〈et²〉ᵥᵥʏᵥᵥ〉苦情を言う,クレーム(文句)をつける. **2.** 〈gegen 〈et⁴〉ᵥᵥʏᵥᵥ〉抗議する,異議申立てをする[決定・指令などに対して]. **3.** 〈et⁴ᵥᵥ〉返還請求をする(遺失物・間違って入れられた物品などの). **4.** 〈j⁴/et⁴ᵥᵥ＋(für sich⁴)〉(自分のために)要求する(助手・空部屋・より高い賃金などを): den Erfolg für sich⁴ ~ その成功は自分のものであると認めるように要求する. Abseits ~ 〔ˢʰ〕(敵方の)オフサイドを認めるように要求する[審判に対して].

re・ko・gno・szie・ren [れコグノスツィーれン] 動 h. 〈et⁴ᵥᵥ〉〖法〗〈古〉認証する;〈ˢʰ〉〖軍〗偵察する.

re・kom・man・die・ren [れコマンディーれン] 動 h. 〈ᵗʏᵒᵖᵢᵥᵥ〉 **1.** 〈et⁴ᵥᵥ〉〖郵〗〈古〉書留にする. **2.** 〈〈j³ᵥᵥ〉+〈j⁴/et⁴ᵥᵥ〉推薦(推奨)する.

die **Re・kom・pens** [れコムペンス] 名 -/-en 〖経〗補償,賠償.

die **Re・kom・pen・sa・ti・on** [れコムペンザツィオーン] 名 -/-en 〖経〗補償,賠償;〖医〗代償不全の回復.

re・kon・stru・ie・ren [れコンストるイーれン] 動 h. **1.** 〈et⁴ᵥᵥ〉再建する,復元する(古代の建物・化石生物などを). **2.** 〈et⁴ᵥᵥ〉再現[再構成]する(会話・事故・犯行などを). **3.** 〈et⁴ᵥᵥ〉《旧東独地域》改良〔改善・拡大・近代化〕する(経済効率を高めるために機械・工場・企業・機構などを).

die **Re・kon・struk・ti・on** [れコンストラクツィオーン] 名 -/-en **1.** 復元;復元されたもの. **2.** (出来事の)再現,再構成;再現[再構成]された物. **3.** 《旧東独地域》(生産手段などの)改良,近代化.

re・kon・va・les・zent [れコンヴァレスツェント] 形 〖医〗回復期の.

der **Re・kon・va・les・zent** [れコンヴァレスツェント] 名 -en/-en 〖医〗回復期の患者.

die **Re・kon・va・les・zenz** [れコンヴァレスツェンツ] 名 -/ 〖医〗回復(期);回復期.

der **Re・kord** [れコルト] 名 -(e)s/-e (スポーツの)(最高)記録,レコード.

der **Re・kor・der** [れコルダー] 名 -s/- ＝Recorder.

das **Re・kord・er・geb・nis** [れコルト・エるゲープニス] 名 -ses/-se 記録的な成果.

der **Re・kord・hal・ter** [れコルト・ハルター] 名 -s/- 最高記録保持者.

die **Re・kord・zeit** [れコルト・ツァイト] 名 -/-en 最高記録タイム.

die **Re・kre・a・ti・on** [れクれアツィオーン] 名 -/-en 《古》レクリエーション,休養.

der **Re・krut** [れクるート] 名 -en/-en 〖軍〗初年兵,新兵.

re・kru・tie・ren [れクるティーれン] 動 h. **1.** 〈j⁴ᵥᵥ〉新しく採用する〔補充する〕〈j⁴ᵥᵥはグループ〉;〖軍〗〈古〉召集する. **2.** 〈j⁴ᵥᵥ＋aus〈j³ᵥᵥ〉〉編成する,集めて作る,補充する〈j⁴ᵥᵥはグループ〉. **3.** (sich⁴＋aus〈j³ᵥᵥ〉)成立っている,編成されている,補充する(聴衆・チームなどが).

die **Re・kru・tie・rung** [れクるティーるング] 名 -/-en 新規採用;補充;〖軍〗〈古〉徴集.

rek・tal [れクタール] 形 〖医〗直腸の;直腸内の.

rek・tan・gu・lär [れクタングレーア] 形 〖数〗〈古〉直角の,方形の.

die **Rek・ti・fi・ka・ti・on** [れクティふィカツィオーン] 名 -/-en **1.** 〖数〗曲線の求長. **2.** 〖化〗精留. **3.** 〈文・古〉訂正.

rek・ti・fi・zie・ren [れクティふィツィーれン] 動 h. **1.** 〈et⁴ᵥᵥ〉〖数〗弧の長さを求める(曲線の);〖化〗(…を)精留する **2.** 〈et⁴ᵥᵥ〉〈文・古〉正す.

die **Rek・ti・fi・zier・ko・lon・ne** [れクティふィツィーア・コロネ] 名 -/-n 〖工〗精留塔.

die **Rek・ti・on** [れクツィオーン] 名 -/-en 〖言〗(前置詞などの)格支配.

das **Rek・to** [れクト] 名 -s/-s 〖印〗紙の表,右ページ.

der **Rek・tor** [れクトーア] 名 -s/-en [れクトーれン] **1.** 学長,学長の職;〖学〗基礎・基幹・実科・特殊学校)の校長. **2.** 〔ᵏᵢⁱ〕(教会諸施設の)院長,校長.

das **Rek・to・rat** [れクトらート] 名 -(e)s/-e 学長[校長]の職,学長[校長]の任期;学長[校長]室.

die **Rek・to・sko・pie** [れクト・スコピー] 名 -/-n 〖医〗直腸鏡検査(法).

das **Rek・tum** [れクトゥム] 名 -s/..ta 〖医〗直腸.

der **Re・kurs** [れクるス] 名 -es/-e **1.** (文)(前のこと・言及ずみのことに)さかのぼること: auf〈et⁴〉 ~ nehmen 〈事ᴺᵢ〉さかのぼる[立返る]. **2.** 〔ᵏᵢⁱᵧᵥᵥ〕

Relais 984

〖法〗異議申立て,上訴,控告,抗告.
das **Relais** [rəlɛ́ː レェー] 图 -[..レー(ス)]/-[..レー(ス)] **1.** 〖電〗リレー,継電器. **2.** (駅馬車などの)馬継(うまつぎ);馬継の駅. **3.** 〖軍〗(昔の伝令役の)騎馬隊.
die **Relaisstation** [relɛː-ʃutsióːn レレー・シュタツィオーン] 图 -/-en (通信・放送用)中継局;(昔の)馬継ぎ(の駅).
die **Relation** [relatsióːn レラツィオーン] 图 -/-en **1.** 〖文〗関係,関連;〖古〗(人との)つながり,関係;〖数〗関係. **2.** 〖交通〗定期路線. **3.** 〖古〗公の報告.
relativ [..tíːf レラティーフ] 厖 **1.** 〖文〗相対的な,条件付きの: die ~en Begriffe 相対概念. **2.** 比較的,わりあいに,わりと.
relativieren [relatiˈvíːrən レラティヴィーレン] 動 h.〈et⁴ッ〉〖文〗相対化する.
der **Relativismus** [relatiˈvísmus レラティヴィスムス] 图 -/ 〖哲〗相対主義.
die **Relativität** [relatiˈviˈtέːt レラティヴィテート] 图 -/-en (主に⑪)〖文〗相関性;相対性.
die **Relativitätstheorie** [relatiˈviˈtέːts-teoriː レラティヴィテーツ・テオリー] 图 -/ 〖理〗相対性理論.
das **Relativpronomen** [reˈlaˈtíːf-proˈnóːmen レラティーフ・プロ・ノーメン] 图 -s/-[..mina] 〖言〗関係代名詞.
der **Relativsatz** [reˈlaˈtíːf-zats レラティーフ・ザッツ] 图 -es/..sätze 関係文.
das **Relaxans** [reláksans レラクサンス] 图 -/..xanzien [relakˈsántsiˑən レラクサンツィエン][..xantia [relakˈsántsia レラクサンツィア]]〖医〗弛緩剤.
relaxen [rilɛ́ksən リレクセン] 動 h. 〖俗〗〖口〗骨休めをする,くつろぐ.
die **Relegation** [relegatsióːn レレガツィオーン] 图 -/-en **1.** 〖文〗退学処分. **2.** 〖スポ〗(下位リーグへの)陥落.
relegieren [releˈgíːrən レレギーレン] 動 h.〈j⁴ッ〉〖文〗退学処分にする.
relevant [releˈvánt レレヴァント] 厖 〖für〈j⁴/et⁴ッ〉〗〈様態⁼〉〖文〗重要な: eine für dieses Problem/politisch ~e Fragestellung この問題にとって/政治的に重要な問題提起.
die **Relevanz** [releˈváns レレヴァンツ] 图 -/ 〖文〗(特定の関連における)重要性.
das **Relief** [relˈiˈέf レリエフ] 图 -s/-s[-e] **1.** 〖美〗浮彫り,レリーフ. **2.** 〖地〗(地表面の)起伏;起伏の模型.
der **Reliefdruck** [relˈiˈέf-druk レリエフ・ドルック] 图 -(e)s/ 〖印〗 **1.** (⑪のみ)レリーフ印刷. **2.** レリーフ印刷された文字(装飾).
die **Reliefkarte** [relˈiˈέf-kartə レリエフ・カルテ] 图 -/-n 〖地〗起伏地図,立体模型地図.
die **Reliefumkehr** [relˈiˈέf-umkeːɐ レリエフ・ウム・ケーる] 图 -/ 〖地質〗逆転褶曲.
die **Religion** [religiˈóːn レリギオーン] 图 -/-en **1.** 宗教. **2.** (⑪のみ)信仰(心). **3.** (⑪のみ;無冠詞)(授業科目としての)宗教.
das **Religionsbekenntnis** [religiˈóːns-bəkéntnis レリギオーンス・ベケントニス] 图 -ses/-se 信仰告白.
die **Religionsfreiheit** [religiˈóːns-fraihait レリギオーンス・ふらイハイト] 图 -/ 信教(宗教)の自由.
die **Religionsgemeinschaft** [religiˈóːns-gəmáinʃaft レリギオーンス・ゲマインシャふト] 图 -/-en 宗教団体,教団.
die **Religionslehre** [religiˈóːns-léːrə レリギオーンス・レーれ] 图 -/-n **1.** 教義. **2.** (⑪のみ)宗教の授業.
religionslos [religiˈóːns-loːs レリギオーンス・ロース] 厖 無宗教(宗派)の.
die **Religionsphilosophie** [religiˈóːns-filozofíː レリギオーンス・ふィロ・ゾふィー] 图 -/ 宗教哲学.
religiös [religiˈǿːs レリギエース] 厖 **1.** 宗教(上)の,宗教的な. **2.** 信心深い,敬虔(けいけん)な.
der/die **Religiose** [religiˈǿːzə レリギエーゼ] 图 〖形容詞的変

化〗〖カト〗修道者.
die **Religiosität** [religiˈoziˈtέːt レリギオズィテート] 图 -/ 〖文〗信心深いこと,敬虔(けいけん);宗教性.
das **Relikt** [relíkt レリクト] 图 -(e)s/-e 遺物;〖生〗残存生物(種);〖地質〗残存(形).
die **Reling** [réːliŋ レーリング] 图 -/-s[-e] (主に⑪)〖海〗(船の甲板の)手すり,欄干(らんかん).
das **Reliquiar** [reliˈkviˑáːɐ レリクヴィアーる] 图 -s/-e 〖カト〗聖遺物入れ.
die **Reliquie** [reˈlíːkvˑiə レリークヴィエ] 图 -/-n 〖宗〗聖遺物(特にカトリックで).
der **Reliquienschrein** [reˈlíːkvˑiən-ʃrain レリークヴィエン・シュらイン] 图 -(e)s/-e 〖カト〗(櫃(ひつ)形・厨子(ずし)形の)聖遺物匣.
das **Relish** [rɛ́lɪʃ レリシュ] 图 -s/-es[..シス,..シス] 〖料〗レリッシュ(きざんだ野菜入りのスパイシーソース).
rem [rɛm レム] 厖 =Rem 〖理〗レム.
das **Rem** [rɛm レム] 图 -s/-s 〖理〗レム(エックス線に換算した放射線の吸収線量,記号 rem).
das **Remake** [rímeːk リメーク,riˈmeːk リーメーク] 图 -s/-s リメーク,再映画化作品.
der **Remanenz** [remaˈnɛ́nts レマネンツ] 图 -/ 〖理〗残留磁気.
(*der*) **Remarque** [raˈmárk レマるク] 图 〖人名〗レマルク(Erich Maria ~, 1898-1970, 作家).
(*der*) **Rembrandt** [rémbrant レンブラント] 图 〖人名〗レンブラント(~ Harmensz van Rijn, 1606-69, オランダ最大の画家).
die **Remedur** [remeˈdúːɐ レメドゥーる] 图 -/-en 〖古〗弊害の除去,改善.
die **Remilitarisierung** [remiˈliˑtariˑzíːruŋ レミリタリズィーるング] 图 -/ 再軍備.
die **Reminiszenz** [remiˑnistsɛ́nts レミニスツェンツ] 图 -/-en 〖文〗思い出の(品);(ある物を)思わせるところ,(ある物に)似ているところ.
Reminiszere [remiˑnistsέːrə レミニスツェれ] 图 (無冠詞;無変化)四旬節第二の主日,復活祭前の第五日曜日.
remis [rəmíː レミー] 厖 〖スポ・チェス〗引分けである.
das **Remis** [rəmíː レミー] 图 -[-ミー(ス)]/-[-ミース][-en [reˈmiˑzən レミーゼン]](競技などの)引分け.
die **Remise** [reˈmíːzə レミーゼ] 图 -/-n **1.** 〖古〗物置,車庫. **2.** 〖狩〗(鳥獣の)隠れ場となる(人工の)低木林.
die **Remission** [remiˈsióːn レミスィオーン] 图 -/-en 〖出版〗返品,返本. **2.** 〖医〗(病状の一時的)軽快,小康状態.
die **Remittende** [remiˈtɛ́ndə レミテンデ] 图 -/-n 〖出版〗(落丁本などの)返品される印刷物,返本.
remittieren [remiˈtíːrən レミティーれン] 動 h.〈et⁴ッ〉〖出版〗返本する. **2.** 〖俗〗〖医〗一時的に収まる(下がる)(病状・熱が).
das **Remmidemmi** [rémiˑdέmi レミ・デミ] 图 -s/ 〖口〗騒動,混乱.
remonstrieren [remɔnstríːrən レモンストりーれン] 動 h.〖gegen 〈et⁴ッ〉〗〖法〗〖古〗異議を申立てる.
die **Remontantrose** [reˈmɔntánt-roːzə レモンタント・ローゼ] 图 -/-n 二度咲きのバラ.
die **Remonte** [reˈmɔ́ntə レモンテ] 图 -/-n **1.** 〖軍〗軍馬の補充. **2.** 乗りならしていない若い馬.
die **Remoulade** [remuˈláːdə レムラーデ] 图 -/-n 〖料〗レムラード(ソース)(香草・薬味などの入ったマヨネーズ).
die **Rempelei** [rɛmpəlái レムペライ] 图 -/-en 〖口〗突く[押す]こと,突飛ばすこと;〖スポ〗チャージ.
rempeln [rɛ́mpəln レムペルン] 動 h.〈j⁴ッ〉〖口〗身体[肩・ひじ]で押す[突飛ばす];〖スポ〗身体で押す[手を使わずに],(…に)チャージする.
die **Rems** [rɛms レムス] 图 -/ 〖川名〗レムス川.
(*das*) **Remscheid** [rɛ́mʃait レムシャイト] 图 -s/ 〖地名〗

die **REM-Pha·se** [れム・ふぇーゼ] 名 -/-n 〖生理〗レム〔睡眠〕状態.

der **Rem·ter** [れムター] 名 -s/- （修道院の）集会室兼食堂.

das **Ren** [れ(ー)ン] 名 -s/-s〔-e〕〖動〗トナカイ.

die **Re·nais·sance** [rənεsãːs ルネサーンス] 名 -/-n
1. 〘ⓗの〙文芸復興, ルネサンス; 文芸復興〔ルネサンス〕期(14-16世紀). 2. （過去の文物の）復活〔復興〕運動, ルネッサンス. 3. 《文》（風俗などの）リバイバル, 新たな開花.

re·nal [れナール] 形 〖医〗腎臓の; 腎臓からの.

(*die*) **Re·na·te** [レナーテ] 名 《女名》レナーテ.

re·na·tu·rie·ren [れナトゥリーれン] 動 *h.* ⟨et⁴ッ⟩自然の状態に戻す（耕作地などを）.

der **Ren·dant** [れンダント] 名 -en/-en （教区・小さな自治体連合の）会計〔経理〕担当者, 出納係.

das **Ren·dez·vous** [rãdevúː ランデヴー, rãːdevu ラーンデヴ] 名 -[. .ヴース]/-[. .ヴース] 1. 《古》ランデブー, 逢引(ホミ). 2. （宇宙船の）ランデブー.

die **Ren·di·te** [れンディーテ] 名 -/-n 〖経〗資本〔投資〕収益; 利回り.

das **Ren·di·te·ob·jekt** [れンディーテ・オブイェクト] 名 -(e)s/-e 投資の対象.

der **Re·ne·gat** [れネガート] 名 -en/-en 《文》（宗教・政治上の）背教者; 転向者, 変節者.

die **Re·ne·klo·de** [れ-ネクローデ] 名 -/-n 〖植〗レーヌクロード; レースクロードの実.

die **Re·net·te** [れネッテ] 名 -/-n 〖植〗レネッテ（リンゴの一種）.

re·ni·tent [れニテント] 形 《文》反抗的な.

die **Ren·ke** [れンケ] 名 -/-n = Renken.

der **Ren·ken** [れンケン] 名 -s/- 〖魚〗コクチマス.

das **Renn·au·to** [れン・アウト] 名 -s/-s 《口》レーシングカー.

die **Renn·bahn** [れン・バーン] 名 -/-en （自動車・オートバイ・自転車・馬などのレースの）走路, コース.

das **Renn·boot** [れン・ボート] 名 -(e)s/-e レース用ボート（モーターボート・カヌーなど）.

ren·nen⁽*⁾ [れンネン] 動 rannte〔rennte〕; ist/hat gerannt〔rennte はまれ〕 1. *s.* 〖嗯〗走る, 駆ける, 疾走する（人・動物が・馬・車などが）. 2. *s.* ⟨et⁴ッ⟩走る, 走り抜く（コース・距離・時間などを）. 3. *s.* ⟨⟨方向⟩へ⟩《口・蔑》（行かなくていいのに）行く: wegen jeder Kleinigkeit zum Arzt ～ ささいなことですぐ医者に行く. 4. ⟨an〔gegen⟩ ⟨j⁴/et³⟩⟩ぶつかる, 衝突する. 5. *h.* ⟨sich³+⟨et⁴ッ⟩+⟨方向⟩⟩ぶつかって負う（裂傷を頭などに）. 6. *h.* ⟨j⁵ッ⟩ ⟨⟨方⟩ ⟨方向⟩⟩ぶつかる, ぶつかっつけさせる. 7. *h.* ⟨j⁵ッ⟩+⟨et⁴ッ⟩+⟨方向⟩ 《口》突き刺す. 8. *s.* 〖嗯〗〖狩〗発情している（雌ギツネが）.

das **Ren·nen** [れネン] 名 -s/- 競走, レース. 【慣用】 das **Rennen machen** 《口》（企画などで）競争に勝つ. **ein totes Rennen** デッドヒート.

der **Ren·ner** [れナー] 名 -s/- 1. 《口》優秀な競走馬; 速い自動車〔オートバイ〕. 2. 〖商〗売行きのよい商品.

der **Renn·fah·rer** [れン・ふぁーらー] 名 -s/- レーサー, 競輪選手.

die **Renn·jacht** [れン・ヤハト] 名 -/-en レース用ヨット.

die **Renn·ma·schi·ne** [れン・マシーネ] 名 -/-n レース用オートバイ〔自転車〕.

das **Renn·pferd** [れン・プふぇーあト] 名 -(e)s/-e 競走馬.

der **Renn·platz** [れン・プラッツ] 名 -es/. .plätze 競馬〔競輪・オートレース〕場.

das **Renn·rad** [れン・らート] 名 -(e)s/. .räder レース用自転車.

der **Renn·rei·ter** [れン・らイター] 名 -s/- 競馬の騎手.

der **Renn·ro·del** [れン・ろーデル] 名 -s/- リュージュ.

der **Renn·schuh** [れン・シュー] 名 -(e)s/-e （陸上競技用）スパイクシューズ.

der **Renn·sport** [れン・シュポるト] 名 -(e)s/ 《総称》競走, レース（モーターレース・競輪・競馬など）.

der **Renn·stall** [れン・シュタル] 名 -(e)s/. .ställe （集合的に）厩舎所属の競走馬;（会社が抱える）レーシングチーム.

die **Renn·stre·cke** [れン・シュトれッケ] 名 -/-n 競走〔レース〕の距離.

renn·te [れンテ] 動 rennen の過去形および接続法 2 式〔過去形はまれ〕.

der **Renn·wa·gen** [れン・ヴァーゲン] 名 -s/- レーシングカー.

das **Re·nom·mee** [れノメー] 名 -s/-s 《主にⓗの》《文》評判; 名声.

re·nom·mie·ren [れノミーれン] 動 *h.* ⟨(mit ⟨j³/et³⟩ッ)⟩《口》自慢する, ひけらかす, 鼻にかける; 自慢話をする, 大言壮語する.

re·nom·miert [れノミーあト] 形 《文》評判の高い, 名高い.

der **Re·nom·mist** [れノミスト] 名 -en/-en 《文·蔑》自慢屋.

re·no·vie·ren [れノヴィーれン] 動 *h.* ⟨et⁴ッ⟩改装する, 修繕する.

die **Re·no·vie·rung** [れノヴィーるング] 名 -/-en （建物, 内装などの）修理, 修繕, 手入れ, 改修.

ren·ta·bel [れンターベル] 形 〔st. ..bl..〕利益をもたらす, 収益性のある.

die **Ren·ta·bi·li·tät** [れンタビリテート] 名 -/ 〖経〗収益性.

das **Rent·amt** [れント・アムト] 名 -(e)s/. .ämter （領邦君主の）財務管理局;（荘園の）収入管理局.

die **Ren·te** [れンテ] 名 -/-n 年金;（資本・資産・保険などからの定期的な）収入〔家賃・地代など〕: ⟨j⁴⟩ **auf ～ setzen** 《口》⟨人⟩に年金を給付する. 【慣用】 **auf〔in〕Rente gehen** 《口》年金生活に入る. **auf〔in〕Rente sein** 《口》年金生活者である.

die **Ren·tei** [れンタイ] 名 -/-en = Rentamt.

die **Ren·ten·bank** [れンテン・バンク] 名 -/-en 〖経〗 1. 地代銀行. 2. レンテン銀行.

der **Ren·ten·brief** [れンテン・ブリーふ] 名 -(e)s/-e 1. 地代証券. 2. レンテン銀行証券.

der **Ren·ten·emp·fän·ger** [れンテン・エムプふぇンガー] 名 -s/- 年金受給者.

der **Ren·ten·kurs** [れンテン・クるス] 名 -es/-e 〖経〗確定利付証券（公社債・債券）相場.

die **Ren·ten·lü·cke** [れンテン・リュッケ] 名 -/-n 年金ギャップ（従来の生活スタイルに影響をおよぼす給料と年金の金額の差）.

der **Ren·ten·markt** [れンテン・マるクト] 名 -(e)s/. .märkte 〖金融〗確定利付証券（公社債・債券）市場.

die **Ren·ten·schuld** [れンテン・シュルト] 名 -/-en 〖法・銀行〗地代土地債務.

die **Ren·ten·ver·si·che·rung** [れンテン・ふぇあズィッひえるング] 名 -/-en 年金保険; 年金保険機関.

der **Ren·tier**¹ [れン. . tjé- れンティエー] 名 -s/-s 1. 《口》金利生活者. 2. 《稀》年金生活者.

das **Ren·tier**² [れ(ー)ンティーア] 名 -(e)s/-e = Ren.

ren·tie·ren [れンティーれン] 動 *h.* ⟨sich⁴⟩利益が上がる, もうかる; 報われる, 引合う（努力・投資・取引などの）.

der **Rent·ner** [れントナー] 名 -s/- 年金生活者;《稀》金利生活者.

die **Rent·ner·band** [れントナー・バント] 名 -/-s 《口・冗》年金受給者団（高齢者のチーム〔グループ〕など）.

die **Re·or·ga·ni·sa·ti·on** [れオるガニザツィオーン] [名] -/-en《主に[単]》《文》再編成, 改造, 改組;〚医〛修復.

re·or·ga·ni·sie·ren [れオるガニズィーれン] [動] *h.*〔〈et^4〉ヲ〕《文》再編成する, 改組する(組織体を), 改革する(制度・機構などを).

re·pa·ra·bel [れパらーベル] [形] (［付］は..bl..)修理〔修復〕可能な.

die **Re·pa·ra·ti·on** [れパらツィオーン] [名] -/-en **1.** (［複］のみ)(敗戦国に課せられる)賠償. **2.**〚医〛修復.

die **Re·pa·ra·ti·ons·zah·lung** [れパらツィオーンス・ツァールング] [名] -/-en 賠償金支払.

die **Re·pa·ra·tur** [れパらトゥーあ] [名] -/-en 修理, 修繕.

re·pa·ra·tur·an·fäl·lig [れパらトゥーあ・アン・ふぇりひ] [形] 修理〔修繕〕が必要になりやすい.

re·pa·ra·tur·be·dürf·tig [れパらトゥーあ・ベデュるふティひ] [形] 修理〔修繕〕の必要な.

die **Re·pa·ra·tur·kos·ten** [れパらトゥーあ・コステン] [複名] 修理〔修繕〕費.

die **Re·pa·ra·tur·werk·statt** [れパらトゥーあ・ヴェるク・シュタット] [名] -/..stätten 修理工場.

re·pa·rie·ren [れパりーれン] [動] *h.*〔〈et^4〉ヲ〕直す, 修理〔修繕・修復〕する.

re·pa·tri·ie·ren [れパトりイーれン] [動] *h.*〔〈j^4〉ヲ〕〚政・法〛本国に送還する;(…に)元の国籍を与える.

die **Re·pa·tri·ie·rung** [れパトりイーるング] [名] -/-en〚政・法〛本国送還;国籍を再び与えること.

das **Re·pel·lent** [ripɛ́lənt りペレント] [名] -s/-s〚化〛リペレント剤(無害な防虫剤), 忌避剤.

das **Re·per·toire** [repɛrtoá:r れぺるトアーあ] [名] -s/-s レパートリー.

das **Re·per·toire·stück** [れぺるトアーあ・シュテュック] [名] -(e)s/-e レパートリーになっている演目〔曲目〕.

der **Re·pe·tent** [れペテント] [名] -en/-en **1.** 留年〔落第〕生. **2.**《古》=Repetitor.

re·pe·tie·ren [れペティーれン] [動] *h.* **1.**〔〈et^4〉ヲ〕《文》復習する(課題・テキストなどを);反復練習をして覚える(単語・文法などを). **2.**〔[補足なし]〕《文》同一学年〔学級〕を繰返す. **3.**〔[補足なし]〕正しい音を出す(ピアノでト音などが);(時打ち懐中時計が)ボタンの操作で前に打った時を再度打つ.

das **Re·pe·tier·ge·wehr** [れペティーあ・ゲヴェーあ] [名] -(e)s/-e 連発銃.

die **Re·pe·tier·uhr** [れペティーあ・ウーあ] [名] -/-en 時打ち懐中時計(ボタンを押すと最新の正時とその後の 1/4 時ごとを打つ懐中時計).

die **Re·pe·ti·ti·on** [れペティツィオーン] [名] -/-en《文》(学んだことを練習として)反復する〔繰返す〕こと, 復習.

R

der **Re·pe·ti·tor** [れペティートーあ] [名] -s/-en [れペティトーれン] **1.**《文》(特に法学部の受験指導)補習教師. **2.**〚楽・劇〛コレペティートル(下稽古のコーチ).

das **Re·pe·ti·to·ri·um** [れペティトーりウム] [名] -s/..rien《文・古》 **1.** 復習〔補習〕授業. **2.** 復習用教材.

die **Re·plik** [れプリーク] [名] -/-en **1.**《文》答弁, 弁明. **2.**〚法〛再抗弁. **3.**〚芸術学〛(原作者による)模写, レプリカ.

das **Re·pli·kat** [れプリカート] [名] -(e)s/-e〚芸術学〛模写, 複製, レプリカ.

re·pli·zie·ren [れプリツィーれン] [動] *h.* **1.**〔(auf)〈et^4〉ニ対シテ〕《文》答弁〔弁明〕する. **2.**〔[補足なし]〕〚法〛再抗弁する. **3.**〔〈et^4〉ノ〕〚芸術学〛レプリカを作成する.

der **Re·port** [れポるト] [名] -(e)s/-e **1.** (分析的・学問的な)レポート, 報告. **2.**〚銀行〛繰延金利, 順日歩.

die **Re·por·ta·ge** [..tá:ʒə れポるタージェ] [名] -/-n 現地報告, ルポルタージュ.

der **Re·por·ter** [れポるター] [名] -s/- レポーター, ルポライター, 現地取材記者.

re·prä·sen·ta·bel [れプれゼンターベル] [形] (［付］［比］は..bl..)《文》立派な, 堂々とした.

der **Re·prä·sen·tant** [れプれゼンタント] [名] -en/-en 代表者;(国会)議員, 代議士.

das **Re·prä·sen·tan·ten·haus** [れプれゼンタンテン・ハウス] [名] -es/..häuser (アメリカなどの)下院, 衆議院, 議会;議事堂.

die **Re·prä·sen·tanz** [れプれゼンタンツ] [名] -/-en **1.** (［単］のみ)《文》利益代表. **2.**〚経〛代理店. **3.** (［単］のみ)《文》(さまざまな利益グループを考慮に入れ)代表的であること;立派であること;ふさわしいこと.

die **Re·prä·sen·ta·ti·on** [れプれゼンタツィオーン] [名] -/-en **1.** 代表すること;(［単］のみ)(さまざまな利益グループを考慮に入れ)代表的であること. **2.** ステータス〔プレステージ・体面〕を保つこと.

re·prä·sen·ta·tiv [れプれゼンタティーふ] [形] **1.**〚政〛代表〔代議〕制の. **2.** 代表的な, 代表する;立派な: ~*e* Meinungsumfrage〚統計〗(各層の意見の)代表アンケート. **3.**〔(〈j^3〉ノ)〕ステータスにふさわしい.

die **Re·prä·sen·ta·tiv·er·he·bung** [れプれゼンタティーふ・エあヘーブング] [名] -/-en〚統計〛標本調査.

die **Re·prä·sen·ta·tiv·ver·fas·sung** [れプれゼンタティーふ・ふぇあふぁっスング] [名] -/-en 代議制度.

re·prä·sen·tie·ren [れプれゼンティーれン] [動] *h.* **1.**〔〈j^4〉ヲ〕代表する(あるグループを). **2.**〔〈et^4〉ヲ〕表す代表例である. **3.**〔〈et^4〉ヲ+durch〈et^4〉デ/〈[形]〉デ〕表す. **4.**〔〈et^4〉ヲ〕持つ(価値を). **5.**〔[補足なし]〕(身分にふさわしく)立派な態度をとる〔立派に振舞う〕(公の場で).

die **Re·pres·sa·lie** [れプれサーリエ] [名] -/-n (主に[複])《文》報復措置;(国際法上の)復仇.

die **Re·pres·si·on** [れプれっスィオーン] [名] -/-en《文》抑圧, 抑止, 阻止.

re·pres·siv [れプれっスィーふ] [形]《文》抑圧的な.

der **Re·print** [reprɪ́nt れプリント, rí:prɪnt りープリント] [名] -s/-s〚出版〛リプリント, 再版(本).

die **Re·pri·se** [れプりーゼ] [名] -/-n **1.** 繰返し;(劇の)再演,(映画の)再上映,(品切れ・廃盤レコードの)再発(盤). **2.**〚楽〛(ソナタ形式などの)再現部. **3.**〚金融〛(相場の)回復. **4.**〚織〛公定水分率. **5.**〚フェンシング〛再攻撃. **6.**〚海〛奪還された拿捕物.

re·pri·va·ti·sie·ren [れプりヴァティズィーれン] [動] *h.*〔〈et^4〉ヲ〕〚経・政〛再私有化〔再民有化〕する.

die **Re·pro** [れープろ] [名] -/-s (das ~ -s/-s も有)〚印〛《ジャーゴン》複写, 複製;複製品.

die **Re·pro·duk·ti·on** [れプろドゥクツィオーン] [名] -/-en **1.**《文》再現;〚経〛再生産;〚心〛再生. **2.**〚印〛複写, 複製;複写したもの, 複製品, コピー;〚美〛模写, 複製. **3.**〚生〛繁殖, 生殖.

re·pro·du·zie·ren [れプろドゥツィーれン] [動] *h.* **1.**〔〈et^4〉ヲ〕《文》再現する(情況・言葉などを), 再生する(過去の気持などを). **2.**〔〈et^4〉ヲ〕〚印〛複製する;複写する, コピーする. **3.**〔〈et^4〉ヲ〕〚経〛再生産する. **4.**〔sich^4〕再現〔再生〕される;〚経〛再生産される;〚生〛繁殖する.

die **Re·pro·gra·fie, Re·pro·gra·phie** [れプろ・グらふぃー] [名] -/-n (主に[単])〚印〛複写;複写製品.

das **Rep·til** [れプティール] [名] -s/-ien〔-e〕〚動〛爬虫(はちゅう)類.

der **Rep·ti·li·en·fonds** [..fõ: れプティーリエン・ふぉーン] [名] -/-《皮》政府の機密費, 秘密資金.

die **Re·pu·blik** [れプブリーク] [名] -/-en 共和制, 共和政体;共和国.

der **Re·pu·bli·ka·ner** [れプブリカーナー] [名] -s/- 共和

Respektlosigkeit

制主義者;(アメリカの)共和党員,共和党支持者;(ドイツの)共和党員.

re·pu·bli·ka·nisch [レプブリカーニッシュ] 形 共和制の;共和制支持の;(アメリカの)共和党の;(ドイツの)共和党員の.

die **Re·pu·blik·flucht** [レプブリーク・ふルふト] 名 -/- (主に@)[旧東独](ドイツ民主)共和国からの逃亡(西側諸国への逃亡を意味する旧東独の官庁用語).

die **Re·pu·ta·ti·on** [レプタツィオーン] 名 -/ 〈文〉名声,評判.

re·pu·tier·lich [レプティーァりヒ] 形 《文・古》尊敬すべき,立派な.

das **Re·qui·em** [レークヴィエム] 名 -s/-s 《[[ラテン]]-s/..quien も有》 〖カトリック〗レクイエム,死者のためのミサ;〖楽〗レクイエム,鎮魂ミサ曲.

re·qui·es·cat in pa·ce [rekviéskat ɪn pá:tsə カクヴィエスカト イン パーツェ] 〖ラテン語〗魂の安らかにいこわれんことを(略 R.I.P.).

re·qui·rie·ren [レクヴィリーれン] 動 h. 1. 〈et³〉 接収[徴発]する(主として軍用目的のために). 2. 〈j³〉〖法〗〈古〉共助[援助]を要請する(他の裁判所[官庁]に).

das **Re·qui·sit** [レクヴィズィート] 名 -(e)s/-en 1. (主に@)〖劇・映・放〗小道具. 2. 〈文〉必需品,必要(付属)品.

der **Re·qui·si·teur** [..tǿːr レクヴィズィテーァ] 名 -s/-e 〖劇〗小道具係.

die **Re·qui·si·ti·on** [レクヴィズィツィオーン] 名 -/-en 徴発,接収.

resch [レッシュ] 形 〖バイエルン・オーストリア〗ぱりっと焼けた;〈口〉生き生きとした.

die **Re·se·da** [レゼーダ] 名 -/-s 〖植〗モクセイソウ.

die **Re·se·de** [レゼーデ] 名 -/-n (稀)=Reseda.

die **Re·sek·ti·on** [レゼツィオーン] 名 -/-en 〖医〗切除(術).

das **Re·ser·vat** [レぜるヴァート] 名 -(e)s/-e 1. 〈文〉留保された権利;特権. 2. (先住民の)保留地. 3. (動植物の)保護区.

die **Re·ser·va·tio men·ta·lis** [レぜるヴァーツィオ メンターリス] 名 -/-nes ..les [レぜるヴァツィオーネス ..レース] 〖法〗心裡(しんり)留保.

die **Re·ser·va·ti·on** [レぜるヴァツィオーン] 名 -/-en 1. (北米インディアンなどのための政府指定)保留地. 2. 〈文〉留保された権利. 3. 〖スイス〗(予約を受けて取っておくこと;(受け取りに来るまで)取っておくこと.

das **Re·ser·vat·recht** [レぜるヴァートれヒト] 名 -(e)s/-e 〈文〉留保された権利の保留;特権.

die **Re·ser·ve** [レぜるヴェ] 名 -/-n 1. (主に@)予備,たくわえ: offene ~ @ 〖経〗公開[公示](準備)金,公示積立金. stille ~ 〖経〗秘密留保[準備・積立]金;〈口〉万一に備えてためた金. 2. (主に@)〖軍〗予備軍,予備役;〖スポーツ〗控え,予備人員,リザーブ,補欠. 3. (のみ)控え目な[遠慮がちな・うちとけない]態度.

die **Re·ser·ve·bank** [レぜるヴェ・バンク] 名 -/..bänke 〖スポーツ〗リザーブ(控え選手)用ベンチ.

der **Re·ser·ve·fonds** [..fǿː レぜるヴェ・ふぉーン] 名 -/- 〖経〗準備積立金〖基金〗.

der **Re·ser·ve·of·fi·zier** [レぜるヴェ・オふィツィーァ] 名 -s/-e 〖軍〗予備役将校.

das **Re·ser·ve·rad** [レぜるヴェらート] 名 -(e)s/..räder スペアタイヤ.

die **Re·ser·ve·trup·pe** [レぜるヴェ・トるっぺ] 名 -/-n = Ersatztruppe.

re·ser·vie·ren [レぜるヴィーれン] 動 h. 〈et³〉取っておく,リザーブする(ホテル・店が予約を受けて,または第三者が頼まれて);取り(分けて)おく,(売らずに)残しておく《商品・入場券などを受取りに来るまで》.

re·ser·viert [レぜるヴィーァト] 形 1. 控え目な,遠慮がちな. 2. 予約された.

der **Re·ser·vist** [レぜるヴィスト] 名 -en/-en 〖軍〗予備役軍人;〖スポーツ〗控え,リザーブ.

das **Re·ser·voir** [..vǫáːr レぜるヴォアーァ] 名 -s/-e 〈文〉貯水槽,タンク;〈転〉蓄え,ストック.

die **Re·si·denz** [レズィデンツ] 名 -/-en (国家元首・領邦君主・高位聖職者などの)居住地,居城;(領邦国家などの)首都.

die **Re·si·denz·pflicht** [レズィデンツ・プふりヒト] 名 -/ (公務員・聖職者などの)勤務地居住義務;〖法〗(弁護士の)事務所設置義務.

re·si·die·ren [レズィディーれン] 動 h. 〈in〈et³〉〉居を構える(君主・高位聖職者などが);宮廷を営む.

das **Re·si·du·um** [レズィードゥウム] 名 -s/..duen 〖医〗残留物.

die **Re·si·gna·ti·on** [レズィグナツィオーン] 名 -/-en (主に@)断念,諦(あきら)め;〖官〗〈古〉辞任.

re·si·gnie·ren [レズィグニーれン] 動 h. 〖稀〗諦める,断念する.

die **Ré·si·stance** [rezistá:s れズィスターンス] 名 -/ レジスタンス.

re·sis·tent [れズィステント] 形 〖医・生〗耐性のある.

die **Re·sis·tenz** [れズィステンツ] 名 -/-en 1. 〖医・生〗耐性,抵抗性. 2. 〈文〉抵抗. 3. (鉄鋼・木材などの)硬度.

das **Re·skript** [れスクリプト] 名 -(e)s/-e 1. 〈古〉指示,通達. 2. 〖カトリック〗(質問・請願に対する教皇・司教の)答書.

re·so·lut [れゾルート] 形 果敢な,断固たる,決然とした.

die **Re·so·lu·ti·on** [れゾルツィオーン] 名 -/-en 1. 決議文〖書〗. 2. 〖医〗(炎症・はれの)消散.

die **Re·so·nanz** [れゾナンツ] 名 -/-en 1. 〖楽・理〗共鳴,共振. 2. 〈文〉(提案などに対する)反響.

der **Re·so·nanz·bo·den** [れゾナンツ・ボーデン] 名 -s/..böden 〖楽〗共鳴板.

der **Re·so·na·tor** [れゾナートーァ] 名 -s/-en [レゾナトーれン] 〖理・楽〗共鳴器.

re·sor·bie·ren [れゾるビーれン] 動 h. 〈et³〉〖生・医〗吸収する.

die **Re·sorp·ti·on** [れゾるプツィオーン] 名 -/-en 〖生・医〗吸収.

re·so·zi·a·li·sie·ren [れゾツィアリズィーれン] 動 h. 〈j³〉社会復帰させる(刑期を済ませた者を).

die **Re·so·zi·a·li·sie·rung** [れゾツィアリズィールング] 名 -/-en (刑期を済ませた者の)社会復帰.

resp. = respektive もしくは;もっと正確に言えば.

der **Re·spekt** [れスペクト] 名 -(e)s/- 1. 尊敬(の念),敬意. 2. 畏敬. 3. 〖出版・芸術学〗(本・手紙・版面などの)余白.

re·spek·ta·bel [れスペクターベル] 形 ⊕⊖..bl..bl..) 〈文〉尊敬に値する,立派な;正当な;なかなかの,かなりの.

die **Re·spek·ta·bi·li·tät** [れスペクタビリテート] 名 -/ 〈文〉尊敬に値すること,尊敬すべきこと.

re·spek·tie·ren [れスペクティーれン] 動 h 1. 〈et⁴〉尊重する,正当〈妥当〉だと認める(法・権利・意見などを). 2. 〈j'/et³〉尊敬する. 3. 〈et⁴〉〖金融〗引受ける(手形を).

re·spek·tier·lich [れスペクティーァりヒ] 形 〈古〉尊敬に値する,立派な.

re·spek·ti·ve [れスペクティーヴェ] 接 《並列》(略 resp.) ○ beziehungsweise.

re·spekt·los [れスペクト・ロース] 形 敬意を欠いた,失敬な.

die **Re·spekt·lo·sig·keit** [れスペクト・ローズィヒカイト] 名

-/-en **1.** （@のみ）無礼，失礼． **2.** 無礼な行為〔発言〕．
die Respektsperson [レスペクツ・ぺるゾーン] 名 -/-en 尊敬される［敬われる］人物．
respektvoll [レスペクト・ふォる] 形 敬意のこもった，恭しい．
die Respiration [レスピらツィオーン] 名 -/〖医〗呼吸．
der Respirator [レスピらートーる] 名 -s/-en [レスピらトーれン]〖医〗人工呼吸器．
respiratorisch [レスピらトーりッシュ] 形〖医〗呼吸の．
respondieren [レスポンディーれン] 動 h. **1.**〘〈j³に〉〙〖文〗応諾する；〖古〗答える． **2.** 〈et³ッ〉〖古〗相応ずる；応じる． **3.** 〈et³ッ〉〖古〗論駁する．
das Responsorium [れスポンゾーりウム] 名 -s/..rien レスポンソリウム（グレゴリオ聖歌の応誦）．
das Ressentiment [rɛsãtimã: れサンティマーン] 名 -s/-s〖文〗（ねたみ・劣等感などに基づく）鬱積した憎悪，恨み，ルサンチマン．
das Ressort [rɛsó:r れソーる] 名 -s/-s 管轄，所管；管轄部〔所管・担当〕部局．
der Ressortchef [れソーあ・シェふ] 名 -s/-s 管轄部局の長．
der Ressortminister [れソーあ・ミニスタる] 名 -s/-〔所管〔担当〕の大臣．
die Ressource [rɛsórsə れスるセ] 名 -/-n（主に@）（复数で）資源；財源，資金．
der Rest [れスト] 名 -(e)s/-e[-er] **1.**（@ -e）残り，残余，残部，残額，残高；（@ -er も有）〖商〗残品，半端物． **2.**（@ -e; @ -er も有）遺物，遺物． **3.**（@のみ）残りの部分． **4.**（@ -e）〖数〗（割算の）端数，余り，剰余；〖化〗基．【慣用】〈j³/et³〉den Rest geben（口）〈人・物〉にとどめを刺す，〈物〉を壊滅させる．sich³ den Rest holen（口）病気を悪化させる．
der Restant [れスタント] 名 -en/-en **1.**〖金融〗支払未済者． **2.**〖銀行〗（支払期限のきている）未償還債券． **3.**〖経〗残品，店晒し品．
die Restauflage [れスト・アウふ・ラーゲ] 名 -/-n 在庫部数．
das Restaurant [rɛstorã: れストらーン] 名 -s/-s レストラン．
der Restaurateur [rɛstoratǿ:r れストら㋣ーあ] 名 -s/-e〖古〗レストラン経営者．
die Restauration¹ [れストウらツィオーン] 名 -/-en **1.**〖政〗復古． **2.**〖文〗（美術品・建物などの）修復，復元．
die Restauration² [rɛstora.. れストらツィオーン] 名 -/-en（㋣ッ）レストラン．
restaurativ [れスタウらティーふ] 形 **1.**〖文〗復古的な，王制復古の． **2.**〖稀〗修復の，復元の．
der Restaurator [れスタウらートーる] 名 -s/-en [れスタウトれーれン]（美術品の）修復技術者．
restaurieren [れスタウりーれン] 動 h. **1.**〈et⁴ッ〉〖文〗修復〔復元〕する（建物・絵画・彫像などを）． **2.** 〈et⁴ッ〉〖文〗再建〔復興〕する，復古させる（君主制・帝国など旧体制を）． **3.**〘sich⁴〙〖古〗元気を回復する（休息・飲食によって）．
die Restaurierung [れスタウりーるング] 名 -/-en（美術品などの）修復，復元，（旧体制の）復古；〖古〗元気回復．
der Restbestand [れスト・ベシュタント] 名 -(e)s/..stände（特に商品の）残部，残高．
der Restbetrag [れスト・ベトらーク] 名 -(e)s/..träge 残高，残額．
restituieren [れスティトゥイーれン] 動 h.〈et⁴ッ〉〖法〗（原状）回復する（失われた権利・状態などを）；返済する，補償する．

die Restitution [れスティトゥツィオーン] 名 -/-en **1.**〖法〗復古． **2.**〖法〗原状回復，賠償． **3.**〖生〗再生，補充．
restlich [れストりヒ] 形 残った，余った；残りの．
restlos [れスト・ロース] 形 残すところのない，すっかり．
der Restposten [れスト・ポステン] 名 -s/-〖商〗（切り売り商品の）売れ残り．
die Restriktion [れストりクツィオーン] 名 -/-en **1.** 制限，限定；規制，（財政の）引締め． **2.**〖言〗制限，限定．
restriktiv [れストりクティーふ] 形 **1.**〖文〗制限的な；〖法〗縮小的な：ein Gesetz ～ auslegen ある法を縮小解釈する． **2.**〖言〗限定的な，限定的な．
restringieren [れストりンギーれン] 動 h.〈et⁴ッ〉〖稀〗制限する，縮小する（生産・消費などを）．
die Restsumme [れスト・ズメ] 名 -/-n 残額，残金．
die Restsüße [れスト・ズーセ] 名 -/（ワインなどの）発酵後に残った未発酵の糖分．
die Restzahlung [れスト・ツァールング] 名 -/-en 残金の支払い．
die Resultante [れズるタンテ] 名 -/-n〖理〗合力（㋣ッ），合成力（ベクトルの和）；〖数〗終結式．
das Resultat [れズるタート] 名 -(e)s/-e〖文〗（研究・捜査などの）結果，成果；（計算の結果としての）答え，解答．
resultieren [れズるティーれン] 動 h. **1.**〘（aus 〈et³から〉）〙結果として生ずる；結論として出て来る． **2.** in 〈et⁴ッとうに〉結果に終る（をもたらす）．
das Resümee [れズメー] 名 -s/-s 要約，概要，レジュメ；要旨，要点；結論づけ：das ～ ziehen 総括する．
resümieren [れズミーれン] 動 h.〈et⁴ッ〉要約する，まとめる，（…の）要旨〔概要〕を述べる． **2.**〘〈文〉〙結論づける．
das Retabel [れターベる] 名 -s/-〖芸術学〗（聖堂の）祭壇背後の飾り壁．
der Retard [rətá:r れターあ] 名 -s/-遅（時計の進みを遅くすること．記号 R で遅速調整装置の目盛に表示）．
die Retardation [れタるダツィオーン] 名 -/-en〖文〗遅滞，遅延．
retardieren [れタるディーれン] 動 h.〈et⁴ッ〉〖文〗遅らせる，引延ばす，遅滞させる（進行・発展などを）．
retardiert [れタるディーあト] 形〖心〗（心身の）発達が遅れた．
die Retention [れテンツィオーン] 名 -/-en **1.**〖医〗（排泄（㋣ッ）物の体内での）停滞；（嘔吐などの）停留． **2.**〖心〗（記憶の）保持，記憶力．
retikular [れティクラーる] 形 =retikulär．
retikulär [れティクレーる] 形〖解〗網状の，細網状の．
retikuliert [れティクリーあト] 形 網目状（模様）の．
die Retina [れーティナ] 名 -/-e[..en]〖解〗網膜．
die Retirade [れティらーデ] 名 -/-n **1.**〖古・婉〗トイレ． **2.**〖古〗（軍隊の）退却．
die Retorsion [れトるズィオーン] 名 -/-en〖法〗報復．
die Retorte [れトるテ] 名 -/-n〖化〗レトルト；蒸留器：aus der ～（口）（《戯》も有）人工的につくられた．
das Retortenbaby [れトるテン・ベービ] 名 -s/-s（㋕ッ）試験管ベビー．
retour [retú:r れトゥーる] 副（㋠ッ・㋓ッ）戻って，帰って．
die Retourkutsche [れトゥーあ・クッチェ] 名 -/-n（口）のののりやあざけりに対するしっぺ返し．
retournieren [retornírən れトゥらニーれン] 動 h. **1.**〈et⁴ッ〉〖商〗送り返す，返品する（商品を）． **2.**〈et⁴ッ〉〖㋠ッ〗返す，戻す． **3.**〘〈et⁴ッ〉〙〖㋠ッ〗リターンする．
die Retraite [rətrɛ:tə れトれーテ] 名 -/-n〖軍〗〖古〗退却；（騎兵隊の）帰営ラッパ．

Revers

der **Re·trie·ver** [リトリーヴァー] 名 -s/- レトリーヴァー(訓練された猟犬の一種).

re·tro·spek·tiv [レトロスペクティーフ] 形 《文》回顧的な，レトロの.

die **Re·tro·spek·ti·ve** [レトロスペクティーヴェ] 名 -/-n 《文》回顧；回顧展.

der **Ret·si·na** [レツィーナ] 名 -(s)/-s 《愉 は 種類》レツィナ(松やにの香りのするギリシアの白ワイン).

ret·ten [レッテン] 動 h. **1.** 〈j⁴/et⁴〉ヶ+(aus〔vor〕〈et³〉ヵヶ〕〉救う, 救い出す, 救助する；〈j⁴/et⁵〉sich⁴ の場合}助かる. **2.** 〈j⁴/et⁴〉ヶ+〈方向ヵ〉避難させる, 逃れさせる. **3.** 〔et⁴〉ヶ+〈時点マデ／2週ヵト〕保存する, 保ち続ける, 守る(文化財・風習などを)；〈et⁴〉がsich⁴の場合保存される. 【慣用】Der Torwart rettete mit einer Parade. 【蹴】キーパーがシュートをセービングで防いでゴールを逃れた. nicht mehr zu retten sein 〔口〕完全に狂っている. sich⁴ ins Ziel retten 〖スポ〗辛うじて抜かれずにゴールインする.

der **Ret·ter** [レッター] 名 -s/- 救助者, 救い手.

der **Ret·tich** [レッティヒ] 名 -s/-e 【植】 **1.** ダイコン. **2.** ダイコンの根.

die **Ret·tung** [レッテゥング] 名 -/-en 救い, 救出, 救助；(文化財などの)保護；〔軍ノミ〕救助隊；救急車.

der **Ret·tungs·an·ker** [レットゥングス・アンカー] 名 -s/- 最後の頼り, 頼みの綱.

die **Ret·tungs·ar·bei·ten** [レットゥングス・アルバイテン] 複名 救助作業〔活動〕.

der **Ret·tungs·arzt** [レットゥングス・アーあット, レットゥングス・アるット] 名 -es/..ärzte 救急医(救急車などに乗組む).

die **Ret·tungs·bo·je** [レットゥングス・ボーイェ] 名 -/-n 救命ブイ.

das **Ret·tungs·boot** [レットゥングス・ボート] 名 -(e)s/-e 救助艇；救命ボート.

der **Ret·tungs·dienst** [レットゥングス・ディーンスト] 名 -(e)s/-e **1.** 〔軍ノミ〕救助作業〔活動〕. **2.** 救助隊.

das **Ret·tungs·floß** [レットゥングス・ふロース] 名 -es/..flöße 救命いかだ.

das **Ret·tungs·ge·rät** [レットゥングス・ゲれート] 名 -(e)s/-e 救命具.

der **Ret·tungs·gür·tel** [レットゥングス・ギュるテル] 名 -s/- 救命帯.

der **Ret·tungs·hub·schrau·ber** [レットゥングス・フープシュらウバー] 名 -s/- 救急ヘリコプター.

die **Ret·tungs·in·sel** [レットゥングス・インゼル] 名 -/-n (自動的に空気を吸込みふくれあがる)大型救命筏(いかだ).

ret·tungs·los [レットゥングス・ロース] 形 助かる見込みのない；絶望的な；〔口〕すっかり.

die **Ret·tungs·mann·schaft** [レットゥングス・マンシャふト] 名 -/-en 救助隊.

die **Ret·tungs·me·dail·le** [レットゥングス・メダイエ] 名 -/-n 人命救助表彰メダル.

der **Ret·tungs·ring** [レットゥングス・リング] 名 -(e)s/-e 救命浮き輪；〔口・冗〕腹の回りにたっぷりついた脂肪.

der **Ret·tungs·sa·ni·tä·ter** [レットゥングス・ザニテーター] 名 -s/- 救急隊員(医療処置の資格がある).

der **Ret·tungs·schlauch** [レットゥングス・シュラウフ] 名 -(e)s/..schläuche (火事の際の)救助袋.

der **Ret·tungs·schuss**, ⓢ **Ret·tungs·schuß** [レットゥングス・シュス] 名 ..sses/..schüsse (次の形で)finaler ～ (警官による)人質救助のための犯人へのとどめの射撃.

das **Ret·tungs·schwim·men** [レットゥングス・シュヴィメン] 名 -s/- 人命救助泳法.

die **Ret·tungs·sta·ti·on** [レットゥングス・シュタツィオーン] 名 -/-en 救助隊詰所.

der **Ret·tungs·trupp** [レットゥングス・トるップ] 名 -s/-s 救助部隊.

der **Ret·tungs·ver·such** [レットゥングス・ふぇあズーふ] 名 -(e)s/-e 救助(救出)の試み.

der **Ret·tungs·wa·gen** [レットゥングス・ヴァーゲン] 名 -s/- 救急車.

das **Ret·tungs·we·sen** [レットゥングス・ヴェーゼン] 名 -s/- 人命救助体制.

die **Ret·tungs·wes·te** [レットゥングス・ヴェステ] 名 -/-n 〔海〕救命胴衣.

die **Re·turn** [ritɜːrn リターン, ritɛːrn リテァン] 名 -s/-s 〖スポ・卓球・テニス〗リターン, 返球.

die **Re·tu·sche** [レトゥッシェ] 名 -/-n 〔写・印〕修整；修整紙上の部分.

re·tu·schie·ren [レトゥッシーれン] 動 h. 〈et⁴〉ヶ〕〔写・印〕修整する.

(*der*) **Reuch·lin** [ろイヒリーン] 名 【人名】ロイヒリン(Johannes ～, 1455-1522, 人文主義者).

die **Reue** [ろイエ] 名 -/ 後悔, 悔恨；悔い改め.

reu·en [ろイエン] 動 h. 〈j⁴〉ヶ〕《文》悔やませる, 後悔させる.

reue·voll [ろイエ・ふォル] 形 《文》悔恨の念でいっぱいの.

das **Reu·geld** [ろイ・ゲルト] 名 -(e)s/-er 〔法・経〕解約金；〔競馬〕(出走を取り消す場合の)罰金.

reu·ig [ろイイヒ] 形 《文》後悔した, 改悛(ಶ୍ਯೕ)した.

reu·mü·tig [ろイ・ミューティヒ] 形 《《雅》も有》後悔した, 改悛(ಶ୍ਯೕ)した.

die **Reu·se** [ろイゼ] 名 -/-n (魚をとる)筌(うえ)(Fisch～)；(鳥をとる)筌形の罠(わな)(Vogel～).

re·üs·sie·ren [れユスィーれン] 動 h. (als〈j¹〉トシテ／mit〈et³〉テ〕《文》成功を収める, 真価を認められる.

(*der*) **Reu·ter** [ろイター] 名 【人名】ロイター(Fritz ～, 1810-74, 低地ドイツ語の詩人・小説家).

(*das*) **Reut·lin·gen** [ろイトリンゲン] 名 -s/ 〔地名〕ロイトリンゲン(バーデン=ヴュルテンベルク州の都市).

Rev. 〓=Reverend 師.

die **Re·vak·zi·na·ti·on** [れヴァクツィナツィオーン] 名 -/-en 〔医〕再〔反復〕接種.

die **Re·van·che** [revãːʃ(ə) れヴァーンシュ, れヴァーンシェ, revãːʃi(ə) れヴァンシュ, れヴァンシェ] 名 -/-n **1.** 〔古〕(敗戦の)報復. **2.** 仕返し. **3.** 返礼. **4.** 〖スポ・ゲーム〗リターンマッチ, (ゲームの)雪辱戦；雪辱のチャンス.

das **Re·van·che·spiel** [れヴァ(ー)ンシュ・シュピール, れヴァ(ー)ンシェ・シュピール] 名 -(e)s/-e 〖スポ・ゲーム〗雪辱戦, リターンマッチ.

re·van·chie·ren [revãʃiːrən, revãʃ.. れヴァンシーれン] 動 h. (口) **1.** 〔sich⁴+für〈et³〉ガエニ対シテ〕仕返しをする, 報復する. **2.** 〔sich⁴+(bei〈j³〉ニ) +für〈et⁴〉ノ〕お返しをし〔お礼を〕する(贈り物・親切・招待などで). **3.** 〔sich⁴+(durch〈et⁴〉デ/mit〈et³〉デ)+(für〈et⁴〉ノ)〕〖スポ〗雪辱をする.

der **Re·van·chis·mus** [revãʃismus, revãʃ.. れヴァンシスムス] 名 -/ 〔ミルス〕《蔑》(失地奪還などの)報復主義.

re·van·chis·tisch [れヴァンシスティシュ] 形 〔ミルス〕《蔑》報復主義的な.

die **Re·ve·la·ti·on** [れヴェラツィオーン] 名 -/-en 《文》打明けること.

die **Re·ve·nue** [rəvənyː れヴェニュー] 名 -/-n (主に複)(資産などから生じる)収入.

der **Re·ve·rend** [れヴェれント] 名 -s/-s **1.** 〔英ノミ〕師(英語圏での聖職者の称号). **2.** 師(人)(略 Rev.).

die **Re·ve·renz** [れヴェれンツ] 名 -/-en 《文》深い尊敬, 敬意；お辞儀, 敬礼.

der **Re·vers**[1] [れヴェるス, revéːr, revɛːr, rə.. れヴェー

あ]名 -es[れヴェるゼス][-[れヴェーぁ(ス)]]/-e[れヴェるゼ][-[れヴェーぁス]] 硬貨(メダル)の裏面.

der **Revers**[2] [れヴェㇲ] 名 -es/- 保証書.

das[der] **Revers**[3] [revéːr, revέːr, rə‥ れヴェーぁ 名 -[‥あ(ス)/-[‥あス] (('ﾌﾗﾝｽ' der ~) (背広などの襟の)折返し.

reversibel [れヴェるズィーベる] 形 (⊕は‥bl‥)可逆的な;裏返しできる.

das **Reversible**[1] [‥bel れヴェるズィーベる] 名 -s/- 【織】リバーシブル(の生地).

das **Reversible**[2] [‥bəl れヴェるズィーベる‥blə れヴェるズィーブレ] 名 -s/-s リバーシブルの衣服.

revidieren [れヴィディーれン] 動 h. 1. ((et⁴))検査(点検・監査)する(帳簿・手荷物・会計などを);検閲(校正)する. 2. ((et⁴))改める,改正(修正)する(考え・政策・態度・契約・条文などを);改訂する. 3. ((et⁴))(('まれ'))分解修理する.

das **Revier** [れヴィーぁ] 名 -s/-e 1. 管轄(区)域;(市内の地域を管轄する)警察署;警察署の管轄区域(Polizei~). 猟区(Jagd~);(営林署の)営林区(Forst~). 2. 【動】縄張り. 3. 【兵】(営内の)医療室. 4. 【鉱】鉱区.

der **Revierförster** [れヴィーぁ‥ふぇるスタ] 名 -s/- 地区林務官.

das **Revirement** [revirəmã: れヴィるマーン] 名 -s/-s (文)(特に高官などの)人事異動.

die **Revision** [れヴィズィオーン] 名 -/-en 1. 検査,監査. 2. 【印】最終校正,念校. 3. (考えなどを)改めること,変更;(条約などの)修正,改正. 4. 【法】上告.

der **Revisionismus** [れヴィズィオニスムス] 名 -/ 【政】修正主義;(法律・条約などの)改正論.

der **Revisor** [れヴィーゾぁ] 名 -s/-en [れヴィゾーレン] 1. 検査役;会計監査役(Bücher~). 2. 【印】最終校正係.

revitalisieren [れヴィタリズィーれン] 動 h. 1. ((et⁴))【医・生】再び丈夫[正常]にする. 2. ((et⁴))(('まれ'))改装(改装)する.

das **Revival** [riváɪvəl リヴァイヴェル] 名 -s/-s リバイバル.

die **Revolte** [れヴォるテ] 名 -/-n 反乱,暴動.

revoltieren [れヴォるティーれン] 動 h. 1. (('雅'))反乱(暴動)を起こす. 2. [gegen ⟨j⁴/et⁴⟩=ﾆﾀｲｼ] 反抗する,盾つく,いきり立つ(親・先生・ひどい待遇などに対して).

die **Revolution** [れヴォるツィオーン] 名 -/-en 1. 革命. 2. 革新. 3. 【天】(古)公転.

revolutionär [れヴォるツィオネーぁ] 形 革命の;革命的な.

der **Revolutionär** [れヴォるツィオネーぁ] 名 -s/-e 革命家;(特定分野での)革新者.

revolutionieren [れヴォるツィオニーれン] 動 h. 1. ((et⁴))=革命(革命的な変革)をもたらす. 2. ((j⁴))(('稀'))革命思想を吹込む. 3. (('ﾗﾃｲﾝ'))(('稀'))革命を起す.

der **Revoluzzer** [れヴォるツァー] 名 -s/- (('蔑'))えせ革命家.

der **Revolver** [れヴォるヴァー] 名 -s/- (回転式)連発ピストル,リボルバー.

das **Revolverblatt** [れヴォるヴァー‥ブラット] 名 -(e)s/‥blätter (('蔑'))スキャンダル紙,赤新聞.

die **Revolverdrehbank** [れヴォるヴァー‥ドれ‥バンク] 名 -/‥bänke タレット旋盤.

der **Revolverheld** [れヴォるヴァー‥ヘルト] 名 -en/-en (('蔑'))やたらにピストルをぶっぱなす乱暴者.

der **Revolverkopf** [れヴォるヴァー‥コップ] 名 -(e)s/‥köpfe 【工】タレット盤;【写】レンズタレット.

die **Revolverpresse** [れヴォるヴァー‥プれッセ] 名 -/

die **Revolverschnauze** [れヴォるヴァー‥シュナウツェ] 名 -/-n (口・蔑)(他人をこきおろす)生意気な口のきき方;生意気な口をきく人.

revozieren [れヴォツィーれン] 動 h. ((et⁴))(文) 撤回する.

die **Revue** [revý:, rə‥ れヴュー] 名 -/-n 1. 【劇】レビュー;レビューの一座. 2. 評論雑誌,レビュー(雑誌のタイトルとしても). 3. 【軍】(古)閲兵,観兵式. 【慣用】⟨j⁴/et⁴⟩ Revue passieren lassen ⟨人・物・事⁴⟩次々に思い浮かべる.

der **Revuefilm** [れヴュー‥ふぃるム] 名 -(e)s/-e レビュー映画.

das **Rexglas** [れㇰス‥グラース] 名 -es/‥gläser (('ｵｰｽﾄﾘｱ'))【商標】レックスグラス(瓶詰用の瓶).

der **Rezensent** [れツェンゼント] 名 -en/-en (映画・演劇・書物などの)批評家,評論家.

rezensieren [れツェンズィーれン] 動 h. ((et⁴))批評する,論評する(論文・本・映画・劇などを).

die **Rezension** [れツェンズィオーン] 名 -/-en (演劇・書物などの)批評,評論;(異本の多いテキストの)校訂.

das **Rezensionsexemplar** [れツェンズィオーンス・エクセムプラーぁ] 名 -s/-e 書評用の献呈本.

rezent [れツェント] 形 1. 【生】現在(生き)残っている,現存の. 2. (('方'))ぴりっとした.

das **Rezept** [れツェプト] 名 -(e)s/-e 1. (医者の)処方箋(\''せん''). 2. 調理法,レシピ(Koch~). 3. (対処の)方法.

rezeptfrei [れツェプト・ふらイ] 形 処方箋(\''せん'')なしで手に入る.

rezeptieren [れツェプティーれン] 動 h. ⟨j³⟩=+⟨et⁴⟩ 【医】処方する.

die **Rezeption** [れツェプツィオーン] 名 -/-en 1. (文)(外国の文化財などの)引継ぎ,受継ぎ,継受. 2. (文)(芸術作品の)受容. 3. (ホテルの)受付.

der **Rezeptor** [れツェプトーぁ] 名 -s/-en [れツェプトーれン] (主に⑨)【生・生理】受容器,受容体.

rezeptpflichtig [れツェプト・プふリヒティヒ] 形 処方箋(\''せん'')の必要な.

die **Rezeptur** [れツェプトゥーぁ] 名 -/-en 1. 【薬】処方箋(\''せん'')による調剤;調剤室. 2. 調製(調合)法.

die **Rezession** [れツェスィオーン] 名 -/-en 【経】景気後退.

das **Rezessionsjahr** [れツェスィオーンス・ヤーぁ] 名 -(e)s/-e 景気後退の年.

rezessiv [れツェスィーふ] 形 【生】劣性の;(稀)景気後退の.

rezidiv [れツィディーふ] 形 【医】再発性の.

das **Rezidiv** [れツィディーふ] 名 -s/-e 【医】再発.

der **Rezipient** [れツィピエント] 名 -en/-en 1. (芸術作品の)受容者. 2. 【理】(真空ポンプの)ガラス排気鐘.

rezipieren [れツィピーれン] 動 h. ((et⁴))(文)受入れる(外国の文化・思想などを);受容する(読者・鑑賞者としてあるテキスト・芸術作品などを);【法】継受する(外国法を).

reziprok [れツィプローク] 形 相互の,相関的な;相反の,逆の: ein ~er Wert 【数】逆数.

die **Reziprozität** [れツィプロツィテート] 名 -/ (市場開放などの)相互性.

die **Rezitation** [れツィタツィオーン] 名 -/-en 朗読,朗誦.

das **Rezitativ** [れツィタティーふ] 名 -s/-e 叙唱,レチタティーヴォ.

der **Rezitator** [れツィタートーぁ] 名 -s/-en [れツィタトーれン] (文学作品の)朗読者,朗誦者.

rezitieren [れツィティーれン] 動 h. ((et⁴))朗読(朗誦)する.

das **R-Ge·spräch** [エる·ゲシュプれーひ] [名] -(e)s/-e 〖電話〗コレクトコール, 料金受信人払い通話.

rh ＝Rhesusfaktor negativ　Rh マイナス因子.

Rh[1] ＝Rhesusfaktor positiv　Rh プラス因子.

Rh[2] [エるハー] ＝Rhodium 〖化〗ロジウム.

der **Rha·bar·ber**[1] [らバるバー] [名] -s/ 〖植〗ルバーブ, マルバダイオウ;ルバーブの葉柄.

das **Rha·bar·ber**[2] [らバるバー] [名] -s/ 《口》(大勢の)がやがや, ざわざわ.

der **Rhap·so·de** [..sóːdə らプソーデ, ..zóːdə らプゾーデ] [名] -n/-n (古代ギリシアの)吟遊詩人.

die **Rhap·so·die** [..sodíː らプソディー, ..zodíː らプゾディー] [名] -/-n **1.** (古代ギリシアの吟遊詩人によって朗吟される)叙事詩;(特にシュトゥルム・ウント・ドラング時代の)狂想詩. **2.** 狂詩曲, ラプソディー.

rhap·so·disch [..sóːdɪʃ らプソーディシュ, ..zóːdɪʃ らプゾーディシュ] [形] **1.** (古代ギリシアの)吟遊詩人の;狂想詩の;狂詩曲〔ラプソディー〕の. **2.** 《文・稀》脈絡を欠いた.

(*die*) **Rhea** [れーア] [名] 〖ギ神〗レア(Kronos の妻).

der **Rhein** [らイン] [名] -(e)s/ 〖川名〗ライン川: am ~ ライン河畔で.

rhein·ab [らイン·アップ] [副] ライン川を下って.

rhein·ab·wärts [らイン·アップ·ヴェるツ] [副] ＝rheinab.

rhein·auf [らイン·アウふ] [副] ライン川を上って.

rhein·auf·wärts [らイン·アウふ·ヴェるツ] [副] ＝rheinauf.

der **Rhein·bund** [らイン·ブント] [名] -(e)s/ 〖史〗ライン同盟.

der **Rhein·fall** [らイン·ふぁル] [名] -(e)s/ ライン瀑布(ばく)(スイス, シャフハウゼンの近郊).

der **Rhein·gau** [らイン·ガウ] [名] -(e)s/ 〖地名〗ラインガウ(ヘッセン州の丘陵地帯).

(*das*) **Rhein·hes·sen** [らイン·ヘッセン] [名] -s/ 〖地名〗ラインヘッセン(ラインラント＝プファルツ州の丘陵地帯).

(*die*) **Rhein·hes·sen-Pfalz** [らインヘッセン·プふぁルツ] [名] -/ 〖地名〗ラインヘッセン＝プファルツ(ラインラント＝プファルツ州の地域).

rhei·nisch [らイニシュ] [形] ライン川〔ラインラント・ラインラント住民・ラインラント方言〕の.

(*das*) **Rhein·land** [らイン·ラント] [名] -(e)s/ 〖地名〗ラインラント(中部・低部ライン流域地方. 略 Rhld.).

die **Rhein·lan·de** [らイン·ランデ] [名] [複名] 〖地名〗ラインランデ(ライン川流域のフランク族の居住地).

der **Rhein·län·der** [らイン·レンダー] [名] -s/- **1.** ラインラント〔ライン地方〕の人. **2.** ラインポルカ(2/4 拍子のダンス).

rhein·län·disch [らイン·レンディシュ] [形] ラインラントの, ラインラント人の.

(*die*) **Rhein·land-Pfalz** [らインラント·プふぁルツ] [名] -/ 〖地名〗ラインラント＝プファルツ(ドイツ中西部の州).

rhein·land-pfäl·zisch [らインラント·プふぇルツィシュ] [形] ラインラント＝プファルツ(州)の.

der **Rhein-Main-Do·nau-Kanal** [らイン·マイン·ドーナウ·カナール] [名] -s/ ライン＝マイン＝ドナウ運河.

(*die*) **Rhein·pfalz** [らイン·プふぁルツ] [名] -/ 〖地名〗ラインプファルツ(ラインラント＝プファルツ州南部地域).

die **Rhein·pro·vinz** [らイン·プろヴィンツ] [名] -/ 〖地名〗ライン州(旧プロイセンの州. 中部・低部ライン川流域地方).

das **Rhein·tal** [らイン·タール] [名] -(e)s/ ライン河沿岸低地帯.

der **Rhein·wein** [らイン·ヴァイン] [名] -(e)s/-e ラインワイン.

das **Rhe·ma** [れーマ] [名] -s/-ta 〖言〗レーマ.

das **Rhe·ni·um** [れーニウム] [名] -s/ 〖化〗レニウム(記号 Re).

der **Rhe·o·s·tat** [れオ·スタート] [名] -(e)s〔-en〕/-e〔-en〕〖理〗可変〔加減〕抵抗器.

der **Rhe·sus·af·fe** [れーズス·アっふぇ] [名] -n/-n 〖動〗アカゲザル.

der **Rhe·sus·fak·tor** [れーズス·ふぁクトーあ] [名] -s/ 〖医〗Rh 因子: ~ positiv　Rh プラス因子(記号 Rh). ~ negativ Rh マイナス因子(記号 rh).

der **Rhe·tor** [れートーあ] [名] -s/-en [れトーれン] (古代ギリシアの)雄弁家, 弁論術教師.

die **Rhe·to·rik** [れトーリク] [名] -/-en **1.** (主に[単])雄弁術. **2.** 修辞学, 修辞法;修辞学教本.

der **Rhe·to·ri·ker** [れトーリカー] [名] -s/- 修辞家, 雄弁家.

rhe·to·risch [れトーリシュ] [形] 修辞学(上)の, 修辞(上)の;話し方の;美辞麗句を並べた.

das **Rheu·ma** [ろイマ] [名] -s/ 《口》リューマチ.

rheu·ma·tisch [ろイマーティシュ] [形] 〖医〗リューマチ(性)の;リューマチをわずらっている.

der **Rheu·ma·tis·mus** [ろイマティスムス] [名] -/..men リューマチ.

das **Rheu·ma·to·id** [ろイマトイート] [名] -(e)s/-e 〖医〗リューマチに似た症状の病気.

der **Rh-Fak·tor** [エるハー·ふぁクトーあ] [名] -s/-en ＝Rhesusfaktor.

die **Rhi·ni·tis** [りニーティス] [名] -/..tiden [りニティーデン] 〖医〗鼻炎.

die **Rhi·no·lo·gie** [りノ·ロギー] [名] -/ 鼻科学.

die **Rhi·no·plas·tik** [りノ·プラスティク] [名] -/-e 〖医〗鼻形成(術).

das **Rhi·no·ze·ros** [りノー·ツェろス] [名] -(ses)/-se 〖動〗サイ(Nashorn);《口・冗》間抜け.

das **Rhi·zom** [りツォーム] [名] -s/-e 〖植〗根茎.

das **Rho** [roː ろー] [名] -(s)/-s ロー(ギリシア語アルファベットの第 17 字 ρ, P).

das **Rho·di·um** [ろーディウム] [名] -s/ 〖化〗ロジウム(記号 Rh).

das〔*der*〕**Rho·do·den·d·ron** [ろド·デンドろン] [名] -s/..dren 〖植〗シャクナゲ.

rhom·bisch [ろムビシュ] [形] ひし形の.

das **Rhom·bo·id** [ろムボイート] [名] -(e)s/-e 〖数〗偏菱(へんりょう)形.

der **Rhom·bus** [ろムブス] [名] -/..ben 〖数〗ひし形.

die **Rhön** [れーン] [名] -/ 〖山名〗レーン山脈.

das **Rhön·rad** [れーン·らート] [名] -(e)s/..räder 〖スポーツ〗レーンフープ(体操用具の一種).

der **Rho·ta·zis·mus** [ろタツィスムス] [名] -/ ..men 〖言〗r 音化.

die **Rhyth·mik** [りゅトミク] [名] -/ **1.** 律動的〔周期的反復の〕性質. **2.** 律動学;律動法. **3.** 〖教〗リトミック.

rhyth·misch [りゅトミシュ] [形] リズミカルな;リズムに関する.

rhyth·mi·sie·ren [りゅトミズィーれン] [動] *h.* 〔<et^4>ニ〕リズムをつける〔与える〕.

der **Rhyth·mus** [りゅトムス] [名] -/..men **1.** 〖楽〗リズム;〖言〗リズム. **2.** 周期的反復. **3.** (建築物などの)特定のフォルムの周期的反復による構成.

der **RIAS** [りーアス] ＝Rundfunk im amerikanischen Sektor (von Berlin) ベルリン・アメリカ占領地区放送局.

rib·bel·fest [りっベル·ふぇスト] [形] 擦れても破れない.

rib·beln [りっベルン] [動] *h.* 〔<et^4>ヲ〕《方》親指と人差し指の間に挟んで擦る〔擦りつぶす〕;〖農〗こく(麻などを).

die **Ri·bi·sel** [りービーゼル] [名] -/-n 《オーストリア》〖植〗スグリ(Johannisbeere).

das **Ri·bo·fla·vin** [りボ·ふラヴィーン] [名] -s/-e 〖生化〗リボフラビン.

die **Ri·bo·nu·k·le·in·säu·re** [りボ·ヌクレイーン·ゾイれ] [名]

R

-/ 〘生化〙リボ核酸(記号 RNS, RNA).

das **Ri·bo·som** [りボゾーム] [名] -s/-en 《主に[複]》〘生化〙リボソーム.

(*der*) **Ri̥·chard** [りひゃるト] [名] **1.** 〘男名〙リヒャルト. **2.** 〘人名〙～ von Cornwall コーンウォールのリチャード(1209-72, 大空位時代の対立国王).

die **Ri̥·che·li·eu·sti·cke·rei** [rɪʃəljø.. りシェり(エ)・シュティッケらイ] [名] -/-en 〘手芸〙リシュリュー刺繡(ししゅう).

die **Ri̥cht·an·ten·ne** [りひト・アンテネ] [名] -/-n 〘無線〙指向性アンテナ.

der **Ri̥cht·baum** [りひト・バウム] [名] -(e)s/..bäume 棟上げ式の飾り木.

das **Ri̥cht·beil** [りひト・バイル] [名] -(e)s/-e 斬首(ざんしゅ)用の斧(おの).

das **Ri̥cht·blei** [りひト・ブライ] [名] -(e)s/-e 〘土〙下げ振り.

der **Ri̥cht·block** [りひト・ブロック] [名] -(e)s/..blöcke 斬首(ざんしゅ)台.

die **Ri̥cht·büh·ne** [りひト・ビューネ] [名] -/-n 《古》斬首台.

ri̥ch·ten [りひテン] [動] *h.* **1.** 〔⟨et^4⟩ｦ＋⟨方向⟩ﾆ〕向ける. **2.** 〔⟨et^4⟩ｦ＋auf ⟨et^4⟩ﾆ〕集中する, 傾注する. **3.** 〔⟨et^4⟩ｦ＋an ⟨j^4⟩ﾆ〕(あてて)書く〔出す〕, (向かって)言う〔する〕. **4.** 〔$sich^4$＋⟨方向⟩ﾆ〕向く, 向けられる(目・批判・呼びかけなどが). **5.** 〔$sich^4$＋nach ⟨j^3/et^3⟩ﾆ〕従う, 倣う, 自分を合せる. **6.** 〔$sich^4$＋nach ⟨et^3⟩ﾆ〕基づいて決まる, 依拠する, 左右される. **7.** 〔⟨et^4⟩ｦ〕真っすぐにする(曲った針金などを); (⟨et^4⟩が$sich^4$の場合)真っすぐになる, 身体を真っすぐにする, 真っすぐに並ぶ; (正しく)調節する; (…の照準を)合せる. **8.** 〔⟨et^4⟩ｦ〕(垂直に)立てる(マスト・旗ざおなどを); 建てる(バラック・プレハブ住宅などを); 〘土〙(…の)棟上げをする, 骨組みを完成する. **9.** 〔⟨et^4⟩ｦ〕《南独・オーストリア・スイス》直す, 整える, 修理する; 用意〔準備〕する, 整える: $sich^3$ die Haare/Kleider ～ 自分の(乱れた)髪/衣服を直す. **10.** 〔$sich^4$〕《南独・オーストリア・スイス》身仕度をする. **11.** 〔⟨様態⟩ﾆ〕判決を下す. **12.** 〔(über ⟨j^4/et^4⟩ﾆﾂｲﾃ)〕《文》(不当に)裁く〔判断を下す〕. **13.** 〔⟨j^4⟩ｦ〕《文・古》処刑する. 【慣用】**$sich^4$ in die Höhe richten** 起上がる, 立上がる. ⟨j^4⟩/⟨et^4⟩ **zugrunde〔zu Grunde〕 richten** ⟨人ｦ⟩破滅させる/⟨事ｦ⟩台なしにする.

(*der/die*) **Ri̥ch·ter**^{1} [りひター] [名] 〘人名〙リヒター.

der **Ri̥ch·ter**^{2} [りひター] [名] -s/- 裁判官; 審判者: der höchste ～ 最高の審判者(神のこと).

die **Ri̥ch·ter**^{3} [りひター] [複名] 〘旧約〙士師(ヨシュア以後サムエルの時代まで, 紀元前 1200 頃-1070 頃, のイスラエルの民衆の指導者): das Buch der ～ 士師記.

das **Ri̥ch·ter·amt** [りひター・アムト] [名] -(e)s/ 裁判官の職.

das **Ri̥ch·ter·kol·le·gi·um** [りひター・コレーギウム] [名] -s/..gien 裁判官団.

ri̥ch·ter·lich [りひターりひ] [形] 裁判官の, 司法の, 裁判による: die ～*e* Gewalt 司法権.

die **Ri̥ch·ter·ska·la, Ri̥ch·ter-Ska·la** [りひター・スカーラ] [名] -/ リヒタースケール(地震のマグニチュードと同じ. 米国の C. F. Richter にちなむ).

der **Ri̥ch·ter·spruch** [りひター・シュプるっふ] [名] -(e)s/..sprüche 《古》判決.

der **Ri̥ch·ter·stuhl** [りひター・シュトゥール] [名] -(e)s/ 裁判官の椅子: auf dem ～ sitzen 裁判官としての職務を行う. vor Gottes ～ treten 《転・文》死ぬ.

das **Ri̥cht·fest** [りひト・ふぇスト] [名] -(e)s/-e 上棟式.

der **Ri̥cht·funk** [りひト・ふンク] [名] -s/ 〘無線〙指向送信.

die **Ri̥cht·ge·schwin·dig·keit** [りひト・ゲシュヴィンディひカイト] [名] -/-en (アウトバーンなどの)推奨(最高)速度.

ri̥ch·tig [りひティひ] [形] **1.** 正しい; 正確な: eine ～*e* Lösung 正解. Ist das der ～*e* Weg nach Köln? ケルンへ行くにはこの道でいいのですか. Die Uhr geht ～. その時計は合っている. **2.** 適切な, 適当な, ふさわしい: den ～*en* Zeitpunkt abpassen 適切な時機を待ち受ける. im ～*en* Augenblick kommen いい時にやって来る. Diese Pflanze steht im kühlen Schatten ～. この植物は涼しい日陰が適している. **3.** ちゃんとした, きちんとした, まともな, 本格的な, 正常な: etwas *R*～*es* lernen まともな事を学ぶ. keinen ～*en* Sommer gehabt haben 夏らしい夏がなかった. **4.** 本当の, 本物の: ～*es* Geld 本物のお金. ein ～*er* Berliner 生粋のベルリンっ子. Hier kann ich mich ～ erholen. ここは(私は)本当に休養ができます. 【慣用】**aufs richtige Pferd setzen** 状況を正しく判断する. **das Richtige treffen** 的中する. ⟨et^3⟩ **den richtigen Dreh geben** ⟨事ﾆ⟩適切に処置する. **der richtige Mann am richtigen Platz** 適材適所. **Du bist mir gerade der Richtige dazu.** 君はちょうどそれにおあつらえ向きの人間だ; 《皮》それに適していない. **Er ist nicht ganz richtig im Kopf〔Oberstübchen〕.** 《口》彼は頭がちょっとおかしい. **in seinem richtigen Fahrwasser sein** (彼は)正に魚が水を得たようである. **(Sehr) richtig!** (大変)よろしい, そのとおり. **Zwischen ihnen ist etwas nicht richtig.** 彼らの間には何かしっくりしないものがある.

—— [副] **1.** やはり, はたして, 実際: Sie hat den Schirm doch ～ wieder liegen lassen. 彼女は傘をはたしてまた置き忘れてきた. Ja ～, jetzt erinnere ich mich! そうそう, 今思い出した. **2.** 《語飾》(形容詞を修飾)《口》本当に: Heute ist es ～ kalt. 今日は本当に寒い.

ri̥ch·tig·ge·hend [りひティひ・ゲーエント] [形] 本当の; 本当に.

die **Ri̥ch·tig·keit** [りひティひカイト] [名] -/ 正しさ, 正確さ: Mit ⟨et^3⟩ hat es seine ～. ⟨事ﾊ⟩正しい.

ri̥ch·tig lie·gen*, [旧]**ri̥ch·tig|lie·gen*** [りひティひ りーゲン] [動] *h.* [補足なし] 《口》(相手の)期待どおりの態度をとる〔発言をする〕.

ri̥ch·tig ma·chen, [旧]**ri̥ch·tig|ma·chen** [りひティひ マっへン] [動] *h.* 〔⟨et^4⟩ｦ〕《口》支払う(勘定などを), 返済する(借金を).

ri̥ch·tig stel·len, [旧]**ri̥ch·tig|stel·len** [りひティひ シュテレン] [動] *h.* 〔⟨et^4⟩ｦ〕正す, 直す, 訂正〔是正〕する(誤り・記述などを).

die **Ri̥ch·tig·stel·lung** [りひティひ・シュテルング] [名] -/-en 訂正, 修正.

der **Ri̥cht·ka·no·nier** [りひト・カノニーあ] [名] -s/-e (砲の)照準手.

der **Ri̥cht·kranz** [りひト・クらンツ] [名] -es/..kränze (棟上げ式で)棟に飾る花輪.

die **Ri̥cht·li·nie** [りひト・りーニエ] [名] -/-n 《主に[複]》(所轄官庁が定める)(基本)方針, 指針; 指令, 命令.

die **Ri̥cht·li·ni·en·kom·pe·tenz** [りひトりーニエン・コムペテンツ] [名] -/ (連邦〔州〕総理大臣の)方針決定権限, 政綱決定権限.

der **Ri̥cht·platz** [りひト・プラッツ] [名] -es/..plätze 処刑場.

der **Ri̥cht·preis** [りひト・プらイス] [名] -es/-e 〘経〙(官庁や団体が決めた)標準価格, 指標価格; メーカー希望小売価格; 予価.

der **Ri̥cht·satz** [りひト・ザッツ] [名] -es/..sätze (当局の定める)基準額.

das **Ri̥cht·scheit** [りひト・シャイト] [名] -(e)s/-e 〘土〙(水準器つきの)直定規.

die **Ri̥cht·schnur** [りひト・シュヌーあ] [名] -/-en **1.** 下げ振り糸, 墨縄. **2.** 《主に[単]》(行動の)規準, 指針.

der **Ri̥cht·schüt·ze** [りひト・シュッツェ] [名] -n/-n ＝

Richtkanonier.
das **Richtschwert** [リヒト・シュヴェーァト] 名 -(e)s/-e 斬首(ざん)用の刀.
die **Richtstätte** [リヒト・シュテッテ] 名 -/-n〔文〕刑場.
der **Richtstrahler** [リヒト・シュトゥラーラー] 名 -s/-〔無線〕ビームアンテナ.
die **Richtung** [リヒトゥング] 名 -/-en **1.** 方向, (東西南北の)方角, 方面: in ~ (auf) Stuttgart fahren シュトゥットガルト方面へ行く. **2.** (政治・芸術などにおける)傾向, 趨勢, 流派.【慣用】aus/nach allen Richtungen 四方八方から/に. in dieser Richtung この方向で, この点に関して.
richtunggebend [リヒトゥング・ゲーベント] 形 方向づけをする, 基準となる.
der **Richtungsanzeiger** [リヒトゥングス・アン・ツァイガー] 名 -s/-〔交〕方向指示器.
die **Richtungsgewerkschaft** [リヒトゥングス・ゲヴェルクシャフト] 名 -/-en 特定の世界観(政治思想)に基づく労働組合.
der **Richtungskampf** [リヒトゥングス・カンプフ] 名 -(e)s /..kämpfe (主に複)(党内の)路線闘争.
richtungslos [リヒトゥングス・ロース] 形 方向の定まらない;〔転〕無方針の.
der **Richtungspfeil** [リヒトゥングス・プファィル] 名 -(e)s /-e (路面上の)方向を示す矢印.
richtungsweisend [リヒトゥングス・ヴァィゼント], **richtungweisend** [リヒトゥング・ヴァィゼント] 形 方向〔方針〕を示す.
die **Richtwaage** [リヒト・ヴァーゲ] 名 -/-n 水準器, レベル.
der **Richtwert** [リヒト・ヴェーァト] 名 -(e)s/-e 基準値〔価格〕.
das **Rick** [リック] 名 -(e)s/-e[-s] **1.**〔方〕小幅板, 棒;小幅板の台. **2.**〔馬術〕横木.
die **Ricke** [リッケ] 名 -/-n ノロ(ジカ)の雌.
die **Rickettsie** [リケェトゥスィエ ケッツィエ] 名 -/-n (主に複)〔医・生〕リケッチア(細菌より小さく, ウイルスより大きい病原体).
der **Rideau** [ridó: リドー] 名 -s/-s (スス)〔古〕カーテン.
ridikül [リディキュール] 形〔文・古〕ばかげた, こっけいな.
der[*das*] **Ridikül** [リディキュール] 名 -s/-e[-s]〔古〕レディキュール(18-19世紀に流行した手芸用手提げ袋).
rieb [リープ] 動 reiben の過去形.
riebe [リーベ] 動 reiben の接続法 2 式.
riechen* [リーヒェン] 動 roch; hat gerochen **1.**〔〔〈様態2=〕〕においう, においがする. Gut ~ いいにおいがする. Das Fleisch *riecht*. その肉はにおう. aus dem Mund 口臭がする. **2.** [nach 〈et³〉]くさいがする, 臭い: (Es が主語で)Hier *riecht* es nach Gas. ここはガスのにおいがする. Es *riecht* nach einem Skandal.〔転〕これはスキャンダルのにおいがする. **3.**〔転〕においに気づく, においを感じる;〔転〕(…を)嗅(か)ぎつける, (…に)感づく. **4.**[an 〈et³〉]/in〈et³〉]〕においを嗅ぐ.【慣用】Lunte [den Braten] riechen (口)危険に感づく, やばいなと感ずる. mal dran riechen dürfen (口)ちょっとだけ触らせて[見させて]もらう. 〈et⁴〉 nicht riechen können〈物 4〉においが我慢できない, (口)〈事 4〉予知できない. 〈j⁴〉 nicht riechen können (口感)〈人 4〉我慢がない.
der **Riecher** [リーヒャー] 名 -s/-(口)鼻;勘: einen guten [den richtigen] ~ haben 勘がいい.
das **Riechfläschchen** [リー・フレッシュヒェン] 名 -s/- (昔の)気付け薬入りの小瓶.
der **Riechnerv** [リー・ヒ・ネルフ] 名 -s[-en]/-en〔解〕嗅神経.
das **Riechsalz** [リー・ザルツ] 名 -es/-e 芳香塩(気付け薬).

das **Ried** [リート] 名 -(e)s/-e.〔植〕アシ, ヨシ. **2.** アシの生えた沼地.
das **Riedgras** [リート・グラース] 名 -es/..gräser〔植〕カヤツリグサ.
rief [リーフ] 動 rufen の過去形.
riefe [リーフェ] 動 rufen の接続法 2 式.
die **Riefe** [リーフェ] 名 -/-n (北独)(石・木材・金属などに刻まれた)溝.
riefeln [リーフェルン] 動 h.〈et⁴〉溝を彫る, 節目を入れる.
riefen [リーフェン] 動 h. = riefeln.
die **Riege** [リーゲ] 名 -/-n (特に体操の)組, チーム.
der **Riegel** [リーゲル] 名 -s/- **1.** 閂(かんぬき), 差し錠(錠の)ボルト. **2.**〔軍〕阻止陣地;〔スポ〕〔フットボールで〕加わったゴール前の堅いディフェンス. **3.** (チョコレートなどの)バー. **4.** バックヘルに通し閂止め. **5.**〔土〕(ハーフティンバーの)横木;〈古〉(壁に取りつけた)衣装掛けのフックのついた板. **6.**〔狩〕(山や山の)獣道.【慣用】〈et³〉 einen Riegel vorschieben 〈事を〉阻止する.
riegeln [リーゲルン] 動 h. **1.**〈et⁴〉〔方〕閂(かんぬき)を掛ける, 錠を下ろす. **2.**〈et⁴〉〔馬術〕手綱を交互に引いて一定の姿勢をとらせる.
rieh [リー] 動 reihen² の過去形.
riehe [リーエ] 動 reihen² の接続法 2 式.
(*der*) **Riemann** [リーマン] 名〔人名〕リーマン(Bernhard ~, 1826-66, 幾何学者).
der **Riemen¹** [リーメン] 名 -s/- **1.** (皮・織物などの)ひも, ベルト, バンド;(皮の)靴ひも. **2.**〔工〕伝動ベルト(Treib~). **3.**〔新聞〕(ジン)長い記事. **4.** (口)ペニス.【慣用】den Riemen enger schnallen (口)財布のひもをしめる. sich⁴ am Riemen reißen (口)力を引き締めて全力を尽す.
der **Riemen²** [リーメン] 名 -s/-〔海〕櫂(かい), オール: sich⁴ tüchtig in die ~ legen 力いっぱいこぐ;(口)(仕事などを)ばりばりこなす.
der **Riemenantrieb** [リーメン・アン・トゥリープ] 名 -(e)s/-e (主に複)〔工〕ベルト伝動.
die **Riemenscheibe** [リーメン・シャィベ] 名 -/-n〔工〕ベルト車, プーリ.
(*der*) **Riemenschneider** [リーメン・シュナィダー] 名〔人名〕リーメンシュナイダー(Tilmann ~, 1460 頃-1531, 彫刻家).
rien ne va plus [riɛnəvaplý リャヌネ ヴァ プリュ〔スス 語〕] もうこれ以後は賭けられません(ルーレットで賭(か)けの締切りを知らせる言葉).
das **Ries** [リース] 名 -es/-e (単位を表す㊅は-)〈古〉連(リス)(紙量の単位, 1000 枚).
(*das*) **Riesa** [リーザ] 名 -s/〔地名〕リーザ(ドレースデンの北西の都市).
(*der*) **Riese¹** [リーゼ] 名〔人名〕リーゼ(Adam~, 1492-1559, 算術の名人): nach Adam ~ 正確に計算すると.
der **Riese²** [リーゼ] 名 -n/-n **1.** (伝説などの)巨人;大男. **2.**〔天〕巨星〔体操〕〈ジン〉大車輪. **3.** (口) 1000 マルク紙幣.
der **Riese³** [リーゼ] 名〔地名〕(南独・チロル)(山中の木材搬出用の)滑り路(Holz~).
das **Rieselfeld** [リーゼル・フェルト] 名 -(e)s/-er 下水利用灌漑(かんがい)耕地.
rieseln [リーゼルン] 動 **1.** h.〔様態〕さらさら(ちょろちょろ)流れる(小川などが), しとしと降る(雨が);しずかに降る(粉雪などが). **2.** s.〈方向〉〈処所〉〕さらさら・ちょろちょろと流れ行く〈出る・込む・落ちる(水・血などが);さらさらと降ってくる(雪などが): Ein Schauder *rieselte* mir über den Rücken.〔転〕寒け〔戦慄〕が私の背筋を走った.
die **Riesenarbeit** [リーゼン・アァバィト] 名 -/〖口・

der **Rie·sen·er·folg** [リーゼン・エあふぉルク] 名 -(e)s/-e 《口》大成功.
die **Rie·sen·fel·ge** [リーゼン・ふぇルゲ] 名 -/-n 〖体操〗大車輪.
das **Rie·sen·ge·bir·ge** [リーゼン・ゲビルゲ] 名 -s/ 〖山名〗リーゼン山地(Sudeten 山地の最高峰).
rie·sen·groß [リーゼン・グロース] 形 《口》ものすごく大きな, 巨大な, 大変な.
rie·sen·haft [リーゼンハふト] 形 巨大な, 巨人のような; 《稀》非常な.
der **Rie·sen·hun·ger** [リーゼン・フンガー] 名 -s/ 《口》ものすごい空腹.
das **Rie·sen·rad** [リーゼン・らート] 名 -(e)s/..räder 大観覧車.
die **Rie·sen·schlan·ge** [リーゼン・シュランゲ] 名 -/-n 〖動〗大蛇, うわばみ.
der **Rie·sen·sla·lom** [リーゼン・スラーロム] 名 -s/-s 〖スキー〗大回転競技.
der **Rie·sen·wuchs** [リーゼン・ヴークス] 名 -es/ 〖医〗《古》巨人症, 〖生〗巨大症.
rie·sig [リーズィヒ] 形 **1.** 巨大な; ものすごい. **2.** 《口》すばらしい; 非常に.
die **Rie·sin** [リーズィン] 名 -/-nen 女の巨人; 大女.
der **Ries·ling** [リースリング] 名 -s/-e **1.** 《ワイン用のブドウの一種》. **2.** リースリング種のワイン.
der **Ries·ter**[1] [リースター] 名 -s/- 《古》(靴の)つぎ革.
der **Ries·ter**[2] [リースター] 名 -s/- 《方》鑿(ノミ)の柄.
die **Ries·ter·ren·te, Riester-Rente** [リースター・れンテ] 名 -/-n 〖政〗リースター年金(近い将来老齢化への個人的備え. 労働大臣 W. Riesterにちなむ).
riet [リート] 動 raten の過去形.
rie·te [リーテ] 動 raten の接続法2式.
der **Riff**[1] [りふ] 名 -(e)s/-e 〖楽〗リフ(ジャズで繰返し演奏される短い楽節).
das **Riff**[2] [りふ] 名 -(e)s/-e 礁, 州(す).
rif·feln [りふぇルン] 動 h. **1.** ⟨et⁴に⟩縞(しま)⟨波⟩をつける(銅板などに). **2.** ⟨et⁴を⟩こく, すく(茎から実を除くために亜麻を).
ri·gid [りギート] 形 《文》厳格(厳重)な; 〖医〗硬直した.
ri·gi·de [りギーデ] 形 =rigid.
die **Ri·go·le** [りゴーレ] 名 -/-n 〖農〗排水溝.
ri·go·len [りゴーレン] 動 h. ⟨et⁴を⟩〖農〗深くすき返す.
der **Ri·go·ris·mus** [りゴりスムス] 名 -/ 《文》リゴリズム, 厳格主義.
der **Ri·go·rist** [りゴりスト] 名 -en/-en 《文》リゴリスト, 厳格主義者.
ri·go·ris·tisch [りゴりスティシュ] 形 厳格主義の.
ri·go·ros [りゴろース] 形 厳格な, 容赦のない.
das **Ri·go·ro·sum** [りゴろーズム] 名 -s/..sa (学位試験の)口頭試問.
der **Rig·we·da** [りクヴェーダ] 名 -(s)/ リグヴェーダ (バラモン教の最古の聖典).
der **Ri·kam·bio** [りカムビオ] 名 -s/..bien 〖銀行〗戻り手形.
(die) **Ri·ke** [リーケ] 名 〖女名〗リーケ(Friederike, Henrike の短縮形).
die **Rik·scha** [りクシャ] 名 -/-s 人力車.
(der) **Rilke** [りルケ] 名 〖人名〗リルケ(Rainer Maria ~, 1875-1926, オーストリアの詩人).
die **Ril·le** [りレ] 名 -/-n (刻んだ細い)溝(ミゾ), 刻み目.
ril·len [りレン] 動 h. ⟨et⁴に⟩溝(ミゾ)を彫る, 刻み目をつける.
die **Ri·mes·se** [りメッセ] 名 -/-n 〖経〗手形引渡しによる債務補填; 受取手形; 送金. **2.** 〖テニス, バドミントン〗ルミーズ(突き直し).
(der) **Ri·nal·do** [りナルド] 名 **1.** 〖男名〗リナルド. **2.** ~ Rinaldini リナルド・リナルディーニ(ドイツの作家 Chr. A. Vulpius, 1762-1827, の盗賊小説の主人公).
das **Rind** [りント] 名 -(e)s/-er **1.** 〖動〗ウシ; (⑨のみ)《口》牛肉(~fleisch). **2.** 〖動〗ウシ科の哺乳(ほにゅう)類(水牛・野牛など).
die **Rin·de** [りンデ] 名 -/-n **1.** 樹皮. **2.** (パン・チーズなどの)堅い皮, 〖解〗皮質.
der **Rin·der·bra·ten** [りンダー・ブらーテン] 名 -s/- 〖料〗ローストビーフ.
die **Rin·der·her·de** [りンダー・ヘーあデ] 名 -/-n 牛の群れ.
die **Rin·der·pest** [りンダー・ペスト] 名 -/ 牛疫(ぎゃく).
die **Rin·der·seu·che** [りンダー・ゾイヘ] 名 -/ 狂牛病, BSE.
der **Rin·der·talg** [りンダー・タルク] 名 -(e)s/-e 牛脂.
der **Rin·der·wahn** [りンダー・ヴァーン] 名 -(e)s/ 《口》狂牛病.
der **Rin·der·wahn·sinn** [りンダー・ヴァーンズィン] 名 -(e)s/ 《口》狂牛病.
die **Rin·der·zucht** [りンダー・ツふト] 名 -/-en 牛の飼育.
die **Rin·der·zun·ge** [りンダー・ツンゲ] 名 -/-n 〖料〗牛タン.
das **Rind·fleisch** [りント・ふライシュ] 名 -(e)s/ 牛肉, ビーフ.
das **Rind·le·der** [りント・レーダー] 名 -s/- 牛革.
das **Rinds·bra·ten** [りンツ・ブらーテン] 名 -s/- 《南独・オーストリア・スイス》=Rinderbraten.
das **Rinds·le·der** [りンツ・レーダー] 名 -s/- 牛革.
rinds·le·dern [りンツ・レーダるン] 形 牛革(製)の.
die **Rinds·zun·ge** [りンツ・ツンゲ] 名 -/-n 〖料〗《南独・オーストリア》=Rinderzunge.
das **Rind·vieh** [りント・ふぃー] 名 -s/..viecher **1.** (⑨のみ)(総称)牛. **2.** 《口》《⛔詈》《⑨も有》間抜け, のろま.
der **Ring** [りング] 名 -(e)s/-e **1.** 指輪(Finger~): ein ~ aus Gold/mit einem Stein 金/宝石の指輪. **2.** 輪, 環; 環状物・環状道路など); (⑨のみ)〖スポーツ〗(体操の)つり輪: dunkle ~e unter den Augen 眼の下のくま. die ~e auf dem Baumstumpf 切り株の年輪. **3.** 〖スポーツ〗(ボクシングの)リング(Box~); (円盤投げ・ハンマー投げなどの)サークル. **4.** (人の)環, 仲間, サークル; 企業連合. 〖慣用〗die Ringe tauschen (wechseln) 《文》指輪を交換する, 結婚する.
die **Ring·bahn** [りング・バーン] 名 -/-en 環状線(鉄道).
der **Rin·gel** [りンゲル] 名 -s/- 小さな輪(螺旋(ラセン))形のもの.
die **Rin·gel·blu·me** [りンゲル・ブルーメ] 名 -/-n 〖植〗キンセンカ.
die **Rin·gel·lo·cke** [りンゲル・ロッケ] 名 -/-n (主に⑨)巻き毛.
rin·geln [りンゲルン] 動 h. **1.** ⟨et⁴を⟩(巻いて)輪にする, 環状にする. ⟨⟨ひも・犬が尻尾などを⟩; カールする(髪を). **2.** ⟨et⁴を⟩~um ⟨et³⟩ 環状(渦巻状)に巻きつける(蛇が体などを). **3.** ⟨sich⁴⟩(巻いて)輪になる, 環状になる, 渦巻状になる; とぐろを巻く.
die **Rin·gel·nat·ter** [りンゲル・ナッター] 名 -/-n 〖動〗ヤマカガシ.
der **Rin·gel·piez** [りンゲル・ピーツ] 名 -(es)/-e 《口》ダンスパーティー.
der **Rin·gel·rei·hen** [りンゲル・ライエン] 名 -s/- (子供が手をつないで輪になって踊る踊り[遊戯]).

das **Rịn·gel·spiel** [りンゲル・シュピール] [名] -(e)s/-e 《ｵｰｽﾄﾘｱ》回転木馬.

die **Rịn·gel·tau·be** [りンゲル・タウベ] [名] -/-n 〘鳥〙モリバト.

der **Rịn·gel·wurm** [りンゲル・ヴるム] [名] -(e)s/..würmer 〘動〙環形動物.

rịn·gen* [りンゲン] [動] rang; hat gerungen **1.** 〘(mit ⟨j³⟩ﾄ)〙取っ組合いをする, 格闘する. **2.** 〘mit ⟨j³⟩ﾄ/⟨様態⟩ﾅ〙レスリングをする. **3.** 〘um ⟨et⁴⟩ｦ/nach ⟨et³⟩ｦ〙求めて努力する: um 〔nach〕 Fassung ~ 努めて落着こうとする. nach Atem ~ あえぐ. **4.** 〘mit ⟨et³⟩ﾄ〙対決する, 取組む, (…を)じっとこらえる. **5.** 〘sich⁴＋aus ⟨et³⟩ﾉ中ｶﾗ/von ⟨et³⟩ｶﾗ〙《文》(苦し気に)もれ出る(言葉などが). 【慣用】 **⟨j³⟩ ⟨et⁴⟩ aus der Hand〔den Händen〕 ringen** 《文》⟨人の⟩手から⟨物を⟩もぎ取る. **die Hände ringen** 《文》手をもみ合せる(絶望・不安から). **mit sich³ ringen** とことん自分で考えてみる.

das **Rịn·gen** [りンゲン] [名] -s/ 格闘;レスリング.

der **Rịn·ger** [りンガー] [名] -s/- レスリング選手, レスラー.

die **Rịn·ger-Lö·sung** [りンガー・⑩ーズング] [名] -/ 〘医〙リンゲル液.

der **Rịng·fin·ger** [りング・ふぃンガー] [名] -s/- 薬指.

rịng·för·mig [りング・ⓕるミヒ] [形] 環状の, 輪の形の.

der **Rịng·kampf** [りング・カムプふ] [名] -(e)s/..kämpfe **1.** 格闘, 取っ組合い. **2.** レスリングの試合;(⑩のみ)レスリング.

der **Rịng·kämp·fer** [りング・ケムプふぁー] [名] -s/- レスリング選手.

die **Rịng·mau·er** [りング・マウあー] [名] -/-n (都市や城の周りの)環状囲壁.

der **Rịng·rich·ter** [りング・りヒター] [名] -s/- 〘ﾎﾞｸｼﾝｸﾞ〙レフェリー.

rịngs [りングス] [副] ぐるりと, 周りに: ~ an den Wänden/um den Garten ぐるりと壁際に/庭の周りに. sich⁴ ~ im Kreise umsehen ぐるりと周囲を見回す. die Leute ~ um 周りの人々.

der **Rịng·schlüs·sel** [りング・シュリュッセル] [名] -s/- 閉口スパナ.

die **Rịng·sen·dung** [りング・ゼンドゥング] [名] -/-en 〘ﾗｼﾞｵ・ﾃﾚﾋﾞ〙ネットワーク〔多元〕放送.

rịngs·he·rụm [りングス・へるム] [副] 周りを〔に〕ぐるりと.

die **Rịng·stra·ße** [りング・シュトらーセ] [名] -/-n 環状道路.

rịngs·ụm [りングス・ウム] [副] 周りを〔に〕ぐるりと, あたり一面.

rịngs·um·hẹr [りングス・ウムへーあ] [副] 周囲に, 周りを〔に〕ぐるりと.

der **Rịng·tausch** [りング・タウシュ] [名] -(e)s/-e (何人かで)順繰りに交替〔交換〕すること.

das **Rịng·ten·nis** [りング・テニス] [名] -/ リングテニス(ゴム製の輪を投げ合うテニスに似たゲーム).

der **Rịng·wall** [りング・ヴァル] [名] -(e)s/..wälle (城の囲みなどの)環状塁壁.

die **Rịn·ne** [りネ] [名] -/-n 溝;樋(とい);(船の)水路(Fahr~).

rịn·nen* [りネン] [動] rann; ist/hat geronnen **1.** *s.* 〘(⟨方向⟩へ(ｶﾗ)/⟨場所⟩ｦ)〙ゆっくりと流れて行く〔出る・落ちる〕(血・雨水・涙などが). **2.** *s.* 〘補足なし〙《文》流れる(時・年月が). **3.** *h.* 〘補足なし〙漏れる(容器が).

das **Rịnn·sal** [りン・ザール] [名] -(e)s/-e 《文》細い流れ;一筋: ein ~ von Blut 一筋の血.

der **Rịnn·stein** [りン・シュタイン] [名] -(e)s/-e **1.** 側溝;《転》どん底: im ~ enden 〔landen〕 落ちぶれる. **2.** 歩道の縁石.

R. I. P. =〘ﾗﾃﾝ語〙requiescat in pace 魂の安らかに憩われんことを(墓碑銘).

die **Ri·pọs·te** [りポステ] [名] -/-n 〘ﾌｪﾝｼﾝｸﾞ〙リポスト(返し突き).

das **Rịpp·chen** [りっプひぇン] [名] -s/- **1.** (Rippe の縮小形)小肋骨(ろっこつ). **2.** (特に豚の)スペアリブ.

die **Rịp·pe** [りっぺ] [名] -/-n **1.** 肋骨(ろっこつ), あばら骨. **2.** (暖房器の)フィン, (チョコレートの)バー. **3.** 〘植〙(葉脈の)中央脈とその左右の側脈;〘工・建〙肋材, リブ;〘工〙(冷却器の)フィン. 【慣用】 **sich³ ⟨et⁴⟩ nicht aus den Rippen schneiden können** 《口》⟨物を⟩とうてい工面〔調達〕できない.

die **Rịp·pel·mar·ken** [りっぺル・マるケン] [複名] = Rippeln.

die **Rịp·peln** [りっぺルン] [複名] 〘地質〙リップルマーク, 波跡, 漣痕(れんこん).

rịp·pen [りっぺン] [動] *h.* 〘⟨et⁴⟩ニ〙《稀》畝〔リブ〕を付ける(織物などに).

der **Rịp·pen·farn** [りっぺン・ふぁるン] [名] -(e)s/-e 〘植〙ヒリュウシダ.

das **Rịp·pen·fell** [りっぺン・ふぇル] [名] -(e)s/-e 肋膜(ろくまく).

die **Rịp·pen·fell·ent·zün·dung** [りっぺンふぇル・エントツュンドゥング] [名] -/-en 肋膜(ろくまく)〔胸膜〕炎.

der〔*das*〕 **Rịp·pen·speer** [りっぺン・シュペーあ] [名] -(e)s/ 塩漬けの骨付豚ばら肉.

der **Rịp·pen·stoß** [りっぺン・シュトース] [名] -es/..stöße (注意・激励のため肘で)わき腹をつつくこと.

das **Rịp·pen·stück** [りっぺン・シュテュック] [名] -(e)s/-e ばら肉, リブ.

der〔*das*〕 **Rịp·pe·speer** [りっぺ・シュペーあ] [名] -(e)s/ =Rippenspeer.

der **Rịps** [りっプス] [名] -es/-e 畝(うね)織物.

der **Ri·pu·a̱·ri·er** [りプアーりあー] [名] -s/- リプアーリ族(フランク人の一支族).

ri·ra·rụtsch! [りーらーるっチュ] [間] 《幼》(すべったり, 乗り物に乗って走る様子)するする, すいすい.

der **Ri·sa·lịt** [りザリート] [名] -s/-e 〘建〙リザリート(建物前面の装飾的な突出部).

das **Ri̱·si·ko** [りーズィコ] [名] -s/-s 〔..ken〕 (損失・失敗の)危険, リスク: das ~ eingehen/übernehmen 危険を冒す/覚悟する. auf eigenes ~ 自己の危険負担〔責任〕で.

die **Ri̱·si·ko·be·reit·schaft** [りーズィコ・べらイトシャふト] [名] -/ 危険を冒す覚悟〔用意・心構え〕.

ri̱·si·ko·frei [りーズィコ・ふらイ] [形] リスク〔危険〕のない.

das **Ri̱·si·ko·ka·pi·tal** [りーズィコ・カピタール] [名] -(e)s/-e 〘経〙危険(を負担する)資本, ベンチャー・キャピタル.

ri̱·si·ko·los [りーズィコ・ロース] [形] =risikofrei.

die **Ri̱·si·ko·prä·mie** [りーズィコ・プれーミエ] [名] -/-n 〘経〙危険割増金, リスクプレミアム, 危険負担報酬.

ri̱·si·ko·reich [りーズィコ・らイひ] [形] リスクの多い.

das **Ri·si·pi̱·si** [りズィ・ピーズィ] [名] -(s)/ 《ｵｰｽﾄﾘｱ》〘料〙リジピーシ(グリンピースの入ったイタリアの米料理).

die **Ri·si-Pi̱·si** [りズィ・ピーズィ] [複名] =Risipisi.

ris·kạnt [りスカント] [形] リスクを伴う.

ris·kie̱·ren [りスキーれン] [動] *h.* **1.** 〘⟨et⁴⟩ヲ〙危険を冒して行う, 敢えてする(取引・反対などを);(…の)危険を冒す(死・事故・左遷などの). **2.** 〘⟨j⁴/et⁴⟩ヲ〙(失う)危険にさらす, 賭(か)ける(妻子・生命・地位などを). 【慣用】 **ein Auge〔einen Blick〕 riskieren** こっそり見る〔盗み見をする〕. **ein zaghaftes Lächeln riskieren** おずおずと微笑する.

das **Ri·sor·gi·mẹn·to** [rizɔrdʒiméːnto りゾるヂメント] [名] -(s)/ リソルジメント(1815-70 年のイタリア統一運動).

der **Ri·sọt·to** [りゾっト] [名] -(s)/-s (《ｵｰｽﾄﾘｱ》das ~ -s/-(s)も有) 〘料〙リゾット(イタリアの米料理).

die **Ris·pe** [リスペ] 名 -/-n 【植】円錐(えん)花序.
riss, ⓈⓇ**riß** [リス] 動 reißen の過去形.
der **Riss**, ⓈⓇ**Riß** [リス] 名 -es/-e 1. 裂け目,割れ目,亀裂;〈転〉(人間関係の)ひび. 2.《稀》切断. 3.【工·幾何】図面.
ris·se [リッセ] 動 reißen の接続法 2 式.
ris·sig [リッスィヒ] 形 ひびの入った,荒れた.
die **Riss·wun·de**, ⓈⓇ**Riß·wun·de** [リス・ヴンデ] 名 -/-n かき傷, 裂傷.
der **Rist** [リスト] 名 -es/-e 1. 足の甲;〔スポ〕(手の)甲. 2.(牛馬の背の)隆起, 背峰 (Wider~).
der **Rist·griff** [リスト・グリフ] 名 -(e)s/-e 【体操】順手.
rit. =ritardando【楽】リタルダンド.
ri·tard. =ritardando【楽】リタルダンド.
ri·tar·dan·do [りタるダンド] 副【楽】リタルダンド, だんだんゆるやかに(略 rit, ritard.).
ri·te [リーテ] 副 1.《文》規定どおりに. 2. 可の成績(ドクター試験の合格最低点).
die **Ri·ten** [リーテン] 複名 (宗教上の)儀式, 祭式;(祝いの行事の際の)しきたり. (Ritus の複数形).
ritsch! [リッチュ] 間 1.(ものを引裂く音)びりっ,ばりっ. 2.〔素早く動く様子に〕ぱっ, ぴゅーん.
ritt [リット] 動 reiten の過去形.
der **Ritt** [リット] 名 -(e)s/-e 馬で飛ばすこと, 騎行;(馬による)遠乗り: auf einen (in einem) ~〔口〕一気に.
der **Ritt·ber·ger** [リット・ベルガー] 名 -s/- リトベルガー(フィギュアスケートのジャンプの一種).
rit·te [リッテ] 動 reiten の接続法 2 式.
der **Rit·ter** [リッター] 名 -s/- 1.(中世の)騎士;(騎士修道会の)騎士 (Ordens~):〈j³ zum ~ schlagen〈人⁴を〉騎士に任じる,〈人⁴に〉騎士の位を授ける. 2.《古》(婦人に奉仕する)ナイト. 3.〔ホートー〕リッター(1918年までの下位の爵位). 4.(高位勲章の)受勲者.【慣用】arme Ritter【料】フレンチトースト. ein irrender Ritter《文》遍歴の騎士(常に新たな冒険に出かける男). ein Ritter des Pedals〔冗〕ペダルの騎士(自転車競技の選手に乗る人). ein Ritter von der Feder〔冗〕ペンの騎士(文筆家). ein Ritter von der traurigen Gestalt やせて背の高いうらぶれた男(ドン・キホーテのあだ名にちなむ).
die **Rit·ter·burg** [リッター・ブるク] 名 -/-en 騎士の居城.
die **Rit·ter·dich·tung** [リッター・ディヒトゥング] 名 -/-en 【文芸学】(中世の)騎士文学.
der **Rit·ter·dienst** [リッター・ディーンスト] 名 -(e)s/-e 1.(中世の)騎士としての職務. 2. 騎士的な婦人への奉仕.
das **Rit·ter·gut** [リッター・グート] 名 -(e)s/..güter (昔の)騎士領.
der **Rit·ter·guts·be·sit·zer** [リッターグーツ・ベズィッツァー] 名 -s/- 騎士領の領主.
das **Rit·ter·kreuz** [リッター・クろイツ] 名 -es/-e 騎士鉄十字章(ナチス時代の鉄十字章の高位のもの).
rit·ter·lich [リッターリヒ] 形 騎士の;騎士的な, 気高い;(ナイトのように)礼儀正しく親切な.
die **Rit·ter·lich·keit** [リッター・リヒカイト] 名 -/-en 1.(騎士に)ふさわしいこと, 騎士道精神にのっとっていること. 2. 騎士的な行為.
der **Rit·ter·or·den** [リッター・オるデン] 名 -s/- 騎士修道会, 騎士団.
der **Rit·ter·ro·man** [リッター・ロマーン] 名 -s/-e【文芸学】(中世末期の)騎士物語;(18 世紀末の)騎士小説.
die **Rit·ter·schaft** [リッター・シャフト] 名 -/-en 1.(のみ)(総称)騎士;騎士階級(身分). 2.(ある君主に仕える)騎士(全体).

der **Rit·ter·schlag** [リッター・シュラーク] 名 -(e)s/..schläge 刀礼(騎士叙任の儀式).
der **Rit·ters·mann** [リッタース・マン] 名 -(e)s/..leute《古》騎士.
der **Rit·ter·sporn** [リッター・シュポるン] 名 -(e)s/-e【植】ヒエンソウ.
das **Rit·ter·tum** [リッタートゥーム] 名 -s/ 1. 騎士制度, 騎士道. 2.(総称)騎士.
ritt·lings [リットリングス] 副 馬乗りに.
der **Ritt·mei·ster** [リット・マイスター] 名 -s/-(昔の)乗馬の先導者;(昔)騎兵隊の指揮官;(1945 年までの)騎兵中隊長.
das **Ri·tu·al** [りトゥアール] 名 -s/-e[-ien] 1.(総称)(宗教上の)儀式, 典礼;(カトリックの)定式書. 2. 儀式, セレモニー.
ri·tu·ell [りトゥエル] 形 儀式(祭式)の(規則)に従った;儀式した;儀式張った, 厳かな.
der **Ri·tus** [リートゥス] 名 -/..ten (宗教上の)儀式, 祭式;(祝いの行事の際の)しきたり.
der **Ritz** [リッツ] 名 -es/-e 1.(ガラス・塗装面などの)引っかき傷. 2. 割れ目, 裂け目.
die **Rit·ze** [リッツェ] 名 -/-n 割れ目, 裂け目;《口》腔.
das **Rit·zel** [リッツェル] 名 -s/-【工】小歯車, ピニオン.
rit·zen [リッツェン] 動 h. 1.〈et³〉=+(mit〈et³〉)刻み目(引っかき傷)をつける(ガラス・机の甲板などに). 2.〈et⁴〉+〈et⁴〉〉 刻み込む(つける). 3.((j³)〉+〈et⁴〉〉引っかき傷(小さな傷)をつける. 4.〈sich⁴/sich³〉+〈et⁴〉〉(自分の肌に)引っかき傷(小さな傷)をつける. 5.〈et⁴〉〉(法)守らない, 犯す(法律・規則などを).
der **Ri·va·le** [リヴァーレ] 名 -n/-n 競争相手, ライバル.
die **Ri·va·lin** [リヴァーリン] 名 -/-nen Rivale の女性形.
ri·va·li·sie·ren [りヴァリズィーれン] 動 h.〔mit〈j³〉〕+(um〈j⁴/et⁴〉)競争する, 競(張)合う.
die **Ri·va·li·tät** [りヴァリテート] 名 -/-en 競争, 競合い, 張合い.
die **Ri·vie·ra** [りヴィエーら] 名 -/..ren (主に⑤)〔地名〕リヴィエラ(フランスからイタリアにわたる地中海沿岸の観光地).
der **Ri·zi·nus** [リーツィヌス] 名 -/-[-se] 1.【植】トウゴマ, ヒマ. 2.(⑤のみ)ひまし油.
r.-k. =römisch-katholisch ローマ・カトリック(教会)の.
R. K. =Rotes Kreuz 赤十字.
rm =Raummeter(木材の)立方メートル.
RM =Reichsmark ライヒスマルク(1948 年まで).
Rn [エるエン] =Radon【化】ラドン.
RNA [エるエヌアー] =〔英語〕ribonucleic acid【生・化】リボ核酸 (Ribonukleinsäure).
RNS [エるエヌエス] =Ribonukleinsäure【生・化】リボ核酸.
der **Road·ster** [ろːtstər ろーツター] 名 -s/- ロードスター.
das **Roast·beef** [rōːstbiːf ろーストビーふ] 名 -s/-s【料】肩ロース;ローストビーフ.
die **Rob·be** [ろッベ] 名 -/-n【動】鰭脚(きゃく)類.
rob·ben [ろッベン] 動 1. h.〔軍〕匍匐(ほふく)前進をする(兵隊などが). 2. s.〈方向〉durch〈et⁴〉〉 ノサ‹方通ッテ› 匍匐前進する.
der **Rob·ben·fang** [ろッベン・ふァング] 名 -(e)s/〔狩〕アザラシ(オットセイ・アシカ)狩り.
der **Rob·ben·fän·ger** [ろッベン・ふェンガー] 名 -s/- アザラシ(オットセイ)猟者.
der **Rob·ben·schlag** [ろッベン・シュラーク] 名 -(e)s/- 棍棒(こんぼう)で打ち殺すアザラシ(オットセイ)猟.
die **Ro·be** [ろーべ] 名 -/-n 1.《文》(婦人用の)ロ

ーブ. **2.** 《稀》(裁判官・聖職者などの)ガウン.

(*der*) **Robert** [ろーべるト] [名] 〘男名〙ローベルト.

(*die*) **Robertine** [ろべるティーネ] [名] 〘女名〙ロベルティーネ.

der **Robinson** [ろービンゾン] [名] -s/-e **1.** (単のみ; 主に無冠詞)〘人名〙ロビンソン. **2.** ～ Crusoe ロビンソン・クルーソー(イギリスの Daniel Defoe, 1660 頃–1731, の小説の主人公). **3.** ロビンソン・クルーソーのような人.

die **Robinsonade**[1] [ろビンゾナーデ] [名] -/-n ロビンソン・クルーソー風の冒険小説; ロビンソン・クルーソー風の冒険.

die **Robinsonade**[2] [ろビンゾナーデ] [名] -/-n 〘サッカー〙《古》ロビンソン式セービング.

das **Roborans** [ろーボらンス] [名] -/. .ranzien [ろボらンツィエン]〔. .rantia [ろボらンツィア]〕〘医〙強壮剤.

die **Robot** [ろボット] [名] -/-en 《古》夫役(ぶやく).

roboten [ろボテン] [動] robotete ; hat gerobotet〔robotet〕〔補足なし〕《口》重労働をする, あくせく働く;《古》夫役(ぶやく)に出る.

der **Roboter** [ろボター] [名] -s/- 〘工〙人造人間, ロボット;《古》夫役(ぶやく)に出る人.

robust [ろブスト] [形] たくましい, 強靭(きょうじん)な; 頑丈な.

die **Robustheit** [ろブストハイト] [名] -/ たくましさ; 頑丈さ.

das〔*die*〕**Rocaille** [rokáːj ろカーユ] [名] -/-s 〘芸術学〙ロカイユ(ロココ様式の巻貝風の曲線装飾).

roch [ろっほ] [動] riechen の過去形.

die **Rochade** [ろはーデ, rɔʃáːdə ろシャーデ] [名] -/-n 〘チェス〙キャスリング;〘スポーツ〙ポジションチェンジ.

röche [れっひぇ] [動] riechen の接続法 2 式.

röcheln [れっひぇルン] [動] *h.* 〔補足なし〕のどをぜいぜい〔ごろごろ〕鳴らす(病人・特に臨終の人が).

der **Rochen** [ろっヘン] [名] -s/- 〘魚〙エイ.

rochieren [ろひーれン, rɔʃíː. . ろシーれン] [動] **1.** *h.* 〔補足なし〕〘チェス〙キャスリングする. **2.** *h./s.* 〔〈方向〉へ〕〘スポーツ〙ポジションチェンジする.

der **Rock**[1] [ろック] [名] -(e)s/Röcke **1.** スカート; 〘服〙(ワンピースの)スカート部分. **2.** 《方》(スーツの)上着, ジャケット; 制服 : der grüne ～ des Försters 林務官の緑の制服.

der **Rock**[2] [ろック] [名] -(s)/-(s) 〘楽〙ロック.

der **Rock and Roll** [rɔkənrő:l ろッケン ろール] [名] ---/---(s) **1.** (単のみ)ロックンロール(音楽). **2.** ロックンロール(ダンス).

der **Rockaufschlag** [ろック・アウふ・シュラーク] [名] -(e)s/. .schläge (上着の)襟の折返し.

das **Röckchen** [れックひぇン] [名] -s/- (Rock[1]の縮小形)小さなスカート.

der **Rocken** [ろッケン] [名] -s/- 糸巻き棒.

der **Rocker** [ろッカー] [名] -s/- (オートバイの)暴走族.

die **Rockgruppe** [ろック・グるッペ] [名] -/-n 〘楽〙ロックグループ.

rockig [ろッキひ] [形] ロック(ミュージック)風の.

die **Rockmusik** [ろック・ムズィーク] [名] -/ 〘楽〙ロックミュージック.

der **Rock'n'Roll** [rɔkənrő:l ろッケン ろール] [名] ---/---(s) =Rock and Roll.

die **Rockoper** [ろック・オーパー] [名] -/-n 〘楽〙ロックオペラ.

der **Rockschoß** [ろック・ショース] [名] -es/. .schöße **1.** (燕尾服などの上着の)すそ. **2.** 《古》(ブラウス・ワンピースなどの)ひだをつけた〔鐘形にした〕すそ : sich[4] 〈j[3]〉 an den ～ hängen〔sich[4] an 〈j[2]〉 ～ hängen〕〈人に〉まつわりつく(特に子供が母親に);〈人から〉独立できない.

der **Rockstar** [ろック・シュターあ, ろック・スターあ] [名] -s/-s ロック(ミュージックの)スター.

der **Rockzipfel** [ろック・ツィップふぇル] [名] -s/- スカート〔ワンピース〕のすそ. **【慣用】an 〈j[2]〉 Rockzipfel hängen** 〈人から〉独立できない. **〈j[4]〉 (gerade noch) am〔beim〕Rockzipfel halten〔erwischen〕** 立ち去ろうとする〈人を〉(やっとのことで)引留める.

der **Rodel** [ろーデル] [名] -s/- 《バイエルン》 =Rodelschlitten.

die **Rodel** [ろーデル] [名] -/-n 《オーストリア》(子供用の)小型の橇(そり); (おもちゃの)がらがら.

die **Rodelbahn** [ろーデル・バーン] [名] -/-en 橇(そり)の滑降斜面.

rodeln [ろーデルン] [動] 《方》 **1.** *h./s.* 〔補足なし〕橇(そり)滑りをする. **2.** *s.* 〔〈方向〉へ〕橇で滑って行く.

der **Rodelschlitten** [ろーデル・シュリッテン] [名] -s/- (特に子供が乗って遊ぶ)橇(そり).

roden [ろーデン] [動] *h.* **1.** 〔(〈et[4]〉ヲ)〕開墾する; 開墾の作業をする. **2.** 〔〈et[4]〉ヲ〕切倒して根を掘り起こす;《方》深く掘り返す(株を植え替えるためにブドウ畑を); 掘出す(ビートなどを).

das **Rodentizid** [ろデンティツィート] [名] -(e)s/-e 〘農〙殺鼠(さっそ)剤.

der〔*das*〕**Rodeo** [ろデーオ, ろーデオ] [名] -s/-s ロデオ(カウボーイの競技会).

(*der*) **Roderich** [ろーデりひ] [名] 〘男名〙ローデリヒ.

(*der*) **Rodin** [rɔdɛ̃ ろダン] [名] 〘人名〙ロダン(Auguste ～, 1840–1917, フランスの彫刻家).

der **Rodonkuchen** [rodő:. . ろドーン・クーヘン] [名] -s/- 《方》鉢形のスポンジケーキ.

die **Rodung** [ろードゥング] [名] -/-en 開墾; 開墾地.

Rogate [ろガーテ] [名] (無冠詞; 無変化)〘プロテスタント〙「求めよ」の主日(復活祭後の第 5 日曜日).

der **Rogen** [ろーゲン] [名] -s/- はららご, 腹子.

der **Rogener** [ろーゲナー] [名] -s/- (産卵期の)腹子をもった(雌の)魚.

das **Röggelchen** [れッゲルひぇン] [名] -s/- 《方》小形のライムギパン.

der **Roggen** [ろッゲン] [名] -s/- (複は種類)ライムギ; ライムギの実.

das **Roggenbrot** [ろッゲン・ブろート] [名] -(e)s/-e ライムギパン, ライブレッド.

das **Roggenmehl** [ろッゲン・メール] [名] -(e)s/ ライ麦粉.

der **Rogner** [ろーグナー] [名] -s/- =Rogener.

roh [ろー] [形] **1.** 生(なま)の : ～*er* Schinken 生ハム. **2.** 未加工の, 原料のままの : ～*e* Diamanten/Seide ダイヤモンド原石/生糸. **3.** おおよその, あらましの : nach ～*er* Schätzung ざっと見積もって. **4.** 《蔑》粗野な, 乱暴な, 粗暴な : mit ～*er* Gewalt 力まかせに. ～ spielen 〘スポーツ〙ラフなプレーをする. **5.** 《古》(皮がすりむけて)露出した. **【慣用】im Rohen fertig sein** あらかた出来上がっている. **〈j[4]/et[4]〉 wie ein rohes Ei behandeln** 〈人・物・事を〉はれ物に触るよう扱う.

der **Rohaufwand** [ろー・アウふ・ヴァント] [名] -(e)s/ 〘経〙粗費用, 総支出.

der **Rohbau** [ろー・バウ] [名] -(e)s/-ten (建物の)粗造り, 骨格.

die **Rohbaumwolle** [ろー・バウム・ヴォレ] [名] -/ 〘紡〙原綿.

das **Roheisen** [ろー・アイゼン] [名] -s/ 〘冶金〙銑鉄(せんてつ).

die **Roheit** [ろーハイト] [名] -/-en ⇨ Rohheit.

der **Rohertrag** [ろー・エあトらーク] [名] -(e)s/. .träge 〘経〙粗収益.

das **Roherz** [ろー・エーあツ, ろー・エるツ] [名] -es/-e 〘冶金〙原鉱, 粗鉱.

der **Rohfilm** [ろー・ふぃルム] [名] -(e)s/e 〘写〙生フィルム.

R

das **Roh·ge·wicht** [ろー・ゲヴィひト] [名] −(e)s/−e 〖製造技術〗製品の(仕上げ)加工前の重量;〖商〗総重量.

die **Roh·heit,** [旧] **Ro·heit** [ろーハイト] [名] −/−en **1.** ([単]のみ)粗野, 粗暴. **2.** 粗野な行動〔発言〕.

die **Roh·kost** [ろー・コスト] [名] −/ 生の食物(果物や野菜).

der **Roh·köst·ler** [ろー・㋘ストラー] [名] −s/− 《口》菜食主義者.

das **Roh·le·der** [ろー・レーダー] [名] −s/− 〖製革〗なめしてない皮.

der **Roh·ling** [ろーリング] [名] −s/−e **1.** 《蔑》粗暴な人. **2.** 〖工〗未完成〔半加工〕品(鋳造・鍛造品などで).

das **Roh·ma·te·ri·al** [ろー・マテリアール] [名] −s/−ien 原料, 原材料.

das **Roh·öl** [ろー・㋓ール] [名] −(e)s/−e 原油.

das **Roh·pro·dukt** [ろー・プろドゥクト] [名] −(e)s/−e (製品としては未完成の)中間製品.

das **Rohr** [ろーあ] [名] −(e)s/−e **1.** 〖植〗(主に[単])アシ, ヨシ;([単]のみ)ヨシ〔アシ〕の茂み. **2.** 管, 筒, パイプ. **3.** 《南独・オーストリア》オーブン, 天火. **4.** 《口》陰茎.

der **Rohr·bruch** [ろーあ・ブるっふ] [名] −(e)s/..brüche (水道・ガスなどの)管の破裂.

das **Röhr·chen** [れーあひぇン] [名] −s/− (Rohr, Röhre の縮小形)筒状容器;小さい管;毛細管;試験管.

das **Rohr·dach** [ろーあ・ダっは] [名] −(e)s/..dächer 葦葺(あしぶき)の屋根.

die **Rohr·dom·mel** [ろーあ・ドメル] [名] −/−n 〖鳥〗サンカノゴイ.

die **Röh·re** [れーれ] [名] −/−n **1.** 管, パイプ;円筒形の容器;〖電〗真空管, 電子管, 放電管(Leuchtstoff∼), ネオン管(Neon∼). **2.** 天火, オーブン(Back∼, Brat∼). **3.** 《口》(《蔑》も有)テレビ(受像機): den ganzen Abend in die ∼ gucken 一晩中テレビを見る. **4.** 〖狩〗巣の地下通路. 【慣用】**in die Röhre gucken** 《口》指をくわえて見ている, ばかを見る.

röh·ren [れーれン] [動] **1.** *h.* [補足なし](笛のような声で)鳴く(交尾期の鹿などが);《転》ごーっと音を立てる(水洗が), うなりをあげる(エンジンなどが). **2.** *s.* 〔<場所>ヲ〕《口》轟音を立てて走る.

röh·ren·för·mig [れーれン・[ふぇ]るミひ] [形] 管状の.

die **Röh·ren·ho·se** [れーれン・ホーゼ] [名] −/−n 非常に細身のズボン.

der **Röh·ren·kno·chen** [れーれン・クノっヘン] [名] −s/− 〖解〗管状骨.

R

das **Rohr·ge·flecht** [ろーあ・ゲふレひト] [名] −(e)s/−e 籐(とう)細工(製品).

das **Röh·richt** [れーりひト] [名] −s/−e アシの茂み.

der **Rohr·kol·ben** [ろーあ・コルベン] [名] −s/− 〖植〗ガマ.

der **Rohr·kre·pie·rer** [ろーあ・クれピーらー] [名] −s/− 砲身〔銃身〕内で破裂する弾丸.

die **Rohr·lei·tung** [ろーあ・ライトゥング] [名] −/−en 配管, パイプライン.

das **Rohr·netz** [ろーあ・ネッツ] [名] −es/−e 配管網.

die **Rohr·post** [ろーあ・ポスト] [名] −/ (高圧で書類などを送る)気送管.

der **Rohr·rück·lauf** [ろーあ・りゅっク・ラウふ] [名] −(e)s/ (発射の衝撃による)砲身後退.

der **Rohr·sän·ger** [ろーあ・ゼンガー] [名] −s/− 〖鳥〗ヨシキリ.

der **Rohr·spatz** [ろーあ・シュパッツ] [名] −en/−es(−en) 〖鳥〗オオジュリン;オオヨシキリ. 【慣用】**schimpfen wie ein Rohrspatz** 《口》大声で激しくののしる.

der **Rohr·stock** [ろーあ・シュトック] [名] −(e)s/..stöcke (籐(とう)の)むち.

der **Rohr·stuhl** [ろーあ・シュトゥール] [名] −(e)s/..stühle 籐(とう)いす.

die **Rohr·zan·ge** [ろーあ・ツァンゲ] [名] −/−n パイプレンチ.

der **Rohr·zu·cker** [ろーあ・ツっカー] [名] −s/ 蔗糖(しょとう).

die **Roh·sei·de** [ろー・ザイデ] [名] −/−n 〖紡〗生糸, ローシルク;生糸の織物.

der **Roh·stahl** [ろー・シュタール] [名] −(e)s/..stähle 〖冶金〗粗鋼.

der **Roh·stoff** [ろー・シュトっふ] [名] −(e)s/−e 原料, 原材料.

der **Roh·stoff·man·gel** [ろーシュトっふ・マンゲル] [名] −s/ 原料不足.

die **Roh·stoff·re·ser·ve** [ろーシュトっふ・れぜるヴェ] [名] −/−n 原料の貯え.

das **Roh·was·ser** [ろー・ヴァっサー] [名] −s/..wässer (水道の)原水.

die **Roh·wol·le** [ろー・ヴォレ] [名] −/ 未加工の羊毛.

der **Roh·zu·cker** [ろー・ツっカー] [名] −s/− 粗糖.

der **Roh·zu·stand** [ろー・ツー・シュタント] [名] −(e)s/ 加工前の状態.

ro·jen [ろーイェン] [動] rojete;hat/ist gerojet 〖海〗**1.** 〔<et⁴>ヲ〕漕ぐ. **2.** [補足なし]ボートを漕ぐ.

das **Ro·ko·ko** [ろココ, ろコ̄コ, ろココー] [名] −(s)/ ロココ様式(18 世紀の美術・文学・音楽様式);ロココ時代.

der **Ro·land** [ろーラント] [名] −(e)s/−e **1.** ローラント立像(都市の広場に立つ騎士像. 都市の司法権と自由権の象徴). **2.** ([単]のみ;主に無冠詞)〖男名〗ローラント. **3.** ([単]のみ;主に無冠詞)〖人名〗ローラント(778 年没, カール大帝につかえた伝説的英雄).

die **Ro·land·säu·le** [ろーラント・ゾイレ] [名] −/−n =Roland 1.

das **Ro·lands·lied** [ろーランツ・リート] [名] −(e)s/ ローラント〔ロラン〕の歌(フランス最古の英雄叙事詩).

die **Ro·lands·säu·le** [ろーランツ・ゾイレ] [名] −/−n =Roland 1.

der **Rol·la·den** [ろル・ラーデン] [名] −s/− ⇨ Rollladen.

das **Roll·back, Roll-back** [roːlbɛk ろール・ベっク, ろール・ベっク] [名] −(s)/−s **1.** 〖政〗ロールバック〔巻返し〕政策(1950 年代冷戦時のアメリカの対ソ反共政策). **2.** 《文》反動, 保守化;逆行.

die **Roll·bahn** [ろル・バーン] [名] −/−en **1.** 〖空〗滑走路;(滑走路への)誘導路. **2.** (建築現場などの)軌道. **3.** 〖軍〗(暫定的)輸送路.

der **Roll·bal·ken** [ろル・バルケン] [名] −s/− 《オーストリア》=Rollladen.

das **Roll·brett** [ろル・ブれっト] [名] −(e)s/−er =Rollerbrett.

die **Rol·le** [ろレ] [名] −/−n **1.** (俳優の)役. **2.** 役割, 役目, 任務. **3.** (机・いすなどの)キャスター, 滑車;《方》(洗濯物の仕上げ用)ローラー. **4.** 巻いた物, 巻物, 筒状に包装された物;ロール. **5.** 〖体操〗回転;〖空〗(曲芸飛行の)横転. 【慣用】**aus der Rolle fallen** 失態を演ずる. **bei <et³> eine Rolle spielen** <事に>関与している〔関わりがある〕. **seine Rolle ausgespielt haben** (役割を果し終え)もはや重きをなさない, 声望を失う. **sich⁴ in seine Rolle finden** 自分の任務に甘んじる. **sich⁴ in <j²> Rolle versetzen** <人の>身になって考える. **<et¹> spielt keine Rolle** <物・事が>重要な問題ではない.

rol·len [ろレン] [動] **1.** *s.* [補足なし]転がる(ボールなどが);回転する(車輪などが);逆巻く(波が);寝返りを打つ. **2.** *s.* 〔<方向>へ/über <et⁴>ノ上ヲ〕転がって行く〔来る・出る・入る〕. **3.** *s.* [補足なし]ゆっくり走る, 走って行く(車輪が回転して車・列車などが). **4.** *h.* 〔<j⁴/et⁴>ヲ+<方向>ニ(カラ)〕転がして動かす〔運ぶ〕;(<j⁴/et⁴>が sich⁴ の場合)転がり出る〔込む〕. **5.** *h.* 〔sich⁴+

(〈場所〉ｦ)〕転げ回る(子供たちが芝生などで). **6.** *h.* 〔〈et⁴〉ｦ〕(ぐるぐる)回す, ぎょろつかせる(頭・目などを). **7.** *h.* 〔〈et⁴〉ｦ〕巻く(地図・毛布・カーペットなどを); 巻いて作る(紙巻タバコを);《方》ローラーにかけてしわを伸ばす(洗濯物を);〖料〗麺棒(めんぼう)で延ばす(パン生地を). **8.** *h.* 〔〈et⁴〉ｦ＋zu 〈et³〉ﾉ形ﾆ〕巻く. **9.** *h.* 〔sich⁴〕縁〔角〕がめくれてまるまる(紙・写真・カーペットなどが); 巻いた状態になる(古い写真・髪の毛などが); とぐろを巻く(蛇が). **10.** *h.* 〔補足なし〕荒れている(海などが); 前後左右に揺れる(船が). **11.** *h.* 〔補足なし〕とどろく, 響く, とどろき渡る, 響き渡る(雷・砲声・山びこなどが); さえずる(カナリヤが). 【慣用】*h.* **das R rollen** Rの音を舌先を震わせて発音する. *s.* **Die Sache rollt schon.** 事〔事態〕はすでに始まって〔進展して〕いる. 〈et⁴〉 **ins Rollen bringen** 《口》〈事ｶﾞ〉始まるきっかけとなる: Eine Fernsehreportage hat die Protestbewegung ins *Rollen* gebracht. あるテレビ・ルポルタージュがその抗議運動の始まるきっかけとなった. **ins Rollen kommen** 《口》動き始める, 進展し始める. *s.* **Viele Köpfe rollen.** 《口》大勢が首になる.

die **Rol·len·be·set·zung** [ろレン・ベぜっツング] [名] -/-en 配役, キャスティング.

das **Rol·len·fach** [ろレン・ふぁっは] [名] -(e)s/..fächer〖劇・映〗役柄.

das **Rol·len·kli·schee** [ろレン・クリシェー] [名] -s/-s 役割の(因習的に)決った型(家事は女がするなど).

das **Rol·len·la·ger** [ろレン・ラーガー] [名] -s/- 〖工・土〗ころ軸受け, ローラーベアリング.

rol·len·spe·zi·fisch [ろレン・シュペツィーふぃシュ, ろレン・スペツィーふぃシュ] [形] (社会的な)役割に特有の.

das **Rol·len·spiel** [ろレン・シュピール] [名] -(e)s/-e **1.** 個人が社会的役割を果すこと. **2.** 〖心〗役割演技. **3.** ごっこ遊び.

das **Rol·len·ver·hal·ten** [ろレン・ふぇあハルテン] [名] -s/ 〖社〗役割行動.

die **Rol·len·ver·tei·lung** [ろレン・ふぇあタイルング] [名] -/-en 配役;〖社〗役割分担.

der **Rol·ler** [ろラー] [名] -s/- **1.** スクーター(子供の遊戯用三輪車). **2.** スクーター(Motor~). **3.** 〖鳥〗ローラーカナリア(Harzer~); ローラーカナリアの鳴き声. **4.** 〖スポ〗ロールオーバー(ジャンプ);〖サッカー〗ぼてぼての(ゴロの)シュート. **5.** (特に南半球の浜に打寄せる)大波.

das **Rol·ler·brett** [ろラー・ブれっト] [名] -(e)s/-er 《稀》スケートボード.

rol·lern [ろラーン] [動] **1.** *s./h.* 〔補足なし〕(遊戯用の)スクーターに乗る〔乗って走る〕. **2.** *s.* 〔〈方向〉ﾍ〕(遊戯用の)スクーターに乗って行く.

das **Roll·feld** [ろル・ふぇルト] [名] -(e)s/-er (飛行場の)飛行機が走行・利用する場所(滑走路・誘導路・エプロンなど).

der **Roll·film** [ろル・ふぃルム] [名] -(e)s/-e〖写〗ロールフィルム.

der **Roll·fuhr·dienst** [ろル・ふーあ・ディーンスト] [名] -(e)s/-e 《古》鉄道輸送貨物の集配業.

das **Roll·geld** [ろル・ゲルト] [名] -(e)s/-er 貨物集配料.

das **Roll·kom·man·do** [ろル・コマンド] [名] -s/-s 突撃隊.

der **Roll·kra·gen** [ろル・クらーゲン] [名] -s/- タートルネック, とっくり襟.

der **Roll·kunst·lauf** [ろル・クンスト・ラウふ] [名] -(e)s/ 〖スポ〗ローラースケートのフィギュア競技.

die **Roll·kur** [ろル・クーあ] [名] -/-en〖医〗回転療法(空腹時に, 体位を回転させながら薬を胃全体に浸透させる).

der **Roll·la·den, Roll-La·den,** ⓑ**Rol·la·den** [ろル・ラーデン] [名] -s/-(..läden) 巻上げ式シャッター.

der **Roll·mops** [ろル・モップス] [名] -es/..möpse (キュウリ・タマネギを中に入れた)酢漬け巻きニシン.

das **Rol·lo** [ろロ, ろロー] [名] -s/-s＝Rouleau.

der **Roll·schin·ken** [ろル・シンケン] [名] -s/- ロールハム.

der **Roll·schrank** [ろル・シュらンク] [名] -(e)s/..schränke よろい〔巻込み〕戸つき戸棚.

der **Roll·schuh** [ろル・シュー] [名] -(e)s/-e ローラースケート靴.

die **Roll·schuh·bahn** [ろルシュー・バーン] [名] -/-en ローラースケートリンク.

der **Roll·schuh·läu·fer** [ろルシュー・ロイふぁー] [名] -s/- ローラースケーター.

der **Roll·sitz** [ろル・ズィッツ] [名] -es/-e (ボートの)スライディングシート.

der **Roll·stuhl** [ろル・シュトゥール] [名] -(e)/..stühle 車いす.

der **Roll·tep·pich** [ろル・テッピひ] [名] -s/-e 動く歩道.

die **Roll·trep·pe** [ろル・トれっぺ] [名] -/-n エスカレーター.

der **Roll·wa·gen** [ろル・ヴァーゲン] [名] -s/- (荷台に側板のない)トラック.

der **Rom**¹ [ろーム] [名] -/-a ロマ(非ドイツ系ジプシーの自称). ⇨ Sinto.

(*das*) **Rom**² [ろーム] [名] -s/ 〖地名〗ローマ.

das **ROM** [ろム] [名] -(s)/-(s) 〖コンピュータ〗ロム(read only memory).

die **Ro·ma**¹ [ろーマ] [複名] Rom¹の複数形.

(*das*) **Ro·ma**² [ろーマ] [名] Rom²のイタリア語形.

der **Ro·ma·dur** [ろマドゥーあ, ろマドゥーあ] [名] -(s)/-s ロマドール(軟質チーズの一種).

der **Ro·man** [ろマーン] [名] -s/-e **1.** (㊥のみ)(ジャンルとしての)長編小説. **2.** 長編小説(の作品): der ~ seines Lebens 《転》彼の波瀾に富んだ生涯の物語.

der **Ro·man·ci·er** [romãsjé: ろマンスィエー] [名] -s/-s 長編小説作家, 小説家.

der **Ro·ma·ne** [ろマーネ] [名] -n/-n ロマン(ス)語系民族の人.

das **Ro·ma·nen·tum** [ろマーネントゥーム] [名] -s/ ロマン(ス)語系民族の特性, ラテン民族気質.

ro·man·haft [ろマーンハふト] [形] 小説風の, 長ったらしい; 作り話のような.

das **Ro·ma·ni** [ろマニ, ろマーニ] [名] -(s)/ ロマニ語(ジプシーの言語).

die **Ro·ma·nia** [ろマーニア] [名] -/ **1.** ロマン(ス)語圏. **2.** 《総称》ロマン(ス)語文献.

die **Ro·ma·nik** [ろマーニク] [名] -/ ロマネスク様式期(11-12 世紀).

die **Ro·ma·nin** [ろマーニン] [名] -/-nen Romane の女性形.

ro·ma·nisch [ろマーニシュ] [形] **1.** ロマン(ス)語系民族の, ラテン民族の. **2.** 〖言〗ロマン(ス)語の. **3.** ロマネスク様式の.

ro·ma·ni·sie·ren [ろマニズィーれン] [動] *h.* **1.** 〔〈j⁴/et⁴〉ｦ〕《文》ローマ化する, ローマ風にする;《古》ローマ帝国に編入する. **2.** 〔〈et⁴〉ｦ〕〖言〗ローマ字に改める.

der **Ro·ma·nis·mus** [ろマニスムス] [名] -/..men **1.** 〖言〗(ロマンス語以外の言語の)ロマンス語的語法, ロマンス語的表現. **2.** 〖芸術学〗ロマニズム(16 世紀, ネーデルラントのイタリア美術的様式). **3.** 《古》親教皇〔教会〕的立場.

der **Ro·ma·nist** [ろマニスト] [名] -en/-en **1.** ロマンス語学文学研究者. **2.** ローマ法学者. **3.** 〖芸術学〗ロマニスト(特に 16 世紀にローマに遊学したネーデルラントの画家たち). **4.** 《古》ローマ・カトリック教徒.

die **Ro·ma·nis·tik** [ろマニスティク] [名] -/ **1.** ロマンス

語学文学研究. **2.** ローマ法学.
ro.ma.nis.tisch [ロマニスティシュ] 形 **1.** ロマン(ス)語学文学研究の. **2.** ローマ法学の.
der **Ro.man.schrift.stel.ler** [ロマーン・シュリフト・シュテラ] 名 ロマン派作家.
die **Ro.man.tik** [ロマンティク] 名 -/ **1.** ロマン主義, ロマン派(18世紀末から19世紀半ばまで); ロマン主義運動. **2.** ロマンチックな雰囲気[気分], ロマンチシズム.
der **Ro.man.ti.ker** [ロマンティカー] 名 -s/- **1.** ロマン主義者, ロマン派の芸術家. **2.** ロマンチスト.
ro.man.tisch [ロマンティシュ] 形 **1.** ロマン派[主義]の. **2.** ロマンチックな; 情趣に富んだ.
die **Ro.man.ti.sche Straße** [ロマンティシェ シュトラーセ] 名 -/ ロマンチック街道(ヴュルツブルクからバイエルン高地のフュッセンまで).
ro.mantsch [ロマンチュ] 形 =rätoromanisch.
die **Ro.man.ze** [ロマンツェ] 名 -/-n **1.** ロマンス(民謡調の物語詩). **2.** 〖楽〗ロマンス(叙情的な声楽曲・器楽曲). **3.** ロマンス, 恋愛事件.
der **Rö.mer**[1] [レーマー] 名 -s/- レーマー(輪を重ねたような緑まだらな茶色の脚をもつワイングラス).
der **Rö.mer**[2] [レーマー] 名 -s/- ローマ市民; (古代)ローマ人.
der **Rö.mer.brief** [レーマー・ブリーフ] 名 -(e)s/ 〖新約〗(聖パウロの)ローマ書, ローマ人への手紙.
der **Rö.mer.topf** [レーマー・トップフ] 名 -(e)s/..töpfe 〖商標〗レーマートップ(蒸し煮用の陶器深鍋).
rö.misch [レーミシュ] 形 ローマの; 古代ローマの.
rö.misch-ka.tho.lisch [レーミシュ・カトーリシュ] 形 ローマ・カトリック(教会)の(略 röm.-kath.).
röm.-kath. =römisch-katholisch ローマ・カトリック(教会)の
das **Rom.mé, Rom.mee** [ロメ, ロメー] 名 -s/ 〖トランプ〗ラミー.
die **Rom.ni** [ロムニ] 名 -/ Rom[1]の女性形.
(*der*) **Ro.mu.lus** [ローム ルス] 名 〖人名〗ロムルス(ローマの建設者で初代国王).
die **Ron.de** [ロンデ, rõːdə ローンデ] 名 -/-n **1.** 〖軍〗巡察; 巡察将校. **2.** 〖金属加工〗円形のブリキ板.
das **Ron.dell** [ロンデル] 名 -s/-e 円形花壇; 円形広場; 〖建〗(城の)円塔堡塁(ほうるい); (〖トルコ〗)(庭園の)環状遊步道.
das **Ron.do** [ロンド] 名 -s/-s **1.** 〖楽〗ロンド. **2.** 〖文芸学〗ロンド(中世の舞踏歌).
rön.ne [レネ] 動 rinnen の接続法2式.
rönt.gen [レントゲン] 動 〖<j[4]/et[4]>ッ/<j[3]>ハ<et[4]>ッ〗レントゲン(X線)透視[撮影]する, レントゲン(X線)検査をする. 〖慣〗レントゲン透視[撮影]をする, レントゲン検査をする, X線を照射する.
das **Rönt.gen** [レントゲン] 名 -s/- 〖理〗レントゲン(記号R).
der **Rönt.gen.ap.pa.rat** [レントゲン・アパラート] 名 -(e)s/-e レントゲン(X線)装置.
die **Rönt.gen.auf.nah.me** [レントゲン・アウフ・ナーメ] 名 -/-n レントゲン(X線)撮影; レントゲン(X線)写真.
das **Rönt.gen.au.ge** [レントゲン・アウゲ] 名 -/-n (主に海の)(E)
die **Rönt.gen.be.strah.lung** [レントゲン・ベシュトラールング] 名 -/-en 〖医〗レントゲン(X線)照射.
das **Rönt.gen.bild** [レントゲン・ビルト] 名 -(e)s/-er **1.** X線像. **2.** レントゲン写真.
die **Rönt.gen.di.a.gno.se** [レントゲン・ディアグノーゼ] 名 -/-n X線診断.
die **Rönt.gen.durch.leuch.tung** [レントゲン・ドゥルヒロイヒトゥング] 名 -/-en レントゲン(X線)透視.
rönt.ge.ni.sie.ren [レントゲニズィーレン] 動 h.

〖(レントゲン)〗=röntgen.
die **Rönt.ge.no.gra.fie, Rönt.ge.no.gra.phie** [レントゲノ・グらふぃー] 名 -/-n **1.** (のみ)レントゲン(X線)検査. **2.** レントゲン写真.
rönt.ge.no.gra.fisch, rönt.ge.no.gra.phisch [レントゲノ・グらふぃっしゅ] 形 レントゲン(X線)検査による.
das **Rönt.ge.no.gramm** [レントゲノ・グらム] 名 -s/-e (稀)レントゲン写真.
der **Rönt.ge.no.lo.ge** [レントゲノ・ローゲ] 名 -n/-n レントゲン(放射線)科専門医; (以前の)X線学者.
die **Rönt.ge.no.lo.gie** [レントゲノ・ロギー] 名 -/ X線(放射線)医学; (以前の)X線学.
rönt.ge.no.lo.gisch [レントゲノ・ローギシュ] 形 X線医学による.
die **Rönt.ge.no.sko.pie** [レントゲノ・スコピー] 名 -/-i レントゲン(X線)透視.
die **Rönt.gen.rei.hen.un.ter.su.chung** [レントゲン・らイエン・ウンタース・ーフング] 名 -/-en (肺の)レントゲン集団検診.
die **Rönt.gen.röh.re** [レントゲン・レーれ] 名 -/-n 〖理〗X線管.
das **Rönt.gen.schicht.ver.fah.ren** [レントゲン・シヒト・ふぁふぁーれン] 名 -s/ 〖医〗レントゲン断層撮影法.
der **Rönt.gen.schirm** [レントゲン・シルム] 名 -(e)s/-e レントゲン装置のスクリーン.
die **Rönt.gen.schwes.ter** [レントゲン・シュヴェスター] 名 -/-n レントゲン(X線)検査看護婦.
das **Rönt.gen.spek.trum** [レントゲン・シュペクトるム] 名 -s/..tren 〖理〗レントゲン(X線)スペクトル.
die **Rönt.gen.strah.len** [レントゲン・シュトらーレン] 複名 〖理〗レントゲン線, X線.
die **Rönt.gen.strah.lung** [レントゲン・シュトらールング] 名 -/-en 〖理〗レントゲン(X線)放射.
die **Rönt.gen.struk.tur.a.na.ly.se** [レントゲン・シュトるクトゥーア・アナリューゼ, -シュトらクトゥーア・アナリューゼ] 名 -/-n 〖理〗(結晶等の)X線構造解析.
die **Rönt.gen.the.ra.pie** [レントゲン・テらピー] 名 -/-n レントゲン(X線)療法.
die **Rönt.gen.un.ter.su.chung** [レントゲン・ウンタースーフング] 名 -/-en レントゲン(X線)検診.
das **Roo.ming.in** [ruːmɪŋ'tin るーミング・イン] 名 -(s)/-s (産院の)母親と新生児の同室育児.
der **Roque.fort** [rokfoːr ろクふォーア, ろクふぁーア] 名 -s/-s ロックフォール(チーズ).
der **Ror.schach.test, Ror.schach-Test** [ろーあシャッハ・テスト, ろるシャッハ・テスト] 名 -(e)s/-e [-e] ロールシャッハテスト.
ro.sa [ろーザ] 形 《無変化; 語尾変化は口語》ばら色の, ピンクの; 〖婉〗同性愛の：eine ～ (n)e[1] Bluse ピンクのブラウス. ～ Zeiten ローズタイム(料金割引などの優待期間).
(*die*) **Ro.sa**[1] [ろーザ] 名 〖女名〗ローザ.
das **Ro.sa**[2] [ろーザ] 名 -s/-(s) ばら色.
das **Ro.sa.ri.um** [ろザーりウム] 名 -s/..rien **1.** バラ園. **2.** (稀)ロザリオ(=Rosenkranz).
ro.sa.rot [ろーザ・ろート] 形 ピンクがかった赤の.
rösch [レッシュ] 形 **1.** 乾燥した. **2.** 〖南独〗=resch. **3.** 〖鉱〗粒の粗い.
das **Rös.chen* [レースヒェン] 名 -s/- (Rose の縮小形). **1.** 小さなバラの花. **2.** カリフラワーの個々の部分(Blumenkohl～); 芽キャベツ(球状の芽の部分)(Rosenkohl～).
das **Rosch Ha-Scha.na** [ろーシュ ハ・シャナー] 名 --/ (ユダヤの)新年祭.
die **Ro.se** [ろーゼ] 名 -/-n **1.** 〖植〗バラ; バラの花; 〖紋〗ばら. **2.** (稀)ばら窓(Fenster～). **3.** (ギ

Rostock

ターなどの)響孔(Schall~). **4**. (羅針盤の)指針面,コンパスカード(Wind~). **5**. 〖医〗丹毒(Wund~). **6**. 〖狩〗枝角輪(鹿の角の根元周囲のぎざぎざ).
ro･sé [rozé: ロゼ-] 形 《無変化》薄桃色の.
der **Ro･sé**[1] [ロゼ-] 名 -s/-s ロゼ(ワイン).
das **Ro･sé**[2] [ロゼ-] 名 -(s)/-(s) ばら色.
(*der*) **Ro･seg･ger** [ロ-ゼッガー,ロゼッガ-,r̄ɔεε‥,ロ-ゼッガー] 名 〖人名〗ローゼガー(Peter ～, 1843-1918, オーストリアの小説家).
das **Ro･sen･blatt** [ロ-ゼン･ブラット] 名 -(e)s/..blätter バラの葉;バラの花弁.
der **Ro･sen･gar･ten** [ロ-ゼン･ガ-テン] 名 -s/..gärten ばら園.
die **Ro･sen･he･cke** [ロ-ゼン･ヘッケ] 名 -/-n バラの生垣.
das **Ro･sen･holz** [ロ-ゼン･ホルツ] 名 -es/..hölzer 〖植〗ローズウッド,紫檀(したん).
der **Ro･sen･kä･fer** [ロ-ゼン･ケ-ふァ-] 名 -s/- 〖昆〗コガネムシ科の甲虫.
der **Ro･sen･kohl** [ロ-ゼン･コ-ル] 名 -(e)s/- 〖植〗メキャベツ.
das **Ro･sen･kohl･rös･chen** [ロ-ゼン･コ-ル･ⓐ-スヒェン] 名 -s/- 芽キャベツ(球状の芽の部分).
der **Ro･sen･kranz** [ロ-ゼン･クランツ] 名 -es/..kränze 〖カトリ〗ロザリオ(祈禱の際に用いる数珠);ロザリオの祈り.
der **Ro･sen･kreu･zer** [ロ-ゼン･クロイツァ-] 名 -s/- ばら十字会員(15世紀から存在したオカルトの秘密結社の会員).
der **Ro･sen･mo･nat** [ロ-ゼン･モ-ナト] 名 -(e)s/-e 《主に⑬》〖詩〗ばらの月(6月).
der **Ro･sen･mon･tag** [ロ-ゼン･モ-ンタ-ク,ロ-ゼン･モ-ンタ-ク] 名 -(e)s/-e ばらの月曜日(謝肉祭の中心日で,懺悔(ざんげ)の火曜日の前日).
das **Ro･sen･öl** [ロ-ゼン･⑪-ル] 名 -(e)s/-e ばら油.
der **Ro･sen･quarz** [ロ-ゼン･クヴァ-あツ] 名 -es/-e 石英.
ro･sen･rot [ロ-ゼン･ロ-ト] 形 濃いばら色の.
der **Ro･sen･stock** [ロ-ゼン･シュトック] 名 -(e)s/..stöcke バラの木.
der **Ro･sen･strauß** [ロ-ゼン･シュトラウス] 名 -es/..sträuße バラの花束.
das **Ro･sen･was･ser** [ロ-ゼン･ヴァッサ-] 名 -s/ ばら水(菓子などに使われる香料).
die **Ro･set･te** [ロゼッテ] 名 -/-n **1**. 〖建〗(教会堂の)ばら窓;ばらの形の装飾模様. **2**. (衣服の)ばら形の飾り;花結びのリボン. **3**. 〖植〗ロゼット. **4**. (ギターなどの)響孔. **5**. 〖口〗肛門.
der **Ro･sé･wein** [rozé:..ロゼ-･ヴァイン] 名 -(e)s/-e ロゼワイン.
ro･sig [ロ-ズィヒ] 形 ばら色の;希望に満ちた; ~e Zeiten ばら色の時代.
die **Ro･si･nan･te** [ロズィナンテ] 名 -/-n 〖文･冗･稀〗老いぼれ馬(ドン･キホ-テの乗っていた馬の名から).
die **Ro･si･ne** [ロズィ-ネ] 名 -/-n 干ブドウ,レーズン.
das **Ro･si･nen･brot** [ロズィ-ネン･ブロ-ト] 名 -(e)s/-e レ-ズンパン〔ブレッド〕.
das **Rös･lein** [ロ-スライン] 名 -s/- 《Roseの縮小形》〖詩〗=Röschen 1.
der **Ros･ma･rin** [ロ-ス･マリ-ン,ロ-ス･マリ-ン] 名 -s/ **1**. 〖植〗ローズマリー,マンネンロウ. **2**. ローズマリー(香辛料).
das **Roß** [ロ-ス] 名 -es/-e 《中独》ハチの巣.
das, **Ross,** ⑬**Roß** [ロ-ス] 名 -es/-e 《Rösser》 **1**. 《⑥-e》《文》乗用の馬,乗馬: auf dem hohen ～ sitzen 思い上がっている. **2**. 《⑬ Rösser》《南独･こちゅ･⑤》馬. **3**. 《⑬ Rösser》〖口〗ばか者.

der **Ross･ap･fel,** ⑬**Roß･ap･fel** [ロス･アプふェル] 名 -s/.. äpfel 《南独･こちゅ･⑤》馬糞(ばふん).
die, **Ross･brei･ten,** ⑬**Roß･brei･ten** [ロス･ブライテン] 複名 〖地〗亜熱帯高圧帯.
die **Ro･ße** [ロ-ゼ] 名 -/-n 《方》=Roß.
der **Rös･sel･sprung** [レッセル･シュプルング] 名 -(e)s/.. sprünge **1**. 〖チェス〗〖方〗桂馬跳び. **2**. 桂馬跳びパズル.
das **Ross･haar,** ⑬**Roß･haar** [ロス･ハ-あ] 名 -(e)s/- 馬の(たてがみ･尾の)毛,ホースヘア.
ros･sig [ロッスィヒ] 形 (馬などの雌が)発情した.
der **Ross･kamm,** ⑬**Roß･kamm** [ロス･カム] 名 -(e)s/.. kämme 〖古･蔑〗馬商人,博労(ばくろう).
die **Ross･kas･ta･nie,** ⑬**Roß･kas･ta･nie** [ロス･カスタ-ニエ] 名 -/-n 〖植〗 **1**. セイヨウトチノキ,ウマグリ. **2**. ウマグリの実.
die **Ross･kur,** ⑬**Roß･kur** [ロス･ク-あ] 名 -/-en 〖口〗荒療治.
der **Ross･schläch･ter, Ross･Schläch･ter,** ⑬**Roß･schläch･ter** [ロス･シュレヒタ-] 名 -s/- 《方》馬の屠殺(とさつ)業者.
der **Ross･täu･scher,** ⑬**Roß･täu･scher** [ロス･トイシャ-] 名 -s/- **1**. 〖古〗馬商人. **2**. 〖蔑〗いんちき商人.
der **Rost**[1] [ロスト] 名 -(e)s/-e **1**. (ストーブの火をのせる)火格子;(魚や肉を焼く)焼き網,グリル,鉄灸(てっきゅう);(窓などの)鉄格子;(金属の)靴ぬぐい. **2**. 〖口〗スプリングマットレス(Bett~).
der **Rost**[2] [ロスト] 名 -(e)s/-e **1**. (のみの)(鉄の)さび. **2**. 〖植〗さび病.
rost･be･stän･dig [ロスト･ベシュテンディヒ] 形 さびない,さびに強い.
die **Rost･bil･dung** [ロスト･ビルドゥング] 名 -/ さびがつくこと.
der **Rost･bra･ten** [ロスト･ブラ-テン] 名 -s/- (焼き網で焼いた)ロースト.
rost･braun [ロスト･ブラウン] 形 さび色の,赤茶色の.
das **Röst･brot** [ⓝ-スト･ブロ-ト] 名 -(e)s/-e トーストパン.
die **Rös･te** [ⓝ-ステ] 名 -/-n **1**. 〖冶金〗焙焼(ばいしょう)炉. **2**. (亜麻などの)浸漬(しんし),浸漬槽.
ros･ten [ロステン] 動 s.(< e t[3]>) さびる,さびが出る(鉄･くぎ･機械などが);〖転〗さびつく(能力などが).
rös･ten [ⓝ-ステン] 動 h. <e t[4]> ローストする(肉･魚などを),トーストにする(パンを);煎(い)る,焙(ほう)じる(コーヒー豆などを);《方》焼く,揚げる(ラードなどを使って);〖冶金〗焙焼(ばいしょう)する(鉱石を);〖紡〗浸漬(しんし)する(亜麻などを). 〖慣用〗(sich[4]) in der Sonne rösten 〖冗〗日光で肌を焼く.
die **Rös･te･rei** [ⓝ-ステライ] 名 -/-en 焙煎(ばいせん)設備〔工場〕.
rost･far･ben [ロスト･ふぁるベン] 形 さび色の.
der **Rost･fleck** [ロスト･ふレック] 名 -(e)s/-e さびた箇所;さびの染み.
der **Rost･fraß** [ロスト･ふら-ス] 名 -es/ さびによる腐食.
rost･frei [ロスト･ふライ] 形 さびない,ステンレスの;〖稀〗さびのついていない.
röst･frisch [ⓝ-スト･ふリッシュ] 形 煎(い)りたての.
die **Rös･ti** [ⓝ-スティ] 名 -/ 《スイ》細かく切ったジャガイモを焼いた料理.
ros･tig [ロスティヒ] 形 **1**. さびた;〖転〗しわがれた(声),さびついた(体). **2**. 〖稀〗さび色がかった.
die **Röst･kar･tof･feln** [ⓝ-スト･カるトッふェルン] 複名 《方》フライドポテト.
die **Rost･lau･be** [ロスト･ラウベ] 名 -/-n 〖口･冗〗古くてさびだらけの自動車.
(*das*) **Ros･tock** [ロストック] 名 -s/ 〖地名〗ロストック

(メクレンブルク=フォーアポンメルン州の都市).

der **Röst·o·fen** [[れ](ー)スト・オーふぇン] [名] -s/..öfen 〖冶金〗焙焼(ばいしょう)炉.

der **Rost·pilz** [ろスト・ピルツ] [名] -es/-e (主に[複])〖植〗さび病菌.

die **Ros·tra** [ろストら] [名] -/..stren 《文》(古代ローマの)演壇.

rost·rot [ろスト・ろート] [形] 赤さび色の.

der **Rost·schutz** [ろスト・シュッツ] [名] -es/ **1.** さび止め. **2.** 防錆(ぼうせい)剤.

die **Rost·schutz·far·be** [ろストシュッツ・ふぁるべ] [名] -/-n さび止め塗料.

das **Rost·schutz·mit·tel** [ろストシュッツ・ミッテル] [名] -s/- さび止め剤, 防錆(ぼうせい)剤.

rot [ろート] [形] röter〔-er〕; rötest〔-est〕 **1.** 赤い, 赤色の: (vom Weinen) ~*e* Augen haben (泣いて)目を赤くしている. die wichtigen Textstellen ~ anstreichen テキストの重要な箇所に赤く線を引く. **2.** 〖政〗赤い: Er ist ein *R~er*. 彼は赤だ. **【慣用】bis über die Ohren rot werden** 耳まで赤くなる. **das rote As** 赤のエース(ハート・ダイヤの1). **das Rote Kreuz** 赤十字(略 R. K.). **das Rote Meer** 紅海. 〈j³〉 **den roten Hahn aufs Dach setzen** 《古》〈人の〉家に火をつける. **der Rote Davidstern** 赤いダヴィデの星(イスラエルの赤十字に相当する機関名). **der rote Faden** (モチーフなどの)一貫した脈絡. **der Rote Halbmond** 赤い半月(トルコなどイスラム圏の赤十字に相当する機関名). **der Rote Löwe** 〔**die Rote Sonne**〕 赤い獅子(しし)(イランの赤十字に相当する機関名). **der Rote Platz** (モスクワの)赤の広場. **die Rote Armee** 赤軍(1918 年から 1946 年までのソ連軍の公式名称). **die Rote Erde** 赤土地方(ヴェストファーレンの別称). **die Rote Fahne** 赤旗(ヴァイマル時代からナチの時代にかけてのドイツ共産党の機関紙). 〈j³〉 **die rote Karte zeigen** 〖サッカー〗〈人に〉レッドカードを出す. **ein Glas von dem Roten** 《口》一杯の赤(ワイン). **keinen roten Heller haben** 文(もん)なしである. **Orden vom Roten Adler** 赤鷲(わし)章(1792 年から 1918 年まで. プロイセン王国の勲章). **Rote-Armee-Fraktion** (ドイツの)赤軍派(略 RAF). **rote Ringe** 〔**Ränder**〕 **um die Augen haben** 目のまわりが赤くなっている. **rote Welle** 系統式赤信号. **rote Zahlen** 〖経〗赤字. **rotes Blutkörperchen** 〖医〗赤血球. **sich³ die Augen rot weinen** 目を赤く泣きはらす. **viel rote Tinte verbrauchen** たくさん朱を入れる. **(vor Scham) einen roten Kopf bekommen** (恥かしさで)顔を赤らめる. **wie ein rotes Tuch auf** 〈j⁴〉 **wirken** 《口》(牛に赤い布のように)〈人を〉かっとさせる.

das **Rot** [ろート] [名] -s/-(s) **1.** 赤(色), (信号の)赤, (口)紅. **2.** 〖トランプ〗ロートの札; ロートが切り札のゲーム; ([単]のみ; 無冠詞)ロート(ハートに相当するカードの色). **3.** ([単]のみ)(ルーレットの)赤.

die **Ro·ta** [ろータ] [名] -/ 〖カトリック〗(教皇庁)控訴院.

der **Ro·tang** [ろータング] [名] -s/-e ([複]は種類)〖植〗ラタン, 籐(とう).

der **Ro·ta·ri·er** [ろターりあー] [名] -s/- ロータリークラブの会員.

der **Ro·ta·ry Club** [róːtari klʊ̀p ろータり クルッブ, róːtəri.. ろーテり クルッブ, rotáːri.. ろターり クルッブ] [名] --(s)/--s ロータリークラブ.

die **Ro·ta·ti·on** [ろタツィオーン] [名] -/-en **1.** (軸を中心とした)回転. **2.** 〖農〗輪作. **3.** 〖バレーボール〗ローテーション; 〖政〗(輪番制による)職務の交替.

die **Ro·ta·ti·ons·ach·se** [ろタツィオーンス・アクセ] [名] -/-n 回転軸.

der **Ro·ta·ti·ons·druck** [ろタツィオーンス・ドるっく] [名] -(e)s/ 〖印〗輪転式印刷; 輪転式印刷による印刷物.

die **Ro·ta·ti·ons·ma·schi·ne** [ろタツィオーンス・マシーネ] [名] -/-n 〖印〗輪転(印刷)機.

das **Rot·au·ge** [ろート・アウゲ] [名] -s/-n 〖魚〗ローチ(コイ科の一種. ひれと目が赤い).

rot·ba·ckig [ろート・バッキひ] [形] 頬(ほお)の赤い.

rot·bä·ckig [ろート・ベッキひ] [形] =rotbackig.

der **Rot·barsch** [ろート・バるシュ] [名] -(e)s/-e 〖魚〗タイセイヨウアカウオ(メバル科の食用魚).

der **Rot·bart** [ろート・バーあト] [名] -(e)s/..bärte 《口》赤ひげの男.

rot·bär·tig [ろート・ベーあティひ] [形] 赤ひげの.

rot·blond [ろート・ブロント] [形] 赤味がかったブロンドの; 赤味がかったブロンドの髪の.

rot·braun [ろート・ブらウン] [形] 赤褐色の, 赤茶色の.

das **Rot·buch** [ろート・ブーふ] [名] -(e)s/..bücher (オーストリア・米国などの)赤い(表紙の)外交文書.

die **Rot·bu·che** [ろート・ブーへ] [名] -/-n **1.** 〖植〗ヨーロッパブナ. **2.** ([単]のみ)ヨーロッパブナ材.

der **Rot·dorn** [ろート・ドるン] [名] -(e)s/-e 〖植〗アカサンザシ.

die **Rö·te** [[れ]ーテ] [名] -/-n **1.** ([単]のみ)赤み, 赤色. **2.** 〖植〗アカネ.

die **Ro·te-Ar·mee-Frak·ti·on** [ろーテ・アるメー・ふらクツィオーン] [名] -/ (ドイツの)赤軍派(略称 RAF).

das **Rot·ei·sen** [ろート・アイゼン] [名] -s/- 〖地質〗赤鉄鉱.

der **Rö·tel** [[れ]ーテル] [名] -s/- **1.** ([単]のみ)代赭(たいしゃ)石. **2.** 赤茶色のチョーク; 赤茶色の(製図用・色)鉛筆.

die **Rö·teln** [[れ]ーテルン] [複名] 風疹(ふうしん).

rö·ten [[れ]ーテン] [動] *h.* **1.** 〔〈et⁴〉ヲ〕《文》赤くする〔染める〕(夕陽が空を・はじらいが頬を・アルコールが鼻などを). **2.** 〔sich⁴〕赤くなる〔染まる〕(肌・顔・のど・雲などが).

der **Rot·fuchs** [ろート・ふっクス] [名] -es/..füchse **1.** 〖動〗アカギツネ; アカギツネの毛皮. **2.** 栗毛のウマ. **3.** 《口》(《蔑》も有)赤毛の人.

der **Rot·ger·ber** [ろート・ゲるバー] [名] -s/- 《古》なめし皮工.

rot·glü·hend, rot glü·hend [ろート グリューエント] [形] 赤熱した.

die **Rot·glut** [ろート・グルート] [名] -/ 赤熱.

die **Rot·grün·blind·heit, Rot-Grün-Blind·heit** [ろート・グりゅーン・ブリントハイト] [名] -/ 〖医〗赤緑色盲.

der **Rot·guss, [旧]Rot·guß** [ろート・グス] [名] -es/ 赤黄銅, ガンメタル.

das **Rot·haar·ge·bir·ge** [ろート・ハーあ・ゲビるゲ] [名] -s/ 〖山名〗ロートハール山脈.

rot·haa·rig [ろート・ハーりひ] [形] 赤毛の.

die **Rot·haut** [ろート・ハウト] [名] -/..häute 《冗》赤銅色の肌(アメリカインディアンのこと).

(*das*) **Ro·then·burg ob der Tau·ber** [ろーテン・ブるク オプ デあ タウバー] [名] -s---/ 〖地名〗ローテンブルク(・オップ・デア・タウバー)(バイエルン州のロマンチック街道沿いの都市).

der **Rot·hirsch** [ろート・ヒるシュ] [名] -(e)s/-e 〖動〗アカシカ.

ro·tie·ren [ろティーれン] [動] *h.* **1.** 〔(um 〈et⁴〉ノ周リヲ)〕回転する(プロペラ・天体などが). **2.** 〔補足なし〕《口》てんてこ舞いをする; 〖バレーボール〗ローテーションする; 〖政〗(輪番制により)職務を交替する.

die **Ro·tis·se·rie** [ろティセりー] [名] -/-n (客の前で調理する)焼肉料理店.

das **Rot·käpp·chen** [ろート・ケップひぇン] [名] -s/ 赤ずきんちゃん(グリム童話の主人公).

das **Rot·kehl·chen** [ろート・ケールひぇン] [名] -s/- 〖鳥〗コバシコマドリ.

der **Rot·kohl** [ろート・コール] [名] -(e)s/ 《北独》〖植〗ムラサキキャベツ.

R

das **Rot·kraut** [ろート・クらウト] [名] -(e)s/ 《南独・オーストリア》【植】ムラサキキャベツ.

die **Rot·kreuz·schwes·ter** [ろート・クろイツ・シュヴェスター], **Ro·te-Kreuz-Schwes·ter** [ろーテ・クろイツ・シュヴェスター] [名] -/-n 赤十字看護婦.

der **Rot·lauf** [ろート・ラウふ] [名] -(e)s/ 丹毒; 豚丹毒.

röt·lich [れートリひ] [形] 赤みがかった, 赤っぽい.

das **Rot·licht** [ろート・リひト] [名] -(e)s/-er 《主に[単]》赤色光線.

rot·na·sig [ろート・ナーズィひ] [形] 赤鼻の.

der **Ro·tor** [ろートーあ] [名] -s/-en [ろトーれン] **1.** 【電・工】回転子, ローター; (ヘリコプターなどの)回転翼. **2.** (自動巻腕時計の)回転錘.

der **Rot·schim·mel** [ろート・シメル] [名] -s/- 【動】栗葦毛(くりあしげ)の馬.

der **Rot·schwanz** [ろート・シュヴァンツ] [名] -es/ ..schwänze 【鳥】ジョウビタキ.

das **Rot·schwänz·chen** [ろート・シュヴェンツひぇン] [名] -s/- 【鳥】ジョウビタキ.

rot|se·hen* [ろート・ゼーエン] [動] *h.* 〔補足なし〕《口》かっとなる.

der **Rot·spon** [ろート・シュポーン] [名] -(e)s/-e 《口・古》(フランスの)赤ワイン.

der **Rot·stich** [ろート・シュティっひ] [名] -(e)s/-e (カラー写真などの)赤っぽい色調.

der **Rot·stift** [ろート・シュティふト] [名] -(e)s/-e 赤鉛筆, 赤のボールペン. 【慣用】**dem Rotstift zum Opfer fallen** (予算などが)削減される. **den Rotstift ansetzen** 支出を削減する.

die **Rot·tan·ne** [ろート・タネ] [名] -/-n 【植】ドイツトウヒ《クリスマスツリーに用いられる》.

die **Rot·te** [ろっテ] [名] -/-n **1.** 《蔑》群れ, 集団; 【狩】イノシシ〔オオカミ〕の群れ. **2.** 【鉄道】(昔の線路工事の)作業班; 【林】木樵(きこり)の作業班. **3.** 【軍】二機の編隊, 二隻の艇隊; (昔の)隊伍.

die **Rot·te·de·po·nie** [ろっテ・デポニー] [名] -/-en 【環】好気性処理廃棄物最終処分場《投棄されたごみの層に空気を送り込み有機性廃棄物を分解させる》.

rot·ten[1] [ろっテン] [動] 《北独》 **1.** *h.* 〔<et⁴>ヲ〕【紡】浸漬(しんし)する《亜麻などを》. **2.** *s.*〔*h.*〕〔補足なし〕《稀》腐る, 朽ちる.

rot·ten[2] [ろっテン] [動] *h.* 《古》 **1.** 〔<j⁴>ヲ〕駆り集める, 寄集める. **2.** 〔sich⁴〕群れをなす《暴徒などが》.

der **Rot·ten·füh·rer** [ろっテン・ふゅーらー] [名] -s/- **1.** 【鉄道】(昔の)線路工事班長. **2.** 分隊長; 二機編隊〔二隻編成〕の隊長.

(das) **Rot·ter·dam** [ろっター・ダム, ろっター・ダム] [名] -s/ 【地名】ロッテルダム《オランダの都市》.

der **Rott·wei·ler** [ろっト・ヴァイラー] [名] -s/- 【動】ロットワイラー《毛の短い中型の番犬種》.

die **Ro·tun·de** [ろトゥンデ] [名] -/-n 【建】円形の建物; 円形の広間; 《口・古》円形の公衆便所.

die **Rot·ver·schie·bung** [ろート・ふぇあシーブング] [名] -/-en 【理・天】(スペクトル線の)赤方偏移.

rot·wan·gig [ろート・ヴァンギひ] [形] 《文》 =rotbackig.

der **Rot·wein** [ろート・ヴァイン] [名] -(e)s/-e 赤ワイン.

das **Rot·welsch** [ろート・ヴェルシュ] [名] -(s)/ ドイツ語圏の泥棒〔詐欺師・浮浪者・やくざ〕仲間の隠語.

das **Rot·wild** [ろート・ヴィルト] [名] -(e)s/ 【動】アカシカ.

der **Rotz** [ろっツ] [名] -es/ **1.** 《口》水っ洟(ばな). **2.** 【医】馬鼻疽(ばびそ). 【慣用】**Rotz und Wasser heulen** 《口》(子供が)わんわん泣く.

der **Rotz·ben·gel** [ろっツ・ベンゲル] [名] -s/- 《口・蔑》= Rotzjunge.

rot·zen [ろっツェン] [動] *h.* 《口・蔑》 **1.** 〔(in <et⁴>(ノ中)ニ)〕騒々しく鼻をかむ《ハンケチの中などに》; つば〔たん〕を吐く《紙くずかごの中になど》. **2.** 〔補足なし〕鼻〔のど〕を鳴らして鼻汁〔たん〕を口中にためて吐き出す.

die **Rotz·fah·ne** [ろっツ・ふぁーネ] [名] -/-n 《粗》鼻ふき.

rotz·frech [ろっツ・ふれっひ] [形] 《口》いけずうずうしい, ひどく生意気な.

rot·zig [ろっツィひ] [形] **1.** 《口》鼻汁のついた, 鼻汁でよごれた; 《口・蔑》生意気な; 《口》挑発的な. **2.** 【獣医】馬鼻疽(ばびそ)にかかった.

der **Rotz·jun·ge** [ろっツ・ユンゲ] [名] -n/-n 《口・蔑》洟たれ〔小生意気な〕小僧.

die **Rotz·na·se** [ろっツ・ナーゼ] [名] -/-n **1.** 《口》鼻汁をたらした鼻. **2.** 《口・蔑》洟たれ小僧; 《口・冗》(洟をたらしているような)小さな子供, 若造.

rotz·nä·sig [ろっツ・ネーズィひ] [形] 《口・蔑》洟たれの; 小生意気な.

der **Roué** [rué: るエー] [名] -s/-s 《文・古》金持の享楽家; 良心のかけらもない悪賢い人.

das **Rouge** [ru:ʃ るーシュ] [名] -s/-s (化粧用の)紅(べに), 口紅, ルージュ; (ルーレットの)赤.

das **Rouge et noir** [ruʒenwá:r るジュ エ ノワァーる] [名] ---/ (ギャンブルの)赤と黒.

die **Rou·la·de** [rulá:də るラーデ] [名] -/-n 【料】ビーフロール, ルーラード《タマネギなどを牛肉で巻いていためて煮込んだもの》.

das **Rou·leau** [ruló: るロー] [名] -s/-s 巻上げ式ブラインド.

das **Rou·lett** [rulέt るレット] [名] -(e)s/-e〔-s〕 **1.** ルーレット; ルーレットの円盤. **2.** 【版画】(歯車で銅板に点線をつける)ルレット.

das **Rou·let·te** [rulέt(ə) るレット, るレっテ] [名] -s/-s =Roulett.

das **Round·ta·b·le·ge·spräch, Round-Ta·b·le-Ge·spräch,** [旧]**Round-ta·ble-Ge·spräch** [ráunttéːbəl.. らウント・テーブル・ゲシュプれーひ] [名] -(e)s/-e 円卓会談.

die **Round·ta·b·le·kon·fe·renz, Round-Ta·b·le-Kon·fe·renz,** [旧]**Round-ta·ble-Kon·fe·renz** [ráunttéːbəl.. らウント・テーブル・コンふぇれンツ] [名] -/-en 【政】円卓会議.

(der) **Rous·seau** [rusó: るソー] [名] 【人名】ルソー《Jean-Jacques ~, 1712–78, フランスの作家・哲学者》.

die **Rou·te** [rú:tə るーテ] [名] -/-n ルート, コース, 経路.

die **Rou·ti·ne** [rutí:nə るティーネ] [名] -/ **1.** 熟練, 習熟. **2.** 《主に《蔑》》(習慣になった)型どおりの実行〔やり方〕. **3.** 【船】日課. **4.** 【コンピュータ】ルーティン.

rou·ti·ne·mä·ßig [るティーネ・メースィひ] [形] 型どおりの, 定例の.

die **Rou·ti·ne·sit·zung** [るティーネ・ズィっツング] [名] -/-en 定例会議.

die **Rou·ti·ne·un·ter·su·chung** [るティーネ・ウンターズーふング] [名] -/-en 定期検診.

das **Rou·ting** [rú:tɪŋ るーティング] [名] -s/-s 【コンピュータ】ルーティング《データの輸送経路制御》.

der **Rou·ti·ni·er** [rutinié: るティニエー] [名] -s/-s 熟練者.

rou·ti·niert [rutiní:rt るティニーあト] [形] 老練な, 手際のいい.

der **Row·dy** [ráudi らウディ] [名] -s/-s〔..dies[..ディース]〕《蔑》無頼漢, よた者.

das **Row·dy·tum** [らウディトゥーム] [名] -s/ 《蔑》乱暴狼籍(ろうぜき).

ro·y·al [roajá:l ろアヤール] [形] 《稀》国王の; 国王に忠誠な.

der **Ro·y·a·list** [roajalíst ろアヤリスト] [名] -en/-en 王政主義者.

ro·y·a·lis·tisch [ろアヤリスティシュ] [形] 王政主義の, 国

R

王に忠誠な.
Rp [エるペー] =Rupiah ルピア(インドネシアの貨幣単位).
RP =Réponse payée 返信料払込済み(電報で).
Rp. **1.** =Rappen ラッペン(スイス・リヒテンシュタインの補助通貨). **2.** =recipe 処方せよ.
RT =Registertonne 登録トン数.
RTS [エるテーエス] =Reparatur-Technische Station (旧東独の)修理技術sého.
Ru [エるウー] =Ruthenium 〖化〗ルテニウム.
(*das*) **Ru·an·da** [るアンダ] 名 -s/ 〖国名〗=Rwanda.
ru·ba·to [るバート] 副 〖楽〗ルバート, テンポを自由に加減して.
das **Ru·ba·to** [るバート] 名 -s/-s(..ti) 〖楽〗ルバートで演奏する箇所.
rub·be·lig [るっべリヒ] 形 《北独》ざらざらした, でこぼこの.
rub·beln [るっべルン] 動 h. 《北独》 **1.** 〈j⁴/et⁴〉ゥヮ+(mit〈et³〉ヮ)ごしごしする(背中・洗濯物などを). **2.** 〖sich⁴+(mit〈et³〉ヮ)〗自分の身体をごしごしする〔摩擦する〕.
die **Rü·be** [リューベ] 名 -/-n **1.** 〖植〗カブ; カブの根: gelbe ～ 《南独》ニンジン. **2.** 《口》若者, 奴. **3.** 《口》(人の)頭. 【慣用】wie Kraut und Rüben 《口》入り乱れた, てんやわんや.
der **Ru·bel** [るーベル] 名 -s/- ルーブル(旧ソ連の貨幣単位. 100 Kopeken. 略 R).
(*der*) **Ru·ben** [るーベン] 名 〖旧約〗ルベン(ヤコブの長男).
das **Rü·ben·kraut** [リューベン・クらウト] 名 -(e)s/ 《方》(甜菜(ミミ)の)シロップで, (ミミ゙ミ゙) リューベンクラウト(酢漬けキャベツの一種).
(*der*) **Ru·bens** [るーベンス] 〖人名〗ルーベンス(Peter Paul ～, 1577-1640, オランダの画家).
die **Rü·ben·schnit·zel** [リューベン・シュニッツェル] 複名 (甜菜(ミミ) 糖工場から出る)甜菜のかす(家畜の飼料).
der **Rü·ben·zu·cker** [リューベン・ツッカー] 名 -s/ 甜菜糖.
rü·ber [リューバー] 副 《口》=herüber, hinüber.
rü·ber|kom·men* [リューバー・コメン] 動 s. 《口》
1. =herüberkommen, hinüberkommen. **2.** [mit〈et³〉ヮ]しぶしぶ出す. **3.** 〖慣用〗うまく伝わる.
das **Ru·bi·di·um** [るビーディウム] 名 -s/ 〖化〗ルビジウム(記号 Rb).
der **Ru·bi·kon** [るービコン] 名 (次の形で)den ～ überschreiten (戦略的に)決定的な行動に出る(カサルがルビコン川を越えた故事による).
der **Ru·bin** [るビーン] 名 -s/-e **1.** 〖鉱〗ルビー. **2.** 〈(ミミ)〉宝石.
ru·bin·rot [るビーン・ロート] 形 ルビー色の.
das **Rü·böl** [リューブ①-ル] 名 -(e)s/-e 〖ミミミ〗菜種油.
die **Ru·brik** [るブリーク] 名 -/-en (分類整理の)部類; (新聞・表などの)欄.
ru·bri·zie·ren [るブリツィーレン] 動 h. **1.** 〈j⁴/et⁴〉ゥヮ+(unter〈et³〉別ニ)〗分類する. **2.** 〈j⁴/et⁴〉ゥヮ+in [unter]〈et³〉ニ〗組入れる(カテゴリー・項目などに);整理する(いくつかの項目などに). **3.** 〈et⁴〉ヮ〗イニシアル(表題)を朱色で書く(写本の).
der **Rüb·sa·men** [リューブザーメン], **Rüb·sen** [リューブゼン] 名 -s/ 〖植〗アブラナ, ナタネ.
der **Ruch** [る(-)ッフ] 名 -(e)s/Rüche [rÿçe, rýça] 《文》 **1.** 《稀》香り, 芳香. **2.** いかがわしい噂.
ruch·bar [る(-)ッフ・バーる] 形 (次の形で) ～ werden 《文》知れ渡る. 〈et⁴〉ヮ ～ machen 《古》〈事〉を世間に知らせる.
ruch·los [る(-)ッフ・ロース] 形 《文》邪悪な, 天を恐れぬ残忍な.
die **Ruch·lo·sig·keit** [る(-)ふ・ローズィヒカイト] 名 -/-en 《文》 **1.** 〖⑳のみ〗卑劣, 下劣, 残忍, 無残. **2.** 卑劣〔下劣・残忍・無残〕な行為.
der **Ruck** [るック] 名 -(e)s/-e 急に引く〔押す〕こと, がくんという衝撃. 【慣用】sich³ einen Ruck geben 《口》(気のすすまない)決心をする, 重い腰をあげる.
ruck ! [るック] 間 ② hau ruck !
rück..¹ [リュック..] 接頭 形容詞・名詞などにつけて「後方の, 背後の」を表す: rückwärtig 後方の. Rücktritt 退職. 【動詞は zurück|treten となる】 Rückgrat 背骨.
rück..² [リュック..] 接頭 非分離動詞を作り, 「元へ, 再び」を表す. アクセント無: rückerstatten 払戻す. rückfragen 再質問する.
die **Rück·an·sicht** [リュック・アンズィヒト] 名 -/-en 背面; (建築物の)背面図.
die **Rück·ant·wort** [リュック・アントヴォると] 名 -/-n
1. (書面による)返答, 回答; 返信. **2.** 返信用葉書, 返信料支払済み電報.
ruck·ar·tig [るック・アーるティヒ] 形 不意の, 突然の; びくびく〔ぐっと〕と動く.
die **Rück·äu·ße·rung** [リュック・オイセるンヶ] 名 -/-en =Rückantwort 1.
die **Rück·be·sin·nung** [リュック・ベズィヌンヶ] 名 -/-en 回顧.
rück·be·züg·lich [リュック・ベツューグリヒ] 形 〖言〗再帰回顧.
die **Rück·bil·dung** [リュック・ビルドゥンヶ] 名 -/-en
1. 〖生〗退化; 〖医〗(器官などの)萎縮; (症状の)後退. **2.** 〖言〗逆成.
die **Rück·blen·de** [リュック・プレンデ] 名 -/-n 〖映〗フラッシュバック, カットバック.
der **Rück·blick** [リュック・プリック] 名 -(e)s/-e 回顧.
rück·bli·ckend [リュック・プリッケント] 形 回顧的な.
rück|da·tie·ren [リュック・ダティーレン] 動 h. (不定詞・過去分詞でのみ)〈et⁴〉ヮ〗(実際より)前の日付けにする.
ru·cke·di·gu ! [るッケディグー] 間 くーくー(鳩の鳴き声).
ru·cken¹ [るッケン] 動 h. **1.** 〖(略)〗がくん(がくん)と動く(列車・機械などが). **2.** 〈et⁴〉ヮ+(方向)ヘ〗がくんと動かす(レバーを下(次の目盛)などへ).
ru·cken² [るッケン] 動 h. 《方》くうくう鳴く(鳩が).
rü·cken [リュッケン] 動 **1.** h. 〈et⁴〉ヮ+(方向)ヘ(ミミ)〗(押したり, 引いたりして)動かす〔ずらす・寄せる〕(机などを); 動かす(チェスのこまなどを). **2.** h. [an〈et³〉ヮ]動かす, 直す(ネクタイ・眼鏡・時計の針などを). **3.** s. 〈et⁴〉ヮ〗(座ったまま)動かす(単列 出動(出撃)する. 【慣用】s. in den Mittelpunkt rücken 中心課題となる, 関心の的になる(ある事が). s. in weite Ferne rücken 実現が遠ざかる(計画などが).
der **Rü·cken** [リュッケン] 名 -s/- **1.** 背中, 背: der verlängerte ～ 《⑳のみ》尻. auf den ～ liegen/schwimmen あお向けに横たわっている/背泳をする. auf den ～ fallen あお向けに倒れる. mit dem ～ gegen die [zur] Wand sitzen 壁を背にして座っている.
2. (人の)背後, 後部: in seinem ～ 彼の背後で.
3. 背, 甲, 峰: der ～ eines Buches 本の背. der ～ der Hand/der Nase 手の甲/鼻梁 (ミ゙). der ～ eines Berges/eines Messers 山の尾根〔背〕/ナイフの峰. **4.** 〖⑳のみ〗(食肉用家畜の)背肉; (ミ゙ミ゙)〖無冠詞, 常に形容詞とともに〗背: 【慣用】〈j³〉 **den Rü·cken decken [freihalten]** バックアップする. **den Rücken frei haben** 邪魔されずに〔自由に〕行動できる. 〈j³〉 **den Rücken stärken [steifen]** 〈人〉を励ます. 〈j³/et³〉 **den Rücken wenden [kehren]** 〈人・物・事〉に背を向け

る. **einen breiten Rücken haben** (批判に対して)平気である. **einen krummen Rücken machen** 卑屈な態度をとる. **fast auf den Rücken fallen** 《口》びっくり仰天する. 〈et^4〉 **hinter** 〈j^2〉 **Rücken tun** 〈事を〉〈人に〉内緒でする. 〈j^4/et^4〉 **im Rücken haben** 《口》〈人・物・事に〉バックアップされている. 〈j^3〉 **in den Rücken fallen** 〈人を〉思いがけず裏切る. 〈j^3〉 **läuft es kalt über den Rücken** 《口》〈人の〉背筋が寒くなる. **mit dem Rücken an der Wand stehen** 窮地に追込まれている, 背水の陣に立つ. **sich^3 den Rücken freihalten** 身の安全を確保する.

die **Rụ̈cken·de·ckung** [りゅっケン・デックング] [名] -/ **1.** 〚軍〛背面援護. **2.** 後援, 後盾.

die **Rụ̈cken·flos·se** [りゅっケン・ふロっセ] [名] -/-n 〚魚〛背びれ.

der **Rụ̈cken·flug** [りゅっケン・ふルーク] [名] -(e)s/..flü·ge 〚空〛背面飛行.

die **Rụ̈cken·la·ge** [りゅっケン・ラーゲ] [名] -/-n **1.** あお向けの姿勢. **2.** 〚スキー〛後傾姿勢.

die **Rụ̈cken·leh·ne** [りゅっケン・レーネ] [名] -/-n (いすの)背もたれ.

das **Rụ̈cken·mark** [りゅっケン・マるク] [名] -(e)s/ 脊髄(せきずい).

der **Rụ̈cken·schmerz** [りゅっケン・シュメるツ] [名] -es/-en 《主に[複]》背中の痛み.

die **Rụ̈cken·schu·le** [りゅっケン・シューレ] [名] -/-n 〚医〛脊柱矯正理学療法.

rụ̈cken|schwim·men* [りゅっケン・シュヴィメン] [動] *h./s.* 《主に不定詞でのみ》〔(〈方向〉へ)〕背泳ぎで泳ぐ.

das **Rụ̈cken·schwim·men** [りゅっケン・シュヴィメン] [名] -s/ 背泳.

die **Rụ̈cken·stär·kung** [りゅっケン・シュテるクング] [名] -/ 自信を強めさせること, モラルサポート.

die **Rụ̈ck·ent·wick·lung** [りゅっク・エントヴィックルング] [名] -/-en 退化, 後退.

der **Rụ̈cken·wind** [りゅっケン・ヴィント] [名] -(e)s/ 追い風, 順風.

der **Rụ̈cken·wir·bel** [りゅっケン・ヴィるベル] [名] -s/- 《稀》=Brustwirbel.

die **Rụ̈ck·er·in·ne·rung** [りゅっク・エあイネるング] [名] -/-en 追憶, 回想.

rụ̈ck·er·stat·ten [りゅっク・エあシュタっテン] [動] *h.* 《不定詞・過去分詞でのみ》〔〈j^3〉に+〈et^4〉ヲ〕払戻す, 返済する.

die **Rụ̈ck·er·stat·tung** [りゅっク・エあシュタっトゥング] [名] -/-en **1.** 払戻し, 返済, 返還, 還付. **2.** 〚法〛(ナチ時代の不法収用に対する)原状回復, 補償.

(*der*) **Rụ̈ckert** [りゅっカート] [名] 〚人名〛リュッケルト (Friedrich ~, 1788-1866, 詩人).

die **Rụ̈ck·fahr·kar·te** [りゅっク・ふぁーあ・カるテ] [名] -/-n 往復切符.

der **Rụ̈ck·fahr·schein** [りゅっク・ふぁーあ・シャイン] [名] -(e)s/-e 往復乗車券〔切符〕.

die **Rụ̈ck·fahrt** [りゅっク・ふぁーあト] [名] -/-en (列車などでの)帰路, 復路.

der **Rụ̈ck·fall** [りゅっク・ふぁル] [名] -(e)s/..fälle **1.** (前の悪い状態への)逆戻り; (病気の)ぶり返し, 再発. **2.** 〚法〛累犯.

rụ̈ck·fäl·lig [りゅっク・ふぇりひ] [形] 再発の; 旧習に戻った, 逆戻りの; 〚法〛累犯の.

der **Rụ̈ck·fall·tä·ter** [りゅっクふぁル・テーター] [名] -s/- 〚法〛累犯者.

das **Rụ̈ck·fens·ter** [りゅっク・ふぇンスター] [名] -s/- (自動車の)リヤーウィンドー.

der **Rụ̈ck·flug** [りゅっク・ふルーク] [名] -(e)s/..flüge 帰りの飛行, 帰還飛行.

der **Rụ̈ck·fluss,** [旧]**Rụ̈ck·fluß** [りゅっク・ふルっス] [名] -es/ 流れ戻ること, 環流; 〚経〛環流.

die **Rụ̈ck·fra·ge** [りゅっク・ふらーゲ] [名] -/-n 再度の問合せ, 再照会, 再質問.

rụ̈ck·fra·gen [りゅっク・ふらーゲン] [動] *h.* 《不定詞・過去分詞でのみ》〔補足なし〕再質問をする, 改めて問合せをする.

die **Rụ̈ck·front** [りゅっク・ふろント] [名] -/-en 裏正面.

die **Rụ̈ck·füh·rung** [りゅっク・ふゅーるング] [名] -/ (捕虜などの)本国送還; (軍隊の)撤収; (荷物の)返送.

die **Rụ̈ck·ga·be** [りゅっク・ガーベ] [名] -/-n 《主に[単]》返却, 返還; 〚サッカー〛バックパス.

das **Rụ̈ck·ga·be·recht** [りゅっクガーベ・れひト] [名] -(e)s/ (商品などの)返却権.

der **Rụ̈ck·gang** [りゅっク・ガング] [名] -(e)s/..gänge (人口・病気・犯罪などの)減少, (気温の)低下.

rụ̈ck·gän·gig [りゅっク・ゲンギひ] [形] 衰退する, 減少する: 〈et^4〉 ~ machen 〈事を〉取消す.

die **Rụ̈ck·ge·win·nung** [りゅっク・ゲヴィヌング] [名] -/ 取戻すこと, 回収; 再生利用.

das **Rụ̈ck·grat** [りゅっク・グらート] [名] -(e)s/-e 背骨, 脊柱(せきちゅう). 【慣用】〈j^3〉 **das Rückgrat brechen** 《口》〈人を〉骨抜きにする; 〈人を〉破滅〔破産〕させる. 〈j^3〉 **das Rückgrat stärken** 〈人を〉支援する. **Rückgrat zeigen** 〔**haben**〕気骨がある.

die **Rụ̈ck·grat·ver·krüm·mung** [りゅっクグらート・ふぇあクりゅムング] [名] -/-en 脊柱(せきちゅう)湾曲.

der **Rụ̈ck·griff** [りゅっク・グりっふ] [名] -(e)s/-e **1.** (過去に)さかのぼること, 立ち戻ること. **2.** 〚法〛遡求(そきゅう), 償還請求.

der **Rụ̈ck·halt** [りゅっク・ハルト] [名] -(e)s/-e 《主に[単]》支え, 支援. 【慣用】 **ohne Rückhalt** 全面的に, 遠慮〔容赦〕なく.

rụ̈ck·halt·los [りゅっクハルト・ロース] [形] 遠慮〔容赦〕のない; 全面的な, 無条件の.

die **Rụ̈ck·hand** [りゅっク・ハント] [名] -/ 〚スポーツ〛バックハンド.

der **Rụ̈ck·hand·schlag** [りゅっクハント・シュラーク] [名] -(e)s/..schläge 〚スポーツ〛バックハンドストローク.

der **Rụ̈ck·kauf** [りゅっク・カウふ] [名] -(e)s/..käufe 〚商〛買戻し; 〚保険〛解約払戻し.

das **Rụ̈ck·kaufs·recht** [りゅっクカウふス・れひト] [名] -(e)s/-e 〚商〛買戻し権.

die **Rụ̈ck·kehr** [りゅっク・ケーあ] [名] -/ 帰還; 《転》復帰.

die **Rụ̈ck·kop·pe·lung** [りゅっク・コっペルング], **Rụ̈ck·kopp·lung** [りゅっク・コっプルング] [名] -/-en 〚サイバネティックス・電〛フィードバック.

die **Rụ̈ck·kreu·zung** [りゅっク・クろイツング] [名] -/-en 〚生〛戻し交配〔交雑〕.

die **Rụ̈ck·kunft** [りゅっク・クンふト] [名] -/ 《文》戻って来ること, 帰着, 帰還; 復帰.

die **Rụ̈ck·la·ge** [りゅっク・ラーゲ] [名] -/-n **1.** (不時に備えた)貯金; 〚経〛(企業の)積立金, 準備金. **2.** 〚スキー〛後傾姿勢.

der **Rụ̈ck·lauf** [りゅっク・ラウふ] [名] -(e)s/..läufe **1.** 後〔逆〕戻り, 逆行; 逆流, 還流; (機械の)逆作動, (テープなどの)巻き戻し; (鉄砲の)反動. **2.** (アンケートの答えの)戻り.

rụ̈ck·läu·fig [りゅっク・ロイふぃひ] [形] 減少〔後退〕する; 逆行する, 逆戻りの; 〚天〛逆行の: ein ~*es* Wörterbuch 〚言〛逆引き辞典.

die **Rụ̈ck·leuch·te** [りゅっク・ロイひテ] [名] -/-n = Rücklicht.

das **Rụ̈ck·licht** [りゅっク・リひト] [名] -(e)s/-er 尾灯, テールライト.

rụ̈ck·lings [りゅっクリングス] [副] 背中で〔に〕; あお向けに, 背後から; 後ろ向きに.

der **Rụ̈ck·marsch** [りゅっク・マるシュ] [名] -es/..märsche 退却; 行進して戻ること.

die **Rụ̈ck·nah·me** [りゅっク・ナーメ] [名] -/-n 《主に[単]》

R

引取り;撤回,取消し.
das **Rück·por·to** [リュック・ポルト] 名 -s/-s 返信料.
die **Rück·rei·se** [リュック・らイゼ] 名 -/-n 帰り(の旅), 帰途(の旅).
der **Rück·ruf** [リュック・る-ふ] 名 -(e)s/-e 1. 折返しの(返事の)電話. 2. 〖法〗(著作使用権の)撤回. 3. (欠陥商品の)リコール.
der **Ruck·sack** [るック・ザック] 名 -(e)s/..säcke リュックサック.
die **Rück·schau** [リュック・シャウ] 名 -/ 回顧.
der **Rück·schlag** [リュック・シュラーク] 名 -(e)s/..schläge 1. 急激な悪化. 2. 〖工〗反動,跳ね返り;〖球〗(ボールの)打返し,リターン.
der **Rück·schluss**, ⓐ**Rück·schluß** [リュック・シュルス] 名 -es/..schlüsse (主にⓐ)帰納的推論[推理].
der **Rück·schritt** [リュック・シュリット] 名 -(e)s/-e 退歩,後退.
rück·schritt·lich [リュック・シュリットリひ] 形 反動的な;退嬰(な)的な.
die **Rück·sei·te** [リュック・ザイテ] 名 -/-n (貨幣・用紙などの)裏,裏面;(建物の)背面,裏側.
rück·sei·tig [リュック・ザイティク] 形 裏側の,裏面の.
ruck·sen [るックセン] 動 h. [嬉し][方]くうくう鳴く(鳩が).
die **Rück·sicht** [リュック・ズィヒト] 名 -/-en 1. (主にⓐ)顧慮,斟酌(い),考慮; ~ auf (j³ nehmen (人々(... 考慮する. 2. (ⓐのみ)(考慮すべき)理由,事情. 3. (ⓐのみ)(自動車の)後方視界.
rück·sicht·lich [リュック・ズィヒトリひ] 前 〔+2格〕〖硬〗…を考慮して.
die **Rück·sicht·nah·me** [リュック・ズィヒト・ナーメ] 名 -/ 考慮すること.
rück·sichts·los [リュック・ズィヒツ・ロース] 形 〖蔑〗配慮[思いやり]を欠いた,傍若無人の,無謀な;容赦のない.
rück·sichts·voll [リュック・ズィヒツ・ふォル] 形 思いやりのある,配慮のある,気を配[使]った.
der **Rück·sitz** [リュック・ズィッツ] 名 -es/-e 後部座席,リヤーシート.
der **Rück·spie·gel** [リュック・シュピーゲル] 名 -s/- バックミラー.
das **Rück·spiel** [リュック・シュピール] 名 -(e)s/-e [ネネ](2回総当りのリーグ戦での)2回目の試合;〖球〗バックパス.
die **Rück·spra·che** [リュック・シュプらーヘ] 名 -/-n 話合い,協議.
der **Rück·spul·knopf** [リュック・シュプール・クノっプふ] 名 -(e)s/..knöpfe 巻き戻しボタン.
der **Rück·stand** [リュック・シュタント] 名 -(e)s/..stände 1. (主にⓐ)延滞〔滞納〕金,未払〔未納〕金. 2. 残りかす,残滓(ザイ). 3. (実務・ノルマなどからの)遅滞,延滞,滞納,未納; 〖工〗引当金.
rück·stän·dig [リュック・シュテンディヒ] 形 1. 開発の遅れた. 2. 未払いの. 3. 時代遅れの.
die **Rück·stän·dig·keit** [リュック・シュテンディヒカイト] 名 -/ 立ち遅れ;時代遅れ;滞り.
der **Rück·stau** [リュック・シュタウ] 名 -(e)s/-s〔-e〕 1. 〖工〗(水流の)塞(ぎ)き止め. 2. (交通)渋滞.
die **Rück·stell·tas·te** [リュック・シュテル・タステ] 名 -/-en 〖古〗(タイプライターの)バックスペースキー.
die **Rück·stel·lung** [リュック・シュテルング] 名 -/-en 1. (主にⓐ)〖経〗引当金. 2. 延期.
der **Rück·stoß** [リュック・シュトース] 名 -es/..stöße 1. 〖理〗反跳. 2. (火器発射・ロケット噴射時の)反動.
rück·stoß·frei [リュック・シュトース・ふらイ] 形 反動のない.
der **Rück·strah·ler** [リュック・シュトらーラー] 名 -s/- (自動車などの)反射板〔装置〕.

die **Rück·tas·te** [リュック・タステ] 名 -/-n (タイプライターなどの)バックスペースキー.
der **Rück·tritt** [リュック・トリット] 名 -(e)s/-e 1. (特に内閣・閣僚などの)辞職,辞任. 2. 〖法〗(契約の)解除. 3. =Rücktrittbremse.
die **Rück·tritt·brem·se** [リュックトリット・ブれムゼ] 名 -/-n (自転車などの)逆踏みブレーキ.
rück·über·set·zen [リュック・ユーベルゼッツェン] 動 h. (不定詞・過去分詞のみで)〈et³⟩原語に再翻訳[反訳]する,復文する.
die **Rück·über·set·zung** [リュック・ユーベルゼッツング] 名 -/-en 1. (ⓐのみ)再翻訳,反訳,復文(再翻訳されたものを原語へ再翻訳すること). 2. 再翻訳〔反訳〕版.
rück·ver·gü·ten [リュック・ふぇあギューテン] 動 [((⟨j³)⟩=)+⟨et⁴⟩]〖経〗〖保険〗払戻す(ある金額・保険配当金・リベートなどを).
die **Rück·ver·gü·tung** [リュック・ふぇあギュートゥング] 名 -/-en 1. 〖経〗割戻し(金),リベート. 2. 〖保険〗払戻し,還付.
rück·ver·si·chern [リュック・ふぇあズィヒェーン] 動 h. 1. ⟨sich⁴⟩背後の安全を確保する,二またをかけて身の保全を図る,(上役などに)後盾の約束を取りつける. 2. 〖嬉し〗〖保険〗再保険に入る(保険会社が). 3. ⟨et⁴⟩〖保険〗再保険の契約をする.
die **Rück·ver·si·che·rung** [リュック・ふぇあズィヒェるング] 名 -/-en 二またをかけて身の安全を図ること;〖保険〗再保険.
die **Rück·wand** [リュック・ヴァント] 名 -/..wände 後ろの壁;(家具などの)背面の板〔ボード〕.
der **Rück·wan·de·rer** [リュック・ヴァンデらー] 名 -s/- 帰国移民,引揚げ者.
die **Rück·wan·de·rung** [リュック・ヴァンデるング] 名 -/-en 亡命〔移民〕先からの帰国〔引揚げ〕.
rück·wär·tig [リュック・ヴェルティヒ] 形 後方の,背後の.
rück·wärts [リュック・ヴェルツ] 副 1. 後ろへ;後ろから,後ろ向きに; ~ gehen 後退する(⟹rückwärts gehen). mit dem Auto ~ einparken 自動車を駐車ベースにバックで入れる. 2. さかのぼって: ~ vor fünf Jahren 5年前にさかのぼって. 3. 〖口〗帰りに. 4. 〖南独・オーストリア〗の後ろに,背後に: ~ am Hause 建物の背後に. nach/von ~ 後ろへ/から.
die **Rück·wärts·be·we·gung** [リュック・ヴェルツ・ベヴェーグング] 名 -/-en 後退(運動),後ずさり;急反転.
der **Rück·wärts·gang** [リュック・ヴェルツ・ガング] 名 -(e)s/..gänge 1. 〖工〗(自動車の)バックギア. 2. 後ろ向きに歩くこと.
rück·wärts ge·hen*, ⓐ**rück·wärts|ge·hen*** [リュック・ヴェルツ ゲーエン] 動 s. (Es+(mit ⟨et³⟩)) 〖口〗悪くなる,悪化する,落ちる(健康・業績・能力・商売などの).
der **Rück·wech·sel** [リュック・ヴェクセル] 名 -s/- 〖銀行〗戻り手形.
der **Rück·weg** [リュック・ヴェーク] 名 -(e)s/-e 帰り道,帰路.
ruck·wei·se [るック・ヴァイゼ] 副 ぐいと,がくんと,断続的に.
rück·wir·kend [リュック・ヴィルケント] 形 1. 遡及(ま)的な: ~ vom 1. April gelten 4月1日にさかのぼって適用される. 2. 反作用を及ぼす.
die **Rück·wir·kung** [リュック・ヴィルクング] 名 -/-en 1. 反作用,反応. 2. 〖法〗遡及(ま)効.
rück·zahl·bar [リュック・ツァールバー] 形 返済〔償還・払戻し〕できる.
die **Rück·zah·lung** [リュック・ツァールング] 名 -/-en 返済,返還,償還.
der **Rück·zie·her** [リュック・ツィーアー] 名 -s/- 1. 〖口〗取消し,撤回: einen ~ machen (態度を軟化

させて)譲歩する, 要求を引下げる. **2.**〖*スキー*〗オーバーヘッドキック.

ruck, zuck [ルック, ツック] 副〘口〙一瞬の内に.
der **Rück·zug** [リュック・ツーク] 名 -(e)s/ 退却, 撤収.
das **Rück·zugs·ge·fecht** [リュックツークス・ゲふェヒト] 名 -(e)s/-e 撤退を援護する戦い.
rü·de [リューデ] 形〘蔑〙粗野な, がさつな.
der **Rü·de** [リューデ] 名 -n/-n **1.**（犬などの)雄. **2.**〖狩〗(イノシシ狩の）追跡犬.
das **Ru·del** [ルーデル] 名 -s/-（鹿・オオカミなどの）群れ;〖転〙（人の）一団, 群れ.
ru·del·wei·se [ルーデル・ヴァイゼ] 副 群をなして, 一団となって.
das **Ru·der** [ルーダー] 名 -s/- **1.** 櫂(*かい*), オール. **2.**（船の）舵(*かじ*): aus dem ~ laufen 舵の自由がきかなくなる. ans ~ kommen 政権の座につく. **3.**〖空〗昇降舵(*しょうこう*)(Höhen~);補助翼(Quer~);方向舵(Seiten~).
die **Ru·de·ral·pflan·ze** [ルデらール・プふランツェ] 名 -n/-n〖植〗荒地植物（廃墟に育つ植物で, いらくさなど）.
die **Ru·der·bank** [ルーダー・バンク] 名 -/..bänke（ボートの）漕手席.
das **Ru·der·blatt** [ルーダー・ブラット] 名 -(e)s/..blätter オールのブレード;船の舵板(*だいた*).
das **Ru·der·boot** [ルーダー・ボート] 名 -(e)s/-e 手こぎボート.
der **Ru·de·rer** [ルーデらー] 名 -s/- こぎ手, 漕手(*そうしゅ*).
der **Ru·der·fuß·krebs** [ルーダー・ふース・クれープス] 名 -es/-e〘主に徳〙〖動〗カイアシ類.
der **Ru·der·gän·ger** [ルーダー・ゲンガー] 名 -s/-〖海〗舵手(*だしゅ*), 操舵(*そうだ*)員.
der **Ru·der·gast** [ルーダー・ガスト] 名 -es/-en〖海〗= Rudergänger.
das **Ru·der·haus** [ルーダー・ハウス] 名 -es/..häuser〖海〗操舵(*そうだ*)室.
der **Ru·der·klub** [ルーダー・クルップ] 名 -s/-s 漕艇(*そうてい*)クラブ, ボート部.
ru·dern [ルーダン] 動 **1.** *h./s.*〖徳語〗ボートを漕(*こ*)ぐ. **2.** *s.*〈方向〉へ/über〈et⁴〉ʊɪと〉漕いで進む. **3.** *h.*〈j⁴/et³〉ɢ/〈方向〉へ〉漕いで動かす/ボートで運ぶ. **4.** *s.*〈et⁴〉ʊɪ ボートで行く（一定距離を). **5.** *h.*〈et⁴〉ʊɪ ボートで出す（一定のタイムを). **6.** *h./s.*〖徳語〗ボートレースに参加する, ボートレースをする. **7.**〖狩〗泳ぐ（水鳥が). 【慣用】 *h.* **mit den Armen rudern**〘口〙両腕を大きく振って歩く.
die **Ru·der·pin·ne** [ルーダー・ピネ] 名 -/-n〖船〗（ヨットなどの）舵柄(*だへい*), ティラー.
die **Ru·der·re·gat·ta** [ルーダー・れガッタ] 名 -/..gatten ボートレース, レガッタ.
der **Ru·der·schlag** [ルーダー・シュラーク] 名 -(e)s/..schläge オールのひと漕(*こ*)ぎ, ストローク.
das **Ru·di·ment** [ルディメント] 名 -(e)s/-e **1.**〖文〗残滓(*ざんし*), 遺物, 名残り. **2.**〖生〗痕跡(*こんせき*)器官. **3.**〘徳のみ〙〘古〙兆し〘構想・初期〙の段階;基礎.
ru·di·men·tär [ルディメンテーア] 形 兆しの〘構想・初期〙の段階の;基礎的な;〘文〙名残の;〖生〗痕跡(*こんせき*)の.
(*der*) **Ru·dolf** [ルードルふ] 名〖男名〗ルードルフ. **?**〜 Ⅰ. ルードルフ 1 世 (1218 91 年, 神聖ロマ皇帝).
der **Rud·rer** [ルドらー] 名 -s/- = Ruderer.
der **Ruf** [ルーふ] 名 -(e)s/-e **1.** 叫び（声), (鳥・鹿の互いに交す）鳴き声;（号笛・鐘などの合図の）音. **2.**〘徳のみ〙（上から要求された）声: der ~ der Mitarbeit 協力を呼びかける声. **3.**〘徳のみ〙（人々の要求する）声. **4.**〘主に徳〙（教授のポストなどへの）招聘(*しょうへい*). **5.**〘徳のみ〙評判. **6.**〘主に徳〙〘硬〙電話番号(~nummer). **7.**〘徳のみ〙〘古〙噂.

die **Ruf·an·la·ge** [ルーふ・アン・ラーゲ] 名 -/-n 呼出し装置.
der **Ruf·bus** [ルーふ・ブス] 名 -ses/-se 呼出しバス.
ru·fen* [ルーふェン] 動 rief; hat gerufen **1.**〈〈j⁴〉ʊ〉+zu〈et³〉ɪ〉〈…に〉…を〉告げる（呼びかける). **2.**〈j⁴/et⁴〉ʊ+〈方向〉へ〉呼ぶ, 呼んで来てもらう, 呼出す;呼寄せる(通常, 電話をかけて). **3.**〈j⁴/et⁴〉ʊɪ 叫び声をあげる（人・動物の);鳴く（大形の鳥の). **4.**〈et³〉+〈方向〉へ〉大声で言う, 叫ぶ. **5.** 〈nach 〈j³/et³〉ɴ/〈um 〈et⁴〉ɪɴʊ〉呼ぶ, 叫ぶ. **6.**〈〈j⁴〉ʊ+〈et⁴〉ɪ〉呼ぶ（愛称・通称などで). **7.**〈j⁴/et⁴〉ʊɪ 電話をかける, （…を）呼出す. **8.**〈et⁴〉ʊ〉呼起す.【慣用】 **Gott hat ihn zu sich gerufen.**〘文・婉〙神は彼をお召しになった（死んだ). **sich⁴ heiser rufen** 叫びすぎて声をからす.

der **Ru·fer** [ルーふァー] 名 -s/- 叫ぶ人, 呼ぶ人.
der **Rüf·fel** [リュッふェル] 名 -s/-〘口〙小言, お目玉.
rüf·feln [リュッふェルン] 動 *h.*〈j⁴〉ʊ+(wegen〈et²〉ɴ/für〈et⁴〉ɢ)〘口〙しかりつける.
der **Ruf·mord** [ルーふ・モルト] 名 -(e)s/-e 悪意に満ちた中傷.
der **Ruf·na·me** [ルーふ・ナーメ] 名 -ns/-n 呼び名（複数の名の内の通常呼びかけに使われる名).
die **Ruf·num·mer** [ルーふ・ヌマー] 名 -/-n〘官〙電話番号.
die **Ruf·säu·le** [ルーふ・ゾイレ] 名 -/-n 電話ボール（道路わきなどにあって 110 番などできる電話).
die **Ruf·wei·te** [ルーふ・ヴァイテ] 名 -/ 声の届く距離.
das **Ruf·zei·chen** [ルーふ・ツァイひェン] 名 -s/- **1.**〖電話〗呼出し音;〖無線〗コールサイン. **2.**〘徳のみ〙感嘆符.
das **Rug·by** [rákbi ラグビ] 名 -(s)/〖スポ〗ラグビー.
die **Rü·ge** [リューゲ] 名 -/-n 叱責, 戒め.
rü·gen [リューゲン] 動 *h.* **1.**〈j⁴〉ʊ+(wegen〈et²〉ɴ)〘徳語〙叱責する, 訓戒する. **2.**〈et⁴〉ʊɪ 厳しく批判（非難）する. **3.**〈〈文〉〉しかる.【慣用】 **Mängel rügen** 欠陥を指摘して苦情を言う.
(*das*) **Rü·gen** [リューゲン] 名 -s/〖地名〗リューゲン島（ドイツ最北東のバルト海の島).
der **Rü·ge·ner** [リューゲナー] 名 -s/- リューゲンの人.
die **Ru·he** [ルーエ] 名 -/ **1.** 静けさ, 静寂, 静粛. **2.** 安らぎ, 安静, 落着き, 冷静;平穏;秩序:〈j³〉keine ~ lassen〈人〉を〉絶えず邪魔をする. die öffentliche ~ stören 治安を乱す. ~ haben〔besitzen〕落着きがある. zur ~ kommen 落着く. mit der ~ あってずに, 余裕を持って. sich⁴ nicht aus der ~ bringen lassen 冷静さを失わない. Ich möchte meine ~ haben! ぼくを放っておいてくれ. **3.** 休み, 休息, 休養, 静養;眠り, 睡眠: ~ finden 休息する. sich⁴ ~ geben就寝する. Angenehme ~！ お休みなさい. **4.** 静止, 停止, 休止. 【慣用】 **die Ruhe weghaben**〘文〙承服する. **keine Ruhe geben**〘口〙しつこくせがむ.〈j⁴〉ʊ mit〈et³〉ɴ in Ruhe lassen〘口〙〈人〉を〉〈事⁴〉で〉わずらわさない. **Ruhe geben** 静かにする, 邪魔をしない. **sich⁴ zur Ruhe setzen**（定年で）退職する.

die **Ru·he·bank** [ルーエ・バンク] 名 -/..bänke（休息用）ベンチ.
das **Ru·he·be·dürf·nis** [ルーエ・ベデュるふニス] 名 3es/ 休養の必要.
ru·he·be·dürf·tig [ルーエ・ベデュるふティヒ] 形 休養の必要な.
das **Ru·he·bett** [ルーエ・ベット] 名 -(e)s/-en〘古〙寝いす.
der **Ru·he·ge·halt** [ルーエ・ゲハルト] 名 -(e)s/..hälter（官吏などの）恩給, （会社役員などの）退職給与〔年金〕.

das **Ru·he·geld** [るーエ・ゲルト] [名] -(e)s/-er **1.** 《総称》(職員・労働者の)退職給与. **2.** (社会保険の)老齢年金.

das **Ru·he·kis·sen** [るーエ・キッセン] [名] -s/- 《古》枕(まくら);クッション.

die **Ru·he·la·ge** [るーエ・ラーゲ] [名] -/-n **1.** 静止状態. **2.** 〖医〗安静(状態).

ru·he·los [るーエ・ロース] [形] 落着きのない, 落着かない;せわしない;不安な.

die **Ru·he·lo·sig·keit** [るーエ・ローズィひカイト] [名] -/ 落着きのなさ;せわしなさ;不安.

ru·hen [るーエン] [動] *h.* **1.** 〖(〈場所〉デ)〗休む, 休息する;《文》眠る. **2.** 〔補足なし〕(活動が一時)停止している, 止まっている. **3.** 〖〈場所〉ニ〗ある, いる. **4.** 〔auf 〈j^3/et^3〉ニ＋(〈様態〉デ)〕向けられている(目・まなざしなどが);《転・文》かかっている(責任などが). 【慣用】**Hier ruht** (**in Gott**) **...** 《転・文》…がここに眠る(墓碑銘). **nicht**〔**weder**〕**ruhen noch rasten, bis ...** …まで, 休みなく努力する.

ru·hen las·sen*, [旧]**ru·hen|las·sen*** [るーエン ラッセン] [動] ließ ruhen; hat ruhen lassen〔ruhen gelassen〕〖〈et^4〉ヲ〗(手をつけずに)放って置く, (未解決のまま)途中で放り出す.

die **Ru·he·pau·se** [るーエ・パウゼ] [名] -/-n 中休み, 休憩時間.

der **Ru·he·platz** [るーエ・プラッツ] [名] -es/..plätze 休憩所, 憩いの場.

das **Ru·he·sta·di·um** [るーエ・シュターディウム] [名] -s/..dien 〖生〗静止期, 間期.

der **Ru·he·stand** [るーエ・シュタント] [名] -(e)s/ (官吏などの定年)退職の身分.

die **Ru·he·statt** [るーエ・シュタット] [名] -/..stätten 《文》 **1.** 《稀》休息所, 憩いの場所. **2.** 墓所: die letzte ~ 終(つい)の栖(すみか).

die **Ru·he·stät·te** [るーエ・シュテッテ] [名] -/-n 《文》 = Ruhestatt.

die **Ru·he·stel·lung** [るーエ・シュテルング] [名] -/-en **1.** 静止位置. **2.** 〖軍〗(前線から交替した部隊の)休戦状態.

ru·he·stö·rend [るーエ・シュ[テ]ーレント] [形] 静けさを乱す.

der **Ru·he·stö·rer** [るーエ・シュ[テ]ーらー] [名] -s/- 静けさを乱す人;安眠妨害者.

die **Ru·he·stö·rung** [るーエ・シュ[テ]ーるング] [名] -/-en (安眠妨害など)静けさを乱すこと.

der **Ru·he·tag** [るーエ・ターク] [名] -(e)s/-e 休日;休業日.

die **Ru·he·zeit** [るーエ・ツァイト] [名] -/-en 憩いの時, 休憩〔休養〕時間.

ru·hig [るーイひ] [形] **1.** 静かな, 穏やかな, 静止した: die ~*e* See 穏やかな海. mit ~*er* Flamme 炎を真っ直に立ちのぼらせて. **2.** 騒がしくない, 静かな: Seid endlich mal ~! 君たちいい加減に静かにしろよ. ~ gelegen sein (建物などが)静かなところにある. **3.** 平穏な, 無事な, 順調な: ~*e* Tage 平穏無事な日々. ~ verlaufen 順調に行く. **4.** のんびりした: ein ~*es* Leben führen のんびりした生活をおくる. **5.** 落着いた, 冷静な, 沈着な: bei ~*er* Überlegung 冷静に考えてみれば. gegen 〈et^4〉 ~ Maßnahmen ergreifen 〈事ニ〉沈着に対処する. 【慣用】**eine ruhige Hand haben** 手つきが落着いている. **eine ruhige Kugel schieben** 《口》のんびりやる. **Nur ruhig Blut!** 《口》まあ落着きたまえ. **ruhige Farben** 落着いた色. **〈et^4〉 ruhigen Gewissens tun** 意を安んじて〈事ヲ〉する.

—— [副] (話者の気持)(アクセント無・無頓着・了解・勧誘・勇気づけなど)気にせずに, 安心して: Man kann ~ darüber sprechen. そのことについて話しても一向にかまわない.

ru·hig stel·len, [旧]**ru·hig|stel·len** [るーイひ シュテレン] [動] *h.* **1.** 〖〈et^4〉ヲ〗〖医〗固定する(骨折した腕などを);(一時的に)機能停止状態にする(薬品が〔で〕腸などを). **2.** 〖〈j^4〉ヲ〗鎮静させる(薬が〔で〕).

der **Ruhm** [るーム] [名] -(e)s/ 名声. 【慣用】**sich^4 nicht** (**gerade**) **mit Ruhm beklecken** 《口・皮》それほど立派とはいえない.

ruhm·be·deckt [るーム・ベデックト] [形] 名声かくかくたる.

die **Ruhm·be·gier** [るーム・ベギーあ] [名] -/ 《文》名誉欲, 功名心.

die **Ruhm·be·gier·de** [るーム・ベギーあデ] [名] -/ 名誉欲, 功名心.

ruhm·be·gie·rig [るーム・ベギーりひ] [形] 名誉欲の強い.

rüh·men [りゅーメン] [動] *h.* **1.** 〖〈j^4/et^4〉ヲ〗褒める, 褒めたたえる, 称賛〔称揚〕する. **2.** 〔sich^4＋〈j^2/et^2〉ヲ/zu〈[動]〉ヲ/als〈j^1〉デアルト〕自慢する, 得意に思う.

rüh·mens·wert [りゅーメンス・ヴェーあト] [形] 称賛に値する.

das **Ruh·mes·blatt** [るーメス・ブラット] [名] -(e)s/ 栄光の一ページ: kein ~ für 〈j^4〉 sein 〈人にとって〉名誉なことではない.

rühm·lich [りゅームリひ] [形] 称賛すべき, 名誉ある.

ruhm·los [るーム・ロース] [形] 不名誉な, 不面目な.

ruhm·re·dig [るーム・れーディひ] [形] 《文》自慢たらたらの.

ruhm·reich [るーム・らイひ] [形] 誉れ高き, 栄誉に満ちた.

die **Ruhm·sucht** [るーム・ズふト] [名] -/ 名誉欲, 功名心.

ruhm·voll [るーム・ふぉル] [形] 誉れ高き.

die **Ruhr**[1] [るーあ] [名] -/-en (主に[南])赤痢(せきり).

die **Ruhr**[2] [るーあ] [名] -/ 〖川名〗ルール川.

das **Rühr·ei** [りゅーあ・アイ] [名] -(e)s/-er (主に[南])いり卵, スクランブルドエッグ.

rüh·ren [りゅーれン] [動] *h.* **1.** 〔〈et^4〉ヲ〕かき回す〔交ぜる〕(コーヒー・かゆ・(鍋の中の)スープなどを);《文・古》かき〔打ち〕鳴らす(ハープ・リラ・ドラムなどを). **2.** 〖(mit 〈et^3〉デ)＋in 〈et^3〉ノ中ヲ〗かき回す. **3.** 〖〈et^4〉ヲ〗(少し)動かす(指・手・四肢など身体の部分を). **4.** 〖〈et^4〉ヲ＋〈方向〉ニ〗かき回しながら加える〔入れる〕. **5.** 〔sich^4〕(少し)身体を動かす, (少し)動く;積極的に動く. **6.** 〔an 〈et^4〉ニ〕《文》(慎重に)手を触れる(壊れ物などに);《転》触れる, 言及する(いやな思い出・痛い点などに);(…を)侵す(自由・権利などを). **7.** 〖〈j^4〉ヲ〗《文》感動させる(言葉・行為などが), (…の)気持を動かす(懇願などが). **8.** 〔von 〈j^3/et^3〉ニ/daher, dass〈[文]〉デアルコトニ〕《文》原因がある. 【慣用】**ein menschliches Rühren verspüren** 《婉》(《冗》も有)便意をもよおす. **Rührt euch!** 〖軍〗休め(号令). **sich^4 nicht rühren können** 《口》金に困ってにっちもさっちもいかない.

rüh·rend [りゅーれント] [形] 感動的な;《皮》感動するほどの(あきれるほどの).

das **Ruhr·ge·biet** [るーあ・ゲビート] [名] -(e)s/ 〖地名〗ルール地方.

rüh·rig [りゅーりひ] [形] 活発な, 精力的な.

die **Rüh·rig·keit** [りゅーりひカイト] [名] -/ 活発〔活動的・精力的〕であること.

der **Rühr·löf·fel** [りゅーあ・[レ]っふぇル] [名] -s/- 攪拌(かくはん)用(木製)スプーン.

das **Rühr·mich·nicht·an** [りゅーあ・ミひ・ニひト・アン] [名] -/- 〖植〗ホウセンカ: ein Kräutchen ~ 《口・嘲》極端に感じやすい人.

rühr·se·lig [りゅーあ・ゼーりひ] [形] **1.** 涙もろい, 感動しやすい. **2.** 感傷的な, お涙ちょうだいの.

das **Rühr·stück** [りゅーあ・シュテュック] [名] -(e)s/-e **1.** ([南]のみ)(18世紀の感傷主義の)感傷劇(ジャンル). **2.** 感傷劇, お涙ちょうだい劇, メロドラマ(作品).

der **Rühr|teig** [リューア・タイク] 名 -(e)s/-e どろっとしたケーキ生地用ねり粉.
die **Rüh·rung** [リューるング] 名 -/ 感動, 感激.
das **Rühr|werk** [リューア・ヴェるク] 名 -(e)s/-e **1.** 〔工〕(麦芽汁·煮沸かまどの攪拌用)プロペラ. **2.** (ケーキ生地の)攪拌器.
der **Ru·in** [るイーン] 名 -s/ 破滅.
die **Ru·i·ne** [るイーネ] 名 -/-n 崩れ落ちた建物の残り, 廃墟; 《複のみ》(崩壊した国·会社·組織などの)瓦礫(ホ؞).
ru·i·nen·haft [るイーネンハフト] 形 廃墟のような.
ru·i·nie·ren [るイニーれン] 動 h. **1.** 《⟨j⟨et⟩⟩》破滅させる(人を);ひどく損なわせる〔傷つける〕(胃·名声などを);壊滅させる(国家·会社·組織などを). **2.** 駄目にする, 滅茶苦茶にする(雨が靴を·子供が花壇などを). **2.** 〈sich⟨⟩〉破滅する, 損なわれる.
ru·i·niert [るイニーあト] 形 破産した.
ru·i·nös [るイ⟨®⟩-ス] 形 **1.** (経済的な)破滅をもたらす. **2.** 《古》倒壊のおそれのある.
der **Ru·län·der** [るレンダー] 名 -s/- **1.** 《複のみ》ルーレンダー種のブドウ. **2.** ルーレンダー種のブドウによるワイン.
der **Rülps** [リュルプス] 名 -es/-e 《方·口》 **1.** げっぷをしょっちゅうする人. **2.** 不作法者.
rülp·sen [リュルプセン] 動 h. 《⟨᎗⟩》(口)不作法に音を立ててげっぷをする.
der **Rülp·ser** [リュルプサー] 名 -s/- げっぷ(しょっちゅうげっぷをする人).
rum [るム] 副 《口》=herum.
der **Rum** [るム] 名 -s/-s ラム酒.
der **Ru·mä·ne** [るメーネ] 名 -n/-n ルーマニア人.
(das) **Ru·mä·ni·en** [るメーニエン] 名 -s/ 《国名》ルーマニア(略 R).
die **Ru·mä·nin** [るメーニン] 名 -/-nen ルーマニア人女性.
ru·mä·nisch [るメーニシュ] 形 ルーマニア(人·語)の.
das **Ru·mä·nisch** [るメーニシュ] 名 -(s)/ ルーマニア語. 【用法⇨ Deutsch】
das **Ru·mä·ni·sche** [るメーニシェ] 名 《形容詞的変化;《のみ》》 **1.** (定冠詞とともに)ルーマニア語. **2.** ルーマニア的なもの(こと). 【用法⇨ Deutsche²】
die **Rum·ba** [るムバ] 名 -/-s 《ダンスの》ルンバ.
rum|hän·gen* [るム・ヘンゲン] 動 h. 《口》 **1.** 〔ろくなこともしないで〕ぶらぶらしている. **2.** 〔《場所》で〕時間をつぶす. **3.** 〔《場所》に〕だらしなくぶらさがっている.
rum|krie·gen [るム・クリーゲン] 動 h. 《口》 **1.** 〔⟨j⟨⟩et⟩⟩〕口説き落とす. **2.** 〔⟨et⟨⟩⟩〕過ごす.
der **Rum·mel** [るメル] 名 -s/ **1.** 《口》(人·物·事についてなされる)大騒ぎ·お祭り騒ぎ. **2.** 《北独》年の市;年の市の立つ広場. 【慣用句】*den ganzen Rummel kennen [verstehen]* 事情を全部知っている.
der **Rum·mel·platz** [るメル・プラッツ] 名 -es/..plätze 《北独》年の市のたつ広場.
der **Ru·mor** [るモーる] 名 -s/ 《方》騒ぎ, 騒音.
ru·mo·ren [るモーれン] 動 rumorte; hat rumort 《口》 **1.** 〔《場所》で〕音を立てる〔人·動物などが〕;不穏な動きを見せる, 暴動〔騒動〕を起こす〔民衆などが〕;ごろごろ音を立てる(牛乳が腹の中で). 〔*Es* は主語で〕 Es *rumort* draußen. 外でがたがた音がする. Es *rumort* im Volk 民衆の中で不穏な動きがある. Es *rumort* in seinem Bauch. 彼の腹がごろごろなる. 〔in ⟨j⟨et⟩⟩《⟩⟩たぎる(怒りが彼の中で)·ある考えが彼の頭の中で).
die **Rum·pel·kam·mer** [るムベル·カマー] 名 -/-n 《口》がらくた置き場.
der **Rum·pel·kas·ten** [るムベル・カステン] 名 -s/-[..kästen] 《口·蔑》自動車, おんぼろピアノ.
rum·peln¹ [るムペルン] 動 《口》 h. 《⟨᎗⟩》がたがた

ごとごと〕音を立てる(市街電車·人などが). **2.** s. 〔《方向》へ/durch 〈et⟩ŷ通って〕がたがた音を立てて走る〔動く·転がる〕.
rum·peln² [るムベルン] 動 h. 《中独·口》 **1.** 〔補足〕しわくちゃになる(布·肌などが). **2.** 〔⟨et⟨⟩⟩〕《古》(洗濯板の上で)ごしごし洗う.
das **Rum·pel·stilz·chen** [るムベル・シュティルツヒェン] 名 -s/ ルンペルシュティルツヒェン(童話の意地悪な小人).
der **Rumpf** [るムプフ] 名 -(e)s/Rümpfe 人間や動物の)胴, 胴体;(飛行機·船の)胴体部.
die **Rumpf·beu·ge** [るムプフ・ボイゲ] 名 -/-n (体操の)上体の前屈〔後屈·側屈〕(運動).
rümp·fen [リュムプフェン] 動 h. 《⟨᎗⟩》しわを寄せる, (…を)しかめる.
das **Rump·steak** [..ste:k] [るムプ・ステーク] 名 -s/-s ランプステーキ.
der **Rum·topf** [るム・トップフ] 名 -(e)s/..töpfe ラム酒漬果実·ラム酒漬用のつぼ.
der **Run** [ran るン] 名 -s/-s (人々の)殺到, 突進.
rund [るント] 形 **1.** 丸い, 円い, 円形の, 球形の: ein *~er* Platz 円形広場. eine *~e* Augen machen 《口》目を丸くする. Auf dem Sportplatz läuft eine weiße Linie ~. グランドには白線が丸く引いてある. **2.** 丸々とした, ふっくらした: dick und ~ werden 丸々と太る. **3.** 《数·量》《口》まる;かなりな;端数のない: ein ~es Jahr まる1年. eine ~e Million kosten 百万もする. eine ~e Zahl 端数のない数. einen Betrag ~ machen 金額の端数を切り上げる. **4.** 完璧な, 申し分無く映えのよい: eine ~en Geschmack haben (ワインなどが)まろやかな味がする. Unsere Besprechung war doch eine ~e Sache. 私たちの話合いはやはりうまくいった. 【慣用句】 *Konferenz am runden Tisch* 円卓会議. *rund laufen* うまくいく:(エンジンなどが)スムーズに作動している.
―― 副 **1.** 《語術》(数詞を修飾)約(略 rd.): Das kostet ~ zehn Euro. それは約10ユーロする. ~ gerechnet ざっと計算すると. **2.** 《方の形で》~ um ⟨j⟨et⟩⟩《人·物·事を》めぐって〔ぐるりと回って〕: eine Diskussion ~ um das Problem その問題をめぐる討論. die Reise ~ um die Welt[Erde] 世界一周旅行. ~ um die Uhr 24時間ぶっ通しで.
das **Rund** [るント] 名 -(e)s/ **1.** 円, 球;ふくらみ, 丸み, 湾曲. **2.** 周り, 周囲.
der **Run·da·low** [..dalo るンダロ] 名 -s/-s ルンダロ(葦葺(ぁぉぃ)の円形バンガロー).
der **Rund·bau** [るント・バウ] 名 -(e)s/-ten 円形建築物.
der **Rund·blick** [るント・ブリック] 名 -(e)s/-e 周りの眺め;周りを見渡すこと.
der **Rund·bo·gen** [るント・ボーゲン] 名 -s/- 〔芸術学·建〕半円アーチ.
der **Rund·brief** [るント・ブリーフ] 名 -(e)s/-e 回状;(複数の人にあてた)回し読みされる手紙.
die **Run·de** [るンデ] 名 -/-n **1.** 一座の人々, 仲間, サークル, グループ, 一座の人々全員に一杯ずつ(酒など). **2.** 周り, 周囲. **3.** 一回り, 一周;巡回. **4.** 《スポ》ラウンド;一周;(トーナメントの)回戦. **5.** 〔手芸〕(丸編みの)段.
das **Rund·ei·sen** [るント・アイゼン] 名 -s/- 鉄棒ローラー;丸鑿(ϭ).
das **Run·dell** [るンデル] 名 -s/-e =Rondell.
run·den [るンデン] 動 h. **1.** 〔⟨et⟨⟩⟩〕丸くする, 丸める(背中·唇·角などを);まとまった形にする(円形地などを交換して). **2.** 〔⟨et⟨⟩⟩〕完全にする, 完結させる(印象·イメージ·報告·シリーズなどを);(…の)端数を切捨てる〔上げる〕(ある数の). **3.** 〈sich⟨⟩〉丸くなる(頬などが);終る(年が);現れる, 見えてる(満月·布地の

しみなど丸いものが);まとまる,具体化する(印象・イメージなどが).

der **Rụnd·er·lass,** ⓐ**Rụnd·er·laß** [るント・エあラス] [名] -es/..lässe 回覧通達.

rụnd|er·neu·ern [るント・エあノイあーン] [動] *h.* 〔〈et⁴〉ヲ〕〘車〙接地面に溝形模様をつけ直す(擦りへったタイヤの).

die **Rụnd·fahrt** [るント・ふぁーあト] [名] -/-en 周遊(旅行),一周;〘スポーツ〙(自転車・自動車のいくつかの区間を)一巡するレース.

der **Rụnd·flug** [るント・ふルーク] [名] -(e)s/..flüge 遊覧飛行.

die **Rụnd·fra·ge** [るント・ふらーゲ] [名] -/-n アンケート.

der **Rụnd·funk** [るント・ふンク] [名] -s/ **1.** ラジオ〔無線〕放送. **2.** ラジオ放送局. **3.** 《古》ラジオ.

die **Rụnd·funk·an·spra·che** [るントふンク・アン・シュプらーへ] [名] -/-n (政治家などの)ラジオでの演説.

die **Rụnd·funk·an·stalt** [るントふンク・アン・シュタルト] [名] -/-en ラジオ放送局.

der **Rụnd·funk·emp·fang** [るントふンク・エムプふぁング] [名] -(e)s/ ラジオ受信.

der **Rụnd·funk·emp·fän·ger** [るントふンク・エムプふぇンガー] [名] -s/- ラジオ(受信機).

die **Rụnd·funk·ge·bühr** [るントふンク・ゲビューあ] [名] -/-en (主に[複])ラジオ受信料.

das **Rụnd·funk·ge·rät** [るントふンク・ゲれート] [名] -(e)s/-e ラジオ受信機.

der **Rụnd·funk·hö·rer** [るントふンク・[へ]ーらー] [名] -s/- ラジオ聴取者.

das **Rụnd·funk·or·ches·ter** [るントふンク・オるケスター, るントふンク・オるひぇスター] [名] -s/- 放送管弦楽団.

das **Rụnd·funk·pro·gramm** [るントふンク・プろグらム] [名] -s/-e ラジオ番組;ラジオ番組表〔案内誌〕.

der **Rụnd·funk·sen·der** [るントふンク・ゼンダー] [名] -s/- ラジオ放送局.

die **Rụnd·funk·sen·dung** [るントふンク・ゼンドゥング] [名] -/-en (個々の)ラジオ放送(番組).

der **Rụnd·funk·spre·cher** [るントふンク・シュプれっひゃー] [名] -s/- ラジオアナウンサー.

die **Rụnd·funk·sta·tion** [るントふンク・シュタツィオーン] [名] -/-en (自身の番組を持つ)ラジオ放送局.

die **Rụnd·funk·tech·nik** [るントふンク・テひニク] [名] -/ 無線〔ラジオ〕工学.

der **Rụnd·funk·teil·neh·mer** [るントふンク・タイル・ネーマー] [名] -s/- ラジオ聴取者.

die **Rụnd·funk·ü·ber·tra·gung** [るントふンク・ユーバートらーグング] [名] -/-en ラジオ中継.

die **Rụnd·funk·wer·bung** [るントふンク・ヴェるブング] [名] -/-en ラジオコマーシャル.

der **Rụnd·gang** [るント・ガング] [名] -(e)s/..gänge **1.** 一周,一巡;巡回. **2.** 一巡する廊下,回廊.

rụnd|ge·hen* [るント・ゲーエン] [動] *s.* **1.** 〔補足なし〕巡回をする,回って歩く;(次々に手渡されて)回される(食卓で盛皿が・会議で書類などが);(口々に伝えられて)拡まる(うわさなどが). **2.** 〔Es+〈場所〉デ/〈時点〉ニ〕《口》ものすごく忙しい(事務所の中などで).

der **Rụnd·ge·sang** [るント・ゲザング] [名] -(e)s/..sänge (みんなで順繰りに歌う)合唱,輪唱.

rụnd·he·raus [るント・へらウス] [副] 率直に.

rụnd·he·rụm [るント・へるム] [副] 周りに;ぐるりと;《語飾》(形容詞を修飾)すっかり,まったく.

das **Rụnd·holz** [るント・ホルツ] [名] -es/..hölzer 丸太,丸材.

der **Rụnd·ho·ri·zont** [るント・ホりツォント] [名] -(e)s/-e 〘劇〙ルントホリゾント(舞台の最も奥の空の効果を出すための半円形ホリゾント).

der **Rụnd·lauf** [るント・ラウふ] [名] -(e)s/..läufe 循環;〘体操〙回転ブランコ.

rụnd·lich [るントりひ] [形] 丸っこい;ふっくらした.

der **Rụnd·ling** [るントリング] [名] -s/-e 環状村落(草地や広場を中心に民家が環状または馬蹄(ばてい)形に並ぶ村).

die **Rụnd·rei·se** [るント・らイゼ] [名] -/-n 周遊〔回遊〕旅行.

die **Rụnd·schau** [るント・シャウ] [名] -/ 《文》見回すこと,展望.

das **Rụnd·schrei·ben** [るント・シュらイベン] [名] -s/- 回状.

der **Rụnd·spruch** [るント・シュプるっふ] [名] -(e)s/ 《スイ・古》=Rundfunk.

die **Rụnd·stre·cke** [るント・シュトれっケ] [名] -/-n 〘スポーツ〙環状のコース(トラック・リンク・サーキット).

die **Rụnd·strick·ma·schi·ne** [るント・シュトりっク・マシーネ] [名] -/-n 丸編み機.

das **Rụnd·stück** [るント・シュテュック] [名] -(e)s/-e 《北独》大型の丸いパン.

der **Rụnd·tanz** [るント・タンツ] [名] -es/..tänze 輪舞;輪舞の音楽.

rụnd·ụm [るント・ウム] [副] 周りに;《語飾》(形容詞を修飾)すっかり,まったく.

rụnd·um·her [るントウム・へーあ] [副] 《古》ぐるっと周囲を〔に〕.

die **Rụn·dung** [るンドゥング] [名] -/-en 丸み,円形.

der **Rụnd·ver·kehr** [るント・ふぇあケーあ] [名] -s/ ロータリー式交通.

rụnd·wẹg [るント・ヴェック] [副] 《感》きっぱり,はっきり,たちどころに;《語飾》(形容詞を修飾)まったく.

die **Ru̱·ne** [るーネ] [名] -/-n (古代ゲルマン人の)ルーン文字.

die **Ru̱·nen·schrift** [るーネン・シュりふト] [名] -/-en ルーン文字;ルーン文字で書かれたもの.

der **Ru̱·nen·stein** [るーネン・シュタイン] [名] -(e)s/-e ルーン文字石碑.

die **Rụn·ge** [るンゲ] [名] -/-n (荷車・トラックなどの荷台の両側の)柵柱.

die **Rụn·kel·rü·be** [るンケル・りゅーベ] [名] -/-n 飼料用ビート.

der **Run·ning·gag, Run·ning Gag** [rʌ́nɪŋgɛ́k らニング・ゲク] [名] -s, --s/-s, --s よく使われるお定まりのギャグ.

rụn·ter [るンター] [副] 《口》=herunter, hinunter.

rụn·ter|ge·hen* [るンター・ゲーエン] [動] *s.* 《口》=herunter|gehen, hinunter|gehen.

rụn·ter|ho·len [るンター・ホーレン] [動] *h.* **1.** =herunter|holen. **2.** (次の形で)sich³/〈j³〉 einen ~ 《卑》手淫(しゅいん)をする/〈人に〉手淫を行う.

rụn·ter|kom·men* [るンター・コメン] [動] *s.* 《口》=herunter|kommen.

rụn·ter|rut·schen [るンター・るっチェン] [動] *s.* 〔補足なし〕《口》滑り落ちる. **【慣用】Rutsch mir den Buckel runter!** 私を放っておいてくれ.

die **Rụn·zel** [るンツェル] [名] -/-n (主に[複])(皮膚の)皺(しわ).

rụn·ze·lig [るンツェりひ] [形] しわの寄った,しわだらけの.

rụn·zeln [るンツェルン] [動] *h.* **1.** 〔〈et⁴〉ニ〕しわを寄せる(額・眉(根)などに). **2.** 〔sich⁴〕しわができる〔寄る〕(肌・顔などが).

rụnz·lig [るンツリひ] [形] =runzelig.

der **Rü̱·pel** [りゅーペル] [名] -s/- 《蔑》無作法な男.

die **Rü·pe·lei** [りゅーペライ] [名] -/-en 《蔑》 **1.** ([単]のみ)無作法(な態度). **2.** 無作法な振舞い〔行為〕.

rü̱·pel·haft [りゅーペルハふト] [形] 《蔑》無作法な,がさつな.

rü̱·pe·lig [りゅーペりひ] [形] =rüpelhaft.

rụp·fen [るっプふぇン] [動] *h.* **1.** 〔〈et⁴〉ヲ/an 〈et³〉ヲ〕

むしる.(束にして)引き抜く《雑草など》. **2.**《〈et⁴〉ノ》羽をむしる《鳥など》.**3.**《〈et⁴〉ノァ+von〈et⁴〉カラ/aus〈et⁴〉ノハカラ》むしり取る《葉を茎など》.**4.**《〈jʲヵヵラ》《口》多額の金を巻き上げる. **5.**《〈jʲ〉ノ+an〈et⁴〉ノ》(方)引っ張る《腕・髪など》.**6.**《鷹猟》《ジー》がたがた[がくがく]音をたてる.

der **Rupf·fen**[るっプフェン] 名 -s/-《紡》ジュート麻の粗い布,ズック.

die **Ru·pi·ah**[..pia るーピア] 名 -/- ルピア《インドネシアの貨幣単位.略 Rp》.

die **Ru·pie**[るーピエ] 名 -/-n ルピー《インド・パキスタン・スリランカの貨幣単位.略 iR, PR, S. L. Re.》.

rup·pig[るっピヒ] 形 **1.**《蔑》無礼な,ぞんざいな. **2.**ほこりほこの,ほろ苦の. **3.**荒っぽい,アンフェアな. **4.**《ジー》険しい,急な.

der **Rupp·sack**[るっプ・ザック] 名 -(e)s/..säcke《口・蔑》無礼者.

(der) **Ru·precht**[るープれひト] 名 **1.**《男名》ループレヒト. **2.**Knecht ~《方》従者ループレヒト《聖ニコラウス,または幼児キリスト,あるいはサンタクロースの従者》.

die **Rup·tur**[るプトゥーア] 名 -/-en《医》破裂,裂傷;《地質》《岩石の》断裂.

die **Rur**[るーア] 名 -/《川名》ルール川.

die **Rü·sche**[りゅーシェ] 名 -/-n《婦人服や下着の》ひだ飾り,ルーシュ,フリル.

die **Rush-hour,⑨Rush-hour**[rǎʃ'aʊər らっシュアウアー] 名 -/-s《主に⑩》ラッシュアワー.

der **Ruß**[るース] 名 -es/-e 煤(スス),カーボンブラック.

der **Rus·se**[るっセ] 名 -n/-n **1.**ロシア人.**2.**《方》ゴキブリ.

der **Rüs·sel**[りゅッセル] 名 -s/-《象・猪などの》鼻《昆虫の吻も》.**2.**《口》《人の》鼻(ハナ).

der **Rüs·sel·kä·fer**[りゅッセル・ケーふァ-] 名 -s/-《昆》ゾウムシ.

ru·ßen[るーセン] 動 h. **1.**《鷹猟》煤(ススス)を出して燃える《石油など》;煤を出す《ストーブ・石油ランプなど》. **2.**《〈et⁴〉ノ》煤で黒くする. **3.**《〈et⁴〉ノ》《ジー》煤を取りのぞく.

der **Rus·sen·kit·tel**[るっセン・キッテル] 名 -s/- ロシア《の民族服風の》スモック.

ru·ßig[るーシヒ] 形 煤(スス)のついた,煤けた.

die **Rus·sin**[るっスィン] 名 -/-nen ロシア人女性.

rus·sisch[るっスィシュ] 形 ロシア《人・語》の,ロシア風の:die R~e Sozialistische Föderative Sowjetrepublik ロシア社会主義連邦ソヴィエト共和国《ロシア連邦の旧国名.略 RSFSR》.R~ Brot 文字型ビスケット.

das **Rus·sisch**[るっスィシュ] 名 -(s)/ ロシア語.〖用法は↪ Deutsch〗.

das **Rus·si·sche**[るっスィシェ] 名《形容詞的変化》《のみ》**1.**《定冠詞とともに》ロシア語. **2.**ロシアのものなど《↪ Deutsche》.

rus·sisch-or·tho·dox[るっスィシュ・オるトドクス] 形 ロシア正教の.

die **Rus·sis·tik**[るっスィスティク] 名 -/ ロシア語学文学研究.

(das) **Rus·sland,⑩Ruß·land**[るスランド・るス・ラント] 名 -s/《国名》ロシア《革命前のロシア帝国.ソ連,ロシア連邦の通称》.

der/die **Russ·land·deutsch·e,⑩Ruß·land·deutsche**[るス・ラント・ドイチェ] 名《形容詞的変化》ロシア生まれの《ロシアに住む》ドイツ人.

ruß·schwarz[るース・シュヴァルツ] 形《すすで(のように)》真っ黒な.

die **Rüs·te**¹[りゅーステ] 名《次の形で》zur ~ gehen《詩・古》沈む:終わりに近づく:Die Sonne geht zur ~.日が沈む.

die **Rüs·te**²[りゅーステ] 名 -/-n《海》横静索(オウセイサク)留め板.

rüs·ten[りゅーステン] 動 h. **1.**《鷹猟》軍備を拡張する. **2.**《sich⁴+für〈jʲ〉ノ/zu〈et⁴〉ノ》《文》支度[準備]をする,身支度をする《来客・旅行などのために》. **3.**《〈et⁴〉ノ》《文》支度[準備]をする《ベッド・食事・祝祭などの》. **4.**《〈et⁴〉ノ》《ジー》《古》下ごしらえをする《野菜など》.

die **Rüs·ter**[りゅー)スター] 名 -/-n《植》ニレ《Ulme》.《⑩のみ》ニレ材.

rüs·tig[りゅースティヒ] 形 **1.**かくしゃくとした. **2.**《文》力強い,元気いっぱいの.

die **Rüs·tig·keit**[りゅースティヒカイト] 名 -/ かくしゃくとしていること,力強さ,元気なこと.

die **Rus·ti·ka**[るスティカ] 名 -/《美》ルスティカ,粗面積み.

rus·ti·kal[るスティカール] 形 田舎風の;《田舎風の》堅牢(ケンロウ)な《作りの》,民芸的な;素朴でたくましい;《古・蔑》やぼったい,田舎くさい.

die **Rüst·kam·mer**[りゅスト・カマー] 名 -/-n《昔の》武器庫.

die **Rüs·tung**[りゅストゥング] 名 -/-en **1.**軍備,武装.**2.**《中世騎士などの》甲冑(カッチュウ). **3.**《土》足場.

der **Rüs·tungs·auf·trag**[りゅストゥングス・アウふ・トらーク] 名 -(e)s/..träge 軍需品の注文.

die **Rüs·tungs·be·schrän·kung**[りゅストゥングス・ベシュレンクング] 名 -/-en 軍備の制限.

der **Rüs·tungs·be·trieb**[りゅストゥングス・ベトリープ] 名 -(e)s/-e 軍需企業.

die **Rüs·tungs·fa·brik**[りゅストゥングス・ふァブリーク] 名 -/-en 軍需工場.

die **Rüs·tungs·in·dus·trie**[りゅストゥングス・インドゥストリー] 名 -/-n 軍需産業.

die **Rüs·tungs·kon·trol·le**[りゅストゥングス・コントロレ] 名 -/-n《国際的な》軍備《制限》管理.

das **Rüs·tungs·ma·te·ri·al**[りゅストゥングス・マテリアール] 名 -s/-ien 軍需物資.

der **Rüs·tungs·wett·lauf**[りゅストゥングス・ヴェット・ラウふ] 名 -(e)s/ 軍備拡張競争.

die **Rüst·zeit**[りゅスト・ツァイト] 名 -/-en **1.**《プロテスタント》共同修養期間.**2.**《作業前の》準備期間[時間].

das **Rüst·zeug**[りゅスト・ツォイク] 名 -(e)s/-e **1.**《仕事などの必要な知識,技能.**2.**《目的に必要な》装備品,道具.

die **Ru·te**[るーテ] 名 -/-n **1.**《細く長くて》しなやかな枝《束ねた》枝のむち. **2.**釣りざお《Angel~》;《水脈・鉱脈を探る》占い杖《Wünschel~》. **3.**ルーテ《昔の長さの単位.約3m～4.7m》. **4.**《狩》《犬・猟獣の》しっぽ;陰茎. **5.**《口》ペニス.

das **Ru·ten·bün·del**[るーテン・ビュンデル] 名 -s/- **1.**柴(シバ)の束.**2.**束桿(ソッカン),ファスケス《古代ローマ執政官の権威標章》.

der **Ru·ten·gän·ger**[るーテン・ゲンガー] 名 -s/- 占い杖(ツエ)で鉱脈[水脈]を探り歩く人《Wünschel~》.

(die) **Ruth**[るート] 名《女名》ルート. **2.**《旧約》ルツ《Boas の妻》:das Buch ~ ルツ記.

das **Ru·the·ni·um**[るテーニウム] 名 -s/《化》ルテニウム《記号 Ru》.

der **Ru·til**[るティール] 名 -s/-e《化》金紅石.

der **Rutsch**[るっチュ] 名 -(e)s/-e **1.**滑り落ちること,滑落;滑り落ちる土砂《岩石》. **2.**《口》小旅行,遠足.〖慣用〗**auf einen〔in einem〕Rutsch**《口》一気に,たちまち間に.**Guten Rutsch！**《口》お元気で《行ってらっしゃい》.**Guten Rutsch ins neue Jahr！**《口》良いお年を！

rutsch！[るっチュ] 間 =rirarutsch！

die **Rutsch·bahn**[るっチュ・バーン] 名 -/-en **1.**滑

り台. **2.** 《口》(水)(雪)の)滑走面.
die **Rutsche** [るッチェ] 名 -/-n **1.** 滑り台;(貨物などを下へ運ぶ)シュート. **2.** 《方》足のせ台.
rutschen [るッチェン] 動 *s.* **1.** 〔《場所》ッ〕滑る,滑って動く〔行く〕;滑り落ちる;《口》(座ったまま)身体を滑らす〔ずらす〕. **2.** 〔欝〕ずれる(じゅうたんが);ずり落ちる(眼鏡・靴下・ズボンなどが);滑る(ギヤが);下落する(価格が). **3.** 〔欝〕足を滑らせる,滑って転ぶ;スリップする(車が). **4.** 〔方向〕ヘ〕《口》(急に思い立って)小旅行〔ドライブ・遠足〕をする. **5.** 〔(über <et⁴>ノ上ヲ)〕《方》(スケートで)滑る;滑って行く. 【慣用】**Das Essen will nicht rutschen.** 《口》食事がまずくてのどを通らない. **ins Rutschen kommen** (物が)滑り出す,(人が)足を滑らせる.
rutsch·fest [るッチュ・ふェスト] 形 滑り止めをした;滑らない.
rutschig [るッチヒ] 形 滑りやすい,つるつるの.

die **Rutsch·partie** [るッチュ・パるティー] 名 -/-n 滑り〔滑って転び〕ながら行くこと,スリップ.
rütteln [リュッテルン] 動 **1.** *h.* 〔〈j⁴/et⁴〉ッ〕(小刻みに)揺する(篩(ふるい)などを);(激しく)揺さぶる,揺り動かす(嵐が木などを). **2.** *h.* 〔an <et³>ッ〕がたがた揺する〔揺り動かす〕;揺るがす(王座・土台などを);動かす,変更する(契約・規則などを). **3.** *h.* 〔欝〕揺れ動く,がたがた震動する(車・エンジンが). **4.** *s.* 〔《場所》ッ〕がたがた揺れながら走る〔進む・行く〕(車が);がたがた揺られて行く(車などで). **5.** *h.* 〔<et⁴>ッ〕〔土〕振動によって突き固める(地盤などを). **6.** *h.* 〔欝〕〔動・狩〕ホバリングする(猛禽が獲物をねらって).
die **Rüttel·schwelle** [リュッテル・シュヴェレ] 名 -/-n 〔交通〕(住宅街入口などで注意してゆっくり運転することをうながすための)道路上の凹凸.
(*das*) **Rwan·da** [ruánda るアンダ] 名 -s/ 〔国名〕ルワンダ.

S

das **s¹**, **S¹** [ɛs エス] 名 -/- ドイツ語アルファベットの第19字.
s² 1. =Sekunde 秒. 2. =Shilling シリング《イギリスの貨幣単位》.
S² [エス] =Sulfur 〖化〗硫黄.
S³ 1. =Schilling シリング《オーストリアの旧貨幣単位》. 2. =small Sサイズ《衣料品の国際標示》. 3. =Siemens ジーメンス. 4. =Süd, Süden 南.
's [ス] (口・詩)=es.
s. =sieh(e). 参照せよ.
S. 1. =San, Sant', Santa, Santo, São 聖…. 2. =Seine《高位高官の尊称に添えられる. Se. とも書く》: S. Exzellenz 閣下. 3. =Seite ページ.
SA [エスアー] =Sturmabteilung 突撃隊.
Sa. 1. =Sachsen ザクセン. 2. =Samstag, Sonnabend 土曜日. 3. =Summa 総計.
s.a. =sine anno 年代不詳.
der **Saal** [ザール] 名 -(e)s/Säle 広間, ホール; 広間〔ホール〕にいる人々.
die **Saa・le** [ザーレ] 名 -/ 〖川名〗ザーレ川《エルベ川の支流》: die fränkische ～ フランケン・ザーレ川.
die **Saal・kir・che** [ザール・きるひェ] 名 -/-n 〖建〗一身廊式の教会.
die **Saal・toch・ter** [ザール・トホタァ] 名 -/..töchter (ス^イ)ウェイトレス.
die **Saar** [ザーあ] 名 / 〖川名〗ザール川《モーゼル川の支流》.
(*das*) **Saar・brü・cken** [ザーあ・ブりュッケン] 名 -s/ 〖地名〗ザールブリュッケン《ザールラント州の州都》.
der **Saar・brü・cker** [ザーあ・ブりュッカァ] 名 -s/- ザールブリュッケン市民.
das **Saar・ge・biet** [ザーあ・ゲビート] 名 -(e)s/ 〖地名〗ザール地方《1920年, 一時的にドイツから分割された地方で, 今日のザールラントにあたる》.
das **Saar・land** [ザーあ・ラント] 名 -(e)s/ 〖地名〗ザールラント《ドイツ西南部の州》.
der **Saar・län・der** [ザーあ・レンダァ] 名 -s/- ザールラントの人.
saar・län・disch [ザーあ・レンディッシュ] 形 ザールラントの.
die **Saat** [ザート] 名 -/-en 1. 《⑪のみ》種まき. 2. 《まくための》種, 種子, 球根. 3. 《特に穀類の》まかれた〔発芽した〕種, 苗: die ～ des Hasses 〔転〕憎しみの種.
das **Saat・feld** [ザート・フェルト] 名 -(e)s/-er 〖農〗種まき用の耕地; 苗畑.
das **Saat・ge・trei・de** [ザート・ゲトライデ] 名 -s/ 種まき用の穀類.
das **Saat・gut** [ザート・グート] 名 -(e)s/ 《総称》種(物).
die **Saat・kar・tof・fel** [ザート・カルトッフェル] 名 -/-n 種ジャガイモ.
das **Saat・korn** [ザート・コルン] 名 -(e)s/..körner 穀類〔草〕の種子; 《⑪のみ》種まき用の穀類.
die **Saat・krä・he** [ザート・クれーエ] 名 -/-n 〖鳥〗ミヤマガラス.
(*das*) **Sa・ba** [ザーバ] 名 -s/ 〖地名〗サバ《南アラビアの古代王国》: die Königin von ～ 〔旧約〕シバの女王《列王紀上 10,1》.
der **Sa・bä・er** [ザベーアァ] 名 -s/- サバ人《南アラビアの古代民族》.
der **Sab・bat** [ザバット] 名 -s/-e 安息日《ユダヤ教で金曜日の日没から土曜日の日没まで》.
der **Sab・ba・ta・ri・er** [ザバターりあー] 名 安息日派の教徒.
der **Sab・ba・tist** [ザバティスト] 名 -en/-en =Sabbatarier.
das **Sab・bat・jahr** [ザバット・ヤーア] 名 -(e)s/-e 《古代ユダヤ人が七年ごとに休耕した》安息の年《1年間の》サバティカル, 研究〔有給〕休暇.
sab・beln [ザベルン] 動 h. 《北独》 1. 《⑪に》よだれを垂らす. 2. 〔嘲蔑〕ぺちゃくちゃおしゃべりをする. 3. 〈et⁴ッ〉しゃべる《ばかげたことを》.
das **Sab・ber・lätz・chen** [ザッバー・レッツヒェン] 名 -s/- (口)よだれ掛け.
sab・bern [ザバーン] 動 h. (口) 1. 《⑪に》よだれを垂らす. 2. 《〈et⁴ッ〉》ぺちゃくちゃしゃべりまくる.
der **Sä・bel** [ゼーベル] 名 -s/- 〔騎兵の、フェンシングの〕サーブル: mit dem ～ rasseln 〔獨〕武力で脅す.
die **Sä・bel・bei・ne** [ゼーベル・バイネ] 複名 (口・冗) がに股(だ), O脚《脛が後ろにそった》サーベル脚.
sä・bel・bei・nig [ゼーベル・バイニヒ] 形 がに股〔O脚〕の; サーベル脚の.
das **Sä・bel・fech・ten** [ゼーベル・フェヒテン] 名 -s/ 〖スポ〗サーブル《種目》.
der **Sä・bel・hieb** [ゼーベル・ヒープ] 名 -(e)s/-e サーブルの一撃〔一太刀〕.
sä・beln [ゼーベルン] 動 h. 1. 〈et⁴ッ〉不細工に切る. 2. 〔嘲蔑〕不細工な切り方をする.
das **Sä・bel・ras・seln** [ゼーベル・らッセルン] 名 -s/ 〔蔑〕武力による威嚇〔脅迫〕.
(*die*) **Sa・bi・ne** [ザビーネ] 名 〖女名〗ザビーネ.
die **Sa・bo・ta・ge** [..ʒə サボタージェ] 名 -/-n 《主に⑪》サボタージュ, 怠業.
der **Sa・bo・ta・ge・akt** [サボタージェ・アクト] 名 -(e)s/-e サボタージュ〔怠業〕行為.
der **Sa・bo・teur** [..tǿːr サボテーア] 名 -s/-e サボタージュ〔怠業〕をする人.
sa・bo・tie・ren [ザボティーれン] 動 h. 1. 《〈et⁴ッ〉》サボタージュする. 2. 〈et⁴ッ〉妨害する.
der **Sa・bre** [ザーれ] 名 -s/-s 《イスラエル・パレスチナ生れの》定住ユダヤ人.
das **Sac・cha・rin** [zaxa.. ザはリーン] 名 -s/ ⇒ Sacharin.
(*das*) **Sa・cha・lin** [ザはリーン] 名 〖地名〗サハリン《旧名, 樺太(ᵗ)》.
die **Sach・an・la・ge** [ザッは・アン・ラーゲ] 名 -/-n 《主に⑪》〖経〗物的〔有形〕固定資産.
das **Sa・cha・rin** [ザッは・リーン] 名 -s/ サッカリン《人工甘味料》.
der **Sach・be・ar・bei・ter** [ザッは・ベアルバイター] 名 -s/- 専門担当員〔官〕.
der **Sach・be・reich** [ザッは・べらイヒ] 名 -(e)s/-e 専門分野.
die **Sach・be・schä・di・gung** [ザッは・ベシェーディグング] 名 -/-en 〖法〗器物損壊; 物の毀損(ᵏᵘ).
sach・be・zo・gen [ザッは・ベツォーゲン] 形 当該の事に関した.
die **Sach・be・zü・ge** [ザッは・ベツューゲ] 複名 現物給与.
das **Sach・buch** [ザッは・ブーは] 名 -(e)s/..bücher 実用書, 手引書, 解説書, 案内書.
sach・dien・lich [ザッは・ディーンリヒ] 形 〖官〗《犯罪の解明に》有効な, 役立つ; 《文》有用な, 有益な.
die **Sa・che** [ザへ] 名 -/-n 1. 《主に⑪》《適宜の》物, 事物, 対象物; 物品, 品物; 食物, 飲み物; 作品; 《身の回りの》物件《携帯品・家財道具など》; 《⑪のみ》(口)衣類, 服装: preiswerte ～n お買い得商品.

seine ~*n* packen 自分の荷物をまとめる;そこを〔家を〕出ていく. warme ~*n* anhaben 暖かい衣類を身につけている. **2.** 事,事柄;事件;事情;問題: eine dumme ~ ばかなこと. Das ist beschlossene ~. それは決ったことだ. der Hergang der ~ 事の成行き. Die ~ ist die, dass ... それは…ということです. Das ist meine ~. それは私の問題だ. Das ist eine ~ für sich. それは別問題だ. in eigener ~ 自分の用件〔事情〕で. **3.** 〖法〗物,(訴訟の)物件,法律事件,事案,案件: eine ~ gewinnen 訴訟に勝つ. in ~*n* X gegen Y Y に対する X の件において. **4.** ([単]のみ)目的,使命. **5.** ([複]のみ)《口》時速: mit 60 ~*n* fahren 時速 60 キロで走る. 【慣用】**bei der Sache sein〔bleiben〕** 本題から離れない. **bewegliche/unbewegliche Sachen** 動産/不動産. **Sachen!** よし,わかった. **Mach Sachen!** そんなばかなことがあるか. **Mach keine Sachen!** ばかなことはよせ,冗談も休み休み言え. **nicht jedermanns Sachen sein** 誰れにでもむいて〔適して〕いることではない. **mit 〈j³〉 gemeinsame Sache machen** 〈人と〉手を組んで事を行う. **sagen, was Sache ist** 《口》ずけずけものを言う. **sich³ seiner Sache sicher〔gewiss〕sein** 自分の言動が正しいと確信している. **〈et¹〉 tut nichts zur Sache** 〈事が〉とるに足らない,重要でない. **unverrichteter Sache** 目的を達せずに,むなしく. **zur Sache kommen** 本題に入る.

das **Sä·chel·chen** [ぜっひぇルひぇン] [名] -s/- (主に[複])小物,こまごましたもの;《口》うさんくさい事件,あいまいな事.

das **Sa·chen·recht** [ザっへン・れひト] [名] -(e)s/ 〖法〗物権(法).

die **Sach·er·klä·rung** [ザっは・エあクレーるング] [名] -/-en 事項説明.

(*der*) **Sa·cher-Ma·soch** [ザっはー・マーゾっほ] [名] 〖人名〗ザッハー・マーゾッホ(Leopold von ~, 1836-95, オーストリアの小説家).

die **Sa·cher·tor·te** [ザっはー・トるテ] [名] -/-n ザッハートルテ(ウィーン風チョコレートケーキ).

die **Sach·fra·ge** [ザっは・ふらーゲ] [名] -/-n (主に[複])事柄自体に関する問題.

sach·fremd [ザっは・ふれムト] [形] その事柄にふさわしくない.

das **Sach·ge·biet** [ザっは・ゲビート] [名] -(e)s/-e 専門分野.

sach·ge·mäß [ザっは・ゲメース] [形] 事態に即した,適切な.

der **Sach·ka·ta·log** [ザっは・カタローク] [名] -(e)s/-e (図書館の)件名目録.

der **Sach·ken·ner** [ザっは・ケナー] [名] -s/- 専門家.

die **Sach·kennt·nis** [ザっは・ケントニス] [名] -/-se (主に[単])専門知識.

die **Sach·kun·de** [ザっは・クンデ] [名] -/ 専門知識;(小学校の)一般社会科目 ⇨ Sachunterricht.

sach·kun·dig [ザっは・クンディひ] [形] 専門的な知識のある.

der/*die* **Sach·kun·di·ge** [ザっは・クンディゲ] [名] (形容詞的変化)専門家,消息通.

die **Sach·la·ge** [ザっは・ラーゲ] [名] -/ 事情,状況.

die **Sach·leis·tung** [ザっは・ライストゥング] [名] -/-en (主に[複])現物給付〔払い〕,物的給付.

sach·lich [ザっはリひ] [形] **1.** 事実に即した,客観的な,感情を交えない. **2.** 事柄に関する,実質的な: 〈et⁴〉 aus ~*en* Gründen ablehnen 〈事を〉その性質上拒絶する. **3.** 実用本位の,飾りけのない.

säch·lich [ぜっひリひ] [形] 〖言〗中性の.

die **Sach·lich·keit** [ザっはリひカイト] [名] -/ 事実に即していること,即物性,客観性;実務的であること;実用性: die Neue ~ 新即物主義.

das **Sach·re·gis·ter** [ザっは・れギスター] [名] -s/- (本の)事項索引.

(*der*) **Sachs**¹ [ザっクス] [名] 〖人名〗ザックス(Hans ~, 1494-1576, ニュルンベルクの靴工マイスターで職匠歌人).

(*die*) **Sachs**² [ザっクス] [名] 〖人名〗ザックス(Nelly ~, 1891-1970, 女流詩人).

der **Sach·scha·den** [ザっは・シャーデン] [名] -s/..schäden (事故・災害の際の)物的損害,物損.

der **Sach·se** [ザクセ] [名] -n/-n **1.** ザクセン人(西ゲルマンの一部族). **2.** ザクセン地方の人.

säch·seln [ゼクセルン] [動] *h.* [補足なし]ザクセン方言で話す.

(*das*) **Sach·sen** [ザクセン] [名] -s/ 〖地名〗ザクセン(①ドイツの州. ②中世からの歴史的地方. 選帝侯国,王国を経て,ドイツ帝国の州となる).

(*das*) **Sach·sen-An·halt** [ザクセン・アン・ハルト] [名] -s/ 〖地名〗ザクセン=アンハルト(ドイツの州.).

der **Sach·sen·spie·gel** [ザクセン・シュピーゲル] [名] -s/ ザクセンシュピーゲル(Eike v. Repkow が 1220-35 年に記したドイツ中世最古の法典).

die **Säch·sin** [ゼクスィン] [名] -/-nen Sachse の女性形.

säch·sisch [ゼクスィシュ] [形] ザクセン(人・地方・方言)の: ~*er* Genitiv ザクセン 2 格.

sacht [ザはト] [形] (もの)静かな;かすかな;ゆっくりした;ゆるやかな: bei S~*em* 《方》ゆっくりと.

sach·te [ザはテ] [形] =sacht.
—— [副] 《口》慌てないで,ゆっくりと;(次の形で) so ~ そろそろ,ぼつぼつ.

der **Sach·un·ter·richt** [ザっは・ウンターりひト] [名] -(e)s/-e 一般社会科目(歴史・地理・生物・交通規則・性教育などを教える Grundschule の課目).

der **Sach·ver·halt** [ザっは・ふぇあハルト] [名] -(e)s/-e 事情,事態,実情.

der **Sach·ver·stand** [ザっは・ふぇあシュタント] [名] -(e)s/ 専門的知識,専門に関する造詣(ぞうけい).

sach·ver·stän·dig [ザっは・ふぇあシュテンディひ] [形] 専門的な知識のある,通(つう)の.

der/*die* **Sach·ver·stän·di·ge** [ザっは・ふぇあシュテンディゲ] [名] (形容詞的変化) **1.** 〖法〗鑑定人. **2.** 専門家,専門有識者.

der **Sach·ver·stän·di·gen·rat** [ザっは・ふぇあシュテンディゲン・らート] [名] -(e)s/..räte 専門家委員会〔協議会〕.

der **Sach·wal·ter** [ザっは・ヴァルター] [名] -s/- **1.** 《文》代弁者. **2.** 代理人. **3.** 〖法〗管財人.

der **Sach·wert** [ザっは・ヴェーあト] [名] -(e)s/-e ([単]のみ)実質価値,真価;(主に[複])物的〔実物〕資産,有形資産.

das **Sach·wör·ter·buch** [ザっは・[ヴェ]るター・ブーふ] [名] -(e)s/..bücher 事典.

der **Sach·zwang** [ザっは・ツヴァング] [名] -(e)s/..zwänge (主に[複])物的強制〔制約〕(行動の自由を制限する外的な〔止むをえぬ〕事情).

der **Sack** [ザック] [名] -(e)s/Säcke (単位を表す[複]は-も) **1.** 袋;《南独・オーストリア・スイス》ズボンのポケット;財布: drei ~〔Säcke〕 Getreide 穀物三袋. **2.** 《口》やつ,野郎. **3.** (主に[複])《口》目の下のたるみ;陰嚢(いんのう). 【慣用】**Sack Zement!** 畜生め. **〈j³〉 auf den Sack gehen〔fallen〕** 《口》〈人に〉とって煩わしくなる,〈人の〉癪(しゃく)にさわる. **〈j⁴/et⁴〉 im Sack haben** 《口》〈人・物・事を〉自家薬籠(やくろう)中のものにしている. **in den Sack hauen** 《口》逃出す,退職を申出る. **〈j⁴〉 in den Sack stecken** 《口》〈人に〉勝る,〈人を〉だます. **in Sack und Asche gehen** 《文》悔い改める. **mit Sack und Pack** 《口》一切合切持って.

der **Sack·bahn·hof** [ザック・バーン・ホーふ] [名] -(e)s/..höfe 頭端式〔終端〕駅(線路が行き止まりで,通り

S

sagen

der **Sä·ckel** [ゼッケル] 名 -s/- **1.** 《南独・[スイス]》財布;ズボンのポケット. **2.** 《口》やつ,野郎.

der **Sä·ckel·meis·ter** [ゼッケル・マイスター] 名 -s/- 《南独・[スイス]》会計係,出納係.

sa·cken[1] [ザッケン] 動 h.《et⁴ッ》袋に詰める.

sa·cken[2] [ザッケン] 動 s. **1.** 《[船舶]》沈む(船が),沈下する(土地などが),急に落下する(エアポケットで飛行機が). **2.** 《方向》へ《ハウッ》落ちる,崩れる,倒れ込む:in die Knie ~ がっくりひざをつく.

sack·för·mig [ザック・ふぉえるミヒ] 形 袋状の.

die **Sack·gas·se** [ザック・ガッセ] 名 -/-n 袋小路:in eine ~ geraten 行きづまる.

das **Sack·hüp·fen** [ザック・ヒュップふぇン] 名 -s/ 袋競走,サックレース《両足を袋に入れて跳ぶ子供の遊戯》.

die **Sack·kar·re** [ザック・カれ] 名 -/-n 《袋荷を運ぶための》二輪手押し車.

das **Sack·lau·fen** [ザック・ラウふぇン] 名 -s/ =Sackhüpfen.

das **Sack·lei·nen** [ザック・ライネン] 名 -s/ ズック《地》《袋用の麻の粗布》.

die **Sack·lein·wand** [ザック・ライン・ヴァント] 名 -/ =Sackleinen.

die **Sack·pfei·fe** [ザック・プふぁいふぇ] 名 -/-n バッグパイプ.

das **Sack·tuch**[1] [ザック・トゥーふ] 名 -(e)s/-e ズック《地》.

das **Sack·tuch**[2] [ザック・トゥーふ] 名 -(e)s/..tücher 《南独・[スイス・オーストリア]》ハンカチ.

der **Sa·dhu** [zá:du ザードゥ] 名 -(s)/-s サードゥー《禁欲の隠者として托鉢(たくはつ)で暮すヒンズー教徒》.

der **Sa·dis·mus** [ザディスムス] 名 -/ **1.** 《[医]のみ》サディスム. **2.** サディスト的な行為;《[医]のみ》《[俗]》加虐趣味.

der **Sa·dist** [ザディスト] 名 -en/-en サディスト,加虐趣味の人.

sa·dis·tisch [ザディスティシュ] 形 サディズムの.

der **Sa·do·ma·so·chis·mus** [ザド・マゾひスムス] 名 -/..men サドマゾヒズム.

sä·en [ゼーエン] 動 h. **1.**《et⁴ッ》種をまく. **2.** 《[比喩]なしで》種まきをする.【慣用】 dünn gesät sein《残念ながら》少ししかない. wie gesät たくさん密集して. Zwietracht säen 不和の種をまく.

der **Sä·er** [ゼーアー] 名 -s/-《文》種をまく人.

die **Sa·fa·ri** [ザふあーり] 名 -/-s サファリ《アフリカなどの団体の》狩猟[動物観察]旅行》.

der **Sa·fa·ri·park** [ザふぁーり・パルク] 名 -s/-s サファリパーク.

der [*das*] **Safe** [ze:f ゼーフ] 名 -s/-s 金庫;貸金庫のボックス.

der **Saf·fian** [ザふィ(ア-)ン] 名 -s/ モロッコ皮.

der **Sa·fran** [ザふら(-)ン] 名 -s/-e **1.**【植】サフラン. **2.** サフラン《染料》:《[口]のみ》サゾハン《香辛料》.

saf·ran·gelb [ザふら(-)ン・ゲルプ] 形 サフラン色《濃い黄色》の.

der **Saft** [ザふト] 名 -(e)s/Säfte **1.** 《植物の》水分,樹液;燃料;《転》活力,生気;《主に[俗]》体液. **2.** 《果実の》汁;ジュース. **3.** 肉汁,グレイソース. **4.** 《口》《動力源としての》電気,ガス. 【慣用】 roter Saft 《口》血. ohne Saft und Kraft 力のこもらない. keinen Saft in den Knochen haben 元気[生気]がない. schlechte Säfte im Körper haben 病気である. 〈j³〉im eigenen Saft schmoren lassen 〈人の〉要求を聞かない.

saf·ten [ザふテン] 動 h. **1.**《[略]なし》果汁がよく取れる. **2.**《et⁴ッ》果汁を搾る. **3.**《[略]》《果物から》汁を取る.

saf·tig [ザふティヒ] 形 **1.** 果汁[汁気]の多い;みずみ

ずしい. **2.**《口》ひどい,すさまじい;下品な.

der **Saft·la·den** [ザふト・ラーデン] 名 -s/..läden 《口》乱脈経営の会社[店].

saft·los [ザふト・ロース] 形 生彩を欠いた,生気のない:~ und kraftlos 全く中味のない.

die **Sa·ga** [ザ(-)ガ] 名 -/-s サガ《12-14世紀のアイスランドの英雄伝説》.

die **Sa·ge** [ザーゲ] 名 -/-n 伝説,説話;うわさ.

die **Sä·ge** [ゼーゲ] 名 -/-n 鋸(のこぎり);《[俗]・[スイス・オーストリア]》製材所.

das **Sä·ge·blatt** [ゼーゲ・ブラット] 名 -(e)s/..blätter 鋸(のこぎり)の刃.

der **Sä·ge·bock** [ゼーゲ・ボック] 名 -(e)s/..böcke **1.** 木挽(ひき)台. **2.**【昆】カミキリムシ.

das **Sä·ge·dach** [ゼーゲ・ダッは] 名 -(e)s/..dächer のこぎり屋根.

der **Sä·ge·fisch** [ゼーゲ・ふぃッシュ] 名 -(e)s/-e【魚】ノコギリエイ.

das **Sä·ge·mehl** [ゼーゲ・メール] 名 -(e)s/ おがくず.

die **Sä·ge·müh·le** [ゼーゲ・ミューレ] 名 -/-n 製材所.

sa·gen [ザーゲン] 動 h. **1.**《j³》《et⁴ッ》《[文]》デフッを》言う. **2.**《j³》+《et⁴ッ》《[文]》を》言う,告げる《口頭で伝える》. **3.**《mit〈et⁴〉ッ》+《et⁴ッ》《[文]》を》言う,意味する. **4.**《et⁴ッ》《[文]》を》言う《論理を口頭で表現する》:Ich weiß nicht, wie ich es ~ soll. 私にはそれをどう言えばいいのか分からない. wenn ich so ~ darf そう言ってもよければ《挿入句》. **5.**《j³》+《〈[文]》ト》+(zu〈et⁴〉ッニッイテッ》言う《考え・意見などを》. **6.**《et⁴ッ》+zu〈j³〉ッ》〃〈j³〉+《et⁴ッ》《向けて》言う. **7.**《j¹/et⁴》ニッサ/ッ》+《zu〈j³〉ッ》+《et⁴ッ《〈[文]》ト》言う《言葉を名称に使う》. **8.**《et⁴ッ》《様態》ニッ》言う,使う《言葉・言回しなどを》:Dies *sagt* man heute nur ironisch. 今日ではただ反語的意味でしかそうは言わない. Wie *sagt* man auf Englisch ? 英語では何と言うのだろう. **9.**《j³》《〈[文]》ト》言う《事実として》. **10.**《zu〈et⁴〉ッニッイテッ》+《et⁴ッ》《〈[文]》ト》言う《言葉を述べる》. **11.**《et⁴ッ》《〈[文]》ト》+《gegen〈j¹/et⁴〉ニタイシテッ/フィタイシテッ》auf《et⁴ッ》《[文]》ト》言う《根拠を挙げて主張する》. **12.**《et⁴ッ》《〈[文]》ト》言う《指示・命令する》. **13.**《et⁴ッ》《〈[文]》ト》意味する《事が主語》. **14.**《et⁴ッ》《〈[文]》ト》言おうとする《規則などの趣旨》. **15.**《sich³+《〈[文]》ト》自分に言聞かせる. 【慣用】 besser gesagt もっと適切に言えば. Das kann man[kannst du] laut sagen. 《口》まったくだ. Das sag' ich. 言いつけてやる《子供が親や先生に言いつける》. das Sagen haben《口》《命令を》言う立場にある. Es ist nicht zu sagen. 言うに言われぬ《程である》. etwas zu sagen haben 重要である,心配《する理由》がある;命じる権限がある. nebenbei gesagt ついでに言えば. nicht gesagt sein 言われていない《不確かだ》. nichts zu sagen haben 重要でない,心配《する理由》はない;命じる権限がない. offen gesagt 率直に言うと. richtiger gesagt もっと正しく言えば. sage und schreibe《口》《信じないかもしれないが》ほんとに. sagen wir (doch), ... …というのはどうだろう《提案は》. sag[sagen] wir (ein) mal ひょっとして,例えば. sich³ 〈et⁴〉 nicht zweimal sagen lassen 《口》〈事〉を二つ返事で承知する. sich³ 〈von〈j³〉〉 nichts sagen lassen 〈人の〉言うことを聞こうとしない,頑固である. um die Wahrheit zu sagen 本当[実]を言えば. um nicht zu sagen, ... …とまでは言わないにしても,ひどい言い方をすれば…である. unter uns gesagt ここだけの話だが. von〈et⁴〉 nichts gesagt haben《口》《事について》何も言っていない《指示・許可していない》. was sage ich それどころか. Was soll man dazu noch sagen ?《口》そのくらいして言うことがあるだろうか(もうない). Was soll man dazu sagen ? それについては何と言ったらいいか《判断がむずかしい》. wie oben gesagt 上に言ったように. will sagen はっきり言えば.

sä・gen [ゼーゲン] 動 h. 1. 《憧足》鋸（鋸）を使って仕事をする；[自動車競技]ハンドルを細かく左右に動かす；《口・冗》いびきをかく. 2. 〈etwas〉鋸でひく［切る］(木材など); 鋸でひいて作る[板などを].

sa・gen・haft [ザーゲンハフト] 形 1. 伝説上の；伝説的な. 2. 《口》信じられないような，素晴らしい；信じられないほど.

der **Sa・gen・kreis** [ザーゲン・クらイス] 名 -es/-e 伝説圏.

sa・gen・um・wo・ben [ザーゲン・ウムヴォーベン] 形 《文》伝説に包まれた.

der **Sä・ger** [ゼーガ-] 名 -s/- 1. 鋸（鋸）をひく人；木挽(ﾋﾞｷ)職人. 2. 〖鳥〗アイサ.

die **Sä・ge・spä・ne** [ゼーゲ・シュペーネ] 複名 おがくず.

das **Sä・ge・werk** [ゼーゲ・ヴェるク] 名 -(e)s/-e 製材所.

der **Sä・ge・zahn** [ゼーゲ・ツァーン] 名 -(e)s/..zähne 鋸（鋸）の歯.

der **Sa・go** [ザーゴ] 名 -s/ (《ｽﾃｯﾌﾟ》 das ~) サゴ(サゴヤシから採った澱粉(ﾃﾞﾝ)).

die **Sa・go・pal・me** [ザーゴ・パルメ] 名 -/-n 〖植〗サゴヤシ.

das **Sa・gum** [ザーグム] 名 -s/..ga サグム（古代ローマ兵の片肩で留める厚いウールの地のマント).

sah [ザー] 動 sehen の過去形.

die **Sa・ha・ra** [ザハーら，ザーはら] 名 -/ 〖地名〗サハラ砂漠.

sä・he [ゼーエ] 動 sehen の接続法2式.

der **Sa・hel** [ザヘール，ザーヘル] 名 -(s)/ =Sahelzone.

die **Sa・hel・zo・ne** [ザヘール・ツォーネ，ザーヘル・ツォーネ] 名 -/ ザーエル地帯(サハラ砂漠南端の地域).

der **Sa・hib** [ザーヒプ] 名 -s/-s 旦那（ﾀﾞﾝ）(インド，パキスタンでヨーロッパ人男性に対する敬称).

die **Sah・ne** [ザーネ] 名 -/ 乳脂，生クリーム；ホイップクリーム(Schlag~): ~ schlagen 生クリームをホイップする. (aller) erste ~ sein 《口》一級品である.

der/das **Sah・ne・bon・bon** [ザーネ・ボンボン(-ン)] 名 -s/-s (《ｽﾃｯﾌﾟ・ﾍｯｸ》das ~) ミルクキャラメル.

das **Sah・ne・eis** [ザーネ・アイス] 名 -es/ 〖料〗生クリームで作られたアイスクリーム.

das **Sah・ne・känn・chen** [ザーネ・ケンヒェン] 名 -s/-(コーヒー・紅茶用の)クリーム入れ.

der **Sah・ne・kä・se** [ザーネ・ケーゼ] 名 -s/- クリームチーズ.

sah・nig [ザーニヒ] 形 乳脂の多い；クリーム状の.

(*der*) **Saint-Ex・u・pé・ry** [sɛ̃tɛgzypertﾞ サンテグジュペリ] 名 〖人名〗サン=テグジュペリ(Antoine de ~, 1900-44, フランスの作家).

der **Saint-Si・mo・nis・mus** [sɛ̃si.. サン・スィモニスムス] 名 -/ サンシモン主義(フランスの思想家 C. H. de Saint-Simon, 1760-1825, による空想的社会主義).

der **Saint-Si・mo・nist** [sɛ̃si.. サン・スィモニスト] 名 -en/-en サンシモン主義者.

die **Sai・son** [zɛzɔ̃; zɛzɔ̃ ゼゾン，ゼゾング] 名 -/-s [南独・ｵｰｽﾄ]-en] (盛りの)季節，最盛期；(野菜などの)旬；(流行・音楽・演劇・スポーツなどの)シーズン.

die **Sai・son・ar・beit** [ゼゾーン・アるバイト，ゼゾング・アるバイト] 名 -/-en 《主に®》季節労働.

der **Sai・son・ar・bei・ter** [ゼゾーン・アるバイタ-，ゼゾング・アるバイタ-] 名 -s/- (《主に®》)季節労働者.

der **Sai・son・aus・ver・kauf** [ゼゾーン・アウス・ふぇあカウふ，ゼゾング・アウス・ふぇあカウふ] 名 -(e)s/..käufe 期末大売出し.

sai・son・be・rei・nigt [ゼゾーン・ベらイニヒト，ゼゾング・ベらイニヒト] 形 〖経〗季節調整済みの.

die **Sai・te** [ザイテ] 名 -/-n (楽器の)弦；(ラケットの)ガット. 【慣用】andere(strengere) Saiten aufzie-

hen より厳しい，態度で臨む.

das **Sai・ten・in・stru・ment** [ザイテン・インストるメント] 名 -(e)s/-e 弦楽器.

das **Sai・ten・spiel** [ザイテン・シュピール] 名 -(e)s/-e 《主に®》《文》撥弦（ﾊﾂｹﾞﾝ）楽器〖弦楽器〗演奏.

der **Sa・ke** [ザーケ] 名 -/ 酒，日本酒.

der **Sak・ko** [ザッコ] 名 -s/-s (《ｽﾃｯﾌﾟ》 das ~) ジャケット.

der **Sak・ko・an・zug** [ザッコ・アン・ツーク] 名 -(e)s/..züge 〖古〗ジャケットスーツ，コンビスーツ.

sa・kral [ザクらール] 形 荘厳な；宗教上の；神聖な；〖医〗仙骨の.

der **Sa・kral・bau** [ザクらール・バウ] 名 -(e)s/-ten 宗教的建造物.

das **Sa・kra・ment** [ザクらメント] 名 -(e)s/-e 1. 〖ｶﾄﾘ〗秘跡(洗礼・堅信・聖餐（ｾｲｻﾝ）・告解・終油・叙階・結婚の七つ). 〖ﾌﾟﾛﾃｽ〗聖礼典(洗礼・聖餐の二つ). 2. 秘跡(礼典)を象徴する品(聖体など). 3. (次の形で) ~ (noch mal)! こん畜生，いまいましい.

sa・kra・men・tal [ザクらメンタール] 形 秘跡の，聖礼典の.

das **Sa・kri・fi・zi・um** [ザクりふぃーツィウム] 名 -s/..zien 〖ｶﾄﾘ〗《稀》犠牲；犠牲.

der **Sa・kri・leg** [ザクりレーク] 名 -s/-e 瀆聖（ﾄﾞｸｾｲ），冒瀆.

das **Sa・kri・le・gi・um** [ザクりレーギウム] 名 -s/..gien = Sakrileg.

der **Sa・kris・tan** [ザクりスターン] 名 -s/-e 〖ｶﾄﾘ〗聖具室(香部屋)係.

die **Sa・kris・tei** [ザクりスタイ] 名 -/-en (聖堂の)聖具室，香部屋.

sa・kro・sankt [ザクろ・ザンクト] 形 神聖にして侵すべからざる.

sä・ku・lar [ゼクラーる] 形 1. 《文》100年ごとの；100年続く；一世紀の. 2. 《文》空前絶後の，傑出した. 3. 《文》世俗の. 4. 〖天・地質〗長時間かかる〔かかった〕.

die **Sä・ku・lar・fei・er** [ゼクラーア・ふぁイあ-] 名 -/-n 《文》百年祭.

die **Sä・ku・la・ri・sa・ti・on** [ゼクラりザツィオーン] 名 -/-en 1. 教会財産の没収〔国有化〕. 2. 世俗化.

sä・ku・la・ri・sie・ren [ゼクラりズィーれン] 動 h. 1. 〈et¹〉世俗化する. 2. 〈et¹〉没収する，国有化する(教会の財産を).

die **Sä・ku・la・ri・sie・rung** [ゼクラりズィーるング] 名 -/-en 1. = Säkularisation. 2. 〖ｶﾄﾘ〗セクラリサチオ(所属修道会外生涯居住許可).

der **Sä・ku・lar・kle・ri・ker** [ゼクラーア・クレーりカ-] 名 -s/- 〖ｶﾄﾘ〗(修道院に住んでいない)在俗聖職者.

das **Sä・ku・lum** [ゼークルム] 名 -s/..la 一世紀，百年；時代.

..sal [..ザール] 接尾 主に動詞の語幹につけて中性または女性名詞を作る: Schick*sal* 運命. Trüb*sal* 苦難. Wirr*sal* 混乱. Drang*sal* 窮迫.

Sa・lam! [ザラーム] 間 《口・冗》汝（ﾅﾝｼﾞ）に平安あれ(アラビアの挨拶（ｱｲｻﾂ）の文句).

der **Sa・la・man・der** [ザラマンダ-] 名 -s/- 〖動〗サンショウウオ；イモリ. 【慣用】einen [den] Salamander reiben サラマンダーの乾杯をする(学生組合の酒宴で，グラスこすって乾杯し飲んだグラスで卓上を打つ).

die **Sa・la・mi** [ザラーミ] 名 -/-(s) (《ｵｰｽﾄ》 der ~ -s/-も有)サラミソーセージ.

die **Sa・la・mi・tak・tik** [ザラーミ・タクティク] 名 -/ サラミ戦術(サラミを薄く切るように小さな要求や侵害を重ねながら，大きな目的を達成する戦術).

das **Sa・lär** [ザレーあ] 名 -s/-e 〖ｽｲｽ〗謝礼，給料，賃金.

sa・la・rie・ren [ザラりーれン] 動 h. 〈j⁴/et⁴〉〖ｽｲｽ〗俸

der **Sa·lat** [ザラート] 名 -(e)s/-e **1.** サラダ: gemischter ～ ミックスサラダ. **2.** (◉のみ)レタス, サラダ菜(Kopf～): grüner ～ レタス, ノヂシャ, オランダヂシャ. **3.** (◉のみ)(口)嫌なこと(結果); 混乱, ごたごた, ごちゃまぜ: Da haben wir den ～!(口)思ったとおり嫌なことになったぞ.

das **Sa·lat·be·steck** [ザラート・ベシュテック] 名 -(e)s/-e サラダ用スプーンとフォーク(取分けるための).

die **Sa·la ter·re·na** [ザーラ テレーナ] 名 --/..ne 〖芸術学〗(バロック宮殿の庭園に面した)一階の大広間.

der **Sa·lat·kopf** [ザラート・コップふ] 名 -(e)s/..köpfe レタスの球.

das **Sa·lat·öl** [ザラート・①ール] 名 -(e)s/-e サラダ油.

die **Sa·lat·pflan·ze** [ザラート・プふランツェ] 名 -/-n サラダ用の野菜.

die **Sa·lat·schüs·sel** [ザラート・シュッセる] 名 -/-n サラダボール.

der **Sal·ba·der** [ザルバーダー] 名 -s/- (口・蔑)もったいぶった饒舌(じょう)家.

die **Sal·ba·de·rei** [ザルバーデライ] 名 -/-en (口・蔑)もったいぶった長広舌.

sal·ba·dern [ザルバーダーン] 動 salbaderte; hat salbadert [⁂] (口・蔑)もったいぶった口調で長々と話す.

das **Sal·band** [ザール・バント] 名 -(e)s/..bänder 〖織〗織物の耳; 〖地質〗縄肌(なはだ).

die **Sal·be** [ザルベ] 名 -/-n 軟膏(なんこう), 膏油(こうゆ): graue ～ 水銀軟膏.

der **Sal·bei** [ザルバイ, ザルバイ] 名 -s/ ((いっぽう)die -/) **1.** 〖植〗サルビア. **2.** セージ(香料).

sal·ben [ザルベン] 動 h. 〈j³〉+〈et⁴〉= (稀)軟膏(なんこう)(クリーム・油)を塗る. **2.** 〈j³〉= 塗油の秘蹟を授ける(病人・死の床にある者に); 聖香油を塗る(叙階式で司祭などに). **3.** 〈j³〉=+zu 〈j³〉= 聖香油を塗って任ずる(皇帝などに).

das **Sal·böl** [ザルプ・①ール] 名 -(e)s/-e (主に◉)クリスマ, 聖香油.

die **Sal·bung** [ザルブング] 名 -/-en 軟膏(なんこう)(クリーム・オイル)を塗ること; (きうゆ)塗油(式).

sal·bungs·voll [ザルブングス・ふォル] 形 もったいぶった.

das **Säl·chen** [ゼールヒェン] 名 -s/- (Saalの縮小形)小ホール, 小広間.

sal·die·ren [ザルディーレン] 動 h. 〈et⁴〉= 〖簿・銀行〗残高を出す(口座などの); 〖商〗残高の清算をする(勘定・借金などの); (きうゆ)支払いを証明する(請求書の).

der **Sal·do** [ザルド] 名 -s/..den [-s, ..di] 〖簿・銀行〗差引残高; (きうゆ)差引きの残高.

das **Sal·do·kon·to** [ザルド・コント] 名 -s/..ten [..ti, -s] 〖商〗残高勘定.

der **Sal·do·vor·trag** [ザルド・ふォーあ・トラーク] 名 -(e)s/..träge 〖簿〗(次期)繰越し, 繰越残高.

der **Sa·le·sia·ner** [ザレズィアーナー] 名 -s/- **1.** サレジオ会(ジュネーヴの司教 Franz von Sales, 1567-1622, を保護聖人とし1859年創立). **2.** サレジオ会修道士.

das **Sa·let·tel,** *das* **Sa·lettl** [..ル ザル ルテル] 名 s/- (n) (きうゆ)園亭, 四阿(あずまや).

der **Sa·li·er¹** [ザーリアー] 名 -s/- **1.** サリ族の人(フランク族の中心的な部族). **2.** ザリエル(ザリアー)王家の人(フランク族の王家で, 1024-1125年の間, 神聖ローマ皇帝位を保持).

die **Sa·li·er²** [ザーリあー] 複数 サリイ(古代ローマにおける軍神マルスのための十二人からなる祭司団).

die **Sa·li·ne** [ザリーネ] 名 -/-n 製塩施設(所), 塩田; 枝条架(しじょうか)(塩水を蒸発させる装置).

sa·lisch [ザーリシュ] 形 **1.** サリ人の: das S～e Gesetz サリカ法典. **2.** ザリエル(ザリアー)王家の.

die **Sa·li·zyl·säu·re** [ザリツュール・ゾイレ] 名 -/ 〖化〗サリチル酸.

die **Sal·kan·te** [ザール・カンテ] 名 -/-n 〖織〗織物の耳.

die **Salk·imp·fung** [ザルク・イムプふング] 名 -/-en ソーク・ワクチン接種.

die **Salk·vak·zi·ne, Salk-Vak·zi·ne** [ザルク・ヴァクツィーネ] 名 -/ 〖医〗(小児麻痺(まひ)予防の)ソーク・ワクチン.

die **Sall·leis·te** [ザール・ライステ] 名 -/-n =Salkante.

der **Salm¹** [ザルム] 名 -(e)s/-e 〖魚〗サケ.

der **Salm²** [ザルム] 名 -(e)s/-e 冗漫な話.

der (das) **Sal·mi·ak** [ザルミアク, ザルミアク] 名 -s/ 塩化アンモニウム.

der **Sal·mi·ak·geist** [ザルミアク・ガイスト, ザルミアク・ガイスト] 名 -(e)s/ 〖化〗アンモニア水.

der **Sälm·ling** [ゼルムリング] 名 -s/-e (方)カワマス, イワナ.

die **Sal·mo·nel·le** [ザルモネレ] 名 -/-n (主に◉)〖生〗サルモネラ菌.

die **Sal·mo·nel·lo·se** [ザルモネローゼ] 名 -/-n 〖医〗サルモネラ感染症.

(die) **Sa·lo·me** [ザーロメ, ザロメ] 〖新約〗サロメ(踊りの褒美に Johannes der Täufer の首を望んだ, ユダヤ王 Herodes の娘).

(der) **Sa·lo·mo** [ザーロモ] 〖旧約〗ソロモン(イスラエルの王. 紀元前965頃-926頃在位. ダヴィデの子): die Sprüche ～s 箴言(しんげん). der Prediger ～s コヘレトの言葉(伝道の書). das Hohe Lied ～s 雅歌.

(der) **Sa·lo·mon** [ザーロモン] =Salomo.

die **Sa·lo·mo·nen** [ザロモーネン] 複数 〖国名〗ソロモン(南太平洋の国).

die **Sa·lo·mon·in·seln** [ザーロモン・インゼルン] 複数 〖地名〗ソロモン諸島.

sa·lo·mo·nisch, ⓦSa·lo·mo·nisch [ザロモーニシュ] 形 ソロモンのよう(に賢明)な.

der **Sa·lon** [zalɔ̃, zalɔŋ ザローン, zalɔŋ ザロング] 名 -s/-s **1.** 客間; (船などの)特別室, サロン. **2.** サロン(昔の, 芸術愛好家などの集り). **3.** (美容院などの)高級店. **4.** 陳列室, 展示室; 展覧会, 美術展.

sa·lon·fä·hig [ザローン・ふェーイヒ, ザロング・ふェーイヒ] 形 社交(界)にふさわしい, 上流社会にふさわしい.

der **Sa·lon·lö·we** [ザローン・①・ヴェ, ザロング・①・ヴェ] 名 -n/-n 社交界のだて男(人気者).

die **Sa·lon·mu·sik** [ザローン・ムズィーク, ザロング・ムズィーク] 名 -/ サロンミュージック(上品で心地良い響きの軽音楽).

der **Sa·lon·wa·gen** [ザローン・ヴァーゲン, ザロング・ヴァーゲン] 名 -s/- (鉄道の)サロン車.

sa·lopp [ザロップ] 形 **1.** 楽な, ラフな. **2.** 無造作な, くだけた, ぞんざいな.

der **Sal·pe·ter** [ザルペーター] 名 -s/ 硝石, 硝酸カリ(ウム).

sal·pe·ter·hal·tig [ザル・ペーター・ハルティク] 形 硝石を含む.

sal·pe·te·rig [ザルペーテリヒ] 形 =salpetrig.

die **Sal·pe·ter·säu·re** [ザル・ペーター・ゾイレ] 名 -/ 硝酸.

sal·pe·trig [ザルペートリヒ] 形 硝石の.

die **Sal·pin·gi·tis** [ザルピンギーティス] 名 -/..tiden [ザルピンギティーデン] 〖医〗卵管炎.

Salt, SALT [ゾルト] =Strategic Arms Limitation Talks サルト, 核兵器削減交渉.

der **Sal·to** [ザルト] 名 -s/-s (..ti) [スアルティ] (空中の)回転, 宙返り; 〖空〗宙返り, ルーピング.

der **Sal·to mor·ta·le** [ザルト モるターレ] 名 --/-- (..ti

..li) 3回転〔数回の〕宙返り;命がけの冒険.
sa·lü ! [ザリュ, ザリュー] 間 《ス゛・口》(出会い・別れのあいさつ)やあ;じゃあ.
der **Sa·lut** [ザルート] 名 -(e)s/-e 〖軍〗礼砲.
sa·lu·tie·ren [ザルティーれン] 動 h. 〖軍〗 1. 《j³ =》敬礼する. 2. 《ス゜》《ﾄﾘｯﾁ》軍隊式のあいさつをする (帽子の縁に手を当てて);《稀》礼砲を撃つ.
der **Sa·lut·schuss**, ⑩**Sa·lut·schuß** [ザルート・シュス] 名 -es/..schüsse 《主に⑩》〖軍〗礼砲.
(das) **Sal·va·dor** [ザルヴァドーあ] 名 -s/ 1. 〖国名〗エル・サルヴァドル(El ~). 2. 〖地名〗サルヴァドル(ブラジルの都市).
das **Sal·var·san** [ザルヴァるザーン] 名 -s/ 〖商標〗サルバルサン(昔の梅毒治療薬).
der **Sal·va·tor** [ザルヴァート－あ] 名 -s/-en [ザルヴァトーれン] 〖文〗救世主;救済者, 救助者.
sal·va ve·nia [ザルヴァ ヴェーニア] 〖ラテン語〗失礼ながら, お許しを得て申し上げるなら.
die **Sal·ve** [ザルヴェ] 名 -/-n 斉射, 一斉射撃.
sal·vo er·ro·re [ザルヴォ エろーれ] 〖ラテン語〗過失を留保して.
sal·vo ti·tu·lo [ザルヴォ ティートゥロ] 〖ラテン語〗《口》正しい称号を留保して.
die **Sal·wei·de** [ザール・ヴァイデ] 名 -/-n 〖植〗ヤマネコヤナギ, サルヤナギ.
das **Salz** [ザルツ] 名 -es/-e 1. 《⑩のみ》塩, 食塩(Koch~) : eine Prise ～ ひとつまみの塩. ～ 〈et⁴〉 in ～ legen 〈物〉を塩漬けにする. 2. 〖化〗塩, 塩類.【慣用】 attisches Salz 気のきいたジョーク(スピーチ). das Salz der Erde 〖聖〗地の塩(マタイ福音書 5.13). 〈j³〉 nicht das Salz in der Suppe gönnen《口》〈人³〉にいい目を見ることはどんなことでもゆるさない. nicht das Salz zur Suppe haben《口》生活に困っている. 〈j³〉 Salz auf (in) die Wunde streuen〈人³〉に重ねて苦い思いをさせる.
die **Salz·ach** [ザルツァッは] 名 -/ 〖川名〗ザルツァハ川(イン川の支流で, オーストリアを流れる).
salz·arm [ザルツ・アるム] 形 塩分のない.
salz·ar·tig [ザルツ・アーティヒ] 形 塩のような.
das **Salz·berg·werk** [ザルツ・ベるク・ヴェるク] 名 -(e)s/-e 岩塩鉱山.
der **Salz·bild·ner** [ザルツ・ビルドナー] 名 -s/- ハロゲン.
der **Salz·bo·den** [ザルツ・ボーデン] 名 -s/..böden 塩類土壌.
(das) **Salz·burg** [ザルツ・ブルク] 名 -s/ 〖地名〗ザルツブルク(オーストリア中部の州及びその州都).
Salz·bur·ger¹ [ザルツ・ブルガー] 形 《無変化》ザルツブルクの : die ～ Festspiele ザルツブルク音楽祭.
der **Salz·bur·ger**² [ザルツ・ブルガー] 名 -s/- ザルツブルクの人.
sal·zen⁽*⁾ [ザルツェン] 動 salzte ; hat gesalzen [gesalzt]〔gesalzt はまれ〕〈et⁴〉塩で味つけをする ;（…を)塩漬けにする.
das **Salz·fass**, ⑩**Salz·faß** [ザルツ・ふァス] 名 -es/..fässer (食卓用)塩入れ,《口・冗》鎖骨の(深い)くぼみ.
das **Salz·fleisch** [ザルツ・ふらイシュ] 名 -(e)s/- 塩漬け肉.
salz·frei [ザルツ・ふらイ] 形 無塩の.
der **Salz·gar·ten** [ザルツ・ガるテン] 名 -s/..gärten 塩田.
der **Salz·ge·halt** [ザルツ・ゲハルト] 名 -(e)s/ 塩分.
die **Salz·gur·ke** [ザルツ・グルケ] 名 -/-n 塩漬けキュウリ.
salz·hal·tig [ザルツ・ハルティヒ] 形 塩分を含んだ.
der **Salz·he·ring** [ザルツ・ヘーリンク] 名 -s/-e 塩漬けニシン.
sal·zig [ザルツィヒ] 形 1. 塩分を含んだ. 2. 塩味の, 塩辛い.
das **Salz·kam·mer·gut** [ザルツ・カマ－・グート] 名 -s/ 〖地名〗ザルツカマーグート(オーストリア, オーバーエーステライヒ州の湖と山の多い地方).
die **Salz·kar·tof·fel** [ザルツ・カルトふェル] 名 -/-n 《主に⑩》(皮をむいた)塩ゆでのジャガイモ.
das **Salz·korn** [ザルツ・コるン] 名 -(e)s/..körner 粒状の塩, 塩の粒.
die **Salz·la·ger·stät·te** [ザルツ・ラーガー・シュテッテ] 名 -/-n 〖地質〗岩塩鉱床.
die **Salz·la·ke** [ザルツ・ラーケ] 名 -/-n (塩漬け用)塩水.
die **Salz·le·cke** [ザルツ・レッケ] 名 -/-n 〖狩〗(動物の)塩なめ場(岩塩のある場所, または猟師が塩をまいておく場所).
salz·los [ザルツ・ロース] 形 塩気のない.
die **Salz·säu·le** [ザルツ・ゾイレ] 名 -/-n (死海付近の)塩の柱.【慣用】zur Salzsäule erstarren 驚いて立ちすくむ(創世記 19, 26).
die **Salz·säu·re** [ザルツ・ゾイれ] 名 -/ 塩酸.
der **Salz·see** [ザルツ・ゼー] 名 -s/-n 塩湖, 鹹湖(かんこ).
die **Salz·so·le** [ザルツ・ゾーレ] 名 -/-n ＝Sole.
die **Salz·spren·gung** [ザルツ・シュプれングング] 名 -/-en 塩の結晶化による岩石の破砕.
die **Salz·stan·ge** [ザルツ・シュタンゲ] 名 -/-n 塩をまぶした棒状のプリッツ.
die **Salz·step·pe** [ザルツ・シュテッペ] 名 -/-n 塩生草原.
der **Salz·stock** [ザルツ・シュトック] 名 -(e)s/..stöcke 岩塩鉱床.
der **Salz·streu·er** [ザルツ・シュトろイあー] 名 -s/- (振出し式)食塩入れ, 食卓用食塩容器.
das **Salz·was·ser** [ザルツ・ヴァッサー] 名 -s/..wässer 1.《⑩のみ》食塩水. 2. 海水, 鹹水(かんすい). 3. 塩漬けの漬け汁.
das **Salz·werk** [ザルツ・ヴェるク] 名 -(e)s/-e 製塩所.
..sam [..ザーム] 接尾 形容詞・動詞・数詞などにつけて［…な性質の］を表す: gemeinsam 共通の. schweigsam 無口な. einsam 孤独な.
der **Sä·mann** [ゼーマン] 名 -(e)s/..männer 《詩》種まく人.
(das) **Sa·ma·ria** [ザマーリア, ザマリーア] 名 -s/ 〖地名〗サマリア(パレスチナの歴史的地方と古代の都市名).
der **Sa·ma·ri·ta·ner** [ザマリタナー] 名 -s/- ＝Samariter 1.
sa·ma·ri·ta·nisch [ザマリターニシュ] 形 サマリア(人)の.
der **Sa·ma·ri·ter** [ザマリーター] 名 -s/- 1. 〖新約〗サマリア人 : der Barmherzige ～ 善きサマリア人(ルカ福音書 10, 33). 2. 献身的な人. 3.《ス゜》救急隊員;衛生兵.
das **Sa·ma·ri·um** [ザマーリウム] 名 -s/ サマリウム(希土類元素の一つ. 記号 Sm).
die **Sä·ma·schi·ne** [ゼー・マシーネ] 名 -/-n 種まき機.
die **Sam·ba** [ザムバ] 名 -/-s (der ～ -s/-s も有り; 《ス゜》 der ～ -s/-s)〔ダンスの〕サンバ.
(das) **Sam·bia** [ザムビア] 名 -s/ 〖国名〗ザンビア(アフリカ南部の内陸国).
der **Sa·me** [ザーメ] 名 2 格 -ns, 3 格 -n, 4 格/⑩ -n《古》＝Samen.
der **Sa·men** [ザーメン] 名 -s/- 1. 種; 《⑩のみ》(総称)(種まき用の)種 : der ～ der Zwietracht 《転》不和の種. 2.《⑩のみ》精液.
die **Sa·men·bank** [ザーメン・バンク] 名 -/-en 〖医・獣医〗精子銀行.

die **Sa·men·drü·se** [ザーメン・ドりュㇾーゼ] 名 -/-n 〖解〗精液腺(ﾓ).

der **Sa·men·er·guss**, ⓐ**Sa·men·er·guß** [ザーメン・エァグス] 名 -es/..güsse 射精.

der **Sa·men·fa·den** [ザーメン・ふぁーデン] 名 -s/..fäden 〖医〗精子, 精虫.

die **Sa·men·hand·lung** [ザーメン・ハントルング] 名 -/-en 種苗店.

die **Sa·men·kap·sel** [ザーメン・カプセル] 名 -/-n 蒴果(ｶ), 莢(ｻ).

das **Sa·men·korn** [ザーメン・コるン] 名 -(e)s/..körner (小粒の)種子, 種(ｶ), 穀粒.

der **Sa·men·lei·ter** [ザーメン・ライター] 名 -s/- 〖医〗(輸)精管.

die **Sa·men·pflan·ze** [ザーメン・プふランツェ] 名 -/-n 種子植物.

die **Sa·men·über·tra·gung** [ザーメン・ユーバートらーグング] 名 -/-en 人工授精.

die **Sa·men·zel·le** [ザーメン・ツェレ] 名 -/-n 精子, 精虫.

die **Sä·me·rei** [ゼーメらイ] 名 -/-en **1.** (圓のみ)(総称)種, 種子. **2.** 種屋.

(*der*) **Sa·mi·el** [ザーミエ(ー)ル] 名 -s/ 〖ドィヅ伝説〗ザーミエル(悪魔・悪霊).

sä·mig [ゼーミヒ] 形 どろりとした.

sä·misch [ゼーミッシュ] 形 油でなめした.

das **Sä·misch·le·der** [ゼーミッシュ・レーダー] 名 -s/- セーム革.

der **Sa·mis·dat** [ザミスダット] 名 -/ (発禁書の)自費出版;(旧ソ連の発禁書などの)自費〔地下〕出版物.

der **Säm·ling** [ゼームリング] 名 -s/-e 実生の芽(苗木).

der **Sam·mel·an·schluss**, ⓐ**Sam·mel·an·schluß** [ザメル・アン・シュルス] 名 -es/..schlüsse 〖電話〗(代表番号による)構内電話交換機〔システム〕.

der **Sam·mel·band** [ザメル・バント] 名 -(e)s/..bände 著作集;論集;選集.

das **Sam·mel·be·cken** [ザメル・ベッケン] 名 -s/- 液体を溜(ﾀ)める所;貯水タンク〔槽〕,貯水池,溜池;《転》(人の)たまり場.

der **Sam·mel·be·griff** [ザメル・ベグリふ] 名 -(e)s/-e 集合概念.

die **Sam·mel·be·stel·lung** [ザメル・ベシュテルング] 名 -/-en 一括〔共同〕注文.

die **Sam·mel·bie·ne** [ザメル・ビーネ] 名 -/-n 〖昆〗食物採集バチ(働きバチの食物採集期間の名称).

die **Sam·mel·büch·se** [ザメル・ビュクセ] 名 -/-n 募金〔献金〕箱.

die **Sam·mel·frucht** [ザメル・ふるフト] 名 -/..früchte 〖植〗集合果, 多花果.

das **Sam·mel·gut** [ザメル・グート] 名 -(e)s/..güter (鉛)(複数の荷主の)混載貨物.

die **Sam·mel·hei·zung** [ザメル・ハイツング] 名 -/-en セントラルヒーティング.

die **Sam·mel·la·dung** [ザメル・ラードゥング] 名 -/-en 混載貨物の積荷.

das **Sam·mel·la·ger** [ザメル・ラーガー] 名 -s/- (捕虜・離民などの)収容所, キャンプ.

die **Sam·mel·lin·se** [ザメル・リンゼ] 名 -/-n 〖半〗収束(ﾕ収斂(ﾚ))レンズ, 凸レンズ.

die **Sam·mel·lis·te** [ザメル・リステ] 名 -/-n 寄付者名簿.

die **Sam·mel·map·pe** [ザメル・マッペ] 名 -/-n 紙(書類)挟み, ファイル, バインダー.

sam·meln [ザメルン] 動 *h*. **1.** 〈et⁴を〉集める, 収集する, (集めて)蓄える;募る(募金などを). **2.** 〈j⁴を+〈場所〉₃〉集合させる, 集結させる. **3.** 〈et⁴を+〈場所〉₃〉集める;収束させる(光を). **4.** 〔sich⁴〕集まる, 集合する, 集合する, たまる;収束する. **5.** 〔sich⁴〕精神を集中する, 気を取直す. 【慣用】 **an** 〈et³〉 **sammeln** (一定の目標を持って)〈の収集に努める〉. **Erfahrungen sammeln** 経験を積む. **seine Kräfte sammeln** 全力を集中する.

der **Sam·mel·na·me** [ザメル・ナーメ] 名 -ns/-n 〖言〗集合名詞.

die **Sam·mel·num·mer** [ザメル・ヌマー] 名 -/-n (電話の)代表番号.

der **Sam·mel·pass**, ⓐ**Sam·mel·paß** [ザメル・パス] 名 -es/..pässe 団体旅券.

der **Sam·mel·platz** [ザメル・プラッツ] 名 -es/..plätze 集合場所;集積所, 集荷場.

der **Sam·mel·punkt** [ザメル・プンクト] 名 -(e)s/-e **1.** 集合地点. **2.** 焦点.

die **Sam·mel·schie·ne** [ザメル・シーネ] 名 -/-n 〖電〗(電力供給のための)母線.

die **Sam·mel·stel·le** [ザメル・シュテレ] 名 -/-n 集合場所;集積所, 集荷場.

das **Sam·mel·su·ri·um** [ザメル・ズーりウム] 名 -s/..rien 《口》(《蔑》も)有寄集め, ごたまぜ.

die **Sam·mel·tas·se** [ザメル・タッセ] 名 -/-n コレクション用のカップ.

der **Sam·mel·trans·port** [ザメル・トらンス・ポるト] 名 -(e)s/-e (難民などの)集団輸送;(貨物などの)一括輸送.

die **Sam·mel·wer·bung** [ザメル・ヴェるブング] 名 -/ 共同広告.

das **Sam·mel·werk** [ザメル・ヴェるク] 名 -(e)s/-e 著作集, 選集.

die **Sam·mel·wut** [ザメル・ヴート] 名 -/ (極端な)収集熱.

der **Sam·met** [ザメット] 名 -s/-e 《古》=Samt.

der **Samm·ler** [ザムラー] 名 -s/- **1.** 収集家, コレクター. **2.** 募金活動者. **3.** 蓄電池;〖土〗集水栗.

die **Samm·lung** [ザムルング] 名 -/-en **1.** 収集;募金. **2.** 収集品, コレクション;アンソロジー, 選集. **3.** (人々の)集合, 集団. **4.** 収集品展示室, 博物館, 美術館. **5.** 精神の集中.

(*das*) **Sa·moa** [ザモーア] 名 -s/ 〖地名〗サモア(南太平洋の諸島).

die **Sa·moa·in·seln** [ザモーア・インゼルン] 複名 〖地名〗サモア諸島.

der **Sa·mos** [ザモス] 名 -/ サモス島産のワイン.

der **Sa·mo·war** [ザモヴァーァ, ザモヴァーァ] 名 -s/-e サモワール(ロシアの湯わかし器).

der **Sam·pan** [ザムパン] 名 -s/-s サンパン(東アジアの小型平底船).

der **Samp·ler** [ザムプラー] 名 -s/- サンプラー(CDまたはレコードの選曲アルバム).

der **Sams·tag** [ザムスターク] 名 -(e)s/-e (主に《西独・南独・ｵーｽﾄり・ｽｲ》)土曜日(略 Sa.).

sams·tä·gig [ザムステーギヒ] 形 土曜日の.

sams·täg·lich [ザムステークリヒ] 形 土曜日ごとの.

sams·tags [ザムスタークス] 副 (毎)土曜日に.

samt [ザムト] 前 〔+3格〕…とともに, …と一緒に: Fr kam ~ seiner Familie. 彼は家族ともどもやって来た.

—— 副 《次の形で》 ~ **und sonders** (例外なしに)全部まとめて, 一人(一つ)残らず.

der **Samt** [ザムト] 名 -(e)s/-e ビロード.

samt·ar·tig [ザムト・アーろティヒ] 形 ビロードのような.

das **Samt·band** [ザムト・バント] 名 -(e)s/..bänder ビロードのリボン.

sam·ten [ザムテン] 形 ビロード(製)の;ビロードのよう

な.
der **Samt·hand·schuh** [ザムト・ハント・シュー] [名] -(e)s/-e ビロードの手袋. 【慣用】〈j⁴〉 **mit Samthandschuhen anfassen** 《口》〈人を〉優しく〔丁重に〕扱う.
samt·tig [ザムティひ] [形] ビロードのような.
das **Samt·kleid** [ザムト・クライト] [名] -(e)s/-er ビロードのワンピース.
sämt·lich [ゼムトリひ] [代] 《不定》《付加語的用法では変化形は dieser に準ずる. 独立的用法は[複]のみで, 無変化. 後続の形容詞は弱変化だが, [複] 1・4 格, 特に 2 格では強変化もある》全部の, (例外なしに)すべての, 一人〔一つ〕残らず: ~*es* Material 全資料. Goethes ~*e* Werke ゲーテ全集. die Anschriften ~*er* neuen〔neuer〕Mitglieder 新しい会員の宛名. Die Mitglieder sind ~ erschienen. 会員は一人残らず出席した.
das **Samt·pföt·chen** [ザムト・プ(ふぇ)ートひぇン] [名] -s/- (特に猫の)ビロードのような足;幼児の手: wie auf ~ gehen 足音を忍ばせて歩く.
samt·weich [ザムト・ヴァイひ] [形] ビロードのように柔らかい.
(*der*) **Sa·mu·el** [ザームエ(ー)ル] [名] **1.** 〘男名〙ザームエル. **2.** 〘旧約〙サムエル(紀元前 1050 頃, イスラエルの預言者): das Buch ~ サムエル記.
der **Sa·mum** [ザームム, ザムーム] [名] -s/-s〔-e〕〘地〙サムーン(北アフリカとアラビア半島の砂嵐).
der **Sa·mu·rai** [ザムらイ] [名] -(s)/-(s) (日本の)侍(さむらい).
das **Sa·na·to·ri·um** [ザナトーりウム] [名] -s/..rien サナトリウム, 療養所.
(*der*) **San·cho Pan·sa** [zántʃo.. ザンチョ パンザ] [名] 〘人名〙サンチョ・パンサ(Cervantes の『ドン・キホーテ』の従者).
sanc·ta sim·pli·ci·tas ! [..tsitas ザンクタ ズィムプリーツィタス] 〘ラテ語〙《文》聖なる単純さよ(愚かしさに対する怒りの叫び).
das **Sanc·tus** [ザンクトゥス] [名] -/- 〘カトリ〙(ミサの)感謝の賛歌(Sanctus「聖なるかな」で始まる).
der **Sand** [ザント] [名] -(e)s/-e〔Sände〕 **1.** ([単]のみ)砂;([複]-e)〘地質〙(さまざまな種類の)砂. **2.** ([複]-e, Sände)〘海〙砂州. 【慣用】**auf Sand gebaut haben** 確かでないものを頼りにしている(マタイ福音書 7, 26). **im Sand(e) verlaufen** 成果のあがらないままに終る. 〈j³〉 **Sand in die Augen streuen** 〈人の〉目をくらます. **wie Sand am Meer** 《口》浜の真砂(まさご)のように無数に(創世記 22, 17).
die **San·da·le** [ザンダーレ] [名] -/-n サンダル.
die **San·da·let·te** [ザンダレッテ] [名] -/-n (婦人用)サンダル.
die **Sand·bahn** [ザント・バーン] [名] -/-en 〘スポ〙(オートバイレースの)サンドコース, ダートコース.
die **Sand·bank** [ザント・バンク] [名] -/..bänke 砂州.
das **Sand·blatt** [ザント・ブラット] [名] -(e)s/..blätter (タバコの)下葉(したば)(葉巻用の高品質な葉).
der **Sand·bo·den** [ザント・ボーデン] [名] -s/..böden 砂地.
die **Sand·deck·kul·tur** [ザント・デック・クルトゥーあ] [名] -/ 〘農〙客土に砂を用いる開拓法(泥炭採取後の低層混原の開拓).
der **Sand·dorn** [ザント・ドるン] [名] -(e)s/-e グミ;([単]のみ)(ジュースなどに加工された)グミ.
der **San·del·baum** [ザンデル・バウム] [名] -(e)s/..bäume 〘植〙ビャクダン(の木).
das **San·del·holz** [ザンデル・ホルツ] [名] -es/..hölzer 白檀(びゃくだん)材.
san·deln [ザンデルン] [動] *h.* **1.** 〘〈et⁴〉に〙砂吹き仕上げをする. **2.** 〘補足なし〙《方》砂遊びをする. **3.** 〘〈et⁴〉に〙《古》砂をまく.
der **Sand·fang** [ザント・ふぁング] [名] -(e)s/..fänge (下水処理施設の)沈砂池.
sand·far·ben [ザント・ふぁるベン] [形] 砂色の.
sand·far·big [ザント・ふぁるビひ] [形] =sandfarben.
der **Sand·floh** [ザント・ふロー] [名] -(e)s/..flöhe **1.** 〘昆〙スナノミ, 砂蚤. **2.** 《兵・古》歩兵.
die **Sand·form** [ザント・ふぉるム] [名] -/-en (鋳造用)砂型.
das **Sand·förm·chen** [ザント・(ふぇ)るムひぇン] [名] -s/- 砂遊び用ケーキ型.
die **Sand·gru·be** [ザント・グるーベ] [名] -/-n **1.** 砂採取坑. **2.** 〘ゴル〙バンカー.
der **Sand·hau·fen** [ザント・ハウふぇン] [名] -s/- 砂山, 盛り砂.
die **Sand·ho·se** [ザント・ホーゼ] [名] -/-n 砂の竜巻, 砂柱.
san·dig [ザンディひ] [形] 砂を含んだ, 砂質の, 砂だらけの.
der **Sand·kas·ten** [ザント・カステン] [名] -s/..kästen 〔-〕 砂場(子供の遊び場);〘軍〙(机上演習用の)砂盤(しゃばん).
das **Sand·kas·ten·spiel** [ザントカステン・シュピール] [名] -(e)s/-e 〘軍〙砂盤での作戦演習.
die **Sand·kis·te** [ザント・キステ] [名] -/-n 砂場(子供の遊び場).
das **Sand·korn** [ザント・コるン] [名] -(e)s/..körner 砂粒.
der **Sand·ku·chen** [ザント・クーヘン] [名] -s/- パウンドケーキ.
der **Sand·mann** [ザント・マン] [名] -(e)s/ 砂男(子供の目に砂をまいて眠らせる眠りの精).
das **Sand·männ·chen** [ザント・メンひぇン] [名] -s/ = Sandmann.
die **Sand·misch·kul·tur** [ザント・ミッシュ・クルトゥーあ] [名] -/ 〘農〙砂混合開拓法(泥炭層とその下の砂層を混合させ作土とする).
das **Sand·pa·pier** [ザント・パピーあ] [名] -s/-e 紙やすり, サンドペーパー.
der **Sand·sack** [ザント・ザック] [名] -(e)s/..säcke 砂袋, 砂嚢(さのう);〘ボクシング〙サンドバッグ.
der **Sand·stein** [ザント・シュタイン] [名] -(e)s/-e **1.** ([単]のみ)砂岩. **2.** (石材の)砂岩.
sand·strah·len [ザント・シュトらーレン] [動] *h.* (不定詞および過去分詞でのみ. 過去分詞はgesandstrahlt〔sandgestrahlt〕)〘〈et⁴〉に〙〘工〙サンドブラストをかける(砂を吹きつけて表面仕上げをする).
das **Sand·strahl·ge·blä·se** [ザント・シュトらール・ゲブレーゼ] [名] -s/- 〘工〙サンドブラスター, 砂吹き機.
der **Sand·sturm** [ザント・シュトゥるム] [名] -(e)s/..stürme 砂嵐.
sand·te [ザンテ] [動] senden の過去形.
die **Sand·tor·te** [ザント・トるテ] [名] -/-n パウンドケーキ.
die **Sand·uhr** [ザント・ウーあ] [名] -/-en 砂時計.
der〔*das*〕 **Sand·wich** [zɛ́ntvɪtʃ ゼントヴィッチュ] [名] -(e)s〔-〕/-e(s) サンドイッチ.
die **Sand·wüs·te** [ザント・ヴューステ] [名] -/-n 砂漠.
san·fo·ri·sie·ren [ザンふぉりズィーれン] [動] *h.* 〘〈et⁴〉ヲ〙サンフォライズする, 防縮加工する.
sanft [ザンふト] [形] **1.** 優しい, 柔和な. **2.** 柔らかい, ソフトな: 〈j⁴〉 ~ streichen 〈人を〉そっとなでる. **3.** 穏やかな, やんわりとした: ~*e* Ermahnung やんわりとした警告. auf die ~*e* Tour〔auf die *S*~*e*〕《口》やんわりと. **4.** 安らかな: Ruhe ~ ! 安らかに眠れ(墓碑銘). **5.** ゆるやかな, なだらかな.
die **Sänf·te** [ゼンふテ] [名] -/-n 輿(こし).
die **Sanft·heit** [ザンふトハイト] [名] -/ 柔和, 温和;穏やかさ;柔らかいこと, 優しいこと.
sänf·ti·gen [ゼンふティゲン] [動] *h.* **1.** 〘〈j⁴/et⁴〉ヲ〙

S

《文》静める, 和らげる. **2.** 〔sich⁴〕静まる, 和らぐ.

die **Sanft·mut** [ザンふト・ムート] [名] -/ 柔和, 温和, 穏やかさ.

sanft·mü·tig [ザンふト・ミューティひ] [形] 柔和な, おとなしい.

sang [ザング] [動] singen の過去形.

der **Sang** [ザング] [名] -(e)s/Sänge 歌;(〔単〕のみ)歌うこと: mit ~ und Klang 音楽付きで,《口・皮》鳴物入りで.

sang·bar [ザング・バーあ] [形] 歌いやすい, 歌に適した.

sän·ge [ゼンゲ] [動] singen の接続法 2 式.

der **Sän·ger** [ゼンガー] [名] -s/- **1.** 歌手, 声楽家; 歌う〔歌える〕人. **2.** 《古》詩人. **3.** 《文》詩歌で褒めたたえる人: ein fahrender ~ (中世の)吟遊詩人.

der **Sän·ger·bund** [ゼンガー・ブント] [名] -(e)s/..bünde 合唱団連合.

das **Sän·ger·fest** [ゼンガー・ふぇスト] [名] -(e)s/-e 合唱祭.

die **Sän·ge·rin** [ゼンゲりン] [名] -/-nen Sänger 1, 2 の女性形.

der **Sän·ger·krieg** [ゼンガー・クりーク] [名] -(e)s/-e (中世の宮廷恋愛詩人たちの)歌合戦: der ~ auf der Wartburg ワルトブルクの歌合戦.

die **Sän·ger·schaft** [ゼンガーシャふト] [名] -/-en (主に[単])《総称》合唱団員;(大学の)合唱クラブ.

der **San·ges·bru·der** [ザンゲス・ブるーダー] [名] -s/..brüder 合唱団の団員〔仲間〕.

san·ges·freu·dig [ザンゲス・ふろイディひ] [形] 歌の好きな.

san·ges·lus·tig [ザンゲス・ルスティひ] [形] 歌の好きな.

sang·los [ザング・ロース] [形] (次の形で)《口》~ und klanglos ひっそりと.

die **San·g·ria** [ザングりーア, ザングりア] [名] -/-s サングリア(赤ワインに果物などを入れて作るパンチ).

die **San·g·ri·ta** [ザングりータ] [名] -/-s 〘商標〙サングリータ(トマト・オレンジ, スパイスで作るドリンク).

der **San·gu·i·ni·ker** [ザングイーニカー] [名] -s/- 《文》多血質の(快活な)人.

san·gu·i·nisch [ザングイーニシュ] [形] 多血質の(陽気な).

der **San·he·d·rin** [ザンヘドりーン] [名] -s/ 〘ヘブライ語〙=Synedrion.

sa·nie·ren [ザニーれン] [動] *h.* **1.** 〔〈et⁴〉ヲ〕再開発する;改造〔改築〕する;修復する;処置する(傷などを). **2.** 〔〈et⁴〉ヲ〕改革する, 近代化する;〘経〙立直す(会社などを). **3.** 〔sich⁴〕〘経〙立直る(会社などが);《冗》ぼろもうけする. **4.** 〔〈j⁴〉ノ〕〘軍〙尿道洗浄を行う(性病予防のために兵隊の).

die **Sa·nie·rung** [ザニーるング] [名] -/-en 再開発;改造, 改築, 修復;《ジャーゴン》改革, 近代化;(組織などの)再建, 立て直し.

sa·ni·tär [ザニテーあ] [形] 衛生上の;《古》健康上の.

die **Sa·ni·tät** [ザニテート] [名] -/-en **1.** (軍隊の)衛生〔保健〕業務;《古》看病. **2.** 衛生部〔隊〕. **3.** 《口》救急車.

der **Sa·ni·tä·ter** [ザニテーター] [名] -s/- 救急隊員;〘軍〙衛生兵, 看護兵.

die **Sa·ni·täts·be·hör·de** [ザニテーツ・べ⊘ーあデ] [名] -/-n 保健所.

der **Sa·ni·täts·dienst** [ザニテーツ・ディーンスト] [名] -(e)s/-e **1.** ([単]のみ)保健〔衛生〕業務. **2.** (主に[単])〘軍〙衛生部〔隊〕.

der **Sa·ni·täts·hund** [ザニテーツ・フント] [名] -(e)s/-e (特に昔の軍用)救護〔看護〕犬.

der **Sa·ni·täts·kas·ten** [ザニテーツ・カステン] [名] -s/..kästen (特に軍隊の)救急箱.

das **Sa·ni·täts·korps** [..ko:*r* ザニテーツ・コーあ] [名] -/- 〘軍〙衛生隊.

der **Sa·ni·täts·of·fi·zier** [ザニテーツ・オふぃツィーあ] [名] -s/-e 〘軍〙衛生隊将校.

der **Sa·ni·täts·rat** [ザニテーツ・らート] [名] -(e)s/..räte **1.** ([単]のみ)(昔の)衛生顧問官(医師の名誉称号). **2.** 衛生顧問官医師. **3.** 《オーストリア》([単]のみ)保健衛生審議会.

die **Sa·ni·täts·wa·che** [ザニテーツ・ヴァっへ] [名] -/-n 救急施設, 救護センター.

der **Sa·ni·täts·wa·gen** [ザニテーツ・ヴァーゲン] [名] -s/- 救急車.

das **Sa·ni·täts·we·sen** [ザニテーツ・ヴェーゼン] [名] -s/ **1.** 〘軍〙衛生部. **2.** 公衆衛生(制度).

sank [ザンク] [動] sinken の過去形.

sän·ke [ゼンケ] [動] sinken の接続法 2 式.

Sankt [ザンクト] [形] (無変化) 聖(なる)(人名や地名につけて. 略 St.): ~ Peter 聖ペテロ(寺院). ~ Bernhard(アルプスの)サンベルナール〔ザンクトベルンハルト〕峠. ~ Gallen ザンクトガレン(スイスの州・都市). ~ Gotthard(アルプスの)サンゴタール〔ザンクトゴットハルト〕峠. ~ Helena セントヘレナ島. ~ Moritz サンモーリッツ(スイスの保養地). ~ Pauli ザンクトパウリ(ハンブルクの歓楽街).

(*das*) **Sankt Gal·len** [ザンクト ガレン] [名] --s/ 〘地名〙ザンクト・ガレン(スイス北東部の州及びその州都).

der **Sankt-Gal·ler, Sankt Gal·ler** [ザンクト ガラー] [名] -s/- 《スイス》ザンクト・ガレンの人.

die **Sank·ti·on** [ザンクツィオーン] [名] -/-en **1.** (主に[単])《文》是認, 認可, 承認;〘法〙同意. **2.** (主に[複])〘法〙制裁;〘社〙制裁(措置), サンクション. **3.** 〘法〙制裁規定, 賞罰条項.

sank·ti·o·nie·ren [ザンクツィオニーれン] [動] *h.* **1.** 〔〈et⁴〉ヲ〕是認〔承認〕する;〘法〙承認〔裁可〕する;(…に)法的効力〔根拠〕を与える. **2.** 〔〈j⁴/et⁴〉ニ〕制裁を加える;〘社〙サンクションを行う.

das **Sank·tis·si·mum** [ザンクティっスィムム] [名] -s/ 〘カトリック〙聖体.

(*das*) **Sankt Mo·ritz** [ザンクト モりっツ, ザンクト モーりっツ] [名] --'/ 〘地名〙ザンクト〔サン〕・モーリッツ(スイスの保養地).

das **Sank·tu·a·ri·um** [ザンクトゥアーりウム] [名] -s/..rien 〘カトリック〙 **1.** 教会の内陣. **2.** 聖遺物保管所;聖遺物箱.

der **San-Ma·ri·ne·se,** [旧] **San·ma·ri·ne·se** [ザン・マりネーゼ] [名] -n/-n サンマリノ人.

die **San-Ma·ri·ne·sin,** [旧] **San·ma·ri·ne·sin** [ザン・マりネーズィン] [名] -/-nen San-Marinese の女性形.

(*das*) **San Ma·ri·no** [ザン マりーノ] [名] --s/ 〘国名・地名〙サン・マリノ(イタリア北東部の小共和国).

sann [ザン] [動] sinnen の過去形.

sän·ne [ゼネ] [動] sinnen の接続法 2 式.

(*das*) **San Sal·va·dor** [ザン ザルヴァドーあ] [名] --s/ 〘地名〙サン・サルヴァドル(El Salvador の首都).

der **Sans·cu·lot·te** [zɑ̃skyl5t(ə) ザンス・キュロっト, ザンス・キュロっテ] [名] -/-n (主に[複])サンキュロット(フランス革命期の共和派の革命家).

das **Sans·krit** [ザンスクりっト] [名] -s/ サンスクリット, 梵語(ぼん).

(*das*) **Sans·sou·ci** [zɑ̃:susi ザーン・スス ィ, zɑ̃susí: ザン・ススィー] [名] -(s)/ サンスーシ, 無憂宮(Potsdam にある Friedrich 大王の宮殿).

(*das*) **San·ti·a·go** [ザンティアーゴ] [名] -s/ 〘地名〙サンチアゴ(チリの首都).

(*das*) **São To·mé und Prín·ci·pe** [zá:o tomé: ʊnt prínsipə ザーオ トメー ウント プりンスィペ] [名] ----s/----s 〘国名〙サントメ・プリンシペ(西アフリカ, ギニア湾の国).

der **Sa·phir** [ザーふぃる, ザーふぃーあ, ザふぃーあ] [名] -s/-e **1.** 〘鉱〙サファイア. **2.** (宝石の)サファイア. **3.**

S

(レコード用)サファイア針.
sa·pi·enti sat ! [ザピエンティ ザット] 【ラテン語】事情を知っている者にはこれで十分である.
die **Sappe** [ザペ] 名 -/-n 【軍】(昔の)対壕(ごう).
sap·phisch [zápfɪʃ ザプふィシュ, záfɪʃ ザふィシュ] 形 **1.** 【詩】サッポー風[流]の: ～e Strophe サッポー詩節. **2.** 《稀》レスビアンの.
(*die*) **Sap·pho** [zápfo: ザプふォー, záfo: ザふォー] 名 【人名】サッポー(紀元前600頃, 古代ギリシアの女流叙情詩人).
das **Sa·pro·pel** [ザプロペール] 名 -s/-e 腐泥.
der **Sa·pro·phyt** [ザプロふュート] 名 -en/-en (主に複)【生】腐生植物.
sa·pro·phy·tisch [ザプロふューティシュ] 形 【生】腐生(植物性)の, 腐敗有機物を栄養源とする.
(*die*) **Sa·ra** [ザーら] 名 【人名】ザーラ.
(*das*) **Sa·ra·je·vo** [ザらイェーヴォ] 名 -s/ 【地名】サラエボ(ボスニア・ヘルツェゴビナ共和国の首都).
der **Sa·ra·ze·ne** [ザらツェーネ] 名 -n/-n 《古》サラセン人; アラビア人, イスラム(回)教徒.
die **Sar·del·le** [ザるデレ] 名 -/-n 【魚】カタクチイワシ; アンチョビー(小イワシの塩漬け).
die **Sar·del·len·but·ter** [ザるデレン・ブッター] 名 -/ アンチョビーバター.
die **Sar·del·len·pas·te** [ザるデレン・パステ] 名 -/-n アンチョビーペースト.
die **Sar·di·ne** [ザるディーネ] 名 -/-n 【魚】サーディン, イワシ.
die **Sar·di·nen·büch·se** [ザるディーネン・ビュクセ] 名 -/-n (オイル)サーディン(イワシ)の缶詰.
(*das*) **Sar·di·ni·en** [ザるディーニエン] 名 -s/ 【地名】サルデーニャ(地中海, イタリア領の島).
sar·do·nisch [ザるドーニシュ] 形 意地悪くひきつったような: ～es Lachen 【医】痙笑(けいしょう).
der **Sar·do·nyx** [ザるドーニュクス] 名 -(es)/-e 紅縞瑪瑙(こうしまめのう)(飾り石).
der **Sarg** [ザるク] 名 -(e)s/Särge 棺, 柩(ひつぎ).
die **Sar·gas·so·see** [ザるガッソ・ゼー] 名 -/ 【海名】サルガッソ海.
der **Sarg·de·ckel** [ザるク・デッケル] 名 -s/- 棺の蓋(ふた).
der **Sarg·na·gel** [ザるク・ナーゲル] 名 -s/..nägel 棺の釘(くぎ); 《口・冗》紙巻タバコ(嫌なやつ).
der **Sa·ri** [ザーリ] 名 -(s)/-s サリー(インド女性の民族衣装).
der **Sar·kas·mus** [ザるカスムス] 名 -/..men **1.** (複のみ)辛辣(しんらつ)なあざけり. **2.** 辛辣(しんらつ)な嘲罵(ちょうば)の言葉[表現].
sar·kas·tisch [ザるカスティシュ] 形 辛辣(しんらつ)な, 嫌みな.
das **Sar·kom** [ザるコーム] 名 -s/-e 【医】肉腫(にくしゅ).
der **Sar·ko·phag** [ザるコふァーク] 名 -s/-e 《墓室などに安置する貴人の豪華な》柩(ひつぎ), 石棺.
der **Sa·rong** [ザーろンク] 名 -(s)/-s サロン(インドネシア女性の腰衣); サロン用の綿布.
saß [ザース] 動 sitzen の過去形.
der **Sas·sa·ni·de** [ザサニーデ] 名 -n/-n ササン朝の人(224-651年のペルシアの王家の人).
sas·sa·ni·disch [ザサニーディシュ] 形 ササン朝の.
sä·ße [ゼーセ] 動 sitzen の接続法2式.
der **Sa·tan** [ザータン] 名 -s/-e **1.** (単のみ)【聖】サタン, 悪魔. **2.** 《口・蔑》悪魔のような人.
der **Sa·ta·nas** [ザータナス] 名 -/ ＝Satan 1.
sa·ta·nisch [ザターニシュ] 形 サタン(悪魔)のような.
der **Sa·ta·nis·mus** [ザタニスムス] 名 -/ **1.** 悪魔主義(崇拝). **2.** 【文芸学】悪魔主義(醜悪・頽廃・怪異などに美を求める文学上の潮流).
der **Sa·tans·kerl** [ザータンス・ケるル] 名 -(e)s/-e 《蔑》悪魔のような人; 向うみずな人.

der **Sa·tel·lit** [ザテリート] 名 -en/-en **1.** 【天】衛星. **2.** 人工衛星. **3.** 衛星国(Satellitenstaat). **4.** 【電】小形スピーカーボックス(ステレオ装置の中高音域用). **5.** (主に複)《蔑》取り巻き.
der **Sa·tel·li·ten·emp·fang** [ザテリーテン・エムプふァンク] 名 -(e)s/ 衛星テレビ受信.
das **Sa·tel·li·ten·fern·se·hen** [ザテリーテン・ふェるン・ゼーエン] 名 -s/ 衛星テレビ放送.
das **Sa·tel·li·ten·pro·gramm** [ザテリーテン・プログラム] 名 -s/-e (テレビの)衛星放送番組.
der **Sa·tel·li·ten·rund·funk** [ザテリーテン・るント・ふンク] 名 -s/ 衛星ラジオ放送.
die **Sa·tel·li·ten·schüs·sel** [ザテリーテン・シュッセル] 名 -/-n 《口》衛星放送受信用パラボラアンテナ.
der **Sa·tel·li·ten·staat** [ザテリーテン・シュタート] 名 -(e)s/-en 衛星国.
die **Sa·tel·li·ten·stadt** [ザテリーテン・シュタット] 名 -/..städte 衛星都市.
die **Sa·tel·li·ten·über·tra·gung** [ザテリーテン・ユーバートらーグング] 名 -/-en (テレビの)衛星中継.
die **Sa·tem·spra·chen** [ザーテム・シュプらーヘン] 複名 【言】サテム諸語(印欧語圏東部の諸言語で, 共通基語の閉鎖音[k]が[s][ʃ]に発達したもの).
der **Sa·ter·tag** [ザーター・ターク] 名 -(e)s/-e 《方》土曜日.
der **Sa·tin** [zatɛ̃ː ザテーン, zatɛ̃ ザテング] 名 -s/-s 繻子(しゅす), サテン.
sa·ti·nie·ren [ザティニーれン] 動 h. <et⁴>に光沢仕上げをする(紙・布地などに).
die **Sa·ti·re** [ザティーれ] 名 -/-n **1.** (単のみ)風刺文学. **2.** 風刺的な作品, 風刺詩, 風刺文学作品.
der **Sa·ti·ri·ker** [ザティーりカー] 名 -s/- 風刺詩人(作家); 好んで風刺する人, 皮肉屋.
sa·ti·risch [ザティーりシュ] 形 風刺的な; 当てこすりの.
die **Sa·tis·fak·ti·on** [ザティスふァクツィオーン] 名 -/-en (主に《古》)慣し, 名誉回復(決闘や公式陳謝による); 《学生》決闘に(応じることによる)名誉回復[侮辱の撤回].
der **Sa·trap** [ザトらープ] 名 -en/-en (古代ペルシアの)州総督.
die **Sat·su·ma** [ザツーマ] 名 -/-s 温州(うんしゅう)ミカン.
satt [ザット] 形 **1.** 満腹した, 満ち足りた, 自己満足した: ein ～es Gefühl 満腹感. sich⁴⟨an ⟨et³⟩⟩ ～ essen/sehen ⟨物を⟩たっぷり食べる/見る. ⟨j⁴⟩ ～ kriegen 《口》⟨人⁴⟩を腹一杯食べさせる. ～ sein 《口》(完全に)酔っ払った. **2.** 濃い(色); 豊かな(音); 《口》相当な(数・量). **3.** 《口》(次の形で)⟨j⁴/et⁴⟩ ～ haben / ⟨⟨文⟩ ⟨j²/et²⟩ ～ sein⟩ ⟨人・物・事⟩にうんざりする, 飽き飽きしている. ⟨et⁴⟩ ～ bekommen (kriegen)⟨事⟩に飽きる. nicht ～ werden, ... zu können ...して飽きることがない. **4.** たっぷり, 十分に: nicht ～ zu essen haben 食べるものが十分にない. Es gab Kuchen ～. 《方》ケーキは十分にあった. **5.** 《古》窮屈な(衣服). **6.** 【化】飽和した.
die **Sat·te** [ザッテ] 名 -/-n 《北独》ザッテ(酸乳を作るため用いた平らな鉢).
der **Sat·tel** [ザッテル] 名 -/Sättel **1.** 鞍(くら); 荷駄鞍; (自転車の)サドル: sich⁴ in den ～ schwingen 鞍に飛乗る. **2.** 【体操】(鞍馬の)鞍部; (山の)鞍部(あんぶ)(Berg～); 【地理】背斜, 鼻背(Nasen～); (弦楽器の)糸受け, 上駒(じょうく); (洋服の)ヨーク. 【慣用】⟨j⁴⟩ aus dem Sattel heben ⟨人⁴⟩をその地位から追い落す. fest im Sattel sitzen 地位が安泰である. in allen Sätteln gerecht sein 《口》何をやらせてもうまくやる. ⟨j³⟩ in den Sattel helfen [⟨j⁴⟩ in den Sattel heben] ⟨人⁴⟩を高い地位に押し上る. sich⁴ im Sattel halten 自分の地位を保っている.
das **Sat·tel·dach** [ザッテル・ダッ(ハ)] 名 -(e)s/..dächer

切妻屋根.

die **Sat·tel·de·cke** [ザッテル・デッケ] [名] -/-n 鞍(くら)下(に置く毛布), 鞍敷き.

sat·tel·fest [ザッテル・ふぇスト] [形] **1.** 〚in 〈et^3〉ニ〛精通している, しっかりした知識をもった. **2.** 乗馬のうまい.

der **Sat·tel·gurt** [ザッテル・グるト] [名] -(e)s/-e (馬の)腹帯.

der **Sat·tel·knopf** [ザッテル・クノップふ] [名] -(e)s/..knöpfe 鞍頭(くらがしら).

sat·teln [ザッテルン] [動] *h.* 〚〈et^4〉ニ〛鞍(くら)を置く《馬などに》. **【慣用】 für 〈et^4〉 gesattelt sein** 〈事の〉準備〔用意〕ができている.

die **Sat·tel·na·se** [ザッテル・ナーゼ] [名] -/-n 鞍鼻(あんび); 自転車サドルの細くなった先端(部分).

das **Sat·tel·pferd** [ザッテル・プふぇーあト] [名] -(e)s/-e 鞍(くら)馬《二頭立て馬車の左の馬》.

der **Sat·tel·schlep·per** [ザッテル・シュレッパー] [名] -s/- セミトレーラー用牽引(けんいん)車.

die **Sat·tel·ta·sche** [ザッテル・タッシェ] [名] -/-n 鞍袋(くらぶくろ); (自転車の)サドルバッグ.

das **Sat·tel·zeug** [ザッテル・ツォイク] [名] -(e)s/ 鞍皆具(くらかいぐ)《鞍とそれに付属する物》.

die **Sat·tel·zug·ma·schi·ne** [ザッテル・ツーク・マシーネ] [名] -/-n 《ジャーゴン》セミトレーラー用牽引(けんいん)車.

satt·grün [ザット・グりゅーン] [形] 濃緑色の.

die **Satt·heit** [ザットハイト] [名] -/ **1.** 満腹; 満足; 《蔑》自己満足. **2.** (色の)濃さ; 明るさ, (光の)強さ.

sät·ti·gen [ゼッティゲン] [動] *h.* **1.** 〚〈j^4〉ヲ+(mit〔an〕〈et^3〉デ)〛《文》満腹にさせる, 空腹をいやさせる; 《〈j^4〉がsich^{4}の場合》満腹になる, 空腹をいやす. **2.** 〚〈et^4〉ヲ〛《文》満足させる, 満たす《好奇心などを》. **3.** 〚補足なし〛すぐに腹がいっぱいになる《食物が主語》. **4.** 〚〈et^4〉ヲ〛〚化〛飽和させる, 飽和状態にする: eine *gesättigte* Lösung 飽和溶液. **【慣用】 von〔mit〕〈et^3〉 gesättigt sein** 〈物で〉いっぱいである, 〈物を〉大量に含んでいる.

sät·ti·gend [ゼッティゲント] [形] 満腹〔満足〕させる.

die **Sät·ti·gung** [ゼッティグング] [名] -/-en 《主に[単]》 **1.** 満腹; 満足, 充足. **2.** 《ジャーゴン》飽和, 最大許容値〔収容量〕に達していること.

der **Sät·ti·gungs·dampf·druck** [ゼッティグングス・ダムプふ・ドるック] [名] -(e)s/..drücke 〚化〛飽和〔最大〕蒸気圧.

der **Sät·ti·gungs·punkt** [ゼッティグングス・プンクト] [名] -(e)s/-e 〚化〛飽和点.

der **Satt·ler** [ザットラー] [名] -s/- 皮革職人.

die **Satt·le·rei** [ザットレらイ] [名] -/-en **1.** (《[単]のみ》)皮革製品の製造. **2.** 皮革製品製造所.

satt·sam [ザットザーム] [副] 《語飾》(形容詞を修飾)十分すぎるほど, うんざりするほど.

sa·tu·rie·ren [ザトゥりーれン] [動] *h.* **1.** 〚〈j^4/et^4〉ヲ〛満足させる, 満たす. **2.** 〚〈et^4〉ヲ〛〚化〛《古》飽和させる.

sa·tu·riert [ザトゥりーあト] [形] 《文・蔑》満ち足りた; 自己満足した.

der **Sa·turn**[1] [ザトゥるン] [名] -s/ **1.** 〚天〛土星. **2.** (主に無冠詞) = Saturnus.

das **Sa·turn**[2] [ザトゥるン] [名] -s/ 《古》鉛.

die **Sa·tur·na·li·en** [ザトゥるナーリエン] [複名] (古代ローマの)サトゥルヌス祭《元来は12月17日, 後に新年祭と結びつく》; 《文・稀》羽目をはずした祝宴.

sa·tur·nisch [ザトゥるニシュ] [形] サトゥルヌスの; 《文》太古の; 〚天〛土星の: ～*er* Vers サトゥルヌス詩行. das *S～e* Zeitalter 黄金時代.

der **Sa·tur·nis·mus** [ザトゥるニスムス] [名] -/..men 〚医〛鉛中毒.

(*der*) **Sa·tur·nus** [ザトゥるヌス] [名] 〚ロ神〛サトゥルヌス《農耕の神. ギリシア神話の Kronos に相当》.

der **Sa·tyr** [ザーテュる] [名] -s〔-n〕/-n **1.** 〚ギ神〛サテュロス《Dionysos に従う, 好色でいたずら好きな半人半獣の山野の精》. **2.** 好色漢.

sa·tyr·ar·tig [ザーテュる・アーあティひ] [形] サテュロスのような.

die **Sa·ty·ri·a·sis** [ザテュりーアズィス] [名] -/ 〚医〛(男性の)性欲異常亢進(こうしん), 色情狂.

das **Sa·tyr·spiel** [ザーテュる・シュピール] [名] -(e)s/-e サテュロス劇《ギリシア演劇で三つの悲劇の後に上演される笑劇》.

der **Satz** [ザッツ] [名] -es/Sätze **1.** 文, 文章: ein einfacher/zusammengesetzter ～ 単一文/複合文. ein abhängiger/selbständiger ～ 従属文/独立文. **2.** 《主に[単]》命題, 立論, テーゼ; 定理, 公理: der ～ des Pythagoras ピタゴラスの定理. einen ～ aufstellen 命題を立てる. **3.** 〚楽〛楽章, 楽節; 作曲法: der zweite ～ der Sinfonie シンフォニーの第二楽章. ein polyphoner ～ 多声の楽曲. **4.** (そろいの物の)一組, 一式, セット; 一定量; 〚コンピュータ〛データファイル内の1まとまりの関連データ: drei ～ 〔*Sätze*〕 Briefmarken 切手3シート. ein ～ (Auto)reifen タイヤ1セット〔4本〕. ein ～ Hasen 〚狩〛一腹の〔一度に生れた〕ウサギの子. ein ～ Forellen 〚漁〛一回に放流されるマスの稚魚. ein ～ Erz 〚鉱〛一炉量の鉱石. **5.** 沈殿物(Boden～), 澱(おり), 残滓(ざんし): der ～ des Weins ワインの澱. **6.** 〚官〛(定められた)料金, 利率, 定価; 定量: der übliche ～ 通常売価. der ～ für die Verpflegung 賄い料金. ein ～ von 50 Euro/5 Prozent pro Tag 1日50ユーロの経費/5%の率. **7.** 〚スポーツ〛(テニス・卓球などの)セット. **8.** (大きな)跳躍: mit〔in〕 einem ～ 一跳びで. **9.** 〚印〛組版, 校正刷.

die **Satz·aus·sa·ge** [ザッツ・アウス・ザーゲ] [名] -/-n 〚言〛述語.

der **Satz·ball** [ザッツ・バル] [名] -(e)s/..bälle 〚スポーツ〛(テニス・卓球などの)セットポイント.

der **Satz·bau** [ザッツ・バウ] [名] -(e)s/ 〚言〛文の構造, 構文.

die **Satz·er·gän·zung** [ザッツ・エあゲンツング] [名] -/-en 〚言〛目的語, 文の補足語.

der **Satz·feh·ler** [ザッツ・ふぇーラー] [名] -s/- 〚印〛誤植.

das **Satz·ge·fü·ge** [ザッツ・ゲふゅーゲ] [名] -s/- 〚言〛複合文.

der **Satz·ge·gen·stand** [ザッツ・ゲーゲン・シュタント] [名] -(e)s/..stände 〚言〛主語.

das **Satz·glied** [ザッツ・グリート] [名] -(e)s/-er 〚言〛文成分, 文肢.

die **Satz·kon·s·truk·ti·on** [ザッツ・コンストるクツィオーン] [名] -/-en 〚言〛文構造.

die **Satz·leh·re** [ザッツ・レーれ] [名] -/ **1.** 〚言〛統語論, 文章論. **2.** 〚楽〛楽曲作法.

die **Satz·rei·he** [ザッツ・らイエ] [名] -/-n 〚言〛文の並列.

der **Satz·spie·gel** [ザッツ・シュピーゲル] [名] -s/- 〚印〛(組)版面.

die **Sat·zung** [ザッツング] [名] -/-en 〚法〛定款, 寄付行為; 規約, 規約; 条例, 法令.

sat·zungs·ge·mäß [ザッツングス・ゲメース] [形] 定款〔規約〕にのっとった.

die **Satz·ver·bin·dung** [ザッツ・ふぇあビンドゥング] [名] -/-en 〚言〛文結合, 並列の複合文.

das **Satz·zei·chen** [ザッツ・ツァイひぇン] [名] -s/- 〚言〛句読点.

die **Sau** [ザウ] [名] -/Säue〔-en〕 **1.** (《[複]Säue》)雌ブタ; 《方》ブタ. **2.** (《[複]-en》)(雌)イノシシ. **3.** (《[複]Säue》)《口・蔑》不潔なやつ; 下劣な豚野郎. **【慣**

S

用]die Sau rauslassen《口》羽目を外す. 《j'》/《et'》zur Sau machen《口》〈人を〉こっぴどく叱る/〈物を〉ぶちこわす. keine Sau《口》誰れも…ない. unter aller Sau sein《口・蔑》最低である.

die Sau|ar·beit [ザウ・アるバイト] 名 -/《口・蔑》すごくいやな仕事.

sau·ber [ザウバー] 形 **1.** 清潔な, きれいな: ~e Hände 清潔な手. Seit drei Monaten ist das Kind ~. 3か月前からこの子はおしめがとれた. ~ sein 《ジョウ》麻薬とは縁が切れている. ⇨ sauber halten, sauber machen **2.** きちんとした, 行届いた; 欠点のない;澄んだ〔音〕: eine ~e Arbeit 完璧な仕事. ein ~es Deutsch きちんとしたドイツ語. **3.** 清廉潔白な, 清い, フェアな: ein ~er Charakter 清廉潔白な人, 清らかな性格. Bleib ~!《口・冗》元気でね. **4.**《反語的に》「汚らわしい, ゆゆしき, ひどい」などの意味で〉ごりっぱな: ein ~es Früchtchen ごりっぱなやつ. **5.**《南独・スミス》かわいい;かなりな;結構な: eine ~e Höhe かなりな高度. S~,~! すてきですこと;結構結構.

sau·ber hal·ten*, ⑩**sau·ber|hal·ten*** [ザウバー・ハルテン] 動 h. **1.**〈et⁴ッ〉清潔〔きれい〕にしておく. **2.**〈j⁴/et⁴ッ〉+(von〈j³/et³ッ〉ッ)守る.

die Sau·ber·keit [ザウバーカイト] 名 -/ 清潔;整然;清廉潔白.

säu·ber·lich [ゾイバーリヒ] 形 きちんとした, 丁寧な.《古》清廉潔白な.

sau·ber ma·chen, ⑩**sau·ber|ma·chen** [ザウバー・マッヘン] 動 h. ((〈j⁴/et⁴ッ〉ッ)掃除する, きれいにする.

der Sau·ber·mann [ザウバー・マン] 名 -(e)s/..män·ner《冗》清潔〔潔癖〕な人;清廉潔白な人.

säu·bern [ゾイバーン] 動 h. **1.**〈et⁴ッ〉きれいにする. **2.**〈j⁴/et⁴ッ〉ッッ+(von〈j³/et³ッ〉)取除く, 除去する, 排除する;掃討する;粛清する. **3.**〈et⁴ッ〉《服》ほころびをかがる.

die Säu·be·rung [ゾイべるング] 名 -/-en 清掃, 掃除;掃討, 一掃, 粛清, 駆除.

die Säu·be·rungs·ak·ti·on [ゾイベるングス・アクツィオーン] 名 -/-en (不純分子の)追放〔粛清〕;〈敵の〉掃討.

sau·blöd [ザウ・ブレート] 形《口》ばかくさい, まぬけな.

die Sau·boh·ne [ザウ・ボーネ] 名 -/-n《植》ソラマメ.

die Sauce [zóːsə ゾーセ] 名 -/-n ソース.

die Sauce béarnaise [zóːsbearnɛːs ゾース ベアルネース] 名 -/《料》ベアルネーズソース(ワインビネガー, 白ワイン, バター, 卵黄などで作る).

die Sauce hollandaise [zóːsɔlɑ̃dɛːs ゾース オランデース] 名 -/《料》オランダ風ソース(白ワイン, 卵黄, バターなどを湯せんにかけて作る).

der Saucier [zosjé ゾシエー] 名 -s/-s ソース専門のコック.

die Sauciere [zosjέːrə ゾシエーれ] 名 -/-n (舟形の)ソース入れ.

der Saudi [ザウディ, ザーウディ] 名 -s/-s サウジ(アラビア)人(~Araber).

(das) Saudi-Arabien [ザウディ・アらービエン] 名 -s/《国名》サウジ・アラビア.

sau·dumm [ザウ・ドゥム] 形《口》ひどく間抜けな, 大馬鹿な.

sau·er [ザウアー] 形 (⑲⑪⑬ saur..) **1.** 酸っぱい;酢漬けの;〔発酵して〕酸っぱくなった;酸性の: saure Gurken/Milch キュウリのピクルス/サワーミルク. saurer Boden/Regen 酸性土壌/酸性雨. ~ reagieren 酸性の反応を示す. **2.**《〈j³〉ッ》つらい, 骨の折れる, 厳しい: saure Tage つらい日々. Die Arbeit wurde mir ~ [kam mich ~ an]. その仕事は私にはつらかった. **3.** 苦々しい; mit saurer Miene 苦い顔で. **4.**《(auf〈j⁴/et⁴〉ッ)》《口》腹を立てた, 拒否反応を示す: Er ist ~ auf uns, dass wir es ohne seine Erlaubnis getan haben. 彼は私たちが彼の許可なしにそれをしたので腹を立てている. **5.** エンジントラブルを起こした.《慣用》ein saures Brot 酸味のある(ライ麦)パン;骨の折れる一生の仕事. Gib ihm Saures! 《口》彼をうんと殴ってやれ. in den sauren Apfel beißen いやなことをする. 《j³》sauer aufstoßen〈人は〉酸っぱいゲップがでる;《口》〈人に〉苦い思いをさせる. saure Trauben 酸っぱいブドウ(イソップの寓話から. 自分の手に入らないので悪く言うもの). saures Gras 酸性の草(飼料にならない). saurer Wind どんよりとした曇り日の風. sich³〈et⁴〉sauer werden lassen 〈人ッ〉骨折る.

der Sau·er·amp·fer [ザウあー・アムプふぁー] 名 -s/-《植》スイバ, スカンポ.

der Sau·er·bra·ten [ザウあー・ブらーテン] 名 -s/- ザウアーブラーテン(酢漬け牛肉の蒸し煮).

der Sau·er·brun·nen [ザウあー・ブるネン] 名 -s/- 炭酸泉;炭酸入りミネラルウォーター.

die Saue·rei [ザウエらイ] 名 -/-en 《口・蔑》= Schweinerei.

die Sau·er·kir·sche [ザウあー・キるシェ] 名 -/-n《植》スミミノミザクラ(の木);スミミノミザクラの実.

der Sau·er·kohl [ザウあー・コール] 名 -(e)s/《方》= Sauerkraut.

das Sau·er·kraut [ザウあー・クらウト] 名 -(e)s/ ザウアークラウト(酸化発酵させた千切りキャベツ).

das Sau·er·land [ザウあー・ラント] 名 -s/《地名》ザウアーラント(ノルトライン=ヴェストファーレン州の丘陵地).

säu·er·lich [ゾイあーりヒ] 形 **1.** 少し酸っぱい;すえた. **2.** 不機嫌な, 不満そうな.

der Säu·er·ling [ゾイあーリング] 名 -s/-e **1.** 炭酸泉;炭酸入りミネラルウォーター. **2.**《植》スイバ.

die Sau·er·milch [ザウあー・ミルヒ] 名 -/ 凝乳, サワーミルク, 発酵乳.

säu·ern [ゾイあーン] 動 **1.** h.〈et⁴ッ〉漬ける(キャベツを). **2.** h./s. 〔発酵して酸っぱくなる. **3.** h.〈et⁴ッ〉《料》酢をかける, 酢〔レモン汁〕を加える.

der Sau·er·stoff [ザウあー・シュトっふ] 名 -(e)s/ 酸素(記号 O): mit ~ verbinden 酸化する.

der Sau·er·stoff·ap·pa·rat [ザウあー・シュトっふ・アパらート] 名 -(e)s/-e 酸素吸入器.

die Sau·er·stoff·fla·sche, Sau·er·stoff-Fla·sche [ザウあー・シュトっふ・ふらッシェ] 名 -/-n 酸素ボンベ.

das Sau·er·stoff·ge·rät [ザウあー・シュトっふ・ゲれート] 名 -(e)s/-e 酸素吸入器〔呼吸器〕.

sau·er·stoff·hal·tig [ザウあー・シュトっふ・ハルティヒ] 形 酸素を含んだ.

der Sau·er·stoff·man·gel [ザウあー・シュトっふ・マンゲル] 名 -s/ 酸素欠乏.

die Sau·er·stoff·mas·ke [ザウあー・シュトっふ・マスケ] 名 -/-n 酸素マスク.

das Sau·er·stoff·zelt [ザウあー・シュトっふ・ツェルト] 名 -(e)s/-e《医》酸素テント.

sau·er·süß, sau·er-süß [ザウあー・ズース, ザウあー・ズース] 形 甘酸っぱい;うれしいような腹立たしいような.

der Sau·er·teig [ザウあー・タイク] 名 -(e)s/-e (パンの)サワー生地.

sau·er·töp·fisch [ザウあー・テップふぃシュ] 形《口》気難しい, 不機嫌な.

die Säu·e·rung [ゾイエるング] 名 -/-en (主に⑩)発酵して酸っぱくなること;発酵保存すること;酸味をつけること.

das Sau·er·was·ser [ザウあー・ヴァッサー] 名 -s/..wässer 炭酸泉;炭酸入りミネラルウォーター.

der Sauf·bru·der [ザウふ・ブるーダー] 名 -s/..brüder

《口・蔑》酒飲み;飲み仲間.

die **Sau-fe-der** [ザウ・ふぇーダー] 名 -/-n 《狩》猪狩用の槍.

sau-fen* [ザウふェン] 動 er säuft ; soff ; hat gesoffen **1.** 〔〔<et³〕〕飲む(牛など大型の動物が);《口》飲む(人が);が酒を飲する. **2.** 〔〔<et³〕〕《口》やる,くらう(酒を). **3.** 〔瞬間〕酒びたりである.アルコール依存症である. **4.** 〔sich⁴＋<様態〉〕大酒を飲んで(に)なる. 【慣用】 mit einem Zug das Glas leer saufen 《口》一気にグラスを空にする. sich³ einen saufen 《口》うさ晴らしに一杯やる. (einen) saufen gehen 《口》一杯飲みに行く.

der **Säu-fer** [ゾイふぁー] 名 -s/- 《口・蔑》大酒飲み,のんだくれ.

die **Sau-fe-rei** [ザウふらイ] 名 -/-en 《口・蔑》 **1.** (主に的)《口》酒癖;《口》酒盛り.

die **Säu-fer-na-se** [ゾイふぁー・ナーゼ] 名 -/-n 《口》(酒飲みの)赤鼻.

der **Säu-fer-wahn** [ゾイふぁー・ヴァーン] 名 -(e)s/ 《医》飲酒家譫妄(せんもう).

der **Säu-fer-wahn-sinn** [ゾイふぁー・ヴァーン・ズィン] 名 -(e)s/ 《医》飲酒家(による)譫妄(せんもう).

das **Sauf-ge-la-ge** [ザウふ・ゲラーゲ] 名 -s/- 《口・蔑》酒盛り.

der **Sauf-kum-pan** [ザウふ・クムパーン] 名 -s/-e 《口・蔑》飲み友達.

der **Sauf-fraß** [ザウふ・ふらース] 名 -es/ 《口・蔑》ひどい食べ物,豚のえさ.

säufst [ゾイふスト] saufen の現在形2人称単数.

säuft [ゾイふト] saufen の現在形3人称単数.

der **Saug-bag-ger** [ザウク・バッガー] 名 -s/- ポンプ式浚渫(しゅんせつ)船.

sau-gen(*) [ザウゲン] 動 sog〔saugte〕 ; hat gesogen〔gesaugt〕(特に,技術関係の用法では規則変化) **1.** 〔<et³〕吸う(液体などを). 吸上げる(植物が水分などを). **2.** 〔瞬間〕乳を吸う(人,動物が). **3.** 〔an<et³〕吸う: am Daumen ~ 親指をしゃぶる. **4.** (規則変化)〔〔<et³〕〕掃除機をかける;(…を機械で)吸取る: Dieser Staubsauger *saugt* schlecht. この掃除機は吸込みが悪い. **5.** 〔sich⁴+in <et⁴〉(ハ中3〕〕《稀》吸取られる,を吸収される(水がスポンジなどに). 【慣用】 aus <et³〉 neue Kraft saugen 〈事から〉新しい力を得る. sich⁴ voll <et²〉 saugen 〈物を〉たっぷり吸込む(物が主語).

säu-gen [ゾイゲン] 動 h. 〔j³+<et⁴〉:〕(母)乳を飲ませる,授乳する.

der **Sau-ger** [ザウガー] 名 -s/- **1.** (哺乳(ほにゅう)瓶の)乳首(赤ん坊のおしゃぶり). **2.** サイフォン,ピペット. **3.** 《口》電気掃除機(Staub~).

der **Säu-ger** [ゾイガー] 名 -s/- 《動》哺乳(ほにゅう)動物.

das **Säu-ge-tier** [ゾイゲ・ティーあ] 名 -(e)s/-e 哺乳(ほにゅう)動物,哺乳類.

saug-fä-hig [ザウク・ふぇーイヒ] 形 吸湿(吸収)力のある.

die **Saug-fla-sche** [ザウク・ふらシェ] 名 -/-n 哺乳(ほにゅう)瓶.

der **Saug-he-ber** [ザウク・ヘーバー] 名 -s/- サイフォン.

der **Saug-ka-nal** [ザウク・カナール] 名 -s/..näle 《動》(吸い型口器などの)吸い管.

der **Säug-ling** [ゾイクリング] 名 -s/-e 乳児,幼児.

die **Säug-lings-aus-stat-tung** [ゾイクリングス・アウス・シュタットゥング] 名 -/-en 乳児用品一そろい.

die **Säug-lings-für-sor-ge** [ゾイクリングス・ふゅーあ・ゾるゲ] 名 -/ 乳児福祉事業(施設).

das **Säug-lings-heim** [ゾイクリングス・ハイム] 名 -(e)s/-e 乳児保育所,託児所.

die **Säug-lings-schwes-ter** [ゾイクリングス・シュヴェスタア] 名 -/-n 乳児専門看護婦.

die **Säug-lings-sterb-lich-keit** [ゾイクリングス・シュテるプリヒカイト] 名 -/ 乳児死亡率.

der **Saug-napf** [ザウク・ナップふ] 名 -(e)s/..näpfe 《動》吸盤.

das **Saug-or-gan** [ザウク・オるガーン] 名 -s/-e 《生》吸器.

die **Saug-pum-pe** [ザウク・プムペ] 名 -/-n 吸上げポンプ.

sau-grob [ザウ・グろープ,ザウ・グろップ] 形 《口》ひどく粗野な.

das **Saug-rohr** [ザウク・ろーあ] 名 -(e)s/-e ピペット,吸い込み管;《動》吻(ふん),吻管.

der **Saug-rüs-sel** [ザウク・りゅッセル] 名 -s/- 《動》吻(ふん),吻管;《工》ガソリン注入器の有害ガス噴出防止栓.

die **Saug-wir-kung** [ザウク・ヴィるクング] 名 -/-en 吸引作用.

die **Sau-hatz** [ザウ・ハッツ] 名 -/-en 《狩》猪狩.

der **Sau-hau-fen** [ザウ・ハウふェン] 名 -s/- 《口》烏合(うごう)の衆.

säu-isch [ゾイイシュ] 形 **1.** 《口・蔑》いやらしい,ひわいな. **2.** 《口》ひどく,ひどく.

sau-kalt [ザウ・カルト] 形 《口・感》ひどく寒い.

der **Sau-kerl** [ザウ・ケるル] 名 -(e)s/-e 《卑・蔑》卑劣なやつ.

(*der*) **Saul** [ザウル] 名 《旧約》サウル(紀元前1000年頃のイスラエルの最初の王).

die **Säu-le** [ゾイレ] 名 -/-n **1.** 円柱;柱;支柱;支えとなるもの(集団/組織),柱の形をしたもの;《数》角柱: eine ionische ~ イオニア式円柱. eine ~ der Wissenschaft 学界の大黒柱. **2.** 隊列 (Marsch~). **3.** (ガソリンスタンドの柱状の)計量給油器 (Zapf~). **4.** 水銀柱 (Quecksilber~) ; 水柱 (Wasser~).

der **Säu-len-bau** [ゾイレン・バウ] 名 -(e)s/-ten 柱で支える建築物,列柱式建築物.

der **Säu-len-fuß** [ゾイレン・ふース] 名 -es/..füße 《建》柱脚,柱の台座.

der **Säu-len-gang** [ゾイレン・ガング] 名 -(e)s/..gänge 柱廊.

die **Säu-len-hal-le** [ゾイレン・ハレ] 名 -/-n 柱廊式ホール〔広間〕.

der **Säu-len-hei-li-ge** [ゾイレン・ハイリゲ] 名《形容詞的変化》《キ教》柱頭行者(柱頭に座して苦行した隠者).

die **Säu-len-ord-nung** [ゾイレン・オるドヌング] 名 -/-en 《建》(古代寺院建築の)柱の構成様式,オーダー.

die **Säu-len-schaft** [ゾイレン・シャふト] 名 -(e)s/..schäfte 《建》柱身.

(*der*) **Sau-lus** [ザウルス] 名 《新約》サウロ(使徒パウロの改宗前の名). 【慣用】 aus einem Saulus zu einem Paulus werden 迫害者が擁護者になる,豹変(ひょうへん)する.

der **Saum**¹ [ザウム] 名 -(e)s/Säume **1.** (衣服の折返しの)へり,すそ,ヘム. **2.** 《文》(ある場所の)へり,縁.

der **Saum**² [ザウム] 名 -(e)s/Säume 《古》荷駄.

sau-mä-ßig [ザウ・メースィヒ] 形 《口》すごい;ひどい.

säu-men¹ [ゾイメン] 動 h. 〔<et⁴〕縁を縫う〔かがる〕,縁どりをする;面取りをする;角を削る〔木材の〕. **2.** 〔<et⁴〕の両側に並ぶ〔植えて〕囲む.

säu-men² [ゾイメン] 動 h. 〔瞬間〕《文》ぐずぐずする.

der **Säu-mer** [ゾイマー] 名 -s/- (ミシンの)縁縫い用の付属器.

säu-mig [ゾイミヒ] 形 《文》(怠慢で)期限に遅れる,滞りがちの,ぐずぐずした.

die **Säu-mig-keit** [ゾイミヒカイト] 名 -/ 《文》(ぐずぐずして)遅れること.

der **Saum·pfad** [ザウム・プふぁート] [名] -(e)s/-e (ラバなどが荷物を運ぶ)狭い山道.

saum·se·lig [ザウム・ゼーリひ] [形] 《文》仕事が遅い, ぐずな.

die **Saum·se·lig·keit** [ザウム・ゼーリひカイト] [名] -/ 《文》緩慢, 怠慢, 遅滞.

das **Saum·tier** [ザウム・ティーあ] [名] -(e)s/-e 荷物運搬用の動物(ロバ・ラバなど).

die **Sau·na** [ザウナ] [名] -/-s〔..nen〕サウナ(風呂).

sau·nen [ザウネン] [動] *h.* 〔補足なし〕サウナ(風呂)に入る.

die **Säu·re** [ゾイれ] [名] -/-n **1.** 《単のみ》酸味, すっぱさ. **2.** 〖化〗酸 : zu viel ～ haben 胃酸過多である.

säu·re·be·stän·dig [ゾイれ・ベシュテンディひ] [形] =säurefest.

säu·re·fest [ゾイれ・ふぇスト] [形] 耐酸性の, 酸に強い.

säu·re·frei [ゾイれ・ふらイ] [形] 酸を含まない.

die **Sau·re·gur·ken·zeit, Sau·re-Gur·ken-Zeit** [ザウれ・グるケン・ツァイト] [名] -/-n 《口》(商売や政治などの)夏枯れどき, 閑散期.

säu·re·hal·tig [ゾイれ・ハルティひ] [形] 酸を含んだ.

der **Säu·re·mes·ser** [ゾイれ・メッサー] [名] -s/- 酸定量器.

der **Sau·ri·er** [ザウりあー] [名] -s/- 〖古生〗恐竜(類).

(*der*) **Saus** [ザウス] [名] (次の形で) in ～ und Braus leben (ぜいたくに)のうのうと暮す.

die **Sau·se** [ザウゼ] [名] -/-n 《口》酒宴;はしご酒.

säu·seln [ゾイゼルン] [動] **1.** *h.* 〔補足なし〕さらさら〔ざわざわ〕音を立てる(風・木々が);(Esが主語で)さらさら〔はらはら・ざわざわ〕音がする. **2.** *s.* 〔⟨方向⟩へ〕(さらさら〔ざわざわ〕音を立てて)ゆっくりと落ちる(葉などが). **3.** *h.* 〔⟨j^3⟩ニ＋⟨et^4⟩ヲ〕《皮》甘い声でささやく.

sau·sen [ザウゼン] [動] **1.** *h.* 〔補足なし〕ざわざわ〔ごうごう〕音を立てる, ごう音〔騒音〕を立てる;《方》ぶつぶつ泡立つ(発酵中のワインが). **2.** *s.* 〔⟨方向⟩へ/⟨場所⟩ヲ〕すごい速さで走る〔飛ぶ・落ちる・動く〕;すごい勢いで走る〔歩く〕(人が). 【慣用】 *h.* ⟨et^4⟩ **sausen lassen** 《口》⟨事ヲ⟩断念する, 取りやめる, 見送る(機会などを). *h.* ⟨j^4⟩ **sausen lassen** ⟨人^{4}トノ⟩関係を切る, 縁を切る(友人関係, 共同関係などを). *s.* **durchs Examen sausen** 《口》試験に落ちる. *h.* **einen sausen lassen** 《口》屁(へ)をひる.

sau·sen las·sen, ⓐ**sau·sen|las·sen*** [ザウゼン ラッセン] [動] ⇨ sausen【慣用】.

der **Sau·ser** [ザウザー] [名] -s/- 《南独》 **1.** 発酵中の(新しい)ワイン. **2.** 酔い;はしご酒.

der **Sau·se·wind** [ザウゼ・ヴィント] [名] -(e)s/-e 《口・冗》ひどく活発な〔落着きのない〕人;《幼》ぴゅうぴゅう吹く風.

(*der*) **Saus·sure** [sosý:r ソスューる] [名] 〖人名〗ソシュール(Ferdinand de ～, 1857-1913,スイスの言語学者).

der **Sau·stall** [ザウ・シュタル] [名] -(e)s/..ställe **1.** 豚小屋. **2.** 《口・蔑》豚小屋のような(汚い)ところ;(企業の)放漫〔乱脈〕経営;大混乱.

sau·tie·ren [zotí:rən ソティーれン] [動] *h.* 〔⟨et^4⟩ヲ〕〖料〗さっといためる;ソテーにする.

das **Sau·wet·ter** [ザウ・ヴェッター] [名] -s/ 《蔑》(じめじめして寒い)ひどい天気.

die **Sau·wirt·schaft** [ザウ・ヴィるトシャふト] [名] -/ 《蔑》放漫〔乱脈〕経営;乱脈.

sau·wohl [ザウ・ヴォール] [副] 《口》(次の形で) sich^4 ～ fühlen すごく気分がいい.

die **Sau·wut** [ザウ・ヴート] [名] -/ 《口》激しい怒り.

die **Sa·van·ne** [ザヴァネ] [名] -/-n 〖地〗サヴァンナ(熱帯の大草原).

das **Sa·voir-faire** [zavoarfɛ́:r ザヴォアる・ふぇーあ] [名] -/ 《文》巧みさ, 器用, 如才ないこと.

das **Sa·voir-vi·v·re** [zavoarví:vrə ザヴォアる・ヴィーヴれ] [名] -/ 《文》処世術, 人生を楽しむ方法〔技術〕.

(*das*) **Sa·vo·y·en** [zavɔ́yən ザヴォイエン] [名] -s/ 〖地名〗サヴォワ(フランス南東部の地方).

das **Sa·xo·fon** [ザクソ ふぉーン] [名] -s/-e ⇨ Saxophon.

der **Sa·xo·fo·nist** [ザクソふぉニスト] [名] -en/-en ⇨ Saxophonist.

das **Sa·xo·phon** [ザクソふぉーン] [名] -s/-e 〖楽〗サクソフォン.

der **Sa·xo·pho·nist** [ザクソふぉニスト] [名] -en/-en サクソフォン奏者.

sb =Stilb 〖理〗スチルブ(輝度の単位).

Sb [エスベー]=Stibium 〖化〗アンチモン.

SB [エス・ベー]=Selbstbedienung セルフサービス.

die **S-Bahn** [エス・バーン] [名] -/-en =Schnellbahn, Stadtbahn 都市高速鉄道.

SBB =Schweizerische Bundesbahnen スイス連邦鉄道.

s. Br. =südlicher Breite 南緯.

das **SB-Re·stau·rant** [エス・ベー・れストらーン, ゼルプスト・ベディーヌングス・れストらーン] [名] -s/-s セルフサービスのレストラン.

der **Sbrinz** [スブりンツ] [名] -/ 《スイ》スブリンツ(硬質のスイスチーズ).

der **SB-Tank** [エス・ベータンク, ゼルプスト・ベディーヌングス・タンク] [名] -s/-s〔-e〕=SB-Tankstelle.

die **SB-Tank·stel·le** [エス・ベー・タンクシュテレ, ゼルプスト・ベディーヌングス・タンク・シュテレ] [名] -/-n セルフサービスのガソリンスタンド.

das **SB-Wa·ren·haus** [エス・ベー・ヴァーれン・ハウス, ゼルプスト・ベディーヌングス・ヴァーれン・ハウス] [名] -es/..häuser セルフサービスの百貨店.

SBZ =Sowjetische Besatzungszone (ベルリンの)ソ連占領地区.

Sc [エスツェー]=Scandium 〖化〗スカンジウム.

sc. 1. =scilicet すなわち. **2.** =sculpsit …これを彫れり.

s. c. =subkutan 皮下(へ)の.

die **Scam·pi** [スカムピ] [複名] (地中海産の)小エビ.

das **Scan·di·um** [スカンディウム] [名] -s/ 〖化〗スカンジウム(記号 Sc).

der **Scan·ner** [skɛ́nər スケナー] [名] -s/- スキャナー(①断層撮影装置. ②読取り装置. ③電子色分解器);(テレビの)走査機.

die **Scan·ner·kas·se** [スケナー・カッセ] [名] -/-n スキャナーレジ(スキャナーで価格コードを読みとるレジ).

das **sch, Sch** [エスツェーハー] [名] -/- エスツェーハー(無声の摩擦音[ʃ]).

sch! [シュ] [間] しっ(静かに);しっ(あっちへ行け).

die **Scha·be** [シャーベ] [名] -/-n **1.** ゴキブリ. **2.** 《南独・スイ》〖昆〗ガ. **3.** スクレーピングナイフ;スクレーパー.

das **Scha·be·fleisch** [シャーベ・ふライシュ] [名] -(e)s/ (牛の)赤身のひき肉.

das **Schab·ei·sen** [シャーブ・アイゼン] [名] -s/- 削り道具;きさげ;スクレーパー.

das **Scha·be·mes·ser** [シャーベ・メッサー] [名] -s/- =Schabmesser.

scha·ben [シャーベン] [動] *h.* **1.** 〔⟨et^4⟩ノ〕表面を削る(木材などの);皮をこそげ取る(ジャガイモなどの). **2.** 〔⟨et^4⟩ヲ〕細かく刻む, ミンチにする;下し金でおろす. **3.** 〔⟨場所⟩デ〕擦れて音を立てる. **4.** 〔⟨et^4⟩ヲ〕擦る. **5.** 〔⟨et^4⟩ヲ＋von ⟨et^3⟩カラ/aus ⟨et^3⟩ノ中カラ〕削り取る〔落す〕. 【慣用】 **sich^4 schaben** 《若》腹を立てる. ⟨j^4⟩/**sich^4 schaben** 〔**sich^3 den Bart schaben**〕《冗》⟨人ノ⟩/自分のひげをそる.

der **Scha·ber** [シャーバー] [名] -s/- 削り〔掻き〕落す道

Schaden

der **Scha·ber·nack** [シャーバー・ナック] 名 -(e)s/-e **1.** いたずら,悪ふざけ;《稀》冗談. **2.**《方》いたずら小僧.

schä·big [シェービヒ] 形 **1.** 使い〔着〕古した,みすぼらしい;惨めな. **2.** 卑劣な;けちな.

die **Schä·big·keit** [シェービヒカイト] 名 -/-en **1.**(㋱のみ)見すぼらしさ;けちさ. **2.** 卑しい〔けちけちした〕行為〔表現〕.

die **Scha·blo·ne** [シャブローネ] 名 -/-n **1.**(文字や図形の)ひな型,型紙,型板,ステンシル. **2.**(主に㊧)(行動・発言などの)決りきった型,紋切り型.

scha·blo·nen·haft [シャブローネンハフト] 形 型どおりの,型にはまった.

scha·blo·nen·mä·ßig [シャブローネン・メースィヒ] 形 型にはまった,お定まりの.

das **Schab·mes·ser** [シャープ・メッサー] 名 -s/- スクレービングナイフ,きさげ用ナイフ.

die **Scha·bra·cke** [シャブラッケ] 名 -/-n **1.**(装飾的な)鞍〔の下敷,(馬体を覆う)馬飾り,(ソファーなどの)装飾カバー;(カーテンの)上飾り. **2.**〔口・㊧〕老いぼれ馬,ボンコツ車;(醜い)ばばあ;使い古しもの.

das **Schach** [シャッハ] 名 -s/-s **1.**(㋱のみ)チェス. **2.** 〖ﾁｪｽ〗チェック,王手;チェスのセット(盤と駒);チェスの一勝負.〖慣用〗⟨j⁵⟩ **in Schach halten** (口)⟨人⁴の⟩動きを封じておく;⟨j³/et³⟩ **Schach bieten** 〔文〕⟨人・物・事₄⟩断固として立ちはだかる.

das **Schach·brett** [シャッハ・ブレット] 名 -(e)s/-er チェス盤.

schach·brett·ar·tig [シャッハブレット・アーアティヒ] 形 市松模様の.

das **Schach·brett·mus·ter** [シャッハブレット・ムスター] 名 -s/- 市松模様.

der **Scha·cher** [シャッハー] 名 -s/-〔㊧〕〈がつつい取引〉〔商法〕.

der **Schä·cher** [シェッヒャー] 名 -s/-〖聖〗殺人者,盗賊(特にキリストと共に処刑された2人).

scha·chern [シャッヒェルン] 動 *h.*〔㊧〕**1.**〈mit ⟨et³⟩で⟩がつつい取引をする: mit ⟨物⟩を少しでも高く売ろうと駆引をする. **2.**〔um ⟨et⁴⟩(/値段で)〕がめつく交渉する,値切る,交渉をする: um die Ware/den Preis der Ware ~ 商品/商品の値段をしつこく値切る.

das **Schach·feld** [シャッハ・フェルト] 名 -(e)s/-er チェス盤の升目.

die **Schach·fi·gur** [シャッハ・フィグーア] 名 -/-en チェスの駒.

schach·matt [シャッハ・マット,シャッハ・マット] 形 **1.**〖ﾁｪｽ〗チェックメイトされた,詰んだ: *S*~! 詰み.⟨j⁴⟩ ~ setzen ⟨人⁴⟩を詰ませる;⟨人⁴⟩の動きを封じる. **2.**〔口〕ばてた.

die **Schach·meis·ter·schaft** [シャッハ・マイスターシャフト] 名 -/-en チェス選手権.

die **Schach·par·tie** [シャッハ・パルティー] 名 -/-n チェスの一勝負〔対局〕.

das **Schach·spiel** [シャッハ・シュピール] 名 -(e)s/-e **1.**(㋱のみ)チェス;チェスをすること. **2.** チェスの対局〔勝負〕;チェスのセット(盤と駒).

der **Schacht** [シャハト] 名 -(e)s/..**schächte 1.** 縦穴;(エレベーターなどの)シャフト;〖土〗縦坑. **2.**〖土〗縦穴のような部屋;〖工〗(高炉・機械・自動車などの)シャフト. **3.**〖軍〗(爆撃機の)爆弾倉. **4.**〔北独・口〕殴打.

die **Schach·tel** [シャハテル] 名 -/-n **1.** 箱;(ボール紙などで作った)箱;箱詰(の商品): eine ~ Zigaretten タバコ一箱. **2.** =Schachtelbeteiligung.〖慣用〗**alte Schachtel** 〔㊧〕ばばあ.

die **Schach·tel·be·tei·li·gung** [シャハテル・ベタイリグンク] 名 -/-en〔経〕箱詰め連結持分参加(25%以上の資本参加).

die **Schach·tel·ge·sell·schaft** [シャハテル・ゲゼルシャフト] 名 -/-en〔経〕(株の25%以上が他の会社の所有下にある)箱詰め連結子会社.

der **Schach·tel·halm** [シャハテル・ハルム] 名 -(e)s/-e〖植〗トクサ.

schach·teln [シャハテルン] 動 *h.* ⟨et⁴⟩ッ+⟨in ⟨et³⟩/ハニ⟩組込ある,はめ込む,挿入する;(相互に)入組ませる.

der **Schach·tel·satz** [シャハテル・ザッツ] 名 -es/..sätze (主に㊧)箱入り文(副文の重なった複合文).

schäch·ten [シェヒテン] 動 *h.* ⟨et⁴⟩ッュユダヤ教の掟(ｵｷﾃ)に従って(首を切って)屠殺(ほﾌ)する.

der **Schacht·ofen** [シャハト・オーフェン] 名 -s/..öfen〔冶金〕高炉,溶鉱炉.

die **Schäch·tung** [シェヒトゥング] 名 -/-en ユダヤ教の掟(ｵｷﾃ)に従った屠殺(ほﾌ).

der **Schach·zug** [シャッハ・ツーク] 名 -(e)s/..züge (チェスの)指し手;(巧みな)手立て,方策.

scha·de [シャーデ] 形 **1.**(次の形で)es ist ~, dass ...…なのは残念だ: Es ist sehr[zu] ~, dass du nicht kommen kannst. 君が来れないのはとても残念だ. Wie ~! 残念だなあ. (Wie) ~, dass ... …なのだけが残念だ. Nur ~ [S~ nur], dass ... …なのだけが残念だ. **2.**(次の形で)es ist ~ um ⟨j¹/et¹⟩〈人・物・事₄⟩惜しい: Es ist ~ um ihn/die Zeit. 彼を失って〔彼が死んで〕惜しいことをした〔(失った)あの時間が惜しい. **3.**(次の形で)⟨et¹⟩ ist zu ~ für ⟨j¹/et¹⟩〔zu ⟨et³⟩〕〈物・事・⟨人・物・事₄⟩ちもったいない: Der Anzug ist zu ~ für ihn. その背広は彼にはもったいない. Das ist zu ~ zum Wegwerfen. それは捨てるには惜しい.〈⟨人¹・物¹・事¹⟩〉 ist sich³ zu ~ für ⟨j⁴/et⁴⟩〔⟨人⁴⟩〕〈人・物・事₄〉もったいない: Sie ist sich zu ~ für den Mann. 彼女はその男にはもったいない. Ich bin mir für keine Arbeit zu ~. 私はどんな仕事でもかまわずします.

der **Scha·de** [シャーデ] 名 2格 -ns, 3格 -n, 4格 -n(㋱ Schäden〔古〕=Schaden.

der **Schä·del** [シェーデル] 名 -s/- **1.** 頭蓋(ｽﾞｶﾞ)(骨),頭骨;髑髏(ﾄﾞﾛ),されこうべ. **2.** 頭.〖慣用〗⟨j³⟩ **brummt der Schädel** ⟨人⁰の⟩頭が痛い,頭痛がする. **einen dicken Schädel haben** 頭がかたい. **sich³(an ⟨et³⟩) den Schädel einrennen** 〈事ﾃﾞ⟩強引に押し切る;強引に押し切ろうとして失敗する.

der **Schä·del·boh·rer** [シェーデル・ボーラー] 名 -s/- 〖医〗頭蓋穿孔器.

der **Schä·del·bruch** [シェーデル・ブルッハ] 名 -(e)s/..brüche〖医〗頭蓋(ｽﾞｶﾞ)骨骨折.

das **Schä·del·dach** [シェーデル・ダッハ] 名 -(e)s/..dächer〖医〗頭蓋(ｽﾞｶﾞ)冠.

die **Schä·del·de·cke** [シェーデル・デッケ] 名 -/-n〖医〗頭蓋(ｽﾞｶﾞ)冠.

der **Schä·del·kno·chen** [シェーデル・クノッヘン] 名 -s/- (個々の)頭蓋(ｽﾞｶﾞ)骨.

die **Schä·del·leh·re** [シェーデル・レーレ] 名 -/〖医〗頭蓋(ｽﾞｶﾞ)学.

scha·den [シャーデン] 動 *h.* ⟨j³/et³⟩ニ⟩損〔害〕を与える,(…に)傷つける,(…に)害する: Es kann nichts schaden, wenn ..,〔口〕…してもかまわない〔した方がいいだろう〕. Es schadet ⟨j³⟩ nichts, wenn ... 〔口〕…するのも⟨人₃⟩にはいいことだ.

der **Scha·den** [シャーデン] 名 -s/Schäden **1.**(㋱のみ)損害,害: Aus ⟨et³⟩ erwächst ⟨j³⟩ ~.〈事₃から⟨人₃に⟩悪い結果を及ぼす. Es ist vielleicht kein ~, dass ... …はきっと悪いことにはならない. **2.** 破損,被害;(身体の)損傷,けが,欠陥;(機械の)故障. **3.** 損,損失;不利益,悪い結果.〖慣用〗Ab

〔Fort/Weg〕 **mit Schaden!** 《口》そんな物はほうっておけ;いい加減にやめろ. **an** ⟨et^3⟩ **Schaden nehmen** 《文》⟨物・事に⟩損傷を受ける： Er nahm *Schaden* an seiner Gesundheit. 彼は健康を害した. **zu Schaden kommen** けがをする.

der **Scha·den·er·satz** [シャーデン・エあザッツ] [名] -es/ 『法』損害賠償, 損害補償.

der **Scha·den·er·satz·an·spruch** [シャーデンエあザッツ・アン・シュプるっふ] [名] -(e)s/..sprüche 『法』損害賠償〔補償〕請求.

die **Scha·den·er·satz·kla·ge** [シャーデンエあザッツ・クラーゲ] [名] -/-n 『法』損害賠償の訴え.

scha·den·er·satz·pflich·tig [シャーデンエあザッツ・プふりひティひ] [形] 損害賠償義務のある.

das **Scha·den·feu·er** [シャーデン・ふぉイあー] [名] -s/- 大火災, 大火.

die **Scha·den·freu·de** [シャーデン・ふろイデ] [名] -/ 他人の不幸〔失敗〕を喜ぶ気持.

scha·den·froh [シャーデン・ふろー] [形] 他人の不幸〔失敗〕を喜ぶ, いい気味だと言わんばかりの.

die **Scha·den·schwel·le** [シャーデン・シュヴェレ] [名] -/-n 『環』損害閾（いき）（生態的・経済的観点から害虫などが真に有害となりうる個体数の限度など).

das **Schad·gas** [シャート・ガース] [名] -es/-e 有害ガス.

schad·haft [シャートハふト] [形] 傷んだ, 破損した.

die **Schad·haf·tig·keit** [シャートハふティひカイト] [名] -/ 破損〔欠陥・傷〕があること.

schä·di·gen [シェーディゲン] [動] *h.* 〔⟨j^4/et^4⟩に〕害を与える;損害を与える;(…を)傷つける.

die **Schä·di·gung** [シェーディグング] [名] -/-en **1.** 傷つける〔損なう〕こと;損なう〔損な〕われること. **2.** 破損, 被害, 損傷;(健康上の)障害.

schäd·lich [シェートリひ] [形] 〔(für ⟨j^4/et^4⟩に)〕有害な, 不利な.

die **Schäd·lich·keit** [シェートリひカイト] [名] -/ 有害であること, 有害性.

der **Schäd·ling** [シェートリング] [名] -s/-e 有害生物(害虫・害獣・有害植物など);《転》(社会に)有害な人間.

die **Schäd·lings·be·kämp·fung** [シェートリングス・ベケムプふング] [名] -/有害生物の駆除(害虫〔害獣〕駆除・除草など).

das **Schäd·lings·be·kämp·fungs·mit·tel** [シェートリングスベケムプふングス・ミッテル] [名] -s/- 有害生物駆除剤(殺虫剤など).

die **Schäd·lings·po·pu·la·ti·on** [シェートリングス・ポプラツィオーン] [名] -/-en (害虫などの)有害生物の個体総数.

schad·los [シャート・ロース] [形] (次の形で) sich^4 an ⟨j^3/et^3⟩ (für⟨et^4⟩) ～ halten ⟨人に⟩(⟨事の⟩)埋合せをしてもらう/⟨物・事で⟩(⟨事の⟩)埋合せをする. ⟨j^4⟩ (für⟨et^4⟩) ～ halten 『法・経』⟨人に⟩⟨物・事の⟩賠償をする.

S

die **Schad·los·hal·tung** [シャートロース・ハルトゥング] [名] -/ 損害賠償〔補償〕.

der **Scha·dor** [シャドーあ] [名] -s/-s チャドール(特にイラン女性の長いヴェール).

der **Schad·stoff** [シャート・シュトっふ] [名] -(e)s/-e 有害物質.

schad·stoff·arm [シャートシュトっふ・アるム] [形] 有害物質の少ない.

die **Schad·stoff·e·mis·si·on** [シャートシュトっふ・エミっスィオーン] [名] -/-en 有害物質の排出.

(*der/die*) **Schae·fer** [ʃɛ́:fər シェーふぁー] [名] 『人名』シェーファー.

das **Schaf** [シャーふ] [名] -(e)s/-e **1.** ヒツジ： ein schwarzes ～ 変り者, 異分子. ein verirrtes ～ 送える羊(『新約』マタイ福音書 18, 12-13). **2.** 《口》お人好し;ヒツジちゃん(子供の愛称). **【慣用】die Schafe von den Böcken trennen**〔**scheiden**〕善悪〔善人と悪人〕を区別する(マタイ福音書 25-32).

der **Schaf·bock** [シャーふ・ボック] [名] -(e)s/..böcke 雄ヒツジ.

das **Schäf·chen** [シェーふひェン] [名] -s/- **1.** 小ヒツジ. **2.** 小ヒツジちゃん(子供の愛称). **3.** (主に[複])羊雲. **【慣用】sein Schäfchen ins Trockene bringen** 《口》大金をもうける. **sein Schäfchen zu scheren wissen** 《口》利益を得る術を知っている. **Schäfchen zählen** 《口》(眠れない時に)羊を数える.

die **Schäf·chen·wol·ke** [シェーふひェン・ヴォルケ] [名] -/-n 羊雲.

(*der/die*) **Schä·fer**[1] [シェーふぁー] [名] 『人名』シェーファー.

der **Schä·fer**[2] [シェーふぁー] [名] -s/- 羊飼い, 牧羊者.

die **Schä·fer·dich·tung** [シェーふぁー・ディひトゥング] [名] -s/-en 『文芸学』牧人〔田園〕文学.

die **Schä·fe·rei** [シェーふぇらイ] [名] -/-en **1.** ([単]のみ)牧羊(業). **2.** 牧羊場.

das **Schä·fer·ge·dicht** [シェーふぁー・ゲディひト] [名] -(e)s/-e 『文芸学』牧歌, 田園詩.

der **Schä·fer·hund** [シェーふぁー・フント] [名] -(e)s/-e **1.** 『動』シェパード. **2.** 牧羊犬.

das **Schä·fer·spiel** [シェーふぁー・シュピール] [名] -(e)s/-e 『文芸学』牧人〔田園〕劇.

das **Schä·fer·stünd·chen** [シェーふぁー・シュテュントひェン] [名] -s/- ひとときの逢瀬（おうせ）;愛のひととき.

das **Schaff** [シャふ] [名] -(e)s/-e 《南独・オーストリア》桶（おけ）, たらい;《中西独・南独》棚, 戸棚.

der **Schaff** [シャふ] [名] (次の形で) mit ⟨j^3/et^3⟩ seinen ～ haben 《方》⟨人・事で⟩苦労する.

das **Schaf·fell** [シャーふ・ふぇル] [名] -(e)s/-e 羊の毛皮.

schaf·fen(*) [シャっふぇン] [動] schuf〔schaffte〕; hat geschaffen〔geschafft〕 **1.** (不規則変化)〔⟨j^4/et^4⟩ヲ〕創造〔創作〕する, 作り上げる. **2.** (主に不規則変化)〔⟨et^4⟩ヲ+(für ⟨j^4/et^4⟩ノタメニ)〕創設する, 設立〔設置〕する： neue Stellen ～ 新しいポストを設ける. Ordnung ～ 秩序をもたらす. Klarheit ～ はっきりさせる. Ausgleich ～ 調停をする. sich^3 Freunde ～ 友人を作る. Er weiß immer Rat〔Hilfe〕zu ～. 彼はどんな場合でも切抜ける術（すべ）を心得ている. **3.** (規則変化)〔⟨et^4⟩ヲ〕やり遂げる, やりこなす： die Prüfung ～ 《口》試験に合格する. einen neuen Rekord ～ 《口》新記録を立てる. Er hat es *geschafft*, den Titel zu verteidigen. 彼はタイトル防衛に成功した. **4.** (規則変化)〔⟨j^4⟩ヲ〕《口》へとへとにさせる, 参らせる(仕事・暑さなどが). **5.** (規則変化)〔⟨j^4/et^4⟩ヲ+⟨方向⟩へ(カラ)〕運ぶ, 動かす, 連れ出す, 連れて行く. **6.** (規則変化)〔[補足なし]〕『南独』働く, 仕事をする. **7.** (規則変化)〔⟨j^3⟩ニ+⟨et^4⟩ヲ〕《南独・オーストリア》命ずる, 指図する. **【慣用】den Zug schaffen** その列車に間に合う. **Es schafft sich mit der Maschine leichter.** 《方》その機械を使えば仕事はしやすい. **für** ⟨j^4/et^4⟩ 〔**zu** ⟨j^3/et^3⟩〕 **wie geschaffen sein** ⟨人・事に⟩適している： Er ist für diesen Beruf/zum Lehrer wie *geschaffen*. 彼はこの職業のために/教師になるために生れてきたようなものだ. **mit** ⟨j^3/et^3⟩ **etwas/nichts zu schaffen haben** 《方》⟨人・事と⟩関わりがある/ない. **sich^4 auf der Bühne schaffen** 《口》舞台の上での演技に全精力を集中する〔使い果たす〕. **sich^3 die Hände wund schaffen** 《方》働いて手にまめができる〔掌（てのひら）が擦りむける〕. **sich^4 müde schaffen** 《方》働いてくたびれる. **sich^3 zu schaffen machen** 何か忙しそうに〔ごそごそ〕やっている;何か忙しそうに〔ごそごそ〕やっているふりをする： Er macht sich im Garten zu *schaffen*. 彼は庭で何か忙しそうにやっている. ⟨j^3⟩ **zu schaffen machen** 《口》⟨人に⟩苦労〔迷惑〕をかける, ⟨人を⟩悩ませる〔へとへとにさせる〕.

das **Schaf·fen** [シャっふぇン] [名] -s/ （一芸術家の全）作品;創造,創作.

schaf·fend [シャっふぇント] [形] 創造的な.

der **Schaf·fens·drang** [シャっふぇンス・ドらング] [名] -(e)s/ 創造〔創作〕欲.

die **Schaf·fens·freu·de** [シャっふぇンス・ふろイデ] [名] -/ 創造〔創作〕の喜び.

schaf·fens·freu·dig [シャっふぇンス・ふろイディひ] [形] 創造〔創作〕の喜びにあふれた.

die **Schaf·fens·kraft** [シャっふぇンス・クらふト] [名] -/ 創造〔創作〕力.

(*das*) **Schaff·hau·sen** [シャふハウゼン] [名] -s/ 『地名』シャフハウゼン《スイスの州とその州都》.

der **Schäff·ler** [シェふラー] [名] -s/- 《バイエルン》桶(おけ)職人,樽(たる)職人,桶〔樽〕屋.

der **Schaff·ner** [シャふナー] [名] -s/- 《古》 **1.** 車掌. **2.** 農場管理人.

schaff·ner·los [シャふナー・ロース] [形] 『交通』ワンマンの.

die **Schaf·fung** [シャっふング] [名] -/ 作り出すこと.

die **Schaf·gar·be** [シャーふ・ガるベ] [名] -/-n 『植』セイヨウノコギリソウ.

die **Schaf·her·de** [シャーふ・ヘーあデ] [名] -/-n ヒツジの群れ.

der **Schaf·hirt** [シャーふ・ヒるト] [名] -en/-en 羊飼い.

der **Scha·fi·it** [シャふぃイート] [名] -en/-en シャフィイー派の法学者《イスラム法学の一派. 創立者 Al Schafii, 767-820》.

die **Schaf·käl·te** [シャーふ・ケルテ] [名] -/ 6 月中旬の寒さのぶり返し《羊毛刈りの時期にあたる》.

der **Schaf·kä·se** [シャーふ・ケーゼ] [名] -s/ =Schafskäse.

der **Schaf·kopf** [シャーふ・コっプふ] [名] -(e)s/..köpfe **1.** 《(単)のみ》『トランプ』シャーフコップ《4 人で 32 枚のカードを使ってするゲーム》. **2.** =Schafskopf 2.

das **Schäf·lein** [シェーふライン] [名] -s/- 小ヒツジ;《口》指導〔庇護・保護〕を受けている人.

das **Scha·fott** [シャふぉっト] [名] -(e)s/-e 断頭台.

der **Schaf·pelz** [シャーふ・ペルツ] [名] -es/-e 羊の毛皮.

die **Schaf·po·cken** [シャーふ・ポっケン] [複名] 《方》水痘,水ぼうそう;風痘.

die **Schaf·schur** [シャーふ・シューあ] [名] -/-en 羊毛刈り.

der **Schafs·kä·se** [シャーふス・ケーゼ] [名] -(e)s/ 羊乳のチーズ.

der **Schafs·kopf** [シャーふス・コっプふ] [名] -(e)s/..köpfe **1.** 《(単)のみ》=Schafkopf. **2.** 《口・蔑》単純なやつ,ばか.

die **Schafs·na·se** [シャーふス・ナーゼ] [名] -/-n **1.** シャーフナーゼ《青リンゴの一品種》. **2.** 《口・罵》とんま,間抜け.

der **Schaf·stall** [シャーふ・シュタル] [名] -(e)s/..ställe 羊小屋.

der **Schaft** [シャふト] [名] -(e)s/Schäfte **1.** 柄(え),竿,棒;軸,心棒;舵棒;旗竿;銃床. **2.** （長靴の）筒;（靴の）甲部. **3.** 樹幹;『植』花茎. **4.** 柱身;塔身;（船の）キール. **5.** 『動』毛幹;羽軸. **6.** 『織』（織機の）綜絖(そうこう)枠.

..schaft [..シャふト] [接尾] 形容詞・名詞・動詞につけて人・物・事の集合・抽象概念を表す: Verwandt*schaft* 親族. Erb*schaft* 相続財産. Errungen*schaft* 成果. Freund*schaft* 友情. Herr*schaft* 支配.

schäf·ten [シェふテン] [動] *h.* **1.** 〔〈et⁴〉に〕柄(え)をつける;『園』接ぎ木する. **2.** 〔〈j⁴〉を〕《方》ぶんなぐる.

der **Schaft·stie·fel** [シャふト・シュティーふぇル] [名] -s/- 長靴,ハイブーツ.

die **Schaf·wei·de** [シャーふ・ヴァイデ] [名] -/-n 牧羊場.

die **Schaf·wol·le** [シャーふ・ヴォレ] [名] -/-n 羊毛.

die **Schaf·zucht** [シャーふ・ツふト] [名] -/ 牧羊.

der **Schaf·züch·ter** [シャーふ・ツュひター] [名] -s/- 牧羊業者.

der **Schah** [シャー] [名] -s/-s シャー《ペルシアの君主;《(単)のみ》称号》.

der **Schah-in-Schah**, (旧)**Schah-in-schah** [シャー・イン・シャー] [名] -s/-s シャー・イン・シャー《1979 年までのイラン皇帝;《(単)のみ》称号》.

der **Scha·kal** [シャーカール,シャーカール] [名] -s/-e ジャッカル.

der **Schä·kel** [シェーケル] [名] -s/- 『工』シャックル《鎖などをつなぐ U 字形の金具》.

der **Schä·ker** [シェーカー] [名] -s/- 《冗》（異性と）ふざける〔いちゃつく〕人.

schä·kern [シェーカーン] [動] *h.* 〔mit 〈j³〉と〕いちゃつく,ふざける;軽口をたたく.

schal [シャール] [形] 気の抜けた;つまらない.

der **Schal** [シャール] [名] -s/-s〔-e〕 **1.** ショール,スカーフ,襟巻き,マフラー. **2.** （2 重カーテンの）左右に引かれた厚手のカーテン.

das **Schal·brett** [シャール・ブれっト] [名] -(e)s/-er 『土』背板（板張り用の板）;（コンクリートの）枠板.

das **Schäl·chen** [シェールひぇン] [名] -s/- **1.** 《Schal の縮小形》小さいショール〔スカーフ〕;（2 重カーテンの）左右に引かれた短いカーテン. **2.** 《Schale の縮小形》（果物などの）小さい皮,小さい殻,小さい貝殻;小皿,小鉢.

die **Scha·le** [シャーレ] [名] -/-n **1.** （深めの）皿,（平たい）鉢,（実験用）シャーレ;凹カボコン形の宝石;《オーストリア》コーヒーカップ;椀形のもの,コンタクトレンズ,頭蓋. **2.** （果物・堅果などの）皮;（卵・貝などの）殻,（蟹などの）甲;（栗の）毬(いが);《方》（樹などの）皮;『土』シェル,曲面板;『工』（飛行機などの）外板;『理』（電子の）殻;『狩』（鹿などの）ひづめ. **3.** 『獣医』（馬などの）趾骨瘤(しこつりゅう). 【慣用】**die Schale seines Zorns/seines Spottes über 〈j⁴〉〔〈j³〉〕 ausgießen** 《文》〈人に〉怒りをぶちまける/〈人を〉嘲笑(ちょうしょう)する. **in Schale sein** 《口》特別にいい身なりをしている. **sich⁴ in Schale werfen** 《口》晴れ着を着る.

schä·len [シェーレン] [動] *h.* **1.** 〔〈et⁴〉の〕皮〔殻〕をむく. **2.** 〔〈et⁴〉ヲ＋(von 〈et³〉カラ)〕はぎ〔むき〕取る. **3.** 〔〈et⁴〉ヲ＋aus 〈et³〉カラ〕はいで取出す;切って取除く. **4.** 〔sich⁴〕皮がぼろぼろはげる. 【慣用】**sich⁴ aus ihren Kleidern schälen** （彼女は）一枚一枚ゆっくりと服を脱ぐ. **sich⁴ leicht/schlecht schälen** 容易に皮がはげる/なかなか皮がむけない《ジャガイモなどが》.

der **Scha·len·guss**, (旧)**Scha·len·guß** [シャーレン・グス] [名] ..gusses/..güsse 『冶金』チル鋳造,チルドキャスティング.

das **Scha·len·obst** [シャーレン・オープスト] [名] -(e)s/ 堅果.

das **Scha·len·tier** [シャーレン・ティーあ] [名] -s/-e 《主に(複)》『料』食用の有殻〔貝殻〕類;食用の甲殻類《貝類・エスカルゴ・エビ・カニなど》.

das **Scha·len·wild** [シャーレン・ヴィルト] [名] -(e)s/ 『狩』（鹿・猪など）有蹄類の猟獣.

die **Schal·heit** [シャールハイト] [名] -/ 気が抜けていること;つまらないこと;味けないこと.

der **Schäl·hengst** [シェール・ヘングスト] [名] -es/-e 種馬.

der **Schalk** [シャルク] [名] -(e)s/-e〔Schälke〕《古》いたずら者,おどけ者. 【慣用】**〈j¹〉 hat den Schalk 〔〈j³〉 sitzt der Schalk〕 im Nacken.** 〈人には〉いたずらっぽいところがある.

schalk·haft [シャルクハふト] [形] 《文》剽軽(ひょうきん)な,茶

目っ気のある.

der **Schal·kra·gen** [シャール・クらーゲン] [名] -s/-〔《オーストリア》..krägen〕ショールカラー.

der **Schalks·narr** [シャルクス・ナる] [名] -en/-en 《古》(宮廷)道化師；おどけ者.

der **Schall** [シャル] [名] -(e)s/-e〔Schälle〕《文》(響く)音, 音響, 響き；〖理〗(⑱のみ)音. 【慣用】 **leerer Schall sein** 無意味である. **Schall und Rauch sein** 意味がない, むなしい.

der **Schall·bo·den** [シャル・ボーデン] [名] -s/..böden〖楽〗共鳴板, 反響板.

schall·däm·mend [シャル・デメント] [形] 消音〔遮音・防音〕性の.

die **Schall·däm·mung** [シャル・デムング] [名] -/ 消音, 遮音, 防音.

schall·dämp·fend [シャル・デムプふェント] [形] 消音〔遮音・防音〕性の.

der **Schall·dämp·fer** [シャル・デムプふァー] [名] -s/-〖工〗消音器, サイレンサー；〖車〗マフラー；〖楽〗弱音器.

die **Schall·dämp·fung** [シャル・デムプふング] [名] -/ 消音；吸音；遮音；防音.

der **Schall·de·ckel** [シャル・デッケル] [名] -s/- 説教壇の上の天蓋(てんがい).

schall·dicht [シャル・ディヒト] [形] 遮音〔防音〕性の.

die **Schall·do·se** [シャル・ドーゼ] [名] -/-n (蓄音機の)サウンドボックス, ピックアップ.

der **Schall·druck** [シャル・ドるック] [名] -(e)s/..drücke〖音響〗音圧.

die **Schal·leh·re** [シャル・レーれ] ⇨ Schalllehre.

schal·len$^{(*)}$ [シャレン] [動] schallte〔scholl〕; hat geschallt〔geschollen〕 **1.** 〔補足なし〕響く, 鳴り響く, 反響する. **2.** 〔(〈場所〉ニ/〈方向〉カラ)〕響き渡る, 響いて来る. **3.** 〔von 〈et^3〉デ〕満たされる(音・笑い声などで).

schal·lend [シャレント] [形] 鳴り響く, 響きわたる.

schal·lern [シャラーン] [動] *h.* 《口》 **1.** 〔(〈et^4〉ヲ)〕大声で歌う. **2.** (次の形で)〈j^3〉 eine ~ 〈人に〉一発びんたを食らわす. eine *geschallert* kriegen〔bekommen〕一発びんたを食らう.

die **Schall·ge·schwin·dig·keit** [シャル・ゲシュヴィンディヒカイト] [名] -/ 音速.

die **Schall·gren·ze** [シャル・グれンツェ] [名] -/-n 《稀》音速の壁.

schall·i·so·liert [シャル・イゾリーあト] [形] 遮音された.

der **Schall·kör·per** [シャル・ケるパー] [名] -s/- (楽器の)共鳴胴.

die **Schall·leh·re, Schall-Leh·re,** ⓘ**Schal·leh·re** [シャル・レーれ] [名] -/ 〖理〗音響学.

das **Schall·loch, Schall-Loch,** ⓘ**Schal·loch** [シャル・ロっほ] [名] -(e)s/..löcher (楽器の)響孔；鐘楼の窓.

S

die **Schall·mau·er** [シャル・マウあー] [名] -/ 音速の壁.

das **Schal·loch** [シャル・ロっほ] [名] -(e)s/..löcher ⇨ Schallloch.

der **Schall·pe·gel** [シャル・ペーゲル] [名] -s/-〖音響〗音の大きさのレベル；〖環〗騒音レベル.

die **Schall·plat·te** [シャル・プラッテ] [名] -/-n レコード： eine ~ auflegen〔abspielen〕レコードをかける.

die **Schall·plat·ten·auf·nah·me** [シャルプラッテン・アウふナーメ] [名] -/-n レコード録音；レコードに録音されたもの.

die **Schall·plat·ten·mu·sik** [シャルプラッテン・ムズィーク] [名] -/ レコード音楽.

schall·si·cher [シャル・ズィっひゃー] [形] 防音の.

schall·tot [シャル・トート] [形] 無響の.

der **Schall·trich·ter** [シャル・トりひター] [名] -s/- **1.** (管楽器・蓄音器の)朝顔(状の拡声部). **2.** メガフォン.

die **Schall·wand** [シャル・ヴァント] [名] -/..wände〖工〗フロントバッフル(スピーカーボックス前面の板).

die **Schall·wel·le** [シャル・ヴェレ] [名] -/-n 《主に⑱》〖理〗音波.

das **Schall·wort** [シャル・ヴォるト] [名] -(e)s/..wörter〖言〗擬声語.

die **Schal·mei** [シャルマイ] [名] -/-en シャルマイ(リード楽器)；オルガンのリード；バグパイプの管；複管シャルマイ.

die **Scha·lot·te** [シャロッテ] [名] -/-n〖植〗シャロット, エシャロット(ネギの一種).

schalt [シャルト] [動] schelten の過去形.

das **Schalt·bild** [シャルト・ビルト] [名] -(e)s/-er〖電〗配線〔回路〕図.

das **Schalt·brett** [シャルト・ブれっト] [名] -(e)s/-er〖電〗=Schalttafel.

schal·ten [シャルテン] [動] *h.* **1.** 〔〈et^4〉ヲ+(auf 〈et^4〉ニ)〕切換える, 入れる；(…の)スイッチを操作する： den Schalter auf „aus“ ~ スイッチを「切る」にする. (〈et^4〉なしで) An diesem Hebel *schaltet* man. スイッチの操作はこのレバーでする. **2.** 〔(auf 〈et^4〉ニ)〕自動的に切換わる. **3.** 〔sich^4+〈様態〉ニ〕スイッチが操作される, ギアが操作される. **4.** 〔in〔auf〕〈et^4〉ニ/〈様態〉ニ〕ギアを入れる： in den Leerlauf ~ ギアをニュートラルに入れる. geschickt ~ 巧みに変速する. **5.** 〔〈et^4〉ヲ+zwischen〈et^4〉ノ間ニ/in 〈et^4〉ノ中ニ〕挿入する(プログラムの中にニュースなどを). **6.** 〔〈様態〉ニ〕《文》取仕切る；振舞う. **7.** 〔(〈様態〉デ)〕《口》(突然)関連を見抜く, (すばやく理解して)反応する, 理解する. **8.** 〔〈et^4〉ヲ+〈様態〉ニ〕〖電〗接続する. 【慣用】 **schalten und walten** 思いのままに取仕切る〔振舞う〕.

der **Schal·ter** [シャルター] [名] -s/- **1.** (郵便局・銀行・駅・役所などの)窓口. **2.** スイッチ, 開閉器；(自転車の)変速レバー.

der **Schal·ter·be·am·te** [シャルター・ベアムテ] [名] (形容詞的変化)窓口係, 出札係.

die **Schal·ter·hal·le** [シャルター・ハレ] [名] -/-n (駅・銀行などの)窓口の並んでいるホール.

die **Schal·ter·stun·den** [シャルター・シュトゥンデン] [複名] 窓口業務時間.

das **Schalt·ge·trie·be** [シャルト・ゲトりーベ] [名] -s/-〖工〗変速機.

der **Schalt·he·bel** [シャルト・ヘーベル] [名] -s/- **1.** スイッチレバー. **2.** 〖車〗変速レバー. 【慣用】 **an den Schalthebel sitzen** 影響力のある地位にいる.

das **Schalt·jahr** [シャルト・ヤーあ] [名] -(e)s/-e 閏年(うるうどし).

die **Schalt·pau·se** [シャルト・パウゼ] [名] -/-n 〖ラジオ〗(電波)切換え中断.

der **Schalt·plan** [シャルト・プラーン] [名] -(e)s/..pläne〖電〗配線〔回路〕図.

das **Schalt·sche·ma** [シャルト・シェーマ] [名] -s/-s〔-ta〕〖電〗=Schaltplan.

die **Schalt·stel·le** [シャルト・シュテレ] [名] -/-n (指令などを行う)中枢部.

die **Schalt·ta·fel** [シャルト・ターふェル] [名] -/-n〖電〗配電盤, 制御盤.

der **Schalt·tag** [シャルト・ターク] [名] -(e)s/-e 閏(うるう)日(2月29日).

die **Schalt·uhr** [シャルト・ウーあ] [名] -/-en タイムスイッチ, タイマー.

die **Schal·tung** [シャルトゥング] [名] -/-en **1.** 〖電〗接続；回路；回路図： eine integrierte/gedruckte ~ 集積回路/プリント配線回路. **2.** 〖電〗(スイッチの)開閉操作；(電話・放送などの)接続, 切替え. **3.** (車などの)変速装置；ギアチェンジ.

Schappe

die **Scha·lung** [シャールング] 名 -/-en 〖建築工法〗(コンクリートの)型枠;型枠をつくること.

die **Scha·lup·pe** [シャルッペ] 名 -/-n **1.** スループ(一本マストの帆船). **2.** (艦船に搭載される)端艇,ランチ.

die **Scham** [シャーム] 名 -/ **1.** 恥ずかしさ;羞恥(しゅうち)心,恥じらいの気持;〖稀〗赤面(~röte)：ohne ~ 臆面(おくめん)もなく. **2.** 〖文〗恥部.

der **Scha·ma·ne** [シャマーネ] 名 -n/-n 〖民俗〗シャーマン,巫術(ふじゅつ)師.

der **Scha·ma·nis·mus** [シャマニスムス] 名 -/ 〖民俗〗シャーマニズム.

das **Scham·bein** [シャーム・バイン] 名 -(e)s/-e 〖解〗恥骨.

schä·men [シェーメン] 動 h. **1.** 〈sich⁴＋〈et²〉〉〖文〗(テアルエコト)恥ずかしく思う,恥じる. **2.** 〈sich⁴＋zu 動〉ｽﾙｺﾄ〉はばかる.

scham·fi·len [シャムふぃーレン] 動 h. 〖海〗 **1.** 〖黙〗摩耗する. **2.** 〈et³〉摩耗させる.

die **Scham·frist** [シャーム・ふリスト] 名 -/-en 〖政〗(ジシン)(事件後の)真意を明かすまでの沈黙期間.

das **Scham·ge·fühl** [シャーム・ゲふュール] 名 -(e)s/-e 羞恥(しゅうち)心.

das **Scham·haar** [シャーム・ハーア] 名 -(e)s/-e 陰毛,恥毛.

scham·haft [シャームハふト] 形 恥ずかしがりの,はにかんだ,内気な.

die **Scham·haf·tig·keit** [シャーム・ハふティクカイト] 名 -/ 恥ずかしがり,内気さ;恥ずかしそうな態度.

die **Scham·lip·pe** [シャーム・リッペ] 名 -/-n 〘主に (複)〙〖解〗陰唇.

scham·los [シャーム・ロース] 形 淫(いん)らな;破廉恥な;厚かましい.

die **Scham·lo·sig·keit** [シャーム・ローズィヒカイト] 名 -/-en **1.** 〘(単)のみ〙淫(いん)らなこと,恥知らず,厚顔(無恥). **2.** 恥知らずな行為(発言).

der **Scha·mott** [シャモット] 名 -s/ 〖ｶﾞﾗｸﾀ〗〖口〗＝Schamotte.

die **Scha·mot·te** [シャモッテ] 名 -/ シャモット(耐火粘土).

der **Scha·mot·te·stein** [シャモッテ・シュタイン] 名 -(e)s/-e 耐火れんが.

das **Scham·pun** [シャムプーン, シャムプーン] 名 -s/-s ＝Shampoo.

scham·pu·nie·ren [シャムプニーレン] 動 h. 〈et⁴〉シャンプーする;洗剤で洗う.

der **Scham·pus** [シャムプス] 名 -/ 〖口〗シャンパン.

scham·rot [シャーム・ロート] 形 恥ずかしくて赤面した.

die **Scham·rö·te** [シャーム・(R)ーテ] 名 -/ 赤面.

die **Scham·tei·le** [シャーム・タイレ] 名 〘複〙陰部,陰部.

schand·bar [シャント・バール] 形 **1.** 恥ずべき,みっともない. **2.** 〖口〗ひどく悪い;ひどく.

der **Schand·bu·be** [シャント・ブーベ] 名 -n/-n 〖古〗恥知らずな奴,悪漢.

die **Schan·de** [シャンデ] 名 -/ 恥,恥辱,不面目,不名誉;犯罪的行為(状況)：〈j³〉~ machen 〈人に〉恥をかかす. Zu meiner ~ muss ich sagen, dass 恥ずかしいことながら…と言わざるを得ません. 〖慣用〗Es ist eine (wahre) Schande, dass ... ···は全くはまったく言語道断だ. Mach mir keine Schande! 私に恥をかかせるな.

das **Schan·deck** [シャン・デック] 名 -s/-s 〖海〗舷縁(げんえん),ふなべり.

der **Schan·de·ckel** [シャン・デッケル] 名 -s/-〖海〗＝Schandeck.

schän·den [シェンデン] 動 h. **1.** 〈et⁴〉汚す(名誉などを). **2.** 〈j⁴〉汚名を着せる,恥辱(侮辱)を加える,(···を)辱める;〖古〗(···を)凌辱(りょうじょく)する.

3. 〈et⁴〉冒瀆(ぼうとく)する,汚す;〖稀〗(···の)見た目〔外観·印象〕を損なわせている.

der **Schand·fleck** [シャント・ふレック] 名 -(e)s/-e 汚点,汚名,面汚し.

schänd·lich [シェントリヒ] 形 **1.** 卑劣な,恥ずべき,不面目な. **2.** 〖口〗ひどく悪い;ひどく.

die **Schänd·lich·keit** [シェントリヒカイト] 名 -/-en **1.** 〘(単)のみ〙恥ずべき〔卑劣である〕こと. **2.** 恥ずべき〔卑劣な〕行為.

das **Schand·mal** [シャント・マール] 名 -(e)s/-e〔..mäler〕(罪人の)烙印(らくいん);汚点,汚名.

das **Schand·maul** [シャント・マウル] 名 -(e)s/..mäuler 〖口・蔑〗とんでもなく口が悪いこと;〘(罵)も有〙とんでもない悪口を言う人,〖罵〗悪口雑言を吐く人.

der **Schand·pfahl** [シャント・ぷふぁール] 名 -(e)s/..pfähle (昔の罪人の)さらし柱.

der **Schand·preis** [シャント・ブライス] 名 -es/-e 法外な安値〔高値〕.

die **Schand·tat** [シャント・タート] 名 -/-en 忌み嫌うべき行為;〖口・冗〗ちょっとはずみな行動. 〖慣用〗**zu jeder Schandtat bereit sein** どんなことでもやりかねない.

die **Schän·dung** [シェンドゥング] 名 -/-en 汚すこと;侮辱;凌辱(りょうじょく);冒瀆(ぼうとく).

schang·hai·en [シャンハイエン, シャンハイエン] 動 h. 〈j⁴〉〖海〗(酔わせて)強引に船員に雇う(船に乗込ませる).

die **Schänk** [シェンク] 名 -/-en 〖ﾊﾞｲｴﾙﾝ〗酒場,酒場のカウンター.

das **Schänk·bier** [シェンク・ビーア] 名 -(e)s/-e 樽出しのビール,生ビール(麦芽エキス 7-8 %含有).

die **Schän·ke** [シェンケ] 名 -/-n ＝Schenke.

der **Schän·ker** [シェンカー] 名 -s/- 〖医〗下痢(げり).

die **Schänk·er·laub·nis** [シェンク・エアラウプニス] 名 -/-se＝Schankkonzession.

die **Schänk·ge·recht·ig·keit** [シェンク・ゲれヒティヒカイト] 名 -/ 〖古〗＝Schankkonzession.

die **Schänk·kon·zes·si·on** [シェンク・コンツェッスィオーン] 名 -/-en 酒類販売許可(証),酒場営業許可(証).

der **Schänk·tisch** [シェンク・ティッシュ], **Schänk·tisch** [シェンク・ティッシュ] 名 -(e)s/-e 酒場のカウンター.

der **Schänk·wirt** [シェンク・ヴィるト], **Schänk·wirt** [シェンク・ヴィるト] 名 -(e)s/-e 酒場の主人.

die **Schänk·wirt·schaft** [シェンク・ヴィるトシャふト], **Schänk·wirt·schaft** [シェンク・ヴィるトシャふト] 名 -/-en 酒場.

der **Schan·tung** [シャントゥング] 名 -s/-s 〖織〗シャンタン,山東絹.

die **Schanz·ar·beit** [シャンツ・アルバイト] 名 -/-en〘主に複〙(昔の)堡塁(ほうるい)〔塹壕(ざんごう)〕工事.

die **Schan·ze**¹ [シャンツェ] 名 -/-n 〖軍〗堡塁(ほうるい),塹壕(ざんごう);〖ｽｷｰ〗シャンツェ;〖海〗(軍艦の)後甲板.

die **Schan·ze**² [シャンツェ] 名 -/ 〖古〗(火の形で)sein Leben 〈für〈j⁴〉〉 in die ~ schlagen 〈人·物·事のために〉生命を賭ける.

schan·zen [シャンツェン] 動 h. 〖軍〗 **1.** 〖黙〗堡塁(ほうるい)〔塹壕(ざんごう)〕を構築する. **2.** 〈et⁴〉構築する(陣地吃など).

der **Schan·zer·tisch** [シャンツェる・ティッシュ] 名 -(e)s/-e 〖ｽｷｰ〗ジャンプの踏切台.

das **Schanz·werk** [シャンツ・ヴェるク] 名 -(e)s/-e 〖軍〗(昔の)堡塁(ほうるい),塹壕(ざんごう).

das **Schanz·zeug** [シャンツ・ツォイク] 名 -(e)s/ 〖軍〗堡塁〔塹壕〕工事用具(スコップ·くわなど).

der (das) **Schapp** [シャップ] 名 -s/-s 〖海〗戸棚,引出し.

die **Schap·pe** [シャッペ] 名 -/-n 〖織〗くず絹糸の織物.

die **Schar**[1] [シャーあ] [名] -/-en《《方》das ～ -(e)s/-e》『農』犂先(すき)(Pflug～).
die **Schar**[2] [シャーあ] [名] -/-en 群れ,群集;多数;『ナチス』(小人数の)組織:eine ～ Vögel 鳥の群れ. eine ～ von Menschen 大勢の人々. in *～en* 群れをなして.
die **Scha·ra·de** [シャらーデ] [名] -/-n (パントマイムでする)綴(つづ)り字なぞなぞ.
die **Schä·re** [シェーれ] [名] -/-n (主に[複])岩礁島.
scha·ren [シャーれン] [動] *h.* **1.** 〔sich⁴＋(um ⟨j⁴/et⁴⟩ノ回リニ)〕集まる,群がる. **2.** 〔⟨j⁴⟩ヲ＋um sich⁴〕自分のまわりに集める.
die **Schä·ren·küs·te** [シェーれン・キュステ] [名] -/-n 岩礁の多い海岸.
scha·ren·wei·se [シャーれン・ヴァイゼ] [副] 群れを成して.
scharf [シャるふ] [形] schärfer ; schärfst **1.** よく切れる,鋭い,鋭利な;とがった:*～er* Schnitt 鋭い切り口. **2.** 辛い,ぴりりとする;鼻をつく;刺激の強い:einen *S～en* 〔etwas *S～es*〕 trinken《口》のどのやけるような強い酒を一杯飲む. *～e* Säure 強酸. **3.** 耳をつんざく;(目に痛い)強烈な;身を切るような. **4.** よく見える,鋭敏な:*～e* Augen/ein *～es* Gehör haben 目がよく見える/鋭い耳をしている. eine *～e* Brille よく見える眼鏡. **5.** くっきりした,鮮明な;線の鋭い,はっきりした:*～e* Gesichtszüge くっきりした目鼻だち. **6.** 明晰(めいせき)な,鋭敏な;明確な:ein *～es* Auge 〔einen *～en* Blick〕 für ⟨et⁴⟩ haben ⟨物・事ヲ⟩見る目がある. **7.** 手厳しい,辛辣(しんらつ)な;激しい;厳格な;熾烈(しれつ)な:eine *～e* Zunge haben 毒舌家である. unter *～er* Kontrolle stehen 厳しく管理されている. **8.** 非常に速い;急激な:eine *～e* Kurve 急なカーブ. **9.** 人に襲いかかるように仕込まれた(犬) ⇨ scharf machen. **10.** 実弾の:Das Gewehr ist ～ geladen. この銃には実弾がこめられている. **11.** 《口》素晴らしい,すごい;とてつもない. **12.** 《口》セクシーな,欲情を催した. **13.** 『球』強烈な. **14.** すれすれに:an ⟨et³⟩ ～ vorbeigehen ⟨物ノ⟩そばをかすめてゆく. 【慣用】**scharf auf ⟨j⁴/et⁴⟩ sein**《口》⟨人ヲ⟩(性的に)ほしがっている;⟨人ニ⟩悪意を抱いている/⟨物ヲ⟩ほしがっている. **scharf darauf sein, ⟨et⁴⟩ zu tun** しきりに⟨事ヲ⟩したがっている:Er ist ganz *scharf* darauf, sie kennen zu lernen. 彼はどうしても彼女と知り合いになりたがっている.
der **Scharf·blick** [シャるふ・ブリック] [名] -(e)s/ 炯眼(けいがん).
scharf bli·ckend, [旧]**scharf·bli·ckend** [シャるふ・ブリッケント] [形] 炯眼(けいがん)の.
die **Schär·fe** [シェるふぇ] [名] -/-n **1.** ([単]のみ)(刃などの)鋭さ;(声の)鋭さ;(感覚などの)鋭敏さ;(検査などの)厳密さ;(香辛料などの)強い刺激,辛味;(酸などの)強度の腐食性;(批評などの)辛辣(しんらつ)さ;(光,寒気などの)強烈さ. **2.** (輪郭などの)明瞭さ,鮮明さ. **3.** 激しい言葉;([複]なし)(戦い,口論などの)激しさ;『球』(サービスボールなどの)強烈さ.
die **Scharf·ein·stel·lung** [シャるふ・アイン・シュテルング] [名] -/『写』焦点調節,ピントを合せること.
schär·fen [シェるふぇン] [動] *h.* **1.** 〔⟨et⁴⟩ヲ〕研ぐ(鎌などを);とがらす(鉛筆のしんなどを). **2.** 〔⟨et⁴⟩ヲ〕鋭敏〔敏感〕にする(感覚などを),明敏にする(精神などを),鋭くさせる(判断などを);(⟨et⁴⟩がsich⁴の場合)鋭敏〔敏感〕になる,明敏になる,鋭くなる. **3.** 〔⟨et⁴⟩ニ〕『軍』信管をつける(弾薬に).
scharf·kan·tig [シャるふ・カンティひ] [形] 角〔縁〕の鋭い.
scharf ma·chen, [旧]**scharf|ma·chen** [シャるふ マっヘン] [動] *h.*《口》 **1.** 〔⟨et⁴⟩ヲ＋(auf ⟨j⁴/et⁴⟩ニ)〕けしかける(犬を人・動物に). **2.** 〔⟨j⁴⟩ヲ＋gegen ⟨j⁴/et⁴⟩ニ〕反対〔反抗〕するように扇動する. **3.** 〔⟨j⁴⟩ニ＋auf ⟨j⁴/et⁴⟩ニ対シテ〕興味を抱かせる.
der **Scharf·ma·cher** [シャるふ・マっはー] [名] -s/-《蔑》扇動家,強行論者.
der **Scharf·rich·ter** [シャるふ・りひター] [名] -s/ 死刑執行人.
das **Scharf·schie·ßen** [シャるふ・シーセン] [名] -s/ 実弾射撃.
der **Scharf·schüt·ze** [シャるふ・シュっツェ] [名] -n/-n『軍』狙撃(そげき)兵;『球』ポイント・ゲッター.
scharf·sich·tig [シャるふ・ズィひティひ] [形] =scharf blickend.
der **Scharf·sinn** [シャるふ・ズィン] [名] -(e)s/ 明敏さ,鋭い洞察力.
scharf·sin·nig [シャるふ・ズィニひ] [形] 明敏な,頭の切れる.
die **Scha·ria** [シャりーア] [名] -/『イ教』シャリーア(イスラム教の法典).
der (*das*) **Schar·lach**[1] [シャるラっは] [名] -s/-e 《《オーストリア》das ～のみ》 **1.** (das ～)緋(ひ)色. **2.** 緋色の服地.
der **Schar·lach**[2] [シャるラっは] [名] -s/『医』猩紅(しょうこう)熱.
schar·lach·rot [シャるラっは・ろート] [形] 緋(ひ)色の.
der **Schar·la·tan** [シャるラタン] [名] -s/-e《蔑》山師,いかさま〔ペテン〕師.
die **Schar·la·ta·ne·rie** [シャるラタネりー] [名] -/-n **1.** ([単]のみ)いかさま,ペテン. **2.** いかさま行為.
der **Scharm** [シャるム] [名] -s/ =Charme.
schar·mant [シャるマント] [形] =charmant.
das **Schar·müt·zel** [シャるミュっツェル] [名] -s/-『軍』《古》小規模の銃撃戦,小競合い.
schar·müt·zeln [シャるミュっツェルン] [動] *h.* 〔補足なし〕『軍』《古》小競合いをする.
(*der*) **Scharn·horst** [シャるン・ホるスト] [名]『人名』シャルンホルスト(Gerhard von ～, 1755-1813, プロイセンの将軍).
das **Schar·nier** [シャるニーあ] [名] -s/-e 蝶番(ちょうつがい);『地質』(岩石層の)褶曲(しゅうきょく).
das **Schar·nier·ge·lenk** [シャるニーあ・ゲレンク] [名] -(e)s/-e『解』蝶番関節.
die **Schär·pe** [シェるペ] [名] -/-n 飾帯;肩帯;綬帯(じゅたい).
die **Schar·pie** [シャるピー] [名] -/ リント(湿布・包帯用ガーゼ).
die **Schar·re** [シャれ] [名] -/-n《古》削り道具,削りナイフ;鍋に残ったもの.
schar·ren [シャれン] [動] *h.* **1.** 〔(⟨場所⟩ヲ/⟨et⁴⟩ヲ)〕こすって〔かいて〕音を立てる. **2.** 〔in ⟨et³⟩ヲ〕ほじくる. **3.** 〔⟨et⁴⟩ヲ＋⟨方向⟩ヘ(カラ)〕かいて移す,かき集める,かき出す. **4.** 〔⟨et⁴⟩ヲ＋(in ⟨et⁴⟩ニ)〕かいて〔削って〕掘る.
die **Schar·te** [シャるテ] [名] -/-n **1.** 刃こぼれ;《古》(皮膚の)裂け目,ひびわれ. **2.** (城壁などの)狭間,銃眼(Schieß～). **3.** (山の)シャルテ,ウインドギャップ. 【慣用】**eine Scharte auswetzen** 失敗を取返す.
die **Schar·te·ke** [シャるテーケ] [名] -/-n **1.** 《古・蔑》くずの古本;(芝居の)駄作. **2.** 《口・蔑》いやみなばばあ.
schar·tig [シャるティひ] [形] 刃こぼれした;ぎざぎざの,深く切れ込んだ.
die **Schar·wa·che** [シャーあ・ヴァっへ] [名] -/-n (昔の)警邏(けいら)隊.
der **Schar·wen·zel** [シャるヴェンツェル] [名] -s/- **1.** 《古・蔑》こびへつらう人;まめまめしく仕える人. **2.** 《方》(トランプの)ジャック. **3.** 『狩』射損じ.
schar·wen·zeln [シャるヴェンツェルン] [動] *h./s.* 〔um ⟨j⁴⟩ニ/vor⟨j³⟩ニ〕《口・蔑》へつらってこまめに仕える.
der **Schar·wer·ker** [シャーあ・ヴェるカー] [名] -s/-《古》

S

日雇い労働者, 重労働者.

der〔*das*〕**Schạsch·lik** [シャシュリク] [名] -s/-s シャシリック《肉・玉葱・パプリカなどの串焼き》.

schạs·sen [シャッセン] [動] *h.*《口》 **1.** 〘〈j⁴〉ヲ〙(学校〔職務〕から)追出す, 追放する. **2.** 〘〈j⁴〉ヲ〙《方》捕まえる;こき使う.

der **Schạt·ten** [シャッテン] [名] -s/- **1.** 影, 人影, 物影. **2.** 《[単]のみ》陰, 日陰, 物陰;暗がり: ein ~ spendender Baum 陰を落す木. im ~ des Baumes 木陰で. der ~ des Todes. 死の陰. **3.** (絵などの)暗い部分;陰影, かげり;気配, 前兆: die Verteilung von Licht und ~ 明暗の配分. blaue ~ unter den Augen 眼のくま. Ein ~ flog über ihr Gesicht. 彼女の顔が一瞬曇った. **4.** シルエット;幻影;《文》亡霊: das Reich der ~ 黄泉(よみ)の国, 冥府(めいふ). 【慣用】**die Schatten der Vergangenheit** 過去の暗い影. **〈j⁴/et⁴〉 in den Schatten stellen** 〈人・物を〉遥かに凌駕(りょうが)する. **in 〈j²〉 Schatten stehen** 〈人の〉陰でうだつが上がらない. **nicht über seinen (eigenen) Schatten springen können** 性格上どうしてもそうせざるを得ない. **nur noch ein Schatten seiner selbst sein** もはや見る影もないほどやつれている. **seine Schatten vorauswerfen** (不吉な)前兆を示す. **sich⁴ vor seinem eigenen Schatten fürchten** (自分の影を恐れるほど)臆病(おくびょう)である. **über seinen Schatten springen** 気の進まぬことを思い切ってする. **〈j³〉 wie ein Schatten folgen** 〈人に〉影のようにつきまとう.

das **Schạt·ten·bild** [シャッテン・ビルト] [名] -(e)s/-er 影法師;シルエット, 影絵.

das **Schạt·ten·blatt** [シャッテン・ブラット] [名] -(e)s/..blätter 〘植〙陰葉.

das **Schạt·ten·bo·xen** [シャッテン・ボクセン] [名] -s/ 〘ボクシング〙シャドウボクシング.

das **Schạt·ten·da·sein** [シャッテン・ダー・ザイン] [名] -s/ 影のような存在: ein ~ führen 日陰者の〔うだつの上がらない〕状態にいる.

schạt·ten·haft [シャッテンハふト] [形] 《文》影のような, おぼろげな;ひっそりとした.

das **Schạt·ten·ka·bi·nett** [シャッテン・カビネット] [名] -s/-e 〘政〙シャドーキャビネット, 影の内閣.

der **Schạt·ten·kö·nig** [シャッテン・[ケ]ーニひ] [名] -s/-e 名ばかりの〔実権のない〕王.

schạt·ten·los [シャッテン・ロース] [形] 影のない;日陰〔木陰〕のない.

die **Schạt·ten·mo·rel·le** [シャッテン・モれレ] [名] -/-n 〘植〙スミノミザクラ;スミノミザクラの実.

schạt·ten·reich [シャッテン・らイひ] [形] 日陰〔木陰〕の多い.

das **Schạt·ten·reich** [シャッテン・らイひ] [名] -(e)s/ 〘神話〙死者の国, 冥界(めいかい), 冥府.

der **Schạt·ten·riss,** [旧]**Schạt·ten·riß** [シャッテン・りス] [名] -es/-e 影絵, シルエット.

die **Schạt·ten·sei·te** [シャッテン・ザイテ] [名] -/-n《主に[単]》日陰の側;《主に[複]》裏面, 否定的な面.

schạt·ten spen·dend, [旧]**schạt·ten·spen·dend** [シャッテン シュペンデント] [形] ⇨ Schatten 2.

das **Schạt·ten·spiel** [シャッテン・シュピール] [名] -(e)s/-e **1.** 影絵芝居;影絵芝居の台本;《主に[複]》(手での)影絵. **2.** 光と影のコントラスト.

die **Schạt·ten·wirt·schaft** [シャッテン・ヴィるトシャふト] [名] -/ (税務署の把握していない)影〔闇〕の経済.

schat·tie·ren [シャティーれン] [動] *h.* 〘〈et⁴〉ニ〙陰影〔明暗〕をつける;《稀》濃淡をつける《色に》;〘園〙日陰を作る.

die **Schat·tie·rung** [シャティーるング] [名] -/-en **1.** 陰影〔色に明暗〕をつけること;《主に[複]》陰影;明暗, 濃淡. **2.** 《主に[複]》ニュアンス, 色合.

schạt·tig [シャッティひ] [形] 日陰の, 陰になった, 薄暗い, 陰を作る.

die **Scha·tụl·le** [シャトゥレ] [名] -/-n 《文》貴重品箱;《古》(王侯などの)お手許金.

der **Schạtz** [シャッツ] [名] -es/Schätze **1.** 宝, 宝物;財宝;所蔵品, コレクション;資源;〘法〙埋蔵物(所有者の分らない拾得物): ein reicher ~ an〔von〕Kenntnissen 豊かな知識, 知識の宝庫. **2.** 《古》恋人;おまえ, あなた《恋人・夫婦などの間で》;《口》かわいい子〔人〕;親切な人. **3.** 《[複]のみ》〘銀行〙国庫証券(~anweisung).

die **Schạtz·an·wei·sung** [シャッツ・アン・ヴァイズング] [名] -/-en《主に[複]》〘銀行・経〙国庫証券, (短期〔中期〕)国債, 公債.

schätz·bar [シェッツ・バーあ] [形] 評価〔査定〕可能な.

das **Schätz·chen** [シェッツひェン] [名] -s/- 《Schatz 2 の縮小形》可愛い〔愛する〕人;可愛い子;良い人〔子〕.

schạ̈t·zen [シェッツェン] [動] *h.* **1.** 〘〈j⁴/et⁴〉ヲ＋(〈様態〉ニ)〙評価する, 判断する, 見積もる. **2.** 〘〈et⁴〉ノ〙時価〔価格〕を査定する〔見積もる〕《土地などの》. **3.** 〘〈[文]〉ト〙《口》思う, 推測する. **4.** 〘〈j⁴〉ヲ〙尊重〔尊敬〕する, 好もしく思う. **5.** 〘〈et⁴〉ヲ〙高く評価する, 尊重〔重視〕する. 【慣用】**sich⁴ glücklich schätzen, dass/wenn ...** 《文》…のことを/もし…であれば, 大変うれしく思う. **〈j⁴/et⁴〉 zu schätzen wissen** 〈人・物・事の〉値打ちが分る.

schạ̈t·zens·wert [シェッツェンス・ヴェーあト] [形] 高く評価すべき.

der **Schạ̈t·zer** [シェッツァー] [名] -s/- (価格)査定人.

der **Schạtz·grä·ber** [シャッツ・グれーバー] [名] -s/- 《古・冗》宝〔財宝〕を掘る人.

die **Schạtz·kam·mer** [シャッツ・カマー] [名] -/-n **1.** 宝蔵;《古》国庫. **2.** (英国の)財務省.

der **Schạtz·kanz·ler** [シャッツ・カンツラー] [名] -s/- (英国の)財務大臣.

der **Schạtz·meis·ter** [シャッツ・マイスター] [名] -s/- (協会・党などの)出納係;《古》王室〔国家〕財産管理者, 大蔵卿.

die **Schạ̈t·zung** [シェッツング] [名] -/-en **1.** 見積もり;評価;査定. **2.** 《古》高い評価, 尊重.

schạ̈t·zungs·wei·se [シェッツングス・ヴァイゼ] [副] 《語飾》《動詞・数詞を修飾》(外見から見て)おおよそ, 概算では;おそらく.

der **Schạ̈tz·wert** [シェッツ・ヴェーあト] [名] -(e)s/-e 評価額, 査定価格.

die **Schau** [シャウ] [名] -/-en **1.** 《稀》展覧〔展示〕(会);ショー: (die〔eine〕) ~ sein 見ものだ. **2.** 《文》直観. **3.** 《文》視点, 観点. 【慣用】**〈j³〉 die Schau stehlen** 〈人の〉存在をかすませてしまう. **eine Schau machen** 《若》格好をつける. **seine〔eine〕 Schau 〔die große Schau〕 abziehen** 《口》偉ぶる, 自分をひけらかす. **〈et⁴〉 zur Schau stellen** 〈物を〉展示する;〈事を〉はっきり見せる;〈事を〉装う. **〈et⁴〉 zur Schau tragen** 〈物を〉見せびらかす;〈事を〉表向き装う.

die **Schau·be** [シャウベ] [名] -/-n シャウベ《中世末紀の広袖の男性用外套(がいとう)》.

das **Schau·bild** [シャウ・ビルト] [名] -(e)s/-er **1.** 図表, グラフ. **2.** 展示用(縮尺)見取図.

die **Schau·bu·de** [シャウ・ブーデ] [名] -/-n 見世物小屋.

der **Schau·bu·den·be·sit·zer** [シャウブーデン・ベズィッツァー] [名] -s/- 見世物小屋の持主.

die **Schau·büh·ne** [シャウ・ビューネ] [名] -/-n 《古》舞台, 劇場.

der **Schau·der** [シャウダー] [名] -s/- 《文》 **1.** 寒け, 身震い. **2.** 戦慄(せんりつ), おののき: ein ~ erregender Roman 身の毛のよだつ小説.

schau·der·bar [シャウダー・バーあ] [形] 《口》 =schauderhaft.

S

schau·der·er·re·gend, Schau·der er·re·gend [シャウダー・エあれーゲント] [形] ぞっとする, 身の毛もよだつ：Dieser Roman ist noch *schaudererregender* als jener Roman. この小説はあの小説よりももっとぞっとする. ⇨ Schauder.

schau·der·haft [シャウダーハふト] [形] 《口》いやな, ぞっとするような; ひどく.

schau·dern [シャウダーン] [動] *h.* **1.** 〘(Es)＋〈j⁴⁽³⁾〉ハ＋(〈様態〉デ)〙(寒くて)ぞくぞくする〔身震いする〕, (急に)寒気を感ずる：Es *schauderte* ihn〔ihm〕beim Betreten des kalten Zimmers. 寒い部屋に入った時, 彼はぞくぞくした. 《人が主語で》in der eisigen Luft ～ 冷気の中でぞくぞくする. **2.** 〘(Es)＋〈j⁴⁽³⁾〉ハ＋(vor〈j³/et³〉ニ/bei〈et³〉ニ)〙ぞっとする, 身震いする, おののく, わななく, 戦慄(せんりつ)する：Ihn〔Ihm〕*schauderte* (es) bei dem Gedanken/vor dem Mann. 彼はその考えに/その男に戦慄を覚えた. 《人が主語で》vor Angst ～ 不安におののく.

schau·en [シャウエン] [動] *h.* **1.** 〘(〈方向〉ヲ)〙《南独・オーストリア・スイス》見る, 見詰める, 覗(のぞ)く, 眺める; (…に)面している(窓などが). **2.** 〘〈[形]〉ノ〙《南独・オーストリア・スイス》目つき〔顔つき〕をする. **3.** 〘〈et⁴〉ヲ〙《文》観ずる, 直観する. **4.** 〘〈et⁴〉ヲ〙《南独・オーストリア》(よく注意して)見る. **5.** 〘nach〈j³/et³〉ノ〙《南独・オーストリア・スイス》面倒を見る, 様子〔具合〕を(時々)見る〔見に行く〕. **6.** 〘auf〈j⁴/et⁴〉ニ〙《南独・オーストリア・スイス》注意を払う, 気を配る, 留意する. **7.** 〘zu〈[動]〉スルヨウニ/〈[文]〉デアルヨウニ〙《南独・オーストリア・スイス》努力する, 気をつける. **8.** 〘〈[文]〉デアルカヲ〙《南独・オーストリア・スイス》確かめる, 調べて見る. **9.** 〘〈[文]〉デアルコトヲ〙《南独・オーストリア・スイス》(まあ)聞いてくれ, いいかい(なだめたり, 説得したりする発言の導入部として, 命令形で用いられる). 【慣用】**Schau, schau！** これはこれは, これはすごい.

der **Schau·er**[1] [シャウあー] [名] -s/- **1.** 〘気〙短時間の激しい降水〔降雨・降雪・降雹(ひょう)〕; にわか雨, 驟雨(しゅうう) (Regen～)：in einen ～ geraten にわか雨に会う. **2.** 《文》寒気(さむけ); 戦慄(せんりつ).

der **Schau·er**[2] [シャウあー] [名] -s/- 《文》見る人, 観察者.

der **Schau·er**[3] [シャウあー] [名] -s/- ＝Schauermann.

der〔*das*〕**Schau·er**[4] [シャウあー] [名] -s/- 《方》雨〔日〕除けの屋根; 物置小屋, 納屋.

die **Schau·er·ge·schich·te** [シャウあー・ゲシひテ] [名] -/-n 怪談.

schau·er·lich [シャウあーりひ] [形] **1.** ぞっとする, 身の毛もよだつ. **2.** 《口》ひどい; ひどく.

der **Schau·er·mann** [シャウあー・マン] [名] -(e)s/..leute 〘海〙沖仲仕, 港湾労働者.

das **Schau·er·mär·chen** [シャウあー・メーあひぇン] [名] -s/- 怪奇童話, 身の毛のよだつ作り話.

schau·ern [シャウあーン] [動] *h.* 《稀》 **1.** 〘(〈様態〉デ)〙(寒くて)ぞくぞくする：vor Kälte ～ 寒さに身震いする. **2.** 〘(Es)＋〈j⁴⁽³⁾〉ハ〙寒さに身震いする, ぞっとする. **3.** 〘Es〙短時間の激しい雨〔雹(ひょう)・雪〕が降る.

der **Schau·er·ro·man** [シャウあー・ろマーン] [名] -s/-e 怪奇小説.

die **Schau·fel** [シャウふぇル] [名] -/-n **1.** シャベル, スコップ; 塵(ちり)取り (Kehricht～). **2.** (水車の)水受け; (タービンの)羽根; (オールの)ブレード; (スキーの)トップベンド. **3.** 〘狩〙(大鹿などの)角の掌状部; (大雷鳥の)扇状に開いた尾羽.

schau·feln [シャウふぇルン] [動] **1.** *h.* 〔[補足なし]〕シャベルで仕事をする; おもちゃのシャベルで遊ぶ(子供が). **2.** *h.* 〘〈et⁴〉ヲ＋(〈方向〉ヘ(カラ))〙シャベルですくう. **3.** *h.* 〘〈et⁴〉ヲ〙シャベルで掘る(穴・溝などを). **4.** *s.* 〘(〈方向〉ヘ)〙進む, 走る(外輪船が).

das **Schau·fel·rad** [シャウふぇル・らート] [名] -(e)s/..räder (外輪船の)外車; (タービン・水車などの)羽根車.

der **Schau·fel·rad·damp·fer** [シャウふぇルらート・ダムプふぁー] [名] -s/- 外輪船.

das **Schau·fens·ter** [シャウ・ふぇンスター] [名] -s/- ショーウィンドー.

die **Schau·fens·ter·aus·la·ge** [シャウふぇンスター・アウス・ラーゲ] [名] -/-n ショーウィンドウ・ディスプレイ〔陳列品〕.

der **Schau·fens·ter·bum·mel** [シャウふぇンスター・ブメル] [名] -s/- ウィンドーショッピング.

die **Schau·fens·ter·de·ko·ra·ti·on** [シャウふぇンスター・デコらツィオーン] [名] -/-en **1.** (〔単〕のみ)ショーウィンドーの飾りつけ, ウィンドードレッシング. **2.** ショーウィンドーの陳列品.

der **Schau·fens·ter·wett·be·werb** [シャウふぇンスター・ヴェット・ベヴェるプ] [名] -(e)s/-e ショーウィンドーの飾りつけコンテスト.

der **Schauf·ler** [シャウふラー] [名] -s/- **1.** 〘狩〙掌状の角をもつオオシカ. **2.** 《稀》シャベルを使う人.

das **Schau·ge·rüst** [シャウ・ゲりゅスト] [名] -(e)s/-e 観覧席, さじき.

das **Schau·ge·schäft** [シャウ・ゲシェふト] [名] -(e)s/ ショービジネス.

der **Schau·kampf** [シャウ・カムプふ] [名] -(e)s/..kämpfe〘ボクシング〙エキジビションマッチ.

der **Schau·kas·ten** [シャウ・カステン] [名] -s/..kästen ショーケース, 陳列棚.

die **Schau·kel** [シャウケル] [名] -/-n ぶらんこ; シーソー; 〘馬術〙(調教課題で)馬を前進, 後退させること.

die **Schau·ke·lei** [シャウケライ] [名] -/ **1.** (〔単〕のみ)持続的に揺れる〔揺らす〕こと. **2.** (前後・左右・上下に)揺れる装置.

schau·keln [シャウケルン] [動] **1.** *h.* 〘(〈場所〉デ)〙体を揺する. **2.** *h.* 〔[補足なし]〕ブランコ〔シーソー〕で遊ぶ. **3.** *h.* 〔[補足なし]〕揺れ(てい)る(ボートなどが). **4.** *s.* 〘〈方向〉ヘ(カラ)/〈場所〉ヲ〙《口》揺れながら進む, よろけながら歩いて行く, ゆらゆら揺れながら落ちる, (車に)揺られながら行く. **5.** *h.* 〘〈j⁴/et⁴〉ヲ〙揺する. **6.** *h.* 〘〈j⁴/et⁴〉ヲ＋〈方向〉ヘ/〈場所〉ヲ〙《口》(主に《冗》)(ゆらゆら)揺すりながら運ぶ〔運んで行く〕. **7.** *h.* 〘〈et⁴〉ヲ〙《口》うまく片づける.

das **Schau·kel·pferd** [シャウケル・プふぇーあト] [名] -(e)s/-e 揺り木馬.

die **Schau·kel·po·li·tik** [シャウケル・ポリティーク] [名] -/ 日和見主義〔政策〕.

das **Schau·kel·reck** [シャウケル・れック] [名] -(e)s/-e〔-s〕〘体操・曲芸〙空中ブランコ.

der **Schau·kel·stuhl** [シャウケル・シュトゥール] [名] -(e)s/..stühle ロッキングチェア.

die **Schau·lust** [シャウ・ルスト] [名] -/ (《蔑》も有)物見高さ.

schau·lus·tig [シャウ・ルスティひ] [形] (《蔑》も有)物見高い.

der/*die* **Schau·lus·ti·ge** [シャウ・ルスティゲ] [名] (形容詞的変化) (《蔑》も有)物見高い人, やじ馬.

der **Schaum** [シャウム] [名] -(e)s/Schäume (主に〔単〕) **1.** 泡; 泡のような唾(つば)：Eiweiß zu ～ schlagen 卵白を泡立てる. **2.** 《文》うたかた：zu ～ werden 水泡に帰す. **3.** 〘工〙発泡材(フォームラバー, 発泡スチロールなど). 【慣用】**Schaum schlagen** 《口》ほらを吹く.

das **Schaum·bad** [シャウム・バート] [名] -(e)s/..bäder (入浴用の)起泡剤; 泡風呂; 起泡浴.

schaum·be·deckt [シャウム・ベデックト] [形] 泡に覆われた.

die **Schaum·bla·se** [シャウム・ブラーゼ] [名] -/-n 泡, 気泡.

schäu·men [ショイメン] [動] **1.** *h.* 〔[補足なし]〕泡立つ(ビー

Scheibe

ルなどが), しぶきを上げる(波が);《文》激怒する. **2.** *s.* 《方向⌒》泡を立てて(しぶきを上げて)流れる. **3.** *h.* 〔et⁴ヲ〕〔エ〕発泡させる《スチロール樹脂などを》.

der **Schaum·fes·ti·ger** [シャウム・フェスティガー] 名 -s/- ムース(ケーキ・整髪用フォームなど).

das **Schaum·ge·bäck** [シャウム・ゲベック] 名 -(e)s/-e 〖料〗メレンゲ(泡だてた卵白に砂糖を入れてつくるクッキー).

das **Schaum·gold** [シャウム・ゴルト] 名 -(e)s/ 模造金箔(鉛).

der **Schaum·gum·mi** [シャウム・グミ] 名 -s/-s フォームラバー.

schau·mig [シャウミヒ] 形 泡の, 泡立つ.

die **Schaum·kel·le** [シャウム・ケレ] 名 -/-n (泡・あく取り用の)網〔穴あき〕杓子(ﾎゃ<し).

die **Schaum·kro·ne** [シャウム・クローネ] 名 -/-n **1.** 波頭. **2.** (ビールなどの)盛上がった泡.

der **Schaum·löf·fel** [シャウム・レッフェル] 名 -s/- (泡・あく取り用の)網〔穴あき〕杓子(ﾎゃ<し).

der **Schaum·lö·scher** [シャウム・レッシャー] 名 -s/- 泡消火器.

der **Schaum·schlä·ger** [シャウム・シュレーガー] 名 -s/- **1.** 《蔑》ほら吹き, はったり屋. **2.** 《稀》(料理用の)泡立て器.

die **Schaum·schlä·ge·rei** [シャウム・シュレーゲライ] -/-en 《蔑》はったり(をきかせた話);(⍺のみ)ほらを吹くこと.

der **Schaum·stoff** [シャウム・シュトッフ] 名 -(e)s/-e フォームプラスチック, 発泡スチロール, スポンジ.

die **Schaum·mün·ze** [シャウム・ミュンツェ] 名 -/-n 記念メダル.

der **Schaum·wein** [シャウム・ヴァイン] 名 -(e)s/-e 発泡性[スパークリング]ワイン;(俗称)ゼクト(Sekt).

die **Schau·pa·ckung** [シャウ・パックング] 名 -/-en 展示用空包装(パッケージ).

der **Schau·platz** [シャウ・プラッツ] 名 -es/..plätze (事故・犯行などの)現場;(小説などの)舞台,〖劇〗場景.【慣用】**vom Schauplatz abtreten**《文》世を去る;隠退する.

der **Schau·pro·zess**, ⒶⒸ**Schau·pro·zeß** [シャウ・プロツェス] 名 -es/-e《蔑》(世論操作をねらった)公開裁判.

schau·rig [シャウリヒ] 形 **1.** そっとする, おそろしい, 不気味な. ⓅⒸ ひどい; ひどく.

das **Schau·spiel** [シャウ・シュピール] 名 -(e)s/-e **1.** (⍺のみ)演劇, 芝居, ドラマ; シャウシュピール(内容は深刻だが, 悲劇とは異なりハッピーエンドに終る劇). **2.** 劇場(-haus);《稀》演劇部門. **3.** (主に⍺)《文》(劇的な)光景, 見もの: ein ~ für (die) Götter sein おかしな〔グロテスクな〕光景となる.

der **Schau·spiel·dich·ter** [シャウ・シュピール・ディヒター] 名 -s/- 劇作家.

der **Schau·spie·ler** [シャウ・シュピーラー] 名 -s/- 俳優, 役者.

die **Schau·spie·le·rei** [シャウ・シュピーレライ] 名 -/-en (口)役者稼業; 素人芝居[演技];《蔑》お芝居, みせかけ.

die **Schau·spie·le·rin** [シャウ・シュピーレリン] 名 -/-nen 女優.

schau·spie·le·risch [シャウ・シュピーレリシュ] 形 俳優〔役者〕の; 演技的な, 身振りで(表情)による.

schau·spie·lern [シャウ・シュピーレルン] 動 *h.*《稀》《口》役者のまねをする; (偽りの)お芝居をする.

das **Schau·spiel·haus** [シャウ・シュピール・ハウス] 名 -es/..häuser 劇場, 芝居小屋.

die **Schau·spiel·kunst** [シャウ・シュピール・クンスト] 名 -/ 演技, 芸.

der **Schau·stel·ler** [シャウ・シュテラー] 名 -s/- (年の市などの)興行師.

die **Schau·stel·lung** [シャウ・シュテルング] 名 -/-en《稀》**1.** 展示, 陳列, 披露. **2.** 見せ物, 興業.

das **Schau·stück** [シャウ・シュテュック] 名 -(e)s/-e (貴重な)展示物品; 陳列品; 記念メダル;《稀》演劇.

die **Schau·ta·fel** [シャウ・ターフェル] 名 -/-n 掲示板.

das **Schau·tur·nen** [シャウ・トゥルネン] 名 -s/ 〖体操〗エキジビション.

der **Scheck**¹ [シェック] 名 -s/-s **1.** 小切手: ein bestätigter ~ 支払保証小切手, ein ungedeckter ~ 無担保小切手, ein gekreuzter ~ 横線小切手, einen ~ über 1000 Euro ausstellen 1000 ユーロの小切手を振出す. **2.** 仮証券, 引換券.

der **Scheck**² [シェック] 名 -en/-en = Schecke¹.

der **Scheck·aus·stel·ler** [シェック・アウス・シュテラー] 名 -s/- 小切手振出人.

der **Scheck·be·trag** [シェック・ベトラーク] 名 -(e)s/..träge 小切手金額.

der **Scheck·be·trug** [シェック・ベトルーク] 名 -(e)s/ 小切手詐欺.

das **Scheck·buch** [シェック・ブーフ] 名 -(e)s/..bücher《古》小切手帳.

der **Scheck·buch·jour·na·lis·mus** [シェックブーフ・ジュるナリスムス] 名 -/(ジャーナ・蔑)(センセーショナルな情報を金で買う体質の)札束ジャーナリズム.

der **Sche·cke**¹ [シェッケ] 名 -n/-n まだら〔ぶち〕の雄ウシ〔雄ウマ〕.

die **Sche·cke**² [シェッケ] 名 -/-n まだら〔ぶち〕の雌ウシ〔雌ウマ〕.

der **Scheck·ein·zug** [シェック・アイン・ツーク] 名 -(e)s/..züge 小切手取立.

das **Scheck·heft** [シェック・ヘフト] 名 -(e)s/-e 小切手帳.

sche·ckig [シェッキヒ] 形 まだらの, ぶちの; 派手な色の. ~ **braun** 茶色のぶち.【慣用】**sich⁴ scheckig lachen** 笑いこける.

die **Scheck·kar·te** [シェック・カルテ] 名 -/-n 〖銀行〗キャッシュ〔クレジット〕カード, 小切手支払カード.

der **Scheck·neh·mer** [シェック・ネーマー] 名 -s/- 小切手受取人.

die **Scheck·num·mer** [シェック・ヌマー] 名 -/-n 小切手番号.

der **Scheck·ver·kehr** [シェック・フェあケーあ] 名 -(e)s/〖経〗小切手取引.

das **Sched·dach** [シェッドダッハ] 名 -(e)s/..dächer のこぎり屋根.

scheel [シェール] 形 《口》疑ぐり深そうな, 見くびったような, ねたましそうな: ⟨j⁴/et⁴⟩ ~ **blicken**〈人・物・事を〉不信の目でみる.

der **Schee·lit** [シェーリート, シェーリト] 名 -s/-e 灰重石.

die **Scheel·sucht** [シェール・ズフト] 名 -/《古》嫉妬(ﾋと), ねたみ.

scheel·süch·tig [シェール・ズュヒティヒ] 形 ねたんでいる.

der **Schef·fel** [シェッフェル] 名 -s/- **1.** シェッフェル(昔の穀物計量単位. 50-222 ℓ). **2.**《方》大きな桶(ﾂ): in ~n 大量に.

schef·feln [シェッフェルン] 動 *h.*《くだけて》《口》いっぱいかき集める〔ため込む〕.

schef·fel·wei·se [シェッフェル・ヴァイゼ] 副《口》大量に.

(die) **Sche·he·ra·za·de** [..záːdə シェヘらザーデ] シェヘラザード(『千夜一夜物語』の語り手).

scheib·chen·wei·se [シャイプヒェン・ヴァイゼ] 副 薄い輪切りで;《口》少しずつ.

die **Schei·be** [シャイベ] 名 -/-n **1.** 円板;〖工〗円盤(ベルト)プーリー(Riemen~), ブレーキディスク.

(Brems~), パッキングリング(Dichtungs~);〘スポーツ・軍〙標的(Schieß~);(製陶用)ろくろ(Töpfer~), 施盤;《口》CD, (レコード)盤. **2.** (食品の)薄い一切れ, スライス, 薄切り. **3.** (薄い)ガラス板, 窓ガラス. **4.** 《口》Scheiße 2 の婉曲表現. 【慣用】**sich³ von ⟨j³/et³⟩ eine Scheibe abschneiden (können)** ⟨人・事を⟩お手本にする(ことができる).

schei·ben* [シャイベン] [動] schob ; hat geschoben《バイエ・オース・ルンシー・トリア》 **1.** 〔⟨et⁴⟩ヲ〕転がす; 転がして運ぶ. **2.** 〔補足なし〕九柱戯〔ボウリング〕をする.

die **Schei·ben·brem·se** [シャイベン・ブれムゼ] [名] -/-n 〘車〙ディスクブレーキ.

die **Schei·ben·gar·di·ne** [シャイベン・ガるディーネ] [名] -/-n 窓ガラスカーテン.

die **Schei·ben·han·tel** [シャイベン・ハンテル] [名] -/-n 〘スポーツ〙(重量挙げの)バーベル.

der **Schei·ben·ho·nig** [シャイベン・ホーニひ] [名] -s/ **1.** 薄切りの巣蜂蜜. **2.** 《口》Scheiße 2 の婉曲表現.

die **Schei·ben·kupp·lung** [シャイベン・クップルング] [名] -/-en 〘車〙ディスククラッチ.

das **Schei·ben·rad** [シャイベン・らート] [名] -(e)s/..räder ディスクホイール.

das **Schei·ben·schie·ßen** [シャイベン・シーセン] [名] -s/ 〘スポーツ・軍〙標的射撃.

schei·ben·wei·se [シャイベン・ヴァイゼ] [副] 薄切りにして.

der **Schei·ben·wi·scher** [シャイベン・ヴィっシャー] [名] -s/- (車などの)ワイパー.

der **Scheich** [シャイひ] [名] -(e)s/-s〔-e〕 **1.** (アラブ諸国の)首長;族長;家長. **2.** (〔単〕のみ)シャイフ(アラブ社会で特定の地位にある人の称号). **3.** 《若》彼氏, 男;《蔑》いやなやつ.

das **Scheich·tum** [シャイひトゥーム] [名] -s/..tümer (アラブ諸国の)首長国, イスラム教教主の支配地.

die **Schei·de** [シャイデ] [名] -/-n **1.** (刀の)鞘(さや). **2.** 《古》境界. **3.** 〘解〙膣(ちつ).

die **Schei·de·li·nie** [シャイデ・リーニエ] [名] -/-n 境界線, 分離線.

die **Schei·de·mün·ze** [シャイデ・ミュンツェ] [名] -/-n 《古》補助〔少額〕鋳貨, 小銭, 鋳造貨幣.

schei·den* [シャイデン] [動] schied ; hat/ist geschieden **1.** *h.* 〔⟨et⁴⟩ヲ〕解消する(裁判所が結婚を): sich⁴ (von ihrem Mann/seiner Frau) ~ lassen (夫/妻と)正式に離婚する. *geschieden* sein 離婚している. **2.** *h.* 〔⟨j⁴/et⁴⟩ヲ+(von ⟨j³/et³⟩カラ)〕わかつ, わける, 区別する. **3.** *h.* 〔sich⁴〕分れる. **4.** *h.* 〔⟨et⁴⟩ヲ+(aus ⟨et³⟩カラ)〕〘冶金・化〙分離する(金属・物質を);〘鉱〙選鉱する. **5.** *s.* 〔補足なし〕《文》(互いに)別れる(複数の人が主語で). **6.** *s.* 〔(von ⟨j³/et³⟩カラ/aus ⟨et³⟩カラ)〕《文》立去る, 出立する: von euch ~ 君たちのもとを立去る. aus Amt ~ 退官する. aus dem Leben ~ 世を去る. 【慣用】**geschiedene Leute sein** もう赤の他人である.

die **Schei·de·wand** [シャイデ・ヴァント] [名] -/..wände 隔壁, 仕切り壁.

das **Schei·de·was·ser** [シャイデ・ヴァっサー] [名] -s/..wässer 〘化〙《古》硝酸.

der **Schei·de·weg** [シャイデ・ヴェーク] [名] -(e)s/-e 岐路, 分かれ道: am ~ stehen 岐路に立つ.

der **Schei·ding** [シャイディング] [名] -s/-e (主に〔単〕)《古》9月.

die **Schei·dung** [シャイドゥング] [名] -/-en **1.** 分離, 区別. **2.** 離婚: in ~ leben (夫婦が)別居生活をする.

der **Schei·dungs·grund** [シャイドゥングス・グるント] [名] -(e)s/..gründe 離婚の理由.

die **Schei·dungs·kla·ge** [シャイドゥングス・クラーゲ] [名] -/-n 離婚の訴え.

das **Schei·dungs·recht** [シャイドゥングス・れひト] [名] -(e)s/ 離婚関連法.

das **Schei·dungs·ur·teil** [シャイドゥングス・ウるタイル] [名] -s/-e 離婚訴訟の判決.

der **Scheik** [シャイク] [名] -s/-s〔-e〕 =Scheich 1, 2.

der **Schein** [シャイン] [名] -(e)s/-e **1.** (主に〔単〕)(日・月・灯火などの)光, 輝き, きらめき. **2.** (〔単〕のみ)(見せかけの)外観, 外見, 様子;(わずかな)気配;〘哲〙仮象: den ~ retten/wahren 体裁を繕う/保つ. dem ~ nach 外見上. zum ~ みせかけに. **3.** 証明書, 券;領収書. **4.** 紙幣(Geld~).

der **Schein·an·griff** [シャイン・アン・グりふ] [名] -(e)s/-e 陽動作戦の攻撃;〘スポーツ〙フェイント.

schein·bar [シャイン・バーあ] [形] 外見上の, 見せかけの, うわべだけの: mit ~*er* Ruhe 平静を装って.
—— [副] 《文飾》 **1.** 外見上は: Sie waren ~ mächtig. 彼らは権力がありそうに見えるだけだった. **2.** 《口》(見たところ)どうも…らしい: Sie gab ihren Plan ~ auf. 彼女はどうも計画を断念したらしい.

die **Schein·blü·te** [シャイン・ブリューテ] [名] -/-n **1.** 〘植〙偽花. **2.** から景気, 見せかけの繁栄.

die **Schein·e·he** [シャイン・エーエ] [名] -/- 偽装結婚.

schei·nen* [シャイネン] [動] schien ; hat geschienen **1.** 〔補足なし〕照らしている, 照っている, 輝く, (…の光が)さす;(反射して)輝く. **2.** 〔(zu ⟨[動]⟩デアルヨウニ)〕見える, (…)らしい, (…と)思われる. Er *scheint* sie zu kennen 彼は彼女を知っているように見える. **3.** 〔Es+⟨[文]⟩デアルヨウニ〕見える, (…)らしい, (…と)思われる. Es *scheint*, als ob… …であるかのように思われる. Wie es *scheint*, ist er verreist. 彼は旅行中のようだ.

der **Schein·frie·de** [シャイン・ふりーデ] [名] -ns/ 見せかけの平和.

die **Schein·frucht** [シャイン・ふるふト] [名] -/..früchte 〘植〙偽果, 仮果.

das **Schein·ge·schäft** [シャイン・ゲシェふト] [名] -(e)s/-e **1.** 偽装取引. **2.** 〘法〙仮装〔虚偽〕行為.

der **Schein·grund** [シャイン・グるント] [名] -(e)s/..gründe 表向きの理由, 口実.

schein·hei·lig [シャイン・ハイリひ] [形] 《口》正直そうな〔親切そうな・何も知らない〕ふりをする, 何食わぬ;偽善的な.

die **Schein·hei·lig·keit** [シャイン・ハイリひカイト] [名] -/ 《口》偽善(的な態度), かまとと(ぶった態度).

der **Schein·kauf** [シャイン・カウふ] [名] -(e)s/..käufe 仮装売買, 偽装購入.

schein·re·vo·lu·ti·o·när [シャイン・れヴォルツィオネーあ] [形] えせ革命的な.

die **Schein·selb·stän·dig·keit** [シャイン・ゼルプ・シュテンディひカイト] [名] -/ =Scheinselbstständigkeit.

die **Schein·selbst·stän·dig·keit** [シャイン・ゼルプスト・シュテンディひカイト] [名] -/ 〘政・経〙みかけだけの独立〔自立〕.

der **Schein·tod** [シャイン・トート] [名] -(e)s/ 〘医〙仮死(状態).

schein·tot [シャイン・トート] [形] 〘医〙仮死状態の;《口》余命いくばくもなさそうな.

der **Schein·wer·fer** [シャイン・ヴェるふぁー] [名] -s/- ヘッドライト, 探照灯, サーチライト;スポットライト.

der **Scheiß** [シャイス] [名] -/ 《口・蔑》いやな(つまらない)事, くだらない物.

die **Scheiß·ar·beit** [シャイス・アるバイト] [名] -/ 《口・蔑》すごくいやな仕事.

der **Scheiß·dreck** [シャイス・ドれっク] [名] -s/ **1.** 《口・稀》くそ. **2.** 《口》すごくくだらない物〔事〕.

die **Schei·ße** [シャイセ] [名] -/ **1.** 《口》くそ. **2.** 《口・蔑》くだらない物〔事〕: Ach, du ~! くそったれ! ~ bauen 間違いをする. ⟨j³⟩ steht die ~ bis zum

S

Hals〈人が〉絶望的状態にいる．in der ~ sitzen 非常に困った状況にある．
scheiß·e·gal［シャイス・エガール］形《口・蔑》全くどうでもいい．
scheißen*［シャイセン］動 schiss; hat geschissen《口》**1.**〔糞便〕糞(ᕵ)をする，屁(ᕵ)をする．**2.**〔auf〈j⁴〉et⁴ᔆ〕無視する，放っておく．【慣用】〈j³〉etwas[was] scheißen〈人³〉の願いかなえてやるわけはまったくない．**vor Angst in die Hose scheißen** ひどくびくびくしている．
der **Schei·ßer**［シャイサー］名 -s/- **1.**《口・蔑》《罵》も有くそったれ，けす野郎．**2.**《口・蔑》能無し，役立たず．**3.**《口》おちびちゃん((乳)幼児)に対して．
scheiß·freund·lich［シャイス・ふろイントリひ］形《口・蔑》やけに親切な．
das **Scheiß·haus**［シャイス・ハウス］名 -es/..häuser《口》便所．
der **Scheißkerl**［シャイス・ケルル］名 -(e)s/-e《蔑》《罵》も有けす野郎．
das **Scheit**［シャイト］名 -(e)s/-e((ﾄﾞｲﾂ・ｽｲｽ)-er)〔南独・ﾄﾞｲﾂ・ｽｲｽ〕木片，割木，薪．
der **Schei·tel**［シャイテル］名 -s/- **1.** 頭のてっぺん；頭髪の分け目；《文》頭髪．**2.** 最高地点；〔建・数〕頂点；〔天〕天頂；〔数〕交点．【慣用】**vom Scheitel bis zur Sohle** 頭のてっぺんからつま先まで，完全に．
das **Schei·tel·bein**［シャイテル・バイン］名 -(e)s/-e〔解〕頭頂骨．
die **Schei·tel·fri·sur**［シャイテル・ふりズーア］名 -/-en 分け目のある髪形．
der **Schei·tel·kreis**［シャイテル・クライス］名 -es/-e〔天・数〕垂直圏．
schei·teln［シャイテルン］動 h. 〈et⁴ᔆ〉分ける(髪を)．
der **Schei·tel·punkt**［シャイテル・プンクト］名 -(e)s/-e 最高地点，頂点；〔天〕天頂；頂上．
der **Schei·tel·winkel**［シャイテル・ヴィンケル］名 -s/-〔数〕対頂角．
schei·ten［シャイテン］動 h. 〈et⁴ᔆ〉〔ﾄﾞｲﾂ・ｽｲｽ〕割る(木を)．
der **Schei·ter·hau·fen**［シャイター・ハウふェン］名 -s/- **1.** 火刑のための薪の山．**2.**〔南独〕シャイター・ハウフェン(細く切ったパン，牛乳，卵，砂糖，干しブドウでつくる菓子)．
schei·tern［シャイターン］動 s. **1.**〔堆論〕挫折(ᕵᔆ)する，失敗する，達成できない．**2.**〔堆論〕失敗する，うまく行かない，成就しない（事が）．**3.**〔堆論〕《古》難破する．
das **Scheitholz**［シャイト・ホルツ］名 -es/ たきぎ，薪．
der **Sche·kel**［シェーケル］名 -s/- シェケル，シケル（①イスラエルの通貨単位．②古代バビロニア・ヘブライの金銀の重量単位またはその単位の金(銀)貨）．
die **Schel·de**［シェルデ］名 -/〔川名〕スヘルデ川（ベルギー，フランドル地方の主要河川）．
(*der*) **Sche·ler**［シェーラー］名〔人名〕シェーラー (Max ~, 1874-1928, 哲学者)．
der〔*das*〕 **Schelf**［シェルふ］名 -s/-e〔地〕大陸棚．
der **Schelf·gür·tel**［シェルふ・ギュルテル］名〔地〕大陸棚水域．
das **Schelfmeer**［シェルふ・メーア］名 -(e)s/-e〔地〕大陸棚海域．
der **Schel·lack**［シェラック］名 -(e)s/-e シェラック(ワニスなどの原料となる貝殻虫の分泌物)．
die **Schel·le**¹［シェレ］名 **1.** 鈴；〔方〕小さな鐘．**2.**〔方〕呼び鈴，ベル．**3.**《南のみ．ただし無冠詞中性(南)扱い》シレン(ドイツのトランプのダイヤ)．
die **Schel·le**²［シェレ］名 -/-n〔導管の留め輪〕(南

のみ)《古》手錠 (Hand~)．
die **Schel·le**³［シェレ］名 -/-n〔方〕平手打ち．
schel·len［シェレン］動 h.〔方〕**1.**〔ベルなどが〕鳴る(ベルなどが)；ベル[呼び鈴]を鳴らす；(Es が主語で)ベル[呼び鈴]の音がする：Er *schellte.* 彼はベルを鳴らした．Es schellt an der Tür. ドアのベルが鳴る．Er schellte nach dem Diener. 彼は召使をベルを鳴らして呼んだ．
der **Schel·len·baum**［シェレン・バウム］名 -(e)s/..bäume クレッセント(小鈴をたくさんつけた軍楽隊の楽器)．
das **Schel·len·ge·läu·te**［シェレン・ゲロイテ］名 -s/ 鈴(ベル)の音．
die **Schel·len·kap·pe**［シェレン・カッペ］名 -/-n（道化師の）鈴つき帽子．
der **Schell·fisch**［シェル・ふィッシュ］名 -(e)s/-e〔魚〕ハドック(タラの一種)．
(*der*) **Schel·ling**［シェリング］名〔人名〕シェリング(Friedrich Wilhelm von ~, 1775-1854, 哲学者)．
der **Schelm**［シェルム］名 -(e)s/-e いたずら者，ひょうきん者；《古》悪者，ごろつき．
der **Schel·men·ro·man**［シェルメン・ろマーン］名 -s/-e〔文芸学〕悪漢小説，ピカレスク．
der **Schel·men·streich**［シェルメン・シュトらイひ］名 -(e)s/-e いたずら，わるさ；《古》犯罪行為，悪事．
das **Schel·men·stück**［シェルメン・シュテュック］名 -(e)s/-e いたずら，わるさ；《古》悪事．
die **Schel·me·rei**［シェルメらイ］名 -/-en **1.** いたずら，わるさ；《南のみ》いたずらっ子さ．**2.**《古》悪事，犯罪行為；《南のみ》悪習，不道徳さ．
schel·misch［シェルミッシュ］形 いたずらっぽい；《古》悪党の．
die **Schel·te**［シェルテ］名 -/-n （主に(南))〔文〕叱責(ᕵᔆ)．
schel·ten*［シェルテン］動 er schilt; schalt; hat gescholten《文》**1.**〔叱責〕叱(ᕵ)る．**2.**〔auf〔über〕〈j⁴〉et⁴ᔆ〕〈j⁴〉に怒る，悪し様に言う．**3.**〈j⁴〉ン/mit〈j³〉叱(ᕵ)る，叱責(ᕵᔆ)する．**4.**〈j⁴〉ン＋〈j³〉ト/〔形デアルト〕罵る．
das **Schelt·wort**［シェルト・ヴォルト］名 -(e)s/-e〔..wörter〕《文》(南)-e 叱責(ᕵᔆ)の言葉，罵詈(ᕵ)；(南..wörter[-e]) ののしり言葉．
das **Sche·ma**［シェーマ］名 -s/-s[-ta, ..men] **1.** (基準となる)型，典型，模範，シェーマ：〈et¹〉passt in kein ~〈物・事₄〉規格である．**2.**〔図〕図式，図面：das ~ einer elektrischen Schaltung 電気配線図．【慣用】**nach Schema F**《蔑》まったく型どおりに (F はプロイセン前線部隊の報告書のF)．
sche·ma·tisch［シェマーティッシュ］形 図式による；型どおりの．
sche·ma·ti·sie·ren［シェマティズィーれン］動 h. 〈et⁴ᔆ〉図式化する，簡略化する；あまりにも(単純に)図式化し過ぎる．
der **Sche·ma·tis·mus**［シェマティスムス］名 -/..men《文・蔑》**1.**(南のみ)画一主義，形式主義．**2.** 決りきった〔型どおりの〕行動．**3.**〔ｶﾄﾘｯｸ〕教区統計要覧．**4.**〔ｵｰｽﾄﾘｱ〕公務員階級名簿．
der **Sche·mel**［シェーメル］名 -s/-（ひじ掛け・背もたれのない）いす，スツール；《南独》足台．
der〔*das*〕 **Sche·men**［シェーメン］名 -s/- 影，はっきりしない姿；幻，幻影，幻霊．
sche·men·haft［シェーメンハふト］形《文》幻のような，おぼろな．
der **Schenk**［シェンク］名 -en/-en **1.** (昔の宮廷の)献酌侍従(侍臣) (Mund~)．**2.**《古》居酒屋の主人．
die **Schen·ke**［シェンケ］名 -/-n 居酒屋，飲み屋．
der **Schen·kel**［シェンケル］名 -s/- **1.** もも，大腿(ᔆᔆ)，大腿部(Ober~)：mit gespreizten ~n 股

(また) を開いて. **2.** (コンパスなどの) 脚, (はさみなどの) 柄(え). **3.** 〖幾何〗(角をはさむ) 辺.

der **Schẹn·kel·bruch** [シェンケル・ブるっふ] [名] –(e)s/..brüche 大腿(だいたい)骨折；大腿ヘルニア.

der **Schẹn·kel·druck** [シェンケル・ドるっく] [名] –(e)s/ =die Schenkelhilfe.

die **Schẹn·kel·hil·fe** [シェンケル・ヒルふぇ] [名] –/–n《主に(複)》〖乗馬〗両膝の締め(馬への指示).

der **Schẹn·kel·kno·chen** [シェンケル・クノっへン] [名] –s/– 大腿(だいたい)骨, 脛骨(けいこつ).

schẹn·ken [シェンケン] [動] *h.* **1.** 〔〈j^3〉ニ＋〈et^4〉ヲ〕贈る, プレゼントする：〈j^3〉〈et^4〉 zum Geburtstag ～〈人に〉〈物を〉誕生日祝いにプレゼントする. von 〈j^3〉〈et^4〉 *geschenkt* bekommen 〈人から〉〈物を〉プレゼントにもらう. nichts *geschenkt* nehmen 贈り物はなにも受取らない, ただでは何ももらわない. **2.** 〔〈et^4〉ヲ〕与える, もたらす(事が). **3.** 〔〈j^3〉ニ＋〈et^4〉ヲ〕免除する：sich^3 〈et^4〉 ～〈事を〉しないですませる；〈事を〉断念する. **4.** 〔〈j^3/et^3〉ニ＋〈et^4〉ヲ〕与える：〈j^3/et^3〉 Aufmerksamkeit ～〈人・物・事に〉注意を払う. 〈j^3〉 Gehör ～〈人の〉言うことに耳を貸す. 〈j^3〉 ein Lächeln ～《古》〈人に〉微笑をおくる. 〈j^3〉 Vertrauen ～《古》〈人に〉信頼をおく. **5.** 〔〈et^4〉ヲ〕《文》供する(飲み物を). **6.** 〔〈et^4〉ヲ＋in 〈et^4〉ニ〕《文》注ぐ. 【慣用】**Das ist fast〔halb〕geschenkt.**《口》それはただみたいなものだ. **Das möchte ich nicht geschenkt!** そんなものただでくれるといってもいらない. **Er schenkt gern.** 彼は気前がいい. **Können Sie mir ein wenig Zeit schenken?** 《古》少々お時間を拝借できますでしょうか. **Sie schenkte ihm fünf Kinder.** 《古》彼女は彼との間に5人の子をもうけた.

der **Schẹn·ker** [シェンカー] [名] –s/– **1.** 〖法〗贈与者. **2.** 《古》居酒屋の主人〔給仕〕.

der **Schẹnk·tisch** [シェンク・ティッシュ] [名] –(e)s/–e ⇨ Schanktisch.

die **Schẹn·kung** [シェンクング] [名] –/–en 〖法〗贈与.

der **Schẹnk·wirt** [シェンク・ヴィるト] [名] –(e)s/–e ⇨ Schankwirt.

die **Schẹnk·wirt·schaft** [シェンク・ヴィるトシャふト] [名] –/–en ⇨ Schankwirtschaft.

der **Sche·o̲l** [シェオール] [名] –s/ 〖旧約〗死者の国, 冥土.

schẹp·pern [シェッパーン] [動] *h.* 〖(補足なし)〗がちゃがちゃと音をたてる.

die **Schẹr·be** [シェるべ] [名] –/–n《主に(複)》破片, かけら：in ～*n* gehen 粉々になる.

schẹr·beln [シェるベルン] [動] *h.* **1.** 〖(補足なし)〗《方》(元気に楽しく) 踊る. **2.** 〖(補足なし)〗《(スイス)》がさついた音を立てる.

der **Schẹr·ben** [シェるベン] [名] –s/– **1.** 《南独・(オーストリア)》(ガラスなどの) 破片, かけら；《南独》陶製の植木鉢. **2.** 素焼き(の陶器).

das **Schẹr·ben·ge·richt** [シェるベン・ゲりひト] [名] –(e)s/–e (古代ギリシアの) 陶片裁判：ein ～ über 〈j^4〉 veranstalten 〈人を〉厳罰にする, 厳しく責める.

der〔*das*〕**Scher·bẹtt** [シェるベット] [名] –(e)s/–e シャーベット, ゾルベット (Sorbett).

die **Sche̲·re** [シェーれ] [名] –/–n **1.** はさみ；《方》二またの轅(ながえ). **2.** 《主に(複)》(カニなどの) はさみ. **3.** 〖体操〗両脚交差, シザーズ(鞍馬での演技)；〖(レスリング)〗はさみ固め；ヘッドシザーズ；〖(バスケット)〗(前後からの) マーク；(馬銜(はみ) の両側の) 手綱鉤；《欺》(スリがポケットに手を入れる時の) 人差指と中指の指使いの形. **4.** 《(ジャーゴン)》(二つの要因の間の) 開き, 格差.

sche̲·ren$^{1(*)}$ [シェーれン] [動] er schert〔schiert〕; schor〔scherte〕; hat geschoren〔geschert〕《現在時称の不規則変化と過去時称・過去分詞の規則変化は《稀》》 **1.** 〔〈j^4/et^4〉ノ〕髪〔毛〕を刈る. **2.** 〔〈j^3/et^3〉ノ＋〈et^4〉ヲ〕刈る, 剃る(髪・ひげ・毛などを). **3.** 〔〈et^4〉ヲ〕刈込む(芝生などを). **4.** 〔〈et^4〉ノ〕〖織〗剪毛(せんもう) をする(じゅうたんなどの)；〖製革〗真皮の結合組織を取除く(原皮の). 【慣用】〈j^4〉 (**um** 〈et^4〉) **scheren**《口》〈人を〉騙(だま)す, 〈人から〉〈物を〉騙し取る.

sche̲·ren^2 [シェーれン] [動] *h.* 《口》 **1.** 《否定文でのみ》〔sich^4＋um 〈j^4/et^4〉ヲ〕気にかける. **2.** 《否定文・疑問文で》〔〈j^4〉ヲ〕《古》煩わす, (…に) 関わりがある.

sche̲·ren^3 [シェーれン] [動] *h.* **1.** 〔〈et^4〉ヲ〕〖(スポーツ)〗交差する(鞍馬(あんば)で脚を), (…を開閉しながら) 交差させる(体操で両脚を). **2.** 〔〈et^4〉ヲ＋durch 〈et^4〉ニ〕〖海〗通す(ロープを滑車に).

sche̲·ren^4 [シェーれン] [動] **1.** *h.* 《主に命令文で》〔sich^4＋〈方向〉へ〕さっさと行く：*Scher* dich zum Teufel! 失せろ. **2.** *s.* 〔〈様態〉ニ〕〖海〗隊列〔コース〕からはずれる.

das **Sche̲·ren·fern·rohr** [シェーれン・ふぇるン・ろーあ] [名] –(e)s/–e (昔の軍事用の) 大型双眼鏡.

der **Sche̲·ren·schlei·fer** [シェーれン・シュライふぁー] [名] –s/– (はさみ) 研ぎ師.

der **Sche̲·ren·schnitt** [シェーれン・シュニット] [名] –(e)s/–e 切り絵, 切紙細工.

die **Sche·re·re̲i** [シェーれらイ] [名] –/–en《主に(複)》《口》厄介ごと.

das **Schẹrf·lein** [シェるふライン] [名] –s/–《主に(単)》《文》少しばかりの寄付金；《転》貢献.

der **Schẹr·ge** [シェるゲ] [名] –n/–n《蔑》(権力の) 手先；(昔の) 廷吏.

die **Sche·ri̲·a** [シェりーア] [名] –/ 〖イ教〗=Scharia.

der **Sche·ri̲f** [シェりーふ] [名] –s〔–en〕/–s〔–e(n)〕シャリーフ(人；《(単)のみ》Mohammed の子孫の称号).

der **Sche̲r·kopf** [シェーあ・コップふ] [名] –(e)s/..köpfe (電気かみそりの) シェービングヘッド.

das **Sche̲r·mes·ser** [シェーあ・メッサー] [名] –s/– (電気かみそり・バリカン・剪毛(せんもう) 器などの) 刃；《方》(折畳み式の) かみそり.

der **Schẹrz** [シェるツ] [名] –es/–e 冗談, しゃれ：〈et^4〉 aus〔im/zum〕～ sagen 〈事を〉冗談で言う. mit 〈j^3〉 (seinen) ～ treiben 〈人を〉からかう. ～ beiseite! 冗談はよせ, 冗談はさておき.

scher·zạn·do [skɛr.. スケるツァンド] [副] 〖楽〗スケルツァンド, 陽気に・諧謔(かいぎゃく)的に.

der **Schẹrz·ar·ti·kel** [シェるツ・アるティ(ー)ケル] [名] –s/– いたずら用小道具(カーニバルのつけ鼻・爆竹など).

das **Schẹr·zel** [シェるツェル] [名] –s/–(n) **1.** 《(バイエルン)・(オーストリア)》パンの耳. **2.** 《(オーストリア)》〖料〗牛の臀部(でんぶ)肉.

schẹr·zen [シェるツェン] [動] *h.* **1.** 〔über 〈j^4/et^4〉ニツイテ〕《文》冗談〔洒落(しゃれ)〕を言う：Damit ist nicht zu ～. それは冗談事ではない. über 〈j^4/et^4〉 ～〈人・事を〉冗談の種にする. Ich *scherze* nicht. 私は冗談を言っているのではない. Sie ～ wohl! ご冗談を. **2.** 〔〈[文]〉ト〕冗談で言う.

die **Schẹrz·fra·ge** [シェるツ・ふらーゲ] [名] –/–n 頓知クイズ.

das **Schẹrz·ge·dicht** [シェるツ・ゲディひト] [名] –(e)s/–e 〖詩〗戯詩, 諧謔詩.

schẹrz·haft [シェるツハふト] [形] 冗談〔ふざけ〕半分の, 茶化した；滑稽(こっけい)な.

das **Schẹrzl** [..zəl シェるツェル] [名] –s/–(n) =Scherzel.

das **Schẹrz·lied** [シェるツ・リート] [名] –(e)s/–er ざれ歌, 滑稽な〔ふざけた〕歌.

der **Schẹrz·na·me** [シェるツ・ナーメ] [名] –ns/–n あだ名.

das **Schẹr·zo** [skɛ́rtso スケるツォ] [名] –s/–s〔..zi〕〖楽〗スケルツォ(交響曲, ソナタ, 室内楽の第3楽章の速い3拍子の楽曲).

S

Schicklichkeit

das **Scherz·wort** [シェるツ・ヴォるト] 名 -(e)s/-e 1. 冗談. 2. 機知に富む言葉.

scheu [ショイ] 形 物おじする, 内気な, はにかみ屋の, おどおどした;臆病(ガょう)な《動物》, 気が立った《馬》.

die **Scheu** [ショイ] 名 -/ 物おじ, はにかみ, 内気《鹿など弱い動物の》臆病(ガょう): eine ehrfurchtsvolle ~ 畏怖の念.

die **Scheu·che** [ショイヒェ] 名 -/-n かかし, 鳥おどし.

scheu·chen [ショイヒェン] 動 *h.* 1. 〈*j*⁴/*et*⁴ヲ+〈方向〉ヘ(カラ)〉追払う, 追立てる(込む): *j*⁴ aus dem Schlaf ~ 〈人ヲ〉たたき起こす. 2. 〈*j*³ヲ+〈方向〉ニ〉行くようにせきたてる. 〈*j*⁴〉 ~ 〈人ヲ〉励ます. sich⁴ nicht ~ lassen あれこれ指図は受けない.

scheu·en [ショイエン] 動 *h.* 1. 〈*j*⁴/*et*⁴ヲ〉避けようとする, いとう, 嫌がる, 恐れる, はばかる. 2. 〔sich⁴+vor〈*et*³〉ニ〕恐れを感ずる, ひるむ. 3. 〔sich⁴+zu〈動〉スルコトニ〕ためらいを感ずる, 抵抗を感ずる, (…を)はばかる. 4. 〔(vor〈*j*³/*et*³〉ニ)〕おびえて暴れる《馬が》.

die **Scheu·er** [ショイあー] 名 -/-n《南独・中独》納屋, 穀倉.

die **Scheu·er·bürs·te** [ショイあー・ビュるステ] 名 -/-n 掃除用ブラシ.

die **Scheu·er·frau** [ショイあー・ふらウ] 名 -/-en《古》掃除婦.

der **Scheu·er·lap·pen** [ショイあー・ラッペン] 名 -s/- 雑巾(ぞう);〔海〕(防枝(ぼう)用の)舷側板.

die **Scheu·er·leis·te** [ショイあー・ライステ] 名 -/-n 幅木(はば);〔海〕(防枝(ぼう)用の)舷側板.

das **Scheu·er·mit·tel** [ショイあー・ミッテル] 名 -s/- みがき用洗剤.

scheu·ern [ショイあーン] 動 *h.* 1. 〔(〈*et*⁴ヲ〉)〕(ごしごし)磨く, 磨いてきれいにする《床・鍋などを》, 磨き上げる《居間などを》. 2. 〈様態〉磨く. 3. 〔〈*et*⁴ヲ+von〈*et*³〉カラ〕こすり落す. 4. 〔〈*et*⁴ヲ+〈形〉ニ〕磨いて〔ふいて〕(…)にする. 5. 〔〈場所〉ニ〕擦れる(カラーが首など). 6. 〈*et*⁴ヲ〉〈形〉擦りむく;(こすって)傷める. 7. 〔über〈*et*⁴〉ヲ/an〈*et*³〉ニ〕激しくこする. 8. 〔*sich*⁴+an〈*et*³〉ニ〕こすりつける. 9. 〔*sich*³+〈*et*⁴ヲ+〈形〉ニ〕擦りむく. 【慣用】eine gescheuert kriegen〔bekommen〕《口》びんたを食らう. 〈*j*³〉 eine scheuern《口》〈人ニ〉びんたを食らわす.

der **Scheu·er·sand** [ショイあー・ザント] 名 -(e)s/- 磨き砂.

das **Scheu·er·tuch** [ショイあー・トゥーふ] 名 -(e)s/..tücher 雑巾(ぞう).

die **Scheu·klap·pe** [ショイ・クラッペ] 名 -/-n《主に德》(馬の)目隠し.

das **Scheu·le·der** [ショイ・レーダー] 名 -s/- =Scheuklappe.

die **Scheu·ne** [ショイネ] 名 -/-n 納屋, 穀物倉.

der **Scheu·nen·dre·scher** [ショイネン・ドれッシャー] 〔次の形で〕wie ein ~ essen〔fressen〕《口》たらふく食べる.

das **Scheu·nen·tor** [ショイネン・トーア] 名 -(e)s/-e 納屋〔穀物倉〕の戸口: mit dem ~ winken《転》露骨にほのめかす.

die **Scheu·re·be** [ショイ・れーベ] 名 -/-n 1. (德のみ)ショイレーベ種のブドウ. 2. ショイレーベ種のブドウによるワイン.

das **Scheu·sal** [ショイザール] 名 -s/-e〔..säler〕《蔑》恐ろしい人;醜い人, (稀)化け物, 怪物.

scheuß·lich [ショイスリヒ] 形 1. いやらしい, ぞっとする. 2.《口》ひどく不快な;ひどく.

die **Scheuß·lich·keit** [ショイスリヒカイト] 名 -/-en 1. (德のみ)ひどい(ぞっとする)有様;ひどい不快さ. 2. (主に德)ぞっとする出来事(行為). 3. 醜悪なもの.

der **Schi** [シー] 名 -s/-er =Ski.

das **Schib·bo·leth** [シボーレット] 名 -s/-e〔-s〕(相互識別用の)合言葉, 目印.

der **Schi·bob** [シー・ボップ] 名 -s/-s《ふう》スキーボブ《競技》.

die **Schicht** [シヒト] 名 -/-en 1. 層, 膜(ま);《社会の》階層, 階級: die besitzende ~ 有産階級. 2. 交替〔シフト〕制の勤務(時間);(交替制の)組, 班, 作業方(かた): ~〔in -*en*〕arbeiten 交替制で仕事をする.

die **Schicht·ar·beit** [シヒト・アるバイト] 名 -/ 交替制勤務(労働), シフトワーク.

der **Schicht·ar·bei·ter** [シヒト・アるバイター] 名 -s/- 交替制勤務者〔労働者〕.

die **Schich·te** [シヒテ] 名 -/-n (《オ》)(大気・土などの)層.

schich·ten [シヒテン] 動 *h.* 1. 〈*et*⁴ヲ〉積み重ねる〔整理して入れる〕. 2. 〔*sich*⁴〕層を成す, 層状になる《雲などが》.

schich·ten·spe·zi·fisch [シヒテン・シュペツィーふぃシュ, シヒテン・スペツィーふぃッシュ] 形 =schichtspezifisch.

die **Schicht·ero·sion** [シヒト・エろズィオーン] 名 -/-en〔地質〕表層水食〔侵食〕.

das **Schicht·ge·stein** [シヒト・ゲシュタイン] 名 -(e)s/-e〔地質〕成層岩, 堆積(たいせき)岩.

das **Schicht·holz** [シヒト・ホルツ] 名 -es/..hölzer 1. (德のみ)(立方メートルでの販売用に長さ・高さをそろえた)木材. 2. 合板, ベニヤ板.

der **Schicht·lohn** [シヒト・ローン] 名 -(e)s/..löhne 交替制勤務〔労働〕の賃金.

schicht·spe·zi·fisch [シヒト・シュペツィーふぃシュ, シヒト・スペツィーふぃッシュ] 形〔社〕階層特有の.

die **Schich·tung** [シヒトゥング] 名 -/-en 成層, (社会の)階層分化;層状の形成物.

der **Schicht·un·ter·richt** [シヒト・ウンターリヒト] 名 -(e)s/- 交替〔二部〕制の授業.

das **Schicht·was·ser** [シヒト・ヴァッサー] 名 -s/-〔地質〕地層地下水.

der **Schicht·wech·sel** [シヒト・ヴェクセル] 名 -s/ (交替制勤務の)就業勤務交替.

schicht·wei·se [シヒト・ヴァイゼ] 副 1. 層をなして, 重なって. 2. グループごとに, 交替制で.

die **Schicht·wol·ke** [シヒト・ヴォルケ] 名 -/-n〔気〕層雲.

schick [シック] 形 1. シックな, しゃれた, 粋な. 2. おしゃれな. 3.《口》(トレンディーで)すばらしい.

der **Schick** [シック] 名 -(e)s/- 1. (服装などの)しゃれたセンス.;(態度などの)エレガンス, スマートさ. 2. (北方の状態;栄養が行届いている様子.

schi·cken [シッケン] 動 *h.* 1. 〔(〈*j*³〉ニ/〈方向〉ヘ)+〈*et*⁴ヲ〕送る, 届ける: Der Anzug wird (Ihnen) ins Haus *geschickt*. 背広は ご自宅にお届けすることに致します(店員が客に言う). 2. 〈*j*⁴ヲ+〈方向〉ニ/〈動〉〕行かせる, 使いに出す, 派遣する, 送り出す: 〈*j*⁴〉 einkaufen〔zum Einkaufen〕~ 〈人ヲ〉買い物にやる. einen Mitspieler ~〔球〕(前方にパスを出して)味方を(フォワードを)前に走らす《特にサッカーで》. 〈*j*⁴〉 auf die Bretter〔in die Seile〕〈人ヲ〉リングに沈める. 3. 〔*sich*⁴+in〈*et*⁴〉ニ〕従う, 身をゆだねる. 4. (主に否定文で)〔*sich*⁴+für〈*j*⁴/*et*⁴〉ニ〕ふさわしい, 適当である. 5. 〔nach〈*j*³/*et*³〉ニ〕《古》呼びにやる.

die **Schi·cke·ria** [シッケリーア] 名 -/ (ジミー・蔑)上流階級.

schick·lich [シックリヒ] 形《文》礼儀作法にかなった, 適切〔適当〕な.

die **Schick·lich·keit** [シックリヒカイト] 名 -/《文》

(振舞いなどの)適切さ, 礼儀正しさ.

das **Schick·sal** [シックザール] [名] -s/-e **1.** 運命, 宿命 : 〈j⁴〉 seinem ～ überlassen 〈人を〉運命にゆだねる〔見捨てる〕, 〈人を〉ひとりにする〔置いて行く〕. **2.** 《[単]のみ》運命(を定める超越的な力) : ～ spielen 《口》運命をもてあそぶ.

schick·sal·haft [シックザールハふト] [形] 宿命的な;運命的な.

der **Schick·sals·glau·be** [シックザールス・グラウベ] [名] -ns/ 運命〔宿命〕論.

die **Schick·sals·göt·tin** [シックザールス・ゲッティン] [名] -/-nen 〖神話〗運命の女神.

der **Schick·sals·schlag** [シックザールス・シュラーク] [名] -(e)s/..schläge 運命の一撃, 人生を一変させる事件.

schick·sals·schwer [シックザールス・シュヴェーあ] [形] 《文》運命を決する重大な.

die **Schick·se** [シクセ] [名] -/-n **1.** 《口・蔑》浮気娘, 売春婦. **2.** 《古・蔑》ユダヤ女. **3.** (ユダヤ人からみて)非ユダヤ女.

die **Schi·ckung** [シックング] [名] -/-en 《文》(神の)摂理〔定め〕, 神意, 天命.

das **Schie·be·dach** [シーベ・ダっは] [名] -(e)s/..dächer 〖車〗サンルーフ;スライディングルーフ.

das **Schie·be·fens·ter** [シーベ・ふぇンスター] [名] -s/- (上下・左右の)引き違い式窓, スライド窓.

schie·ben* [シーベン] [動] schob ; hat/ist geschoben **1.** *h.* 〔〈et⁴〉ヲ+(〈方向〉ニ/über 〈et⁴〉ノ上ヲ)〕押す, 押して動かす. **2.** *h.* 〔〈et⁴〉ヲ+(〈方向〉ニ)〕押して行く(車のついたものを). **3.** *h.* 〔〈et⁴〉ヲ+〈方向〉ニ(カラ)〕(押して)動かす. **4.** *h.* 〔〈et⁴〉ヲ+〈方向〉ニ〕押込む, 入れる. **5.** *h.* 〔〈j⁴〉ヲ+〈方向〉ヘ(カラ)〕(無理に)押しやる. **6.** *h.* 〔sich⁴+durch 〈j⁴/et⁴〉ヲ/in 〈et⁴〉ノ中ニ〕押分けて進む(狭い所を), 身体を押込む(狭い所に). **7.** *h.* 〔sich⁴+〈方向〉ニ〕(滑るように)ゆっくり動いて行く, 徐々に出る. **8.** *h.* 〔〈et⁴〉ヲ+auf 〈j⁴/et⁴〉ニ〕押しつける, 転嫁する, (…の)せいにする. **9.** *h.* 〔(〈et⁴〉ヲ/mit 〈et³〉ヲ)〕不正〔闇〕取引する, 密売する. **10.** *s.* 〔(über 〈et⁴〉ノ上デ(ヲ))〕《口》足を引きずるようにして歩く〔踊る〕: über das Parkett ～ ワンステップダンスを踊る. 【慣用】 *h.* **einen Verdacht von sich³ schieben** 疑いをはらす. *h.* **〈et⁴〉 vor sich³ her schieben** 〈物を〉後ろから押して行く, 〈事を〉先送りする.

der **Schie·ber** [シーバー] [名] -s/- **1.** (ドアの)差し錠, 閂(かんぬき);引き戸, スライド式のふた〔締切装置〕, (ファスナーの)スライダー;(配管の)絞り弁. **2.** (食物をスプーンにのせる)幼児用食器. **3.** (病人用の)差込み便器. **4.** 《口》ワンステップ(ダンスの一種). **5.** 《口》闇屋.

das **Schie·ber·ge·schäft** [シーバー・ゲシェふト] [名] -(e)s/-e 《口》不正〔闇〕取引.

die **Schie·ber·müt·ze** [シーバー・ミュッツェ] [名] -/-n 《口》(旅行・スポーツ用の)ひさしの広い帽子.

der **Schie·be·sitz** [シーベ・ズィッツ] [名] -es/-e スライディングシート.

die **Schie·be·tür** [シーベ・テューあ] [名] -/-en 引き戸, すべり戸.

die **Schie·be·wand** [シーベ・ヴァント] [名] -/..wände 可動〔スライド〕式仕切り壁.

die **Schieb·kar·re** [シーブ・カれ] [名] -/-n 手押しの一輪車, ネコ車.

der **Schieb·kar·ren** [シーブ・カれン] [名] -s/- 《方》= Schiebkarre.

die **Schieb·leh·re** [シーブ・レーれ] [名] -/-n ノギス, バーニヤ・キャリパス.

die **Schie·bung** [シーブング] [名] -/-en 《口》 **1.** 不正〔闇〕取引. **2.** えこひいき.

S

schiech [シーひ] [形] 《バイエ・オース トリア》 **1.** 醜い, おぞましい. **2.** 怒った.

schied [シート] [動] scheiden の過去形.

schie·de [シーデ] [動] scheiden の接続法 2 式.

schied·lich [シートリひ] [形] 協調的な.

das **Schieds·ge·richt** [シーツ・ゲりひト] [名] -(e)s/-e **1.** 〖法〗仲裁裁判所;仲裁人〔裁判官〕(の集団);調停委員会. **2.** 〖スポーツ〗審判団.

der **Schieds·mann** [シーツ・マン] [名] -(e)s/..leute〔..männer〕〖法〗仲裁人.

der **Schieds·rich·ter** [シーツ・りひター] [名] -s/- **1.** 〖法〗仲裁人〔裁判官〕, 調停委員. **2.** 〖スポーツ〗審判, レフェリー.

schieds·rich·ter·lich [シーツ・りひターりひ] [形] 仲裁人〔裁判官〕の;審判員の.

schieds·rich·tern [シーツ・りひターン] [動] *h.* 《補足なし》仲裁人〔裁判官〕をつとめている;〖スポーツ〗審判〔レフェリー〕をつとめている.

der **Schieds·spruch** [シーツ・シュプるっふ] [名] -(e)s/..sprüche 〖法〗仲裁判断〔裁定〕.

schief [シーふ] [形] **1.** 傾いた;傾斜した;斜めの, 歪んだ : ein ～*er* Pfosten 傾いた支柱. den Kopf ～ legen/halten 首をかしげる/かしげている. eine ～*e* Ebene 斜面. ～*e* Absätze 斜めにすりへった靴のかかと. Der Hut sitzt ～. 帽子が斜めにのっている. ⇨ schief gehen, schief liegen, schief treten. **2.** 的はずれの, 誤った : einen ～*en* Vergleich gebrauchen ピントはずれの比較をする. 【慣用】 **auf die schiefe Bahn geraten** 道を踏み誤る. **der Schiefe Turm von 〔zu〕 Pisa** ピサの斜塔. **einen schiefen Mund machen 〔ziehen〕** 口をゆがめて不快そうな顔をする. **〈et⁴〉 in einem schiefen Licht sehen** 〈事を〉誤解する. **in ein schiefes Licht geraten** (誤った態度のために)誤解される. **〈j⁴〉 schief ansehen** 《口》〈人を〉横目で見る(さげすみ・ねたみなどから). **schief gehen** 体を傾けて歩く(⇨ schief gehen). **schief gewickelt sein** 《口》とんだ考え〔思い〕違いをしている. **sich⁴ in einer schiefen Lage 〔Situation〕 befinden** 困った状態〔状況〕にある. **sich⁴ krumm und schief lachen** 身をよじって笑う.

die **Schie·fe** [シーふぇ] [名] -/ 傾斜, 斜面.

der **Schie·fer** [シーふぁー] [名] -s/- 粘板(ねんばん)岩, スレート;《オーストリア》(木材の)細い破片, とげ.

schie·fer·blau [シーふぁー・ブラウ] [形] 灰青色の.

der **Schie·fer·bruch** [シーふぁー・ブるっふ] [名] -(e)s/..brüche スレート採石場.

das **Schie·fer·dach** [シーふぁー・ダっは] [名] -(e)s/..dächer スレート屋根.

der **Schie·fer·de·cker** [シーふぁー・デッカー] [名] -s/- 《方》屋根ふき職人.

das **Schie·fer·ge·bir·ge** [シーふぁー・ゲビるゲ] [名] -s/- 粘板岩山地.

schie·fer·grau [シーふぁー・グらウ] [形] 灰青色の.

schie·fe·rig [シーふぇりひ] [形] スレートの〔に似た〕;灰青色の.

schie·fern [シーふぁーン] [動] *h.* **1.** 〔〈et⁴〉ニ〕〖ブドウ栽培〗砕いた粘板岩をまく. **2.** 〔sich⁴〕薄くはがれる;《方》剥落する. **3.** 〔sich⁴〕《オーストリア》とげを刺す. **4.** 《補足なし》《スイス》(水面に石を投げて)水切りをする;はずむ(水切りの石が).

schie·fern [シーふぁーン] [形] スレート(製)の;青灰色の.

das **Schie·fer·öl** [シーふぁー・エール] [名] -(e)s/-e 〖化〗頁岩(けつがん)油.

die **Schie·fer·plat·te** [シーふぁー・プラッテ] [名] -/-n スレート, 石板.

die **Schie·fer·ta·fel** [シーふぁー・ターふぇル] [名] -/-n (昔の)石盤(学童の筆記練習に用いた).

schief ge·hen*, [旧]**schief|ge·hen*** [シーふ ゲーエ

〉] 動 *s.*〖j³〗ニ〗(口)うまく行かない, 失敗する(事業などが). Keine Angst, es wird schon ~. (冗)心配するな, きっとどにかなるようにうまく行くよ.

schief|ge·wi·ckelt, ⓡ**schief ge·wi·ckelt** [シーふ ゲヴィっケるト] 形 (口)(次の形で)~ sein とんだ考え〔思い違い〕をしている.

schief|la·chen [シーふ·ラっヘン] 動 *h.* 〖sich⁴〗(口)大笑いする.

schief lie·gen*, ⓡ**schief|lie·gen*** [シーふ·リーゲン] 動 *h.* 〖mit 〈et³〉〗(口)(基本的)前提〔観点〕を間違えている.

schief mäu·lig [シーふ·モイリヒ] 形 (口)口をゆがめた; 妬(½)ましげな.

schie·frig [シーふリヒ] 形 スレートのような; スレート(の青灰)色の.

schief tre·ten*, ⓡ**schief|tre·ten*** [シーふ·トれーテン] 動 *h.* 〈et⁴〉ヲ〗斜めに履き減らす(靴·靴のかかとを).

schief|win·ke·lig [シーふ·ヴィンケリヒ] 形 斜角の.

schief|wink·lig [シーふ·ヴィンクリヒ] 形 =schiefwinkelig.

(**der**) **Schie·le** [シーレ] 名〖人名〗シーレ(Egon ~, 1890-1918, オーストリアの画家).

schie·len [シーレン] 動 1. 〖醫学〗斜視である. 2. 〖方向〗ッ/durch 〈et⁴〉ヲ通シテ/über 〈et⁴〉越シニ〗(口)のぞく, うかがう; 盗み見る. 3. 〖nach 〈j³/et³〉〗(口)手に入れようとする.

schien [シーン] 動 scheinen の過去形.

das **Schien·bein** [シーン·バイン] 名 -(e)s/-e 脛骨(ほ).

schie·ne [シーネ] 動 scheinen の接続法 2 式.

die **Schie·ne** [シーネ] 名 -/-n 1. (鉄道の)レール, 軌条; (カーテンなどの)レール. 2. 丁定規(Reiß-). 3. (金属などの)桟, 縁. 〖医〗副木(*ホ*); (武具の)籠手(Arm-), 脛当(*は*)(Bein-). 5. 〖競〗路線, 道筋, コース.

schie·nen [シーネン] 動 *h.* 1. 〈et⁴〉ヲ〗副木で固定する(折れた腕などを). 2. 〈et⁴〉ヲ〗金具で固定する(ぐらつく乳鉢を). 3. 〈et⁴〉ヲ〗甲冑(ホッ゚)で〖防具〗を着ける.

die **Schie·nen·bahn** [シーネン·バーン] 名 -/-en レールを走る乗り物(電車など).

der **Schie·nen·bus** [シーネン·ブス] 名 -ses/-se レールバス.

das **Schie·nen·fahr·zeug** [シーネン·ふァーア·ツォイク] 名 -(e)s/-e レールを走る乗り物; 鉄道車両.

schie·nen·gleich [シーネン·グライヒ] 形 〖交通〗レールと同じ平面の.

das **Schie·nen·netz** [シーネン·ネッツ] 名 -es/-e 鉄道網.

der **Schie·nen·räu·mer** [シーネン·ロイマー] 名 -s/- (機関車の前面に取りつける)排障器.

der **Schie·nen·stoß** [シーネン·シュトース] 名 -es/..stöße レールの継目.

der **Schie·nen·strang** [シーネン·シュトゥラング] 名 -(e)s/..stränge (長く延びた)軌道, 鉄道線路.

der **Schie·nen·weg** [シーネン·ヴェーク] 名 -(e)s/-e (二つの場所を結ぶ)線路, (鉄道)路線.

schier¹ [シーア] 副 〖語飾〗(動詞·形容詞·副詞を修飾)まさに, ほとんど.

schier² [シーア] 形 〖方〗純粋な, 混じり気のない, まったくの.

schier! [シーア] (古) scheren の du に対する命令形.

der **Schier·ling** [シーアリング] 名 -s/-e 〖植〗ドクニンジン.

der **Schier·lings·be·cher** [シーアリングス·ベッヒャー] 名 -s/- 〖文〗(ドクニンジンの)毒杯.

schierst [シーアスト] 動 (稀)scheren の現在形 2 人称単数.

schiert [シーアト] 動 (稀)scheren の現在形 3 人称単数.

die **Schieß·aus·bil·dung** [シース·アウス·ビるドゥング] 名 -/-en 銃器の取扱い訓練.

die **Schieß·baum·wol·le** [シース·バウム·ヴォレ] 名 -/ 綿火薬.

der **Schieß·be·fehl** [シース·べふェーる] 名 -(e)s/-e 〖軍〗射撃命令.

die **Schieß·bu·de** [シース·ブーデ] 名 -/-n 射的場.

die **Schieß·bu·den·fi·gur** [シース·ブーデン·ふぃグーア] 名 -/-en 射的場の的; (口)おかしな格好をしている人.

das **Schieß·ei·sen** [シース·アイゼン] 名 -s/- (口)小火器.

schie·ßen* [シーセン] 動 schoss; hat/ist geschossen 1. *h.* 〈方向〉ニ〗撃つ, 射る, 発砲する: Hände hoch oder ich *schieße*! 手を挙げろ, さもないと撃つぞ. blind ~ 空砲を撃つ. (狙いを定めずに)乱射する. scharf ~ 実弾射撃をする. sicher ~ (撃って)確実に当てる. zu hoch ~ 着弾が高過ぎる. in die Luft ~ 空に向けて撃つ, 威嚇射撃をする. auf 〈j⁴〉/nach der Scheibe ~ 〈人·目標物〉/標的をねらって撃つ. 2. 〖mit 〈et³〉ヲ用イテ〗射る(ピストル·弓などを). 3. 〈〈様態〉〉〗撃てる, 発射できる(銃などが). 4. 〖j³⁽³⁾〗+in 〈et⁴〉ヲ/durch 〈et⁴〉ヲ貫イテ〗撃つ, 射る, (…の)を射抜く. 5. *h.* 〈et⁴〉ヲ+〈方向〉〗撃ち込む(銃弾を); 打ち上げる(人工衛星などを). 6. *h.* 〈et⁴〉ヲ+in〈et⁴〉ニ〗撃ってあける(穴などを). 7. *h.* 〖j⁴/et⁴〉ヲ+〈様態〉〗撃って〔砲撃して〕(…にする). 8. *h.* 〈et⁴〉ヲ〗射撃(競技)で獲得する(賞金などを). 9. *h.* 〈et⁴〉ヲ〗射とめる(猟鳥などを). 10. *h.* 〖sich⁴+mit 〈j³〉ト〗拳銃(½³ジ)で決闘する. 11. *h.* 〈〈様態〉〉〗撃てる, 〖球技〗シュートをする, (強く)蹴る〖投げる〗(ボールを). 12. *s.* 〈方向〉ニ/um 〈et⁴〉ノ(周りノ)/durch 〈et⁴〉ノ中ヲ勢イ〗すごい速さで動く(走る). 13. 〈方向〉ニ〗すごい速さで流れる. 14. *s.* 〖aus 〈et³〉カラ〗(すごい勢いで)噴き出す, 吹出す. 15. *s.* 〖方〗(人)〗急に(背が)伸びる, 勢いよく成長する. Der Salat *schießt*. レタス(チシャ)が玉を結ばずに花を咲かせて種子を作る. 〈〈方〉〉(条件が良いうちに急いで)買う. 17. *h.* 〖sich³〗+〈et⁴〉ヲ〗〈ジー〉打つ(薬(²)など). 18. *h.* 〈et⁴〉ヲ〗自分から他方へ送る(杯(²)を). 19. *h.* 〈et⁴〉ヲ〗〖鉱〗発破をかける. 20. *s.* 〖稀〗〖以ッテ〗色が褪(½)せる(カーテンなどが). 〖慣用〗(Das ist) zum Schießen. (口)そいつは大笑いだ. *h.* 〈j³〉 eine *schießen* (口)(人)にひんたを食らわせる. *h.* 〈j⁴/et⁴〉 *schießen* lassen 〈人·事を〉あきらめる, 放り出す. *h.* wütende Blicke auf 〈j⁴〉 *schießen* 怒りのまなざしを〈人ニ〉投げかける.

das **Schie·ßen** [シーセン] 名 -s/- (スポーツの)射撃大会.

schie·ßen las·sen*, ⓡ**schie·ßen|las·sen*** [シーセン ラッセン] 動 *h.* ⇒ schießen 〖慣用〗.

die **Schie·ße·rei** [シーセらイ] 名 -/-en (主に〖蔑〗)絶え間ない射撃; 撃ち合い.

das **Schieß·ge·wehr** [シース·ゲヴェーア] 名 -(e)s/-e 〖幼〗銃砲.

der **Schieß·hund** [シース·フント] 名 -(e)s/-e 〖狩〗(古)猟犬.

die **Schieß·leh·re** [シース·レーれ] 名 -/ 射撃術, 砲術.

der **Schieß·platz** [シース·プらッツ] 名 -es/..plätze 射撃場.

der **Schieß·prü·gel** [シース·プりューゲる] 名 -s/- (口)鉄砲.

das **Schieß·pul·ver** [シース·プるふェー, シース·ブるヴェー]

Schießscharte 1042

图 -s/- 火薬.
die **Schieß·schar·te** [シース・シャるテ] 图 -/-n 銃眼.
die **Schieß·schei·be** [シース・シャイベ] 图 -/-n 標的.
der **Schieß·sport** [シース・シュポる卜] 图 -(e)s/ (スポーツの)射撃.
der **Schieß·stand** [シース・シュタント] 图 -(e)s/..stände 射撃場, 射台; 射的場.
die **Schieß·übung** [シース・ユーブング] 图 -/-en 射撃練習(訓練).
der **Schiet** [シート] 图 -s/ (北独)(口) =Scheiße.
der **Schi·fahr·er** [シー・ふぁーらー] 图 -s/- =Skifahrer.
das **Schiff** [シふ] 图 -(e)s/-e **1.** (大型の)船, 船舶: an/von Bord eines ~es gehen 上船/下船する. **2.** (建)(教会堂の)身廊, ネイブ(Kirchen~): Die Kirche hat drei ~e. その教会は身廊と両側廊で構成されている. **3.** (織)杼(ひ), シャトル. **4.** 細長い容器, 舟の形をした容器. **5.** (印)組版, ゲラ. 【慣用】**das Schiff der Wüste** ラクダ. **klar Schiff machen** 甲板を掃除する.(口)用件を片づける.
die **Schiff·fahrt** [シふ・ふぁーと] 图 =Schiffahrt.
schiff·bar [シふ・バーあ] 形 航行可能な.
der **Schiff·bau** [シふ・バウ] 图 -(e)s/ 造船.
der **Schiff·bau·er** [シふ・バウあー] 图 -s/- 造船技師(業者), 船大工.
der **Schiff·bruch** [シふ・ブるっふ] 图 -(e)s/..brüche (古)船舶, 難船. 【慣用】(mit <et³>) **Schiffbruch erleiden** (〈事に〉)失敗する.
schiff·brü·chig [シふ・ブりュっひぐ] 形 難破した; 破綻(はたん)した, 挫折した.
der/die **Schiff·brü·chi·ge** [シふ・ブりュっひゲ] 图 (形容詞的変化)難破した人.
die **Schiff·brü·cke** [シふ・ブりュっケ] 图 -/-n 船橋, 浮き橋.
das **Schiff·chen** [シふヒェン] 图 -s/- **1.** 小舟;おもちゃの舟. **2.** (織)杼(ひ), (ミシンの)ボビンケース, 〔手芸〕(タッチングの)シャトル. **3.** (植)竜骨弁. **4.** (口)(米軍などの)舟形帽, オーバーシーズキャップ.
die **Schiff·chen·ar·beit** [シふヒェン・アるバイト] 图 -/-en 〔手芸〕タッチング(レース編みの一種).
schif·fen [シふェン] 動 **1.** s. 〈方向〉へ/über <et⁴>(〉(古)航行(口 海)する. **2.** 〔眼〕 (口)小便をする. **3.** h. [Es]雨がざあざあ降る.
der **Schif·fer** [シっふぁー] 图 -s/- (内陸船・商船の)船長;航海長; 船頭.
das **Schif·fer·kla·vier** [シっふぁー・クラヴィーあ] 图 -s/-e (口)アコーディオン.
der **Schif·fer·kno·ten** [シっふぁー・クノーテン] 图 -s/- (海)こま結び.
die **Schif·fer·müt·ze** [シっふぁー・ミュッツェ] 图 -/-n 船帽.
die **Schiff·fahrt, Schiff-Fahrt,** ⓐ**Schiffahrt** [シふ・ふぁーと] 图 -/ 航行, 航海.
die **Schiff·fahrts·ge·sell·schaft,** ⓐ**Schiffahrts·gesellschaft** [シふふぁーツ・ゲゼルシャふト] 图 -/-en 海運会社.
die **Schiff·fahrts·kun·de,** ⓐ**Schiffahrts·kun·de** [シふふぁーツ・クンデ] 图 -/ 航海術, ナビゲーション.
die **Schiff·fahrts·li·nie,** ⓐ**Schiffahrts·li·nie** [シふふぁーツ・リーニエ] 图 -/-n 定期航路.
die **Schiff·fahrts·stra·ße,** ⓐ**Schiffahrts·stra·ße** [シふふぁーツ・シュトらーセ] 图 -/-n (内陸)水路; 運河;航路.
die **Schiff·län·de** [シふ・レンデ] 图 -/-n (方)船着場.
der **Schiffs·arzt** [シふス・アーあット, シふス・アるット] 图 -es/..ärzte 船医.

der **Schiffs·bau** [シふス・バウ] 图 -(e)s/ 造船.
die **Schiffs·be·sat·zung** [シふス・ベザッツング] 图 -/-en 船舶乗組員, クルー.
die **Schiffs·brü·cke** [シふス・ブりュっケ] 图 -/-n =Schiffbrücke.
die **Schiff·schau·kel** [シふ・シャウケル] 图 -/-n (遊園地などの)舟形ぶらんこ.
der **Schiffs·eig·ner** [シふス・アイグナー] 图 -s/- 船主, 船舶所有者.
die **Schiffs·fahrt** [シふス・ふぁーあと] 图 -/-en 航海, 船旅.
die **Schiffs·flag·ge** [シふス・ふラッゲ] 图 -/-n 船旗.
das **Schiffs·he·be·werk** [シふス・ヘーベ・ヴェるク] 图 -(e)s/-e (水位の異なる運河で用いる)船舶用リフト.
der **Schiffs·jun·ge** [シふス・ユンゲ] 图 -n/-n 見習船員.
der **Schiffs·ka·pi·tän** [シふス・カピテーン] 图 -s/-e 船長, 艦長.
der **Schiffs·koch** [シふス・コっほ] 图 -(e)s/..köche 船のコック.
der **Schiffs·kör·per** [シふス・ⓚるパー] 图 -s/- 船体.
die **Schiffs·la·dung** [シふス・ラードゥング] 图 -/-en 船荷.
der **Schiffs·mak·ler** [シふス・マークラー] 图 -s/- 船舶仲買人.
die **Schiffs·mann·schaft** [シふス・マンシャふト] 图 -/-en 船舶乗組員, (普通)海員(全体), 船員(全体), クルー.
die **Schiffs·pa·pie·re** [シふス・パピーれ] 複名 船舶書類.
der **Schiffs·raum** [シふス・らウム] 图 -(e)s/..räume (船の)積載量(トン数で示す);船倉.
das **Schiffs·re·gis·ter** [シふス・れギスター] 图 -s/- 船籍登録簿; 船籍.
der **Schiffs·rumpf** [シふス・るムふ] 图 -(e)s/..rümpfe 船体, 船殻.
die **Schiffs·schau·kel** [シふス・シャウケル] 图 -/-n =Schiffschaukel.
die **Schiffs·schrau·be** [シふス・シュらウベ] 图 -/-n (船の)スクリュー.
das **Schiffs·ta·ge·buch** [シふス・ターゲ・ブーふ] 图 -(e)s/..bücher 航海日誌, ログブック.
die **Schiffs·tau·fe** [シふス・タウふェ] 图 -/-n 進水式, (船の)命名式.
der **Schiffs·ver·kehr** [シふス・ふぇあケーあ] 图 -s/ 船舶(海上)交通, 海運.
die **Schiffs·werft** [シふス・ヴェるふト] 图 -/-en 造船所, ドック.
der **Schiffs·zim·mer·mann** [シふス・ツィマー・マン] 图 -(e)s/..leute 船大工.
der **Schiffs·zwie·back** [シふス・ツヴィー・バック] 图 -(e)s/..bäcke 〔-e〕 軍用船の非常食乾パン.
das **Schi·ha·serl** [シー・ハーゼル] 图 -s/-(n) =Skihaserl.
der **Schi·it** [シイート] 图 -en/-en 【イ教】シーア派の人.
die **Schi·ka·ne** [シカーネ] 图 -/-n **1.** (権限を利用したいやがらせ. **2.** 〔ラ²〕(自動車レースの)難所; 〔ラ²〕(道路に設置された)横断防止のための)障害設備;[工]栓, 抵抗装置. 【慣用】**mit allen Schikanen** (口)あらゆる最新設備を備えた.
schi·ka·nie·ren [シカニーれン] 動 h.〈⁴〉いじめる.
schi·ka·nös [シカネース] 形 意地の悪い.
der **Schi·läu·fer** [シー・ロイふぁー] 图 -s/- =Skiläufer.
der **Schild**¹ [シルト] 图 -(e)s/-e **1.** 盾. **2.** (紋章の中心の)盾(Wappen~). **3.** (帽子の)ひさし, つば. **4.** 甲羅;甲殻; 〔狩〕(雄猪の)肩胛骨部の肥

厚. **5.** 〖工〗(銃・砲の)防盾;〖核工学〗(原子炉の)放射線遮蔽壁. **【慣用】〈j^4〉 auf den Schild (er)heben** 《古》〈人を〉指導者に仰ぐ. **etwas Böses (gegen 〈j^4〉) im Schilde führen** (〈人に〉)悪事を企む.

das **Schild**[2] [シルト] [名] –(e)s/–er **1.** 看板,表札,名札,標識,表示板,プレート,鑑札,ラベル,レッテル,値札. **2.** 〖狩〗(雷鳥などの)胸の斑文.

der **Schild·bür·ger** [シルト・ビュるガー] [名] –s/– 《蔑》(小市民的な)俗物《16 世紀の民衆本から》.

der **Schild·bür·ger·streich** [シルトビュるガー・シュトらイひ] [名] –(e)s/–e 《蔑》愚行.

das **Schild·chen** [シルトひぇン] [名] –s/– 名札,番号札,正札;小さな盾;(昆虫の)小背板;(植物の)胚盤(はいばん).

die **Schild·drü·se** [シルト・ドりゅーゼ] [名] –/–n 甲状腺(せん).

die **Schild·drü·sen·über·funk·ti·on** [シルトドりゅーゼン・ユーバー・ふンクツィオーン] [名] –/ 〖医〗甲状腺(せん)機能亢進症.

das **Schil·der·haus** [シルダー・ハウス] [名] –es/..häuser 哨舎(しょうしゃ),歩哨(ほしょう)の詰所.

der **Schil·der·ma·ler** [シルダー・マーラー] [名] –s/– 看板(描き)職人.

schil·dern [シルダーン] [動] *h.* 〖(〈j^3〉ニ)+〈j^4/et^4〉ヲ〗(言葉で生き生きと)描写〔叙述・説明〕する.

die **Schil·de·rung** [シルデるング] [名] –/–en 叙述,描写.

der **Schil·der·wald** [シルダー・ヴァルト] [名] –(e)s/ 《口》林立する交通標識.

der **Schild·knap·pe** [シルト・クナッペ] [名] –n/–n (中世騎士の)盾持ちの小姓.

das **Schild·krot** [シルト・クろート], **Schild·krott** [シルト・クろット] [名] –(e)s/ 《方》=Schildpatt.

die **Schild·krö·te** [シルト・クれーテ] [名] –/–n 〖動〗カメ.

die **Schild·krö·ten·sup·pe** [シルトクれーテン・ズっペ] [名] –/–n タートル〔ウミガメの〕スープ.

die **Schild·laus** [シルト・ラウス] [名] –/..läuse 〖動〗カイガラムシ.

die **Schild·mau·er** [シルト・マウあー] [名] –/–n 〖建〗(城門の両側)正面の城壁,外壁.

das **Schild·patt** [シルト・パット] [名] –(e)s/ べっ甲.

die **Schild·wa·che** [シルト・ヴァっへ] [名] –/–n 《古》歩哨(ほしょう);歩哨勤務.

das **Schilf** [シルふ] [名] –(e)s/–e 《主に[単]》〖植〗アシ,ヨシ;アシの茂み.

schil·fen [シルふぇン] [形] アシ〔ヨシ〕(製)の.

das **Schilf·gras** [シルふ・グらース] [名] –es/..gräser =Schilfrohr.

schil·fig [シルふぃひ] [形] アシの一面に生えた.

die **Schilf·mat·te** [シルふ・マッテ] [名] –/–n アシ〔ヨシ〕のむしろ.

das **Schilf·rohr** [シルふ・ろーあ] [名] –(e)s/–e 〖植〗アシ,ヨシ.

der **Schilf·torf** [シルふ・トるふ] [名] –(e)s/–e 〖地質〗アシ〔ヨシ〕泥炭.

der **Schi·lift** [シー・リふト] [名] –(e)s/–e〔–s〕 =Skilift.

(*der*) **Schil·ler**[1] [シラー] [名] 〖人名〗シラー《Friedrich von ~, 1759–1805, 詩人・劇作家》.

der **Schil·ler**[2] [シラー] [名] –s/– **1.** 《[単]のみ》《古》さまざまな色あいに変る光彩,玉虫色〔虹色〕の輝き. **2.** 《方》シラーワイン《ヴュルテンベルク特産のロゼワイン》.

schil·le·risch [シレりシュ], **Schil·ler'sch** [シラーシュ] [形] シラー風〔流〕の.

der **Schil·ler·kra·gen** [シラー・クらーゲン] [名] –s/– シラーカラー《上着の襟の外に出るタイプのシャツの襟. Schiller[1]にちなむ》.

die **Schil·ler·lo·cke** [シラー・ロっケ] [名] –/–n **1.** ツノザメの腹肉の薫製. **2.** 生クリーム入りパイ.

schil·lern [シラーン] [動] *h.* 〔補足なし〕(光の具合で)いろいろに色が変る,玉虫色〔虹色〕に輝く: ein *schillernder* Charakter とらえどころのない性格.

schil·lernd [シラーント] [形] 虹〔玉虫〕色の,さまざまに色の変化する;《転》つかみどころのない.

der **Schil·ler·wein** [シラー・ヴァイン] [名] –(e)s/–e シラーワイン《ヴュルテンベルク地方産のロゼワイン》.

der **Schil·ling** [シリング] [名] –s/–e 《単位を表す[複]は–》 **1.** シリング《オーストリアの旧貨幣単位. 略 S, ö. S.》 **2.** シリング《昔のヨーロッパの貨幣》 **3.** =Shilling(のドイツ語形).

schil·pen [シルペン] [動] *h.* 〔補足なし〕ちゅんちゅん鳴く《スズメが》.

schilt [シルト] [動] schelten の現在形 3 人称単数.

schilt! [シルト] [動] schelten の du に対する命令形.

schiltst [シルツト] [動] schelten の現在形 2 人称単数.

die **Schi·mä·re** [シメーれ] [名] –/–n 幻影,幻想,妄想. ⇨ Chimära 3.

schi·mä·risch [シメーりシュ] [形] 幻想の,妄想の.

der **Schim·mel** [シメル] [名] –s/– **1.** 《[単]のみ》黴(かび). **2.** 白馬. **3.** 《口》ひな型,お決りの型;〖楽〗《ジャーゴン》替歌;〖法〗《ジャーゴン》模範的判決.

schim·me·lig [シメりひ] [形] 黴(かび)の生えた.

schim·meln [シメルン] [動] **1.** *h./s.* 〔補足なし〕黴(かび)が生える. **2.** *h.* 〔〈場所〉ニ〕(黴が生えるほどに)死蔵されている.

der **Schim·mel·pilz** [シメル・ピルツ] [名] –es/–e 〖植〗糸状菌,黴(かび).

der **Schim·mel·rei·ter** [シメル・らイター] [名] –s/– 〖ゲルマン伝〗白馬の騎士《冬至の頃,一群の幽霊を従えて空中を駆ける》.

der **Schim·mer** [シマー] [名] –s/– 《主に[単]》ほのかな光,微光,きらめき;かすかな〔わずかな〕痕跡,徴候: ein ~ von Hoffnung わずかな望み. **【慣用】nicht den leisesten Schimmer von 〈et^3〉 haben** 《口》〈事について〉何も知らない.

schim·mern [シマーン] [動] *h.* **1.** 〔補足なし〕ほのかに光っている,(ちかちか)瞬いている《星などが》. **2.** 〔durch 〈et^4〉ヲ通シテ/aus 〈et^3〉カラ〕わずかに漏れている《光などが》;ほのかに透けて見える.

schimm·lig [シムリひ] [形] =schimmelig.

der **Schim·pan·se** [シムパンゼ] [名] –n/–n チンパンジー.

der **Schimpf** [シムプふ] [名] –(e)s/–e 《主に[単]》《文》侮辱,はずかしめ: mit ~ und Schande 徹底的に侮辱して. **2.** からかい,嘲笑.

die **Schimp·fe** [シムプふぇ] [名] –/ 《口》叱責(しっせき),小言.

schimp·fen [シムプふぇン] [動] *h.* **1.** 〖(über〔auf/gegen〕〈j^4/et^4〉ヲ/〈[文]〉デアルコトヲ/〈[文]〉ト)〗(陰で)罵(のの)しる,(…の)悪口を言う,(…に)悪態をつく. **2.** 〔mit 〈j^3〉ヲ/〈j^4〉ヲ〕叱(しか)りつける《4 格は《方》》. **3.** 〖〈j^4/et^4〉ヲ+〈j^4/et^4〉ト〗《文》罵しる,(さげすんで)きめつける. **4.** 〖sich^4+〈j^4/et^4〉ト〗《口》自称する,称している《自嘲(じちょう)的に》.

die **Schimp·fe·rei** [シムプふぇらイ] [名] –/–en 《蔑》罵詈(ばり)雑言,ののしり続けること.

schimpf·lich [シムプふりひ] [形] 《文》屈辱的な,恥ずべき.

der **Schimpf·na·me** [シムプふ・ナーメ] [名] –ns/–n 侮辱的なあだ名.

das **Schimpf·wort** [シムプふ・ヴォるト] [名] –(e)s/..wörter〔–e〕ののしりの言葉,罵言(ばげん).

der **Schind·an·ger** [シント・アンガー] [名] –s/– 《古》皮はぎ場.

die **Schin·del** [シンデル] [名] –/–n (屋根の)こけら板;

S

(壁の)木羽(こば)板;(紋章の)こけら形.

das **Schịn·del·dach** [シンデル・ダっは] [名] -(e)s/..dä·cher こけら〔板〕ぶき屋根.

schịn·deln [シンデルン] [動] *h.* 〘〈et^4〉ヲ〙こけら〔木羽(こば)板〕ぶき〔張り〕にする(屋根・壁を).

schịn·den(*) [シンデン] [動] schindete〔schund〕; hat geschunden(schund はまれ) **1.** 〘〈j^4/et^4〉ヲ〙酷使する,虐待する. **2.** 〘sich⁴〙《口》大変苦労する. **3.** 〘〈et^4〉ノ〙《古》皮をはぐ(死んだ動物の). **4.** 〘〈et^4〉ヲ〙《口》せびる;くすねる,せしめる: bei 〈j^3〉 Mitleid ~ wollen 《口》〈人に〉同情を買おうとする. Fahrgeld ~ ただ乗りする. Zeilen ~ 《口》行数を稼ぐ(稿料のために). Zeit ~ 時間稼ぎをする.

der **Schịn·der** [シンダー] [名] -s/- **1.** 《蔑》虐待者. **2.** 《古》皮はぎ人.

die **Schin·de·rei** [シンデらイ] [名] -/-en 《蔑》 **1.** 虐待,酷使. **2.** 非常な苦労,難儀. **3.** 皮はぎ業;皮はぎ場.

der **Schịn·der·kar·ren** [シンダー・カれン] [名] -s/- (昔の)皮はぎ人が屠殺(とさつ)動物を運ぶ車.

das **Schịnd·lu·der** [シント・ルーダー] [名] (次の形で) mit 〈j^3/et^3〉 ~ treiben 〈人・物を〉ひどく扱う.

die **Schịnd·mäh·re** [シント・メーれ] [名] -/-n 《蔑》老馬,やせこけた馬,駄馬.

der **Schịn·ken** [シンケン] [名] -s/- **1.** (特に豚の)もも肉;ハム. **2.** 《口》(人間の)太股(ふともも),尻. **3.** 《口・冗》(《蔑》も有)でかい絵,分厚い本;(劇・映画の)金をかけた大作. 【慣用】**mit der Wurst nach dem Schinken werfen** 《口》エビでタイを釣ろうとする.

der **Schịn·ken·är·mel** [シンケン・エるメル] [名] -s/- 〖服〗ジゴ(袖付けがふくらみ,袖口が小さい袖).

das **Schịn·ken·brot** [シンケン・ブろート] [名] -(e)s/-e ハムをのせたパン.

das **Schịn·ken·bröt·chen** [シンケン・ブ[れ]ートひぇン] [名] -s/- ブレートヒェンにハムをのせたオープンサンド;刻んだハムを入れて焼いたブレートヒェン.

der **Schịn·ken·speck** [シンケン・シュペック] [名] -(e)s/ 脂身の少ないもも肉のベーコン.

die **Schịn·ken·wurst** [シンケン・ヴるスト] [名] -/..würste シンケンヴルスト(ベーコンとハムの入った粗びきソーセージ).

der **Schịnn** [シン] [名] -s/-en 《北独》(頭皮の)ふけ.

die **Schịn·ne** [シネ] [名] -/-n (主に[複])《北独》=Schinn.

der **Schin·to·ịs·mus** [シントイスムス] [名] -/ 神道.

schin·to·ịs·tisch [シントイスティシュ] [形] 神道の.

die **Schịp·pe** [シっぺ] [名] -/-n **1.** 《北独・中独》シャベル,スコップ: 〈j^4〉 auf die ~ nehmen 《口》〈人を〉からかう. **2.** (主に[複])《口・蔑》長い爪. **3.** 《口》不満で突き出した下唇: eine ~ machen〔ziehen〕《口》(ふくれて)口をとがらせる. **4.** ([複]のみ;無冠詞・中性[単]扱い)〖トランプ〗スペード(の札);スペードが切り札のゲーム.

schịp·pen [シっペン] [動] *h.* 《北独・中独》 **1.** 〔補足なし〕シャベルで仕事をする;おもちゃのシャベルで遊ぶ(子供が). **2.** 〘〈et^4〉ヲ+〈方向〉へ(カラ)〙シャベルでどかす〔入れる・降ろす〕. **3.** 〘〈et^4〉ヲ〙シャベルで掘る.

der **Schịp·per**[1] [シっパー] [名] -s/- 《北独・中独》シャベルを使って作業する人.

der **Schịp·per**[2] [シっパー] [名] -s/- 《北独》船乗り.

der **Schi̲·ri** [シーり] [名] -s/-s 〖スポーツ〗〖ジャーゴン〗Schiedsrichter の短縮形.

der **Schịrm** [シるム] [名] -(e)s/-e **1.** 傘;傘状(形)のもの;(きのこの)傘;落下傘(Fall~);ランプの傘(Lampen~);帽子のつば(Mützen~);(熱・光などの)遮蔽(しゃへい)板;〖狩〗(粗朶(そだ)などでつくる)猟師の隠れ場所. **2.** (テレビなどの)スクリーン,ディスプレイ(Bild~): eine Sendung geht über den ~ ある番組が放映される. **3.** (軍事的な)保護機構: der atomare ~ 核のかさ.

das **Schịrm·bild** [シるム・ビルト] [名] -(e)s/-er X線像〔写真〕.

schịr·men [シるメン] [動] *h.* 〘〈j^4/et^4〉ヲ〙《文》庇護〔保護〕する.

der **Schịr·mer** [シるマー] [名] -s/- 《文》保護者,庇護者,後援者.

das **Schịrm·fut·te·ral** [シるム・ふっテらール] [名] -s/-e 傘袋.

das **Schịrm·git·ter** [シるム・ギッター] [名] -s/- 〖電〗遮蔽(しゃへい)格子,スクリーングリット.

die **Schịrm·git·ter·röh·re** [シるムギッター・[れ]ーれ] [名] -/-n 〖電〗遮蔽(しゃへい)格子管.

der **Schịrm·herr** [シるム・へる] [名] -(e)n/-(e)n 後援者,庇護者,パトロン.

die **Schịrm·herr·schaft** [シるム・へるシャふト] [名] -/-en 後援.

die **Schịrm·müt·ze** [シるム・ミュッツェ] [名] -/-n 前ひさしのある帽子.

der **Schịrm·stän·der** [シるム・シュテンダー] [名] -s/- 傘立て.

der **Schi·rọk·ko** [シろっコ] [名] -s/-s 〖気〗シロッコ(地中海地域に吹きつける熱風).

schịr·ren [シれン] [動] *h.* **1.** 〘〈et^4〉ニ〙《稀》馬具をつける(馬に). **2.** 〘〈et^4〉ヲ+〈方向〉ニ〙つなぐ(馬を馬車などに).

der **Schịrr·meis·ter** [シる・マイスター] [名] -s/- 〖軍〗(昔の)輜重(しちょう)隊下士官;馬具係.

das **Schịs·ma** [シスマ, sçísma スひスマ] [名] -s/..men〔-ta〕 〖キ教〗シスマ,教会分裂;離教;《転》分離.

der **Schis·ma·ti·ker** [シスマーティカー, スひスマーティカー] [名] -s/- 〖キ教〗教会の分裂を企てる人;離教者.

schis·ma·tisch [シスマーティシュ, スひスマーティシュ] [形] シスマ〔教会分裂〕の;離教した,教会分裂を推進した.

der **Schi̲·sport** [シー・シュポるト] [名] -(e)s/ =Skisport.

das **Schi̲·sprin·gen** [シー・シュプりンゲン] [名] -s/ =Skispringen.

schịss, [旧]**schịß** [シス] [動] scheißen の過去形.

der **Schịss,** [旧]**Schịß** [シス] [名] -es/-e 《口》 **1.** 糞(くそ);糞をすること. **2.** ([単]のみ)不安.

schịs·se [シっセ] [動] scheißen の接続法2式.

(*der*) **Schi̲·wa** [シーヴァ] [名] 〖ヒンズー教〗シヴァ.

schi·zo·ge̲n [シツォ・ゲーン, sçi.. スひツォ・ゲーン] [形] 〖生〗離生の.

die **Schi·zo·go·ni̲e** [シツォ・ゴニー, スひツォ・ゴニー] [名] -/ 〖生〗分裂生殖.

schi·zo·i̲d [シツォイート, sçi.. スひツォイート] [形] 〖医〗分裂病質の.

schi·zo·phre̲n [シツォ・ふれーン, sçi.. スひツォ・ふれーン] [形] **1.** 〖医〗精神分裂症の. **2.** 極めて一貫性に欠ける;気違いじみた.

die **Schi·zo·phre·ni̲e** [シツォ・ふれニー, スひツォ・ふれニー] [名] -/-n **1.** (主に[単])〖医・心〗精神分裂症. **2.** ([単]のみ)精神分裂症であること;支離滅裂な性質.

schi·zo·thy̲m [シツォ・テューム, sçi.. スひツォ・テューム] [形] 〖医〗分裂気質の.

schlạb·be·rig [シュラっべりひ] [形] 《口》(柔らかく)だらっとした;水っぽい.

das **Schlạb·ber·lätz·chen** [シュラっバー・レッツひぇン] [名] -s/- 《口》よだれ掛け.

schlạb·bern [シュラっバーン] [動] *h.* **1.** 〘〈et^4〉ヲ〙《口》ぴちゃぴちゃ音を立てて飲む(犬・猫などが);ぺろぺろなめる. **2.** 〔補足なし〕《口》口からこぼす. **3.** 〔補足なし〕ゆらゆら揺れる(スカートなどが). **4.** 〘(mit 〈j^3〉ト)〙《方》ぺちゃくちゃしゃべる.

S

schlabb·rig [シュラップリヒ] 形 =schlabberig.
die **Schlacht** [シュラハト] 名 -/-en (大規模な)戦い, 戦闘, 会戦, 合戦; (激しい)試合.
die **Schlachtbank** [シュラハト・バンク] 名 -/..bänke 屠殺(さつ)台; ⟨jn zur ~ führen (転)⟨人を⟩処刑する.
schlachten [シュラハテン] 動 h. ⟨j⁴/et⁴を⟩屠殺(さつ)する; 大量に虐殺する(人を); (冗)封を切って飲み(食べ)尽くす(ワイン, チョコレートなどを).
der **Schlachtenbummler** [シュラハテン・ブムラー] 名 -s/- (スポ)(ジン) (サッカーチームの)おっかけファン.
der **Schlachter** [シュラハター] 名 -s/- =Schlächter.
der **Schlächter** [シュレヒター] 名 -s/- **1.** (北独)食肉加工業者; 肉屋, 屠殺業者. **2.** 大量虐殺者.
die **Schlach·te·rei** [シュラハテライ] 名 -/-en = Schlächterei.
die **Schlächte·rei** [シュレヒテライ] 名 -/-en **1.** (北独)食肉業; 肉屋, 屠殺業者. **2.** 虐殺, 大量殺戮(りく).
das **Schlachtfeld** [シュラハト・フェルト] 名 -(e)s/-e 戦場; (転)乱雑な状態.
das **Schlachtfest** [シュラハト・フェスト] 名 -(e)s/-e 自家用に家畜をつぶした日の宴会.
der **Schlachtgesang** [シュラハト・ゲザング] 名 -(e)s/..sänge 戦いの歌, 軍歌.
das **Schlachtgewicht** [シュラハト・ゲヴィヒト] 名 -(e)s/-e (主に働)(屠殺後の)枝肉重量(皮・頭・内臓などを除く).
das **Schlachthaus** [シュラハト・ハウス] 名 -es/..häuser **1.** 屠殺場. **2.** =Schlachthof.
der **Schlachthof** [シュラハト・ホーフ] 名 -(e)s/..höfe 屠畜(ちく)(食肉加工)センター; 屠畜センターの建物.
..schlächtig [..シュレヒティヒ] (形容詞などについて「…なんとかの(水車が)…式の」を表す形容詞を作る): grob**schlächtig** 粗野な. ober**schlächtig** 上掛け式の.
der **Schlachtkreuzer** [シュラハト・クロイツァー] 名 -s/- (軍)(昔の)巡洋戦艦.
das **Schlachtmesser** [シュラハト・メッサー] 名 -s/- 屠殺(さつ)用の包丁.
das **Schlachtopfer** [シュラハト・オップふぇル] 名 -s/- (宗)生贄(にえ)の動物.
die **Schlachtordnung** [シュラハト・オルドヌング] 名 -/-en (昔の)戦闘隊列, 戦列.
der **Schlachtplan** [シュラハト・プラーン] 名 -(e)s/..pläne (軍)戦闘計画, 作戦.
schlachtreif [シュラハト・ライふ] 形 (生育して)屠殺(さつ)に適した.
das **Schlachtross**, **Schlacht·roß** [シュラハト・ロス] 名 -es/-e (..rösser) 軍馬; (転)老練な人.
der **Schlachtruf** [シュラハト・ルーふ] 名 -(e)s/-e (昔の)鬨(とき)の声, 喊声(かんせい).
das **Schlachtschiff** [シュラハト・シふ] 名 -(e)s/-e (軍)戦艦.
die **Schlachtung** [シュラハトゥング] 名 -/-en 屠殺(さつ).
das **Schlachtvieh** [シュラハト・ふぃー] 名 -(e)s/- 屠畜(食肉)用家畜.
die **Schlacke** [シュラック] 名 -/-n (石炭などの)燃え殻; (冶金)鉱滓(さい); スラグ; (地質)噴石; (働のみ)(生理)不消化性成分, 食物繊維(«せん»)など.
schlacken¹ [シュラッケン] 動 h. (地質)スラグ(燃え殻)を出す(石炭などが).
schlacken² [シュラッケン] 動 h. (Es)(北独)みぞれが降る.
schlackenfrei [シュラッケン・ふらイ] 形 繊維質のない; 燃えかすの出ない.
schlackern¹ [シュラッカーン] 動 h. (北独・西独)

1. (服が)ぶらぶら揺れる(マリオネットの手足などが); がくがくする(ひざが); ぐらぐらする(車輪などが). **2.** ⟨⟨方向)²に⟩ぶらぶら揺れながら動く. **3.** [mit ⟨et³⟩] ぶらぶらさせる(腕などを).
schlackern² [シュラッカーン] 動 h. (Es)(北独)みぞれが降る.
schlackig¹ [シュラッキヒ] 形 燃えかすの多い.
schlackig² [シュラッキヒ] 形 (北独)みぞれ模様の; みぞれでぬかるんだ.
die **Schlack·wurst** [シュラック・ヴルスト] 名 -/..würste セルベラートソーセージ(肉を直腸に詰めた太いサラミソーセージ).
der **Schlaf** [シュラーふ] 名 -(e)s/ **1.** 睡眠, 眠り; fester ~ 熟睡. keinen ~ finden 寝つかれない. **2.** ⟨⟨口・冗⟩⟩目やに. 【慣用】den Schlaf des Gerechten schlafen ⟨⟨口・冗⟩⟩ぐっすり眠る. der ewige Schlaf 永眠. ein Kind in den Schlaf wiegen 子供を揺りかごで寝かしつける. ⟨et¹⟩ fällt ⟨j³⟩ in den Schlaf im ⟨⟨口⟩⟩⟨事を⟩することなど⟨j³⟩が夢にも思わない. ⟨et¹⟩ im Schlaf können ⟨⟨口⟩⟩⟨事を⟩眠っていてもできる; ⟨事に⟩熟達している. sich³ den Schlaf aus den Augen reiben 目をこすって眠気をさます.
der **Schlafanzug** [シュラーふ・アン・ツーク] 名 -(e)s/..züge パジャマ.
die **Schlafbewegung** [シュラーふ・ベヴェーグング] 名 -/-en (植)就眠運動.
das **Schläfchen** [シュレーふヒェン] 名 -s/- (Schlafの縮小形)ひと眠り, 仮眠, うたたね.
der **Schlafdeich** [シュラーふ・ダイヒ] 名 -(e)s/-e 内堤, 控え堤(外側に堤防を築いたことで内側になった堤防).
die **Schläfe** [シュレーふぇ] 名 -/-n こめかみ.
schlafen* [シュラーふぇン] 動 er schläft; schlief; geschlafen **1.** ⟨⟨慣⟩⟩眠る, 眠っている; ⟨⟨口⟩⟩ぼんやりしている: *Schlaf* gut! (ゆっくり)お休みなさい. *Schlaf* nicht! 眠ってはいけない, ぼんやりするな. fest ~ ぐっすり眠(っている). ~ gehen 床に就く. die Kinder ~ schicken 子供たちを寝がせる. Bodenschätze ~. 地下資源が(利用されずに)眠っている. sich⁴ ~d stellen 眠っているふりをする. **2.** [Es+sich⁴+⟨様態⟩²+⟨場所⟩₃]: Es *schläft* sich gut auf dieser Couch. この寝いすはよく眠れる⟨寝心地がいい⟩. **3.** ⟨⟨場所)²⟩泊まる. **4.** [mit ⟨j³⟩]⟨婉⟩寝る. 【慣用】Darüber will ich noch schlafen. そのことについては一晩寝てから⟨明日⟩決めたいと思う. sich⁴ gesund schlafen よく睡眠をとって元気になる. wie ein Murmeltier/ein Sack schlafen 長い時間よく眠る.
das **Schläfen·bein** [シュレーふぇン・バイン] 名 -(e)s/-e (解)側頭骨.
die **Schlafens·zeit** [シュラーふぇンス・ツァイト] 名 -/-en (主に働)就寝時刻.
der **Schläfer** [シュレーふぁー] 名 -s/- **1.** 眠っている人. **2.** (動)ヤマネ. **3.** (ジン)(長期間潜んで時期を待つ)スパイ.
schläfern [シュレーふぁーン] 動 h. [(Es)+⟨j⁴⟩ん] (稀)眠い.
schlaff [シュラッふ] 形 **1.** 緩んだ; たるんだ, しぼんだ, ぺしゃんこの; 無力な, だらけた. **2.** (若)無気力などっこもない.
die **Schlaffheit** [シュラッふハイト] 名 -/ たるんでいること, ぐったりしていること; 無気力; 退屈.
der **Schlaffi** [シュラッふぃ] 名 -s/-s ⟨⟨口・蔑⟩⟩無気力なやつ, だらけた人; 退屈な⟨つまらない⟩やつ.
der **Schlafgänger** [シュラーふ・ゲンガー] 名 -s/- (古)(寝るためだけの)宿泊人.
die **Schlafgelegenheit** [シュラーふ・ゲレーゲンハイト] 名 -/-en 寝る場所; (ベッドなど)寝るための家具.

Schlafgemach 1046

das **Schlaf·ge·mach** [シュラーふ・ゲマーは] 名 -(e)s/..mächer[-ɛ]《文》寝室.

das **Schla·fitt·chen** [シュラふぃっトひェン] 名《次の形で》⟨j³⟩ am [beim] ～ fassen [nehmen]《口》(逃げようとする)人の襟首をとらえる.

die **Schlaf·krank·heit** [シュラーふ・クランクハイト] 名 -/-en 睡眠病.

das **Schlaf·lied** [シュラふ・リート] 名 -(e)s/-er 子守歌.

schlaf·los [シュラーふ・ロース] 形 眠れない;まんじりともしない.

die **Schlaf·lo·sig·keit** [シュラーふ・ローズィヒカイト] 名 -/ 不眠(症).

das **Schlaf·mit·tel** [シュラーふ・ミッテル] 名 -s/- 睡眠薬.

die **Schlaf·müt·ze** [シュラーふ・ミュッツェ] 名 -/-n 1. ナイトキャップ. 2.《口》寝坊;のろま,ぐず.

schlaf·müt·zig [シュラーふ・ミュッツィヒ] 形 ぐず(のろま)の.

der **Schlaf·raum** [シュラーふ・らウム] 名 -(e)s/..räume (ユースホステルなどの)寝室.

schläf·rig [シュレーふりヒ] 形 1. 眠い,眠気を催した;⟨j³⟩ ～ machen⟨人の⟩眠気を誘う. 2. 眠気をさそう,眠そうな.

die **Schläf·rig·keit** [シュレーふりヒカイト] 名 -/ 眠気;眠気を誘う退屈〔単調〕さ.

der **Schlaf·rock** [シュラふ・ろック] 名 -(e)s/..röcke 1. ナイトガウン,化粧着. 2.《料》《次の形で》⟨et¹⟩ im ～ パイ皮で包んだ⟨物⟩.

der **Schlaf·saal** [シュラーふ・ザール] 名 -(e)s/..säle (ユースホステルなどの)共同寝室.

der **Schlaf·sack** [シュラーふ・ザック] 名 -(e)s/..säcke 寝袋,シュラーフザック.

schläfst [シュレーふスト] 動 schlafen の現在形 2 人称単数.

die **Schlaf·stadt** [シュラーふ・シュタット] 名 -/..städte《口》ベッドタウン.

die **Schlaf·stät·te** [シュラーふ・シュテッテ] 名 -/-n 寝場所.

die **Schlaf·stel·le** [シュラーふ・シュテレ] 名 -/-n 寝場所,寝床,宿泊設備.

die **Schlaf·sucht** [シュラーふ・ズふト] 名 -/《医》嗜眠(し̀ん),病的な眠気.

schlaf·süch·tig [シュラーふ・ズュふティヒ] 形《医》嗜眠(し̀ん)性の.

schläft [シュレーふト] 動 schlafen の現在形 3 人称単数.

die **Schlaf·ta·blet·te** [シュラーふ・タブレッテ] 名 -/-n (錠剤の)睡眠薬.

der **Schlaf·trunk** [シュラーふ・トるンク] 名 -(e)s/..trünke (主に⑥)(液体の)睡眠薬;《口》寝酒.

schlaf·trun·ken [シュラーふ・トるンケン] 形《文》寝ぼけた.

die **Schlaf·trun·ken·heit** [シュラーふ・トるンケンハイト] 名 -/ 寝ぼけていること.

der **Schlaf·wa·gen** [シュラーふ・ヴァーゲン] 名 -s/-《鉄道》寝台車.

schlaf·wan·deln [シュラーふ・ヴァンデルン] 動 h.[s.]《誓⁷》夢中遊行する,夢遊する(夢遊病者の).

der **Schlaf·wand·ler** [シュラーふ・ヴァントラー] 名 -s/- 夢遊病者.

schlaf·wand·le·risch [シュラーふ・ヴァントレリシュ] 形 夢遊病者の.

das **Schlaf·zim·mer** [シュラーふ・ツィマー] 名 -s/- 1. 寝室. 2. 寝室の家具調度.

der **Schlag** [シュラーク] 名 -(e)s/Schläge 1. 打つ〔叩く〕こと,打撃;殴打(打撃・衝突の激しい音: ein ～ ins Gesicht 顔への一撃,ひどい侮辱. ein ～ ins Wasser 無益なこと〔措置〕.⟨j³⟩ einen ～ versetzen⟨人に⟩一発食らわす,⟨人を⟩深く失望させる. 2. 鼓動;(波が)打寄せること;(振子の)揺れ. 3. (時計・鐘の)時を打つ音;(⑥のみ)(鳥の)さえずり: ～ acht Uhr 8 時きっかりに. 4. 落雷,電撃,電気ショック;感電: ein kalter ～ 火災に至らない落雷. 5.《口》卒中の発作. 6. (精神的な)打撃,災い,不幸〔不運〕な事件. 7.《林》伐採,伐採面;《農》(同一作物)作付け区域. 8. (人間の)タイプ;(家畜の)品種. 9.《海》(ロープの)巻き(つけ);(オールの)ストローク;(ヨットの)タック間〔ジグザグコース〕—航程;(ロープの)結ばれずに巻かれた輪. 10.《服》(ズボンの)すその広がり〔シッパ〕. 11. 鳩舎(Tauben～). 12.《口》杓子(ひし̀く);《大さじ》一杯分. 13.《古》(馬車・車の)扉. 14.《ラ゙ゼ》ホイップクリーム. 15. (人間の)タイプ,人種;家畜の種類. 16. (国境などの)遮断機(～baum).【慣用】auf einen Schlag《口》一気に〔いっぺんに〕. ein Schlag ins Kontor《口》ショック. einen Schlag haben《口》頭が変である. keinen Schlag tun《口》(ふてくされて)何もしない. mit einem Schlag 突如,一撃で. Schlag auf Schlag 矢つぎ早に. wie vom Schlag getroffen〔gerührt〕sein《口》驚きのあまりぼうぜんとしている.

die **Schlag·ader** [シュラーク・アーダー] 名 -/-n 動脈.

der **Schlag·an·fall** [シュラーク・アン・ふァル] 名 -(e)s/..fälle 卒中の発作.

schlag·ar·tig [シュラーク・アーティヒ] 形 突然の,急激な.

der **Schlag·ball** [シュラーク・バル] 名 -(e)s/..bälle《茇゚》ラウンダーズ用のボール;(⑥のみ)ラウンダーズ(球技の一種).

der **Schlag·baum** [シュラーク・バウム] 名 -(e)s/..bäume (国境などの)遮断機.

der **Schlag·boh·rer** [シュラーク・ボーらー] 名 -s/- ハンマードリル,(電動式)鑿岩(さ̀く)機.

der **Schlag·bol·zen** [シュラーク・ボルツェン] 名 -s/- (銃の)撃鉄〔針〕.

der **Schlä·gel** [シュレーゲル] 名 -s/- 鉱夫用ハンマー;(職人用の)槌;《楽》(打楽器用の)スティック,撥(ばち).

schla·gen* [シュラーゲン] 動 er schlägt; schlug; hat/ist geschlagen 1. h.《⟨j⁴/et⁴⟩》殴る,打つ,叩(た̀た̀)く. 2. h.《⟨et⁴⟩》打つ(時を),鳴る(時計などが): Die Abschiedsstunde hat geschlagen. 別れの時が来た. 3. h.《⟨et⁴⟩》打ち破る,打ち負かす. 4. h.《方向》叩(た̀た̀)く,殴る: mit der Faust auf den Tisch ～ こぶしで机をたたく.⟨j³⟩⟨j³⟩ ins Gesicht ～⟨人の⟩顔を殴る. gegen die Tür ～ ドアをどんどん叩く. nach⟨j³⟩ ～⟨人に⟩殴りかかる. um sich⁴ ～ 両腕をめったやたらに振りまわす. Das Pferd *schlägt* (nach) hinten. 馬が後足で蹴る. 5. h.《⟨et⁴⟩》+《様態》=》《料》かき回して(…に)する;かき混ぜる,撹拌(か̀く̀は̀ん̀)する: die Eiweiß zu Schaum ～ 卵の白身をかき回して泡立てる. Sahne ～ 生クリームをホイップする. Eierschnee ～ (卵白をかき回して)卵白で泡を立てる. Schaum ～ (かき回して)泡を立てる. 6. h.《⟨et⁴⟩》叩く,打ち鳴らす(打楽器を);(古)かき鳴らす(弦楽器を). 7. h.《⟨et⁴⟩+(auf[mit] ⟨et³⟩)》打ち鳴らす(音を);とる(拍子などを). 8. h.《mit ⟨et³⟩》ばたばたさせる. 9. h.《(様態)=》鼓動する,(脈が)打つ(心臓が〔良..心が〕: Mir *schlug* das Herz bis zum Hals. 私は心臓が止まりそうになった. Der Motor *schlägt*. エンジン[モーター]の回転にむらがある. 10. h. さえずる. 11. h.《sich⁴ + mit ⟨j³⟩》殴り合う;《古》決闘する, 一騎討ちをする. 12. h.《相互代名詞 sich⁴》殴り合う《複数主語が》. 13. h.《⟨j⁴/et⁴⟩》+《様態》》殴って(…に)する,打ち砕く. 14. h.《⟨et⁴⟩》+《方向》》

叩きつける;(さっと)動かす〔向ける〕. **15.** *h.* 〘〈et⁴〉ヲ＋〈方向〉ニ〙叩いて〔殴って〕生じさせる, うがつ《穴などを》 **16.** *h.* 〘〈et⁴〉ヲ＋〈方向〉ニ〙打つ, 打込む〔出す〕;割って入れる;押出す;立てる《歯・つめなどを》: Kartoffeln durch ein Sieb ～ ジャガイモを裏ごしする. **17.** *h.* 〘〈et⁴〉ヲ＋aus〔von〕〈et³〉カラ〙叩き落す. **18.** *h.* 〘〈j⁴/et⁴〉ヲ＋〈方向〉ニ〙打ちつける, 留める《くぎなどで》;かける. **19.** *h.* 〘〈et⁴〉ヲ〙伐(き)る《木などを》;切り拓く《山道などを》. **20.** *h./s.* 〘〈方向〉ヲ〙打つ, 叩く, 打当る《物が繰返し音を立てて》. **21.** *s.* 〘(〈方向〉ニ)〙(音を立てて)ぶつかる. **22.** *h.* 〘補足なし〙ばたんばたん〔ばたばた〕音を立てる. **23.** *s./h.* 〘in 〈et⁴〉ニ〙落ちる, 当る《雷などが》. **24.** *s./h.* 〘aus 〈et³〉カラ/zu 〈et³〉ヘ〙吹出す《炎などが》. **25.** *h.* 〘〈et⁴〉ヲ＋〈方向〉ニ〙(さっと)かける, はねのける, 巻きつける: die Decke zur Seite ～ 毛布〔カバー〕をはねのける. ein Bein über das andere ～ 脚を組む. die Arme um 〈j⁴〉 ～ 〈人ヲ〉腕を回して抱く. **26.** *h.* 〘〈et⁴〉ヲ＋in 〈et⁴〉ニ〙包む. **27.** *s.* 〘〈方向〉ニ〙さす《血の気などが》;つく, 打つ《鼻・耳を》: Die Röte *schlug* ihr ins Gesicht. 赤みが彼女の顔にさした. Ein Geruch *schlägt* mir in die Nase. 臭いが私の鼻をつく. an 〈j²〉 Ohr ～〈人の〉耳を打つ《音が》. **28.** *s.* 〘〈j³〉ノ＋auf 〈et⁴〉ニ〙こたえる, さわる《身体器官に》. **29.** *h.* 〘sich⁴＋auf〈et⁴〉ニ〙こたえる, さわる. **30.** *h.* 〘sich⁴＋〈[形]〉ニ〙持ちこたえる, 頑張り抜く. **31.** *h.* 〘相互代名詞 sich⁴＋um 〈et⁴〉ノ〙《口》取〔奪い〕合いをする. **32.** *h.* 〘(〈et⁴〉ヲ)〙取る《チェスなどの駒を》. **33.** *h.* 〘〈様態〉デ〙敵の駒を取る《チェスなどで》. **34.** *h.* 〘〈j⁴〉ニ＋(mit 〈et³〉ヲ)〙《文》負わせる, (…を…で)打ちのめす《運命・神などが》. **35.** *h.* 〘〈et⁴〉ヲ＋auf 〈et⁴〉ニ〙加算する. **36.** *h.* 〘〈j⁴/et⁴〉ヲ＋zu 〈j³/et³〉ニ〙加える. **37.** *h./s.* 〘in 〈et⁴〉ニ〙入る《領域・分野に》. **38.** *h.* 〘sich⁴＋〈方向〉ニ〙《稀》転じる, (…に)行く〔道をとる〕. **39.** *h.* 〘〈et⁴〉ヲ〙《古》鋳造する《貨幣を》. **40.** *s.* 〘nach 〈j³〉ニ〙似てくる. **41.** *s.* 〘〈et⁴〉ヲ〙描く《一定の形を》, 形づくる. **42.** 〘〈et⁴〉ヲ aus 〈j³/et³〉カラ〙手に入れる, せしめる《お金などを》. **【慣用】Ehe ich mich schlagen lasse, ...** 《口》是非にというなら喜んで…をしましょう. *h.* **eine Brücke schlagen** 橋を架ける: eine Brücke zu 〈j³〉 *schlagen* 〈人との〉架け橋を作る. *h.* **eine Mensur schlagen** 決闘をする. **Feuer schlagen** 火打ち石で火をおこす. **in 〈et³〉 nicht zu schlagen sein** 〈事に〉おいて誰れにも〔何にも〕負けない. **mit 〈j³/et⁴〉 geschlagen sein** 〈人・物・事に〉苦しめられている, 〈人・物・事で〉困っている.

schla·gend [シュラーゲント] [形] 決定的な, 納得のいく: ein ～*er* Beweis 決定的証拠. **【慣用】eine schlagende Verbindung** 決闘規約をもつ学生組合. **schlagende Wetter**〘鉱〙坑内爆発性ガス.

der **Schla·ger** [シュラーガー] [名] -s/- **1.** 流行歌, ヒットソング. **2.** 大当たりの商品, ヒット作.

der **Schlä·ger** [シュレーガー] [名] -s/- **1.** (テニスなどの)ラケット;(野球の)バット;(ゴルフの)クラブ;(ホッケーの)スティック. **2.** 打者, バッター. **3.** 《蔑》(すぐ手を上げる)乱暴者. **4.** 〘フェンシング〙(刃の真っすぐな)決闘用の剣. **5.** 《方》泡立て器.

die **Schlä·ge·rei** [シュレーゲらイ] [名] -/-en 殴り合い, けんか.

schlä·gern [シュレーガーン] [動] *h.* 〘〈et⁴〉ヲ〙《オーストリア》伐採する.

der **Schla·ger·sän·ger** [シュラーガー・ゼンガー] [名] -s/- 流行歌手.

der **Schla·ger·star** [シュラーガー・シュターあ, シュラーガー・スターあ] [名] -s/-s スター(流行)歌手.

der **Schlä·ger·typ** [シュレーガー・テューブ] [名] -s/-en 乱暴者タイプの男.

schlag·fer·tig [シュラーク・ふぇるティひ] [形] 打てば響くような, 当意即妙な.

die **Schlag·fer·tig·keit** [シュラーク・ふぇるティひカイト] [名] -/ 当意即妙なこと, 機転がきくこと.

der **Schlag·fluss**, [旧]**Schlag·fluß** [シュラーク・ふルッス] [名] -es/-e 《古》卒中(の発作).

das **Schlag·holz** [シュラーク・ホルツ] [名] -es/..hölzer (野球の)バット;(昔の洗濯に使う)叩き棒.

das **Schlag·in·stru·ment** [シュラーク・インストるメント] [名] -(e)s/-e 打楽器.

die **Schlag·kraft** [シュラーク・クらふト] [名] -/ 打撃力;攻撃力;説得力.

schlag·kräf·tig [シュラーク・クれふティひ] [形] **1.** パンチ力のある;攻撃力のある. **2.** 説得力のある.

das **Schlag·licht** [シュラーク・リひト] [名] -(e)s/-er 〘美・写〙(対象物を際立たせる)ハイライト. **【慣用】ein Schlaglicht auf 〈j⁴/et⁴〉 werfen** 〈人・物・事を〉くっきりと浮かび上がらせる.

schlag·licht·ar·tig [シュラークリひト・アーあティひ] [形] ぱっとひらめいた;突然に.

das **Schlag·loch** [シュラーク・ロっほ] [名] -(e)s/..löcher 道路にあいた穴.

das **Schlag·mal** [シュラーク・マール] [名] -(e)s/-e 〔..mäler〕(野球の)ホームベース, 本塁.

der **Schlag·mann** [シュラーク・マン] [名] -(e)s/..männer **1.** 〘漕艇〙ストローク(ボートの艇尾の漕手). **2.** 〘野球〙バッター, 打者. **3.** 〘ファウストバル〙アタッカー.

die **Schlag·mann·schaft** [シュラーク・マンシャふト] [名] -/ (野球などの)攻撃側のチーム.

das **Schlag·o·bers** [シュラーク・オーバース] [名] -/ 《オーストリア》生クリーム;ホイップクリーム ⇨ der Schlagsahne.

der **Schlag·rahm** [シュラーク・らーム] [名] -(e)s/ 《方》生クリーム;ホイップクリーム.

der **Schlag·ring** [シュラーク・リング] [名] -(e)s/-e (ブラス)ナックル(指にはめる凶器);〘楽〙(ツィター用の)つめ.

die **Schlag·sah·ne** [シュラーク・ザーネ] [名] -/ 生クリーム;ホイップクリーム.

der **Schlag·schat·ten** [シュラーク・シャッテン] [名] -s/- 〘美・写〙(はっきりした)影, 投影.

die **Schlag·sei·te** [シュラーク・ザイテ] [名] -/ (主に無冠詞で)(船体の)傾き;《転》傾向: 《口・冗》(eine) ～ haben 酔って真っすぐ歩けない.

schlägst [シュレークスト] [動] schlagen の現在形 2 人称単数.

der **Schlag·stock** [シュラーク・シュトック] [名] -(e)s/..stöcke 警棒;《稀》(太鼓の)ばち, スティック.

schlägt [シュレークト] [動] schlagen の現在形 3 人称単数.

die **Schlag·uhr** [シュラーク・ウーあ] [名] -/-en 時を打つ時計.

das **Schlag·werk** [シュラーク・ヴェるク] [名] -(e)s/-e (時計の)時を打つ装置.

das **Schlag·wet·ter** [シュラーク・ヴェッター] [名] -s/- 〘鉱〙(坑内の)爆発性ガス;坑内ガス爆発.

das **Schlag·wort** [シュラーク・ヴォるト] [名] -(e)s/-e 〔..wörter〕 **1.** 《[複]-e, 《稀》..wörter》スローガン, 標語, (特に政治的な)決り文句. **2.** 《[複]..wörter》(図書館のカード目録などの)件名, 検索語.

die **Schlag·zahl** [シュラーク・ツァール] [名] -/-en (カヌー・ボートの) 1 分間にパドル〔オール〕で漕(こ)ぐ回数.

die **Schlag·zei·le** [シュラーク・ツァイレ] [名] -/-n (新聞の第一面の)大見出し. **【慣用】Schlagzeilen machen** 大評判になる.

das **Schlag·zeug** [シュラーク・ツォイク] [名] -(e)s/-e (オーケストラの)打楽器;(ジャズバンドなどの)ドラムス.

der **Schlag·zeu·ger** [シュラーク・ツォイガー] [名] -s/- (オーケストラの)打楽器奏者;(ジャズバンドなどの)ドラマ

S

Schlaks 1048

der **Schlaks** [シュラークス] 名 -es/-e 《口・蔑》のっぽで動作の鈍い若者, うどの大木.

schlak·sig [シュラークスィヒ] 形 《口・蔑》のっぽでのろまな.

der **Schla·mas·sel** [シュラマッセル] 名 -s/- (《ﾎﾟｰﾗﾝﾄﾞ》 das ~)《口》厄介な状態〔事件〕.

die **Schla·mas·tik** [シュラマスティク] 名 -/-en 厄介な事態〔事件〕.

der **Schlamm** [シュラム] 名 -(e)s/-e〔Schlämme〕 (どろどろになった) 泥, ぬかるみ; ヘドろ.

das **Schlamm·bad** [シュラム・バート] 名 -(e)s/..bäder (治療としての) 泥浴.

schläm·men [シュレメン] 動 h. 《et⁴ 》浚渫(しゅんせつ)をする;〖工〗洗ってえり分ける, 水簸(すいひ)する〔石・砂などを〕;〖園〗(…に) たっぷり水をやる〔移植した植物などに〕;〖土〗(…に) モルタルを塗る.

schlam·mig [シュラミヒ] 形 泥〔ヘドロ〕を含んだ; 泥だらけの, ぬかるんだ.

die **Schlämm·krei·de** [シュレム・クライデ] 名 -/ 精製白亜.

die **Schlamm·schlacht** [シュラム・シュラはト] 名 -/-en 1. ぬかるんだグラウンドでの(サッカー)試合. 2. (政治家などの) 泥仕合.

die **Schlam·pe** [シュラムペ] 名 -/-n《口・蔑》身なりのだらしない女; 身持ちの悪い女.

schlam·pen [シュラムペン] 動 h. 1. 《俗語》《口・蔑》ぞんざいな仕事をする. 2.〔mit〈et³ 〉〕ぞんざいに扱う. 3.《《場所》ァッ》《方・蔑》だらっとしている, だぶだぶしている〔ズボンなどが〕.

die **Schlam·pe·rei** [シュラムペらイ] 名 -/-en《口・蔑》だらしない態度〔行動〕;《⑭のみ》乱雑.

schlam·pig [シュラムピヒ] 形《口》だらしない〔格好の〕; ぞんざいな.

die **Schlam·pig·keit** [シュラムピヒカイト] 名 -/-en《口》だらしない〔ぞんざいな〕態度〔仕事〕;《⑭のみ》だらしない〔ぞんざいな〕こと.

schlang [シュラング] 動 schlingen の過去形.

die **Schlan·ge** [シュランゲ] 名 -/-n 1.〖動〗ヘビ; sich⁴ winden wie eine ~ 苦悶して逃げ出そうと四苦八苦する. 2.《蔑》蛇のような(陰険な)女. 3. 長蛇の列;(渋滞する)車の長い列(Auto~); ~ stehen 行列をつくって待つ. 4.〖工〗蛇管.【慣用】**eine Schlange am Busen nähren**《文》獅子身中の虫を養う.

schlän·ge [シュレンゲ] 動 schlingen¹·² の接続法 2 式.

schlän·geln [シュレンゲルン] 動 h. 1.《sich⁴+〈場所〉ァッ》身体をくねらせてはう〔蛇などが〕. 2.《sich⁴+〈方向〉ァッ》蛇行している〔川などが〕. 3.《sich⁴+durch〈j³/et⁴ 〉ヵゴ》ヵゴ〉うまく通り抜ける.

schlan·gen·ar·tig [シュランゲン・アーティヒ] 形 蛇のような.

der **Schlan·gen·be·schwö·rer** [シュランゲン・ベシュヴェーらー] 名 -s/- (特にインドの)蛇使い.

der **Schlan·gen·biss**, ⑭ **Schlan·gen·biß** [シュランゲン・ビス] 名 -es/-e 蛇にかまれた傷〔ことに毒蛇に〕.

die **Schlan·gen·brut** [シュランゲン・ブルート] 名 《文》まむしのような人間, 悪党一味.

das **Schlan·gen·ei** [シュランゲン・アイ] 名 -(e)s/-er ヘビの卵;《転》災のもと.

der **Schlan·gen·fraß** [シュランゲン・ふらース] 名 -es/-《口・蔑》ひどい食べ物.

das **Schlan·gen·gift** [シュランゲン・ギフト] 名 -(e)s/-e 蛇の毒.

die **Schlan·gen·haut** [シュランゲン・ハウト] 名 -/..häute 蛇の皮膚, 蛇皮.

die **Schlan·gen·linie** [シュランゲン・リーニエ] 名 -/-n 蛇行線, 波形線.

der **Schlan·gen·mensch** [シュランゲン・メンシュ] 名 -en/-en (蛇のように体を曲げる)軽業師, 曲芸師.

der **Schlan·gen·stab** [シュランゲン・シュタープ] 名 -(e)s/..stäbe 蛇のまきついた杖(つえ) (Äskulap 神の杖で, 医術の象徴).

schlank [シュランク] 形 1. すらりとした, ほっそりした;《j⁴ 》 ~ machen《人を》スリムに見せる. sich⁴ ~ machen《口》体を締める. 2.《方》素早い.

die **Schlank·heit** [シュランクハイト] 名 -/ すらりと(ほっそり)していること, しなやかさ.

die **Schlank·heits·kur** [シュランクハイツ・クーあ] 名 -/-en 痩身(そうしん)療法, 減量法.

der **Schlank·ma·cher** [シュランク・マッはー] 名 -s/- (ダイエット)痩(や)せ薬.

schlank·weg [シュランク・ヴェック] 副《口》あっさりと, ためらわずに; 全く.

schlank·wüch·sig [シュランク・ヴュークスィヒ] 形 ほっそりした体の.

schlapp [シュラップ] 形 疲れてぐったりした; だらりと垂れた, たるんだ, しぼんだ;《口》無気力な.

die **Schlap·pe** [シュラッペ] 名 -/-n 痛手, 損害, 打撃.

schlap·pen [シュラッペン] 動 h. 1.《俗語》《口》だらりと垂れている〔帆などが〕; 大き過ぎてぶかぶかする〔靴が〕. 2. h.《et⁴ 》ぴちゃぴちゃ飲む. 3. s.《《方向》ヵゴ》重い足どりで歩いて行く.

der **Schlap·pen** [シュラッペン] 名 -s/-《主に⑭》《口》スリッパ, 室内ばき.

die **Schlapp·heit** [シュラップハイト] 名 -/ ぐったりしていること;無気力.

der **Schlapp·hut** [シュラップ・フート] 名 -(e)s/..hüte 幅広のつばが垂れたソフト帽.

schlapp|ma·chen [シュラップ・マッヘン] 動 h.《俗語》《口》へばばる, ぐったりする.

das **Schlapp·ohr** [シュラップ・オーあ] 名 -(e)s/-en (犬などの)垂れ耳;《口・蔑》いくじなし, 弱虫.

der **Schlapp·schwanz** [シュラップ・シュヴァンツ] 名 -es/..schwänze《口・蔑》いくじなし, 弱虫.

das **Schla·raf·fen·land** [シュラらッふェン・ラント] 名 -(e)s/..länder 怠惰と美食の楽園.

das **Schla·raf·fen·le·ben** [シュラらッふェン・レーベン] 名 -s/- 安逸〔怠惰〕な生活, 歓楽的な生活.

schlau [シュラウ] 形 抜け目のない, ずる賢そうな;《口》賢明な;《口》専門的な知識を与えてくれる;《口》快適な; aus〈j³/et³ 〉nicht ~ werden《口》《人のことが》〈事が〉分からない. sich³ ein ~es Leben machen《口》できるだけ楽に暮らそうとする.

der **Schlau·ber·ger** [シュラウ・ベルガー] 名 -s/-《口・冗》狡猾(こうかつ)な人.

der **Schlauch** [シュラウは] 名 -(e)s/Schläuche 1. (ゴムなどの)ホース, 管;(タイヤの)チューブ;(ワインの)革袋. 2.《口》細長い部屋; 長くつらい仕事; 大酒飲み. 3.《生徒・方》(隠れて使う古文の)訳本.【慣用】**auf dem Schlauch stehen**《口》のみ込みが悪い. **ein Schlauch sein**《口》ひどく難儀である.

das **Schlauch·boot** [シュラウは・ボート] 名 -(e)s/-e ゴムボート.

schlau·chen [シュラウヘン] 動 h. 1.《j⁴ 》《口》徹底的にしごく, くたくたにさせる〔仕事などが〕. 2.〔bei〈j³ 〉〕《口》方》頼っている暮らしをする. 3.《et⁴ 》~ in〈et⁴ 〉ホースで入れる〔ビールなどをたるに〕. 4.《俗語》《口・古》大酒を飲む.

schlauch·los [シュラウは・ロース] 形 チューブレスの(タイヤ).

der **Schlauch·pilz** [シュラウは・ビルツ] 名 -es/-e (主に⑭)〖生〗子嚢(しのう)菌(類).

die **Schläue** [シュロイエ] 名 -/ 狡猾(こうかつ)さ, ずる賢さ, 抜け目なさ.

die **Schlau·fe** [シュラウふェ] 名 -/-n 1. (電車など

の)つり革;(荷物の)つり手;(スキー・ストックの)手革. **2.**(衣服のベルトなどを通す)止め輪;(ボタンの)ループ.

die **Schlau-heit** [シュラウハイト] 名 -/ 狡猾(説)さ,ずる賢さ,抜け目なさ.

der **Schlau-kopf** [シュラウ・コップル] 名 -(e)s/..köpfe 〔口〕狡猾(記)な〔抜け目ない〕やつ.

der **Schlau-mei-er** [シュラウ・マイアー] 名 -s/-〔口〕= Schlaukopf.

der **Schla-wi-ner** [シュラヴィーナー] 名 -s/-〔口〕ずる賢い〔抜け目のない〕やつ.

schlecht [シュレヒト] 形 **1.**(質の)悪い,粗悪な,粗末な,だめな: ~*e* Waren 粗悪品. ein ~*es* Deutsch 下手な〔正しくない〕ドイツ語. □ schlecht machen. **2.**(器官・機能の)悪い: ein ~*es* Gedächtnis haben 記憶力が悪い. ~ hören/sehen 耳が〔目が〕よく見えない. **3.**〈ぷ³〉気分が悪い: Mir ist ~. 私は気分が悪い. **4.**(数量が少ない: ein ~*es* Gehalt 低い給料. Die Vorstellung war ~ besucht. その上演〔上映〕は(客の)入りが悪かった. **5.**(状態の)悪い,苦しい,いやな: ~*e* Zeiten 不況時. bei ~*em* Wetter 天気が悪ければ. ~*er* Laune sein〔~*e* Laune haben〕機嫌が悪い. 〈ぷ³〉 ~ bekommen〈人にとって〉まずいことになる;〈人の〉体によくない. □ schlecht gehen, schlecht gelaunt. **6.**(道徳的に)悪い,悪意のある;品のない: ein ~*er* Charakter 悪い性格. einer/ein ~*es* Gewissen haben 評判が悪い/良心にやましいところがある. ~*e* Witze erzählen きわどいジョークを言う. 【慣用】ein schlechtes Geschäft machen まずい取引をする. eine schlechte Figur machen 悪い印象を与える. einen schlechten Geschmack im Mund haben (腐りかけのものや薬などで)後味が悪い. Es steht schlecht mit〈ぷ³〉〔um〈ぷ⁴〉〕.〈人の〉健康〔経済〕状態が悪い. Heute geht es schlecht. 今日は都合が悪い. Heute passt es mir schlecht. 今日は私は都合が悪い. in schlechte Hände geraten ひどい扱いを受けている. mehr schlecht als recht かろうじて,何とか…している. nicht schlecht 悪くない〔とてもよい〕;(口)大いに,少なからず. schlecht und recht どうにかこうにか. schlechte Leiter〔理〕不良導体.

── 副〔文飾〕(主に können とともに)…しにくい,…するわけにはいかない;ほとんど…ない: Da kann ich ~ nein sagen. そこではノーとは言いにくい. Das ist ~ möglich.(どう考えても)そうなりそうない.

schlech-ter-dings [シュレヒター・ディングス] 副〔語飾〕(形容詞・副詞・名詞を修飾)〔古〕まったく,ぜんぜん,絶対に;まさに.

schlecht ge-hen*, ⓇⓈ**schlecht|ge-hen*** [シュレヒト ゲーエン] 動 s.〔Es|〈ぷ³〉ん〕健康がすぐれない;経済状態がよくない.

schlecht ge-launt, ⓇⓈ**schlecht|ge-launt** [シュレヒト ゲラウント] 形 不機嫌な.

schlecht-hin [シュレヒト・ヒン] 副〔語飾〕 **1.**(名詞を修飾)〈名詞の後に置いて〉…そのもの,正真正銘の): Er ist der romantische Maler ~. 彼はロマン派の画家そのものだ. **2.**(形容詞・副詞・名詞を修飾)まったく,完全に.

die **Schlech-tig-keit** [シュレヒティヒカイト] 名 -/-en **1.**(質の)悪さ. **2.**悪事,悪行.

schlecht ma-chen, ⓇⓈ**schlecht|ma-chen** [シュレヒト マッヘン] 動 h.〈ぷ⁴/et⁴〉〔口〕悪く言う,けなす.

schlecht-weg [シュレヒト・ヴェック] 副〔語飾〕(動詞・形容詞・副詞を修飾)まったく.

das **Schlecht-wet-ter** [シュレヒト・ヴェッター] 名 -s/ 悪天候.

die **Schlecht-wet-ter-front** [シュレヒトヴェッター・ふろント] 名 -/-en 悪天候をもたらす前線.

das **Schlecht-wet-ter-geld** [シュレヒトヴェッター・ゲルト] 名 -(e)s/-er〔法〕(建設作業員に支払われる冬期の)悪天候手当.

die **Schlecht-wet-ter-pe-ri-o-de** [シュレヒトヴェッター・ペりオーデ] 名 -/-n 悪天候の時期〔期間〕.

schle-cken [シュレッケン] 動 h. **1.**《南独》〈et⁴〉なめる;ぴちゃぴちゃなめる〔飲む〕. **2.**《南独》〔an〈et³〉〕おいしそうになめている. **3.**〔《et⁴》〕《北独》べろべろ食べる(甘い物を): Sie *schleckt* gern. 彼女は甘い物好きだ.

der **Schle-cker** [シュレッカー] 名 -s/-〔口〕甘い物好きな人,甘党.

die **Schle-cke-rei** [シュレッケらイ] 名 -/-en《南独・ぷ》甘い物,お菓子.

das **Schle-cker-maul** [シュレッカー・マウル] 名 -(e)s/..mäuler〔口〕甘い物好きな人,甘党.

schle-ckig [シュレッキヒ] 形《方》食べ物にうるさい;甘党の.

(*der*) **Schle-gel¹** [シュレーゲル] 〔人名〕シュレーゲル (① August Wilhelm von ~, 1767-1845, ロマン派の文芸批評家・言語学者. ② Friedrich von ~, 1772-1829, ロマン派の詩人・哲学者・言語学者. ①の弟).

der **Schle-gel²** [シュレーゲル] 名 -s/- **1.** 槌(?),ハンマー;〔楽〕(太鼓などの)ばち. **2.**《南独・ぷ》(食肉用家畜・狩猟鳥獣・家禽などの)もも肉.

der **Schleh-dorn** [シュレー・ドるン] 名 -(e)s/-e〔植〕リンボク.

die **Schle-he** [シュレーエ] 名 -/-n リンボク(の実).

schlei-chen* [シュライヒェン] 動 schlich; ist/hat geschlichen **1.** s.〔(方向)ニ〕忍び足で入る〔寄る〕. **2.** s.〔,場,〕(音を立てずに)忍び足で歩く;(重い足どりで)のろのろ歩く. **3.** h.〔sich⁴+〔(方向)ニ〕〕こっそり近づく〔立ち去る〕. *Schleich* dich!《南独》失せろ!

schlei-chend [シュライヒェント] 形 忍び寄る,潜行性の.

der **Schlei-cher** [シュライヒェー] 名 -s/-〔蔑〕陰謀家,策略家.

die **Schlei-che-rei** [シュライヒェらイ] 名 -/〔蔑〕陰でこそこそすること;陰謀〔術策〕をねること.

der **Schleich-han-del** [シュライヒ・ハンデル] 名 -s/ 闇取引.

der **Schleich-händ-ler** [シュライヒ・ヘンドラー] 名 -s/- 闇屋〔商人〕.

der **Schleich-weg** [シュライヒ・ヴェーク] 名 -(e)s/-e 抜け道,間道: auf ~*en* 不正手段で.

die **Schleich-wer-bung** [シュライヒ・ヴェるブング] 名 -/ 記事・画面などにまぎれこませる宣伝〔広告〕.

die **Schleie** [シュライエ] 名 -/-n〔魚〕テンチ(ヨーロッパ産のコイの一種).

der **Schlei-er** [シュライアー] 名 -s/- **1.** ヴェール;ヴェールのような霧〔靄(ポ)〕: den ~ nehmen《文》尼になる. den ~(des Geheimnisses)lüften(秘密の)ヴェールをはぐ. **2.**〔写〕かぶり;〔植〕包膜;〔動〕顔盤(フクロウなどの目のまわりをとりまく羽). 【慣用】einen Schleier vor den Augen haben はっきり見えない,はっきり認識できない. den Schleier des Vergessens über〈et⁴〉breiten《文》〈事を〉忘却のかなたへ追いやる.

die **Schlei-er-eu-le** [シュライアー・オイレ] 名 -/-n〔鳥〕メンフクロウ.

schlei-er-haft [シュライアー・ハーフト] 形〈ぷ³ニ〉〔口〕はっきりしない,不可解な.

(*der*) **Schlei-er-ma-cher** [シュライアー・マッハー] 名〔人名〕シュライアーマッハー(Friedrich Daniel Ernst ~, 1768-1834, 神学者・哲学者).

der **Schlei·er·tanz** [シュライアー・タンツ] 名 -es/..tänze ヴェールダンス(長いヴェールを使う踊り).
die **Schleif·bahn** [シュライフ・バーン] 名 -/-en 《方》(氷〔雪〕上のソリ・スケート用)滑走路.
die **Schlei·fe**[1] [シュライフェ] 名 -/-n **1.** 蝶〔花〕結び(にしたもの);蝶結びのリボン,蝶ネクタイ. **2.** 大きなカーブ. **3.** 〖コンピュ〗反復回(ループ)プログラム.
die **Schlei·fe**[2] [シュライフェ] 名 -/-n **1.** 《方》(氷〔雪〕上のソリ・スケート用)滑走路. **2.** (昔の一種の)橇(そり).
schlei·fen[1]* [シュライフェン] 動 schliff; hat / ist geschliffen **1.** *h.* 〈et⁴を〉研ぐ;研磨する(宝石など を). **2.** *h.* 〈j⁴を〉厳しく鍛える. **3.** *s.* 〖慣用〗《方》(氷・雪の)滑走路を滑る.
schlei·fen[2] [シュライフェン] 動 **1.** *h.* 〈j⁴/et⁴+〈方向〉=/über 〈et⁴〉=〉(強引に)引きずる,引きずって行く;無理に連れていく. **2.** *h.* [*s.*] 〈〈*場所*〉=〉すれる;引きずっている[行く] : Dein Gürtel *schleift* (auf [über] dem Boden). 君の帯が(床上を)引きずっている. die Kupplung ~ lassen 半クラッチにする. den Kram ~ lassen だらしない. **3.** *s.* 〈〈*場所*〉=/über 〈et⁴〉=〉足を引きずって歩く. **4.** *h.* 〈et⁴を〉取壊す(要塞(ようさい)などを).
der **Schlei·fen·flug** [シュライフェン・フルーク] 名 -(e)s/..flüge 旋回〔宙返り〕飛行.
der **Schlei·fer** [シュライファー] 名 -s/- **1.** 研磨工,研ぎ師. **2.** 《兵》(兵舎の)しごき屋. **3.** 〖楽〗複前打音:ドイツの農民の古い3拍子の踊り.
die **Schlei·fe·rei** [シュライふぇらイ] 名 -/-en **1.** 《のみ》研磨,研ぎ. **2.** 研磨工場,研ぎ屋. **3.** 《のみ》《兵》(厳しい)訓練;しごき.
der **Schleif·kon·takt** [シュライフ・コンタクト] 名 -(e)s/-e 〖電〗滑り接触.
der **Schleif·lack** [シュライフ・ラック] 名 -(e)s/-e つや出し〔研磨用〕ワニス.
die **Schleif·ma·schi·ne** [シュライフ・マシーネ] 名 -/-n 研磨〔研削〕機, グラインダー.
das **Schleif·mit·tel** [シュライフ・ミッテル] 名 -s/- 研磨剤.
das **Schleif·rad** [シュライフ・ラート] 名 -(e)s/..räder グラインダー,砥石(と)車.
der **Schleif·stein** [シュライフ・シュタイン] 名 -(e)s/-e 砥石(と).
die **Schlei·fung** [シュライふング] 名 -/-en (建築物の)取壊し.
der **Schleim** [シュライム] 名 -(e)s/-e **1.** 粘液;鼻汁;痰(たん). **2.** 〖医〗(胃腸者のための)粥(かゆ).
die **Schleim·bak·te·rie** [シュライム・バクテリエ] 名 -/-n (主に@) 〖生〗粘液細菌.
der **Schleim·beu·tel** [シュライム・ボイテル] 名 -s/- 〖解・医〗粘液嚢(のう).
die **Schleim·beu·tel·ent·zün·dung** [シュライムボイテル・エントツュンドゥンク] 名 -/-en 〖医〗粘液嚢炎.
die **Schleim·drü·se** [シュライム・ドリューゼ] 名 -/-n 〖医〗粘液腺(せん).
schlei·men [シュライメン] 動 *h.* **1.** 〖慣用〗粘液を分泌する;目やにを出す(眼が), 鼻汁を出す(鼻が), 痰(たん)を出す(のどが),耳だれを出す(耳が). **2.** 〖慣用〗おべっかを使う.
der **Schlei·mer** [シュライマー] 名 -s/- 《蔑》おべっか使い.
die **Schleim·haut** [シュライム・ハウト] 名 -/..häute 〖医〗粘膜.
schlei·mig [シュライミヒ] 形 **1.** ねばねばした, どろどろした. **2.** おもねるような, 卑屈な.
schleim·lö·send [シュライム・(リ)ーゼント] 形 去痰(きょたん)作用のある.
der **Schleim·schei·ßer** [シュライム・シャイサー] 名 -s/- 《口・蔑》=Schleimer.
die **Schleim·sup·pe** [シュライム・ズッペ] 名 -/-n 《料》(乳児・病人用)粥(かゆ).
schlei·ßen(*) [シュライセン] 動 schliss[schleißte] ; hat / ist geschlissen[geschleißt] 《古》 **1.** *h.* 規則変化および不規則変化》〈et⁴から〉茎から羽毛をむしり取る(羽根の) ; 《方》〈…を〉薄く割る(木片を). **2.** *s.* (不規則変化の)〖慣用〗ぼろぼろになる(服などが).
schlei·ßig [シュライスィヒ] 形 《方》擦切れた.
der **Schle·mihl** [シュレーミール,シュレミール] 名 -s/-e **1.** 《文》運の悪い人. **2.** 《口》狡猾な人.
schlem·men [シュレメン] 動 *h.* **1.** 〖慣用〗うまい物をたっぷり飲み食いする. **2.** 〈et⁴を〉たっぷり食べる(ぜいたくな物を).
der **Schlem·mer** [シュレマー] 名 -s/- 美食家.
die **Schlem·me·rei** [シュレメらイ] 名 -/-en **1.** 《のみ》美食三昧. **2.** ぜいたくな食事.
die **Schlem·pe** [シュレムペ] 名 -/-n 《@は種類》(蒸留酒製造時の残り物である)かす(家畜の飼料).
schlen·dern [シュレンデルン] 動 *s.* **1.** 〖慣用〗ぶらぶら歩く. **2.** 〈durch 〈et⁴〉(ソロハ)ブ方向〗ッ〉ぶらぶら歩いて行く.
der **Schlend·ri·an** [シュレンドリアーン] 名 -(e)s/ 《口・蔑》だらだらした態度〔仕事ぶり〕.
der **Schlen·ker** [シュレンカー] 名 -s/- **1.** カーブを切ること. **2.** (ちょっとした)回り道.
schlen·kern [シュレンカーン] 動 *h.* **1.** 〈et⁴を/mit 〈et⁴〉〉ぶらぶら〔ゆらゆら〕揺れる,左右に揺れる. **2.** *s.* 〈〈場所〉=〉《方》ぶらぶら歩いて行く.
schlen·zen [シュレンツェン] 動 *h.* 〈(〈et⁴〉ッ+〈方向〉=)〉〖スポーツ〗スナップを利かせて打つ(スティックを大きく振らずに) ; 〖慣用〗押し込む(足を振り出さずに).
der **Schlepp** [シュレップ] 名 《次の形で》〈j⁴/et⁴〉 in ~ nehmen 〈人・物を〉引っ張る,〈物を〉曳航(えいこう)する. im ~ に引っ張られて,牽引(けんいん)されて.〈j⁴/et⁴〉 im ~ haben 〈人・物を〉引っ張っている,引連れている.
der **Schlepp·damp·fer** [シュレップ・ダムふぁー] 名 -s/- 〖海〗曳船,タグボート.
die **Schlep·pe** [シュレッペ] 名 -/-n **1.** (ロングドレスの)引き裾(すそ). **2.** 〖農〗牛馬で牽引する鋤(土ならし). **2.** 〖狩〗擬臭跡(人工的につけた動物の通った臭跡). **3.** 〖狩〗(カモなどのアシの中を通った)跡.
schlep·pen [シュレッペン] 動 *h.* **1.** 〈et⁴を+〈方向〉=〉引いている〔行く〕, 曳航(えいこう)する. **2.** 〈j⁴ッ+(mit)+〈方向〉=〉《口》むりやり(一緒に)連れて行く. **3.** 〈et⁴ッ+〈方向〉=〉苦労して運ぶ. **4.** 〈sich⁴+〈様態〉〉苦労して(…に)なる. **5.** 〈et⁴ッ+〈時間〉/ハ〉《口》着つづけて(い)る. **6.** 〈sich⁴+〈方向〉=〉よろうにして歩く,やっと歩く. **7.** 〈sich⁴+〈時間〉/ハ〉続く,長びく(裁判などが). **8.** 〈sich⁴+mit 〈et⁴〉〉《方》運ぶのに苦労する(重い荷物などを) ; 〈…で〉苦労している(持病など)で. **9.** 〈(auf〈et⁴〉=/über 〈et⁴〉=)〉引きずる(衣服などが). **10.** 〖慣用〗《口》金をもらって逃亡〔逃走〕を幇助(ほうじょ)する人.
schlep·pend [シュレッペント] 形 足を引きずるような, のろのろした;間延びした;緩慢な,はかばかしくない.
das **Schlep·pen·kleid** [シュレッペン・クライト] 名 -(e)s/-er 引き裾(すそ)のドレス.
der **Schlep·pen·trä·ger** [シュレッペン・トレーガー] 名 -s/- (花嫁や王妃の)裾(すそ)持ち.
der **Schlep·per** [シュレッパー] 名 -s/- **1.** 牽引(けんいん)車,トラクター,トレーラー ; 曳き船,タグボート. **2.** 〖鉱〗運搬夫,後山(こうざん). **3.** 《口・蔑》客引,ポン引き ;(逃亡の)手引きをする人.
der **Schlepp·kahn** [シュレップ・カーン] 名 -(e)s/..kähne (他船に引かれる)艀(はしけ).

der **Schlepp·lift** [シュレップ・リふト] [名] −(e)s/−e〔−s〕 Tバーリフト.

das **Schlepp·netz** [シュレップ・ネッツ] [名] −es/−e トロール網, 底引き網.

die **Schlepp·netz·fahn·dung** [シュレップネッツ・ふぁーンドゥング] [名] −/−en 捜査網を敷いての捜査.

der **Schlepp·sä·bel** [シュレップ・ゼーベル] [名] −s/− (騎兵用の)下げ緒の長いサーベル.

das **Schlepp·schiff** [シュレップ・シふ] [名] −(e)s/−e タグボート, 曳き船.

das **Schlepp·seil** [シュレップ・ザイル] [名] −(e)s/−e 牽引(けんいん)〔曳航(えいこう)〕索;(グライダーの)引き索, トウライン〔ケーブル〕.

das **Schlepp·tau** [シュレップ・タウ] [名] −(e)s/−e 牽引(けんいん)〔曳行〕索;(グライダーの)引き索, トウライン〔ケーブル〕. 【慣用】**im Schlepptau** 引っ張られて, 引き連れられて. 〈j^4〉 **ins Schlepptau nehmen** 〈人を〉無理に連れていく;《口》〈人の〉介添えをする.

der **Schlepp·zug** [シュレップ・ツーク] [名] −(e)s/..züge 〘海〙艀(はしけ)の列.

(*das*) **Schle·si·en** [シュレーズィエン] [名] −s/ 〘地名〙シュレージエン, シレジア《旧プロイセンの州. 現在, 大部分がポーランド領》.

der **Schle·si·er** [シュレーズィあー] [名] −s/− シュレージエン〔シレジア〕の人.

schle·sisch [シュレーズィシュ] [形] シュレージエン(地方・人・方言)の: die *S*∼*en* Kriege シュレージエン戦争《1740-42 年, 1744-45 年, 1756-63 年》.

(*das*) **Schles·wig** [シュレースヴィひ] [名] −s/ 〘地名〙シュレースヴィッヒ《シュレースヴィッヒ=ホルシュタイン州の都市》.

der **Schles·wi·ger** [シュレースヴィガー] [名] −s/− シュレースヴィッヒの人.

(*das*) **Schles·wig-Hol·stein** [シュレースヴィひ・ホルシュタイン] [名] −s/ 〘地名〙シュレースヴィッヒ=ホルシュタイン《ドイツ北部の州》.

der **Schles·wig-Hol·stei·ner** [シュレースヴィひ・ホルシュタイナー] [名] −s/− シュレースヴィッヒ=ホルシュタインの人.

die **Schleu·der** [シュロイダー] [名] −/−n **1.** 投石器;パチンコ. **2.** 脱水機(Wäsche∼);遠心分離機. **3.** 《口》車;オートバイ.

der **Schleu·der·ball** [シュロイダー・バル] [名] −(e)s/..bälle **1.** 《㊥のみ》擲球(てききゅう), シュロイダーバル. **2.** 擲球用のボール.

der **Schleu·de·rer** [シュロイデらー] [名] −s/− 投げる〔投げ飛ばす〕人, 投石器〔パチンコ〕を使う人;〘商〙《口》投売り商人.

der **Schleu·der·ho·nig** [シュロイダー・ホーニひ] [名] −s/−e (遠心分離機にかけて取った)精製蜂蜜(はちみつ).

die **Schleu·der·ma·schi·ne** [シュロイダー・マシーネ] [名] −/−n 遠心分離機.

schleu·dern [シュロイダーン] [動] **1.** *h.* 〘〈j^4/et^4〉ヲ+(〈方向〉へ〔カラ〕)〙(勢いよく)投げる, 投出す;《文》力を込めて投げる, 投げつける;飛ばす, 放り投げる, 放り出す. **2.** *s.* 〘補足なし〙横滑りする《車が》. **3.** *s.* 〘〈方向〉ニ〙横滑りして行く. **4.** *h.* 〘〈et^4〉ヲ〙遠心分離機〔脱水機〕にかける. **5.** *h.* 〘〈et^4〉ヲ+aus 〈et^3〉カラ〙遠心分離機〔脱水機〕にかけて取る. 【慣用】*h.* 〈j^4〉 **ins Schleudern bringen** 《口》〈人を〉うろたえさせる〔まごつかせる〕. *s.* **ins Schleudern geraten**〔**kommen**〕《口》うろたえる〔まごつく〕. *h.* 〈j^3〉 **Vorwürfe ins Gesicht schleudern** 《文》〈人を〉面と向かって非難する. *h.* **wütende Blicke auf** 〈j^4〉 **schleudern** 《文》怒りのまなざしを〈人に〉投げる.

der **Schleu·der·preis** [シュロイダー・プらイス] [名] −es/−e 《口》投売り価格, 捨値.

der **Schleu·der·sitz** [シュロイダー・ズィッツ] [名] −es/−e 〘空〙射出座席《パイロットの脱出装置》.

der **Schleu·der·start** [シュロイダー・シュタるト, シュロイダー・スタるト] [名] −(e)s/−e 〘空〙カタパルト発進.

die **Schleu·der·wa·re** [シュロイダー・ヴァーれ] [名] −/−n 《主に㊥》《口》投売り品, 見切品.

der **Schleud·rer** [シュロイドらー] [名] −s/− =Schleuderer.

schleu·nig [シュロイニひ] [形] 《古》迅速な, 至急の;急いだ, 足早の.

schleu·nigst [シュロイニひスト] [副] 大至急, 大急ぎで.

die **Schleu·se** [シュロイゼ] [名] −/−n 水門;(運河の)閘門(こうもん);エアロック, 気閘;《古》(道路の)雨水枡(ます), 排水孔.

schleu·sen [シュロイゼン] [動] *h.* **1.** 〘〈et^4〉ニ〙閘門(こうもん)〔水門〕を通過させる《船に》. **2.** 〘〈j^4/et^4〉ニ〙気密〔殺菌〕室を通らせる. **3.** 〘〈j^4/et^4〉ニ+durch 〈et^4〉ヲ〙通過させる. **4.** 〘〈j^4/et^4〉ヲ+〈方向〉ニ/über 〈et^4〉ヲ越エテ〙不法に潜入させる〔持込む・持出す〕.

das **Schleu·sen·geld** [シュロイゼン・ゲルト] [名] −(e)s/−er 〘海〙水門通航料金.

die **Schleu·sen·kam·mer** [シュロイゼン・カマー] [名] −/−n 〘土〙(2つの水門の間の)ロック室.

der **Schleu·sen·meis·ter** [シュロイゼン・マイスター] [名] −s/− 水門管理責任者.

das **Schleu·sen·tor** [シュロイゼン・トーあ] [名] −(e)s/−e 〘土〙水門の扉.

schlich [シュリっひ] [動] schleichen の過去形.

der **Schlich** [シュリっひ] [名] −(e)s/−e **1.** 《主に㊥》《口》術策, 計略: 〈j^3〉 auf die ∼*e* kommen〔hinter 〈j^2〉 ∼*e* kommen〕〈人の〉策略を見破る. **2.** 〘鉱〙精鉱. **3.** 抜け道.

schli·che [シュリっひぇ] [動] schleichen の接続法 2 式.

schlicht [シュリひト] [形] **1.** 簡素な, 質素な;素朴な. **2.** 飾り気のない, あっさりした: mit ∼*en* Worten 率直な言葉で. ∼*es* Haar カールしてない髪. **3.** 純然たる, 単なる. 【慣用】**schlicht um schlicht tauschen** 相互に無償で交換する.

—— [副] 《語飾》(動詞・形容詞・名詞を修飾)まったく: Das ist ∼ gelogen. それはまったくのうそだ. ∼ die Wahrheit まったくの真実. 【慣用】**schlicht und einfach** 《口》まったく. **schlicht und ergreifend** 《口》(見事なほど)すっかり, まったく.

die **Schlich·te** [シュリひテ] [名] −/−n 《ジャーゴン》経糸糊料(たていとこりょう).

schlich·ten [シュリひテン] [動] *h.* **1.** 〘(〈et^4〉ヲ)〙調停〔仲裁〕する, 調整する《意見の相違・紛争などを》. **2.** 〘〈et^4〉ヲ〙滑らか〔平ら〕にする;〘製革〙しなやかにする《皮を》;〘紡〙糊(のり)づけして丈夫にする《縦糸を》.

der **Schlich·ter** [シュリひター] [名] −s/− 調停者〔委員〕, 仲裁人.

die **Schlicht·fei·le** [シュリひト・ふぁイレ] [名] −/−n 細目やすり.

die **Schlicht·heit** [シュリひトハイト] [名] −/ 簡素, 質素, 素朴;簡素な仕方.

der **Schlicht·ho·bel** [シュリひト・ホーベル] [名] −s/− 仕上げ鉋(かんな).

die **Schlich·tung** [シュリひトゥング] [名] −/−en 《主に㊥》調停, 仲裁;滑らかにすること;仕上げ.

der **Schlich·tungs·aus·schuss**, ㊐**Schlich·tungs·aus·schuß** [シュリひトゥングス・アウス・シュス] [名] −es/..schüsse 調停委員会.

das **Schlich·tungs·ver·fah·ren** [シュリひトゥングス・ふぇあふぁーれン] [名] −s/− 調停手続き.

der **Schlich·tungs·ver·such** [シュリひトゥングス・ふぇあズーふ] [名] −(e)s/−e 調停〔仲裁〕の試み.

der **Schlick** [シュリっク] [名] −(e)s/−e (水底の)泥土, へどろ.

schlief [シュリーふ] [動] schlafen の過去形.

schlie·fe [シュリーふぇ] [動] schlafen の接続法 2 式.

S

schlie·fig [シュリーふぃひ] [形] 《方》生焼けの.

(*der*) **Schlie·mann** [シュリーマン] [名] 〖人名〗シュリーマン(Heinrich ～, 1822–90, トロイア遺跡の発掘者).

die **Schlie·re** [シュリーれ] [名] –/–n **1.** 《[単]のみ》《方》ぬるぬるしたもの. **2.** (ガラスなどの)しま, 条痕(じょうこん); (火成岩などの)条線.

schlie·rig [シュリーりひ] [形] 《方》ぬるぬるした, 滑りやすい.

die **Schlie·ße** [シュリーセ] [名] –/–n 留め金, 締め金, 尾錠, バックル, 掛け金.

schlie·ßen* [シュリーセン] [動] schloss ; hat geschlossen **1.** 〔〈et^4〉ヲ〕閉じる, 閉める, 掛ける(ボタンを); (…の)ボタン〔留め金〕を掛ける, (…の)栓〔封〕をする. **2.** 〔〈様態〉ニ〕閉じる, 閉まる; 掛かる(かぎ・錠が). **3.** 〔sich^4〕閉じる; 塞(ふさ)がる(花・傷口などが). **4.** 〔(〈時点〉ニ)〕閉まる(店・学校などが), 休業する; 〖金融〗引ける(相場が). **5.** 〔〈et^4〉ヲ〕閉める(店・学校などを), 閉鎖する, 休業〔廃業〕する. **6.** 〔〈et^4〉ヲ+an 〈et^4〉ニ〕つなぐ(犬を鎖などに). **7.** 〔〈et^4〉ヲ〕結ぶ(契約などを): mit 〈j^3〉 die Ehe ～ 〈人ト〉結婚する. mit 〈j^3〉 Freundschaft ～ 〈人ト〉友達になる. **8.** 〔aus〔von〕 〈et^3〉カラ+〈et^4〉ヲ/auf 〈j^4/et^4〉ヲ〕推論する. **9.** 〔von 〈j^3/et^3〉カラ+auf 〈j^4/et^4〉ヲ〕類推する. **10.** 〔〈et^4〉ヲ〕閉鎖する; 閉じる; 塞(ふさ)ぐ(国境・回路などを): einen Damm ～ 堤防を完成する(最後のすき間を埋めて). die Reihen ～ 列をつめる. **11.** 〔sich^4+an 〈et^4〉ノ後ニ〕続く(報告の後に討論などが). **12.** 〔〈et^4〉ヲ+an 〈et^4〉ノ後ニ〕続ける, 付言する. **13.** 〔〈et^4〉ヲ+in sich^4〕含んでいる. **14.** 〔〈j^4/et^4〉ヲ+in〔an〕 〈et^4〉ニ〕抱きしめる; 握りしめる. **15.** 〔〈j^4/et^4〉ヲ+in 〈et^4〉ノ中ニ〕しまい込む, 閉じ込める. **16.** 〔〈et^4〉ヲ〕終える(審理などを). **17.** 〔(〈et^4〉ヲ)+mit 〈et^3〉デ〕終える(手紙・講演などを). **18.** 〔mit 〈et^3〉デ〕終る. **19.** 〔[補足なし]〕かぎを錠の中で回す. **【慣用】 Lass mich für heute schließen!** 今日はこのへんで(手紙の結語).

der **Schlie·ßer** [シュリーサー] [名] –s/– **1.** 門番, 守衛; ドア係; 牢番(ろうばん), 看守. **2.** (ドアの)自動開閉装置, 掛け金.

das **Schließ·fach** [シュリース・ふぁっは] [名] –(e)s/..fächer **1.** コインロッカー. **2.** 私書箱; 貸金庫.

die **Schließ·frucht** [シュリース・ふるふト] [名] –/..früchte 〖植〗閉果(へいか).

der **Schließ·korb** [シュリース・コるブ] [名] –(e)s/..körbe 留め金〔鍵(かぎ)〕つき大型バスケット.

schließ·lich [シュリースリひ] [副] **1.** (主に und の後で)最後に: Sie nannte die Staaten um die BRD: Frankreich, die Schweiz, ... und ～ Dänemark. 彼女はドイツ連邦共和国のまわりの国々の名をあげた—フランス, スイス…そして最後にデンマーク. ～ und endlich 《口》最後の最後に. **2.** やっと, ついに: Nach langem Umherwandern kamen sie ～ doch im Dorf an. 長い間さ迷った後で, 彼らはそれでもやっとその村に着いた. (まれに付加語的形容詞として)ein ～*er* Erfolg 《口》やっとかち得た成果. **3.** 結局, とどのつまりは: *S*～ weiß er auch nicht mehr als ich. 結局のところ彼も私以上のことは知らないのだ.

der **Schließ·mus·kel** [シュリース・ムスケル] [名] –s/–n **1.** 〖解〗括約(かつやく)筋. **2.** 〖動〗(貝などの)閉殻筋, 貝柱.

die **Schlie·ßung** [シュリースング] [名] –/–en (主に[単]) **1.** 閉じること, 閉鎖; 閉店; 閉会; 解散; 終結. **2.** (契約などを)結ぶこと, 締結.

schliff [シュリっふ] [動] schleifen^{1}の過去形.

der **Schliff** [シュリっふ] [名] –(e)s/–e **1.** 《[単]のみ》(宝石などの)研磨; (刃物の)研(と)ぎ. **2.** (宝石の)カット, 研がれた刃. **3.** 《[単]のみ》洗練, 上品さ; 完璧(かんぺき)さ. **4.** 〖地質〗(氷河の)擦痕(さっこん) (Gletscher～); (鉱物の)薄片(Dünn～).

schlif·fe [シュリっふぇ] [動] schleifen^{1}の接続法 2 式.

schlimm [シュリム] [形] **1.** ひどい, 容易ならぬ: ein ～*er* Fehler ひどい誤り〔失敗〕. ～ ausgehen 大変な結果になる. **2.** (都合の)悪い, 好ましくない: (Es ist) ～ genug, dass er etwas Schreckliches erlebt hat. 彼は怖い目にあったのだから, (それで)いやなことはもう十分だ(それ以上しかったりすることはない). Ist es ～, wenn ... ? …だとまずいですか. Die Sache steht ～. 事態はかんばしくない. **3.** (道徳的に)悪い: ein ～*es* Beispiel geben 悪い手本になる. Er ist ein ganz *Schlimmer*. 彼はまったく悪いやつだ(女たらしだ). **4.** 傷めた: einen ～*en* Hals haben のどを傷めている. **【慣用】 eine schlimme Wendung nehmen** 悪化する. **Es steht schlimm um 〈j^4/et^4〉.** 〈人・物・事ハ〉悪い〔苦しい〕状態にある. **im schlimmsten Fall** 最悪の場合には. **Ist nicht schlimm!** 大したことはありません(相手のわびなどに対して). **nichts Schlimmes dabei/daran finden** そうしても/その点では何も悪いことはないと思う. **sich^4 auf das Schlimmste gefasst machen** 最悪の場合を覚悟する.

—— [副] (語飾)(動詞・形容詞を修飾)《口》ひどく.

schlimms·ten·falls [シュリムステン・ふぁルス] [副] 最悪の場合には〔でも〕.

die **Schlin·ge** [シュリンゲ] [名] –/–n **1.** (ひも・縄・針金などを結んで作った)輪; タオル地のループ; (フィギュアスケートなどの)ループ: den Arm in der ～ tragen 腕を包帯で吊っている. **2.** (針金の輪でできた)罠(わな). **【慣用】 〈j^3〉 die Schlinge um den Hals legen** 〈人の〉首に縄を掛ける(絞首刑で); 〈人を〉意のままにする. **sich〔den Kopf〕aus der Schlinge ziehen** 危機一髪の所で窮地を脱する.

der **Schlin·gel** [シュリンゲル] [名] –s/– 《冗》いたずら小僧.

schlin·gen^{1*} [シュリンゲン] [動] schlang ; hat geschlungen **1.** 〔〈et^4〉ヲ+um 〈j^4/et^4〉ニ〕巻きつける, 巻いてゆわえる; 回して(きつく)抱く, からませる. **2.** 〔sich^4+um 〈et^4〉ニ〕巻き〔絡み〕つく. **3.** 〔〈et^4〉ヲ+in〔durch〕 〈et^4〉ニ〕結わえつける(リボンを髪などに). **4.** 〔〈et^4〉ヲ〕作る(結び目を). **5.** 〔〈et^4〉ヲ+(zu 〈et^3〉ニ)〕結ぶ; 結う.

schlin·gen^{2*} [シュリンゲン] [動] schlang ; hat geschlungen **1.** 〔[補足なし]〕(あまり)かまずに飲込む; せかせか食事をする. **2.** 〔〈et^4〉ヲ〕がつがつ〔せかせか〕食べる; 丸のみにする(動物が獲物を).

die **Schlin·gen·wa·re** [シュリンゲン・ヴァーれ] [名] –/ (敷きつめ用の)パイル地のカーペット.

der **Schlin·ger** [シュリンガー] [名] –s/– 〖動〗(獲物をかまずに)飲込む動物(ヘビなど).

der **Schlin·ger·kiel** [シュリンガー・キール] [名] –(e)s/–e 〖海〗ビルジキール(横揺れ防止のための竜骨).

schlin·gern [シュリンガーン] [動] **1.** *h.* 〔[補足なし]〕ローリング〔横揺れ〕する(船が). **2.** *s.* 〔durch 〈et^4〉ヲ〕ローリングしながら進む. **【慣用】 ins Schlingern geraten〔kommen〕** ハンドルを取られて左右に振れる.

der **Schlin·ger·tank** [シュリンガー・タンク] [名] –s/–s〔–e〕 〖海〗ビルジタンク(横揺れ防止用).

die **Schling·pflan·ze** [シュリング・プふランツェ] [名] –/–n 〖植〗蔓(つる)植物.

der **Schlipp** [シュリっプ] [名] –(e)s/–e 〖海〗(傾斜した)造船台, 引上げ船台.

der **Schlips** [シュリっプス] [名] –es/–e 《口》ネクタイ.

schliss, [旧]**schliß** [シュリス] [動] schleißen の過去形.

schlis·se [シュリっセ] [動] schleißen の接続法 2 式.

der **Schlit·ten** [シュリっテン] [名] –s/– **1.** 橇(そり): ～ fahren 橇滑りをする. **2.** 《口・冗》乗り物(車・オー

S

トバイ・自転車など). **3.** 〚工〛(タイプライターなどの)キャリッジ. **4.** 〚造船〛(進水式用の)滑走台. **【慣用】 mit 〈j³〉 Schlitten fahren** 《口》〈人を〉ひどくしかる, (権力をかさにきて)〈人を〉ひどくいじめる. **unter den Schlitten kommen** 《口》堕落する.

die **Schlịt·ten·bahn** [シュリッテン・バーン] [名] -/-en 橇(そり)の滑走コース.

die **Schlịt·ten·fahrt** [シュリッテン・ふぁーあト] [名] -/-en 橇(そり)で行くこと, (馬の引く)橇の遠乗り.

die **Schlịt·ter·bahn** [シュリッター・バーン] [名] -/-en 《方》スケート用滑走路.

schlịt·tern [シュリッターン] [動] **1.** *h.* 〚補足なし〛(勢いをつけて)滑る〔滑って遊ぶ〕. **2.** *s.* 〔über 〈et⁴〉ノ上ヲ〕(勢いをつけて)滑って行く〔来る〕. **3.** *s.* 〔〈場所〉ヲ/über 〈et⁴〉ノ上ヲ〕(意図せずに)滑る, 滑り落ちる(車・人が). **4.** *s.* 〔in 〈et⁴〉ニ〕(知らぬ間に)陥る, 巻込まれる.

der **Schlịtt·schuh** [シュリットシュー] [名] -(e)s/-e スケートのブレード;スケート靴: ～ laufen スケートをする.

die **Schlịtt·schuh·bahn** [シュリットシュー・バーン] [名] -/-en スケートリンク.

das **Schlịtt·schuh·lau·fen** [シュリットシュー・ラウふェン] [名] -s/ スケート(をすること).

der **Schlịtt·schuh·läu·fer** [シュリットシュー・ロイふぁー] [名] -s/- (アイス)スケーター.

der **Schlịtz** [シュリッツ] [名] -es/-e **1.** 細長い切り口, 裂け目, 割れ目;(自動販売機などの)コイン投入口;(ポストなどの)差入口. **2.** (スカートなどの)スリット;《口》(ズボンの)前あき(Hosen ～). **3.** 〚卑〛膣.

das **Schlịtz·au·ge** [シュリッツ・アウゲ] [名] -s/-n **1.** (主に[複])切れ長の目(特にモンゴロイド系の). **2.** 《蔑》細い目のやつ.

schlịtz·äu·gig [シュリッツ・オイギひ] [形] 切れ長の目の.

schlịt·zen [シュリッツェン] [動] *h.* 〔〈et⁴〉ニ〕スリットをつける(スカートなどに);(…を)縦に切裂く(魚を).

das **Schlịtz·ohr** [シュリッツ・オーあ] [名] -(e)s/-en 切れ目の入った耳たぶ(詐欺師に対する昔の刑罰);《口》狡猾(こうかつ)な人.

schlịtz·oh·rig [シュリッツ・オーりひ] [形] 《口》恐ろしく狡猾(こうかつ)な.

der **Schlịtz·schrau·ben·zie·her** [シュリッツ・シュらウベン・ツィーあー] [名] -s/- マイナスねじ回し.

der **Schlịtz·ver·schluss,** [旧]**Schlịtz·ver·schluß** [シュリッツ・ふぇあシュルス] [名] -es/..schlüsse 〚写〛フォーカルプレーンシャッター.

schloh·weiß [シュロー・ヴァイス] [形] (髪の)真っ白な.

schlọss, [旧]**schlọß** [シュロス] [動] schließen の過去形.

das **Schlọss,** [旧]**Schlọß** [シュロス] [名] -es/Schlösser **1.** 宮殿, 城館;大邸宅;([単]のみ)城〔宮殿の〕人々. **2.** 錠, 錠前;(バッグの)口金;(ベルトの)バックル;(ネックレスの)留め金. **3.** (銃の)遊底. **【慣用】 ein Schloss〔Schlösser〕 in die Luft bauen** 空中楼閣を築く. **ein Schloss vor dem Mund haben** 堅く口を閉ざしている. **〈j³〉 ein Schloss vor den Mund legen** 〈人の〉口を封じる. **hinter Schloss und Riegel sitzen** 《口》牢(ろう)に入っている. **〈et⁴〉 unter Schloss und Riegel halten** 《口》〈物を〉厳重に保管する.

der **Schlọss·berg,** [旧]**Schlọß·berg** [シュロス・べるク] [名] -(e)s/ 城山.

das **Schloss Ce·ci·li·en·hof,** [旧]**Schloß Ce·ci·li·en·hof** [シュロス ツェツィーリエン・ホーふ] [名] -es -/ ツェツィリエンホーフ宮殿(ポツダムにあり, 1945 年ポツダム会談が行われた).

die **Schlo·ße** [シュローセ] [名] -/-n (主に[複])《方》霰(あられ)〔雹(ひょう)〕の粒.

schlö̦s·se [シュ[レ]ッセ] [動] schließen の接続法 2 式.

schlo·ßen [シュローセン] [動] *h.* 〔Es〕《方》霰(あられ)〔雹(ひょう)〕が降る.

der **Schlọs·ser** [シュロッサー] [名] -s/- 金属〔機械〕工.

die **Schlos·se·rei** [シュロッセらイ] [名] -/-en **1.** 機械〔金属〕工場. **2.** ([単]のみ)機械〔金属〕工の仕事;機械いじり. **3.** ([単]のみ)〚登山〛ロッククライミング用の金具一式.

das **Schlọs·ser·hand·werk** [シュロッサー・ハント・ヴェるク] [名] -(e)s/ 金属〔機械〕工の仕事.

schlọs·sern [シュロッサーン] [動] *h.* 〚補足なし〛《口》機械工〔修理工〕の仕事をする(素人が).

die **Schlọs·ser·werk·statt** [シュロッサー・ヴェるク・シュタット] [名] -/..stätten 金属〔機械〕工場.

der **Schlọss·gar·ten,** [旧]**Schlọß·gar·ten** [シュロス・ガるテン] [名] -s/..gärten 宮殿〔城〕の庭園.

der **Schlọss·herr,** [旧]**Schlọß·herr** [シュロス・へる] [名] -(e)n/-(e)n 宮殿の主, 城主.

der **Schlọss·hof,** [旧]**Schlọß·hof** [シュロス・ホーふ] [名] -(e)s/..höfe 宮殿の中庭.

der **Schlọss·hund,** [旧]**Schlọß·hund** [シュロス・フント] [名] -(e)s/-e (次の形で)heulen wie ein ～ 《口》泣きわめく.

die **Schlọss·ka·pel·le,** [旧]**Schlọß·ka·pel·le** [シュロス・カペレ] [名] -/-n 宮殿付属礼拝堂.

das **Schloss Neu·schwa̱n·stein,** [旧]**Schloß Neu·schwa̱n·stein** [シュロス ノイシュヴァーン・シュタイン] [名] -es -/ ノイシュバンシュタイン城(バイエルン王ルートヴィヒ II 世による).

das **Schloss Nym·phen·burg,** [旧]**Schloß Nym·phen·burg** [シュロス ニュムふェン・ブるグ] [名] -es -/ 離宮ニュンフェンブルク(バイエルン王家の夏の離宮).

der **Schlo̱t** [シュロート] [名] -(e)s/-e〔Schlöte〕 **1.** 《方》(工場・汽船の)煙突. **2.** 〚地質〛(火山の)火道(かどう);ドリーネ. **3.** 《口》役立たず;いやなやつ.

der **Schlo̱t·ba·ron** [シュロート・バろーン] [名] -s/-e 《口・古・蔑》大工場経営者, 工業成金.

der **Schlo̱t·fe·ger** [シュロート・ふぇーガー] [名] -s/- 《方》煙突掃除人.

die **Schlọt·te** [シュロッテ] [名] -/-n **1.** 《方》〚植〛シャロット, エシャロット;タマネギの葉(香辛料). **2.** 〚地質・鉱〛岩石中の空洞.

schlọt·te·rig [シュロッテりひ] [形] =schlottrig.

schlọt·tern [シュロッターン] [動] *h.* **1.** 〔(vor 〈et³〉デ)〕がたがた〔わなわな〕震える(寒さ・不安などで). **2.** 〔〈場所〉デ〕だぶだぶである.

schlọtt·rig [シュロットりひ] [形] **1.** がたがた震える. **2.** だぶだぶの.

schlọt·zen [シュロッツェン] [動] *h.* 《南独》〔〈et⁴〉ヲ〕おいしそうにちびちび飲む, おいしそうになめる.

der **Schlụch·see** [シュルッふ・ゼー] [名] -s/ 〚湖名〛シュルッフゼー(バーデン＝ヴュルテンベルク州の湖).

die **Schlụcht** [シュルふト] [名] -/-en 《古・文》峡谷.

schlụch·zen [シュルふツェン] [動] *h.* **1.** 〚補足なし〛むせび〔すすり〕泣く. **2.** 〔〈[文]〉ト〕しゃくり上げながら言う.

der **Schlụch·zer** [シュルふツァー] [名] -s/- (短い)すすり泣き, 嗚咽(おえつ).

der **Schlụck** [シュルック] [名] -(e)s/-e〔Schlücke〕 一飲み(の量);《口》(アルコールの入った)飲物;ひと口飲むこと: einen ～ Wein ワイン一口. ein guter ～ 良い酒. auf einem ～ 一口で. in drei *Schlücken* 三口で. **【慣用】 Schluck um〔für〕Schluck** 口　口.

der **Schlụck·auf** [シュルック・アウふ] [名] -s/ しゃっくり: einen ～ bekommen しゃっくりが出る.

die **Schlụck·be·schwer·den** [シュルック・ベシュヴェーあデン] [複名] 嚥下(えんげ)困難.

schlụ·cken [シュルッケン] [動] *h.* **1.** 〔〈et⁴〉ヲ〕飲込む, 嚥下(えんか)する;(誤って)飲む(おぼれて水を);《口》飲む(ビールなどを);吸込む(ほこりなどを);《口》併呑(へいどん)〔併合〕する, 乗っ取る;大量に食う〔消費する〕(車がガソリンなどを). **2.** 〚補足なし〛(嚥下するために)の

S

どを動かす;息をのむ,ごくりとのどを動かす《驚き・緊張などのため》. **3.** 〔〈j^4/et^4〉ヲ〕《口》(黙って)我慢する,甘受する;真に受ける,(黙って)聞入れる. **4.** 〔an 〈et^3〉ヲ〕《口》(心の中で)処理する,納得して受入れる. **5.** 〔〈j^4/et^4〉ヲ〕《口》どんどん飲〔吸〕込む(ように入れる),吸収する.

der **Schlu·cken** [シュルッケン] [名] -s/ =Schluckauf.

der **Schlu·cker** [シュルッカー] [名] -s/- **1.** 《次の形で》ein armer ~ あわれな貧乏人. **2.** 《口》飲んべえ;《ジャーゴン》(罪人などで)異物を意図的に飲み込む人.

die **Schluck·imp·fung** [シュルック・イムプふング] [名] -/-en 経口予防接種《ワクチンの内服》.

schluck·wei·se [シュルック・ヴァイゼ] [副] 一口ずつ〔の〕.

die **Schlu·der·ar·beit** [シュルーダー・アるバイト] [名] -/-en 《口・蔑》ぞんざい〔なげやり〕な仕事.

die **Schlu·de·rei** [シュルーデらイ] [名] -/-en 《口・蔑》 **1.** 《[単]のみ》ぞんざい〔なげやり〕な仕事ぶり. **2.** なげやり,怠慢.

schlu·de·rig [シュルーデりひ] [形] 《口・蔑》ぞんざいな;だらしのない.

schlu·dern [シュルーダーン] [動] *h.* 《口・蔑》 **1.** 〔補足なし〕いい加減〔ぞんざい〕な仕事をする. **2.** 〔mit 〈et^3〉ヲ〕無駄遣いする,浪費する.

schlud·rig [シュルードりひ] [形] =schluderig.

der **Schluff** [シュルっふ] [名] -(e)s/-e〔Schlüffe〕 **1.** 砂泥,シルト《粘土質の微細な砂》. **2.** 《南独・古》マフ(Muff^2);《南独・オーストリア》狭い道〔通路〕.

schlug [シュルーク] [動] schlagen の過去形.

schlü·ge [シュリューゲ] [動] schlagen の接続法 2 式.

der **Schlum·mer** [シュルマー] [名] -s/ 《文》まどろみ,うたた寝.

das **Schlum·mer·lied** [シュルマー・リート] [名] -(e)s/-er 《文》子守歌.

schlum·mern [シュルマーン] [動] *h.* **1.** 〔補足なし〕《文》まどろむ,うたた寝をする;《転》死んでいる,未発達〔未発展〕の状態にある. **2.** 〔in 〈j^3/et^3〉ノ中ニ〕眠っている,潜在している,埋もれている.

die **Schlum·mer·rol·le** [シュルマー・ろレ] [名] -/-n 筒形の枕.

die **Schlum·pe** [シュルムペ] [名] -/-n 《方》だらしのない女;ふしだらな女.

schlum·pen [シュルムペン] [動] *h.* 《方》=schlampen.

der **Schlumpf** [シュルムプふ] [名] -(e)s/Schlümpfe **1.** 《方》愚か者《多く,好意的な意味合いで》. **2.** (漫画の)小人;《口》ちび.

der **Schlund** [シュルント] [名] -(e)s/Schlünde **1.** 喉(のど),咽頭(いんとう);(猛獣の大きく開いた)口;《文》(火山・大砲などの)深い,大きな穴〔口〕. **2.** 〘狩〙(鹿・猪などの)食道.

die **Schlun·ze** [シュルンツェ] [名] -/-n 《中独・北独・蔑》 **1.** だらしのない女. **2.** 《方》薄いスープ〔コーヒー〕.

der **Schlupf** [シュルップふ] [名] -(e)s/Schlüpfe〔-e〕 《主に[単]》 **1.** 〘工〙すべり,スリップ. **2.** 〘動〙孵化(ふか);羽化. **3.** 《古》隠れ家(Unter~);くぐり抜けられる穴(Durch~).

schlüp·fen [シュリュップふェン] [動] *s.* **1.** 〔〈方向〉ヘ(カラ)/durch 〈et^4〉ヲ(通ッテ)〕素早く〔するりと〕入る〔出る〕,するりと通り抜ける;するりと滑り落ちる. **2.** 〔in 〈et^4〉ヲ〕素早く着る〔履く〕. **3.** 〔aus 〈et^3〉ヲ〕するりと脱ぐ. **4.** 〔(aus 〈et^3〉カラ)〕孵化(ふか)する,羽化する,脱皮する,かえる. 【慣用】**Das Wort schlüpfte ihm über die〔von den〕Lippen.** その言葉がうっかり彼の口から出てしまった. **in die Rolle eines anderen schlüpfen** 他の人の代役〔身代り〕をうまくこなす.

der **Schlüp·fer** [シュリュップふァー] [名] -s/- **1.** 《しばしば[複]で,[単]の意味で》(婦人子供用の)下ばき,ショーツ. **2.** (袖(そで)ぐりのゆったりした)スポーティーな紳士用コート.

die **Schlupf·ja·cke** [シュルップふ・ヤッケ] [名] -/-n 《古》セーター.

das **Schlupf·loch** [シュルップふ・ロっほ] [名] -(e)s/..löcher (ネズミなどが隠れる)巣穴;くぐり抜けられる穴;《転》隠れ家.

schlüpf·rig [シュリュップふりひ] [形] **1.** (濡れて)滑りやすい,ぬるぬるした. **2.** あやふやな,いかがわしい,きわどい.

die **Schlüpf·rig·keit** [シュリュップふりひカイト] [名] -/-en **1.** 《[単]のみ》滑りやすさ;いかがわしさ. **2.** いかがわしい〔わいせつな〕発言〔箇所〕.

die **Schlupf·wes·pe** [シュルップふ・ヴェスペ] [名] -/-n ヒメバチ.

der **Schlupf·win·kel** [シュルップふ・ヴィンケル] [名] -s/- (動物が隠れる)巣穴;隠れ家,潜伏場所.

schlur·fen [シュルるふェン] [動] **1.** *s.* 〔補足なし〕足を引きずって歩く. **2.** *s.* 〔〈方向〉ヘ/〈場所〉ヲ〕足を引きずって行く. **3.** *h.* 〔〈et^4〉ヲ〕《方》ずるずる啜(すす)る.

schlür·fen [シュリュるふェン] [動] **1.** *h.* 〔〈et^4〉ヲ〕ずるずる啜(すす)る;ちびちび(味わって)飲む. **2.** *h.* 〔補足なし〕ずるずる音を立てて啜る. **3.** *s.* 〔(〈方向〉ヘ)〕《方》足を引きずって歩く〔行く〕.

der **Schluss**, [旧]**Schluß** [シュルス] [名] -es/Schlüsse **1.** 《主に[単]》終り,終結,終了;結末,結着: ~ für heute 今日はこの辺で. zum ~ 最後に. **2.** 帰結,結論;〘論理〙推理: aus 〈et^3〉 einen ~ ziehen 〈事から〉帰結を引出す. Er kam zu dem ~, dass ... 彼は…の結論に達した. **3.** (条約などの)締結. **4.** 《[単]のみ》(戸などの)閉まり具合;《古》(門が)閉まること. **5.** 〘楽〙終止. **6.** 〘経〙(証券取引の)最小単位. **7.** 〘馬術〙脚をしめてしっかりと馬に乗ること;《[単]のみ》〘ラグビー〙フルバック. **8.** 〘電〙ショート(Kurz~). 【慣用】**Mit 〈j^3/et^3〉 ist Schluss.** 《口》〈人は〉もうおしまいだ/〈物が〉だめになってしまった. **mit 〈et^3〉 Schluss machen** 〈事を〉やめる. **mit 〈j^3〉 Schluss machen** 〈人との〉友情〔愛情〕関係を解消する,〈人と〉縁を断つ. **mit sich^3〔dem Leben〕Schluss machen** 《口》自殺する. **Schluss machen** 終業にする,勤めをやめる.

der **Schluss·akt**, [旧]**Schluß·akt** [シュルス・アクト] [名] -(e)s/-e **1.** (劇の)最終幕. **2.** 最終的行為〔行動〕,大詰め,最後の締め;式典の締めくくり.

die **Schluss·be·mer·kung**, [旧]**Schluß·be·mer·kung** [シュルス・ベメるクング] [名] -/-en 結びの言葉,結語.

der **Schluss·be·stand**, [旧]**Schluß·be·stand** [シュルス・ベシュタント] [名] -(e)s/..stände 期末在庫;決算〔期末〕残高.

die **Schluss·bi·lanz**, [旧]**Schluß·bi·lanz** [シュルス・ビランツ] [名] -/-en 〘商〙(期末の)決算貸借対照表.

der **Schlüs·sel** [シュリュッセル] [名] -s/- **1.** 鍵(かぎ),キー;スパナ,レンチ(Schrauben~). **2.** (問題・謎などを解く)鍵,手がかり,手引き,秘訣;暗号〔符号〕化の〔復号の〕鍵,暗号表,コード表. **3.** (問題集などの)解答篇. **4.** 〘楽〙音部記号(Noten~);記譜法. **5.** 分配率,配分比.

der **Schlüs·sel·bart** [シュリュッセル・バーあト] [名] -(e)s/..bärte 鍵(かぎ)の歯.

das **Schlüs·sel·bein** [シュリュッセル・バイン] [名] -(e)s/-e 鎖骨.

die **Schlüs·sel·blu·me** [シュリュッセル・ブルーメ] [名] -/-n 〘植〙セイヨウサクラソウ,プリムラ.

der〔*das*〕**Schlüs·sel·bund** [シュリュッセル・ブント] [名] -(e)s/-e 鍵(かぎ)束.

schlüs·sel·fer·tig [シュリュッセル・ふェるティひ] [形] 即時入居可能な.

die **Schlüs·sel·fi·gur** [シュリュッセル・ふィグーあ] [名] -/-en (鍵を握る)重要人物,キーパーソン.

S

Schmähsucht 1055

die **Schlüs·sel·ge·walt** [シュリュッセル・ゲヴァルト] 名 -/ 1.〖ｶﾄﾘｯｸ〗鍵(ぎ)の権能(教会最高の教導権). 2.〖法〗(夫婦相互の)日常家事処理権, 家政代理権.

die **Schlüs·sel·in·dus·trie** [シュリュッセル・インドゥストリー] 名 -/-n〖経〗基幹産業.

das **Schlüs·sel·kind** [シュリュッセル・キント] 名 -(e)s/-er 〚口〛留守番のため鍵を持たされている子供.

das **Schlüs·sel·loch** [シュリュッセル・ロッホ] 名 -(e)s/..löcher 鍵(ぎ)穴.

schlüs·seln [シュリュッセルン] 動 h. 1.〈et⁴ｦ〉所定の分配率によって分配する. 2.〈et⁴ｦ〉〖ｼﾞｬｽﾞ〗ハンマー・ロックする.

der **Schlüs·sel·reiz** [シュリュッセル・ライツ] 名 -es/-e〖心・生〗鍵(ぎ)刺激(本能的行動などを呼びおこす色・匂いなど).

der **Schlüs·sel·ring** [シュリュッセル・リング] 名 -(e)s/-e (鍵を通しておく)鍵輪, リング型のキーホルダー;鍵の頭部の輪型(の部分).

der **Schlüs·sel·ro·man** [シュリュッセル・ろマーン] 名 -s/-e〖文芸学〗モデル小説.

die **Schlüs·sel·stel·lung** [シュリュッセル・シュテルング] 名 -/-en 重要な地位;〖軍〗要衝, 拠点.

das **Schlüs·sel·wort** [シュリュッセル・ヴォルト] 名 -(e)s/..wörter[-ɐ] 1.(..wörter)組合せ錠の(暗証)文字;(テキスト解説のかぎとなる)キーワード. 2.(働 ..wörter[-ɐ])(ある分野の)キーワード, 重要語;暗号. 3.(働 ..wörter)〖ｺﾝﾋﾟｭｰﾀ〗コードワード;パスワード.

die **Schlüs·sel·zahl** [シュリュッセル・ツァール] 名 -/-en 1.(錠などの)暗証番号. 2.〖経〗比例配分の指数.

die **Schluss·fei·er, ⓓSchluß·fei·er** [シュルス・ふぁイアー] 名 -/-n 終了式;終業〔卒業〕式.

schluss·fol·gern, ⓓschluß·fol·gern [シュルス・ふォルゲルン] 動 h. 〈et⁴ｦ+aus〈et³〉ｶﾗ〉結論として引出す, 結論づける.

die **Schluss·fol·ge·rung, ⓓSchluß·fol·ge·rung** [シュルス・ふォルゲルング] 名 -/-en (推論の結果としての)結論, 帰結.

die **Schluss·for·mel, ⓓSchluß·for·mel** [シュルス・ふォるメル] 名 -/-n (手紙などの)結びの文句.

schlüs·sig [シュレッスィヒ] 形 1. 筋の通った, 説得力のある;〖法〗証拠(証明)力のある. 2.(次の形で)(sich³ über〈et⁴〉〜 sein/werden〈事〉の決心ができている/決心がつく(sich³なしは〚古〛).

die **Schlüs·sig·keit** [シュレュスィヒカイト] 名 -/ 1. 論理性, 筋が通っていること.〖法〗(申立て, 抗弁などで)筋がとおっていること. 2. 決意, 決心.

der **Schluss·läu·fer, ⓓSchluß·läu·fer** [シュルス・ロイふぁー] 名 -s/-〖ｽﾎﾟｰﾂ〗(リレーの)最終走者, アンカー.

das **Schluss·licht, ⓓSchluß·licht** [シュルス・リヒト] 名 -(e)s/-er 1.(車の)尾灯, テールライト(ランプ). 2.〚口〛行列の最後尾;どんじり.

der **Schluss·mann, ⓓSchluß·mann** [シュルス・マン] 名 -(e)s/..männer 最後尾の選手(①〖ｽﾎﾟｰﾂ〗(リレーの)最終ランナー. ②〖球〗〖ｻｯｶｰ〗ゴールキーパー. ③〖ｻｯｶｰ〗フルバック).

die **Schluss·no·tie·rung, ⓓSchluß·no·tie·rung** [シュルス・ノティーるング] 名 -/-en〖金融〗(取引所での)終値(おわりね), 引け値.

der **Schluss·pfiff, ⓓSchluß·pfiff** [シュルス・ふぃふ] 名 -(e)s/-e〖球〗(試合)終了の笛, ファイナルホイッスル.

die **Schluss·pha·se, ⓓSchluß·pha·se** [シュルス・ふぁーゼ] 名 -/-n 最終段階(局面).

die **Schluss·prü·fung, ⓓSchluß·prü·fung** [シュルス・プリューふング] 名 -/-en 卒業試験, 最終試験.

der **Schluss·punkt, ⓓSchluß·punkt** [シュルス・プンクト] 名 -(e)s/-e (文の)終止符, ピリオド;(事の)最後, 結末.〖慣用〗einen Schlusspunkt hinter〔unter〕〈et⁴〉setzen〈事〉終止符を打つ.

die **Schluss·rech·nung, ⓓSchluß·rech·nung** [シュルス・れヒヌング] 名 -/-en〖経・法〗決算(書), (破産管財人による)終了計算書;〖数〗三数法, 比例算.

die **Schluss·run·de, ⓓSchluß·run·de** [シュルス・るンデ] 名 -/-n〖ｽﾎﾟｰﾂ〗最終ラウンド;(競争の)最後の一周, 決勝(戦).

der **Schluss·satz, Schluss·Satz, ⓓSchluß·satz** [シュルス・ザッツ] 名 -es/..sätze 結びの文, 結語;〖論〗結論;〖楽〗終楽章, フィナーレ.

der **Schluss·spie·ler, ⓓSchluß·spie·ler** [シュルス・シュピーラー] 名 -s/-〖ｻｯｶｰ〗フルバック.

der **Schluss·sprung, ⓓSchluß·sprung** [シュルス・シュプるング] 名 -(e)s/..sprünge〖体操〗(演技の最後の)閉脚跳び.

der **Schluss·stein, Schluss·Stein, ⓓSchluß·stein** [シュルス・シュタイン] 名 -(e)s/-e 1.〖建〗(アーチなどの頂点の)要(かなめ)石. 2.(物事の)頂点, 完(終)結.

der **Schluss·strich, Schluss·Strich, ⓓSchluß·strich** [シュルス・シュトりっヒ] 名 -(e)s/-e (計算書などの最後の)終止線.〖慣用〗einen Schlussstrich unter〈et⁴〉ziehen (不快な)〈事〉に決着をつける.

der **Schluss·ver·kauf, ⓓSchluß·ver·kauf** [シュルスふぇぁカウふ] 名 -(e)s/..käufe (夏と冬の)季末大売出し.

das **Schluss·wort, ⓓSchluß·wort** [シュルス・ヴォルト] 名 -(e)s/-e 結び(の言葉), 結語;あとがき, 跋文.

das **Schluss·zei·chen, ⓓSchluß·zei·chen** [シュルス・ツァイヒェン] 名 -s/-(通信などの)終了信号.

die **Schmach** [シュマーハ] 名 -/〚文〛恥辱, 屈辱:mit 〜 und Schande 屈辱的に.

schmach·be·deckt [シュマーハ・ベデックト] 形〚文〛汚辱にまみれた.

schmach·ten [シュマハテン] 動 h.〚文〛 1.〖稀ﾆ〗ひどく苦しむ. 2.〔nach〈j³/et³〉〕思い焦がれる, 渇望する.

der **Schmacht·fet·zen** [シュマハト・ふぇッツェン] 名 -s/- 1.〚口・蔑〛お涙ちょうだいもの(映画など). 2. 恋に身を焼く男;意気地なし.

schmäch·tig [シュメヒティヒ] 形 きゃしゃな.

der **Schmacht·lap·pen** [シュマハト・ラッペン] 名 -s/- 〚口・蔑〛 1. 恋にやつれた男;腰抜け. 2. お涙ちょうだいもの.

die **Schmacht·lo·cke** [シュマハト・ロッケ] 名 -/-n 〚口・嘲〛(額にたらした)巻き毛.

schmach·voll [シュマーハ・ふぉル] 形〚文〛屈辱的な.

der **Schmack** [シュマック] 名 -/-en スマック(昔の小型帆船).

schmack·haft [シュマックハふト] 形 おいしい.〈j³〉〈et⁴〉〜 machen〚口〛〈事〉を魅力的なものに見せて〈人〉の気を引く.

die **Schmack·haf·tig·keit** [シュマックハふティヒカイト] 名 -/ おいしさ, うまさ;魅力.

der **Schmäh** [シュメー] 名 -(s)s/-(s)〖ｵｰｽﾄﾘｱ〗策略, トリック, (作りもの)おあいそ;冗談, 決まり文句.

schmä·hen [シュメーエン] 動 h.〈j⁴/et⁴〉ｦ〚文〛誹謗(ひぼう)する.

schmäh·lich [シュメーリッヒ] 形〚文〛恥ずべき;ひどい;ひどく.

die **Schmäh·re·de** [シュメー・れーデ] 名 -/-n 誹謗(ひぼう)〔中傷〕の演説;(主に働)誹謗の言葉〔表現〕.

die **Schmäh·schrift** [シュメー・シュりふト] 名 -/-en 誹謗(ひぼう)〔中傷〕文〔書〕;怪文書.

die **Schmäh·sucht** [シュメー・ズふト] 名 -/ 誹謗

schmähsüchtig

(クセ)癖,中傷好き.
schmäh-süch-tig [シュメー・ズュヒティヒ] 形 誹謗(ヒボウ)中傷(チュウショウ)好きな.
die **Schmä-hung** [シュメーウング] 名 -/-en 誹謗(ヒボウ),中傷;誹謗の言葉[表現].
das **Schmäh-wort** [シュメー・ヴォルト] 名 -(e)s/-e《主に 複》誹謗(ヒボウ)中傷の言葉[表現].
schmal [シュマール] 形 -er[schmäler]-st[schmälst]
 1.(幅の)狭い,細長い,薄い,ほっそりした: ein ~er Weg 狭い道. Sie ist ~ in den Schultern. 彼女は肩幅が狭い. **2.**《文》わずかの,乏しい.
schmal-ban-dig [シュマール・バンディヒ] 形《電》狭い帯域の.
schmal-brüs-tig [シュマール・ブリュスティヒ] 形 胸囲の狭い;《転》幅の狭い;考えの狭い;内容の乏しい.
schmä-len [シュメーレン] 動 h.《j⁴/et⁴ッフ》《古》けなす,非難する;しかる.
schmä-lern [シュメーレルン] 動《et⁴ッフ/《j³》/+in《et⁴ッフ》》小さくする,減らす;(…に)けちをつける.
die **Schmä-le-rung** [シュメーレルング] 名 -/ 減少;減じられること;貶める[貶められる]こと.
der **Schmal-film** [シュマール・フィルム] 名 -(e)s/-e 8 ミリ[16 ミリ]映画フィルム;小型映画.
die **Schmal-film-ka-mera** [シュマール・フィルム・カメラ] 名 -/-s 8 ミリ[16 ミリ]映画撮影機.
der **Schmal-hans** [シュマール・ハンス] 名《次の形でBei《j³》ist ~ Küchenmeister.《口・古》《人の所では》ろくなものがあって食べていない.
die **Schmal-heit** [シュマールハイト] 名 -/ 幅の狭いこと,狭さ;細い[薄い]こと;乏しさ,わずかなこと.
(*das*) **Schmal-kal-den** [シュマルカルデン] 名 -s/〔地名〕シュマルカルデン(テューリンゲン州の都市).
schmal-kal-disch [シュマルカルディシュ] 形 シュマルカルデンの: die S~en Artikel シュマルカルデンの信仰箇条(ルターの信仰告白,1536 年). der S~e Bund シュマルカルデン同盟(1531-47 年).
schmal-lip-pig [シュマール・リッピヒ] 形 唇の薄い.
schmal-ran-dig [シュマール・ランディヒ] 形 縁(フチ)の狭い.
die **Schmal-sei-te** [シュマール・ザイテ] 名 -/-n (辺の)短い側,(幅の)狭い側.
die **Schmal-spur** [シュマール・シュプーア] 名 -/《鉄道》狭軌.
die **Schmal-spur-bahn** [シュマールシュプーア・バーン] 名 -/-en 狭軌鉄道.
schmal-spu-rig [シュマール・シュプーリヒ] 形 狭軌の;シュプール幅の狭い;偏狭な.
das **Schmal-tier** [シュマール・ティーア] 名 -(e)s/-e《狩》子供のいない二歳の雌(鹿など).
der **Schmalz¹** [シュマルツ] 名 -es/《口・蔑》感傷;感傷的な歌[詩].
das **Schmalz²** [シュマルツ] 名 -es/-e《複で種類》(特に豚・ガチョウからとった)食用油脂,ラード;《方》溶かしバター;《狩》(穴熊・マーモットの)脂身.
schmal-zen⁽⁾ [シュマルツェン] 動 schmalzte; hat ge-schmalzt[geschmalzen]《et⁴ッフ》《料》ラード[ヘット・バター]で調理する.【慣用】 ein geschmalzener Preis とても高い値段.
schmäl-zen [シュメルツェン] 動 h. **1.**=schmalzen. **2.**《et⁴ッフ》《紡》平滑剤処理をする.
das **Schmalz-ge-back-e-ne** [シュマルツ・ゲバックネ] 名《料》(形容詞的変化)《料》揚げ菓子,ドーナツ.
schmal-zig [シュマルツィヒ] 形 脂っぽい,べとべとした;《転・蔑》ひどく感傷的な,甘ったるい.
der **Schmalz-ler** [シュマルツラー] 名 -s/《バイエ・オーストシュマルツラー(脂肪を加えたかぎタバコ).
das **Schmán-kerl** [シュマンケル] 名 -s/-n《バイエ・オーストシ》 **1.** シュマンケル(円錐(エンスイ)形の薄焼きクッキー). **2.** おいしいもの.

der **Schma-rotzen** [シュマろッツェン] 動 h. **1.**《(beij³》/所》に》寄食[居候]する. **2.**《場所》に》《生》寄生する.
der **Schma-rotzer** [シュマろッツァー] 名 -s/-《蔑》寄食者,食客,居候.**2.**《生》寄生動物[植物].
schma-rot-ze-risch [シュマろッツェリシュ] 形 寄生している;居候のような.
die **Schma-rotzer-pflan-ze** [シュマろッツァー・プフランツェ] 名 -/-n 寄生植物.
das **Schma-rotzer-tier** [シュマろッツァー・ティーア] 名 -(e)s/-e 寄生動物.
das **Schma-rotzer-tum** [シュマろッツァートゥーム] 名 -s/寄食生活,居候の生活;寄生虫的存在;《生》寄生.
die **Schmar-re** [シュマレ] 名 -/-n《口》切り傷,(顔の)刀傷.
der **Schmar-ren** [シュマレン] 名 -s/- **1.**《南独・オーストシ》シュマレン(パンケーキの一種).**2.**《口・蔑》愚にもつかないもの;くだらない話.**3.**《次の形で》einen ~(立腹・拒絶を表して)まったく…ない.
die **Schma-sche** [シュマシェ] 名 -/《主に複》《ピクニック》ベルシアン・ラム(死産のベルシア子羊の毛皮).
der **Schmatz** [シュマッツ] 名 -es/-e[Schmätze]《口》ちゅっと音を立ててするキス.
schmat-zen [シュマッツェン] 動 h. **1.**《口》ぴちゃぴちゃ音を立てる(口・舌で).**2.**《et⁴ッフ》(ぴちゃぴちゃ)音を立てて食べる[飲む].【慣用】《口》einen Kuss auf den Mund schmatzen《人》の口にチュッとキスする. schmatzen und schlürfen (行儀悪く)音を立てて飲み food する.
schmau-chen [シュマウヘン] 動 h.《et⁴ッフ》(うまそうに)くゆらす(パイプ・タバコを).
die **Schmauch-spur** [シュマウホ・シュプーア] 名 -/-en《主に複》《発砲後の》硝煙痕跡(コンセキ).
der **Schmaus** [シュマウス] 名 -es/Schmäuse《古》ご馳走(チソウ);宴会.
schmau-sen [シュマウゼン] 動 h. **1.**《慣用》《古》楽しく(豪華な)食事をする. **2.**《et⁴ッフ》《古》おいしく食べる.
schmec-ken [シュメッケン] 動 h. **1.**《j³》美味(ビミ)しい,旨(ウマ)い,(…の)口に合う;面白い,気に入る. **2.**《j³》+《形》/nach《et³》》味がする;(…の)においがする,(…)くさい: nach mehr ~《口》後をひくほどおいしい. Das schmeckt nach Selbstlob. それは自賛くさいぞ. **3.**《et⁴ッフ》味を感じとる[識別する]. **4.**《et⁴ッフ》《南独・スイス》においを感じる.
die **Schmei-che-lei** [シュマイヒェライ] 名 -/-en お世辞,おべっか.
schmei-chel-haft [シュマイヒェルハフト] 形 自尊心をくすぐる,いい気持ちにさせる: ein ~es Porträt 実物よりいいポートレート.
das **Schmei-chel-kätz-chen** [シュマイヒェル・ケッツヒェン] 名 -s/- Schmeichelkatze の縮小形.
die **Schmei-chel-katze** [シュマイヒェル・カッツェ] 名 -/-n《口》(ねだって)甘える愛らしい子供.
schmei-cheln [シュマイヒェルン] 動 h. **1.**《《j³》)+《《文》)》お世辞を言う. **2.**《j³/et³》》(自尊心をすぐっていい気持ちにさせる[自惚れさせる];一段と引立たせる: Die Aufnahme ist geschmeichelt. その写真は実物よりよく撮れている. **3.**[sich³+zu《複》]誇り[自慢・得意]に思う. **4.**《口》《j³》)》甘える,甘えてまとわりつく.【慣用】Ohne mir schmeicheln zu wollen, ... …自慢するわけではないが. sich⁴ geschmeichelt fühlen 誇らしい気持ちになる. sich⁴ in《j³》Herz/Gunst schmeicheln《人》の気に入られる/《人》の好意を得る. sich⁴ ins Ohr schmeicheln 耳に快く響く.
der **Schmei-chler** [シュマイヒラー] 名 -s/- おべっか使

schmei·che·lerisch [シュマイヒェレリシュ] 形 媚(こ)びるような.

schmei·ßen[1]* [シュマイセン] 動 schmiss; hat geschmissen 《口》 **1.** [〈j⁴/et⁴〉ヲ+〈〈方向〉ニ[カラ]〉] (弾みをつけて)投げる：〈j⁴〉 aus der Schule ～ (転)〈人ヲ〉退学させる. die Tür (ins Schloss) ～ 扉をばたんと閉める. **2.** [mit〈et³〉+〈〈方向〉ニ〉]投げる. **3.** [sich⁴+〈方向〉ニ] (どさっと)身を投げ出す. **4.** [sich⁴+in〈et⁴〉ヲ] 着る. **5.** [〈j⁴〉ヲ](嫌になって中途で)投出す. **6.** [〈et⁴〉ヲ] きちんとやってのける(用件などを). **7.** [〈et⁴〉ヲ] 〖映・劇〗舞台にかける(上演などを). **8.** [〈et⁴〉ヲ] おごる.

schmei·ßen[2] [シュマイセン] 動 h. 〖猟〗〖狩〗糞(ふん)をする(猛禽が).

die **Schmeiß·flie·ge** [シュマイス・ふリーゲ] 名 -/-n 〖昆〗アオバエ.

der **Schmelz** [シュメるツ] 名 -es/-e **1.** エナメル, ほうろう, 釉薬；(歯の)エナメル(ほうろう)質. **2.** (声・表情などの)柔らかみつや.

schmelz·bar [シュメるツ・バーあ] 形 可溶性の, 溶ける.

die **Schmelz·bar·keit** [シュメるツ・バーあカイト] 名 -/ 可溶〖融解〗性.

die **Schmelz·but·ter** [シュメるツ・ブッター] 名 -/ 溶かしバター.

die **Schmel·ze** [シュメるツェ] 名 -/-n **1.** 溶解, 融解；〖工〗溶解物；〖地質〗(固った)溶岩. **2.** 《古》製錬所, 溶鉱所.

schmel·zen* [シュメるツェン] 動 er schmilzt; schmolz; hat/ist geschmolzen **1.** s. 〖雅〗溶ける, 溶解する, 融解する；氷解する(疑念が)；和らぐ(心・気持が)；しだいに消える(不安などが)；しだいになくなる(財産などが). **2.** h. [〈et⁴〉ヲ] 溶かす, 溶解する, 融解する.

schmel·zend [シュメるツェント] 形 溶ける；心をとろかすような, 甘美な.

der **Schmel·zer** [シュメるツァー] 名 -s/- 製錬工, 溶鉱者.

die **Schmel·ze·rei** [シュメるツェらイ] 名 -/-en 融解, 溶解；製錬所, 鋳造所.

die **Schmelz·far·be** [シュメるツ・ふぁるべ] 名 -/-n エナメルペイント, ほうろう絵の具.

schmelz·flüs·sig [シュメるツ・ふりュッスィひ] 形 融解して液状化した.

die **Schmelz·hüt·te** [シュメるツ・ヒュッテ] 名 -/-n 製錬所, 溶鉱所.

der **Schmelz·kä·se** [シュメるツ・ケーゼ] 名 -s/- ソフトチーズ.

der **Schmelz·ofen** [シュメるツ・オーふェン] 名 -s/..öfen 〖工〗溶解炉.

der **Schmelz·punkt** [シュメるツ・プンクト] 名 -(e)s/-e 〖理〗融点.

der **Schmelz·tie·gel** [シュメるツ・ティーゲル] 名 -s/- るつぼ.

die **Schmelz·wär·me** [シュメるツ・ヴェるメ] 名 -/ 〖理〗融解熱.

das **Schmelz·was·ser** [シュメるツ・ヴァッサー] 名 -s/- 雪解け水.

der [*das*] **Schmer** [シュメーあ] 名 -s/ 《力》(特に豚の)腹の脂肪；脂身.

der **Schmer·bauch** [シュメー・バウホ] 名 -(e)s/..bäuche (口・蔑) (《冗》も有)脂肪太りの腹；太鼓腹の人.

die **Schmer·le** [シュメるレ] 名 -/-n 〖魚〗ドジョウ.

der **Schmerz** [シュメるツ] 名 -es/-en **1.** (肉体的)痛み, 苦痛：ein stechender ～ 刺すような痛み. ～en im Bauch haben お腹がいたい. **2.** (精神的)苦痛, 苦悩, 心痛, 悲痛：der ～ über〈et³〉〈事の〉苦しみ. 〈j⁴〉 mit ～en erwarten〈人を〉待ち焦がれる.

schmerz·arm [シュメるツ・アるム] 形 痛みの少ない.

schmerz·empfindlich [シュメるツ・エムプふぃントリひ] 形 (肉体的な)痛みを感じやすい.

schmer·zen [シュメるツェン] 動 h. **1.** [〈j³⁽⁴⁾〉ハ] 痛む(体の部分が). **2.** [Es] 痛みがある. **3.** [〈j³〉ヲ+〈場所〉ニ] 痛みを与える. **4.** [〈j⁴〉ヲ] 悲しませる, 苦しませる. **5.** [〈j⁴〉ヲ] 悲しいことである.

das **Schmer·zens·geld** [シュメるツェンス・ゲルト] 名 -(e)s/ 〖法〗慰謝料.

das **Schmer·zens·kind** [シュメるツェンス・キント] 名 -(e)s/-er 《古》親に心配ばかりかける子供.

das **Schmer·zens·la·ger** [シュメるツェンス・ラーガー] 名 -s/- 《古》病床.

der **Schmer·zens·mann** [シュメるツェンス・マン] 名 -(e)s/ 〖芸術学〗キリスト受難記[像].

die **Schmer·zens·mut·ter** [シュメるツェンス・ムッター] 名 -/ 〖芸術学〗悲しみの聖母[像].

der **Schmer·zens·schrei** [シュメるツェンス・シュらイ] 名 -(e)s/-e 苦痛の叫び.

schmerz·frei [シュメるツ・ふらイ] 形 痛みのない, 無痛の.

das **Schmerz·ge·fühl** [シュメるツ・ゲふュール] 名 -(e)s/-e 苦痛感.

schmerz·haft [シュメるツ・ハふト] 形 痛い；苦しい, つらい：die S～e Mutter 悲しみの聖母(像・画).

die **Schmerz·haf·tig·keit** [シュメるツ・ハふティひカイト] 名 -/ 痛み, 苦痛, 苦悩.

die **Schmerz·kli·nik** [シュメるツ・クリーニク] 名 -/-en ペインクリニック.

schmerz·lich [シュメるツ・リひ] 形 (精神的・肉体的に)苦痛な, 悲しい, つらい, 切なる：〈j⁴〉 ～ vermissen〈人が〉いてくれればと切に思う. Es ist mir ～, Ihnen mitteilen zu müssen, dass ... 私はとてもつらいのですが, あなたに…をお伝えしなければなりません.

die **Schmerz·lich·keit** [シュメるツリひカイト] 名 -/ 痛さ, 苦痛であること；苦しいこと, つらいこと.

schmerz·lin·dernd [シュメるツ・リンダーント] 形 痛みを和らげる.

schmerz·los [シュメるツ・ロース] 形 痛み〖苦痛〗のない：die ～e Geburt (Entbindung) 無痛分娩(ぶんべん).

die **Schmerz·lo·sig·keit** [シュメるツ・ローズィひカイト] 名 -/ 無痛；苦痛のないこと.

das **Schmerz·mit·tel** [シュメるツ・ミッテル] 名 -s/- 鎮痛剤.

die **Schmerz·schwel·le** [シュメるツ・シュヴェレ] 名 -/-n 〖生理〗痛覚閾(いき) (刺激が痛みを感じられる境界).

schmerz·stil·lend [シュメるツ・シュティレント] 形 鎮痛の.

die **Schmerz·ta·blet·te** [シュメるツ・タブレッテ] 名 -/-n (錠剤の)鎮痛薬.

der **Schmerz·the·ra·peut** [シュメるツ・テらポイト] 名 -en/-en 〖医〗ペインクリニック医[専門家].

die **Schmerz·the·ra·pie** [シュメるツ・テらピー] 名 -/-n 〖医〗ペインクリニック.

schmerz·voll [シュメるツ・ふォル] 形 苦痛〖苦悩〗に満ちた.

der **Schmet·ter·ball** [シュメッター・バル] 名 -(e)s/..bälle 〖球〗スマッシュ(ボール).

der **Schmet·ter·ling** [シュメッターリング] 名 -s/-e **1.** 〖昆〗チョウ；ガ. **2.** 〖体操〗(床運動の)伸身宙返り(のみ；無冠詞)(水泳の)バタフライ.

die **Schmet·ter·lings·blüt·ler** [シュメッターリングス・ブリュートラー] 名 -s/- 〖植〗蝶形花をつける植物.

der **Schmet·ter·lings·stil** [シュメッターリングス・シュティール, シュメッターリングス・スティール] 名 -(e)s/ 〖水泳〗バタフライ泳法.

schmet·tern [シュメッターン] 動 **1.** h. [〈j⁴/et⁴〉ヲ+〈方向〉ニ] (大きな音がするほど)激しく投げつける[たた

Schmid 1058

きつける〕. **2.** *s.* 〔〈方向〉＝〕(大きな音がするほど)激しくぶつかる,激突する. **3.** *h.* 〔〈〈et⁴〉ヲ〕〔球〕スマッシュする. **4.** *h.* 〔騒〕(大音量で)鳴響く(トランペットなどが);大きな声でさえずる. **5.** *h.* 〔〈〈et⁴〉ヲ〕〕大声で歌う〔叫ぶ〕;(大音量で)演奏する.

(der/die) **Schmid** [シュミート, シュミット] 名 〖人名〗シュミット.

(der) **Schmidt** [シュミット] 名 〖人名〗シュミット(Helmut ～, 1918-, 旧西独の首相).

der **Schmied** [シュミート] 名 -(e)s/-e 鍛冶屋;鍛冶職人;鍛造工,金属細工師.

schmied·bar [シュミート・バール] 形 鍛造可能な.

die **Schmie·de** [シュミーデ] 名 -/-n 鍛冶場;鍛造工場;鍛冶場〔鍛造工場〕の建物. 〖慣用〗 **vor die rechte Schmiede gehen** 〖**kommen**〗 然るべき人〔所〕へ行って相談する.

die **Schmie·de·ar·beit** [シュミーデ・アルバイト] 名 -/-en 鍛造品.

das **Schmie·de·ei·sen** [シュミーデ・アイゼン] 名 -s/ 錬鉄,可鍛性の鉄.

schmie·de·ei·sern [シュミーデ・アイゼァン] 形 錬鉄(製)の.

der **Schmie·de·ham·mer** [シュミーデ・ハマ―] 名 -s/ ..hämmer 鍛冶屋の(大)槌(?),鍛造ハンマー.

schmie·den [シュミーデン] 動 *h.* **1.** 〔〈j⁴/et⁴〉ヲ〕(打ち)鍛える,鍛錬する(特に鉄を);鍛える(若者・意志などを);鍛造する(刀・蹄鉄(?)などを);成立させる,強固にする(国家・同盟などを);練り上げる,企てる(計画・陰謀などを);(口)ひねり出す(詩句を). **2.** 〔〈j⁴/et⁴〉ヲ+an〈et³〉ヲ〕つなぐ,固定する.

die **Schmie·ge** [シュミーゲ] 名 -/-n 〖工〗斜角〔角度〕定規;〖造船〗斜角;〔方〕折り尺.

schmie·gen [シュミーゲン] 動 *h.* **1.** 〔〈et⁴〉ヲ+〈方向〉＝〕(そっと)押しつける(つける). **2.** 〔sich⁴+〈方向〉＝〕ぴったり寄り添う,体を押しつける;ぴったり合う(衣服が);ぴったりついている(髪が額の回りなどに).

schmieg·sam [シュミーク・ザーム] 形 **1.** 曲げやすい,やわらかな;〔文〕融通性のある,柔軟な. **2.** 〔文〕しなやかな.

die **Schmieg·sam·keit** [シュミーク・ザーム・カイト] 名 -/-en (主に⑥)曲げやすさ,しなやかさ,柔軟性;順応性,融通性.

die **Schmie·ra·ge** [ʃmiːraːʒə シュミラージェ] 名 -/-n =Schmiererei.

die **Schmie·re**¹ [シュミーレ] 名 -/-n **1.** 潤滑油,グリース;(口)軟膏(?);〖解〗関節滑液. **2.** どろどろ〔べとべと〕したもの. **3.** 〔方〕(パンに塗る)バター(ジャムなど);スプレッドを塗ったパン. **4.** 〔方〕殴打. **5.** (口・蔑)(地方の)低級な芝居小屋;田舎芝居;(古)ドサ回りの劇団. **6.** 〔生俗〕〔方〕訳本.

die **Schmie·re**² [シュミーレ] 名 -/ (㊟) **1.** 見張り;~ **stehen** (悪事の際に)見張りをする. **2.** お巡り.

schmie·ren [シュミーレン] 動 *h.* **1.** 〔〈et⁴〉ヲ〕油(グリース・潤滑剤)を塗る(こと);クリームを塗る(靴などに). **2.** 〔騒〕効果的に作用する,(動きを円滑にするのに)よく効く(潤滑油などが). **3.** 〔〈et⁴〉ヲ+in〈et⁴〉ヲ〕塗る,(擦)込む. **4.** 〔〈et⁴〉ヲ+(auf 〈et³〉ヲ)〕塗る(バター・ペーストなどを). **5.** 〔〈et⁴〉ヲ+(mit〈et³〉ヲ)〕塗る(パンにチーズなどを). **6.** 〔(〈et⁴〉ヲ)+(〈方向〉＝)〕(口)殴り書きする,雑筆する,塗りたくる. **7.** 〔〈et⁴〉ヲ〕書き飛ばす(批評などを). **8.** 〔騒〕(口)きれいに書けない(ペンなどが);滲(?)む(インクなどが). **9.** 〔(口)〕買収する,(…に)そでの下をつかう. **10.** 〔騒〕(口)買収(工作)をする. **11.** 〔騒〕〔ジツ〕得点の多いカードを場に出す. **12.** 〔騒〕雑に演奏する;音の移動が不正確な歌い方をする. 〖慣用〗〈j³〉 **eine schmieren** (口)〈人〉にびんたを食らわす. **wie geschmiert** (口)円滑に,すらすらと,べらべらと.

die **Schmie·re·rei** [シュミーレライ] 名 -/-en 《口・蔑》 **1.** (㊟のみ)書きなぐること,(絵をぬり)たくること. **2.** なぐり書きされた〔ぬりたくられた〕もの.

das **Schmier·fett** [シュミーア・フェット] 名 -(e)s/-e グリース,潤滑油.

der **Schmier·film** [シュミーア・フィルム] 名 -(e)s/-e 油膜;潤滑油膜.

der **Schmier·fink** [シュミーア・フィンク] 名 -en[-s]/-en 《口・蔑》 **1.** 字の汚い〔汚く描く〕人(特に子供);着ているもの〔まわり〕をすぐ汚す子供. **2.** 壁に(政治)スローガンを書く人;ゴシップ記事を書く人.

das **Schmier·geld** [シュミーア・ゲルト] 名 -(e)s/-er 《口・蔑》(主に㊟)賄賂(?)の金,そでの下.

das **Schmier·heft** [シュミーア・ヘフト] 名 -(e)s/-e 《口》雑記帳.

schmie·rig [シュミーリヒ] 形 **1.** べとべとした;滑りやすい. **2.** (べとついて)不潔な. **3.** 《蔑》いやになれなれしい,べたべたして気色の悪い;いやらしい;いかがわしい.

der **Schmier·käse** [シュミーア・ケーゼ] 名 -s/- (パンに塗る)ソフトチーズ,チーズスプレッド.

das **Schmier·mittel** [シュミーア・ミッテル] 名 -s/- 潤滑剤.

das **Schmier·öl** [シュミーア・エル] 名 -s/-e 潤滑油.

das **Schmier·papier** [シュミーア・パピーア] 名 -s/-e 《口》下書き用紙,メモ用紙.

der **Schmier·plan** [シュミーア・プラーン] 名 -(e)s/..pläne 〖工〗(機械の)注油箇所および必要潤滑剤を示す図面.

die **Schmier·seife** [シュミーア・ザイフェ] 名 -/-n カリ石けん.

die **Schmie·rung** [シュミールング] 名 -/-en (グリースなどを)塗る〔さす〕こと,注油.

schmilz ! [シュミルツ] 動 schmelzen の du に対する命令形.

schmilz·est [シュミルツェスト] 動 schmelzen の現在形 2 人称単数.

schmilzt [シュミルツト] 動 schmelzen の現在形 2・3 人称単数.

die **Schmin·ke** [シュミンケ] 名 -/-n (おしろい・紅などの)化粧品,メーキャップ用品.

schmin·ken [シュミンケン] 動 *h.* **1.** 〔〈et⁴〉ヲ〕白粉(?)を塗る,口紅を塗る,アイシャドウを塗る,(転)(…を)粉飾〔潤色〕する(報告などを). **2.** 〔sich⁴+(〈様態〉ニ)〕化粧をする,メーキャップをする. **3.** 〔〈j³〉ヲ〕化粧〔メーキャップ〕をする.

der **Schmink·stift** [シュミンク・シュティフト] 名 -(e)s/-e (スティック状の)化粧品(まゆずみなど).

der **Schmink·topf** [シュミンク・トップ] 名 -(e)s/..töpfe 化粧品の容器.

der **Schmir·gel** [シュミルゲル] 名 -s/ 〖工〗金剛砂(?),エメリー.

schmir·geln [シュミルゲルン] 動 *h.* **1.** 〔〈et⁴〉ヲ〕金剛砂〔サンドペーパー〕で磨く. **2.** 〔〈et⁴〉ヲ+von 〈et³〉ヲ〕金剛砂〔サンドペーパー〕で落す.

das **Schmir·gel·papier** [シュミルゲル・パピーア] 名 -s/-e 紙やすり,サンドペーパー.

schmiss, ⑪schmiß [シュミス] 動 schmeißen の過去形.

der **Schmiss, ⑪Schmiß** [シュミス] 名 -es/-e **1.** (決闘による)刀傷,傷跡. **2.** (㊟のみ)(口)活気,気迫,躍動感. **3.** 〖劇〗(ジツ)ぶちこわしの(演技).

schmis·se [シュミッセ] 動 schmeißen の接続法 2 式.

schmis·sig [シュミスィヒ] 形 (口)活気のある.

(der/die) **Schmitt** [シュミット] 名 〖人名〗シュミット.

(der/die) **Schmitz**[1] [シュミッツ] 名 〖人名〗シュミッツ.
der **Schmitz**[2] [シュミッツ] 名 -es/-e **1.** 〖古・方〗汚れ, 汚点. **2.** 〖印〗ぶれ, ずれ, 二重印刷.
der **Schmitz**[3] [シュミッツ] 名 -es/-e 〖方〗(東中独)むち打ち.
die **Schmitze** [シュミッツェ] 名 -/-n =Schmitz[3].
schmitzen [シュミッツェン] 動 h. 〖j⁴/et⁴〗(東中独)鞭で)打つ, 殴打する.
der **Schmock** [シュモック] 名 -(e)s/Schmöcke(-e, -s] 無節操なジャーナリスト(作家).
schmöken [シュ⊗ーケン] 動 h. (北独) **1.** 〖et⁴〗吸う. **2.** 〖稀に〗タバコを吸う.
der **Schmöker** [シュ⊗ーカー] 名 -s/- **1.** (口)(内容の薄い)娯楽本. **2.** (北独・*)喫煙者.
schmökern [シュ⊗ーケルン] 動 h. (口) **1.** 〖稀に〗くつろいで読書する. **2.** 〖et⁴/in 〈et³〉〗くつろいで読む: in einem Buch ~ くつろいで本を読んでいる.
die **Schmoll·ecke** [シュモル・エッケ] 名 -/-n (口)(次の形で)in der ~ sitzen すねている. ⇨ Schmollwinkel.
schmollen [シュモレン] 動 h. 〖mit 〈j³〉=〗すねて口もきかない, ふくれっ面をしている.
der **Schmoll·mund** [シュモル・ムント] 名 -(e)s/..münder (ふくれて)とがらせた口.
der **Schmoll·win·kel** [シュモル・ヴィンケル] 名 -s/- (口)(次の形で) sich⁴ inden ~ zurückziehen 気分を害されてすねている. ⇨ Schmollwinkel.
schmolz [シュモルツ] 動 schmelzen の過去形.
schmöl·ze [シュ⊗ルツェ] 動 schmelzen の接続法2式.
der **Schmonzes** [シュモンツェス] 名 -/ (口・蔑)無駄(ばか)話.
der **Schmor·bra·ten** [シュモーア・ブラーテン] 名 -s/- 軽くローストした肉(ビーフ)の蒸し煮.
schmoren [シュモーレン] 動 h. 〖et⁴〗とろ火で煮る, 蒸し煮にする(強火できっとといためた後). **2.** 〖稀に〗とろ火で煮られている;(口)(暑さに)うだっている. 〖慣用〗〈j⁴/et⁴〉 schmoren lassen (口)〈人・事〉を放っておく.
das **Schmorfleisch** [シュモーア・フライシュ] 名 -(e)s/ 蒸し煮用の肉. ⇨ schmoren.
der **Schmor·topf** [シュモーア・トップフ] 名 -(e)s/..töpfe 蒸し煮用深鍋, シチュー鍋;(口)肉の蒸し煮料理, (ビーフ)シチュー.
der **Schmu** [シュムー] 名 -s/ (口)ごまかし, いんちき.
schmuck [シュムック] 形 (古)かわいい, 身ぎれいな.
der **Schmuck** [シュムック] 名 -(e)s/-e **1.** (⊕のみ)飾り;装飾. **2.** (主に)装身具(類);(個々の)装身具.
das **Schmuck·blatt·te·le·gramm, Schmuck blatt-Telegramm, ⑥Schmuckblatte·le·gramm** [シュムック・ブラット・テレグラム] 名 -s/-e (飾りのついた)慶祝電報.
schmü·cken [シュミュッケン] 動 h. **1.** 〈j⁴/et⁴〉 =(mit 〈et³〉=) 飾る, 装飾する. **2.** 〖sich⁴+(mit 〈et³〉=)〗身を飾る. **3.** 〖et⁴〗飾っている, 引立たせている.
das **Schmuck·käst·chen** [シュムック・ケストヒェン] 名 -s/- 宝石箱;(転・冗)小さくきれいな家.
der **Schmuck kas ten** [シュムック・カステン] 名 -s/..kästen アクセサリー小箱, 宝石箱.
schmuck·los [シュムック・ロース] 形 飾り(気)のない, 簡素な.
die **Schmuck·lo·sig·keit** [シュムック・ローズィヒカイト] 名 -/ 装飾(飾り気)のないこと;簡素, 質素.
die **Schmuck·na·del** [シュムック・ナーデル] 名 -/-n 飾りピン, ブローチ, ネクタイピン.
die **Schmuck·sa·chen** [シュムック・ザッヘン] 複名 装飾品, アクセサリー.

das **Schmuck·stück** [シュムック・シュテュック] 名 -(e)s/-e **1.** (個々の)装身具. **2.** (口)逸品;(冗)恋人.
die **Schmuck·wa·ren** [シュムック・ヴァーレン] 複名 (商品としての)装飾品(装身具)類.
der **Schmud·del** [シュムッデル] 名 -s/ (口・蔑)(べとべとした)汚れ;汚い奴(ら).
schmud·de·lig [シュムッデリヒ] 形 (口)べとべとして汚い, 汚れた.
schmud·deln [シュムッデルン] 動 〖稀に〗(口)そんざいな仕事をする, 扱いが不注意(乱暴)で汚してしまう;汚れる.
schmudd·lig [シュムッドリヒ] 形 =schmuddelig.
der **Schmuggel** [シュムッゲル] 名 -s/ 密輸.
die **Schmuggel·ban·de** [シュムッゲル・バンデ] 名 -/-n 密輸団.
die **Schmug·ge·lei** [シュムッゲライ] 名 -/-en (常習的)密輸.
schmuggeln [シュムッゲルン] 動 h. **1.** 〖et⁴〗密輸する. **2.** 〖稀に〗密輸を行う. **3.** 〈j⁴/et⁴〉+(方向)=)ひそかに連出す(連込む, 持込む). **4.** 〖sich⁴+〈方向〉=〗ひそかに潜り込む.
die **Schmug·gel·wa·re** [シュムッゲル・ヴァーレ] 名 -/-n 密輸品.
der **Schmugg·ler** [シュムッグラー] 名 -s/- 密輸入人, 密輸業者.
die **Schmugg·ler·ban·de** [シュムッグラー・バンデ] 名 -/-n 密輸団.
das **Schmugg·ler·schiff** [シュムッグラー・シフ] 名 -(e)s/-e 密輸船.
schmunzeln [シュムンツェルン] 動 h. 〖稀に〗にこにこするにやにやする, ほくそ笑む.
schmur·geln [シュムるゲルン] 動 h. (方) **1.** 〖et⁴〗焼く, 炒(い)める. **2.** 〖稀に〗焼ける.
der **Schmus** [シュムース] 名 -es/ (口)おべんちゃら;くだらないおしゃべり.
schmu·sen [シュムーゼン] 動 h. (口) **1.** 〖mit 〈j³〉=〗いちゃつく(…を)かわいがる. **2.** 〖(mit)〈j³〉=〗(蔑)おべんちゃらを言う.
der **Schmu·ser** [シュムーザー] 名 -s/- (口) **1.** べたべたする人, いちゃつく人. **2.** (蔑)おべんちゃら使い.
der **Schmutz** [シュムッツ] 名 -es/ 不潔なもの, 汚物, 泥, 汚れ, 染み;(口)わいせつ(不潔)な事(北独・ネ*****)(古)脂肪. 〖慣用〗〈j⁴/et⁴〉 in (durch) den Schmutz ziehen 〈人・物・事〉をほろくそに言う. Schmutz und Schund 低俗な(文学)作品.
schmutz·ab·wei·send, Schmutz ab·weisend [シュムッツ・アップ・ヴァイゼント] 形 汚れのつきにくい.
das **Schmutz·blatt** [シュムッツ・ブラット] 名 -(e)s/ ..blätter 〖印〗(タイトルページの前の)遊び紙.
die **Schmutz·bürs·te** [シュムッツ・ビュルステ] 名 -/-n (泥落し用の)靴ブラシ.
schmutzen [シュムッツェン] 動 h. **1.** 〖稀に〗汚れる. **2.** 〖et⁴〗(南独・ネ*****)脂を塗る(ひく).
die **Schmutze·rei** [シュムッツェらイ] 名 -/-en (蔑)きたない所業, 不正行為;みだらなこと.
der **Schmutz·fän·ger** [シュムッツ・フェンガー] 名 -s/- **1.** (口)(⊕蔑)(⑥有)汚れやすいもの. **2.** (車・自転車の泥よけ;〖工〗(配水管などの)摩溜(**か**)め, 泥溜め.
der **Schmutz·fink** [シュムッツ・フィンク] 名 -en(-s)/-en (口)汚ない(不潔な)人, いかがわしい人.
der **Schmutz·fleck** [シュムッツ・フレック] 名 -(e)s/-e 汚れの染み.
schmutzig [シュムッツィヒ] 形 **1.** 汚れた, 汚い;不潔な: ein ~es Rot 濁った赤. der ~ blaue See 濁った青い色の湖. **2.** (蔑)無礼な, 図々しい;汚らわし

schmutzig grau

い，いやらしい；不正な: ein ~er Handel やみ取引. **3**. 失礼な. **4**. 《南独・ﾒｽ》脂っこい. 《慣用》 schmutzige Wäsche vor anderen Leuten waschen 内輪の恥を人目にさらす. sich⁴ nicht gern die Finger [Hände] schmutzig machen 手を汚したがらない.

schmutzig grau, ⓇSchmutziggrau [シュムッﾂｨｸﾞ ｸﾞﾗｳ] 形 濁った灰色の.

die **Schmutzigkeit** [シュムッツィヒカイト] 名 -/-en **1**. （⓪のみ）不潔；破廉恥，卑猥（ひわい）. **2**. 破廉恥行為，破廉恥［卑猥］な言葉［表現］.

die **Schmutz-kon-kur-renz** [シュムッツ・コンクれンツ] 名 -/-en 《経》不正競争.

der **Schmutz-stoff** [シュムッツ・シュトっふ] 名 -(e)s/-e 《環》汚染物質.

der **Schmutz-ti-tel** [シュムッツ・ティ(ー)テル] 名 -s/- 《印》遊び紙（タイトルページ前の白紙）.

das **Schmutz-was-ser** [シュムッツ・ヴァッサー] 名 -s/..wässer 汚水.

der **Schna-bel** [シュナーベル] 名 -s/Schnäbel **1**. （鳥の）くちばし；《口》（人間の）口. **2**. （水差などの）注ぎ口；（古代・中世の船の）衝角（しょうかく）. **3**. 《楽》（管楽器の）マウスピース.

schna-bel-för-mig [シュナーベル・ふぁるミヒ] 形 くちばし状の.

schnä-beln [シュネーベルン] 動 h. （相互代名詞 sich⁴）互いにくちばしを触合せる（ハトなどが）；《口・冗》優しくキスをし合う.

der **Schna-bel-schuh** [シュナーベル・シュー] 名 -(e)s/-e （中世の）先端がくちばし状の靴.

die **Schna-bel-tas-se** [シュナーベル・タッセ] 名 -/-n （病人用の）吸い飲み.

das **Schna-bel-tier** [シュナーベル・ティーア] 名 -(e)s/-e カモノハシ.

schna-bu-lie-ren [シュナブリーれン] 動 h. 《〈et⁴〉ｦ》《口》うまそうに［ぱくぱく］食べる.

der **Schnack** [シュナック] 名 -(e)s/-s[Schnäcke] 《北独》気楽なおしゃべり；歓談，《蔑》無駄話，たわごと；ジョーク.

schna-ckeln [シュナッケルン] 動 h. 《バイエル》 **1**. 《mit 〈et³〉ｦ》ぱちんと鳴らす（指・舌を）. **2**. 《擬声》ぱちん（ぽきっ）という. **3**. 《Es + 〈場所〉ｦ》ぱりっ［めりっ・どかん］と音をする；《転》けんか［口論］の物音がする: Es hat bei 〈j³〉 geschnackelt. 《南独》〈人はこうて〉うまく行った；〈人₃〉やっと理解した；〈人₃〉恋に落ちた. Jetzt hat's geschnackelt. 《南独》やっとうまくいった；堪忍袋の緒が切れた.

schna-cken [シュナッケン] 動 h. 《北独》 **1**. 《〈et⁴〉ｦ》話す: Platt ~ 低地ドイツ語で話す. **2**. 《mit 〈j³〉 + über 〈et⁴〉ﾆﾂｲﾃ》おしゃべりする，気楽に話す.

das **Schna-da-hüp-fel** [シュナーダ・ヒュップふぇル] 名 -s/(-n) 《バイエル・オストリア》=Schnaderhüpfel.

der **Schna-der-hüp-fel** [シュナーダ・ヒュップふぇル] 名 -s/- 《バイエル・オストリア》シュナーダヒュプフェル（ヨーデルを伴う四行詩節の陽気な民謡）.

das **Schna-der-hüp-ferl** [シュナーダ・ヒュップふぇルル] 名 -s/-n 《バイエル・オストリア》=Schnaderhüpfel.

die **Schna-ke** [シュナーケ] 名 -/-n 《昆》ガガンボ（蚊の一種）；《方》カ.

schnä-kig [シュネーキヒ] 形 食べ物にうるさい；甘党の.

die **Schnal-le** [シュナッレ] 名 -/-n **1**. 締め金，バックル. **2**. 《ｵｽﾄﾘｱ》ドアの取っ手. **3**. 《狩》（哺乳類の獣の）雌の外陰部. **4**. 《口》女性の陰部. **5**. 《口》若い女. **6**. 《口》（《罵》も有）売女（ばいた）.

schnal-len¹ [シュナレン] 動 h. **1**. 《et⁴ｦ》《様態ﾆ》（留め金・バックルで）締める，緩める. **2**. 《j¹/et⁴ｦ + 〈方向〉ﾆ》（ベルト・バンドで）固定する. **3**. 《j¹/et⁴ｦ + 〈方向〉ｶﾗ》外す，下ろす（締具で固定されていたものを）. **4**. 《〈et⁴〉ｦ》《口》理解する. **5**. 《j⁴ｦ》《口》だます.

schnal-len² [シュナレン] 動 h. 《南独》=schnalzen.

der **Schnal-len-schuh** [シュナレン・シュー] 名 -(e)s/-e 締め金つきの靴.

schnal-zen [シュナルツェン] 動 h. 《mit 〈et³〉ｦ》（ぱちっと）鳴らす（指・むちなどを）.

schnapp ! [シュナップ] 間 （ドア・かぎなどの閉まる音）ぱたん，かちゃ；（はさみで切る音）ちょき.

das **Schnäpp-chen** [シュネップひぇン] 名 -s/- 《口》格安の［お買得］商品［サービス］.

die **Schnäpp-chen-jagd** [シュネップひぇン・ヤークト] 名 -/-en 《口》お買い得品あさり.

der **Schnäpp-chen-jä-ger** [シュネップひぇン・イェーガー] 名 -s/- 《口》お買い得品をあさる人.

schnap-pen [シュナッペン] 動 **1**. 《〈et⁴〉ｦ》ぱくりと食いつく（鳥が虫などを）: Luft ~ （口を開けて）新鮮な空気を吸込む. **2**. h. 《nach 〈j³/et³〉ｦ》ぱくりとかみつこうとする: nach Luft ~ あえぐ. **3**. 《文》h. あえぎながら言う. **4**. h. 《（sich³）+〈j¹/et⁴〉ｦ》《口》素早くつかむ；（やっと）分る. **5**. h. 《j⁴ｦ》《口》逮捕する. **6**. h. 《擬声》《方》（ぱちっ・ぱたん・かちゃ・ぴしゃ）と音を立てる. **7**. h. 《擬声》《方》片足を引きずって歩く. **8**. s. 《〈方向〉ｦ》《慣用》（音を立てて）急に動く［開く・閉じる・跳ねる］. 《慣用》 Bei den beiden hat es geschnappt. 《口》その二人はすぐに恋に落ちた. Bei ihr hat es geschnappt. 《口》彼女は妊娠した. Es hat bei ihm geschnappt. 《口》彼は忍耐［我慢］しきれなくなった. Es hat ihn geschnappt. 《口》彼は負傷した（病気になった）.

der **Schnap-per** [シュネッパー] 名 -s/- **1**. 《鳥》ヒタキ（Fliegen~）. **2**. 《医》（じん）瀉血（しゃけつ）針. **3**. （昔の）戸締り. **4**. （ドアの）掛け金，ばね錠.

der **Schnapp-hahn** [シュナップ・ハーン] 名 -(e)s/..hähne （中世の）馬に乗った追剥（おいはぎ）ぎ.

das **Schnapp-mes-ser** [シュナップ・メッサー] 名 -s/- 折り畳みナイフ，ジャックナイフ；飛び出しナイフ.

der **Schnapp-sack** [シュナップ・ザック] 名 -(e)s/..säcke 《古》（糧食携帯用の）リックサック，ナップサック.

das **Schnapp-schloss**, ⓇSchnapp-schloß [シュナップ・シュロス] 名 -es/..schlösser ばね錠.

der **Schnapp-schuss**, ⓇSchnapp-schuß [シュナップ・シュス] 名 -es/..schüsse 《写》スナップ（ショット）.

der **Schnaps** [シュナップス] 名 -es/Schnäpse 《口》シュナップス（ジン・ブランデーなど強い蒸留酒）.

der **Schnaps-bren-ner** [シュナップス・ブれナー] 名 -s/- 《口》シュナップス製造業者.

die **Schnaps-bren-ne-rei** [シュナップス・ブれネらイ, シュナップス・ブれネらｲ] 名 -/-en 《口》シュナップス製造（所）.

der **Schnaps-bru-der** [シュナップス・ブルーダー] 名 -s/..brüder 《口・蔑》強い酒の常飲者.

die **Schnaps-bu-de** [シュナップス・ブーデ] 名 -/-n 《口・蔑》強い酒を出す一杯飲み屋.

schnäp-seln [シュネップセルン] 動 h. =schnapsen.

schnap-sen [シュナップセン] 動 h. 《擬声》《口・蔑》シュナップスを飲む.

die **Schnaps-fla-sche** [シュナップス・ふらッシェ] 名 -/-n シュナップスの瓶.

das **Schnaps-glas** [シュナップス・グラース] 名 -es/..gläser シュナップス用グラス.

die **Schnaps-idee** [シュナップス・イデー] 名 -/-n 《口》ばかげた思いつき.

die **Schnaps-na-se** [シュナップス・ナーゼ] 名 -/-n 《口・冗》酒焼けした鼻.

die **Schnaps-zahl** [シュナップス・ツァール] 名 -/-en 《冗》同じ数字がそろった数，ゾロ目.

schnarchen [シュナるひぇン] [動] *h.* [補足なし]いびきをかく.

der **Schnarcher** [シュナるひゃー] [名] -s/- 《口》いびきをかく人;いびきの音.

die **Schnarre** [シュナれ] [名] -/-n (おもちゃの)がらがら.

schnarren [シュナれン] [動] *h.* **1.** [補足なし]じりじり鳴る;ぶうーんと音を立てる. **2.** [補足なし]『狩』雌を呼んで鳴く《ウズラが》.

die **Schnattergans** [シュナッター・ガンス] [名] -/..gänse があがあ鳴くガチョウ;《口・蔑》おしゃべりな女.

schnatterig [シュナッテりひ] [形] おしゃべりな.

schnattern [シュナッターン] [動] *h.* [補足なし]があがあ鳴く《ガチョウ・アヒルが》;《口》ぺちゃくちゃ(よく)しゃべる;《方》がたがた震える.

schnattrig [シュナトりひ] [形] =schnatterig.

schnauben$^{(*)}$ [シュナウベン] [動] *h.* schnaubte〔schnob〕; hat geschnaubt〔geschnoben〕《不規則変化は《古》》 **1.** [補足なし]荒い鼻息を立てる, 荒々しく鼻を鳴らす(興奮して);《方》鼻をかむ. **2.** 〔〈[文]〉ト〕激しい口調で言う. **3.** (規則変化)〔sich^4 // sich^3+〈et^4〉ヲ〕《方》(鼻を)かむ(〈et^4〉は die Nase).

schnaufen [シュナウふぇン] [動] *h.* **1.** [補足なし]荒い息遣いをする, あえぐ(運動・興奮などで);《方》息をする. **2.** 〔〈[文]〉ト〕荒い息遣いをして言う.

der **Schnaufer** [シュナウふぁー] [名] -s/- **1.** 《口》(聞きとれるほどの)呼吸, 荒い息: den letzten ～ tun 息を引きとる. **2.** 《スイス》青二才.

der **Schnauzbart** [シュナウツ・バーあト] [名] -(e)s/..bärte 大きな口ひげ;《口》大きな口ひげを生やした人.

die **Schnauze** [シュナウツェ] [名] -/-n **1.** (動物の突き出た)鼻づら;《口》機首, 船首, (車の)ノーズ. **2.** 《口・蔑》(人間の)口, 顔面. **3.** 《口》(容器の)注ぎ口. **【慣用】von 〈et^3〉 die Schnauze voll haben** 《口》〈事に〉うんざりしている. **eine große Schnauze haben** 《口》大ぼら吹きである. **die Schnauze halten** 《口》沈黙する. **〈et^4〉 frei (nach) Schnauze machen** 《口》〈事を〉無計画に行う.

schnauzen [シュナウツェン] [動] *h.* 《口》 **1.** [補足なし]がみがみ怒鳴る, 怒鳴りつける. **2.** 〔〈[文]〉ト〕怒鳴って言う.

schnäuzen, [旧]**schneuzen** [シュノイツェン] [動] *h.* **1.** 〔〈sich^4〉+〈様態〉デ〕鼻をかむ. **2.** 〔〈j^3〉ノ+〈et^4〉ヲ〕かんでやる: sich^3 die Nase ～ (自分の)鼻をかむ(鼻を). **3.** 〔〈et^4〉ノ〕《古》芯(しん)を切る《ろうそくなどの》.

der **Schnauzer** [シュナウツァー] [名] -s/- 『動』シュナウツァー《口ひげと眉毛が長いドイツ犬》;《口》大きな口ひげ.

schnauzig [シュナウツィひ] [形] 《稀》口ぎたない.

der **Schneck** [シュネック] [名] -(e)s/-en 《南独・スイス・オーストリア》カタツムリ;(愛称として)かわいい子〔娘〕.

die **Schnecke** [シュネッケ] [名] -/-n **1.** 『動』カタツムリ,『料』エスカルゴ. **2.** 《口》渦巻パン. **3.** 《主に[複]》耳の上の渦巻形にまとめた髪. **4.** 『解』(内耳の)蝸牛(かぎゅう)殻;『楽』(弦楽器頭部の)渦巻. **5.** 『建』(柱頭などの)渦巻装飾;螺旋(らせん)階段;『工』ウォーム歯車. **6.** 『猟』(主に[複])ムフロン〔野生のヒツジ〕の角. **7.** 《方・稀》かわいい子〔娘〕;《口》女, 女の子,《口・蔑》売春婦;《口》(女性の)陰部. **【慣用】〈j^4〉 zur Schnecke machen** 〈人を〉激しくやっつける.

schneckenförmig [シュネッケン・[ふぇ]るミひ] [形] カタツムリの形をした, 渦巻〔螺旋(らせん)〕状の.

der **Schneckengang** [シュネッケン・ガング] [名] -(e)s/..gänge **1.** 《口》(カタツムリのような)のろい歩み. **2.** 『解』蝸牛(かぎゅう)管.

das **Schneckengetriebe** [シュネッケン・ゲトりーベ] [名] -s/- 『工』ウォーム歯車装置.

das **Schneckenhaus** [シュネッケン・ハウス] [名] -es/..häuser カタツムリの殻: sich^4 in sein ～ zurückziehen 自分の殻に閉じこもる.

die **Schneckenlinie** [シュネッケン・リーニエ] [名] -/-n 《稀》渦巻線, 螺旋(らせん).

die **Schneckenpost** [シュネッケン・ポスト] [名] -/ 《冗・古》《次の形で》: auf〔mit〕der ～ のろのろ〔ゆっくり〕と.

das **Schneckenrad** [シュネッケン・らート] [名] -(e)s/..räder 『工』ウォームギア, ウォーム歯車.

das **Schneckentempo** [シュネッケン・テムポ] [名] -s/ 《口》ひどく遅いテンポ.

die **Schneckenwindung** [シュネッケン・ヴィンドゥング] [名] -/-en 《稀》螺旋(らせん)(形), 渦巻(形).

der **Schnee** [シュネー] [名] -s/ **1.** 雪, 積雪: trockener ～ 粉雪. Es liegt hoher ～. 雪が高く積もっている. **2.** 『料』泡立てた卵白, メレンゲ(Eier～). **3.** 《ジャーゴン》(粉末状の)麻薬, コカイン. **【慣用】Anno〔im Jahre〕Schnee** 《オーストリア》大昔に. **Schnee von gestern** 《口》もうだれの興味も引かないこと〔物〕.

der **Schneeball** [シュネー・バル] [名] -(e)s/..bälle 雪の玉;『植』ガマズミ.

schneeballen [シュネー・バレン] [動] *h.* 《主に不定詞および過去分詞で》 **1.** [補足なし]雪玉を(次々と)投げる. **2.** 〔相互代名詞sich^4〕雪合戦をする.

die **Schneeballschlacht** [シュネーバル・シュラはト] [名] -/-en 雪合戦.

das **Schneeballsystem** [シュネーバル・ズュステーム] [名] -s/ **1.** 雪だるま式販売方法, マルチ商法, ねずみ〔無限連鎖〕講. **2.** 連絡網(による伝達).

schneebedeckt [シュネー・ベデックト] [形] 雪に覆われた.

die **Schneebeere** [シュネー・ベーれ] [名] -/-n 『植』シンフォリカリポス《スイカズラ科》.

der **Schneeberg** [シュネー・べるク] [名] -(e)s/-e 雪の山, 山のような(たくさんの)雪.

der **Schneebesen** [シュネー・ベーゼン] [名] -s/- 『料』泡立て器;『楽』《ジャーゴン》(ドラムスティックの)ブラッシュ.

schneeblind [シュネー・ブリント] [形] 雪盲(せつもう)の.

die **Schneeblindheit** [シュネー・ブリントハイト] [名] -/ 雪盲(せつもう), 雪眼(ゆきめ).

das **Schneebrett** [シュネー・ブれット] [名] -(e)s/-er 雪庇(せっぴ).

die **Schneebrille** [シュネー・ブりレ] [名] -/-n スノーグラス.

der **Schneebruch** [シュネー・ブるっふ] [名] -(e)s/..brüche (木の枝などの)雪折れ.

die **Schneedecke** [シュネー・デッケ] [名] -/-n 積雪.

der **Schneefall** [シュネー・ふぁル] [名] -(e)s/..fälle 降雪.

das **Schneefeld** [シュネー・ふぇルト] [名] -(e)s/-er 雪原.

die **Schneefläche** [シュネー・ふレっひぇ] [名] -/-n 《稀》雪に覆われた平地.

die **Schneeflocke** [シュネー・ふロッケ] [名] -/-n 《主に[複]》雪片.

die **Schneefräse** [シュネー・ふれーゼ] [名] -/-n ロータリー除雪車.

schneefrei [シュネー・ふらイ] [形] 雪のない.

das **Schneegestöber** [シュネー・ゲシュ[テ]ーバー] [名] -s/ 吹雪.

das **Schneeglöckchen** [シュネー・グ[レ]ックひぇン] [名] -s/- 『植』ユキノハナ.

die **Schneegrenze** [シュネー・グれンツェ] [名] -/-n 雪線(雪に覆われた地域と雪のない地域との境界).

der **Schneehase** [シュネー・ハーゼ] [名] -n/-n 『動』(特にアルプス地方の)ユキウサギ.

das **Schneehemd** [シュネー・ヘムト] [名] -(e)s/-en

S

【軍】長くて白い上着(雪中の偽装用).
das **Schnee·huhn** [シュネー・フーン] 名 -(e)s/..hühner 【鳥】ライチョウ.
die **Schnee·hütte** [シュネー・ヒュッテ] 名 -/-n 雪を積んで作った小屋,(エスキモーの)イグルー.
schnee·ig [シュネーイヒ] 形 雪に覆われた;《文》雪のように真っ白の.
die **Schnee·ka·no·ne** [シュネー・カノーネ] 名 -/-n 人工雪噴射装置.
die **Schnee·ket·te** [シュネー・ケッテ] 名 -/-n 【車】タイヤ・チェーン.
der **Schnee·kö·nig** [シュネー・ケーニヒ] 名 -s/-e 【東中独】【鳥】ミソサザイ(Zaunkönig): sich⁴ freuen wie ein ～ 大喜びする.
die **Schnee·kop·pe** [シュネー・コッペ] 名 -/ 【山名】シュネーコッペ(ポーランド南西部の山).
die **Schnee·la·wi·ne** [シュネー・ラヴィーネ] 名 -/-n 雪崩(なだれ).
der **Schnee·mann** [シュネー・マン] 名 -(e)s/..männer 雪だるま.
der **Schnee·matsch** [シュネー・マッチュ] 名 -(e)s/ 雪解けのぬかるみ.
der **Schnee·mensch** [シュネー・メンシュ] 名 -en/-en (ヒマラヤの伝説的な)雪男.
der **Schnee·pflug** [シュネー・プルーク] 名 -(e)s/..pflüge 1. (除雪車の)除雪装置(車の前面にとりつける湾曲した鉄板). 2. 【スキー】のブルーク.
der **Schnee·re·gen** [シュネー・レーゲン] 名 -s/ 霙(みぞれ).
die **Schnee·re·gi·on** [シュネー・レギオーン] 名 -/-en 万年雪に覆われた地域[地帯].
die **Schnee·schau·fel** [シュネー・シャウふェル] 名 -/-n 雪かき用シャベル.
der **Schnee·schip·per** [シュネー・シッパー] 名 -s/-【方】雪かきをする人, 除雪人夫.
der **Schnee·schlä·ger** [シュネー・シュレーガー] 名 -s/-《稀》泡立て器.
die **Schnee·schleu·der·ma·schi·ne** [シュネー・シュロイダー・マシーネ] 名 -/-n ロータリー(回転)式除雪車.
die **Schnee·schmel·ze** [シュネー・シュメルツェ] 名 -/ 雪解け.
der **Schnee·schuh** [シュネー・シュー] 名 -(e)s/-e 1. 《古》スキー. 2. かんじき.
der **Schnee·sturm** [シュネー・シュトゥるム] 名 -(e)s/..stürme 猛吹雪, 雪嵐.
der **Schnee·tel·ler** [シュネー・テラー] 名 -s/- (スキーのストックの)リング.
das **Schnee·trei·ben** [シュネー・トらイベン] 名 -s/ (渦を巻いて降りつける)猛吹雪.
die **Schnee·ver·hält·nis·se** [シュネー・ふェアヘルトニッセ] 複名 積雪状況.
die **Schnee·ver·we·hung** [シュネー・ふェアヴェーウング] 名 -/-en 雪の吹きだまり.
die **Schnee·wech·te**, ⓓ **Schnee·wäch·te** [シュネー・ヴェヒテ] 名 -/-n 雪庇(せっぴ).
das **Schnee·was·ser** [シュネー・ヴァッサー] 名 -s/ 雪解け水.
die **Schnee·we·he** [シュネー・ヴェーエ] 名 -/-n 雪の吹きだまり.
schnee·weiß [シュネー・ヴァイス] 形 雪のように白い.
das **Schnee·wet·ter** [シュネー・ヴェッター] 名 -s/ 雪模様, 雪の降る天気.
das **Schnee·witt·chen** [シュネー・ヴィットヒェン] 名 -s/ 白雪姫(グリム童話に登場する少女).
die **Schnee·wol·ke** [シュネー・ヴォルケ] 名 -/-n 雪雲.
der **Schneid** [シュナイト] 名 -(e)s/ 《《南独·オーストリア》 die ~/》《口》勇気, 度胸. 【慣用】⟨j³⟩ den [die] Schneid abkaufen ⟨人を⟩おじけづかせる.

der **Schneid·bren·ner** [シュナイト・ブれナー] 名 -s/- 【工】アセチレン溶断機.
die **Schnei·de** [シュナイデ] 名 -/-n 1. (刃物の)刃; 刃身. 2. 【地】稜線(りょうせん); 《南独·オーストリア》境界(線). 3. 【植】シキリガヤ. 【慣用】⟨et¹⟩ steht auf des Messers Schneide ⟨事が⟩きわどいところにある.
das **Schnei·de·brett** [シュナイデ・ブれット] 名 -(e)s/-er まな板.
die **Schnei·de·ma·schi·ne** [シュナイデ・マシーネ] 名 -/-n 切断[裁断]機, カッター.
die **Schnei·de·müh·le** [シュナイデ・ミューレ] 名 -/-n 《稀》製材所.
schnei·den* [シュナイデン] 動 schnitt; hat geschnitten 1. ⟨et⁴⟩ 切る: ⟨et⁴⟩ in zwei Teile/auf einen Meter Länge ～ ⟨物を⟩二つに/1メートルの長さに切る. Stämme zu Brettern ～ 丸太を切って(何枚かの)板にする. 2. ⟨et⁴⟩＋(von[aus] ⟨et³⟩) 切取る, 切抜く, 刈取る. 3. ⟨様態⟩切れる(刃物が);髪を刈るのが…(である)(理容師が). 4. ⟨et⁴⟩ (短く) 刈る, 剪定(せんてい)する, 刈込む, (短く)切る(芝·髪·つめなどを). 5. ⟨j³⟩ 切る, (刃物などで) けがをさせる. 6. ⟨et⁴⟩＋(aus ⟨et³⟩) 切って作る, 削って作る. 7. ⟨et⁴⟩＋(in ⟨et⁴⟩) 彫る, 刻む: ein Gewinde ～【工】ねじ山を切る. 8. ⟨et³⟩ 彫[刻]りぬく. 9. ⟨et⁴⟩＋⟨様態⟩ 裁断する: einen Anzug nach Maß ～ 背広を寸法通りに仕立てる. 10. ⟨et⁴⟩ 【映】カットして編集する. 11. ⟨et⁴⟩【映】ダビングをする. 12. ⟨et⁴⟩ ＋⟨様態⟩【映】ダビングする. 13. ⟨et⁴⟩＋(auf ⟨et⁴⟩=) 【映】録音[録画]する. 13. ⟨j³/et⁴⟩ 【医】切開 手術をする. 14. ⟨et⁴⟩ 真っすぐ突っ切る. 15. ⟨j⁴/et⁴⟩ 前方に急に割込む(特に車の追越しなどで); 前を横切る. 16. ⟨⟨et⁴⟩⟩ 交差する, 交わる. 17. ⟨⟨et⁴⟩⟩【球】カットする, 切る. 18. ⟨et⁴⟩ する(ある顔つきを). 19. ⟨in ⟨et⁴⟩⟩ くい込む(主に身体部分に). 20. ⟨(in ⟨et⁴⟩)⟩ ⟨et¹⟩しみる, 身を切るようである(冷たさなどが): ⟨j³⟩ ins Herz [in die Seele] ～ 《文》⟨人の⟩骨身にこたえる. 21. ⟨in ⟨et⁴⟩⟩ 誤って切る. 22. ⟨et⁴⟩＋⟨in ⟨et⁴⟩⟩ 刻んで入れる. 23. ⟨et⁴⟩＋in ⟨et⁴⟩ (切って)開ける, 切開して作る(穴などを). 24. ⟨j⁴⟩ 無視する. 25. ⟨et⁴⟩ する(動物を). 【慣用】Es schneidet mir im Leib. 私はお腹がきりきり痛む. Hier ist eine Luft zum Schneiden. ここは汚れた空気があふれている. in die Stille schneiden 静けさをつんざく(悲鳴などが).
schnei·dend [シュナイデント] 形 身を切るような; 耳をつんざくような; 痛烈な, 辛辣(しんらつ)な.
(der/die) **Schnei·der**¹ [シュナイダー] 名 【人名】シュナイダー.
der **Schnei·der**² [シュナイダー] 名 -s/- 1. 洋裁師, 仕立屋, 洋服屋. 2. 《口》カッター. 3. 【トランプ】シュナイダー(スカートで30点の点数): ～ ansagen シュナイダーをピッチする(相手が30点に足らないことを宣言する). (im) ～ sein 30点未満の得点である. aus dem ～ sein 30点以上の得点である; 《転·口》困難な状態を乗り越えている; 30歳を越えている. 4. 【卓球】シュナイダー(1セット11点の得点): ～ sein 11点未満の得点で終っている. ⟨j³⟩ ～ spielen 相手に11点以上の得点を与えない. 5. 【狩】繁殖不良の鹿(雌鳥);獲物が取れなかった猟師. 6. 【昆】脚長の昆虫(ガガンボ, アメンボなど); メクラゲモ; 【農】去勢した雄豚; 【魚】(急流に群棲(ぐんせい)する) 小形の鯉科の魚.
die **Schnei·der·ar·beit** [シュナイダー・アルバイト] 名 -/-en 注文仕立ての品.
die **Schnei·de·rei** [シュナイデらイ] 名 -/-en 1. 仕立屋(洋服店·洋裁店)の仕事場. 2. 《⓪のみ》洋服の仕立; 仕立業.
der **Schnei·der·ge·sel·le** [シュナイダー・ゲゼレ] 名 -n/

−n 仕立職人.

das **Schnei·der·hand·werk** [シュナイダー·ハント·ヴェるク] [名] −(e)s/ 仕立の仕事;仕立業の訓練.

die **Schnei·de·rin** [シュナイデりン] [名] −/−nen 女性の洋裁師.

das **Schnei·der·kos·tüm** [シュナイダー·コステューム] [名] −s/−e オーダーメードの服〔女性用スーツ〕.

die **Schnei·der·krei·de** [シュナイダー·クらイデ] [名] −/−n チャコ《洋裁用のチョーク》.

der **Schnei·der·meis·ter** [シュナイダー·マイスター] [名] −s/− 仕立屋の親方〔マイスター〕.

schnei·dern [シュナイダーン] [動] *h.* 〘〈et⁴〉ヲ〙仕立てる, 縫う《背広などを》;《ｼﾞｬｰｺﾞﾝ》設計する《車体を》: (sich³) einen Anzug nach Maß ～ lassen 背広をオーダーメイドで仕立てさせる.

die **Schnei·der·pup·pe** [シュナイダー·プっぺ] [名] −/−n 人台(じんだい), ボディー.

der **Schnei·der·sitz** [シュナイダー·ズィっツ] [名] −es/ あぐら.

die **Schnei·der·werk·statt** [シュナイダー·ヴェるク·シュタっト] [名] −/..stätten 仕立屋の仕事場, 洋裁店.

der **Schnei·de·tisch** [シュナイデ·ティっシュ] [名] −(e)s/−e (録画·録音テープの)編集台.

das **Schnei·de·werk·zeug** [シュナイデ·ヴェるク·ツォイク] [名] −(e)s/−e 刃物, 切断〔裁断〕機具.

der **Schnei·de·zahn** [シュナイデ·ツァーン] [名] −(e)s/..zähne 切歯, 門歯.

schnei·dig [シュナイディひ] [形] **1.** 果敢な, 大胆な, (軍隊調の)きびきびした;さっそうとした, 躍動的な. **2.** 刃のついた.

schnei·en [シュナイエン] [動] **1.** *h.* 〘Es〙雪が降る. **2.** *s.* 〘〈方向〉ニ(カラ)〙(雪のように)舞い落ちる, 降ってくる;《口》ふらりとやって来る, 舞込んでくる.

die **Schnei·se** [シュナイゼ] [名] −/−n **1.** 林間の直線的な空地, 林道. **2.** 滑走路前方〔後方〕の空地 (Flug～).

schnell [シュネル] [形] **1.** 速い《速度》: in ～*er* Fahrt (乗り物が)速いスピードで. einen ～*en* Gang haben 歩調が速い. **2.** (動作·経過などが)急速な, 敏捷(びんしょう)な, 即座〔即刻〕の;すぐに: eine ～*e* Drehung 急速な回転. eine ～*e* Auffassung haben 理解が早い. einen ～*en* Entschluss fassen 決心が早い. so ～ wie möglich 出来るだけすみかに. **3.** スピードのだせる: eine ～*e* Straße スピードのだせる道路. **4.** (仕事などの)迅速な, (素)早い: eine ～*e* Bedienung 迅速なサービス. **5.** 《口》すぐできる, すぐ手に入る: ～*e* Hilfe für kleine Schäden 小さな損傷のすぐにできる手当て〔補修〕. **【慣用】auf dem schnellsten Weg** できるだけ早く. **auf die Schnelle** 《口》さっさと, わずかの間に. **in schneller Folge** 矢つぎ早に. **Mach schnell!** 《口》早くしろ. **schnelle Truppen** 〘軍〙機動部隊. **schneller Brüter** 高速増殖炉. **schneller Tod** 急死. **Wie heißt er noch schnell?** 《口》彼(の名)はほら何というんだっけ.

die **Schnell·ab·schal·tung** [シュネル·アップ·シャルトゥング] [名] −/−en 〘工〙(電気回路や原子炉の核反応などの)高速遮断.

der **Schnellas·ter** [シュネル·ラスター] ⇨ Schnelllaster

der **Schnellauf** [シュネル·ラウふ] [名] −(e)s/ = Schnelllauf〘ｽﾎﾟｰﾂ〙短距離走, スピードスケート競技.

der **Schnelläu·fer** [シュネル·ロイふぁー] ⇨ Schnellläufer.

die **Schnell·bahn** [シュネル·バーン] [名] −/−en (都市と郊外を結ぶ)高速鉄道(略 S-Bahn).

das **Schnell·boot** [シュネル·ボート] [名] −(e)s/−e 高速哨戒(しょうかい)〔魚雷〕艇;高速モーターボート.

der **Schnell·dienst** [シュネル·ディーンスト] [名] −(e)s/−e スピードサービス, スピード仕上げ.

der **Schnell·dru·cker** [シュネル·ドるっカー] [名] −s/− 〘ｺﾝﾋﾟｭｰﾀ〙《古》高速プリンター.

der **Schnell·durch·gang** [シュネル·ドゥるひ·ガング] [名] −(e)s/..gänge 《稀》すばやく通り抜けること;はやい推移.

der **Schnell·durch·lauf** [シュネル·ドゥるひ·ラウふ] [名] −(e)s/..läufe すばやく通り抜けること;はやい推移.

die **Schnel·le** [シュネレ] [名] −/−n **1.** 《[単]のみ》速さ: auf die ～ 《口》さっさと;短い間に. **2.** 早瀬, 急流(Strom～). **3.** シュネレ《16世紀に製造された筒形ジョッキ》.

schnel·le·big [シュネル·レービひ] ⇨ schnelllebig.

schnel·len [シュネレン] [動] **1.** *s.* 〘〈方向〉ニ(カラ)〙跳ねる, 飛ぶ, 飛〔跳〕出る〔上がる〕;急激に上昇する《物価·温度などが》. **2.** *h.* 〘〈et⁴〉ヲ+(〈方向〉ニ)〙(弾みをつけて)勢いよく投げる. **3.** *h.* 〘sich⁴+(〈方向〉ニ)〙(弾みをつけて)跳ぶ〔跳ね上がる〕. **4.** *h.* 〘mit 〈et³〉デ〙《方》ぱちんと音を立てる《親指と中指などで》.

der **Schnel·ler** [シュネラー] [名] −s/− 《方》(指で鳴らした)ぱちんという音;ビー玉;〘楽〙逆回音.

das **Schnell·feu·er** [シュネル·ふぉイあー] [名] −s/ 〘軍〙速射.

das **Schnell·feu·er·ge·schütz** [シュネルふぉイあー·ゲシュっツ] [名] −es/−e 〘軍〙速射砲.

das **Schnell·feu·er·ge·wehr** [シュネルふぉイあー·ゲヴェーあ] [名] −(e)s/−e 〘軍〙速射銃.

die **Schnell·feu·er·waf·fe** [シュネルふぉイあー·ヴァっふぇ] [名] −/−n 〘軍〙(連射のできる)自動火器.

der **Schnell·fil·ter** [シュネル·ふぃルター] [名] −s/− 高速フィルター(装置).

schnell·fü·ßig [シュネル·ふゅースィひ] [形] 足の速い, 足早な.

die **Schnell·gast·stät·te** [シュネル·ガスト·シュテッテ] [名] −/−n ファーストフード店, スナック, 軽食堂.

das **Schnell·ge·richt**[1] [シュネル·ゲりひト] [名] −(e)s/−e 〘法〙即決裁判(所).

das **Schnell·ge·richt**[2] [シュネル·ゲりひト] [名] −(e)s/−e 〘料〙即席料理, ファーストフード, インスタント食品.

der **Schnell·hef·ter** [シュネル·ヘふター] [名] −s/− ファイル, 書類ばさみ.

die **Schnel·lig·keit** [シュネりひカイト] [名] −/−en **1.** 《主に[単]》速度. **2.** 《[単]のみ》迅速(性).

der **Schnell·im·biss,** [旧]**Schnell·im·biß** [シュネル·イムビス] [名] −es/−e **1.** 《稀》ファーストフード, インスタント食品. **2.** ファーストフード·レストラン.

der **Schnell·ko·cher** [シュネル·コっはー] [名] −s/− 《口》= Schnellkochtopf.

der **Schnell·koch·topf** [シュネル·コっほ·トっプふ] [名] −(e)s/..töpfe 圧力釜(がま)〔鍋〕.

die **Schnell·kraft** [シュネル·クらふト] [名] −/ (バネなどの)弾性;(肉体の)弾力.

der **Schnell·kurs** [シュネル·クるス] [名] −es/−e 速成コース, 短期(集中)講座.

der **Schnell·las·ter,** [旧]**Schnella·ster** [シュネル·ラスター] [名] −s/− 《口》高速貨物トラック.

der **Schnell·lauf** [シュネル·ラウふ] [名] −(e)s/ 〘ｽﾎﾟｰﾂ〙短距離走;短距離スピードスケート競技.

der **Schnell·läu·fer,** [旧]**Schnelläu·fer** [シュネル·ロイふぁー] [名] −s/− **1.** 〘ｽﾎﾟｰﾂ〙《古》短距離走者, スプリンター. **2.** 〘天〙高速度星. **3.** 〘工〙高速機〔モーター〕.

schnell·le·big, [旧]**schnel·le·big** [シュネル·レービひ] [形] 《稀》短命な;せわしない, テンポの早い;すぐに廃(すた)れる.

das **Schnell·pa·ket** [シュネル·パケート] [名] −(e)s/−e 〘郵〙(昔の)速達小包.

die **Schnell·pres·se** [シュネル·プれっセ] [名] −/−n 〘印〙高速輪転(印刷)機.

der **Schnell·rich·ter** [シュネル·りひター] [名] -s/- 〖法〗即決裁判所判事.

das **Schnell·rot·te·sys·tem** [シュネル·ろッテ·ズュステーム] [名] -s/-e (下水処理場の沈殿汚泥の)高速好気性処理システム.

der **Schnell·schalt·he·bel** [シュネル·シャルト·ヘーベル] [名] -s/- 〖写〗フィルム巻上げレバー.

die **Schnell·schrift** [シュネル·シュりふト] [名] -/ 速記.

der **Schnell·schuss**, [旧]**Schnell·schuß** [シュネル·シュス] [名] -es/..schüsse 《口》素早い対応, とっさの反応;急ぎの仕事.

schnells·tens [シュネルステンス] [副] できるだけ速く〔早く〕, 早急に.

schnellst·mög·lich [シュネルスト·メークリひ] [形] できる限り迅速な.

die **Schnell·stra·ße** [シュネル·シュトらーセ] [名] -/-n 高速道路.

der **Schnell·trieb·wa·gen** [シュネル·トりーブ·ヴァーゲン] [名] -s/- 〖鉄道〗(昔の)高速動力車(急行列車用).

das **Schnell·ver·fah·ren** [シュネル·ふぇあふぁーれン] [名] -s/- **1.** 〖法〗即決裁判手続. **2.** 〖工〗高速処理.

der **Schnell·ver·kehr** [シュネル·ふぇあケーあ] [名] -s/ 〖交通〗(自動車などの)高速交通;高速便(による交通).

die **Schnell·waa·ge** [シュネル·ヴァーゲ] [名] -/-n 自動秤(ばかり)(目盛りで重さを示す).

der **Schnell·zug** [シュネル·ツーク] [名] -(e)s/..züge 〖鉄道〗(昔の)急行列車.

der **Schnell·zug·zu·schlag** [シュネルツーク·ツー·シュラーク] [名] -(e)s/..schläge 急行料金.

die **Schnep·fe** [シュネップふぇ] [名] -/-n **1.** 〖鳥〗シギ. **2.** 《口·蔑》あま, 女;売春婦. **3.** 《方》(ポットなどの)注ぎ口.

der **Schnep·fen·strich** [シュネップふぇン·シュトりっひ] [名] -(e)s/-e **1.** ([単]のみ)〖狩〗シギの求愛飛行. **2.** 《口》売春婦のいる通り;色街.

die **Schnep·pe** [シュネッペ] [名] -/-n **1.** 《方》(ポットなどの)注ぎ口. **2.** 〖服〗(民族衣裳などの胴衣の前面上部の)つき出た部分. **3.** 《方·蔑》あま, 女;売春婦.

der **Schnep·per** [シュネッパー] [名] -s/- **1.** 〖体操〗反り身の体勢からの屈身. **2.** =Schnäpper.

schnet·zeln [シュネッツェルン] [動] *h.* 〔<et⁴>ヲ〕《(スイス)》薄切りにする(肉類を).

schneu·zen [シュノイツェン] ⇨ schnäuzen.

der **Schnick·schnack** [シュニック·シュナック] [名] -(e)s/ 《口》(主に《蔑》) **1.** (くだらない)おしゃべり. **2.** くだらない物;余計な飾り.

schnie·ben(*) [シュニーベン] [動] *h.* schniebte〔schnob〕;hat geschniebt〔geschnoben〕(補足なし)《方》荒い鼻息を立てる, 荒々しく鼻を鳴らす.

der **Schnie·del** [シュニーデル] [名] -s/- 《口·冗》ペニス.

schnie·fen [シュニーふぇン] [動] *h.* (補足なし)《方》荒い鼻息をたてる.

schnie·geln [シュニーゲルン] [動] *h.* 〔<j⁴/et⁴>ヲ〕《口·蔑》飾立てる;(<j⁴>がsich⁴の場合)粧(めか)し込む(主に男性が).

schnie·ke [シュニーケ] [形] 《(ベルリン)》しゃれた;素敵な.

der **Schnip·fel** [シュニップふぇル] [名] -s/- 《方》= Schnipsel.

schnipp! [シュニップ] [間] (指で弾きとばす音)ぱちっ;(はさみの音)ちょきん.

das **Schnipp·chen** [シュニップひぇン] [名] (次の形で) <j³> ein ~ schlagen 《口》<人の>裏をかく. ein ~ schlagen 指ではじく.

der〔*das*〕**Schnip·pel** [シュニッペル] [名] -s/- 《口》= Schnipsel.

schnip·peln [シュニッペルン] [動] *h.* 《口》 **1.** 〔<et⁴>ヲ〕細かく切る, 刻む(野菜などを). **2.** 〔an <et³>ヲ〕小口切りする, (端から)切落す(ソーセージ·髪の毛などを). **3.** 〔<et⁴>ヲ+aus<et³>カラ〕切取る, 抜く. **4.** 〔<et⁴>ヲ〕切って作る.

schnip·pen [シュニッペン] [動] *h.* **1.** 〔<et⁴>ヲ+<方向>ニ(カラ)〕指で弾く. **2.** 〔mit <et³>デ〕ぱちんと音を立てる(指で);ちょきん(ちょきん)と音を立てる(はさみで).

schnip·pisch [シュニッピシュ] [形] 《蔑》(女性が)小生意気な, つんとした.

schnipp, schnapp! [シュニップ シュナップ] [間] (はさみの音)ちょきちょき.

der〔*das*〕**Schnip·sel** [シュニップセル] [名] -s/- 切れはし, 小片, 切りくず.

schnip·seln [シュニップセルン] [動] *h.* 《口》=schnippeln.

schnip·sen [シュニップセン] [動] *h.* =schnippen.

schnitt [シュニット] [動] schneiden の過去形.

der **Schnitt** [シュニット] [名] -(e)s/-e **1.** 切る〔切り込む〕こと, 切断, 切開;削減;切れ目, 切り口, 切り傷, 切断面. **2.** 〖農〗(穀物などの)刈取り, 刈入れ;剪定(せんてい);刈取りされたもの. **3.** 〖映·テレビ〗編集, カッティング;カットバック. **4.** 〖生·医〗(顕微鏡観察用の組織などの)切片, 薄片. **5.** (衣服の)裁ち方〔スタイル〕;(髪の)刈り方〔カット〕;(宝石の)カット;(顔·目などの)形;(住居の)間取り. **6.** (服の)型紙, パターン. **7.** 〖製本〗小口(こぐち). **8.** 断面図: ein ebener ~ 平面図. **9.** 《口》平均(値)(Durch~): im ~ 平均して. **10.** 〖数〗交点. **11.** 〖球〗(スピンをかけた球の)回転. **12.** 《稀》木版(画), リノリウム版(画). **13.** 《方·古》小さいグラス〔グラス半分〕(の量). 【慣用】**einen Schnitt (bei <et³>) machen** (<事で>)大もうけする. **der Goldene Schnitt** 黄金分割.

die **Schnitt·blu·me** [シュニット·ブルーメ] [名] -/-n (主に[複]) **1.** 切り花. **2.** 切り花用の植物.

die **Schnitt·boh·ne** [シュニット·ボーネ] [名] -/-n 〖植〗インゲンマメ;サヤインゲン.

das **Schnitt·chen** [シュニットひぇン] [名] -s/- (Schnitte の縮小形)(主に[複])(パンやハムなどの)小片;カナッペ, 小さく切られたオープンサンド.

schnit·te [シュニッテ] [動] schneiden の接続法 2 式.

die **Schnit·te** [シュニッテ] [名] -/-n (パン·ハムなどの)一片, 一切れ;スライスパン;オープンサンド;《(オーストリア)》ワッフル.

der **Schnit·ter** [シュニッター] [名] -s/- **1.** 《古》草刈り人, 刈り手. **2.** 《詩》死神.

die **Schnitt·flä·che** [シュニット·ふレっひぇ] [名] -/-n 切断面;〖数〗断面.

das **Schnitt·grün** [シュニット·グりゅーン] [名] -s/ (花束·花輪に添える)緑の葉もの.

das **Schnitt·holz** [シュニット·ホルツ] [名] -es/ 挽材(ひきざい).

schnit·tig [シュニッティひ] [形] **1.** スマートなデザインの. **2.** 刈取れるまでに実った. **3.** 《稀》切れる.

die **Schnitt·kan·te** [シュニット·カンテ] [名] -/-n **1.** 切断によりできた角. **2.** (シャベルなどの)刃先.

der **Schnitt·kä·se** [シュニット·ケーゼ] [名] -s/- スライス(用)チーズ.

der **Schnitt·lauch** [シュニット·ラウほ] [名] -(e)s/ 〖植〗アサツキ.

die **Schnitt·li·nie** [シュニット·リーニエ] [名] -/-n 交線;切断線.

das **Schnitt·mus·ter** [シュニット·ムスター] [名] -s/- 型紙, パターン—;型紙シート(~bogen).

der **Schnitt·mus·ter·bo·gen** [シュニットムスター·ボーゲン] [名] -s/-〔..bögen〕型紙シート.

der **Schnitt·punkt** [シュニット·プンクト] [名] -(e)s/-e 交差点;〖数〗交点.

schnitt·reif [シュニっト・らイふ] [形] 刈入れ時の.

die **Schnitt·stel·le** [シュニっト・シュテレ] [名] -/-n 接点; 〖コンピュータ〗インターフェイス.

die **Schnitt·wa·re** [シュニっト・ヴァーれ] [名] -/-n **1.** 切売り用布地. **2.** 挽材(ひきざい).

die **Schnitt·wun·de** [シュニっト・ヴンデ] [名] -/-n 切り傷, 創傷.

der **Schnitz** [シュニっツ] [名] -es/-e (ドライ)フルーツのチップ.

die **Schnitz·ar·beit** [シュニっツ・アるバイト] [名] -/-en 木彫り, 彫り物, 彫刻品; (([単]のみ))彫刻すること.

die **Schnitz·bank** [シュニっツ・バンク] [名] -/..bänke (彫刻などの)作業〔仕事〕台.

das **Schnit·zel**[1] [シュニっツェル] [名] -s/- 〖料〗カツレツ: Wiener~ ウィーン風子牛のカツレツ.

das〔*der*〕**Schnit·zel**[2] [シュニっツェル] [名] -s/- 切れ端, 切りくず, 紙の切りくず(Papier~).

die **Schnit·zel·bank** [シュニっツェル・バンク] [名] -/..bänke **1.** ((古))(彫刻などの)作業〔仕事〕台. **2.** シュニッツェルバンク((その土地の出来事を描いた板絵を, 韻文で風刺的に説明をする謝肉祭の行事)).

die **Schnit·zel·jagd** [シュニっツェル・ヤークト] [名] -/-en **1.** キツネ狩遊び((キツネ役の騎手のまく紙を馬で追う競技)). **2.** 紙まき鬼ごっこ((キツネ狩遊びを模した子供の遊戯)).

schnit·zeln [シュニっツェルン] [動] *h.* 〖⟨et^4⟩ヲ〗細かく切る, 刻む((野菜などを)).

schnit·zen [シュニっツェン] [動] *h.* **1.** 〖補足なし〗彫刻をする. **2.** 〔an ⟨et^3⟩ヲ〕彫刻している. **3.** 〖⟨j^4/et^4⟩ヲ+(aus ⟨et^3⟩デ)〗彫刻する, (…を)削って作る. **4.** 〖⟨j^4/et^4⟩ヲ+in ⟨et^4⟩ニ〗彫刻する, 彫る.

der **Schnit·zer** [シュニっツァー] [名] -s/- **1.** 彫刻家. **2.** ((口))(うかつな)誤り, 間違い, ミス, 過失.

die **Schnit·ze·rei** [シュニっツェらイ] [名] -/-en **1.** 木彫り, 彫り物, 彫刻品. **2.** (([単]のみ))彫刻, 彫ること.

(*der*) **Schnitz·ler** [シュニっツラー] [名] 〖人名〗シュニッツラー((Arthur ~, 1862-1931, オーストリアの劇作家・小説家)).

das **Schnitz·mes·ser** [シュニっツ・メっサー] [名] -s/- 彫刻刀.

das **Schnitz·werk** [シュニっツ・ヴェるク] [名] -(e)s/-e 彫刻作品.

schnob [シュノープ] [動] schnauben の過去形.

schnö·be [シュ㋧ーベ] [動] schnauben の接続法 2 式.

schno·bern [シュノーバーン] [動] *h.* 〖(an ⟨et^3⟩ノ)〗((方))臭いをくんくん嗅(か)ぐ((主に動物が)).

schnod·de·rig [シュノっデりひ] [形] ((口・蔑))はなったれの, 生意気な.

die **Schnod·de·rig·keit** [シュノっデりひカイト] [名] -/-en ((口・蔑)) **1.** (([単]のみ))生意気, 傲慢(ごうまん)であること. **2.** 生意気〔傲慢〕な発言〔行為〕.

schnodd·rig [シュノっドりひ] [形] =schnodderig.

die **Schnodd·rig·keit** [シュノっドりひカイト] [名] -/-en =Schnodderigkeit.

schnö·de [シュ㋧ーデ] [形] ((文・蔑)) **1.** 軽蔑すべき, あさましい; 取るに足らぬ. **2.** 人をばかにした, 卑劣な.

die **Schnö·dig·keit** [シュ㋧ーディひカイト] [名] -/-en ((文・蔑)) **1.** (([単]のみ))軽蔑的な〔卑劣な〕こと. **2.** 侮辱的な発言〔評言・行動〕.

schno·feln [シュノーふぇルン] [動] *h.* ((方・口)) **1.** 〖⟨場所⟩ヲ〗くんくん嗅(か)ぐ; スパイする, こっそり嗅ぎまわる, 詮索する. **2.** 〖補足なし〗鼻声で話す.

der **Schnor·chel** [シュノるひぇル] [名] -s/- (潜水艦の)シュノーケル; (潜水用の)シュノーケル.

der **Schnör·kel** [シュ㋧るケル] [名] -s/- 渦巻装飾, 唐草模様; (飾り文字の)渦巻状の線; 飾り文字; 美辞麗句.

die **Schnör·ke·lei** [シュ㋧るケライ] [名] -/-en ((口・蔑)) 装飾過多, 過度の飾り; 美辞麗句.

schnör·kel·haft [シュ㋧るケルハふト] [形] ((稀))=schnörkelig.

schnör·ke·lig [シュ㋧るケリひ] [形] 渦巻き〔唐草〕(模様)の; 文飾過多の.

schnör·keln [シュ㋧るケルン] [動] *h.* 〖⟨et^4⟩ニ〗((口))渦巻〔唐草〕模様をつける((家具などに)), (…を)飾り文字で書く((署名などを)).

schnor·ren [シュノれン] [動] *h.* ((口)) **1.** 〖(bei〔von〕⟨j^3⟩ニ)+⟨et^4⟩ヲ〗たかる, せびる. **2.** 〖(bei ⟨j^3⟩ニ)〗たかる.

der **Schnor·rer** [シュノらー] [名] -s/- ((口))たかり屋.

der **Schnö·sel** [シュ㋧ーゼル] [名] -s/- ((口・蔑))生意気で厚かましい若者.

schnö·se·lig [シュ㋧ーゼりひ] [形] ((口・蔑))厚かましい, 生意気な.

das **Schnu·ckel·chen** [シュヌっケルひぇン] [名] -s/- ((口))小羊; かわいい子((女の子に対する愛称)).

schnu·cke·lig [シュヌっケリひ] [形] かわいい; 小ぎれいな.

schnuck·lig [シュヌっクリひ] [形] =schnuckelig.

schnud·de·lig [シュヌっデりひ] [形] **1.** ((方))鼻汁でよごれた; 汚い. **2.** ((ベルリン))とてもおいしい〔おいしそうな〕.

die **Schnüf·fe·lei** [シュニュっふぇライ] [名] -/-en **1.** (([単]のみ))((口・蔑))くんくんと嗅(か)ぐこと; (秘密などを)嗅(か)ぎまわること. **2.** ((主に[単]))(シンナーなどを)吸うこと.

schnüf·feln [シュニュっふぇルン] [動] *h.* **1.** 〖⟨場所⟩ヲ〗くんくんと嗅(か)ぐ〔嗅ぎまわる〕((主に動物が)); ((口・蔑))スパイする, こっそり嗅ぎまわる. **2.** 〖⟨et^4⟩ヲ〗嗅ぎ分ける((臭いを)); ((口))吸う, 吸って酔う((シンナーなどを)). **3.** 〖補足なし〗((口))鼻(水)をすする〔すすり上げる〕.

die **Schnüf·fel·sucht** [シュニュっふぇル・ズふト] [名] -/ シンナー中毒症.

der **Schnüff·ler** [シュニュっふラー] [名] -s/- ((口・蔑)) **1.** こっそりと嗅(か)ぎまわる人. **2.** 探偵, スパイ, 犬. **3.** シンナー常習者.

schnul·len [シュヌレン] [動] *h.* 〔an ⟨et^3⟩ヲ〕((方))吸う, しゃぶる.

der **Schnul·ler** [シュヌラー] [名] -s/- ((口))(赤ん坊の)おしゃぶり; ((方))(哺乳(ほにゅう)瓶の)乳首.

die **Schnul·ze** [シュヌルツェ] [名] -/-n ((口・蔑))(無価値な)感傷的な歌; お涙ちょうだいもの((劇・映画など)).

schnul·zig [シュヌルツィひ] [形] ((口・蔑))お涙頂戴の.

schnup·fen [シュヌっぷふぇン] [動] *h.* **1.** 〖補足なし〗かぎタバコを吸う; 鼻(水)をすする. **2.** 〖⟨文⟩ト〗しゃくりあげながら言う. **3.** 〖⟨et^4⟩ヲ〗鼻で吸う((麻薬を)). 【慣用】**zu Tode schnupfen** 麻薬を吸って死ぬ.

der **Schnup·fen** [シュヌっぷふぇン] [名] -s/ 鼻風邪.

der **Schnupf·ta·bak** [シュヌっぷふ・タ(ー)バっク] [名] -s/-e かぎタバコ.

die **Schnupf·ta·bak·do·se** [シュヌっぷふタ(ー)バっク・ドーゼ] [名] -/-n かぎタバコ入れ.

die **Schnupf·ta·baks·do·se** [シュヌっぷふタ(ー)バっクス・ドーゼ] [名] -/-n =Schnupftabakdose.

das **Schnupf·tuch** [シュヌっぷふ・トゥーふ] [名] -(e)s/..tücher ((古))ハンカチ.

schnup·pe [シュヌっペ] [形] ((口))((次の形で))(⟨j^3⟩) ~ sein (⟨人には⟩)どうでもいい.

die **Schnup·pe** [シュヌっペ] [名] -/-n **1.** ((北独・中独))ろうそくの芯(しん)の燃えさし. **2.** ((稀))〖天〗流星(Stern~).

der **Schnup·per·kurs** [シュヌっパー・クるス] [名] -es/-e ((口))体験コース.

die **Schnup·per·leh·re** [シュヌっパー・レーれ] [名] -/-n ((口))(2, 3 日の)短期企業実習.

schnup·pern [シュヌっパーン] [動] *h.* **1.** 〖補足なし〗くんくんにおいを嗅(か)ぐ((主に動物が)). **2.** 〔an ⟨et^3⟩ノ〕においを嗅ぐ. **3.** 〖⟨et^4⟩ヲ〗嗅ぐ((においを)), 嗅ぎ分け

S

る. **4.** 〔補足なし〕短期企業実習を受ける.

die **Schnur**[1] [シュヌーあ] [名] -/Schnüre〔-en〕 **1.** 紐(ひも)：eine ~ um ⟨et⁴⟩ binden ⟨物に⟩紐をかける. **2.** 《口》(電気の)コード. 【慣用】**über die Schnur hauen** 《口》羽目をはずす.

die **Schnur**[2] [シュヌーあ] [名] -/-en 《古・方》息子の妻, 嫁.

das **Schnür·band** [シュニューあ・バント] [名] -(e)s/..bänder 《北独》(靴などの)紐(ひも).

der **Schnür·bo·den** [シュニューあ・ボーデン] [名] -s/..böden **1.** 〖劇〗(下げ幕・背景図などをつる)舞台天井の梁(はり)構え〔すのこ〕. **2.** 〖造船〗現図場.

das **Schnür·chen** [シュニューあひぇン] [名] -s/- (Schnur の縮小形)短い紐(ひも)：wie am ~ 《口》すらすらと.

schnü·ren [シュニューれン] [動] **1.** *h.* 〔⟨et⁴⟩ノ〕紐(ひも)を結ぶ(靴などの)；(…を)まとめて縛る〔くくる〕, 束ねる(わら・柴などを). (…に)紐〔綱・縄〕をかけて縛る(小包などに). **2.** *h.* 〔⟨et⁴⟩ヲ＋auf ⟨et⁴⟩ニ〕縛り〔くくり〕つける(荷物を荷台などに). **3.** *h.* 〔⟨et⁴⟩ヲ＋in ⟨et⁴⟩ノ中ニ〕包んで紐〔綱・縄〕をかける. **4.** *h.* 〔⟨et⁴⟩ヲ＋um ⟨et⁴⟩ニ〕掛けて縛る〔結ぶ〕, からげる(紐などを). **5.** *h.* 〔(⟨j⁴/et⁴⟩ヲ)〕きつく締めつけている：Der Verband *schnürt* (mich). 包帯がきつい. sich³ die Taille ~ コルセットでウエストをきつく締める. Angst *schnürt* mir den Atem. 《転》不安でぼくは息がつまりそうだ. **6.** *h.* 〔sich⁴＋in ⟨et⁴⟩ニ〕きつく食込む(ベルトが肉などに). **7.** *s.* 〔(über ⟨et⁴⟩ヲ)〕〖狩〗(足跡が一本の点線になるように)とっとと走る(特にキツネが).

schnur·ge·ra·de [シュヌーあ・ゲらーデ] [形] 真っすぐな.

die **Schnur·ke·ra·mik** [シュヌーあ・ケらーミク] [名] -/-en 〖考古〗(新石器時代の)縄文土器；([単]のみ)縄文土器文化.

der **Schnür·leib** [シュニューあ・ライプ] [名] -(e)s/-er 《古》コルセット.

der **Schnürl·re·gen** [シュニューあル・れーゲン] [名] -s/- (主に[単])《オーストリア》どしゃ降りの長雨.

der **Schnürl·samt** [シュニューあル・ザムト] [名] -(e)s/-e 《オーストリア》コール天, コーデュロイ.

der **Schnurr·bart** [シュヌる・バーあト] [名] -(e)s/..bärte 口髭(ひげ).

schnurr·bär·tig [シュヌる・べーあティひ] [形] 口髭(ひげ)を生やした.

die **Schnur·re** [シュヌれ] [名] -/-n 《古》笑い話, 一口話.

schnur·ren [シュヌれン] [動] **1.** *h.* 〔補足なし〕ぶーん〔じぃー・かたかた〕と音を立て(てい)る(独楽(こま)・冷蔵庫などが)；ごろごろのどを鳴らす(特に猫が)；《口》円滑に進行する, はかどる(仕事などが). **2.** *s.* 〔(durch ⟨et⁴⟩ヲ)〕ぶーんと音を立てて走る〔飛ぶ〕. **3.** *h.* 《方》＝schnorren.

das **Schnurr·haar** [シュヌる・ハーあ] [名] -(e)s/-e 〖動〗(哺乳動物の)ひげ, 触毛.

der **Schnür·rie·men** [シュニューあ・りーメン] [名] -s/- 靴紐(ひも)；革紐.

schnur·rig [シュヌりひ] [形] 《古》滑稽(こっけい)な.

der **Schnür·schuh** [シュニューあ・シュー] [名] -(e)s/-e 紐(ひも)で結ぶ靴, 編上げ靴.

der **Schnür·sen·kel** [シュニューあ・ゼンケル] [名] -s/- 《北独・中独》靴紐(ひも).

der **Schnür·stie·fel** [シュニューあ・シュティーふぇル] [名] -s/- 編上げ靴.

schnur·stracks [シュヌーあ・シュトらックス] [副] 《口》真っすぐに；すぐに.

schnurz [シュヌるツ] [形] 《口》＝schnuppe.

schnurz·pie·pe [シュヌるツ・ピーペ] [形] 《口》＝schnuppe.

die **Schnu·te** [シュヌーテ] [名] -/-n 《北独》(特に子供の)口：eine ~ ziehen〔machen〕《口》ふくれっ面をする；口をとがらせる.

die **Scho·ah** [ショアー] [名] -/ ショアー(ナチスによるユダヤ人大虐殺).

schob [ショーブ] [動] schieben の過去形.

schö·be [シェーベ] [動] schieben の接続法 2 式.

der **Scho·ber** [ショーバー] [名] -s/- 屋根つきの干草置場；《南独・オーストリア》(干草などの)堆積(たいせき).

der **Schock**[1] [ショック] [名] -(e)s/-s〔-e〕 ショック, 衝撃；〖医〗ショック(急性循環不全).

das **Schock**[2] [ショック] [名] -(e)s/-e (単位を表す[複]は-) **1.** 《古》ショック(60 個). **2.** 《口》たくさん, 多数.

die **Schock·be·hand·lung** [ショック・ベハンドルング] [名] -/-en 〖医〗ショック療法.

scho·cken [ショッケン] [動] *h.* **1.** 〔⟨j⁴⟩ニ＋(durch ⟨et⁴⟩デ)〕《口》衝撃〔ショック〕を与える. **2.** 〔⟨j⁴⟩ニ〕〖医〗ショック療法を行う. **3.** 〔⟨et⁴⟩ヲ〕〖スポーツ〗投げる(ボールなどを).

der **Scho·cker** [ショッカー] [名] -s/- 《口》ショッキングな映画〔小説・劇〕, ショックを与える人〔事〕.

schock·ge·fro·ren [ショック・ゲふろーれン] [形] 急速冷凍した.

schock·ge·fros·tet [ショック・ゲふろステット] [形] ＝schockgefroren.

scho·ckie·ren [ショキーれン] [動] *h.* 〔⟨j⁴⟩ニ＋(durch ⟨et⁴⟩デ)〕衝撃〔ショック〕を与える, (…を)憤激させる：über ⟨et⁴⟩ *schockiert* sein ⟨事で⟩ショックを受けている.

die **Schock·the·ra·pie** [ショック・テらピー] [名] -/-n 〖医〗ショック療法.

schock·wei·se [ショック・ヴァイゼ] [副] ショック〔60 個〕単位で；《口》大量に.

der **Scho·far** [ショふぁーあ] [名] -(s)/..faroth [ショふぁろート] ショーファー(ユダヤ教の儀式用角笛).

scho·fel [ショーふぇル] [形] ([付][比]は..fl..) 《口》あさましい, けちな.

der **Scho·fel** [ショーふぇル] [名] -s/- 《蔑》がらくた, 粗悪品；卑劣な奴(やつ), ならず者.

scho·fe·lig [ショーふぇりひ] [形] ＝schofel.

der **Schöf·fe** [シェっふぇ] [名] -n/-n (一般人から選ばれる)参審裁判官.

das **Schöf·fen·ge·richt** [シェっふぇン・ゲりひト] [名] -(e)s/-e 参審裁判所(職業裁判官と参審裁判官で構成される刑事裁判所).

die **Schöf·fin** [シェっふぃン] [名] -/-nen Schöffe の女性形.

der **Schof·för** [ショふぇーあ] [名] -s/-e Chauffeur のドイツ語式つづり.

schof·lig [ショーふりひ] [形] ＝schofelig.

der **Scho·gun** [ショーグン] [名] -s/-e 〖史〗将軍(人；([単]のみ)称号).

der **Scho·ko·kuss**, [旧]**Scho·ko·kuß** [ショーコ・クス] [名] -es/..küsse (メレンゲの)チョコレートコーティング菓子.

die **Scho·ko·la·de** [ショコラーデ] [名] -/-n **1.** チョコレート：eine Tafel ~ 板チョコ 1 枚. **2.** (飲み物の)ココア.

scho·ko·la·den [ショコラーデン] [形] チョコレート(製)の.

scho·ko·la·den·braun [ショコラーデン・ブらウン] [形] チョコレートブラウンの.

das **Scho·ko·la·den·eis** [ショコラーデン・アイス] [名] -es/ チョコレートアイスクリーム.

scho·ko·la·den·far·ben [ショコラーデン・ふぁるベン] [形] チョコレート色の.

die **Scho·ko·la·den·ta·fel** [ショコラーデン・ターふぇル] [名] -/-n 《稀》板チョコ.

der **Scho·lar** [ショラーあ] [名] -en/-en (特に中世の)学

生;生徒：ein fahrender ～遍歴学生.

***die* Scho·las·tik** [ショラスティク] 名 -/ **1.** スコラ学, スコラ哲学. **2.** (蔑) 机上の学問 [知識].

***der* Scho·las·ti·ker** [ショラスティカー] 名 -s/- **1.** スコラ哲学(神学)者. **2.** (イエズス会の)神学修学修士. **3.** (蔑) 些事にこだわる理論家, 衒(げん)学者.

scho·las·tisch [ショラスティシュ] 形 **1.** スコラ哲学の. **2.** スコラ的な；些事にこだわる.

***das* Scho·li·on** [ショーリオン] 名 -s/..lien (古代ギリシア・ローマの)手写本の傍注.

scholl [ショル] 動 schallen の過去形.

***die* Schol·le** [ショレ] 名 -/-n **1.** 土塊, 土くれ；流氷の大きな塊 (Eis～). 〖地質〗断層地塊； (㊀のみ) 〘文〙農地, 土地. 〖文・冗〙居住地, 郷土. **3.** 〖魚〗ツノガレイ.

schöl·le [ショレ] 動 schallen の接続法2式.

***das* Schöll·kraut** [ショル·クラウト] 名 -(e)s/ 〖植〗クサノオウ.

schöl·te [ショルテ] 動 schelten の接続法2式.

(der/die) Scholz [ショルツ] 名 〘人名〙ショルツ.

schon [ショーン] 副 **I.** (語劇) (動詞・形容詞・副詞・名詞を修飾) **a.** (期待・予定などより早いことを示して) もう, すでに：S～ am nächsten Sonntag kam sie zurück. 次の日曜日にはもう彼女は戻って来た. **b.** (数量・程度などが期待・予想より多いことを示して) すでに：Sie ist ～ 70 Jahre alt. 彼女はもう70歳だ. **c.** (それだけで十分であることを示して) …だけでも, …しただけでも, すでに：S～ der Gedanke daran ist mir schrecklich. それを考えるだけで(私は)もうぞっとする. S～ das genügt. もうそれだけで十分だ. S～ das war nicht recht von ihm (getan gehandelt). もうそのことからしてもう彼らしくなかった. **d.** もうとっくに, 先刻：Das weiß ich ～ längst. そのことは(私は)もうとっくに知っている. **2.** 《話者の気持》 **a.** (発言を強めて) もう本当に, まったく：Das ist ～ so. それはもう本当にそうだ. Das will ～ was heißen. それはもう本当にたいしたことだ. **b.** (特に命令文で) 早期の実現を願って) (口) もう, いいから, さあ, すぐ：Nun hör ～ auf damit！ さあもうそんなことはやめろよ. **c.** (wenn 文で。条件を強める) …する以上は：Wenn ich das ～ mache, dann möchte ich das auch richtig machen. (私は)それをやる以上は, ちゃんとやりたい. **d.** (疑念を打消し, 安心させようとして) きっと, 必ず：Keine Angst, er wird ～ kommen. 心配するな, 彼はきっと来るよ. Es wird ～ (gut) gehen. きっとうまくいくさ. **e.** (躊躇(ちゅうちょ)しながら譲歩・容認して) まあ（…するのだろう）；(aber, bloß, doch nur などとともに) 確かに（…も知れないが しかし…）；まあ（何とか）：Wenn er das sagt, wird es ～ stimmen. 彼がそう言うならば, まあそのとおりなんだろう. Das ist ～ möglich, nur (doch) … それは確かにあり得るかも知れないが, ただ… **f.** (疑問文で。見くびったりいらだったりして)…というのか, いったい：Wem nützt das ～？それがだれの役に立つというのだ. **g.** (疑問文で。思い出せずに) …だっけ：Wie heißt er ～？彼(の名前)は何というんだっけ. 【慣用】**Das schon (, aber ...)** それは確かにそうかも知れないが. **Ja, schon ..** ええ, まあ. **schon gar nicht** まして …でない. **Schon gut！** (それで)もう十分, もういいよ. **schon immer** 前々から. **Schon jetzt** 今すぐにも, もうすでに. **Schon recht so！** もうそれで結構. **schon wieder** またもや. **Und wenn schon！** そうだとしてもどうしたというのだ. **Wenn schon, denn schon！** (口) 始めるからには, やれ.

schön [ショーン] 形 **1.** 美しい, きれいな：die S～ste von allen 皆の中で一番の美女. eine ～e

Stimme haben きれいな声をしている. Sinn für das S～e haben 美的センスがある. sich[4] ～ machen (口) めかしこむ, おしゃれをする. (et[4]) ～ machen (口) 〈物を〉きれいにする, 飾る. **2.** 快適な, すばらしい (心, 心地)：einen ～en Abend verleben 心地良いタベを過ごす. (Ich wünsche Ihnen) (ein) ～es Wochenende！よい週末を. Heute ist es (das Wetter) ～. 今日は天気がよい. Man kann ～, um wahr zu sein. 話がうますぎて本当とは思えない. ～ schmecken/riechen (北独) いい味/香りがする. **3.** 素敵な：eine ～e Wohnung 素敵な住まい. 〈j[3]〉etwas S～es (von der Reise) mitbringen 〈人に〉素敵なものを(旅のお土産に)持ってくる. **4.** よい, 立派な：Das ist ein ～er Zug an 〈von〉ihm. それが彼のいいところだ. Das ist nicht ～ von dir. それは君がよくない. Das hast du aber ～ gemacht！よくやったぞ (特に子供に向かって). **5.** (口) かなりの (数量の)：ein ～es Stück Geld かなりのお金. **6.** (口) (反語的な, ありがたい：Das sind ja ～e Aussichten. 結構な見通しだよ (見込みはなさそうだ). Das ist ja eine ～e Geschichte. そいつはありがたい話だぜ (とんでもない話だ). Man hört von 〈j[3]〉 ～e Sachen. 〈人について〉いろいろ結構な話が聞こえてくる (よくないうわさがある). Das wäre ja noch ～er！結構な一段と結構ですな (問題にならない). etwas S～es anrichten えらいことをしでかす. 【慣用】 **(Bestellen Sie ihm) einen schönen Gruß von mir！** 私からもよろしくお伝え下さい. **Bitte schön！** さあどうぞ, すみませんが, どういたしまして. **Danke schön！** どうもありがとう. 結構です (断って). **die schöne Hand (das schöne Händchen)** 右のお手て (幼児に). **die schöne Literatur** 文芸, 文学. **die schönen Künste** (諸)芸術. **einen schönen Tod sterben** (長患いせずに) 安らかに死ぬ. **eines schönen Tages** (未来のいつか)ある日. **es schön hier haben** ここは快適だ. 〈j[3]〉 etwas Schönes sagen 〈人に〉うまいことを言う. **Na schön！** まあいいや, まあよかろう. **Schön！** よろしい, 結構です. **Schön ist anders！** 義理にも美しいとはいえない. **schön reden/lachen können** (関係者なければ) 何とでも言える/笑っていられる. 〈j[3]〉 **schöne Augen machen** 〈人に〉色目をつかう, 媚(こ)びる. **schöne Worte machen** お世辞を言う. **Schönen Dank！** どうもありがとう. **Wie man so schön sagt [wie es so schön heißt]** よく使われる表現ですが.

—— 副 **1.** (語飾) **a.** (形容詞を修飾) とても：Draußen ist ～ frisch. 外はとてもさわやかだ. **b.** (動詞・形容詞・副詞を修飾) (口) ひどく, ずいぶん：～ dumm sein ひどく間が抜けている. in der Tinte sitzen ひどく困っている. **2.** 《話者の気持》(命令を強めて) (口) ちゃんと：～ der Reihe nach！ちゃんと順番どおりに！ Sei ～ brav！ちゃんといい子にしなさい.

(der) Schön·berg [ショーン·ベルク] 名 〘人名〙 シェーンベルク (Arnold ～, 1874-1951, オーストリアの作曲家).

***der* Schön·druck** [ショーン·ドルック] 名 -(e)s/-e 〖印〗 (紙の)表刷り.

***die* Schö·ne**[1] [ショーネ] 名 (形容詞的変化) (主に㊛)美人.

***die* Schö·ne**[2] [ショーネ] 名 -/ 〘文〙羊.

***das* Schö·ne**[3] [ショーネ] 名 (形容詞的変化) (㊀のみ) 美しい (すばらしい) もの (こと); 美.

scho·nen [ショーネン] 動 h. **1.** 〈j[3]〉 労(いた)わる, 親切に扱う, 寛大に扱う. **2.** 〈j[4]〉 大事に扱う (使う), 大切にする；保護する (動植物を)；痛めない. **3.** (sich[4]) 健康に気をつける, 無理をしない.

schö·nen [ショーネン] 動 h. **1.** 〈et[4]〉 〖織〗 アビバージ仕上げ〔つや出し加工〕をする；〖醸〗〈…を〉清澄

する《ワインなどを》. **2.** 〔<et⁴>ヲ〕《古》美しくする.

scho·nend [ショーネント] [形] 大切にする, 思いやりのある.

der **Scho·ner**[1] [ショーナー] [名] -s/- 《古》(小さな)カバー, 覆い.

der **Scho·ner**[2] [ショーナー] [名] -s/- スクーナー《2本マストで, 後のマストがより高い縦帆式帆船》.

schön|fär·ben [[シェ]ーン・ふぇるベン] [動] *h.* 〔<et⁴>ヲ〕言い繕う, 潤色〔美化〕する.

der **Schön·fär·ber** [[シェ]ーン・ふぇるバー] [名] -s/- 言いつくろう〔潤色・美化する〕人.

die **Schön·fär·be·rei** [[シェ]ーン・ふぇるベらイ] [名] -/-en 潤色〔粉飾・美化〕(した表現).

die **Schon·frist** [ショーン・ふりスト] [名] -/-en 猶予期間.

der **Schon·gang** [ショーン・ガング] [名] -(e)s/..gänge **1.** 〘車〙オーバードライブ;《転》無理をしないこと, 全力を出さないこと. **2.** (洗濯機の)ソフト洗い.

der **Schön·geist** [[シェ]ーン・ガイスト] [名] -(e)s/-er 《蔑》文芸〔芸術〕愛好家;文学かぶれ.

die **Schön·geis·te·rei** [[シェ]ーン・ガイステらイ] [名] -/ 《蔑》文芸〔芸術〕への偏った興味, 文学かぶれ.

schön·geis·tig [[シェ]ーン・ガイスティひ] [形] 文学〔芸術〕好きな;文学青年的な.

die **Schön·heit** [[シェ]ーンハイト] [名] -/-en **1.** 《[単]のみ》美, 美しさ. **2.** (景色・町などの)きれいな場所;(事柄の)美しい〔すばらしい〕ところ. **3.** 美人, 美女;美男.

die **Schön·heits·farm** [[シェ]ーンハイツ・ふぁるム] [名] -/-en 全身美容〔エステ〕センター.

der **Schön·heits·feh·ler** [[シェ]ーンハイツ・ふぇーラー] [名] -s/- (ちょっとした)外観を損なう点, 小さい欠点.

das **Schön·heits·i·de·al** [[シェ]ーンハイツ・イデアール] [名] -s/-e (時代・思潮などの)美の理想(型).

die **Schön·heits·kö·ni·gin** [[シェ]ーンハイツ・[ケ]ーニギン] [名] -/-nen 美人コンテスト優勝者, 美の女王.

das **Schön·heits·mit·tel** [[シェ]ーンハイツ・ミッテル] [名] -s/- 化粧品.

das **Schön·heits·pfläs·ter·chen** [[シェ]ーンハイツ・プふレスターひぇン] [名] -s/- 付けぼくろ.

die **Schön·heits·pfle·ge** [[シェ]ーンハイツ・プふレーゲ] [名] -/ 美容(術〔法〕), ビューティケア.

der **Schön·heits·sa·lon** [[シェ]ーンハイツ・ザロ(ー)ン] [名] -s/-s 美容院, エステサロン.

schön·heits·trun·ken [[シェ]ーンハイツ・トるンケン] [形] 《詩》美しさにうっとりした.

der **Schön·heits·wett·be·werb** [[シェ]ーンハイツ・ヴェットベヴェるプ] [名] -(e)s/-e 美人コンテスト.

das **Schon·kli·ma** [ショーン・クリーマ] [名] -s/-s〔-te〕(温暖で寒暖の差が少なく)体に負担がかからない気候.

S

die **Schon·kost** [ショーン・コスト] [名] -/ 消化のいい食事, 病人食, ダイエット用の食事.

schön ma·chen, [旧]**schön|ma·chen** [[シェ]ーン マっヘン] [動] ⇨ schön 1.

schön|ma·chen [[シェ]ーン・マっへン] [動] *h.* 《口》 **1.** 〔[補足なし]〕ちんちんをする《犬が》. ⇨ schön 1.

schön|re·den [[シェ]ーン・れーデン] [動] *h.* 〔<et⁴>ヲ〕言い繕う.

der **Schön·red·ner** [[シェ]ーン・れードナー] [名] -s/- 言葉巧みな〔巧みに言い繕う〕人, おべっか使い.

schön·red·ne·risch [[シェ]ーン・れードネりシュ] [形] 巧みに言い繕うような, お世辞の.

schön|schrei·ben* [[シェ]ーン・シュらイベン] [動] *h.* 〔[補足なし]〕きれいな字を書く;(ペン)習字をする.

die **Schön·schrift** [[シェ]ーン・シュりふト] [名] -/ (学校で教える)きちんとした字;(ペン)習字, 書道;《口》清書.

schöns·tens [[シェ]ーンステンス] [副] 心から, くれぐれも.

die **Schön·tu·e·rei** [[シェ]ーン・トゥーエらイ] [名] -/-en 《口》お世辞, おべっか, ご機嫌とり.

schön|tun* [[シェ]ーン・トゥーン] [動] *h.* 〔<j³>ニ〕《口》お世辞を言う.

die **Scho·nung** [ショーヌング] [名] -/-en **1.** 《[単]のみ》大事にすること, いたわり;容赦;養生, 保養. **2.** (柵で囲われた苗木の)保護区, 苗圃(びょうほ).

scho·nungs·be·dürf·tig [ショーヌングス・ベデュるふティひ] [形] 養生〔静養〕を必要とする.

scho·nungs·los [ショーヌングス・ロース] [形] 情け容赦のない, 仮借のない.

der **Schon·wald** [ショーン・ヴァルト] [名] -(e)s/..wälder 〘林・環〙保護林.

die **Schon·zeit** [ショーン・ツァイト] [名] -/-en 〘狩〙禁猟期.

(*der*) **Scho·pen·hau·er** [ショーペンハウあー] [名] 〘人名〙ショーペンハウアー(Arthur ~, 1788-1860, 哲学者).

der **Scho·pen·hau·e·ri·a·ner** [ショーペンハウエりアーナー] [名] -s/- ショーペンハウアー哲学の信奉者.

scho·pen·hau·e·risch, [旧]**Scho·pen·hau·e·risch** [ショーペンハウエりシュ] [形] ショーペンハウアーの;ショーペンハウアー的な〔流の〕.

scho·pen·hau·ersch, Scho·pen·hau·er'sch, [旧]**Scho·pen·hau·ersch** [ショーペンハウあーシュ] [形] ショーペンハウアーの;ショーペンハウアー的な.

der **Schopf** [ショっプふ] [名] -(e)s/Schöpfe **1.** (密生したこわい)髪(Haar~);《稀》頭髪の房. **2.** (馬の)前髪;(パイナップルなどの)房状〔冠形〕の葉;〘狩〙(鳥の)冠毛. **3.** 《[スイ]》《方》小屋, 納屋;雨除けの屋根. 【慣用】**die Gelegenheit〔das Glück〕beim Schopf(e) ergreifen〔fassen/packen〕**《口》好機をすかさずとらえる.

der **Schöpf·brun·nen** [[シェ]っプふ・ブるネン] [名] -s/- つるべ井戸.

der **Schöpf·ei·mer** [[シェ]っプふ・アイマー] [名] -s/- つるべ, 汲み桶, バケツ.

schöp·fen [[シェ]っプふぇン] [動] *h.* **1.** 〔<et⁴>ヲ+aus <et³>カラ〕汲(く)む, すくう《液体を》. **2.** 〔<et⁴>ヲ+in〔auf〕<et⁴>ニ〕すくって入れる. **3.** 〔<et⁴>ヲ〕《文》吸込む, つく《息を》. **4.** 〔<et⁴>ヲ〕漉(す)く《紙を》. **5.** 〔<et⁴>ヲ+aus <et³>カラ〕《文》くみ取る《知識を書物などから》. **6.** 〔[補足なし]〕〘狩〙水を飲む《動物が》. **7.** 〔<et⁴>ヲ〕《古》創作〔創造〕する. 【慣用】**Argwohn/Verdacht schöpfen** 不信の念/疑念を抱く. **aus jahrelanger Erfahrung schöpfen** (行動・判断に際して)長年の経験から知恵を得る. **aus der Phantasie schöpfen**(詩人などが)空想から素材〔構想〕を得る. **Hoffnung/Mut schöpfen** 希望/勇気を抱く.

der **Schöp·fer**[1] [[シェ]っプふぁー] [名] -s/- 柄杓(ひしゃく), お玉(杓子), 汲み桶(おけ).

der **Schöp·fer**[2] [[シェ]っプふぁー] [名] -s/- **1.** 《[単]のみ》造物主, 創造主《キリスト教の神》. **2.** 創作者, 創造者, 創始者.

der **Schöp·fer·geist** [[シェ]っプふぁー・ガイスト] [名] -(e)s/ 《文》創造的精神.

die **Schöp·fer·hand** [[シェ]っプふぁー・ハント] [名] -/ 《文》創造者〔主〕の手〔わざ〕.

schöp·fe·risch [[シェ]っプふぇりシュ] [形] 創造的な, 独創的な.

die **Schöp·fer·kraft** [[シェ]っプふぁー・クらふト] [名] -/..kräfte 創造力, 独創力.

die **Schöpf·kel·le** [[シェ]っプふ・ケレ] [名] -/-n (スープなどを盛りわける)レードル.

der **Schöpf·löf·fel** [[シェ]っプふ・[レ]っふぇル] [名] -s/- (スープなどを盛りわける)レードル, お玉(杓子).

das **Schöpf·pa·pier** [[シェ]っプふ・パピーあ] [名] -s/-e 手漉(す)き紙.

das **Schöpf·rad** [シェっぷふ・らーと] [名] -(e)s/..räder 揚水用水車.

die **Schöp·fung** [シェっぷふング] [名] -/-en **1.** 《文》(人間が)創作〔創造〕した物〔事〕, 創作物, (芸術)作品; (単のみ)創造, 創作. **2.** 《単のみ》(神による)天地創造; (神の創造した)世界: die Krone der ～ 万物の霊長.

die **Schöp·fungs·ge·schich·te** [シェっぷふングス・ゲシひテ] [名] -/ 〖旧約〗(創世記1章の)天地創造の物語.

das **Schöpf·werk** [シェっぷふ・ヴェるク] [名] -(e)s/-e (低い土地の排水のための)揚水装置.

schop·pen [ショっペン] [動] *h.* 《南独・オーストリア・スイス》 **1.** 〔〈et⁴〉ヲ〕ぎゅうぎゅうに詰める. **2.** 〔〈et⁴〉ヲ〕肥育する. **3.** 〔〈et⁴〉ニ〕膨らみをつける(袖(そで)などに). **4.** 〔補足なし〕膨らんでいる(袖などが).

der **Schop·pen** [ショっペン] [名] -s/- **1.** ショッペン(¼リットルまたは½リットルのグラスワイン〔ビール〕). **2.** ショッペン(昔の液量単位で約½リットル). **3.** 《南独・スイス》哺乳(ほにゅう)瓶. **4.** 《方》小屋, 納屋.

der **Schop·pen·wein** [ショっペン・ヴァイン] [名] -(e)s/-e ショッペンワイン(樽から計り売りするグラスワイン).

schop·pen·wei·se [ショっペン・ヴァイゼ] [副] ショッペン単位で, グラスワインで.

der **Schöps** [シェっプス] [名] -es/-e 《東中独・オーストリア》 **1.** 去勢された雄羊; (単のみ)羊肉, マトン. **2.** 《罵》ばか, あほう.

schor [ショーあ] [動] scheren¹の過去形.

schö·re [シェーれ] [動] scheren¹の接続法2式.

der **Schorf** [ショるふ] [名] -(e)s/-e **1.** かさぶた. **2.** 〖植〗瘡痂(そうか)病.

schor·fig [ショるふぃひ] [形] かさぶたのできた; ざらざらした.

die **Schor·le** [ショるレ] [名] -/-n (das ～ -s/-s) ショルレ(モルレ)(ワインまたはりんごジュースの炭酸割り).

die **Schor·le·mor·le** [ショるレ・モるレ] [名] -/-n (das ～ -s/-s も有)=Schorle.

der **Schorn·stein** [ショるン・シュタイン] [名] -(e)s/-e 煙突. 【慣用】**Der Schornstein raucht** (**von** 〈et³〉). 《口》(〈事で〉)生計が立つ. **Der Schornstein raucht.** 《口》商売が活気づく. 〈et⁴〉 **in den Schornstein schreiben** 《口》〈物を〉ないものと思う.

der **Schorn·stein·fe·ger** [ショるンシュタイン・ふぇーガー] [名] -s/- 煙突掃除人.

die **Scho·se** [ショーゼ] [名] -/-n 《口》用件, 事態, 厄介事(フランス語 Chose のドイツ語式つづり).

schoss, ⑪**schoß** [ショス] [動] schießen の過去形.

der **Schoß**¹ [ショース] [名] -es/Schöße **1.** 膝(ひざ), ふところ(すわる時にできる下腹部と大腿部の間のへこみの部分). **2.** 《文》母胎; 《婉》女陰: ein Kind im ～ tragen 懐胎している. **3.** (燕尾服などの)裾(すそ). 【慣用】〈j³〉 **in den Schoß fallen** 労せずして〈人の〉ものになる.

der **Schoss**², ⑪**Schoß**² [ショス] [名] -es/-e ＝Schößling.

der **Schoss**³, ⑪**Schoß**³ [ショス] [名] -es/-e(n) 〔Schösse(r)〕 《古》税.

die **Schoß**⁴ [ショース] [名] -/-en〔Schöße〕 《オーストリア》スカート.

schös·se [シェッセ] [動] schießen の接続法2式.

der **Schoß·hund** [ショース・フント] [名] -(e)s/-e 愛玩(あいがん)犬.

das **Schoß·hünd·chen** [ショース・ヒュントひぇン] [名] -s/- 愛玩(あいがん)犬.

das **Schoß·kind** [ショース・キント] [名] -(e)s/-er 甘やかされている子; 《転》お気に入り.

der **Schöss·ling,** ⑪**Schöß·ling** [シェスリング] [名] -s/-e 若芽, 若枝; (若枝を挿し木にした)若木; 《転》子供.

die **Schot** [ショート] [名] -/-en 〖海〗シート, 帆脚索(ほあしづな).

der **Scho·te**¹ [ショーテ] [名] -n/-n 《口》ばか.

die **Scho·te**² [ショーテ] [名] -/-n 〖植〗 **1.** 長角果; (エンドウなどの)さや. **2.** 《方》エンドウ, グリンピース.

die **Scho·te**³ [ショーテ] [名] -/-n 《口》冗談, つくり話.

die **Scho·te**⁴ [ショーテ] [名] -/-n ＝die Schot.

scho·ten·för·mig [ショーテン・ふぇるミひ] [形] 莢(さや)状の.

die **Scho·ten·frucht** [ショーテン・ふるふト] [名] -/..früchte 長角果, 莢果(きょうか).

das **Schott** [ショっト] [名] -(e)s/-en〔-e〕〖海〗(船体の防火・耐火)隔壁.

der **Schot·te**¹ [ショっテ] [名] -n/-n スコットランド人.

der **Schot·te**² [ショっテ] [名] -n/-n 《北独》若ニシン.

die **Schot·te**³ [ショっテ] [名] -/ 《南独・スイス》乳精.

der **Schot·ter** [ショっター] [名] -s/- **1.** 砂利, 砕石, バラス; (川底の)玉石の堆積(たいせき). **2.** 《口》大金, 多額の金.

die **Schot·ter·de·cke** [ショっター・デッケ] [名] -/-n (道路の)砕石層.

schot·tern [ショっターン] [動] *h.* 〔〈et⁴〉ニ〕砂利〔砕石〕を敷く(道路などに).

die **Schot·ter·stra·ße** [ショっター・シュトらーセ] [名] -/-n 砂利道.

die **Schot·tin** [ショっティン] [名] -/-nen スコットランド女性.

schot·tisch [ショっティシュ] [形] スコットランド(人・語)の.

(*das*) **Schott·land** [ショっト・ラント] [名] -s/ 〖地名〗スコットランド.

der **Schott·län·der** [ショっト・レンダー] [名] -s/- スコットランド人.

die **Schraf·fe** [シュらっふぇ] [名] -/-n **1.** (主に複)細かい平行線, ハッチング〔けば〕の線. **2.** 〖印〗＝Serife.

schraf·fie·ren [シュらふぃーれン] [動] *h.* 〔〈et⁴〉ニ〕細い平行斜線〔ハッチング〕をつける, けば〔線影〕をつける(地図などに).

die **Schraf·fie·rung** [シュらふぃーるング] [名] -/-en **1.** (単のみ)(地図の起伏表現の)けば描き; (陰影としての)平行線を引くこと, ハッチング. **2.** けば, 平行線, ハッチング.

die **Schraf·fur** [シュらふーあ] [名] -/-en 細かい平行線, (製図の)ハッチング; (地図の)けば.

schräg [シュれーク] [形] **1.** 斜めの, 傾斜した, はすかいの. **2.** 《口》規格からはずれた, 変った: ～*e* Musik 異端の音楽(現代音楽・ジャズ). ein ～*er* Vogel 信用のおけない人.

die **Schrä·ge** [シュれーゲ] [名] -/-n 傾斜, 勾配(こうばい), 斜め; 斜面; 困った状態〔なりゆき〕.

der **Schra·gen** [シュらーゲン] [名] -s/- (脚をX字形に組んで作った)台, 架台, 柵.

schrä·gen [シュれーゲン] [動] *h.* **1.** 〔〈et⁴〉ヲ＋(〈方向〉ニ)〕傾ける. **2.** 〔〈et⁴〉ニ〕傾斜をつける.

die **Schräg·heit** [シュれークハイト] [名] -/ 斜めになっていること, 傾斜していること.

die **Schräg·la·ge** [シュれーク・ラーゲ] [名] -/-n (主に(単)) 傾いた状態〔姿勢〕; 〖医〗(胎児の)斜位.

schräg lau·fend, ⑪**schräg·lau·fend** [シュれーク ラウふぇント] [形] 斜めに走る, 斜めの.

die **Schräg·schrift** [シュれーク・シュりふト] [名] -/-en 〖印〗イタリック(体), 斜字体.

der **Schräg·strich** [シュれーク・シュトりっひ] [名] -(e)s/-e 斜線, スラッシュ.

schrak [シュらーク] [動] schrecken の過去形.

schrä·ke [シュれーケ] [動] schrecken の接続法2式.

S

die **Schram·me** [シュラメ] [名] -/-n 掻(か)き傷, 擦り傷, ひび割れ.

die **Schram·mel·mu·sik** [シュラメル・ムズィーク] [名] -/ シュランメル音楽(ウィーンの民衆音楽).

die **Schram·meln** [シュラメルン] [複名] ＝Schrammelquartett.

das **Schram·mel·quar·tett** [シュラメル・クヴァるテット] [名] -(e)s/-e シュランメル四重奏団(ヴァイオリン二本・ギター・アコーディオンまたはクラリネットの編成. 19 世紀後半に Schrammel 兄弟が創始).

schram·men [シュラメン] [動] *h.* 〔〈j^4/et^4〉ニ〕掻(か)き〔擦り〕傷をつける, ひび割れさせる.

schram·mig [シュラミヒ] [形] 《稀》掻(か)き〔擦り〕傷のある.

der **Schrank** [シュランク] [名] -(e)s/Schränke **1.** 戸棚, たんす, 本棚(Bücher~), キャビネット. **2.** 〖狩〗(赤鹿などの)横にそれた足跡.

das **Schrank·bett** [シュランク・ベット] [名] -(e)s/-en (作りつけ戸棚への)収納式ベッド.

die **Schran·ke** [シュランケ] [名] -/-n **1.** (仕切りや踏切の)横木, 遮断棒; 遮断機. **2.** 制限, 限度, 自制, 節度. **【慣用】** 〈et^4〉 **in Schranken halten** 〈事の〉限度を越えさせない, 〈事を〉抑制させる. 〈j^4〉 **in seine Schranken (ver)weisen** 〈人を〉自制させる, 〈人に〉節度を守らせる. **sich^4 Schranken auferlegen** 自制する. **sich^4 in Schranken halten** 自制する; 節度を守る. **keine Schranken kennen** 節度〔自制心〕を失う. 〈j^4〉 **in die Schranken fordern** 〈人に〉闘いを挑む. **für** 〈j^4〉 **in die Schranken treten** 〈人を〉毅然として支持する, 〈人の〉助太刀をする. 〈j^4〉 **vor die Schranken des Gericht fordern** 〈人に〉訴訟を起こす. **vor den Schranken des Gerichts stehen** 告訴されている.

schrän·ken [シュれンケン] [動] *h.* **1.** 〔〈et^4〉ヲ〕《古》組む, 交差させる(腕を). **2.** 〔〈et^4〉ニ〕〖工〗あさり〔歯先の左右への広がり〕をとる(のこぎりの歯に).

schran·ken·los [シュランケン・ロース] [形] **1.** 際限のない; 制約のない, 放縦な. **2.** 《稀》遮断機のない.

die **Schran·ken·lo·sig·keit** [シュランケン・ローズィヒカイト] [名] -/ 際限〔制限〕のないこと; 無規律.

der **Schran·ken·wär·ter** [シュランケン・ヴェるター] [名] -s/- 〖鉄道〗踏切番, 踏切保安係.

das **Schrank·fach** [シュランク・ふぁっは] [名] -(e)s/..fächer (戸棚の)仕切, 整理〔分類〕棚.

schrank·fer·tig [シュランク・ふぇるティヒ] [形] たんすにしまえるばかりに仕上がった.

der **Schrank·kof·fer** [シュランク・コっふぁー] [名] -s/- (内に衣服がつるせる)大型トランク.

die **Schrank·tür** [シュランク・テューあ] [名] -/-en 戸棚〔たんす〕の扉.

die **Schrank·wand** [シュランク・ヴァント] [名] -/..wände ユニット戸棚.

die **Schran·ne** [シュラネ] [名] -/-n 《南独・古》(肉・パンなどの)陳列台; 穀物市場(の建物).

die **Schran·ze** [シュランツェ] [名] -/-n (der ~ -n/-n) 《蔑》ご機嫌取り; 《古》佞臣(ねいしん).

das **Schrap·nell** [シュラっプネル] [名] -s/-e〔-s〕 **1.** 〖軍〗(昔の)榴散(りゅうさん)弾. **2.** 《口》魅力のなくなった中年女.

schrap·pen [シュラっペン] [動] 《北独》 **1.** *h.* 〔〈et^4〉ノ〕皮〔鱗(うろこ)〕をこそげ取る: sich^4 〔den Bart〕~ 《転》髭をそる. **2.** *h.* 〔〈et^4〉ヲ＋von 〈et^3〉カラ // 〈et^4〉ノ汚レヲ〕こそげ取る. **3.** *s.* 〔über 〈et^4〉ノ上ヲ〕がりがりこすっていく. **4.** *h.* 〔補足なし〕引っ掻く, きーきー鳴らす. **5.** *h.* 〔(〈et^4〉ヲ)〕《蔑》掻き集める, ため込む(金などを).

der **Schrap·per** [シュラっパー] [名] -s/- **1.** 〖工〗スクレーパー; 《方》削り〔掻き〕取り器. **2.** 《方・蔑》欲ばりな人, 守銭奴.

der **Schrat** [シュラート] [名] -(e)s/-e (もじゃもじゃの毛の)森の精; 《転・蔑》恋人, まぬけな〔醜い〕奴.

der **Schratt** [シュラット] [名] -(e)s/-e ＝Schrat.

der **Schraub·de·ckel** [シュラウプ・デッケル] [名] -s/- ねじ(込み)蓋(ふた).

die **Schrau·be** [シュラウベ] [名] -/-n **1.** ねじ, ボルト. **2.** スクリュー(Schiffs~), プロペラ(Luft~). **3.** 〖体操・ダイビング〗ひねり; (曲芸飛行の)きりもみ, スピン. **4.** 《口・蔑》変なばあさん. **【慣用】** **eine Schraube ohne Ende** 無限螺旋(らせん); (実りなき)悪循環. 〈j^4〉 **in die Schrauben nehmen** 〈人を〉締めつける. **bei** 〈j^3〉 **ist eine Schrauben locker**〔**los**〕 〈人は〉頭がおかしい, どうかしている.

schrau·ben [シュラウベン] [動] *h.* **1.** 〔〈et^4〉ヲ＋〈方向〉ニ〕ねじで止める; ねじってとめる〔はめる〕. **2.** 〔〈et^4〉ヲ＋〈方向〉カラ〕ねじをはずして取る; ねじってはずす〔取る〕. **3.** 〔〈et^4〉ヲ＋〈様態〉ニ〕回して動かす. **4.** 〔〈et^4〉ヲ＋〈方向〉ニ〕上昇させる, 増大させる: Preise/Erwartungen in die Höhe ~ 物価を上昇させる/期待を高める. **5.** 〔sich^4＋〈方向〉ニ(カラ)〕螺旋(らせん)状に動く, 旋回しながら上昇〔下降〕する, 身体をねじる: sich^4 in die Höhe ~ 旋回しながら上昇する(ワシ・グライダーなどが). sich^4 um den Stamm ~ 幹の回りをぐるぐる回りながら(螺旋状に)登って行く(リスなどが). sich^4 aus dem Sessel ~ 身体をねじって安楽いすから立上がる. **6.** 〔補足なし〕〖体操・ダイビング〗ひねりを入れる.

der **Schrau·ben·damp·fer** [シュラウベン・ダムプふぁー] [名] -s/- スクリュー船.

die **Schrau·ben·fe·der** [シュラウベン・ふぇーダー] [名] -/-n 〖工〗コイルばね.

schrau·ben·för·mig [シュラウベン・ふぇるミヒ] [形] 螺旋(らせん)状の, ねじ形の.

der **Schrau·ben·gang** [シュラウベン・ガング] [名] -(e)s/..gänge ねじ山(山と溝の全体).

das **Schrau·ben·ge·win·de** [シュラウベン・ゲヴィンデ] [名] -s/- ねじ山の溝(みぞ), ウォーム.

der **Schrau·ben·kopf** [シュラウベン・コップふ] [名] -(e)s/..köpfe ねじ〔ボルト〕の頭.

die **Schrau·ben·mut·ter** [シュラウベン・ムッター] [名] -/-n 雌ねじ, ナット.

der **Schrau·ben·schlüs·sel** [シュラウベン・シュリュっセル] [名] -s/- レンチ, スパナ.

der **Schrau·ben·zie·her** [シュラウベン・ツィーあー] [名] -s/- ねじ回し, ドライバー.

der **Schraub·stock** [シュラウプ・シュトック] [名] -(e)s/..stöcke 万力(まんりき), バイス.

der **Schraub·ver·schluss,** [旧] **Schraub·ver·schluß** [シュラウプ・ふぇあシュルス] [名] -es/..schlüsse (瓶などの)ねじ栓, ねじ式キャップ.

die **Schraub·zwin·ge** [シュラウプ・ツヴィンゲ] [名] -/-n 〖工〗しゃこ万力.

der **Schre·ber·gar·ten** [シュれーバー・ガるテン] [名] -s/..gärten (郊外の)小〔家庭〕菜園(提唱者 D. G. M. Schreber, 1808-61, にちなむ).

der **Schreck** [シュれック] [名] -(e)s/-e (主に[単])驚愕(きょうがく), 驚き: Ach du (mein) ~! 《口》なんてことだ.

das **Schreck·bild** [シュれっ・クビルト] [名] -(e)s/-er 恐ろしい光景〔姿・想像〕.

schre·cken[1] [シュれっケン] [動] *h.* **1.** 〔〈j^4〉ヲ＋(mit 〈et^3〉デ/durch 〈et^4〉デ)〕《文》恐怖〔不安〕に陥れる, 慄然(りつぜん)とさせる, ぞっとさせる. **2.** 〔〈j^4〉ヲ＋(mit 〈et^3〉デ/durch 〈et^4〉デ)＋aus 〈et^3〉カラ〕はっと目を覚まさせる, はっとわれに帰らせる. **3.** 〔vor 〈et^3〉カラ〕《詩》恐れて飛びさがる(蛇などから). **4.** 〔〈et^4〉ヲ〕〖料〗冷水で冷やす(ゆで卵などを); 〖狩〗立止まらせる(動物を笛などで驚かして). **5.** 〔補足なし〕〖狩〗鳴く(鹿などが危

S

険を知らせて).
schre̥cken²(*) [シュれっケン] [動] er schreckt 〔schrickt〕; schreckte〔schrak〕; ist geschreckt〔geschrocken〕(不規則変化は《古》)〔aus ⟨et³⟩ｶﾗ〕はっと目が覚める, はっとわれに返る.
der **Schre̥cken** [シュれっケン] [名] -s/- **1.** 驚き, 恐怖(感). **2.** 《文》恐ろしさ, 怖さ. **3.** 《主に定冠詞と》恐怖の的(となる人).
Schre̥cken er·re·gend, schre̥·cken·er·re·gend [シュれっケン エあれーゲント] [形] 《比較級・最高級では分かち書きしない. 付加語つきの場合は分かち書きする》恐怖をよぶ: eine *schreckenerregendere* Information より恐怖をよぶ情報. eine großen *Schrecken erregende* Mitteilung 大きな恐怖をよぶ知らせ.
schre̥ckens·bleich [シュれっケンス·ブライひ] [形] 恐怖に青ざめた.
die **Schre̥ckens·bot·schaft** [シュれっケンス·ボートシャふト] [名] -/-en 悪い知らせ, 凶報.
die **Schre̥ckens·herr·schaft** [シュれっケンス·へるシャふト] [名] -/ 恐怖政治.
die **Schre̥ckens·nach·richt** [シュれっケンス·ナーはりひト] [名] -/-en 恐ろしい知らせ, 凶報.
die **Schre̥ckens·nacht** [シュれっケンス·ナはト] [名] -/..nächte 恐怖の夜.
die **Schre̥ckens·tat** [シュれっケンス·タート] [名] -/-en 恐ろしい行為, 凶行.
das **Schre̥ck·ge·spenst** [シュれっク·ゲシュペンスト] [名] -(e)s/-er 恐ろしい人物;恐ろしい危険.
schre̥ck·haft [シュれっクハふト] [形] **1.** 臆病な. **2.** 《古・詩》驚きにも似た;《古》恐ろしい.
schre̥ck·lich [シュれっクリひ] [形] **1.** 恐ろしい, 怖い;《口》いやな, 実に不快な. **2.** 《口》ひどい;《口》ひどく.
die **Schre̥ck·lich·keit** [シュれっクリひカイト] [名] -/ 恐ろしさ;すごさ, ひどさ.
das **Schre̥ck·nis** [シュれっクニス] [名] -ses/-se 《文》恐ろしいこと〔もの〕.
der **Schre̥ck·schuss**, [旧]**Schre̥ck·schuß** [シュれっク·シュス] [名] -es/..schüsse 威嚇射撃;《転》おどかし, いましめ.
die **Schre̥ck·schuss·pis·to·le**, [旧]**Schre̥ck·schuß·pi·sto·le** [シュれっクシュス·ピストーレ] [名] -/-n 威嚇射撃用ピストル(閃光(せんこう)・催涙ガス弾などをこめる).
die **Schre̥ck·se·kun·de** [シュれっク·ゼクンデ] [名] -/-n 恐怖〔驚き〕の一瞬;〖法〗突然の障害への対応時間.
der **Schre̥d·der** [シュれっダー] [名] -s/- ＝Shredder.
der **Schrei** [シュらイ] [名] -(e)s/-e 叫び(声), わめき声(動物の)鳴き声. 【慣用】**der letzte Schrei** 《口》最新の流行.
die **Schreib·ar·beit** [シュらイプ·アるバイト] [名] -/-en 《主に[複]》筆記〔事務〕の仕事.
der **Schreib·be·darf** [シュらイプ·ベダるふ] [名] -(e)s/ 筆記〔文房〕具.
der **Schreib·block** [シュらイプ·ブロック] [名] -s/-s〔..blöcke〕(はぎ取り式の)メモ用紙の〔筆記用〕ブロック.
die **Schrei·be** [シュらイベ] [名] -/-n **1.** (《[単]のみ》)書き方, 文体;〖言・ジャーゴン〗書き言葉, 文書体. **2.** 《生徒・古》筆記用具.
schrei·ben* [シュらイベン] [動] schrieb; hat geschrieben **1.** 〔⟨et⁴⟩ｦ〕書く(文字などを). **2.** 〔(⟨j³⟩ﾆ/an⟨j⁴⟩ﾆｱﾃﾃ)＋⟨et⁴⟩ｦ〕書く(手紙などを). **3.** 〔⟨et⁴⟩ｦ〕書く(作品・記事などを);作曲する(交響曲などを). **4.** 〔(⟨j³⟩ﾆ/an ⟨j⁴⟩ﾆｱﾃﾃ)＋(⟨様態⟩ﾆ)〕便りをする: aus dem Urlaub/postlagernd ~ 休暇先から/局留めで便りをする. **5.** 〔⟨j³⟩ﾆ/an ⟨j⁴⟩ﾆｱﾃﾃ＋(von ⟨j³/et³⟩ﾆﾂｲﾃ/über ⟨j⁴/et⁴⟩ﾆﾂｲﾃ)＋(⟨et⁴⟩ｦ)〕書いてやる〔くる〕, (書いて)知らせる. **6.** 〔(⟨様態⟩ﾆ(ﾃﾞ))〕書く: deutlich ~ はっきりと書く. auf〔mit〕der Maschine ~ タイプで打つ. nach Diktat ~ 口述筆記する. Das Kind kann schon lesen und ~. その子はもう読み書きができる. **7.** 〔(補足なし)〕物書きである, 執筆をこととしている. **8.** 〔⟨様態⟩ﾆ(ﾃﾞ)〕(文章を)書く. **9.** 〔an⟨et³⟩ｦ〕執筆中である. **10.** 〔⟨et⁴⟩ｦ＋auf ⟨et⁴⟩ﾆ/zu ⟨et³⟩ﾆ〕記入する(金額を). **11.** 〔⟨j⁴⟩ｶﾞ＋⟨[形]⟩ﾃﾞｱﾙﾄ〕(いう診断書を)書く. **12.** 〔⟨様態⟩ﾆ〕書ける(筆記道具が). **13.** 〔Es＋sich⁴＋mit ⟨et³⟩ﾀﾞﾄ/auf ⟨et³⟩ﾆﾊ＋⟨[形]⟩ﾆ〕書ける: Mit dieser Maschine *schreibt* es sich viel schneller. このタイプだとずっと早く打てる. Auf diesem Papier *schreibt* es sich nicht gut. この紙にはうまく書けない. **14.** 〔相互代名詞sich⁴〕文通している. **15.** 〔sich⁴＋mit ⟨j³⟩ﾄ〕《口》文通している. **16.** 〔sich⁴＋mit ⟨et³⟩ﾄ〕《口》書く(綴りなど): Das Wort Photo *schreibt* sich auch mit „f.“ Photoという語は(phの代りに)fでも書く. 【「Sie schreibt sich jetzt Müller. 彼女は今は名をミュラーと記す〔ミュラーという名である〕. Man schreibt das Jahr 1912. (年を記せば)1912年のことである」などの用法はやや古く, 今は《方》のみ】.
das **Schrei·ben** [シュらイベン] [名] -s/- (公式の)文書, 書簡, 通達.
der **Schrei·ber** [シュらイバー] [名] -s/- **1.** 書き手;《古》記録係, 書記, 秘書. **2.** 《主に《蔑》》物書き;著者, 作家.
die **Schrei·be·rei** [シュらイベらイ] [名] -/-en 《蔑》(長々と)書くこと, 書き連ねること.
der **Schrei·ber·ling** [シュらイバーリング] [名] -s/-e 《蔑》濫作〔乱作〕する文筆家〔ジャーナリスト〕, 濫作家, 三文文士, 雑文家.
die **Schrei·ber·see·le** [シュらイバー·ゼーレ] [名] -/-n 《蔑》狭量な(官僚主義的な)人.
schreib·faul [シュらイプ·ふぁウル] [形] 筆不精な.
die **Schreib·fe·der** [シュらイプ·ふぇーダー] [名] -/-n ペン先.
der **Schreib·feh·ler** [シュらイプ·ふぇーラー] [名] -s/- 書き間違い.
das **Schreib·ge·rät** [シュらイプ·ゲれート] [名] -(e)s/-e 筆記用具.
das **Schreib·heft** [シュらイプ·へふト] [名] -(e)s/-e 罫線(けいせん)入りのノート.
die **Schreib·kraft** [シュらイプ·クらふト] [名] -/..kräfte (主に女性の)事務員, タイピスト.
der **Schreib·krampf** [シュらイプ·クらムプふ] [名] -(e)s/..krämpfe 書痙(しょけい).
die **Schreib·kunst** [シュらイプ·クンスト] [名] -/ カリグラフィー(美しく字を書く技法), 書道.
die **Schreib·map·pe** [シュらイプ·マッペ] [名] -/-n 書類挟み, ファイル.
die **Schreib·ma·schi·ne** [シュらイプ·マシーネ] [名] -/-n タイプライター: ~ schreiben タイプを打つ. Briefe mit〔auf〕der ~ schreiben 手紙をタイプで書く.
das **Schreib·ma·schi·nen·pa·pier** [シュらイプマシーネン·パピーあ] [名] -s/-e タイプ(ライター)用紙.
die **Schreib·ma·schi·nen·schrift** [シュらイプマシーネン·シュりふト] [名] -/-en タイプ(ライター)で打った文書〔文字〕.
das **Schreib·pa·pier** [シュらイプ·パピーあ] [名] -s/-e 筆記用紙, 便箋.
das **Schreib·pult** [シュらイプ·プルト] [名] -(e)s/-e (上面が傾斜している)書き物机, ライティングデスク.
der **Schreib·schrank** [シュらイプ·シュらンク] [名] -(e)s/..schränke ライティングビューロー.
die **Schreib·schrift** [シュらイプ·シュりふト] [名] -/-en 筆

Schreibstift

記体;〖印〗スクリプト体.
der **Schreibstift** [シュライプ・シュティフト] 图 -(e)s/-e 筆記具(鉛筆・ボールペンなど).
die **Schreibstube** [シュライプ・シュトゥーベ] 图 -/-n (昔の)事務室;〖軍〗(兵舎内の)事務局.
die **Schreibtafel** [シュライプ・ターふぇル] 图 -/-n 書きためのボード(石盤や古代ローマの蠟板(ろうばん)など).
die **Schreibtechnologie** [シュライプ・テクノ・ロギー] 图 -/-n (ワープロなどの)文書作成技術.
der **Schreibtisch** [シュライプ・ティッシュ] 图 -(e)s/-e 書き物机,事務机,デスク.
die **Schreibtischlampe** [シュライプティッシュ・ラムペ] 图 -/-n 卓上電気スタンド.
der **Schreibtischtäter** [シュライプティッシュ・テーター] 图 -s/- (犯罪[悪事]の)黒幕.
die **Schreibung** [シュライブング] 图 -/-en (単語の)書き方,つづり方,スペリング.
die **Schreibunterlage** [シュライプ・ウンターラーゲ] 图 -/-n 下敷き,デスクマット.
die **Schreibwaren** [シュライプ・ヴァーレン] 複名 文房具.
die **Schreibwarenhandlung** [シュライプヴァーレン・ハンドルング] 图 -/-en 文房具店.
die **Schreibweise** [シュライプ・ヴァイゼ] 图 -/-n (単語の)書き方,つづり方,スペリング;書体;文体.
das **Schreibzeug** [シュライプ・ツォイク] 图 -(e)s/- 筆記用具.
schreien* [シュライエン] 動 schrie; hat geschrie(e)n 1. 〖慣用〗叫ぶ,叫び声を上げる;大声で泣く(赤ん坊などが);(甲高い・よく通る声で)鳴く(サル・フクロウなどが);大声で話す,わめく,怒鳴る. 2. (sich⁴+《再》=)大声で叫んで(泣いて)(…に)なる: sich⁴ müde/heiser ~ 大声で叫んでくたくたになる/声がかすれる. 3. 〈et³〉を〉大声で言う,叫ぶ,わめく,怒鳴る(のろいの言葉・自分の名前・番号などを). 4. 〔nach〈j³/et³〉〕を〉求めて泣く(叫ぶ・鳴く). 〖慣用〗 Ach und Weh schreien 大声で嘆き悲しむ. Hurra schreien 万歳を叫ぶ,歓呼の声を上げる. wie ein gestochenes Schwein schreien(口)悲鳴を上げる,泣きわめく. zum Schreien sein (口)ひどく滑稽(こっけい)である,ふきだすほどおかしい.
schreiend [シュライエント] 形 けばけばしい,どぎつい;けしからぬ,ひどい.
der **Schreier** [シュライアー] 图 -s/- (泣き)叫ぶ人,わめく人;やかまし屋,不平家.
die **Schreierei** [シュライエライ] 图 -/-en (主に《複》)(鳴)泣き叫び続けること.
der **Schreihals** [シュライ・ハルス] 图 -es/..hälse (口)よくわめき立てる人;泣き虫(なぞ子).
der **Schrein** [シュライン] 图 -(e)s/-e 貴重品入れ,聖遺物箱,櫃(ひつ).
der **Schreiner** [シュライナー] 图 -s/- 《西中独・南独・スイス》指物師,家具職人.
die **Schreinerei** [シュライネライ] 图 -/-en 《西中独・南独》 1. 指物師[家具職人]の仕事場. 2. 《⑪のみ》指物業,家具製造業.
schreinern [シュライナーン] 動 h. 《西中独・南独》 1. 〖慣用〗家具を作る(日曜大工などで). 2. 〈et⁴〉を〉(趣味で)作る(家具を).
schreiten* [シュライテン] 動 schritt; ist geschritten(文) 1. 〈様態〉=/〈方向〉〉歩く,(ゆっくりと)歩む(歩いて行く). 2. 〔zu〈et³〉〕〉取掛かる;進む,移行する.
schrick ! [シュリック] 動 schrecken²の du に対する命令形.
schrickst [シュリックスト] 動 schrecken²の現在形 2 人称単数.
schrickt [シュリックト] 動 schrecken²の現在形 3 人称

単数.
schrie [シュリー] 動 schreien の過去形.
schrieb [シュリープ] 動 schreiben の過去形.
der **Schrieb** [シュリープ] 图 -s/-e (口)(主に《蔑》)手紙,文書.
schriebe [シュリーベ] 動 schreiben の接続法 2 式.
schrieen [シュリーエ] 動 schreien の接続法 2 式.
die **Schrift** [シュリフト] 图 -/-en 1. 文字,活字,字体;書体;筆跡(Hand~): die deutsche/lateinische ~ ドイツ文字/ラテン文字. eine fette/kursive ~ 太字/斜字体. 2. 文書,著作物,論文;《⑪のみ》証明書: Schillers sämtliche ~*en* シラー全集. 〖慣用〗 **die Heilige Schrift** 聖書(Bibel). **nach der Schrift sprechen** 《方》標準語を話す. **Schrift oder Kopf ?** 表か裏か(貨幣を使っての賭(か)で).
die **Schriftart** [シュリフト・アート] 图 -/-en 〖印〗字体の種類;書体.
das **Schriftbild** [シュリフト・ビルト] 图 -(e)s/-er 1. 〖印〗(活字の)字面(じづら);字面の刷り. 2. (活字・筆跡)の書体.
schriftdeutsch [シュリフト・ドイチュ] 形 標準文章ドイツ語の.
das **Schriftdeutsch** [シュリフト・ドイチュ] 图 -(s)/ 標準文章ドイツ語.
das **Schriftenverzeichnis** [シュリフテン・ふぇアツァイヒニス] 图 -ses/-se 文献目録;参考書目.
die **Schriftform** [シュリフト・ふォるム] 图 -/ 〖法〗書式.
der **Schriftführer** [シュリフト・ふューラー] 图 -s/- 記録係,書記.
der **Schriftgelehrte** [シュリフト・ゲレーアテ] 图 《形容詞的変化》 《キリスト教》(昔の)律法学者.
der **Schriftgießer** [シュリフト・ギーサー] 图 -s/- 活字鋳造工.
die **Schriftgießerei** [シュリフト・ギーセライ] 图 -/-en 活字鋳造業[所].
der **Schriftgrad** [シュリフト・グラート] 图 -(e)s/-e 〖印〗活字の大きさ,ポイント.
die **Schriftgröße** [シュリフト・グ⑥ーセ] 图 -/-n 〖印〗活字の大きさ,ポイント.
der **Schriftleiter** [シュリフト・ライター] 图 -s/- 《古》(新聞の)編集者.
die **Schriftleitung** [シュリフト・ライトゥング] 图 -/-en 《古》(新聞の)編集部.
schriftlich [シュリフトリヒ] 形 文字[文書・書面]による,筆記の: einen ~*en* Antrag einreichen 申請書を提出する. 〈j³〉〈et⁴〉〉 ~ mitteilen 〈人に〉〈事を〉書面で伝える. 〖慣用〗 **Das hat** 〈j¹〉 **schriftlich.** 〈人は〉それを証明する物を持っている. **Das kann ich dir schriftlich geben!** (口)それは確かだ,(私は君に)証文を書いてもいい. **etwas Schriftliches darüber in der Hand haben** それについては証拠書類(証明書)を持っている.
die **Schriftprobe** [シュリフト・プローベ] 图 -/-n 〖印〗(活字の)見本刷り;組み見本;(手書の)筆跡見本.
der/die **Schriftsachverständige** [シュリフト・ザッハふぇアシュテンディゲ] 图 《形容詞的変化》〖法〗筆跡鑑定人.
der **Schriftsatz** [シュリフト・ザッツ] 图 -es/..sätze 1. 〖印〗植字,組版. 2. 〖法〗(訴訟)書面.
der **Schriftsetzer** [シュリフト・ゼッツァー] 图 -s/- 植字工.
die **Schriftsprache** [シュリフト・シュプらーヘ] 图 -/-n 標準的書き言葉;《⑮》標準語.
der **Schriftsteller** [シュリフト・シュテラー] 图 -s/- 作家,著述家,文筆家.
die **Schriftstellerei** [シュリフト・シュテレライ] 图 -/ 著述(文筆)業.
schriftstellerisch [シュリフト・シュテレリシュ] 形 作家

〔文筆家〕としての.

schrift·stel·lern [シュりふト・シュテラーン] [動] *h.* 〖補足なし〗文筆活動をする, 作家活動をする.

der **Schrift·stel·ler·na·me** [シュりふトシュテラー・ナーメ] [名] -ns/-n ペンネーム, 筆名.

das **Schrift·stück** [シュりふト・シュテュック] [名] -(e)s/-e 文書, 書類.

das **Schrift·tum** [シュりふトトゥーム] [名] -s/ 《総称》(特定分野に関する)文献, 著作.

der **Schrift·ver·kehr** [シュりふト・ふぇあケーあ] [名] -(e)s/ 文書の交換, 書面交換; 交換文書.

der **Schrift·wech·sel** [シュりふト・ヴェクセル] [名] -s/ = Schriftverkehr.

das **Schrift·zei·chen** [シュりふト・ツァイひぇン] [名] -s/- 〖印〗文字.

der **Schrift·zug** [シュりふト・ツーク] [名] -(e)s/..züge 書体, 筆致; (《複のみ》)(一定の特徴を持った)筆跡.

schrill [シュリル] [形] 甲高い, けたたましい.

schril·len [シュリレン] [動] *h.* 〖補足なし〗けたたましく鳴る, 甲高く響く(電話などが): durch das Haus ~ 家中にけたたましく響く(火災報知機などが).

der **Schrimp** [シュリムプ] [名] -s/-s 《主に[複]》〖動〗小エビ, エビジャコ.

schrin·ken [シュリンケン] [動] *h.* 〖(⟨et⁴⟩ニ)〗〖織〗防縮〔シュリンク〕加工する.

die **Schrip·pe** [シュりっぺ] [名] -/-n 《ベルリン》シュリッペ(長目の溝の入った小形パン).

schritt [シュりっト] [動] schreiten の過去形.

der **Schritt** [シュりっト] [名] -(e)s/-e **1.** 歩み, 歩; 歩調(Gleich~), ステップ, ペース; 歩く速度; 足音: aus dem ~ kommen 足並が乱れる. (im) ~ fahren (車が)徐行する. Das pferd geht im ~. 馬が並足でいく. **2.** 《[単]のみ》歩き方: ein leiser ~ 忍び足. **3.** 《[複]-も有》歩幅: fünf ~ entfernt 5 歩離れたところに. **4.** 手段, 処置: diplomatische ~*e* einleiten 外交的手段を導入する. **5.** 〖服〗(ズボンの)股上(また がみ). 【慣用】**auf Schritt und Tritt** 行く先々で, 至る所で, 絶えず. **aus dem Schritt kommen** 足並がそろわなくなる, 歩調を乱す. **den ersten Schritt tun** 着手する. **⟨j³⟩ drei Schritte vom Leib(e) bleiben** ⟨人ニ⟩近よらない. **einen Schritt zu weit gehen** 少しやり過ぎる. **mit ⟨et³⟩ Schritt halten** ⟨事ニ⟩遅れずについていく. **Schritt für Schritt** 一歩一歩, ゆっくり. **Schritt um Schritt** だんだん, どんどん.

schrit·te [シュりっテ] [動] schreiten の接続法 2 式.

die **Schritt·län·ge** [シュりっト・レンゲ] [名] -/-n 歩幅; 〖服〗ズボンの股下(また した).

der **Schritt·ma·cher** [シュりっト・マっはー] [名] -s/- **1.** 〖スポーツ〗(自転車競技の)誘導オートバイ; (陸上競技の)ペースメーカー. **2.** (心臓の)ペースメーカー(Herz~). **3.** 先駆者.

der **Schritt·mes·ser** [シュりっト・メっサー] [名] -s/- 歩数計, 万歩計.

schritt·wei·se [シュりっト・ヴァイゼ] [副] 一歩一歩(の), ゆっくりと(した), 徐々に, 少しずつの.

der **Schritt·zäh·ler** [シュりっト・ツェーラー] [名] -s/- = Schrittmesser.

(*der/die*) **Schrö·der** [シュれーダー] [名] 〖人名〗シュレーダー.

(*der/die*) **Schroeder** [ʃrǿːdər シュれーダー] [名] 〖人名〗シュレーダー.

der **Schro·fen** [シュろーふぇン] [名] -s/- **1.** 《オーストリア》切立った岩壁; 〖登山〗(それほど急ではない)岩壁, 斜面.

schroff [シュろっふ] [形] **1.** 険しい, 切立った. **2.** ぶっきらぼうな, にべもない. **3.** 急激な, 唐突な. **4.** 著しい, 際だった.

der **Schrof·fen** [シュろっふぇン] [名] -s/- 《オーストリア》= Schrofen 1.

die **Schroff·heit** [シュろっふハイト] [名] -/-en **1.** 《[単]のみ》険しさ; 無愛想. **2.** 無愛想な発言〔態度〕.

schroh [シュろー] [形] 《中独》粗野な.

schröp·fen [シュれっプふぇン] [動] *h.* **1.** 〖⟨j⁴⟩ニ〗〖医〗吸角〔吸玉〕で治療を行う. **2.** 〖⟨j⁴⟩カラ〗《口》金を搾り取〔巻き上げ〕る. **3.** 〖⟨et⁴⟩ノ〗〖農・園〗伸び過ぎた苗〔若芽〕の先を切取る; 樹皮に斜めの切れ目を入れる.

der **Schröpf·kopf** [シュれっプふ・コっプふ] [名] -(e)s/..köpfe (瀉血用の)吸角, 吸い玉.

der 〔*das*〕 **Schrot** [シュろート] [名] -(e)s/-e **1.** 《[単]のみ》粗びき〔ひき割り〕の穀粒. **2.** 散弾. **3.** 〖貨幣〗《古》コインの重量. 【慣用】**⟨j¹⟩ ist von altem 〔echtem〕 Schrot und Korn** ⟨人ハ⟩(実直有能で)信頼が置ける.

das **Schrot·brot** [シュろート・ブろート] [名] -(e)s/-e 粗びきパン.

die **Schrot·büch·se** [シュろート・ビュクセ] [名] -/-n 散弾銃.

schro·ten [シュろーテン] [動] *h.* **1.** 〖⟨et⁴⟩ヲ〗粗びきにする(穀物を). **2.** 〖⟨et⁴⟩ヲ〗《古》転がして〔押して〕運ぶ.

die **Schrot·flin·te** [シュろート・ふリンテ] [名] -/-n = Schrotbüchse.

das **Schrot·korn** [シュろート・コるン] [名] -(e)s/..körner 粗挽きの穀粒.

die **Schrot·lei·ter** [シュろート・ライター] [名] -/-n (昔の樽の上げ降し用の)はしご.

das **Schrot·mehl** [シュろート・メール] [名] -(e)s/-e 粗びき粉.

die **Schrot·müh·le** [シュろート・ミューレ] [名] -/-n 粗びき用製粉機.

die **Schrot·sä·ge** [シュろート・ゼーゲ] [名] -/-n (丸太用)大鋸(おおのこ).

der **Schrott** [シュろっト] [名] -(e)s/-e 《主に[単]》くず鉄, スクラップ; 《蔑》がらくた, ポンコツ: ein Fahrzeug zu ~ fahren (事故で)車をスクラップ同然にする.

der **Schrott·händ·ler** [シュろっト・ヘンドラー] [名] -s/- くず鉄業者, スクラップ業者.

schrott·reif [シュろっト・らイふ] [形] スクラップ同然の.

der **Schrott·wert** [シュろっト・ヴェーあト] [名] -(e)s/ スクラップ価値.

schrub·ben [シュるっベン] [動] *h.* 《口》 **1.** 〖⟨j⁴/et⁴⟩ヲ〗ごしごしこすって洗う〔磨く〕. **2.** 〖補足なし〗ごしごしこすって洗う〔磨く〕仕事をする. **3.** 〖⟨et⁴⟩ヲ+⟨[形]⟩ニ〗ごしごし洗って〔磨いて〕(…に)する. **4.** 〖⟨et⁴⟩ヲ+von ⟨et³⟩カラ〗ごしごしこすって取る〔落す〕(汚れをタイルなどから). **5.** 〔über ⟨et⁴⟩ニ〕ひどくすれる(扉が床などに).

der **Schrub·ber** [シュるっバー] [名] -s/- 柄の長い床ブラシ.

die **Schrul·le** [シュるレ] [名] -/-n **1.** 変った特性, 変な癖. **2** 《口》変なおばさん.

schrul·len·haft [シュるレンハふト] [形] =schrullig.

schrul·lig [シュるりひ] [形] 《口》風変りな, 変な; 突拍子もない.

schrumm! [シュるム] [間] (弦楽器の終止和音の擬声音)ジャーン.

die **Schrum·pel** [シュるムペル] [名] -/-n 《方》皺(しわ); 皺くちゃの老婆.

schrum·pe·lig [シュるムペりひ] [形] =schrumplig.

schrum·peln [シュるムペルン] [動] *s.* 《方》=schrumpfen.

schrump·fen [シュるムプふぇン] [動] *s.* 〖補足なし〗縮む, 縮んでしわになる, しなびる(衣類・リンゴなどが); 減少する(蓄え・資本などが).

der **Schrumpf·kopf** [シュるムプふ・コっプふ] [名] -(e)s/..köpfe 〖民族〗(南米の首狩族の)干し首.

S

die **Schrumpf·le·ber** [シュるムプふ・レーバー] 名 -/-n 〖医〗萎縮肝臓.

die **Schrumpf·nie·re** [シュるムプふ・ニーれ] 名 -/-n 〖医〗萎縮腎.

die **Schrumpf·ung** [シュるムプふング] 名 -/-en 縮む(しわがよる)こと;縮み,収縮;萎縮;減少.

schrump·lig [シュるムプりひ] 形 《口》しなびた,しわだらけの;しわくちゃの.

die **Schrun·de** [シュるンデ] 名 -/-n 1. 裂傷,傷;ひび,あかぎれ. 2. 岩[氷河]の割れ目,クレバス.

schrun·dig [シュるンディヒ] 形 《方》ひびのきれた;ひび割れた.

schrup·pen [シュるッペン] 動 h. 〈et⁴〉⁴ 〖工〗粗削りする(工作物を).

der **Schub** [シューブ] 名 -(e)s/Schübe 1. 押し,突き;〖理·工〗推力;〖工〗剪断(荒炭): mit einem ~ 一押し(突き)で. 2. (人·物の)一群,一団: ein ~ Brot 一かまど分のパン. ~ auf(um) ~ 一群[団]ずつ. 3. (疾患の断続的な)症状の現れ. 4. 〖方〗引出し(~fach). 【慣用】 per Schub 《ジジ》強制的に.

der **Schu·ber** [シューバー] 名 -s/- 本のケース; 《バミミッ》門(ジジ),差し錠.

(*der*) **Schu·bert** [シューバート] 名 〖人名〗シューベルト (Franz ~, 1797-1828, オーストリアの作曲家).

das **Schub·fach** [シューブ·ふあッハ] 名 -(e)s/..fächer 引出し.

die **Schub·kar·re** [シューブ·かれ] 名 -/-n 〔手押しの〕一輪車,ネコ(車);〖体操〗手押し転(両足をささえてもらってする腕立て歩行).

der **Schub·kar·ren** [シューブ·カれン] 名 -s/- = Schubkarre.

der **Schub·kas·ten** [シューブ·カステン] 名 -s/..kästen 〔一〕引出し.

die **Schub·kraft** [シューブ·クらふト] 名 -/ 〖理·工〗推(進)力;〖工〗剪断(荒炭)力.

die **Schub·la·de** [シューブ·ラーデ] 名 -/-n 1. 引出し. 2. 《口》部類,枠組,カテゴリー.

die **Schub·leh·re** [シューブ·レーれ] 名 -/-n ノギス (Schieblehre).

der **Schubs** [シュップス] 名 -es/-e 《口》(軽い)押し[突き].

das **Schub·schiff** [シューブ·シふ] 名 -/-e (内陸航行の)押し船.

schub·sen [シュップセン] 動 h. 《口》〈j⁴/et⁴〉⁴ + 〈〈方向〉^〈カラ〉〉突く,押す;押して動かす.

die **Schub·stan·ge** [シューブ·シュタンゲ] 名 -/-n 〖工〗 (ピストンの)連接棒,クランク.

der **Schub·um·kehr** [シューブ·ウム·ケーる] 名 -/ 〖空〗(着陸後の)逆噴射.

schub·wei·se [シューブ·ヴァイゼ] 副 一団ずつ(の);少しずつ(の);〖医〗病勢増悪(ぢ)の形で.

schüch·tern [シュヒテるン] 形 内気な,遠慮がちな;控え目な.

die **Schüch·tern·heit** [シュヒテるンハイト] 名 -/ 内気,遠慮がち,物おじ.

schuf [シューふ] 動 schaffen の過去形.

schü·fe [シューふェ] 動 schaffen の接続法 2 式.

der **Schuft** [シュふト] 名 -(e)s/-e 《蔑》卑劣なやつ,悪党,ならず者.

schuf·ten [シュふテン] 動 h. 《口》 1. 《墨》あくせく働く. 2. {sich⁴+〈様態〉₂}働き過ぎて(…)になる.

die **Schuf·te·rei**¹ [シュふテライ] 名 -/-en (主に《単》)《口·蔑》 1. (《単》のみ)あくせく働くこと. 2. 骨の折れる仕事.

die **Schuf·te·rei**² [シュふテらイ] 名 -/-en 《蔑》卑劣な行為.

schuf·tig [シュふティひ] 形 《蔑》卑劣な.

die **Schuf·tig·keit** [シュふティヒカイト] 名 -/-en 《蔑》破廉恥〔卑劣〕な行為;(《単》のみ)破廉恥さ,卑劣さ.

der **Schuh** [シュー] 名 -(e)s/-e〔-〕 1. (《単》-e)靴(こ),短靴. 2. (《単》-e)〖工〗(支柱などの接合部の)保護カバー;車輪止め(Hemm~, Brems~);ケーブルシュー(Kabel~). 3. (=)フィート(長さの単位).

【慣用】〈j³〉〈et⁴〉 **in die Schuhe schieben** 《口》〈人と〉〈事の〉責任をなすりつける. **sich³ die Schuhe nach 〈et⁴〉 ablaufen** 《口》〈物を〉求めて駆けずりまわる. **wissen, wo 〈j³〉 der Schuh drückt** 《口》〈人の〉悩み苦しみを知っている. **umgekehrt wird ein Schuh draus** 《口》その逆であるのが正しい.

der **Schuh·an·zie·her** [シュー·アン·ツィーあー] 名 -s/- 靴べら.

das **Schuh·band** [シュー·バント] 名 -(e)s/..bänder 《方》靴ひも.

die **Schuh·bürs·te** [シュー·ビュるステ] 名 -/-n 靴ブラシ.

die **Schuh·creme** [シュー·クれーム] 名 -/-s (《くだけた言い方》-n) 靴クリーム,靴墨.

die **Schuh·fa·brik** [シュー·ふぁブリーク] 名 -/-en 製靴工場.

das **Schuh·ge·schäft** [シュー·ゲシェふト] 名 -(e)s/-e 靴屋.

die **Schuh·grö·ße** [シュー·グりョーセ] 名 -/-n 靴のサイズ.

die **Schuh·krem** [シュー·クれーム] 名 -/-s (《口》der ~ -s/-e も有)=Schuhcreme.

die **Schuh·kre·me** [シュー·クれーメ] 名 -/-s = Schuhcreme.

der **Schuh·la·den** [シュー·ラーデン] 名 -s/..läden 靴屋.

der **Schuh·löf·fel** [シュー·(Ｌ)ふぇル] 名 -s/- 靴べら.

der **Schuh·ma·cher** [シュー·マっはー] 名 -s/- 靴職人,靴屋.

die **Schuh·num·mer** [シュー·ヌマー] 名 -/-n 靴のサイズ(番号).

der **Schuh·platt·ler** [シュー·プラットラー] 名 -s/- 靴踊り(アルペン地方の靴宿,膝などを叩く民族舞踊).

der **Schuh·put·zer** [シュー·プッツァー] 名 -s/- 靴磨き(人·機具).

der **Schuh·rie·men** [シュー·リーメン] 名 -s/- 《西中独》靴ひも.

die **Schuh·soh·le** [シュー·ゾーレ] 名 -/-n 靴底. 【慣用】**sich³ die Schuhsohlen nach 〈et⁴〉 ablaufen** 《方》〈物を〉求めて駆けまわる.

der **Schuh·span·ner** [シュー·シュパナー] 名 -s/- 靴型(形を保つための),シューズキーパー.

das **Schuh·werk** [シュー·ヴェるク] 名 -(e)s/ 履き物,靴類.

die **Schuh·wich·se** [シュー·ヴィクセ] 名 -/-n 《方》靴クリーム,靴墨.

das **Schuh·zeug** [シュー·ツォイク] 名 -(e)s/ 《方》履き物,靴類.

die **Schu·ko·steck·do·se** [シューコ·シュテックドーゼ] 名 -/-n 〖商標〗シューコシュテックドーゼ(Schutzkontaktsteckdose 安全コンセントの短縮形).

der **Schu·ko·ste·cker** [シューコ·シュテッカー] 名 -s/- 〖商標〗シューコシュテッカー(Schutzkontaktstecker 安全プラグの短縮形).

der **Schul·ab·gän·ger** [シュール·アップ·ゲンガー] 名 -s/- 学校の卒業生.

der **Schul·ab·schluss**, ⑨**Schul·ab·schluß** [シュール·アップ·シュルス] 名 -es/..schlüsse (学校の)卒業証書,卒業資格.

das **Schul·amt** [シュール·アムト] 名 -(e)s/..ämter 1. 学校監督官庁,教育庁;教育〔学務〕局. 2. 《古》教職(Lehramt).

der **Schul·an·fän·ger** [シュール·アン·ふェンガー] 名 -s/-

(小学校の)新入生.

die **Schul·ar·beit** [シュール・アるバイト] [名] -/-en **1.** 《主に[複]》(筆記の)宿題. **2.** 《オーストリア》授業中の課題, 試験. **3.** 《[単]のみ》学校の課業, 授業.

der **Schul·arzt** [シュール・アーあツト, シュール・アるツト] [名] -es/..ärzte 校医.

schul·ärzt·lich [シュール・エーあツトリひ, シュール・エるツトリひ] [形] (学)校医の.

die **Schul·auf·ga·be** [シュール・アウふ・ガーベ] [名] -/-n **1.** 《主に[複]》宿題. **2.** 《方》授業中の課題, 試験.

der **Schul·auf·satz** [シュール・アウふ・ザッツ] [名] -es/..sätze (学校の宿題や試験などの)作文, 試験.

die **Schul·auf·sicht** [シュール・アウふ・ズィひト] [名] -/ (国による)学校の監督監査・指導.

die **Schul·aus·ga·be** [シュール・アウス・ガーベ] [名] -/-n 教科書版.

die **Schul·bank** [シュール・バンク] [名] -/..bänke (机と一体になった)生徒用(の二人がけ)ベンチ. 【慣用】**miteinander auf einer Schulbank gesessen haben** 《口》互いに同級生であった. 〔**noch**〕 **die Schulbank drücken** 《口》(まだ)学校に通っている.

die **Schul·be·hör·de** [シュール・ベ㊀ーあデ] [名] -/-n = Schulamt 1.

das **Schul·bei·spiel** [シュール・バイ・シュピール] [名] -(e)s/-e 典型〔模範〕的な例, お手本.

der **Schul·be·such** [シュール・ベズーふ] [名] -(e)s/-e 《主に[単]》通学, 出席(状況); 《スイス》授業視察.

die **Schul·bil·dung** [シュール・ビルドゥング] [名] -/ 学校教育: höhere ～ 中高等教育.

das **Schul·brot** [シュール・ブろート] [名] -(e)s/-e (学校に持って行く)弁当のパン〔オープンサンド〕.

der **Schul·bub** [シュール・ブーブ] [名] -en/-en 《南独・オーストリア・スイス》男子生徒.

das **Schul·buch** [シュール・ブーふ] [名] -(e)s/..bücher 教科書.

die **Schul·bü·che·rei** [シュール・ビューひぇらイ] [名] -/-en 学校図書館.

schuld [シュルト] [形] 《次の形で》(an 〈et³〉) ～〔sein〕 (〈事に〉)罪〔責任〕がある. ⇨ Schuld 1.

die **Schuld** [シュルト] [名] -/-en **1.** 《[単]のみ》責任; 罪, 負い目; 罪, 過ち: an 〈et³〉 ～ haben 〈事に〉責任がある. 〈j³〉 an 〈et³〉 ～ geben 〈人に〉〈事の〉責任を負わせる, 〈事を〉〈人の〉せいにする. sich³ 〈et⁴〉 zu ～ kommen lassen 〈事の〉罪を犯す. die ～ auf 〈j⁴〉 abwälzen 責任を〈人に〉転嫁する. die ～ an dem Unfall tragen. 事故に責任がある. Die ～ liegt an 〔bei〕 〈j³/et³〉. 〈人の/事の〉せいである. **2.** 《主に[複]》借金, 債務, 負債: bei 〈j³〉 *～en* haben/machen 〈人に〉借金がある/借金をする. 〈j³〉 *～en* erlassen 〈人に〉借金の返済を免除する. 【慣用】**Schuld und Sühne** 罪と罰. **bis über die Ohren in Schulden stecken** 《口》借金で首が回らない. **in Schulden geraten** 借金をする破目に陥る. **Schuld auf sich⁴ laden** 罪を犯す. **sich⁴ in Schulden stürzen** 多大の借金をかかえ込む. **(tief) in 〈j²〉 Schuld stehen** 〔**sein**〕 《文》〈人に〉多大の恩義を受けている.

das **Schuld·an·er·kennt·nis** [シュルト・アン・エあケントニス] [名] -ses/-se 〚法・経〛債務承認.

das **Schuld·be·kennt·nis** [シュルト・ベケントニス] [名] -ses/-se 罪の告白; 《スイス》債務の約束.

schuld·be·la·den [シュルト・ベラーデン] [形] 《文》重い罪を負った.

schuld·be·wusst, [旧]**schuld·be·wußt** [シュルト・ベヴスト] [形] 罪を意識した, 後ろめたそうな.

das **Schuld·be·wusst·sein,** [旧]**Schuld·be·wußt·sein** [シュルト・ベヴスト・ザイン] [名] -s/ 罪の意識, 罪悪感.

schul·den [シュルデン] [動] *h.* **1.** 〔〈j³〉に＋〈et⁴〉ヲ〕 支払わねばならない. **2.** 〔〈j³〉に＋〈et⁴〉ヲ〕する〔表す〕義務がある.

der **Schul·den·berg** [シュルデン・ベるク] [名] -(e)s/-e 《口》借金の山, 大量の借金.

der **Schul·den·dienst** [シュルデン・ディーンスト] [名] -(e)s/ 〚経・銀行〛(対外債務)元利支払い, 債務支払.

schul·den·frei [シュルデン・ふらイ] [形] 抵当に入っていない, 借金〔負債〕のない.

die **Schul·den·last** [シュルデン・ラスト] [名] -/-en 借金〔負債〕の重荷.

die **Schul·den·til·gung** [シュルデン・ティルグング] [名] -/-en 債務償却, 債務の弁済.

schuld·fä·hig [シュルト・ふぇーイひ] [形] 〚法〛(刑事)責任能力のある.

die **Schuld·fä·hig·keit** [シュルト・ふぇーイひカイト] [名] -/ 〚法〛刑事責任能力.

die **Schuld·fra·ge** [シュルト・ふらーゲ] [名] -/-n 罪の有無の問題.

schuld·frei [シュルト・ふらイ] [形] 罪のない.

das **Schuld·ge·fäng·nis** [シュルト・ゲふぇングニス] [名] -ses/-se (昔の)債務者拘留所.

das **Schuld·ge·fühl** [シュルト・ゲふゅール] [名] -(e)s/-e 《主に[複]》罪悪感, 罪の意識.

schuld·haft [シュルトハふト] [形] 罪になる, 有責の.

der **Schul·dienst** [シュール・ディーンスト] [名] -(e)s/ 教職, 学校勤務: im ～ tätig sein 教職についている.

schul·dig [シュルディひ] [形] **1.** 〔(〈et²〉ノ)〕罪のある, 有罪の(2格はやや《古》): der *～e* Teil 〚法〛有罪者側. Er ist des Betrugs ～. 《文》彼は詐欺の罪を犯している. sich⁴ 〈et²〉 ～ machen 《文》〈事の〉罪を犯す. **2.** 〔an 〈j³/et³〉に〕《古》責任のある: Er ist an ihrem Unglück ～. 彼は彼女の不幸に責任がある. **3.** 〔〈j³/et³〉に＋〈et⁴〉ノ〕借りがある, 義務を負った: Ich bin ihm 100 Euro ～. 私は彼に100ユーロの借りがある. Sie ist ihm Dank ～. 彼女は彼に恩義がある. Das ist er seiner Stellung ～. それを彼は立場上する義務がある. **4.** それ相応の, 然るべき: 〈j³〉 den *～en* Respekt erweisen 〈人に〉それ相応の敬意を表する. 【慣用】**auf schuldig erkennen** 〚法〛有罪の判決を下す. **auf 〔für〕 schuldig plädieren** 〚法〛(検察側が)有罪の論告を行う. **des Todes schuldig sein** 死(罪)に値する. **〈j⁴〉 (für) schuldig befinden** 〈人を〉有罪と認める. **〈j⁴〉 für schuldig erklären** 〈人に〉有罪を宣告する. **〈j³〉 nichts schuldig bleiben** 〈人に〉しっぺ返しをする. **〈j⁴〉 schuldig sprechen** 〈人に〉有罪を言渡す. **sich⁴ schuldig bekennen** 罪を認める. **sich⁴ schuldig fühlen** 責任を感じる.

der/die **Schul·di·ge** [シュルディゲ] [名] 《形容詞的変化》有罪者, 罪人(ざいにん); 責任者.

der **Schul·di·ger** [シュルディガー] [名] -s/- 〚聖〛罪人(つみびと).

die **Schul·dig·keit** [シュルディひカイト] [名] -/ **1.** 《次の形で》seine ～ tun 自分の責任〔義務〕を果す: Er hat seine ～ getan. 彼は自分の目的を果した. **2.** 《古》払うべき金額, 借金.

der **Schul·di·rek·tor** [シュール・ディれクトーあ] [名] -s/-en 校長.

schuld·los [シュルト・ロース] [形] 罪〔責任〕のない, 無実の; 無邪気な: ～ verurteilt werden 無実なのに有罪の判決を受ける.

die **Schuld·lo·sig·keit** [シュルト・ローズィひカイト] [名] -/ 罪〔責任〕のないこと, 無実, 無罪, 潔白.

der **Schuld·ner** [シュルドナー] [名] -s/- 債務者; 恩義を負う人.

das **Schuld·ner·land** [シュルドナー・ラント] [名] -(e)s/..länder 債務国.

das **Schul·dra·ma** [シュール・ドらーマ] [名] -s/..men 〚文芸学〛学校劇(16-17世紀のラテン語学校用の教

S

訓劇)；学校劇作品.

das **Schuld·recht** [シュルト・れひト] [名] -(e)s/ 〖法〗債権法, 債権法.

schuld·recht·lich [シュルト・れひトリひ] [形] 〖法〗債権法(上)の.

der **Schuld·schein** [シュルト・シャイン] [名] -(e)s/-e 債務証書, 債権証書, 借用証.

der **Schuld·spruch** [シュルト・シュプるっふ] [名] -(e)s/ ..sprüche 〖法〗有罪の言い渡し, 有罪宣告〔判決〕.

der **Schuld·turm** [シュルト・トゥるム] [名] -(e)s/..türme (昔の)債務拘留のための獄舎塔.

die **Schuld·um·wand·lung** [シュルト・ウム・ヴァンドルング] [名] -/-en 〖経〗借換え, リファイナンシング.

das **Schuld·ver·hält·nis** [シュルト・ふぇあヘルトニス] [名] -ses/-se 〖法・経〗債務関係.

die **Schuld·ver·schrei·bung** [シュルト・ふぇあシュらイブング] [名] -/-en 〖法・経〗債務証書；債券；公社債.

der **Schuld·wech·sel** [シュルト・ヴェクセル] [名] -s/- 〖銀行〗支払手形.

die **Schu·le** [シューレ] [名] -/-n **1.** 学校：eine höhere ～ 高校. eine weiterführende ～ 上級学校(Realschule, Gymnasium など). auf die ～ gehen 就学〔通学〕する. in die 〔zur〕 ～ gehen 学校へ行く, 通学している. von der ～ abgehen 学校を出る, 卒業する. **2.** (⑩のみ)授業；訓練, 教育：Die ～ ist aus. 《口》授業が終った. die ～ des Sehens 視覚の訓練. (die) Hohe ～ 高等馬術(訓練), 高等技術(教育). **3.** 校舎：hinter 〔neben〕 die ～ gehen 学校をサボる. **4.** (⑩のみ)学校の生徒と教職員(全員). **5.** (芸術・学問などの)流派, 画派, 楽派, 学派：die ～ Raphaels ラファエロ画派. **6.** 教則本. **7.** 苗木の畑(Baum～). **8.** 〖動〗(魚などの)群. 【慣用】**alle Schulen durchgemacht haben** 《口》経験が深い, 世故にたけている. **aus der Schule plaudern** (内輪のことを)外部に漏らす. **bei** 〈j³〉 **in die Schule gehen** 〈人から〉学ぶ, 影響を受ける. **die Schule schwänzen** 《口》学校をサボる. **durch eine harte Schule gehen** (人生の)厳しい試練を経る. **Schule machen** 風靡(ふうび)する, 流行する.

schul·ei·gen [シュール・アイゲン] [形] 学校の(所有する).

schu·len [シューレン] [動] *h.* **1.** 〔〈j⁴〉ヲ〕(集中的に)教育する, 訓練する. **2.** 〔〈et⁴〉ヲ〕鍛える, 訓練する(システマティックな練習などで). **3.** 〔sich⁴〕自分を鍛える. **4.** 〔〈et⁴〉ヲ〕調教する(動物を).

der **Schü·ler** [シューラー] [名] -s/- **1.** 生徒：die fahrenden ～ (中世の)遍歴学生. **2.** (大家の)門下生, 教え子, 弟子.

der **Schü·ler·aus·tausch** [シューラー・アウス・タウシュ] [名] -(e)s/-e (各国間の)生徒交換.

schü·ler·haft [シューラーハふト] [形] (生徒のように)未熟な；生徒らしい.

das **Schü·ler·heim** [シューラー・ハイム] [名] -(e)s/-e (生徒が入る)寄宿舎, 寮.

die **Schü·le·rin** [シューレりン] [名] -/-nen 女生徒；(女性の)門下生, 弟子.

die **Schü·ler·kar·te** [シューラー・カるテ] [名] -/-n 学割乗車券.

der **Schü·ler·lot·se** [シューラー・ローツェ] [名] -n/-n 登下校時の交通安全を指導する生徒.

die **Schü·ler·mit·ver·ant·wor·tung** [シューラー・ミっト・ふぇあアントヴォるトゥング] [名] -/-en ＝Schülermitverwaltung 1.

die **Schü·ler·mit·ver·wal·tung** [シューラー・ミっト・ふぇあヴァルトゥング] [名] -/-en **1.** 生徒の学校管理への参加. **2.** 生徒会(略 SMV).

die **Schü·ler·schaft** [シューラーシャふト] [名] -/-en (各学校の)全生徒〔児童〕.

die **Schü·ler·spra·che** [シューラー・シュプらーへ] [名] -/ 生徒用語.

der **Schü·ler·spre·cher** [シューラー・シュプれっひゃー] [名] -s/- 生徒会委員.

die **Schü·ler·ver·tre·tung** [シューラー・ふぇあトれートゥング] [名] -/-en 生徒会.

die **Schü·ler·zei·tung** [シューラー・ツァイトゥング] [名] -/-en (児童・生徒が作る)学校新聞.

die **Schul·er·zie·hung** [シュール・エあツィーウング] [名] -/ 学校教育.

die **Schul·fei·er** [シュール・ふぁイあー] [名] -/-n 学校祭, 学校の式典.

die **Schul·fe·ri·en** [シュール・ふぇーりエン] [複名] 学校の休暇.

das **Schul·fern·se·hen** [シュール・ふぇるン・ゼーエン] [名] -s/ 学校用テレビ放送.

schul·frei [シュール・ふらイ] [形] 学校が休みの：Heute ist 〔haben wir〕 ～. 今日は学校はない.

der **Schul·freund** [シュール・ふろイント] [名] -(e)s/-e 学校の友達, 学友, 同級生, 同窓生.

der **Schul·funk** [シュール・ふンク] [名] -s/ 学校放送.

das **Schul·ge·bäu·de** [シュール・ゲボイデ] [名] -s/- 校舎.

der **Schul·ge·brauch** [シュール・ゲブらウほ] [名] -(e)s/ (次の形で)für den ～ 学校用の.

das **Schul·geld** [シュール・ゲルト] [名] -(e)s/ 学費, 授業料.

die **Schul·ge·lehr·sam·keit** [シュール・ゲレーあザームカイト] [名] -/ 《蔑》学校で勉強しただけの知識, 机上の学問.

das **Schul·ge·setz** [シュール・ゲゼっツ] [名] -es/-e 〖法〗学校法.

die **Schul·gram·ma·tik** [シュール・グらマティク] [名] -/-en 学校文法.

das **Schul·haus** [シュール・ハウス] [名] -es/..häuser 校舎.

das **Schul·heft** [シュール・へふト] [名] -(e)s/-e (学校用)ノート.

der **Schul·hof** [シュール・ホーふ] [名] -(e)s/..höfe 校庭.

schu·lisch [シューリシュ] [形] 学校の.

das **Schul·jahr** [シュール・ヤーあ] [名] -(e)s/-e **1.** 学年；在学している年(月). **2.** (序数とともに)学年：im 10. ～ sein 10(学)年生である.

die **Schul·ju·gend** [シュール・ユーゲント] [名] -/ 在学中の少年少女.

der **Schul·jun·ge** [シュール・ユンゲ] [名] -n/-n 《口》男子生徒, (男の)学童.

der **Schul·ka·me·rad** [シュール・カメらート] [名] -en/-en 学校の友達, 学友；同級生, 同窓生.

die **Schul·kennt·nis·se** [シュール・ケントニっセ] [複名] 学校で得た知識.

das **Schul·kind** [シュール・キント] [名] -(e)s/-er 学童, 児童.

der **Schul·kin·der·gar·ten** [シュール・キンダー・ガるテン] [名] -s/..gärten (就学能力の不十分な子供のための)学校幼稚園.

die **Schul·klas·se** [シュール・クラっセ] [名] -/-n 学級, クラス；学年.

das **Schul·land·heim** [シュール・ラント・ハイム] [名] -(e)s/-e 林間学校.

der **Schul·leh·rer** [シュール・レーらー] [名] -s/- 《口》学校の先生.

der **Schul·lei·ter** [シュール・ライター] [名] -s/- 学校長.

das **Schul·mäd·chen** [シュール・メートひェン] [名] -s/- 女子生徒, (女の)学童.

der **Schul·mann** [シュール・マン] [名] -(e)s/..männer 教師, 教育者.

die **Schul·map·pe** [シュール・マっペ] [名] -/-n 学生

S

〔通学用〕かばん.

schul·mä·ßig [シュール·メースィひ] [形] 学校の授業に即した;学校に関する.

die **Schul·me·di·zin** [シュール·メディツィーン] [名] -/ 《[単]のみ》教室医学《大学で教える医学》.

der **Schul·meis·ter** [シュール·マイスター] [名] -s/- 1. 《古·口·冗》学校教師. 2. 《蔑》教師ぶる人.

schul·meis·ter·lich [シュール·マイスターリひ] [形] 《蔑》教師ぶった.

schul·meis·tern [シュール·マイスターン] [動] *h.* 〔〈j⁴〉ニ〕《蔑》教師ぶる, こうるさく間違いを正す.

die **Schul·ord·nung** [シュール·オるドヌング] [名] -/-en 校則, 学則.

die **Schul·pflicht** [シュール·プふリひト] [名] -/ 就学義務.

schul·pflich·tig [シュール·プふリひティひ] [形] 学齢に達した, 就学義務のある.

die **Schul·psy·cho·lo·gie** [シュール·プスユひょ·ロギー] [名] -/ 学校心理学;《古·蔑》(深層心理学に対して)大学で教わる心理学.

der **Schul·ran·zen** [シュール·らンツェン] [名] -s/- ランドセル.

der **Schul·rat** [シュール·らート] [名] -(e)s/..räte 学校監督官庁〔教育庁〕の役人, 視学官.

die **Schul·re·form** [シュール·れふぉるム] [名] -/-en 学制改革.

schul·reif [シュール·らイふ] [形] 就学可能な.

die **Schul·rei·fe** [シュール·らイふぇ] [名] -/ 就学能力.

das **Schul·schiff** [シュール·シふ] [名] -(e)s/-e 練習船.

der **Schul·schluss,** [旧]**Schul·schluß** [シュール·シュルス] [名] -es/..schlüsse 学校の終了(時刻);《方》(学校の)卒業.

der **Schul·schwän·zer** [シュール·シュヴェンツァー] [名] -s/- 《口》学校をサボっている生徒.

die **Schul·spei·sung** [シュール·シュパイズング] [名] -/ 学校給食.

die **Schul·stun·de** [シュール·シュトゥンデ] [名] -/-n 授業時間.

das **Schul·sys·tem** [シュール·ズュステーム] [名] -s/-e 学校制度, 学制.

der **Schul·tag** [シュール·ターク] [名] -(e)s/-e 授業日, 登校日.

die **Schul·ta·sche** [シュール·タッシェ] [名] -/-n =Schulmappe.

die **Schul·ter** [シュルター] [名] -/-n 1. 肩: die ~*n* hochziehen 肩をそびやかす. die 〔mit den〕 ~*n* zucken 肩をすぼめる《無関心·不明を表す》. die ~*n* hängen lassen (がっかりして)肩を落す. 2. (衣服の)肩の部分. 3. (食用獣の)肩肉. 【慣用】**auf beiden Schultern (Wasser) tragen** 二またをかける. 〈et⁴〉 **auf die leichte Schulter nehmen** 〈事ヲ〉気楽に考える **auf** 〈j²〉 **Schultern stehen** 〈人ノ〉成果を踏まえ(てさらに発展させ)る,〈人ノ〉研究〔教え〕に基づいている. 〈et⁴〉 **auf seine Schultern nehmen** 〈事ノ〉責任をになう. 〈j³〉 **die kalte Schulter zeigen** 《口》〈人ニ〉冷たくする. **Schulter an Schulter** 肩を並べて, 協力して. 〈j⁴〉 **über die Schulter ansehen** 〈人ヲ〉見下す.

das **Schul·ter·blatt** [シュルター·ブラット] [名] -(e)s/..blätter 〖解〗肩甲骨.

die **Schul·ter·brei·te** [シュルター·ブらイテ] [名] -/-n 肩幅.

schul·ter·frei [シュルター·ふらイ] [形] 肩の出た.

das **Schul·ter·ge·lenk** [シュルター·ゲレンク] [名] -(e)s/-e 肩関節.

schul·ter·hoch [シュルター·ホーほ] [形] 肩までの高さの.

die **Schul·ter·hö·he** [シュルター·へーエ] [名] -/ 肩の高さ.

die **Schul·ter·klap·pe** [シュルター·クラっペ] [名] -/-n 《主に[複]》肩章.

schul·tern [シュルターン] [動] *h.* 1. 〔〈et⁴〉ヲ〕肩に担ぐ. 2. 〔〈j⁴〉ヲ〕〖レスリング〗フォールする.

das **Schul·ter·pols·ter** [シュルター·ポルスター] [名] -s/- (紳士服の)ショルダーパッド.

der **Schul·ter·rie·men** [シュルター·りーメン] [名] -s/- (ショルダー)ストラップ, 負い革.

der **Schul·ter·schluss,** [旧]**Schul·ter·schluß** [シュルター·シュルス] [名] -es/ 《スイス》結束, 団結.

das **Schul·ter·stück** [シュルター·シュテュック] [名] -(e)s/-e 1. 《主に[複]》肩章. 2. (動物の)肩肉.

der **Schult·heiß** [シュルト·ハイス] [名] -en/-en 《古》村〔町〕長;《スイス》(ルツェルン州の)評議会議長.

die **Schu·lung** [シュールング] [名] -/-en 1. 教育, 訓練, 研修. 2. 講習会, スクーリング.

der **Schu·lungs·kurs** [シュールングス·クるス] [名] -es/-e 講習会, スクーリング.

der **Schul·un·ter·richt** [シュール·ウンターりひト] [名] -(e)s/-e (学校の)授業.

die **Schul·ver·wal·tung** [シュール·ふぇあヴァルトゥング] [名] -/-en 1. 学校の管理(部門). 2. 学校監督官庁, 教育庁.

der **Schul·wech·sel** [シュール·ヴェクセル] [名] -s/- 転校.

der **Schul·weg** [シュール·ヴェーク] [名] -(e)s/-e 通学路.

die **Schul·weis·heit** [シュール·ヴァイスハイト] [名] -/-en 《蔑》学校で学んだだけの知識, 机上の学問.

das **Schul·we·sen** [シュール·ヴェーゼン] [名] -s/ 学校に関すること;学校制度, 学制.

(*der/die*) **Schulz** [シュルツ] [名] 〖人名〗シュルツ.

der **Schul·ze** [シュルツェ] [名] -n/-n 《古》村〔町〕長.

die **Schul·zeit** [シュール·ツァイト] [名] -/-en 《主に[単]》就学期間, 学校時代.

das **Schul·zeug·nis** [シュール·ツォイクニス] [名] -ses/-se (学校の)成績証明書, 通信簿.

das **Schul·zim·mer** [シュール·ツィマー] [名] -s/- 教室.

der **Schul·zwang** [シュール·ツヴァング] [名] -(e)s/ 就学義務.

(*der*) **Schu·mann** [シューマン] [名] 〖人名〗シューマン《Robert ~, 1810-56, 作曲家》.

schum·meln [シュメルン] [動] *h.* 《口》 1. 〔bei 〈et³〉デ〕いかさまをする, カンニングをする《ゲーム·試験などで》. 2. 〔〈et⁴〉ヲ＋〈方向〉ニ〕こっそり入れる〔持込む〕. 3. 〔sich⁴＋〈方向〉ニ〕まぎれ込む, うまく加わる《場所·組織などに》.

der **Schum·mer** [シュマー] [名] -s/ 《方》薄明, 薄明り.

schum·me·rig [シュメりひ] [形] 《口》薄暗い, 薄明るい;無気味な.

schum·mern [シュマーン] [動] *h.* 1. 〔Es〕《方》薄暗くなる;薄明るくなる. 2. 〔〈et⁴〉ニ〕ぼかし〔陰影〕をつける.

schund [シュント] [動] 《稀》schinden の過去形.

der **Schund** [シュント] [名] -(e)s/ 1. 《口》がらくた, 無価値な品物. 2. 低俗な作品, (青少年に)有害な出版物.

schün·de [シュンデ] [動] 《稀》schinden の接続法 2 式.

die **Schund·li·te·ra·tur** [シュント·リテらトゥーあ] [名] -/ 低俗文学, (青少年に)有害な出版物.

der **Schund·ro·man** [シュント·ろマーン] [名] -s/-e 低俗小説, (青少年に)有害な小説.

schun·keln [シュンケルン] [動] 1. *h.* 〔補足なし〕(みんなで)腕を組んで音楽に合せて身体を左右に揺する;《方》(左右に)揺れる《ボートなどが》. 2. *s.* 〔〈方向〉へ/〈場所〉ヲ〕(みんなで)腕を組んで音楽に合わせて身体を

左右に揺すりながら練り歩く《居酒屋から居酒屋などへ》. **3.** *s.* 〔über 〈et^4〉ヲ〕《方》(左右に)揺れながら進む《車がでこぼこ道などを》.

schụp·fen [シュップふェン] [動] *h.* 《南独・スイス・オーストリア》 **1.** 〔〈j^4/et^4〉ヲ〕押す, 突く. **2.** 〔〈et^4〉ヲ〕投げる.

der **Schu̲·po**[1] [シューポ] [名] -s/-s 《古》保安警察官(Schutzpolizist の略).

die **Schu̲·po**[2] [シューポ] [名] -/ 保安警察(Schutzpolizei の略).

der **Schụpp**[1] [シュップ] [名] -(e)s/-e 《北独》(軽く)押す〔突く〕こと.

der **Schụpp**[2] [シュップ] [名] -(e)s/-e アライグマの毛皮.

die **Schụp·pe** [シュッペ] [名] -/-n 《主に[複]》 **1.** 鱗(うろこ), (蝶などの)鱗粉(りんぷん); (植物の)鱗毛(りんもう), 鱗片(りんぺん). **2.** 鱗状のもの; (甲冑(かっちゅう)の)小札(こざね); (頭の)ふけ(Kopf~); (皮膚の)鱗屑(りんせつ)(Haut~). 【慣用】**Es fällt 〈j^3〉 wie Schuppen von den Augen.** 〈人の〉目からうろこが落ちる《使徒言行録 9, 18》.

die **Schụ̈p·pe** [シュッペ] [名] -/-n 《方》シャベル, スコップ.

schụp·pen [シュッペン] [動] *h.* **1.** 〔〈et^4〉ノ〕鱗(うろこ)を取る《魚の》. **2.** 〔sich^4/補足なし〕(皮膚が)鱗屑(りんせつ)〔ふけ〕を生ずる. **3.** 〔〈j^4/et^4〉ヲ+(〈方向〉へ〔カラ〕)〕《方》押す, 突く.

der **Schụp·pen** [シュッペン] [名] -s/- 物置小屋, 車庫; 《口》(大きな)酒場.

die **Schụp·pen·flech·te** [シュッペン・ふレひテ] [名] -/-n 〘医〙乾癬(かんせん).

der **Schụp·pen·pan·zer** [シュッペン・パンツァー] [名] -s/- **1.** (センザンコウなどの)鱗(うろこ)状の堅い皮〔甲羅〕. **2.** (昔の)小札鎧(こざねよろい).

das **Schụp·pen·tier** [シュッペン・ティーあ] [名] -(e)s/-e 〘動〙センザンコウ.

schụp·pig [シュッピひ] [形] 鱗(うろこ)のある; 鱗状の; 鱗屑(りんせつ)のある, ふけだらけの.

der **Schụps** [シュップス] [名] -es/-e 《南独》=Schubs.

schụp·sen [シュップセン] [動] *h.* 〔〈j^4/et^4〉ヲ〕《南独》軽く突く〔押す〕.

die **Schu̲r** [シューあ] [名] -/-en **1.** (羊の)毛の刈取り, 剪毛(せんもう); 刈取った羊毛. **2.** 〘農〙(牧草の)刈取り; (芝生などの)刈込み.

das **Schü̲r·ei·sen** [シューあ・アイゼン] [名] -s/- 火かき棒.

schü̲·ren [シューれン] [動] *h.* **1.** 〔〈et^4〉ヲ〕かき起こす《火を》. **2.** 〔〈et^4〉ヲ〕かき立てる, あおり立てる, あおる《希望・憎悪・社会不安などを》.

schụ̈r·fen [シュるふェン] [動] *h.* **1.** 〔sich^3+〈et^4〉ニ+(〈様態〉ノ)〕擦り〔引っかき〕傷をつくる. **2.** 〔sich^4+(an 〈et^3〉ニ)〕擦り傷を負う. **3.** 〔(〈場所〉ニ)〕(こすれて削るような)音を立てる. **4.** 〔補足なし〕〘土〙地面の表層を削りとる《基礎工事などで》. **5.** 〔(nach 〈et^3〉ヲ求メテ)〕〘鉱〙試掘する; 《転》掘下げて考える. **6.** 〔〈et^4〉ヲ〕〘鉱〙採掘する《特に露天掘りで褐炭などを》.

der **Schụ̈r·fer** [シュるふァー] [名] -s/- (鉱山の)試掘者, 探鉱者.

die **Schụ̈r·fung** [シュるふング] [名] -/-en **1.** 擦り傷. **2.** 《稀》〘土〙地面の表層を削りとること; 〘鉱〙試掘; 採掘.

die **Schụ̈rf·wun·de** [シュるふ・ヴンデ] [名] -/-n 擦り傷, 擦過傷.

der **Schü̲r·ha·ken** [シューあ・ハーケン] [名] -s/- 火かき棒.

schu̲·ri·geln [シューりーゲルン] [動] *h.* 〔〈j^4〉ヲ〕《口・蔑》いじめる, (…に)いやがらせをする.

der **Schụr·ke** [シュるケ] [名] -n/-n 《蔑》悪党, 破廉恥漢, ならず者.

der **Schụr·ken·streich** [シュるケン・シュトらイひ] [名] -(e)s/-e 《古・蔑》悪業〔行〕, 悪辣(あくらつ)〔卑劣〕な行為.

die **Schur·ke·re̲i** [シュるケらイ] [名] -/-en 《蔑》悪行, 悪辣(あくらつ)な〔卑劣な〕行為.

schụr·kisch [シュるキシュ] [形] 悪辣(あくらつ)な, 卑劣な.

das **Schü̲r·loch** [シューあ・ロっほ] [名] -(e)s/..löcher 焚(た)き口.

die **Schu̲r·wol·le** [シューあ・ヴォレ] [名] -/-n 刈り取っ〔剪毛(せんもう)し〕た羊毛.

der **Schụrz** [シュるツ] [名] -es/-e (職人がする)前かけ; 《方》エプロン; 腰布(Lenden~).

die **Schụ̈r·ze** [シュるツェ] [名] -/-n 前かけ, エプロン: 〈j^3〉 an der ~ hängen 《口・蔑》〈人の〉いいなりになる, 〈人に〉頼り切っている. jeder ~ nachlaufen hinter jeder ~ her sein 《口・古》女たらしである.

schụ̈r·zen [シュるツェン] [動] *h.* **1.** 〔〈et^4〉ノ〕裾(すそ)をからげる〔たくし上げる〕; 《蔑》とがらす《口・唇を》. **2.** 〔〈et^4〉ヲ〕《文》作る《結び目を》. 【慣用】**Der Knoten der Handlung ist geschürzt.** 《文》(ドラマの)筋が展開していよいよ対立のクライマックスに到達する.

das **Schụ̈r·zen·band** [シュるツェン・バント] [名] -(e)s/..bänder エプロンのひも: 〈j^3〉 am ~ hängen 〈人の〉いいなりになる.

der **Schụ̈r·zen·jä·ger** [シュるツェン・イェーガー] [名] -s/- 《口・蔑》女の尻(しり)を追いまわす男, 女たらし.

das **Schụrz·fell** [シュるツ・ふェル] [名] -(e)s/-e 《古》皮の前かけ.

der **Schụss, [旧]Schụß** [シュス] [名] -es/Schüsse 《単位を表す[複]は-》 **1.** 《[複] Schüsse》発射, 発砲, 射撃; 発射音, 銃声, 砲声; (発射された)弾丸, 銃〔砲〕弾; (弾の)命中; 弾たれた傷, 弾傷, 銃創: ein ~ auf die Scheibe 標的射撃. einen ~ abgeben 〔auslösen〕 1 発撃つ. nicht zum ~ kommen 撃つ機会がない; 〘写〙シャッターチャンスがない. **2.** 《[複] Schuss》1 発分の弾薬: 10 ~ Schrot 10 発の散弾(の弾薬). **3.** 《[複] Schüsse》シュート; シュートした球; 《[単]のみ》シュート力. **4.** 《[複]-》(添加する)少量(の液体): einen ~ Kognak. コニャック少量. **5.** 《[複] Schüsse》〘鉱〙発破孔, 発破(を爆発させること). **6.** 《[複] Schüsse》《ジャーゴン》麻薬の注射(一回分). **7.** 《[複] Schüsse》〘織〙横糸. **8.** 《次の形で》~ fahren 〘スキー〙直滑降で滑る. in ~ kommen 手入れされた状態になる; 健康になる; 《口》スピードが出る, 始まる. einen ~ tun〔machen〕《口》(背丈が)急に伸びる. in 〔im〕 ~ sein 《口》整備されている; 体の調子がいい. 〈et^4〉 (gut) in ~ bringen/halten 《口》〈物を〉きちんと整備する/整備しておく. 【慣用】〈j^3〉 **einen Schuss vor den Bug setzen** 〈人に〉警告する. **keinen Schuss Pulver wert sein** 《口》人として何の価値もない. **weit 〔weitab〕 vom Schuss sein** 《口》まったく安全である.

die **Schụss·bahn, [旧]Schụß·bahn** [シュス・バーン] [名] -/-en 弾道.

der **Schụss·be·reich, [旧]Schụß·be·reich** [シュス・ベらイひ] [名] -(e)s/-e 射程(範囲).

schụss·be·reit, [旧]schụß·be·reit [シュス・ベらイト] [形] 発射〔射撃〕準備のできた; 《口》シャッター〔撮影〕準備のできた.

der **Schụs·sel**[1] [シュッセル] [名] -s/- 《口》(《蔑》も有)せっかちな人.

die **Schụs·sel**[2] [シュッセル] [名] -/-n **1.** 《口・稀》せっかちな女性. **2.** 《方》スケート〔そり〕の滑走路.

die **Schụ̈s·sel** [シュッセル] [名] -/-n **1.** 鉢, 深皿, ボール: ein Satz ~*n* 深皿 1 セット. eine ~ voll Salat ボールいっぱいのサラダ. **2.** 鉢物料理. **3.** 《蔑》自動車. **4.** 〘狩〙(猪の)耳; 《口》パラボラアンテナ; 《口》便器.

schus·se·lig [シュッセリヒ] [形] 《口》そそっかしい.

schus·seln [シュッセルン] [動] **1.** *h.* 〖(bei 〈et^{3}〉ヂ)〗《口》軽率な〔そそっかしい〕間違いをする(試験などで), そそっかしい振舞いをする. **2.** *s.* 〖(〈場所〉ヲ/〈方向〉へ)〗《口》せかせか〔そわそわ〕歩き回る〔歩いて行く〕.

der **Schus·ser** [シュッサー] [名] -s/ 《南独》ビー玉.

der **Schuss·fa·den,** ⓘ**Schuß·fa·den** [シュス·ふぁーデン] [名] -s/..fäden 横糸.

die **Schuss·fahrt,** ⓘ**Schuß·fahrt** [シュス·ふぁーあト] [名] -/-en 〖スキ〗直滑降.

das **Schuss·feld,** ⓘ**Schuß·feld** [シュス·ふぇルト] [名] -(e)s/-er 射界: ein freies ～ haben 射撃をするのにさえぎるものがない;〖サッカ〗前が開いて直接シュートできる. ins ～ geraten 射界に入る;世間の批判の的となる.

schuss·fer·tig, ⓘ**schuß·fer·tig** [シュス·ふぇるティヒ] [形] =schussbereit.

schuss·fest, ⓘ**schuß·fest** [シュス·ふぇスト] [形] **1.** 防弾の. **2.** 〖狩〗射撃音になれた.

schuss·ge·recht, ⓘ**schuß·ge·recht** [シュス·ゲれヒト] [形] 〖狩〗銃器の扱いに熟練した;射程内にいる(獲物).

der **Schuss·ka·nal,** ⓘ**Schuß·ka·nal** [シュス·カナール] [名] -s/..näle 〖医〗銃弾の貫通の跡;貫通銃創.

schuss·lig, ⓘ**schuß·lig** [シュスリヒ] [形] =schusselig.

die **Schuss·li·nie,** ⓘ**Schuß·li·nie** [シュス·リーニエ] [名] -/-n 射線: in die ～ geraten 射線に入り込む;《転》激しい非難にさらされる.

die **Schuss·rich·tung,** ⓘ**Schuß·rich·tung** [シュス·りヒトゥング] [名] -/-en 射撃方向.

die **Schuss·waf·fe,** ⓘ**Schuß·waf·fe** [シュス·ヴァっふぇ] [名] -/-n 銃器.

die **Schuss·wei·te,** ⓘ**Schuß·wei·te** [シュス·ヴァイテ] [名] -/ 射程, 着弾距離.

die **Schuss·wun·de,** ⓘ**Schuß·wun·de** [シュス·ヴンデ] [名] -/-n 銃創, たま傷.

der **Schus·ter** [シュースター] [名] -s/- **1.** 靴職人, 靴屋. **2.** 《口·蔑》ぞんざいな仕事をする人, 無能な人. **3.** 〖動〗《方》メクラグモ. **4.** 〖ピンポン〗5点(の得点). **【慣用】 auf Schusters Rappen** 《口》徒歩で.

die **Schus·ter·ah·le** [シュースター·アーレ] [名] -/-n 製靴用の錐(きり).

der **Schus·ter·draht** [シュースター·ドらート] [名] -(e)s/ (製靴用)ピッチ塗りの糸.

der **Schus·ter·jun·ge** [シュースター·ユンゲ] [名] -n/-n **1.** 《古》靴屋の徒弟. **2.** 《ベルリン》小型のライ麦パン. **3.** 〖印〗(印刷規則に反する)ページ〔段落〕の最後の行から始まる新段落の最初の行.

schus·tern [シュースターン] [動] *h.* 〖補足なし〗《口·古》靴屋として働く;《口·蔑》ぞんざいな仕事をする.

das **Schus·ter·pech** [シュースター·ぺっヒ] [名] -(e)s/ 靴の縫い糸用ピッチ〔ろう〕.

die **Schu·te** [シューテ] [名] -/-n **1.** (ばら荷用のオープンデッキの自力航行できない)平底船, はしけ. **2.** ボンネット風婦人帽, 日除け帽.

der **Schutt** [シュット] [名] -(e)s/ 瓦礫(がれき);《方》ごみ捨て場, ごみ〔瓦礫〕の集積場: 〈et^{4}〉 in ～ und Asche legen 〈物を〉瓦礫の山にする, 〈物を〉灰燼に帰させる. ～ abladen verboten! ごみ投棄禁止.

der **Schutt·ab·la·de·platz** [シュット·アップ·ラーデ·プラっツ] [名] -es/..plätze ごみ捨て場, 瓦礫(がれき)の集積場.

der **Schütt·be·ton** [シュット·ベトーン, シュット·ベトング] [名] -s/-e 〖土〗流し込みコンクリート.

die **Schüt·te** [シュッテ] [名] -/-n **1.** (調味料を入れる)小引出し. **2.** (石灰や船のばら荷用)船倉;〖海〗(ばら荷搬入用の)シュート. **3.** 《方》(わら)束;敷きわら. **4.** 《スイス》屋根裏の物置. **5.** 〖狩〗(猟鳥·猪の)餌(え);餌(え)場. **6.** 〖林〗(針葉樹の)葉黴(はかび)病.

der **Schüt·tel·frost** [シュッテル·ふろスト] [名] -(e)s/..fröste 〖医〗悪寒, 寒気(さむけ).

schüt·teln [シュッテルン] [動] *h.* **1.** 〖〈j^{4}/et^{4}〉ヲ〗揺さぶる, 揺する, 振る, 震わす, 震動させる: den Kopf 〔mit dem Kopf〕 ～ 頭〔首〕を横に振る(否定·驚き·疑念·嘆きなどを表して). 〈j^{3}〉 die Hand ～ 〈人と〉握手する. die Fäuste gegen 〈j^{4}〉 ～ 両こぶしを〈人に向かって〉(突上げて)振る(威嚇の動作). **2.** 〖〈j^{4}〉ヲ〗身震いさせる(高熱·嫌悪感などが): (Es が主語で) Es *schüttelte* ihn vor Ekel. 彼は嫌悪感で身震いした. **3.** 〖〈j^{4}〉ヲ〗襲う, とらえる(不安·恐怖などが);(…の)全身を震わせる(せきの発作·笑いなどが): (Es が主語で) Es *schüttelte* mich am ganzen Körper. 私は全身がわなわな震えた. **4.** 〖sich^{4}〗 **a.** 身震いする: sich^{4} im Fieber/vor Kälte ～ 高熱で/寒さで身震いする. sich^{4} vor 〈et^{3}〉 ～ 〈事に〉(身震いするほど)嫌悪を感ずる. **b.** 激しく身体を震わす(犬などが). **5.** 〖〈et^{4}〉ヲ+(aus〔von〕〈et^{3}〉カラ)〗揺すって〔振って〕落す: Mehl durch ein Sieb ～ (小麦)粉をふるいにかける. **6.** 〖補足なし〗がたがた揺れる. **【慣用】 Vor Gebrauch schütteln!** 使用前によく振ること(薬瓶などで).

der **Schüt·tel·reim** [シュッテル·ライム] [名] -(e)s/-e 〖詩〗交換韻(韻を踏む語の語頭の子音が入れかわって, 2行が脚韻する).

der **Schüt·tel·rost** [シュッテル·ろスト] [名] -(e)s/-e (ストーブなどの)揺り火格子.

das **Schüt·tel·sieb** [シュッテル·ズィーブ] [名] -(e)s/-e 揺り篩(ふるい).

schüt·ten [シュッテン] [動] *h.* **1.** 〖〈et^{4}〉ヲ+〈方向〉ニ〗(ざあっと)空ける〔流す·流し込む·注ぐ·落す〕;(不注意に)こぼす. **2.** 〖Es〗《口》雨が激しく降る. **3.** 〖《形》ノ〗〖農〗実りである(穀物などが);〖地質〗水量が(…で)ある(泉などが). **【慣用】 den Boden voll Wasser schütten** 《口》床一面に水をぶちまける. **sich^{4} voll Bier schütten** 《口》ビールをたらふく飲む..

schüt·ter [シュッター] [形] まばらな;《文》弱々しい, 乏しい.

schüt·tern [シュッターン] [動] *h.* 〖補足なし〗震動する, 揺れる(地面·車などが);震える(身体·手などが).

das **Schütt·gut** [シュット·グート] [名] -(e)s/..güter ばら荷(ばら積みの荷物).

die **Schutt·hal·de** [シュット·ハルデ] [名] -/-n **1.** ごみの山, 瓦礫(がれき)の山, ぼた山. **2.** 〖地質〗崖錐(がいすい).

der **Schutt·hau·fen** [シュット·ハウふぇン] [名] -s/- 瓦礫(がれき)(ごみ)の山.

der **Schutz** [シュッツ] [名] -es/-e **1.** (㊥のみ)保護, 庇護(ひご);防御, 予防;護衛, 警護;(神の)加護: 〈j^{3}〉 ～ und Schirm gewähren 〈人に〉庇護を与える. bei 〈j^{3}〉 ～ suchen 〈人に〉保護を求める. unter 〈j^{2}〉 ～ stehen 〈人の〉保護のもとにある. in 〔unter〕 dem ～ der Dunkelheit 夜陰に乗じて. ein Mittel zum ～ gegen 〔vor〕 Ansteckung 伝染病の予防手段〔薬〕. **2.** 〖工〗安全〔遮蔽(しゃへい)〕装置, 安全〔保護〕カバー. **【慣用】 〈j^{4}〉 vor 〈j^{3}〉 〔gegen 〈j^{4}〉〕 in Schutz nehmen** 〈人を〉〈人に対して〉守る.

der **Schüt·z**^{1} [シュッツ] [名] -en/-en **1.** 《古》射手. **2.** 畑の番人.

das **Schütz**^{2} [シュッツ] [名] -es/-e **1** (水門の)開閉板. **2.** 〖電〗継電器, リレー.

der **Schutz·an·strich** [シュッツ·アン·シュトりっヒ] [名] -(e)s/-e 保護塗装;〖軍〗《稀》迷彩〔カムフラージュ〕塗装.

der **Schutz·an·zug** [シュッツ·アン·ツーク] [名] -(e)s/..züge 防護服.

schutz·be·dürf·tig [シュッツ·ベデュるふティヒ] [形] 保護を必要とする.

der/die **Schutz·be·foh·le·ne** [シュッツ·べふぉーレネ] [名]

S

《形容詞的変化》〖法〗被後見人.

die **Schụtz·be·haup·tung** [シュッツ・ベハウプトゥング] [名] -/-en 〖法〗自己弁護目的の主張〔発言〕.

das **Schụtz·blech** [シュッツ・ブレっひ] [名] -(e)s/-e (自転車などの)泥よけ, フェンダー; 金属カバー.

der **Schụtz·brief** [シュッツ・ブリーふ] [名] -(e)s/-e 〖法〗(昔の)保護状《国・君主が個人に発行》; 〖保険〗自動車保険証《国内外での事故やトラブルの際に援助を保証》.

die **Schụtz·bril·le** [シュッツ・ブリレ] [名] -/-n 保護めがね, ゴーグル, サングラス.

das **Schụtz·bünd·nis** [シュッツ・ビュントニス] [名] -ses/-se 防衛同盟.

das **Schụtz·dach** [シュッツ・ダっは] [名] -(e)s/..dächer 日除け, 雨除け, ひさし, 差掛け屋根.

der **Schụ̈t·ze**[1] [シュッツェ] [名] -n/-n **1.** 射(撃)手; 〖球〗シューター; 射撃クラブの会員. **2.** 狙撃兵; 〖旧東独〗械化〔機甲〕部隊兵; 《古》歩兵. **3.** 《[単]のみ》〖天〗射手座; 〖占〗射手座生れの人; 《[単]のみ》(黄道 12 宮の)人馬宮.

die **Schụ̈t·ze**[2] [シュッツェ] [名] -/-n ＝Schütz[2] 1.

schụ̈t·zen [シュッツェン] [動] *h.* **1.** 〖〈j^4/et^4〉ヲ＋(vor 〈j^3/et^3〉カラ/gegen 〈j^4/et^4〉カラ)〗守る, 防ぐ《敵・寒さなどから》. **2.** 〖〈et^4〉ヲ＋(durch 〈et^4〉ニヨッテ)〗(法的に)守る, 保護する《発明・著作権などを》. **3.** 〖〈et^4〉ヲ〗保護する《環境・動物などを》.

das **Schụ̈t·zen·fest** [シュッツェン・ふぇスト] [名] -(e)s/-e 射撃祭; 〖スポーツ〗《ジャーゴン》(大量得点する)一方的な試合.

der **Schụtz·en·gel** [シュッツ・エンゲル] [名] -s/- **1.** 〖カトリック〗守護天使; 《転》救いの神. **2.** 庇護(ひご)者; 《ジャーゴン》(売春婦の)ひも.

die **Schụ̈t·zen·gil·de** [シュッツェン・ギルデ] [名] -/-n 射撃クラブ.

der **Schụ̈t·zen·gra·ben** [シュッツェン・グらーベン] [名] -s/..gräben 〖軍〗塹壕(ざんごう).

der **Schụ̈t·zen·gra·ben·krieg** [シュッツェングらーベン・クりーク] [名] -(e)s/-e 塹壕(ざんごう)戦.

die **Schụ̈t·zen·hil·fe** [シュッツェン・ヒルふぇ] [名] -/-n 《口》支援, サポート.

der **Schụ̈t·zen·kö·nig** [シュッツェン・ケーニひ] [名] -s/-e 射撃大会優勝者; 〖球〗《ジャーゴン》(サッカーなどの)得点王.

die **Schụ̈t·zen·li·nie** [シュッツェン・リーニエ] [名] -/-n 〖軍〗散兵線.

das **Schụ̈t·zen·loch** [シュッツェン・ロっほ] [名] -(e)s/..löcher 〖軍〗射撃壕(ごう); たこつぼ.

der **Schụ̈t·zen·ver·ein** [シュッツェン・ふぇあアイン] [名] -(e)s/-e 射撃クラブ.

der **Schụ̈t·zer** [シュッツァー] [名] -s/- プロテクター, 防具, サポーター; 《文・古》庇護(ひご)者.

die **Schụtz·far·be** [シュッツ・ふぁるベ] [名] -/-n 保護色; 迷彩色; 保護塗料; 迷彩用塗料.

die **Schụtz·fär·bung** [シュッツ・ふぇるブング] [名] -/-en 〖動〗保護色.

der **Schụtz·film** [シュッツ・ふぃルム] [名] -(e)s/-e 保護被膜.

die **Schụtz·frist** [シュッツ・ふりスト] [名] -/-en 〖法〗(著作権などの)保護期間.

das **Schụtz·ge·biet** [シュッツ・ゲビート] [名] -(e)s/-e (自然)保護区(域)〔地区〕; (主にドイツ帝国時代の)保護領.

die **Schụtz·ge·bühr** [シュッツ・ゲビューあ] [名] -/-en **1.** 保証料. **2.** 《婉》用心棒代.

der **Schụtz·geist** [シュッツ・ガイスト] [名] -(e)s/-er 守護霊; 守り神.

das **Schụtz·geld** [シュッツ・ゲルト] [名] -(e)s/-er (やくざなどが定期的に取る)貢納金, ショバ代, みかじめ料.

der **Schụtz·ge·wahr·sam** [シュッツ・ゲヴァーあザーム] [名] -s/ 〖法〗保護留置.

das **Schụtz·git·ter** [シュッツ・ギッター] [名] -s/- 保護〔安全〕格子; グリッド.

die **Schụtz·haft** [シュッツハふト] [名] -/ 〖法〗保護検束.

die **Schụtz·hau·be** [シュッツ・ハウベ] [名] -/-n (器具を覆う)フード; 〖車〗ボンネット.

der/*die* **Schụtz·hei·li·ge** [シュッツ・ハイリゲ] [名] 《形容詞的変化》〖カトリック〗守護聖人.

der **Schụtz·helm** [シュッツ・ヘルム] [名] -(e)s/-e 安全帽, ヘルメット.

der **Schụtz·herr** [シュッツ・へる] [名] -(e)n/-(e)n 《古》庇護(ひご)〔後援〕者, パトロン; 〖史〗保護統治者.

die **Schụtz·herr·schaft** [シュッツ・へるシャふト] [名] -/ 《古》庇護(ひご)〔後援〕者の地位〔権能〕; 保護統治(権), 委任統治(権), 〖史〗(保護領に対する)宗主権.

die **Schụtz·hül·le** [シュッツ・ヒュレ] [名] -/-n 保護カバー, おおい; 保護被覆.

die **Schụtz·hüt·te** [シュッツ・ヒュッテ] [名] -/-n 避難小屋.

schụtz·imp·fen [シュッツ・イムプふぇン] [動] schutzimpfte; hat schutzgeimpft; schutzzuimpfen 〖〈j^4〉ニ〗予防接種をする.

die **Schụtz·imp·fung** [シュッツ・イムプふング] [名] -/-en 〖医〗予防接種.

die **Schụtz·in·sel** [シュッツ・インゼル] [名] -/-n (道路の)安全地帯.

der **Schụ̈tz·ling** [シュッツリング] [名] -s/-e 被保護者, 被後見人.

schụtz·los [シュッツ・ロース] [形] 無防備の.

die **Schụtz·macht** [シュッツ・マはト] [名] -/..mächte 〖政〗保護国, 保護を与える国; 〖史〗宗主国.

der **Schụtz·mann** [シュッツ・マン] [名] -(e)s/..männer 〔..leute〕 《口》(保安)警官.

die **Schụtz·mar·ke** [シュッツ・マるケ] [名] -/-n 商標, トレードマーク: die eingetragene ～ 登録商標.

die **Schụtz·mas·ke** [シュッツ・マスケ] [名] -/-n 保護〔防毒〕マスク, ガスマスク.

die **Schụtz·maß·nah·me** [シュッツ・マース・ナーメ] [名] -/-n 予防〔保護・防御〕措置.

die **Schụtz·mau·er** [シュッツ・マウあー] [名] -/-n 防壁, 防護壁.

das **Schụtz·mit·tel** [シュッツ・ミッテル] [名] -s/- 予防〔保護〕策, 防御手段, 予防法.

der **Schụtz·pa·tron** [シュッツ・パトろーン] [名] -s/-e 守護聖人.

die **Schụtz·po·li·zei** [シュッツ・ポリツァイ] [名] -/ 保安警察《略 Schupo》.

der **Schụtz·po·li·zist** [シュッツ・ポリツィスト] [名] -en/-en 保安警察官《略 Schupo》.

der **Schụtz·raum** [シュッツ・らウム] [名] -(e)s/..räume 待避壕, シェルター, 防空壕(ごう).

die **Schụtz·schei·be** [シュッツ・シャイベ] [名] -/-n 防護ガラス.

die **Schụtz·schicht** [シュッツ・シひト] [名] -/-en 保護被膜.

die **Schụtz·staf·fel** [シュッツ・シュタっふぇル] [名] -/ (ナチスの)親衛隊《略 SS》.

der **Schụtz·strei·fen** [シュッツ・シュトらイふぇン] [名] -s/- 〖農・園〗(畑の防風・防霜の)保護生垣〔並木〕.

die **Schụtz·trup·pe** [シュッツ・トるっペ] [名] -/-n 〖史〗保護領〔植民地〕防衛隊.

der **Schụtz·ü·ber·zug** [シュッツ・ユーバー・ツーク] [名] -(e)s/..züge 保護被膜.

der **Schụtz·um·schlag** [シュッツ・ウム・シュラーク] [名] -(e)s/..schläge (本などの)カバー.

das **Schụtz-und-Trụtz-Bünd·nis** [シュッツ・ウント・ト

るっツ・ビュントニス] [名] -ses/-se 《古》攻守同盟.

der **Schụtz·ver·band** [シュッツ・ふぇあバント] [名] -(e)s/..bände **1.** 保護包帯. **2.** (コミューンの)保護協会〔連盟〕.

die **Schụtz·vor·rich·tung** [シュッツ・ふぉーあ・りひトゥング] [名] -/-en 保護〔安全〕装置;防護柵(さく)(雪崩などの).

die **Schụtz·waf·fe** [シュッツ・ヴァっふぇ] [名] -/-n 防御兵器(鉄かぶと・よろい・盾など);〖フェンシング〗防具.

die **Schụtz·wehr** [シュッツ・ヴェーあ] [名] -/-en 《古》防護〔防御〕施設, 防壁.

der **Schụtz·zoll** [シュッツ・ツォル] [名] -(e)s/..zölle 〖政・経〗保護関税.

die **Schụtz·zoll·po·li·tik** [シュッツツォル・ポリティーク] [名] -/-en 《主に(単)》保護関税政策.

Schw. =Schwester 看護婦.

das **Schwa** [シュヴァー] [名] -(s)/-(s) 〖言〗あいまい母音, シュワー(音).

die **Schwa·ba·cher** [シュヴァーバっはー] [名] -/ 〖印〗シュヴァーバッハー(活字)体(ドイツの最も古い活字体の1つ).

schwạb·be·lig [シュヴァっべりひ] [形] 《口》ぷりんぷりんした;だぶだぶした.

schwạb·beln [シュヴァっベルン] [動] *h.* **1.** 〖補足なし〗《口》ぶるんぶるん震える〔揺れる〕(ゼリーなどが);だぶだぶ揺れる(太った腹などが). **2.** 〔(⟨et^4⟩ヲ)〕《方・蔑》おしゃべりをする(くだらないことなどを). **3.** 〔⟨et^4⟩ヲ〕〖工〗磨く.

schwạbb·lig [シュヴァっぶりひ] [形] =schwabbelig.

der **Schwa·be**[1] [シュヴァーベ] [名] -n/-n シュヴァーベン人.

die **Schwa·be**[2] [シュヴァーベ] [名] -/-n 〖昆〗ゴキブリ.

schwä·beln [シュヴェーベルン] [動] *h.* 〖補足なし〗シュヴァーベン方言〔なまり〕で話す.

(das) **Schwa·ben** [シュヴァーベン] [名] -s/ 〖地名〗シュヴァーベン(バイエルン州の地方).

das **Schwa·ben·al·ter** [シュヴァーベン・アルター] [名] -s/ 《冗》シュヴァーベン人の年齢(諺でシュヴァーベン人が分別をわきまえるようになるという40歳).

der **Schwa·ben·spie·gel** [シュヴァーベン・シュピーゲル] [名] -s/ シュヴァーベンシュピーゲル(1275年頃の法典).

der **Schwa·ben·streich** [シュヴァーベン・シュトらイひ] [名] -(e)s/-e 《冗》無思慮でばかな行為.

die **Schwä·bin** [シュヴェービン] [名] -/-nen シュヴァーベン人の女性.

schwä·bisch [シュヴェービシュ] [形] シュヴァーベン(人・方言)の.

(das) **Schwä·bisch Gmünd** [シュヴェービシュ グミュント] [名] --s/ 〖地名〗シュヴェービッシュ・グミュント(バーデン=ヴュルテンベルク州の都市).

schwạch [シュヴァっは] [形] schwächer ; schwächst **1.** (体力・意志などの)弱い, 弱った, 虚弱な: ein ~*er* Mensch(過ちを犯す)弱い人間. einen ~*en* Willen haben 意志薄弱である. eine ~*e* Konstitution haben 虚弱体質である. Mir wurden die Beine ~. 私は足がふらふらした. ⟨j^3⟩ wird ~ ⟨人は⟩気力が失せる. Sie macht ihn ~. 彼女は彼を言いなりにする. Mach mich nicht ~! 私を動揺させないでくれ. **2.** (強度の)弱い: ein ~es Brett 弱い板. ~*e* Stellen eines Plans 計画の弱点. **3.** (能力の)劣る, 弱い, 劣勢の: in Mathematik ~ sein 数学が弱い. ~ begabt 才能の乏しい. **4.** 《成果》不出来な, 良くない: sein *schwächstes* Buch 彼の最も不出来な本. **5.** 《程度》低い, かすかな, わずかな;〖商〗活気のない: ~ bewegt 動きの少ない. eine ~*e* Hoffnung かすかな希望. ~ erröten わずかに顔を赤らめる. wirtschaftlich ~ entwickelt sein 経済の成長率が低い. **6.** (性能)弱い, 効率の悪い: eine ~*e* Glühbirne 光の弱い電球. **7.** 人数の少ない, 人口の希薄な, 手薄な: ~ bevölkert 人口の希薄な. ein ~*er* Mittelbau 手薄な(大学教師の)中間層. Der Saal war ~ besetzt.そのホールは入りが悪かった. **8.** 《濃度》薄い: eine ~*e* Salzlösung 薄い塩水. **9.** 〖言〗弱変化の: die ~*e* Konjugation/Deklination(動詞の)弱変化/(名詞・形容詞の)弱変化. ~ betont 弱いアクセント. 【慣用】⟨j^4⟩ **an seiner schwachen Stelle treffen** ⟨人の⟩弱点をつく. **das schwache Geschlecht** 《古》女性. **in einer schwachen Stunde** 弱気になって(いる時に);1時間もたたないうちに. ⟨**et**^{1}⟩ **ist** ⟨**j**^{2}⟩ **schwache Seite** ⟨物・事は⟩⟨人の⟩苦手である;⟨物・事に⟩⟨人は⟩目がない. **Nur nicht schwach werden!** 弱気になるな. **schwach auf der Brust sein** 胸を患っている;《冗》懐がさみしい. ⟨**et**^{1}⟩ **steht auf schwachen Füßen** 〔**Beinen**〕 ⟨事は⟩根拠が薄弱である, 足元がしっかりしていない.

..schwach [..シュヴァっは] [接尾] 名詞や稀に動詞の語幹の後につけて「…が弱い〔よくない・少ない〕」という意味の形容詞を作る: charakter*schwach* 性格が弱い. konditions*schwach* コンディションがよくない. verkehrs*schwach* 交通量が少ない. seh*schwach* 視力が弱い.

schwạch be·völ·kert, (旧)**schwạch·be·völ·kert** [シュヴァっは べ(ふぇ)ルカート] [形] ⇨ schwach 7.

die **Schwä·che** [シュヴェっひぇ] [名] -/-n **1.** (主に(単))弱さ, 衰え, 衰弱. **2.** (性格・能力の)弱さ;弱点: ⟨j^2⟩ ~ in Mathematik ⟨人の⟩数学に対する弱さ. **3.** ((単)のみ)偏愛, 夢中になること: eine ~ für ⟨j^4/et^4⟩ haben ⟨人・物・事に⟩目がない.

der **Schwä·che·an·fall** [シュヴェっひぇ・アン・ふぁル] [名] -(e)s/..fälle 急激な衰弱.

schwä·chen [シュヴェっひぇン] [動] *h.* **1.** 〔⟨j^4/et^4⟩ヲ〕衰弱させる;(…の)力を弱める, (…の)力を奪う. **2.** 〔⟨et^4⟩ヲ〕弱める, 低下させる(名声などを).

die **Schwạch·heit** [シュヴァっはハイト] [名] -/-en **1.** ((単)のみ)衰え, 衰弱. **2.** (性格の)弱さ. 【慣用】 **sich**^{3} **keine Schwachheiten einbilden** 《口》甘く見ない.

der **Schwạch·kopf** [シュヴァっは・コっプふ] [名] -(e)s/..köpfe 《蔑》頭の弱い人, 低能(人).

schwạch·köp·fig [シュヴァっは・(ケ)っプふぃひ] [形] 頭の弱い.

schwäch·lich [シュヴェっひりひ] [形] 病弱な, 虚弱な.

die **Schwäch·lich·keit** [シュヴェっひりひカイト] [名] -/-en 《主に(単)》病弱, 虚弱;病弱〔虚弱〕なこと.

der **Schwäch·ling** [シュヴェっひリング] [名] -s/-e 《蔑》軟弱なやつ, 弱虫.

der **Schwach·ma·ti·kus** [シュヴァっはマーティクス] [名] -/-se〔..tiker〕 《古・蔑》=Schwächling.

der **Schwạch·reg·ner** [シュヴァっは・れーグナー] [名] -s/- 〖農・園〗(散水密度の薄い)薄撒(ま)き散水器〔スプリンクラー〕.

schwạch·sich·tig [シュヴァっは・ズィひティひ] [形] 〖医〗弱視の.

die **Schwạch·sich·tig·keit** [シュヴァっは・ズィひティひカイト] [名] -/ 〖医〗弱視.

der **Schwạch·sinn** [シュヴァっは・ズィン] [名] -(e)s/ **1.** 〖医〗《古》精神薄弱. **2.** 《古・蔑》ばかげたこと.

schwạch·sin·nig [シュヴァっは・ズィニひ] [形] **1.** 〖医〗精神薄弱の. **2.** 《口》ばかげた.

der **Schwạch·strom** [シュヴァっは・シュトろーム] [名] -(e)s/..ströme 〖電〗弱電流, 低圧電流.

die **Schwạch·strom·tech·nik** [シュヴァっはシュトろーム・テひニク] [名] -/ 《古》(通信工学の)弱電工学.

die **Schwä·chung** [シュヴェっひゅング] [名] -/ 弱体化, 無力化;衰弱.

der **Schwạch·zeh·rer** [シュヴァっは・ツェーらー] [名] -s/- 〖農〗栄養摂取量の少ない植物.

S

die **Schwa·de** [シュヴァーデ] [名] -/-n ＝Schwaden[1].

der **Schwa·den**[1] [シュヴァーデン] [名] -s/- 刈取って並べた牧草〔穀物〕の列.

der **Schwa·den**[2] [シュヴァーデン] [名] -s/- **1.** 《主に[複]》蒸気〔煙・霧〕の塊. **2.** 〘鉱〙坑内〔跡〕ガス《二酸化炭素含有率の高いガス》.

die **Schwa·dron** [シュヴァドろーン] [名] -/-en 〘軍〙(昔の)騎兵小隊.

der **Schwa·dro·neur** [..nǿːr シュヴァドろ[ネ]ーあ] [名] -s/-e 《古》おしゃべりな人.

schwa·dro·nie·ren [シュヴァドろニーれン] [動] *h.* 〔(von 〈j^3/et^3〉ニツイテ)〕(得意げに)しゃべりまくる.

schwa·feln [シュヴァーふぇルン] [動] *h.* 〔(von 〈et^3〉ニツイテ/über 〈et^4〉ニツイテ)〕《口・蔑》つまらぬことをべらべらしゃべる.

der **Schwa·ger** [シュヴァーガー] [名] -s/Schwäger **1.** 義兄, 義弟. **2.** 《古》《特に呼びかけで》(郵便馬車の)御者の兄さん.

die **Schwä·ge·rin** [シュヴェーゲりン] [名] -/-nen 義姉, 義妹.

die **Schwä·ger·schaft** [シュヴェーガーシャふト] [名] -/-en 《主に[単]》義兄弟〔姉妹〕の関係, 姻戚関係.

der **Schwä·her** [シュヴェーあー] [名] -s/- 《古》舅(しゅうと); 義兄弟.

die **Schwal·be** [シュヴァルベ] [名] -/-n **1.** ツバメ. **2.** 〘サッカー〙シミュレーション, 倒されたふりをすること《ペナルティキックねらい》.

das **Schwal·ben·nest** [シュヴァルベン・ネスト] [名] -(e)s/-er **1.** ツバメの巣. **2.** (軍艦の)半円形に張出した砲座. **3.** (軍楽隊員の)肩章.

der **Schwal·ben·schwanz** [シュヴァルベン・シュヴァンツ] [名] -es/..schwänze **1.** ツバメのしっぽ;《古・冗》燕尾(えんび)服(のすそ). **2.** 〘昆〙キアゲハ.

der **Schwall** [シュヴァル] [名] -(e)s/-e 《主に[単]》押しよせてくるもの: ein ～ Wasser 大波. ein ～ von Tabakrauch もうもうとしたパイプの煙.

schwamm [シュヴァム] [動] schwimmen の過去形.

der **Schwamm** [シュヴァム] [名] -(e)s/Schwämme 〘動〙海綿動物;海綿, スポンジ;《南独・オーストリア》キノコ;《主に[単]》ナミダダケ(Haus～)《家の板壁などを腐らせる害菌》. 【慣用】**Schwamm drüber!** 《口》それは水に流そう.

schwäm·me [シュヴェメ] [動] schwimmen の接続法 2 式.

das **Schwam·merl** [シュヴァメール] [名] -s/-(n) 《南独・スイス・オーストリア》〘植〙キノコ.

schwam·mig [シュヴァミひ] [形] **1.** 海綿状の;ぶよぶよした;(木材を腐らせる)ナミダダケの生えた. **2.** 《蔑》はっきりしない, 漠然とした.

der **Schwan** [シュヴァーン] [名] -(e)s/Schwäne 〘鳥〙ハクチョウ;《([単]のみ)》〘天〙白鳥座. 【慣用】**Mein lieber Schwan!** 《口》こいつは驚きだ;《(ふざけた)おどしで》君ね.

schwand [シュヴァント] [動] schwinden の過去形.

schwän·de [シュヴェンデ] [動] schwinden の接続法 2 式.

schwa·nen [シュヴァーネン] [動] *h.* 〔〈j^3〉ニ〕《口》予感される(嫌なことが).

der **Schwa·nen·ge·sang** [シュヴァーネン・ゲザング] [名] -(e)s/..sänge 《文》白鳥の歌《①(詩人, 作曲家の)最後の作品. ②(現象・形態などの)終り, 最後》.

der **Schwa·nen·hals** [シュヴァーネン・ハルス] [名] -es/..hälse 白鳥の首;(上部の曲がった)馬の首;《冗》細長い首;〘工〙S 字管;〘狩〙虎挟み(獣類用の罠).

die **Schwa·nen·jung·frau** [シュヴァーネン・ユング・ふらウ] [名] -/-en 〘北欧・ゲルマン神〙白鳥の乙女《半女神》.

schwang [シュヴァング] [動] schwingen の過去形.

der **Schwang** [シュヴァング] [名] (次の形で)im ～*e* sein 流行している. in ～ kommen 流行する.

schwän·ge [シュヴェンゲ] [動] schwingen の接続法 2 式.

schwan·ger [シュヴァンガー] [形] 妊娠している: (von 〈j^3〉) ～ werden/sein(〈人の〉子を)妊娠する/妊娠している. im ～*en* Zustand sein 妊娠中である. (mit einem Kind) ～ gehen 《文・古》(子を)身ごもっている. 【慣用】**mit 〈et^3〉 schwanger gehen** 《口》〈事を〉胸にいだいている(計画などを).

die **Schwan·ge·re** [シュヴァンゲれ] [名] 《形容詞的変化》妊婦.

schwän·gern [シュヴェンガーン] [動] *h.* **1.** 〔〈j^4〉ヲ〕はらませる(特に, 妻以外の女性を). **2.** 〔〈et^4〉ヲ＋mit〔von〕〈et^3〉デ〕満たす.

die **Schwan·ger·schaft** [シュヴァンガーシャふト] [名] -/-en 妊娠(状態).

der **Schwan·ger·schafts·ab·bruch** [シュヴァンガーシャふツ・アップ・ブるっふ] [名] -(e)s/..brüche 妊娠中絶.

der **Schwan·ger·schafts·kon·flikt** [シュヴァンガーシャふツ・コンふリクト] [名] -(e)s/-e 意図していない妊娠による争い.

die **Schwan·ger·schafts·kon·flikt·be·ra·tung** [シュヴァンガーシャふツ・コンふリクト・べらートゥング] [名] -/-en 意図していない妊娠による争いの調停協議《罪にならない堕胎を前提とする》.

der **Schwan·ger·schafts·test** [シュヴァンガーシャふツ・テスト] [名] -(e)s/-s〔-e〕 妊娠を確かめる検査.

die **Schwan·ger·schafts·ver·hü·tung** [シュヴァンガーシャふツ・ふぇあヒュートゥング] [名] -/ 避妊.

die **Schwän·ge·rung** [シュヴェンゲるング] [名] -/ 妊娠, 受胎.

schwank [シュヴァンク] [形] 《文》 **1.** (風に)そよぐ, (水に)漂う, ぐらぐらする. **2.** 気の変りやすい.

der **Schwank** [シュヴァンク] [名] -(e)s/Schwänke **1.** 愉快ないたずら, ふざけ. **2.** 〘文芸学〙笑話;笑劇, ファルス.

schwan·ken [シュヴァンケン] [動] **1.** *h.* 〔補足なし〕揺れる, ゆらゆらする, ぐらぐらする(木の梢・枝・ボートなどが);そよぐ(草・アシなどが);がくがくする(ひざ・首などが);よろめく(酔っ払いなどが). **2.** *s.* 〔〈方向〉ニ/〈場所〉ヲ〕よろめきながら歩いて行く〔来る・入る・出る〕. **3.** *h.* 〔補足なし〕不安定である, 変りやすい, 変動する, 揺れ動く(物価・温度・数量・容体などが). **4.** *h.* 〔補足なし〕(決心ができずに)迷う, 迷っている;気持〔決心〕がぐらつく: ins S～ geraten〔kommen〕(決心などが)ぐらつく.

schwan·kend [シュヴァンケント] [形] よろめく, ふらつく;不安定な;優柔不断な: mit ～*en* Schritten よろめく足どりで.

die **Schwan·kung** [シュヴァンクング] [名] -/-en 揺れ;変動.

der **Schwanz** [シュヴァンツ] [名] -es/Schwänze **1.** 尾, しっぽ. **2.** (凧(たこ)・彗星の)尾;(飛行機の)テール, 尾部;(列の)末尾, しんがり. **3.** 《口》ペニス;《口・蔑》男. 【慣用】〈j^3〉 **auf den Schwanz treten** 《口》〈人の〉気持を傷つける. **den Schwanz einziehen** 《口》しっぽを巻いて退散する. **den Schwanz hängen lassen** 《口》しょんぼりする. **einen Schwanz machen** 〔**bauen**〕《口》追試験を受ける. 〈j^3〉 **Feuer unter den** 〔**dem**〕 **Schwanz machen** 《口》〈人を〉せきたてる. **kein Schwanz** 《口》だれも…ない.

schwän·zeln [シュヴェンツェルン] [動] **1.** *h.* 〔補足なし〕しっぽを振る(犬・魚などが);《口》気取った歩き方をする. **2.** *s.* 〔〈方向〉ヘ/〈場所〉ヲ〕《口》しっぽを振って走る;《皮》気取って歩いて行く〔来る〕. **3.** *h.*/*s.* 〔vor 〈j^3〉ニ/um 〈j^4〉ニ〕《口》媚(こ)びへつらう, しっぽを振る.

der **Schwän·zel·tanz** [シュヴェンツェル・タンツ] [名] -es/

S

. . tänze 〖動〗(8字形を描く)ミツバチのダンス.

schwạ̈n·zen [シュヴェンツェン] [動] *h.* 〖(〈et^4〉ヲ)〗《口》さぼる(学校・授業などを).

das **Schwạnz·en·de** [シュヴァンツ・エンデ] [名] -s/-n 尾の先〔端〕.

die **Schwạnz·fe·der** [シュヴァンツ・ふぇーダー] [名] -/-n 《主に[複]》尾羽.

die **Schwạnz·flä·che** [シュヴァンツ・ふレっひぇ] [名] -/-n 〖空〗尾翼.

die **Schwạnz·flos·se** [シュヴァンツ・ふロっセ] [名] -/-n (魚の)尾びれ;〖工〗尾翼.

schwạnz·las·tig [シュヴァンツ・ラスティひ] [形] 〖空〗尾部過重の.

der **Schwạnz·lurch** [シュヴァンツ・ルるひ] [名] -(e)s/-e 〖動〗有尾類(サンショウウオ・イモリなど).

das **Schwạnz·stück** [シュヴァンツ・シュテュック] [名] -(e)s/-e 〖料〗(魚の)尾つきの切身;イチボ(尾に近い牛のなか肉).

der **Schwạnz·wir·bel** [シュヴァンツ・ヴィるベル] [名] -s/- 〖動〗尾椎(びつい).

schwạpp! [シュヴァップ] [間] (物を打ったり, 液体が跳ねたりする音)ぴしゃっ, ぴちゃ.

schwạp·pen [シュヴァっペン] [動] **1.** *h.* 〔in 〈et^3〉ノ中デ〕ぴちゃぴちゃ〔ばしゃばしゃ〕揺れる(容器の中の液体が). **2.** *s.* 〔〈方向〉ニ(カラ)〕ぴちゃっと〔ばしゃっと〕こぼれる;ぴちゃぴちゃ〔ばしゃばしゃ〕打ち寄せる. **3.** *h.* 〔〈et^4〉ヲ+〈方向〉ニ〕ぴちゃっと〔ばしゃっと〕こぼす.

schwạps! [シュヴァップス] [間] =schwapp!

der **Schwär** [シュヴェーあ] [名] -(e)s/-e 《古》=Schwäre.

die **Schwä·re** [シュヴェーれ] [名] -/-n 《文》腫(は)れもの, できもの.

schwä·ren [シュヴェーれン] [動] *h.* 〔補足なし〕《文》化膿(かのう)してうずく(傷口・吹出物などが).

schwä·rig [シュヴェーりひ] [形] 《文》はれもののできた;化膿した.

der **Schwạrm** [シュヴァるム] [名] -(e)s/Schwärme **1.** 群れ, 大群;群衆: in *Schwärmen* 群れをなして. **2.** (主に[単])アイドル, あこがれの的. **3.** 〖軍〗4機の編隊飛行.

schwạ̈r·men [シュヴェるメン] [動] **1.** *h.* 〖(〈場所〉ニ)〗群がる, 群がってうごめく(虫などが). **2.** *s.* 〔〈方向〉ヘ/〈場所〉ヲ〕群をなして進む〔走る・飛ぶ・泳ぐ〕. **3.** *h.* 〔für 〈j^4/et^4〉ニ〕心酔する, 熱を上げる, 夢中になる, 熱中〔熱狂〕する. **4.** *h.* 〔von 〈j^3/et^3〉ニツイテ〕夢中になって話す.

der **Schwär·mer** [シュヴェるマー] [名] -s/- **1.** 熱狂者, 感激屋;夢想家;(宗教改革の)熱狂派. **2.** ねずみ花火. **3.** 〖昆〗スズメガ.

die **Schwär·me·rei** [シュヴェるメらイ] [名] -/-en 熱狂すること, 夢中になること.

schwạ̈r·me·risch [シュヴェるメりシュ] [形] 熱狂的な, 夢中になった, 心酔した;(宗教改革の)熱狂派の: ein *~er* Brief ファンレター.

der **Schwạrm·geist** [シュヴァるム・ガイスト] [名] -(e)s/-er 夢想家;熱狂者;〖史〗熱狂的宗教改革者.

die **Schwạ̈rm·zeit** [シュヴェるム・ツァイト] [名] -/-en 分封期(ミツバチなどの巣分れの時期).

die **Schwạr·te** [シュヴァるテ] [名] -/-n **1** (豚肉などの厚い)上皮;〖狩〗(猪・穴熊などの)皮;《口》(人の)皮膚. **2.** 《口・蔑》分厚い(古い)本. **3.** 〖医〗胼胝(べんち), たこ. **4.** 〖製材〗背板(樹皮のついた板). 【慣用】**arbeiten, dass** 〔**bis**〕 **die Schwarte kracht** 《口》ものすごく働く.

schwạr·ten [シュヴァるテン] [動] *h.* **1.** 〔〈et^4〉ノ〕〖狩〗皮をはぐ(猪などの). **2.** 〔補足なし〕《口・稀》多読する. **3.** 〔〈j^4〉ヲ〕《口》ぶちのめす.

der **Schwạr·ten·ma·gen** [シュヴァるテン・マーゲン] [名] -s/. . mägen〔-〕〖料〗シュヴァルテンマーゲン(豚の胃に詰められたソーセージ).

schwạrz [シュヴァるツ] [形] schwärzer; schwärzest **1.** 黒い: *~es* Haar haben 黒い髪をしている. schwarz gefärbtes Haar 黒く染めた髪. schwarz gerändertes Briefpapier 黒枠付きの便箋〔封筒〕. das kleine *S~e* 黒いワンピースの礼服. Sie trägt ~. 彼女は黒服〔喪服〕を着ている. **2.** 黒っぽい, 暗い;黒人の: *~er* Kaffee/Tee ブラックコーヒー/紅茶. die *~e* Rasse 黒色人種. die *S~en* 黒人(⇨ 6). **3.** 《口》(汚れて)黒ずんだ, すすけた, 汚らしい: *~e* Hände 黒く汚れた手. **4.** 暗い, 悲観的な, 悲惨な;邪悪な, 卑劣な;不吉な: eine *~e* Zeit 暗い時代. ein *~er* Plan わるだくみ. von *~en* Ahnungen geplagt werden 暗い〔不吉な〕予感に苦しめられる. ⇨ schwarz malen, schwarz sehen. **5.** 《口》闇(やみ)の, もぐりの: *~e* Geschäfte treiben 闇商売をする. der *~e* Markt 闇市. ~ fahren 不正乗車をする;車でもぐりの営業をする. ~ über die Grenze gehen/kommen 密出国/密入国する. ~ fernsehen 受信料を払わないでテレビを見る. ⇨ schwarz sehen. **6.** 〖政〗《口》黒い(カトリックの, 保守的な): im *~en* Bayern カトリックのバイエルンで. die *S~en* 黒い連中(⇨ 2). ~ wählen 黒に票を入れる. 【慣用】〈j^4〉 **auf die schwarze Liste setzen** 〈人を〉ブラックリストに載せる. **aus Schwarz Weiß machen** (**wollen**) 白を黒と言いくるめ(ようとす)る. **das schwarze Brett** 掲示版. **das Schwarze Meer** 黒海. **das schwarze Schaf** 変り者. **der schwarze Mann** 煙突掃除人;黒い(ものを着た怖い)男(子供をおどして). **der schwarze Tod** 黒死病, ペスト. **die schwarze Kunst** 魔法;印刷術. 〈j^1〉 **kann warten, bis** 〈j^1〉 **schwarz wird** 〈人は〉いつまで待ってもむだだろう. 〈j^3〉 **nicht das Schwarze unter dem Nagel gönnen** 《口》〈人に〉爪(つめ)の垢(あか)もやらない. **schwarz auf weiß** 《口》(念のため)はっきりと書面にして. 〈et^4〉 **schwarz** 〔**in schwarz**〕 **sehen** 〈事を〉悲観的に見る. **schwarz von Menschen**/〈et^3〉 **sein** 黒山の人だかりである/〈物で〉いっぱいである. **schwarze Magie** 黒魔術. **schwarzer Humor** ブラックユーモア. **sich^4 schwarz ärgern** 激怒する. **schwarz werden** 〖トランプ〗ワントリックも取れない. 〈j^3〉 **wird es schwarz vor den Augen** 〈人は〉目の前が暗くなる.

(*der*/*die*) **Schwạrz**[1] [シュヴァるツ] [名] 〖人名〗シュヴァルツ.

das **Schwạrz**[2] [シュヴァるツ] [名] -(es)/- **1.** 黒(色);黒衣, 喪服: in ~ gehen 黒服〔喪服〕を着ている. **2.** ([単]のみ)(ルーレットの)黒.

die **Schwạrz·am·sel** [シュヴァるツ・アムゼル] [名] -/-n 〖鳥〗クロウタドリ.

die **Schwạrz·ar·beit** [シュヴァるツ・アるバイト] [名] -/ もぐり〔無届け〕の仕事, 不法就労.

schwạrz|ar·bei·ten [シュヴァるツ・アるバイテン] [動] *h* 〔補足なし〕もぐり〔無届け〕の労働〔仕事〕をする.

der **Schwạrz·ar·bei·ter** [シュヴァるツ・アるバイター] [名] -s/- もぐりの〔無許可〕労働者, 不法就労者.

schwạrz·äu·gig [シュヴァるツ・オイギひ] [形] 黒い目〔瞳〕の.

die **Schwạrz·bee·re** [シュヴァるツ・ベーれ] [名] -/-n コケモモ(の実).

schwạrz·blau [シュヴァるツ・ブラウ] [形] 濃紺の.

das **Schwạrz·blech** [シュヴァるツ・ブレっひ] [名] -(e)s/-e (圧延しただけの)薄鋼板.

schwạrz·braun [シュヴァるツ・ブラウン] [形] 黒褐色の.

der **Schwạrz·bren·ner** [シュヴァるツ・ブれナー] [名] -s/- 蒸留酒の密造者.

das **Schwạrz·brot** [シュヴァるツ・ブろート] [名] -(e)s/-e (ライ麦からつくる)黒パン.

der **Schwạrz·dorn** [シュヴァるツ・ドるン] [名] -(e)s/-e リ

S

ンボク, スロー.

die **Schwarz·dros·sel** [シュヴァるツ・ドろっセル] [名] -/-n 〘鳥〙クロウタドリ.

der **Schwarze**[1] [シュヴァるツェ] [名]《形容詞的変化》 **1.**《[単]のみ;定冠詞とともに》《古》悪魔. **2.**《オーストリア》ブラック(コーヒー): einen ~n bestellen ブラックコーヒーを一杯注文する.

der/die **Schwarze**[2] [シュヴァるツェ] [名]《形容詞的変化》 **1.** 黒人;《口》黒髪の人. **2.**《口・蔑》カトリック系党員〔支持者〕.

das **Schwarze**[3] [シュヴァるツェ] [名]《形容詞的変化;[単]のみ》(的の)黒点: ins ~ treffen 正鵠(せいこく)を射る.

die **Schwär·ze** [シュヴェるツェ] [名] -/-n **1.**《[単]のみ》黒色;暗やみ;暗黒面. **2.** 黒色染料;〘印〙黒インキ. **3.**〘植〙黒菌病. **4.**〘鉱〙黒鉛.

schwär·zen [シュヴェるツェン] [動] *h.* **1.**〔〈et^4〉ヲ〕黒くする,黒く塗る〔染める〕;《転》台無しにする. **2.**〔〈et^4〉ヲ+〈方向〉ヘ(カラ)〕《南独・オーストリア》密輸する.

die **Schwarz·er·de** [シュヴァるツ・エーあデ] [名] -/-n 〘地質〙(ステップの)黒(色)土;(熱帯・温帯の)黒い土.

schwarz|fah·ren* [シュヴァるツ・ふぁーれン] [動] *s.*〔補足なし〕無賃乗車〔乗船〕する;無免許運転をする;車でもぐりの営業をする.

der **Schwarz·fah·rer** [シュヴァるツ・ふぁーらー] [名] -s/- 無賃乗車の客,不正乗客;無免許運転者.

die **Schwarz·fahrt** [シュヴァるツ・ふぁーあト] [名] -/-en 無賃〔不正〕乗車;無免許運転.

das **Schwarz·geld** [シュヴァるツ・ゲルト] [名] -(e)s/-er ブラックマネー,隠し所得.

schwarz ge·streift, [旧]**schwarz·ge·streift** [シュヴァるツ ゲシュトらイふト] [形] 黒縞(じま)の.

schwarz·haa·rig [シュヴァるツ・ハーりひ] [形] 黒い髪〔毛〕の.

der **Schwarz·han·del** [シュヴァるツ・ハンデル] [名] -s/ 闇(やみ)〔不正〕取引.

der **Schwarz·händ·ler** [シュヴァるツ・ヘンドラー] [名] -s/- 闇(やみ)商人,闇屋.

das **Schwarz·hemd** [シュヴァるツ・ヘムト] [名] -(e)s/-en 黒シャツ(イタリアのファシスト党の制服);(主に[複])黒シャツ党員.

schwarz|hö·ren [シュヴァるツ・㋬ーれン] [動] *h.*〔補足なし〕受信料を払わずにラジオを聞く;《古》もぐりで聴講する.

der **Schwarz·hö·rer** [シュヴァるツ・㋬ーらー] [名] -s/- 不正聴取者;無届聴講生.

die **Schwarz·kunst** [シュヴァるツ・クンスト] [名] -/ メゾティント(銅版画彫刻法の一種).

der **Schwarz·künst·ler** [シュヴァるツ・キュンストラー] [名] -s/- 印刷技師;魔術師.

schwärz·lich [シュヴェるツリひ] [形] 黒みがかった,黒ずんだ.

schwarz ma·len, [旧]**schwarz|ma·len** [シュヴァるツ マーレン] [動] *h.*〔(〈et^4〉ヲ)〕暗い色調で描く;悲観的に述べる.

die **Schwarz·ma·le·rei** [シュヴァるツ・マーレらイ] [名] -/ 《口》暗い悲観的な描写.

der **Schwarz·markt** [シュヴァるツ・マるクト] [名] -(e)s/ 闇(やみ)市(場),ブラックマーケット.

das **Schwarz·pul·ver** [シュヴァるツ・プルふぁー, シュヴァるツ・プルヴァー] [名] -s/ 黒色火薬.

der **Schwarz·rock** [シュヴァるツ・ろっク] [名] -(e)s/..röcke《蔑》坊主.

das **Schwarz·rot·gold, Schwarz-Rot-Gold** [シュヴァるツ・ろート・ゴルト] [名] -〔-(e)s〕/ 黒・赤・金の三色(ドイツの国旗の色).

schwarz·rot·gol·den, schwarz-rot-gol·den [シュヴァるツ・ろート・ゴルデン] [形] 黒赤金(3色)の.

das **Schwarz·sau·er** [シュヴァるツ・ザウあー] [名] -s/ 《北独》〘料〙シュヴァルツザウアー(血と酢で煮込んだ肉料理).

schwarz|schlach·ten [シュヴァるツ・シュラはテン] [動] *h.*〔(〈et^4〉ヲ)〕密殺する(屠殺(とさつ)用の家畜を).

schwarz|se·hen* [シュヴァるツ・ゼーエン] [動] *h.*《口》〔補足なし〕受信料を払わずにテレビを見る.

schwarz sehen*, [旧]**schwarz|sehen*** [シュヴァるツ ゼーエン] [動] *h.*《口》〔für 〈j^4/et^4〉ニツイテ〕悲観的な見方をする.

der **Schwarz·se·her** [シュヴァるツ・ゼーあー] [名] -s/- 《口》悲観的な人;(テレビの)不正視聴者.

der **Schwarz·sen·der** [シュヴァるツ・ゼンダー] [名] -s/- 無免許〔海賊〕放送局〔発信所〕.

der **Schwarz·specht** [シュヴァるツ・シュペひト] [名] -(e)s/-e 〘鳥〙クマゲラ.

der **Schwarz·torf** [シュヴァるツ・トるふ] [名] -(e)s/-e **1.** 黒色泥炭. **2.**《[単]のみ》〘地質〙黒泥土,サプリスト.

der **Schwarz·wald** [シュヴァるツ・ヴァルト] [名] -(e)s/ 〘山名〙シュヴァルツヴァルト(バーデン=ヴュルテンベルク州の山岳地帯).

Schwarz·wäl·der[1] [シュヴァるツ・ヴェルダー] [形]《無変化》シュヴァルツヴァルトの.

der **Schwarz·wäl·der**[2] [シュヴァるツ・ヴェルダー] [名] -s/- シュヴァルツヴァルトの人.

das **Schwarz·was·ser·fie·ber** [シュヴァるツ・ヴァッサー・ふぃーバー] [名] -s/ 黒水熱(黒色の尿が出るマラリア).

schwarz·weiß, schwarz-weiß [シュヴァるツ・ヴァイス] [形] 黒と白の;白黒〔モノクロ〕の. ⇨ schwarzweiß malen.

der **Schwarz·weiß·film, Schwarz-Weiß-Film** [シュヴァるツヴァイス・ふぃルム] [名] -(e)s/-e 白黒〔モノクロ〕フィルム;白黒〔モノクロ〕映画.

schwarz·weiß ma·len, schwarz-weiß ma·len, [旧]**schwarz·weiß|ma·len** [シュヴァるツヴァイス マーレン] [動] *h.*〔〈j^4/et^4〉ヲ〕白黒〔善悪〕にはっきり区別して描き出す(作品中の人物・出来事などを).

die **Schwarz·weiß·ma·le·rei, Schwarz-Weiß-Ma·le·rei** [シュヴァるツヴァイス・マーレらイ] [名] -/ 白黒〔善悪〕を際立たせて描くこと.

das **Schwarz·wild** [シュヴァるツ・ヴィルト] [名] -(e)s/ 〘動〙〘狩〙イノシシ.

die **Schwarz·wur·zel** [シュヴァるツ・ヴるツェル] [名] -/-n 〘植〙キクゴボウ.

der **Schwatz** [シュヴァッツ] [名] -es/-e《口》雑談,おしゃべり.

die **Schwatz·ba·se** [シュヴァッツ・バーゼ] [名] -/-n《口・蔑》おしゃべり女.

das **Schwätz·chen** [シュヴェッツひぇン] [名] -s/- ちょっとしたおしゃべり.

schwat·zen [シュヴァッツェン] [動] *h.* **1.**〔(mit 〈j^3〉ト)〕おしゃべりをする,雑談する;《蔑》私語する(授業中に). **2.**〔über 〈j^4/et^4〉ニツイテ/von 〈et^3〉ニツイテ〕《蔑》ぺちゃくちゃとしゃべる. **3.**〔〈et^4〉ヲ〕しゃべる. **4.**〔補足なし〕《蔑》秘密を〔なんでも〕しゃべってしまう.

schwät·zen [シュヴェッツェン] [動] *h.*《南独》=schwatzen.

der **Schwät·zer** [シュヴェッツァー] [名] -s/- 《蔑》おしゃべりな人.

die **Schwät·ze·rei** [シュヴェッツェらイ] [名] -/-en《蔑》(長々とした)おしゃべり;雑談.

schwatz·haft [シュヴァッツハふト] [形]《蔑》おしゃべりな.

die **Schwatz·haf·tig·keit** [シュヴァッツハふティひカイト] [名] -/ おしゃべりな〔口が軽い〕こと.

die **Schwe·be** [シュヴェーベ] [名]《次の形で》in der ~〔《オーストリア》in ~〕宙に浮いた;(問題などが)未決定の.

die **Schwe·be·bahn** [シュヴェーベ・バーン] [名] -/-en 空中ケーブルカー;懸垂式モノレール.

S

der **Schwe·be·bal·ken** [シュヴェーベ・バルケン] 名 -s/- 〖体操〗平均台.
der **Schwe·be·baum** [シュヴェーベ・バウム] 名 -(e)s/..bäume **1.**〖体操〗平均台. **2.**(馬小屋の)仕切りの横木〔丸太〕,パイプ.
die **Schwe·be·ein·rich·tung** [シュヴェーベ・アイン・リヒトゥング] 名 -/-en 〖植〗空中浮遊装置(タンポポの実の冠毛など).
schwe·ben [シュヴェーベン] 動 **1.** *h.*〔場所〕浮かんでいる,漂っている(空や水面などに);ぶら下がって(ぶらりになって)揺れている;揺れながらバランスを保つ(選手が平均台の上などで);いる,ある(どっちつかずの立場などに),(…と…の間を)さまよう〔揺れ動く〕. **2.** *s.*〈方向〉へ/〈場所〉ゆっくり漂って行く,ふわふわ飛ぶ,(音を立てずに)滑るように動く. **3.** *h.*〖法〗未決定である(未解決);進行〔継続〕中である(裁判・問題;交渉など). |慣用| *h.* ⟨j³⟩ **auf der Zunge schweben**(言葉が)⟨人⟩の口先まで出かかっている.⟨j³⟩ **vor Augen schweben**(ある光景が)⟨人⟩の目の前にありありと浮かぶ.
schwe·bend [シュヴェーベント] 形 係争中〔未解決〕の;進行中している.
der **Schwe·be·stütz** [シュヴェーベ・シュテュッツ] 名 -es/-e 〖体操〗脚前挙支持.
der **Schweb·staub** [シュヴェープ・シュタウプ] 名 -(e)s/..stäube 〖環〗浮遊粉塵(ほこり).
der **Schweb·stoff** [シュヴェープ・シュトッふ] 名 -(e)s/-e (主に複)〖化〗(液体・気体中の)浮遊物質.
die **Schwe·bung** [シュヴェーブング] 名 -/-en 〖理・音響学〗うなり.
der **Schwe·de** [シュヴェーデ] 名 -n/-n スウェーデン人:alter ~!⟨口⟩ねえ,君(旧友に対して).
(*das*) **Schwe·den** [シュヴェーデン] 名 -s/ 〖国名〗スウェーデン.
die **Schwe·den·plat·te** [シュヴェーデン・プラッテ] 名 -/-n 〖料〗スウェーデン風海の幸の前菜.
der **Schwe·den·punsch** [シュヴェーデン・プンシュ] 名 -(e)s/-e (..pünsche) スウェーデン風パンチ(アラック酒・ワイン・香料でつくるカクテル).
der **Schwe·den·trunk** [シュヴェーデン・トルンク] 名 -(e)s/ 〖史〗スウェーデンの飲み物(三十年戦争中の拷問で水肥などを飲ませた).
die **Schwe·din** [シュヴェーディン] 名 -/-nen Schwede の女性形.
schwe·disch [シュヴェーディシュ] 形 スウェーデン(人・語)の:hinter ~en Gardinen ⟨口⟩監獄で.
das **Schwe·disch** [シュヴェーディシュ] 名 -(s)/ スウェーデン語.〖用法は⇨ Deutsch〗
das **Schwe·di·sche** [シュヴェーディシェ] 名 (形容詞的変化;複)のみ スウェーデンのもの〔こと〕(定冠詞とともに)スウェーデン語.〖用法は⇨ Deutsch²〗
(*das*) **Schwedt** [シュヴェート] 名 -s/ 〖地名〗シュヴェート(ブランデンブルク州の都市).
der **Schwe·fel** [シュヴェーふェル] 名 -s/ 硫黄(いおう)(記号 S).
schwe·fel·ar·tig [シュヴェーふェル・アーアティヒ] 形 硫黄状〔様〕の.
der **Schwe·fel·äther** [シュヴェーふェル・エーテル] 名 -s/ 〖化〗エチルエーテル.
das **Schwe·fel·bad** [シュヴェーふェル・バート] 名 -(e)s/..bäder 硫黄泉の湯治場;硫黄浴.
die **Schwe·fel·ban·de** [シュヴェーふェル・バンデ] 名 -/-n ⟨俗・蔑⟩(冗)(も有り)ごろつき仲間,いたずら仲間.
die **Schwe·fel·blu·me** [シュヴェーふェル・ブルーメ] 名 -/ 硫黄華,(硫黄泉の)湯の花.
die **Schwe·fel·blü·te** [シュヴェーふェル・ブリューテ] 名 -/ =Schwefelblume.
das **Schwe·fel·di·oxid** [シュヴェーふェル・ディ(-)・オクスィート] 名 -(e)s/ 〖化〗二酸化硫黄.

das **Schwe·fel·di·oxyd** [シュヴェーふェル・ディ(-)・オクスュート] 名 -(e)s/ 〖化〗=Schwefeldioxid.
das **Schwe·fel·ei·sen** [シュヴェーふェル・アイゼン] 名 -s/ 〖化〗硫化鉄.
schwe·fel·gelb [シュヴェーふェル・ゲルプ] 形 硫黄色の.
schwe·fel·hal·tig [シュヴェーふェル・ハルティヒ] 形 硫黄を含んだ.
das **Schwe·fel·holz** [シュヴェーふェル・ホルツ] 名 -es/..hölzer ⟨古⟩硫黄マッチ.
das **Schwe·fel·hölz·chen** [シュヴェーふェル・ヘルツヒェン] 名 -s/- ⟨古⟩硫黄マッチ.
schwe·fe·lig [シュヴェーふェリヒ] 形 =schweflig.
der **Schwe·fel·kies** [シュヴェーふェル・キース] 名 -es/-e 黄鉄鉱.
der **Schwe·fel·koh·len·stoff** [シュヴェーふェル・コーレン・シュトッふ] 名 -(e)s/ 〖化〗二硫化炭素.
schwe·feln [シュヴェーふェルン] 動 *h.*⟨et⁴⟩二酸化硫黄ガス(液)で処理する(酒を良くするために食料品を);硫黄を燃した煙で殺菌する(ワイン用のたるなどを);二酸化硫黄で漂白する(布地を);〖農〗硫黄の水溶液を散布して消毒する(ブドウの若枝〔株〕を).
das **Schwe·fel·oxid** [シュヴェーふェル・オクスィート] 名 -(e)s/-e 〖化〗=Schwefeloxyd.
das **Schwe·fel·oxyd** [シュヴェーふェル・オクスュート] 名 -(e)s/-e 〖化〗酸化硫黄.
der **Schwe·fel·pu·der** [シュヴェーふェル・プーダー] 名 -s/- 粉末硫黄(皮膚病の薬).
die **Schwe·fel·quel·le** [シュヴェーふェル・クヴェレ] 名 -/-n 硫黄泉.
schwe·fel·sau·er [シュヴェーふェル・ザウアー] 形 (付は..saur.)硫酸の.
die **Schwe·fel·säu·re** [シュヴェーふェル・ゾイレ] 名 -/ 硫酸.
der **Schwe·fel·was·ser·stoff** [シュヴェーふェル・ヴァッサー・シュトッふ] 名 -(e)s/ 〖化〗硫化水素.
schwef·lig [シュヴェーふリヒ] 形 **1.** 〖化〗硫黄を含んだ. **2.** 硫黄のような:~*e* Säure 〖化〗亜硫酸.
der **Schweif** [シュヴァイふ] 名 -(e)s/-e ⟨文⟩(馬などの長い)(ふさふさした)尾;(彗星の)尾.
schwei·fen [シュヴァイふェン] 動 **1.** *s.*〈方向〉へ/〈場所〉⟨文⟩(あてもなく)さまよう,彷徨(ほうこう)する. **2.** *h.*⟨et⁴⟩〖工〗湾曲(反り)をつける(板・ブリキなどに).
die **Schweif·sä·ge** [シュヴァイふ・ゼーゲ] 名 -/-n 糸鋸(のこ).
der **Schweif·stern** [シュヴァイふ・シュテルン] 名 -(e)s/-e 〖天〗⟨古⟩彗星.〖普通は Komet〗
die **Schwei·fung** [シュヴァイふング] 名 -/-en **1.**(複)のみ さまようこと. **2.** 湾曲した形〔線〕;(複)のみ 湾曲させること,反りをつけること.
schweif·we·deln [シュヴァイふ・ヴェーデルン] 動 *h.* **1.** (雅)尾を振る(犬が). **2.**(bei ⟨j³⟩ =)⟨古⟩(へつらって)尻尾を振る.
das **Schwei·ge·geld** [シュヴァイゲ・ゲルト] 名 -(e)s/-er 口止め料.
die **Schwei·ge·mi·nu·te** [シュヴァイゲ・ミヌーテ] 名 -/-n 1分間の黙禱(とう).
schwei·gen* [シュヴァイゲン] 動 schwieg; hat geschwiegen **1.** 〖状態〗黙っている,沈黙している,口をきかない,話さない,返事〔弁解・抗議〕しない,口外しない. **2.** 〖始動〗黙る,口をつぐむ(話・歌などを止めて). **3.** 〖始動〗鳴り止む,沈黙する(歌声・演奏・砲声・騒音などの);放送を止める. |慣用| **Die Waffen schweigen.** ⟨文⟩戦争が終結する. **ganz zu schweigen von ...** ,…については言うまでもなく:Das Essen war schlecht, ganz zu *schweigen* von der Bedienung. 食事はまずかった,サービス(のひどさ)については言う

までもないとして.

das **Schwei·gen** ［シュヴァイゲン］ [名] -s/ 沈黙, 無言：sich⁴ in ～ hüllen 固く口を閉ざす. 〈j⁴〉 zum ～ bringen 〈人ₐ〉黙らせる;〈人ₐ〉殺す.

schwei·gend ［シュヴァイゲント］ [形] 無言の, 暗黙の.

die **Schwei·ge·pflicht** ［シュヴァイゲ·プふリひト］ [名] -/ 守秘義務.

der **Schwei·ger** ［シュヴァイガー］ [名] -s/- 無口な人.

die **Schweige·spi·ra·le** ［シュヴァイゲ·シュピらーレ］ [名] -/ 沈黙の螺旋(らせん)傾向《少数派がますます沈黙すること》.

schweig·sam ［シュヴァイクザーム］ [形] 無口な, 口数の少ない.

die **Schweig·sam·keit** ［シュヴァイクザームカイト］ [名] -/ 無口, 寡黙.

das **Schwein** ［シュヴァイン］ [名] -(e)s/-e **1.** 豚;《[単]のみ》《口》豚(肉). **2.** 《口》不潔なやつ;《蔑・罵》卑劣なやつ, 豚野郎;《口》人：ein armes ～ あわれな人. **3.** 〖動〗イノシシ科の動物. 【慣用】**kein Schwein** 《口》一人も…ない. **Schwein haben** 《口》幸運に恵まれる.

der **Schwei·ne·bra·ten** ［シュヴァイネ·ブらーテン］ [名] -s/- 〖料〗ローストポーク.

das **Schwei·ne·fett** ［シュヴァイネ·ふぇっト］ [名] -(e)s/-e ラード.

das **Schwei·ne·fleisch** ［シュヴァイネ·ふライシュ］ [名] -(e)s/ 豚肉.

der **Schwei·ne·fraß** ［シュヴァイネ·ふらース］ [名] -es/ 《蔑》豚のえさ;ひどい食事.

der **Schwei·ne·hirt** ［シュヴァイネ·ヒるト］ [名] -en/-en 豚飼い.

der **Schwei·ne·hund** ［シュヴァイネ·フント］ [名] -(e)s/-e 《蔑・罵》下劣なやつ：der innere ～ 弱気, 臆病(おくびょう).

der **Schwei·ne·ko·ben** ［シュヴァイネ·コーベン］ [名] -s/- 豚小屋.

die **Schwei·ne·mäs·te·rei** ［シュヴァイネ·メステらイ］ [名] -/-en (豚の肥育をする)養豚業.

die **Schwei·ne·pest** ［シュヴァイネ·ペスト］ [名] -/ 豚コレラ.

die **Schwei·ne·rei** ［シュヴァイネらイ］ [名] -/-en 《口・蔑》汚い〔乱れた〕こと;みだらなこと;けしからぬこと, 不劣〔卑劣〕なこと.

das **Schwei·ne·schmalz** ［シュヴァイネ·シュマルツ］ [名] -es/ ラード.

das **Schwei·ne·schnit·zel** ［シュヴァイネ·シュニっツェル］ [名] -s/- 〖料〗ポークシュニッツェル《豚肉のカツレツ》.

der **Schwei·ne·stall** ［シュヴァイネ·シュタル］ [名] -(e)s/..ställe 豚小屋.

die **Schwei·ne·zucht** ［シュヴァイネ·ツふト］ [名] -/-en 養豚(業).

S

(*das*) **Schwein·furt** ［シュヴァイン·ふるト］ [名] -s/ 〖地名〗シュヴァインフルト《バイエルン州の都市》.

der **Schwein·i·gel** ［シュヴァイン·イーゲル］ [名] -s/- 《口・蔑》汚ない〔不潔な〕やつ;卑猥〔下品〕な冗談の好きなやつ.

die **Schwein·i·ge·lei** ［シュヴァイン·イーゲライ］ [名] -/-en 《口・蔑》下品な話〔冗談〕, 猥談(わいだん);下卑た行為.

schwein·i·geln ［シュヴァイン·イーゲルン］ [動] *h.* [補足なし] 《口・蔑》汚す, 不潔にする;卑猥(ひわい)な冗談を言う, 猥談をする.

schwei·nisch ［シュヴァイニシュ］ [形] 《口・蔑》不潔な;卑劣な;卑猥(ひわい)な.

der **Schweins·fuß** ［シュヴァインス·ふース］ [名] -es/..füße 〖料〗豚足.

der **Schweins·ga·lopp** ［シュヴァインス·ガロっプ］ [名] -s/-e 《次の形で》《口・冗》im ～ 足早に, 慌てて.

die **Schweins·keu·le** ［シュヴァインス·コイレ］ [名] -/-n 〖料〗豚のもも肉.

der **Schweins·kopf** ［シュヴァインス·コっプふ］ [名] -(e)s/..köpfe 〖料〗豚の頭;《蔑》豚の頭のような頭.

das **Schweins·le·der** ［シュヴァインス·レーダー］ [名] -s/- 豚革.

schweins·le·dern ［シュヴァインス·レーダーン］ [形] 豚革の.

der **Schwein·zy·k·lus** ［シュヴァイン·ツュークルス］ [名] -/..len 〖経〗ピッグ・サイクル.

der **Schweiß** ［シュヴァイス］ [名] -es/-e 《[複]は〖医〗》 **1.** 汗;苦労, 努力：in ～ geraten〔kommen〕汗をかく. 〈et¹〉 kostet viel ～ 〈事ₙ〉非常に苦労する. **2.** 〖狩〗(獣が流す)血. 【慣用】**im Schweiße seines Angesichts** 額に汗して, 苦労して《創世記 3, 19》.

der **Schweiß·ap·pa·rat** ［シュヴァイス·アパらート］ [名] -(e)s/-e 溶接機.

der **Schweiß·aus·bruch** ［シュヴァイス·アウス·ブるっふ］ [名] -(e)s/..brüche (突然の多量の)発汗.

schweiß·be·deckt ［シュヴァイス·ベデックト］ [形] 汗だらけの.

das **Schweiß·blatt** ［シュヴァイス·ブラっト］ [名] -(e)s/..blätter 《主に[複]》〖服〗(わき下の)汗除け, ドレスシールド.

der **Schweiß·bren·ner** ［シュヴァイス·ブれナー］ [名] -s/- 溶接トーチ.

die **Schweiß·drü·se** ［シュヴァイス·ドりゅーゼ］ [名] -/-n 《主に[複]》〖解〗汗腺.

schwei·ßen ［シュヴァイセン］ [動] *h.* **1.** 〔〈et⁴〉ₒ〕溶接する. **2.** [補足なし]溶接作業をする. **3.** [補足なし]《方》汗をかく;〖狩〗血を流す(手負いの動物が).

der **Schwei·ßer** ［シュヴァイサー］ [名] -s/- 溶接工.

der **Schweiß·fuß** ［シュヴァイス·ふース］ [名] -es/..füße 《主に[複]》あぶら足.

schweiß·ge·ba·det ［シュヴァイス·ゲバーデット］ [形] 汗びっしょりの.

der **Schweiß·ge·ruch** ［シュヴァイス·ゲるっふ］ [名] -(e)s/ 汗のにおい.

der **Schweiß·hund** ［シュヴァイス·フント］ [名] -(e)s/-e 〖狩〗ブラッドハウンド《弾たれた獣を追う猟犬》.

schwei·ßig ［シュヴァイスィひ］ [形] 汗ばんだ, 汗にぬれた;〖狩〗血を流した, 血まみれの.

das **Schweiß·le·der** ［シュヴァイス·レーダー］ [名] -s/- (帽子の内側の)汗止めの皮バンド.

das **Schweiß·mit·tel** ［シュヴァイス·ミっテル］ [名] -s/- 発汗剤.

die **Schweiß·naht** ［シュヴァイス·ナート］ [名] -/..nähte 溶接箇所, 溶接の継ぎ目.

die **Schweiß·per·le** ［シュヴァイス·ペるレ］ [名] -/-n 《主に[複]》玉の汗.

die **Schweiß·po·re** ［シュヴァイス·ポーれ］ [名] -/-n 汗孔.

der **Schweiß·stahl** ［シュヴァイス·シュタール］ [名] -(e)s/..stähle 〖冶金〗錬鋼.

die **Schweiß·stel·le** ［シュヴァイス·シュテレ］ [名] -/-n 溶接部.

schweiß·trei·bend ［シュヴァイス·トらイベント］ [形] 発汗作用のある;《転・冗》(汗だくになるほど)骨の折れる.

schweiß·trie·fend ［シュヴァイス·トりーふぇント］ [形] 汗の滴る.

der **Schweiß·trop·fen** ［シュヴァイス·トろっプふぇン］ [名] -s/- 《主に[複]》汗のしずく.

das **Schweiß·tuch** ［シュヴァイス·トゥーふ］ [名] -(e)s/..tücher 《古》汗ふき(用の布).

die **Schwei·ßung** ［シュヴァイスング］ [名] -/-en 〖工〗溶接.

die **Schweiß·wol·le** ［シュヴァイス·ヴォレ］ [名] -/-n 未脱脂羊毛.

(*der*) **Schweit·zer** ［シュヴァイツァー］ [名] 〖人名〗シュヴ

アイツァー《Albert ～, 1875-1965, アルザス生れの神学者・医師》.

die **Schweiz** [シュヴァイツ] [名] -/ 〖国名〗スイス： die deutsche ～ スイスのドイツ語地域. in der/die ～ スイスで/スイスへ.

der **Schwei·zer**[1] [シュヴァイツァー] [形] 《無変化》スイスの.

der **Schwei·zer**[2] [シュヴァイツァー] [名] -s/- **1.** スイス人. **2.** (訓練を積んだ)搾乳夫. **3.** 〖カトリック〗《方》教会の番人；(ヴァチカンの)スイス衛兵. **4.** スイスチーズ(～ Käse).

der **Schwei·zer·bür·ger** [シュヴァイツァー・ビュるガー] [名] -s/- スイス国民.

der **Schwei·zer·de·gen** [シュヴァイツァー・デーゲン] [名] -s/- 熟練した植字工兼印刷工.

schwei·zer·deutsch [シュヴァイツァー・ドイチュ] [形] スイス・ドイツ語の.

das **Schwei·zer·deutsch** [シュヴァイツァー・ドイチュ] [名] -(s)/ スイス・ドイツ語, スイス方言のドイツ語.【用法は⇨Deutsch】

das **Schwei·zer·deut·sche** [シュヴァイツァー・ドイチェ] [名] 《形容詞的変化；[単]のみ》《定冠詞とともに》スイス・ドイツ語, スイス方言のドイツ語.【用法は⇨ Deutsche[2]】

die **Schwei·ze·rei** [シュヴァイツェらイ] [名] -/-en 私営乳業.

die **Schwei·zer·gar·de** [シュヴァイツァー・ガるデ] [名] -/ (ヴァチカンの)スイス衛兵〔傭兵(ようへい)〕.

das **Schwei·zer·haus** [シュヴァイツァー・ハウス] [名] -es/ ..häuser スイス風山荘〔家屋〕.

die **Schwei·ze·rin** [シュヴァイツェりン] [名] -/-nen スイス人女性.

schwei·ze·risch [シュヴァイツェりシュ] [形] スイス(人・方言)の： die *S～e* Eidgenossenschaft スイス連邦《die Schweiz の正式名称》.

das **Schwei·zer·land** [シュヴァイツァー・ラント] [名] -(e)s/ 《稀》スイス.

der **Schwel·brand** [シュヴェール・ブらント] [名] -(e)s/ ..brände 煙を上げてくすぶるだけの火事.

schwe·len [シュヴェーレン] [動] *h.* **1.** 〔補足なし〕(ぶすぶす)くすぶっている《火・恨みなどが》. **2.** 〔〈et^4〉ヲ〕〖工〗乾留する《石炭などを》.

schwel·gen [シュヴェルゲン] [動] *h.* **1.** 〔補足なし〕ぜいたくに飲食をする. **2.** 〔in 〈et^3〉ニ〕《文》ふける, 浸る《想い出などに》. **3.** 〔in 〈et^3〉ヲ〕《文》ふんだんに用いる《色彩などを》.

der **Schwel·ger** [シュヴェルガー] [名] -s/- 《稀》美食家；ぜいたくな人, 享楽的な人.

die **Schwel·ge·rei** [シュヴェルゲらイ] [名] -/-en 美食；ぜいたく, 享楽.

schwel·ge·risch [シュヴェルゲりシュ] [形] 豪勢な, ぜいたくな；享楽的な.

die **Schwel·le** [シュヴェレ] [名] -/-n **1.** 敷居： an der ～ einer neuen Zeit 《文》新時代の出発点に. **2.** 〖心〗閾(いき)《刺激・意識などの境界》. **3.** (レールの)まくら木(Bahn～)；〖土〗(ハーフティンバー建築の)梁(はり). **4.** 〖地〗海膨, 地膨《海底・大陸の隆起》.

schwel·len[1*] [シュヴェレン] [動] er schwillt ; schwoll ; ist geschwollen **1.** 〔補足なし〕膨らむ《血管などが》, はれる《まぶた・関節などが》, むくむ《足などが》. **2.** 〔補足なし〕《文》増水する《川などが》；強まる《風・音などが》.

schwel·len[2] [シュヴェレン] [動] *h.* **1.** 〔〈et^4〉ヲ〕《文》膨らます. **2.** 〔〈et^4〉ヲ〕《方》煮て柔らかくする；〖製革〗なめす《液に浸して》.

die **Schwel·len·angst** [シュヴェレン・アングスト] [名] -/ (初めての店や建物に入る時の)不安, 気おくれ.

schwel·lend [シュヴェレント] [形] 《文》ふくらんだ, ふっくらした.

das **Schwel·len·land** [シュヴェレン・ラント] [名] -(e)s/ ..länder (先進工業国に成長しつつある)発展〔開発〕途上国.

der **Schwel·len·wert** [シュヴェレン・ヴェーあト] [名] -(e)s/-e 〖理・電〗最小限界値；〖心〗閾値(いきち).

der **Schwel·ler** [シュヴェラー] [名] -s/- 〖楽〗(ハーモニウムの)強弱装置.

der **Schwell·kör·per** [シュヴェル・ケるパー] [名] -s/- 〖解〗海綿体.

die **Schwel·lung** [シュヴェルング] [名] -/-en 腫(は)れ；腫脹(しゅちょう)；腫れた箇所；〖地〗隆起.

der **Schwel·teer** [シュヴェール・テーあ] [名] -(e)s/-e 〖工〗低温タール.

die **Schwe·lung** [シュヴェールング] [名] -/-en 〖工〗(石炭などの)乾留.

die **Schwem·me** [シュヴェメ] [名] -/-n **1.** (家畜の)水飲み〔水浴び〕場. **2.** 《方》居酒屋. **3.** 〖経〗(商品の時期的な)氾濫(はんらん), 供給過剰；《オーストリア》特売場. 【慣用】〈j^4〉 **in die Schwemme reiten** 〈人ヲ〉飲む気にさせる；《転》〈人ヲ〉困難な状況にさせる.

schwem·men [シュヴェメン] [動] *h.* **1.** 〔〈j^4/et^4〉ヲ＋〈方向〉ニ〕押し流す, 洗い流す. **2.** 〔〈j^4/et^4〉ヲ〕《オーストリア》すすぐ《洗濯物を》；いかだに組んで流す《材木を》；〖製革〗処理液に浸す《皮・毛皮を柔らかくするため》.

das **Schwemm·land** [シュヴェム・ラント] [名] -(e)s/ 沖積地.

der **Schwemm·sand** [シュヴェム・ザント] [名] -(e)s/ 沖積砂.

der **Schwemm·stein** [シュヴェム・シュタイン] [名] -(e)s/-e 〖土〗建築用軽石.

der **Schwen·gel** [シュヴェンゲル] [名] -s/- (ポンプなどの)取っ手, 柄；鐘の舌；《口》ペニス.

der **Schwenk** [シュヴェンク] [名] -(e)s/-s〔-e〕(急)回転, 方向転換；〖映・テレビ〗パン(ショット).

schwenk·bar [シュヴェンク・バーあ] [形] 旋回〔回転〕式の.

schwen·ken [シュヴェンケン] [動] **1.** *h.* 〔〈et^4〉ヲ/mit 〈et^3〉ヲ〕振る, 振回す《合図などのために腕・小旗などを》. **2.** *h.* 〔〈et^4〉ヲ＋von 〈et^3〉カラ〕《方》振り払う〔落す〕《水滴をぬれた手などから》. **3.** *h.* 〔〈et^4〉ヲ＋in 〈et^3〉(ノ中)デ〕ゆすぐ, ゆすぎ洗いする《食器を湯などで》；〖料〗強火でさっと焼く〔いためる〕《肉をバターなどで》. **4.** *s.* 〔〈方向〉ニ〕曲る；向きを変える, 方向転換する, 旋回〔転回〕する. **5.** *h.* 〔〈et^4〉ヲ＋〈方向〉ニ〕旋回させる, (…の)向きを変える《クレーンなどを》, パンする《カメラを》. **6.** *h.* 〔〈j^4〉ヲ〕《方》解雇する, 退学させる.

der **Schwen·ker** [シュヴェンカー] [名] -s/- ブランデーグラス；〖映・テレビ〗カメラ助手.

der **Schwenk·kran** [シュヴェンク・クらーン] [名] -(e)s/-e〔..kräne〕回転クレーン.

die **Schwen·kung** [シュヴェンクング] [名] -/-en 方向転換, 旋回；転向.

schwer [シュヴェーあ] [形] **1.** 〔(〈et^4〉ダケ)〕重い, 重量のある： ein *～er* Koffer 重いスーツケース. *～e* Stoffe (目が詰んで)重みのある生地. *～er* Boden 粘土質の土壌. Er ist zehn Kilogramm *～er* als ich. 彼は私より 10 キロ体重が多い. ～ wie Blei 鉛のように重い. ～ beladen/bewaffnet sein 重い荷を積んで〔負って〕いる/重装備をしている. **2.** 〔〈et^4〉ノ〕重さの, 重量の, 目方の： ein fünf Kilo(gramm) *～es* Paket 5 キロの重さの小包. Wie ～ bist du ? 《口》君はどのくらい重い. **3.** 難しい；骨の折れる, つらい；難解な： *～e* Arbeit/Lektüre 重労働/難解な読み物. ～ verständlich 難解な. Das Mädchen ist ～ erziehbar この女の子は教育が困難だ. Diese Frage ist ～

S

..**schwer** 1088

zu beantworten. この問いは答えるのが難しい. **Es ist ~ zu sagen, ob ...** …かどうか言うのは難しい. **eine ~ lösliche Materie** 溶解しにくい物質. ⇨ **schwer fallen, schwer halten, schwer machen, schwer nehmen, schwer tun. 4.** 重大な, 激しい, ひどい：**ein ~er Schlag** ひどい打撃. **eine ~e Krankheit** 重病. **~ beschädigt sein** ひどく損傷した. **~ krank** 病の重症. **~ verletzt** (verwundet) 重傷の. **~ enttäuscht sein** ひどく失望している. **5.** 胃にもたれる, こってりした.〈酒・タバコ・香などが〉強い. 〈回・冗〉でぶ. 香など, 主眼：das ~ auf 〈et⁴〉 legen 〈事に〉重点を置く.

schwer fallen*, ⓓ**schwer|fallen*** [シュヴェーあ ふぁルン] 動 **s.** 〈j³ニトッテ〉むずかしい, 困難(苦労・面倒)である, 気が重い, つらい.

schwerfällig [シュヴェーあ・ふェリヒ] 形 鈍重な, もたもたした, 回りくどい.

die **Schwerfälligkeit** [シュヴェーあ・ふェリヒカイト] 名 -/ 鈍重さ, 鈍さ, ぎこちなさ.

das **Schwergewicht** [シュヴェーあ・ゲヴィヒト] 名 -(e)s/-e **1.** 〈体のみ〉〈スポ〉ヘビー級. **2.** ヘビー級選手；〈口・冗〉でぶ. **3.** 重点, 主眼：das ~ auf 〈et⁴〉 legen 〈事に〉重点を置く.

der **Schwergewichtler** [シュヴェーあ・ゲヴィヒトラー] 名 -s/- 〈スポ〉ヘビー級選手.

schwer halten*, ⓓ**schwer|halten*** [シュヴェーあ ハルテン] 動 **h.** 〈Es〉困難である, 難しい：Es hält schwer, 〈et⁴〉 zu tun. 〈事を〉するのは困難である.

schwerhörig [シュヴェーあ・ヘーリヒ] 形 耳が遠い, 難聴の.

die **Schwerhörigkeit** [シュヴェーあ・ヘーリヒカイト] 名 -/ 難聴.

(*das*) **Schwerin** [シュヴェリーン] 名 -s/ 〖地名〗シュヴェリーン（メクレンブルク=フォーアポンメルン州の州都）.

die **Schwerindustrie** [シュヴェーあ・インドゥストリー] 名 -/重工業.

die **Schwerkraft** [シュヴェーあ・クらふト] 名 -/ 〖理・天〗重力.

schwer krank, ⓓ**schwerkrank** [シュヴェーあ クらンク] 形 ⇨ schwer 4.

der/die **Schwerkranke, schwer Kranke** [シュヴェーあ・クらンケ] 名 〈形容詞的変化〉重病人.

der/die **Schwerkriegsbeschädigte** [シュヴェーあ・クりークス・ベシェーディヒテ] 名 〈形容詞的変化〉〖官〗重度戦傷者.

schwerlich [シュヴェーあリヒ] 副 〈文飾〉…はまずない(難しい)だろう：Das werden Sie ~ fertigbringen. それをなしとげるのは困難でしょう.

schwer löslich, ⓓ**schwerlöslich** [シュヴェーあ (レ)ースリヒ] 形 ⇨ schwer 3.

schwer machen, ⓓ**schwer|machen** [シュヴェーあ マッヘン] 動 **h. 1.** 〈sich³+〈et⁴デ〉大変苦労する：sich³ eine Entscheidung ~ 決定に大変苦労する. **2.** 〈j³ダ〉+〈et⁴ッフ〉困難なものにする：〈j³〉 das Leben ~ 〈人〉の人生をつらいものにする.

das **Schwermetall** [シュヴェーあ・メタル] 名 -s/-e 重金属.

die **Schwermut** [シュヴェーあ・ムート] 名 -/ 憂鬱(ゆううつ)な(重苦しい)気分.

schwermütig [シュヴェーあ・ミューティヒ] 形 憂鬱(ゆううつ)そうな, ふさぎ込んだ.

schwer nehmen*, ⓓ**schwer|nehmen*** [シュヴェーあ・ネーメン] 動 **h.** 〈et⁴ッフ〉深刻に受けとめる(考える), 重大視する.

das **Schweröl** [シュヴェーあ・エール] 名 -(e)s/-e 重油.

der **Schwerpunkt** [シュヴェーあ・プンクト] 名 -(e)s/-e 重点, 要点, ポイント, 中心；〖理〗重心.

das **Schwerpunktfach** [シュヴェーあプンクト・ふぁッハ] 名 -(e)s/..fächer 〖教〗重点課目.

der **Schwerpunktstreik** [シュヴェーあプンクト・シュトらイク] 名 -(e)s/-s 拠点ストライキ.

schwerreich [シュヴェーあ・らイヒ] 形 〈口〉非常に豊かな, 大金持の.

der **Schwerspat** [シュヴェーあ・シュパート] 名 -(e)s/-e 〖..späte〗重晶石.

der/die **Schwerstbehinderte** [シュヴェーあスト・ベヒンダーテ] 名 〈形容詞的変化〉最重度(心身)障害者.

das **Schwert** [シュヴェーあト] 名 -(e)s/-er **1.** 剣,

..**schwer** [..シュヴェーあ] 接尾 名詞の後につけて「重大な(多くの)…を含む(もたらす)」という意味の形容詞を作る：**gedankenschwer** 頭が考え〔心配〕でいっぱいの. **inhaltsschwer** 重大な〔多様な〕内容の. **folgenschwer** 重大な結果をもたらす. **schicksalsschwer** 重大な運命をはらんだ. **millionenschwer** 巨万の富を持つ.

die **Schwerarbeit** [シュヴェーあ・アるバイト] 名 -/ 重労働.

der **Schwerarbeiter** [シュヴェーあ・アるバイター] 名 -s/- 重労働者.

der **Schwerathlet** [シュヴェーあ・アトレート] 名 -en/-en 〖スポ〗重競技の選手（重量挙げ・格闘技などの選手）.

die **Schwerathletik** [シュヴェーあ・アトレーティク] 名 -/ 〖スポ〗重競技（重量挙げ・格闘技など）.

schwerbehindert [シュヴェーあ・ベヒンダート] 形 〖官〗重度(心身)障害の.

der/die **Schwerbehinderte** [シュヴェーあ・ベヒンダーテ] 名 〖官〗〈形容詞的変化〉重度(心身)障害者.

schwer beladen, ⓓ**schwerbeladen** [シュヴェーあ ベラーデン] 形 ⇨ schwer 1.

schwerbeschädigt [シュヴェーあ・ベシェーディヒト] 形 （比較級なし；最高級は schwerstbeschädigt）〖官〗重身体障害の（特に戦傷による）. ⇨ schwer 4.

der/die **Schwerbeschädigte** [シュヴェーあ・ベシェーディヒテ] 名 〈形容詞的変化〉重度身体障害者.

schwer bewaffnet, ⓓ**schwerbewaffnet** [シュヴェーあ ベヴァふネット] 形 ⇨ schwer 1.

schwerblütig [シュヴェーあ・ブリューティヒ] 形 鈍重な.

die **Schwere** [シュヴェーれ] 名 -/ **1.** 〈文〉重さ, 重量；〖理・天〗重力（Schwerkraft）. **2.** 〈文〉（罪などの）重さ. **3.** （課題などの）難しさ,（嵐などの）激しさ；〈人の〉人生をつらいものにする.

schwerelos [シュヴェーれ・ロース] 形 無重力の, 無重量の；〈文〉軽やかな；屈託のない.

die **Schwerelosigkeit** [シュヴェーれ・ローズィヒカイト] 名 -/ 無重力；〈文〉軽やかさ, 悩みのないこと, 屈託のなさ.

der **Schwerenöter** [シュヴェーれ・ネーター] 名 -s/- 〈口・冗〉洒落者, 調子者.

schwer erziehbar, ⓓ**schwererziehbar** [シュヴェーあ エあツィーバー] 形 ⇨ schwer 3.

刀： das ～ ziehen〔zücken〕剣を抜く. **2.** 〖海〗(小型ヨットの)センターボード. 【慣用】**Das Schwert des Damokles hängt〔schwebt〕über ⟨j³⟩.** 《文》予期せぬ危険に⟨人が⟩さらされている. **das Schwert in die Scheide stecken** 《文》矛(ほこ)をおさめる, 戦いをやめる. **ein zweischneidiges Schwert** 両刃の剣.

der **Schwert·fisch** [シュヴェーあト・ふぃっシュ] [名] -(e)s/-e 〖魚〗メカジキ.

der **Schwert·fort·satz** [シュヴェーあト・ふぉるト・ザっツ] [名] -es/..sätze 〖解〗剣状突起(胸骨下部の突起).

die **Schwert·lei·te** [シュヴェーあト・ライテ] [名] -/-n (中世の)刀礼(騎士叙任の儀式).

die **Schwert·li·lie** [シュヴェーあト・リーリエ] [名] -/-n 〖植〗アイリス.

der **Schwert·ma·ge** [シュヴェーあト・マーゲ] [名] -n/-n 父方の男性親族(古代ゲルマンの法律で).

der **Schwert·streich** [シュヴェーあト・シュトらイひ] [名] -(e)s/-e (主に[単])剣の一撃： ohne ～ 戦わずに, 無血で.

der **Schwert·tanz** [シュヴェーあト・タンツ] [名] -es/..tänze 剣舞.

schwer tun*, ⓘ**schwer|tun*** [シュヴェーあ トゥーン] [動] *h.* 〔sich⁴⁽³⁾+(mit ⟨j³/et³⟩ₜ)〕《口》苦労する.

der **Schwer·ver·bre·cher** [シュヴェーあ・ふぇあブれっひゃー] [名] -s/- 重罪犯(人).

schwer ver·dau·lich, ⓘ**schwer·ver·dau·lich** [シュヴェーあ ふぇあダウリひ] [形] ⇨ schwer 5.

schwer ver·letzt, ⓘ**schwer·ver·letzt** [シュヴェーあ ふぇあレッツト] [形] ⇨ schwer 4.

schwer ver·ständ·lich, ⓘ**schwer·ver·ständ·lich** [シュヴェーあ ふぇあシュテントリひ] [形] ⇨ schwer 2.

schwer ver·wun·det, ⓘ**schwer·ver·wun·det** [シュヴェーあ ふぇあヴンデット] [形] ⇨ schwer 4.

der/die **Schwer·ver·wun·de·te, schwer Ver·wun·de·te** [シュヴェーあ・ふぇあヴンデテ] [名] (形容詞的変化)重傷者.

schwer·wie·gend, schwer wie·gend [シュヴェーあ・ヴィーゲント] [形] 重大な.

die **Schwes·ter** [シュヴェスター] [名] -/-n **1.** 姉, 妹, 姉妹; (女性の)同胞： eine ältere/jüngere ～ 姉/妹. **2.** 看護婦(Kranken～)(略Schw.); 修道女(Ordens～).

das **Schwes·ter·chen** [シュヴェスターひぇン] [名] -s/- 小さい妹.

die **Schwes·ter·fir·ma** [シュヴェスター・ふぃるマ] [名] -/..men 姉妹会社.

das **Schwes·ter·kind** [シュヴェスター・キント] [名] -(e)s/-er 《古》姉〔妹〕の子.

schwes·ter·lich [シュヴェスターリひ] [形] 姉妹の(ような).

die **Schwes·ter·lie·be** [シュヴェスター・リーベ] [名] -/ 姉〔妹〕の愛, 姉妹愛.

die **Schwes·tern·hau·be** [シュヴェスターン・ハウベ] [名] -/-n 看護婦帽, ナースキャップ.

das **Schwes·tern·paar** [シュヴェスターン・パーあ] [名] -(e)s/-e 《文》二人姉妹.

die **Schwes·tern·schaft** [シュヴェスターンシャふト] [名] -/-en ([単]のみ)(総称)(病院の)看護婦全員.

die **Schwes·tern·tracht** [シュヴェスターン・トらはト] [名] -/-en 看護婦服; 修道女服.

das **Schwes·ter·schiff** [シュヴェスター・シふ] [名] -(e)s/-e 姉妹船(同型の船).

die **Schwes·ter·stadt** [シュヴェスター・シュタっト] [名] -/..städte 姉妹都市(①隣接都市. ②親善契約で結びついた都市).

der **Schwib·bo·gen** [シュヴィっプ・ボーゲン] [名] -s/- 〖建〗飛び梁(はり), フライングバットレス.

schwieg [シュヴィーク] [動] schweigen の過去形.

schwie·ge [シュヴィーゲ] [動] schweigen の接続法 2 式.

die **Schwie·ger·el·tern** [シュヴィーガー・エルターン] [複名] 夫〔妻〕の両親, 舅姑(しゅうとしゅうとめ).

der **Schwie·ger·en·kel** [シュヴィーガー・エンケル] [名] -s/- 孫の嫁と婿.

die **Schwie·ger·mut·ter** [シュヴィーガー・ムッター] [名] -/..mütter 夫〔妻〕の母, 姑(しゅうとめ).

der **Schwie·ger·sohn** [シュヴィーガー・ゾーン] [名] -(e)s/..söhne 娘の夫, 婿.

die **Schwie·ger·toch·ter** [シュヴィーガー・トほター] [名] -/..töchter 息子の妻, 嫁.

der **Schwie·ger·va·ter** [シュヴィーガー・ふぁーター] [名] -s/..väter 夫〔妻〕の父, 舅(しゅうと).

die **Schwie·le** [シュヴィーレ] [名] -/-n **1.** (主に[複])胼胝(たこ). **2.** 〖医〗胼胝(ちん).

schwie·lig [シュヴィーリひ] [形] 胼胝(たこ)のできた.

schwie·me·lig [シュヴィーメリひ] [形] 《北独》めまいのする.

schwiem·lig [シュヴィームリひ] [形] ＝schwiemelig.

schwie·rig [シュヴィーりひ] [形] **1.** 難しい： eine ～*e* Lektüre 難しい読物. ～ zu bedienen sein 操作が難しい. **2.** 厄介な, 面倒な, 紛糾した： eine ～*e* Angelegenheit 厄介な事柄〔事件〕. **3.** 気難しい, 扱いにくい.

die **Schwie·rig·keit** [シュヴィーりひカイト] [名] -/-en 困難, 難儀; ([複]のみ)厄介〔面倒〕なこと, 困難な状況, 障害, トラブル; ([単]のみ)難しさ; 厄介さ, 扱いにくさ： ⟨j³⟩ ～*en* bereiten ⟨人を⟩困らせる.

schwiert [シュヴィーあト] [動] 《古》schwären の現在形 3 人称単数.

schwill ! [シュヴィル] [動] schwellen¹ の du に対する命令形.

schwillst [シュヴィルスト] [動] schwellen¹の現在形 2 人称単数.

schwillt [シュヴィルト] [動] schwellen¹の現在形 3 人称単数.

die **Schwimm·an·stalt** [シュヴィム・アン・シュタルト] [名] -/-en 《古》水泳施設, プール.

der **Schwimm·an·zug** [シュヴィム・アン・ツーク] [名] -(e)s/..züge 水着, スウィムスーツ.

das **Schwimm·bad** [シュヴィム・バート] [名] -(e)s/..bäder 水泳プール.

der **Schwimm·bag·ger** [シュヴィム・バッガー] [名] -s/- 浚渫(しゅんせつ)船.

das **Schwimm·bas·sin** [..basɛ̃: シュヴィム・バサーン] [名] -s/-s 水泳プール.

das **Schwimm·be·cken** [シュヴィム・ベッケン] [名] -s/- 水泳プール.

die **Schwimm·bla·se** [シュヴィム・ブラーゼ] [名] -/-n (魚の)浮き袋; (藻類の)浮き袋, 気泡.

die **Schwimm·blatt·pflan·ze** [シュヴィム・ブラット・プふランツェ] [名] -/-n 〖植〗浮葉植物.

das **Schwimm·dock** [シュヴィム・ドック] [名] -s/-s〔-e〕浮きドック.

schwim·men* [シュヴィメン] [動] schwamm; ist/hat geschwommen **1.** *h.*〔*s.*〕〔(⟨場所⟩ₜ/⟨様態⟩ₜ)〕泳ぐ： auf der Brust/auf dem Rücken ～ 平泳ぎ/背泳ぎで泳ぐ. im Schmetterlingsstil/Freistil ～ バタフライ/自由形で泳ぐ. Sie hat〔ist〕heute viel *geschwommen*. 彼女は今日はたくさん泳いだ. 【schwimmen を行為, その様態•持続の意味で使用する場合, 普通, 完了時称の助動詞は haben. しかし「たくさん泳ぐ」,「何時間も泳ぐ」などの場合は場所の移動のイメージが伴って sein が用いられる傾向がある. このことは fahren, segeln などの場合も同じ】 **2.** *s.*〔⟨方向⟩へ/⟨場所⟩ヲ〕泳ぐ, 泳ぎ着く, 泳いで渡る. **3.** *s.*〔⟨et⁴⟩ヲ〕泳ぐ

S

(ある距離を). **4.** *h.* 〔補足なし〕水に浮く(コルク・木などは). **5.** *s.*〔*h.*〕〔auf〔in〕⟨et^3⟩ニ〕浮いている, 漂っている. **6.** *s.* 〔⟨様態⟩デ〕〘スポーツ〙泳ぐ, 競泳に出場する. **7.** *s.* 〔⟨et^4⟩ヲ〕〘スポーツ〙(泳いで)出す(タイムなどを). **8.** *s.* 〔⟨et^4⟩ヲ〕〘スポーツ〙泳ぐ(競泳の種目を). **9.** *h.* 〔補足なし〕びしょぬれである, 水浸しである. **10.** *h.* 〔auf ⟨et^3⟩ニ〕こぼれている. **11.** *s.* 〔in ⟨et^3⟩ニ〕浸っている, (…が)あり余っている: in Freude ~ 喜びに浸っている. in Tränen ~ 涙にくれている. im Blut ~ 血まみれになっている. im Geld ~ お金がたっぷりある. **12.** *s.* 〔vor ⟨et^3⟩ニ〕ぼやけて見える(目に). **13.** *s.* 〔補足なし〕もうろうとする(頭が). **14.** *h.* 〔補足なし〕《口》しどろもどろである, おたおたする. 【慣用】**ein schwimmendes Hotel** 洋上ホテル, 豪華客船. *s./h.* **Er schwimmt wie eine bleierne Ente.** 《口》彼は金づちだ. *s.* **gegen den/mit dem Strom schwimmen** 流れに逆らって/任せて泳ぐ; 時流に逆う/従う. **schwimmende Fracht** 海上貨物. **schwimmende Inseln** 浮き島.

der **Schwịm·mer** [シュヴィマー] [名] -s/- **1.** 泳げる人; 水泳選手. **2.** (釣りの)浮き. **3.** 〘工〙(水上飛行機などの)フロート; (液量を指示する)フロート; (水量調節用の)浮球.

schwịmm·fä·hig [シュヴィム・ふぇーイひ] [形] (水に)浮く; 航行可能な; 泳げる.

die **Schwịmm·flos·se** [シュヴィム・ふロッセ] [名] -/-n (潜水用の)フリッパー, 足ひれ; 《稀》(魚の)ひれ.

der **Schwịmm·fuß** [シュヴィム・ふース] [名] -es/..füße (主に[複])(水鳥・水生動物の)水かきのある足.

der **Schwịmm·gür·tel** [シュヴィム・ギュるテル] [名] -s/- 救命帯〔胴衣〕; 《冗》腰の回りの脂肪, 太鼓腹.

die **Schwịmm·haut** [シュヴィム・ハウト] [名] -/..häute (水鳥の)水かき.

die **Schwịmm·ho·se** [シュヴィム・ホーゼ] [名] -/-n 水泳パンツ.

der **Schwịmm·kran** [シュヴィム・クらーン] [名] -(e)s/..kräne クレーン船.

der **Schwịmm·leh·rer** [シュヴィム・レーらー] [名] -s/- 水泳教師〔指導員〕, 水泳のインストラクター.

der **Schwịmm·sport** [シュヴィム・シュポるト] [名] -(e)s/ スポーツとしての水泳, 水泳(競技).

der **Schwịmm·vo·gel** [シュヴィム・ふぉーゲル] [名] -s/..vögel 〘鳥〙(水かきのある)水鳥.

die **Schwịmm·wes·te** [シュヴィム・ヴェステ] [名] -/-n 救命胴衣, ライフジャケット.

der **Schwịn·del** [シュヴィンデル] [名] -s/ **1.** めまい. **2.** 《口・蔑》いんちき, ペテン. **3.** 陶酔(状態). 【慣用】**der ganze Schwindel** 《口・蔑》全部まとめて, ひとからげで.

der **Schwịn·del·an·fall** [シュヴィンデル・アン・ふぁル] [名] -(e)s/..fälle めまいの発作.

die **Schwin·de·lei** [シュヴィンデライ] [名] -/-en **1.** 《蔑》(小さな)ペテン, いかさま, 詐欺. **2.** (ちょっとした)嘘を(繰り返し)つくこと.

schwịn·del·er·re·gend, Schwịn·del er·re·gend [シュヴィンデル・エあれーゲント] [形] 目の回る〔くらむ〕ような.

schwịn·del·frei [シュヴィンデル・ふらイ] [形] めまいのしない.

schwịn·del·haft [シュヴィンデルハふト] [形] 不正確な, いい加減な; 《稀》いんちきな.

schwịn·de·lig [シュヴィンデリひ] [形] =schwindlig.

schwịn·deln [シュヴィンデルン] [動] *h.* **1.** 〔Es+⟨j$^{3(4)}$⟩ハ〕めまいがする, 目がくらむ(文頭以外 Es は省略). **2.** 〔⟨j^3⟩ハ〕くらくらする. **3.** 〔補足なし〕《口・蔑》ごまかす, 嘘(うそ)をつく. **4.** 〔⟨文⟩ト/⟨et^4⟩ヲ〕《口・蔑》嘘をつく: Das hat er *geschwindelt*. それは彼が嘘をついたのだ. Das ist aber *geschwindelt*. それはしかし本当ではない. **5.** 〔⟨j^4/et^4⟩ヲ+⟨方向⟩ヘ/durch ⟨et^4⟩ヲ〕うまくごまかして通す〔連込む・持込む〕: sich^4 durch die Polizeikontrolle ~ うまくごまかして警察の検問を通り抜ける.

das **Schwịn·del·un·ter·neh·men** [シュヴィンデル・ウンターネーメン] [名] -s/- 《蔑》いんちき企業.

schwịn·den* [シュヴィンデン] [動] schwand; ist geschwunden **1.** 〔補足なし〕《文》減る(財産などが), (どんどん)衰える(体力・影響力などが), 消えて行く, 弱まる(希望・勇気・関心などが), 弱くなる(光・音などが); 《文》過去る(年月などが), 失われる(意識などが); 〘工〙縮む, 小さくなる. **2.** 〔(aus ⟨et^3⟩カラ)〕《文》消える, 見えなくなる(雪・幻想・思い出・人の姿などが) 【慣用】**Der Sender schwindet.** 《文》その放送局の放送の音が弱くなる(電波障害などによって). **im Schwinden begriffen sein** 《文》消えかかっている.

der **Schwịnd·ler** [シュヴィンドラー] [名] -s/- 《蔑》詐欺師, ぺてん師; 嘘つき.

schwịnd·lig [シュヴィンドリひ] [形] **1.** めまいがする: Ich bin〔Mir ist〕~. 私はめまいがする. **2.** 目の回る〔くらむ〕ような.

die **Schwịnd·sucht** [シュヴィント・ズふト] [名] -/ 《古》肺病, 肺結核.

schwịnd·süch·tig [シュヴィント・ズュひティひ] [形] 《古》消耗性疾患にかかった, 肺結核の.

der/die **Schwịnd·süch·ti·ge** [シュヴィント・ズュひティゲ] [名] (形容詞的変化)《古》肺結核〔肺病〕患者.

die **Schwịng·ach·se** [シュヴィング・アクセ] [名] -/-n 〘車〙独立懸架車軸; 〘工〙浮動軸.

die **Schwịn·ge** [シュヴィンゲ] [名] -/-n **1.** (主に[複])《文》(大きな)翼. **2.** 《方》平籠(かご). **3.** 〘工〙(シャフトなどに接続される)揺れ腕. **4.** 殻竿(からざお); 亜麻打ち棒(Flachs~, Hanf~).

der **Schwịn·gel** [シュヴィンゲル] [名] -s/- 〘植〙ウシノケグサ.

schwịn·gen* [シュヴィンゲン] [動] schwang; hat/ist geschwungen **1.** *h./s.* 〔補足なし〕揺れ(てい)る, 揺れ動く(ブランコ・振子などが). **2.** *h.* 〔⟨j^4/et^4⟩ヲ〕揺らす, 揺り動かす((ブランコに乗った)子供・ブランコなどを). **3.** *h.* 〔⟨et^4⟩ヲ〕振る, 振り動かす(旗・腕などを); 〘農〙殻竿(からざお)で打つ(麻などを). **4.** *h.* 〔sich^4+⟨方向⟩ヘ(カラ)〕(ひらりと)飛乗る〔降りる・出る・越える〕; (ひらりと)飛上がる. **5.** *h.* 〔補足なし〕振動する, 振動して音を出す(空気・振動板・弦などが); 〘理〙拡がる, 伝播(でんぱ)する(電磁波・光〔音〕波・波動などが); 余韻〔響き〕を残している. **6.** *h./s.* 〔⟨方向⟩ニ/⟨場所⟩ニ〕《文》響き渡る, 鳴り響く. **7.** *h.* 〔in ⟨et^3⟩ニ〕(ありありと)現れている. **8.** *s.* 〔⟨方向⟩ニ〕〘スキー〙パラレルターンで滑降する. **9.** *h.* 〔sich^4〕《文》湾曲している, 弧を描いて延びている(入江・海岸(線)・屋根などが). **10.** *h.* 〔補足なし〕《スイス》スイス式レスリングをする.

der **Schwịn·ger** [シュヴィンガー] [名] -s/- (ボクシングの)スイング; スイス式レスリングの選手.

die **Schwịn·gung** [シュヴィングング] [名] -/-en **1.** 揺れ; 振ること; 〘理〙振動. **2.** 《文》(感情の)揺れ, 動き. **3.** 《文》弧(を描いていること), アーチ.

die **Schwịn·gungs·dau·er** [シュヴィングングス・ダウあー] [名] -/ 〘理〙振動周期〔時間〕.

der **Schwịn·gungs·kreis** [シュヴィングングス・クらイス] [名] -es/-e 〘電〙振動回路.

die **Schwịn·gungs·wei·te** [シュヴィングングス・ヴァイテ] [名] -/-n 〘理〙振幅.

die **Schwịn·gungs·zahl** [シュヴィングングス・ツァール] [名] -/-en 振動数, 周波数.

schwịpp! [シュヴィップ] [間] =schwapp.

der **Schwịpp·schwa·ger** [シュヴィップ・シュヴァーガー] [名] -s/..schwäger 《口》配偶者〔兄弟姉妹〕の義理の兄〔弟〕.

die **Schwịpp·schwä·ge·rin** [シュヴィップ・シュヴェーゲりン]

[名] -/-nen 《口》配偶者〔兄弟姉妹〕の義理の姉〔妹〕.

der **Schwips** [シュヴィップス] [名] -es/-e 《口》ほろ酔い.

schwirren [シュヴィれン] [動] **1.** *h.* 〔補足なし〕ぶんぶん〔ぶうん・ぷうん・ひゅっー〕と音を立てる《虫・弓の弦・換気扇などが》. **2.** *s.* 〔〈場所〉ヲ〕ぶんぶん〔ぶうん・ぷうん・ひゅっー〕と音を立てて飛ぶ《鳥・虫・弾などが》; 飛びかう, 乱れ飛ぶ《噂などが》. **3.** 〔〈場所〉ヲ/aus 〈et^3〉カラ〕《口》すっ飛んで行く〔来る・出て来る〕. **4.** *h.* 〔von 〈et^3〉デ〕騒然としている. **【慣用】** *h.* **Es schwirrt mir im Kopf.** 私は頭ががんがんしている. *h.* **Mir schwirrt der Kopf vor Lernen.** 私は勉強し過ぎて頭がぼうっとしている.

das **Schwitz·bad** [シュヴィッツ・バート] [名] -(e)s/..bäder 発汗浴《サウナ, 蒸し風呂, 温水浴など》.

die **Schwitze** [シュヴィッツェ] [名] -/-n 〘料〙ルー(Mehl~).

schwitzen [シュヴィッツェン] [動] *h.* **1.** 〔補足なし〕汗をかく, 汗ばむ; 結露している; 樹脂を出す. **2.** 〔(〈j^3〉ハ)〕汗をかく《身体部分に》: die Hände ~(mir). 両手に汗をかく. **3.** 〔〈et^4〉ヲ〕〘料〙炒(いた)める. **【慣用】** **ins Schwitzen kommen** 汗をかく. **sein Hemd nass schwitzen** シャツがぐっしょりになるほど汗をかく. **sich^4 nass schwitzen** びっしょり汗をかく. **vor Angst schwitzen** 不安のあまり冷汗をかく. **wie ein Affe〔ein Bär〕 schwitzen** 《口》ものすごく汗をかく. **(Geld) schwitzen müssen** お金を払わなくてはならない.

schwitzig [シュヴィッツィひ] [形] 汗にぬれた, 汗だくの.

der **Schwitz·kasten** [シュヴィッツ・カステン] [名] -s/..kästen **1.** (昔の)発汗(治療)箱《頭だけを出す箱形の蒸し風呂》. **2.** 〘レスリ〙ヘッドロック.

die **Schwitz·kur** [シュヴィッツ・クーあ] [名] -/-en 発汗療法.

der **Schwof** [シュヴォーふ] [名] -(e)s/-e 《口》(公開の)ダンスパーティー; (《単》のみ)ダンス.

schwofen [シュヴォーふェン] [動] *h.* 〔補足なし〕《口》ダンスをする, 踊る.

schwoien [シュヴォイエン] [動] *h.* 〔補足なし〕〘海〙錨のまわりを揺れ動く〔旋回する〕《(投錨中の)船が嵐・海流などに押し動かされて》.

schwojen [シュヴォーイェン] [動] *h.* =schwoien.

schwoll [シュヴォル] [動] schwellen の過去形.

schwölle [シュヴェレ] [動] schwellen の接続法２式.

schwömme [シュヴェメ] [動] schwimmen の接続法２式.

schwor [シュヴォーあ] [動] schwören の過去形.

schwöre [シュヴェーれ] [動] schwören の接続法２式.

schwören* [シュヴェーれン] [動] schwor〔schwur〕; hat geschworen《schwur は《古》》 **1.** 〔補足なし〕宣誓する. **2.** 〔〈et^4〉ヲ〕行う《〈et^4〉は同根もしくは同義の名詞》: einen Schwur ~ 宣誓を行う. einen Eid/Meineid ~ 宣誓/偽誓〔偽証〕を行う. **3.** 〔〈文〉ト〕宣誓する. **4.** 〔(〈j^3〉ニ)+〈文〉ト/〈et^4〉ヲ〕(誓って)断言〔確言〕する. **5.** 〔(〈j^3〉ニ)+〈et^4〉ヲ/zu 〈動〉ヲ〕誓う, (誓って)約束する. **6.** 〔sich^3+zu 〈動〉ト〕《口》固く決心する. **7.** 〔auf 〈j^4/et^4〉ヲ〕信じている, (…と)言い張る. **【慣用】** **Das schwöre ich dir.** 《口》私はいい加減なことは言わない; 君はそのことを確かだと思っていい. **Ich schwöre es(, so wahr mir Gott helfe).** 私はそのことを(神にかけて)誓います《宣誓するときの決り文句》.

die **Schwuchtel** [シュヴふテル] [名] -/-n 《蔑》女性同性愛者, レズ.

schwul [シュヴール] [形] 《口》ホモの; 《稀》レズの.

schwül [シュヴュール] [形] 蒸し暑い; 重苦しい; 官能的な.

der/die **Schwule** [シュヴーレ] [名] 《形容詞的変化》《口・稀》同性愛の男, ホモ; 同性愛の女, レズ.

die **Schwüle** [シュヴューレ] [名] -/ 蒸し暑さ; 重苦しい気分; (香などが)官能的であること.

der **Schwuli** [シュヴーリ] [名] -s/-s 《口・冗》同性愛者, ホモ.

die **Schwulität** [シュヴリテート] [名] -/-en 《主に《複》》《口》苦しい状況.

der **Schwulst** [シュヴルスト] [名] -(e)s/Schwülste **1.** 《蔑》ぎょうぎょうしさ, けばけばしさ. **2.** 〘文芸学〙《古》シュヴルスト《後期バロックの過剰な表現》.

schwulstig [シュヴルスティひ] [形] **1.** 腫(は)れた. **2.** 《オーストリア》=schwülstig.

schwülstig [シュヴュルスティひ] [形] 装飾過多の, 大げさな.

die **Schwülstigkeit** [シュヴュルスティひカイト] [名] -/-en **1.** (《単》のみ)誇張, 飾りすぎ. **2.** 誇張〔装飾過多の〕表現.

schwummerig [シュヴメりひ] [形] 《口》ぼうっとした; 不安な, 怖い.

schwummrig [シュヴムりひ] [形] =schwummerig.

der **Schwund** [シュヴント] [名] -(e)s/ **1.** 減少, 減退; 〘医〙萎縮(いしゅく). **2.** 〘商〙目減り, 損耗; 目減りした量. **3.** 〘ラジオ・無線〙フェーディング.

der **Schwund·ausgleich** [シュヴント・アウス・グライひ] [名] -(e)s/-e 〘ラジオ・無線〙自動音量調節器; フェーディング防止.

der **Schwung** [シュヴング] [名] -(e)s/Schwünge **1.** 弧を描く運動; 跳躍, 飛躍, 揺れ, (スキーの)回転. **2.** 弓なりの線, 弧. **3.** (《単》のみ)勢い〔はずみ〕のある動き: ~ holen はずみ〔反動〕をつける. **4.** (《単》のみ)意気込み, 活気, 活力; 迫力: 〈j^4/et^4〉 in ~ bringen 〈人・物・事を〉活気づける. 〈et^1〉 kommt in ~ 〈物・事が〉活気づく. in ~ sein 《口》調子が出ている; 活況を呈している. 〈et^4〉 mit ~ tun 〈事を〉エネルギッシュに行う. **5.** (《単》のみ)《口》多数, 多量.

die **Schwung·feder** [シュヴング・ふェーダー] [名] -/-n 〘動〙風切り羽根.

schwung·haft [シュヴングハふト] [形] 活気のある, 活発な.

die **Schwung·kraft** [シュヴング・クらふト] [名] -/..kräfte 〘理〙遠心力.

schwung·los [シュヴング・ロース] [形] 活気〔生気〕のない; 迫力のない, 熱のこもっていない.

das **Schwung·rad** [シュヴング・らート] [名] -(e)s/..räder 〘工〙はずみ車.

schwung·voll [シュヴング・ふォル] [形] 活気に満ちた, 熱のこもった, 迫力のある; 躍動的な, 勢いのいい; 優雅な弧を描く.

schwupp! [シュヴップ] [間] 《速い動き》さっ, ぱっ.

schwupp·di·wupp! [シュヴップ・ディ・ヴップ] [間] さっさ, ぱっぱっ.

schwups! [シュヴップス] [間] =schwupp!

schwur [シュヴーあ] [動] 《古》schwören の過去形.

der **Schwur** [シュヴーあ] [名] -(e)s/Schwüre 誓い, 誓約; 宣誓.

schwüre [シュヴューれ] [動] schwören の接続法２式.

der **Schwur·finger** [シュヴーあ・ふィンガー] [名] -s/- 《主に《複》》宣誓の指《右手の親指・人指し指・中指》.

das **Schwur·gericht** [シュヴーあ・ゲりひト] [名] -(e)s/-e 特別重罪部, 陪審裁判所.

das **Schwur·gerichts·verfahren** [シュヴーあゲりひツ・ふェあふァーれン] [名] -s/- 陪審裁判.

(das) **Schwyz** [ʃviːts シュヴィーツ] [名] -s/ 〘地名〙シュヴィーツ《スイスの州及び同州の州都》.

der **Schwyzer** [ʃvíːtsər シュヴィーツァー] [名] -s/- シュヴィーツの人.

das **Schwyzer·dütsch** [シュヴィーツァー・デューチュ] [名] -(s)/ スイス・ドイツ語, スイス方言のドイツ語(Schweizerdeutsch).

S

das **Schwyzertütsch** [シュヴィーツァー・テューチュ] 名 -(s)/- スイスドイツ語.

die **Science-fiction, Science-Fiction,** ⓐ**Science-fiction** [sájənsfɪkʃən サイエンス・ふぃくシェン] 名 -/- サイエンスフィクション.

scil. =scilicet すなわち.

sci·li·cet [stsí:litsɛt スツィーリツェット] 副 すなわち(略 sc., scil.).

sco·ren [スコーレン] 動 h.[スポ] 1.[競技]得点する. 2.〈et⁴ ッ〉あげる(点・ゴールなどを).

der **Scotch·ter·ri·er** [skɔ́tʃteriər スコッチ・テリあー] 名 -s/- [動]スコッチテリア(犬).

der **Scot·land Yard** [skɔ́tləndjɑ:d スコットランド ヤード] 名 -/- スコットランドヤード(ロンドン警視庁).

der **Scout** [skaut スカウト] 名 -s/-s 1. ボーイスカウト. 2.[口]外国文学担当の出版社社員(外国で, ベストセラー本の翻訳権獲得などをする).

der **Scrip** [スクリップ] 名 -s/-s [銀行](債券の)未払い利子証書(英米の株式発行前の)仮証券.

das **Script·girl** [..gœ:rl スクリプト・ガーる, ..gœrl スクリプト・ガる] 名 -s/-s [映]スクリプトガール(撮影記録係).

sculps. =sculpsit これを彫れり.

sculp·sit [スクルプスィット] [ラ語] …これを彫れり(彫刻家の署名の後に添える).

der **SD** [..] =Sicherheitsdienst.

s. d. =sieh(e) dies! これを見よ=sieh(e) dort! そこを見よ.

SDR [エスデーエる] =Süddeutscher Rundfunk 南ドイツ放送.

Se [エスエー] =Selen [化]セレン.

Se. =Seine ⇨ S. 2.

s. e. =salvo errore [ラ語]過失を留保して.

der [*das*] **Seal** [zi:l ズィール] 名 -s/-s アザラシの毛皮;アザラシの毛皮のコート.

die **Sé·ance** [zeã:s(ə) ゼアーンス, ゼアーンセ] 名 -/-n 1. 心霊術(降神術)の会. 2.[古・文]会合.

die **SEATO** [ゼアート] 名 -/ シアトー(東南アジア条約機構) (South East Asia Treaty Organization).

(*der*) **Se·bal·dus** [ゼバルドゥス] [男名]ゼバルドゥス(ニュルンベルクの守護聖人).

(*der*) **Se·bas·ti·an** [ゼバスティアン] 名 1. [男名]ゼバスティアン. 2. [人名]der heilige ~ 聖セバスティアン(殉教者).

die **Se·bor·rhö** [ゼボれー] 名 -/-en [医]脂漏.

die **Se·bor·rhöe** [..rø̈: ゼボれー] 名 -/-n =Seborrhö.

sec 1. =Sekunde 秒. 2.[数]=Sekans セカント, 正割.

SECAM [ゼーカム] =Système en Couleur avec Mémoire セカム(フランスのカラーテレビの方式).

sec·co [zɛ́ko ゼッコ] 形 (ワインなど)辛口の.

das **Sech** [ゼひ] 名 -(e)s/-e 犁(すき)の刃, 犁先(さき).

sechs [ゼックス] 数[基数]6.[用法は⇨ acht¹]

die **Sechs** [ゼックス] 名 -/-en 1. (数・数字の)6. 2. (トランプの)6の札. 3. (さいころの目の)6; (成績の)6. 4.[口]6番(系統)のバス(列車・市電).

der **Sechs·ach·tel·takt** [ゼックス・アはテル・タクト] 名 -(e)s/ [楽]8分の6[6/8]拍子.

sechs·bän·dig [ゼックス・ベンディヒ] 形 6巻本の.

das **Sechs·eck** [ゼックス・エック] 名 -(e)s/-e 6角形.

sechs·eckig [ゼックス・エッキひ] 形 6角(形)の.

der **Sech·ser** [ゼッサー] 名 1. [方]旧5ペニヒ硬貨. 2. [口](ナンバーくじの)六つの当りの数字. 3. [方]=Sechs1, 3, 4.【慣用】**nicht für einen Sechser**[方]少しも…ない.

sechs·er·lei [ゼックサーライ] 数[種数]6種類の;6種類のもの〔こと〕.

sechs·fach [ゼックス・ふぁハ] 形 6倍(6重)の.

der **Sechs·fläch·ner** [ゼックス・ふレヒナー] 名 -s/- [数]六面体.

sechs·hun·dert [ゼックス・フンダート] 数[基数]600.

sechs·jäh·rig [ゼックス・イェーリひ] 形 6年[歳]の;6年間の.

sechs·kan·tig [ゼックス・カンティヒ] 形 6稜の.

sechs·mal [ゼックス・マール] 副 6回[度・倍].

sechs·ma·lig [ゼックス・マーリヒ] 形 6回[度]の.

sechs·mo·na·tig [ゼックス・モーナティヒ] 形 生後6か月の; 6か月の.

sechs·mo·nat·lich [ゼックス・モーナトリヒ] 形 6か月ごとの.

sechs·sai·tig [ゼックス・ザイティヒ] 形 6弦の.

sechs·sei·tig [ゼックス・ザイティヒ] 形 6辺の; 6ページの.

der **Sechs·spän·ner** [ゼックス・シュペナー] 名 -s/- 6頭立ての馬車.

sechs·spän·nig [ゼックス・シュペニヒ] 形 6頭立ての.

sechs·stün·dig [ゼックス・シュテュンディヒ] 形 6時間の.

sechs·stünd·lich [ゼックス・シュテュントリヒ] 形 6時間ごとの.

sechst [ゼックスト] 数[序数][形容詞的変化]6番目の, 第6の.[数字表記は「6.」の acht²]

das **Sechs·ta·ge·ren·nen** [ゼックス・ターゲ・れネン] 名 -s/- 6日間自転車耐久競走(チーム対抗の).

sechs·tau·send [ゼックス・タウゼント] 数[基数]6000.

sechs·tel [ゼックステル] 数[分数]6分の1の.

das **Sechs·tel** [ゼックステル] 名 -s/- ((スイ)der ~ -s/-) 6分の1.

sechs·tens [ゼックステンス] 副 第6に.

sechs·und·sech·zig [ゼックス・ウント・ゼヒツィヒ] 名 -/ [トランプ]66(最初に66点とった者が勝つゲーム).

der **Sechs·zy·lin·der** [ゼックス・ツュリンダー] 名 -s/- [口]6気筒エンジン(~motor); 6気筒エンジンの自動車.

sech·zehn [ゼヒツェーン] 数[基数]16.

sech·zehnt [ゼヒツェーント] 数[序数][形容詞的変化]16番目の, 第16の.【数字表記は「16.」】

das **Sech·zehn·tel¹** [ゼヒツェーンテル] 名 -s/- ((スイ)der ~ -s/-)16分の1.

die **Sech·zehn·tel²** [ゼヒツェーンテル] 名 -/[楽]16分音符.

die **Sech·zehn·tel·no·te** [ゼヒツェーンテル・ノーテ] 名 -/-n [楽]16分音符.

sech·zig [ゼヒツィヒ] 数[基数]60.

sech·zi·ger [ゼヒツィガー] 形[無変化][数字表記は「60er」] 1. (世紀の)60年の. 2. 60歳代の;60年代の.[用例は⇨ achtziger]

der **Sech·zi·ger** [ゼヒツィガー] 名 -s/- 1. 60歳の男性; 60歳代の男性. 2. 60年産のワイン. 3. (複のみ)60歳代; 60年代.【用例は⇨ Achtziger¹ 3】

sech·zigst [ゼヒツィヒスト] 数[序数][形容詞的変化]60番目の, 第60の.【数字表記は「60.」】

sech·zigs·tel [ゼヒツィヒステル] 数[分数]60分の1の.

das **Sech·zigs·tel** [ゼヒツィヒステル] 名 -s/- ((スイ)der ~ -s/-)60分の1.

die **Se·cond·hand·wa·ren** [zɛ́kənthɛnt.. ゼケントヘント・ヴァーレン] 複名 セコハン, 中古人.

SED [エスエーデー] =Sozialistische Einheitspartei Deutschlands ドイツ社会主義統一党(旧東独の政党).

das **Se·da·tiv** [ゼダティーふ] 名 -s/-e [医]鎮静剤[薬].

das **Se·da·ti·vum** [ゼダティーヴム] [名] -s/..va 〘医〙鎮静剤〔薬〕.

der **Se·der** [ゼーダー] [名] -(s)/..darim [ゼダリーム] 〘ユダヤ教〙過越(すぎこし)祭の第1・第2夜の家庭での祝宴.

das **Se·dez** [ゼデーツ] [名] -es/-e 〘製本〙 **1.** (〔単〕のみ)十六折り判(記号16°). **2.** 十六折り判の本.

das **Se·dez·for·mat** [ゼデーツ·ふぉるマート] [名] -(e)s/ 〘製本〙十六折り判(記号16°).

die **Se·dia ges·ta·to·ria** [..dʒɛstatóːria ゼーディアヂェスタトーリア] [名] --/ 〘カトリック〙(昔の)教皇用の輿(こし).

se·die·ren [ゼディーれン] [動] *h.* 〔(〈j⁴〉ニ)〕〘医〙鎮静作用を及ぼす.

das **Se·di·ment** [ゼディメント] [名] -(e)s/-e **1.** 〘化・医〙沈殿物. **2.** 〘地質〙堆積(たいせき)物〔岩〕.

se·di·men·tär [ゼディメンテーあ] [形] 〘地質〙沈積〔堆積(たいせき)〕による.

die **Se·di·men·ta·ti·on** [ゼディメンタツィオーン] [名] -/-en 〘化・医〙沈積, 沈降, 沈殿;〘地質〙堆積.

das **Se·di·ment·ge·stein** [ゼディメント·ゲシュタイン] [名] -(e)s/-e 〘地質〙堆積(たいせき)岩.

die **Se·dis·va·kanz** [ゼディスヴァカンツ] [名] -/-en 〘カトリック〙教皇〔司教〕座の空位期間.

der **See**¹ [ゼー] [名] -s/-n 湖, 湖水.

die **See**² [ゼー] [名] -/-n **1.** 海 : an die ~ gehen 海(水浴)に行く. Die ~ geht hoch. 海は荒れている. **2.** 〘海〙波, 風浪;大波 : schwere ~*n* 激浪. 【慣用】**auf hoher See** 外洋に, 沖合に. **auf See** (船で)海上で(に). 〈j¹〉 **ist auf see geblieben.** 〈人が〉海(難事故)で死んだ. **in See gehen** 〔**stechen**〕出航する. **zur See** 海軍の(肩書の一部. 略 z. S.) : Kapitän *z. S.* 海軍大佐. **zur See fahren** 船に乗って(働いて)いる. **zur See gehen** 《口》船員になる.

der **See·aal** [ゼー·アール] [名] -(e)s/-e **1.** 〘魚〙アナゴ. **2.** (〔単〕のみ)ゼーアール(ゼリーでマリネされたツノザメの肉).

der **See·ad·ler** [ゼー·アードラー] [名] -s/- 〘鳥〙オジロワシ.

das **See·amt** [ゼー·アムト] [名] -(e)s/..ämter 〘海〙海難審判所.

die **See·a·ne·mo·ne** [ゼー·アネモーネ] [名] -/-n 〘動〙イソギンチャク.

das **See·bad** [ゼー·バート] [名] -(e)s/..bäder 海辺の保養地.

der **See·bär** [ゼー·べーあ] [名] -en/-en **1.** 〘動〙オットセイ. **2.** 《口》老練な水夫. **3.** 〘海〙突然の高波.

das **See·be·ben** [ゼー·べーベン] [名] -s/- 海底地震.

der **See·e·le·fant, See-E·le·fant** [ゼー·エレふぁント] [名] -en/-en 〘動〙ゾウアザラシ.

see·fah·rend [ゼー·ふぁーれント] [形] 海洋の(民族).

der **See·fah·rer** [ゼー·ふぁーらー] [名] -s/- 《古》(帆船の)船乗り, 航海者, 船長.

die **See·fahrt** [ゼー·ふぁーあト] [名] -/-en **1.** (〔単〕のみ)航海. **2.** 船旅.

see·fest [ゼー·ふぇスト] [形] 〘海〙耐航性のある;船酔いしない;船が揺れても滑らない〔倒れない〕.

der **See·fisch** [ゼー·ふぃっシュ] [名] -(e)s/-e 海水魚;海水魚の肉.

die **See·fi·sche·rei** [ゼー·ふぃっシェらイ] [名] -/ 海洋漁業.

die **See·fracht** [ゼー·ふらはト] [名] -/-en 海上輸送〔運送〕貨物, 船荷;船荷輸送費〔運賃〕.

der **See·fracht·brief** [ゼーふらはト·ブリーふ] [名] -(e)s/-e 海上貨物〔物品〕運送状, 船荷証券.

der **See·gang** [ゼー·ガング] [名] -(e)s/ 風浪 : starken ~ haben 波が荒い.

der **See Ge·ne·za·reth** [ゼー ゲネーツァれット] [名] 〘湖名〙ゲネサレ湖(パレスチナ北部の湖, ガリラヤ湖の別名).

das **See·gras** [ゼー·グらース] [名] -es/..gräser 〘植〙甘藻(あまも)(乾燥してクッションの詰物にする).

die **See·gur·ke** [ゼー·グるケ] [名] -/-n 〘動〙ナマコ.

der **See·ha·fen** [ゼー·ハーふぇン] [名] -s/..häfen 海港;港町.

der **See·han·del** [ゼー·ハンデル] [名] -s/ 海商, 海上貿易.

die **See·herr·schaft** [ゼー·へるシャふト] [名] -/ 制海権.

der **See·hund** [ゼー·フント] [名] -(e)s/-e 〘動〙アザラシ;(〔単〕のみ)アザラシの毛皮.

das **See·hunds·fell** [ゼーフンツ·ふぇル] [名] -(e)s/-e アザラシの毛皮.

der **See·i·gel** [ゼー·イーゲル] [名] -s/- 〘動〙ウニ.

die **See·jung·fer** [ゼー·ユングふぁー] [名] -/-n 〘昆〙カワトンボ.

die **See·jung·frau** [ゼー·ユング·ふらウ] [名] -/-en 人魚, 水の精.

der **See·ka·dett** [ゼー·カデット] [名] -en/-en 〘軍〙海軍士官候補生.

die **See·kar·te** [ゼー·カるテ] [名] -/-n 海図.

see·klar [ゼー·クラーあ] [形] 〘海〙出航準備のできた.

das **See·kli·ma** [ゼー·クリーマ] [名] -s/ 〘地〙海洋性気候.

see·krank [ゼー·クらンク] [形] 船に酔った.

die **See·krank·heit** [ゼー·クらンクハイト] [名] -/ 船酔い.

der **See·krieg** [ゼー·クリーク] [名] -(e)/-e 海戦.

das **See·kriegs·recht** [ゼークリークス·れひト] [名] -(e)s/ 海戦法.

die **See·kuh** [ゼー·クー] [名] -/..kühe 〘動〙カイギュウ.

der **See·lachs** [ゼー·ラックス] [名] -es/ 〘魚〙タラ;(〔単〕のみ)(サケの代用としての)タラの肉.

die **See-Land-Strö·mung** [ゼー·ラント·シュト[ろ]ームング] [名] -/-en 〘気〙(海陸風の)海から陸に向けて吹く風.

die **See·le** [ゼーレ] [名] -/-n **1.** 心, 精神;魂, 霊魂. **2.** 人;中心人物. **3.** 銃腔(じゅうこう), 砲腔(ほうこう);(ザイルの)芯(しん);〘楽〙(ヴァイオリンの)魂柱. 【慣用】〈j³〉〈et⁴〉 **auf die Seele binden** 《口》〈人に〉〈事を〉ぜひにと頼む. **auf** 〈j²〉 **Seele** 〔〈j³〉 **auf der Seele**〕 **liegen**〔**lasten**〕《文》〈人の〉心に重くのしかかる. 〈j³〉 **auf der Seele brennen** 《口》〈人に〉とって火急のことである. 〈j³〉 **aus der Seele sprechen**〔**reden**〕《口》〈人の〉思っているとおりのことを言う. 〈j³〉 **die Seele aus dem Leib fragen** 《口》〈人に〉しつこくすべてのことをたずねる. **mit** 〈j³〉 **ein Herz und eine Seele sein** 〈人と〉一心同体である. **mit ganzer Seele** 心をこめて. **sich³ die Seele aus dem Leib reden** 《口》熱をこめて説得する. **sich³** 〈et⁴〉 **von der Seele reden/schreiben** 〈事を〉話して/書いて気持が楽になる.

die **See·len·ach·se** [ゼーレン·アクセ] [名] -/-n (銃砲の)腔軸(こうじく).

der **See·len·a·del** [ゼーレン·アーデル] [名] -s/ 《文》心の気高さ, 高貴な性格.

das **See·len·amt** [ゼーレン·アムト] [名] -(e)s/..ämter 〘カトリック〙死者〔のための〕ミサ.

der **See·len·arzt** [ゼーレン·アーあツト, ゼーレン·アるツト] [名] -es/..ärzte 《口》精神分析医, 精神病医;カウンセラー.

der **See·len·bräu·ti·gam** [ゼーレン·ブろイティガム] [名] -s/ (神秘主義の)魂の花婿(キリストのこと).

der **See·len·frie·de** [ゼーレン·ふりーデ] [名] -ns/ = Seelenfrieden.

der **See·len·frie·den** [ゼーレン·ふりーデン] [名] -s/ 心の平安.

die **See·len·grö·ße** [ゼーレン·グ[ろ]ーセ] [名] -/ 心の

S

seelengut 1094

気高さ, 気高い態度.
see·len·gut [ゼーレン・グート] 形 気立てのよい.
das **See·len·heil** [ゼーレン・ハイル] 名 -(e)s/ 〖キ教〗霊魂の救済.
der **See·len·hirt** [ゼーレン・ヒるト] 名 -en/-en 《古・冗》魂の牧者, 聖職者.
der **See·len·klempner** [ゼーレン・クレムプナー] 名 -s/- 《冗》心理学者.
die **See·len·kun·de** [ゼーレン・クンデ] 名 -/ 《文・古》心理学;精神についての知識.
das **See·len·le·ben** [ゼーレン・レーベン] 名 -s/ 《文》精神生活.
see·len·los [ゼーレン・ロース] 形《文》 **1.** 心を持たない. **2.** 心〔感情〕のこもらない.
die **See·len·mes·se** [ゼーレン・メッセ] 名 -/-n 〖カり〗死者のためのミサ.
die **See·len·not** [ゼーレン・ノート] 名 -/..nöte 《文》苦悩.
die **See·len·qual** [ゼーレン・クヴァール] 名 -/-en 《文》苦悶(くん).
die **See·len·ru·he** [ゼーレン・るーエ] 名 -/ 心の平静〔落着き〕, 魂の安らぎ.
see·len·ru·hig [ゼーレン・るーイひ] 形 落着き払った, 平然とした.
see·lens·gut [ゼーレンス・グート] 形 =seelengut.
die **See·len·stär·ke** [ゼーレン・シュテるケ] 名 -/ 《文》精神の強さ.
see·len·ver·gnügt [ゼーレン・ふぇアグニュークト] 形 心の満ち足りた.
der **See·len·ver·käu·fer** [ゼーレン・ふぇアコイふぁー] 名 -s/- 《蔑》 **1.** 人買い. **2.** 〖海〗オンボロ船.
see·len·ver·wandt [ゼーレン・ふぇアヴァント] 形 気持の似通った.
die **See·len·ver·wandt·schaft** [ゼーレン・ふぇアヴァントシャふト] 名 -/ 相性がいいこと, 精神的一致.
see·len·voll [ゼーレン・ふォル] 形《文》心〔感情〕のこもった.
die **See·len·wan·de·rung** [ゼーレン・ヴァンデるング] 名 -/ 〖宗〗輪廻(りん).
der **See·len·wär·mer** [ゼーレン・ヴェるマー] 名 -s/- 《口・冗》ウールのセーター;火酒, 焼酎(じゅう).
der **See·len·zu·stand** [ゼーレン・ツー・シュタント] 名 -(e)s/..stände 精神状態.
die **See·leu·te** [ゼー・ロイテ] 複 (Seemann の複)船乗り, 船員, 海員.
see·lisch [ゼーリシュ] 形 心の, 魂の, 精神的な: ~e Ursache haben (~ bedingt sein) 心因性のものである.
der **See·lö·we** [ゼー・ﾚ-ヴェ] 名 -n/-n 〖動〗トド, アシカ.
die **Seel·sor·ge** [ゼール・ゾるゲ] 名 -/ 〖キ教〗司牧 (信者の魂の教導).
der **Seel·sor·ger** [ゼール・ゾるガー] 名 -s/- 〖キ教〗司牧者.
seel·sor·ge·risch [ゼール・ゾるゲリシュ] 形 〖キ教〗司牧の.
die **See·luft** [ゼー・るふト] 名 -/ 海(辺)の空気, 潮風.
die **See·macht** [ゼー・マはト] 名 -/..mächte 海軍国;(複のみ)海軍力.
der **See·mann** [ゼー・マン] 名 -(e)s/..leute 船乗り, 船員, 海員.
see·män·nisch [ゼー・メニシュ] 形 船員の, 船員らしい.
das **See·manns·garn** [ゼーマンス・ガるン] 名 -(e)s/ 船乗りの冒険談〔ほら話〕: ~ spinnen 航海で体験したとする(ほら)話をする.
das **See·manns·heim** [ゼーマンス・ハイム] 名 -(e)s/-e 船員宿泊所, 海員ホーム.
der **See·manns·tod** [ゼーマンス・トート] 名 -(e)s/ (航海中の)溺死(でき), 水死.
die **See·mei·le** [ゼー・マイレ] 名 -/-n 海里(1852 m, 記号 sm).
die **See·mi·ne** [ゼー・ミーネ] 名 -/-n 機雷.
die **See·mö·we** [ゼー・ﾒ-ヴェ] 名 -/-n 〖鳥〗ウミカモメ.
die **See·not** [ゼー・ノート] 名 -/ 海難.
der **See·not·ret·tungs·dienst** [ゼーノート・れットゥングスディーンスト] 名 -(e)s/-e 海難救助活動;海難救助隊.
das **See·not·ret·tungs·flug·zeug** [ゼーノート・れットゥングス・ふルーク・ツォイグ] 名 -(e)s/-e 海難救助機〔飛行艇〕.
die **Se·en·plat·te** [ゼーン・プラッテ] 名 -/-n 〖地〗湖沼地帯.
die **See·nym·phe** [ゼー・ニュムふぇ] 名 -/-n 人魚, 水の精.
der **See·of·fi·zier** [ゼー・オふィツィーア] 名 -s/-e 海軍士官.
der **See·ot·ter** [ゼー・オッター] 名 -s/- 〖動〗ラッコ.
das **See·pferd** [ゼー・プふぇーアト] 名 -(e)s/-e =Seepferdchen.
das **See·pferd·chen** [ゼー・プふぇーアトひェン] 名 -s/- 〖魚〗タツノオトシゴ.
der **See·räu·ber** [ゼー・ろイバー] 名 -s/- 海賊.
die **See·räu·be·rei** [ゼー・ろイベらイ] 名 -/-en 海賊行為.
see·räu·be·risch [ゼー・ろイベリシュ] 形 海賊の(ような).
das **See·räu·ber·schiff** [ゼー・ろイバー・シふ] 名 -(e)s/-e 海賊船.
das **See·recht** [ゼー・れひト] 名 -(e)s/ 海法, 海事法.
die **See·rei·se** [ゼー・らイゼ] 名 -/-n 船旅, 航海.
die **See·ro·se** [ゼー・ろーゼ] 名 -/-n 〖植〗スイレン;〖動〗イソギンチャク.
der **See·sack** [ゼー・ザック] 名 -(e)s/..säcke 船員用荷物袋.
der **See·scha·den** [ゼー・シャーデン] 名 -s/..schäden 〖官〗海損.
die **See·schei·de** [ゼー・シャイデ] 名 -/-n (主に複)〖動〗ホヤ(類).
das **See·schiff** [ゼー・シふ] 名 -(e)s/-e 航洋船, 外洋船.
die **See·schiff·fahrt**, ⓈⓇ**See·schiff·fahrt** [ゼーシふ・ふぁーアト] 名 -/ 航海, 海上船舶航行;海運, 海上船舶輸送
die **See·schlacht** [ゼー・シュらはト] 名 -/-en 海戦.
die **See·schlan·ge** [ゼー・シュらンゲ] 名 -/-n 〖動〗ウミヘビ;(伝説上の)大海蛇.
die **See·schwal·be** [ゼー・シュヴァルベ] 名 -/-n 〖鳥〗アジサシ.
der **See·stern** [ゼー・シュテるン] 名 -(e)s/-e 〖動〗ヒトデ.
die **See·streit·kräf·te** [ゼー・シュトらイト・クれふテ] 複 海軍.
das **See·stück** [ゼー・シュテュック] 名 -(e)s/-e 〖美〗海〔海岸・海戦〕を描いた絵画.
der **See·tang** [ゼー・タング] 名 -s/ 〖植〗海藻;海苔(ラ).
see·tüch·tig [ゼー・テュひティヒ] 形 〖海〗耐航性のある.
die **See·tüch·tig·keit** [ゼー・テュヒティヒカイト] 名 -/ (船の)耐航性.
das **See·ufer** [ゼー・ウーふぁー] 名 -s/- 湖岸.
der **See·vo·gel** [ゼー・ふォーゲル] 名 -s/..vögel 海鳥.

die **See·war·te** [ゼー・ヴァるテ] 名 -/-n 海洋〔航海〕研究所.
see·wärts [ゼー・ヴェるツ] 副 海の方向に.
das **See·was·ser** [ゼー・ヴァッサー] 名 -s/ 海水.
der **See·weg** [ゼー・ヴェーク] 名 -(e)s/-e 航路；⒨のみ)海路：⟨et³⟩ auf dem ~ befördern 〈物を〉船便で送る.
das **See·we·sen** [ゼー・ヴェーゼン] 名 -s/ 海事, 海運.
der **See·wind** [ゼー・ヴィント] 名 -(e)s/-e 海風.
das **See·zei·chen** [ゼー・ツァイヒェン] 名 -s/- 航路標識：ein schwimmendes ~ 浮標.
die **See·zun·ge** [ゼー・ツンゲ] 名 -/-n 〖魚〗シタビラメ.
das **Se·gel** [ゼーゲル] 名 -s/- 帆, セール.【慣用】⟨j³⟩ den Wind aus den Segeln nehmen 〈人の〉機先を制する〔気勢をそぐ〕. **(vor ⟨j³/et⁴⟩) die Segel streichen** 〖文〗〈人・物・事に〉降参する. **mit vollen Segeln** 〖口〗全力で.
das **Se·gel·boot** [ゼーゲル・ボート] 名 -(e)s/-e 小型帆船；ヨット.
der **Se·gel·fal·ter** [ゼーゲル・ふァルター] 名 -s/- 〖昆〗(ヨーロッパ産の)帆蝶.
se·gel·fer·tig [ゼーゲル・ふェるティヒ] 形 〖海〗出帆準備の整った.
se·gel·flie·gen [ゼーゲル・ふリーゲン] 動 (不定詞のみ) 〖航空〗グライダーで飛ぶ, 滑空飛行する.
das **Se·gel·flie·gen** [ゼーゲル・ふリーゲン] 名 -s/ 滑空飛行.
der **Se·gel·flie·ger** [ゼーゲル・ふリーガー] 名 -s/- グライダー操縦士.
der **Se·gel·flug** [ゼーゲル・ふルーク] 名 -(e)s/..flüge グライダー飛行, 滑空.
das **Se·gel·flug·zeug** [ゼーゲル・ふルーク・ツォイク] 名 -(e)s/-e グライダー.
die **Se·gel·jacht** [ゼーゲル・ヤハト] 名 -/-en セーリングヨット.
der **Se·gel·klub** [ゼーゲル・クルっプ] 名 -s/-s ヨットクラブ.
der **Se·gel·ma·cher** [ゼーゲル・マっはー] 名 -s/- セールメーカー, 製帆職人.
se·geln [ゼーゲルン] 動 **1.** s. ⟨⟨方向⟩ヘ⟩] **a.** 帆走する(帆船が)：mit ⟨vor⟩ dem Wind/gegen den Wind ~ 追風を受けて/風上に向かって帆走する. nach Kiel ~ キールへ向けて帆走する. **b.** 〖口〗〈水面〉つ素糸羽いで〉足早に歩いて行く. **2.** s./h. ⟨⟨方向⟩ヘ⟩] 帆走する(人が). **3.** h. ⟨et⁴⟩+⟨⟨方向⟩ヘ⟩] 〖海〗帆走させる, 操縦する(帆船などを)；操縦して行く. **4.** s.[h.] ⟨et⁴⟩] 帆走する(コース・距離などを). **5. a.** h. ⟨sich⁴+⟨様態⟩⟩] 帆走する：Die Yacht *segelt* sich nicht gut. このヨットはよく帆走しない. **b.** h. [Es+sich+⟨機能⟩] 帆走する：Bei diesem Wetter *segelt* es sich gut. こういう大気の時は帆走しやすい. **6.** h. ⟨j³/et⁴⟩+⟨⟨方向⟩ヘ⟩] 〖航〗(帆船で)運ぶ. **7.** s./h. ⟨⟨方向⟩ヘ⟩] 滑空する, 飛ぶ(グライダーが). **8.** s. ⟨⟨方向⟩ヘ/⟨場所⟩デ⟩] 漂って行く(いる)；〖口〗(勢いよく)飛んで行く. **9.** s. ⟨⟨方向⟩ヘ/⟨口⟩]倒れる, 落ちる. **10.** ⟨von ⟨et³⟩⟩] 〖口〗追い出される. **11.** [durch ⟨et⁴⟩] 〖口〗落ちる(試験に).
die **Se·gel·re·gat·ta** [ゼーゲル・れガッタ] 名 -/..gatten ヨットレース.
das **Se·gel·schiff** [ゼーゲル・シふ] 名 -(e)s/-e (大型)帆船.
der **Se·gel·schlit·ten** [ゼーゲル・シュリっテン] 名 -s/- アイス〔氷上〕ヨット.
der **Se·gel·sport** [ゼーゲル・シュポるト] 名 -(e)s/ 帆走〔セーリング〕スポーツ.
das **Se·gel·tuch** [ゼーゲル・トゥーふ] 名 -(e)s/-e 帆布, セールクロス.

der **Se·gen** [ゼーゲン] 名 -s/- **1.** (主に⒨)祝福, 祝福の祈り：⟨j³⟩ den ~ geben [erteilen] 〈人に〉祝福を与える. **2.** (⒨のみ)神の加護. **3.** 幸運, 幸福：ein ~ für ⟨j⁴/et⁴⟩ 〈人・物・事に〉対する恵み. **4.** (⒨のみ)〖口〗同意：seinen ~ zu ⟨et³⟩ geben 〈事に〉同意する. **5.** 〖⒨のみ〗(収穫などの)豊かな量：⟨⟨口・皮⟩⟩たくさんの量.【慣用】**Segen bringend** 〖文〗幸福をもたらす.
Se·gen brin·gend, ⒷSe·gen·brin·gend [ゼーゲン・ブリンゲント] 形 ⇨ Segen〖慣用〗.
se·gens·reich [ゼーゲンス・ライヒ] 形 恵み豊かな；有益な.
der **Se·gens·spruch** [ゼーゲンス・シュプるっふ] 名 -(e)s/..sprüche 祝福の言葉.
der **Se·gens·wunsch** [ゼーゲンス・ヴンシュ] 名 -(e)s/..wünsche 祝福, 祈禱(ᵏᶤᵗᵒᵘ)；⒨のみ)祝福の言葉.
der **Se·ger·ke·gel** [ゼーガー・ケーゲル] 名 -s/- 〖工〗ゼーゲルコーン(窯の内部温度を測る焼成温度計).
die **Seg·ge** [ゼッゲ] 名 -/-n 〖植〗スゲ.
der **Seg·gen·torf** [ゼッゲン・トるふ] 名 -(e)s/-e 〖地質〗スゲ泥炭(構成植物がスゲ).
(die) **Seg·hers** [ゼーガース] 名 〖人名〗ゼーガース(Anna-, 1900-1983, 女流小説家).
der **Seg·ler** [ゼーグラー] 名 -s/- **1.** 帆船, ヨット；グライダー. **2.** ヨット〔グライダー〕操縦士. **3.** 〖文〗滑空する鳥；〖鳥〗アマツバメ.
das **Seg·ment** [ゼグメント] 名 -(e)s/-e **1.** 〖文〗部分. **2.** 〖数〗弓形；球欠. **3.** 〖動・解〗体節, 環節. **4.** 〖言〗分節(音), 分節.
seg·men·tie·ren [ゼグメンティーれン] 動 h. ⟨et⁴⟩] 部分に分ける, 分節する.
seg·nen [ゼーグネン] 動 h. **1.** ⟨j⁴/et⁴⟩] 〖宗〗祝福する, 祝別する；(…に)十字を切る. **2.** [sich⁴] 〖宗〗十字を切る. **3.** ⟨j⁴/et⁴⟩] 〖文〗恩寵(おん)〔恵み・加護〕を与える(神が). **4.** ⟨j⁴⟩+mit ⟨et³⟩] 〖文・しばしば嘲〗恵み与える, 授ける, 施す. **5.** ⟨et⁴⟩] 〖文〗うれしく〔有難いと〕思う, 称(た)える.
die **Seg·nung** [ゼーグヌング] 名 -/-en **1.** 祝福；賛美. **2.** (⒨)(⒨のみ)祝福, 恩恵.
die **Se·gre·ga·ti·on** [ゼグれガツィオーン, セグレゲーション] 名 -/-en (異質な人の)分離, 差別, 隔離；〖生〗(遺伝子型の)分離；〖古〗分ける〔分離〕すること.
die **Seh·ach·se** [ゼー・アクセ] 名 -/-n 〖解〗(眼球の)視軸.
seh·be·hin·dert [ゼー・ベヒンデるト] 形 視覚障害のある.
der/die **Seh·be·hin·der·te** [ゼー・ベヒンデるテ] 名 〔形容詞的変化〕視覚障害者.
die **Seh·be·tei·li·gung** [ゼー・ベタイリグング] 名 -/-en (テレビの)視聴率.
se·hen* [ゼーエン] 動 er sieht, sah; hat gesehen (不定詞とともに使用される場合, 完了形では過去分詞は sehen が普通) **1.** ⟨j⁴/et⁴⟩] 〔意識して〕見る, 眺める, 観察する, 見物〔見学〕する, 観賞〔鑑賞〕する；思い浮かべ(られ)る, (…が)目に浮かぶ. **2.** ⟨j⁴/et⁴⟩] 見える, (…を)見かける, (…を)目撃する. **3.** ⟨j⁴/et⁴+⟨⟨場⟩⟩ㅅ⟩ㅅ⟩] 見える. **4.** ⟨⟨様態⟩⟩] 目が見える；gut/schlecht ~ 目がいい/悪い. Sie *sieht* nur noch auf [mit] einem Auge. 彼女は片方の目しか見えない. *Sehe* ich recht? 私の目は確かなのだろうか；これは驚いた. **5.** ⟨j⁴⟩] 会う, 面会〔面談〕する：Ich ⟨j⁴⟩ gern ~. 〈人に〉喜んで会う. Er ist (bei) uns immer gern *gesehen*. 彼はわれわれのところではいつも歓迎される. **6.** ⟨et⁴⟩+⟨⟨文⟩⟩ᵈᴱᴿᴸᴬˣ] 分け見てとる, 悟る, 理解する, (…)に気づく. **7.** ⟨⟨方向⟩⟩ᴳ(ᴺ⁰)] 見やる, (…)に視線を向ける：durch

das Fernglas ～ 双眼鏡をのぞく. in den Spiegel ～ 鏡を見る. nach oben ～ 視線を上方に向ける. auf die Uhr ～ 時計を見る(時刻を知るため). **8.** 〔〈et^4〉ヲ/〈様態〉ヲ〕参照せよ:(siehe の形で) *siehe* Seite 121/oben/unten 121 ページ/上記/下記を参照(略 s. S. 121/s. o./s. u.). **9.** 〔〈方向〉ニ〕面している: Das Fenster *sieht* auf den〔nach dem〕Garten. 窓は庭に面している. **10.** 〔〈et^4〉ヲ＋〈様態〉ニ〕見る, 考える, 把握する, 判断する, 認識する: Das *sehe* ich anders. 私はそうは考えない. von mir aus/wirtschaftlich *gesehen* 私の立場から/経済的に見ると. **11.** 〔〈j^4/et^4〉ヲ〕経験する, 見たことがある. **12.** 〔〈[文]〉ニナルヨウニ〕やってみる;(…かどうか)調べてみる〔確かめてみる〕. **13.** 〔aus 〈et^3〉カラ〕見えている, のぞいている(人・物の一部が). **14.** 〔nach 〈j^3/et^3〉ノ〕様子〔具合〕を見る;(…を)捜す〔探る〕. **15.** 〔auf 〈j^4/et^4〉ヲ〕大事にする, 大切にする, 重んじる, (…に)価値を置く;(…に)気を配る. 【慣用】〈j^3〉 **auf die Finger sehen** 《口》〈人ヲ〉(厳重に)監視する. 〈j^3〉 **aus den Augen sehen** 〈人ノ〉目に表れている: Das Entsetzen *sieht* ihm aus den Augen. 驚がくが彼の目に表れている. 〈et^4〉 **durch eine rosarote/gefärbte Brille sehen** 〈事ヲ〉楽観的に/色眼鏡で見る. 〈et^4〉 **gern sehen** 〈事ヲ〉喜ぶ. 〈et^4〉 **kommen sehen** 〈事ヲ〉予期する, 危惧(きぐ)する. 〈et^4〉 **mit eigenen Augen sehen** 〈物・事ヲ〉自分の目で(直接)見る. **nach dem Rechten sehen** (良いかどうか)様子を見る, きちんとなるよう手配する. 〈j^4/et^4〉 **nicht (mehr) sehen können** 《口》〈人・物ヲ〉(もう)見る気がしない〔見るに耐えない〕. 〈j^4〉 **(nur) vom Sehen kennen** 〈人ノ〉顔だけは知っている. **sich^4 (bei 〈j^3〉) sehen lassen** 《口》(〈人ノ所ニ〉)顔を出す〔立寄る〕. **sich^4 mit 〈j^3/et^3〉 sehen lassen können** 〈人・物・事ヲ〉どこに出しても恥ずかしくない〔自慢できる〕. **sich^4 müde an 〈et^3〉 sehen** 〈物・事ヲ〉見あきる. **Sieh(e) da!** 《口・冗》これは驚いた. **(und) hast du nicht gesehen** あれよという間に: Er ist (und) hast du nicht *gesehen* weg. 彼はあっという間にもういない.

se·hens·wert [ゼーエンス・ヴェーあト] [形] 見る価値のある.

se·hens·wür·dig [ゼーエンス・ヴュるディひ] [形] 《稀》見る価値のある.

die **Se·hens·wür·dig·keit** [ゼーエンス・ヴュるディひカイト] [名] -/-en 一見に値するもの;名所(旧跡).

der **Se·her** [ゼーあー] [名] -s/- **1.** 透視者, 予言者. **2.** 《欺》偵察役;〖狩〗(ウサギ, 赤キツネなどの)目;(主に[複])《口・冗・若》目.

der **Se·her·blick** [ゼーあー・ブリック] [名] -(e)s/ 予言者の眼力.

die **Se·her·ga·be** [ゼーあー・ガーベ] [名] -/ 予知〔予言〕能力.

se·he·risch [ゼーエりシュ] [形] (未来)予見〔予言〕的な.

der **Seh·feh·ler** [ゼー・ふぇーラー] [名] -s/- 視覚障害.

die **Seh·kraft** [ゼー・クらふト] [名] -/ 視力.

der **Seh·kreis** [ゼー・クらイス] [名] -es/-e 視界, 視野.

die **Seh·li·nie** [ゼー・リーニエ] [名] -/-n 視線.

die **Seh·ne** [ゼーネ] [名] -/-n **1.** 腱(けん). **2.** (弓の)弦(つる). **3.** 〖数〗弦(げん).

seh·nen [ゼーネン] [動] *h.* **1.** 〔sich^4＋nach 〈j^3〉ニ〕憧(あこが)れる, 会いたくてたまらない, (…への)思いに胸を焦がす(母・恋人などに). **2.** 〔sich^4＋nach 〈et^3〉ヲ〕切望する: sich^4 nach der Heimat ～ 故郷に帰りたくてたまらない.

die **Seh·nen·ent·zün·dung** [ゼーネン・エントツュンドゥング] [名] -/-en 〖医〗腱炎(けんえん).

die **Seh·nen·schei·de** [ゼーネン・シャイデ] [名] -/-n 〖医〗腱鞘(けんしょう).

die **Seh·nen·zer·rung** [ゼーネン・ツェるング] [名] -/-en 〖医〗捻挫, 筋違え, 腱(けん)の挫創(ざそう).

der **Seh·nerv** [ゼー・ネるふ] [名] -s〔-en〕/-en 〖解〗視神経.

seh·nig [ゼーニひ] [形] 筋(すじ)の多い;筋肉質の.

sehn·lich [ゼーンリひ] [形] 切なる.

die **Sehn·sucht** [ゼーン・ズふト] [名] -/..süchte 憧(あこが)れ, 憧憬(しょうけい・どうけい): ～ nach der Heimat 望郷の念.

sehn·süch·tig [ゼーン・ズュひティひ] [形] 憧(あこが)れに満ちた.

sehn·suchts·voll [ゼーンズふツ・ふぉル] [形] 《文》＝sehnsüchtig.

sehr [ゼーあ] [副] 《語飾》mehr; am meisten(動詞・形容詞・副詞を修飾)非常に, 極めて, 大変, とても, ひどく: Danke ～! —Bitte ～! 大変ありがとう—どういたしまして. Möchten Sie noch Kaffee? —Bitte ～! コーヒーをもっといかがですか—いただきます. Sie fehlt mir ～.(私は)彼女が居なくてとても寂しい. ein ～ hoher Baum とても高い木. Das ist ～ freundlich von Ihnen. これは大変ご親切さま. Er hätte ～ wohl kommen können. 彼は絶対に来られたはずなのに. Ich habe es ～ gern. 私はそれがとても好きだ. 【慣用】**nicht so sehr..., als vielmehr...** ……というよりはむしろ……: Das ist nicht so *sehr* seine Schuld, als vielmehr meine. それは彼の罪というより, むしろ私の罪だ. **Wie sehr auch immer...** どんなに…しても.

das **Seh·rohr** [ゼー・ろーあ] [名] -(e)s/-e 潜望鏡.

die **Seh·schär·fe** [ゼー・シェるふぇ] [名] -/-n 視力.

der **Seh·schlitz** [ゼー・シュリッツ] [名] -es/-e (戦車・防空壕などの)のぞき窓.

die **Seh·stö·rung** [ゼー・シュ㋢ーるング] [名] -/-en (主に[複])視力〔視覚〕障害.

das **Seh·ver·mö·gen** [ゼー・ふぇあ㋱ーゲン] [名] -s/ 視力.

die **Seh·wei·te** [ゼー・ヴァイテ] [名] -/-n 〖医〗明視距離;([単]のみ)〖医〗視界.

das **Seh·zen·trum** [ゼー・ツェントるム] [名] -s/..tren 〖医〗視覚中枢.

sei [ザイ] [動] sein の du に対する命令形;接続法 1 式.

sei·bern [ザイバーン] [動] *h.* 〔補足なし〕《方》よだれを垂らす(特に幼児が).

das **Sei·cen·to** [zeɪtʃɛ́nto ゼイチェント] [名] -(s)/ セイチェント(17 世紀イタリアの文化と芸術).

der **Seich** [ザイひ] [名] -(e)s/ 《方・口》 **1.** 尿, 小便. **2.** 《蔑》むだ話.

die **Sei·che** [ザイひぇ] [名] -/ ＝Seich.

sei·chen [ザイひぇン] [動] *h.* 《方・口》 **1.** 〖(in 〈et^4〉ニ)〗小便をもらす(ベッドなどに). **2.** 〔補足なし〕《蔑》くだらないおしゃべりをする.

die **Seiches** [sɛʃ セシュ] [複名] 《ジャーゴン》セイシ, 静振(湖・湾などの水面の周期的な振動).

seicht [ザイひト] [形] 浅い;《蔑》浅薄な.

die **Seicht·heit** [ザイひトハイト] [名] -/-en **1.** ([単]のみ)浅いこと;皮相, 浅薄. **2.** 浅薄な発言.

die **Seich·tig·keit** [ザイひティひカイト] [名] -/-en 《稀》＝Seichtheit.

seid [ザイト] [動] sein の現在形 2 人称複数.

die **Sei·de** [ザイデ] [名] -/-n 絹;生糸(きいと);絹糸;絹織物: künstliche ～ 人絹, レーヨン.

das **Sei·del** [ザイデル] [名] -s/- **1.** ビールジョッキ. **2.** ザイデル(昔の液量単位. 約 0.3–0.5 ℓ).

der **Sei·del·bast** [ザイデル・バスト] [名] -(e)s/-e 〖植〗ジンチョウゲ;セイヨウオニシバリ.

sei·den [ザイデン] [形] 絹(製)の;絹のような.

der **Sei·den·at·las** [ザイデン・アトラス] [名] -(ses)/-se (絹の)しゅす, シルクサテン.

der **Sei·den·bau** [ザイデン・バウ] [名] -(e)s/ 養蚕.

die **Sei·den·blu·se** [ザイデン・ブルーゼ] 名 -/-n 絹のブラウス.
der **Sei·den·fa·den** [ザイデン・ふァーデン] 名 -s/..fäden 絹糸.
der **Sei·den·glanz** [ザイデン・グランツ] 名 -es/ 絹の光沢.
das **Sei·den·kleid** [ザイデン・クライト] 名 -(e)s/-er シルク〔絹〕のドレス.
das **Sei·den·pa·pier** [ザイデン・パピーあ] 名 -s/-e 薄葉(ﾔﾜ)紙.
die **Sei·den·rau·pe** [ザイデン・らウペ] 名 -/-n〔昆〕カイコ.
die **Sei·den·rau·pen·zucht** [ザイデンらウペン・ツㇺㇶト] 名 -/ 養蚕.
der **Sei·den·spin·ner** [ザイデン・シュピナー] 名 -s/-〔昆〕カイコガ.
die **Sei·den·spin·ne·rei** [ザイデン・シュピネらイ] 名 -/-en **1.**《働のみ》絹紡績. **2.** 絹紡績工場.
die **Sei·den·sti·cke·rei** [ザイデン・シュティッケらイ] 名 -/-en **1.**《働のみ》絹刺繡. **2.** 絹刺繡されたもの.
der **Sei·den·stoff** [ザイデン・シュトッふ] 名 -(e)s/-e 絹布(ｹﾝﾌ), 絹織物.
die **Sei·den·stra·ße** [ザイデン・シュトらーセ] 名 -/-n シルクロード, 絹街道.
der **Sei·den·strumpf** [ザイデン・シュトるムㇷﾟ] 名 -(e)s/..strümpfe 絹の靴下.
sei·den·weich [ザイデン・ヴァイヒ] 形 絹のように柔らかい.
sei·dig [ザイディヒ] 形 絹のように柔らかく艶(ｯﾔ)のある.
sei·en [ザイエン] 動 sein の接続法 1 式, 1・3 人称複数.
die **Sei·fe** [ザイふェ] 名 -/-n **1.** 石鹼; 洗剤: grüne ~ カリ(含有の軟質)石鹼. **2.**〔鉱〕砂鉱床.
sei·fen [ザイふェン] 動 h.《〈j⁴/et⁴〉》《方》石けんで洗う;〔鉱〕洗鉱する.
die **Sei·fen·bla·se** [ザイふェン・ブラーゼ] 名 -/-n シャボン玉;《転》はかない〔見せかけだけの〕こと.
die **Sei·fen·flo·cke** [ザイふェン・ふロッケ] 名 -/-n《主に働》フレーク状の石けん.
das **Sei·fen·kis·ten·ren·nen** [ザイふェン・キステン・れネン] 名 -s/- ソープボックスレース(石けん箱を用いた車の坂下り競走).
die **Sei·fen·lau·ge** [ザイふェン・ラウゲ] 名 -/-n 石けん水〔液〕.
die **Sei·fen·o·per** [ザイふェン・オーバー] 名 -/-n《ﾀﾞｼｬ》ソープオペラ(テレビのメロドラマシリーズ).
das **Sei·fen·pul·ver** [ザイふェン・プルふァー, ザイふェン・プルヴァー] 名 -s/ 粉石けん.
die **Sei·fen·scha·le** [ザイふェン・シャーレ] 名 -/-n 石けん皿.
der **Sei·fen·schaum** [ザイふェン・シャウム] 名 -(e)s/ 石けんの泡.
der **Sei·fen·sie·der** [ザイふェン・ズィーダー] 名 -s/-《古》石けん製造職人:《j³》geht ein ~ auf《口》〈人に〉すべてが分る.
die **Sei·fen·sie·de·rei** [ザイふェン・ズィーデらイ] 名 -/-en **1.**《働のみ》石けん製造. **2.** 石けん工場.
das **Sei·fen·was·ser** [ザイふェン・ヴァッサー] 名 -s/ 石けん水.
sei·fig [ザイふィヒ] 形 石けんだらけの; つるつるした; 石けんのような(味・匂いの).
sei·ger [ザイガー] 形〔鉱〕垂直の.
sei·gern [ザイガーン] 動 **1.** h.《〈et⁴〉》《古》濾過(ﾛｶ)する;〔冶金〕溶出〔溶離〕する;《〈et⁴〉sich⁴の場合》溶出〔溶離〕される. **2.** s.《方向》《古》滴る, 漏る, しみとおる〔込み・出る〕.
die **Sei·he** [ザイエ] 名 -/-n **1.**(液体用)フィルタ

ー, 濾(ﾛ)し布. **2.** 濾し滓(ｶｽ).
sei·hen [ザイエン] 動 h.《〈et⁴〉》《料》濾(ｺ)す, 濾過(ﾛｶ)する(コーヒー・果汁などを).
der **Sei·her** [ザイアー] 名 -s/-《方》(液体用)フィルター.
das **Seih·tuch** [ザイ・トゥーㇶ] 名 -(e)s/..tücher 濾(ｺ)し布.
das **Seil** [ザイル] 名 -(e)s/-e 綱, ロープ, ザイル;《働のみ》(ボクシングの)ロープ(Ringseilen).
die **Seil·bahn** [ザイル・バーン] 名 -/-en ロープウェー; ケーブルカー.
sei·len [ザイレン] 動 h. **1.**《機的》綱〔ロープ〕を作る. **2.**《j⁵》《稀》ザイルで降ろす; ザイルで結ぶ.
der **Sei·ler** [ザイラー] 名 -s/- ロープ製造〔綱作りの〕職人.〔慣用〕des Seilers Tocher《冗》絞首刑吏のロープ.
die **Sei·ler·bahn** [ザイラー・バーン] 名 -/-en 綱〔ロープ・ザイル〕製造のためのレーン.
die **Sei·le·rei** [ザイレらイ] 名 -/-en **1.**《働のみ》綱〔ロープ・ザイル〕製造. **2.** 綱〔ロープ・ザイル〕製造業〔所〕.
die **Sei·ler·wa·re** [ザイラー・ヴァーレ] 名 -/-n《主に働》縄(類), 綱(類), ロープ〔ザイル〕類.
seil·hüp·fen [ザイル・ヒュㇷﾟふェン] 動 s.《不定詞・分詞のみ》縄跳びする.
die **Seil·schaft** [ザイルシャふト] 名 -/-en (登山の)ザイルパーティー;《政治活動の》協力グループ, 仲間, 同志.
die **Seil·schei·be** [ザイル・シャイべ] 名 -/-n〔工〕ロープ車(ｼｬ).
die **Seil·schwe·be·bahn** [ザイル・シュヴェーべ・バーン] 名 -/-en ロープウェー.
seil|sprin·gen* [ザイル・シュプリンゲン] 動 s.《不定詞・分詞のみ》縄跳びをする.
das **Seil·sprin·gen** [ザイル・シュプリンゲン] 名 -s/ 縄跳び.
seil|tan·zen [ザイル・タンツェン] 動 h.《不定詞・分詞のみ》《機的》綱渡りをする.
der **Seil·tän·zer** [ザイル・テンツァー] 名 -s/- 綱渡り曲芸師.
die **Seil·trom·mel** [ザイル・トろメル] 名 -/-n ケーブルドラム.
die **Seil·win·de** [ザイル・ヴィンデ] 名 -/-n〔工〕ケーブルウインチ.
der **Seim** [ザイム] 名 -(e)s/-e《文・古》粘液.
sei·mig [ザイミヒ] 形《文》ねっとり〔とろり〕とした.
sein¹* [ザイン] 動 ich bin, du bist, er ist, wir sind, ihr seid, sie sind ; war ; ist gewesen **1.**《様態》《ｱ》ある(様態には形容詞. その他, 2格名詞・前置詞句. まれに副詞): Das Wetter *ist* schlecht. 天気は悪い.(2格名詞とともに)Ich *bin* der Meinung, dass ... 私は…という意見である. gleichen Alters ~ 同じ年齢である. guter/schlechter Laune ~ 上/不機嫌である.(形容詞化された現在分詞・過去分詞とともに)Er *ist* wütend. 彼は激怒している. Sie *ist* verheiratet. 彼女は結婚している.(前置詞句とともに)am Leben ~ 生きている. sich ³ Bewusstsein ~ 意識がはっきりしている. von Bedeutung ~ 重要である. an der Reihe ~ 順番である. aus der Mode ~ 流行遅れである. außer Atem ~ 息を切らしている. in Not ~ 困っている.(副詞とともに)Alles *war* umsonst. すべては無駄だった. Er *ist* immer so.《口》彼はいつもそうだ. **2.**《〈j¹/et¹〉》ある: Wer *ist* das? —Das *ist* Herr Meyer. この方はどなたですか—この(あの)方はマイヤー氏です. Das *sind* meine Brüder. これが私の兄弟たちです. Der Hund *ist* ein Haustier. 犬は家畜だ. Das *ist* für ihn ein ernstes Problem. それは彼にとっては重大な問題だ. **3.**《〈et¹〉》等しい(計算で.〈et¹〉は数

sein

詞）：Acht und drei *ist* elf. 8たす3は11. Sechs weniger zwei *ist* vier. 6引く2は4. Zwei mal zwei *ist* vier. 2掛ける2は4. Acht geteilt durch zwei *ist* vier. 8割る2は4. **4.**〔《様態》=〕いる，ある：zu Hause/im Büro ~ 自宅に/オフィスにいる. im Ausland/in München ~ 外国/ミュンヒェンにいる. Wir *waren* bei ihm/bei Tisch. 私たちは彼のところにいた/食事中であった. Sein Zimmer *ist* im ersten Stock. 彼の部屋は二階にある. Das Geld *ist* auf meinem Konto. その金は彼の口座にある. **5.**〔aus 〈et³〉〕出身である, 出である, 産である：Woher *sind* diese Früchte？—Sie *sind* aus Spanien これらの果物はどこ産であるか —スペイン産である. **6.**〔aus〈et³〉から〕作られている：Der Tisch *ist* aus Holz. その机は木製である. **7.**〔für〈j¹〉/et¹〉/gegen〈j¹/et¹〉に反対で〕で，**8.**〔von〈場所・時点〉〕のものである：Der Brief *ist* von meinem Vater. その手紙は父からです. Das Brot *ist* von gestern. そのパンは昨日のものです. **9.**〔Es+〈et¹〉の〈略〉ある,（…のことで）ある（時間・気象などを示して）：Es *ist* 12 Uhr mittags. 昼の12時である. Bald wird es Sommer →. まもなく夏だ. Es *ist* morgen〔Morgen *ist*〕der 1.（=erste）April. 明日は4月1日だ.【曜日・日付では通常副詞 heute などが文脈に出ると は省略される】Es *ist* kalt hier. ここは寒い. **10.**〔《時点》=/《場所》=〕催される, 行われる. **11.**〔《時点》=/《場所》=〕起こる（事柄・天変地異などの）. **12.**〔〈j¹〉/の/〈j³〉/の〕である（〈j³〉は所有代名詞の独立的用法. 〈j³〉をとる形は〈口〉で, 動詞 gehören を用いた方が普通）：*Ist* das mein Bleistift oder deiner？これは私の鉛筆ですか, それとも君のですか. Wem *ist* der Wagen？〈口〉この車はだれの？ **13.**〔zu〈動〉〕される3（可能）：することができる（必然）. **14.**〔〈j³〉ハ+〈様態〉〕具合である, 気分（感じ）がする：Mir *ist* schlecht. 私は具合が悪い.（Es が主語）*Ist* es dir wieder besser？（気分【具合】）はよくなったかい. **15.**〔〈j³〉ハ+nach〈et³〉〕〈口〉する気分である. **16.**〔《強》〕ある（事が）（主に話法の助動詞とともに用いる）：Das darf nicht ~. そんなことはあってはならない.（Das）kann ~.（そう）かも知れない. **17.**〔《強》〕いる, ある, 存在する：Es *war* einmal ein König. 昔々, 小人の王様がいました（昔話の冒頭句）. Das *war* einmal. それは昔のことだ（今はそういうことはない）. Wenn wir nicht mehr *sind*, …. 私たちが（死んで）いなくなったときには, ….【慣用】**das ist**（**heißt**）（略 d. i.〔h.〕）つまり：Das *ist*, was du nicht willst. つまり, 君がしたくないということです. **Es ist an**〈j³〉, **... zu** 動 …するのが〈人の〉責任〔番〕だ：Es *ist* an dir, dieses Problem zu entscheiden. この問題について決定を下すのは君の番です. **es sei denn,**（**dass**）… … でなければ：Er kommt sicher, es *sei* denn, dass er krank *ist*. 彼はきっと来ます, 病気でなければ. **es sein** それ（をしたの）は…だ：Ich war's nicht. それをしたのは私ではない. **Ist dir etwas？** どうかしたのか（具合でも悪いのか）. **Ist etwas？**〈口〉何か（話・すること・必要なこと・気になること・特別なこと）があるのですか.〈口〉**sein lassen** 〈j⁴〉〈et⁴〉もうやめる, やらずにおく, 断念する：Lass das sein！それはやめておけ（するな）.〈j⁴〉**sein lassen** 〈j⁴〉に…面倒をかけずにおく, 注目しない：Lassen Sie mich sein！ほっておいてください. **nicht so sein**〈口〉人生の失敗者である, 思ったとおりに事が運ばない：*Sei* doch nicht so, und gib es mir！けちけちせずにそれをくれよ. **nichts sein**〈口〉人生の失敗者である, 思ったとおりに事が運ばない. **sei es ..., sei es ...**〔**sei es ... oder ...**〕…であるにせよ…であるにせよ, …であろうと …であろうと：Wir alle spüren die Auswirkungen der Krise, *seien* es arme, *seien* es reiche Länder. 貧しい国であれ, 富める国であれすべての国が恐慌の影響を感じている. **Sei es, wie es wolle** そうであろうとも：*Sei* es, wie es wolle, ich werde nicht teilnehmen. そうであろうとも私は参加しない

— 助 ich bin, du bist, er ist, wir sind, ihr seid, sie sind；war；（過去分詞なし） **1.**〔《時称》=完了〕4格を補足語としない主に移動または状態の変化を表す動詞で sein, bleiben, begegnen などの過去分詞・受動の助動詞の過去分詞（worden）とともに, 現在完了・過去完了（接続法では過去時称）・完了の不定詞をつくる（現在完了）*Er ist* gestorben. 彼は死んだ. Das Tor *ist* um 9 Uhr geöffnet worden. 門は9時に開かれた. *Er ist* in die Stadt (gefahren). 彼女は町へ行った（〈口〉では過去分詞が省略されることもある）.（過去完了）Nachdem er nach Köln abgefahren *war*, kam der Brief an. 彼がケルンに出発した後で手紙がついた.（接続法）Er sagte, sie *sei* dort gewesen. 彼は, 彼女がそこにいたと言っていた.（完了の不定詞）Er wird morgen früh dort angekommen ~. 彼は明朝にはそこに到着していることであろう. **2.**〔《状態受動》《完了時称で haben と4格を用いた動作行動詞の過去分詞とともに》（…していた）：Das Tor *ist* geöffnet. 門は開いている. Der Tisch *ist* schon gedeckt. 食卓の用意ができている.

sein²［ザイン］代 《所有》3人称 ⓜⓞ〈変化形は mein に準じる〉 **1.**〔付加語的用法〕**a.** 彼の, その：~ Tisch 彼の机. sein Dorf und ~ Umgebung 村とその周辺. ~ Zug 彼の（いつも）乗る列車. alles zu ~*er* Zeit（それぞれ）適切な時に. **b.**（数量の強調）Der Baum ist（gut）~e zehn Meter hoch. その木はゆうに10mの高さがある. **c.**（高位の人に．略 S., Se.）S~e Majestät 陛下. **2.**〔独立的用法〕彼のもの：das S~e〔das~e〕彼のもの. Das ist nicht mein Heft, sondern ~（e）*s*. それは私のノートではなく彼のだった.【seines, 及び定冠詞とともに形容詞の弱変化での用法は文語】（無変化した述語として）Das Buch ist ~.（方）彼の本は彼のです）Sie wurde die S~e〔die ~e〕 彼女は彼の妻になった.（ⓜⓞで）das S~e〔~e〕 彼の義務〔財産〕.（ⓜⓞで）die S~en〔die ~en〕 彼の家族〔味方・仲間〕.

das Sein ［ザイン］名 -s/〘哲〙存在, 有, あること.

die Seine ［zε(ː)n(ə) ゼーヌ, ゼーネ］名 -/〘川名〙セーヌ川.

seiner ［ザイナ］代 **1.**〈人称〉3人称ⓜⓞ および ⓞ es の2格〈用法は ⇒ meiner 1〉 **2.**〈所有〉sein のⓜⓜⓞ・3格および ⓝ 2格〈用法は ⇒ meiner 2〉

seinerseits ［ザイナー・ザイツ］副 彼〔それ〕の側で, 彼〔それ〕としては.

seinerzeit ［ザイナー・ツァイト］副 当時；《ぼう》〈古〉いずれ.

seinerzeitig ［ザイナー・ツァイティヒ］形 当時の, その頃の.

seinesgleichen ［ザイネス・グライヒェン］代〈不定〉〈無変化〉〔職業・地位・性質などが〕彼のような人；そのようなもの〔こと〕：Als Meister des Gesprächs hat er heute nicht ~. 口座談の名手として彼に並ぶものはない.

seinethalben ［ザイネット・ハルベン］副 〈古〉=seinetwegen.

seinetwegen ［ザイネット・ヴェーゲン］副 彼のために, 彼のせいで；彼のためを思って.

seinetwillen ［ザイネット・ヴィレン］副〈次の形で〉um

der/die/das **seinige** ［ザイニゲ］代〈所有〉3人称 ⓜⓜⓞ〈文・古〉=sein². の定冠詞付用法（語頭の大文字・小文字の用法は sein². に準じる）.

sein lassen*, ⓜ**sein**||**lassen*** ［ザイン ラッセン］

die **Seis·mik** [ザイスミック] 名 -/ 地震学.
seis·misch [ザイスミッシュ] 形 **1.** 地震学の. **2.** 地震の.
der **Seis·mo·graf** [ザイスモ・グらーふ] 名 -en/-en = Seismograph.
seis·mo·gra·fisch [ザイスモ・グらーふぃッシュ] 形 =seismographisch.
das **Seis·mo·gramm** [ザイスモ・グらム] 名 -s/-e 地震記録(地震計の描く波形記録).
der **Seis·mo·graph** [ザイスモ・グらーふ] 名 -en/-en 地震計.
seis·mo·gra·phisch [ザイスモ・グらーふぃッシュ] 形 地震計による.
der **Seis·mo·lo·ge** [ザイスモ・ローゲ] 名 -n/-n 地震学者.
die **Seis·mo·lo·gie** [ザイスモ・ロギー] 名 -/ =Seismik.
seis·mo·lo·gisch [ザイスモ・ローギッシュ] 形 =seismisch.
das **Seis·mo·me·ter** [ザイスモ・メーター] 名 -s/- 地震計.

seit [ザイト] 前 [＋3格]…以来,…から,…からずっと: ~(dem Jahr) 1990 1990 年から. ~ mehreren Jahren 数年来. ~ gestern 昨日から. ~ kurzem 少し前から. ~ langem ずっと前から. ~ damals から以来. S~ wann？ いつから.
―― 接《従属》…して以来,…してからずっと: S~ ich verheiratet bin, wohne ich in Bonn. 結婚して以来ずっとボンに住んでいます.
seit·ab [ザイト・アップ] 副 脇(♩)に,離れたところに;《稀》脇へ.
seit·dem [ザイト・デーム] 副 それ以来.
―― 接《従属》…以来.

die **Sei·te** [ザイテ] 名 -/-n **1.** 側面,側,面;《数》辺,頂；: Das Schiff legt sich auf die ~. 船が傾く. **2.** (目印の)側: auf der anderen ~ der Straße 通りの向う側に. **3.** 方,側: nach/von allen ~n 四方八方へ/から. **4.** ページ(略⑤.): auf der ersten ~ 第1ページに. siehe s. 5-9(auf die ~en 5-9) 5 から 9 ページを参照. **5.** わき腹,横腹;半身: sich⁴ auf die ~ drehen 寝返りをうつ. Schmerzen in der rechten ~ haben 右の脇腹が痛い. **6.** 局面,側面,観点;特徴,特性: auf der einen/anderen ~ 一方/他方で. ⟨j³⟩ ist ⟨j²⟩ schwache ~ 〈物・事は〉〈人の〉弱点だ.⟨et³⟩ von der leichten ~ nehmen 〈事を〉簡単[気軽]に考える. **7.** (党派・グループなどの)片方,サイド,立場,信条. **8.** (家系の)方: ein Onkel von der mütterlichen/väterlichen ~ 母方/父方のおじ. 【慣用】 **an ⟨j²⟩ grüne Seite** (口)〈人の〉すぐ近くに. **⟨et¹⟩ auf die Seite legen** 〈物を〉蓄えておく(特にへそくり). ⟨j¹⟩/⟨et¹⟩ **auf die Seite schaffen** (口)〈人を〉殺害する/〈物を〉くすねる. **auf seine Seite bringen** [ziehen] ⟨j⁴⟩〈人を〉味方に引き入れる. **auf ⟨j³⟩ Seite stehen** 〈人の〉側につく. ⟨j³⟩ **mit Rat und Tat zur Seite stehen** ⟨j³⟩〈人に〉物心両面から助力する. ⟨j³⟩ **nicht von der Seite gehen** [weichen] (口)〈人の〉そばを片時も離れない. **Seite an Seite** 相並んで. sich⁴ ⟨j³⟩ **von der Seite ansehen** 〈人を〉軽蔑するような,うさんくさそうに見る. **zur Seite sprechen** [劇]傍白(ぼうはく)[脇ぜりふ]する.

die **Sei·ten·ab·wei·chung** [ザイテン・アップ・ヴァイヒュンヶ] 名 -/-en 〖軍〗(弾丸などの)横へのそれ.
der **Sei·ten·an·griff** [ザイテン・アングリふ] 名 -(e)s/-e 〖軍〗側面攻撃.
die **Sei·ten·an·sicht** [ザイテン・アン・ズィヒト] 名 -/-en 側面のみかけ,側景;側面(図),プロフィール.

der **Sei·ten·aus·gang** [ザイテン・アウス・ガンヶ] 名 -(e)s/-..gänge 横の出口,通用口.
der **Sei·ten·blick** [ザイテン・ブリック] 名 -(e)s/-e (何かを意図した)横目: ⟨j³⟩ einen ~ zuwerfen 〈人を〉ちらっと見る.
die **Sei·ten·de·ckung** [ザイテン・デックンヶ] 名 -/ 〖軍〗側面援護,側面の防御.
der **Sei·ten·dru·ck** [ザイテン・ドるック] 名 -(e)s/-..drücke 側面への圧力.
der **Sei·ten·ein·gang** [ザイテン・アイン・ガンヶ] 名 -(e)s/-..gänge 横の入口,通用口.
der **Sei·ten·ein·stei·ger** [ザイテン・アイン・シュタイガー] 名 -s/- 〖ジン〗他の分野出身で早い出世をする人.
die **Sei·ten·flä·che** [ザイテン・ふレッヒェ] 名 -/-n 側面.
der **Sei·ten·flü·gel** [ザイテン・ふりューゲル] 名 -s/- (建物などの)側翼,そで;(両翼き祭壇の)側面画.
der **Sei·ten·gang** [ザイテン・ガンヶ] 名 -(e)s/-..gänge 脇(横)の通路;(教会などの)側廊,脇通路;(列車の)片側通路;〖馬術〗二蹄跡運動.
die **Sei·ten·gas·se** [ザイテン・ガッセ] 名 -/-n 横町,路地,脇道.
das **Sei·ten·ge·bäu·de** [ザイテン・ゲボイデ] 名 -s/- 付属建築物,別館.
das **Sei·ten·ge·wehr** [ザイテン・ゲヴェーあ] 名 -(e)s/-e 〖軍〗銃剣;〖古〗(将校の)剣,サーベル.
der **Sei·ten·hieb** [ザイテン・ヒープ] 名 -(e)s/-e 〖フェンシング〗サイドカット;〖転〗当てこすり.
sei·ten·lang [ザイテン・ランヶ] 形 何ページにもわたる.
die **Sei·ten·leh·ne** [ザイテン・レーネ] 名 -/-n (いすの)ひじ掛け.
das **Sei·ten·leit·werk** [ザイテン・ライト・ヴェるク] 名 -(e)s/-e 〖空〗垂直尾翼.
die **Sei·ten·li·nie** [ザイテン・リーニエ] 名 -/-n 〖鉄道〗支線;〖系譜学〗(家系の)傍系;〖球〗サイドライン,タッチライン;〖動〗(魚類などの)側線.
das **Sei·ten·li·ni·en·or·gan** [ザイテンリーニエン・オるガーン] 名 -s/-e 〖生〗(魚類などの)側線(器官).
die **Sei·ten·lo·ge** [..lo:ʒə ザイテン・ロージェ] 名 -/-n 〖劇〗側面の桟敷席.
der **Sei·ten·pfad** [ザイテン・プふァート] 名 -(e)s/-e わき道,間道.
sei·ten·rich·tig [ザイテン・リヒティヶ] 形 (原物と)左右が合った.
der **Sei·ten·riss**, ⓐ**Sei·ten·riß** [ザイテン・リス] 名 -es/-e 〖土〗側面図.
das **Sei·ten·ru·der** [ザイテン・るーダー] 名 -s/- 〖空〗方向舵(だ).
sei·tens [ザイテンス] 前 [＋2格]〖硬〗…の側から.
das **Sei·ten·schiff** [ザイテン・シふ] 名 -(e)s/-e 〖建〗(教会堂の)側廊.
der **Sei·ten·schnei·der** [ザイテン・シュナイダー] 名 -s/- サイドカッティングプライヤー(刃の短い金切り鋏(はさみ)).
der **Sei·ten·schritt** [ザイテン・シュりット] 名 -(e)s/-e (ダンスの)サイドステップ.
der **Sei·ten·sprung** [ザイテン・シュプるンヶ] 名 -(e)s/-..sprünge **1.** 〖方〗横跳び. **2.** 浮気,寄り道.
das **Sei·ten·ste·chen** [ザイテン・シュテッヒェン] 名 -s/- わき腹の痛み.
das **Sei·ten·steu·er** [ザイテン・シュトイあー] 名 -s/- = Seitenruder.
die **Sei·ten·stra·ße** [ザイテン・シュトらーセ] 名 -/-n 横町,裏通り;裏町.
der **Sei·ten·strei·fen** [ザイテン・シュトらイふェン] 名 -s/- (車道の)路側帯,路肩.
das **Sei·ten·stück** [ザイテン・シュテュック] 名 -(e)s/-e **1.** 側面部,側面の一部. **2.** 対をなすもの,対応物.
die **Sei·ten·ta·sche** [ザイテン・タッシェ] 名 -/-n サイド

ポケット.

das **Sei·ten·teil** [ザイテン・タイル] 名 -(e)s/-e 側面部.

die **Sei·ten·tür** [ザイテン・テューア] 名 -/-en 横の入口, 通用口.

sei·ten·ver·kehrt [ザイテン・ふぇあケーアト] 形 左右が逆の.

der **Sei·ten·wa·gen** [ザイテン・ヴァーゲン] 名 -s/- サイドカー.

der **Sei·ten·wech·sel** [ザイテン・ヴェクセル] 名 -s/- 〖スポ〗サイドチェンジ, コートチェンジ.

der **Sei·ten·weg** [ザイテン・ヴェーク] 名 -(e)s/-e わき道, 横道, 間道: ~e gehen 秘密裏に行う.

der **Sei·ten·wind** [ザイテン・ヴィント] 名 -(e)s/ 横風.

die **Sei·ten·zahl** [ザイテン・ツァール] 名 -/-en ページ数; ページ番号, ノンブル.

seit·her [ザイト・ヘーア] 副 《稀》それ以来.

seit·he·rig [ザイト・ヘーリヒ] 形 《稀》それ以来の.

..sei·tig [..ザイティヒ] 接尾 形容詞・名詞・数詞などにつけて「…の側面の, …側の, …面的な, …ページの, 〖数〗…辺形の, …に関する」などを表す: geld*seitig* 金銭的側面の. dies*seitig* こちら側の. all*seitig* 多面的な. ganz*seitig* 全ページ(大)の. fünf*seitig* 五辺形の.

seit·lich [ザイトリヒ] 形 わき(横)の, わき(横)からの, わき(横)への.
前〖+2格〗…のわきに.

das **Seit·pferd** [ザイト・プふぇーアト] 名 -(e)s/-e 〖体操〗(横置きの)鞍馬(あん).

..seits [..ザイツ] 接尾 形容詞・所有代名詞などにつけて「…の側で」を表す副詞・2格支配の前置詞を作る. 形容詞には接合要素 -er が付く: väterlicher*seits* 父方では. meiner*seits* 私の側では. einer*seits* 一方では. ander(er)*seits* 他方では. dies*seits* こちら側で, (前置詞で)…のこちら側で.

seit·wärts [ザイト・ヴェるツ] 副 わき(横)へ, わき(横)に.
前〖+2格〗《文》…の傍らに.

sek. =Sekunde 秒.

Sek. 1.=Sekunde 秒 2. 《口》=Sekundarstufe 中等課程.

der **Se·kans** [ゼーカンス] 名 -/Sekanten [ゼカンテン] 〖数〗セカント, 正割(記号 sec).

die **Se·kan·te** [ゼカンテ] 名 -/-n 〖数〗(円の)割線.

sek·kant [ゼカント] 形 〖オース〗煩わしい, しつこい.

sek·kie·ren [ゼキーれン] 動 h. 〖j⁴with〗(mit <et³>) 〖オース〗煩わす, 悩ませる, 困らせる; (…に)しつこく迫る.

der **Se·kond** [ゼコント] 名 -/-en 〖フェンシング〗セコンド, 第二の構え.

die **Se·kret**[1] [ゼクれート] 名 -/-e 《主に他》〖カトリック〗(ミサの)密誦(みっしょう)(する).

das **Se·kret**[2] [ゼクれート] 名 -(e)s/-e 1. 〖医・生〗分泌物, 分泌液. 2. 《古》内密の知らせ.

der **Se·kre·tär** [ゼクれテーる] 名 -s/-e 1. 秘書; (官庁の)事務官. 2. (党などの)書記長; 《稀》(団体の)書記, 記録係. 3. ライティングビューロー. 4. 〖鳥〗ヘビクイワシ.

das **Se·kre·ta·ri·at** [ゼクれタリアート] 名 -(e)s/-e 事務局, 総務局; 事務(書記)局室, 総務局室.

die **Se·kre·tä·rin** [ゼクれテーりン] 名 -/-nen 女性秘書.

se·kre·tie·ren [ゼクれティーれン] 動 h. 1. 〖医・生〗分泌する. 2. 〖et³with〗公刊しないでおく.

die **Se·kre·ti·on** [ゼクれツィオーン] 名 -/-en 〖医・生・地質〗分泌: äußere/innere ~ 外/内分泌.

der **Sekt** [ゼクト] 名 -(e)s/-e ゼクト(ドイツの発泡ワイン).

die **Sek·te** [ゼクテ] 名 -/-n 《古》宗派, 分派; 《蔑》党派, セクト.

das **Sekt·früh·stück** [ゼクト・ふりゅー・シュテュック] 名 ゼクト〖発泡ワイン〗付きの豪華な朝食.

das **Sekt·glas** [ゼクトグラース] 名 -es/..gläser シャンパングラス.

der **Sek·tie·rer** [ゼクティーらー] 名 -s/- 1. 宗教, 宗派心の強い人. 2. 《蔑》(政党・思想の)分派論者, セクト主義者; 〖旧東独〗左翼偏向者.

die **Sek·tie·re·rei** [ゼクティーれらイ] 名 -/-en 《主に他》《蔑》分派(セクト)活動.

sek·tie·re·risch [ゼクティーれりシュ] 形 宗派の, 宗派的な; 《蔑》セクト的な; 〖旧東独〗左翼偏向の.

die **Sek·ti·on** [ゼクツィオーン] 名 -/-en 1. 部門, 部局, 支部; 〖旧東独〗(大学の)学科, 学部. 2. 〖医〗(死体の)解剖; 〖工〗(特に船体の)プレハブ部分.

der **Sek·ti·ons·be·fund** [ゼクツィオーンス・ベふント] 名 -(e)s/-e 〖医〗解剖所見.

der **Sek·ti·ons·chef** [ゼクツィオーンス・シェふ] 名 -s/-s 〖オース〗(本省の)局長; 部局の長.

der **Sekt·kor·ken** [ゼクト・コるケン] 名 -s/- ゼクト(瓶)のコルク栓(きのこの形).

der **Sekt·kü·bel** [ゼクト・キューベル] 名 -s/- シャンパン・バケット(クーラー).

der **Sek·tor** [ゼクトーア] 名 -s/-en [ゼクトーれン] 1. (専門)分野, 領域: (第2次大戦後のベルリンとウィーンの英・米・仏・ソ連の)占領地区. 2. 〖数〗(円の)扇形; 球扇形.

die **Se·kun·da** [ゼクンダ] 名 -/..den 《古》ゼクンダ(ギムナジウムの第6・第7学年); 〖オース〗ギムナジウムの第2学年.

der **Se·kun·da·ner** [ゼクンダーナー] 名 -s/- 《古》ゼクンダの生徒. ⇨ Sekunda.

der **Se·kun·dant** [ゼクンダント] 名 -en/-en (決闘の)介添え人, 立合人; 〖ボクシング〗セコンド.

se·kun·där [ゼクンデーる] 形 1. 二次(副次)的な; 付随的な. 2. 〖化〗第二の; 〖電〗二次の.

die **Se·kun·där·en·er·gie** [ゼクンデーる・エネるギー] 名 -/-n 二次エネルギー(電力, 動力用燃料など).

der **Se·kun·där·kon·su·ment** [ゼクンデーる・コンズメント] 名 -en/-en 〖生〗第2次消費者(食物連鎖).

die **Se·kun·där·li·te·ra·tur** [ゼクンデーる・リテるトゥーる] 名 -/ 二次文献, 参考文献.

die **Se·kun·där·markt** [ゼクンデーる・マるクト] 名 -(e)s/..märkte 〖経〗(証券の)流通市場, 第二次市場.

die **Se·kun·där·schu·le** [ゼクンデーる・シューレ] 名 -/-n 〖スイ〗中等学校, 実科学校.

der **Se·kun·där·sek·tor** [ゼクンデーる・ゼクトーる] 名 -s/-en 〖経〗第二次産業部門.

die **Se·kun·där·stu·fe** [ゼクンダーる・シュトゥーふぇ] 名 -/-n 中等課程(領域)(第5から第13学年まで).

die **Se·kun·de** [ゼクンデ] 名 -/-n 1. 秒(略 Sek. 記号 s, sec); auf die ~ genau 1秒も狂わずに. 2. 《口》ちょっとの間: Eine ~, bitte！ちょっと待って(下さい). 3. 〖数〗秒(角度記号″). 4. 〖楽〗(音程の)2度; (全音階の)第2音. 5. 〖製本〗折り丁番号.

se·kun·den·lang [ゼクンデン・ラング] 形 数秒間の, 一瞬の.

das **Se·kun·den·pen·del** [ゼクンデン・ベンデル] 名 -s/- 秒振り子.

der **Se·kun·den·schlaf** [ゼクンデン・シュラーふ] 名 -(e)s/ 《口》(車運転時などの)一瞬の眠り.

se·kun·den·schnell [ゼクンデン・シュネル] 形 瞬時の.

die **Se·kun·den·schnel·le** [ゼクンデン・シュネレ] 名 -/ 一瞬の速さ;《主に次の形で》in ~ 一瞬の内に, すばやく, あっという間に.

der **Se·kun·den·zei·ger** [ゼクンデン・ツァイガー] [名] -s/- 秒針.

se·kun·die·ren [ゼクンディーれン] [動] *h.* **1.** 《文》〖⟨j$^{3(4)}$/et$^{3(4)}$⟩ニ＋(bei ⟨et^{3}⟩ノ際ニ)〗味方をする, 助力する, (…を)支持〔支援〕する, (…を)助けて補足説明をする. **2.** 《文》〖⟨(文)⟩ト〗賛同〔支持〕して言う. **3.** 〖⟨j^{3}/et^{3}⟩ニ〗〖楽〗合せて第 2 声部を歌う〔第 2 パートを演奏する〕;〖楽〗伴奏する. **4.** 〔⟨j^{3}⟩ノ〕介添役〔セコンド〕を勤める《決闘・チェス・ボクシングなどで》.

se·kund·lich [ゼクントリひ] [形] 《稀》毎秒の, 1 秒ごとの.

se·künd·lich [ゼキュントリひ] [形] 毎秒の.

die **Se·kun·do·ge·ni·tur** [ゼクンドゲニトゥーあ] [名] -/-en 〖法〗(昔の)(諸侯家の)次子相続(権).

sel. =selig 亡き, 故(…).

..sel [..ゼル, ..セル] [接尾] 動詞から小さい意味の中性名詞を作る： Anhäng*sel* 装飾品. Füll*sel* 詰め物. Mitbring*sel* お土産.

das **Se·la** [ゼーラ] [名] -s/-s 〖旧約〗セラ《詩篇にある語で, 楽曲上の指示記号と思われる》.

das **Se·la·don** [ゼーラドン, zeladõ: ゼラドーン] [名] -s/-s 青磁(器).

Se·lam! [ゼラーム] [間] =Salam.

selb [ゼルブ] [代] 《指示》 **1.** 《derselbe などの冠詞部分が前置詞と融合したときに用い, 形容詞の弱変化をする》同じ, 同一の： am ~*en* Tag 同じ日に. zum ~*en* Arzt 同じ医者のところへ. **2.** 《der-, die-, dasselbe の短縮形として形容詞の強変化をする》同じ.

selb·an·der [ゼルプ・アンダー] [副] 《古》2 人で.

selb·dritt [ゼルプ・ドりット] [副] 《古》三人で： die heilige Anna ~ 〖美〗聖母と幼児キリストとともにいる聖アンナ.

sel·ber [ゼルバー] [代] 《指示》《無変化》 《口》= selbst[1].

das **Sel·ber·ma·chen** [ゼルバー・マっへン] [名] -s/ 《口》自分で作る〔組立てる〕こと.

sel·big [ゼルビひ] [代] 《指示》《付加語的には形容詞的変化. 独立的には dieser の変化に準ずる》《古》それと同じ;それと同じ人〔もの・こと〕.

selbst[1] [ゼルプスト] [代] 《指示》《無変化》《関連語とともに用い, その直後に置く. 直前に置かれる「selbst[2] …でさえ」との相違に注意. 関連語から離れて, あるいは関連語なしに副詞的にも用いられる》…自身〔自体〕, そのもの;(他人がするのではなく)自分で, 自ら;(他人の力を借りずに)独力で, 独りで： Der Motor ~ dieses Autos läuft gut, aber ... この自動車のエンジンそのものはちゃんと動いているのだが, …. Sie ist die Güte ~. 彼女は善人そのものだ. Erkenne dich ~! なんじ自身を知れ. Tu es doch ~! (それは)自分でやりなさいよ. 【慣用】⟨et^{4}⟩ **aus sich^{3} selbst tun** ⟨事ヲ⟩自発的に〔自ら進んで〕する. **nicht zu sich^{3} selbst kommen** 自分のことを考える暇もない. **nur an sich^{4} selbst denken** 自分のことしか考えない, 利己主義である. ⟨**et^{1}**⟩ **versteht sich^{4} von selbst** ⟨事ハ⟩自明のことだ. **von selbst** 自分から, 自然に, ひとりでに.

selbst[2] [ゼルプスト] [副] 《語飾》《副詞・名詞を修飾》…(で)さえ〔すら〕, (たとえ)…でも： ~ im 18. Jahrhundert 18 世紀においてすら. *S*~ wenn es regnet, …. たとえ雨でも….

das **Selbst** [ゼルプスト] [名] -/ 《文》自分, 自己.

der **Selbst·ab·ho·ler** [ゼルプスト・アップ・ホーラー] [名] -s/- (通常は配達される)商品を持帰る客;郵便物の窓口受取り人.

die **Selbst·ach·tung** [ゼルプスト・アはトゥング] [名] -/ 自尊心.

die **Selbst·a·na·ly·se** [ゼルプスト・アナリューゼ] [名] -/-n 〖心〗自己分析.

selb·stän·dig [ゼルプ・シュテンディひ] [形] =selbstständig.

der/die **Selb·stän·di·ge** [ゼルプシュテンディゲ] [名] -n/-n 《形容詞的変化》=Selbstständige.

die **Selb·stän·dig·keit** [ゼルプ・シュテンディひカイト] [名] -/ =Selbstständigkeit.

die **Selbst·an·kla·ge** [ゼルプスト・アン・クラーゲ] [名] -/-n **1.** 《文》自責, 自己告発. **2.** 《稀》自己批判.

der **Selbst·an·schluss**, [旧]**Selbst·an·schluß** [ゼルプスト・アン・シュルス] [名] -es/..schlüsse 《古》(電話の)自動交換.

die **Selbst·an·ste·ckung** [ゼルプスト・アン・シュテックング] [名] -/-en 〖医〗自己〔自家〕感染.

die **Selbst·auf·op·fe·rung** [ゼルプスト・アウふ・オップふぇるング] [名] -/-en 《主に[単]》自己犠牲, 献身.

der **Selbst·aus·lö·ser** [ゼルプスト・アウス・[レ]ーザー] [名] -s/- 〖写〗セルフタイマー.

die **Selbst·be·die·nung** [ゼルプスト・ベディーヌング] [名] -/ セルフサービス.

der **Selbst·be·die·nungs·la·den** [ゼルプストベディーヌングス・ラーデン] [名] -s/..läden セルフサービスの店.

die **Selbst·be·frie·di·gung** [ゼルプスト・べふりーディグング] [名] -/ 自慰.

die **Selbst·be·haup·tung** [ゼルプスト・ベハウプトゥング] [名] -/ 自己主張.

die **Selbst·be·herr·schung** [ゼルプスト・べへるシュング] [名] -/ 自制(心), 克己(心).

die **Selbst·be·kös·ti·gung** [ゼルプスト・ベ[ケ]スティグング] [名] -/-en (旅行中の)自炊(じすい).

die **Selbst·be·o·b·ach·tung** [ゼルプスト・ベオーバはトゥング] [名] -/-en 内省, 自己観察.

die **Selbst·be·schrän·kung** [ゼルプスト・ベシュれンクング] [名] -/-en《主に[単]》自主〔自己〕規制.

die **Selbst·be·sin·nung** [ゼルプスト・ベズィヌング] [名] -/ 《文》自省.

die **Selbst·be·stä·ti·gung** [ゼルプスト・ベシュテーティグング] [名] -/ 〖心〗自己の(価値・能力の)確認, 自己証明.

die **Selbst·be·stim·mung** [ゼルプスト・ベシュティムング] [名] -/ 〖政・社〗自己〔自主〕決定;〖政〗(民族の)自決;〖哲〗自律.

das **Selbst·be·stim·mungs·recht** [ゼルプストベシュティムングス・れひト] [名] -(e)s/ 〖法〗自己〔自主〕決定権;〖政〗自決権.

die **Selbst·be·tei·li·gung** [ゼルプスト・ベタイリグング] [名] -/-en (保険の)自己参与, 免責歩合, 小損害免責《被保険者の損害の一部負担》.

der **Selbst·be·trug** [ゼルプスト・ベトるーク] [名] -(e)s/ 自己欺瞞(ぎまん).

selbst·be·wusst, [旧]**selbst·be·wußt** [ゼルプスト・ベヴスト] [形] 自信〔自負心〕のある;〖哲〗自意識を持った.

das **Selbst·be·wusst·sein**, [旧]**Selbst·be·wußt·sein** [ゼルプスト・ベヴスト・ザイン] [名] -s/ **1.** 〖哲〗自意識, 自己〔自我〕意識. **2.** 自信, 自負心.

das **Selbst·bild·nis** [ゼルプスト・ビルトニス] [名] -ses/-se 自画像.

der **Selbst·bin·der** [ゼルプスト・ビンダー] [名] -s/- (手結びの)ネクタイ;〖農〗刈取束ね機.

die **Selbst·bi·o·gra·fie**, **Selbst·bi·o·gra·phie** [ゼルプスト・ビオ・グラふィー] [名] -/-n 《古》自(叙)伝.

die **Selbst·dar·stel·lung** [ゼルプスト・ダーあ・シュテルング] [名] -/-en 自己表現;自画像.

die **Selbst·dis·zi·plin** [ゼルプスト・ディスツィプリーン] [名] -/ 自制, 自制〔克己〕心, 自己規制.

die **Selbst·ein·schät·zung** [ゼルプスト・アイン・シェッツング] [名] -/-en 自己評価.

die **Selbst·ent·zün·dung** [ゼルプスト・エントツュンドゥング]

S

Selbsterfahrung 1102

名 -/-en 自然発火.
die **Selbst·er·fah·rung** [ゼルプスト・エアふぁーるング] 名 -/ 《心》(自他の悩みを知ることで得られる)自己理解.
die **Selbst·er·hal·tung** [ゼルプスト・エアハルトゥング] 名 -/ 自己保存.
der **Selbst·er·hal·tungs·trieb** [ゼルプストエアハルトゥングス・トリープ] 名 -(e)s/ 自己保存の本能.
der **Selbst·er·kennt·nis** [ゼルプスト・エアケントニス] 名 / 自己認識.
die **Selbst·er·nie·dri·gung** [ゼルプスト・エアニードリグング] 名 -/-en《文》自己卑下.
der **Selbst·fah·rer** [ゼルプスト・ふぁーらー] 名 -s/- **1.** 自分で運転する人. **2.** (自分で操作する)エレベータ -. **3.** 自走式の車いす. **4.** (内陸水運の)自航貨物船.
die **Selbst·fahr·la·fette** [ゼルプスト・ふぁーア・ラふぇって] 名 -/-n《軍》自走砲架,自走ロケットランチャー.
die **Selbst·fin·dung** [ゼルプスト・ふィンドゥング] 名 -/《文》自己発見.
selbst ge·ba·cken, ⓓ**selbstge·ba·cken** [ゼルプスト ゲバッケン] 形 自分で焼いた,自家製の.
selbst·ge·fäl·lig [ゼルプスト・ゲふぇリヒ] 形 自惚(ぬぼ)れた,高慢な.
die **Selbst·ge·fäl·lig·keit** [ゼルプスト・ゲふぇリヒカイト] 名 -/ 自惚(ぬぼ)れ,自己満足,独善.
das **Selbst·ge·fühl** [ゼルプスト・ゲふューール] 名 -(e)s/《文·稀》自負心,自尊心,自意識.
selbst ge·macht, ⓓ**selbstge·macht** [ゼルプスト ゲマハト] 形 手製の.
selbst·ge·nüg·sam [ゼルプスト・ゲニュークザーム] 形 自己満足した,足足した.
die **Selbst·ge·nüg·sam·keit** [ゼルプスト・ゲニュークザームカイト] 名 -/ 自己満足,自足.
selbst·ge·recht [ゼルプスト・ゲレヒト] 形 独善的な.
selbst·ge·schrie·ben [ゼルプスト・ゲシュリーベン] 形 自筆の.
das **Selbst·ge·spräch** [ゼルプスト・ゲシュれーヒ] 名 -(e)s/-e《主にⓓ》独り言,モノローグ.
selbst ge·zo·gen, ⓓ**selbstge·zo·gen** [ゼルプスト ゲツォーゲン] 形 自家栽培の;手製の.
die **Selbst·hei·lungs·kraft** [ゼルプスト・ハイルングス・クらふト] 名 /..kräfte《主にⓓ》自然治癒〔回復〕力.
selbst·herr·lich [ゼルプスト・ヘリリヒ] 形 独断的な.
die **Selbst·hil·fe** [ゼルプスト・ヒルふぇ] 名 -/ 自助;《法》自力救済,自救行為.
die **Selbst·in·duk·ti·on** [ゼルプスト・インドゥクツィオーン] 名 -/-en《電》自己誘導.
selbst·isch [ゼルプスティシュ] 形《文》利己的な.
die **Selbst·kon·trol·le** [ゼルプスト・コントろレ] 名 -/-n 管理;自己規制,セルフコントロール.
die **Selbst·kos·ten** [ゼルプスト・コステン] 複数《経》原価,実費.
der **Selbst·kos·ten·preis** [ゼルプスト コステン・プらイス] 名 -es/-e《経》原価〔実費〕価格,原材料価格.
die **Selbst·kri·tik** [ゼルプスト・クリティーク] 名 -/-en《主にⓓ》自己批判.
selbst·kri·tisch [ゼルプスト・クリーティシュ] 形 自己批判的な.
die **Selbst·la·de·pi·sto·le** [ゼルプスト・ラーデ・ピストーレ] 名 -/-n 自動拳銃(けんじゅう)ー,オートマチックピストル.
der **Selbst·la·der** [ゼルプスト・ラーダー] 名 -s/-《口》自動火器,自動小銃〔拳銃(けんじゅう)〕.
der **Selbst·laut** [ゼルプスト・ラウト] 名 -(e)s/-e《言》母音.
selbst·los [ゼルプスト・ロース] 形 私心のない,無欲の.
die **Selbst·lo·sig·keit** [ゼルプスト・ローズィヒカイト] 名 -/ 無私,無我,無欲.

der **Selbst·mord** [ゼルプスト・モルト] 名 -(e)s/-e 自殺: erweiterter ~ 無理心中.
der **Selbst·mör·der** [ゼルプスト・ⓧダー] 名 -s/- 自殺者.
selbst·mör·de·risch [ゼルプスト・ⓧデリシュ] 形 自殺的な,きわめて危険な;《稀》自殺を(目的とと)する.
selbst·mord·ge·fähr·det [ゼルプストモルト・ゲふぇーあデット] 形 自殺する危険のある.
die **Selbst·prü·fung** [ゼルプスト・プりゅーふング] 名 -/-en 自己省察,自己批判.
selbst·quä·le·risch [ゼルプスト・クヴェーレリシュ] 形 自虐的な.
selbst·re·dend [ゼルプスト・れーデント] 副《文飾》《古》言うまでもなく.
die **Selbst·re·gu·la·ti·on** [ゼルプスト・れグラツィオーン] 名 -/-en 自動調整;個体群·生態系の自己調節.
die **Selbst·rei·ni·gung** [ゼルプスト・らイニグング] 名 -/-en《環·生》(河川などの)自浄作用.
der **Selbst·schuss**, ⓓ**Selbst·schuß** [ゼルプスト・シュス] 名 -es/..schüsse《主にⓓ》自動発砲〔発射〕装置.
die **Selbst·schuss·an·la·ge**, ⓓ**Selbst·schuß·an·la·ge** [ゼルプスト シュス・アン・ラーゲ] 名 -/-n 自動発砲〔発射〕装置.
der **Selbst·schutz** [ゼルプスト・シュッツ] 名 -es/ 自衛,自己防衛.
selbst·si·cher [ゼルプスト・ズィッひャー] 形 自信のある.
die **Selbst·si·cher·heit** [ゼルプスト・ズィッひャーハイト] 名 -/ 自信.
selbst·stän·dig [ゼルプスト・シュテンディヒ] 形 **1.** 自主的な: ~ urteilen/denken 自主的に判断する/自分の頭でり考える. **2.** 独立した,自立の,自営の,独自の: ein ~er Staat 独立国. wirtschaftlich ~ sein 経済的に自立している.【慣用】**sich[4] selbstständig machen** (仕事の上で)一本立ちする;《冗》どこかへ消えてしまう.
der/die **Selbst·stän·di·ge** [ゼルプスト・シュテンディゲ] 名 -n/-n(形容詞的変化)自営業者,自由業者;フリーランサー.
die **Selbst·stän·dig·keit** [ゼルプスト・シュテンディヒカイト] 名 -/ 自立,独立;自主性.
die **Selbst·steu·e·rung** [ゼルプスト・シュトイエるング] 名 -/-en《工》自動制御,自動操縦装置.
das **Selbst·stu·di·um** [ゼルプスト・シュトゥーディウム] 名 -s/ 独学.
die **Selbst·sucht** [ゼルプスト・ズふト] 名 -/ 我欲,利己心.
selbst·süch·tig [ゼルプスト・ズュヒティヒ] 形 利己的な.
selbst·tä·tig [ゼルプスト・テーティヒ] 形 自動(式)の;《稀》自発的な.
die **Selbst·täu·schung** [ゼルプスト・トイシュング] 名 -/-en 自己欺瞞(ぎまん).
die **Selbst·tö·tung** [ゼルプスト・テートゥング] 名 -/-en《官》自殺.
selbst·tra·gend [ゼルプスト・トらーゲント] 形《工》支え〔支柱〕なしの.
die **Selbst·über·he·bung** [ゼルプスト・ユーバーヘーブング] 名 -/-en《文》うぬぼれ,思いあがり.
die **Selbst·über·schät·zung** [ゼルプスト・ユーバーシェッツング] 名 -/-en 自分の過大評価,自信過剰.
die **Selbst·über·win·dung** [ゼルプスト・ユーバーヴィンドゥング] 名 -/-en 克己,自己克服,自己抑制.
der **Selbst·un·ter·richt** [ゼルプスト・ウンターりヒト] 名 -(e)s/ 独学,独習.
die **Selbst·ver·ach·tung** [ゼルプスト・ふぇあアハトゥング] 名 -/ 自己蔑視.
selbst ver·dient, ⓓ**selbstverdient** [ゼルプスト ふぇあディーント] 形 自分で稼いだ.

sẹlbst·ver·ges·sen [ゼルプスト・ふぇあゲッセン] [形] 《文》忘我の(境の), 無我夢中の, 我を忘れた.

der **Sẹlbst·ver·lag** [ゼルプスト・ふぇあラーク] [名] -(e)s/ 自費出版.

die **Sẹlbst·ver·leug·nung** [ゼルプスト・ふぇあロイグヌング] [名] -/-en 自己否定, 自制; 自己犠牲.

der **Sẹlbst·ver·sor·ger** [ゼルプスト・ふぇあゾるガー] [名] -s/- 自給自足者; 《口・蔑》自炊生活者.

die **Sẹlbst·ver·sor·gung** [ゼルプスト・ふぇあゾるグング] [名] -/ 自給自足.

sẹlbst·ver·ständ·lich [ゼルプスト・ふぇあシュテントリひ] [副] 《文飾》当然, もちろん： Kommen Sie heute? — *S*～! 今日来ますか. —もちろんです.
—— [形] 当然の, 自明の： Das ist für mich ～. それは私には当然のことです.

die **Sẹlbst·ver·ständ·lich·keit** [ゼルプスト・ふぇあシュテントリひカイト] [名] -/-en 自明〔当然〕なこと.

das **Sẹlbst·ver·ständ·nis** [ゼルプスト・ふぇあシュテントニス] [名] -ses/ 自己理解〔認識〕.

die **Sẹlbst·ver·stüm·me·lung** [ゼルプスト・ふぇあシュテュメルング] [名] -/-en (兵役逃れの)自己傷害; 〖生〗(トカゲの尾などの)自己切断.

die **Sẹlbst·ver·tei·di·gung** [ゼルプスト・ふぇあタイディグング] [名] -/-en 自己防衛, 自衛.

das **Sẹlbst·ver·trau·en** [ゼルプスト・ふぇあトらウエン] [名] -s/ 自信, 自負.

die **Sẹlbst·ver·wal·tung** [ゼルプスト・ふぇあヴァルトゥング] [名] -/-en 自治; 〖経〗自主管理.

die **Sẹlbst·ver·wirk·li·chung** [ゼルプスト・ふぇあヴィるクリひュング] [名] -/ 〖哲・心〗自己実現.

der **Sẹlbst·wähl·fern·dienst** [ゼルプスト・ヴェール・ふぇるン・ディーンスト] [名] -(e)s/-e ダイヤル市外通話.

sẹlbst·zer·stö·re·risch [ゼルプスト・ツェあシュ㋢ーれりシュ] [形] 自己破壊的な.

die **Sẹlbst·zucht** [ゼルプスト・ツふト] [名] -/ 《文》自制.

sẹlbst·zu·frie·den [ゼルプスト・ツ・ふりーデン] [形] 自己満足した.

die **Sẹlbst·zu·frie·den·heit** [ゼルプスト・ツ・ふりーデンハイト] [名] -/ (《蔑》も有)自己満足.

der **Sẹlbst·zweck** [ゼルプスト・ツヴェック] [名] -(e)s/ 自己目的.

sẹl·chen [ゼルひぇン] [動] *h.* 〔<et[4]>ヲ〕《バイエ・オーストリア》薫製にする.

der **Sẹl·cher** [ゼルひゃー] [名] -s/- 《バイエ・オーストリア》薫製品の製造販売人.

die **Sel·che·rei** [ゼルひぇらイ] [名] -/-en 《バイエ・オーストリア》薫製品製造業〔所〕.

das **Sẹlch·fleisch** [ゼルひ・ふライシュ] [名] -(e)s/ 《バイエルン・オーストリア》薫製(くんせい)肉.

die **Sẹlch·kam·mer** [ゼルひ・カマー] [名] -/-n 《バイエ・オーストリア》薫煙室.

der **Sel·dschu·ke** [zɛldʒúːkə ゼルヂューケ] [名] -n/-n セルジュク朝の人《11-12 世紀のトルコ民族の王朝》.

se·lek·tie·ren [ゼレクティーれン] [動] *h.* **1.** 〔<j[4]/et[4]>ヲ+(für <et[4]>ノタメニ)〕選ぶ, 選び出す. **2.** 〔(<j[4]>ヲ)〕〖ナチス〗《婉》(ガス室送りに)選別する.

die **Se·lek·ti·on** [ゼレクツィオーン] [名] -/-en **1.** 〖生〗自然淘汰(とうた). **2.** 《[単]のみ》《文》選抜, 選択. **3.** 〖ナチス〗《婉》(ガス室送りのための)選別.

die **Se·lek·ti·ons·the·o·rie** [ゼレクツィオーンス・テオりー] [名] -/-n 〖生〗自然淘汰(とうた)説.

der **Se·lek·ti·ons·vor·teil** [ゼレクツィオーンス・ふぉる・タイル, ゼレクツィオーンス・ふぉあ・タイル] [名] -(e)s/-e 〖生〗淘汰(とうた)の際の有利性〔利点〕.

se·lek·tiv [ゼレクティーふ] [形] 選択的な; 選択式の; 〖無線〗分離度の高い.

die **Se·lek·ti·vi·tät** [ゼレクティヴィテート] [名] -/ 〖電〗(受信機などの)分離〔選局〕度; 〖化〗選択性〔率〕.

das **Se·len** [ゼレーン] [名] -s/ 〖化〗セレン, セレニウム《記号 Se》.

das **Se·le·nat** [ゼレナート] [名] -(e)s/-e 〖化〗セレン酸塩.

(*die*) **Se·le·ne** [ゼレーネ] [名] 〖ギ神〗セレネ《月の女神》.

se·le·nig [ゼレーニひ] [形] 〖化〗亜セレンの, セレンを含有する： ～*e* Säure 亜セレン酸.

das **Se·le·nit** [ゼレニート] [名] -s/-e 〖化〗亜セレン酸塩.

die **Se·le·no·gra·fie, Se·le·no·gra·phie** [ゼレノ・グらふぃー] [名] -/-n 月面図, 月理学.

die **Se·le·no·lo·gie** [ゼレノ・ロギー] [名] -/ 月質学.

se·le·no·lo·gisch [ゼレノ・ローギシュ] [形] 月質学の.

die **Se·len·zel·le** [ゼレーン・ツェレ] [名] -/-n 〖理〗セレン光電池.

der **Se·leu·ki·de** [ゼロイキーデ] [名] -n/-n セレウコス王家の人《紀元前 312-紀元前 63 年の古代シリアの王朝の人》.

der **Self·made·man** [zɛ́lfmeːtmɛn ゼルふ・メート・メン] [名] -s/..men[..メン] 独力で立身出世した人.

se·lig [ゼーリひ] [形] **1.** (現世から解放されて)天の至福にあずかる： ein ～*es* Ende haben 安らかな最期をとげる. ⇨ selig preisen. **2.** 《古》今は亡き, 故人となった(略 sel.); 〖カトリック〗福者の列に加えられた： mein ～*er* Vater 〔mein Vater ～〕今は亡き父. ⇨ selig sprechen. **3.** この上なく幸せな, 大喜びの; 《口》ほろ酔い機嫌の.

..se·lig [..ゼーリひ] [接尾] **1.** 名詞や動詞の語幹の後につけて「(…が好きで)…で上機嫌になる〔なっている〕」という性質・状態を表す形容詞を作る： bier*selig* ビールを飲んで上機嫌な. walzer*selig*. ワルツを踊れば〔踊って〕上機嫌な. red*selig* おしゃべり好きの. **2.** この形の形容詞で別の意味になったものも多い： gott*selig* 信心深い. leut*selig* 気さくな. schreib*selig* 多筆の. müh*selig* 骨の折れる.

der/*die* **Se·li·ge** [ゼーリゲ] [名] (形容詞的変化)故人, 死者; 〖カトリック〗(死後, 教会から祝福された)福者： mein ～*r* 《古・冗》私の今は亡き夫. meine ～ 《古・冗》私の今は亡き妻. die Gefilde der ～*n* 死者の楽園, 楽土, エリュシオン.

die **Se·lig·keit** [ゼーリひカイト] [名] -/-en **1.** 《[単]のみ》(天国の)至福. **2.** (無上の)幸福. 【慣用】 **die ewige Seligkeit** 来世の幸福.

se·lig prei·sen*, [旧]**se·lig|prei·sen*** [ゼーリひ ブらイゼン] [動] *h.* **1.** 〔<j[4]>ヲ〕この上なく幸福(な者)であるとたたえる〔言う〕. **2.** 〔<j[4]>ヲ〕(天国の)至福に与(あず)かる者とたたえる《マタイ福音書 5, 5》.

die **Se·lig·prei·sung** [ゼーリひ・ブらイズング] [名] -/-en **1.** 幸福と讃(たた)える〔認める〕こと. **2.** 《[複]のみ》真福八端《マタイ福音書 5》.

se·lig spre·chen*, [旧]**se·lig|spre·chen*** [ゼーリひ・シュプれっひぇン] [動] *h.* 〔<j[4]>ヲ〕〖カトリック〗列福する.

die **Se·lig·spre·chung** [ゼーリひ・シュプれっひゅング] [名] -/-en 〖カトリック〗列福(式).

der **Sẹl·le·rie** [zɛ́ləri ゼレり] [名] -s/-(s) (《オーストリア》die ～ -/-(n)) 〖植〗セロリ.

(*die*) **Sẹl·ma** [ゼルマ] [名] 〖女名〗ゼルマ.

sẹl·ten [ゼルテン] [形] **1.** まれな, めったに…ない, 珍しい, たまの： Wir sehen uns nur noch ～. 私たちはもうめったに会わない. **2.** まれに見る： eine ～ schöne Frau まれに見る美しい女性. 【慣用】 **ein seltener Vogel** 変わり者. **Selten so gelacht!** 《口》こんなことおもしろくもおかしくもない. **sich[4] selten machen** 《口》めったに姿を見せない.

die **Sẹl·ten·heit** [ゼルテンハイト] [名] -/-en **1.** 《[単]のみ》まれ〔稀少〕なこと. **2.** 珍しいもの〔こと〕.

der **Sẹl·ten·heits·wert** [ゼルテンハイツ・ヴェーあト] [名] -(e)s/ 希少価値.

das〔*die*〕**Sel·ters**［ゼルタース］[名] -/- ＝Selterswasser.

das **Sel·ters·was·ser**［ゼルタース・ヴァッサー］[名] -s/ ..wässer《[複]は種類》炭酸入りミネラルウォーター.

selt·sam［ゼルトザーム］[形] 奇妙〔奇異〕な, 風変わりな.

selt·sa·mer·wei·se［ゼルトザーマー・ヴァイゼ］[副] 奇妙なことに.

die **Selt·sam·keit**［ゼルトザームカイト］[名] -/-en **1.**《[単]のみ》奇妙さ. **2.** 奇妙なこと〔現象〕.

(*der*) **Sem**［ゼム］[名]〖旧約〗セム《Noah の長男. セム族の祖》.

die **Se·man·tik**［ゼマンティク］[名] -/ **1.**〖言〗意味論. **2.** 意味, 内容.

se·man·tisch［ゼマンティシュ］[形]〖言〗意味論の; 意味(上)の.

das **Se·ma·phor**［ゼマふぉーあ］[名] -s/-e《〘ｵｰｽﾄﾘｱ〙der ～ -s/-e》セマホアー, 腕木式信号機.

die **Se·ma·si·o·lo·gie**［ゼマズィオ・ロギー］[名] -/〖言〗語義論. ⇨Semantik.

se·ma·si·o·lo·gisch［ゼマズィオ・ローギシュ］[形]〖言〗語義論の.

das **Se·mem**［ゼメーム］[名] -s/-e〖言〗意味素.

das **Se·mes·ter**［ゼメスター］[名] -s/- **1.** 学期. **2.**《学生》(何学期目かに在学中の)学生.

die **Se·mes·ter·fe·ri·en**［ゼメスター・ふぇーりエン］[複名] 学期末休暇.

..se·mes·trig［..ゼメストりひ］[接尾] 数詞につけて「…学期間の」を意味する形容詞を作る: ein sechs*semestriges* Studium 6 学期間の勉学.

das **Se·mi·fi·na·le**［ゼーミ・ふぃナーレ］[名] -s/-〖ｽﾎﾟｰﾂ〗準決勝, セミファイナル.

das **Se·mi·ko·lon**［ゼミ・コーロン］[名] -s/-s〔..kola〕〖言〗セミコロン《記号;》.

das **Se·mi·nar**［ゼミナーあ］[名] -s/-e〔《ｵｰｽﾄﾘｱ・ｽｲｽ》-ien も有〕 **1.** ゼミナール, 演習; ゼミナールの所属者(学生・担当者など全員). **2.** (大学の)研究室. **3.**〘ｶﾄﾘｯｸ〙神学校(Priester～). **4.** (昔の)小学校教員養成所; (教育実習のための)研修課程.

der **Se·mi·na·rist**［ゼミナりスト］[名] -en/-en 神学校生; 教育実習生; 教育実習生,《古》師範学校生.

die **Se·mi·o·lo·gie**［ゼミオ・ロギー］[名] -/ **1.**〖哲・言〗記号論〔学〕. **2.**〖医〗症候学.

die **Se·mi·o·tik**［ゼミオーティク］[名] -/ ＝Semiologie.

se·mi·per·me·a·bel［ゼミ・ぺるメアーベル］[形]《[付]は..bl..》半透性の.

se·mi·pro·fes·si·o·nell［ゼミ・プろふぇっスィオネル］[形] セミプロの.

(*die*) **Se·mi·ra·mis**［ゼミーらミス］[名]〖女名〗セミラミス《空中庭園を築いたアッシリアの女王》.

der **Se·mit**［ゼミート］[名] -en/-en セム(族の)人《中近東・北アフリカのセム語族》.

se·mi·tisch［ゼミーティシュ］[形] セム人〔語〕の.

der **Se·mi·tist**［ゼミティスト］[名] -en/-en セム学者.

die **Se·mi·tis·tik**［ゼミティスティク］[名] -/ セム学.

se·mi·tis·tisch［ゼミティスティシュ］[形] セム学の.

der **Se·mi·vo·kal**［ゼーミ・ヴォカール］[名] -s/-e〖言〗半母音.

die **Sem·mel**［ゼメル］[名] -/-n《ｵｰｽﾄﾘｱ・ﾊﾞｲｴﾙﾝ・東中独》ゼンメル《小さな丸形の白パン》.

sem·mel·blond［ゼメル・ブロント］[形] 淡いブロンド色の.

der **Sem·mel·brö·sel**［ゼメル・ブれーゼル］[名] -s/-《《ｵｰｽﾄﾘｱ》das ～》《主に[複]》パン粉.

der **Sem·mel·kloß**［ゼメル・クロース］[名] -es/-e《主に[複]》＝Semmelknödel.

der **Sem·mel·knö·del**［ゼメル・クネーデル］[名] -s/- ゼンメル団子《ゼンメル(Semmel)に水・牛乳・バター・卵などを加えてつくる》.

der **Sem·me·ring**［ゼメりング］[名] -s/〖地名〗ゼメリング《オーストリア東部の峠》.

sem·per ali·quid hae·ret［ゼムパー アーリクヴィト ヘーれト］〖ﾗﾃﾝ語〗(誹謗(ひぼう)・中傷などで)一度つけられた汚点は完全には消えないものだ.

sem·per idem［ゼムパー イーデム］〖ﾗﾃﾝ語〗(人や物について)いつも同じ, 相変わらず.

sen. ＝senior …シニア, …一世.

der **Se·nat**［ゼナート］[名] -(e)s/-e **1.** (ハンブルクなどの)州政府; (リューベックなどの)市参事会, 市政府; (バイエルン州議会・アメリカなどの)上院. **2.** (古代ローマの)元老院. **3.** (大学の)評議会. **4.** (上級裁判所の)部.

der **Se·na·tor**［ゼナートーあ］[名] -s/-en［ゼナトーれン］ **1.** (ハンブルクなどの)州政府大臣; (中世都市国家の)市参事会員. **2.** (バイエルン州・アメリカなどの)上院議員. **3.** (古代ローマの)元老院議員. **4.** (大学の)評議員.

Se·na·tus Po·pu·lus·que Ro·ma·nus［ゼナートゥス ポプルスクヴェ ろマーヌス］〖ﾗﾃﾝ語〗ローマの元老院と人民, ローマ帝国.

der **Send·bo·te**［ゼント・ボーテ］[名] -n/-n (昔の)使者, 使節.

der **Send·brief**［ゼント・ブりーふ］[名] -(e)s/-e (昔の)公開状.

die **Sen·de·an·la·ge**［ゼンデ・アン・ラーゲ］[名] -/-n〖電〗送信設備〔装置〕.

der **Sen·de·be·reich**［ゼンデ・べらイひ］[名] -(e)s/-e〖ﾗｼﾞｵ・ﾃﾚﾋﾞ〗放送受信区域, サービスエリア.

die **Sen·de·fol·ge**［ゼンデ・ふぉルゲ］[名] -/-n〖ﾗｼﾞｵ・ﾃﾚﾋﾞ〗放送番組のプログラム;《稀》連続放送.

das **Sen·de·ge·biet**［ゼンデ・ゲビート］[名] -(e)s/-e〖ﾗｼﾞｵ・ﾃﾚﾋﾞ〗放送受信区域; (放送局の)サービスエリア.

das **Sen·de·ge·rät**［ゼンデ・ゲれート］[名] -(e)s/-e〖電〗送信機〔装置〕.

die **Sen·de·leis·tung**［ゼンデ・ライストゥング］[名] -/-en《主に[単]》〖電〗送信出力.

der **Sen·de·lei·ter**［ゼンデ・ライター］[名] -s/- 放送責任者〔プロデューサー〕.

sen·den(*)［ゼンデン］[動] sandte〔sendete〕; hat gesandt〔gesendet〕《規則変化はまれ》 **1.** 《規則変化;《ｽｲｽ》不規則変化》〔<et⁴>ｦ〕放送する; 発信する. **2.** 〔(<j³>ﾆ/an <j⁴>ｱﾃﾆ)＋<et⁴>ｦ＋(<方向>ﾍ)〕《文》送る, 届けさせる. **3.** 〔<j⁴/et⁴>ｦ＋(<方向>ﾍ)〕《文》派遣する, 遣わす.

die **Sen·de·pau·se**［ゼンデ・パウゼ］[名] -/-n〖ﾗｼﾞｵ・ﾃﾚﾋﾞ〗放送休止時間.

das **Sen·de·pro·gramm**［ゼンデ・プろグらム］[名] -s/-e《稀》放送番組.

der **Sen·der**［ゼンダー］[名] -s/- **1.** 放送局; 送信〔発信〕所; 送信〔発信〕機. **2.**《稀》派遣者.

der **Sen·de·raum**［ゼンデ・らウム］[名] -(e)s/..räume 放送局のスタジオ.

die **Sen·de·rei·he**［ゼンデ・らイエ］[名] -/-n シリーズ番組.

die **Sen·de·sta·ti·on**［ゼンデ・シュタツィオーン］[名] -/-en〖ﾗｼﾞｵ・ﾃﾚﾋﾞ・無線〗放送局, 送信所.

sen·de·te［ゼンデテ］[動] senden の過去形および接続法 2 式.

der **Sen·de·turm**［ゼンデ・トゥるム］[名] -(e)s/..türme 放送〔送信〕塔, テレビ塔.

das **Sen·de·zei·chen**［ゼンデ・ツァイひェン］[名] -s/- 放送休止時間の印《テストパターンなど》; コールサイン.

die **Sen·de·zeit**［ゼンデ・ツァイト］[名] -/-en 放送〔送信〕時間.

der **Send·ling**［ゼントリング］[名] -s/-e《ｽｲｽ》使者, 使節.

das **Send·schrei·ben**［ゼント・シュらイベン］[名] -s/-

S

(昔の)公開状.
die **Sẹn·dung** [ゼンドゥング] [名] -/-en **1.** 《稀》送付,発送. **2.** 送付物,発送品：eine postlagernde ～ 局留め郵便物. **3.** 放送：～ über 〈et^4〉〈物・事に〉関する番組. auf ～ sein オンエア〔放送〕されている. **4.** 《[単]のみ》《文》(高次の)使命,任務.
(*der*) **Se·ne·ca** [ゼーネカ] [名] 『人名』セネカ(Lucius Annaeus ～, 紀元前4頃-後65, ローマの哲学者・作家).
(*der*) **Se·ne·gal**[1] [ゼーネガル] [名] -(s)/ 『国名』《定冠詞がつくことも有》セネガル《西アフリカの国》.
der **Se·ne·gal**[2] [ゼーネガル] [名] -(s)/ 『川名』セネガル川.
der **Se·ne·schall** [ゼーネシャル] [名] -s/-e 『史』(フランク王国の)宮廷内行政長《行政,軍政,裁判を管轄》.
die **Se·nes·zẹnz** [ゼネスツェンツ] [名] -/ 『医』老化.
der **Sẹnf** [ゼンふ] [名] -(e)s/-e 辛子,マスタード;『植』カラシナ. 【慣用】**einen langen Senf machen** 無駄口をきく. **seinen Senf dazugeben** 《口》(さしでがましく)自分の意見を言う.
sẹnf·far·ben [ゼンふ・ふぁるベン] [形] からし色の,黄褐色の.
das **Sẹnf·gas** [ゼンふ・ガース] [名] -es/ マスタードガス《毒ガス》.
die **Sẹnf·gur·ke** [ゼンふ・グるケ] [名] -/-n 辛子粒入りのキュウリのピクルス.
das **Sẹnf·korn** [ゼンふ・コるン] [名] -(e)s/..körner《主に[複]》辛子粒.
das **Sẹnf·pflas·ter** [ゼンふ・プふラスター] [名] -s/- 『医』(昔の)辛子膏薬(こうやく).
der **Sẹnf·topf** [ゼンふ・トップふ] [名] -(e)s/..töpfe 辛子入れ.
die **Sẹn·ge** [ゼンゲ] [複名] 《方》殴打.
sẹn·gen [ゼンゲン] [動] *h.* **1.** 〔〈et^4〉ノ〕毛焼きをする《毛をむしった鶏などの》;『紡』けばを焼き取る《糸の》;《稀》表面を少し焦がす《(アイロン掛けで)シャツなどの》. **2.** 〔補足なし〕(表面が)焦げる〔焦げそうに熱くなる〕;(太陽が)じりじり照りつける. 【慣用】**sengen und brennen** 《古》略奪・放火を行う.
se·nil [ゼニール] [形] **1.** 耄碌(もうろく)した. **2.** 『医』老人性の：～*e* Demenz 老人性痴呆(ちほう).
die **Se·ni·li·tät** [ゼニリテート] [名] -/ 老衰,耄碌(もうろく);《文・蔑》老化現象.
se·ni·or [ゼーニオーあ] [形] 《無変化》父の《同名の息子と区別して. 略 sen.》：Hans Müller ～ 父ハンス・ミュラー.
der **Se·ni·or** [ゼーニオーあ] [名] -s/-en [ゼニオーれン] **1.** 《主に[単]》《(冗)も有》父親,一世;《[単]のみ》『商』(同族会社の)シニア,老社長. **2.** 『スポ』シニアのスポーツマン. **3.** 年金受給者,高齢者. **4.** (団体の)最年長者;《学生》シニア《学生組合の筆頭幹部》.
das **Se·ni·o·rat** [ゼニオらート] [名] -(e)s/-e **1.** 年長者相続(権). **2.** 《古》(組織の)代表責任者の地位. **3.** (フランク王国の)荘園領主の領民に対する管理責任.
das **Se·ni·o·ren·heim** [ゼニオーれン・ハイム] [名] -(e)s/-e 老人ホーム,養老院.
der **Se·ni·o·ren·kon·vent** [ゼニオーれン・コンヴェント] [名] -(e)s/-e 学生組合連合会
der **Se·ni·o·ren·pass**, [旧]**Se·ni·o·ren·paß** [ゼニオーれン・パス] [名] -es/..pässe (昔の)老人パス《ドイツ連邦鉄道の老齢者に対する運賃割引き証》.
das **Se·ni·o·ren·stu·di·um** [ゼニオーれン・シュトゥーディウム] [名] -s/ 老人大学講座.
das **Se·ni·o·ren·zen·trum** [ゼニオーれン・ツェントるム] [名] -s/..tren 老人用居住施設.
das **Sẹnk·blei** [ゼンク・ブライ] [名] -(e)s/-e 測鉛;『土』下げ振り(おもり).
die **Sẹn·ke** [ゼンケ] [名] -/-n 窪地(くぼち),低地.
der **Sẹn·kel** [ゼンケル] [名] -s/- 靴ひも(Schnur～). 【慣用】〈j^4〉 **in den ～ stellen** 〈人を〉叱責(しっせき)する.
sẹn·ken [ゼンケン] [動] *h.* **1.** 〔〈et^4〉ヲ〕下げる《旗・頭などを》,《文》伏せる《目を》,《文》ひそめる《声を》;『鉱』掘下げる《坑道の床などを》. **2.** 〔〈j^4/et^4〉ヲ＋〈方向〉ニ〕下ろす. **3.** 〔sich^4〕下がる《エレベータなどが》;沈下する《地盤などが》. **4.** 〔sich^4＋(〈方向〉ニ)〕降りる《幕・遮断機などが》. **5.** 〔sich^4＋nach 〈et^3〉ノ方ヘ〕下り勾配(こうばい)になっている. **6.** 〔〈et^4〉ヲ〕低下させる,下げる《高熱・賃金・物価などを》. **7.** 〔補足なし〕『工』(ねじ・リベット用の)穴をあける. 【慣用】〈j^3〉 **den Keim der Hoffnung/des Bösen ins Herz senken** 《文》〈人の〉心に希望/悪の芽を植えつける. **Die Nacht senkt sich über die Stadt.** 《文》町に夜のとばりが降りる.
der **Sẹn·ker** [ゼンカー] [名] -s/- **1.** 『工』(さら穴をあける)さら錐(きり). **2.** (漁網の)錘(おもり). **3.** (寄生植物の)寄生根.
der **Sẹnk·fuß** [ゼンク・ふース] [名] -es/..füße 『医』扁平足.
die **Sẹnk·fuß·ein·la·ge** [ゼンクふース・アイン・ラーゲ] [名] -/-n (靴の)扁平足用敷革.
die **Sẹnk·gru·be** [ゼンク・グるーベ] [名] -/-n 『土』汚水だめ.
der **Sẹnk·kas·ten** [ゼンク・カステン] [名] -s/..kästen 『工』(水中工事用の)ケーソン,潜函(せんかん).
das **Sẹnk·lot** [ゼンク・ロート] [名] -(e)s/-e 『土』下げ振り.
sẹnk·recht [ゼンク・れひト] [形] **1.** 垂直な;真っすぐな：eine ～*e* Linie 垂直線. ～ aufeinander stehen 垂直に交わる. ～ abstürzen まっすぐに墜落する. **2.** 《スイ》正直な,誠実な. 【慣用】**das einzig Senkrechte** 《口》唯一まともなこと. **Immer (schön) senkrecht bleiben!** 《口》落着きを失うな.
die **Sẹnk·rech·te** [ゼンク・れひテ] [名] 《形容詞的変化》『数』垂線,垂直線.
der **Sẹnk·recht·star·ter** [ゼンクれひト・シュタるター, ゼンクれひト・スタるター] [名] -s/- **1.** 垂直離着陸機. **2.** 《口》急激に出世した人,ヒット商品.
die **Sẹn·kung** [ゼンクング] [名] -/-en **1.** 《[単]のみ》下げる〔がる〕こと,引き下げ,低下,減少,沈降. **2.** 『地質』沈下;《稀》窪地;『医』血沈検査(の採血)(Blut～);『詩』抑音部.
die **Sẹnk·waa·ge** [ゼンク・ヴァーゲ] [名] -/-n 浮秤(うきばかり),液体比重計.
der **Sẹnn** [ゼン] [名] -(e)s/-e 《バイエ・オース・スイス》(アルプスの)山岳〔高原〕酪農家.
der **Sẹn·ne**[1] [ゼネ] [名] -n/-n 《バイエ・オース》＝Senn.
die **Sẹn·ne**[2] [ゼネ] [名] -/-n 《南独》アルプスの放牧地〔牧草地〕;《[単]のみ》《ヴェストファーレン》荒地.
der **Sẹn·ner** [ゼナー] [名] -s/- ＝Senn.
die **Sen·ne·rei** [ゼネらイ] [名] -/-en 《バイエ・オース・スイス》バター・チーズを製造するアルプスの放牧地〔牧草地〕.
die **Sẹn·nes·blät·ter** [ゼネス・ブレッター] [複名] センナの葉《煎(せん)じて下剤に使用》.
die **Sẹnn·hüt·te** [ゼン・ヒュッテ] [名] -/-n 《バイエ・オース》(アルプスの放牧地の)酪農小屋.
der **Sen·sal** [ゼンザール] [名] -s/- 《オース》フリーのブローカー〔仲買人〕.
die **Sen·sa·ti·on** [ゼンザツィオーン] [名] -/-en **1.** センセーション,大評判. **2.** 『医』感覚.
sen·sa·ti·o·nell [ゼンザツィオネル] [形] センセーショナルな.
das **Sen·sa·ti·ons·blatt** [ゼンザツィオーンス・ブラット] [名] -(e)s/..blätter 《蔑》(センセーションをねらう)低俗新聞.
die **Sen·sa·ti·ons·lust** [ゼンザツィオーンス・ルスト] [名] -/

《蔑》センセーショナルなものを好むこと.
sen·sa·ti·ons·lüs·tern [ゼンザツィオーンス・リュスターン] [形] 《蔑》センセーショナルなものを好む.
die **Sen·sa·ti·ons·mel·dung** [ゼンザツィオーンス・メルドゥング] [名] -/-en センセーショナルな知らせ〔ニュース〕.
die **Sen·sa·ti·ons·pres·se** [ゼンザツィオーンス・プれっセ] [名] -/ 《蔑》=Sentationsblatt.
der **Sen·sa·ti·ons·pro·zess,** [旧]**Sen·sa·ti·ons·pro·zeß** [ゼンザツィオーンス・プろツェス] [名] -es/-e センセーショナルな訴訟.
die **Sen·sa·ti·ons·sucht** [ゼンザツィオーンス・ズふト] [名] -/ 《蔑》センセーショナルなことを好むこと.
die **Sen·se** [ゼンゼ] [名] -/-n 大鎌;《転》終り.
der **Sen·sen·mann** [ゼンゼン・マン] [名] -(e)s/..männer **1.** 《古》大鎌で刈る人. **2.** ([単]のみ)死神(鎌を持った骸骨(がいこつ)で表される).
sen·si·bel [ゼンズィーベル] [形] ([付][比]は..bl..) **1.** 感受性の強い,繊細な(感情の),敏感な. **2.** 〖医〗知覚〔感覚〕の: *sensible* Nerven 知覚神経.
sen·si·bi·li·sie·ren [ゼンズィビリズィーれン] [動] *h.* **1.** 〔〈j⁴〉ヲ+(für〈et⁴〉ニ対シテ)〕感じやすくさせる,敏感にする. **2.** 〔sich⁴+gegen〈et⁴〉ニ対シテ〕〖医〗過敏反応〔アレルギー〕を起こす. **3.** 〔〈j⁴〉ヲ+gegen〈et⁴〉ニ対シテ〕〖医〗感作(かんさ)する(ある抗原に対して). **4.** 〔〈et⁴〉ヲ〕〖写〗増感する(フィルムの感光膜を).
die **Sen·si·bi·li·sie·rung** [ゼンズィビリズィーるング] [名] -/-en 感じやすく〔敏感に〕すること;〖写〗増感すること.
die **Sen·si·bi·li·tät** [ゼンズィビリテート] [名] -/ **1.** 《文》感じやすさ,敏感さ. **2.** 〖医〗感覚能. **3.** 〖写〗感光度;〖電〗感度.
sen·si·tiv [ゼンズィティーふ] [形] 神経過敏な,傷つきやすい.
die **Sen·si·ti·vi·tät** [ゼンズィティヴィテート] [名] -/ 《文》過敏なこと,敏感さ,繊細;過敏な性格〔状態〕.
die **Sen·si·to·me·t·rie** [ゼンズィト・メトりー] [名] -/ 〖写〗感度測定,センシトメトリー.
der **Sen·sor** [ゼンゾーあ] [名] -s/-en [ゼンゾーれン] センサー;タッチセンサー(スイッチ).
sen·so·risch [ゼンゾーりシュ] [形] 〖医〗感覚〔知覚〕上の.
das **Sen·so·ri·um** [ゼンゾーりウム] [名] -s/..rien **1.** 〖医〗《古》意識;([複]のみ)(大脳の)感覚中枢,感覚野(や). **2.** 《文》感覚,感受性,センス.
die **Sen·sor·tas·te** [ゼンゾーあ・タステ] [名] -/-n (触れるだけで作動する)タッチセンサー(スイッチ〔キー〕).
der **Sen·su·a·lis·mus** [ゼンズアリスムス] [名] -/ 〖哲〗感覚論;感覚主義.
sen·su·a·lis·tisch [ゼンズアリスティシュ] [形] 感覚論の;感覚主義の.
sen·su·ell [ゼンズエル] [形] **1.** 感覚(器官)の;感覚的に知覚できる. **2.** 《古》官能的な.
(*die*) **Sen·ta** [ゼンタ] [名] 〖女名〗ゼンタ(Crescentia の短縮形).
die **Sen·tenz** [ゼンテンツ] [名] -/-en **1.** 《文》金言,格言. **2.** ([複]のみ)〖キ教〗神学命題論集. **3.** 〖法〗《古》判決.
sen·ten·zi·ös [ゼンテンツィ[エ]ース] [形] 格言(ふう)の;簡潔で含蓄のある.
sen·ti·men·tal [ゼンティメンタール] [形] センチメンタルな,感傷的な;《稀》多感な.
die **Sen·ti·men·ta·le** [ゼンティメンターレ] [名] (形容詞的変化)感傷的な若い恋人役を演じる女優.
sen·ti·men·ta·lisch [ゼンティメンターリシュ] [形] **1.** 《古》センチメンタルな. **2.** 〖文芸学〗情感の.
die **Sen·ti·men·ta·li·tät** [ゼンティメンタリテート] [名] -/-en (主に《蔑》)感傷;(主に[複])感傷的な表現〔言葉〕.
(*das*) **Se·oul** [zeúːl ゼウール, zéːʊl ゼーウル] [名] -s/ 〖地名〗ソウル(韓国の首都).
se·pa·rat [ゼパらート] [形] 分離した,独立の,専用の,単独の,別の: einen *~en* Eingang haben 専用の入口がある. *~e* Berechnung 別途計算. ~ wohnen 別々に住む(一つの家に家計・入口などを別にして);離れに住む;別れて住む.
der **Se·pa·rat·druck** [ゼパらート・ドるック] [名] -(e)s/-e =Sonderdruck.
der **Se·pa·rat·frie·den** [ゼパらート・ふりーデン] [名] -s/- 単独講和.
die **Se·pa·ra·ti·on** [ゼパらツィオーン] [名] -/-en **1.** 領土の分割〔分離〕. **2.** 《古》分離;遊離. **3.** (18・19 世紀の)耕地整理.
der **Se·pa·ra·tis·mus** [ゼパらティスムス] [名] -/ (《蔑》も有)(政治上・宗教上などの)分離主義.
der **Se·pa·ra·tist** [ゼパらティスト] [名] -en/-en (しばしば《蔑》)分離主義者.
se·pa·ra·tis·tisch [ゼパらティスティシュ] [形] 分離〔分立〕主義の.
der **Se·pa·ra·tor** [ゼパらートーあ] [名] -s/-en [ゼパらトーれン] 〖工〗セパレーター,分離器.
das **Se·pa·ra·tum** [ゼパらートゥム] [名] -s/..ta (主に[複])抜刷り〔別刷り〕の 1 部.
das **Sé·pa·rée, Se·pa·ree** [zeparé: ゼパれー] [名] -s/-s 《古》レストランの特別室,個室.
se·pa·rie·ren [ゼパりーれン] [動] *h.* **1.** 〔〈et⁴〉ヲ〕〖工〗分離する(遠心分離機などで). **2.** 〔〈j⁴〉ヲ+von〈j³〉カラ〕《古》分離する,隔離する.
der **Se·phar·di** [ゼふぁあディ] [名] -/..dim (主に[複])セファルディム(スペイン・ポルトガル系と中近東系のユダヤ人).
se·phar·disch [ゼふぁあディシュ] [形] セファルディムの.
se·pia [ゼーピア] [形] セピア(色)の.
die **Se·pia** [ゼーピア] [名] -/..pien **1.** 〖動〗コウイカ. **2.** ([単]のみ)セピア(イカ墨の顔料).
(*der*) **Sepp·l** [..pəl ゼっペル] [名] 〖男名〗ゼップル.(Josef の南ドイツの愛称).
die **Seppl·ho·se** [ゼっペル・ホーゼ] [名] -/-n ゼップルズボン(革製半ズボン).
der **Seppl·hut** [ゼっペル・フート] [名] -(e)s/..hüte ゼップル帽(多く,シャモアの毛の総飾りがついた伝統的な男性用帽子).
die **Sep·sis** [ゼプスィス] [名] -/Sepsen 〖医〗敗血症.
Sept. =September 9 月.
der **Sep·tem·ber** [ゼプテムバー] [名] -(s)/- 9 月(略 Sept.).【用法は⇨ Januar】
das **Sep·tett** [ゼプテっト] [名] -(e)s/-e 〖楽〗七重奏〔唱〕曲;七重奏〔唱〕団;〖詩〗七行詩.
die **Sep·tim** [ゼプティーム] [名] -/-en 〖楽〗=Septime.
die **Sep·ti·ma** [ゼプティマ] [名] -/..timen [ゼプティーメン] 《オーストリア》《古》ギムナジウムの第 7 学年.
die **Sep·ti·me** [ゼプティーメ] [名] -/-n 〖楽〗(全音階の)第 7 度;7 度(の音程).
sep·tisch [ゼプティシュ] [形] 〖医〗敗血症の;無菌ではない.
die **Sep·tu·a·ge·si·ma** [ゼプトゥアゲーズィマ] [名] -/..mä (《稀》無冠詞で)(主に無冠詞)〖カトリック〗七旬節の主日(復活祭前の 9 番目の日曜日).
die **Sep·tu·a·gin·ta** [ゼプトゥアギンタ] [名] -/ 七十人訳聖書(前 3 世紀の旧約聖書のギリシア語訳).
seq. =sequens 次の.
seqq. =sequentes 次ページ以下.
se·quens [ゼークヴェンス] 〖ラテン語〗《古》次の.
se·quen·tes [ゼクヴェンテース] 〖ラテン語〗《古》次ページ以下.
die **Se·quenz** [ゼクヴェンツ] [名] -/-en **1.** 《文》(同じような事の)連続,継起,続発,一連のもの〔こと〕. **2.** 〖キ教〗続唱;〖楽〗反復進行,ゼクヴェンツ. **3.**

S

der(das) **Se-ques-ter** [ゼクヴェスター] 名 -s/- **1.** 〔der ~〕〘法〙係争物件保管人，仮差押え人. **2.** 係争物件保管，仮差押え.

die **Se-ques-tra-tion** [ゼクヴェストラツィオーン] 名 -/-en **1.** 〘法〙係争物件保管，仮差押え. **2.** 〘医〙腐骨形成.

se-ques-trie-ren [ゼクヴェストリーレン] 動 h. **1.** 〈et⁴を〉〘法〙仮差押えする，強制保管する. **2.** 〈et⁴を〉腐骨を形成する.

die **Se-quo-ie** [zekvóːiə ゼクヴォーイェ] 名 -/-n 〘植〙セコイア.

das **Se-rail** [zeráːl(l) ゼらイ(ル)] 名 -s/-s (イスラム教国スルタンの)宮殿；後宮.

der **Se-raph** [ゼーらふ] 名 -s/-e[-im[..ふィーム]] 〘旧約〙セラフィム，熾(し)天使，(六翼)天使.

(die) **Se-ra-phi-ne** [ぜらふぃーネ] 名 〘女名〙セラフィーネ.

se-ra-phisch [ぜらーふィッシュ] 形 セラフィム(熾(し)天使)のような；天使のような.

(der) **Se-ra-pis** [ぜらーピス] 名 〘ぶジ神〙セラピス(豊穣の神).

der **Ser-be** [ゼるベ] 名 -n/-n セルビア人.

(das) **Ser-bi-en** [ゼるビエン] 名 -s/ 〘国名〙セルビア(ユーゴスラヴィア連邦の国).

ser-bisch [ゼるビシュ] 形 セルビア(人・語)の.

der **Ser-bo-kro-a-te** [ゼるボ・クロアーテ] 名 -n/-n セルボクロアチア人.

ser-bo-kro-a-tisch [ゼるボ・クロアーティッシュ] 形 セルボクロアチア(人・語)の.

die **Se-re-na-de** [ぜれナーデ] 名 -/-n 〘楽〙小夜曲，セレナード；(野外)セレナードコンサート.

die **Se-re-nis-si-mus** [ぜれニッスィムス] 名 -/..mi 〘古〙殿下(君侯の敬称)；〘冗〙小国の領主.

die **Ser-ge** [zɛrʒ ゼルジュ，zɛrʒə ゼルジェ] 名 -/-n 〘ぶジ〙der ~もしくは n〕〘織〙サージ.

der **Ser-geant** [zɛrʒánt ゼるジャント，záːrdʒənt ザーあチェント] 名 -en/-en 〔〘ザーあチェント〙の時～s/-s〕〘軍〙(仏・英・米国の)下士官；軍曹(ぐんそう)，曹長(そうちょう).

die **Se-rie** [ゼーリエ] 名 -/-n **1.** ひと続き，連続；〈作品・放送などの〉連作，シリーズ. **2.** シリーズ生産〈製造〉(統一規格の一定量の生産)：〈et⁴〉in ~ herstellen〈物を〉量産する.

se-ri-ell [ぜらエル] 形 **1.** 〘楽〙セリー[列]によって構成された：~e Musik ミュージック・セリエル. **2.** 〘ぶジ〙直列の. **3.** 〘稀〙規格生産方式の.

die **Se-ri-en-an-fer-ti-gung** [ゼーリエン・アン・ふぇるティグング] 名 -/ シリーズ生産〈製造〉(統一規格による一定量の生産).

der **Se-ri-en-bau** [ゼーリエン・バウ] 名 -(e)s/ ＝Serienanfertigung.

die **Se-ri-en-fer-ti-gung** [ゼーリエン・ふぇるティグング] 名 -/-en (主にの)＝Serienanfertigung.

die **Se-ri-en-her-stel-lung** [ゼーリエン・ヘーあシュテルング] 名 -/ ＝Serienanfertigung.

der **Se-ri-en-kil-ler** [ゼーリエン・キラー] 名 -s/- 〘口〙＝Serienmörder.

se-ri-en-mä-ßig [ゼーリエン・メースィヒ] 形 規格(大量)生産方式の.

der **Se-ri-en-mör-der** [ゼーリエン・メるダー] 名 -s/- 連続殺人者.

die **Se-ri-en-pro-duk-ti-on** [ゼーリエン・プロドゥクツィオーン] 名 -/-en ＝Serienanfertigung.

die **Se-ri-en-schal-tung** [ゼーリエン・シャルトゥング] 名 -/-en 〘電〙直列接続.

der **Se-ri-en-wa-gen** [ゼーリエン・ヴァーゲン] 名 -s/- 統一規格車.

se-ri-en-wei-se [ゼーリエン・ヴァイゼ] 副 シリーズで〈の〉，組別生産方式で〈の〉；〘口〙大量に.

die **Se-ri-fe** [ゼりーふェ] 名 -/-n (主にの)〘印〙セリファ(欧文活字でMなどの上下にある小突出線).

die **Se-ri-gra-fie, Se-ri-gra-phie** [ゼりグらふィー-] 名 -/-n シルクスクリーン印刷物；〈のみ〉シルクスクリーン印刷.

se-ri-ös [ゼりエース] 形 **1.** 品位〈格式〉のある；改まった. **2.** 〘稀〙堅牢な作りの. **3.** (商売上)信頼できる，堅い. **3.** 本気の，まじめな.

die **Se-ri-o-si-tät** [ゼりオズィテート] 名 -/ 〘文〙まじめさ，真剣さ；信頼に価するこ；品位〈格式〉.

der **Ser-mon** [ゼるモーン] 名 -s/-e 〘口〙長談議. **2.** 〘古〙説教，演説.

die **Se-ro-lo-gie** [ゼろロギー] 名 -/ 〘医〙血清学.

se-ro-lo-gisch [ゼろロギシュ] 形 〘医〙血清学の.

der **Ser-pent** [ゼるペント] 名 -(e)s/-e 〘楽〙セルパン(蛇のような曲線の木管古楽器).

der **Ser-pen-tin** [ゼるペンティーン] 名 -s/-e 〘鉱〙蛇紋石.

die **Ser-pen-ti-ne** [ゼるペンティーネ] 名 -/-n 蛇行している山道；(山道の)蛇行.

die **Ser-pen-ti-nen-stra-ße** [ゼるペンティーネン・シュトらーセ] 名 -/-n 蛇行した道.

das **Se-rum** [ゼーるム] 名 -s/..ren[..ra] 〘医〙血清(Blut~)；抗〈免疫〉血清(Immun~).

der(das) **Ser-vice**¹ [záːrvɪs ゼーあヴィス，zǽrvɪs ゼるヴィス] 名 -/-s[..ヴィス，..ヴィーセス] **1.** (の)のみ)(接客)サービス；アフターサービス. **2.** (主にの)〘球〙サーブ；サーブボール.

das **Ser-vice**² [zɛrvíːs ゼるヴィース] 名 -[-s[..ヴィーセス]]/-[..ヴィース，..ヴィーセ] 食器セット.

der **Ser-vice-klub** [ゼるヴィス・クルっプ，ゼるヴィース・クルっプ] 名 -s/-s 奉仕クラブ(国際的奉仕社交団体，ロータリークラブ，ライオンズクラブなど).

das **Ser-vier-brett** [ゼるヴィーあ・ブれット] 名 -(e)s/-er 〘古〙トレー.

ser-vie-ren [ゼるヴィーれン] 動 h. **1.** 〔ジ〕給仕する；〔ジ〕サーブをする. **2.** 〈et³を〉食卓に運ぶ. **3.** 〈j³〉=〈et⁴〉配る，勧める(客に料理などを)；〘球〙パスする. 【慣用】〈j³〉 nur Lügen servieren 〘口〙〈人に〉うそ八百を並べたてる.

die **Ser-vie-re-rin** [ゼるヴィーれりン] 名 -/-nen 女性給仕，ウェートレス.

der **Ser-vier-tisch** [ゼるヴィーあ・ティッシュ] 名 -(e)s/-e (給仕用の)サイドテーブル，キャスター付き配膳台.

die **Ser-vier-toch-ter** [ゼるヴィーあ・トホター] 名 -/..töchter (ぶジ)ウエイトレス.

der **Ser-vier-wa-gen** [ゼるヴィーあ・ヴァーゲン] 名 -s/- (給仕用の)ディナーワゴン，(キャスターつき)配膳台.

die **Ser-vi-et-te** [ゼるヴィエッテ] 名 -/-n ナプキン.

der **Ser-vi-et-ten-ring** [ゼるヴィエッテン・リング] 名 -(e)s/-e ナプキンリング.

ser-vil [ゼるヴィール] 形 卑屈な，追従的.

die **Ser-vi-li-tät** [ゼるヴィリテート] 名 -/-en **1.** (の)み)卑屈さ. **2.** 卑屈な行動(発言).

das **Ser-vi-tut** [ゼるヴィトゥート] 名 -(e)s/-e (〘ぶジ〙die ~ -/-en も有り)〘法〙役権.

die **Ser-vo-brem-se** [ゼるヴォ・ブれムゼ] 名 -/-n 〘工〙サーボブレーキ.

die **Ser-vo-len-kung** [ゼるヴォ・レンクング] 名 -/-en 〘工〙パワーステアリング.

Ser-vus! [ゼるヴス] 間 〘南独・どジ〙(親しい間柄のあいさつ)やあ，こんにちは；じゃあね，さようなら.

der **Se-sam** [ゼーザム] 名 -s/-s 〘植〙ゴマ；〘の)のみ〙ゴマ(の種). 【慣用】Sesam, öffne dich! 開けゴマ(『千夜一夜物語』の呪文から).

das **Se-sam-öl** [ゼーザム・エール] 名 -(e)s/-e ゴマ油.

der **Ses-sel** [ゼッセル] 名 -s/- **1.** ひじ掛けつき安楽

いす(Lehn∼). **2.** 《ｵｰｽﾄﾘｱ》いす.

der **Ses·sel·lift** [ゼっセル・リふト] [名] −(e)s/−e〔−s〕(スキー場の)チェアーリフト.

sess·haft, ㊐**seß·haft** [ゼスハふト] [形] **1.** 〘(〈場所〉ニ)〙定住の: ∼ in München sein ミュンヒェンに定住している. ∼ werden 定住する. sich^4 ∼ machen 居を定める. **2.** 定住を好む;長尻りの.

die **Sess·haf·tig·keit,** ㊐**Seß·haf·tig·keit** [ゼスハふティひカイト] [名] −/ 定住,居住;長居.

die **Ses·si·on** [ゼっスィオーン] [名] −/−en 《文》(長期の)会議;会期.

das〔*der*〕**Set**^{1} [sɛt セっト] [名] −(s)/−s **1.** 一そろい,セット;(食卓の)ランチョンマット. **2.** 〘社心〙(精神的・肉体的)態度. **3.** 〘映・ﾃﾚﾋﾞ〙セット.

das **Set**^{2} [ゼっト] [名] −(s)/ 〘印〙セット(活字幅の単位).

(*der*) **Seth** [ゼート] [名] 〘旧約〙セツ(Adam と Eva の三男. セツ系の祖).

der **Se·thit** [ゼティート] [名] −en/−en セツ系の人.

das **Set·te·cen·to** [zɛtetʃɛ́nto ゼっテチェント] [名] −(s)/ 〘芸術学〙セテチェント(18 世紀イタリアの文化・芸術).

der **Set·ter** [ゼっター] [名] −s/− 〘動〙セッター(猟犬).

das **Setz·ei** [ゼっツ・アイ] [名] −(e)s/−er 《北東独》目玉焼き.

set·zen [ゼっツェン] [動] **1.** *h.* 〔sich^4+(〈方向〉ニ)〕座る,腰掛ける,腰を下ろす;止まる(鳥などが): sich^4 auf einen Stuhl〔in einen Sessel〕∼ 椅子〔安楽椅子〕に座る. **2.** *h.* 〔〈j^4/et^4〉ヲ+〈方向〉ニ〕座らせる,置く,載せる,掛ける,当てる: ein Kind auf einen Stuhl ∼ 子供をいすに掛けさせる. die Topfpflanze auf den Balkon ∼ 鉢植えの植物をバルコニーに置く. das Glas an den Mund ∼ グラスを口に当てる. sich^3 den Hut auf den Kopf ∼ 帽子を自分の頭にかぶる. einen Topf auf den Herd/aufs Feuer ∼ 鍋をレンジ/火にかける. Fische in einen Teich ∼ 魚を池に放す. eine Henne auf die Eier ∼ 雌鶏に卵を抱かせる. **3.** *h.* 〔〈j^3/et^3〉ニ対シテ+〈et^4〉ヲ〕定める,決める,設定する(期限・目標などを). **4.** *h.* 〔〈j^4/et^4〉ヲ+〈方向〉ニ/〈様態〉ニ〕おく,する(さまざまな前置詞句とともに機能動詞的に用いられて): eine Maschine in/außer Betrieb ∼ 機械の運転を開始する/休止する. ein Gesetz in/außer Kraft ∼ ある法律を発効させる/無効にする. ein Schiff auf Grund ∼ 船を座礁させる. 〈j^4〉 in Erstaunen ∼ 〈人ヲ〉びっくりさせる. 〈j^4〉 in Freiheit/Arrest ∼ 〈人ヲ〉釈放/拘禁する. 〈j^4〉 unter Alkohol ∼ 〈人ヲ〉むりやり酔わす. sich^4 zur Ruhe ∼ 引退する. sich^4 auf eine andere Fahrbahn ∼ 車線を変える(人・車が). sich^4 an die Spitze ∼ 先頭に立つ. sich^4 in Bewegung ∼ 動き〔走り〕始める. **5.** *s./h.* 〔über 〈et^4〉ヲ〕飛越える;渡る(川を). **6.** *h.* 〔〈j^4〉ヲ+〈方向〉ニ〕渡す. **7.** *h.* 〔sich^4〕沈殿する(液体中の固形物が);澄む(溶液が);沈下する(地面が);固まる(セメントなどが). **8.** *h.* 〔sich^4+〈方向〉ニ〕染みつく〔込む〕;入り込む. **9.** *h.* 〔〈et^4〉ヲ〕植え(つけ)る. **10.** *h.* 〔〈et^4〉ヲ〕積む. **11.** *h.* 〔〈et^4〉ヲ〕据えつける,築く,建てる;揚げる;置く(駒などを). **12.** *h.* 〔〈et^4〉ヲ〕〘印〙組む,植字する. **13.** *h.* 〔〈j^4/et^4〉ヲ+〈方向〉ニ〕書く,載せる,入れる(リスト・括弧・日程などに). **14.** *h.* 〔〈et^4〉ヲ〕つける,打つ(句読点などを). **15.** *h.* 〔(〈et^4〉ヲ)+(auf 〈j^4/et^4〉ニ)〕賭(か)ける. **16.** *h.* 〔〈et^4〉ヲ+in 〈j^4/et^4〉ニ〕抱く: sein Vertrauen in 〈j^4〉 ∼ 〈人ヲ〉信頼する. Zweifel in 〈j^4/et^4〉 ∼ 〈人・事ヲ〉疑う. **17.** *h.* 〔(〈j^3/et^3〉ニ)+〈et^4〉ヲ〕定める,規定する(期日・目標などを). **18.** *h.* 〔〈j^4〉ヲ〕〘ｽﾎﾟｰﾂ〙シードする. **19.** *h.* 〔Es+〈et^4〉ヲ〕《口》される: Jetzt *setzt* es Ohrfeigen! こいつはびんたを食うぞ. 【慣用】*h.* **den Fall setzen** 仮定する: *Setzen* wir den Fall, dass ... 仮に…と仮定してみよう.

der **Set·zer** [ゼっツァー] [名] −s/− 〘印〙植字工.

die **Set·ze·rei** [ゼっツェらイ] [名] −/−en 〘印〙植字室〔部〕.

der **Setz·feh·ler** [ゼっツ・ふぇーラー] [名] −s/− 〘印〙誤植.

der **Setz·ha·se** [ゼっツ・ハーゼ] [名] −n/−n 〘狩〙雌の野ウサギ.

das **Setz·holz** [ゼっツ・ホルツ] [名] −es/..hölzer 〘園〙苗植えのための穴あけ棒.

der **Setz·kas·ten** [ゼっツ・カステン] [名] −s/..kästen〔−〕〘印〙活字箱〔ケース〕;〘農〙苗用の箱.

der **Setz·ling** [ゼっツリング] [名] −s/−e 苗(木);(養殖中の)稚魚.

die **Setz·ma·schi·ne** [ゼっツ・マシーネ] [名] −/−n 〘印〙植字機;〘鉱〙比重選鉱機.

die **Setz·waa·ge** [ゼっツ・ヴァーゲ] [名] −/−n 水準器.

die **Seu·che** [ゾイひぇ] [名] −/−n 伝染病,流行病,疫病.

die **Seu·chen·be·kämp·fung** [ゾイひぇン・ベケムプふング] [名] −/−en (主に㊥)防疫,伝染病の予防.

der **Seu·chen·herd** [ゾイひぇン・ヘーあト] [名] −(e)s/−e 伝染病〔疫病〕発生地.

seuf·zen [ゾイふツェン] [動] *h.* **1.** 〔補足なし〕ため息をつく. **2.** 〔〈文〉ト〕ため息をつきながら言う. 【慣用】**unter 〈et^3〉 seufzen** 《文》〈事で〉呻吟(しんぎん)する.

der **Seuf·zer** [ゾイふツァー] [名] −s/− ため息,吐息.

die **Seuf·zer·brü·cke** [ゾイふツァー・ブりゅっケ] [名] −/ 嘆きの橋(獄舎へ入るときに渡ったヴェネツィアの橋).

(*der*) **Seu·se** [ゾイゼ] [名] 〘人名〙ゾイゼ(Heinrich ∼, 1295 頃-1366, 神秘主義者).

(*der*) **Se·ve·ri·nus** [ゼヴェりーヌス] [名] 〘人名〙ゼヴェリーヌス(482 没,殉教者. バイエルンの守護聖人).

der **Sex** [ゼっクス] [名] −(es)/ 《口》 **1.** (商品化された)性,性表現(描写). **2.** 性行為,性交. **3.** セックスアピール.

Se·xa·ge·si·ma [ゼクサゲーズィマ] 〘ﾗﾃﾝ語〙〘ｶﾄﾘｯｸ〙六旬節の主日(復活祭前 8 番目の日曜日).

das **Se·xa·ge·si·mal·sys·tem** [ゼクサゲズィマール・ズュステーム] [名] −s/ 〘数〙60 進法.

der **Sex·ap·peal, Sex-Ap·peal** [zɛ́ks'ɛpiːl ゼっクス・エピール] [名] −s/ 性的魅力,セックスアピール.

die **Sex·bom·be** [ゼっクス・ボムベ] [名] −/−n 《口》非常にセクシーな女性(特に女優).

der **Sex·film** [ゼっクス・ふぃルム] [名] −(e)s/−e セックスシーンの多い映画.

der **Se·xis·mus** [ゼクスィスムス] [名] −/ (女)性差別.

der **Se·xist** [ゼクスィスト] [名] −en/−en 性差別主義者.

die **Sext** [ゼクスト] [名] −/−en 〘楽〙6 度(の音程);〘ｶﾄﾘｯｸ〙聖務日課の 3 番目の祈り(12 時).

die **Sex·ta** [ゼクスタ] [名] −/..ten ゼクスタ(①《古》ギムナジウムの第 1 学年. ②《ｵｰｽﾄﾘｱ》第 6 学年).

der **Sex·ta·ner** [ゼクスターナー] [名] −s/− ゼクスタの生徒.

der **Sex·tant** [ゼクスタント] [名] −en/−en 〘海〙六分儀.

die **Sex·te** [ゼクステ] [名] −/−n 〘楽〙(全音階の)第 6 度;6 度(の音程).

das **Sex·tett** [ゼクステっト] [名] −(e)s/−e 〘楽〙六重奏〔唱〕曲;六重奏〔唱〕団.

se·xu·al [ゼクスアール] [形] 《稀》=sexuell.

die **Se·xu·al·auf·klä·rung** [ゼクスアール・アウふ・クレーるング] [名] −/ 性教育.

die **Se·xu·al·er·zie·hung** [ゼクスアール・エあツィーウング] [名] −/ 性教育.

das **Se·xu·al·hor·mon** [ゼクスアール・ホるモーン] [名] −s/−e 性ホルモン.

die **Se·xu·al·hy·gi·e·ne** [ゼクスアール・ヒュギエーネ] [名] −/ 性衛生学.

die **Se·xu·a·li·tät** [ゼクスアりテート] [名] −/ 性(的なこ

と), 性的特質; 性欲(に基くこと), 性行動, 性的能力.

die **Se·xu·al·kun·de** [ゼクスアール・クンデ] [名] -/ 性教育(科目).

der **Se·xu·al·lock·stoff** [ゼクスアール・ロック・シュトっふ] [名] -(e)s/-e 〘生〙性誘引物質.

die **Se·xu·al·mo·ral** [ゼクスアール・モらール] [名] -/ 性道徳.

die **Se·xu·al·pä·da·go·gik** [ゼクスアール・ペダゴーギク] [名] -/ 性教育学.

der **Se·xu·al·part·ner** [ゼクスアール・パるトナー] [名] -s/- 性交渉の相手.

der **Se·xu·al·trieb** [ゼクスアール・トりープ] [名] -(e)s/ 性欲, 性衝動.

das **Se·xu·al·ver·bre·chen** [ゼクスアール・ふぇあブれっひぇン] [名] -s/- 性犯罪.

se·xu·ell [ゼクスエル] [形] 性の, 性的な.

der **Se·xus** [ゼクスス] [名] -/- **1.** (主に[単])性(的特徴). **2.** 性欲;〘言〙《稀》性.

se·xy [zέksi ゼクスィ] [形] (無変化)《口》セクシーな.

die **Sey·chel·len** [zeʃέlən ゼシェレン] [複名] **1.** 〘地名〙セイシェル諸島(インド洋西部の群島). **2.** 〘国名〙セイシェル.

die **Sey·chel·len·nuss, Sey·chel·len-Nuss,** [旧] **Sey·chel·len·nuß** [ゼシェレン・ヌス] [名] -/..nüsse 〘植〙オオミヤシの実(セイシェル諸島産).

die **Se·zes·si·on** [ゼツェスィオーン] [名] -/-en **1.** 分離, 独立. **2.** セセッション(①芸術家グループの旧来の流派からの分離. ②分離した芸術家グループ, 分離派. ③([単]のみ)オーストリアのユーゲントシュティール).

se·zes·si·o·nis·tisch [ゼツェスィオニスティシュ] [形] 分離主義の; 分離派〔セセッション〕の.

der **Se·zes·si·ons·krieg** [ゼツェスィオーンス・クりーク] [名] -(e)s/-e 独立戦争;〘史〙南北戦争(1861-65年).

der **Se·zes·si·ons·stil** [ゼツェスィオーンス・シュティール, ゼツェスィオーンス・スティール] [名] -(e)s/ オーストリアのユーゲントシュティール〔アールヌーボー〕様式.

se·zie·ren [ゼツィーれン] [動] *h.* **1.** 〔<et⁴>ヲ〕〘医〙解剖する;《転》分析する(気持・印象などを). **2.** 〔[補足なし]〕解剖実習を行う.

das **Se·zier·mes·ser** [ゼツィーあ・メっサー] [名] -s/- 〘解〙解剖〔外科〕用メス.

der **Se·zier·saal** [ゼツィーあ・ザール] [名] -(e)s/..säle 解剖室.

der **SFB** [名] =Sender Freies Berlin 自由ベルリン放送.

die **Sfor, SFOR** [エスふぉーあ] [名] -/ =Stabilization Force 和平安定化部隊(ボスニア・ヘルツェゴビナにおけるNATO軍).

sfor·zan·do [スふぉるツァンド] [副] 〘楽〙スフォルツァンド, 突然強いアクセントをつけて.

sfor·za·to [スふぉるツァート] [副] 〘楽〙スフォルツァート, 突然強いアクセントをつけて.

sfr., sFr =(Schweizer) Franken スイスフラン.

sfrs. =Schweizer Franken の複数.

sfu·ma·to [スふマート] [副] 〘芸術学〙スフマート(輪郭線をなだらかにぼかして描く遠近法).

SGB =Sozialgesetzbuch 社会法典.

das **Sgraf·fi·to** [スグらふぃート] [名] -s/-s[..ti] 〘美〙スグラッフィート(上層が乾かぬうちに引っ掻いて下の層を出す技法).

sh =Shilling シリング(イギリスの貨幣単位).

der **Shag** [ʃεk シェク] [名] -s/-s **1.** シャグ(刻みの細かいパイプタバコ). **2.** シャグ(米国で30/40年代に流行したダンス).

die **Shag·pfei·fe** [シェク・プふぁイふぇ] [名] -/-n シャグ〔細かい刻みタバコ〕用パイプ.

der **Shake** [ʃe:k シェーク] [名] -s/-s **1.** シェイク(飲料). **2.** シェイク(60年代に流行したダンス).

der **Sha·ker** [ʃe:kər シェーカー] [名] -s/- (カクテルの)シェーカー.

(*der*) **Shake·speare** [ʃé:kspi:r シェークスピーあ] [名] 〘人名〙シェイクスピア(William ~, 1564-1616, イギリスの劇作家).

shake·s·pearesch, Shake·s·peare'sch [ʃé:kspi:rʃ シェークスピーあシュ], [旧] **Shakespea·risch** [ʃé:kspi:rɪʃ シェークスピーりシュ] [形] シェイクスピア(風〔流〕)の.

das **Sham·poo** [ʃámpu シャムプ, ʃέmpu シェムプ, ʃámpo シャムポ, ʃampú: シャムプー] [名] -s/-s (洗髪用)シャンプー.

das **Sham·poon** [ʃampó:n シャムポーン, ʃεmpú:n シェムプーン] [名] -s/-s =Shampoo.

sham·poo·nie·ren [ʃamponí:rən シャムポニーれン, ʃεm.. シェムポニーれン, ..pu.. シャムプニーれン] [動] *h.* 〔<et⁴>ヲ〕シャンプーする(髪を).

das **Shan·ty** [ʃέnti シェンティ, ʃánti シャンティ] [名] -s/-s〔..ties[..ティース]〕シャンティ(リフレインを伴う船乗りの歌).

der **Sher·pa** [ʃέrpa シェるパ] [名] -s/-s シェルパ(①チベット系民族. ②登山隊の荷物運搬人).

der **Sher·ry** [ʃέrɪ シェり] [名] -s/-s シェリー酒.

der **Shet·land** [ʃέtlant シェっトラント] [名] -(s)/-s シェットランド諸島産のウール.

das **Shet·land·po·ny** [シェっトラント・ポニ] [名] -s/-s シェットランドポニー(小形の馬).

die **Shet·land·wol·le** [シェっトラント・ヴォレ] [名] -/ 〘織〙シェットランド諸島産のウール.

der **Shil·ling** [ʃílɪŋ シリング] [名] -s/-s シリング(①1971年までのイギリスの貨幣単位. 記号s, sh. ②ケニアなどの貨幣単位).

das **Shirt** [ʃœrt [シェ]ーあト, ʃœrt [シェ]るト] [名] -s/-s シャツ; Tシャツ.

der〔*das*〕**Shit** [ʃɪt シっト] [名] -s/ 《ジャーゴン》ハッシッシュ.

die **Sho·ah** [ʃoá: ショアー] [名] -/ =Schoah.

das〔*der*〕**Shod·dy** [ʃɔ́di ショディ] [名] -s/-s ([複]は種類)〘紡〙ショディ(フェルト状にならない毛織物のくずから得られる再生羊毛).

der **Shoo·ting·star, Shoo·ting-Star** [ʃú:tɪŋsta:r シューティング・スターあ] [名] -s/-s ヒット歌手〔商品〕; スピード出世した人; 大ヒット曲.

der **Shop** [ʃɔp ショっプ] [名] -s/-s 店.

das **Shop·ping·cen·ter, Shop·ping-Cen·ter** [ʃɔ́pɪŋsεntər ショっピング・センター, ..tsεntər ショっピング・ツェンター] [名] -s/- ショッピングセンター.

die **Shorts** [ʃo:rts ショーあツ, ʃɔrts ショるツ] [複名] 〘服〙ショーツ, ショートパンツ.

die **Short·sto·ry, Short Sto·ry** [ʃó:rt stó:rɪ, ..stɔ́rɪ ショーあト スト(ー)り, ʃɔ́rt.. ショるト スト(ー)り] [名] --/--s 〘文芸学〙ショートストーリー, 短篇小説.

der **Shot** [ʃɔt ショっト] [名] -s/-s 〘球〙シュート, ショット.

die **Show** [ʃo: ショー] [名] -/-s ショー.

das **Show·busi·ness, Show-Busi·ness,** [旧] **Show·busi·neß** [ʃó:bɪznɪs ショー・ビズニス, ..nεs ショー・ビズネス] [名] -/ ショービジネス.

der **Show·mas·ter** [ʃó:.. ショー・マースター] [名] -s/- ショーの司会者.

das **Show·view** [ショウ・ヴュー] [名] -s/-s 〘商標〙ショービューコード(録画予約コード).

der **Shred·der** [ʃrέdər シュれっダー] [名] -s/- (自動車などのスクラップ用)圧砕機; (木材などの)シュレッダー.

die **Shred·der·an·la·ge** [シュれっダー・アン・ラーゲ] [名] -/-n (スクラップ用)圧砕機.

shred·dern [ʃrέdərn シュれっダーン] [動] *h.* 〔<et⁴>ヲ〕圧砕装置〔シュレッダー〕でスクラップにする(古自動車

S

などを).

der **Shrimp** [ʃrɪmp シュリムプ] 名 -s/-s =Schrimp.

das **Shuf·fle·board** [ʃáfəlbo:rt シャッふェルボート] 名 -s/ シャフルボード(長い棒で円盤を突いて点数表示部分に入れるゲーム).

der **Shunt** [ʃant シャント] 名 -s/-s 〚電〛分路;〚医〛大循環と小循環の血管の結合.

Si [エスイー] =Silicium, Silizium 〚化〛珪素.

SI =SI-Einheit 国際単位系.

(*das*) **Si·am** [ズィーアム] 名 -s/ 〖国名〗シャム(現在のタイ).

si·a·me·sisch [ズィアメーズィッシュ] 形 シャム(人・語)の. ~*e* Zwillinge シャム双生児.

die **Si·am·katze** [ズィーアム・カッツェ] 名 -/-n 〚動〛シャムネコ.

der **Si·bi·lant** [ズィビラント] 名 -en/-en 〚言〛歯擦音.

(*das*) **Si·bi·ri·en** [ズィビーリエン] 名 -s/ 〖地名〗シベリア.

der **Si·bi·ri·er** [ズィビーリあー] 名 -s/- シベリア人.

si·bi·risch [ズィビーリシュ] 形 シベリアの.

die **Si·byl·le** [ズィビュレ] 名 -/-n **1.** シビュレ,シュビレ(古代の神託を告げる巫女(?)). **2.** (⑳のみ;主に無冠詞) ~ von Cumae クマエのシビュレ(Apolloから千年の命を与えられた巫女).

si·byl·li·nisch [ズィビュリーニッシュ] 形 予言的な,謎めいた.

Si·byl·li·nisch [ズィビュリーニッシュ] 形 シビュレの: die ~*en* Bücher シビュレの予言集.

sic [ズィーク,ズィック] 副 原文のまま(誤りのある原文を引用した際に付記する.〔~!〕の形で).

sich [ズィッヒ] 代 (再帰) (3人称・2人称敬称⑳・⑳の3・4格).《同一文中で3格または4格(まれに2格)の代名詞が主語を指している上,これを再帰代名詞と言う.概念としては「自分(それ)自身(に・を)」を表しているが日本語に訳さなくてよい場合が多い.主語(⑳・⑳とも)が1・2人称のときは再帰代名詞は人称代名詞と同じだが,3人称のときは常に sich の2人称 Sie のときも sich であり,これは手紙の中でも頭文字を大書しない. **1.** (4格・3格で再帰代名詞または再帰動詞に用いた動詞とともに(を|に)). a. (再帰動詞の4格補足語として)*sich*⁴ beeilen 急ぐ. *sich*⁴ kindisch benehmen 子供じみた振舞いをする. (再帰的に用いた動詞の4格補足語として)Er lobte *sich* für seine Vorsicht. 彼は用心しておいてよかったと自画自賛した. b.(再帰動詞の3格補足語として)*sich*³ (et*⁴*) vorstellen 〈事を〉思い浮かべる. (再帰的に用いた動詞の3格補足語として)*sich*³ helfen 自分でなんとかする. **2.** (4格で結果を表す語句とともに)Ich habe *mich* müde gearbeitet. 私は働き疲れた. **3.** (4格で非人称主語の es および様態を示す語とともに)Hier fährt es *sich* gut. ここは(車が)走りやすい. **4.** (4格で lassen とともに可能や受動の意味を表して)Wie lässt *sich* diese Dose öffnen? この缶はどうやって開けるんだ. Das lässt *sich* essen. これはおいしい. **5.** (4格で様態を示す語とともに受動の意味を表して)Der Roman liest *sich* flüssig. この小説はすらすら読める. **6.** (3格で所有・不利益・関心の意味を表して)自分の,自分のために,自分にとって: *sich*³ die Haare waschen(自分の)髪を洗う. Ich kaufe *mir* ein Buch. 私は自分用に本を1冊買う. Ich sehe *mir* das Bild an. 私はその絵をじっくり眺める. **7.** (4格・3格で複数主語の相互代名詞の代わりに)互いに: (4格で)Die Gäste begrüßen *sich*. 客は(互いに)あいさつを交わす. (3格で)Wir haben *uns* (gegenseitig) geholfen. 私たちは(互いに)助け合った. ①sich の代わりに本来の相互代名詞 einander を用いるとやや文語的である. ②主語が単数でも複数内容をもっていれば相互名詞としての sich を伴いうる: Wann sieht man *sich* wieder? こんどはいつお会いしましょうか. ③主語が複数的 sich は必ずしも相互的意味とは限らない: Sie helfen *sich*. 彼らは互いに助け合う; 彼らはそれぞれ自分でなんとかする. ④相互的意味の sich を伴う構文は,次のような書替えが可能な場合がある: Ich traf *mich* mit ihm im Café. 私は彼と喫茶店で落ち合った. 〖慣用〗〈et*⁴*〉 an sich³ 〈物・事〉それ自体: das Ding an *sich* 〚哲〛(認識する主観から独立した事物そのもの). an sich¹ halten (けんめいに)自制する. an(und für)sich それ自体,本来は. etwas an sich³ haben あるもの(特性)をもつ: Sie hat etwas an *sich*, das sie anzieht. 彼女にはみんなをひきつけるものがある. 〈et*⁴*〉 auf sich³ nehmen〈事を〉自分でかぶる(借金・罪・責任などを). außer sich³ vor 〈et*³*〉 sein 〈事の〉あまりのれを忘れる. bei sich³ denken 頭の中であれこれ考える. 〈et*⁴*〉 bei sich³ haben 〈物を〉持合せがある. es in sich³ haben (意外な)力(作用・強さ)がある(3人称のみ): Der Wein hat es in *sich*. このワインは(アルコールが強くて)よくきく. Diese Arbeit hat es in *sich*. この仕事はなかなか. Der Junge hat es in *sich*. あの少年は見どころがある(難物だ). für sich⁴ ひとりで,自分(たち)だけで,(特)別の: Er ist gern für *sich*. 彼は一人でいるのが好きだ. Das ist eine Sache für *sich*. それは別問題(特別なこと)である. Der Vorschlag hat etwas für *sich*. その提案には考慮に価するものがある. 〈et*⁴*〉 hinter sich⁴ bringen〈事を〉済ます,片づける. 〈j'/et*⁴*〉 hinter sich³ haben〈人を〉後盾にしている/〈事を〉すでに終えている. nicht ganz bei sich³ sein 意識が朦朧(??)としている,正気でない. 〈et*⁴*〉 (noch) vor sich³ haben〈事を〉(まだ)片づけていない,〈事を〉次に控えている. viel auf sich haben 重要である: Das hat nichts auf *sich*. それは重要でない. von sich³ aus 自分の方から,すんので. vor sich⁴ hin ひとりで,だれとなく,どこへもなしに. zu sich³ kommen 意識を取戻す,正気に返る. 〈j'/et*³*〉 zu sich³ nehmen〈人・物〉〈物を〉摂取する,食べる.

die **Si·chel** [ズィッヒェル] 名 -/-n 鎌,小鎌: die ~ des Mondes 三日月.

si·chel·för·mig [ズィッヒェル・ふぁるミヒ] 形 鎌(三日月)形の.

si·cheln [ズィッヒェルン] 動 h. 〈et*⁴*ッカー〉鎌で刈る.

si·cher [ズィッヒャー] 形 **1.** 〔(vor〈j³/et³カッラ〉)安全な,(…の)心配〔恐れ〕がない,安心な: aus ~*er* Entfernung から, eine vor Missbrauch ~*e* Aufbewahrung 悪用の恐れのない保管. vor Feinden/(einem) Diebstahl ~ sein 敵に襲われる/盗難のの心配がない. Das ~*ste*[Am ~*sten*] wäre es, wenn… …以 最も安全でしょう. **2.** 信頼できる,確かな: eine Nachricht aus ~*er* Quelle 確かな筋からの情報. **3.** (判断・力量が)確かな: einen ~*en* Blick für 〈j'/et*⁴*〉haben〈人・物・事を〉見る目が確かである. **4. a.** 〈j²ッラ〉(ものになるのが)確かな: ~. その若い女流ヴァイオリニストの第一位は確かだった. **b.** 確実にやってくる: der ~*e* Tod 確実にやってくる死. **5.** 〔(sich³) 〈j³/et*²*〉〕確信がある,確かだ(間違いない)と思っている(2格は〖古〗): Ich bin (mir) meines Erfolges ~. 私は(自分では)成功に間違いないと思っている. Ich bin ~, dass er der nächste Präsident wird. 私は彼が次期大統領になると思っている. **6.** 自信に満ちた: ein ~*es* Auftreten 自信に満ちた態度. 〖慣用〗**Aber sicher !** もちろんだとも. **auf Nummer Sicher(sicher) gehen[setzen]/sein[sitzen]** 安全第一でいく/〚口〛安全なところにいる(刑務所にいる). **auf sicher spielen** (スポーツ・ゲームなどで)安全第一でいく. **langsam, aber sicher** ゆっくり,しかし確実に. **Sicher ist sicher**. 念には念を入れよ,用心に越したことはない.

—— [副] 《文飾》(アクセントがあれば確実性はかなり高い. アクセントがなければ五分五分)きっと…だろう, 多分：Das hat sie ~ vergessen. そのことを彼女はきっと忘れたのだろう. (aber と対応して zwar の意味で) Dieses Auto kann ~ schnell fahren, aber seine Form gefällt mir nicht. この車はスピードはでるのだろうが, 形が気に入らない.

..si·cher [..ズィっひゃー] [接尾] 名詞や動詞の語幹の後につけて「…に対して安全な」,「…に対して耐性のある」,「…が確実に期待できる」,「…がうまくできる」,「…を信頼する」などの意味の形容詞を作る：kugel*sicher* 防弾の. stör*sicher* 故障のない. feuer*sicher* 耐火性の. wasch*sicher* 洗濯ができる. ertrags*sicher* 確実に収益があがる. schnee*sicher* 積〔降〕雪が確実に期待できる. funktions*sicher* うまく職務〔機能〕を果す. treff*sicher* うまく的に射当てる, 的確な. ziel*sicher* 狙いの確かな, 目標をはっきり見定めた. selbst*sicher* 自信のある.

sị·cher|ge·hen* [ズィっひゃー·ゲーエン] [動] *s.* 〔補足なし〕安全なやり方をする, 確実なやり方を選ぶ.

die **Sị·cher·heit** [ズィっひゃーハイト] [名] -/-en **1.** ([単]のみ)安全, 安全性：öffentliche ~ 公安. sich^4 in ~ wiegen 安全だと思い込む. **2.** ([単]のみ)信頼性;確実性：mit ~ 確かに, 確実に;確信をもって. **3.** ([単]のみ)(熟練に伴う)自信, 落着き. **4.** 〖商〗保証(金), 担保：~ leisten 担保を与える. **5.** 〖旧東独〗国家公安(局)(Staats~).

der **Sị·cher·heits·ab·stand** [ズィっひゃーハイツ·アップ·シュタント] [名] -(e)s/ 安全な間隔〔距離〕;〖交通〗安全車間距離.

der **Sị·cher·heits·be·häl·ter** [ズィっひゃーハイツ·ベヘルター] [名] -s/- 〖核物理〗(加圧水型原子炉の)安全容器, 1次封じ込め容器(炉心・1次冷却水循環系などを収める).

der **Sị·cher·heits·be·stand** [ズィっひゃーハイツ·ベシュタント] [名] -(e)s/..stände 常備.

die **Sị·cher·heits·be·stim·mung** [ズィっひゃーハイツ·ベシュティムング] [名] -/-en (主に[複])安全規則.

die **Sị·cher·heits·bin·dung** [ズィっひゃーハイツ·ビンドゥング] [名] -/-en (スキー板の)セーフティービンディング.

der **Sị·cher·heits·dienst** [ズィっひゃーハイツ·ディーンスト] [名] -(e)s/ (ナチの)秘密情報機関(略SD);(政府などの)秘密情報機関.

das **Sị·cher·heits·glas** [ズィっひゃーハイツ·グラース] [名] -es/..gläser 安全ガラス.

der **Sị·cher·heits·gurt** [ズィっひゃーハイツ·グるト] [名] -(e)s/-e 安全ベルト;(自動車の)シートベルト;(ヨットなどの)ハーネス.

der **Sị·cher·heits·gür·tel** [ズィっひゃーハイツ·ギュるテル] [名] -s/- =Sicherheitsgurt.

sị·cher·heits·hal·ber [ズィっひゃーハイツ·ハルバー] [副] 安全のために.

das **Sị·cher·heits·kett·chen** [ズィっひゃーハイツ·ケットひェン] [名] -s/- (腕時計などの)安全鎖.

die **Sị·cher·heits·ket·te** [ズィっひゃーハイツ·ケッテ] [名] -/-n ドア・チェーン;(車止めなどの)安全鎖.

die **Sị·cher·heits·lam·pe** [ズィっひゃーハイツ·ラムペ] [名] -/-n 〖鉱〗安全灯.

die **Sị·cher·heits·leis·tung** [ズィっひゃーハイツ·ライストゥング] [名] -/-en 〖商〗担保供与〔給付〕;〖法〗保釈金〔保証金〕納付.

die **Sị·cher·heits·maß·nah·me** [ズィっひゃーハイツ·マース·ナーメ] [名] -/-n 安全対策, 安全措置.

die **Sị·cher·heits·na·del** [ズィっひゃーハイツ·ナーデル] [名] -/-n 安全ピン.

der **Sị·cher·heits·pakt** [ズィっひゃーハイツ·パクト] [名] -(e)s/-e 〖政〗安全保障条約.

die **Sị·cher·heits·po·li·zei** [ズィっひゃーハイツ·ポリツァイ] [名] -/-en 公安〔保安〕警察;〖ナチス〗公安警察(ゲシュタポ(Gestapo)).

der **Sị·cher·heits·rat** [ズィっひゃーハイツ·らート] [名] -(e)s/(国連の)安全保障理事会.

das **Sị·cher·heits·schloss**, [旧]**Sị·cher·heits·schloß** [ズィっひゃーハイツ·シュロス] [名] -es/..schlösser 安全錠, セーフティロック.

das **Sị·cher·heits·ven·til** [ズィっひゃーハイツ·ヴェンティール] [名] -s/-e 〖工〗安全弁.

die **Sị·cher·heits·vor·schrift** [ズィっひゃーハイツ·ふぉーあ·シュりふト] [名] -/-en 安全規則.

sị·cher·lich [ズィっひゃーりひ] [副] 《文飾》きっと, 確かに.

sị·chern [ズィっひゃーン] [動] *h.* **1.** 〚〈j^4/et^4〉ヲ+(mit 〈et^3〉デ/durch 〈et^4〉デ)+(gegen 〈et^4〉ニ対シテ/vor 〈et^3〉ニ対シテ)〛安全にする, 守る;(〈j^4〉がsich^{4}の場合)自分を安全にする, 身を守る. **2.** 〚(〈j^3〉ニ)+〈et^4〉ヲ〛保障する(生活・利益・成功などを). **3.** 〚〈j^3〉ノタメニ+〈et^4〉ヲ〛手に入れてやる, 確保してやる(座席・切符;権利などを);(〈j^3〉がsich^{3}の場合)(自分のために)手に入れる〔確保する〕. **4.** 〚〈j^3〉ニ+〈et^4〉ヲ〛確実にする, 保証する. **5.** 〚〈et^4〉ヲ〛確認する(警察などが);実証する(実験などで). **6.** 〔補足なし〕〖狩〗あたりの様子をうかがう(動物が).

sị·cher|stel·len [ズィっひゃー·シュテレン] [動] *h.* **1.** 〚〈et^4〉ヲ〛安全に保管する(資材・危険物などを), 押収〔保管〕する(盗品・係争物件などを). **2.** 〚〈j^4〉ノ〛身柄を安全にする, 生活〔将来〕を保障する. **3.** 〚〈et^4〉ヲ〛確保する(食料・資源の供給などを), 保障する(生活・活動・権利などを);《稀》実証〔確認〕する.

die **Sị·cher·stel·lung** [ズィっひゃー·シュテルング] [名] -/ 安全にすること, 保護, 保全, 保管;確保;保証.

die **Sị·che·rung** [ズィっひぇるング] [名] -/-en **1.** 保全, 保安;保障. **2.** 安全〔保安・保全・保護・防護〕のための措置〔対策〕;〖商〗保証, 担保. **3.** 安全装置;〖電〗ヒューズ.

das **Sị·che·rungs·mit·tel** [ズィっひぇるングス·ミッテル] [名] -s/- 担保手段.

die **Sị·che·rungs·ü·ber·eig·nung** [ズィっひぇるングス·ユーバーアイグヌング] [名] -/-en 〖法〗譲渡担保, 売渡抵当.

die **Sị·che·rungs·ver·wah·rung** [ズィっひぇるングス·ふぇあヴァーるング] [名] -/-en 〖法〗保安拘禁.

die **Sịcht** [ズィひト] [名] -/-en **1.** ([単]のみ)見えること, 眺め;視界(~weite)：auf ~ fliegen 〖空〗有視界飛行をする. in ~ kommen 視界に入る. **2.** 見方, 見解：aus meiner ~ 私の見解では. **3.** ([単]のみ)〖商〗(手形・小切手の)一覧. **【慣用】auf kurze/lange Sicht** 短期的/長期的展望に立っての. **Da ist nichts in Sicht.** 《口》それは見込みがない. **〈et^1〉 ist in Sicht** 《口》〈事は〉見込みがある. **Land in Sicht!** 〖海〗陸(おか)が見えたぞ.

sịcht·bar [ズィひト·バーあ] [形] (目に)見える, 可視の;明らかな.

die **Sịcht·bar·keit** [ズィひトバーあカイト] [名] -/ (目に)見えること;明らかなこと.

der **Sịcht·be·ton** [ズィひト·ベトーン, ズィひト·ベトング] [名] -s/-s〔-e〕〖建〗打ちっぱなしコンクリート.

die **Sịcht·ein·la·ge** [ズィひト·アイン·ラーゲ] [名] -/-n 〖銀行〗普通預金.

sịch·ten [ズィひテン] [動] *h.* **1.** 〚〈j^4/et^4〉ヲ〛(遠くに)見つける〔認める〕. **2.** 〚〈et^4〉ヲ〛調べて整理する(書類などを).

der **Sịcht·flug** [ズィひト·ふルーク] [名] -(e)s/..flüge 〖空〗有視界飛行.

das **Sịcht·ge·rät** [ズィひト·ゲれート] [名] -(e)s/-e 〖コンピュータ〗ディスプレイ.

sịch·tig [ズィひティひ] [形] 晴れて見通しのよい.

..sich·tig [..ズィひティひ] [接尾] 形容詞などにつけて「…

S

Sichtigkeit 1112

視の,目が…な]などを表す:kurz*sichtig* 近視の. scharf*sichtig* 眼力の鋭い. durch*sichtig* 透明な.
die **Sichtigkeit** [ズィヒティヒカイト] 名 -/ 視myndig良好.
sichtlich [ズィヒトリヒ] 形 明らかな,それと分る: mit ~er Verlegenheit 当惑の色を浮かべて.
── 副 《文節》明らかに,目に見えて: Er ist ~ größer geworden. 彼は目に見えて大きくなった.
die **Sichtung** [ズィヒトゥング] 名 -/ 視認;選別,鑑別;整理.
die **Sichtverhältnisse** [ズィヒト・フェアヘルトニッセ] 複数 (天候による)視界(状況),視程.
der **Sichtvermerk** [ズィヒト・フェアメルク] 名 -(e)s/-e 査証,ビザ.
der **Sichtwechsel** [ズィヒト・ヴェクセル] 名 -s/- [銀行]一覧払手形.
die **Sichtweite** [ズィヒト・ヴァイテ] 名 -/-n 視界,視程.
die **Sickeranlage** [ズィッカー・アン・ラーゲ] 名 -/-n (地下浸透式の)下水溝(孔),汚水池.
sickern [ズィッケルン] 動 s. 《方向》/durch (et⁴)アヨビシテア》滴る,染みとおる(出る);漏れる(秘密などが).
das **Sickerwasser** [ズィッカー・ヴァッサー] 名 -s/- 地下に染み込んだ水;地面にしみ出した地下水,漏水.
die **Sickerwasserzone** [ズィッカーヴァッサー・ツォーネ] 名 -/-n [地質]浸透水層.
(*der*) **Sickingen** [ズィッキンゲン] 名 [人名]ジッキンゲン(Franz von ~, 1481-1523, Huttenの共鳴者.帝国騎士).
sic transit gloria mundi [ズィ(ー)クトランズィット グローリアムンディ][ラテン語]現世の名声はかくもはかない.
(*der*) **Siddhartha** [zidárta ズィダータ] 名 [人名]シッダルタ(悉達多)(釈迦(ᵃシャカ)の幼名).
das **Sideboard** [záitboːrt ザイト・ボールト] 名 -s/-s サイドボード(家具).
siderisch [ズィデーリシュ] 形 恒星の;鉄に反応する: das ~e Pendel (鉱脈などを示すと言われた)鉄振り子.
der **Siderit** [ズィデリート] 名 -s/-e 菱鉄鉱(ᵣᵒ⁴テョ⁵);隕鉄(隕石).
(*das*) **Sidon** [ズィードン] 名 -s/ [地名]シドン(フェニキアの港町,今日のレバノンのSaida).
sidonisch [ズィドーニシュ] 形
sie [ズィー] 代 《人称》3人称㊖⊛1・4格, 3人称㊖1・4格. 《変化形はロ「諸品詞の変化」》**1.** 彼女は(を), 彼女に(を), 彼らは(を), それらは(を) S~ geht zur Schule. 彼女は学校へ行く. S~ heiraten. 彼らは結婚する. Wo ist meine Tasse ? ─ S~ ist im Schrank. 私のカップはどこ.─戸棚の中ですよ. **2.** 《後続の名詞をさして緊張感を強めて》 S~ verfolgte ihn immer wieder, diese neue Idee. 彼の念頭に絶えずあったのがこの新しい着想であった.**3.** (㊖のsieを人々または当局などの意味で用いて)Hier wollen ~ eine Autobahn bauen. ここに自動車道路の建設が予定されている.
Sie¹ [ズィー] 代 《人称》2人称敬称⊛・㊖の1・4格,2格Ihrer, 3格Ihnen. あなたは(を), あなたがたは(を): Nehmen ~ Platz, meine Herren ! みなさん,どうぞお座り下さい. Wann sehen wir ~ wieder ? あなたにいつお会いできますか. 【2人称(親称) duとの相違についてはロ du】 【慣用】 《j⁴ mit Sie anreden 〈人に〉敬称で話しかける. Zu 〈et³〉 muss man Sie sagen. 〈物³〉物々しかつに扱いできない;〈物〉特別なものだ.
die **Sie** [ズィー] 名 -/-s 《口》女性;雌.
das **Sie³** [ズィー] 名 -(s)/-(s) Sie(あなた)という呼び方.
das **Sieb** [ズィープ] 名 -(e)s/-e **1.** 篩(ふるい), (液体の)こし器. **2.** [印]スクリーン.
das **Siebbein** [ズィープ・バイン] 名 -(e)s/-e [解]篩骨

(らっ)(頭蓋(ᵍᵃᵏ)骨の一部).
der **Siebdruck** [ズィープ・ドルック] 名 -(e)s/-e **1.** (㊖のみ)シルクスクリーン印刷. **2.** シルクスクリーン印刷物.
sieben¹ [ズィーベン] 数 《基数》7. 【用法はロ acht¹】
sieben² [ズィーベン] 動 h. **1.** 《⟨et⁴⟩+⟨方向⟩=》ふるいにかける(砂・小麦粉などを),濾(こ)す(紅茶などを). **2.** (⟨j⁴/et⁴⟩アヨビシテア》選別する,ふるいにかける,ふるい落とす.
die **Sieben** [ズィーベン] 名 -/-(en) **1.** (数・数字の)7. **2.** (トランプの)7の札: böse ~ (ドイツ式トランプの)不吉な数(転)口やかましい女,悪妻. **3.** 《口》7番[系統](のバス・市電).
(*das*) **Siebenbürgen** [ズィーベン・ビュルゲン] 名 -s/ [地名]ジーベンビュルゲン(ルーマニアの地方).
siebeneckig [ズィーベン・エッキヒ] 形 7角形の.
der **Siebener** [ズィーベナー] 名 -s/- 《方》=Sieben 1, 3.
siebenerlei [ズィーベナーライ] 数 《種数》7種類の;7種類のもの[こと].
siebenfach [ズィーベン・ふッハ] 形 7倍[7重]の.
das **Siebengebirge** [ズィーベン・ゲビルゲ] 名 [山名]ジーベンゲビルゲ(ボンの東の火山山脈).
siebengescheit [ズィーベン・ゲシャイト] 形 こざかしい,利口ぶった.
das **Siebengestirn** [ズィーベン・ゲシュティアン] 名 -(e)s/ [天]昴(ᵃᵛ⁴), プレアデス星団.
siebenhundert [ズィーベン・フンダルト] 数 《基数》700.
siebenjährig [ズィーベン・イェーリヒ] 形 7年[歳]の; 7年間の: der S~e Krieg 7年戦争(1756-63).
siebenmal [ズィーベン・マール] 副 7回[度・倍].
siebenmalig [ズィーベン・マーリヒ] 形 7回[度・倍]の.
die **Siebenmeilenstiefel** [ズィーベン・マイレン・シュティーふェル] 複数 七マイル・ブーツ(童話のひとまたぎで7マイル歩くことのできる靴): ~ anhaben 《口・冗》(大またで)非常に早く走る.
siebenmonatig [ズィーベン・モーナティヒ] 形 生後7か月の; 7か月間の.
siebenmonatlich [ズィーベン・モーナトリヒ] 形 7か月ごとの.
das **Siebenmonatskind** [ズィーベン・モーナツ・キント] 名 -(e)s/-er 妊娠7か月で生れた(早産の)子供.
die **Siebensachen** [ズィーベン・ザッヘン] 複数 《所有代名詞とともに》七つ道具, 所持品全部.
der **Siebenschläfer** [ズィーベン・シュレーふぁー] 名 -s/- **1.** 七人の眠り聖人の祭日(6月27日.この日に雨が降ると,7週間続くと言われる);ねむすけ. **2.** [動]ヤマネ.
siebenstündig [ズィーベン・シュテュンディヒ] 形 7時間の.
siebenstündlich [ズィーベン・シュテュントリヒ] 形 7時間ごとの.
siebent [ズィーベント] 数 《序数》=siebt
siebentägig [ズィーベン・テーギヒ] 形 7日間の.
siebentausend [ズィーベン・タウゼント] 数 《基数》7000.
siebentel [ズィーベンテル] 数 《分数》7分の1の.
das **Siebentel** [ズィーベンテル] 名 -s/- (《分¹》der ~) 7分の1.
siebentens [ズィーベンテンス] 副 =siebtens.
siebt [ズィープト] 数 《序数》(形容詞的変化)第7の, 7番目(siebent). 【数字表記は「7.」】【用法はロ acht¹】
siebtel [ズィープテル] 数 《分数》=siebentel.
das **Siebtel** [ズィープテル] 名 -s/- (《分¹》der ~) 7分の1.

sieb·tens [ズィープテンス] 副 第 7 に.
sieb·zehn [ズィープ・ツェーン] 数 〖基数〗17.
sieb·zehnt [ズィープ・ツェーント] 数 〖序数〗〖形容詞的変化〗〖数字表記は「17.」〗17 番目の, 第 17 の.
das **Sieb·zehn·und·vier** [ズィープツェーン・ウント・ふぃーあ] 名 -/ 〖ﾄﾗﾝﾌﾟ〗17 と 4 (カードの合計が 21 に近い人が勝つカードギャンブル).
sieb·zig [ズィープツィヒ] 数 〖基数〗70.
sieb·zi·ger [ズィープツィガー] 形 〖無変化〗〖数字表記は「70er」〗**1.** (口) 70 の; (世紀の) 70 年の. **2.** 70歳代の; 70 年代の.【用例は ⇨ achtziger】
der **Sieb·zi·ger** [ズィープツィガー] 名 -s/- **1.** 70 歳の男性; 70 歳代の男性. **2.** 70 年産のワイン. **3.** (俚のみ) 70 歳代; 70 年代. 【用例は ⇨ Achtziger¹ 3】
sieb·zigst [ズィープツィヒスト] 数 〖序数〗〖形容詞的変化〗70 番目の, 第 70 の.【数字表記は「70.」】
sieb·zigs·tel [ズィープツィヒステル] 数 〖分数〗70 分の 1 の.
das **Sieb·zigs·tel** [ズィープツィヒステル] 名 -s/- 〖(ﾎﾞｸ) der ~〗70 分の 1.
siech [ズィーヒ] 形 (文) (年老いて)長患いの, 衰弱した.
sie·chen [ズィーヒェン] 動 h. 〖場所は s.〗(古) 病み衰えている (長患いして).
das **Sie·chen·haus** [ズィーヒェン・ハウス] 名 -es/..häuser (昔の) 介護老人ホーム.
das **Siech·tum** [ズィーヒ・トゥーム] 名 -s/ (文) 長患い.
die **Sie·de·hitze** [ズィーデ・ヒッツェ] 名 -/ (稀) 沸騰熱; 高熱, 猛暑: in ~ geraten 激昂する.
sie·deln [ズィーデルン] 動 h. 〈(場所)₃〉住みつく, 入植する, 集落(植民地)を作る; 巣箱に住みつく(ミツバチの群が).
sie·den⁽ˣ⁾ [ズィーデン] 動 sott(siedete); hat gesotten(gesiedet) **1.** (方) 煮え立っている (水などが); (理) (規則変化)沸騰する; (主に規則変化) (方)沸騰した. ~d heiß **2.** 〈(et⁴)₄〉(方) 煮え立たせる, 沸かす (水などを). **3.** 〈(et⁴)₄〉(主に不規則変化)(方)煮る; 加熱して溶かす (タールや ろうなどを); (古)煮て作る (塩・石けんなどを). **4.** 〈(時間)₄〉(方)ゆでられる, 煮られる.【慣用】**In ihm siedet es.** 彼は激怒している. **Mir siedete das Blut.** 私は頭に血が昇った. 〈j³〉 **siedend heiß einfallen** (口) 〈人₃が〉突然思い出す.
sie·dend·heiß [ズィーデント・ハイス] 形 ⇨ sieden 1.【慣用】
der **Sie·de·punkt** [ズィーデ・プンクト] 名 -(e)s/-e 〖理〗沸(騰)点.
der **Sie·de·was·ser·re·ak·tor** [ズィーデ・ヴァッサー・ﾚｱクﾄｰあ] 名 -s/-en 沸騰水型原子炉.
das **Sied·fleisch** [ズィート・ふﾗｲｼｭ] 名 -(e)s/ (南独・スイス) スープ用の肉.
der **Sied·ler** [ズィートﾗｰ] 名 -s/- 入植者, 開拓者, 移住者; (難民などの)住宅付き住宅の居住者; (方)(レジャー用)家庭菜園の持ち主(借り主).
die **Sied·lung** [ズィートﾙﾝｸﾞ] 名 -/-en **1.** (住宅)団地; 団地の住民. **2.** 入植地; 集落. **3.** (難民などのための)農地つき住宅; (俚のみ)農地つき住宅への定住; (方)コロニー.
der **Sied·lungs·ab·fall** [ズィートﾙﾝｸﾞス・アップ・ふぁﾙ] 名 -(e)s/..fälle (住宅)団地のごみ.
der (*das*) **Sieg¹** [ズィーク] 名 -(e)s/-e 勝利: den ~ davontragen 勝利を収める.
die **Sieg²** [ズィーク] 名 -/ 〖川名〗ジーク川 (ライン川の支流. ボンの北で合流).
das **Sie·gel** [ズィーゲﾙ] 名 -s/- **1.** 印, 印章, 印鑑; (印鑑が押された)印; 公印; 封印: ein ~ auf 〈et⁴〉 anbringen 〈物₄に〉封印する. ein ~ aufbrechen 〔lösen〕封を切る, 開封する. **2.** 印章の図柄.【慣用】**ein Buch mit sieben Siegeln** 不可解な物事. 〈j³〉〈et⁴〉 **unter dem Siegel der Verschwiegenheit mitteilen** 〈人₃に〉〈事₄を〉口外しないとの条件で伝える.
der **Sie·gel·be·wah·rer** [ズィーゲﾙ・ベヴァーらー] 名 -s/- (中世の) 国璽(ｺ̆ｸ)尚書 (君侯の印の保管役人).
der **Sie·gel·lack** [ズィーゲﾙ・ﾗｯｸ] 名 -(e)s/-e 封蠟(ﾛｳ).
sie·geln [ズィーゲﾙﾝ] 動 h. 〈(et⁴)₄〉 封印する (書簡などを); (··に) 印章をおす (証書などに).
der **Sie·gel·ring** [ズィーゲﾙ・ﾘﾝｸﾞ] 名 -(e)s/-e 印章つき指輪.
sie·gen [ズィーゲン] 動 h. 〖場所は s.〗勝つ, 勝利を収める.
der **Sie·ger** [ズィーガー] 名 -s/- 勝利者.
die **Sie·ger·eh·rung** [ズィーガー・エーるﾝｸﾞ] 名 -/-en 優勝者表彰(式).
der **Sie·ger·kranz** [ズィーガー・クらﾝﾂ] 名 -es/..kränze 勝利の栄冠, 月桂冠.
die **Sie·ger·macht** [ズィーガー・マﾊﾄ] 名 -/..mächte 戦勝国.
der **Sie·ger·staat** [ズィーガー・ｼｭﾀｰト] 名 -(e)s/-en 戦勝国.
sie·ges·be·wusst, ⓐ**sie·ges·be·wußt** [ズィーゲス・ベヴスト] 形 勝利の自信のある, 自信を持った.
die **Sie·ges·fei·er** [ズィーゲス・ふぁイアー] 名 -/-n 戦勝祝賀会, 祝勝会.
die **Sie·ges·freu·de** [ズィーゲス・ふろｲデ] 名 -/ 勝利の喜び.
sie·ges·ge·wiss, ⓐ**sie·ges·ge·wiß** [ズィーゲス・ゲヴィス] 形 =siegessicher.
die **Sie·ges·göt·tin** [ズィーゲス・ｹﾞｯﾃｨﾝ] 名 -/-nen 勝利の女神.
der **Sie·ges·kranz** [ズィーゲス・クらﾝﾂ] 名 -es/..kränze 勝利の栄冠, 月桂冠.
der **Sie·ges·preis** [ズィーゲス・プらｲｽ] 名 -es/-e 勝利者への賞, 賞品〔金〕.
die **Sie·ges·säu·le** [ズィーゲス・ｿﾞｲﾚ] 名 -/-n 戦勝記念柱塔.
sie·ges·si·cher [ズィーゲス・ズィッヒャー] 形 勝利を確信した.
der **Sie·ges·tau·mel** [ズィーゲス・タウメﾙ] 名 -s/- (文)勝利の陶酔(感慨).
sie·ges·trun·ken [ズィーゲス・トらﾝケン] 形 (文)勝利に酔いしれた.
der **Sie·ges·zug** [ズィーゲス・ツーク] 名 -(e)s/ 無敵の進軍; 勝利(成功)の道, 大躍進.
(*der*) **Sieg·fried** [ズィーク・ふりート] 名 **1.** 〖男名〗ジークフリート. **2.** 〖ﾄﾞｲﾂ伝〗ジークフリート (ゲルマン伝説の英雄).
sieg·ge·wohnt [ズィーク・ゲヴォーント] 形 常勝の.
sieg·haft [ズィーク・ﾊﾌト] 形 (文・古)勝利を確信した; 勝利を収めた.
(*die*) **Sieg·lin·de** [ズィーク・ﾘﾝﾃﾞ] 名 〖女名〗ジークリンデ.
(*der*) **Sieg·mund** [ズィーク・ムント] 名 〖男名〗ジークムント.
sieg·reich [ズィーク・らｲﾋ] 形 勝利を収めた; 常勝の.
sieh! [ズィー] 動 sehen の du に対する命令形.
sie·he(!) [ズィーエ] 動 (sehen の du に対する命令形から)参照 (せよ).
siehst [ズィースト] 動 sehen の現在形 2 人称単数.
sieht [ズィート] 動 sehen の現在形 3 人称単数.
die **SI-Ein·heit** [エスイー・アインハイト] 名 -/-en 国際単位系 (Système International d'Unités).
der (*das*) **Siel** [ズィーﾙ] 名 -(e)s/-e (北独)水門; 下水溝; 暗渠(ｱﾝｷｮ), 下水管.
die **Sie·le** [ズィーﾚ] 名 -/-n (古)胸革つきの鞍馬(ｱ̆ﾝﾊﾞ)具: in den ~n sterben (口)仕事中に死ぬ, 列

職する.
(der) **Sie·mens**[1] [ズィーメンス] 名 〖人名〗ジーメンス(Werner von ～, 1816-92, 電気工学者): ～ AG ジーメンス株式会社(電機会社).
das **Sie·mens**[2] [ズィーメンス] 名 -/ 〖電〗ジーメンス(電導度の単位, 記号 S).
der **Sie·mens-Mar·tin-Ofen** [ズィーメンス・マァティン・オーふェン] 名 ‥Öfen 〖冶金〗ジーメンス=マルタン炉(略 SM-Ofen).
das **Sie·mens-Mar·tin-Verfahren** [ズィーメンス・マァティン・ふェあふぁーレン] 名 -s/- 〖冶金〗ジーメンス=マルタン法, 平炉法(略 SM-Verfahren).
sie·na [ズィエーナ] 形 〖無変化〗シエナ色の, 赤褐色の.
das **Si·e·na** [ズィエーナ] 名 -s/ シエナ色, 赤褐色; シエナ土, シエンナ.
die **Si·er·ra** [ズィエら] 名 -/Sierren [ン] 山脈.
(das) **Si·er·ra Le·o·ne** [ズィエら レオーネ] 名 -s/ 〖国名〗シエラ・レオネ(西アフリカの国).
die **Si·es·ta** [ズィエスタ] 名 -s/..ten [-ン] 昼休み, 昼寝: ～ halten 昼休み(昼寝)をする.
sie·zen [ズィーツェン] 動 h. 〈j⁴ン〉(敬称の 2 人称) Sie で話す.
das **Si·gel** [ズィーゲル] 名 -s/- (速記)記号; 略字, 略記号.
das **Sight·see·ing** [záitziːŋ ザイトズィーイング] 名 -s/ 観光.
das **Si·gill** [ズィギル] 名 -s/-e (古)印, 印章, 印鑑.
das **Sig·ma** [ズィグマ] 名 -s/-s シグマ(ギリシア語アルファベットの第 18 字 σ, ς, Σ).
der **Sig·ma·tis·mus** [ズィグマティスムス] 名 -/ 〖医〗歯擦音の発音不全症.
das **Si·gnal** [ズィグナール] 名 -s/-e 合図, 信号, シグナル; 〖鉄道〗信号機; (略) 交通標識.
die **Si·gnal·an·la·ge** [ズィグナール・アンラーゲ] 名 -/-n (交通)信号設備, 信号機.
das **Si·gnal·buch** [ズィグナール・ブーふ] 名 -(e)s/..bücher 〖海〗国際信号書.
das **Si·gna·le·ment** [zignaləmã: ズィグナレマーン] 名 -s/-s (〈スィス〉-e) 人相書き; (家畜の)特徴.
die **Si·gnal·flag·ge** [ズィグナール・ふラッゲ] 名 -/-n 〖海〗信号旗.
der **Si·gnal·gast** [ズィグナール・ガスト] 名 -es/-en 〖海〗信号手.
das **Si·gnal·horn** [ズィグナール・ホるン] 名 -(e)s/..hörner 警笛, クラクション; 〖軍〗(昔の)信号らっぱ.
si·gna·li·sie·ren [ズィグナァリズィーレン] 動 h. 1. (〈j⁴ン〉+〈et⁴ン〉+(mit 〈et³ン〉〉 伝える, 知らせる(信号(シグナル)で). 2. 〈et⁴ン〉(信号として)表す(示す). 3. 〈j⁴ン〉+〈et⁴ン〉 (言葉で)伝える(示唆する). 4. (〈j³ン〉+〈j⁴ン〉)(古)人相〔特徴〕を知らせる, 人相書きを渡す. 5. (sich⁴)(古)自分を目立たせる.
die **Si·gnal·lam·pe** [ズィグナール・ラムペ] 名 -/-n 信号灯.
der **Si·gnal·mast** [ズィグナール・マスト] 名 -(e)s/-en (-e) 〖海〗信号用マスト; 〖鉄道〗信号柱, 腕木信号機.
der **Si·gnal·pfiff** [ズィグナール・プふィふ] 名 -(e)s/-e 合図の笛, 号笛; 〖鉄道〗汽笛.
der **Si·gna·tar** [ズィグナタール] 名 -s/-e (稀)(国際条約の)署名国; (古)署名者.
die **Si·gna·tar·macht** [ズィグナターあ・マはト] 名 -/..mächte 〖政〗(国際条約の)署名国.
die **Si·gna·tur** [ズィグナトゥーる] 名 -/-en 1. (頭文字などの略した)署名, サイン; 〈文〉署名. 2. (薬の)使用の指示書き; (成分表示, 内容物を示す)レッテル. 3. (図書館の)整理〔分類〕記号; 〖地図〗地図記号. 4. 〖印〗ネッキ(活字判別の印); 折り丁番号.
das **Si·gnet** [zignét ズィグネート, zignét ズィグネット, znjéː ズィンイェー] 名 -s/-e [ズィグネーテ, ズィグネッテ] (-s [ズィイェース]) 1. 〖出版〗出版社(印刷会社)のマーク. 2. 社標, 商標, ロゴ; (古) 印章.
si·gnie·ren [ズィグニーレン] 動 h. 〈et⁴ン〉署名(サイン)をする(絵・著書などに); 署名する(書類などに); (稀)分類記号をつける(図書などに).
si·gni·fi·kant [ズィグニふぃカント] 形 1. 重要な; 意味ある; 〖統計〗有意の; 特色のある. 2. 〖言〗示差的な.
der **Si·gni·fi·kant** [ズィグニふぃカント] 名 -en/-en 〖言〗シグニフィカント, 記号表現.
die **Si·gni·fi·kanz** [ズィグニふぃカンツ] 名 -/ 重要性; 〖統計〗有意性.
das **Si·gni·fi·kat** [ズィグニふぃカート] 名 -(e)s/-e 〖言〗シグニフィカート, 記号内容.
die **Si·gno·ria** [zinjoːrːta ズィンヨリーア] 名 -/..rien シニョリア(中世イタリアの都市国家の最高行政機関).
das **Si·gnum** [ズィグヌム] 名 -s/..gna サイン, 署名, 印(じ), シンボル, 象徴; 〖医〗徴候.
der **Si·grist** [ズィーグリスト, ズィグリスト] 名 -en/-en (スィス) 寺男, 教会の使用人.
der **Sikh** [ズィーク] 名 -(s)/-s シーク教徒.
das **Sik·ka·tiv** [ズィカティーふ] 名 -s/-e 〖化〗(塗料や油絵具の)乾燥促進剤.
die **Si·la·ge** [..ɪ̃ʒə ズィラージェ] 名 -/ 〖農〗サイレージ(サイロに貯蔵された飼料).
die **Sil·be** [ズィルベ] 名 -/-n 〖言〗音節, シラブル. 【慣用】〈et⁴ン〉 mit keiner Silbe erwähnen 〈事ヲ〉一言も言わない.
das **Sil·ben·maß** [ズィルベン・マース] 名 -es/-e 〖詩〗長短韻律.
das **Sil·ben·rät·sel** [ズィルベン・れーツェル] 名 -s/- つづり字のパズル.
der **Sil·ben·ste·cher** [ズィルベン・シュテッヒャー] 名 -s/- (古・蔑) 文士; 字句(細事)にこだわる人.
die **Sil·ben·tren·nung** [ズィルベン・トれヌング] 名 -/ 〖言〗分綴(テっ)(法).
das **Sil·ber** [ズィルバー] 名 -s/ 1. 銀(記号 Ag). 2. 銀器; (古)銀貨(~münze); (無冠詞) 銀(メダル) (~medaille). 3. 銀色の輝き.
der **Sil·ber·bar·ren** [ズィルバー・バれン] 名 -s/- 銀の延べ棒.
das **Sil·ber·berg·werk** [ズィルバー・べるク・ヴェるク] 名 -(e)s/-e 銀山, 銀鉱.
das **Sil·ber·blech** [ズィルバー・ブレッヒ] 名 -(e)s/-e 銀の延べ板.
der **Sil·ber·blick** [ズィルバー・ブリック] 名 -(e)s/ (口・冗)(軽い)やぶにらみ.
die **Sil·ber·dis·tel** [ズィルバー・ディステル] 名 -/-n 〖植〗チャボアザミ.
der **Sil·ber·draht** [ズィルバー・ドらート] 名 -(e)s/..drähte 銀線.
sil·ber·far·ben [ズィルバー・ふぁるベン] 形 銀色の.
das **Sil·ber·fisch·chen** [ズィルバー・ふぃっシュヒェン] 名 -s/- 〖昆〗セイヨウシミ.
der **Sil·ber·fuchs** [ズィルバー・ふックス] 名 -es/..füchse 〖動〗ギンギツネ; ギンギツネの毛皮.
der **Sil·ber·ge·halt** [ズィルバー・ゲハルト] 名 -(e)s/ 銀の含有量.
das **Sil·ber·geld** [ズィルバー・ゲルト] 名 -(e)s/ 銀貨.
das **Sil·ber·ge·schirr** [ズィルバー・ゲシる] 名 -s/ 銀食器.
der **Sil·ber·glanz** [ズィルバー・グランツ] 名 -es/ 1. (詩)(も有)銀色の輝き. 2. 輝銀鉱.

sil·ber·grau [ズィルバー・グラウ] [形] 銀灰色の.
das **Sil·ber·haar** [ズィルバー・ハーあ] [名] -(e)s/ 《文》銀髪, 白髪.
sil·ber·hal·tig [ズィルバー・ハルティひ] [形] 銀を含む.
sil·ber·hell [ズィルバー・ヘル] [形] (銀鈴のような)高く澄んだ《音》;《詩》銀色に輝く.
die **Sil·ber·hoch·zeit** [ズィルバー・ホほ・ツァイト] [名] -/ 銀婚式.
sil·be·rig [ズィルベりひ] [形] ＝silbrig.
das **Sil·ber·jo·did** [ズィルバー・ヨディート] [名] -(e)s/ 〖化〗沃化銀.
der **Sil·ber·ling** [ズィルバーリング] [名] -s/-e (昔の)銀貨：〈j⁴〉 für dreißig ～*e* verraten 〈人を〉わずかのお金で裏切る.
der **Sil·ber·lö·we** [ズィルバー・㋹ーヴェ] [名] -n/-n 〖動〗ピューマ.
die **Sil·ber·me·dail·le** [ズィルバー・メダリエ] [名] -/-n 銀メダル.
die **Sil·ber·mün·ze** [ズィルバー・ミュンツェ] [名] -/-n 銀貨.
sil·bern [ズィルバーン] [形] **1.** 銀(製)の. **2.** 《文》銀色に輝く. **3.** 《詩》銀鈴のように澄んだ《音など》. **【慣用】die silberne Hochzeit** 銀婚式. **Silbernes Lorbeerblatt** 銀月桂冠章《ドイツの最高スポーツ勲章》.
das **Sil·ber·pa·pier** [ズィルバー・パピーあ] [名] -s/ 銀紙, アルミホイル.
die **Sil·ber·pap·pel** [ズィルバー・パっペル] [名] -/-n 〖植〗ハクヨウ, ギンドロ, ウラジロハコヤナギ.
die **Sil·ber·pro·duk·ti·on** [ズィルバー・プろドゥクツィオーン] [名] -/-en 銀製品;《[単]のみ》銀の生産.
der **Sil·ber·schmied** [ズィルバー・シュミート] [名] -(e)s/-e 銀細工師〔職人〕.
der **Sil·ber·stift** [ズィルバー・シュティふト] [名] -(e)s/-e 銀尖(せん)筆.
der **Sil·ber·strei·fen** [ズィルバー・シュトらイふェン] [名] -s/- 銀色に輝く筋〔線〕. **【慣用】einen ～ am Horizont sehen** 一縷(る)の望み〔希望のきざし〕が見える.
die **Sil·ber·tan·ne** [ズィルバー・タネ] [名] -/-n 〖植〗オウシュウモミ.
der **Sil·ber·vor·rat** [ズィルバー・ふォーあ・らート] [名] -(e)s/..räte 銀の備蓄(量);(利用可能な)銀資源の総量.
die **Sil·ber·wäh·rung** [ズィルバー・ヴェーるング] [名] -/-en 〖経〗銀本位制.
die **Sil·ber·wa·re** [ズィルバー・ヴァーれ] [名] -/-n 《主に[複]》銀製品.
sil·ber·weiß [ズィルバー・ヴァイス] [形] 銀白の, シルバーグレーの.
das **Sil·ber·zeug** [ズィルバー・ツォイク] [名] -(e)s/-e 《主に[単]》《口》銀器.
..sil·big [..ズィルビひ] [接尾] 数詞などにつけ「…音節の」を表す：drei*silbig* 3音節の. mehr*silbig* 多音節の
sil·bisch [ズィルビシュ] [形] 〖言〗音節をなす.
silb·rig [ズィルブりひ] [形] **1.** 銀色に輝く. **2.** 《文》銀鈴のように高く澄んだ《音など》.
der **Sild** [ズィルト] [名] -(e)s/-(e) 〖料〗ニシンの塩漬.
der **Si·len** [ズィレーン] [名] -s/-e 〖ギ・ロ神〗シレノス《酒好きの半獣半人の山の精》.
das **Si·len·ti·um** [ズィレンツィウム] [名] -s/..tien **1.** 《主に[単]》《古・冗》静粛, 沈黙. **2.** (寄宿生の)宿題の時間;宿題のための補習授業.
die **Sil·hou·et·te** [zilu̯ɛ́tə ズィルエッテ] [名] -/-n **1.** 輪郭, シルエット;〖美〗影絵. **2.** 〖服〗シルエット.
das **Si·li·ci·um, Si·li·zi·um** [..tsi̯ʊm ズィリーツィウム] [名] -s/ 〖化〗珪素(けいそ)(記号 Si).
das **Si·li·ci·um·te·tra·fluo·rid** [ズィリーツィウム・テートら・ふルオりート] [名] -(e)s/ 〖化〗四フッ化珪素(けいそ).
das **Si·li·con** [ズィリコーン] [名] -s/-e ＝Silikon.
das **Si·li·kat** [ズィリカート] [名] -(e)s/-e 〖化〗珪(けい)酸塩.
das **Si·li·kon** [ズィリコーン] [名] -s/-e 〖化〗シリコーン.
die **Si·li·ko·se** [ズィリコーゼ] [名] -/-n 〖医〗珪肺(けいはい)症.
das **Si·li·zi·um** [ズィリーツィウム] [名] -s/ 〖化〗＝Silicium.
der〔*das*〕**Si·lo** [ズィーロ] [名] -s/-s サイロ《セメント・穀物などの塔状倉庫》;〖農〗サイロ.
das **Si·lur** [ズィルーあ] [名] -s/ 〖地質〗シルル紀《古生代の第三地質時代》.
si·lu·risch [ズィルーりシュ] [形] 〖地質〗シルル紀の.
der **Sil·va·ner** [ズィルヴァーナー] [名] -s/- **1.** 《[単]のみ》ジルヴァーナー種のブドウ. **2.** ジルヴァーナー種のブドウによるワイン.
das **Sil·ves·ter** [ズィルヴェスター] [名] -s/- 《主に無冠詞》大晦日(おおみそか)：zu ～ 大晦日に.
der **Sil·ves·ter·a·bend** [ズィルヴェスター・アーベント] [名] -s/-e 大晦日(おおみそか)の晩.
der **Sil·ves·ter·ball** [ズィルヴェスター・バル] [名] -(e)s/..bälle 大晦日(おおみそか)の舞踏会〔ダンスパーティー〕.
der **Sil·ves·ter·karp·fen** [ズィルヴェスター・カるプふェン] [名] -s/- 〖料〗大晦日(おおみそか)の晩に食べる鯉料理.
(*die*) **Sil·via** [ズィルヴィア] [名] 〖女名〗ジルヴィア.
das **Si·mandl** [..dəl ズィーマンデル] [名] -s/- 《オーストリア・バイエルン》《口》女房の尻にしかれている夫, 恐妻家.
(*der*) **Si·me·on** [ズィーメオン] [名] **1.** 〖男名〗ジーメオン. **2.** 〖旧約〗シメオン《Jakob と Lea の息子》.
das〔*der*〕**Si·mi·li** [ズィーミリ] [名] -s/-s 模造品;イミテーションの〔模造〕宝石.
der **Si·mi·li·stein** [ズィーミリ・シュタイン] [名] -(e)s/-e 模造宝石.
(*der*) **Sim·mel** [ズィメル] [名] 〖人名〗ジンメル《Georg ～, 1858-1918, 哲学・社会学者》.
(*der*) **Si·mon** [ズィーモン] [名] **1.** 〖男名〗ジーモン. **2.** 〖新約〗シモン：～ von Kyrene クレネのシモン《イエスの十字架を担わされた人》. ～ Petrus シモン・ペテロ《⇨ Petrus》. ～ Magus 魔術師シモン《聖霊を買取ろうとしたサマリア人》.
die **Si·mo·nie** [ズィモニー] [名] -/-n 《主に[単]》《カトリック》聖職売買.
si·mo·nisch [ズィモーニシュ] [形] 聖職売買の.
sim·pel [ズィムペル] [形] 《[付][比]は simpl..》 **1.** 簡単な, 単純な;簡素な, シンプルな. **2.** 幼稚な, 愚かな.
der **Sim·pel** [ズィムペル] [名] -s/- 《古》間抜け, 愚か者.
das **Sim·plex** [ズィムプレックス] [名] -/-e〔..plizia [ズィムプリーツィア]〕〖言〗単一語.
(*der*) **Sim·p·li·cis·si·mus** [ズィムプリツィっスィムス] [名] **1.** 〖人名〗ジンプリツィシムス《Simplicius ～. H. J. Chr. von Grimmelshausen の冒険・悪漢小説の主人公名》. **2.** ジンプリツィシムス誌《1896-1944, 1954-67 発行の政治・風刺週刊誌》.
sim·p·li·fi·zie·ren [ズィムプリふィツィーれン] [動] *h.* 〈et⁴〉ヲ》(甚だしく)単純〔簡略〕化する《報告・記述する際に問題・事態などを》.
die **Sim·p·li·zi·a·de** [ズィムプリツィアーデ] [名] -/-n 〖文芸学〗愚者・冒険小説. ⇨Simplicissimus.
(*der*) **Sim·p·li·zis·si·mus** [ズィムプリツィっスィムス] [名] ＝Simplicissimus.
die **Sim·p·li·zi·tät** [ズィムプリツィテート] [名] -/ 《文》単純(さ), 素朴(さ), 簡素(さ).
der〔*das*〕**Sims** [ズィムス] [名] -es/-e コーニス, 蛇腹《壁から突き出た装飾部分》.
(*der*) **Sim·son** [ズィムゾン] [名] **1.** 〖男名〗ジムゾン. **2.** 〖旧約〗サムソン《怪力のイスラエルの英雄》.
der **Si·mu·lant** [ズィムラント] [名] -en/-en 仮病を使う人.
die **Si·mu·la·ti·on** [ズィムラツィオーン] [名] -/-en **1.**

仮病. **2.** シミュレーション, 模擬実験〔訓練〕.

der **Si·mu·la·tor** [ズィムラートあ] [名] -s/-en [ズィムラトーれン] シミュレーター(模擬装置).

si·mu·lie·ren [ズィムリーれン] [動] *h.* **1.** [補足なし] ふりをする: Er ist nicht krank, er *simuliert* nur. 彼は病気ではない, そのふりをしているだけだ. **2.** 〔〈et⁴〉ｿ〕ふりをする,(…を)装う(病気などを): Kopfschmerzen ～ 頭痛のふりをする. **3.** 〔〈et⁴〉ｿ〕シミュレーション〔模擬計算・模擬実験・模擬訓練〕を行う, 忠実な模倣を行う. **4.** 〔über 〈et⁴〉ﾆﾂｲﾃ〕《方》じっくり考える, あれこれ思案する.

si·mul·tan [ズィムルターン] [形] 同時の;共同の.

das **Si·mul·tan·dol·met·schen** [ズィムルターン・ドルメッチェン] [名] -s/ 同時通訳.

der **Si·mul·tan·dol·met·scher** [ズィムルターン・ドルメッチャー] [名] -s/- 同時通訳者.

die **Si·mul·tan·schu·le** [ズィムルターン・シューレ] [名] -/-n 宗派混合学校.

sin =Sinus 〖数〗サイン, 正弦.

der **Si·nai** [ズィーナイ] [名] -(s)/ 〖地名〗シナイ半島(エジプト北東部);〖山名〗シナイ山(シナイ半島の南部).

sind [ズィント] [動] sein の現在形 1・3 人称複数.

si·ne [ズィーネ] 〖ﾗﾃﾝ語〗…のない(ohne).

si·ne an·no [ズィーネ アノ] 〖ﾗﾃﾝ語〗《古》(書物の)発行, 年代不詳.

si·ne i·ra et stu·dio [..stú:dio ズィーネ イーら エト ストゥーディオ] 〖ﾗﾃﾝ語〗客観的に, 冷静に.

die **Si·ne·ku·re** [ズィネクーれ] [名] -/-n 聖務義務を伴わない聖職禄;《転》簡単で高収入な職.

si·ne lo·co [ズィーネ ローコ] 〖ﾗﾃﾝ語〗《古》(書物の)発行地不詳.

si·ne tem·po·re [ズィーネ テムポれ] 〖ﾗﾃﾝ語〗《文》(大学の講義が)定刻に, 15 分の遅れなしに.

die **Sin·fo·nie** [ズィンふぉニー] [名] -/-n **1.** 〖楽〗交響曲, シンフォニー. **2.** 《文》(香り・色彩・種々の素材の)シンフォニー, 調和.

das **Sin·fo·nie·kon·zert** [ズィンふぉニー・コンツェるト] [名] -(e)s/-e 〖楽〗シンフォニーコンサート, 交響楽団演奏会.

das **Sin·fo·nie·or·ches·ter** [ズィンふぉニー・オるケスター, ズィンふぉニー・オるひぇスター] [名] -s/- 交響楽団.

der **Sin·fo·ni·ker** [ズィンふぉーニカー] [名] -s/- 交響曲作曲家;(㊥のみ)(定冠詞・楽団名とともに)交響楽団: die Bamberger～ バンベルク交響楽団.

sin·fo·nisch [ズィンふぉーニシュ] [形] 〖楽〗交響曲の, シンフォニックな: ～*e* Dichtung 交響詩.

Sing. =Singular 〖言〗単数.

die **Sing·a·ka·de·mie** [ズィング・アカデミー] [名] -/-n 合唱協会.

(*das*) **Sin·ga·pur** [ズィンガプーあ] [名] -s/ 〖地名・国名〗シンガポール.

sing·bar [ズィング・バーあ] [形] 〖〈様態〉ﾆ〗歌うことができる.

die **Sing·dros·sel** [ズィング・ドろっセル] [名] -/-n 〖鳥〗ウタツグミ.

sin·gen* [ズィンゲン] [動] sang; hat gesungen **1.** 〖(〈et⁴〉ｦ)〗歌う;歌うような音を出す: eine Arie/Schuberts Lieder ～ アリア/シューベルトの歌曲を歌う. Sopran/Bass ～ ソプラノ/バスを歌う. zur Gitarre ～ ギターに合せて歌う. nach Noten/vom Blatt ～ 楽譜を見て/初見で歌う. solo/im Chor ～ ソロ/合唱団で歌う. Die Lerche *singt*. そのヒバリはさえずっている. Der Wind *singt*. 風が音をたてて吹く. Der Motor *singt*. エンジンがうなっている. Der Teekessel *singt*. やかんがちんちん音を立てている. **2.** 〔sich⁴+〈様態〉ﾆ〕歌って(…に)なる: sich⁴ heiser ～ 歌いすぎて声をからす. **3.** 〖(Es)+sich⁴+〈様態〉ﾆ〗歌える: Das Lied *singt* sich⁴ leicht. この歌は歌いやすい. Es *singt* sich schön im Saal. ホールではすばらしく歌える. **4.** [補足なし]《口》口を割る. **5.** 〔von 〈j³/et³〉ｦ〕《古》詩に歌う. 【慣用】**Das kann ich schon singen.** それはもう嫌というほど知っている(同じ話を何度も聞かされた時に言う). **das Kind in den Schlaf singen** 歌を歌って子供を寝かしつける. 〈j²〉 **Lob singen** 《文》〈人を〉ほめたたえる.

der **Sin·gha·le·se** [ズィンガレーゼ] [名] -n/-n シンハラ人(Sri Lanka の主要民族).

sin·gha·le·sisch [ズィンガレーズィシュ] [形] シンハラ(人・語)の.

der **Sing·kreis** [ズィング・クらイス] [名] -es/-e 小合唱団, 合唱サークル.

der **Sing·le**¹ [zíŋəl ズィングル] [名] -(s)/-s 独身者.

die **Sing·le**² [ズィングル] [名] -/-(s) (レコードの)シングル盤.

das **Sing·le**³ [ズィングル] [名] -(s)/-(s) (テニスなどの)シングルス;(ゴルフの)シングル(二人試合).

der **Sing·sang** [ズィング・ザング] [名] -s/ 単調に歌うこと;単調なメロディー.

das **Sing Sing** [síŋsıŋ スィング スィング] [名] --(s)/--s 《口》刑務所(ニューヨーク州立シンシン刑務所にちなむ).

das **Sing·spiel** [ズィング・シュピール] [名] -(e)s/-e 〖楽〗ジングシュピール(明るい民衆的な軽歌劇).

die **Sing·stim·me** [ズィング・シュティメ] [名] -/-n 〖楽〗声楽パート;歌声.

die **Sing·stun·de** [ズィング・シュトゥンデ] [名] -/-n 《方》合唱団の練習〔リハーサル〕.

der **Sin·gu·lar** [ズィングラーあ] [名] -s/-e 〖言〗(㊥のみ)単数(形)(略 Sing.). **2.** 単数形の単語.

sin·gu·lär [ズィングレーあ] [形] 時たまの, 散発的な;唯一無二の.

das **Sin·gu·la·re·tan·tum** [ズィングラーれ・タントゥム] [名] -s/-s〔..riatantum〕〖言〗(複数形のない)単数名詞.

sin·gu·la·risch [ズィングラーりシュ] [形] 〖言〗単数(形)の.

die **Sin·gu·la·ri·tät** [ズィングラりテート] [名] -/-en **1.** 《文》時たま〔唯一無二〕であること. **2.** 〖気〗特異日,(ある時期の)特異な気象現象.

der **Sing·vo·gel** [ズィング・ふぉーゲル] [名] -s/..vögel 〖鳥〗鳴禽(類), 歌鳥類.

si·nis·tra ma·no [ズィニストら マーノ] 〖ｲﾀﾘｱ語〗〖楽〗左手(で).

sin·ken* [ズィンケン] [動] sank; ist gesunken **1.** 〖(〈方向〉ﾆ)〗沈む(船・太陽・はかりの皿などが);(ゆっくり)降下する(浮遊物などが);堕落する. **2.** 〔〈方向〉ﾆ〕沈み〔めり〕込む(車輪が地面などに);倒崩する(建物などが);倒れ込む(ベッドなどに);(ゆっくりと)倒れる, くずおれる;垂下がる(頭・手などが). **3.** 〔in 〈et⁴〉ﾉ〕状態になる: in Schlaf ～ 《文》眠りにおちる. in Ohnmacht ～ 《文》失神する. in Nachsinnen ～ 《文》物思いに沈む. **4.** [補足なし] 下がる, 低くなる, 低下する(温度・価格などが);減少する, 弱まる, 衰える, 薄らぐ(生産・影響力・勇気などが): Ihm *sank* die Hoffnung. 彼の希望が薄らいだ. in 〈j²〉 Achtung ～ 〈人の〉尊敬の念が薄らぐ. Er ist in der Gunst des Publikums *gesunken*. 彼の大衆の人気は下がった.

der **Sink·kas·ten** [ズィンク・カステン] [名] -s/..kästen 泥だめ枡(ます).

der **Sink·stoff** [ズィンク・シュトっふ] [名] -(e)s/-e (主に㊥)(流水中の)沈殿物質.

der **Sinn** [ズィン] [名] -(e)s/-e **1.** (主に㊥)感覚, 知覚: die fünf ～*e* 五感. der sechste 〔ein sechster〕～ 第六感. seine fünf ～*e* zusammenhalten 精神〔注意力〕を集中する. seiner ～*e* nicht mehr

S

mächtig sein 《文》自分を抑えられない. mit wachen ~en 注意深く；nicht bei ~en sein 正気ではない. Bist du von ~en？君は正気なのか？ **2.** (㊝のみ)《文》《雅》感覚,肉欲；Seine ~ erwachen. 彼は官能に目覚める. **3.** (㊝のみ)《文》考え,心,気持；心情,気質；⟨et⁴⟩ in ⟨j³⟩ ~ tun ⟨事を⟩⟨人の⟩考えどおりにする. Das ist nicht nach meinem ~. それは私には気に入らない. **4.** (㊝のみ)感受性,センス；~ für ⟨et⁴⟩ haben ⟨物・事の⟩センス[感覚]がある. **5.** (㊝のみ)意味,意義：im strengen ~e 厳密に言えば. dem ~e nach 大意において. **6.** 目標,価値：Das macht [hat] keinen ~. そんなことは無駄だ. 【慣用】⟨et⁴⟩ geht ⟨j³⟩ durch den Sinn ⟨人が⟩～を思いつく. ⟨j³⟩ im Sinn liegen 《古》⟨人の⟩心にかかっている. ⟨et⁴⟩ im Sinne haben ⟨物・事を⟩意図している. ⟨j³⟩ in den Sinn kommen ⟨人の⟩頭に思い浮かぶ. ⟨et⁴/j³⟩ kommt ⟨j³⟩ aus dem Sinn ⟨人が⟩⟨物・事・人を⟩忘れる. mit ⟨j³/et⁴⟩ nichts im Sinn haben ⟨人・事に⟩関心がない. ⟨j³⟩ ohne Sinn und Verstand tun ⟨物・事を⟩何の考えもなしに行う. ⟨j³⟩ steht der Sinn nach ⟨et⁴⟩ ⟨人の⟩気持が⟨物・事に⟩向いている, ⟨人が⟩⟨事を⟩する気がある.

der **Sịnn·be·zug** [ズィン・ベツーク] 图 -(e)s/..züge 意味連関.

das **Sịnn·bild** [ズィン・ビルト] 图 -(e)s/-er 象徴.

sịnn·bild·lich [ズィン・ビルトリヒ] 形 象徴的な.

sịn·nen* [ズィ-ネン] 動 sann；hat gesonnen 《文》 **1.** [über ⟨et⁴⟩ニツイテ]考え込む, 物思いに沈む；熟考する, (あれこれ)思案する. **2.** [auf ⟨et⁴⟩ヲ] (見出そうと)考えつく, 企てる；たくらむ；手段・口実をさがす. **3.** ⟨et⁴⟩計画する, 企てる：Was sinnst du？君は何を考えているんだ. Verrat... 《古》裏切りを目論む. 【慣用】Sein ganzes Sinnen (und Trachten) ist auf Rache gerichtet. 彼は復讐ひたすら思い詰めて考えている.

die **Sịn·nen·freu·de** [ズィネン・フろイデ] 图 -/-n 《文》 **1.** (㊝のみ)感覚の喜び. **2.** (㊝のみ)(官能的・性的)快楽.

die **Sịn·nen·lust** [ズィネン・ルスト] 图 - 感覚の喜び；性的快楽.

der **Sịn·nen·mensch** [ズィネン・メンシュ] 图 -en/-en 感覚主義者,官能主義者；享楽的な人,好色家.

der **Sịn·nen·rausch** [ズィネン・ラウシュ] 图 -(e)s/-・・・

der **Sịn·nen·reiz** [ズィネン・らイツ] 图 -es/-e 感覚的な刺激.

sịnn·ent·stel·lend [ズィン・エントシュテレント] 形 意味をゆがめる.

die **Sịn·nen·welt** [ズィネン・ヴェルト] 图 -/《哲》感覚(世)界,現象世界,物質界.

die **Sịn·nes·än·de·rung** [ズィネス・エンデるング] 图 -/-en 心境[考え・気持]の変化,心変わり.

die **Sịn·nes·art** [ズィネス・アート] 图 -/-en 気質,性向,考え方.

der **Sịn·nes·ein·druck** [ズィネス・アイン・ドるック] 图 -(e)s/..drücke 感覚的印象.

das **Sịn·nes·haar** [ズィネス・ハーる] 图 -(e)s/-e (主に㊝)感覚毛.

das **Sịn·nes·or·gan** [ズィネス・オるガーン] 图 -s/-e 感覚器官.

der **Sịn·nes·reiz** [ズィネス・らイツ] 图 -es/-e 《生》感覚器官への刺激.

die **Sịn·nes·täu·schung** [ズィネス・トイシュング] 图 -/-en 錯覚,幻覚.

die **Sịn·nes·wahr·neh·mung** [ズィネス・ヴァーる・ネームング] 图 -/-en 知覚.

der **Sịn·nes·wan·del** [ズィネス・ヴァンデル] 图 -s/ 心境[考え・気持]の変化, 心変わり.

das **Sịn·nes·werk·zeug** [ズィネス・ヴェるク・ツォイク] 图 -(e)s/-e 感覚器官.

die **Sịn·nes·zel·le** [ズィネス・ツェレ] 图 -/-n (主に㊝)《解》感覚[知覚]細胞.

sịnn·fäl·lig [ズィン・ふェリヒ] 形 分りやすい.

die **Sịnn·ge·bung** [ズィン・ゲーブング] 图 -/-en 《文》意味付け, 解釈.

das **Sịnn·ge·dicht** [ズィン・ゲディヒト] 图 -(e)s/-e 《文芸学》エピグラム,寸鉄詩,格言詩.

der **Sịnn·ge·halt** [ズィン・ゲハルト] 图 -(e)s/-e (主に㊝)意味内容.

sịnn·ge·mäß [ズィン・ゲメース] 形 **1.** 意味を汲んだ：einen Text ~ übersetzen テキストを意訳する. **2.** 《稀》首尾一貫した；有意義な.

sịnn·ge·treu [ズィン・ゲトろイ] 形 意味(内容)を汲んだ.

sịn·nie·ren [ズィ-ニーれン] 動 h. **1.** 《略》物思いにふける. **2.** über ⟨et⁴⟩ニツイテ 考え込む,熟考する.

sịn·nig [ズィニヒ] 形 **1.** 気を凝らした；《皮》気を利かせたつもりの；《古》内省的な；《方》慎重な.

sịnn·lich [ズィンリヒ] 形 **1.** 感覚の,感覚(感性)的な：die ~e Welt 感性界. **2.** 官能的な,肉感的な：eine ~e Liebe 性愛.

die **Sịnn·lich·keit** [ズィンリヒカイト] 图 -/ **1.** 感覚性；感性. **2.** 官能的な欲求[欲望].

sịnn·los [ズィン・ロース] 形 無意味な,無駄な；正気を失った；ひどい：~ betrunken sein 前後不覚に酔いつぶれている.

die **Sịnn·lo·sig·keit** [ズィン・ローズィヒカイト] 图 -/-en **1.** 無意味. **2.** 無意味な行為.

sịnn·reich [ズィン・らイヒ] 形 (目的にそって)よく工夫を凝らした；《稀》意味深い.

der **Sịnn·spruch** [ズィン・シュプるっふ] 图 -(e)s/..sprüche 格言,金言.

sịnn·ver·wandt [ズィン・ふェるヴァント] 形 《言》類義(同義)の.

sịnn·voll [ズィン・ふォル] 形 (目的にそって)よく工夫を凝らした,合理的な；有意義な；一定の意味を持つ.

sịnn·wid·rig [ズィン・ヴィードりヒ] 形 《文》理にかなわぬ,背理の.

der **Sịnn·zu·sam·men·hang** [ズィン・ツザメン・ハング] 图 -(e)s/..hänge 脈絡,文脈,コンテクスト.

si·no·ja·pa·nisch [ズィノ・ヤパーニシュ] 形 《言》漢語(字音)の.

der **Si·no·lo·ge** [ズィノ・ローゲ] 图 -n/-n 中国研究者,中国語学文学研究者,漢学者.

die **Si·no·lo·gie** [ズィノ・ロギー] 图 -/ 中国学,中国語学文学研究,漢学.

sin·te·mal [ズィンテ・マール] 接 《従属》《古》・・・であるから,・・・なるほどに；~ und alldieweil 何となれば.

der **Sịn·ter** [ズィンター] 图 -s/- (鉱泉の)沈殿物,硅華(ヵ);湯垢(ぁゕ),湯の花.

sịn·tern [ズィンターン] 動 h. **1.** ⟨et⁴⟩ヲ 《工》焼結[焼成]させる(金属・ガラスの粒[粉]などを). **2.** (㊝)焼結[焼成]する.

die **Sịnt·flut** [ズィント・ふルート] 图 -/ 大洪水；《聖》ノアの洪水(創世記 6). 【慣用】eine Sintflut von ⟨et³⟩ ひきもきらず押寄せる⟨物・事⟩. Nach mir die Sintflut! 後は野となれ山となれ.

sịnt·flut·ar·tig [ズィントふルート・アーるティヒ] 形 洪水のような.

die **Sịn·ti-Ro·ma** [ズィンティ・ろーマ] 複数 ジンティ=ロマ (Sinto-Rom の複数形. 南欧系の 15 世紀initiaからドイツ語圏に住むジプシーの自称. 差別的ニュアンスの Zigeuner の代りに用いられる).

der **Sịn·to** [ズィント] 图 -/..ti (主に㊝)ジンティ(東南ヨーロッパ系のドイツ語圏在住のジプシーの自称). ⇨ Rom¹.

Sinus 1118

der **Si·nus** [ズィーヌス] 名 -/-[..ヌース][-se] **1.**〖数〗サイン,正弦(記号 sin). **2.**〖解〗洞〜,(器官・身体部分の)へこみ;(血管の)拡張,肥大;髄膜間の静脈.

die **Si·nus·kur·ve** [ズィーヌス・クルヴェ] 名 -/-n〖数〗正弦曲線.

der **Si·nus·satz** [ズィーヌス・ザッツ] 名 -es/〖数〗正弦定理.

die **Si·nus·schwin·gung** [ズィーヌス・シュヴィングング] 名 -/-en〖理〗正弦振動.

(*das*) **Sion** [sjõ スョン] 名 -s/〖地名〗=Sitten.

der **Si·phon** [zi:fõ ズィーふォン, zifõ:, zifõ:n スィふォーン] 名 -s/-s (洗面台などの)防臭弁(管),トラップ;ソーダサイフォン;(ビン詰め)炭酸水.

die **Sip·pe** [ズィッペ] 名 -/-n 血族,氏族;〖冗・蔑〗一族;〖動〗植物の)族.

die **Sip·pen·for·schung** [ズィッペン・ふォるシュング] 名 -/ 系譜学.

die **Sip·pen·haf·tung** [ズィッペン・ハふトゥング] 名 -/〖民族〗一族の連帯責任;〖法〗共同責任.

der **Sip·pen·ver·band** [ズィッペン・ふぇアバント] 名 -(e)s/..bände〖民族〗氏(部)族.

die **Sipp·schaft** [ズィップシャふト] 名 -/-en (主に〖蔑〗)一族;〖蔑〗徒党,一味.

der **Sir** [zœr ズーあ] 名 -s/-s **1.**(呼びかけ:無定冠詞で)サー(英国で男性への呼びかけ). **2.** サー,卿(ナイト(人;この爵)位).

(*der*) **Sire** [zi:r ズィーあ] 名 -s/-s (無定冠詞)陛下(フランスで皇帝・国王への呼びかけ).

die **Si·re·ne** [zi'reːnə ズィレーネ] 名 -/-n **1.**(主に〖殊〗)〖ギ神〗セイレン(歌声で船人を誘い殺害する,上半身が女の怪鳥);(文)妖婦,魅惑的な美女. **2.** サイレン(警笛). **3.**〖動〗カイギュウ.

das **Si·re·nen·ge·heul** [ズィレーネン・ゲホイル] 名 -(e)s/ サイレンのごう音.

der **Si·re·nen·ge·sang** [ズィレーネン・ゲザング] 名 -(e)s/..sänge セイレンの歌;〖文〗魅(誘)惑的な言葉.

si·re·nen·haft [ズィレーネンハふト] 形〖文〗(セイレンのように)魅惑的な,誘惑的な.

der **Si·ri·us** [ズィーリウス] 名 -/〖天〗シリウス,天狼星.

si·ri·us·fern [ズィーリウス・ふぇるン] 形 遥か彼方の.

sir·ren [ズィれン] 動 **1.** *h.*〖擬〗(ぶーん(りーん・ひゅーん)と音を立てる〔鳴く〕(電線・虫・矢などが). **2.** *s.*(場所ノゥ)ぶーん(ひゅーん)と音を立てて飛ぶ(虫・弾丸・矢などが).

der **Sir·ta·ki** [ズィるターキ] 名 -/-s シルターケ(男性が踊るギリシアの民族舞踊の一つ).

der **Si·rup** [ズィーるップ] 名 -s/-e (殊に種類は主に男)シロップ,糖蜜.

der **Si·sal** [ズィーザル] 名 -s/ サイザル麻(ロープ・絨毯の素材).

sis·tie·ren [ズィスティーれン] 動 *h.* **1.**〈et⁴ッシ〉一時停止する(行政措置・営業・活動などを). **2.**〔ジュラ〕(法)警察に連行する.

das **Sis·trum** [ズィストるム] 名 -s/..stren シストルム(古代エジプトのがらがらに似た楽器).

(*der*) **Si·sy·phos** [ズィーズュふォス] 名 =Sisyphus.

(*der*) **Si·sy·phus** [ズィーズュふス] 名〖ギ神〗シシュポス(地獄で大石を永久に転がし上げる罰を科せられたコリントの王).

die **Si·sy·phus·ar·beit** [ズィーズュふス・アるバイト] 名 -/-en (主に無冠)無意味な労働,無駄な努力,徒労.

der **Si·tar** [ズィターる] 名 -(s)/-(s)シター(インドの撥弦(はつげん)楽器).

das **Sit-in** [ズィット・イン, ズィット・イン] 名 -s/-s (デモ隊などの)座り込み.

die **Sit·te** [ズィッテ] 名 -/-n **1.** 慣習,しきたり,風習,風俗. **2.** 道徳的規範,道義;Anstand und ~ bewahren 良俗を守る. **3.**(複のみ)行儀,態度,マナー. **4.**(複のみ)〖俗〗(警察の)風紀係(~polizei).

(*das*) **Sit·ten** [ズィッテン] 名 -s/〖地名〗ズィッテン(フランス名:シオン(Sion).スイスの Wallis 州の州都).

das **Sit·ten·bild** [ズィッテン・ビルト] 名 -(e)s/-er 風俗描写;風俗画.

das **Sit·ten·ge·mäl·de** [ズィッテン・ゲメールデ] 名 -s/-=Sittenbild.

die **Sit·ten·ge·schich·te** [ズィッテン・ゲシヒテ] 名 -/-n 風俗史;風俗史の本.

das **Sit·ten·ge·setz** [ズィッテン・ゲゼッツ] 名 -es/-e 道徳律.

die **Sit·ten·leh·re** [ズィッテン・レーれ] 名 -/-n 倫理学,道徳哲学.

sit·ten·los [ズィッテン・ロース] 形 不道徳な,不品行な.

die **Sit·ten·lo·sig·keit** [ズィッテン・ローズィヒカイト] 名 -/ 不道徳,不品行.

die **Sit·ten·po·li·zei** [ズィッテン・ポリツァイ] 名 -/-en (主に単)(警察の)風紀係.

der **Sit·ten·rich·ter** [ズィッテン・リヒター] 名 -s/- (主に〖蔑〗)道学者.

sit·ten·streng [ズィッテン・シュトれング] 形〖古〗道徳的に厳しい.

die **Sit·ten·stren·ge** [ズィッテン・シュトれンゲ] 名 -/〖古〗礼儀作法(道徳的に)に厳しいこと.

der **Sit·ten·strolch** [ズィッテン・シュトろルヒ] 名 -(e)s/-e〖蔑〗痴漢,変質者.

die **Sit·ten·ver·derb·nis** [ズィッテン・ふぇあデるプニス] 名 -/〖文〗風紀紊乱(びんらん),道徳的退廃.

der **Sit·ten·ver·fall** [ズィッテン・ふぇあふァル] 名 -(e)s/ 道徳(風紀)の退廃.

sit·ten·wid·rig [ズィッテン・ヴィードリヒ] 形 公序良俗に反する.

der **Sit·tich** [ズィッティヒ] 名 -s/-e〖鳥〗インコ.

sit·tig [ズィッティヒ] 形〖古〗上品な,慎み深い;おとなしい.

sitt·lich [ズィットリヒ] 形 **1.** 道徳(上)の:~e Norm 道徳的模範. **2.** 道徳的な,道義的な.

die **Sitt·lich·keit** [ズィットリヒカイト] 名 -/ 道義,道徳;道義心,倫理感,風紀.

das **Sitt·lich·keits·de·likt** [ズィットリヒカイツ・デリクト] 名 -(e)s/-e 性犯罪.

das **Sitt·lich·keits·ver·bre·chen** [ズィットリヒカイツ・ふぇあブれヒェン] 名 -s/- 性犯罪,猥褻(わいせつ)罪.

der **Sitt·lich·keits·ver·bre·cher** [ズィットリヒカイツ・ふぇあブれヒャー] 名 -s/- 性犯罪者.

sitt·sam [ズィットザーム] 形 しつけのいい,慎み深い;しとやかな.

die **Sitt·sam·keit** [ズィットザームカイト] 名 -/ 礼儀正しさ,しつけの良さ,慎み深さ.

die **Si·tu·a·ti·on** [ズィトゥアツィオーン] 名 -/-en **1.** 状況,情勢;事態. **2.**(人の)立場,境遇.

die **Si·tu·a·ti·ons·ko·mik** [ズィトゥアツィオーンス・コーミク] 名 -/ 奇妙(こっけい)な状況によって生じるおかしさ.

die **Si·tu·a·ti·ons·ko·mö·die** [ズィトゥアツィオーンス・コメーディエ] 名 -/-n 奇妙な状況設定で生じるおかしさをねらった喜劇.

der **Si·tu·a·ti·ons·plan** [ズィトゥアツィオーンス・プラーン] 名 -(e)s/..pläne〖稀〗見取(配置)図;〖軍〗状況図.

si·tu·a·tiv [ズィトゥアティーふ] 形 状況的(な)による.

si·tu·iert [ズィトゥイーあト] 形〖様態〗:経済的な状態にある:Er ist besser ~ als seine Brüder. 彼は兄弟たちより経済的にいい状態にある.

sit ve·nia ver·bo [ズィット ヴェーニア ヴェるボ]〖ラテ〗語 失礼ながら申上げます.

der **Sitz** [ズィッツ] 名 -es/-e **1.** 座席, 席; (いすの) 座(部). **2.** 所在地, 本拠, 本部. **3.** 議席. **4.** (㊨のみ) (座ったときの) 姿勢. **5.** (㊨のみ) (衣服・眼鏡などの) 合い具合, 座り, 着心地: einen guten ~ haben 体にぴったり合う. (ズボンの) 尻; 〘工〙ホルダー, 座. 【慣用】 **auf einen Sitz** 一度に, 一気に. 〈j〉 **vom Sitz reißen [hauen]** 〈人を〉びっくりさせる, 感激させる.
das **Sitz·bad** [ズィッツ·バート] 名 -(e)s/..bäder 腰湯, 座浴.
die **Sitz·ba·de·wan·ne** [ズィッツ·バーデ·ヴァネ] 名 -/-n 座浴用の小型浴槽.
die **Sitz·bank** [ズィッツ·バンク] 名 -/..bänke 長いす, ベンチ; (オートバイの) シート.
das **Sitz·bein** [ズィッツ·バイン] 名 -(e)s/-e 〘解〙坐骨.
die **Sitz·blo·cka·de** [ズィッツ·ブロッカーデ] 名 -/-n すわり込み封鎖.
sitzen* [ズィッツェン] 動 saß; hat gesessen (南独·スイス·オーストリア ist gessesen) **1.** ((〈場所〉ニ)/〈様態〉ニ〉) 座っている, 腰掛けている, 腰を下ろしている; 止まっている (鳥などが); ついて [たかって] いる (虫が): bequem ~ くつろいで座っている. am Steuer ~ ハンドルを握っている. am Schreibtisch ~ デスクで仕事をしている. bei Tisch/beim Kaffee ~ 食事をしている/コーヒーを飲んでいる. über den Büchern ~ 本を読みふけっている. Die Henne *sitzt* (auf den Eiern). 雌鶏が卵を抱いている. (スイスでは sitzen を「座る」の意味にも用いる) **2.** ((〈様態〉ニ)) 身体に合っている, ぴったりとしている (衣服などが); ずれない (特に身体に着ける物が). **3.** ((〈場所〉ニ)) 住んでいる, ある: Er *sitzt* in einem Dorf. 彼はある村にいる. Die Firma *sitzt* in Hamburg. その会社はハンブルクにある. **4.** (in <et³>) 席にある, (…の) メンバーである: im Parlament ~ 国会に議席がある. **5.** ((〈場所〉ニ)) 入っている (刑務所などに). **6.** ((〈場所〉ニ)) ついている, 残っている: In der Wand *sitzt* ein Haken. 壁に掛けくぎが一つついている. Ihm *sitzt* noch ein Splitter im Leib. 彼の身体にはまだ破片が一つ残っている. Der Schreck saß ihm noch in allen Gliedern. 恐怖 [驚き] がまだ彼の全身に残っていた. **7.** (慣用) 〘口〙頭に入っている. **8.** (慣用) 〘口〙当る, 効く (射撃・訓戒などが). **9.** (Es+sich⁴+<場所>ニ+<動詞>) 座り心地である. 【慣用】 **sitzen bleiben** 〘口〙落第 [留年] する; (古) 結婚しないでいる (女性が); 〘方〙膨らまない (ケーキなどを焼く際に生地が). **auf<et³> sitzen bleiben** 〘口〙〈物〉の買手がつかないでいる. **beim Tanzen sitzen bleiben** ダンスのパートナーがいない. 〈j〉**sitzen lassen** 〈人〉を見捨てる (妻子·女性を); 〘口〙〈人〉を落第 [留年] させる; 〘口〙〈人〉をすっぽかす, 待ちぼうけさせる. 〈j〉 **mit [auf]** <et³> **sitzen lassen** 〈人〉に〈物〉を買わないで, 引き取らない. <et³> **auf sich³ sitzen lassen** 〈事〉を〈されるままに〉そのままにしておく: Diese Beleidigung lasse ich doch nicht auf mir *sitzen*! この侮辱をそのままにしてはおかない. **auf<et³> sitzen** 〘口〙〈物〉を渡そうとしない, 出し渋る (金などを). **einen sitzen haben** 〘口〙(少々) 酔っている. 〈j〉 (**für ein Porträt**) **sitzen** (肖像画のために)〈人〉モデルをつとめる. **sich⁴ lahm/steif sitzen** 座って足がしびれる/こわばる.
sitzen bleiben*, ㊨**sitzen|blei·ben*** [ズィッツェン ブライベン] 動 *s.* sitzen 【慣用】
der **Sitzen·blei·ber** [ズィッツェン·ブライバー] 名 -s/- 〘口·蔑〙落第生.
sitzen lassen*, ㊨**sitzen|las·sen*** [ズィッツェン ラッセン] 動 *h.* sitzen 【慣用】
..sit·zer [..ズィッツァー] 接尾 数詞などにつけて「…人乗りの乗り物」を表す男性名詞を作る: Vier*sitzer* 四人乗りの車.
die **Sitz·flä·che** [ズィッツ·フレッヒェ] 名 -/-n 座, シート;

〘口·冗〙お尻.
das **Sitz·fleisch** [ズィッツ·フライシュ] 名 -(e)s/ 〘口·冗〙(腰掛けする仕事の) 忍耐力, 持続力; 〘口·冗〙尻. 【慣用】 **kein (rechtes) Sitzfleisch haben** 〘口〙じっと座っていられない, 腰が落着かない. **Sitzfleisch haben** 〘口〙長っちりである, いつまでもねばっている.
die **Sitz·ge·le·gen·heit** [ズィッツ·ゲレーゲンハイト] 名 -/-en 座れるもの, 座る所.
die **Sitz·hal·tung** [ズィッツ·ハルトゥング] 名 -/-en (主に㊨) 座ったときの姿勢.
..sit·zig [..ズィッツィヒ] 接尾 数詞などにつけて「…人乗り」を表す形容詞を作る: vier*sitzig* 四人乗りの.
das **Sitz·kis·sen** [ズィッツ·キッセン] 名 -s/- クッション, 座布団.
das **Sitz·mö·bel** [ズィッツ·メーベル] 名 -s/- (主に㊨) するための家具類 (椅子·ベンチ·ソファーなど).
die **Sitz·ord·nung** [ズィッツ·オルドヌング] 名 -/-en 席順.
der **Sitz·platz** [ズィッツ·プラッツ] 名 -es/..plätze (観客席や列車の) 座席.
das **Sitz·pol·ster** [ズィッツ·ポルスター] 名 -s/-(㊨) der ~ -s/..pölster) クッション, シート.
die **Sitz·rei·he** [ズィッツ·ライエ] 名 -/-n 座席の列.
der **Sitz·rie·se** [ズィッツ·リーゼ] 名 -n/-n 〘口·冗〙座高の高い人.
die **Sitz·stan·ge** [ズィッツ·シュタンゲ] 名 -/-n (鳥の) 止り木.
der **Sitz·streik** [ズィッツ·シュトライク] 名 -(e)s/-s 座り込みスト.
die **Sit·zung** [ズィッツング] 名 -/-en **1.** 会議, 会合, 集まり; カーニヴァルの集会 (Karneval). **2.** 肖像画のモデルとして座ること; (一回の) 歯科 [心理療法] の治療.
der **Sit·zungs·be·richt** [ズィッツングス·ベりヒト] 名 -(e)s/-e 議事録.
die **Sit·zungs·pe·ri·o·de** [ズィッツングス·ペりオーデ] 名 -/-n (議会の) 会期.
das **Sit·zungs·pro·to·koll** [ズィッツングス·プロトコル] 名 -s/-e 議事録.
der **Sit·zungs·saal** [ズィッツングス·ザール] 名 -(e)s/..säle (大) 会議室, 会議場.
die **Six·ti·na** [ズィクスティーナ] 名 -/ (ヴァチカンの) システィーナ礼拝堂.
der **Si·zi·li·a·ner** [ズィツィリアーナー] 名 -s/- シチリア人.
si·zi·li·a·nisch [ズィツィリアーニシュ] 形 シチリア (島) の.
(*das*) **Si·zi·li·en** [ズィツィーリエン] 名 -s 〘地名〙シチリア [シシリー] (島).
SJ =Societas Jesu (ラテン) イエズス会.
die **Ska·bi·es** [スカービエス] 名 -/ 〘医〙疥癬.
skål! [skoːl スコール] 間 =prosit!
die **Ska·la** [スカーラ] 名 -/..len (-s) **1.** (計器の) 目盛り. **2.** (一連の変化の) 段階. **3.** 〘楽〙音階; 〘印〙(多色刷に必要な) 各色を並べること.
der **Ska·lar** [スカラール] 名 -s/-e 〘数·理〙スカラー.
die **Skal·de** [スカルデ] 名 -n/-n スカルド (中世スカンジナビアの宮廷詩人).
die **Skal·den·dich·tung** [スカルデン·ディヒトゥング] 名 〘文芸学〙スカルドの詩. ⇒Skalde.
der **Skalp** [スカルプ] 名 -s/-e (インディアンが戦勝記念に敵の頭からはいだ) 頭皮.
das **Skal·pell** [スカルペル] 名 -s/ a/c 外科用メス.
skal·pie·ren [スカルピーれン] 動 *h.* 〈j〉の〉頭皮をはぐ.
der **Skan·dal** [スカンダール] 名 -s/-e 醜聞, スキャンダル; 〘方·古〙騒音.
die **Skan·dal·ge·schich·te** [スカンダール·ゲシヒテ] 名 -/-n スキャンダラスな事件.
die **Skan·dal·nu·del** [スカンダール·ヌーデル] 名 -/-n 〘口〙しょっちゅうスキャンダルを起こす人 (女性).

skan·da·lös [スカンダ[レ]ース] [形] スキャンダラスな；実にけしからぬ.

die **Skan·dal·pres·se** [スカンダール·プれっセ] [名] -/ ゴシップ紙〔誌〕.

skan·die·ren [スカンディーれン] [動] *h.* 〔<et⁴>ヲ〕韻律に忠実に朗読する(詩・韻文を)；一句一句区切ってリズムをつけて叫ぶ.

(*das*) **Skan·di·na·vi·en** [スカンディナーヴィエン] [名] -s/ 〚地名〛スカンジナヴィア(半島).

der **Skan·di·na·vi·er** [スカンディナーヴィあー] [名] -s/- スカンジナヴィアの人.

skan·di·na·visch [スカンディナーヴィシュ] [形] スカンジナヴィア(人・話)の.

das **Ska·pu·lier** [スカプリーあ] [名] -s/-e 〚カトリック〛スカプラリオ(修道士の袖なし肩衣).

der **Ska·ra·bä·us** [スカらベーウス] [名] -/..bäen[..ベーエン] **1.** 〚昆〛コガネムシ. **2.** スカラベ(黄金虫をかたどった古代エジプトの護符・印章).

der **Skat** [スカート] [名] -(e)s/-e〔-s〕〚トランプ〛 **1.** (主に[単])スカート(3 人が32 枚のカードで遊ぶゲーム). **2.** (スカートでの) 2 枚の伏せ札.

das **Skate·board** [skéːtboːrt スケート·ボーあト] [名] -s/-s スケートボード.

der **Ska·ter**[1] [スカーター] [名] -s/- 《口》(トランプの)スカートをする人.

der **Ska·ter**[2] [skéːtər スケーター] [名] -s/- スケートボードで滑る人；インラインスケートで滑る人.

die **Ska·to·lo·gie** [スカト·ロギー] [名] -/ 〚医〛糞便(ふんべん)学；〚古生〛糞石学；〚心〛スカトロジー, 糞便嗜好(しこう), 排泄物愛好趣味.

ska·to·lo·gisch [スカト·ローギシュ] [形] **1.** 〚医・古生〛スカトロジーの. **2.** 〚心〛排泄物愛好趣味の.

SKE =Steinkohleeinheit 石炭換算単位.

das **Skeet·schie·ßen** [skíːt.. スキート·シーセン] [名] -s/ 〚スポーツ〛スキート射撃(大会)(半円形に並んだ射手がクレーを撃つ試合).

der **Ske·le·ton** [skélətən スケレテン, ..letɔn スケレトン] [名] -s/-s 〚スポーツ〛スケルトン(競技用そり).

das **Ske·lett** [スケレット] [名] -(e)s/-e **1.** 骨格；骸骨(がいこつ). **2.** 〚土〛骨組；〚植〛(器官を強化する)組織.

der **Ske·lett·bau** [スケレット·バウ] [名] -(e)s/-ten 〚土〛 **1.** ([単]のみ)鉄骨〔木骨〕構造の建築. **2.** 鉄骨〔木骨〕構造の建築物.

die **Ske·ne** [スケネー] [名] -/..nai [スケナイ] 〚劇〛スケネー(古代ギリシア演劇の舞台裏の楽屋及びその仕切り壁).

die **Skep·sis** [スケプスィス] [名] -/ 懐疑(的態度), 疑い；(行動に対する)慎重さ.

der **Skep·ti·ker** [スケプティカー] [名] -s/- 懐疑的な人；〚哲〛懐疑論者.

skep·tisch [スケプティシュ] [形] 懐疑的な, 疑い深い.

der **Skep·ti·zis·mus** [スケプティツィスムス] [名] -/ 懐疑的態度；〚哲〛懐疑論.

der **Sketch** [skɛtʃ スケッチュ] [名] -(es)/-e(s)〔-s〕風刺の利いた寸劇.

der **Ski** [ʃiː シー] [名] -(s)/-er〔-〕 スキー： ~ fahren スキーをする. die ~*er* anschnallen スキーをつける.

die **Ski·a·gra·fie, Ski·a·gra·phie** [スキア·グらふィー] [名] -/-n スキアグラフィア(古代ギリシア・ローマの陰影法の絵画).

der **Ski·an·zug** [シー·アン·ツーク] [名] -(e)s/..züge (上下そろいの)スキーウェア.

die **Ski·aus·rüs·tung** [シー·アウス·りゅストゥング] [名] -/-en スキーの装備.

die **Ski·bin·dung** [シー·ビンドゥング] [名] -/-en スキーのビンディング〔締め具〕.

der **Ski·bob** [シー·ボップ] [名] -s/-s 〚スポーツ〛スキーボブ(①自転車型のスキー. ②ミニスキーをはき①に乗って行う競技).

die **Ski·bril·le** [シー·ブりレ] [名] -/-n (スキー用)ゴーグル.

der **Ski·fah·rer** [シー·ふぁーらー] [名] -s/- スキーヤー.

das **Skiff** [スキふ] [名] -(e)s/-e 〚スポーツ〛シングルスカル(1人乗りの競漕(きょうそう)用ボート).

der〔*das*〕**Skif·fle** [skífl スキっふル] [名] -s/ 〚楽〛スキッフル(手製の楽器で演奏するジャズ).

das **Ski·flie·gen** [シー·ふリーゲン] [名] -s/ スキーのジャンプ.

der **Ski·fu·ni** [シー·ふーニ] [名] -s/-s 《スイス》スキフニ(スキー客用の橇(そり)型リフト).

das **Ski·ha·serl** [シー·ハーザール] [名] -s/-(n) 《南独・オーストリア》《冗》若い女性スキーヤー；スキーの(女性)初心者.

die **Ski·ho·se** [シー·ホーゼ] [名] -/-n スキーズボン.

die **Ski·ja·cke** [シー·ヤッケ] [名] -/-n スキーヤッケ.

das **Ski·jö·ring** [シー·[イェ]ーりング] [名] -s/-s 〚スポーツ〛スキージョーリング(馬やオートバイに引かせるスキー競技).

der **Ski·lang·lauf** [シー·ラング·ラウふ] [名] -(e)s/ スキーの距離競技〔クロスカントリー〕.

der **Ski·lauf** [シー·ラウふ] [名] -(e)s/ スキー.

das **Ski·lau·fen** [シー·ラウふェン] [名] -s/ =Skilauf.

der **Ski·läu·fer** [シー·ロイふぁー] [名] -s/- スキーヤー.

der **Ski·leh·rer** [シー·レーらー] [名] -s/- スキー教師〔のインストラクター〕.

der **Ski·lift** [シー·りふト] [名] -(e)s/-e〔-s〕スキーリフト.

die **Ski·müt·ze** [シー·ミュッツェ] [名] -/-n スキー帽.

der **Skin·head** [skínhɛt スキン·ヘット] [名] -s/-s スキンヘッド((右翼的傾向の集団で)暴力的行為をする剃髪(ていはつ)の青少年).

der **Skink** [スキンク] [名] -(e)s/-e (エジプト)トカゲ.

der **Skip·per** [スキっパー] [名] -s/- 《ジャーゴン》スキッパー(ヨットの艇長).

die **Ski·schu·le** [シー·シューレ] [名] -/-n スキー学校.

die **Ski·spit·ze** [シー·シュピッツェ] [名] -/-n (スキーの)トップベンド.

der **Ski·sport** [シー·シュポるト] [名] -(e)s/ スキースポーツ.

das **Ski·sprin·gen** [シー·シュプりンゲン] [名] -s/ **1.** ([単]のみ)スキージャンプ. **2.** スキージャンプ競技.

der **Ski·sprin·ger** [シー·シュプりンガー] [名] -s/- スキージャンプの選手.

die **Ski·spur** [シー·シュプーあ] [名] -/-en (スキーの)シュプール.

der **Ski·stie·fel** [シー·シュティーふェル] [名] -s/- スキーブーツ.

der **Ski·stock** [シー·シュトック] [名] -(e)s/..stöcke スキーストック.

das **Ski·wachs** [シー·ヴァックス] [名] -es/-e スキー用ワックス.

das **Ski·was·ser** [シー·ヴァっサー] [名] -s/ シロップを冷水に混ぜた飲物.

der **Ski·zir·kus** [シー·ツィるクス] [名] -/-se 《ジャーゴン》スキー・サークルシステム(①全ゲレンデを結ぶリフト網. ②アルペン競技大会).

die **Skiz·ze** [スキっツェ] [名] -/-n **1.** スケッチ；略図, 見取図. **2.** (メモ書きの)草案. **3.** (文学のスケッチ風)小品, 手記.

das **Skiz·zen·buch** [スキっツェン·ブーふ] [名] -(e)s/..bücher スケッチブック.

skiz·zen·haft [スキっツェンハふト] [形] スケッチ風の.

skiz·zie·ren [スキっツィーれン] [動] *h.* **1.** 〔<j⁴/et⁴>ヲ〕スケッチする. **2.** 〔<et⁴>ノ〕見取図〔略図〕を描く(建物・道順などの)；概要を書く〔述べる〕；草案を作る(演説原稿などの).

Slowene

der **Skla·ve** [スクラーヴェ,..fə スクラーふぇ] 名 -n/-n 奴隷man；〖蔑〗奴隷的な人.

die **Skla·ven·ar·beit** [スクラーヴェン·アルバイト,スクラーふぇン·アルバイト] 名 -/-en (昔の)奴隷労働；〖蔑〗苦役, 重労働.

der **Skla·ven·hal·ter** [スクラーヴェン·ハルター,スクラーふぇン·ハルター] 名 -s/- (昔の)奴隷所有者.

der **Skla·ven·han·del** [スクラーヴェン·ハンデル,スクラーふぇン·ハンデル] 名 -s/ (昔の)奴隷売買.

der **Skla·ven·markt** [スクラーヴェン·マルクト,スクラーふぇン·マルクト] 名 -(e)s/..märkte (昔の)奴隷市.

die **Skla·ve·rei** [スクラーヴェらイ,スクラーふぇらイ] 名 -/ (昔の)奴隷の状態〔身分〕；〖蔑〗隷属状態；ひどい〔きつい〕仕事.

die **Skla·vin** [スクラーヴィン,スクラーふぃン] 名 -/-nen 女奴隷.

skla·visch [スクラーヴィシュ,スクラーふぃシュ] 形 〖文·蔑〗奴隷的な；主体性のない.

die **Skle·ro·se** [スクレローゼ] 名 -/-n 〖医〗硬化症.

skle·ro·tisch [スクレロ―ティシュ] 形 〖医〗硬化症の；硬化症にかかった.

skon·tie·ren [スコンティーれン] 動 h. 〈et⁴〉っ〗〖商〗割引する〈価格などを〉.

der〔*das*〕**Skon·to** [スコント] 名 -s/-s〔..ti〕 (即金などの際の)割引, 値引.

das **Skon·tro** [スコントろ] 名 -s/-s 〖商〗出入計算補助元帳.

der **Skoo·ter** [skúːtər スクーター] 名 -s/- (遊園地などの)ゴーカート.

der **Skop** [スコプ] 名 -s/-s スコプ(西ゲルマンの領袖)に仕えた吟遊詩人).

der **Skor·but** [スコるブート] 名 -(e)s/ 〖医〗壊血病.

der **Skor·pi·on** [スコるピオーン] 名 -s/-e 1. 〖昆〗サソリ. 2. (ⓜのみ)〖天〗さそり座；〖占〗さそり座生れの人；(ⓜのみ)〖天蠍(てん)〗宮.

skr =schwedische Krone スウェーデンクローネ(スウェーデンの貨幣単位).

der **Skri·bent** [スクりベント] 名 -en/-en 〖文·蔑〗多作家, 濫作家.

der **Skri·bi·fax** [スクりービふぁックス] 名 -(es)/-e 〖文·冗·古〗三文文士, 多作家.

das **Skript** [スクりプト] 名 -(e)s/-en〔-s〕 1. 原稿, 草稿；講義ノート. 2. (ⓜ主に-s)〖映·らヂ·ｅレ〗台本, シナリオ.

das **Skript·girl** [..ɡœːrl スクりプト·ガール,..ɡœrl スクりプト·ガる] 名 -s/-s 〖映〗スクリプトガール(撮影記録や監督の助手する役).

das **Skrip·tum** [スクりプトゥム] 名 -s/..ten〔..ta〕 (ぉﾞｳ)〖古〗原稿, 草稿；講義ノート.

die **Skro·fel** [スクろーふぇル] 名 -/-n 〖医〗リンパ腺(ꜱ)の腫瘍(ꜱしょう)；(ⓜのみ)腺病.

skro·fu·lös [スクろふローズ] 形 〖医〗腺(ꜱ)病質の.

die **Skro·fu·lo·se** [スクろふローゼ] 名 -/ 〖医〗腺病(ꜱびょう).

das **Skro·tum** [スクろートゥム] 名 -s/..ta 〖医〗陰嚢(いんのう).

die **Skrubs** [skraps スクらプス] 複 〖ジン〗低品質の葉タバコ.

der **Skru·pel**¹ [スクるーペル] 名 -s/- (主にⓜ)(道徳的な)ためらい, 疑念, 良心のとがめ.

das **Skru·pel**² [スクるーペル] 名 -s/- スクループル(昔の薬用単位, 約 1.25 g).

skru·pel·los [スクるーペル·ロース] 形 良心がとがめない, ほばかることのない.

die **Skru·pel·lo·sig·keit** [スクるーベル·ローズイㇶカイト] 名 -/ 良心の呵責を感じないこと.

skru·pu·lös [スクろプローズ] 形 〖古〗きちょうめんすぎる.

(*die*) **Skuld** [スクルト] 名 〖北欧神〗スクルド(運命の女神).

das **Skull** [スクル] 名 -s/-s (ボートの)スカル, オール.

das **Skull·boot** [スクル·ボート] 名 -(e)s/-e 〖ｽﾎﾟ〗スカル(ボート)〈(競漕こぎ用ボート)〉.

die **Skulp·tur** [スクルプトゥーる] 名 -/-en 彫刻作品, 彫像；(ⓜのみ)彫刻.

skur·ril [スクリル] 形 奇抜な, 奇妙な.

die **S-Kur·ve** [エス·クるヴェ] 名 -/-n S字形カーブ.

die **Sky·line** [skáɪlam スカイ·ライン] 名 -/-s (遠くから見た町の)シルエット(輪郭).

s. l. =〖ラ語〗sine loco (書物の)発行地不詳.

der **Sla·cker** [slǽkər スレッケ] 名 -s/- 〖ジン〗(非出世主義的な)怠惰な生き方を誇示する若者〈若年層の人〉.

der **Sla·lom** [スラーロム] 名 -s/-s (カヌー·スキーの)回転競技, スラローム.

der **Sla·lom·lauf** [スラーロム·ラウふ] 名 -(e)s/..läufe (スキーの)回転(スラローム)競技.

der **Slang** [slɛŋ スレング] 名 -s/-s 俗語, スラング；(社会の特定集団·業界などの)特殊用語.

der **Sla·we** [スラーヴェ] 名 -n/-n スラヴ人.

das **Sla·wen·tum** [スラーヴェントゥーム] 名 -s/ スラヴ気質〔精神〕, スラヴ民族性, スラヴ文化.

die **Sla·win** [スラーヴィン] 名 -/-nen Slaweの女性形.

sla·wisch [スラーヴィシュ] 形 スラヴ(人·語)の.

sla·wi·sie·ren [スラヴィズィーれン] 動 h. 〈j⁴/et⁴〉っ〗スラヴ(語)化する, スラヴ風にする.

der **Sla·wis·mus** [スラヴィスムス] 名 -/..men 〖言〗1. (他の言語に取入れられた)スラヴ語, スラヴ語的表現. 2. スラヴ正教会的語法.

der **Sla·wist** [スラヴィスト] 名 -en/-en スラヴ学〔語学·文学〕研究者.

die **Sla·wis·tik** [スラヴィスティク] 名 -/ スラヴ学〔語学·文学〕.

sla·wis·tisch [スラヴィスティシュ] 形 スラヴ学の, スラヴ語学文学研究の.

der **Sli·bo·witz** [スリーボヴィッツ] 名 -s/-(e)s スリボヴィッツ(プラムブランデー).

der **Slice** [slaɪs スライス] 名 -/-s〔..スィズ〕〖ｽﾎﾟ·ｺﾞﾙﾌ〗スライス.

der **Slick** [スリック] 名 -s/-s 〖ｽﾎﾟ·ﾓﾀｰｽﾎﾟ〗スリックタイヤ.

der **Slink** [スリンク] 名 -(s)/-s スリンク(子羊の毛皮の一種).

der **Slip** [スリップ] 名 -s/-s 1. ブリーフ, ショーツ. 2. 〖工〗(プロペラなどの)空転；〖海〗傾斜造船台；〖空〗(横)滑り. 3. 〖商〗伝票, 証票.

der **Sli·pon** [スリポン] 名 -s/-s スリッポンコート(男性用スポーツコート).

der **Slip·per** [スリッパー] 名 -s/-(s) スリップオン(靴)；(ⓜ-)〖ﾓｰﾄﾞ〗スリッポン(紳士用スポーツコート).

der **Sli·wo·witz** [スリーヴォヴィッツ] 名 -(es)/- =Slibowitz.

der **Slo·gan** [slóːɡən スローガン] 名 -s/-s スローガン, 標語, 宣伝文句.

der **Slo·wa·ke** [スロヴァーケ] 名 -n/-n スロヴァキア人.

die **Slo·wa·kei** [スロヴァカイ] 名 -/ 〖国名〗スロヴァキア(1993年にチェコ·スロヴァキアから分離独立).

slo·wa·kisch [スロヴァーキシュ] 形 スロヴァキア(人·語)の.

das **Slo·wa·kisch** [スロヴァーキシュ] 名 -(s)/ スロヴァキア語.〖用法はDeutsch〗

das **Slo·wa·ki·sche** [スロヴァーキシェ] 名 〖形容詞的変化；(ⓜのみ)〗 1. (定冠詞とともに)スロヴァキア語. 2. スロヴァキア的なもの〔こと〕.〖用法はDeutsche⁶〗

der **Slo·we·ne** [スロヴェーネ] 名 -n/-n スロヴェニア人(南スラブ民族).

(das) **Slo·we·ni·en** [スロヴェーニエン] 名 -s/ 〖国名〗スロヴェニア(ユーゴスラヴィア連邦から独立).
der **Slo·we·ni·er** [スロヴェーニア] 名 -s/- スロヴェニア人.
die **Slo·we·nin** [スロヴェーニン] 名 -/-nen Slowene の女性形.
slo·we·nisch [スロヴェーニシュ] 形 スロヴェニア(人・語)の.
der **Slum** [slam スラム] 名 -s/-s (主に複)貧民窟(くつ), スラム街.
die **Slup** [スループ] 名 -/-s 〖海〗スループ(一本マストの帆船); スループ艤装.
sm =Seemeile 海里.
Sm [エスエム] =Samarium 〖化〗サマリウム.
S. M. =Seine Majestät 陛下.
der **Sma·ragd** [スマラクト] 名 -(e)s/-e **1.** 〖鉱〗エメラルド. **2.** (宝石の)エメラルド.
sma·rag·den [スマラクデン] 形 エメラルドの; エメラルドグリーンの.
sma·ragd·grün [スマラクト・グリューン] 形 エメラルドグリーンの.
smart [スマーァト, スマート] 形 やり手な, 利口な, 抜け目のない; スマートな.
die **Smart·card, Smart Card** [smá:tka:rd スマートカード] 名 -, -/-s, -s スマート・カード(マイクロチップを組み込んだ多目的カード).
der **Smog** [スモック] 名 -(s)/-s スモッグ, 煙霧.
der **Smog·alarm** [スモック・アラる厶] 名 -s/-e スモッグ警報.
die **Smog·ka·ta·stro·phe** [スモック・カタストろーふェ] 名 -/-s 〖環〗スモッグのもたらす大災害(破局).
smo·ken [スモーケン] 動 h. 〈et4〉にスモッキングを施す.
der **Smo·king** [スモーキンク] 名 -s/-s 〖〔スモ〕キング〕-e も有〕スモーキング.
der **Smör·gås·bord** [smörgo:s.. スメーァゴース・ボート] 名 -s/-s 〖料〗スモーガスボード(スウェーデン式前菜).
SMS [エスエムエス] =Short Message Service 短信情報サービス.
der **Smutje** [スムトィェ] 名 -s/-s 〖海〗(乗船)コック.
SMV =Schülermitverwaltung 生徒の学校管理への参加, 生徒会.
Sn [エスエン] =Stannum 〖化〗錫(すず) (Zinn).
der **Snack** [snɛk スネック] 名 -s/-s 軽食, スナック.
die **Snack·bar** [スネック・バーァ] 名 -/-s 軽食屋, スナックバー.
die **Snail·mail, Snail-Mail** [snéɪlmeɪl スネイル・メイル] 名 -/-s (口語で)(冗)にも)カタツムリ郵便(E-mailに対して従来の郵便のこと).
(das) **Snee·witt·chen** [スネー・ヴィットひェン] 名 -s/ =Schneewittchen.
der **Snob**[1] [ゾーブ] 名 -s/-s スノッブ.
der **Sno·bis·mus** [スノビスムス] 名 -/..men 〖蔑〗 **1.** (複のみ)スノビズム, 知識人〔上流〕気取り. **2.** スノッブ的特徴(行動・発言).
sno·bis·tisch [スノビスティシュ] 形 〖蔑〗俗物的な, きざな.
so[1] [ゾー] 副 **1. a.** その〔この〕ように〔主にアクセント有〕: Er ist nicht krank. Er stellt sich nur ~. 彼は病気ではない. そのふりをしているだけだ. S~ war das nicht gemeint! そういうつもりではなかったのだ. S~ geht es nicht! そうはいかない. (als ob…の内容を示して) Er tat ~, als ob er nichts davon gewusst hätte. 彼はそのことについて何も知らなかったようなふりをした. (後続の dass 文の内容を示して) Er spricht immer ~, dass man ihn gut versteht. 彼はいつもよく分かるように話す. **b.** …と語る〔語った〕(引用文ととも

に動詞を省略して. アクセント無),,Sicherheitspolitik", — der Kanzler, ,,hat die Aufgabe, …" 「安全保障政策の使命は…」と首相は語った. **2.** (口語で)のまま, それでも, そうでなくても; 無料で(アクセント有): Ich hatte meinen Parkschein verloren, da haben sie mich ~ rausgelassen. 私は駐車票をなくしたが, そのまま(そこの人たちは)私を出させてくれた. Das wusste ich nicht, sonst hätte ich es auch nicht getan. そんなことそうでなくても知っていたよ. Wenn Sie zehn (Stück) kaufen, kriegen Sie noch eins ~ dazu. 10個お買いになれば, もう1個ただでもらえます. **3.** 〖文〗それゆえ(接続的に. アクセント無): Der Sänger war erkrankt, ~ musste ich für ihn einspringen. その歌手は病気になったので, 私は彼の代役をしなければならなかった. **4.** そうすれば(接続的に. アクセント無): Wenn du Zeit hast, ~ können wir ins Café gehen. 君に時間があれば, 私たちは喫茶店へ行ける. **5.** (すると)すぐ(先行文を so で繰返して. アクセント無): Es dauerte nicht lange, ~ kam er. 久しくして彼はやって来た. **6.** 〖文飾〗ただなんとなく, 何の気なしに(アクセント無): Ich habe ~ Angst, dass … 私は…ということがなんとなく心配だ. **7.** 〖語飾〗 **a.** (動詞・形容詞・副詞を修飾. 主にアクセント有)(文の前後関係による状況の示す程度に)それ〔これ・あれ〕ほど: Er hat wieder den Fehler gemacht. Und er hatte doch ~ geübt! 彼はまたその間違いをした. あれほど練習したのに. S~ einfach geht es nicht. そう簡単にはいかない. Gehen Sie nicht ~ schnell! そんなに早く歩かないで下さい. (dass 文または zu 不定詞句で程度を示して) Sie waren ~ erschöpft, dass sie keinen einzigen Schritt mehr tun konnten. 彼らはもう一歩も進めないほど疲れていた. Er ist nicht ~ dumm, das zu tun. 彼はそれをするほど馬鹿ではない. (wie または als 以下と比較して) Er ist ~ groß wie ich. 彼は私と同じ背の高さだ. Ich rannte ~ schnell, wie ich konnte. 私はできるだけ早く走った. ~ bald/schnell wie (als) möglich できるだけ早く/早く (als は(古)). **b.** (形容詞を修飾. ja を伴うことが多い. アクセント有)非常に, ひどく: Er ist ja ~ interessant. 彼は非常に面白い〔重要などの〕. **c.** (名詞・代名詞を修飾. 主にアクセント有)(特別な性質を指示して, solch, solcherの意味で)(口)なんて, こんな, あんな: So~ eine Frechheit! と厚かましいことか. Ich mag mit ~ einem nicht sprechen. (私は)あんな男とは口もきかたくない. S~ was hat man in den Bundestag gewählt! あんなやつを(人々は)連邦議会に選出したのだ. **d.** (副詞および名詞を修飾. アクセント無)(口)(…ぐらい), ぐらい, およそ: ~ vor zehn Jahren 10 年ぐらい前に. (etwa などでほぼ」を意味する他の語に重ねて) ~ etwa (gegen) neun Uhr まあだいたい9時ぐらいに. ~ um sechs Euro (herum) まあだいたい6ユーロぐらい. **8.** (関係代名詞として. アクセント無)(古): Bittet für die, ~ euch verfolgen. 汝らを責むる者のために祈れ(マタイ福音書 5, 44). **9.** (単独で用い, これで行為や発言が終ったということを示して. アクセント有) そう: ~ jetzt bin ich fertig. さあこれでもう支度〔準備〕に終った. **10.** (単独で問返しに, 驚き・疑いなどを示して. アクセント有) そうですか, 本当ですか: Ich reise morgen ab. ~ S~? 明日出発します. —本当ですか？ **11.** 〖話者の気持〗 (アクセント無) **a.** (命令文で, 文頭に置いて. 要求を強めて) 〖文〗まあ, さあ: S~ komm schon! まあおいでよ. **b.** (叙述文で. 主張を強めて) まったく, 本当に: Das ist ~ ganz nach meinem Geschmack. それはまったく私の好みにぴったりだ. **c.** (叙述文・疑問文で. あまりこだわらないで) まあ: Sie machte sich ~ ihre Gedanken. 彼女はまあ彼女なりに考えたのだ. 〖慣用〗 Ach so! ああそうか. bald so, bald so(einmal so,

einmal so》ある時はこう、またある時はこう. **Gut**〔**Recht**〕 **so !**《口》それでいいのだ. **Na, so was !**《口》なに、そんなこと が(あってたまるか). **Nein, so was !**《口》とんでもない、そ んなこと(特に道徳的に言う). **nur so** 《口》なんと なく、やみくもに. **... oder so** 《口》…かそこら、…だったりす る : In einer Stunde oder so bin ich damit fertig. 1 時間ほどでそれを終える. **so ... wie** …と同 然だ : Das Spiel ist *so* gut wie gewonnen. この試合は 勝ったも同然だ. **so viel ... wie**〔**als**〕... …と同じだけ、 …と同じ程度に、…と同様に : Er hat *so* viel bekommen wie sein Bruder. 彼は彼の兄弟と同じ分だけもらった. Ich habe ihm halb *so* viel gegeben wie dir. 私は君に与えた 分の半分を彼に与えた. Du darfst nehmen, *so* viel wie du willst. 君は好きなだけ取ってよい. *so* viel wie gar nicht まったくないも同然. **so viel wie möglich** できるだ け多く. **so weit** 大体のところでは : Wir sind *so* weit zufrieden. 我々は大体満足している. **so weit wie** 〔**als**〕**möglich** できるだけ. **so weit sein**《口》終った、準 備ができている : Es ist noch nicht *so* weit. まだその段階 ではない. Du darfst nehmen, *so* viel wie du willst. 君は好きなだけ取ってよい. **so wenig wie**〔**als**〕... …同様に、…ではなく《da は《古》): Er kann es *so* wenig wie ich. 彼は私同様それ ができない. **so wenig wie möglich** できるだけ少なく : Trink *so* wenig wie möglich ! できるだけ酒は飲むな. **So ist es !** そういうことだ. **So nicht !** そうじゃない. **so oder**〔**und**〕**so** いろいろに、いずれにせよ. **... und so** 《口》…など : Wir haben zehn Euro für Porto und *so* verbraucht. 私たちは 10 ユーロを郵便料金などに使った. **... und so fort** …など、等々(略 usf.). **... und so weiter** …など、等々(略 usw.). **so genannt** いわゆる(略 **sog.**); 《皮》自称の : *so* genannte Demokratie 自称 民主国家.

so² [ゾー]《接》《従属》 **1.** 《結果》《次の形で》 ~ dass ... そのため…. その結果… : Sie war krank, ~ dass[sodass] sie ihre Abreise verschieben musste. 彼女は病気のため、旅行の出発を延期しなければな らなかった. **2.** 《讓歩》《形容詞・副詞とともに、しば しば auch をともなって》どれほど…であろうとも : S~ Leid es mir tut, ich muss jetzt gehen. たいへん残念 ですが、(私は)もう行かなければなりません. S~ reich er auch ist, ... 彼がいくら金持であろうとも、…. **3.** 《程度》《形容詞・副詞ともに》…の〔という〕だけ〔限り〕 の : ~ schnell ich kann できるだけ早く. ~ weit es geht 行けるところまで. ~ lange du willst 君の好きな だけ早く. **4.** 《形容詞・副詞とともに副文・主文 の文頭で対比的に用いて》《一方では》…などでは、(他 方では)それだけ、(一方では)…だが(他方)それにひきか え : S~ sehr er in Konzerte liebt, ~ sehr lehnte er Opern ab. 彼はコンサートはとても好きなのに、オペラは 大嫌いである. **5.** 《条件》《文》もし…であるならば : S~ Gott will, ~ 神のおぼし召しがあれば….

SO =Südost, Südosten 南東.
So. =Sonntag 日曜日.
s.o. =sieh(e) oben ! 上記参照.
so·bald [ゾ・バルト]《接》《従属》…するとすぐに、ただち に、するやいなや : Ich rufe dich an, ~ ich auf dem Bahnhof angekommen bin. 私は駅に着いたらすぐ 君に電話する. Komm, ~ du kannst ! できるだけ早 く来てくれ. So bald ist ⇨ bald].
das **Söckchen** [ゼックヒェン]《名》-s/- 小さいソックス; アンクルソックス(婦人・子供用の足首までの靴下).
die **Socke** [ゾッケ]《名》-/-n《主に《南》》ソックス、短い靴 下. 【慣用】《3 auf den Socken sein 《口》《人の》跡をつけ る. **sich⁴ auf die Socken machen** 《口》出発する. **von den Socken** 《口》びっくり仰天する.
der **Sockel** [ゾッケル]《名》-s/- **1.** 〔彫像・柱な ど〕の台座、(建物などの)土台、基部、(家具などの)台; 〔電〕(電球などの)口金、ソケット. **2.** 〔経〕〔ジン〕 (労働賃銀の)基準率、ベース(~betrag).

der **Socken** [ゾッケン]《名》-s/-《南独・ぽ・ト》=Socke.
der **Sockenhalter** [ゾッケン・ハルター]《名》-s/-《主に《南》》(男性用)靴下どめ、ガーター.
die **Soda** [ゾーダ]《名》-/《das -s/》 **1.** ソー ダ、炭酸ソーダ. **2.** 《das ~》=Sodawasser.
der **Sodalith** [ゾダリート]《名》-s(-en)/-e(n)〔鉱〕方 ソーダ石.
so·dann [ゾ・ダン]《副》次いで;《古》さらに.
sodass, so dass, 《旧》so daß, sodaß [ゾ・ダス] 《接》⇨ so²1.
das **Sodawasser** [ゾーダ・ヴァッサー]《名》-s/ ソーダ 水、炭酸水.
das **Sodbrennen** [ゾート・ブレネン]《名》-s/ 胸やけ.
die **Sode¹** [ゾーデ]《名》-/-n (北独)(根こと四角に切 った)切芝、(れんが大の乾燥した)泥炭.
die **Sode²** [ゾーデ]《名》-/-n 曹達塩砿.
das **Sodom** [ゾードム]《名》-/ (旧約)ソドム;《文》悪 徳と頽廃(ない)の町(旧約聖書の同名の町にちなむ). 【慣用】**Sodom und Gomorrha** ソドムとゴモラ;《文》悪徳 と頽廃の蔓延(はびこる).
die **Sodomie** [ゾドミー]《名》-/ 獸姦(ごかん)、《古》男 色.
so·eben [ゾ・エーベン]《副》ちょうど今、つい今しがた.
(*das*) **Soest** [zost ゾースト]《名》〔地名〕ゾース ト(ノルトライン=ヴェストファーレン州の都市).
das **Sofa** [ゾーふぁ]《名》-s/-s ソファー.
die **Sofaecke** [ゾーふぁ・エッケ]《名》-/-n ソファーの隅 (背もたれと肘掛けの間).
das **Sofakissen** [ゾーふぁ・キッセン]《名》-s/- ソファーの クッション.
so·fern [ゾ・ふぇルン]《接》《従属》…である限り、…なら ば : Wir kommen morgen, ~ es Ihnen passt. ご都 合がよろしければ、われわれは明日参上します.
soff [ゾふ]《動》saufen の過去形.
söffe [ぜっふぇ]《動》saufen の接続法 2 式.
die **Soffitte** [ゾふぃって]《名》-/-n **1.** 《主に《劇》舞台上方の横幕、一文字. **2.** 管状白熱電灯 (~nlampe).
die **Soffittenlampe** [ゾふぃッテン・ラムペ]《名》-/-n 管形白熱電灯.
(*das*) **Sofia** [ゾー(-)ふぃア]《名》-s/ 〔地名〕ソフィア(ブ ルガリアの首都).
(*die*) **Sofie** [zofi(:ə) ゾふぃ-(エ), z5fi ゾふぃ]《名》= Sophie.
so·fort [ゾ・ふぉルト]《副》 **1.** (続いて)ただちに、すぐに. **2.** 今すぐ、即刻 (Ich komme) ~ ! ただいま(まいり ます).
die **Sofortbildkamera** [ゾふぉルト・ビルト・カメら]《名》 -/-s ポラロイドカメラ.
die **Soforthilfe** [ゾふぉルト・ヒルふぇ]《名》-/-n 緊急援 助.
so·fortig [ゾふぉルティヒ]《形》即座の(即時・即刻)の.
die **Sofortmaßnahme** [ゾふぉルト・マース・ナーメ]《名》 -/-n 緊急処置(措置).
der **Sofortverbrauch** [ゾふぉルト・ふぇあブらウフ]《名》 -(e)s/ 〈食品を〉すぐに使用すること : zum〔für den〕 ~ bestimmt すぐに使用のこと.
der **Softball** [z5ftbo:l ゾふト・ボール]《名》- (e)s/ 〔球〕ソフトボール.
die **Softie** [z5fti ゾふティ]《名》-s/-s《口》繊細(デリ ケート)な(弱い)男性.
die **Software** [z5ftvɛ:r ゾふト・ヴェーア]《名》-/-s《エ レクトロ》ソフトウェア.
sog [ゾーク]《動》saugen の過去形.
der **Sog** [ゾーク]《名》-(e)s/-e (水・空気の)吸引流; (船などによる)渦、渦流;〔海〕(表層流の下の)沖へ す流れ;〔転〕魅力、吸引力.
sog. =so genannt いわゆる.

so·gar [ゾ·ガーあ] [副] 《語飾》(動詞・形容詞・副詞・名詞を修飾) **1.** (それどころか)…でさえ, しかもそのうえ: Er phantasierte ~. 彼はうわごとさえ言った. Er ist alt, er ist ~ noch krank dazu. 彼は年寄りで, しかもそのうえ病気だ. *S*~ wenn es morgen regnet, ... もし明日雨でも, …. **2.** それも(語句を重ねて): Sie ist krank, ~ schwer krank. 彼女は病気だ, それも重病だ.

sö·ge [ゼーゲ] [動] saugen の接続法 2 式.

so genannt, [旧]**so·ge·nannt** [ゾー ゲナント] [形] ⇨ so^1【慣用】.

so·gleich [ゾ·グライひ] [副] (その後)ただちに; 《稀》今すぐ.

die **Sohl·bank** [ゾール·バンク] [名] -/bänke 〘建〙窓台.

die **Soh·le** [ゾーレ] [名] -/-n **1.** 靴底; 靴下の底; (靴の)中敷(Einlege~); 足の裏(Fuß~). **2.** (谷・川などの)底. **3.** 〘鉱山〙水平坑道; (坑道の)床. **4.** 《方》うそ. 【慣用】**auf leisen Sohlen** 忍び足で. **sich^3 〈et^4〉 an den Sohlen abgelaufen haben** 《口》〈物$_を$〉捜し回ったが靴の底がへっただけだった. **sich^4 an 〈j^2〉 Sohlen〔sich^4 〈j^3〉 an die Sohlen〕heften〔hängen〕**〈人$_を$〉つけ回す. **〈j^3〉 unter den Sohlen brennen** 〈人$_の$〉足もとに火がつく.

soh·len [ゾーレン] [動] *h.* **1.** 〚〈et^4〉ﾉ〛底を張替える(靴の). **2.** 〚補足なし〛《方》うそをつく.

der **Soh·len·gän·ger** [ゾーレン·ゲンガー] [名] -s/- 〘動〙蹠行(しょこう)動物(熊・人間など).

das **Soh·len·le·der** [ゾーレン·レーダー] [名] -s/- 靴底用の革.

das **Sohl·le·der** [ゾール·レーダー] [名] -s/- =Sohlenleder.

der **Sohn** [ゾーン] [名] -(e)s/Söhne **1.** 息子; (…の)人(2 格とともに): der größte ~ Frankfurts フランクフルト市の生んだ最大の偉人. ein ~ der Musen 詩人. **2.** 君, おまえ(若者に親しみをこめて). Na, mein ~ ねえ君. 【慣用】**der verlorene Sohn** 放蕩(ほうとう)息子(ルカ福音書 15, 11). **Gottes Sohn** 〘キ教〙神の子(イエス・キリスト).

das **Söhn·chen** [ゼーンひぇン] [名] -s/- 《Sohn の縮小形》小せがれ, 坊や.

soi·g·niert [zo̯anjíːɐt ゾアニイーあト] [形] 《文》身だしなみのいい.

die **Soi·ree** [zo̯aréː ゾアれー] [名] -/-n 《文》夜会; 夜の催し.

die **So·ja** [ゾーヤ] [名] -/..jen 〘植〙ダイズ.

die **So·ja·boh·ne** [ゾーヤ·ボーネ] [名] -/-n 〘植〙ダイズ; ダイズの種子〔豆〕.

die **So·ja·so·ße** [ゾーヤ·ゾーセ] [名] -/-n 醬油(しょうゆ).

(*der*) **So·kra·tes** [ゾークらテス] [名] 〘人名〙ソクラテス(紀元前 470 頃-399, ギリシアの哲学者).

die **So·kra·tik** [ゾクらーティク] [名] -/ 〘哲〙ソクラテス哲学.

der **So·kra·ti·ker** [ゾクらーティカー] [名] -s/- ソクラテス学派の人.

so·kra·tisch [ゾクらーティシュ] [形] ソクラテス流〔学派〕の; 賢明な: ~*e* Ironie ソクラテスのアイロニー.

(*der*) **Sol**^{1} [ゾール] [名] 〘ロ神〙ソール(太陽神).

der **Sol**^{2} [ゾール] [名] -(s)/-(s) ソル(1985 年までのペルーの貨幣単位).

das **Sol**^{3} [ゾール] [名] -s/-e 〘化〙ゾル, コロイド溶液.

so·la fi·de [ゾーラ ふぃーデ] 〘ラテン語〙信仰によってのみ(ルターの根本思想).

so·lang [ゾ·ラング] [接] 《従属》=solange.

so·lan·ge [ゾ·ランゲ] [接] 《従属》…である間は, …までは(ずっと); …である限り, …しない〔でない〕うちは: *S*~ Sie Fieber haben, müssen Sie im Bett liegen. 熱がある間は, あなたは寝ていなくてはいけません. *S*~ du deine Hausaufgaben nicht fertig hast, darfst du nicht spielen. 宿題をやってしまわなければ遊んではいけません.【so lange は⇨ lange】

so·lar [ゾラーあ] [形] 〘天・理・気〙太陽の: der ~*e* Wind 太陽風.

die **So·lar·bat·te·rie** [ゾラーあ·バテリー] [名] -/-n 〘理・電〙太陽電池.

die **So·lar·e·ner·gie** [ゾラーあ·エネるギー] [名] -/ 〘理〙太陽エネルギー.

die **So·lar·hei·zung** [ゾラーあ·ハイツング] [名] -/-en 太陽熱暖房, ソーラーヒーティング.

die **So·la·ri·sa·ti·on** [ゾラりザツィオーン] [名] -/-en 〘写〙ソラリゼーション(露出が強すぎて画像が反転する現象).

so·la·risch [ゾラーりシュ] [形] 《古》=solar.

das **So·la·ri·um** [ゾラーりウム] [名] -s/..rien 太陽灯〔紫外線〕照射施設.

das **So·lar·jahr** [ゾラーあ·ヤーあ] [名] -(e)s/-e 〘天〙太陽年.

der **So·lar·kol·lek·tor** [ゾラーあ·コレクトーあ] [名] -s/-en 〘工〙太陽熱集熱装置.

die **So·lar·kon·stan·te** [ゾラーあ·コンスタンテ] [名] -/-n 〘気〙太陽定数(太陽放射エネルギーの地表 1 cm^2 の基準値).

das **So·lar·kraft·werk** [ゾラーあ·クらふト·ヴェるク] [名] -(e)s/-e 太陽エネルギー利用発電所.

das **So·lar·öl** [ゾラーあ·エール] [名] -(e)s/-e ソーラーオイル(褐炭から精製する軽油).

der **So·lar·ple·xus** [ゾラーあ·プレクスス] [名] -/- 〘生理〙太陽〔腹腔(ふくこう)〕神経叢(そう).

die **So·lar·tech·nik** [ゾラーあ·テひニク] [名] -/ 太陽エネルギー利用技術.

die **So·lar·zel·le** [ゾラーあ·ツェレ] [名] -/-n 〘理・電〙太陽電池.

der **So·la·wech·sel** [ゾーラ·ヴェクセル] [名] -s/- 〘金融〙約束手形.

das **Sol·bad** [ゾール·バート] [名] -(e)s/..bäder 塩泉浴; 塩泉〔塩水〕浴場.

solch [ゾルひ] [代] 《指示》=solcher.

sol·cher [ゾルひゃー] [代] 《指示》[単][男] 1 格, [女] 2・3 格, [複] 2 格.(前後の文脈または話の中で漠然とでもある程度まで性質・状態が分っている人や事物をさす. 変化形は形容詞の強変化に準ずる. 《文》は語尾なしで用いる. [単]では前後に不定冠詞 ein を置くことができる. ein が前に置かれたときの変化形は形容詞の混合変化に準ずる. ein の前では常に無変化の solch で用いる. 後続の形容詞は[単]では主に弱変化であるが, [女] 2・3 格では強変化もある. solch が無語尾のとき, 後続の形容詞は強変化. ただし不定冠詞があれば混合変化. [複]では形容詞は主に弱変化であるが, 時に強変化もある) **1.** 《付加語的用法》**a.** そのような, そんな, こんな, あんな, それと同じような: In *solchem*〔einem *solchen*〕guten Hotel habe ich noch nie gewohnt. そんな立派なホテルに私はまだ一度も泊まったことがない. die Wirkung *solchen* Vorfalls そのような出来事の結果. *solches* Menschen Handlungsweise そういう人間の振舞い方. *solche* Arme(n) そのような貧しい人たち. ein *solches* herrliche Wetter そんなにすばらしい天気. **b.** 非常な, ひどい: Ich habe *solchen* Durst. 私はひどくのどが渇いている. Das macht (doch) *solchen* Spaß! それはとても面白いね. **2.** 《独立的用法》そういう人〔もの・こと〕(ただしやや古い言い方なので今日では以下の〔 〕内のような代名詞を用いる方がよい): Ich will *solches*〔dieses/das〕melden. 私はそういうことを知らせたい. Einen *solchen*〔So einen〕habe ich noch nie gesehen. あんな男は見たことがない. Sie ist keine *solche*. 彼女はそんな(いいかげんな)女ではない. Es gibt *solche* und *solche*. 《口》いろんなやつがいるさ. (als とともに)Der

Vorschlag als ～ ist gut, aber ... 提案そのものはいいのだが, …. **3.** 《無変化》《文》その〔この・あの〕ような：ein *solch*〔*solch* ein〕großer Betrieb そのように大きな企業. bei *solch* nebligem〔einem *solch* nebligen〕Wetter そのような霧の天候の際には.

sol·cher·art [ゾルひゃー・アーあト] [代] 《指示》《無変化》そのような種類の：～ Gedanken そのような種類の考え.
―― [副] そのようなやり方で：*S*～ zustande〔zu Stande〕gekommene Vereinbarungen helfen wenig. そのような方法で成立した協定はあまり役に立たない.

sol·cher·ge·stalt [ゾルひゃー・ゲシュタルト] [副] 《稀》＝solcherart.

sol·cher·lei [ゾルひゃーライ] [数] 《種数》そのような(種類の)；その種のもの〔こと〕：～ unsinniges Zeug そういったようなばかばかしいこと.

sol·cher·ma·ßen [ゾルひゃー・マーセン] [副] ＝solcherart [副].

sol·cher·wei·se [ゾルひゃー・ヴァイゼ] [副] ＝solcherart [副].

der **Sold** [ゾルト] [名] -(e)s/-e 《主に[単]》(兵士の)月給；《古》(戦地勤務の)給金. **【慣用】**《蔑》**in 〈j^2〉 Sold stehen** 〈人に〉雇われている.

der **Sol·dat** [ゾルダート] [名] -en/-en **1.** 兵士, 兵卒, 軍人；〘旧東独〙陸軍〔空軍〕二等兵：bei den ～*en* sein 《口》軍隊に入っている. **2.** 〘チェス〙ポーン, 歩(ふ). **3.** 〘昆〙兵隊アリ；ホシカメムシ.

der **Sol·da·ten·fried·hof** [ゾルダーテン・ふりート・ホーふ] [名] -(e)s/..höfe 戦没兵士の墓地.

die **Sol·da·ten·spra·che** [ゾルダーテン・シュプらーへ] [名] -/ 兵隊用語.

das **Sol·da·ten·tum** [ゾルダーテントゥーム] [名] -s/ 兵士〔軍人〕であること, 兵士〔軍人〕の身分；軍人気質〔精神〕.

die **Sol·da·tes·ka** [ゾルダテスカ] [名] -/..ken 《蔑》規律のない〔乱暴な〕軍隊.

sol·da·tisch [ゾルダーティシュ] [形] 軍隊式の, 軍人風の.

das **Sold·buch** [ゾルト・ブーふ] [名] -(e)s/..bücher (1945年までの)ドイツ兵の身分証明書.

der **Söld·ling** [[ゼ]ルトリング] [名] -s/-e 《蔑》金で雇われて何でもする人.

der **Söld·ner** [[ゼ]ルドナー] [名] -s/- 傭兵(ようへい).

das **Söld·ner·heer** [[ゼ]ルドナー・へーあ] [名] -(e)s/-e 傭兵(ようへい)部隊.

die **So·le** [ゾーレ] [名] -/-n (塩泉からの)塩水.

das **Sol·ei** [ゾール・アイ] [名] -(e)s/-er 塩ゆで卵.

so·lenn [ゾレン] [形] 《文》荘厳な, 祝祭的な.

die **Sol·fa·ta·ra** [ゾルふぁターら] [名] -/..ren 〘地質〙硫気の噴出.

die **Sol·fa·ta·re** [ゾルふぁターれ] [名] -/-n ＝Solfatara.

sol·feg·gie·ren [zɔlfɛdʒíːrən ゾルふぇヂーれン] [動] *h.* 〘補足なし〙〘楽〙ソルフェージュをする.

das **Sol·feg·gio** [zɔlfɛ́dʒo ゾルふぇっヂョ] [名] -s/..feggien[..ふぇっヂェン] 〘楽〙ソルフェージュ《ドレミで歌う練習》.

der **So·li** [ゾーリ] [名] -s/ 《口》連帯(割増)税 (Solidaritätszuschlag).

so·lid [ゾリート] [形] 《オーストリア》＝solide.

der **So·li·dar·bei·trag** [ゾリダーあ・バイ・トらーク] [名] -(e)s/..träge 連帯費.

die **So·li·dar·haf·tung** [ゾリダーあ・ハふトゥング] [名] -/ 〘経・法〙連帯責任.

so·li·da·risch [ゾリダーりシュ] [形] **1.** 〘(mit 〈j^3〉と)〙一致団結した, 連帯した：sich^4 mit 〈j^3〉 ～ erklären/fühlen 〈人との〉連帯を表明する/〈人と〉連帯感を持つ. **2.** 〘法〙連帯(責任)の.

so·li·da·ri·sie·ren [ゾリダりズィーれン] [動] *h.* **1.** 〘sich^4＋mit 〈j^3〉と〙連帯する, (…を)擁護〔支持〕する. **2.** 〘sich^4＋mit 〈et^3〉ヲ〙支持する《決議などを》. **3.** 〘〈j^4〉ヲ〙連帯〔団結〕させる.

die **So·li·da·ri·tät** [ゾリダりテート] [名] -/ 連帯.

der **So·li·da·ri·täts·zu·schlag** [ゾリダりテーツ・ツー・シュラーク] [名] -(e)s/..schläge 〘税〙連帯割増税《ドイツ統一による課徴金》.

so·li·de [ゾリーデ] [形] **1.** 丈夫な, 堅い. **2.** 堅実な, 手堅い, しっかりした.

die **So·li·di·tät** [ゾリディテート] [名] -/ 丈夫さ, 手堅さ, 堅牢さ；堅実な生活〔生き方〕.

(*das*) **So·lin·gen** [ゾーリンゲン] [名] -s/ 〘地名〙ゾーリンゲン《ノルトライン＝ヴェストファーレン州の都市》.

der **So·lip·sis·mus** [ゾリプスィスムス] [名] -/ 〘哲〙独在〔独我〕論.

der **So·list** [ゾリスト] [名] -en/-en (音楽の)ソリスト；ソロダンサー；《ジャーゴン》(サッカーなどで)単独突破をする選手.

so·li·tär [ゾリテーあ] [形] 一人住いの；〘動〙独居性の.

der **So·li·tär** [ゾリテーあ] [名] -s/-e **1.** ひとつはめの宝石《特にダイヤ》. **2.** (森から離れた)一本の木. **3.** 《[単]のみ》ソリテール《盤の穴にピンをさしていく, ひとりでするゲーム》. **4.** 《文》独立独歩の人, 隠者.

soll [ゾル] [動] sollen の現在形 1・3 人称単数.

das **Soll**[1] [ゾル] [名] -(s)/-(s) 《主に[単]》 **1.** 〘商・銀行〙(複式簿記の)借方；借り高. **2.** 〘経〙(要求された)仕事量；(生産の)達成基準, ノルマ.

das **Soll**[2] [ゾル] [名] -s/Sölle 〘地〙(円筒形の小さい)窪地(くぼち)〔沼〕.

der **Soll·be·stand, Soll-Be·stand** [ゾル・ベシュタント] [名] -(e)s/..stände 〘経〙予定〔目標〕在高.

die **Soll·bruch·stel·le, Soll-Bruch·stel·le** [ゾル・ブるっふ・シュテレ] [名] -/-n (超荷重がかかると壊れる)設定破壊箇所.

sol·len* [ゾレン] [助] 《話法》ich soll, du sollst, er soll；sollte；hat ... sollen《本動詞の不定詞と共に用いる. 文脈などから明らかな不定詞は省略される. 不定詞が省略された場合の過去分詞は gesollt》 **1.** 《主語以外のものの意志：第三者・道徳・規定などの指示・要請・委託》…するべきである, …しなければならない, …するように求められている〔言われている〕：Ich *soll* dreimal täglich eine Tablette nehmen. 私は1日3回薬を一錠服用するように言われている《医者の指示》. Ich *soll* Sie von ihm grüßen. 彼からあなたによろしくとのことづてがありました《彼の委託》. Man *soll* Vater und Mutter ehren. 父母を敬うべきだ《道徳・常識の要請》. 《間接説話の命令文で》Er sagte, sie *solle* sofort nach Hause gehen. 彼は彼女にすぐ家に帰りなさいと言った. **2.** 《主語以外のものの意志：相手の意志・意向を聞き多くは疑問文で》…しましょうか, …したほうがいいですか：*Soll* ich das Fenster aufmachen ? 窓を開けましょうか. **3.** 《主語以外のものの意志：話し手の意志・希望・意図・予定など》…してもらいたい, …であってほしい, …(と)しよう：Du *sollst* es dir hier bequem machen. ここではくつろいでくれたまえ. Er *soll* uns in Ruhe lassen. 彼にはわれわれをほっといてもらいたい. Ich möchte eine Bluse, sie *soll* zu einem gelben Rock passen. ブラウスがほしいんですけど. 黄色のスカートにマッチさせたいのです. Es *soll* ihm nützen. そのことが彼の役に立てばと願う. Unsere neue Villa *soll* an der See liegen. うちの新しい別荘は海辺にしよう〔にする予定だ〕. Das Zeichen x *soll* die zu suchende Größe sein. 記号 x は求める値としよう. **4.** 《単なるうわさ・伝聞》…だそうだ, …という話だ：Er *soll* krank sein. 彼は病気だそうだ. Sie *soll* einen Franzosen geheiratet haben. 彼女はあるフランス人と結婚したそうだ. **5.** 《なすべきことが分らずに. 疑問文で, または

S

否定文の中で)…したらよいのか〔すべきなのか〕(分らない)：An wen *soll* ich mich nun wenden？ さてだれに頼んだらいいのだろう．*Soll* ich noch warten oder gehen？ もっと待っていた方がいいのかそれとも行ってしまおうか． **6.** (必要性)…しなければならない，…する必要がある：Man *soll* das Problem sofort lösen. その問題は直ちに解決しなければならない． Du *sollst* gleich zum Arzt gehen. 君はすぐに医者に行く必要がある．Warum *soll* ich das (tun)？ なぜぼくがそれをしなければならないのか． **7.** (接続法２式で，本来なされるはずなのになされない行為への遺憾の念を表して)(本来なら)…するはずだ：Sie *sollte* das doch eigentlich tun. 本来なら彼女がそれをするはずなのだが．Er hätte noch vorsichtiger sein ～. 彼はもっと慎重であるべきだったのに．Du *solltest* dich schämen. 恥を知れ． **8.** (推薦．多くは接続法２式で)…する方がよい：Du *solltest* heute früher ins Bett gehen. 君は今日はいつもより早く寝る方がいい．Darüber *soll* 〔*sollte*〕 man Bescheid wissen. そのことについては知っている方がいい．【müssen にも類似の用法がある⇨ müssen 5.】 **9.** (直説法過去形で過去から見た未来を表して)…することになる，…する運命にあった：Aber diese Theorie *sollte* sich später als falsch erweisen. しかしその理論は後世誤りであることが証明されることになる．Er *sollte* seine Heimat nicht wiedersehen. 彼は二度と再び故郷を見ずに終る運命にあった． **10.** (接続法２式で条件を表す)もし〔万一〕…ならば：Wenn Sie sie sehen *sollten*, grüßen Sie sie bitte von mir！ もし彼女に会うことがあったら私からよろしくと伝えて下さい．【条件文は wenn のみでも作り得るが sollte が加わることにより仮定性が強まる】 **11.** (接続法第２式で疑惑を表す)(本当に)…なのだろうか：*Sollte* das ihre Absicht sein？ 果してそれが彼女の意図なのだろうか． (疑問詞とともに直説法でも) Was *soll* aus ihm nur werden？ 彼はいったいどう〔何に〕なるのだろう． **【慣用】** **…, wie soll ich sagen, ….** …，どう言えばいいのかな，…． **Der soll nur kommen！** きゃつめ，来てみやがれ(怒りをこめた挑戦的発話)． **Was soll das heißen？** それは一体どういう意味だ． **Was soll es sein？** 何をお求めですか(店員が客に言う)． **Wie oft soll ich dir das noch sagen？** おまえは一体おれに同じこと何回言わせたら気が済むんだ． **Wozu soll das denn gut sein？** 一体それが何の役に立つのだい．

―― [動] ich soll, du sollst, er soll；sollte；hat gesollt **1.** 〔(⟨et⁴⟩ヲ)〕するべきである，しなければならない，する必要がある(⟨et⁴⟩ は，das, es, was)：Du hättest es nicht *gesollt*. 君はそのことをすべきでなかったのだ．Ich weiß, was ich *soll*. 私には自分がすべきことが分っている． **2.** 〔⟨方向⟩ヘ(カラ)〕行かねば〔来なければ・出なければ〕ならない：Ich *soll* jetzt nach Hause. 私はもう家に帰らなければならない．Er hätte heute in die〔zur〕Schule *gesollt*. 彼は今日，学校へ行かなければならなかったのに． **3.** 〔was/wozu〕(…を)意味する，(…に)役立つ：Was *soll* denn das？ それはいったいどういうことだ．Was *soll* das Klagen？ 嘆き悲しんで何になるんだ．

der **Söl·ler** [ゼラー] [名] -s/- 〘建〙(城などの)バルコニー，露台；〘スイ〙床；〘方〙屋根裏部屋．

die **Soll·sei·te, Soll-Sei·te** [ゾル・ザイテ] [名] -/-n 〘商・銀行〙借り方．

die **Soll·stär·ke, Soll-Stär·ke** [ゾル・シュテるケ] [名] -/-n 〘軍〙定員．

soll·te [ゾルテ] [動] **1.** sollen の過去形． **2.** sollen の接続法２式．

der **Soll·wert, Soll-Wert** [ゾル・ヴェーあト] [名] -(e)s/-e 〘工〙(大きさの)基準値；〘コンピュ〙設定置．

die **Soll·zin·sen, Soll-Zin·sen** [ゾル・ツィンゼン] [複名] 貸付利息．

die **Sol·mi·sa·ti·on** [ゾルミザツィオーン] [名] -/ 〘楽〙(ド，レ，ミ，…と読む)階名唱法，ソラミゼーション．

sol·mi·sie·ren [ゾルミズィーれン] [動] *h.* 〔(⟨et⁴⟩ヲ)〕〘楽〙階名で歌う．

so·lo [ゾーロ] [形] 〘楽〙ソロで；〘口〙独りで．

das **So·lo** [ゾーロ] [名] -s/-s〔Soli〕 **1.** 〘楽〙独唱，独奏；(踊りの)ソロ． **2.** 〘スポ〙〘ジャーゴン〙(サッカーなどでの)単独突破． **3.** 〘トランプ〙ソロ(１人が他のすべての人を相手にする)．

(*der*) **So·lon** [ゾーロン] [名] 〘人名〙ソロン(640 頃-560 頃，ギリシアのアテネの政治家・詩人)．

so·lo·nisch, [旧]**So·lo·nisch** [ゾローニシュ] [形] ソロンの，ソロンのような：die ～*e* Weisheit 最高の英知．

der **So·lo·sän·ger** [ゾーロ・ゼンガー] [名] -s/- 独唱者，ソロシンガー．

die **So·lo·stim·me** [ゾーロ・シュティメ] [名] -/-n 独唱〔独奏〕部，ソロパート；独唱に適した声．

der **So·lo·tanz** [ゾーロ・タンツ] [名] -es/..tänze ソロダンス．

der **So·lo·tän·zer** [ゾーロ・テンツァー] [名] -s/- ソロダンサー．

(*das*) **So·lo·thurn** [ゾーロトゥるン] [名] -s/ 〘地名〙ゾーロトゥルン(スイス北西部の州とその州都)．

der **So·lo·thur·ner** [ゾーロトゥるナー] [名] -s/- ゾーロトゥルンの人．

der **So·lö·zis·mus** [ゾレツィスムス] [名] -/..men 〘文〙語法〔統語法〕の誤り．

die **Sol·quel·le** [ゾール・クヴェレ] [名] -/-n 塩泉．

das **Sol·sti·ti·um** [ゾルスティーツィウム] [名] -s/..tien 〘天〙至，至点．

so·lu·bel [ゾルーベル] [形] (付は‥bl‥)〘化〙可溶性の．

so·lu·bi·le [ゾルービレ] [形] 〘化〙可溶性の．

sol·va·bel [ゾルヴァーベル] [形] (付は‥bl‥) **1.** 〘化〙可溶性の． **2.** 〘経〙〘古〙支払い能力のある．

das **Sol·vens** [ゾルヴェンス] [名] -/..venzien〔ゾルヴェンツィエン〕〘薬〙去痰(きょたん)〔粘液溶解〕剤；〘化〙溶媒，溶剤．

sol·vent [ゾルヴェント] [形] 〘経〙支払能力のある．

die **Sol·venz** [ゾルヴェンツ] [名] -/ 〘経〙支払能力．

der **So·ma·li**[1] [ゾマーリ] [名] -(s)/-(s)〔Somal〕ソマリア人(東アフリカ民族の一種族)．

das **So·ma·li**[2] [ゾマーリ] [名] -/ ソマリア語．

(*das*) **So·ma·lia** [ゾマーリア] [名] -s/ 〘国名〙ソマリア(東アフリカの国)．

so·ma·tisch [ゾマーティシュ] [形] **1.** 〘医・心〙身体の． **2.** 〘医・生〙体細胞の，体質の．

der **Som·bre·ro** [ゾムブれーろ] [名] -s/-s ソンブレロ(中南米の大型の帽子)．

so·mit [ゾ・ミット，ゾー・ミット] [副] それで，これで；それ故：Er hat sich entschuldigt, ～ ist die Sache erledigt. 彼が謝り，それで事は片づいた．

der **Som·mer** [ゾマー] [名] -s/- 夏：im ～ 夏に．den ～ über 夏中．～ wie Winter 一年中．der ～ des Lebens 人生の最盛期．

der **Som·mer·a·bend** [ゾマー・アーベント] [名] -s/-e 夏の夕べ．

die **Som·mer·blu·me** [ゾマー・ブルーメ] [名] -/-n 夏咲きの花．

der **Som·mer·fahr·plan** [ゾマー・ふぁーあ・プラーン] [名] -(e)s/..pläne 夏季時刻表，夏期列車ダイヤ(春分から秋分までの期間用)．

die **Som·mer·fe·ri·en** [ゾマー・ふぇーりエン] [複名] (学校などの)夏期休暇，夏休み．

das **Som·mer·fest** [ゾマー・ふぇスト] [名] -(e)s/-e 夏祭り，夏の(野外)パーティー．

die **Som·mer·fri·sche** [ゾマー・ふりッシェ] [名] -/-n (主に[単])〘古〙避暑；避暑地．

der **Som·mer·frisch·ler** [ゾマー・ふりっシュラー] [名] -s/- 《古》避暑客.

die **Som·mer·frucht** [ゾマー・ふるふト] [名] -/ 夏に採れる果実.

das **Som·mer·ge·trei·de** [ゾマー・ゲトらイデ] [名] -s/ 〚農〛夏作物(穀類).

das **Som·mer·haus** [ゾマー・ハウス] [名] -es/..häuser 夏の簡易別荘.

das **Som·mer·kleid** [ゾマー・クライト] [名] -(e)s/-er **1.** サマードレス;(⦅複⦆のみ)夏服. **2.** (動物の)夏毛;(鳥の)夏羽.

der **Som·mer·kurs** [ゾマー・クるス] [名] -es/-e 夏期講習〔講座〕.

som·mer·lich [ゾマーリひ] [形] 夏の, 夏らしい;夏向きの.

das **Som·mer·loch** [ゾマー・ロっほ] [名] -(e)s/..löcher 《ジャーゴン》(政治面の)夏枯れ時, 閑散期.

der **Som·mer·mo·nat** [ゾマー・モーナト] [名] -(e)s/-e 夏の月(6・7・8月);(⦅単⦆のみ)《古》6月.

som·mern [ゾマーン] [動] *h.* 〔Es〕《文・稀》夏になる.

söm·mern [[ゼ]マーン] [動] *h.* 〔〈et^4〉ヲ〕《方》日に当てる;夏の放牧地に連出す(家畜を);〚漁〛干す(天日で消毒するために養魚池を).

som·mers [ゾマース] [副] 夏(の間)に, 毎夏.

der **Som·mer·schlaf** [ゾマー・シュラーふ] [名] -(e)s/ 〚動〛(熱帯の動物の)夏眠.

der **Som·mer·schluss·ver·kauf, ⦅旧⦆Som·mer·schluß·ver·kauf** [ゾマー・シュルス・ふぇあカウふ] [名] -(e)s/..käufe 夏物一掃大売出し.

der **Som·mer·schuh** [ゾマー・シュー] [名] -(e)s/-e 夏靴.

das **Som·mer·se·mes·ter** [ゾマー・ゼメスター] [名] -s/- 夏学期.

die **Som·mer·son·nen·wen·de** [ゾマー・ゾネン・ヴェンデ] [名] -/-n 夏至(6月22日頃).

die **Som·mer·spros·se** [ゾマー・シュプろっセ] [名] -/-n (主に⦅複⦆)そばかす.

som·mer·spros·sig [ゾマー・シュプろっスィひ] [形] そばかすのある.

die **Som·mer·sta·gna·ti·on** [ゾマー・シュタグナツィオーン, ゾマー・スタグナツィオーン] [名] -/-en 〚地質〛(湖沼の水の還流の)夏期停滞.

der **Som·mer·tag** [ゾマー・ターク] [名] -(e)s/-e 夏の日;〚気〛夏日(25℃以上);夏迎え〔冬送り〕の祝日(四旬節の第4日曜日に始まる).

der **Som·mer·weg** [ゾマー・ヴェーク] [名] -(e)s/-e 《古》夏道(晴天時のみ使用可能な未舗装の道路).

die **Som·mer·zeit** [ゾマー・ツァイト] [名] -/-en **1.** (⦅単⦆のみ)夏季. **2.** サマータイム, 夏時間.

som·nam·bul [ゾムナムブール] [形] 〚医〛夢遊病(者)の.

der/die **Som·nam·bu·le** [ゾムナムブーレ] [名] (形容詞的変化)夢遊病者.

der **Som·nam·bu·lis·mus** [ゾムナムブリスムス] [名] -/ 〚医〛夢遊病.

som·no·lent [ゾムノレント] [形] 〚医〛傾眠の.

die **Som·no·lenz** [ゾムノレンツ] [名] -/ 〚医〛傾眠(呼べば答える状態);昏蒙(こんもう).

so·nach [ゾ・ナーは, ゾー・ナーは] [副] 《稀》＝demnach.

das **Sonar** [ゾナーあ, ゾーナる] [名] -s/-e 〚工〛 **1.** (⦅単⦆のみ)超音波水中探知 **2.** ソナー(＝..gerät)

das **So·nar·ge·rät** [ゾナーあ・ゲれート, ゾーナる・ゲれート] [名] -(e)s/-e ソナー, 超音波水中探知装置.

die **So·na·te** [ゾナーテ] [名] -/-n 〚楽〛ソナタ.

die **So·na·ti·ne** [ゾナティーネ] [名] -/-n 〚楽〛ソナチネ.

die **Son·de** [ゾンデ] [名] -/-n **1.** 〚医〛ゾンデ. **2.** 宇宙探測機(Raum～);ラジオゾンデ(Radio～). **3.** (石油などの)採掘用ゾンデ.

son·der [ゾンダー] [前] 〔＋4格〕《文・古》…なしに: ～ allen Zweifel 何らの疑いもなく.

der **Son·der·ab·druck** [ゾンダー・アップ・ドるっク] [名] -(e)s/-e ＝Sonderdruck.

die **Son·der·an·fer·ti·gung** [ゾンダー・アン・ふぇるティグング] [名] -/-en 特製, 特別仕様.

das **Son·der·an·ge·bot** [ゾンダー・アン・ゲボート] [名] -(e)s/-e 特価提供, 特別割引〔サービス〕;特売品.

der **Son·der·auf·trag** [ゾンダー・アウふ・トらーク] [名] -(e)s/..träge 特別委任, 特別注文.

die **Son·der·aus·ga·be** [ゾンダー・アウス・ガーベ] [名] -/-n **1.** (雑誌などの)特別号;特別廉価版. **2.** (主に⦅複⦆)臨時支出;(控除できる)特別支出.

son·der·bar [ゾンダー・バーあ] [形] 風変わりな, 奇妙な.

son·der·ba·rer·wei·se [ゾンダーバーらー・ヴァイゼ] [副] 《文飾》奇妙にも, おかしなことに.

die **Son·der·bar·keit** [ゾンダーバーあカイト] [名] -/-en **1.** (⦅単⦆のみ)奇妙さ, 風変り(なこと). **2.** 奇妙な〔変な〕行動〔発言〕.

der/die **Son·der·be·auf·trag·te** [ゾンダー・ベアウふトらークテ] [名] (形容詞的変化) 特別代理人, 特命大使.

der **Son·der·be·richt·er·stat·ter** [ゾンダー・べりひト・エあシュタっター] [名] -s/- (新聞社などの)特派員.

der **Son·der·bot·schaf·ter** [ゾンダー・ボートシャふター] [名] -s/- 特命〔特派〕大使〔使節〕, 特使.

die **Son·der·brief·mar·ke** [ゾンダー・ブりーふ・マるケ] [名] -/-n 記念切手.

der **Son·der·druck** [ゾンダー・ドるっク] [名] -(e)s/-e 別刷り, 抜刷り;別冊, 特別号.

die **Son·der·er·laub·nis** [ゾンダー・エあラウプニス] [名] -/-se 特別許可.

die **Son·der·fahrt** [ゾンダー・ふぁーあト] [名] -/-en (列車などの)臨時〔特別〕運転.

der **Son·der·fall** [ゾンダー・ふぁル] [名] -(e)s/..fälle 特殊なケース, 特例.

der **Son·der·frie·de** [ゾンダー・ふりーデ] [名] -ns/ ＝Sonderfrieden.

der **Son·der·frie·den** [ゾンダー・ふりーデン] [名] -s/ 単独講和.

die **Son·der·ge·neh·mi·gung** [ゾンダー・ゲネーミグング] [名] -/-en 特別許可〔認可〕.

das **Son·der·ge·richt** [ゾンダー・ゲりひト] [名] -(e)s/-e 特別裁判所;〚ナチス〛(政治犯)特別法廷.

son·der·glei·chen [ゾンダー・グライひェン] [副] 《語飾》(後置して名詞を修飾)類のない, 無類の: eine Frechheit ～ 類のない厚かましさ.

das **Son·der·heft** [ゾンダー・へふト] [名] -(e)s/-e (雑誌の)特別号.

die **Son·der·heit** [ゾンダーハイト] [名] -/-en 《稀》特別なこと, 特殊〔特異〕性: in ～ 《文》とりわけ, なかんずく.

die **Son·der·in·te·res·sen** [ゾンダー・インテれっセン] [複名] (特定の集団・個人の)特殊利益

son·der·lich [ゾンダーリひ] [形] **1.** (否定詞とともに) **a.** たいした, それほどの, さしたる: ohne ～*e* Mühe さしたる苦労もなく. **b.** たいして, それほど, さして: Es hat mir nicht ～ gefallen. 私はそれがそれほど気に入らなかった. **2.** 風変わりな, 少し変った.
―― [副] 《オーストリア・スイス》ことに, とりわけ.

der **Son·der·ling** [ゾンダーリング] [名] -s/-e 奇人, 変人.

die **Son·der·mar·ke** [ゾンダー・マるケ] [名] -/-n 記念切手.

die **Son·der·ma·schi·ne** [ゾンダー・マシーネ] [名] -/-n (定期航空便以外の)特別機, 臨時便.

die **Son·der·mel·dung** [ゾンダー・メルドゥング] [名] -/-en (ラジオ, テレビの)臨時ニュース.

der **Son·der·müll** [ゾンダー・ミュル] [名] -(e)s/ (有毒物質を含む)特殊廃棄物.

S

sondern¹ [ゾンダーン] 動 h. 《文》 **1.** 〔j⁴/et⁴ッ+(von〈j³/et³〉ヵゥ)〕分ける，離れさせる，遠ざける，隔離〔分離・区別・選別〕する．**2.** 〔sich⁴+von〈j³〉ヵゥ〕離れる，遠ざかる；遠ざかっている，近づかないでいる．

sondern² [ゾンダーン] 接 《並列》（つねに否定詞を含む先行文や語句を受ける．sondernは前に必ずコンマをつける）**1.** …ではなくて：Das ist nicht grün, ~ türkis. それは緑色ではなく，ターコイズブルーである．Er wusste es nicht genau, ~ nahm nur an. 彼はそれを正確に知っていたのではなく，そう推測しただけだった．**2.** 〔次の形で〕nicht nur ..., ~ (auch) ...だけでなく…も：nicht nur heute, ~ auch morgen 今日だけでなく明日も．

die **Sondernummer** [ゾンダー・ヌマー] 名 -/-n (新聞・雑誌の)特別号，臨時増刊号．

der **Sonderpreis** [ゾンダー・プらイス] 名 -es/-e 特価．

das **Sonderrecht** [ゾンダー・れヒト] 名 -(e)s/-e 特権，特典；〘法〙特定〔個別〕の権利．

die **Sonderregelung** [ゾンダー・れーゲルング] 名 -/-en 特別規定．

sonders [ゾンダース] 副 〔次の形で〕samt und ~ ことごとく．

die **Sonderschule** [ゾンダー・シューレ] 名 -/-n (障害児・学習困難児などのための)特殊学校．

die **Sondersendung** [ゾンダー・ゼンドゥング] 名 -/-en 臨時ニュース．

die **Sondersitzung** [ゾンダー・ズィッツング] 名 -/-en 臨時会議．

die **Sondersprache** [ゾンダー・シュプらーヘ] 名 -/-n 〘言〙特殊語(幼児語・専門用語など)．

die **Sonderstellung** [ゾンダー・シュテルング] 名 -/-en 〔主に働〕特別な〔権利を与えられた〕地位．

die **Sonderung** [ゾンドるング] 名 -/-en 分離，隔離，選別．

der **Sonderurlaub** [ゾンダー・ウーるラオプ] 名 -(e)s/-e 〘軍〙特別休暇．

das **Sonderziehungsrecht** [ゾンダー・ツィーウングス・れヒト] 名 -(e)s/-e 〔主に働〕〘経〙(IMF)特別引出権(略SZR)．

der **Sonderzug** [ゾンダー・ツーク] 名 -(e)s/..züge 特別〔臨時〕列車．

sondieren [ゾンディーれン] 動 h. **1.** 〔et⁴ッ〕調査する，探る，偵察する(世論・情勢などを)．**2.** 〔et⁴ッ〕〘医〙ゾンデ(消息子)で調べる(胃・傷などを)；ゾンデ(測定装置)探査する(土地などを)．**3.** 〔j⁴ッ〕診察する，回診する．**4.** 〔et⁴ッ〕〘海〙測る．

die **Sondierung** [ゾンディーるング] 名 -/-en 調査，偵察，探査；〔主に働〕予備会議．

das **Sonett** [ゾネット] 名 -(e)s/-e 〘詩〙ソネット，十四行詩．

der **Song** [ソング] 名 -s/-s **1.** (娯楽的な)歌，歌謡曲．**2.** 風刺的な歌詞．

der **Sonnabend** [ゾン・アーベント] 名 -s/-e (北独・中独)土曜日(Samstag)．

sonnabends [ゾン・アーベンツ] 副 (毎)土曜日に．

die **Sonne** [ゾネ] 名 -/-n **1.** (働のみ)太陽，日：Die ~ lacht. (快晴で)太陽が輝いている．Die ~ bricht durch die Wolken. 雲間から太陽がのぞく．**2.** (働のみ)日光，日向(ﾋﾅﾀ)：sich⁴ in die ~ legen 〔setzen〕日光浴をする．viel ~ haben 日当りが良い．Geh mir aus der ~! 日光を遮るな；どこかへ行ってしまえ．unter der ~ この世で．die ~ im Herzen haben 明るい性格〔朗らか〕である．**3.** 〘天〙恒星．**4.** 反射式電気スタンド(Heiz~)；太陽灯(Höhen~)．

sonne [ゼネ] 《古》sinnenの接続法2式．

sonnen [ゾネン] 動 h. **1.** 〔sich⁴〕日光に当る，日光浴をする(〔ﾆｼ〕sich⁴なしでも用いられる)．**2.** 〔et⁴ッ〕〔方〕日に当てる(さらす)(衣類・布団などを)．**3.** 〔sich⁴+in〈et³〉〕(得意な気持で)楽しむ(名声・好意などを)．

der **Sonnenanbeter** [ゾネン・アン・ベーター] 名 -s/-《冗》太陽崇拝者；日光浴の好きな人，日焼けしたがる人．

der **Sonnenaufgang** [ゾネン・アウフ・ガング] 名 -(e)s/..gänge 日の出．

das **Sonnenbad** [ゾネンバート] 名 -(e)s/..bäder 日光浴．

sonnenbaden [ゾネン・バーデン] 動 h. (不定詞および過去分詞でのみ用いる)〔煕〕日光浴をする．

die **Sonnenbahn** [ゾネン・バーン] 名 -/ 〘天〙黄道(一年，一日のみかけ上の太陽の軌道)．

der **Sonnenball** [ゾネン・バル] 名 -(e)s/ 《詩》日輪．

die **Sonnenbank** [ゾネン・バンク] 名 -/..bänke 太陽灯(紫外線)照射ベンチ．

die **Sonnenbatterie** [ゾネン・バテリー] 名 -/-n 〘理・電〙太陽電池．

die **Sonnenbestrahlung** [ゾネン・ベシュトらールング] 名 -/ 日射，日照．

das **Sonnenblatt** [ゾネン・ブラット] 名 -(e)s/..blätter 〘植〙陽葉(ﾖｳﾋﾞ)．

die **Sonnenblende** [ゾネン・ブレンデ] 名 -/-n 日除け，ブラインド，(車の)サンバイザー；〘写〙レンズフード．

die **Sonnenblume** [ゾネン・ブルーメ] 名 -/-n 〘植〙ヒマワリ．

der **Sonnenblumenkern** [ゾネンブルーメン・ケルン] 名 -(e)s/-e (主に働)ヒマワリの種．

das **Sonnenblumenöl** [ゾネンブルーメン・エール] 名 -(e)s/(料理用の)ヒマワリ油．

der **Sonnenbrand** [ゾネン・ブラント] 名 -(e)s/..brände (強度の)日焼け(による炎症)；強度の日照による植物の被害．

die **Sonnenbräune** [ゾネン・ブろイネ] 名 -/ 日焼け(による褐色)．

die **Sonnenbrille** [ゾネン・ブリレ] 名 -/-n サングラス．

das **Sonnendach** [ゾネン・ダッハ] 名 -(e)s/..dächer (窓などに張出す)日除け(屋根)．

das **Sonnendeck** [ゾネン・デック] 名 -(e)s/-s[-e] (客船の)サンデッキ．

die **Sonneneinstrahlung** [ゾネン・アイン・シュトらールング] 名 -/-en 〘医〙日射，日照(時間)．

die **Sonnenenergie** [ゾネン・エネるギー] 名 -/ 太陽エネルギー．

die **Sonnenferne** [ゾネン・ふェるネ] 名 -/-n 〘天〙遠日点．

die **Sonnenfinsternis** [ゾネン・ふィンステルニス] 名 -se 〘天〙日食：eine totale/partielle/ringförmige ~ 皆既/部分/金環日食．

der **Sonnenfleck** [ゾネン・ふレック] 名 -(e)s/-e [-en] (主に働)〘天〙太陽の黒点．

sonnengebräunt [ゾネン・ゲブろイント] 形 日焼けした．

das **Sonnengeflecht** [ゾネン・ゲふレヒト] 名 -(e)s/-e 〘生理〙太陽(腹腔(ﾌｸｺｳ))神経叢(ｿｳ)．

der **Sonnenglanz** [ゾネン・グランツ] 名 -es/ 《詩》太陽の輝き．

die **Sonnenglut** [ゾネン・グルート] 名 -/ 太陽の炎熱(灼熱(ｼｬｸﾈﾂ))．

der **Sonnengott** [ゾネン・ゴット] 名 -(e)s/..götter 太陽神．

die **Sonnenhitze** [ゾネン・ヒッツェ] 名 -/ 太陽の炎熱．

der **Sonnenhut** [ゾネン・フート] 名 -(e)s/..hüte **1.** 日除け帽．**2.** 〘植〙オオハンゴンソウ．

das **Sonnen·jahr** [ゾネン・ヤーあ] [名] -(e)s/-e 〘天〙 太陽年.

sonnen·klar [ゾネン・クラーあ] [形] **1.** 《アクセントは[́---]》《文》陽光の明るく輝く. **2.** 《アクセントは[́- - ́-]》《口》明々白々な.

der **Sonnen·kol·lek·tor** [ゾネン・コレクトーあ] [名] -s/-en 《主に[複]》太陽熱集熱器.

der **Sonnen·kö·nig** [ゾネン・ケ-ニひ] [名] -(e)s/ 太陽王《フランス国王・ルイ 14 世の添え名》.

das **Sonnen·kraft·werk** [ゾネン・クらふト・ヴェるク] [名] -(e)s/-e 太陽熱利用発電所.

der **Sonnen·kult** [ゾネン・クルト] [名] -(e)s/-e 〘宗〙 太陽崇拝.

das **Sonnen·licht** [ゾネン・リひト] [名] -(e)s/ 日光, 陽光.

die **Sonnen·nä·he** [ゾネン・ネーエ] [名] -/-n 〘天〙近日点.

das **Sonnen·rad** [ゾネン・らート] [名] -(e)s/..räder 《文》太陽, 日輪.

die **Sonnen·schei·be** [ゾネン・シャイベ] [名] -/ 日輪.

der **Sonnen·schein** [ゾネン・シャイン] [名] -(e)s/ 日光, 日差し, 陽光;《口》愛する子供.

der **Sonnen·schirm** [ゾネン・シるム] [名] -(e)s/-e 日がさ, パラソル.

der **Sonnen·schutz** [ゾネン・シュッツ] [名] -es/ 日除け, ブラインド.

das **Sonnen·schutz·mit·tel** [ゾネンシュッツ・ミッテル] [名] -s/- 日焼け止め(クリーム・ローション).

das **Sonnen·se·gel** [ゾネン・ゼーゲル] [名] -s/- (甲板上の)日除け, 天幕;ソーラーセイル《太陽光線を直接受けて推進力にする装置》, (人工衛星などの)太陽電池板.

die **Sonnen·sei·te** [ゾネン・ザイテ] [名] -/-n 《主に[単]》日の当たる側, 南側 : die ~ des Lebens 人生の明るい面.

der **Sonnen·stand** [ゾネン・シュタント] [名] -(e)s/..stände 太陽の位置.

das **Sonnen·stäub·chen** [ゾネン・シュトイプひぇン] [名] -s/- 《主に[複]》(暗室などに射し込む)日の光に浮ぶ細かいほこり.

der **Sonnen·stich** [ゾネン・シュティっひ] [名] -(e)s/-e 〘医〙日射病 : einen ~ haben 日射病である;《口》頭がおかしい.

der **Sonnen·strahl** [ゾネン・シュトらール] [名] -(e)s/-en 《[複]のみ》太陽光線;《主に[単]》日光, 陽光.

die **Sonnen·strah·lung** [ゾネン・シュトらールング] [名] -/ 太陽光線の放射〔輻(ふ)射〕.

das **Sonnen·sys·tem** [ゾネン・ズュステーム] [名] -s/-e 〘天〙太陽系.

der **Sonnen·tag** [ゾネン・ターク] [名] -(e)s/-e 晴天の日;〘天〙太陽日(じつ)《24 時間》.

der **Sonnen·tau** [ゾネン・タウ] [名] -s/ 〘植〙モウセンゴケ属《食虫植物》.

die **Sonnen·uhr** [ゾネン・ウーあ] [名] -/-en 日時計.

der **Sonnen·un·ter·gang** [ゾネン・ウンター・ガング] [名] -(e)s/gänge 日の入り, 日没.

sonnen·ver·brannt [ゾネン・ふぇあブらント] [形] 真っ黒に日焼けした.

der **Sonnen·wa·gen** [ゾネン・ヴァーゲン] [名] -s/- 〘ギ神〙太陽の戦車《四頭立てで, Helios が御した》.

das **Sonnen·wär·me·kraft·werk** [ゾネン・ヴェるメ・クらふト・ヴェるク] [名] -(e)s/-e 太陽熱発電装置〔所〕.

die **Sonnen·wen·de** [ゾネン・ヴェンデ] [名] -/-n **1.** 至《夏至・冬至》. **2.** 〘植〙ヘリオトロープ.

der **Sonnen·wind** [ゾネン・ヴィント] [名] -(e)s/ 〘天〙太陽風《太陽が放出するイオン・電子の流れ》.

die **Sonnen·zeit** [ゾネン・ツァイト] [名] -/ 太陽時.

son·nig [ゾニひ] [形] **1.** 日の当る;日当りのよい. **2.** 明朗な;《皮》おめでたい.

der **Sonn·tag** [ゾン・ターク] [名] -(e)s/-e 日曜日《略 So.》: Es ist nicht alle Tage ~. 毎日がお祭り気分という訳にはいかない. 【慣用】**Goldener/Silberner/Kupferner Sonntag** 黄金の/銀の/銅の日曜日《クリスマス直前の/クリスマス前の 2 回目の/クリスマス前の 3 回目の日曜日》. **Weißer Sonntag** 〘カトリック〙白衣の祝日《復活祭の次の日曜日》.

sonn·tä·gig [ゾン・テーギひ] [形] 日曜日の.

sonn·täg·lich [ゾン・テークリひ] [形] 毎日曜日の;日曜日らしい.

sonn·tags [ゾン・タークス] [副] (毎)日曜日に.

der **Sonn·tags·an·zug** [ゾンタークス・アン・ツーク] [名] -(e)s/..züge 《古》(日曜日に着る男性用)晴れ着.

die **Sonn·tags·aus·ga·be** [ゾンタークス・アウス・ガーベ] [名] -/-n (新聞の)日曜版.

die **Sonn·tags·bei·la·ge** [ゾンタークス・バイ・ラーゲ] [名] -/-n (新聞の)日曜娯楽版《週末に発行される付録》.

der **Sonn·tags·fah·rer** [ゾンタークス・ふぁーらー] [名] -s/- 《蔑》日曜ドライバー.

der **Sonn·tags·jä·ger** [ゾンタークス・イェーガー] [名] -s/- 《皮》日曜ハンター.

das **Sonn·tags·kind** [ゾンタークス・キント] [名] -(e)s/-er 日曜日生れの子供;幸運児.

das **Sonn·tags·kleid** [ゾンタークス・クライト] [名] -(e)s/-er 《古》(日曜日に着る女性用)晴れ着.

der **Sonn·tags·ma·ler** [ゾンタークス・マーラー] [名] -s/- 日曜画家.

die **Sonn·tags·rück·fahr·kar·te** [ゾンタークス・りゅっク・ふぁーあ・カるテ] [名] -/-n (昔の)週末割引往復乗車券《土曜の午後から日曜まで有効》.

die **Sonn·tags·ru·he** [ゾンタークス・るーエ] [名] -/ (道路などの)日曜日の静けさ;日曜日の安らぎ〔安息〕.

die **Sonn·tags·schu·le** [ゾンタークス・シューレ] [名] -/-n 〘キ教〙(救世軍などの)日曜学校;《古》子供向けの礼拝式.

der **Sonn·tags·staat** [ゾンタークス・シュタート] [名] -(e)s/ 《冗》晴れ着, よそ行きの服.

sonn·ver·brannt [ゾン・ふぇあブらント] [形] 《オーストリア・スイス》= sonnenverbrannt.

die **Sonn·wen·de** [ゾン・ヴェンデ] [名] -/-n =Sonnenwende.

die **Sonn·wend·fei·er** [ゾンヴェント・ふぁイあー] [名] -/-n 冬至の火祭.

das **Sonn·wend·feu·er** [ゾンヴェント・ふぉイあー] [名] -s/- 冬至祭の大たき火.

die **So·no·gra·fie, So·no·gra·phie** [ゾノ・グらふぃー] [名] -/-n 〘医〙超音波検査〔テスト〕.

so·nor [ゾノーあ] [形] **1.** よく響く. **2.** 〘言〙響音の.

sonst [ゾンスト] [副] **1.** さもないと, そうでなければ : Beeile dich, ~ kommst du zu spät. 急げ, さもないと(君は)遅れるぞ. Willst du das selbst tun ? —Wer (denn) ~ ? (君は)それを自分でやるつもりなのか. —私でないなら(いったい)だれがやるというのだ. **2.** いつもは, 普段は : Er ist heute schlagfertiger als ~. 彼は今日は普段より頭の回転がいい. wie ~ いつものように. **3.** そのほかに : Haben Sie ~ noch Fragen ? ほかにまだ質問がありますか. Wünschen Sie ~ noch (et) was ? 《口》ほかにまだ何かご入用のものがありますか《店員が客に》. ~ niemand/nirgends ほかにはだれも…ない/どこにも…ない. **4.** 《古》以前は : *S*~ war hier ein Bauplatz. 以前ここは建築用地だった. 【慣用】**sonst jemand** 《口》ほかのだれか;何か特別な人;だれか悪い人. **sonst was** 《口》何かほかのもの(こと);何か特別なもの(こと);何か悪いもの(こと). **sonst wer** 《口》= sonst jemand. **sonst wie** 《口》何かそれとはほかの仕方で;

S

特別の方法で. **sonst wo**《口》ほかのどこかで;ずっと離れた別の所で;どこかいい〔悪い〕ところで. **sonst woher**《口》ほかのどこかから;ずっと離れた別の所のどこかから;どこかいい〔悪い〕ところから. **sonst wohin**《口》ほかのどこかへ;ずっと離れた別のどこかへ;どこかいい〔悪い〕ところへ.

sonst ei·ner, [旧]**sonst·ei·ner** [ゾンスト アイナー] [代]《不定》《口》=sonst jemand.

sons·tig [ゾンスティヒ] [形] いつもの;その他の: unter der Rubrik „*S*～es" (分類の)その他〔雑〕の部類に.

sonst je·mand, [旧]**sonst·je·mand** [ゾンスト イェーマント] [代] ⇨ sonst【慣用】.

sonst was, [旧]**sonst·was** [ゾンスト ヴァス] [代] ⇨ sonst【慣用】.

sonst wer, [旧]**sonst·wer** [ゾンスト ヴェーあ] [代] ⇨ sonst【慣用】.《不定》

sonst wie, [旧]**sonst·wie** [ゾンスト ヴィー] [副] ⇨ sonst【慣用】.

sonst wo, [旧]**sonst·wo** [ゾンスト ヴォー] [副] ⇨ sonst【慣用】.

sonst wo·her, [旧]**sonst·wo·her** [ゾンスト ヴォー・ヘーあ] [副] ⇨ sonst【慣用】.

sonst wo·hin, [旧]**sonst·wo·hin** [ゾンスト ヴォー・ヒン] [副] ⇨ sonst【慣用】.

so·oft [ゾ・オふト] [接]《従属》…するたびごとに;いつ…しても: *S*～ er kam, brachte er etwas mit. 彼は来るたびに何か(プレゼント)をもってきた.(認容文を導いて)*S*～ ich ihn auch anrufe, er ist nicht da. いつ電話をしても,彼はいたことがない.

der **Soor** [ゾーあ] [名] -(e)s/-e【医】口腔(こうくう)カンジダ症.

(die) **So·phia** [ゾふィーア] [名]【女名】ゾフィーア.

(die) **So·phie, So·fie** [zofíː(ə) ゾふィー(エ), zɔ́fi ゾふィ] [名]【女名】ゾフィー.

der **So·phis·mus** [ゾふィスムス] [名] -/..men《文》詭弁(きべん).

der **So·phist** [ゾふィスト] [名] -en/-en 詭弁(きべん)家;【哲】(古代ギリシアの)ソフィスト.

die **So·phis·te·rei** [ゾふィステらイ] [名] -/-en《文・蔑》詭弁(きべん),こじつけ,屁理屈.

die **So·phis·tik** [ゾふィスティク] [名] -/ **1.**《文・蔑》詭弁(きべん). **2.**【哲】ソフィスト派の潮流;ソフィストの学説.

so·phis·tisch [ゾふィスティシュ] [形] **1.** 詭弁(きべん)の. **2.**【哲】ソフィストの.

so·pho·kle·isch [ゾふォクレーイシュ] [形] ソフォクレス風〔流〕の.

(der) **So·pho·k·les** [ゾーふォクレス] [名]【人名】ソフォクレス(紀元前 496 頃-406,ギリシア三大悲劇詩人の一人).

der **So·por** [ゾーポーあ] [名] -s/ 【医】昏眠(こんみん).

der **So·p·ran** [ゾプらーン] [名] -s/-e【楽】 **1.** ソプラノ(最も高い声種);ソプラノ歌手. **2.**(単のみ)(合唱団・独唱・音譜の)ソプラノ;ソプラノ(歌手).

der **So·p·ra·nist** [ゾプらニスト] [名] -en/-en (ボーイ)ソプラノ歌手,ソプラニスト.

die **So·p·ra·nis·tin** [ゾプらニスティン] [名] -/-nen (女性)ソプラノ歌手.

die **So·p·ran·stim·me** [ゾプらーン・シュティメ] [名] -/-n ソプラノ(の声);ソプラノ声部〔パート〕.

der **Sor·be** [ゾるベ] [名] -n/-n ソルビア人(西スラブ系の民族).

der〔das〕 **Sor·bet** [ゾるベット, ..beː ゾるベー] [名] -s/-s【料】シャーベット,ソルベット(ホイップクリームなどを入れ半ば凍らせた〔冷たく冷やした〕果汁やワイン).

der〔das〕 **Sor·bett** [ゾるベット] [名] -(e)s/-e =Sorbet.

sor·bisch [ゾるビシュ] [形] ソルビア(人・語)の.

der **Sor·di·no** [ゾるディーノ] [名] -s/-s〔..ni〕【楽】弱音器.

die **So·re** [ゾーれ] [名] -/-n《口》盗品.

die **Sor·ge** [ゾるゲ] [名] -/-n **1.** 心配,不安,憂慮,懸念(けねん);心配事,悩みの種: sich^3 um 〈j^4/et^4〉 ～ machen 〈人・事を〉心配する. um 〈j^4/et^4〉 in ～ sein 〈人・事を〉心配している. Du hast ～*n*! 君は心配しすぎだ. **2.**(単のみ)世話,配慮: die ～ für 〈j^4〉〈人の〉世話. für 〈et^4〉 ～ tragen 〈事に〉配慮する. Lass das nur meine ～ sein. それは私に任せておきなさい.

sor·gen [ゾるゲン] [動] *h.* **1.**〔sich^4+(um 〈j^4/et^4〉ヲ)〕心配する,気遣う. **2.**〔für 〈j^4/et^4〉ノ〕世話をする,面倒を見る(子供・病人・家庭・家畜・花壇などの);用意〔支度〕を引受ける(食事の);手配する(医者・タクシーなどを). **3.**〔für 〈j^4/et^4〉ノタメニ〕気を配る,骨を折る(ある事が実現・達成されるように). **4.**〔für 〈et^4〉ヲ〕ひき起こす,招く.

der **Sor·gen·bre·cher** [ゾるゲン・ブれっひゃー] [名] -s/-《口・冗》憂さ晴らしの酒.

die **Sor·gen·fal·te** [ゾるゲン・ふぁルテ] [名] -/-n (主に(複))悩みや心配で刻まれた額の皺(しわ).

sor·gen·frei [ゾるゲン・ふらイ] [形] 心配のない.

das **Sor·gen·kind** [ゾるゲン・キント] [名] -(e)s/-er 心配の種の子;《転》悩みの種.

die **Sor·gen·last** [ゾるゲン・ラスト] [名] -/ 心の重荷,心労.

sor·gen·los [ゾるゲン・ロース] [形] 心配のない.

sor·gen·schwer [ゾるゲン・シュヴェーあ] [形] 心配事で頭がいっぱいの.

sor·gen·voll [ゾるゲン・ふぉル] [形] 心配の多い.

die **Sor·ge·pflicht** [ゾるゲ・プふリひト] [名] -/ 【法】(子供に対する)扶養〔保護監督〕義務.

das **Sor·ge·recht** [ゾるゲ・れひト] [名] -(e)s/ 【法】(子供に対する)保護監督権.

die **Sorg·falt** [ゾるク・ふぁルト] [名] -/ 入念,綿密,細心: mit der ～ 入念に.

sorg·fäl·tig [ゾるク・ふぇルティひ] [形] 入念な,綿密な,細心な.

die **Sorg·fäl·tig·keit** [ゾるク・ふぇルティひカイト] [名] -/ 入念〔綿密・細心〕であること.

sorg·lich [ゾるクリひ] [形]《古》入念な,細かく気を配る.

sorg·los [ゾるク・ロース] [形] 不注意な;のんきな,無頓着な.

die **Sorg·lo·sig·keit** [ゾるク・ローズィひカイト] [名] -/ 軽率〔不注意〕であること;無頓着であること.

sorg·sam [ゾるクザーム] [形] 注意深い,念入りな;心配りのこまやかな.

die **Sorg·sam·keit** [ゾるクザームカイト] [名] -/ 慎重な気遣い,入念さ;心配りのこまやかさ.

das **So·ro·rat** [ゾろらート] [名] -(e)s/ 【民俗】ソロレート婚(妻の死後,その姉妹が妻となる風習).

die **Sor·te** [ゾるテ] [名] -/-n **1.** 種類,品種,品質,等級: eine merkwürdige ～ von Menschen 変り者. in allen ～*n* und Preislagen あらゆる品質と価格の. **2.**(複のみ)外貨.

der **Sor·ten·zet·tel** [ゾるテン・ツェッテル] [名] -s/-【商】商品リスト.

sor·tie·ren [ゾるティーれン] [動] *h.* **1.**〔〈et^4〉ヲ〕仕分ける,分類する,選別する,整理する. **2.**〔〈et^4〉ヲ+in 〈et^4〉(ノ中)ニ〕仕分けて〔整理して〕入れる.

der **Sor·tie·rer** [ゾるティーらー] [名] -s/- 選別〔仕分け〕係;選別機〔仕分け機〕操作係;選別〔仕分け〕機,ソーター.

die **Sor·tier·ma·schi·ne** [ゾるティーあ・マシーネ] [名] -/-n 分類選別機,ソーター.

sor·tiert [ゾるティーあト] [形] **1.**〔〈様態〉ナ〕品ぞろえの. **2.** 精選された.

die **Sor·tie·rung** [ゾるティーるング] [名] -/-en **1.**(単

(のみ)分類, 選別. **2.** 商品在庫, 取扱品目, 品揃.

das **Sor·ti·le·gi·um** [ゾゥティ・レーギウム] 名 -s/...gien (古代で棒や板を用いた)くじ占い.

das **Sor·ti·ment** [ゾゥティメント] 名 -(e)s/-e **1.** 商品在庫, 取扱品目, 品揃え. **2.** 書籍販売業(~sbuchhandel);(稀)書(籍)小売)店(~sbuchhandlung).

der **Sor·ti·men·ter** [ゾゥティメンター] 名 -s/- (ピッ) 書籍販売業者.

der **Sor·ti·ments·buch·han·del** [ゾゥティメンツ・ブーふ・ハンデル] 名 -s/ 書籍販売業(店頭小売).

der **Sor·ti·ments·buch·händ·ler** [ゾゥティメンツ・ブーふ・ヘンドラー] 名 -s/- 書籍販売業者.

die **Sor·ti·ments·buch·hand·lung** [ゾゥティメンツ・ブーふ・ハンドルング] 名 -/-en 本屋, 書店.

die **Sor·ti·ments·pla·nung** [ゾゥティメンツ・プラーヌング] 名 -/-en 品揃え企画.

das **SOS** [エスオーエス] 名 -/ エス・オー・エス(遭難信号).

so·sehr [ゾ・ゼーア] 接 《従属》《認容文を導いて》どれだけ…しても:So ~ er sich auch mühte, es schaffte es nicht. どんなに努力しても彼はそれに成功しなかった.

so·so [ゾ・ゾー] 間 《驚き・皮肉の気持ちを表すか, または相手の発言に比較的無関心に単に相づちを打って》ほほう, それは, ふんふん.

—— 副 まあまあ, どうにか: Wie geht es dir? —— S~. 具合はどうですか. ——まあまあです.

der **SOS-Ruf** [エスオーエス・るーふ] 名 -(e)s/-e エス・オー・エス(遭難)信号.

die **So·ße** [ゾーセ] 名 -/-n 〔料〕ソース, 〔口・蔑〕汚いどろどろした液体;汚水.

die **So·ßen·schüs·sel** [ゾーセン・シュッセル] 名 -/-n (舟形の)ソース入れ.

sos·te·nu·to [ゾステヌート] 副 〔楽〕ソステヌート, 音を保持して.

der **So·ter** [ゾーア] 名 -s/-e 救済者(古代ギリシア・ローマの神々・王の添え名);〔新約〕救世主(キリストの添え名).

die **So·te·ri·o·lo·gie** [ゾテリオ・ロギー] 名 -/ 〔神〕救世論.

so·te·ri·o·lo·gisch [ゾテリオ・ローギシュ] 形 〔神〕救世論の.

sott [ゾット] 動 sieden の過去形.

sötte [ゼッテ] 動 sieden の接続法 2 式.

die **Sot·ti·se** [ゾティーゼ] 名 -/-n (主に〔複〕)〔文・古・蔑〕愚かな言辞, 表現, 愚行.

sot·to vo·ce [...vótʃə ゾット ヴォーチェ] 副 〔楽〕ソット・ヴォーチェ, 声をやわらげてやかに(略 s.v.).

der **Sou** [zu: ズー] 名 -/-s スー(5 Centimes に当る昔のフランスの硬貨);〔文・古〕小銭, はした金.

die **Sou·bret·te** [zubrétə ズブレッテ] 名 -/-n 〔劇・楽〕スブレット(①喜劇の小間使い役.②スブレットのソプラノ歌手).

das **Souf·flé, Souf·flee** [zuflé: ズふレー] 名 -s/-s 〔料〕スフレ.

der **Souf·fleur** [zuflǿːr ズふルーア] 名 -s/-e 〔劇〕プロンプター.

der **Souf·fleur·kas·ten** [ズふ…ア・カステン] 名 -s/...kästen 〔劇〕プロンプターボックス.

die **Souf·fleu·se** [zuflǿːzə ズふルーゼ] 名 -/-n 〔劇〕女性プロンプター.

souf·flie·ren [zuflíːrən ズふリーれン] 動 h. 〔劇〕《j³》〔劇〕プロンプター(の仕事)をしている. **2.** 《j³》=《et³》》小声で教える.

der **Sou·fla·ki** [zufláki ズふラキ] 名 -(s)/-(s) 〔料〕肉の小串焼き(ギリシア料理).

der **Sound** [zaʊnt ザゥント] 名 -s/-s (ロック・ジャズなどの)サウンド, 音(質), 響き.

sound·so [ゾー・ウント・ゾー] 副 《語飾》《動詞・形容詞・副詞・名詞を修飾》《口》これこれ, しかじか: Das kostet ~ viel. それはこれこれの値段です. Paragraph ~ これこれの節. ~ oft もう何度も. Herr ~ 某氏.

sound·so·viel [ゾーウントゾー・ふぃールト] 数 《序数》《形容詞的変化》《文》しかじかの, これこれの: am ~en Mai 5月某日.

der **Sound·track** [sáʊnttrɛk サゥント・トれック] 名 -s/-s 〔口〕映画音楽;サントラ盤(映画音楽を集録したCD・テープ);サウンドトラック(録音).

das **Sou·per** [zupé: ズペー] 名 -s/-s 〔文〕晩餐(ばん).

sou·pie·ren [zupíːrən ズピーれン] 動 h. 〔稀〕《文》(豪華な)晩餐(ばん)をとる.

der **Sour** [záʊər ザウアー] 名 -(s)/-s サワー(レモン入りリアルコール飲料).

die **Sou·ta·ne** [zutáːnə ズターネ] 名 -/-n (カトリッ)スータン((昔の)聖職者が着る長衣服).

das **Sou·ter·rain** [zuterɛ́: ズテレーン, zúːterɛ: ズーテレーン] 名 -s/-s 〔文〕(方)(まー も有)(外光の入る)地階, 半地下室.

das **Sou·ve·nir** [zuvəníːr ズヴェニーア] 名 -s/-s 旅行の記念品, 土産.

sou·ve·rän [zuva... ズヴェれーン] 形 **1.** 主権を有する. **2.** 《古》専制的な, 絶対的な. **3.** 《文》悠然とした, 余裕のある, 卓越した.

der **Sou·ve·rän** [ズヴェれーン] 名 -s/-e 《古》君主, 支配者, 統治者;〔法学〕有権者.

die **Sou·ve·rä·ni·tät** [ズヴェニテート] 名 -/ **1.** (国家の)主権, 宗主権;独立. **2.** 《文》卓越(超然)としていること.

so·viel [ゾ・ふぃール] 接 《従属》…であるかぎり, …の範囲では: S~ ich weiß, ist sie nicht krank. 私の知るかぎりでは彼女は病気ではない.

so viel, ®so·viel [ゾ ふぃール] 副 ⇨ so¹ 【慣用】.

die **Sow·cho·se** [zɔfxóːzə ゾふホーゼ, ズふホーゼ] 名 -/-n ソホーズ(旧ソ連邦の国営集団農場).

so·weit [ゾ・ヴァイト] 接 《従属》…の限りでは: S~ ich weiß, ist er schon abgereist. 私の知る限りでは, 彼はすでに出発しました.

so weit, ®so·weit [ゾ ヴァイト] 副 ⇨ so¹ 【慣用】.

so·we·nig [ゾ・ヴェーニヒ] 接 《従属》《認容文を導いて》どんなに…でないにせよ, …しないにしても: S~ ich davon auch weiß, mir sind die Zusammenhänge jedoch deutlich. そのことについてどれほど私が知らなくても, 事の関連はまたはっきり存る.

so we·nig, ®so·we·nig [ゾ ヴェーニヒ] 副 ⇨ so¹ 【慣用】.

so·wie [ゾ・ヴィー] 接 **1.** 《並列》及び, 並びに: er ~ seine Frau 彼並びに彼の夫人. **2.** 《従属》…するとすぐに.

so·wie·so [ゾヴィー・ゾー] 副 **1.** どっちみち, どうせ: Wir brauchen nicht zu warten, er wird ~ nicht kommen. (私たちは)待つ必要はないよ, 彼はどうせ来ないだろう. **2.** 《名詞化して》〔口〕何とかという人: Herr/Frau S~. 何々氏/大人. 【慣用】Das sowieso! それは当然だ.

der **Sow·jet** [zɔvjét ゾヴィェット, ゾヴィェット] 名 -s/-s 〔史〕 **1.** 革命評議会. **2.** ソヴィエト, ソ連代表会: der Oberste ~ ソヴィエト最高会議. **3.** 《⑬のみ》ソヴィエト連邦.

die **Sow·jet·ar·mee** [ゾヴィェット・アルメー, ゾヴィェット・アルメー] 名 -/-n ソ連軍.

der **Sow·jet·bür·ger** [ゾヴィェット・ビュルガー, ゾヴィェット・ビュル

ガー] [名] -s/- ソヴィエト連邦市民.

so·wje·tisch [ゾヴィエッティシュ, ゾヴィエーティシュ] [形] ソヴィエト連邦の.

so·wje·ti·sie·ren [ゾヴィエティズィーれン] [動] *h.* 〔<et⁴>ヲ〕ソヴィエト〔ソ連〕化する.

der **So·wjet·mensch** [ゾヴィエット・メンシュ, ゾヴィエット・メンシュ] [名] -en/-en ソヴィエト人.

die **So·wjet·re·pu·blik** [ゾヴィエット・れプブリーク, ゾヴィエット・れプブリーク] [名] -/-en ソヴィエト連邦所属の共和国: die Union der Sozialistischen ~*en* ソヴィエト社会主義共和国連邦(1991 年消滅).

der **So·wjet·rus·se** [ゾヴィエット・るっセ, ゾヴィエット・るっセ] [名] -n/-n ソヴィエトロシア人(1917 年, 10 月革命後のロシア人の呼称).

so·wjet·rus·sisch [ゾヴィエット・るっスィシュ, ゾヴィエット・るっスィシュ] [形] ((口))ソヴィエトロシア(人)の.

(das) **So·wjet·russ·land,** ⓐ**So·wjet·ruß·land** [ゾヴィエット・るス・ラント, ゾヴィエット・るス・ラント] [名] -s/ ソヴィエトロシア(①((口))ソヴィエト連邦. ②〔史〕ソ連成立前のボルシェヴィキ〔共産主義〕のロシア).

der **So·wjet·stern** [ゾヴィエット・シュテるン, ゾヴィエット・シュテるン] [名] -(e)s/-e ソ連の赤い星(ソ連の象徴).

die **So·wjet·uni·on** [ゾヴィエット・ウニオン, ゾヴィエット・ウニオン] [名] -/ 〔国名〕ソヴィエト連邦, ソ連(略 SU, UdSSR, SSR. 1991 年消滅).

die **So·wjet·zo·ne** [ゾヴィエット・ツォーネ, ゾヴィエット・ツォーネ] [名] -/ (ドイツの)ソ連占領地区(sowjetische Besatzungszone); ((古・蔑))(旧)東独.

so·wohl [ゾ・ヴォール] [接] ((並列)) **1.** (次の形で) ~ ... als 〔wie〕 (auch) ... …も…も, …だけでなく(同じように)…も: Er spricht ~ Englisch als (auch) Deutsch. 彼は英語もドイツ語も話せる. **2.** (次の形で)nicht ~ ... als (vielmehr) ... …でなく, むしろ….

der **So·zi** [ゾーツィ] [名] -s/-s ((口))(((蔑))も有)=Sozialdemokrat.

die **So·zia** [ゾーツィア] [名] -/-s 〔経〕女性の共同経営者; ((口・冗))(オートバイの)女性同乗者.

so·zi·a·bel [ゾツィアーベル] [形] (㊥㊤は‥bl‥)〔社〕社会に適合できる, 社交的な.

so·zi·al [ゾツィアール] [形] **1.** (共同)社会の: die ~*e* Gerechtigkeit 社会正義. **2.** 社会福祉の: der ~*e* Wohnungsbau 公共住宅建設. **3.** 〔動〕群居性の.

die **So·zi·al·ab·ga·ben** [ゾツィアール・アップ・ガーベン] [複名] 社会保険料.

das **So·zi·al·amt** [ゾツィアール・アムト] [名] -(e)s/..ämter 社会福祉事務所.

der **So·zi·al·an·schluss,** ⓐ**So·zi·al·an·schluß** [ゾツィアール・アン・シュルス] [名] -es/..schlüsse (老人・障害者など)弱者のための割引電話〔通話〕.

die **So·zi·al·ar·beit** [ゾツィアール・アるバイト] [名] -/ ソーシャルケースワーク, 社会福祉事業.

der **So·zi·al·ar·bei·ter** [ゾツィアール・アるバイター] [名] -s/- ソーシャルケースワーカー.

die **So·zi·al·bei·trä·ge** [ゾツィアール・バイ・トれーゲ] [複名] 社会保険料.

die **So·zi·al·bra·che** [ゾツィアール・ブらーへ] [名] -/-n 〔農〕(経済上の理由による)休閑地.

der **So·zi·al·de·mo·krat** [ゾツィアール・デモ・クらート] [名] -en/-en 社会民主主義者; 社会民主党員.

die **So·zi·al·de·mo·kra·tie** [ゾツィアール・デモ・クらティー] [名] -/ 社会民主主義; 社会民主党.

so·zi·al·de·mo·kra·tisch [ゾツィアール・デモ・クらーティシュ] [形] 社会民主主義の: die *S~e* Partei Deutschlands ドイツ社会民主党(略 SPD).

das **So·zi·al·dum·ping** [..dampıŋ ゾツィアール・ダムピング] [名] -s/ 〔経〕ソーシャル・ダンピング

die **So·zi·al·e·thik** [ゾツィアール・エーティク] [名] -/ 社会倫理.

die **So·zi·al·für·sor·ge** [ゾツィアール・ふゅーあ・ゾるゲ] [名] -/ (旧東独の)社会福祉事業, ソーシャルケースワーク.

das **So·zi·al·ge·richt** [ゾツィアール・ゲりひト] [名] -(e)s/-e 〔法〕社会裁判所.

das **So·zi·al·ge·setz·buch** [ゾツィアール・ゲゼっツ・ブーふ] [名] -(e)s/..bücher 社会法典.

die **So·zi·al·ge·setz·ge·bung** [ゾツィアール・ゲゼっツ・ゲーブング] [名] -es/-e 〔法〕社会関係立法.

die **So·zi·al·hil·fe** [ゾツィアール・ヒルふェ] [名] -/ 社会扶助(制度).

die **So·zi·al·hy·gi·e·ne** [ゾツィアール・ヒュギエーネ] [名] -/ 社会〔公衆〕衛生(学).

die **So·zi·a·li·sa·ti·on** [ゾツィアリザツィオーン] [名] -/ 〔社・心〕(成長期の若者の)社会化.

so·zi·a·li·sie·ren [ゾツィアリズィーれン] [動] *h.* 〔<j⁴/et⁴>ヲ〕〔経〕国有〔公有〕化する; 〔社・心〕社会に適応させる.

die **So·zi·a·li·sie·rung** [ゾツィアリズィーるング] [名] -/ 公有〔国有〕化; 〔社・心〕((稀))社会化.

der **So·zi·a·lis·mus** [ゾツィアリスムス] [名] -/..men (㊥のみ)社会主義(発展段階として); (主に㊥)社会主義(体制や運動として).

der **So·zi·a·list** [ゾツィアリスト] [名] -en/-en 社会主義者; 社会党員.

das **So·zi·a·lis·ten·ge·setz** [ゾツィアリステン・ゲゼっツ] [名] -es/ 〔史〕社会主義者鎮圧法(1878-90 年, ビスマルクによる).

so·zi·a·lis·tisch [ゾツィアリスティシュ] [形] 社会主義の; ((オーストリア))社会民主党〔主義〕の(sozialdemokratisch): die *S~e* Einheitspartei Deutschlands (旧東独の)ドイツ社会主義統一党(1946-1990 略 SED).

die **So·zi·al·kun·de** [ゾツィアール・クンデ] [名] -/ 社会科(授業科目).

die **So·zi·al·las·ten** [ゾツィアール・ラステン] [複名] 社会保障費, 福利厚生費; 社会福祉事業.

die **So·zi·al·leis·tun·gen** [ゾツィアール・ライストゥンゲン] [複名] 社会保障給付(事業), 福利厚生給付(事業).

so·zi·al-li·be·ral, so·zi·al·li·be·ral [ゾツィアール・リベらール] [形] **1.** 社会的・自由主義的な. **2.** (ドイツの)社会民主党(SPD)と自由民主党(F. D. P.)の連合政権の.

die **So·zi·al·mie·te** [ゾツィアール・ミーテ] [名] -/-n 低所得者用住宅の家賃.

die **So·zi·al·ord·nung** [ゾツィアール・オるドヌング] [名] -/-en 社会秩序.

der **So·zi·al·part·ner** [ゾツィアール・パるトナー] [名] -s/- (主に㊥)労働協約の当事者(労働者と経営者), 労使双方; 使用者〔被用者〕側.

so·zi·al·pflich·tig [ゾツィアール・プふりひティひ] [形] (個人よりも)社会を優先する義務のある.

der **So·zi·al·plan** [ゾツィアール・プラーン] [名] -(e)s/..pläne 社会計画(①経済的弱者の改善政策. ②労働者の不利益軽減のための, 経営者と労働者側との協定).

die **So·zi·al·po·li·tik** [ゾツィアール・ポリティーク] [名] -/ 社会政策.

so·zi·al·po·li·tisch [ゾツィアール・ポリーティシュ] [形] 社会政策(上)の.

das **So·zi·al·pro·dukt** [ゾツィアール・プろドゥクト] [名] -(e)s/-e 〔経〕国民生産.

die **So·zi·al·psy·cho·lo·gie** [ゾツィアール・プスュひょ・ロギー] [名] -/ 社会心理学.

die **So·zi·al·ren·te** [ゾツィアール・れンテ] [名] -/-n 〔法〕社会保険年金.

S

der **Sozialrentner** [ゾツィアール・れントナー] [名] -s/- 〘法〙社会保険年金受給者.

der/die **Sozialschwache** [ゾツィアール・シュヴァっへ] [名] 《形容詞的変化》社会的弱者.

der **Sozialstaat** [ゾツィアール・シュタート] [名] -(e)s/-en 社会的国家《社会正義の要求に応えようとする国家》.

das **Sozialsystem** [ゾツィアール・ズュステーム] [名] -s/-e 社会体制.

der **Sozialtarif** [ゾツィアール・タりーふ] [名] -s/-e (年金生活者・学生などのための)割引料金.

die **Sozialversicherung** [ゾツィアール・ふぇあズィっひぇるング] [名] -/-en 社会保険.

die **Sozialwaise** [ゾツィアール・ヴァイゼ] [名] -/-n 《主に[複]》社会孤児《養育責任を果さない両親の子供》.

die **Sozialwissenschaften** [ゾツィアール・ヴィっセンシャふテン] [複名] 社会科学.

die **Sozialwohnung** [ゾツィアール・ヴォーヌング] [名] -/-en (公共投資で建てられた)低所得者用住宅.

die **Sozialzulage** [ゾツィアール・ツー・ラーゲ] [名] -/-n 家族手当.

die **Sozietät** [ゾツィエテート] [名] -/-en 〘社〙(特定の規範・目的を持った)団体, 組合, 協会;〘動物行動〙群集, 群れ.

die **Soziografie, Soziographie** [ゾツィオ・グらふぃー] [名] -/ 社会誌学.

soziokulturell [ゾツィオ・クルトゥれル] [形] 社会文化的な.

der **Soziolekt** [ゾツィオレクト] [名] -(e)s/-e 〘言〙社会集団語《職業語, 若者ことばなど》.

die **Soziolinguistik** [ゾツィオ・リングイスティク] [名] -/ 社会言語学.

der **Soziologe** [ゾツィオ・ローゲ] [名] -n/-n 社会学者.

die **Soziologie** [ゾツィオ・ロギー] [名] -/ 社会学.

soziologisch [ゾツィオ・ローギシュ] [形] 社会学(上)の.

der **Sozius** [ゾーツィウス] [名] -/-se〔..zii〕 **1.** 《[複]は主に..zii》〘商〙共同経営者. **2.** 《[複] -se》(オートバイの)同乗者(席). **3.** 《[複] -se》《口・冗》相棒.

der **Soziussitz** [ゾーツィウス・ズィっツ] [名] -es/-e (オートバイの)同乗者席.

sozusagen [ゾー・ツ・ザーゲン, ゾー・ツ・ザーゲン] [副] 《語飾》《動詞・形容詞・副詞・名詞を修飾》いわば, 言ってみれば: Sie ist ~ meine Mutter. 彼女はいわば私の母親のようなものだ.

der **Spaceshuttle** [spé:sʃatəl スペース・シャテル] [名] -s/-s スペースシャトル.

der **Spachtel** [シュパはテル] [名] -s/- 《《オーストリア》die ~ -/-n》へら, こて, ペインティングナイフ;パテ(~kitt).

spachteln [シュパはテルン] [動] *h.* **1.** 〔<et^4>ヲ〕パテナイフ〔へら〕で塗る;塗って滑らかにする. **2.** 〔補足なし〕《口》たらふく食う.

der **Spagat**[1] [シュパガート] [名] -(e)s/-e 《南独・オーストリア》結び紐(ひも), 荷造り紐.

der〔*das*〕**Spagat**[2] [シュパガート] [名] -(e)s/-e 〘バレエ・体操〙スプリット, 前後開脚.

die **Spagetti, Spaghetti** [シュパゲっティ] [複名] スパゲッティ.

spähen [シュペーエン] [動] *h.* **1.** 〔<方向>ヲ(カラ)/durch <et^4>ヲ通シテ〕窺(うかが)う, のぞく. **2.** 〔nach <j^3/et^3>ノ〕到来〔到着〕を待受けている《約束の相手・バスなどの》.

der **Späher** [シュペーあー] [名] -s/- 探りをいれる人, 偵察〔探索〕をする人, 見張り, スパイ, 探偵;斥候.

die **Spähpatrouille** [..patrʊljə シュペー・パトるリエ] [名] -/-n 〘軍〙 **1.** 偵察. **2.** 偵察隊, 斥候班.

der **Spähtrupp** [シュペー・トるっプ] [名] -s/-s 〘軍〙偵察〔斥候〕隊.

der **Spähwagen** [シュペー・ヴァーゲン] [名] -s/- 〘軍〙偵察車.

das **Spalett** [シュパレっト, スパレっト] [名] -(e)s/-e 《オーストリア》(窓の)木製よろい戸.

das **Spalier** [シュパリーあ] [名] -s/-e **1.** 格子垣(こうしがき). **2.** (歓迎式で両側に並ぶ)人垣: ~ stehen 人垣をつくっている.

das **Spalierobst** [シュパリーあ・オープスト] [名] -(e)s/ 格子垣(こうしがき)で作る果物;生け垣〔格子垣〕仕立ての果樹〔樹木〕.

der **Spalt** [シュパルト] [名] -(e)s/-e **1.** 割れ目, 裂け目, すき間;《転》(意見などの)食違い. **2.** 《スイス》《レスリング》足取り固め(~griff). **3.** 《卑》(陰部の)割れ目.

spaltbar [シュパルト・バーあ] [形] 割ることのできる, 分解しうる;〘理〙核分裂性の.

die **Spaltbarkeit** [シュパルトバーあカイト] [名] -/ 〘理〙核分裂性;〘鉱〙剝離(はくり)性.

die **Spalte** [シュパルテ] [名] -/-n **1.** 割れ目. **2.** 〘印〙(新聞・事典などの)段, 欄. **3.** 《オーストリア》薄く切った切片, 薄切り. **4.** 《口》(尻の)割れ目;《卑》(陰部の)割れ目.

spalten$^{(*)}$ [シュパルテン] [動] spaltete; hat gespalten〔gespaltet〕《付加語形容詞は gespalten》 **1.** 〔<et^4>ヲ〕(縦に)割る〔裂く〕;〘理〙分裂させる《原子核を》;〘化〙分解する《物質を》: ein vom Blitz *gespaltener* Baum 落雷によって裂けた木. **2.** 〔sich^4〕割れる, 裂ける, 亀裂が入る《つめ・木の幹・壁などが》. **3.** 〔<j^4/et^4>ヲ+(in <et^4>ニ)〕分裂させる《国・政党などを》. **4.** 〔sich^4+(in <et^4>ニ)〕分裂する, 割れる《集団などが》.

spaltenlang [シュパルテン・ラング] [形] (記事が)何段にもわたる.

spaltenweise [シュパルテン・ヴァイゼ] [副] 段〔欄〕に分けて.

der **Spaltfuß** [シュパルト・ふース] [名] -es/..füße 〘動〙裂脚《甲殻類のはさみ型のもの》;〘医〙裂足《奇形》.

..spaltig [..シュパルティひ] [接尾] 数詞につけて「段・欄が…個ある」を表す形容詞を作る: zwei*spaltig* (本などが)二段組みの.

das **Spaltleder** [シュパルト・レーダー] [名] -s/- 裂革《銀面の粒起をそいだ皮》.

das **Spaltmaterial** [シュパルト・マテりアール] [名] -s/-ien 〘核物理〙核分裂性物質.

die **Spaltöffnung** [シュパルト・㋓ふヌング] [名] -/-en 〘植〙気孔.

der **Spaltpilz** [シュパルト・ピルツ] [名] -es/-e 〘生・医〙《古》分裂菌;《冗》分裂をおこさせるもの〔こと〕.

die **Spaltprodukte** [シュパルト・プろドゥクテ] [複名] 〘理〙核分裂生成物;〘化〙分解生成物.

die **Spaltung** [シュパルトゥング] [名] -/-en 割る〔割れる〕こと;〘理・化〙分裂, 分解.

das **Spam** [spæm スペム] [名] -s/-s 〘コンピュ〙スパムメール;迷惑メール.

der **Span** [シュパーン] [名] -(e)s/Späne 《主に[複]》木屑(くず), かんな屑, おが屑, 削り屑;《転》いさかい;考えの相違. **【慣用】mit <j^3> einen Span haben** 《方》<人と>もめている. **Späne machen** 《口》ごたごたを起こす, 反抗する.

spanabhebend [シュパーン・アップ・ヘーベント] [形] 〘工〙切削(せっさく)による.

spänen[1] [シュペーネン] [動] *h.* 〔<et^4>ヲ〕金属たわしで磨く《床などを》.

spänen[2] [シュペーネン] [動] *h.* 〔<j^4>ヲ〕《方》離乳させる.

das **Spanferkel** [シュパーン・ふぇるケル] [名] -s/- (離乳前の)子豚.

die **Spange** [シュパンゲ] [名] -/-n **1.** 留め金. **2.** 髪留め(Haar~) (靴の)ストラップ;(勲章用の)留め金

S

(Ordens~). **3.** 腕輪(Arm~);《主に[複]》《転》手錠. **4.** 歯列矯正帯環〔バンド〕(Zahn~).

der **Spạn·gen·schuh** [シュパンゲン・シュー] [名] -(e)s/-e (婦人用)ストラップシューズ.

der **Spa·ni·el** [シュパーニエル, spɛ.. スペニエル] [名] -s/-s 〖動〗スパニエル(猟犬).

(das) **Spa·ni·en** [シュパーニエン] [名] -s/ 〖国名〗スペイン.

der **Spa·ni·er** [シュパーニあー] [名] -s/- スペイン人.

der **Spa·ni·ol** [シュパニオール] [名] -s/-e スペイン産のかぎタバコ.

der **Spa·ni·o·le** [シュパニオーレ] [名] -n/-n スパニオール(1492年にスペイン・ポルトガルから追放されたユダヤ人の子孫).

spa·nisch [シュパーニシュ] [形] スペイン(人・語)の: eine ~*e* Wand 屏風(びょうぶ). 【慣用】**Das kommt mir spanisch vor.** 《口》それは変だ〔おかしい〕と思う.

das **Spa·nisch** [シュパーニシュ] [名] -(s)/ スペイン語. 【用法は⇨Deutsch】

das **Spa·ni·sche** [シュパーニシェ] [名] 《形容詞的変化;[単]のみ》 **1.** 《定冠詞とともに》スペイン語. **2.** スペイン的なもの〔こと〕. 【用法は⇨Deutsche²】

spa·nisch·spra·chig [シュパーニシュ・シュプらーひひ] [形] スペイン語を話す, スペイン語で書かれた.

der **Span·korb** [シュパーン・コるプ] [名] -(e)s/..körbe 経木(きょうぎ)の編み籠(かご).

spạnn [シュパン] [動] spinnen の過去形.

der **Spạnn** [シュパン] [名] -(e)s/-e 足の甲.

der **Spạnn·be·ton** [シュパン・ベトーン, シュパン・ベトング] [名] -s/-s〔-e〕〖土〗プレストレスト・コンクリート.

der **Spạnn·dienst** [シュパン・ディーンスト] [名] -(e)s/-e (昔の)農民の畜耕賦役(ふえき).

die **Spạn·ne** [シュパネ] [名] -/-n **1.** (短い)時間, 期間;《稀》距離, 間隔;指尺(昔の長さの単位. 約20-25 cm). **2.** 〖商〗マージン(Handels~);(価格の)差.

spän·ne [シュペネ] [動] spinnen の接続法2式.

spạn·nen [シュパネン] [動] *h.* **1.** 〔<et⁴>ヲ〕ぴんと張る(綱・ネットなどを);締める(楽器の弦・大鼓の皮などを);引絞る(弓・手綱などを);張詰める, 緊張させる(筋肉・神経を);圧縮する(ガス・蒸気などを);作動可能にする, セットする: die Pistole〔den Hahn der Pistole〕~ ピストルの撃鉄を起こす. **2.** 〔<et⁴>ヲ+(<方向>ニ)〕張る, 張って〔拡げて〕固定する. **3.** 〔<et⁴>ヲ+in <et⁴>(ノ中)ニ〕挟む, 挟んで固定する(カーテン・弦などを). **4.** 〔<et⁴>ヲ+vor〔an〕<et⁴>ニ〕つなぐ(馬を馬車などに). **5.** 〔sich⁴〕ぴんとなる, ぴんと張られている(ロープ・ネットなどが);緊張する(筋肉・顔などが);全身を緊張させる(急激な動作に移ろうとして). **6.** 〔sich⁴+über <et⁴>ノ上ニ〕《文》かかっている, 張り渡されている. **7.** 〔(<j³>ニハ)+(<場所>ガ)〕きつい(衣服・靴などが);つっ張る(肌が);はれている(歯痛でほおなどが). **8.** 〔<et⁴>ノ〕〖空〗翼幅がある;幅がある(<et⁴>は長さの数量): eine Oktave ~ 〖楽〗1オクターブ片手でとどく. **9.** 〔auf <j⁴/et⁴>ニ/<[文]>デアルコトニ〕《口》注意を集中する, (…を)注意して見守る, (…を)今か今かと待受ける. **10.** 〔(<et⁴>ヲ)〕《口》探る(状況などを);様子をうかがう, のぞき見をする, 盗み聞きをする. **11.** 〔<et⁴>ニ〕《方》気づく. 【慣用】**den Rahmen des Begriffs weit spannen** 概念の枠を広げる. **seine Forderungen zu hoch spannen** (彼は)自分の要求を高くし過ぎる.

spạn·nend [シュパネント] [形] わくわく〔はらはら〕させる, 息詰るような: Mach es doch nicht so ~! そんなにじらすな, そう気をもたせるな.

spạn·nen·lang [シュパネン・ラング] [形] 1指尺の長さの.

der **Spạn·ner** [シュパナー] [名] -s/- **1.** (ぴんと)張る道具;ラケットプレス;シューキーパー(Schuh~);ズボン用ハンガー, ズボンプレッサー(Hosen~);ハンガー(Gardinen~). **2.** 〖昆〗シャクガ. **3.** 《口》(性行為の)のぞき趣味の人;(悪事をする時の)見張り.

die **Spạnn·gar·di·ne** [シュパン・ガるディーネ] [名] -/-n アタッチカーテン(窓枠上下のカーテン棒に固定したカーテン).

die **Spạnn·kraft** [シュパン・クらふト] [名] -/..kräfte **1.** 〖理〗弾力, 張力, (気体の)圧力. **2.** 気力, 活力, 精力.

der **Spạnn·rah·men** [シュパン・らーメン] [名] -s/- 張り枠, フレーム;刺繍(ししゅう)用の枠.

die **Spạnn·sä·ge** [シュパン・ゼーゲ] [名] -/-n 弓鋸(ゆみのこ).

die **Spạn·nung** [シュパヌング] [名] -/-en **1.** 《[単]のみ》緊張, 期待;(試合・映画などの)緊張〔緊迫〕した状態, サスペンス;興奮状態: <j⁴> in ~ versetzen <人を>緊張させる. **2.** (政治・社会などの)緊張状態. **3.** (綱などが)ぴんと張られていること;《稀》ぴんと張ること. **4.** 〖理〗張力, 圧力;〖電〗電圧.

der **Spạn·nungs·ab·fall** [シュパヌングス・アップ・ふぁル] [名] -(e)s/ 〖電〗電圧降下.

spạn·nungs·ge·la·den [シュパヌングス・ゲラーデン] [形] 緊張をはらんだ, サスペンスに満ちた.

der **Spạn·nungs·mes·ser** [シュパヌングス・メっサー] [名] -s/- 〖電〗電圧計;〖工〗ひずみ計.

der **Spạn·nungs·prü·fer** [シュパヌングス・プりゅーふぁー] [名] -s/- 〖電〗(電圧を測る)テスター, 電気抵抗ミリアンペア計.

der **Spạn·nungs·tei·ler** [シュパヌングス・タイラー] [名] -s/- 〖電〗分圧器;電位差計.

die **Spạnn·vor·rich·tung** [シュパン・ふぉーあ・りひトゥング] [名] -/-en 〖工〗(たるみをなくす)伸展装置.

die **Spạnn·wei·te** [シュパン・ヴァイテ] [名] -/-n **1.** 翼幅(両翼端の間の長さ);《転》(能力などの)幅, 範囲. **2.** 〖土〗(支柱間の)張り間, スパン.

die **Span·plat·te** [シュパーン・プラッテ] [名] -/ 削片板, チップボード.

das〔*der*〕**Spạnt** [シュパント] [名] -(e)s/-en 《主に[複]》〖空・海〗肋(ろく)材, フレーム, リブ.

das **Spar·buch** [シュパーあ・ブーふ] [名] -(e)s/..bücher 預金〔貯金〕通帳.

die **Spar·büch·se** [シュパーあ・ビュクセ] [名] -/-n 貯金箱.

die **Spar·ein·la·ge** [シュパーあ・アイン・ラーゲ] [名] -/-n 預金(額).

spa·ren [シュパーれン] [動] *h.* **1.** 〔(<et⁴>ヲ)+(für〔auf〕<et⁴>ノタメニ)〕貯(た)める, 貯金する: bei der Post ~ 郵便局に貯金する. **2.** 〔<et⁴>ヲ〕節約する. **3.** 〔<et⁴>ヲ〕残しておく(余力などを). **4.** 〔an <et³>ヲ〕倹約する. **5.** 〔mit <et³>ヲ〕惜しむ. **6.** 〔<j³>ニ+<et⁴>ヲ〕させないで済ませる.

der **Spa·rer** [シュパーらー] [名] -s/- 預金〔貯金〕者;節約家.

die **Spar·flam·me** [シュパーあ・ふラメ] [名] -/-n 弱火: auf ~ とろ火で;《転》節約して, つましく;労力を惜しみながら.

der **Spar·gel** [シュパるゲル] [名] -s/- (《スイス》die ~ -/-n も有)〖植〗アスパラガス.

das **Spar·geld** [シュパーあ・ゲルト] [名] -(e)s/-er 貯金.

das **Spar·gel·ge·mü·se** [シュパるゲル・ゲミューゼ] [名] -s/- (野菜としての)アスパラガス.

der **Spar·gel·kohl** [シュパるゲル・コール] [名] -(e)s/ 〖植〗ブロッコリー.

der **Spar·gro·schen** [シュパーあ・グろッシェン] [名] -s/- 《口》わずかな貯え;へそくり.

das **Spar·gut·ha·ben** [シュパーあ・グート・ハーベン] [名] -s/- 預金残高.

die **Spar·kas·se** [シュパーあ・カッセ] [名] -/-n **1.** 貯

S

蓄銀行〔金庫〕. **2.** 貯金箱.

das **Spar·kas·sen·buch** [シュパーあカッセン·ブーふ] [名] -(e)s/..bücher 預金〔貯金〕通帳.

die **Spar·kas·sen·hy·po·thek** [シュパーあカッセン·ヒュポテーク] [名] -/-en 〘銀行〙貯蓄銀行抵当(貸付け).

das **Spar·kon·to** [シュパーあ·コント] [名] -s/..ten 預金〔貯金〕口座.

spär·lich [シュペーありひ] [形] わずかな, 乏しい, まばらな; 不十分な: ~ besucht sein 人の入り〔出席者〕が少ない.

die **Spär·lich·keit** [シュペーありひカイト] [名] -/ 乏しさ, 不足, 不十分.

die **Spar·maß·nah·me** [シュパーあ·マース·ナーメ] [名] -/-n 経費節減〔節約〕措置.

die **Spar·nei·gung** [シュパーあ·ナイグング] [名] -/-en 〘銀行〙貯蓄性向.

der **Spar·pfen·nig** [シュパーあ·プふぇニひ] [名] -s/-e 《口》わずかな貯え, へそくり.

die **Spar·prä·mie** [シュパーあ·プれーミエ] [名] -/-n 〘銀行〙貯蓄割増金.

die **Spar·quo·te** [シュパーあ·クヴォーテ] [名] -/-n 〘経〙貯蓄比率.

der **Spar·ren** [シュパれン] [名] -s/- **1.** 垂木(たるき); 〘紋〙垂木形紋. **2.** 《口》頭が変なこと: einen ~ zu viel haben 頭が変だ〔おかしい〕.

das **Spar·ring** [シュパりング] [名] -s/ 〘ボクシング〙スパーリング.

spar·sam [シュパーあザーム] [形] **1.** つましい, 倹約な: eine ~*e* Hausfrau つましい主婦. **2.** 経済的な: Dieses Waschmittel ist sehr ~ (im Gebrauch). この洗剤はとても経済的だ. **3.** わずかな, 乏しい: ~ mit Worten sein 言葉数が少ない, 余計なことは言わない. **【慣用】mit 〈et³〉 sparsam umgehen 〔sein〕** 〈物·事を〉節約する, 浪費しない. **von 〈et³〉 nur sparsam Gebrauch machen** 〈事を〉むやみに用いない.

die **Spar·sam·keit** [シュパーあザームカイト] [名] -/-en (主に[単]) **1.** 倹約, 節約. **2.** 乏しさ, 不足.

das **Spar·schwein** [シュパーあ·シュヴァイン] [名] -(e)s/-e 豚形の貯金箱.

(*das*) **Spar·ta** [シュパるタ, spárta スパるタ] [名] -s/ 〘地名〙スパルタ(古代ギリシアの都市国家).

der **Spar·ta·kist** [シュパるタキスト, spar.. スパるタキスト] [名] -en/-en スパルタクス団の団員. ⇨ Spartakusbund.

(*der*) **Spar·ta·kus** [シュパるタクス, spár.. スパるタクス] [名] 〘人名〙スパルタクス(紀元前 71 没, 古代ローマの奴隷反乱の指導者).

der **Spar·ta·kus·bund** [シュパるタクス·ブント, スパるタクス·ブント] [名] -(e)s/ スパルタクス団(1916 年結成の左翼過激派集団).

der **Spar·ta·ner** [シュパるターナー, spar.. スパるターナー] [名] -s/- スパルタ人.

spar·ta·nisch [シュパるターニシュ, spar.. スパるターニシュ] [形] **1.** スパルタの. **2.** スパルタ式の(厳しい); スパルタ的(簡素)な.

die **Spar·te** [シュパるテ] [名] -/-n **1.** 部門, 分野, (組織の)部局, 課; (スポーツの)種目. **2.** (新聞の)欄.

der **Spar·ten·sen·der** [シュパるテン·ゼンダー] [名] -s/- 〘ラジオ·テレビ〙専門チャンネル.

spas·misch [シュパスミシュ, spás.. スパスミシュ] [形] 〘医〙痙性(けいせい)の.

das **Spas·mo·ly·ti·kum** [シュパスモ·リューティクム, spas.. スパスモ·リューティクム] [名] -s/..ka 〘医〙鎮痙(ちんけい)剤〔薬〕.

der **Spas·mus** [シュパスムス, spás.. スパスムス] [名] -/..men 〘医〙痙攣(けいれん), 痙縮(けいしゅく).

der **Spaß** [シュパース] [名] -es/Späße **1.** 冗談, 戯れ, ふざけた発言〔行動〕: ~ machen 冗談を言う. *Späße* machen ふざける. seinen ~ mit 〈j³〉 treiben 〈人を〉からかう. ~ beiseite! 冗談はさておき. Das geht über den ~. 冗談にも程がある. **2.** ([単]のみ) 楽しみ, 気晴らし, 慰み: ~ an 〈et³〉 〈物·事に〉ついての楽しみ. 〈et¹〉 macht 〈j³〉 großen/keinen ~ 〈事は〉〈人にとって〉非常に楽しい/楽しくない. Viel ~! 楽しんできて下さい.

das **Späß·chen** [シュペースひぇン] [名] -s/- (Spaß の縮小形)軽い冗談.

spa·ßen [シュパーセン] [動] *h.* **1.** 〔補足なし〕冗談を言う: Sie ~ wohl! ご冗談でしょう. **2.** 〔mit 〈j³〉ヲ〕からかう: Er lässt nicht mit sich ~. 彼にはうっかり冗談も言えない. Mit 〈et³〉 ist nicht zu ~ 〔Mit 〈et³〉 darf man nicht ~〕. 〈事は〉笑い事ではない.

spa·ßes·hal·ber [シュパーセス·ハルバー] [副] 冗談に, ふざけて.

spaß·haft [シュパースハふト] [形] 面白い, おかしな.

spa·ßig [シュパースィひ] [形] **1.** 愉快な, 面白い, おかしな. **2.** おどけた, ひょうきんな.

der **Spaß·ma·cher** [シュパース·マっはー] [名] -s/- 冗談で人を楽しませる人, ひょうきん者, 冗談ばかり言う人.

der **Spaß·ver·der·ber** [シュパース·ふぇあデるバー] [名] -s/- 興をそぐ人.

der **Spaß·vo·gel** [シュパース·ふぉーゲル] [名] -s/..vögel おどけ者, ひょうきん者.

spas·tisch [シュパスティシュ, spás.. スパスティシュ] [形] 〘医〙痙攣(けいれん)の; 《口》うすのろの.

der **Spat**[1] [シュパート] [名] -(e)s/-e〔Späte〕〘鉱〙スパー(劈開(へきかい)性のある鉱物).

der **Spat**[2] [シュパート] [名] -(e)s/ (馬の)飛節筋肉腫(にくしゅ).

spät [シュペート] [形] **1.** 遅い, 後期の, 晩年の, 晩生の: am ~*en* Abend 晩遅くに. im ~*en* Mittelalter 《文》中世後期に. **2.** 遅めの, 遅れた, 手遅れの: eine ~*e* Heirat 晩婚. zu ~ kommen 遅刻する. Die Reue kam zu ~. 後悔したが手遅れだった. **【慣用】bis in die späte Nacht 〔bis spät in die Nacht〕** 夜中遅くまで. **eine Station zu spät aussteigen** 駅〔停留所〕を一つ乗越す. **spät dran sein** 《口》(人が)遅れをとっている. **spät im Jahr** 年も押しつまって. **vom frühen Morgen bis zum späten Abend** 朝早くから晩遅くまで. **von früh bis spät (in die Nacht)** 朝早くから夜遅くまで. **Wie spät ist es?** (もう)何時ぐらいになりますか. **zu später Stunde** 遅い時間に.

spät·a·bends [シュペート·アーベンツ] [副] 晩遅くに.

der **Spät·aus·sied·ler** [シュペート·アウス·ズィードラー] [名] -s/- (東欧から旧西独への 1980 年以後の)遅い引揚者.

der **Spa·tel** [シュパーテル] [名] -s/- (die ~ -/-n) **1.** 〘医〙(軟膏(なんこう)用の)へら, 舌圧子. **2.** こて, パテ用ナイフ, パレットナイフ.

der **Spa·ten** [シュパーテン] [名] -s/- スコップ, 鋤(すき).

der **Spa·ten·stich** [シュパーテン·シュティっひ] [名] -(e)s/-e スコップで土を掘ること: der erste ~ (起工式の)鍬(くわ)入れ.

der **Spät·ent·wick·ler** [シュペート·エントヴィックラー] [名] -s/- おくての子供〔青年〕.

spä·ter [シュペーター] [形] **1.** (spät の比較級) 後(のち)の; 後(あと)になって…になった: ~*e* Generationen 後の世代. in ~*en* Jahren 後年に. **2.** 後で: drei Stunden ~ 3 時間後に. Bis ~! また後で.

spä·ter·hin [シュペーター·ヒン] [副] 《文》後に(なって).

spä·tes·tens [シュペーテステンス] [副] (語飾)(副詞を修飾)遅くとも: ~ in zwei Stunden 遅くとも 2 時間後.

die **Spät·ge·burt** [シュペート·ゲブーあト] [名] -/-en 〘医〙

晩産;晩産児.
die **Spät·go·tik** [シュペート・ゴーティク] [名] -/ 後期ゴシック様式.
die **Spa·tha** [spá:ta スパータ, ʃpá:.. シュパータ] [名] -/ ..then **1.** 〘植〙仏焰苞(ぶつえんほう), 苞鞘(ほうしょう). **2.** 両刃の長剣.
der **Spät·herbst** [シュペート・へるプスト] [名] -(e)s/-e 《主に[単]》晩秋.
das **Spät·jahr** [シュペート・ヤーあ] [名] -(e)s/-e 《主に[単]》《稀》(晩)秋.
das **Spät·la·tein** [シュペート・ラタイン] [名] -s/ 後期ラテン語(3-6世紀頃の).
die **Spät·le·se** [シュペート・レーゼ] [名] -/-n (ブドウの)遅摘み;シュペートレーゼ(遅摘みのブドウの優良ワイン).
der **Spät·ling** [シュペートリング] [名] -s/-e **1.** (結婚後)遅く生れた子供;遅生れの家畜;遅咲きの花,《稀》おくての作物. **2.** 《稀》晩年の作品.
der **Spät·nach·mit·tag** [シュペート・ナーは・ミッターク] [名] -s/-e 午後の遅い時刻.
spät·nach·mit·tags [シュペート・ナーは・ミッタークス] [副] 午後遅くに.
der **Spät·som·mer** [シュペート・ゾマー] [名] -s/- 《主に[単]》晩夏.
der **Spatz** [シュパッツ] [名] -en(-es)/-en **1.** 〘鳥〙スズメ. **2.** 《口》小さなきゃしゃな子供;おちびちゃん《特に子供の愛称》. 【慣用】**Das pfeifen die Spatzen von den (allen) Dächern.** 《口》それはだれでも知っている.
das **Spat·zen·ge·hirn** [シュパッツェン・ゲヒるン] [名] -(e)s/-e 《口》脳たりん, ばか.
das **Spat·zen·hirn** [シュパッツェン・ヒるン] [名] -(e)s/-e =Spatzengehirn.
die **Spätz·le** [シュペッツレ] [複名] 〘ドイツ料理〙シュペッツレ(小さいマカロニ).
der **Spät·zün·der** [シュペート・ツュンダー] [名] -s/- 《口・冗》理解の遅い人;発達の遅い人.
die **Spät·zün·dung** [シュペート・ツュンドゥング] [名] -/-en **1.** 〘工〙(エンジンの)点火の遅れ. **2.** 《冗》物分りの悪さ, 反応の鈍さ.
spa·zie·ren [シュパツィーれン] [動] *s.* (〈(場所)ッ/〈方向〉へ〉)ぶらぶら(のんびり)歩く;《古》散歩する. 【慣用】*s.* **spazieren fahren** ドライブ(サイクリング)をする. *h.* 〈j⁴〉 **spazieren fahren** 〈人を〉ドライブに連れていく: das Baby *spazieren* fahren 赤ん坊を乳母車に乗せて散歩する. *h.* 〈j⁴/et⁴〉 **spazieren führen** 〈人・物を〉散歩に連れて行く: ein neues Kleid spazieren führen 《口・冗》新調のドレスを人に見せに出かける. *s.* **spazieren gehen** 散歩する. *s.* **spazieren reiten** 《稀》馬で遠乗りをする.
spa·zie·ren fah·ren*, [旧]**spa·zie·ren|fah·ren*** [シュパツィーれン ふぁーれン] [動] ⇨ spazieren【慣用】.
spa·zie·ren füh·ren, [旧]**spa·zie·ren|füh·ren** [シュパツィーれン ふゅーれン] [動] ⇨ spazieren【慣用】.
spa·zie·ren ge·hen*, [旧]**spa·zie·ren|ge·hen*** [シュパツィーれン ゲーエン] [動] ⇨ spazieren【慣用】.
spa·zie·ren rei·ten* **spa·zie·ren|rei·ten*** [シュパツィーれン らイテン] [動] ⇨ spazieren【慣用】.
die **Spa·zier·fahrt** [シュパツィーあ・ふぁーあト] [名] -/-en (乗り物で)出かけること, ドライブ, サイクリング.
der **Spa·zier·gang** [シュパツィーあ・ガング] [名] -(e)s/..gänge 散歩.
der **Spa·zier·gän·ger** [シュパツィーあ・ゲンガー] [名] -s/- 散歩する人.
der **Spa·zier·ritt** [シュパツィーあ・りット] [名] -(e)s/-e (馬の)遠乗り.
der **Spa·zier·stock** [シュパツィーあ・シュトック] [名] -(e)s/..stöcke 散歩用のステッキ.
der **Spa·zier·weg** [シュパツィーあ・ヴェーク] [名] -(e)s/-e 散歩(遊歩)道.
SPD [エスペーデー] =Sozialdemokratische Partei Deutschlands ドイツ社会民主党.
der **Spea·ker** [spí:kər スピーカー] [名] -s/- (英国の)下院議長;(米国議会の)議長.
der **Specht** [シュペヒト] [名] -(e)s/-e 〘鳥〙キツツキ.
der **Speck** [シュペック] [名] -(e)s/-e 《[複]は種類》(豚などの)脂身;ベーコン;(鯨などの)脂肪;《口・冗》(人間の)皮下脂肪.
spe·ckig [シュペッキひ] [形] **1.** 脂(垢(あか))じみた,(着古して)てかてか光った, 手垢のついた. **2.** 《口》ぶよぶよ太った, 脂ぎった. **3.** 《方》生焼けの.
die **Speck·schwar·te** [シュペック・シュヴァるテ] [名] -/-n ベーコンの皮.
die **Speck·sei·te** [シュペック・ザイテ] [名] -/-n 豚の(大きい)脂身, 豚のベーコンの塊.
der **Speck·stein** [シュペック・シュタイン] [名] -(e)s/-e 〘鉱〙滑石, 凍石, せっけん石.
spe·die·ren [シュペディーれン] [動] *h.* **1.** (〈et⁴〉ッ+(mit 〈et³〉デ))運ぶ, 運送(輸送)する. **2.** (〈j⁴〉ッ+(〈方向〉へ))《冗》追出す, 送り出す.
der **Spe·di·teur** [..tǿ:r シュペディテーあ] [名] -s/-e 運送業者.
die **Spe·di·ti·on** [シュペディツィオーン] [名] -/-en **1.** 運送, 輸送. **2.** 運送業, 運送会社;発送部(~sabteilung).
die **Spe·di·ti·ons·fir·ma** [シュペディツィオーンス・ふぃるマ] [名] -/..men 運送会社.
das **Spe·di·ti·ons·ge·schäft** [シュペディツィオーンス・ゲシェふト] [名] -(e)s/-e 運送業務;運送店(会社);〘経〙運送契約.
der **Speech** [spi:tʃ スピーチュ] [名] -es/-e(-es) スピーチ, 演説.
das **Speed** [spi:t スピード] [名] -s/-s 《ジャーゴン》スピード(アンフェタミンなどの覚醒(かくせい)剤).
das **Speed·way·ren·nen, Speed·way-Ren·nen** [spí:tve:.. スピート・ヴェー・れネン] [名] -s/- (オートバイの)ダートトラック・レース.
der **Speer** [シュペーあ] [名] -(e)s/-e 槍(やり);〘スポ〙(槍投げ用の)槍.
das **Speer·wer·fen** [シュペーあ・ヴェるふェン] [名] -s/ 〘スポ〙槍(やり)投げ.
der **Speer·wurf** [シュペーあ・ヴるふ] [名] -(e)s/..würfe 〘スポ〙槍(やり)投げの一回一回の投げ;《[単]のみ》槍投げ.
die **Spei·che** [シュパイひぇ] [名] -/-n **1.** (車輪の)スポーク, 輻(や). **2.** 〘解〙橈骨(とうこつ). 【慣用】**dem Schicksal in die Speichen greifen** 運命に抗する.
der **Spei·chel** [シュパイひぇル] [名] -s/ 唾液(だえき), 唾(つば), よだれ.
die **Spei·chel·drü·se** [シュパイひぇル・ドりゅーゼ] [名] -/-n 〘医〙唾液腺(だえきせん).
der **Spei·chel·fluss,** [旧]**Spei·chel·fluß** [シュパイひぇル・ふルス] [名] -es/ 〘医〙流涎(りゅうぜん)症(唾液(だえき)が出すぎること).
der **Spei·chel·ka·nal** [シュパイひぇル・カナール] [名] -s/..näle 〘動〙(蚊などの吻(ふん)にある)唾液(だえき)導管.
der **Spei·chel·le·cker** [シュパイひぇル・レッカー] [名] -s/- 《蔑》おべっか使い.
die **Spei·chel·le·cke·rei** [シュパイひぇル・レッケらイ] [名] -/ 《蔑》おべっか, へつらい.
spei·chel·le·cke·risch [シュパイひぇル・レッケりシュ] [形] おべっか使いの.
spei·cheln [シュパイひぇルン] [動] *h.* (補足なし)唾(つば)を飛ばす, 涎(よだれ)を垂らす.
der **Spei·cher** [シュパイひゃー] [名] -s/- **1.** 倉庫, 穀物倉;《南独・西中独》屋根裏部屋. **2.** 〘工〙(ダムの)ため池;〘コンピュータ〙記憶装置, メモリー;〘工〙(ダムなどの上部の)貯水装置.

die **Spei·cher·ka·pa·zi·tät** [シュパイひゃー·カパツィテート] [名] -/-en 〖コンピュータ〗記憶〔メモリー〕容量.

das **Spei·cher·kraft·werk** [シュパイひゃー·クらふト·ヴェるク] [名] -(e)s/-e 貯水池式発電所.

spei·chern [シュパイひゃーン] [動] *h.* 〘⟨et^4⟩ヲ+(⟨場所⟩ニ)〙貯蔵する, 蓄える, 蓄積する《飲水·知識などを》: Daten auf Magnetband ～ データを磁気テープに記憶させる.

spei·cher·pro·gram·miert [シュパイひゃー·プろグらミーあト] [形] 〖コンピュータ〗記憶装置〔メモリー〕にプログラミングされた.

die **Spei·che·rung** [シュパイひぇるング] [名] -/-en 《主に(単)》貯蔵; 蓄積; 〖コンピュータ〗記憶する〔メモリーに入れる〕こと.

die **Spei·cher·zel·le** [シュパイひゃー·ツェレ] [名] -/-n 〖コンピュータ〗記憶素子; 〖生〗貯蔵組織の細胞.

spei·en* [シュパイエン] [動] spie; hat gespie(e)n 《文》 **1.** 〘(⟨方向⟩ニ)〙唾(つば)を吐く. **2.** 〘⟨et^4⟩ヲ〙吐く, 噴き出す《血·水·火などを》. **3.** 〘補足なし〙嘔吐(おうと)する, もどす: zum *S*～ 吐き気がする程嫌な.

das **Spei·gat** [シュパイ·ガット] [名] -(e)s/-en〔-s〕〖海〗(甲板の)排水口.

das **Spei·gatt** [シュパイ·ガット] [名] -(e)s/-en〔-s〕〖海〗=Speigat.

der **Speis**[1] [シュパイス] [名] -es/ 《西中独·南独》モルタル.

der **Speis**[2] [シュパイス] [名] -/-en 食料貯蔵室(～*e*kammer).

die **Spei·se** [シュパイゼ] [名] -/-n **1.** 料理; 《文》(固形の)食べ物; 《北独》(デザートの)甘いもの, プディング. **2.** (鐘用)合金(Glocken～).

der **Spei·se·brei** [シュパイゼ·ブらイ] [名] -(e)s/-e **1.** 〖医〗糜粥(びじゅく), 糜汁(びじゅう), キームス. **2.** 粥(かゆ)状の食物.

das **Spei·se·eis** [シュパイゼ·アイス] [名] -es/ アイスクリーム.

das **Spei·se·fett** [シュパイゼ·ふェット] [名] -(e)s/-e 食用脂.

der **Spei·se·fisch** [シュパイゼ·ふィッシュ] [名] -(e)s/-e (食用)魚.

das **Spei·se·haus** [シュパイゼ·ハウス] [名] -es/..häuser 《古》食堂, 飲食店.

die **Spei·se·kam·mer** [シュパイゼ·カマー] [名] -/-n 食料貯蔵室.

die **Spei·se·kar·te** [シュパイゼ·カるテ] [名] -/-n メニュー, 献立表.

spei·sen [シュパイゼン] [動] *h.* **1.** 〘(⟨時点⟩ニ/⟨様態⟩ノ(デ))〙《文》食事をする: fürstlich ～ 王侯のような食事をする. nach der Karte ～ メニューから一品ずつ選んで食事をする. **2.** 〘⟨et^4⟩ヲ〙《文》食べる. **3.** 〘⟨j^4⟩ニ〙《文》食事を与える. **4.** 〘⟨et^4⟩ニ+mit ⟨et^4⟩ヲ〙供給する: einen Dampfkessel mit Wasser ～ 蒸気ボイラーに給水する. 【慣用】**Ich wünsche wohl zu speisen/gespeist zu haben**. 《古》お口に合うとよろしいのですが/お口に合ったのならよろしいのですが.

die **Spei·sen·fol·ge** [シュパイゼン·ふぉルゲ] [名] -/-n 《文》フルコースの料理.

die **Spei·sen·kar·te** [シュパイゼン·カるテ] [名] -/-n = Speisekarte.

das **Spei·se·öl** [シュパイゼ·エール] [名] -(e)s/-e 食用油.

der **Spei·se·pilz** [シュパイゼ·ピルツ] [名] -es/-e 食用キノコ.

der **Spei·se·rest** [シュパイゼ·れスト] [名] -(e)s/-e 《主に(複)》食べ残し, 食べかす.

das **Spei·se·res·tau·rant** [シュパイゼ·れストらーン] [名] -s/-s =Restaurant.

die **Spei·se·röh·re** [シュパイゼ·れーれ] [名] -/-n 食道.

der **Spei·se·röh·ren·krebs** [シュパイゼれーれン·クれープス] [名] -es/-e 食道癌(がん).

der **Spei·se·saal** [シュパイゼ·ザール] [名] -(e)s/..säle (ホテルなどの)食堂.

der **Spei·se·saft** [シュパイゼ·ザふト] [名] -(e)s/ 〖医〗乳糜(にゅうび).

die **Spei·se·stär·ke** [シュパイゼ·シュテるケ] [名] -/-n コーンスターチ《トウモロコシのでん粉》.

der **Spei·se·wa·gen** [シュパイゼ·ヴァーゲン] [名] -s/- 食堂車.

das **Spei·se·was·ser** [シュパイゼ·ヴァッサー] [名] -s/..wässer 〖工〗ボイラー用供給水.

der **Spei·se·zet·tel** [シュパイゼ·ツェッテル] [名] -s/- 献立予定〔計画〕表.

das **Spei·se·zim·mer** [シュパイゼ·ツィマー] [名] -s/- 食堂.

die **Spei·sung** [シュパイズング] [名] -/-en 《文》給食; 〖工〗(電気·水などの)供給.

spei·übel [シュパイ·ユーベル] [形] 吐きそうなほど気分が悪い.

die **Spek·ta·bi·li·tät** [シュペクタビリテート, spɛk.. スペクタビリテート] [名] -/-en **1.** 《(単)のみ》学部長《尊称》: Eure ～! 学部長殿. **2.** 学部長《人》.

der **Spek·ta·kel**[1] [シュペクターケル] [名] -s/- 《主に(単)》《口》大騒ぎ; 大げんか.

das **Spek·ta·kel**[2] [シュペクターケル, spɛk.. スペクターケル] [名] -s/- 見もの, スペクタクル; 《古》面白い演劇.

spek·ta·keln [シュペクターケルン] [動] *h.* 〘補足なし〙《稀》大騒ぎをする, 大げんかをする.

spek·ta·ku·lär [シュペクタクレーあ, spɛk.. スペクタクレーあ] [形] 大々的な, 世間をあっと言わせるような.

die **Spek·tral·a·na·ly·se** [シュペクトらール·アナリューゼ, spɛk.. スペクトらール·アナリューゼ] [名] -/-n 〖理·化·天〗スペクトル分析.

die **Spek·tral·far·be** [シュペクトらール·ふぁるべ, スペクトらール·ふぁるべ] [名] -/-n 《主に(複)》〖理〗スペクトル色, 分光色《7色》.

die **Spek·tral·li·nie** [シュペクトらール·リーニエ, スペクトらール·リーニエ] [名] -/-n 〖理〗スペクトル線.

der **Spek·tro·graf, Spek·tro·graph** [シュペクトろ·グらーふ, スペクトろ·グらーふ] [名] -en/-en 〖工〗分光写真機.

das **Spek·tro·skop** [シュペクトろ·スコープ, spɛk.. スペクトろ·スコープ] [名] -s/-e 〖工〗分光器.

die **Spek·tro·sko·pie** [シュペクトろ·スコピー, スペクトろ·スコピー] [名] -/ 〖理〗分光器による観察〔検査〕.

das **Spek·trum** [シュペクトるム, spέk.. スペクトるム] [名] -s/..tren〔..tra〕 **1.** 〖理〗スペクトル. **2.** 《文》多様性, 多彩.

der **Spe·ku·lant** [シュペクラント] [名] -en/-en 投機家, 相場師.

die **Spe·ku·la·ti·on** [シュペクラツィオーン] [名] -/-en **1.** 推測, 推察, 憶測; 〖哲〗思弁: ～*en* über ⟨et^4⟩ anstellen ⟨事ニ⟩ついて推測する. **2.** 〖経〗投機, 思惑: die ～ mit ⟨et^3⟩ ⟨事ニ対スル⟩投機.

das **Spe·ku·la·ti·ons·ge·schäft** [シュペクラツィオーンス·ゲシェふト] [名] -(e)s/-e 〖経〗投機取引.

der **Spe·ku·la·ti·us** [シュペクラーツィウス] [名] -/- スペクラチウス《クリスマスに食べる型抜きクッキー》.

spe·ku·la·tiv [シュペクラティーふ] [形] 〖哲〗思弁的な; 〖経〗投機的な, 思惑的な.

spe·ku·lie·ren [シュペクリーれン] [動] *h.* **1.** 〘auf ⟨et^4⟩ヲ〙《口》当てにする, (…が)手に入ることを期待する《遺産などを》. **2.** 〘(auf ⟨et^4⟩ニ/mit ⟨et^3⟩デ)〙〖経〗投機をする, 思惑買いをする: auf Hausse/Baisse ～ 騰貴/下落を予想して投機をする. **3.** 〘über ⟨et^4⟩ニツイテ/⟨[文]⟩ニツイテ〙思案する, 推測する.

das **Spe·ku·lum** [シュペークルム, spé:.. スペークルム] [名]

S

-s/ . .la 〘医〙検鏡, スペキュラ.

die **Spe·lä·o·lo·gie** [シュペレオ・ロギー, spe. . スペレオ・ロギー] [名] -/ 洞穴学.

der **Spelt** [シュペルト] [名] -(e)s/-e 〘植〙スペルトコムギ.

die **Spe·lun·ke** [シュペルンケ] [名] -/-n 《蔑》いかがわしい安酒場; 汚らしい住まい〔宿〕.

der **Spelz** [シュペルツ] [名] -es/-e =Spelt.

die **Spel·ze** [シュペルツェ] [名] -/-n **1.** (穀物の)もみ殻. **2.** 穎(えい).

spen·da·bel [シュペンダーベル] [形] (付 比 は. .bl. .) 《口》気前がいい.

die **Spen·de** [シュペンデ] [名] -/-n 寄付〔義捐(ぎえん)〕金, 寄贈品, 救援物質.

spen·den [シュペンデン] [動] *h.* **1.** 〖(〈et⁴〉ヲ/〈様態〉ニ)〗寄付〔寄贈〕する, 醵出(きょしゅつ)する; 《文》恵んで〔与えて〕くれる(物が). **2.** 〖(〈j³〉ニ)+〈et⁴〉ヲ〗授ける; 《文》与える.

das **Spen·den·kon·to** [シュペンデン・コント] [名] -s/ . .ten〔. .ti, -s〕義捐(ぎえん)金口座.

der **Spen·der** [シュペンダー] [名] -s/- **1.** 寄付者, 寄贈者, 義捐(ぎえん)金〔救援物資〕醵出(きょしゅつ)者; 献血者(Blut~); ドナー(Organ~). **2.** ディスペンサー(物を必要量だけ取出せる容器).

spen·die·ren [シュペンディーレン] [動] *h.* 〖(〈j³〉ニ/für 〈et⁴〉ニ)+〈et⁴〉ヲ〗《口》おごる, (…の)代金を出してやる.

die **Spen·dier·ho·sen** [シュペンディーあ・ホーゼン] [複名] (次の形で) die ~ anhaben 《口》気前がよくなっている.

die **Spen·dung** [シュペンドゥング] [名] -/-en (主に[単])寄付, 寄贈, 醵出(きょしゅつ).

(*der*) **Spe·ner** [シュペーナー] [名] 〘人名〙シュペーナー(Philipp Jacob ~, 1635-1705, 敬虔主義者).

(*der*) **Speng·ler**[1] [シュペングラー] [名] 〘人名〙シュペングラー(Oswald ~, 1880-1936, 歴史哲学者).

der **Speng·ler**[2] [シュペングラー] [名] -s/- 《南独・オーストリア・スイス》ブリキ屋, ブリキ職人.

der **Spen·ser** [シュペンザー] [名] -s/- =Spenzer.

der **Spen·zer** [シュペンツァー] [名] -s/- 《オーストリア》スペンサー(ぴったりした男性用上着; 半そでの女性用肌着).

der **Sper·ber** [シュペるバー] [名] -s/- 〘鳥〙ハイタカ.

die **Sper·renz·chen** [シュペれンツひェン] [複名] 《口》(腹の立つ無用な)言い訳, ごたごた, 面倒.

die **Spe·ren·zi·en** [シュペれンツィエン] [複名] =Sperenzchen.

der **Sper·ling** [シュペるリング] [名] -s/-e 〘鳥〙スズメ.

das **Sper·ma** [シュペるマ, spέr. . スペるマ] [名] -s/ . .men〔-ta〕〘医・生〙精液.

das **Sper·ma·to·zo·on** [シュペるマト・ツォーオン, spɛr. . スペるマト・ツォーオン] [名] -s/. .zoen [. . ツォーエン] 精子, 精虫.

das **Sper·ma·ze·ti** [シュペるマ・ツェーティ, spɛr. . スペるマ・ツェーティ] [名] -s/ 鯨蠟(げいろう).

das **Sper·mi·um** [シュペるミウム, spέr. . スペるミウム] [名] -s/ . .mien 〘生〙精子, 精虫.

das **Sper·mi·zid** [シュペるミツィート, spɛr. . スペるミツィート] [名] -(e)s/-e 〘医〙殺精子薬(避妊薬).

das **Sperrad** [シュペる・らート] ⇨ Sperrrad.

sperr·an·gel·weit [シュペる・アンゲル・ヴァイト] [副] 大きく開いた: ~ offen sein 大きく開いている.

der **Sperr·bal·lon** [シュペる・バローン, シュペる・バロング] [名] -s/-s〔-e〕〘軍〙防空気球(敵の飛行を阻止する).

der **Sperr·baum** [シュペる・バウム] [名] -(e)s/. .bäume 遮断棒, (通行止めの)横木.

der **Sperr·be·zirk** [シュペる・ベツィるク] [名] -(e)s/-e **1.** 立入禁止区域. **2.** (家畜の伝染病の)封鎖区域. **3.** 売春禁止地区.

der **Sperr·druck** [シュペる・ドるっク] [名] -(e)s/ 〘印〙隔字体印刷.

die **Sper·re** [シュペれ] [名] -/-n **1.** 通行止の柵(さく)〔棒〕, 遮断機, バリケード; (駅の)改札口, (入場券を確かめる)入口: eine ~ haben 《転・口》のみこみが悪い. **2.** 封鎖, 禁止, 停止; 〘スポーツ〙出場停止.

sper·ren [シュペれン] [動] *h.* **1.** 〖〈et⁴〉ヲ〗遮断する, 閉鎖〔封鎖〕する(道・国境などを); ふさぐ(土砂・事故車などが道を). **2.** 〖〈et⁴〉ヲ〗禁止する, 停止する, 差止める(輸出・給料などを). **3.** 〖(〈j³〉ニ対シテ)+〈et⁴〉ヲ〗使用停止にする, 止める(料金未払いなどで). **4.** 〖〈j⁴〉ノ〗〘球〙進路を妨害する. **5.** 〖〈j⁴〉ヲ〗〘スポーツ〙出場停止処分にする. **6.** 〖〈j⁴/et⁴〉ヲ+in 〈et⁴〉ニ〗閉じ込める; (〈j⁴〉がsich⁴の場合)閉じこもる. **7.** 〔sich⁴+gegen 〈et⁴〉ニ〕逆らう, 反対する, 抵抗する. **8.** 〖〈et⁴〉ヲ〗〘印〙隔字体にする. **9.** 〖補足なし〗くちばしを大きく開く(ひな鳥がえさをもらうために). **10.** 〖補足なし〗《方》きちんと閉まらない(ドアなどが). **11.** 〖〈et⁴〉ヲ〗《オーストリア・南独》閉める(ドア・店などを). **12.** 〖補足なし〗《オーストリア・南独》閉まる(店などが); かかる(かぎなどが).

die **Sperr·fe·der** [シュペる・ふぇーダー] [名] -/-n 〘工〙制動ばね.

das **Sperr·feu·er** [シュペる・ふぉイあー] [名] -s/ 〘軍〙弾幕射撃〔砲火〕.

die **Sperr·frist** [シュペる・ふりスト] [名] -/-en 〘法〙禁止期間, 待機期間.

das **Sperr·ge·biet** [シュペる・ゲビート] [名] -(e)s/-e 立入禁止区域, 封鎖地域.

das **Sperr·ge·trie·be** [シュペる・ゲトりーベ] [名] -s/- 〘工〙制動装置.

das **Sperr·gut** [シュペる・グート] [名] -(e)s/. .güter かさばる荷物; 〘鉄道〙濶大(かつだい)貨物(割増料金が必要な貨物).

das **Sperr·gut·ha·ben** [シュペる・グート・ハーベン] [名] -s/- 封鎖預金.

das **Sperr·holz** [シュペる・ホルツ] [名] -es/ ベニヤ板, 合板.

der **Sperr·rie·gel** [シュペる・りーゲル] ⇨ Sperrriegel.

sper·rig [シュペりひ] [形] かさばる, 扱いにくい.

die **Sperr·ket·te** [シュペる・ケッテ] [名] -/-n 通行止めの鎖, ドアチェーン, (車などの)鎖錠.

die **Sperr·klau·sel** [シュペる・クラウゼル] [名] -/-n 〘政〙阻止条項(Fünfprozentklauselなど).

das **Sperr·kon·to** [シュペる・コント] [名] -/. .ten〔-s〕封鎖勘定〔口座〕.

der **Sperr·kreis** [シュペる・クらイス] [名] -es/-e 〘電〙ウェーブトラップ, 反共振回路.

die **Sperr·mi·no·ri·tät** [シュペる・ミノりテート] [名] -/-en (議決を)阻止しうるだけの数, 拒否権行使最低数.

der **Sperr·müll** [シュペる・ミュル] [名] -(e)s/ 粗大ゴミ.

das **Sperr·rad, Sperr-Rad,** [旧]**Sperrad** [シュペる・らート] [名] -(e)s/. .räder 〘工〙つめ車, ラチェット.

der **Sperr·rie·gel, Sperr-Rie·gel,** [旧]**Sperrie·gel** [シュペる・りーゲル] [名] -s/- 閂(かんぬき).

die **Sperr·schicht** [シュペる・シひト] [名] -/-en **1.** 〘気〙逆転層. **2.** 〘土〙防湿層. **3.** 〘電〙絶縁層, (半導体の)障壁.

der **Sperr·sitz** [シュペる・ズィッツ] [名] -es/-e (劇場・サーカスの)前列の席, (映画館の)後列の席.

die **Sperr·stun·de** [シュペる・シュトゥンデ] [名] -/-n (主に[単])(飲食店などの法定)閉店時刻.

die **Sper·rung** [シュペるング] [名] -/-en **1.** 遮断, 封鎖; 通行止め, 立入禁止; 阻止, 禁止, 停止. **2.** 《オーストリア・南独》(店などを)閉めること.

die **Sperr·vor·rich·tung** [シュペる・ふぉーあ・りひトゥング] [名] -/-en 遮断装置, 通行止め装置.

die **Sperr·zeit** [シュペる・ツァイト] [名] -/-en (主に[単])(飲食店などの法定)閉店時刻.

S

Spiegel

der **Sperr·zoll** [シュペる・ツォル] 名 -(e)s/..zölle 禁止[阻止]関税(関税障壁となる高率な税率).

die **Sperr·zo·ne** [シュペる・ツォーネ] 名 -/-n 立入禁止区域, 封鎖地域.

die **Spe·sen** [シュペーゼン] 名 [複数] (雇用者負担の)諸経費.

spe·sen·frei [シュペーゼン・ふらイ] 形 諸経費[掛かり]なしの, 運賃無料の.

der **Spes·sart** [シュペッサルト] 名 -s/ [山名]シュペッサルト(ドイツ中部の森の多い山地).

(*das*) **Spey·er** [シュパイあー] 名 -s/ [地名]シュパイアー(ラインラント=プファルツ州の都市).

die **Spe·ze·rei** [シュペーツェらイ] 名 -/-en (古) **1.** (外国産の)香料, 薬味, スパイス. **2.** (普通 複数で)デリカテッセン(特選食品).

die **Spe·ze·rei·wa·ren** [シュペーツェらイ・ヴァーれン] 名 [複数] (古) デリカテッセン(特選食品).

der **Spe·zi**[1] [シュペーツィ] 名 -s/-(s) (南独・オーストリア・口)[稀](親しい)友人・口 親友.

der (*das*) **Spe·zi**[2] [シュペーツィ] 名 -s/- (口)シュペーツィ(コーラにレモネードを混ぜた飲物).

spe·zi·al [シュペツィアール] 形 = speziell.

der **Spe·zi·al·arzt** [シュペツィアール・アーあツト, シュペツィアール・アルツト] 名 -es/..ärzte 専門医.

die **Spe·zi·al·aus·bil·dung** [シュペツィアール・アウス・ビルドゥング] 名 -/-en 特別(専門)教育.

der **Spe·zi·al·fall** [シュペツィアール・ふァル] 名 -(e)s/..fälle 特殊ケース.

das **Spe·zi·al·ge·biet** [シュペツィアール・ゲビート] 名 -(e)s/-e 専門分野(領域).

das **Spe·zi·al·ge·schäft** [シュペツィアール・ゲシェふト] 名 -(e)s/-e 専門店.

spe·zi·a·li·sie·ren [シュペツィアリズィーれン] 動 *h.* **1.** (sich[4] (auf 〈et[4]〉)) 専門にする(扱う), 専攻する. **2.** (〈et[4]〉) (古)個別に挙げる[記載する].

die **Spe·zi·a·li·sie·rung** [シュペツィアリズィーるング] 名 -/-en 専門化, (稀)個別化, 細分化.

der **Spe·zi·a·list** [シュペツィアリスト] 名 -en/-en 専門家, (口) 通(つう).

das **Spe·zi·a·lis·ten·tum** [シュペツィアリステントゥーム] 名 -s/ 専門家であること.

die **Spe·zi·a·li·tät** [シュペツィアリテート] 名 -/-en **1.** 名物(料理), 特別な品, 特殊性. **2.** 特技, 得意とすること, 専門分野.

das **Spe·zi·a·li·tä·ten·res·tau·rant** [シュペツィアリテーテン・レストラーン] 名 -s/-s 専門レストラン(名物・外国・郷土料理店など).

das **Spe·zi·al·wis·sen** [シュペツィアール・ヴィッセン] 名 -s/ 専門知識.

spe·zi·ell [シュペツィエル] 形 特別な, 特殊な, 専門的な: ein ~er Fall 特殊ケース. Er ist mein (ganz) ~er Freund. (皮)彼はまったくとんでもない友人だ. auf dein ~es Wohl! ((口))auf dein S~es! 君の健康を祈って(乾杯). im S~en (公)個々に, 詳細に.
—— 副 《語строение》(動詞・副詞および名詞を修飾)特に, とりわけ, 殊に: Du ~ [S~ du] ... (口) 君は特に(特に君は)….

die **Spe·zi·es** [シュペーツィエース, シュペーツィエス; spéː..., opéː..., シュペーツィエス] 名 -/-[..ツィエース] 種類;[生]種(しゅ);[数]四則;[代]種類売買.

die **Spe·zi·fi·ka·ti·on** [シュペツィふィカツィオーン, spe...シュペツィふィカツィオーン] 名 -/-en **1.**[文]詳細化;(古)明細(書), 仕様書, 内訳. **2.**[工]規格, 仕様書. **3.**[法]加工. **4.**[論]下位部門への分類.

das **Spe·zi·fi·kum** [シュペツィフィクム, spe...シュペツィフィクム] 名 -s/..ka **1.** 特殊性, 特異性;特徴. **2.**[医]特効薬.

spe·zi·fisch [シュペツィふィッシュ, spe...シュペツィふィッシュ] 形 **1.** ((für 〈j[3]〉/〈et[3]〉)) 特有[固有]な, 独特の: das für Hunde ~e Verhalten 犬に特有な行動. **2.** …特有[固有]の(の): ein ~ deutsches Problem ドイツ固有の問題. 【慣用】**das spezifische Gewicht**[理]比重. **die spezifische Wärme**[理]比熱.

spe·zi·fi·zie·ren [シュペツィふィツィーれン, spe...シュペツィふィツィーれン] 動 *h.* (〈et[4]〉) 詳細[明細]に述べる, 細記する(計画・支出・内訳などを).

das **Spha·gnum** [sfáɡ...シュふアグヌム] 名 -s/ [植] ミズゴケ.

die **Sphä·re** [sfɛ́ːrə シュふェーれ] 名 -/-n **1.** 領域, 範囲. **2.** 天球. 【慣用】**in höheren Sphären schweben** (冗)浮世[現実]離れしている.

die **Sphä·ren·mu·sik** [スふェーれン・ムズィーク] 名 -/ 天球の音楽(惑星の運行で生ずるとされた音);妙(たえ)なる調べ.

sphä·risch [sfɛ́ːrɪʃ シュふェーリシュ] 形 天球の(面)の;[数]球(面)の.

das **Sphä·ro·id** [sfe...シュふェろイート] 名 -(e)s/-e [数]スフェロイド, 球状体(の表面), 回転楕円面.

sphä·ro·idisch [シュふェろイーディシュ] 形 球面(球状)の.

der **Sphink·ter** [sfíŋk...シュふィンクテル] 名 -s/..tere [シュふィンクテーれ] [解]括約筋.

die **Sphinx** [sfíŋks シュふィンクス] 名 -/-e (〔考古〕 der ~/-e[Sphingen]) **1.**[ギ神](die ~ のみ)スピンクス(女性の頭をもつ有翼の牝ライオン). **2.**[エジプト神]スフィンクス;(転)謎めいた人物;不可思議の象徴.

die **Sphra·gis·tik** [sfra...シュふらギスティク] 名 -/ 印章学.

der **Sphyg·mo·graf**, **Sphyg·mo·graph** [sfyɡ...シュふュグモ・グらーふ] 名 -en/-en[医]脈波計.

das **Sphyg·mo·ma·no·me·ter** [シュふュグモ・マノ・メーテル] 名 -s/-[医]血圧計.

spic·ca·to [spikáːto スピカート] 副 [楽]スピッカートで, 弓を弦の上で跳躍させて.

der **Spick·aal** [シュピック・アール] 名 -(e)s/-s (北独) ウナギの燻製.

spi·cken [シュピッケン] 動 *h.* **1.** (〈et[4]〉) 脂身を差込む(焼く前に肉に). **2.** (〈et[4]〉= mit 〈et[3]〉) (口)いっぱい詰込む. **3.** (〈j[3]〉=) (口)賄賂(わいろ)を贈る. **4.** (口)(生徒・方)カンニングする.

die **Spick·gans** [シュピック・ガンス] 名 -/..gänse (北独)ガチョウの胸肉の燻製.

die **Spick·na·del** [シュピック・ナーデル] 名 -/-n 肉にベーコンを差込むための串.

der **Spick·zet·tel** [シュピック・ツェッテル] 名 -s/- 《生徒・方》カンニングペーパー;(口)メモ.

der **Spi·der** [ʃpáɪdɐ シュパイダー, spáɪ..スパイダー] 名 -s/- ロードスター(2, 3人乗りのオープンカー).

spie [シュピー] 動 speien の過去形.

spiee [シュピーエ] 動 speien の接続法2式.

der **Spie·gel** [シュピーグル] 名 -s/- **1.** 鏡;反射面;[医](検査用の)鏡: in den ~ sehen 鏡を見る. **2.** (実情を)反映するもの. **3.** 水面(Wasser~);水位: der ~ des Meeres 海面. **4.**[医](体液中の物質の)含有量. **5.**[服](服の)絹の折襟(軍服などの)標章. **6.**[狩](鹿などの)尻の白い部分(カモなどの)翼鏡(よくきょう). **7.**[海]平面の船尾. **8.** 一覧表. **9.** (ドアの)鏡板;[建]角形ドームの中央部. **10.** 標的の中心部. **11.** (書名として)鑑(かがみ), 典範. **12.**[印]版面に[製本]装飾のある見返し. **13.** かわいい, 若々しい, なめらかな肌, 特にひたい. 【慣用】〈j[3]〉 **den Spiegel vorhalten** 〈人[3]〉にその欠点[誤り]を指摘する. **sich**[3] 〈et[4]〉 **hinter den Spiegel stecken** (口)〈事[4]〉を常に念頭におく. **sich**[3] 〈et[4]〉 **nicht hinter den Spiegel stecken können** (口)(恥ずかしくて)〈物[4]〉を

人前に出さない.

das **Spie·gel·bild** [シュピーゲル・ビルト] 名 -(e)s/-er 鏡などに映った像,鏡像.

spie·gel·bild·lich [シュピーゲル・ビルトリヒ] 形 鏡に映った像のような,左右が逆の.

spie·gel·blank [シュピーゲル・ブランク] 形 鏡のようにぴかぴかの.

das **Spie·gel·ei** [シュピーゲル・アイ] 名 -(e)s/-er 【料】目玉焼き.

die **Spie·gel·fech·te·rei** [シュピーゲル・ふェヒテライ] 名 -/-en 1. 《蔑》見せかけること;まやかし,ごまかし.

das **Spie·gel·fern·rohr** [シュピーゲル・ふェルン・ローる] 名 -(e)s/-e 【光】反射望遠鏡.

das **Spie·gel·glas** [シュピーゲル・グラース] 名 -es/..gläser 《㊤のみ》鏡用ガラス;《稀》鏡.

spie·gel·glatt [シュピーゲル・グラット] 形 鏡のように滑らかな.

spie·gel·gleich [シュピーゲル・グライヒ] 形《古》=symmetrisch.

die **Spie·gel·gleich·heit** [シュピーゲル・グライヒハイト] 名 -/《古》=Symmetrie.

spie·ge·lig [シュピーゲリヒ] 形《稀》鏡のような.

spie·geln [シュピーゲルン] 動 h. 1. 《㊤態》(鏡のように)光る,輝く;光を反射する. 2. 《et⁴+《場所》=》映っている,現れている;《稀》自分の姿を映して見る. 3. 《j⁴/et⁴》映す,反映する,表す. 4. 《et⁴》《医》検見鏡で検査する.

die **Spie·gel·re·flex·ka·me·ra** [シュピーゲル・れふレックス・カメら] 名 -/-s レフレックスカメラ.

der **Spie·gel·saal** [シュピーゲル・ザール] 名 -(e)s/..säle 鏡の間.

die **Spie·gel·schei·be** [シュピーゲル・シャイベ] 名 -/-n 《稀》鏡用ガラス;鏡.

der **Spie·gel·schrank** [シュピーゲル・シュらンク] 名 -(e)s/..schränke 鏡つきたんす.

die **Spie·gel·schrift** [シュピーゲル・シュリふト] 名 -/-en 鏡文字(左右が逆の文字).

das **Spie·gel·te·le·skop** [シュピーゲル・テレスコープ] 名 -s/-e 反射望遠鏡.

der **Spie·gel·tisch** [シュピーゲル・ティッシュ] 名 -es/-e 鏡台.

die **Spie·ge·lung** [シュピーゲルング] 名 -/-en 映す(映る)こと;反映,反射;鏡像;【数】鏡像,軸対称.

die **Spieg·lung** [シュピーグルング] 名 -/-en =Spiegelung.

das **Spiel** [シュピール] 名 -(e)s/-e 1. 遊び,遊戯,戯れ:《et¹》wie im ～ schaffen〈事を〉苦もなくやってのける. ein falsches ～ treiben ずるいことをする. sein ～ mit〈j³〉treiben〈人を〉もてあそぶ. 2. ゲーム;競技,試合;《㊤のみ》ゲームの仕方: die Olympischen ～e オリンピック. Das ～ ist aus. 試合終了;その件はもうだめ[おわり]だ. 3. 賭事(ごと),勝負事(Glücks～);《軽率な》行動,冒険. 4. 《㊤のみ》演奏,演技. 5. (簡単な)芝居,演劇: die geistlichen ～ (中世の)宗教劇. ein ～ im ～ 劇中劇. 6. 一組,セット: ein ～ Karten トランプ一組. 7. 【工】遊び,ゆとり(～raum). 8. 《狩》(キジなどの)尾羽. 【慣用】《et⁴》**aufs Spiel setzen**〈物・事を〉賭ける〈事を〉危険にさらす. **aus dem Spiel bleiben** 関与しない. 《j¹/et¹》**aus dem Spiel lassen**〈人・物・事を〉関与させない. **bei**《j³》**gewonnenes Spiel haben**〈人にたいして〉十分な勝算がある. **das Spiel verloren geben** 途中で放棄する. **ein abgekartetes Spiel** 八百長. 《j¹/et¹》**ins Spiel bringen**〈人・物・事を〉関与させる. **mit**《j³/et³》**ein leichtes Spiel haben**〈人・物・事を〉軽くあしらう. **(mit) im Spiel sein** 関わり合いがある. 《et¹》**steht auf dem Spiel**〈事が〉危険にさらされている.

das **Spiel·al·ter** [シュピール・アルター] 名 -s/ 遊び盛り

の年齢.

der **Spiel·an·zug** [シュピール・アン・ツーク] 名 -(e)s/..züge 遊び着.

die **Spiel·art** [シュピール・アート] 名 -/-en 変種;バリエーション.

der **Spiel·au·to·mat** [シュピール・アウトマート] 名 -en/-en ゲーム機,スロット・マシーン.

der **Spiel·ball** [シュピール・バル] 名 -(e)s/..bälle 1. 競技用のボール;(玉突きの)キューボール. 2. 《㊤》ゲームポイント. 3. もて遊ばれる人〔物・事〕.

die **Spiel·bank** [シュピール・バンク] 名 -/-en 賭博(ピャ)場,カジノ.

das **Spiel·bein** [シュピール・バイン] 名 -(e)s/-e (彫像・スポーツなどで)体重のかかっていない方の脚.

das **Spiel·brett** [シュピール・ブれット] 名 -(e)s/-er 1. (チェスなどの)盤,ボード. 2. 《㊤》バックボード.

die **Spiel·do·se** [シュピール・ドーゼ] 名 -/-n オルゴール.

die **Spiel·ecke** [シュピール・エッケ] 名 -/-n ゲーム〔遊戯〕コーナー.

spie·len [シュピーレン] 動 h. 1. 《㊤態》遊ぶ,遊んでいる. 《j⁴》《遊び・ゲームなどを》: Verstecken/Karten ～ 隠れん坊/トランプをする. Soldaten ～ 兵隊ごっこをする. 2. 《et⁴》《球技などを》. 3. 《et⁴》プレー〔ゲーム〕する. 5. 《et⁴》《+方向》》蹴[打]つ,打つ,投げる: den Ball ins Netz ～ ボールをネットに入〔打〕ち込む. den Ball vors Tor/ins Tor ～ ボールをゴール前に運ぶ〔ゴールにシュートする. 6. 【様態】試合をする;試合を終える: fair/hart ～ フェアな/激しい試合をする. gegen《j⁴》/um die Meisterschaft ～〈人に〉/選手権をかけて試合をする. unentschieden/1:0(=eins zu null)～ 試合を引分ける/1対0で試合を終える. 《j⁴》/《㊤》つとめる〈球技でポジションを〉: Torwart/halblinks ～ キーパー/左のハーフをする. 8. 《Es+sich⁴+《様態》》試合〔プレー〕をする: Bei solchem Wetter *spielt* es sich schlecht. そんな天気では試合はやりにくい. 9. 《et⁴》弾く,演奏する〈楽器・曲を〉〖管楽器を blasen〖吹く〗も用いる. 打楽器をschlagen〖打つ〗: Beethoven ～ ベートーベンを演奏する. Das Radio *spielt* Jazz. ラジオはジャズを放送している. eine Schallplatte ～ 《㊤》レコードをかける. 10. 【様態】演奏する: vom Blatt ～ 初見で演奏する. nach/ohne Noten ～ 楽譜を見ながら/暗譜で演奏する. vierhändig ～ 連弾する. zum Tanz ～ ダンスのために演奏する. 11. 《《j⁴/et⁴》》演じる. 12. 《et³》》出演している《劇場に》. 13. 《et⁴》上演〔上映〕する: Theater ～ 《㊤》お芝居をする(特に苦しがってみせる). Was wird heute im Kino〔Theater〕*gespielt*? 今日は映画〔芝居〕は何が上演されていますか. Was wird hier *gespielt*?《転・㊤》ここで何が起きているのですか. 14. 〔um《et³》》〕《et⁴》〖勝負〗する〈賭けて〉. 15. 《et³》》賭事をする. 16. 《et⁴》in《et³》》する《くじなどを》: (im) Lotto/Toto ～ 宝くじ/トトカルチョをする. 17. 《mit《j³/et³》》もてあそぶ. 19. 《sich⁴+《様態》》遊ぶ〔ゲーム・勝負をする〕(が…に)なる). 20. 《sich⁴+《方向》》向かう;(…の)地位〔順位〕につく: sich⁴ an die Kulisse ～ (演じながら)舞台裏に引っ込む. sich⁴ an die Spitze ～ トップに立つ. 《et⁴》《+方向》》(ひそかに)渡す. 22. 《時点/場所》》舞台は(…で)ある: Der Roman *spielt* im Mittelalter/in Venedig. その小説は舞台は中世である/《ヴェネツィアである. 23. 《j⁴》》ふりをする,装う. 24. 《場所》(戯れるように)動く;ゆらめく《光などが》;浮ぶ《笑みなどが》. 【慣用】《j⁴》**an die Wand spielen**〈人を〉凌駕(ﾘｮｳｶﾞ)する(共演者などを). **in allen Far-**

ben spielen (虹色に)きらきら輝く. **ins Rötliche/Grünliche spielen** 赤み/緑色がかる. **seine Augen über** 〈**et**^{4}〉 **spielen lassen** 〈物に〉目を走らせる. 〈**et**^{4}〉 **spielen lassen** 〈物・事を〉働かせる： ihre Reize *spielen* lassen (彼女は)美貌(びぼう)にものを言わせる.

spie·lend [シュピーレント] [形] たやすい;やすやすと.

der **Spie·ler** [シュピーラー] [名] -s/- (ゲームの)プレーヤー;競技者,選手;《稀》演奏家;《稀》俳優(Schau~);賭博(とばく)好きの人.

die **Spie·le·rei** [シュピーレらイ] [名] -/-en **1.** (《[単]のみ》いじくり回していること. **2.** 容易な事,お遊び;《蔑》余分な(どうでもいい)こと.

spie·le·risch [シュピーレりシュ] [形] **1.** 戯れの,遊びの;楽しい;遊び半分の. **2.** 競技〔試合〕の.

das **Spiel·feld** [シュピール・ふぇルト] [名] -(e)s/-er 競技場,グラウンド,コート.

der **Spiel·film** [シュピール・ふぃルム] [名] -(e)s/-e 劇映画.

die **Spiel·fol·ge** [シュピール・ふぉルゲ] [名] -/-n 試合〔演目・演奏・上演〕プログラム.

spiel·frei [シュピール・ふらイ] [形] 競技〔試合〕のない;休演の.

der **Spiel·füh·rer** [シュピール・ふゅーらー] [名] -s/- 〖スポーツ〗キャプテン,主将.

der **Spiel·ge·fähr·te** [シュピール・ゲふぇーあテ] [名] -n/-n (子供の)遊び友達〔仲間〕.

das **Spiel·geld** [シュピール・ゲルト] [名] -(e)s/-er 賭金(かけきん);(賭博(とばく)の)チップ.

der **Spiel·hahn** [シュピール・ハーン] [名] -(e)s/..hähne 〖狩〗雄のクロライチョウ.

die **Spiel·höl·le** [シュピール・[へ]レ] [名] -/-n 《蔑》賭博(とばく)場.

der **Spiel·ka·me·rad** [シュピール・カメらート] [名] -en/-en (子供の)遊び友達〔仲間〕.

die **Spiel·kar·te** [シュピール・カるテ] [名] -/-n トランプの札.

das **Spiel·ka·si·no** [シュピール・カズィーノ] [名] -s/-s 賭博(とばく)場,カジノ.

der **Spiel·klub** [シュピール・クルっプ] [名] -s/-s カード〔トランプ〕クラブ,賭博(とばく)クラブ.

die **Spiel·lei·den·schaft** [シュピール・ライデンシャふト] [名] -/ 賭博(とばく)熱,ばくち好き.

der **Spiel·lei·ter** [シュピール・ライター] [名] -s/- 演出家,映画監督;(クイズ番組などの)司会者;(試合の)審判.

der **Spiel·mann** [シュピール・マン] [名] -(e)s/..leute **1.** (中世の)吟遊詩人,辻(つじ)音楽師. **2.** (軍隊などの)軍楽〔鼓笛〕隊員.

der **Spiel·manns·zug** [シュピールマンス・ツーク] [名] -(e)s/..züge 楽隊,鼓笛隊.

die **Spiel·mar·ke** [シュピール・マるケ] [名] -/-n (賭博(とばく)の)チップ.

die **Spiel·oper** [シュピール・オーパー] [名] -/-n シュピールオーパー(Singspiel とフランスのオペラ・コミックの影響を受けた 19 世紀の喜歌劇).

der **Spiel·plan** [シュピール・プラーン] [名] -(e)s/..pläne (1 シーズンの)上演〔演奏〕(予定)演目;上演〔演奏〕予定表;(スポーツ選手の)試合予定表.

der **Spiel·platz** [シュピール・プラッツ] [名] -es/..plätze 遊び場.

der **Spiel·raum** [シュピール・らウム] [名] -(e)s/..räume (機械の)遊び;(活動の)余地.

die **Spiel·re·gel** [シュピール・れーゲル] [名] -/-n 競技〔ゲーム〕の規則.

die **Spiel·sa·chen** [シュピール・ザっヘン] [複名] おもちゃ(《[単]は Spielzeug》).

die **Spiel·schu·le** [シュピール・シューレ] [名] -/-n **1.** (行動障害児のための)遊戯療法の講習. **2.** 《古》幼稚園.

die **Spiel·stra·ße** [シュピール・シュトらーセ] [名] -/-n 子供の遊び場として解放された道路.

der **Spiel·teu·fel** [シュピール・トイふぇル] [名] -s/ 賭博(とばく)狂.

der **Spiel·tisch** [シュピール・ティっシュ] [名] -(e)s/-e **1.** ゲーム用テーブル,ビリヤード台,賭博(とばく)台. **2.** (パイプオルガンの)演奏台.

die **Spiel·uhr** [シュピール・ウーあ] [名] -/-en オルゴール時計.

die **Spiel·un·ter·bre·chung** [シュピール・ウンターブれっひゅング] [名] -/-en 〖スポーツ〗タイム,試合の一時中止.

das **Spiel·ver·bot** [シュピール・ふぇあボート] [名] -(e)s/-e 〖スポーツ〗(競技)出場〔参加〕停止処分.

der **Spiel·ver·der·ber** [シュピール・ふぇあデるバー] [名] -s/- 遊び〔楽しみ〕の邪魔をする人;《転》企てを駄目にする人.

die **Spiel·wa·ren** [シュピール・ヴァーれン] [複名] (商品としての)おもちゃ.

das **Spiel·wa·ren·ge·schäft** [シュピールヴァーれン・ゲシェふト] [名] -(e)s/-e おもちゃ屋.

die **Spiel·wie·se** [シュピール・ヴィーゼ] [名] -/-n (芝生の)遊び場;《転》活動の場所.

die **Spiel·zeit** [シュピール・ツァイト] [名] -/-en (演劇などの)シーズン;上演〔上映〕期間〔時間〕;〖スポーツ〗(規定の)競技〔試合〕時間.

das **Spiel·zeug** [シュピール・ツォイク] [名] -(e)s/-e おもちゃ,玩具.

das **Spiel·zim·mer** [シュピール・ツィマー] [名] -s/- 遊び部屋,遊戯室;ゲーム室.

die **Spie·re** [シュピーれ] [名] -/-n 〖海〗(艤装用)円材,スパー.

der **Spieß** [シュピース] [名] -es/-e **1.** (昔の)槍(やり);投槍(Wurf~). **2.** 焼き串(Brat~);小串,スティック(Spießchen);(肉の)串焼き(Fleisch~). **3.** 〖狩〗(若鹿などの)無枝の角. **4.** 〖印〗(行間などの)汚れ. **5.** 〖兵〗上級曹長. 【慣用】**den Spieß umdrehen** さかねじを食わせる. **schreien wie am Spieß** 大声を上げる.

der **Spieß·bür·ger** [シュピース・ビュるガー] [名] -s/- 《蔑》(小市民的)旧弊〔偏狭〕な人,俗物.

spieß·bür·ger·lich [シュピース・ビュるガーりひ] [形] 《蔑》(小市民的な)旧弊な,偏狭な,俗物的な.

das **Spieß·bür·ger·tum** [シュピース・ビュるガートゥーム] [名] -s/ 《蔑》偏狭で俗物的な生活態度,小市民的〔プチブル〕精神.

spie·ßen [シュピーセン] [動] *h.* **1.** 〔〈et^4〉ヲ〕(串などで)刺す. **2.** 〔〈et^4〉ヲ+auf 〈et^4〉ニ〕(突き)刺して取る;刺す. eine Kartoffel auf die Gabel ~ ポテトをフォークに刺して取る. Die Schmetterlinge sind auf Nadeln gespießt. 蝶がピンに刺してある. **3.** 〔〈et^4〉ヲ+〈方向〉ニ〕突き刺す;《稀》ピンで刺して留める(《写真を壁などに》). **4.** 〔sich^4〕(《オーストリア》)つかえる(《引出しなどが》);うまく事がはこばない： In der Schublade *spießt* sich eine Gabel. 引出しでフォークがつかえている.

der **Spie·ßer** [シュピーサー] [名] -s/- **1.** 《口・蔑》=Spießbürger. **2.** 〖狩〗角が生えたばかりの若いシカ.

der **Spieß·ge·sel·le** [シュピース・ゲゼレ] [名] -n/-n 《蔑》悪事の仲間,共犯者;《冗》相棒.

spie·ßig [シュピースィひ] [形] =spießbürgerlich.

die **Spieß·ru·te** [シュピース・るーテ] [名] -/-n (鞭打ち用の)鞭(むち)： ~*n* laufen 鞭打ちの刑を受ける(《二列の兵隊の間を鞭打たれながら走る罰》);あざける人々の間を通って行く.

der **Spike** [ʃpaɪk シュパイク, spaɪk スパイク] [名] -s/-s **1.** (靴・タイヤなどの)スパイク. **2.** (《主に[複]》)スパイクシューズ;(《[複]のみ》)スパイクタイヤ(~(s)reifen).

der **Spikes·rei·fen** [ʃpáɪks.. シュパイクス・らイふぇン, sp

S

Spill 1142

áiks.. [シュパイクス・らイふェン] 名 -s/- スパイクタイヤ.
das **Spill** [spm シュピル] 名 -(e)s/-e(-s)〖海〗キャプスタン, ウインチ, 巻上げ機.
spill・e・rig [シュピレリヒ] 形〖北独〗やせ細った.
spill・rig [シュピルリヒ] 形 =spillerig.
der **Spin** [spm スピン] 名 -s/-s 1.〖理〗(素粒子や原子核の)スピン. 2.〖球〗スピン, ひねり.
die **Spi・na bi・fi・da** [シュピーナ・ビーふぃダ, spí.. スピーナ・ビーふぃダ] 名 -/〖医〗脊椎(#*)破裂.
spi・nal [シュピナール, spi.. スピナール] 形〖医〗脊髄(#*)〔脊柱・脊椎(#*)〕の.
der **Spi・nat** [シュピナート] 名 -(e)s/〖植〗ホウレンソウ.
das〔*der*〕**Spind** [シュピント] 名 -(e)s/-e(兵舎などの小さな)ロッカー.
die **Spin・del** [シュピンデル] 名 -/-n 1.〖紡〗錘(#*), 紡錘. 2.〖工〗スピンドル, 軸心棒, 浮杯(#*). 3.〖土〗(らせん階段の)軸柱. 4.〖園〗(果樹などの)中軸;〖植〗紡錘体.
spin・del・dürr [シュピンデル・デュる] 形 やせ細った.
der **Spi・nell** [シュピネル] 名 -s/-e 尖(*)晶石.
das **Spi・nett** [シュピネット] 名 -(e)s/-e〖楽〗スピネット(小型チェンバロの一種).
der **Spin・na・ker** [シュピナカ一, spí.. スピナカー] 名 -s/-〖海〗スピン, スピネーカー(追い風用の大型三角袋帆).
die **Spin・ne** [シュピネ] 名 -/-n 1.〖動〗クモ: Pfui ~!〔口〕わっ, いやだ〔気持悪い〕. 2.〖蔑〗(やせこけた)意地の悪い嫌な女.
spin・ne・feind [シュピネ・ふぁイント] 形(次の形で) (mit)〈j³〉~ sein〔口〕〈人4〉と目の敵にしている.
spin・nen* [シュピネン] 動 spann; hat gesponnen 1.〖繊〗紡ぐ; 糸を吐く(クモ・蚕などが);〖方〗喉(º)をごろごろ鳴らす(猫が);〔口〕頭がおかしい: Der Kerl spinnt ja total. あいつは本当に頭がおかしい. 2.〈et⁴シュ〉(糸に)紡ぐ(羊毛などを); 紡ぐ, 紡いで作る(糸などを);〈et⁴シュ〉(クモが糸を), 紡いた, 作る(巣・繭などを); 作り出す(化学繊維を紡糸ノズルから押出して): einen Faden ~ 糸を紡ぐ. 3.〈et⁴シュ〉考え出す, 巡らす(考えなどを);〖口〗(ありもしないのに)謀う: Ränke ~ 奸計をめぐらす.〖慣用〗**ein Seemannsgarn spinnen** 信じられないような冒険談をする.
der **Spin・nen・fa・den** [シュピネン・ふぁ一デン] 名 -s/..fäden クモの糸.
das **Spin・nen・ge・we・be** [シュピネン・ゲヴェーベ] 名 -s/-〖稀〗=Spinngewebe.
das **Spin・nen・netz** [シュピネン・ネッツ] 名 -es/-e クモの巣.
der **Spin・ner** [シュピナー] 名 -s/- 1. 紡績工. 2.〔口・蔑〕頭の変なやつ. 3. スピナー. 4.〖昆〗カイコガ.
die **Spin・ne・rei** [シュピネライ] 名 -/-en 1. 紡績工場;(*のみ)糸紡ぎ, 紡績. 2.〔口・蔑〕変な考え〔行動〕, 妄想;(*のみ)変なことを考え続けること.
die **Spin・ne・rin** [シュピネリン] 名 -/-nen 1. 紡ぎ女, 女性紡績工. 2.〔口・蔑〕頭の変な女.
die **Spinn・fa・ser** [シュピン・ふぁーザ一] 名 -/-n 紡糸.
das **Spinn・ge・we・be** [シュピン・ゲヴェーベ] 名 -s/- クモの巣.
die **Spinn・ma・schi・ne** [シュピン・マシーネ] 名 -/-n 紡績機.
das **Spinn・rad** [シュピン・ら一ト] 名 -(e)s/..räder 紡ぎ車, 糸車.
der **Spinn・rocken** [シュピン・ろッケン] 名 -s/- 糸巻き棒.
der **Spinn・stoff** [シュピン・シュトッふ] 名 -(e)s/-e 紡糸.
die **Spinn・stu・be** [シュピン・シュトゥ一べ] 名 -/-n (昔の冬の晩に女性が糸紡ぎに集まる村の)紡ぎ部屋.
das **Spinn・web** [シュピン・ヴェップ] 名 -s/-e (#ã*)=Spinnwebe.
die **Spinn・we・be** [シュピンヴェーベ] 名 -/-n クモの糸〔巣〕.
(*der*) **Spi・no・za** [シュピノーツァ, spi.. スピノーツァ] 名〖人名〗スピノザ(Baruch de ~, 1632-77, オランダの哲学者).
spi・no・za・isch, ⓈⒷ**Spi・no・za・isch** [シュピノーツァイシュ] 形 スピノザの〔的な〕.
der **Spi・no・zis・mus** [シュピノツィスムス, spi.. スピノツィスムス] 名 -/〖哲〗スピノザ哲学, スピノザ説.
der **Spi・no・zist** [シュピノツィスト, spi.. スピノツィスト] 名 -en/-en スピノザ哲学の信奉者.
spi・no・zis・tisch [シュピノツィスティシュ, spi.. スピノツィスティシュ] 形 スピノザ哲学〔学派〕の.
spin・ti・sie・ren [シュピンティズィーれン] 動 h.(über〈j⁴〉et⁴シュ一ウァ〉)つまらぬことをあれこれ考える.
der **Spi・on** [シュピオーン] 名 -s/-e 1. スパイ, 諜報員, 密偵. 2. (外を見張るための)窓鏡;(ドアの)のぞき穴.
die **Spi・o・na・ge** [..ʒə シュピオナージェ] 名 -/ スパイ〔諜報(゛゚)〕活動.
die **Spi・o・na・ge・ab・wehr** [シュピオナージェ・アップ・ヴェーア] 名 -/ 防諜(ぽ)活動; 防諜機関.
der **Spi・o・na・ge・dienst** [シュピオナージェ・ディーンスト] 名 -(e)s/-e 諜報機関.
das **Spi・o・na・ge・netz** [シュピオナージェ・ネッツ] 名 -es/-e 諜報〔スパイ〕網.
der **Spi・o・na・ge・ring** [シュピオナージェ・リング] 名 -(e)s/-e 諜報網.
spi・o・nie・ren [シュピオニーれン] 動 h.(燗ãº)スパイ活動をする; こっそりのぞく, 盗み聞きする.
der **Spi・ral・boh・rer** [シュピラール・ボ一ら一] 名 -s/-〖工〗ドリル.
die **Spi・ra・le** [シュピら一レ] 名 -/-n 1. 螺旋(*ª), 渦巻線. 2.〖数〗螺旋形. 3. 螺旋(渦巻)状のもの, ぜんまい, コイル;〖口〗子宮内ペッサリー.
die **Spi・ral・fe・der** [シュピラール・ふェーダ一] 名 -/-n 渦巻ばね, ぜんまい.
spi・ral・för・mig [シュピらール・ふォるミヒ] 形 螺旋(*ª)〔渦巻〕形の.
die **Spi・ral・li・nie** [シュピらール・リーニエ] 名 -/-n 螺線(*ª), 渦巻線.
der **Spi・ral・ne・bel** [シュピらール・ネーベル] 名 -s/-〖天〗(古)渦巻星雲.
die **Spi・rans** [シュピーらンス, spí.. スピーらンス] 名 -/..ranten [シュピらンテン, スピらンテン]〖言〗摩擦音.
der **Spi・rant** [シュピらント, spi.. スピらント] 名 -en/-en〖言〗摩擦音.
die **Spi・ril・le** [シュピリレ, spi.. スピリレ] 名 -/-n (主に⑨)〖医〗螺旋(*ª)菌.
der **Spi・ri・tis・mus** [シュピりティスムス, spi.. スピりティスムス] 名 -/ 心霊の信仰; 降神〔心霊・交霊〕術.
der **Spi・ri・tist** [シュピりティスト, spi.. スピりティスト] 名 -en/-en 心霊論者, 降神〔心霊・交霊〕術者, 霊媒.
spi・ri・tis・tisch [シュピりティスティシュ, spi.. スピりティスティシュ] 形 心霊信仰〔術〕の.
der **Spi・ri・tu・al¹** [シュピりトゥア一ル, spi.. スピりトゥア一ル] 名 -s〔-(en)〕/-en (δº*)(神学校などの)霊的指導司祭.
das〔*der*〕**Spi・ri・tu・al²** [spírɪt∫ʊəl スピりチュエル] 名 -s/-s〖楽〗黒人霊歌, ニグロスピリチュアル.
der **Spi・ri・tu・a・lis・mus** [シュピりトゥアリスムス, spi.. スピりトゥアリスムス] 名 -/ 1.〖哲〗唯心論. 2. 心霊主義.
der **Spi・ri・tu・a・list** [シュピりトゥアリスト, spi.. スピりトゥアリスト] 名 -en/-en 1.〖哲〗唯心論者. 2. 心霊主義者の.
spi・ri・tu・a・lis・tisch [シュピりトゥアリスティシュ, spi.. スピりトゥ

アリスティシュ] [形] **1.** 〖哲〗唯心論の. **2.** 心霊主義の.

die **Spi·ri·tu·a·li·tät** [シュピりトゥアリテート, spi.. スピりトゥアリテート] [名] -/ 《文》精神性, 霊性.

spi·ri·tu·ell [シュピりトゥエル, spi.. スピりトゥエル] [形] 《文》精神の, 霊的な;《文・稀》宗教上の, 聖なる.

die **Spi·ri·tu·o·se** [シュピりトゥオーゼ, spi.. スピりトゥオーゼ] [名] -/-n 《主に[複]》スピリッツ類(強い酒).

der **Spi·ri·tus**¹ [spí:.. スピーりトゥス] [名] -/-[..トゥース] 《文》気息, 息;霊;精神.

der **Spi·ri·tus**² [シュピーりトゥス] [名] -/-se (〔複〕は種類) 酒精, (エチル)アルコール.

der **Spi·ri·tus·ko·cher** [シュピーりトゥス・コっはー] [名] -s/- アルコールコッヘル.

die **Spi·ri·tus·lam·pe** [シュピーりトゥス・ラムペ] [名] -/-n アルコールランプ.

der **Spi·ri·tus Rec·tor,** [旧]**Spi·ri·tus rec·tor** [spí:.. スピーりトゥス れクトーあ] [名] --/ 《文》指導的精神〔人物〕;推進的な力.

der **Spi·ri·tus Sanc·tus** [spí:.. スピーりトゥス ザンクトゥス] [名] --/ 〖キ教〗聖霊.

die **Spi·ro·chä·te** [シュピろ・ひぇーテ, spi.. スピろ・ひぇーテ] [名] -/-n 〖医〗スピロヘータ.

das **Spi·ro·me·ter** [シュピろ・メーター, spi.. スピろ・メーター] [名] -s/- 〖医〗肺活量計.

das **Spi·tal** [シュピタール] [名] -s/..täler **1.** 《オースト・スイス》病院. **2.** 《古》養老院;《古》救貧員.

der **Spi·ta·ler** [シュピターラー] [名] -s/- 《古》入院患者;養老院〔救貧院〕に入っている人.

der **Spi·tä·ler** [シュピテーラー] [名] -s/- =Spitaler.

spitz [シュピッツ] [形] **1.** 尖(とが)った;先細の, V型の(ネック): ein ~*er* Winkel 鋭角. **2.** 鋭い;とげのある, いやみな. **3.** 《口》やせて尖った. **4.** 《口》セクシーで魅力的な;欲望〔欲情〕をかきたてられた: ~ auf 〈j⁴/et⁴〉 ~ sein 《口》〈人に〉欲情を抱いている/〈物が〉欲しくてたまらない.

der **Spitz** [シュピッツ] [名] -es/-e **1.** 〖動〗スピッツ(犬). **2.** 《方》ほろ酔い. **3.** 《オースト・スイス》=Spitze. **4.** 《オースト》ボイルした牛ヒレ肉(Tafel~). 【慣用】**Mein lieber Spitz!** 《口》おいおい君(驚き・非難など). **〈et¹〉 steht auf Spitz und Knopf** 〔**Spitz auf Knopf**〕《南独》〈事の〉成行きはどちらに転ぶか際どいところだ.

der **Spitz·bart** [シュピッツ・バーあト] [名] -(e)s/..bärte 先のとがったあごひげ;《口》先のとがったあごひげの人.

spitz·bär·tig [シュピッツ・ベーあティひ] [形] 先のとがったあごひげの.

der **Spitz·bo·gen** [シュピッツ・ボーゲン] [名] -s/- 〖建〗尖頭アーチ.

das **Spitz·bo·gen·fens·ter** [シュピッツボーゲン・ふぇンスター] [名] -s/- 〖建〗鋭尖(せん)窓, 尖頂窓.

der **Spitz·bu·be** [シュピッツ・ブーベ] [名] -n/-n **1.** 《古・蔑》詐欺師, ペテン師, 泥棒. **2.** 《口》いたずら小僧. **3.** 《南独・オースト》シュピッツブーベ(ジャムをはさんだ2重, 3重のビスケット).

die **Spitz·bü·be·rei** [シュピッツ・ビューベらイ] [名] -/-en 《古》悪事, 悪さ;詐欺;(〔単〕のみ)《稀》いたずら, 茶目.

die **Spitz·bü·bin** [シュピッツ・ビュービン] [名] -/-nen Spitzbube の女性形.

spitz·bü·bisch [シュピッツ・ビュービシュ] [形] いたずらっぽい, 抜け目のない;《古・蔑》悪党の.

die **Spit·ze** [シュピッツェ] [名] -/-n **1.** (とがった)先, 先端;(山・屋根などの)頂上, (三角形などの)頂点;(シガー・シガレット)ホルダー(Zigarren~, Zigaretten~). **2.** (列・列車などの)先頭;〖球〗トップのフォワード. **3.** 首位;トップグループ;(〔複〕のみ)首脳部, 指導的な人たち. **4.** 最高値;《口》最高速度;《口》最高(にすぐれた人・物). **5.** 〖商〗余剰額. **6.** あてこすり. **7.** レース(編み). 【慣用】**〈et⁴〉 auf die Spitze treiben** 〈事を〉徹底して推し進める. **die Spitze des Eisbergs** 氷山の一角. **〈et³〉 die Spitze nehmen**〔**abbrechen**〕〈事の〉やんわりかわす. **〈et¹〉 steht auf Spitze und Knopf** 〈事の〉成行きはどちらに転ぶか際どいところだ.

der **Spit·zel** [シュピッツェル] [名] -s/- 密偵, スパイ.

spit·zeln¹ [シュピッツェルン] [動] *h.* 〔補足なし〕スパイ活動をする.

spit·zeln² [シュピッツェルン] [動] *h.* 〔〈et⁴〉ヲ〕〖サッカー〗つま先でける, トウキックする(ボールを).

spit·zen [シュピッツェン] [動] *h.* **1.** 〔〈et⁴〉ヲ〕とがらす: die Ohren ~ 耳をぴんと立てる;《口》聞き耳を立てる. **2.** 〔補足なし〕《方》そっと見る〔のぞく〕;注意を払う. **3.** 〔(sich⁴)+auf 〈et⁴〉ヲ〕《方》じりじりして待つ, 首を長くして待つ.

die **Spit·zen·blu·se** [シュピッツェン・ブルーゼ] [名] -/-n レースのブラウス.

das **Spit·zen·er·zeug·nis** [シュピッツェン・エあツォイクニス] [名] -ses/-se 最高級(製)品.

der **Spit·zen·film** [シュピッツェン・ふぃルム] [名] -(e)s/-e 最優秀映画.

die **Spit·zen·ge·schwin·dig·keit** [シュピッツェン・ゲシュヴィンディひカイト] [名] -/-en 最高速度.

das **Spit·zen·ge·spräch** [シュピッツェン・ゲシュプれーひ] [名] -(e)s/-e トップ会談.

die **Spit·zen·grup·pe** [シュピッツェン・グるっペ] [名] -/-n トップグループ;先頭集団.

der **Spit·zen·kan·di·dat** [シュピッツェン・カンディダート] [名] -en/-en (党の立候補者名簿の)最上位候補者.

die **Spit·zen·klas·se** [シュピッツェン・クラっセ] [名] -/-n トップクラス;最高級(品).

die **Spit·zen·klöp·pe·lei** [シュピッツェン・クⓛっペライ] [名] -/-en (〔単〕のみ)ボビンレース編み;ボビンレースの編物.

der **Spit·zen·kra·gen** [シュピッツェン・クらーゲン] [名] -s/- (《南独》..krägen) レースの襟.

die **Spit·zen·leis·tung** [シュピッツェン・ライストゥング] [名] -/-en 最高の業績〔成績〕, 最高出力.

die **Spit·zen·mann·schaft** [シュピッツェン・マンシャふト] [名] -/-en 〖スポーツ〗トップクラスのチーム.

die **Spit·zen·or·ga·ni·sa·ti·on** [シュピッツェン・オるガニザツィオーン] [名] -/-en 中央組織, 指導機関, 首脳部.

der **Spit·zen·rei·ter** [シュピッツェン・らイター] [名] -s/- トップの地位にある人〔物・事〕, トップグループ.

der **Spit·zen·spie·ler** [シュピッツェン・シュピーラー] [名] -s/- トップクラスの選手.

der **Spit·zen·sport** [シュピッツェン・シュポるト] [名] -(e)s/ 《感》高技能・高記録を要求する競技スポーツ.

der **Spit·zen·sport·ler** [シュピッツェン・シュポるトラー] [名] -s/- トップクラスのスポーツ選手.

der **Spit·zen·tanz** [シュピッツェン・タンツ] [名] -es/..tänze 〖バレエ〗トーダンス.

das **Spit·zen·tuch** [シュピッツェン・トゥーふ] [名] -(e)s/..tücher レースの布(地);レースの縁飾りがついた布〔ハンカチ・スカーフ〕.

der **Spit·zen·ver·tre·ter** [シュピッツェン・ふぇあトれーター] [名] -s/- トップクラスの代表者.

der **Spit·zen·wert** [シュピッツェン・ヴェーあト] [名] -(e)s/-e 最高〔最大〕値.

die **Spit·zen·zeit** [シュピッツェン・ツァイト] [名] -/-en ピーク時;〖スポーツ〗ベストタイム.

der **Spit·zer** [シュピッツァー] [名] -s/- 《口》鉛筆削り(Bleistift~);《方》(犬の)スピッツ.

spitz·fin·dig [シュピッツ・ふぃンディひ] [形] 《蔑》細かすぎる, 屁理屈の, 揚げ足とりの.

die **Spitz·fin·dig·keit** [シュピッツ・ふぃンディひカイト] [名] -/-en **1.** 《蔑》(〔単〕のみ)瑣末(さまつ)にこだわる〔理屈っぽい〕こと. **2.** 瑣末にこだわる〔理屈っぽい〕言葉〔意見〕.

S

die **Spitz·ha·cke** [シュピッツ・ハッケ] [名] -/-n つるはし, ピッケル.

spitzig [シュピッツィひ] [形] 《古》=spitz 1, 2, 3.

die **Spitz·keh·re** [シュピッツ・ケーれ] [名] -/-n (道路の)ヘアピンカーブ; (スキーの)キックターン; (電車の)スイッチバック.

spitz|krie·gen [シュピッツ・クりーゲン] [動] *h.* 〔〈et^4〉ヲ〕《口》見抜く, (…に)気づく(詐欺などに).

die **Spitz·mar·ke** [シュピッツ・マるケ] [名] -/-n 〖印〗(段落のはじめのゴシック体などで書かれた)小見出し.

die **Spitz·maus** [シュピッツ・マウス] [名] -/..mäuse 〖動〗トガリネズミ; 《口・蔑》やせ細ったとがった顔の女.

der **Spitz·na·me** [シュピッツ・ナーメ] [名] -ns/-n あだ名, ニックネーム.

die **Spitz·po·cken** [シュピッツ・ポッケン] [複名] 水痘, 水疱瘡(ぼうそう).

die **Spitz·säu·le** [シュピッツ・ゾイレ] [名] -/-n オベリスク.

(*der*) **Spitz·weg** [シュピッツ・ヴェーク] [名] 〖人名〗シュピッツヴェーク(Carl ~, 1808-85, 画家).

der **Spitz·we·ge·rich** [シュピッツ・ヴェーゲりひ, シュピッツ・ヴェーゲりひ] [名] -s/-e 〖植〗ヘラオオバコ.

spitz·win·ke·lig [シュピッツ・ヴィンケりひ] [形] =spitzwinklig.

spitz·wink·lig [シュピッツ・ヴィンクりひ] [形] 鋭角の.

der **Spleen** [ʃpliːn シュプリーン, spliːn スプリーン] [名] -s/-e〔-s〕(主に[複])突飛な考え, 奇行, 奇癖.

splee·nig [ʃplíːnɪç シュプリーニひ, splíː.. スプリーニひ] [形] 奇矯な, 酔狂な.

der **Spleiß** [シュプライス] [名] -es/-e **1.** 〖海〗組み〔撚(よ)り〕継ぎ, スプライス. **2.** 《方》=Splitter.

splei·ßen(*) [シュプライセン] [動] spliss〔spleißte〕; hat gesplissen〔gespleißt〕 **1.** 〔〈et^4〉ヲ〕〖海〗組み〔撚(よ)り〕継ぎする(ザイルなどを). **2.** 〔〈et^4〉ヲ〕《方・古》割る(薪などを); 羽軸からむしり取る(鳥の羽を).

splen·did [シュプレンディート, splɛn.. スプレンディート] [形] **1.** 《古》気前のいい; 豪華な. **2.** 〖印〗行間〔余白〕を広く空けた.

die **Splen·did I·so·la·tion,** [旧]**Splen·did iso·la·tion** [splɛ́ndɪt aɪzoléːʃən スプレンディット アイゾレーション] [名] --/ 《文》(英国の)光輝ある孤立(政策); 非同盟〔非連合〕の立場: 〈j^1〉 lebt in einer ~ 〈人ガ〉 隠遁生活を送っている.

der **Splint** [シュプリント] [名] -(e)s/-e **1.** 〖工〗割りピン, コッター. **2.** ([複]のみ)白太(しらた)材, 辺材, 白材(~holz).

das **Splint·holz** [シュプリント・ホルツ] [名] -es/..hölzer 白太(しらた)材, 辺材, 白材.

spliss, [旧]**spliß** [シュプリス] [動] spleißen の過去形.

der **Spliss,** [旧]**Spliß** [シュプリス] [名] -es/-e =Spleiß.

splis·se [シュプリっセ] [動] spleißen の接続法 2 式.

der **Splitt** [シュプリット] [名] -(e)s/-e ([複]は種類)砂利, 砕石.

split·ten [シュプリっテン, splɪ.. スプリっテン] [動] *h.* **1.** 〔〈et^4〉ヲ〕〖経〗分割する(株式などを). **2.** 〔〈et^4〉ヲ〕〖政〗分割投票する(票を).

der **Splitter** [シュプリっター] [名] -s/- 破片, かけら.

die **Split·ter·bom·be** [シュプリっター・ボムベ] [名] -/-n 〖軍〗破砕性爆弾.

split·ter·fa·ser·nackt [シュプリっター・ふぁーザー・ナックト] [形] 《口》素っ裸の.

split·ter·frei [シュプリっター・ふらイ] [形] 割れても粉々にならない.

der **Split·ter·gra·ben** [シュプリっター・グらーベン] [名] -s/..gräben 〖軍〗(爆弾などの)破片よけの壕.

die **Split·ter·grup·pe** [シュプリっター・グるっペ] [名] -/-n 分派.

split·te·rig [シュプリっテりひ] [形] 裂け〔割れ〕やすい; ささくれた; 破片だらけの.

split·tern [シュプリっターン] [動] **1.** *s.* 〔[補足なし]〕ばらばら〔粉々〕に砕ける〔割れる〕. **2.** *h.* 〔[補足なし]〕(ぼろぼろと)欠ける(木・石の縁などが).

split·ter·nackt [シュプリっター・ナックト] [形] 《口》素っ裸の.

die **Split·ter·par·tei** [シュプリっター・パるタイ] [名] -/-en 分派, 小党派.

split·ter·si·cher [シュプリっター・ズィっひゃー] [形] **1.** 砲弾〔爆弾〕の破片から安全な. **2.** =splitterfrei.

die **Split·ter·wir·kung** [シュプリっター・ヴィるクング] [名] -/-en 〖軍〗(榴弾(りゅうだん)・爆弾などの)破砕効果.

das **Split·ting** [シュプリっティング, splɪ́.. スプリっティング] [名] -s/-s **1.** ([単]のみ)〖税〗(夫婦の)分割査定(による)課税, 二分二重法. **2.** 〖経〗株式分割. **3.** 〖政〗分割投票(第 1 回と第 2 回で別の政党に投票すること). **4.** 〖言〗名詞の性の分割表示(例えば, Teilnehmer を Teilnehmerinnen und Teilnehmer とするような場合).

splitt·rig [シュプリっトりひ] [形] =splitterig.

SPÖ =Sozialistische Partei Österreichs オーストリア社会党.

der **Spoi·ler** [シュポイラー, spɔ́ʏ.. スポイラー] [名] -s/- 〖車・空〗スポイラー; 〖[スキー]〗スキーブーツの胴を長くした部分.

der **Spö·ken·kie·ker** [シュ[ペ]ーケン・キーカー] [名] -s/- 《北独》見霊者; 降神術師; 《口・冗・蔑》くよくよ思い悩む人.

die **Spo·li·en** [シュポーリエン, spóː.. スポーリエン] [複名] **1.** (古代ローマで)略奪品, 戦利品. **2.** (昔の)カトリックの聖職者の遺産. **3.** 再利用された建築部分(柱など).

der **Spon·de·us** [シュポンデーウス, spɔn.. スポンデーウス] [名] -/..deen [..デーエン] 〖詩〗(古典古代詩の)長長格.

die **Spon·dy·li·tis** [シュポンデュリーティス, spɔn.. スポンデュリーティス] [名] -/..tiden [シュポンデュリティーデン, スポンデュリティーデン] 〖医〗脊椎(せきつい)炎.

die **Spon·dy·lo·se** [シュポンデュローゼ, spɔn.. スポンデュローゼ] [名] -/-n 〖医〗脊椎(せきつい)病.

die **Spon·gia** [シュポンギア, spɔ́ŋ.. スポンギア] [名] -/..gien 〖生〗海綿動物.

spön·ne [シュ[ペ]ネ] [動] spinnen の接続法 2 式.

spon·sern [シュポンザーン, spɔ́n.. スポンザーン] [動] *h.* 〔〈j^4/et^4〉ノ〕スポンサーになる.

der **Spon·sor** [シュポンゾーあ, ʃpɔ́nzər シュポンザー, spɔ́n.. スポンゾーあ, スポンザー] [名] -s/-en [シュポンゾーれン, スポンゾーれン]〔-s〕 **1.** 後援者, 《口》パトロン. **2.** (テレビなどの)スポンサー.

spon·tan [シュポンターン, spɔn.. スポンターン] [形] **1.** とっさの, 自然に起こる, 自発的な. **2.** 自然(発生的)な.

die **Spon·ta·ne·i·tät** [ʃpɔntaneitɛ́ːt シュポンタネイテート, spɔn.. スポンタネイテート] [名] -/-en **1.** ([単]のみ)とっさにすること; 自発性. **2.** (主に[複])自発的な行動〔発言〕.

der **Spon·ti** [シュポンティ] [名] -s/-s 〖政〗《[ジャーゴン]》行動派左翼青年グループの人.

der **Spor** [シュポーあ] [名] -(e)s/-e 《方》糸状菌(のカビ).

spo·ra·disch [シュポらーディシュ, spo.. スポらーディシュ] [形] 散発的な; 散在する, まばらな; 時折の.

das **Spo·ran·gi·um** [シュポらンギウム, spo.. スポらンギウム] [名] -s/..gien 〖植〗胞子嚢(のう).

die **Spo·re** [シュポーれ] [名] -/-n (主に[複])〖植〗胞子; 〖動・医〗(熱・化学薬品に強い)耐性バクテリア.

die **Spo·ren·pflan·ze** [シュポーれン・ブふランツェ] [名] -/-n 〖植〗胞子植物.

der **Spọrn** [シュポるン] [名] -(e)s/Sporen [シュポーれン] 〔-e〕 **1.** 《[複] Sporen; 主に[複]》拍車. **2.** 《[複] Sporen, -e》(鳥や昆虫の)蹴爪(けづめ); 〖医〗骨棘(こつきょく). **3.** 《[複] -e》〖植〗距(きょ). **4.** 《[複] -e》(谷に囲まれた)山の突出部. **5.** 《[複]-e》(昔の軍船の船首につけた)衝角; (飛行機の)尾橇(びそり); 〖軍〗(大砲などの)反動防止用のスパイク. **5.** 《[単]のみ》鼓舞, 激励. **【慣用】 sich³ mit et³ 〔durch et⁴〕 die 〔ersten〕 Sporen verdienen** 〈事で〉(初)手柄を立てる.

spọr·nen [シュポるネン] [動] *h.* 〖〈et⁴〉に〗《古》拍車を当てる《馬に》.

das **Spọrn·räd·chen** [シュポるン・れートひぇン] [名] -s/- 〔..räderchen〕 拍車形の小歯車《ライターの発火装置など》.

spọrn·streichs [シュポるン・シュトらイひス] [副] あわてて, 大急ぎで.

der **Spọrt** [シュポるト] [名] -(e)s/-e 《主に[単]; [複]は種類》 **1.** 《[単]のみ》スポーツ, 運動, (授業科目の)体育: ~ treiben スポーツをする. ~ treibende Jügendliche スポーツをする青少年. **2.** スポーツ種目(~art); 趣味, 道楽, ホビー: sich³ einen ~ daraus machen, 〈et⁴〉 zu tun いい気になって〈事を〉する〔している〕.

das **Spọrt·ab·zei·chen** [シュポるト・アップ・ツァイひぇン] [名] -s/- スポーツ功労バッチ.

die **Spọrt·an·la·ge** [シュポるト・アン・ラーゲ] [名] -/-n スポーツ施設, 体育施設.

der **Spọrt·an·zug** [シュポるト・アン・ツーク] [名] -(e)s/..züge スポーツウェア; トレーニングウェア.

die **Spọrt·art** [シュポるト・アーあト] [名] -/-en スポーツ〔運動〕種目.

der **Spọrt·ar·ti·kel** [シュポるト・アるティ(ー)ケル] [名] -s/- 《主に[複]》スポーツ用品, 運動具.

der **Spọrt·arzt** [シュポるト・アーあツト, シュポるト・アるツト] [名] -es/..ärzte スポーツ専門医.

die **Spọrt·aus·rüs·tung** [シュポるト・アウス・りゅストゥング] [名] -/-en スポーツ用品; 運動具.

spọrt·be·geis·tert [シュポるト・ベガイスタート] [形] スポーツに熱中した.

der **Spọrt·be·richt** [シュポるト・べりひト] [名] -(e)s/-e スポーツニュース.

der **Spọrt·be·richt·er·stat·ter** [シュポるトべりひト・エあシュタッター] [名] -s/- スポーツ記者.

die **Spọr·tel** [シュポるテル] [名] -/-n 《主に[複]》手数料《中世の裁判官に対する費用》.

spọr·teln [シュポるテルン] [動] *h.* 〖補足なし〗《口》スポーツのまねごとをする.

das **Spọrt·feld** [シュポるト・ふぇルト] [名] -(e)s/-er 《古》競技場, スタジアム.

das **Spọrt·fest** [シュポるト・ふぇスト] [名] -(e)s/-e 体育祭, 運動会, スポーツ〔体育〕大会.

der **Spọrt·flie·ger** [シュポるト・ふリーガー] [名] -s/- スポーツ飛行家.

das **Spọrt·flug·zeug** [シュポるト・ふルーク・ツォイク] [名] -(e)s/-e スポーツ用飛行機.

der **Spọrt·freund** [シュポるト・ふろイント] [名] -(e)s/-e スポーツ愛好者, スポーツマン; スポーツ仲間, スポーツクラブのメンバー.

das **Spọrt·ge·rät** [シュポるト・ゲれート] [名] -(e)s/-e 運動用具.

das **Spọrt·ge·schäft** [シュポるト・ゲシェふト] [名] -(e)s/-e 運動具〔スポーツ用品〕店.

die **Spọrt·hal·le** [シュポるト・ハレ] [名] -/-n 体育館, 屋内競技場.

das **Spọrt·hemd** [シュポるト・ヘムト] [名] -(e)s/-en スポーツシャツ《ユニフォームなど》; スポーティなシャツ.

das **Spọrt·herz** [シュポるト・ヘるツ] [名] -ens/-en 〖医〗スポーツ心臓《運動に耐えるように大きくなった心臓》.

die **Spọrt·ho·se** [シュポるト・ホーゼ] [名] -/-n トレーニングパンツ.

die **Spọrt·ja·cke** [シュポるト・ヤッケ] [名] -/-n スポーツジャケット.

die **Spọrt·ka·no·ne** [シュポるト・カノーネ] [名] -/-n = Sportskanone.

die **Spọrt·klei·dung** [シュポるト・クライドゥング] [名] -/ スポーツウェア.

der **Spọrt·klub** [シュポるト・クルップ] [名] -s/-s スポーツクラブ.

der **Spọrt·kom·men·ta·tor** [シュポるト・コメンタートーあ] [名] -s/-en スポーツ解説〔評論〕家.

der **Spọrt·leh·rer** [シュポるト・レーらー] [名] -s/- 体育教師.

der **Spọrt·ler** [シュポるトラー] [名] -s/- スポーツマン.

spọrt·lich [シュポるトりひ] [形] **1.** スポーツの, 運動の: sich⁴ ~ betätigen スポーツをする. **2.** スポーツマンらしい, フェアな; スポーティーな: *~en* Geist zeigen スポーツマンシップを見せる. **3.** スポーツで鍛えた. **4.** スポーツのような: ~ fahren スポーツのように車を運転する; (ガソリンを食う)不経済な運転をする.

die **Spọrt·lich·keit** [シュポるトりひカイト] [名] -/ スポーツ的であること.

die **Spọrt·ma·schi·ne** [シュポるト・マシーネ] [名] -/-n スポーツ用飛行機.

die **Spọrt·me·di·zin** [シュポるト・メディツィーン] [名] -/ スポーツ医学.

die **Spọrt·müt·ze** [シュポるト・ミュッツェ] [名] -/-n 運動帽.

die **Spọrt·nach·rich·ten** [シュポるト・ナーは・りひテン] [複名] スポーツニュース.

der **Spọrt·platz** [シュポるト・プラッツ] [名] -es/..plätze (野外の)運動場, 競技場.

der **Spọrt·schuh** [シュポるト・シュー] [名] -(e)s/-e 運動靴, スポーツシューズ.

die **Spọrt·schu·le** [シュポるト・シューレ] [名] -/-n 体育〔スポーツ〕学校.

die **Spọrts·ka·no·ne** [シュポるツ・カノーネ] [名] -/-n 《口》大選手.

der **Spọrts·mann** [シュポるツ・マン] [名] -(e)s/..leute 〔《稀》..männer〕 スポーツマン.

das **Spọrt·sta·di·on** [シュポるト・シュターディオン] [名] -s/..dien スポーツ競技場〔スタジアム〕.

Spọrt trei·bend, [旧]spọrt·trei·bend [シュポるト トらイベント] [形] ⇨ Sport 1.

der **Spọrt·un·ter·richt** [シュポるト・ウンターりひト] [名] -(e)s/-e 《主に[単]》体育の授業.

die **Spọrt·ver·an·stal·tung** [シュポるト・ふぇあアンシュタルトゥング] [名] -/-en 運動〔競技〕会, スポーツ大会.

der **Spọrt·ver·ein** [シュポるト・ふぇあアイン] [名] -(e)s/-e スポーツクラブ.

der **Spọrt·wa·gen** [シュポるト・ヴァーゲン] [名] -s/- スポーツカー; 腰掛け式のベビーカー.

die **Spọrt·welt** [シュポるト・ヴェルト] [名] -/ スポーツ界.

die **Spọrt·wis·sen·schaft** [シュポるト・ヴィッセンシャふト] [名] -/-en スポーツ(科)学.

die **Spọrt·zei·tung** [シュポるト・ツァイトゥング] [名] -/-en スポーツ新聞.

der **Spọt** [spɔt スポット, ʃpɔt シュポット] [名] -s/-s スポット《番組中のコマーシャルなど》, スポット(ライト) (~light).

das **Spọt·ge·schäft** [スポット・ゲシェふト, シュポット・ゲシェふト] [名] -(e)s/-e 〖経〗(国際貿易市場における)実物〔現金〕取引.

das **Spọt·light** [spɔ̃tlaɪt スポット・ライト, ʃpɔ̃t.. シュポット・ライト] [名] -s/-s 〖劇・写〗スポットライト.

der **Spọt·markt** [スポット・マるクト, シュポット・マるクト] [名] -(e)s/..märkte スポット市場《特に原油の現物取

S

引〕.

der **Spott** [シュポット] [名] -(e)s/ 嘲笑(ちょうしょう), 嘲(あざけ)り: seinen ~ mit 〈j³/et³〉 treiben 〈人・物・事を〉嘲笑する.

das **Spott·bild** [シュポット・ビルト] [名] -(e)s/-er 戯画, 風刺画, カリカチュア.

spott·bil·lig [シュポット・ビリひ] [形] 《口》びっくりするほど安い.

die **Spott·dros·sel** [シュポット・ドろっセル] [名] -/-n 〖鳥〗マネツグミ; 物まね鳥; 《口》嘲笑(ちょうしょう)家, 皮肉屋.

die **Spöt·te·lei** [シュ㋬ってライ] [名] -/-en **1.** 《⑩のみ》冷かし, からかい. **2.** 嫌味〔皮肉〕な発言.

spöt·teln [シュ㋬ってルン] [動] *h.* 〖(über 〈j⁴/et⁴〉ヲ)〗からかう, 揶揄(やゆ)する, 冷かす.

spot·ten [シュポッテン] [動] *h.* **1.** 〖(〈j²/et²〉ヲ/über 〈j⁴/et⁴〉ヲ)〗嘲(あざけ)る, 嘲笑(ちょうしょう)する(〈j²/et²〉は《古》). **2.** 〖〈j²/et²〉ヲ〗《文》問題にしない. **3.** 〖〈et²〉ノ〗《文》及ぶところではない: Das *spottet* jeder Beschreibung. それは筆舌に尽し難い. **4.** 〖〈et⁴〉ヲ〗まねて鳴く(鳥が).

der **Spöt·ter** [シュ㋬ッター] [名] -s/- 嘲笑(ちょうしょう)家, 皮肉屋; 〖鳥〗モノマネドリ.

die **Spöt·te·rei** [シュ㋬ってらイ] [名] -/-en **1.** 《⑩のみ》からかい; 嘲笑. **2.** あざけり〔ひやかし〕の言葉.

das **Spott·ge·dicht** [シュポット・ゲディひト] [名] -(e)s/-e 風刺詩.

das **Spott·geld** [シュポット・ゲルト] [名] -(e)s/ 《口》はした金.

spöt·tisch [シュ㋬ッティシュ] [形] 嘲(あざけ)りの, 嘲笑(ちょうしょう)的な; 嘲笑癖のある.

das **Spott·lied** [シュポット・リート] [名] -(e)s/-er 風刺歌(謡).

die **Spott·lust** [シュポット・ルスト] [名] -/ 嘲笑(ちょうしょう)癖.

der **Spott·na·me** [シュポット・ナーメ] [名] -ns/-n あだ名.

der **Spott·preis** [シュポット・プらイス] [名] -es/-e 《口》びっくりするほど安い値段.

der **Spott·vo·gel** [シュポット・ふぉーゲル] [名] -s/..vögel 〖鳥〗モノマネドリ; 嘲笑(ちょうしょう)する人, 皮肉屋.

S. P. Q. R =〖ラテン語〗Senatus Populusque Romanus ローマの元老院と人民.

sprach [シュプらーは] [動] sprechen の過去形.

der **Sprach·at·las** [シュプらーは・アトラス] [名] -(ses)/-se 〔..atlanten〕言語地図.

die **Sprach·bar·ri·e·re** [シュプらーは・バりーれ] [名] -/-n (主に⑱)〖言・社〗言語障壁; 言葉の壁.

die **Sprach·be·ga·bung** [シュプらーは・ベガーブング] [名] -/ 語学の才能.

die **Sprach·be·hin·de·rung** [シュプらーは・ベヒンデるング] [名] -/-en 〖医〗言語障害.

das **Sprach·denk·mal** [シュプらーは・デンク・マール] [名] -s/..mäler〔-e〕記念碑的著作物〔文学作品〕.

die **Spra·che** [シュプらーへ] [名] -/-n **1.** 言語, 言葉; (特定の)言語; 用語; (⑩のみ)話すこと, 発言: eine lebende/tote ~ 現用語/死語. mehrere ~*n* beherrschen 数か国語に通じている. **2.** (⑩のみ)話す能力: vor Schreck die ~ verlieren 恐ろしさのあまりものが言えない. **3.** 言葉遣い, 口調; 表現, 文体. **4.** (音声・文字を用いない)言語(コミュニケーションのためのシステム・記号): die ~ der Taubstummen 手話. 【慣用】**die Sprache auf 〈et⁴〉〔〈et⁴〉 zur Sprache〕 bringen** 〈事を〉話題にする. **eine deutliche Sprache mit 〈j³〉 sprechen** 〈人と〉率直に言葉を交す. **Heraus mit der Sprache!** 《口》さっさと言え. **mit der Sprache nicht herausrücken** 言葉じりを濁す, はっきり物を言えない. **zur Sprache kommen** 話題になる.

sprä·che [シュプれーひぇ] [動] sprechen の接続法 2 式.

das **Spra·chen·ge·wirr** [シュプらーヘン・ゲヴィる] [名] -(e)s/-e (主に⑩)言語〔言葉〕の混乱.

das **Spra·chen·recht** [シュプらーヘン・れひト] [名] -(e)s/ (少数民族などの)自国語使用権.

das **Spra·chen·stu·di·um** [シュプらーヘン・シュトゥーディウム] [名] -s/..dien (大学での)外国語研究.

die **Sprach·ent·wick·lung** [シュプらーは・エントヴィックルング] [名] -/-en (子供の)言語の発達; 言語誘導.

der **Sprach·er·werb** [シュプらーは・エあヴェるプ] [名] -(e)s/ 〖言〗母語の習得.

die **Sprach·er·zie·hung** [シュプらーは・エあツィーウング] [名] -/ (母語の)言語教育.

die **Sprach·fa·mi·lie** [シュプらーは・ふぁミーリエ] [名] -/-n 〖言〗語族.

der **Sprach·feh·ler** [シュプらーは・ふぇーラー] [名] -s/- 〖医〗言語欠陥(正常な発音ができないこと).

die **Sprach·fer·tig·keit** [シュプらーは・ふぇるティひカイト] [名] -/ 言語技能; 言語表現に巧みなこと; 外国語に熟達していること.

der **Sprach·for·scher** [シュプらーは・ふぉるシャー] [名] -s/- 言語研究者.

die **Sprach·for·schung** [シュプらーは・ふぉるシュング] [名] -/ 言語研究.

der **Sprach·füh·rer** [シュプらーは・ふゅーらー] [名] -s/- 外国語〔会話〕ハンドブック.

das **Sprach·ge·biet** [シュプらーは・ゲビート] [名] -(e)s/-e 言語地域〔圏〕.

der **Sprach·ge·brauch** [シュプらーは・ゲブらウほ] [名] -(e)s/ 言葉遣い, 語法, 言語の用法〔慣用法〕.

das **Sprach·ge·fühl** [シュプらーは・ゲふゅール] [名] -(e)s/ 語感.

die **Sprach·ge·mein·schaft** [シュプらーは・ゲマインシャふト] [名] -/-en 〖言〗言語共同体.

das **Sprach·ge·nie** [シュプらーは・ジェニー] [名] -s/-s 言語の天才.

die **Sprach·ge·schich·te** [シュプらーは・ゲシひテ] [名] -/-n **1.** (⑩のみ)言語史. **2.** 言語史の本.

sprach·ge·wandt [シュプらーは・ゲヴァント] [形] 言葉遣いの巧みな; (外国の)言葉の達者な.

die **Sprach·gren·ze** [シュプらーは・グれンツェ] [名] -/-n 言語境界(線).

das **Sprach·gut** [シュプらーは・グート] [名] -(e)s/ 〖言〗言語遺産(口伝え・文書など).

..spra·chig [..シュプらーひひ] [接尾] 形容詞・数詞などにつけて「…言語の〔による〕, …国語を話す」などを表す: fremd*sprachig* 外国語の〔による〕, 外国語を話す. drei*sprachig* 三か国語による, 三か国語を話す.

die **Sprach·in·sel** [シュプらーは・インゼル] [名] -/-n 〖言〗孤立言語圏, 言語島(一言語地域内の小異質言語地域).

der **Sprach·ken·ner** [シュプらーは・ケナー] [名] -s/- 語学の達人.

die **Sprach·kennt·nisse** [シュプらーは・ケントニっセ] [複名] -/ 語学〔外国語〕の知識.

sprach·kun·dig [シュプらーは・クンディひ] [形] 語学〔数か国語〕のできる, 言葉に詳しい.

der **Sprach·kurs** [シュプらーは・クるス] [名] -es/-e 外国語〔語学〕講習.

das **Sprach·la·bor** [シュプらーは・ラボーあ] [名] -s/-s〔-e〕ランゲージラボラトリー, LL.

die **Sprach·leh·re** [シュプらーは・レーれ] [名] -/-n 文法(書).

der **Sprach·leh·rer** [シュプらーは・レーらー] [名] -s/- 外国語の教師.

sprach·lich [シュプらーはリひ] [形] 言語(上)の, 言葉に関する.

..sprach·lich [..シュプらーはリひ] [接尾] 形容詞につけて「…語の」を表す形容詞を作る: alt*sprachlich* 古典語の. deutsch*sprachlich* ドイツ語の.

sprach·los [シュプらーは・ロース] [形] **1.** ものも言えない,

S

die **Sprach·me·lo·die** [シュプらーは·メロディー] 名 -/-n 〖言〗イントネーション.

die **Sprach·norm** [シュプらーは·ノるム] 名 -/-en 〖言〗言語規範.

die **Sprach·re·ge·lung** [シュプらーは·れーゲるング] 名 -/-en 〖政〗言語規制.

die **Sprach·rein·heit** [シュプらーは·らインハイト] 名 -/(国語浄化運動が追求した)国語の純粋さ.

der **Sprach·rei·ni·ger** [シュプらーは·らイニガー] 名 -s/- 国語浄化論者.

das **Sprach·rohr** [シュプらーは·ろーあ] 名 -(e)s/-e メガホン;〈j³〉~ sein 〈人〉の代弁者である.

der **Sprach·schatz** [シュプらーは·シャッツ] 名 -es/..schätze 《主に⑪》語彙(ごい).

der **Sprach·schnit·zer** [シュプらーは·シュニッツァー] 名 -s/- 〔口〕語法上の間違い.

die **Sprach·stö·rung** [シュプらーは·シュテ(ア)ーるング] 名 -/-en 言語障害.

das **Sprach·stu·di·um** [シュプらーは·シュトゥーディウム] 名 -s/..dien (大学での)外国語研究.

das **Sprach·ta·lent** [シュプらーは·タレント] 名 -(e)s/-e 語学の才能.

sprach·üb·lich [シュプらーは·ユープりヒ] 形 言語表現として通例の.

der **Sprach·un·ter·richt** [シュプらーは·ウンターりヒト] 名 -(e)s/-e 外国語〔語学〕の授業.

der **Sprach·ver·der·ber** [シュプらーは·ふぇあデるバー] 名 -s/- 国語〔言語〕を腐敗〔堕落〕させる人.

der **Sprach·ver·ein** [シュプらーは·ふぇあアイン] 名 -(e)s/-e 国語協会;Allgemeiner Deutscher ~ 全ドイツ国語協会(1885年創立のドイツ語浄化育成のための団体. 1947年に Gesellschaft für deutsche Sprache に改名).

die **Sprach·ver·glei·chung** [シュプらーは·ふぇあグライフング] 名 -/ 言語の比較(対照).

die **Sprach·ver·wandt·schaft** [シュプらーは·ふぇあヴァントシャフト] 名 -/ 〖言〗言語の親族〔類縁〕関係.

die **Sprach·ver·wir·rung** [シュプらーは·ふぇあヴィるング] 名 -/ 言語の混乱,言葉の乱れ.

sprach·widrig [シュプらーは·ヴィードりヒ] 形 語法に反する.

die **Sprach·wis·sen·schaft** [シュプらーは·ヴィッセンシャフト] 名 -/ 言語学.

der **Sprach·wis·sen·schaft·ler** [シュプらーは·ヴィッセンシャフトらー] 名 -s/- 言語学者.

sprach·wis·sen·schaft·lich [シュプらーは·ヴィッセンシャフトりヒ] 形 言語学(上)の.

das **Sprach·zen·trum** [シュプらーは·ツェントるム] 名 -s/..tren 〖生理〗言語中枢.

sprang [シュプらング] 動 springen の過去形.

spränge [シュプれンゲ] 動 springen の接続法2式.

der [*das*] **Spray** [〈pre:〉シュプれー, spre: スプれー] 名 -s/-s スプレー(液).

die **Spray·dose** [シュプれー·ドーゼ, スプれー·ドーゼ] 名 -/-n スプレーの容器.

spray·en [〈préː〉an シュプれーエン, spréː.. スプれーエン] 動 h. 1.〔〈j³〉ン)+〈et⁴〉ₙ〕スプレーする. 2.〔gegen〈et⁴〉ₙ 対する/〈方向〉ン〕+〈et⁴〉ₙ)〕(薬)液を噴霧する.

die **Sprech·an·la·ge** [シュプれッヒ·アン·らーゲ] 名 -/-n インターホン.

die **Sprech·bla·se** [シュプれッヒ·ブらーゼ] 名 -/-n (漫画などの)吹出し.

der **Sprech·chor** [シュプれッヒ·コーあ] 名 -(e)s/..chöre シュプレヒコール;シュプレヒコールの一団.

spre·chen* [シュプれッヒェン] 動 er spricht; sprach; hat gesprochen. 1.〔〈et⁴〉〕話す〔言葉で〕:

Sprechen Sie Deutsch? ドイツ語を話せますか. 2.〔(mit〈j³〉)+(über〈j⁴/et⁴〉ン 2ィヒ/von〈et³〉ン 2ィヒ)〕話す,話合う. 3.〔für〈j⁴/et⁴〉ン 2ィヒ〕賛成する,(…の)代理で話す,(…を)代弁〔代表〕する(人が);有利である,(…を)物語っている(事が). 4.〔gegen〈j⁴/et⁴〉ン〕反対する,(…を)非難する(人が);不利である(事が). 5.〔略所〕口をきく,話す. 6.〔様態デ〕: deutsch/italienisch ~ ドイツ語/イタリア語で話す. in Bildern ~ 比喩を使って話す. ins Mikrophon ~ マイクに向かって話す. frisch〔frei〕von der Leber weg ~ 〔口〕腹蔵なく話す. 7.〔〈et⁴〉/〈文〉ト〕言う(考えを言葉にして). 8.〔〈j⁴〉ン〕面会する,会って〔電話で〕話をする(〈j⁴〉が相互代名詞 sich⁴ の場合)話し合う. 9.〔über〈j⁴/et⁴〉ン 2ィヒ/von〈et³〉ン 2ィヒ(+ト)〕言う,話す(考え・評価などを表明する): schlecht über den Plan ~ その計画について悪く言う. Er hat lobend von dir *gesprochen*. 彼は君のことをほめていた. 10.〔(〈様態デ〉)〕話をする(講演・スピーチなどで): über Goethe ~ ゲーテについて話をする. frei ~ 原稿なしで話をする. im Rundfunk ~ ラジオで話をする. 11.〔(〈j³/et³〉ン)+von〈j³/et³〉ン/über〈j⁴/et⁴〉ン 2ィヒ〕話して聞かせる,語る. 12.〔aus〈j³/et³〉ン〕《文》にじみでる,現れる(不安・憎しみなどが). 【慣用】auf〈j⁴/et⁴〉 schlecht〔nicht gut〕zu sprechen sein 〈人·事について〉よく思っていない. das Urteil sprechen 判決を言渡す. durch die Blume sprechen それとなく話す. für sich⁴ selbst sprechen これ以上説明を要しない. mit〈j³〉zu sprechen haben 〈人と〉話がある. sein Herz〔seinen Verstand〕sprechen lassen 心〔理性〕の命ずるところに従う. sich⁴ müde sprechen 話し疲れる. sprechen lernen 言葉を習い覚える(幼児などが). Sprechen wir von etwas anderem! 何か他の話をしよう〔話題を変えよう〕. unter uns gesprochen ここだけの話だが. Wer spricht da? — Hier spricht Meyer. そちらはどなたですか.— こちらはマイヤーです(電話で).

spre·chend [シュプれッヒェント] 形 明白な,事実を雄弁に物語る;表情豊かな,意味ありげな.

der **Spre·cher** [シュプれッヒャー] 名 -s/- 1. 話し手,語り手. 2. 代弁者;スポークスマン;(ラジオ・テレビの)アナウンサー,ナレーター;(方言などの)話者. 3.〔略所〕(刑務所などの)面会.

die **Spre·cher·zie·hung** [シュプれッヒ·エあツィーウング] 名 -/ 話し方教育.

sprech·faul [シュプれッヒ·ふぁウル] 形 口数の少ない;まだよく話せない.

der **Sprech·film** [シュプれッヒ·ふぃるム] 名 -(e)s/-e 〖映〗トーキー.

der **Sprech·funk** [シュプれッヒ·ふンク] 名 -s/ 1. 無線電話. 2. 無線電話で話をすること.

der **Sprech·ge·sang** [シュプれッヒ·ゲザング] 名 -(e)s/..sänge 〖楽〗シュプレヒゲザング《語りに近い歌い方》;叙唱,レチタティーヴォ,ラップ.

die **Sprech·plat·te** [シュプれッヒ·プらッテ] 名 -/-n 朗読レコード.

die **Sprech·rol·le** [シュプれッヒ·ろレ] 名 -/-n 〖劇〗(オペラなどの)台詞を言うだけの役.

die **Sprech·stun·de** [シュプれッヒ·シュトゥンデ] 名 -/-n 面会時間,(医師の)診察時間,(役所の)受付時間.

die **Sprech·stun·den·hil·fe** [シュプれッヒ·シュトゥンデン·ヒルふェ] 名 -/-n 《古》(女性の)診察助手.

die **Sprech·übung** [シュプれッヒ·ユーブング] 名 -/-en 話し方の練習;(言語障害者の)発音訓練,言語〔発音〕矯正練習.

die **Sprech·wei·se** [シュプれッヒ·ヴァイゼ] 名 -/-n 話し方,言い方.

die **Sprech·werk·zeu·ge** [シュプれッヒ·ヴェるク·ツォイゲ] 複名 (唇や舌などの)発声器官.

das Sprech·zim·mer [シュプれっヒ・ツィマー] 名 -s/- (医者の)診察室.

die **Spree** [シュプれー] 名 -/ 〖川名〗シュプレー川(ベルリンで合流するハーフェル川の支流): ~Athen シュプレー河畔のアテネ(ベルリンの別名).

der **Spree·bo·gen** [シュプれー・ボーゲン] 名 -s/- シュプレー・ボーゲン(ベルリンの中央でシュプレー川が弧(ボーゲン)を描いた地区で、連邦議事堂・諸官庁などがある).

die **Spree·in·sel** [シュプれー・インゼル] 名 -/-n シュプレー・インゼル(北の部分が博物館島と呼ばれているシュプレー川とシュプレー運河に囲まれたベルリン中央の島).

der **Spree·wald** [シュプれー・ヴァルト] 名 -(e)s/ 〖地名〗シュプレーヴァルト(シュプレー川中流の低地).

sprei·ten [シュプらイテン] 動 h. 〈et⁴ッ〉〖文〗広げる.

die **Sprei·ze** [シュプらイツェ] 名 -/-n 〖建〗梁, (水平の)支柱, つっぱり; 〖体操〗開脚姿勢.

sprei·zen [シュプらイツェン] 動 h. 1. 〈et⁴ッ〉広げる, 開く(脚・腕・指・翼などを); 〖電〗(周波数帯の)間隔を広げる. 2. 〔sich⁴+(gegen 〈et⁴ッ=ニ対シテ〉)〕(わざとらしく)遠慮して〔拒んで〕見せる. 3. 〔sich⁴+〈様態〉ッ〕態度をとる.

der **Spreiz·fuß** [シュプらイツ・フース] 名 -es/..füße 〖医〗開張足.

die **Spreiz·ho·se** [シュプらイツ・ホーゼ] 名 -/-n (乳児の)股関節矯正ズボン.

die **Spreng·bom·be** [シュプれング・ボムベ] 名 -/-n 〖爆〗(裂)弾.

der **Spren·gel** [シュプれンゲル] 名 -s/- 教区, 聖堂区; (カトリッ)(官庁の)管轄区(域), 行政区; 職務権限範囲.

spren·gen [シュプれンゲン] 動 1. h. 〈et⁴ッ〉爆発する: ein Gebäude in die Luft ~ 建物を爆破する. einen Tunnel in den Felsen ~ 岩山にトンネルを(爆破して)あける. 2. h. 〈et⁴ッ〉力ずくで開ける, 打ち破る(ドア・錠などを); 引きちぎる(鎖などを), (中のものの力で)壊す, 押し破る. 3. h. 〈et⁴ッ〉越える(枠・範囲などを); 破る(規範などを), 壊す, 粉砕する(集会などを). 4. h. 〔〈(et⁴)ッ〉+(〈方向〉ニ)〕まく(ホースなどで水を), 吹く(霧を). 5. h. 〈et⁴ッ〉散水する(スプリンクラーなどで), 霧を吹く(洗濯物など に). 6. s. 〔〈方向〉へ〈場所〉ッ〕〖文〗馬で疾駆する. 【慣用】 h. Die Freude sprengt (ﾃ) fast die Brust. うれしさで人の)胸ははちきれそうである.

der **Spren·ger** [シュプれンガー] 名 -s/- スプリンクラー.

das **Spreng·ge·schoss**, ⑤**Spreng·ge·schoß** [シュプれング・ゲショス] 名 -es/-e 爆裂弾.

die **Spreng·gra·na·te** [シュプれング・グらナーテ] 名 -/-n (破裂)榴弾(ﾘｭｳ).

die **Spreng·kam·mer** [シュプれング・カマー] 名 -/-n (火器の)薬室.

die **Spreng·kap·sel** [シュプれング・カプセル] 名 -/-n 雷管.

das **Spreng·kom·man·do** [シュプれング・コマンド] 名 -s/-s 爆破作業班.

der **Spreng·kopf** [シュプれング・コップふ] 名 -(e)s/..köpfe 弾頭.

der **Spreng·kör·per** [シュプれング・(ｹ)るパー] 名 -s/- 爆発物, 爆弾.

die **Spreng·kraft** [シュプれング・クらふト] 名 -/ 爆破(発)力.

die **Spreng·la·dung** [シュプれング・ラードゥング] 名 -/-en (一定量の)炸薬(ｻｸ), 爆薬.

das **Spreng·loch** [シュプれング・ロっは] 名 -(e)s/..löcher 発破孔.

das **Spreng·mit·tel** [シュプれング・ミッテル] 名 -s/- 爆破のための道具(爆薬・導火線など).

der **Spreng·stoff** [シュプれング・シュトっふ] 名 -(e)s/-e 爆薬, 爆発物.

der **Spreng·trich·ter** [シュプれング・トりヒター] 名 -s/- 弾孔.

der **Spreng·trupp** [シュプれング・トるっぷ] 名 -s/-s 爆破作業隊.

die **Spren·gung** [シュプれングング] 名 -/-en 1. 爆破; 突破; 粉砕. 2. 強制解散. 3. 散水. 4. 〖狩〗(獣を猟犬で)追い立てること.

der **Spreng·wa·gen** [シュプれング・ヴァーゲン] 名 -s/- 散水車.

das **Spreng·werk** [シュプれング・ヴェるク] 名 -(e)s/-e 〖土〗桁構え, トラス.

die **Spreng·wir·kung** [シュプれング・ヴィるクング] 名 -/ 爆破力(効果).

der **Spren·kel** [シュプれンケル] 名 -s/- 小さい染み, 小斑点(ﾊﾝ).

spren·keln [シュプれンケルン] 動 h. 〈et⁴ッ〉斑点(ﾊﾝ)〔しみ〕をつける.

die **Spreu** [シュプろイ] 名 -/ もみがら, 穀物の殻; 〖転〗くず(人間などの). 【慣用】 **die Spreu vom Weizen trennen 〔sondern〕** 良い物と悪い物をえり分ける.

sprich ! [シュプりっヒ] 動 sprechen の du に対する命令形.

sprichst [シュプりヒスト] 動 sprechen の現在形 2 人称単数.

spricht [シュプりヒト] 動 sprechen の現在形 3 人称単数.

das **Sprich·wort** [シュプりっヒ・ヴォるト] 名 -(e)s/..wörter 諺(ｺﾄﾜｻﾞ), 格言.

sprich·wört·lich [シュプりっヒ・ヴェるトりヒ] 形 諺(ｺﾄﾜｻﾞ)のようになった; 一般に知られている.

sprie·ßen¹ [シュプりーセン] 動 h. 〈et⁴ッ〉〖土〗支柱で支える.

sprie·ßen²⁽*⁾ [シュプりーセン] 動 spross〔sprießte〕; ist gesprossen〔sprießte は(稀)〕; 〖現ｾ〗〖文〗芽を吹く, 生え始める, 芽生える(植物・わたみなどが).

das **Spriet** [シュプりート] 名 -(e)s/-e 〖海〗スプリット.

der **Spring·brun·nen** [シュプりング・ブるネン] 名 -s/- 噴水.

sprin·gen * [シュプりンゲン] 動 sprang ; ist/hat gesprungen 1. s. 〖原ｾ〗跳ぶ, はねる. 2. s. 〔〈方向〉ニ(ﾆｶﾗ)〕飛ぶ, 飛び移る: vor Freude in die Höhe ~ 飛上がってよろこぶ. über den Zaun ~ 柵(ﾔ)を飛越す. vom Pferd ~ 馬から飛降りる. aus dem Bett ~ ベッドから飛起きる. durch einen Reifen ~ 輪を飛抜ける. auf die Beine〔Füße〕~ 勢いよく立ち上がる. von einem Thema zum anderen ~ あるテーマから別のテーマに飛ぶ. 3. s./h. 〔〈(et⁴)ッ〉, 〖記ｾ〗ニ〕跳ぶ; 跳躍〔ジャンプ〕する: Er ist〔hat〕2,20 m hoch/einen neuen Rekord *gesprungen*. 彼は2メートル20の高さ/新記録を跳んだ. einen Salto ~ 宙返りをする. eine Schraube ~ ひねりを入れて跳ぶ. 4. s.〔über 〈et⁴ッ〉〕とび越えて行く: Ein Lachen *sprang* über ihr Gesicht. 笑いが女の顔にぱっと広がった. 5. s.〔auf 〈et⁴〉ニ〕ぱっと変る, びくっと動いて(…を)指す: Die Ampel *sprang* auf Rot. 信号が赤にぱっと変った. Der Zeiger *springt* auf 10. 針がぴくっと動いて10〔10 時〕を指す. 6. s.〔von〔aus〕 〈et³〉ｶﾗ〕(はじけて)飛ぶ, (勢いよく)飛出す: aus dem Gleis ~ 脱線する. 7. s. 〔〈aus 〈et³〉ｶﾗ〕〖文〗ほとばしる, 飛ぶ(火花が). 8. s. 〖原ｾ〗弾む, バウンドする. 9. s. 〔〈場所〉ッ〕飛んで行く. 10. s. 〔〈(方向)へ)〕〔方〕急いで行く, 走る. 11. s. 〖原ｾ〗ひびが入る, 割れる, 砕ける; ぷつっと切れる(糸が); ぱっと開く(つぼみが). 【慣用】 s. (ﾃ) **ins Auge springen** 〈人の〉目に飛込んでくる, すぐ〈人の〉目につく. 〈et⁴〉 **springen**

lassen 《口》〈物を〉おごる,〈物を〉気前よく出す(お金を). **Wenn er einen Wunsch hat, müssen alle springen.** 彼が何かを希望すれば, みんな飛んで行かなければならない〔その希望を実現しなければならない〕.

der **Sprin·ger** [シュプリンガー] [名] -s/- **1.** 跳躍〔ジャンプ・飛込〕の選手, ジャンパー, ダイヴァー;〖動〗(カエル・バッタなどの)跳ぶ動物. **2.** 〖チェス〗ナイト. **3.** (職場を回される)交代要員. **4.** 〖農〗種畜. 【慣用】 **junger Springer** 《口》若造, 青二才.

die **Spring·flut** [シュプリング・ふルート] [名] -/-en 大潮.

die **Spring·form** [シュプリング・ふぉるム] [名] -/-en (円い枠がはずせる)スプリングクリップ付きのケーキ型.

die **Spring·frucht** [シュプリング・ふるふト] [名] -/..früchte 〖植〗裂開果.

der **Spring·ins·feld** [シュプリング・インス・ふぇルト] [名] -(e)s/-e (主に[単])《冗》向うみずな〔陽気な〕若者.

das **Spring·kraut** [シュプリング・クらウト] [名] -(e)s/ 〖植〗ホウセンカ.

spring·le·ben·dig [シュプリング・レベンディひ] [形] 元気いっぱいの.

die **Spring·maus** [シュプリング・マウス] [名] -/..mäuse 〖動〗トビネズミ.

der **Spring·quell** [シュプリング・クヴェル] [名] -(e)s/-e 《詩》噴水;《稀》間欠泉.

die **Spring·quel·le** [シュプリング・クヴェレ] [名] -/-n = Springquell.

das **Spring·rei·ten** [シュプリング・らイテン] [名] -s/ 〖馬術〗障害飛越.

der **Spring·schwanz** [シュプリング・シュヴァンツ] [名] -es/..schwänze (主に[複])〖動〗トビムシ(類).

das **Spring·seil** [シュプリング・ザイル] [名] -(e)s/-e 縄跳びの縄.

die **Spring·ti·de** [シュプリング・ティーデ] [名] -/-n 大潮.

der **Sprink·ler** [シュプリンクラー] [名] -s/- **1.** スプリンクラー, 散水器. **2.** 黒点の入った白ミンクの毛皮.

die **Sprink·ler·an·la·ge** [シュプリンクラー・アン・ラーゲ] [名] -/-n (火災時の)スプリンクラー(自動消火)装置.

der **Sprint** [シュプリント] [名] -s/-s **1.** 〖スポーツ〗スプリント〔短距離〕競走;(自転車の)スプリントレース. **2.** 全力疾走, スパート.

sprin·ten [シュプリンテン] [動] **1.** *s.*〔*h.*〕〔(〈et⁴〉ヲ)〕〖スポーツ〗全力疾走する(短い距離を). **2.** *s.* 〔〈場所〉ヲ〕《口》急いで走る.

der **Sprin·ter** [シュプリンター] [名] -s/- スプリンター, 短距離選手.

die **Sprint·stre·cke** [シュプリント・シュトれッケ] [名] -/-n 〖スポーツ〗短距離.

der **Sprit** [シュプりット] [名] -(e)s/-e **1.** ([単]のみ)〖化〗エチルアルコール;(主に[単])《口》火酒, ブランディ. **2.** (主に[単])《口》ガソリン.

der **Spritz·ap·pa·rat** [シュプりッツ・アパらート] [名] -(e)s/-e (塗料の)吹きつけ器, スプレー.

die **Spritz·dü·se** [シュプりッツ・デューゼ] [名] -/-n 噴霧〔噴射〕器のノズル.

die **Sprit·ze** [シュプりッツェ] [名] -/-n **1.** 注射, 注射器: an der ～ hängen 麻薬中毒である. **2.** 噴霧器; 絞り出し(器); 注入器. **3.** 消火ポンプ(Feuer～); 消防自動車;《口》放水ノズル. **4.** 《口》自動小銃. **5.** 《口》(企業などへの)資金投入〔援助〕. **6.** 〖トランプ〗《ジャーゴン》ダブル.

sprit·zen [シュプりッツェン] [動] **1.** *h.* 〔〈et⁴〉ヲ+〈方向〉ニ〕(跳ね)かける, 振りかける, 跳ね散らす(水などを). **2.** *h.* 〔(mit 〈et³〉ヲ)〕ばしゃばしゃ跳ねる. **3.** *h.* 〔(〈et⁴〉ヲ)+〈方向〉ニ〕かける, まく(ホースなどで);絞り出す;注入する. **4.** *h.* 〔〈j⁴〉ニ〕水を跳ねかける. **5.** *h.* 〔補足なし〕跳ねる(鍋から油などが). **6.** *s.* 〔〈方向〉ニ(カラ)〕かかる, 飛び散る, 噴き出す, ほとばしる. **7.** *h.* 〔Es〕《口》雨がぱらつく. **8.** *h.* 〔〈et⁴〉ニ〕水をまく(道・コートなどに). **9.** *h.* 〔〈et⁴〉ニ+(mit 〈et³〉ノ)〕薬剤を散布する(植物などに). **10.** *h.* 〔〈et⁴〉ニ〕吹きつけ塗装をする. **11.** *h.* 〔〈et⁴〉ヲ〕注射する: 〈j³〉 〈et⁴〉 in die Vene/unter die Haut ～ 〈物を〉〈人の〉静脈/皮下に注射する. **12.** *h.* 〔〈j⁴〉ニ+(mit 〈et³〉ヲ)〕《口》注射する;(〈j⁴〉がsich⁴の場合)自分で注射する. **13.** *h.* 〔〈et⁴〉ヲ〕炭酸水で割る. **14.** *h.* 〔〈et⁴〉ヲ〕水をまいて作る(スケートリンクなどを);生クリームを絞り出して描く(ケーキの上に模様などを);射出成形で作る. **15.** *h.* 〔補足なし〕《口》射精する. **16.** *s.* 〔〈方向〉ヘ/〈場所〉ヲ〕《口》急いで飛んで行く〔来る〕. **17.** *s.* 〔補足なし〕《口》飛び歩く(ボーイなどが).

das **Sprit·zen·haus** [シュプりッツェン・ハウス] [名] -es/..häuser 《古》消防用具置場(留置場としても使用).

der **Sprit·zer** [シュプりッツァー] [名] -s/- **1.** 水しぶき, 跳ね;よごれ, 染み. **2.** (液体の)小量. **3.** 吹つけ塗装工. **4.** 《口》麻薬常習者. 【慣用】 **junger Spritzer** 若造, 青二才.

die **Spritz·fahrt** [シュプりッツ・ふぁーあト] [名] -/-en 《口・古》小旅行, ドライブ.

die **Spritz·fla·sche** [シュプりッツ・ふラッシェ] [名] -/-n スプレーノズルつき瓶, アトマイザー(香水などの);〖化〗洗い〔洗浄〕瓶.

das **Spritz·ge·bäck** [シュプりッツ・ゲベック] [名] -(e)s/-e 生地を絞り出して作ったクッキー〔ビスケット〕.

das **Spritz·ge·ba·cke·ne** [シュプりッツ・ゲバッケネ] [名] (形容詞的変化;[単]のみ)《方》=Spritzgebäck.

der **Spritz·guss,** [旧]**Spritz·guß** [シュプりッツ・グス] [名] -es/ 〖冶金〗ダイカスト;(熱可塑性樹脂の)噴入成形.

sprit·zig [シュプりッツィひ] [形] **1.** ぴりっとした, 辛口の;機敏な;鋭い出足の(車). **2.** 才気あふれる, 軽妙な.

der **Spritz·ku·chen** [シュプりッツ・クーヘン] [名] -s/- 〖料〗シュプリッツクーヘン(絞り出しにした生地を揚げた菓子).

der **Spritz·lack** [シュプりッツ・ラック] [名] -(e)s/-e 吹きつけ用ラッカー.

die **Spritz·pis·to·le** [シュプりッツ・ピストーレ] [名] -/-n 吹きつけ器, スプレーガン.

die **Spritz·tour** [..tu:r シュプりッツ・トゥーあ] [名] -/-en 《口》小旅行, ドライブ.

spröd [シュプれート] [形] =spröde.

sprö·de [シュプれーデ] [形] **1.** (弾力性がなく)壊〔割〕れやすい, もろい;かさかさの, ひび割れた, ぱさぱさの, がらがらの(声). **2.** 扱いにくい;打解けない, 愛想のない, つんとした.

die **Sprö·dig·keit** [シュプれーディひカイト] [名] -/ **1.** もろさ, 加工のしにくさ;(皮膚などの)かさつき. **2.** 冷淡さ, 他人行儀(な態度).

spross, [旧]**sproß** [シュプろス] [動] sprießen²の過去形.

der **Spross,** [旧]**Sproß** [シュプろス] [名] -es/-e〔-en〕 **1.** ([複]-e)新芽, 若芽;若枝, シュート. **2.** ([複]-e)《文》後裔(こうえい);(貴族の)息子. **3.** ([複]-en)〖狩〗(鹿の)枝角.

die **Spros·se** [シュプろッセ] [名] -/-n **1.** (はしごの)段,(窓などの)桟, 横木. **2.** 〖狩〗(鹿の)枝角. **3.** 〖オーストリア〗芽キャベツ. **4.** 《古》そばかす.

sprös·se [シュプれッセ] [動] sprießen²の接続法2式.

spros·sen [シュプろッセン] [動] 《文》 **1.** *h.* 〔補足なし〕芽を吹く(樹木などが). **2.** *s.* 〔補足なし〕生え始める(花などが).

die **Spros·sen·wand** [シュプろッセン・ヴァント] [名] -/..wände 〖スポーツ〗肋木(ろくぼく), ウォール・バー(ズ).

der **Sprös·sling,** [旧]**Spröß·ling** [シュプれスリング] [名] -s/-e 《古》新芽, 若枝;《口・冗》息子, 子供.

die **Sprot·te** [シュプろッテ] [名] -/-n 〘魚〙スプラット《ニシン属の小魚》.

der **Spruch** [シュプるっふ] [名] -(e)s/Sprüche **1.** 格言, 金言, 箴言(しんげん). **2.** 標語, スローガン. **3.** 《主に[複]》《口・蔑》無意味な言葉. **4.** 《口》決り文句. **5.** 判決, 裁定; 託宣. 【慣用】**Sprüche machen〔klopfen〕**《口・蔑》仰々しい言葉を並べる.

das **Spruch·band** [シュプるっふ・バント] [名] -(e)s/..bänder (標語などの)横断幕; (中世絵画の)説明文を書いた帯〔リボン〕.

das **Sprüch·lein** [シュプりゅっひライン] [名] -s/- ＝Spruch 1, 2, 4の縮小形.

spruch·reif [シュプるっふ・らイふ] [形] 判決を下せる〔話せる・決定できる〕段階に達した.

der **Spru·del** [シュプるーデル] [名] -s/- 炭酸水〔炭酸入りミネラルウォーター〕; 《オーストリア》清涼飲料水; 《古》噴水.

spru·deln [シュプるーデルン] [動] **1.** *s.* 〔〈方向〉カラ〕泡立ちあふれ出る《炭酸水などが》, ほとばしり出る《わき水などが》; (口から)突いて出る《言葉などが》. **2.** *s.* 〔in 〈et⁴〉(ノ中ニ)/über 〈et⁴〉ノ上ヲ〕泡立ち流れる. **3.** *h.* 〔補足なし〕沸騰する; 泡立つ; 《口》せかせかとしゃべる. **4.** *h.* 〔vor 〈et³〉デ〕気持がわき立つ, うきうきする. **5.** *h.* 〔〈et⁴〉ヲ〕《オーストリア》かき回す〔まぜる〕.

sprü·hen [シュプりゅーエン] [動] **1.** *h.* 〔〈et⁴〉ヲ＋〈方向〉ニ〕噴霧する, 吹きつける. **2.** *h.* 〔Es〕霧雨が降る. **3.** *h.* 〔補足なし〕(空中に)飛散る《しぶき・火花などが》; きらきら輝く《宝石などが》. **4.** *s.* 〔〈方向〉ニ〕飛散る. **5.** *h.* 〔〈et⁴〉ヲ〕散らす《火花などを》. 【慣用】*h.* **vor Witz sprühen** 才気にあふれている. *h.* **von Aktivität sprühen** 活力にあふれている.

der **Sprüh·re·gen** [シュプりゅー・れーゲン] [名] -s/- 霧雨, こぬか雨.

der **Sprung** [シュプるング] [名] -(e)s/Sprünge **1.** 跳躍; 飛躍, 進歩, 昇進; (スポーツ競技の)ジャンプ. **2.** 《口》ほんの一跳びでいける距離. **3.** (陶器などの)ひび. **4.** 〘狩〙ウサギの後足; (ノロジカの)群れ. **5.** 〘畜産〙交尾. **6.** 〘地質〙断層. **7.** 〘海〙(船の甲板の)反り. **8.** 〘織〙おさの通る所. 【慣用】**auf dem Sprung(e) sein** まさに…しようとしている; 忙しく飛回っている. 〈j³〉 **auf die Sprünge helfen** 《口》〈人ヲ〉手助けする. **(auf) einen Sprung** 《口》ちょっと(の間). 〈j³〉 **auf die Sprünge kommen** 《口》〈人ノ〉策略を見破る. **keine großen Sprünge machen können** 《口》大したことはできない.

das **Sprung·bein** [シュプるング・バイン] [名] -(e)s/-e (跳躍の)踏み切り脚; 〘解〙距骨(きょこつ)《足首の骨》.

sprung·be·reit [シュプるング・べらイト] [形] 跳ぶ身構えをした; 《口・冗》出かける準備のできた.

das **Sprung·brett** [シュプるング・ブれット] [名] -(e)s/-er 〘水泳〙飛び板; 〘体操〙踏切板; 《転》出発点.

die **Sprung·fe·der** [シュプるング・ふぇーダー] [名] -/-n スプリング, バネ.

die **Sprung·fe·der·ma·trat·ze** [シュプるングふぇーダー・マトらッツェ] [名] -/-n スプリング(入り)マットレス.

das **Sprung·ge·lenk** [シュプるング・ゲレンク] [名] -(e)s/-e 〘解〙足首の関節; 〘動〙(馬の)飛節.

die **Sprung·gru·be** [シュプるング・グるーベ] [名] -/-n 〘陸上〙ピット《幅跳びなどの着地する砂場》.

sprung·haft [シュプるングハふト] [形] 気まぐれな, 飛躍の多い; 突然の; 飛躍的な, 急激な.

der **Sprung·hü·gel** [シュプるング・ヒューゲル] [名] -s/- 〘陸上〙(高跳びなどの)着地マット.

die **Sprung·kraft** [シュプるング・くらふト] [名] -/..kräfte 跳躍力, ジャンプ力.

der **Sprung·lauf** [シュプるング・ラウふ] [名] -(e)s/ (ノルディク複合の)ジャンプ.

der **Sprung·rah·men** [シュプるング・らーメン] [名] -s/- (マットレスを載せるための)らせんバネつきのベッド台.

die **Sprung·schan·ze** [シュプるング・シャンツェ] [名] -/-n 〘スキー〙ジャンプ台, シャンツェ.

die **Sprung·schicht** [シュプるング・シヒト] [名] -/-en 〘地質〙(湖や海の内部の)水温躍層; 〘気〙天候の急変する大気の層.

das **Sprung·seil** [シュプるング・ザイル] [名] -(e)s/-e 縄跳びの縄.

der **Sprung·stab** [シュプるング・シュターブ] [名] -(e)s/..stäbe 〘陸上〙棒高跳びのポール.

das **Sprung·tuch** [シュプるング・トゥーふ] [名] -(e)s/..tücher **1.** 救出布《建物から飛降りる人を受止める》. **2.** (トランポリンの)跳躍布〔マット〕.

der **Sprung·turm** [シュプるング・トゥるム] [名] -(e)s/..türme 〘スポーツ〙飛込み台.

sprung·wei·se [シュプるング・ヴァイゼ] [副] 跳躍して.

die **Sprung·wei·te** [シュプるング・ヴァイテ] [名] -/-n 跳躍距離, 飛距離.

die **Spu·cke** [シュプッケ] [名] -/ 《口》唾(つば). 【慣用】〈j³〉 **bleibt die Spucke weg** 〈人ハ〉驚いて〔あきれて〕物が言えない.

spu·cken [シュプッケン] [動] *h.* **1.** 〔(〈方向〉ニ)〕唾(つば)を吐く; 唾を吐きかける. **2.** 〔〈et⁴〉ヲ〕吐く《血, 火山が溶岩などを》. **3.** 〔〈et⁴〉ヲ＋〈方向〉ニ(カラ)〕吐き出す. **4.** 〔補足なし〕《方》吐く, もどす. 【慣用】**auf 〈j⁴/et⁴〉 spucken** 《口》〈人・物・事ナド〉くそくらえだ. **Der Motor spuckt.** エンジンがノッキングする. **Der Ofen spuckt.** 《口》ストーブが強い熱を出す.

der **Spuck·napf** [シュプック・ナップふ] [名] -(e)s/..näpfe 痰(たん)つぼ.

der **Spuk** [シュプーク] [名] -(e)s/-e 《主に[単]》 **1.** 幽霊〔怪奇〕現象; 《蔑》悪夢のような出来事. **2.** 《口・古》大騒ぎ. **3.** 《古》幽霊.

spu·ken [シュプーケン] [動] **1.** *h.* 〔〈場所〉ニ〕幽霊として出る; 亡霊のようにつきまとう《事柄が》: (Es が主語で)Hier soll es ～. ここは幽霊が出るそうだ. **2.** *s.* 〔〈場所〉ヲ〕動いて行く《幽霊などが》.

der **Spuk·geist** [シュプーク・ガイスト] [名] -(e)s/-er 幽霊.

die **Spuk·ge·schich·te** [シュプーク・ゲシヒテ] [名] -/-n 怪談.

spuk·haft [シュプークハふト] [形] 幽霊の(ような).

das **Spül·be·cken** [シュピュール・ベッケン] [名] -s/- (台所の)流し, シンク; (歯科の)口内洗浄器《うがい水を吐く所》.

die **Spu·le** [シュプーレ] [名] -/-n **1.** 巻き枠, リール, スプール, ボビン. **2.** 〘電〙コイル; 《古・方》(羽根ペンに使う)羽の軸.

die **Spü·le** [シュピューレ] [名] -/-n (台所の)流し台.

spu·len [シュプーレン] [動] *h.* 〔(〈et⁴〉ヲ)〕巻き取る; ほどく(ab～).

spü·len [シュピューレン] [動] *h.* **1.** 〔〈et⁴〉ヲ〕すすぐ, 洗浄する; 洗い流す. **2.** 〔補足なし〕食器洗いをする. **3.** 〔補足なし〕(トイレの)水を流す. **4.** 〔〈j⁴/et⁴〉ヲ＋〈方向〉ニ〕押し流す, 打上げる《海・川などが》, さらう《波が》. **5.** 〔〈方向〉ニ〕打〔押し〕寄せる《波などが》; 《稀》打寄せられる《物が波で》.

das **Spü·licht** [シュピュー・リヒト] [名] -s/-e 《主に[単]》《古》汚れ水, 洗い水, すすぎ水.

der **Spül·lap·pen** [シュピュール・ラッペン] [名] -s/- (食器洗い用)ふきん.

die **Spül·ma·schi·ne** [シュピュール・マシーネ] [名] -/-n 自動食器洗い機.

das **Spül·mit·tel** [シュピュール・ミッテル] [名] -s/- 食器用洗剤.

der **Spül·stein** [シュピュール・シュタイン] [名] -(e)s/-e 《方・古》(台所の)流し.

die **Spü·lung** [シュピュールング] [名] -/-en すすぎ(洗い); 〘医〙(臓器などの)洗浄; 〘工〙洗浄, 排気; 水洗〔洗

S

浄)装置.
- *das* **Spül·was·ser** [シュピール・ヴァッサァ] 名 -s/..wässer (食器の)洗い水, すすぎ水.
- *der* **Spul·wurm** [シュプール・ヴるム] 名 -(e)s/..würmer (主に®)動 回虫(線虫類).
- *der* **Spund** [シュプント] 名 -(e)s/Spünde[-ə] **1.** (® Spünde) (たるなどの)栓; [木工]実(ʓね) (継合せの突起). **2.** (® -e) (口)若造, 青二才.
- **spun·den** [シュプンデン] 動 h. 《et³》栓をする(たるなどに); [木工]実継(ʓね)する.
- *das* **Spund·loch** [シュプント・ロっほ] 名 -(e)s/..löcher (たるの)注ぎ口, 栓孔.
- *die* **Spund·wand** [シュプント・ヴァント] 名 -/..wände [土]建築工事の防水壁, 矢板囲い.
- *die* **Spur** [シュプーァ] 名 -/-en **1.** 足跡; 車(そり)の跡, わだち, [雪]シュプール; (動物の)臭跡. **2.** (主に®)痕跡, 形跡. **3.** (道路の)車線; [雪]滑走コース. **4.** (磁気テープの)トラック. **5.** [車](自動車の)車輪間隔, トレッド. **6.** (運転時の)軌跡: Der Wagen hält gut ~. その車は走行安定性が良い. **7.** 小量, 微量. [慣用] ⟨j³/et³⟩ **auf der Spur sein** ⟨人·物·事⟩の手がかりをつかんでいる. ⟨j³⟩ **auf die richtige Spur bringen** (口)人に⟩ヒントになるような正しい情報を与える. ⟨j³/et³⟩ **auf die Spur kommen** ⟨人·物·事⟩の手がかりをつかむ. **eine heiße Spur** 有力な手がかり.
- **spür·bar** [シュピューあ・バーる] 形 (体·肌に)感じられる; 明らかにそれと認められる.
- **spu·ren** [シュプーれン] 動 h. **1.** 《(et³)ː》[雪]シュプールをつける(コースなどに); 最初のシュプールをつける(新雪に). **2.** (警)《et⁴》望み(要求·命令)どおりにする. **3.** (稀)走行が安定している(車が).
- **spü·ren** [シュピューれン] 動 h. **1.** 《et⁴》感じる, 知覚する(寒·痛みなど). **2.** 《et⁴》(⑳ ᴅᴇꜰᴀᴋᴛᴏ)感じる, 感知する, (…に)気づく, (…のような)感じ(気)がする; 覚える(空腹·幻滅などを). **3.** 《(et⁴) nach et³》[狩]臭跡を追う(猟獣などの).
- *das* **Spu·ren·ele·ment** [シュプーれン・エレメント] 名 -(e)s/-e (主に®)[生](生体に必要な)微量元素(鉄分など).
- *das* **Spu·ren·gas** [シュプーれン・ガース] 名 -es/-e (空気中などの)微量ガス.
- *die* **Spu·ren·si·che·rung** [シュプーれン・ズィッヒェるンク] 名 -/-en (警察による)証拠保全; 警察の証拠保全.
- *der* **Spür·haar** [シュピューあ・ハーる] 名 -(e)s/-e = Schnurrhaar.
- *der* **Spür·hund** [シュピューあ・フント] 名 -(e)s/-e 捜索犬; 猟犬, (転)探偵, いぬ.
- ..**spu·rig** [..シュプーりヒ] 接尾 形容詞·数詞につけて「…軌道の, …車線の」を表す: **weitspurig** 広軌の, **zweispurig** 二車線の.
- *der* **Spur·kranz** [シュプーあ・クらンツ] 名 -(e)s/..kränze [鉄道]車輪のフランジ(車輪内側の張出し).
- **spur·los** [シュプーあ・ロース] 形 跡形のない; 痕跡を残さずに.
- *die* **Spür·na·se** [シュピューあ・ナーゼ] 名 -/-n **1.** (口)鋭敏な鼻; 鋭い嗅覚, (人の)勘. **2.** 勘の鋭い人, 敏感な人.
- *der* **Spür·sinn** [シュピューあ・ズィン] 名 -(e)s/ 嗅覚の鋭さ, 鋭い直感力.
- *der* **Spurt** [シュプァト] 名 -(e)s/-s[-ə] **1.** [スポーツ]スパート; スパートの能力. **2.** (口)急いで走ること.
- **spur·ten** [シュプァテン] 動 **1.** s.[h.] [競技][スポーツ]スパートする. **2.** 〔《方向》へ/《場所》ヘ〕(口)急いで走る.
- **spurt·schnell** [シュプァト・シュネル] 形 **1.** [競技]スパートのきく. **2.** 加速性能のいい.
- *die* **Spur·wei·te** [シュプーあ・ヴァイテ] 名 -/-n [車]トレッド(左右両車輪間の距離); [鉄道]軌間, ゲージ.
- **spu·ten** [シュプーテン] 動 h. 《sich⁴》《方·古》(間に合うように)急ぐ.
- *der* **Sputnik** [シュプートニク, spót..スプートニク] 名 -s/-s スプートニク(ソ連の人工衛星).
- *das* **Sputum** [シュプートゥム, spú:..スプートゥム] 名 -s/..ta [医]痰(ᴅ).
- *der* **Square·dance**, ® **Square dance** [skvέːr dǽːns スクヴェーぁ・ダーンス] 名 -/-s スクエアダンス(2人ずつ4組で踊る米国の踊り).
- *das* **Squash** [skvɔʃ スクヴォッシュ] 名 -/ **1.** [球]スカッシュ. **2.** スカッシュ(清涼飲料水).
- *der* **Squat·ter** [skvɔ́tər スクヴォッター] 名 -s/- (昔の米国の)不法移住者.
- *die* **Squaw** [skvoː スクヴォー] 名 -/-s 北米インディアンの妻; 北米インディアン女性.
- **sr** =Steradiant [数]ステラジアン.
- **Sr** [エスえる] =Strontium [化]ストロンチウム.
- **SR** =Saarländischer Rundfunk ザールランド放送.
- **Sr.** =Seiner(sein²の 2·3格; 尊称の前につける).
- **SRG** =Schweizerische Radio- und Fernsehgesellschaft スイス国営ラジオ·テレビ放送局.
- (*das*) **Sri Lan·ka** [スリー ランカ] 名 -s/ [国名]スリランカ.
- **SS** [エスエス] =Schutzstaffel [ナ⁺ス]親衛隊.
- *das* **ß** [ɛstsɛt エスツェット] 名 -/ [言]エスツェット(ドイツ語のアルファベットの一つ).
- **SSD** [エスエスデー] =Staatssicherheitsdienst [旧東独]国家公安局, スタージ.
- **SSO** =Südsüdost, Südsüdosten 南南東.
- **SSR** [エスエスえる] =Sozialistische Sowjetrepublik ソヴィエト社会主義共和国(1991年消滅).
- **SSW** =Südsüdwest, Südsüdwesten 南南西.
- **st 1.** Stunde 時間. **2.** =Stempelglanz (使用していない)硬貨の輝き(古銭学では保存状態の程度を示す).
- **st!** [スト] 間 (小声でこちらに注意を向けさせようとして)しっ, ねえ.
- **St. 1.** =Sankt 聖…(聖人の名またはそれにちなむ地名に冠する). **2.** =Stück …個, …本(独立したものの個数を表す). **3.** =Stunde 時間(複数は Stdn.).
- **s. t.** =[ラ語]sine tempore 定刻に.
- **S. T.** =[ラ語]salvo titulo 正しい称号を留保して.
- *der* **Staat** [シュタート] 名 -(e)s/-en **1.** 国家, 国. **2.** (連邦国家の)州(一般的にはLand): **die Vereinigten ~en von Amerika** アメリカ合衆国. **3.** [動](昆虫の)社会, コロニー. **4.** (®のみ)(口·古)盛装, (古)(大人物の)お供, 巻き添え: **in vollem ~** 盛装で. [慣用]**Es ist ein (wahrer) Staat.** すばらしく豪華だ. **mit ⟨j³/et³⟩ Staat machen** ⟨人·物·事⟩で強い印象を与える, (…を)見せびらかす. **von Staats wegen** 国事上のこととて.
- *der* **Staa·ten·bund** [シュターテン・ブント] 名 -(e)s/..bünde 国家連合(連盟·同盟), 連邦.
- **staa·ten·los** [シュターテン・ロース] 形 無国籍の.
- *der*/*die* **Staa·ten·lo·se** [シュターテン・ローゼ] 名 《形容詞的変化》無国籍者.
- **staat·lich** [シュタートりヒ] 形 国家の, 国立の; 国による: **die ~e Macht** 国家権力. **die ~e Souveränität** 国家主権.
- *der* **Staats·akt** [シュターツ・アクト] 名 -(e)s/-e 国家的行事(儀式); 国家行為.
- *die* **Staats·ak·ti·on** [シュターツ・アクツィオーン] 名 -/-en 国家的行動[措置]: **aus ⟨et³⟩ eine ~ machen** ⟨事を⟩騒ぎたてる.
- *der*/*die* **Staats·an·ge·hö·ri·ge** [シュターツ・アン・ゲ・ヘーりゲ] 名 《形容詞的変化》国籍を有する者, 国民.

Staatsangehörigkeit 1152

die **Staats·an·ge·hö·rig·keit** [シュターツ·アン·ゲ(ヘ)-リひカイト] 名 -/-en 国籍.
die **Staats·an·ge·le·gen·heit** [シュターツ·アン·ゲレーゲンハイト] 名 -/-en 国務, 国事.
die **Staats·an·lei·he** [シュターツ·アン·ライエ] 名 -/-n 国の借入れ(国債(証券)).
der **Staats·an·walt** [シュターツ·アン·ヴァルト] 名 -(e)s/..wälte 検事, 検察官.
die **Staats·an·wäl·tin** [シュターツ·アン·ヴェルティン] 名 -/-nen 女性検事, 女性検察官.
die **Staats·an·walt·schaft** [シュターツ·アン·ヴァルトシャフト] 名 -/-en 検察庁.
der **Staats·ap·pa·rat** [シュターツ·アパらート] 名 -(e)s/-e 国家機構.
das **Staats·ar·chiv** [シュターツ·アるひーふ] 名 -s/-e 国立公文書保管所, 国立文書館.
die **Staats·auf·sicht** [シュターツ·アウふ·ズィひト] 名 -/ 国家の監督(管理).
die **Staats·bahn** [シュターツ·バーン] 名 -/-en 国有鉄道.
die **Staats·bank** [シュターツ·バンク] 名 -/-en 国立銀行.
der **Staats·bank·rott** [シュターツ·バンクろット] 名 -(e)s/-e 国家財政の破綻(はたん).
der **Staats·be·am·te** [シュターツ·ベアムテ] 名 (形容詞的変化)国家公務員, 官吏.
die **Staats·be·am·tin** [シュターツ·ベアムティン] 名 -/-nen (女性の)国家公務員, 官吏.
das **Staats·be·gräb·nis** [シュターツ·ベぐれーブニス] 名 -ses/-se 国葬.
der **Staats·be·such** [シュターツ·ベズーふ] 名 -(e)s/-e (政治家の)公式外国訪問.
der **Staats·bür·ger** [シュターツ·ビュるガー] 名 -s/- 国民, 公民: ~ in Uniform ドイツの国防軍兵士.
die **Staats·bür·ger·kun·de** [シュターツビュるガー·クンデ] 名 -/-n (昔の)社会科;(旧東独)公民(授業科目).
staats·bür·ger·lich [シュターツ·ビュるガーリひ] 形 国民の, 公民の.
der **Staats·chef** [シュターツ·シェふ] 名 -s/-s 国家元首.
der **Staats·die·ner** [シュターツ·ディーナー] 名 -s/- (主に《冗》)公僕, 国家公務員.
der **Staats·dienst** [シュターツ·ディーンスト] 名 -(e)s/ 国家公務員の職務.
staats·ei·gen [シュターツ·アイゲン] 形 国有の.
das **Staats·ei·gen·tum** [シュターツ·アイゲントゥーム] 名 -s/..tümer 国有財産:国有, 国家所有.
das **Staats·ex·a·men** [シュターツ·エクサーメン] 名 -s/- 国家試験.
der **Staats·feind** [シュターツ·ふぁイント] 名 -(e)s/-e 国家の敵(反逆者), 公敵.
staats·feind·lich [シュターツ·ふぁイントリひ] 形 国家に敵対する, 反国家的な.
die **Staats·fi·nan·zen** [シュターツ·ふィナンツェン] 複名 国家財政.
die **Staats·form** [シュターツ·ふぉるム] 名 -/-en 国家形態, 政体.
die **Staats·frau** [シュターツ·ふらウ] 名 -/-en (要職にある)女性政治家.
die **Staats·füh·rung** [シュターツ·ふゅーるング] 名 -/-en 政府, 内閣;国家(政治)の支配.
der **Staats·gast** [シュターツ·ガスト] 名 -es/..gäste 国賓.
das **Staats·ge·biet** [シュターツ·ゲビート] 名 -(e)s/-e (国家の)領土.
das **Staats·ge·heim·nis** [シュターツ·ゲハイムニス] 名 -ses/-se 国家機密.
die **Staats·gel·der** [シュターツ·ゲルダー] 複名 国庫金.

die **Staats·ge·walt** [シュターツ·ゲヴァルト] 名 -/-en 1. (単のみ)国家権力, 国権;行政(執行)権;警察権. 2. (主に(複))(個々の)国家権力: die gesetzgebende/richterliche/vollziehende ~ 立法/司法/行政権.
das **Staats·han·dels·land** [シュターツ·ハンデルス·ラント] 名 -(e)s/..länder (国家が貿易を独占している)国営貿易国.
der **Staats·haus·halt** [シュターツ·ハウス·ハルト] 名 -(e)s/-e 国家財政, 国家予算.
die **Staats·ho·heit** [シュターツ·ホーハイト] 名 -/ 国家主権.
die **Staats·kanz·lei** [シュターツ·カンツライ] 名 -/-en 1. (ドイツの)州首相府, 州総理大臣府(官房). 2. (スイス)州評議会事務局.
die **Staats·kas·se** [シュターツ·カッセ] 名 -/-n 国庫.
die **Staats·kir·che** [シュターツ·キるひェ] 名 -/-n 国教会.
staats·klug [シュターツ·クルーク] 形 政治の手腕のある.
die **Staats·klug·heit** [シュターツ·クルークハイト] 名 -/ 政治の手腕.
der **Staats·kom·mis·sar** [シュターツ·コミサーあ] 名 -s/-e (政府の)特命委員.
die **Staats·kos·ten** [シュターツ·コステン] 複名 《次の形で》auf ~ 国費で.
die **Staats·kunst** [シュターツ·クンスト] 名 -/ (文)国政の手腕, 国の統治方法(技術).
die **Staats·kut·sche** [シュターツ·クッチェ] 名 -/-n 公式馬車.
die **Staats·macht** [シュターツ·マハト] 名 -/ 国家権力.
der **Staats·mann** [シュターツ·マン] 名 -(e)s/..männer (要職にある)政治家.
staats·män·nisch [シュターツ·メニシュ] 形 政治家の, 政治家らしい.
der **Staats·mi·nis·ter** [シュターツ·ミニスター] 名 -s/- 大臣;国務大臣;(ドイツの)政務次官;(バイエルンなどの)州大臣.
das **Staats·mo·no·pol** [シュターツ·モノ·ポール] 名 -s/-e 国家独占(事業), 専売.
das **Staats·ober·haupt** [シュターツ·オーバー·ハウプト] 名 -(e)s/..häupter 国家元首.
das **Staats·or·gan** [シュターツ·オるガーン] 名 -s/-e 国家機関.
das **Staats·pa·pier** [シュターツ·パピーあ] 名 -s/-e (主に(複))国債券, 国債(証券).
staats·po·li·tisch [シュターツ·ポリーティシュ] 形 国政(上)の.
die **Staats·po·li·zei** [シュターツ·ポリツァイ] 名 -/ 国家警察: Geheime ~ (ナチスの)秘密国家警察, ゲシュタポ(略 Gestapo).
der **Staats·prä·si·dent** [シュターツ·ブれズィデント] 名 -en/-en 大統領.
die **Staats·prü·fung** [シュターツ·ブりューふング] 名 -/-en 国家試験.
die **Staats·rä·son** [..rεzõ: シュターツ·れゾーン] 名 -/ 〔政〕国家の理由, 国家理性, レーゾンデタ, 国是(ぜ).
die **Staats·rai·son** [..rεzõ: シュターツ·れゾーン] 名 -/ (稀)=Staatsräson.
der **Staats·rat** [シュターツ·らート] 名 -(e)s/..räte 1. 枢密院;枢密顧問官. 2. 〔旧東独〕国家評議会.
das **Staats·recht** [シュターツ·れひト] 名 -(e)s/ 〔法〕国法;憲法.
staats·recht·lich [シュターツ·れひトリひ] 形 〔法〕国法〔憲法〕(上)の.
die **Staats·re·gie·rung** [シュターツ·れギーるング] 名 -/

-en 国家の政府, 中央政府;(バイエルンなどの)州政府.

die **Staats·re·li·gi·on** [シュターツ・れリギオーン] [名] -/-en 国教.

der **Staats·schatz** [シュターツ・シャッツ] [名] -es/..schätze 国庫保有財産.

die **Staats·schuld** [シュターツ・シュルト] [名] -/-en《主に[複]》国家債務;国債.

der **Staats·se·k·re·tär** [シュターツ・ゼクれテーあ] [名] -s/-e **1.** (ドイツの)次官: der parlamentarische ~ 政務次官. der beamtete ~ 事務次官. **2.** 〖旧東独〗(国家機関の)幹部. **3.** (米国の)国務長官.

der **Staats·si·cher·heits·dienst** [シュターツ・ズィっひゃーハイツ・ディーンスト] [名] -(e)s/ 〖旧東独〗国家公安局《略 SSD》. ⇨Stasi².

die **Staats·spra·che** [シュターツ・シュプらーへ] [名] -/-n 公用語.

der **Staats·streich** [シュターツ・シュトらイひ] [名] -(e)s/-e クーデター.

der **Staats·ver·brauch** [シュターツ・ふぇあブらウほ] [名] -(e)s/ 〖経〗政府部門消費, 国家消費.

die **Staats·ver·dros·sen·heit** [シュターツ・ふぇあドろっセンハイト] [名] -/ 国家に対する無関心〔否定的〕な態度.

der **Staats·ver·trag** [シュターツ・ふぇあトらーク] [名] -(e)s/..träge **1.** 国家間条約. **2.** 〖哲〗国家契約.

die **Staats·ver·wal·tung** [シュターツ・ふぇあヴァルトゥング] [名] -/-en 国家行政.

das **Staats·we·sen** [シュターツ・ヴェーゼン] [名] -s/- **1.** 《[単]のみ》国家制度, 政体. **2.** 国家.

die **Staats·wirt·schaft** [シュターツ・ヴィるトシャふト] [名] -/ 国家財政.

die **Staats·wis·sen·schaft** [シュターツ・ヴィっセンシャふト] [名] -/-en 国家学.

das **Staats·wohl** [シュターツ・ヴォール] [名] -(e)s/ 国家の福祉〔安寧〕.

der **Staats·zu·schuss**, [旧]**Staats·zu·schuß** [シュターツ・ツー・シュス] [名] -es/..schüsse 国庫補助(金).

der **Stab** [シュターブ] [名] -(e)s/Stäbe **1.** 棒, 杖(つえ), (格子などの)桟;《文》指揮棒(Takt~). **2.** 〖スポーツ〗(リレーの)バトン(Staffel~);(棒高跳びの)ポール(Stabhochsprung~);魔法の杖(Zauber~), 司教杖(Bischofs~), 司法杖(Gerichts~). **3.** スタッフ;〖軍〗幕僚. 【慣用】**den Stab über 〈j⁴〉 brechen** 〈人を〉断罪する;〈人を〉きびしく弾劾する.

die **Stab·an·ten·ne** [シュターブ・アンテネ] [名] -/-n 〖電〗棒状アンテナ.

das **Sta·bat Ma·ter**, [旧]**Sta·bat ma·ter** [stá:.. スターバト マーター] [名] --/-- **1.** 《[単]のみ》〖カトリック〗スターバト・マーテル《十字架上のキリストに対する聖母の悲しみを歌ったミサ典書の続唱》. **2.** スターバト・マーテル《1. のテキストをもとに作られた同名の曲》.

das **Stäb·chen** [シュテープひぇン] [名] -s/- **1.** 小さい〔短い・細い〕棒;マッチの軸;《主に[複]》箸(はし)(Ess~). **2.** 〖解〗(視神経の)桿(かん)状体. **3.** 《口》タバコ. **4.** 〖手芸〗ロングステッチ.

das **Stab·ei·sen** [シュターブ・アイゼン] [名] -s/- 〖工〗棒鉄, 棒鋼.

die **Stab·füh·rung** [シュターブ・ふゅーるング] [名] -/ 〖楽〗指揮.

der **Stab·hoch·sprin·ger** [シュターブ・ホーほ・シュプりンガー] [名] -s/- 〖スポーツ〗棒高跳びの選手.

der **Stab·hoch·sprung** [シュターブ・ホーほ・シュプるング] [名] -(e)s/ 〖スポーツ〗棒高跳び.

sta·bil [シュタビール] [形] 堅牢(けんろう)な, しっかりした;安定した;抵抗力のある.

der **Sta·bi·li·sa·tor** [シュタビリザートーあ] [名] -s/-en [シュタビリザトーれン] 〖工・車〗安定装置, スタビライザー;〖化〗安定剤.

sta·bi·li·sie·ren [シュタビリズィーれン] [動] *h.* **1.** 〔〈et⁴〉ヲ〕頑丈にする, (…の)揺れ〔ぐらつき〕をなくす. **2.** 〔〈et⁴〉ヲ〕安定させる《物価などを》;丈夫にする《体質などを》. **3.** 〔sich⁴〕安定する《関係などが》;しっかりする《健康・脈などが》.

die **Sta·bi·li·sie·rung** [シュタビリズィーるング] [名] -/-en 安定〔固定〕化;安定〔固定・丈夫〕にすること.

die **Sta·bi·li·tät** [シュタビリテート] [名] -/ **1.** (建造物などが)頑丈である〔しっかりしている〕こと;(体質などが)頑健であること. **2.** 安定(性).

das **Sta·bi·li·täts·ge·setz** [シュタビリテーツ・ゲゼっツ] [名] -es/-e 〖経・法〗経済安定法.

der **Sta·bi·li·täts·zu·schlag** [シュタビリテーツ・ツー・シュラーク] [名] -(e)s/..schläge 〖経〗安定付加税.

der **Stab·ma·gnet** [シュターブ・マグネート] [名] -en〔-(e)s〕/-e(n) 棒磁石.

der **Stab·reim** [シュターブ・らイム] [名] -(e)s/-e 〖詩〗頭韻.

der **Stabs·arzt** [シュターブス・アーあツト, シュターブス・アるツト] [名] -es/..ärzte 〖軍〗軍医大尉.

der **Stabs·boots·mann** [シュターブス・ボーツ・マン] [名] -(e)s/..leute (海軍の)准尉《人;《[単]のみ》位》.

der **Stabs·feld·we·bel** [シュターブス・ふぇルト・ヴェーベル] [名] -s/- (陸・空軍の)准尉.

die **Stab·sich·tig·keit** [シュターブ・ズィひティひカイト] [名] -/ 〖医〗乱視.

der **Stabs·of·fi·zier** [シュターブス・オふぃツィーあ] [名] -s/-e 佐官, 参謀部将校.

der **Stabs·un·ter·of·fi·zier** [シュターブス・ウンター・オふぃツィーあ] [名] -s/-e (陸・空軍の)二等軍曹, 上級伍長(ごちょう)《人;《[単]のみ》位》.

der **Stabs·wacht·meis·ter** [シュターブス・ヴァはト・マイスター] [名] -s/- (昔の陸・空軍の)准尉.

der **Stab·wech·sel** [シュターブ・ヴェクセル] [名] -s/- 〖陸上〗バトンタッチ.

stac·ca·to [シュタカート, sta.. スタカート] [副] 〖楽〗スタッカート, 音を明瞭に切って.

das **Stac·ca·to** [シュタカート, スタカート] [名] -s/-s〔..ti〕〖楽〗スタッカート.

stach [シュターは] [動] stechen の過去形.

stä·che [シュテーひぇ] [動] stechen の接続法 2 式.

der **Sta·chel** [シュタっへル] [名] -s/-n **1.** 〖動〗針;毒針(Gift~);〖植〗とげ. **2.** (金属のとげのような)突起物, 石突, スパイク. **3.** 《文》休みなく駆立てるもの;苦痛の種. 【慣用】**wider〔gegen〕 den Stachel löcken** 《文》抗し難いものにあえて抵抗する.

die **Sta·chel·bee·re** [シュタっへル・ベーれ] [名] -/-n **1.** 〖植〗グーズベリー, 西洋スグリ. **2.** 《主に[複]》グーズベリーの実.

der **Sta·chel·beer·strauch** [シュタっへルベーあ・シュトらウほ] [名] -(e)s/..sträucher 〖植〗グーズベリー〔西洋スグリ〕の木.

der **Sta·chel·draht** [シュタっへル・ドらート] [名] -(e)s/..drähte 有刺鉄線: hinter ~ sitzen 捕虜〔強制〕収容所に入れられている.

der **Sta·chel·häu·ter** [シュタっへル・ホイター] [名] -s/- 《主に[複]》〖動〗棘皮(きょくひ)動物.

sta·che·lig [シュタっへりひ] [形] とげのある, ちくちくする;《文》辛辣(しんらつ)な.

sta·cheln [シュタっへルン] [動] *h.* **1.** 〔〈j⁴/et⁴〉ヲ〕刺激する, 苦しめる. **2.** 〔[補足なし]〕《稀》ちくちくする.

das **Sta·chel·schwein** [シュタっへル・シュヴァイン] [名] -(e)s/-e 〖動〗ヤマアラシ.

stach·lig [シュタっはりひ] [形] =stachelig.

der **Sta·del** [シュターデル] [名] -s/-〔Städel〕《南独・オーストリア・スイス》干草小屋.

S

das **Sta·di·on** [シュターディオン] 名 -s/..dien 競技場, スタジアム.
das **Sta·di·um** [シュターディウム] 名 -s/..dien （発展などの）段階, 時期.
die **Stadt** [シュタット] 名 -/Städte **1.** 都市, 市, 都会, 町; 都心. **2.** 《⑪のみ》《総称》市の住民. **3.** 市当局： bei der ～ angestellt sein 市の職員である. 【慣用】 die Ewige Stadt 永遠の都（ローマ）. die Goldene Stadt 黄金の都（プラハ）. die Heilige Stadt 聖都（イェルサレム）. in Stadt und Land 《古》国中で.
die **Stadt·bahn** [シュタット・バーン] 名 -/-en 都市鉄道《都心と郊外を結ぶ. 略 S-Bahn》.
stadt·be·kannt [シュタット・ベカント] 形 町中に知られた.
die **Stadt·be·völ·ke·rung** [シュタット・ベ(フェ)ルケルング] 名 -/ 都市人口.
der **Stadt·be·woh·ner** [シュタット・ベヴォーナー] 名 -s/- 都市の住民, 都会人, 市〔町〕民.
der **Stadt·be·zirk** [シュタット・ベツィルク] 名 -(e)s/-e 市区.
die **Stadt·bi·bli·o·thek** [シュタット・ビブリオテーク] 名 -/-en 市立図書館.
das **Stadt·bild** [シュタット・ビルト] 名 -(e)s/-er 都市〔町〕の景観.
die **Stadt·bü·che·rei** [シュタット・ビューヒェらイ] 名 -/-en 市立図書館.
das **Städt·chen** [シュテートヒェン, シュテッヒェン] 名 -s/- 小都市, 町.
der **Städ·te·bau** [シュテーテ・バウ, シュテッテ・バウ] 名 -(e)s 都市計画.
städ·te·bau·lich [シュテーテ・バウリヒ, シュテッテ・バウリヒ] 形 都市計画（上）の, 都市計画に基づく.
die **Städ·te·ord·nung** [シュテーテ・オるドヌング, シュテッテ・オるドヌング] 名 -/-en 都市法〔条例〕.
die **Städ·te·part·ner·schaft** [シュテーテ・パるトナーシャふト, シュテッテ・パるトナーシャふト] 名 -/-en 友好都市協定〔条約〕.
der **Städ·ter** [シュテーター, シュテッター] 名 -s/- **1.** 都市の住民. **2.** 都会人.
der **Städ·te·tag** [シュテーテ・ターク, シュテッテ・ターク] 名 -(e)s/-e 都市連絡協議会.
die **Stadt·flucht** [シュタット・ふルフト] 名 -/ 都市からの人口流出〔郊外住宅地への〕.
das **Stadt·gas** [シュタット・ガース] 名 -es/ 都市ガス.
das **Stadt·ge·biet** [シュタット・ゲビート] 名 -(e)s/-e 市の管轄区域.
die **Stadt·ge·mein·de** [シュタット・ゲマインデ] 名 -/-n 市自治体.
das **Stadt·ge·spräch** [シュタット・ゲシュプれーヒ] 名 -(e)s/-e **1.** 市内通話. **2.** 《次の形で》～ sein 町中のうわさ〔話題〕になっている.
die **Stadt·gren·ze** [シュタット・グれンツェ] 名 -/-n 市の境界.
das **Stadt·haus** [シュタット・ハウス] 名 -es/..häuser **1.** 市庁舎の分館〔分所〕. **2.** 都市型〔都会風〕の家.
städ·tisch [シュテーティシュ, シュテッティシュ] 形 **1.** 市〔町〕の; 市営の, 市立の： eine ～e Behörde 市役所. **2.** 都会（風）の.
der **Stadt·käm·me·rer** [シュタット・ケメらー] 名 -s/- 市の収入役.
die **Stadt·kas·se** [シュタット・カッセ] 名 -/-n 市の財政〔会計〕; 市の財政管理課, 市の会計課〔係〕.
der **Stadt·kern** [シュタット・ケるン] 名 -(e)s/-e 市〔町〕の中心部.
der **Stadt·klatsch** [シュタット・クラッチュ] 名 -(e)s/ 《口・蔑》町のうわさ〔話〕.
der **Stadt·kof·fer** [シュタット・コッふァー] 名 -s/- 《古》小型トランク.
der **Stadt·kom·man·dant** [シュタット・コマンダント] 名 -en/-en 〔軍〕市駐屯軍司令官.
der **Stadt·kreis** [シュタット・クらイス] 名 -es/-e 特別市《一都市で郡（Kreis）と同等の資格を持つ》.
die **Stadt·leu·te** [シュタット・ロイテ] 複名 《古》都会〔市〕の人々〔住民〕.
die **Stadt·mau·er** [シュタット・マウあー] 名 -/-n 《昔の》市の囲壁.
die **Stadt·mit·te** [シュタット・ミッテ] 名 -/ 市〔町〕の中心部, 都心.
der **Stadt·park** [シュタット・パるク] 名 -s/-s〔-e〕 市立公園.
der **Stadt·plan** [シュタット・プラーン] 名 -(e)s/..pläne 市街地図.
die **Stadt·pla·nung** [シュタット・プラーヌング] 名 -/-en 都市計画.
der **Stadt·rand** [シュタット・らント] 名 -(e)s/ 市の周辺地域〔はずれ・郊外・郊外〕.
die **Stadt·rand·sied·lung** [シュタットらント・ズィードルング] 名 -/-en 近郊〔郊外〕住宅団地.
der **Stadt·rat** [シュタット・らート] 名 -(e)s/..räte 市議会; 市会議員.
das **Stadt·recht** [シュタット・れヒト] 名 -(e)s/ 都市法《中世期から19世紀まで》.
die **Stadt·rund·fahrt** [シュタット・らント・ふぁーあト] 名 -/-en 市内観光〔遊覧〕.
die **Stadt·sa·nie·rung** [シュタット・ザニーるング] 名 -/-en 都市再開発.
der **Stadt·schrei·ber** [シュタット・シュらイバー] 名 -s/- **1.** 《昔の》都市文書官. **2.** 市誌編集者.
der **Stadt·staat** [シュタット・シュタート] 名 -(e)s/-en 都市国家.
der **Stadt·strei·cher** [シュタット・シュトらイヒャー] 名 -s/- 都会の浮浪者, ホームレス.
der **Stadt·teil** [シュタット・タイル] 名 -(e)s/-e 《大都市の》市区; 《口》市区の住民.
das **Stadt·tor** [シュタット・トーあ] 名 -(e)s/-e 《囲壁に設けられた》都市の門, 城門.
die **Stadt·vä·ter** [シュタット・ふェーター] 複名 《口・冗》市政の長老, 指導的な市会議員.
der/die **Stadt·ver·ord·ne·te** [シュタット・ふぁおるドネテ] 名 《形容詞的変化》市〔町・村〕会議員.
die **Stadt·ver·ord·ne·ten·ver·samm·lung** [シュタット・ふぁおるドネテン・ふぁるザムルング] 名 -/-en 市〔町・村〕議会.
die **Stadt·ver·wal·tung** [シュタット・ふぁあヴァルトゥング] 名 -/-en 市〔町・村〕政; 市〔町・村〕当局; 《口》《集合的に》市〔町・村〕職員.
das **Stadt·vier·tel** [シュタット・ふぃるテル] 名 -s/- = Stadtteil.
das **Stadt·wap·pen** [シュタット・ヴァッペン] 名 -s/- 市〔町〕の紋章.
die **Stadt·woh·nung** [シュタット・ヴォーヌング] 名 -/-en 都市型住居.
das **Stadt·zen·trum** [シュタット・ツェントるム] 名 -s/..tren 都心, 市の中心地区.
(die) **Staël** [stal スタル] 《人名》Madame de ～ スタール夫人《本名 Germaine Baronne de ～, 1766-1817, フランスの作家》.
die **Sta·fet·te** [シュタふぇッテ] 名 -/-n **1.** 《昔の駅伝式の》騎馬急飛脚; 《リレー方式の》急使チーム. **2.** 《騎馬・車などの》護衛の隊列. **3.** 〔競〕《古》リレーのチーム; リレー.
der **Sta·fet·ten·lauf** [シュタふぇッテン・ラウふ] 名 -(e)s/..läufe 《古》= Staffellauf.
die **Staf·fa·ge** [..ʒə シュタふぁージェ] 名 -/-n 見栄えをよくする添えもの; 《美》点景.

Stall

die **Staffel** [シュтっフェル] 名 -/-n **1.**〖スポ〗団体戦のチーム；リレーチーム；(リーグの階級の)段階，部. **2.**〖軍〗(軍艦の)梯形(ﾃｲｹｲ)隊形；飛行中隊. **3.** (騎兵・車などの)護衛の隊列. **4.**〖南独〗(階段の)段. **5.** 〖スポ〗クール〈連続番組の放送回数の単位〉，シリーズ. **6.** 相次いで起こること，連続するの；継起.

die **Staffe·lei** [シュтっフェライ] 名 -/-en 画架，イーゼル.

staffel·för·mig [シュタっフェル・ふぇルミヒ] 形〖軍〗梯形(ﾃｲｹｲ)編成[配置]の.

der **Staffel·gie·bel** [シュтっフェル・ギーベル] 名 -s/-〖建〗階段形破風.

der **Staffel·lauf** [シュтっフェル・ラウふ] 名 -(e)s/..läufe〖陸上・ｽｷｰ〗リレー.

die **Staffel·mie·te** [シュтっフェル・ミーテ] 名 -/-n スライド式家賃.

staf·feln [シュтっフェルン] 動 h. **1.** 〈j⁴/et⁴を〉梯形(ﾃｲｹｲ)の列に配置する；〈j⁴/et⁴がsich⁴の場合〉梯形の列になる. **2.** 〈j⁴/et⁴を〉段階づけをする；〈j⁴/et⁴がsich⁴の場合〉段階づけされる.

der **Staffel·stab** [シュтっフェル・シュタープ] 名 -(e)s/..stäbe〖陸上〗(リレーの)バトン.

staf·fie·ren [シュタふぃーれン] 動 h. **1.** 〈j⁴/et⁴=＋(mit〈et³〉ﾃﾞ)〉(稀)装備する，盛装をする. **2.** 〈et⁴=＋(mit〈et³〉ﾃﾞ)〉〖ｼｭﾅｲ〗飾りをつける. **3.** 〈et⁴=〉〖服〗裏地をつける.

das **Stag** [シュタ─ク] 名 -(e)s/-e(n)〖海〗支索，ステー.

die **Stag·fla·tion** [シュタクふらツィオーン，stak.. スタクふらツィオーン] 名 -/-en〖経〗スタグフレーション.

die **Sta·gio·ne** [stad ʒoːnə スタヂョーネ] 名 -/-n (イタリアの)オペラシーズン；(イタリアの)歌劇団.

die **Sta·gna·tion** [ʃtag.. シュタグナツィオーン，stag.. スタグナツィオーン] 名 -/-en (景気などの)停滞，不振，不況.

sta·gnie·ren [ʃtag.. シュタグニーれン，stag.. スタグニーれン] 動 h.〖ｹﾞﾙ〗停滞する(景気などが)；よどむ(河川が).

stahl [シュター─ル] 動 stehlen の過去形.

der **Stahl** [シュタール] 名 -(e)s/Stähle [-e] 鋼鉄，鋼，(転)強さ，確固たる態度；〖詩〗刃(ﾔ).

das **Stahl·bad** [シュタール・バート] 名 -(e)s/..bäder **1.** 鉄泉浴；鉄泉湯治場. **2.**〖文〗試練.

der **Stahl·bau** [シュタール・バウ] 名 -(e)s/-ten **1.** (複のみ)鉄骨構造. **2.** (複-ten)鉄骨建造物. **3.** (複のみ)鉄骨加工建築業.

der **Stahl·be·ton** [シュтール・ベトン，シュタール・ベトン] 名 -s/-s [-e]〖建〗鉄筋コンクリート.

stahl·blau [シュタール・ブらウ] 形 鋼鉄[鋼(ﾊｶﾞﾈ)]のように青く輝く，スチールブルーの.

das **Stahl·blech** [シュタール・ブレっヒ] 名 -(e)s/-e 薄鋼板.

stäh·le [シュтー─レ] 動 stehlen の接続法 2 式.

stäh·len [シュтー─レン] 動 h. **1.** 〈j⁴/et⁴を〉〖文〗鍛練する. **2.** 〈et⁴を〉鋼(ﾊｶﾞﾈ)にする.

stäh·lern [シュтー─ラーン] 形 **1.** 鋼鉄(製)の；鋼(ﾊｶﾞﾈ)のような. **2.** 鋼のように強靱(ｷｮｳｼﾞﾝ)な.

der **Stahl·fe·der** [シュタール・ふェーダー] 名 -/-n 鉄筆；鋼鉄製のばね.

die **Stahl·fla·sche** [シュтール・ふらっシェ] 名 -/-n〖工〗スチール[鋼鉄製]ボンベ.

stahl·grau [シュタール・グらウ] 形 鋼灰色の.

stahl·hart [シュタール・ハルт] 形 鋼鉄のように堅い，非常に堅い.

der **Stahl·helm** [シュタール・ヘルм] 名 -(e)s/-e 鉄かぶと；〖史〗鉄かぶと団(ドイツの郷軍人団).

die **Stahl·in·dus·trie** [シュタール・インドゥストリー] 名 -/-n 鉄鋼産業.

die **Stahl·kam·mer** [シュタール・カммー] 名 -/-n (銀行の)鋼鉄製金庫室.

der **Stahl·ko·cher** [シュタール・コっほー] 名 -s/- (主に〖ﾂﾞｨｰﾂ〗)鉄鋼労働者.

die **Stahl·kon·struk·ti·on** [シュタール・コンスтрクツィオーン] 名 -/-en 鉄骨構造.

das **Stahl·mö·bel** [シュтール・メ─ベル] 名 -s/- (主に複)スチール家具；スチールパイプ(構造)の家具.

die **Stahl·quel·le** [シュタール・クヴェレ] 名 -/-n 鉄泉.

das **Stahl·rohr·mö·bel** [シュタール・ロ─ア・メ─ベル] 名 -s/- (主に複)スチールパイプ構造の家具.

der **Stahl·ross**, ⒮ **Stahl·roß** [シュタール・ロス] 名 -es/..rösser〖口・冗〗自転車.

der **Stahl·stich** [シュтール・シュтィッヒ] 名 -(e)s/-e〖版画〗 **1.**〖㉘のみ〗鋼版彫刻術. **2.** 鋼版画.

die **Stahl·wa·ren** [シュタール・ヴァーれン] 複名 スチール製品.

das **Stahl·werk** [シュтール・ヴェるク] 名 -(e)s/-e 製鋼所.

die **Stahl·wol·le** [シュタール・ヴォレ] 名 -/〖工〗スチールタワシ(磨き・洗浄に使用).

stak [シュターク] 動 stecken の過去形.

die **Sta·ke** [シュタ─ケ] 名 -/-n =Staken.

stä·ke [シュте─ケ] 動 stecken の接続法 2 式.

sta·ken [シュタ─ケン] 動 **1.** h. 〈et⁴を〉さおを操って進める(舟を)；〖ﾂﾞｨｰﾂ〗熊手で持ちあげる(干草などを). **2.** s. 〈方向へ/場所で〉さおを操りながら小舟で進んでいく；(稀)ぎくしゃくと歩いて行く.

der **Sta·ken** [シュタ─ケン] 名 -s/- 〖北独〗棹(ｻｵ)；(ハーフティンバー家屋の)支柱.

das **Sta·ket** [シュタケ─ト] 名 -(e)s/-e〖方〗木の柵(ｻｸ)，格子垣(ｶﾞｷ)，矢来(ﾔﾗｲ).

der **Sta·ke·ten·zaun** [シュタケ─テン・ツァウン] 名 -(e)s/..zäune〖方〗(庭の)木の柵(ｻｸ)，格子垣(ｶﾞｷ).

das **Sta·kka·to** [シュタカート，sta.. スタカート] 名 -s/-s [..ti]〖楽〗スタッカート.

stak·sen [シュタ─クセン] 動 s. 〈(場所)を〉〖口〗ぎこちない[ぎくしゃくした]足どりで歩く[歩いて行く].

stak·sig [シュターックスィヒ] 形 **1.**〖口〗ぎこちない，ぎくしゃくした. **2.** 長く突き出た.

der **Sta·lag·mit** [ʃtalagmiːt シュタラグミート，sta.. スタラグミート] 名 -s [-en]/-e(n)〖地質〗石筍.

der **Sta·lak·tit** [シュタらクтィート，sta.. スタらクティート] 名 -s [-en]/-e(n)〖地質〗鐘乳(ﾁｭｳﾆｭｳ)石.

das **Sta·lak·ti·ten·ge·wöl·be** [シュタらクティーテン・ゲヴぇルベ，sta.. スタらクティーテン・ゲヴェルベ] 名 -s/-〖芸術学〗(イスラム建築の)鐘乳(ﾁｭｳﾆｭｳ)飾りの丸天井.

der **Stal·hof** [シュタール・ホ─ふ] 名 -(e)s/..höfe〖史〗(ハンザ同盟の)ロンドン商館.

(*der*) **Sta·lin** [シュター─リン，stɑ.. スターリン] 名〖人名〗スターリン (Iossif Wissarionowitsch ～，1879-1953，ソヴィエト連邦の政治家).

(*das*) **Sta·lin·grad** [シュターリーン・グラート] 名 -s/ スターリングラード(ロシアの都市，ボルゴグラード(Wolgograd)の旧称).

der **Sta·li·nis·mus** [シュтリニスムス，sta.. スタリニスムス] 名 -/〖政〗スターリン主義.

der **Sta·li·nist** [シュтリニスт，sta.. スタリニスт] 名 -en/-en スターリン主義者.

sta·li·nis·tisch [シュтリニスティシュ，sta.. スタリニスティシュ] 形 スターリン主義の.

die **Sta·lin·or·gel** [シュターリン・オルゲル，stɑ.. スターリン・オルゲル] 名 -/-n〖軍〗スターリンオルガン(多連式ロケット砲).

der **Stall** [シュタル] 名 -(e)s/Ställe 家畜小屋；〖口〗競走馬の厩舎(ｷｭｳｼｬ)；厩舎(ｷｭｳｼｬ)に属する競走馬；(会社が抱える)レーシングチーム(Renn～).

die **Stal̩la·ter·ne** [シュタル・ラテるネ] ⇨ Stalllaterne.

das **Stäl̩l·chen** [シュテルひぇン] [名] -s/- 《Stall の縮小形》小さな家畜小屋;ベビーサークル.

der **Stal̩l·dün·ger** [シュタル・デュンガー] [名] -s/ 厩肥(きゅうひ).

stal̩·len [シュタレン] [動] *h.* 《稀》 **1.** 〔<et4>ヲ〕畜舎に入れる(馬などを). **2.** 〔補足なし〕畜舎に入っている(馬などが). **3.** 〔補足なし〕《方》放尿する(馬が).

die **Stal̩l·füt·te·rung** [シュタル・ふゅッテるング] [名] -/ 家畜小屋内飼育〔給餌(きゅうじ)〕.

der **Stal̩l·ha·se** [シュタル・ハーゼ] [名] -n/-n 〖動〗カイウサギ.

der **Stal̩l·knecht** [シュタル・クネひト] [名] -(e)s/-e 《古》馬丁.

die **Stal̩l·la·ter·ne, Stal̩l-La·ter·ne,** [旧]**Stal̩la·ter·ne** [シュタル・ラテるネ] [名] -/-n 家畜小屋のランプ.

der **Stal̩l·meis·ter** [シュタル・マイスター] [名] -s/- 厩舎(きゅうしゃ)長;(馬の)調教師;馬術の教師.

der **Stal̩l·mist·streu·er** [シュタル・ミスト・シュトろイあー] [名] -s/- 〖農〗厩肥(きゅうひ)散布機.

die **Stal̩l·or·der** [シュタル・オるダー] [名] -/-n 〖スポーツ〗レーシングチーム〔厩舎〕の指令(自分のチーム〔厩舎〕の競争相手を優位にするための戦略的指令);八百長.

die **Stal̩·lung** [シュタルング] [名] -/-en 《主に[複]》家畜小屋;厩舎(きゅうしゃ).

die **Stal̩l·wa·che** [シュタル・ヴァっへ] [名] -/-n **1.** (騎馬隊の)厩(うまや)番. **2.** 〖政〗《ジャーゴン》(議会の休暇中の)官庁の監督(をする人物).

das **Sta·men** [シュターメン, st.. スターメン] [名] -s/..mina 〖植〗雄しべ.

der **Stam̩m** [シュタム] [名] -(e)s/Stämme **1.** (樹木の)幹,樹幹. **2.** 種族,部族;氏族,一族. **3.** 〖生〗(分類上の)門;(細菌の)菌株;(園芸の)品種;(家畜などの)血統. **4.** (鶏・蜜蜂などの)群. **5.** 〖言〗語幹. **6.** 《[単]のみ》固定的なメンバー,常連;(青少年団体の)主要グループ. **7.** 《口》常連客用の料理,サービスメニュー(~gericht).

die **Stam̩m·ak·tie** [シュタム・アクツィエ] [名] -/-n 〖経〗普通株.

der **Stam̩m·baum** [シュタム・バウム] [名] -(e)s/..bäume (家)系図,系譜;血統図;〖生・言〗系統樹.

das **Stam̩m·buch** [シュタム・ブーふ] [名] -(e)s/..bücher **1.** 《古》(訪問客用の)記念〔サイン〕帳. **2.** 家族登録簿;(動物の)血統登録簿. **【慣用】** <j3> <et4> **ins Stammbuch schreiben** <人の>心に<事を>銘記させる.

die **Stam̩m·burg** [シュタム・ブるク] [名] -/-en 家系発祥の城.

die **Stam̩m·ein·la·ge** [シュタム・アイン・ラーゲ] [名] -/-n 〖商〗(有限責任会社社員の)基本出資額,出資金.

stam̩·meln [シュタメルン] [動] *h.* **1.** 〔補足なし〕どもる,つかえながら話す;〖医〗構音障害を起こす. **2.** 〔<et4>ヲ〕つっかえながら言う.

die **Stam̩m·el·tern** [シュタム・エルターン] [複名] (家系の)先祖,祖先;人類の始祖(アダムとエヴァ).

stam̩·men [シュタメン] [動] *h.* **1.** 〔aus <et3>ノ〕生れである,出身である(国・町などの). **2.** 〔aus <et3>ノ〕ものである(時代の). **3.** 〔aus <et3>ノ/von <j3/et3>ノ〕出である,系統を引く,(…に)由来する. **4.** 〔aus <et3>ニ/von <j3/et3>ニ〕よるものである.

die **Stam̩·mes·ge·schich·te** [シュタメス・ゲシひテ] [名] -/ 〖生〗系統発生(論);種族史.

der **Stam̩·mes·häupt·ling** [シュタメス・ホイプトリング] [名] -s/-e 族長.

die **Stam̩m·form** [シュタム・ふぉるム] [名] -/-en **1.** 〖言〗(動詞の)三基本形. **2.** 〖生〗原型,祖先型.

der **Stam̩m·gast** [シュタム・ガスト] [名] -es/..gäste 常連,常客.

das **Stam̩m·ge·richt** [シュタム・ゲりひト] [名] -(e)s/-e 常連客用料理,サービスメニュー.

der **Stam̩m·hal·ter** [シュタム・ハルター] [名] -s/- 《冗》総領,嫡男,長男.

das **Stam̩m·haus** [シュタム・ハウス] [名] -es/..häuser 創業以来の社屋;本家;家系発祥の館(やかた).

das **Stam̩m·holz** [シュタム・ホルツ] [名] -es/ 幹材,丸太.

stäm̩·mig [シュテミひ] [形] がっしりした,ずんぐりした;幹の太い.

das **Stam̩m·ka·pi·tal** [シュタム・カピタール] [名] -s/-e 〔-ien〕〖経〗資本金.

die **Stam̩m·knei·pe** [シュタム・クナイペ] [名] -/-n 《口》行きつけの飲み屋.

der **Stam̩m·kun·de** [シュタム・クンデ] [名] -n/-n 常客,お得意様.

die **Stam̩m·kund·schaft** [シュタム・クントシャふト] [名] -/ 《総称》固定客,常客,お得意様.

das **Stam̩m·land** [シュタム・ラント] [名] -(e)s/..länder 〔-e〕民族〔部族〕発祥の地;《転》本拠地.

der **Stam̩m·ler** [シュタムラー] [名] -s/- どもる人,どもり;〖医〗吃音症.

das **Stam̩m·lo·kal** [シュタム・ロカール] [名] -(e)s/-e 行きつけの飲食店〔酒場〕.

die **Stam̩m·mut·ter, Stam̩m-Mut·ter,** [旧]**Stam̩mut·ter** [シュタム・ムッター] [名] -/..mütter (女の)祖先;エヴァ.

das **Stam̩m·per·so·nal** [シュタム・ぺるゾナール] [名] -s/ 長年の実績のある人物〔社員〕.

das **Stam̩m·raum·kli·ma** [シュタム・らウム・クリーマ] [名] -s/-s〔-te〕〖林〗(高木林の)樹幹層の気候.

die **Stam̩m·rol·le** [シュタム・ろレ] [名] -/-n 〖軍〗(昔の)兵員名簿.

das **Stam̩m·schloss,** [旧]**Stam̩m·schloß** [シュタム・シュロス] [名] -es/..schlösser 家系発祥の館〔宮殿〕.

die **Stam̩m·sil·be** [シュタム・ズィルベ] [名] -/-n 〖言〗語幹の音節.

der **Stam̩m·sitz** [シュタム・ズィッツ] [名] -es/-e **1.** いつもの〔決った〕席. **2.** 創業以来の所在地〔社屋〕;家系発祥の居住地〔城・館・宮殿〕.

die **Stam̩m·suk·ku·len·te** [シュタム・ズクレンテ] [名] -/-n 〖植〗茎多肉植物.

die **Stam̩m·ta·fel** [シュタム・ターふぇル] [名] -/-n 系図.

der **Stam̩m·tisch** [シュタム・ティッシュ] [名] -(e)s/-e **1.** 常連客用テーブル. **2.** 常連仲間;常連の集まり.

der **Stam̩m·tisch·po·li·ti·ker** [シュタムティッシュ・ポリーティカー] [名] -s/- 《蔑》しろうと政治談義をする常連客.

die **Stam̩mut·ter** [シュタム・ムッター] ⇨ Stammmutter.

der **Stam̩m·va·ter** [シュタム・ふぁーター] [名] -s/..väter (男の)祖先;アダム.

stam̩m·ver·wandt [シュタム・ふぇあヴァント] [形] **1.** 《古》同種族の. **2.** 〖言〗同一語幹の.

der **Stam̩m·vo·kal** [シュタム・ヴォカール] [名] -s/-e 〖言〗幹母音.

das **Stam̩m·werk** [シュタム・ヴェるク] [名] -(e)s/-e 本社工場.

das **Stam̩m·wort** [シュタム・ヴォるト] [名] -(e)s/..wörter 〖言〗幹語,根語.

die **Stam̩·pe** [シュタムペ] [名] -/-n 《ベルリン》(《蔑》も有)飲み屋,飲食店;《方》シュタンペ(太い脚の無骨な小グラス).

die **Stam·pe̩·de** [シュタムペーデ, stam.. スタムペーデ] [名] -/-n (パニックに陥った)家畜〔牛〕の群れの暴走.

der **Stam̩·per** [シュタムパー] [名] -s/- 《方》=das Stamperl.

das **Stam̩·perl** [シュタムパール] [名] -s/-n 《南独・オーストリア》

S

シュタンベルル《火酒用の小型グラス》.
der **Stampf·be·ton** [シュタムプふ・ベトーン, シュタムプふ・ベトング] 名 -s/ 〖土〗突き固めたコンクリート.
die **Stamp·fe** [シュタムプふェ] 名 -/-n 〖工〗突き棒.
stamp·fen [シュタムプふェン] 動 1. *h.* 〈物〗〉どんどん踏んと踏みつける, 地だんだを踏む《人が》;どんどんと音をたてて動く《人が》;〖海〗縦揺れ〔ピッチング〕する. 2. *s.* 〈方向〉《場所〉〉どしどしと歩いて行く. 3. *h.* 〈et〉〉足で取る《リズムなどを》. 4. *h.* 〈et〉〉足踏みして落す《雪などを》. 5. *h.* 〈et〉〉(足で)踏みつける《固める》;《道具で》突き固める, 突き砕く, つぶす. 6. *h.* 〈et〉〉+〈方向〉=〗打込む《杭〔?〕》.
der **Stampf·er** [シュタムプふぁー] 名 -s/- 1. 〖工〗突き固め機, ランマー. 2. 〖料〗(ポテトなどの)マッシャー. 3. 〖雅〗=Stößel.
die **Stam·pi·glie** [stampíljə シュタムピリエ] 名 -/-n《墺》 1. スタンプ, 判, 印鑑. 2. (押された)印, スタンプ.
stand [シュタント] 動 stehenの過去形.
der **Stand** [シュタント] 名 -(e)s/Stände 1. (⊕のみ)立った状態;静止〔停車〕した状態: einen sicheren ~ haben しっかり立っている. aus dem ~ 立ったまま, 助走なしで. 2. (⊕のみ)立つ場所, 足場;射場 (Schieß~);運転室 (Führer~);(タクシーなどの)乗り場: ein ~ für Taxen. 3. 売店, 屋台(店), スタンド, 展示コーナー;(家畜小屋の)房. 4. (⊕のみ)状況, 状態, 立場: 〈et〉 auf den neuesten ~ bringen 〈物·事〉〉最新の状況に合せる. 5. (ある時点の)位置, 高さ, 一定の量《大きさ·強さ》: der ~ des Wassers 水位. der ~ des Kontos 口座の残高. 6. 身分, 階級, (職業による)社会的な身分 (Berufs~);(中世·近代初期の)等族. 7. 〖雅〗州 (Kanton). 8. 〖狩〗猟獣量〔数〕. 9. 〖植〗花序 (Blüten~). 【慣用】 **aus dem Stand (heraus)** 〘口〙即座に. **außer Stande** ⇨ außerstande. **im Stande** ⇨ imstande. **in Stand** ⇨ instand. **zu Stande** ⇨ zustande. **〈j〉 gegen 〈j〉 einen schweren Stand haben** 〈人と対して〉〉自分の意見を通せない. **keinen guten Stand bei 〈j〉 haben** 〘口〙〈人に〉〉受けがよくない.
der **Stan·dard** [シュタンダルト, stan.. シュタンダーァト] 名 -s/-s 1. 標準, 規準, 規格. 2. 水準;標準装備. 3. (通貨の)本位, (貨幣の)品位, 純度. 4. (度量衡の)原器.
stan·dar·di·sie·ren [シュタンダるディズィーれン, stan.. スタンダるディズィーれン] 動 *h.* 〈et〉〉規格〔標準〕化する, (…の)規格を統一する.
die **Stan·dar·di·sie·rung** [シュタンダるディズィールンク, stan.. スタンダるディズィールンク] 名 -/-en 規格化, 標準化;規格化〔統一化〕されたもの.
die **Stan·dard·lö·sung** [シュタンダるト・リョーズンク, スタンダるト・リョーズンク] 名 -/-en 〖化〗標準溶液.
die **Stan·dard·spra·che** [シュタンダるト・シュプらーへ, スタンダるト・シュプらーへ] 名 -/-n 〖言〗標準語.
der **Stan·dard·tanz** [シュタンダるト・タンツ, スタンダるト・タンツ] 名 -es/-e (主に⊕)競技ダンスの標準種目.
das **Stan·dard·werk** [シュタンダるト・ヴェるク, スタンダるト・ヴェるク] 名 -(e)s/-e (名分野の)基本文献, 基礎的作品.
die **Stan·dar·te** [シュタンダるテ] 名 -/-n 1. (車などにつける)旗, (昔の)軍旗. 2. (親衛隊·突撃隊の)部隊. 3. 〖狩〗(キツネなどの)尾.
der **Stan·dar·ten·trä·ger** [シュタンダるテン・トれーガー] 名 -s/- 〖軍〗(昔の)旗手.
das **Stand·bein** [シュタント・バイン] 名 -(e)s/-e 〖芸術学〗(立像などの体重がかかっている)立ち脚(〖雅〗軸足.

das **Stand·bild** [シュタント・ビルト] 名 -(e)s/-er 立像 (Statue);〖映〗スチール写真, 〖デ〗静止画像.
das **Stand-by** [stɛntbaɪ シュテント·バイ, シュテント·バイ, stɛnt.. ステント·バイ, ステント·バイ] 名 -(s)/-s (飛行機の)空席待ち;〖電〗スタンバイ(リモコンで電源が入る状態).
das **Ständ·chen** [シュテントヒェン] 名 -s/- 1. 〖楽〗セレナード, 小夜曲. 2. 小さな屋台〔売店〕.
stän·de [シュテンデ] 動 stehenの接続法2式.
die **Stän·de·klau·sel** [シュテンデ・クラウゼル] 名 -/-n 〖文芸学〗身分設定(主人公が悲劇では高い身分, 喜劇では低い身分とすること).
der **Stän·der** [シュテンダー] 名 -s/- 三角旗, ペナント, 〖海〗一束のロープ, ワイヤー.
der **Stän·der** [シュテンダー] 名 -s/- 1. 台, 台架, ラック, スタンド, 譜面台 (Noten~). 2. 〖狩〗(水鳥以外の鳥の)脚. 3. 〘口〙勃起(ボッ)したペニス. 4. 〖土〗(ハーフティンバー建築の)柱. 5. 〖電〗固定子.
der **Stän·de·rat** [シュテンデ·らート] 名 -(e)s/..räte 〘ス〙 1. (⊕のみ)全州評議会, 全邦院議会. 2. 全州評議会議員, 全邦院議員.
die **Stän·der·lam·pe** [シュテンダー·ラムペ] 名 -/-n 〘ス〙フロアスタンド, フロアランプ.
der **Stän·der·pilz** [シュテンダー·ピルツ] 名 -es/-e (主に⊕)〖生〗担子菌(類).
das **Stan·des·amt** [シュタンデス·アムト] 名 -(e)s/..ämter 戸籍役場.
stan·des·amt·lich [シュタンデス·アムトリヒ] 形 戸籍係によって執り行われた, 戸籍上の.
der **Stan·des·be·am·te** [シュタンデス·ベアムテ] 名《形容詞的変化》戸籍係.
stan·des·be·wusst, ⊕stan·des·be·wußt [シュタンデス·ベヴスト] 形 (職業的な)身分意識の強い, 階級意識の強い.
das **Stan·des·be·wusst·sein, ⊕Stan·des·be·wußt·sein** [シュタンデス·ベヴストザイン] 名 -s/ 身分〔階級〕意識.
der **Stan·des·dün·kel** [シュタンデス·デュンケル] 名 -s/ 《軽》高慢な身分意識.
stan·des·ge·mäß [シュタンデス·ゲメース] 形 身分にふさわしい.
die **Stan·des·per·son** [シュタンデス·ベるゾーン] 名 -/-en 身分の高い人.
das **Stan·des·re·gis·ter** [シュタンデス·れギスター] 名 -s/- 戸籍簿.
der **Stän·de·staat** [シュテンデ·シュタート] 名 -(e)s/-en 〖史〗身分制国家, 等族国家.
der **Stan·des·un·ter·schied** [シュタンデス·ウンター·シート] 名 -(e)s/-e (主に⊕)身分の違い, 階級による差別.
das **Stan·des·vor·ur·teil** [シュタンデス·ふぉーァ·ウるタイル] 名 -s/-e 身分〔階級〕による偏見.
stand·fest [シュタント·ふェスト] 形 座りのいい, ぐらぐらしない, しっかりした;〘口〙堅固な;〘雅〗固い: nicht mehr ganz ~ sein 〘口·冗〙酔って足元がふらつく.
die **Stand·fes·tig·keit** [シュタント·ふェスティヒカイト] 名 -/ 安定, 固定, しっかりしていること;断固〘毅然〙(〖雅〗)たること.
das **Stand·fo·to** [シュタント·ふぉート] 名 -s/-s 〖映〗スチール(写真)
das **Stand·geld** [シュタント·ゲルト] 名 -(e)s/-er 1. (車などの)露店〔売店〕の場所代. 2. 〖鉄道〗貨車留置超過料金.
das **Stand·ge·richt** [シュタント·ゲりヒト] 名 -(e)s/-e 〖軍〗(戒厳令下の)即決軍事裁判.
das **Stand·glas** [シュタント·グラース] 名 -es/..gläser メスシリンダー, 液面計.
stand·haft [シュタント·ハふト] 形 不屈の, 毅然(〖雅〗)とし

た, 断固とした.

die **Stand·haf·tig·keit** [シュタントハふティひカイト] [名] –/ 断固たること, 毅然(きぜん)たること.

stand|hal·ten* [シュタント・ハルテン] [動] *h.* **1.** 〔(〈et^3〉ニ)〕耐える, 持ちこたえる. **2.** 〔〈j^3/et^3〉ニ〕屈しない, 負けない.

stän·dig [シュテンディひ] [形] **1.** 絶え間ない, 不断の: mit 〈j^3〉 in ～*er* Feindschaft leben 〈人ト〉不断の敵対関係にある. **2.** 常任の, 常勤の, 常駐〔常設〕の, 定期の;固定の: ein ～*er* Wohnsitz 定住地.

stän·disch [シュテンディシュ] [形] 身分(上)の;《スイス》州の.

das **Stand·licht** [シュタント・リひト] [名] –(e)s/ パーキングライト.

der **Stand·ort** [シュタント・オるト] [名] –(e)s/–e **1.** 所在地, 現在地, 位置;場所;立場. **2.** 〖軍〗駐屯地.

der **Stand·ort·vor·be·scheid** [シュタントオるト・ふぉーあ・ベシャイト] [名] –(e)s/–e (原発建設許可手続きのうち地元当局による)所在地仮決定.

die **Stand·pau·ke** [シュタント・パウケ] [名] –/–n 《口》お説教.

der **Stand·platz** [シュタント・プラッツ] [名] –es/..plätze (立っている)場所, 居場所;(タクシーなどの)乗り場.

der **Stand·punkt** [シュタント・プンクト] [名] –(e)s/–e (立っている)場所;立場, 見地, 見解: von verschiedenen ～*en* aus 種々の位置から〔立場から〕. auf dem ～ stehen, dass ... …という見解をとる.

das **Stand·quar·tier** [シュタント・クヴァるティーあ] [名] –s/–e ベースキャンプ.

das **Stand·recht** [シュタント・れひト] [名] –(e)s/ (戒厳令下などでの)即決裁判権.

stand·recht·lich [シュタント・れひトリひ] [形] 戒厳令(の即決裁判)による.

die **Stand·seil·bahn** [シュタント・ザイル・バーン] [名] –/–en ケーブルカー, 鋼索鉄道.

stand·si·cher [シュタント・ズィっひゃー] [形] 座りのいい, しっかりした.

die **Stand·si·cher·heit** [シュタント・ズィっひゃーハイト] [名] –/ しっかりして安定性のよいこと.

die **Stand·spur** [シュタント・シュプーあ] [名] –/–en (車道の)路側帯.

die **Stand·uhr** [シュタント・ウーあ] [名] –/–en 大型の箱時計.

das **Stand-up** [stænd'ʌp ステンド・アップ] [名] –s/–s 立ち芸, スタンダップ(漫談など).

der **Stand·vo·gel** [シュタント・ふぉーゲル] [名] –s/..vögel 〖動〗(季節移動をしない)留鳥.

die **Stand·wei·de** [シュタント・ヴァイデ] [名] –/–n 〖農〗(柵(さく)で囲まれた)固定放牧場.

die **Stan·ge** [シュタンゲ] [名] –/–n **1.** 棒, さお;(バレエなどの)バー. **2.** 棒状のもの;《方》轅(ながえ): eine ～ Spargel アスパラガス1本. eine ～ Zigaretten 紙巻タバコ1カートン. **3.** 《方》(ケルンビール用などの)筒形グラス. **4.** 《主に[複]》〖狩〗(鹿などの)角. **【慣用】bei der Stange bleiben** 頑張り抜く. **〈j^4〉 bei der Stange halten** 〈人ガ〉最後までやりとげるようにはげます. **〈j^3〉 die Stange halten** 〈人ノ〉味方をする, 《スイス》〈人ニ〉匹敵する. **eine Stange angeben** 《口》自慢する. **eine Stange Geld** 《口》莫大な金. **von der Stange** 《口》既製の.

der **Stän·gel**, [旧]**Sten·gel** [シュテンゲル] [名] –s/– **1.** 〖植〗茎: fast vom ～ fallen 《転・口》びっくりする. Fall (mir) nicht vom ～! 《転・口》落ちるな, ひっくり返るな;びっくりするな. **2.** 《口》陰茎(ペニス).

die **Stan·gen·boh·ne** [シュタンゲン・ボーネ] [名] –/–n 〖植〗インゲンマメ.

das **Stan·gen·holz** [シュタンゲン・ホルツ] [名] –es/ 棒材, 小丸太材;〖林〗(太さが20 cm以下の)若木の森.

das **Stan·gen·pferd** [シュタンゲン・プふぇーあト] [名] –(e)s/–e 轅(ながえ)につながれた馬.

der **Stan·gen·spar·gel** [シュタンゲン・シュパるゲル] [名] –s/– (丸のままの)アスパラガス.

stank [シュタンク] [動] stinken の過去形.

stän·ke [シュテンケ] [動] stinken の接続法2式.

der **Stän·ker** [シュテンカー] [名] –s/– **1.** 《口・蔑》ごたごたを起こす人. **2.** 〖狩〗ケナガイタチ.

die **Stän·ke·rei** [シュテンケらイ] [名] –/–en 《口・蔑》絶えずもめごとを起こすこと;絶えず悪臭を放つこと.

der **Stän·ke·rer** [シュテンケらー] [名] –s/– 《口・蔑》ごたごたを起こす人;絶えず悪臭を放つ人.

stän·kern [シュテンカーン] [動] *h.* 〔補足なし〕《口・蔑》陰で文句をつける, 陰口をきく;悪臭で空気を汚す.

das **Stan·ni·ol** [シュタニオール, sta.. スタニオール] [名] –s/–e 錫箔(すずはく), アルミフォイル, 銀紙.

das **Stan·ni·ol·pa·pier** [シュタニオール・パピーあ, スタニオール・パピーあ] [名] –s/–e 錫(すず)箔(はく), アルミフォイル, 銀紙;アルミ箔(はく)を貼った紙.

das **Stan·num** [シュタヌム, stá.. スタヌム] [名] –s/– 〖化〗錫(すず)(記号 Sn).

stan·te pe·de [stán.. スタンテ ペーデ, ʃtan.. シュタンテ ペーデ] 〖ラテ語〗《口》ただちに, すぐに.

die **Stan·ze**[1] [シュタンツェ] [名] –/–n 〖詩〗スタンザ(脚韻のある弱強5詩脚, 8行の詩節).

die **Stan·ze**[2] [シュタンツェ] [名] –/–n 抜き型, 型押し機, 穴あけ器, パンチ, 押し抜き機.

stan·zen [シュタンツェン] [動] *h.* **1.** 〔〈et^4〉ヲ〕プレスして作る(車体などを);抜き型で打抜く. **2.** 〔〈et^4〉ヲ+in〔auf〕〈et^4〉ニ〕型押しする, 刻印を打出す. **3.** 〔〈et^4〉ヲ〕打抜く(孔などを).

die **Stanz·ma·schi·ne** [シュタンツ・マシーネ] [名] –/–n 抜き型, 型押し機, 穴あけ器, パンチ, 押抜き機.

der **Sta·pel** [シュターペル] [名] –s/– **1.** 積重ねたもの〔山〕;商品倉庫, 貨物置場. **2.** 〖造船〗船台. **3.** 〖紡〗スティープル;〖織〗(羊の)房束(ふさたば). **【慣用】〈et^4〉 vom Stapel lassen** 〈物ヲ〉進水させる(船を);《口》反感を買うような〈事ヲ〉言う.

die **Sta·pel·fa·ser** [シュターペル・ふぁーザー] [名] –/–n 〖紡〗ステープルファイバー, スフ.

der **Sta·pel·lauf** [シュターペル・ラウふ] [名] –(e)s/..läufe (船の造船台からの)進水.

sta·peln [シュターペルン] [動] *h.* 〔〈et^4〉ヲ〕(うず高く)積重ねる〔上げる〕(本・薪などを);蓄積する(富・知識などを);(〈et^4〉がsich⁴の場合)山積みになる.

der **Sta·pel·platz** [シュターペル・プラッツ] [名] –es/..plätze 貨物〔商品〕集積所.

die **Sta·pel·wa·re** [シュターペル・ヴァーれ] [名] –/–n (主に[複])積重ねのきく商品;〖紡〗(流行商品ではない)大量生産してストックしておいた衣料品.

die **Stap·fe** [シュタっプふぇ] [名] –/–n (主に[複])足跡(Fuß～).

stap·fen [シュタっプふぇン] [動] *s.* 〔durch 〈et^4〉ニ〕足を埋め〔取られ〕ながら踏みしめ踏みしめ歩く(雪などに).

der **Stap·fen** [シュタっプふぇン] [名] –s/– =Stapfe.

der **Sta·phy·lo·kok·kus** [シュタふゅロ・コックス, sta.. スタふゅロ・コックス] [名] –/..kokken (主に[複])〖医〗ブドウ状球菌.

der **Star**[1] [シュターあ] [名] –(e)s/–e 〔《スイス》–en〕〖鳥〗ムクドリ.

der **Star**[2] [シュターあ] [名] –(e)s/–e 〖医〗そこひ(眼病): grauer ～ 白内障. grüner ～ 緑内障. schwarzer ～ 全盲. **【慣用】〈j^3〉 den Star stechen** 《口》現実に対して〈人ノ〉目を開かせる.

der **Star**[3] [シュターあ, stá:r スターあ] [名] –s/–s (種々の分野の)スター;人気俳優.

die **Star·al·lü·ren** [シュターあ・アリューれン, stá:r'.. スターあ・

アリューシャン] 複名] 《茂》驕慢（きょう）な態度; スター気取り.

starb [シュタるブ] 動 sterben の過去形.

die **Star·be·set·zung** [シュターあ・ベゼッツング] 名 -/-en (映画・演劇の) 豪華キャスト.

star·blind [シュターあ・ブリント] 形 そこひで失明した.

die **Star·bril·le** [シュターあ・ブリレ] 名 -/-n そこひ手術後の眼鏡.

stark [シュタるク] 形 stärker; stärkst **1.** 強い, 力強い; 意志〔気〕の強い: ~e Nerven/einen ~en Charakter haben 神経が太い/気骨がある. sich⁴ ~ fühlen ~ である/自信を持つ/回復したのを感じる. **2.** (〈et⁴〉ッグ) 太い, 厚い, 頑丈な, 丈夫な: ein ~es Seil 丈夫な (太い) ザイル. Kleider für stärkere Damen 体格のいい〔大きい〕婦人用の衣服. Der Bolzen ist dazu einen Millimeter zu ~. そのボルトはそれには 1 ミリ太すぎる. **3.** (〈et⁴〉ッグ) 太さの, 厚さの; 数の: ein 30mm ~es Rohr 30 ミリの太さのパイプ. ein über fünf Meter ~es Kohlenflöz 5 メートル以上の厚さの石炭層. eine 20 Mann ~e Gruppe 20 名のグループ. Das Buch ist etwa 500 Seiten ~. その本は 500 ページほどもある. **4.** 厳しい, 激しい, ひどい: ~e Kälte 厳しい寒さ. ~er Beifall 盛んな拍手. ein ~er Trinker 大酒飲み. ~en Durst haben ひどくのどが渇いている. ~ betrunken/beschädigt sein ひどく酔っている/損傷を受けている. ~ bevölkern 人口密度の高い. **5.** (中味の) 濃い, (香・酒などが) 強い, (色彩が) 強烈な: ~er Kaffee 濃いコーヒー. **6.** 性能のいい, 強い: ein ~er Motor 強力なエンジン. eine ~e Glühbirne 光の強い〔ワット数の多い〕電球. **7.** (能力の) 優れた, (…に) 強い: Die Mathematik ist meine ~e Seite (固定された表現) 私は数学は得意とするところだ. **8.** (成果の) 優れた: Das ist bisher sein stärkster Roman. これはこれまでの彼の最高の小説だ. **9.** 《若》すごい, いい: eine unheimlich ~e Musik ものすごくいい音楽. Das ist ~. それはすごい〔かっこいい・最高〕. **10.** 〔言〕強変化の: die ~e Konjugation/Deklination (動詞の) 強変化/(名詞・形容詞の) 強変化. 【慣用】 Es geht stark auf zehn Uhr (zu). 〔口〕もうすぐ 10 時だ. sich⁴ für 〈j⁴/et⁴〉 stark machen 〔口〕〈人・事のために〉力を尽す. stark auf die Siebzig (zu) gehen 〔口〕もうすぐ 70 歳になろうとしている. zwei starke Stunden たっぷり 2 時間.

..stark [.. シュタるク] 接尾 名詞や動詞の語幹の後につけて「…が強い (人)」, 「…が多い」, 「…する能力が高い〔性能がよい〕」という意味の形容詞を作る: charakterstark 性格が強い. willensstark 意志が強い. gedächtnisstark 記憶力が higher. umsatzstark 売上げが高い. kampfstark 戦闘能力が高い. saugstark 吸引性能がよい.

stark be·völ·kert, **®stark·be·völ·kert** [シュタるク ベ(ふ)ルカート] 形 人口密度の高い.

das **Stark·bier** [シュタるク・ビーあ] 名 -(e)s/-e (麦芽エキス濃度の高い) 強いビール.

die **Stär·ke** [シュテるケ] 名 -/-n **1.** (のみ) (身体的) 強さ, (国家・思想などの) 強さ. **2.** 厚さ, 太さ; 濃度: eine Wand von einem Meter ~ 1 メートルの厚さの壁. **3.** (機能的) 強度: (ある領域に) 強いこと; 長所, 強味: Mathematik ist seine ~. 数学は彼の得意とするところだ. **4.** (量, 光などの) 強度; 激しさ, 強烈さ: die ~ des Verkehrs 交通量の激しさ. **5.** 人数, 数量. **6.** 澱粉（でんぷん）. **7.** (洗濯の) 糊（のり）.

das **Stär·ke·mehl** [シュテるケ・メール] 名 -(e)s/-e 澱粉（でんぷん）.

stär·ken [シュテるケン] 動 h. **1.** 〈j⁴/et⁴〉ッグ強くする, 強壮にする〈体・健康などを〉; (〈j⁴〉ッsich⁴ の場合) (飲み物などをとって) 元気を回復する〈つける〉. **2.** 〈j⁴/et⁴〉ッグ強める, いっそう強く〔強力に〕させる〈力・立場などを〉. **3.** (〈et⁴〉ッ) 糊（のり）をつける (洗濯物に).

der **Stär·ke·zu·cker** [シュテるケ・ツッカー] 名 -s/ ブドウ糖.

stark·kno·chig [シュタるク・クノッヒひ] 形 骨太の.

stark·lei·big [シュタるク・ライビヒ] 形 太った.

der **Stark·reg·ner** [シュタるク・れーグナー] 名 -s/- (農園) 強力散水機 [スプリンクラー].

der **Stark·strom** [シュタるク・シュトローム] 名 -(e)s/ 〔電〕高圧電流.

die **Stark·strom·lei·tung** [シュタるクシュトローム・ライトゥング] 名 -/-en 高圧電線.

die **Stär·kung** [シュテるクング] 名 -/-en **1.** 強くする〔される〕こと, 強化; 高める〔られる〕こと. **2.** 体力を回復するための食物〔飲み物〕.

das **Stär·kungs·mit·tel** [シュテるクングス・ミッテル] 名 -s/- 強壮剤.

die **Stark·zeh·rer** [シュタるク・ツェーらー] 名 -s/- 〔農〕栄養摂取量の多い植物.

das **Star·let** [シュターあ・レット, stá:r.. スターあレット] 名 -s スター気取りの新人女優.

das **Star·lett** [シュターあ・レット, stá:r.. スターあレット] 名 -s/-s =Starlet.

Starn·berg [シュタるン・ベるク] 名 -s/ 〔地名〕シュタルンベルク (バイエルン州の町).

der **Starn·ber·ger See** [シュタるンベるガー ゼー] 名 --s/ 〔湖名〕シュタルンベルク湖 (バイエルン州南部の湖).

starr [シュタる] 形 **1.** 硬直した, かじかんだ; ごわごわした 〔固定された表現〕: vor Schreck ~ stehen 驚きのあまり立ちすくむ. **2.** 据わった, ひきつった: 〈j⁴〉 ~ ansehen 〈人を〉じっと見据える. **3.** 融通の利かない, 実状に合わないい; かたくなな.

star·ren [シュタれン] 動 h. **1.** 〈方向〉ッじっと見つめる, 凝視する. **2.** 〔von〔vor〕〈et⁴〉ッ〕いっぱいである, 〜だらけである (部屋・服がほこりなどで). **3.** 〈方向〉ッ突き出る; そびえ立つ.

der **Starr·kopf** [シュタる・コップ] 名 -(e)s/.. köpfe (茂) 頑固者.

starr·köp·fig [シュタる・ケッブふぃヒ] 形 (茂) 頑固な, 強情な.

der **Starr·krampf** [シュタる・クらムプふ] 名 -(e)s/ 〔医〕硬直性痙攣（けいれん）, 創傷性破傷風 (Wund~).

der **Starr·sinn** [シュタる・ズィン] 名 -(e)s/ 強情, 頑固.

starr·sin·nig [シュタる・ズィニヒ] 形 =starrköpfig.

die **Stars and Stripes** [シュタるズ and ストらイプス スターズエンドストらイプス] 複名 (アメリカ合衆国の) 星条旗.

der **Start** [シュタるト, start スタるト] 名 -(e)s/-s〔-e〕 **1.** 出発, 離陸, (ロケットの) 発進. **2.** (競争の) スタート, 発走; 出発地点: am ~ sein レースに参加している. an den ~ gehen レースに出場する. **3.** 始動. **4.** 出だし, 始まり, 開始, 着手. 【慣用】 fliegender Start (カーレースなどの) 助走スタート. stehender Start スタンディング・スタート. den Start freigeben 〔空〕離陸許可を出す; 〔競〕スタートの許可を与える.

die **Start·bahn** [シュタるト・バーン, スタるト・バーン] 名 -/-en 離陸用滑走路.

start·be·reit [シュタるト・ベらイト, スタるト・ベらイト] 形 出発〔離陸・発進・スタート〕準備のできた.

der **Start·block** [シュタるト・ブロック, スタるト・ブロック] 名 -s/.. blöcke 〔陸上〕スターティングブロック; 〔水泳〕スタート台.

star·ten [シュタるテン, star.. スタるテン] 動 **1.** s. 〈様態〉ッスタートする, 発進する, 離陸する, 出発す

る． **2.** *h.* 〔〈et^4〉ヲ〕スタートさせる，打上げる，始動させる．

der **Star·ter** [シュタるター, star..スタるター] [名] -s/- **1.** (スタートの合図をする)スターター；(レースの)出走者． **2.** 〖工〗スターター．

die **Start·er·laub·nis** [シュタるト・エあラウプニス, スタるト・エあラウプニス] [名] -/ **1.** (競技への)出場許可． **2.** 離陸許可．

das **Start·fens·ter** [シュタるト・ふェンスター, スタるト・ふェンスター] [名] -s/- (ロケットなどの)発射に最適な時間．

der **Start·hel·fer** [シュタるト・ヘルふぁー, スタるト・ヘルふぁー] [名] -s/- スタートヘルパー．

die **Start·hil·fe** [シュタるト・ヒルふェ, スタるト・ヒルふェ] [名] -/-n **1.** (バッテリーのあがった車への)始動援助；(車の)始動援助装置；(飛行機の)離陸用補助装置． **2.** 開始〔開業時〕の経済的援助．

das **Start·hil·fe·ka·bel** [シュタるト・ヒルふェ・カーベル, スタるト・ヒルふェ・カーベル] [名] -s/- (自動車の)バッテリー充電ケーブル．

start·klar [シュタるト・クラーあ, スタるト・クラーあ] [形] ＝startbereit.

die **Start·li·nie** [シュタるト・リーニエ, スタるト・リーニエ] [名] -/-n スタートライン．

das **Start·loch** [シュタるト・ロっほ, スタるト・ロっほ] [名] -(e)s/..löcher 〖陸上〗(昔の)スタート用の足を置くくぼみ．

der **Start·schuss,** [旧]**Start·schuß** [シュタるト・シュス, スタるト・シュス] [名] -es/..schüsse スタートの合図のピストル発射；《転》開始の合図．

die **Start·sei·te** [シュタるト・ザイテ, スタるト・ザイテ] [名] -/-n 〖コンピュータ〗ホームページ．

der〔*das*〕**Start-up** [sta:*r*tʌ̃p スターあト・アップ] [名] -s/-s 新設企業．

das **Start·ver·bot** [シュタるト・ふェあボート, スタるト・ふェあボート] [名] -(e)s/-e **1.** (競技への)出場禁止． **2.** 離陸禁止．

das **Start·zei·chen** [シュタるト・ツァイひェン, スタるト・ツァイひェン] [名] -s/- スタートの合図．

der **Sta·si**[1] [シュターズィ] [名] -s/-s 〖旧東独〗《口》国家公安局員．

die **Sta·si**[2] [シュターズィ] [名] -/ (《稀》der ～ -(s)/) 〖旧東独〗《口》Staatssicherheitsdienst 国家公安局の短縮形．

das **State De·part·ment** [stéːt dipáː*r*tmənt ステート ディパーあトメント] [名] --/ (米国の)外務省．

die **Sta·tik** [シュターティク, stá..スターティク] [名] -/ **1.** 〖理〗静力学；〖土〗静加重，安定性． **2.** 《文》静的〔静止〕状態．

der **Sta·ti·ker** [シュターティカー, stá:..スターティカー] [名] -s/- 静力学〔構造力学〕専門の(建築)技師．

die **Sta·ti·on** [シュタツィオーン] [名] -/-en **1.** 停留所，停車場，(小さな)駅；滞在(地)，休憩(所)；〖カトリック〗(巡礼者などが)留まる場所： freie ～《古》無料宿泊所． **2.** (重要な)段階． **3.** (病院の)科；病棟． **4.** (軍隊・観測などの)施設． **5.** 《稀》送信局；放送局． **6.** 〖コンピュータ〗ワークステーション．【慣用】**Station machen** 一休みする，短期滞在する．

sta·ti·o·när [シュタツィオネーあ] [形] **1.** 静止した，固定された，定置された；変動のない；停滞している，定常の． **2.** 〖医〗入院による．

sta·ti·o·nie·ren [シュタツィオニーれン] [動] *h.* 〔〈j^4/et^4〉ヲ＋〈場所〉ニ〕配備〔配置〕する，駐屯させる(部隊・兵器などを)．

der **Sta·ti·ons·arzt** [シュタツィオーンス・アーあツト, シュタツィオーンス・アるツト] [名] -es/..ärzte (各科の)主任医師．

die **Sta·ti·ons·schwes·ter** [シュタツィオーンス・シュヴェスター] [名] -/-n (各科の)看護婦長．

der **Sta·ti·ons·vor·stand** [シュタツィオーンス・ふぉーあ・シュタント] [名] -(e)s/..stände 《オーストリア》駅長．

der **Sta·ti·ons·vor·ste·her** [シュタツィオーンス・ふぉーあ・シュテーあー] [名] -s/- 駅長．

sta·tisch [シュターティシュ, stá:..スターティシュ] [形] **1.** 〖理〗静力学(上)の． **2.** 〖医・生〗平衡に関する： ～*er* Sinn 平衡感覚． **3.** 〖土〗静荷重の． **4.** 静止状態の，静的な．

der **Sta·tist** [シュタティスト] [名] -en/-en 〖劇・映〗(せりふのない)端役(はや)；重要でない人．

die **Sta·tis·te·rie** [シュタティステリー] [名] -/-n 《総称》せりふのない端役(はや)たち．

die **Sta·tis·tik** [シュタティスティク] [名] -/-en **1.** 《[単]のみ》統計学． **2.** 統計(表)．

der **Sta·tis·ti·ker** [シュタティスティカー] [名] -s/- 統計学者．

sta·tis·tisch [シュタティスティシュ] [形] 統計学(上)の．

das **Sta·tiv** [シュタティーふ] [名] -s/-e 三脚，台架．

der **Sta·tor** [シュタートーあ, stá:..スタートーあ] [名] -s/-en [シュタトーれン, スタトーれン] (各機器・装置の)固定部分．

statt[1] [シュタっト] [前] **1.** **a.** 〔＋2格〕…の代りに： Er antwortete ～ meiner. 彼が私の代りに答えた． **b.** 〔＋3格〕(次の名詞・代名詞が2格と判明できない場合)…の代りに： ～ Worten will der Chef Taten sehen. 言葉ではなく，所長は行動を見たがる． ⇨ anstatt.

―― [接] 《並列》(zu [動]や dass [文]とともに)…する代りに，…しないで；…ではなく． ⇨ anstatt, anstelle.

statt[2] [シュタっト] (次の形で) an 〈j^2〉 ～ 〈人の〉代りに． an Eides ～ 宣誓にかえて． an Zahlung ～《古》代金にかえて． 〈j^4〉 an Kindes ～ annehmen 〈人を〉養子にする．

die **Statt** [シュタっト] [名] -/ 《文》場所．

statt·des·sen [シュタっト・デっセン] [副] その代りに．

die **Stät·te** [シュテっテ] [名] -/-n 《文》場所．

statt|fin·den* [シュタっト・ふィンデン] [動] *h.* 〔(〈場所〉デ/〈時点〉ニ)〕催される，行われる．

statt|ge·ben* [シュタっト・ゲーベン] [動] *h.* 〔〈et^3〉ヲ〕〖官〗聞届ける(請願などを)．

statt|ha·ben* [シュタっト・ハーベン] [動] *h.* 〔(〈場所〉デ/〈時点〉ニ)〕《文》催される．

statt·haft [シュタっトハふト] [形] 《文》許されている，認められている．

der **Statt·hal·ter** [シュタっト・ハルター] [名] -s/- **1.** (昔の)総督；代官． **2.** 《スイス》郡長；州長官代理；市〔町〕長．

die **Statt·hal·ter·schaft** [シュタっト・ハルターシャふト] [名] -/ 総督〔代官〕の職務(執行)．

statt·lich [シュタっトリひ] [形] **1.** 堂々とした，恰幅(かっぷく)のいい． **2.** 豪華な；相当な．

die **Sta·tue** [シュタートゥエ, stá:..スタートゥエ] [名] -/-n 全身像，立像．

sta·tu·en·haft [シュタートゥエンハふト, stá:..スタートゥエンハふト] [形] 彫像のような；身じろぎもしない．

die **Sta·tu·et·te** [シュタトゥエっテ, sta..スタトゥエっテ] [名] -/-n 小さな全身像，小立像．

sta·tu·ie·ren [シュタトゥイーれン, sta..スタトゥイーれン] [動] *h.* 〔〈et^4〉ヲ〕確立する．【慣用】**ein Exempel (an 〈j^3〉/mit 〈et^3〉) statuieren** (〈人・事を〉)見せしめにする．

die **Sta·tur** [シュタトゥーあ] [名] -/-en (主に[単])体格，体つき： von mittlerer ～ sein 中肉中背である．

der **Sta·tus** [シュタートゥス, stá:..スタートゥス] [名] -/-[..トゥース] **1.** 状態，状況： ～ quo/quo ante 現状/旧状． **2.** (社会的・法的)地位，身分． **3.** 〖医〗病状，健康状態；体質．

der **Sta·tus Nas·cen·di,** [旧]**Sta·tus nas·cen·di** [..nastsέndi シュタートゥス ナスツェンディ, stá:..スタートゥス ナスツェンディ] [名] --/ 〖化〗発生期の(反応性のある)状態．

der **Sta·tus quo** [シュタートゥス クヴォー, stá:.. スタートゥス クヴォー] [名] --/ 〖法〗現状.

der **Sta·tus quo an·te** [シュタートゥス クヴォー アンテ, stá:.. スタートゥス クヴォー アンテ] [名] ---/ 《文》以前の状態, 旧状.

das **Sta·tus·sym·bol** [シュタートゥス·ズュムボール, stá:.. スタートゥス·ズュムボール] [名] -s/-e ステータスシンボル.

das **Sta·tut** [シュタトゥート] [名] -(e)s/-en 定款, (基本)規約.

der **Stau** [シュタウ] [名] -(e)s/-s〔-e〕 **1.** 《主に[単]》よどみ, 停滞. **2.** 《[複]は主に-s》(交通の)渋滞. **3.** 《[単]のみ》〖気〗(気団·空気の)停滞.

die **Stau·an·la·ge** [シュタウ·アン·ラーゲ] [名] -/-n ダム, 堰堤(えんてい).

der **Staub** [シュタウプ] [名] -(e)s/-e〔Stäube〕 (《[複]は〖理〗》) 埃(ほこり), 塵(ちり), 粉塵(ふんじん): radioaktive Stäube 〖理〗放射性塵埃(じんあい). eine ～ abweisende Lackierung 埃のつかない塗装. das Zimmer〔den Teppich〕～ saugen. 部屋〔絨毯(じゅうたん)〕に掃除機をかける. 【慣用】**den Staub (einer Stadt) von den Füßen schütteln** 《文》ある町を立去る. 〈**j⁴/et⁴**〉 **durch 〔in〕 den Staub ziehen 〔zerren〕** 《文》〈人·物·事を〉くそみそにけなす. **sich⁴ aus dem Staub machen** 《口》一目散に逃出す. **Staub aufwirbeln** 《口》世間を騒がせる. **wieder zu Staub werden** 《文》塵に帰る(死ぬ).

staub·be·deckt [シュタウプ·ベデックト] [形] ほこりをかぶった.

der **Staub·be·sen** [シュタウプ·ベーゼン] [名] -s/- ちり払い.

der **Staub·beu·tel** [シュタウプ·ボイテル] [名] -s/- **1.** 〖植〗葯(やく). **2.** (電気掃除機の)集塵(しゅうじん)袋.

das **Staub·blatt** [シュタウプ·ブラット] [名] -(e)s/..blätter 〖植〗雄しべ.

das **Stäub·chen** [シュトイプひぇン] [名] -s/- 細かいほこり(の1つ).

staub·dicht [シュタウプ·ディひト] [形] 防塵(ぼうじん)の.

das **Stau·be·cken** [シュタウ·ベッケン] [名] -s/- 貯水池, 溜池.

die **Staub·e·mis·si·on** [シュタウプ·エミスィオーン] [名] -/-en 〖環〗粉塵(ふんじん)による大気汚染;大気中への粉塵排出.

stau·ben [シュタウベン] [動] *h.* 〔[補足なし]〕埃(ほこり)を立てる(道路·じゅうたん·人などが);(Es が主語で)埃が立つ.

stäu·ben [シュトイベン] [動] *h.* **1.** 〔〈et⁴〉ヲ＋von 〈et³〉カラ〕取除く, 払い落す(埃(ほこり)などを). **2.** 〔[補足なし]〕飛散する, (埃のように)飛び散る(水·雪·火花などが);《稀》埃を立てる. **3.** 〔〈et⁴〉ヲ＋auf 〈et⁴〉ニ/über 〈et⁴〉ー面ニ〕振りかける(粉などを).

der **Staub·fa·den** [シュタウプ·ふぁーデン] [名] -s/..fäden 《主に[複]》〖植〗花糸(葯を保持する柄).

der **Staub·fän·ger** [シュタウプ·ふぇンガー] [名] -s/- 《口》ほこりのつきやすい調度品.

staub·frei [シュタウプ·ふらイ] [形] ほこりのない, 無塵(むじん)の.

das **Staub·ge·fäß** [シュタウプ·ゲふぇース] [名] -es/-e 〖植〗雄しべ.

die **Staub·ho·se** [シュタウプ·ホーゼ] [名] -/-n 砂の竜巻, 砂柱,

stau·big [シュタウビひ] [形] ほこりだらけの;《方》酔った.

der **Staub·kamm** [シュタウプ·カム] [名] -(e)s/..kämme (歯の密な)すき櫛(ぐし).

das **Staub·korn** [シュタウプ·コるン] [名] -(e)s/..körner ちり〔ほこり〕の粒.

der **Staub·lap·pen** [シュタウプ·ラッペン] [名] -s/- ダスター, ふきん, ぞうきん.

die **Staub·lun·ge** [シュタウプ·ルンゲ] [名] -/-n 〖医〗塵肺(じんぱい).

der **Staub·man·tel** [シュタウプ·マンテル] [名] -s/..mäntel ダスターコート.

staub·sau·gen, Staub sau·gen [シュタウプ·ザウゲン] [動] staubsaugte〔saugte Staub〕; hat gestaubsaugt〔hat Staub gesaugt〕 **1.** 〔[補足なし]〕電気掃除機で掃除する. **2.** 〔〈et⁴〉ヲ〕電気掃除機できれいにする(床などを). ⇨ Staub.

der **Staub·sau·ger** [シュタウプ·ザウガー] [名] -s/- 電気掃除機.

das **Staub·tuch** [シュタウプ·トゥーふ] [名] -(e)s/..tücher ダスター, ふきん, ぞうきん.

der **Staub·we·del** [シュタウプ·ヴェーデル] [名] -s/- ちり払い.

die **Staub·wol·ke** [シュタウプ·ヴォルケ] [名] -/-n 砂ぼこり, 砂塵(さじん).

der **Staub·zu·cker** [シュタウプ·ツッカー] [名] -s/ 粉砂糖.

stau·chen [シュタウひぇン] [動] *h.* **1.** 〔〈j⁴/et⁴〉ヲ＋〈方向〉ニ〕強く突く(棒を地面などに). **2.** 〔〈et⁴〉ヲ〕押しつぶす, ぶつけてつぶす〔曲げる·ぺしゃんこにする〕;〖工〗プレスして(…を)つくる(リベットなどを). **3.** 〔〈j⁴〉ヲ〕《口》どやす. **4.** 〔sich³＋〈et⁴〉ヲ〕《稀》挫(くじ)く(足などを).

der **Stau·damm** [シュタウ·ダム] [名] -(e)s/..dämme 堰堤(えんてい), 貯水ダム.

die **Stau·de** [シュタウデ] [名] -/-n **1.** 〖植〗宿根草, 多年性植物. **2.** 《南独》低木, やぶ;《方》(カリフラワーなどの)球.

stau·en [シュタウエン] [動] *h.* **1.** 〔〈et⁴〉ヲ〕(せき)止める(川·血などを). **2.** 〔sich⁴＋(〈場所〉デ)〕せき止められる(流れなどが), 渋滞する(交通などが), 鬱積(うっせき)する(怒りなどが). **3.** 〔〈et⁴〉ヲ＋(auf 〈et³〉ニ/in 〈et⁴〉ニ)〕〖海〗積む(荷物を貨物船などに), 積込む(船室などに).

der **Stau·er** [シュタウあー] [名] -s/- 〖海〗港湾労働者, 沖仲仕.

(*der*) **Stau·fe** [シュタウふぇ] [名] -n/-n ＝Staufer.

(*der*) **Stau·fer** [シュタウふぁー] [名] シュタウフェン家の人(1138-1254 年にかけてドイツ国王·皇帝を輩出).

die **Stau·fer·zeit** [シュタウふぁー·ツァイト] [名] -/ 〖史〗シュタウフェン朝時代(同王朝の下の中世ドイツの最盛期).

stau·fisch [シュタウふぃシュ] [形] シュタウフェン家〔朝時代〕の.

die **Stau·mau·er** [シュタウ·マウあー] [名] -/-n 堰堤(えんてい), ダム.

stau·nen [シュタウネン] [動] *h.* **1.** 〔(〈[文]〉デアルコトニ)〕(気づいて)びっくりする, 驚く. **2.** 〔(über 〈j⁴/et⁴〉ニ)〕感嘆〔驚嘆〕する.

das **Stau·nen** [シュタウネン] [名] -s/ 驚き, 驚嘆;感嘆.

stau·nen·er·re·gend, Stau·nen er·re·gend [シュタウネン·エあれーゲント] [形] 驚嘆させる.

stau·nens·wert [シュタウネンス·ヴェーあト] [形] 《文》驚くべき, 驚嘆〔感嘆〕すべき.

die **Stau·pe**¹ [シュタウペ] [名] -/-n ジステンバー(犬などの伝染病).

die **Stau·pe**² [シュタウペ] [名] -/-n (昔の)笞(むち)打ちの刑;笞刑(ちけい)用のむち;笞刑用のさらし柱.

stäu·pen [シュトイペン] [動] *h.* 〔〈j⁴〉ヲ〕公衆の前で笞(むち)打ちの刑に処する.

der **Stau·raum** [シュタウ·らウム] [名] -(e)s/..räume **1.** 〖海〗船倉. **2.** ダムの貯水域. **3.** 〖旧東独〗(交差点などの)停止線. **4.** 宿泊所.

die **Stau·ro·thek** [シュタウろ·テーク, stau.. スタウろ·テーク] [名] -/-en 〖芸術学〗聖十字架箱.

der **Stau·see** [シュタウ·ゼー] [名] -s/-n (川を塞き止めて作る)人造湖.

die **Stau·stu·fe** [シュタウ·シュトゥーふぇ] [名] -/-n (水路の)可動堰(せき), ローリングダム, (航行用の)水門つきダ

S

Stauung 1162

die **Stau·ung** [シュタウウング] 名 -/-en 1. (水の)せき止め. 2. よどみ, 停滞;(交通の)渋滞.

das **Stau·ver·fahren** [シュタウ・ふぇあふぁーれン] 名 -s/-【農】間summary湛水(法).

der **Stau·ver·schluss**, ⓓ**Stau·ver·schluß** [シュタウ・ふぇあシュルス] 名 -es/..schlüsse (排水口などの)せき止め用栓(蓋(ふた)・水門).

das **Stau·was·ser** [シュタウ・ヴァッサー] 名 -s/- 潮のたるみ(潮の満ち干で間で流れが止まること).

das **Stau·werk** [シュタウ・ヴェるク] 名 -(e)s/-e ダム, 堰(せき), 堰堤(えんてい).

Std. =Stunde 時間(複数は Stdn.).

Stdn. =Stunden 時間(単数は St., Std.).

..ste [..ステ] 接尾 形容詞につけて「もっとも…な(に)」を意味する最高級形の形容詞・副詞をつくる: der älte*ste* von den Jungen その少年たちのうちの最年長者. am läng*sten* もっとも長く.

das **Steak** [ste:k ステーク, ʃte:k シュテーク] 名 -s/-s ステーキ.

der **Stea·mer** [stíːmər スティーマー, ʃtíː.. シュティーマー] 名 -s/-【海】汽船.

das **Stea·rin** [シュテアリーン, stea.. ステアリーン] 名 -s/-e ステアリン(蠟燭(ろうそく)・化粧品の材料となる).

die **Stea·rin·kerze** [シュテアリーン・ケるツェ, ステアリーン・ケるツェ] 名 -/-n ステアリン蠟燭(ろうそく).

der **Stech·apfel** [シュテッヒ・アっぷふぇル] 名 -s/..äpfel【植】チョウセンアサガオ.

der **Stech·apparat** [シュテッヒ・アパらート] 名 -(e)s/-e【動】刺し型口器(吻管(ふんかん)).

das **Stech·becken** [シュテッヒ・ベッケン] 名 -s/-〖古〗(病人がベッドで使う)差込み便器.

das **Stech·eisen** [シュテッヒ・アイゼン] 名 -s/- のみ, たがね.

ste·chen* [シュテッヒェン] 動 er sticht ; stach ; hat gestochen 1. 刺す(虫・とげなどが), ちくちくする(毛などが). 2. 刺すようである; 刺激する(好奇心などが). 3. ⟨j³⁽⁴⁾⟩+⟨方向⟩に刺す. 4. ⟨mit⟨et³⟩⟩+⟨et⁴⟩に刺す(注射を静脈などに). 5. ⟨et⁴⟩+in⟨et⁴⟩に(針などで)あける(穴などを). 6. ⟨et⁴⟩突く;刺し666取る(シャベルなどで);(こま)取る(カードを). 7.〖娯〗〖トランプ〗切り札である. 8.[Es+⟨j⟩n+(in⟨et³⟩n)] 刺すように刺す. 9.〈in⟨et⁴⟩⟩彫る, 刻む. 10.〖娯〗優勝決定戦を行う(特に馬術で). 11.〖娯〗タイムレコーダーを押す. 12.〖娯〗突き出ている;そびえている. 13.〈in⟨et⁴⟩⟩(色合いを)帯びる. 14.[(nach⟨et³⟩ッサがシテ)]〖狩〗鼻で土を掘る(穴熊などが).

das **Ste·chen** [シュテッヒェン] 名 -s/- 1. 刺すような痛み. 2.【馬術】(同点の場合の)優勝決定戦.

ste·chend [シュテッヒェント] 形 刺すような(痛み), つんとくる, 鼻をつく(臭い).

der **Ste·cher** [シュテッヒャー] 名 -s/- 1. 銅版画家(Kupfer~), 鋼版画家(Stahl~), 彫刻家. 2. 刃傷(にんじょう)沙汰を起こす人 (Messer~). 3. (猟銃の)触発引き金. 4.【狩】(シギなどの)嘴(くちばし).

die **Stech·fliege** [シュテッヒ・ふりーゲ] 名 -/-n【昆】サシバエ.

der **Stech·heber** [シュテッヒ・ヘーバー] 名 -s/- ピペット.

die **Stech·karre** [シュテッヒ・カれ] 名 -/-n 二輪手押し車.

die **Stech·karte** [シュテッヒ・カるテ] 名 -/-n タイムカード.

die **Stech·mücke** [シュテッヒ・ミュッケ] 名 -/-n【昆】カ.

die **Stech·palme** [シュテッヒ・パルメ] 名 -/-n【植】セイヨウヒイラギ.

der **Stech·schritt** [シュテッヒ・シュリット] 名 -(e)s/【軍】直立歩調(ひざを曲げない歩き方).

die **Stech·uhr** [シュテッヒ・ウーア] 名 -/-en タイムレコーダー.

das **Stech·vieh** [シュテッヒ・ふぃー] 名 -(e)s/〖ふつう〗刺殺用家畜.

der **Stech·zirkel** [シュテッヒ・ツィるケル] 名 -s/- ディバイダー.

der **Steck·brief** [シュテック・ブリーふ] 名 -(e)s/-e 1.【法】指名手配書. 2.〖ジョーク〗(人物・製品などの)簡略な情報(データ).

steck·brieflich [シュテック・ブリーふリヒ] 形 (指名)手配書による.

die **Steck·dose** [シュテック・ドーゼ] 名 -/-n コンセント.

ste·cken* [シュテッケン] 動 steckte (文)stak ; hat gesteckt 1. ⟨過去は steckte⟩ ⟨et⁴⟩+⟨方向⟩に差込む, 突っ込む, 挿す, 込める, 投入する. 2. ⟨過去は steckte⟩ ⟨j⁴⟩+in⟨et⁴⟩に入れる(ベット・獄・寄宿舎などに). 3. 〈場所〉に差込んである, 入っている, 挿してある;含まれている, 潜んでいる: immer zu Hause ~ いつも家にいる. mitten in der Arbeit ~〖口〗仕事に忙殺されている. In seinem Aufsatz ~ viele Fehler. 彼の作文には間違いが多い. In ihr *steckt* etwas.〖口〗彼女には才能(見所)がある.〖慣用〗Der Schüssel *steckt*.〖口〗かぎはさしたままだ. 4.⟨過去は steckte⟩ ⟨et⁴⟩+(an[in]⟨et⁴⟩ッ) (針・ピンで)留める. 5.⟨an[in]⟨et³⟩⟩留めてある(針などで). 6.⟨過去は steckte⟩ ⟨et⁴⟩ッ) 〖口〗植える. 7.⟨過去は steckte⟩ ⟨j³⟩+⟨et⁴⟩ッ〖口〗こっそり知らせる.【慣用】es ⟨j³⟩ stecken 〖口〗〈人に〉自分の考えをはっきり言う. ⟨j¹/et⁴⟩ stecken〖口〗〈人に〉助力を求める/〈事を〉熱心にやる. voller Fehler/Neugier stecken 間違いだらけである/好奇心でいっぱいである. Wo hast du denn gesteckt?〖口〗どこにいたんだ. Wo steckst du denn jetzt?〖口〗今どこにいるんだ(住まい・勤めなど). (in⟨et³⟩) stecken bleiben ⟨父親に⟩はまり込んでいる/⟨物に⟩ささつかえる/⟨物・事など⟩行詰まる: mit dem Wagen im Schnee *stecken* bleiben 車で雪の中に立往生している. Ihm ist eine Gräte im Hals *stecken* geblieben. 彼の喉元に魚の小骨がつかえている. Beim Aussagen des Gedichts ist der Schüler mehrmals *stecken* geblieben. 詩の暗誦でその生徒は数度つっかえしまった. Die diplomatischen Verhandlungen sind wieder *stecken* geblieben. その外交交渉は再び行き詰まってしまった. ⟨et⁴⟩ stecken lassen 差し込んだ(留めた)ままにしておく: den Schlüssel *stecken* lassen 鍵を(鍵穴に)差し込んだままにする. Lass dein Geld *stecken*! 君はお金を出さなくていい(私がおごる).

der **Ste·cken** [シュテッケン] 名 -s/-〖方〗ステッキ, ストック, つえ.

ste·cken blei·ben*, ⓓ**ste·cken|blei·ben*** [シュテッケン ブライベン] 動 s. ⇨ stecken【慣用】.

ste·cken las·sen*, ⓓ**ste·cken|las·sen*** [シュテッケン ラッセン] 動 h. ⇨ stecken【慣用】.

das **Ste·cken·pferd** [シュテッケン・ぷふぇあト] 名 -(e)s/-e 1. 棒馬(棒の先に馬の首がついたおもちゃ). 2. (ほほえましい)趣味: 〖冗〗sein ~ reiten 道楽に精を出す/好みの話題ばかり話す.

der **Ste·cker** [シュテッカー] 名 -s/- 差込み, プラグ.

die **Steck·karte** [シュテック・カるテ] 名 -/-n〖コンピュ〗(付加回路が組み込まれた)拡張カード(拡張スロットに挿入して使う).

das **Steck·kissen** [シュテック・キッセン] 名 -s/- (赤んぼうの寝袋型の)おくるみ.

der **Steck·kontakt** [シュテック・コンタクト] 名 -(e)s/-e〖古〗【電】プラグ, コンセント.

der **Steck·ling** [シュテックリング] 名 -s/-e 挿し木用の枝.

die **Steck·na·del** [シュテック・ナーデル] 名 -/-n ピン, 留め針. 【慣用】⟨et⁴/j³⟩ wie eine Stecknadel suchen 《口》〈人・物〉を長いこと探しまわる. eine Stecknadel im Heuschober suchen 《口》ほとんど成功の見込みがないとをしようとする.

steck·na·del·kopf·groß [シュテックナーデル・コップ・グロース] 形 ごく小さい.

der **Steck·platz** [シュテック・プラッツ] 名 -es/..plätze 【コンピュ】拡張スロット(拡張カードを入れる場所).

das **Steck·reis** [シュテック・ライス] 名 -es/-er =Steckling.

die **Steck·rü·be** [シュテック・リューベ] 名 -/-n 【植】《方》スウェーデンカブ.

das **Steck·schach** [シュテック・シャッハ] 名 -s/ (駒を盤に差しこむようにした)携帯用チェス.

der **Steck·schlüs·sel** [シュテック・シュリュッセル] 名 -s/- 【工】箱スパナ, ボックススパナ.

der **Steck·schuss**, ®**Steck·schuß** [シュテック・シュス] 名 -es/..schüsse 盲管銃創(弾丸が体内に残っている傷).

die **Steck·zwie·bel** [シュテック・ツヴィーベル] 名 -/-n タマネギの苗.

Stee·ple·chase [sti:pəltʃe:s スティーペル・チェース, ʃtiː.. シュティーペル・チェース] 名 -/-n 【馬術】障害競走.

der **Steep·ler** [sti:p.. スティープラー, ʃtiː.. シュティープラー] 名 -(s)/- 【馬術】障害競走馬.

(*der*) **Ste·fan** [シュテファン] 名 男名 シュテファン.

der **Steg** [シュテーク] 名 -(e)s/-e **1.** 小さな橋;桟橋;渡り板;《口》小道. **2.** (眼鏡の)ブリッジ, (弦楽器の)駒. **3.** (ズボンの裾の)人部分. **4.** 【印】込め物;版型の左右の余白;【工】(型鋼の)垂直辺.

der **Steg·reif** [シュテーク・ライフ] 名 《次の形で》 aus dem ~ 即席で, 即興で.

der **Steg·reif·dich·ter** [シュテークライフ・ディヒター] 名 -s/- 即興詩人.

die **Steg·reif·ko·mö·die** [シュテークライフ・コメーディエ] 名 -/-n 即興喜劇.

das **Steh·auf·männ·chen** [シュテー・アウフ・メンヒェン] 名 -s/- 起上がり小法師;《転・口》へこたれないやつ.

die **Steh·bier·hal·le** [シュテー・ビーア・ハレ] 名 -/-n 立飲みのビヤホール.

das **Steh·bild** [シュテー・ビルト] 名 -(e)s/-er 【写】《ジン》写真,【映】静止画像, スチール写真.

ste·hen* [シュテーエン] 動 stand; hat gestanden (《南独・墺・スイス》ist gestanden) **1.** 《場所》に 立っている(人・動物): vor einer Frage ~ 決定を迫られている. **2.** 《場所》に/《形》《状態》に (立てて)ある, (立って)いる: Die Teller ~ schon auf dem Tisch. 皿がすでにテーブルに置いてある. Die Häuser ~ dicht gedrängt. 家屋がぎっしりとひしめきあって立っている. Der Mond steht hoch am Himmel. 月は空高く昇っている. Ein bitteres Lachen *stand* um seinen Mund. 苦笑が彼の口のまわりに浮かんでいた. Die Angst *steht* in ihren Gesichtern. 不安が彼らの顔に浮かんでいる. Sie ist vor jedem Schaufenster ~ geblieben. 彼女はショーウィンドーごとに立ち止まった. Ein Koffer (Schirm) ist ~ geblieben. トランク(傘)が置き忘れられている. ⟨j⁴⟩ an der Tür ~ lassen 〈人〉をドアの所に立たせておく(中に入れない). ⟨j⁴⟩ einfach ~ lassen 〈人〉を置き去りにする. Sie hat die Tassen auf dem Tisch ~ lassen (gelassen). 彼女はカップをテーブルの上に載せたままにした. Er hat die Suppe ~ lassen (gelassen). 彼はスープを食べ残した. das Unkraut ~ lassen 雑草を生え放題にしておく(切らずにおく). **3.** 《略》立つ, 立っている: Wir mussten ~. 私たちは(席を立って)立っていなければならなかった. Die Flasche soll ~, nicht liegen. ビンを立てておいて, 横にしないでください. **4.** 《略》止まっている/停止している, 動かない(時計・車など): Die Luft *steht*. 風がやんでいる. Der Verkehr kam zum S~. 通行が止まった. Der Wagen ist vor dem Ampel ~ geblieben. その車は信号の前で停車していた. Die Uhr ist ~ geblieben. 時計が止まっている. Vor Schreck blieb ihr fast das Herz ~. 恐怖で彼女は心臓が止まりそうだった. den Wagen/die Blutung zum S~ bringen 車/出血を止める. **5.** ⟨j³⟩《略》似合う(衣服など). **6.** 《場所》に/《様態》に(=(⁴)》載っている, 掲載〔記載〕されている, 書かれている(入っている(口版など). **7.** 《様態》で存在(存続)している(建物など). Die Kirche ist bei dem Bombenangriff ~ geblieben. その教会は爆撃で破壊されずに残りました. **8.** ⟨auf ⟨et⁴⟩/⟨形⟩⟩ 指している(目盛など): Das Barometer *steht* tief. 気圧計は低いところを指している. Die Ampel *steht* auf Rot. 信号は赤だ. **9.** 《様態》にある: Das Spiel *steht* 2 : 1 (=zwei zu eins). 試合は2対1だ. Der Wein *steht* gut. ブドウの出来が良い. Der Wind günstig. 《海》順風である. Alles *steht* zum Besten. すべては上々だ. (Es が主語で) Und wie *steht* es mit dem Bezahlen ? それで支払いはどうなっているの. Wenn es so *steht*, ... 事情がそうなら, ... Wie *steht*'s ? 《口》調子はどう. **10.** ⟨auf ⟨et⁴⟩⟩ 《口》熱中する(スキー・スケートのジャンプで). **11.** ⟨sich⁴+⟨形⟩⟩ 暮らしをしている;立っていて(...)になる: Sie ~ sich gut. 彼らはいい暮らしをしている. sich⁴ mit ~ 立ち疲れる. **12.** ⟨sich⁴⟩+auf ⟨et⁴⟩⟩ 《口》収入がある. **13.** ⟨(sich⁴) + ⟨形⟩₊ + mit ⟨j³⟩..⟩ 折合いである(sich⁴ は《口》): Er *stand* (sich) schlecht mit ihr. 彼は彼女との折合いがうまくいっていなかった. **14.** 〔bei ⟨j³⟩〕次第である. **15.** 《略》(準備が)出来上がっている. **16.** 〔für ⟨et⁴⟩〕保証する;代表する. **17.** 〔zu ⟨j³/et⁴⟩⟩味方する;責任を持つ: Wie *stehst* du zu diesem Problem ? 君はこの問題にどういう立場をとるの. Wie *stehst* du zu ihr ? 《口》君は彼女をどう思っているの. **18.** 〔auf ⟨j⁴/et⁴⟩⟩ 科せられる(刑が);懸かっている(賞金が). **19.** 〔Es + zu ⟨動⟩, dass⟨文⟩..⟩ (...)がある: Es *steht* zu befürchten, dass ... …のおそれがある. Es *steht* zu hoffen, dass ... …と期待される. **20.** 〔《方向》⟨j³⟩..⟩立つ. **21.** 《場所》に《方》暮らしている, (...)に勤めている. **22.** 〔auf ⟨j⁴/et⁴⟩..〕《口》とても好きだ. 【慣用】 **auf der Straße stehen** 《口》路頭にあぶれている, 住むところがない. ⟨j³⟩ **bis zum Hals** [**bis oben/bis hier**(**hin**)] **stehen** 《口》〈人〉にうんざりしている, 〈人〉にはもうたくさんである. ⟨j³⟩ **hat** ⟨et⁴⟩ **stehen lassen** (**gelassen**) 〈人〉が〈物〉を置き忘れた. **hinter** ⟨j³⟩ **stehen** 〈人〉の味方をする, 後援になる. ⟨j³⟩ **ist in seiner Entwicklung stehen geblieben** 〈人〉は成長が止まっている. ⟨et⁴⟩ **kommt** ⟨j³⟩ **teuer zu stehen** 《事が》〈人〉に高くつく(悪い結果となる). **mit** ⟨j³/et⁴⟩ **stehen und fallen** 〈人・物・事〉に依存している. **sich⁴ einen Bart stehen lassen** ひげを生やす. ⟨j³⟩ **steht der Sinn nach** ⟨et⁴⟩ 〈人が〉〈物〉を無性にしたがる. ⟨et¹⟩ **steht in den Sternen** (**geschrieben**) 《事が》どうなるかまったく分からない. **zur Debatte stehen** 討議されている. **zur Diskussion stehen** 討議のテーマになっている. **Wo waren wir stehen geblieben ?** 話はどこまでしたっけ, 話はどこで中断したのでしたか.

ste·hen blei·ben*, ®**ste·hen|blei·ben*** [シュテーエン ブライベン] 動 s. ⇨ stehen 2., 4., 7. 【慣用】.

ste·hend [シュテーエント] 形 立っている, 直立の;止まっている, 淀(よど)んでいる, 静止の;常備(常設)の: ~e

Redensart 決り文句. ~e Welle〖理〗定常波. ein ~es Heer 常備軍.

ste・hen las・sen*, ⓓ**ste・hen|las・sen*** [シュテーエン ラッセン] 動 ⇨ stehen 2. 【慣用】.

der **Ste・her** [シュテーアー] 名 -s/- **1.** (自転車競走の)ペースメーカーの後の選手. **2.** 〖競馬〗長距離競走馬；(方)しっかりした人；(〘ﾄﾞｲﾂ〙)(垣根の)杭(ﾞﾝ).

das **Ste・her・ren・nen** [シュテーアー・れネン] 名 -s/- ドミ・フォン・レース(誘導するオートバイを追走して行う2人1組の自転車競技).

der **Steh・kon・vent** [シュテー・コンヴェント] 名 -(e)s/-e〖学生〗(学生の)立ったままでする大学内の集会. 【慣用】einen Stehkonvent abhalten《文・冗》立ち話をする.

der **Steh・kra・gen** [シュテー・クらーゲン] 名 -s/-〔..krägen〕立ち襟；スタンドカラー.

die **Steh・lam・pe** [シュテー・ラムペ] 名 -/-n フロアスタンド.

die **Steh・lei・ter** [シュテー・ライター] 名 -/-n 脚立(ﾀﾞﾂ).

steh・len* [シュテーレン] 動 er stiehlt ; stahl ; hat gestohlen **1.** 〈et⁴ッ〉盗む；盗作する. **2.** 〈et⁴ッ〉盗みを働く；〈j³+et⁴ッ〉(…から…を)奪う, 奪う；sich³ die Zeit für den Besuch ~ 訪問の時間を無理に作る. **4.** 〈sich⁴+〈方向〉ニ=(ｶﾗ)〉忍び足で行く〈来る〉: Ein Lächeln *stahl* sich auf〈in〉ihr Gesicht.《文》微笑が彼女の顔をかすめた. 【慣用】Er kann mir gestohlen bleiben〔werden〕.《口》私にとって彼なんかどうなってもかまわない. Woher nehmen und nicht stehlen？ いったいどうやって都合をつけたら〔工面したら〕よいのか.

der **Steh・ler** [シュテーラー] 名 -s/- 泥棒, 盗人.

die **Stehl・sucht** [シュテール・ズﾞﾝﾄ] 名 -/ 盗癖.

das **Steh・ohr** [シュテー・オーあ] 名 -(e)s/-en〖動〗立ち耳.

der **Steh・platz** [シュテー・プらッツ] 名 -es/..plätze (劇場などの)立見席；(バス・電車の中の)立つスペース.

das **Steh・pult** [シュテー・プルト] 名 -(e)s/-e 立ち机；楽譜台.

das **Steh・ver・mö・gen** [シュテー・ふぁーﾒーゲン] 名 -s/ 耐久力, 持久力, スタミナ；根気.

die **Stei・er・mark** [シタイあー・マルク] 名 -/〖地名〗シュタイアーマルク(オーストリアの州).

die **Stei・er・mär・ker** [シタイあー・メルカー] 名 -s/- シュタイアーマルクの人.

steif [シタイふ] 形 **1.** 堅い；硬直した, こわばった, 凝った；(口)勃起した(ﾎﾟﾝ). **2.** ぎこちない；堅苦しい. **3.** (クリーム状に)固まった；(口)強い, 濃い(飲み物). **4.** 〖海〗激しい, 荒れた. 【慣用】 ~en Wind und fest 強. die Ohren〔den Nacken〕steif halten《口》へこたれない.

die **Stei・fe** [シタイふェ] 名 -/-n **1.** (のみ)《文》堅さ, 硬直；堅苦しさ, ぎこちなさ. **2.** 〖土〗筋交い.

stei・fen [シタイふェン] 動 h. **1.** 〈et⁴ッ〉堅くする, こわばらせる；(首・肩などを)(方)(…に)糊(ﾉﾘ)をつけてぴんとさせる(シャツなどに). **2.** 〈et⁴ッ〉〖土〗しっかり支える(支柱などで).

steif hal・ten*, ⓓ**steif|hal・ten*** [シタイふ ハルテン] 動 ⇨ steif【慣用】.

steif・lei・nen [シタイふ・ライネン] 形 **1.** バックラム(製)の. **2.** (稀)堅苦しい, ぎこちない.

das **Steif・lei・nen** [シタイふ・ライネン] 名 -s/-〖服〗バックラム.

der **Steig** [シタイク] 名 -(e)s/-e (稀)急な細道, 細い山道.

der **Steig・bü・gel** [シタイク・ビューゲル] 名 -s/- **1.** 鐙(ｱﾌﾞﾐ). **2.** 〖解〗(中耳の)あぶみ骨. 【慣用】j³ den Steigbügel halten《文・蔑》〈人の〉立身出世を助ける.

die **Stei・ge** [シタイゲ] 名 -/-n **1.** 〖南独・ｵｰｽﾄﾘｱ〗坂道；〖方〗急な階段, はしご. **2.** (果物・野菜用の)木箱；(小動物用の)板小屋.

das **Steig・ei・sen** [シタイク・アイゼン] 名 -s/- (主にⓓ)登山用アイゼン；スパイクつき木登り用具；(電柱などの)足場くぎ.

stei・gen* [シタイゲン] 動 stieg ; ist gestiegen **1.** 〈(方向)ニ〉昇る, 下りる. **2.** 〈(方向)ニ〉乗る, 降りる, 乗越える, 出る: auf einen Stuhl ~ いすに乗る. aufs Fahrrad/ins Auto ~ 自転車/自動車に乗る. aus dem Zug/der Badewanne ~ 列車から降りる/浴槽から出る. über den Zaun ― 柵(ｻｸ)〔垣〕を乗越える. **3.** 〖航空〗昇る, 揚る, 上がる, 上昇する；さかのぼる(魚が川を), 水面に上がってくる(魚を餌を求めて)；棒立ちになる(馬が), 登りになっている(道が). **4.** 〖相場〗上がる(物価などが)；強まる, 増大〔増加〕する(要求などが)：im Preis/im Wert ― 値/価値が上がる. **5.** 〖相場〗上がる；高まる(水位・温度・緊張などが). **6.** 〖慣用〗《口》行われる(パーティーなどが). 【慣用】 in die Bremse steigen《口》きゅっとブレーキを踏む. in die Kleider steigen《口》衣服を着る. ins Examen steigen《口》試験を受ける. Treppen steigen 階段を登る.

der **Stei・ger** [シタイガー] 名 -s/- **1.** 〖鉱〗坑内監督技師；〖稀〗登山家(Berg~). **2.** 桟橋.

stei・gern [シタイゲルン] 動 h. **1.** 〈et⁴ッ〉上げる(生産・売上げ・家賃・スピードなどを), 高める(需要・関心・不安などを), つのらせる(怒りなどを)；〖言〗比較変化させる. **2.** 〈sich⁴〉高まる, 上がる, 増す, 強まる, つのる(感情・風などが)；成績が上がる(特にスポーツで). **3.** 〈sich⁴+in⁴(ｶﾗ)〉病態になる(気持が高ぶって). **4.** 〈et⁴ッ〉競り落とす(競売で). **5.** 〖相場〗値をつり上げる(競売で).

die **Stei・ge・rung** [シタイゲルング] 名 -/-en **1.** 上げること, 高〔強〕めること, 向上〔増大〕させること. **2.** 〖言〗(形容詞・副詞の)比較変化.

die **Stei・ge・rungs・stu・fe** [シタイゲるングス・シュトｩーふェ] 名 -/-n〖言〗(比較の)級：die erste/zweite ~ 比較級/最高級.

die **Steig・fä・hig・keit** [シタイク・ふェーイヒカイト] 名 -/-en (主にⓓ)(車の)登坂能力.

die **Steig・hö・he** [シタイク・ﾍﾍーエ] 名 -/-n (飛行機の)上昇限度.

die **Steig・lei・tung** [シタイク・ライトｩング] 名 -/-en 立上がり配管.

das **Steig・rohr** [シタイク・ろーあ] 名 -(e)s/-e 立上がり配管の管.

die **Stei・gung** [シタイグング] 名 -/-en **1.** 勾配(ｺｳﾊﾞｲ)；上り坂；登る〔上がる〕こと. **2.** 〖工〗(ねじの)ピッチ.

die **Stei・gungs・win・kel** [シタイグングス・ヴィンケル] 名 -s/- 傾斜角, 勾配(ｺｳﾊﾞｲ)；上昇角度.

steil [シタイル] 形 **1.** (傾斜・勾配(ｺｳﾊﾞｲ)の)急な, 険しい, 切立った: eine ~ Handschrift 直立した筆跡. ~ sitzen しゃんと座っている. eine ~ Karriere machen 急な出世をする. **2.** (口・若)ぱっと目立つ, いかす：ein ~er Zahn ぱっと目立つ女の子. **3.** 〖球〗ロビングの, 高く上げた：eine ~e Vorlage フォワードへ, j³ spielen ロビングで上げる.

das **Steil・feu・er** [シタイル・ふォイアー] 名 -s/-〖軍〗曲射.

das **Steil・feu・er・ge・schütz** [シタイルふぉいアー・ゲシュッツ] 名 -es/-e〖軍〗曲射砲.

der **Steil・hang** [シタイル・ハンク] 名 -(e)s/..hänge 急崖面.

die **Steil・küs・te** [シタイル・キｭステ] 名 -/-n 絶壁(断崖(ｶﾞｹ))の海岸.

der **Steil・pass**, ⓓ**Steil・paß** [シタイル・パス]

–es/..pässe 〖サッカー〗ロビングのフォワードパス.

(*der/die*) **Stein**[1] [シュタイン] [名] 〖人名〗シュタイン(① Charlotte von ~, 1742–1827, ゲーテと交遊した女性. ② Karl Reichsfreiherr vom und zum ~, 1757–1831, プロセインの政治家. ③ Lorenz von ~, 1815–90, 法律・社会学者).

der **Stein**[2] [シュタイン] [名] –(e)s/–e **1.** ((単のみ))石. **2.** 小石(Kiesel~), 石ころ. sich[4] an einem ~ stoßen 石につまずく. **3.** 石材(Bau~); 敷石(Pflaster~, Tritt~), 石碑, 墓石(Grab~); 煉瓦(れんが)(Ziegel~); 宝石(Edel~, Schmuck~). **4.** (果実の)核, 実(さね), 種(たね). **5.** (ゲーム用の)石, 駒(Spiel~): ein schwarzer/weißer ~ 黒/白の碁石. einen ~ schlagen 駒を取る. **6.** 結石. **7.** ((方))陶器の(ビール)ジョッキ. 【慣用】**bei 〈j[3]〉 einen Stein im Brett haben** ((口))〈人に〉特別にかわいがられる. **den ersten Stein auf 〈j[4]〉 werfen** 〈人に〉最初の石を投げる〔非難の口火を切る〕. **den Stein ins Rollen bringen** ((口))やっとみこしを上げる. **der Stein der Weisen** 賢者の石(あらゆる謎を解くかぎ). **der Stein des Anstoßes** つまずきの石(腹立ち・苦労などの原因). **ein Herz aus Stein haben** 冷たい心の持ち主である. **Es friert Stein und Bein.** ((口))ものすごく寒い. **〈j[3]〉 fällt ein Stein vom Herzen** 〈人の〉心の重荷がとれる. **〈j[3]〉 fällt kein Stein aus der Krone** 〈人の〉威厳を損なわない. **keinen Stein auf dem anderen lassen** 徹底的に破壊する. **Stein und Bein schwören** ((口))はっきりと断言する. **〈j[3]〉 Steine aus dem Weg räumen** 〈人の〉障害を取除いてやる. **〈j[3]〉 Steine in den Weg legen** 〈人の〉邪魔をする.

der **Stein·ad·ler** [シュタイン・アードラー] [名] –s/– 〖鳥〗イヌワシ.

stein·alt [シュタイン・アルト] [形] ひどく年取った.

die **Stein·axt** [シュタイン・アクスト] [名] –/..äxte 〖考古〗石斧(せきふ).

der **Stein·bau** [シュタイン・バウ] [名] –(e)s/–ten 石造りの建物, 石造建築物.

der **Stein·block** [シュタイン・ブロック] [名] –(e)s/..blöcke 石塊.

der **Stein·bock** [シュタイン・ボック] [名] –(e)s/..böcke **1.** 〖動〗アルプスアイベックス(山羊に似た高山動物). **2.** ((単のみ))〖天〗山羊座(南天の星座): der Wendekreis des ~*s* 南回帰線. **3.** 〖占〗山羊座生れの人; ((単のみ))摩羯(まかつ)宮.

der **Stein·bo·den** [シュタイン・ボーデン] [名] –s/..böden 石だらけの土地; 石畳(の床).

der **Stein·boh·rer** [シュタイン・ボーらー] [名] –s/– 削岩機.

der **Stein·brech** [シュタイン・ブれっひ] [名] –(e)s/–e 〖植〗ユキノシタ.

der **Stein·bre·cher** [シュタイン・ブれっひゃー] [名] –s/– **1.** 砕石機, クラッシャー. **2.** 採石業者, 石切り工.

der **Stein·bruch** [シュタイン・ブるっふ] [名] –(e)s/..brüche 石切り場, 採石場.

der **Stein·butt** [シュタイン・ブット] [名] –(e)s/–e 〖魚〗オオヒラメ.

der **Stein·druck** [シュタイン・ドるック] [名] –(e)s/–e **1.** ((単のみ))石版印刷(術). **2.** 石版画, リトグラフ.

der **Stein·dru·cker** [シュタイン・ドるっカー] [名] –s/– **1.** 石版印刷工. **2.** 石版画家.

die **Stein·ei·che** [シュタイン・アイひぇ] [名] –/–n 〖植〗ウバメガシ(地中海沿岸のカシの一種).

(*der*) **Stei·ner** [シュタイナー] [名] 〖人名〗シュタイナー(Rudolf ~, 1861–1925, 社会哲学者・教育者).

stei·nern [シュタイナーン] [形] **1.** 石(造り)の. **2.** 石のような, 化石のような, 無表情な; 冷酷な.

das **Stei·ner·ne Meer** [シュタイナーネ メーあ] [名] –n –(e)s/ 〖地名〗ダス・シュタイネルネ・メーア(バイエルン・アルプスの中のカルスト化した石灰岩台地).

das **Stein·er·wei·chen** [シュタイン・エあヴァイひぇン] [名] (次の形で) zum ~ weinen〔heulen〕((口))見るもあわれなほどに泣く.

der **Stein·fall** [シュタイン・ふぁル] [名] –(e)s/..fälle 落石.

die **Stein·frucht** [シュタイン・ふるふト] [名] –/..früchte 〖植〗核果, 石果(サクランボ・モモなど).

der **Stein·fuß·bo·den** [シュタイン・ふース・ボーデン] [名] –s/..böden 石畳の床.

der **Stein·gar·ten** [シュタイン・ガるテン] [名] –s/..gärten (高山植物を配した)岩石庭園, ロックガーデン.

das **Stein·gut** [シュタイン・グート] [名] –(e)s/–e ((複は種類)) 陶土; 陶器.

der **Stein·ha·gel** [シュタイン・ハーゲル] [名] –s/– 大量の落石, 山崩れ.

stein·hart [シュタイン・ハるト] [形] 石のように固い.

der **Stein·hau·er** [シュタイン・ハウあー] [名] –s/– ((古))石工, 石切り工.

das **Stein·haus** [シュタイン・ハウス] [名] –es/..häuser 石造りの家.

das **Stein·holz** [シュタイン・ホルツ] [名] –es/ マグネシアセメント(床仕上材料).

das **Stein·hu·der Meer** [シュタイン・フーダー メーあ] [名] ––(e)s/ 〖湖名〗シュタインフーダー・メーア(ニーダーザクセン州の湖).

stei·nig [シュタイニひ] [形] 石だらけの; ((転))苦難の多い.

stei·ni·gen [シュタイニゲン] [動] *h.* 〖〈j[4]〉ヲ〗石で打殺す(古代の刑).

die **Stei·ni·gung** [シュタイニグング] [名] –/–en 投石の刑.

die **Stein·koh·le** [シュタイン・コーレ] [名] –/–n **1.** ((単のみ))石炭. **2.** ((主に複))(燃料用)石炭.

die **Stein·koh·le·ein·heit** [シュタインコーレ・アインハイト] [名] –/ 石炭換算単位(発熱量 7000 kcal/kg の石炭 1 kg の熱量を表す. 略 SKE).

der **Stein·koh·len·teer** [シュタインコーレン・テーあ] [名] –(e)s/ コールタール.

der **Stein·mar·der** [シュタイン・マるダー] [名] –s/– 〖動〗ムナジロテン.

der **Stein·mei·ßel** [シュタイン・マイセル] [名] –s/– 石工用の鏨(たがね).

der **Stein·metz** [シュタイン・メッツ] [名] –en/–en 石工.

stein·mü·de [シュタイン・ミューデ] [形] とても疲れた.

das **Stein·obst** [シュタイン・オープスト] [名] –(e)s/ 〖植〗核果, 石果(サクランボ・モモなど).

der **Stein·pilz** [シュタイン・ピルツ] [名] –es/–e 〖植〗ヤマドリダケ(きのこ).

die **Stein·plat·te** [シュタイン・プラッテ] [名] –/–n (舗装用の)板石.

stein·reich [シュタイン・らイひ] [形] **1.** (アクセントは[⌐⌐])大金持の. **2.** (アクセントは[⌐–])((稀))石だらけの.

das **Stein·salz** [シュタイン・ザルツ] [名] –es/ 岩塩.

der **Stein·sarg** [シュタイン・ザるク] [名] –(e)s/..särge 石棺.

der **Stein·schlag** [シュタイン・シュラーク] [名] –(e)s/..schläge **1.** 落石. **2.** ((単のみ))((稀))(舗装用の)砕石(さいせき).

der **Stein·schlag·helm** [シュタインシュラーク・ヘルム] [名] –(e)s/–e (登山用などの)安全ヘルメット

die **Stein·schleu·der** [シュタイン・シュロイダー] [名] –/–n 投石器, ぱちんこ.

der **Stein·schnei·der** [シュタイン・シュナイダー] [名] –s/– 宝石彫刻師.

der **Stein·set·zer** [シュタイン・ゼっツァー] [名] –s/– 舗装工.

das **Stein·sto·ßen** [シュタイン・シュトーセン] [名] –s/ 〖スポーツ〗石投げ.

S

Steinwurf 1166

der **Stein-wurf** [シュタイン・ヴるふ] 名 -(e)s/..würfe 投石：einen ~ weit (entfernt) すぐ近くに.

die **Stein-wüs-te** [シュタイン・ヴューステ] 名 -/-n 〖地〗岩石砂漠.

die **Stein-zeich-nung** [シュタイン・ツァイヒヌング] 名 -/-en 石版画, リトグラフ.

die **Stein-zeit** [シュタイン・ツァイト] 名 -/ 石器時代：ältere/neuere ~ 旧/新石器時代.

stein-zeit-lich [シュタイン・ツァイトりヒ] 形 石器時代の.

das **Stein-zeug** [シュタイン・ツォイク] 名 -(e)s/-e 炻器（ｾｯ）.

der **Stei-rer** [シュタイら-] 名 -s/- シュタイアーマルクの人. ≒Steiermark.

die **Stei-re-rin** [シュタイえりン] 名 -/-nen Steirer の女性形.

stei-risch [シュタイりシュ] 形 シュタイアーマルクの.

der **Steiß** [シュタイス] 名 -es/-e 尾骶（ﾃｨ）骨(~bein); 尻；〖狩〗(猟鳥の) 短い尾.

das **Steiß-bein** [シュタイス・バイン] 名 -(e)s/-e 〖解〗尾骶骨.

die **Steiß-ge-burt** [シュタイス・ゲブあト] 名 -/-en 〖医〗臀位分娩（ﾍﾞﾝ）, 逆子（ｻｶｺﾞ）のお産.

die **Steiß-la-ge** [シュタイス・ラーゲ] 名 -/-n 〖医〗(胎児の) 臀位（ｲ）.

die **Steiß-tromm-ler** [シュタイス・トロムラー] 名 -s/- 〖古・蔑〗教師.

die **Ste-le** [ステ:レ, sté.. シュテーレ] 名 -/-n 1. 〖芸術学〗(浮彫りや銘文を刻んだ) 石盤, 石碑, 石柱；(古代ギリシアの) 墓碑, ステレ. 2. 〖植〗中心柱.

die **Stel-la-ge** [..ʒə シュテラージェ] 名 -/-n 1. 棚, 台. 2. 〖商〗複合選択権付取引, ストラドル(~geschäft).

stel-lar [シュテラーあ, ste.. ステラーあ] 形 〖天〗恒星の.

das **Stell-dich-ein** [シュテル・ディヒ・アイン] 名 -(s)/-(s) ランデブー, デート.

die **Stel-le** [シュテレ] 名 -/-n 1. (特定の) 場所, 所, 現場, 位置：〈et⁴〉 an eine andere ~ setzen〈物を〉他の場所に置く. 2. 立場, 境遇：an deiner ~ 君の立場に立てば. 3. 就職口, 勤め口, 仕事；地位, ポスト；機関, 部, 課：ohne ~ sein 失業中だ. die amtlichen ~n 役所, eine ~ für Personalangelegenheiten 人事部(課). 4.（書物などの) 箇所, 部分, 章節；パッセージ. 5. 〖医〗(傷の) 部位：offene 〈wunde〉~ 傷口. 6. 順位；〖数〗桁（ｹﾀ）, 位：an erster ~ stehen 第一位にいる. eine Zahl mit vier ~n 4桁の数. 〖慣用〗**an Stelle** 〈anstelle〉**von**〈j³/et³〉〈人・物〉の代わりに. **auf der Stelle** 即座に, 直ちに. **auf der Stelle treten** 〖口〗(足踏み状態で) 進展しない. **nicht von der Stelle kommen** 先へ進まない, はかどらない. **sich⁴ zur Stelle melden** 〖軍〗出頭を伝える. **zur Stelle sein** 待機している.

stel-len [シュテレン] 動 h. 1. 〖et⁴〗っ+〈方向〉〕立てる (立てて) 置く：das Auto in die Garage ~ 自動車をガレージに入れる. die Pantoffeln unters Bett ~ スリッパをベッドの下に置く. Wie sollen wir die Möbel ~? 家具はどう置こうか. eine Sache über eine andere ~ ある事を他の事より重視する〔優先する〕.〈et⁴〉 in den Mittelpunkt der Untersuchung ~〈事を〉調査の中心に据える. 2. 〖sich⁴+〈方向〉〕立つ：sich⁴ ans Fenster ~ 窓際に立つ. sich⁴ außerhalb der Gesellschaft ~ 社会の規範を無視する. sich⁴ gegen〈j⁴/et⁴〉〈人・事〉に反対する. sich⁴ hinter〈j⁴/et⁴〉〈人・事〉を支持する. sich⁴〈j³〉 in den Weg ~〈人の〉行く手を遮る〔邪魔をする〕. sich⁴ vor〈j⁴〉 ~〈人を〉かばう. auf sich⁴ (selbst) *gestellt* sein 一人立ちしている. 3. 〖j⁴〗ゎ+〈方向〉=〕立たせる：〈j⁴〉 vor die Wahl/ein Problem ~〈人に〉選択をせまる/問題を突きつける. 4. 〖et⁴〗ゎ+〈様態〉=〕調整する, セットする：die Uhr ~ 時計を合せる. Er *stellte* seinen Wecker auf 6 Uhr. 彼は目覚時計を6時にセットした. 5. 〖sich⁴+〈様態〉=〕ふりをする：sich⁴ krank ~ 病気のふりをする. 6. 〖j³/et³〗立てる (証人などを)；用意する：eine Kaution ~ 担保を出す.〈j³〉 Wagen und Chauffeur ~〈人に〉車と運転手を用意する. den Kognak für die Party ~ コニャックをパーティーのために出す〔提供する〕. 7. 〖j³〗=〕出す (課題・問い・要求・植察などを)；〔条件などを〕下す (診断・予期などを)：〈j³〉 ein Ultimatum ~〈人に〉最後通牒（ﾁｮｳ）を突きつける.〈j³〉 das Horoskop ~〈人の〉星占いをする. 8. 〖j⁴/et⁴〗っ+〈方向〉=〕置く：〈j⁴〉 unter Aufsicht ~〈人を〉監視下に置く.〈j³〉〈et⁴〉 zur Verfügung ~〈人に〉〈物・事を〉〈人の〉自由に任せる〈物・事を〉〈人に〉自由に使わせる.〈j⁴〉 unter Anklage/vor Gericht ~〈人を〉起訴する/裁判にかける. 9. 〖et⁴〗ゎ+〈方向〉=〕しまっておく (飲食物を適当な所に置いて)：den Wein kalt ~ ワインを冷やしておく. 10. 〖j⁴/et⁴〗追詰める, 捕まえる (犯人・獣を). 11. 〖et⁴〗〕〖sich⁴〗自首して出る. 12. 〖sich⁴+〈j³/et³〉〕前に現れる,（…に) 応じる：sich⁴ der Presse/einer Diskussion ~ 記者会見/討論に応じる. 13. 〖sich⁴+zu〈j³/et³〉=/mit〈j³〉=+〈様態〉〕態度 (立場) をとる：sich⁴ mit〈j³〉 gut ~〈人と〉仲よくやろうとする. 14. 〖j⁴〗ゎ+〈様態〉=〕遇する (経済的に)：〈j³〉 gut/schlecht ~〈人を〉優遇/冷遇する. sich⁴ gut/schlecht ~ 経済的に良い/悪い. 15. 〖et⁴+〈様態〉=/〈値段〉=〕〖商〗なる：Der Sessel *stellt* sich auf 900 Euro. その安楽椅子は 900 ユーロとなります. 16. 〖et⁴〗=〕アレンジする (人物の位置や動きで)；(ある シーンを) アレンジする. Das Photo ist *gestellt*. この写真はわざとらしい. 17. 〖sich⁴〗(召集されて) 入隊する. 18. 〖et⁴〗=〕〈動物が尾や耳を〉

das **Stel-len-an-ge-bot** [シュテレン・アンゲボート] 名 -(e)s/-e 求人, 就職口の提供.

das **Stel-len-ge-such** [シュテレン・ゲズーふ] 名 -(e)s/-e 求職.

stel-len-los [シュテレン・ロース] 形 勤め口のない.

der **Stel-len-markt** [シュテレン・マるクト] 名 -(e)s/..märkte 労働市場.

der **Stel-len-nach-weis** [シュテレン・ナーはヴァイス] 名 -es/-e 職業紹介(所), 職業安定所.

der/die **Stel-len-su-chen-de** [シュテレン・ズーヘンデ] 名 (形容詞的変化) 求職者.

die **Stel-len-ver-mitt-lung** [シュテレン・ふぇあミットルング] 名 -/-en 職業紹介；職業安定所.

stel-len-wei-se [シュテレン・ヴァイゼ] 副 所々に；部分的に.

der **Stel-len-wert** [シュテレン・ヴェーあト] 名 -(e)s/-e 1. 一定の枠内での価値. 2. 〖数〗ある数字の桁（ｹﾀ）の値.

..stel-lig [.. シュテリヒ] 接尾 数詞などにつけて「…桁（ｹﾀ）の」を表す：zwei*stellig* (2-*stellig*) 2桁の.

der **Stell-ma-cher** [シュテル・マɥー] 名 -s/- 車大工.

der **Stell-platz** [シュテル・プラッツ] 名 -es/..plätze 置き場所, 設置場所；行き場, 集合場所；賃貸駐車場〔スペース〕.

die **Stell-pro-be** [シュテル・プローベ] 名 -/ 〖劇〗立ち稽古（ｹﾞｲｺ）.

die **Stell-schrau-be** [シュテル・しらウベ] 名 -/-n 調節〔調整〕ねじ；調節ねじ.

die **Stel-lung** [シュテルング] 名 -/-en 1. 姿勢, ポーズ；(性行為の) 体位. 2. 位置. 3. (⊕のみ) 立場, 態度；(eine) ~ beziehen (一定の) 立場をとる. für/gegen〈j⁴/et⁴〉 ~ nehmen〈人・事〉に対して賛

成/反対の態度を表明する. zu ⟨et³⟩ ~ nehmen ⟨事についての⟩意見を言う. **4.** 勤め口,職,ポスト;(㊙のみ)地位. **5.** 陣地;(⁽ᵘᵉ⁾ᵇ)徴兵検査.

die **Stel·lung·nah·me** [シュテルング・ナーメ] 名 -/-n **1.** (㊙のみ)態度決定[表明]. **2.** 表明された意見.

der **Stel·lungs·be·fehl** [シュテルングス・ベフェール] 名 -(e)s/-e 〘軍〙召集令(状).

der **Stel·lungs·krieg** [シュテルングス・クリーク] 名 -(e)s/-e 〘軍〙陣地戦, 塹壕(ｻﾞﾝｺﾞｳ)戦.

stel·lungs·los [シュテルングス・ロース] 形 =stellenlos.

die **Stel·lungs·su·che** [シュテルングス・ズーヘ] 名 -/ 求職.

der/die **Stel·lungs·su·chen·de** [シュテルングス・ズーヘンデ] 名 (形容詞的変化) 求職者.

die **Stel·lung·su·che** [シュテルング・ズーヘ] 名 -/ 求職.

der **Stel·lungs·wech·sel** [シュテルングス・ヴェクセル] 名 -s/- **1.** 姿勢[態度・見解]の変更. **2.** 〘軍〙陣地換え. **3.** 配置換え,転職.

stell·ver·tre·tend [シュテル・フェあトれーテント] 形 代理の,代行の,副の: ~ für ⟨j⟩ ⟨人⟩の代理として.

der **Stell·ver·tre·ter** [シュテル・フェあトれーター] 名 -s/- 代理人.

die **Stell·ver·tre·tung** [シュテル・フェあトれートゥング] 名 -/-en 代理,代行.

die **Stell·wa·gen** [シュテル・ヴァーゲン] 名 -s/- 〘古〙乗合馬車.

das **Stell·werk** [シュテル・ヴェるク] 名 -(e)s/-e 〘鉄道〙信号所.

das **Stelz·bein** [シュテルツ・バイン] 名 -(e)s/-e 棒(状)の義足;義足をつけた人.

die **Stel·ze** [シュテルツェ] 名 -/-n **1.** (主に㊙)竹馬(ﾀｹｳﾏ). **2.** 〘鳥〙セキレイ(科). **3.** 棒(状の)義足;(主に㊙)〘口〙脚; ひょろ長い脚. **4.** (⁽ᵘᵉ⁾ᵇ)〘料〙(子牛・豚の)脚 (Kalbs~, Schweins~).

stel·zen [シュテルツェン] 動 s. 〘雅〙竹馬に乗って歩く; 歩く(鶴・鶴などが), ぎこちなく歩く(人が).

der **Stelz·fuß** [シュテルツ・フース] 名 -es/..füße **1.** 棒(状の)義足;〘口〙棒義足をつけた人. **2.** 踵(ｶｶﾄ)(中足から蹄まで)のまっすぐな(馬の)脚.

das **Stem·ma** [シュテマ, stÉ.. ステマ] 名 -s/-ta **1.** 〘文芸学〙(写本の)系統図. **2.** 〘言〙樹形図.

der **Stemm·bo·gen** [シュテム・ボーゲン] 名 -s/- (⁽ᵘᵉ⁾ᵇ)シュテムボーゲン.

das **Stemm·ei·sen** [シュテム・アイゼン] 名 -s/- (木工用)突きのみ.

der **Stemm·mei·ßel** [シュテム・マイセル] ⇨ Stemmmeißel.

stem·men [シュテメン] 動 h. **1.** ⟨j⁴/et³⟩ヮ(頭上に)持上げる,挙げる. **2.** ⟨et³⟩ヮ+⟨方向⟩ニ押し当てる,突く(身体部分を), (…に当てて)突っぱる: die Ellbogen auf den Tisch ― 両ひじを机に突く. die Hände in die Hüften ~ 両手を腰に当てがっ てひじを張る(主に挑発的に). sich⁴ in die Höhe ~ 背伸びをする. sich⁴ gegen eine Tür ― ドアに体を押しつける. **3.** ⟨sich⁴+gegen ⟨et³⟩⟩抵抗する,逆う(処置などに). **4.** ⟨et³⟩ヮ+in ⟨et³⟩ニあける, 掘る(のみなどで穴を壁などに). **5.** (⁽ᵘᵉ⁾ᵇ)(ᔆᵏⁱ)シュテムする. **6.** (⁽ᵘᵉ⁾ᵇ)〘口〙(大量に)飲む(ビールなどを);盗む(重い物を).

der **Stemm·mei·ßel, Stemm-Mei·ßel**, ⓡ **Stemm·mei·ßel** [シュテム・マイセル] 名 -s/- (木工用)突きのみ.

der **Stem·pel** [シュテンペル] 名 -s/- **1.** スタンプ,ゴム印, 判;(押された)印(ｼﾙｼ), 検印,(保証の金属性の)極(ｺﾞｸ)印;(ᵗʳᵃⁿˢ)特徴. **2.** 〘工〙成形機械の雄型;打抜機. **3.** 〘植〙雌しべ. **4.** 〘鉱〙(坑道の)支柱. **5.** 〘工〙(ポンプの)ピストン;〘口〙アクセル(ペダル).

〘慣用〙den Stempel von ⟨j³/et³⟩ tragen ⟨人・物・事⟩の特徴を顕著に示している. ⟨j³/et³⟩ seinen Stempel aufdrücken ⟨人・物・事に⟩顕著な影響を及ぼす.

die **Stem·pel·far·be** [シュテンペル・ふぁるべ] 名 -/-n スタンプインク.

die **Stem·pel·ge·bühr** [シュテンペル・ゲビューあ] 名 -/-en 証印費.

das **Stem·pel·geld** [シュテンペル・ゲルト] 名 -(e)s/- 〘口・古〙失業保険金.

das **Stem·pel·kis·sen** [シュテンペル・キッセン] 名 -s/- スタンプ台.

die **Stem·pel·mar·ke** [シュテンペル・マるケ] 名 -/-n 印紙.

stem·peln [シュテンペルン] 動 h. **1.** ⟨et⁴⟩ニ スタンプ(判・印)を押す;消印を押す(切手に);極印を打つ(金製品などに). **2.** ⟨et⁴⟩ヮ+auf ⟨et⁴⟩ニ押す(判などを). **3.** ⟨j⁴/et⁴⟩ニ +zu ⟨j³/et³⟩ヮ 烙印(ﾗｸｲﾝ)を押す. **4.** (⁽ᵘᵉ⁾ᵇ)〘口・古〙失業手当をもらっている.

stem·pel·pflich·tig [シュテンペル・プふリヒティヒ] 形 (⁽ᵘᵉ⁾ᵇ)=gebührenpflichtig.

der **Stem·pel·schnei·der** [シュテンペル・シュナイダー] 名 -s/- 印刻師,(メダルなどの)彫刻師;スタンプ製造者.

die **Stem·pel·steu·er** [シュテンペル・シュトイあー] 名 -/-n 印紙税.

die **Stem·pel·uhr** [シュテンペル・ウーあ] 名 -/-en タイムレコーダー.

die **Sten·ge** [シュテンゲ] 名 -/-n 〘海〙トップマスト.

der **Sten·gel** [シュテンゲル] ⇨ Stängel.

die **Ste·no** [ステーノ] 名 -/ 〘口〙速記(術).

der **Ste·no·graf** [シュテノ・グらーふ] 名 -en/-en 速記者.

die **Ste·no·gra·fie** [シュテノ・グらふぃー] 名 -/-n 速記文字;速記(術): ⟨et⁴⟩ in ~ einnehmen ⟨事⁴を⟩速記する.

ste·no·gra·fie·ren [シュテノ・グらふぃーれン] 動 h. **1.** (⁽ᵘᵉ⁾ᵇ)速記する. **2.** ⟨et⁴⟩を速記に取る.

ste·no·gra·fisch [シュテノ・グらーふぃシュ] 形 速記(術)の,速記による.

das **Ste·no·gramm** [シュテノ・グらム] 名 -s/-e 速記原稿: ein ~ aufnehmen 速記する.

der **Ste·no·gramm·block** [シュテノグらム・ブロック] 名 -(e)s/..blöcke[-s] (はぎ切り式)速記用ノート[ブロック].

der **Ste·no·graph** [シュテノ・グらーふ] 名 -en/-en = Stenograf.

die **Ste·no·gra·phie** [シュテノ・グらふぃー] 名 -/-n = Stenografie.

ste·no·gra·phie·ren [シュテノ・グらふぃーれン] 動 h. = stenografieren.

ste·no·gra·phisch [シュテノ・グらーふぃシュ] 形 = stenografisch.

die **Ste·no·kar·die** [シュテノ・カるディー, ste.. ステノ・カるディー] 名 -/-n 〘医〙狭心症.

die **Ste·no·se** [シュテノーゼ, ste.. ステノーゼ] 名 -/-n 〘医〙狭窄(ｷｮｳｻｸ)症.

die **Ste·no·sis** [シュテノーズィス, ste.. ステノーズィス] 名 -/..sen 〘医〙= Stenose.

der **Ste·no·ty·pist** [シュテノ・テュピスト] 名 -en/-en 連記者兼タイピスト.

die **Ste·no·ty·pis·tin** [シュテノ・テュピスティン] 名 -/-nen 女性速記者兼タイピスト.

die **Sten·tor·stim·me** [シュテントーあ・シュティメ, stén.. ステントーあ・スティメ] 名 -/-n 〘文〙大音声.

der **Stenz** [シュテンツ] 名 -es/-e **1.** 〘口・蔑〙気取り屋, しゃれ男. **2.** 〘稀〙売春婦のひも.

der **Step** [シュテップ, stép ステップ] ⇨ Stepp.

(der) **Ste·phan** [シュテふぁン] 名 **1.** 〘男名〙シュテフ

Stephanie 1168

ァン. **2.** ~ Ⅰ.イシュトヴァーン１世(975頃-1038年, ハンガリー国王).

(die) **Stephanie** [シュテふぁーニエ, シュテふぁニ, シュテふぁー-] 名 《女名》シュテファーニ(エ), シュテファニ.

der **Stephanit** [シュテふぁニート] 名 -s/-e 《鉱》脆安銀(Ag_5SbS_4)鉱.

der **Stepp**, ⓑ**Step** [シュテップ, stɛp ステップ] 名 -s/-s **1.** タップダンス(~tanz). **2.** 〖陸上〗(三段飛びの)ステップ.

die **Steppdecke** [シュテップ・デッケ, stɛ́p.. ステップ・デッケ] 名 -/-n キルティングの掛布団.

die **Steppe** [シュテッペ] 名 -/-n ステップ(温帯草原).

steppen¹ [シュテッペン] 動 h. 〈et⁴〉ミシンで返し縫いをする, バックステッチで縫う, (…に)キルティングする.

steppen² [シュテッペン, stɛ́.. ステッペン] 動 h. 〖舞踏〗タップダンスを踊る.

die **Steppenpflanze** [シュテッペン・プふランツェ, シュテッペン・プふランツェ] 名 -/-n 〖植〗ステップ〔乾草原〕植物.

der **Steppenwolf** [シュテッペン・ヴォルふ, シュテッペン・ヴォルふ] 名 -(e)s/..wölfe 〖動〗コヨーテ.

der **Steppke** [シュテップケ] 名 -(s)/-s 《ベル ル口》小僧, ちび.

die **Steppnaht** [シュテップ・ナート] 名 -/..nähte 返し縫い, 刺し子縫い, バックステッチ.

der **Steppstich** [シュテップ・シュティヒ] 名 -(e)s/-e 返し縫い; 刺し子縫い, バックステッチ.

der **Steptanz** [シュテップ・タンツ, stɛ́p.. ステップ・タンツ] ⇨ Stepptanz.

der **Steptänzer** [シュテップ・テンツァー, ステップ・テンツァー] ⇨ Stepptänzer.

der **Stepptanz**, ⓑ**Steptanz** [シュテップ・タンツ, stɛ́p.. ステップ・タンツ] 名 -es/..tänze タップダンス.

der **Stepptänzer**, ⓑ**Steptänzer** [シュテップ・テンツァー, ステップ・テンツァー] 名 -s/- タップダンサー.

der **Ster** [シュテーア] 名 -s/-e[-s, 数詞の後は-] ステール(材積単位. ＝1 m³)(Raummeter).

der **Steradiant** [シュテラディアント] 名 -en/-en 〖数〗ステラジアン(立体角の単位. 記号 sr).

das **Sterbebett** [シュテるべ・ベット] 名 -(e)s/-en 死の床: auf dem ~ liegen 臨終である.

das **Sterbedatum** [シュテるベ・ダートゥム] 名 -s/..ten 死亡年月日.

der **Sterbefall** [シュテるベ・ふァル] 名 -(e)s/..fälle 死亡.

das **Sterbegeld** [シュテるべ・ゲルト] 名 -(e)s/- (社会保険の)葬祭料.

die **Sterbeglocke** [シュテるべ・グロッケ] 名 -/-n 弔いの鐘, 弔鐘.

die **Sterbehilfe** [シュテるべ・ヒルふェ] 名 -/ **1.** 安楽死. **2.** (社会保険の)葬祭料.

die **Sterbekasse** [シュテるべ・カッセ] 名 -/-n 葬祭互助会.

die **Sterbeklinik** [シュテるべ・クリーニク] 名 -/-en ホスピス.

sterben* [シュテるベン] 動 er stirbt; starb; ist/hat gestorben **1.** s. 〈〈様態〉et¹〉死ぬ, 死亡する; 消えさる, 衰える. やむ: mit [im] Alter von 86 Jahren ~ 86歳で死ぬ. jung/alt ~ 若死にする/高齢で死ぬ. Hungers ~ 〈文〉飢え死にする. eines natürlichen/gewaltsamen Todes ~ 〈文〉天寿を全うする/非業の死を遂げる. an einem Herzversagen ~ 心不全で死ぬ. vor Kälte ~ 寒さで死ぬ. Ihm *starb* heute seine Frau. 彼は今日, 妻に死なれた. Der Plan ist *gestorben.* その計画はとりやみになった. Die Natur *stirbt.* 自然界が冬になる[衰える]. Das Gespräch ist plötzlich *gestorben.* 会話が突然やんだ. **2.** s. 〈〈et⁴〉ッ〉死ぬ: den Heldentod/einen schweren Tod ~ 英雄的な死を遂げる/苦しんで死ぬ. 【慣用】s. Dar-an〔Davon〕stirbt man nicht gleich. 事態はそれほど悪いわけではない. Das ist zum Leben zu wenig, zum Sterben zu viel. それでは食っていくのにやっとで. s. durch〈j⁴〉sterben〈人によって〉殺される. h. Es stirbt sich leicht/schwer. 死ぬのはたやすい/困難だ. für〈j¹〉gestorben sein〈人にとって〉死んだも同然である[無視される]. s. für〈j⁴/et⁴〉sterben〈人・物・事のために〉死ぬ. im Sterben liegen 死にかけている. nicht leben und nicht sterben können (病気で)ひどく気分が悪くて参っている. s. über seiner Arbeit sterben 仕事半ばにして死ぬ. 仕事をしながら死ぬ. s. vor〈et³〉sterben〈事⁰のあまり〉死にそうである: vor Angst/Lange[n]weile *sterben* 不安のあまり/退屈で死にそうだ. vor Neugier *sterben* 知りたくてたまらない. zum Sterben langweilig/müde sein 死ぬほど退屈だ/くたびれている.

die **Sterbensangst** [シュテるベンス・アングスト] 名 -/..ängste 死ぬほどの不安, 非常な恐怖.

sterbenskrank [シュテるベンス・クらンク] 形 **1.** ひどく気分が悪い. **2.** 危篤の, 重態の.

sterbenslangweilig [シュテるベンス・ラング・ヴァイリヒ] 形 《口》死ぬほど退屈な.

sterbensmatt [シュテるベンス・マット] 形 《文》死ぬほど疲れた.

das **Sterbenswort** [シュテるベンス・ヴォルト] 名 (次の形で)= Sterbenswörtchen.

das **Sterbenswörtchen** [シュテるベンス・ヴェルトヒェン] 名 (次の形で)kein ~ sagen[verraten]《口》(秘密などについて)一言もしゃべらない.

die **Sterberate** [シュテるベ・らーテ] 名 -/-n 死亡率.

die **Sterbesakramente** [シュテるベ・ザクらメンテ] 名 (複数) 〖カト〗臨終の秘跡.

die **Sterbestunde** [シュテるベ・シュトゥンデ] 名 -/-n (主に単)臨終.

die **Sterbetafel** [シュテるベ・ターふェル] 名 -/ (男女別の)平均余命表.

der **Sterbetag** [シュテるベ・ターク] 名 -(e)s/-e 死亡日; 命日.

die **Sterbeurkunde** [シュテるベ・ウーァ・クンデ] 名 -/-n 死亡証明書.

das **Sterbezimmer** [シュテるベ・ツィマー] 名 -s/- 臨終の部屋.

sterblich [シュテるプリヒ] 形 **1.** 死ぬ定めの: die ~e Hülle《文》亡骸(なきがら). **2.** 《口》ひどく.

der **Sterbliche** [シュテるプリヒェ] 名 《形容詞的変化》《詩》死ぬ定めの人間; ein gewöhnlicher ~r 並みの人, 平均的人間.

die **Sterblichkeit** [シュテるプリヒカイト] 名 -/ 死ぬ定めにあること; 平均死亡数.

die **Sterblichkeitsrate** [シュテるプリヒカイツ・らーテ] 名 -/-n 死亡率.

die **Sterblichkeitsziffer** [シュテるプリヒカイツ・ツィふァ] 名 -/-n 死亡率.

das **Stereo** [シュテーれオ, stɛ́.. ステーれオ] 名 -s/-s **1.** (のみ)ステレオ(方式); 立体音響(Stereophonie). **2.** 〖印〗ステロ版(Stereotypeplatte).

die **Stereoakustik** [シュテーれオ・アクスティク, ステーれオ・アクスティク] 名 -/ 立体音響学.

die **Stereoanlage** [シュテーれオ・アン・ラーゲ, ステーれオ・アン・ラーゲ] 名 -/-n ステレオ装置.

die **Stereochemie** [シュテーれオ・ヒェミー, ステれオ・ヒェミー] 名 -/ 立体化学.

der **Stereofilm** [シュテーれオ・ふィルム, ステーれオ・ふィルム] 名 -(e)s/-e 立体映画.

stereofon [シュテーれオ・ふォーン, ステーれオ・ふォーン] 形 = stereophon.

die **Stereofonie** [シュテーれオ・ふォニー, ステーれオ・ふォニー] 名 -/ = Stereophonie.

die **Stereokamera** [シュテーれオ・カメラ, ステーれオ・カメ

stet

ら］名 -/-s ステレオカメラ,立体写真機.

das **Ste·re·o·me·ter** ［シュテレオ・メーター,ステレオ・メーター］名 -s/- 『理』体積［容積］計;『光』立体写真機用計測器.

die **Ste·re·o·me·trie** ［シュテレオ・メトリー,ステレオ・メトリー］名 -/ 『数』立体幾何学.

ste·re·o·me·trisch ［シュテレオ・メートリッシュ,ステレオ・メートリッシュ］形 『数』立体幾何学の.

das **Ste·re·o·mi·kro·skop** ［シュテーれオ・ミクロスコープ,ステーれオ・ミクロ・スコープ］名 -s/-e (双眼)立体顕微鏡.

ste·re·o·phon ［シュテレオ・ふぉーン,ステレオ・ふぉーン］形 ステレオ(方式)の,立体音響の.

die **Ste·re·o·pho·nie** ［シュテレオ・ふぉニー,ステレオ・ふぉニー］名 -/ ステレオ(方式),立体音響.

das **Ste·re·o·skop** ［シュテレオ・スコープ,ステレオ・スコープ］名 -s/-e ステレオスコープ,立体鏡.

die **Ste·re·o·sko·pie** ［シュテレオ・スコピー,ステレオ・スコピー］名 -/ 立体写真術.

ste·re·o·sko·pisch ［シュテレオ・スコービシュ,ステレオ・スコービシュ］形 立体的に見る.

ste·re·o·typ ［シュテれオ・テューブ,ステれオ・テューブ］形 型にはまった,ステレオタイプの;『印』ステロ版で印刷した.

das **Ste·re·o·typ** ［シュテれオ・テューブ,ステれオ・テューブ］名 -s/-e 『心』ステレオタイプ,固定観念;『医』常同症.

die **Ste·re·o·ty·pie** ［シュテれオ・テュピー,ステれオ・テュピー］名 -/-n 1.『印』ステロ版;(㊤のみ)ステロ版印刷法. 2.(㊤のみ)常同症.

ste·re·o·ty·pie·ren ［シュテれオ・テュピーれン,ステれオ・テュピーれン］動 h.〈et⁴〉『印』ステロ版(鉛板)にする.

ste·ril ［シュテリール,ste‥ ステリール］形 1. 無菌の,滅菌〔殺菌〕した. 2.『医・生』不妊の,生殖不能の. 3. 不毛の;索漠とした.

die **Ste·ri·li·sa·tion** ［シュテリリザツィオーン,ste‥ステリリザツィオーン］名 -/-en 1. 殺菌,消毒. 2. 断種,不妊手術.

der **Ste·ri·li·sier·ap·pa·rat** ［シュテリリズィーあ・アパらート,ste‥ステリリズィーあ・アパらート］名 -(e)s/-e 滅菌器,消毒器.

ste·ri·li·sie·ren ［シュテリリズィーれン,ste‥ステリリズィーれン］動 h. 1.〈et⁴〉〉滅菌する. 2.〈j⁴/et⁴〉〉『医』不妊〔断subject〕手術を施す(生殖器官などにも).

die **Ste·ri·li·sie·rung** ［シュテリリズィーるング,ste‥ステリリズィーるング］名 -/『医』滅菌,殺菌;不妊化〔手術〕.

die **Ste·ri·li·tät** ［シュテリリテート,ste‥ステリリテート］名 -/ 1.『医』不妊(症),生殖不能(症);『転』不毛. 2. 無菌(状態).

die **Ster·ke** ［シュテァケ］名 -/-n (北独)(出産経験のない)若い雌牛.

der **Ster·ling** ［シュテァリング,stɛr‥ ステァリング,stɔ̈rlıŋスㇳ㊥ーあリング,stœrlıŋ スㇳ㊥リング］名 -s/-e 〔単位では-〕スターリング(イギリスの通貨「ポンドスターリング」の略.略£,£Stg).

das **Ster·ling·sil·ber** ［シュテァリング・ズィルバー,ステァリング・ズィルバー,スㇳ㊥ーあリング・ズィルバー,スㇳ㊥リング・ズィルバー］名 -s/ スターリング銀,(法定)純銀(純度925以上).

der **Stern¹** ［シュテァン］名 -(e)s/-e 1. 星,天体: ein ~ erster/zweiter Größe 一等星／二等星. unter fremden ~en 異郷にて. (運勢としての)星. In den ~en lesen 星占いをする. 3. 星形のもの(星印・星章・勲章の星の形など): ein fünfzackiger ～ 五角の星形. ein Hotel mit drei ~en 三星のホテル. 4. スター,花形. 5. 愛する人(主に呼びかけで). 【慣用】die Sterne vom Himmel holen wollen《文》不可能なことを成遂げようとする.〈j³〉〔für j⁴〕〉die Sterne vom Himmel holen〈人のために〉何でもする. in den Sternen (geschrieben) stehen まったく不確かである,運まかせである. nach den Sternen greifen 高望みす

る,はかない夢を追う.〈j²〉Stern geht auf/sinkt〈人の〉運は上り坂に〔下り坂に〕. Sterne sehen《口》(なぐられたりして)目から火花が出る.

der **Stern²** ［シュテァン］名 -s/-e 『海』船尾,とも,スターン.

das **Stern·bild** ［シュテァン・ビルㇳ］名 -(e)s/-er 『天』星座.

die **Stern·blu·me** ［シュテァン・ブルーメ］名 -/-n 『植』アスター;星状の花.

das **Stern·chen** ［シュテァンヒェン］名 -s/- 1. 小さな星;『印』星印,アステリスク(記号＊). 2. スターの卵.

der **Stern·deu·ter** ［シュテァン・ドイター］名 -s/- 占星術師.

die **Stern·deu·tung** ［シュテァン・ドイトゥング］名 -/ 占星術.

das **Ster·nen·ban·ner** ［シュテァネン・バナー］名 -s/- 星条旗.

ster·nen·hell ［シュテァネン・ヘル］形 =sternhell.

der **Ster·nen·him·mel** ［シュテァネン・ヒメル］名 -s/ 星空.

ster·nen·klar ［シュテァネン・クラーあ］形 =sternklar.

das **Ster·nen·licht** ［シュテァネン・リヒㇳ］名 -(e)s/《文》星の光.

ster·nen·los ［シュテァネン・ロース］形 =sternlos.

das **Ster·nen·zelt** ［シュテァネン・ツェルㇳ］名 -(e)s/《文》星空.

die **Stern·fahrt** ［シュテァン・ふぁーアㇳ］名 -/-en (異なった出発点から同一のゴールに向かう)自動車〔オートバイ〕競走.

stern·för·mig ［シュテァン・ふぉェルミヒ］形 星形の,放射状の.

der **Stern·gu·cker** ［シュテァン・グッカー］名 -s/- 1.《口・冗》天文学者;占星術師. 2.『魚』オコゼ.

stern·ha·gel·voll ［シュテァン・ハーゲル・ふぉㇽ］形《口》へべれけの.

der **Stern·hau·fen** ［シュテァン・ハウふぇン］名 -s/-『天』星団.

stern·hell ［シュテァン・ヘル］形 星明りの,星の明るい.

der **Stern·him·mel** ［シュテァン・ヒメル］名 -s/ 星空.

das **Stern·jahr** ［シュテァン・ヤーあ］名 -(e)s/-e 『天』恒星年.

die **Stern·kar·te** ［シュテァン・カるテ］名 -/-n 『天』星図,星座表.

stern·klar ［シュテァン・クラーあ］形 (晴れて)星がよく見える.

die **Stern·kun·de** ［シュテァン・クンデ］名 -/ 天文学.

stern·los ［シュテァン・ロース］形 星の(見えない).

der **Stern·mo·tor** ［シュテァン・モー(-)トーあ］名 -s/-en 『工』星形機関.

die **Stern·schnup·pe** ［シュテァン・シュヌッペ］名 -/-n 流れ星.

das **Stern·sin·gen** ［シュテァン・ズィンゲン］名 -s/《㊅》シュテルンジンゲン(御公現の祝日(1月6日)の民俗行事).

der **Stern·sin·ger** ［シュテァン・ズィンガー］名 -s/-《㊅㊉》シュテルンジンゲンに参加する子供.

die **Stern·stun·de** ［シュテァン・シュトゥンデ］名 -/-n《文》(幸運な)運命的な転換期,頂点,灯機.

der **Stern·tag** ［シュテァン・ターク］名 -(e)s/-e 『天』恒星日.

die **Stern·war·te** ［シュテァン・ヴァるテ］名 -/-n 天文台.

die **Stern·zeit** ［シュテァン・ツァイㇳ］名 -/『天』恒星時.

der **Sterz** ［シュテァツ］名 -es/-e 1. 尾,(鳥の)尾の付根. 2. 犂(すき)の柄(ハンドル)(Pflug~).

ster·zeln ［シュテァツェルン］動 h.《擬態》『養蜂』(ミツバチが)尻を上げる.

stet ［シュテーㇳ］形《文》変ることなき;絶え間ない.

Stethoskop 1170

das **Ste·tho·skop** [シュテト・スコープ, ste.. ステト・スコープ] 名 -s/-e 〖医〗聴診器.

ste·tig [シュテーティヒ] 形 絶え間ない: ~e Funktion 〖数〗連続関数.

die **Ste·tig·keit** [シュテーティヒカイト] 名 -/ 恒常性, 不断であること, 不変(性);永続(性).

stets [シュテーツ] 副 常に, 絶えず.

der **Stet·son** [stɛtsn ステットスン] 名 -s/-s 〖服〗ステットソン帽(フェルトのカウボーイハット).

die **Steu·er**[1] [シュトイあー] 名 -/-n 税, 税金, 租税;(㊥のみ)税務署: direkte/indirekte ~n 直接/間接税. der ~ unterliegen 課税の対象となる. 〈et⁴〉 mit einer ~ belegen 〈物に〉課税する. die Unkosten von der ~ absetzen 経費を税金から控除する.

das **Steu·er**[2] [シュトイあー] 名 -s/- (自動車の)ハンドル, (船の)舵(ホッ), (飛行機の)操縦桿(ハンドル): am [hinter dem] ~ sitzen 車を運転している. das ~ fest in der Hand haben 主導権をしっかり握っている.

der **Steu·er·ab·zug** [シュトイあー・アップ・ツーク] 名 -(e)s/..züge 租税控除.

das **Steu·er·amt** [シュトイあー・アムト] 名 -(e)s/..äm ter 税務署.

das **Steu·er·auf·kom·men** [シュトイあー・アウふ・コメン] 名 -s/ 税収入, 税収.

steu·er·bar[1] [シュトイあー・バーる] 形 〖官〗課税対象となる.

steu·er·bar[2] [シュトイあー・バーあ] 形 操縦できる, 制御可能な.

der **Steu·er·be·am·te** [シュトイあー・ベアムテ] 名 (形容詞的変化) 税務官.

der **Steu·er·be·fehl** [シュトイあー・べふェール] 名 -(e)s/-e 〖コンピュ〗コマンド.

steu·er·be·gün·stigt [シュトイあー・ベギュンスティヒト] 形 税制上の優遇措置のある.

die **Steu·er·be·hör·de** [シュトイあー・べヘーあデ] 名 -/-n 税務署.

der **Steu·er·be·ra·ter** [シュトイあー・べらーター] 名 -s/- 税理士.

die **Steu·er·be·ra·tung** [シュトイあー・べらートゥング] 名 -/-en 税務相談.

der **Steu·er·be·scheid** [シュトイあー・べシャイト] 名 -(e)s/-e 〖税〗租税告知(通知)書, 税額査定(書).

steu·er·bord [シュトイあー・ボるト] 副 〖海・空〗右舷(ハ̣ン)に.

das **Steu·er·bord** [シュトイあー・ボるト] 名 -(e)s/-e (〔⤒ᵏ〕) der ~) 〖海〗右舷(ハ̣ン), スターボード.

steu·er·bords [シュトイあー・ボるツ] 副 =steuerbord.

die **Steu·er·ein·nah·me** [シュトイあー・アイン・ナーメ] 名 -/-n (主に㊥)税収入, 税収.

die **Steu·er·er·hö·hung** [シュトイあー・エあヘーウング] 名 -/-en 増税.

die **Steu·er·er·klä·rung** [シュトイあー・エあクレーるング] 名 -/-en 〖税〗納税(租税)申告.

der **Steu·er·er·lass**, ⓐ**Steu·er·er·laß** [シュトイあー・エあラス] 名 -es/..lasse (〔⤒ᵏ〕 lässe) 租税の減免, 免税.

die **Steu·er·er·leich·te·rung** [シュトイあー・エあライヒテるング] 名 -/-en 減税, 租税軽減.

die **Steu·er·er·mä·ßi·gung** [シュトイあー・エあメースィグング] 名 -/-en 減税, 税額の削減.

die **Steu·er·fe·der** [シュトイあー・ふェーダー] 名 -/-n (主に㊥)(鳥の)尾翼羽.

die **Steu·er·flucht** [シュトイあー・ふルフト] 名 -/ 租税逃避, 国外通税(ハ̣̣̣) (財産や利益を外国へ移して課税を逃れること).

der **Steu·er·flücht·ling** [シュトイあー・ふリュヒトリング] 名 -s/-e 租税逃避者, 国外通税(ハ̣̣̣)者.

steu·er·frei [シュトイあー・ふらイ] 形 免税の, 非課税の.

der **Steu·er·frei·be·trag** [シュトイあー・ふらイ・べトらーク] 名 -(e)s/..träge 〖税〗免税額, 非課税額.

die **Steu·er·frei·heit** [シュトイあー・ふらイハイト] 名 -/ 免税, 非課税.

das **Steu·er·ge·rät** [シュトイあー・ゲれート] 名 -(e)s/-e (無線の)レシーバー, 受信機;〖電〗自動制御装置.

das **Steu·er·ge·setz** [シュトイあー・ゲゼッツ] 名 -es/-e 税法.

die **Steu·er·hin·ter·zie·hung** [シュトイあー・ヒンターツィーウング] 名 -/-en 〖税〗脱税.

die **Steu·er·klas·se** [シュトイあー・クラッセ] 名 -/-n (所得税の)課税段階.

der **Steu·er·knüp·pel** [シュトイあー・クニュッペル] 名 -s/- 操縦桿(カ̣ン).

die **Steu·er·last** [シュトイあー・ラスト] 名 -/-en 税負担.

steu·er·lich [シュトイあー・リヒ] 形 税(金)の, 税制上の.

steu·er·los [シュトイあー・ロース] 形 舵のない;舵取りがいない.

der **Steu·er·mann** [シュトイあー・マン] 名 -(e)s/..leute 〖海〗 1. (昔の)航海士;〖漕艇〗舵手, コックス;(海軍)一等兵曹(ハ̣ン). 2. 〖電〗コントロールデスク操作係.

die **Steu·er·mar·ke** [シュトイあー・マるケ] 名 -/-n 1. (犬の)鑑札. 2. 納税証(印).

die **Steu·er·mo·ral** [シュトイあー・モらール] 名 -/ 納税者のモラル.

steu·ern [シュトイあーン] 動 1. h. (〈et⁴〉ᵣ) 運転する, 操縦する: einen Kurs ~ ある針路を取る. (nach) rechts/links ~ 右/左に舵を取る. 2. s. 〖方向〗 ~) 針路をとる, 進む, (…を)目ざす(主に船・飛行機が), (…を)目ざして進む(人が): Wohin steuert er? 彼はどこへ行くのか. 3. h. 〖et⁴〕ᵣ〗〖工〗制御〔コントロール〕する. 4. h. 〈et⁴〉ᵣ〗操作する(世論などを), 思う方向へ持っていく(会話・会議などを). 5. h. 〈et³〉ᵣ〗〖文〗防止〔抑止〕に努める(災害などに), 制止に努める(口論などの), 除去に努める(悪弊などの).

die **Steu·er·oa·se** [シュトイあー・オアーゼ] 名 -/-n 〖口〗税金天国(税金の安い国).

das **Steu·er·pa·ra·dies** [シュトイあー・パらディース] 名 -es/-e 〖口〗税金天国(税金の安い国).

die **Steu·er·pflicht** [シュトイあー・プふリヒト] 名 -/-en 〖税〗納税義務.

steu·er·pflich·tig [シュトイあー・プふリヒティヒ] 形 納税義務のある;課税対象になる.

die **Steu·er·po·li·tik** [シュトイあー・ポリティーク] 名 -/ 税政策, 税政.

das **Steu·er·rad** [シュトイあー・らート] 名 -(e)s/..räder 〖車〗ステアリング, ハンドル;〖海〗舵輪(ダ̣ン);〖空〗操縦ハンドル.

das **Steu·er·recht** [シュトイあー・れヒト] 名 -(e)s/ 〖法〗(租)税法.

die **Steu·er·re·form** [シュトイあー・れふぉるム] 名 -/-en 税制改革.

das **Steu·er·ru·der** [シュトイあー・るーダー] 名 -s/- 〖海〗舵(カ̣).

der **Steu·er·satz** [シュトイあー・ザッツ] 名 -es/..sätze 〖税〗税率.

die **Steu·er·säu·le** [シュトイあー・ゾイレ] 名 -/-n 〖車〗(ステアリング)シャフト;〖空〗(ステアリングのついた)操縦桿(カ̣ン).

das **Steu·er·schlupf·loch** [シュトイあー・シュルップふ・ロッホ] 名 -(e)s/..löcher 税金逃れの抜け穴.

die **Steu·er·schrau·be** [シュトイあー・シュらウベ] 名 -/-n (次の形で)die ~ anziehen [an der ~ drehen] (急激に)増税する.

die **Steu·er·sen·kung** [シュトイあー・ゼンクング] 名 -/-en

減税.
der **Steu·er·stab** [シュトイあー・シュターブ] [名] -(e)s/ ..stäbe 〖核物理〗制御棒.
die **Steu·e·rung** [シュトイエるング] [名] -/-en **1.** 《[単]のみ》操舵(そうだ), 操縦, 制御, コントロール; 運営. **2.** 操舵〔操縦〕装置; 制御装置.
das **Steu·e·rungs·mo·le·kül** [シュトイエるングス・モレキュール] [名] -s/-e 〖生〗(種々の生命現象での)制御・調節機能に関わる分子.
die **Steu·er·ver·an·la·gung** [シュトイあー・ふぇあアンラーグング] [名] -/-en 〖税〗税額査定, 租税の確定.
die **Steu·er·ver·güns·ti·gung** [シュトイあー・ふぇあギュンスティグング] [名] -/-en 〖税〗税制上の優遇措置, 税制上の特典.
die **Steu·er·wel·le** [シュトイあー・ヴェレ] [名] -/-n 〖工〗カム軸.
das **Steu·er·we·sen** [シュトイあー・ヴェーゼン] [名] -s/ 税制; 税務.
der **Steu·er·zah·ler** [シュトイあー・ツァーラー] [名] -s/- 納税者.
der **Steu·er·zu·schlag** [シュトイあー・ツー・シュラーク] [名] -(e)s/..schläge 〖税〗延滞加算税.
der **Ste·ven** [シュテーヴェン] [名] -s/- 〖海〗船首〔船尾〕材.
der **Ste·ward** [stjúːərt スチューあート, ʃt(j)úːərt シュテゥーあート, シュチューあート] [名] -s/-s 〖空・海〗スチュワード.
die **Ste·war·dess**, ⓐ **Ste·war·deß** [stjúːərdɛs スチューあーデス, ʃt(j)úːərdɛs シュテゥーあーデス, シュチューあーデス, スチュあーデス, シュテゥーあーデス, シュチューあーデス] [名] -/-en 〖空・海〗スチュワーデス.
StGB ＝Strafgesetzbuch 刑法典.
sthe·nisch [ʃtéː.. シュテーニシュ, stéː.. ステーニシュ] [形] 〖医〗強壮な.
sti·bit·zen [シュティビッツェン] [動] *h.* 〖〈et⁴〉ヲ〗《口》ちょろまかす, 失敬する.
das **Sti·bi·um** [ʃtíː.. シュティービウム, stíː.. スティービウム] [名] -s/ 〖化〗アンチモン《アンモニア. 記号 Sb》.
der **Stich** [シュティっひ] [名] -(e)s/-e **1.** 刺すこと; 〖フェンシング〗突き. **2.** 刺し傷; 刺すような痛み. **3.** 一針, 一縫い, 一刺し; 縫い目, ステッチ. **4.** 銅版画(Kupfer∼); 鋼版画(Stahl∼). **5.** 《[単]のみ》(…がかった)色合い: einen ∼ ins Gelbe haben 黄みがかっている. **6.** 《方》ナイフでひとすくいの量. **7.** 〖トランプ〗トリック(数). **8.** 《方》急な坂; 〖冶金〗(1回の)圧延; 〖建〗(迫台(せりだい)からの)アーチの高さ; 〖スイス〗射撃競技; 〖狩〗(獣の)咽元(のへこみ). 【慣用】**einen (leichten) Stich haben** 《口》(食べ物などが)(少々)いたんでいる; (少々)頭が変だ, 《方》酔っている. **〈et⁴〉 im Stich lassen** 〈物を〉放棄する. **〈j⁴〉 im Stich lassen** 〈人を〉見殺しにする, 〈人を〉見捨てる; 《口》〈人の〉思いどおりにならなくなる《手足・記憶などが》. **Stich halten** 確かである, 反論の余地がない.
stich ! [シュティっひ] [動] stechen の du に対する命令形.
das **Sti·cha·ri·on** [stɪ.. スティひゃーりオン, ʃtɪ.. シュティひゃーりオン] [名] -s/..ria (東方教会の)祭衣, ステハリ.
die **Stich·bahn** [シュティっひ・バーン] [名] -/-en 〖鉄道〗(本線から頭端式駅までの)支線.
der **Stich·bal·ken** [シュティっひ・バルケン] [名] -s/- 〖土〗片持ち梁(ばり).
das **Stich·blatt** [シュティっひ・ブラット] [名] -(e)s/..blätter 〖フェンシング〗(サーベルの)つば.
der **Sti·chel** [シュティっひぇル] [名] -s/- 彫刻刀(Grab∼).
die **Sti·che·lei** [シュティっひぇライ] [名] -/-en 《口》 **1.** 《[単]のみ》(絶えず)針仕事をすること. **2.** いやみな言葉; 《[単]のみ》(しつこい)当てこすり, いやみ.
sti·cheln [シュティっひぇルン] [動] *h.* **1.** 〔補足なし〕ちくちく皮肉を言う. **2.** 〔補足なし〕せっせと縫う〔ししゅうする〕.
stich·fest [シュティっひ・ふぇスト] [形] ⇨ hiebfest.
die **Stich·flam·me** [シュティっひ・ふラメ] [名] -/-n (爆発などで)細長く吹出る炎.
stich|hal·ten* [シュティっひ・ハルテン] [動] *h.* 〔補足なし〕《オーストリア》確かである《論証・アリバイなどが》.
stich·hal·tig [シュティっひ・ハルティひ] [形] 確かな, 確たる論拠のある.
der **Stich·kampf** [シュティっひ・カムプふ] [名] -(e)s/..kämpfe 〖スポーツ〗優勝決定戦.
der **Stich·ka·nal** [シュティっひ・カナール] [名] -s/..näle (2つの運河を結ぶ)堀割; 連絡運河; 〖冶金〗(高炉から溶けた金属を流す)溝(みぞ).
der **Stich·ling** [シュティっひリング] [名] -s/-e 〖魚〗トゲウオ.
die **Sti·cho·my·thie** [シュティひょミュティー, stɪ.. スティひょミュティー] [名] -/-n 〖文芸学〗(古代ギリシア劇の)隔行対話《対話が1詩行ずつで構成される》.
die **Stich·pro·be** [シュティっひ・プろーベ] [名] -/-n 抜取り検査, 抽出検査; 抜き取り検査で取り出されたもの.
die **Stich·sä·ge** [シュティっひ・ゼーゲ] [名] -/-n 回しびき鋸.
stichst [シュティっひスト] [動] stechen の現在形 2 人称単数.
die **Stich·stra·ße** [シュティっひ・シュトらーセ] [名] -/-n (車の方向転換ができる場所のある)袋小路.
sticht [シュティっひト] [動] stechen の現在形 3 人称単数.
der **Stich·tag** [シュティっひ・ターク] [名] -(e)s/-e 実施日, 施行日.
die **Stich·waf·fe** [シュティっひ・ヴァっふぇ] [名] -/-n 突く〔刺す〕武器《剣・槍など》.
die **Stich·wahl** [シュティっひ・ヴァール] [名] -/-en 決選投票.
das **Stich·wort** [シュティっひ・ヴォるト] [名] -(e)s/..wörter〔-e〕 **1.** 《[複] ..wörter》見出し語. **2.** 《[複]-e》〖劇〗(相手役の登場, 科白に対する)きっかけの台詞; きっかけの言葉. **3.** 《[複]-e; 主に[複]》メモ, キーワード, (行動のための)覚書.
das **Stich·wort·ver·zeich·nis** [シュティっひヴォるト・ふぇあツァイひニス] [名] -ses/-se 見出し語索引.
die **Stich·wun·de** [シュティっひ・ヴンデ] [名] -/-n 刺し〔突き〕傷.
die **Stick·ar·beit** [シュティック・アるバイト] [名] -/-en 刺繍した作品, 刺繍飾り; 刺繍をすること.
sti·cken [シュティッケン] [動] *h.* **1.** 〔補足なし〕刺繍(ししゅう)する. **2.** 〖〈et⁴〉ヲ＋(〈方向〉ニ)〗刺繍する《模様をハンカチなどに》. **3.** 〖〈et⁴〉ニ〗刺繍する《ハンカチなどに》.
der **Sti·cker** [シュティッカー] [名] -s/- 刺繍(ししゅう)をする人; 刺繍工.
die **Sti·cke·rei** [シュティッケらイ] [名] -/-en 〖手芸〗刺繍飾り; 刺繍した作品; 《[単]のみ》(絶えず)刺繍(ししゅう)すること.
das **Stick·garn** [シュティック・ガるン] [名] -(e)s/-e 刺繍(ししゅう)糸.
der **Stick·hus·ten** [シュティック・フーステン] [名] -s/ 《古》百日ぜき.
sti·ckig [シュティッキひ] [形] 息が詰まるような.
die **Stick·luft** [シュティック・ルふト] [名] -/ 息が詰まる〔むっとする〕ような空気.
das **Stick·mus·ter** [シュティック・ムスター] [名] -s/- 刺繍(ししゅう)の図案.
die **Stick·na·del** [シュティック・ナーデル] [名] -/-n 〖手芸〗刺繍(ししゅう)針.
das **Stick·oxid** [シュティック・オクスィート] [名] -(e)s/-e 〖化〗酸化窒素.
der **Stick·rah·men** [シュティック・らーメン] [名] -s/- 刺繍(ししゅう)枠.
der **Stick·stoff** [シュティック・シュトっふ] [名] -(e)s/ 〖化〗窒素《記号 N》.

S

die **Stick·stoff·aus·wa·schung** [シュティックシュトッフ・アウス・ヴァッシュング] 名 -/-en 〘農〙(土壌からの)窒素の流亡(溶脱).

das **Stick·stoff·o·xid** [シュティックシュトッフ・オクスィート] 名 -(e)s/-e 〘化〙酸化窒素.

der **Stick·stoff·dün·ger** [シュティックシュトッフ・デュンガー] 名 -s/- 〘農〙窒素肥料.

stick·stoff·frei [シュティックシュトッフ・フらィ] 形 窒素を含まない.

stick·stoff·hal·tig [シュティックシュトッフ・ハルティヒ] 形 窒素を含む.

der **Stick·stoff·man·gel** [シュティックシュトッフ・マンゲル] 名 -s/..mängel 〘農〙植物・作物の窒素欠乏.

das **Stick·stoff·mo·no·xid** [シュティックシュトッフ・モノクスィート] 名 -(e)s/- 〘化〙一酸化窒素.

der **Stick·stoff·samm·ler** [シュティックシュトッフ・ザムラー] 名 -s/- 〘生〙窒素固定生物(植物).

der **Stick·stoff·ver·lust** [シュティックシュトッフ・フェァルスト] 名 -(e)s/-e 〘農〙(土壌からの)窒素の消失(溶脱や空中への離脱による).

stie·ben(*) [シュティーベン] 動 stob[stiebte] gestoben (gestiebt)(規則変化も(稀)) ; ist/hat 1. *s.* [h.] 〘雅語〙(ほこりのように)舞う, 散る(砂・粉・雪・火花などが). 2. *s.* 〈方向〉へ〙舞い上がる, 飛散する; 散り散りに走り去る.

der **Stief·bru·der** [シュティーフ・ブるーダー] 名 -s/..brüder 異父(異母)兄弟;(連れ子同士の)義理の兄弟.

der **Stie·fel** [シュティーふェル] 名 -s/- 1. ブーツ, 長靴;編上げ靴. 2. ブーツ型のビールジョッキ. 〘慣用〙Das zieht einem ja die Stiefel aus! 〘口〙こいつはたまらん. einen Stiefel arbeiten/fahren 〘口〙へたな仕事/へたな運転をする. einen Stiefel zusammenreden/zusammenschreiben 〘口〙くだらないことばかりしゃべる/書く. <et¹> haut 〈j¹〉 aus den Stiefeln 〘口〙〈物・事が〉〈人を〉びっくり仰天させる. seinen (den)(alten) Stiefel weitermachen 〘口〙これまでどおりのやり方を続ける. sich³ einen Stiefel einbilden 〘口〙ひどく思い上がっている.

die **Stie·fe·let·te** [ʃtifə‥, シュティーふェレッテ] 名 -/-n (主に㋛)ハーフブーツ.

der **Stie·fel·knecht** [シュティーふェル・クネヒト] 名 -(e)s/-e (ブーツ用の)靴脱ぎ器.

stie·feln [シュティーふェルン] 動 *s.* 〈方向〉へ(カラン) 〘口〙大股でのっしのっしと歩いて行く(来る).

der **Stie·fel·put·zer** [シュティーふェル・プッツァー] 名 -s/- 靴磨き(人).

der **Stie·fel·schaft** [シュティーふェル・シャふト] 名 -(e)s/-..schäfte 長靴の脚部.

die **Stie·fel·tern** [シュティーふ・エルタルン] 複名 継父母(継父(母)と母親による血のつながりのない両親).

die **Stief·ge·schwis·ter** [シュティーふ・ゲシュヴィスター] 複名 異父(異母)兄弟姉妹;(連れ子同士の)義理の兄弟姉妹.

das **Stief·kind** [シュティーふ・キント] 名 -(e)s/-er 継子.

die **Stief·mut·ter** [シュティーふ・ムッター] 名 -/..mütter 1. 継母. 2. 養母.

das **Stief·müt·ter·chen** [シュティーふ・ミュッターヒェン] 名 -s/- 〘植〙パンジー, サンシキ[サンショク]スミレ.

stief·müt·ter·lich [シュティーふ・ミュッターリヒ] 形 継母の(ような); 愛情のない, なおざりな.

die **Stief·schwes·ter** [シュティーふ・シュヴェスター] 名 -/-n 異父(異母)姉妹;(連れ子同士の)義理の姉妹.

der **Stief·sohn** [シュティーふ・ゾーン] 名 -(e)s/..söhne (男の)継子.

die **Stief·toch·ter** [シュティーふ・トホター] 名 -/..töchter (女の)継子, 継娘.

der **Stief·va·ter** [シュティーふ・ふァーター] 名 -s/..väter 1. 継父. 2. 養父.

stieg [シュティーク] 動 steigen の過去形.

stie·ge [シュティーゲ] 動 steigen の接続法2式.

die **Stie·ge**¹ [シュティーゲ] 名 -/-n 1. (急で狭い)木の階段;〘南独・㋘〙階段. 2. (野菜などを入れる)すの子状木箱.

die **Stie·ge**² [シュティーゲ] 名 -/-n 1. 〘北独・古〙シュティーゲ(数量単位. 20個). 2. 〘方〙互いにもたれかかって立てた藁束に, 稲むら.

der **Stieg·litz** [シュティークリッツ] 名 -es/-e 〘鳥〙ゴシキヒワ.

stiehlst [シュティールスト] 動 stehlen の現在形2人称単数.

stiehlt [シュティールト] 動 stehlen の現在形3人称単数.

der **Stiel** [シュティール] 名 -(e)s/-e 1. 柄(ぇ)(アイスキャンディなどの)棒; (ワイングラスの)脚. 2. 〘植〙花柄(ぁぃ);葉柄.

das **Stiel·au·ge** [シュティール・アウゲ] 名 -s/-n 〘動〙(カニなどの)有柄眼; 〈Stielaugen〉 ~ machen (bekommen) 〘口・冗〙目を丸くする;うらやましげに見る.

die **Stiel·bril·le** [シュティール・ブリレ] 名 -/-n 〘古〙柄つき眼鏡.

stie·len [シュティーレン] 動 *h.* 〈et¹〉に 〘稀〙柄(ぇ)をつける.

die **Stiel·hand·gra·na·te** [シュティール・ハントグらナーテ] 名 -/-n 〘軍〙柄つき手榴(ウォッシ)弾.

..stie·lig [..シュティーリヒ] 形 形容詞につけて「…な花柄(ぁぃ)の」を表す: kurzstielig 短い花柄の.

die **Stiel·kas·se·rol·le** [シュティール・カッセロレ] 名 -/-n 柄つきカセロール鍋.

stiel·los [シュティール・ロース] 形 柄(ハンドル・脚)のない;〘植〙無葉柄の.

stier [シュティーァ] 形 うつろな, とろんとした(ゆくり・スィ);〘口〙文なしの;不景気な.

der **Stier** [シュティーァ] 名 -(e)s/-e 1. 雄ウシ, 種ウシ. 2. (㋘のみ) 〘天〙おうし座. 3. 〘占〙おうし座生まれの人; (㋘のみ) 金牛宮. 〘慣用〙den Stier bei den Hörnern packen (fassen) 危険をものともせずに事にあたる.

stie·ren¹ [シュティーれン] 動 *h.* 〈方向〉へ〙凝視する;無表情にじっと見つめる.

stie·ren² [シュティーれン] 動 *h.* 〘雅語〙発情している(雌牛が).

der **Stier·kampf** [シュティーァ・カンプふ] 名 -(e)s/-..kämpfe 闘牛.

der **Stier·kämp·fer** [シュティーァ・ケムプふェァー] 名 -s/- 闘牛士.

der **Stier·na·cken** [シュティーァ・ナッケン] 名 -s/- (㋛も有)猪首(い゚).

stier·na·ckig [シュティーァ・ナッキヒ] 形 (㋛も有)猪首(い゚)の.

der **Stie·sel** [シュティーゼル] 名, ㋛ **Stie·ßel** [シュティーセル] 名 -s/- 〘口・蔑〙不作法者.

stie·se·lig [シュティーゼリヒ] 形 〘口・蔑〙不作法な;間抜けな.

stieß [シュティース] 動 stoßen の過去形.

stie·ße [シュティーセ] 動 stoßen の接続法2式.

Stie·ßel [シュティーセル] 名 ➪ Stiesel.

der **Stift**¹ [シュティふト] 名 -(e)s/-e 1. (頭のない)釘(ぅ), 木針;ほぞ, 継ぎ手;(機械の)ピン. 2. 鉛筆(Blei~), 色鉛筆(Bunt~, Farb~, 筆記具(Schreib~), 製図用鉛筆(Zeichen~), クレヨン. 3. 〘口〙見習;小さな男の子. 4. 〘養蜂〙女王蜂の卵.

das **Stift**² [シュティふト] 名 -(e)s/-e(-er) 1. 〘キ教〙寄進により設立された宗教団体, 宗教団体参事会; 宗教団体(参事会)所属の建物(神学校). 2. 〘古〙(参事会による)宗派女学校;〘㋛〙修道院.

養老院.
stif·ten[1] [シュティふテン] 動 h. **1.** 《et⁴ッ》(設立)基金を出す；(…を)設ける，出す(賞）を；《稀》(…を)設立する. **2.** 《et⁴ッ》寄付(寄贈)する，喜捨する；(…の)費用を持つ. **3.** 《et⁴ッ》もたらす，引起こす（混乱・秩序などを），(…の)仲介をする(和解などの).

stif·ten[2] [シュティふテン] 動 h. 《慣》(ぶ）見習(工)をしている：bei einer Firma ~ ある会社で見習をしている.

stif·ten[3] [シュティふテン] 動 (次の形で) ~ gehen (口) こっそり逃げる.

stif·ten ge·hen*, ®**stiften|gehen*** [シュティふテンゲーエン] 動 s. ⇨ stiften³.

(der) **Stif·ter**[1] [シュティふター] 名 《人名》シュティフター《Adalbert ~, 1805-68, オーストリアの小説家》.

der **Stif·ter**[2] [シュティふター] 名 -s/- 設立者，寄進者，寄付(寄贈)者.

die **Stif·ter·re·li·gi·on** [シュティふターれリギオーン] 名 -/ (実在の)教祖が開いた宗教.

die **Stifts·da·me** [シュティふツ・ダーメ] 名 -/-n (昔の)教会・修道会の(貴族の)女子会員；修道女；養老院暮らしの婦人.

das **Stifts·fräu·lein** [シュティふツ・ふろイライン] 名 -s/- (昔の) **1.** =Stiftsdame. **2.** 宗派女学校の生徒.

der **Stifts·herr** [シュティふツ・へる] 名 -(e)n/-(e)n 〖カトリ〗司教座参事会員.

die **Stifts·hüt·te** [シュティふツ・ヒュッテ] 名 -/-n 〖聖〗幕屋(ぼく).

die **Stifts·kir·che** [シュティふツ・キルひェ] 名 -/-n 〖キ教〗司教座教会，参事会教会.

die **Stif·tung** [シュティふトゥング] 名 -/-en **1.** 〖法〗寄付行為；寄贈，寄付. **2.** (寄付による)財団.

das **Stif·tungs·fest** [シュティふトゥングス・ふェスト] 名 -(e)s/-e 創立記念祭.

die **Stif·tungs·ur·kun·de** [シュティふトゥングス・ウーア・クンデ] 名 -/-n 寄付行為書；設立定款.

der **Stift·zahn** [シュティふト・ツァーン] 名 -(e)s/..zähne 〖歯〗差歯(さしば).

das **Stig·ma** [シュティグマ, stíg.. スティグマ] 名 -s/..men [-ta] **1.** 〖文〗徴候，特徴；(奴隷の)焼き印；〖カトリ〗聖痕；〖植〗(雄しべの)柱頭；〖生〗(原生動物などの)眼点；〖動〗気門.

stig·ma·ti·sie·ren [シュティグマティズィーレン, stig.. スティグマティズィーレン] 動 h. 《j⁴ッ》=(als 《j⁴ッ》)《durch 《et⁴ッ》》〖社〗烙印(らくいん)を押す，レッテルを貼る.

der **Stil** [シュティール, stil スティール] 名 -(e)s/-e **1.** 文体，言い方. **2.** (芸術の)様式：im ~ Dürers デューラー流に(の様式で). **3.** (●のみ)仕方，流儀，スタイル：im großen ~ いきに. **4.** 【動】型. **5.** 暦法：alten/neuen ~s 旧〔ユリウス〕暦/新〔グレゴリオ〕暦の.

die **Stil·ana·ly·se** [シュティール・アナリューゼ, スティール・アナリューゼ] 名 -/-n 文体(様式)分析.

das **Stilb** [シュティルプ, stilb スティルプ] 名 -s/- 〖理〗スチルブ(輝度の旧の単位. 記号 sb).

die **Stil·blü·te** [シュティール・ブリューテ, スティール・ブリューテ] 名 -/-n 滑稽(こっけい)な言い間違い〔言い回し〕.

der **Stil·bruch** [シュティール・ブるっふ] 名 -(e)s/..brüche 文体〔様式〕の不統一；文件の逸脱；様式破壊.

die **Stil·ebe·ne** [シュティール・エーベネ, スティール・エーベネ] 名 -/-n 〖言〗文体レベル.

stil·echt [シュティール・エひト, スティール・エひト] 形 様式にかなった.

das **Sti·lett** [シュティレット, sti.. スティレット] 名 -s/-e 短剣.

das **Stil·ge·fühl** [シュティール・ゲふゅール, スティール・ゲふゅール] 名

-(e)s/ 様式〔文体〕感覚.

stil·ge·recht [シュティール・ゲれひト, スティール・ゲれひト] 形 正しい様式の，様式にかなった.

sti·li·sie·ren [シュティリズィーレン, sti.. スティリズィーレン] 動 h. 《j⁴ッ》様式化する.

die **Sti·li·sie·rung** [シュティリズィールング, sti.. スティリズィールング] 名 -/-en 様式化；様式化されたもの.

der **Sti·list** [シュティリスト, sti.. スティリスト] 名 -en/-en 〖文〗文章家；〖口〗テクニシャン.

die **Sti·lis·tik** [シュティリスティク, sti.. スティリスティク] 名 -/-en **1.** (●のみ)文体論. **2.** 文体論の教本，文章読本.

sti·lis·tisch [シュティリスティシュ, sti.. スティリスティシュ] 形 文体(上)の，様式(上)の.

die **Stil·kun·de** [シュティール・クンデ, スティール・クンデ] 名 -/-n =Stilistik.

still [シュティル] 形 **1.** 静かな，静寂な，閑静な：das ~e Atmen des schlafenden Kindes その子の静かな寝息. ein ~es Dorf 静かな村. Seid doch ~ ! (君たち)静かにしなさいよ. **2.** 穏やかな，静止した：bei ~er See 海が穏やかなときに. die Hände ~ halten 手を動かさないで(じっとしている). **3.** 平穏な，落着いた：in einer ~en Stunde 落着いたときに. ein ~es Leben führen 平穏な生活を送る. **4.** 物静かな，おとなしい，内気な：ein ~er Mensch 物静かな人. **5.** 無言の；ひそかな：~es Gebet 黙禱(もくとう). Es besteht ein ~es Einverständnis zwischen ihnen. ひそかな合意が彼らの間にある. **【慣用】das stille Örtchen** 〈口〉静かな所〔便所〕. **der Stille Freitag** 〖宗〗聖金曜日(復活祭前のキリストの受難日). **der Stille Ozean** 太平洋. **die Stille Woche** 〖宗〗聖週(復活祭前の一週間). **ein stiller Gesellschafter** 匿名組合員. **eine stille Messe** (のみ)読誦ミサ. **Es ist still um ⟨j⁴⟩ geworden.** 《人》の身辺が静かになった(世間が取りざたしなくなった). **im Stillen** ひそかに，人知れず，心の中で. **in stiller Trauer** 無言の悲しみのうちに(死亡通知で). **Sei doch endlich davon still !** もうそのことは言うな. **Still !** 静かに，静粛に. **stille Reserven**〖商〗秘密積立金.

still|blei·ben* [シュティル・ブライベン] 動 s. 〖慣用〗じっとしている，動かない；静かにしている；(反応〔抵抗〕しないで)黙っている.

die **Stil·le** [シュティレ] 名 -/ 静けさ，静寂；沈黙；平穏. 【慣用】**in aller Stille** 内輪だけで，ひそかに.

das **Still·le·ben** [シュティル・レーベン] 名 ⇨ Stillleben.

stil·le·gen [シュティレ・レーゲン] 動 ⇨ still|legen.

die **Stil·le·gung** [シュティレ・レーグング] 名 ⇨ Stilllegung.

stil·len [シュティレン] 動 h. **1.** 《j³ッ》乳房を含ませる，乳を飲ませる(乳児に). **2.** 〖歴〗授乳する. **3.** 《et⁴ッ》いやす，満たす(空腹・渇き・好奇心などを). **4.** 《et⁴ッ》止める(血・涙・痛みなどを).

das **Still·geld** [シュティル・ゲルト] 名 -(e)s/-er 〖旧東独〗乳児手当(健康保険から母親に支払われる).

das **Still·halt·eab·kom·men** [シュティル・ハルテ・アップ・コメン] 名 -s/- 〖銀行〗弁済猶予協定，支払据置協定. **2.** (政党間の)休戦協定.

still|hal·ten* [シュティル・ハルテン] 動 h. 〖慣〗(動かないでじっとしている，何もしないでいる，黙っている，我慢している)(反応したり抵抗せずに).

stilllie·gen* [シュティル・リーゲン] ⇨ still|liegen.

das **Still·le·ben**, ®**Still·le·ben** [シュティル・レーベン] 名 -s/- 静物画.

still|le·gen, ®**still·le·gen** [シュティル・レーゲン] 動 er legt still; legte still; hat stillgelegt 《et⁴ッ》操業〔運動・活動〕を停止する.

die **Still·le·gung, Still-Le·gung**, ®**Stil·le·gung** [シュティル・レーグング] 名 -/-en 停止，休止〔休業〕.

still|lie·gen*, ®**still·lie·gen*** [シュティル・リーゲン] 動

er liegt still; lag still; hat stillgelegen 〖et⁴〗ﾉ)操業〔運転・活動〕を停止する.

stil･los [シュティール・ロース, スティール・ロース] 形 様式の統一)を欠いた;〔様式に対する〕センスのない, 悪趣味な, そぐわない.

die Stil･lo･sig･keit [シュティール・ローズィヒカイト, スティール・ローズィヒカイト] 名 -/-en 1. (様式)様式〔統一〕のなさ, 不調和. 2. 様式〔センス〕のないもの.

still|schwei･gen* [シュティール・シュヴァイゲン] 動 h. (雅)じっと黙る, 沈黙を守る.

das Still･schwei･gen [シュティール・シュヴァイゲン] 名 -s/ 沈黙;秘密厳守: sich⁴ in ~ hüllen 固く口を閉ざす.

still･schwei･gend [シュティール・シュヴァイゲント] 形 無言の;暗黙の.

still|sit･zen* [シュティル・ズィッツェン] 動 h. (雅)(何もしないで)じっと座っている.

der Still･stand [シュティール・シュタント] 名 -(e)s/ 止まること, 休止, 停止; 停滞;(㊥のみ)止まった状態, 休止〔停止・停滞〕の状態: zum ~ kommen 停止〔停滞〕する.

still|ste･hen* [シュティール・シュテーエン] 動 h. (雅)止まっている(機械・交通・心臓・時などが), 不動の姿勢をとっている: *Stillgestanden!* (軍)気をつけ.

still･ver･gnügt [シュティール・ふぇあグニュークト] 形 内心満足した.

das Stil･mö･bel [シュティール・㊀ーベル, スティール・㊀ーベル] 名 -s/- 古い様式を模した家具;(稀)(一定の様式の)アンチック家具.

die Stil･rich･tung [シュティール・りヒトゥング, スティール・りヒトゥング] 名 -/-en 文体〔様式〕の傾向.

die Stil･schicht [シュティール・シヒト, スティール・シヒト] 名 -/-en (言)文体のレベル.

der Stil･ton [stílton スティルテン] 名 -(s)/-s スティルトン(英国産の青かびチーズ).

die Stil･übung [シュティール・ユーブング, スティール・ユーブング] 名 -/-en (修)作文〔書き方)練習.

der Sti･lus [シュティールス, stíl∴.. スティールス] 名 -/..li スティルス(古代ローマのろう板用尖筆).

stil･voll [シュティール・ふォル, スティール・ふォル] 形 様式の整った;統一的なスタイル(の/センスのいい, 優美な.

die Stimm･ab･ga･be [シュティム・アップ・ガーベ] 名 -/-n (主に㊥)投票.

das Stimm･band [シュティム・バント] 名 -(e)s/..bänder (主に㊥)声帯.

stimm･be･rech･tigt [シュティム・べれヒティヒト] 形 投票権のある.

die Stimm･be･rech･ti･gung [シュティム・べれヒティグング] 名 -/-en (主に㊥)投票権.

der Stimm･be･zirk [シュティム・ベツィるク] 名 -(e)s/-e 投票(選挙)区.

der Stimm･bruch [シュティム・ブるっフ] 名 -(e)s/ 声変り.

die Stim･me [シュティメ] 名 -/-n 1. (人の)声, 音声;(声楽の)声: seine ~ verstellen 作り声をする. keine ~ haben 歌がへただ. 2. 投票, 票;投票(議決)権: seine ~ abgeben 投票する. 3. (主義・主張などの)声: die ~ der Öffentlichkeit 世論. 4. (㊥)(合唱の)声部;(合奏器の)パート;(弦楽器の)魂柱;(ピアノの)ピン板;(オルガンの)音栓: ein Chor für vier ~n 四部合唱.

stim･men [シュティメン] 動 *h.* 1. (雅)事実と合っている, 正しい, 本当である;問題はない, おかしなことはない: *Stimmt so!* それで結構ですから〔おつりはとっておいてください〕. Bei dir *stimmt's* wohl nicht (ganz)? 君は頭がどうかしているんじゃないか. Mit meinem Magen muss etwas nicht ~. ぼくの胃がどこか悪いところがあるに違いない. In dieser Ehe *stimmt* etwas nicht. この夫婦はしっくりいっていない.

2. 〔für〈j⁴/et⁴〉ﾆ賛成ﾉ/gegen〈j⁴/et⁴〉ﾆ反対ﾉ〕投票をする. 3. 〔j⁴ﾜｯｦ+㊭ﾉ/zu〈et⁴〉ﾉ〕気持(気分)にさせる. 4. 〖et⁴〗ｦ調律する, 5. (雅)音を合わせる, チューニングする. 6. 〔auf〈j⁴/et⁴〉ﾄ/zu〈j³/et⁴〉ﾄ〕(稀)一致する, 合致する;(…に)合う.

der Stim･men･an･teil [シュティメン・アン・タイル] 名 -(e)s/-e 得票率.

der Stim･men･fang [シュティメン・ふぁング] 名 -(e)s/ (㊥)票集め.

der Stim･men･ge･winn [シュティメン・ゲヴィン] 名 -(e)s/-e (前回と比べて)得票数の増加.

das Stim･men･ge･wirr [シュティメン・ゲヴィる] 名 -(e)s/-e がやがや言う人の声.

die Stim･men･gleich･heit [シュティメン・グライヒハイト] 名 -/ 同数得票, 可否〔賛否〕同数.

die Stim･men･mehr･heit [シュティメン・メーるハイト] 名 -/-en 過半数の得票.

die Stim･men･thal･tung [シュティメ・エントハルトゥング] 名 -/-en im Weißen〔白票;棄権, 投票: ~ üben 棄権する.

der Stim･mer [シュティマー] 名 -s/- 調律師.

stimm･fä･hig [シュティム・ふぇーイヒ] 形 =stimmberechtigt.

die Stimm･ga･bel [シュティム・ガーベル] 名 -/-n (楽)音叉(ｻﾞ).

stimm･ge･wal･tig [シュティム・ゲヴァルティヒ] 形 声量の豊かな, 力強い声の.

stimm･haft [シュティムハフト] 形 (言)有声の.

stim･mig [シュティミヒ] 形 (各部分の)調和のとれた.

..stim･mig [..シュティミヒ] 接尾 数詞・形容詞につけて形容詞を作る. 1. …の声(部)の: *vier-stimmig* (4-stimmig) 四声(部)の. 2. …の意志〔意見〕の: *einstimmig* 一致した.

die Stimm･la･ge [シュティム・ラーゲ] 名 -/-n (楽)声域.

stimm･lich [シュティムリヒ] 形 声の, 音声(上)の.

stimm･los [シュティム・ロース] 形 ほそほそした;(言)無声の.

das Stimm･recht [シュティム・れヒト] 名 -(e)s/-e 投票権, 議決権, 表決権.

die Stimm･ritze [シュティム・りッツェ] 名 -/-n (解)声門.

der Stimm･stock [シュティム・シュトック] 名 -(e)s/..stöcke (楽)(弦楽器の)魂柱(ｻﾞ);(ピアノの)ピン板.

der Stimm･um･fang [シュティム・ウム・ふぁング] 名 -(e)s/..fänge (楽)声域.

die Stim･mung [シュティムング] 名 -/-en 1. (時々の)気分, 機嫌: in (guter) ~ sein 上機嫌である. nicht in der (rechten) ~ sein, 〈et⁴〉 zu tun 〈事ｦ〉する気分ではない. 2. (㊥の場の)雰囲気. 3. 気運, 情勢, 感じ, 印象. 4. (㊥のみ)(全体的な)意見, 世論. 5. (楽)ピッチ;調律.

der Stim･mungs･auf･hel･ler [シュティムングス・アウふ・ヘラー] 名 -s/- 抗鬱(ｳ)剤;(転)気晴らし.

das Stim･mungs･bild [シュティムングス・ビルト] 名 -(e)s/-er 雰囲気の描写;情緒豊かな絵.

die Stim･mungs･ka･no･ne [シュティムングス・カノーネ] 名 -/-n (口・冗)(座の)雰囲気の盛り上げ役.

die Stim･mungs･ma･che [シュティムングス・マッヘ] 名 -/ (㊥)世論操作.

der Stim･mungs･mensch [シュティムングス・メンシュ] 名 -en/-en 気分屋, お天気屋.

der Stim･mungs･um･schwung [シュティムングス・ウム・シュヴング] 名 -(e)s/..schwünge 世論の急変.

stim･mungs･voll [シュティムングス・ふォル] 形 ムードあふれる, 雰囲気がよく出た.

der Stim･mungs･wech･sel [シュティムングス・ヴェクセル] 名 -s/- 世論〔意見〕の変化.

das **Stimm·vieh** [シュティム・ふぃー] 名 -(e)s/ 〖蔑〗(投票権があるだけの)一般有権者.
der **Stimm·wech·sel** [シュティム・ヴェクセル] 名 -s/ 声変り.
die **Stimm·zet·tel** [シュティム・ツェッテル] 名 -s/- 投票用紙.
das **Sti·mu·lans** [スティームランス, stf:.. スティームランス] 名 -/.. lantia [スティムランツィア, スティムランツィエン][..lanzien[スティムランツィエン, スティムランツィエン] 〖文〗興奮剤.
sti·mu·lie·ren [シュティムリーれン, sti.. スティムリーれン] 動 h. ⟨j⁴/et³⟩ + (zu ⟨et³⟩ヲスルヨウニ) 刺激する, 鼓舞する, 促す.
der **Sti·mu·lus** [シュティームルス, スティームルス] 名 -/..li 〖心〗刺激; 〖文〗激励, 鼓舞.
der **Stin·ka·do·res**¹ [シティンカドーれス] 名 -/- 〖口〗臭いの強いチーズ.
die **Stin·ka·do·res**² [シティンカドーれス] 名 -/- 〖口〗安物の葉巻.
die **Stink·bom·be** [シュティンク・ボンベ] 名 -/-n (ガラスのカプセル入りの)悪臭弾.
stin·ken* [シュティンケン] 動 stank; hat gestunken **1.** ⟨nach ⟨et³⟩⟩ いやなにおいがする, 臭いにおいがする, 悪臭を発する: Er *stinkt* nach Alkohol. 彼はアルコール臭い. ⟨Es が主語で⟩Es *stinkt* nach Petroleum. (あたりが)石油臭い. **2.** ⟨vor ⟨et³⟩ノナマリ⟩ 〖口〗いやになるほどに. **3.** ⟨nach ⟨et³⟩⟩ 〖口〗においがする, うさん臭い: Es *stinkt*. そいつはうさん臭い. nach Geld ~ 〖口〗金のにおいがぷんぷんする, 大金持ちらしい. Das *stinkt* nach Verrat. それは裏切り臭い. **4.** ⟨j³ン⟩〖口〗うんざりだ, (…の)鼻につく: Mir *stinkt's*. ぼくはもううんざりだ.
stink·faul [シュティンク・ふぁウル] 形 〖口〗ひどくぐうたらな.
stin·kig [シュティンキヒ] 形 〖口〗臭くてたまらない; 鼻もちならない.
stink·lang·wei·lig [シュティンク・ラング・ヴァイリヒ] 形 ひどく退屈な.
die **Stink·mor·chel** [シュティンク・もるひェル] 名 -/-n 〖植〗スッポンタケ.
das **Stink·tier** [シュティンク・ティーあ] 名 -(e)s/-e 〖動〗スカンク.
die **Stink·wut** [シュティンク・ヴート] 名 -/ 〖口〗激怒.
der **Stint** [シュティント] 名 -(e)s/-e **1.** 〖魚〗キュウリウオ. **2.** 〖北独〗青二才; うすばか.
die **Sti·pel** [シュティーベル, stf:.. スティーベル] 名 -/-n 〖植〗托葉(たくよう).
der **Sti·pen·di·at** [シュティペンディアート] 名 -en/-en 奨学生, 給費生.
das **Sti·pen·di·um** [シュティペンディウム] 名 -s/..dien 奨学金, 学術(芸術)奨励金, 研究助成金.
stip·pen [シュティッペン] 動 〖北独〗 **1.** ⟨et⁴ヲ⟩ mit ⟨et³⟩+in ⟨et⁴⟩⟩ ひたす, 漬ける. **2.** ⟨et⁴ヲ⟩ヲ+(mit⟨et³⟩ヲ)+(aus ⟨et³⟩ノナカカラ)すくい取る(皿からソースをパンなどで). **3.** ⟨j⁴ジ⟩+an(auf) ⟨et⁴⟩ヲ⟩ つつく(肩などを). **4.** ⟨an(gegen)⟨et⁴⟩ヲ/nach ⟨et³⟩ヲ⟩〖口〗⟨et⁴ヲ⟩+(方向)へつついて動かす.
die **Stipp·vi·si·te** [シュティップ・ヴィズィーテ] 名 -/-n 〖口〗短時間の訪問.
die **Sti·pu·la·ti·on** [シュティプラツィオーン, sti.. スティプラツィオーン] 名 -/-en 〖法・商〗約定, 合意.
stirb! [シュティるブ] 動 sterben の du に対する命令形.
stirbst [シュティるブスト] 動 sterben の現在形 2 人称単数.
stirbt [シュティるブト] 動 sterben の現在形 3 人称単数.
die **Stirn** [シュティるン] 名 -/-en **1.** 額(ひたい): über ⟨j⁴/et³⟩ die ~ runzeln ⟨人・物・事にたいして⟩ まゆをひそめる. sich³ an die ~ fassen[greifen]〖口〗頭をかかえる[困っている]. **2.** 〖地質〗氷河舌の先端. 【慣用】 ⟨j³⟩ ⟨et⁴⟩ an der Stirn ablesen ⟨人の⟩ 顔色から ⟨事を⟩ 読取る. ⟨j³/et³⟩ die Stirn bieten ⟨人・事に⟩ 勇敢に立向かう. die Stirn haben, ⟨et³⟩ zu tun ⟨事を⟩ する厚かましさがある. mit eiserner Stirn 頑として, 厚かましく.
das **Stirn·band** [シュティるン・バント] 名 -(e)s/..bänder ヘアバンド, 鉢巻き; 額飾り.
das **Stirn·bein** [シュティるン・バイン] 名 -(e)s/-e 〖解〗前頭骨.
die **Stir·ne** [シュティるネ] 名 -/-n =Stirn.
die **Stirn·höh·le** [シュティるン・ヘーレ] 名 -/-n 〖解〗前頭洞.
die **Stirn·lo·cke** [シュティるン・ロッケ] 名 -/-n 額にたれた巻き髪.
das **Stirn·rad** [シュティるン・らート] 名 -(e)s/..räder 〖工〗平歯車.
das **Stirn·run·zeln** [シュティるン・るンツェルン] 名 -s/ 額に皺(しわ)を寄せること, 眉(まゆ)をひそめること.
die **Stirn·sei·te** [シュティるン・ザイテ] 名 -/-n 前面, 正面.
die **Stirn·wand** [シュティるン・ヴァント] 名 -/..wände 正面の壁.
die **Stirn·wun·de** [シュティるン・ヴンデ] 名 -/-n 額の傷.
die **Stoa** [シュトーア, stó:a ストーア] 名 -/Stoen **1.** 〖哲〗ストア学派. **2.** 〖芸術学〗ストア(古代ギリシアの柱廊).
stob [シュトープ] 動 stieben の過去形.
stö·be [シュテーベ] 動 stieben の接続法 2 式.
stö·bern [シュテーバーン] 動 h. **1.** ⟨in ⟨et³⟩ヲ⟩〖口〗引っかき回して捜し物をする: im Buch ~ 本のページをあちこちめくって捜す. **2.** ⟨et³⟩ヲ⟩ 捜す. **3.** h. 〖猟〗〖方〗ひらひら〔ふわふわ〕舞う(雪・羽毛などが). **4.** 〖方〗吹雪く. **5.** s. ⟨場所⟩吹き抜ける(風などが). **6.** h. ⟨⟨et⁴⟩ン⟩〖南独〗煤(すす)払いをする.
die **Sto·chas·tik** [シュトヒャスティク, sto.. ストヒャスティク] 名 -/ 〖統計〗(偶然の事件についての)推計学.
der **Sto·cher** [シュトっはー] 名 -s/- つまようじ; 火かき棒.
sto·chern [シュトっはーン] 動 h. ⟨in ⟨et³⟩ノナカデ⟩ かき回す, つつき回す(炉・排水口などを), (…を)つついてかき立てる(火を).
der **Stock**¹ [シュトック] 名 -(e)s/Stöcke **1.** 棒, 杖(つえ), (スキーの)ストック(Ski~), 指揮棒(Takt~), (ホッケーの)スティック: wie ein ~ dastehen こちこちになって立っている. **2.** (バラ・ブドウなどの)木, 株; 根株; (木の)切株. **3.** (ミツバチの)巣箱(Bienen~). **4.** (動物の)群体(Tier~). **5.** 〖南独〗(教会の)献金箱(Opfer~). **6.** (中世の刑具の)枷(かせ). **7.** 〖南独〗薪(たきぎ)割り台. **8.** 〖南独〗山塊.【慣用】**am Stock gehen** 杖を突いて歩く; 経済的に困っている. **über Stock und Stein** がむしゃらに; 道も無視して.
der **Stock**² [シュトック] 名 -(e)s/- (＝數詞の含みのみ)(家屋の)階: im dritten ~ wohnen 四階に住んでいる. Das Haus hat vier ~ その家は 5 階建てだ.
der **Stock**³ [stɔk ストック] 名 -s/-s 〖商〗在庫, ストック; 資本金.
stock·be·trun·ken [シュトック・ベトるンケン] 形 〖口〗泥酔した.
das **Stock·bett** [シュトック・ベット] 名 (e)s/ en 二段ベッド.
stock·blind [シュトック・ブリント] 形 〖口〗まったく目の見えない.
der **Stock·de·gen** [シュトック・デーゲン] 名 -s/- 仕込み杖(つえ).
stock·dumm [シュトック・ドゥム] 形 〖口〗大ばかの.
stock·dun·kel [シュトック・ドゥンケル] 形 〖口〗真っ暗な.
der **Stö·ckel·schuh** [シュテックェル・シュー] 名 -(e)s/-e

ハイヒール.

stocken [シュトッケン] 動 **1.** h. [様態]滞る(仕事などが), 行詰まる(商売などが), 途切れる(会話などが), 渋滞する(交通が). **2.** h. [j³ヵ]（一時的に）止まる息・心臓・血などが). **3.** h. [(様態)ヶ/(場所)デ]つかえる, 止まる；足が止まる(不安などを感じて)：im Schritt ～ 歩みが止まる. vor dem Tor ～ 門の前で足を止める. **4.** h. [s] [様態]固まる(乳・血などが). **5.** h. [様態]かびで染みになる(本・布などが).

das **Sto·ckerl** [シュトッカール] 名 -s/-n 《南独・オーストリア》スツール.

stock·fin·ster [シュトック・フィンスター] 形 =stockdunkel.

der **Stock·fisch** [シュトック・フィッシュ] 名 -(e)s/-e **1.** 棒鱈, 干鱈(びダ). **2.** 《口・蔑》退屈なやつ.

der **Stock·fleck** [シュトック・フレック] 名 -(e)s/-e かびの染み.

stock·fle·ckig [シュトック・フレッキヒ] 形 かびの染みのついた.

(*das*) **Stock·holm** [シュトック・ホルム] 名 -s/ 《地名》ストックホルム(スウェーデンの首都).

sto·ckig [シュトッキヒ] 形 かび臭い, 腐敗した；染みのついた；《方》頑固な.

..stö·ckig [..シュテッキヒ] 接尾 数詞につけて形容詞を作る.（普通１階を除いて数えて)「…階建ての」を表す: drei*stöckig*〔3-*stöckig*〕3 階建ての.

der **Stock·punkt** [シュトック・プンクト] 名 -(e)s/-e [化]凝固点.

die **Stock·rose** [シュトック・ローゼ] 名 -/-n [植]タチアオイ.

der **Stock·schirm** [シュトック・シルム] 名 -(e)s/-e ステッキ柄の杖.

der **Stock·schlag** [シュトック・シュラーク] 名 -(e)s/..schläge 杖(マ)で打つこと；杖刑(ジョ).

der **Stock·schnupfen** [シュトック・シュヌプフェン] 名 -s/- 鼻づまり, 鼻風邪(ガセ)；[医]閉塞(ッサ)性鼻感冒.

stock·steif [シュトック・シュタイフ] 形 《口》ひどくこちこちになった. しゃちこばった, ぎこちない.

stock·still [シュトック・シュティル] 形 《口》静まりかえった.

stock·taub [シュトック・タウプ] 形 《口》まったく耳の聞こえない.

die **Sto·ckung** [シュトックング] 名 -/-en 停止；停滞；(言葉が)詰まること；《方》凝固.

das **Stock·werk** [シュトック・ヴェルク] 名 -(e)s/-e (建物の)階；[鉱]同じ断層の採掘場.

der **Stock·zahn** [シュトック・ツァーン] 名 -(e)s/..zähne 《南独・オーストリア・スイス》臼歯(オナ). 【慣用】**auf den Stockzähnen lächeln** 密かに笑う.

der **Stoff** [シュトッフ] 名 -(e)s/-e **1.** 物質；(ぬのみ)[哲]質料. **2.** 生地, 布地. **3.** (文芸作品・話などの)素材, 題材. **4.** (ぬのみ)《口》アルコール；麻薬.

der **Stoff·ballen** [シュトッフ・バレン] 名 -s/- １巻きの[巻板に巻いた]織物.

der **Stof·fel** [シュトッフェル] 名 -s/- **1.** (ぬのみ; 主に無冠詞)[男名]シュトッフェル(Christoph の短縮形). **2.** 《口》間抜けで無骨な男.

stof·fe·lig [シュトッフェリヒ] 形 《口》ぶさつな, ぶきっちょな.

stoff·lich [シュトッフリヒ] 形 物質的な；実質的な；布地[生地]の；題材[素材]の.

die **Stoff·puppe** [シュトッフ・プッペ] 名 -/-n 布製の人形.

der **Stoff·trans·port** [シュトッフ・トランス・ポルト] 名 -(e)s/-e [生]植物[動物]内で有機物と非有機物が運ばれること.

der **Stoff·wech·sel** [シュトッフ・ヴェクセル] 名 -s/- (主に ぬ)物質代謝[交代], 新陳代謝.

die **Stoff·wech·sel·stö·rung** [シュトッフ・ヴェクセル・シュテールング] 名 -/-en 物質[新陳]代謝障害.

stöh·le [シュテーレ] 動 《稀》stehlen の接続法２式.

stöh·nen [シュテーネン] 動 **1.** [様態]うめく, うめき声をあげる. **2.** 《文》[ツ]うめきながら言う. **3.** {unter <et³>デ}うめき苦しむ. **4.** {über <et⁴>}嘆く.

der **Sto·i·ker** [シュトーイカー, stóː.. ストーイカー] 名 -s/- **1.** ストア学派の人. **2.** ものに動じない人.

sto·isch [シュトーイシュ, stóː.. ストーイシュ] 形 **1.** ストア学派の；ストア主義の. **2.** ストイックな, ものに動じない.

der **Sto·i·zis·mus** [シュトイツィスムス, stoi.. ストイツィスムス] 名 -/ **1.** ストア主義. **2.** ものに動じない態度, 平静さ.

die **Sto·la** [シュトーラ, stóː.. ストーラ] 名 -/..len **1.** ストール；(古代ローマの婦人用)長衣. **2.** 『カトリ』ストラ(祭服の肩からたらす帯状の布).

das **STOL-Flug·zeug** [シュトール・フルーク・ツォイク] 名 -(e)s/-e 短距離離着陸機(STOL は short take-off and landing の略).

die **Stol·ge·büh·ren** [シュトール・ゲビューレン] 複名 『カトリ』聖式謝礼(洗礼・婚礼・葬儀などで主任司祭に渡す).

die **Stol·le** [シュトレ] 名 -/-n 《稀》シュトレン(ナッツ類と干ブドウ入りのクリスマスケーキ).

der **Stol·len** [シュトレン] 名 -s/- **1.** シュトレン(Stolle). **2.** 地下道(サ地), 坑道. **3.** (蹄鉄(ティ)などの)スパイク. **4.** [詩]シュトレン(Meistergesang 前節の第１段と第２段).

der **Stol·per·draht** [シュトルパー・ドラート] 名 -(e)s/..drähte (人をつまずかせるための)低鉄条網.

stol·pern [シュトルパーン] 動 **1.** {(über <et⁴>)}つまずく. **2.** {(方向)ヘ/(場所)デ}よろめきながら歩いて行く. **3.** {über <j⁴/et⁴>}ダタニ失脚する, つまずく. **4.** {über <j⁴/et⁴>}ひっかかる, こだわる(ささいな事などに). **5.** {über <j⁴/et⁴>}=《口》ひょっこり出くわす.

stolz [シュトルツ] 形 **1.** {(auf <j⁴>ツ/文トイウコト)}誇りにしている, 誇らしげな: Er ist ～ auf seine Kinder. 彼は子供たちを誇りにしている. **2.** 誇り[気位]の高い, 高慢な. **3.** 堂々とした；《口》かなりの.

der **Stolz** [シュトルツ] 名 -es/ **1.** 誇り, 自負(心), プライド: seinen ～ haben プライドがある. seinen (ganzen) ～ an <et⁴> setzen 事ニプライドをかける. **2.** 自慢, 高慢: der ～ auf <j⁴/et⁴><人・物・事を>自慢に思う気持. <j²> (ganzen) ～ sein <人の>自慢(の種)である.

stol·zie·ren [シュトルツィーレン] 動 s. [(様態)デ/(場所)ヘ]もったいぶって[得意そうに]歩く[歩いて行く].

das **Sto·ma** [シュトーマ, stóː.. ストーマ] 名 -s/-ta [植]気孔；[医・動];[医](人口肛門などの)瘻管；(主に ぬ)(血管などの)小孔.

das **Sto·ma·chi·kum** [シュトマウィクム, sto.. ストマウィクム] 名 -s/..ka [医]健胃剤.

die **Sto·ma·ti·tis** [シュトマティーティス, sto.. ストマティーティス] 名 -/..titiden [シュトマティーティーデン, sto.. ストマティーティーデン] [医]口内炎.

die **Sto·ma·to·lo·gie** [シュトマト・ロギー, sto.. ストマト・ロギー] 名 -/ [医]口腔(オウ)病学.

die **Stop** [シュトップ] 名 [医] ⇨ Stopp.

stop [シュトップ, stop ストップ] ⇨ stopp.

die **Stopf·büch·se** [シュトッフ・ビュクセ] 名 -/-n [工]パッキン箱.

stop·fen [シュトップフェン] 動 h. **1.** {<et⁴>ヲ}繕う, かがる(穴・ズボンなどを). **2.** [様態]縫い物をする. **3.** {<et⁴>ヲ+in <et⁴>}詰める, 詰込む, 押込む. **4.**

〖⟨et⁴⟩ₙ＋(mit ⟨et³⟩ₐ)〗詰める. **5.** 〖⟨et⁴⟩ₙ〗〖楽〗弱音器をつける《トランペットなどに》. **6.** 〖⟨et⁴⟩ₐ＋(mit ⟨et³⟩ₜ)〗ふさぐ《穴などを》. **7.** 〖補足なし〗《口》口にいっぱい詰込む《食べ物を》;腹にたまる《食べ物が》;便秘を起こす. **【慣用】Gänse stopfen**《方》ガチョウを肥育する..

das **Stopf·garn** [シュトップふ·ガるン] [名] -(e)s/-e かがり糸.

die **Stopf·na·del** [シュトップふ·ナーデル] [名] -/-n かがり針.

der **Stopp,** [旧]**Stop** [シュトップ] [名] -s/-s ストップ, 停止;中止;〖バドミントン・卓球〗ストップボール.

stopp !, [旧]**stop !** [シュトップ] [間]《口》ストップ.【普通は halt !】

die **Stop·pel** [シュトッペル] [名] -/-n **1.** 《主に[複]》刈り株;《[単]のみ》刈り株の残っている畑(～feld). **2.** 《主に[複]》《口》無精ひげ.

der **Stop·pel·bart** [シュトッペル·バーあト] [名] -(e)s/..bärte《口》無精髭(ひげ).

das **Stop·pel·feld** [シュトッペル·ふぇルト] [名] -(e)s/-er 刈り株の残っている畑.

stop·pe·lig [シュトッペリひ] [形] 無精髭(ひげ)の生えた.

stop·peln [シュトッペルン] [動] *h.* **1.** 〖⟨et⁴⟩ₐ〗拾い集める《落穂・ジャガイモなどを》 **2.** 〖補足なし〗落穂〔収穫後に残ったジャガイモ〕拾いをする.

stop·pen [シュトッペン] [動] *h.* **1.** 〖⟨j⁴/et⁴⟩ₐ〗止める《車などを》, 阻止する《敵・攻撃などを》, ストップする《製造・納入・運行などを》;〖サッカー〗トラップする;〖ボクシング〗ブロックする. **2.** 〖補足なし〗止まる, 停止する, ストップする. **3.** 〖⟨j⁴/et⁴⟩ₐ〗ストップウォッチで測る《走者・タイムなどを》.

der **Stop·per** [シュトッパー] [名] -s/- 〖サッカー〗ストッパー;〖海〗ストッパー, 止め索.

das **Stopp·licht** [シュトップ·リひト] [名] -(e)s/-er〖車〗ブレーキランプ, 制動灯.

stopp·lig [シュトップリひ] [形] ＝stoppelig.

der **Stopp·preis, Stopp-Preis,** [旧]**Stoppreis** [シュトップ·プらイス] [名] -es/-e〖経〗最高統制価格.

das **Stopp·schild** [シュトップ·シルト] [名] -(e)s/-er 一時停止の標識.

das **Stopp·si·gnal** [シュトップ·ズィグナール] [名] -s/-e 停止信号.

die **Stopp·stra·ße** [シュトップ·シュトらーセ] [名] -/-n 出口で一時停止しなければならない道路, 非優先道路.

die **Stopp·uhr** [シュトップ·ウーあ] [名] -/-en ストップウォッチ.

der **Stöp·sel** [シュテプセル] [名] -s/- **1.** (バスタブなどの)栓. **2.** 〖電〗(バナナ)プラグ. **3.** 《口・冗》小さな太った男の子.

stöp·seln [シュテプセルン] [動] *h.* **1.** 〖⟨et⁴⟩ₙ〗栓をする《容器・浴槽などに》. **2.** 〖⟨et⁴⟩ₐ＋in ⟨et⁴⟩ₙ〗差込む《プラグなどを》. **3.** 〖⟨et⁴⟩ₐ〗〖電〗プラグを差してつなぐ《電話の接続を》.

der **Stör**[1] [シュテーあ] [名] -(e)s/-e〖魚〗チョウザメ.

die **Stör**[2] [シュテーあ] [名] -/-en《南独・オーストリア・スイス》(職人の)出仕事.

stör·an·fäl·lig [シュテーあ·アン·ふぇりひ] [形] 故障を起こしやすい.

der **Storch** [シュトるひ] [名] -(e)s/Störche〖鳥〗コウノトリ. **【慣用】Nun brat' mir einer 'nen Storch !**《口》これはびっくりだ. **wie ein Storch im Salat gehen**《口》しゃちこばって〔ぎこちなく〕歩く.

storch·bei·nig [シュトるひ·バイニひ] [形] (コウノトリのように)細長い脚の.

das **Stor·chen·nest** [シュトるひぇン·ネスト] [名] -(e)s/-er ＝Storchnest.

die **Stör·chin** [シュテるひン] [名] -/-nen 雌のコウノトリ.

das **Storch·nest** [シュトるひ·ネスト] [名] -(e)s/-er コウノトリの巣.

der **Storch·schna·bel** [シュトるひ·シュナーベル] [名] -s/..schnäbel **1.** コウノトリのくちばし. **2.** 〖植〗ゼラニウム. **3.** 〖工〗縮小・拡大器, 写図器, パントグラフ.

der **Store**[1] [シュトーあ, sto:r ストーあ] [名] -s/-s レースの窓カーテン.

der **Store**[2] [sto:r ストーあ] [名] -s/-s (船内の)倉庫, 貯蔵室;倉庫〔貯蔵〕品.

stö·ren [シュテーれン] [動] *h.* **1.** 〖⟨j⁴⟩ₙ〗邪魔になる, 妨げになる《仕事・休息などの》: *Störe* ich (Sie) ? お邪魔でしょうか. Bitte lassen Sie sich nicht ～! どうぞおかまいなく. **2.** 〖⟨et⁴⟩ₐ〗妨げる, 乱す, 損う. **3.** 〖⟨j⁴⟩ₙ〗気に障る, (…を)不快にする. **4.** 〔sich⁴＋an ⟨et³⟩ₙ〕《口》気を悪くする, 不快を感じる. **【慣用】Bitte nicht stören !** 起こさないで下さい《ホテルのドアにかける札の文句》;入室禁止《会議中などで》.

stö·rend [シュテーれント] [形] 邪魔な;妨げになる.

der **Stö·ren·fried** [シュテーれン·ふりート] [名] -(e)s/-e 妨害者, 平和を乱す人.

der **Stö·rer** [シュテーらー] [名] -s/- **1.** 妨害するもの;妨害者. **2.** 《南独・オーストリア・スイス》出張職人.

der **Stör·fall** [シュテーあ·ふぁル] [名] -(e)s/..fälle 原子力発電所の故障〔事故〕.

stör·frei [シュテーあ·ふらイ] [形] ＝störungsfrei.

(*der*) **Storm** [シュトるム] [名]〖人名〗シュトルム(Theodor ～, 1817-88, 詩人・小説家).

stor·nie·ren [シュトるニーれン, stɔr.. ストるニーれン] [動] *h.* 〖⟨et⁴⟩ₐ〗〖商〗反対記入によって訂正する《帳簿の誤記を》;取消す, キャンセルする.

der〔*das*〕**Stor·no** [シュトるノ, stɔ́r.. ストるノ] [名] -s/..ni〖商〗(帳簿の)訂正;取消し, 解約, キャンセル.

stör·rig [シュテりひ] [形]《稀》＝störrisch.

stör·risch [シュテりシュ] [形] 強情な.

der **Stör·schutz** [シュテーあ·シュッツ] [名] -es/ 雑音〔混信〕防止(装置);受信障害対策.

der **Stör·sen·der** [シュテーあ·ゼンダー] [名] -s/- 妨害電波発信所.

die **Stö·rung** [シュテーるング] [名] -/-en **1.** 邪魔〔妨害〕をすること;妨害;障害, 故障: gesundheitliche ～*en* 健康障害. **2.** 〖気〗(移動性)低気圧圏.

stö·rungs·frei [シュテーるングス·ふらイ] [形] 妨害〔故障・雑音〕のない.

die **Stö·rungs·stel·le** [シュテーるングス·シュテレ] [名] -/-n (電話の)故障係(部・課).

der **Stö·rungs·su·cher** [シュテーるングス·ズーはー] [名] -s/- **1.** 電話の故障係(員);妨害電波探知員. **2.** 故障〔妨害電波〕探知器.

die **Sto·ry** [stó:ri, stɔ́ri スト(ー)り, ʃtó:ri, ʃtɔ́ri シュト(ー)り] [名] -/-s[..りズ]〔Stories[..りース]〕 **1.** (作品の)ストーリー, 筋. **2.** 《口》信じられないような話;報告,レポート.

der **Stoß** [シュトース] [名] -es/Stöße **1.** 突き, 押し, 衝突: ein ～ mit dem Ellbogen ひじ鉄. **2.** 突くようなリズミカルな動き;(波などの)押し寄せる動き, 荒い息づかい;(車などの)揺れ;(地震の)震動(Erd～);突風;一吹き. **3.** (書類などの)山, 積重ね. **4.** 〖工〗(レールなどの)継ぎ目. **5.** 〖スポーツ〗(砲丸の)投擲(とうてき), (水泳・ボートの)ストローク. **6.** 〖軍〗(個々の)攻撃. **7.** 〖医〗(薬の)大量投与. **8.** 〖鉱〗坑道の側面. **9.** 〖狩〗(鳥の)尾羽根. **【慣用】⟨j³⟩ einen Stoß versetzen** ⟨人に⟩ショックを与える.

das **Stoß·band** [シュトース·バント] [名] -(e)s/..bänder (ズボンのすそを補強する)裏打ちテープ.

der **Stoß·dämp·fer** [シュトース·デムプふぁー] [名] -s/- ショックアブソーバー, 緩衝器.

der **Stoß·de·gen** [シュトース·デーゲン] [名] -s/- 突きを主とする剣, フルーレ.

der **Stö·ßel** [シュテーセル] [名] -s/- 乳棒, すりこ木, 杵

S

(きね)；〘工〙タペット.

stoß·empfind·lich [シュトース・エムプふぃンㇳリひ] [形] 衝撃に弱い.

sto·ßen* [シュトーセン] [動] er stößt ; stieß ; hat/ist gestoßen **1.** *h.* 〘〈j⁴〉ヲ〙突く，ける：〈j⁴〉 in die Seite/vor die Brust ～〈人の〉わき腹をつつく/胸を突く. 〈j⁴〉 vor den Kopf ～ 《口》〈人の〉気持を傷つける. (〈j⁴〉なしで)Der Ziegenbock *stößt*. その雄山羊は突く癖がある. **2.** *h.* 〘nach 〈j³〉ニ〙突きかかる；けりかかる；〘フェンシング〙突きをくり出す. **3.** *h.* 〘〈et⁴〉ヲ＋〈方向〉ニ〙突刺す；刺してあける(穴などを)；(勢いよく)差す(さやなどに). **4.** *h.* 〘〈j⁴〉ヲ＋(〈方向〉ニ(カラ))〙突飛ばす：〈j⁴〉 von sich³ ～〈人を〉自分のそばから突放す；《文》〈人を〉勘当する. 〈j⁴〉 ins Elend ～〈人を〉悲惨な状態に突落す. 〈j⁴〉 aus der Gesellschaft ～〈人を〉仲間からのけ者にする. 〈j⁴〉 aus dem Anzug ～ 《口》〈人を〉ぶちのめす. 〈j⁴〉 mit der Nase auf 〈et⁴〉 ～ 《口》〈人に〉〈事を〉突きつける. **5.** *h.* 〘〈et⁴〉ヲ〙〘スポーツ〙突く，投げる，ける： die Kugel mit dem Queue ～ 球をキューで突く. die Kugel zwölf Meter (weit)/einen neuen Rekord ～ 砲丸を 12 メートル投げる/(砲丸投げで)新記録を出す. **6.** *h.* 〘sich⁴＋(an 〈et³〉ニ)〙ぶつかる；(…を)ぶつける(身体を). **7.** *h.* 〘sich³＋〈et⁴〉ヲ＋(an 〈et³〉ニ)〙ぶつける；ぶつけてつくる(こぶなどを). **8.** *s.* 〘gegen 〈j⁴/et⁴〉ニ/an 〈et⁴〉ニ〙ぶつかる，突き当たる；(…を)たたく. **9.** *s.* 〘auf 〈j⁴/et⁴〉ニ〙出くわす，(偶然に)出会う，(…を)たまたま見つける： auf Erdöl ～ 石油を偶然に発見する. bei 〈j³〉 auf Widerstand ～ 〈人の〉抵抗にあう. **10.** *h.* 〘sich⁴＋an 〈et³〉ニ〙嫌悪感〔反感〕を抱く，気を悪くする，(…を)不快に思う. **11.** *s.* 〘zu 〈j³〉ト〙合流する，一緒になる. **12.** *s.* 〘auf 〈et⁴〉ニ〙通じている，突当る(道路などが). **13.** *h.* 〘an 〈et⁴〉ト〙(境を)接している，隣り合せている. **14.** *s.* 〘auf 〈et⁴〉ヲ〙〘狩〙目がけて急降下する(鷹などが). **15.** *h.* 〘〈et⁴〉ヲ〙(つき)砕く. **16.** *h.* 〘補足なし〙がたがた揺れる(乗り物が)；(断続的に)強く吹く(風が). はずむ(息が). **17.** *h.* 〘〈j⁴〉ヲ〙突然〔断続的に〕襲う(笑い・吐き気などが). **18.** *h.* 〘〈j³〉ニ＋〈et⁴〉ヲ〙《口》はっきりと分らせる，ずけずけ言う. **19.** *h.* 〘in 〈et⁴〉ヲ〙《古》吹く(信号らっぱなどを). **20.** *h.* 〘〈et⁴〉ヲ〙《スイ》押す(車・戸などを). **21.** *h.* 〘〈j⁴〉ト〙《卑》やる(女と). 【慣用】*h.* 〈j³〉 **Bescheid stoßen** 〈人に〉さんざん文句を言う. **Bitte stoßen!** 《スイ》押して下さい(ドアの表示).

stö·ßest [シュテーセスト] [動] stoßen の現在形 2 人称単数.

stoß·fest [シュトース・ふぇスト] [形] 衝撃に強い.

das **Stoß·ge·bet** [シュトース・ゲベート] [名] -(e)s/-e (危機の際の)とっさの祈り.

die **Stoß·kraft** [シュトース・クらふト] [名] -/..kräfte **1.** 衝撃力，衝撃の強さ. **2.** (㊥のみ)促進力，影響力.

der **Stoß·seuf·zer** [シュトース・ゾイふツァー] [名] -s/- (短くて)深いため息： einen ～ von sich³ geben 深いため息をつく.

stoß·si·cher [シュトース・ズィっひゃー] [形] 〘工〙耐衝撃性の.

die **Stoß·stan·ge** [シュトース・シュタンゲ] [名] -/-n 〘車〙バンパー.

stößt [シュテースト] [動] stoßen の現在形 2・3 人称単数.

die **Stoß·the·ra·pie** [シュトース・テらピー] [名] -/ 〘医〙大量投与療法.

der **Stoß·trupp** [シュトース・トるっプ] [名] -s/-s 〘軍〙(特別任務の)突撃部隊.

der **Stoß·ver·kehr** [シュトース・ふぇあケーあ] [名] -s/ ラッシュアワーの交通.

die **Stoß·waf·fe** [シュトース・ヴァっふぇ] [名] -/-n 突き用の武器(ブルーレ・サーベルなど).

stoß·wei·se [シュトース・ヴァイゼ] [副] 断続的に〔な〕，とぎれとぎれに〔の〕；山積みに〔の〕.

der **Stoß·zahn** [シュトース・ツァーン] [名] -(e)s/..zähne (象などの)牙(きば).

die **Stoß·zeit** [シュトース・ツァイト] [名] -/-en ラッシュアワー；仕事の忙しい時.

der **Stot·te·rer** [シュトっテらー] [名] -s/- どもる人.

stot·tern [シュトっターン] [動] *h.* **1.** 〘補足なし〙どもる；動き〔回転〕がスムーズでない(エンジンなどが). **2.** 〘〈et⁴〉ヲ〙どもり〔つかえ〕ながら言う(弁解などを). 【慣用】〈et⁴〉 **auf Stottern kaufen** 《口》〈物を〉分割払いで買う.

das **Stout** [staʊt スタウト] [名] -s/-s スタウト(英国の黒ビール).

das **Stöv·chen** [シュテーふひぇン] [名] -s/- 《北独》(ろうそくで暖める)キャンドルウォーマー，ポットウォーマー；(炭火の)足温器.

StPO ＝Strafprozessordnung 刑事訴訟法.

Str. ＝Straße 道路，通り.

der **Stra·bis·mus** [シュトらビスムス，stra.. ストらビスムス] [名] -/ 〘医〙斜視.

das **Stra·bo·me·ter** [シュトらボ・メーター，stra.. ストらボ・メーター] [名] -s/- 〘医〙斜視計.

strack [シュトらっク] [形] **1.** 《方》まっすぐな. **2.** 《西中独》怠惰な. **3.** 《方・口》したたかに酔った.

stracks [シュトらっクス] [副] 真っすぐに；直ちに.

der **Strad·dle** [strɛ́dəl ストれっデル，ʃt.. シュトれっデル] [名] -(s)/-s 〘陸上〙ストラドル(走り高跳びの 1 技法).

die **Stra·di·va·ri** [stra.. ストらディヴァーり] [名] -/-(s) ＝Stradivarigeige.

die **Stra·di·va·ri·gei·ge** [ストらディヴァーり・ガイゲ] [名] -/-n 〘楽〙ストラディヴァーリのヴァイオリン(イタリアの Antonio Stradivari, 1644-1737, の楽器製作所製).

die **Stra·di·va·ri·us** [stra.. ストらディヴァーりウス] [名] -/- ＝Stradivarigeige.

die **Straf·an·dro·hung** [シュトらーふ・アン・ドろーウング] [名] -/-en 刑罰〔制裁〕による威嚇(いかく).

die **Straf·an·stalt** [シュトらーふ・アン・シュタルト] [名] -/-en 刑務所.

der **Straf·an·trag** [シュトらーふ・アン・トらーク] [名] -(e)s/..träge 告訴；求刑.

die **Straf·an·zei·ge** [シュトらーふ・アン・ツァイゲ] [名] -/-n (犯罪の)告発.

die **Straf·ar·beit** [シュトらーふ・アるバイト] [名] -/-en 罰としての課題〔宿題〕.

der **Straf·auf·schub** [シュトらーふ・アウふ・シューブ] [名] -(e)s/..schübe 〘法〙刑の執行猶予.

die **Straf·aus·set·zung** [シュトらーふ・アウス・ぜっツング] [名] -/-en 〘法〙刑の執行猶予〔停止〕.

die **Straf·bank** [シュトらーふ・バンク] [名] -/..bänke (アイスホッケーなどの)ペナルティボックス，反則者席.

straf·bar [シュトらーふ・バーあ] [形] 罰せられるべき：sich⁴ ～ machen 罪になるようなことをする.

der **Straf·be·fehl** [シュトらーふ・べふぇール] [名] -(e)s/-e 〘法〙略式命令.

die **Stra·fe** [シュトらーふぇ] [名] -/-n 処罰，刑罰，懲罰；罰金： eine körperliche ～ 体罰. die ～ für 〈et⁴〉 〈事に対する〉罰. gegen 〈j⁴〉 auf eine ～ von ... erkennen 〈人に〉…の刑を科す. 〈j⁴〉 in ～ nehmen 〘法〙〈人を〉処罰する. 〈et⁴〉 unter ～ stellen 〈事を〉処罰する. zur ～ 罰として. 〈et¹〉 (ist) bei ～ verboten 〈事は〉処罰されます(表示).

stra·fen [シュトらーふぇン] [動] *h.* 〘〈j⁴〉ヲ〙罰する：〈j⁴〉 für 〈et⁴〉/wegen 〈et²〉 ～ 〈人を〉〈事の〉かどで/〈事の〉ために罰する. 〈j⁴〉 mit 〈et³〉 ～ 〈人に〉〈事の〉刑を科する. 【慣用】**mit** 〈j³/et³〉 **gestraft sein** 〈人・事に〉ひどく苦労している.

der/*die* **Straf·ent·las·se·ne** [シュトらーふ・エントラっセネ]

[名]《形容詞的変化》出獄者.
der **Straf·er·lass,** [旧]**Straf·er·laß** [シュトらーふ・エあラス] [名] -es/-e 〖法〗刑の免除.
die **Straf·ex·pe·di·ti·on** [シュトらーふ・エクスペディツィオーン] [名] -/-en 反抗者〔勢力〕に対する軍事行動, 征伐; 討伐軍の派遣.
straff [シュトらふ] [形] **1.** ぴんと張った, しゃんとした, ぴちっとした. **2.** きちんとした; 簡潔な.
der **Straf·fall** [シュトらーふ・ふぁル] [名] -(e)s/..fälle 刑事事件.
straf·fäl·lig [シュトらーふ・ふぇリひ] [形] (刑法で罰せられる)犯罪を犯した: ~ werden 犯罪を犯す.
straf·fen [シュトらっふぇン] [動] *h.* **1.** 〖〈et^4〉ヲ〗ぴんと張る《綱などを》, 引締める《筋肉・肌などを》; 《〈et^4〉が sich^{4}の場合》ぴんとなる, 引締まる. **2.** 〖〈et^4〉ヲ〗引締める《管理・組織などを》; 簡潔にする, (…の)要点を絞る《テキストなどについて》.
straf·frei [シュトらーふ・ふらイ] [形] 罪にならない: ~ davonkommen 罪を免れる.
die **Straf·frei·heit** [シュトらーふ・ふらイハイト] [名] -/ 刑免除.
der/die **Straf·ge·fan·ge·ne** [シュトらーふ・ゲふぁンゲネ] [名] 《形容詞的変化》既決囚, 受刑者, 服役者, 囚人.
das **Straf·ge·richt** [シュトらーふ・ゲりひト] [名] -(e)s/-e **1.** 〖法〗刑事裁判所. **2.** 裁き.
die **Straf·ge·richts·bar·keit** [シュトらーふ・ゲりひツバーあカイト] [名] -/ 〖法〗刑事裁判(権).
das **Straf·ge·setz** [シュトらーふ・ゲゼッツ] [名] -es/-e 刑法.
das **Straf·ge·setz·buch** [シュトらーふゲゼッツ・ブーふ] [名] -(e)s/..bücher 〖法〗刑法典《略 StGB》.
die **Straf·ge·walt** [シュトらーふ・ゲヴァルト] [名] -/ 刑罰権, 懲罰権.
die **Straf·kam·mer** [シュトらーふ・カマー] [名] -/-n 〖法〗(裁判所の)刑事部.
die **Straf·ko·lo·nie** [シュトらーふ・コロニー] [名] -/-n 流刑地.
das **Straf·la·ger** [シュトらーふ・ラーガー] [名] -s/- 刑務所.
sträf·lich [シュトれーふりひ] [形] 処罰されるべき, 許し難い.
der **Sträf·ling** [シュトれーふリング] [名] -s/-e 《蔑》囚人.
die **Sträf·lings·klei·dung** [シュトれーふリングス・クライドゥング] [名] -/ 囚人服.
straf·los [シュトらーふ・ロース] [形] =straffrei.
die **Straf·lo·sig·keit** [シュトらーふ・ローズィひカイト] [名] -/ 刑の免除, 無罪.
das **Straf·man·dat** [シュトらーふ・マンダート] [名] -(e)s/-e **1.** (交通違反などの)略式罰金命令, 違反カード. **2.** 〖法〗(昔の)刑事処分.
das **Straf·maß** [シュトらーふ・マース] [名] -es/-e 刑罰の量.
die **Straf·maß·nah·me** [シュトらーふ・マース・ナーメ] [名] -/-n 処罰, 刑事処分.
straf·mil·dernd [シュトらーふ・ミルダーント] [形] 刑が軽減される.
straf·mün·dig [シュトらーふ・ミュンディひ] [形] 刑事責任のある年齢に達した.
die **Straf·mün·dig·keit** [シュトらーふ・ミュンディひカイト] [名] -/ 刑法上の成年.
das **Straf·por·to** [シュトらーふ・ポるト] [名] -s/-s 〖郵〗不足郵便料金.
die **Straf·pre·digt** [シュトらーふ・プれーディひト] [名] -/-en 《口》お説教, 小言.
der **Straf·pro·zess,** [旧]**Straf·pro·zeß** [シュトらーふ・プろツェス] [名] -es/-e 刑事訴訟.
die **Straf·pro·zess·ord·nung,** [旧]**Straf·pro·zeß·ord·nung** [シュトらーふプろツェス・オるドヌング] [名] -/-en 〖法〗刑事訴訟法《略 StPO》.
der **Straf·punkt** [シュトらーふ・プンクト] [名] -(e)s/-e 〖スポーツ〗減点, 罰点.
der **Straf·raum** [シュトらーふ・らウム] [名] -(e)s/..räume (サッカーなどの)ペナルティエリア.
das **Straf·recht** [シュトらーふ・れひト] [名] -(e)s/ 刑法.
straf·recht·lich [シュトらーふ・れひトりひ] [形] 刑法(上)の.
das **Straf·re·gis·ter** [シュトらーふ・れギスター] [名] -s/- 犯罪者記録簿; 《口・冗》数多くの失敗〔過ち〕.
der **Straf·rich·ter** [シュトらーふ・りひター] [名] -s/- 〖法〗刑事裁判官.
die **Straf·sa·che** [シュトらーふ・ザっへ] [名] -/-n 刑事事件.
der **Straf·se·nat** [シュトらーふ・ゼナート] [名] -(e)s/-e (上級地方裁判所・連邦通常裁判所)刑事部.
der **Straf·stoß** [シュトらーふ・シュトース] [名] -es/..stöße 〖サッカー〗ペナルティキック; 〖ホッケー〗ペナルティストローク.
die **Straf·tat** [シュトらーふ・タート] [名] -/-en 犯罪行為, 犯行.
das **Straf·ver·fah·ren** [シュトらーふ・ふぇあふぁーれン] [名] -s/- 刑事訴訟(手続き).
die **Straf·ver·fol·gung** [シュトらーふ・ふぇあふぉルグング] [名] -/-en 〖法〗刑事訴追.
straf·ver·set·zen [シュトらーふ・ふぇあぜっツェン] [動] *h.* 〖〈j^4〉ヲ〗(懲戒処分として)左遷する《公務員・軍人などを》.
der **Straf·ver·tei·di·ger** [シュトらーふ・ふぇあタイディガー] [名] -s/- 刑事訴訟の弁護人.
die **Straf·voll·stre·ckung** [シュトらーふ・ふぉル・シュトれっクング] [名] -/ 〖法〗刑の執行.
der **Straf·voll·zug** [シュトらーふ・ふぉル・ツーク] [名] -(e)s/ 自由刑の執行, 行刑(ぎょうけい).
die **Straf·voll·zugs·an·stalt** [シュトらーふふぉルツークス・アンシュタルト] [名] -/-en 〖法〗刑務所, 監獄.
straf·wei·se [シュトらーふ・ヴァイゼ] [副] 罰として.
straf·wür·dig [シュトらーふ・ヴュるディひ] [形] 〖法〗(法的な)処罰の対象となる, 処罰に値する.
die **Straf·zeit** [シュトらーふ・ツァイト] [名] -/ (アイスホッケーなどの)ペナルティータイム.
der **Straf·zet·tel** [シュトらーふ・ツェッテル] [名] -s/- 《口》(交通違反などの)反則キップ.
der **Straf·zu·schlag** [シュトらーふ・ツー・シュラーク] [名] -(e)s/..schläge 〖郵〗不足郵便料金.
der **Strahl** [シュトらール] [名] -(e)s/-en **1.** 《主に[単]》光, 光線; 《主に[複]》太陽光線, 日光. **2.** 《主に[単]》噴出する水〔液体・ガス〕. **3.** 《[複]のみ》〖理〗放射線, 電磁線: ultraviolette ~*en* 紫外線. **4.** 〖数〗延長線.
der **Strahl·an·trieb** [シュトらール・アン・トりーブ] [名] -(e)s/-e ジェット推進.
strah·len [シュトらーレン] [動] *h.* **1.** 〖補足なし〗光を放つ, (光り)輝く《太陽・月・光などが》; きらきら輝く《宝石・目などが》, ぴかぴか光る《靴・車などが》; 〖理〗放射線を出す. **2.** 〖補足なし〗顔を輝かせる.
die **Strah·len·be·hand·lung** [シュトらーレン・ベハンドルング] [名] -/-en 〖医〗放射線療法.
die **Strah·len·be·las·tung** [シュトらーレン・ベラストゥング] [名] -/-en 〖医〗(人体への)放射線負荷.
die **Strah·len·bre·chung** [シュトらーレン・プれっひゅング] [名] -/-en 〖理〗光線の屈折.
das **Strah·len·bün·del** [シュトらーレン・ビュンデル] [名] -s/- 〖光〗光束; 〖数〗束線.
die **Strah·len·do·sis** [シュトらーレン・ドーズィス] [名] -/..dosen 〖医〗放射(線)量.
strah·len·för·mig [シュトらーレン・[ふぇ]るミひ] [形] 放射状の.
der **Strah·len·pilz** [シュトらーレン・ピルツ] [名] -es/-e 《主に[複]》〖生〗放射状菌.

S

der **Strah·len·scha·den** [シュトらーレン・シャーデン] 名 -s/.. schäden 〖理・医〗放射線障害.
die **Strah·len·schä·di·gung** [シュトらーレン・シェーディグング] 名 -/-en 〖理・医〗放射線障害.
der **Strah·len·schutz** [シュトらーレン・シュッツ] 名 -es/ 放射線防護装置[設備・対策].
die **Strah·len·schutz·ver·ord·nung** [シュトらーレンシュッツ・ふぇあオるドヌング] 名 -/-en 放射線防護条令.
die **Strah·len·the·ra·pie** [シュトらーレン・テらピー] 名 -/-n 〖医〗放射線療法.
der **Strah·len·un·fall** [シュトらーレン・ウン・ふぁル] 名 -(e)s/..fälle 放射線(被曝(ﾋﾞ))事故.
strah·len·ver·seucht [シュトらーレン・ふぇあゾイヒト] 形 放射線で汚染された.
der **Strah·ler** [シュトらーラー] 名 -s/- 1. 光源;〖理〗(電磁波・放射線などの)放射器. 2. (赤外線・紫外線)放射器(ランプ) (Infrarot-, UV-～);スポットライト;送信アンテナ;放熱器;ヒーター. 3. 鉱物採取者.
das **Strahl·flug·zeug** [シュトらール・ふルーク・ツォイク] 名 -(e)s/-e ジェット機.
strah·lig [シュトらーリヒ] 形 放射状の.
..strah·lig [..シュトらーリヒ] 接尾 数詞につけて「(星形の)…角の, …個のジェットエンジンを備えた」を表す: vier*strahlig* [4-*strahlig*] 四角の(星形);〖空〗四つのジェットエンジンを持つ.
das **Strahl·rohr** [シュトらール・ろーア] 名 -(e)s/-e ノズル;ジェットパイプ.
das **Strahl·triеb·werk** [シュトらール・トリープ・ヴェるク] 名 -(e)s/-e 〖工〗ジェットエンジン.
die **Strah·lung** [シュトらールング] 名 -/-en 1. 〖理〗放射, 輻射(ﾌｸ). 2. 〖理〗放射線(量). 3. (主に◎)(心的)影響.
die **Strah·lungs·bi·lanz** [シュトらールングス・ビランツ] 名 -/-en (宇宙と地球の間などの)放射線量の収支決算.
der **Strah·lungs·druck** [シュトらールングス・ドるック] 名 -(e)s/..drücke 〖理〗放射圧.
die **Strah·lungs·ener·gie** [シュトらールングス・エネるギー] 名 -/ 〖理〗放射(輻射(ﾌｸ))エネルギー.
die **Strah·lungs·hei·zung** [シュトらールングス・ハイツング] 名 -/-en (床暖房などの)輻射(ﾌｸ)(式)暖房.
die **Strah·lungs·käl·te** [シュトらールングス・ケルテ] 名 -/ 〖気〗放射冷却.
der **Strah·lungs·ne·bel** [シュトらールングス・ネーベル] 名 -s/- 〖気〗放射霧.
die **Strah·lungs·wär·me** [シュトらールングス・ヴェるメ] 名 -/ 〖理〗放射(輻射(ﾌｸ))熱.
die **Sträh·ne** [シュトれーネ] 名 -/-n 1. (髪の)房, 束;(主に◎)ひものようになった物(雨・流れ・光など);(方)(毛糸などの)糸束, かせ糸. 2. (人生の)一時期[一連]の出来事.
sträh·nig [シュトれーニヒ] 形 房になった.
der **Straight** [stre:t ストれート] 名 -s/-s = Straightflush.
der **Straightflush** [strê:tflaʃ ストれート・ふラッシュ] 名 -(s)/-es 〖トラ〗(ポーカーでの)ストレートフラッシュ.
(das) **Stral·sund** [シュトらール・ズント, シュトらール・ズント] 名 -s/〖地名〗シュトラールズント(メクレンブルク=フォーポンメルン州の旧ハンザ都市).
der **Stra·min** [シュトらミーン] 名 -s/-e (◎は種類)(刺繍(ｼｭｳ))用の)キャンバス, 粗布.
stramm [シュトらム] 形 1. ぴっちりした, ぴんと張った. 〈et³〉～ ziehen〈物を〉きつく締める(〈物を〉ぴんと張る(ザイルなどを);〈物を〉引き締める(手綱などを). 2. がっしりした, たくましい. 3. 直立不動の, きびきびした;厳格な: ein ～*er* Katholik こちこちのカトリック信者. 4. 《口》てきぱきとした;せっ

1180

せと.
stram·men [シュトらメン] 動 h. 1. 《et³》《稀》ぴんと張る. 2. (sich⁴)ぴんと張る;直立不動の姿勢をとる. 3. 〖軍縫〗びっちりしている(服などが).
stramm|ste·hen* [シュトらム・シュテーエン] 動 h.(s.) 〖軍縫〗直立不動の姿勢をとっている.
stramm|zie·hen* [シュトらム・ツィーエン] 動 h. (次の形で)〈j³〉 den Hosenboden ～ 〈人の〉尻をはたいてこらしめる.
das **Stram·pel·hös·chen** [シュトらムペル・◎・-スヒェン] 名 -s/- ロンパース.
stram·peln [シュトらムペルン] 動 1. h. 《稀縫》手足をばたばたさせる(幼児などが). 2. s. 《et³》《口》自転車をこいで走る(距離を). 3. s. 《方向》《口》自転車をこいで行く. 4. h. 《様態》《口》努力する, 苦労する.
stramp·fen [シュトらムプふェン] 動 h. 《稀縫》 1. 《稀縫》踏みつける, 踏み鳴らす;足をばたばたさせる. 2. 《et³》+von 《稀縫》足踏みして落とす.
das **Strän·chen** [シュトれーンヒェン] 複名 (ブロンドに染めた)髪の房.
der **Strand** [シュトらント] 名 -(e)s/Strände 浜, 海浜;水辺: an den ～ gehen 浜辺(海水浴場)へ行く.
der **Strand·an·zug** [シュトらント・アンツーク] 名 -(e)s/..züge ビーチウェアー.
das **Strand·bad** [シュトらント・バート] 名 -(e)s/..bäder (海)水浴場.
stran·den [シュトらンデン] 動 s. 1. 《稀縫》座礁する. 2. 《(in(mit)〈et³〉》《文》挫折する.
das **Strand·gut** [シュトらント・グート] 名 -(e)s/ 漂着物, 海難貨物.
der **Strand·ha·fer** [シュトらント・ハーふぇー] 名 -s/-〖植〗ビーチグラス, ハマニギ.
das **Strand·ho·tel** [シュトらント・ホテル] 名 -s/-s 海辺のホテル.
der **Strand·korb** [シュトらント・コるプ] 名 -(e)s/..körbe (屋根つきの)籐製(ﾄｳ)ビーチチェア.
der **Strand·läu·fer** [シュトらント・ロイふぇー] 名 -s/- 1. 〖鳥〗イソシギ(の類). 2. 浜辺を散歩する人;浜辺で生活する人.
die **Strand·pro·me·na·de** [シュトらント・プろメナーデ] 名 -/-n 海辺の散歩道.
der **Strand·räu·ber** [シュトらント・ろイバー] 名 -s/- 海難貨物どろぼう.
das **Strand·recht** [シュトらント・れヒト] 名 -(e)s/〖法〗海難救助法(海難船と積荷の救助に関する法規).
der **Strand·see** [シュトらント・ゼー] 名 -s/ 潟(ｶﾀ), 潟湖(ｺﾞ).
die **Strand·wa·che** [シュトらント・ヴァッヘ] 名 -/-n 高潮監視(員).
der **Strang** [シュトらング] 名 -(e)s/Stränge 1. 綱, ロープ;(馬・牛の)引き綱;〈j³〉 zum Tod durch den ～ verurteilen〈人に〉絞首刑を宣告する. sich⁴ in die *Stränge* legen (牛・馬が)車を引きはじめる. 2. 縒のように束になったもの;(毛糸などの)糸束, かせ糸;(筋・神経などの)索. 3. (レール・水道管などの)長くのびた線. 4. (話の)筋. 〖慣用〗 am gleichen Strang ziehen 同じ目標に向って努力する. über die Stränge schlagen (hauen)《口》度が過ぎる. wenn alle Stränge reißen 緊急の場合は.
die **Stran·ge·ness** [strê:ntʃnɛs ストれーンチネス] 名 -/ 〖理〗ストレンジネス(素粒子の分類のための量子量).
stran·gu·lie·ren [シュトらングリーれン, stran.. ストらングリーれン] 動 h.《j⁴》絞殺[扼殺(ﾔｸｻﾂ)]する(〈j⁴〉が sich⁴の場合)首が締まって死ぬ(事故などで).
die **Stra·pa·ze** [シュトらパーツェ] 名 -/-n 難儀, 苦労≈
stra·paz·fä·hig [シュトらパーツ・ふぇーイヒ] 形 《ﾄﾞｲ》=

strapazierfähig.
stra·pa·zie·ren [シュトラパツィーれン] 動 h. 1. 〈et⁴〉 ～〉酷使する. (ひどく使って)痛める；よく使う(標語・口実などを). 2. 〈j¹/et⁴〉煩わす, (…に)無理を強いる；消耗させる, 《j⁴〉sich⁴の場合》無理をする(仕事などで).
stra·pa·zier·fä·hig [シュトラパツィーあ・ふぇーイヒ] 形 酷使に耐えた, 丈夫な.
stra·pa·zi·ös [シュトラパツィエース] 形 辛(つら)い, きつい.
der **Strass**, ⑤ **Straß** [シュトラス] 名 -/-es)/-e 1. (◎のみ)ストラス(模造宝石用鉛ガラス). 2. (ストラスの)模造宝石.
straß·ab [シュトラース・アップ] 副 通りを下って.
straß·auf [シュトラース・アウふ] 副 通りを上って.
(*das*) **Straß·burg** [シュトラース・ブルク] 名 -s/ 〖地名〗シュトラスブルク(フランス名: Strasbourg. フランス, エルザス地方の都市).
die **Stra·ße** [シュトラーセ] 名 -/-n 1. 道路, 街路, 通り, 街道：eine ～ erster Ordnung 一等道路. auf offener ～ 往来で, 公衆の面前で. auf die ～ gehen 路上に出る；(部屋などが)道路に面している. durch die ～n bummeln 街をぶらつく. in eine ～ einbiegen ある通りに曲がっていく. Die ～ führt nach Bonn/zum Bahnhof. この道路はボン/駅へ通じている. über die ～ gehen 道路を横切る. 2. …通り, …街(略Str.)；(◎のみ)通りの住民(全体)：in der Berliner Str. wohnen. ベルリン通りに住んでいる. 3. 海峡, 水道：die ～ von Gibraltar ジブラルタル海峡. 【慣用】 **auf der Straße liegen** [**sitzen/stehen**] 〈口〉仕事がなくなる, 住むところがない. **auf die Straße gehen** 〈口〉デモに出かける；娼婦(しょうふ)として街に出る. 〈j⁴〉 **auf die Straße setzen** [**werfen**] 〈口〉〈人を〉(不当に)解雇する；借家から追出す.
der **Stra·ßen·an·zug** [シュトラーセン・アン・ツーク] 名 -(e)s/ ..züge (男性の)平服, ビジネススーツ.
der **Stra·ßen·ar·bei·ter** [シュトラーセン・あるバイター] 名 -s/- 道路工夫.
die **Stra·ßen·bahn** [シュトラーセン・バーン] 名 -/-en 路面電車, 市街電車.
der **Stra·ßen·bah·ner** [シュトラーセン・バーナー] 名 -s/- 〈口〉市街電車運転手〔乗務員〕.
die **Stra·ßen·bahn·hal·te·stel·le** [シュトラーセンバーン・ハルテ・シュテレ] 名 -/-n 路面〔市街〕電車停留所.
der **Stra·ßen·bahn·schaff·ner** [シュトラーセンバーン・シャふナー] 名 -s/- 市街電車の車掌.
der **Stra·ßen·bahn·wa·gen** [シュトラーセンバーン・ヴァーゲン] 名 -s/- 市街電車の車両.
der **Stra·ßen·bau** [シュトラーセン・バウ] 名 -(e)s/ 道路工事.
die **Stra·ßen·be·leuch·tung** [シュトラーセン・ベロイヒトゥング] 名 -/-en 街路〔道路〕照明.
das **Stra·ßen·bild** [シュトラーセン・ビルト] 名 -(e)s/ 街頭風景, 街の景観(ただずまい).
der **Stra·ßen·damm** [シュトラーセン・ダム] 名 -(e)s/ ..dämme 上面に道路が走っている土手.
der **Stra·ßen·dea·ler** [..di:lɐ シュトラーセン・ディーラー] 名 -s/- 路上の麻薬密売人.
die **Stra·ßen·de·cke** [シュトラーセン・デッケ] 名 -/-n 道路の舗装面.
die **Stra·ßen·dir·ne** [シュトラーセン・ディるネ] 名 -/-n 街娼(しょう).
das **Stra·ßen·dorf** [シュトラーセン・ドるふ] 名 -(e)s/ ..dörfer 街村(がいそん)(街道に沿って家屋の立並ぶ村).
die **Stra·ßen·ecke** [シュトラーセン・エッケ] 名 -/-n 街角(まち): an der ～ 街角で.
der **Stra·ßen·fe·ger** [シュトラーセン・ふぇーガー] 名 -s/- 1. 道路清掃員. 2. 〈口·冗〉(人通りがなくなるほどの)人気テレビ番組.
der **Stra·ßen·gra·ben** [シュトラーセン・グらーベン] 名 -s/..gräben (道路の)側溝, 街渠(きょ).
der **Stra·ßen·han·del** [シュトラーセン・ハンデル] 名 -s/ 街頭販売.
der **Stra·ßen·händ·ler** [シュトラーセン・ヘンドラー] 名 -s/- 露天商(人), 大道商人.
der **Stra·ßen·jun·ge** [シュトラーセン・ユンゲ] 名 -n/-n 《〈蔑〉)も有)街路にたむろする(不良)少年.
der **Stra·ßen·kampf** [シュトラーセン・カムぷ] 名 -(e)s/..kämpfe (主に◎)市街戦.
die **Stra·ßen·kar·te** [シュトラーセン・カるテ] 名 -/-n 道路地図.
der **Stra·ßen·keh·rer** [シュトラーセン・ケーラー] 名 -s/- 道路清掃員.
das **Stra·ßen·kleid** [シュトラーセン・クライト] 名 -(e)s/-er (女性の)平服, 外出着.
der **Stra·ßen·kreu·zer** [シュトラーセン・クろイツァー] 名 -s/- 〈口〉大型高級乗用車, リムジーン.
die **Stra·ßen·kreu·zung** [シュトラーセン・クろイツング] 名 -/-en 交差点, 十字路.
die **Stra·ßen·la·ge** [シュトラーセン・ラーゲ] 名 -/ 〖車〗ロードホールディング.
der **Stra·ßen·lärm** [シュトラーセン・レるム] 名 -(e)s/ 路上交通騒音, 街頭の騒音.
die **Stra·ßen·la·ter·ne** [シュトラーセン・ラテるネ] 名 -/-n 街灯.
das **Stra·ßen·mäd·chen** [シュトラーセン・メートヒェン] 名 -s/- 《〈蔑〉》街娼(しょう).
die **Stra·ßen·meis·te·rei** [シュトラーセン・マイステらイ] 名 -/-en 道路管理事務所.
der **Stra·ßen·mu·si·kant** [シュトラーセン・ムズィカント] 名 -en/-en 辻(つじ)音楽師.
der **Stra·ßen·na·me** [シュトラーセン・ナーメ] 名 -ns/-道路(通り)の名前, 町名.
das **Stra·ßen·netz** [シュトラーセン・ネッツ] 名 -es/-e 道路網.
das **Stra·ßen·pflas·ter** [シュトラーセン・プふラスター] 名 -s/- (道路の)舗装.
der **Stra·ßen·rand** [シュトラーセン・らント] 名 -(e)s/..ränder 道端, 道路の端.
der **Stra·ßen·raub** [シュトラーセン・らウプ] 名 -(e)s/-e 追いはぎ, 辻(つじ)強盗(行為).
der **Stra·ßen·räu·ber** [シュトラーセン・ろイバー] 名 -s/- 追いはぎ, 辻(つじ)強盗(人).
der **Stra·ßen·rei·ni·ger** [シュトラーセン・らイニガー] 名 -s/- 道路清掃夫.
die **Stra·ßen·rei·ni·gung** [シュトラーセン・らイニグング] 名 -/-en 1. (◎のみ)道路清掃. 2. (地方公共団体の)道路清掃事業所.
das **Stra·ßen·ren·nen** [シュトラーセン・れネン] 名 〖スポ〗ロードレース.
der **Stra·ßen·rol·ler** [シュトラーセン・ろラー] 名 -s/- (鉄道車両の路上連搬用)大型(トレーラー)トラック.
die **Stra·ßen·samm·lung** [シュトラーセン・ザムルング] 名 -/-en 街頭募金.
der **Stra·ßen·sän·ger** [シュトラーセン・ゼンガー] 名 -s/- 大道芸人の歌手, 流し.
das **Stra·ßen·schild** [シュトラーセン・シルト] 名 -(e)s/-er 1. 街路名標示板. 2. 道標, (口)道路標識.
die **Stra·ßen·schlacht** [シュトラーセン・シュラはト] 名 -/-en 市街戦.
der **Stra·ßen·schuh** [シュトラーセン・シュー] 名 -(e)s/-e タウンシューズ.
die **Stra·ßen·sper·re** [シュトラーセン・シュぺれ] 名 -/-n 道路通行止め(の柵), 道路のバリケード.
das **Stra·ßen·thea·ter** [シュトラーセン・テアーター] 名 -s/- 街頭演劇グループ；(◎のみ)街頭演劇.

Straßenüberführung 1182

die **Stra·ßen·über·füh·rung** [シュトラーセン・ユーバーふューるング] 名 -/-en 陸橋, 歩道橋, 高架橋.

die **Stra·ßen·un·ter·füh·rung** [シュトラーセン・ウンターふューるング] 名 -/-en 地下道, ガード下の道路.

der **Stra·ßen·ver·kauf** [シュトラーセン・ふぇあカウふ] 名 -s/ **1.** 街頭販売. **2.** 露店販売.

der **Stra·ßen·ver·kehr** [シュトラーセン・ふぇあケーア] 名 -s/ 道路交通.

das **Stra·ßen·ver·kehrs·amt** [シュトラーセンふぇあケーアス・アムト] 名 -es/..ämter 道路交通局.

das **Stra·ßen·ver·kehrs·ge·setz** [シュトラーセンふぇあケーアス・ゲゼッツ] 名 -es/ 道路交通法(略 StVG).

die **Stra·ßen·ver·kehrs·ord·nung** [シュトラーセンふぇあケーアス・オルドヌング] 名 -/ 道路交通令(略 StVO).

das **Stra·ßen·ver·kehrs·recht** [シュトラーセンふぇあケーアスれヒト] 名 -s/ (総称)道路交通法.

die **Stra·ßen·ver·kehrs-Zu·las·sungs-Ord·nung** [シュトラーセンふぇあケーアス・ツー・ラッスングス・オルドヌング] 名 -/ (官)道路交通許可令(略 StVZO).

die **Stra·ßen·wal·ze** [シュトラーセン・ヴァルツェ] 名 -/-n ロードローラー.

der **Stra·ßen·zug** [シュトラーセン・ツーク] 名 -(e)s/..züge 町並み.

der **Stra·ßen·zu·stand** [シュトラーセン・ツー・シュタント] 名 -(e)s/..stände 道路の状況(状態).

der **Stra·te·ge** [シュトラテーグ, stra.. ストラテーグ] 名 -n/-n 軍略家; (昔の)司令官; (口)策謀家.

die **Stra·te·gie** [シュトラテギー, stra.. ストラテギー] 名 -/-n 戦略.

stra·te·gisch [シュトラテーギシュ, stra.. ストラテーギシュ] 形 戦略(上)の, 戦略的な.

die **Stra·ti·gra·fie, Stra·ti·gra·phie** [シュトラティ・ぐらふィー, stra.. ストラ..] 名 -/-n **1.** (地質)層位(層序)学; 地層学; (考古)各地層の各文化遺産についての研究. **2.** (医)断層撮影(法).

der **Stra·to·ku·mu·lus** [シュトラートクームルス, stra.. ストラトクームルス] 名 -/..li (気)層積雲(略 Sc.).

die **Stra·to·sphä·re** [シュトラート・スふェーれ, stra.. ストラト・スふェーれ] 名 -/ (気)成層圏.

der **Stra·tus** [シュトラートゥス, strä:.. ストラートゥス] 名 -/..ti (気)層雲.

die **Stra·tus·wol·ke** [シュトラートゥス・ヴォルケ, ストラートゥス・ヴォルケ] 名 -/-n Stratus.

sträu·ben [シュトロイベン] 動 *h.* **1.** ((et⁴))逆立て(毛・羽根を); ((et⁵)で sich⁴の場合)逆立つ. **2.** (sich⁴+(gegen⟨et³⟩=))逆らう, 反抗(反対・抵抗)する.

der **Strau·bin·ger** [シュトロウビンガー] 名 -s/- (次の形で)Bruder ~ 〈古〉放浪者, 浮浪者.

der **Strauch** [シュトロウホ] 名 -(e)s/Sträucher 低木, 灌木(かんぼく), やぶ, 茂み.

strauch·ar·tig [シュトロウホ・アーホティヒ] 形 灌木(かんぼく)状の.

der **Strauch·dieb** [シュトロウホ・ディープ] 名 -(e)s/-e 〈古・蔑〉追いはぎ(人).

strau·cheln [シュトロウヘルン] 動 *s.* **1.** (靴で(文))つまずいてのめる. **2.** ((gegen⟨j⁴/et⁴⟩=))敗れる, 挫折する. **3.** (靴で)道を踏みはずす, 堕落する.

strau·chig [シュトロウヒヒ] 形 **1.** 灌木(かんぼく)の茂った. **2.** 灌木状の.

der **Strauch·rit·ter** [シュトロウホ・リッター] 名 -s/- 〈古・蔑〉(冗也有)(騎馬の)野盗.

die **Strauch·schicht** [シュトロウホ・シヒト] 名 -/-en (植・林)低木層.

das **Strauch·werk** [シュトロウホ・ヴェるク] 名 -(e)s/ 低木林, やぶ, 茂み; 柴(しば).

(*der*) **Strauss** [シュトロウス] 名 (人名)シュトラウス (Richard ~, 1864-1949, 作曲家).

(*der*) **Strauß**¹ [シュトロウス] 名 (人名)シュトラウス(① Johann ~, 1804-49, オーストリアの作曲家. 「ワルツの父」② Johann ~, 1825-99, ①の息子. 作曲家. 「ワルツ王」③ David Friedrich ~, 1808-74, ドイツの神学者).

der **Strauß**² [シュトロウス] 名 -es/Sträuße 束, 花束, 小枝の束.

der **Strauß**³ [シュトロウス] 名 -es/Sträuße 〈古〉 **1.** 闘い. **2.** 言い争い, 対立.

der **Strauß**⁴ [シュトロウス] 名 -es/-e (鳥)ダチョウ.

das **Sträuß·chen** [シュトロイスヒェン] 名 -s/- Strauß² の縮小形.

das **Strau·ßen·ei** [シュトロウセン・アイ] 名 -(e)s/-er ダチョウの卵.

die **Strau·ßen·farm** [シュトロウセン・ふぁるム] 名 -/-en ダチョウの飼育場.

die **Strau·ßen·fe·der** [シュトロウセン・ふェーダー] 名 -/-n ダチョウの羽.

die **Strauß·wirt·schaft** [シュトロウス・ヴィるトシャふト] 名 -/-en (南独)自家醸造ワインを飲ませる酒場.

die **Straz·ze** [シュトラッツェ] 名 -/-n (商)(口)(仮)帳簿, 控え帳.

der **Strea·mer** [stri:mɐ ストリーマー] 名 -s/- ストリーマー(マス釣用の毛鈎); (コンピュータ)ストリーマー(データを磁気テープに記憶する装置).

die **Stre·be** [シュトれーベ] 名 -/-n 筋交い.

der **Stre·be·bal·ken** [シュトれーベ・バルケン] 名 -s/- 筋交い, 梁(はり), (斜めの)支柱.

der **Stre·be·bo·gen** [シュトれーベ・ボーゲン] 名 -s/- (建)飛び控え.

stre·ben [シュトれーベン] 動 **1.** *h.* ((nach⟨et³⟩=))求めて努力する, 得ようと努める(名声・権力・知識などを). **2.** ((方向))進んで行く(ただちに進む, (…を)目指す.

der **Stre·be·pfei·ler** [シュトれーベ・ふぁィラー] 名 -s/- (建)バットレス, 控え柱(壁), 扶壁(ふへき).

der **Stre·ber** [シュトれーバー] 名 -s/- (蔑)立身出世主義の人, がり勉家.

stre·be·risch [シュトれーベりシュ] 形 (稀)出世主義の, がり勉の.

das **Stre·ber·tum** [シュトれーバートゥーム] 名 -s/ (蔑)立身出世主義, がり勉.

streb·sam [シュトれープザーム] 形 (出世・上位をめざして)よく努力する.

die **Streck·bank** [シュトれック・バンク] 名 -/..bänke 拷問台.

streck·bar [シュトれック・バーあ] 形 伸ばせる; 展性のある; (水で)延ばせる, 薄くできる.

das **Streck·bett** [シュトれック・ベット] 名 -(e)s/-en (医)(脊柱(せきちゅう)矯正用)伸展ベッド.

die **Stre·cke** [シュトれッケ] 名 -/-n **1.** 道のり, 隔たり, 距離: eine ~ von zehn Kilometern 10 キロの道のり(距離). **2.** 区間, 路線, ルート: die ~ München-Frankfurt ミュンヒェン-フランクフルトの区間. auf offener (freier) ~ halten (列車が)駅でない所で止まる. **3.** (スポ)コース. **4.** (数)線分. **5.** (鉱)(水平の)坑道, 横坑. **6.** (狩)仕留めた獲物. 【慣用】 auf der Strecke bleiben 途中で落後する, 挫折する. j⁴ zur Strecke bringen ⟨人⟩を遂にやっつける, 逮捕する.

strec·ken [シュトれッケン] 動 *h.* **1.** (⟨et⁴⟩)(真っすぐに)伸ばす(手足などを). **2.** (⟨et⁴⟩)伸ばす(腕を). **3.** (sich⁴)伸びをする, 手足を伸ばす; (口)背が伸びる; (思いの外)長く延びている(道・村などが); (詩)伸びる(手が). **4.** ((方向)=(ニ(カラ)))突き出す(手などを). **5.** (sich⁴+(方向)=)長々と寝そべる. **6.** (⟨et⁴⟩)打ち延ばす, 圧延する(金属など を). **7.** (⟨et⁴⟩)延ばす(スープを水などで); (食いつないでないで)もたせる. 【慣用】 alle viere von sich³ stre-

cken 大の字になる, 疲れきっている. **die Waffen ～** 降伏する. 〈et^1〉 **streckt die Figur vorteilhaft** 〈物が〉人の体をスラリとしているようにみせる. 〈j^4〉 **zu Boden strecken** 〈人を〉打ち倒す.

der **Stre̩·cken·ar·bei·ter** [シュトれッケン・アるバイター] [名] -s/- 線路工夫.

der **Stre̩·cken·flug** [シュトれッケン・ふルーク] [名] -(e)s/..flüge (グライダーの)飛行距離競技.

das **Stre̩·cken·netz** [シュトれッケン・ネッツ] [名] -es/-e 鉄道〔路線・航空〕網.

der **Stre̩·cken·re·kord** [シュトれッケン・れコるト] [名] -(e)s/-e 〖スポーツ〗区間記録.

der **Stre̩·cken·wär·ter** [シュトれッケン・ヴェるター] [名] -s/- 線路巡回員.

stre̩·cken·wei·se [シュトれッケン・ヴァイゼ] [副] 区間で(の), 所々で〔の〕, 時々(の).

der **Stre̩·cker** [シュトれッカー] [名] -s/- 〖解〗伸筋.

das **Stre̩ck·me·tall** [シュトれック・メタル] [名] -s/-e 〖工・土〗エキスパンドメタル(上塗りコンクリートなどの基礎となる).

der **Stre̩ck·mus·kel** [シュトれック・ムスケル] [名] -s/-n 〖解〗伸筋.

die **Stre̩·ckung** [シュトれックング] [名] -/-en 伸長, 伸展, 伸ばすこと; 〖医〗(子供の)伸長期.

der **Stre̩ck·ver·band** [シュトれック・ふぇあバント] [名] -(e)s/..bände 〖医〗伸展〔牽引(けんいん)〕包帯.

der **Streich** [シュトらイひ] [名] -(e)s/-e **1.** 《文》打つ〔切りつける〕こと, 一撃. **2.** いたずら, 悪ふざけ. 【慣用】 **auf einen Streich** 《古》一度に〔で〕. **mit** 〈et^3〉 **zu Streich kommen** 《古》〈事を〉うまくやってのける. 〈j^1〉 **spielt** 〈j^3〉 **einen Streich** 〈人が〉〈人を〉からかう. 〈et^1〉 **spielt** 〈j^3〉 **einen Streich** 〈事が〉〈人にとって〉うまく行かない.

das **Strei̲ch·blech** [シュトらイひ・ブレっひ] [名] -(e)s/-e 〖農〗(すきの)撥土(はつど)板.

strei̲·cheln [シュトらイひぇルン] [動] *h.* 〔〈j^4/et^4〉ヲ // 〈j^3〉ノ + 〈et^4〉ヲ / über 〈et^4〉ヲ〕撫(な)でる, さする(人・風などが).

strei̲·chen* [シュトらイひぇン] [動] strich ; hat/ist gestrichen **1.** *h.* 〔〈j^3〉ノ + 〈et^4〉ヲ / über 〈et^4〉(ノ上)ヲ / durch 〈et^4〉ヲスクヨウニ〕撫(な)でる, さする, こする, しごく : 〈j^3〉 über den Kopf ～ 〈人の〉頭を撫でる. 〈j^3〉 durch die Haare ～ 〈人の〉髪をすくようにして撫でる. 〈et^4〉 durch ein Sieb ～ 〖料〗〈物を〉こし器で裏ごしする. die Geige ～ 《古》ヴァイオリンを弾く. **2.** *h.* 〔〈et^4〉ヲ + 〈方向〉ニ(カラ)〕払いのける. **3.** *h.* 〔〈et^4〉ヲ + 〈方向〉ニ〕塗る. **4.** *h.* 〔〈et^4〉ニ + (mit 〈et^3〉ヲ)〕塗る. **5.** *h.* 〔〈et^4〉ヲ + (mit 〈et^3〉デ/〈形〉ニ)〕塗装する. **6.** *h.* 〔〈et^4〉ヲ〕(線を引いて)消す, 削除する, 抹消する; (記憶から)消す; 取消す〔止める〕. **7.** *s.* 〔〈場所〉ヲ〕(当てもなく)ぶらつく, 歩き回る; (…に)まつわりつく; 吹き渡る(風が). **8.** *s.* 〔aus 〈et^3〉カラ/über 〈et^4〉ヲ〕〖狩〗かすめるように低く飛び出す〔飛ぶ〕(カモなどが). **9.** *s.* (主に現在形で)〔〈方向〉ヘ/〈場所〉ニ〕〖地〗走っている(山脈が); 〖地質〗走向する(地層が). **10.** *h.* 〔〈et^4〉ヲ〕〖海〗逆に漕(こ)ぐ(オールを); 《古》下ろす(帆などを).

der **Strei̲·cher** [シュトらイひゃー] [名] -s/- 〖楽〗弦楽器奏者.

das **Strei̲ch·garn** [シュトらイひ・ガるン] [名] -(e)s/-e 梳毛(そもう)糸; 梳毛織物.

das **Strei̲ch·holz** [シュトらイひ・ホルツ] [名] -es/..hölzer マッチ.

die **Strei̲ch·holz·schach·tel** [シュトらイひホルツ・シャはテル] [名] -/-n マッチ箱.

das **Strei̲ch·in·stru·ment** [シュトらイひ・インストるメント] [名] -(e)s/-e 弦楽器.

der **Strei̲ch·kä·se** [シュトらイひ・ケーゼ] [名] -s/- スプレッドチーズ.

die **Strei̲ch·mu·sik** [シュトらイひ・ムズィーク] [名] -/ 弦楽(曲).

das **Strei̲ch·or·ches·ter** [シュトらイひ・オるケスター, シュトらイひ・オるひぇスター] [名] -s/- 弦楽合奏団.

das **Strei̲ch·quar·tett** [シュトらイひ・クヴァるテット] [名] -(e)s/-e 弦楽四重奏曲; 弦楽四重奏団.

der **Strei̲ch·rie·men** [シュトらイひ・りーメン] [名] -s/- 《古》革砥(かわと).

die **Strei̲·chung** [シュトらイひゅング] [名] -/-en 削除, 抹消; 削除〔抹消〕箇所.

die **Strei̲ch·wurst** [シュトらイひ・ヴるスト] [名] -/..würste ペースト状のソーセージ.

der **Strei̲f** [シュトらイふ] [名] -(e)s/-e 《文》＝Streifen 1.

das **Strei̲f·band** [シュトらイふ・バント] [名] -(e)s/..bänder 〖銀行・郵〗(札束などの)帯封(おびふう).

die **Strei̲·fe** [シュトらイふぇ] [名] -/-n **1.** 巡察, パトロール. **2.** (警察・軍隊の)パトロール隊.

strei̲·fen [シュトらイふぇン] [動] **1.** *h.* 〔〈j^4/et^4〉ニ〕(軽く)触れる〔さわる〕, (…を)擦(かす)る; 《文》(…を)なでる(風などが). **2.** *h.* 〔〈et^4〉ニ〕軽く触れる(問題などに). **3.** *h.* 〔〈et^4〉ヲ + 〈方向〉ニ(カラ)〕(すべるように)はめる, 抜き取る; かぶる〔着る〕, 脱ぐ; 落す. **4.** *s.* 〔durch 〈et^4〉ヲ〕歩き回る, ぶらつく(森・通りなどを). **5.** *s.* 〔〈場所〉ヲ〕《稀》パトロールする. 【慣用】 〈et^1〉 **streift ans Lächerliche/ Phantastische** 〈事は〉笑止のさた/空想に近い.

der **Strei̲·fen** [シュトらイふぇン] [名] -s/- **1.** (布・紙・土地など)細長い帯状のもの, 細片, 縞(しま)(模様), 線, 筋 : der weiße ～ auf der Fahrbahn 車道の白線. ein Stoff mit feinen ～ 細かい縞の生地. ein ～ Papier 紙テープ. 〈et^4〉 in ～ schneiden 〈物を〉細長く切る. ein langer ～ Land 細長い土地. **2.** 《口》映画.

der **Strei̲·fen·dienst** [シュトらイふぇン・ディーンスト] [名] -(e)s/-e **1.** パトロール勤務. **2.** パトロール隊.

das **Strei̲·fen·mus·ter** [シュトらイふぇン・ムスター] [名] -s/- しま模様.

der **Strei̲·fen·wa·gen** [シュトらイふぇン・ヴァーゲン] [名] -s/- パトロールカー.

strei̲·fen·wei·se [シュトらイふぇン・ヴァイゼ] [副] しま〔筋〕状に.

strei̲·fig [シュトらイふぃひ] [形] 縞(しま)になった, 縞のような色むらができた.

die **Strei̲f·jagd** [シュトらイふ・ヤークト] [名] -/-en 〖狩〗追出し猟.

das **Strei̲f·licht** [シュトらイふりひト] [名] -(e)s/-er **1.** 《稀》一条の光. **2.** 簡明な記述 : ein paar *～er* auf 〈et^4〉 werfen 〈事の〉特徴を簡略して描く.

der **Strei̲f·schuss,** ⑩**Strei̲f·schuß** [シュトらイふ・シュス] [名] -es/..schüsse 〖軍〗擦過弾; 擦過銃創.

der **Strei̲f·zug** [シュトらイふ・ツーク] [名] -(e)s/..züge **1.** (探査目的で)歩き回ること; 〖軍〗偵察行. **2.** 要点の説明, 概説.

der **Strei̲k** [シュトらイク] [名] -(e)s/-s ストライキ : in (den) ～ treten ストに入る. im ～ stehen スト中である. zum ～ aufrufen ストライキを呼びかける.

der **Strei̲k·bre·cher** [シュトらイク・ブれっひゃー] [名] -s/- スト破り.

strei̲·ken [シュトらイケン] [動] *h.* **1.** 〔für 〈et^4〉ヲ要求シテ/gegen 〈et^4〉ニ反対シテ〕ストライキをする. **2.** 〔補足なし〕《口》一緒にやらない; (急に)動かなくなる(機械などが).

der/*die* **Strei̲·ken·de** [シュトらイケンデ] [名] (形容詞的変化) スト参加者.

der **Strei̲k·pos·ten** [シュトらイク・ポステン] [名] -s/- ピケ; ピケ要員.

das **Streik·recht** [シュトライク·れひト] 名 -(e)s/-e ストライキ権.

der **Streit** [シュトライト] 名 -(e)s/-e 《主に⑬》争い,口論,不和;けんか;《古》戦争: ein heftiger ~ mit Worten 激しい口論. ein ~ um/über ⟨et⁴⟩ ⟨事についての⟩争い. mit ⟨j³⟩ ~ haben/bekommen ⟨人と⟩争っている/争いになる. 【慣用】ein Streit um des Kaisers Bart 取るに足らないことの争い.

die **Streit·axt** [シュトライト·アクスト] 名 -/..äxte (昔の)戦闘用の斧(おの).

streit·bar [シュトライト·バーあ] 形 論争好きな,けんかっ早い,戦闘的な, 闘志ある;《古》好戦的な.

strei·ten* [シュトらイテン] 動 stritt ; hat gestritten 1. {(sich⁴) + (mit ⟨j³⟩と) + (um ⟨et⁴⟩フメグッテ/wegen ⟨et⁴⟩ガ原因デ)} けんかする, 争う. 2. {(sich⁴) + (mit ⟨j³⟩) + über ⟨et⁴⟩ニッイテ}議論する, 口論する. 3. {für ⟨et⁴⟩ノタメニ/gegen ⟨et⁴⟩ニ対シテ}《文》戦う.【慣用】Darüber kann man/lässt sich streiten. それについては-いろいろな意見があろう. die streitenden Parteien im Prozess 訴訟当事者(原告と被告).

der **Strei·ter** [シュトライタ-] 名 -s/- 1. 《文》闘士. 2. 《古》戦士.

die **Strei·te·rei** [シュトらイテらイ] 名 -/-en 《蔑》(絶え間のない)いさかい[争い];(絶え間ない)論争.

der **Streit·fall** [シュトライト·ふぁル] 名 -(e)s/..fälle 争い事;争われている問題: im ~ 争いになった[解決がつかない]場合は.

die **Streit·fra·ge** [シュトライト·ふらーゲ] 名 -/-n 争われている問題, 争点, 論点.

der **Streit·ge·gen·stand** [シュトらイト·ゲーゲン·シュタント] 名 -(e)s/..stände 争い[論争]の対象;《法》訴訟(係争)物件.

das **Streit·ge·spräch** [シュトライト·グシュプれーひ] 名 -(e)s/-e 論争, 討論.

der **Streit·hahn** [シュトライト·ハーン] 名 -(e)s/..hähne 《口·冗》けんかっ早い人, けんか好きな人.

der **Streit·ham·mel** [シュトライト·ハメル] 名 -s/- = Streithahn.

der **Streit·han·sel** [シュトライト·ハンゼル] 名 -s/-(n) = Streithahn.

strei·tig [シュトらイティヒ] 形 1.《法》係争中の. 2. 異論の(余地の)ある:⟨j³⟩⟨et⁴/et⁴⟩ ~ machen ⟨人の⟩⟨人·物·事に対する⟩請求権に異議を唱える.

die **Strei·tig·keit** [シュトらイティヒカイト] 名 -/-en 《主に⑬》(絶え間のない)もめごと, 争いごと, 言い争い;激論.

der **Streit·kol·ben** [シュトライト·コルベン] 名 -s/- 軍鎚(ゐ)(中世の棍棒のような武器).

die **Streit·kraft** [シュトらイト·クらふト] 名 -/..kräfte 《主に⑬》戦力, 兵力.

die **Streit·lust** [シュトらイト·ルスト] 名 -/ けんか(争い)好き.

streit·lus·tig [シュトらイト·ルスティヒ] 形 けんか好きな.

die **Streit·macht** [シュトライト·マはト] 名 -/ 《古》兵力, 戦力; 軍隊.

das **Streit·ob·jekt** [シュトライト·オブイェクト] 名 -(e)s/-e 争い[論争]の対象.

der **Streit·punkt** [シュトライト·プンクト] 名 -(e)s/-e 争点.

das **Streit·ross**, ⑬**Streit·roß** [シュトライト·ロス] 名 -es/..rösser 《古》軍馬.

die **Streit·sa·che** [シュトらイト·ザッへ] 名 -/-n 争い事;争われている問題;《法》訴訟事件, 係争事件.

die **Streit·schrift** [シュトらイト·シュリふト] 名 -/-en 論難[論駁(ぱく)]書.

die **Streit·sucht** [シュトらイト·ズふト] 名 -/ 論争癖, けんか好き.

streit·süch·tig [シュトらイト·ズュヒティヒ] 形 論争癖のあ る, けんか好きな.

der **Streit·wa·gen** [シュトらイト·ヴァーゲン] 名 -s/- (古代の)戦車.

der **Streit·wert** [シュトらイト·ヴェーあト] 名 -(e)s/-e 《法》(金額で示される)訴訟物の価値.

streng [シュトれング] 形 1. 厳しい, 厳格な:《南独·墺》辛(シ)い: ~e Maßnahmen 厳しい処置. einen ~em Blick 厳しいまなざしで. 2. 厳密な: ~ste Verschwiegenheit 秘密厳守. im ~en Sinne 厳密な意味で. ~ genommen 厳密にとれば. Sie brauchen es nicht so ~ zu nehmen. あなたはそれをそれ程厳密にうけとめる必要はありません. 3. (顔つきの)きつい, いかめしい;寒気の厳しい. 4. きつい(味·においなど).

die **Stren·ge** [シュトれンゲ] 名 -/ 1. 厳しさ, 厳格さ;厳密:(外見などの)きつさ;(味·においの)きつさ, 強烈さ. 2. (天候などの)厳しさ.

streng ge·nom·men, ⑬**strenggenommen** [シュトれング ゲノメン] ⟹ streng 2.

streng·gläu·big [シュトれング·グロイビヒ] 形 厳格に教理を守る, 正統信仰の.

der **Strep·to·kok·kus** [シュトれプト·コックス, strεp.. シュトれプト·コックス] 名 -/..kokken 《主に⑬》連鎖状球菌.

das **Strep·to·my·cin** [..mytsi:n シュトれプト·ミュツィーン, strεp.. シュトれプト·ミュツィーン] 名 -s/ 《医》ストレプトマイシン(抗生物質).

das **Strep·to·my·zin** [シュトれプト·ミュツィーン, strεp.. シュトれプト·ミュツィーン] 名 -s/ = Streptomycin.

der **Stre·se·mann** [シュトれーゼ·マン] 名 -s/ シュトレーゼマン(黒の上着·灰色のヴェスト·黒とグレーの縞(š)のズボンからなる礼服. ドイツの宰相 Gustav ~, 1878-1929, にちなむ).

der **Stress**, ⑬**Streß** [シュトれス, strεs シュトれス] 名 -es/-e 《主に⑬》ストレス;《口》腹立ち, いらだち: im [unter] ~ stehen ストレスを受けている. ~ mit ⟨j³⟩ haben ⟨人と⟩対していらいらしている. ~ machen 腹を立てる.

stres·sig [シュトれッスィヒ] 形 《口》ストレスを起こさせる.

der **Stretch** [strεtʃ シュトれッチュ] 名 -(e)s/-es [..チィシーズ] ストレッチ織物.

die **Stret·ta** [strέta シュトれッタ] 名 -/-s 《楽》ストレッタ, ストレット.

die **Streu** [シュトろイ] 名 -/-en 《主に⑬》(家畜用の)敷きわら;寝わら.

der **Streu·be·sitz** [シュトろイ·ベズィッツ] 名 -es/-e 《金融》(小資本の投資家による)株の分割所有.

die **Streu·büch·se** [シュトろイ·ビュクセ] 名 -/-n 振りかけ容器, 薬味入れ.

der **Streu·dienst** [シュトろイ·ディーンスト] 名 -(e)s/-e (氷結時に路上などに)滑り止めをまく作業グループ.

streu·en [シュトろイエン] 動 h. 1.《⟨et⁴⟩ヲ + (auf ⟨et⁴⟩ニ上ニ)》(振り)撒(ま)く, 撒き散らす, 振りかける, 播(ま)く(粉状·粒状のものを). 2.《⟨et⁴⟩ニ》止めを撒く. 《⟨様態⟩ニ》出る: Das Salzfass *streut* gut/schlecht. この塩入れはよく出る/うまくない. 4.《匪》こぼれる, 漏れる(粉状·粒状のものが). 5.《軍用》弾片が広範囲に飛散する;着弾のばらつきがある(銃が不正確で);散乱する(光線などが);《統計》ばらつく(測定値が);《医》転移する(病巣が).【慣用】Gerüchte unter die Leute streuen 人々にうわさを広める.

der **Streu·er** [シュトろイあ~] 名 -s/- (塩·砂糖などの)振りかけ容器.

das **Streu·feu·er** [シュトろイ·ふぉイあ~] 名 -s/ 《軍》掃射.

die **Streu·frucht** [シュトろイ·ふるフト] 名 -/..früchte

〘植〙裂(開)果.
das **Streu·mus·ter** [シュトろイ・ムスター] [名] -s/- 散らし模様.
streu·nen [シュトろイネン] [動] *s.*〔*h.*〕〘(〈場所〉ヲ)〙当てもなく歩き回る, 徘徊(はいかい)する.
der **Streu·ner** [シュトろイナー] [名] -s/- 《蔑》浮浪者.
das **Streu·pul·ver** [シュトろイ・プルふぁー, シュトろイ・プルヴァー] [名] -s/- (散布用)パウダー.
das **Streu·salz** [シュトろイ・ザルツ] [名] -es/ (凍結した路面に用いる)まき塩.
der **Streu·sand** [シュトろイ・ザント] [名] -(e)s/ (凍結道路などにまく)まき砂;(昔の)インク吸取り用の砂.
die **Streu·schicht** [シュトろイ・シひト] [名] -/-en 〘生態〙(森林の)落葉・落枝集積層.
der〔*das*〕**Streu·sel** [シュトろイゼル] [名] -s/-(主に[複])シュトロイゼル(砂糖・小麦粉・バターで作ったケーキ用のそぼろ状の装飾).
der **Streu·sel·ku·chen** [シュトろイゼル・クーヘン] [名] -s/- シュトロイゼル・ケーキ.
die **Streu·sied·lung** [シュトろイ・ズィードルング] [名] -/-en 散村.
die **Streu·ung** [シュトろイウング] [名] -/-en **1.** ばら撒(ま)くこと, 散布;広まり. **2.** (砲弾の破片の)飛散;〘理〙(粒子・光などの)散乱. **3.** (目標からの)それ, ずれ. **4.** 〘統計〙分散, ばらつき. **5.** 〘医〙(病巣などの)播種(はしゅ).
der **Streu·zu·cker** [シュトろイ・ツッカー] [名] -s/ 粉砂糖.
die **Stria** [シュトりーア, strí:a ストりーア] [名] -/-e[..りーエ] 〘医〙(組織の)線, 線条.
strich [シュトりっひ] [動] streichen の過去形.
der **Strich** [シュトりっひ] [名] -(e)s/-e **1.** (鉛筆などで引いた)線;(主に[複])抹消箇所: einen ~ ziehen 線を引く. 〈et^4〉 in groben ~*en* zeichnen 〈物ヲ〉ざっと線描する. die Fehler mit roten ~*en* unterstreichen 誤った箇所に赤いアンダーラインを引く. einige ~*e* im Text vornehmen テキストで二三の削除をする. **2.** 目盛線;ダッシュ(Gedanken~);(モールス信号の)ツー. **3.** ([単]のみ)筆遣い, 運筆, タッチ;(弦楽器の)運弓. **4.** ([単]のみ)毛の向き;(織物の)毛足の向き: die Haare gegen den/mit dem ~ bürsten 髪を毛に逆って/そってブラシする. **5.** 撫でること;ブラシをかけること: das Haar mit kräftigen ~*en* bürsten 髪に強くブラシをかける. **6.** 《稀》帯状地帯. **7.** (主に[単])〘狩〙(鳥が低く)ゆっくり飛ぶこと;飛鳥の群. **8.** 《南独・スイ》(家畜の長い)乳首. **9.** 《口》街娼のでる地区;([単]のみ)売春: auf den ~ gehen 街頭で売春をする. 【慣用】**einen (dicken) Strich unter** 〈et^4〉 **machen** 〔**ziehen**〕〈事ヲ〉済んだこととする. 〈j^3〉 **einen Strich durch die Rechnung machen** 《口》〈人の〉計画を不可能にする. 〈j^3〉 **gegen** 〔**wider**〕 **den Strich gehen** 〈人の〉気に入らない. **nach Strich und Faden** 《口》徹底的に. **noch keinen Strich tun** 《口》まだ手をつけていない(勉強などに). **unter dem Strich** (差引勘定の)結果として. **unter dem Strich sein** 《口》水準以下である. **unter dem Strich stehen** 学芸〔娯楽〕欄に載っている.
die **Strich·ät·zung** [シュトりっひ・エッツング] [名] -/-en 〘印〙線画凸版(画)
der **Strich·code** [シュトりっひ・コート] [名] -s/-s バーコード.
stri·che [シュトりっひぇ] [動] streichen の接続法 2 式.
die **Strich·ein·tei·lung** [シュトりっひ・アイン・タイルング] [名] -/-en 目盛り.
das **Stri·chel·chen** [シュトりっひぇルひぇン] [名] -s/- 細い短い線.
stri·cheln [シュトりっひぇルン] [動] *h.* **1.** 〘〈et^4〉ヲ〙破線で書く(輪郭などを). **2.** 〘〈et^4〉ニ〙細い縞(しま)線を引く(形などに).
der **Stri·cher** [シュトりっひゃー] [名] -s/- 《口・蔑》男娼(だんしょう).
der **Strich·jun·ge** [シュトりっひ・ユンゲ] [名] -n/-n 《口・蔑》男娼(だんしょう).
das **Strich·mäd·chen** [シュトりっひ・メートひぇン] [名] -s/- 《口・蔑》街娼(がいしょう).
der **Strich·punkt** [シュトりっひ・プンクト] [名] -(e)s/-e セミコロン(記号;).
der **Strich·re·gen** [シュトりっひ・れーゲン] [名] -s/- 局地的なにわか雨, 通り雨.
der **Strich·vo·gel** [シュトりっひ・ふぉーゲル] [名] -s/..vögel 〘鳥〙漂鳥.
strich·wei·se [シュトりっひ・ヴァイゼ] [副] 〘気〙局地的に〔な〕.
die **Strich·zeich·nung** [シュトりっひ・ツァイひヌング] [名] -/-en 線描画.
der **Strick** [シュトりック] [名] -(e)s/-e 綱, 縄, ロープ;(好意的に)いたずら小僧: einen ~ um 〈et^4〉 binden 〈物ヲ〉綱でしばる. 【慣用】〈j^3〉 **einen Strick aus** 〈et^3〉 **drehen** 〈事ヲ〉口実に〈人ヲ〉陥れる. **wenn alle Stricke reißen** 《口》緊急の場合には.
der **Strick·ap·pa·rat** [シュトりック・アパらート] [名] -(e)s/-e 編み機.
die **Strick·ar·beit** [シュトりック・アるバイト] [名] -/-en **1.** ([単]のみ)編み物をすること. **2.** 編み物(製品).
der **Strick·beu·tel** [シュトりック・ボイテル] [名] -s/- (編みかけの編み物や用具を入れておく)編み物袋.
stri·cken [シュトりッケン] [動] *h.* **1.** 〘(〈様態〉ニ)〙編む, 編み物をする. **2.** 〘〈et^4〉ヲ〙編む. **3.** 〘an 〈et^3〉ヲ〙編んでいる.
der **Stri·cker** [シュトりッカー] [名] -s/- 編み物職人.
die **Stri·cke·rei** [シュトりッケらイ] [名] -/-en 編み物;ニット〔編み物〕工場;([単]のみ)《蔑》長々と編み物をすること.
die **Stri·cke·rin** [シュトりッケりン] [名] -/-nen (女性の)編み物職人;編み物をする女性.
das **Strick·garn** [シュトりック・ガるン] [名] -(e)s/-e 編み糸.
die **Strick·ja·cke** [シュトりック・ヤッケ] [名] -/-n ニットのジャケット, カーディガン.
das **Strick·kleid** [シュトりック・クライト] [名] -(e)s/-er ニットのワンピース, ニットドレス.
die **Strick·lei·ter** [シュトりック・ライター] [名] -/-n 縄ばしご.
die **Strick·ma·schi·ne** [シュトりック・マシーネ] [名] -/-n 編み機.
das **Strick·mus·ter** [シュトりック・ムスター] [名] -s/- 編み物の図案〔型紙〕.
die **Strick·na·del** [シュトりック・ナーデル] [名] -/-n 編み針〔棒〕.
der **Strick·strumpf** [シュトりック・シュトるムプふ] [名] -(e)s/..strümpfe 編みかけの〔編んでいる最中の〕靴下.
die **Strick·wa·ren** [シュトりック・ヴァーれン] [複名] ニット製品.
das **Strick·zeug** [シュトりック・ツォイク] [名] -(e)s/ 編みかけのもの, 編み物;編み物用品.
der **Stri·dor** [シュトりードーあ, strí:.. ストりードーあ] [名] -s/ 〘医〙喘鳴(ぜんめい).
der **Strie·gel** [シュトりーゲル] [名] -s/- 硬質ブラシ, 馬櫛(うまぐし).
strie·geln [シュトりーゲルン] [動] *h.* **1.** 〘〈j^4/et^4〉ニ〙ブラシをかける, 櫛(くし)を入れる;馬櫛をかける. **2.** 〘〈j^4〉ヲ〙《口》(きつい要求で)いじめる.
die **Strie·me** [シュトりーメ] [名] -/-n =Striemen.
der **Strie·men** [シュトりーメン] [名] -s/- みみずばれ.
strie·mig [シュトりーミひ] [形] みみずばれになった.
der **Strie·zel** [シュトりーツェル] [名] -s/- 《方》 **1.** シュ

トリーツェル(細長く編んだパン). **2.** いたずら小僧.

strie·zen [シュトりーツェン] [動] *h.* 《方》 **1.** 〔<j⁴/et⁴>ヲ〕いじめる. **2.** 〔<et⁴>ヲ〕くすねる.

strikt [シュトりクト, strɪkt ストりクト] [形] 厳密な, 厳重な; きっぱりと: das ~*e* Gegenteil 正反対.

strik·te [シュトりクテ, strík.. ストりクテ] [副] 厳重に, 厳密に.

die **Strik·tur** [シュトりクトゥーあ, strɪk.. ストりクトゥーあ] [名] -/-en 〖医〗狭窄(きょうさく)(症).

string. =stringendo 〖イタリア語〗〖楽〗次第に速く.

strin·gen·do [strɪndʒɛ́ndo ストりンヂェンド] 〖楽〗ストリンジェンド, 次第に速く(略 string.).

strin·gent [シュトりンゲント, strɪŋ.. ストりンゲント] [形] 理路整然とした.

der **Strip** [シュトりップ, strɪp ストりップ] [名] -s/-s **1.** ストリップショー(~tease). **2.** (細片の)救急絆創膏(ばんそうこう).

die **Strip·pe** [シュトりっペ] [名] -/-n 《方》紐(ひも); 《口》電話(線): an der ~ hängen 電話にかじりついている.

strip·pen [シュトりっペン, strí.. ストりっペン] [動] *h.* **1.** 〖補足なし〗《口》ストリップショーを演じる, ストリップダンサーをしている. **2.** 〔<et⁴>ヲ〕〖印〗差替える(行などを).

der **Strip·pen·zie·her** [シュトりっペン・ツィーあー, ストりっペン・ツィーあー] [名] -s/- 《口・冗》 **1.** 電気技師, 電気工. **2.** 裏で糸を引く人, 黒幕.

die **Strip·pe·rin** [シュトりっペりン, stríp.. ストりっペりン] [名] -/-nen 《口》(女性の)ストリッパー.

das **Strip·ping** [シュトりっピング, strí.. ストりっピング] [名] -(s)/-s 〖医〗(静脈瘤(りゅう)などの)抜去手術.

der〔*das*〕**Strip·tease** [ʃtríptiːs シュトりップティース, stríp.. ストりップティース] [名] -/ ストリップショー.

das **Strip·tease·lo·kal** [シュトりップティース・ロカール, ストりップティース・ロカール] [名] -(e)s/-e ストリップショーを見せるナイトクラブ.

die **Strip·tease·tän·ze·rin** [シュトりップティース・テンツェりン, ストりップティース・テンツェりン] [名] -/-nen (女性の)ストリップダンサー.

stritt [シュトりット] [動] streiten の過去形.

strit·te [シュトりッテ] [動] streiten の接続法 2 式.

strit·tig [シュトりッティひ] [形] 異論の(余地の)ある, 未結着の.

der **Striz·zi** [シュトりッツィ] [名] -s/-s 《南独・スイス・オーストリア》売春婦のひも; 不良, ごろつき.

striz·zi·haft [シュトりッツィハふト] [形] 《南独・オーストリア》ごろつきのような, (売春婦の)ひも風な; 無思慮な.

das **Stro·bo·skop** [シュトろボ・スコープ, stro.. ストろボ・スコープ] [名] -s/-e **1.** 〖理・工〗ストロボスコープ(回転速度や振動周期の測定装置). **2.** (昔の)ストロボスコープ式円筒(内部の連続した絵を回転させて動く映像を作る装置).

das **Stroh** [シュトろー] [名] -(e)s/ 藁(わら), 麦藁: ~ im Kopf haben ばかである. wie ~ schmecken 無味乾燥な味である. leeres ~ dreschen 《口》くだらないことを言う.

stroh·blond [シュトろー・ブロント] [形] 麦藁(むぎわら)色の, 淡いブロンドの.

die **Stroh·blu·me** [シュトろー・ブルーメ] [名] -/-n 〖植〗ムギワラギク(属).

das **Stroh·bund** [シュトろー・ブント] [名] -(e)s/-e 藁束(わらたば).

das **Stroh·bün·del** [シュトろー・ビュンデル] [名] -s/- わらの束.

das **Stroh·dach** [シュトろー・ダっは] [名] -(e)s/..dächer 藁(わら)屋根.

stroh·dumm [シュトろー・ドゥム] [形] 大馬鹿な.

stro·hern [シュトろーあーン] [形] **1.** 藁(わら)の, 藁で作った. **2.** 藁のように乾いた〔干からびた〕.

das **Stroh·feu·er** [シュトろー・ふぉイあー] [名] -s/- 藁(わら)を燃やした火; 《転》一時的な情熱, つかの間の感激.

der **Stroh·halm** [シュトろー・ハルム] [名] -(e)s/-e 麦藁(むぎわら); ストロー: nach dem rettenden ~ greifen 最後のわずかなチャンスにかける.

der **Stroh·hut** [シュトろー・フート] [名] -(e)s/..hüte 麦藁(むぎわら)帽子.

stro·hig [シュトろーイひ] [形] **1.** 藁(わら)のような: ~*e* Haare haben ばさばさした髪をしている. **2.** 藁のように味のない.

der **Stroh·kopf** [シュトろー・コップふ] [名] -(e)s/..köpfe 《口・蔑》頭のないやつ, ばか.

der **Stroh·mann** [シュトろー・マン] [名] -(e)s/..männer 藁(わら)人形; (他人に委任された)名義人, 名目上の人; 〖トランプ〗(ブリッジの)ダミー.

die **Stroh·mat·te** [シュトろー・マッテ] [名] -/-n わらのマット, ござ.

der **Stroh·sack** [シュトろー・ザック] [名] -(e)s/..säcke 藁(わら)布団.

der **Stroh·wisch** [シュトろー・ヴィッシュ] [名] -(e)s/-e (掃除用の)藁束(わらたば), 藁ぼうき.

die **Stroh·wit·we** [シュトろー・ヴィトヴェ] [名] -/-n 《口・冗》(夫が長期間不在で)一人暮らしの妻.

der **Stroh·wit·wer** [シュトろー・ヴィトヴぁー] [名] -s/- 《口・冗》(妻が長期間不在で)やもめ暮らしの夫.

der **Strolch** [シュトろルひ] [名] -(e)s/-e 《蔑》ならず者, ごろつき; 《口・冗》腕白坊主.

strol·chen [シュトろルひェン] [動] *s.* 〔durch <et⁴>ヲ〕うろつく, さまよい歩く, 放浪する.

der **Strom** [シュトろーム] [名] -(e)s/Ströme **1.** (海にそそぐ大きな)川, 河: ein mächtiger/reißender ~ 大河/急流. Der ~ ist über die Ufer getreten. 川が氾濫(はんらん)した. **2.** 流れ: der ~ der Zeit 時流. ein ~ von Menschen 人の波. ein ~ von Schweiß 滝のように流れる汗. **3.** 電流, 電気: elektrischer ~ 電流. den ~ ausschalten 電源を切る. unter ~ stehen 電流〔電気〕が通じている. ein ~ führendes Kabel 電流の流れているケーブル. **4.** 《口》お金(かね).
【慣用】**gegen〔wider〕den Strom schwimmen** 時流に逆らう. **in Strömen** (液体が)大量に. **mit dem Strom schwimmen** 時流に乗る.

strom·ab [シュトろーム・アップ] [副] 川を下って.

der **Strom·ab·neh·mer** [シュトろーム・アップ・ネーマー] [名] -s/- **1.** 〖電〗集電器〔装置〕; パンタグラフ. **2.** 電力消費者.

strom·ab·wärts [シュトろーム・アップ・ヴェるツ] [副] 川下の方へ.

strom·auf [シュトろーム・アウふ] [副] 川をさかのぼって.

strom·auf·wärts [シュトろーム・アウふ・ヴェるツ] [副] 川上の方へ.

der **Strom·aus·fall** [シュトろーム・アウス・ふぁル] [名] -s/..fälle 停電.

das **Strom·bett** [シュトろーム・ベット] [名] -(e)s/-en 河床.

strö·men [シュトれーメン] [動] *s.* **1.** 〔(<場所>ヲ)〕流れている(大きな川が). **2.** 〔<方向>ニ〔カラ〕/durch <et⁴>ヲ〕(どっと)流れて行く, 流れ〔あふれ〕出る, 流込む(液体・気体・人が).

der **Stro·mer** [シュトろーマー] [名] -s/- 《口・蔑》浮浪者; (主に[複])〖ジャーゴン〗電力会社.

stro·mern [シュトろーマーン] [動] 《口》 **1.** *s.* 〔durch <et⁴>ヲ〕さまよい歩く(町・森などを). **2.** *h.* 〖補足なし〗ほっつき歩く.

der **Strom·er·zeu·ger** [シュトろーム・エあツォイガー] [名] -s/- 発電機〔装置・施設〕; 電力会社.

die **Strom·er·zeu·gung** [シュトろーム・エあツォイグング] [名] -/ 発電.

Strom füh·rend, [旧]**strom·füh·rend** [シュトろーム ふゅーれント] [形] ⇨ Strom 3.

S

das **Strom·ge·biet** [シュトローム・ゲビート] 名 -(e)s/-e 流域.

der **Strom·kreis** [シュトローム・クライス] 名 -es/-e 電気回路.

die **Strom·li·nie** [シュトローム・リーニエ] 名 -/-n 〖理〗流線.

die **Strom·li·ni·en·form** [シュトロームリーニエン・ふぉるム] 名 -/-en 〖理・工〗流線形[型].

strom·li·ni·en·för·mig [シュトロームリーニエン・(ふぉ)るミヒ] 形 流線形[型]の.

der **Strom·mes·ser** [シュトローム・メッサー] 名 -s/- 電流計.

das **Strom·netz** [シュトローム・ネッツ] 名 -es/-e 電力供給網;配線網.

der **Strom·preis** [シュトローム・プライス] 名 -es/-e 電力料金.

die **Strom·quel·le** [シュトローム・クヴェレ] 名 -/-n 電源.

der **Strom·rich·ter** [シュトローム・リヒター] 名 -s/- 〖電〗整流器, コンバーター.

die **Strom·schnel·le** [シュトローム・シュネレ] 名 -/-n 早瀬.

die **Strom·sper·re** [シュトローム・シュペれ] 名 -/-n 送電中止, 停電.

die **Strom·stär·ke** [シュトローム・シュテるケ] 名 -/-n 電流の強さ.

der **Strom·stoß** [シュトローム・シュトース] 名 -es/..stöße 〖電〗衝撃電流, インパルス.

die **Strö·mung** [シュトれームンヶ] 名 -/-en 1. (液体・気体の)流れ, 水流, 気流. 2. (思想などの)流れ, 傾向, 風潮, 動向.

die **Strö·mungs·ge·schwin·dig·keit** [シュトれームンヶス・ゲシュヴィンディヒカイト] 名 -/-en 流速.

die **Strö·mungs·leh·re** [シュトれームンヶス・レーれ] 名 -/ 〖理〗流動学, 流体力学.

der **Strom·ver·brauch** [シュトローム・ふぇあブらウほ] 名 -(e)s/ 電力消費; 消費電力.

der **Strom·ver·brau·cher** [シュトローム・ふぇあブらウはー] 名 -s/- 電力消費者;電気製品.

die **Strom·ver·sor·gung** [シュトローム・ふぇあゾるグンヶ] 名 -/ 電力供給.

der **Strom·wen·der** [シュトローム・ヴェンダー] 名 -s/- 〖電〗整流子, 電流転換器.

der **Strom·zäh·ler** [シュトローム・ツェーラー] 名 -s/- (積算)電力計.

das **Stron·ti·um** [シュトロンツィウム, シュトrón..] 名 -s/ 〖化〗ストロンチウム(記号 Sr).

das **Stro·phan·thin** [シュトロふぁンティーン, stro..] 名 -s/ ストロファンチン(強心剤).

die **Stro·phe** [シュトろーふぇ] 名 -/-n 〖詩〗詩節, 連.

..**stro·phig**..[..シュトろーふぃヒ] 数詞・形容詞につけて「…節(連)の, …節(連)からなる」を表す形容詞句を作る: fünfstrophig [5-strophig] 五詩節の, 五連の.

der **Stropp** [シュトロップ] 名 -(e)s/-s 1. 〖海〗ストロップ, 環索(なっ). 2. 〖方・冗〗いたずら小僧.

strot·zen [シュトロツェン] 動 h. [von[vor]〈et³〉] 満ちあふれている(健康・エネルギーなどに); (…で)いっぱいである(誇・誤りなどで).

strub·be·lig [シュトるッベリヒ] 形 もじゃもじゃの, くしゃくしゃの.

der **Strub·bel·kopf** [シュトるッベル・コップふ] 名 -(e)s/..köpfe 〖口〗もじゃもじゃの髪;もじゃもじゃ頭の人.

strubb·lig [シュトるップリヒ] 形 =strubbelig.

der **Stru·del** [シュトるーデル] 名 -s/- 1. 渦, 渦巻き: in den ~ der Ereignisse hineingerissen werden 事件の渦中に巻込まれる. 2. 《南独・*トゥミェメウト*》シュトルーデル(果実などを巻いたパイ).

das **Stru·del·loch** [シュトるーデル・ロッほ] 名 -(e)s/..löcher 〖地質〗甌穴(詩), ポットホール.

stru·deln [シュトるーデルン] 動 1. h. 〖稀,〗渦を巻く. 2. s. 《〈方向2〉》渦巻いて行く.

der **Stru·del·wurm** [シュトるーデル・ヴるム] 名 -(e)s/ ..würmer 〖主に複〗〖動〗渦虫(類).

die **Struk·tur** [シュトるクトゥーア, struk..] 名 -/-en (物質・言語・社会・経済などの)構造.

der **Struk·tu·ra·lis·mus** [シュトるクトゥらリスムス, struk.. ストるクらリスムス] 名 -/ 〖言・哲〗構造主義.

struk·tu·ra·lis·tisch [シュトるクトゥらリスティシュ, struk.. ストるクらリスティッシュ] 形 構造主義の.

die **Struk·tur·a·na·ly·se** [シュトるクトゥーア・アナリューゼ, struk.. ストるクトゥーア・アナリューゼ] 名 -/-n 構造分析.

struk·tu·rell [シュトるクトゥれル, struk.. ストるクトゥれル] 形 構造(上)の, 構造に関する.

die **Struk·tur·for·mel** [シュトるクトゥーア・ふぉるメル, ストるクトゥーア・ふぉるメル] 名 -/-n 〖化〗構造式.

struk·tu·rie·ren [シュトるクトゥリーれン, struk.. ストるクトゥリーれン] 動 h. 〈et⁴〉=(〈様態〉)構造を持たせる;〈et⁴〉がsich⁴の場合〉構造を持つ.

die **Struk·tur·kri·se** [シュトるクトゥーア・クリーゼ, ストるクトゥーア・クリーゼ] 名 -/-n 〖経〗構造の危機.

das **Struk·tur·kri·sen·kar·tell** [シュトるクトゥーアクリーゼン・カるテル, ストるクトゥーアクリーゼン・カるテル] 名 -s/-e 構造不況[危機]カルテル.

die **Struk·tur·maß·nah·me** [シュトるクトゥーア・マース・ナーメ, ストるクトゥーア・マース・ナーメ] 名 -/-n 構造的措置, リストラ.

die **Struk·tur·po·li·tik** [シュトるクトゥーア・ポリティーク, ストるクトゥーア・ポリティーク] 名 -/ 〖経〗構造政策.

struk·tur·schwach [シュトるクトゥーア・シュヴァッはフ, ストるクトゥーア・シュヴァッはフ] 形 〖経〗産業構造の弱体な, 工業化の遅れた.

der **Struk·tur·wan·del** [シュトるクトゥーア・ヴァンデル, ストるクトゥーア・ヴァンデル] 名 -s/ 〖経〗構造変動.

die **Stru·ma** [シュトるーマ, strú:.. ストるーマ] 名 -/ ..men[mae..メ] 〖医〗甲状腺腫(ば).

der **Strumpf** [シュトるムプふ] 名 -(e)s/Strümpfe 1. (長)靴下, ストッキング: ein Paar *Strümpfe* 靴下一足. ein Loch im ~ haben 靴下に穴があいている. auf *Strümpfen* gehen 靴を履かないで歩く. 2. (ガス灯の)白熱マントル(Glüh~). 【慣用】 sein Geld im Strumpf haben たんす預金をしている. sich⁴ auf die Strümpfe machen 〖口〗(こっそり)立去る, 出て行く. ⟨j²⟩ Strümpfe ziehen Wasser 〖口〗⟨人⟩の靴下がずり落ちている.

das **Strumpf·band** [シュトるムプふ・バント] 名 -(e)s/ ..bänder (ゴム・サスペンダー式の)靴下止め, ガーター.

die **Strumpf·fa·brik** [シュトるムプふ・ふぁブリーク] 名 -/-en 靴下工場.

der **Strumpf·hal·ter** [シュトるムプふ・ハルター] 名 -s/- (サスペンダー式の)靴下止め, ガーター.

der **Strumpf·hal·ter·gür·tel** [シュトるムプふハルター・ギュるテル] 名 -s/- ガーターベルト(女性用).

die **Strumpf·ho·se** [シュトるムプふ・ホーゼ] 名 -/-n パンティーストッキング, タイツ.

die **Strumpf·wa·ren** [シュトるムプふ・ヴァーれン] 複名 靴下[ストッキング]類(商品).

der **Strumpf·wir·ker** [シュトるムプふ・ヴィるカー] 名 -s/- 靴下製造職人.

der **Strunk** [シュトるンク] 名 -(e)s/Strünke 切り株; (キャベツなどの)芯, (太い)茎;《古》間抜けだ, とんま(人).

strun·zen¹ [シュトるンツェン] 動 h. 〖稀,〗《南西独》自慢する, 偉そうに振舞う.

strun·zen² [シュトるンツェン] 動 h. 〖稀,〗《西中独》小便

をする.

strup·pig [シュトるっピひ] [形] ぼうぼうの, ぼさぼさの.

der **Struw·wel·kopf** [シュトるっヴェル・コップふ] [名] -(e)s/..köpfe 《方》=Strubbelkopf.

der **Struw·wel·pe·ter** [シュトるっヴェル・ペーター] [名] -s/- 《口》頭髪がくしゃくしゃな男の子(Heinrich Hoffmann, 1809-94, の児童書による).

das **Strych·nin** [シュトりゅひニーン, strYç.. ストりゅひニーン] [名] -s/ ストリキニーネ.

der **Stu·art** [シュトゥーアるト, stú.. ストゥーアるト] [名] -s/-s スチュアート家の人(スコットランド, 1371-1603; イギリス, 1603-1714, の王家).

der **Stu·art·kra·gen** [シュトゥーアるト・クらーゲン, ストゥーアるト・クらーゲン] [名] -s/- スチュアートカラー(高く立った扇形の(レース)襟).

der **Stub·ben** [シュトゥっベン] [名] -s/- 《北独》切り株.

das **Stüb·chen**[1] [シュテューブひぇン] [名] -s/- 小部屋.

das **Stüb·chen**[2] [シュテューブひぇン] [名] -s/- シュテュープヒェン(昔の液量単位. 3-4ℓ).

die **Stu·be** [シュトゥーベ] [名] -/-n **1.** 部屋, 居間: die gute ~ 客間. **2.** (兵営・寄宿舎などの)共同部屋; (共同部屋の)居住者: ~ 8 8号室(の同室者).

der/die **Stu·ben·äl·tes·te** [シュトゥーベン・エルテステ] [名] 《形容詞的変化》(兵営や寮などの)室長.

der **Stu·ben·ar·rest** [シュトゥーベン・アれスト] [名] -(e)s/-e 《口》外出禁止, 禁足(子供・生徒への罰).

die **Stu·ben·flie·ge** [シュトゥーベン・ふりーゲ] [名] -/-n 〘昆〙イエバエ.

der/die **Stu·ben·ge·lehr·te** [シュトゥーベン・ゲレーあテ] [名] 《形容詞的変化》《古・蔑》(世間知らずの)書斎学者.

der **Stu·ben·ho·cker** [シュトゥーベン・ホッカー] [名] -s/- 《口・蔑》家にばかりいる人.

das **Stu·ben·mäd·chen** [シュトゥーベン・メートひぇン] [名] -s/- 《古》(部屋の掃除などの家庭・ホテルの)メイド.

stu·ben·rein [シュトゥーベン・らイン] [形] (排泄(はいせつ)のしつけがよくて)部屋を汚さない; 《冗》下品にならない.

die **Stubs·na·se** [シュトゥっプス・ナーゼ] [名] -/-n =Stupsnase.

der **Stuck** [シュトゥック] [名] -(e)s/ スタッコ(化粧しっくい材料の一種); スタッコ細工.

das **Stück** [シュテュック] [名] -(e)s/-e (単位としては主に-) **1.** 部分, 一部, 小片(全体から切離された切片・断片など): ein ~ Papier 一枚の紙(きれ). ein ~ vom Fleisch abschneiden 肉を一塊り切取る. in ~*e* gehen 壊れる, 割れる, 破れる. **2.** 1個, 一部分(全体の内の同種のもの): zwei ~(*e*) Kuchen ケーキ二切れ. ein gutes ~ Arbeit (全体の内の)かなりの量の仕事. 〈et^4〉 in ~*e* schneiden 〈物を〉切り分ける. ein ~ aus dem Buch vorlesen その本の一節を朗読する. ein ~ spazieren 少しばかり散歩する. **3.** 1個, 一定量, 一区画(物質・原料などの一定量のまとまり. 略 St): ein ~/ein kleines ~ Butter バター1個(250 g)/半個(125 g). ein ~ Land 地所の一区画. ein ~ Seife 石けん1個. drei ~ Zucker (角)砂糖3個. **4.** (個々の)物, (動植物の)数量: zwei ~ Gepäck 2個の手荷物. zehn ~ Vieh 家畜10頭. sieben ~ Tulpen チューリップ7本. fünf ~ von diesen Äpfeln これらのリンゴのうちの5個. Diese Arbeit wird nach ~ bezahlt. この仕事は出来高払いです. **5.** 戯曲, 芝居(Theater~). **6.** 楽曲(Musik~): ein ~ von Mozart モーツァルトの作品. **7.** 特別な(貴重な)物; (絵画・彫刻などの)作品: Der Tisch ist ein ganz altes ~. そのテーブルは非常に古いものです. das wertvollste ~ meiner Sammlung 私のコレクションの中で最も貴重なもの. **8.** (主に[単])行為, 悪ふざけ. **9.** 《口・蔑》やつ: ein freches ~ なまいきなやつ. 【慣用】**aus freien Stücken** 自発的に. **Das ist ein starkes Stück.** 《口》そいつはひどい, とんでもない. **große Stücke auf 〈j^4〉 halten** 《口》〈人を〉高く買っている. **im〔am〕 Stück** 《方》(チーズ・ソーセージなどを)丸ごと. **in einem Stück** 《口》間断なく. **in vielen〔allen〕 Stücken** あらゆる点で. **sich^4 für 〈j^4〉 in Stücke reißen lassen** 《口》〈人の〉ために粉骨砕身する. **sich^3 von 〈j^3/et^3〉 ein Stück abschneiden (können)** 《口》〈人・物を〉見習う, 手本にする. **Stück für Stück** 一つずつ, 少しずつ.

die **Stuck·ar·beit** [シュトゥック・アるバイト] [名] -/-en スタッコ仕上げ; スタッコ細工〔の装飾〕.

die **Stück·ar·beit** [シュテュック・アるバイト] [名] -/-en **1.** 《[単]のみ》出来高払いの仕事. **2.** 《口》やっつけ仕事.

der **Stück·ar·bei·ter** [シュテュック・アるバイター] [名] -s/- 出来高払いの労働者.

der **Stu·cka·teur,** [旧]**Stuk·ka·teur** [..tø:r シュトゥカテーあ] [名] -s/-e スタコ装飾〔細工〕の職人; スタコ装飾〔細工〕.

die **Stu·cka·tur** [シュトゥカトゥーあ] [名] -/-en =Stuckarbeit.

die **Stuck·de·cke** [シュトゥック・デッケ] [名] -/-n スタッコ塗りの天井.

stü·ckeln [シュテュッケルン] [動] *h.* 〔(〈et^4〉ヲ)〕継合せる.

stu·cken [シュトゥッケン] [動] *h.* 〔[補足なし]〕《オーストリア》がり勉をする.

stü·cken [シュテュッケン] [動] *h.* =stückeln.

stu·ckern [シュトゥッカーン] [動] 《北独》 **1.** *h.* 〔[補足なし]〕がたがた揺れる(車などが). **2.** *s.* 〔〈場所〉ヲ/〈様態〉ニ〕がたがた揺れながら走る.

das **Stück·fass,** [旧]**Stück·faß** [シュテュック・ふぁス] [名] -es/..fässer シュテュックファス(昔のワインの液量単位. 約 1000-1200ℓ).

das **Stück·gut** [シュテュック・グート] [名] -(e)s/..güter (トラック, 貨車1台分の)小口扱い貨物, 個品貨物.

die **Stück·koh·le** [シュテュック・コーレ] [名] -/-n 塊炭.

der **Stück·lohn** [シュテュック・ローン] [名] -(e)s/..löhne 出来高賃金.

die **Stück·schuld** [シュテュック・シュルト] [名] -/-en 〘法〙特定物債務.

stück·wei·se [シュテュック・ヴァイゼ] [副] 一つずつ, ばらで.

das **Stück·werk** [シュテュック・ヴェるク] [名] 《次の形で》~ sein〔bleiben〕中途半端である.

die **Stück·zahl** [シュテュック・ツァール] [名] -/-en (一定時間内の)生産個数.

die **Stück·zin·sen** [シュテュック・ツィンゼン] [複名] 〘銀行〙経過利子(定額利子債券の売買の際に清算される利子).

stud. [シュトゥート, シュトゥット] =studiosus (大)学生.

der **Stu·dent** [シュトゥデント] [名] -en/-en 大学生, 学生; 《オーストリア》高校生.

der **Stu·den·ten·aus·tausch** [シュトゥデンテン・アウス・タウシュ] [名] -es/-e (各国間の)学生交換, 交換留学.

der **Stu·den·ten·aus·weis** [シュトゥデンテン・アウス・ヴァイス] [名] -es/-e 学生証.

die **Stu·den·ten·be·we·gung** [シュトゥデンテン・ベヴェーグング] [名] -/-en 学生運動.

die **Stu·den·ten·bu·de** [シュトゥデンテン・ブーデ] [名] -/-n 《口》学生の下宿部屋.

das **Stu·den·ten·fut·ter** [シュトゥデンテン・ふッター] [名] -s/ 学生のおやつ(クルミ・アーモンド・干ブドウをミックスしたもの).

das **Stu·den·ten·heim** [シュトゥデンテン・ハイム] [名] -(e)s/-e 学生寮.

das **Stu·den·ten·lied** [シュトゥデンテン・リート] [名] -(e)s/-er 学生歌.

die **Stu·den·ten·schaft** [シュトゥデンテンシャふト] [名] -/-en (主に[単])(一大学の)全学生; (総称)大学生: Vereinigte Deutsche ~*en* ドイツ学生連合(略

VDS).
die **Stu·den·ten·un·ru·hen** [シュトゥデンテン・ウン・るーエン] 複 (大学紛争などによる)学生騒動.
die **Stu·den·ten·ver·bin·dung** [シュトゥデンテン・ふぇアビンドゥング] 名 -/-en 学生組合, 学友会.
das **Stu·den·ten·werk** [シュトゥデンテン・ヴェるク] 名 -(e)s/-e 学生相互扶助会, 学生援護会.
die **Stu·den·tin** [シュトゥデンティン] 名 -/-nen 女子学生, 女子大生.
stu·den·tisch [シュトゥデンティシュ] 形 (大)学生の.
der **Stu·di**¹ [シュトゥーディ] 名 -s/-s 《口》男子学生.
die **Stu·di**² [シュトゥーディ] 名 -/-s 女子学生.
die **Stu·die** [シュトゥーディエ] 名 -/-n **1.** 学術研究; 予備研究, 試論. **2.** (特に美術作品の)スケッチ, 下絵.
die **Stu·di·en·an·stalt** [シュトゥーディエン・アン・シュタルト] 名 -/-en (昔の)女子ギムナジウム.
der **Stu·di·en·as·ses·sor** [シュトゥーディエン・アセソーア] 名 -s/-en (昔の)高等学校二級教諭(資格試験に合格して,まだ正規の教員となっていない者).
der **Stu·di·en·auf·ent·halt** [シュトゥーディエン・アウフ・エントハルト] 名 -(e)s/-e 留学〔研究〕のための滞在.
die **Stu·di·en·be·ra·tung** [シュトゥーディエン・べらートゥング] 名 -/-en (大学の)学生相談(室)〔履修・課程や個人的な相談をする〕.
der **Stu·di·en·di·rek·tor** [シュトゥーディエン・ディれクトーア] 名 -s/..en **1.** 高等学校管理職教諭(地位);高等学校教頭. **2.** 《旧東独》名誉教官(称号).
das **Stu·di·en·fach** [シュトゥーディエン・ふぁッハ] 名 -(e)s/..fächer (研究の)専門分野, 専攻.
der **Stu·di·en·freund** [シュトゥーディエン・ふろイント] 名 -(e)s/-e 大学(時代)の友人.
der **Stu·di·en·gang** [シュトゥーディエン・ガング] 名 -(e)s/..gänge (大学の)課程.
die **Stu·di·en·ge·bühr** [シュトゥーディエン・ゲビューア] 名 -/-en (大学の)学費, 聴講料.
stu·di·en·hal·ber [シュトゥーディエン・ハルバー] 副 大学の勉学〔研究〕のために.
der **Stu·di·en·plan** [シュトゥーディエン・プラーン] 名 -(e)s/..pläne (大学の)カリキュラム;(大学での)研究計画.
der **Stu·di·en·platz** [シュトゥーディエン・プラッツ] 名 -es/..plätze (大学の)学生定員分の席;学籍(権).
der **Stu·di·en·rat** [シュトゥーディエン・らート] 名 -(e)s/..räte **1.** 高等学校教諭. **2.** 《旧東独》名誉教官(称号).
der **Stu·di·en·re·fe·ren·dar** [シュトゥーディエン・れふぇれンダーア] 名 -s/-e 高等学校教員研修者(最初の国家試験に合格した者).
die **Stu·di·en·rei·se** [シュトゥーディエン・らイゼ] 名 -/-n 研修旅行.
die **Stu·di·en·zeit** [シュトゥーディエン・ツァイト] 名 -/-en **1.** (大学の)在学期間;《®のみ》学生時代.
stu·die·ren [シュトゥディーれン] 動 h. **1.** 《属》大学で学んでいる, 大学生である: auf〈j⁴/et⁴〉〜《口》〈人・事をめざして〉学んでいる. **2.** ((〈et⁴〉を〉(bei〈j³〉ニツイテ/an〈et³〉デ))学ぶ. **3.** 〈et⁴〉を 調査〔研究〕する, 観察する;詳しく読む;(練習して)覚える.
der/die **Stu·die·ren·de** [シュトゥディーれンデ] 名 《形容詞的変化》学生.
stu·diert [シュトゥディーアト] 形 大学教育を受けた.
der/die **Stu·dier·te** [シュトゥディーアテ] 名 《形容詞的変化》《口》大学教育を受けた〔大卒の〕人.
das **Stu·dier·zim·mer** [シュトゥディーア・ツィマー] 名 -s/- 《古》研究室.
der **Stu·di·ker** [シュトゥディカー] 名 -s/- 《口・冗・古》学生.
das **Stu·dio** [シュトゥーディオ] 名 -s/-s **1.** (芸術家の)アトリエ. **2.** (映画・テレビなどの)スタジオ. **3.** (前衛的)実験劇場. **4.** (舞踊家の)稽古(ヶィコ)場. **5.** ワンルームの住居.
die **Stu·dio·büh·ne** [シュトゥーディオ・ビューネ] 名 -/-n (前衛的)実験劇場.
der **Stu·di·o·sus** [シュトゥディオーズス] 名 -/..osi (..osen) 《口・冗》(大)学生.
das **Stu·di·um** [シュトゥーディウム] 名 -s/..dien **1.** 《®のみ》大学での勉強. **2.** (学術的な)研究, (詳細な)調査. **3.** 《®のみ》(書類・表などの)入念な点検〔検討〕;(芝居の役を)練習して覚え込むこと.
das **Stu·di·um ge·ne·ra·le** [シュトゥーディウム グネらーレ] 名 -/- (大学の学部共通の)一般教養科目.
die **Stu·fe** [シュトゥーふェ] 名 -/-n **1.** (階段の)段, (岩などにきざむ)足がかり, ステップ: zwei 〜n auf einmal nehmen 階段を二段一度に登る. **2.** 発展などの段階, 程度;階級, 等級;《稀》(色彩の)濃淡;(多段式機械の)段(階);《植》植生段階(Vegetations〜): auf einer hohen 〜 stehen 高いレベルにある. die zweite 〜 abspringen 二段目のロケットを切離す. **3.** 《楽》度, 音程. **4.** 《服》(横の)ひだ. **5.** 《鉱》(結晶した鉱物が集った)塊. **6.** 《地質》階(年代区分の単位);断層面(ﾁ). 《慣用》**in Stufen** 段をなして, 段階的に. **sich⁴ mit〈j³〉auf die gleiche〔eine〕Stufe stellen** 自分を〈人と〉同等と見なす. **von Stufe zu Stufe** 段々と, 次第に.
stu·fen [シュトゥーふェン] 動 h. **1.** 〈et⁴〉に段をつける. **2.** 〈et⁴〉を段階〔等級〕に分ける.
das **Stu·fen·a·bi·tur** [シュトゥーふェン・アビトーア] 名 -s/-e (主に®)段階的アビトゥア〔ギムナジウム卒業試験科目の一部を前もって受験する方式〕.
die **Stu·fen·aus·bil·dung** [シュトゥーふェン・アウス・ビルドゥング] 名 -/-en (主に®)段階的職業訓練.
der **Stu·fen·bar·ren** [シュトゥーふェン・バれン] 名 -s/- 《体操》段違い平行棒.
die **Stu·fen·fol·ge** [シュトゥーふェン・ふォルゲ] 名 -/-n **1.** 順位, 順序, 等級. **2.** 段階的発達.
stu·fen·för·mig [シュトゥーふェン・(ふぉ)るミヒ] 形 段状の;段階的な.
das **Stu·fen·heck** [シュトゥーふェン・ヘック] 名 -(e)s/-e〔-s〕(乗用車の)段のついた尾部.
die **Stu·fen·lei·ter** [シュトゥーふェン・ライター] 名 -/-n (地位などの)段階(制), 位階(制), 階層(制).
der **Stu·fen·plan** [シュトゥーふェン・プラーン] 名 -(e)s/..pläne 段階的計画.
der **Stu·fen·schal·ter** [シュトゥーふェン・シャルター] 名 -s/- 《電》ステップスイッチ, 多段切替え装置.
stu·fen·wei·se [シュトゥーふェン・ヴァイゼ] 副 段階的に(な).
der **Stuf·fer** [stʌfɐ スタッふェ] 名 -s/- (郵便物に同封される)広告, パンフレット.
..stu·fig [..シュトゥーふィヒ] 接尾 数詞などにつけて「...段ある」を表す形容詞を作る. sieben*stufig* (7 *stufig*)7段(式)の.
der **Stuhl** [シュトゥール] 名 -(e)s/Stühle **1.** 椅子(ｽ), 座席;治療用の椅子(Behandlungs〜): auf dem 〜 sitzen 椅子に腰かけている. 〈j³〉einen 〜 anbieten〈人に〉着席を勧める. **2.** (地位の象徴としての)椅子, 座: der bischöflich〜 司教座(のための椅子), 座: der bischöfliche 〜 司教座(教皇の地位). der 〜 Petri 教皇座(教皇の地位). **3.** 《医》便通, 大便: blutiger 〜 血便. 《慣用》〈j³〉**den Stuhl vor die Tür setzen**〈人を〉家から追出す,〈人を〉首にする. **(fast) vom Stuhl fallen**《口》びっくり仰天する. **mit〈et³〉zu Stuhl(e) kommen**《口》〈物・事を〉仕上げる. **sich⁴ zwischen zwei Stühle setzen** あぶな取らずになる.〈j⁴〉**vom Stuhl hauen〔reißen〕**《口》〈人を〉非常に驚かす.

das **Stuhl·bein** [シュトゥール・バイン] 名 -(e)s/-e 椅子(ヤス)の脚.

der **Stuhl·drang** [シュトゥール・ドラング] 名 -(e)s/ 【医】便意.

der **Stuhl·gang** [シュトゥール・ガング] 名 -(e)s/ 便通,便: ~ haben 通じがある.

die **Stuhl·leh·ne** [シュトゥール・レーネ] 名 -/-n 椅子(ヤス)の背もたれ.

der **Stuhl·schieds·rich·ter** [シュトゥール・シーツ・リヒター] 名 -s/-(ヌュー)審判.

die **Stuhl·ver·hal·tung** [シュトゥール・ふぇあハルトゥング] 名 -/ 【医】便秘.

der **Stuhl·zwang** [シュトゥール・ツヴァング] 名 -(e)s/ 【医】しぶり腹.

der **Stu·ka** [シュトゥーカ, シュトゥカ] 名 -s/-s 【軍】急降下爆撃機(Sturzkampfflugzeug の短縮形).

der **Stuk·ka·teur** [..tö:r シュトゥッカテーあ] ⇨ Stuckateur.

die **Stuk·ka·tur** [シュトゥッカトゥーあ] ⇨ Stuckatur.

die **Stul·le** [シュトゥレ] 名 -/-n 《北独・ベル》オープンサンド.

die **Stul·pe** [シュトゥルペ] 名 -/-n (そで・手袋・ブーツなどの)折返し.

stül·pen [シュテュルペン] 動 h. 1. 〈et⁴〉ッ+auf〈et⁴〉ン/über〈et⁴〉ェをスッポリ〉かぶせる. 2. 〈〈j³〉ー+〈et⁴〉ン〉さっとかぶせる. 3. 〈〈et⁴〉ッ+〈方向〉〉裏返す,折返す;(中の…を)出す.

der **Stul·pen·hand·schuh** [シュトゥルペン・ハント・シュー] 名 -(e)s/-e 折返しつき手袋.

der **Stul·pen·stie·fel** [シュトゥルペン・スティーふぇル] 名 -s/- 折返しのあるブーツ(長靴).

der **Stulp·hand·schuh** [シュトゥルプ・ハント・シュー] 名 -(e)s/-e =Stulpenhandschuh.

die **Stulp·na·se** [シュトゥルプ・ナーゼ] 名 -/-n 上向きに反った鼻.

der **Stulp·stie·fel** [シュトゥルプ・スティーふぇル] 名 -s/- =Stulpenstiefel.

stumm [シュトゥム] 形 1. 口のきけない: vor Freude ~ sein 喜びのあまり口が利けない. 2. 沈黙した,押し黙った: Er blieb auf alle Fragen ~. 彼は何を聞かれても黙っていた. Das Radio bleibt ~. ラジオはうんともすんともいわない. 3. 無言の: ein ~er Protest 無言の抗議. 4. 【言】発音されない. 【慣用】ein stummer Diener サイドテーブル,(テーブルの中央の)回転台,コートスタンド. ein stummer Laut 【言】無音. ein stummes Spiel 無言劇. eine stumme Infektion 【医】無症候感染. eine stumme Karte 白(はく)地図, eine stumme Person/Rolle せりふのない役者/せりふのない役. 〈j³〉 stumm machen 《口》〈人〉を〉口の利けないようにする(殺す).

der/die **Stum·me** [シュトゥメ] 名 〈形容詞的変化〉口のきけない人,唖者(アシャ).

der **Stum·mel** [シュトゥメル] 名 -s/- (口》(短くなった)使い残り,(ろうそくの)燃えさし,(タバコの)吸い殻.

die **Stum·mel·pfei·fe** [シュトゥメル・プふぁイふぇ] 名 -/-n (タバコ用の)短いパイプ.

der **Stumm·film** [シュトゥム・ふぃルム] 名 -(e)s/-e (昔の)無声(サイレント)映画.

der **Stum·pen** [シュトゥムペン] 名 -s/- 1. フェルト帽のボディー. 2. 両切り葉巻. 3. 《方》切り株;ずんぐりした男.

der **Stüm·per** [シュテュムパー] 名 -s/- 《蔑》能なし,仕事のできない(へたな)者.

die **Stüm·pe·rei** [シュテュムペらイ] 名 -/-en 《蔑》1. (のみの)ぞんざいな仕事. 2. へたくそな作品.

stüm·per·haft [シュテュムパーハふト] 形 拙劣な,へたくそな.

stüm·pern [シュテュムパーン] 動 h. 【稀用】《蔑》へたな仕事をする.

stumpf [シュトゥムプふ] 形 1. 切れ味の鈍った;先の尖(ト)っていない(丸くなった): ein ~er Gegenstand 鈍器. ein ~er Winkel 【数】鈍角. ein ~er Kegel 【数】円錐(ス) 台. 2. 【医】(傷が)出血していない: eine ~e Verletzung 挫傷(ハン). 3. (表面が)ざらざらした;くすんだ,光沢のない. 4. 鈍感な,無感動な;無気力な,うつろな: ~e Sinne haben 鈍感である,無感覚になっている. 5. 【詩】男性(韻)の.

der **Stumpf** [シュトゥムプふ] 名 -(e)s/Stümpfe (使って切り詰められた短い)残りの部分,(ろうそくの)燃えさし,切り株. 【慣用】mit Stumpf und Stiel 根こぎに.

das **Stumpf·näs·chen** [シュトゥムプふ・ネースちェン] 名 -s/- 小さい団子鼻.

die **Stumpf·na·se** [シュトゥムプふ・ナーゼ] 名 -/-n 団子鼻.

der **Stumpf·sinn** [シュトゥムプふ・ズィン] 名 -(e)s/ 放心状態,無感動;退屈さ;《稀》ばかげたこと.

stumpf·sin·nig [シュトゥムプふ・ズィニヒ] 形 1. 無感動な,放心したような. 2. (単調で)退屈な;《稀》ばかげた.

stumpf·win·ke·lig [シュトゥムプふ・ヴィンケリヒ] 形 【幾何】鈍角の.

stumpf·wink·lig [シュトゥムプふ・ヴィンクリヒ] 形 =stumpfwinkelig.

stund [シュトゥント] 動 《古》stehen の過去形.

die **Stun·de** [シュトゥンデ] 名 -/-n 1. (Stunde の略 St., Std., 《商》Stdn.) 1 時間: eine gute ~ たっぷり 1 時間. eine halbe ~ 半時間. eine viertel/drei viertel ~ 15 分間/45 分間. anderthalb ~n 1 時間半. vor/nach einer ~ 1 時間前/後. jede ~ 毎時間. alle zwei ~n 2 時間ごとに. eine ~ Zeit haben 1 時間(の時間)がある. auf/für eine ~ 1 時間の予定で. in einer ~ 1 時間以内に. achtzig Kilometer pro (in der) ~. 時速 80 キロ. 8 Euro pro (für die/in der) ~ bekommen 1 時間で 8 ユーロもらう. ~ um ~ 時々刻々. von ~ zu ~ 時をおって(ますます). 2. 授業時間(Unterrichts~), レッスン: ~n im Klavierspielen geben/nehmen ピアノのレッスンをする/受ける. zwei ~n Deutsch haben 2 時間のドイツ語の授業がある. 3. (1 日の)ひととき, 時: eine gemütliche ~ くつろいだひととき. die blaue ~《文》たそがれ時;夜明け時. in einsamen ~n 孤独な時に. zu früher/vorgerückter ~ 朝早く/夜遅く. 時点,瞬間: die ~ der Entscheidung 決断の時. die ~ X X 時(何かが起こる時). die ~ der Wahrheit 真実があかる時. in letzter ~ ぎりぎりに. zur ~ 現在のところ. zu jeder ~ いつでも. die rechte ~ abwarten 時機を待つ. 【慣用】die Stunde des Pan 真夏の正午. die Stunde null (物事の)原点. in zwölfter Stunde 最後の瞬間に. 〈j³〉 letzte Stunde hat geschlagen 〈人の〉最後の時が来た. 〈j³〉 schwere Stunde 《詩》〈人の〉お産の時. von Stund an 《文》その時(点)から. wissen, was die Stunde geschlagen hat 事態をよく承知している.

stün·de [シュテュンデ] 動 stehen の接続法 2 式.

stun·den [シュトゥンデン] 動 h. 《〈j³〉ー+〈et⁴〉ン〉支払いを猶予する.

das **Stun·den·buch** [シュトゥンデン・ブーふ] 名 -(e)s/-bücher 『カト』聖務日課書,時禱(ジ)書.

der **Stun·den·durch·schnitt** [シュトゥンデン・ドゥるひシュニット] 名 -(e)s/-e 1 時間平均.

die **Stun·den·frau** [シュトゥンデン・ふらウ] 名 -/-en 《方》掃除婦,家政婦.

das **Stun·den·ge·bet** [シュトゥンデン・ゲ・ベート] 名 -(e)s/-e 『カト』聖務日課(聖職者に課された日々の祈禱(きり)の務め).

das **Stun·den·geld** [シュトゥンデン・ゲルト] 名 -(e)s/ レ

ッスン〔授業〕料.

die **Stun·den·ge·schwin·dig·keit** [シュトゥンデン・ゲシュヴィンディひカイト] [名] -/-en 時速.

das **Stun·den·glas** [シュトゥンデン・グラース] [名] -es/..gläser《古》砂時計.

das **Stun·den·ho·tel** [シュトゥンデン・ホテル] [名] -s/-s《口》連込み宿, ラブホテル.

der **Stun·den·ki·lo·me·ter** [シュトゥンデン・キロ・メーター] [名] -s/-《主に[複]》《口》時速…キロメートル(略 km/h): mit 100 ～*n* 時速 100 キロで.

stun·den·lang [シュトゥンデン・ラング] [形] 数時間の;何時間もの, 嫌になるほど長い.

der **Stun·den·lohn** [シュトゥンデン・ローン] [名] -(e)s/..löhne 時(間)給: im ～ arbeiten 時給で働く.

der **Stun·den·plan** [シュトゥンデン・プラーン] [名] -(e)s/..pläne (仕事・授業の)時間割, 時間表.

der **Stun·den·schlag** [シュトゥンデン・シュラーク] [名] -(e)s/..schläge 時刻を告げる時計(台)の鐘の音.

stun·den·wei·se [シュトゥンデン・ヴァイゼ] [副] 時間単位〔時間制・時間給〕で〔の〕.

stun·den·weit [シュトゥンデン・ヴァイト] [形] 何時間もかかるほど遠い.

der **Stun·den·zei·ger** [シュトゥンデン・ツァイガー] [名] -s/- (時計の)時針.

..stün·dig [..シュテュンディひ] [接尾] 形容詞・数詞などにつけて「…時間の」を表す: halb*stündig* 半時間の. zwei*stündig*〔2-*stündig*〕2 時間の.

das **Stünd·lein** [シュテュントライン] [名] -s/-《Stunde の縮小形》小一時間. 【慣用】**letztes Stündlein**《冗》臨終の時.

stünd·lich [シュテュントリひ] [形] **1.** 1 時間ごとの. **2.** 今すぐにも;時々刻々.

..stünd·lich [..シュテュントリひ] [接尾] 数詞・不定代名詞・形容詞につけて「…時間ごとの」を表す形容詞を作る: drei*stündlich*〔3-*stündlich*〕3 時間ごとの. all*stündlich* 毎時間の.

die **Stun·dung** [シュトゥンドゥング] [名] -/-en 支払い猶予.

der **Stunk** [シュトゥンク] [名] -s/《口・冗》けんか, いがみ合い.

der **Stu·pa** [シュトゥーパ, stú:.. ストゥーパ] [名] -s/-s〘仏教〙ストゥーパ, 卒塔婆, 仏舎利塔.

stu·pend [シュトゥペント, stu.. ストゥペント] [形] 驚嘆すべき.

stup·fen [シュトゥッブふェン] [動] *h.*《南独・オーストリア・スイ》= stupsen.

stu·pid [シュトゥピート, stu.. ストゥピート] [形] 愚鈍な;単調な.

stu·pi·de [シュトゥピーデ, stu.. ストゥピーデ] [形] =stupid.

die **Stu·pi·di·tät** [シュトゥピディテート, stu.. ストゥピディテート] [名] -/-en **1.**《[単]のみ》考えのなさ, 愚かさ;(仕事などの)退屈さ. **2.** 愚かな〔考えなしの〕発言〔行為〕.

der **Stups** [シュトゥップス] [名] -es/-e《口》軽く押すこと.

stup·sen [シュトゥップセン] [動] *h.*〔〈j⁴〉ヲ〕《口》軽くつつく.

die **Stups·na·se** [シュトゥップス・ナーゼ] [名] -/-n《口》短くて上向きの鼻

stur [シュトゥーあ] [形]《口》頑固な;《稀》単調な.

stür·be [シュテュるべ] [動] sterben の接続法 2 式.

die **Stur·heit** [シュトゥーあハイト] [名] -/《口・蔑》頑固, 強情.

der **Sturm** [シュトゥるム] [名] -(e)s/Stürme **1.** 嵐, 暴風, 暴風雨: Ein ～ bricht los. 嵐になる. Der ～ legte sich. 嵐が止んだ. in〔bei〕～ und Regen 風雨のときに. **2.** (嵐のような)熱狂, 興奮;騒動, 波乱: der ～ der Leidenschaften 激情の嵐. die *Stürme* des Lebens 波乱万丈の人生. **3.** 突撃, 襲撃, 強襲: der ～ auf 〈et⁴〉〈物への〉襲撃. **4.**〘スポーツ〙前衛, フォワード. **5.**《[単]のみ》《オーストリア》フェーザーヴァイス(発酵中の白濁したワイン). **6.**〘ナチス〙突撃隊. 【慣用】**ein Sturm im Wasserglas** から騒ぎ. **gegen 〈et⁴〉 Sturm laufen**〈事に〉激しく抗議する, 反対する. **Sturm läuten**〔**klingeln**〕たて続けに呼び鈴を鳴らす. **Sturm und Drang**〘文芸学〙シュトゥルム・ウント・ドラング, 疾風怒濤(どとう)(18 世紀後半のドイツ文芸運動).

die **Sturm·ab·tei·lung** [シュトゥるム・アップタイルング] [名] -/〘ナチス〙突撃隊(略 SA).

der **Sturm·an·griff** [シュトゥるム・アン・グりふ] [名] -(e)s/-e〘軍〙突撃.

das **Sturm·band** [シュトゥるム・バント] [名] -(e)s/..bänder あご紐(ひも).

die **Sturm·bö** [シュトゥるム・べー] [名] -/-en〘気〙はやて, 疾風, 突風.

der **Sturm·bock** [シュトゥるム・ボック] [名] -(e)s/..böcke (昔の)破城槌(つい).

das **Sturm·boot** [シュトゥるム・ボート] [名] -(e)s/-e〘軍〙(渡河・敵前上陸用の)攻撃用舟艇.

stür·men [シュテュるメン] [動] **1.** *h.*〔Es〕嵐である. **2.** *s.*〔〈場所〉ヲ/〈様態〉ニ〕吹き荒れる〔すさぶ〕, 荒れ狂う(風が). **3.** *s.*〔〈方向〉ニ(カラ)〕突進する, かけ込む;飛び〔駆け〕出す. **4.** *h.*〔補足なし〕〘スポーツ〙フォワードをつとめる;攻撃する. **5.** *h.*〔〈et⁴〉ヲ〕強襲して占領する(敵陣などを);(…に)殺到する(窓口・席などに).

der **Stür·mer** [シュテュるマー] [名] -s/- **1.**〘スポーツ〙(サッカーなどの)フォワード, 前衛: ～ spielen フォワードをつとめる. **2.** 学生組合の帽子. **3.** 発酵中のブドウ液. **4.**《古》向こうみずな人, 無鉄砲者. 【慣用】**Stürmer und Dränger**〘文芸学〙疾風怒濤(どとう)の詩人.

die **Sturm·flut** [シュトゥるム・ふルート] [名] -/-en (嵐による)高潮.

sturm·frei [シュトゥるム・ふらイ] [形] 異性の出入り自由な;《古》難攻不落の.

das **Sturm·ge·päck** [シュトゥるム・ゲペック] [名] -(e)s/〘軍〙戦闘用背嚢(はいのう)〔携行品〕.

sturm·ge·peitscht [シュトゥるム・ゲパイチュト] [形]《文》嵐に激しく揺れる〔波立つ〕.

das **Sturm·ge·schütz** [シュトゥるム・ゲシュッツ] [名] -es/-e〘軍〙(昔の)自走砲.

die **Sturm·glo·cke** [シュトゥるム・グロッケ] [名] -/-n (昔の)警鐘.

die **Sturm·hau·be** [シュトゥるム・ハウベ] [名] -/-n (昔の歩兵用)兜(かぶと).

stür·misch [シュテュるミシュ] [形] **1.** 嵐の, 暴風の;騒然とした, 動乱の. **2.** 熱烈な, 激しい;猛烈な, 嵐のような. **3.** 急激〔急速〕な.

die **Sturm·la·ter·ne** [シュトゥるム・ラテるネ] [名] -/-n 防風カンテラ, ハリケーンランプ.

der **Sturm·lauf** [シュトゥるム・ラウふ] [名] -(e)s/..läufe **1.** 殺到, 突進, 攻撃. **2.** 疾走, 疾駆.

die **Sturm·lei·ter** [シュトゥるム・ライター] [名] -/-n (昔の)攻城用はしご;〘海〙縄ばしご.

sturm·reif [シュトゥるム・らイふ] [形]〘軍〙突撃の機の熟した.

der **Sturm·rie·men** [シュトゥるム・りーメン] [名] -s/- = Sturmband.

der **Sturm·schritt** [シュトゥるム・シュリット] [名]《次の形で》im ～ 大急ぎで.

das **Sturm·se·gel** [シュトゥるム・ゼーゲル] [名] -s/-〘海〙ラグスル, ストームセール(暴風雨用の帆).

der **Sturm·trupp** [シュトゥるム・トるップ] [名] -(e)s/-e〘軍〙突撃隊.

die **Sturm-und-Drang-Zeit** [シュトゥるム・ウント・ドらング・ツァイト] [名] -/〘文芸学〙疾風怒濤(しっぷうどとう)時代.

der **Sturm·vo·gel** [シュトゥるム・ふォーゲル] [名] -s/..vögel 海鳥(ミズナギドリ科のアホウドリ・ウミツバメなど).

S

die **Sturm·war·nung** [シュトゥるム・ヴァるヌング] [名] -/-en 〚海〛暴風警報.

das **Sturm·wet·ter** [シュトゥるム・ヴェッター] [名] -s/- 暴風雨(の天気).

der **Sturm·wind** [シュトゥるム・ヴィント] [名] -(e)s/-e 《詩》嵐.

der **Sturz** [シュトゥるツ] [名] -es/Stürze〔-e〕 **1.** (([複] Stürze)落下,墜落,転落;急落: ein ～ aus dem Fenster 窓からの転落. ein ～ der Börsenkurse/des Luftdrucks 相場の暴落/気圧の急な低下. bei dem ～ vom Pferd 落馬の際に. **2.** (([複] Stürze)転倒;(政府の)転覆,(大臣などの)失脚: einen ～ bauen〔drehen〕《口》(スキー・バイクなどで)激しく転倒する. **3.** (([複] Stürze)〚車〛(自動車の車輪の)キャンバー. **4.** 〚土〛楣(まぐさ). **5.** (([複] Stürze)《南独・オーストリア・スイス》(鐘形の)ガラスふた. **6.** 切り株.

der **Sturz·acker** [シュトゥるツ・アッカー] [名] -s/..äcker 《古》すき返された畑.

der **Sturz·bach** [シュトゥるツ・バっは] [名] -(e)s/..bäche 急流.

das **Sturz·bad** [シュトゥるツ・バート] [名] -(e)s/..bäder 《古》シャワー,灌水(かんすい)浴.

der **Sturz·bom·ber** [シュトゥるツ・ボムバー] [名] -s/- 〚軍〛急降下爆撃機.

die **Stür·ze** [シュテュるツェ] [名] -/-n **1.** 《方》(鍋などの)ふた. **2.** 〚楽〛朝顔(金管楽器の開口部).

stür·zen [シュテュるツェン] [動] **1.** *s.* 〔〈方向〉に(カラ)〕(勢いよく)落ちる,転落する,墜落する;急落する(温度・物価などが). **2.** *s.* 〔補足なし〕転倒する;失脚する. **3.** *s.* 〔〈方向〉に(カラ)〕突進する,駆寄る〔出す・込む〕. **4.** *s.* 〔〈方向〉に(カラ)〕激しく落ちる〔流れる〕;吹出す;こぼれ落ちる;《文》急な傾斜になっている(崖が). **5.** *h.* 〔sich^4＋auf 〈j^4/et^4〉に〕飛びかかる,飛びつく,殺到する. **6.** *h.* 〔〈j^4〉ヲ＋〈方向〉に(カラ)〕突落す,突倒す;陥れる: 〈j^4〉 ins Unglück ～ 〈人を〉不幸に陥れる. sich^4 zu Tode ～ (運悪く)倒れて〔落ちて〕死ぬ. **7.** *h.* 〔sich^4＋in 〈et^4〉に〕のめり込む: sich^4 in Schulden ～ 多額の負債をこしらえる. **8.** *h.* 〔〈et^4〉ヲ〕ひっくり返す,逆さまにする(中身を出すために容器を): die Kasse ～ その日の勘定を締めくくる. **9.** *h.* 〔〈j^4〉ヲ〕失脚させる,打倒する. **10.** *h.* 〔〈et^4〉ヲ〕《方》鋤(す)き返す. **【慣用】** **(Bitte) nicht stürzen!** 天地無用(荷物の注意書).

der **Sturz·flug** [シュトゥるツ・ふルーク] [名] -(e)s/..flüge 急降下.

die **Sturz·ge·burt** [シュトゥるツ・ゲブーあト] [名] -/-en 〚医〛墜落分娩(ぶんべん)(極端に早い分娩).

der **Sturz·helm** [シュトゥるツ・ヘルム] [名] -(e)s/-e オートバイ〔レーサー〕用ヘルメット.

das **Sturz·kampf·flug·zeug** [シュトゥるツ・カムプふ・ふルーク・ツォイク] [名] -(e)s/-e 〚軍〛急降下爆撃機(略 Stuka).

die **Sturz·quel·le** [シュトゥるツ・クヴェレ] [名] -/-n (崖(がけ)の中腹などから激しく噴出する)噴水,湧水.

der **Sturz·re·gen** [シュトゥるツ・れーゲン] [名] -s/- 《稀》どしゃ降りの雨.

die **Sturz·see** [シュトゥるツ・ゼー] [名] -/-n 逆巻き砕ける波,激浪.

die **Sturz·wel·le** [シュトゥるツ・ヴェレ] [名] -/-n 逆巻き砕ける波,激浪.

der **Stuss,** [旧]**Stuß** [シュトゥス] [名] -es/ 《口・蔑》ばかげた言葉〔行為〕.

das **Stut·buch** [シュトゥート・ブーふ] [名] -(e)s/..bücher 馬の血統台帳〔登録帳〕.

die **Stu·te** [シュトゥーテ] [名] -/-n 雌馬;ロバ〔シマウマ・ラクダ〕の雌.

der **Stu·ten** [シュトゥーテン] [名] -s/- 《方》棒状のブドウパン.

der **Stu·ten·biss,** [旧]**Stu·ten·biß** [シュトゥーテン・ビス] [名] -es/-e 《口》(ライバルに対する)女性の攻撃的態度〔振舞〕.

das **Stu·ten·fül·len** [シュトゥーテン・ふゅレン] [名] -s/- 雌の子馬.

das **Stut·foh·len** [シュトゥート・ふぉーレン] [名] -s/- 雌の子馬.

(*das*) **Stutt·gart** [シュトゥットガるト] [名] -s/ 〚地名〛シュトゥットガルト(バーデン＝ヴュルテンベルク州の州都とその地方).

der **Stutt·gar·ter** [シュトゥットガるター] [名] -s/- シュトゥットガルトの人.

der **Stütz·bal·ken** [シュテュッツ・バルケン] [名] -s/- 支え梁(はり),支柱.

der **Stutz·bart** [シュトゥッツ・バーあト] [名] -(e)s/..bärte 短く切ったひげ.

die **Stüt·ze** [シュテュッツェ] [名] -/-n **1.** 支え,支柱: Bäume mit ～*n* versehen 樹々に支えを取りつける. **2.** 〚土〛柱. **3.** (他人の)支えとなる人,柱: eine ～ an 〈j^3〉 haben 〈人を〉頼りにする. **4.** 《口》失業保険金. **5.** 《古》家政婦.

stut·zen[1] [シュトゥッツェン] [動] *h.* 〔補足なし〕はっとして〔けげんに思って〕足を止める;突然立止まってあたりをうかがう(野獣が);《方》おびえる(馬が).

stut·zen[2] [シュトゥッツェン] [動] *h.* 〔〈et^4〉ヲ〕刈込む,切詰める(木・生垣などを);切る(犬の尾などを).

der **Stut·zen** [シュトゥッツェン] [名] -s/- **1.** 短い猟銃. **2.** (主に[複])(サッカー用)ストッキング;(足首から先のない)ふくらはぎまでのソックス. **3.** 〚工〛(接続用)短管;大型の万力.

stüt·zen [シュテュッツェン] [動] *h.* **1.** 〔〈j^4/et^4〉ヲ〕支える,(…に)支柱をかう,突っかい棒をする;支持する. **2.** 〔sich^4＋auf 〈j^4/et^4〉に〕もたれる,寄りかかる;頼る. **3.** 〔〈et^4〉ヲ＋〈方向〉に〕当てて支える: die Hände in die Seiten ～ 両手を腰に当てる. den Kopf in die Hände ～ (両手で)頬杖(ほおづえ)をつく. **4.** 〔sich^4＋auf 〈et^4〉ヲ〕引合いに出す,拠り所とする. **5.** 〔〈et^4〉ヲ〕〚銀行・金融〛(買い)支える,(…に)てこ入れする(物価・相場などに).

der **Stut·zer** [シュトゥッツァー] [名] -s/- **1.** 《古・蔑》しゃれ者. **2.** 男子用のダブルのハーフコート. **3.** 《スイス》短い猟銃.

stut·zer·haft [シュトゥッツァーハふト] [形] きざな,めかし込んだ.

der **Stutz·flü·gel** [シュトゥッツ・ふリューゲル] [名] -s/-〚楽〛セミグランドピアノ.

stut·zig [シュトゥッツィひ] [形] (次の形で) ～ werden けげんに〔いぶかしく〕思う. 〈j^4〉 ～ machen 〈人に〉けげんに〔いぶかしく〕思わせる.

die **Stütz·mau·er** [シュテュッツ・マウあー] [名] -/-n 土止めの壁,擁壁(ようへき).

der **Stütz·pfei·ler** [シュテュッツ・プふぁイラー] [名] -s/- 支柱.

der **Stütz·punkt** [シュテュッツ・プンクト] [名] -(e)s/-e **1.** 支点. **2.** 拠点;(軍の)基地.

das **Stütz·rad** [シュテュッツ・らート] [名] -es/..räder (子供用自転車の)補助輪.

die **Stutz·uhr** [シュトゥッツ・ウーあ] [名] -/-en (小型の)置き時計.

StVG ＝Straßenverkehrsgesetz 道路交通法.

StVO ＝Straßenverkehrsordnung 道路交通令.

StVZO ＝Straßenverkehrs-Zulassungs-Ordnung 道路交通許可令.

der **Sty·go·bi·ont** [シュテュゴ・ビオント, sty.. ステュゴ・ビオント] [名] -en/-en 〚生〛地下水に棲(す)む動物.

das **Sty·ling** [stáilɪŋ スタイリング] [名] -s/-s (商品の)デザイン,(車体の)スタイリング.

der **Sty·lit** [シュテュリート, sty.. ステュリート] [名] -en/-en

〖キ教〗柱頭行者.
der **Sty·lo·bat** [シュテュロ・バート, sty.. ステュロ・バート] [名] -en/-en ステュロバテス(ギリシア神殿の土台となる石台の最上段).
der **Sty·lus** [シュテュールス, stýː.. ステュールス] [名] -/..li 1. 〖植〗花柱. 2. 〖生〗茎状突起, (昆虫の)針状の突起. 3. 〖医〗杆剤(かんざい).
der **Stym·pha·li·de** [シュテュムふぁリーデ, stym.. ステュムふぁリーデ] [名] -n/-n (主に[複])〖ギ神〗ステュムパリデス(Herakles に退治された怪鳥).
das **Styp·ti·kum** [シュテュプティクム, stýp.. ステュプティクム] [名] -s/..ka 〖医〗止血薬;下痢止め.
das **Sty·ro·por** [シュテュろポーあ, sty.. ステュろポーあ] [名] -s/ 〖商標〗スチュロポール(発泡スチロール).
SU =Sowjetunion ソヴィエト連邦(1991 年消滅).
s. u. =sieh(e) unten ! 下記参照.
die **Su·a·da** [ズアーダ] [名] -/..den 《文》(《蔑》も有) 長広舌;能弁.
der **Su·a·he·li**[1] [ズアヘーリ] [名] -(s)/-(s) スワヒリ人(東アフリカのスワヒリ語を話す住民).
das **Su·a·he·li**[2] [ズアヘーリ] [名] -(s)/-(s) スワヒリ語(東アフリカの商業・交易語).
sub·al·pin [ズプ・アルピーン] [形] 〖地〗亜高山の.
sub·al·tern [ズプ・アルテるン] [形] 1. 下級〔下位〕の;(精神的に)低い, 低級な. 2. 卑屈な.
der **Sub·al·tern·be·am·te** [ズプアルテるン・ベアムテ] [名] (形容詞的変化)下級官吏.
die **Sub·do·mi·nan·te** [ズプ・ドミナンテ, ズプ・ドミナンテ] [名] -/-n 〖楽〗下属音;下属和音.
das **Sub·jekt** [ズプイエクト, ズプイエクト] [名] -(e)s/-e 1. 〖哲〗主体, 主観. 2. 〖言〗(文の)主語. 3. 《蔑》やつ: ein übles ~ 悪いやつ. 4. 〖楽〗(特にフーガの)主題.
sub·jek·tiv [ズプイェクティーふ, ズプイェクティーふ] [形] 主体の, 主観の;主観的な.
der **Sub·jek·ti·vis·mus** [ズプイエクティヴィスムス] [名] -/..men 1. (〖単〗のみ)〖哲〗主観主義. 2. 《文》自己中心的態度.
sub·jek·ti·vis·tisch [ズプイェクティヴィスティシュ] [形] 1. 〖哲〗主観主義の. 2. 《文》自己中心的な.
die **Sub·jek·ti·vi·tät** [ズプイエクティヴィテート] [名] -/ 1. 〖哲〗主観性, 主体性. 2. 《文》主観的な態度.
der **Sub·jekt·satz** [ズプイェクト・ザッツ, ズプイェクト・ザッツ] [名] -es/..sätze 〖言〗主語文.
sub·ka·te·go·ri·sie·ren [ズプ・カテゴりズィーれン] [動] *h.* 〔<et[4]>ヲ〕〖言〗下位分類する.
der **Sub·kon·ti·nent** [ズプ・コンティネント] [名] -(e)s/-e 〖地〗亜大陸.
die **Sub·kul·tur** [ズプ・クルトゥーあ] [名] -/-en 〖社〗下位文化, サブカルチャー.
sub·ku·tan [ズプ・クターン] [形] 〖医〗皮下(へ)の(略 s. c.).
sub·lim [ズブリーム] [形] 繊細な, 微妙な, 高尚な.
das **Sub·li·mat** [ズブリマート] [名] -(e)s/-e 〖化〗昇華物;昇汞(しょうこう).
die **Sub·li·ma·ti·on** [ズブリマツィオーン] [名] -/-en 高尚なものにすること, 洗練;〖化・心〗昇華.
sub·li·mie·ren [ズブリミーれン] [動] 1. *h.* 〔<et[4]>ヲ〕高尚なものにする, 洗練する, 高める;(<et[4]>がsich[4]の場合)高尚になる;〖心〗昇華させる. 2. *s.* 〔[補足なし]〕〖化〗昇華する. 3. *h.* 〔<et[4]>ヲ〕〖化〗昇華させる;(<et[4]>がsich[4]の場合)昇華する.
die **Su·bli·mie·rung** [ズブリミーるング] [名] -/-en 《文》〖心〗昇華, 洗練, 崇高化;〖化〗昇華.
sub·li·mi·nal [ズブリミナール] [形] 〖心〗閾(いき)下の〔サブリミナルな〕.
sub·ma·rin [ズプ・マリーン] [形] 《ジャーゴン》海面下の.
sub·mers [ズプ・メるス] [形] 〖植〗水生の.
die **Sub·mer·si·ons·tau·fe** [ズプ・めるズィオーンス・タウふぇ] [名] -/-n 〖キ教〗浸〔水洗〕礼.
die **Sub·mis·si·on** [ズプミッスィオーン] [名] -/-en 1. 〖経〗入札公募;入札書の提示;落札. 2. 〖旧東独〗売買行為;(契約後の)見本展示. 3. 《古》恭順, 服従.
die **Sub·or·di·na·ti·on** [ズプ・オるディナツィオーン] [名] -/-en 1. 〖言〗従属. 2. 《文・古》従属, 服従;従属的な地位.
sub·or·di·nie·ren [ズプ・オるディニーれン] [動] *h.* 1. 〔<et[4]>ヲ〕〖言〗従属させる. 2. 〔<j[4]/et[4]>ヲ〕《古》下位に置く.
sub·si·di·är [ズプズィディエーあ] [形] 援助〔支援・補助〕の;補充の;間に合せの, 応急の.
das **Sub·si·di·a·ri·täts·prin·zip** [ズプズィディアりテーツ・プりンツィープ] [名] -s/ (〖単〗のみ)〖政・社〗補完性原理(より上位の国家的・社会的単位はより下位の単位がその機能を十分に果せない場合にのみ協力すべきとする原則).
das **Sub·si·di·um** [ズプズィーディウム] [名] -s/..dien 1. (国家の)支援, 援助. 2. (〖複〗のみ)〖政〗(戦争中の同盟国への)援助金〔物資〕.
die **Sub·sis·tenz** [ズプズィステンツ] [名] -/-en 1. (主に〖単〗)《文・古》生計〔生活〕費, 物質的生活基盤. 2. (〖単〗のみ)〖哲〗自立的存在, 自存;物質的存在.
die **Sub·sis·tenz·pha·se** [ズプズィステンツ・ふぁーゼ] [名] -/-n 〖農〗自存〔サブシステンス〕期(機械・農薬に頼らず自然のバランスに支えられた営農期. 収穫は必要最低限).
die **Sub·sis·tenz·wirt·schaft** [ズプズィステンツ・ヴィるトシャふト] [名] -/ 〖経〗自給自足経済.
sub·sis·tie·ren [ズプズィスティーれン] [動] *h.* 〔[補足なし]〕〖哲〗独立存在する;《古》生活を維持している.
sub·skri·bie·ren [ズプ・スクりビーれン] [動] *h.* 〔(auf) <et[4]>ヲ〕予約注文する.
die **Sub·skrip·ti·on** [ズプ・スクりプツィオーン] [名] -/-en 1. 〖出版〗予約注文. 2. (古写本の)奥付. 3. 〖金融〗(債券などの)引受け.
der **Sub·skrip·ti·ons·preis** [ズプ・スクりプツィオーンス・プらイス] [名] -es/-e 予約価格.
sub spe·cie ae·ter·ni·ta·tis [zʊp spéːtsiə ɛtɛrnitáːtɪs ズプ スペーツィエ エテるニターティス] 〖ラテン語〗永遠の相の下に(永久に続くという前提での意).
sub·stan·ti·ell [zʊpstantsiέl ズプスタンツィエル] [形] = substanziell.
das **Sub·stan·tiv** [zʊ́pstan.. ズップスタンティーふ] [名] -s/-e 〖言〗名詞.
sub·stan·ti·vie·ren [ズプスタンティヴィーれン] [動] *h.* 〔<et[4]>ヲ〕〖言〗名詞化する, 名詞として用いる(動詞・形容詞などを).
die **Sub·stan·ti·vie·rung** [ズプスタンティヴィーるング] [名] -/-en 〖言〗 1. (〖単〗のみ)名詞化(動詞・形容詞などの). 2. 名詞的に用いた語.
sub·stan·ti·visch [ズプスタンティーヴィシュ, ズプスタンティーヴィシュ] [形] 〖言〗名詞の, 名詞的な.
die **Sub·stanz** [zʊpstánts ズプスタンツ] [名] -/-en 1. 物質. 2. (〖単〗のみ)本質, 実体;〖哲〗実体. 3. 実質, 内容, 中身. 4. (〖単〗のみ)〖経〗資本, 資産, 元手. 【慣用】<et[1]> **geht** (<j[3]>) **an die Substanz** (事が)(〈人の〉)体力〔気力〕を消耗させる
sub·stan·zi·ell [zʊpstan.. ズプスタンツィエル] [形] 物質の;実体の;実質的な;本質的な;《古》栄養のある.
sub·sti·tu·ie·ren [zʊpsti.. ズプ・スティトゥイーれン] [動] *h.* 〔<j[4]/et[4]>ヲ〕代りに用いる, 置き換える.
der **Sub·sti·tut**[1] [zʊpstitúːt ズプ・スティトゥート] [名] -en/-en 1. 《文》代理人;〖法〗(復)代理人. 2. 販売主任;部長〔課長〕代理.
das **Sub·sti·tut**[2] [ズプ・スティトゥート] [名] -(e)s/-e 代用

S

品.

die **Sub·sti·tu·ti·on** [zʊpsti.. ズブ·スティトゥツィオーン] [名] -/-en **1.** 代用, 代替, 代理, 補充; 置き換え, 置換.

das **Sub·s·trat** [zʊpstrá:t ズブ·ストらート] [名] -(e)s/-e **1.** 基盤, 基礎. **2.** 〖哲〗実体, 本質. **3.** 〖生〗培養基, 培地. **4.** 〖化〗基質. **5.** 〖言〗基層(言語).

sub·su·mie·ren [ズブ·ズミーれン] [動] *h.* 〖〈et^4〉ヲ+〈et^3〉ニ/unter〈$et^{4(3)}$〉ノモトニ〗従属させる(上位の概念などに), 包摂する; 一括する〔まとめる〕(あるテーマ·表題などのもとに).

sub·sum·tiv [ズブ·ズムティーふ] [形] 包括〔包摂〕的な.

das **Sub·sys·tem** [ズブ·ズュステーム] [名] -s/-e 〖社〗サブシステム; 〖言〗(言語の)下位体系.

sub·til [ズプティール] [形] 微妙な, 緻密な, 精妙な; 複雑な, 込入った.

der **Sub·tra·hend** [ズブ·トらヘント] [名] -en/-en 〖数〗減数.

sub·tra·hie·ren [ズブ·トらヒーれン] [動] *h.* 〖(〈et^4〉ヲ)+(von 〈et^3〉カラ)〗〖数〗引算する, 引く.

die **Sub·trak·ti·on** [ズブ·トらクツィオーン] [名] -/-en 〖数〗引き算, 減法.

die **Sub·tro·pen** [ズブ·トろーペン] [複名] 〖地〗亜熱帯.

sub·tro·pisch [ズブ·トろーピシュ, ズブ·トろーピシュ] [形] 亜熱帯の.

das **Sub·un·ter·neh·men** [ズブ·ウンターネーメン] [名] -s/- 〖経〗下請(したうけ)企業.

die **Sub·urb** [zábœ:rp ザ(ベ)ーあプ, zábœrp ザ(ベ)るプ] [名] -/-s 近郊, 郊外.

das **Sub·ur·bi·um** [ズブ·ウるビウム] [名] -s/..bien (中世の都市の)近郊, 郊外.

die **Sub·ven·ti·on** [ズブ·ヴェンツィオーン] [名] -/-en (主に[複])〖経〗(産業·企業への公的)補助金, 助成金.

sub·ven·ti·o·nie·ren [ズブ·ヴェンツィオニーれン] [動] *h.* 〖〈et^4〉ニ〗補助〔助成〕金を出す.

die **Sub·ver·si·on** [ズブ·ヴェるズィオーン] [名] -/-en 《文》(政府の転覆を謀る)破壊活動.

sub·ver·siv [ズブ·ヴェるズィーふ] [形] 《文》(政府の転覆を謀る)破壊活動の.

sub vo·ce [zʊp vó:tsə ズプ ヴォーツェ] 〖ラテン語〗…という見出し語の下に.

die **Such·ak·ti·on** [ズーふ·アクツィオーン] [名] -/-en 大がかりな捜索(活動).

der **Such·dienst** [ズーふ·ディーンスト] [名] -(e)s/-e **1.** (ドイツ赤十字の)戦時行方不明者捜索機関. **2.** 〖コンピュータ〗検索エンジン.

die **Su·che** [ズーへ] [名] -/-n 捜すこと, 捜索, 捜査; 〖狩〗猟犬を使う(小物)猟: auf der ~ nach 〈j^3/et^3〉 sein 〈人·物ヲ〉を捜している.

su·chen [ズーヘン] [動] *h.* **1.** 〖〈j^4/et^4〉ヲ/nach 〈j^3/et^3〉ヲ(アチコチ)〗捜す. **2.** 〖〈j^4/et^4〉ヲ〗捜す, 求める(目的·用途にふさわしい人·物·事を). **3.** 〖〈et^4〉ヲ/nach 〈et^3〉ヲ〗捜す, 探る, 捜し求める(見いだそうとつとめる)(機会·間違い·真理などを). **4.** 〖〈et^4〉ヲ〗求める, 得ようとする, しようとする(助言·休養などを). **5.** 〖〈et^4〉ノ〗ある方へ行こうとする. **6.** 〖zu 〈[動]〉スルヨウニ〗《文》努める, 試みる 【慣用】**hier nichts zu suchen haben** 《口》ここに用はない. **in 〔hinter〕 allem etwas suchen** 何事も疑ってかかる, 非常に疑い深い. **seinesgleichen suchen** 彼〔それ〕に敵うものがない(seines の部分は主語の性·人称などで変る): Seine Briefmarkensammlung *sucht* ihresgleichen. 彼の切手収集には敵うものがない.

der **Su·cher** [ズーはー] [名] -s/- 〖写〗ファインダー; 《稀》捜索者, 探求者; 探究者.

die **Su·che·rei** [ズーひぇらイ] [名] -/-en (主に[単])《口》(長く)捜し回ること.

die **Such·ma·schi·ne** [ズーふ·マシーネ] [名] -/-n 〖コンピュータ〗検索エンジン.

die **Sucht** [ズふト] [名] -/Süchte **1.** (病的な)欲求: die ~ nach Geld 異常な金銭欲. **2.** 嗜癖(しへき), 癖, 中毒; 《古》病気: die ~ nach Rauschgift 麻薬中毒.

süch·tig [ズュひティひ] [形] **1.** 〖(nach 〈et^3〉ノ)〗中毒症の: ~ nach Alkohol sein アル中である. **2.** 〖(nach 〈et^3〉ニ)〗病的な欲求を持った: seine ~e Ruhmbegier 彼の病的名誉欲. Sie war fast ~ nach Sauberkeit. 彼女のきれい好きはほとんど病的だった.

der/die **Süch·ti·ge** [ズュひティゲ] [名] (形容詞的変化) (酒·麻薬などの)中毒患者; 依存症の人.

der/die **Sucht·kran·ke** [ズふト·クらンケ] [名] (形容詞的変化)中毒患者, 依存病の人.

su·ckeln [ズっケルン] [動] *h.* **1.** 〖an 〈et^3〉ヲ〗ちゅうちゅう〔すばすば〕吸う(瓶·タバコなどを). **2.** 〖〈et^4〉ヲ〗すする(飲み物を).

der **Sud** [ズート] [名] -(e)s/-e 煮汁, 煎(せん)じ汁〔薬〕.

der **Süd** [ズュート] [名] -(e)s/-e ([単]のみ; 無変化; 無冠詞) **1.** 〖海·気〗南(略 S): Der Wind kam aus 〔von〕 ~. 風は南風だ. **2.** (地名の後に置いて)(…の)南部, 南地区(略 S). **3.** (主に[単])〖海〗《詩》南風.

(*das*) **Süd·a·fri·ka** [ズュート·ア(ー)ふりカ] [名] -s/ **1.** 〖国名〗南アフリカ. **2.** 〖地名〗アフリカ南部.

der **Süd·a·fri·ka·ner** [ズュート·アふりカーナー] [名] -s/- 南アフリカの人.

süd·a·fri·ka·nisch [ズュート·アふりカーニシュ] [形] 南アフリカ(共和国)の; 《稀》アフリカ南部の.

(*das*) **Süd·a·me·ri·ka** [ズュート·アメーりカ] [名] -s/ 〖地名〗南アメリカ, 南米.

der **Süd·ame·ri·ka·ner** [ズュート·アメりカーナー] [名] -s/- 南アメリカ〔南米〕人.

süd·ame·ri·ka·nisch [ズュート·アメりカーニシュ] [形] 南アメリカ〔南米〕の.

der **Su·dan** [ズダーン, ズーダン] [名] -(s)/ 〖国名〗スーダン.

der **Sud·den·death, Sud·den Death,** [旧]**Sudden death** [zádəndɛθ ザデン·デス] [名] --/-- 〖スポーツ〗サドンデス(アイスホッケーなどの延長戦で先制点によって勝負が決まる方式).

süd·deutsch [ズュート·ドイチュ] [形] **1.** 南ドイツ(方言)の. **2.** ドイツ南部の.

(*das*) **Süd·deutsch·land** [ズュート·ドイチュラント] [名] -s/ 南ドイツ.

die **Su·de·lei** [ズーデライ] [名] -/-en 《口·蔑》汚すこと; ぞんざいな仕事; なぐり書き.

der **Su·de·ler** [ズーデラー] [名] -s/- =Sudler.

su·de·lig [ズーデリひ] [形] 《口》ぞんざいな.

su·deln [ズーデルン] [動] *h.* 〖補足なし〗《口·蔑》汚くする, 汚す; ぞんざいに書く; ぞんざいな〔やっつけ〕仕事をする.

das **Su·del·wet·ter** [ズーデル·ヴェッター] [名] -s/ 《方·蔑》じめじめしたいやな天気.

der **Sü·den** [ズューデン] [名] -s/ **1.** (主に無冠詞)南(合成語·地名などでは Süd. 略S): aus〔von〕 ~ 南から. im ~ 南(の方)に. nach ~ 南へ. **2.** 南部, 南地区; 南国; 南欧: im sonnigen ~ 陽光したたる南欧で.

das **Sü·der·land** [ズューダー·ラント] [名] -(e)s/ = Sauerland.

die **Su·de·ten** [ズデーテン] [複名] 〖山名〗ズデーテン山地(チェコとポーランドの国境をなす山脈).

su·de·ten·deutsch [ズデーテン·ドイチュ] [形] ズデーテン地方のドイツ人の.

das **Su·de·ten·land** [ズデーテン·ラント] [名] -(e)s/ 〖地名〗ズデーテン地方(かつてのドイツ人入植地で,

S

1945 年チェコ・スロヴァキアに帰属. 現チェコ領).

su·de·tisch [ズデーティシュ] [形] ズデーテンの.

die **Süd·frucht** [ズュート・ふるふト] [名] -/..früchte 《主に[複]》熱帯〔亜熱帯〕産の果物.

das **Sud·haus** [ズート・ハウス] [名] -es/..häuser 〘醸〙 ビールの仕込み室, 原麦汁の煮沸室.

der **Süd·län·der** [ズュート・レンダー] [名] -s/- 南欧人《主に地中海沿岸出身の人々》.

süd·län·disch [ズュート・レンディシュ] [形] 南欧の, 南国の.

der **Sud·ler** [ズードラー] [名] -s/- 《口》汚す人;(字・細工・絵の)へたな人;ぞんざいな仕事をする人.

süd·lich [ズュートリひ] [形] **1.** 《位置》南(の方)の, 南部の: die ~*e* Halbkugel 南半球. Die Insel liegt 16°5′ (=sechzehn Grad fünf Minuten) ~*er* Breite. この島は南緯 16 度 5 分にある. ~ von Köln 〔《稀》 Kölns〕ケルンの南に. **2.** 《方向》南よりの, 南への, 南よりの, 南からの: Das Flugzeug hat einen ~(*er*)*en* Kurs eingeschlagen. その飛行機は(さらに)南よりに進路をとった. **3.** 南〔南国・南方〕の;南国(人)独特な

—— [前] 〔+2 格〕…の南方に.

das **Süd·licht** [ズュート・リひト] [名] -(e)s/-e 南極光.

der **Su·dor** [ズードーあ] [名] -s/ 〘医〙汗.

das **Su·do·ri·fe·rum** [ズドリーふぇるム] [名] -s/..ra 〘医〙発汗剤.

der **Süd·ost** [ズュート・オスト] [名] -(e)s/-e 《[単]のみ;無変化;無冠詞》 **1.** 〘海・気〙南東(略 SO). **2.** 《地名の後で》(…の)南東部, 南東地区(略 SO). **3.** 《主に[単]》〘海〙《詩》南東の風.

der **Süd·os·ten** [ズュート・オステン] [名] -s/ **1.** 《主に無冠詞》南東(略 SO). **2.** 南東部〔地区〕.

süd·öst·lich [ズュート・㋓ストリひ] [形] 南東(へ・から)の;南東部の.

—— [前] 〔+2 格〕…の南東に.

der **Süd·pol** [ズュート・ポール] [名] -s/ 南極.

die **Süd·see** [ズュート・ゼー] [名] -/ 南太平洋, 南洋.

die **Süd·sei·te** [ズュート・ザイテ] [名] -/-n 南側, 南面.

die **Süd·staa·ten** [ズュート・シュターテン] [複名] (アメリカ合衆国の)南部諸州.

der **Süd·süd·ost** [ズュート・ズュート・オスト] [名] -(e)s/-e **1.** 《[単]のみ;無変化;無冠詞》〘海・気〙南南東(略 SSO). **2.** 《主に[単]》〘海〙《詩》南南東の風.

der **Süd·süd·os·ten** [ズュート・ズュート・オステン] [名] -s/ 《主に無冠詞》南南東(略 SSO).

der **Süd·süd·west** [ズュート・ズュート・ヴェスト] [名] -(e)s/-e **1.** 《[単]のみ;無変化;無冠詞》〘海・気〙南南西(略 SSW). **2.** 《主に[単]》〘海〙《詩》南南西の風.

der **Süd·süd·wes·ten** [ズュート・ズュート・ヴェステン] [名] -s/ 《主に無冠詞》南南西(略 SSW).

(*das*) **Süd·ti·rol** [ズュート・ティろール] [名] -s/ 〘地名〙南チロル(地方)《1919 年以来イタリア領》.

süd·wärts [ズュート・ヴェるツ] [副] 南のほうへ;《稀》南のほうで.

der **Süd·wein** [ズュート・ヴァイン] [名] -(e)s/-e 南欧産のワイン.

der **Süd·west** [ズュート・ヴェスト] [名] -(e)s/-e **1.** 《[単]のみ;無変化;無冠詞》〘海・気〙南西(略 SW). **2.** 《地名の後で》(…の)南西部, 南西地区(略 SW). **3.** 《主に[単]》〘海〙《詩》南西の風.

der **Süd·wes·ten** [ズュート・ヴェステン] [名] -s/ **1.** 《主に無冠詞》南西(略 SW). **2.** 南西部〔地区〕.

der **Süd·wes·ter** [ズュート・ヴェスター] [名] -s/- (水夫の)防水帽.

süd·west·lich [ズュート・ヴェストリひ] [形] 南西(部)の, 南西へ〔から〕の.

der **Süd·west·wind** [ズュート・ヴェスト・ヴィント] [名] -(e)s/-e 南西の風.

der **Süd·wind** [ズュート・ヴィント] [名] -(e)s/-e 南風.

der **Su·es·ka·nal** [ズーエス・カナール] [名] -s/ スエズ運河.

der **Suff** [ズふ] [名] -(e)s/ 《口》 **1.** 酔っ払った状態, 酩酊. **2.** 飲酒癖;大酒を飲むこと.

der **Süf·fel** [ズュっふぇル] [名] -s/- 《口》酒飲み.

süf·feln [ズュっふぇルン] [動] *h.* 〔(〈et⁴〉ヲ)〕《方・口・冗》楽しんで飲む《酒類を》.

süf·fig [ズュっふぃひ] [形] 《口》口当りのいい, のどごしの良い.

süf·fi·sant [ズュふぃザント] [形] いばった, 尊大な.

das **Suf·fix** [ズふぃっクス, ズふぃっクス] [名] -es/-e 〘言〙接尾辞, 後綴り.

der **Suf·fra·gan** [ズふらガーン] [名] -s/-e 〘カトリック〙属司教《大司教の管轄下にいる》.

die **Suf·fra·get·te** [ズふらゲッテ] [名] -/-n (1903-14 年の英米の)女性の婦人参政権論者;《古・蔑》女性の女権論者.

die **Suf·fu·si·on** [ズふズィオーン] [名] -/-en 〘医〙皮下溢血(いっけつ).

der **Su·fi** [ズーふぃ] [名] -(s)/-s スーフィ教徒, スーフィズム信者《イスラム教の神秘主義者》.

sug·ge·rie·ren [ズゲリーれン] [動] *h.* **1.** 〔〈j³〉ニ+〈et⁴〉ヲ〕暗示する, 示唆する. **2.** 〔〈j³〉ニ+〈et⁴〉ノ〕印象を与える.

die **Sug·ges·ti·on** [ズゲスツィオーン] [名] -/-en **1.** 《[単]のみ》暗示, 示唆. **2.** 暗示されたこと, 示唆されたこと: ~*en* erliegen 暗示にかかる. **3.** 《[単]のみ》暗示力.

sug·ges·tiv [ズゲスティーふ] [形] 暗示的な;心理的に強い作用を及ぼす: eine ~*e* Frage 〘法〙誘導尋問.

die **Sug·ges·tiv·fra·ge** [ズゲスティーふ・ふらーゲ] [名] -/-n 《文》誘導尋問.

(*das*) **Suhl** [ズール] [名] -s/ 〘地名〙ズール《テューリンゲン州の都市》.

die **Suh·le** [ズーレ] [名] -/-n 泥水の水たまり《動物の泥浴びする場所》.

suh·len [ズーレン] [動] *h.* 〔sich⁴〕泥浴びをする《鹿・猪などが》.

die **Süh·ne** [ズューネ] [名] -/-n 《主に[単]》《文》贖罪(しょくざい), 償い.

die **Süh·ne·maß·nah·me** [ズューネ・マース・ナーメ] [名] -/-n (第 2 次大戦後のナチ党員に対する)制裁措置.

süh·nen [ズューネン] [動] *h.* 〔〈et⁴〉ヲ/für 〈et⁴〉ヲ〕《文》償う, 贖(あがな)う.

das **Süh·ne·op·fer** [ズューネ・オップふぁー] [名] -s/- 〘宗〙贖罪(しょくざい)のいけにえ.

der **Süh·ne·ter·min** [ズューネ・テるミーン] [名] -s/-e 〘法〙和解期日.

der **Süh·ne·ver·such** [ズューネ・ふぇあズーふ] [名] -(e)s/-e 〘法〙和解の試み.

sui ge·ne·ris [ズーイ ゲ(ー)ネりス] 〘ラテン語〙その人独自の, 独特の.

die **Sui·te** [svíːtə スヴィーテ, zuíːtə ズイーテ] [名] -/-n **1.** (ホテルの)スイートルーム《複数の部屋を有する》. **2.** 〘楽〙組曲. **3.** 《古》お供の人々, 従者の一行. **4.** 《古》愉快ないたずら〔行動〕.

der (*das*) **Su·i·zid** [ズイツィート] [名] -(e)s/-e 自殺.

su·i·zi·dal [ズイツィダール] [形] 自殺の, 自殺の性向がある;《稀》自殺による.

der **Su·i·zi·dent** [ズイツィデント] [名] -en/-en 《文》自殺者, 自殺未遂者.

das **Su·jet** [zyʒéː ズュジェー] [名] -s/-s 主題, テーマ, 題材.

der **Suk** [ズーク] [名] -(s)/-s (アラブ諸国の)市場, バザール.

die **Suk·ka·de** [ズカーデ] [名] -/-n 柑橘(かんきつ)類の皮の砂糖漬け(レモンピール・オレンジピールなど).

S

die **Suk·koth** [ズコート] [複名] ＝Laubhüttenfest.
der **Suk·ku·bus** [ズックブス] [名] -/-〔..ben[ズクーベン]〕ズックブス, 夢魔(睡眠中の男と交わる魔女).
die **Suk·ku·len·te** [ズクレンテ] [名] -/-n《主に[複]》〖植〗多肉植物.
die **Suk·zes·si·on** [ズクツェスィオーン] [名] -/-en (権利の)継承;王位継承;〖生態〗(動植物群の)遷移: apostolische ~〖カトリック〗使徒承伝.
suk·zes·siv [ズクツェスィーふ] [形] 漸進(ぜんしん)的な.
suk·zes·si·ve [ズクツェスィーヴェ] [副] 漸次(ぜんじ).
(*die*) **Su·lei·ka** [ズライカ] [名]〖女名〗ズライカ.
das **Sul·fat** [ズルふぁート] [名] -(e)s/-e〖化〗硫酸塩.
das **Sul·fid** [ズルふぃート] [名] -(e)s/-e〖化〗硫化物.
das **Sul·fit** [ズルふぃート] [名] -s/-e〖化〗亜硫酸塩.
das **Sul·fo·na·mid** [ズルふォナミート] [名] -(e)s/-e《主に[複]》〖薬〗スルフォンアミド, サルファ剤.
das **Sul·fur** [ズルふる] [名] -s/- 硫黄(記号 S).
das **Sul·ky** [zʊ́lki ズルキ, zálki ザルキ] [名] -s/-s (繋駕(けいが)速歩レース用の)二輪軽馬車, サルキ.
der **Sul·tan** [ズルターン] [名] -s/-e **1.** サルタン(イスラム教国の君主;《[単]のみ》称号).
das **Sul·ta·nat** [ズルタナート] [名] -(e)s/-e サルタンの領土;サルタンの支配(権).
die **Sul·ta·nin** [ズルタニン, ズルターニン] [名] -/-nen サルタンの妃.
die **Sul·ta·ni·ne** [ズルタニーネ] [名] -/-n スルタナ(大粒の種なし干ブドウ).
die **Sulz** [ズルツ] [名] -/-en《南独・オーストリア・スイス》＝Sülze.
die **Sul·ze** [ズルツェ] [名] -/-n **1.**《南独・オーストリア・スイス》＝Sülze 1. **2.**〖狩〗塩なめ場.
die **Sül·ze** [ズュルツェ] [名] -/-n **1.** アスピック(ゼラチン〔ブイヨン〕のゼリー);肉〔魚〕のゼリー寄せ. **2.**〖狩〗塩なめ場.
sül·zen [ズュルツェン] [動] *h.* **1.**〔〈et^4〉ノ〕アスピックを作る. **2.**〔[補足なし]〕アスピックになる. **3.**〔(〈et^4〉ヲ)〕《口・蔑》くだらないおしゃべりする.
(*das*) **Su·ma·tra** [ズマートら, ズーマトら] [名] -s/〖地名〗スマトラ(島)(インドネシア西部の島).
das **Su·ma·t·ra·nas·horn** [ズマートら・ナース・ホるン, ズーマトら・ナース・ホるン] [名] -(e)s/..hörner〖動〗スマトラサイ.
summ! [ズム] [間] (ハチなど昆虫の羽音)ぶんぶん, ぶーん.
die **Sum·ma** [ズマ] [名] -/Summen **1.**《古》総計(略 Sa). **2.** (スコラ哲学での哲学・神学の)集大成, 大全.
sum·ma cum lau·de [ズマ クム ラウデ]〖ラテン語〗最優等で(ドクトル試験の最高評点).
der **Sum·mand** [ズマント] [名] -en/-en〖数〗被加数.
sum·ma·risch [ズマーりシュ] [形] 概略の, 要約した, 大ざっぱな.
das **Sum·ma·ry** [zámərɪ ザメリ] [名] -s/-s〔..ries[りース]〕要約, 要旨, レジュメ.
sum·ma sum·ma·rum [ズマ ズマーるム]〖ラテン語〗総計で, 総額で, 全部で.
das **Süm·mchen** [ズュムひぇン] [名] -s/-《口・皮》(なかなかの)金額: ein hübsches〔nettes〕~ かなりのお金.
die **Sum·me** [ズメ] [名] -/-n **1.** 合計, 総計,〖数〗和: Die ~ von vier und sechs ist〔beträgt〕zehn. 4と6の合計は10である. **2.** 金額: eine ~ von dreißig Euro 30ユーロの金額. eine große ~ 多額の金. **3.** (知識・経験などの)全体, 総体;《稀》(スコラ哲学・神学の)集大成, 大全.
sum·men [ズメン] [動] **1.** *h.*〔[補足なし]〕ぶんぶんと音を立てる, ぶーんとうなる(虫・機械などが). **2.** *s.*〔〈方向〉へ(カラ)/〈場所〉ヲ〕ぶーんと音を立てて飛んで行く〔来る〕, 飛ぶ. **3.** *h.*〔(〈et^4〉ヲ)〕口ずさむ, ハミングする.

der **Sum·mer** [ズマー] [名] -s/- ブザー.
das **Sum·mer·zei·chen** [ズマー・ツァイひぇン] [名] -s/- ブザー音;(電話の)発信音.
sum·mie·ren [ズミーれン] [動] *h.* **1.**〔〈et^4〉ヲ〕合計する(金額などを);まとめる, 要約する. **2.**〔sich^4〕増える, 増加〔大〕する, 積重なる.
das **Sum·mum Bo·num**, [旧]**Sum·mum bo·num** [ズムム ボーヌム] [名] --/〖哲〗最高善, 最高の価値;神.
der **Su·mo·kampf** [ズーモ・カムプふ] [名] -(e)s/..kämpfe 相撲の取組〔勝負〕.
der **Su·mo·rin·ger** [ズーモ・りンガー] [名] -s/- 相撲取り, 力士.
der **Sumpf** [ズムプふ] [名] -(e)s/Sümpfe 沼地, 沼沢地, 湿地;《転》(悪などの)泥沼.
der **Sumpf·bo·den** [ズムプふ・ボーデン] [名] -s/..böden 湿地, 沼地.
die **Sumpf·dot·ter·blu·me** [ズムプふ・ドッター・ブルーメ] [名] -/-n〖植〗リュウキンカ.
sump·fen [ズムプふェン] [動] *h.* **1.**〔[補足なし]〕《古》沼地になる;《口》(仲間と)夜遅くまで大酒を飲む. **2.**〔〈et^4〉ヲ〕水につける(陶土を).
das **Sumpf·fie·ber** [ズムプふ・ふぃーバー] [名] -s/〖医〗マラリア.
das **Sumpf·gas** [ズムプふ・ガース] [名] -es/-e メタンガス.
das **Sumpf·huhn** [ズムプふ・フーン] [名] -(e)s/..hühner **1.**〖鳥〗クイナ. **2.**《口・冗》飲み助.
sump·fig [ズムプふぃひ] [形] 沼地のような, 湿地の.
das **Sumpf·land** [ズムプふ・ラント] [名] -(e)s/ 湿地, 沼沢地.
der **Sumpf·ot·ter** [ズムプふ・オッター] [名] -s/-〖動〗ヨーロッパミンク.
die **Sumpf·pflan·ze** [ズムプふ・プふランツェ] [名] -/-n〖植〗沼沢植物(アシ・ハンノキなど).
der **Sums** [ズムス] [名] -es/《口》(くだらない)おしゃべり;大騒ぎ.
der **Sund** [ズント] [名] -(e)s/-e 海峡.
die **Sün·de** [ズュンデ] [名] -/-n **1.** (宗教・道徳上の)罪: eine ~ begehen 罪を犯す. faul wie die ~ 大変怠惰な. **2.**《[単]のみ》罪深い状態. **3.** 不道徳〔無思慮〕な行為.
das **Sün·den·ba·bel** [ズュンデン・バーベル] [名] -s/-《蔑》退廃の町.
das **Sün·den·be·kennt·nis** [ズュンデン・ベケントニス] [名] -ses/-se 罪の告白.
der **Sün·den·bock** [ズュンデン・ボック] [名] -(e)s/..böcke **1.**〖聖〗贖罪(しょくざい)の山羊(レビ記16, 21). **2.**《口》スケープゴート, 身代り: 〈j^4〉 zum ~ für 〈et^4〉 machen 〈人を〉〈事の〉身代りにする.
der **Sün·den·fall** [ズュンデン・ふぁル] [名] -(e)s/〖キ教〗(アダムとエヴァによる)人間の堕罪, 原罪.
das **Sün·den·geld** [ズュンデン・ゲルト] [名] -(e)s/《口》大金.
sün·den·los [ズュンデン・ロース] [形] ＝sündlos.
der **Sün·den·pfuhl** [ズュンデン・プふール] [名] -(e)s/-e《主に[単]》＝Sündenbabel.
das **Sün·den·re·gis·ter** [ズュンデン・れギスター] [名] -s/- **1.**《口・冗》罪の記録. **2.**〖カトリック〗(昔の)懺悔(ざんげ)書.
der **Sün·der** [ズュンダー] [名] -s/- (宗教・道徳上の)罪人(つみびと).
die **Sünd·flut** [ズュント・ふルート] [名] -/ ＝Sintflut.
sünd·haft [ズュントハふト] [形] **1.** (道徳上)誤った;《文》罪深い. **2.**《口》べらぼうな;(形容詞を強調して)べらぼうに.
sün·dig [ズュンディひ] [形] 神の掟(おきて)に背く, 罪深い;(性的に)不道徳な, 背徳の.
sün·di·gen [ズュンディゲン] [動] *h.* **1.**〔(gegen〔an〕

S

⟨et⁴⟩ニ対シテ)罪を犯す(神に対して), (…に)そむく(神のおきてなどに). **2.** ((gegen ⟨et⁴⟩=))悪いことをする, 過ちを犯す: Er hat gestern *gesündigt*. 彼は昨日食べすぎた.

sünd·los [ズュント・ロース] 形 (宗教・道徳上の)罪のない.

die **Sun·na** [ズナ] 名 -/ 〖イ教〗スンナ(マホメットの言行の伝承で,コーランに次ぐ規範).

der **Sun·nit** [ズニート] 名 -en/-en 〖イ教〗スンニー派の信徒.

(das) **Su·o·mi** [ズオーミ] 名 -s スオミ(Finnland のフィンランド語名).

die **Su·o·ve·tau·ri·lia** [ズオヴェ・タウリーリア] 複数 (古代ローマの)豚・雄羊・雄牛一頭ずつのいけにえ.

su·per [ズーパー] 形 (無変化)((口))すばらしい, すごい, すてきな.

der **Su·per**¹ [ズーパー] 名 -s/- スーパー(ヘテロダイン)受信機.

das **Su·per**² [ズーパー] 名 -s/ (主に無冠詞)=Superbenzin.

su·perb [ズペルプ] 形 =superb.

sü·perb [ズュペルプ] 形 すばらしい,極めて立派な.

das **Su·per·ben·zin** [ズーパー・ベンツィーン] 名 -s/-e スーパーガソリン(ハイオクタン価).

die **Su·per·fe·kun·da·ti·on** [ズパー・ふぇクンダツィオーン] 名 -/-en 〖生〗過熟娠, (同期)複妊娠.

die **Su·per·fe·ta·ti·on** [ズパー・ふぇタツィオーン] 名 -/-en 〖生〗過受精, 過受胎, 異期複妊娠.

su·per·fi·zi·ell [ズパー・ふぃツィエル] 形 表面にある;表面的な.

der **Su·per-GAU** [ズーパー・ガウ] 名 -(s)/ ((口))(原子炉の)超大事故(GAU=größter anzunehmender Unfall).

der **Su·per·het** [ズーパー・ヘット] 名 -s/-s Superheterodynempfänger の略.

der **Su·per·he·te·ro·dyn·emp·fän·ger** [ズパー・ヘテロデューン・エムプふぇンガー] 名 -s/- スーパーヘテロダイン受信機.

der **Su·per·hit** [ズーパー・ヒット] 名 -(s)/-s 大ヒット(曲・商品).

der **Su·per·in·ten·dent** [ズパー・インテンデント, ズーパー・インテンデント] 名 -en/-en 〖プロテス〗教区監督.

der **Su·pe·ri·or** [ズペーリオーあ] 名 -s/-en [ズペリオーれン] 〖カトリ〗修道院長, 修道会長.

su·per·klug [ズーパー・クルーク] 形 えらく利口ぶった.

der **Su·per·la·tiv** [ズーパーラティーふ] 名 -s/-e 〖言〗(形容詞・副詞の)最上(最高)級: 〖慣用〗ein Fest der **Superlative** 空前絶後の(すばらしい)祭典. **von** ⟨j³ *et³*⟩ **in Superlativen sprechen** ⟨人・物・事⟩について最大級の賛辞を呈する.

su·per·la·ti·visch [ズーパーラティーヴィッシュ] 形 **1.** 〖言〗最上(最高)級の. **2.** 最高級的;大げさな.

die **Su·per·macht** [ズーパー・マハト] 名 -/..mächte ((口))超大国.

der **Su·per·mann** [ズーパー・マン] 名 -(e)s/..männer スーパーマン, 超人.

der **Su·per·markt** [ズーパー・マるクト] 名 -(e)s/..märkte スーパーマーケット.

su·per·mo·dern [ズーパー・モデるン] 形 超モダンな.

die **Su·per·no·va** [ズーパー・ノーヴァ] 名 -/..vä 〖天〗超新星.

das **Su·per·phos·phat** [ズーパー・ふぉスふぁート] 名 -(e)s/-e 過燐酸石灰.

su·per·schlau [ズーパー・シュラウ] 形 極めて抜け目のない.

su·per·schnell [ズーパー・シュネル] 形 超スピードの.

das **Su·per·schwer·ge·wicht** [ズーパー・シュヴェーアゲ・ヴィヒト] 名 -(e)s/-e 〖スポ〗スーパーヘビー級選手;(冊のみ)スーパーヘビー級.

su·per·so·nisch [ズパー・ゾーニッシュ] 形 超音速の.

der **Su·per·star** [ズーパー・シュタあ, ズーパー・スターあ] 名 -s/-s ((口))スーパースター.

das **Su·per·strat** [..strá:t ズパー・ストらート] 名 -(e)s/-e 〖言〗上層(言語).

die **Su·per·vi·si·on** [ズパー・ヴィズィオーン, ..víʒən ズパー・ヴィジェン] 名 -/ **1.** (団体などの)相談(役), 顧問;監督. **2.** 心療医によるカウンセリング.

der **Su·per·vi·sor** [..vajzər ズーパー・ヴァイザー] 名 -s/-s **1.** 〖経〗(企業の)管理(監督)者. **2.** カウンセラー, 相談員;セラピスト. **3.** 〖コンピュ〗スーパーバイザー, 監視プログラム.

die **Su·per·vi·so·rin** [..vajzərin ズーパー・ヴァイザりン] 名 -/-nen Supervisor 1, 2 の女性形.

die **Sup·pe** [ズッペ] 名 -/-n **1.** スープ: eine dicke/klare ~ ポタージュ/コンソメスープ. eine ~ kochen/essen スープを作る/飲む. **2.** 濃霧;汗. 〖慣用〗**die Suppe auslöffeln müssen, die man sich eingebrockt hat** ((口))自分でやったことの後始末をしなければならない. ⟨j³⟩ **die Suppe versalzen** ((口))⟨人の⟩計画(楽しみ)に水を差す. ⟨j³⟩ **sich³ eine schöne Suppe einbrocken** ((口))⟨人を⟩不快な目にあわせる/不快な目にあう.

die **Sup·pen·ein·la·ge** [ズッペン・アイン・ラーゲ] 名 -/-n スープの実.

das **Sup·pen·fleisch** [ズッペン・ふライシュ] 名 -(e)s/ スープ用の牛肉.

das **Sup·pen·grün** [ズッペン・グリューン] 名 -s/ スープ用香味野菜.

das **Sup·pen·huhn** [ズッペン・フーン] 名 -(e)s/ スープ用とり肉.

der **Sup·pen·kas·per** [ズッペン・カスパー] 名 -s/- ((口))スープ嫌いの(食の細い)子供.

der **Sup·pen·löf·fel** [ズッペン・①っふぇル] 名 -s/- スープ用スプーン.

die **Sup·pen·schüs·sel** [ズッペン・シュッセル] 名 -/-n スープ鉢.

der **Sup·pen·tel·ler** [ズッペン・テラー] 名 -s/- スープ皿.

die **Sup·pen·ter·ri·ne** [ズッペン・テリーネ] 名 -/-n スープ鉢.

der **Sup·pen·wür·fel** [ズッペン・ヴュるふぇル] 名 -s/- 固形スープ.

die **Sup·pen·wür·ze** [ズッペン・ヴュるツェ] 名 -/-n (液状の)スープの素.

das **Sup·ple·ment** [ズプレメント] 名 -(e)s/-e (本の)補巻, 別冊;〖数〗補角(~winkel).

der **Sup·ple·ment·band** [ズプレメント・バント] 名 -(e)s/..bände 〖出版〗補巻, 別巻.

der **Sup·ple·ment·win·kel** [ズプレメント・ヴィンケル] 名 -s/- 〖数〗補角.

die **Sup·ple·tiv·form** [ズプレティーふ・ふぉるム] 名 -/-en 〖言〗補充形.

die **Sup·plik** [ズプリーク] 名 -/-en 〖カトリ〗(教皇への)請願書.

der **Sup·port** [ズポるト] 名 -(e)s/-e 〖工〗(機械の)送り台, キャリッジ, スライドレスト, サドル;〖コンピュ〗ヘルプ(デスク).

das **Sup·po·si·to·ri·um** [ズポズィトーリウム] 名 -s/..rien 〖医〗座薬, 座剤.

die **Sup·pres·si·on** [ズれスィオーン] 名 -/-en 抑圧.

die **Sup·pu·ra·ti·on** [ズプらツィオーン] 名 -/-en 〖医〗化膿(の).

su·pra·lei·tend [ズープら・ライテント] 形 〖理〗超伝導(性)の.

der **Su·pra·lei·ter** [ズープら・ライター] 名 -s/- 〖電〗超伝導体.

die **Su·pra·lei·tung** [ズープら·ライトゥング] 名 -/ 〖電〗超伝導.

su·pra·na·tio·nal [ズプら·ナツィオナール] 形 超国家的な.

der[*das*] **Su·pre·mat** [ズプれマート] 名 -(e)s/-e 〖文〗至上権,優位.

der[*das*] **Sur·cot** [zyrkó: ズゅるコー] 名 -(s)/-s (中世の)袖(č)なし外衣.

die **Sure** [ズーれ] 名 -/-n 〖イ教〗スーラ(コーランの章).

das **Surf·brett** [sə́:fbrɛt セーふ·ブれット, zǿ:rf.. ·ぁふ·ブれット, zǿ:rf.. ·るふ·ブれット] 名 -(e)s/-er サーフボード.

sur·fen [zə́:rfən ·ぁふェン, zǿ:rfən ·ぁふェン] 動 1. *h./s.* 〖競技〗サーフィン〔ウィンドサーフィン〕をする. 2. *s.* 〈〈場所ʌʌ〉〉サーフボードに乗って行く. 3. *h, i* 〖情ほ〗サーフィンをする,次々と情報を見る〔探す〕: im Internet ~ ネットサーフィンをする.

der **Surfer** [zə́:rfər ·ぁふぁ−, zǿ:rfər ·ぁふぁ−] 名 -s/- サーファー.

das **Surfing** [zə́:rfɪŋ ·ぁふぃング, zǿ:rfɪŋ ·ぁふぃング] 名 -(s)/ サーフィン.

der **Suri·nam**¹ [ズリナム] 名 -(s)/ 〖川名〗スリナム川(Surinam²の川).

(*das*) **Suri·nam**² [ズリナム] 名 -s/ 〖国名〗スリナム.

das **Sur·plus** [zə́:rplas ·ぁプれス, zǿ:rplas ·るプれス] 名 -(es)/ 〖経〗余剰金,利益.

die **Sur·prise-Par·ty** [zœrprə́:rs pa:rti ·ぁプらイス·パーあティ, zœrprə́js..·るプらイス·パーあティ] 名 -/-s(..ties) (当人に内緒で準備する)びっくりパーティー.

sur·real [ズれアール, zyre..ズれアール] 形 超現実的な.

der **Sur·re·alis·mus** [ズれアリスムス, zyrea..ズれアリスムス] 名 -/ シュールレアリスム,超現実主義.

sur·re·a·lis·tisch [ズれアリスティシュ, zyrea..ズれアリスティシュ] 形 シュールレアリスム(超現実主義)の.

sur·ren [zʏrən] 動 1. *h.* 〖擬〗ぶーんと音を立てる(蚊(ı)·機械などが),じーと音を立てる(撮影機·電気かみそりなどが). 2. *s.* 〈(方向)ʌʌ/〈場所〉ʌʌ〉ぶーんと音を立てて飛んで行く〔来る〕.

das **Sur·ro·gat** [ズろガート] 名 -(e)s/-e 代用品〔物〕;〖法〗代償物.

sur·sum cor·da [ズるズム コるダ] 〖ラ語〗〖カトリ〗心をこめて主を仰(ミ)がん(ミサ序誦の冒頭句).

das **Sur·vi·val-trai·ning, Sur·vi·val-Trai·ning** [zərvájvəl trɛ:nɪŋ, ..trɛ:nɪŋ ⊕ さヴァイヴぁる·トれーニング, zœrvájvəl..れィ.. ⊕ さヴァイヴェる·トれーニング] 名 -s/-s サバイバルトレーニング.

(*die*) **Su·san·na** [ズザナ] 名 1. 〖女名〗ズザンナ. 2. 〖新約〗ズザンナ(イエスに仕えた一婦人).

(*die*) **Su·san·ne** [ズザネ] 名 〖女名〗ズザンネ.

die **Suse** [ズーゼ] 名 -/-n 1. 《⊕のみ;主に無冠詞》〖女名〗ズーゼ(Susannaの短縮形). 2. 《口·冗》気がいい反面ぼやぼや抜け作.

der **Suser** [ズーザー] 名 -s/- 《方》=Sauser.

(*die*) **Susi** [ズーズィ] 名 〖女名〗ズーズィ(Susanneの愛称).

(*der*) **Suso** [ズーゾ] 名 =Seuse.

sus·pekt [ズスペクト] 形 疑わしい,怪しい,うさん臭い.

sus·pen·dieren [ズスペンディーれン] 動 *h.* 1. 〈〈j⁴ʌʌ〉〉一時的に解任する. 2. 〈〈j⁴ʌʌ+von〈et³ʌʌ〉〉免除する(兵役義務などを). 3. 〈〈et⁴ʌʌ〉〉一時的に停止する(権利·国交などを). 4. 〈〈et⁴ʌʌ〉〉〖化〗懸濁する.

die **Sus·pen·sion** [ズスペンズィオーン] 名 -/-en 1. 停職(休職)処分;(兵役などの)義務の免除;(権利·国交などの)一時停止. 2. 〖化〗懸濁,(液体の中の粒子の)浮遊. 3. 〖医〗懸吊(ホケ゚).

süß [ズース] 形 1. 甘い;(においが)いい: gern S~es essen 甘いものが好きだ. 2. かわいい,愛らしい: unsere ~e Kleine (かわいい)娘(ぉ). 3. 《口》甘美な: eine ~e Melodie 甘美なメロディー. 4. 愛想のいい:〈j³〉 ~ tun 〈人ᇝ〉にいやに愛想よくする.

die **Süße** [ズーセ] 名 -/ 甘さ,甘み;愛らしさ;愛想のよさ.

süßen [ズーセン] 動 *h.* 〈(〈et⁴ʌʌ〉+(mit〈et³ʌʌ〉)〉甘くする,(…に)甘味をつける.

das **Süß·holz** [ズース·ホルツ] 名 -es/ 〖植〗甘草(ᡘʡɕ)根. 〖慣用〗Süßholz raspeln 《口》甘い言葉をささやく.

der **Süß·holz·rasp·ler** [ズースホルツ·らスプラー] 名 -s/- 《口》(女性に)甘い言葉をささやく〔ご機嫌をとる〕男.

die **Süß·ig·keit** [ズースィヒカイト] 名 -/-en 1. 《主に⊕》甘い物,菓子類. 2. 《主に⊕》〖文〗心地よさ,甘美なこと;愛らしさ.

die **Süß·kar·tof·fel** [ズース·カるトっふぇる] 名 -/-n サツマイモ.

die **Süß·kir·sche** [ズース·キるシェ] 名 -/-n 〖植〗セイヨウミザクラ;甘いサクランボウの実.

süß·lich [ズースリヒ] 形 1. 変に甘い. 2. 《蔑》甘ったるい,感傷的な;妙に愛想がいい.

der **Süß·most** [ズース·モスト] 名 -(e)s/-e 天然果汁.

süß-sauer, süß-sau·er [ズース·ザウあー] 形 《⊕はsüß-saur》甘酸っぱい;《口》(内心の不快を隠して)表面従順な.

die **Süß·spei·se** [ズース·シュパイゼ] 名 -/-n (デザートの)甘いもの.

der **Süß·stoff** [ズース·シュトっふ] 名 -(e)s/-e 人工甘味料.

die **Süß·wa·ren** [ズース·ヴァーれン] 複名 甘味類,菓子類.

das **Süß·wa·ren·ge·schäft** [ズースヴァーれン·ゲシェふト] 名 -(e)s/-e 菓子屋.

das **Süß·was·ser** [ズース·ヴァッサー] 名 -s/ 淡水,真水.

der **Süß·was·ser·fisch** [ズース·ヴァッサー·ふぃッシュ] 名 -(e)s/-e 淡水魚.

der **Süß·was·ser·spei·cher** [ズースヴァッサー·シュパイヒャー] 名 -s/- (水圏中の)淡水貯蔵所(河川·湖沼·生物体など).

der **Süß·wein** [ズース·ヴァイン] 名 -(e)s/-e スイート〔デザート〕ワイン.

die **Sus·zep·ti·bi·li·tät** [ススツェプティビリテート] 名 -/ 《文·古》感じやすさ,敏感さ:〖理〗elektrische ~ 電気感受率. magnetische ~ 磁化率.

das **Sut·ra** [ズートら] 名 -/-s 《主に⊕》〖ᴮ仏教〗スートラ(古代インドの簡潔な教典).

die **Süt·ter·lin·schrift** [zýtərli:n..ズュッターリーン·シュりふト] 名 -/ ジュッターリン書体(L. Sütterlin, 1865–1917,の考案した丸みのあるドイツ文字).

die **Su·tur** [ストゥーあ] 名 -/-en 1. 〖解〗縫合(組織);〖医〗縫合(部). 2. 〖地質〗縫合(境界)線.

su·um cui·que [zú:om ku:íkva ズーウム クイクヴェ, ..kúikva ズーウム クーイクヴェ] 〖ラ語〗各人に各人相応のものを(プロイセンの黒鷲(ୠ)勲章の言葉).

der **Su·ze·rän** [ズツェレーン] 名 -s/-e 宗主国.

die **Su·ze·rä·ni·tät** [ズツェれニテート] 名 -/ 宗主権.

SV =Sportverein スポーツクラブ.

s. v. 1. =〖ᴮラ語〗sub voce …という見出しの下に. 2. =〖ᴮラ語〗sotto voce〖楽〗声をやわらげてひそかに. 3. =〖ᴮラ語〗salva venia 失礼ながら.

s. v. v. =〖ᴮラ語〗sit venia verbo 失礼ながら申上げま

Synchronisierung

す.
svw. =so viel wie …と同じ.
SW =Südwest, Südwesten 南西.
der **Swa·hi·li**[1] [スヴァヒリー] 名 -(s)/-(s) =Suaheli[1].
das **Swa·hi·li**[2] [スヴァヒリー] 名 -(s)/ =Suaheli[2].
der **Swa·mi** [スヴァーミ] 名 -s/-s 〖ヒ教〗スワーミ(聖者・尊師の尊称).
der **Swa·si** [スヴァースィ] 名 -/- スワジランド人.
(das) **Swa·si·land** [スヴァースィ・ラント] 名 -s/〖国名〗スワジランド(南アフリカの国).
die **Swas·ti·ka** [スヴァスティカ] 名 -/..ken (der ~ -(s)/-s もあり) 日輪形, 卍(まんじ), 鉤(かぎ)十字.
das **Sweat·shirt** [svɛtʃœ:rt スヴェット・シャ(ッ)ート, swet スウェット(スゥ)ェット] 名 -s/-s スウェットシャツ.
der **Swe·ben·kno·ten** [スヴェーベン・クノーテン] 名 -s/- 右耳の上で結んだ髪型(原始ゲルマン人スエービ族の男性の髪型から).
das(der) **Sweep·stake** [sviːpsteːk スウィープ・ステーク] 名 -s/-s (広告宣伝用材料で予めあらかじめ決められているくじ引き;入場料で賞金が支払われる)競馬レース.
der **SWF** 名 -/ =Südwestfunk 南西ドイツ放送.
der **Swim·ming·pool, Swim·ming·Pool** [..puːl] スウィミング・プール] 名 -s/-s (水泳)プール.
der **Swing** [スウィング] 名 -(s)/-s **1.** 〖(のみ)楽〗スウィング;スウィングジャズ. **2.** スウィングフォックス(ダンス). **3.** 〖(のみ)経〗スウィング(二国間の貿易協定での信用割当て限度額).
der **Swin·ger** [スウィンガー] 名 -s/- **1.** 〖服〗裾(すそ)幅の広い短コート. **2.** 〖ジャーナ腕〗グループセックスをする人.
der **Sy·ba·rit** [ズュバリート] 名 -en/-en 〖文〗享楽の徒;(南イタリアの古代都市)シュバリスの市民.
syl·la·bisch [ズュラービシュ] 形 **1.** 〖文〗音節(のみブル)の. **2.** 〖楽〗(1音節を旋律の1音に当てる)シラビク(様式)の.
der **Syl·la·bus** [ズュラブス] 名 -/{..bi} **1.** 〖文〗シラバス, 概要, 要目. **2.** 〖ケトッリク〗謬説(びゅうせつ)表.
der **Syl·lo·gis·mus** [ズュロギスムス] 名 -/..men 〖論〗三段論法.
der **Sylphe** [ズュルふェ] 名 -n/-n (die ~ -/-n もあり)空気の精.
die **Syl·phi·de** [ズュルふぃーデ] 名 -/-n (女性の)空気の精;ほっそりとした優美な少女.
(das) **Sylt** [ズュルト] 名 -/ 〖地名〗ズュルト島(北フリース諸島最大・最北の島).
der(das) **Syl·ve·ster** [zɪlvɛstər ズィルヴェスター, zyl.. ズュルヴェスター] 名 -s/- =Silvester.
das(der) **Syl·vin** [ズュルヴィーン] 名 -s/-e 〖地質〗カリ岩塩(オランダの医師 F. Sylvius, 1614-72, にちなむ).
die **Sym·bi·o·se** [ズュムビオーゼ] 名 -/-n 〖生〗共生.
sym·bi·o·tisch [ズュムビオーティッシュ] 形 〖生〗共生の.
das **Sym·bol** [ズュムボール] 名 -s/-e **1.** 象徴, シンボル: die Rose als ~ der Liebe 愛の象徴としてのバラ. **2.** 記号, 符号: ein chemisches ~ 化学記号.
die **Sym·bo·lik** [ズュムボーリク] 名 -/ **1.** 象徴的意味, 象徴性. **2.** 象徴的表現. **3.** 象徴〖シンボル〗の使用・事神学〖キ教〗信条学.
sym·bo·lisch [ズュムボーリッシュ] 形 象徴(として)の;象徴的な;記号(符号)による.
sym·bo·li·sie·ren [ズュムボリズィーレン] 動 h. の象徴〖シンボル〗である. **1.** 〈j[4]/et[4]を〉象徴する, (…の)象徴〖シンボル〗である. **2.** 〖sich[4]+in 〈j[3]/et[3]に〉〗象徴化される.
der **Sym·bo·lis·mus** [ズュムボリスムス] 名 -/ 象徴主義(1900年代の文芸思潮).
sym·bo·li·stisch [ズュムボリスティッシュ] 形 象徴主義の.
die **Sym·ma·chie** [ズュマヒー] 名 -/-n (古代ギリシアの)都市同盟.

die **Sym·me·trie** [ズュメトリー] 名 -/-n (左右)対称;均整.
sym·me·trisch [ズュメートリッシュ] 形 (左右)対称の;均整のとれた.
sym·pa·the·tisch [ズュムパテーティシュ] 形 精神感応の;共感の: ~*e* Tinte(あぶり出しなどの)秘密のインク.
die **Sym·pa·thie** [ズュムパティー] 名 -/-n 共感, 好感;同意, 賛意;(自然哲学の全体のすべての部分の)同調;交感(民間信仰のすべてのものがひそかに互いに影響し合うという観念).
der **Sym·pa·thi·kus** [ズュムパーティクス] 名 -/ 〖解〗交感神経.
der **Sym·pa·thi·sant** [ズュムパティザント] 名 -en/-en 支持者, 同調者, シンパ(サイザー).
sym·pa·thisch [ズュムパーティシュ] 形 **1.** 〔〈(j[3]か)〉〕好感の持てる, 共感できる, 感じのいい: Dieser Vorschlag ist mir ~. 私はこの提案に共感できる. **2.** 〖医〗交感(神経)の.
sym·pa·thi·sie·ren [ズュムパティズィーレン] 動 h. 〖mit 〈j[3]/et[3]と〉〗共感する. (…の)シンパである.
die **Sym·pho·nie** [ズュムふォニー] 名 -/-n =Sinfonie.
sym·pho·nisch [ズュムふォーニッシュ] 形 =sinfonisch.
das **Sym·po·si·on** [ズュムポージィオン] 名 -s/..posien [ズュムポーズィエン] **1.** シンポジウム(討論会;論文集). **2.** (古代ギリシアで哲学論議をする)饗宴(きょうえん).
das **Sym·po·si·um** [ズュムポージィウム] 名 -s/..posien [ズュムポーズィエン] =symposion.
das **Sym·ptom** [ズュムプトム] 名 -s/-e **1.** 〖医〗症候, 症状. **2.** しるし(良くない)兆候, きざし.
sym·pto·ma·tisch [ズュムプトマーティシュ] 形 **1.** 〔(für 〈et[4]の〉)〕典型的な徴候を示す: Das ist ~ für diese Zeit. それはこの時代の典型的な徴候だ. **2.** 〖医〗症候〖症状〗の, 対症の.
die **Sym·pto·ma·to·lo·gie** [ズュムプトマト・ロギー] 名 -/ 〖医〗症候学.
der **Sym·pto·men·kom·plex** [ズュムプトーメン・コムプレックス] 名 -es/-e 〖医〗症候〖症状〗群.
die **Syn·a·go·ge** [ズュナゴーゲ] 名 -/-n **1.** シナゴーグ(①ユダヤ教の会堂. ②礼拝に参集する)ユダヤ会衆). **2.** 〖美〗シナゴーグ(旧約聖書のアレゴリーとしての女人像) ⇨ Ecclesia.
die **Syn·ap·se** [ズュナプセ, ズュンアプセ] 名 -/-n 〖生・医〗シナプス(神経細胞の接合部).
die **Syn·ä·re·se** [ズュネれーゼ, ズュンエれーゼ] 名 -/-n 〖言〗合音, 母音融合.
die **Syn·äs·the·sie** [ズュネステズィー, ズュンエステズィー] 名 -/-n 〖医・言〗共感覚.
syn·chron [zynkroːn ズュンクローン] 形 同時的, 同一速度の, 同時態の, 共時態の.
das **Syn·chron·ge·trie·be** [ズュンクローン・ゲトりーベ] 名 -s/- 〖車〗シンクロメッシュ・トランスミッション, 等速かみ合いギアシステム.
die **Syn·chro·nie** [zynkroniː ズュンクロニー] 名 -/ 〖言〗共時態.
die **Syn·chro·ni·sa·ti·on** [zynkro.. ズュンクロニザツィオーン] 名 -/-en (作業などの)同時化;〖工〗同期化, 同期調整;〖映〗シンクロナイジング, 映像と音の同調・吹替え.
syn·chro·nisch [zynkroː..ズュンクろーニッシュ] 形 〖言〗共時(論)的な, 同時態の.
syn·chro·ni·sie·ren [zynkro.. ズュンクロニズィーレン] 動 h. **1.** 〈et[4]を〉吹替えをする. 画面と音声を一致させる(映画の). **2.** 〈et[4]を〉同期化させる, 同時に行わせる, (…の)同期をとる(いくつかの時計の), シンクロナイズする.
die **Syn·chro·ni·sie·rung** [ズュンクロニズィーるング] 名 -/-en =Synchronisation.

der **Syn·chro·nis·mus** [zynkro..　ズュンクロニスムス] 名 -/..men　**1.** 〔のみ〕〔工〕同期(性).　**2.** (歴史的諸事件の)年代別配列, 対照歴史年表.　**3.** 〔映〕映像と音の同調.
der **Syn·chron·mo·tor** [ズュンクローン・モ(ー)トーあ] 名 -s/-en　〔電〕同期電動機.
das **Syn·chron·schwim·men** [ズュンクローン・シュヴィメン] 名 -s/　シンクロナイズド・スイミング.
syn·de·tisch [ズュンデーティシュ] 形 〔言〕接続詞で結ばれた.
das **Syn·di·kat** [ズュンディカート] 名 -(e)s/-e 〔経〕企業連合, シンジケート；(犯罪の)シンジケート.
der **Syn·di·kus** [ズュンディクス] 名 -/-se〔..dizi〕(法人・団体などの)法律顧問.
das **Syn·drom** [ズュンドロ―ム] 名 -s/-e 〔医・社〕症候群, シンドローム.
das **Syn·e·dri·on** [ズュネードリオン, ズュンエードリオン] 名 -s/..edrien [..エードリエン]　**1.** (古代ギリシアの)評議会.　**2.** = Synedrium.
das **Syn·e·dri·um** [ズュネードリウム, ズュンエードリウム] 名 -s/..edrien [..エードリエン] (古代エルサレムの)ユダヤ人最高法廷.
die **Syn·ek·do·che** [ズュネクドっへ, ズュンエクドっへ] 名 -/-n [ズュネドっヘン, ズュンエクドっヘン] 〔修〕提喩(ゆ)(一連の共通概念を持つ語から一つを取って言い換える語法).
die **Syn·ek·tik** [ズュネクティク, ズュンエクティク] 名 -/　シネクティクス, 創造工学(ブレーンストーミングに類似する方法).
die **Syn·ko·pe** [ズュンコーペ, ズュンコペ] 名 -/-en [ズュンコーペン]　**1.** (発音は[ズュンコーペ])〔楽〕シンコペーション.　**2.** (発音は[ズュンコペ])〔言〕語中音消失；〔詩〕抑格の省略；〔医〕失神.
syn·ko·pie·ren [ズュンコピーれン] 動 *h*.　**1.** 〈*et⁴*〉〔楽〕シンコペーションによって変える(リズムを).　**2.** 〔言〕語中音を落す.
der **Syn·kre·tis·mus** [ズュンクれティスムス] 名 -/　**1.** 〔文〕(異なる宗教・思想の)混合.　**2.** シンクレティズム；〔言〕(格の)融合(Kasus～).
syn·kre·tis·tisch [ズュンクれティスティシュ] 形 混合〔混交〕の, シンクレティズムの.
syn·o·dal [ズュノダール] 形 〔キ教〕教会会議の.
die **Syn·o·de** [ズュノーデ] 名 -/-n 〔プロテス〕教会会議；〔カト〕公会議.
syn·o·nym [ズュノニューム] 形 〔言〕同義〔同意・類義〕の.
das **Syn·o·nym** [ズュノニューム] 名 -s/-e 〔言〕同義語, 同意語, 類義語.
die **Syn·o·ny·mik** [ズュノニューミク] 名 -/-en　**1.** 〔のみ〕同義〔類義〕語論；(稀)同義〔類義〕性.　**2.** 同義〔類義〕語辞典.
das **Syn·o·nym·wör·ter·buch** [ズュノニューム・(ヴェ)るターブッホ] 名 -(e)s/..bücher 同義〔類義〕語辞典.
die **Syn·op·se** [ズュノプセ, ズュンオプセ] 名 -/-n = Synopsis.
die **Syn·op·sis** [ズューノプスィス, ズュンオプスィス] 名 -/..opsen [ズュノプセン, ズュンオプセン]　**1.** (テキストの)対比, 対照；〔聖〕福音村和合表(共観福音書)(Matthäus, Markus, Lukasの対照表).　**2.** 〔文〕概観, 内容一覧.
die **Syn·op·tik** [ズュノプティク, ズュンオプティク] 名 -/ 〔気〕総観気象学(天気予報のための広域の天候調査).
der **Syn·op·ti·ker** [ズュノプティカー, ズュンオプティカー] 名 -s/-〔主に⑨〕〔聖〕共観福音史家(Matthäus, Markus, Lukasのこと).
syn·op·tisch [ズュノプティシュ, ズュンオプティシュ] 形 **1.** 対比〔対照〕の；概観的な.　**2.** 〔キ教〕共観福音史

家に基づく: die ～*en* Evangelien 共観福音書.
die **Syn·o·via** [ズュノーヴィア] 名 -/ 〔医〕関節滑液.
das **Syn·tag·ma** [ズュンタグマ] 名 -s/..men [-ta]　**1.** 〔言〕シンタグマ, (言語要素の)結合；統合体.　**2.** 〔古〕論叢(そう).
syn·tak·tisch [ズュンタクティシュ] 形 〔言〕統語〔統辞〕論の, 構文〔文章〕論の.
die **Syn·tax** [ズュンタクス] 名 -/-en 〔言〕統語論, 構文論, シンタクス.
die **Syn·the·se** [ズュンテーゼ] 名 -/-n　**1.** 〔哲〕綜合, 統合(定立・反定立に対する)ジンテーゼ.　**2.** 〔化〕合成.
die **Syn·the·se·fa·ser** [ズュンテーゼ・ふぁーザー] 名 -/-n 化学〔合成〕繊維(ナイロンなど).
die **Syn·the·sis** [ズュンテズィス] 名 -/..thesen [ズュンテーゼン] 〔稀〕= Synthese 1.
der **Syn·the·si·zer** [zɛ́ntəsaɪzər ズュンテザイザー] 名 -s/-　〔楽〕シンセサイザー.
die **Syn·the·tics** [ズュンテーティクス] 複 化学〔合成〕繊維；化学繊維の織物.
das **Syn·the·tik** [ズュンテーティク] 名 -s/ (主に無冠詞) 合成繊維の織物.
syn·the·tisch [ズュンテーティシュ] 形 総合〔統合〕の；〔化〕合成の: ein ～*es* Urteil 〔哲〕総合判断.
syn·the·ti·sie·ren [ズュンテティズィーれン] 動 *h*. 〈*et⁴*〉〔化〕合成する.
die **Sy·phi·lis** [ズーふぃリス] 名 -/ 〔医〕梅毒.
sy·phi·lis·krank [ズーふぃリス・クらンク] 形 梅毒にかかった.
der **Sy·phi·li·ti·ker** [ズーふぃリーティカー] 名 -s/-　梅毒者.
sy·phi·li·tisch [ズーふぃリーティシュ] 形 梅毒(性)の.
der **Sy·rer** [ズューラ―] 名 -s/-　シリア人.
(*das*) **Sy·ri·en** [ズューリエン] 名 -s/ 〔国名〕シリア.
der **Sy·ri·er** [ズューりあ―] 名 -s/-　シリア人.
die **Sy·rinx** [ズューリンクス] 名 -/..ringen　**1.** (鳥の)鳴管.　**2.** 〔楽〕パンフルート.　**3.** (のみ；主に無冠詞) 〔ギ神〕シュリンクス(Pan神に追われ, 葦(あし)に身を変えた Nymphe. Pan神はそれで笛を作った).
sy·risch [ズューリシュ] 形 シリア(人)の.
das **Sys·tem** [ズュステーム] 名 -s/-e 体系；システム, 秩序: ein philosophisches ～ 哲学体系. 〈*et⁴*〉 in ein ～ bringen 〈*事⁴*〉体系化する. in 〈*et⁴*〉 bringen 〈*事⁴*〉システム化する.　**2.** (自然科学の)系；(機械などの)システム, 系統；方式: ein ökologisches ～ 生態系. periodisches ～ 〔化〕周期系. metrisches ～ メートル法. das linnéische [Linné'sche] ～ der Einteilung リンネの分類方式.　**3.** (政治・経済などの)体制, 制度, 政体.
die **Sys·tem·ana·ly·se** [ズュステーム・アナリュ―ゼ] 名 -/-n (社会・経済などの)システム分析.
die **Sys·te·ma·tik** [ズュステマーティク] 名 -/-en　**1.** 〔文〕体系化, システム化.　**2.** (のみ) 〔生〕分類学.
der **Sys·te·ma·ti·ker** [ズュステマーティカー] 名 -s/-　体系的に仕事をする人；〔生〕分類学者.
sys·te·ma·tisch [ズュステマーティシュ] 形　**1.** 体系〔系統・組織〕的な.　**2.** 〔生〕分類(学)上の.
sys·te·ma·ti·sie·ren [ズュステマティズィ―れン] 動 *h*. 〈*et⁴*〉体系〔システム〕化する, 体系にまとめる, 一つのシステムに組織する.
die **Sys·tem·for·schung** [ズュステーム・ふぉるシュング] 名 -/-en システム研究(体制・体系・系・機器のシステムなどの総合研究).
sys·te·misch [ズュステーミシュ] 形 〔生・医〕全組織〔全身〕の.
sys·tem·kon·form [ズュステ―ム・コンふぉるム] 形 体制に

合致した.
die **Sys·tem·the·o·rie** [ズュステーム・テオリー] 名 -/ システム論.
die **Sy·sto·le** [ズュストレ, ズュストーレ] 名 -/-n [ズュストーレン] **1.** 〖医〗心収縮(期). **2.** 〖詩〗(長(二重)母音の)音節短縮.
sys·to·lisch [ズュストーリシュ] 形 〖医〗(心)収縮(期)の.
die **Sy·zy·gie** [ズュツュギー] 名 -/-n 〖天〗シズジー, 朔望(さくぼう)(満月・新月の時期);〖詩〗ディポディー, 2 詩脚結合.
s.Z. =seinerzeit その当時, その頃, かつて.
das **Sze·na·rio** [スツェナーリオ] 名 -s/-s **1.** 〖映〗シナリオ場面構成案(筋書きからの脚本作成時に書かれる). **2.** 〖劇〗台本. **3.** (公共事業などの)計画予定案. **4.** (計画実行や,事件を想定した)シナリオ.
das **Sze·na·ri·um** [スツェナーリウム] 名 -s/..rien 〖劇〗台本,脚本;〖映〗シナリオ,場面構成案;〖文〗(事件などの)場所,舞台.
die **Sze·ne** [スツェーネ] 名 -/-n **1.** (映画・ドラマなどの)場面, シーン, (芝居の幕を構成する)場. **2.** (人目につく)光景,場面: eine rührende ~ 感動的な場面. **3.** 舞台: in ~ gehen 上演される. auf offener ~ 演技の最中に;公衆の面前で. hinter der ~ 舞台裏で. **4.** ひどい口論, 激しい非難:⟨j³⟩ eine ~ machen ⟨人を⟩激しく責める. **5.** (主に⑪)(活動の)舞台: die literarische ~ 文壇. 【慣用】

die Szene beherrschen 場をとりしきる, 中心的存在である. ⟨et⁴⟩ in Szene setzen ⟨事を⟩アレンジする, ⟨事の⟩演出をする. sich⁴ in Szene setzen 自分を引立たせる.
die **Sze·ne·knei·pe** [スツェーネ・クナイペ] 名 -/-n (⟨口⟩)ある種の人士たちの集まる小酒場(文壇バーなど).
der **Sze·nen·wech·sel** [スツェーネン・ヴェクセル] 名 -s/- 〖劇〗場面転換.
die **Sze·ne·rie** [スツェーネリー] 名 -/-n **1.** 〖劇〗舞台装置. **2.** (小説などの)舞台;光景,(書割りのような)風景.
der **Sze·ne·treff** [スツェーネ・トレふ] 名 -s/-s (⟨口⟩)ある種の人士たちの溜り場.
sze·nisch [スツェーニシュ] 形 (演劇の)場面の;舞台の, 演出の.
das **Szep·ter** [スツェプター] 名 -s/- 《古》=Zepter.
die **Szin·ti·gra·phie** [スツィンティ・ぐらふぃー] 名 -/-n 〖医〗シンチグラフィー(放射性物質の投与によって得られる臓器の投影・検査).
die **Szin·til·la·ti·on** [スツィンティラツィオーン] 名 -/-en 〖理〗シンチレーション(放射線の閃光);〖天〗星のまたたき.
szin·til·lie·ren [スツィンティリーれン] 動 h. 〖眺儀〗〖天〗またたく;〖理〗閃光を発する.
SZR =Sonderziehungsrecht (IMF〔国際通貨基金〕)特別引出権.
(*die*) **Szyl·la** [スツュラ] 名 〖ギ神〗スキュラ(海の女怪物): zwischen ~ und Charybdis 進退きわまって.

T

das **t¹, T¹** [te: テー] 名 -/-((口)-s/-s)ドイツ語アルファベットの第 20 字.

t² =Tonne トン(重量の単位).

T² [テー] =Tritium《化》トリチウム.

T³ 1. =Tara 《商》風袋の目方;(商品の)風袋. 2. =Tesla《理》テスラ.

Ta 1. =T³ 1. 2. [テーア-]=Tantal 《化》タンタル.

der **Ta·bak** [タ(-)バック,タバック] 名 -s/-e((®は種類) 1. タバコ(喫煙用): ~ rauchen (パイプ)タバコを吸う. 2. 《植》タバコ;タバコの葉.

der **Ta·bak·bau** [タ(-)バック・バウ,タバック・バウ] 名 -(e)s / タバコ栽培.

die **Ta·bak·fa·brik** [タ(-)バック・ふァブリーク,タバック・ふァブリーク] 名 -/-en タバコ工場.

der **Ta·bak·la·den** [タ(-)バック・ラーデン,タバック・ラーデン] 名 -s/‥läden タバコ店.

die **Ta·bak·pflan·ze** [タ(-)バック・プふランツェ,タバック・プふランツェ] 名 -/-n《植》タバコ.

die **Ta·bak·pflan·zung** [タ(-)バック・プふランツング,タバック・プふランツング] 名 -/-en タバコ栽培;タバコ農園.

der **Ta·bak·rauch** [タ(-)バック・らウホ,タバック・らウホ] 名 -(e)s/ タバコの煙.

die **Ta·bak·re·gie** [タバック・れジー] 名 -/((オーストリア・口)) タバコ専売;タバコ専売局;タバコ工場.

der **Ta·baks·beu·tel** [タ(-)バックス・ボイテル,タバックス・ボイテル] 名 -s/- タバコ入れ(刻みタバコとパイプその他を入れる袋).

die **Ta·baks·do·se** [タ(-)バックス・ドーゼ,タバックス・ドーゼ] 名 -/-n タバコ入れ(刻み(嗅ぎ)タバコを入れる(円形の)容器).

die **Ta·baks·pfei·fe** [タ(-)バックス・プふァイふェ,タバックス・プふァイふェ] 名 -/-n パイプ.

die **Ta·bak·steu·er** [タ(-)バック・シュトイアー,タバック・シュトイアー] 名 -/-n タバコ税.

der **Ta·bak·teer** [タ(-)バック・テーア,タバック・テーア] 名 -(e)s/ タバコのタール.

die **Ta·bak·tra·fik** [タ(-)バック・トらふィック,タバック・トらふィック] 名 -/-en((オーストリア)) タバコ店.

die **Ta·bak·wa·re** [タ(-)バック・ヴァーれ,タバック・ヴァーれ] 名 -n/-n (主に®)タバコ製品(シガレット・パイプタバコ・葉巻など).

die **Ta·ba·tie·re** [タバティエーれ] 名 -/-n 1. (古) 嗅ぎタバコ入れ. 2. ((オーストリア))タバコ入れ;シガレットケース.

ta·bel·la·risch [タベラーリシュ] 形 表にした,表の形の: eine ~e Übersicht 一覧表.

die **Ta·bel·le** [タベレ] 名 -/-n 一覧表;《スポーツ》順位表: eine statistische ~ 統計表. eine ~ aufstellen 表を作る.

die **Ta·bel·len·füh·rung** [タベレン・ふューるング] 名 -/《スポーツ》順位表のトップの座.

das **Ta·ber·na·kel** [タベるナーケル] 名 -s/((カトリック)) der ~) 1. 《カトリック》(聖体保存用の)聖櫃(ひつ);(祭壇などの)天蓋(がい). 2. 《建》(立像などを置く)天蓋つきの台座.

die **Ta·ber·ne** [タベるネ] 名 -/-n (古)=Taverne.

das **Ta·bleau** [tabló: タブロー] 名 -s/-s 1. 《劇》 劇的な舞台の群像;(古)絵画;《文芸学》登場人物の多い広範な記述(描写). 2. ((オーストリア))一覧表;(アパートの)居住者氏名表示板. 3. 《印》表組版.

die **Table d'Hôte** [tá:blədó:t テーブル ドート] 名 -/ (古)(ホテルなどの客が)一緒に食事をする大テーブル.

das **Ta·blett** [タブレット] 名 -(e)s/-s(-e) 盆,トレー.

die **Ta·blet·te** [タブレッテ] 名 -/-n 錠剤.

ta·bu [タブー] 形 ((für 《人》にとって)) タブーである;禁じられた.

das **Ta·bu** [タブー] 名 -s/-s 《民族》((文)も有)タブー,禁忌,禁制: ein ~ verletzen タブーを犯す.

ta·bu·ge·schützt [タブーゲシュッツト] 形 タブーに守られた.

ta·bu·ie·ren [タブイーれン] 動 h. =tabuisieren.

ta·bu·i·sie·ren [タブイズィーれン] 動 h.((ジャーナリズム))《民族》((文)も有)タブーにする,タブー視する,禁忌する.

die **Ta·bu·la ra·sa** [タープラ らーザ] 名 --/《文》白紙(状態);《哲》タブラララサ(心の白紙状態): mit 〈et³〉~ machen 《事》をすっかり片づける.

der **Ta·bu·la·tor** [タブラートーア] 名 -s/-en [タブラトーれン]《エ》(タイプライターなどの)タビュレーター.

die **Ta·bu·la·tur** [タブラトゥーる] 名 -/-en《楽》タブラトゥール(Meistersinger の作詩・作曲の規則);タブラチュア(14-18 世紀の楽器用の記譜法).

das **Ta·bu·rett** [タブレット] 名 -(e)s/-e (スイス) (詰め物をした)スツール.

das **Ta·bu·wort** [タブー・ヴォるト] 名 -(e)s/..wörter 《言・心》忌みことば,禁句.

Tä·che·les [テヘレス] 《イディッシュ語》((口) (次の形で)) reden 腹蔵なく話合う.

der **Ta·cho** [タッホ] 名 -s/-s (口)Tachometer ①の短縮形.

der **Ta·cho·graf, Ta·cho·graph** [タホ・グらーふ] 名 -en/-en タコグラフ(運行速度記録計).

das (der) **Ta·cho·me·ter** [タホ・メーター] 名 -s/- タコメーター(①スピードメーター,②回転速度計).

die **Ta·chy·gra·fie, Ta·chy·gra·phie** [タひュ・グらふィー] 名 -/ 古代ギリシアの速記術.

die **Ta·chy·kar·die** [タひュ・カるディー] 名 -/-n《医》心(臓)頻拍,頻脈.

das **Ta·chy·on** [タひュオン] 名 -s/-en [タひュオーネン] 《核物理》タキオン(超光速素粒子).

ta·ci·te·isch [tatsi.. タツィテーイシュ] 形 タキトゥス風(流)の.

(der) **Ta·ci·tus** [tá:tsi.. ターツィトゥス] 名 《人名》タキトゥス(Cornelius 〜, 55 頃-116 頃, 古代ローマの歴史家).

der **Täcks** [テックス] 名 -es/-e《手工》(製靴用の)くさび形の針.

der **Ta·del** [ターデル] 名 -s/- 1. 非難,叱責(しき), 小言(ごと);(昔の学級採点簿に記した叱責の)注意書き: 〈j³〉 einen ~ erteilen 〈人〉 に 叱責する. einen ~ erhalten 叱責を受ける. 2. (主に否定の語と)《文》欠点,欠陥,粗(あら): ohne ~ 非の打ちどころない.

ta·del·frei [ターデル・ふらイ] 形 非の打ちどころのない.

ta·del·haft [ターデル・ハふト] 形 非難すべき.

ta·del·los [ターデル・ロース] 形 非の打ちどころのない,まったく欠点のない;(口)すばらしい.

die **Ta·del·lo·sig·keit** [ターデル・ローズィヒカイト] 名 / 非の打ちどころのないこと,完璧(へき).

ta·deln [ターデルン] 動 h.(((j¹/et⁴)を))非難する,叱(しか)る,叱責する.

ta·delns·wert [ターデルンス・ヴェーあト] 形 非難[叱責]すべき.

die **Ta·del·sucht** [ターデル・ズふト] 名 -/ ((蔑))非難したがる性向,あら捜し好き.

ta·del·süch·tig [ターデル・ズュヒティヒ] 形 《文・蔑》難癖をつけたがる, あら捜しの好きな.

der **Tad·ler** [タードラー] 名 -s/- 《稀》しかる[非難する]人.

das **Tae·kwon·do** [tɛkvɔndo テクヴォンド] 名 -/ テコンド〖朝鮮の格闘技〗.

Taf. =Tafel 2.〖全ページの〗挿絵, 図版, 図表.

die **Ta·fel** [ターふェル] 名 -/-n **1.**〖木・石・金属などの〗板; 黒板, 掲示板; 銘板; パネル; 羽目板; 板状のもの; 盤, 台; 〖ﾊﾟﾝ〗交通標識; 〖美〗板絵 〈~bild〉;〖地質〗台地: 〈et⁴〉 an die ~ schreiben〈事⁴〉黒板に書く. eine ~ Schokolade 板チョコ一枚. ein Pflanzenfett in ~n 板状の植物性脂肪. **2.**(~覧)表;〖印〗〖全ページの〗挿絵, 図版, 図解. **3.**《文》〖宴会などの〗大テーブル, 食卓;《雅のみ》〖宴会などの〗食事, ご馳走. **4.**《稀》良質の食料品.

der **Ta·fel·auf·satz** [ターふェル・アウふ・ザッツ] 名 -es/..sätze〖テーブル中央の〗置物, 飾り, センターピース.

der **Ta·fel·berg** [ターふェル・ベルク] 名 -(e)s/-e〖地質〗卓状〖平頂〗山;〖山名〗〖南アフリカの〗テーブル山;〖天〗テーブル山座.

das **Ta·fel·be·steck** [ターふェル・ベシュテック] 名 -(e)s/-e〖高級〗ナイフ・フォーク・スプーン一そろい.

das **Ta·fel·bild** [ターふェル・ビルト] 名 -(e)s/-er〖美〗板絵.

die **Ta·fel·but·ter** [ターふェル・ブッター] 名 -/〖昔の〗食卓用〖上質〗バター.

das **Tä·fel·chen** [テーふェルヒェン] 名 -s/-〖Tafel の縮小形〗小型の黒板; 小さい板状のもの.

ta·fel·fer·tig [ターふェル・ふェルティヒ] 形〖温めるだけで〗すぐ食卓に出せる.

ta·fel·för·mig [ターふェル・(ふ)ぇルミヒ] 形 板状の;〖地質〗台パネル状の.

die **Ta·fel·freu·den** [ターふェル・ふろイデン] 複名《文》〖ご馳走を食べる〗楽しみ.

das **Ta·fel·ge·schirr** [ターふェル・ゲシル] 名 -(e)s/-e〖祝宴用〗高級食器.

das **Ta·fel·glas** [ターふェル・グラース] 名 -es/〖板ガラス.

das **Ta·fel·land** [ターふェル・ラント] 名 -(e)s/..länder〖地質〗台地, 卓状地, 高原.

die **Ta·fel·ma·le·rei** [ターふェル・マーレらイ] 名 -/-en〖美〗板絵〖法〗.

die **Ta·fel·mu·sik** [ターふェル・ムズィーク] 名 -/ ターふェルムズィーク〖昔の祝宴の際に演奏された音楽〗.

ta·feln [ターふェルン] 動 h.《雅》《文》ゆっくりご馳走を味わう〖特に宴席で〗.

tä·feln [テーふェルン] 動 h.〈et⁴〉₃₃鏡板〖板〗張りにする〖壁・天井などを〗.

das **Ta·fel·obst** [ターふェル・オープスト] 名 -(e)s/〖商〗〖加工用でない〗上等な果物.

das **Ta·fel·öl** [ターふェル・エール] 名 -(e)s/-e〖上質な〗食〖卓〗用油.

die **Ta·fel·run·de** [ターふェル・るンデ] 名 -/-n **1.**《文》食卓を囲む一同; 会食. **2.**〖アーサー王伝説の〗円卓の騎士団.

das **Ta·fel·ser·vice** [ターふェル・ぜルヴィース] 名 -[..ヴィース] -s [..ヴィーセス]/-[..ヴィース, ..ヴィーセ]〖高級な〗食器セット.

das **Ta·fel·sil·ber** [ターふェル・ズィルバ] 名 a/〖祝宴用〗銀製のナイフ・フォーク・スプーンのそろい.

das **Ta·fel·tuch** [ターふェル・トゥーふ] 名 -(e)s/..tücher〖大テーブル用〗テーブルクロス.

die **Tä·fe·lung** [テーふェルング] 名 -/-en 鏡板〖板〗を張ること; 鏡板張り, 板張り, 羽目板.

die **Ta·fel·waa·ge** [ターふェル・ヴァーゲ] 名 -/-n 台秤〖ばかり〗.

das **Ta·fel·was·ser** [ターふェル・ヴァッサー] 名 -s/..wässer 瓶〖ボトル〗入りのミネラルウォーター.

der **Ta·fel·wein** [ターふェル・ヴァイン] 名 -(e)s/-e **1.**〖食事中に飲む〗テーブルワイン. **2.** ターふェルワイン〖ドイツワインでは最下位の等級のもの〗.

das **Ta·fel·werk** [ターふェル・ヴェルク] 名 -(e)s/-e **1.**〖壁・天井の〗鏡板張り, 板張り, 羽目. **2.** 主に図版・図表からなる本.

der **Tä·fer** [テーふェー] 名 -s/-《ﾊﾟﾝ》鏡板〖板〗張り.

die **Tä·fe·rung** [テーふェるング] 名 -/-en《ﾊﾟﾝ》=Täfer.

der **Taft** [タふト] 名 -(e)s/-e タフタ〖こはく織りの布〗.

der **Tag** [ターク] 名 -(e)s/-e **1.** 日, 1日; eines ~es ある日〖のこと〗. dieser ~e 近いうちに; 先日. jeden ~ 毎日; 間もなく. den ganzen ~ 一日中. alle ~e 毎日. alle drei ~e 3日ごとに. einen Tag früher/später 一日早く/遅く. Welchen ~ haben wir heute? 今日は何曜日〖何日〗ですか. an diesem ~ この日に. am ~ vorher 前日に. auf〖für〗ein paar ~e 二三日の予定で. in einem ~ 一日のうちに. in den nächsten ~en 近日中に. heute in acht ~en〖acht ~e〗一週間後の今日. vor drei ~en 3日前に. ~ für ~ 毎日毎日. ~ um ~ 一日一日と. einen ~ um den anderen 一日おきに. von einem ~ auf den anderen 一夜のうちに, 突然. von ~ zu ~ 日をおって. **2.** 昼, 昼間, 日中: Es wird ~. 夜が明ける. Die ~e werden länger. 日が長くなる. am ~e 昼間に. bei ~e 昼間に; 日の光で〖みると〗. unter ~s 昼の間, 日中. den ~ über 日の間じゅう. vor ~《文》〖夜明けの〗日の出前. bis in den ~ hinein 昼遅くまで. **3.** 記念日〖Ehren-, Gedenk-〗; 祝〖祭〗日: der ~ der Deutschen Einheit ドイツ統一記念日〖10月3日〗. **4.**《文》〖生涯の〗時期, 時代: die ~e der Jugend 青春時代. in guten und bösen ~en 順境においても逆境においても. **5.** 今日〖ﾊﾟﾝ〗, 現代: Der Mann des ~es 時の人. bis in unsere ~e 今日に至るまで. **6.** 労働日〖Arbeits-〗: acht-Stunden-~〖Achtstundentag〗 8時間労働の日. einen freien ~ haben 仕事が休みだ. **9.**《雅のみ》《口・婉》生理〖日〗.【慣用】〈et⁴〉 an den Tag bringen〈事⁴を〉明るみに出す. an den Tag kommen 明るみに出る. der Jüngste Tag《K教》最後の審判の日. der Tag der offenen Tür〖施設などの〗公開日. der Tag des Herrn《文》主日〖日曜日〗. seines nächsten Tages〖未来のいつか〗ある日. ewig und drei Tage 非常に長い間. Guten Tag! こんにちは. in den Tag hinein leben 慢然と生きる. sich³ einen guten Tag machen 一日ゆっくり過ごす. ⟨j³⟩ Tage sind gezählt〖人の〗命はもう長くはない. über/unter Tag(e)〖鉱〗坑外〖露天〗/坑内で.

..**tag** [..ターク] 接尾 名詞につけて「議会・会議・大会」などを表す名詞を作る: Bundestag 連邦議会. Kirchentag 教会大会. Landtag 州議会.

tag·ak·tiv [ターク・アクティーふ] 形《動》昼行性の.

tag·aus [ターク・アウス] 副〖次の形で〗~, tagein 毎日毎日, いつ明けても暮れても.

das **Tag·blatt** [ターク・ブラット] 名 -(e)s/..blätter〖南独・ﾋﾞｭﾙﾚ・ｽｲ〗日刊紙.

der **Ta·ge·bau** [ターゲ・バウ] 名 -(e)s/-e〖鉱〗 **1.**《雅のみ》露天掘り. **2.** 露天採掘場.

das **Ta·ge·blatt** [ターゲ・ブラット] 名 -(e)s/..blätter〖古〗日刊新聞.

das **Ta·ge·buch** [ターゲ・ブーふ] 名 -(e)s/..bücher **1.** 日記; ~ führen 日記をつける. **2.**〖簿〗仕訳帳. **3.**〖業務・航海〗日誌.

der **Ta·ge·dieb** [ターゲ・ディープ] 名 -(e)s/-e《蔑》怠け者.

das **Ta·ge·geld** [ターゲ・ゲルト] 名 -(e)s/-er **1.**〖出張費の〗日当宿泊料;《雅のみ》日当, 手当. **2.**〖健康保険の〗日分の入院給付金.

tag·ein [ターク・アイン] 副 ⇨ tagaus.

ta·ge·lang [ターゲ・ラング] 形 何日もの, 数日間の.

das **Ta·ge·lied** [ターゲ・リート] 名 -(e)s/-er 《文芸学》後朝(きぬぎぬ)の歌(中世の恋愛詩の一分野).

der **Ta·ge·lohn** [ターゲ・ローン] 名 -(e)s/..löhne (特に農業・林業の)日給, 日当: im ~ arbeiten[stehen] 日雇いである.

der **Ta·ge·löh·ner** [ターゲ・レーナー] 名 -s/- 日雇い労働者(特に農業・林業の季節労働者).

ta·gen¹ [ターゲン] 動 h. 《雅》会議を開く[する]; 開かれる(議会・公判などが).

ta·gen² [ターゲン] 動 h. [Es]《文》夜が明ける, 明るくなる: Jetzt *tagt* mir's! やっと分かってきたぞ.

die **Ta·ge·rei·se** [ターゲ・ライゼ] 名 -/-n (昔の)一日の旅; 一日がかりの道のり(特に馬や馬車での).

der **Ta·ges·ab·lauf** [ターゲス・アップ・ラウフ] 名 -(e)s/..läufe 一日の経過.

der **Ta·ges·an·bruch** [ターゲス・アン・ブるッふ] 名 -(e)s/ 夜明け.

die **Ta·ges·an·zei·ge** [ターゲス・アン・ツァイゲ] 名 -/-n 日付表示.

die **Ta·ges·ar·beit** [ターゲス・アるバイト] 名 -/-en 一日(がかり)の仕事; 日々の仕事, 日課.

der **Ta·ges·be·darf** [ターゲス・ベダるふ] 名 -(e)s/ 1日分の需要.

der **Ta·ges·be·fehl** [ターゲス・ベフェール] 名 -(e)s/-e 《軍》(国家行事などの)特別の機会に出される命令.

der **Ta·ges·be·richt** [ターゲス・べりヒト] 名 -(e)s/-e 日報.

die **Ta·ges·decke** [ターゲス・デッケ] 名 -/-n (装飾用の)ベッドカバー.

der **Ta·ges·dienst** [ターゲス・ディーンスト] 名 -(e)s/-e 日勤, 日直.

die **Ta·ges·ein·nah·me** [ターゲス・アイン・ナーメ] 名 -/-n 日収, 一日の売上高.

das **Ta·ges·er·eig·nis** [ターゲス・エアアイグニス] 名 -nisses/..nisse 今日の出来事.

die **Ta·ges·fahrt** [ターゲス・ふぁーあト] 名 -/-en 日帰り旅行.

das **Ta·ges·geld** [ターゲス・ゲルト] 名 -(e)s/-er 《銀行》コールマネーの翌日物.

das **Ta·ges·ge·spräch** [ターゲス・ゲシュプれーひ] 名 -(e)s/-e 時の話題, トピック.

das **Ta·ges·grau·en** [ターゲス・グらウエン] 名 -s/ 夜明け前.

die **Ta·ges·kar·te** [ターゲス・カるテ] 名 -/-n 1. 当日有効の乗車券[入場券], 当日券. 2. (レストランの)本日のメニュー.

die **Ta·ges·kas·se** [ターゲス・カッセ] 名 -/-n (劇場などの)日中に開いている切符売場; 一日の売上高.

der **Ta·ges·kurs** [ターゲス・クるス] 名 -es/-e 《金融》(その日の)相場.

die **Ta·ges·lei·stung** [ターゲス・ライストゥング] 名 -/-en 一日の生産高[仕事量].

das **Ta·ges·licht** [ターゲス・リヒト] 名 -(e)s/ 日の光, 日光: noch bei ~ 明るいうちに. 【慣用】〈et⁴〉 ans Tageslicht bringen 〈事を〉白日のもとにさらす. ans Tageslicht kommen 白日のもとにさらされる. das Tageslicht scheuen 世間をはばかる.

das **Ta·ges·mit·tel** [ターゲス・ミッテル] 名 -s/- 《気》一日の平均値: das ~ der Temperatur 一日の平均気温.

die **Ta·ges·mut·ter** [ターゲス・ムッター] 名 -/..mütter (働く女性の子供を昼間自宅で預かる)保育ママ.

die **Ta·ges·ord·nung** [ターゲス・オるドヌング] 名 -/-en 議事日程: 〈et⁴〉 auf die ~ setzen 〈事を〉議事日程にのせる. 【慣用】an der Tagesordnung sein 日常茶飯事である. über 〈et⁴〉 zur Tagesordnung übergehen 〈事の〉議論を打切って議事をすすめる.

der **Ta·ges·preis** [ターゲス・プらイス] 名 -es/-e 《経》時価, (その日の)市価.

die **Ta·ges·pres·se** [ターゲス・プれッセ] 名 -/ (その日の)日刊新聞(集合的に).

der **Ta·ges·raum** [ターゲス・らウム] 名 -(e)s/..räume (病院などの)談話[休憩]室.

die **Ta·ges·schau** [ターゲス・シャウ] 名 -/-en ターゲスシャウ(ドイツの ARD テレビ放送のニュース番組).

der **Ta·ges·tel·ler** [ターゲス・テラー] 名 -s/- (レストランの)本日のお勧め品.

die **Ta·ges·zeit** [ターゲス・ツァイト] 名 -/-en 昼間のある時[時刻]: um diese ~ 昼間のこの時刻に. zu jeder Tages- und Nacht*zeit* 昼夜を分かたず, いつでも.

die **Ta·ges·zei·tung** [ターゲス・ツァイトゥング] 名 -/-en 日刊新聞.

der **Ta·ges·zug** [ターゲス・ツーク] 名 -(e)s/..züge 昼間の列車.

ta·ge·wei·se [ターゲ・ヴァイゼ] 副 何日間か; 日割りで.

das **Ta·ge·werk** [ターゲ・ヴェるク] 名 -(e)s/-e 1. (⁸₃のみ)《文》日々の仕事. 2. 《古》一日の仕事(量); 一日で耕作できる面積.

der **Tag·fal·ter** [ターク・ふァルター] 名 -s/- 《昆》(昼に活動する)チョウ.

tag·hell [ターク・ヘル] 形 (日の光で)すっかり明るくなった; 昼間のように明るい.

..tä·gig [..テーギヒ] 接尾 数詞・不定代名詞・形容詞について「…日(の間)の」を表す形容詞を作る: acht*tägig* [8-tägig] 8日間の. mehr*tägig* 数日の.

täg·lich [テークリヒ] 形 毎日の, 日々の. 【慣用】tägliches Geld 《銀行》コールマネー.

..täg·lich [..テークリヒ] 接尾 数詞などについて「…日ごとの」を表す形容詞を作る: acht*täglich* [8-täglich] 8日ごとの.

der **Tag·lohn** [ターク・ローン] 名 -(e)s/..löhne =Tagelohn.

tags [タークス] 副 1. 昼(間)に, 日中に. 2. (次の形で) ~ zuvor (davor)/darauf その前日に/その翌日に.

die **Tag·sat·zung** [ターク・ザッツング] 名 -/-en 1. 《法》《官》(官庁指定の)期日, 公判期日. 2. 《スイス》(1848年までの)州議会.

die **Tag·schicht** [ターク・シヒト] 名 -/-en (交替制の)日中勤務; (総称)日中勤務者.

tags·über [タークス・ユーバー] 副 昼間ずっと.

tag·täg·lich [ターク・テークリヒ] 形 毎日毎日の, 日々の.

der **Tag·traum** [ターク・トらウム] 名 -(e)s/..träume 白昼[白日]夢.

die **Tag·und·nacht·glei·che, Tag-und-Nacht-Glei·che** [ターク・ウント・ナハト・グライヒェ] 名 -/-n 昼夜平分時点(春分・秋分).

die **Ta·gung** [ターグング] 名 -/-en (専門家などの何日も続く)会議: eine ~ haben [zu einem] Thema あるテーマの会議. auf einer ~ 会議で.

der **Ta·gungs·ort** [ターグングス・オるト] 名 -(e)s/-e 会議の行われる場所(建物・都市).

der **Ta·gungs·teil·neh·mer** [ターグングス・タイル・ネーマー] 名 -s/- 会議の出席者(で参加者).

das **Tai-Chi** [taɪtʃi: ターイ・チー] 名 --(s)/ 太極拳(た); 太極(中国宋代に説かれた宇宙構成の根本原理).

der **Tai·fun** [タイふーン] 名 -s/-e 台風.

die **Tai·ga** [タイガ] 名 -/ タイガ(シベリア地方の針葉樹林帯).

die **Taille** [táljə タリエ] 名 -/-n 1. ウェスト; (衣服の)胴回り; 《古》胴着: auf ~ gearbeitet sein ウエストにぴったり合せた作りである(ドレスなどが). in der ~ zu weit sein. 胴回りが大きすぎる. per

《ﾊﾞｼ》コートを着ないで.　**2.**〖楽〗タ-ユ(16-18世紀フランスのテノ-ルの声部).　**3.**〖ﾄﾗﾝ〗(相手のカ-ドと勝負るためにカ-ドを開いて見せること.　**4.**(1439-1739年,フランスの平民階級に課された)租税.

der **Tail·leur** [tajœːr タ⑴-ア] 名 -s/-s 《古》注文服の仕立屋.

tail·lie·ren [ta(l)jiːrən タ(ﾘ)イ-ﾚﾝ] 動 *h.* **1.**〖et⁴ﾉ〗ウエストを絞る.　**2.**〖et⁴ﾉ〗〖ﾄﾗﾝ〗開いて見せる.

(*das*) **Tai·wan** [タイヴァン,タイヴァ(ﾝ)-ﾝ] 名 -s/ 〖地名〗台湾.

das **Ta·kel** [タ-ケﾙ] 名 -s/ 〖海〗テ-クル,滑車装置;帆船の全装備(ﾅﾞｳ)装備.

die **Ta·ke·la·ge** [...ʒə タケラ-ジェ] 名 -/-n 〖海〗帆に付属する全装備(マスト·ブ-ム·索具など).

ta·keln [タ-ケﾙﾝ] 動 *h.*〖et⁴ﾉ〗〖海〗艤装(ｷﾞ)する(帆船を).

die **Ta·ke·lung** [タ-ケﾘﾝｸﾞ] 名 -/-en 〖海〗**1.**艤装(ｷﾞ).　**2.**帆装の形式.

das **Ta·kel·werk** [タ-ケﾙ·ヴェﾙｸ] 名 -(e)s/ =Takelage.

der **Takt** [タｸﾄ] 名 -(e)s/-e **1.**(㊥のみ)調子,リズム,拍子：den ~ angeben 拍子をとる;音頭をとる.　aus dem ~ kommen 拍子をはずす;調子(リズム)が狂う.　**2.**小節：ein ganzer/halber ~ Pause 全休符/2分休符.　ein paar ~e schlafen 《転·口》少々眠る.　**3.**〖詩〗詩行(揚格間の間隔).　**4.**〖工〗(ピストンの)行程;作業工程;〖ｺﾝﾋﾟｭ〗サイクル.　**5.**(㊥のみ)思いやり,心づかい,気配り：mit ~ 気をきかせて.

takt·fest [タｸﾄ·ﾌｪｽﾄ] 形 **1.**拍子が正確な;規則正しい.　**2.**《稀》確かな能力(知識)を持った.【慣】 **nicht ganz taktfest sein** 必ずしも確かではない.

das **Takt·ge·fühl** [タｸﾄ·ｹﾞﾌｭ-ﾙ] 名 -(e)s/ 思いやり,心づかい,気配り.

tak·tie·ren¹ [タｸﾃｨ-ﾚﾝ] 動 *h.*〖㋐〗策略を用いる,駆引をする.

tak·tie·ren² [タｸﾃｨ-ﾚﾝ] 動 *h.*〖㋐〗拍子をとる.

der **Tak·tie·rer** [タｸﾃｨ-ﾗ-] 名 -s/- 策士.

die **Tak·tik** [タｸﾃｨｸ] 名 -/-en 戦術,作戦,策略：die ~ der verbrannten Erde〖軍〗焦土作戦.

der **Tak·ti·ker** [タｸﾃｨｶ-] 名 -s/- 戦術家,策士.

tak·til [タｸﾃｨ-ﾙ] 形 〖生〗触覚の.

tak·tisch [タｸﾃｨｯｼｭ] 形 戦術(上)の,戦術的な.

takt·los [タｸﾄ·ﾛ-ｽ] 形 思いやりに欠ける,心ない.

die **Takt·lo·sig·keit** [タｸﾄ·ﾛ-ｽｨｸｶｲﾄ] 名 -/-en 思いやりのない(無礼な)言葉(行為);(㊥のみ)思いやりのなさ,無礼.

takt·mä·ßig [タｸﾄ·ﾒ-ｽｨｸﾞ] 形 拍子のとれた,拍子に合った.

der **Takt·mes·ser** [タｸﾄ·ﾒｯｻ-] 名 -s/- メトロノ-ム.

der **Takt·stock** [タｸﾄ·ｼｭﾄｯｸ] 名 -(e)s/..stöcke 指揮棒,タクト.

der **Takt·strich** [タｸﾄ·ｼｭﾄﾘﾋ] 名 -(e)s/-e〖楽〗(楽符の)縦線,小節線.

takt·voll [タｸﾄ·ﾌｫﾙ] 形 思いやりのある,礼をわきまえた：~ darüber hinweggehen それをそっと見ぬ振りをする.

das **Tal** [タ-ﾙ] 名 -(e)s/Täler 谷,谷間,渓谷;《転》(経済の)不況;(㊥のみ)(総称)谷の住人：Das Dorf ist tief im ~ gelegen. その村は深い谷間にある.　über Berg und ~ 山谷を越えて.　zu ~ fahren (乗り物で)谷間に下る;《文》(船で)川を下る.

tal·ab [タ-ﾙ·アｯﾌﾟ] 副 谷を下って.

tal·ab·wärts [タ-ﾙ·アｯﾌﾟ·ヴｪﾂ] 副 谷を下って.

der **Ta·lar** [タﾗ-ｱ] 名 -s/-e (長いゆるやかな)司祭服,法服,ガウン(聖職者·裁判官などの).

tal·auf [タ-ﾙ·アウﾌ] 副 谷を上って.

tal·auf·wärts [タ-ﾙ·アウﾌ·ヴｪﾂ] 副 谷を上って.

die **Tal·en·ge** [タ-ﾙ·ｴﾝｹﾞ] 名 -/-n 谷の狭まったところ,渓谷.

das **Ta·lent** [タﾚﾝﾄ] 名 -(e)s/-e **1.**才能：ein Maler von überragendem ~ 卓越した才能のある画家.　musikalisches ~ 音楽の才能.　~ für Fremdsprachen/zum Malen haben 外国語/絵を描く才能がある.　nicht ohne ~ sein 本当に才能がある.　**2.**才能,才能のある人.　**3.**タレント(古代ギリシアの重量·貨幣の単位).

ta·len·tiert [タﾚﾝﾃｨ-ｱﾄ] 形 《(für〖et⁴ﾉ〗)》才能がある.

ta·lent·los [タﾚﾝﾄ·ﾛ-ｽ] 形 才能のない.

die **Ta·lent·pro·be** [タﾚﾝﾄ·ﾌﾟﾛ-ﾍﾞ] 名 -/-n (才能を示すきっかけとなる)最初の作品〔演奏·演技〕,出世作,デビュ-.

ta·lent·voll [タﾚﾝﾄ·ﾌｫﾙ] 形 才能豊かな.

der **Ta·ler** [タ-ﾗ-] 名 -s/- ①16-18世紀まで通用した銀貨.②2ライヒスマルク銀貨.⇨ Reichsmark.

ta·ler·groß [タ-ﾗ-·ｸﾞﾛ-ｽ] 形 タ-ラ-銀貨大の.

die **Tal·fahrt** [タ-ﾙ·ﾌｧ-ｱﾄ] 名 -/-en 川下り(乗り物での)下り;《転》(相場·景気の)下落,下降(傾向).

der **Talg** [タﾙｸ] 名 -(e)s/-e (㊥は種類)獣脂;皮脂.

die **Talg·drü·se** [タﾙｸ·ﾄﾞﾘｭ-ｾﾞ] 名 -/-n 脂腺(ｾﾝ),皮脂腺.

tal·gig [タﾙｷﾞｲ] 形 獣脂による;獣脂のような.

das **Talg·licht** [タﾙｸ·ﾘﾋﾄ] 名 -(e)s/-er 獣脂製ろうそく.

die **Ta·li·ons·leh·re** [タﾘｵ-ﾝｽ·ﾚ-ﾚ] 名 -/〖法〗タリオ理論,同害報復の原理.

der **Ta·lis·man** [タ-ﾘｽﾏﾝ] 名 -s/-e お守り,マスコット.

die **Tal·je** [タﾙｲｪ] 名 -/-n〖海〗滑車装置,テ-クル.

der **Talk**¹ [タﾙｸ] 名 -(e)s/- 滑石,タルク.

der **Talk**² [toːk ﾄ-ｸ] 名 -s/-s〖ｴｲｺﾞｰ〗おしゃべり,(公開の)対談,座談.

der **Talk·kes·sel** [ﾄ-ｸ·ｹｯｾﾙ] 名 -s/- すりばち状の谷間,盆地.

der **Talk·mas·ter** [tóːk...ﾄ-ｸ·マスタ-] 名 -s/- ト-クショ-の司会者.

der **Talk·pu·der** [ﾄﾙｸ·ﾌﾟ-ﾀﾞ-] 名 -s/ =Talkum.

die **Talk·show, Talk-Show** [tóːkʃo ﾄ-ｸ·ｼｮｳ] 名 -/-s〖ｴｲｺﾞｰ〗ト-クショ-,インタビュ-番組.

das **Tal·kum** [タﾙｸﾑ] 名 -s/ タルカムパウダ-,滑石粉.

der **Tal·ly·mann** [táliman タﾘ-·マﾝ] 名 -(e)s/..leute〖商〗(船荷の計数(検数)係(貨物を船に積込む(下ろす)際に数量を管理する人).

tal·mi [タﾙﾐ] 形《無変化》〖ｱﾋﾞｶﾞｴﾙ·口〗=talmin.

das **Tal·mi** [タﾙﾐ] 名 -s/- **1.**タルミ(銅·亜鉛·1%の金の合金).　**2.**まがいもの,にせもの.

das **Tal·mi·gold** [タﾙﾐ·ｺﾞﾙﾄ] 名 -s/ タルミ金.

tal·min [タﾙﾐﾝ] 形《稀》タルミ製の,まがいもの.

die **Tal·mi·wa·re** [タﾙﾐ·ヴｧ-ﾚ] 名 -/-n タルミ製品;にせもの,まがいもの.

der **Tal·mud** [タﾙﾑ-ﾄ] 名 -(e)s/-e **1.**(㊥のみ)タルム-ド(ユダヤ人,の律法の集大成).　**2.**タルム-ド聖典.

tal·mu·disch [タﾙﾑ-ﾃﾞｨｯｼｭ] 形 タルム-ドの.

die **Tal·mul·de** [タ-ﾙ·ﾑﾙﾃﾞ] 名 -/-n〖地〗谷沿いに開けた平地.

der **Ta·lon** [talõ タﾛ-ﾝ] 名 -s/-s **1.**〖金融〗利札(配当利札)更新券.　**2.**(入場券の)半券,(小切手や領収書の)控え.　**3.**(トランプの)山札,積み札;(ドミノの)山牌.　**4.**〖楽〗(ヴァイオリンなどの弓の)

毛止め.

die **Tal·sen·ke** [ターる·ゼンケ] [名] -/-n 〘地〙谷沿いに開けた平地.

die **Tal·soh·le** [ターる·ゾーレ] [名] -/-n 〘地〙谷底;《転》(景気などの)谷, 底.

die **Tal·sper·re** [ターる·シュペれ] [名] -/-n ダム, 堰堤(えんてい).

die **Tal·sta·ti·on** [ターる·シュタツィオーン] [名] -/-en (登山鉄道などの)ふもと駅.

tal·wärts [ターる·ヴェるツ] [副] 谷の方へ.

das [*der*] **Ta·ma·got·chi** [..tʃi タマゴっチ] [名] -s/-s **1.** たまごっち. **2.** たまごっち(の画面上のキャラクター).

die **Ta·ma·rin·de** [タマりンデ] [名] -/-n 〘植〙タマリンド;タマリンドの実(緩下剤の原料).

die **Ta·ma·ris·ke** [タマりスケ] [名] -/-n 〘植〙ギョリュウ, タマリスク.

der **Tam·bour** [..buːr タムブーあ, タムブーあ] [名] -s/-e 〔《スイ》-en〕 **1.** 《古》鼓手(特に軍楽隊の). **2.** 〘建〙鼓胴部, ドラム(ドーム下部の円筒部). **3.** 〘紡〙シリンダー. **4.** 〘製紙〙(紙をまきとる)ドラム.

der **Tam·bour·ma·jor** [タムブーあ·マヨーあ, タムブーあ·マヨーあ] [名] -s/-e 軍楽〔鼓笛〕隊の隊長.

der **Tam·bur** [タムブーあ, タムブーあ] [名] -s/-e **1.** 〘手芸〙タンブール(円形ししゅう枠). **2.** =Tanbur.

das **Tam·bu·rin** [タムブりーン, タムブりーン] [名] -s/-e **1.** タンバリン. **2.** =Tambur 1.

der **Tamp** [タムプ] [名] -s/-e 〘海〙《稀》=Tampen.

der **Tam·pen** [タムペン] [名] -s/- 〘海〙ロープの端;短いロープ.

der **Tam·pon** [タムポン, タムポーン, tãpõ: タンポーン] [名] -s/-s **1.** 〘医〙タンポン(止血用·生理用). **2.** 〘美〙(版画にインクをつけるための)たんぽ.

tam·po·nie·ren [タムポニーれン, tãpo.. タンポニーれン] [動] *h.* 〔<et⁴>ニ〕〘医〙タンポンを詰める(傷口などに).

das **Tam·tam** [タム·タム, タム·タム] [名] -s/-s **1.** タムタム;ゴング, 銅鑼(どら). **2.** (⑱のみ)《口·蔑》大騒ぎ: viel ~ um <j⁴/et⁴> machen <人·物·事のことで>騒ぎたてる.

tan =Tangens 〘数〙タンジェント.

der **Tan·bur** [タンブーあ, タンブーあ] [名] -s/-e〔-s〕〘楽〙タンブール(アラビアの撥弦(はつげん)楽器).

der **Tand** [タント] [名] -(e)s/ 《古》つまらないもの, がらくた, 安物.

die **Tän·de·lei** [テンデライ] [名] -/-en ふざけ, 戯れ;《古》恋の戯れ.

der **Tän·de·ler** [テンデラー] [名] -s/- =Tändler.

tän·deln [テンデるン] [動] *h.* **1.** 〔(mit <j³/et³>ト)〕戯れる, ふざける, …をもてあそぶ. **2.** 〔(mit <j³>ト)〕《古》いちゃつく.

das **Tan·dem** [タンデム] [名] -s/-s **1.** タンデム(①前後に座る二人乗り自転車. ②縦並びの二頭引き馬車). **2.** 〘工〙二連式の機械, 二連式の器具. **3.** ペア, コンビ.

der **Tänd·ler** [テンドラー] [名] -s/- **1.** 戯れる人, ふざける人;いちゃつく人. **2.** 《方》古物商.

tang =Tangens 〘数〙タンジェント.

der **Tang** [タング] [名] -(e)s/-e 〘植〙海藻, 藻(See~).

der **Tan·gens** [タンゲンス] [名] -/- 〘数〙正接, タンジェント(記号 tan, tang, tg).

die **Tan·gen·te** [タンゲンテ] [名] -/-n **1.** 〘数〙接線. **2.** (自動車道路の)バイパス.

tan·gen·ti·al [タンゲンツィアーる] [形] 〘数〙(曲面·曲線に)接した.

die **Tan·gen·ti·al·ebe·ne** [タンゲンツィアーる·エーベネ] [名] -/-n 〘数〙(曲面への)接平面.

tan·gie·ren [タンギーれン] [動] *h.* **1.** 〔<j⁴/et⁴>ニ〕《文》影響〔感銘〕を与える;《転》関係する. **2.** 〔<et⁴>ニ〕〘数〙接する(直線が曲線などに).

der **Tan·go** [タンゴ] [名] -s/-s タンゴ.

die **Tan·go·re·zep·to·ren** [タンゴ·れツェプトーれン] [複名] 〘医〙触覚受容体.

das **Tan·gram** [タングらム] [名] -s/ タングラム(正方形の板を三角形 5 個, 正方形 1 個, 平行四辺形 1 個に切った板で様々な形に組み合わせて遊ぶパズル).

der **Tank** [タンク] [名] -s/-s〔-e〕 **1.** (水·油などを入れる)タンク. **2.** 《古》戦車, タンク.

tan·ken [タンケン] [動] *h.* **1.** 〔<et⁴>ヲ〕タンクに入れる(燃料を);《転》蓄える. **2.** 〔補足なし〕給油する, 燃料を補給する: Er hat reichlich *getankt*. 《口》彼はしこたま飲んだ. **3.** 〔<et⁴>ニ〕《稀》燃料を補給する, 給油する(乗り物に).

der **Tan·ker** [タンカー] [名] -s/- タンカー.

die **Tank·säu·le** [タンク·ゾイレ] [名] -/-n (ガソリンスタンドの柱状の)計量給油器.

das **Tank·schiff** [タンク·シふ] [名] -(e)s/-e タンカー.

die **Tank·stel·le** [タンク·シュテレ] [名] -/-n ガソリンスタンド, 給油所.

der **Tank·wa·gen** [タンク·ヴァーゲン] [名] -s/- タンクローリー;(鉄道の)タンク車.

der **Tank·wart** [タンク·ヴァるト] [名] -(e)s/-e ガソリンスタンドの従業員〔給油係〕.

der **Tann** [タン] [名] -(e)s/-e 《詩》(モミの)森.

die **Tan·ne** [タネ] [名] -/-n 〘植〙モミ(の木);モミ材;《口》クリスマスツリー.

tan·nen [タネン] [形] モミ材製の.

der **Tan·nen·baum** [タネン·バウム] [名] -(e)s/..bäume モミの木;クリスマスツリー.

das **Tan·nen·holz** [タネン·ホるツ] [名] -es/ モミ材.

die **Tan·nen·na·del** [タネン·ナーデる] [名] -/-n モミの針葉.

der **Tan·nen·wald** [タネン·ヴァるト] [名] -(e)s/..wälder モミの森.

der **Tan·nen·zap·fen** [タネン·ツァップふェン] [名] -s/- モミの毬果(きゅうか).

(*der*) **Tann·häu·ser** [タン·ホイザー] [名] 〘人名〙タンホイザー(1205 頃-70 頃, 南ドイツの恋愛詩人).

das **Tan·nin** [タニーン] [名] -s/-e (⑱は種類)タンニン.

(*das*) **Tan·sa·nia** [タンザニーア, タンザーニア] [名] -s/ 〘国名〙タンザニア.

das **Tan·tal** [タンタる] [名] -s/ タンタル(金属元素の一つ. 記号 Ta).

(*der*) **Tan·ta·lus** [タンタるス] [名] 〘ギ神〙タンタロス(Zeus の息子. その不遜(ふそん)のため, 地獄の Tartaros で渇きと飢えに苦しむ罰を受ける).

die **Tan·ta·lus·qua·len** [タンタるス·クヴァレン] [複名] タンタロスの苦しみ(目の前のものが手に入らない苦しみ).

die **Tan·te** [タンテ] [名] -/-n **1.** おば, 叔母, 伯母: ~ Agnes アグネスおばさん. meine ~, deine ~ 私のおばさん, 君のおばさん(トランプのゲーム). **2.** 《幼》おばさん(子供が知合いの女性を呼んで). **3.** 《口·蔑》おんな: die ~ am Schalter 窓口の(嫌な)女. **4.** 《口》(主に《蔑》)女役のホモ.

der **Tan·te-Em·ma-La·den** [タンテ·エマ·ラーデン] [名] -s/..Läden (昔風の)小さな小売店.

die **Tan·ti·e·me** [tãtiéːmə タンティエーメ] [名] -/-n 利益配当;歩合;(主に⑱)印税, 著作権使用料.

das **Tan·tra** [タントら] [名] -(s)/- タントラ(インドの秘儀的経典).

tan·trisch [タントりシュ] [形] タントラの.

der **Tan·tris·mus** [タントりスムス] [名] -/ タントラ教(タントラに従うインドの秘教的宗教).

der **Tanz** [タンツ] [名] -es/Tänze **1.** 踊り, 舞踊, ダンス;舞踏, バレエ: ein deutscher ~ ドイツ舞踊. zum ~ aufspielen ダンスの伴奏をする. sich⁴ in ~ ausbilden ダンスを習う. ein ~ auf dem Vulkan 危

T

機的状況でのお祭騒ぎ. **2.** 社交ダンス(Gesellschafts~)：⟨j⁴⟩ zum ~ auffordern ⟨人に⟩ダンスの相手を願う. **3.** (㊥のみ)(略式の)ダンスのパーティー：zum ~ gehen ダンスパーティーに行く. Heute gibt es ~. 今日ダンスパーティーがある. **4.** 舞踏曲, ダンス音楽. **5.** (⟨口⟩争い, 激しい口論)大騒ぎ. ⟨j²⟩ einen ~ machen ⟨人と⟩けんかをする.
- *der* **Tanz·abend** [タンツ·アーベント] 图 -s/-e ダンスの夕べ.
- *die* **Tanz·bar** [タンツ·バー] 图 -/-s ダンスのできるバー.
- *der* **Tanz·bär** [タンツ·ベーァ] 图 -en/-en (年の市などで)ダンスをして見せる熊.
- *das* **Tanz·bein** [タンツ·バイン] 图 (次の形で)das ~ schwingen (⟨口·冗⟩踊(おど)りつづける).
- *der* **Tanz·boden** [タンツ·ボーデン] 图 -s/..böden ダンスフロア, (ダンス用の低い)舞台.
- *das* **Tanz·café** [タンツ·カフェー] 图 -s/-s ダンスのできる喫茶店.
- *die* **Tanz·diele** [タンツ·ディーレ] 图 -/-en ダンスのできる酒場.
- **tänzeln** [テンツェルン] 動 **1.** h. (襤ほ)踊るような足どりで歩く. **2.** s. ⟨⟨方向⟩ヘ⟩/⟨⟨場所⟩ツ⟩踊るような足どりで行く.
- **tanzen** [タンツェン] 動 **1.** h. (襤ほ)踊る, ダンスをする；舞う(雪片·ちり·木の葉などが)；揺れ動く. **2.** s. ⟨et⁴⟩ 踊る. **3.** h. ⟨sich⁴+⟨様態⟩⟩踊って(…になる. **4.** s. ⟨⟨方向⟩ヘ⟩/⟨⟨場所⟩ツ⟩踊るようにして行く. 【慣用】s. aus der Reihe tanzen 勝手に振舞う, 自分の思いどおりに行動する. h. nach ⟨j³⟩ Pfeife tanzen ⟨人の⟩言いなりになる, ⟨㊥⟩うっきまわされる. tanzen gehen 踊りに行く. h. vor Freude tanzen 喜んで小躍りする.
- *der* **Tänzer** [テンツァー] 图 -s/- 踊る人, ダンスのパートナー；(専門の)舞踏家, バレエダンサー.
- *die* **Tanze·rei** [タンツぇらイ] 图 -/-en (⟨口⟩小さなダンスパーティー；(⟨蔑⟩も有)踊りつづけること, ダンスばかりしていること.
- *die* **Tänze·rin** [テンツぇリン] 图 -/-nen Tänzer の女性形.
- **tänze·risch** [テンツぇリシュ] 形 踊りの；踊るような.
- *die* **Tanz·fläche** [タンツ·ふレッひぇ] 图 -/-n ダンスフロア.
- *die* **Tanz·kapelle** [タンツ·カペレ] 图 -/-n ダンス楽団(バンド).
- *der* **Tanz·kurs** [タンツ·クるス] 图 -es/-e ダンス講習会；(総称)ダンス講習会の参加者.
- *der* **Tanz·lehrer** [タンツ·レーら一] 图 -s/- ダンスの教師.
- *das* **Tanz·lied** [タンツ·リート] 图 -(e)s/-er (民謡などの)ダンスに合わせて歌う歌, 舞踏歌.
- *das* **Tanz·lokal** [タンツ·ロカール] 图 -(e)s/-e ダンスが踊れるバー(レストラン).
- **tanz·lustig** [タンツ·ルスティヒ] 形 踊り(ダンス)の好きな.
- *die* **Tanz·musik** [タンツ·ムズィーク] 图 -/-en ダンス音楽.
- *der* **Tanz·partner** [タンツ·パルトナー] 图 -s/- ダンスのパートナー.
- *der* **Tanz·saal** [タンツ·ザール] 图 -(e)s/..säle 舞踏会の広間, ダンスホール.
- *der* **Tanz·schritt** [タンツ·シュリット] 图 -(e)s/-e (個々のダンス·バレエの)基本ステップ.
- *der* **Tanz·schuh** [タンツ·シュー] 图 -(e)s/-e ダンス用の靴(特に婦人用の)；バレエシューズ.
- *die* **Tanz·schule** [タンツ·シューレ] 图 -/-n (社交)ダンス教習所.
- *die* **Tanz·stunde** [タンツ·シュトゥンデ] 图 -/-n ダンスのレッスン.
- *der* **Tanz·tee** [タンツ·テー] 图 -s/-s 午後のダンスパーティー.
- *das* **Tanz·turnier** [タンツ·トゥるニーァ] 图 -s/-e (スポーツ競技としての)ダンスのコンテスト.
- *das* **Tanz·vergnügen** [タンツ·ふぇあグニューゲン] 图 -s/- (小さな)ダンスパーティー.
- *das* **Tao** [ターオ, tao タウ] 图 -/ 道(ダ)(中国哲学の根本の概念).
- *der* **Tao·ismus** [タオイスムス, tao.. タウイスムス] 图 -/ 道教(ダぅ).
- *der* **Tao·ist** [タオイスト, tao.. タウイスト] 图 -en/-en 道教信者, 道士, 道家.
- **tao·istisch** [タオイスティシュ, タウイスティシュ] 形 道教の.
- **taperig** [ターベリヒ] 形 (⟨北独⟩よぼよぼの；(手足の)震える.
- *das* **Tapet** [タペート] 图 ⟨⟨口⟩(次の形で)⟨et⁴⟩ aufs ~ bringen ⟨事⁴⟩話題にする. aufs ~ kommen 話題になる.
- *die* **Tapete** [タペーテ] 图 -/-n 壁紙(布·ビニール製もある)：eine Rolle ~ 巻いた壁紙一本. die ~n wechseln (⟨口⟩引っ越しをする；職場を変える；休暇をとる.
- *die* **Tape·tentür** [タペーテン·テューる] 图 -/-en (壁と同じ)壁紙を張ったドア.
- *der* **Tape·tenwechsel** [タペーテン·ヴェクセル] 图 -s/- (⟨口⟩引っ越し, 環境を変えること, 気分転換(休暇·転職などによる).
- *der* **Tape·zier** [タペツィーア] 图 -s/-e (⟨南独⟩=Tapezierer.
- **tape·zieren** [タペツィーれン] 動 h. ⟨et⁴⟩ 壁紙を張る(部屋·壁などに)；(壁紙で)張替える(安楽いすなどを)：Die Wand war mit Postern tapeziert. ⟨(転⟩壁にはポスターが張ってあった.
- *der* **Tape·zierer** [タペツィーら-] 图 -s/-e 壁紙張り職人；(⟨ラぅ⟩(いすなどの)布(皮)張り職人.
- *die* **Tapfe** [タップふぇ] 图 -/-n (主に⟨㊥⟩足跡(Fuß~).
- *der* **Tapfen** [タップふぇン] 图 -s/-=Tapfe.
- **tapfer** [タップふぁ一] 形 **1.** 勇敢な, 勇気のある；気丈な, 毅然とした. **2.** ⟨古⟩大いに.
- *die* **Tapferkeit** [タップふぁ−カイト] 图 -/ 勇気ある態度, 勇敢さ, 気丈さ；毅然としていること.
- *die* **Tapioka** [タピオーカ] 图 -/ ⟨植⟩タピオカ(マニオクの根からとれる澱粉(芯)).
- *der* **Tapir** [ターピーる] 图 -s/-e ⟨動⟩バク.
- *die* **Tapisserie** [タピセリー] 图 -/-n タペストリー, つづれ織り壁掛け；カンバス刺繍(いぅ)；⟨古⟩手芸材料店.
- **tapp !** [タップ] 間 (軽く打つ音や軽い足音を表して)ペたぺた, とんとん, とことこ.
- **tappen** [タッペン] 動 **1.** s. ⟨⟨方向⟩ヘ⟩/⟨⟨場所⟩ツ⟩ (おぼつかない探るような足どりで)ぺたぺたっと歩いて行く. **2.** h.(s.)(襤ほ)ぺたぺたっと音を立てる(足などが). **3.** h. ⟨nach ⟨et³⟩..⟩ ⟨古⟩手探りで手を伸ばす. 【慣用】h./s. im Dunkeln(Finstern) tappen 暗中模索している. s. in eine Falle tappen わなにはまる.
- **tappig** [タッピヒ] 形 ⟨方⟩=täppisch.
- **täppisch** [テッピシュ] 形 (主に⟨蔑⟩)不器用な, ぎこちない.
- **tapprig** [タップリヒ] 形 =taperig.
- **taprig** [ターブリヒ] 形 =tapprig.
- *der* **Taps** [タップス] 图 -es/-e **1.** (⟨口·蔑⟩ぐず, へたくそ. **2.** ⟨方⟩軽くたたくこと.
- **tapsen** [タプセン] 動 h./s. ⟨口⟩=tappen1, 2.
- **tapsig** [タプスィヒ] 形 ⟨口⟩鈍重できごちない.
- *die* **Tara** [ターら] 图 -/..ren ⟨商⟩風袋の目方；(商品の)風袋(略 T, Ta).
- *die* **Tarantel** [タらンテル] 图 -/-n ⟨昆⟩タランチュラ(毒グモの一種).

die **Ta·ran·tẹl·la** [タランテラ] [名] -/..tellen タランテラ《カスタネットとタンブリンで踊る南イタリアの民族舞踊》.

ta·rie·ren [タリーれン] [動] h. [〈et^4〉ノ]〘経〙風袋の目方を量る;〘理〙分銅で釣合を取って重量を量る.

der **Ta·rif** [タリーふ] [名] -s/-e **1.** (公定の)料金, 運賃, 税額;料金〔運賃・税〕率;料金〔運賃・税額〕表. **2.** (労働協約による)賃金;賃金率;賃金率表.

die **Ta·rif·au·to·no·mie** [タリーふ・アウト・ノミー] [名] -/ (労働)協約自治〔自主権〕《国家の介入なしに労使間で)賃金協約を結ぶ権利》.

der **Ta·rif·be·zirk** [タリーふ・ベツィるク] [名] -(e)s/-e 〘経・社〙(労働)協約適用地区.

die **Ta·rif·er·hö·hung** [タリーふ・エあ[へ]ーウング] [名] -/-en 料金〔運賃・税・賃金〕率の引上げ.

ta·rif·lich [タリーふりひ] [形] 労働協約による;料金〔運賃・税・賃金〕(率)に関する〔よる〕.

der **Ta·rif·lohn** [タリーふ・ローン] [名] -(e)s/..löhne (労働協約に基づく)協約賃金.

ta·rif·mä·ßig [タリーふ・メースィひ] [形] 料金〔運賃・税率・賃金〕の.

der **Ta·rif·part·ner** [タリーふ・パるトナー] [名] -s/- 《主に[複]》労働協約当事者.

die **Ta·rif·po·li·tik** [タリーふ・ポリティーク] [名] -/ (国家・企業・労組の)賃金政策, (企業の)賃金対策.

die **Ta·rif·run·de** [タリーふ・るンデ] [名] -/-n 賃金交渉.

der **Ta·rif·satz** [タリーふ・ザッツ] [名] -es/..sätze 料金(率);賃金(率);税率.

das **Ta·rif·sys·tem** [タリーふ・ズュステーム] [名] -s/-e 料金〔賃金〕体系.

die **Ta·rif·ver·hand·lung** [タリーふ・ふぇあハンドルング] [名] -/-en 《主に[複]》(労使間の)労働協約交渉.

der **Ta·rif·ver·trag** [タリーふ・ふぇあトらーク] [名] -(e)s/..träge (労使間の)労働協約.

der **Tạrn·an·strich** [タるン・アン・シュトりっひ] [名] -(e)s/-e 〘軍〙迷彩塗装.

der **Tạrn·an·zug** [タるン・アン・ツーク] [名] -(e)s/..züge 〘軍〙迷彩服.

tạr·nen [タるネン] [動] h. [〈j^4/et^4〉ヲ]カムフラージュする, 偽装する;隠蔽(いんぺい)する.

die **Tạrn·far·be** [タるン・ふぁるベ] [名] -/-n **1.** 迷彩色. **2.** 迷彩用塗料.

die **Tạrn·kap·pe** [タるン・カっペ] [名] -/-n 〘北欧神〙隠れみの〔頭布〕《着けると姿が見えなくなる》.

das **Tạrn·netz** [タるン・ネっツ] [名] -es/-e 〘軍〙偽装網.

die **Tạr·nung** [タるヌング] [名] -/-en **1.** ([単]のみ)偽装, カムフラージュ. **2.** 偽装〔カムフラージュ〕用のもの.

das〔der〕**Ta·rọck** [タろっク] [名] -s/-s **1.** タロック《三人でするトランプゲーム》. **2.** (der 〜)タロックカード《1で切り札となる21枚の絵札》.

das〔der〕**Ta·rot** [taró: タろー] [名] -s/-s タロー《Tarock に似たトランプゲームで, そのカードは占いにも使われる》.

der **Tar·tan** [タるタン, ターあタン] [名] -(s)/-s タータン《スコットランド高地人の格子模様》;〘織〙タータン《スコットランドの格子縞(じま)の織物》.

die **Tar·ta·ne** [タるターネ] [名] -/-n 〘船〙タータン《地中海の一本マストの漁船》.

der **Tạr·ta·ros** [タるタろス] [名] -/ 〘ギ神〙タルタロス《Zeus に背いた者が落された地獄》.

der **Tạr·ta·rus** [タるタるス] [名] -/ **1.** =Tartaros. **2.** 〘化・薬〙酒石.

die **Tạrt·sche** [タるチェ] [名] -/-n (中世の紋章のついた)盾.

der **Tar·tüff** [タるテュふ] [名] -s/-e 偽善者, 信心家ぶる人《Molière の喜劇の主人公名タルチュフにちなむ》.

das **Täsch·chen** [テっシュひぇン] [名] -s/- 《Tasche の縮小形》小さいカバン〔バッグ〕, 小さいポケット.

die **Tạ·sche** [タっシェ] [名] -/-n **1.** ポケット. **2.** カバン, バッグ;ハンドバッグ(Hand〜);財布(Geld〜). **3.** 袋状のもの,〘料〙(詰物用の四角い)生地の袋;〘狩〙(雌の)外陰部;〘歯〙歯周ポケット. 【慣用】〈j^3〉 **auf der Tasche liegen** 《口》〈人に〉食べさせてもらっている. 〈et^4〉 **aus der eigenen Tasche bezahlen** 〈物の〉代金を自腹を切って支払う. 〈j^4〉/〈et^4〉 **in der Tasche haben** 《口》〈人を〉意のままにしている,〈事を〉確実に手中にしている. **in die eigene Tasche arbeiten**〔**wirtschaften**〕《口》不正にお金をもうける. 〈et^4〉 **in die eigene Tasche stecken** 《口》〈物を〉着服する. 〈j^4〉 **in die Tasche stecken** 《口》〈人を〉凌駕(りょうが)している. **tief in die Tasche greifen** 《口》大金を支払う. 〈et^4〉 **wie seine (eigene) Tasche kennen** 《口》〈物・事を〉知りつくしている.

die **Tạ·schen·aus·ga·be** [タっシェン・アウス・ガーベ] [名] -/-n (本の)ポケット判.

das **Tạ·schen·buch** [タっシェン・ブーふ] [名] -(e)s/..bücher ポケット判の本, 文庫本;手帳.

der **Tạ·schen·dieb** [タっシェン・ディーブ] [名] -(e)s/-e すり(人).

der **Tạ·schen·dieb·stahl** [タっシェン・ディーブ・シュタール] [名] -(e)s/..stähle すり(行為).

der **Tạ·schen·fahr·plan** [タっシェン・ふぁーあ・プラーン] [名] -(e)s/..pläne ポケット判列車時刻表.

das **Tạ·schen·feu·er·zeug** [タっシェン・ふぉイあー・ツォイク] [名] -(e)s/-e ポケット〔小型〕ライター.

das **Tạ·schen·for·mat** [タっシェン・ふぉるマート] [名] -(e)s/-e (本などの)ポケット判(のサイズ): ein Goethe im 〜 《口・冗》小型のゲーテ(のような人).

das **Tạ·schen·geld** [タっシェン・ゲルト] [名] -(e)s/-er 小遣い銭.

der **Tạ·schen·ka·len·der** [タっシェン・カレンダー] [名] -s/- 日記式手帳.

der **Tạ·schen·kamm** [タっシェン・カム] [名] -(e)s/-e 携帯用〔ポケット〕櫛(くし).

der **Tạ·schen·krebs** [タっシェン・クれープス] [名] -es/-e 〘動〙イチョウガニ(甲殻類).

die **Tạ·schen·lam·pe** [タっシェン・ラムペ] [名] -/-n 懐中電灯.

das **Tạ·schen·mes·ser** [タっシェン・メっサー] [名] -s/- ポケットナイフ.

der **Tạ·schen·rech·ner** [タっシェン・れひナー] [名] -s/- (ポケット)電卓.

der **Tạ·schen·schirm** [タっシェン・シるム] [名] -(e)s/-e 折畳み傘.

der **Tạ·schen·spie·gel** [タっシェン・シュピーゲル] [名] -s/- 懐中鏡, (バッグ用)小型鏡.

der **Tạ·schen·spie·ler** [タっシェン・シュピーラー] [名] -s/- 手品師.

die **Ta·schen·spie·le·rei** [タっシェン・シュピーレらイ] [名] -/-en 手品, 奇術.

das **Tạ·schen·tuch** [タっシェン・トゥーふ] [名] -(e)s/..tücher ハンカチ.

die **Tạ·schen·uhr** [タっシェン・ウーあ] [名] -/-en 懐中時計.

das **Tạ·schen·wör·ter·buch** [タっシェン・[ヴェ]るターブーふ] [名] -(e)s/..bücher (ポケット判の)小辞典.

der **Tạsch·ner** [タっシュナー] [名] -s/- 《南独・オーストリア》=Täschner.

der **Täsch·ner** [テっシュナー] [名] -s/- 鞄職人.

die **TASS** [タス] [名] -/ タス《旧ソ連の国営通信社》(Telegrafnoje Agentstwo Sowjetskowo Sojusa).

das **Täss·chen**, [旧]**Täß·chen** [テスひぇン] [名] -s/- 《Tasse の縮小形》小形のカップ.

die **Tạs·se** [タっセ] [名] -/-n **1.** (取っ手のついた)カップ, 茶碗(ちゃわん)《紅茶・コーヒー用など》;茶碗と受け皿

の一組：eine ~ starker Kaffee 一杯の濃いコーヒー. aus der ~ trinken カップで飲む. 2. 《古》盆, トレー. 【慣用】eine trübe Tasse 《口》退屈な(鈍い)やつ. nicht alle Tassen im Schrank haben 《口》頭が少しおかしい.

der **Tas·sen·kopf** [タッセン・コップふ] 名 -(e)s/..köpfe 《方》(受け皿なしの)カップ, 茶碗(ちゃ).

(*der*) **Tas·so** [タッソ] 《人名》タッソー(Torquato ~, 1544-95, イタリアの詩人).

die **Tas·ta·tur** [タスタトゥーる] 名 -/-en (ピアノなどの)鍵盤(けん); (タイプライター・パソコンなどの)キーボード; (オルガンの)ペダル.

tast·bar [タスト・バーあ] 形 《医》触知[触診]できる.

die **Tas·te** [タステ] 名 -/-n 1. (ピアノなどの)鍵(けん); (オルガンの)ペダル棒. 2. (タイプライター・計算機の)キー, ボタン;プッシュボタン.

tas·ten [タステン] 動 h. 1. 〈様態〉ず/〈場所〉ず 手探りする, (手探りで)探る. 2. 〔nach〈et³〉〕手探りで捜す. 3. 〈et⁴〉ず 手で触れて[触診で]捜す(腫瘍(しゅよう)などを). 4. 〔sich⁴+〈方向〉へ/〈場所〉ず〕手探りで進む, 探りながら進む. 5. 〈et³〉ず キーをたたく(機器で). 6. 〔et⁴〕ず キーで打つ(電文などを), プッシュする(電話番号などを).

der **Tas·ten·druck** [タステン・ドるック] 名 -(e)s/ キーを押すこと.

das **Tas·ten·in·stru·ment** [タステン・インストるメント] 名 -(e)s/-e 鍵盤(けんばん)楽器.

das **Tas·ten·te·le·fon** [タステン・テ(ー)レふォーン] 名 -s/-e プッシュホン.

der **Tas·ter** [タスター] 名 -s/- 1. 《動》触角, 触毛, 触鬚(しょくしゅ). 2. 《工》(機器の)キー(ボード); キーボードで操作する機械(植字機など) 3. キーパンチャー, キーパンチオペレーター. 4. (モールス電信機などの)電鍵(でんけん). 5. 《工》(外径・内径を測る)キャリパス; (測定器の)センサー.

das **Tast·or·gan** [タスト・オるガーン] 名 -s/-e 触覚器官.

der **Tast·sinn** [タスト・ズィン] 名 -(e)s/ 触覚.

der **Tast·wahl** [タスト・ヴァール] 名 /《電話》プッシュボタンで電話番号を押すこと.

der **Tast·wahl·ap·pa·rat** [タストヴァール・アパらート] 名 -(e)s/-e プッシュホン.

das **Tast·werk·zeug** [タスト・ヴェるク・ツォイク] 名 -(e)s/-e 触覚器.

tat [タート] 動 tun の過去形.

die **Tat** [タート] 名 -/-en 行為;行動, 実行;犯罪行為, 犯行：ein Mann der ~ 行動の人. 〈et⁴〉durch die ~ beweisen 〈事⁴〉行動で実証する. 〈et⁴〉in die ~ umsetzen 〈事⁴〉実行に移す. 〈j⁴〉 auf frischer ~ ertappen 〈人⁴〉を現行犯で捕まえる. 【慣用】in der Tat 実際, 事実, 本当に. mit Rat und Tat 忠告と援助で.

der **Ta·tar¹** [タタール] 名 -en/-en タタール人, 韃靼(だったん)人.

das **Ta·tar²** [タタール] 名 -(s)/ タルタルステーキ(牛挽き肉に卵黄・薬味を混ぜて生食する).

das **Ta·tar·beef·steak** [..bi:fste:k タタール・ビーふステーク] 名 -s/-s = Tatar².

die **Ta·ta·ren·nach·richt** [タターれン・ナーほりひト] 名 -/-en 《古》虚報.

ta·ta·risch [タターりシュ] 形 タタール(人・語)の.

ta·tau·ie·ren [タタウイーれン] 動 h. 《民族》= tätowieren.

der **Tat·be·richt** [タート・ベりヒト] 名 -(e)s/-e (行動の)経過[事実]報告.

der **Tat·be·stand** [タート・ベシュタント] 名 -(e)s/ 1. 事実内容, 実態, 事情. 2. 《法》(犯罪の)構成要件;事実.

tä·te [テーテ] 動 tun の接続法2式.

die **Tat·ein·heit** [タート・アインハイト] 名 -/ 《法》単一犯(一つの犯行で複数の犯罪を犯す)：Mord in ~ mit einem versuchten Betrug 詐欺未遂を伴った殺人.

der **Ta·ten·drang** [ターテン・ドらング] 名 -(e)s/ 行動[活動・事業]欲.

der **Ta·ten·durst** [ターテン・ドゥるスト] 名 -(e)s/ 《文》行動[活動・事業]欲.

ta·ten·durs·tig [ターテン・ドゥるスティヒ] 形 《文》行動[活動]欲に燃えた, 事業欲の旺盛な.

ta·ten·los [ターテン・ロース] 形 何もしない;手をこまねいた.

der **Tä·ter** [テーター] 名 -s/- (犯罪の)行為者, 犯人.

..tä·ter [..テーター] 接尾 名詞につけて「…犯(人)」を表す名詞を作る. まれに形容詞・副詞につけることもある：Absichts*täter* 故意犯. Einzel*täter* 単独犯.

die **Tä·ter·schaft** [テーター・シャふト] 名 -/-en 1. 《こう》犯行グループ, 犯人(全体). 2. 《◎のみ》犯人であること：die ~ ableugnen 犯行を否認する.

die **Tat·form** [タート・ふォるム] 名 -/ 《言》能動態.

tä·tig [テーティヒ] 形 1. 〈様態〉ず〉働いている;仕事をしている, 活動している：bei der Stadtpolizei ~ sein 市警察に勤めている. als Lehrer ~ sein 教師をしている. ein ~er Vulkan 活火山. ~ werden 《官》何らかの手を打つ. 2. 活動的な;《冗》大活躍の. 3. 行動を伴った, 積極的な.

tä·ti·gen [テーティゲン] 動 h. 〈et⁴〉ず 《商》《硬》行う(取引・購入・記帳などを).

die **Tä·tig·keit** [テーティヒカイト] 名 -/-en 1. 活動, 仕事, 業務：eine berufliche ~ ausüben 業務を行う. die ~en eines Politikers 政治家の仕事[活動]. eine rege ~ entfalten 活発な活動を展開する. sich³ eine neue ~ suchen 新しい仕事を探す. 2. 《◎のみ》運転, 作動, 働き(機械・器官などの)：die ~ des Herzens 心臓の鼓動[働き]. die Anlage in/außer ~ setzen 装置を作動させる/止める. Der Vulkan ist in ~ getreten. 火山が爆発した.

der **Tä·tig·keits·be·reich** [テーティヒカイツ・ベ・らイヒ] 名 -(e)s/-e 活動領域, (企業などで)働いている部門.

der **Tä·tig·keits·be·richt** [テーティヒカイツ・ベりヒト] 名 -(e)s/-e 活動(経過)報告(団体・委員会などの).

die **Tä·tig·keits·form** [テーティヒカイツ・ふォるム] 名 -/ 《言》能動態.

das **Tä·tig·keits·wort** [テーティヒカイツ・ヴォるト] 名 -(e)s/..wörter 《言》動詞.

die **Tat·kraft** [タート・クらふト] 名 -/ 行動力, 精力.

tat·kräf·tig [タート・クれふティヒ] 形 行動力のある, 精力的な.

tät·lich [テートリヒ] 形 腕力[暴力]での, 力ずくの.

die **Tät·lich·keit** [テートリヒカイト] 名 -/-en (主に〈こう〉) 暴力行為：Es kam zu ~en. 暴力ざたとなった.

die **Tat·mehr·heit** [タート・メーふハイト] 名 -/ 《法》併合犯(複数の行為で複数の犯罪を犯すこと).

der **Tat·mensch** [タート・メンシュ] 名 -en/-en 行動の人間.

das **Tat·mo·tiv** [タート・モティーふ] 名 -s/-e 犯行動機.

der **Tat·ort** [タート・オるト] 名 -(e)s/-e 犯行現場.

tä·to·wie·ren [タトヴィーれン] 動 h. 〈j⁴/et⁴〉ず 入墨をする(人の体・身体部分に). 2. 〈j⁴/et⁴〉ず 〈方向〉ず 入墨する.

die **Tä·to·wie·rung** [テトヴィーるング] 名 -/-en 1. 入墨をすること. 2. 入墨(模様), 彫物.

die **Tat·sa·che** [タート・ザッヘ] 名 -/-n (実際の)出来事, 事実;現実：Der Bericht entspricht nicht den ~n. その報告は事実と一致していない. die ~n verdrehen 事実を曲げる. den ~n ins Auge sehen 現実を直視する. 【慣用】vollendete Tatsachen

schaffen 既成事実を作る. 〈j⁴〉 **vor vollendete Tatsachen stellen** 〈人に〉既成事実をつきつける.

der **Tat·sa·chen·be·richt** [ターㇳザっヘン·べりひㇳ] [名] -(e)s/-e 事件の報道, ルポルタージュ.

tat·säch·lich [ターㇳ·ゼひりひ, ターㇳ·ゼひりひ] [形] 実際の, 事実の, 本当の: der ~*e* Ertrag 実益.
—— [副] 《文飾》実際に, 事実, 本当に: *T*~? 本当ですか.

tät·scheln [テっチェルン] [動] *h.* 〔〈j⁴/et⁴〉ヲ〕軽く(ぺたぺたと)たたく(愛撫(あいぶ)の一種として).

tat·schen [タっチェン] [動] *h.* 〔〈方向〉ニ〕《口·蔑》(無遠慮に)ぺたっと触る〔手を触れる〕.

der **Tat·te·rich** [タってりひ] [名] -s/ 《口》(手や指の)震え(病気·アル中などによる).

tat·te·rig [タってりひ] [形] 《口》ぶるぶる震える; よぼよぼの.

tat·tern [タったーン] [動] *h.* 〔補足なし〕《口》震える(指·手·体が).

der **Tat·ter·sall** [タったーザル] [名] -s/-s タッターソール(馬の貸出し·馬術競技などをする乗馬教室); 馬場.

tatt·rig [タっㇳりひ] [形] =tatterig.

ta·tü·ta·ta! [タテュータター] [間] (パトカー·救急車などのサイレン)ぴーぽぴーぽ.

der **Tat·ver·dacht** [ターㇳ·ふぇあダはㇳ] [名] -(e)s/ 犯罪容疑.

tat·ver·däch·tig [ターㇳ·ふぇあデひティひ] [形] 犯罪容疑のかかった.

die **Tat·ze** [タっツェ] [名] -/-n **1.** (猛獣の)前足; 《口》(《蔑》にも)(人間の)ごつい手. **2.** 《方》(罰として)むちで手を打つこと.

der **Tat·zel·wurm** [タっツェル·ヴるム] [名] -(e)s/ 〖民俗〗(伝説的なアルプス地方の)竜.

der **Tau**¹ [タウ] [名] -(e)s/ 露: Es ist ~ gefallen. 露がおりた. 【慣用】**Tau treten** (血液の循環を促すため)露じめりの草を裸足で歩く. **vor Tau und Tag** 《詩》朝まだきに.

das **Tau**² [タウ] [名] -(e)s/-e (船の)綱, ロープ, 索.

das **Tau**³ [タウ] [名] -(s)/-s タウ(ギリシア語アルファベットの第 19 字 τ,T).

taub [タウプ] [形] **1.** (耳の)聞こえない, 耳を貸さない: auf beiden Ohren ~ sein 両耳が聞こえない. für〔gegen〕alle Bitten ~ sein どんな頼みにも耳を貸さない. sich⁴ ~ stellen 聞こえないふりをする. **2.** 感覚のなくなった, しびれた. **3.** 空(から)の, 実を結ばない; 気の抜けた: ein ~*es* Ei 無精卵. ~*es* Gestein 有用鉱物を含まない岩石.

das **Täub·chen** [トイプひぇン] [名] -s/- (Taube の縮小形)小鳩.

der/die **Tau·be**¹ [タウベ] [名] 《形容詞的変化》耳の聞こえない人, 聾者(ろうしゃ).

die **Tau·be**² [タウベ] [名] -/-n **1.** 〖鳥〗ハト; 〖狩〗雌バト; (《単のみ》)〖天〗はと座. **2.** (主に[複])(政治上の)はと派(の人).

tau·ben·blau [タウベン·ブラウ] [形] ハトの羽のような青灰色の.

tau·ben·grau [タウベン·グらウ] [形] ハトの羽のような紫がかった濃い灰色の.

das **Tau·ben·haus** [タウベン·ハウス] [名] -es/..häuser ハト小屋, 鳩舎(きゅうしゃ).

das **Tau·ben·schie·ßen** [タウベン·シーセン] [名] -s/- クレー射撃; ハト撃ち.

der **Tau·ben·schlag** [タウベン·シュラーク] [名] -(e)s/..schläge 鳩舎(きゅうしゃ): Hier ist es〔geht es (zu)〕wie im ~. 《口》ここは人の出入りが絶えない.

der **Tau·ber**¹ [タウバー] [名] -s/- 雄バト.

die **Tau·ber**² [タウバー] [名] -/ 〖川名〗タウバー川.

der **Täu·ber** [トイバー] [名] -s/- =Tauber¹.

der **Tau·be·rich** [タウベりひ] [名] -s/-e =Täuberich.

der **Täu·be·rich** [トイベりひ] [名] -s/-e 雄バト.

die **Taub·heit** [タウプハイㇳ] [名] -/ 耳の聞こえない〔遠い〕こと; 感覚麻痺(まひ); 実〔香り〕のないこと.

die **Taub·nes·sel** [タウプ·ネっセル] [名] -/-n 〖植〗オドリコソウ.

taub·stumm [タウプ·シュトゥム] [形] 聾唖(ろうあ)の.

der/die **Taub·stum·me** [タウプ·シュトゥメ] [名] 《形容詞的変化》《古》聾唖(ろうあ)者.

die **Taub·stum·men·an·stalt** [タウプシュトゥメン·アン·シュタルㇳ] [名] -/-en 《古》聾唖(ろうあ)学校.

das **Tauch·boot** [タウほ·ボーㇳ] [名] -(e)s/-e 潜水艇.

tau·chen [タウへン] [動] **1.** *h./s.* 〔補足なし〕(水面下に)潜る; 水中に姿を消す. **2.** *s.* 〔(〈方向〉ニ)〕潜水する(潜水夫·潜水艦が). **3.** *h./s.* 〔nach 〈et³〉ヲ〕潜って探す. **4.** *h.* 〔〈et⁴〉ヲ+in 〈et⁴〉ニ〕浸す, つける, 突っ込む. **5.** *h.* 〔〈j⁴〉ヲ+〈方向〉ニ〕突っ込む. **6.** *s.* 〔〈方向〉ニ(カラ)〕姿を没する〔消す〕; 姿を現す, 浮かび上がる.

der **Tau·cher** [タウはー] [名] -s/- **1.** 潜水者〔夫〕, スキューバ〔スキン〕ダイバー. **2.** 〖鳥〗潜水の得意な水鳥(アビ·カイツブリの類).

der **Tau·cher·an·zug** [タウはー·アン·ツーク] [名] -(e)s/..züge 潜水服.

die **Tau·cher·bril·le** [タウはー·ブりレ] [名] -/-n 潜水眼鏡.

die **Tau·cher·glo·cke** [タウはー·グロっケ] [名] -/-n 釣鐘形潜水器.

der **Tau·cher·helm** [タウはー·ヘルム] [名] -(e)s/-e 潜水ヘルメット.

die **Tau·cher·krank·heit** [タウはー·クらンクハイㇳ] [名] -/ 潜水病.

die **Tau·cher·mas·ke** [タウはー·マスケ] [名] -/-n 潜水眼鏡, (潜水用)マスク.

tauch·fä·hig [タウほ·ふぇーイひ] [形] 潜水できる.

das **Tauch·ge·rät** [タウほ·ゲれーㇳ] [名] -(e)s/-e (ダイバーの)潜水装置〔用具〕.

tauch·klar [タウほ·クラーあ] [形] 〖海〗潜航準備完了の.

die **Tauch·ku·gel** [タウほ·クーゲル] [名] -/-n (深海探査用)潜水球.

der **Tauch·ret·ter** [タウほ·れったー] [名] -s/- 救命用小型潜水具(潜水艦からの非常用脱出用具).

der **Tauch·sie·der** [タウほ·ズィーダー] [名] -s/- 投入式電熱器〔湯沸し〕(ヒーター部分を直接入れて沸かす).

tau·en¹ [タウエン] [動] *h.* 〔Es〕《稀》露が降りる.

tau·en² [タウエン] [動] **1.** *h.* 〔Es〕雪解けの陽気である. **2.** *h.* 〔Es+〈方向〉カラ〕雪解けの水がしたたり落ちる. **3.** *s.* 〔補足なし〕解ける(凍ったものが). **4.** *h.* 〔〈et⁴〉ヲ〕解かす(陽光などが雪·氷などを).

tau·en³ [タウエン] [動] *h.* 〔〈et⁴〉ヲ〕《北独》(太)綱で引く(船などを).

das **Tau·en·de** [タウ·エンデ] [名] -s/-n 綱〔ロープ〕の端.

der **Tauf·akt** [タウふ·アクㇳ] [名] -(e)s/-e 洗礼(式); 命名式.

das **Tauf·be·cken** [タウふ·ベっケン] [名] -s/- 洗礼盤.

das **Tauf·buch** [タウふ·ブーふ] [名] -(e)s/..bücher = Taufregister.

die **Tau·fe** [タウふぇ] [名] -/-n **1.** (《単のみ》)〖キ教〗洗礼, 浸礼: die ~ empfangen/spenden 洗礼を受ける/授ける. **2.** 〖キ教〗洗礼式, 浸礼式: 〈j⁴〉 über die ~ halten〔〈j⁴〉 aus der ~ heben〕〈人の〉洗礼に代父〔代母〕として立ち合う. **3.** (船などの)命名式. 【慣用】〈et⁴〉 **aus der Taufe heben** 《口》〈物を〉設立〔結成〕する.

tau·fen [タウふぇン] [動] *h.* **1.** 〔〈j⁴〉ニ〕洗礼を授ける. **2.** 〔〈j⁴〉ニ+(〈et⁴〉ト)〕命名する(洗礼式の際に). **3.** 〔〈et⁴〉ニ+(〈et⁴〉ト)〕名前をつける; 命名する(命名式で). 【慣用】**den Wein taufen** 《口·冗》ワインを水増しする. **mit Spreewasser getauft sein** 生粋のベル

リンっ子である《シュプレー川の水で洗礼を受けたとの意味》.

der **Täu·fer** [トイふぁー] [名] -s/- 授洗者;再洗礼派の信者: Johannes der ～ 洗者ヨハネ.

die **Tauf·ka·pel·le** [タウふ·カペレ] [名] -/-n 洗礼堂.

die **Tauf·kir·che** [タウふ·キるひぇ] [名] -/-n 受洗聖堂.

die **Tau·flie·ge** [タウ·ふりーゲ] [名] -/-n 〘昆〙ショウジョウバエ.

der **Täuf·ling** [トイふりング] [名] -s/-e 受洗者.

der **Tauf·na·me** [タウふ·ナーメ] [名] -ns/-n 洗礼名,クリスチャンネーム.

der **Tauf·pa·te** [タウふ·パーテ] [名] -n/-n (洗礼式の)代父.

die **Tauf·pa·tin** [タウふ·パーティン] [名] -/-nen (洗礼式の)代母.

das **Tauf·re·gis·ter** [タウふ·れギスター] [名] -s/- 洗礼〔受洗〕者名簿.

tau·frisch [タウ·ふりッシュ] [形] **1.** 朝露にぬれた. **2.** すがすがしい,みずみずしい,真新しい,若々しい.

der **Tauf·schein** [タウふ·シャイン] [名] -(e)s/-e 受洗証明書.

der **Tauf·stein** [タウふ·シュタイン] [名] -(e)s/-e (石の)洗礼盤.

das **Tauf·was·ser** [タウふ·ヴァッサー] [名] -s/ 洗礼の聖水.

der **Tauf·zeu·ge** [タウふ·ツォイゲ] [名] -n/-n 代父,洗礼立会人.

tau·gen [タウゲン] [動] *h.* **1.** 〔für 〈j^4/et^4〉ニ〕適している. **2.** 〔zu 〈j^3/et^3〉ニ〕向いている,使える. **3.** 〔〈et^4〉ノ〕役に立つ(〈et^4〉は etwas, nichts など不定代名詞および was).

der **Tau·ge·nichts** [タウゲ·ニヒツ] [名] -(es)/-e 《古·蔑》役立たず,ごくつぶし,のらくら者.

taug·lich [タウクリひ] [形] **1.** 〔für 〈et^4〉ニ/zu 〈et^3〉ニ/als 〈j^1〉ニ〕向いている,適した,役に立つ,有能な: Er ist für diese Arbeit ～. 彼はこの仕事に向いている. **2.** 兵役に適格な.

die **Taug·lich·keit** [タウクリひカイト] [名] -/ 有用性,適性.

tau·ig [タウイひ] [形] 《文》露にぬれた.

der **Tau·mel** [タウメル] [名] -s/ **1.** 目まい;《稀》ふらつく〔よろめく〕こと: vom ～ ergriffen sein 目まいがする. wie im ～ sein 意識がもうろうとしている. **2.** 陶酔,興奮: in einen ～ des Glücks geraten 幸福感にひたる.

tau·me·lig [タウメリひ] [形] **1.** 〔(〈j^3〉ハ)〕目まいがする;有頂天の. **2.** よろめく,ふらふらした.

der **Tau·mel·lolch** [タウメル·ロルひ] [名] -(e)s/-e 〘植〙ドクムギ.

tau·meln [タウメルン] [動] **1.** *s.*〔*h.*〕〔補足なし〕よろめく,よろよろする,ふらふらする;ふらふら飛ぶ(チョウ·飛行機などが). **2.** *s.* 〔〈方向〉ニ〕よろよろ歩いて行く;ひらひら飛んで行く.

taum·lig [タウムリひ] [形] ＝taumelig.

der **Tau·nus** [タウヌス] [名] -'/ 〘山名〙タウヌス.

der **Tau·punkt** [タウ·プンクト] [名] -(e)s/ 〘理〙露点.

der **Tau·rus** [タウるス] [名] -/ 〘山名〙タウルス山脈(トルコ南部).

der **Tausch** [タウシュ] [名] -(e)s/-e 《主に[単]》交換,交易: einen guten ～ machen 交換して得をする. durch ～ handeln バーター取引をする. 〈et^4〉 im ～ für〔gegen〕〈et^4〉 erhalten 〈物ヲ〉〈物トノ〉交換で手に入れる.

tau·schen [タウシェン] [動] *h.* **1.** 〔〈j^4/et^4〉ヲ〕交換する,取替える. **2.** 〔〈et^4〉ヲ〕交わす(あいさつ·視線·握手などを). **3.** 〔〈et^4〉ヲ＋mit 〈j^3〉ト〕交換する;交す. **4.** 〔〈j^4/et^4〉ヲ＋gegen 〈j^4/et^4〉ト〕交替させる,取替える. **5.** 〔mit 〈j^3/et^3〉ヲ〕(互いに)交換する(主語は複数). **6.** 〔mit 〈j^3〉ト〕交替する,(…に)代ってもらう: Ich möchte nicht mit ihm ～. 彼の身になりたくない.

täu·schen [トイシェン] [動] *h.* **1.** 〔〈j^4〉ヲ〕だます,欺く;〘スポ〙(…に)フェイントをかける. **2.** 〔〈et^4〉ヲ〕裏切る(期待·信頼などを). **3.** 〔補足なし〕間違った印象をいだかせる,錯覚させる,目を欺く. **4.** 〔sich⁴＋in 〈j^3/et^3〉ノコトデ/über 〈j^4/et^4〉ニツイテ〕思い〔勘〕違いをする,見損う. 【慣用】**Der Schüler hat versucht zu täuschen.** その生徒はカンニングをしようとした. **Wenn mich mein Gedächtnis nicht täuscht, ...** もし私の記憶違いでないなら,….

täu·schend [トイシェント] [形] 見間違えるほどの.

das **Tausch·ge·schäft** [タウシュ·ゲシェふト] [名] -(e)s/-e 物々交換〔バーター〕取引.

der **Tausch·han·del** [タウシュ·ハンデル] [名] -s/ **1.** 《[単]のみ》〘経〙バーター貿易,交易. **2.** 物々交換〔バーター〕取引.

tau·schie·ren [タウシーれン] [動] *h.* 〔〈et^4〉ニ〕〘工芸〙象眼をする.

das **Tausch·ob·jekt** [タウシュ·オブイェクト] [名] -(e)s/-e 交換物.

die **Täu·schung** [トイシュング] [名] -/-en **1.** だます〔欺く〕こと: eine arglistige ～ 詐欺. auf eine ～ hereinfallen だまされる. **2.** 思い違い,錯覚: sich⁴ einer ～ über 〈et^4〉 hingeben 〈事ニツイテ〉思い違いする. eine optische ～ 目の錯覚,錯視.

das **Täu·schungs·ma·nö·ver** [トイシュングス·マ[ネ]ーヴァー] [名] -s/- 偽装工作,策略.

der **Täu·schungs·ver·such** [トイシュングス·ふぇあズーふ] [名] -(e)s/-e 〘法〙詐欺未遂.

der **Tausch·ver·kehr** [タウシュ·ふぇあケーあ] [名] -s/ 交易,バーター取引.

tausch·wei·se [タウシュ·ヴァイゼ] [副] 《稀》交換で,バーター制で.

der **Tausch·wert** [タウシュ·ヴェーあト] [名] -(e)s/ 交換価値.

tau·send [タウゼント] [数] **1.** 《基数》1000,千: ～ Euro 1000 ユーロ. ～ und aber～〔*T*～ und *Aber*～〕何千となく. Ich wette ～ zu〔gegen〕eins, dass ... 私は(かけてもいいが)…をぜったいに確信している. **2.** 《口》数えきれないほど多くの,無数の: 〈et^4〉 in ～ Stücke zerschlagen 〈物ヲ〉粉々に打砕く. *T*～ Dank! 本当にどうも有難う.

der **Tau·send**[1] [タウゼント] [名] 《口》(次の形で)Ei der ～! これは驚いた;いまいましい.

die **Tau·send**[2] [タウゼント] [名] -/-en 千(の数).

das **Tau·send**[3] [タウゼント] [名] -s/-e〔-〕 **1.** ([複]-)(単位としての)千: das erste ～ der Auflage 初版千部. ein halbes ～ Klammern クリップ 500 個. im ～ 千個ずつ. vom ～ 千分率(略 v. T.). drei vom ～ 1000 分の 3. **2.** ([複]のみ. [複]-e. 付加語で[複] 1-4 格が明確な場合はまれに無変化も有)何千〔幾千〕: ～*e* von Menschen 何千もの人々. ～*e* armer Menschen 何千もの哀れな人々. einige ～(*e*) 二三千の人々. in die ～*e* gehen 何千という数になる. zu ～*en* 何千と(なく). einer unter ～*en* 何千人の中の一人.

tau·send·ein [タウゼント·アイン] [形] ＝tausendundein.

tau·send·eins [タウゼント·アインス] [数] 《基数》＝tausendundeins.

der **Tau·sen·der** [タウゼンダー] [名] -s/- **1.** 千《1000 の倍数: 1000-9000》. **2.** 千の位の数. **3.** 《口》千マルク紙幣.

tau·sen·der·lei [タウゼンダーライ] [数] 《種数》《口》いろいろな;いろいろなもの〔こと〕.

tau·send·fach [タウゼント·ふぁっは] [形] 1000 倍の;《口》何(千)回もの,いろいろな(やり方の).

tau·send·fäl·tig [タウゼント·ふぇルティひ] [形] 《文》＝tausendfach.

T

Tausendfuß 1212

der **Tau·send·fuß** [タウゼント・ふース] 名 -es/..füße 〖動〗ムカデ, ヤスデ〔多足類〕.

der **Tau·send·fü·ßer** [タウゼント・ふゅーサー] 名 -s/- = Tausendfuß.

der **Tau·send·füß·ler** [タウゼント・ふゅースラー] 名 -s/- = Tausendfuß.

das **Tau·send·gül·den·kraut** [タウゼント・ギュルデン・クらウト] 名 -(e)s/..kräuter 〖植〗シマセンブリ, セントーリューム.

tau·send·jäh·rig [タウゼント・イェーりひ] 形 千年を経た; 千年間続く.

tau·send·jähr·lich [タウゼント・イェーァりヒ] 形 1000年ごとの.

der **Tau·send·künst·ler** [タウゼント・キュンストラー] 名 -s/- 《口・冗》何でもできる人;手品師.

tau·send·mal [タウゼント・マール] 副 1. 1000回; 《口》何回も, 幾重にも. 2. 《語調》《比較級を修飾》はるかに, ずっと.

tau·send·ma·lig [タウゼント・マーリひ] 形 1000回〔度〕の.

der **Tau·send·sa·sa** [..sasa タウゼント・ササ] 名 -s/-(s) = Tausendsassa.

der **Tau·send·sas·sa** [..sasa タウゼント・ササ] 名 -s/-(s) 何でもこなす〔オールマイティーな〕人.

das **Tau·send·schön** [タウゼント・(シェ)ーン] 名 -s/-e 〖植〗ヒナギク.

das **Tau·send·schön·chen** [タウゼント・(シェ)ーンひェン] 名 -s/- = Tausendschön.

tau·sendst [タウゼンツト] 数 《序数》《形容詞的変化》千番目の. 〖数字表記は「1 000.」〗

tau·sends·tel [タウゼンツテル] 数 《分数》《無変化》千分の一の.

die **Tau·sends·tel**[1] [タウゼンツテル] 名 -/-n 千分の一秒(~sekunde).

das **Tau·sends·tel**[2] [タウゼンツテル] 名 -s/-((ばい)der ~)千分の一.

tau·send·und·ein [タウゼント・ウント・アイン] 形 1001の; *T~e* Nacht 千一夜物語.

tau·send·und·eins [タウゼント・ウント・アインス] 数 《基数》1001.

die **Tau·to·lo·gie** [タウト・ロギー] 名 -/-n 〖修〗類語反復, トートロジー; 《転》冗語法; 〖論〗恒真式.

tau·to·lo·gisch [タウト・ローギッシュ] 形 〖修〗類語反復の.

der **Tau·trop·fen** [タウ・トろップふェン] 名 -s/- 露のしずく.

das **Tau·werk** [タウ・ヴェるク] 名 -(e)s/ 〖海〗索具;《総称》綱, ロープ.

das **Tau·wet·ter** [タウ・ヴェッター] 名 -s/ 雪解けの陽気,《転》《国際関係の》雪解け〔の時期〕, 緊張緩和.

der **Tau·wind** [タウ・ヴィント] 名 -(e)s/ 雪解けの時節に吹く穏やかな風.

das **Tau·zie·hen** [タウ・ツィーエン] 名 -s/ 綱引き;《転》競り合い.

die **Ta·ver·ne** [タヴェるネ] 名 -/-n (イタリア風)酒場, 飲食店.

der〔*das*〕**Ta·xa·me·ter** [タクサ・メーター] 名 -s/- (タクシーの)メーター;《古》タクシー.

die **Ta·xa·ti·on** [タクサツィオーン] 名 -/-en 〖経〗(土地・家などの)価格査定, 鑑定.

der **Ta·xa·tor** [タクサートーァ] 名 -s/-en [タクサトーれン] 査定〔鑑定〕人.

die **Ta·xe** [タクセ] 名 -/-n 1. (鑑定人による)評価〔査定〕額. 2. 規定料金〔価格〕, 規定の報酬. 3. タクシー.

ta·xen [タクセン] 動 *h.* = taxieren 1, 2.

tax·frei [タクス・ふらイ] 形 無料の.

das **Ta·xi** [タクスィー] 名 -s/-s 〔(ばい)*der* ~ も有〕タクシー: ein ~ nehmen タクシーに乗る. ~ fahren タクシーで行く;タクシーを運転している.

die **Ta·xi·der·mie** [タクスィ・デるミー] 名 -/ (動物の)剥製(はくせい)製作法〔術〕.

der **Ta·xi·der·mist** [タクスィデるミスト] 名 -en/-en 剥製(はくせい)製作者〔師〕.

ta·xie·ren [タクスィーれン] 動 *h.* 1. 〔⟨j⁴/et⁴⟩〕(口)見積もる, 概算する(価値・大きさなどを). 2. 〔⟨et⁴⟩〕査定する, 評価する. 3. 〔⟨j⁴/et⁴⟩〕《口》(値踏みするように)じろじろ見る. 4. 〔⟨j⁴/et⁴⟩+ ⟨様態⟩〕《文》判断する, 評価する.

die **Ta·xie·rung** [タクスィーるング] 名 -/-en 見積り;査定, 鑑定.

der **Ta·xi·fah·rer** [タクスィー・ふぁーらー] 名 -s/- タクシー運転手.

die **Ta·xis** [タクスィス] 名 -/..xes [..クセース] [..xen] 1. (医).xes 〖医〗整復法〔術〕. 2. (医).xen 〖生〗走性(外的刺激に対する生物体の運動性).

der **Ta·xi·stand** [タクスィー・シュタント] 名 -(e)s/..stände タクシー乗り場.

der **Ta·xi·way** [tǽksive: タクスィ・ヴェー] 名 -s/-s 〖空〗(離着陸の滑走路に通じる)誘導路.

die **Ta·xo·no·mie** [タクソ・ノミー] 名 -/ 〖植・動〗分類学;〖言〗タクソノミー.

der **Ta·xus** [タクスス] 名 -/- 〖植〗イチイ.

der **Tax·wert** [タクス・ヴェーァト] 名 -(e)s/-e 鑑定〔査定〕価格, 評価額.

das **Tay·lor·sys·tem** [téilǝ.. テイレ・ズュステーム] 名 -s/ テイラーシステム(F. W. Taylor, 1856-1915, による科学的な経営管理法).

die **Ta·zet·te** [タツェッテ] 名 -/-n 〖植〗(南欧産の)フサザキスイセン.

der **Ta·zzel·wurm** [タッツェル・ヴるム] 名 -(e)s/ = Tatzelwurm.

Tb[1] [テーベー] = Terbium 〖化〗テルビウム.

Tb[2] [テーベー] 名 -/ 結核 (Tuberkulose).

die **Tbc** [テーベーツェー] 名 -/ 結核.

Tbc-krank [テーベーツェー・クらンク] 形 結核にかかった.

Tb-krank [テーベー・クらンク] 形 = Tbc-krank.

das **T-Bone-Steak**, (ま)**T-bone-Steak** [tí:bo:nsteːk ティー・ボーン・ステーク, ティー・ボーン・シュテーク] 名 -s/-s ティーボーンステーキ(三角形の骨付き)ステーキ.

Tc [テーツェー] = Technetium 〖化〗テクネチウム.

Te [テーエー] = Tellur 〖化〗テルル.

das **Teach-in** [ti:tʃ'in ティーチ・イン, ティーチュ・イン] 名 -(s)/-s (学)ティーチイン(政治問題などの(学内)討論集会).

das **Teak·holz** [tí:k.. ティーク・ホルツ] 名 -es/ チーク材.

das **Team** [ti:m ティーム] 名 -s/-s (専門家・スポーツの)チーム.

team·fä·hig [ティーム・ふぇーイひ] 形 チームでやっていける.

das **Team·work** [tí:mvǝːrk ティーム・(ヴェ)-あク,.. vœrk ティーム・(ヴェ)ルク] 名 -s/ 共同作業〔研究〕, チームワーク.

der **Tearoom, Tea-Room** [tí:ruːm ティー・るーム] 名 -s/-s (主として紅茶と軽食を出す)喫茶店, ティールーム;(ばい)コーヒー店.

das **Tech·ne·ti·um** [テひネーツィウム] 名 -s/ 〖化〗テクネチウム (Symb Tc).

die **Tech·nik** [テひニク] 名 -/-en 1. ((ま)のみ)科学技術, 工業技術, 工学: das Zeitalter der ~ 技術の時代. 2. ((ま)のみ)(工業)設備;(機器の)仕組み, 構造, メカ(ニクス);技術スタッフ: ein Betrieb mit modernster ~ 最新の機械設備の工場. 3. 技術, テクニック, 技法: eine ~ anwenden ある技術を使う. 4. ((ばい))工業大学.

der **Tech·ni·ker** [テひニカー] [名] -s/- (専門)技術者, 技師, 工学者; 技能者; 技巧家, テクニシャン.

das **Tech·ni·kum** [テひニクム] [名] -s/..ka〔..ken〕 工業専門学校.

tech·nisch [テひニシュ] [形] **1.** 科学技術の, 工学(科)の: das ~*e* Zeitalter 科学技術の時代. **2.** 技術的な, 技巧的な: ~*es* Können 技術的な能力. ein ~ hervorragender Pianist テクニックの優れたピアニスト. **【慣用】eine Technische Hochschule〔Universität〕**工業大学(略 TH, TU).

tech·ni·sie·ren [テひニズィーれン] [動] *h.* 〔<et⁴>ヲ〕技術〔機械・工業〕化する.

tech·ni·siert [テひニズィーあト] [形] 技術〔機械・工業〕化された.

die **Tech·ni·sie·rung** [テひニズィーるング] [名] -/-en 技術〔機械・工業〕化.

der〔*das*〕 **Tech·no** [テひノ] [名] -(s)/ テクノ(ポップ)(特にディスコのシンセサイザーなどを用いた早いリズムのダンス音楽).

der **Tech·no·krat** [テひノ・クらート] [名] -en/-en テクノクラート(テクノクラシーの信奉者); 技術万能主義の人.

die **Tech·no·kra·tie** [テひノ・クらティー] [名] -/ テクノクラシー.

tech·no·kra·tisch [テひノ・クらーティシュ] [形] テクノクラシーの; 《蔑》技術万能主義の.

der **Tech·no·lo·ge** [テひノ・ローゲ] [名] -n/-n 科学〔工学・工業〕専門家, 技術者.

die **Tech·no·lo·gie** [テひノ・ロギー] [名] -/-n テクノロジー, 科学〔工学・工業〕技術.

tech·no·lo·gisch [テひノ・ローギシュ] [形] 科学技術(上)の, テクノロジーの.

das **Tech·tel·mech·tel** [テひテル・メひテル] [名] -s/- 浮気, 情事.

der **Te·ckel** [テっケル] [名] -s/- ダックスフント.

der **TED** [テっト] [名] -s/ 〖コンピ〗〖ユータ〗テッド(テレビ放送の際の電話投票を記録・予想する装置. Teledialog の短縮形).

der **Ted·dy** [tɛ́di テディ] [名] -s/-s **1.** テディー(~bär). **2.** =Teddymantel. **3.** フラシ天の裏地. **4.** 《ジャー》〖ゴン〗=Teddyboy.

der **Ted·dy·bär** [テディ・ベーあ] [名] -en/-en テディベア(熊のぬいぐるみ).

der **Ted·dy·boy** [..bɔy テディ・ボイ] [名] -s/-s テディボーイ(1950 年代風の青少年).

der **Ted·dy·man·tel** [テディ・マンテル] [名] -s/..mäntel テディコート(テディベア風フラシ天のオーバー).

das **Te·de·um** [テデーウム] [名] -s/-s **1.** (⑩のみ)〖カトリック〗テ・デウム(「汝を主と(賛美し奉る)」で始まる古い賛歌). **2.** 〖楽〗テ・デウム(テ・デウムを編曲した合唱曲).

der **Tee** [テー] [名] -s/-s (⑩は種類) **1.** 茶の葉; 茶の木. **2.** お茶, ティー: schwarzer/grüner ~ 紅茶/緑茶. eine Tasse ~ trinken お茶を一杯飲む. **3.** お茶の集まり, ティーパーティー: 〈j⁴〉 zum ~ einladen 〈人ヲ〉お茶に招待する. **4.** (薬草などの)茶; 薬湯(やくとう). **【慣用】Abwarten und Tee trinken!** 《口》まあ落着いて様子を見よう.

der **TEE** [テーエーエー] [名] -(s)/-(s) (以前の)ヨーロッパ横断特急(列車)(Trans-Europ-Express).

der **Tee·beu·tel** [テー・ボイテル] [名] -s/- ティーバッグ

das **Tee·blatt** [テー・ブラット] [名] -(e)s/..blätter (主に⑩)茶の葉.

das **Tee·brett** [テー・ブれっト] [名] -(e)s/-er 小盆, 茶盆.

die **Tee·büch·se** [テー・ビュクセ] [名] -/-n 茶筒, (ふた付きの)茶缶.

das **Tee·ei, Tee-Ei** [テー・アイ] [名] -(e)s/-er (卵形の)茶こし.

das **Tee·ge·bäck** [テー・ゲベック] [名] -(e)s/ 茶菓子(クッキー・ビスケット).

das **Tee·glas** [テー・グラース] [名] -es/..gläser 紅茶グラス.

die **Tee·kan·ne** [テー・カネ] [名] -/-n ティーポット, 急須(きゅうす).

der **Tee·kes·sel** [テー・ケっセル] [名] -s/- **1.** 湯沸し, ケットル, 茶釜(がま). **2.** (同音異義語を当てる)駄じゃれゲーム. **3.** 《古》とんま, まぬけ.

das **Tee·licht** [テー・リひト] [名] -(e)s/-er〔-e〕 テーリヒト(ティーポット保温用のアルミの筒に入った小さい蠟燭(ろうそく)).

der **Tee·löf·fel** [テー・レっふぇル] [名] -s/- ティースプーン, 茶さじ.

die **Tee·ma·schi·ne** [テー・マシーネ] [名] -/-n お茶用湯沸し機, サモワール.

der **Teen·ager** [tíːneːdʒər ティーン・エーヂャー] [名] -s/- ティーンエージャー(13–19 歳の少女・少年).

der **Teer** [テーあ] [名] -(e)s/-e (⑩は種類)タール.

tee·ren [テーれン] [動] *h.* 〔<et⁴>ニ〕タールを塗る; (…を)タールで舗装する(道路などを).

der **Teer·farb·stoff** [テーあ・ふぁるプ・シュトっふ] [名] -(e)s/-e (コール)タール染料.

tee·rig [テーりひ] [形] タール(状・質)の; タールを塗った.

die **Teer·ja·cke** [テーあ・ヤっケ] [名] -/-n 《冗》水夫, マドロス.

die **Tee·ro·se** [テー・ろーゼ] [名] -/-n 〖植〗ティーローズ(香りがお茶に似たバラの一種).

die **Teer·pap·pe** [テーあ・パっペ] [名] -/-n (屋根ふき用の)タール紙.

die **Teer·sei·fe** [テーあ・ザイふぇ] [名] -/-n タール入り石けん(薬用石けん).

die **Tee·rung** [テーるング] [名] -/-en タール塗り; タール舗装.

das **Tee·ser·vice** [..zɛrviːs テー・ぜるヴィース] [名] -(s)/- ティー〔紅茶〕セット.

das **Tee·sieb** [テー・ズィーブ] [名] -(e)s/-e 茶こし.

der **Tee·strauch** [テー・シュトらウほ] [名] -(e)s/..sträucher 茶の木.

die **Tee·tas·se** [テー・タっセ] [名] -/-n 紅茶茶碗(ちゃわん), ティーカップ.

der **Tee·wa·gen** [テー・ヴァーゲン] [名] -s/- (お茶・茶器などを運ぶ)ティーワゴン.

die **Tee·wurst** [テー・ヴるスト] [名] -/..würste テーヴルスト(特に細かくひいた燻製上ひき肉のソーセージ).

die **Tee·ze·re·mo·nie** [テー・ツェれモニー] [名] -/-n (中国や日本の)茶会.

die **Te·fil·la** [テふぃラー] [名] -/ テフィラ(ユダヤ教の祈禱(きとう)書).

die **Te·fil·lin** [テふぃリーン] [複名] 〖ユダヤ教〗テフィリーン(朝の祈りの際に頭と手につける革ひもで, 聖書の言葉の書かれた羊皮紙の入ったケースが付いている).

das **Te·flon** [テふローン, テふローン] [名] -s/ 〖商標〗テフロン(ポリテトラフルオルエチレン製品).

der **Te·gern·see** [テーガーン・ゼー] [名] -s/ 〖湖名〗テーゲルンゼー(ミュンヘンの南にある湖).

(*das*) **Te·he·ran** [テーへらーン, テへらーン] [名] -s/ テヘラン(イランの首都).

der **Teich** [タイひ] [名] -(e)s/-e 池, 小さい湖〔沼〕; 貯水池: der große ~ 《口・冗》大西洋.

die **Tei·cho·sko·pie** [タイひょ・スコピー] [名] -/ 〖文芸学〗城壁からの検分(舞台上の描写が困難な場合, 上演者の一人が城壁などからそれを見ているという設定で観客に伝える方法. 『イーリアス』第三巻の挿話による).

der **Teig** [タイク] [名] -(e)s/-e こね〔ねり〕粉, パン生地.

tei·gig [タイギひ] [形] こね〔ねり〕粉状の, 生焼けの; こね〔ねり〕粉で汚れた; 青白くぼってりした.

T

Teigschüssel 1214

*die***Teig·schüs·sel** [タイク・シュッセル] 名 -/-n (パン・ケーキなどの)生地をこねるためのボール(鉢).

*die***Teig·wa·re** [タイク・ヴァーれ] 名 -/-n (主に㋹)パスタ, 麺類(¾ん).

*der/das***Teil** [タイル] 名 -(e)s/-e 1.(der ~)(全体の)部分；一部：der größte ~ der Arbeit 仕事の大部分. der schönste ~ des Landes その国の最も美しい部分. der obere ~ des Hauses 家の上部. der erste ~ des „Faust" 『ファウスト』第一部. ⟨et⁵⟩ in drei ~e schneiden ⟨物を⟩三つに切り分ける. ein groß〔gut〕 ~ かなりの部分〔程度〕, 相当な量〔数〕. zum ~ 部分的に, 一部(は)(略 z. T.). zum größten ~ 大部分(は). zum ~ ... , zum ~ ... 一部は…, また一部は…. 2. ㋺(序数詞の後で)…分の1：der 4. ~ von zwölf 12 の 1/4. 3. (der ~)(相対する一方の側の)人, グループ；〚法〛(訴訟の)当事者：der gebende ~ 与える側(の人). der klagende/beklagte ~ 原告側/被告側. beide ~e hören 当事者双方の申立てを聞く. 4. (das ~)(個々の)部分, 部品：ein defektes ~ des Gerätes 器具の故障部品. 5. 分け前, 持ち分, 割当分：⟨j³⟩ sein〔en〕~ geben ⟨人に⟩分け前を与える. ⟨人に⟩おくせず真実を告げる. sein〔en〕 ~ bekommen 自分の取り分をもらう；当然の罰〔報い〕を受ける. sein〔en〕 ~ zu ⟨et³⟩ tun ⟨事において⟩自分のなすことをする〔応分の寄与をする〕. ⟨et⁵⟩ zu gleichen ~en erben ⟨物を⟩均等に相続する. 〚慣用〛**das bessere Teil erwählt haben** 正しい方を選んでいる(ルカ福音書 10,42). **ich für mein(en)Teil** 私としては. **sein〔en〕 Teil zu tragen haben** 人生の苦労に耐えねばならない. **sich³ sein Teil denken** (口には出さないが)自分なりの考えを持っている.

*die***Teil·an·sicht** [タイル·アン·ズィヒト] 名 -/-en 部分的な眺め, 一部分の画(写真), 部分図.

*die***Teil·ar·beits·lo·sig·keit** [タイル·アるバイツ·ローズィヒカイト] 名 -/ 〚経·社〛部分失業.

teil·bar [タイル·バーる] 形 分けられる, 可分の；〚数〛割切れる：eine ~e Zahl 整除数.

*die***Teil·bar·keit** [タイルバーあカイト] 名 -/ 割切れること, 可分性.

*der***Teil·be·reich** [タイル·ベらイヒ] 名 -(e)s/-e 部分領域.

*der***Teil·be·trag** [タイル·ベトラーク] 名 -(e)s/..träge 総額の一部, 内払い金額.

*das***Teil·chen** [タイルヒェン] 名 -s/- 1. 小部分, 小さな部品(Teil 4 の縮小形). 2. 〚理〛粒子；素粒子(Elementar~). 3. 《方》クッキー.

*der***Teil·chen·be·schleu·ni·ger** [タイルヒェン·ベシュロイニガー] 名 -s/- 〚理〛粒子加速器.

tei·len [タイレン] 動 *h.* 1. ⟨et⁴⟩ ㋐ ~ (mit ⟨j³⟩㋺) 分けてやる. ⟨et⁴⟩ ㋐ ~ durch ⟨et⁴⟩㋺ 〚数〛割る. 3. ⟨j¹/et⁴⟩ ㋐ ~ (in ⟨j⁴/et⁴⟩㋺) 分ける, 分割する. 4. ⟨et⁴⟩ ㋐ ~ unter ⟨j³⟩㋺ ⟨々複数⟩に 〚配〛分配する. 5. ⟨et⁴⟩ ㋐ ~ (二つに)分ける, 仕切る. 6. ⟨et⁴⟩ ㋐ ~ mit ⟨j³⟩㋺ 共用する. 7. ⟨et⁴⟩ ㋐ ~ (mit ⟨j³⟩㋺) 共有する, 共にする. 8. ⟨sich⁴⟩ ㋐ ~ (in ⟨et⁴⟩㋺) 《文》共同で分担する；(…に)共に与(㋙) かる. 9. ⟨sich⟩ ㋐分かれる；分裂する.

*der***Tei·ler** [タイラー] 名 -s/- 〚数〛約数：der größte gemeinsame ~ 最大公約数.

*der***Teil·er·folg** [タイル·エあふォルク] 名 -(e)s/-e 部分的成功.

*das***Teil·ge·biet** [タイル·ゲビート] 名 -(e)s/-e (学問領域の)一分野.

*die***Teil·ge·winn·ab·füh·rung** [タイル·ゲヴィン·アップ·ふーるング] 名 -/-en 〚経〛部分利益移転.

*die***Teil·ha·be** [タイル·ハーベ] 名 -/ 関与, 参加.

teil|ha·ben* [タイル·ハーベン] 動 *h.* 〔an ⟨et³⟩㋺〕関与する, 参加する, (…を)共にする.

*der***Teil·ha·ber** [タイル·ハーバー] 名 -s/- 〚経〛(合名〔合資〕会社などの)出資者, 共同経営者, 組合員.

*die***Teil·ha·ber·schaft** [タイル·ハーバー·シャフト] 名 -/-en 1. (総称)関与者(組合員·出資者·共同経営者など). 2. 関与者であること〔資格〕.

teil·haft [タイルハふト] 形 《稀》=teilhaftig.

teil·haf·tig [タイルハふティヒ] 形 ⟨et²⟩㋺ 《文·古》与(㋙)かる, 浴する.

..tei·lig [..タイリヒ] 接尾 数詞などにつけて「…の部分に分けた, …の部分からなる」を表す形容詞を作る：dreiteilig [3-teilig] 三つに分れた.

teil·mö·bliert [タイル·⊗ブリーあト] 形 一部家具つきの.

*die***Teil·nah·me** [タイル·ナーメ] 名 -/-n (主に㋹) 1. 参加, 関与；協力：die ~ am Kongress 会議への参加. ~ am Verbrechen 共犯. 2. 関心, 興味；⟨物⟩への関心. ⟨文⟩同情：⟨et⁵⟩ mit ~ verfolgen ⟨事⟩へ関心を抱いて見守る. ⟨j³⟩ seine herzliche ~ aussprechen ⟨人に⟩心からのお悔みを述べる.

teil·nah·me·be·rech·tigt [タイルナーメ·べれヒティヒト] 形 参加(出場)資格のある.

teil·nahms·los [タイルナームス·ロース] 形 無関心な, 興味のなさそうな, 無感動な.

*die***Teil·nahms·lo·sig·keit** [タイルナームス·ローズィヒカイト] 名 -/ 無関心, 無感動.

teil·nahms·voll [タイルナームス·ふォル] 形 深い関心(興味)を示す, 思いやりのこもった, 同情深い.

teil|neh·men* [タイル·ネーメン] 動 *h.* 1. 〔an ⟨et³⟩㋺〕参加する, 出席〔出場〕する. 2. 〔an ⟨et³⟩㋺〕共感する；関心を寄せる.

teil·neh·mend [タイル·ネーメント] 形 1. 参加〔関与〕している. 2. 同情した, 思いやりのある.

*der***Teil·neh·mer** [タイル·ネーマー] 名 -s/- 参加者, 出席者, 出場者；(電話などの)加入者.

*die***Teil·neh·mer·lis·te** [タイルネーマー·リステ] 名 -/-n 参加者名簿.

*die***Teil·re·pu·blik** [タイル·れプブリーク] 名 -/-en 国家連合共和国.

teils [タイルス] 副 一部は, 部分的には：~ mit dem Zug, ~ mit dem Flugzeug reisen 一部は列車で, 一部は飛行機で旅行する. Wie geht es dir ? —*T*~, ~. どうだい—まあまあだ.

..teils [..タイルス] 接尾 名詞·形容詞などについて「…の部分は」を表す副詞を作る：eines*teils* — andern*teils* 一方では —他方では. größten*teils* 大部分は, おおかた.

*die***Teil·stre·cke** [タイル·シュトれッケ] 名 -/-n 道程〔コース〕の一部, (一)区間.

*der***Teil·strich** [タイル·シュトりッヒ] 名 -(e)s/-e (計量器の)目盛り線.

*die***Tei·lung** [タイルング] 名 -/-en 1. 分けること；分けること；分割される.；区分, 分配；分岐, 分裂. 2. 〚数〛除法, 割り算. 3. 〚生〛分裂. 4. (歯車の)ピッチ.

teil·wei·se [タイル·ヴァイゼ] 副 部分的に〔な〕.

*der***Teil·wert** [タイル·ヴェーあト] 名 -(e)s/-e 〚経〛部分価格(企業全体の中の一つの対象に対する評価額).

*die***Teil·zah·lung** [タイル·ツァールング] 名 -/-en 分割払い, 割賦, 賦払い：⟨et⁴⟩ auf 〔in〕 ~ kaufen ⟨物を⟩分割払いで買う.

*der***Teil·zah·lungs·kre·dit** [タイルツァールングス·クれディート] 名 -(e)s/-e 〚経〛分割払い〔割賦·賦払い〕信用〔金融〕.

*die***Teil·zeit** [タイル·ツァイト] 名 -/ (㋹のみ)パートタイム労働(〜beschäftigung).

*die***Teil·zeit·ar·beit** [タイルツァイト·アるバイト] 名 -/-en

パートタイム労働〔勤務〕.

der/die **Teil·zeit·be·schäf·tig·te** [タイルツァイト・ベシェふティひテ] [名] 《形容詞的変化》 パートタイム労働〔勤務〕者.

die **Teil·zeit·be·schäf·ti·gung** [タイルツァイト・ベシェふティグング] [名] -/-en パートタイム労働.

die **Teil·zeit·schu·le** [タイルツァイト・シューレ] [名] -/-n 定時制学校《職業学校など》.

das **Te·in** [テイーン] [名] -s/ テイン《お茶の葉に含まれるカフェイン》.

der **Teint** [tɛ̃ː タ-ン] [名] -s/-s 顔色, 血色, 肌の色; 顔の皮膚〔肌〕, 肌のきめ.

das **T-Ei·sen** [テー・アイゼン] [名] -s/- 〖工〗T 形鋼.

das〔*der*〕**Tekk·no** [テクノ] [名] -(s)/ =Techno.

die **Tek·to·nik** [テクトーニク] [名] -/ **1.** 〖地質〗構造地質学, テクトニクス: 地質〔地殻〕構造. **2.** 〖建〗構成論; (全体の均斉のとれた)構成. **3.** 〖文芸学〗(文学作品の)内部構造.

tek·to·nisch [テクトーニシュ] [形] 構造〔構築・構成〕(上)の; 〖地質〗地質〔地殻〕構造〔上〕の; 構造地質学(上)の.

..tel [..テル] [接尾] **1.** 名詞(の短縮形)につけて「…ホテル」を表す名詞を作る: Bo*tel* 水上ホテル. Mo*tel* モーテル. **2.** 数詞につけて分数・分数形容詞を作る: ach*tel* 8分の1の. Ach*tel* 8分の1.

der〔*das*〕**Te·la·mon** [テーラモーン, テラモーン] [名] -s/-en [テラモーネン] 〖建〗アトラント《古代ギリシアの男像柱》.

der **Te·le·brief** [テーレ・ブりーふ] [名] -(e)s/-e (電話回線・衛星回線を利用して送られる)電送書簡.

der **Te·le·dienst** [テーレ・ディーンスト] [名] -(e)s/-e 電子ネットワークを通じてする業務《インターネットサービス. 電子回路を通じてする在宅勤務. E-コマースなど》.

das **Te·le·fax** [テーレ・ふぁっクス] [名] -/-(e) (テレ)ファクス.

te·le·fa·xen [テーレ・ふぁクセン] [動] *h.* **1.** 〔〈et⁴〉ヲ〕ファクシミリにする. **2.** 〔(〈j³〉ニ)+〈et⁴〉ヲ+(nach 〈et³〉ヘ)〕ファクシミリで送る.

das **Te·le·fon** [テレふぉーン, テーレふぉーン] [名] -s/-e **1.** 電話(機); 電話(網への)接続: 〈j⁴〉 ans ~ rufen 〈人ヲ〉電話口に呼出す. sich³ ~ legen lassen 電話を引く **2.** 《稀》受話器.

der **Te·le·fon·an·ruf** [テレふぉーン・アン・るーふ] [名] -(e)s/-e 電話(を掛ける〔が掛かってくる〕こと).

der **Te·le·fon·an·sa·ge·dienst** [テーレふぉン・アン・ザーゲ・ディーンスト] [名] -(e)s/-e 電話情報サービス.

der **Te·le·fon·an·schluss**, [旧] **Te·le·fon·an·schluß** [テレふぉーン・アン・シュルス] [名] -es/..schlüsse 電話への加入, 電話(網への)接続.

der **Te·le·fon·ap·pa·rat** [テレふぉーン・アパらート] [名] -(e)s/-e 電話機.

das **Te·le·fo·nat** [テレふぉナート] [名] -(e)s/-e 通話, 電話で話をすること; 電話(を掛けること).

der **Te·le·fon·auf·trags·dienst** [テーレふぉン・アウふ・トらークス・ディーンスト] [名] -(e)s/-e 〖電話〗電話注文〔通販〕サービス.

das **Te·le·fon·buch** [テレふぉーン・ブーふ] [名] -(e)s/..bücher 電話帳.

die **Te·le·fon·ge·bühr** [テレふぉーン・ゲビューあ] [名] -/-en 《主に[複]》電話料金.

das **Te·le·fon·ge·spräch** [テレふぉーン・ゲシュプれーひ] [名] -(e)s/-e 電話での話し, 通話.

der **Te·le·fon·han·del** [テレふぉーン・ハンデル] [名] -s/ 〖金融〗(非上場株式の)電話取引, (無規制)店頭取引.

der **Te·le·fon·hö·rer** [テレふぉーン・[ヘ]ーらー] [名] -s/- 受話器: den ~ abnehmen/auflegen 受話器を取る/置く.

die **Te·le·fo·nie** [テレふぉニー] [名] -/ 無線電話; 電気通信制度〔事業〕.

te·le·fo·nie·ren [テレふぉニーれン] [動] *h.* **1.** 〔mit 〈j³〉ト〕電話で話をする. **2.** 〔nach 〈et³〉ニ〕電話する. **3.** 〔〈j³〉ニ〕《スイ》電話をする.

te·le·fo·nisch [テレふぉーニシュ] [形] 電話による: ~*e* Ansagen テレホンサービス. Sind Sie ~ zu erreichen? あなたに電話連絡できますか.

der **Te·le·fo·nist** [テレふぉニスト] [名] -en/-en 電話交換手〔係〕.

die **Te·le·fo·nis·tin** [テレふぉニスティン] [名] -/-nen Telefonist の女性形.

das **Te·le·fon·ka·bel** [テレふぉーン・カーベル] [名] -s/- 電話回線用ケーブル.

die **Te·le·fon·kar·te** [テレふぉーン・カるテ] [名] -/-n テレフォンカード.

die **Te·le·fon·lei·tung** [テレふぉーン・ライトゥング] [名] -/-en 電話(回)線.

die **Te·le·fon·ne·ben·stel·le** [テーレふぉン・ネーベン・シュテレ] [名] -/-n 内線電話.

das **Te·le·fon·netz** [テレふぉーン・ネッツ] [名] -es/-e 電話網.

die **Te·le·fon·num·mer** [テレふぉーン・ヌマー] [名] -/-n 電話番号.

die **Te·le·fon·seel·sor·ge** [テレふぉーン・ゼール・ゾるゲ] [名] -/ 電話人生相談(所).

die **Te·le·fon·ver·bin·dung** [テレふぉーン・ふぇあビンドゥング] [名] -/-en 電話接続〔連絡〕.

die **Te·le·fon·zel·le** [テレふぉーン・ツェレ] [名] -/-n 電話ボックス.

die **Te·le·fon·zen·tra·le** [テレふぉーン・ツェントらーレ] [名] -/-n 電話交換室.

die **Te·le·fo·to·gra·fie** [テーレ・ふぉト・グらふぃー] [名] -/-n 望遠写真.

te·le·gen [テレゲーン] [形] テレビ写りのいい〔向きの〕.

der **Te·le·graf** [テレ・グらーふ] [名] -en/-en 電信機〔装置〕.

das **Te·le·gra·fen·amt** [テレグらーふぇン・アムト] [名] -(e)s/..ämter (郵便局の)電報〔電信〕部; 電信電話局.

die **Te·le·gra·fen·lei·tung** [テレグらーふぇン・ライトゥング] [名] -/-en 電信線.

der **Te·le·gra·fen·mast** [テレグらーふぇン・マスト] [名] -(e)s/-en〔-e〕電信柱.

die **Te·le·gra·fen·stan·ge** [テレグらーふぇン・シュタンゲ] [名] -/-n 電信柱.

die **Te·le·gra·fie** [テレ・グらふぃー] [名] -/ 電信: die drahtlose ~ 無線電信.

te·le·gra·fie·ren [テレ・グらふぃーれン] [動] *h.* **1.** 〔補足なし〕電報を打つ, 打電する. **2.** 〔(〈j³〉ニ)+〈et⁴〉ヲ/〈[文]〉デアルコトヲ〕電報で知らせる.

te·le·gra·fisch [テレ・グらーふぃシュ] [形] 電信〔電報〕での.

der **Te·le·gra·fist** [テレ・グらふぃスト] [名] -en/-en 電信技師.

das **Te·le·gramm** [テレ・グらム] [名] -s/-e 電報: ein ~ aufgeben 電報を打つ.

die **Te·le·gramm·a·dres·se** [テレグらム・アドれっセ] [名] -/-n (電報・電信用の)宛名略号.

das **Te·le·gramm·for·mu·lar** [テレグらム・ふぉるムラーあ] [名] -s/-e 電報頼信紙.

der **Te·le·gramm·stil** [テレグらム・シュティール, テレグらム・スティール] [名] -(e)s/ 電(報)文体.

der **Te·le·graph** [テレ・グらーふ] [名] -en/-en =Telegraf.

das **Te·le·gra·phen·amt** [テレグらーふぇン・アムト] [名] -(e)s/..ämter =Telegrafenamt.

die **Te·le·gra·phen·lei·tung** [テレグらーふぇン・ライトゥング] [名] -/-en =Telegrafenleitung.

der **Te·le·gra·phen·mast** [テレグらーふぇン・マスト] [名]

-(e)s/-en[-e] =Telegrafenmast.
die **Te·le·gra·phen·stan·ge** [テレグらーふぇン・シュタンゲ] 名 -/-n =Telegrafenstange.
die **Te·le·gra·phie** [テレ・グらふぃー] 名 -/ =Telegrafie.
te·le·gra·phie·ren [テレ・グらふぃーれン] 動 *h.* =telegrafieren.
te·le·gra·phisch [テレ・グらーふぃッシュ] 形 =telegrafisch.
der **Te·le·gra·phist** [テレ・グらふぃスト] 名 -en/-en = Telegrafist.
die **Te·le·ki·ne·se** [テレ・キネーゼ] 名 -/ 【超心理】念力(念力によって物体を動かすこと).
das **Te·le·kol·leg** [テレ・コレーク] 名 -s/-s[-ien] テレビの通信教育講座.
die **Te·le·kom** [テーレ・コム] 名 -/ テレコム(①Telekommunikationの短縮形。②ドイツ・テレコム株式会社(Deutsche Telekom AG)の短縮形).
die **Te·le·kom·mu·ni·ka·ti·on** [テーレ・コムニカツィオーン] 名 -/ 電気通信によるコミュニケーション(情報交換)制度〔事業〕,テレコム(特に電子機器による).
te·le·ko·pie·ren [テレ・コピーれン] 動 *h.* 《〈et⁴〉ッ》(テレファックスで)模写電送する.
der **Te·le·ko·pie·rer** [テーレ・コピーらー] 名 -s/- 電話ファックス装置.
(*der*) **Te·le·mach** [テーレマっは] 名 〖ギ神〗テレマコス (Odysseusと Penelope の息子).
(*der*) **Te·le·mann** [テーレマン] 名 〖人名〗テレマン (Georg Philipp ~, 1681-1767, バロック後期の作曲家).
der **Te·le·mark** [テーレ・マるク] 名 -s/-s ⦅ス⃞⦆テレマーク(①回転技術の一種。②ジャンプの着地フォーム).
die **Te·le·me·di·zin** [テーレ・メディツィーン] 名 -/-en 遠隔医療.
das **Te·le·me·ter** [テレ・メータ-] 名 -s/- 《稀》=Entfernungsmesser.
die **Te·le·me·trie** [テレ・メトりー] 名 -/ 遠隔測定システム;(測距儀による)距離測定.
das **Te·le·ob·jek·tiv** [テーレ・オプイェクティーふ] 名 -s/-e 〖写〗望遠レンズ.
die **Te·le·o·lo·gie** [テレオ・ロギー] 名 -/ 〖哲〗目的論.
te·le·o·lo·gisch [テレオ・ロギッシュ] 形 目的論の.
der **Te·le·path** [テレ・パート] 名 -en/-en 〖超心理〗テレパシーの能力のある人.
die **Te·le·pa·thie** [テレ・パティー] 名 -/ 〖超心理〗テレパシー.
te·le·pa·thisch [テレ・パーティシュ] 形 〖超心理〗テレパシーの;テレパシーによる.
das **Te·le·phon** [テレ・ふぉーン,テーレ・ふぉーン] 名 -s/-e =Telefon.
die **Te·le·pho·nie** [テレ・ふぉニー] 名 -/ =Telefonie.
te·le·pho·nie·ren [テレ・ふぉニーれン] 動 *h.* =telefonieren.
te·le·pho·nisch [テレ・ふぉーニシュ] 形 =telefonisch.
der **Te·le·pho·nist** [テレ・ふぉニスト] 名 -en/-en =Telefonist.
das **Te·le·skop** [テレ・スコープ] 名 -s/-e 望遠鏡.
te·le·sko·pisch [テレ・スコーピシュ] 形 望遠鏡の;望遠鏡による.
der **Te·le·skop·mast** [テレスコープ・マスト] 名 -(e)s/-en(-e)(クレーン車の)伸縮自在の主柱.
das **Te·le·spiel** [テーレ・シュピール] 名 -(e)s/-e テレビゲーム;テレビゲーム機.
der **Te·le·test** [テーレ・テスト] 名 -(e)s/-s[-e] (テレビの)視聴率調査.
die **Te·le·vi·si·on** [テレ・ヴィズィオーン] 名 -/ テレビ(ジョン)(略 TV).
das **Te·lex** [テーレクス] 名 -/-(e) テレックス.

te·le·xen [テーレクセン] 動 *h.* 《〈et⁴〉ッ》テレックスで送信する.
(*der*) **Tell** [テル] 名 〖人名〗テル(Wilhelm ~, スイス独立のために活躍した伝説的英雄).
der **Tel·ler** [テラー] 名 -s/- **1.** 皿:ein ~ (voll) Suppe 一皿のスープ. **2.** (スキー用ストックの)リング. **3.** (主に⦅独⦆)〖狩〗イノシシの耳. **4.** (レコードプレーヤーの)ターンテーブル.
das **Tel·ler·brett** [テラー・プれット] 名 -(e)s/-er(飾り)皿用の棚;皿用の水切り棚.
das **Tel·ler·ei·sen** [テラー・アイゼン] 名 -s/- 〖狩〗虎(⦅と⦆)挟み(中央の皿を踏むとわなにかかる形のもの).
tel·ler·för·mig [テラー・ふぉるミシ] 形 皿形の.
die **Tel·ler·mi·ne** [テラー・ミーネ] 名 -/-n 皿形の地雷.
die **Tel·ler·müt·ze** [テラー・ミュッツェ] 名 -/-n ひさしつきの平たい帽子(制帽など).
tel·ler·rund [テラー・るント] 形 皿のように丸い.
das **Tel·ler·tuch** [テラー・トゥーふ] 名 -(e)s/..tücher 《方》(皿用の)ふきん.
der **Tel·ler·wä·scher** [テラー・ヴェッシャー] 名 -s/- 皿洗い(人).
das **Tel·lur** [テルーる] 名 -s/ 〖化〗テルル(記号 Te).
tel·lu·risch [テルーりシュ] 形 〖地質〗地球の,大地の.
das **Te·los** [テ(-)ロス] 名 -/ 〖哲〗目的因,最終目標.
das **Tel·tow·er Rüb·chen** [tεltoəɐ... テルトあー りュープひェン] 名 -s/- (主に⦅独⦆)〖植〗テルトウカブ(ベルリン近くのテルトウ市にちなむ).
der **Tem·pel** [テムペル] 名 -s/- **1.** (キリスト教以外の)神殿,寺院,聖堂:殿堂: ein ~ der Kunst 芸術の殿堂. 〈j⁴〉zum ~ hinausjagen[hinauswerfen] 《口》〈人₄〉を〔部屋〕から追いだす. **2.** (柱廊のある)神殿風の建物.
der **Tem·pel·herr** [テムペル・へろ] 名 -(e)n/-(e)n = Templer.
der **Tem·pel·or·den** [テムペル・オるデン] 名 -s/ = Templerorden.
der **Tem·pel·rit·ter** [テムペル・リッター] 名 -s/- = Templer.
die **Tem·pel·schän·dung** [テムペル・シェンドゥング] 名 -/ 寺院荒し,聖所冒瀆(𝑏𝑜𝑘𝑢).
die **Tem·pe·ra** [テムペら] 名 -/-s テンペラ絵の具(~farbe);〘絵〙テンペラ画(法)(~malerei).
die **Tem·pe·ra·far·be** [テムペら・ふぁるべ] 名 -/-n テンペラ絵の具.
die **Tem·pe·ra·ma·le·rei** [テムペら・マーレらイ] 名 -/-en テンペラ画;⦅独⦆のみテンペラ画法.
das **Tem·pe·ra·ment** [テムペらメント] 名 -(e)s/-e **1.** 気質,気性,性分:die vier ~e 四気質(ヒポクラテスの説による). ein feuriges ~ 激しい気性. **2.** (⦅独⦆のみ)活発な〔激しい〕気性,活気:kein ~ haben おとなしい,無気力である. Das ~ geht mit ihm durch. 彼は自分を抑えられずにかっとなる.
tem·pe·ra·ment·los [テムペらメント・ロース] 形 活気〔生気〕のない.
tem·pe·ra·ment·voll [テムペらメント・ふぉル] 形 活気〔生気〕に満ちた;気性が激しい,情熱的な.
die **Tem·pe·ra·tur** [テムペらトゥーあ] 名 -/-en **1.** 温度,気温. **2.** 〖医〗微熱,熱:(erhöhte) ~ haben 少し熱がある. **3.** 〖楽〗平均律.
tem·pe·ra·tur·ab·hän·gig [テムペらトゥーあ・アプ・ヘンギヒ] 形 温度に左右される.
der **Tem·pe·ra·tur·an·stieg** [テムペらトゥーあ・アン・シュティーク] 名 -(e)s/-e 温度〔気温・体温〕の上昇.
der **Tem·pe·ra·tur·aus·gleich** [テムペらトゥーあ・アウス・グライヒ] 名 -(e)s/-e 温度差の調整.
tem·pe·ra·tur·be·stän·dig [テムペらトゥーあ・ベシュテンディ

das **Tem·pe·ra·tur·ex·trem** [テムペらトゥーア・エクストれーム] 名 -s/-e 最高〔最低〕温度.
der **Tem·pe·ra·tur·gra·di·ent** [テムペらトゥーア・グらディエント] 名 -en/-en〔気〕気温傾度.
das **Tem·pe·ra·tur·ma·xi·mum** [テムペらトゥーア・マクスィムム] 名 -s/..xima〔気〕最高温度〔気温〕.
das **Tem·pe·ra·tur·mi·ni·mum** [テムペらトゥーア・ミーニムム] 名 -s/..nima〔気〕最低温度〔気温〕.
der **Tem·pe·ra·tur·reg·ler** [テムペらトゥーア・れーグラー] 名 -s/- 温度調節器.
die **Tem·pe·ra·tur·schwan·kung** [テムペらトゥーア・シュヴァンクング] 名 -/-en (主に⓴) 温度〔気温・体温〕の変動.
der **Tem·pe·ra·tur·sturz** [テムペらトゥーア・シュトゥるツ] 名 -es/..stürze 急激な温度〔気温・体温〕の降下.
die **Tem·pe·ra·tur·um·kehr** [テムペらトゥーア・ウム・ケーア] 名 -/-e〔気〕気温の逆転.
der **Tem·pe·ra·tur·un·ter·schied** [テムペらトゥーア・ウンターシート] 名 -(e)s/-e (主に⓴) 温度差.
das **Tem·pe·ra·tur·ver·hält·nis** [テムペらトゥーア・ふぇあヘルトニス] 名 -ses/-se (主に⓴) 気温の状態〔関係〕.
die **Tem·pe·ra·tur·ver·wit·te·rung** [テムペらトゥーア・ふぇあヴィッテるング] 名 -/-en〔地質〕温度変化による風化(作用).
die **Tem·pe·renz** [テムペれンツ] 名 -/〔文〕節制；節酒.
der **Tem·pe·renz·ler** [テムペれンツラー] 名 -s/- 節酒協会の会員.
der **Tem·per·guss**, ⓐ **Tem·per·guß** [テムパー・グス] 名 -es/〔冶金〕可鍛鋳鉄.
tem·pe·rie·ren [テムペりーれン] 動 h. **1.**〈et⁴ッ〉温度を(程よく)調節する(…)を適温にする. **2.**〈et⁴ッ〉〔文〕和らげる, 鎮める(感情などを).〔慣用〕temperierte Stimmung〔楽〕平均律.
tem·pern [テムパーン] 動 h.〈et⁴ッ〉〔冶金〕可鍛化する.
Tem·pi pas·sa·ti [テムピ パサーティ]〔〔イタ〕語〕過ぎ去った昔(のこと) (vergangene Zeiten).
der **Tem·pleis·e** [テムプらイゼ] 名 -n/-n (Parzival 伝説の)聖杯の騎士.
der **Temp·ler** [テムプラー] 名 -s/-〔史〕テンプル騎士団員.
der **Temp·ler·or·den** [テムプラー・オルデン] 名 -s/〔史〕テンプル騎士団(聖地を守るため, 1119 年パレスチナに創設された騎士修道会. 1312 年解散).
das **Tem·po** [テムポ] 名 -s/-s[..pi]. **1.** (⓴ -s) 速度, 速さ：in[mit] hohem ~ 高速で ~!《口》急げ. Hier gilt ~ 50. ここは制限時速 50 キロだ. **2.** (⓴ は..pi)〔楽〕テンポ, 演奏速度：aus dem ~ fallen テンポが乱れる. **3.**〔ジシン〕テンポ(相手の攻撃を払い, 先に打ちこむこと). **4.** (⓴ -s)〔商標〕《口》紙テンポ・ペーパー(~taschentuch)〕.
das **Tem·po·li·mit** [テムポ・リミット] 名 -s/-[-e]〔交通〕速度制限.
tem·po·ral [テムポらール] 形〔言〕時の. **2.**〔古〕現世の.
der **Tem·po·ral·satz** [テムポらール・ザッツ] 名 -es/..sätze〔言〕時の副文.
tem·po·ra mu·tan·tur [テンポら ムタントゥる]〔〔ラ〕語〕時(代)は移り変る.
tem·po·rär [テムポれーア] 形《文》一時的な, 暫定的な.
das **Tem·pus** [テムプス] 名 -/..pora〔言〕時制, 時称.
die **Ten·denz** [テンデンツ] 名 -/-en **1.** (物事の)傾向；(⓴)風潮, 動向：Die ~ geht dahin, dass … (一般的)傾向は…に向かっている. die steigende ~ der Preise 物価の上昇傾向. neue ~en in der Kunst 芸術の新傾向. **2.** (性格などの)傾向；((⓴)も有)(文学などの主にイデオロギー的)傾向：eine ~ zum Mystischen 神秘主義的傾向. eine politische ~ haben. 政治的に偏向している.
die **Ten·denz·dich·tung** [テンデンツ・ディヒトゥング] 名 -/-en ((⓴)も有)傾向文学.
ten·den·zi·ell [テンデンツィエル] 形 (一般的な)傾向に従った, 傾向的な.
ten·den·zi·ös [テンデンツィ ⓞ-ス] 形《蔑》(政治的に)偏向した, 傾向の.
die **Ten·denz·li·te·ra·tur** [テンデンツ・リテらトゥーア] 名 -/-en ((⓴)も有) = Tendenzdichtung.
der **Ten·denz·ro·man** [テンデンツ・ろマーン] 名 -s/-e ((⓴)も有)傾向小説.
der **Ten·denz·schutz** [テンデンツ・シュッツ] 名 -es/- (政治・宗教・慈善などの目的を追求する傾向企業体における)傾向決定の保護(経営組織法上の規定).
das **Ten·denz·stück** [テンデンツ・シュトゥック] 名 -(e)s/-e ((⓴)も有)傾向劇.
der **Ten·der** [テンダー] 名 -s/-〔鉄〕炭水車；〔海〕(燃料・水・食料などを運ぶ)補給船.
ten·die·ren [テンディーれン] 動 h. **1.**〈(方向)に〉傾く：nach rechts ~ 右傾する(思想的に). zu solchen Auffassungen ~ そのような考え方に傾く. **2.**〈(様態)ッ〉〔金融〕傾向を示す.
die **Ten·ne** [テネ] 名 -/-n (納屋などの)たたき；打穀場.
das **Ten·nis** [テニス] 名 -/ テニス, 庭球.
der **Ten·nis·ball** [テニス・バル] 名 -(e)s/..bälle テニスボール.
der **Ten·nis·ell·bo·gen** [テニス・エル・ボーゲン] 名 -s/-〔医〕(テニスによる)選手の肘(⓰)炎症.
die **Ten·nis·ma·schi·ne** [テニス・マシーネ] 名 -/-n〔ⓢⓨ〕テニスのトレーニングマシーン.
der **Ten·nis·platz** [テニス・プラッツ] 名 -es/..plätze **1.** テニスコート. **2.** テニス場.
der **Ten·nis·schlä·ger** [テニス・シュレーガー] 名 -s/- テニス用ラケット.
der **Ten·nis·schuh** [テニス・シュー] 名 -(e)s/-e テニスシューズ.
das **Ten·nis·spiel** [テニス・シュピール] 名 -(e)s/-e **1.** (主に⓴)テニス. **2.** (⓴のみ)テニスをすること. **3.** テニスの試合.
der **Ten·nis·spie·ler** [テニス・シュピーラー] 名 -s/- テニス選手(プレーヤー).
das **Ten·nis·tur·nier** [テニス・トゥるニーア] 名 -s/-e テニスのトーナメント.
der **Ten·no** [テノ] 名 -s/-s 天皇(人；(⓴のみ)称号).
der **Te·nor¹** [テノーア] 名 -s/..nöre 〔〔イタ〕語〕〔-(e)-s〕〔楽〕**1.** テノール, テナー(声種). **2.** (⓴のみ)(合唱団・独唱・音譜の)テノール：den ~ singen テノールパートを歌う. **3.** (⓴ -s)テノール〔テナー〕歌手.
der **Te·nor²** [テノーア] 名 -s/ **1.** (発言などの)主旨, 要旨；〔法〕判決主文. **2.**〔楽〕(13-16 世紀の多声音楽の)定旋律；(単旋律聖歌の)主音.
das **Te·nor·horn** [テノーア・ホるン] 名 -(e)s/..hörner〔楽〕テノールホルン.
der **Te·no·rist** [テノりスト] 名 -en/-en〔楽〕テノール歌手.
der **Te·nor·schlüs·sel** [テノーア・シュリュッセル] 名 -s/- テノール記号.
die **Ten·si·on** [テンズィオーン] 名 -/-en〔理〕(ガス・蒸気の)張力, 圧力.
der[*das*] **Ten·ta·kel** [テンターケル] 名 -s/- (主に⓴)触手(ナマコ・クラゲなどの), 触腕(イカの腕のうち特に長い二本)；〔植〕触毛.

ten·ta·tiv [テンタティーふ] 形 《文》実験〔試験〕的な.

das **Te·nü** [テニュー] 名 -s/-s (ﾆｭｳ) = Tenue.

das **Te·nue** [tanýː テニュー] 名 -s/-s (ﾆｭｳ) (規定の)服装〔身なり〕, 制服.

die **Te·nu·is** [テーヌイス] 名 -/.. nues [.. ヌエース] 〖言〗無声閉鎖音(p, t, k など).

das **Te·pi·da·ri·um** [テピダリウム] 名 -s/.. rien (古代ローマの)温浴室;《古》温室.

der **Tep·pich** [テッピヒ] 名 -s/-e **1.** 絨毯(ﾂﾞｳﾀﾝ), 敷き物, カーペット: ein Zimmer mit 〜*en* auslegen 部屋に絨毯を敷く. den 〜 klopfen 絨毯をたたいてほこりを出す. **2.** 《南独》毛布. 〖慣用〗**auf dem Teppich bleiben** 〖口〗地に足をつけて考える. 〈et¹〉 **unter den Teppich kehren** 〖口〗〈事を〉ひた隠しにする.

der **Tep·pich·händ·ler** [テッピヒ・ヘンドラー] 名 -s/- 絨毯(ﾂﾞｳﾀﾝ)商(人).

die **Tep·pich·kehr·ma·schi·ne** [テッピヒ・ケーア・マシーネ] 名 -/-n 絨毯(ﾂﾞｳﾀﾝ)掃除機.

der **Tep·pich·klop·fer** [テッピヒ・クロップふぁー] 名 -s/-絨毯(ﾂﾞｳﾀﾝ)たたき.

der **Tep·pich·wir·ker** [テッピヒ・ヴィるカー] 名 -s/- 絨毯(ﾂﾞｳﾀﾝ)織り職人.

der **Te·qui·la** [tekíːla テキーラ] 名 -(s)/ テキーラ(メキシコ産の蒸留酒).

te·ra·to·gen [テらト・ゲーン] 形 〖医・薬〗奇形の原因となる(特に薬剤について).

die **Te·ra·to·lo·gie** [テらト・ロギー] 名 -/ 〖医・生〗奇形学.

das **Ter·bi·um** [テるビウム] 名 -s/ 〖化〗テルビウム(記号 Tb).

(*der*) **Te·renz** [テれンツ] 名 〖人名〗テレンティウス(Publius Terentius Afer, 紀元前 195 頃-159, 古代ローマの喜劇作家).

der **Ter·me** [テるメ] 名 -n/-n 《古》境界石.

der **Ter·min** [テるミーン] 名 -s/-e **1.** 期日, 期限; アポイントメント: einen 〜 für 〈et⁴〉 festsetzen 〈事の〉期日を定める. einen 〜 beim Arzt haben 医者に予約してある. 〈et¹〉 auf einen späteren 〜 verschieben 〈事の〉期日を延ばす. zu 〜 stehen 予定に入っている, 間もなく期限がくる. Am 10. ist 〜 10 日が期限〔期日〕だ. **2.** 〖法〗(裁判の)公判(日): einen 〜 anberaumen 公判期日を定める.

ter·mi·nal [テるミナール] 形 **1.** 末端の. **2.** 《古》境界学〔限界〕の.

der〔*das*〕**Ter·mi·nal**¹ [tǿːrminəl ㋞ーあミネル, tǿr..㋞ミネル] 名 -s/-s (駅・空港などの)ターミナル.

das **Ter·mi·nal**² [㋞ーあミネル, ㋞ミネル] 名 -s/-s 〖電算〗ターミナル, 端末(装置).

die **Ter·min·ein·la·ge** [テるミーン・アイン・ラーゲ] 名 -/-n 〖銀行〗定期預金.

ter·min·ge·mäß [テるミーン・ゲメース] 形 期日〔期限〕どおりの.

ter·min·ge·recht [テるミーン・ゲれヒト] 形 期日〔期限〕どおりの.

das **Ter·min·ge·schäft** [テるミーン・ゲシェふト] 名 -(e)s/-e 〖金融〗先物〔定期〕取引.

ter·mi·nie·ren [テるミニーれン] 動 h. **1.** 〈et⁴〉 日取りを決める. **2.** 〈et⁴〉/期限テ¹ + auf 〈et⁴〉 ²̠ 定める. **3.** 〖鷹狩〗托鉢する.

der **Ter·min·ka·len·der** [テるミーン・カレンダー] 名 -s/-(カレンダー付き)予定帳〔手帳〕: 〈et⁴〉 im 〜 notieren 〈事を〉予定表にメモする.

ter·min·lich [テるミーンリヒ] 形 期日〔期限〕上の.

der **Ter·min·markt** [テるミーン・マるクト] 名 -(e)s/.. märkte 〖金融〗先物市場.

die **Ter·mi·no·lo·gie** [テるミノ・ロギー] 名 -/-n (総称)(ある分野の)専門用語, 術語; 術語学, ターミノロジー.

der **Ter·min·stau** [テるミーン・シュタウ] 名 -(e)s/-s 〔-e〕(山のような)予約〔アポイントメント〕.

der **Ter·mi·nus** [テるミヌス] 名 -/.. mini 専門用語, 術語; 〖論〗(三段論法の)実辞.

der **Ter·mi·nus ad quem** [テるミヌス アト クヴェム] 名 ---/ 〖法・哲〗最終期限, 終期.

der **Ter·mi·nus an·te quem** [テるミヌス アンテ クヴェム] 名 ---/ 〖法・哲〗最終期限, 終期.

der **Ter·mi·nus a quo** [テるミヌス アー クヴォー] 名 ---/ 〖法・哲〗始期, 起算期.

der **Ter·mi·nus post quem** [テるミヌス ポスト クヴェム] 名 ---/ 〖法・哲〗始期, 起算期.

der **Ter·mi·nus tech·ni·cus** [テるミヌス テヒニクス] 名 ---/.. ni .. ci 専門(用)語.

die **Ter·mi·te** [テるミーテ] 名 -/-n 〖昆〗シロアリ.

die **Ter·ne** [テるネ] 名 -/-n テルネ(昔の数合わせの宝くじで3個の当り番号).

der **Ter·no** [テるノ] 名 -s/-s (《ﾂﾞﾙ》) = Terne.

das **Ter·pen·tin** [テるペンティーン] 名 -s/-e ((ﾂﾞｳﾀﾞ) 主に der 〜)〖化〗テルペンチン(松やになど); 〖口〗テレビン油.

das **Ter·pen·tin·öl** [テるペンティーン・㋐ール] 名 -(e)s/-e テレビン油.

(*die*) **Terp·si·cho·re** [テるプスィーひれ] 名 〖ギ神〗テルプシコラ(踊りと合唱の女神).

die **Ter·ra** [テら] 名 / 〖地〗土; 土地.

das **Ter·rain** [terɛ̃ː テラーン] 名 -s/-s **1.** 地域, 土地; 〖地〗地形, 地勢; 〈転〉分野, 領域. **2.** 地所, 敷き地, 建設用地. 〖慣用〗**das Terrain für** 〈et¹〉 **vorbereiten** 〈事に〉必要な条件を整える. **das Terrain sondieren** 〈タ〉注意深く調査する.

die **Ter·ra in·co·gni·ta** [テら インコグニタ] 名 --/ 《文》未知の土地; 未知の領域〔分野〕.

die **Ter·ra·kot·ta** [テら・コッタ] 名 -/.. kotten **1.** (㊤のみ)テラコッタ(素焼きの陶土). **2.** テラコッタの製品(特に古典時代のつぼ・塑像など).

die **Ter·ra·kot·te** [テら・コッテ] 名 -/-n = Terrakotta.

das **Ter·ra·ri·um** [テらーリウム] 名 -s/.. rien 〔.. リエン〕 (爬虫類・両生類の飼育・観察のための)ガラスケース; (動物園の)爬虫・両生類館.

die **Ter·ra si·gil·la·ta** [テら ズィギラータ] 名 --/ テラシギラタ(古代ローマの時代の赤褐色陶器).

die **Ter·ras·se** [テらッセ] 名 -/-n **1.** (建物の)テラス. **2.** 段丘; 台地; 段々畑.

ter·ras·sen·för·mig [テらッセン・(ふ)るミヒ] 形 段丘状の, 段々の.

das **Ter·ras·sen·haus** [テらッセン・ハウス] 名 -es/.. häuser テラスハウス(傾斜地の各階にテラスを持つ家).

der **Ter·raz·zo** [テらッツォ] 名 -(s)/Terrazzi テラゾー(人造石の床材・壁材).

ter·res·trisch [テれストリシュ] 形 《文》地球の; 〖地質〗陸上の, 地上の; 〖生〗陸生の.

der **Ter·ri·er** [テりあー] 名 -s/- 〖動〗テリヤ(小〔中〕型の犬).

die **Ter·ri·ne** [テリーネ] 名 -/-n (スープを入れる)ふたつきの深い鉢; 〖料〗テリーヌ.

ter·ri·to·ri·al [テりトりアール] 形 領土〔領地・領邦〕の; 〖旧東独〗(行政)地区の.

das **Ter·ri·to·ri·al·ge·wäs·ser** [テりトりアール・ゲヴェッサー] 名 -s/- 領海, 〖法・政〗領水.

die **Ter·ri·to·ri·a·li·tät** [テりトりアリテート] 名 -/ (領土の)属地性〔権〕.

der **Ter·ri·to·ri·al·staat** [テりトりアール・シュタート] 名 -(e)s/-e(n) 〖史〗領邦国家.

das **Ter·ri·to·ri·um** [テりトーりウム] 名 -s/.. rien **1.** 地域, 土地. **2.** 領土, 領域; 領邦. **3.** 〖旧東独〗(行政区域としての)地区. **4.** 〖動〗テリトリー, 生息地域, なわばり.

Tetrapak 1219

der **Terror** [テろ-ア] 名 -s/ 1. 恐怖政治;テロ;(激しい)恐怖: unter dem ~ leiden テロ政治下にいる. ~ ausüben テロを行う. 2. 《口》けんか, いさかい;(ささいなことでの)大騒ぎ.

der **Terror·an·griff** [テろ-ア・アン・グりフ] 名 -(e)s/-e 《軍》(一般市民の士気を失わせるための)恐怖の攻撃〔爆撃〕.

terro·ri·sie·ren [テろリズィーれン] 動 h.《j³》テロ行為で脅かす〔恐怖に陥れる〕;《蔑》(しつこさで)悩ませる.

der **Terro·ris·mus** [テろリスムス] 名 -/ ..men (主に⊕).テロリズム, テロ行為;《稀》恐怖政治. 2. テロリスト集団.

der **Terro·rist** [テろリスト] 名 -en/-en テロリスト.

terro·ri·stisch [テろリスティシュ] 形 テロの(組織・手段など), テロ行為による(脅迫など).

die **Ter·tia** [テるツィア] 名 -/..tien [..ツィエン] 1.《古》テルツィア(ギムナジウムの第 4 学年(Unter~)と第 5 学年(Ober~).オーストリアでは第 3 学年). 2.《⊕のава》《印》テルツィア(16 ポイントの活字).

das **Ter·ti·al** [テるツィアール] 名 -s/-e 3 分の 1 年, 4 カ月.

der **Ter·ti·a·ner** [テるツィアーナー] 名 -s/- テルツィアの生徒.

ter·ti·är [テるツィエーア] 形《文》第三の, 第三位〔期〕の;三等級の;《地質》第三紀の;《化》第三の.

das **Ter·ti·är** [テるツィエーア] 名 -s/《地質》第三紀.

der **Ter·ti·är·kon·su·ment** [テるツィエーア・コンズメント] 名 -en/-en《生》(食物連鎖の)第 3 次消費者.

der **Ter·ti·är·sek·tor** [テるツィエーア・ゼクトーる] 名 -s/-en《経》第三次産業部門.

das **Ter·ti·um Com·pa·ra·ti·o·nis,**⊕**Ter·ti·um com·pa·ra·ti·o·nis** [テるツィウム コムパらツィオーニス] 名 -/..tia《文》(比較の)第三の〔項〕.

der **Ter·ti·us gau·dens** [テるツィウス ガウデンス] 名 --/《文》漁夫の利を占める第三者.

der **Terz** [テるツ] 名 -/-en 1.《楽》3 度(の音程);(音階の)第 3 音. 2.《カト》(聖務日課午前 9 時の)第 3 時課. 3.《フェン》第三の構え.

der **Ter·zel** [テるツェル] 名 -s/-《狩》雄鷹.

das **Terz·erol** [テるツェロール] 名 -s/-e 小型ピストル.

das **Ter·zett** [テるツェット] 名 -(e)s/-e 1.《楽》三重唱(曲);三重唱団. 2.《詩》テルツェット(ソネット後半の三行詩節). 3.《戯》(皮)有》三人組.

die **Ter·zi·ne** [テるツィーネ] 名 -/-n《詩》テルツィーネ(aba, bcb, cdc…と押韻する三行詩節).

das **Te·sching** [テッシング] 名 -s/-e〔-s〕 小口径ライフル銃〔ピストル〕.

das **Tes·la** [テスラ] 名 -/-《理》テスラ(磁束密度の単位. 記号 T).

der **Tes·la·strom, Tes·la-Strom** [テスラ·シュトろーム] 名 -(e)s/《電・医》テスラ電流(高周波の高電流).

das **Tes·sar** [テサーア] 名 -s/-e《商標》テッサー(解像度の高い写真レンズ).

das **Tes·sin** [テスィーン] 名 -s/《地名》テッシン(スイス南部の州).

der **Tes·si·ner** [テスィーナー] 名 -s/-テッシンの人(住民).

der **Test** [テスト] 名 -(e)s/-s〔-e〕 テスト, 試験, 検査, 実験:〈et³〉genauen ~ unterziehen〈物〉の精密検査をする.

das **Tes·ta·ment** [テスタメント] 名 -(e)s/-e 1. 遺言(状):〈et³〉in seinem ~ verfügen〈事⁴〉遺言で定める. 2.《キ教》(神と人間の)契約: das Alte ~ 旧約聖書(略 A. T.). das Neue ~ 新約聖書(略 N. T.).【慣用】 sein Testament machen können《口》ひどい目にあう覚悟をしておかなければならない.

tes·ta·men·ta·risch [テスタメンターりシュ] 形 遺言(状)による.

die **Tes·ta·ments·er·öff·nung** [テスタメンツ・エるぉフヌング] 名 -/-en《法》遺言状開封.

der **Tes·ta·ments·voll·stre·cker** [テスタメンツ・ふぉルシュトれっカー] 名 -s/-《法》遺言執行者.

das **Tes·tat** [テスタート] 名 -(e)s/-e 1. 証明(書), 保証:《et³》(昔の大学の)聴講証明(書). 2. (製品の)検査済証.

der **Tes·ta·tor** [テスタートーる] 名 -s/-en [テスタトーれン] 1.《法》遺言(作成)者. 2. 遺言書の発行人.

die **Test·bat·te·rie** [テスト・バッテリー] 名 -/-n《心》(ある観点からの複合的な)総合テスト.

das **Test·bild** [テスト・ビルト] 名 -(e)s/-er《ビ》テストパターン.

tes·ten [テステン] 動 h.《j⁴/et⁴》テ+る(auf〈et⁴〉ニィゕ゙)〕)テスト(試験・検査)する.

der **Test·fah·rer** [テスト・ふぁーらー] 名 -s/-テストドライバー.

te·sti·e·ren [テスティーれン] 動 h. 1.《j³/et³》+〈et⁴ッヶ〉(文)証明する 2.《et⁴ッヶ》《大学》《古》聴講証明書を出す. 3.《輕》《法》遺言書を作成する.

te·stier·fä·hig [テスティーア・ふぇーイヒ] 形《法》遺言能力のある.

der **Te·sti·kel** [テスティーケル] 名 -s/-《医》精巣, 睾丸(こう).

das **Te·sti·mo·ni·um Pau·per·ta·tis,**⊕**Te·sti·mo·ni·um pau·per·ta·tis** [テスティモーニウム パウペるターティス] 名 --/..nia《文・稀》貧困証明書.

das **Te·sto·ste·ron** [テスト・ステろーン] 名 -s/《医》テストステロン(睾丸から分泌される男性ホルモン).

die **Test·per·son** [テスト・ベるゾーン] 名 -/-en 被験者, テスト〔調査〕される人.

der **Test·pi·lot** [テスト・ピロート] 名 -en/-en テストパイロット.

das **Te·stu·do** [テストゥード] 名 -/..dines [..ディーネス] 1.《楽》テストゥード(①古代ローマのリラ(たて琴).②15-17 世紀のリュート). 2.《医》亀甲(状)包)帯. 3. (古代ギリシア・ローマの)亀甲型掩蓋(ぇぇ)(城攻めの際に使用).

der **Te·ta·nus** [テ(-)タヌス] 名 -/《医》破傷風, テタヌス.

das **Te·ta·nus·se·rum** [テータヌス・ぜーるム] 名 -s/..ren [..ra] 破傷風血清.

die **Tête** [テーテ] 名 -/-n《軍》《古》(行進部隊の)先頭.

tête-à-tête [tεtatɛ:t] 副《古》2 人だけで;内輪で, 内密に.

das **Tete-a-Tete, Tête-à-Tête,**⊕*das* **Tête-à-tête** [テタ・テート] 名 -/-s《古》密会, 逢引(ぁぃびき);密談.

die **Te·thys** [テートュス] 名 -/ 1.《地名》テテュス海(古地中海中生代にユーラシア大陸を東西方向に分離していた海). 2.《天》テテュス(土星の第二衛星). 3. (主に無冠詞)《ギ神》テテュス(ティタン女神. Okeanos の妻).

das **Te·tra·chlor·äthy·len** [テトら・クローあ・エテュレーン] 名 -s/《化》四塩化エチレン.

das **Te·tra·eder** [テトろ・エーダー] 名 -s/-《幾何》四面体.

das **Te·tra·gon** [テトら・ゴーン] 名 -s/-e《数》四角形.

die **Te·tra·lo·gie** [テトら・ロギー] 名 -/-n 1. (文学・音楽の)四部作. 2. (古代ギリシア演劇の)四部劇(三つの悲劇と一つのサテュロス劇〔風刺劇〕からなる).

der **Te·tra·pak, Tetra Pak** [テトら・パック] 名 -s, --s/-s, --テトラパック(Tetra Pak は《商標》の表記).

der **Te·tra·po·de** [テトらポーデ] [名] -n/-n **1.** 〘動〙四足動物〔類〕. **2.** テトラポット.

der **Te·trarch** [テトらるひ] [名] -en/-en (古代の)四分領主(国の四分一を治めた).

teu·er [トイあー] [形] ((付)(比)は teur..) **1.** (値段の)高い, 高価な, 高くつく : ein *teures* Auto 高価な自動車. Wie ~ ist das? これはいくらですか. **2.** 《文》大切な, いとしい : Es ist mir lieb und ~. それは私の大事な大事なものだ. Meine *T~ste*〔*Teure*〕! 《冗》いとしい人よ! 【慣用】**Da ist guter Rat teuer.** それは困りましたね(いい知恵が浮かばない)(助言を求められて). **ein teurer Spaß sein** 高いものにつく. **ein teures Pflaster** 《口》生活費の高い町. **eine teure Adresse** 《口》家賃〔地代・店の値段〕の高いところ. **sein Leben so teuer wie möglich verkaufen** むざむざとは死なない. **teuer im Unterhalt sein** 維持費が高い. **teuer Zeiten** 物価高の時代. ⟨j$^{4(3)}$⟩ **teuer zu stehen kommen** 〈人に〉高いものにつく.

die **Teu·e·rung** [トイエるング] [名] -/-en 物価上昇〔騰貴〕.

die **Teu·e·rungs·zu·la·ge** [トイエるングス・ツー・ラーゲ] [名] -/-n 物価手当.

der **Teu·e·rungs·zu·schlag** [トイエるングス・ツー・シュラーク] [名] -(e)s/..schläge =Teuerungszulage.

die **Teu·fe** [トイふェ] [名] -/-n 〘鉱〙(縦坑などの)深さ.

der **Teu·fel** [トイふェル] [名] -s/- **1.** ((単)のみ;不定冠詞はつかない)悪魔, サタン : den ~ austreiben〔bannen〕悪魔を祓(はら)う. seine Seele dem ~ verschreiben 魂を悪魔に売渡す. Der ~ steckt im Detail. ささいなことが問題となる. wie der ~ fahren 猛スピードで車をとばす. Hol dich der ~! 君なんか悪魔にさらわれてしまえ;死んでしまえ. ~ auch〔~, ~〕! これは驚いた. Pfui ~! いまいましい, やなこった. ~ nochmal〔In des ~*s* Namen〕! 畜生め. zum ~ 畜生め;断じて;一体全体. **2.** 悪鬼, 悪霊. **3.** 悪魔〔悪鬼〕のような人;《口》奴(やつ) : ein armer ~ あわれなやつ. ein kleiner ~ だだっ子. 【慣用】**auf Teufel komm raus** 《口》全力を尽して. **Das müsste mit dem Teufel zugehen.** それは悪魔の仕業に違いない;そんなことはあり得ない. **Das weiß der Teufel.** そんなことはだれも知らない. **den Teufel** 全然…でない : den *Teufel* von ⟨et^{3}⟩ wissen 〈事を〉まったく知らない. **den Teufel an die Wand malen** 《口》不吉なことを言う. **den Teufel im Leib haben** 《口》気性が激しい. **den Teufel mit**〔**durch**〕**Beelzebub austreiben** 小難を逃れんとして大難を招く. **Der Teufel ist los!** 《口》大騒ぎだ. **des Teufels Gebetbuch**〔**Gesangbuch**〕《口》トランプ. **des Teufels sein** 《口》無分別である. **hinter** ⟨j^{3}/et^{3}⟩ **her sein wie der Teufel hinter der armen Seele** 《口》〈人・物を〉どうしても手に入れたい. **In** ⟨j^{4}⟩ **ist der Teufel gefahren.** 《口》〈人は〉非常に厚かましい, 〈人は〉軽率だ. ⟨j^{4}⟩ **in Teufels Küche bringen** 《口》〈人を〉窮地におとしいれる. **in Teufels Küche kommen**〔**geraten**〕窮地におちいる. ⟨j^{4}⟩ **reitet**〔**plagt**〕**der Teufel** 《口》〈人は〉どうかしている. **sich^{3} den Teufel auf den Hals laden** 《口》大変な面倒を背負いこむ. **vom Teufel besessen sein** 《口》悪魔にとりつかれている, 無分別なことをする. **zum Teufel gehen** 《口》駄目になる, なくなる. ⟨j^{4}⟩ **zum Teufel jagen**〔**schicken**〕《口》〈人を〉追払う. **zum**〔**beim**〕**Teufel sein** 駄目になっている, なくなっている. ⟨j^{4}⟩ **zum Teufel wünschen** 《口》〈人を〉忌み嫌う.

die **Teu·fe·lei** [トイふェライ] [名] -/-en 《蔑》 **1.** ((単)のみ)悪意, 邪悪な魂胆. **2.** 極悪非道の行為.

die **Teu·fe·lin** [トイふェリン] [名] -/-nen **1.** 《蔑》悪(魔のような)女. **2.** 《口》気性の荒い女性.

der **Teu·fels·kerl** [トイふェルス・ケるル] [名] -(e)s/-e 《口》どえらいやつ, がむしゃらなやつ.

der **Teu·fels·kreis** [トイふェルス・クらイス] [名] -es/-e 悪循環.

die **Teu·fels·mes·se** [トイふェルス・メッセ] [名] -/-n 悪魔のミサ, 黒ミサ.

das **Teu·fels·weib** [トイふェルス・ヴァイプ] [名] -(e)s/-er 《口》悪(魔のような)女;気性の荒い女性.

das **Teu·fels·zeug** [トイふェルス・ツォイク] [名] -(e)s/-e 《口・蔑》とんでもないしろもの.

teuf·lisch [トイふリシュ] [形] **1.** 悪魔的な, 残忍な. **2.** 《口》ものすごい;ものすごく.

der **Teu·to·bur·ger Wald** [トイト・ブるガー ヴァルト] [名] -(e)s/ 〘地名〙トイトブルクの森(紀元 9 年, Arminius のゲルマン軍がローマ軍を破った地).

der **Teu·to·ne** [トイトーネ] [名] -n/-n チュートン人(ゲルマンの一部族);ゲルマン人(特にドイツ人);《蔑》(《冗》も有)典型的ドイツ人.

(*das*) **Teu·to·nia** [トイトーニア] [名] -s/ 〘地名〙トイトニア(ドイツのラテン語名).

teu·to·nisch [トイトーニシュ] [形] **1.** チュートン人の, トイトニアの. **2.** 《蔑》(《冗》も有)(典型的)ドイツ人の.

das **Tex** [テックス] [名] -/- テックス(1000 メートル長さの糸の重量単位).

der **Text**[1] [テクスト] [名] -(e)s/-e **1.** テキスト, 本文(序文・注釈などに対して) : ein englischer/literarischer ~ 英語/文学作品のテキスト. **2.** 原文, 原典 : der volle ~ seiner Rede. 彼の演説の全文. **3.** (挿絵・写真などの)説明〔解説〕文. **4.** (説教題目にする)聖書の章〔句〕. **5.** 歌詞(Lied~);オペラの台本(Opern~). 【慣用】⟨j^{4}⟩ **aus dem Text bringen** 《口》〈人を〉まごつかせる. **aus dem Text kommen** 《口》話の筋道が分らなくなる. **Weiter im Text!** 《口》続けろ, 続けよう.

die **Text**[2] [テクスト] [名] -/ 〘印〙テキスト(20 ポイント活字).

der **Text·au·to·mat** [テクスト・アウトマート] [名] -en/-en ワードプロセッサー, ワープロ.

das **Text·buch** [テクスト・ブーふ] [名] -(e)s/..bücher (オペラ・オラトリオなどの)台本, リブレット.

der **Text·dich·ter** [テクスト・ディひター] [名] -s/- (オペラなどの)台本作家;作詞家.

tex·ten [テクステン] [動] *h.* [((⟨et^{4}⟩ノ))]歌詞を作る(流行歌などの);コピーを書く(広告の).

der **Tex·ter** [テクスター] [名] -s/- 作詞家;コピーライター.

die **Text·ge·stal·tung** [テクスト・ゲシュタルトゥング] [名] -/-en (作品・論文などの)完成テキスト〔本文〕作成.

tex·til [テクスティール] [形] **1.** 紡績の, 織物の. **2.** 繊維工業の.

der **Tex·til·ar·bei·ter** [テクスティール・アるバイター] [名] -s/- 繊維工業労働者.

die **Tex·til·fa·brik** [テクスティール・ふぁブリーク] [名] -/-en 繊維工場.

tex·til·frei [テクスティール・ふらイ] [形] 《口・冗》裸の : ~*er* Strand ヌーディストの(海)水浴場.

die **Tex·ti·li·en** [テクスティーリエン] [複名] テキスタイル(繊維製品の総称).

die **Tex·til·in·dus·trie** [テクスティール・インドゥストりー] [名] -/-n 繊維工業.

die **Tex·til·wa·ren** [テクスティール・ヴァーれン] [複名] (総称)繊維製品.

die **Text·kri·tik** [テクスト・クりティーク] [名] -/ 原典批判, 本文批評.

text·kri·tisch [テクスト・クりーティシュ] [形] 原典〔本文〕批判の.

text·lich [テクストりひ] [形] 原典〔本文〕(について)の.

die **Text·lin·gu·is·tik** [テクスト・リングイスティク] [名] -/ 〘言〙テキスト言語学.

das **Text·pro·gramm** [テクスト・プろグらム] [名] -s/-e ワ

die **Text·stel·le** [テクスト・シュテレ] 名 -/-n テキストの(一)部分(箇所).
die **Tex·tur** [テクストゥーア] 名 -/-en **1.**《文》(内部)構造, 構成, 組織. **2.**〖地質〗(岩石の)石理(せきり). **3.** (木材の)木目(もくめ). **4.**〖化・工〗結晶構造.
die **Text·ver·ar·bei·tung** [テクストふぇあアるバイトゥング] 名 -/-en〖コンピュ〗テキスト[文書]処理.
das **Te·zett** [テ・ツェット, テ・ツェット] 名 -/-(古いドイツ語アルファベット表の最後にzzの形であった)tz:(次の形で)bis ins(bis zum) ~《口》とことん, 徹底的に.
T-för·mig [テー・ふぉミヒ] 形 T字形の.
tg =Tangens〖数〗タンジェント.
Th [テーハー]=Thorium〖化〗トリウム.
TH =Technische Hochschule 工科大学.
der **Thai**[1] [タイ] 名 -(s)/-(s) タイ人.
das **Thai**[2] [タイ] 名 -/ タイ語.
(*das*) **Thai·land** [タイ・ラント] 名 -s/〖国名〗タイ.
der **Thai·län·der** [タイ・レンダァ] 名 -s/- タイ人.
thai·län·disch [タイ・レンディシュ] 形 タイ(人・語)の.
der **Tha·la·mus** [タラームス] 名 -/..mi〖解〗視床(ししょう)(間脳の主要部分).
(*der*) **Tha·les** [ターレス] 名〖人名〗タレス(紀元前650頃, ギリシア最古の哲学者).
(*die*) **Tha·lia** [ターリーア] 名〖ギ神〗タレイア, タリア(Muse の一人, 喜劇を守護する).
das **Tha·li·do·mid** [タリドミート] 名 -(e)s/〖薬〗サリドマイド.
das **Thal·li·um** [タリウム] 名 -s/〖化〗タリウム(記号 Tl).
der **Thal·lus** [タルス] 名 -/Thalli〖生〗葉状体.
die **Tha·na·to·lo·gie** [タナト・ロギー] 名 -/ タナトロジー, 死亡学(死についての学問).
(*der*) **Tha·na·tos**[1] [ターナトス] 名〖ギ神〗タナトス(Nyx の息子で, Hypnos の兄弟. 死の天使).
der **Tha·na·tos**[2] [ターナトス] 名 -/〖心〗死の本能.
(*die*) **Thea** [テーア] 名〖女名〗テーア(Dorothea の短縮形).
das **The·a·ter** [テアーター] 名 -s/- **1.** 劇場; 劇団;《のみ》劇場の観客:am(beim)~ sein《口》劇場に(俳優として)勤めている. zum ~ gehen《口》役者になる. Das ganze ~ weinte. 全観客が泣いた. **2.**《のみ》劇〔芝居〕(の上演):Die Schüler spielen ~. 生徒たちが劇をする. ins ~ gehen 劇を見に行く. **3.**《のみ》(総称)演戯, 劇(作品):das deutsche ~ ドイツ演劇. **4.**《のみ》《口》(見せかけの)しぐさ, お芝居, 大騒ぎ:~ um〈et³〉 machen〈事³〉大騒ぎをする. Deswegen gab es viel ~. そのために大騒ぎになった.〖慣用〗(j³) Theater vormachen《口》〈人に〉一芝居うつ. Theater spielen《口》お芝居をする(人をだますために).
das **The·a·ter·abon·ne·ment** [..abɔnəmɑ̃:テアーター・アボネマーン] 名 -s/-s《(ぱ¹)-e も有》劇場の座席の定期予約.
die **The·a·ter·auf·füh·rung** [テアーター・アウふゅーるング] 名 -/-en 芝居の上演, 演劇公演.
der **The·a·ter·be·such** [テアーター・ベズーふ] 名 -(e)s/-e 観劇;観客誘致.
der **The·a·ter·be·su·cher** [テアーター・ベズーはァ] 名 -s/- 観劇客.
der **The·a·ter·dich·ter** [テアーター・ディヒタァ] 名 -s/- 座付作者(18-19世紀の).
der **The·a·ter·di·rek·tor** [テアーター・ディれクトーあ] 名 -s/-en 劇場支配人, 劇場監督.
die **The·a·ter·kar·te** [テアーター・カるテ] 名 -/-n 劇場の入場券, 芝居のチケット.
die **The·a·ter·kas·se** [テアーター・カッセ] 名 -/-n (劇場)の切符売場.
der **The·a·ter·kri·ti·ker** [テアーター・クリーティカァ] 名 -s/- 演劇批評家.
die **The·a·ter·pro·be** [テアーター・プローベ] 名 -/-n 舞台稽古.
das **The·a·ter·pro·gramm** [テアーター・プログらム] 名 -s/-e 芝居のプログラム.
der **The·a·ter·ring** [テアーター・リング] 名 -(e)s/-e 観劇サークル.
das **The·a·ter·stück** [テアーター・シュテュック] 名 -(e)s/-e 演劇[舞台]作品, 戯曲.
die **The·a·ter·vor·stel·lung** [テアーター・ふぉーアシュテルング] 名 -/-en 演劇の上演〔公演〕.
die **Thea·tra·lik** [テアトらーリク] 名 -/《文》芝居がかった〔仰々しい〕身振り〔様子〕.
thea·tra·lisch [テアトらーリシュ] 形《文》**1.** 劇場の, 演劇の, 舞台の, 演劇的な. **2.** 芝居がかった.
der **The·ba·ner** [テバーナァ] 名 -s/- テーバイの人.
the·ba·nisch [テバーニシュ] 形 テーバイの.
(*das*) **The·ben** [テーベン] 名 -s/〖地名〗**1.** テーバイ(中部ギリシアの都市). **2.** テーベ(古代エジプトの首都).
das **The·in** [テイーン] 名 -s/ テイン(お茶の葉に含まれるカフェイン).
der **The·is·mus** [テイスムス] 名 -/〖哲・宗〗有神論.
der **The·ist** [テイスト] 名 -en/-en 有神論者.
the·is·tisch [テイスティシュ] 形 有神論の;有神論を信奉する.
..thek [..テーク] 接尾 名詞派生語について「...集, ...館, ...室」の意味を作る:Biblio*thek* 図書館. Disko*thek* レコードライブラリー, ディスコテーク.
die **The·ke** [テーケ] 名 -/-n (酒場などの)カウンター, スタンド;(店の)売り台.
das **The·ma** [テーマ] 名 -s/..men[-ta] **1.** 題目, テーマ, 主題:ein ~ behandeln あるテーマを取扱う. vom ~ abkommen 本題から離れる. zum ~ kommen 本題に入る. beim ~ bleiben 主題から離れない. **2.**〖楽〗主題, テーマ:das erste ~ des zweiten Satzes 第二楽章の第一主題. ein ~ nach Mozart モーツアルトによる主題. **3.**〖言〗テーマ.
die **The·ma·tik** [テマーティク] 名 -/-en (主に⑨) **1.** (一連の・複合した)テーマ〔主題〕;テーマ〔主題〕の設定. **2.**〖楽〗主題の技法.
the·ma·tisch [テマーティシュ] 形 テーマ〔主題〕(の面での);〖楽〗主題(テーマ)の;〖言〗語幹形成母音のある.
der **The·men·ka·ta·log** [テーメン・カタローク] 名 -(e)s/-e (研究・計議などの)テーマ一覧表.
der **The·men·kreis** [テーメン・クらイス] 名 -es/-e 相互に関連する一連のテーマ, テーマ関連領域.
(*die*) **The·mis** [テーミス] 名〖ギ神〗テミス(Uranos と Gäa の娘. Prometheus の母. 正義と法を守護する女神).
die **Them·se** [テムゼ] 名 -/〖川名〗テムズ川(ロンドンを流れる川).
(*der*) **Theo** [テーオ] 名〖男名〗テーオ(Theodor の短縮形).
(*der*) **Theo·bald** [テーオバルト] 名〖男名〗テーオバルト.
(*der*) **Theo·de·rich** [テオーデりヒ] 名〖男名〗テーオデリヒ. ~ der Große テオデリヒ大王(456 頃-526 年東ゴート国王).
die **Theo·di·zee** [テオディツェー] 名 -/-n〖哲〗神義論, 弁神論.
der **Theo·do·lit** [テオドリート] 名 -(e)s/-e〖測量〗経緯儀.
(*der*) **Theo·dor** [テーオドーア] 名〖男名〗テーオドール.
die **Theo·kra·tie** [テオ・クらティー] 名 -/《文》神権政治, 神政主義.
der **Theo·lo·ge** [テオ・ローゲ] 名 -n/-n 神学者, 神学

生.

die **The·o·lo·gie** [テオ・ロギー] [名] -/-n 神学.

the·o·lo·gisch [テオ・ローギシュ] [形] 神学(上)の.

die **The·o·ma·nie** [テオ・マニー] [名] -/-n 《古》宗教的妄想狂.

die **The·o·pha·nie** [テオ・ふぁニー] [名] -/-n 〘宗〙神の顕現.

das **The·o·rem** [テオれーム] [名] -s/-e 《文》定理.

der **The·o·re·ti·ker** [テオれーティカー] [名] -s/- **1.** 理論家. **2.** 空論家.

the·o·re·tisch [テオれーティシュ] [形] **1.** 理論的な. **2.** 理論〔理屈〕の上(だけ)の.

the·o·re·ti·sie·ren [テオれティズィーれン] [動] *h.* 〔補足なし〕《文》理論的思考を行う, 物事を理論面からのみ考える, 空論をもてあそぶ.

die **The·o·rie** [テオりー] [名] -/-n 理論, 学説; (〔単〕のみ)抽象的な理解〔考察〕, 空論; (主に〔複〕)非現実的な推論: eine ~ über ⟨et⁴⟩ aufstellen ⟨事の⟩学説を立てる. Das ist nur 〔reine〕 ~. それは単なる理論でしかない. die ~ in die Praxis umsetzen 理論を実践にうつす. 【慣用】**graue Theorie sein** 《文》空論にすぎない, 実践はむずかしい, 現実にはそぐわない.

der **The·o·soph** [テオ・ゾーふ] [名] -en/-en 神智学者.

die **The·o·so·phie** [テオ・ゾふぃー] [名] -/-n 神智学.

the·o·so·phisch [テオ・ゾーふぃシュ] [形] 神智学の.

der **The·ra·peut** [テらポイト] [名] -en/-en 〘医・心〙治療医, 臨床医, 療法士, セラピスト.

die **The·ra·peu·tik** [テらポイティク] [名] -/ 〘医〙治療学.

das **The·ra·peu·ti·kum** [テらポイティクム] [名] -s/..ka 〘医・心〙治療薬.

the·ra·peu·tisch [テらポイティシュ] [形] 治療(上)の; 治療を引受ける.

die **The·ra·pie** [テらピー] [名] -/-n 〘医・心〙治療(法): bei ⟨j³⟩ in ~ sein ⟨人の⟩治療を受けている.

the·ra·pie·ren [テらピーれン] [動] *h.* 〔(⟨j⁴⟩ヲ)〕〘医・心〙治療をする.

(*die*) **The·re·se** [テれーゼ] [名] 〘女名〙テレーゼ.

(*die*) **The·re·sia** [テれーズィア] [名] **1.** 〘女名〙テレージア. **2.** Maria ~ マリア・テレジア(1717-80, オーストリアの女帝).

The·re·si·a·nisch [テれズィアーニシュ] [形] マリア・テレジアの.

ther·mal [テるマール] [形] 熱の, 熱による; 温泉の.

das **Ther·mal·bad** [テるマール・バート] [名] -(e)s/..bäder **1.** 温泉浴. **2.** 温泉場. **3.** 温泉プール.

die **Ther·mal·quel·le** [テるマール・クヴェレ] [名] -/-n 温泉.

die **Ther·me** [テるメ] [名] -/-n **1.** 温泉. **2.** (〔複〕のみ)古代ローマの公衆浴場.

die **Ther·mik** [テるミク] [名] -/ 〘気〙熱上昇気流.

ther·misch [テるミシュ] [形] 熱の, 熱による.

das **Ther·mit** [テるミート] [名] -s/-e 〘商標〙テルミット(鉄の溶接剤).

der **Ther·mo·an·zug** [テるモ・アン・ツーク] [名] -(e)s/..anzüge 防寒スーツ.

die **Ther·mo·che·mie** [テるモ・ひぇミー] [名] -/ 熱化学.

ther·mo·che·misch [テるモ・ひぇーミシュ] [形] 熱化学の.

der **Ther·mo·dru·cker** [テるモ・ドるっカー] [名] -s/- 〘コンピュータ〙熱転写プリンター.

die **Ther·mo·dy·na·mik** [テるモ・デュナーミク] [名] -/ 〘理〙熱力学.

der **Ther·mo·graf, Ther·mo·graph** [テるモ・グらーふ] [名] -en/-en 〘気〙自記温度計.

das **Ther·mo·me·ter** [テるモ・メーター] [名] -s/-(《オーストリア・スイス》der~ も有) **1.** 温度計, 寒暖計: Das ~ steigt. 温度計が上がる. Das ~ zeigt 5°C über Null. 寒暖計は摂氏 5 度を指している. **2.** 《戯》火酒〔蒸留酒〕の瓶.

ther·mo·nu·k·le·ar [テるモ・ヌクレアーあ] [形] 〘理〙熱核の.

das **Ther·mo·pa·pier** [テるモ・パピーあ] [名] -s/-e 感熱紙.

der **Ther·mo·plast** [テるモ・プラスト] [名] -(e)s/-e 〘化〙熱可塑性樹脂.

die **Ther·mos·fla·sche** [テるモス・ふラッシェ] [名] -/-n 〘商標〙テルモス瓶(魔法瓶).

die **Ther·mos·kan·ne** [テるモス・カネ] [名] -/-n 〘商標〙テルモスポット(水差し型の魔法瓶).

der **Ther·mo·stat** [テるモ・スタート] [名] -(e)s〔-en〕/-e(n) サーモスタット.

die **Ther·mo·ta·xis** [テるモ・タクスィス] [名] -/..xen 〘生〙温度走性.

die **Ther·mo·the·ra·pie** [テるモ・テらピー] [名] -/-n 〘医〙温熱療法.

der **Ther·mo·tro·pis·mus** [テるモ・トろピスムス] [名] -/ 〘生〙温度屈性〔向性〕.

the·sau·rie·ren [テザウりーれン] [動] *h.* 〔⟨et⁴⟩ヲ〕〘経〙蓄える(貴金属・金銭などを).

der **The·sau·rus** [テザウるス] [名] -/..ren〔..ri〕 **1.** 知識の宝庫(古典語辞書・百科事典などのタイトル). **2.** (神殿の)宝庫. **3.** 分類語彙集, 類義語辞典; 〘コンピュータ〙シソーラス.

die **The·se** [テーゼ] [名] -/-n **1.** 《文》命題, 論題: eine ~ aufstellen ある命題をたてる. **2.** 〘哲〙(弁証法における)テーゼ, 措定, 定立.

(*der*) **The·seus** [テーゾイス] [名] 〘ギ神〙テセウス(アテナイの王).

die **The·sis** [テーズィス] [名] -/Thesen **1.** 〘詩〙(古代ギリシアの詩の)強長音部; (古代ローマの詩の)弱短音部; (現代詩の)弱音部. **2.** 〘楽〙強拍.

der **Thes·pis·kar·ren** [テスピス・カれン] [名] -s/- 《文・冗》巡業劇団, 巡業芝居の一座.

(*das*) **Thes·sa·li·en** [テサーリエン] [名] -s/ 〘地名〙テッサリア(ギリシア中東部の地方).

der **Thes·sa·li·er** [テサーりあー] [名] -s/- テッサリアの人.

(*das*) **Thes·sa·lo·nich** [テサローニひ] [名] -s/ 《古》= Thessaloniki.

der **Thes·sa·lo·ni·cher** [テサローニひゃー] [名] -s/- テッサロニキ〔テサロニケ〕の人.

(*das*) **Thes·sa·lo·ni·ki** [テサロニーキ] [名] -s/ 〘地名〙テッサロニキ, テサロニケ(ギリシア北東部の湾港都市 Saloniki の正式名).

das **The·ta** [テータ] [名] -(s)/-s テータ(ギリシア語アルファベットの第 8 字 θ, Θ).

(*die*) **The·tis** [テーティス] [名] 〘ギ神〙テティス(海の Nymphe, Nereide たちの一人. Achill の母).

der **The·urg** [テウるク] [名] -en/-en 〘哲・民族〙神的秘術を行う人, 呪術師, 魔術師.

die **The·ur·gie** [テウるギー] [名] -/ 〘哲・民族〙神的秘術, 呪術, 魔術.

(*die*) **Thil·de** [ティルデ] [名] 〘女名〙ティルデ(Mathilde の短縮形).

das **Thing** [ティング] [名] -(e)s/-e 民会(ゲルマン部族の法律問題をあつかう人民・軍・裁判の集会).

der **Thi·o·harn·stoff** [ティーオ・ハるン・シュトっふ] [名] -(e)s/ 〘化〙チオ尿素.

die〔*der*〕 **Tho·los** [トーロス] [名] -/..loi〔..len〕 トロス(古代ギリシアの周囲に柱を巡らした円形神殿).

(*der*) **Tho·ma** [トーマ] [名] 〘人名〙トーマ(① Hans ~, 1839-1924,画家. ② Ludwig ~, 1867-1921,作家).

(*der*) **Tho·mas** [トーマス] [名] **1.** 〘男名〙トーマス. **2.** ~ von Aquin トーマス・アクイナス(1225 頃-74

年, ドミニコ修道会士, 聖人. スコラ哲学の代表者). **3.** ~ a〔von〕Kempis トマス・ア・ケンピス(1380 頃-1471 年, アウグスティヌス修道会士). **4.** 〘新約〙トマス(十二使徒の一人) : ein ungläubiger ~ うたぐり深い人(使徒トマスがはじめイエスの復活を信じなかったことから).

(*der*) **Tho·ma·si·us** [トマーズィウス] [名] 〘人名〙トマジウス(Christian ~, 1655-1728, 啓蒙主義者).

die **Tho·mas·kir·che** [トーマス・キるひぇ] [名] -/ トーマス教会(ライプツィヒの教会で, J. S. バッハがオルガニスト兼付属合唱団の指揮者をつとめたことで有名).

das **Tho·mas·mehl** [トーマス・メール] [名] -(e)s/ トーマス鋼滓(こう)粉(燐肥料).

(*das*) **Thom·as-Mün·zer-Stadt** [トーマス・ミュンツァー・シュタット] [名] -s/ 〘地名〙トーマス=ミュンツァー=シュタット(テューリンゲン州 Mühlhausen の別名).

der **Tho·mas·stahl** [トーマス・シュタール] [名] -(e)s/ トーマス鋼.

das **Tho·mas·ver·fah·ren** [トーマス・ふぇあふぁーれン] [名] -s/ トーマス製鋼法(冶金学者 S. G. Thomas, 1850-85, の発明).

der **Tho·mis·mus** [トミスムス] [名] -/ トミズム, トマス説〔主義〕(Thomas von Aquin の神学・哲学体系とそれを発展させた諸学説).

der **Tho·mist** [トミスト] [名] -en/-en トミスト(Thomismus の神学〔哲学〕者・信奉者).

tho·mis·tisch [トミスティシュ] [形] トミズムの.

(*der*) **Thor**[1] [トーあ] [名] 〘北欧神〙トール(雷神. ゲルマン神話の Donar と同じ).

das **Thor**[2] [トーあ] [名] -s/ =Thorium.

die **Tho·ra** [トらー, トーら] [名] -/ 〘ユダヤ教〙トーラ(モーセ五書にある神の律法).

der **Tho·rax** [トーらクス] [名] -(es)/-e〔..races [トらーツェース]〕〘解〙 **1.** 胸郭. **2.** (節足動物の)胸部.

das **Tho·ri·um** [トーりウム] [名] -s/ 〘化〙トリウム(放射性元素の一つ. 記号 Th).

die **Thre·no·die** [トれノディー] [名] -/-n =Threnos.

der **Thre·nos** [トれーノス] [名] -/..noi (古代ギリシアの)哀悼歌.

der **Thril·ler** [θrílər スリラー] [名] -s/- スリラー小説〔映画・演劇〕.

die **Throm·bo·se** [トろムボーゼ] [名] -/-n 〘医〙血栓症.

der **Throm·bo·zyt** [トろムボ・ツュート] [名] -en/-en 〘医〙血小板.

der **Throm·bus** [トろムブス] [名] -/..ben 〘医〙血栓.

der **Thron** [トろーン] [名] -(e)s/-e **1.** 王座, 玉座; 王位, 帝位 : den ~ besteigen 王位〔帝位〕につく. auf dem ~ sitzen 王位〔帝位〕についている, 玉座に座っている. 〈j³〉 auf den ~ folgen 〈人の〉王位〔帝位〕を継承する. **2.** 《口・冗》(子供用)おまる. **【慣用】** **〈j⁴/et⁴〉 auf den Thron heben** 〈人・物・事を〉一流〔重要〕であると認める. **〈j²〉 Thron wackelt** 《口》〈人の〉支配〔影響〕力がぐらついている.

der **Thron·an·wär·ter** [トろーン・アン・ヴェるター] [名] -s/- 王位〔帝位〕継承候補者.

die **Thron·be·stei·gung** [トろーン・ベシュタイグング] [名] -/-en 即位.

thro·nen [トろーネン] [動] *h.* 〔〈場所〉に〕悠然〔堂々〕と座っている(議長席など, 一段と高い場所に).

der **Thron·er·be** [トろーン・エるべ] [名] -n/-n 王位〔帝位〕継承者.

die **Thron·fol·ge** [トろーン・ふぉルゲ] [名] -/ 王位〔帝位〕継承 : agnatische/kognatische ~ 男系/女系の王位〔帝位〕継承. die ~ antreten 王位〔帝位〕を継承する.

der **Thron·fol·ger** [トろーン・ふぉルガー] [名] -s/- 王位〔帝位〕継承者.

der **Thron·him·mel** [トろーン・ヒメル] [名] -s/- (王座の)天蓋(てんがい).

der **Thron·räu·ber** [トろーン・ろイバー] [名] -s/- 王位〔帝位〕簒奪(さんだつ)者.

die **Thron·re·de** [トろーン・れーデ] [名] -/-n 国王〔皇帝・天皇〕の議会開会式の際の言葉.

der **Thron·saal** [トろーン・ザール] [名] -(e)s/..säle 玉座の間, 王〔皇帝〕の謁見の間.

(*der*) **Thu·ky·di·des** [トゥキューディデス] [名] 〘人名〙トゥキュディデス, ツキジデス(紀元前 460 頃-400 頃, 古代ギリシアの歴史家).

(*das*) **Thu·le** [トゥーレ] [名] -s/ 〘地名〙 **1.** トゥーレ(古代ギリシア・ローマの伝説にある極北の島). **2.** テューレ, シューレ(グリーンランド北西部. エキスモーの居住地).

das **Thu·li·um** [トゥーリウム] [名] -s/ 〘化〙ツリウム(希土類元素の一つ. 記号 Tm).

(*das*) **Thun** [トゥーン] [名] -s/ 〘地名〙トゥーン(スイス, ベルン州の都市).

der **Thun·fisch** [トゥーン・ふぃッシュ] [名] -(e)s/-e 〘魚〙マグロ, ツナ.

der **Thur·gau** [トゥーあ・ガウ] [名] -s/ 〘地名〙トゥールガウ(スイス北部 Boden 湖畔の州).

der **Thur·gau·er** [トゥーあ・ガウあー] [名] -s/- トゥールガウの人〔住民〕.

(*das*) **Thü·rin·gen** [テューりンゲン] [名] -s/ 〘地名〙テューリンゲン(ドイツ中東部の州).

Thü·rin·ger[1] [テューりンガー] [形] (無変化)テューリンゲンの : der ~ Wald テューリンゲンの森.

der **Thü·rin·ger**[2] [テューりンガー] [名] -s/- テューリンゲンの人.

die **Thus·nel·da** [トゥスネルダ] [名] -/ **1.** (主に無冠詞)〘女名〙トゥスネルダ(Arminius の妻). **2.** 《口・蔑》女, 情婦.

der **Thy·mi·an** [テューミアーン] [名] -s/-e 〘植〙タイム; (㊥のみ)(香辛料の)タイム.

der **Thy·mus** [テュームス] [名] -/..mi 〘解〙胸腺(きょうせん).

die **Thy·mus·drü·se** [テュームス・ドりゅーゼ] [名] -/-n 〘解〙胸腺(きょうせん).

der **Thyr·sos** [テュるソス] [名] -/..soi 〘ギ神〙テュルソス(頭部に松かさをつけ木ヅタとブドウの葉を巻きつけた, Dionysos と Mänade の杖(つえ)).

der **Thyr·sus** [テュるズス] [名] -/..si =Thyrsos.

Thys·sen [テュッセン]テュッセン(機械・鉄鋼などのメーカー).

Ti [テーイー] =Titan³ チタン.

die **Ti·a·ra** [ティアーら] [名] -/..ren (ローマ教皇の)三重冠, 教皇冠; (古代ペルシア・アッシリアの)円錐(えんすい)形の王冠.

der **Ti·ber** [ティーバー] [名] -(e)s/ 〘川名〙テベレ川(ローマを流れる川).

der **Ti·bet**[1] [ティーベット, ティベート] [名] -s/-e 〘紡〙モヘア; (上等な)再生羊毛.

(*das*) **Ti·bet**[2] [ティーベット, ティベート] [名] -s/ 〘地名〙チベット; チベット高原.

der **Ti·be·ta·ner** [ティベターナー] [名] -s/- チベット人.

der **Ti·be·ter** [ティベーター, ティーベター] [名] -s/- チベット人.

ti·be·tisch [ティベーティシュ, ティーベティシュ] [形] チベット(人・語)の.

der **Tic** [ティック] [名] -s/-s 〘医〙チック(顔面などの不随意的痙攣(けいれん)).

der **Tick** [ティック] [名] -(e)s/-s **1.** 《口》奇妙な考え, 妙なくせ. **2.** 《口》わずかの差, ニュアンス : (um) einen ~ besser sein ほんの少しだけよい. **3.** 〘医〙(顔面などの)けいれん, チック(症).

tick! [ティック] [間] =ticktack!

ti·cken [ティッケン] [動] *h.* **1.** 〔補足なし〕かちかち〔かたかた〕

T

Ticket 1224

音を立てる(時計・テレックスなどが). **2.** 《mit 〈et³〉ダ╱┼《方向》╱┼》(たたいて)かちかち[こつこつ]音を立てる. **3.** 《様態》,)《口》考え方(行動の仕方)である:Er tickt langsam. 彼はぐずだ. Er tickt bei ihm tickt es〕nicht (ganz) richtig.《俗》彼は頭が(少々)おかしい. **4.** 《et³》分かる. **5.** 《ʃːʒ》殴りたされ,殴りたおして金品を奪う.

das **Ti·cket** [ティケット] 名 -s/-s **1.**(乗り物の)切符(特に航空券・乗船券);《稀》入場券. **2.**《稀》党の綱領,選挙公約.

die **Tick·tack** [ティック・タック] 名 -/-s《幼》時計.

tick·tack! [ティック・タック] 間 チクタク, カチカチ(特に時計の音).

die **Ti·de** [ティーデ] 名 -/-n《北独》(潮の干満による)水位の上下;《のみ》(潮の)干満.

der **Ti·de·ha·fen** [ティーデ・ハーふェン] 名 -s/..häfen 水位の干満にかかわれる港.

das **Ti·de·hoch·was·ser** [ティーデ・ホーホ・ヴァッサー] 名 満潮.

der **Ti·de·hub** [ティーデ・フープ] 名 -(e)s/..hübe《北独》潮差.

der **Ti·den·hub** [ティーデン・フープ] 名 -(e)s/..hübe = Tidehub.

der [das] **Tie·break, Tie-Break** [táɪbreːk タイブレーク] 名 -s/-s《ポーツ》タイブレーク(同点決着をするための延長ゲーム).

(der) **Tieck** [ティーク] 名 《人名》ティーク(Ludwig ~, 1773-1853, ロマン派の作家).

tief [ティーふ] 形 **1.**(空間)〔《et³》ダク〕**a.**(下へ)深い:Dieser Fluss ist hier einen Meter ~er als dort. この川はここよりも1メートル深い. ein ~er Teller 深皿. **b.**(奥・内へ)深い:ein ~er Wald 深い森. ~ in die Höhle hineingehen 洞穴の奥深く入って行く. **c.**(位置が)低い:~e Wolken 低い雲. **d.**(より)低い,下の:~er als der Wasserspiegel liegen 水面より低いところにある. Er wohnt eine Etage ~er. 彼は一階下に住んでいる. **2.**《et³》深さの;奥行きの:eine drei Meter ~e Grube 3メートルの深さの穴. **3.**(段階・値段・等級)低い:Das Thermometer steht ~er als gestern. 温度計は昨日より低い. **4.**(時間)さ中の,中頃(過ぎ)の:im ~sten Winter 冬のさ中に. bis ~ in die Nacht (hinein) 深夜まで. **5.**《程度》深い,甚だしい:aus ~em Schlaf erwachen 深い眠りから覚める. im ~sten Elend 悲惨のどん底で. **6.**(考えなどが)深遠な,深い:einen ~eren Grund haben〔底に〕もっと深い理由がある. **7.**(色彩)濃い,深い:ein ~es Grün 深緑. ~ gebräunt 濃い色に日焼けして. **8.** 低音の:eine ~e Stimme haben 低い声を出している.《慣用》**bei**〈j³〉**tief gehen**〈人に〉あまり深い感銘を与えない. **Das lässt tief blicken.**《口》そこに本音が見える. **im tiefsten Herzen** 心の奥底で. 《j³》**ist tief gefallen (gesunken)**《人を》身をもちくずした. **tief in Schulden stecken**《口》借金で首がまわらない.

das **Tief** [ティーふ] 名 -s/-s **1.**《気》低気圧(圏). **2.**(転)意気消沈,抑鬱(ょぅ);最低の状態. **2.**《海》(浅瀬なかの)水路.

der **Tief·an·griff** [ティーふ・アン・グリふ] 名 -(e)s/-e 低空飛行攻撃.

der **Tief·bau** [ティーふ・バウ] 名 -(e)s/-ten[-e] **1.**《のみ》地下(地表)工事, 土木工事(河川(下水道・道路)の工事など). **2.**(-ten)地下(地表)建造物, 土木構築物;《のみ》(凹坑)口.

tief be·trübt, ®tief·be·trübt [ティーふ ベトリュープト] 形 深く悲しんでいる.

tief be·wegt, ®tief·be·wegt [ティーふ ベヴェークト] 形 深く感動した.

tief·blau [ティーふ・ブラウ] 形 濃い青色の.

tief bli·ckend, ®tief·bli·ckend [ティーふ ブリッケント] 形 洞察力のある.

tief·boh·ren [ティーふ・ボーれン] 動 h.《稀》深掘り試錐(ぃょう)をする, ボーリングを行う.

die **Tief·boh·rung** [ティーふ・ボールング] 名 -/-en 深掘り試錐;《のみ》凹坑印刷.

der **Tief·de·cker** [ティーふ・デッカー] 名 -s/-《空》低翼機.

der **Tief·druck¹** [ティーふ・ドルック] 名 -(e)s/《のみ》《気》低気圧.

der **Tief·druck²** [ティーふ・ドルック] 名 -(e)s/-e《印》凹版印刷物;《のみ》凹版印刷.

das **Tief·druck·ge·biet** [ティーふドルック・ゲビート] 名 -(e)s/-e《気》低気圧圏.

die **Tie·fe** [ティーふェ] 名 -/-n **1.** 深さ, 深度;深み, 深いところ(底):in einer ~ von 10 Metern 10メートルの深さ(のところ)で. die Höhen und die Tiefen 人生の浮き沈み. in die ~ tauchen 深いところに潜る. **2.** 奥行き;奥, 奥深いところ:die ~ der Bühne 舞台の奥行き. in die ~ des Landes gehen 奥地へ行く. in der ~ (den ~n) des Herzens 心の奥底で. **3.**《のみ》(精神的)深さ;(感じる)強さ:die ~ eines Gedankens ある考えの深さ. **4.**《のみ》(色の)濃さ;(音の)低さ, 低音.

die **Tief·ebe·ne** [ティーふ・エーベネ] 名 -/-n《地》低地の平野, 平地.

tief emp·fun·den, ®tief·emp·fun·den [ティーふ エムプふンデン] 形 心からの.

das **Tie·fen·ge·stein** [ティーふェン・ゲシュタイン] 名 -/-e《地質》深成岩.

die **Tie·fen·psy·cho·lo·gie** [ティーふェン・プスユヒョロギー] 名 -/ 深層心理学.

der **Tie·fen·rausch** [ティーふェン・らウシュ] 名 -(e)s/《医》潜水病の酩酊(ぃち)状態, 窒素酔い.

das **Tie·fen·ru·der** [ティーふェン・るーダー] 名 -s/-《造船》(潜水艦の)水平舵(だ).

die **Tie·fen·schär·fe** [ティーふェン・シェるふェ] 名 -/-n《写》焦点深度.

die **Tie·fen·strö·mung** [ティーふェン・シュトレームング] 名 -/-en《地》深層海流.

die **Tie·fen·struk·tur** [ティーふェン・シュトるクトゥーア, ティーふェン・シュトるクトゥーア] 名 -/-en《言》深層構造.

die **Tie·fen·wir·kung** [ティーふェン・ヴィるクング] 名 -/-en (化粧品などの)浸透作用;(絵などの)遠近(立体)効果.

tief·ernst [ティーふ・エるンスト] 形 非常に真面目(厳粛)な.

der **Tief·flie·ger** [ティーふ・ふリーガー] 名 -s/- 低空飛行をしている飛行機.

der **Tief·flie·ger·an·griff** [ティーふふリーガー・アン・グリふ] 名 -(e)s/-e 低空飛行の機による攻撃.

der **Tief·flug** [ティーふ・ふルーク] 名 -(e)s/..flüge 低空飛行.

der **Tief·gang** [ティーふ・ガング] 名 -(e)s/《造船》喫水(きつ);《のみ》(精神的)深さ.

die **Tief·ga·ra·ge** [ティーふ・ガらージェ] 名 -/-n 地下駐車場.

tief·ge·frie·ren* [ティーふ・ゲふりーれン] 動 h.《et⁴》急速冷凍する.

tief ge·fühlt, ®tief·ge·fühlt [ティーふ ゲふュールト] 形 衷心からの.

tief ge·hend, ®tief·ge·hend [ティーふ ゲーエント] 形 =tiefgreifend.

tief·ge·kühlt [ティーふ・ゲキュールト] 形 冷凍した.

tief grei·fend, ®tief·grei·fend [ティーふ グらイふェント] 形 深部に達する, 根底にまで及ぶ, 徹底的な.

tief·grün·dig [ティーふ・グりュンディヒ] 形 核心に深く迫

る;〖農〗柔らかく深い(土壌).

die **Tief|kon·junk·tur** [ティーふ·コンユンクトゥーあ] 名 -/-en 不況,不景気.

der **Tiefkühl-Em·bryo** [ティーふ·キュール·エムブリョ] 名 -s/-s (..bryonen) 〘(ﾗﾃﾝ)das ～〙冷凍受精卵.

tief|küh·len [ティーふ·キューレン] 動 h.〈et⁴ｦ〉冷凍する.

das **Tief·kühl·fach** [ティーふ·キュール·ふぁっは] 名 -(e)s/..fächer (冷蔵庫の)冷凍室, フリージングボックス.

die **Tief·kühl·kette** [ティーふ·キュール·ケッテ] 名 -/-n コールドチェーン(冷凍·低温貯蔵と輸送で生産者と消費者を結ぶシステム).

die **Tief·kühl·kost** [ティーふ·キュール·コスト] 名 -/ 冷凍食品.

der **Tief·kühl·markt** [ティーふ·キュール·マるクト] 名 -(e)s/..märkte 冷凍食品のマーケット.

der **Tief·kühl·schrank** [ティーふ·キュール·シュらンク] 名 -(e)s/..schränke (戸棚式の)冷凍庫.

die **Tief·kühl·truhe** [ティーふ·キュール·トるーエ] 名 -/-n (上蓋(ﾌﾀ)式の)冷凍庫, 冷凍食品用ショーケース.

die **Tief·küh·lung** [ティーふ·キューるング] 名 -/ 冷凍.

die **Tief·kühl·ware** [ティーふ·キュール·ヴァーれ] 名 -/-n 冷凍食品.

der **Tief·la·der** [ティーふ·ラーダー] 名 -s/- (特大貨物を積もの)大型トレーラー.

das **Tief·land** [ティーふ·ラント] 名 -(e)s/..länder[-e] (平坦な)低地(海抜200 m以上).

tief lie·gend, ⓡ**tief·lie·gend** [ティーふ·リーゲント] 形 低いところにある; 低い(段階の); くぼんだ.

der **Tief·punkt** [ティーふ·プンクト] 名 -(e)s/-e 最低点; 最低の段階[状態]: Der Wasserstand hat einen ～ erreicht. 水位は最低となった. auf dem ～ angekommen sein 最悪[どん底]になっている.

der **Tief·schlag** [ティーふ·シュラーク] 名 -(e)s/..schläge 〖ボクシング〗ローブロー.

tief schür·fend, ⓡ**tief·schür·fend** [ティーふ·シュるふェント] 形 深く掘下げた.

tief·schwarz [ティーふ·シュヴァるツ] 形 真っ黒な.

die **Tief·see** [ティーふ·ゼー] 名 -/ 〖地〗深海(水深1000 m以上).

der **Tief·see·fisch** [ティーふ·ゼー·ふぃっシュ] 名 -(e)s/-e 深海魚.

die **Tief·see·for·schung** [ティーふ·ゼー·ふぉるシュング] 名 -/ 深海研究.

der **Tief·sinn** [ティーふ·ズィン] 名 -(e)s/ 深くつきつめて考える傾向, 物思いにふけれた深い意味.

tief·sin·nig [ティーふ·ズィニヒ] 形 深い意味をもった; 《古》ふさぎ込んだ.

der **Tief·stand** [ティーふ·シュタント] 名 -(e)s/ 最低水準, 最低状態: auf wirtschaftlichen ～ erreichen (相場などで)底を打つ, 底入れする.

die **Tief·sta·pe·lei** [ティーふ·シュターペライ] 名 -/-en 1. 《⑩のみ》下手に言葉[態度].

tief|sta·peln [ティーふ·シュターペルン] 動 h.〖略〗卑下する, 自分の能力[業績]をうちに言う.

tief ste·hend, ⓡ**tief·ste·hend** [ティーふ·シュテーエント] 形 低い(位置にある).

der **Tief·strah·ler** [ティーふ·シュトらーラー] 名 -s/- (下向きの)投光照明器(競技場·街路などの).

die **Tiefst·tem·pe·ra·tur** [ティーフスト·テムペらトゥーア] 名 -/-en 最低気温.

der **Tiefst·wert** [ティーフスト·ヴェーあト] 名 -(e)s/-e 最低値.

tief·trau·rig [ティーふ·トらウりヒ] 形 深い悲しみに沈んだ.

die **Tief·ver·sen·kung** [ティーふ·ふぇあゼンクング] 名 -/-en (核廃棄物の)地中深くへの埋設.

die **Tief·wurz·ler** [ティーふ·ヴるツラー] 名 -s/- 〖植〗深く根を張る植物.

tief|zie·hen* [ティーふ·ツィーエン] 動 h.〈et⁴ｦ〉〖工〗深絞り加工する.

der **Tie·gel** [ティーゲル] 名 -s/- 1. フライパン. 2. 〖平圧印刷機の〗プレス板. 3. 〖冶金〗るつぼ.

das **Tier** [ティーア] 名 -(e)s/-e 動物, 獣; (転)獣のような人; 獣性: ein wildes ～ 野生の動物. 〈sich³〉～e halten 動物を飼う. 【慣用】**ein hohes[großes] Tier** 〘口〙お偉方, 大物.

die **Tier·art** [ティーア·アート] 名 -/-en 動物の種(類)(分類の単位).

der **Tier·arzt** [ティーア·アーツト, ティーア·アるツト] 名 -es/..ärzte 獣医.

tier·ärzt·lich [ティーア·エーあツトりヒ, ティーア·エるツトりヒ] 形 獣医の.

der **Tier·bän·di·ger** [ティーア·ベンディガー] 名 -s/- 猛獣使い.

das **Tier·ex·pe·ri·ment** [ティーア·エクスペりメント] 名 -(e)s/-e 動物実験.

die **Tier·fa·bel** [ティーア·ふぁーベル] 名 -/-n 動物寓話(ぐうわ).

der **Tier·freund** [ティーア·ふろイント] 名 -(e)s/-e 動物好き, 動物愛好者.

der **Tier·gar·ten** [ティーア·ガるテン] 名 -s/..gärten 1. (主に小規模の)動物園. 2. 〖地名〗ティーアガルテン(ベルリンの公園).

der **Tier·hal·ter** [ティーア·ハルター] 名 -s/- (動物の)飼い主, 飼育者.

die **Tier·hal·tung** [ティーア·ハルトゥング] 名 -/ 動物の飼育.

die **Tier·hand·lung** [ティーア·ハンドルング] 名 -/ ペットショップ.

die **Tier·heil·kun·de** [ティーア·ハイル·クンデ] 名 -/ 獣医学.

tie·risch [ティーりシュ] 形 1. 動物の, 動物性の. 2. 《蔑》(も有)獣(ｹﾓﾉ)のような. 3. 〘口〙猛烈な; すごく.

die **Tier·koh·le** [ティーア·コーレ] 名 -/ 獣炭.

der **Tier·kreis** [ティーア·クらイス] 名 -es/- 1. 〖天〗獣帯, 黄道(ｺｳﾄﾞｳ)帯. 2. 〖占〗黄道十二宮(図).

das **Tier·kreis·zei·chen** [ティーア·クらイス·ツァイひェン] 名 -s/- 1. 〖天·占〗1. 獣帯の記号. 2. (黄道十二宮の)宮.

die **Tier·kun·de** [ティーア·クンデ] 名 -/ 動物学.

die **Tier·me·di·zin** [ティーア·メディツィーン] 名 -/ 獣医学.

das **Tier·mehl** [ティーア·メール] 名 -(e)s/-e 肉骨粉(動物の飼料).

der **Tier·park** [ティーア·パるク] 名 -s/-s(-e) 動物公園(大規模な動物園).

der **Tier·quä·ler** [ティーア·クヴェーラー] 名 -s/- 動物虐待者.

die **Tier·quä·le·rei** [ティーア·クヴェーレらイ] 名 -/-en 動物虐待.

das **Tier·reich** [ティーア·らイヒ] 名 -(e)s/-e 1. 《⑩のみ》動物界. 2. 〖動〗動物相の区(域).

die **Tier·schau** [ティーア·シャウ] 名 -/-en 動物の見世物(ショー).

der **Tier·schutz** [ティーア·シュッツ] 名 -es/ 動物保護.

der **Tier·schutz·ver·ein** [ティーア·シュッツ·ふぇあアイン] 名 -(e)s/-e 動物愛護協会.

die **Tier·spra·che** [ティーア·シュプらーヘ] 名 -/-n 動物の言語.

der **Tier·ver·such** [ティーア·ふぇあズーふ] 名 -(e)s/-e 動物実験.

die **Tier·welt** [ティーア·ヴェルト] 名 -/ 動物相(特定領域の動物全体).

Tierzucht 1226

die **Tier-zucht** [ティーア・ツフト] 名 -/ 動物の飼育.
die **Tif-fa-ny-lam-pe** [tíffənı.. ティふぁニ・ラふェ] 名 -/-n ティファニランプ(種々の色ガラスを組合せた傘を持つ電気スタンド).
der **Ti-ger** [ティーガー] 名 -s/- 〖動〗トラ.
das **Ti-ger-au-ge** [ティーガー・アウゲ] 名 -s/-n 虎眼石(とらめいし).
das **Ti-ger-fell** [ティーガー・ふェル] 名 -(e)s/-e トラの毛皮.
die **Ti-ge-rin** [ティーゲリン] 名 -/-nen 雌トラ.
die **Ti-ger-kat-ze** [ティーガー・カッツェ] 名 -/-n 〖動〗トラネコ(虎斑(とらふ)のある小形山猫).
ti-gern [ティーガーン] 動 1. *h.* 〈et⁴ンニ〉(稀)虎斑(とらふ)の模様をつける. 2. *s.* 〈方向〉ヘ/〈場所〉ニ 《口》(遠くまで)歩いていく.
das **Ti-ger-pferd** [ティーガー・プふェーアト] 名 -(e)s/-e 〖動〗シマウマ.
der **Ti-gon** [ティーゴン] 名 -s/- 〖動〗ティーゴン(トラの雄とライオンの雌の交配種).
die **Til-de** [ティルデ] 名 -/-n 1. 波形記号〔ダッシュ〕(辞書などで語のくり返しを表す. 記号 ~). 2. 波形符号(スペイン語やポルトガル語の señor や pão の ~).
tilg-bar [ティルク・バーア] 形 抹殺〔抹消〕できる;償還〔償却〕できる.
til-gen [ティルゲン] 動 *h.* 1. 〈et⁴ンニ〉(文)抹消する,削除する,消す〔語・行・記載事項・誤りなどを〕; (帳)払拭(ふっしょく)する(嫌な思い出などを). 2. 〖経・銀行〗償還〔償却〕する,弁済〔完済〕する;〈転〉贖(あがな)う〔罪を〕,そそぐ〔恥を〕. 3. 〈et⁴ンニ〉根絶する〔害虫などを〕.
〖慣用〗Daran ist nicht zu tippen. 《口》それは文句のつけようがない〔完璧(かんぺき)だ〕.
die **Til-gung** [ティルグング] 名 -/-en 1. (文)抹消,削除;払拭(ふっしょく);根絶. 2. 〖経・銀行〗償還,償却,弁済,返済.
til-gungs-frei [ティルグングス・ふらい] 形 返済猶予〔免除〕の.
(*der*) **Till** [ティル] 〖男名〗ティル(Diet..のつく名前,特に Dietrich の短縮形).
(*der*) **Ti-lo** [ティーロ] 〖男名〗ティーロ.
der **Til-si-ter** [ティルズィター] 名 -s/- ティルジットチーズ.
das **Tim-bre** [tɛ̃:bra ターンブる, tɛ:bər ターンバー] 名 -s/-s 〖楽〗音色,声色.
ti-men [tájmən タイメン] 動 *h.* 1. 〈et⁴ンニ〉(稀)タイムを測る. 2. 〈et⁴ンニ〉タイミングよくつなげる〔合せる〕.
der **Ti-mer** [tájmər タイマー] 名 -s/- タイマー.
die **Ti-mo-kra-tie** [ティモクらティー] 名 -/-[..í:ən] (文) 1. 〖政〗ティモクラティア(財産・収入などによって公民権が段階づけられる国家形態). 2. ティモクラティア(富人政治)(国家).
(*der*) **Ti-mo-the-us** [ティモーテウス] 名 〖聖〗テモテ(使徒パウロの弟子,殉教者,聖パウロ).
tin-geln [ティンゲルン] 動 (ピン) 1. *h.* 〖舞台〗あちこち渡り歩いてショーを演じる. 2. *s.* 〔durch 〈et⁴ンニ〉〕ショーを演じる.
das(*der*) **Tin-gel-tan-gel** [ティンゲル・タンゲル] 名 -s/- 〔〖トラン〗 das ~〕(古・蔑)安キャバレー;低俗音楽;(安キャバレーの)低俗娯楽.
die **Tink-tur** [ティンクトゥーア] 名 -/-en チンキ剤.
der **Tin-nef** [ティネふ] 名 -s/ 《口・蔑》がらくた;くだらないこと: Red keinen ~! くだらん話はよせ.
die **Tin-te** [ティンテ] 名 -/-n 1. インク. 2. (文)色合い,色調. 〖慣用〗**in der Tinte sitzen**〔**sein**〕《口》とても困っている. **in die Tinte geraten**《口》苦境に陥る. **klar wie dicke Tinte sein** 《口》明々白々である.
tin-ten-blau [ティンテン・ブラウ] 形 濃紺色の.
das **Tin-ten-fass**, ⊕**Tin-ten-faß** [ティンテン・ふぁス] 名 -es/..fässer インクつぼ〔瓶〕.
der **Tin-ten-fisch** [ティンテン・ふぃッシュ] 名 -(e)s/-e 〖動〗イカ,タコ.
der **Tin-ten-fleck** [ティンテン・ふレック] 名 -(e)s/-e インクの染み.
der **Tin-ten-klecks** [ティンテン・クレックス] 名 -es/-e (ノートなどの)インクの染み.
der **Tin-ten-ku-li** [ティンテン・クーリ] 名 -s/-s (カートリッジ式)ボールペン.
der **Tin-ten-stift** [ティンテン・シュティふト] 名 -(e)s/-e (タールを含む芯(しん)に水を使ったコピー用鉛筆.
der **Tin-ten-strahl-dru-cker** [ティンテン・シュトらール・ドるッカー] 名 -s/- インクジェットプリンター.
der **Tin-ten-wi-scher** [ティンテン・ヴィッシャー] 名 -s/- (昔の)ペン先ふき.
tin-tig [ティンティヒ] 形 インクだらけの;インク色の.
der **Tip** [ティップ] ⇨ Tipp.
das **Ti-pi** [ティーピ] 名 -s/-s ティピー(北米インディアンの円錐(えんすい)形のテント).
der **Tipp**, ⊕**Tip** [ティップ] 名 -s/-s 1. 《口》ヒント,助言. 2. (競馬・Toto・Lotto などの書きとめた)予想;《口》(Toto・Lotto などの)予想記入用紙.
der **Tip-pel-bru-der** [ティッペル・ブるーダー] 名 -s/..brüder (主に《口》)放浪者.
tip-peln [ティッペルン] 動 *s.* 〔舞台〕《口》てくてく歩き続ける;(稀)ちょこちょこ歩く.
tip-pen[1] [ティッペン] 動 *h.* 1. 〔舞台〕《口》タイプ〔ワープロ〕を打つ. 2. 〈et⁴ンニ〉《口》タイプ〔ワープロ〕で打つ. 3. 〈方向〉ヘ (手〔足〕の先で)軽く触れる〔たたく〕. 4. 〈an〈et³〉〉(用心して)軽く触れる〔話の中で〕. 5. 〖遊〗《方》(トランプの)ティッペンをする.
〖慣用〗Daran ist nicht zu tippen. 《口》それは文句のつけようがない〔完璧(かんぺき)だ〕.
tip-pen[2] [ティッペン] 動 *h.* 1. 〔auf〈et⁴〉/〈様態〉ニ〕《口》予想する. 2. 〔舞台〗トトカルチョ〔ロット〕をする. 3. 〈et⁴ンニ〉予想する. ⇨ Tipp 2.
der **Tipp-feh-ler** [ティップ・ふェーラー] 名 -s/- タイプミス.
das **Tipp-fräu-lein** [ティップ・ふろイライン] 名 -s/- 《口・古》タイピスト嬢.
die **Tipp-ge-mein-schaft** [ティップ・ゲマインシャふト] 名 -/-en (Lotto・Toto で)共同で賭(か)けるグループ.
die **Tipp-se** [ティプセ] 名 -/-n 《口・蔑》タイピスト嬢.
tipp,tapp! [ティップ タップ] 間 (軽い足音が)たばた,たべた.
tipp-topp [ティップ・トップ] 形 《口》最高にすてきな.
die **Ti-ra-de** [ティらーデ] 名 -/-n 1. (文・蔑)くだくだしい話,饒舌(じょうぜつ): sich⁴ in langen ~n ergehen 長広舌をふるう. 2. 〖楽〗ティラード(バロック音楽の装飾音の一つ).
das **Ti-ra-mi-su** [ティらミズー] 名 -s/-s ティラミス(酒類・コーヒー・マスカルポーネチーズなどで作られたデザート).
ti-ri-li! [ティりリ] 間 (小鳥のさえずる鳴き声)ぴぴぴー,ぴーぴよよ,ぴーちく.
ti-ri-lie-ren [ティりリーれン] 動 *h.* 〔舞台〕さえずる(特にヒバリが).
(*das*) **Ti-rol** [ティろール] 名 -s/ 〖地名〗チロル(オーストリアの州).
Ti-ro-ler[1] [ティろーラー] 形 (無変化)チロルの.
der **Ti-ro-ler**[2] [ティろーラー] 名 -s/- チロルの人.
ti-ro-le-risch [ティろーレリッシュ] 形 〔古〗チロルの.
die **Ti-ro-li-en-ne** [..ljɛn ティろリエン] 名 -/-n ティろリエンヌ(チロル地方の民俗舞踊).
ti-ro-lisch [ティろーリッシュ] 形 チロルの.
ti-ro-nisch [ティろーニッシュ] 形 チロの;~ *e* Noten テイロ式速記(Cicero[1]の解放奴隷の Tiro の考案).
der **Tisch** [ティッシュ] 名 -(e)s/-e 1. 机,テーブル: am ~ arbeiten 机に向かって仕事をしている. sich⁴ an den ~ setzen テーブルに着く. vom ~ aufstehen テ

ブルから立ち上がる. **2.** 食卓(Ess~)：den ~ decken/abdecken 食卓の用意をする 食卓を片づける. am ~ sitzen 食卓に着いている. auf den ~ kommen (料理などが)食卓に運ばれてくる. **3.** 《無冠詞で前置詞とともに》食事：bei ~ 食事中に. vor/nach ~ 食前/食後に. sich⁴ zu ~ setzen 食卓に着く. **4.** (食事・会議の)テーブルに着いてる人々：Der ganze ~ lachte. テーブルを囲む人々全員が笑った. 《慣用》 ⟨j⁴⟩ an einen Tisch bringen 《人を》交渉の席に着かせる. mit ⟨et³⟩ reinen Tisch machen 《口》《事を》はっきりさせる. sich⁴ mit ⟨j³⟩ an einen Tisch setzen 《人と》交渉する. ⟨et⁴⟩ unter den Tisch fallen lassen 《口》《事を》無視する, 取りやめにする. unter den Tisch fallen 《口》無視される, 議題(話題)にのぼらない. ⟨j⁴⟩ unter den Tisch trinken 《口》 (一緒に飲んで)《人を》酔いつぶす. ⟨et⁴⟩ vom grünen Tisch aus entscheiden 《文》空理空論で決定する. vom Tisch sein 《口》解決済みである. von Tisch und Bett getrennt sein (夫婦が)別居である. Zum Tisch des Herrn gehen 《文》聖体拝領をする.

(der) **Tisch‧bein**¹ [ティッシュ・バイン] 图 《人名》ティッシュバイン(画家の家系.Johann Heinrich Wilhelm ~, 1751–1829,はゲーテの肖像画で有名).

das **Tisch‧bein**² [ティッシュ・バイン] 图 -(e)s/-e 机の脚.

der **Tisch‧be‧sen** [ティッシュ・ベーゼン] 图 -s/- 食卓用ブラシ.

die **Tisch‧da‧me** [ティッシュ・ダーメ] 图 -/-n (宴席で)男性のパートナーとなる右隣の女性.

die **Tisch‧decke** [ティッシュ・デッケ] 图 -/-n テーブルクロス.

tisch‧fer‧tig [ティッシュ・ふぇるティヒ] 形 調理ずみの.

das **Tisch‧ge‧bet** [ティッシュ・ゲベート] 图 -(e)s/-e 食前(食後)の祈り.

die **Tisch‧ge‧sell‧schaft** [ティッシュ・ゲゼルシャふト] 图 -/-en 会食者(一同), テーブルを囲む一同.

das **Tisch‧ge‧spräch** [ティッシュ・ゲシュプレーヒ] 图 -(e)s/-e 食卓での会話.

die **Tisch‧glocke** [ティッシュ・グロッケ] 图 -/-n 卓上呼び鈴.

der **Tisch‧herr** [ティッシュ・へる] 图 -(e)n/-(e)n (宴席で)女性のパートナーとなる左隣の男性.

die **Tisch‧kan‧te** [ティッシュ・カンテ] 图 -/-n テーブルの縁.

die **Tisch‧kar‧te** [ティッシュ・カルテ] 图 -/-n (宴会などでテーブルに置かれる)座席指定名札.

der **Tisch‧ka‧sten** [ティッシュ・カステン] 图 -s/..kästen 〔方〕テーブルの引出し.

die **Tisch‧lam‧pe** [ティッシュ・ラムペ] 图 -/-n 卓上(電気)スタンド.

der **Tisch‧läu‧fer** [ティッシュ・ロイふぁー] 图 -s/- 細長いテーブルセンター.

das **Tisch‧lein‧deck‧dich** [ティッシュライン・デック・ディヒ] 图 -/ **1.** (希望の料理を出す童話の)魔法のテーブル. **2.** (主に《冗》)安楽な生活(の場所).

der **Tisch‧ler** [ティッシュラー] 图 -s/- 家具職人, 指物師.

die **Tisch‧ler‧ar‧beit** [ティッシュラー・アるバイト] 图 -/-en **1.** 指物師(家具製作)の仕事(作業). **2.** 指物師の作製した家具.

die **Tisch‧le‧rei** [ティッシュレらイ] 图 -/-en 指物師の仕事場, 家具製作所；(㊝のみ)指物(家具製作)の仕事；(趣味の)指物細工.

der **Tisch‧ler‧meis‧ter** [ティッシュラー・マイスター] 图 -s/- 指物師(家具職人)の親方.

tisch‧lern [ティッシュラーン] 動 h. 《口》 **1.** (趣味で)家具作りをする. **2.** ⟨et⁴⟩趣味で作る(家具を).

die **Tisch‧ler‧platte** [ティッシュラー・プラッテ] 图 -/-n 指物用の合板, コアボード.

der **Tisch‧nach‧bar** [ティッシュ・ナハバー] 图 -n(-s)/-n 食卓の隣席の人.

die **Tisch‧plat‧te** [ティッシュ・プラッテ] 图 -/-n 机の甲板(こういた).

der **Tisch‧rech‧ner** [ティッシュ・れヒナー] 图 -s/- 卓上計算機, 電卓.

die **Tisch‧re‧de** [ティッシュ・れーデ] 图 -/-n テーブルスピーチ.

das **Tisch‧rücken** [ティッシュ・りュッケン] 图 -s/ (心霊現象で)テーブルが動くこと.

die **Tisch‧schub‧la‧de** [ティッシュ・シューブ・ラーデ] 图 -/-n 机の引出し.

das **Tisch‧te‧le‧fon** [ティッシュ・テ(-)レふォーン] 图 -s/-e 卓上電話(ナイトクラブなどのテーブル相互間通話用).

das **Tisch‧ten‧nis** [ティッシュ・テニス] 图 -/ 卓球, ピンポン.

der **Tisch‧ten‧nis‧schlä‧ger** [ティッシュテニス・シュレーガー] 图 -s/- (ピンポンの)ラケット.

das **Tisch‧tuch** [ティッシュ・トゥーホ] 图 -(e)s/..tücher (食卓用)テーブルクロス：Das ~ zwischen uns ist zerschnitten. われわれは絶交した.

die **Tisch‧wä‧sche** [ティッシュ・ヴェッシェ] 图 -/ 食卓用の布(テーブルクロスとナプキン).

der **Tisch‧wein** [ティッシュ・ヴァイン] 图 -(e)s/-e テーブル(ターフェル)ワイン.

die **Tisch‧zeit** [ティッシュ・ツァイト] 图 -/-en 昼食の時間, 昼休み.

das **Tis‧sue** [tʃuː ティッシュー] 图 -(s)/-s ティッシュ(ペーパー).

Tit. = Titel. 肩書；題名.

der **Ti‧tan**¹ [ティターン] 图 -en/-en **1.** 《主に㊝》《ギ神》ティタン神族(Uranus と Gäa の間に生まれた巨人族). **2.** 巨人, 巨匠, 偉人.

der **Ti‧tan**² [ティターン] 图 -s/ 《天》ティーターン(土星の最大の衛星).

das **Ti‧tan**³ [ティターン] 图 -s/ チタン(金属元素. 記号 Ti).

die **Ti‧ta‧ne** [ティターネ] 图 -n/-n =Titan¹.

das **Ti‧tan‧ei‧sen‧erz** [ティターン・アイゼン・エるツ] 图 -es/-e チタン鉄鉱.

ti‧ta‧nen‧haft [ティターネンハふト] 形 =titanisch 2.

(die) **Ti‧ta‧nia**¹ [ティターニア] 图 《人名》ティターニア(中世フランス伝説の Oberon の妻. 妖精の女王).

die **Ti‧ta‧nia**² [ティターニア] 图 《天》ティターニア(天王星の衛星).

der **Ti‧ta‧ni‧de** [ティタニーデ] 图 -n/-n 《ギ神》ティタン神族の子孫.

ti‧ta‧nisch [ティターニシュ] 形 **1.** ティタン神族の；タイタン神族に由来する. **2.** 《文》巨大な, 偉大な, 強大な.

die **Ti‧ta‧no‧ma‧chie** [ティタノマヒー] 图 -/ 《ギ神》ティタノマキア(ティタン神族に対するゼウスとゼウス側についた神々の戦い).

der **Ti‧tel** [ティ(-)テル] 图 -s/- (略 Tit.) **1.** 表題, 題名, 書名, (映画などの)タイトル；表題のもの(本・レコードなど), (本の)とびら；タイトルページ(~blatt)：einen kurzen ~ tragen/haben 短い題がついている. Der ~ erscheint bald. その表題のものはまもなく発行されます. **2.** 称号, 肩書, 学位 (スポーツの)タイトル：einen akademischen ~ haben 学位を持っている. ⟨j³⟩ mit seinem ~ anreden ⟨人を⟩《肩書》つきで呼びかける. **3.** 《経》(予算の)項目；《法》(法令などの)章；権原(Rechts~).

der **Ti‧tel‧an‧wär‧ter** [ティ(-)テル・アン・ヴェるター] 图 -s/- タイトル(選手権)候補選手.

das **Ti‧tel‧bild** [ティ(-)テル・ビルト] 图 -(e)s/-er 口絵；(雑誌の)表紙絵(写真).

Titelblatt 1228

das **Ti·tel·blatt** [ティ(ー)テル・ブラット] 名 -(e)s/..blätter **1.**《出版》(書物の)タイトルページ. **2.**(雑誌の)表紙,(新聞の)第一面.

die **Ti·te·lei** [ティ(ー)テライ] 名 -/-en《出版》前付け（扉・前書き・目次などの総称）.

die **Ti·tel·ge·schich·te** [ティ(ー)テル・ゲシヒテ] 名 -/-n （雑誌などの)カバーストーリー.

der **Ti·tel·hal·ter** [ティ(ー)テル・ハルター] 名 -s/- タイトル(選手権)保持者.

der **Ti·tel·held** [ティ(ー)テル・ヘルト] 名 -en/-en（文学作品などの)題名となっている主人公.

der **Ti·tel·kampf** [ティ(ー)テル・カムプフ] 名 -(e)s/..kämpfe タイトルマッチ,選手権試合.

die **Ti·tel·kir·che** [ティ(ー)テル・キルヒェ] 名 -/-n《ｶﾄﾘｯｸ》(ローマの)名義聖堂.

die **Ti·tel·rol·le** [ティ(ー)テル・ロレ] 名 -/-n（演劇・映画などの)題と同名の役.

der **Ti·tel·schutz** [ティ(ー)テル・シュッツ] 名 -es/《法》表題(作品名)の保護《著作権法による》.

die **Ti·tel·sei·te** [ティ(ー)テル・ザイテ] 名 -/-n（雑誌の)第一面,(本の)扉,タイトルページ.

die **Ti·tel·sucht** [ティ(ー)テル・ズフト] 名 -/ 称号〔肩書〕を欲しがること.

der **Ti·tel·ver·tei·di·ger** [ティ(ー)テル・フェルタイディガー] 名 -s/- タイトル(選手権)防衛者.

der **Ti·ter** [ティーター] 名 -s/-《化》滴定濃度,力価《溶液中の物質の含有量》;《紡》(糸の)番手.

der **Ti·to·is·mus** [ティトイスムス] 名 -/ チトー主義《ユーゴスラヴィアの大統領 J. B. Tito, 1892-1980, による共産主義路線》.

der **Ti·to·ist** [ティトイスト] 名 -en/-en チトー主義者.

ti·trie·ren [ティトリーレン] 動 h.《〈et⁴〉ッッ》《化》滴定する.

die **Tit·te** [ティッテ] 名 -/-n（主に《卑》《口》(女性の)乳房.

der **Ti·tu·lar** [ティトゥラーア] 名 -s/-e《文》名目だけの肩書(称号)を持つ人,名誉職の人;《古》称号所有者.

die **Ti·tu·la·tur** [ティトゥラトゥーア] 名 -/-en 称号;称号で呼ぶこと.

ti·tu·lie·ren [ティトゥリーレン] 動 h. **1.**《j³ッッ+(mit (als))》《j³》ぅーん《mit〈et⁴〉》》《古》称号〔肩書〕で呼ぶ（話しかける際に）. **2.**《j³ッッ+(mit(als))《j³/et⁴》》呼ぶ，（…と）呼ばわりする. **3.**《〈et⁴〉ニ》《稀》表題〔題名〕をつける.

(der) **Ti·tus** [ティートゥス] 名 **1.**《男名》ティトゥス.《〜 Flavius Vespasianus, 39-81, ローマ皇帝》. **2.**《新約》テトス《使徒パウロの同伴者.聖人》.

der **Ti·tus·kopf** [ティートゥス・コップル] 名 -(e)s/..köpfe （昔のティトゥス風のヘアスタイル《女性の短い巻き毛の髪形》.

das **Ti·vo·li** [ティーヴォリ] 名 -(s)/-s **1.** 遊園地,野外劇場. **2.** ティヴォリ《イタリアの球戯》. **3.**《無冠詞》《地名》ティヴォリ《ローマ東方の都市》.

(der) **Ti·zi·an** [ティーツィアーン] 名《人名》ティチアーノ《Vecelli 〜, 1476頃-1576, イタリアの画家》.

ti·zi·an·rot [ティーツィアーン・ロート] 形 金(赤)褐色の.

tja ! [ティヤ(ー)] 間《ためらい・困惑・あきらめなどを表す》うーん, さあて, そうねえ.

die **Tjalk** [ティヤルク] 名 -/-en チャルク《昔のオランダの一本マストの小型帆船》.

die **Tjost** [ティヨスト] 名 -/-en（der 〜 -(e)s/-e も有）(中世騎士の)馬上槍試合.

tkm = Tonnenkilometer, Tonne pro Kilometer《運送》トンキロ.

Tl [テーエル] =Thallium《化》タリウム.

Tm [テーエム] =Thulium《化》ツリウム.

die **Tme·sis** [トメースィス] 名 -/Tmesen《言》切離,

分語法（合成語を切り離す語法；Wo gehst du hin?）.

TNT = Trinitrotoluol《化》トリニトロトルエン.

der **Toast** [to:st トースト] 名 -(e)s/-e[-s] **1.** トースト,一切れのトースト;トースト用のパン. **2.** 乾杯の辞.

toas·ten [tó:stən トースン] 動 h. **1.**《〈et⁴〉ッッ》トーストをする(パンを). **2.**《(auf〈j⁴/et⁴〉)ッﾀﾒﾆ》乾杯の辞を述べる.

der **Toas·ter** [tó:star トースター] 名 -s/- トースター.

der **To·bak** [トーバック] 名 -(e)s/-e《古》たばこ.

der [das] **To·bel** [トーベル] 名 -s/-《《ｽｲｽ》der 〜》《南独・ｵｰｽﾄﾘｱ》《地》狭い谷間,峡谷.

to·ben [トーベン] 動 h.《擬聲》荒れ(たけり)狂う,暴れる(人・海などが);猛威をふるう(嵐・戦いなどが). **2.** h.《擬聲》(はしゃいで)大騒ぎする,騒ぎ回る. **3.** s.《(場所ッッ/方向)ニ》騒ぎながら(駆けて)行く(子供などが);激しく打ちつける(雪などが);（…に）猛威をふるって行く(嵐・戦いなどが).

(der) **To·bi·as** [トービーアス] 名 **1.**《男名》トビーアス. **2.**《旧約》《トビガン》トビヤ《外伝,トビト書の主人公》.

der **To·bog·gan** [トボッガン] 名 -s/-s トボガン（カナダインディアンやエスキモーのそり).

die **Tob·sucht** [トープ・ズフト] 名 -/ 狂乱(状態)（怒りなど);《医》躁鬱病.

tob·süch·tig [トープ・ズュヒティヒ] 形 狂乱状態の,《医》躁狂(くる)の.

der **Tob·suchts·an·fall** [トープズフツ・アン・ファル] 名 -(e)s/..fälle 狂乱〔躁狂〕の発作.

die **Toc·ca·ta** [トカータ] 名 -/..ten《楽》=Tokkata.

die **Toch·ter** [トホター] 名 -/Töchter **1.** 娘：seine älteste 〜 彼の長女. die Frau〔Ihr Fräulein〕 〜（お宅の)お嬢様. Sie ist ganz wie 〜 ihres Vaters. 彼女は父親そっくりだ. die große 〜 unseres Landes わが国の生んだ偉大な女性. **2.**《Pｌのみ》《古》女性,娘さん(若い女性への呼びかけ)：meine 〜 ねえ君〔娘さん〕. **3.**《Pｌ》《古》独身の女性,(お手伝い,ウェートレスなどの)娘. **4.**《経》子会社（〜gesellschaft）.

das **Töch·ter·chen** [テヒタヒェン] 名 -s/- (Tochterの縮小形)小さい(かわいい)娘.

die **Toch·ter·ge·schwuls·t** [トホター・ゲシュヴルスト] 名 -/..geschwülste《医》娘腫瘍(はれもの).

die **Toch·ter·ge·sell·schaft** [トホター・ゲゼルシャフト] 名 -/-en《経》子会社.

die **Toch·ter·kir·che** [トホター・キルヒェ] 名 -/-n 分〔支部)教会.

töch·ter·lich [テヒターリヒ] 形 娘の;娘らしい.

die **Toch·ter·spra·che** [トホター・シュプラーヘ] 名 -/-n 派生言語,娘言語.

die **Toch·ter·zel·le** [トホター・ツェレ] 名 -/-n《生》娘細胞.

der **Tod** [トート] 名 -(e)s/-e《主に《Sg》》 **1.** 死,死亡：einen sanften 〜 sterben(haben) 穏やかに死ぬ. eines gewaltsamen -es sterben 横死する. bis in den(bis zum) 〜 死ぬまで. für〈et⁴〉 in den 〜 gehen〈事のために〉命を捧げる. 〈j³〉 vom -e erretten 〈人の〉命を救う. 〈j³〉 zum -e verurteilen 〈人に〉死刑を宣告する. **2.**《詩》《文》にも》死神：Der 〜 klopft an. 死が迫っている. **3.**《転》終り,破滅：Das ist der 〜 aller Hoffnung. これですべての望みが絶たれた.【慣用】**auf den Tod**《文》死ぬほど,ひどく.〈j³〉 **auf den Tod verwunden** 〈人に〉致命傷を負わせる. **den Tod finden**《文》死ぬ,殺される. **Der Schwarze Tod**（中世の)ペスト,黒死病. **der Weiße Tod** 凍死. **des Todes sein**《文》命運尽きる. **mit dem Tode kämpfen(ringen)** 危篤である. **Tod und Teufel !** くた

ばってしまえ(のろいの言葉). **zu Tode** 《口》極度に, ひどく. 〈et⁴〉 **zu Tode hetzen** 〈事を〉繰返して効果をなくす(言回しなどを). **zu Tode kommen** 《文》死ぬ.

tod·blass, ⑪**tod·blaß** [トート・ブラス] [形] =totenblass.

tod·bleich [トート・ブライひ] [形] =totenbleich.

tod·brin·gend [トート・ブリンゲント] [形] 致命的な.

tod·ernst [トート・エるンスト] [形] 恐ろしく真剣な.

die **To·des·ah·nung** [トーデス・アーヌング] [名] -/-en 死の予感.

die **To·des·angst** [トーデス・アングスト] [名] -/..ängste 死の不安〔恐怖〕; 死ぬほどの不安〔恐怖〕.

die **To·des·an·zei·ge** [トーデス・アン・ツァイゲ] [名] -/-n 死亡広告, (カードによる)死亡通知.

die **To·des·art** [トーデス・アーあト] [名] -/-en 死に方.

die **To·des·er·klä·rung** [トーデス・エあクレーるング] [名] -/-en 〖法〗死亡宣告.

der **To·des·fall** [トーデス・ふぁル] [名] -(e)s/..fälle (つながりのある人, とくに身内の者の)死亡.

die **To·des·fol·ge** [トーデス・ふぉルゲ] [名] -/ 〖法〗死という結果： die Körperverletzung mit ~ 傷害致死.

die **To·des·furcht** [トーデス・ふるひト] [名] -/ 《文》死の恐怖.

die **To·des·ge·fahr** [トーデス・ゲふぁーあ] [名] -/ 《稀》死の危険： in ~ schweben 死に瀕(ひん)している.

das **To·des·jahr** [トーデス・ヤーあ] [名] -(e)s/-e 没年.

der **To·des·kampf** [トーデス・カムプふ] [名] -(e)s/..kämpfe 死との戦い, 断末魔の苦しみ.

der **To·des·kan·di·dat** [トーデス・カンディダート] [名] -en/-en 死期の迫った人.

der **To·des·mut** [トーデス・ムート] [名] -(e)s/ 決死の覚悟.

to·des·mu·tig [トーデス・ムーティひ] [形] 決死の覚悟の.

die **To·des·nach·richt** [トーデス・ナーは・りひト] [名] -/-en 死亡通知, 訃報(ふほう).

das **To·des·op·fer** [トーデス・オプふぁー] [名] -s/- (事故などの)死者, (死亡した)犠牲者.

die **To·des·qual** [トーデス・クヴァール] [名] -/-en 《文》断末魔〔死〕の苦しみ.

der **To·des·schuss,** ⑪**To·des·schuß** [トーデス・シュス] [名] -es/..schüsse 致命的〔とどめの〕射撃.

die **To·des·spi·ra·le** [トーデス・シュピらーレ] [名] -/-n 〖フィギュアスケート〗デス・スパイラル(男性を中心として女性が片足で水平回転をする演技).

der **To·des·stoß** [トーデス・シュトース] [名] -es/..stöße とどめの一突き; 《転》決定的打撃.

die **To·des·stra·fe** [トーデス・シュトらーふぇ] [名] -/-n 死刑.

die **To·des·stun·de** [トーデス・シュトゥンデ] [名] -/-n 死亡時刻, 臨終, 死期.

der **To·des·tag** [トーデス・ターク] [名] -(e)s/-e 死亡日, 命日.

die **To·des·ur·sa·che** [トーデス・ウーあ・ザっへ] [名] -/-n 死因.

das **To·des·ur·teil** [トーデス・ウるタイル] [名] -s/-e 死刑判決.

die **To·des·ver·ach·tung** [トーデス・ふぇあアはトゥング] [名] -/ 死を恐れないこと： mit ~ 《冗》平気な顔をして.

tod·feind [トート・ふぁイント] ⇨ Todfeind.

der **Tod·feind** [トート・ふぁイント] [名] -(e)s/-e 不倶戴天(ふぐたいてん)の敵, 仇(きゅう)敵：〈j³〉 ~ sein 《文・古》〈人に〉激しい敵意を抱いている.

die **Tod·feind·schaft** [トート・ふぁイントシャふト] [名] -/-en 不倶戴天(ふぐたいてん)の敵対関係.

tod·ge·weiht [トート・ゲヴァイト] [形] 《文》死神にゆだねられた, 死を免れえぬ.

tod·krank [トート・クらンク] [形] 危篤の, 重態の.

töd·lich [テートリひ] [形] **1.** 致命的な, 死亡者を出した, 命取りとなる： Körperverletzung mit ~*em* Ausgang 〖法〗傷害致死. **2.** ひどい, 絶対的な; ひどく.

tod·mü·de [トート・ミューデ] [形] 死ぬほど疲れた.

tod·schick [トート・シック] [形] 《口》すごく粋(いき)な.

tod·si·cher [トート・ズィっひゃー] [形] 《口》絶対確実な; 絶対(確実)に.

die **Tod·sün·de** [トート・ズュンデ] [名] -/-n 〖カトリック〗大罪.

tod·trau·rig [トート・トらウりひ] [形] ひどく悲しげな.

tod·un·glück·lich [トート・ウン・グリュックリひ] [形] 《感》ひどく不幸〔不運〕な.

tod·wund [トート・ヴント] [形] 《文》致命傷を負った.

das (*der*) **Töff** [テふ] [名] -s/-s 《スイス・方》オートバイ(エンジンのばたばたいう音から).

das **Tof·fee** [tɔ́fi トふぃ, tɔ́fe トふぇ] [名] -s/-s トッフィー(クリームキャラメルの一種).

die **To·ga** [トーガ] [名] -/..gen トーガ(古代ローマ人の長い外衣).

(*das*) **To·go** [トーゴ] [名] -s/ 〖国名〗トーゴ.

das **To·hu·wa·bo·hu** [to:huvabó:hu トーフヴァボーフ] [名] -(s)/-s 大混乱, 乱雑, カオス.

die **To·i·let·te** [toalɛ́tə トアレッテ] [名] -/-n **1.** 化粧室, 洗面所, トイレ; 便器： auf〔in〕 die ~ gehen トイレに行く. **2.** (㊥のみ)《文》身支度, 化粧： die morgendliche ~ machen 朝の身支度をする(着衣・化粧・整髪など). **3.** (女性の)服装(特に社交用の)： in großer ~ 盛装して.

der **To·i·let·ten·ar·ti·kel** [トアレッテン・アるティ(ー)ケル] [名] -s/- 化粧用品.

die **To·i·let·ten·gar·ni·tur** [トアレッテン・ガるニトゥーあ] [名] -/-en 化粧道具一式(手鏡・くし・ブラシなど).

das **To·i·let·ten·pa·pier** [トアレッテン・パピーあ] [名] -s/ トイレットペーパー.

die **To·i·let·ten·sei·fe** [トアレッテン・ザイふぇ] [名] -/-n 化粧石鹸(せっけん).

der **Toi·let·ten·sitz** [トアレッテン・ズィッツ] [名] -es/-e (跳ね上げ式)便座.

der **To·i·let·ten·spie·gel** [トアレッテン・シュピーゲル] [名] -s/- 化粧鏡, 鏡台の鏡.

die **Toi·let·ten·spruch** [トイレッテンシュプるっふ] [名] -/..sprüche トイレのらくがき.

der **To·i·let·ten·tisch** [トアレッテン・ティッシュ] [名] -(e)s/-e 化粧台, 鏡台.

toi, toi, toi! [トイ トイ トイ] [間] 《口》 **1.** うまく行きますように： *T*~ für deine Prüfung! 君の試験がうまく行きますように. **2.** (次の形で)Unberufen ~! うっかり言ってしまったが, どうかツキが落ちませんように.

der **To·kai·er** [トカイあー] [名] -s/- トカイワイン(ハンガリーの都市 Tokaj にちなむ甘口ワイン).

der **To·ka·jer** [tó:kaɪɐr トーカイあー] [名] -s/- =Tokaier.

(*das*) **To·kio** [トーキオ] [名] -s/ 〖地名〗東京.

To·ki·o·er[1] [トーキオあー] [形] (無変化)東京の.

der **To·ki·o·er**[2] [トーキオあー] [名] -s/- 東京の人〔住民〕.

To·ki·o·ter[1] [トキオーター] [形] (無変化)東京の.

der **To·ki·o·ter**[2] [トキオーター] [名] -s/- 東京の人〔住民〕.

die **Tok·ka·ta** [トっカータ] [名] -/..ten 〖楽〗トッカータ(鍵盤楽器用の即興曲風な曲).

der **To·kus** [トークス] [名] -/-se 《方》尻.

die **Tö·le** [テーレ] [名] -/-n 《北独》犬.

to·le·rant [トレらント] [形] **1.** 〔(gegen 〈j⁴/et⁴〉に/gegenüber 〈j³/et³〉に)〕寛容な. **2.** 《口・婉》性的に開放的な.

die **To·le·ranz** [トレらンツ] [名] -/-en **1.** (㊥のみ)《文》寛容, 寛大： ~ gegen 〈j⁴/et⁴〉 üben 〈人・事に〉寛容である. **2.** 〖医〗(薬・毒物などに対する)耐性. **3.** 〖工〗許容差, 公差.

T

die **To·le·ranz·do·sis** [トレらンツ·ドーズィス] [名] -/..dosen 〖医〗(有害物質などの生物にとっての)許容量.

die **To·le·ranz·gren·ze** [トレらンツ·グれンツェ] [名] -/-n **1.** 寛容の限界. **2.** 〖工〗許容限界(誤差の範囲の). **3.** 〖医〗耐性限界(薬品・毒物に対する).

to·le·rie·ren [トレりーれン] [動] *h.* **1.** 〔<et^4>ヲ〕《文》許容する, 容認する. **2.** 〔<et^4>ヲ〕〖工〗許容する(誤差などを).

die **To·le·rie·rung** [トレりーるング] [名] -/-en **1.** 許容, 容認. **2.** (誤差の)許容.

toll [トル] [形] **1.** 途方もない;《口》すばらしい, 素敵な. **2.** 《口》ひどい;無謀な, めちゃくちゃな;ものすごい;ものすごく. **3.** 《古》気が狂った. **4.** 《古》狂犬病にかかった(犬).

die **Tol·le** [トレ] [名] -/-n 《口》(額にかかる)カールした髪(の房).

tol·len [トレン] [動] **1.** *h.* 〔<場所>デ〕(はしゃいで)騒ぐ. **2.** *s.* 〔über <et^4>ヲ/durch〕騒ぎながら行く.

die **Tol·len·se** [トレンゼ] [名] -/ 〖川名〗トレンゼ川(メクレンブルク=フォーアポンメルン州を流れる).

das **Toll·haus** [トル·ハウス] [名] -es/..häuser (昔の)気違い病院.

der **Toll·häus·ler** [トル·ホイスラー] [名] -s/- (昔の)気違い病院患者.

die **Toll·heit** [トルハイト] [名] -/-en **1.** ([単]のみ)気違いじみた〔突拍子もない・ばかげた〕こと. **2.** 気違いざた, めちゃくちゃな行為.

die **Toll·kir·sche** [トル·キるシェ] [名] -/-n 〖植〗ベラドンナ(ナス科の有毒植物).

der **Toll·kopf** [トル·コップふ] [名] -(e)s/..köpfe 《口・蔑》頭のおかしなやつ.

toll·kühn [トル·キューン] [形] 無謀な, 無鉄砲な.

die **Toll·kühn·heit** [トル·キューンハイト] [名] -/-en **1.** ([単]のみ)向うみず, 無鉄砲, 無謀. **2.** 向うみず〔無謀〕な行動.

der **Toll·patsch**, [旧]**Tol·patsch** [トル·パッチュ] [名] -(e)s/-e ひどく不器用な〔ぎこちない〕人.

toll·pat·schig, [旧]**tol·pat·schig** [トル·パッチひ] [形] ぶきっちょな.

die **Toll·wut** [トル·ヴート] [名] -/ 〖医〗狂犬〔恐水〕病.

toll·wü·tig [トル·ヴューティひ] [形] 狂犬病にかかった.

der **Tol·patsch** [トル·パッチュ] ⇨ Tollpatsch.

tol·pat·schig [トル·パッチひ] ⇨ tollpatschig.

der **Töl·pel** [テルペル] [名] -s/- **1.** 《蔑》不器用〔無能〕な者;間抜け, ばか. **2.** 〖鳥〗カツオドリ.

die **Töl·pe·lei** [テルペライ] [名] -/-en 《口・蔑》間抜け〔無器用〕な振舞い.

töl·pel·haft [テルペルハふト] [形] 《蔑》無器用な, 間抜けな.

die **Töl·pel·haf·tig·keit** [テルペルハふティひカイト] [名] -/ 《蔑》へま, 無器用さ.

(der) **Tols·toi** [..tɔ́y トルストイ] [名] 〖人名〗トルストイ(Lew〔Leo〕Nikolajewitsch Graf ~, 1828-1910, ロシアの小説家).

(der) **Tols·toj** [..tɔ́j トルストイ] [名] =Tolstoi.

der **To·lu·bal·sam** [トールバルザム] [名] -s/ トルーバルザム(南米産の木からとれる芳香樹脂).

der **To·ma·hawk** [tɔ́maha:k トマハーク] [名] -s/-s トマホーク(北米インディアンの戦闘用斧(おの)).

die **To·ma·te** [トマーテ] [名] -/-n 〖植〗トマト;トマトの実. 【慣用】**eine treulose Tomate** 《口・冗》不実な男. **Tomaten auf den Augen haben** 《口・蔑》うっかり者である.

das **To·ma·ten·mark** [トマーテン·マるク] [名] -(e)s/ トマトピュレー.

to·ma·ten·rot [トマーテン·ろート] [形] 完熟トマトのように赤い.

die **To·ma·ten·so·ße** [トマーテン·ゾーセ] [名] -/-n トマトソース.

die **To·ma·ten·sup·pe** [トマーテン·ズッペ] [名] -/-n トマトスープ.

der **Tom·bak** [トムバック] [名] -s/ トンバック(真鍮(しんちゅう)系合金).

die **Tom·bo·la** [トムボラ] [名] -/-s〔..bolen [トムボーレン]〕(祭・バザーなどの)福引き.

der **Tom·my** [tɔ́mi トミ] [名] -s/-s 《口》英国兵(第一・第二次大戦時の俗称).

die **To·mo·gra·fie**, **To·mo·gra·phie** [トモ·グらふぃー] [名] -/-n 断層撮影(法).

der **To·mus** [トームス] [名] -/Tomi 《古》(書物の)編, 巻, 冊.

der **Ton**^{1} [トーン] [名] -(e)s/-e ([複]は種類)粘土, 陶土.

der **Ton**^{2} [トーン] [名] -(e)s/Töne **1.** 音, 音響;楽音, 音色;(ラジオ・映画などの)音声: ein ganzer/halber ~ 全音/半音. einen vollen ~ haben 十分な響きがある. aus dem ~ kommen (音の)調子が狂う. den ~ steuern 音声を調節する(録音の際に). dem Film ~ unterlegen 映画に音声をつける. **2.** (主に[単])口調, 話し方: <j^3> <et^4> in einem freundlichen ~ sagen <人に><事を>親切な口調で話す. Was ist denn das für ein ~? そんな口のきき方があるかい. **3.** 《口》言葉, 発言: Keinen ~ mehr! もう言うな. keinen ~ sagen〔keinen ~ von sich^3 geben〕うんともすんとも言わない. **4.** 強調, アクセント: den ~ auf <et^4> legen <事に>アクセントを置く, <事を>強調する. **5.** 色調, 色合(Farb~): Die Farbe ist (um) einen ~ zu dunkel. 色合が今一つ暗すぎる. **6.** (主に[単])(人に接する)態度, 物腰;雰囲気: Das gehört zum guten ~. それはエチケットにかなっている. ungezwungener ~ ざっくばらんな雰囲気. 【慣用】**den Ton angeben** 音頭をとる. **ein falscher Ton**〔**falsche Töne**〕(発言などの)信頼できない調子. **einen anderen Ton anschlagen** 厳しい態度になる. **große**〔**dicke**〕**Töne reden**〔**spucken**〕《口》大口をたたく. <**j^4/et^4**> **in den höchsten Tönen loben** <人・物・事を>べたほめする. **Ton in Ton** 色合が違いながら調和を保っている.

der **Ton·ab·neh·mer** [トーン·アップ·ネーマー] [名] -s/- (レコードプレーヤーの)ピックアップ.

to·nal [トナール] [形] 〖楽〗調性の.

die **To·na·li·tät** [トナリテート] [名] -/ 〖楽〗調性.

ton·an·ge·bend [トーン·アン·ゲーベント] [形] 音頭取りの, 指導的な役割を果たす.

der **Ton·arm** [トーン·アるム] [名] -(e)s/-e (レコードプレーヤーの)トーンアーム.

die **Ton·art** [トーン·アーあト] [名] -/-en **1.** 〖楽〗調: Das Stück steht in der ~ C-Dur. その曲はハ長調です. Das kann ich in allen ~*en*〔jeder ~〕singen. それは十分知りつくしている. **2.** 話し方, 口調.

die **Ton·auf·nah·me** [トーン·アウふ·ナーメ] [名] -/-n = Tonaufzeichnung.

die **Ton·auf·zeich·nung** [トーン·アウふ·ツァイひヌング] [名] -/-en 〖ラジオ・テレビ〗録音.

das **Ton·band** [トーン·バント] [名] -(e)s/..bänder 録音テープ;《口》テープレコーダ(~gerät): <et^4> auf ~ (auf)nehmen <事を>テープに録音する.

die **Ton·band·auf·nah·me** [トーンバント·アウふ·ナーメ] [名] -/-n テープ録音.

das **Ton·band·ge·rät** [トーンバント·ゲれート] [名] -(e)s/-e テープレコーダー.

die **Ton·bild·schau** [トーン·ビルト·シャウ] [名] -/-en トーキーつきスライド映写.

die **Ton·blen·de** [トーン·ブレンデ] [名] -/-n (とくにラジオの)音質調節ダイヤル.

der **Ton·dich·ter** [トーン·ディひター] [名] -s/- 《文》作曲家.

die **Ton·dich·tung** [トーン・ディヒトゥング] 名 -/-en 《文》音楽作品, 楽曲;《楽》トーンポエム《標題音楽の一種》.

das **Ton·do** [トンド] 名 -s/-s (..di) 《芸術学》トンド《15-16世紀のフィレンツェの円形絵画・レリーフ》.

tö·nen [テーネン] 動 h. 1. 《雅》鳴響く《鐘・スピーカー・楽器・オルガンなど》. 2. 《(von ⟨et³⟩/über ⟨et⁴⟩) ニッイテ》《口・蔑》得々としゃべる, 自慢する. 3. 《⟨文⟩ト》《口・蔑》大言壮語する. 4. ⟨et⁴⟩＋《⟨形⟩ニ》色調にする. 《⟨形⟩ニ》聞こえる.

die **Ton·er·de** [トーン・エーデ] 名 /- 《化》酸化アルミニウム;攀土(ばん), アルミナ;《稀》粘土, 陶土.

tö·nern [テーナン] 形 粘土でできた, 陶製の.

der **Ton·fall** [トーン・ふァル] 名 -(e)s/..fälle (主に⑪)(語・文の)抑揚, イントネーション;話し方, 口調: in einem schlesischen ～ sprechen シュレージェン方言の抑揚で話す.

der **Ton·film** [トーン・ふィルム] 名 -(e)s/-e トーキー.

die **Ton·fol·ge** [トーン・ふォルゲ] 名 -/-n 音のつらなり, メロディー.

die **Ton·fre·quenz** [トーン・ふれクヴェンツ] 名 -/-en 《理》可聴周波数.

(das) **Ton·ga** [トンガ] 名 -s/ 《国名》トンガ.

die **Ton·ga·in·seln** [トンガ・インゼルン] 複名 《地名》トンガ諸島.

das **Ton·ge·fäß** [トーン・ゲふェース] 名 -es/-e 陶器.

das **Ton·ge·schirr** [トーン・ゲシる] 名 -(e)s/-e 陶製の食器(セット).

das **Ton·ge·schlecht** [トーン・ゲシュレヒト] 名 -(e)s/-er 《楽》調の種別(長調・短調など).

die **Ton·hal·le** [トーン・ハレ] 名 -/-n コンサートホール.

ton·hal·tig [トーン・ハルティヒ] 形 粘土を含んだ.

die **Ton·hö·he** [トーン・ヘーエ] 名 -/ 音の高さ.

(der/die) **To·ni** [トーニ] 名 《男名・女名》トーニ(Anton, Antonie, Antonia の短縮形).

to·nig [トーニヒ] 形 粘土を含んだ.

die **To·ni·ka** [トーニカ] 名 /..ken 《楽》主音.

das **To·ni·ka-Do** [トーニカ・ドー] 名 -/ (声楽教育の)階名唱法.

das **To·ni·kum** [トーニクム] 名 -s/..ka 《薬》強壮剤.

der **Ton·in·ge·ni·eur** [..インジェニェーァ トーン・インジェニェーァ] 名 -s/-e 《放・映》録音技師.

(der) **To·nio** [トーニオ] 名 《男名》トーニオ(伊名 Antonio の短縮形).

die **Ton·kunst** [トーン・クンスト] 名 -/ 《文》音楽.

der **Ton·künst·ler** [トーン・キュンストラー] 名 -s/- 《文》作曲家.

die **Ton·la·ge** [トーン・ラーゲ] 名 -/-n 《楽》音域.

die **Ton·lei·ter** [トーン・ライター] 名 -/-n 《楽》音階.

ton·los [トーン・ロース] 形 無音の, 表情のない.

die **Ton·ma·le·rei** [トーン・マーレらイ] 名 -/ 《楽》(事物の)音楽的描写, 音画.

der **Ton·meis·ter** [トーン・マイスタ-] 名 -s/- 《ﾗｼﾞｵ·ﾃﾚ·映》録音技師.

das **Ton·mi·ne·ral** [トーン・ミネらール] 名 -s/-e 粘土鉱物.

die **Ton·na·ge** [tɔnaːʒə トナージェ] 名 -/-n 《海》 1. 容積トン数. 2. (国家などの)保有船舶数.

die **Ton·ne** [トン] 名 -/-n 1. ドラム缶;大型の円筒形ごみ容器(Müll～): Er ist (dick wie) eine ～ 彼はでぶだ. 2. トン(1000 kg. 略 t). 《昔の》ワイン・ビールの量の単位. 100-7001). 3. 《海》浮標総トン数;円筒形のブイ. 4. 《口・冗》でぶ.

der **Ton·nen·ge·halt** [トネン・ゲハルト] 名 -(e)s/-e 《海》登録総トン数.

das **Ton·nen·ge·wöl·be** [トネン・ゲヴェルベ] 名 -s/- 《建》半円筒形ヴォールト.

der **Ton·nen·ki·lo·me·ter** [トネン・キロ・メーター] 名 -s/- トンキロ(貨物の運送総量の単位. 略 tkm).

ton·nen·wei·se [トネン・ヴァイゼ] 副 トン単位で[の];《口》大量に[の].

..ton·ner [..トナー] 接尾 数詞につけて「…トンの車(船)」を表す男性名詞を作る: Achttonner (8-Tonner) 8トン車(トラック).

die **Ton·pfei·fe** [トーン・プふァイふェ] 名 -/-n 陶製パイプ.

der **Ton·satz** [トーン・ザッツ] 名 -es/..sätze 《楽》多声で構成された作曲;(⑪の)作曲法(和声と対位法).

der **Ton·set·zer** [トーン・ゼッツァー] 名 -s/- 《古》作曲家.

die **Ton·sil·be** [トーン・ズィルベ] 名 -/-n アクセントのある音節.

die **Ton·sil·li·tis** [トンズィリーティス] 名 -/..tiden [トンズィリティーデン] 《医》扁桃腺(ぬるせん)炎.

die **Ton·spur** [トーン・シュプーァ] 名 -/-en 《映》サウンドトラック.

die **Ton·stu·fe** [トーン・シュトゥーふェ] 名 -/-n 《楽》度.

die **Ton·sur** [トンズーァ] 名 -/-en 《ラテン》(昔の修道士の)剃髪;剃髪(ていはつ)部, トンスラ.

die **Ton·tau·be** [トーン・タウベ] 名 -/-n (昔の)クレー射撃のクレー(標的).

der **Ton·trä·ger** [トーン・トれーガー] 名 -s/- 録音媒体(レコードや録音テープなど).

der **Ton·um·fang** [トーン・ウム・ふァング] 名 -(e)s/..fänge 《楽》音域;《音響学》可聴音域.

die **Tö·nung** [テーヌング] 名 -/-en 色調を整えること;色調, 色合い.

der **To·nus** [トーヌス] 名 -/Toni 《生理》(筋肉の)緊張, 張力;《楽》全音.

die **Ton·wa·re** [トーン・ヴァーれ] 名 -/-n (主に⑪)陶(磁)器.

die **Ton·wie·der·ga·be** [トーン・ヴィーダー・ガーベ] 名 -/ (録音したものの)再生.

das **Ton·zei·chen** [トーン・ツァイヒェン] 名 -s/- 《楽》音符;《言》アクセント記号.

der **To·pas** [トパース] 名 -es/-e トパーズ.

die **To·pe** [トーペ] 名 -/-n 仏舎利塔.

der **Topf** [トプふ] 名 -(e)s/Töpfe 1. 深鍋(Koch～): ein ～ voll Suppe スープのたくさん入った鍋. den ～ Kartoffeln aufs Gas setzen ジャガイモの鍋をガスにかける. 2. 壺(ほ), びん;おまる(Nacht～);植木鉢: ein ～ mit Marmelade ジャムの入った壺. ein ～ Honig 壺一杯分の蜂蜜. 《慣用》**alles in einen Topf werfen** 《口》何もかも一緒くたにする. **seine Nase in alle Töpfe stecken** 《口》何にでも首をつっこむ. **wie Topf und Deckel zusammenpassen** 《口》(二人の間が)しっくりゆき, ぴったり合う.

die **Topf·blu·me** [トプふ・ブルーメ] 名 -/-n 鉢植えの花.

das **Töpf·chen** [テプふヒェン] 名 -s/- (Topfの縮小形)小さい鍋(壺・植木鉢), (子供用)おまる.

der **Topf·en** [トプふェン] 名 -s/- 《ﾊﾞｲｴﾙﾝ·ｵｰｽﾄﾘｱ》凝乳.

der **Töp·fer** [テプふァー] 名 -s/- 陶工;暖炉工事職人.

die **Töp·fe·rei** [テプふェらイ] 名 -/-en 1. (⑪のみ)製陶(業). 2. 製陶工場. 3. 陶磁器.

die **Töp·fer·er·de** [テプふァー・エーるデ] 名 -/-n 陶土.

töp·fern [テプふェるン] 動 h. 1. 《雅》陶磁器を製作する. 2. 《et⁴ｦ》製作する, 陶土で作る(つぼなど).

die **Töp·fer·schei·be** [テプふァー・シャイベ] 名 -/- (陶工用の)ろくろ.

die **Töp·fer·wa·re** [テプふァー・ヴァーれ] 名 -/-n (主に⑪)陶(磁)器.

der **Topf·gu·cker** [トプふ・グッカー] 名 -s/- 《冗》(食事に何がでるかと)鍋をのぞきに台所へ来る人;お節介な人.

topfit [トップ・フィット] 形 《口》体調が最高である.
der **Topf-ku-chen** [トップル・クーヘン] 名 -s/- ナップクーヘン〔鉢形のスポンジケーキ〕.
der **Topf-lap-pen** [トップル・ラッペン] 名 -s/- 鍋つかみ.
die **Top-form** [トップ・ふぉるム] 名 -/ 〖スポーツ〗ベストコンディション.
die **Topf-pflan-ze** [トップふ・プふランツェ] 名 -/-n 鉢植え植物.
die **To-pik** [トーピク] 名 -/ 1. 〖修〗トポス論. 2. 〖解〗局所論(生物の器官の互いの位置関係についての学説). 3. 〖論〗前提論, 大体論. 4. 〖言〗話題, トピック.
der **To-pi-nam-bur** [トピナムブーる] 名 -s/-s[-e] (die ~ -/-en も有) キクイモ;キクイモの塊茎.
die **To-po-gra-fie, To-po-gra-phie** [トポグらふィー] 名 -/-n 〖地〗地誌, 地形図;〖気〗等圧線(気圧配置)図;〖解〗局所論;局所解剖学.
to-po-gra-fisch, to-po-gra-phisch [トポグらふィシュ] 形 〖地〗地形(地勢)の;〖気〗天気図(気圧配置図)の;〖医〗局所の.
die **To-po-lo-gie** [トポロギー] 名 -/ 1. 〖数〗位相幾何学〔数学〕;位相的構造. 2. 〖言〗配語法.
die **To-po-no-mas-tik** [トポノマスティク] 名 -/ 地名学.
die **To-po-ny-mik** [トポニューミク] 名 -/ ＝Toponomastik.
der **To-pos** [ト(-)ポス] 名 -/..poi 1. 〖修〗決り文句. 2. 〖文芸学〗トポス(ある地域の文学作品に繰返し出てくる同一のモチーフ・形象・場面・言回し).
der **Topp** [トップ] 名 -s/-e(n) [-s] 1. 〖海〗マストの先端：vor ~ und Takel 帆を張らずに. 2. 《冗》天井桟敷(ぜき).
topp! [トップ] 間 《古》〔同意を表して〕よし.
topp-las-tig [トップ・ラスティヒ] 形 〖海〗艤装(ぎき)が過重の, トップヘヴィーの.
das **Topp-se-gel** [トップ・ゼーグル] 名 -s/- 〖海〗上檣帆(じょしきう), トップスル.
der **Top-spin** [..spin トップ・スピン] 名 -s/-s 〖テニス・ゴルフ・卓球〗トップスピン;トップスピンがかかるようにうつこと.
die **To-que** [tok トク] 名 -/-s トーク(①昔の狭いつきのビレッタ帽. ②浅い円筒形のつばなし婦人帽).
der **Tor**[1] [トーあ] 名 -en/-en 〖文・古〗愚かな人, お人よし.
das **Tor**[2] [トーあ] 名 -(e)s/-e 1. 門, (城壁などの)入口, ゲート;(入口の)扉, 門扉：das Brandenburger ~ ブランデンブルク凱旋(ばい)門. vor den ~en der Stadt 町のすぐ近くに. 2. 〖球〗ゴール(得点)；〖スポーツ〗旗門に：auf ein ~ spielen(ジャンプ)敵をゴール前に釘づけにする. ein ~ schießen (シュートして)ゴールを決める〔点を入れる〕. 3. 〖地〗洞門;氷河先端の洞穴.
das **Tor-aus** [トーあ・アウス] 名 -/ 〖球〗ゴールラインの後ろのエリア.
der **To-re-a-dor** [トれアドーる] 名 -s[-en]/-e(n) トレアドール(騎馬の闘牛士).
die **Tor-ein-fahrt** [トーあ・アイン・ふぁーあト] 名 -/-en 門のある入口(門からある場所へ通じる車の道).
der **To-re-ro** [トれーろ] 名 -(s)/-s (徒歩の)闘牛士.
der **To-res-schluss, To-res-schluß** [トーれス・シュルス] 名 -es/- ＝Torschluss.
der **Torf** [トるふ] 名 -(e)s/-e 《雅は種類》泥炭, ピート；《単のみ》泥炭地.
der **Torf-bo-den** [トるふ・ボーデン] 名 -s/..böden 泥炭地.
die **Torf-er-de** [トるふ・エーあデ] 名 -/-n 《主に単》泥炭土.
tor-fig [トるふィヒ] 形 泥炭を含んだ, 泥炭質の.
das **Torf-moor** [トるふ・モーあ] 名 -(e)s/-e 泥炭地.

das **Torf-moos** [トるふ・モース] 名 -es/-e 〖植〗ミズゴケ, ピートモス.
der **Torf-mull** [トるふ・ムル] 名 -(e)s/-e (土壌改良用)乾燥泥炭.
der **Torf-stich** [トるふ・シュティッヒ] 名 -(e)s/-e 1. 《単のみ》泥炭の採掘. 2. 泥炭採掘場(地).
die **Tor-heit** [トーあハイト] 名 -/-en 《文》 1. 《単のみ》愚かさ. 2. 愚行：eine ~ begehen ばかなことをする.
der **Tor-hü-ter** [トーあ・ヒューター] 名 -s/- 1. 〖球〗ゴールキーパー. 2. (昔の)市門の番人.
tö-richt [テーりヒト] 形 《雅》愚かな;ばかげた, むなしい；《稀》くだらない.
die **Tö-rin** [テーりン] 名 -/-nen 《文》Tor[1]の女性形.
tor-keln [トるケルン] 動 《口》 1. s./h. 《軽蔑》よろけるよろよろ歩く. 2. s. 《方向》へ／《場所》を よろよろ歩いて行く.
die **Tor-lat-te** [トーあ・ラッテ] 名 -/-n ゴールのクロスバー.
der **Tor-lauf** [トーあ・ラウふ] 名 -(e)s/..läufe 〖スポーツ〗《稀》回転競技.
die **Tor-li-nie** [トーあ・リーニエ] 名 -/-n 〖球〗ゴールライン.
der **Tor-mann** [トーあ・マン] 名 -(e)s/..männer [..leute] ゴールキーパー.
der **Törn** [テるン] 名 -(e)s/-s 1. 〖海〗帆走(船上の)交代勤務時間；ロープのねじれ. 2. 《ジャン》(マリファナなどによる)陶酔状態.
der **Tor-na-do** [トるナード] 名 -s/-s 1. (北米の)大竜巻, トルネード. 2. 〖気〗(アフリカの)トルネード(二人乗り双胴ヨット. 記号 τ).
der **Tor-nis-ter** [トるニスター] 名 -s/- 背嚢(のう);《南》ランドセル.
tor-pe-die-ren [トるペディーれン] 動 h. 1. 《et*》《軍》魚雷で攻撃（撃沈）する. 2. 《et*》《軽蔑》ぶち壊す, つぶす(計画・協定などを).
die **Tor-pe-die-rung** [トるペディーるング] 名 -/-en 1. 《軍》魚雷攻撃. 2. 《軽蔑》(計画などの)粉砕.
der **Tor-pe-do** [トるペード] 名 -s/-s 魚雷.
das **Tor-pe-do-boot** [トるペード・ボート] 名 -(e)s/-e 《軍》(昔の)魚雷艇.
das **Tor-pe-do-rohr** [トるペード・ろーあ] 名 -(e)s/-e 《軍》魚雷発射管.
der **Tor-pfos-ten** [トーあ・プふォステン] 名 -s/- ゴールポスト.
tor-pid [トるピート] 形 1. 〖医・動〗(寒気で)動きのなくなった(硬直した). 2. 〖医〗遅鈍(型)の;無力性の.
das **Torr** [トる] 名 -s/- 〖理〗トル(昔の圧力単位. 1/760気圧).
der **Tor-raum** [トーあ・らウム] 名 -(e)s/..räume 〖球〗ゴールエリア.
die **Tor-ren-te** [トれンテ] 名 -/-n 〖地〗トレンテ(激しい雨季の時のみ流水のある川).
der **Tor-schluss, ⓢTor-schluß** [トーあ・シュルス] 名 -es/ (昔の市門の)門限：(kurz) vor ~ 時間ぎりぎりに.
die **Tor-schluss-pa-nik, ⓢTor-schluß-pa-nik** [トーあシュルス・パーニク] 名 -/-en (主に⟨単⟩)時間切れ間際のあせり, 土壇場での焦躁(ようそう)感.
die **Tor-si-on** [トるズィ・オーン] 名 -/-en 〖理・工〗ねじり, ねじれ;〖数〗ねじれ率;〖医〗捻転(な).
der **Tor-so** [トるゾ] 名 -s/-s 1. 〖芸術学〗トルソ(手足・頭のない彫像). 2. 《文》断片, 未完成の作品.
der **Tort** [トるト] 名 -(e)s/ 《古》侮辱, いやがらせ.
das **Tört-chen** [テるトヒェン] 名 -s/- 小型のトルテ.
die **Tor-te** [トるテ] 名 -/-n 1. トルテ(果物・クリームなどをのせた円形のケーキ). 2. 《若・古》女の子.

das **Tor·te·lett** [トるテレっト] [名] -s/-s 小型のトルテの台；小型のタルト，タルトレット.
die **Tor·te·let·te** [トるテレっテ] [名] -/-n =Tortelett.
der **Tor·ten·bo·den** [トるテン・ボーデン] [名] -s/..böden トルテの台《果物をのせて仕上げる円形台》.
der **Tor·ten·he·ber** [トるテン・ヘーバー] [名] -s/- ケーキサーバー.
die **Tor·ten·plat·te** [トるテン・プラっテ] [名] -/-n トルテ用の平らな皿.
die **Tor·til·la** [tɔrtílja トるティルヤ] [名] -/-s トルティリア《①ラテンアメリカではとうもろこし粉の丸い薄焼き. ②スペインではオムレツ》.
die **Tor·tur** [トるトゥーあ] [名] -/-en **1.** (昔の)拷問. **2.** 苦悩，難儀.
der **To·rus** [トーるス] [名] -/..ri 〖芸術学〗トーラス《古代建築の円柱基部の刳形(くりかた)》；〖数〗トーラス，円〔輪〕環面；〖医〗隆起.
die **Tor·wa·che** [トーあ・ヴァっへ] [名] -/-n (昔の)市門の番人.
der **Tor·wäch·ter** [トーあ・ヴェひター] [名] -s/- (昔の)市門の門衛；〖スポ〗《ジャーゴン》ゴールキーパー.
der **Tor·wart** [トーあ・ヴァるト] [名] -(e)s/-e **1.** 〖球〗ゴールキーパー. **2.** (昔の)市門の番人.
der **Tor·weg** [トーあ・ヴェーク] [名] -(e)s/-e 門から玄関へ通じる道.
der **To·ry** [tɔ́ri トり] [名] -s/-s〔Tories[トりース]〕イギリスの保守党員；(昔の)トーリー党員《イギリスの保守党の前身》.
to·sen [トーゼン] [動] **1.** *h.* 〔補足なし〕轟音(ごうおん)を立てる《嵐・滝・波などが》. **2.** *s.* 〔〈場所〉ヲ〕轟音を立てて行く.
die **Tos·ka·na** [トスカーナ] [名] -/ 〖地名〗トスカナ《イタリア中部の州》.
tot [トート] [形] **1.** 死んだ，枯れた，生命のない：～ umfallen(発作などで)死んで倒れる. Die Leitung ist ～. 《転》この電話(線)は通じない. **2.** 死去した，死に絶えた：Meine Eltern sind ～. 私の両親はなくなりました. 〈j⁴〉 für ～ erklären 〈人ノ〉死亡宣告をする. **3.** 生気のない，死んだような，人気(ひとけ)のない，さえない：eine ～*e* Stadt 死んだような〔人気のない〕町. Morgens bin ich immer ganz ～. 《口》朝は私はいつも死んでる〔ぼおっとしている〕. **4.** 機能しない，利を生まない：ein ～*es* Gleis(行止まりの)待避線. Diese Strecke liegt bis morgen ～. この区間は明日まで通行できない. ～*es* Kapital 非生産資本. 【慣用】**auf den toten Punkt kommen** 行詰まる. 〈**j⁴/et⁴**〉 **auf ein totes Gleis schieben** 〈人ヲ〉出世コースから外す，〈事ヲ〉棚上げする. **das tote Gewicht** (車両の)自重. **das Tote Meer** 死海. **den toten Mann machen** 《口》あお向けに水に浮かぶ. **der tote Punkt** 〖工〗死点. **die Tote Hand** 〖法〗死手《教会など財産を売却・譲渡できない法人》. **die tote Last** 〖工〗死荷重. **ein toter Glaube** 形だけの信仰. **ein toter Winkel** 死角. **ein totes Rennen** (同着で)勝者の決まらないレース. **eine tote Zeit** 〖商〗閑散期. **eine tote Zone** (電波の受信困難な)不感地帯. **halb tot vor Angst/Furcht sein** 《口》不安/恐ろしさのあまり半ば死んだようになっている. **mehr tot als lebendig sein** (力を使い果たして)死にそうである. **tot und begraben** 《口》すでに忘却のかなたにある. **tote Materie** 無機物. **toter Mann** 〖鉱〗廃坑. **totes Wasser** よどみ水.
to·tal [トタール] [形] **1.** 全面的な，完全な；《口》すっかり，まったく. **2.** 《文・稀》全体主義的な. **3.** 《スイ》全体の.
der **To·tal·aus·ver·kauf** [トタール・アウス・ふぇあカウふ] [名] -(e)s/..käufe 在庫一掃大売出し.
die **To·ta·le** [トターレ] [名] -/-n 〖映・写〗ロングショット；全景.
der **To·ta·li·sa·tor** [トタリザートーあ] [名] -s/-en [トタリザトーれン] **1.** 公営馬券発売所. **2.** 〖気〗降水量計.
to·ta·li·tär [トタリテーあ] [形] 〖政〗《蔑》全体主義的な；《文・稀》全体的な，包括的な.
der **To·ta·li·ta·ris·mus** [トタリタりスムス] [名] -/ 〖政〗《蔑》全体主義.
die **To·ta·li·tät** [トタリテート] [名] -/-en **1.** 《主に[単]》〖哲〗全体(性)，総体(性)；《文》完全，完璧. **2.** 《主に[単]》《文》全面的権力の行使〔要求〕. **3.** 〖天〗皆既食.
die **To·tal·ope·ra·ti·on** [トタール・オペらツィオーン] [名] -/-en 〖医〗(子宮・卵巣などの)全摘出手術.
der **To·tal·scha·den** [トタール・シャーデン] [名] -s/..schäden (自動車などの修理不能の)完全破損.
der **To·tal·ver·lust** [トタール・ふぇあルスト] [名] -(e)s/-e 〖経〗全損.
tot|ar·bei·ten [トート・アるバイテン] [動] *h.* 〔sich⁴〕《口》死ぬほど働く.
tot|är·gern [トート・エるガーン] [動] *h.* 〔sich⁴〕《口》かんかんに怒る.
der/die **To·te** [トーテ] [名] 《形容詞的変化》 死者：Das ist ein Lärm, um ～ aufzuwecken. 死者も目を覚ます騒ぎだ. Die ～*n* soll man ruhen lassen. 死んだ人の悪口を言ってはならない. Bist du von den ～*n* auferstanden? 《口》やっとまた会えたね《長く会わなかった人に向かって》.
das **To·tem** [トーテム] [名] -s/-s 〖民俗〗トーテム.
der **To·te·mis·mus** [トテミスムス] [名] -/ 〖民俗〗トーテミズム，トーテム信仰.
to·te·mis·tisch [トテミスティシュ] [形] 〖民俗〗トーテミズムの.
der **To·tem·pfahl** [トーテム・プふぁール] [名] -(e)s/..pfähle トーテムポール.
tö·ten [テーテン] [動] *h.* **1.** 〔〈j⁴/et⁴〉ヲ〕殺す. **2.** 〔補足なし〕人を殺す. **3.** 〔sich⁴〕自殺する. **4.** 〔〈et⁴〉ヲ〕《口》殺す，もみ消す，つぶす《歯の神経・タバコの火・時間などを》.
der **To·ten·acker** [トーテン・アっカー] [名] -s/..äcker 《古》墓地.
to·ten·ähn·lich [トーテン・エーンりひ] [形] 死んだような.
das **To·ten·amt** [トーテン・アムト] [名] -(e)s/..ämter 〖カトリック〗死者ミサ.
die **To·ten·bah·re** [トーテン・バーれ] [名] -/-n 棺台.
das **To·ten·bett** [トーテン・ベっト] [名] -(e)s/-en 臨終の床.
to·ten·blass, [旧]to·ten·blaß [トーテン・ブラス] [形] 死人のように青ざめた.
die **To·ten·bläs·se** [トーテン・ブレっセ] [名] -/ 死人のような蒼白さ.
to·ten·bleich [トーテン・ブライひ] [形] =totenblass.
die **To·ten·fei·er** [トーテン・ふぁイあー] [名] -/-n 葬式，追悼式〔会〕，慰霊祭.
das **To·ten·fest** [トーテン・ふぇスト] [名] -(e)s/-e 〖宗〗死者礼拝祭；〖カトリック〗死者の記念日(11月2日)；〖プロテスタント〗死者慰霊日《待降節に入る前の日曜日》.
das **To·ten·ge·läut** [トーテン・ゲロイト] [名] -(e)s/ 弔鐘の音.
die **To·ten·glo·cke** [トーテン・グロっケ] [名] -/-n 弔鐘.
der **To·ten·grä·ber** [トーテン・グれーバー] [名] -s/- **1.** 墓掘り人. **2.** 〖昆〗シデムシ.
das **To·ten·hemd** [トーテン・ヘムト] [名] -(e)s/-en 屍衣，死者に着せる白衣.
die **To·ten·kla·ge** [トーテン・クラーゲ] [名] -/-n 哀悼；〖文芸学〗挽歌(ばんか).
der **To·ten·kopf** [トーテン・コっプふ] [名] -(e)s/..köpfe **1.** どくろ，されこうべ. **2.** どくろ印《危険や毒物を表す》. **3.** 〖昆〗メンガタスズメ《ガの一種》.

T

Totenlade

die **To·ten·la·de** [トーテン・ラーデ] 名 -/-n **1.**《古》棺, 柩(ﾋﾂｷﾞ). **2.**【医】骨板(ｺﾂﾊﾞﾝ).

das **To·ten·mahl** [トーテン・マール] 名 -(e)s/-e《文》(葬儀の後の)死者を悼む会食.

die **To·ten·mas·ke** [トーテン・マスケ] 名 -/-n デスマスク.

die **To·ten·mes·se** [トーテン・メッセ] 名 -/-n 【ｶﾄﾘｯｸ】 **1.** 死者ミサ(葬儀の際の). **2.** 追悼ミサ.

das **To·ten·reich** [トーテン・ライヒ] 名 -(e)s/-e【神話】死者の国, 黄泉(ﾖﾐ)の国.

der **To·ten·schä·del** [トーテン・シェーデル] 名 -s/- どくろ, されこうべ.

die **To·ten·schau** [トーテン・シャウ] 名 -/ 検死.

der **To·ten·schein** [トーテン・シャイン] 名 -(e)s/-e 死亡診断書.

der **To·ten·schrein** [トーテン・シュライン] 名 -(e)s/-e《古・文》柩(ﾋﾂｷﾞ), 棺.

der **To·ten·sonn·tag** [トーテン・ゾン・ターク] 名 -(e)s/-e (主に㊅)【ﾌﾟﾛﾃｽﾀﾝﾄ】死者慰霊日(待降節に入る前の日曜日).

die **To·ten·star·re** [トーテン・シュタれ] 名 -/ 死後硬直.

to·ten·still [トーテン・シュティル] 形 しんと静まり返った.

die **To·ten·stil·le** [トーテン・シュティレ] 名 -/ 死んだような静けさ, 深い静寂.

der **To·ten·tanz** [トーテン・タンツ] 名 -es/..tänze 【美】死の舞踏(死神たるさまざまな身分の老若男女が踊る図. 生の無常性の象徴);【楽】死の舞踏. ⇨ Danse macabre.

die **To·ten·uhr** [トーテン・ウーあ] 名 -/-en【昆】シバンムシ(雄が求愛時に立てる音が死を予告するとされる).

der **To·ten·vo·gel** [トーテン・ふぉーゲル] 名 -s/..vögel【鳥】コキンメフクロウ(その鳴き声が不吉とされる).

die **To·ten·wa·che** [トーテン・ヴァッヘ] 名 -/-n 通夜: die ~ halten 通夜をする.

tot|fah·ren* [トート・ふァーれン] 動 *h.*《j⁴/et⁴ッ》轢(ひ)き殺す.

tot ge·bo·ren, ㊅**totgeboren** [トート ゲボーれン] 形 死産の.

die **Tot·ge·burt** [トート・ゲブーあト] 名 -/-en 死産;死産児.

der/die **Tot·ge·glaub·te** [トート・ゲグラウプテ] 名 《形容詞的変化》死んだと思われている人.

der/die **Tot·ge·sag·te** [トート・ゲザークテ] 名 《形容詞的変化》死んだと言われている人.

tot|krie·gen [トート・クリーゲン] 動 *h.*《口》**1.**《j⁴ッ》へばらせる. **2.**《et⁴ッ》使い潰(つぶ)す. 【慣用】nicht totzukriegen sein (人が)簡単にはへばらない;(物が)長持ちする.

tot|la·chen [トート・ラッヘン] 動《sich⁴》《口》死ぬほど笑う. 【慣用】zum Totlachen sein とてもこっけいである.

tot|lau·fen* [トート・ラウふェン] 動《sich⁴》《口》成果なしに終る, 不首尾に終る(交渉などが);自然に消滅する(流行などが).

tot|ma·chen [トート・マッヘン] 動 *h.*《口》**1.**《j⁴ッ》殺す;やっつける. **2.**《sich⁴+(für j⁴/et⁴ッ)ﾉﾀﾒﾆ》(人の)体をこわす, 神経が参る.

die **Tot·mann·brem·se** [トート・マン・ブれムゼ] 名 -/-n【工】デッドマンブレーキ(手・足を離すと自動的にブレーキがかかる装置).

der **Tot·mann·knopf** [トート・マン・クノップふ] 名 -(e)s/..knöpfe【工】デッドマンブレーキのボタン. ⇨ Totmannbremse.

das [der] **To·to** [トート] 名 -s/-s **1.** 公営馬券発売所(Totalisator 1の短縮形). **2.** トトカルチョ.

to·to·mä·ßig [トート・メースィヒ] 形 【ﾄﾄｶﾙﾁｮ】トトカルチョの.

der **Tot·punkt** [トート・プンクト] 名 -(e)s/-e 【工】デッドポイント, 死点.

tot|sa·gen [トート・ザーゲン] 動 *h.*《j⁴ｦｺﾄｯｶﾞ》(誤って)死んだと言触らす.

tot|schie·ßen* [トート・シーセン] 動 *h.*《j⁴/et⁴ｦ》《口》撃ち殺す, 射殺する.

der **Tot·schlag** [トート・シュラーク] 名 -(e)s/ 【法】 殺.

tot|schla·gen* [トート・シュラーゲン] 動 *h.*《j⁴/et⁴ｦ》殴って殺してしまう(殺す). 【慣用】die Zeit totschlagen (転・口)時間(ひま)をつぶす.

der **Tot·schlä·ger** [トート・シュレーガー] 名 -s/- 《蔑》撲殺者. **2.** 殺人用棍棒(ｺﾝﾎﾞｳ), ブラック・ジャック(布・皮で覆った鋼鉄製のスプリングや先端に鉛の玉のついた棒).

tot|schwei·gen* [トート・シュヴァイゲン] 動 *h.*《j⁴/et⁴ｦ》黙殺する;(…について)黙って[言わないで]おく, 表ざたにしない.

tot stel·len, ㊅**tot|stel·len** [トート シュテレン] 動 *h.*《sich⁴》死んだふりをする.

tot|tre·ten* [トート・トれーテン] 動《j⁴/et⁴ｦ》踏み殺す.

die **Tö·tung** [テートゥング] 名 -/-en (主に㊅) **1.** 殺害, 殺人: fahrlässige ~ 過失致死(罪). **2.** (感情・欲望などの)抑制;(歯の神経を)殺すこと;(タバコの火を)もみ消すこと;(時間)をつぶすこと.

das **Tou·pet** [tupé: トゥペー] 名 -s/-s **1.** トゥペー(①昔の前髪を高くした髪型. ②男性用ヘアピース. **2.**《古》《方》厚かましさ.

tou·pie·ren [tu.. トゥピーれン] 動 *h.*《et⁴ｦ》逆げを立てるてくらます(髪を).

die **Tour** [tu:r トゥーあ] 名 -/-en **1.** 遠足, ハイキング, サイクリング;ラリー;ドライブ, ツアー;出張: eine ~ durch Italien イタリア・ツアー. eine ~ in die Berge machen 山へ遠足に行く. auf ~ gehen ツアー(出張)に出かける. auf ~ sein ツアー(出張)に出ている. **2.** 区間, 行程, 道のり: eine ~ mit dem Auto fahren 片道は自動車で行く. die ~ Frankfurt-Mannheim フランクフルト−マンハイム区間. **3.** (主に㊅)《口》もくろみ, さく;(《蔑》も有)手口, やり口. **4.** (主に㊅)【工】(機械の)回転: 5 000 ~en in der Minute machen 毎分5000回転する. auf vollen ~en laufen 全速回転をしている. **5.** (反復動作[運動]の)区切り: eine ~ tanzen 一(ひと切)りを踊る. eine ~ auf dem Karussell メリーゴーラウンドでの一周. zwei ~en stricken 二段編む. **6.**《ﾎﾟｼﾞｼｮﾝ》【馬術】(調教テストの)課題. 【慣用】auf die dumme Tour reisen [reiten] おろかなふりをしてうまくやろうとする. 《j⁴》auf Touren bringen 《人ｦ》元気づける;《人ｦ》かっとさせる. auf Touren kommen 元気づく;かっとなる. auf vollen [höchsten] Touren laufen 《口》全力でなされている. in einer Tour《口》続けざまに, ひっきりなしに. seine Tour haben 機嫌が悪くなっている.

das **Tou·ren·rad** [tú:rən.. トゥーれン・らート] 名 -(e)s/..räder サイクリング用自転車.

der **Tou·ren·wa·gen** [トゥーれン・ヴァーゲン] 名 -s/- ラリー用自動車.

die **Tou·ren·zahl** [トゥーれン・ツァール] 名 -/-en【工】回転数.

der **Tou·ren·zäh·ler** [トゥーれン・ツェーラー] 名 -s/- 回転速度計, タコメーター.

der **Tou·ris·mus** [turísmos トゥりスムス] 名 -/ 観光旅行, 観光客の往来.

der **Tou·rist** [トゥりスト] 名 -en/-en 観光客, ツーリスト;《古》ハイカー, 登山家.

die **Tou·ris·ten·klas·se** [トゥりステン・クラッセ] 名 -/-n ツーリスト(エコノミー)クラス.

die **Tou·ris·tik** [tu.. トゥりスティク] 名 -/ 観光旅行,

観光事業;《古》ハイキング, 登山.
tou·ris·tisch [tu.. ﾄｩﾘｽﾃｨｼｭ] 形 観光の.
das **Tour·ne·dos** [tornədó: ﾄﾙﾈﾄﾞｰ] 名 -[..ドース) /-[..ドース]《料》トゥルヌドー《牛のヒレステーキの一種》.
die **Tour·nee** [turné: ﾄｩﾙﾈｰ] 名 -/-s(-n) 巡業, 演奏〔客演〕旅行.
der **Tow·er** [táuɐ ﾀｳｴ] 名 -(s)/- (空港の)コントロールタワー.
die **Town·ship** [táunʃip ﾀｳﾝ･ｼｯﾌﾟ] 名 -/-s (南アフリカ連邦の)黒人居住区.
die **To·xi·ko·lo·gie** [ﾄｸｽｨｺ･ﾛｷﾞｰ] 名 -/ 毒物学.
die **To·xi·ko·se** [ﾄｸｽｨｺｰｾﾞ] 名 -/-n 〖医〗(毒物)中毒(症).
das **To·xi·kum** [ﾄｸｽｨｸﾑ] 名 -s/..ka 〖医〗毒(物).
das **To·xin** [ﾄｸｽｨｰﾝ] 名 -s/-e 〖医･生〗毒素, トキシン.
to·xisch [ﾄｸｽｨｼｭ] 形 〖医〗有毒な, 毒性の;中毒(性)の.
der **Trab** [ﾄﾗｰﾌﾟ] 名 -(e)s/ (馬の)速歩;《転･口》(人の)急ぎ足 : das Pferd in ~ setzen 馬を速歩に移す; sich⁴ in ~ setzen 足を速める. Ein bisschen ~!《口》少し急げよ. 【慣用】《j⁴》auf Trab bringen《口》人をせきたてる. auf Trab sein《口》動き回っている, 忙しい.
der **Tra·bant** [ﾄﾗﾊﾞﾝﾄ] 名 -en/-en 1. 〖天〗衛星;〖字〗人工衛星. 2. 《昔の貴族などの》護衛(者);従者;《蔑》取り巻き. 3. 《のみ》《口･冗》子供たち. 4. 〖電〗(テレビ映像の)イコライジングパルス.
die **Tra·ban·ten·stadt** [ﾄﾗﾊﾞﾝﾃﾝ･ｼｭﾀｯﾄ] 名 -/..städte 衛星都市;ベッドタウン.
tra·ben [ﾄﾗｰﾍﾞﾝ] 動 1. h.(s.) 〖獣〗速歩で走る(馬が);馬を速歩で走らせる. 2. s.《方向》《口》急いで行く(人が).
der **Tra·ber** [ﾄﾗｰﾊﾞｰ] 名 -s/- 繋駕(ｹｲｶﾞ)速歩レース用の馬.
das **Trab·ren·nen** [ﾄﾗｰﾌﾟ･ﾚﾈﾝ] 名 -s/- 繋駕(ｹｲｶﾞ)速歩レース《二輪馬車を引いて走る》.
der **Tra·cer** [tɾéːsɐ ﾄﾚｰｻｰ] 名 -s/- 〖医･生理〗トレーサー, 追跡子《器官内などで》物質の経路･変化を追跡する放射性物質》.
die **Tra·chee** [ﾄﾗﾍｰｴ] 名 -/-n 1. 〖植〗導管. 2. 〖動〗(節足動物の)気管.
die **Tra·che·o·to·mie** [ﾄﾗﾍｵﾄﾐｰ] 名 -/-n 〖医〗気管切開(術).
das **Tra·chom** [ﾄﾗﾎｰﾑ] 名 -s/-e 〖医〗トラコーマ, トラホーム.
die **Tracht** [ﾄﾗﾋﾄ] 名 -/-en 1. (ある民族･時代･職業に特有の)衣装, 服装;髪形, ひげの型. 2. 《古》一荷(人が一度に運べる量) : eine ~ Holz たきぎ一荷. 3. 〖養蜂〗(ミツバチの集めた)蜜(ﾐﾂ)と花粉. 4. 〖農〗作:zweite ~ 第二作.【慣用】**eine Tracht Prügel bekommen** さんざんぶんなぐられる.
trach·ten [ﾄﾗﾋﾃﾝ] 動 h.《文》 1. (nach《et³》》得ようと努める, ねらう. 2. (zu《動》ｼｮｳﾄ)する, 試みる.
das **Trach·ten·fest** [ﾄﾗﾋﾃﾝ･ﾌｪｽﾄ] 名 -(e)s/-e 民族衣装祭.
trǎch·tig [ﾄﾚﾋﾃｨﾋ] 形 1. 仔をはらんだ. 2. 《文》《von[mit]《et³》》;《mit》verschiedenen Gedanken ~er Entwurf さまざまなアイデアの豊かな構想.
die **Trǎch·tig·keit** [ﾄﾚﾋﾃｨﾋｶｲﾄ] 名 -/ 1. (動物の)妊娠. 2. 《文》(思考などの)豊かさ.
der **Tra·chyt** [ﾄﾗﾋｭｰﾄ] 名 -s/-e 粗面岩.
tra·die·ren [ﾄﾗﾃﾞｨｰﾚﾝ] 動 h.《et³》《文》(後世に)伝える, 伝承する.

die **Tra·di·ti·on** [ﾄﾗﾃﾞｨﾂｨｵｰﾝ] 名 -/-en 1. 伝統, 慣例, しきたり, 因襲 : eine ~ pflegen 伝統を培う. mit der ~ brechen 伝統(因襲)を破る. 2. 《稀》伝承, 継承.
der **Tra·di·ti·o·na·lis·mus** [ﾄﾗﾃﾞｨﾂｨｵﾅﾘｽﾑｽ] 名 -/《文》伝統主義;〖哲〗(19世紀フランスの)伝統主義.
tra·di·ti·o·nell [ﾄﾗﾃﾞｨﾂｨｵﾈﾙ] 形 伝統的な.
die **Tra·di·ti·ons·pfle·ge** [ﾄﾗﾃﾞｨﾂｨｵｰﾝｽ･ﾌﾟﾌﾚｰｹﾞ] 名 -/ 伝統の育成.
traf [ﾄﾗｰﾌ] 動 treffen の過去形.
träf [ﾄﾚｰﾌ] 形《古》適切な.
träfe [ﾄﾚｰﾌｪ] 動 treffen の接続法2式.
die **Tra·fik** [ﾄﾗﾌｨｯｸ] 名 -/-en 《ｵｰｽﾄﾘｱ》タバコ店.
der **Tra·fi·kant** [ﾄﾗﾌｨｶﾝﾄ] 名 -en/-en 《ｵｰｽﾄﾘｱ》タバコ店の店主.
der **Tra·fo** [ﾄﾗｰﾌｫ] 名 -(s)/-s 〖電〗変圧器(Transformator の短縮形).
der **Trag·al·tar** [ﾄﾗｰｸ･ｱﾙﾀｰｱ] 名 -(e)s/..täre 携帯用祭壇.
die **Trag·bah·re** [ﾄﾗｰｸ･ﾊﾞｰﾚ] 名 -/-n 担架.
trag·bar [ﾄﾗｰｸ･ﾊﾞｰﾙ] 形 1. 持運びできる, ポータブルの. 2. 着用に耐える, 着てもよい. 3. (経済的に)耐えられる;我慢できる.
die **Tra·ge** [ﾄﾗｰｹﾞ] 名 -/-n 担架, 移動用寝台.
trä·ge [ﾄﾚｰｹﾞ] 形 1. だらけた, 怠惰な;(転)ゆっくりした, 緩慢な. 2. 〖理〗慣性の.
tra·gen [ﾄﾗｰｹﾞﾝ] 動 h. trug ; hat getragen 1. 《j⁴/et⁴》+《方向》《kn》》運ぶ, 運んでいる, 持って(抱いて･背負って･乗せて･かついで)行く(いる). 2. 《et⁴》身につけている, 着ている, かぶっている, はいている, かけている, している(指輪などを);生やしている(ひげを);(…の)髪形をしている. 3. 《et⁴》負う, 負担する(責任･損害などを);支えている, 支えられる;支持する. 4. 《et⁴》支える. 5. 《et⁴》耐える. 6. 《et⁴》/《様態》》つける(実などを);実を結ぶ. 7. 《et⁴》《様態》》している(身体の部分を) : den Kopf (die Nase) hoch ~ 傲慢(ｺﾞｳﾏﾝ)である. 8. 《et⁴》携行する, 携えている. 9. 《et⁴》持っている(名前･タイトルなどを) : Der Film trägt den Titel … この映画の題名は…である. Der Stein trägt eine Inschrift. 石には銘が刻まれてる. den Namen des Großvaters ~ 祖父の名前をもらっている. 10. 《j⁴》身ごもっている. 11. 《獣》子を孕(ﾊﾗ)んでいる(雌獣が);動物が》. 12. 《様態》》とどく(弾丸･声などが). 13. 《et⁴》《心に》抱いている : Bedenken ~, 《et⁴》zu tun 《事》するのをためらう. für 《et⁴》Sorge ~《人･物･事》を配慮する. 14. 《j⁴/et⁴》浮かす(水などが). 15. 〖船〗浮力がある(水などが). 16. 《sich⁴+様態》》の･着られる : Der Koffer trägt sich gut. このスーツケースは持ちやすい. Der Anzug trägt sich gut. この背広は着やすい. 17. 《sich⁴+《様態》+》服装をしている. 18. 《sich⁴+mit《et³》》胸に抱いている.【慣用】**Das Eis trägt.** 今の氷は乗っても大丈夫だ. 《et³》**Rechnung tragen**《事》を顧慮する. 《j³》**tragen helfen**《人ﾞ》》運ぶのを手伝う. **(schwer) an**《et³》**tragen**《物》》を負担(重荷)に感じる, 《事ﾆ》》苦しむ : Er trägt schwer an seinem Schicksal. 彼はおのが運命に苦しんでいる. **zum Tragen kommen** 効力を発揮する, 用いられる.
tra·gend [ﾄﾗｰｹﾞﾝﾄ] 形 1. 基礎[基本]的な, 主要な. 2. 支えとなる.
der **Trä·ger** [ﾄﾚｰｶﾞｰ] 名 -s/- 1. 運ぶ人, 運搬者;(登山などの)ポーター, 強力(ｺﾞｳﾘｷ) ;運び屋(Gepäck-~);配達人(Aus-~), 郵便配達員(Brief-~);(救急車などの)担架要員;キャディー. 2. 〖土〗梁(ﾊﾘ), 桁(ｹﾀ). 3. (ドレスなどの)つりひも, サスペンダー, (下着などの)ストラップ. 4. (制服などを)身につけて

いる人;(権力などの)保持者;(活動などの)担い手,推進者;(業務などの)担当者,担当機関;〚医〛保菌者(Bassillen~).―**5.**〚工〛搬送波.

das **Träger·flug·zeug** [トレーガー・フルーク・ツォィク] 图 -(e)s/-e 艦載機.

die **Träger·frequenz** [トレーガー・ふれクヴェンツ] 图 -/-en〚無線〛搬送周波数.

träger·los [トレーガー・ロース] 形 つりひも〔ストラップ〕のない.

die **Träger·rakete** [トレーガー・らケーテ] 图 -/-n 推進〔打上げ〕ロケット.

die **Träger·schaft** [トレーガー・シャふト] 图 -/ 責任担当機関;責任担当者であること(病院・学校などの施設の).

die **Träger·schürze** [トレーガー・シュるツェ] 图 -/-n つりひも付きエプロン.

die **Trage·zeit** [トラーゲ・ツァィト] 图 -/-en (哺乳動物の)妊娠期間.

trag·fähig [トラーク・ふェーイヒ] 形 支える力のある,負担〔負荷〕力のある,(転)許容可能な.

die **Trag·fähigkeit** [トラーク・ふェーイヒカィト] 图 -/ 支持力,負荷能力;積載能力;積載量.

die **Trag·fläche** [トラーク・ふレッヒェ] 图 -/-n ＝Tragfläche.

das **Tragflächen·boot** [トラークふレッヒェン・ボート] 图 -(e)s/-e 水中翼船.

der **Trag·flügel** [トラーク・ふリューゲル] 图 -s/- ＝Tragfläche.

das **Tragflügel·boot** [トラークふリューゲル・ボート] 图 -(e)s/-e 水中翼船.

die **Träg·heit** [トレーク・ハィト] 图 -/ **1.** (椳のみ)怠惰,無精,不活発：zur ~ neigen 怠惰になりやすい.―**2.**〚理〛慣性.

das **Trägheits·gesetz** [トレークハィツ・ゲゼッツ] 图 -es/〚理〛慣性の法則.

das **Trägheits·moment** [トレークハィツ・モメント] 图 -(e)s/-e〚理〛慣性モーメント.

der **Trag·himmel** [トラーク・ヒメル] 图 -s/- (稀)(手で捧げ持つ)天蓋(松).

die **Tragik** [トラーギク] 图 -/ (人生の)悲劇,悲運;悲惨,悲痛;〚文芸学〛悲劇的なこと,悲劇性.

der **Tragiker** [トラーギカー] 图 -s/- 悲劇作家.

tragikomisch [トらギ・コーミッシュ,トらーギ・コミッシュ] 形 (文)悲喜劇の.

die **Tragikomödie** [トらギ・コ㋐ーディエ,トらーギ・コ㋐ーディエ] 图 -/-n〚文芸学〛悲喜劇.

tragisch [トラーギッシュ] 形 **1.** 悲劇的な;(口)深刻な.―**2.**〚文芸学・劇〛悲劇的の.

der **Trag·korb** [トラーク・コるプ] 图 -(e)s/..körbe 背負い籠(㍊);手提げ籠.

die **Trag·kraft** [トラーク・クらふト] 图 -/〚工・土〛負荷〔積載〕能力,支持力.

die **Trag·last** [トラーク・ラスト] 图 -/-en (人・牛馬が運ぶ)荷物,積荷.

der **Tragöde** [トラゲ㋐ーデ] 图 -n/-n〚劇〛悲劇俳優.

die **Tragödie** [トラゲ㋐ーディエ] 图 -/-n **1.** (椳のみ)(ジャンルとしての)悲劇：die griechische ~ ギリシア悲劇.―**2.** 悲劇(作品)：eine klassische ~ in fünf Akten 五幕の古典悲劇.―**3.** 悲劇的事件;(口)深刻な出来事：aus〈et³〉eine ~ machen〈事を〉心要以上に深刻にとる.

die **Tragödin** [トラゲ㋐ーディン] 图 -/-nen〚劇〛悲劇女優.

der **Trag·riemen** [トラーク・リーメン] 图 -s/- (ショルダーバッグなどの)つりひも,ストラップ,負い革.

der **Trag·schrauber** [トラーク・シュらウバー] 图 -s/-〚空〛オートジャイロ.

der **Trag·sessel** [トラーク・ゼッセル] 图 -s/- いす形の輿(㌘).

trägst [トレークスト] 動 tragen の現在形 2 人称単数.

trägt [トレークト] 動 tragen の現在形 3 人称単数.

das **Trag·tier** [トラーク・ティーる] 图 -(e)s/-e (稀)運搬用動物(ロバなど).

die **Trag·weite** [トラーク・ヴァィテ] 图 -/-n **1.** 射程〔着弾〕距離;〚海〛(灯火〔船灯〕の)到達距離.―**2.** 影響(範囲)：Das ist von großer ~. それは影響するところが大きい.

das **Trag·werk** [トラーク・ヴェるク] 图 -(e)s/-e **1.**〚空〛主翼部.―**2.**〚土〛(建物の土台・支柱など)支持部分〔構造〕.

der **Train** [trɛ̃: トれーン] 图 -s/-s〚軍〛(昔の)輜重(ちょう)隊.

der **Trainee** [trɛnɪ:, trenɪ: トれニー] 图 -s/-s〚経〛トレイニー(主に大学卒業生で,企業の全部門の研修を受ける幹部候補社員).

der **Trainer** [trɛ:nəɐ̯, trɛ:.. トれーナー] 图 -s/- 〚スポーツ〛トレーナー,コーチ;調教師.

trainieren [trɛnɪ:rən, trɛ.. トれニーれン] 動 h. **1.**〚䈳〛トレーニング(練習)する.―**2.**〈j⁴〉試合に備えて訓練〔調整〕する,トレーニングする(選手・チーム・身体などを);調教する(馬を).―**3.**〈et⁴〉技を練習する;技を練習して身につける：(…を)鍛練する.〚慣用〛sich⁴ in〈et³〉trainieren (一定の方針に従って)〈事の〉腕を磨く.

das **Training** [trɛ:nɪŋ, trɛ:.. トれーニング] 图 -s/-s トレーニング,訓練,鍛練;調教.

der **Trainings·anzug** [トれーニングス・アン·ツーク] 图 -(e)s/..züge トレーニングウェア.

die **Trainings·hose** [トれーニングス・ホーゼ] 图 -/-n トレーニングパンツ.

das **Trainings·lager** [トれーニングス・ラーガー] 图 -s/- トレーニングキャンプ.

(*der*) **Trajan** [トラヤーン] 图〚人名〛トラヤヌス(Marcus Ulpius Trajanus, 53-117, ローマ皇帝).

(*der*) **Trajanus** [トラヤーヌス] 图〚人名〛＝Trajan.

der(*das*) **Trajekt** [トらイェクト] 图 -(e)s/-e **1.** (鉄道車両用)フェリー.―**2.** (古)渡航.

der **Trakehner** [トらケーナー] 图 -s/-〚動〛トラケーネン種の馬(昔の東プロイセンの Trakehnen を主要な種馬生産地).

(*der*) **Trakl** [..kəl トラーケル] 图〚人名〛トラークル(Georg ~, 1887-1914, オーストリアの詩人).

der **Trakt** [トらクト] 图 -(e)s/-e **1.** (建物の)翼部,ウィング;翼部の居住〔宿泊・収容〕者.―**2.**〚医〛(管状臓器・神経などの)管.

traktabel [トらクターベル] 形 (椳のみ..bl..)(文)扱いやすい.

das **Trak·tan·dum** [トらクタンドゥム] 图 -s/..den (スィス)交渉〔審議〕の対象(事項).

der(*das*) **Trak·tat** [トらクタート] 图 -(e)s/-e **1.**〚文·古〛論文.―**2.** (文)論難書,中傷〔誹謗(び²)〕書.―**3.** (古)条約.

trak·tieren [トらクティーれン] 動 h. **1.**〈j⁴〉⊃+mit〈et³〉⊃〉いやな〔さんざんな〕目にあわせる.―**2.**〈j⁴〉⊃+mit〈et³〉⊃〉(古)たっぷり振舞う(飲食物を).

der **Traktor** [トらクトーる] 图 -s/-en [トらクトーれン] トラクター,牽引(ぐん)車.

der **Traktorist** [トらクトりスト] 图 -en/-en〚旧東独〛(方)トラクター専門の運転手.

die **Tralje** [トらルィェ] 图 -/-n (北独)格子の桟,(手すりなどの)手すり子.

tralla! [トらラー] 間 ＝tallala.

trallala! [トらララー,トらララー] 間 (陽気にメロディーを口ずさむ声)ラララ,ラララン.

trällern [トれルン] 動 h. **1.**〚䈳〛ララララと歌う.―**2.**〈et⁴〉⊃〉ララララと歌う(メロディーなどを).

die **Tram** 〔トム〕 名 -/-s 《(ﾄﾞｲﾂ)das ~ -s/-s》《南独・ｵｰｽﾄﾘｱ・ｽｲｽ》路面電車, 市街電車.

die **Tram·bahn** 〔トム・バーン〕 名 -/-en 《南独》＝Tram.

der **Tra·mi·ner** 〔トラミーナー〕 名 -s/- **1.** 《(ﾄﾞｲﾂのみ)》トラミーナ種の小粒なブドウ〔南チロルの村 Tramin にちなむ〕. **2.** 南チロルの赤ワイン；トラミーナ種白ワイン.

die **Tra·mon·ta·na** 〔トラモンターナ〕 名 -/..tanen トラモンターナ〔イタリアのアルプスおろしの冷い北風〕.

der **Tramp** 〔tremp トレムプ, tramp トラムプ〕 名 -s/-s **1.** 放浪者；渡り職人, 渡り者の臨時雇い. **2.** 不定期貨物船. **3.** 徒歩旅行.

der〔das〕 **Tram·pel** 〔トラムペル〕 名 -s/- 《口・蔑》のろま, ぐず.

tram·peln 〔トラムペルン〕 動 **1.** h.〔慣用〕足をどすどす踏鳴らす(不満などを表して). 〔強く〕足踏みする. **2.** h.《ジョッキー様態》踏みつけて(…にする). **3.** h.《(sich³)》〔et³〕〕を+von〔et³〕から〕足をふみ鳴らして落す〔雪などを〕. **4.** h.〔et³〕を〕踏んで作る〔道などを〕. **5.** *s.*《場所へ》〔方向〕〕》《蔑》どかどか歩いて行く, …を踏み荒らす〔つける〕.
〔慣用〕*h.* Beifall trampeln 足を踏鳴らして賛意〔歓迎の意〕を示す. h. sich⁴ warm trampeln 足踏みして体を温める.

der **Tram·pel·pfad** 〔トラムペル・プファート〕 名 -(e)s/-e 自然に踏みならされた道.

das **Tram·pel·tier** 〔トラムペル・ティーア〕 名 -(e)s/-e **1.**《動》フタコブラクダ. **2.**《口・蔑》とんま, ぐず.

tram·pen [trémpən トレムペン, trámpən トラムペン] 動 *s.*《(方向)へ〕《〔場所〕で》》ヒッチハイクする；《古》《流れ者として》渡り歩く.

der **Tram·per** [trémpər トレムパー, trámpər トラムパー] 名 -s/- ヒッチハイカー.

das **Tram·po·lin** 〔トラムポリーン, トラムポリーン〕 名 -s/-e トランポリン〔体操器具〕.

die **Tramp·schiff·fahrt**, ⑨**Tramp·schiffahrt** [trémp..トレムプ・シフ・ふぁーあト, trámp..トラムプ・シフ・ふぁーあト] 名 -/ 不定期〔貨物〕船による航海.

die **Tram·way** [trámvaɪ トラム・ヴァイ] 名 -/-s《(ﾄﾞｲﾂ)》路面電車.

der **Tran** 〔トラーン〕 名 -(e)s/-e《また種類》魚油, 鯨油.〔慣用〕**im Tran**《口》（酒・麻薬・疲れで）ぼーっとして；うっかりして.

die **Trance** [trɑ̃ːs(ə) トラーンス, トローンセ, tra(ː)ns トラ(ー)ンス] 名 -/-n 催眠〔朦朧〕状態, トランス.

das **Tran·chier·be·steck** [trãʃí:r..トランシーア・ベシュテック] 名 -(e)s/-e 〔肉料理の〕切分け用大型ナイフと二またフォーク.

tran·chie·ren [trãʃí:rən トランシーレン] 動 *h.*《〔et⁴〕を》〔料〕肉などを切分けて肉料理用とする.

das **Tran·chier·mes·ser** [トランシーア・メッサー] 名 -s/- 〔肉料理の〕切分け用大型ナイフ, カービングナイフ.

die **Trä·ne** 〔トレーネ〕 名 -/-n **1.**《また: bitter〕 ~n vergießen〔つらくて〕涙を流す. sich³ die ~n abwischen〔trocknen〕涙をぬぐう. die ~n hinunterschlucken〔zurückhalten〕涙をこらえる. den ~n nahe sein 今にも泣出しそうである. ~n lachen 涙の出るほど笑う. keine ~ wert sein 悲しむに値しない. in ~n ausbrechen わっと泣出す. unter ~n《口~蔑》涙ながらに. zu ~n gerührt 涙をこぼさんばかりに感動して. **2.**《また》何かの少量〔液体の〕, しずく, 水. **3.**《口・蔑》いやな〔うんざりする〕やつ.〔慣用〕《j³/et³》 keine Träne nachweinen 〈人との〕別離〔人の死〕を悲しまない, ～を惜しまない. mit den Tränen kämpfen じっと涙をこらえる.

trä·nen 〔トレーネン〕 動 *h.*〔慣用〕涙を出す〔目が〕.

die **Trä·nen·drü·se** [トレーネン・ドリューゼ] 名 -/-n 《主に》涙腺.: auf die ~n drücken（感傷的な内容で）泣かせる.

trä·nen·feucht [トレーネン・ふォイヒト] 形 涙にぬれた.

der **Trä·nen·fluss**, ⑨**Trä·nen·fluß** [トレーネン・ふルス] 名 -es/..flüsse《主に》とめどなく流れる涙.

das **Trä·nen·gas** [トレーネン・ガース] 名 -es/ 催涙ガス.

trä·nen·nass, ⑨**trä·nen·naß** [トレーネン・ナス] 形 涙にぬれた.

trä·nen·reich [トレーネン・ライヒ] 形 涙ながらの, 涙もろい.

der **Trä·nen·sack** [トレーネン・ザック] 名 -(e)s/..säcke なみだ袋；〔解〕涙嚢(のう).

trä·nen·se·lig [トレーネン・ゼーリヒ] 形 おセンチで涙ぐんでいる.

trä·nen·über·strömt [トレーネン・ユーバー・シュトゥ(ル)ームト] 形 涙にぬれた.

die **Tran·fun·zel** [トラーン・ふンツェル] 名 -/-n《口・蔑》**1.** うす暗いランプ〔灯〕. **2.** のろまなやつ, 鈍いやつ.

tra·nig [トラーニヒ] 形 魚油〔鯨油〕だらけの；魚油〔鯨油〕のような〔味・においの〕；《口・蔑》のろまな, ぐずな；退屈な.

trank 〔トランク〕 動 trinken の過去形.

der **Trank** 〔トランク〕 名 -(e)s/Tränke《主に》《文》飲み物：Speise und ~ 飲食物.

tränke [トレンケ] 動 trinken の接続法2式.

die **Trän·ke** [トレンケ] 名 -/-n （動物の）水飲み場.

trän·ken [トレンケン] 動 **1.**《et⁴》〕に水を飲ませる〔動物に〕. **2.**《et⁴》〕を+mit〔et³〕》しみ込ませる.

das **Trank·op·fer** [トランク・オプふぁー] 名 -s/- 神に酒〔飲み物〕を捧げること；神に捧げた酒〔飲み物〕.

die **Tran·lam·pe** [トラーン・ラムペ] 名 -/-n **1.**（昔の）魚油〔鯨油〕ランプ；《口・蔑》うす暗いランプ〔灯〕. **2.**《口・蔑》のろまなやつ, 鈍いやつ.

der **Tran·qui·li·zer** [trɛŋkvilaɪzər トレンクヴィライザー] 名 -s/-《主に》〔医・心〕トランキライザー〔精神安定剤〕.

die **Trans·ak·ti·on** [トランス・アクツィオーン] 名 -/-en **1.** 取引〔増資・合併など資金に関する業務〕. **2.**〔心〕《外界と実際的に》かかわり合うこと.

trans·al·pin [トランス・アルピーン] 形 （ローマから見た）アルプスの向う側の.

trans·at·lan·tisch [トランス・アトランティシュ] 形 大西洋の向うの, 大西洋横断の.

der〔das〕 **Tran·sept** [トランゼプト] 名 -(e)s/-e〔建〕〔聖堂の〕袖(そで)廊, 翼廊, トランセプト.

der **Trans-Eu·rop-Ex·press** [トランス・オイローブ・エクスプレス] 名 -es/-e （以前の）ヨーロッパ横断特急〔列車〕〔略 TEE, 1987年から Eurocity-Zug〕.

der **Trans·fer** [トランス・ふぇーア] 名 -s/-s **1.**〔経〕（外貨による）振替支払い〔送金〕；《文》（技術・情報などの）伝達, 移転, 交換. **2.**（飛行場からホテル, ある便から別の便などへの乗客・貨物の）送迎, 移送. **3.**《文・古》移住；〔ﾌﾟﾛｽﾎﾟｰﾂ〕〔選手の〕金銭トレード. **4.**〔心・教〕転移；〔言〕転移.

trans·fe·rie·ren [トランス・ふぇリーレン] 動 *h.* **1.**《et⁴》〕を〕〔経〕（外貨による）振替支払をする；振替で送る. **2.**《ジスポーツ〕》金銭トレードする（特にプロのサッカー選手を〕；〔宗〕転任させる.

die **Trans·fer-Ri·bo·nu·kle·in·säu·re** [トランスふぇア・リボ・ヌクレイン・ゾイレ] 名 -/-n〔生・遺〕転移リボ核酸, トランスファー RNA.

die **Trans·fer·stra·ße** [トランス・ふぇーア・シュトラーセ] 名 -/-n〔工〕（オートメーション工場の）自動製造ライン, 自動搬送コンベヤー.

die **Trans·fi·gu·ra·ti·on** [トランス・ふぃグラツィオーン] 名 -/-en **1.**《(ﾄﾞｲﾂのみ)》〔キリスト教〕キリストの変容. **2.**〔美〕キリスト変容の図.

die **Trans·for·ma·ti·on** [トランスふぉるマツィオーン] [名] -/-en 変形, 変換;〖数〗変換;〖電〗変圧;〖動〗形質転換;〖言〗変形;〖心〗昇華.

die **Trans·for·ma·ti·ons·gram·ma·tik** [トランスふぉるマツィオーンス・グらマティク] [名] -/ 〖言〗変形文法.

der **Trans·for·ma·tor** [トランスふぉるマートーあ] [名] -s/-en [トランスふぉるマトーれン]〖電〗変圧器, トランス《短縮形は Trafo》.

trans·for·mie·ren [トランスふぉるミーれン] [動] *h.* 〔<et⁴>ヲ〕変形〔変換〕する;〖電〗変圧する.

die **Trans·fu·si·on** [トランスふズィオーン] [名] -/-en〖医〗輸血;輸液.

der **Tran·sis·tor** [トランズィストーあ] [名] -s/-en [トランズィストーれン] **1.**〖電〗トランジスタ. **2.** トランジスタラジオ(~radio).

der **Tran·sit**[1] [トランズィート, トランズィット, トランズィット] [名] -s/-e (商品・旅客の第三国の)通過, トランジット.

das **Tran·sit**[2] [トランズィート, トランズィット, トランズィット] [名] -s/-s 通過査証(~visum).

das **Tran·sit·gut** [トランズィート・グート, トランズィット・グート, トランズィット・グート] [名] -(e)s/..güter 《主に[複]》通過貨物.

der **Tran·sit·han·del** [トランズィート・ハンデル, トランズィット・ハンデル, トランズィット・ハンデル] [名] -s/ 通過貿易《商品が第三国を経由する二国間貿易》.

tran·si·tiv [トランズィティーふ, トランズィティーふ] [形]〖言〗他動詞の.

das **Tran·si·tiv** [トランズィティーふ] [名] -s/-e〖言〗他動詞.

tran·si·to·risch [トランズィトーりシュ] [形] 一時的な;〖商〗繰越しの.

der **Tran·sit·ver·kehr** [トランズィート・ふぇあケーあ, トランズィット・ふぇあケーあ, トランズイット・ふぇあケーあ] [名] -s/ (人や貨物の第三国の)通過交通.

trans·kon·ti·nen·tal [トランス・コンティネンタール] [形] 大陸横断の.

tran·s·kri·bie·ren [トランスクりビーれン] [動] *h.* 〔<et⁴>ヲ〕〖言〗他の言語の文字〔発音記号〕に書換える《単語・文・発音などを. 特にラテン文字に》;〖楽〗編曲する.

die **Tran·s·krip·ti·on** [トランスクりプツィオーン] [名] -/-en〖言〗(他の文字や記号への)書替え;音声〔音素〕表記;〖楽〗編曲.

die **Trans·la·ti·on** [トランスラツィオーン] [名] -/-en **1.** 《文》翻訳, 翻案. **2.**〖理〗並進運動;並進. **3.**〖カトリック〗聖遺物の移転. **4.**〖言〗転換, 変換.

die **Trans·li·te·ra·ti·on** [トランス・リテらツィオーン] [名] -/-en〖言〗(他の文字, 特にラテン文字への)転写, 書直し.

trans·li·te·rie·ren [トランス・リテりーれン] [動] *h.* 〔<et⁴>ヲ〕〖言〗翻字〔字訳〕する《他国語文字に》.

trans·lu·zent [トランス・ルツェント] [形] 《文》半透明の, 透けて見える.

trans·lu·zid [トランス・ルツィート] [形] =transluzent.

die **Trans·mis·si·on** [トランス・ミッスィオーン] [名] -/-en **1.**〖工〗伝動装置. トランスミッション. **2.**〖理〗(光などの)透過.

die **Trans·mis·si·ons·wel·le** [トランスミッスィオーンス・ヴェレ] [名] -/-n〖工〗伝動軸.

der **Trans·mit·ter** [トランス・ミッター] [名] -s/- **1.**〖計測〗計器用変成器, 変換器. **2.**〖医・生理〗(神経系の興奮などの)伝達物質.

die **Trans·mu·ta·ti·on** [トランス・ムタツィオーン] [名] -/-en〖化〗(元素の崩壊による)変換.

trans·na·ti·o·nal [トランス・ナツィオナール] [形]〖政・経〗国家の枠を越えた, 数か国にまたがる.

trans·o·ze·a·nisch [トランス・オツェアーニシュ] [形] 大洋の向う側の;大洋横断の.

trans·pa·rent [トランス・パれント] [形] 透明な, 透き通った, 透けて見える;《転》見通しうる, 明瞭(めいりょう)な.

das **Trans·pa·rent** [トランス・パれント] [名] -(e)s/-e **1.** 横断幕. **2.** 透かし絵;(オーバヘッドプロジェクターの)フィルム.

die **Trans·pa·renz** [トランス・パれンツ] [名] -/ 《文》透明(さ);〖光〗透明度.

die **Tran·s·pi·ra·ti·on** [トランスピらツィオーン] [名] -/ 《文》発汗;〖植〗蒸散.

tran·s·pi·rie·ren [トランスピりーれン] [動] *h.* 〔補足なし〕発汗する;〖植〗蒸散をする.

das **Trans·plan·tat** [トランス・プランタート] [名] -(e)s/-e〖医〗移植組織〔器官〕.

die **Trans·plan·ta·ti·on** [トランス・プランタツィオーン] [名] -/-en **1.**〖医〗移植. **2.**〖園〗接ぎ木〔穂〕.

trans·plan·tie·ren [トランス・プランティーれン] [動] *h.* 〔(<j³>)ニ+<et⁴>ヲ+(<方向>ニ)〕〖医〗移植する.

trans·po·nie·ren [トランスポニーれン] [動] *h.* **1.** 〔<et⁴>ヲ+<方向>ニ〕置き換える, 移す. **2.** 〔<et⁴>ヲ+<方向>ニ/<様態>ニ〕〖楽〗移調する.

der **Trans·port** [トランス・ポるト] [名] -(e)s/-e **1.** 輸送, 運送;輸送されるもの: der ~ von Gütern auf dem Luftweg 貨物の航空輸送. ein ~ Flüchtlinge 輸送中〔予定〕の難民たち. **2.**〖古〗繰越し.

trans·por·ta·bel [トランス・ポるターベル] [形] 《[付]は..bl..》輸送〔運搬〕できる, ポータブルの.

der **Trans·port·ar·bei·ter** [トランスポるト・アるバイター] [名] -s/- 運送作業員.

das **Trans·port·band** [トランスポるト・バント] [名] -(e)s/..bänder ベルトコンベヤー.

der **Trans·por·ter** [トランス・ポるター] [名] -s/- 輸送トラック, 輸送船, 輸送機.

der **Trans·por·teur** [..tǿːr トランス・ポる[テ]ーあ] [名] -s/-e **1.** 運送業者;運送者. **2.**〖数〗分度器. **3.** (ミシンの)送り金(がね).

trans·port·fä·hig [トランスポるト・ふぇーイひ] [形] 移送に耐えうる, 輸送可能な.

das **Trans·port·flug·zeug** [トランスポるト・ふルーク・ツォイク] [名] -(e)s/-e 輸送機.

trans·por·tie·ren [トランス・ポるティーれン] [動] *h.* **1.** 〔<et⁴>ヲ+(<方向>ニ)〕輸送〔運送〕する, 運ぶ. **2.** 〔<et⁴>ヲ〕〖工〗(先へ)送る《カメラの機構がフィルムを・ベルトコンベアが土などを》. **3.** 〔<et⁴>ヲ〕《古》繰越す.

die **Trans·port·kos·ten** [トランスポるト・コステン] [複名] 運送〔輸送〕費, 運賃.

das **Trans·port·mit·tel** [トランスポるト・ミッテル] [名] -s/- 輸送〔運送〕手段《トラック・船・飛行機など》.

das **Trans·port·schiff** [トランスポるト・シふ] [名] -(e)s/-e 輸送船.

das **Trans·port·un·ter·neh·men** [トランスポるト・ウンターネーメン] [名] -s/- 運送会社.

die **Trans·port·ver·si·che·rung** [トランスポるト・ふぇあズィっひぇるング] [名] -/-en 運送保険.

das **Trans·port·we·sen** [トランスポるト・ヴェーゼン] [名] -s/ 《総称》運輸.

der **Trans·ra·pid** [トランス・らピート] [名] -(s)/ 〖商標〗トランスラピート《ドイツで開発されたリニアモーターカー》.

der **Trans·se·xu·a·lis·mus** [トランス・ゼクスアリスムス] [名] -/ 〖医・心〗性転換〔異性化〕願望.

die **Trans·se·xu·a·li·tät** [トランス・ゼクスアリテート] [名] -/ =Transsexualismus.

trans·se·xu·ell [トランス・ゼクスエル] [形] 性転換〔異性化〕願望のある.

die **Trans·subs·tan·ti·a·ti·on** [トランス・ズブスタンツィアツィオーン] [名] -/-en〖カトリック〗全実体変化, 全質変化《聖体の秘跡の際, パンとブドウ酒がキリストの体と血に変化すること》.

die **Trans·ver·sal·wel·le** [トらンスヴェるザール・ヴェレ] [名] -/-n 〖理〗横波.

der **Trans·ves·tis·mus** [トらンス・ヴェスティスムス] [名] -/ 〖医・心〗(異性の服装を好む)服装倒錯.

der **Trans·ves·tit** [トらンス・ヴェスティート] [名] -en/-en 服装倒錯者(男性の).

tran·szen·dent [トらンス・ツェンデント] [形] 〖哲〗超越的な;〖数〗超越の.

tran·szen·den·tal [トらンス・ツェンデンタール] [形] 〖哲〗超越的な;先験的な.

die **Tran·s·zen·denz** [トらンス・ツェンデンツ] [名] -/ 《文》超越性;〖哲〗超越.

tran·szen·die·ren [トらンス・ツェンディーれン] [動] *h.* 〔〈et^4〉ヲ〕《文》超越する(意識・経験的現実などを).

das **Tra·pez** [トらペーツ] [名] -es/-e **1.** (曲芸・体操用)空中ぶらんこ: am ~ hängen ぶらんこにぶら下がる. **2.** 〖幾何〗台形.

der **Tra·pez·künst·ler** [トらペーツ・キュンストラー] [名] -s/- 空中ぶらんこ曲芸師.

das **Tra·pe·zo·id** [トらペツォイート] [名] -(e)s/-e 〖幾何〗不等辺四角形.

trapp! [トらっプ] [間] (馬のひづめの音)ぱかぱか;(足音・行進の足並の音)ぱたぱた, たったっ.

die **Trap·pe**^{1} [トらっペ] [名] -/-n (〖狩〗der ~ -n/-n も有) 〖鳥〗ノガン.

die **Trap·pe**^{2} [トらっペ] [名] -/-n 《北独》(きたない)足跡.

trap·peln [トらっペルン] [動] **1.** *h.* 〔補足なし〕ぱたぱた〔ぱかぱか〕歩く. **2.** *s.* 〔〈方向〉へ/〈場所〉ヲ〕ぱたぱた歩いて行く.

trap·pen [トらっペン] [動] **1.** *h.* 〔補足なし〕どたどた歩く. **2.** *s.* 〔〈方向〉へ/〈場所〉ヲ〕どたどた歩いて行く.

der **Trap·per** [トらっパー] [名] -s/- (昔の)北米の毛皮を取るためのわな猟師.

der **Trap·pist** [トらピスト] [名] -en/-en 〖カトリック〗トラピスト(修道会会員).

der **Trap·pis·ten·kä·se** [トらピステン・ケーゼ] [名] -s/- トラピストチーズ(スライスチーズで, トラピスト修道院原産).

das **Trap·schie·ßen** [トらっプ・シーセン] [名] -s/- **1.** (㊥のみ)トラップ射撃(クレー射撃の一種) **2.** トラップ射撃競技会.

trap·sen [トらプセン] [動] *h./s.* 《方・口》=trappen.

das **Tra·ra** [トらら―] [名] -s/ らっぱの合図(の音); 《口・蔑》大騒ぎ: großes ~ (um 〈et^4〉) machen (〈事ヲ〉)騒ぎたてる.

tra·ra! [トらら―] [間] (トランペットの音を真似た喜びの叫び)とららぁ.

der **Trass,** ㊐**Traß** [トらス] [名] -es/-e 〖地質〗トラス(凝灰岩の一種).

der **Tras·sant** [トらっサント] [名] -en/-en 〖経〗(手形)振出人.

der **Tras·sat** [トらっサート] [名] -en/-en 〖経〗(手形)支払人.

die **Tras·se** [トらっセ] [名] -/-n (道路・水道・送電線などの)建設予定線〔路線〕;軌道;路盤.

die **Tras·see** [tráse トらっセ] [名] -/-n 《スイス》=Trasse.

tras·sie·ren [トらっスィーれン] [動] *h.* **1.** 〔〈et^4〉ノ〕路線を図面に引く, (実測して)決定する(道路・敷設管などの). **2.** 〔〈et^4〉ヲ〕〖経〗振出す(手形を).

die **Tras·sie·rung** [トらっスィーるング] [名] -/-en **1.** (鉄道や道路などの)路線決定. **2.** 〖経〗(手形の)振出し.

trat [トらート] [動] treten の過去形.

trä·te [トれーテ] [動] treten の接続法 2 式.

der **Tratsch** [トらーチュ] [名] -(e)s/ 《口・蔑》陰口, 噂(うわさ)話.

trat·schen [トらーチェン] [動] *h.* 《口・蔑》 **1.** 〔補足なし〕ぺちゃくちゃ噂(うわさ)話〔おしゃべり〕をする. **2.** 〔über 〈j^4/et^4〉ニツイテ〕陰口をきく, 悪口をいう, 噂話をする.

die **Trat·te** [トらっテ] [名] -/-n 〖銀行〗(振出された)為替手形.

die **Trat·to·ria** [トらっトりーア] [名] -/..rien (イタリアの)簡易食堂.

der **Trau·al·tar** [トらウ・アルターあ] [名] -(e)s/..täre 婚礼の祭壇: (主に次の形で)mit 〈j^3〉 vor den ~ treten 《文》〈人との〉結婚式を教会で挙げる.

die **Trau·be** [トらウベ] [名] -/-n **1.** (主に㊫)ブドウの房(Wein~): ~*n* lesen/ernten ブドウ(の房)を摘む/収穫する. **2.** 〖植〗総状花序;(果実の)房. **3.** (人・ハチなどの)群れ: eine ~ von Menschen 鈴なりの人. 【慣用】**Die Trauben hängen 〈j^3〉 zu hoch〔sind 〈j^3〉 zu sauer〕.** 〈人は〉負け惜しみでほしくないふりをしている.

trau·ben·för·mig [トらウベン・ふぇるミヒ] [形] 総状花序形の;房状の.

die **Trau·ben·kur** [トらウベン・クーあ] [名] -/-en ブドウ食餌(しょくじ)療法(肥満などに対する療法).

die **Trau·ben·le·se** [トらウベン・レーゼ] [名] -/-n ブドウ摘み.

der **Trau·ben·saft** [トらウベン・ザふト] [名] -(e)s/..säfte グレープジュース.

der **Trau·ben·zu·cker** [トらウベン・ツっカー] [名] -s/ ブドウ糖.

trau·en [トらウエン] [動] *h.* **1.** 〔〈j^3/et^3〉ヲ〕信用する(人・目・約束などを). **2.** (主に否定文・疑問文で)〔sich$^{4(3)}$＋(zu〈動〉スル)〕勇気がある, 思い切って(…)する(sich^{3}は《稀》). **3.** 〔sich^4＋〈方向〉へ(カラ)〕思い切って行く〔出る〕(主に否定文・疑問文で用いる). **4.** 〔〈j^4〉ノ〕結婚式を執り行う(戸籍係・牧師などが).

die **Trau·er** [トらウあー] [名] -/ **1.** (主に死者に対する)悲しみ, 悲嘆;哀悼;服喪期間, 喪中: ~ um den Verstorbenen empfinden 故人を悼む. ~ haben 〔in ~ sein〕喪中である. in stiller〔tiefer〕~ 故人を悼んで(死亡通知で). **2.** 喪服: ~ anlegen 喪服を着る;喪に服する. die ~ ablegen 喪服を脱ぐ;喪を終える. um 〈j^4〉 ~ tragen〈人の〉喪に服して(喪服を着て)いる.

die **Trau·er·an·zei·ge** [トらウあー・アン・ツァイゲ] [名] -/-n (新聞などの)死亡広告, (カードによる)死亡通知.

die **Trau·er·bin·de** [トらウあー・ビンデ] [名] -/-n 喪章(のリボン).

die **Trau·er·bot·schaft** [トらウあー・ボートシャふト] [名] -/-en 訃報(ふほう), 悲報.

der **Trau·er·brief** [トらウあー・ブりーふ] [名] -(e)s/-e (黒枠の付いた)死亡通知状.

die **Trau·er·fah·ne** [トらウあー・ふぁーネ] [名] -/-n 弔旗.

der **Trau·er·fall** [トらウあー・ふぁル] [名] -(e)s/..fälle 死亡(特に身内の者の): ein ~ in der Familie 家族の不幸(死).

die **Trau·er·fei·er** [トらウあー・ふぁイあー] [名] -/-n (教会での)葬式.

der **Trau·er·flor** [トらウあー・ふロ―あ] [名] -s/-e 喪章.

der **Trau·er·gast** [トらウあー・ガスト] [名] -es/..gäste (主に㊫)葬式の参列者, 弔問客.

das **Trau·er·ge·fol·ge** [トらウあー・ゲふぉルゲ] [名] -s/- 葬列.

die **Trau·er·ge·mein·de** [トらウあー・ゲマインデ] [名] -/-n 《文》(総称)会葬者.

der **Trau·er·got·tes·dienst** [トらウあー・ゴッテス・ディーンスト] [名] -es/-e (教会での)葬式, 葬儀;〖カトリック〗葬儀ミサ.

das **Trau·er·jahr** [トらウあー・ヤーあ] [名] -(e)s/-e (一年の)服喪期間.

die **Trau·er·klei·dung** [トらウあー・クライドゥング] [名] -/

Trauerkloß 1240

-en 喪服.
der **Trau·er·kloß** [トラウアー・クロース] 名 -es/..klöße 《口·冗》めそめそした人, 退屈〔鈍重〕なやつ, やる気のないやつ.
der **Trau·er·marsch** [トラウアー・マルシュ] 名 -(e)s/..märsche 葬送行進曲.
trau·ern [トラウアーン] 動 h. 1. 〔um⟨j⁴⟩ノモノ/um (über)⟨et⁴⟩ッ〕悲しむ. 2. 〔歴〕喪服を着ている. 【慣用】die trauernden Hinterbliebenen 遺族一同〔死亡通知で〕.
der **Trau·er·rand** [トラウアー・ラント] 名 -(e)s/..ränder 〔死亡通知などの〕黒枠.
die **Trau·er·re·de** [トラウアー・れーデ] 名 -/-n 弔辞, 追悼の辞.
der **Trau·er·schlei·er** [トラウアー・シュライアー] 名 -s/- 喪のヴェール.
das **Trau·er·spiel** [トラウアー・シュピール] 名 -(e)s/-e 悲劇, 《口》(実生活での)悲劇(的な出来事).
die **Trau·er·wei·de** [トラウアー・ヴァイデ] 名 -/-n 〔植〕シダレヤナギ.
die **Trau·er·zeit** [トラウアー・ツァイト] 名 -/-en 服喪期間.
der **Trau·er·zug** [トラウアー・ツーク] 名 -(e)s/..züge 葬列.
der **Trauf** [トラウフ] 名 -s/-e 〔林〕林衣, 林套(森林の下枝の張った外縁部. 森林保護用).
die **Trau·fe** [トラウフェ] 名 -/-n (傾斜屋根の)軒先.
träu·feln [トろイフェルン] 動 1. h. 〔⟨et⁴⟩ッ＋⟨方向〕=〕垂らす〔液体を〕. 2. s. 〔⟨方向〕ッッ〕《古》滴る.
trau·lich [トラウリヒ] 形 くつろげる, 心地よい; 《稀》親しい.
die **Trau·lich·keit** [トラウリヒカイト] 名 -/ 心地よさ, 快適さ; 《稀》親しさ.
der **Traum** [トラウム] 名 -(e)s/Träume 1. 夢: einen ~ haben 夢を見る. im ~ reden 寝言を言う. ⟨j⁴⟩ im ~ sehen 〈人⁴⟩を夢に見る. 2. あこがれ, 夢: Aus (ist) der ~ ! 《口》夢は去った. ⟨j³⟩ seinen ~ erfüllen 〈人³⟩の夢をかなえてやる. 3. 《口》あこがれの人〔物〕: ein ~ von einem Kleid 夢のように素敵なドレス. ein blonder ~ (美しい)ブロンドの女の子. 【慣用】nicht im Traum 夢にも〔まったく〕…でない.
das **Trau·ma** [トラウマ] 名 -s/..men〔-ta〕 1. 〔心·医〕トラウマ, 精神的外傷. 2. 〔医〕外傷.
trau·ma·tisch [トラウマーティシュ] 形 1. 〔心·医〕トラウマ〔精神的外傷〕(性)の. 2. 〔医〕外傷(性)の.
die **Trau·ma·to·lo·gie** [トラウマト·ロギー] 名 -/ 外傷学.
das **Traum·bild** [トラウム·ビルト] 名 -(e)s/-er 夢の中の像〔光景〕; 理想〔空想〕像.
das **Traum·buch** [トラウム·ブーフ] 名 -(e)s/..bücher 夢判断〔夢占い〕の本.
der **Traum·deu·ter** [トラウム·ドイター] 名 -s/- 夢占い師.
die **Traum·deu·tung** [トラウム·ドイトゥング] 名 -/-en 夢判断, 夢の解釈.
träu·men [トろイメン] 動 h. 1. 〔von⟨j³/et³⟩ッ〕夢を見る. 2. 〔⟨様態⟩ッ〕夢を見る. 3. 〔⟨et³⟩ッ〕(夢に)見る, 夢で体験する. 4. 〔sich⁴＋⟨場所〕ニハル〕夢の中にいる. 5. 〔歴〕夢を見ている; (夢でも見ているように)ぼんやりしている. 6. 〔von⟨et³⟩ッ〕夢見る, 夢に描く, 夢想する. 【慣用】Du träumst wohl !《口》君は夢でも見ているのか(ばかげたことを言うな). Ich 〔Mir〕träumte, ich sei ... 私は自分が…だという夢を見た(mir は《文》). sich³ ⟨et⁴⟩ nicht〔nie〕träumen lassen 〈事ᵥ〉夢想だにしない.
der **Träu·mer** [トろイマー] 名 -s/- 夢想家; 夢を見ている人.
die **Träu·me·rei** [トろイメらイ] 名 -/-en 夢想, 空想: sich⁴ seinen ~en hingeben 夢想にふける.
träu·me·risch [トろイメリシュ] 形 夢見るような, 夢見心地の.
die **Traum·ge·stalt** [トラウム·ゲシュタルト] 名 -/-en 夢の中の姿〔人物〕; 幻影.
traum·haft [トラウムハフト] 形 夢のような;《口》夢みたいな, すてきな.
die **Traum·no·te** [トラウム·ノーテ] 名 -/-n〔スポ〕夢のようなすばらしい高得点.
traum·ver·lo·ren [トラウム·ふぇあローれン] 形 夢想にふけった.
traum·ver·sun·ken [トラウム·ふぇあズンケン] 形 ＝ traumverloren.
der **Traum·wand·ler** [トラウム·ヴァンドラー] 名 -s/- ＝ Schlafwandler.
traun [トラウン] 副 《話者の気持》《古》確かに.
die **Traun** [トラウン] 〖川名〗トラウン川(ドナウ川の支流).
der **Traun·see** [トラウン·ゼー] 〖湖名〗トラウンゼー(オーストリア, ザルツブルクの東方にある湖).
trau·rig [トラウりヒ] 形 1. 悲しい, 悲しそうな, 悲痛な : ein ~es Gesicht machen 悲しそうな顔をする. über ⟨j⁴/et⁴⟩ ~ sein 〈人·事₄〉悲しんでいる. 2. 悲しむべき, 痛ましい: (Es ist) ~, aber wahr. (それは)悲しいけれども本当だ. 3. 惨めな, 哀れな, 情けない: in ~en Verhältnissen leben 惨めな生活をしている. eine ~e Berühmtheit erlangen 悪評がたつ. ein ~er Rest なさけない残り.
die **Trau·rig·keit** [トラウりヒカイト] 名 -/ 1. (㊐のみ)悲しみ, 悲哀. 2. 悲しいこと〔出来事〕.
der **Trau·ring** [トラウ·リング] 名 -(e)s/-e 結婚指輪.
der **Trau·schein** [トラウ·シャイン] 名 -(e)s/-e 婚姻証明書.
traut [トラウト] 形 《文·古》《⟨匜〕も有》気の置けない, 親しい, 親愛なる.
die **Trau·te** [トラウテ] 名 -/ 《口》勇気.
die **Trau·ung** [トラウウング] 名 -/-en 婚礼, 結婚式: eine kirchliche/standesamtliche ~ 教会/戸籍役場結婚式.
der **Trau·zeu·ge** [トラウ·ツォイゲ] 名 -n/-n 結婚式の立会人.
die **Tra·ve** [トらーヴェ] 名 -/ 〖川名〗トラーヴェ川(リューベック湾に注ぐ川).
der **Tra·vel·ler·scheck** [trɛvələrˌ..トれヴェラー·シェック] 名 -s/-s トラベラーズチェック, 旅行小切手.
die **Tra·ver·se** [トらヴェるゼ] 名 -/-n 1. 〔建·工〕横けた, 〔機〕梁(は); 〔腕木; 〔治水〕堰(し); 〔工〕(支柱·機械の)横つなぎ. 2. 〔軍〕(昔の)肩牆(ニ̄⁾₃)〔肩の高さの防塞〕. 3. 〔フェン〕相手の攻撃を横に避けること. 4. 〔登山〕トラバース.
die **Tra·vers·flö·te** [トらヴェるス·ふ〇ーテ] 名 -/-n フラウト·トラヴェルソ, 横笛式フルート.
der **Tra·ver·tin** [トらヴェるティーン] 名 -s/-e トラバーチン(硬くて黄色い石灰華).
die **Tra·ve·stie** [トらヴェスティー] 名 -/-n〔文芸学〕 1. (㊐のみ)〔有名な作品の〕戯画化, 滑稽〔ṇ ℎ〕化, もじり, パロディー. 2. 戯画〔パロディー〕化した作品.
tra·ve·stie·ren [トらヴェスティーれン] 動 h. 1. 〔⟨et⁴⟩ッ〕〔文芸学〕滑稽 (ṇ ℎ) 化する, もじる, パロディー化する. 2. 〔⟨j⁴/et⁴⟩ッ〕《文》茶化する.
das **Trawl** [trɔːl トろール] 名 -s/-s 〔漁〕トロール〔底引き〕網.
der **Traw·ler** [trɔːlər トろーらー] 名 -s/- 〔漁〕トロール漁船.
das **Treatment** [triːtmənt トりートメント] 名 -s/-s〔映·テレ〕シナリオ構想.
der **Tre·be·gän·ger** [トれーベ·ゲンガー] 名 -s/- 《口》(大都会の)浮浪児, ホームレスの若者.

die **Tre·ber** [トれーバー] [複名] (ビール醸造の際の)麦芽〔モルツ〕かす.;《稀》=Trester1.

das **Tre·cen·to** [tretʃɛ́nto トれチェント] [名] -(s)/ 〘芸術学・文芸学〙トレチェント《14 世紀のイタリアルネサンス》.

der **Treck** [トれック] [名] -s/-s (荷物を車に積んで移動する難民・移民の)列.

tre·cken [トれッケン] [動] *h./s.* 〔補足なし〕列を成して移動する《難民・移民などが》.

der **Tre·cker** [トれッカー] [名] -s/- トラクター.

der **Treff**[1] [トれふ] [名] -s/-s 《口》出会い, 集まり;待合せ〔集合〕場所.

der **Treff**[2] [トれふ] [名] -(e)s/-e 《古》殴打;敗北.

das **Treff**[3] [トれふ] [名] -s/-s 〘トランプ〙クラブのカード: Da ist aber ~ Trumpf. それは運次第だ.

tref·fen* [トれッふェン] [動] er trifft; traf; hat/ist getroffen **1.** *h.* 〔〈j^4/et^4〉ニ+(〈場所〉デ)〕(偶然に)出会う《知人に》, 出くわす《事に》. **2.** *h.* 〔〈j^4〉ト+(〈時点〉ニ/〈場所〉デ)〕(申合せて)会う, 落合う. **3.** *h.* 〔sich^4+mit 〈j^3〉ト+(〈時点〉ニ/〈場所〉デ)〕(申合せて)会う. **4.** *h.* 〔(〈j^4/et^4〉ニ)〕当たる, 命中する: Ihn *trifft* keine Schuld. 彼に罪〔責任〕は負わせられない. **5.** *h.* 〔(〈j^4/et^4〉ニ/in 〈et^4〉ニ)〕当てる, 命中させる, ぶつける. **6.** *s.* 〔auf 〈j^4/et^4〉ニ〕(思いがけず)出くわす, 出会う, ぶつかる;〘スポーツ〙(…と)当る〔対戦する〕: auf einen Sonntag ~ (たまたま)日曜日に当る. **7.** *h.* 〔Es+sich^4+(〈様態〉ノ)+(〈[文]〉トイウ)〕結果〔具合〕にたまたまなる: Es *trifft* sich gut, dass ich dich sehe. うまい具合に君に会えた. Wie es sich so *trifft*! 成行きにまかせよう. **8.** *h.* 〔〈j^4/et^4〉ヲ〕的確にとらえる, 言当てる, (…に)ぴったりである: den Kern der Sache ~ 問題の核心をつく. *Getroffen*! そのとおりだ, 図星だ. Der Maler hat ihn sehr gut *getroffen*. その画家は彼(の性格)を実に見事に描いている. **9.** *h.* 〔〈j^4〉ニ+〈様態〉ノ〕ショックを与える, (…を…に)傷つける. **10.** *h.* 〔〈j^4/et^4〉ニ〕打撃〔損害〕を与える. **11.** *h.* 〔es+〈[形]〉ノ〕運である: Wir haben es im Urlaub mit dem Wetter gut *getroffen*. 私たちは休暇(旅行)中天候に恵まれた. Du hast es aber schlecht *getroffen*! 君はついていなかったなあ. **12.** *h.* 〔〈et^4〉ヲ〕する: eine Entscheidung ~ 決定を下す. Vorbereitungen für 〈et^4〉 ~ 〈事ノ〉準備をする. eine Wahl ~ 選択する.

das **Tref·fen** [トれッふェン] [名] -s/- **1.** 会合, 集会, 会議: ein ~ veranstalten 会を催す. **2.** 〘スポーツ〙試合, 対戦. **3.** 〘軍〙《古》小規模の戦闘, 小競合い. 【慣用】**〈et^4〉 ins Treffen führen** 《文》〈事ヲ〉論拠として挙げる.

tref·fend [トれッふェント] [形] 的確な, 適切な: Das ist ~ gesagt. それは言い得て妙だ.

der **Tref·fer** [トれッふァー] [名] -s/- **1.** 命中弾;〘球〙ゴール;〘ボクシング〙有効打;〘フェンシング〙一本: einen ~ erhalten 命中弾を受ける〔ワンゴールされる・一本とられる〕. auf 10 Schüsse 9 ~ haben 10 発中 9 発当る. **2.** 当り(くじ);大当たり〔ヒット〕したもの: einen ~ im Lotto machen 宝くじで当る. einen ~ haben 《転》運が良い.

die **Tref·fer·quo·te** [トれッふァー・クヴォーテ] [名] -/-n 的中率

treff·lich [トれふリひ] [形] 《古》優れた;卓越した.

die **Treff·lich·keit** [トれふリひカイト] [名] -/ 《古》優秀;卓越性.

der **Treff·punkt** [トれふ・プンクト] [名] -(e)s/-e **1.** 集合地点, 待合せ場所;(文化・流行などの)中心地. **2.** 〘幾何〙接点, 交点.

treff·si·cher [トれふ・ズィっひゃー] [形] 的〔シュート〕を外さない;的確な.

die **Treff·si·cher·heit** [トれふ・ズィっひゃーハイト] [名] -/ 命中の確実さ;(表現・判断の)的確さ.

der **Treib·an·ker** [トらイプ・アンカー] [名] -s/- 〘海〙海錨(かいびょう), シーアンカー.

das **Treib·eis** [トらイプ・アイス] [名] -es/ 流氷.

trei·ben* [トらイベン] [動] trieb; hat/ist getrieben **1.** *h.* 〔〈j^4/et^4〉ヲ+〈方向〉へ(カラ)〕追〔駆・狩〕立てる: den Ball vor das Tor ~ ボールをドリブルでゴール前に持込む. 〈j^3〉 den Schweiß ins Gesicht ~ 〈人ノ〉顔に汗を噴き出させる《力仕事などが》. die Preise in die Höhe ~ 物価をつり上げる. **2.** *h.* 〔〈j^4〉ヲ+in 〈et^4〉ニ/zu 〈et^3〉ニ〕追いやる, 走らせる《行為・出来事などが》. **3.** *h.* 〔〈j^4〉ヲ+zu 〈et^3〉へ〕せき立てる, せかす: 〈j^4〉 zur Eile ~ 〈人ヲ〉急がせる. Es *trieb* ihn (dazu), sie zu küssen. 彼はたまらずに彼女にキスをした. **4.** *h.* 〔〈et^4〉ヲ〕動かす, 駆動する, (…の)動力源である《水力がタービンなどの》. **5.** *s./h.* 〔〈場所〉ヲ〕漂う, 漂流する《船・雲などが》. **6.** *s.* 〔〈方向〉ニ〕漂って行く, 流されて行く. **7.** *h.* 〔〈et^4〉ヲ+in 〈et^4〉ニ〕打込む《くぎを壁になど》. **8.** *h.* 〔〈et^4〉ヲ+(in〔durch〕〈et^4〉ニ)〕掘る《地中に坑道などを》, 通す《山にトンネルなどを》. **9.** *h.* 〔〈et^4〉ヲ〕打出して加工する《金属を》;打出して作る《ブローチ・器・模様などを》. **10.** *h.* 〔〈et^4〉ヲ〕やる《習得しようとして》;やっている《生業として》;《口》する, やる: Deutsch/Sport ~ ドイツ語/スポーツをやる. Ackerbau ~ 農業をやっている. Unfug ~ 乱暴〔迷惑行為〕をする. **11.** *h.* 〔〈et^4〉ヲ〕(持続的に)行う〔する〕: Missbrauch mit 〈et^3〉 ~ 〈物・事ヲ〉悪用する. Spionage ~ スパイをする. Verschwendung ~ 浪費をする. **12.** *h.* 〔〈et^4〉ヲ〕《稀》膨らませる《イーストがパン生地を》. **13.** *h.* 〔補足なし〕《稀》膨らむ《パン生地などが》. **14.** *h.* 〔補足なし〕芽を吹く《樹木が》;膨らむ《つぼみなどが》. **15.** *h.* 〔〈et^4〉ヲ〕つける《植物が花・芽・実などを》. **16.** *h.* 〔〈et^4〉ヲ〕〘園〙(促成)栽培する《植物を温室など特別な環境で》. **17.** *h.* 〔補足なし〕《口》利尿〔発汗〕作用がある《ビールなどが》. **18.** *h.* 〔〈et^4〉ヲ〕〘狩〙追い立てる. **19.** *h.* 〔〈et^4〉ヲ〕〘狩〙追いかける《発情期に雄が雌を》. 【慣用】*h.* **den Reifen/den Kreisel treiben** 輪回しをする/独楽(こま)を回す. *h.* **〈et^4〉 durch den Fleischwolf treiben** 〈物ヲ〉肉ひき機にかける. *h.* **〈et^4〉 durch ein Sieb treiben** 〈物ヲ〉こし器でこす. *h.* **es (mit 〈j^3〉) treiben** 《口・婉》(〈人ト〉)(セックスを)する. *h.* **es toll/zu weit treiben** 《口・蔑》はでにやる/やりすぎる. *h.* **es übel mit 〈j^3〉 treiben** 〈人ニ〉悪どい仕打ちをする.

das **Trei·ben** [トらイベン] [名] -s/- **1.** 《[単]のみ》(人々の)行為, 活動, 行動;雑踏, 往来: Dort herrscht ein buntes ~. あそこはにぎわっていた. sein Tun und ~ 彼の行状, 彼のやることなすこと. **2.** 〘狩〙追出し猟;追出し猟の猟場.

der **Trei·ber** [トらイバー] [名] -s/- **1.** 〘狩〙勢子(せこ). **2.** (家畜を)駆〔追〕立てる人;馬方. **3.** 《蔑》(他人を)駆立てる〔酷使する〕人. **4.** 〘海〙(ヨール型ヨットの)スパンカー《後部のマストの小さい帆》. **5.** 〘コンピュータ〙ドライバー.

die **Trei·be·rei** [トらイベらイ] [名] -/ **1.** 《口・蔑》(激しく)せきたてること, (しきりに)駆立てること. **2.** 〘園〙(温室を使った)促成栽培.

das **Treib·gas** [トらイプ・ガス] [名] -es/-e **1.** (内燃機関用)液化石油ガス. **2.** (スプレー容器・ボンベなどに入った)圧縮ガス.

das **Treib·gut** [トらイプ・グート] [名] -(e)s/ 漂流物, 浮き荷.

das **Treib·haus** [トらイプ・ハウス] [名] -es/..häuser 温室.

der **Treib·haus·ef·fekt** [トらイプハウス・エふェクト] [名] -(e)s/ (地球環境への)温室効果.

Treibhauskultur　1242

die **Treib·haus·kul·tur** [トライブハウス・クルトゥーア] 名 -/ 温室栽培.

die **Treib·haus·pflan·ze** [トライブハウス・プふランツェ] 名 -/-n 温室栽培植物.

das **Treib·holz** [トライブ・ホルツ] 名 -es/ 流木.

die **Treib·jagd** [トライブ・ヤークト] 名 -/-en 追(狩)出し猟.

die **Treib·la·dung** [トライブ・ラードゥング] 名 -/-en 発射火薬, 装薬.

die **Treib·mi·ne** [トライブ・ミーネ] 名 -/-n 浮遊機雷.

das **Treib·mit·tel** [トライブ・ミッテル] 名 -s/- 1. 〖料〗イースト, ふくらし粉. 2. 〖化〗発泡剤;(スプレー容器などに入った)圧縮ガス.

das **Treib·öl** [トライブ・エル] 名 -(e)s/-e (船舶用ディーゼルエンジンの)燃料油.

das **Treib·rad** [トライブ・ラート] 名 -(e)s/..räder 〖工〗動輪, 駆動輪.

der **Treib·rie·men** [トライブ・リーメン] 名 -s/- 〖工〗(動力機械の)駆動伝動ベルト.

der **Treib·sand** [トライブ・ザント] 名 -(e)s/-e 流砂.

der **Treib·satz** [トライブ・ザッツ] 名 -es/..sätze 〖工〗(ロケットの)装薬, 推薬.

der **Treib·stoff** [トライブ・シュトふ] 名 -(e)s/-e (動力用)燃料.

trei·deln [トライデルン] 動 h. 〈et⁴〉ッ 引く(船を岸の上から馬などで).

der **Trei·del·pfad** [トライデル・プふァート] 名 -(e)s/-e 引き船のための川岸道.

der **Trei·del·weg** [トライデル・ヴェーク] 名 -(e)s/-e (川・運河沿いの)引き舟のための道.

trei·fe [トライふェ] 形 (ユダヤ教の食制で)禁忌の.

das **Tre·ma** [トレーマ] 名 -s/-s(-ta) 1. 〖言〗分音符(二つの連続する母音が別音であることを示す¨の符号, 例えば Noël). 2. 〖医〗(上の前歯の)歯のすきま.

tre·mo·lie·ren [トレモリーレン] 動 h. 〖鷠〗〖楽〗トレモロで演奏する(歌う).

das **Tre·mo·lo** [トレーモロ] 名 -s/-s(..li) 〖楽〗トレモロ.

der **Tre·mor** [トレーモーア] 名 -s/-es [トレモーレース] 〖医〗(筋肉の)ふるえ, 振顫(ﾅﾝ).

tre·mu·lie·ren [トレムリーレン] 動 h. =tremolieren.

der **Trench·coat** [trɛntʃkoːt トレンチュ・コート] 名 -(s)/-s トレンチコート.

der **Trend** [トレント] 名 -s/-s 傾向, 趨勢(ﾁﾄ);時流.

der **Trend·scout** [..skaut トレント・スカウト] 名 -s/-s トレンドウォッチャー.

der **Trend·set·ter** [トレント・ゼッター] 名 -s/- 〈口〉トレンド(流行)をつくる人(製品).

trenn·bar [トレン・バーる] 形 分けられる, 分離の.

die **Trenn·bar·keit** [トレンバーあカイト] 名 -/ 分割〔分離〕可能性.

tren·nen [トレネン] 動 h. 1. 〈et⁴〉ッ + (von 〈et³〉ｶﾗ) 分ける, 分離する. 2. {sich⁴+von 〈j³〉ﾄ} 別れる;(関係を解消して)別れる. 3. 〖相互代名詞 sich⁴〗(互いに)別れる;(関係を解消して互いに)別れる : Die Mannschaften *trennten* sich unentschieden 0 : 0(=null zu null). 両チームは 0 対 0 で引分けた. Hier ～ sich unsere Wege. ここでわれわれは歩むべき道が分かれる. 4. 〈j³〉ッ + (von 〈j³〉ｶﾗ) 引離す, 分ける, 離れ離れにする. 5. 〈et⁴〉ッ + (aus 〈et³〉ｶﾗ) 取る, 切取る, はずす. 6. 〈et⁴〉ッ ほどく;(…の縫い目をほどく. 7. {sich⁴+von 〈et³〉ｯ} (惜しみつつ)手放す;(惜しみつつ)放棄する〔やめる〕: sich⁴ von dem Anblick nicht ～ können ～ の光景に釘づけになる. 8. 〈et⁴〉ッ 〖電〗切断する. 9. 〈et⁴〉ッ 分綴(ﾃﾂ)する, 単語を分けて綴(ﾂ)る. 〖慣用〗 Begriffe klar *trennen* 概念を明確に区別する. Das Radio *trennt* (die Sender) gut. 〖ﾗｼﾞｵ·無線〗 そのラジオは感度がいい. Die Verbindung ist (Wir sind) *getrennt* worden. 通話(通信)が切れてしまった. *getrennte* Kasse machen 会計を別々にする.

trenn·scharf [トレン・シャるふ] 形 〖電〗分離(度)のいい;〖哲・統計〗区別〔識別〕の精密な.

die **Trenn·schär·fe** [トレン・シェるふェ] 名 -/ 1. 〖ﾗｼﾞｵ·無線〗感度, 分離度. 2. 〖哲·統計〗厳密な区別〔識別〕性.

die **Tren·nung** [トレヌング] 名 -/-en 1. 分離 : die ～ eines Gemisches 混合物の分離. die ～ von Staat und Kirche 国家と教会の分離(政教分離). 2. (人·物を)引離すこと, 別離;別居 : die ～ der Kinder von den Eltern 子供を両親から引離すこと. die ～ von Tisch und Bett 〖ｶﾄﾘｯｸ〗夫婦の別居. in ～ leben (夫婦が)別居している. 3. 区別 : die ～ der Begriffe 概念の区別. 4. (電話·通信などが)切れる〔切れている〕こと. 5. 分綴 (Silben～);分綴符 (～szeichen).

die **Tren·nungs·ent·schä·di·gung** [トレヌングス・エントシェーディグング] 名 -/-en (単身赴任に対する)別居手当.

das **Tren·nungs·geld** [トレヌングス・ゲルト] 名 -(e)s/-er =Trennungsentschädigung.

die **Tren·nungs·li·nie** [トレヌングス・リーニエ] 名 -/-n 分割線, 境界線.

der **Tren·nungs·schmerz** [トレヌングス・シュメるツ] 名 -es/ 別れのつらさ, 別離の悲しみ.

der **Tren·nungs·strich** [トレヌングス・シュトリッヒ] 名 -(e)s/-e 1. 〖言〗(分綴(ﾃﾂ)用の)ハイフン. 2. (稀)境界線. 〖慣用〗 einen ～ ziehen (machen) 境界(相違)を明確にする(分野·概念などの).

das **Tren·nungs·zei·chen** [トレヌングス・ツァイヒェン] 名 -s/- 〖言〗=Trennungsstrich 1.

die **Tren·se** [トレンゼ] 名 -/-n 1. 水勒馬銜(ﾂﾞﾗ);水勒馬銜のついた馬勒(ﾌﾟ). 2. 〈方〉ひも, 組みひも.

das **Trente-et-qua·rante** [trãtekarã:t トらンテ·カらーント] 名 -/ 〖ﾌﾗﾝｽ〗トランテカラート(カードの合計が 30-40 の間の賭高を競う賭博(ﾊﾞｸ)ゲーム).

(das) **Tren·ti·no-Süd·ti·rol** [トレンティーノ·ズュートティろール] 名 -s/ 〖地名〗トレンチノ=ズュートチロル(トレンチノと南チロルを包括する北イタリア地帯のドイツ語の公式名称).

die **Tre·pa·na·ti·on** [トれパナツィオーン] 名 -/-en 〖医〗頭蓋(ｶﾞｲ)開口術, 開頭術.

tre·pa·nie·ren [トれパニーれン] 動 h. 〈et⁴〉ッ 〖医〗穿孔(ｾﾝｺｳ)する, 開口術を施す.

trepp·ab [トれップ・アップ] 副 階段を下へ.

trepp·auf [トれップ・アウふ] 副 階段を上へ.

die **Trep·pe** [トれッペ] 名 -/-n 1. 階段 : die ～ hinaufgehen/herunterkommen 階段を上って行く/降りてくる. eine ～ mit 12 Stufen 12 段の階段. 2. 〈口〉階 : Sie wohnen eine ～ höher. 彼らは一階上に住んでいます. 〖慣用〗 die *Treppe* hinauffallen 〈口〉思いがけず昇進する.

der **Trep·pen·ab·satz** [トれッペン・アップ・ザッツ] 名 -es/..sätze 階段の踊り場.

der **Trep·pen·auf·gang** [トれッペン・アウふ・ガング] 名 -(e)s/..gänge (入口などの)登り階段.

das **Trep·pen·ge·län·der** [トれッペン・ゲレンダー] 名 -s/- 階段の手すり.

der **Trep·pen·gie·bel** [トれッペン・ギーベル] 名 -s/- 〖建〗階段状破風(ﾌ).

das **Trep·pen·haus** [トれッペン・ハウス] 名 -es/..häuser (建物の)階段の広間, 階段室部.

der **Trep·pen·läu·fer** [トれっペン・ロイふぁ-] 名 -s/- 階段用の細長いじゅうたん.
die **Trep·pen·stu·fe** [トれっペン・シュトゥーふぇ] 名 -/-n 階段の段.
der **Trep·pen·witz** [トれっペン・ヴィッツ] 名 -es/-e 後になって思いつくうまいウイット(答・アイデア), 後知恵; ((皮))悪い冗談としか思えないような出来事.
der **Tre·sen** [トれーゼン] 名 -s/- ((北独))(商店・バーなどの)カウンター.
der **Tre·sor** [トれゾーあ] 名 -s/-e 金庫;(銀行の)金庫室.
die **Tres·se** [トれッセ] 名 -/-n (主に㉿)(金糸・銀糸などの入った服飾用)組ひも, モール.
der **Tres·ter** [トれスタ-] 名 1. (㉿のみ)(果物・野菜の)搾りかす. 2. ((方))(ブドウなどの搾りかすから作る)ブランデー.
der **Tres·ter·wein** [トれスター・ヴァイン] 名 -(e)s/-e かす取りワイン(ブドウの搾りかすから作る).
das **Tret·boot** [トれート・ボート] 名 -(e)s/-e ペダル式ボート.
tre·ten* [トれーテン] 動 er tritt ; trat ; ist/hat getreten. 1. *s.* ((方向))へ/((場所))ッ (歩いて)行く, 歩む(一歩か数歩の歩みを表す): beiseite ~ 脇へ寄る. über die Schwelle ~ 敷居をまたぐ. über die Ufer ~ 岸を越えてあふれる(川が). (次の形で)an seine Stelle ~ 彼の代りになる. auf seine Seite ~ 彼の味方になる. hinter die Wolken ~ 雲の後ろに隠れる(月・太陽などが). in ⟨j³⟩ Bewusstsein ~ ⟨人⟩の意識に上る. ⟨j³⟩ aus dem Weg ~ ⟨人に⟩道をゆずる, ⟨人の⟩邪魔をしない. ⟨j³⟩ in den Weg ~ ⟨人⟩の通路をさえぎる, ⟨人の⟩邪魔をする. ⟨j³⟩ zu nahe ~ ⟨人⟩を侮辱する. Ihm traten Tränen in die Augen. 彼の目に涙が浮かんだ. 2. *s./h.* [auf[in] ⟨et⁴⟩ッ] (うっかりして)踏む. 3. *h.* [auf ⟨et⁴⟩ッ] (意図的に)踏みにじる, 踏みつける. 4. *h.* ⟨⟨j³⟩ット/⟨et⁴⟩ッ/方向⟩ッ 蹴(け)る: nach unten ~ 下(の者)に当り散らす. Man muss ihn immer ~ , damit er etwas tut. ((口))彼に何かをせるためにはいつも彼にせッつかなければならない. 5. *h.* (⟨et⁴⟩ッ+⟨方向⟩ニ) 蹴(って)飛ばす;(🎾に)キックする: den Ball[das Leder] ~ ボールを蹴る;サッカーをする. in eine Ecke/einen Elfmeter ~ コーナーキック/ペナルティキックをする. 6. *h.* ⟨⟨et⁴⟩ッ/⟨方向⟩⟩ ッ 踏む(機械のペダルなどを) : (auf) die Kupplung ~ クラッチを踏む. in die Pedale ~ (自転車の)ペダルを踏む. 7. *h.* ⟨⟨et⁴⟩ッ+in ⟨et⁴⟩⟩ 踏んで押込む;踏抜く. 8. *s.* [in ⟨et⁴⟩ニ] 入る, つく, 移る, (...を)起こす, (活動・状態の開始) : in den Staatsdienst ~ 国家公務員職につく. in Aktion/in den Streik ~ 行動を起こす/ストライキに入る. 【慣用】*h./s.* auf der Stelle treten 足踏みする, 停滞する. *h.* einen Pfad durch den Schnee/durch das hohe Gras treten 積雪/高い草を踏みつけて道をつける. *h.* (slch³) den Schmutz von den Schuhen treten 足をこすりつけて靴についた汚ないものを取る. *s.* von einem Fuß auf den anderen treten 絶えず足を踏替える(体重を別の足に移す).
der **Tre·ter** [トれーター] 名 -s/- (主に㉿)((口)) 1. ((蔑))(も有り)はきもの・はき古した)靴 2. (⚽)(⚾)フェアでない選手.
die **Tret·kur·bel** [トれート・クるベル] 名 -/-n (自転車などの)ペダルクランク.
die **Tret·mi·ne** [トれート・ミーネ] 名 -/-n (軍)(踏むと爆発する)圧力式地雷.
die **Tret·müh·le** [トれート・ミューレ] 名 -/-n 1. (昔の)足踏み動力装置. 2. ((口・蔑))単調な(仕事の)生活(日々).
das **Tret·rad** [トれート・らート] 名 -(e)s/..räder (昔の)足踏み動力装置の踏み車.

der **Tret·rol·ler** [トれート・ろラー] 名 -s/- (子供用)足踏み式スクーター.
der **Tret·schal·ter** [トれート・シャルタ-] 名 -s/- 足踏みスイッチ.
treu [トろイ] 形 1. (((j³/et³))ニ)忠実な, 誠実な, 貞節な;(気持の)変らぬ(ファン・顧客など) : ein ~es Herz haben 誠実な心の持ち主である. sich³ selbst ~ sein 自己に忠実である. seinem Versprechen ~ bleiben (彼は)約束に忠実である. 2. ((口))無邪気な, ナイーブな: ~e Augen haben 邪気のない目をしている. Du bist ja ~ ! 君はまったく単純だよ. 3. (文)(事実・実物などに)忠実な, 正確な. 【慣用】Das Glück ist ihm treu geblieben. 彼はこれまで運に見放されたことはなかった. treu und brav (bieder) 律義に.
der **Treu·bruch** [トろイ・ブるっフ] 名 -(e)s/..brüche (史)(中世封建制度の)忠誠義務違反;(転・文)背信, 裏切.
treu·brü·chig [トろイ・ブりュッヒひ] 形 (史)忠誠義務違反の;(転・文)信義を破る.
die **Treue** [トろイエ] 名 1. 誠実, 忠実, 忠誠;信義;貞節: ⟨j³⟩ die ~ halten[bewahren]/brechen ⟨人に対する⟩忠誠・貞節)を守る/破る. 2. (書類・記述などの)正確さ, 信頼性;(翻訳・再生などの)忠実さ. 【慣用】auf Treu und Glauben 信義と誠実を信じて.
der **Treu·eid** [トろイ・アイト] 名 -(e)s/-e 忠誠の誓;(史)忠誠宣誓(封土受領の際に行う誓い).
die **Treu·e·pflicht** [トろイエ・プふリひト] 名 -/ (雇用者に対する)忠誠の義務, (労働契約で当事者間の)相互忠誠義務.
treu er·ge·ben, ㊀**treu·er·ge·ben** [トろイ エあゲーベン] 形 忠実な.
die **Treu·ga Dei** [トろイガ デーイ] 名 --/ (史)神の休戦 (中世, 教会が出した一定の休戦命令).
treu ge·sinnt, ㊀**treu·ge·sinnt** [トろイ ゲズィント] 形 誠実な, 忠実な.
die **Treu·hand** [トろイ・ハント] 名 -/ 1. (法)信託. 2. 信託公社 (~anstalt).
die **Treu·hand·an·stalt** [トろイハント・アン・シュタルト] 名 -/-en (法)(旧東独企業の私企業化のための)信託公社(1990-94年).
der **Treu·hän·der** [トろイ・ヘンダー] 名 -s/- (法)(信託財産などの)受託者.
treu·hän·de·risch [トろイ・ヘンデりシュ] 形 受託者の.
die **Treu·hand·ge·sell·schaft** [トろイハント・ゲゼルシャふト] 名 -/-en 信託会社.
treu·her·zig [トろイ・ヘるツィひ] 形 純心な, 邪気のない, (人を)信じ切った.
die **Treu·her·zig·keit** [トろイ・ヘるツィひカイト] 名 -/ 純真, 無邪気.
treu·lich [トろイリひ] 形 (古)忠実な, 確実な, 信頼できる.
treu·los [トろイ・ろース] 形 不実な, 信頼できない;((稀))不貞な.
die **Treu·lo·sig·keit** [トろイ・ろースィひカイト] 名 -/ 不実, 不誠実;不貞, 背信行為.
das **Tre·vi·ra** [トれヴィーら] 名 -s/ ((商標))トレヴィラ (ドイツのポリエステル合成繊維).
die **Tri·a·de** [トりアーデ] 名 -/-n 1. (文)三つ組み(のもの), 三幅対. 2. (宗)三神群. 3. (詩)トリアーデ(古代ギリシア詩の三連構成). 4. (海外で麻薬取引などを行う)中国の秘密結社. 5. (化)三組元素. 6. (経)(㉿のみ)三大経済地域群(米・EU・日).
das **Tri·al** [traɪəl トらイエル] 名 -s/-s トライアル(オートバイの技能テストレース).

der **Tri·an·gel** [トリー・アンゲル] [名] -s/- (《ｵｰｽﾄﾘｱ》das ～ [トりアンゲル]) トライアングル(打楽器); 《方》かぎ裂き.
die **Tri·an·gu·la·ti·on** [トり・アングラツィオーン] [名] -/-en 〖測地〗三角測量; 〖建〗三角形による構成.
die **Tri·as** [トりーアス] [名] -/- **1.** 《文》三つ組み(のもの). **2.** (㊥のみ)〖地質〗三畳紀.
das **Tri·ath·lon** [トりー・アトロン] [名] -s/-s 〖ｽﾎﾟｰﾂ〗トライアスロン.
die **Tri·ba·de** [トりバーデ] [名] -/-n 〖医〗女子同性愛者.
die **Tri·bo·lo·gie** [トりボ・ロギー] [名] -/ 摩擦学.
der **Tri·bun** [トりブーン] [名] -s(-en)/-e(n) (古代ローマの)護民官; (古代ローマ軍団の)副司令官.
das **Tri·bu·nal** [トりブナール] [名] -s/-e **1.** (古代ローマの公共広場の)法官席. **2.** 《文》法廷, 上級裁判所. **3.** (政府糾弾などを目的とする)公開討論会.
die **Tri·bü·ne** [トりビューネ] [名] -/-n **1.** 演壇(Redner～). **2.** 観覧〔見物〕席, スタンド(Zuschauer～); 《総称》スタンドの観客.
der **Tri·but** [トりブート] [名] -(e)s/-e **1.** (古代ローマの)租税; (敗戦民に課す)賠償金, 貢ぎ物. **2.** 《転》犠牲(者); (業績などに対する)敬意 : 〈et³〉 den schuldigen ～ zollen 〈事に〉しかるべき敬意を表する.
tri·but·pflich·tig [トりブート・プふりひティひ] [形] 〖(〈j³〉ニ)〗租税〔貢ぎ物〕を納める義務がある.
die **Tri·chi·ne** [トりひーネ] [名] -/-n 〖動〗センモウチュウ(哺乳(ほにゅう)類につく寄生虫).
tri·chi·nös [トりひ㋤ース] [形] センモウチュウが寄生している.
die **Tri·cho·to·mie** [トりひょ・トミー] [名] -/-n 三分法(①〖哲〗人間の肉体・精神・霊魂の三面からの考察. ②〖法〗犯罪の重罪・軽罪・軽犯罪への三分法).
der **Trich·ter** [トりひター] [名] -s/- **1.** じょうご, 漏斗(ろうと) : 〈et⁴〉 durch einen ～ in ein Gefäß gießen 〈物を〉じょうごで容器に注ぐ. **2.** メガホン(Schall～); (管楽器などの)朝顔(状の開口部). **3.** (爆弾などによる)すりばち状の穴; 〖地〗噴火口. 【慣用】〈j⁴〉 **auf den (richtigen) Trichter bringen** 《口》〈人に〉(うまい)やり方を教える. **auf den (richtigen) Trichter kommen** 《口》(うまい)やり方が分る. **der Nürnberger Trichter** 速修術〔法〕.
das **Trich·ter·feld** [トりひター・ふぇルト] [名] -(e)s/-er (地雷や爆弾などによる)すりばち状の穴が一面にある地域〔戦場〕.
trich·ter·för·mig [トりひター・㋫ぇるミひ] [形] 漏斗(ろうと)状の.
die **Trich·ter·mün·dung** [トりひター・ミュンドゥング] [名] -/-en 〖地〗(河口の)三角江.
der **Trick** [トりック] [名] -s/-s(-e) 術策, 策略, いかさま, ごまかし; こつ, 秘訣(ひけつ), 要領; (手品などの)トリック, 妙技 : auf einen ～ hereinfallen 策略にかかる. einen ～ anwenden 要領よく行う. den ～ heraushaben こつをのみこんでいる.
die **Trick·auf·nah·me** [トりック・アウふ・ナーメ] [名] -/-n 特殊撮影〔録音〕.
der **Trick·be·trü·ger** [トりック・ベトりゅーガー] [名] -s/- 詐欺師, ぺてん師.
der **Trick·dieb** [トりック・ディープ] [名] -(e)s/-e 人をだまして盗みをする泥棒.
der **Trick·film** [トりック・ふぃルム] [名] -(e)s/-e トリック〔特撮〕映画.
trick·sen [トりクセン] [動] *h.* 《口》 **1.** 〖補足なし〗トリック〔策略〕を使う; 〖ｽﾎﾟｰﾂ〗トリックプレーをする. **2.** 〖〈et⁴〉ヲ〗(トリックを使って)うまく成し遂げる.
der **Tri·dent** [トりデント] [名] -(e)s/-e 〖ギ神〗(海神ポセイドンの)三つまたの矛.
der **Tri·den·ti·ner** [トりデンティーナー] [名] -s/- トレント〔トリエント〕市民.
tri·den·ti·nisch [トりデンティーニシュ] [形] トレント〔トリエント〕の : das *T～e* Konzil トリエント公会議(1545-63年).
das **Tri·den·ti·num** [トりデンティーヌム] [名] -s/ トリエント公会議(1545-63年).
das **Tri·du·um** [トりードゥウム] [名] -s/..duen [..ドゥエン] 《文》3日間.
trieb [トりープ] [動] treibenの過去形.
der **Trieb** [トりープ] [名] -(e)s/-e **1.** (本能的)衝動; 性向 : seine ～*e* beherrschen 衝動を押える. einen ～ zur Kriminalität haben 犯罪者の素質がある. **2.** (㊥のみ)《古》欲求, 意欲 : nicht den geringsten〔leisesten〕 ～ zu et³ haben 〈事への〉意欲が少しもない. **3.** 芽; 新芽, 若枝. **4.** 〖工〗駆動, 伝動; 駆動〔伝動〕装置; 小歯車.
trie·be [トりーベ] [動] treibenの接続法2式.
die **Trieb·fe·der** [トりープ・ふぇーダー] [名] -/-n (動力用の)ぜんまい; 《転》原動力, 動機.
trieb·haft [トりープハふト] [形] (性的)衝動にかられた, 本能的な.
die **Trieb·haf·tig·keit** [トりープハふティひカイト] [名] -/ 衝動的なこと, (性的)衝動に駆られること.
die **Trieb·kraft** [トりープ・クらふト] [名] -/..kräfte **1.** 〖社〗原動力, 推進力, 動機. **2.** (イーストなどのパン種を)膨らます力; 〖植〗発芽力. **3.** 《稀》(機械などの)動力.
das **Trieb·le·ben** [トりープ・レーベン] [名] -s/ 衝動的行動〔生活態度〕, 生活の衝動的側面; 性生活.
das **Trieb·rad** [トりープ・らート] [名] -(e)s/..räder 〖工〗動輪.
der **Trieb·sand** [トりープ・ザント] [名] -(e)s/-e 流砂.
der **Trieb·tä·ter** [トりープ・テーター] [名] -s/- 性〔衝動〕犯罪者.
der **Trieb·wa·gen** [トりープ・ヴァーゲン] [名] -s/- 動力車(動力装置のついている車両).
das **Trieb·werk** [トりープ・ヴェるク] [名] -(e)s/-e 原動機, 駆動装置, (ジェット・ロケット)エンジン.
das **Trief·au·ge** [トりーふ・アウゲ] [名] -s/-n 《口》ただれ目.
trief·äu·gig [トりーふ・オイギひ] [形] 《口》ただれ目の.
trie·fen(*) [トりーふぇン] [動] triefte〔troff〕; ist/hat getrieft〔getroffen〕(troffは《文》; getroffenは《稀》) **1.** *s.* 〖補足なし〗ぽたぽた垂れる, 滴り落ちる(雨・汗・血などが). **2.** *h.* 〔von〔vor〕〈et³〉デ〕びしょぬれである, (…を)滴らせている. **3.** *h.* 〔von〔vor〕〈et³〉デ〕(滴らんばかりに)満ちあふれている : Dieser Roman *trieft* von〔vor〕 Moral. この小説は道徳過剰だ. 【慣用】**Seine Nase trieft ständig.** 彼(の鼻)は鼻水が止まらない. **triefend nass sein** びしょびしょにぬれている.
trief·nass, ㊐**trief·naß** [トりーふ・ナス] [形] 《口》びしょぬれの.
(*das*) **Tri·ent** [トりエント] [名] -s/ トレント, トリエント(イタリア北西部の都市).
(*das*) **Trier** [トりーあ] [名] -s/ 〖地名〗トリーア(ラインラント=プファルツ州の都市とその地方.).
die **Tri·e·re** [トりーれ] [名] -/-n (古代の)三段櫓(ろ)軍船(上下三列のこぎ座のあるガレー船).
der **Trie·rer** [トりーらー] [名] -s/- トリーアの人.
(*das*) **Tri·est** [トりエスト] [名] -s/ 〖地名〗トリエステ(北イタリア, スロヴェニアとの国境の都市).
der **Tri·eur** [triø:r トり㋓ーあ] [名] -s/-e (穀物の)選別機.
trie·zen [トりーツェン] [動] *h.* 〖〈j⁴/et⁴〉ヲ〗《口》いじめる, 苦しめる.
triff! [トりふ] [動] treffenのduに対する命令形.
triffst [トりふスト] [動] treffenの現在形2人称単数.
trifft [トりふト] [動] treffenの現在形3人称単数.

T

das **Tri·fo·li·um** [トり・ふぉーリウム] 名 -s/..lien 〘植〙 クローバ, シロツメクサ；《文》クローバの葉.

das **Tri·fo·ri·um** [トりふぉーりウム] 名 -s/..rien 〘建〙 トリフォリウム《教会堂の内陣・側廊などの窓の下の回廊部》.

die **Trift** [トりふト] 名 -/-en **1.** 吹送流《風による海面潮流》. **2.** 《方》やせた牧草地；(牧草地などへの)家畜の通り道.

trif·tig [トりふティひ] 形 説得力のある, 納得できる.

die **Trif·tig·keit** [トりふティひカイト] 名 -/ 説得力, 妥当(性), 確実(さ).

die **Tri·ga** [トりーガ] 名 -/-s〔..gen〕《文》三頭立ての馬車.

der **Tri·ge·mi·nus** [トり・ゲーミヌス] 名 -/..ni 〘解・生理〙三叉(さ)神経.

die **Tri·ge·mi·nus·neu·ral·gie** [トりゲーミヌス・ノイらルギー] 名 -/-n 〘医〙三叉(さ)神経痛.

tri·go·nal [トり・ゴナール] 形 〘数〙三角形の.

die **Tri·go·no·me·trie** [トり・ゴノ・メトりー] 名 -/ 〘数〙三角法.

tri·go·no·me·trisch [トり・ゴノ・メートりシュ] 形 〘数〙三角法の.

das **Tri·kli·ni·um** [トり・クリーニウム] 名 -s/..nien トリクリニウム《①古代ローマの三人掛けの寝椅子で三方を囲まれた食卓. ②その食卓のある食堂》.

die **Tri·ko·lo·re** [トり・コローれ] 名 -/-n 三色旗《特にフランスの国旗》.

der〔*das*〕**Tri·kot** [trikóː トり・コー, tríko トり・コ] 名 -s/-s **1.** (主に der ～)トリコット. **2.** (das ～)トリコットのタイツ〔レオタード・スポーツシャツ〕.

die **Tri·ko·ta·ge** [..ʒə トり・コタージェ] 名 -/-n (主に複)トリコット製品.

der **Tril·ler** [トりラー] 名 -s/- トリル, 顫音(せんおん)；(トリルに似た)鳥のさえずり： einen ～ haben《口》ちょっとまともではない.

tril·lern [トりラーン] 動 *h.* **1.** 〔(〈et⁴〉ヲ)〕トリルで〔声を震わせて〕歌う〔口笛を吹く〕；さえずる(鳥が). **2.** 〔補足なし〕ホイッスルを吹く. **3.** 〔〈et⁴〉ヲ〕ホイッスルで知らせる.

die **Tril·ler·pfei·fe** [トりラー・プふぁイふぇ] 名 -/-n ホイッスル, 呼び子.

die **Tril·li·ar·de** [トりリアるデ] 名 -/-n 10万京(10の21乗).

die **Tri·lo·gie** [トり・ロギー] 名 -/-n 三部作；三部曲.

der **Tri·ma·ran** [トりマらーン] 名 -s/-e トリマラン(両舷(げん)にアウトリガーを持つ帆船).

das **Tri·mes·ter** [トりメスター] 名 -s/- (三学期制の)学期；三か月間.

der **Tri·me·ter** [トりー・メター] 名 -s/- 〘詩〙トリーメーター, 三歩格(三つの詩脚, 多くは六つの弱強格からなる詩行).

die **Trimm·ak·ti·on** [トりム・アクツィオーン] 名 -/-en トリム運動(運動不足解消のためのスポーツ普及運動).

der **Trimm-dich-Pfad** [トりム・ディひ・プふぁート] 名 -(e)s/-e トリム運動ができる森の小道(種々のアスレチック設備や運動指示がされている).

trim·men [トりメン] 動 *h.* **1.** 〔〈j⁴〉ノ〕体調を整えさせる(運動などをやらせて). **2.** 〔〈j⁴/et⁴〉ヲ＋auf 〈j⁴/et⁴〉ニ/auf〈形〉ニ〕《口》仕上げる, しつける. **3.** 〔〈et⁴〉ノ〕毛を刈込む〔トリミングする〕(犬の)；(に)ブラシをかける(犬に). **4.** 〔〈et⁴〉ノ〕〘海・空〙釣合いをとる, バランスをよくする(船・飛行機の. 積荷の配置などによって)；トリムタブを(最適の飛行状態になるように)操作する(飛行機のかじの). **5.** 〔〈et⁴〉ノ〕〘海〙(釣合いがとれるように)ならす(積荷を). **6.** 〔〈et⁴〉ヲ〕〘無線・電〙(微)調整する.

der **Trim·mer** [トりマー] 名 -s/- **1.** 《口》体調を整えるための運動をする人. **2.** 〘無線・電〙トリマー(コンデンサーの一つ). **3.** 〘海〙(昔の)石炭夫.

die **Tri·ne** [トりーネ] 名 -/-n **1.** (単のみ；主に無冠詞)〘女名〙トリーネ(Katharine の短縮形). **2.** 《口・蔑》のろま〔不器用〕な女. **3.** 《口・蔑》女役のホモ.

(*das*) **Tri·ni·dad** [トりニダト] 名 -(e)s/ 〘地名〙トリニダード島(ヴェネズエラの北東に位置する).

(*das*) **Tri·ni·dad und To·ba·go** [トりニダト ウント トバーゴ] 名 -s --s/ 〘国名〙トリニダード・トバゴ.

die **Tri·ni·tät** [トりニテート] 名 -/ 〘神〙三位一体.

(*das*) **Tri·ni·ta·tis** [トりニターティス] 名 -/ (主に無冠詞)聖霊降臨祭後の最初の日曜日.

das **Tri·ni·tro·to·lu·ol** [トり・ニトろ・トルオール] 名 -s/ トリニトロトルエン(略 TNT).

trink·bar [トりンク・バーあ] 形 飲める, 飲用に適した；《口》いける.

der **Trink·be·cher** [トりンク・べっひゃー] 名 -s/- 杯, コップ, 酒杯.

der **Trink·brannt·wein** [トりンク・ブらント・ヴァイン] 名 -(e)s/-e 蒸留酒, 火酒, ブランデー, スピリッツ.

trin·ken* [トりンケン] 動 trank ; hat getrunken **1.** 〔〈et⁴〉ヲ〕飲む： keinen Tropfen ～ 一滴も酒をたしなまない. Kaffee ～ コーヒーを飲む；コーヒーつきの朝食を食べる；お茶にする. **2.** 〔〈様態〉デ〕飲む. **3.** 〔(von 〈et³〉ヲ)〕飲む(飲み物の一部を)： Wer hat von dem Saft *getrunken* ? ジュースを飲んだのはだれだ(量が減っている). Lass mich mal (von dem Saft) ～! ぼくにも(そのジュースを少し)飲ませてくれよ. **4.** 〔〈et⁴〉ヲ＋〈形〉ニ〕飲んで(…に)する： eine Flasche leer ～ 一瓶あける. **5.** 〔補足なし〕(酒を)飲む, 酒飲みである. **6.** 〔auf 〈j⁴/et⁴〉ヲ〕祝して〔願って・祈って〕乾杯する. **7.** 〔sich⁴＋〈様態〉ニ〕(酒を)飲みすぎて(… に)なる. **8.** 〔sich⁴＋〈形〉ニ〕飲める： Der Wein *trinkt* sich gut. このワインはいける. **9.** 〔Es＋sich⁴＋〈形〉ニ〕飲める(飲むグラス・場所などが)： Aus dem Glas *trinkt* es sich so schlecht. このグラスはとても飲みにくい. 【慣用】**Brüderschaft trinken** 兄弟の杯を交わす, 親友になる. **das Leben trinken** 《詩》人生を満喫する. **Den Wein kann man trinken.** 《口》そのワインは飲める〔おいしい〕. **Der Wein lässt sich trinken** 〔**ist zu trinken**〕.《口》そのワインはいける. **die Schönheit trinken** 《詩》美しさを満喫する. **einen trinken gehen** 《口》一杯やりに出かける. **sich³ einen trinken** 《口》憂さ晴らしに一杯やる. 〈**j³**〉 **zu trinken geben**〈人に〉飲み物をだす.

der **Trin·ker** [トりンカー] 名 -s/- 大酒飲み；飲酒常習者；アルコール依存症患者.

die **Trin·ker·heil·an·stalt** [トりンカー・ハイル・アン・シュタルト] 名 -/-en アルコール依存症患者治療施設.

trink·fest [トりンク・ふぇスト] 形 酒に強い.

trink·freu·dig [トりンク・ふろイディひ] 形 酒を飲むのが好きな.

das **Trink·ge·fäß** [トりンク・ゲふぇース] 名 -es/-e 取っ手つきの飲料用容器(カップ・ジョッキなど).

das **Trink·ge·la·ge** [トりンク・ゲラーゲ] 名 -s/- (《冗》も有)酒宴, 大酒盛り.

das **Trink·geld** [トりンク・ゲルト] 名 -(e)s/-er チップ.

das **Trink·glas** [トりンク・グラース] 名 -es/..gläser コップ, グラス, ジョッキ.

die **Trink·hal·le** [トりンク・ハレ] 名 -/-n **1.** (温泉地の)鉱泉飲み場. **2.** 飲み物売店.

der **Trink·halm** [トりンク・ハルム] 名 -(e)s/-e ストロー.

das **Trink·horn** [トりンク・ホるン] 名 -(e)s/..hörner 角杯(角製, または角形の酒杯).

die **Trink·kur** [トりンク・クーあ] 名 -/-en (鉱泉などの)飲用療法.

das **Trink·lied** [トりンク・リート] 名 -(e)s/-er 《古》酒宴の歌.

T

der **Trịnk·spruch** [トリンク・シュプるっふ] [名] -(e)s/..sprüche 乾杯の辞： einen ～ auf 〈j⁴〉 ausbringen 〈人に〉乾杯の辞を捧げる.

das **Trịnk·was·ser** [トリンク・ヴァッサー] [名] -s/ 飲料水.

die **Trịnk·was·ser·ver·sor·gung** [トリンクヴァッサー・ふぇあゾるグング] [名] -/ 飲料水の供給, 給水.

das **Trio** [トリーオ] [名] -s/-s **1.** 〘楽〙トリオ(三重奏〔唱〕;三重奏〔唱〕曲;三重奏〔唱〕団;(メヌエットなどの)中間部). **2.** (《皮》も有)三人組.

die **Tri·o̲·de** [トリ・オーデ] [名] -/-n 〘電〙三極管.

die **Tri·o̲·le** [トリオーレ] [名] -/-n **1.** 〘楽〙三連(音)符. **2.** 《文》＝Triolismus.

das **Tri·o·lẹtt** [トリオレット] [名] -(e)s/-e 〘詩〙トリオレット(フランスの詩形で, 二種の脚韻で構成される八行詩).

der **Tri·o·lịs·mus** [トリオリスムス] [名] -/ 《文》トリオリズム(三人で行う性交).

der **Trịp** [トリップ] [名] -s/-s **1.** 小旅行, 遠足, ドライブ. **2.** 《ジャーゴン》一服の麻薬;(LSD などによる)幻覚〔陶酔〕状態, トリップ： auf dem ～ sein 幻覚〔陶酔〕状態である. **3.** 《ジャーゴン》(《蔑》も有)熱中している状態.

die **Tri·pel·al·li·anz** [トリーペル・アリアンツ] [名] -/-en 三国同盟(特に 1882-1915 年のドイツ・オーストリア・イタリア間のもの).

das **Tri·pel·kon·zert** [トリーペル・コンツェるト] [名] -(e)s/-e 〘楽〙三重協奏曲.

das **Tri·plẹtt** [トリプレット] [名] -s/-e〔-s〕〘理〙三重線;〘生〙トリプレット;〘光〙三枚レンズ構成.

(*das*) **Tri̲·po·lis** [トリー・ポリス] [名] -/ 〘地名〙トリポリ(リビアの首都).

trịp·peln [トリッペルン] [動] *s.* 〔((〈場所〉ッ/〈方向〉へ))〕ちょこちょこ歩く;ちょこちょこ〔小走りに〕歩いて行く.

der **Trịp·per** [トリッパー] [名] -s/- 淋病.

das **Trị·ptik** [トリプティク] [名] -s/-s ＝Triptyk.

das **Trị·p·ty·chon** [トリプテュひョン] [名] -s/..chen〔..cha〕〘芸術学〙トリプティカ(三連祭壇画, 三連画〔浮彫り〕の両開き祭壇).

das **Trị·ptyk** [トリプテュク] [名] -s/-s (キャンピングカー・船舶の)国境通過許可証.

der **Tri̲·pus** [トリープース] [名] -/..poden [トリポーデン] (古代ギリシアの)三脚台.

die **Tri·re̲·me** [トリ・れーメ] [名] -/-n ＝Triere.

trịst [トリスト] [形] 《文》わびしい, 陰うつな, 味気ない.

(*der*) **Trịs·tan** [トリスタン] [名] 〘男名〙トリスタン(ケルト伝説の英雄. Isolde との悲恋物語は中世の叙事詩や Wagner の楽劇の題材).

die **Trịs·te** [トリステ] [名] -/-n 《バイエルン・オーストリア・スイス》棒にかけた干し草〔わら〕.

die **Tris·tẹsse** [trɪstɛ́s トリステス] [名] -/-n (主に[単])《文》悲しみ, 憂うつ, 陰気さ.

das **Tri̲·ti·um** [トリーツィウム] [名] -s/ 〘化〙トリチウム(記号 T).

der **Tri̲·ton**[1] [トリートン] [名] -s/ **1.** (主に無冠詞)〘ギ神〙トリトン(半人半魚の海神. Poseidon の息子). **2.** 〘天〙トリトン(海王星の衛星の一つ).

der **Tri̲·ton**[2] [トリートン] [名] -en [トリトーネン]/-en [トリトーネン] **1.** 〘ギ神〙トリトン(海神の従者. ほら貝を吹き, 海を静める). **2.** 〘動〙イモリ.

das **Tri̲·ton**[3] [トリートン] [名] -s/-en [トリトーネン] 〘化〙トリトン, 三重陽子(トリチウムの原子核).

das **Tri̲·tons·horn** [トリートンス・ホるン] [名] -(e)s/..hörner ホラガイ.

trịtt [トリット] [動] treten の現在形 3 人称単数.

der **Trịtt** [トリット] [名] -(e)s/-e **1.** 歩, 歩み, 足音： leichte ～*e* しのび足;軽い足音. einen falschen ～ machen〔tun〕足を踏違える. ～ für ～ 一歩一歩. **2.** ([単]のみ)歩き方, 足どり;歩調, 足並み： einen leichten ～ haben 軽快な歩き方をする. ～ halten 同じ歩調を保つ. aus dem ～ geraten〔kommen〕歩調がとれなくなる. im ～ marschieren 足並みをそろえて行進する. Ohne ～, marsch！ 歩調をとらずに, 進め(軍隊の号令). **3.** 蹴(け)ること;(ラグビーの)キック. **4.** (列車などの)ステップ;(2－3 段の)踏み台;ペダル;《古》壇. **5.** 〘狩〙(鹿などの)足跡;(主に[複])(鶏・鳩・小鳥の)足. 【慣用】**einen Tritt bekommen〔kriegen〕**《口》けとばされる, くびになる. 〈j³〉 **einen Tritt geben〔versetzen〕**〈人を〉けとばす;〈人を〉くびにする. **Tritt fassen** 歩調をそろえる;立直る, 調子を取戻す.

trịtt！ [トリット] [動] treten の du に対する命令形.

das **Trịtt·brett** [トリット・ブれット] [名] -(e)s/-er (列車などの)ステップ, 昇降段.

der **Trịtt·brett·fah·rer** [トリットブれット・ふぁーらー] [名] -s/- 《蔑》(他者の利益への)便乗者.

die **Trịtt·lei·ter** [トリット・ライター] [名] -/-n (低い)脚立(きゃたつ).

die **Trịtt·si·cher·heit** [トリット・ズィっひゃーハイト] [名] -/-en 歩行〔登降(とうこう)〕の安全性;足取りの確かさ.

trịttst [トリッツト] [動] treten の現在形 2 人称単数.

der **Tri·ụmph** [トリウムふ] [名] -(e)s/-e **1.** 勝利, 大成功;([単]のみ)勝利感, 成功の喜び： einen ～ erringen/feiern 勝利を収める/成功を収める. ～ in seiner Miene 彼の表情に表れた勝利〔成功〕のよろこび. im ～ 歓声をあげて. **2.** 凱旋(がいせん)行進.

tri·um·pha̲l [トリウムふぁール] [形] 輝かしい, 大成功の;熱狂的な, 凱歌(がいか)に包まれた.

der **Tri·um·pha̲·tor** [トリウムふぁートーあ] [名] -s/-en [トリウムふぁトーれン] (古代ローマの)凱戦(がいせん)将軍;《文》大勝利〔大成功〕を収めた人.

der **Tri·ụmph·bo·gen** [トリウムふ・ボーゲン] [名] -s/- 〘建〙 **1.** 凱旋(がいせん)門. **2.** (教会内部の)凱旋アーチ(キリストの勝利を描いている).

tri·um·phie̲·ren [トリウムふぃーれン] [動] *h.* **1.** 〔補足なし〕勝ち誇る, 凱歌(がいか)をあげる. **2.** 〔über 〈j⁴/et⁴〉ニ〕打勝つ, (…に対して)勝利を収める.

der **Tri·ụmph·zug** [トリウムふ・ツーク] [名] -(e)s/..züge (古代ローマの)凱旋(がいせん)行進;《転》優勝パレード.

das **Tri·um·vi·ra̲t** [トリウムヴィらート] [名] -(e)s/-e (古代ローマの)三頭政治.

tri·vi·a̲l [トリヴィアール] [形] 月並みな, 陳腐な;平凡な.

die **Tri·vi·a·li·tä̲t** [トリヴィアリテート] [名] -/-en **1.** ([単]のみ)ありふれている〔月並みな〕こと, 通俗〔平凡〕さ, 陳腐. **2.** 陳腐な意見〔考え〕.

die **Tri·vi·a̲l·li·te·ra·tur** [トリヴィアール・リテらトゥーあ] [名] -/-en 通俗〔娯楽〕文学.

der **Tri·vi·a̲l·na·me** [トリヴィアール・ナーメ] [名] -ns/-n (動植物・化学物質の学名の)通称名, 俗名.

das **Tri̲·vi·um** [トリーヴィウム] [名] -s/ 三学科(中世の大学の七つの自由学芸の内の下位の文法・修辞・弁証法).

der **Tri̲·zeps** [トリーツェプス] [名] -(es)/-e 〘解〙三頭筋.

tro·chä·isch [トろヘーイシュ] [形] 〘詩〙トロカイオス〔トロヘーウス〕の.

der **Tro·chä̲·us** [トろヘーウス] [名] -/..chäen 〘詩〙トロカイオス, トロヘーウス(強弱〔長短〕格).

trọ·cken [トろッケン] [形] **1.** 乾いた, 乾燥した： ～*e* Luft 乾いた空気. **2.** 雨の少ない, からからの： bei ～*em* Wetter 雨の降らない時. **3.** (のど・口が)渇いた;干からびた： einen ～*en* Hals haben のどが渇いている. Das Brot ist ～. そのパンは干からびている(⇨5). **4.** 脂気のない, 乾性の, ぱさぱさの： eine ～*e* Haut haben 脂気のない肌をしている. **5.** 何も塗っていない, 何ものせて〔かけて〕ない;酒抜きの;《ジャーゴン》(アルコール依存者が)酒を絶っている： ～*es* Brot 何も塗っていないパン. ～*er* Kuchen 何ものって〔入って〕いないケー

キ. das ~e Gedeck 酒のつかない定食. das Fleisch ~ essen ローストした肉にソースをかけないで食べる. ~ sein (酒飲みが)酒の気がない,禁酒している. **6.** 辛口の(ワインなど). **7.** die ~en Zahlen der Statistik 統計の無味乾燥な数字. **8.** そっけない,無愛想な,ぶっきら棒な: ein ~es Schreiben そっけない通信. **9.** さりげない,にこりともしない,あっさりとした: einen ~en Humor haben にこりともしないで面白いことを言う(人である). **10.** (音が)鈍い. **11.** 〖スポ〗〖ジャン〗素早く強烈な(パンチ・シュート). 【慣用】 auf dem Trock(e)nen sitzen〔sein〕〘口〙にっちもさっちもゆかない;金に困っている;〖冗〙飲み物が切れている. ein trockener Gast (チップを出さない)しぶい客. ein Trock(e)nes Land 禁酒国. im Trock(e)nen sitzen ぬれない所にいる(雨にぬれず). keinen trock(e)nen Faden am Leib(e) haben 全身びしょぬれである. noch nicht trocken hinter den Ohren sein〘口〙まだ青二才である. sein Schäfchen im Trock(e)nen haben (自分は)自分の利益は確保している. sich⁴ trocken rasieren 電気かみそりでひげをそる. trockenen Auges〖文〙涙も見せずに,けろりとして.

die **Trọ·cken·an·la·ge** [トロッケン・アン・ラーゲ] 图 -/-n 乾燥装置.
die **Trọ·cken·bat·te·rie** [トロッケン・バテリー] 图 -/- 〖電〗乾電池.
die **Trọ·cken·bee·ren·aus·le·se** [トロッケン・ベーレン・アウス・レーゼ] 图 -/-n トロッケンベーレンアウスレーゼ① 熟させて干からびるまで枝に残しておいたブドウを粒ごとすること.②このブドウで作った最高級ワイン.
der **Trọ·cken·bo·den** [トロッケン・ボーデン] 图 -s/..böden (屋根裏の)物干し部屋.
das **Trọ·cken·dock** [トロッケン・ドック] 图 -s/-s〔-e〕乾ドック.
das **Trọ·cken·ei** [トロッケン・アイ] 图 -(e)s/- (粉末状の)乾燥卵.
das **Trọ·cken·eis** [トロッケン・アイス] 图 -es/- ドライアイス.
das **Trọ·cken·ele·ment** [トロッケン・エレメント] 图 -(e)s/-e〖電〗乾電池.
die **Trọ·cken·füt·te·rung** [トロッケン・フュッテルング] 图 -/-en〖農〗(家畜の)乾燥飼料の飼育.
das **Trọ·cken·ge·mü·se** [トロッケン・ゲミューゼ] 图 -s/- 乾燥野菜.
das **Trọ·cken·ge·wicht** [トロッケン・ゲヴィヒト] 图 -(e)s/-e〖商〗(乾燥状態での)乾燥後の正味の重さ.
die **Trọ·cken·hau·be** [トロッケン・ハウベ] 图 -/-n (ボンネット形)ヘアドライヤー.
die **Trọ·cken·he·fe** [トロッケン・ヘーフェ] 图 -/-n ドライイースト.
die **Trọ·cken·heit** [トロッケンハイト] 图 -/-en **1.** (のみの)乾燥(状態);(転)無味乾燥,そっけなさ. **2.** (主に)乾期.
trọ·cken|le·gen [トロッケン・レーゲン] 動 h. **1.**〈j⁴ ³〉おむつを取替える. **2.**〈et⁴ ³〉干拓する,排水する(沼などを). **3.**〈j³ ³〉(転)飲むのを待たせる;〖ジャン〗禁酒させる.
die **Trọ·cken·le·gung** [トロッケン・レーグング] 图 -/- **1.** おむつの取替え. **2.** 干拓,排水. **3.** 酒のあおずけ;〖ジャン〗禁酒.
die **Trọ·cken·milch** [トロッケン・ミルヒ] 图 -/ ドライ〔粉〕ミルク.
das **Trọ·cken·mit·tel** [トロッケン・ミッテル] 图 -s/-〖化〗乾燥剤,吸湿剤.
das **Trọ·cken·obst** [トロッケン・オープスト] 图 -(e)s/- ドライフルーツ.
der **Trọ·cken·ofen** [トロッケン・オーフェン] 图 -s/..öfen 乾燥炉〔釜〕.

die **Trọ·cken·pflan·ze** [トロッケン・プフランツェ] 图 -/-n =Xerophyt.
der **Trọ·cken·platz** [トロッケン・プラッツ] 图 -es/..plätze (戸外の)物干し場.
die **Trọ·cken·ra·sie·ren** [トロッケン・ラズィーレン] 图 -/- 〘口〙 **1.** 電気かみそり. **2.** 電気かみそりを使うこと.
die **Trọ·cken·ra·sur** [トロッケン・ラズーア] 图 -/-en 電気かみそりによるひげそり.
trọ·cken|rei·ben* [トロッケン・ライベン] 動 h. 〈j⁴ ³〉(布で)拭く〈水気を取るために〉: sich³ die Haare ~ 自分の髪を拭く.
die **Trọ·cken·rei·ni·gung** [トロッケン・ライニグング] 图 -/-en ドライクリーニング.
die **Trọ·cken·schleu·der** [トロッケン・シュロイダー] 图 脱水機.
trọ·cken|schleu·dern [トロッケン・シュロイダーン] 動 h.〈et⁴ ³〉(遠心)脱水機にかける(洗濯物を).
trọ·cken sitzen*, *trọ·cken|sit·zen** [トロッケン・ズィッツェン] 動 h.〖慣〗〘口〙お酒〔飲み物〕を供されていない(客などが):〈j³ ~ lassen〈人に〉お酒〔飲み物〕を出さない.
der **Trọ·cken·ski·kurs** [トロッケン・シー・クルス] 图 -es/-e (準備段階として雪のない場所で行う)スキーの(理論)講習会.
die **Trọ·cken·star·re** [トロッケン・シュタれ] 图 -/ 〖動〗乾燥硬直.
trọ·cken ste·hen*, *trọ·cken|ste·hen** [トロッケン・シュテーエン] 動 h.〖慣〗〖農〙乳を出さない(妊娠した牛が).
die **Trọ·cken·zeit** [トロッケン・ツァイト] 图 -/-en 乾季.
trọck·nen [トロックネン] 動 **1.** s.〔h.〕〖慣〗乾く,乾燥する. **2.** h. 〈j⁴ ³〉拭く(額1など)を: dem Kind die Augen ~ (泣いている)子供の目を拭いてやる. **3.** h.〈et⁴ ³〉拭き取る(こぼれた水・汗・涙などを): sich³ den Schweiß ~ 汗を拭く. **4.** h.〈et⁴ ³〉干す,乾燥させる(果実・茸などを保存するために).
der **Trọck·ner** [トロックナー] 图 -s/- (洗濯物の)乾燥機(Wäsche~);(洗った手を乾かり)エアタオル.
die **Trọck·nung** [トロックヌング] 图 -/ 乾燥;(固体・気体の)脱水.
die **Trọd·del** [トロッデル] 图 -/-n 房(飾り),タッセル.
der **Trö·del** [トゥレーデル] 图 -s/- **1.**〘口〙〖蔑〙(も有)がらくた,古物(特に衣類・家具〔道具〕類). **2.** 古物市.
die **Trö·de·lei** [トゥレーデライ] 图 -/- 〘口・蔑〙ぐずぐず〔だらだら〕すること.
die **Trö·del·fritze** [トゥレーデル・フリッツェ] 图 -n/- 〘口・蔑〙ぐずな男〔少年〕.
der **Trö·del·kram** [トゥレーデル・クラーム] 图 -(e)s/- 〘口・蔑〙がらくた,古物.
der **Trö·del·la·den** [トゥレーデル・ラーデン] 图 -s/..läden 〘口・蔑〙古物商の店.
die **Trö·de·lie·se** [トゥレーデル・リーゼ] 图 -/-n 〘口・蔑〙ぐずな女.
der **Trö·del·markt** [トゥレーデル・マルクト] 图 -(e)s/- ..märkte 古物市,のみの市.
trö·deln [トゥレーデルン] 動 **1.** h.〖慣〙〘口〙(〖蔑〙も有)ぐずぐずする. **2.** s.〈〈方向〉へ〈場所〉〉〘口〙ぶらぶら歩いて行く. **3.** h.〖慣〙古物商を営む.
der **Trö·dler** [トゥレードラー] 图 -s/- 〘口〙 **1.** 古物商,古道具〔古着〕屋. **2.**〖蔑〙ぐず(な人),のろま.
(*der*) **Troeltsch** [trœltʃ] 〖人名〗トレルチ(Ernst,1865-1923,神学・歴史哲学者).
der **Trọ·er** [トろーあー] 图 -s/- =Trojaner.
troff [トろフ] 動 triefen の過去形.
tröf·fe [トゥれっフェ] 動 triefen の接続法 2 式.

trog [トロ-ク] 動 trügenの過去形.
der **Trog** [トロ-ク] 名 -(e)s/Tröge **1.**〔横長の〕桶(ホネ). **2.**〖地質〗地溝. **3.**〖気〗気圧の谷.
tröge [トロ-ゲ] 動 trügenの接続法2式.
der **Trog·lo·dyt** [トログロデュート] 名 -en/-en 〘古〙〔氷河時代の〕穴居人.
die **Troi·ka** [トロ(-)イカ] 名 -/-s〔ロシアの〕三頭立ての馬車(馬そり),トロイカ.〘転〙三人で支配する有力政治家.
troi·sch [トローイシュ] 形 =trojanisch.
(das) **Trois·dorf** [トロ-スドるふ] 名 -s/〘地名〙トロースドルフ〔ノルトライン=ヴェストファーレン州の都市〙.
(das) **Tro·ja** [トロ-ヤ] 名 -s/〘地名〙トロイア,トロヤ〔古代にトロイア戦争が行われた小アジアの都市〙.
der **Tro·ja·ner** [トロヤ-ナ-] 名 -s/- トロイアの住民.
tro·ja·nisch [トロヤ-ニシュ] 形 トロイアの(住民の): der T~e Krieg トロイア戦争.
der **Troll** [トろル] 名 -(e)s/-e 〘北欧神〙トロル〔男・女の巨人・小人の姿で現れる妖怪(ホシ)〙.
die **Troll·blu·me** [トろル・ブルメ] 名 -/-n〘植〙キンバイソウ.
trol·len [トろレン] 動〘口〙**1.** *h.*〔sich⁴〕ゆっくり〔すごすごっいやいや〕立ち去る. **2.**〈方向〉へ〈場所〉ッ〕ぶらぶら〔のんびり〕歩いて行く.
der **Trol·ley** [tr5li トろリ] 名 -s/-s キャリーケース〔バッグ〕.
der **Trol·ley·bus** [tr5libus トろリ・ブス] 名 -ses/-se 〘公〙トロリーバス.
der **Trol·lin·ger** [トろリンガ-] 名 -s/- **1.**〔(ぶ)のみ〕トロリンガー種のブドウ. **2.** トロリンガー種のブドウによるワイン.
die **Trom·be** [トろムベ] 名 -/-n〘気〙竜巻(㌦シ).
die **Trom·mel** [トろメル] 名 -/-n **1.** 太鼓,ドラム: die ~ schlagen〔rühren〕太鼓をたたく. **2.** 太鼓状の〔円筒形の〕容器〘機械部品〙;(ブレーキ)ドラム(Brems~);〔洗濯機・コンクリートミキサーなどの〕回転ドラム;(ケーブルなどの)巻き胴;(ピストルなどの)回転式弾倉;〔植物採集用の〕胴乱;〘建〙〔ドームの〕ドラム.〘慣用〙**die Trommel für〈j⁴/et⁴〉rühren**〈人・物・事を〉大げさに宣伝する.
das **Trom·mel·fell** [トろメル・ふェル] 名 -(e)s/-e **1.** 太鼓の皮. **2.** 鼓膜.
das **Trom·mel·feu·er** [トろメル・ふォイアー] 名 -s/ 〘軍〙集中砲火;〘転〙〔批判・質問などの〕集中.
trom·meln 動 *h.* **1.**〘器無〙太鼓〔ドラム〕を叩く(タシ);〔狩〕前脚で地面をたたく〔野兎が危険に際して〕. **2.**〔et⁴ッ〕太鼓で打つ〔奏する〕(拍子・マーチなどを). **3.**〈方向〉ッ〕とんとん〔こつこつ・どんどん〕叩く. **4.**〘器無〙どきどきする,激しく脈打つ〔心臓・脈が〕.〘慣用〙〈j⁴〉 **aus dem Bett〔dem Schlaf〕trommeln**〈人を〉たたき起こす〔太鼓・戸などを叩いて〕. **den Rhythmus auf〈et⁴〉trommeln**〈物を〉叩いてリズムをとる. **Es trommelt in meinem Schädel.** 私は頭ががきんがんする.
der **Trom·mel·re·vol·ver** [トろメル・れヴォルヴァー] 名 -s/- 回転式拳銃,リボルバー.
der **Trom·mel·schlag** [トろメル・シュラーク] 名 -(e)s/-schläge 太鼓〔ドラム〕を打つこと;太鼓〔ドラム〕の音.
der **Trom·mel·schlä·gel**, ⓐ**Trom·mel·schle·gel** [トろメル・シュレーゲル] 名 -s/-〔主にⓐ〕太鼓〔ドラム〕のばち,ドラムスティック.
der **Trom·mel·schlä·ger** [トろメル・シュレーガー] 名 -s/-〘稀〙太鼓〔ドラム〕をたたく人,ドラマー.
der **Trom·mel·stock** [トろメル・シュトック] 名 -(e)s/-stöcke 〔主にⓐ〕太鼓のばち,ドラムスティック.
der **Trom·mel·wir·bel** [トろメル・ヴィるベル] 名 -s/- 太鼓〔ドラム〕の連打.
der **Tromm·ler** [トろムラ-] 名 -s/- 鼓手,ドラマー;〘転〙宣伝者,先駆者.
das (der) **Trompe-l'Œil, ⓐTrompe-l'œil** [trɔ̃plœj トろンプ・ルィ] 名 -(s)/-〘美〙トロンプ・ルイユ〔①マニエリスム・バロック期のだまし絵の技法. ②だまし絵効果を使った室内装飾〕.
die **Trom·pe·te** [トろムペーテ] 名 -/-n トランペット,らっぱ: (die) ~〔auf der~〕blasen トランペットを吹く.
trom·pe·ten [トろムペーテン] 動 **h. 1.**〘器無〙トランペット〔らっぱ〕を吹く;ぶおうとほえる〔象が〕;〘口〙大きな音を立てて鼻をかむ. **2.**〔et⁴ッ〕トランペットで吹く〔吹奏する〕. **3.**〔et⁴ッ/〈文〉ッ〕大声で告げる〔触れる〕.
das **Trom·pe·ten·ge·schmet·ter** [トろムペーテン・ゲシュメター] 名 -s/ トランペット〔らっぱ〕の響き〔とどろき〕.
der **Trom·pe·ten·stoß** [トろムペーテン・シュトース] 名 -es/-,stöße トランペット〔らっぱ〕の一吹き.
der **Trom·pe·ter** [トろムペータ-] 名 -s/- トランペット奏者,らっぱ手.
die **Tro·pe** [トろ-ペ] 名 -/-n〘修〙転義法,文彩.
die **Tro·pen** [トろ-ペン] 複 熱帯〔地方〕.
das **Tro·pen·fie·ber** [トろ-ペン・ふィーバー] 名 -s/〔悪性〕マラリア.
der **Tro·pen·helm** [トろ-ペン・ヘルム] 名 -(e)s/-e〔コルクに布をはったヘルメット形の〕防暑用帽子,ソーラトピー.
das **Tro·pen·kli·ma** [トろ-ペン・クリーマ] 名 -s/ 熱帯気候.
der **Tro·pen·kol·ler** [トろ-ペン・コラー] 名 -s/〔旅行者がかかる〕熱帯性神経症.
die **Tro·pen·krank·heit** [トろ-ペン・クランクハイト] 名 -/-en 熱帯病〔マラリアなど〕.
der **Tropf**¹ [トろップふ] 名 -(e)s/Tröpfe〔㊗〕も有〕単純な人: ein sentimentaler ~ 単純なセンチメンタリスト.
der **Tropf**² [トろップふ] 名 -(e)s/-e〔主にⓐ〕〘医〙点滴装置: am ~ hängen 点滴を受けている.
die **Tröpf·chen·in·fek·tion** [トろップふェン・インふェクツィオ-ン] 名 -/-en〘医〙飛沫(ぷ)感染〔伝染〕.
tröpf·chen·wei·se [トろップふェン・ヴァイゼ] 副 一滴ずつ(の);〘口〙少しずつ,ぽつりぽつりと.
tröp·feln [トろップふェルン] 動 **1.**〈方向〉へ〈カラ〉〕ぽたりぽたりと滴り落ちる. **2.** *h.*〔et⁴ッ+〈方向〉ニ〕滴らせる,滴下させる. **3.** *h.*〔Es〕〘口〙雨がぽつぽつり降る.
trop·fen [トろップふェン] 動 **1.** *s.*〈方向〉ニ〔カラ〕〕滴り落ちる〔雨・汗などが〕. **2.** *h.*〘器無〙雫(しず)がぽたぽた垂れる. **3.** *h.*〔et⁴ッ〕ニ〕滴らせる,滴下する.〘慣用〙*s.* **Es tropft vom Dach.**〔雪解けの〕雫(しず)が屋根から滴となって垂れる. *h.* **Ihm tropft die Nase.** 彼は鼻水を垂らす.
der **Trop·fen** [トろップふェン] 名 -s/- **1.** しずく,水滴: ein ~ Blut 一滴の血. **Es regnete in großen ~.** 大粒の雨が降っていた. **2.**〔液体の〕少量,微量,一滴: ein ~ Parfüm 香水一滴.〈et⁴〉**bis auf den letzten ~ austrinken**〈飲み物を〉最後の一滴まで飲み干す. **3.**〔㊗のみ〕〔飲み薬の〕滴剤.〘慣用〙**ein guter〔edler〕Tropfen** 貴重なワイン〔ブランデー〕. **Es ist ein Tropfen auf den heißen Stein.**〘口〙焼け石に水だ.
der **Trop·fen·aus·wurf** [トろップふェン・アウスヴるふ] 名 -(e)s/..würfe〘工〙〔冷却塔などからの〕水滴の噴出.
die **Trop·fen·bil·dung** [トろップふェン・ビルドゥング] 名 -/-en 水滴の形成,結露.
der **Trop·fen·fän·ger** [トろップふェン・ふェンガー] 名 -s/-〔瓶やポットの注ぎ口のスポンジの〕しずく受け.

tropfen-förmig [トロップフェン・フォェルミヒ] 形 水滴〔しずく〕状の.

tropfen-wei-se [トロップフェン・ヴァイゼ] 副 一滴ずつ(の);《口》少しずつ、ぼつりぼつりと.

die **Tropf-in-fu-sion** [トロップフ・インフズィオーン] 名 -/-en《医》点滴.

der **Tropf-körper** [トロップフ・ケルパー] 名 -s/-《下水処理場などの》散水濾床.

tropf-nass, ⑧**tropf-naß** [トロップフ・ナス] 形 しずくの垂れるほどぬれた.

der **Tropf-stein** [トロップフ・シュタイン] 名 -(e)s/-e 滴石 (鐘乳石と石筍(せき)の総称).

die **Tropf-stein-höh-le** [トロップフシュタイン・ヘーレ] 名 -/-n 鐘乳洞.

die **Tro-phäe** [トロフェーエ] 名 -/-n **1.** 戦勝記念品(敵の旗など). **2.** 狩猟の記念品(獲物の角など) (Jagd-~). **3.** トロフィー.

tro-phisch [トロフィシュ] 形《医》栄養の.

die **Tro-pho-lo-gie** [トロホロギー] 名 -/ 栄養学.

tro-pisch [トロービシュ] 形 熱帯の;熱帯のような.

der **Tro-pis-mus** [トロピスムス] 名 -/..men《生》屈性.

der **Tro-po-phyt** [トロポ・フュート] 名 -en/-en《植》季節転形植物.

der **Tross**, ⑧**Troß** [トロス] 名 -es/-e **1.** (昔の)輜重(しちょう)隊. **2.** お供の者,随員;《転》追従者. **3.** 行列.

die **Tros-se** [トロッセ] 名 -/-n 大索,大綱.

der **Trost** [トロースト] 名 -(e)s/ 慰め:⟨j³⟩ geben [bringen]⟨人に⟩慰めを与える,⟨j³⟩ spenden[zusprechen]⟨人を⟩慰める. bei⟨j³⟩/in⟨et³⟩ finden⟨人に⟩/⟨事に⟩慰めを見いだす. Das ist ein schwacher ~ そんなことは慰めにもならない.【慣用】 **nicht (recht) bei Trost sein**《口》頭がおかしい.

trost-be-dürf-tig [トロースト・ベデュルフティヒ] 形 慰めの必要な.

Trost-brin-gend, ⑧**trost-brin-gend** [トロースト・ブリンゲント] 形 慰めになる.

trö-sten [トレーステン] 動 **1.**⟨j³⟩慰める,元気づける(…の)慰めとなる,(…に)元気を出す. **2.**⟨sich⟩自分を慰める,元気を出す. **3.**⟨sich⁴+über⟨et⁴⟩⟩+mit⟨j³/et³⟩⟩紛らす(いやな事・心痛などを).【慣用】 **sich⁴ mit einem anderen Mann [einer anderen Frau trösten** (前の人と別れて)すぐに別の男/別の女を見つける. **sich⁴ nicht trösten lassen wollen** 慰めようがない(人が).

der **Trös-ter** [トレースター] 名 -s/- 慰める人;《転》慰めになるもの(音楽・本・酒など).

tröst-lich [トレーストリヒ] 形 慰めになる.

trost-los [トロースト・ロース] 形 慰めのない,絶望した;気の滅入るような,よくなる見込みのない;殺風景な.

die **Trost-lo-sig-keit** [トロースト・ローズィヒカイト] 名 -/ 慰めのなさ,絶望;見込みのなさ,荒涼.

der **Trost-preis** [トロースト・プライス] 名 -es/-e 残念賞.

trost-reich [トロースト・ライヒ] 形 大いに慰めとなる.

die **Trös-tung** [トレーストゥング] 名 -/-en (与えられる) 慰め;versehen mit den ~en der Kirche《カトリ》ギリスト教臨終の秘跡を与えられて.

der **Trott** [トロット] 名 (o)⑥/-e (馬の)跑足(だそく),トロット;のろい足どり;《《蔑》も》単調な繰返し: Es geht immer im gleichen ~. 旧態依然としている.

die **Trot-te** [トロッテ] 名 -/-n《南西独・スイ》(旧式の)ワイン圧搾機.

der **Trot-tel** [トロッテル] 名 -s/-《口・蔑》間抜け,とんま,ぼけ.

trot-tel-haft [トロッテルハフト] 形《口・蔑》間抜けな,ぼんやりした.

trot-te-lig [トロッテリヒ] 形《口・蔑》もうろくした,ぼけた.

trot-teln [トロッテルン] 動 s.《堕》《口》(ぼんやりした様子で)ふらふらと歩く.

trot-ten [トロッテン] 動 s.⟨〈方向⟩へ/⟨場所⟩を⟩のろのろ(のそのそ)と歩いて行く.

das **Trot-ti-nett** [トロッティネット] 名 -s/-e《スイ》(子供用の)スクーター.

das **Trot-toir** [trotŏá:r トロトアーあ] 名 -s/-e[-s]《スイ》歩道.

trotz [トロッ] 前《+2格[3格]》…にもかかわらず,…に反して,…を無視して: ~ des Regens[dem Regen] 雨にもかかわらず. ~ aller Bemühungen どんなに努力しても. ~ Erlassen 政令を無視して. ~ allem [alledem]そうはいってもやはり,そういったことすべてにもかかわらず.

der **Trotz** [トロッ] 名 -es/ 反抗(心):⟨j³/et³⟩ bieten⟨人・事に⟩反抗する. aller Gefahr zum ~ あらゆる危険をものともせず. aus ~ gegen den Vater 父への反抗心から.【慣用】⟨j³/et³⟩ **zum Trotz** ⟨人・物・事に⟩逆らって,…にもかかわらず.

trotz-dem [トロッ・デーム,トロッ・デーム] 副 それにもかかわらず: Er hatte hohes Fieber, ~ wollte er seinen Vater abholen. 熱が高かったが,それにもかかわらず父親を迎えに行こうとした.
―― [トロッ・デーム] 接《従属》《口》…であるにもかかわらず: T~ ihre Gegnerin noch unerfahren war, hat sie das Spiel verloren. 相手はまだ経験が浅かったにもかかわらず,彼女は試合に負けた.

trot-zen [トロッツェン] 動 h. **1.**⟨⟨j³/et³⟩₂⟩《文》逆らう,反抗する(上司などに). **2.**⟨et³⟩₂《文》抗する(誘惑などに);(…を)ものともしない(危険・攻撃などを);耐える(寒さなどに). **3.**⟨j³⟩だだをこね,駄々を張る,反抗的になる(特に子供が). **4.**⟨⟨☆⟩₁⟩強情を張って言う. **5.**[mit⟨j³⟩]《方》口もきかない. **6.**[auf⟨et⁴⟩]《古》誇示する,主張する.

trot-zig [トロッツィヒ] 形 反抗的な.

der **Trotz-kis-mus** [トロッキスムス] 名 -/ トロツキズム(ロシアの革命家 Leo[Lew] Dawidowitsch Trotzki,1879-1940,に基づく思想).

der **Trotz-kist** [トロッキスト] 名 -en/-en トロツキスト;極左冒険主義者.

trotz-kis-tisch [トロッキスティシュ] 形 トロツキズムの.

der **Trotz-kopf** [トロッ・コップフ] 名 -(e)s/..köpfe 反抗的な人[子供],強情っ張り: ein kleiner ~ きかん坊.

trotz-köp-fig [トロッ・ケップフィヒ] 形 きかん気の.

die **Trotz-re-ak-ti-on** [トロッ・れアクツィオーン] 名 -/-en 反抗的反応.

der **Trou-ba-dour** [trú:badu:r トるーバドゥーあ, trubadú:r トるバドゥーあ] 名 -s/-e[-s] トルバドゥール(①11-14 世紀頃の南フランスの吟遊詩人). ②《文・冗》(皮)肉な流行歌手.

der **Trou-ble** [trábəl トらベル] 名 -s/《口》いやな目,不快なこと,もめごと,ごたごた.

der **Trous-seau** [trosó: トろソー] 名 -s/-s《古》嫁入り支度.

die **Trou-vère** [truvé:r トるヴェーる] 名 -s/-s トルヴェール(12-13 世紀の北フランスの吟遊詩人).

der **Troy-er** [tróyər トろイアー] 名 -s/- トロイエル(①《海》水夫のウールのアンダーシャツ(ジャケット). ②ファスナー付きのタートルネックのプルオーバー.

das **Troy-ge-wicht** [tróy.. トろイ・ゲヴィヒト] 名 -(e)s/-e トロイ衡(重)(英・米の貴金属・宝石の重量単位).

der **Trub** [トるープ] 名 -(e)s/-e《醸》(発酵後の)沈殿物,おり.

trüb [トリューブ] 形 =trübe.

trü̲be [トりゅーべ] [形] -r ; trübst **1.** 濁った, 不透明な, 曇った, どんよりした; うす暗い; くすんだ: ～*es* Glas/Wetter 曇りガラス/曇天. **2.** 暗い, 陰鬱(いんうつ)な, もの悲しい; 暗い, 嫌な; 疑わしい: eine ～ Stimmung 暗い気分. ～ Quellen 不確かな情報源. **【慣用】im Trüben fischen** 《口》どさくさに紛れてうまいことやる.

der **Tru̲bel** [トるーベル] [名] -s/ 賑わい; 雑踏; 大騒ぎ: im ～ der Ereignisse 出来事が立てこむ中で.

trü̲ben [トりゅーベン] [動] *h.* **1.** 〔〈et⁴〉ヲ〕濁らせる, 混濁させる(液体を), 曇らせる(ガラスなどを); (〈et⁴〉がsich⁴の場合)濁る, 混濁する; 曇る. **2.** 〔〈et⁴〉ヲ〕暗くする(気分などを), 損う(関係などを), (…に)暗い影を投げかける(幸福・喜びなどに); (〈et⁴〉がsich⁴の場合)暗くなる; 影がさす. **3.** 〔〈et⁴〉ヲ〕曇らせる(判断力などを), 濁らせる(意識などを); (〈et⁴〉がsich⁴の場合)曇る, 濁る.

die **Trü̲b·heit** [トりゅーブハイト] [名] -/ 濁り; 陰気なこと, 陰うつ.

die **Trü̲b·sal** [トりゅーブザール] [名] -/-e 《文》 **1.** 苦難: ～ erdulden 苦難を耐え忍ぶ. **2.** (⑭のみ)(深い)悲しみ. **【慣用】Trübsal blasen** 《口》悲しみに沈んでいる.

trü̲b·se·lig [トりゅーブ・ゼーりひ] [形] わびしい, もの悲しい; 陰鬱(いんうつ)な, 暗い.

die **Trü̲b·se·lig·keit** [トりゅーブ・ゼーりひカイト] [名] -/ 悲しい気分, わびしさ, 陰鬱(いんうつ).

der **Trü̲b·sinn** [トりゅーブ・ズィン] [名] -(e)s/ 憂鬱(ゆううつ)〔陰鬱〕な気持: in ～ verfallen ふさぎ込む.

trü̲b·sin·nig [トりゅーブ・ズィニひ] [形] 憂鬱(ゆううつ)な, ふさぎ込んだ.

die **Trü̲b·sin·nig·keit** [トりゅーブ・ズィニひカイト] [名] -/ 憂鬱(ゆううつ)さ, 陰鬱(いんうつ)さ, 陰気さ, ふさぎ込んでいること.

die **Trü̲·bung** [トりゅーブング] [名] -/-en 濁ること; 濁り; (レンズなどの)曇り; (雰囲気・関係などの)かげり, 悪化; (意識などの)混濁; (視界・透明度などの)減少.

der **Tru̲ch·sess,** ⑮**Tru̲ch·seß** [トるっふ・ゼス] [名] -es〔-en〕/-e トルフゼス(中世宮廷の大膳の大夫(だいぶ)).

(*die*) **Tru̲·de** [トるーデ] [名] 〖女名〗トゥルーデ(Gertrude の短縮形).

tru̲·deln [トるーデルン] [動] *s.* **1.** 〔補足なし〕くるくる回りながら〔ひらひら・はらはら〕落ちる(落葉などが), ころころ転がる(ボールなどが), きりもみ状態で落ちる(飛行機が). **2.** 〔durch 〈et⁴〉ヲ/〈方向〉へ〕《口・冗》のろのろ行く. **3.** 〔補足なし〕《方》さいころを振る.

die **Trü̲f·fel** [トりゅっふェル] [名] -/-n (《口》主に der ～ -s/-) **1.** 〖植〗セイヨウショウロ, トリュフ. **2.** トリュフ(球形のチョコレート).

tru̲g [トるーク] [動] tragen の過去形.

der **Tru̲g** [トるーク] [名] -(e)s/ 《文》欺瞞(ぎまん), ごまかし; 錯覚, 妄想: Lug und ～ うそ偽り.

das **Tru̲g·bild** [トるーク・ビルト] [名] -(e)s/-er 幻影, 幻像, 幻覚.

trü̲·ge [トりゅーゲ] [動] tragen の接続法 2 式.

trü̲·gen* [トりゅーゲン] [動] trog ; hat getrogen 〔〈j⁴〉ヲ〕欺く, (…に)思い違いをさせる(物・事が): Wenn mich meine Erinnerung nicht *trügt*, ... 私の記憶に間違いがなければ, …. Der (äußere) Schein *trügt*. 見掛け〔外見〕は当てにならない.

trü̲·ge·risch [トりゅーゲりシュ] [形] 見せかけ〔うわべ〕だけの; (誤解に基づく)誤った; 《古》偽りの.

der **Tru̲g·schluss,** ⑮**Tru̲g·schluß** [トるーク・シュルス] [名] -es/..schlüsse (一見正しそうな)誤った推論〔結論〕; 誤謬(ごびゅう); 〖楽〗偽終止.

die **Tru̲·he** [トるーエ] [名] -/-n **1.** 長持(ながもち), チェスト. **2.** 《南独》棺.

der〔*das*〕**Tru̲m** [トるム] [名] -(e)s/-e〔Trümer〕〖鉱〗立坑〔ベルトコンベヤー〕の仕切間; 鉱脈, 支脈, 導脈; 〖機〗ベルトコンベアの車間部分.

das **Tru̲mm** [トるム] [名] -(e)s/Trümmer 《方》大きな塊: ein ～ Käse チーズの大きな塊. ein ～ von einem Mannsbild 大男.

die **Trü̲m·mer** [トりゅマー] [複名] 残骸, 多くの破片, 瓦礫(がれき)(の山), 廃墟(はいきょ): in ～ gehen こなごなになる. 〈et⁴〉 in ～ legen 〈物を〉破壊しつくす. in ～*n* liegen 破壊されている.

das **Trü̲m·mer·feld** [トりゅマー・ふェルト] [名] -(e)s/-er 一面に広がる瓦礫, 廃墟(はいきょ).

die **Trü̲m·mer·frau** [トりゅマー・ふらウ] [名] -/-en (第二次世界大戦直後の)瓦礫(がれき)の後片づけをした女性.

der **Trü̲m·mer·hau·fen** [トりゅマー・ハウふェン] [名] -s/- 瓦礫(がれき)の山.

die **Trü̲m·mer·stät·te** [トりゅマー・シュテッテ] [名] -/-n 廃墟(はいきょ).

der **Tru̲mpf** [トるムプふ] [名] -(e)s/Trümpfe 〖トランプ〗切り札; 《転》奥の手, 最後の手段; 利点: einen ～ ausspielen 切り札をだす; 奥の手をだす. alle *Trümpfe* in der Hand haben 切り札を全部持っている; 絶対有利な立場にいる. **【慣用】Trumpf sein** きわめて重要である, 高く評価されている.

tru̲mp·fen [トるムプふェン] [動] *h.* 〖トランプ〗 **1.** 〔補足なし〕切り札を出す. **2.** 〔〈j⁴/et⁴〉ヲ〕切り札で切る.

die **Tru̲mpf·kar·te** [トるムプふ・カるテ] [名] -/-n 〖トランプ〗切り札のカード.

der **Tru̲nk** [トるンク] [名] -(e)s/Trünke **1.** 《文》飲み物; 《古》一口; 《古》(酒を)飲むこと: ein ～ Wasser 一口の水. **2.** 《文》(常習の)飲酒: sich⁴ dem ～ ergeben 飲酒にふける.

tru̲n·ken [トるンケン] [形] 〔(von 〈et³〉ニ)〕《文》酩酊(めいてい)した; 陶酔した: ～ von〔vom〕 Wein/von〔vor〕 Wonne sein ワインに酩酊した/至上の喜びに酔いしれた.

der **Tru̲n·ken·bold** [トるンケン・ボルト] [名] -(e)s/-e 《蔑》(大)酒飲み, 飲んだくれ.

die **Tru̲n·ken·heit** [トるンケンハイト] [名] -/ 酩酊(めいてい); 《文》陶酔.

die **Tru̲nk·sucht** [トるンク・ズふト] [名] -/ 飲酒癖, アル中.

tru̲nk·süch·tig [トるンク・ズゅひティひ] [形] 飲酒癖のある.

der **Tru̲pp** [トるっプ] [名] -s/-s (兵士などの)一団, 一隊, 一行: ein ～ von 10 Ausflüglern 10 人のハイカーグループ.

die **Tru̲p·pe** [トるっペ] [名] -/-n **1.** 部隊; (⑭のみ)前線部隊; (主に⑱)軍, 軍隊: eine motorisierte ～ 機械化部隊. **2.** (役者などの)一座; 選手団〔一行〕. **【慣用】von der schnellen Truppe sein** 《口》驚くほど早く仕事を片づける.

der **Tru̲p·pen·ab·bau** [トるっペン・アップ・バウ] [名] -(e)s/ 兵力削減.

der **Tru̲p·pen·arzt** [トるっペン・アーあツト, トるっペン・アるツト] [名] -es/..ärzte 軍医.

die **Tru̲p·pen·be·treu·ung** [トるっペン・ベトろイウング] [名] -/-en 軍隊慰問.

die **Tru̲p·pen·be·we·gung** [トるっペン・ベヴェーグング] [名] -/-en (主に⑱)軍隊〔部隊〕の移動.

der **Tru̲p·pen·füh·rer** [トるっペン・ふゅーらー] [名] -s/- 部隊長.

die **Tru̲p·pen·gat·tung** [トるっペン・ガットゥング] [名] -/-en 兵科.

die **Tru̲p·pen·pa·ra·de** [トるっペン・パらーデ] [名] -/-n 観閲式.

die **Tru̲p·pen·schau** [トるっペン・シャウ] [名] -/-en 閲兵(式), 観兵式.

der **Tru̲p·pen·trans·port** [トるっペン・トらンス・ポるト] [名] -(e)s/-e 軍隊〔兵員〕の輸送.

der **Trup·pen·trans·por·ter** [トるっペン・トらンス・ポるター] [名] -s/- 軍隊〔兵員〕輸送船〔機〕.
die **Trup·pen·ü·bung** [トるっペン・ユーブング] [名] -/-en (軍隊の)演習.
der **Trup·pen·ü·bungs·platz** [トるっペンユーブングス・プラッツ] [名] -es/..plätze (軍隊の)演習場.
der **Trup·pen·ver·band·platz** [トるっペン・ふぇあバント・プラッツ] [名] -es/..plätze (前線の大隊)仮包帯所.
der **Trup·pen·ver·bands·platz** [トるっペン・ふぇあバンツ・プラッツ] [名] -es/..plätze =Truppenverbandplatz.
die **Trup·pen·ver·schie·bung** [トるっペン・ふぇあシーブング] [名] -/-en 軍隊〔部隊〕の移動.
trupp·wei·se [トるっプ・ヴァイゼ] [副] 隊ごとに〔の〕, いくつもの隊を作って〔作った〕.
der **Trust** [trast トらスト] [名] -(e)s/-e〔-s〕〘経〙トラスト, 企業合同.
der **Trus·tee** [trastí: トらスティー] [名] -s/-s 受託者.
der **Trut·hahn** [トるート・ハーン] [名] -(e)s/..hähne〘鳥〙雄のシチメンチョウ.
die **Trut·hen·ne** [トるート・ヘネ] [名] -/-n〘鳥〙雌のシチメンチョウ.
das **Trut·huhn** [トるート・フーン] [名] -(e)s/..hühner〘鳥〙シチメンチョウ;雌のシチメンチョウ.
der **Trutz** [トるッツ] [名] -es/《古》反抗, 抵抗, 防御.《次の形で》zu Schutz und ~ 防衛のために.
der **Tschad** [チャ(ー)ト] [名] -s/ **1.**〘国名〙《主に定冠詞と》チャド《アフリカ中央部の国》. **2.**〘湖名〙チャド湖.
der **Tscha·dor** [チャドーあ] [名] -s/-s チャドール《ペルシャの女性の長いベール》.
der **Tscha·ko** [チャコ] [名] -s/-s チャコ《円筒形の昔の軍帽・警察の制帽》.
das **Tschap·perl** [チャパール] [名] -s/-n《ｵｰｽﾄﾘｱ》《口》(世渡りのへたな)気のいい人, ぶきっちょな子供, うぶな娘.
tschau! [チャウ] [間]《イタリア語 ciao のドイツ語式つづり》《口》さよなら, バイバイ.
der **Tsche·che** [チェっひぇ] [名] -n/-n チェコ人.
die **Tsche·chei** [チェひゃイ] [名] -/〘国名〙チェコ《旧チェコ・スロヴァキアの支分国の非公式名称. 1993 年独立》.
(*das*) **Tsche·chi·en** [チェっひエン] [名] -s/〘国名〙チェコ《1993 年チェコ・スロヴァキアから分離独立》.
die **Tsche·chin** [チェっひン] [名] -/-nen Tscheche の女性形.
tsche·chisch [チェっひシュ] [形] チェコ(人・語)の.
das **Tsche·chisch** [チェっひシュ] [名] -(s)/ チェコ語.【用法は⇨Deutsch】
das **Tsche·chi·sche** [チェっひシェ] [名]《形容詞的変化;[単]のみ》 **1.**《定冠詞とともに》チェコ語. **2.** チェコ的なもの〔こと〕.【用法は⇨Deutsche[2]】
der **Tsche·cho·slo·wa·ke** [チェひょ・スロヴァーケ] [名] -n/-n チェコ・スロヴァキア人.
die **Tsche·cho·slo·wa·kei** [チェひょ・スロヴァカイ] [名] -/〘国名〙チェコ・スロヴァキア《中欧の旧連邦制国家で 1993 年二つに分裂》.
tsche·cho·slo·wa·kisch [チェひょ・スロヴァーキシュ] [形] チェコ・スロヴァキアの.
die **Tsche·ka** [チェーカ] [名] -/ チェカ《1917-1922 年旧ソ連邦の政治警察の非常委員会》.
das **Tscher·no·sem** [..noziɔ́m チェるノズィオム] [名] -s/ チェルノゼム《ステップの黒土》.
(*der*) **Tschi·ang Kai-schek** [チアング カイ・シェック] [名]〘人名〙蒋介石《1887-1975 年, 中国の政治家》.
der **Tschi·buk** [チブック, チーブック] [名] -s/-s チブク《トルコの長い陶製の喫煙パイプ》.
tschil·pen [チルペン] [動] *h.*〔補足なし〕ちゅんちゅん鳴く《スズメが》.
die **Tschi·nel·le** [チネレ] [名] -/-n《主に[複]》《南独・ｵｰｽﾄﾘｱ》(軍楽隊用)シンバル.
tschüs! [チュース] [間]《口》バイバイ, さよなら.
tschüss!, [旧]**tschüß!** [チュス] [間] =tschüs!
Tsd. =Tausend 千.
die **Tse·tse·flie·ge** [ツェ(ー)ツェ・ふリーゲ] [名] -/-n〘昆〙ツェツェバエ《熱帯アフリカのハエ. 眠り病を伝染》.
das **T-Shirt** [tí:ʃœ:rt ティー・シェーあト, ..ʃœrt ティー・シェるト] [名] -s/-s Tシャツ.
der **Tsu·na·mi** [ツナーミ, ツーナミ] [名] -/-s 津波.
der **T-Trä·ger** [テー・トれーガー] [名] -s/-〘土〙T 形鋼〔梁(はり)〕.
die **TU** [テーウー] [名] -/-s 工業大学(Technische Universität).
die **Tu·ba** [トゥーバ] [名] -/..ben **1.** チューバ《大型の金管楽器》;(古代ローマの)らっぱ. **2.**〘解〙耳管;輸卵管.
der **Tu·ba·spie·ler** [トゥーバ・シュピーラー] [名] -s/- チューバ奏者.
die **Tu·be** [トゥーベ] [名] -/-n **1.** (絵の具や歯みがきなどの)チューブ. **2.**〘解〙耳管;輸卵管.【慣用】**auf die Tube drücken**《口》スピードをあげる, 急ぐ.
der **Tu·ber·kel** [トゥベるケル] [名] -s/-(《ｵｰｽﾄﾘｱ》die ~ -/-n も有)〘医〙(特に結核の)結節.
der **Tu·ber·kel·ba·zil·lus** [トゥベるケル・バツィルス] [名] -/..zillen〘医〙結核菌.
das **Tu·ber·ku·lin** [トゥベるクリーン] [名] -s/〘医〙ツベルクリン.
tu·ber·ku·lös [トゥベるクレース] [形]〘医〙結核性の;結核にかかった.
die **Tu·ber·ku·lo·se** [トゥベるクローゼ] [名] -/-n 結核《略 Tb, Tbc》.
tu·ber·ku·lo·se·krank [トゥベるクローゼ・クらンク] [形] 結核にかかった.
(*das*) **Tü·bin·gen** [テュービンゲン] [名] -s/〘地名〙テュービンゲン《バーデン=ヴュルテンベルク州の都市》.
der **Tü·bin·ger** [テュービンガー] [名] -s/- テュービンゲンの人〔住民〕.
der **Tu·bist** [トゥビスト] [名] -en/-en =Tubaspieler.
der **Tu·bus** [トゥーブス] [名] -/..ben〔-se〕管, 筒;〘光〙(望遠鏡などの)鏡筒;〘医〙カニューレ, (挿入)管.
das **Tuch** [トゥーふ] [名] -(e)s/Tücher〔-e〕 **1.**《[複]Tücher》(縁どりされた特定の用途の)布: sich[3] ein ~ um den Hals binden 首にネッカチーフを結ぶ. 〈j[3]〉 ein feuchtes ~ auf die Stirn legen〈人の〉額にぬれタオルをのせる. **2.**《[複]-e》布地, 生地, 織物;〘海〙帆布: ein wollenes ~ ウール地. ~ weben 織物を織る.【慣用】**buntes Tuch**《口・古》軍人. **ein rotes Tuch für 〈j[4]〉 sein**〔**wie ein rotes Tuch auf 〈j[4]〉 wirken**〕《口》〈人にとって〉しゃくの種である《闘牛士の赤い布から》.
die **Tu·chent** [トゥヘント] [名] -/-en《ｵｰｽﾄﾘｱ》羽布団.
die **Tuch·fa·brik** [トゥーふ・ふぁブリーク] [名] -/-en 織物工場.
die **Tuch·füh·lung** [トゥーふ・ふゅールング] [名] -/《冗》体が触合うほどの近さ;《転》接触, コンタクト;親交: ~ mit 〈j[3]〉 haben〈人と〉体が触れるほど近くにいる;〈人と〉接触がある. auf ~ kommen 親しくなる.
der **Tuch·händ·ler** [トゥーふ・ヘンドラー] [名] -s/- 織物商人.
der **Tuch·ma·cher** [トゥーふ・マっはー] [名] -s/- (昔の)織物職人, 織工.
(*der*) **Tu·chols·ky** [..ski トゥほルスキ] [名]〘人名〙トゥホルスキー《Kurt ~, 1890-1935, 詩人・小説家・ジャーナリスト》.
tüch·tig [テュひティひ] [形] **1.**〔(in 〈et[3]〉で)〕有能な, 腕のいい. **2.** 優れた, 立派な, 役に立つ: ~, ~!

T

Tüchtigkeit 1252

《皮》ご立派, ご立派. **3.** 《口》相当な, たっぷりした; ひどく.

die Tüchtigkeit [テュヒティヒカイト] 名 -/ 有能さ, 秀れた力量[手腕], 優秀さ; 有用性, 適性.

die Tücke [テュッケ] 名 -/-n **1.** 《飛のみ》悪意, 陰険さ: die ~ des Schicksals 運命のいたずら. Er ist (steckt) voller ~. 彼は悪意に満ちている. **2.** (主に飛)悪だくみ, 奸計(ホミミ), 術策: gegen ⟨j⁴⟩ eine ~ üben ⟨人ュ⟩術策をろうする. **3.** (主に飛)(予測できない)難点, 使いづらさ(商品・道具などの), (かくれた)欠陥(機械などの).

tuckern [トゥッカーン] 動 **1.** h.〔擬音〕たったっと音を立てる(エンジン・車・モーターボートなどの). **2.** s.〈方向⁴ㇸ/〈場所〉ㇷ〉たったっと音を立てて行く. **3.** h.〔俗〕《方》(痛くて)ずきずきする.

tückisch [テュキッシュ] 形 悪意のある, 陰険な; 危険な, 油断のならない; 悪性の, 不気味な.

tuck·tuck! [トゥック・トゥック] 間 (鶏を呼寄せる声)こっ, とっとっと.

der Tudor [トゥードーア] 名 -(s)/-s チューダー家の人 (1485-1603 年のイギリス王家).

der Tu·dor·bo·gen [トゥードーア・ボーゲン] 名 -s/- 【建】チューダー様式のアーチ(イギリス後期ゴシックの偏平な迫持(ホッ)).

der Tu·dor·stil [トゥードーア・シュティール, トゥードーア・スティール] 名 -(e)s/ 【建】チューダー様式(15 世紀末から 1558 年頃までのイギリスの後期ゴシックの建築様式).

die Tue·rei [トゥーエライ] 名 -/ 《口・蔑》気取り, わざとらしい遠慮.

der Tuff¹ [トゥッフ] 名 -s/-e 《飛のみ種類》【地質】 **1.** 凝灰岩. **2.** 石灰華.

der Tuff² [トゥッフ] 名 -s/-s 《方》(花などの)束 (Strauß).

der Tuff·stein [トゥッフ・シュタイン] 名 -(e)s/-e **1.** 凝灰岩;石灰華. **2.** 凝灰岩の石材.

die Tüf·tel·ar·beit [テュフテル・アルバイト] 名 -/-en 《口》根気のある面倒な仕事(特に細かな神経を使う).

die Tüf·te·lei [テュフテライ] 名 -/-en 《口》 **1.** 《飛のみ》面倒な仕事に根気よく取組むこと. **2.** 根気のいる面倒な仕事.

der Tüf·te·ler [テュフテラー] 名 -s/- =Tüftler.

tüf·te·lig [テュフテリヒ] 形 《口》面倒な, 厄介な;《(蔑)にも》必要以上に細かい(きちょうめんな).

tüf·teln [テュフテルン] 動 h.〔俗〕《口》面倒な仕事を粘り強くやる.

der Tufting·tep·pich [táftiŋ..] タフティング・テッピヒ] 名 -s/-e 【織】タフテッドカーベット(パイル地の絨毯 (ᢩᴶᴵᴬᴷ)).

der Tüft·ler [テュフトラー] 名 -s/- 丹念に仕事をする人.

die Tu·gend [トゥーゲント] 名 -/-en **1.** 《飛のみ》徳, 美徳: ein Ausbund an ~ 美徳の鑑(ᢩᴬᴳᴬᴹᴵ). **2.** 倫理的長所, 美点, (個々の)美徳: die ~ der Gerechtigkeit besitzen 正義感という長所がある. **3.** 《飛のみ》《古》純潔, 処女性・貞潔.

der Tu·gend·bold [トゥーゲント・ボルト] 名 -(e)s/-e 道徳家ぶる人.

tu·gend·haft [トゥーゲントハフト] 形 有徳の, 高潔な, 貞潔な.

die Tu·gend·haf·tig·keit [トゥーゲントハフティヒカイト] 名 -/ 有徳性, 高潔, 貞潔.

tu·gend·sam [トゥーゲントザーム] 形 《古》 =tugendhaft.

der Tu·gend·wäch·ter [トゥーゲント・ヴェヒター] 名 -s/- 《(蔑)にも》有り道徳の番人.

(der) Tu·is·ko [トゥイスコ] 名 =Tuisto.

(der) Tu·is·to [トゥイスト] 名 ⌈ᢩᴳᴵᴺᴬᴷ神⌉トゥイスト(大地から生れた神で, Mannus の父).

der Tu·kan [トゥーカン, トゥカーン] 名 -s/-e 【鳥】オオワシ.

der Tüll [テュル] 名 -s/-e 《飛は種類》チュール(ベールなどに用いられる薄い網状の布地. フランスの都市 Tulle にちなむ).

die Tül·le [テュレ] 名 -/-n 《方》(ポットなどの)注ぎ口;(柄などの)差込み口(ろうそく立ての)穴.

die Tul·pe [トゥルペ] 名 -/-n **1.** 【植】チューリップ. **2.** (脚つきの)チューリップ形ビヤグラス. **3.** 《口》変人, おかしな人.

der Tul·pen·baum [トゥルペン・バウム] 名 -(e)s/..bäume 【植】ユリノキ, ハンテンボク.

das Tul·pen·feld [トゥルペン・フェルト] 名 -(e)s/-er チューリップ畑.

die Tul·pen·zwie·bel [トゥルペン・ツヴィーベル] 名 -/-n チューリップの球根.

..tum [..トゥーム] 接尾 名詞・形容詞・動詞などにつけて中性名詞, まれに男性名詞を作る. **1.** (位): Kaiser*tum* 帝位. **2.** (階級): Beamten*tum* (集合的に)公務員. Bürger*tum* 市民階級. **3.** (特性): Helden*tum* 英雄的精神. Irr*tum* 誤謬 (ᢩᴳᴮᴷ). **4.** (状態): Reich*tum* 豊かさ. Wachs*tum* 成長. **5.** (宗教・文化): Christen*tum* キリスト教. Germanen*tum* ゲルマン文化(精神).

die Tum·ba [トゥムバ] 名 -/..ben 棺型墓;〔ᢩᴷᴬᴷᴷ〕儀式用の柩(ᢩᴳᴮᴷ).

tum·meln [トゥメルン] 動 **1.** h. (sich⁴+〈場所〉ᢩ) はしゃぎ回る. **2.** h. (sich⁴)《方》急ぐ. **3.** s.〈方向〉ㇸ/〈場所〉ㇷ〉《方》ふらふらと進んで行く. **4.** ⟨et⁴ᢩᴬ⟩《古》ぐるぐる駆け回らせる(馬を運動させるために).

der Tum·mel·platz [トゥメル・プラッツ] 名 -es/..plätze (子供の)遊び場;《転》活動の場, 拠点.

der Tüm·m·ler [テュムラー] 名 -s/- **1.** 【鳥】チュウガエシバト. **2.** 【動】ネズミイルカ.

der Tu·mor [トゥーモーる, トゥモーる] 名 -s/-en [トゥモーれ-[-e トゥモーれ]] 【医】腫瘍(ᢩᴳᴮᴷ);腫脹.

der Tüm·pel [テュムペル] 名 -s/- 水たまり, 池, 沼.

die Tüm·pel·quel·le [テュムベル・クヴェレ] 名 -/-n 湧水池.

der Tu·mult [トゥムルト] 名 -(e)s/-e 騒ぎ, 騒動;騒乱: Es kam zu schweren ~en. 大変な騒動となった.

der Tu·mul·tu·ant [トゥムルトゥアント] 名 -en/-en 《文・稀》騒乱を起こす人, 暴徒.

tu·mul·tu·a·risch [トゥムルトゥアーリッシュ] 形 《文》騒然とした.

der Tu·mu·lus [トゥームルス] 名 -/..li【考古】(太古の)墳墓.

tun* [トゥーン] 動 tat;hat getan **1.** ⟨et⁴ᢩᴬ⟩する, 行う, なす: seine Pflicht gern ~ 自分の義務を喜んで果す. sein Bestes ~ 自分のベストを尽す. Was willst du in den Sommerferien ~ ? 夏休みには何をするつもりか. Ich werde das nie wieder ~. (私は)そんなことは二度としません. Was kann ich für Sie ~ ? 何か私があなたにしてあげられることがありますか. Was wirst du mit dem Geld ~ ? 君はそのお金をどうするつもりか. *Tu,* was du willst ! 好きなようにしろ. **2.** ⟨⟨et⁴ᢩᴬ⟩⟩済ませる, 片づける:(仕事を)する. **3.** 〔様態〕ふりをする, (…そうに)振舞う: freundlich/verständnisvoll ~ 親切そうな/物分りのよさそうなふりをする. Er *tut* (so), als ob er krank wäre. 彼は病気のふりをする. Sie *tut* nur so. 彼女はそんなふりをしているだけだ. *Tu* doch nicht so ! しらばっくれるな, とぼけるな. **4.** ⟨et⁴ᢩᴬ⟩する, やる (⟨et⁴ᢩ⟩は主に動詞派生名詞): einen Sprung zur Seite ~ (machen)脇ヘと跳びする. eine Äußerung ~ 発言する. einen Blick aus dem Fenster ~ 窓の

外へ視線をやる. **5.** 〔〈j³〉=+〈et⁴〉ッ〕する：〈j³〉(etwas)Gutes/Böses ~〈人に〉良いことを/悪いことをする. sich³ ein Leid ~〈古〉自害する. Der Hund tut 〈j³〉nichts. その犬は〈君に〉何もしないよ(かまないよ). **6.** 〔es〕間に合う,足りる,十分である；〔口〕動く(機械などが)：Das allein tut's nicht. それだけではだめだ.【動く】の意味で〔方〕ではesなしも有】 **7.** 〔〈j⁴/et⁴〉ッ+〈方向〉ニ〕〔口〕入れる,置く,出す,外す；行かせる：〈et⁴〉in den Schrank ~〈物⁴〉戸棚に入れる. die Kleider von sich³ ~ 衣服を脱ぐ. Salz an [in] die Suppe ~ スープに塩を入れる. das Geld auf die Bank ~ その金を銀行に入れる. den eigenen Sohn aufs Gymnasium ~〔口〕自分の息子をギムナジウムへ入れる. die Jüngste zur Oma ~ 一番下の娘をおばあちゃんのところへ行かせる〔預ける〕. **8.** 〔sich⁴〕起こる：In der Politik tut sich nichts. 政治に何の動きもない.【慣用】**Das tut nichts.** それは構わない. **Es ist um 〈j¹/et¹〉 getan.**〈文〉〈人¹〉もうだめだ/〈事¹〉失われた. **(es) mit 〈j³/et³〉 zu tun bekommen(kriegen)**〈人・物・事に〉悩まされることになる(kriegenは〔口〕). **es mit 〈j³/et³〉 zu tun haben**〈人・物・事と〉相手にしている. **(es) mit 〈et³〉 zu tun haben**〔口〕〈物・事に〉悩まされている〔苦しんでいる〕；〈et³を〉仕事にしている；〈et⁴〉ある〔要すともく事⁴〉要求する(数量などをで. **Es tut mir Leid, dass ....** 私は…を残念に思う. **etwas mit 〈et³〉 zu tun haben**〈事³と〉(因果)関係がある；〔口〕と言うことができ：Das hat vielleicht etwas mit dem schlechten Wetter zu tun. それはおそらく悪天候と関係がある. **Mit Kunst hat das wohl kaum etwas zu tun.** それはほとんど芸術なんていう代物ではない. **(etwas) mit 〈j³/et³〉 zu tun haben**〈人・事と〉関わりがある. **mit 〈et³〉 nichts zu tun haben**〈事に〉責任がない,〈事の〉罪がない,〈事と〉関係がない：Ich habe mit dem Mord nichts zu tun. 私はその殺人と関係はない. **gut/unrecht (daran) tun, ... zu ...**…した方がいい/…するのは間違いです：Du tätest gut daran, sofort zu ihm zu gehen. 君はすぐ彼のところへ行ったほうがいいものではないか. **(es) sein ⟨j⁴/et⁴⟩ zu tun**〈文〉〈人に〉〈人・事が〉気にかかる. **Leid tun**〈人に〉…を気の毒〔残念〕に思う：Er tut mir Leid. 私は彼を気の毒に思う. **Mit 〈et³〉 ist es getan/nicht getan.**〈事で〉十分である/〈事では〉十分ではない. **mit 〈j³/et³〉 nichts zu tun haben wollen**〈人・事と〉関わり目がない. **seine Wirkung tun** その効果を現す,効き目がある. **Was tut das schon?**〔口〕それでいくらになります. **Was tut's?**〔口〕それがどうした. **⟨j³⟩ wehtun**〈人に〉…が痛い,〈人に〉…が悲しい思いをさせる. **Wunder tun** 奇跡を行う.

―― 囲 **1.**〈文頭の不定詞強調〕〔口〕では不定詞文末もある〕：Rechnen tut er gut. 計算するのは彼はじょうずだ. **2.**〔方〕〈接続法 würde の代用)：Ich *täte* [würde] gern kommen. 私は喜んでまいります.

das **Tun** [トゥーン] 名 -s/ 行為,振舞い：sein ~ und Lassen〔Treiben〕彼の行状.

die **Tün·che** [テュンヒェ] 名 -/-n (働は種類)(壁用の)石灰塗料,漆喰(ひ)；(働のみ)〔蔑〕見せかけ.

tün·chen [テュンヒェン] 動 h.〈et⁴〉ニ〕(壁用の)石灰塗料を塗る.

der **Tün·cher** [テュンヒャー] 名 s/〔方〕塗装職人.

die **Tun·dra** [トゥンドラ] 名 -/s〔地〕ツンドラ.

das **Tu·nell** [トゥネル] 名 -s/-e〔南独・オーストリア〕トンネル.

tu·nen [tjúːnən] 動 h.〈et⁴〉ッ〕〔車〕チューニングする.

der **Tu·ner** [tjúːnɐ] 名 -s/-〔電〕チューナー,同調器；〔車〕(ジェン)チューニングの専門家.

(*das*) **Tu·ne·si·en** [トゥネージィエン] 名 -s/〔国名〕チュニジア(北アフリカの国).

tu·ne·sisch [トゥネージィッシュ] 形 チュニジア(人)の.

der **Tun·fisch** [トゥーン・フィッシュ] 名 -(e)s/-e = Thunfisch.

der **Tung·sten** [トゥングステーン] 名 -/ =Wolfram².

der **Tu·nicht·gut** [トゥー・ニヒト・グート] 名 -〔-(e)s〕/-e ろくでなし,役立たず,悪(ば).

die **Tu·ni·ka** [トゥーニカ] 名 -/..ken **1.**(古代ローマの)トゥニカ(貫頭衣型の下着・家庭着). **2.** チュニック(前開きの女性用上着).

(*das*) **Tu·nis** [トゥーニス] 名 -/〔地名〕チュニス(チュニジアの首都).

die **Tun·ke** [トゥンケ] 名 -/-n〔方〕〔料〕ソース.

tun·ken [トゥンケン] 動 h.〈et⁴〉ッ+in〈et⁴〉ニ〕〔方〕浸す,漬ける.

tun·lich [トゥーンリヒ] 形 〔古〕得策な；実行可能な.

tun·lichst [トゥーンリヒスト] 副 **1.** できれば,なるべく. **2.**(語飾)(形容詞・副詞を修飾)できるだけ. **3.** ぜひとも.

der **Tun·nel** [トゥネル] 名 -s/-(s) トンネル,地下道.

der **Tun·nel·bau** [トゥネル・バウ] 名 -(e)s/ トンネル建設.

die **Tun·te** [トゥンテ] 名 -/-n〔口〕**1.** 〔蔑〕(取り澄ました)退屈な恰好をした女,嫌味女. **2.** 〔蔑〕ホモの女役的な男性.

tun·tig [トゥンティヒ] 形 〔口・蔑〕お節介な；おかまのような.

der **Tu·pa·ma·ro** [トゥパマーロ] 名 -s/-s トゥパマーロ(ウルグアイの都市ゲリラ).

das (*der*) **Tüp·fel** [テュプフェル] 名 -s/- (稀)=Tüpfelchen.

das **Tüp·fel·chen** [テュプフェルヒェン] 名 -s/- 小さい点,小さい斑点 (はん)；(転)最後の仕上げ,画竜点睛(てんせい)：das ~ auf dem i 最後の仕上げ,画竜点睛(てんせい)(iの上の点). nicht ein ~ ほんの少しも…ない.

tüp·feln [テュプフェルン] 動 h.〈et⁴〉ニ+〈様態〉ミト〕小さな斑点(はん)をつける.

tup·fen [トゥプフェン] 動 h.〔sich³+〈et⁴〉+mit〈et³〉ミト〕軽くたたくように当てる. **2.**〔mit〈et³〉ヂ+〈et⁴〉ッ+〈方向〉カラニ〕軽くたたく〔押さえる〕ようにしてぬぐう〔塗る〕：sich³ mit einem Taschentuch den Schweiß von der Stirn ~ ハンカチで額を押さえるようにして額から汗をぬぐい取る. mit einem Wattebausch Jod auf die Wunde ~ 綿棒でヨードチンキを傷口に軽くたたくようにしてつける. **3.**〔〈方向〉カラニ〕軽くたたく. **4.**〔〈et⁴〉〕水玉の模様をつける.

der **Tup·fen** [トゥプフェン] 名 -s/- 斑点 (はん)，水玉模様：eine Bluse mit blauen ~ 青い水玉模様のブラウス.

der **Tup·fer** [トゥプファー] 名 -s/- **1.**〔口〕斑点 (はん)，水玉模様；〔転〕色どりをそえるもの(花など). **2.**〔医〕(傷口などをぬぐうための)重ねたガーゼ.

die **Tür** [テューア] 名 -/-en **1.** ドア,戸,扉：die ~ öffnen/schließen ドアを開ける/閉める. die ~ abschließen ドアにかぎをかける. an die [der] ~ klopfen ドアをノックする. die ~ eines Schrankes 戸棚の扉. **2.** 戸口,(ドアのある)出入口：durch eine ~ gehen (ドアのある)出入口〔戸口〕を通る. zur ~ hereinkommen 入口から入って来る. in [unter] der ~ stehen 戸口〔部屋の入口〕に立っている. Die ~ geht ins Freie. この出入口は屋外に通じている. die ~ eines Vogelkäfigs 鳥かごの戸口.【慣用】〈j³〉 **die Tür weisen**〈人に〉〈人⁴〉の退出を命ずる. **hinter verschlossenen Türen** 非公開で. **mit der Tür ins Haus fallen**〔口〕だしぬけに〔願い事を〕持出す. **offene Türen einrennen**〔口〕なんの抵抗〔反対〕もないのに勝手に力む. 〈j³〉 **stehen alle Türen offen**〈人に〉〈人⁴〉が広く開かれている. **Tür an Tür** 隣合せに. 〈et³〉 **Tür und Tor öffnen**〈事に〉門戸を開く,〈事に〉はびこらせる. **von Tür zu Tür**

Türangel 1254

一軒ごとに. **vor der Tür stehen** 目前に迫っている. 《j⁴》**vor die Tür setzen** 《口》《人を》追出す. **zwischen Tür und Angel** 《口》大急ぎで, そそくさと.

die **Tür·an·gel** [テューあ·アンゲル] 名 -/-n ドアの蝶番(ちょうつがい).

der **Tur·ban** [トゥるバーン] 名 -s/-e ターバン; ターバン風の婦人帽.

die **Tür·be** [テュるベ] 名 -/-n テュルベ《イスラム教国やトルコの円錐(えんすい)形の屋根のある墓》.

die **Tur·bi·ne** [トゥるビーネ] 名 -/-n 【工】タービン.

das **Tur·bi·nen·flug·zeug** [トゥるビーネン·ふルーク·ツォイク] 名 -(e)s/- ターボ機.

der **Tur·bo** [トゥるボ] 名 -s/-s 【車】《ジャーゴン》ターボ.①ターボエンジン. ②ターボエンジン付きの自動車.

der **Tur·bo·ge·ne·ra·tor** [トゥるボ·ゲネらートーあ] 名 -s/-en ターボ〔タービン〕発電機.

der **Turbo-Jet** [..d3ɛt トゥるボ·ヂェット] 名 -(s)/-s ターボジェット《エンジン》.

das **Turbo-Prop-Flugzeug** [トゥるボ·プロップ·ふルーク·ツォイク] 名 -(e)s/-e ターボプロップ機.

das **Turbo-Prop-Trieb·werk** [トゥるボ·プロップ·トリープ·ヴェるク] 名 -(e)s/-e 【工】ターボプロップエンジン.

tur·bu·lent [トゥるブレント] 形 騒々しい, 騒然とした; 【理·天·気】渦で乱れた.

die **Tur·bu·lenz** [トゥるブレンツ] 名 -/-en 1. 《他のみ》喧騒(けんそう), 混乱, 騒動. 2. 【理·天·気】渦, 乱(気)流.

der **Turf** [トゥるふ, tœrf ⓐ-あふ, tœrf ⓔるふ] 名 -s/- 【競馬】《ジャーゴン》《競馬という社会的な催しの場としての》競馬場.

der **Tür·flü·gel** [テューあ·ふリューゲル] 名 -s/- 両開きの扉.

die **Tür·fül·lung** [テューあ·ふュルング] 名 -/-en ドアの羽目板《鏡板》.

die **Tur·gor·be·we·gung** [トゥるゴーあ·ベヴェーグング] 名 -/-en 【植】膨圧運動.

der **Tür·griff** [テューあ·グりふ] 名 -(e)s/-e ドアの取っ手, ドアノブ.

der **Tür·hü·ter** [テューあ·ヒューター] 名 -s/- 《古》門衛, 玄関番.

..**tü·rig** [..テューりヒ] 接尾 数詞などについて「…ドアをもった」を表す形容詞を作る: **zwei**türig ツードアの.

(das) **Tu·rin** [トゥりーン] 名 -s/ 【地名】トリノ《イタリア北西部の都市》.

der **Tür·ke** [テュるケ] 名 -n/-n 1. トルコ人. 2. 《口》《《蔑》も有》まことしやかな見せかけ;《ジャーゴン》《ジャーゴン》やらせ: **einen ~n bauen**〔**stellen**〕本当のように見せかける.

die **Tür·kei** [テュるカイ] 名 -/ 【国名】トルコ.

der **Tür·ken** [テュるケン] 名 -s/ 《オーストリア》【植】トウモロコシ.

der **Tür·ken·bund** [テュるケン·ブント] 名 -(e)s/..bünde 1. 【植】マルタゴン《ユリの一種》. 2. 《古》ターバン.

der **Tür·ken·sä·bel** [テュるケン·ゼーベル] 名 -s/- トルコ刀《反りの強いサーベル》.

der **Tür·ken·sat·tel** [テュるケン·ザッテル] 名 -s/..sättel 【解】トルコ鞍(くら)《頭蓋(とうがい)底の蝶形骨上面のくぼみ》.

der **Tür·ken·sitz** [テュるケン·ズィッツ] 名 -es/-e あぐら.

die **Tür·ken·tau·be** [テュるケン·タウベ] 名 -/-n 【鳥】シラコバト.

(das) **Tur·ke·stan** [トゥるケスタ(ー)ン] 名 -s/ 【地名】トルキスタン《カスピ海の東, 中央アジアの地方》.

der **Turkey** [tœrki ⓐ-あキ, tœrki ⓔるキ] 名 -s/-s 《ジャーゴン》《ヘロイン中毒者の》激烈な禁断症状.

die **Tür·kin** [テュるキン] 名 -/-nen トルコ人女性.

tür·kis [テュるキース] 形 《無変化》トルコ石色の, 青緑色の, ターコイズブルーの.

der **Tür·kis**[1] [テュるキース] 名 -es/-e トルコ石《鉱物》; トルコ石《貴石》.

das **Tür·kis**[2] [テュるキース] 名 -/ トルコ石色, 青緑色, ターコイズブルー.

tür·kisch [テュるキッシュ] 形 トルコ(人·語)の, トルコ風の: **T~er**(Kaffee)トルココーヒー. **T~er** **Weizen** トウモロコシ.

tür·kisch·rot [テュるキッシュ·ろート] 形 ターキーレッドの, 鮮やかな赤色の.

das **Tür·kisch·rot·öl** [テュるキッシュろート·①-ル] 名 -(e)s/ 【化】ロート油.

tür·kisen [テュるキーゼン] 形 1. トルコ石で出来た. 2. =türkis.

tür·kis·far·ben [テュるキース·ふぁるベン] 形 =türkis.

tür·kis·far·big [テュるキース·ふぁるビヒ] 形 =türkis.

tur·ki·sie·ren [トゥるキズィーれン] 動 h.《j⁴/et⁴ッ》トルコ化〔風〕にする, トルコ語化する.

die **Tür·klin·ke** [テューあ·クリンケ] 名 -/-n ドアの取っ手, ドアノブ.

der **Tür·klop·fer** [テューあ·クロップふぁー] 名 -s/- 《ドアの》ノッカー.

die **Turk·spra·chen** [トゥるク·シュプらーヘン] 複数 【言】チュルク諸語《トルコ語を含むアルタイ語族の語派》.

die **Turk·völ·ker** [トゥるク·ふぉルカー] 複数 チュルク《トルコ系》諸民族.

der **Turm** [トゥるム] 名 -(e)s/Türme 1. 塔, タワー, 櫓(やぐら); 《昔の, 塔の形の》牢獄: **der spitze ~ der Kirche** 教会の尖塔(せんとう). 2. 《山頂の》とがれる岩. 3. 【軍】ルーク. 4. 《軍艦·戦車の》砲塔《Geschütz~》;《潜水艦の》司令塔;《水泳の》飛込み台《Sprung~》. 5. 【工】《クレーンの》タワー部分.

tür·men[1] [テュるメン] 動 h.《et⁴ッ》《方向=》《様態:=》(高く)積上げる《重ねる》. 2.(sich⁴) 高く積重なっている;《文》そびえ《そそり》立っている.

tür·men[2] [テュるメン] 動 s.《略》《口》逃げる, ずらかる.

der **Tür·mer** [テュるマー] 名 -s/-《昔の》鐘楼守, 塔守.

der **Turm·fal·ke** [トゥるム·ふぁルケ] 名 -n/-n 【鳥】チョウゲンボウ.

turm·hoch [トゥるム·ホーホ, トゥるム·ホー田] 形 塔のように高い;《転》圧倒的の.

..**tür·mig** [..テュるミヒ] 接尾 数詞などにつけて「…の塔をもった」を表す形容詞を作る: **zwei**türmig 二つの塔のある. **viel**türmig 多くの塔のある.

das **Turm·sprin·gen** [トゥるム·シュプりンゲン] 名 -s/《水泳の》高飛込み.

die **Turm·uhr** [トゥるム·ウーあ] 名 -/-en 塔の時計.

der **Turn** [tœrn ⓐ-あン, tœrn ⓔるン] 名 -s/ 1. 【空】《ジャーゴン》旋回. 2. 《ジャーゴン》《麻薬による》陶酔《興奮》状態.

der **Turn·an·zug** [トゥるン·アン·ツーク] 名 -(e)s/..züge 運動着, 体操着, トレーナー.

der **Turn·beu·tel** [トゥるン·ボイテル] 名 -s/- トレーナー《体操選手用》バッグ, 体操着入れの袋.

tur·nen [トゥるネン] 動 1. h.《絵画》《ジャーゴン》体操をする, 《器械》運動をする: **am Reck/auf dem Matte ~** 鉄棒／マットの上で運動をする. 2. h.《et⁴ッ》《ジャーゴン》する《体操の》演技をする. 3. s.《über et⁴ッ》《ジャーゴン》《口》巧み《敏捷(びんしょう)》な身のこなしで進む. 4. h.《場所~》《口》巧み《敏捷》な身のこなしで跳び回る.

das **Tur·nen** [トゥるネン] 名 -s/ 体操;《授業の》体育.

der **Tur·ner** [トゥるナー] 名 -s/- 体操選手.

tur·ne·risch [トゥるネりシュ] 形 体操競技の;体育の.

die **Tur·ner·schaft** [トゥるナーシャふト] 名 -/-en《総称》《地域·クラブ·学校などの》体操選手.

das **Turn·fest** [トゥるン·ふぇスト] 名 -(e)s/-e 体操競技

das **Turn·ge·rät** [トゥるン・ゲレート] 名 -(e)s/-e 体操器具〔用具〕.
die **Turn·hal·le** [トゥるン・ハレ] 名 -/-n 体育館.
das **Turn·hemd** [トゥるン・ヘムト] 名 -(e)s/-e (体操用)ランニングシャツ.
die **Turn·ho·se** [トゥるン・ホーゼ] 名 -/-n 体操ズボン.
das **Tur·nier** [トゥるニーあ] 名 -s/-e **1.** (トーナメント形式の)競技大会. **2.** (中世の騎士の)馬上(槍)試合.
tur·nie·ren [トゥるニーれン] 動 h. 《雅古》馬上(槍)試合をする(中世の騎士が).
der **Tur·nier·platz** [トゥるニーあ・プらッツ] 名 -es/..plätze 馬術競技大会場;(中世の)馬上(槍)試合場.
der **Tur·nier·rei·ter** [トゥるニーあ・らイタァ] 名 -s/- 馬術競技大会出場騎手.
der **Tur·nier·tanz** [トゥるニーあ・タンツ] 名 -es/..tänze **1.** (雅のみ)競技ダンス. **2.** (競技会公式種目としての)競技ダンス.
der **Turn·leh·rer** [トゥるン・レーらー] 名 -s/- 体操(体育)の教師.
die **Turn·rie·ge** [トゥるン・リーゲ] 名 -/-n 体操チーム〔選手団〕.
der **Turn·schuh** [トゥるン・シュー] 名 -(e)s/-e 体操用シューズ, 運動靴.
die **Turn·schuh·ge·ne·ra·ti·on** [トゥるンシュー・ゲネらツィオーン] 名 -/ スニーカー世代(1970-80年代の若い世代).
die **Turn·stun·de** [トゥるン・シュトゥンデ] 名 -/-n 体育の時間.
die **Turn·übung** [トゥるン・ユーブング] 名 -/-en 体操の練習, 体技実技.
der **Turn- und Sport·ver·ein** [トゥるン ウント シュポるト・ふぇァアイン] 名 -(e)s/-e 体操・スポーツクラブ(略 TuS).
der **Turn·un·ter·richt** [トゥるン・ウンタァりヒト] 名 -(e)s/-e 体操の授業.
die **Tur·nü·re** [トゥるニューれ] 名 -/-n **1.** (雅のみ)《文·古》如才ない振舞い, 上品な身のこなし. **2.** 《服》バスル(19世紀に流行した腰当て).
der **Tur·nus** [トゥるヌス] 名 -/-se **1.** 輪番, ローテーション, 周期: im ~ von drei Jahren 三年交替で. **2.** (反復される行為のそれぞれの)回, ラウンド. **3.** 《オーストリア》交替勤務;交替勤務の組.
tur·nus·ge·mäß [トゥるヌス·ゲメース] 形 輪番の.
der **Turn·ver·ein** [トゥるン・ふぇァアイン] 名 -(e)s/-e 体操クラブ〔協会〕(略 TV).
der **Turn·wart** [トゥるン・ヴァるト] 名 -(e)s/-e 体操クラブの管理責任者.
der **Tür·öff·ner** [テューあ・①ェフナー] 名 -s/- ドア開錠装置(屋内からボタン操作で建物入口のドアの錠をはずす装置).
der **Tür·pfos·ten** [テューあ・プふぉステン] 名 -s/- 戸口の側柱.
der **Tür·rah·men** [テューあ・らーメン] 名 -s/- ドア枠.
das **Tür·schild** [テューあ・シルト] 名 -(e)s/-er ドアの表札.
der **Tür·schlie·ßer** [テューあ・シュリーサー] 名 -s/- **1.** (劇場などの)ドアマン,ドア係. **2.** (自動式の)ドアチェック, ドア開閉装置.
das **Tür·schloss**, ® **Tür·schloß** [テューあ・シュロス] 名 -es/..schlösser ドアの錠.
die **Tür·schnal·le** [テューあ・シュナレ] 名 -/-n 《オーストリア》ドアの取っ手.
die **Tür·schwel·le** [テューあ・シュヴェレ] 名 -/-n ドアの敷居.
der **Tür·stock** [テューあ・シュトック] 名 -(e)s/..stöcke **1.** (南独·オーストリア)ドアの枠. **2.** 《鉱》(坑道の天井を支える)支柱.

der **Tür·sturz** [テューあ・シュトゥるツ] 名 -es/-e[..stürze] 《土》楣(まぐさ)(ドアの上の梁(はり)).
tur·teln [トゥるテルン] 動 h. **1.** (主語は雅)(miteinander)(互いに)いちゃつく. **2.** (mit (j³))いちゃつく. **3.** 《雅に》《古》くうくう鳴く(鳩が).
die **Tur·tel·tau·be** [トゥるテル・タウベ] 名 -/-n 《鳥》コキジバト(男女間の愛情の象徴).
TuS [トゥ(ー)ス] =Turn- und Sportverein 体操・スポーツクラブ.
der **Tusch** [トゥッシュ] 名 -(e)s/-e トゥシュ(吹奏)楽団が歓声などに合せて出す強調的和音), (短い)ファンファーレ: einen ~ blasen トゥシュを吹鳴らす.
die **Tu·sche** [トゥッシュ] 名 -/-n 墨, 墨汁;製図用インク(Ausziah~);マスカラ(Wimpern~);《方》水彩絵の具.
tu·scheln [トゥッシェルン] 動 h. **1.** (主語は雅)(雅に)(互いに)ひそひそ話す. **2.** (mit (j³))ひそひそ話す. **3.** (⟨j³⟩ + 〈et⁴〉)ささやく.
tu·schen¹ [トゥッシェン] 動 h. (⟨j⁴/et⁴⟩)墨で描く: sich³ die Wimpern ~ マつ毛にマスカラを塗る.
tu·schen² [トゥッシェン] 動 h. (⟨j⁴⟩)《方》黙らせる.
die **Tusch·far·be** [トゥッシュ・ふぁるべ] 名 -/-n 《方》水彩絵の具.
der **Tusch·kas·ten** [トゥッシュ・カステン] 名 -s/..kästen 《方》絵の具箱.
die **Tusch·zeich·nung** [トゥッシュ・ツァイヒヌング] 名 -/-en 墨絵, ペン画;《方》水彩画.
das **Tus·ku·lum** [トゥスクルム] 名 -s/..la 《文·古》静かで快適な田舎の別荘.
die **Tus·sah·sei·de** [tōsa.. トゥサ・ザイデ] 名 -/-n 柞蚕(さくさん)絹.
die **Tus·se** [トゥッセ] 名 -/-n 《稀》=Tussi.
die **Tus·si** [トゥッスィ] 名 -/-s 《口》《蔑》にも)女;ガールフレンド.
tut! [トゥート] 間 《警笛などの音を子供がまねて》ぷー,ぷー, ぷー.
(*der*) **Tut·an·cha·mun** [トゥタンひゃームン] 名 =Tutenchamun.
die **Tu·te** [トゥーテ] 名 -/-n **1.** 《口》警笛, 号笛. **2.** 《方》=Tüte.
die **Tü·te** [テューテ] 名 -/-n **1.** (ばら売り商品を入れる円錐(えんすい)形の)紙袋(スーパーなどのポリ)袋(Plastik~);(給料)袋(Lohn~): eine ~ voll Pommes frites 紙袋にいっぱい入ったポンフリ. **2.** (アイスクリームの)コーン(Eis~);《アルビ》(ドライバーの飲酒の有無を量るアルコール検出用)袋. **3.** 《口》あきれたやつ. 【慣用】 angeben wie eine Tüte (voll) Mücken 《口》大ぼらを吹く. Das kommt nicht in die Tüte! 《口》それは問題にならない. Tüten kleben 《口》刑務所で暮らしをしている.
die **Tu·tel** [トゥーテル] 名 -/-en 《古》後見.
tu·ten [トゥーテン] 動 h. **1.** 《雅に》ぼーぼー(ぶーぶー)と鳴る(汽笛・警笛などが). **2.** 《雅に》ぼーぼー〔ぶーぶー〕と鳴らす(人・汽船・汽車などが). **3.** 《Es》ぼーぼー〔ぶーぶー〕と鳴る音がする.
(*der*) **Tut·en·cha·mun** [トゥテンひゃームン] 名 《人名》ツタンカーメン(古代エジプト第18王朝の王, 在位紀元前1347頃-39頃).
der **Tu·tor** [トゥートーる] 名 -s/-en [トゥトーれン] **1.** (ローマ法における)後見人. **2.** 《教》チューター(学生の指導・助言をする上級学生や助手);(教育実習生などの)指導教員, メンター.
das **Tüt·tel·chen** [テュッテルひょン] 名 -s/- 《口》小点, ぽち(iの上の点など);わずかなこと(もの): kein ~ preisgeben ほんの少しも放棄しない(口外しない).
tüt·te·lig [テュッテリヒ] 形 《方》神経過敏な.

tụt·ti [トゥッティ] 〖楽〗トゥッティ,総奏で,全合奏で.

das **Tutti** [トゥッティ] 图 -(s)/-(s) 〖楽〗トゥッティ,全合奏,総奏:トゥッティで奏する箇所.

das **Tutti·frụt·ti** [トゥッティ・ふるッティ] 图 -(s)/-(s) **1.** トゥッティフルッティ(ミックスフルーツの甘いデザートコンポート). **2.** 〖古〗ごたまぜ.

das **Tu·tu** [tyty: テュテュー] 图 -(s)/-s チュチュ(バレリーナの水平に広がった短いスカート).

der **TÜV** [テュふ] 图 -/ 技術監査協会(Technischer Überwachungs-Verein).

(*das*) **Tu·va·lu** [トゥヴァール] 图 -s/ 〖国名〗ツバル(太平洋上の国).

TV 1. [テーふぁう, ti:vf: ティーヴィー] =Television テレビ(ジョン). **2.** [テーふぁう] =Turnverein 体操クラブ〔協会〕.

der **Tweed** [tvi:t トヴィート] 图 -s/-s [-e] 〖織〗ツイード.

der **Twẹn** [トヴェン] 图 -/-s 20代の若者.

der(*das*) **Twịn·set** [トヴィン・ゼット] 图 -(s)/-s ツインセット(セーターとカーディガンのアンサンブル).

der **Twist**¹ [トヴィスト] 图 -s/-s **1.** ツイスト(ダンス). **2.** 〖体操〗ひねり;〖ぷ〗スピンのような技;〖ぷ〗(球の) [打球の]スピン.

der **Twist**² [トヴィスト] 图 -(e)s/-e 撚糸(ねんし).

die **Tỵ·che** [テューひぇ] 图 -/ 〖主に無冠詞〗〖ギ神〗テュケ(幸運の女神. Okeanos と Tethys の娘. ローマ神話の Fortuna). **2.** 〖文〗運命;幸運.

der **Ty·coon** [taikúːn タイクーン] 图 -s/-s 〖文〗大君;財界の有力者;(政党などの)実力者.

das **Tym·pa·non** [テュムパノン] 图 -s/..na **1.** 〖建〗テュンパノン①古典建築で破風のコーニスで囲まれた三角形の部分. ②中世教会建築で玄関上部のアーチに囲まれた壁面. **2.** 〖楽〗ツィンバロン(中世の打弦楽器). **3.** (古代の)水をくみ上げるバケツのついた水車.

der **Typ** [テュープ] 图 -s/-en **1.** 〖工〗(工業製品の)型,形式,モデル: ein Auto neuen ~s 新型の自動車. **2.** (代表的なタイプ,種類,典型;(あるタイプの)人;〖口〗好みのタイプ: ein melancholischer ~ 陰鬱(いんうつ)気質の人. Fehler dieses ~s このタイプのエラー. Er ist der ~ eines Diplomaten. 彼は典型的な外交官だ. Sie sind sich im ~ sehr ähnlich. 彼らは非常にタイプが似ている. Sie ist mein ~. 彼女は私の好きなタイプだ. Dein ~ wird verlangt 〖口〗君に面会[電話]だよ. **3.** 〖哲〗原型;〖文芸学〗類型的人物. **4.** (-en/-en も有) 〖口〗(若い)男,やつ.

die **Tỵ·pe** [テューペ] 图 -/-n **1.** 活字(タイプライターの)活字. **2.** 小麦粉の等級. **3.** 〖口〗変人. **4.** (ぶっうう)(工業製品の)型,モデル.

die **Tỵ·pen·be·schränk·ung** [テューベン・ベシュレンクング] 图 -/-en (生産および製品の)規格化,少数形式への整理統合.

die **Tỵ·pen·be·zeich·nung** [テューベン・ベツァイヒヌング] 图 -/-en 型式表示(名),等級表示.

der **Tỵ·pen·druck** [テューベン・ドるック] 图 -(e)s/-e 〖印〗**1.** ((のみ))活字印刷術. **2.** 活字印刷物.

der **Tỵ·pen·he·bel** [テューベン・ヘーベル] 图 -s/- (タイプライターの)タイプバー.

die **Ty·phli·tis** [テュふリーティス] 图 -/..tiden 〖医〗盲腸炎.

ty·phös [テュふェース] 形 〖医〗チフス(性)の.

der/die **Tỵ·phus·kran·ke** [テーふス・クランケ] 图 《形容詞的変化》チフス患者.

ty·pisch [テューピシュ] 形 **1.** ((für 〈j⁴/et⁴〉zu)) 典型的な;特有な. **2.** いかにも…らしい: eine ~ kindliche Reaktion いかにも子供らしい反応. **3.** 〖古〗模範的な.

ty·pi·sie·ren [テュピズィーれン] 動 h. **1.** ((j⁴/et⁴)zu) 類別する,タイプ別に分類する. **2.** ((j⁴/et⁴)zu) 類型化する. **3.** ((et⁴)zu) (ぶっう)規格化する.

die **Ty·pi·sie·rung** [テュピズィーるング] 图 -/-en 類別,類型化;規格化.

der **Ty·po·graf, Ty·po·graph** [テュポ・グらーふ] 图 -en/-en 〖印〗**1.** 活版植字機. **2.** 〖古〗植字工.

die **Ty·po·gra·fie, Ty·po·gra·phie** [テュポ・グらふぃー] 图 -/-n 〖印〗**1.** タイポグラフィ(書籍の紙面のデザイン). **2.** ((のみ)) 活版印刷術.

ty·po·gra·fisch, ty·po·gra·phisch [テュポ・グらーふぃシュ] 形 〖印〗活版印刷の,タイポグラフィの.

die **Ty·po·lo·gie** [テュポ・ロギー] 图 -/-n **1.** ((のみ))(特に心理学の)類型学. **2.** (心理学的)類型(大系);典型的な特性. **3.** ((のみ))〖神〗予型論(新約聖書の人物や出来事を旧約聖書に予示されているとする解釈).

das **Ty·po·skript** [テュポ・スクリプト] 图 -(e)s/-e (タイプライターで打たれた)原稿.

der **Tỵ·pus** [テューブス] 图 -/..pen **1.** 〖文〗=Typ **2.** 〖哲〗類型;〖文芸学・美〗類型的な人物.

(*der*) **Tyr** [テューる] 图 〖北神〗テュール(戦いの神).

der **Ty·rạnn** [テュらン] 图 -en/-en **1.** (古代ギリシアの)僭主(ぜん). **2.** 権力者,独裁者;((蔑))横暴な男,暴君. **3.** 〖主に(のみ)〗〖鳥〗タイランチョウ.

die **Ty·ran·nei** [テュらナイ] 图 -/-en 〖主に(のみ)〗**1.** 専制政治,暴政,虐政;〖文〗横暴,暴言. **2.** (古代ギリシアの)僭主(ぜん)政治.

der **Ty·rạn·nen·mord** [テュらネン・モるト] 图 -(e)s/-e 暴君殺害.

ty·rạn·nisch [テュらニシュ] 形 専制的な,暴君的な.

ty·ran·ni·sie·ren [テュらニズィーれン] 動 h. ((j⁴ニ)) ((蔑))圧政を敷く((国民などに));(…を)自分の思いどおりにする(子供が両親などを).

das **Tz** [テーツェット, テツェット] 图 -/- =Tezett.

U

das **u, U**[1] [u: ウー] [名] -/- (《口》-s/-s) ドイツ語アルファベットの第 21 字.

U[2] **1.** =Unterseeboot, U-Boot 潜水艦. **2.** [ウー]=Uran 〖化〗ウラン.

u. =und そして, …と.

das **ü, Ü** [y: ユー] [名] -/- u, U[1]の変音.

u. a. 1. =und and(e)re/and(e)res その他(の人々・物・事), 等々/その他(の物事). **2.** =unter ander(e)m〔ander(e)n〕なかでも, とりわけ.

u. Ä., [旧]**u. ä.** =und Ähnliche(s) 等々.

u.a.m. =und and(e)re〔and(e)res〕mehr などなど, その他.

u.A.w.g. =um Antwort wird gebeten ご返事をお願いします.

die **U-Bahn** [ウー・バーン] [名] -/-en =Untergrundbahn 地下鉄.

der **U-Bahn·hof** [ウー・バーン・ホーふ] [名] -(e)s/..höfe 地下鉄駅.

ü·bel [ユーベル] [形] (《[付][比]は übl..》)《文》 **1.** 不快な;嫌な;悪い: eine *üble* Laune haben 機嫌が悪い. Es steht mit 〈j^3〉〔um 〈j^4〉〕 ~. 〈人の〉状況はよくない. **2.** (道徳的に)悪い;(程度が)ひどい. **【慣用】** 〈j^3〉 **ist übel** 〈人は〉気分が悪い〔吐き気がする〕. **nicht übel** 《口》悪くない, とてもよい. **nicht übel Lust haben〔,〕 ... zu** [動] (なろうことなら)…したいくらいだ. **übel ausgehen** まずい結果になる. 〈j^3〉 **übel bekommen** 〈人にとって〉まずいことになる. 〈j^3〉 **übel mitspielen** 〈人に〉ひどい仕打ちをする. **wirklich übel dran sein** 困った状況にある.

das **Ü·bel** [ユーベル] [名] -s/- **1.** 災難, 災い;(《[単]のみ》)《文・古》悪, 害悪: Das ist von〔vom〕~. それは害がある〔良くない〕. zu allem ~ 悪いことに. **2.** 《文》病苦, 病気. **【慣用】** **das kleinere von zwei Übeln** 二つの悪のうちの害の少ない方. **ein notwendiges Übel** 必要悪.

das **Ü·bel·be·fin·den** [ユーベル・ベふィンデン] [名] -s/ 《稀》不快, 体調不良.

ü·bel ge·launt, [旧]**ü·bel·ge·launt** [ユーベル ゲラウント] [形] 不機嫌な.

ü·bel ge·sinnt, [旧]**ü·bel·ge·sinnt** [ユーベル ゲズィント] [形] 悪意を抱いた.

die **Ü·bel·keit** [ユーベルカイト] [名] -/-en 吐き気, むかつき;(《[単]のみ》)不快感, 気分のすぐれないこと.

ü·bel·lau·nig [ユーベル・ラウニひ] [形] 不機嫌な.

ü·bel neh·men*, [旧]**ü·bel|neh·men*** [ユーベル ネーメン] [動] *h.* 〔〈j^3〉ノ+〈et^4〉ヲ〕悪くとる, (…の…で)気を悪くする.

ü·bel·neh·me·risch [ユーベル・ネーメリシュ] [形] 何でも悪くとる, すぐ気を悪くする.

ü·bel rie·chend, [旧]**ü·bel·rie·chend** [ユーベル りーひェント] [形] 嫌なにおいのする.

der **Ü·bel·stand** [ユーベル・シュタント] [名] -(e)s/..stände 悪い〔不都合な〕状態;厄介〔困難〕なこと.

die **Ü·bel·tat** [ユーベル・タート] [名] -/-en 《文》悪事;犯罪.

der **Ü·bel·tä·ter** [ユーベル・テーター] [名] -s/- 悪人, 犯罪者.

ü·bel wol·len*, [旧]**ü·bel|wol·len*** [ユーベル ヴォレン] [動] *h.* 〔〈j^3〉ニ〕悪意を抱く.

ü·bel wol·lend, [旧]**ü·bel·wol·lend** [ユーベル ヴォレント] [形] 悪意を抱いた.

ü·ben [ユーベン] [動] *h.* **1.** 〔補足なし〕練習する: am Barren/auf dem Klavier ~ 平行棒/ピアノの練習をする. **2.** 〔〈et^4〉ヲ/〈[動]〉ヲ〕(繰返し)練習する〔習う〕. **3.** 〔〈et^4〉ノ〕稽古(けいこ)をする(特に初心者が楽器の). **4.** 〔〈et^4〉ヲ〕鍛える(特に身体部分・記憶力などを). **5.** 〔$sich^4$+in 〈et^3〉ガ〕(申分なく)うまくなるように努める. **6.** 〔〈et^4〉ヲ〕《文》示す;行使する, 発揮する: Milde gegen 〈j^4〉 ~ 〈人に〉優しさを見せる. Einfluss auf 〈j^4〉 ~ 〈人に〉影響力を行使する〔与える〕. **7.** 〔〈et^4〉ヲ〕する: an 〈j^3〉 Kritik/Verrat ~ 〈人に〉批判を加える/背信行為をはたらく.

ü·ber [ユーバー] [前] 〔+3格/4格〕 **1.** 〔+3格〕《位置》 **a.** …の上(の方)に〔で〕: Die Lampe hängt ~ dem Tisch. 机の上に(天井から)明りがつり下げられている. ~ uns wohnen われわれの(1階)上に住んでいる. neunhundert Meter ~ dem Meer liegen 海抜 900 メーターのところにある. **b.** …の向う側に: Sie wohnen ~ der〔die〕Straße. 彼らは通りの向う側に住んでいる(4格は《口》). **c.** …を覆って, …に重ねて: Die Decke liegt ~ dem Tisch. 机の上にテーブルクロスがかかっている. einen Mantel ~ der Lederjacke tragen 皮の上着の上にコートを着ている. **2.** 〔+4格〕 **a.** 《方向》…の上(の方)へ: das Bild ~ das Sofa hängen 絵をソファーの上(の壁)にかける. **b.** 《横断》(…を越えた)向うへ: ~ die Straße gehen 通りを横断する. **c.** 《被覆》…の上へ: eine Decke ~ den Tisch breiten 机の上にテーブルクロスをかける. **3.** 〔+4格〕《経由》…を経由して: ~ Frankfurt nach München fahren フランクフルト経由でミュンヒェンへ行く. **4.** 〔+4格〕《面と平行の移動》…の上を(滑って・流れて): Das Boot gleitet ~ den See. ボートが湖上を滑るように行く. mit der Hand ~ die Stirn streichen 手で額をこする. **5.** 〔+4格〕《上下への拡張》…を越えてその上〔下〕まで: Der Rock reicht ~ das Knie. スカートはひざ(の下)までとどく. bis ~ die Knöchel im Schlamm versinken くるぶし(の上)まで泥の中に潜る. **6.** 〔+3格〕《同時》…の間に, …の最中に(他方では): ~ der Arbeit einschlafen 仕事中に居眠りする. **7.** 〔+4格〕 **a.** 《期間》…の間じゅう: ~ Nacht 夜中に, 夜中じゅう;(一夜にして)突然. ~ den Winter 冬の間ずっと. **b.** 《期間後. 主に現在から未来を指向して》…後: ~ acht Tage 一週間後に. **c.** 《超過》…を過ぎて: Es ist zwei Stunden ~ die Zeit. (予定)時間を2時間もオーバーしている. Sie ist ~ die besten Jahre hinaus. 彼女は盛りを過ぎている. **8.** 〔+3格〕 **a.** 《上位》…より上に: Er ist ~ mir. 彼は私より上だ(精神的に, または地位が). **b.** 《超過》…を上回る: ~ dem Mittelwert liegen 平均を上回っている. **9.** 〔+4格〕 **a.** 《優越》…に勝る: Musik geht ihm ~ alles. 彼には音楽がすべてに勝る. **b.** 《支配》…を支配して: ~ das Land herrschen その国を支配する. die Herrschaft ~ $sich^4$ verlieren 自制心を失う. ~ 〈j^4/et^4〉 verfügen 〈人・物・事を〉意のままにする. **10.** 〔+4格〕《数詞とともに》…以上: Kinder ~ sechs Jahre 6歳以上の子供. **11.** 〔+3格〕《起因》…のために, …によって: Die Kinder sind ~ dem Lärm aufgewacht. 物音で子供たちが目を覚ました. **12.** 〔+4格〕《同一語を重複させて》…に次ぐ…: Schulden ~ Schulden machen 次から次へと借金をする. ein Buch ~ das andere lesen 本を次々に読む. **13.** 〔+4格〕《限度以上》…の範囲を越えて: Das geht ~ meine Kräfte. それは私の手〔力〕にあまる. **14.** 〔+4格〕《内容・テーマ》…について: ein Essay ~ Mozart モーツァルトに関する小論. **15.** 〔+4格〕《金額》…の金額に

達する：ein Scheck ~ 100Euro 100ユーロの小切手. **16.** 〔＋4格〕《手段・仲介》…を通じて, 介して：die Telefonnummer ~ die Auskunft bekommen 番号案内で電話番号を聞く. **17.** 〔＋4格〕《感情の誘因・対象》…のことで, …のことを：sich^4 dar*über* erregen そのことで興奮する. Ärger ~ 〈et^4〉 empfinden 〈事を〉腹立たしく思う. ~ 〈j^4/et^4〉 traurig sein 〈人・事を〉悲しんでいる. 【慣用】**ein übers 〔ums〕 andere Mal** 1回おきに. **über ein Weilchen 〔ein Kleines〕** しばらくして. **über Jahr und Tag** 将来いつか, 長い年月の末に. **über kurz oder lang** 遅かれ早かれ, いずれ.

—— [副] **1.** 《数詞とともに》…を越えて：seit ~ einem Monat 1か月以上前から. ~ 40 Jahre (alt) sein 40(歳)を越えている. **2.** 《次の形で》~ und ~ すっかり, まったく. **3.** 上へ：Gewehr ~ ! 〘軍〙担(にな)え銃(つつ). **4.** 《4格名詞の後に置いて》…(の間)じゅう：den ganzen Tag ~ 1日中.

—— [形] 《口》 **1.** 余っている：Es sind noch fünf Euro ~. まだ5ユーロ余っている. **2.** 〔〈j^3〉ヨリ＋in 〈et^3〉デ/〈[形]〉ニ〕優れている：Kräftemäßig ist er mir ~. 力では彼のほうが私より勝っている. **3.** 〔〈j^3〉ハ〕うんざりしている：Es ist mir ~〔,〕 ... zu tun. 私は…するのはうんざりだ.

..über [..ユーバー] [接尾] 副詞・名詞などにつけて副詞を作る. **1.** …を越えて, …を過ぎて：gegen*über* 向かいに. hin*über* 向うへ. **2.** …を先にして：kopf*über* 頭から. **3.** …の間じゅう：tags*über* 一日中.

über·all [ユーバー・アル] [副] 至る所に〔で〕, どこでも；何事にでも：Wir haben dich ~ gesucht. 私たちは君をくまなく探した. sich^4 ~ vordrängen 何にでも出しゃばる. ~ in der Welt bekannt sein 世界中どこでも知られている. 【慣用】**überall Bescheid wissen** 何でも知っている. **überall und nirgends zu Hause sein** 腰が落着かない.

über·all·her [ユーバーアル・ヘーあ, ユーバーアル・ヘーあ, ユーバーアル・ヘーあ] [副] 《次の形で》von ~ 四方八方から, 至る所から.

über·all·hin [ユーバーアル・ヒン, ユーバーアル・ヒン, ユーバーアル・ヒン] [副] 至る所へ, 四方八方へ.

über·al·tert [ユーバーアルタート] [形] 高齢化した；老朽化した；時遅れの.

die **Über·al·te·rung** [ユーバーアルテるング] [名] -/-en 《主に[単]》高齢化；老朽化；時代遅れ.

das **Über·an·ge·bot** [ユーバー・アン・ゲボート] [名] -(e)s/-e 供給過剰.

über·ängst·lich [ユーバー・エングストリヒ] [形] ひどく心配症の, 心配しすぎる, 小心な.

über·an·stren·gen [ユーバーアンシュトれンゲン] [動] *h.* 〔〈j^4/et^4〉ニ〕無理をさせる, 過度な負担をかける《目・心臓などに》；《〈j^4〉がsich^{4}の場合》無理をする, 過労になる.

die **Über·an·stren·gung** [ユーバーアンシュトれングング] [名] -/-en 過労, 無理；酷使, 働きすぎ.

über·ant·wor·ten [ユーバーアントヴォるテン] [動] *h.* 《文》 **1.** 〔〈j^4/et^4〉ヲ＋〈j^3/et^3〉ノ〕保護〔管理〕にゆだねる. **2.** 〔〈j^4/et^4〉ヲ＋〈j^3/et^3〉ニ〕ゆだねる, 渡す《犯人を司直などに》.

über|ar·bei·ten[1] [ユーバー・アるバイテン] [動] *h.* 〔(〈時間〉ノ)〕《口》超過勤務をする.

über·ar·bei·ten[2] [ユーバーアるバイテン] [動] *h.* **1.** 〔〈et^4〉ヲ〕改訂する, (…に)手を加える《論文・劇などに》. **2.** 〔sich^4〕働きすぎる, 過労になる.

die **Über·ar·bei·tung** [ユーバーアるバイトゥング] [名] -/-en 《主に[単]》 **1.** 手を加えること；推敲(すいこう), 改訂(版). **2.** 《[単]のみ》《稀》働きすぎ, 過労.

der **Über·är·mel** [ユーバー・エるメル] [名] -s/- 《稀》袖(そで)カバー.

über·aus [ユーバー・アウス, ユーバー・アウス, ユーバー・アウス] [副] 《語飾》《形容詞・副詞を修飾》《文》きわめて.

über·ba·cken$^{(*)}$ [ユーバーバッケン] [動] *h.* 〔〈et^4〉ニ〕焦げ目をつける《出来た料理に》.

der **Über·bau** [ユーバー・バウ] [名] -(e)s/-e〔-ten〕 **1.** 《[複]-e》〘マルクス主義〙上部構造. **2.** 《[複]-ten》《橋の》上部構造；《建物の》上部張出し部；《主に[単]》〘法〙《隣接地への》越境建築.

über|bau·en[1] [ユーバー・バウエン] [動] *h.* 〔補足なし〕地所の境界を越えて建築する.

über·bau·en[2] [ユーバーバウエン] [動] *h.* 〔〈et^4〉ノ〕上部に増築する；(…に)屋根〔ひさし〕をつける.

die **Über·bau·ung** [ユーバーバウウング] [名] -/-en 屋根をつけること, 上部構造の建設；上部につけられた屋根, 上部建築物.

über·be·an·spru·chen [ユーバー・ベアンシュプるっヘン] [動] *h.* 《zu 不定詞は überzubeanspruchen》〔〈j^4/et^4〉ニ〕過度の負担をかける.

die **Über·be·an·spru·chung** [ユーバー・ベアンシュプるっフング] [名] -/-en 過大な負担, 酷使, 無理強い.

über|be·hal·ten* [ユーバー・ベハルテン] [動] *h.* 《方》＝übrig behalten.

das **Über·bein** [ユーバー・バイン] [名] -(e)s/-e 外骨腫(しゅ).

über|be·kom·men* [ユーバー・ベコメン] [動] *h.* 〔〈j^4/et^4〉ニ〕《口》うんざりする. 【慣用】**einen 〔eins〕 überbekommen** 一発食らう.

über·be·las·ten [ユーバー・ベラステン] [動] *h.* 〔〈j^4/et^4〉ニ〕過度の負担をかける, 荷を積みすぎる.

über·be·las·tet [ユーバー・ベラステット] [形] 過大な荷重〔負担〕がかかった.

die **Über·be·las·tung** [ユーバー・ベラストゥング] [名] -/-en **1.** 重量超過分, 負担過重. **2.** 〘電〙過負荷.

über·be·legt [ユーバー・ベレークト] [形] 定員オーバーの.

über·be·lich·ten [ユーバー・ベリヒテン] [動] *h.* 〔〈et^4〉ニ〕〘写〙過度の露出〔露光〕をする.

über·be·lich·tet [ユーバー・ベリヒテット] [形] 〘写〙露出オーバーの.

die **Über·be·lich·tung** [ユーバー・ベリヒトゥング] [名] -/-en 露出オーバー〔過度〕.

über·be·schäf·tigt [ユーバー・ベシェふティヒト] [形] 仕事が多すぎる, オーバーワークの；超完全雇用の.

die **Über·be·schäf·ti·gung** [ユーバー・ベシェふティグング] [名] -/-en 《主に[単]》〘経〙超完全雇用.

über·be·to·nen [ユーバー・ベトーネン] [動] *h.* 《zu 不定詞は überzubetonen》〔〈et^4〉ヲ〕過度に強調する.

über·be·trieb·lich [ユーバー・ベトリープリヒ] [形] 一企業(の規模)を超えた.

die **Über·be·völ·ke·rung** [ユーバー・ベ[ふぇ]ルケるング] [名] -/ 人口過剰〔過密〕.

die **Über·be·wei·dung** [ユーバー・ベヴァイドゥング] [名] -/-en 〘農〙《放牧頭数が過大で》適正限度以上に牧草が食べられてしまうこと《牧草地の劣化を招く》.

über·be·wer·ten [ユーバー・ベヴェーあテン] [動] *h.* 《zu 不定詞は überzubewerten》〔〈et^4〉ヲ〕過大評価する, 買いかぶる.

die **Über·be·wer·tung** [ユーバー・ベヴェーあトゥング] [名] -/-en 過大評価.

über·be·zahlt [ユーバー・ベツァールト] [形] 余計に支払われ過ぎた.

die **Über·be·zah·lung** [ユーバー・ベツァールング] [名] -/-en 超過支払い.

über·bie·ten* [ユーバービーテン] [動] *h.* **1.** 〔〈j^4〉ヨリ〕高値をつける《競売などで》. **2.** 〔〈j^4/et^4〉ヲ〕上回る；更新する, 伸ばす《記録を》：〈j^4〉 an 〈et^3〉 ~ 〈人に〉〈事で〉引けを取らない. Sie *überboten* einander

übereinstimmen

[sich(gegenseitig)] an Höflichkeit. 彼らは互いに礼を尽くす.

über|bla·sen* [ユーバー・ブラーゼン] 動 h.《et⁴ッ》〖楽〗オーバーブロウする.

über|blei·ben* [ユーバー・ブライベン] 動 s.《方》=übrig bleiben.

das **Ü·ber·bleib·sel** [ユーバー・ブライプセル] 名 -s/-《口》残り[余り]のもの；遺物.

über|blen·den [ユーバー・ブレンデン] 動 h. **1.**《et⁴ッ》〖ﾗｼﾞｵ･ﾃﾚﾋﾞ･映〗ディゾルブする(音・映像を). **2.**《et⁴ッ》より強い光で目立たなくする.

die **Ü·ber·blen·dung** [ユーバー・ブレンドゥング] 名 -/-en 〖ﾗｼﾞｵ･ﾃﾚﾋﾞ･映〗ディゾルブ.

der **Ü·ber·blick** [ユーバー・ブリック] 名 -(e)s/-e **1.** 見晴らし, 展望: einen guten ～ über die Stadt haben 町がよく見える. **2.** 洞察〔概観〕する能力. **3.** 概観, 概論: einen ～ über〈et⁴〉gewinnen〈物・事〉についての概観の知識を得る.

über·bli·cken [ユーバー・ブリッケン] 動 h. **1.**《et⁴ッ》見渡す, 見晴らす, 眺望する. **2.**《et⁴ッ》概観する, 見極める(状況などを).

über·bor·dend [ユーバー・ボるデント] 形 (越えて)あふれる；度を越しすぎる.

über|brin·gen* [ユーバー・ブリンゲン] 動 h.《j³ッ＋et⁴ッ》届ける, 伝える(手紙・知らせなどを).

der **Ü·ber·brin·ger** [ユーバー・ブリンガー] 名 -s/- 持参者.

über·brü·cken [ユーバー・ブりュッケン] 動 h. **1.**《et⁴ッ》切抜ける, 凌(しの)ぐ(期間・困難な状況などを), 調停する, とりなす(対立などを). **2.**《et⁴ッ》《稀》橋を架ける(川・谷などに).

die **Ü·ber·brü·ckung** [ユーバー・ブりュックング] 名 -/-en 克服；調停；(何かで時間)つぶすこと；《稀》架橋.

der **Ü·ber·brü·ckungs·kre·dit** [ユーバー・ブりュックングス・クれディート] 名 -(e)s/-e 〖銀行〗つなぎ融資.

die **Ü·ber·brü·ckungs·maß·nah·me** [ユーバー・ブりュックングス・マース・ナーメ] 名 一時しのぎの措置.

über·bür·den [ユーバー・ビュるデン] 動 h. **1.**《j⁴ッ＋mit〈et³〉ッ》《文》過重な負担を課する. **2.**《j⁴ッ》負わせる.

die **Ü·ber·bür·dung** [ユーバー・ビュるドゥング] 名 -/-en 過重負担.

über·da·chen [ユーバ・ダッヘン] 動 h.《et⁴ッ》屋根をつける.

die **Ü·ber·da·chung** [ユーバー・ダッㇵング] 名 -/-en **1.** 屋根をかけること. **2.** 屋根, 庇(ひさし).

über·dau·ern [ユーバダウァーン] 動 h.《et⁴ッ》越えて残る；生きのびる: Dieser Bau hat den Krieg *überdauert*. この建物は戦火を免れた.

die **Ü·ber·de·cke** [ユーバー・デッケ] 名 -/-n (保護)カバー(テーブル[ベッド]カバーなど).

über|de·cken¹ [ユーバー・デッケン] 動 h.《(j³)ッ》《口》掛ける.

über·de·cken² [ユーバー・デッケン] 動 h. **1.**《et⁴ッ》覆う(雪が地面などを). **2.**《et⁴ッ》(覆いで[包み])隠す.

über·dehnt [ユーバーデーント] 形 過度に引伸ばされた.

über·den·ken* [ユーバー・デンケン] 動 h.《et⁴ッ》よく考えてみる, 熟考する.

über·deut·lich [ユーバー・ドイトりヒ] 形 非常にはっきりした；あまりにも明瞭(めいりょう)な.

über·dies [ユーバー・ディース, ユーバー・ディース] 副 その上；どっちみち.

über·di·men·si·o·nal [ユーバー・ディメンジオナール] 形 並外れて大きな.

über·do·sie·ren [ユーバー・ドズィーれン] 動 h.(zu 不定詞は überzudosieren)《(et⁴)ッ》過剰に投薬〔服用〕する.

die **Ü·ber·do·sis** [ユーバー・ドーズィス] 名 -/..dosen (薬などの)適量以上の量, 服用量過多.

über·dre·hen [ユーバー・ドれーエン] 動 h. **1.**《et⁴ッ》巻き(回し)すぎる, 巻きすぎて壊す(ねじ・ぜんまいなどを). **2.**《(et⁴)ッ》回転数をあげすぎる(エンジンの), 高速度で撮影する.

über·dreht [ユーバー・ドれート] 形《口》**1.** ひどく神経が高ぶった, 不自然にはしゃいだ. **2.** 突飛な.

der **Ü·ber·druck¹** [ユーバー・ドるック] 名 -(e)s/-e (切手の額面訂正などの)加刷.

der **Ü·ber·druck²** [ユーバー・ドるック] 名 -(e)s/..drücke 〖理〗超過圧力.

über·dru·cken [ユーバー・ドるッケン] 動 h.《et⁴ッ》加刷する(切手に).

die **Ü·ber·druck·ka·bi·ne** [ユーバー・ドるック・カビーネ] 名 -/-n 与圧室.

das **Ü·ber·druck·ven·til** [ユーバー・ドるック・ヴェンティール] 名 -s/-e 〖工〗圧力調整弁, 安全弁.

der **Ü·ber·druss**, ⓐ **Ü·ber·druß** [ユーバー・ドるス] 名 -es/- うんざりすること, 嫌気, 倦怠(けんたい)感:～ an〈et³〉〈事に対する〉嫌気.

über·drüs·sig [ユーバー・ドりゅスィヒ] 形《j²⁽⁴⁾[et²⁽⁴⁾ッ]》うんざりしている, 嫌気がさしている.

die **Ü·ber·dün·gung** [ユーバー・デュングング] 名 -/-en 過剰施肥；〖生態〗(湖沼などの)富栄養.

über·durch·schnitt·lich [ユーバー・ドゥるヒ・シュニットりヒ] 形 平均以上の, 水準を超える.

über·eck [ユーバー・エック] 副 (部屋の)隅に斜めに, 隅をあけて.

der **Ü·ber·ei·fer** [ユーバー・アイふぁー] 名 -s/《(蔑)も有》過度の熱心.

über·ei·frig [ユーバー・アイふりヒ] 形《(蔑)も有》熱心すぎる.

über·eig·nen [ユーバー・アイグネン] 動 h.《j³ッ＋et⁴ッ》譲渡する.

die **Ü·ber·eig·nung** [ユーバー・アイグヌング] 名 -/-en 譲渡.

die **Ü·ber·ei·le** [ユーバー・アイレ] 名 -/ 急ぎ過ぎ, 大急ぎ.

über·ei·len [ユーバー・アイレン] 動 h. **1.**《et⁴ッ》慌ててする. **2.**(sich⁴＋mit〈et³〉ッ》大急ぎで[よく考えずに]する. **3.** 〖猟〗(若い鹿が加速する際に)後脚を前脚の前に出す.

die **Ü·ber·ei·lung** [ユーバー・アイルング] 名 -/-en (主に ⓐ)急ぎ過ぎ；軽率.

über·ein·.. [ユーバー・アイン..] 接頭「一致して, 合致して」を表す分離動詞を作る.

über·ei·n·an·der [ユーバー・アイナンダー] 副 重なり合って, 上下の階に；お互いについて.

über·ei·n·an·der le·gen, ⓐ **über·ei·n·an·der|le·gen** [ユーバー・アイナンダー・レーゲン] 動 h.《et⁴ッ》上下に重ねて置く, 重ね合わせる.

über·ei·n·an·der lie·gen*, ⓐ **über·ei·n·an·der|lie·gen*** [ユーバー・アイナンダー・リーゲン] 動 h.《場(ば)》重なっている.

über·ei·n·an·der schla·gen*, ⓐ **über·ei·n·an·der|schla·gen*** [ユーバー・アイナンダー・シュラーゲン] 動 h.《et⁴ッ》折重ねる(布の端などを), 組む(足などを).

über·ein|kom·men* [ユーバー・アイン・コメン] 動 s.《mit〈j³〉＋zu 不定句》《文》意見が一致する.

das **Ü·ber·ein·kom·men** [ユーバー・アイン・コメン] 名 -s/- 一致, 合意, 協定: mit〈j³〉ein ～ treffen〈人〉と合意する.

die **Ü·ber·ein·kunft** [ユーバー・アイン・クンふト] 名 -/..künfte ⇒Übereinkommen.

über·ein|stim·men [ユーバー・アイン・シュティメン] 動 h. **1.**《[mit〈j³〉]＋[in〈et³〉]ッ》意見が一致する. **2.**《mit〈et³〉ッ》調和する, 合う. **3.** 〖補足なし〗一致〔合致〕する(二人の見解などが).

die **Ü·ber·ein·stim·mung** [ユーバーアイン・シュティムング] [名] -/-en 一致, 合意, 調和：in ～ mit 〈j^3〉〈人と〉合意の上で. 〈et^4〉 mit 〈et^3〉 in ～ bringen 〈物・事を〉〈物・事と〉調和させる.

ü·ber·emp·find·lich [ユーバー・エムプふぃンㇳリひ] [形] (神経)過敏な;〖医〗過敏症の.

die **Ü·ber·emp·find·lich·keit** [ユーバー・エムプふぃンㇳリひカイㇳ] [名] -/-en 神経過敏;〖医〗過敏症.

ü·ber·er·fül·len [ユーバー・エあふゅレン] [動] *h.* (zu 不定詞は überzuerfüllen)〔〈et^4〉ヲ〕上回って達成する.

die **Ü·ber·er·fül·lung** [ユーバー・エあふゅルング] [名] -/-en ノルマ以上の達成.

die **Ü·ber·er·näh·rung** [ユーバー・エあネーるング] [名] -/ 栄養過多.

ü·ber|es·sen^{1*} [ユーバー・エッセン] [動] *h.* 〔sich^3＋〈et^4〉ヲ〕食べ飽きる, いやというほど食べる.

ü·ber·es·sen^{2*} [ユーバーエッセン] [動] *h.* 〔sich^4＋(an 〈et^3〉ヲ)〕食べ過ぎる.

ü·ber|fah·ren^{1*} [ユーバー・ふぁーれン] [動]《稀》 **1.** *h.* 〔〈j^4/et^4〉ヲ〕向う岸へ渡す. **2.** *s.* 〔補足なし〕向う岸へ渡る.

ü·ber·fah·ren^{2*} [ユーバーふぁーれン] [動] *h.* **1.** 〔〈j^4/et^4〉ヲ〕轢(ひ)く. **2.** 〔〈et^4〉ヲ〕走り過ぎる(運転者が見落としたり無視したりして);通過する(乗り物で〔が〕交差点・ゴールラインなどを). **3.** 〔〈j^4〉ヲ〕《口》言いくるめる;〖スポ〗《ジャーゴン》(…に)完勝する.

die **Ü·ber·fahrt** [ユーバー・ふぁーあㇳ] [名] -/-en (船で)渡ること, 渡河, 渡航.

der **Ü·ber·fall** [ユーバー・ふぁル] [名] -(e)s/..fälle **1.** 奇襲, 襲撃;《冗》訪問：ein ～ auf 〈j^4/et^4〉〈人・物に〉対する襲撃. **2.** 上部からの流水;上部流水口. **3.** (すそなどの)垂下がる部分;〖法〗隣の地所への果実の落下.

ü·ber|fal·len^{1*} [ユーバー・ふぁレン] [動] *s.* **1.** 〔補足なし〕《稀》垂れる. **2.** 〔補足なし〕〖狩〗とび越える(鹿・猪などが障害物を).

ü·ber·fal·len^{2*} [ユーバーふぁレン] [動] *h.* **1.** 〔〈j^4/et^4〉ヲ〕襲う, 襲撃する;《転》(人の所に)突然押しかける. **2.** 〔〈j^4〉ヲ〕襲う(恐怖などが). **3.** 〔〈et^4〉ヲ〕〖狩〗とび越える, とんで渡る(鹿・猪などが). 【慣用】〈j^4〉 **mit Fragen überfallen** 〈人を〉質問攻めにする.

ü·ber·fäl·lig [ユーバー・ふぇリひ] [形] 到着予定を過ぎた;時機を失した;期日〔期限・満期〕を過ぎた.

das **Ü·ber·fall·kom·man·do** [ユーバーふぁル・コマンド] [名] -s/-s《口》(警察の)緊急〔特別〕出動隊.

ü·ber·fein [ユーバー・ふぁイン] [形] きわめて上品〔繊細〕な, 上品〔繊細〕すぎる;極上の.

ü·ber·fei·nert [ユーバーふぁイナーㇳ] [形] 極度に洗練された, 繊細すぎる.

die **Ü·ber·fei·ne·rung** [ユーバーふぁイネるング] [名] -/-en (主に[単])過度の洗練〔繊細〕化.

ü·ber·fischt [ユーバーふぃっシュㇳ] [形] 濫獲で魚の数が激減した.

die **Ü·ber·fi·schung** [ユーバーふぃっシュング] [名] -/-en (魚の)濫獲(らんかく).

ü·ber·flei·ßig [ユーバー・ふライスィひ] [形] 勤勉すぎる.

ü·ber·flie·gen* [ユーバーふリーゲン] [動] *h.* **1.** 〔〈j^4/et^4〉ノ上ヲ〕飛越える, 飛んで行く(飛行機・鳥が). **2.** 〔〈et^4〉ニ〕ざっと目を通す, (…を)ざっと読む. **3.** 〔〈et^4〉ニ〕さっと浮かぶ(顔に表情が).

ü·ber|flie·ßen^{1*} [ユーバー・ふリーセン] [動] *s.* **1.** 〔補足なし〕《文》あふれ(出)る. **2.** 〔in 〈et^4〉ト〕混り合う(色などが).

ü·ber·flie·ßen^{2*} [ユーバーふリーセン] [動] *h.* 〔〈et^4〉ニ〕《稀》あふれて流れる.

ü·ber·flü·geln [ユーバーふリューゲルン] [動] *h.* 〔〈j^4〉ヲ〕(やすやすと)凌(しの)ぐ.

der **Ü·ber·fluss**, [旧]**Ü·ber·fluß** [ユーバー・ふルッス] [名] -es/ 過剰, 過多：～ an 〈et^3〉 haben 〈物を〉あり余るほど持っている. im ～ leben ぜいたくな暮らしをする. zu allem ～ おまけに.

ü·ber·flüs·sig [ユーバー・ふリュッスィひ] [形] 余計な, 不必要な.

ü·ber·flüs·si·ger·wei·se [ユーバーふリュッスィガー・ヴァイゼ] [副] 《文飾》余計なことに.

ü·ber|flu·ten^1 [ユーバー・ふルーテン] [動] *s.* 〔補足なし〕《稀》氾濫(はんらん)する.

ü·ber·flu·ten^2 [ユーバーふルーテン] [動] *h.* **1.** 〔〈et^4〉ヲ〕水浸しにする. **2.** 〔〈j^4/et^4〉ヲ＋mit 〈et^3〉デ〕あふれさせる(市場を製品で・人を情報などで).

ü·ber·for·dern [ユーバーふぉるダーン] [動] *h.* 〔〈j^4/et^4〉ニ〕過大な要求をする.

ü·ber·for·dert [ユーバーふぉるダーㇳ] [形] 荷が勝ちすぎた.

die **Ü·ber·for·de·rung** [ユーバーふぉるデるング] [名] -/-en 過大な要求;不当な値段.

die **Ü·ber·fracht** [ユーバー・ふらはㇳ] [名] -/-en 超過貨物, 積みすぎ.

ü·ber·fra·gen [ユーバーふらーゲン] [動] *h.* 〔〈j^4〉ニ〕答えられない質問をする.

ü·ber·fragt [ユーバーふらークㇳ] [形] 質問されても分らない.

ü·ber·frem·den [ユーバーふれムデン] [動] *h.* 〔〈et^4〉ニ〕強い影響を与える(外国の文物が).

ü·ber·frem·det [ユーバーふれムデッㇳ] [形] 外国の影響を強く受けた;〖経〗外資に支配された.

die **Ü·ber·frem·dung** [ユーバーふれムドゥング] [名] -/-en 外国(文化・言語など)の過度の影響;〖経〗外資の支配.

ü·ber·fres·sen* [ユーバーふれッセン] [動] *h.* 〔sich^4〕食べすぎる(動物がえさを);《口》(主に《蔑》)食いすぎる(人が).

ü·ber·frie·ren* [ユーバーふリーれン] [動] *s.* 〔補足なし〕一面に凍りつく(道路・湖などが).

die **Ü·ber·fuhr** [ユーバー・ふーあ] [名] -/-en 《オーストリア》渡し船, フェリー.

ü·ber|füh·ren^1 [ユーバー・ふゅーれン] [動] *h.* **1.** 〔〈j^4/et^4〉ヲ＋〈方向〉ニ〕運ぶ, 移送する(病人・囚人・死体・棺などを). **2.** 〔〈et^4〉ヲ＋in 〈et^4〉ニ〕移す, 変える.

ü·ber·füh·ren^2 [ユーバーふゅーれン] [動] *h.* **1.** ＝ überführen^1. **2.** 〔〈j^4〉ニ＋(〈et^2〉ヲ)〕認めさせる(犯行などを). **3.** 〔〈et^4〉ニ〕《稀》架かっている(橋が川などに).

die **Ü·ber·füh·rung** [ユーバーふゅーるング] [名] -/-en **1.** 移送, 輸送. **2.** (罪の)立証, 認定. **3.** 陸橋, 高架橋, 跨線(こせん)橋.

die **Ü·ber·fül·le** [ユーバー・ふゅレ] [名] -/ 過多, 過剰;充満.

ü·ber·fül·len [ユーバーふゅレン] [動] *h.* 〔〈et^4〉ニ〕詰込みすぎる, (…を)定員超過にする.

ü·ber·füllt [ユーバーふゅルㇳ] [形] いっぱいの, 超満員の：von Menschen/mit Büchern ～ sein 人/本でいっぱいである.

die **Ü·ber·fül·lung** [ユーバーふゅルング] [名] -/-en (主に[単])詰めすぎ;超満員.

die **Ü·ber·funk·ti·on** [ユーバー・ふンクツィオーン] [名] -/-en 〖医〗(器官の)機能亢進(こうしん).

ü·ber·füt·tern [ユーバーふゅッターン] [動] *h.* **1.** 〔〈et^4〉ニ〕餌を与えすぎる(動物に). **2.** 〔〈j^4〉ニ〕《口》食物をやりすぎる(特に子供に).

die **Ü·ber·füt·te·rung** [ユーバーふゅってるング] [名] -/-en (主に[単])餌の与え過ぎ.

die **Ü·ber·ga·be** [ユーバー・ガーベ] [名] -/-n 引渡し, 譲渡;(降伏して)明渡すこと, 開城：die ～ an 〈j^4〉〈人への〉引渡し.

der **Ü·ber·gang** [ユーバー・ガング] [名] -(e)s/..gänge **1.** (主に[単])越えて行く〔渡る〕こと, 横断：der ～

über die Alpen アルプス越え. **2.** 越えて行く〔渡る〕地点;横断歩道: ein ~ über die Bahn 踏切り. **3.** 移行, 推移; 経過;(濃淡の)ぼかし;(音の)移行: der ~ von 〈et^3〉 zu 〈et^3〉 〈事から〉〈事への〉移行. **4.** 《[単]のみ》過渡期, 移行期, 変り目;過渡的処置, 一時しのぎ. **5.** (鉄道の二等から一等への座席の)変更券.

die **Ü·ber·gangs·be·stim·mung** [ユーバーガングス・ベシュティムング] [名] -/-en 暫定規定.

die **Ü·ber·gangs·lö·sung** [ユーバーガングス・[レ]ーズング] [名] -/-en 暫定的解決(策).

der **Ü·ber·gangs·man·tel** [ユーバーガングス・マンテル] [名] -s/..mäntel 合着のコート, スプリングコート.

die **Ü·ber·gangs·pe·ri·o·de** [ユーバーガングス・ペりオーデ] [名] -/-n 過渡期;〖マルクス主義〗(資本主義と共産主義の間の)過渡的段階.

die **Ü·ber·gangs·pha·se** [ユーバーガングス・ふぁーゼ] [名] -/-n 過渡的段階.

das **Ü·ber·gangs·sta·di·um** [ユーバーガングス・シュターディウム] [名] -s/..dien 過渡的段階.

die **Ü·ber·gangs·stel·le** [ユーバーガングス・シュテレ] [名] -/-n 渡る〔越える〕場所;横断歩道;踏切り;国境通過地点.

die **Ü·ber·gangs·zeit** [ユーバーガングス・ツァイト] [名] -/-en **1.** 過渡期. **2.** 季節の変り目(春と秋).

die **Ü·ber·gar·di·ne** [ユーバー・ガるディーネ] [名] -/-n (二重カーテンの)室内側の厚手のカーテン.

ü·ber|ge·ben[1]* [ユーバー・ゲーベン] [動] *h.* 〖〈j^3〉に+〈et^4〉ヲ〗《口》掛けてやる(肩掛けなどを). 【慣用】〈j^3〉 **einen** 〔**eins**〕 **übergeben** 《口》〈人に〉一発食らわす.

ü·ber·ge·ben[2]* [ユーバーゲーベン] [動] *h.* **1.** 〖〈j^3〉ニ/an 〈j^4〉ニ+〈et^4〉ヲ〗(手)渡す(受取人・持ち主に). **2.** 〖〈j^3〉ニ/an 〈j^4〉ニ+〈et^4〉ヲ〗ゆだねる(指導・監督などを). **3.** 〖〈j^3〉ニ+〈et^4〉ヲ〗譲る(店などを). **4.** 〖〈j^3〉ニ+〈j^4/et^4〉ヲ〗引渡す(泥棒を警察などに), 任せる(問題を弁護士などに). **5.** 〖(〈j^3〉ニ/an 〈j^4〉ニ)+〈et^4〉ヲ〗明渡す(敵に城などを). **6.** 〖〈et^4〉ヲ+〈et^3〉ニ〗公開する, 供する(公共の使用に): ein Stück Autobahn dem Verkehr ~ アウトバーンの一区間を開通させる. **7.** 〖sich^4〗嘔吐(おうと)する.

ü·ber·ge·deckt [ユーバー・ゲデックト] [形] 掛けられた.

ü·ber|ge·hen[1]* [ユーバー・ゲーエン] [動] *s.* **1.** 〖in 〈et^4〉ニ〗(所有が)移る. **2.** 〖in 〈et^4〉ニ〗(次第に)変っていく: in Gärung ~ 発酵し始める. **3.** 〖zu 〈et^3〉ニ〗移る, 移行する, 転ずる(別のテーマ・攻撃などに). **4.** 〖〈方向〉ニ〗移る, 走る, 寝返る(敵側などに). **5.** 〖in 〈et^4〉ト〗溶け合う(空が海などと). **6.** 〖補足なし〗〖海〗どっと襲いかかる(荒浪が);くずれる(荷が). **7.** 〖補足なし〗《文》あふれる. **8.** 〖補足なし〗〖狩〗子をはらんでいない(鹿・猪などの雌が).

ü·ber·ge·hen[2]* [ユーバーゲーエン] [動] *h.* **1.** 〖〈j^4/et^4〉ヲ〗無視する(抗議などを). **2.** 〖〈et^4〉ヲ〗〖狩〗見落とす(足跡などを);(…に)目をくれない(小物に). **3.** 〖〈j^4/et^4〉ヲ〗飛ばす, 抜かす(章・問題点などを).

die **Ü·ber·ge·hung** [ユーバーゲーウング] [名] -/ 無視, 看過;(ページなどを)飛ばすこと.

ü·ber·ge·nau [ユーバー・ゲナウ] [形] (《蔑》も有)厳密すぎる;きちょうめんすぎる.

ü·ber·ge·nug [ユーバー・ゲヌーク] [副] (《蔑》も有)十分すぎるほど.

ü·ber·ge·ord·net [ユーバー・ゲオるドネット] [形] 上位の, 上級の, より重要な, より包括的な.

ü·ber·ge·scheit [ユーバー・ゲシャイト] [形] 《皮》利口すぎる.

ü·ber·ge·schnappt [ユーバー・ゲシュナップト] [形] 《口》頭が変になっている.

das **Ü·ber·ge·wicht** [ユーバー・ゲヴィひト] [名] -(e)s/-e **1.** 《[単]のみ》太りすぎ;《主に[単]》超過重量. **2.** (次の形で) ~ bekommen 〔kriegen〕 平衡を失う. **3.** 《主に[単]》優位, 優勢: das ~ über 〈j^4〉 bekommen 〔gewinnen〕 〈人に対して〉優位を占める.

ü·ber·ge·wich·tig [ユーバー・ゲヴィひティひ] [形] 標準以上の体重の.

ü·ber|gie·ßen[1]* [ユーバー・ギーセン] [動] *h.* **1.** 〖〈j^3/et^3〉ニ+〈et^4〉ヲ〗浴びせる(水などを). **2.** 〖〈et^4〉ヲ〗こぼす, 注ぎそこなう. **3.** 〖〈et^4〉ヲ+in 〈et^4〉ニ〗《稀》注ぎ移す.

ü·ber·gie·ßen[2]* [ユーバーギーセン] [動] *h.* 〖〈j^4/et^4〉ニ+(mit 〈et^3〉ヲ)〗注ぐ, かける.

ü·ber·gla·sen [ユーバーグラーゼン] [動] *h.* 〖〈et^4〉ニ〗ガラス屋根をつける(ホール・バルコニーなどに).

ü·ber·glück·lich [ユーバー・グリュックリひ] [形] 非常に幸せな, 大喜びの.

ü·ber·gol·den [ユーバーゴルデン] [動] *h.* 〖〈et^4〉ヲ〗金めっきする, (…に)金をかぶせる;金色にそめる.

ü·ber|grei·fen* [ユーバー・グらイふェン] [動] *h.* **1.** 〖補足なし〗手を交差させる(ピアノ演奏・器械体操などで). **2.** 〖auf 〈et^4〉ヘ〗広がる, 移る(火・病気などが).

ü·ber·grei·fend [ユーバー・グらイふェント] [形] 決定的な;包括的な.

der **Ü·ber·griff** [ユーバー・グりふ] [名] -(e)s/-e (不法な)干渉, 介入.

ü·ber·groß [ユーバー・グろース] [形] **1.** 非常に大きな. **2.** 非常にたくさんの. **3.** 非常に激しい, 非常な.

die **Ü·ber·grö·ße** [ユーバー・グ[レ]ーセ] [名] -/-n 特大サイズ.

ü·ber|ha·ben* [ユーバー・ハーベン] [動] *h.* 《口》 **1.** 〖〈et^4〉ヲ〗羽織って〔上に着て〕いる. **2.** 〖〈j^4/et^4〉ニ〗うんざりしている. **3.** 〖〈et^4〉ヲ〗《方》余している(お金などを).

der **Ü·ber·häl·ter** [ユーバー・ヘルター] [名] -s/- 〖林〗(伐採の際に切らずにおく)保存木.

die **Ü·ber·hand·nah·me** [ユーバーハント・ナーメ] [名] -/ (いやな物・事の)急激な増加, 蔓延(まんえん).

ü·ber·hand neh·men*, [旧]**überhand|nehmen*** [ユーバーハント ネーメン] [動] *h.* 〖補足なし〗非常に増える(ネズミ・事故・強盗などが).

der **Ü·ber·hang** [ユーバー・ハング] [名] -(e)s/..hänge **1.** (下の階より)張出している上の階;張出し部分;(岩などの)突出部, オーバーハング;(船首・船尾の)突出部;隣接地から垂下がった枝. **2.** 〖商〗余剰(在庫): einen ~ an Waren haben 商品の余剰がある. **3.** 肩掛け, ケープ.

ü·ber|hän·gen[1]* [ユーバー・ヘンゲン] [動] *h.* **1.** 〖補足なし〗張出している(庇(ひさし)などが). **2.** 〖補足なし〗傾いている, かぶさるように張出している(岩壁などが). **3.** 〖補足なし〗境界を越えて垂下がっている(隣家の枝などが).

ü·ber·hän·gen[2] [ユーバーヘンゲン] [動] *h.* 〖〈j^3〉ニ+〈et^4〉ヲ〗掛ける, 肩に担わせる;(〈j^3〉がsich^{3}の場合)羽織る;肩に担う.

das **Ü·ber·hang·man·dat** [ユーバーハング・マンダート] [名] -(e)s/-e 〖政〗超過議席(直接選挙で得た議席数が比例配分された議席数を上回った場合の臨時の議席).

ü·ber·has·ten [ユーバーハステン] [動] *h.* **1.** 〖〈et^4〉ヲ〗急ぎすぎる(テンポなどを). **2.** 〖sich^4〗急ぎすぎる, 慌てふためく.

ü·ber·has·tet [ユーバーハステット] [形] 急ぎすぎた, 慌ただしい.

ü·ber·häu·fen [ユーバーホイふェン] [動] *h.* **1.** 〖〈j^4〉ニ+mit 〈et^3〉ヲ〗おびただしく与える(贈り物・名誉・仕事などを), さんざん浴びせる(非難などを). **2.** 〖〈et^4〉ニ+mit 〈et^3〉ヲ〗《稀》山と積む.

die **Ü·ber·häu·fung** [ユーバーホイふング] [名] -/-en おびただしく与えること, 山積みすること.

ü·ber·haupt [ユーバーハウプト] [副] **1.** 《語飾》(動

U

überheben

詞・副詞・名詞を修飾）**a.**《一般化して》大体, 概じて, 一般に, ともかく；とりわけ：*Ü~* fühle ich mich jetzt wohler. 概じて(私)は今は前より気分はいい. die Wissenschaft ~ 学問一般. Japan ist, ~ im Herbst, schön. 日本はとことに秋が美しい. **b.**《否定詞を強めて》およそ, まったく：Daran habe ich ~ nicht gedacht. そんなことは(私)はおよそ考えもしなかった. ~ nichts およそ何も（…でない）. ~ keine Lust/Zeit dazu haben まったくその気/暇がない. **2.**《次の形で前文につけ足す意味で》und ~ それにそもそも, ましてや：Und ~, das ist doch meine Privatsache. それにそもそもそれは私の個人的な事柄ではないからな. **3.**《話者の気持》(疑問文で. アクセント無)一体全体, そもそも：Wie ist das denn ~ gekommen？一体全体どうしてそんなことになったのだ. 【慣用】Wenn **überhaupt**, ... もしするだとしても：Wenn *überhaupt*, kommen wir erst spät. 行けたとしても遅くなります.

über|he·ben[1]* [ユーバー・ヘーベン] 動 h.〈j[4]/et[3]ッ〉《口》持上げてあちら側へ運ぶ(渡す).

über·he·ben[2]* [ユーバー・ヘーベン] 動 h. **1.**〈j[4] =+et[2]ッ〉《古》免除する, (…を…から)解放する. **2.**〈j[4]〉思い上がる.〈sich[4]〉《方》重い物を持上げて体を痛める.

über·heb·lich [ユーバー・ヘープリヒ] 形 思い上がった.

die **Über·heb·lich·keit** [ユーバー・ヘープリヒカイト] 名 -/-en **1.**(のみ)思い上がり, 高慢, 不遜([ﾌ]). **2.**《稀》思い上がった態度[発言].

die **Über·he·bung** [ユーバー・ヘーブング] 名 -/-en《古》思い上がっていること, 高慢, 不遜.

über·hei·zen [ユーバー・ハイツェン] 動 h.〈et[4]ッ〉暖めすぎる(部屋などを).

über·hit·zen [ユーバー・ヒッツェン] 動 h.〈et[4]ッ〉熱しすぎる.

der **Über·hit·zer** [ユーバー・ヒッツァー] 名 -s/-【工】(過熱蒸気をつくる)過熱器.

über·hitzt [ユーバー・ヒッット] 形 過熱した.

die **Über·hit·zung** [ユーバー・ヒッツング] 名 -/-en(主に(曲))過熱, オーバーヒート.

über·hö·hen [ユーバー・ヘーエン] 動 h. **1.**〈et[4]ッ〉一部を高くする, 【土】…に片勾配([ｶﾞｳｺｳ])をつける(カーブした道路・線路に). **2.**〈et[4]ッ〉(価値の)過度に高める.

über·höht [ユーバー・ヘート] 形 法外に高い, 過度の；【土】片勾配のついた.

die **Über·hö·hung** [ユーバー・ヘーウング] 名 -/-en **1.**(値段の)法外なつり上げ. **2.**【土】(鉄道の)カント；(道路の)片勾配；盛り土. **3.**【地】(地球儀などの)起伏の誇張(表現).

über·ho·len[1] [ユーバー・ホーレン] 動 h.〈j[4]/et[4]ッ〉追越す, 追抜く. **2.**〈j[4]ッ〉抜く(成績などで). **3.**〈et[4]ッ〉オーバーホールする, 分解修理する：einen Motor/eine Maschine ~ エンジン/機械をオーバーホールする. 【慣用】**Überholen streng verboten！**追越し厳禁.

über·ho·len[2] [ユーバー・ホーレン] 動 h. **1.**〈(j[4]/et[4]ッ)〉(行って)対岸へ渡す. **2.**〈j[4]ッ〉【船】(海)傾く(船が風). 【慣用】**Hol über！**《古》渡してくれ(対岸の船頭を呼ぶ).

über·holt [ユーバー・ホールト] 形 時代遅れの.

die **Über·ho·lung** [ユーバー・ホールング] 名 -/-en オーバーホール.

das **Über·hol·ver·bot** [ユーバー・ホール・ふぇあボート] 名 -(e)s/-e【交通】追越し禁止.

über·hö·ren [ユーバー・ヘーレン] 動 h. **1.**〈et[4]ッ〉聞漏らす(逃す)(ベルの音などを). **2.**〈et[4]ッ〉聞流す(注意・皮肉などを). **3.**〈(j[4]ッ=+et[4]ッ)〉《古》試問する.

das **Über·ich, Über-Ich** [ユーバー・イッヒ] 名 -(s)/- -(s)【心】超自我.

über·ir·disch [ユーバー・イルディッシュ] 形 **1.**この世のものではない(とは思えぬほどの), 神々しい. **2.**地上の.

über·jäh·rig [ユーバー・イェーリヒ] 形《古》長年の；【農】成熟の遅れた(雌牛).

über|käm·men [ユーバー・ケメン] 動 h.《口》 **1.**〈(sich[3])/(j[3])+et[4]ッ〉軽くくしでなでつける. **2.**〈sich[4]〉髪を軽くくしでなでつける.

über·kan·di·delt [ユーバー・カンディーデルト] 形《口》とっぴな.

die **Über·ka·pa·zi·tät** [ユーバー・カパツィテート] 名 -/-en (主に(曲))【経】過剰設備.

über·kip·pen [ユーバー・キッペン] 動 s.【體】(平衡を失って)ひっくり返る(人・物が).【転】上ずる(声が).

über·kle·ben [ユーバー・クレーベン] 動 h.〈et[4]ッ〉上=+mit〈et[3]ッ〉貼って張る(穴・染みの上に紙などを).

das **Über·kleid** [ユーバー・クライト] 名 -(e)s/-er《古》上っ張り, チュニックコート.

die **Über·klei·dung** [ユーバー・クライドゥング] 名 -/-en《文・古》 **1.**覆い. **2.**覆うこと.

über·klug [ユーバー・クルーク] 形《皮》ひどく利口な.

über·ko·chen[1] [ユーバー・コッヘン] 動 s.【體】吹き(煮)こぼれる(ミルクなどが).(怒って)かっかする.

über·ko·chen[2] [ユーバー・コッヘン] 動 h.〈et[4]ッ〉沸かし直す, さっと煮直す.

über·kom·men[1]* [ユーバー・コメン] 動 s. **1.**【體】(船)甲板を洗う(波が). **2.**〈mit〈et[3]ッ〉〉《方》しぶり出す(渡す)；やっと話す.

über·kom·men[2]* [ユーバー・コメン] 動 h. **1.**〈j[4]ッ〉襲う(感動・不安などが). **2.**〈et[4]ッ〉《古》受継ぐ(遺産などを), 伝える(風習など).

über·kom·men[3]* [ユーバー・コメン] 形《文》伝えられた, 受継がれてきた.

die **Über·kom·pen·sa·ti·on** [ユーバー・コムペンザツィオーン] 名 -/-en【心】過剰補償.

über·kom·pen·sie·ren [ユーバー・コムペンズィーレン] 動 h.〈et[4]ッ+(mit〈et[3]ッ〉/durch〈et[4]ッ〉)〉【心】過剰補償する；【経】過剰相殺([ｿｳｻｲ])する.

über·kon·fes·sio·nell [ユーバー・コンふぇッスィオネル] 形 超宗派的な.

über·kreu·zen [ユーバー・クロイツェン] 動 h. **1.**〈et[4]ッ〉横切る(広場などを). **2.**〈et[4]ッ〉交差させる, 組む；〈et[4]〉が相互代名詞sich[4]の場合が〉交差する.

über·krie·gen [ユーバー・クリーゲン] 動 h.《口》= über|bekommen.

über·la·den[1]* [ユーバー・ラーデン] 動 h.〈j[4]/et[4]ッ〉(荷)を積みすぎる(車などに), 負担を掛けすぎる(人・胃などに).

über·la·den[2]* [ユーバー・ラーデン] 形 **1.**荷を積みすぎた：mit Arbeit ~ sein 仕事に忙殺されている. **2.**装飾過剰の.

die **Über·la·dung** [ユーバー・ラードゥング] 名 -/-en 積みすぎ, 過重負担；食べすぎ；多すぎること(言葉などの), 飾りすぎ；誇張；【電】過充電, 過負荷.

über·la·gern [ユーバー・ラーガーン] 動 h. **1.**〈et[4]ッ〉の上に層をなして重なる(覆う). **2.**〈et[4]ッ〉重なる(事件などと), (…と)混信する(放送局が放送局と)；〈et[4]ッ〉が相互代名詞sich[4]の場合が〉重なり合う. **3.**〈et[4]ッ〉長く置きすぎてだめにする(食物・薬などを).

die **Über·la·ge·rung** [ユーバー・ラーゲルング] 名 -/-en **1.**(層をなして)重なる(重なる)こと. **2.**【理】(電波・音波の)干渉, 混信；スーパーヘテロダイン. **3.**【鉱】成層.

der **Über·la·ge·rungs·emp·fän·ger** [ユーバー・ラーゲルングス・エムフふぇンガー] 名 -s/-【無線】スーパーヘテロダイン受信機.

die **Über·land·bahn** [ユーバー・ラント・バーン, ユーバーラント

バーン] [名] -/-en 郊外電車;(昔の)大陸横断鉄道.

der **Ü·ber·land·bus** [ユーバー・ラント・ブス, ユーバーラント・ブス] [名] -ses/-se (特に都市と周辺の町を結ぶ)郊外バス.

die **Ü·ber·land·fahrt** [ユーバー・ラント・ふぁーあト, ユーバーラント・ふぁーあト] [名] -/-en 長距離走行.

das **Ü·ber·land·kraft·werk** [ユーバー・ラント・くらふト・ヴェるク, ユーバーラント・くらふト・ヴェるク] [名] -(e)s/-e 広域発電所.

die **Ü·ber·land·lei·tung** [ユーバー・ラント・ライトゥング, ユーバーラント・ライトゥング] [名] -/-en 広域送電線.

die **Ü·ber·land·zen·tra·le** [ユーバー・ラント・ツェントらーレ, ユーバーラント・ツェントらーレ] [名] -/-n 広域発電所.

die **Ü·ber·län·ge** [ユーバー・レンゲ] [名] -/-n 並外れた長さ《寸法・時間など》.

ü·ber·lap·pen [ユーバーラッペン] [動] *h.* 〔〈et^4〉ニ〕(部分的に)重なる;(〈et^4〉が相互代名詞sich^{4}の場合)(部分的に)重なり合う.

ü·ber·las·sen* [ユーバーラッセン] [動] *h.* **1.** 〔〈j^3〉ニ+〈et^4〉ヲ+(〈様態〉デ)〕自由に使わせる;譲ってやる,与える. **2.** 〔〈j^4〉ヲ+〈j^3/et^3〉ニ〕委(ゆだ)ねる,預ってもらう:〈j^4〉 sich^3 selbst ~ 〈人ヲ〉放任する. **3.** 〔〈et^4〉ヲ+〈j^3/et^3〉ニ〕任せる. **4.** 〔〈j^4〉ヲ+〈et^3〉ニ〕さらしたままにする《危険・絶望などに》. **5.** 〔sich^4+〈et^3〉ニ〕耽(ふ)ける,ひたる.

die **Ü·ber·las·sung** [ユーバーラッスング] [名] -/-en (一定期間)自由に使わせること,譲渡.

ü·ber·las·ten [ユーバーラステン] [動] *h.* 〔〈j^4/et^4〉ニ〕荷を積みすぎる;過剰な負担をかける.

ü·ber·las·tet [ユーバーラステット] [形] 〔(mit〈et^3〉デ/〈様態〉デ)〕過剰な負担がかかっている:mit Arbeit ~ sein 仕事を山と抱えている.

die **Ü·ber·las·tung** [ユーバーラストゥング] [名] -/ 過重負担,積みすぎ;過剰な負担.

der **Ü·ber·lauf** [ユーバー・ラウふ] [名] -(e)s/..läufe (余分な水を流す)溢水(いっすい)口,余水吐き,(水槽などの)オーバーフロー;〖コンピュータ〗オーバーフロー.

ü·ber|lau·fen^{1*} [ユーバー・ラウふぇン] [動] *s.* **1.** 〔補足なし〕溢(あふ)れる《液体・容器が》. **2.** 〔(zu〈j^3〉ニ)〕寝返る,走る《敵方に》.

ü·ber·lau·fen^{2*} [ユーバーラウふぇン] [動] *h.* **1.** 〔〈j^4〉ヲ〕襲う《戦慄(せんりつ)などが》. **2.** 〔〈et^4〉ヲ〕跳越える《ハードルなどを》. **3.** 〔〈j^4〉ヲ〕抜去る《ディフェンス陣などを》. **4.** 〔〈j^4/et^4〉ヲ〕走越える《リレーでバトンタッチの相手やバトンタッチの境界標識などを》. **5.** 〔〈j^4/et^4〉ニ〕大勢で押しかける,殺到する. **【慣用】Es überläuft mich kalt/heiß.** 私はぞっとする/かっと体が熱くなる《驚き・失敗などで》.

der **Ü·ber·läu·fer** [ユーバー・ロイふぁー] [名] -s/- **1.** 投降者;寝返った者. **2.** 〖狩〗二歳のイノシシ.

das **Ü·ber·lauf·rohr** [ユーバーラウふ・ろーあ] [名] -(e)s/-e (余水を流す)あふれ管,オーバーフローパイプ.

u·ber·laut [ユーバー・ラウト] [形] 音〔声〕の大きすぎる;ひどく騒々しい.

ü·ber·le·ben [ユーバーレーベン] [動] *h.* **1.** 〔〈et^4〉ヲ〕生きのびる,乗越えて生きる,(…に)耐えて生き残る. **2.** 〔〈j^4〉ヨリ〕長生きする. **3.** 〔sich^4〕時代遅れになる. **【慣用】der überlebende Teil**〖法〗生存配偶者. **Du wirst's überleben!** 《口》君はそんなことにはへこたれないよね.

der/die **Ü·ber·le·ben·de** [ユーバーレーベンデ] [名] 《形容詞的変化》生き残り,生存者.

ü·ber·le·bens·groß [ユーバー・レーベンス・グろース] [形] 等身大以上の,実物より大きい.

das **Ü·ber·le·bens·trai·ning** [ユーバーレーベンス・トれーニング] [名] -s/-s サバイバル・トレーニング.

ü·ber·lebt [ユーバーレープト] [形] 時代遅れの.

ü·ber|le·gen^1 [ユーバー・レーゲン] [動] *h.* **1.** 〔〈j^3〉ニ+〈et^4〉ヲ〕掛ける《毛布・コートなどを》. **2.** 〔〈j^4〉ヲ〕《口》ひざにのせておしりをたたく. **3.** 〔sich^4〕身をのり出す;傾く《船が》.

ü·ber·le·gen^2 [ユーバーレーゲン] [動] *h.* **1.** 〔〈et^4〉ヲ/〈様態〉ニ〕考える《決定・決心をするために》. **2.** 〔sich^3+(〈et^4〉ヲ/〈[文]〉デアルカヲ)〕熟考する《決定・決心をするために》. **【慣用】es sich^3 anders überlegen** 考えを変える. **nach langem Überlegen** じっくり考えた上で.

ü·ber·le·gen^3 [ユーバーレーゲン] [形] **1.** 〔(〈j^3〉ヨリ+an〔in〕〈et^3〉デ/〈様態〉デ)〕優れた,勝った:〈j^3〉 an Kraft/zahlenmäßig ~ sein 〈人ヨリ〉力で/数で勝っている. Er ist in Mathematik seinen Mitschülern ~. 彼は数学で彼の同級生たちより優れている. **2.** 尊大な,人を見下した.

die **Ü·ber·le·gen·heit** [ユーバーレーゲンハイト] [名] -/ 優越,卓越.

das **Ü·ber·le·gen·heits·ge·fühl** [ユーバーレーゲンハイツ・ゲふゅール] [名] -s/-e 優越感.

ü·ber·legt [ユーバーレークト] [形] 思慮深い,熟慮の末の.

die **Ü·ber·le·gung** [ユーバーレーグング] [名] -/-en 《[単]のみ》熟考〔熟慮〕すること;《主に[複]》考慮,考察:~*en* über〈et^4〉 anstellen 〈事ニツイテ〉よく考える. 〈et^4〉 in seine ~*en* einbeziehen 〈事ヲ〉考慮に入れる.

ü·ber|lei·ten [ユーバー・ライテン] [動] *h.* **1.** 〔zu〈et^3〉ニ/in〈et^4〉ニ〕移る,移行する《章・テーマなどに》. **2.** 〔von〈et^3〉カラ+nach〈et^3〉ニ〕転調する.

die **Ü·ber·lei·tung** [ユーバー・ライトゥング] [名] -/-en **1.** (次のテーマへの)移行. **2.** つながりの文章,とっかかり. **3.** 《主に[単]》(別の形態へ)移すこと.

ü·ber·le·sen* [ユーバーレーゼン] [動] *h.* **1.** 〔〈et^4〉ヲ〕読み落す,見落とす. **2.** 〔〈et^4〉ニ〕ざっと目を通す.

ü·ber·lie·fern [ユーバーリーふぁーン] [動] *h.* **1.** 〔〈j^3〉ニ+〈et^4〉ヲ〕伝える,伝承する. **2.** 〔〈j^4〉ヲ+〈j^3/et^3〉ニ〕《文・古》委(ゆだ)ねる《司直の手・運命などに》.

die **Ü·ber·lie·fe·rung** [ユーバーリーふぇるング] [名] -/-en **1.** 《[単]のみ》伝えること,伝承. **2.** 伝説. **3.** 伝えられたもの;しきたり,慣習.

ü·ber·lis·ten [ユーバーリステン] [動] *h.* 〔〈j^4〉ヲ〕策を使って出し抜く,計略にかける.

ü·berm [ユーバーム] 《口》=über+dem.

ü·ber·ma·chen [ユーバーマッヘン] [動] *h.* 〔〈j^3〉ニ+〈et^4〉ヲ〕《古》送り届ける;遺贈する.

die **Ü·ber·macht** [ユーバー・マはト] [名] -/ (数や力の)優位,優勢:in der ~ sein 優位である.

ü·ber·mäch·tig [ユーバー・メひティひ] [形] **1.** 優勢な. **2.** 抑え難い,強烈な.

ü·ber·ma·len [ユーバーマーレン] [動] *h.* 〔〈et^4〉ノ〕《口》上にもう一度色を塗る〔彩色する〕,上に色を塗って見えないようにする.

die **Ü·ber·ma·lung** [ユーバーマールング] [名] -/-en **1.** 塗りつぶすこと. **2.** 彩色補筆

ü·ber·man·gan·sau·er [ユーバー・マンガーン・ザウあー] [形] 《[付]は..saur..》〖化〗《古》過マンガン酸の.

ü·ber·man·nen [ユーバーマネン] [動] *h.* 〔〈j^4〉ヲ〕圧倒する,打負かす,襲う《苦痛・眠気・感動などが》;《古》(戦いで)打負かす.

ü·ber·manns·hoch [ユーバー・マンス・ホーほ] [形] 大人の背丈より高い.

das **Ü·ber·maß** [ユーバー・マース] [名] -es/-e **1.** 《[単]のみ》過度,過多:ein ~ an〈et^3〉〈物・事ガ〉過度なこと. **2.** 〖工〗(はめ込み部品などの)内径が大きすぎること.

ü·ber·mä·ßig [ユーバー・メースィひ] [形] 過度な,ひどい;あまりにも…すぎる:ein ~*es* Intervall〖楽〗増音程.

der **Ü·ber·mensch** [ユーバー・メンシュ] [名] -en/-en **1.** 〖哲〗超人. **2.** 《口》(卓越した才能のある)超人.

U

übermenschlich

über・mensch・lich [ユーバー・メンシュリヒ] 形 超人的な；《古》人を超えた，神の．

das **Ü・ber・mi・kro・skop** [ユーバー・ミクロ・スコープ] 名 -s/-e 超顕微鏡(電子顕微鏡，まれに限外顕微鏡).

über・mịt・teln [ユーバー・ミッテルン] 動 h.《(j³)=》+〈et⁴ッ〉伝える(情報などを)，送る(祝辞などを).

die **Ü・ber・mịt・te・lung** [ユーバー・ミッテルング] 名 -/-en =Übermittlung.

die **Ü・ber・mịtt・lung** [ユーバー・ミットルング] 名 -/-en (主に⑨)伝達，送付；引渡し．

der **Ü・ber・mịtt・lungs・weg** [ユバーミットルングス・ヴェーク] 名 -(e)s/-e (情報・知らせなどの)伝達の経路．

über・mọr・gen [ユーバー・モるゲン] 副 あさって，明後日に．

über・mü・de [ユーバー・ミューデ] 形 疲れ切った．

über・mü・den [ユーバー・ミューデン] 動《(j⁴ッ)》ひどく疲れさせる．

über・mü・det [ユーバー・ミューデット] 形 疲れ果てた．

die **Ü・ber・mü・dung** [ユーバー・ミュードゥング] 名 -/-en (主に⑨)過労．

der **Ü・ber・mut** [ユーバー・ムート] 名 -(e)s/- 1. 大はしゃぎ． 2.《古》高慢．

über・mü・tig [ユーバー・ミューティヒ] 形 大はしゃぎの，浮き浮きした，調子(図)に乗った；《古》高慢な．

übern [ユーバーン] 《(口)》=über+den.

die **Ü・ber・nach・fra・ge** [ユーバー・ナーはふらーゲ] 名 -/-n《経》超過需要．

über・nächst [ユーバー・ネーヒスト] 形 次の次の：am ~en Tag 翌々日に．

über・nạch・ten [ユーバーナはテン] 動 h.〈場所に〉泊まる，宿泊する．

über・näch・tig [ユーバー・ネヒティヒ] 形《おストり・スィ》=übernächtigt.

über・näch・tigt [ユーバー・ネヒティヒト] 形 寝不足で疲れた．

die **Ü・ber・nạch・tung** [ユーバーナはトゥング] 名 -/-en 宿泊．

die **Ü・ber・nah・me** [ユーバー・ナーメ] 名 -/-n 1. (主に⑨)受取ること；引受ける(引継ぐ)こと；(テキストなどの)借用． 2. 借用したもの．

das **Ü・ber・nah・me・an・ge・bot** [ユーバーナーメ・アン・ゲボート] 名 -(e)s/-e《経》株式公開買付け．

der **Ü・ber・na・me** [ユーバー・ナーメ] 名 -ns/-n《うス》渾名(☆)，別名；添え名．

über・na・tio・nal [ユーバー・ナツィオナール] 形 超国家的な．

über・na・tür・lich [ユーバー・ナテューありこ] 形 超自然的な；実物以上の大きな．

über|neh・men¹* [ユーバー・ネーメン] 動 h. 1.《(sich³)》+〈et⁴ッ〉《(口)》肩にかける(コートなどを)，肩にかつぐ(銃などを)． 2.〈et⁴ッ〉《海》かぶる(船が水を)．

über・neh・men²* [ユーバー・ネーメン] 動 h. 1.〈et⁴ッ〉受取る(送られた物・渡された物を)． 2.〈et⁴ッ〉引継ぐ(店などを)；《船》引受ける(積荷などを)． 3.〈et⁴ッ〉引受ける(議長役・任務・責任などを)． 4.〈j⁴ッ〉引取る(他企業の従業員などを)． 5.〈et⁴ッ〉借用する(他人の文句・アイディアなどを)． 6.《sich⁴》無理をする(肉体的，経済的に)． 7.〈j⁴ッ〉《おスト》《(口)》べてんにする． 8.〈et⁴ッ〉《古》襲う(感情などが)．

der **Ü・ber・neh・mer** [ユーバー・ネーマー] 名 -s/- 引受人，請負人，譲受人．

über|ord・nen [ユーバー・オるドネン] 動 h. 1.〈et⁴ッ〉+〈et³ッ〉優先させる． 2.《j⁴/et⁴ッ+〈j³/et³〉》上位に置く．

über・or・ga・ni・siert [ユーバー・オるガニズィーあト] 形 過度に組織化された．

über・par・tei・lich [ユーバー・ぱるタイリヒ] 形 超党派の；政党色のない．

die **Ü・ber・pflạn・zung** [ユーバー・プふランツング] 名 -/- 1.《医》移植． 2.《古》植え替え；植物で覆いつくすこと．

über・pịn・seln [ユーバー・ピンゼルン] 動 h.〈et⁴ッ〉《(口)》上に筆で色を塗(って見えないように)する．

der **Ü・ber・preis** [ユーバー・プらイス] 名 -es/-e 法外な値段．

die **Ü・ber・pro・duk・ti・on** [ユーバー・プロドゥクツィオーン] 名 -/-en《経》 1. (⑨のみ)過剰生産． 2. 過剰生産物．

über・prüf・bar [ユーバー・プリューふ・バーあ] 形 検査[点検]できる．

über・prü・fen [ユーバー・プリューふェン] 動 h. 1.〈j⁴/et⁴ッ〉(再度)調べる，(再)検査する，点検する：eine Rechnung ~ 検算する． 2.〈et⁴ッ〉+auf〈et⁴ッ〉調べる． 3.〈et⁴ッ〉(再度)よく考えてみる(意見などを)．

die **Ü・ber・prü・fung** [ユーバー・プリューふング] 名 -/-en 再検査，審査；点検，照合；再考．

über|quẹl・len* [ユーバー・クヴェレン] 動 s. 1.《個別》あふれ出る(泡・パン種などが膨らんで容器から)． 2.《個別》あふれる(屑籠(☆☆)・灰皿などが)．

über・quer [ユーバー・クヴェーあ] 副《うス》十字に，交差して．《慣用》mit〈j³〉überquer kommen《(口)》〈人と〉意見が合わなくなる．überquer gehen《(口)》うまくいかない．

über・que・ren [ユーバー・クヴェーレン] 動 h.〈et⁴ッ〉横断する，横切る，渡る；〈…と〉交差する．

die **Ü・ber・que・rung** [ユーバー・クヴェーるング] 名 -/-en 横断；交差．

über|ra・gen¹ [ユーバー・らーゲン] 動 h.《個別》張出している．

über・ra・gen² [ユーバー・らーゲン] 動 h. 1.〈j⁴/et⁴〉コリ+(um〈et⁴ッッ〉)高い，高くそびえる． 2.《j⁴/et⁴ッ》+(an〈et³ッ〉)抜きん出ている，遥かに優れて[勝って]いる．

über・ra・gend [ユーバー・らーゲント] 形 抜きん出た，傑出した；格段に．

über・rạ・schen [ユーバー・らっシェン] 動 h. 1.〈j⁴ッ〉驚かす，びっくりさせる(思いがけないことが)． 2.〈j⁴ッ〉不意を襲う． 3.〈j⁴ッッ+(mit〈et³ッ〉)〉喜ばせる(思いがけない物事で)．

über・rạ・schend [ユーバー・らっシェント] 形 不意の，意外な．

über・rạscht [ユーバー・らっシュト] 形《(über〈et⁴ッ〉)》驚いた．

die **Ü・ber・rạ・schung** [ユーバー・らっシュング] 名 -/-en 1. (⑨のみ)驚き：die ~ über〈j⁴ッ〉〈人・物・事〉についての驚き．zu meiner ~ 驚いたことには． 2. 思いがけない喜び[すばらしいもの]；予期せぬ出来事，驚き：eine kleine ~ ちょっとした贈り物．

das **Ü・ber・rạ・schungs・ei** [ユバーらっシュングス・アイ] 名 -(e)s/-er《商標》サプライズ・エッグ(銀紙包みのチョコボールで，中の空洞に(組み立て式の)プラモデルが入っている)．

über・rẹch・nen [ユーバー・れヒネン] 動 h.〈et⁴ッ〉概算する；《うス》検算する．

über・rẹ・den [ユーバー・れーデン] 動 h.〈j⁴ッッ+zu〈et³〉ト〉説得する，説き伏せて〈…を〉させる．

die **Ü・ber・rẹ・dung** [ユーバー・れードゥング] 名 -/-en (主に⑨)説得．

die **Ü・ber・rẹ・dungs・kunst** [ユーバー・れードゥングス・クンスト] 名 -/- 《雅》説得術．

über・re・gio・nal [ユーバー・れギオナール] 形 地域の枠を超えた．

über・reich [ユーバー・らイヒ] 形《(an〈et³ッ〉)》極めて

豊富な,(…で)極めて豪華な.
ü·ber·rei·chen [ユーバーらイひぇン] [動] *h.* 〘〈j³〉ニ+〈et⁴〉ヲ〙授与する, 贈呈〔進呈〕する, 提出する, 手渡す.
ü·ber·reich·lich [ユーバー·らイひりひ] [形] 非常にたくさんの, たっぷりすぎるほどの.
die **Ü·ber·rei·chung** [ユーバーらイひゅング] [名] -/-en 授与, 贈呈.
die **Ü·ber·reich·wei·te** [ユーバーらイひ·ヴァイテ] [名] -/-n 〚通信〛(放送電波の)異常伝播(でんぱ)距離.
ü·ber·reif [ユーバー·らイふ] [形] 熟しすぎた.
ü·ber·rei·zen [ユーバーらイツェン] [動] *h.* **1.** 〘〈j⁴/et⁴〉ヲ〙過度に刺激する. **2.** 〔sich⁴〕〚トランプ〛オーバービッドする. **3.** 〘〈et⁴〉以上ニ〙〚トランプ〛せり上げる.
ü·ber·reizt [ユーバーらイツト] [形] 過度に刺激を受けた;高ぶった, いらいらした.
die **Ü·ber·reizt·heit** [ユーバーらイツトハイト] [名] -/ 過度にいらだっていること, 過敏な状態.
die **Ü·ber·rei·zung** [ユーバーらイツング] [名] -/-en 過度の刺激;過敏な状態.
ü·ber·ren·nen* [ユーバーれネン] [動] *h.* **1.** 〘〈j⁴/et⁴〉ヲ〙(突撃して)蹴(け)散らす(敵·敵陣を). **2.** 〘〈j⁴〉ヲ〙走っていって突当って倒す. **3.** 〘〈j⁴〉ニ〙《口》考える余地も与えないで自分の意志を押しつける.
ü·ber·re·prä·sen·tiert [ユーバー·れプれゼンティーあト] [形] (人数などが)全体において占める割合の比率を上回った.
der **Ü·ber·rest** [ユーバー·れスト] [名] -(e)s/-e (主に[複]) 残り物;残骸(ざんがい), 廃墟(はいきょ): die sterblichen ~*e* なきがら.
ü·ber·rie·seln [ユーバーりーゼルン] [動] *h.* 〘〈j⁴/et⁴〉ノ上ヲ〙《文》さらさら流れる: Ein Schauer *überrieselte* mich. 私は(恐ろしくて)背筋がぞくぞくした.
der **Ü·ber·rock** [ユーバー·ろック] [名] -(e)s/..röcke 《古》(紳士用)オーバー;フロックコート.
der **Ü·ber·roll·bü·gel** [ユーバー·ろル·ビューゲル] [名] -s/- (特にレーシングカーの)ロウルバー(横転の際, 運転手を保護する座席の上のフレーム).
ü·ber·rol·len [ユーバーろレン] [動] *h.* 〘〈j⁴/et⁴〉ヲ〙戦車で蹂躙(じゅうりん)する, 踏みつぶして行く;巻込む(雪崩·列車·車などが).
ü·ber·rum·peln [ユーバーるムペルン] [動] *h.* **1.** 〘〈j⁴〉ヲ+(mit 〈et³〉デ)〙不意打ちする, 突然の(…で)びっくりさせる(質問·訪問などで). **2.** 〘〈j⁴/et⁴〉ヲ〙奇襲する.
die **Ü·ber·rum·pe·lung** [ユーバーるムペルング] [名] -/-en 不意打ち, 奇襲.
die **Ü·ber·rump·lung** [ユーバーるムプルング] [名] -/-en =Überrumpelung.
ü·ber·run·den [ユーバーるンデン] [動] *h.* 〘〈j⁴〉/〈et⁴〉ニ〙〚スポーツ〛1周差をつける;《転》差をつける(学業などで).
ü·bers [ユーバース] 《口》=über+das.
ü·ber·sät [ユーバーゼート] [形] 〔mit〔von〕〈et³〉ガ〕一面にまき散らされた.
ü·ber·satt [ユーバー·ザット] [形] 〘(〈et²〉デ/von 〈et³〉デ)〙満腹した;(…に)あきあきした.
ü·ber·sät·ti·gen [ユーバーゼッティゲン] [動] *h.* **1.** 〘〈et⁴〉ヲ〙〚化〛過飽和にする;《転》過飽和状態にする. **2.** 〘〈j⁴〉ニ+(mit 〈et³〉ヲ)〙うんざりするほど食べさせる〔与える〕.
ü·ber·sät·tigt [ユーバーゼッティひト] [形] **1.** 〚化〛過飽和の. **2.** 〘(von 〈et³〉ニ)〙うんざりした;飽食した.
die **Ü·ber·sät·ti·gung** [ユーバーゼッティグング] [名] -/-en (主に[単])飽食;飽き飽きすること;〚化〛過飽和.
ü·ber·säu·ern [ユーバーゾイあーン] [動] *h.* 〘〈et⁴〉ヲ〙酸っぱくしすぎる;過酸性にする.
die **Ü·ber·säu·e·rung** [ユーバーゾイエるング] [名] -/-en (主に[単])過度酸性, 過酸化症, 胃酸過多.
der **Ü·ber·schall·flug** [ユーバー·シャル·ふルーク] [名] -(e)s/..flüge 超音速飛行.
das **Ü·ber·schall·flug·zeug** [ユーバー·シャル·ふルーク·ツォイク] [名] -(e)s/-e 超音速機.
die **Ü·ber·schall·ge·schwin·dig·keit** [ユーバー·シャル·ゲシュヴィンディひカイト] [名] -/ 超音速.
ü·ber·schat·ten [ユーバーシャッテン] [動] *h.* 〘〈et⁴〉ニ〙影を投げかける(樹が庭になど);《転》暗い影を投げる,(…を)暗い雰囲気にする(悲報が祝宴などに).
ü·ber·schät·zen [ユーバーシェッツェン] [動] *h.* 〘〈j⁴/et⁴〉ヲ〙過大評価する.
die **Ü·ber·schät·zung** [ユーバーシェッツング] [名] -/-en 過大評価, 買いかぶり.
die **Ü·ber·schau** [ユーバー·シャウ] [名] -/-en 《文》全体を見通す力;概観, 概要.
ü·ber·schau·bar [ユーバーシャウ·バーあ] [形] 見極めがつく, 概観しうる;見晴らしのきく.
ü·ber·schau·en [ユーバーシャウエン] [動] *h.* **1.** 〘〈et⁴〉ヲ〙見渡す, 見晴らす. **2.** 〘〈et⁴〉ヲ〙見極める, 展望〔概観〕する(状況·将来などを).
ü·ber|schäu·men [ユーバー·ショイメン] [動] *s.* **1.** 〘補足なし〙泡を立ててあふれる(ビールなどが容器から). **2.** 〘補足なし〙泡立ってあふれる(グラスなどが);《転》あふれさせる, ほとばしらせる: vor Wut ~ 怒りをほとばしらせる.
die **Ü·ber·schicht** [ユーバー·シひト] [名] -/-en 時間外労働.
ü·ber|schie·ßen¹* [ユーバー·シーセン] [動] *s.* **1.** 〘補足なし〙《方》勢いよく吹きこぼれる(牛乳などが). **2.** 〘補足なし〙〚経〛許容できる健全な程度を越える.
ü·ber·schie·ßen²* [ユーバーシーセン] [動] *h.* **1.** 〘〈et⁴〉ヲ〙越えて着弾させる,(…の)頭越しに撃つ. **2.** 〘〈et⁴〉ノ〙〚狩〛認められた捕獲数以上の獲物を撃ってとる(ある猟区などの).
ü·ber·schläch·tig [ユーバー·シュレひティひ] [形] =oberschlächtig.
ü·ber·schla·fen* [ユーバーシュラーふェン] [動] *h.* 〘〈et⁴〉ヲ〙一晩よく考える.
der **Ü·ber·schlag** [ユーバー·シュラーク] [名] -(e)s/..schläge **1.** 概算. **2.** 〚体操〛倒立回転;〚空〛宙返り. **3.** 〚電〛フラッシュオーバー.
ü·ber|schla·gen¹* [ユーバー·シュラーゲン] [動] **1.** *h.* 〘〈et⁴〉ヲ〙組む(足などを). **2.** *s.* 〘補足なし〙飛ぶ(放電して火花が);洗う(波が甲板·堤防などを). **3.** *s.* 〔in 〈et⁴〉ニ〕高まる, 高じて(…に)なる: Ihre Abneigung ist in Hass *übergeschlagen.* 彼女の嫌悪感は高じて憎しみになった. **4.** *s.* 〘補足なし〙《稀》上ずる(声が).
ü·ber·schla·gen²* [ユーバーシュラーゲン] [動] *h.* **1.** 〘〈et⁴〉ヲ〙(読まずに)とばす(序文などを). **2.** 〘〈et⁴〉ヲ〙概算する, ざっと見積もる(数·費用などを). **3.** 〔sich⁴〕でんぐり返る, 倒立回転をする;上ずる(声が);逆巻く(波が). **4.** 〔sich⁴〕次から次へと続く(出来事が).
ü·ber·schla·gen³ [ユーバーシュラーゲン] [形] 《方》生暖かい, ぬるい.
ü·ber·schlä·gig [ユーバー·シュレーギひ] [形] 概算の.
das **Ü·ber·schlag·la·ken** [ユーバーシュラーク·ラーケン] [名] -s/- 上掛けシーツ(掛布団の下に敷き, 襟もとで折り返す).
ü·ber·schläg·lich [ユーバー·シュレークリひ] [形] 概算の.
ü·ber|schnap·pen [ユーバー·シュナッペン] [動] **1.** *s.* 〘補足なし〙《口》頭がおかしくなる. **2.** *s.* 〘補足なし〙《口》上ずる(声が). **3.** *s.*〔*h.*〕〘補足なし〙かちっと音を立てて外れる(錠の留め金などが).
ü·ber·schnei·den* [ユーバーシュナイデン] [動] *h.* 〔相互代名詞sich⁴〕交差する(線などが), 重なり合う(関心·研究領域などが);かち合う(放送·催しなどが).
die **Ü·ber·schnei·dung** [ユーバーシュナイドゥング] [名] -/-en 交差;(テーマなどが)重なり合うこと;かち合うこと.
ü·ber·schrei·ben* [ユーバーシュらイベン] [動] *h.* **1.**

U

〔〈et^4〉ニ〕表題をつける(詩・章などに). **2.** 〔〈et^4〉ヲ＋〈j^3〉ノ名義ニ/auf 〈j^4/et^4〉ノ名義ニ〕書換える. **3.** 〔〈et^4〉ヲ〕『商』《古》為替で送金する.

die **Ü·ber·schrei·bung** [ユーバーシュらイブング] [名] -/-en 名義の書換え;『商』《古》(為替などでの)送金.

über·schrei·en* [ユーバーシュらイエン] [動] *h.* **1.** 〔〈j^4/et^4〉ヲ〕大声で叫んで聞こえなくする(演説者の声などを), (…より)もっと大きな声を出す. **2.** 〔sich^4〕声がかれるほど叫ぶ.

über·schrei·ten* [ユーバーシュらイテン] [動] *h.* **1.** 〔〈et^4〉ヲ〕越える(国境・能力などを), 渡る(線路などを). **2.** 〔〈et^4〉ヲ〕超える(限度・きまり・制限速度などを), 犯す(法などを): das rechte Maß ～ 度を越す. seine Befugnisse ～ 越権行為をする.

die **Ü·ber·schrei·tung** [ユーバーシュらイトゥング] [名] -/-en (制限などを)越えること,超過;違反.

die **Ü·ber·schrift** [ユーバー·シュりふト] [名] -/-en 表題, 題名, (新聞の)見出し.

der **Ü·ber·schuh** [ユーバー·シュー] [名] -(e)s/-e オーバーシューズ.

über·schul·det [ユーバーシュルデット] [形] 過大な負債を負った, 債務超過の, 過大な抵当権の設定された.

die **Ü·ber·schul·dung** [ユーバーシュルドゥング] [名] -/-en 債務超過.

der **Ü·ber·schuss,** [旧]**Über·schuß** [ユーバー·シュス] [名] -es/..schüsse **1.** 過剰: ein ～ an Geburten 出生の過剰. **2.** 剰余金, 純益, 利潤.

über·schüs·sig [ユーバー·シュっスィひ] [形] 過剰な, 余分な.

die **Ü·ber·schuss·pro·duk·ti·on,** [旧]**Über·schuß·pro·duk·ti·on** [ユーバーシュス·プろドゥクツィオーン] [名] -/『経』過剰生産.

die **Ü·ber·schuss·was·ser,** [旧]**Über·schuß·was·ser** [ユーバーシュス·ヴァっサー] [名] -s/- 余分な水〔水分〕.

über|schüt·ten[1] [ユーバー·シュっテン] [動] *h.* 《口》 **1.** 〔〈j^3〉ニ＋〈et^4〉ヲ〕(うっかり)かける(コーヒーなど汚れるものを). **2.** 〔〈et^4〉ヲ〕(注ぎすぎて)こぼす(飲み物などを).

über·schüt·ten[2] [ユーバーシュっテン] [動] *h.* **1.** 〔〈j^4/et^4〉ニ＋mit 〈et^3〉ヲ〕(注ぎ・振り)かける(水などを), まく(砂利などを). **2.** 〔〈j^4〉ニ＋mit 〈et^3〉ヲ〕たっぷり与える(贈り物などを), 浴びせる(非難・質問などを).

der **Ü·ber·schwang** [ユーバー·シュヴァング] [名] -(e)s/ **1.** 溢(あふ)れるばかりの感動: im ～ der Begeisterung 感動に満ち溢れて. **2.** 《古》溢れんばかりの豊かさ.

über·schwäng·lich, [旧]**über·schweng·lich** [ユーバー·シュヴェングリひ] [形] (過度に)感情の溢(あふ)れた, 熱狂的な, 大げさな, 過剰な.

die **Ü·ber·schwäng·lich·keit,** [旧]**Über·schweng·lich·keit** [ユーバー·シュヴェングリひカイト] [名] -/-en **1.** ([単]のみ)大袈裟, 大仰(おおぎょう). **2.** 大袈裟な発言〔行動〕.

über|schwap·pen [ユーバー·シュヴァっペン] [動] *s.* 〔補足なし〕《口》溢(あふ)れ出る(容器がいっぱいになって液体が);溢れる(容器が).

über·schwem·men [ユーバーシュヴェメン] [動] *h.* **1.** 〔〈et^4〉ニ〕氾濫(はんらん)する, (溢(あふ)れて)水浸しにする;《転》溢れる(人・物が). **2.** 〔〈j^4/et^4〉ヲ＋mit 〈j^3/et^3〉デ〕溢れさせる: mit Informationen *überschwemmt* werden 情報の洪水に見舞われる.

die **Ü·ber·schwem·mung** [ユーバーシュヴェムング] [名] -/-en 洪水, 氾濫(はんらん);水浸しにすること.

über·schweng·lich [ユーバー·シュヴェングリひ] ⇨ überschwänglich.

die **Über·schweng·lich·keit** [ユーバー·シュヴェングリひカイト] ⇨ Überschwänglichkeit.

die **Ü·ber·see** [ユーバー·ゼー] [名] -/ (無冠詞;前置詞とともに)海外(特にアメリカ): Waren aus 〔von〕 ～ 舶来品. Verwandte in ～ haben 海外に親類がいる. nach ～ auswandern 海外へ移住する.

der **Ü·ber·see·damp·fer** [ユーバーゼー·ダムプふァー] [名] -s/- 外洋航路船.

der **Ü·ber·see·ha·fen** [ユーバーゼー·ハーふェン] [名] -s/..häfen 外洋船〔遠洋航路〕の港.

der **Ü·ber·see·han·del** [ユーバーゼー·ハンデル] [名] -s/ 海外貿易.

über·see·isch [ユーバー·ゼーイシュ] [形] 海外の;海外からの;海外への.

der **Ü·ber·see·ver·kehr** [ユーバーゼー·ふェあケーあ] [名] -s/ 海外交通.

über·seh·bar [ユーバーゼー·バーあ] [形] **1.** 見晴らしのきく. **2.** 予測できる, 見当のつく.

über|se·hen[1*] [ユーバー·ゼーエン] [動] *h.* 〔sich^3＋〈et^4〉ヲ〕《口》見飽きる.

über·se·hen[2*] [ユーバーゼーエン] [動] *h.* **1.** 〔〈et^4〉ヲ〕見渡す, 見晴らす. **2.** 〔〈et^4〉ヲ〕見極める, 概観する(状況・将来などを). **3.** 〔〈j^4/et^4〉ヲ〕見落とす, うっかり見逃す. **4.** 〔〈j^4/et^4〉ヲ〕黙って見逃す, 無視する.

über sein* [ユーバー ザイン] [形] ⇨ über [形].

über·sen·den[(*)] [ユーバーゼンデン] [動] *h.* 〔〈j^3〉ニ＋〈et^4〉ヲ〕送る, 送付する(贈り物・報告・祝辞などを).

die **Ü·ber·sen·dung** [ユーバーゼンドゥング] [名] -/-en 送付, 送達.

über·setz·bar [ユーバーゼっツ·バーあ] [形] 翻訳できる.

über|set·zen[1] [ユーバー·ゼっツェン] [動] **1.** *h.* 〔〈j^4〉ヲ＋(an〔auf〕〈et^4〉ヘ)〕(船で)渡す. **2.** *s./h.* 〔補足なし〕(船で)渡る. **3.** *h.* 〔(〈et^4〉ヲ)〕他方の足の上を越えて運ぶ(ダンスで一方の足を), (…に)親指の上を越えさせる(ピアノの奏法で他の指に).

über·set·zen[2] [ユーバーゼっツェン] [動] *h.* 〔〈et^4〉ヲ＋(aus〔von〕〈et^3〉カラ)＋(in 〈et^4〉ニ)〕翻訳する, 訳す(文字または口頭で): das Buch aus dem 〔vom〕 Deutschen ins Japanische ～ その本をドイツ語から日本語に翻訳する. eine Novelle ins Dramatische/Filmische ～ 短編小説をドラマ化/映画化する. seine Gefühle in Verse ～ 自分の気持を詩にする. 【慣用】**Dieser Gang übersetzt 1 : 1,9** (＝eins zu eins Komma neun). このギアは1対1.9の比率で変速する.

der **Ü·ber·set·zer** [ユーバーゼっツァー] [名] -s/- 翻訳家;訳者.

über·setzt [ユーバーゼっツト] [形] **1.** 《スイス》一段と高い, 法外に高い. **2.** 過剰供給の. **3.** 『工』(特定の)伝動装置〔ギア比〕の.

die **Ü·ber·set·zung** [ユーバーゼっツング] [名] -/-en **1.** (主に[単])翻訳. **2.** 訳文;翻訳書: eine wörtliche/freie ～ 逐語訳/意訳. in deutscher ～ ドイツ語訳で. **3.** 『工』変速〔歯車〕比;(変速)ギアの段.

das **Ü·ber·set·zungs·bü·ro** [ユーバーゼっツングス·ビュろー] [名] -s/-s 翻訳事務所.

der **Ü·ber·set·zungs·feh·ler** [ユーバーゼっツングス·ふェーラー] [名] -s/- 誤訳.

die **Ü·ber·set·zungs·ma·schi·ne** [ユーバーゼっツングス·マシーネ] [名] -/-n 翻訳機械.

die **Ü·ber·sicht** [ユーバー·ズィひト] [名] -/-en **1.** ([単]のみ)見通し, 展望, 洞察: die ～ über 〈et^4〉〈事の〉見通し. **2.** 概要, 一覧(表).

über·sich·tig [ユーバー·ズィひティひ] [形] 《古》遠視の.

die **Ü·ber·sich·tig·keit** [ユーバー·ズィひティひカイト] [名] -/ 《古》遠視.

über·sicht·lich [ユーバー·ズィひトリひ] [形] **1.** 見通しのきく, 見晴しのよい. **2.** 一目瞭然(りょうぜん)の.

die **Ü·ber·sicht·lich·keit** [ユーバー·ズィひトリひカイト] [名]

U

-/ 見通しのよいこと, 一目瞭然(りょうぜん); 概括しうること.

die **Über·sichts·kar·te** [ユーバーズィひツ・カるテ] [名] -/-n 概略的な地図, 小縮尺図.

die **Über·sichts·ta·fel** [ユーバーズィひツ・ターふェル] [名] -/-n 一覧表.

über|sie·deln^1 [ユーバー・ズィーデルン] [動] *s.* 〚(〈方向〉へ)〛移転する, 転居する, 引っ越す.

über·sie·deln^2 [ユーバーズィーデルン] [動] *s.* =über|siedeln^1.

die **Über·sie·de·lung** [ユーバー・ズィーデルング, ユーバーズィーデルング] [名] -/-en =Übersiedlung.

der **Über·sied·ler** [ユーバー・ズィードラー, ユーバーズィードラー] [名] -s/- 移住者, 転居者.

die **Über·sied·lung** [ユーバー・ズィードルング, ユーバーズィードルング] [名] -/-en 移転, 転居, 移住.

über·sinn·lich [ユーバー・ズィンリひ] [形] 超感覚的な.

das **Über·soll** [ユーバー・ゾル] [名] -s/ ノルマを越えた作業量.

über·span·nen [ユーバーシュパネン] [動] *h.* **1.** 〚〈et^4〉(ノ上)ニ〛渡してある, 架かっている(川の上に橋などが). **2.** 〚〈et^4〉(ノ上)ニ+mit 〈et^3〉ヲ〛張る(板に布を・バルコニーの上に覆いなどを). **3.** 〚〈et^4〉ヲ〛強く張り〔引き〕すぎる(弦・弓などを); (転)緊張させすぎる.

über·spannt [ユーバーシュパント] [形] 無茶な, 過大な; 常軌を逸した, 突拍子もない.

die **Über·spannt·heit** [ユーバーシュパントハイト] [名] -/-en **1.** (単のみ)極端さ, 法外さ, 常軌を逸していること. **2.** 極端な行動〔発言〕.

die **Über·span·nung**^{1} [ユーバー・シュパヌング] [名] -/-en 〚電〛過電圧.

die **Über·span·nung**^{2} [ユーバーシュパヌング] [名] -/-en **1.** (弦などの)張りすぎ; (単のみ)(布などを)張ること, (橋などが)かかっていること. **2.** 張られている素材(布など). **3.** 行過ぎ.

über·spie·len [ユーバーシュピーレン] [動] *h.* **1.** 〚〈et^4〉ヲ〛何気ないふりで〔巧みに〕人に気づかれないようにする〔隠す〕(当惑・ばつの悪い状況などを). **2.** 〚〈et^4〉ヲ+(auf 〈et^4〉ニ)〛ダビングする(録音・録画されたものを), 中継(録音・録画)する(放送を). **3.** 〚〈j^4〉ヲ〛〚スポーツ〛巧みにかわす; (転)だし抜く.

über·spit·zen [ユーバーシュピッツェン] [動] *h.* 〚〈et^4〉ヲ〛極端にする(要求などを); 誇張する(表現などを).

über·spitzt [ユーバーシュピッツト] [形] 極端な, 誇張した.

über|sprin·gen^1* [ユーバー・シュプリンゲン] [動] *s.* **1.** 〚(〈方向〉へ)〛飛び移る, 飛ぶ(電気の火花などが他の電極などへ). **2.** 〚auf 〈et^4〉ニ〛急に飛ぶ(他の話題などに).

über·sprin·gen^2* [ユーバーシュプリンゲン] [動] *h.* **1.** 〚〈et^4〉ヲ〛飛越える(堀・高さなどを). **2.** 〚〈et^4〉ヲ〛飛ばす(ページなどを), 飛越す(クラスなどを).

über|spru·deln [ユーバー・シュプるーデルン] [動] *s.* 〚補足なし〛泡立って溢(あふ)れる(レモネードなどが), 吹きこぼれる(湯などが). 【慣用】**vor 〔von〕 Witz/Einfällen übersprudeln** 機知にあふれている/次々とアイディアがわき出てくる.

über·spü·len [ユーバーシュピューレン] [動] *h.* 〚〈j^4/et^4〉ヲ〛洗う(波などが), 水浸しにする(洪水などが).

über·staat·lich [ユーバー・シュタートリひ] [形] 超国家的な.

der **Über·stän·der** [ユーバー・シュテンダー] [名] -s/- 〚林〛(それ以上成長しない)老木.

über·stän·dig [ユーバー・シュテンディひ] [形] **1.** 〚農〛収穫〔伐採・屠殺(とさつ)〕の時期を逸した. **2.** (古)(売れ)残った, 余った; 時代遅れの.

über·ste·chen* [ユーバーシュテっひェン] [動] *h.* 〚補足なし〛〚トランプ〛上切(うわぎ)りする.

über|ste·hen^1* [ユーバー・シュテーエン] [動] *h.* ((南独・オーストリア・スイス)) *s.* も有)〚補足なし〛張出している, 突き出ている(バルコニーなどが).

über·ste·hen^2* [ユーバーシュテーエン] [動] *h.* 〚〈et^4〉ヲ〛克服する(病気などを), 乗切る(危機などを), 持ちこたえる(一夜などを), (…に)耐え抜く(苦労・手術などに). 【慣用】**Das hätten wir 〔Das wäre〕 überstanden !** これもやっと終ったか(ほっとして). **Er hat es überstanden.** (婉)彼は(長患いなどの)苦しみを乗越えた(亡くなった).

über|stei·gen^1* [ユーバー・シュタイゲン] [動] *s.* 〚〈方向〉へ〛乗〔飛〕移る.

über·stei·gen^2* [ユーバーシュタイゲン] [動] *h.* **1.** 〚〈et^4〉ヲ〛(乗)越える(塀・山などを). **2.** 〚〈et^4〉ヲ〛超える(理解・力・範囲などを), 上回る(期待・値段・見積りなどを).

über·stei·gern [ユーバーシュタイガーン] [動] *h.* **1.** 〚〈et^4〉ヲ〛高くし過ぎる(要求・値段などを). **2.** 〚sich^4+in 〈et^3〉ヲ〛度を越してする.

die **Über·stei·ge·rung** [ユーバーシュタイゲるング] [名] -/-en 過度に高めること; 過度〔過剰〕にすること.

über·stel·len [ユーバーシュテレン] [動] *h.* 〚(〈et^3〉ニ)+〈j^4〉ノ〛〚官〛身柄を(法に従って)移す.

über·stem·peln [ユーバーシュテムペルン] [動] *h.* 〚〈et^4〉ニ〛消印〔改訂(された内容の)印〕を押す.

über·steu·ern [ユーバーシュトイあーン] [動] *h.* **1.** 〚〈et^4〉ニ〛〚電〛過変調する. **2.** 〚補足なし〛〚車〛オーバーステアする.

über·stim·men [ユーバーシュティメン] [動] *h.* **1.** 〚〈j^4〉ニ〛投票で勝つ. **2.** 〚〈et^4〉ヲ〛否決する(動議などを).

über·strah·len [ユーバーシュトらーレン] [動] *h.* **1.** 〚〈et^4〉ヲ〛隈(くま)なく照らす. **2.** 〚〈j^4/et^4〉ノ〛輝きを薄れさせる.

über·stra·pa·ziert [ユーバー・シュトらパツィーあト] [形] 酷使された, ひどく使い古された.

über·strei·chen* [ユーバーシュトらイひェン] [動] *h.* **1.** 〚〈et^4〉ニ+mit 〈et^3〉ヲ〛上塗りする; 一面に塗る. **2.** 〚〈et^4〉(ノ上)ヲ〛かすめて吹く(風が).

über|strei·fen [ユーバー・シュトらイふェン] [動] *h.* 〚〈j^3〉ニ+〈et^4〉ヲ〛さっと着せる(プルオーバーなどを); (〈j^3〉がsich^{3}の場合)さっと着る.

über·streu·en [ユーバーシュトろイエン] [動] *h.* 〚〈et^4〉ニ+mit 〈et^3〉ヲ〛一面に振りかける.

über|strö·men^1 [ユーバー・シュト⑩ーメン] [動] *s.* (文) **1.** 〚補足なし〛溢(あふ)れ(て流れ)る, 氾濫(はんらん)する. **2.** 〚auf 〈j^4〉ニ〛移る, 伝染する(気持などが). 【慣用】**überströmende Freude** 溢れる喜び. **von 〔vor〕 Seligkeit überströmen** 無上の幸福に溢れる.

über·strö·men^2 [ユーバーシュト⑩ーメン] [動] *h.* 〚〈j^4/et^4〉ノ〛全体〔一面〕に流れる(血・涙などが), (…を)水浸しにする(川が溢れて).

die **Über·stun·de** [ユーバー・シュトゥンデ] [名] -/-n 超過勤務時間: ～*n* machen 残業〔時間外労働〕をする.

über·stür·zen [ユーバーシュテュるツェン] [動] *h.* **1.** 〚〈et^4〉ヲ〛慌ててする(決定・出発などを). **2.** 〚sich^4+(bei 〈et^3〉ヲ)〛(稀)慌ててする. **3.** 〚sich^4〛次から次へと続く〔起こる〕(出来事・言葉などが); (古)逆巻く(波が).

über·stürzt [ユーバーシュテュるツト] [形] 大急ぎの, あわただしい, 性急な.

die **Über·stür·zung** [ユーバーシュテュるツング] [名] -/ 大急ぎ, 大慌て, 性急.

über·ta·rif·lich [ユーバー・タりーふりひ] [形] 労働協約の規定賃金率を越えた.

über·täu·ben [ユーバートイベン] [動] *h.* **1.** 〚〈et^4〉ヲ〛感じなくさせる(痛みなどを). **2.** 〚〈et^4〉ヲ+durch 〈et^4〉デ〛麻痺(まひ)させる, 紛らす.

über·teu·ern [ユーバートイあーン] [動] *h.* 〚〈et^4〉ニ〛法外

Übertitelung

な値段をつける.

die Ü·ber·ti·te·lung [ユバーティテールング] 名 -/-en 〖劇〗(舞台の上などに表示されるドイツ語)字幕.

über·töl·peln [ユーバー⑦ルペルン] 動 h.《j⁴》ごまかす,だます(ぼやっとしている人を).

die Ü·ber·töl·pe·lung [ユーバー⑦ルペルング] 名 -/-en だます(だまされる)こと,ペテン.

die Ü·ber·töl·plung [ユーバー⑦ルプルング] 名 -/-en = Übertölpelung.

über·tö·nen [ユーバー⑦ーネン] 動 h.《j⁴》(より大きな音で)かき消す,聞こえなくする《独奏者・声などを》.

der Ü·ber·trag [ユーバー・トらーク] 名 -(e)s/..träge 〖簿記〗繰越し(高).

über·trag·bar [ユーバートらーク・バー] 形 1.《auf ⟨et⁴⟩》(auf ⟨j⁴/et⁴⟩=)譲渡できる;他人が使用できる. 3. 伝染性の.

die Ü·ber·trag·bar·keit [ユーバーとらークバーあカイト] 名 - / 転用可能性,伝染の可能性;譲渡可能性.

über·tra·gen¹ * [ユーバーとらーゲン] 動 h. 1.《et⁴》中継(放送)する. 2.《et⁴》+auf ⟨et⁴⟩》移す(録画・録音されたものを別のテープなどに). 3.《et⁴》+(aus[von] ⟨et³⟩》)+(in ⟨et⁴⟩)》《文》訳す, 翻案する(特に文学作品などを逐語的にではなく訳す). 4.《et⁴》+in ⟨et⁴⟩》書換える, 直す, 変換する(速記を普通の文字に;物語を韻文などに). 5.《et⁴》》書き写す, 転写〔転記〕する. 6.《et⁴》(auf ⟨j⁴/et⁴⟩》転用する(規準を他の領域などに), 転義的に用いる(語を). 7.《et⁴》+(auf ⟨et⁴⟩》)〖工〗伝達(伝送)する. 8.《et⁴》+⟨et⁴⟩》委〔ゆ〕ねる, 委任する, 任せる(任務などを). 9.《et⁴》+(auf ⟨j⁴⟩》伝染させる(病気・気分などを);⟨et⁴⟩》sich⁴の場合》伝染する. 10.《j⁴》》〖医〗正常な期間を越えて妊娠している.

über·tra·gen² [ユーバーとらーゲン] 形 1. 転義(比喩)的の. 2.《医〗正常な妊娠期間を越えた. 3.《⃝》使い〔着〕古した.

der Ü·ber·trä·ger [ユバーとれーガー] 名 -s/- 〖医〗(病気の)媒介生物〔者〕.

die Ü·ber·tra·gung [ユーバーとらーグング] 名 -/-en 1. 中継放送. 2. 翻訳;書換え, 変換;転載, 転記. 3.《⃝》の用》委任, 委託. 5.《⃝》のJ〖工〗(動力の)伝達, 伝動. 6. 伝染;〖医〗正常な期間を越えて続く妊娠. 7.〖言〗転義.

die Ü·ber·tra·gungs·tech·nik [ユーバーとらーグングス・テクニク] 名 -/-en 1.《通信〗中継技術. 2. 通信工学.

der Ü·ber·tra·gungs·ver·merk [ユーバーとらーグングス・ふぇあメるク] 名 -(e)s/-e 〖銀行〗(手形などの)裏書.

der Ü·ber·tra·gungs·wa·gen [ユーバーとらーグングス・ヴァーゲン] 名 -s/- (テレビやラジオの)中継車.

über·tref·fen* [ユーバーとれっふぇン] 動 h. 1.《j⁴/et⁴》+(an ⟨et³⟩〔ニイテ〕》勝る;(…を)凌駕(⃝⃝)する: sich⁴ selbst ~ 予想以上の力を示す. 2.《et⁴》上回る, 越える(期待などを).

über·trei·ben* [ユーバーとらイベン] 動 h. 1.《(et⁴⟩》誇張する, 大げさに言う. 2.《et⁴⟩》es+mit ⟨et³⟩》し過ぎる, (…の)度を過ごす(運動・要求などで).

die Ü·ber·trei·bung [ユーバーとらイブング] 名 -/-en 1.《⃝》誇張すること;過剰にすること. 2. 誇張した描写〔叙述〕;過度な行動.

über|tre·ten¹* [ユーバー・トれーテン] 動 1. h./s.《⃝》《⃝》(賭切線の)踏越しをする(幅跳・槍⃝》投げで). 2. s.《⃝》氾濫(⃝⃝)する. 3. s.《in ⟨et⁴⟩=》入り込む(膿が血中などに). 4. s.《zu ⟨et⁴⟩=》改宗する(カトリックなどに), くら替えする(別の党などに). 5. s.《in ⟨et⁴⟩=》(⃝⃝)入る: in eine Hochschule ~ 大学へ進学する. in den Ruhestand ~ 退職する.

über·tre·ten²* [ユーバートれーテン] 動 h. 1.〔sich³+⟨et⁴⟩》踏違えて痛める(足を). 2.《et⁴》違反する(法律などに).

die Ü·ber·tre·tung [ユーバートれーットゥング] 名 -/-en (法律などの)違反;《⃝》》〖法〗軽犯罪.

über·trie·ben [ユーバートリーベン] 形 過度の;誇張された;あまりにも.

der Ü·ber·tritt [ユーバー・トりット] 名 -(e)s/-e 1. (他の政党などへの)移行, 改宗: der ~ zu einer Partei ある党への移籍. 2. 入り込むこと;《⃝》》(次の段階に)入ること.

über·trump·fen [ユーバートルンプふぇン] 動 h. 1.《j⁴/et⁴〔ヨ」》〖⃝》強い札で切る, 上切(⃝⃝)りする. 2.《j⁴/et⁴〔ヨ」》はるかにしのぐ.

über·tün·chen [ユーバーテュンヒェン] 動 h.《et⁴》水性石灰塗料〔ペイント〕を上塗りする;《転》(…を)ごまかす, 隠す.

über·über·mor·gen [ユーバー・ユーバー・もるゲン] 副《口》しあさって.

der Ü·ber·va·ter [ユーバー・ふぁーター] 名 -s/..väter (組織などの)長老, 重鎮.

über·ver·si·chern [ユーバー・ふぇあズィッヒャーン] 動 h. 《et⁴》》超過保険を掛ける.

über·völ·kern [ユーバー⑦ルケルン] 動 h.《et⁴》》いっぱいになる, 人口過密になる(人々で).

über·völ·kert [ユーバー⑦ルカート] 形 人口過密〔過剰〕の, 人でいっぱいの.

die Ü·ber·völ·ke·rung [ユーバー⑦ルケるング] 名 -/- 人口過剰.

über·voll [ユーバー・ふぉル] 形《(von ⟨j³/et³⟩デ)》あふれるほどいっぱいの, 超満員の.

über·vor·sich·tig [ユーバー・ふぉーあ・ズィヒティ] 形 過度に用心深い, 慎重すぎる.

über·vor·tei·len [ユーバー・ふぉるタイレン, ユーバー・ふぉあタイレン] 動 h.《j⁴》だまして甘い汁を吸う.

über·wach [ユーバー・ヴァっは] 形 極度に醒(⃝)めた(さえた).

über·wa·chen [ユーバー・ヴァッヘン] 動 h. 1.《j⁴/et⁴》見張る(スパイ・住まい・行動などに). 2.《et⁴/et⁴》監督する, 監視する(命令の実施・交通などを).

über·wach·sen* [ユーバー・ヴァクセン] 動 1.《et⁴》》一面に生茂る. 2.《j⁴/et⁴〔ヨ」》《稀》大きく成長〔生長〕する.

die Ü·ber·wa·chung [ユーバー・ヴァっフング] 名 -/-en (主に⃝)監視, 監督, 取締り.

über·wäl·ti·gen [ユーバー・ヴェルティゲン] 動 h. 1.《j⁴》》圧倒する(相手などを), 取押える(泥棒などを). 2.《j⁴》》負かす(睡魔などが), 圧倒する(光景などが), こらえ切れなくさせる(不安などが).

über·wäl·ti·gend [ユーバー・ヴェルティゲント] 形 圧倒的な, 強烈な.

die Ü·ber·wäl·ti·gung [ユーバー・ヴェルティグング] 名 -/-en 打負かす〔負かされる〕こと;圧倒すること, 克服.

über·wäl·zen [ユーバー⑦ルツェン] 動 h.《et⁴》+auf ⟨j⁴/et⁴⟩=》押しつける, 負担させる(責任・費用などを).

die Ü·ber·wär·mung [ユーバー・ヴェるムング] 名 -/- (主に⃝)〖医〗(治療のための)高熱, 高体温.

über|wech·seln [ユーバー・ヴェクセルン] 動 s. 1.《方向》移る, 移動する;立場を変える. 2. [zu ⟨et³⟩] 移って行く(別のテーマなどに).

der Ü·ber·weg [ユーバー・ヴェーク] 名 -(e)s/-e 横断歩道 (Fußgänger~);踏切り.

über·wei·sen* [ユーバー・ヴァイゼン] 動 h. 1. 《(j³)》/an ⟨j⁴〕ニアテ/auf ⟨et⁴〕=)+⟨et⁴⟩》振込む,

1269　　　　　　　　　　　　　　　　　　übrig behalten

振替えで送金する. **2.** 〔j⁴ッ+zu〈j³〉₃/an〈j⁴〉₃/in〈et⁴〉ッ〕紹介する(医師が紹介状など). **3.** 〔et⁴ッ+〈j³/et³〉₃/an〈et³〉ッ〕委(ﾈ)ねる, 差向ける(決裁・処理などのため).
die **Ü·ber·wei·sung** [ユーバーヴァイズング] 图 -/-en **1.** 振替; 振替金額. **2.** (患者の他の医師への)紹介, 委託, 委任; 紹介〔委託〕状.
der **Ü·ber·wei·sungs·auf·trag** [ユーバーヴァイズングス・アウフ・トラーク] 图 -(e)s/..träge 口座振替の委託(指示).
das **Ü·ber·wei·sungs·for·mu·lar** [ユーバーヴァイズングス・ふぉるムラーる] 图 -s/-e 振替用紙.
die **Ü·ber·welt** [ユーバー・ヴェルト] 图 -/-en 超感性界.
über·welt·lich [ユーバー・ヴェルトリヒ] 厖 この世(感性の世界)を越えた.
über·wend·lich [ユーバーヴェントリヒ] 厖 〔手芸〕かがり縫いの.
über|wer·fen¹* [ユーバー・ヴェるふェン] 動 h. 〔〈j³〉₃+〈et⁴ッ〕さっと羽織らせる〔掛けてやる〕;(〈j³〉がsich³の場合)さっと羽織る.
über·wer·fen²* [ユーバー・ヴェるふェン] 動 h. **1.** 〔sich⁴+mit〈et³〉〕仲たがいする, 不和になる. **2.** 〔相互代名詞sich⁴〕互いに仲たがいする.
über|wie·gen¹* [ユーバー・ヴィーゲン] 動 h. 〔文・口・稀〕(規定の)重量を超過する.
über·wie·gen²* [ユーバー・ヴィーゲン] 動 h. **1.** 〔補足なし〕優勢である, 優位を占める. **2.** 〔et⁴ッ〕勝る, (…より)大きい.
über·wie·gend [ユーバーヴィーゲント, ユーバー・ヴィーゲント] 副《語釈》(形容詞・副詞・名詞を修飾)主として, 大体.
　— 厖 主たる, 優勢な, 圧倒的な.
über·wind·bar [ユーバーヴィント・バー] 厖 克服できる, 打勝てる.
über·win·den * [ユーバーヴィンデン] 動 h. **1.** 〔et⁴ッ〕克服する(危機などを), 乗越える(板・障害などに); (…に)打勝つ(不安などに). **2.** 〔et⁴ッ〕捨てる(危惧(ｸﾞ)の念・偏見などを). **3.** 〔sich⁴〕自分の(したくない)気持ちを抑える; がまんする, 辛抱する, しいやる: Ich kann mich nicht ~(,) das zu tun. 私はそれをするに忍びない. **5.** 〔j⁴ッ〕〔文〕打勝つ.
der **Ü·ber·win·der** [ユーバー・ヴィンダー] 图 -s/- 克服者; 征服者, 勝利者.
die **Ü·ber·win·dung** [ユーバー・ヴィンドゥング] 图 -/ 打勝つこと; 克服; 克己.
über·win·tern [ユーバーヴィンターン] 動 h. **1.** 〔補足なし〕冬を越す, 越冬する; 冬眠する. **2.** 〔et⁴ッ+〈場所〉〕冬を越させる(植物を地下室などで).
die **Ü·ber·win·te·rung** [ユーバーヴィンテるング] 图 -/-en 越冬, 冬ごもり, 冬眠.
über·wöl·ben [ユーバー・(ヴョ)ルベン] 動 h. **1.** 〔et⁴ッ〕丸天井(ヴォールト)をつける. **2.** 〔et⁴ッ〕(アーチ状に)掛かっている(円屋根が広間などに).
über·wu·chern [ユーバー・ヴーはーン] 動 h. 〔et⁴ッ〕一面に生茂る(雑草が庭などに).
über·wun·den [ユーバー・ヴンデン] 厖 克服された, 敗北した; 時代遅れの.
der **Ü·ber·wurf** [ユーバー・ヴるふ] 图 -(e)s/..würfe **1.** 上っ張り, マント, ショール. **2.** 〔ﾚｽﾘﾝｸﾞ〕バック投げ.
die **Ü·ber·zahl** [ユーバー・ツァール] 图 -/ (圧倒的な)多数, 大勢.
über·zäh·len [ユーバー・ツェーレン] 動 h. 〔et⁴ッ〕数え直す.
über·zäh·lig [ユーバー・ツェーリヒ] 厖 余った, 余分の, 余計な.
über·zeich·nen [ユーバー・ツァイヒネン] 動 h. **1.** 〔et⁴ッ〕〔金融〕募集額以上の応募をする(公社債・証券などに). **2.** 〔j⁴/et⁴ッ〕誇張して描く.
über·zeu·gen [ユーバー・ツォイゲン] 動 h. **1.** 〔j⁴ッ+(von〈et³〉ッ)〕納得〔確信〕させる. **2.** 〔sich⁴+(von〈et³〉ッ)〕(吟味して)納得〔確信〕する.
über·zeu·gend [ユーバー・ツォイゲント] 厖 納得のいく, 説得力のある.
über·zeugt [ユーバー・ツォイクト] 厖 **1.** 〔(von〈j³〉ッ〕確信した: von 〈j²〉 Unschuld ~ sein 〈人〉の無実を確信している. von sich⁴ selbst ~ sein 自信家である. Ich bin (davon) ~, dass ... 私は…と確信しています. **2.** 筋金入りの.
die **Ü·ber·zeu·gung** [ユーバー・ツォイグング] 图 -/-en **1.** 確信, 信念: der ~ sein, dass ... …と確信している. **2.** ⓢ(のみ)(稀)説得.
die **Ü·ber·zeu·gungs·kraft** [ユーバー・ツォイグングス・くらふト] 图 -/ 説得力.
über·zie·hen¹* [ユーバー・ツィーエン] 動 h. 〔(sich³)+〈et⁴ッ〕上に着る. 【慣用】〈j³〉 eins/ein paar überziehen (棒・むちなどで)〈人〉に一発/二三発食らわす.
über·zie·hen²* [ユーバー・ツィーエン] 動 h. **1.** 〔et⁴ッ+(mit〈et³〉ッ)〕覆う, (…の)表面に薄く塗る〔かぶせる〕. **2.** 〔et⁴ッ〕上に広がっていく, (…を)覆っていく(霧・汗などが). **3.** 〔sich⁴+mit〈et³〉ッ〕覆われていく(空が雲などに). **4.** 〔et⁴ッ〕残高以上に引き出す. **5.** 〔(et⁴ッ)〕超過する(決められた時間を). **6.** 〔et⁴ッ〕誇張する. **7.** 〔et⁴ッ〕〔ｽﾎﾟｰﾂ〕トップスピンをかける(ボールに). **8.** 〔(et⁴ッ)〕〔空〕失速させる.
der **Ü·ber·zie·her** [ユーバー・ツィーハー] 图 -s/- **1.** (紳士用の)サマーコート. **2.** 〔口〕コンドーム.
der **Ü·ber·zie·hungs·kre·dit** [ユーバー・ツィーウングス・クれディート] 图 -(e)s/-e 〔銀行〕当座貸越し, 過振(ﾌﾞ)り信用貸し.
über·züch·tet [ユーバー・ツュヒテット] 厖 過度の品種改良で弱くなった.
über·zuckern [ユーバー・ツッケるン] 動 h. 〔et⁴ッ〕砂糖をかける, 砂糖の衣でくるむ.
der **Ü·ber·zug** [ユーバー・ツーク] 图 -(e)s/..züge **1.** コーティング, 被膜, 塗装: ein ~ aus Schokolade チョコレートの衣. **2.** カバー, シーツ.
überzwerch [ユーバー・ツヴェるヒ] 副 〔南独・ｵｰｽﾄﾘｱ〕交差して.
　— 厖 〔南独・ｵｰｽﾄﾘｱ〕偏屈な, 浮かれた.
u·bi be·ne, i·bi pa·tria [ウービ ベーネ, イービ パトリアー] 〔ﾗﾃﾝ語〕幸せのあるところ, そこがわが祖国.
der **U·bi·quist** [ウビクヴィスト] 图 -en/-en 〔生〕汎存(ﾊﾝ)種.
u·bi·qui·tär [ウビクヴィテーア] 厖 〔生〕汎存(ﾊﾝ)(種)の.
üb·lich [ユープリヒ] 厖 普通の, 通例の, 慣例の, 通常の: auf die ~e (in der ~en) Weise いつものやり方で. wie ~ 例のごとく. zu den ~en Preisen 通常の値段で. Das ist längst nicht mehr ~. それはもうとっくにすたれている.
der **U-Bo·gen** [ウー・ボーゲン] 图 -s/-〔〔南独・ｵｰｽﾄﾘｱ〕..Bögen〕(ドイツ文字筆記体の, n と区別するために u の上につける)弧状記号.
das **U-Boot** [ウー・ボート] 图 -(e)s/-e ユーボート (Unterseeboot 潜水艦).
üb·rig [ユープリヒ] 厖 残りの, 残っている, (その)他の, 余りの: (稀)余計な: die ~en Gäste その他〔残り〕の客たち. alle ~en その他〔残り〕の皆. alles ~e その他〔残り〕のすべて. Ich habe noch etwas Geld ~. (私に)まだいくらかお金が残っている. 【慣用】ein Übriges tun 残余の措置をとる. für 〈j⁴/et⁴〉 etwas/nichts übrig haben 〈人・物・事〉に好感を持っている, 〈物・事〉に関心(興味)のある. im Übrigen その他の点では, それはそうとして.
übrig be·hal·ten *, ⓢübrig|be·hal·ten* [ユーブ

りひ ベハルテン〕動 h.〔〈et⁴〉ヲ＋(von〈et³〉カラ)〕残しておく, 取っておく.

übrig blei·ben*, ⓑ**übrig|blei·ben*** 〔ユーブリヒ ブライベン〕動 s. 〔略解〕残っている.【慣用】〈j³〉 bleibt nichts (anderes [weiter]) übrig, als ... zu tun 〈人は〉…する他はない.

üb·ri·gens 〔ユーブリゲンス〕副 ところで, それはそうと, そろから(ついでに言えば): Habe ich dir ~ schon gesagt, dass ... ? それはそうと君に…のことをもう言ったかしら.

übrig las·sen*, ⓑ**übrig|las·sen*** 〔ユーブリヒ ラッセン〕動 h. 1.〔〈et⁴〉ヲ〕残す, 余す. 2.〔〈j³〉ニ＋〈et⁴〉ヲ〕残してやる〔置く〕.【慣用】〈j¹/et¹〉 lässt in〈et³〉 nichts/vieles zu wünschen übrig〈人・事は〉〈事について〉言うことなく十分である/大いに不満がある.

die **Ü·bung** 〔ユーブング〕名 -/-en 1.(何のみ)練習, 訓練, 鍛練, 修業, トレーニング: Das macht die ~. それは練習のたまものだ. 2.(何のみ)習熟, 熟練, 熟達: aus der ~ kommen へたになる. in der ~ sein [bleiben] 熟達している. 3. 練習問題; 練習曲. 4.(大学の授業の)演習. 5.〔スポ〕一連の運動; 演技. 6.(軍隊などの)演習, 訓練. 7.〔慣用〕修業: geistliche ~en 黙想. 8.(南独・オーストリア)風習, 慣習: außer ~ sein すたれている.

die **Ü·bungs·auf·ga·be** 〔ユーブングス・アウフ・ガーベ〕名 -/-n 練習問題.

das **Ü·bungs·buch** 〔ユーブングス・ブーフ〕名 -(e)s/..bücher 練習帳.

das **Ü·bungs·ge·län·de** 〔ユーブングス・ゲレンデ〕名 -s/- 演習地, 練兵場.

übungs·hal·ber 〔ユーブングス・ハルバー〕副 練習のため.

der **Ü·bungs·hang** 〔ユーブングス・ハング〕名 -(e)s/..hänge 〔スキー〕練習用斜面.

die **Ü·bungs·mu·ni·ti·on** 〔ユーブングス・ムニツィオーン〕名 -/ 空包.

der **Ü·bungs·platz** 〔ユーブングス・プラッツ〕名 -es/..plätze 練習場, 運動場; 練兵場.

das **Ü·bungs·stück** 〔ユーブングス・シュテュック〕名 -(e)s/-e (語学などの)練習用教材(テキスト);〔楽〕練習曲.

u. d. Ä. =und dem Ähnliche(s) など.
u. desgl. =u. desgl. m. …等々.
u. desgl. m. =und desgleichen mehr …等々.
u. dgl. =u. dgl. m. 等々.
u. dgl. m. =und dergleichen mehr 等々.
u. d. M. =unter dem Meeresspiegel 海面下….
ü. d. M. =über dem Meeresspiegel 海抜….
(der) **U·do** 〔ウード〕名〖男名〗ウード.
UdSSR 〔ウーデーエスエスエる〕=Union der Sozialistischen Sowjetrepubliken ソヴィエト社会主義共和国連邦(1991年消滅).
u.E. =unseres Erachtens 我々の考えでは.
die **UEFA** 〔ウエーふァ〕名 -/ =Union Européenne de Football Association ヨーロッパ・サッカー連盟.
die **U·fa** 〔ウーふァ〕名 -/〖商標〗ウーファ(Universum-Film-AG)(ドイツの映画会社).
das **U·fer** 〔ウーふァー〕名 -s/- 岸, 岸辺; 海岸: drüben am anderen ~ 向う岸で. Der Fluss trat über die ~. 川があふれた. **zu neuen Ufern sein**〈口〉同性愛者だ. **zu neuen Ufern** 新しい目的[人生]に向って.
u·fer·los 〔ウーふァー・ロース〕形 果てしない: ins *U~e* gehen 際限なく続く, 収拾がつかなくなる.
die **U·fer·pflan·ze** 〔ウーふァー・ブふランツェ〕名 -/-n〖植〗水辺植物.
uff ! 〔ウふ〕間 (安堵などのため息)ほーっ, ふーっ.
u. ff. =und folgende (Seiten) …および次ページ以下.
Uffz. =Unteroffizier 下士官.

das **U·fo, UFO** 〔ウーふォ〕名 -(s)/-s =unidentified flying object 未確認飛行物体.
u-för·mig, U-för·mig 〔ウー・ふぉるミひ〕形 U字形の.
(das) **U·gan·da** 〔ウガンダ〕名 -s/〖国名〗ウガンダ(東アフリカの国).
uh ! 〔ウー〕間 (恐怖・嫌悪などの気持を表して)うわー, ひゃー.
die **U-Haft** 〔ウー・ハふト〕名 -/〖法〗未決勾留(Untersuchungshaft).
UHF 〔ウーハーエふ〕=ultra high frequency 極超短波.
(der) **Uh·land** 〔ウーラント〕名〖人名〗ウーラント(Ludwig ~, 1787-1862, 詩人).
die **Uhr** 〔ウーア〕名 -/-en 1. 時計: die ~ stellen 時計を合せる. die ~ aufziehen 時計のねじを巻く. 2.(何のみ)…時: Wieviel ~ ist es ? 何時ですか. — Es ist neun ~ dreißig (9. 30 Uhr). 9時30分です. um zwölf ~ nachts 夜の12時に.【慣用】**rund um die Uhr**〈口〉丸一日中, 昼夜兼行で.〈j²〉 **Uhr ist abgelaufen**〈人の〉寿命が尽きた;〈人の〉命運が尽きた(砂時計のイメージから).
das **Uhr·arm·band** 〔ウーア・アるム・バント〕名 -(e)s/..bänder 腕時計のバンド.
das **Uh·ren·ge·schäft** 〔ウーれン・ゲシェふト〕名 -(e)s/-e 時計屋, 時計店.
die **Uhr·fe·der** 〔ウーア・ふぇーダー〕名 -/-n 時計のぜんまい.
das **Uhr·ge·häu·se** 〔ウーア・ゲホイゼ〕名 -s/- 時計の側(がわ).
das **Uhr·glas** 〔ウーア・グラース〕名 -es/..gläser 時計のガラス.
die **Uhr·ket·te** 〔ウーア・ケッテ〕名 -/-n (懐中)時計の鎖.
der **Uhr·ma·cher** 〔ウーア・マッハー〕名 -s/- 時計職人.
das **Uhr·werk** 〔ウーア・ヴェるク〕名 -(e)s/-e 時計の作動装置[ムーヴメント].
der **Uhr·zei·ger** 〔ウーア・ツァイガー〕名 -s/- 時計の針.
der **Uhr·zei·ger·sinn** 〔ウーアツァイガー・ズィン〕名 -(e)s/ (時計の針の)右回り: im/entgegen dem ~ 時計回りで/時計回りとは逆に.
die **Uhr·zeit** 〔ウーア・ツァイト〕名 -/-en 時刻.
der **U·hu** 〔ウーフ〕名 -s/-s〖鳥〗ワシミミズク.
u. i. =ut infra 下記のように.
uk =unabkömmlich (公的な重要任務により)兵役を免除された.
der **U·kas** 〔ウーカス〕名 -ses/-se〖冗〗命令.
die **U·krai·ne** 〔ウらライーネ, ウクらイネ〕名 -/〖国名〗ウクライナ(黒海北岸に面する国).
der **U·krai·ner** 〔ウクらイーナー, ウクらイナー〕名 -s/- ウクライナ人.
ukrai·nisch 〔ウクらイーニシュ, ウクらイニシュ〕形 ウクライナ(人・語)の.
die[das] **U·ku·le·le** 〔ウクレーレ〕名 -/-n〖楽〗ウクレレ.
UKW 〔ウーカーヴェー, ウーカーヴェー〕=Ultrakurzwelle 超短波.
der **UKW-Sen·der** 〔ウーカーヴェー・ゼンダー, ウーカーヴェー・ゼンダー〕名 -s/-〖放送〗超短波放送局.
der **U·lan** 〔ウラーン〕名 -en/-en (昔の)槍騎兵.
(der) **Ul·bricht** 〔ウルブりヒ〕名〖人名〗ウルブリヒト(Walter ~, 1893-1973, 旧東独の政治家).
der **U·le·ma** 〔ウレマー〕名 -s/-s ウラマー(イスラム教の法学者).
(der) **Ul·fi·las** 〔ウルふィラス〕名〖人名〗ウルフィラ(ス) (311頃-383, 西ゴート族の司教).
(der) **U·li** 〔ウーリ〕名〖男名〗ウーリ(Ulrich などの…の短縮形).

(*der*) **U·li̱·xes** [ウリクセス] [名] 〖ギ神〗ウリクセス(Odysseus のラテン名).

der **U̢lk** [ウルク] [名] -(e)s/-e (主に[単])冗談, いたずら.

u̢l·ken [ウルケン] [動] *h.* 〖(mit 〈j³〉ニ)〗冗談を言う, ふざけていたずらをする.

u̢l·kig [ウルキひ] [形] 《口》おかしい;変な.

das **U̢l·kus** [ウルクス] [名] -/Ulzera 〖医〗潰瘍(かいよう).

(*die*) **U̢l·la** [ウラ] [名] 〖女 名〗ウラ(Ursula, Ulrike の短縮形).

(*das*) **U̢lm** [ウルム] [名] -s/ 〖地名〗ウルム(バーデン=ヴュルテンベルク州の都市).

die **U̢l·me** [ウルメ] [名] -/-n 〖植〗ニレ(の木);ニレ材.

(*der*) **U̢l·rich** [ウルりひ] [名] 〖男名〗ウルリヒ.

(*die*) **Ul·ri̱·ke** [ウルりーケ] [名] 〖女名〗ウルリーケ.

der **U̢ls·ter** [ウルスター] [名] -s/- **1.** アルスターコート. **2.** アルスター(厚手のコート地).

ult. ＝ultimo (月の)末日に, 晦日(みそか)に.

die **U̢l·ti·ma Ra̱·tio**, [旧]**U̢l·ti·ma ra̱·tio** [ウルティマ らーツィオ] [名] --/ 《文》最後の手段.

ul·ti·ma·ti̱v [ウルティマティーふ] [形] 最後通牒(つうちょう)の形の;〖広告〗究極の.

das **Ul·ti·ma̱·tum** [ウルティマートゥム] [名] -s/-s〔..ten〕最後通牒(つうちょう)：〈j³〉 ein ～ stellen 〈人に〉最後通牒を突きつける.

u̢l·ti·mo [ウルティモ] [副] (月の)末日に, 晦日(みそか)に(略 ult.).

der **U̢l·ti·mo** [ウルティモ] [名] -s/-s 〖商〗月末, (月の)末日(支払期限).

der **U̢l·tra** [ウルトら] [名] -s/-s 《ジャーゴン》 **1.** 急進主義者, 過激派. **2.** (極右の)フーリガン.

die **Ul·tra·kurz·wel·le** [ウルトら·クるツ·ヴェレ, ウルトら·クるツ·ヴェレ] [名] -/-n 〖理·無線·ラジオ〗超短波;〖ラジオ〗超短波帯(略 UKW);〖医〗超短波治療法.

der **Ul·tra·kurz·wel·len·sen·der** [ウルトらクるツヴェレン·ゼンダー, ウルトらクるツヴェレン·ゼンダー] [名] -s/- 超短波発信局.

ul·tra·ma·ri̱n [ウルトら·マりーン] [形] (無変化)ウルトラマリンの, 群青色の, 紺青色の.

das **Ul·tra·ma·ri̱n** [ウルトら·マりーン] [名] -s/ ウルトラマリン, 群青色, 紺青色.

ul·tra·mon·ta̱n [ウルトら·モンターン] [形] 教皇権至上主義の.

u̢l·tra po̢s·se ne̱·mo o·b·li·ga̱·tur [ウルトら ポッセ ネーモ オブリガートゥる] 〖ラテン語〗何人も能力以上に義務を負うことがない(ローマ法の原理).

u̢l·tra·rot [ウルトら·ろート] [形] 〖理〗赤外線の.

das **U̢l·tra·rot** [ウルトら·ろート] [名] -s/ 〖理〗赤外線.

der **U̢l·tra·schall** [ウルトら·シャル] [名] -(e)s/ 〖理〗超音波;《口》超音波による医療.

die **U̢l·tra·schall·wel·le** [ウルトらシャル·ヴェレ] [名] -/-n 超音波(20 kHz 以上).

die **U̢l·tra·strah·lung** [ウルトら·シュトらールング] [名] -/-en 〖理〗宇宙線.

u̢l·tra·vi·o·lett [ウルトら·ヴィオレット] [形] 紫外線の.

das **U̢l·tra·vi·o·lett** [ウルトら·ヴィオレット] [名] -s/ 〖理〗紫外線(記号 UV).

(*der*) **U·ly̱s·ses** [ウリュセス] [名] 〖ギ神〗ウリュッセス, ユリシーズ(Odysseus のラテン名).

u̢m [ウム] [前] 〔＋4格〕 **1.** (空間) **a.** (円運動) …の周囲を, …のまわりを：～ die Sonne kreisen 太陽のまわりを回る. **b.** (包囲)…のまわりに, …を囲んで：～ den Tisch sitzen テーブルを囲んで座っている. **c.** (迂回)…を曲って, …を迂回(うかい)して：gleich ～ die Ecke sein 角を曲ってすぐのところにある. ～ 〈j⁴/et⁴〉 herumgehen 〈人·事を〉避ける. **d.** (アクセントのある um とsich⁴で)周囲〔辺り〕に〔を〕：Das Feuer hat ～ sich gegriffen. 火は燃えひろがった. ～ sich⁴ blicken 辺りを見回す. **2.** (時間) **a.** (正確な時刻)…に：～ 9.10 Uhr. 9時10分に. **b.** (およその年月日·時期. しばしば ～ ... herum の形で)…頃に：～ Mittag (herum) 正午頃に. **3.** (差異)(数量または程度の表示(＋比較級)とともに)…だけ：den Rock ～ 5 cm kürzen スカートの丈を5センチ縮める. Er ist ～ einen Kopf größer als ich. 彼は私より頭一つ分だけ背が高い. **4.** **a.** (規則的交替)…おきに, …ごとに：einen Tag ～ den anderen 1日おきに. **b.** (名詞を重複させて)Tag ～ Tag 一日一日と. Schritt ～ Schritt 一歩一歩. **5.** (起因·目標)…のことで, …のために：～ 〈j⁴〉 in Sorge sein 〈人の〉ことを心配している. ～ Hilfe rufen 助けを呼ぶ. 〈j⁴〉 ～ 〈et⁴〉 bitten 〈人に〉〈物·事を〉(くれと)頼む. sich⁴ mit 〈j³〉 ～ 〈j⁴/et⁴〉 streiten 〈人と〉〈人·物·事をめぐって〉喧嘩する. **6.** (テーマ·対象)…について：Geschichten ～ Tiere 動物(に関する)物語. **7.** (代金·対価)…(の値段)で：～ zehn Euro 10ユーロで. **8.** (損失)…を失う：〈j⁴〉 ～ sein Geld bringen 〈人の〉金を奪う〔失わせる〕. ～ 〈j⁴/et⁴〉 kommen 〈人·物·事を〉失う. 【慣用】**um ein Haar** 間一髪で. **um jeden Preis** ぜひ, どうしても. **um 〈j²/et²〉 willen** 〈人·事の〉ために. **um nichts in der Welt** 〔**nicht um die Welt**〕決して…でない.

―― [副] **1.** (次の形で) ～ (die) ... (herum) ほぼ, 約：Das Buch kostet ～ (die) dreißig Euro herum. その本は30ユーロぐらいする. **2.** (次の形で) ～ und ～ 《方》すっかり, 全部. ⇨ um sein

―― [接] **1.** (zu [動]とともに) **a.** …するために, …であるようにと：Sie kam〔,〕～ mir zu gratulieren. 彼女は私におめでとうを言うために来た. **b.** (主文より時間的に後の出来事. 主文の内容と相反することが多い)…してから, そのあとで：Er kam〔,〕～ gleich wieder wegzugehen. 彼は(いったん)来たが, またすぐに立去った. **c.** (主文中の zu＋[形]とともに)(あまりに…なので結果としては)…ということにならない：Die Sache ist zu kompliziert〔,〕～ sie sofort zu begreifen. 事情はとても複雑ですぐには理解できない. **d.** (主文中の([形]＋) genug とともに)(十分に…であるからその結果)…ということになろう：Er ist vernünftig genug〔,〕～ das einzusehen. 彼は分別があるからそんなことは十分見通せる. **2.** (so＋比較級とともに) **a.** (しばしば je＋比較級に導かれる副文に続く主文の文頭におかれ, 副文との比例関係または結果を表す)(…すればするほど)ますます…：Je schneller der Wagen (ist), ～ so größer (ist) die Gefahr. 車(のスピード)が速ければ速いほどますます危険が大きくなる. **b.** (als または weil で導かれる副文の結果として主文の文意を強調する)(…であるから)それだけますます〔いっそう〕：Seine Wut war ～ so überraschender, als er sonst immer ruhig war. 彼は普段はいつも物静かだっただけに, 彼の噴激は大変思いがけなかった. *U*～ so besser！(それは)ますますけっこう.

u. M. ＝unter dem Meeresspiegel 海面下….

ü. M. ＝über dem Meeresspiegel 海抜….

u̢m|a·ckern [ウム·アッケるン] [動] *h.* 〔〈et⁴〉ヲ〕すき返す.

u̢m|a·d·res·sie·ren [ウム·アドれスィーれン] [動] *h.* 〔〈et⁴〉ノ〕宛名を書換える.

u̢m|än·dern [ウム·エンダーン] [動] *h.* 〔〈et⁴〉ヲ〕直す(服などを部分的に), 変更する(計画などを), 改訂する(初稿などを)

die **U̢m·än·de·rung** [ウム·エンデるング] [名] -/-en 作り替え, 変更.

u̢m|ar·bei·ten [ウム·アるバイテン] [動] *h.* 〔〈et⁴〉ヲ〕作り〔仕立て〕直す(服などを別のものに), 改作する.

die **U̢m·ar·bei·tung** [ウム·アるバイトゥング] [名] -/-en 作り直し, 改作, 改造.

um·a̱r·men [ウムアるメン] [動] *h.* 〔〈j⁴〉ヲ〕抱締める, 抱擁する;(〈j⁴〉が相互代名詞sich⁴の場合)抱合う.

U

Umarmung 1272

die **Um·ar·mung** [ウムアるムング] 名 -/-en 抱擁.
der **Um·bau** [ウム·バウ] 名 -(e)s/-e[-ten] 1. 改築,改装;(舞台背景などの)転換. 2. 改築[改装]された建物. 3. (ソファーなどの)木製の外装.
um|bau·en[1] [ウム·バウエン] 動 h. 1. 〈(et⁴)ッ〉+(zu 〈et³〉=)改築する(建物などを),改造する(車·機構などを). 2. 〈(et⁴)ッ〉転換する(舞台装置を).
um·bau·en[2] [ウムバウエン] 動 〈et⁴ッ〉建物で囲む(湖·広場などを). 【慣用】 umbauter Raum 建物の容積.
um|be·hal·ten* [ウム·ベハルテン] 動 h. 〈et⁴ッ〉(口)身につけたままでいる.
um|be·nen·nen* [ウム·ベネネン] 動 h. 〈et⁴ッ〉+(in 〈et³〉=)改称〔名称変更〕する.
die **Um·be·nen·nung** [ウム·ベネヌング] 名 -/-en 改称,名称変更.
der **Um·ber** [ウムバー] 名 -s/-n 1. (⊕のみ)アンバー(褐色顔料);暗褐色. 2. 【魚】ニベ.
um|be·set·zen [ウム·ベゼツェン] 動 〈et⁴ッ〉別の人に変更する(配役·ポストなどを),(…の)メンバーを変更する(チームの).
die **Um·be·set·zung** [ウム·ベゼツング] 名 -/-en 配役〔配置〕替え.
um|be·stel·len [ウム·ベシュテレン] 動 h. 1. 〈j³=〉(当初とは)別の場所〔日時〕に来てもらう,〈j³=〉との会う約束を変更する. 2. 〈et⁴ッ〉届けてもらう場所〔日時〕を変更する. 3. 〈(et⁴)ッ〉注文〔予約〕を変更する.
um|bet·ten [ウム·ベッテン] 動 h. 1. 〈j³ッ〉他のベッドに移す(病人などを). 2. 〈et⁴ッ〉改葬する(死者·遺体を).
die **Um·bet·tung** [ウム·ベットゥング] 名 -/-en 1. 別のベッドに移すこと. 2. 改葬.
um|bie·gen* [ウム·ビーゲン] 動 1. h. 〈et⁴ッ〉折り曲げる(針金·枝などを);はばむ,阻止する. 2. s. 〔慣用〕Uターン(回れ右)する;大きく曲る(道がほとんど逆方向に).
um|bil·den [ウム·ビルデン] 動 〈et⁴ッ〉改造〔改組〕する(内閣などを),変形する,書替える(二つの主文を主文と副文などに). 〈sich⁴+(zu 〈j³/et³〉=)〉変る.
die **Um·bil·dung** [ウム·ビルドゥング] 名 -/-en 改造,改組,再編成;変形.
um|bin·den[1]* [ウム·ビンデン] 動 h. 1. 〈j³=〉+〈et⁴ッ〉結んでやる(エプロンなどを),巻いてやる(マフラーなどを),締めてやる(ネクタイなどを);(〈j³〉sich³の場合)結ぶ,巻く,締める. 2. 〈et⁴ッ〉製本し直す(古い本などを).
um·bin·den[2]* [ウム·ビンデン] 動 h. 〈et⁴=+mit 〈et³〉ッ〉結ぶ,(…に…で)縛る,くくる.
um|bla·sen* [ウム·ブラーゼン] 動 h. 1. 〈j⁴/et⁴ッ〉吹き倒す(風が人が息で). 2. 〈j⁴ッ〉(口)(冷酷に)撃ち倒す.
um|blät·tern [ウム·ブレッターン] 動 h. 1. 〈(et⁴)ッ〉ページをめくる(新聞·本などの). 2. 〈j⁴ッ〉譜めくりをする.
um|bli·cken [ウム·ブリッケン] 動 h. 〈sich⁴〉見回す;振返る.
die **Um·bra** [ウムブら] 名 -/..ren 1. 【天】アンブラ(太陽の黒点の暗黒部),本影. 2. (⊕のみ)アンバー(褐色顔料);暗褐色.
um|bre·chen[1]* [ウム·ブれッヒェン] 動 1. h. 〈et⁴ッ〉折って倒す(嵐が樹木を),折曲げる(紙を). 2. h. 〈et⁴ッ〉鋤〔反転〕する(土地などを). 3. s. 〔慣用〕折れて垂下がる,折れ曲がる(梢などが).
um·bre·chen[2]* [ウム·ブれッヒェン] 動 h. 〈et⁴ッ〉【印】メークアップする.
um|brin·gen* [ウム·ブリンゲン] 動 h. 〈j⁴ッ〉殺害する;(…に)死ぬ思いをさせる(仕事·不安などが);〈j⁴ッ〉+〈sich⁴〉自殺する. 【慣用】〈j¹/et¹〉 **ist nicht umzubringen**《口》〈人は〉殺したって死なない/〈物は〉すごく丈夫である.
der **Um·bruch** [ウム·ブるっフ] 名 -(e)s/..brüche 1. (政治上の)大改革,変革. 2. (⊕のみ)【印】ページ組,メークアップ. 3. 【農】(畑の)すき返し. 4. 【鉱】回り坑道.
um|bu·chen [ウム·ブーヘン] 動 h. 1. 〈(et⁴)ッ〉【経】他の勘定に振替える. 2. 〈et⁴ッ〉予約を変更する(旅行などの).
die **Um·bu·chung** [ウム·ブーフング] 名 -/-en 1. 【経】(別の口座·勘定科目への)振替. 2. 予約変更.
um|de·cken [ウム·デッケン] 動 h. 〈(et⁴)ッ〉食器を並べ替える(テーブルの);(…を)ふき替える(屋根を).
um|den·ken* [ウム·デンケン] 動 h. 〔慣用〕考え(方)を改める.
um|deu·ten [ウム·ドイテン] 動 h. 〈et⁴ッ〉(これまでとは)別の解釈〔説明〕をする(概念·作品などについて).
um|dich·ten [ウム·ディヒテン] 動 h. 〈et⁴ッ〉改作する.
um|dis·po·nie·ren [ウム·ディスポニーれン] 動 h. 1. 〔慣用〕計画在立直す. 2. 〈et⁴ッ〉変更する.
um|drän·gen [ウム·ドれンゲン] 動 h. 〈j⁴/et⁴ッ〉周りに群がる(殺到する).
um|dre·hen [ウム·ドれーエン] 動 1. 〈et⁴ッ〉回す(かぎなどを),ねじ上げる(腕などを),めくる(ページを);裏返す(テーブルクロス·レコード·ポケットなどの). 2. h. 〈sich⁴〉回れ右をする,ぐるりと向きを変える. 3. h. 〈sich⁴+(nach 〈j³/et³〉ノろウ)〉振向く(返る). 4. h. 〔慣用〕反転する,引返す. 【慣用】h. **einen Spion umdrehen** スパイを寝返らせる.
die **Um·dre·hung** [ウムドれーウング,ウム·ドれーウング] 名 -/-en (アクセントは[-ー-])回転：eine ganze 〜 一回転. 5 000 〜en in der Minute 1分間に5000回転. (アクセントは[ー--])道〔反対〕にすること,逆転.
die **Um·dre·hungs·ge·schwin·dig·keit** [ウムドれーウングス·ゲ·シュヴィンディヒカイト] 名 -/-en 回転速度.
die **Um·dre·hungs·zahl** [ウム·ドれーウングス·ツァール] 名 -/-en 回転数.
der **Um·druck** [ウム·ドるック] 名 -(e)s/-e 1. (⊕のみ)転写. 2. 転写印刷されたもの.
um·ein·an·der [ウム·アイナンダー] 副 (um をとる動詞の補足語として)互いに(相手のことを…)し合う：sich⁴ 〜 sorgen 互いに相手のことを気づかい合う.
um|er·zie·hen* [ウム·エあツィーエン] 動 h. 〈j⁴/et⁴ッ〉再教育する,仕込み直す(他国から).
die **Um·er·zie·hung** [ウム·エあツィーウング] 名 -/-en 再教育.
um|fah·ren[1]* [ウム·ふぁーれン] 動 h. 1. 〈j⁴/et⁴ッ〉乗り物をぶつけて倒す. 2. 〔慣用〕《方·口》(乗り物で)回り道をする.
um·fah·ren[2]* [ウム·ふぁーれン] 動 h. 1. 〈et⁴ッ〉(乗り物で)迂回(ǵ)する;(…の)周りを(乗り物で)回る. 2. 〈et⁴ッ〉なぞる(曲線·ある物を囲っている線を);(…の)周囲をなぞる.
die **Um·fahrt** [ウム·ふぁーあト] 名 -/-en (稀)(乗り物での)回り道.
die **Um·fah·rung** [ウム·ふぁーるング] 名 -/-en (乗り物で)回ること,迂回;《オース·スイス》バイパス.
der **Um·fall** [ウム·ふぁル] 名 -(e)s/..fälle 《蔑》考えを変えること,変節.
um|fal·len* [ウム·ふぁレン] 動 s. 1. 〔慣用〕倒れる(机·花瓶などが);倒れる(人が疲れたり意識を失ったりして). 2. 〔慣用〕《蔑》態度〔考え〕をころっと変える,

変節する.

der **Ụm·fang** [ウム・ふぁング] [名] -(e)s/..fänge **1.** 周囲(の長さ), 胴回り;円周(Kreis~). **2.** 大きさ;広さ;量;厚さ, 太さ. **3.** 範囲, 規模: in vollem ~ 完全に, まったく. 〈et^4〉 in großem ~ betreiben 〈事ヲ〉大規模に行う.

um·fạn·gen* [ウムふぁンゲン] [動] *h.* 〖〈j^4〉ヲ〗《文》抱く;包む(闇(やみ)・静けさなどが);(〈j^4〉が相互代名詞sich^{4}の場合)抱合う.

ụm·fäng·lich [ウム・ふぇングリひ] [形] 広い(範囲の).

ụm·fang·reich [ウムふぁング・らイひ] [形] 広範囲な, 大部の, 音域の広い, 大規模な;《口・冗》太った.

ụm|fas·sen[1] [ウム・ふぁっセン] [動] *h.* **1.** 〖〈et^4〉ヲ〗他の台にはめ替える(宝石などを). **2.** 〖〈j^4/et^4〉ヲ〗《北独》抱きかかえる.

um·fạs·sen[2] [ウムふぁっセン] [動] *h.* **1.** 〖〈j^4/et^4〉ヲ〗抱く, 握る;(〈j^4〉が相互代名詞sich^{4}の場合)抱合う. **2.** 〖〈et^4〉ヲ+mit 〈et^3〉デ〗囲う. **3.** 〖〈j^4/et^4〉ヲ〗包囲する(敵・敵陣などを). **4.** 〖〈et^4〉ヲ〗中に〔内容として〕もっている, 含む, 抱括する.

um·fạs·send [ウムふぁっセント] [形] 包括的な, 全般的な, 広範囲な, 全面的な.

die **Um·fạs·sung** [ウムふぁっスング] [名] -/-en 抱擁;包括;包囲;囲い;垣根;枠;(宝石の)台.

die **Um·fạs·sungs·mau·er** [ウムふぁっスングス・マウあー] [名] -/-n 囲壁.

das **Ụm·feld** [ウム・ふぇルト] [名] -(e)s/-er **1.** 〖心・社〗個人を取巻く環境. **2.** 周辺地域.

die **Ụm·fi·nan·zie·rung** [ウム・ふぃナンツィーるング] [名] -/-en 〖経〗リファイナンシング, 借換え.

ụm|flie·gen[1]* [ウム・ふリーゲン] [動] *s.* 〖補足なし〗《方・口》迂回(うかい)して飛ぶ;《口》ひっくり返る.

um·flie·gen[2]* [ウムふリーゲン] [動] *h.* 〖〈j^4/et^4〉ノ〗周りを飛ぶ;(…を)よけて飛ぶ.

um·flie·ßen* [ウムふリーセン] [動] *h.* 〖〈j^4/et^4〉ノ〗周りを流れる.

um·flo·ren [ウムふローれン] [動] *h.* **1.** 〖〈et^4〉ニ〗黒い紗(しゃ)の帯をかける. **2.** 〖sich^4〗《文》涙でうるむ;雲でかすむ;曇る.

um·flort [ウムふローあト] [形] 涙に曇った;喪章のついた.

um·flu·ten [ウムふルーテン] [動] *h.* 〖〈j^4/et^4〉ノ〗《文》周りを流れる.

um·flu·tet [ウムふルーテット] [形] 包まれた, とりまかれた.

ụm|for·men [ウム・ふぉるメン] [動] *h.* 〖〈j^4/et^4〉ヲ〗変える, 書〔作り〕替える, 改造する.

der **Ụm·for·mer** [ウム・ふぉるマー] [名] -s/- 〖電〗変換器.

die **Ụm·for·mung** [ウム・ふぉるムング] [名] -/-en 変形, 改造, 改作, 変換.

die **Ụm·fra·ge** [ウム・ふらーゲ] [名] -/-n アンケート: eine ~ zu 〈et^3〉〔über 〈et^4〉〕 machen 〈事について〉アンケートをとる.

ụm|fra·gen [ウム・ふらーゲン] [動] *h.* (不定詞・過去分詞のみ)〖補足なし〗アンケートをとる, あちこち問い合わせる.

um·frie·den [ウムふりーデン] [動] *h.* 〖〈et^4〉ニ〗《文》囲いをする.

um·frie·di·gen [ウムふりーディゲン] [動] *h.* =umfrieden.

die **Um·frie·di·gung** [ウムふりーディグング] [名] -/-en **1.** 《[単]のみ》囲うこと. **2.** 囲い, 柵(さく), 塀, 垣根.

die **Um·frie·dung** [ウムふりードゥング] [名] -/-en =Umfriedigung.

ụm|fül·len [ウム・ふゅレン] [動] *h.* 〖〈et^4〉ヲ+(aus 〈et^3〉カラ+in 〈et^4〉ヘ)〗詰〔入〕替える(液体・塩などを).

ụm|funk·ti·o·nie·ren [ウム・ふンクツィオニーれン] [動] *h.* 〖〈j^4/et^4〉ヲ+(zu 〈j^3〉ニ/in 〈et^4〉ニ)〗あてる, 用いる, 変える(他の用途〔目的・機能〕などに).

der **Ụm·gang** [ウム・ガング] [名] -(e)s/..gänge **1.** 《[単]のみ》交際, 付合い;携わる〔扱う・取組む〕こと: mit 〈j^3〉 ~ pflegen 〈人ト〉つき合っている. 〈j^1〉 ist kein ~ für 〈j^4〉 〈人ハ〉〈人ニ〉ふさわしい相手ではない. der ~ mit dem Gerät 器具の取扱い. **2.** 〖美・建〗回廊;(祭壇の後ろの)周歩廊. **3.** (祭壇をめぐる)礼拝の列.

ụm·gäng·lich [ウム・ゲングリひ] [形] 人づき合いのいい, 人懐っこい.

die **Ụm·gäng·lich·keit** [ウム・ゲングリひカイト] [名] -/ 人づき合いのよさ, 愛想のよさ, 社交性.

die **Ụm·gangs·form** [ウムガングス・ふぉるム] [名] -/-en 《主に[複]》(社交上の)礼儀作法, マナー.

das **Ụm·gangs·recht** [ウムガングスれひト] [名] -(e)s/ 〖法〗(離婚後の親と子の)交際権.

die **Ụm·gangs·spra·che** [ウムガングス・シュプらーへ] [名] -/-n **1.** 〖言〗(標準語と方言の中間の)日常語;口語, 俗語. **2.** 通用語.

ụm·gangs·sprach·lich [ウムガングス・シュプらーはリひ] [形] **1.** 〖言〗日常語の;口語〔俗語〕の. **2.** 通用語の.

der **Ụm·gangs·stil** [ウムガングス・シュティール, ウムガングス・スティール] [名] -(e)s/ 交際の作法, つき合いの仕方.

der **Ụm·gangs·ton** [ウムガングス・トーン] [名] -(e)s/ つき合い方, (特定のグループ内のつき合いでの)口のききき方.

um·gar·nen [ウムガるネン] [動] *h.* 〖〈j^4〉ヲ〗籠絡(ろうらく)する, 丸め込む.

um·ge·ben* [ウムゲーベン] [動] *h.* **1.** 〖〈j^4/et^4〉ヲ+mit 〈j^3/et^3〉デ〗取囲む, 取巻く, 包む. **2.** 〖〈j^4/et^4〉ヲ〗取囲んでいる.

die **Um·ge·bung** [ウムゲーブング] [名] -/-en **1.** 周辺, 周囲. **2.** 周囲の人々, 取巻, 環境.

die **Ụm·ge·gend** [ウム・ゲーゲント] [名] -/-en 《口》周辺, 近所.

ụm|ge·hen[1]* [ウム・ゲーエン] [動] *s.* **1.** 〖補足なし〗広まっている(うわさなどが), 広がる(病気などが). **2.** 〖補足なし〗出る(幽霊などが). **3.** 〔mit 〈j^3/et^3〉ヲ+〈様態〉ニ〕扱う. **4.** 〔mit 〈et^3〉ヲ〕抱いている(計画・考えなどを). **5.** 〔mit 〈j^3〉ト〕行き来する, つき合う. **6.** 〖補足なし〗《方》(誤って)回り道をする.

um·ge·hen[2]* [ウムゲーエン] [動] *h.* **1.** 〖〈et^4〉ヲ〗迂回(うかい)する, 避けて通る. **2.** 〖〈et^4〉ヲ〗避け(て通)る(困難・返答などを);擦抜ける, くぐる(法の網などを).

ụm·ge·hend [ウム・ゲーエント] [形] 《硬》折返しの, 即座の.

die **Um·ge·hung** [ウムゲーウング] [名] -/-en **1.** 迂回(うかい);回避. **2.** 迂回路, バイパス(~straße).

die **Um·ge·hungs·stra·ße** [ウムゲーウングス・シュトらーセ] [名] -/-n 迂回(うかい)路, バイパス.

ụm·ge·kehrt [ウム・ゲケーあト] [形] 逆の, 反対の, あべこべの: *U*~! (その)逆だ! mit ~*em* Vorzeichen 反対の条件で;〖数〗符号を逆にして.

ụm|ge·stal·ten [ウム・ゲシュタルテン] [動] *h.* 〖〈et^4〉ヲ〗改造する, 作り替える(部屋などを), 変革する, (…の形を)変える.

die **Ụm·ge·stal·tung** [ウム・ゲシュタルトゥング] [名] -/-en 変形, 改造, 改作.

die **Ụm·ge·wöh·nung** [ウム・ゲ(ヴェ)ーヌング] [名] -/ (新しい状況への)慣れ, 順応;切替え.

ụm|gie·ßen* [ウム・ギーセン] [動] *h.* **1.** 〖〈et^4〉ヲ+in 〈et^4〉ニ〗注ぎかえる. **2.** 〖〈et^4〉ヲ〗《口》ひっくり返(してこぼ)す. **3.** 〖〈et^4〉ヲ〗改鋳する.

ụm|gra·ben* [ウム・グらーベン] [動] *h.* 〖〈et^4〉ヲ〗掘り返す(土・花壇などを).

ụm|grei·fen[1]* [ウム・グらイふェン] [動] *h.* 〖(bei 〈et^3〉デ)〗手の握り方を変える(鉄棒などで).

um·grei·fen[2]* [ウムグらイふェン] [動] *h.* **1.** 〖〈et^4〉ヲ〗両手でつかむ. **2.** 〖〈et^4〉ヲ〗包む, 含む.

um·gren·zen [ウムグれンツェン] [動] *h.* 〖〈et^4〉ノ〗周りを囲む;範囲を定める.

um|grup·pie·ren [ウム・グるッピーれン] 動 h.《j⁴/et⁴》》編成替え、組替える、(…の)配列を変える(展示品・チームなどを).

die **Um·grup·pie·rung** [ウム・グるッピーるング] 名 -/-en 編成替え、再編成;組替え、改組.

um|gu·cken [ウム・グケン] 動 h.《口》=umsehen.

um|gür·ten¹ [ウム・ギュるテン] 動 h.《(j³)+et⁴》》締めてやる(ベルトなどを);《j³がsich³の場合》(自分の体に)締める.

um|gür·ten² [ウムギュるテン] 動 h.《j⁴》=+mit《et³》》《古》締めてやる.

um|ha·ben* [ウム・ハーベン] 動 h.《et⁴》》《口》身にまとって(つけて)いる(オーバー・マフラー・時計などを).

um|ha·cken [ウム・ハッケン] 動 h.《et⁴》》(くわなどで)掘起こす(土を)、(…の)土を掘ってほぐす(畑などの);掘って倒す(樹木を).

um·hal·sen [ウムハルゼン] 動 h.《j⁴ノ》首に抱きつく.

der **Um·hang** [ウム・ハング] 名 -(e)s/..hänge ケープ、肩掛け

um·hän·gen¹ [ウム・ヘンゲン] 動 h. 1.《et⁴》》掛替える(絵などを). 2.《j³》(ノ首・肩ニ)+《et⁴》ヲ》掛けてやる(オーバー・かばん・ネックレスなどを);《j³がsich³の場合》(自分の肩・首に)掛ける.

um·hän·gen² [ウムヘンゲン] 動 h. 1.《et⁴》ノ周リニ+mit《et³》ヲ》掛ける、下げる. 2.《j⁴/et⁴》》周りに下がっている.

die **Um·häng·ta·sche** [ウムヘング・タッシェ] 名 -/-n ショルダーバッグ.

das **Um·häng·e·tuch** [ウムヘング・トゥーふ] 名 -(e)s/..tücher 肩掛け、ショール、ケープ.

das **Um·häng·tuch** [ウムヘング・トゥーふ] 名 -(e)s/..tücher =Umhängetuch.

um|hau·en⁽*⁾ [ウム・ハウエン] 動 haute〔hieb um〕; hat umgehauen〔umgehaut〕 1.《過去形の hieb は《文》;過去分詞は umgehauen》《et⁴》》斧《古》で切倒す. 2.《過去形は haute um;過去分詞は umgehauen》《j⁴》》《口》一撃〔一発〕で倒す. 3.《過去形は haute um;過去分詞の umgehaut は《方》》《j⁴》》《口》耐えられなくして、(…)の気を仰天させる:Das *haut* einen *um*!《口》こいつは大したな.

um·her [ウムヘーア] 副 あたり一面(一帯)に、あちこちに〔へ〕.

um·her|bli·cken [ウムヘーア・ブリッケン] 動 h.《憾なし》あたりを見回す.

um·her|fah·ren* [ウムヘーア・ふぁーれン] 動 s.《憾なし》(乗り物で)あちこち走り回る.

um·her|ge·hen* [ウムヘーア・ゲーエン] 動 s.《(場所)》》あちこち歩き回る、行ったり来たりする.

um·her|ir·ren [ウムヘーア・イれン] 動 s.《憾なし》あちこちさ迷う.

um·her|lie·gen* [ウムヘーア・リーゲン] 動 h./《南独・ホホテップオーストラップ》 s.《(場所)ニ》あちこち散らばっている.

um·her|schlei·chen* [ウムヘーア・シュライヒェン] 動 s.《(場所)》》うろつき回る.

um·her|schwei·fen* [ウムヘーア・シュヴァイふぇン] 動 s.《(場所)》》あちこちさまよう.

um·her|strei·fen* [ウムヘーア・シュトらイふぇン] 動 s.《(場所)》》あちこち歩き回る.

um·her|trei·ben* [ウムヘーア・トらイベン] 動 1.《(場所)》》漂う、漂流する. 2. h.《et⁴》+《(場所)ヲ》》あてもなく追い立てる. 3.《sich⁴+《(場所)》》》あてもなく歩き回る.

um·her|zie·hen* [ウムヘーア・ツィーエン] 動 1. s.《憾》流れ歩く. 2. h.《(場所)》》あちこち引っ張って歩く(子供がおもちゃの車などを).

um·hin|kom·men* [ウムヒン・コメン] 動 s. =um-hin|können.

um·hin|kön·nen* [ウムヒン・ケネン] 動 h.《次の形で》 nicht ~(,) ... zu 動 …しない訳にはいかない.

um|hö·ren [ウム・ヘーれン] 動 h.〔sich⁴+(nach《et³》ニツイテ)/《文》ダフアルカク》周りの人に聞いてみる.

um·hül·len [ウムヒュレン] 動 h.《j⁴/et⁴》》+mit《et³》》くるむ、包む.

die **Um·hül·lung** [ウムヒュルング] 名 -/-en 1.《(物の)み)包む(覆う)こと. 2. 被覆、包装、覆い.

der〔*das*〕**U·mi·ak** [ウーミアク] 名 -s/-s ウミアク(エスキモーの大型の皮舟).

U/min=Umdrehungen pro Minute 毎分回転数.

um·kämpft [ウムケムプフト] 形 激しく争われた.

die **Um·kehr** [ウム・ケーア] 名 -/ 引返すこと、折返し、反転;《転》改心、翻意.

um·kehr·bar [ウム・ケーア・バーる] 形 逆にできる;可逆的な.

um|keh·ren [ウム・ケーれン] 動 1. s.《憾など》引返す、逆戻りする、方向転換する. 2. h.《et⁴》》逆にする(順序などを);《et⁴がsich⁴の場合》逆になる(展開などが). 3. h.《et⁴》》《稀》ひっくり返す(机などを)、裏返す(紙・靴下などを). 4. h. 〔sich⁴+(nach《j³》ニカウテ)》《稀》振返る.

der **Um·kehr·film** [ウム・ケーア・ふィルム] 名 -(e)s/-《写》(スライド用)リバーサル(反転)フィルム.

die **Um·keh·rung** [ウム・ケーるング] 名 -/-en 1. 逆転、反転、転倒、裏返し;逆(反対)になったもの、裏返しのもの、裏面. 2.《楽》転回.

um|kip·pen [ウム・キッペン] 動 1. s.《憾など》倒れる、ひっくり返る(人・花瓶・ボートなどが). 2. s.《憾なし》《口》(気を失って)倒れる. 3. s.《憾なし》《口》(影響されて)態度〔考え〕を一変する(雰囲気などが). 4. s.《憾なし》《口》だめになる(置き過ぎてワインが)、死ぬ(河川が汚染って). 5. h.《et⁴》》(誤って)倒す、ひっくり返す.

um·klam·mern [ウムクラメるン] 動 h.《j⁴/et⁴》》しがみつく、(…を)両腕で抱きしめる、握りしめる;《j³が相互代名詞sich⁴の場合》互いにクリンチする.

die **Um·klam·me·rung** [ウムクラメるング] 名 -/-en しがみつくこと、抱きつくこと、クリンチ;握りしめること.

um|klap·pen [ウム・クラッペン] 動 1. h.《et⁴》》ばたんと倒す. 2. s.《憾なし》《口》(失神して)ばたんと倒れる.

die **Um·klei·de·ka·bi·ne** [ウム・クライデ・カビーネ] 名 -/-n 更衣用ボックス.

um|klei·den¹ [ウム・クライデン] 動 h.《j⁴ヲ》《文》着替えをさせる;《j³がsich³の場合》着替える.

um·klei·den² [ウムクライデン] 動 h.《et⁴》ノ周リニ+mit《et³》ヲ》かぶせる、(…を…で)覆う、包む(カバー・飾り・断熱材などとして).

der **Um·klei·de·raum** [ウム・クライデ・らウム] 名 -(e)s/..räume 更衣室.

um|kni·cken [ウム・クニッケン] 動 1. h.《et⁴》》折る(紙などを)、(ぽきっと)折曲げる(枝などを). 2. s.《憾なし》(ぽきっと)折れ曲がる(樹などが). 3. s.《mit《et³》ヲ》くじく(足を).

um|kom·men* [ウム・コメン] 動 s. 1.《憾なし》命を失う(災害などで);《口》死にそうである. 2.《憾なし》だめになる(食料品など).

der **Um·kreis** [ウム・クらイス] 名 -es/-e 1.《(物のみ)周辺地域、近郊、周囲:10km im ~ 〔im ~ von 10km〕周囲10キロの地域で. 2.《幾何》外接円.

um·krei·sen [ウムクらイゼン] 動 h.《j⁴/et⁴》》周りを回る;《転》(…を)めぐって離れない(考えなどが).

die **Um·krei·sung** [ウムクらイズング] 名 -/-en 周りを回ること、旋回すること.

um|krem·peln [ウム・クれムペルン] 動 h. 1.《et⁴》》まくり上げる(そでなどを). 2.《et⁴》》裏返す(靴下などを):das ganze Haus ~《転》家中をひっくり返して家探しする. 3.《j⁴/et⁴》》《口》すっかり

umǀladen* [ウム・ラーデン] 動 h. **1.** 〈et⁴ッ〉積替える. **2.** (〈et⁴ッ〉)荷を積替える.

die **Umǀladung** [ウム・ラードゥング] 名 -/-en 積み替え.

die **Umǀlage** [ウム・ラーゲ] 名 -/-n 割当金,分担額.

umǀlagern¹ [ウム・ラーガーン] 動 h. 〈et⁴ッ〉貯蔵所を移す.

umǀlagern² [ウムラーガーン] 動 h. 〈j⁴ッet⁴ッ〉びっしり取囲む.

das **Umǀland** [ウム・ラント] 名 -(e)s/ (都市の)周辺地域;(河・湖などの)周辺の地域.

der **Umǀlauf** [ウム・ラウフ] 名 -(e)s/..läufe **1.** (個々のモノの)回転運動;(週のみ)回転;(天体の公転);(血液などの)循環. **2.** (週のみ)流通,流布;in [im] ～ sein 流通している,広まっている.〈et⁴ッ〉in ～ bringen [setzen]〈物₄〉流通させる[広める]. **3.** 回覧文書,回状. **4.** 瘭疽(ひょうそ). **5.** 〔馬術〕(障害コースの)一周走行. **6.** 〔経・交通〕運行.

die **Umǀlaufbahn** [ウムラウフ・バーン] 名 -/-en 〔天・宇〕軌道.

der **Umǀlaufberg** [ウムラウフ・ベルク] 名 -(e)s/-e 〔地質〕環流丘陵.

umǀlaufen¹* [ウム・ラウフェン] 動 **1.** h.〈j⁴/et⁴ッ=〉走っていて突当って倒す. **2.** s.(auf〈et³〉)回る(天体が軌道をまわる;車輪などが);環状にぐるりと延びている(バルコニーなどが);(気)向きを変える(風が). **3.** s.(週のみ)循環する;流布する(うわさなどが);流れる(血液などが);流通する(貨幣などが). **5.** s.(週のみ)(方)(誤って)回り道をする.

umǀlaufen²* [ウムラウフェン] 動 h.〈et⁴ッ〉周りを回る(地球が太陽などの),周りを走って回る(人がグラウンドなどの).

umǀlaufend [ウム・ラウフェント] 形 回っている,ぐるりとめぐらされている;循環している;流通している.

das **Umǀlaufkapital** [ウムラウフ・カピタール] 名 -s/-〔ien〕〔経〕流動(循環)資本.

das **Umǀlaufvermögen** [ウムラウフ・ふぇあ-メーゲン] 名 -s/-〔経〕流動資産.

die **Umǀlaufzeit** [ウムラウフ・ツァイト] 名 -/-en **1.** 周期. **2.**〔経・交通〕(車や船の)運行時間.

der **Umǀlaut** [ウム・ラウト] 名 -(e)s/-e 〔言〕(週のみ)変音.**2.** 変母音(ä, ö, ü, äu),ウムラウト.

umǀlauten [ウム・ラウテン] 動 h.〈et⁴ッ〉〔言〕ウムラウトさせる(母音を).

der **Umǀlegekragen** [ウム・レーゲ・くらーゲン] 名 -s/- 折り襟.

umǀlegen¹ [ウム・レーゲン] 動 h. **1.**〈j³〉+〈et⁴ッ〉掛けてやる(毛布などを),巻いてやる(マフラー・包帯などを),つけてやる(ネックレスなどを);〈j³/sich³ッ〉+〈et⁴ッ〉羽織る,かぶる. **2.**〈et⁴ッ〉横に倒す,横たえる(マスト・はしごなどを),切倒す(樹を),倒す(風が穀物などを);〈et⁴ッsich⁴ッ〉(麦が)風になびく,横倒しになる. **3.**〈et⁴ッ〉倒す(背もたれなどを),折返す(すでに口などを),めくる(カレンダーなどを). **4.**〈j⁴ッ〉(口)殴り倒す,ダウンさせる;(口)冷酷に撃ち殺す;(口)(セックスを)やらないかと誘う. **5.**〈j⁴ッ〉別室に移す(病院で患者を). **6.**〈et⁴ッ〉敷設場所を移す(電線・ガス管などを);〈〉(e)位置(通過地)などを)変更する(期日などを). **8.**〈et⁴ッ〉+(auf〈j⁴ッ〉)割当てる(費用・土地などを).

umǀlegen² [ウム・レーゲン] 動 h.〈et⁴ッ〉+mit〈et³ッ〉付合せに置く,…をとつつむ,くるむ.

die **Umǀlegung** [ウム・レーグング] 名 -/-en 置換;移転;倒す(折返す)こと;打倒;(接続の)切換え;割当.

umǀleiten [ウム・ライテン] 動 h.〈et⁴ッ〉迂回(うかい)させる(交通・川などを).

die **Umǀleitung** [ウム・ライトゥング] 名 -/-en 迂回(路).

umǀlenken [ウム・レンケン] 動 h. **1.**〈et⁴ッ〉向きを(別(反対)方向に)変える(車などの). **2.**〔週のみ〕車の向きを(別(反対)方向に)変える(運転者が).

umǀlernen [ウム・レルネン] 動 h. **1.**〔週のみ〕学び(習い)直す. **2.**〔週のみ〕新しい仕事(やり方)を習う.

umǀliegend [ウム・リーゲント] 形 周辺(近辺)の.

die **Umǀluft** [ウム・ルフト] 名 -/〔工〕エアコンで調整された空気;(オーブンの)循環熱風.

die **Umǀmantelung** [ウムマンテルング] 名 -/-en 覆うこと;覆い物,外被.

um-mauern [ウム・マウアーン] 動 h.〈et⁴ッ〉囲壁でかこむ,(…に)囲壁をめぐらす.

umǀmelden [ウム・メルデン] 動 h. **1.**(sich³)住所変更届を提出する. **2.**〈et⁴ッ〉名義変更する.

umǀmodeln [ウム・モーデルン] 動 h.〈et⁴ッ〉改造(改作)する,作り替える(家・服・作品などを),(…の)形を変える(生活などの).

um-nachtet [ウムナはテット] 形〔文〕狂気の闇(やみ)に包まれた..

die **Umǀnachtung** [ウムナはトゥング] 名 -/-en〔文〕昏迷(こんめい),精神錯乱.

umǀnähen [ウム・ネーエン] 動 h.〈et⁴ッ〉端を折返して縫う.

umǀnebeln [ウム・ネーベルン] 動 h. **1.**〈j⁴/et⁴ッ〉包む(霧・雲・煙などが). **2.**〈et⁴ッ〉もうろう(ほうっ)とさせる(頭・思考力などを).

umǀnehmen* [ウム・ネーメン] 動 h.(sich³)+〈et⁴ッ〉(口)身にまとう,羽織る.

umǀordnen [ウム・オァドネン] 動 h.〈et⁴ッ〉整理し直す.

umǀpacken [ウム・パッケン] 動 h.〈et⁴ッ〉(他の入れ物に)詰替える(衣服などを);詰直す(トランクなどを).

umǀpflanzen¹ [ウム・プふランツェン] 動 h.〈et⁴ッ〉植え替える,移植する.

um-pflanzen² [ウムプふランツェン] 動 h.〈et⁴ッ〉+(mit〈et³ッ〉)植える.

umǀpflügen [ウム・プふリューゲン] 動 h.〈et⁴ッ〉犁(すき)で掘返す(畑などを).

umǀpolen [ウム・ポーレン] 動 h.〈et⁴ッ〉〔理・電〕転極させる.

umǀprägen [ウム・プレーゲン] 動 h.〈et⁴ッ〉**1.** 改鋳する(貨幣を). **2.** 変える(人の性格・時代の精神などを).

umǀquartieren [ウム・クヴァるティーれン] 動 h.〈j⁴ッ〉別の宿舎〔部屋〕へ移す.

um-rahmen [ウムらーメン] 動 h.〈et⁴ッ〉縁どる(ひげが顔を・森が湖などを):die Feier musikalisch ～ 祭典の前後に音楽を奏する.

die **Umǀrahmung** [ウムらームング] 名 -/-en (額のように)縁どること;額縁,枠.

um-randen [ウムらンデン] 動 h.〈et⁴ッ〉+mit〈et³ッ/様態〉縁取りをする,(…の)縁を囲む(飾る).

die **Umǀrandung** [ウムらンドゥング] 名 -/-en 縁どりをつけること;縁,縁飾り.

um-ranken [ウムらンケン] 動 h.〈j⁴/et⁴ッ〉巻きつく,絡む;まつわりついている(伝説が人に).

umǀräumen [ウム・ろイメン] 動 h. **1.**〈et⁴ッ〉+(〈方向-〉)配置換えする(本・戸棚などを). **2.**〈et⁴ッ〉模様替えをする(部屋などの).

umǀrechnen [ウム・れひネン] 動 h.〈et⁴ッ〉+(in〈et⁴ッ〉)換算する(金額をフランにする).

die **Umǀrechnung** [ウム・れひヌング] 名 -/-en 換算.

der **Umǀrechnungskurs** [ウム・れひヌングス・クルス] 名 -es/-e 換算相場;換算率.

um-reisen [ウムらイゼン] 動 h.〈et⁴ッ〉旅行して回る.

um|rei·ßen[1]* [ウム・らイセン] [動] *h.* **1.** 〔〈j^4/et^4〉ヲ〕押〔吹・引〕倒す. **2.** 〔〈et^4〉ヲ〕倒壊させる.

um·rei·ßen[2]* [ウムらイセン] [動] *h.* 〔〈et^4〉ノ〕見取図を書く;概略を述べる.

um|ren·nen* [ウム・れネン] [動] *h.* 〔〈j^4/et^4〉ニ〕走っていてぶつかって倒す.

um·rin·gen [ウムりンゲン] [動] *h.* 〔〈j^4/et^4〉ヲ〕取囲む.

der **Um·riss,** [旧]**Um·riß** [ウム・りス] [名] -es/-e 輪郭,略図;概略,アウトライン: in ~*en* 概略で.

die **Um·riss·kar·te,** [旧]**Um·riß·kar·te** [ウムりス・カるテ] [名] -/-n 〖地〗輪郭だけの地図,(学習用)白地図.

die **Um·riss·zeich·nung,** [旧]**Um·riß·zeich·nung** [ウムりス・ツァイひヌング] [名] -/-en 見取図,略図,スケッチ.

um|rüh·ren [ウム・りゅーれン] [動] *h.* 〔〈et^4〉ヲ〕かき混ぜる〔回す〕(スープなどを).

um·run·den [ウムるンデン] [動] *h.* 〔〈et^4〉ノ周リヲ〕ぐるりと回る,1周する.

um|rüs·ten [ウムりゅステン] [動] *h.* **1.** 〔〈et^4〉ノ装備ヲ+(auf〈et^4〉ニ)〕替える. **2.** 〔(auf〈et^4〉ニ)〕装備を替える. **3.** 〔〈et^4〉ヲ//(〈et^4〉ヲ)+auf〈et^4〉ヘ〕転換する,換える.

ums [ウムス] =um+das.

um|sat·teln [ウム・ザッテルン] [動] *h.* **1.** 〔〈et^4〉ノ〕鞍(くら)を取替える(馬の). **2.** 〔補足なし〕〘口〙鞍替えする(専攻・職業などについて).

der **Um·satz** [ウム・ザッツ] [名] -es/..sätze **1.** 売上げ,売行き: der ~ an 〔von〕〈et^3〉〈物の〉売上げ. **2.** 〖医・化〗代謝. **3.** (単のみ)〖印〗組替え.

um·satz·för·dernd [ウムザッツ・ふぇるダーント] [形] 売上げを促進する.

die **Um·satz·steu·er** [ウムザッツ・シュトイあー] [名] -/-n 売上税.

um|säu·men[1] [ウム・ゾイメン] [動] *h.* 〔〈et^4〉ヲ〕折返してまつる,端縫いする(布地の端を).

um·säu·men[2] [ウムゾイメン] [動] *h.* 〔〈et^4〉ニ〕縁をつける,(…を)縁どる.

um|schaf·fen* [ウム・シャっふぇン] [動] *h.* 〔〈et^4〉ヲ〕〘文〙作り変える,改作〔改造〕する.

um|schal·ten [ウム・シャルテン] [動] *h.* **1.** 〔(〈et^4〉ヲ)+(auf〈et^4〉ニ)〕切換える(電流・テレビ・ギアなどを). **2.** 〔(auf〈et^4〉ニ)〕(自動的に)変る(信号が青などに). **3.** 〔(auf〈et^4〉ニ)〕〘口〙気持の切替えをする(休暇の後仕事などに).

der **Um·schal·ter** [ウム・シャルター] [名] -s/- **1.** 〖工〗切換スイッチ. **2.** (タイプライターの)シフトキー.

die **Um·schalt·tas·te** [ウム・シャルト・タステ] [名] -/-n (タイプライターの)シフトキー;〖コンピュータ〗シフトキー.

die **Um·schal·tung** [ウム・シャルトゥング] [名] -/-en 切換え;切換装置;シフトキー.

die **Um·schau** [ウム・シャウ] [名] -/ 見回すこと,見回ること;展望: nach〈j^3/et^3〉~ halten〈人・物を〉探すように見回す.

um|schau·en [ウム・シャウエン] [動] *h.* 〘南独・オーストリア・スイス〙=um|sehen.

um|schich·ten [ウム・シひテン] [動] *h.* **1.** 〔〈et^4〉ヲ〕積直す,積替える;〖財政〗配分を変える. **2.** 〔sich^4〕階層構成が変化する(人口の),配分が変る.

um·schich·tig [ウム・シひティひ] [形] 交替制の.

die **Um·schich·tung** [ウム・シひトゥング] [名] -/-en 積直し,積替え;階層の変動,(資産などの)配分の変化.

um|schif·fen[1] [ウム・シっふぇン] [動] *h.* 〔〈j^4/et^4〉ヲ〕他の船に乗換えさせる〔積替える〕.

um·schif·fen[2] [ウムシっふぇン] [動] *h.* 〔〈et^4〉ヲ〕回って航行する;〘転〙回避する.

der **Um·schlag** [ウム・シュラーク] [名] -(e)s/..schläge **1.** (本の)カバー,紙表紙;封筒(Brief~). **2.** 湿布,罨法(あんぽう). **3.** (ズボン・そでなどの)折返し. **4.** (単のみ)突然の決定的変化,急変;転換. **5.** (単のみ)〖経〗(貨物の)積替え;積替え量;(資産などの)回転. **6.** (単のみ)〖手芸〗糸を編み棒に掛けること.

um|schla·gen* [ウム・シュラーゲン] [動] **1.** *h.* 〔〈et^4〉ヲ〕折返す(襟などを),めくる(ページを). **2.** *h.* 〔〈et^4〉ヲ〕打〔切〕倒す(樹などを),ひっくり返す(波がボートなどを). **3.** *h.* 〔〈j^3〉ニ+〈et^4〉ヲ〕掛けてやる(毛布などを);(〈j^3〉がsich^{3}の場合)まとう,掛ける. **4.** *s.* 〔補足なし〕ひっくり返る(船・クレーンなどが). **5.** *s.* 〔補足なし〕急に変る(風向・天候・雰囲気などが);上ずる(声が);変質する(ワインなどが). **6.** *h.* 〔〈et^4〉ヲ〕積替える(貨物などを). **7.** *h.* 〔〈et^4〉ヲ〕〖手芸〗編み棒に掛ける(糸を).

der **Um·schlag·ha·fen** [ウムシュラーク・ハーふぇン] [名] -s/..häfen 積替え港.

der **Um·schlag·platz** [ウムシュラーク・プラッツ] [名] -es/..plätze 積替え地.

die **Um·schlags·häu·fig·keit** [ウムシュラークス・ホイふぃひカイト] [名] -/-en (貨物の)積替え頻度;(資本・在庫の)回転頻度〔率〕.

das **Um·schlag·tuch** [ウムシュラーク・トゥーふ] [名] -(e)s/..tücher 肩掛け,ショール,スカーフ.

um·schlei·chen* [ウムシュライひぇン] [動] *h.* 〔〈j^4/et^4〉ノ〕周りを忍び足で歩く.

um·schlie·ßen* [ウムシュリーセン] [動] *h.* **1.** 〔〈j^4/et^4〉ヲ〕包囲する(敵陣などを);取囲む(垣根が土地などを). **2.** 〔〈j^4/et^4〉ヲ〕(両腕に)抱きかかえる;握る(指・両手が包むように);(〈j^4〉が相互代名詞sich^{4}の場合)抱合う. **3.** 〔〈et^4〉ヲ〕含む,考慮に入れてある.

um|schlin·gen[1]* [ウム・シュリンゲン] [動] *h.* 〔〈j^3〉ノ体ニ+〈et^4〉ヲ〕巻きつける.

um·schlin·gen[2]* [ウムシュリンゲン] [動] *h.* **1.** 〔〈j^4/et^4〉ニ〕腕を絡ませて抱きつく(首筋などに);(〈j^4〉が相互代名詞sich^{4}の場合)絡むように抱合う. **2.** 〔〈et^4〉ニ〕巻きつく(ツタが樹などに). **3.** 〔〈et^4〉ノ周リニ+mit〈et^3〉ヲ〕巻きつける(花冠にリボンなどを).

um|schmei·ßen* [ウム・シュマイセン] [動] *h.* 〘口〙 **1.** 〔〈j^4/et^4〉ヲ〕ひっくり返す. **2.** 〔〈j^4〉ヲ〕びっくり仰天させる. **3.** 〔〈et^4〉ヲ〕ひっくり返す,ぶち壊す(計画などを).

um|schmel·zen* [ウム・シュメルツェン] [動] *h.* 〔〈et^4〉ヲ〕溶かして作り替える,鋳直す.

um|schnal·len [ウム・シュナレン] [動] *h.* 〔(〈j^3〉ノ体ニ)+〈et^4〉ヲ〕(巻いてバックルで)締める(ベルトなどを);(〈j^3〉がsich^{3}の場合)(自分の体に)締める.

um|schnü·ren [ウム・シュニューれン] [動] *h.* 〔〈et^4〉ニ〕ひもをかける,ベルト〔ロープ〕を回して縛る.

um|schrei·ben[1]* [ウム・シュらイベン] [動] *h.* **1.** 〔〈et^4〉ヲ〕書直す〔改める・換える〕(論文などを). **2.** 〔〈et^4〉ヲ〕書換える(請求書の額などを);(ラテン文字に)転写する(アルファベット以外の文字を);発音記号に書換える. **3.** 〔〈et^4〉ヲ+auf〈j^4〉ノ名義ニ/auf〈et^4〉ニ〕書換える(土地・財産などを);振替える(金額を他の口座などに).

um·schrei·ben[2]* [ウムシュらイベン] [動] *h.* **1.** 〔〈et^4〉ノ〕範囲を規定する(義務などの). **2.** 〔〈et^4〉ヲ〕他の言葉で(ぼかして)言う,言換える.

die **Um·schrei·bung**[1] [ウム・シュらイブング] [名] -/-en 書き直し,書換え;名義書換え.

die **Um·schrei·bung**[2] [ウムシュらイブング] [名] -/-en **1.** (義務などの)規定;他の言葉〔表現〕で言換えること. **2.** 言換えの〔遠回しの・婉曲な〕表現〔文・規定〕,パラフレーズ.

die **Um·schrift** [ウム・シュりふト] [名] -/-en **1.** 〖言〗(他の文字・記号への)書換え,転写: phonetische ~ 発音記号による表記. **2.** 写本,写し. **3.** (硬

貨などの)周囲の文字.
um|schul·den [ウム・シュルデン] 動 h.《〈et⁴〉ッ》〖金融〗借換える(借入金などを);借換えでより条件のよい借入れをする.
die **Um·schul·dung** [ウム・シュルドゥング] 名 -/-en〖金融〗借換え,リファイナンシング.
um|schu·len [ウム・シューレン] 動 h. 1.《〈j⁴〉ッ》再訓練する;(政治的に)再教育する. 2.〖懲〗再訓練を受ける. 3.《〈j⁴〉ッ》転校させる.
die **Um·schu·lung** [ウム・シュールング] 名 -/-en 転校;再教育.
um|schüt·ten [ウム・シュテン] 動 h. 1.《〈et⁴〉ッ》ひっくり返してこぼす(ミルクなどを). 2.《〈et⁴〉ッ in 〈et⁴〉ニ》入替える(ワイン・塩などを他の容器へ).
um·schwär·men [ウム・シュヴェルメン] 動 h. 1.《〈j⁴/et⁴〉ッ》周りに群がる(虫・鳥などが). 2.《j⁴》(熱狂的に崇拝して)取巻く.
der **Um·schweif** [ウム・シュヴァイフ] 名 -(e)s/-e《主に複》回りくどさ,冗長さ.
um|schwen·ken [ウム・シュヴェンケン] 動 s.〖懲〗方向転換する,ぐるっと向きを変える;変節する,考えを変える.
um·schwir·ren [ウム・シュヴィレン] 動 h.《〈j⁴/et⁴〉ッ》周りをぶんぶん飛回る(虫などが).
der **Um·schwung** [ウム・シュヴング] 名 -(e)s/..schwünge 1. 決定的変化,激変. 2.〖体操〗《ッ》〖家の周囲の敷地.
um|se·geln [ウム・ゼーゲルン] 動 h.《〈et⁴〉ッ》周りを帆船で回る,(…を)周航する.
um|se·hen* [ウム・ゼーエン] 動 h. 1.《sich⁴》見回す. 2.《sich⁴+in 〈et³〉ッ》見て回る. 3.《sich⁴+(nach 〈j³/et³〉ッ》振返って見る,振向く. 4.《sich⁴+nach 〈j³/et³〉ッ》捜す(秘書・贈り物・職などを).
um sein*, @**um|sein*** [ウム ザイン] 動 s.〖懲〗終って(過ぎて)いる.
um·sei·tig [ウム・ザイティヒ] 形 裏面の,裏ページの.
um·seits [ウム・ザイツ] 副〖官〗裏面に.
um·setz·bar [ウム・ゼッツバール] 形 移せる;移植できる;換えられる,変換[転換]できる;換金できる.
um|set·zen [ウム・ゼッツェン] 動 h. 1.《〈j⁴/et⁴〉ッ》席(置き場所)を移す(生徒・ストーブなどの).〖鉄道〗走行線を替える;〖体操〗《…を持ち替える(両手を);《〈j⁴〉がsich⁴の場合に》席を移る. 2.《〈et⁴〉ッ》移植する. 3.《〈et⁴〉ッ+in 〈et⁴〉ニ》換える,転換[変換]する(水力を電力などに);変える(散文を韻文などに);《〈et⁴〉がsich⁴の場合に》変る. 4.《〈et⁴〉ッ》売りさばく[上げる](商品・100万ユーロなどを).
die **Um·set·zung** [ウム・ゼッツング] 名 -/-en 置き換え,移動;移植[転換],変換,変換;換言;売りさばくこと.
die **Um·sicht** [ウム・ズィヒト] 名 -/ 用意周到,思慮深さ,慎重.
um·sich·tig [ウム・ズィヒティヒ] 形 細心な,慎重な,周到な.
um|sie·deln [ウム・ズィーデルン] 動 1. h.《〈j⁴〉ッ》移住させる. 2. s.〖懲〗移住する,移る.
die **Um·sie·de·lung** [ウム・ズィーデルング] 名 -/-en = Umsiedlung.
der **Um·sied·ler** [ウム・ズィードラー] 名 -s/- 移住者,移民.
die **Um·sied·lung** [ウム・ズィードルング] 名 -/-en 移住,移転.
um|sin·ken* [ウム・ズィンケン] 動 s.〖懲〗よろよろと倒れる.
um·so [ウム・ゾ] 接《〈ッ〉》=um so.
um·sonst [ウム・ゾンスト] 副 1. 無料で,ただで:《et⁴》～ bekommen《物を》ただで手に入れる. 2.

《文飾》無駄に: Ich bin ～ hingegangen, er war nicht zu Hause.(私は行ってみたが無駄だった。彼は家にいなかった。【慣用】 **nicht umsonst** 理由がないわけではない.
um·sor·gen [ウム・ゾルゲン] 動 h.《〈j⁴〉ッ》世話をする,面倒を見る.
um·span·nen¹ [ウム・シュパネン] 動 h.《〈et⁴〉ッ》変圧する(電流を). 2.《〈et⁴〉ッ》(つなぎ)替える(車を引く馬などを).
um·span·nen² [ウム・シュパネン] 動 h. 1.《〈et⁴〉ッ》(両腕を回して)抱える,(両手で)握る;握りしめる. 2.《〈et⁴〉ッ》わたる(領域・期間などに).
der **Um·span·ner** [ウム・シュパナー] 名 -s/- 変圧器.
die **Um·span·nung** [ウム・シュパヌング] 名 -/-en 変圧;(鞍馬(ばい)などを)替えること.
das **Um·spann·werk** [ウム・シュパン・ヴェルク] 名 -(e)s/-e 変電所.
um·spie·len [ウム・シュピーレン] 動 h.《〈et⁴〉ッ》周りで戯れる(波が岩などの);漂わす(微笑が口もとの). 2.《〈et⁴〉ッ》〖楽〗パラフレーズする;装飾する. 3.《〈j⁴〉ッ》〖球〗ボールをキープしながらかわす(マークする人などを).
um·spin·nen* [ウム・シュピネン] 動 h.《〈et⁴〉ッ》糸で被覆する,(…に)糸を巻く.
um|sprin·gen¹* [ウム・シュプリンゲン] 動 s. 1.〖懲〗急に変る(風・交通信号・雰囲気などに). 2.《mit 〈j³/et³〉ッ+〈様態〉》〖懲〗扱う. 3.《〈j⁴〉ッ》〖スキ〗ジャンプターンする;〖体操〗跳び板に両足を同時に離脱して持ち手を替える.
um·sprin·gen²* [ウム・シュプリンゲン] 動 s. 1.《〈et⁴〉ッ》周りを跳び[跳ね]回る(子供・犬などが).
um|spu·len [ウム・シュプーレン] 動 h.《〈et⁴〉ッ》巻戻す,巻き替える(テープ・フィルムなどを).
um·spü·len [ウム・シュピューレン] 動 h.《〈j⁴/et⁴〉ッ》周りに打寄せる(波が).
der **Um·stand** [ウム・シュタント] 名 -(e)s/..stände 1. 事情,事態,状況: nähere *Umstände* 詳しい事情. mildernde *Umstände* 情状酌量. Dem Kranken geht es den *Umständen* entsprechend. その病人の病状はまずまずである. 2. 《主に複》面倒,手数,わずらわしさ: ohne viel *Umstände* ごくあっさりと,ごく無造作に.《j³》*Umstände* machen《人ニ》面倒をかける. viel *Umstände* mit 〈j³/et³〉 machen《人・物・事のことと》《j⁴》手間をかける.【慣用】 **in anderen Umständen sein/in andere Umstände kommen**《婉》普通の体ではない/なくなる(妊娠している/する). **unter allen Umständen** いずれにせよ,どんなことがあっても. **unter keinen Umständen** 決して(…)しない. **unter Umständen** 事情によっては(略 u. U.).
um·stan·de·hal·ber [ウム・シュテンデ・ハルバー] 副 都合《事情》により.
um·ständ·lich [ウム・シュテントリヒ] 形 1. 手数のかかる,面倒な. 2. くどくどしい,ばか丁寧な.
die **Um·ständ·lich·keit** [ウム・シュテントリヒカイト] 名 -/面倒な[手間のかかる]こと;回りくどいこと.
die **Um·stands·be·stim·mung** [ウム・シュタンツ・ベシュティムング] 名 -/-en〖言〗状況規定.
das **Um·stands·kleid** [ウム・シュタンツ・クライト] 名 -(e)s/-e 妊婦服,マタニティードレス.
der **Um·stands·krä·mer** [ウム・シュタンツ・クレーマー] 名 -s/-《口・蔑》こうるさい人,杓子(しゃく)定規な人,形式主義者.
der **Um·stands·satz** [ウム・シュタンツ・ザッツ] 名 -es/..sätze〖言〗状況文.
das **Um·stands·wort** [ウム・シュタンツ・ヴォルト] 名 -(e)s/..wörter〖言〗副詞,状況語.
um|ste·cken¹ [ウム・シュテケン] 動 h.《〈et⁴〉ッ》差替える(プラグなどを). 2.《〈et⁴〉ッ》縁(ふ)を折返

umstecken

して針で留める。
um·ste·cken[2] [ウム・シュテッケン] 動 h.〈et[4]〉ノ周リニ＋mit〈et[3]〉ノ差す，打つ．
um|ste·hen[1*] [ウム・シュテーエン] 動 s.〔方〕 **1.**〔慣で〕死ぬ(動物が)．**2.**〔古〕わきへ退く．
um·ste·hen[2*] [ウム・シュテーエン] 動 h.〈j[4]/et[4]〉ノ周りに立っている．
um·ste·hend [ウム・シュテーエント] 形 **1.** 周りに立っている．**2.** 裏面の，裏ページの．
der **Um·stei·ge·fahr·schein** [ウム・シュタイゲ・ふぁーア・シャイン] 名 -(e)s/-e 乗換え切符．
um|stei·gen* [ウム・シュタイゲン] 動 s. **1.**〔(in〈et[4]〉/〈方向〉)〕乗換える: in die Linie 3/nach Hamburg ～ 3番の(バス・市街電車)/ハンブルク行に乗換える．**2.**〔auf〈et[4]〉〕(口)(乗)換える，くら替えする．
der **Um·stei·ger** [ウム・シュタイガー] 名 -s/- **1.**(口)乗換え切符；乗換え客．**2.**《ビジ》転職者．**3.** 換える(くら替えする)人．
der **Um·steig·fahr·schein** [ウム・シュタイク・ふぁーア・シャイン] 名 -(e)s/-e 乗換え切符．
um|stel·len[1] [ウム・シュテレン] 動 h.〈et[4]〉置換える，(…の)配置換えをする(家具・順序・文などを);〔スポ〕(…の)メンバーの入替え(改造)をする(チームなどの)．**2.**〈et[4]〉ッ＋(auf〈et[4]〉)切替(換)える(スイッチなどを)，合せる(夏時間・時差など時間単位で時計を)．**3.**〈et[4]〉ッ＋(auf〈et[4]〉)切替える，転換する: sich[4] auf einen anderen Lebensstil ～ 別の生活スタイルに変える．**4.**〔sich[4]＋(auf〈et[3]〉)〕順応する，適応する，なじむ;〔sich[4]が〈et[3]〉の場合〕(…に)適合させる(生活などを)．
um·stel·len[2] [ウム・シュテレン] 動 h.〈j[4]/et[4]〉包囲する．
die **Um·stel·lung**[1] [ウム・シュテルング] 名 -/-en 置換え，配置替え；切換え；順応，適応．
die **Um·stel·lung**[2] [ウム・シュテルング] 名 -/-en 包囲．
um|stim·men [ウム・シュティメン] 動 h. **1.**〈j[4]〉ノ気持(考え)を変えさせる．**2.**〈et[4]〉ッ調子を変える(弦楽器などの);〔医〕機能を変化させる．
um|sto·ßen* [ウム・シュトーセン] 動 h.〈j[4]/et[4]〉ノぶつかって倒す(ひっくり返す)，(…を)突(押)倒す．**2.**〈et[4]〉ッ覆す(決定などを)，ひっくり返す(予測などを);ぶち壊しにする(突然の出来事が予定などを)．
um|stri·cken[1] [ウム・シュトリッケン] 動 h.〈et[4]〉ッ編み直す．
um·stri·cken[2] [ウム・シュトリッケン] 動 h. **1.**〈j[4]〉ッ籠絡(する)，丸め込む．**2.**〈j[4]/et[4]〉ニ〔古〕絡みつく．
um·strit·ten [ウム・シュトリッテン] 形 議論の余地のある，議論の戦わされている，評価の定まらない．
um|struk·tu·rie·ren [ウム・シュトゥルクトゥリーレン，ウム・ストゥルクトゥリーレン] 動 h.〈et[4]〉ッ構造(機構)を変える．
um|stül·pen [ウム・シュテュルペン] 動 h. **1.**〈et[4]〉ッさかさまにする(バケツ・箱などを)．**2.**〈et[4]〉ッ裏返しにする(ポケットなどを)，折り返す(そでを);〈et[4]〉が sich[4] の場合ッ裏返しになる．**3.**〈et[4]〉ッ根本から変える(生活などを)．
der **Um·sturz** [ウム・シュトゥルツ] 名 -es/..stürze (政府などの)転覆させること．
um|stür·zen [ウム・シュテュルツェン] 動 **1.** s.《雅》倒れる(クレーン・塀などが)，転覆する(車両などが)．**2.** h.〈et[4]〉ッひっくり返す(机・車などを);覆す(制度などを)，転覆させる(政府を)．**3.** h.〈et[4]〉ッ根本的な変更を引起こす(不測の出来事が計画などを)．
der **Um·stürz·ler** [ウム・シュテュルツラー] 名 -s/-(《蔑》にも)政府の転覆を図る人，革命家．
um·stürz·le·risch [ウム・シュテュルツレリシュ] 形(《蔑》にも)政府(国家)の転覆を計る．

um|tau·fen [ウム・タウふェン] 動 h. **1.**〈et[4]〉ノ(口)名を改める(通りや学校などを)．**2.**〈j[4]〉ノ(カトリックの)儀式に従って洗礼を施す: sich[4] ～ lassen 改宗する．
der **Um·tausch** [ウム・タウシュ] 名 -(e)s/-e《主に⑥》交換，(商品などの)取替え;(外貨への)両替．
um|tau·schen [ウム・タウシェン] 動 h.〈et[4]〉ッ＋(in〈gegen〉〈et[4]〉)取替える(客が気に入らない品を店が不良品などを)．〈et[4]〉ッ＋(in〈et[4]〉ニ)交換(両替)する(通貨を他の通貨に)．
um|top·fen [ウム・トップふェン] 動 h.〈et[4]〉ッ別の鉢に植替える(植物を)．
um|trei·ben* [ウム・トライベン] 動 h. **1.**〈j[4]〉ッ駆立てる(不安・良心などが)．**2.**〔sich[4]〕《文》放浪する．
der **Um·trieb** [ウム・トリープ] 名 -(e)s/-e **1.**(⑥のみ)《蔑》(反体制的)策動，画策．**2.**《方》活動．**3.**〔農〕(家畜・多年生植物の)利用期間;〔林〕輪伐期．**4.**〈〉面倒(煩雑)なこと，仰々しいまね．**5.**〔鉱〕回り線．
um·trie·big [ウム・トリービヒ] 形《方》活動的な．
die **Um·triebs·wei·de** [ウム・トリープス・ヴァイデ] 名 -/-n〔農〕巡回放牧地(棚で囲まれた複数の放牧地を順次使用する)．
der **Um·trunk** [ウム・トルンク] 名 -(e)s/..trünke《主に⑥》(仲間内の)飲み会．
um|tun* [ウム・トゥーン] 動 h. **1.**〈j[3]〉〈et[4]〉ッ身に着ける・締めて」やる(毛布・マフラー・コートなどを);〈j[3]〉がsich[3] の場合ッ掛ける，巻く，締める，羽織る．**2.**〔sich[4]＋(in〈et[3]〉)〕見て回る(町などを);手掛ける(取引・仕事などを)．**3.**〔sich[4]＋nach〈j[3]/et[3]〉〕探す(秘書・職などを)．**4.**〔sich[4]〕ッ気にかける．
die **U-Mu·sik** [ウー・ムズィーク] 名 -/ ＝ Unterhaltungsmusik 軽音楽，娯楽音楽．
um|ver·tei·len [ウム・ふェアタイレン] 動 h.〈et[4]〉ッ〔経〕再分配する(国民所得・剰余価値などを);再配分する(予算・財政資金などを)．
die **Um·ver·tei·lung** [ウム・ふェアタイルング] 名 -/-en〔経〕(国民所得などの)再分配．
die **Um·wal·lung** [ウム・ヴァルング] 名 -/-en (周りを)包む(囲む)こと；堤防．
die **Um·wälz·an·la·ge** [ウム・ヴェルツ・アン・ラーゲ] 名 -/-n (水の)循環設備．
um|wäl·zen [ウム・ヴェルツェン] 動 h. **1.**〈et[4]〉ッごろんとひっくり返す(岩の塊などを)．**2.**〈et[4]〉ッ循環させる(水・空気などを)．
um·wäl·zend [ウム・ヴェルツェント] 形 画期的な，革命的な．
die **Um·wälz·pum·pe** [ウム・ヴェルツ・プムペ] 名 -/-n 循環ポンプ．
die **Um·wäl·zung** [ウム・ヴェルツング] 名 -/-en **1.**(社会的)変革，転覆．**2.**(空気・水などの)循環．
um|wan·deln[1] [ウム・ヴァンデルン] 動 h.〈j[4]/et[4]〉＋(in〈j[4]/et[4]〉ニ)変える，変更する，変換する;〈j[4]〉が sich[4] の場合ッ変わる．
um·wan·deln[2] [ウム・ヴァンデルン] 動 h.〈et[4]〉ノ《文》周りを巡り歩く．
die **Um·wan·de·lung** [ウム・ヴァンデルング] 名 -/-en (稀) ＝ Umwandlung.
die **Um·wand·lung** [ウム・ヴァントルング] 名 -/-en 変化，変更，転換，変換，転移．
um|wech·seln [ウム・ヴェクセルン] 動 h.〈et[4]〉ッ＋(in〈et[4]〉)交換する(通貨を他の通貨に)．
die **Um·wech·se·lung** [ウム・ヴェクセルング] 名 -/-en (稀) ＝ Umwechslung.
die **Um·wechs·lung** [ウム・ヴェクスルング] 名 -/-en 両替．

der **Um·weg** [ウム・ヴェーク] [名] -(e)s/-e 回り道: auf ~*en* 回り道をして;第三者を介して.
um|we·hen[1] [ウム・ヴェーエン] [動] *h.* 〔〈j^4/et^4〉ヲ〕吹倒す《風などが》.
um·we·hen[2] [ウムヴェーエン] [動] *h.* 〔〈j^4/et^4〉ノ〕周りに吹く《風などが》;周りに吹き寄せられて〔流れて〕くる.
die **Um·welt** [ウム・ヴェルト] [名] -/-en 《主に[単]》環境;周囲の人々.
die **Um·welt·auf·la·ge** [ウムヴェルト・アウふ・ラーゲ] [名] -/-n 環境基準.
das **Um·welt·au·to** [ウムヴェルト・アウト] [名] -s/-s 《ジャーゴン》エコカー《低公害車》.
um·welt·be·dingt [ウムヴェルト・ベディングト] [形] 環境に制約された.
die **Um·welt·be·din·gung** [ウムヴェルト・ベディングング] [名] -/-en 《主に[複]》環境条件.
um·welt·be·las·tend [ウムヴェルト・ベラステント] [形] 環境汚染をもたらす.
die **Um·welt·be·las·tung** [ウムヴェルト・ベラストゥング] [名] -/-en 環境汚染.
um·welt·be·wusst, [旧]**um·welt·be·wußt** [ウムヴェルト・ベヴスト] [形] (自然)環境保護意識がある.
das **Um·welt·be·wusst·sein,** [旧]**Um·welt·be·wußt·sein** [ウムヴェルト・ベヴスト・ザイン] [名] -s/ 環境保護意識.
das **Um·welt·bun·des·amt** [ウムヴェルト・ブンデス・アムト] [名] -(e)s/ 連邦環境庁.
der **Um·welt·ein·fluss,** [旧]**Um·welt·ein·fluß** [ウムヴェルト・アイン・ふルっス] [名] -es/..flüsse 《主に[複]》環境の(生物に)及ぼす影響.
der **Um·welt·fak·tor** [ウムヴェルト・ふぁクトーあ] [名] -s/-en 環境因子〔要因〕.
um·welt·feind·lich [ウムヴェルト・ふぁイントリひ] [形] 自然環境に有害な.
die **Um·welt·for·schung** [ウムヴェルト・ふぉるシュング] [名] -/ 〖生〗生態学;〖社〗自然環境研究.
die **Um·welt·fra·ge** [ウムヴェルト・ふらーゲ] [名] -/-n 環境問題.
um·welt·freund·lich [ウムヴェルト・ふろイントリひ] [形] 自然環境を損なわない,環境にやさしい.
die **Um·welt·freund·lich·keit** [ウムヴェルト・ふろイントリひカイト] [名] -/ 環境を損なわない〔にやさしい〕こと.
das **Um·welt·gift** [ウムヴェルト・ギふト] [名] -(e)s/-e 自然環境の中の有害物質.
das **Um·welt·gut·ach·ten** [ウムヴェルト・グート・アはテン] [名] -s/- 環境(問題)に関する専門家の判断〔診断〕.
die **Um·welt·kri·mi·na·li·tät** [ウムヴェルト・クリミナリテート] [名] -/ 環境汚染犯罪.
die **Um·welt·kri·se** [ウムヴェルト・クリーゼ] [名] -/-n 環境危機.
die **Um·welt·pla·nung** [ウムヴェルト・プラーヌング] [名] -/-en 環境保全〔改善〕計画.
die **Um·welt·po·li·tik** [ウムヴェルト・ポリティーク] [名] -/-en 環境政策.
das **Um·welt·pro·gramm** [ウムヴェルト・プログラム] [名] -s/-e 環境(保全)綱領〔基本方針〕.
der **Um·welt·schutz** [ウムヴェルト・シュッツ] [名] -es/ 環境保護.
der **Um·welt·schüt·zer** [ウムヴェルト・シュっツァー] [名] -s/- 環境保護論者.
um·welt·schüt·ze·risch [ウムヴェルト・シュっツェりシュ] [形] 環境保護の.
das **Um·welt·schutz·ge·setz** [ウムヴェルトシュッツ・ゲゼっツ] [名] -es/-e 環境保護法.
die **Um·welt·steu·er** [ウムヴェルト・シュトイあー] [名] -/-n 環境税《公害の原因となる製品に対して》.
die **Um·welt·ver·schmut·zung** [ウムヴェルト・ふぇあシュムっツング] [名] -/-en 《主に[単]》環境汚染.
um·welt·ver·träg·lich [ウムヴェルト・ふぇあトれークリひ] [形] 自然環境に負担をかけない,環境汚染とならない.
die **Um·welt·ver·träg·lich·keit** [ウムヴェルト・ふぇあトれークリひカイト] [名] -/ 環境との調和〔協調〕性,環境へのやさしさ.
die **Um·welt·vor·sor·ge** [ウムヴェルト・ふぉーあ・ゾるゲ] [名] -/ 環境保護措置.
um|wen·den$^{(*)}$ [ウム・ヴェンデン] [動] *h.* **1.** 〔〈et^4〉ヲ〕裏返す,ひっくり返す《枕(まくら)・焼肉などを》,めくる《ページを》;(…の)向きを変える《車などの》. **2.** 〔sich^4+nach 〈j^3/et^3〉ノ方ヲ〕振返る〔向く〕,(…の方に)向きなおる. **3.** 《規則変化のみ》〔補足なし〕向きを変える,方向転換する《運転者・車などが》.
um·wer·ben* [ウムヴェるベン] [動] *h.* 〔〈j^4〉ニ〕求愛する,言寄る.
um|wer·fen* [ウム・ヴェるふぇン] [動] *h.* **1.** 〔〈j^4/et^4〉ヲ〕(激しくぶつかって)倒す,転倒〔転覆〕させる,ひっくり返す《人・風・波などが》;《古》すき返す. **2.** 〔〈j^3〉ニ+〈et^4〉ヲ〕(さっと)掛ける《ショールなどを》,羽織らせる《コートなどを》;《〈j^3〉がsich^{3}の場合》(さっと)掛ける,羽織る. **3.** 〔〈j^4〉ヲ〕《口》びっくり仰天させる《知らせなどが》. **4.** 〔〈et^4〉ヲ〕《口》ぶち壊す《計画などを》.
um·wer·fend [ウム・ヴェるふぇント] [形] びっくりするような;とてつもなく.
um|wer·ten [ウム・ヴェーあテン] [動] *h.* 〔〈et^4〉ヲ〕評価し直す,(…の)評価を変える.
die **Um·wer·tung** [ウム・ヴェーあトゥング] [名] -/-en 価値転換,再評価.
um·wi·ckeln* [ウムヴィっケルン] [動] *h.* 〔〈et^4〉ニ+(mit 〈et^3〉ヲ)〕巻きつける,ぐるぐる巻く.
um|wid·men [ウム・ヴィトメン] [動] *h.* 〔〈et^4〉ヲ+(in 〈et^4〉ニ)〕〖官〗転用する.
um·win·den* [ウムヴィンデン] [動] *h.* **1.** 〔〈et^4〉(ノ周リ)ニ+(mit 〈et^3〉ヲ)〕巻きつける. **2.** 〔〈et^4〉(ノ周リ)ニ〕巻きつく《ツタなどが》.
um·wit·tert [ウムヴィっタート] [形] 〔von 〈et^3〉ニ〕《文》包まれた.
um·woh·nend [ウム・ヴォーネント] [形] 周辺〔近辺〕に住む.
der **Um·woh·ner** [ウム・ヴォーナー] [名] -s/- 周辺〔近所〕の住人.
um·wöl·ken [ウム[ヴェ]ルケン] [動] *h.* **1.** 〔sich^4〕雲に覆われる;《転》曇る《まなざしなどが》. **2.** 〔〈et^4〉ヲ〕覆う,包む《霧が山などを》.
um|wüh·len [ウム・ヴューレン] [動] *h.* 〔〈et^4〉ヲ〕掘返す《地面を》;ひっかき回す《引出しなどを》.
um·zäu·nen [ウムツォイネン] [動] *h.* 〔〈et^4〉ニ〕柵(さく)〔垣〕をめぐらす《地所・庭などに》.
die **Um·zäu·nung** [ウムツォイヌング] [名] -/-en 柵(さく)〔垣〕をめぐらすこと;柵,垣.
um|zie·hen[1]* [ウム・ツィーエン] [動] **1.** *s.* 〔(〈方向〉ニ)〕引っ越す,転居する. **2.** *h.* 〔sich^4〕着替えをする. **3.** *h.* 〔〈j^4〉ニ〕着替えをさせる.
um·zie·hen[2]* [ウムツィーエン] [動] *h.* **1.** 〔〈et^4〉ノ〕周りを囲う,周りに囲いをする《牧草地などの》. **2.** 〔〈et^4〉ヲ〕《稀》覆う《雲が空などを》;《〈et^4〉がsich^{4}の場合》覆われる.
um·zin·geln [ウムツィンゲルン] [動] *h.* 〔〈j^4/et^4〉ヲ〕包囲する,取囲む.
die **Um·zin·ge·lung** [ウムツィンゲルング] [名] -/-en 包囲.
die **Um·zing·lung** [ウムツィングルング] [名] -/-en 《稀》=Umzingelung.
der **Um·zug** [ウム・ツーク] [名] -(e)s/..züge **1.** 引っ越し,転居. **2.** (祭などの)行列,行進.
die **UN** [ウーエン] =United Nations 国際連合.
un·ab·än·der·lich [ウン・アップ・エンダーリひ,ウン・アップ・エンダーリひ] [形] 変えられない,変更〔修正〕できない,変らない.

Unabänderlichkeit 1280

die **Un·ab·än·der·lich·keit** [ウン・アップ・エンダーリヒカイト, ウン・アップ・エンダーリヒカイト] 名 -/ -en **1.** (㉔のみ)変更不可能. **2.** 変えられないこと,変更〔修正〕の不可能なこと.

un·ab·ding·bar [ウン・アップ・ディング・バーあ, ウン・アップ・ディング・バーあ] 形 絶対に必要な,不可欠な;〖法〗合意によっても変更しえない.

un·ab·hän·gig [ウン・アップ・ヘンギヒ] 形 **1.** 〖(von ⟨j³/et³⟩かが)〗独立した;自立した,(…に)依存しない. **2.** 〖von ⟨j³/et³⟩〗関係のない;(…に)左右されない:(Die) Reflexbewegungen sind ~ vom Willen. 反射運動は意志と関係がない. ~ davon, dass/ob … …は/…かどうかは別として.

die **Un·ab·hän·gig·keit** [ウン・アップ・ヘンギヒカイト] 名 -/ **1.** 独立,自立,自律〔自主〕性. **2.** 依存しない〔独立している〕こと,無関係であること.

die **Un·ab·hän·gig·keits·er·klä·rung** [ウンアップヘンギヒカイツ・エあクレーるング] 名 -/ 独立宣言.

un·ab·kömm·lich [ウン・アップ・ケョムリヒ, ウン・アップ・ケョムリヒ] 形 (仕事から)手が離せない;不可欠な;公的な重要任務として〖または〗兵役を免除された(略 uk).

un·ab·läs·sig [ウン・アップ・レッスィヒ, ウン・アップ・レッスィヒ] 形 絶え間ない,不断の.

un·ab·seh·bar [ウン・アップ・ゼー・バーあ, ウン・アップ・ゼー・バーあ] 形 見極めがつかない;見渡せないほどの.

un·ab·sicht·lich [ウン・アップ・ズィヒトリヒ] 形 故意〔意図的〕でない.

un·ab·weis·bar [ウン・アップ・ヴァイス・バーあ, ウン・アップ・ヴァイス・バーあ] 形 = unabweislich.

un·ab·weis·lich [ウン・アップ・ヴァイスリヒ, ウン・アップ・ヴァイスリヒ] 形 拒否できない.

un·ab·wend·bar [ウン・アップ・ヴェント・バーあ, ウン・アップ・ヴェント・バーあ] 形 避け〔逃れ〕難い,不可避な: ein ~es Ereignis 〖法〗不可抗力の事故.

un·acht·sam [ウン・アハトザーム] 形 不注意な,うかつな,注意の行届いていない.

die **Un·acht·sam·keit** [ウン・アハトザームカイト] 名 -/-en **1.** (㉔のみ)不注意,軽率. **2.** 不注意でしたこと.

un·ähn·lich [ウン・エーンリヒ] 形 〖⟨j³/et³⟩に〗似ていない.

un·an·fecht·bar [ウン・アン・ふェヒト・バーあ, ウン・アン・ふェヒト・バーあ] 形 反論の余地のない.

un·an·ge·bracht [ウン・アン・ゲぶらはト] 形 当を得ない,不適切な.

un·an·ge·foch·ten [ウン・アン・ゲふォヒテン] 形 異議申立ての,(官憲に)止められない,争う相手のいない.

un·an·ge·mel·det [ウン・アン・ゲメルデット] 形 予告なしの,突然の;届出〔申告〕なしの.

un·an·ge·mes·sen [ウン・アン・ゲメッセン] 形 不適切な,不当な.

un·an·ge·nehm [ウン・アン・ゲネーム] 形 **1.** 不(愉)快な(気持ちにさせる),嫌な: ~ auffallen(態度などが)不評を買う. **2.** 厄介な,面倒な: eine ~e Lage 厄介な状況. 〖慣用〗unangenehm werden(können)(人が)腹を立てて怒る,(事が)面倒なことになる. un·angenehme Erfahrungen mit ⟨j³⟩ machen ⟨人と⟩嫌なことがある.

un·an·ge·tas·tet [ウン・アン・ゲタステット] 形 手をつけてない;侵害されていない.

un·an·greif·bar [ウン・アン・グらイふ・バーあ, ウン・アン・グらイふ・バーあ] 形 反駁(はく)の余地のない;難攻不落の,揺ぎない.

un·an·nehm·bar [ウン・アン・ネーム・バーあ, ウン・アン・ネーム・バーあ] 形 受け入れられない,受諾できない.

die **Un·an·nehm·lich·keit** [ウン・アン・ネームリヒカイト] 名 -/-en (主に㉔)不愉快なこと,嫌なこと.

un·an·sehn·lich [ウン・アン・ゼーンリヒ] 形 見すぼらしい;

わずかな.

die **Un·an·sehn·lich·keit** [ウン・アン・ゼーンリヒカイト] 名 -/ 見すぼらしさ,貧相.

un·an·stän·dig [ウン・アン・シュテンディヒ] 形 不躾(しつけ)な;不作法な,いかがわしい,卑猥(わい)な;ひどく.

die **Un·an·stän·dig·keit** [ウン・アン・シュテンディヒカイト] 名 -/-en **1.** (㉔のみ)不作法さ;卑猥(わい)さ. **2.** 不作法なこと.

un·an·tast·bar [ウン・アン・タスト・バーあ, ウン・アン・タスト・バーあ] 形 **1.** 侵すべからざる,不可侵の,疑念の余地のない. **2.** 手をつけてはならない.

un·ap·pe·tit·lich [ウン・アペティートリヒ] 形 **1.** 食欲をそそらない. **2.** 汚らしい;いやらしい.

der **Un·art**[1] [ウン・アーあト] 名 -(e)s/-e 〖古〗躾(しつけ)〔行儀〕の悪い子供.

die **Un·art**[2] [ウン・アーあト] 名 -/-en (相手に不快な)悪い癖,無作法;(子供の)躾(しつけ)〔行儀〕の悪い振舞い.

un·ar·tig [ウン・アーあティヒ] 形 行儀の悪い,腕白な,言うことを聞かない.

un·ar·ti·ku·liert [ウン・あティクリーあト] 形 **1.** 不明瞭(りょう)な;獣じみた声の. **2.** 〖言〗(稀)無冠詞の.

un·äs·the·tisch [ウン・エステーティシュ] 形 美的でない,不快な,嫌悪感を起こさせる.

un·at·trak·tiv [ウン・アトらクティーふ] 形 魅力的でない.

un·auf·ar·beit·bar [ウン・アウふ・アるバイト・バーあ] 形 後で埋合せできない,補塡できない.

un·auf·dring·lich [ウン・アウふ・ドりングリヒ] 形 どぎつくない,控え目な.

un·auf·fäl·lig [ウン・アウふ・ふェリヒ] 形 目立たない,地味な;(人に)気づかれない.

un·auf·find·bar [ウン・アウふ・ふィント・バーあ, ウン・アウふ・ふィント・バーあ] 形 見つからない.

un·auf·ge·for·dert [ウン・アウふ・ゲふぉるダート] 形 自発的な.

un·auf·ge·klärt [ウン・アウふ・ゲクレーあト] 形 解明されていない;性教育を受けていない.

un·auf·halt·sam [ウン・アウふ・ハルトザーム, ウン・アウふ・ハルトザーム] 形 とどまることのない,とめどない.

un·auf·hör·lich [ウン・アウふ・㋩ーありヒ, ウン・アウふ・㋩ーありヒ] 形 絶え間ない,不断の,ひっきりなしの.

un·auf·lös·bar [ウン・アウふ・㋺ース・バーあ, ウン・アウふ・㋺ース・バーあ] 形 **1.** 不溶性の. **2.** 解(ほど)けない. **3.** 解きがたい,解消できない.

un·auf·lös·lich [ウン・アウふ・㋺ースリヒ, ウン・アウふ・㋺ースリヒ] 形 解きがたい,解明できない;解消できない;不溶性の;解(ほど)けない.

un·auf·merk·sam [ウン・アウふ・メるクザーム] 形 不注意な,うかつな;(他人に対して)気の利かない,愛想のない.

die **Un·auf·merk·sam·keit** [ウン・アウふ・メるクザームカイト] 名 -/-en **1.** (㉔のみ)不注意〔注意力散漫〕であること. **2.** 不注意な〔気の利かない〕振舞い.

un·auf·rich·tig [ウン・アウふ・りヒティヒ] 形 率直でない,不正直な,本心を見せない.

die **Un·auf·rich·tig·keit** [ウン・アウふ・りヒティヒカイト] 名 -/-en **1.** (㉔のみ)不誠実さ,不正直さ. **2.** 不誠実〔不正直〕な行動〔発言〕.

un·auf·schieb·bar [ウン・アウふ・シープ・バーあ, ウン・アウふ・シープ・バーあ] 形 延期できない,緊急の.

un·aus·bleib·lich [ウン・アウス・ブライプリヒ, ウン・アウス・ブライプリヒ] 形 不可避の,必ず起こる,必然〔必至〕の.

un·aus·denk·bar [ウン・アウス・デンク・バーあ, ウン・アウス・デンク・バーあ] 形 考えられない,想像もつかない.

un·aus·führ·bar [ウン・アウス・ふューあ・バーあ, ウン・アウス・ふューあ・バーあ] 形 実行〔実現〕できない,不可能な.

un·aus·ge·bil·det [ウン・アウス・ゲビルデット] 形 専門教育を受けていない.

un·aus·ge·füllt [ウン・アウス・ゲふュルト] 形 **1.** 空欄を埋めていない,未記入の. **2.** 充実していない,(心の空

虚な.

ụn·aus·ge·gli·chen [ウン・アウス・ゲグリっひぇン] [形] **1.** むら気な, 安定を欠いた. **2.** (収支の)不均衡な.

die **Ụn·aus·ge·gli·chen·heit** [ウン・アウス・ゲグリっひぇンハイト] [名] -/ 調和〔落着き〕のないこと;(収支などが)不均衡なこと;(天候が)不安定〔不順〕なこと.

ụn·aus·ge·schla·fen [ウン・アウス・ゲシュラーふぇン] [形] 寝不足な.

ụn·aus·ge·setzt [ウン・アウス・ゲゼっツト] [形] 絶え間ない, 不断の.

ụn·aus·ge·spro·chen [ウン・アウス・ゲシュプろっへン] [形] 口に出されていない, 暗黙の.

un·aus·lösch·lich [ウン・アウス・[レ]シュリひ, ウン・アウス・[レ]シュリひ] [形] 《文》忘れがたい, 拭(ぬぐ)いがたい, 消しがたい.

un·aus·rott·bar [ウン・アウス・ろっト・バーあ, ウン・アウス・ろっト・バーあ] [形] 根絶しがたい, 抜きがたい.

un·aus·sprech·bar [ウン・アウス・シュプれっひ・バーあ, ウン・アウス・シュプれっひ・バーあ] [形] 発音しにくい;言葉で表現できない.

un·aus·sprech·lich [ウン・アウス・シュプれっひリひ, ウン・アウス・シュプれっひリひ] [形] 言葉では表現できない;名状しがたい.

un·aus·steh·lich [ウン・アウス・シュテーリひ, ウン・アウス・シュテーリひ] [形] 耐えがたい, 我慢できない.

un·aus·weich·lich [ウン・アウス・ヴァイひリひ, ウン・アウス・ヴァイひリひ] [形] 避け〔逃れ〕られない, 不可避の.

der **Ụn·band** [ウン・バント] [名] -(e)s/-e〔..bände〕《方》手に負えない子供, 腕白坊主.

ụn·bän·dig [ウン・ベンディひ] [形] **1.** 手に負えない. **2.** 制しがたい;非常に.

die **Ụn·bän·dig·keit** [ウン・ベンディひカイト] [名] -/ 抑制〔制御〕の不可能なこと;奔放さ.

ụn·bar [ウン・バーあ] [形] 現金でない, 小切手による.

ụn·barm·her·zig [ウン・バるム・へるツィひ] [形] 無慈悲な, 酷(むご)い.

die **Ụn·barm·her·zig·keit** [ウン・バるム・へるツィひカイト] [名] -/-en **1.** (《[単]のみ》)無慈悲, 残忍, 冷酷. **2.** 無慈悲〔冷酷〕な行動〔発言〕.

ụn·be·ab·sich·tigt [ウン・ベアっプズィひティひト] [形] 故意〔意図的〕ではない.

ụn·be·ach·tet [ウン・ベアはテっト] [形] (だれからも)注目されない, 顧みられない.

ụn·be·an·stan·det [ウン・ベアンシュタンデっト] [形] 異議を唱えられない, 文句をつけられない: einen Fehler ~ lassen ミスに目をつぶる.

ụn·be·ant·wor·tet [ウン・ベアントヴォるテっト] [形] 返事〔返答〕のない: einen Brief ~ lassen 手紙に返事を出さずにおく.

ụn·be·ar·bei·tet [ウン・ベアるバイテっト] [形] 加工〔細工〕されていない;耕されていない;手入れされていない;改作されていない;取扱われていない.

ụn·be·baut [ウン・ベバウト] [形] 建物の立っていない;未開墾の.

ụn·be·dacht [ウン・ベダはト] [形] 無思慮な, 考えのない.

die **Ụn·be·dacht·sam·keit** [ウン・ベダはトザームカイト] [名] -/-en **1.** (《[単]のみ》)軽率, 無思慮. **2.** 軽率〔無思慮〕な行動〔発言〕.

un·be·darft [ウン・ベダるふト] [形] 経験のない, 単純な

ụn·be·deckt [ウン・ベデっクト] [形] 覆いのない, むき出しの.

ụn·be·denk·lich [ウン・ベデンクリひ] [形] 懸念〔問題〕のない, 心配のない;ためらわずに.

die **Ụn·be·denk·lich·keits·be·schei·ni·gung** [ウン・ベデンクリひカイツ・ベシャイニグング] [名] -/-en 税負担能力証明書;納税証明書.

ụn·be·deu·tend [ウン・ベドイテント] [形] **1.** 重要でない, 価値のない;取るに足りない. **2.** わずかな.

un·be·dingt [ウン・ベディングト, ウン・ベディングト] [形] 無条件の, 絶対的な: *~er* Gehorsam 絶対的服従. 〖医〗*~e* Reflexe 無条件反射.

—— [副] 《語飾》(動詞・形容詞を修飾)どうしても, ぜひとも: nicht ~ 必ずしも…ない.(間投詞として) Soll ich mitkommen? ― *U*~! 私は一緒に行くのでしょうか―もちろんだ.

ụn·be·ein·flusst, [旧]**ụn·be·ein·flußt** [ウン・ベアインふルスト] [形] だれ〔何〕の影響も受けない.

un·be·fahr·bar [ウン・ベふぁーあ・バーあ, ウン・ベふぁーあ・バーあ] [形] 車〔船〕の通れない.

ụn·be·fan·gen [ウン・ベふぁンゲン] [形] **1.** 屈託のない, こだわりのない. **2.** 偏見のない, 予断を持たない.

die **Ụn·be·fan·gen·heit** [ウン・ベふぁンゲンハイト] [名] -/ 屈託〔こだわり〕のなさ;偏見〔とらわれ〕のなさ, 公平さ.

ụn·be·fleckt [ウン・ベふレっクト] [形] **1.** 《文》純潔な, 汚れなき. **2.** 《稀》染みのない. **【慣用】die Unbefleckte Empfängnis** (**Mariens**〔**Marias**〕)〖カトリック〗(聖母マリアの)無原罪のおん宿り.

ụn·be·frie·di·gend [ウン・ベふりーディゲント] [形] 不満足な.

ụn·be·frie·digt [ウン・ベふりーディひト] [形] 〖(von 〈j^3/et^3〉ニ)〗満足していない, 満たされない, 飽き足りない.

ụn·be·fris·tet [ウン・ベふりステっト] [形] 無期限の.

ụn·be·fugt [ウン・ベふークト] [形] 権限〔資格〕のない: *~er* Waffenbesitz 武器不法所持. Zutritt für *U~e* verboten 関係者以外立入禁止.

der/die **Ụn·be·fug·te** [ウン・ベふークテ] [名] (形容詞的変化)資格〔権限〕のない人: *~n* ist der Eintritt verboten. 部外者立入禁止.

ụn·be·gabt [ウン・ベガープト] [形] 〖(für 〈et^4〉ノ/zu 〈et^3〉ノ)〗才能〔天分〕のない.

ụn·be·gli·chen [ウン・ベグリっひぇン] [形] 未払いの, 未返済の.

un·be·greif·lich [ウン・ベグらイふリひ, ウン・ベグらイふリひ] [形] 不可解な, 理解できない.

die **Un·be·greif·lich·keit** [ウン・ベグらイふリひカイト, ウン・ベグらイふリひカイト] [名] -/-en **1.** (《[単]のみ》)理解のできないこと, 不可解. **2.** 不可解な行動.

ụn·be·grenzt [ウン・ベグれンツト] [形] 無限の, 限りない;《稀》果てしない.

ụn·be·grün·det [ウン・ベグりゅンデっト] [形] 根拠〔理由〕のない;不当な.

ụn·be·haart [ウン・ベハーあト] [形] 毛の生えていない.

das **Ụn·be·ha·gen** [ウン・ベハーゲン] [名] -s/ 不快感, 不愉快.

ụn·be·hag·lich [ウン・ベハークリひ] [形] 不快な, 居心地の悪い;不愉快な.

ụn·be·hau·en [ウン・ベハウエン] [形] 削られ〔切られ〕ていない, 未加工の.

un·be·hel·ligt [ウン・ベヘリひト, ウン・ベヘリひト] [形] 煩わされない, 邪魔されない.

ụn·be·herrscht [ウン・ベへるシュト] [形] 自制心のない.

un·be·hin·dert [ウン・ベヒンダート, ウン・ベヒンダート] [形] 妨げられない, 邪魔されない.

ụn·be·hol·fen [ウン・ベホルふぇン] [形] ぎこちない, 頼りない, 危なっかしい.

die **Ụn·be·hol·fen·heit** [ウン・ベホルふぇンハイト] [名] -/ 無器用であること, ぎこちなさ.

un·be·irr·bar [ウン・ベイる・バーあ, ウン・ベイる・バーあ] [形] 惑わされることのない.

un·be·irrt [ウン・ベイるト, ウン・ベイるト] [形] 惑わされない.

ụn·be·kannt [ウン・ベカント] [形] **1.** 〖(〈j^3〉ノ)〗知らない, 未知の: ein mir *~er* Künstler 私には未知の芸術家. ein *U~er*/eine *U~e* 知らない男/女;〖数〗未知数. Angst ist ihm ~. 彼は怖いもの知らずだ. **2.** 無名の, 有名でない: das Grabmal des *U~en* Soldaten 無名戦士の墓. **【慣用】eine unbekannte**

U

Größe 未知数の人. **Empfänger unbekannt** 宛(𝄀)名〔受取人〕不明. **Ich bin hier unbekannt.** 《口》私はここは不案内だ.

un·be·kann·ter·wei·se [ウン·ベカンター·ヴァイゼ] [副] 《次の形で》 Grüßen Sie ⟨j⁴⟩ ~ von mir. お目にかかったことはありませんが⟨人に⟩よろしくお伝え下さい.

un·be·klei·det [ウン·ベクライデット] [形] 服を着ていない, 裸の.

un·be·küm·mert [ウン·ベキュマート, ウン·ベキュマート] [形] **1.** のんきな. **2.** 〔(um ⟨et⁴⟩ニ)〕無頓着(むとんちゃく)な, 平気な: Er ist ~ darum, ob ... 彼は…かどうかには無頓着だ.

die **Un·be·küm·mert·heit** [ウン·ベキュマートハイト, ウン·ベキュマートハイト] [名] -/-en **1.** 《(単)のみ》のんきさ;無頓着(むとんちゃく). **2.** 無頓着さを物語るもの〔のあらわれ〕.

un·be·las·tet [ウン·ベラステット] [形] **1.** 〔(von ⟨j³/et³⟩ノ)〕重荷を負っていない. **2.** 悪い前歴のない. **3.** 物権を設定されていない. **4.** 有害物質に汚染されていない.

un·be·lebt [ウン·ベレープト] [形] **1.** 生命のない. **2.** 人気(ひとけ)〔人通り〕のない, 活気のない.

un·be·leckt [ウン·ベレックト] [形] 《口》〔von ⟨et³⟩ニツイテ〕何も知らない: von der Kultur ~*e* Völker 文化の洗礼を受けていない諸民族.

un·be·lehr·bar [ウン·ベレーあ·バーあ, ウン·ベレーあ·バーあ] [形] 度し難い.

un·be·liebt [ウン·ベリープト] [形] 〔(bei ⟨j³⟩ニ)〕好かれていない, 人気のない: sich⁴ mit ⟨et³⟩ bei ⟨j³⟩ ~ machen ⟨事で⟩⟨人に⟩嫌われる.

die **Un·be·liebt·heit** [ウン·ベリープトハイト] [名] -/ 不人気.

un·be·lohnt [ウン·ベローント] [形] 報いられない, 無報酬の.

un·be·mannt [ウン·ベマント] [形] 無人の;《口·冗》亭主持ちでない.

un·be·merk·bar [ウン·ベメるク·バーあ, ウン·ベメるク·バーあ] [形] (ほとんど)気づかない, 目にとまらない.

un·be·merkt [ウン·ベメるクト] [形] だれにも気づかれない.

un·be·mit·telt [ウン·ベミッテルト] [形] 資産のない.

un·be·nom·men [ウン·ベノメン, ウン·ベノメン] [形] 〔⟨j³⟩ノ〕自由に任されている: Es bleibt 〔ist〕 mir ~, ob ... …かどうか私の自由だ.

un·be·nutzt [ウン·ベヌッツト] [形] 使われていない;未使用の.

un·be·nützt [ウン·ベニュッツト] [形] 《方》=unbenutzt.

un·be·o·b·ach·tet [ウン·ベオバはテット] [形] だれにも見られていない.

un·be·quem [ウン·ベクヴェーム] [形] **1.** 窮屈な, 座り〔履き·着·居〕ごこちの悪い, 不便な. **2.** 厄介な, 煩わしい, こうるさい.

die **Un·be·quem·lich·keit** [ウン·ベクヴェームリひカイト] [名] -/-en **1.** 《(単)のみ》不快, 不愉快, 窮屈, 不便. **2.** 不快〔不愉快〕なこと;苦労なこと.

un·be·re·chen·bar [ウン·べれっひぇン·バーあ, ウン·べれっひぇン·バーあ] [形] 不測の, (前もって)計算できない;何をするか予測のつかない, 移り気な.

die **Un·be·re·chen·bar·keit** [ウン·べれっひぇンバーあカイト, ウン·べれっひぇンバーあカイト] [名] -/ 算定〔予測〕の不可能性;あてにならないこと, 移り気.

un·be·rech·tigt [ウン·べれひティひト] [形] 不当な;権利〔権限·資格·理由〕のない.

un·be·rück·sich·tigt [ウン·べりゅック·ズィひティひト, ウン·べりゅック·ズィひティひト] [形] 顧慮〔考慮〕されていない: ⟨et⁴⟩ ~ lassen ⟨事を⟩考慮しない.

un·be·ru·fen [ウン·べるーふぇン, ウン·べるーふぇン] [形] 適任でない, 不適格な;資格〔権限〕のない: Der Brief ist in ~*e* Hände gelangt. その手紙は別の人の手に渡った.

un·be·ru·fen ! [ウン·べるーふぇン, ウン·べるーふぇン] [間] 《言うとつきが落ちることを口にしたあとで》言うんじゃなかった.

der/die **Un·be·rühr·ba·re** [ウン·べりゅーあ·バーれ, ウン·べりゅーあ·バーれ] [名] 《形容詞的変化》不可触賤民(せんみん).

un·be·rührt [ウン·べりゅーあト] [形] **1.** 人の手の触れていない, 手つかずの;処女の: eine ~*e* Landschaft 人跡未踏の地. das Essen ~ lassen 食事に手をつけないでおく. **2.** 〔(von ⟨et³⟩ニ)〕無感動な, 心を動かされない.

die **Un·be·rührt·heit** [ウン·べりゅーあトハイト] [名] -/ 人の手の加わっていない〔自然のままの〕状態;処女〔純潔〕であること;心を動かされないこと.

un·be·scha·det [ウン·ベシャーデット, ウン·ベシャーデット] [前] 〔+2格〕 **1.** …にかかわりなく. **2.** 《後置も有》…を損なうことなく.

—— [副] 無事に.

un·be·schä·digt [ウン·ベシェーディひト] [形] 損傷のない, 無傷の;けがのない.

un·be·schäf·tigt [ウン·ベシェふティひト] [形] 手の空いている;職のない.

un·be·schei·den [ウン·ベシャイデン] [形] 無遠慮な, 厚かましい.

die **Un·be·schei·den·heit** [ウン·ベシャイデンハイト] [名] -/ 厚かましさ, ずうずうしさ;不遜(ふそん);無作法.

un·be·schol·ten [ウン·ベショルテン] [形] 品行方正な, 非の打ちどころのない.

die **Un·be·schol·ten·heit** [ウン·ベショルテンハイト] [名] -/ 非難の余地がないこと, 品行方正.

un·be·schrankt [ウン·ベシュらンクト] [形] 遮断機のない.

un·be·schränkt [ウン·ベシュれンクト, ウン·ベシュれンクト] [形] 無制限の, 無限の.

un·be·schreib·lich [ウン·ベシュらイプリひ, ウン·ベシュらイプリひ] [形] 言葉では表せない;筆舌に尽しがたい;すごく: Es erging ihm ganz ~. 《文》彼(の調子)は言いようもないほどひどかった.

un·be·schrie·ben [ウン·ベシュりーベン] [形] 白紙の, 空白の: ein ~*es* Blatt 《口》未知数の人.

un·be·schwert [ウン·ベシュヴェーあト] [形] やましいところのない;心配事のない, 気楽な.

un·be·seelt [ウン·ベゼールト] [形] 魂〔生命〕のない.

un·be·se·hen [ウン·ベゼーエン, ウン·ベゼーエン] [形] 検査〔吟味〕しない: ⟨j³⟩ ⟨et⁴⟩ ~ glauben ⟨人の⟩言う⟨事を⟩頭から信じる.

un·be·setzt [ウン·ベゼッツト] [形] ふさがっていない, 空席の;欠員になっている;占領〔占拠〕されていない.

un·be·sieg·bar [ウン·ベズィーク·バーあ, ウン·ベズィーク·バーあ] [形] 征服できない, 無敵の.

die **Un·be·sieg·bar·keit** [ウン·ベズィークバーあカイト, ウン·ベズィークバーあカイト] [名] -/ 打倒〔征服·克服〕不能;無敵.

un·be·siegt [ウン·ベズィークト, ウン·ベズィークト] [形] 不敗〔無敗〕の.

un·be·son·nen [ウン·ベゾネン] [形] 無思慮な.

die **Un·be·son·nen·heit** [ウン·ベゾネンハイト] [名] -/-en **1.** 《(単)のみ》無思慮, 無分別. **2.** 無思慮〔無分別〕な行動〔発言〕.

un·be·sorgt [ウン·ベゾるクト] [形] 心配していない: Seien Sie ~! ご心配なく.

un·be·stän·dig [ウン·ベシュテンディひ] [形] 気まぐれな, 移り気な;変りやすい, 不安定な.

die **Un·be·stän·dig·keit** [ウン·ベシュテンディひカイト] [名] -/ 気まぐれ;変りやすさ, 不安定.

un·be·stä·tigt [ウン·ベシュテーティひト, ウン·ベシュテーティひト] [形] 未確認の.

un·be·stech·lich [ウン·ベシュテひリひ, ウン·ベシュテひリひ] [形] 買収されない, 賄賂(わいろ)の利かない;何物にも惑わされない.

die **Un·be·stech·lich·keit** [ウン・ベシュテヒリヒカイト, ウン・ベシュテヒリヒカイト] 名 -/ 買収されぬこと(賄賂(ポ)の利か)ないこと, 清廉潔白(かっぽく)(惑わされないこと.

un·be·stimm·bar [ウン・ベシュティム・バーあ, ウン・ベシュティム・バーあ] 形 漠然とした, (分類学上)確定できない.

un·be·stimmt [ウン・ベシュティムト] 形 **1.** 決っていない, 未定の. **2.** 漠然とした. **3.** 〖言〗不定の.

die **Un·be·stimmt·heit** [ウン・ベシュティムトハイト] 名 -/-en **1.** (⊕のみ)不確定, 未決定；漠然としていること. **2.** 未定のこと；漠然としたこと.

un·be·streit·bar [ウン・ベシュトらイト・バーあ, ウン・ベシュトらイト・バーあ] 形 反論の余地のない, 明白な.

un·be·strit·ten [ウン・ベシュトりッテン, ウン・ベシュトりッテン] 形 反論の余地のない, 一般に認められている, 明白な；異議のない.
—— 副 (文飾)だれもが認める, 疑いもなく.

un·be·tei·ligt [ウン・ベタイリヒト, ウン・ベタイリヒト] 形 **1.** 無関心な. **2.** 〔an(bei)〈et³〉〕関与していない: an dem Verbrechen ～ sein その犯行に関与していない.

un·be·tont [ウン・ベトーント] 形 アクセントのない, 強調されていない.

un·be·trächt·lich [ウン・ベトれヒトリヒ, ウン・ベトれヒトリヒ] 形 取るに足りない, ごくわずかな.

un·be·tre·ten [ウン・ベトれーテン] 形 人跡未踏の.

un·beug·bar [ウン・ボイク・バーあ, ウン・ボイク・バーあ] 形 〖言〗語形変化しない.

un·beug·sam [ウン・ボイクザーム, ウン・ボイクザーム] 形 信念〔節〕を曲げない, 不屈の.

die **Un·beug·sam·keit** [ウン・ボイクザームカイト, ウン・ボイクザームカイト] 名 -/ 信念を曲げないこと, 不撓(ふとう)不屈なこと.

un·be·wacht [ウン・ベヴァハト] 形 監視〔見張り〕のない, 人の見ていない.

un·be·waff·net [ウン・ベヴァふネット] 形 武器〔凶器〕を持たない, 非武装の, 無防備の.

un·be·wäl·tigt [ウン・ベヴェルティヒト, ウン・ベヴェルティヒト] 形 克服されていない, 未解決の.

un·be·wan·dert [ウン・ベヴァンダット] 形 〔(in〔auf〕〈et³〉〕未経験な, 無知な.

un·be·weg·lich [ウン・ベヴェークリヒ, ウン・ベヴェークリヒ] 形 **1.** 動かない: ～ stehen 動かずに立っている. **2.** 動かせない, 固定された. **3.** 変らない表情の: mit ～em Gesicht 表情を変えずに. **4.** かたくなな, (頭が)固い. 〖慣用〗**unbewegliche Feste** 固定祝日. **unbewegliche Sachen** 不動産.

die **Un·be·weg·lich·keit** [ウン・ベヴェークリヒカイト, ウン・ベヴェークリヒカイト] 名 -/ 動かない〔動かせない〕こと, 不動(性)；無表情；かたくなさ, (頭が)固いこと.

un·be·wegt [ウン・ベヴェークト] 形 **1.** 動かない, 動きのない. **2.** 無表情な.

un·be·weibt [ウン・ベヴァイプト] 形 (口・冗)女房持ちでない.

un·be·weis·bar [ウン・ベヴェイス・バーあ, ウン・ベヴァイス・バーあ] 形 証明できない.

un·be·wie·sen [ウン・ベヴィーゼン] 形 証明されていない.

un·be·wohn·bar [ウン・ベヴォーン・バーあ, ウン・ベヴォーン・バーあ] 形 (人の)住めない.

un·be·wohnt [ウン・ベヴォーント] 形 人の住んでいない.

un·be·wusst, ⊕**un·be·wußt** [ウン・ベヴスト] 形 無意識の；意識されていない, 意図的でない.

das **Un·be·wuss·te**, ⊕**Un·be·wuß·te** [ウン・ベヴスステ] 名 (形容詞的変化; ⊕のみ)〖心〗無意識.

un·be·zahl·bar [ウン・ベツァール・バーあ, ウン・ベツァール・バーあ] 形 **1.** (高くて)払えない. **2.** (金銭で買えないほど)貴重な；(口・冗)かけがえのない.

un·be·zahlt [ウン・ベツァールト] 形 無給〔無報酬〕の, 未払いの: ～*er* Urlaub 有給休暇.

un·be·zähm·bar [ウン・ベツェーム・バーあ, ウン・ベツェーム・バーあ] 形 抑え(耐え)がたい.

un·be·zwing·bar [ウン・ベツヴィング・バーあ, ウン・ベツヴィング・バーあ] 形 =unbezwinglich.

un·be·zwing·lich [ウン・ベツヴィングリヒ, ウン・ベツヴィングリヒ] 形 抑え〔こらえ〕きれない；征服しがたい, 難攻不落の.

die **Un·bil·den** [ウン・ビルデン] 複名 〖文〗不快, つらさ, (寒さ・生活などの)厳しさ.

die **Un·bil·dung** [ウン・ビルドゥング] 名 -/ 無教養, 無教育.

die **Un·bill** [ウン・ビル] 名 -/ (〔古〕der〔das〕 ～ -s も有)〖文〗不正〔不当な〕行為；ひどい扱い, 苦難.

un·bil·lig [ウン・ビリヒ] 形 〖法〗不当な, 不公正な.

die **Un·bil·lig·keit** [ウン・ビリヒカイト] 名 -/ 〖法〗 **1.** (⊕のみ)不当, 不法, 不公正. **2.** 不当〔不公正〕なこと.

un·blu·tig [ウン・ブルーティヒ] 形 **1.** 無血の, 流血を見ない. **2.** 〖医〗非観血の.

un·bot·mä·ßig [ウン・ボート・メースィヒ] 形 (〈冗〉)・(皮)にも)お上(かみ)に逆らう, 反抗的な.

die **Un·bot·mä·ßig·keit** [ウン・ボート・メースィヒカイト] 名 -/-en お上に逆らう〔不従順・反抗的である〕こと.

un·brauch·bar [ウン・ブらウホ・バーあ] 形 役に立たない, 使いものにならない.

die **Un·brauch·bar·keit** [ウン・ブらウホ・バーあカイト] 名 -/ 役に立たないこと, 使用不能.

un·bunt [ウン・ブント] 形 色のつかない.

un·bü·ro·kra·tisch [ウン・ビュろクらーティシュ] 形 非官僚的な.

un·buß·fer·tig [ウン・ブース・ふェアティヒ] 形 〖キ教〗贖罪(しょくざい)の気持のない.

un·christ·lich [ウン・クりストリヒ] 形 非キリスト教的な.

(*der*) **Un·cle Sam** [Áŋkl sǽm アンクル・サム] 名 -s/ 〈冗〉アンクル・サム〔米国〔政府〕の意味〕.

die **UNCTAD** [óŋktat ウンクタット] =United Nations Conference on Trade and Development. アンクタッド, 国連貿易開発会議.

und [ウント] 接 〔並列〕〔略 u.〕 **1.** (語・句・文を並列させて)…と…, および, また, そして, それから: ein Tisch ～ ein Stuhl 机といす. Zwei ～ drei ist fünf. 2 + 3 = 5. Er ist klug ～ tüchtig. 彼は頭がよく, また有能である. Die Sonne schien, ～ die Vögel zwitscherten. 太陽は輝き, 鳥たちはさえずった.《会社名のときの代りに &を用い》Müller & Co. ミュラー社.《3つ以上の語句を結ぶときはそれぞれにコンマをつけ, 最後の語句の前だけに und を置く》Männer, Frauen ～ Kinder 男, 女および子供たち.《密接な関係にあって一体と考えられる二つの名詞または複合語どうしを und で結ぶとき, 二つ目の語には(ときには両方とも)冠詞類をつけない: sein Herr ～ Meister 彼の主人として師. in der Schwimm-～ Sporthalle 総合体育館において》 **2.**《同一語の連続により漸増・強調・連続を表して》höher ～ höher どんどん高く. mehr ～ mehr ますます. nach ～ nach 徐々に. über ～ über まったく, すっかり. Es regnete ～ regnete. 雨は休みなく降り続いた. Mich umgaben nur Menschen ～ Menschen. 私のまわりは人また人の山だった. **3.**《反意語を連続して》Tag ～ Nacht 夜を日について. alt ～ jung 老いも若きも. hier ～ da あちらこちらに. kreuz ～ quer 縦横に. **4.**《数詞を連続して》…ずつ: Sie gingen zu zwei ～ zwei. 彼らは二人ずつ(並んで)行った. halb ～ halb 半々に. **5.**《同じ指示的な語を連続して》Sie sagte, es sei so ～ so gewesen. これこれしかじかであったと彼女は言った. an dem ～ dem Tag これこれの日に. **6.**《同時または時間的に前後する文を連続して》そして, …そうすると: Er kochte, ～ sie sieht fern. 彼が食事を作り, 彼女はテレビを見る. Ich rief sie, ～ alle kamen. 私が彼らに声をかけると, みん

な集まってきた. **7.** 《先行する条件による帰結を示して》そうすれば,そうしたら: Du musst richtig ernährt sein, ~ du bleibst gesund. 君はちゃんと栄養をとっていれば,健康を保てる. **8.** 《先行文との相反的な関係を示して》ところが,それなのに: Man kann es kaum glauben, ~ doch ist es so. ほとんど信じられないいるようだが,でも本当にそうなのだ. **9.** (予期せぬ結果を示して) やはり: Ich hatte mir gedacht, er gewinnt, ~ es kam auch so. 私は彼が(試合に)勝つと思っていたが,果せるかなそのとおりだった. **10.** (文動に相当する補足文を導いて) Er fing an ~ erzählte. 彼は語り始めた. Sei so gut ~ hilf mir! なにとぞ助力を願いたい. **11.** (認容文を導いて)かりに〔たとえ〕…であっても: Ich werde es durchsetzen, ~ wenn alle dagegen sind. たとえみんなが反対しても私はそれをやってみせる. **12.** (主文に語を追加して) それに加えて〔おまけに〕…も: Ein Bier, zwei Würstchen ~ Beeilung, bitte! ビール一杯にソーセージ二つ,それも急いでね. **13.** (意外に聞かれる二語の連結により驚き・疑い・皮肉を表して) まさか…であるとは: Ich ~ singen? ぼくが歌うんだって(とんでもない). Er ~ hilfsbereit! (まさか)彼が手を貸してくれようとはね. 【慣用】**Na und?** それがどうした. **Und?** それで? (相手の話の続きを促して). **Und ob 〔Und wie〕!** (口)もちろん,そうに決まっている (相手の問いに対する強い肯定の答え). **und so fort 〔und so weiter〕** などなど(略 usf., u. s. f. 〔usw., u. s. w.〕); **und überhaupt** だから(全して)そも(全体として). **und zwar** … 詳しく言うと…, しかも〔それも〕….

der **Undank** [ウン・ダンク] 图 -(e)s/ 〖文〗恩知らず〔忘恩〕の仕打ち: von ⟨j³⟩ ~ ernten ⟨人に⟩恩知らずな仕打ちを受ける.

undankbar [ウン・ダンク・バーア] 形 恩知らずな; 割に合わない.

die **Undankbarkeit** [ウン・ダンクバーァカイト] 图 -/ **1.** 恩知らずな態度〔気持〕; 恩知らずであること. **2.** (商売などの)割に合わないこと.

undatiert [ウン・ダティーァト] 形 日付のない.

undefinierbar [ウン・デふィニーァ・バーア, ウン・デふィニーァ・バーア] 形 はっきり決め難い, 何とも言い難い.

undeklinierbar [ウン・デクリニーァ・バーア, ウン・デクリニーァ・バーア] 形 =indeklinabel.

undemokratisch [ウン・デモクラーティッシュ, ウン・デモクラーティッシュ] 形 非民主的な.

undenkbar [ウン・デンク・バーア] 形 考えられない, 思いもよらない.

undenklich [ウン・デンクリヒ] 形 (次の形で)seit/vor ~er Zeit [~en Zeiten] 大昔から/大昔に.

der **Undercoveragent** [ándərkavərˈ.. アンダーカヴァー・アゲント] 图 -en/-en 〖警察〗(ジン) (潜入中の)秘密捜査員, 覆面警官.

der **Underdog** [ándərdɔk アンダー・ドック] 图 -s/-s 〖文〗(社会的不正の)犠牲者, (社会的)弱者, 負け犬.

der **Underground** [ándərgraunt アンダー・グラウント] 图 -s/ 〖文〗地下組織, 地下運動; アングラ(芸術運動); アングラ音楽.

der **Undergroundfilm** [アンダーグラウント・ふィルム] 图 -(e)s/-e アンダーグラウンド〔アングラ〕映画.

das **Understatement** [ándərstéːtmənt アンダー・ステートメント] 图 -s/-s 〖文〗控え目な表現.

undeutlich [ウン・ドイトリヒ] 形 はっきりしない, 不明瞭な; 曖昧な, 不確かな.

die **Undeutlichkeit** [ウン・ドイトリヒカイト] 图 -/ 不明瞭さ; 曖昧さ.

undeutsch [ウン・ドイチュ] 形 ドイツ(人)的でない; 〖ばっ〗非ドイツ的な.

undicht [ウン・ディヒト] 形 気密でない, すきまのある: eine ~e Stelle 〖転〗(機密などの)漏洩(ない)箇所.

undifferenziert [ウン・ディふェれンツィーァト] 形 細分化されていない; 大ざっぱな, きめの粗い.

die **Undine** [ウンディーネ] 图 -/-n ウンディーネ(水の精).

das **Unding** [ウン・ディング] 图 -(e)s/ 非合理なこと, ナンセンス; 〖稀〗(不安を抱かせるような)もの.

undiplomatisch [ウン・ディプロマーティッシュ] 形 非外交的な; 人付合いの下手な.

undiszipliniert [ウン・ディスツィプリニーァト] 形 規律のない; 勝手きままな, 自制心の欠けた.

unduldsam [ウン・ドゥルトザーム] 形 寛容でない, 狭量な.

die **Unduldsamkeit** [ウン・ドゥルトザームカイト] 图 -/ 不寛容, 狭量.

undurchdringlich [ウン・ドゥるヒ・ドゥりングリヒ, ウン・ドゥるヒ・ドゥりングリヒ] 形 **1.** 入り込めないほど茂った, 通り抜けられない, まったく先が見えない. **2.** 何を考えているか(心の動きが)分からない.

die **Undurchdringlichkeit** [ウン・ドゥるヒ・ドゥりングリヒカイト, ウン・ドゥるヒ・ドゥりングリヒカイト] 图 -/ 通過〔貫通〕不能; (心情の)測り難さ.

undurchführbar [ウン・ドゥるヒ・ふューァ・バーア, ウン・ドゥるヒ・ふューァ・バーア] 形 実行〔実施〕不可能な.

undurchlässig [ウン・ドゥるヒ・レッスィヒ] 形 ((für ⟨et⁴⟩))通さない, 不通過〔浸透〕性の.

undurchschaubar [ウン・ドゥるヒ・シャウ・バーア, ウン・ドゥるヒ・シャウ・バーア] 形 見通せない, 見抜けない; 得体の知れない.

undurchsichtig [ウン・ドゥるヒ・ズィヒティヒ] 形 **1.** 不透明な, 透けて見えない. **2.** 得体の知れない.

die **Undurchsichtigkeit** [ウン・ドゥるヒ・ズィヒティヒカイト] 图 -/ 不透明性; 得体の知れないこと.

uneben [ウン・エーベン] 形 平らで〔平坦〕でない, でこぼこな, 起伏のある. 【慣用】**nicht uneben** 〖口〗悪くない.

unebenbürtig [ウン・エーベン・ビュるティヒ] 形 同じ(高貴な)身分家柄でない.

die **Unebenheit** [ウン・エーベンハイト] 图 -/-en **1.** ((のみ))平ら〔平坦(たん)〕でないこと. **2.** 不均一なところ, でこぼこしているところ.

unecht [ウン・エヒト] 形 **1.** 本物でない, 模造〔人造〕の; 見せかけだけの: ein ~er Zahn 義歯. **2.** 〖化・紡〗堅牢(ろう)度の低い(染料). 【慣用】**unechte Brüche** 〖数〗仮分数.

unedel [ウン・エーデル] 形 ..(⊕ ⊕ は..edl..) 〖文〗高貴でない, 卑劣な. 【慣用】**unedle Metalle** 卑金属.

unehelich [ウン・エーエリヒ] 形 庶出の, 非嫡出の; 庶子を抱えた, 未婚の.

die **Unehre** [ウン・エーれ] 图 -/ 〖文〗不名誉, 恥辱.

unehrenhaft [ウン・エーれンハフト] 形 〖文〗不名誉な, 恥ずべき.

unehrerbietig [ウン・エーァ・エァビーティヒ] 形 〖文〗敬意を失した, 尊敬の念を欠いた.

die **Unehrerbietigkeit** [ウン・エーァ・エァビーティヒカイト] 图 -/ 〖文〗非礼, 無礼, 不遜(そん).

unehrlich [ウン・エーァリヒ] 形 不正直な, 不誠実な; 信用できない, 不正な.

die **Unehrlichkeit** [ウン・エーァリヒカイト] 图 -/ 不正直, 不誠実; 不正, 欺瞞(まん).

uneigennützig [ウン・アイゲン・ニュッツィヒ] 形 利己的でない, 私心〔私利私欲〕のない.

uneigentlich¹ [ウン・アイゲントリヒ] 副 《冗》(先行する eigentlich とともに) 本来は許されないのだが….

uneigentlich² [ウン・アイゲントリヒ] 形 〖稀〗本来のものではない; 事実ではない.

uneingedenk [ウン・アイン・ゲデンク] 形 (次の形で)⟨et²⟩ ~ sein/bleiben 〖文〗⟨事を⟩忘れている/忘れたま

unerschöpflich

まである.〈et²〉～〈事を〉忘れて.

un·ein·ge·schränkt [ウン・アイン・ゲシュレンクト, ウン・アイン・ゲシュレンクト] 形 無制限の,無条件の：～*es* Vertrauen 全幅の信頼.

un·ein·ge·weiht [ウン・アイン・ゲヴァイト] 形 事情〔内情〕に通じていない.

der/die **Un·ein·ge·weih·te** [ウン・アイン・ゲヴァイテ] 名《(形容詞的変化)》門外漢.

un·ei·nig [ウン・アイニヒ] 形《(mit〈j³〉)+(in〈et³〉ニイテ)》意見が一致しない.

die **Un·ei·nig·keit** [ウン・アイニヒカイト] 名 -/-en《(意見などの)》不一致,不統一；不和対立.

un·an·nehm·bar [ウン・アイン・ネーム・バーあ, ウン・アイン・ネーム・バーあ] 形 難攻不落の.

un·eins [ウン・アインス] 形《(mit〈j³〉)》意見が一致しない；*nicht sich* ～ *sein* 決心がつかない.

un·emp·fäng·lich [ウン・エムプふェングリヒ] 形《(für〈et⁴〉ニ)》感染しにくい；感受性がない,(…を)受付けない.

un·emp·find·lich [ウン・エムプふィントリヒ] 形 **1.**《(gegen〈et⁴〉ニ)》鈍感な,平気な;抵抗力のある. **2.** 傷めにくい,汚れにくい.

die **Un·emp·find·lich·keit** [ウン・エムプふィントリヒカイト] 名 -/ **1.** 無感覚,鈍感. **2.**《(病気・寒暖への)》抵抗力；無頓着,平然. **3.**《(布地などの)》傷みにくさ,汚れにくさ.

un·end·lich [ウン・エントリヒ] 形 果てしない,限りない,無限の；《(数)》無限の；《(感)》並々ならぬ,途方もない；きわめて,非常に. 【慣用】*bis ins Unendliche* 果てしなく,際限なく. *das Objektiv auf "unendlich" einstellen*《(写)》レンズを「無限大」にセットする.

die **Un·end·lich·keit** [ウン・エントリヒカイト] 名 -/ **1.** 無限. **2.**《(文)》永久,広大無辺. **3.**《(数)》無限大. **4.**《(口)》非常に長い時間.

un·ent·behr·lich [ウン・エントベーアリヒ, ウン・エントベーアリヒ] 形《(für〈j³〉)》なくてはならない,不可欠な.

die **Un·ent·behr·lich·keit** [ウン・エントベーアリヒカイト, ウン・エントベーアリヒカイト] 名 -/ 不可欠,必須.

un·ent·gelt·lich [ウン・エントゲルトリヒ, ウン・エントゲルトリヒ] 形 無料の,無報酬の,無償の.

un·ent·rinn·bar [ウン・エントリン・バーあ, ウン・エントリン・バーあ] 形《(文)》免〔逃〕れ得ない.

un·ent·schie·den [ウン・エントシーデン] 形 未決定の；《(スポ)》引分けの；優柔不断な.

das **Un·ent·schie·den** [ウン・エントシーデン] 名 -s/-《(スポ)》引分け.

die **Un·ent·schie·den·heit** [ウン・エントシーデンハイト] 名 /《(スポ)》引分け.

un·ent·schlos·sen [ウン・エントシュロッセン] 形 決断〔決心〕のつかない；優柔不断な.

die **Un·ent·schlos·sen·heit** [ウン・エントシュロッセンハイト] 名 -/ 不決断；優柔不断.

un·ent·schuld·bar [ウン・エントシュルト・バーあ, ウン・エントシュルト・バーあ] 形 許しがたい,言訳の立たない.

un·ent·wegt [ウン・エントヴェークト, ウン・エントヴェークト] 形 倦(う)むことを知らぬ,根気強い,不屈の；ひっきりなし.

un·ent·wi·ckelt [ウン・エントヴィッケルト] 形 **1.** 発育途上の,発育不全の,未発達の. **2.**《(写)》未現像の.

un·ent·wirr·bar [ウン・エントヴィる・バーあ, ウン・エントヴィる・バーあ] 形 **1.** もつれてほどけない. **2.** 収拾できない.

un·er·bitt·lich [ウン・エあビットリヒ, ウン・エあビットリヒ] 形《(情け)》容赦のない；無情な.

die **Un·er·bitt·lich·keit** [ウン・エあビットリヒカイト, ウン・エあビットリヒカイト] 名 -/ かたくなさ；仮借なさ；無慈悲.

un·er·fah·ren [ウン・エあふぁーれン] 形 未熟な,経験の乏しい.

die **Un·er·fah·ren·heit** [ウン・エあふぁーれンハイト] 名 -/ 未経験,経験不足,未熟さ.

un·er·find·lich [ウン・エあふィントリヒ, ウン・エあふィントリヒ] 形《(文)》不可解な.

un·er·forsch·lich [ウン・エあふォるシュリヒ, ウン・エあふォるシュリヒ] 形《(文)》(理性では)究めがたい,量りがたい.

un·er·forscht [ウン・エあふォるシュト] 形 未究明〔探究〕の.

un·er·freu·lich [ウン・エあふろイリヒ] 形 不愉快な,うれしくない.

un·er·füll·bar [ウン・エあふュル・バーあ, ウン・エあふュル・バーあ] 形 かなえられない,実現不可能な.

un·er·füllt [ウン・エあふュルト] 形 満たされていない,果たされていない.

un·er·gie·big [ウン・エあギービヒ] 形 収穫〔利益〕の乏しい,不毛な,得るところの少ない.

un·er·gründ·lich [ウン・エあグりュントリヒ, ウン・エあグりュントリヒ] 形 解明できない,不可解な；《(古)》底知れぬ.

un·er·heb·lich [ウン・エあヘープリヒ] 形 取るに足りない.

die **Un·er·heb·lich·keit** [ウン・エあヘープリヒカイト] 名 -/ 取るに足りない(ささいな)こと,重要(本質的)でないこと.

un·er·hört¹ [ウン・エあ ㊀ ーあト] 形《(文)》聞き届けられない,かなえられない.

un·er·hört² [ウン・エあ ㊀ ーあト] 形 **1.** 途方もないとてつもなく. **2.** 言語道断の. **3.**《(文)》前代未聞の.

un·er·kannt [ウン・エあカント] 形 だれにもそれと知〔悟〕られていない.

un·er·kenn·bar [ウン・エあケン・バーあ, ウン・エあケン・バーあ] 形 認識〔識別〕できない.

un·er·klär·lich [ウン・エあクレーありヒ, ウン・エあクレーありヒ] 形 説明のつかない,不可解な,わけの分らない.

un·er·läss·lich, ⓓun·er·läß·lich [ウン・エあレスリヒ, ウン・エあレスリヒ] 形 不可欠の.

un·er·laubt [ウン・エあラウプト] 形 許されていない,許可なしの;不法な,違法な：*der Schule* ～ *fernbleiben* 無断で学校を休む.

un·er·le·digt [ウン・エあレーディヒト] 形 片づいていない,未処理の,未決の.

un·er·mess·lich, ⓓun·er·meß·lich [ウン・エあメスリヒ, ウン・エあメスリヒ] 形 **1.**《(文)》計り知れない;果てしない. **2.** 途方もない,莫大な(㊀)な；非常に. 【慣用】*(bis) ins Unermessliche* 際限なく,果てしなく;絶え間なく.

die **Un·er·mess·lich·keit, ⓓUn·er·meß·lich·keit** [ウン・エあメスリヒカイト, ウン・エあメスリヒカイト] 名 -/ 計り知れないこと;広大無辺.

un·er·müd·lich [ウン・エあミュートリヒ, ウン・エあミュートリヒ] 形 疲れを知らない,たゆまぬ,不屈の.

die **Un·er·müd·lich·keit** [ウン・エあミュートリヒカイト, ウン・エあミュートリヒカイト] 名 -/ 疲れを知らないこと,根気強さ.

un·er·quick·lich [ウン・エあクヴィックリヒ] 形《(文)》不快な,喜ばしくない.

un·er·reich·bar [ウン・エあらイヒ・バーあ, ウン・エあらイヒ・バーあ] 形 **1.**《(für〈j³〉)》(手・足の)届かない. **2.**《(für〈j³〉)》連絡がとれない;到達〔達成〕できない：*Dieses Ziel bleibt für ihn* ～. この目的は彼には達成されないままである.

un·er·reicht [ウン・エあらイヒト, ウン・エあらイヒト] 形 だれも達成〔到達〕したことのない,前人未到の.

un·er·sätt·lich [ウン・エあゼットリヒ, ウン・エあゼットリヒ] 形 貪欲(㊀)な,飽くことを知らない;《(稀)》いつも腹をすかせている.

un·er·schlos·sen [ウン・エあシュロッセン] 形 未開発の;未開拓の.

un·er·schöpf·lich [ウン・エあシェップふリヒ, ウン・エあシェップふリヒ] 形 尽きることのない,無尽蔵の;論じ尽せない.

ụn·er·schro·cken [ウン·エあシュろっケン] [形] 恐れを知らない.

die **Ụn·er·schro·cken·heit** [ウン·エあシュろっケンハイト] [名] -/ 恐れを知らないこと.

un·er·schüt·ter·lich [ウン·エあシュッターリひ, ウン·エあシュッターリひ] [形] 揺るぎない, ぐらつかない, 物に動じない..

un·er·schwing·lich [ウン·エあシュヴィングリひ, ウン·エあシュヴィングリひ] [形] (価格が高くて)手が届かない.

un·er·setz·bar [ウン·エあゼっツ·バーあ, ウン·エあゼっツ·バーあ] [形] 取替えのきかない, 取返しがつかない.

un·er·setz·lich [ウン·エあゼっツリひ, ウン·エあゼっツリひ] [形] 取り返しのつかない, 償えない, かけがえのない.

un·er·sprieß·lich [ウン·エあシュプりースリひ, ウン·エあシュプりースリひ] [形] 《文》無益な.

un·er·träg·lich [ウン·エあトれークリひ, ウン·エあトれークリひ] [形] 耐えがたい, 我慢のならない;たまらなく.

ụn·er·wähnt [ウン·エあヴェーント] [形] 言及してない.

un·er·war·tet [ウン·エあヴァるテット, ウン·エあヴァるテット] [形] 思いがけない, 予期しない, 不意の.

un·er·weis·bar [ウン·エあヴァイス·バーあ, ウン·エあヴァイス·バーあ] [形] 《稀》証明できない.

un·er·weis·lich [ウン·エあヴァイスリひ, ウン·エあヴァイスリひ] [形] 《稀》証明できない.

ụn·er·wi·dert [ウン·エあヴィーダート] [形] 返事〔返答〕のない;返礼のない;報われない.

ụn·er·wünscht [ウン·エあヴュンシュト] [形] 望ましくない.

ụn·er·zo·gen [ウン·エあツォーゲン] [形] 躾(しつけ)がよくない.

die **UNẸSCO** [unέsko ウネスコ] [名] -/ ユネスコ, (United Nations Educational, Scientific and Cultural Organization 国連教育科学文化機関の略).

ụn·fä·hig [ウン·ふぇーイひ] [形] **1.** 無能な. **2.** 〔zu <et³>ガ/<et²>ガ/zu<[動]>スルコトガ〕できない(2格は《文》): Ich bin ~ zu weiterer Arbeit. 私はこれ以上仕事を続けられない. Er ist ~〔,〕Rot und Grün zu unterscheiden. 彼は赤と緑を識別できない.

die **Ụn·fä·hig·keit** [ウン·ふぇーイひカイト] [名] -/ 無能力, 力量のなさ, 不適格.

ụn·fair [ŏnfɛːr ウン·ふぇーあ] [形] 公平〔公正〕でない;〚スポーツ〛フェアでない.

der **Ụn·fall** [ウン·ふぁル] [名] -(e)s/..fälle 事故, 災難.

die **Ụn·fall·flucht** [ウンふぁル·ふルふト] [名] -/ 〚法〛事故現場からの逃走.

die **Ụn·fall·fol·gen** [ウンふぁル·ふぉルゲン] [複名] 事故〔災害〕後遺症.

ụn·fall·frei [ウンふぁル·ふらイ] [形] 無事故の.

die **Ụn·fall·ge·fahr** [ウンふぁル·ゲふぁーあ] [名] -/-en 事故の危険.

der **Ụn·fall·geg·ner** [ウンふぁル·ゲーグナー] [名] -s/ 〚保険〛交通事故の相手方.

die **Ụn·fall·kli·nik** [ウンふぁル·クリーニク] [名] -/-en 救急病院.

die **Ụn·fall·ren·te** [ウンふぁル·れンテ] [名] -/-n 〚保険〛傷害保険年金.

die **Ụn·fall·sta·ti·on** [ウンふぁル·シュタツィオーン] [名] -/-en 救急ステーション〔病棟〕.

die **Ụn·fall·stel·le** [ウンふぁル·シュテレ] [名] -/-n 事故現場.

der **Ụn·fall·tod** [ウンふぁル·トート] [名] -(e)s/ 事故死.

ụn·fall·träch·tig [ウンふぁル·トれひティひ] [形] 事故の危険をはらんだ, 事故の起こりやすい.

die **Ụn·fall·ver·hü·tung** [ウンふぁル·ふぇあヒュートゥング] [名] -/ 事故〔災害〕防止(対策).

die **Ụn·fall·ver·si·che·rung** [ウンふぁル·ふぇあズっひぇるング] [名] -/-en 災害保険;災害保険会社.

der **Ụn·fall·wa·gen** [ウンふぁル·ヴァーゲン] [名] -s/- **1.** 事故車. **2.** 救急車.

die **Ụn·fall·zif·fer** [ウンふぁル·ツィっふぁー] [名] -/-n 事故発生率, 事故件数.

un·fass·bar, [旧]**un·faß·bar** [ウン·ふぁス·バーあ, ウン·ふぁス·バーあ] [形] 理解しがたい, 不可解な;想像を絶する.

un·fass·lich, [旧]**un·faß·lich** [ウン·ふぁスリひ, ウン·ふぁスリひ] [形] =unfassbar.

un·fehl·bar [ウン·ふぇール·バーあ, ウン·ふぇール·バーあ] [形] **1.** 過ち〔誤謬(ごびゅう)〕を犯すことのない;〚カトリック〛不可謬の. **2.** 間違いのない, 確実な.

die **Un·fehl·bar·keit** [ウン·ふぇールバーあカイト, ウン·ふぇールバーあカイト] [名] -/ **1.** 間違いのないこと, 確実さ. **2.** 過ちを犯すことのないこと, 〚カトリック〛(教皇の)不可謬(ふかびゅう)性.

ụn·fein [ウン·ふぁイン] [形] 品のない.

ụn·fern [ウン·ふぇるン] [前] 〔+2格〕《稀》=unweit.
—— [副] 《稀》=unweit.

ụn·fer·tig [ウン·ふぇるティひ] [形] 未完成の;未熟な.

der **Ụn·flat** [ウン·ふラート] [名] -(e)s/ 《文·古》汚物;《転·文·蔑》悪口, 罵詈雑言(ばりぞうごん).

ụn·flä·tig [ウン·ふレーティひ] [形] 《文·蔑》汚らわしい, 口汚い, 粗野〔野卑〕な.

die **Ụn·flä·tig·keit** [ウン·ふレーティひカイト] [名] -/-en **1.** ([単]のみ)粗野, 野卑. **2.** 粗野〔野卑〕な行動〔発言〕.

un·flek·tier·bar [ウン·ふレクティーあ·バーあ, ウン·ふレクティーあ·バーあ] [形] 〚言〛語形変化しない.

ụn·folg·sam [ウン·ふぉルクザーム] [形] 言うことを聞かない, 従順でない.

die **Ụn·folg·sam·keit** [ウン·ふぉルクザームカイト] [名] -/ 不従順, わがまま.

ụn·för·mig [ウン·[ふぇ]るミひ] [形] 不格好な.

die **Ụn·för·mig·keit** [ウン·[ふぇ]るミひカイト] [名] -/ 不格好.

ụn·förm·lich [ウン·[ふぇ]るムリひ] [形] 形式張らない, くだけた;《古》不格好な.

ụn·fran·kiert [ウン·ふらンキーあト] [形] (郵便)料金未納の, 切手のはってない.

ụn·frei [ウン·ふらイ] [形] **1.** 自由でない: die ~en Bauern〚史〛不自由農民, 農奴. **2.** 規範に縛られた. **3.** 〚郵便〛料金未納の.

die **Ụn·frei·heit** [ウン·ふらイハイト] [名] -/ **1.** 自由のないこと, 不自由. **2.** 窮屈, 束縛.

ụn·frei·wil·lig [ウンふらイ·ヴィリひ] [形] 自由意志からではない, 不本意な;そのつもりのない, 巧まざる, うっかりした.

ụn·freund·lich [ウン·ふろイントリひ] [形] **1.** 〔(zu <j³>ニ/gegen <j⁴>ニ)〕不親切な, 無愛想な, 非友好的な. **2.** いやな, 不快な.

die **Ụn·freund·lich·keit** [ウン·ふろイントリひカイト] [名] -/-en **1.** ([単]のみ)不親切, 非友好的なこと. **2.** 不親切〔非友好的〕な行動〔発言〕.

der **Ụn·frie·de** [ウン·ふりーデ] [名] -ns/ 《稀》=Unfrieden.

der **Ụn·frie·den** [ウン·ふりーデン] [名] -s/ 不和, 争い, 軋轢(あつれき), 険悪な状態.

ụn·frucht·bar [ウン·ふるふト·バーあ] [形] **1.** 不毛な, 実りの乏しい. **2.** 〚生·医〛生殖能力のない, 不妊の;実を結ばない. **3.** 無益な, 実りのない.

die **Ụn·frucht·bar·keit** [ウン·ふるふトバーあカイト] [名] -/ 不毛;生殖不能, 不妊;無益なこと.

die **Ụn·frucht·bar·ma·chung** [ウン·ふるふトバーあ·マっふング] [名] -/-en 不妊法〔手術〕, 断種法〔手術〕.

der **Ụn·fug** [ウン·ふーク] [名] -(e)s/ **1.** 迷惑な行為, 乱暴: grober ~〚法〛治安防害. **2.** ばかげたこと.

Ung. =Unguentum 軟膏(なんこう).

..ung [..ウング] [接尾] 主に他動詞の語幹につけて女性名詞を作る. **1.** (行為): Erzieh*ung* 教育. **2.** (事象·状態): Bezieh*ung* 関係. Aufreg*ung* 興奮. **3.** (行為の結果): Erfind*ung* 発明(品).

Kleid*ung* 衣服. **4.**《集合》：Bevölker*ung* 住民. Regier*ung* 政府.

ụn·ga·lant [ウン・ガラント] 形《文・古》(女性に)非礼な.

un·gang·bar [ウン・ガング・バーあ, ウン・ガング・バーあ] 形《稀》通れない, 通行不能な.

ụn·gar [ṓŋgaːr ウンガー] 形《農》耕作に適さない. 煮えていない, 焼けていない.

der **Un·gar** [ṓŋgar ウンガる] 名 -n/-n ハンガリー人.

un·ga·risch [ウンガリッシ] 形 ハンガリー(人)の.

das **Un·ga·risch** [ウンガリシュ] 名 -(s)/ ハンガリー語.【用法は⇨ Deutsch】

das **Un·ga·ri·sche** [ウンガリシェ] 名《形容詞的変化》(㊁のみ) **1.**《定冠詞とともに》ハンガリー語. **2.** ハンガリー的なもの〔こと〕.【用法は⇨ Deutsche³】

(das) **Un·garn** [ウンガるン] 名 -s/《国名》ハンガリー.

un·gast·lich [ウン・ガストリヒ] 形 **1.** 客のもてなしのよくない. **2.** (そこに)居たい〔滞在したい〕気持にならない.

un·ge·ach·tet [ウン・ゲアはテット, ウン・ゲアはテット] 前〔+ 2 格〕(後置も有)《文》…にもかかわらず, …を無視して.
―― 接《従属》《古》= obwohl.

un·ge·ahn·det [ウン・ゲアーンデット, ウン・ゲアーンデット] 形 罰せられない.

un·ge·ahnt [ウン・ゲアーント, ウン・ゲアーント] 形 予想外の.

un·ge·bär·dig [ウン・ゲベーあディヒ] 形《文》手に負えない.

un·ge·be·ten [ウン・ゲベーテン] 形 招かれざる, 頼まれない.

un·ge·beugt [ウン・ゲボイクト] 形 **1.** 曲っていない, 真っすぐな. **2.** 不屈の. **3.**《言》語尾変化しない.

un·ge·bil·det [ウン・ゲビルデット] 形《蔑》(有も有)教養のない, 無学な.

un·ge·bleicht [ウン・ゲブライヒト] 形 漂白されていない.

un·ge·bo·ren [ウン・ゲボーれン] 形 まだ生れていない.

un·ge·bräuch·lich [ウン・ゲブろイヒリヒ] 形 あまり用いられない.

un·ge·braucht [ウン・ゲブらウホト] 形 未使用の, 新品の.

un·ge·bro·chen [ウン・ゲブろっヘン] 形 **1.** 屈折していない, くすんでいない. **2.** 不屈の.

die **Un·ge·bühr** [ウン・ゲビューあ] 名 -/《文》不当(不穏当な・不作法)な振舞い; ~ vor Gericht《法》法廷侮辱(罪).

un·ge·büh·rend [ウン・ゲビューれント] 形《古》= ungebührlich.

un·ge·bühr·lich [ウン・ゲビューあリヒ] 形《文》 **1.** 無礼〔不作法〕な. **2.** 不当な; ひどく.

die **Un·ge·bühr·lich·keit** [ウン・ゲビューあリヒカイト] 名 -/-en 《文》(㊁のみ)不当, 不穏当, 不作法. **2.** 不当〔不穏当〕な行動〔発言〕.

un·ge·bun·den [ウン・ゲブンデン] 形 **1.** 未製本の; 結んでいない, 束にしてない; 〈料〉とろみのついていない; 〈楽〉ノンレガートの; 〈文芸学〉韻をふまない. **2.** 束縛されてない, 自由な.

die **Un·ge·bun·den·heit** [ウン・ゲブンデンハイト] 名 -/ 束縛されていないこと, 自由.

un·ge·deckt [ウン・ゲデックト] 形 覆われていない; 苫をかれていない; 食事の用意のできていない; 援護〔ガード〕されていない; 〈球〉ノーマークの; 〈銀行〉引当〔準備〕金のない, 無担保の.

un·ge·dient [ウン・ゲディーント] 形 兵役をすませていない.

un·ge·druckt [ウン・ゲドるックト] 形 印刷されていない, 未発表の.

die **Un·ge·duld** [ウン・ゲドゥルト] 名 -/ いらだち, 焦燥(そう); ~ über 〈j⁴/et⁴〉人・物・事について いらだちした.

un·ge·dul·dig [ウン・ゲドゥルディヒ] 形 短気な, いらだった.

un·ge·eig·net [ウン・ゲアイクネット] 形〔(zu 〈j³/et³〉=/ für 〈j⁴/et⁴〉=)〕不適当な, 向いていない: für diesen Beruf/zum Arzt ~ sein この職業に/医者に向いていない.

un·ge·fähr [ウン・ゲふぇーあ, ウン・ゲふぇーあ] 副《語飾》(動詞・形容詞・副詞・名詞を修飾)およそ, 約, 大体そう: um drei Uhr 大体 3 時頃に. so ~ (~ so) 大体そんなふうに. Er kommt heute an. —Wann ~? 彼は今日着きますか―何時頃ですか.【慣用】**nicht von ungefähr** 然るべき理由があって. **von ungefähr** 偶然に.
―― 形 おおよその, 大体の.

das **Un·ge·fähr** [ウン・ゲふぇーあ, ウン・ゲふぇーあ] 名 -s/《文・古》偶然, 運命.

un·ge·fähr·det [ウン・ゲふぇーあデット, ウン・ゲふぇーあデット] 形 危険にさらされていない.

un·ge·fähr·lich [ウン・ゲふぇーありヒ] 形 危険のない, 無害な.

un·ge·fäl·lig [ウン・ゲふぇリヒ] 形 不親切な, 無愛想な.

die **Un·ge·fäl·lig·keit** [ウン・ゲふぇリヒカイト] 名 -/ 不親切, 無愛想.

un·ge·färbt [ウン・ゲふぇるプト] 形 染めていない, 無着色の; 〈転〉潤色〔粉飾〕していない.

un·ge·fragt [ウン・ゲふらークト] 形 聞かれもしないのに; 断りもなく; = dazwischenreden 聞かれもしないのに口をはさむ.

un·ge·früh·stückt [ウン・ゲふりゅーシュテュックト] 形《口・冗》朝食を食べていない.

un·ge·fü·ge [ウン・ゲふゅーゲ] 形《文》大きくて不格好な, いかつい不恰好な, ぎこちない.

un·ge·fü·gig [ウン・ゲふゅーギヒ] 形《稀》(ばかでかくて)不格好な; 言うことを聞かない.

un·ge·hal·ten [ウン・ゲハルテン] 形〔(über 〈et⁴〉=)〕《文》立腹した, 感情を害した.

un·ge·hei·ßen [ウン・ゲハイセン] 形《文》命令〔要求〕されていない.

un·ge·heizt [ウン・ゲハイツト] 形 暖房の入っていない.

un·ge·hemmt [ウン・ゲヘムト] 形 止められない, 抑えられない; 奔放な, 自由な, 気後れしない.

un·ge·heu·er [ウン・ゲホイあ, ウン・ゲホイあー] 形(㊁㊂は . . heurー . .) 途方もない, 巨大な, 莫大(ばく)な; ものすごく.【慣用】**ins Ungeheure** ものすごく.

das **Un·ge·heu·er** [ウン・ゲホイあー] 名 -s/- 怪獣, 怪物, 化け物; 〈不快な〉巨大なもの.

un·ge·heu·er·lich [ウン・ゲホイあーリヒ, ウン・ゲホイあーリヒ] 形 **1.**《蔑》まったくひどい, けしからぬ. **2.**《稀》= ungeheuer.

die **Un·ge·heu·er·lich·keit** [ウン・ゲホイあーリヒカイト, ウン・ゲホイあーリヒカイト] 名 -/-en《蔑》 **1.** (㊁のみ)ひどい〔けしからぬ〕こと. **2.** ひどい〔前代未聞な〕行動〔発言〕.

un·ge·hin·dert [ウン・ゲヒンダート] 形 妨げられない.

un·ge·ho·belt [ウン・ゲホーベルト, ウン・ゲホーベルト] 形 **1.** 鉋(かんな)のかかっていない. **2.** ぎこちない; 《蔑》粗野な.

un·ge·hö·rig [ウン・ゲへーりヒ] 形 不作法な, 無礼な.

die **Un·ge·hö·rig·keit** [ウン・ゲへーりヒカイト] 名 -/-en **1.** (㊁のみ)無作法, 無礼, 不適当であること. **2.** 不作法〔不穏当〕な行動〔発言〕.

un·ge·hor·sam [ウン・ゲホーあザーム] 形 言うことを聞かない, 従順でない.

der **Un·ge·hor·sam** [ウン・ゲホーあザーム] 名 -s/ 不服従, 不従順.

der **Un·geist** [ウン・ガイスト] 名 -(e)s/《文・蔑》危険思想, 空疎なイデオロギー.

un·geis·tig [ウン・ガイスティヒ] 形《稀》知的でない.

un·ge·klärt [ウン・ゲクレート] 形 **1.** 明らかにされていない, 解明されていない. 浄化されていない.

ụn·ge·kocht [ウン·ゲコホト] 形 沸いていない, 煮えていない, 調理してない.

ụn·ge·künstelt [ウン·ゲキュンステルト] 形 わざとらしさのない, 作為的でない.

ụn·ge·kürzt [ウン·ゲキュルツト] 形 省略〔短縮〕されていない, 縮約〔簡約〕でない, ノーカットの.

ụn·ge·la·den [ウン·グラーデン] 形 招かれていない〔のに〕.

ụn·ge·le·gen [ウン·ゲレーゲン] 形 都合〔具合〕の悪い.

die **Ụn·ge·le·gen·heit** [ウン·ゲレーゲンハイト] 名 -/-en 〔主に複〕迷惑, 面倒, 不都合.

ụn·ge·legt [ウン·ゲレークト] 形 《口》〔次の形で〕~e Ei·er まだ産んでもいない卵〔未決定の件〕: sich⁴ um ~e Eier kümmern 取越し苦労をする.

ụn·ge·leh·rig [ウン·ゲレーリヒ] 形 飲込みの悪い.

ụn·ge·lenk [ウン·ゲレンク] 形 《文》ぎくしゃくした, ぎごちない, たどたどしい.

ụn·ge·len·kig [ウン·ゲレンキヒ] 形 ぎくしゃくしない; 体がかたい.

ụn·ge·lernt [ウン·ゲレルント] 形 専門の職業訓練を受けていない.

ụn·ge·liebt [ウン·ゲリープト] 形 嫌いな, いやな.

ụn·ge·lo·gen [ウン·ゲローゲン] 副 《口》《文飾》嘘(ﾞｳｿ)でなく, 本当に: Ich habe ~ drei Stunden dazu gebraucht. それに3時間かかったんだ. 嘘じゃないって.

ụn·ge·löscht [ウン·ゲ①ッシュト] 形 消和してない: ~er Kalk 生(ｷ)石灰.

das **Ụn·ge·mach** [ウン·ゲマーё] 名 -(e)s/ 《文》不愉快なこと, 厄介なこと, 苦労, 災難.

ụn·ge·mäß [ウン·ゲメース] 形 《次の形で》〈j³/et³〉 sein〈人·事に〉ふさわしくない.

ụn·ge·mein [ウン·ゲマイン, ウン·ゲマイン] 形 並外れた, 非常な; とても.

ụn·ge·mischt [ウン·ゲミッシュト] 形 混ぜ物〔混り気〕のない.

ụn·ge·müt·lich [ウン·ゲミュートリヒ] 形 居心地〔住み心地〕の悪い; くつろげない; 不快な.

die **Ụn·ge·müt·lich·keit** [ウン·ゲミュートリヒカイト] 名 -/ 居ごこちの悪さ, 不(愉)快であること.

ụn·ge·nannt [ウン·ゲナント] 形 匿名の.

ụn·ge·nau [ウン·ゲナウ] 形 不正確な; いいかげんな.

die **Ụn·ge·nau·ig·keit** [ウン·ゲナウイヒカイト] 名 -/-en 1. 〔単のみ〕不正確さ, 厳密でないこと, ずさんさ. 2. 期待はずれなこと.

ụn·ge·niert [onʒeniːɐt ウン·ジェニーアト, ウン·ジェニーアト] 形 遠慮のない, 気がねのない.

die **Ụn·ge·niert·heit** [onʒe.. ウン·ジェニーアトハイト, ウン·ジェニーアトハイト] 名 -/ 1. 〔単のみ〕こだわり〔遠慮〕のなさ, 平気であること. 2. 〔稀〕こだわり〔遠慮〕のない行動〔発言〕.

ụn·ge·nieß·bar [ウン·ゲニース·バー, ウン·ゲニース·バー] 形 1. 食べられ〔飲め〕ない, 食べられ〔飲め〕たものではない; 鑑賞に耐えない. 2. 《口》《冗》〈も有〉機嫌が悪くてかなわない.

die **Ụn·ge·nieß·bar·keit** [ウン·ゲニースバーカイト, ウン·ゲニースバーカイト] 名 -/ 1. 飲食に適さないこと, 〔質が悪くて〕堪えられぬこと, 機嫌が悪くてかなわぬこと.

ụn·ge·nü·gend [ウン·ゲニューゲント] 形 不十分な; 〔成績の〕不可〔中の下〕〔ドイツで6, 旧東独·オーストリアで5の最下位の評点〕.

ụn·ge·nutzt [ウン·ゲヌッツト] 形 使われない, 利用されない.

ụn·ge·nützt [ウン·ゲニュッツト] 形 =ungenutzt.

ụn·ge·ord·net [ウン·ゲオルドネット] 形 無秩序な, 未整理の, 乱雑な.

ụn·ge·pflegt [ウン·ゲプフレークト] 形 手入れの行届いていない, きちんとしていない.

ụn·ge·rächt [ウン·ゲレヒト] 形 《文》復讐(ｼｭｳ)〔報復·報い〕を受けていない.

ụn·ge·ra·de [ウン·グラーデ] 形 《数》奇数の.

ụn·ge·ra·ten [ウン·グラーテン] 形 出来〔しつけ〕の悪い.

ụn·ge·rech·net [ウン·ゲレヒネット] 形 計算に入れてない, 勘定に含まれていない.
—— 前 〔+2格〕…を勘定〔計算〕に入れないで.

——·ge·recht [ウン·ゲレヒト] 形 不正な, 不公平な.

ụn·ge·rech·ter·wei·se [ウン·ゲレヒター·ヴァイゼ] 副 不当にも.

ụn·ge·recht·fer·tigt [ウン·ゲレヒト·ふェルティヒト] 形 正当化されない, 不当な.

die **Ụn·ge·rech·tig·keit** [ウン·ゲレヒティヒカイト] 名 -/-en 1. 〔単のみ〕不正, 不当, 不公平. 2. 不正〔不当〕な行動〔発言〕.

ụn·ge·re·gelt [ウン·ゲレーゲルト] 形 無秩序な, 不規則な; 〔稀〕かたのついていない.

ụn·ge·reimt [ウン·ゲライムト] 形 韻を踏まない; 無意味な.

die **Ụn·ge·reimt·heit** [ウン·ゲライムトハイト] 名 -/-en 1. 〔単のみ〕意味の通らない〔つじつまの合わない〕こと, ナンセンスなこと. 2. つじつまの合わない〔ばかげた〕話し.

ụn·gern [ウン·ゲルン] 副 いやいや, 渋々, (…は)いやだ: Das tue ich sehr ~. それをするのは私はとてもいやだ. gern oder —— 好むと好まざるとにかかわらず. nicht ~ 嫌いでない.

ụn·ge·rührt [ウン·ゲリュールト] 形 心を動かされない, 平然〔冷然〕とした.

ụn·ge·rupft [ウン·ゲルップト] 形 1. 毛をむしってない〔鳥〕. 2. 《次の形で》~ davon kommen《口》無事に逃れる.

ụn·ge·sagt [ウン·ゲザークト] 形 言われない(ままの).

ụn·ge·sal·zen [ウン·ゲザルツェン] 形 塩の入らない, 無塩の.

ụn·ge·sät·tigt [ウン·ゲゼッティヒト] 形 1. 《文》満腹していない. 2. 《化》不飽和の.

ụn·ge·säu·ert [ウン·ゲゾイアート] 形 酵母〔パン種〕の入らない.

ụn·ge·säumt¹ [ウン·ゲゾイムト, ウン·ゲゾイムト] 形 《古》遅滞のない.

ụn·ge·säumt² [ウン·ゲゾイムト] 形 縁どりのしてない.

ụn·ge·sche·hen [ウン·ゲシェーエン] 形 《次の形で》〈et⁴〉~ machen〈事を〉(起きていない)元の状態に戻す〔なかったことにする〕.

das **Ụn·ge·schick** [ウン·ゲシック] 名 -(e)s/ 不器用さ, ぎこちなさ; 不手際.

die **Ụn·ge·schick·lich·keit** [ウン·ゲシックリヒカイト] 名 -/-en 1. 〔単のみ〕不手際. 2. 不手際な行動〔振舞い〕.

ụn·ge·schickt [ウン·ゲシックト] 形 1. 不器用な; へたな. 2. 《南独》都合が悪い; 使いにくい.

die **Ụn·ge·schickt·heit** [ウン·ゲシックトハイト] 名 -/ 不器用さ, ぎこちなさ, 要領の悪さ.

ụn·ge·schlacht [ウン·ゲシュラハト] 形 大きくて不格好な, ぶざまな; 粗野な.

ụn·ge·schla·gen [ウン·ゲシュラーゲン] 形 負けたことのない, 無敗の.

ụn·ge·schlecht·lich [ウン·ゲシュレヒトリヒ] 形 《生》無性の.

ụn·ge·schlif·fen [ウン·ゲシュリッふェン] 形 1. 磨いてない, 研磨してない. 2. 《喩》洗練されていない.

ụn·ge·schmä·lert [ウン·ゲシュメーラート] 形 《文》減らされていない, そっくりそのままの.

ụn·ge·schminkt [ウン·ゲシミンクト] 形 1. 化粧をしていない. 2. 飾らない, 粉飾のない.

ụn·ge·scho·ren [ウン·ゲショーレン] 形 1. 毛を刈ってない. 2. 妨げられない: ~ davonkommen いやなことにならずにすむ.

ụn·ge·schrie·ben [ウン·ゲシュリーベン] 形 書かれていな

い： ein ~*es* Gesetz 不文律.

un·ge·schult 〔ウン・ゲシュールト〕 [形] 教育を受けていない；訓練をつんでいない.

un·ge·schützt 〔ウン・ゲシュッツト〕 [形] 保護されていない, 無防備の, 覆い〔カバー〕のない.

un·ge·schwächt 〔ウン・ゲシュヴェっひト〕 [形] 弱まる〔衰える〕ことのない.

un·ge·se·hen 〔ウン・ゲゼーエン〕 [形] (人に)見られない, 人目につかない.

un·ge·sel·lig 〔ウン・ゲゼリひ〕 [形] 人づき合いのよくない, 非社交的な;〘生〙群生しない.

un·ge·setz·lich 〔ウン・ゲゼっツリひ〕 [形] 不法〔違法〕な.

die **Un·ge·setz·lich·keit** 〔ウン・ゲゼっツリひカイト〕 [名] -/-en **1.** 《[単]のみ》違法, 非合法. **2.** 違法行為.

un·ge·sit·tet 〔ウン・ゲズィっテっト〕 [形] 不作法な.

un·ge·stalt 〔ウン・ゲシュタルト〕 [形] 《文》はっきりした形のない;《古》奇形の.

un·ge·stal·tet 〔ウン・ゲシュタルテっト〕 [形] (まだ)人の手が加えられていない.

un·ge·stem·pelt 〔ウン・ゲシュテムペルト〕 [形] スタンプ〔消印〕の押してない.

un·ge·stillt 〔ウン・ゲシュティルト〕 [形] 《文》癒(い)されない, 鎮まらない.

un·ge·stört 〔ウン・ゲシュ㋢ーあト〕 [形] 妨げられない, 邪魔されない.

die **Un·ge·stört·heit** 〔ウン・ゲシュ㋢ーあトハイト〕 [名] -/ 妨害〔邪魔〕のないこと.

un·ge·straft 〔ウン・ゲシュトらーふト〕 [形] 刑罰を受けない, 処罰されない.

un·ge·stüm 〔ウン・ゲシュテューム〕 [形] 《文》 **1.** 激情的な, 熱烈な, 熱心な. **2.** 《稀》猛烈な.

das **Un·ge·stüm** 〔ウン・ゲシュテューム〕 [名] -(e)s/ 《文》 **1.** (性格態度などの)激しさ, 激情的であること. **2.** 《稀》(天候などの)荒々しさ.

un·ge·sund 〔ウン・ゲズント〕 [形] ungesünder〔-er〕; ungesündest〔-est〕 **1.** 不健康な. **2.** 健康によくない. **3.** 不健全な.

un·ge·teilt 〔ウン・ゲタイルト〕 [形] **1.** 分れていない, 分割されていない. **2.** 全員一致の, 完全な.

un·ge·treu 〔ウン・ゲトろイ〕 [形] 《文》忠実でない.

un·ge·trübt 〔ウン・ゲトりゅープト〕 [形] 曇りのない.

das **Un·ge·tüm** 〔ウン・ゲテューム〕 [名] -s/-e **1.** 恐ろしく大きなもの： ein ~ von (einem) Sessel 恐ろしく大きな安楽いす. **2.** 《古》怪物, 怪獣.

un·ge·übt 〔ウン・ゲユープト〕 [形] 〘(in 〈et^{3}〉ノ)〙練習〔訓練〕を積んでいない, (…に)未熟な.

un·ge·wandt 〔ウン・ゲヴァント〕 [形] 機敏さに欠ける, ぎごちない, へたな.

die **Un·ge·wandt·heit** 〔ウン・ゲヴァントハイト〕 [名] -/ 不器用, ぎこちなさ, 未熟.

un·ge·wa·schen 〔ウン・ゲヴァっシェン〕 [形] 洗ってない. 【慣用】**ein ungewaschenes Maul haben** 口が悪い.

un·ge·wiss, [旧]**un·ge·wiß** 〔ウン・ゲヴィス〕 [形] **1.** 不確かな, 確実でない. **2.** 〘(sich^{3}+über 〈et^{4}〉ヲ/〈[文]〉ヲ)〙決めかねている, (…について)あやふやである： Ich bin mir noch ~ 〔im *U~en*〕, ob …. 私は…かどうかまだ決めかねている. 〈j^{4}〉 über 〈et^{4}〉 im *U~en* lassen 〈人に〉〈事について〉はっきりしたことを言わない **3.** 《文》定かでない, ぼんやりした.

die **Un·ge·wiss·heit**, [旧]**Un·ge·wiß·heit** 〔ウン・ゲヴィスハイト〕 [名] -/-en 不確かさ, 不確定さ;あやふやなこと： 〈j^{4}〉 über 〈et^{4}〉 in ~ lassen 〈人に〉〈事を〉はっきり知らせない.

das **Un·ge·wit·ter** 〔ウン・ゲヴィッター〕 [名] -s/- **1.** 《古》雷雨. **2.** 激しい叱責.

un·ge·wöhn·lich 〔ウン・ゲ[ヴェ]ーンリひ〕 [形] **1.** 異常な, 異例な. **2.** 並外れた, 非凡な;非常に.

un·ge·wohnt 〔ウン・ゲヴォーント〕 [形] **1.** 〘(〈j^{3}〉ハ/für 〈j^{4}〉ニトッテ)〙慣れていない, なじみがない： Diese Arbeit ist mir noch ~. この仕事に私はまだ不慣れだ. **2.** いつもと違う.

un·ge·wollt 〔ウン・ゲヴォルト〕 [形] 意図していなかった.

un·ge·zählt 〔ウン・ゲツェールト〕 [形] **1.** 数えない： das Geld ~ liegen lassen お金を数えないで放って置く. **2.** 《稀》数えられないほどの.

un·ge·zähmt 〔ウン・ゲツェームト〕 [形] (まだ)飼い慣らされていない;《転》抑制のきかない.

un·ge·zeich·net 〔ウン・ゲツァイひネっト〕 [形] 無署名の.

das **Un·ge·zie·fer** 〔ウン・ゲツィーふぁー〕 [名] -s/ 害虫;有害な小動物.

die **Un·ge·zie·fer·be·kämp·fung** 〔ウンゲツィーふぁー・ベケムプふング〕 [名] -/ 害虫駆除.

un·ge·zo·gen 〔ウン・ゲツォーゲン〕 [形] しつけの悪い, ぶしつけな.

die **Un·ge·zo·gen·heit** 〔ウン・ゲツォーゲンハイト〕 [名] -/-en **1.** 《[単]のみ》しつけの悪さ, 無作法;腕白. **2.** 無作法な行動〔発言〕.

un·ge·zu·ckert 〔ウン・ゲツっカート〕 [形] 砂糖の入っていない.

un·ge·zü·gelt 〔ウン・ゲツューゲルト〕 [形] 放縦な, 抑制できない.

un·ge·zwun·gen 〔ウン・ゲツヴンゲン〕 [形] 無理のない, 自然な.

die **Un·ge·zwun·gen·heit** 〔ウン・ゲツヴンゲンハイト〕 [名] -/ 無理をしてないこと, 自然な〔のびのびした〕態度.

der **Un·glau·be** 〔ウン・グラウベ〕 [名] -ns/ **1.** 信じないこと, 不信. **2.** 不信心, 不信仰.

der **Un·glau·ben** 〔ウン・グラウベン〕 [名] -s/ 《稀》= Unglaube.

un·glaub·haft 〔ウン・グラウプハふト〕 [形] 信じられない, 納得のいかない.

un·gläu·big 〔ウン・グロイビひ〕 [形] **1.** うたぐり深い. **2.** 不信心な.

un·glaub·lich 〔ウン・グラウプリひ, ウン・グラウプリひ〕 [形] **1.** 信じられない;けしからぬ, とんでもない. **2.** 《口》とほうもない;非常に.

un·glaub·wür·dig 〔ウン・グラウプ・ヴュるディひ〕 [形] 信ずるに足らない, 信頼できない.

die **Un·glaub·wür·dig·keit** 〔ウン・グラウプ・ヴュるディひカイト〕 [名] -/ 信じるに価しないこと, 信用できないこと.

un·gleich 〔ウン・グライひ〕 [形] **1.** 等しくない, 不ぞろいな, 不釣合な, 力量の違う, 不平等な. **2.** 《比較級と》比較にならないほど.

—— [前] 〘+3格〙《文》…とは異なり： Sie war, ~ ihrer Mutter, sehr frohmütig. 彼女は母親とは異なり非常に快活だった.

un·gleich·ar·tig 〔ウン・グライひ・アーあティひ〕 [形] 異種の, 異質の.

un·gleich·för·mig 〔ウン・グライひ・[ふぇ]るミひ〕 [形] 同形でない, 不ぞろいな.

das **Un·gleich·ge·wicht** 〔ウン・グライひ・ゲヴィひト〕 [名] -(e)s/-e 不均衡, アンバランス.

die **Un·gleich·heit** 〔ウン・グライひハイト〕 [名] -/-en **1.** 《[単]のみ》同じでないこと, 等しくないこと. **2.** 差異, 不平等, 不釣合い, 不均衡, 不ぞろい.

un·gleich·mä·ßig 〔ウン・グライひ・メースィひ〕 [形] 一様でない, 不ぞろいな, 不規則な, 不均等な： ein ~*er* Puls 不整脈.

die **Un·gleich·mä·ßig·keit** 〔ウン・グライひ・メースィひカイト〕 [名] -/ **1.** 《[単]のみ》不規則であること, 不均等であること. **2.** 不規則な物〔事〕, 不均等な部分.

der **Un·glimpf** 〔ウン・グリムプふ〕 [名] -(e)s/ 《古》恥辱;不正.

un·glimpf·lich 〔ウン・グリムプふリひ〕 [形] 《古》侮辱的な, 不当な.

das **Un·glück** 〔ウン・グリュック〕 [名] -(e)s/-e **1.** (大き

U

な)事故, 災害. **2.** 《[単]のみ》不幸, 不運, 悲惨. 【慣用】**in sein Unglück rennen** 《口》みずから墓穴を掘る. 〈j⁴〉 **ins Unglück bringen** 〔**stürzen**〕《文》〈人を〉不幸に陥れる. **zu allem Unglück** その上(悪いことに).

un·glück·lich [ウン・グリュックリひ] [形] **1.** 不幸な: über 〈et⁴〉 ～ sein 〈事を〉悲しんでいる. **2.** 不運な, 運の悪い. **3.** まずい, へまな.

un·glück·li·cher·wei·se [ウン・グリュックリっひゃー・ヴァイゼ] [副] 《文飾》不運にも.

der **Un·glücks·bo·te** [ウン・グリュックス・ボーテ] [名] -n/-n 凶報〔悲報〕の使い.

un·glück·se·lig [ウン・グリュック・ゼーリひ] [形] **1.** 不幸な, 気の毒な. **2.** 不運な.

der **Un·glücks·fall** [ウン・グリュックス・ふぁル] [名] -(e)s/..fälle **1.** 不幸な出来事. **2.** (大きな)事故, 災害.

der **Un·glücks·mensch** [ウン・グリュックス・メンシュ] [名] -en/-en 《口》運の悪い人.

der **Un·glücks·ort** [ウン・グリュックス・オるト] [名] -(e)s/-e 事故〔災害〕の現場.

der **Un·glücks·ra·be** [ウン・グリュックス・らーベ] [名] -n/-n 《口》=Unglücksmensch.

un·glücks·schwan·ger [ウン・グリュックス・シュヴァンガー] [形] 《文》不幸をはらんだ.

der **Un·glücks·tag** [ウン・グリュックス・ターク] [名] -(e)s/-e 不運な日, 厄日.

der **Un·glücks·vo·gel** [ウン・グリュックス・ふぉーゲル] [名] -s/..vögel 《口》=Unglücksmensch.

der **Un·glücks·wurm** [ウン・グリュックス・ヴるム] [名] -(e)s/..würmer 《口》=Unglücksmensch.

die **Un·glücks·zahl** [ウン・グリュックス・ツァール] [名] -/-en 不吉な数.

die **Un·gna·de** [ウン・グナーデ] [名] -/ (次の形で)bei 〈j³〉 in ～ fallen 〈人の〉勘気をこうむる. sich³ 〈j²〉 ～ zuziehen 〈人の〉不興を買う.

un·gnä·dig [ウン・グネーディひ] [形] **1.** 不機嫌な. **2.** 《文》無慈悲な, 苛酷(かこく)な.

Ungt. =Unguentum 軟膏(なんこう).

das **Un·gu·en·tum** [ウングエントゥム] [名] -s/..ta 軟膏(なんこう)(略 Ung., Ungt.).

der **Un·gu·lat** [ウングラート] [名] -en/-en (主に[複])〖動〗有蹄(ゆうてい)類.

un·gül·tig [ウン・ギュルティひ] [形] 失効した, 無効の.

die **Un·gül·tig·keit** [ウン・ギュルティひカイト] [名] -/ 無効, 失効.

die **Un·gunst** [ウン・グンスト] [名] -/-en **1.** 不利〔不都合〕であること; (情勢の)悪さ: zu 〈j²〉 ～*en* 〈人の〉不利になるように. **2.** 《文》不興.

un·güns·tig [ウン・ギュンスティひ] [形] 不都合な, 不利な; 《文》好意的でない.

un·gut [ウン・グート] [形] 嫌な; よくない; 不快な. 【慣用】**Nichts für ungut!** あしからず.

un·halt·bar [ウン・ハルト・バーあ, ウン・ハルト・バーあ] [形] **1.** もちこたえられない, 維持できない, 我慢ならない. **2.** 納得できない, 通用しない, 根拠のない. **3.** 〖軍〗支えきれない; 〖球〗阻止できない.

un·hand·lich [ウン・ハントリひ] [形] 手軽でない, 扱いにくい.

un·har·mo·nisch [ウン・ハるモーニシュ] [形] 不調和な; 協調性のない, 不協和の.

das **Un·heil** [ウン・ハイル] [名] -(e)s/ 《文》災い, 災禍, 災害.

un·heil·bar [ウンハイル・バーあ, ウンハイル・バーあ] [形] 不治の; 《転》救い難い.

die **Un·heil·bar·keit** [ウン・ハイルバーあカイト, ウン・ハイルバーあカイト] [名] -/不治; 救い難いこと.

Un·heil brin·gend, [旧]un·heil·brin·gend [ウンハイル ブリンゲント] [形] 災いをもたらす.

un·hei·lig [ウン・ハイリひ] [形] 《古》信心深いというわけではない; 《冗》不運な.

der **Un·heil·stif·ter** [ウンハイル・シュティふター] [名] -s/- 《文》災いを引起こす人, 疫病神.

un·heil·voll [ウンハイル・ふぉル] [形] 災いをはらんだ, 不吉な.

un·heim·lich [ウン・ハイムリひ, ウン・ハイムリひ] [形] **1.** 不気味な, 気味の悪い. **2.** 《口》非常に大きい〔多い〕, ものすごい; 《口》ものすごく.

un·höf·lich [ウン・[へ]ーふリひ] [形] 礼儀をわきまえない, 失礼な.

die **Un·höf·lich·keit** [ウン・[へ]ーふリひカイト] [名] -/-en **1.** 《[単]のみ》不作法〔無礼〕な態度. **2.** 不作法〔無礼〕な行動〔発言〕.

un·hold [ウン・ホルト] [形] **1.** 《古・詩》(次の形で) 〈j³/et³〉 ～ sein〈人・事に〉悪意を抱いた. **2.** 不親切な, 無愛想な.

der **Un·hold** [ウン・ホルト] [名] -(e)s/-e **1.** (童話などの)悪霊, 妖怪(ようかい), 化け物. **2.** 《蔑》残虐な人; 性犯罪者.

un·hör·bar [ウン・[へ]ーあ・バーあ, ウン・[へ]ーあ・バーあ] [形] (ほとんど)聞こえない(ような).

un·hy·gi·e·nisch [ウン・ヒュギエーニシュ] [形] 非衛生的な.

u·ni [ʏ́ni ユニ, ynı́: ユニー] [形] 《無変化》単一色の, 無地の.

die **U·ni**¹ [ウ(-)ニ] [名] -/-s 《ジャーゴン》(総合)大学(Universität).

das **U·ni**² [ʏ́ni ユニ, ynı́: ユニー] [名] -s/-s 単一色, 無地.

die **UNICEF** [ú:nitsɛf ウーニツェふ] [名] -/ ユニセフ (United Nations International Children's Emergency Fund 国連児童基金の略).

die **UNIDO** [ju:nı́:doʊ ユニードウ] [名] -/ =United Nations Industrial Development Organization 国連工業開発機構.

u·nie·ren [ウニーれン] [動] *h.* 〖〈et⁴〉ヲ〗統一〔統合・合同〕する.

u·niert [ウニーあト] [形] 統一された: ～*e* Kirche 帰一教会; 合同教会.

der/die **U·nier·te** [ウニーあテ] [名] (形容詞的変化)〖キ教〗連合プロテスタント教会の信徒.

u·ni·form [ウニふぉるム] [形] 《文》同じ形の, 画一的な, 一様な.

die **U·ni·form** [ウニふぉるム, ウ(-)ニ・ふぉるム] [名] -/-en 制服, ユニフォーム: in voller ～ (勲章などすべてをつけた)完全な制服姿で.

u·ni·for·mie·ren [ウニふぉるミーれン] [動] *h.* **1.** 〖〈j⁴〉ニ〗制服を着用させる. **2.** 〖〈j⁴/et⁴〉ヲ〗《文》(《蔑》も有)画一化する.

u·ni·for·miert [ウニふぉるミーあト] [形] 制服を着た.

der/die **U·ni·for·mier·te** [ウニふぉるミーあテ] [名] (形容詞的変化)制服を着た人.

die **U·ni·for·mi·tät** [ウニふぉるミテート] [名] -/ 画一〔均一〕性, 一律.

das **U·ni·kat** [ウニカート] [名] -(e)s/-e (コピーのない)一通だけ作成された書類; 単一品〔標本〕.

das **U·ni·kum** [ウーニクム] [名] -s/..ka〔-s〕 **1.** (《[複]..ka》)一つしかないもの(コインなど); 単一標本. **2.** (《[複]-s》)奇妙な〔珍しい〕もの; 《口》変人, 奇人.

u·ni·la·te·ral [ウニラテらール] [形] 〖政〗片側だけの, 一方的な, 片務的な.

un·in·te·res·sant [ウン・インテれサント] [形] **1.** 興味〔関心〕を引かない, 面白くない; どうでもいい. **2.** 〖商〗利益にならない.

un·in·te·res·siert [ウン・インテれスィーあト] [形] 〖(an 〈j³/et³〉ニ)〗無関心な, 興味のない, つまらなそうな.

die **U·ni·on** [ウニオーン] [名] -/-en 連合, 連盟, 同盟; 連邦: die Christlich-Demokratische ～ キリスト教

U

民主同盟(略 CDU). die Christlich-Soziale ~ キリスト教社会同盟(略 CSU). die Junge ~ (CDUとCSUの)青年同盟.
- *der* **U·ni·on Jack** [júːnjən dʒǽk ユーニエン ヂャック] 名 -s/-s ユニオン・ジャック《英国国旗》.
- *die* **U·ni·ons·par·tei** [ウニオネ・パるタイ] 名 -/-en《主に®》同盟党《特に CDU と CSU》.
- **u·ni·po·lar** [ウニ・ポらア] 形【理・電】単極の.
- *der* **U·ni·sex** [ウーニ・ゼックス] 名 -(es)/《文》ユニセックス《男女の区別が明確でないこと》.
- **u·ni·so·no** [ウニゾーノ] 副【楽】ユニゾンで,同音[同度]で.〈転〉一斉に.
- *der* **U·ni·ta·ri·er** [ウニタ一りあ] 名 -s/- [ˈプロテスタント] ユニタリアン派の信者《三位一体論を否定し, 神の単一性を主張》.
- **u·ni·ta·risch** [ウニタ一りシュ] 形《文》統一を目指す; [ˈプロテスタント] ユニタリアン派の.
- *der* **U·ni·ta·ris·mus** [ウニタりスムス] 名 -/【政】(連邦国家内の)中央集権主義, 単一国家主義; [ˈプロテスタント] ユニテリアン主義.
- **U·nit·ed Na·tions** [juːnáitid néiʃənz ユナイティド ネイシェンズ] 複名 国際連合(略 UN).
- **U·nit·ed Na·tions In·dus·tri·al De·ve·lop·ment Or·ga·ni·za·tion** [...indʌ́striəl divéləpmənt ɔːrgənizéiʃən ユナイティド ネイシェンズ インダストリエル デヴェレプメント オーがナイゼイシェン] 名 -/ 国連工業開発機構(略 UNIDO).
- **U·nit·ed Na·tions In·ter·na·tion·al Chil·dren's E·mer·gen·cy Fund** [...intərnǽʃənəl tʃíldrəns imə́ːrdʒənsi fʌnd ユナイティド ネイシェンズ インタナシェネル チルドれンス イメるヂェンスィ ふぁンド] 名 -/ 国連児童基金(略 UNICEF).
- **U·nit·ed Na·tions Or·ga·ni·za·tion** [...ɔːrgənizéiʃən ユナイティド ネイシェンズ オーがナイゼイシェン] 名 -/ 国際連合(略 UNO).
- **u·ni·ver·sal** [ウニヴェるザール] 形 多面的な, 該博な, 幅広い; 全世界的な, 普遍的な.
- *der* **U·ni·ver·sal·er·be** [ウニヴェるザール・エるべ] 名 -n/- 包括(単独)相続人.
- *das* **U·ni·ver·sal·ge·nie** [...ʒəni: ウニヴェるザール・チェニー] 名 -s/-s 万能の天才;《冗》何んでも屋.
- *die* **U·ni·ver·sal·ge·schich·te** [ウニヴェるザール・ゲシヒテ] 名 -/ 世界史.
- *die* **U·ni·ver·sa·lie** [ウニヴェるザ一りエ] 名 -/-n《®のみ》【哲】普遍概念[命題].【言】(言語の)普遍特性.
- *der* **U·ni·ver·sa·lis·mus** [ウニヴェるザリスムス] 名 -/【哲・政・経】普遍主義;【神】普遍救済説.
- *die* **U·ni·ver·sa·li·tät** [ウニヴェるザリテート] 名 -/ 1. 普遍性. 2. (創造的)多面性, 多面的知識.
- *das* **U·ni·ver·sal·mit·tel** [ウニヴェるザール・ミッテル] 名 -s/- 万能薬.
- **u·ni·ver·sell** [ウニヴェるゼル] 形 1. 多くの領域にわたる; 普遍的な. 2. 多面的な.
- *die* **U·ni·ver·si·a·de** [ウニヴェるズィアーデ] 名 -/-n ユニバーシアード《国際学生スポーツ大会》.
- *die* **U·ni·ver·si·tät** [ウニヴェるズィテート] 名 -/-en 1. (総合)大学: auf die [zur] ~ gehen 大学へ行っている,大学生である. 2. 《®のみ》(総称)大学の講師と学生(全員). 3. 大学の建物(の集合体).
- *die* **U·ni·ver·si·täts·bi·bli·o·thek** [ウニヴェるズィテーツ・ビブリオテーク] 名 -/-en 大学図書館.
- *das* **U·ni·ver·si·täts·in·sti·tut** [ウニヴェるズィテーツ・インスティトゥート] 名 -(e)s/-e 大学付属研究所; 大学研究所の建物.
- *der* **U·ni·ver·si·täts·pro·fes·sor** [ウニヴェるズィテーツ・プろふぇソーア] 名 -s/-en 大学教授.
- *die* **U·ni·ver·si·täts·stadt** [ウニヴェるズィテーツ・シュタット] 名 -/..städte 大学(のある)都市.
- *das* **U·ni·ver·si·täts·stu·di·um** [ウニヴェるズィテーツ・シュトゥーディウム] 名 -s/..dien 大学での勉強.
- *das* **U·ni·ver·si·täts·we·sen** [ウニヴェるズィテーツ・ヴェーゼン] 名 -s/ 大学制度(組織).
- *das* **U·ni·ver·sum** [ウニヴェるズム] 名 -s/..sen 宇宙, 万有; 〈転〉無限の多様性.
- **un·kal·ku·lier·bar** [ウン・カルクリーア・バーア, ウン・カルクリーあ・バーあ] 形 計算[予測]できない.
- *die* **Un·ke** [ウンケ] 名 -/-n 1.【動】スズガエル. 2.《口》悲観論者;不吉の予言者.
- **un·ken** [ウンケン] 動 h.《®》《口》いやな予言をする, 悲観的な(不吉)なことを言う.
- **un·kennt·lich** [ウン・ケントりヒ] 形 見分けられない, 識別(判読)できない.
- *die* **Un·kennt·lich·keit** [ウン・ケントりヒカイト] 名 -/ 見分けがつかないこと, 識別(判別)不能: bis zur ~ 見分けがつかないほどに.
- *die* **Un·kennt·nis** [ウン・ケントニス] 名 -/ 知らないこと, 無知: in ~ über ⟨et⁴⟩ sein ⟨事⁴を⟩知らない.
- *der* **Un·ken·ruf** [ウンケン・るーふ] 名 -(e)s/-e 1. スズガエルの鳴き声. 2. 不吉な予言, 悲観的な意見.
- **un·keusch** [ウン・コイシュ] 形《文・古》身持ちの悪い, 淫[みだ]らな;《口》(《冗》も有)(かならずしも合法でない)あやしげな.
- *die* **Un·keusch·heit** [ウン・コイシュハイト] 名 -/《文・古》不純, 不貞, 淫(いん)ら.
- **un·kind·lich** [ウン・キントりヒ] 形 子供らしくない.
- **un·kirch·lich** [ウン・キるヒりヒ] 形 教会の教えに反する.
- **un·klar** [ウン・クラーア] 形 1. はっきりしない, 不鮮明な, 不透明な, 曇った. 2. 不明瞭(みょう)な. 3. 不明確な.【船】準備ができていない.
- *die* **Un·klar·heit** [ウン・クラーあハイト] 名 -/-en 不明瞭(みょう); 不明な点.
- **un·klug** [ウン・クルーク] 形 賢明でない.
- *die* **Un·klug·heit** [ウン・クルークハイト] 名 -/-en 1.《®のみ》愚かさ, 無分別. 2. 愚かな(無分別な)行動(発言).
- **un·kom·pli·ziert** [ウン・コムプリツィーあト] 形 複雑でない, 単純な.
- **un·kon·trol·lier·bar** [ウン・コントろリーア・バーア, ウン・コントろリーあ・バーあ] 形 (正当性・真偽のほどを)調べられない, 検査(点検)できない; 制御できない.
- **un·kon·ven·ti·o·nell** [ウン・コンヴェンツィオネル] 形 伝統にとらわれない; 形式ばらない.
- **un·kon·zen·triert** [ウン・コンツェントりーあト] 形 (精神の)集中を欠いた.
- **un·kör·per·lich** [ウン・⑦ケるパりヒ] 形 非肉体的な;[幾]面を接触させない.
- *die* **Un·kos·ten** [ウン・コステン] 複名 雑費, (通常経費以外の)費用;《口》支出: auf seine ~ Kosten kommen 彼持ちで,【慣用】sich⁴ in geistige Unkosten stürzen《口》頭脳(精神)面でかなりなことをする. sich⁴ in Unkosten stürzen 散財する.
- *der* **Un·kos·ten·bei·trag** [ウンコステン・バイ・トらーク] 名 -(e)s/..träge (雑費などの)費用の分担金.
- *das* **Un·kraut** [ウン・クらウト] 名 -(e)s/..kräuter 1.《®のみ》雑草. 2. (個々の)雑草.
- *die* **Un·kraut·be·kämp·fung** [ウンクらウト・ベカムプふング] 名 -/-en 除草.
- *das* **Un·kraut·be·kämp·fungs·mit·tel** [ウンクらウトベケムプふングス・ミッテル] 名 -s/- 除草剤.
- **un·kri·tisch** [ウン・クリーティシュ] 形 無批判な;《稀》危機的でない.
- **un·kul·ti·viert** [ウン・クルティヴィーあト] 形《蔑》洗練されていない, 無作法な; 〈転〉不十分な, 快適でない.
- **un·künd·bar** [ウン・キュントバーア, ウン・キュントバーあ] 形

unkundig [ウン・クンディヒ] 形 知らない,できない.【慣用】⟨et²⟩ unkundig sein《文》⟨事⟩をよく知らない,(…が)できない.

das **Un·land** [ウン・ラント] 名 -(e)s/..länder〚農〛〘稀〙農耕不適地.

un·längst [ウン・レングスト] 副 (つい)最近.

un·lauter [ウン・ラウター] 形《文》不誠実な,不純な,不正な.

un·leidlich [ウン・ライトリヒ] 形 ぶすっとした;耐え難い.

un·leserlich [ウン・レーザーリヒ, ウン・レーザーリヒ] 形 読みにくい.

un·leugbar [ウン・ロイク・バーア, ウン・ロイク・バーア] 形 否定できない.

un·lieb [ウン・リープ] 形 1. 好ましくない:⟨j³⟩ nicht ~ sein ⟨人にとって⟩有難い. 2.《方》危険な.

un·liebens·würdig [ウン・リーベンス・ヴュるディヒ] 形〔(zu ⟨j³⟩=)〕不親切な,無愛想な.

un·liebsam [ウン・リープザーム] 形 不愉快な.

un·liniert [ウン・リニーあト] 形 罫( )のない.

un·logisch [ウン・ローギシュ] 形 非論理的な.

un·lös·bar [ウン・ローㇲ・バーア, ウン・-ㇲ・バーア] 形 1. 解消できない,分ち難い. 2. 解決できない,解けない;ほどけない;〘稀〙溶けない.

un·löslich [ウン・ローㇲリヒ, ウン・-ㇲリヒ] 形 1. 溶けにくい,不溶性の. 2. 解消できない.

die **Un·lust** [ウン・ルスト] 名 -/ 気が進まないこと,嫌気: mit ~ いやいやながら.

das **Un·lust·gefühl** [ウルルスト・ゲふゅーる] 名 -(e)s/-e 嫌気,嫌悪感,不快感.

un·lustig [ウン・ルスティヒ] 形 気が進まない,気乗りがしない(様子の).

un·manierlich [ウン・マニーありヒ] 形 不作法な,行儀の悪い.

un·männlich [ウン・メンリヒ] 形 男らしくない.

das **Un·maß** [ウン・マーㇲ] 名 -es/《文》 1. 過剰,過多,過度. 2.〘稀〙節度のないこと.

die **Un·masse** [ウン・マッセ] 名 -/-n〘口〙ものすごい多数(大量).

un·maß·geblich [ウンマーㇲ・ゲープリヒ, ウンマーㇲ・ゲープリヒ] 形 標準[規準]にならない,重要でない: nach meiner ~en Meinung 卑見によれば.

un·mäßig [ウン・メーㇲィヒ] 形 1. 〔(in ⟨et³⟩=)〕節度のない. 2. 度外れた,途方もない;ひどく.

die **Un·mäßigkeit** [ウン・メーㇲィヒカイト] 名 -/ 過度[法外]であること.

die **Un·menge** [ウン・メンゲ] 名 -/-n 無数,多数;大量,多量: eine ~ von ⟨et³⟩ 大量の⟨物⟩.

der **Un·mensch** [ウン・メンシュ] 名 -en/-en〘蔑〙人でなし: Ich bin doch kein ~. 私だって話の分からない人間ではない.

un·menschlich [ウン・メンシュリヒ, ウン・メンシュリヒ] 形 1. 非人間的な;非人道的な. 2. 途方もない;〘口〙すごく.

die **Un·menschlichkeit** [ウン・メンシュリヒカイト, ウン・メンシュリヒカイト] 名 -/-en 1.〚⓪のみ〛非人間性. 2. 非人間的な(残虐な)仕方(仕打ち).

un·merk·bar [ウン・メるㇰ・バーア, ウン・メるㇰ・バーア] 形 = unmerklich.

un·merklich [ウン・メるㇰリヒ, ウン・メるㇰリヒ] 形 (ほとんど)気づかない.

un·mess·bar, ⓐun·meß·bar [ウン・メㇲ・バーア, ウン・メㇲ・バーア] 形 測れない,計り知れない.

un·methodisch [ウン・メトーディシュ] 形 一定の方法[方式]のない,組織立っていない.

un·miss·verständlich, ⓐun·miß·verständlich [ウン・ミㇲ・ふぇあシュテントリヒ, ウン・ミㇲ・ふぇあシュテントリヒ] 形 誤解のおそれのない,明瞭( )な.

un·mittel·bar [ウン・ミッテル・バーア] 形 1. 直接の,直属の. 2. すぐの: in ~er Nähe des Hauses その家のすぐ近くに. ~ nach dem Essen 食事のすぐ後で. 3. 真っすぐの,直通の: Die Straße führt ~ zum Bahnhof. その通りは真っすぐ駅に通じている.

die **Un·mittel·barkeit** [ウン・ミッテルバーアカイト] 名 -/ 直接(性).

un·möbliert [ウン・⓪ブリーあト] 形 家具つきでない.

un·modern [ウン・モデるン] 形 1. 流行遅れの. 2. 時代遅れの;当世風でない.

un·möglich [ウン・⓪・リヒ, ウン・⓪・-クリヒ] 形 1. 不可能な,考え(信じ)られない,あり得ない: Das ist technisch ~. それは技術的に不可能だ. 2.〘口〙ひどい,とんでもない: einen ~en Anzug tragen どうしようもない背広を着ている. 3.〘口〙(考えられないような)変な,(奇)妙な: ⟨j⁴⟩ an den ~sten Orten treffen ⟨人⟩をなんとも妙な所で出会う.【慣用】das Unmögliche möglich machen 不可能を可能にする. sich⁴/⟨j¹⟩ unmöglich machen 面目を失う/⟨人の⟩面目を失わせる.
── 副《文飾》(可能性・正当性などの点から)〘口〙決して…ない: Das kann ich ~ allein machen. それは私は一人では絶対にできない.

die **Un·möglichkeit** [ウン・⓪・クリヒカイト, ウン・⓪・-クリヒカイト] 名 -/-en 不可能なこと,不可能(性).

die **Un·moral** [ウン・モらール] 名 -/ 不道徳,背徳.

un·moralisch [ウン・モらーリシュ] 形 不道徳な.

un·motiviert [ウン・モティヴィーあト] 形 動機[理由]のない.

un·mündig [ウン・ミュンディヒ] 形 未成年の;一人前でない.

die **Un·mündigkeit** [ウン・ミュンディヒカイト] 名 -/ 未成年であること;未熟さ.

un·musikalisch [ウン・ムズィカーリシュ] 形 音楽的でない,音楽の才能のない.

der **Un·mut** [ウン・ムート] 名 -(e)s/《文》腹立たしさ,怒り,不満: seinem ~ Luft machen 不満をぶちまける.

un·mutig [ウン・ムーティヒ] 形《文》不満げな,腹立たしげな.

un·nach·ahmlich [ウン・ナーは・アームリヒ, ウン・ナーは・アームリヒ] 形 真似のできない,他の追随を許さない.

un·nach·giebig [ウン・ナーは・ギービヒ] 形 譲歩しない,人の言いなりにならない.

die **Un·nach·giebigkeit** [ウン・ナーは・ギービヒカイト] 名 -/ 強情,頑固.

un·nach·sichtig [ウン・ナーは・ズィヒティヒ] 形 容赦のない,厳しい.

die **Un·nach·sichtigkeit** [ウン・ナーは・ズィヒティヒカイト] 名 -/ 容赦[寛容]のなさ,厳格.

un·nah·bar [ウン・ナーア・バーア, ウン・ナーア・バーア] 形 近寄り難い,とっつきにくい.

die **Un·nah·barkeit** [ウン・ナーアバーアカイト, ウン・ナーアバーアカイト] 名 -/ 近づき[近より]にくさ.

die **Un·natur** [ウン・ナトゥーア] 名 -/《文》不自然;不自然なこと,自然の理に反すること.

un·natürlich [ウン・ナテューアリヒ] 形 不自然な;自然に反する;作為的な.

die **Un·natürlichkeit** [ウン・ナテューアリヒカイト] 名 -/ 不自然さ;わざとらしさ.

un·nenn·bar [ウン・ネン・バーア, ウン・ネン・バーア] 形《文》言葉で表現できない名状しがたい.

un·normal [ウン・⓪るマール] 形 1. (標準的でない)異常な. 2. (精神・肉体の)発達に異常のある.

un·nötig [ウン・⓪ティヒ] 形 不要な;余計な.

un·nötiger·weise [ウン・⓪ティガー・ヴァイゼ] 副《文飾》不必要に.

un·nütz [ウン・ニュッツ] 形 1. 無駄な. 2.《蔑》

立たずの. **3.** 無用の.

die **UNO** [ウーノ] [名] -/ =United Nations Organization 国際連合.

ụn·or·dent·lich [ウン·オるデントリひ] [形] きちんとしていない, だらしのない; 整頓(せいとん)されていない.

die **Ụn·or·dent·lich·keit** [ウン·オるデントリひカイト] [名] -/ 無秩序〔乱雑〕であること; だらしなさ.

die **Ụn·ord·nung** [ウン·オるドヌング] [名] -/ 無秩序, 乱雑, 混乱.

ụn·or·ga·nisch [ウン·オるガーニシュ] [形] **1.** 《文》調和のとれていない. **2.** 自然の法則に従わない; 《稀》無機の.

der/*die* **Ụn·or·ga·ni·sier·te** [ウン·オるガニズィーあテ] [名] 《形容詞的変化》非労働組合員.

ụn·or·tho·dox [ウン·オるトドクス] [形] 《文》正統的でない, 異端の.

ụn·paar [ウン·パーあ] [形] 〖生〗《稀》対になっていない.

der **Ụn·paar·hu·fer** [ウンパーあ·フーふぁー] [名] -s/- 〖動〗奇蹄(きてい)類.

ụn·paa·rig [ウン·パーりひ] [形] 〖生·医·解〗対になっていない.

der **Ụn·paar·ze·her** [ウンパーあ·ツェーあー] [名] -s/- = Unpaarhufer.

ụn·par·tei·isch [ウン·パるタイイシュ] [形] 不偏不党の, 公平な.

der/*die* **Ụn·par·tei·i·sche** [ウン·パるタイイシェ] [名] 《形容詞的変化》 **1.** 中立〔不偏不党〕の人. **2.** 〖スポ〗審判.

ụn·par·tei·lich [ウン·パるタイリひ] [形] 支持政党を持たない; 不偏不党の, 公平な.

die **Ụn·par·tei·lich·keit** [ウン·パるタイリひカイト] [名] -/ 非党派性; 不偏不党, 中立, 公平.

ụn·pas·send [ウン·パッセント] [形] 不適当な, 不都合な; 場違いな.

un·pas·sier·bar [ウン·パスィーあ·バーあ, ウン·パスィーあ·バーあ] [形] 通行〔通過〕できない.

ụn·päss·lich, [旧]**ụn·päß·lich** [ウン·ペスリひ] [形] 体調がよくない, 気分がすぐれない.

die **Ụn·päss·lich·keit,** [旧]**Ụn·päß·lich·keit** [ウン·ペスリひカイト] [名] -/-en (体の)不調, 不快感.

die **Ụn·per·son** [ウン·ぺるゾーン] [名] -/-en 過去の人, 抹殺された人物《地位や影響力を失った人物》.

ụn·per·sön·lich [ウン·ペる[ゼ]ーンリひ] [形] **1.** 非個性的な; 個人的感情を交えない. **2.** 〖哲·宗〗人格を持たない; 〖言〗非人称の.

un·pfänd·bar [ウン·プふェント·バーあ, ウン·プふェント·バーあ] [形] 〖法〗差押えの対象にならない.

ụn·po·e·tisch [ウン·ポエーティシュ] [形] 詩的でない.

ụn·po·li·tisch [ウン·ポリーティシュ] [形] 非政治的な, 政治に関係〔関心〕のない.

ụn·po·pu·lär [ウン·ポプレーあ] [形] 俗受けしない, ポピュラーでない; 人気のない.

ụn·prak·tisch [ウン·プらクティシュ] [形] 実用的でない, 使いにくい; 実務的でない, 手ぎわの悪い.

ụn·prä·ten·ti·ös [ウン·プれテンツィ[エ]ース] [形] 《文》気負いのない, 気さくな.

ụn·pro·b·le·ma·tisch [ウン·プろブレマーティシュ] [形] 問題のない.

ụn·pro·duk·tiv [ウン·プろドゥクティーふ] [形] **1.** 〖経〗非生産的な. **2.** 不毛な.

ụn·pro·por·ti·o·niert [ウン·プろポるツィオニーあト] [形] 均整のとれていない, 不格好な.

ụn·pünkt·lich [ウン·ピュンクトリひ] [形] 時間〔期日〕を守らない; 時間〔期日〕に遅れた.

die **Ụn·pünkt·lich·keit** [ウン·ピュンクトリひカイト] [名] -/ 時間を守らないこと; 時間〔期限〕に遅れること.

ụn·qua·li·fi·ziert [ウン·クヴァリふィツィーあト] [形] 無資格の; (職業上の)資格を必要としない; 《蔑》専門知識を欠いた, レベルの低い, 物知らずな.

ụn·ra·siert [ウン·らズィーあト] [形] ひげをそってない.

der **Ụn·rast**^{1} [ウン·らスト] [名] -(e)s/-e 《古》落着きのない子供〔人〕.

die **Ụn·rast**^{2} [ウン·らスト] [名] -/ **1.** 《文》落着きのなさ, 焦燥(しょうそう)感, 不安. **2.** 《スイ》騒乱, 騒ぎ.

der **Ụn·rat** [ウン·らート] [名] -(e)s/ 《文》ごみ, 汚物. 【慣用】**Unrat wittern** 怪しく思う, 不審を抱く.

ụn·ra·ti·o·nell [ウン·らツィオネル] [形] 効率の良くない, 不経済な, 合理的でない.

ụn·rat·sam [ウン·らートザーム] [形] 得策でない.

ụn·recht [ウン·れひト] [形] **1.** 《文》不正〔不当〕な, よからぬ: ~ an 〈et^3〉 tun 〈事に関して〉不正なことをする. auf *~e* Gedanken kommen 悪しき考えをおこす. **2.** 不適切な, まずい: zur *~en* Zeit まずい時に. **3.** 間違った: bei 〈j^3〉 an den *U~en* 〔die *U~e*〕 geraten 〔kommen〕 〈人の所へ〉行くのはお門違いである. in *~e* Hände fallen 〔kommen〕 間違った人の手に渡る.

das **Ụn·recht** [ウン·れひト] [名] -(e)s/ **1.** 不正, 不当, 不法; 不正〔不当·不法〕行為; 公序良俗に反する事態: 〈j^4〉 ins ~ setzen 〈人のほうに〉非があるものとする, 〈人に〉責任を転嫁する. im ~ sein 間違っている. zu ~ 誤って; 不当にも. **2.** 《次の形で》~ bekommen 考えが誤りとされる, 不当に扱われる. 〈j^3〉 ~ geben 〈人の〉考えを誤りとする. ~ haben 間違っている. 〈j^3〉 ~ tun 〈人に〉不当なしうちをする.

ụn·recht·mä·ßig [ウンれひト·メースィひ] [形] 不法な.

die **Ụn·recht·mä·ßig·keit** [ウンれひト·メースィひカイト] [名] -/-en **1.** 《[単]のみ》不法, 違法, 非合法. **2.** 不法〔違法〕行為.

ụn·red·lich [ウン·れートリひ] [形] 《文》不正直な, 不誠実な, 不正な.

die **Ụn·red·lich·keit** [ウン·れートリひカイト] [名] -/-en **1.** 《[単]のみ》不正直, 不誠実. **2.** 不正直〔不誠実〕な行為.

ụn·re·ell [ウン·れエル] [形] 堅実でない, まっとうでない.

ụn·re·flek·tiert [ウン·れふレクティーあト] [形] 《文》熟慮されていない.

ụn·re·gel·mä·ßig [ウン·れーゲル·メースィひ] [形] 不ぞろいな, 整っていない; 不規則な; 〖言〗不規則変化をする: ein *~es* Vieleck 〖数〗不等辺多角形.

die **Ụn·re·gel·mä·ßig·keit** [ウン·れーゲル·メースィひカイト] [名] -/-en **1.** 《[単]のみ》不規則, 不ぞろいであること. **2.** 変則; 《主に[複]》不正, 違反; 詐欺.

ụn·reif [ウン·らイふ] [形] (果物·機が)熟していない; 未熟な.

die **Ụn·rei·fe** [ウン·らイふェ] [名] -/ 未熟なこと.

ụn·rein [ウン·らイン] [形] **1.** 不純な; 不潔な, 濁った; みだらな. **2.** 〖宗〗不浄な. 【慣用】〈et^4〉 **ins Unreine schreiben** 〈物を〉下書きする. **ins Unreine sprechen** 〔**reden**〕 《口》まだよく考えてもいないことを口に出す.

die **Ụn·rein·heit** [ウン·らインハイト] [名] -/-en **1.** 《[単]のみ》純粋でないこと; 不潔; 〖宗〗不浄. **2.** 不潔〔不純〕にするもの; 汚すもの. **3.** 吹出物.

ụn·rein·lich [ウン·らインリひ] [形] きれい好きでない; 不潔な.

die **Ụn·rein·lich·keit** [ウン·らインリひカイト] [名] -/ きれい好きでないこと, 不潔(なこと).

ụn·ren·ta·bel [ウン·れンターベル] [形] 《[付][比]け hl 》採算がとれない, もうからない.

un·rett·bar [ウン·れット·バーあ, ウン·れット·バーあ] [形] 救い難い: ~ verloren sein 救いようもなく絶望的である.

ụn·rich·tig [ウン·りひティひ] [形] **1.** 不適切な. **2.** 不正確な, 間違った. **3.** 《稀》不正な.

die **Ụn·rich·tig·keit** [ウン·りひティひカイト] [名] -/-en **1.** 《[単]のみ》正しくない〔誤っている〕こと. **2.** 正しくない申立て〔主張〕.

U

un·rit·ter·lich [ウン·りッターリひ] [形] 騎士的でない.
die **Un·ruh** [ウン·るー] [名] -/-en 〘工〙(時計の)テンプ.
die **Un·ru·he** [ウン·るーエ] [名] -/-n **1.** (〔単〕のみ)喧騒(けんそう), 騒がしさ; 常に動いている〔活動している〕こと: ~ stiften (おしゃべりなどで)騒ぐ, (授業などの)邪魔をする. Seine Finger sind immer in ~. 彼の指は常に震えている. Der Vulkan ist jetzt in ~. その火山は現在活動中だ. **2.** (〔単〕のみ)不安, 動揺, 落着きのなさ: ⟨j³⟩ ~ bereiten ⟨人に⟩心配をかける. in ~ sein 不安である, 動揺している. **3.** (〔単〕のみ)不穏状態; (〔複〕のみ)騒動, 騒乱, 暴動. **4.** (〔口〕)=Unruh.
der **Un·ru·he·herd** [ウンるーエ·ヘーあト] [名] -(e)s/-e 〘政〙騒乱〔紛争〕地域; 騒ぎの元になる人.
der **Un·ru·he·stif·ter** [ウンるーエ·シュティふター] [名] -s/- 騒動〔動乱〕の扇動者, 平和の攪乱(かくらん)者.
un·ru·hig [ウン·るーイひ] [形] **1.** 落着きのない; 騒々しい; 不安定な, 不穏な, 慌ただしい: Die See war sehr ~ 海はとても荒れていた. **2.** 不安な, 心配している; 心配そうな.
un·rühm·lich [ウン·りゅームリひ] [形] 不名誉な.
uns [ウンス] [代] 1人称〔複〕 wir の3・4格. **1.** (人称)われわれに〔を〕, 私たちに〔を〕: Das Haus gehört ~. その家は私たちのものです. Die Mutter hat ~ in die Stadt gefahren. 母が私たちを町へ車に乗せてきてくれた. unter ~ gesagt ここだけの話だが. von ~ aus われわれからすれば. **2.** (再帰) Wir freuen ~ über das Geschenk. 私たちはこの贈り物をうれしく思います. **3.** (相互) Wir lieben ~. 私たちは愛し合っている.
un·sach·ge·mäß [ウン·ザっは·ゲメース] [形] 不適切な.
un·sach·lich [ウン·ザっはリひ] [形] 事実に即さない.
un·sag·bar [ウン·ザーク·バーあ, ウン·ザーク·バーあ] [形] **1.** 言葉で言い表わせない程の, 言いようもない. **2.** 非常に.
un·säg·lich [ウン·ゼークリひ, ウン·ゼークリひ] [形] (文) **1.** =unsagbar. **2.** ひどい, ばかげた.
un·sanft [ウン·ザンふト] [形] 手荒な, 乱暴な.
un·sau·ber [ウン·ザウバー] [形] **1.** 汚れた; 不潔な. **2.** ぞんざいな(仕事など); 不正確な(定義など); (不正確な)汚い(音など). **3.** 不正な; 〘スポ〙フェアでない.
die **Un·sau·ber·keit** [ウン·ザウバーカイト] [名] -/-en **1.** (〔単〕のみ)不潔, 汚いこと; 不正であること; いい加減〔ぞんざい〕なこと. **2.** 不潔な箇所; いい加減なところ. **3.** 不正な仕方.
un·schäd·lich [ウン·シェートリひ] [形] 害にならない, 無害の: einen Ball ~ machen 〘球〙ボールを防ぐ.
die **Un·schäd·lich·keit** [ウン·シェートリひカイト] [名] -/ 無害.
un·scharf [ウン·シャるふ] [形] unschärfer; unschärfst 不鮮明な, ぼやけた; はっきり見えない; 不正確な, 曖昧な.
un·schätz·bar [ウン·シェッツ·バーあ, ウン·シェッツ·バーあ] [形] 評価できないほど高価〔貴重〕な; とても大きな.
un·schein·bar [ウン·シャイン·バーあ] [形] 人目を引かない, ぱっとしない.
un·schick·lich [ウン·シックリひ] [形] (文)適切でない, 穏当でない, 見〔聞き〕苦しい.
die **Un·schick·lich·keit** [ウン·シックリひカイト] [名] -/-en (文) **1.** (〔単〕のみ)不適切. **2.** 不適切な行動〔発言〕.
das **Un·schlitt** [ウン·シュリット] [名] -(e)s/-e (〔複〕は種類)(方・古)獣脂.
un·schlüs·sig [ウン·シュリュッスィひ] [形] 決心のつかない; (稀)筋道の通らない.
die **Un·schlüs·sig·keit** [ウン·シュリュッスィひカイト] [名] -/ **1.** 決心のつかないこと, ためらい, 不決断, 優柔不断. **2.** (稀)筋道の通らないこと.
un·schön [ウン·[シェ]ーン] [形] **1.** 美しくない; よくない, フェアでない; 不親切な. **2.** 不快な.
die **Un·schuld** [ウン·シュルト] [名] -/ **1.** 罪〔責任〕がないこと, 無実, 潔白. **2.** 純真, 無邪気. **3.** 純潔, 処女性. 【慣用】**eine Unschuld vom Lande** 田舎出のおぼこ娘.
un·schul·dig [ウン·シュルディひ] [形] **1.** 〔(an ⟨et³⟩ に)〕罪〔責任〕のない. **2.** 純真無垢(むく)な, 無邪気な, 悪意のない. **3.** 純潔な, 処女の.
der **Un·schulds·en·gel** [ウンシュルツ·エンゲル] [名] -s/- (主に(皮))=Unschuldslamm.
das **Un·schulds·lamm** [ウンシュルツ·ラム] [名] -(e)s/..lämmer (主に(皮))悪い事ひとつできないやつ.
die **Un·schulds·mie·ne** [ウンシュルツ·ミーネ] [名] -/-n 無邪気な〔虫も殺さないような〕顔つき.
un·schulds·voll [ウンシュルツ·ふぉル] [形] 無邪気な.
un·schwer [ウン·シュヴェーあ] [副] 難無く.
der **Un·se·gen** [ウン·ゼーゲン] [名] -s/ (文)不運, 呪い, 災厄.
un·selbst·stän·dig, [旧]**un·selb·stän·dig** [ウン·ゼルプ·シュテンディひ] [形] 自主性のない; 独立していない; 被雇用者としての.
die **Un·selbst·stän·dig·keit**, [旧]**Un·selb·stän·dig·keit** [ウン·ゼルプ·シュテンディひカイト] [名] -/ 自立〔独立〕していないこと; 他者依存.
un·se·lig [ウン·ゼーリひ] [形] **1.** (文)この上なく不幸な; 不吉な; 呪(のろ)われた, 悲惨な. **2.** (稀)不運な.
un·sen·ti·men·tal [ウン·ゼンティメンタール] [形] (文)感情ぬきの.
un·ser[1] [ウンザー] [代] (所有) 1人称〔複〕. (変化形 mein に準じる. 語尾に-e がつくとき, 語幹の e を省くことが多い) **1.** (付加語的用法)われわれの, 私たちの: ~*e* Kinder うちの子供たち. Er ist ~ Mann. 彼はわれわれの利益代表である. mit *uns(e)rem* Eifer われわれの熱意をもって. *U~e* Liebe Frau 聖母マリア. ~ Vater im Himmel 天にましますわれらの父よ(祈り). ~ täglicher Spaziergang 私たちが日課としている散歩. ~ Flugzeug われわれが(いつも)乗る飛行機. **2.** (独立的用法)われわれ〔私たち〕のもの: Das sind nicht eure Bücher, sondern ~*e* 〔die ~*en*〕. これらは君たちの本ではなく, われわれのだ. 【定冠詞とともに形容詞の弱変化での用法は文語】. (語頭大文字も有・〔中〕〔単〕で)das *Uns(e)re*〔*uns(e)re*〕 われわれの義務〔財産〕. (語頭大文字も有・〔複〕で)die *Uns(e)ren*〔*Unsern*/*uns(e)ren*/*unsern*〕 われわれの家族〔味方・仲間〕.
un·ser[2] [ウンザー] [代] (人称) 1人称〔複〕 wir の2格. 【用法は⇨ meiner 1】
un·ser·ei·ner [ウンザー·アイナー] [代] (不定)(2格なし, 3格 unsereinem, 4格 unsereinen) (口)われわれのような人間; (話し手が自身をさして)私たちのような者.
un·ser·eins [ウンザー·アインス] [代] (不定)(無変化)(口)=unsereiner.
un·se·rer·seits [ウンゼらー·ザイツ] [副] 私たちの側〔方〕で〔から〕; 私たちとしては.
un·se·res·glei·chen [ウンゼれス·グライひぇン] [代] (不定)(無変化)(職業・地位・性格などに関して)私たちのような人.
der/die/das **un·se·ri·ge** [ウンゼりゲ] [代] (所有) = unsrige.
un·ser·seits [ウンザー·ザイツ] [副] (稀)=unsererseits.
un·sert·hal·ben [ウンザート·ハルベン] [副] (古)=unsertwegen.
un·sert·we·gen [ウンザート·ヴェーゲン] [副] 私たちのために; 私たちのことなら(かまわずに).
un·sert·wil·len [ウンザート·ヴィレン] [副] (次の形で)um ~ 私たちのために.

unten stehend

das **Un·ser·va·ter** [ウンザー・ふぁーター] 名 -s/- 〖キ教〗《ふ》主の祈り.
un·si·cher [ウン・ズィッひゃー] **1.** 安全でない, 物騒な; 不安定な. **2.** 不確かな; 当てにならない. **3.** おぼつかない, あやうげな. **4.** 自信のない; 不確定な: Ich bin nur noch ～, ob… 私は…かどうかまだ決めていない.〖慣用〗**eine Gegend unsicher machen** (口)ある土地の空気を乱す(気晴らしなどで滞在することを冗談で); ある土地を荒らす(泥棒などが).
die **Un·si·cher·heit** [ウン・ズィッひゃーハイト] 名 -/-en **1.** (®のみ)安全でない(危険である)こと; 不確実さ, 信頼性(信用)のないこと; 不安定であること; 自信のないこと; あやふやなこと. **2.** 予測がつかない事柄.
der **Un·si·cher·heits·fak·tor** [ウンズィッひゃーハイツ・ふぁクトーあ] 名 -s/-en 不確定要素.
un·sicht·bar [ウン・ズィヒト・バーあ] 形 目に見えない: sich⁴ ～ machen (口・冗)姿を消す, 姿をくらます.
die **Un·sicht·bar·keit** [ウン・ズィヒトバーカイト] 名 -/ 見えないこと, 不可視(性).
un·sich·tig [ウン・ズィヒティヒ] 形 不透明な, 曇った.
der **Un·sinn** [ウン・ズィン] 名 -(e)s/ **1.** 無意味. **2.** ばかげたこと, ナンセンス: ～ machen [treiben] ばかげたことをする. **3.** 迷惑な行為, 悪さ.
un·sin·nig [ウン・ズィニヒ] 形 **1.** 無意味な, ナンセンスな. **2.** (口)とてつもない; すごく. **3.** (古)常軌を逸した.
die **Un·sit·te** [ウン・ズィッテ] 名 -/-n 〖蔑〗悪習, 悪癖.
un·sitt·lich [ウン・ズィットリヒ] 形 **1.** (性的に)不道徳な, 淫らな. **2.** 〖法〗公序良俗に反する.
die **Un·sitt·lich·keit** [ウン・ズィットリヒカイト] 名 -/-en **1.** (®のみ)不道徳, 背徳; 〖法〗公序良俗に反すること. **2.** 不道徳な行為.
un·so·lid [ウン・ゾリート] 形 =unsolide.
un·so·li·de [ウン・ゾリーデ] 形 **1.** 丈夫(堅牢)でない. **2.** 堅実でない, 放縦な.
un·so·zi·al [ウン・ゾツィアール] 形 非社会的な, 社会的弱者の利益に反する; 社会(集団)生活を営まない; 〖動〗(稀)群集(ぐんしゅう)しない.
un·sport·lich [ウン・シュポルトリヒ] 形 **1.** スポーツ精神に反する, スポーツマンらしくない. **2.** スポーツ好きでない.
die **Un·sport·lich·keit** [ウン・シュポルトリヒカイト] 名 -/-en **1.** (®のみ)スポーツ向き(スポーツマンタイプ)でないこと, スポーツマンシップに反すること. **2.** スポーツマンシップに反する行為.
uns·re [ウンスれ] 代 〖所有〗unser の®,®1・4格.®, unsre の同格幹 e の省略形.
un·ser·seits [ウンズる・ザイッ] 副 =unsererseits.
uns·res·glei·chen [ウンスれス・グライヒェン] 代 〖不定〗(無変化)=unseresgleichen.
der/die/das **uns·ri·ge** [ウンスリゲ] 代 〖所有〗1人称®. (文・古) =unser¹ 2.の定冠詞付き用法.
un·statt·haft [ウン・シュタットハフト] 形 許されていない.
un·sterb·lich [ウン・シュテるプリヒ] 形 不死の, 不滅の, 不朽の; (口)ひどく.
der/die **Un·sterb·li·che** [ウン・シュテるプリヒェ, ウン・シュテるプリッヒェ] 人 (形容詞的変化)不滅の人; 神.
die **Un·sterb·lich·keit** [ウン・シュテるプリヒカイト, ウン・シュテるプリッヒカイト] 名 -/ 不死; 〖宗〗(霊魂の)不滅.
der **Un·stern** [ウン・シュテるン] 名 -(e)s/ 〖文〗凶星, 不運: unter einem ～ 悪い星のもとに.
un·stet [ウン・シュテート] 形 〖文〗落ち着きのない; 気の変りやすい; 不定の.
die **Un·ste·tig·keit** [ウン・シュテーティヒカイト] 名 -/-en **1.** 〖数〗不連続. **2.** (®のみ)落ち着きのなさ, 変りやすさ; 不安定.
un·still·bar [ウン・シュティル・バーあ, ウン・シュティル・バーあ] 形 止められない; 鎮められない; 癒(い)し難い.

un·stim·mig [ウン・シュティミヒ] 形 統一のない, 不一致の.
die **Un·stim·mig·keit** [ウン・シュティミヒカイト] 名 -/-en **1.** (®のみ)不一致, 矛盾していること. **2.** (主に®)(計算などの)間違い, 相違点; 矛盾箇所; 意見の相違.
un·sträf·lich [ウン・シュトれーふリヒ, ウン・シュトれーふリヒ] 形 (古)非の打ちどころのない.
un·strei·tig [ウン・シュトライティヒ, ウン・シュトライティヒ] 形 議(反論)の余地のない.
un·strit·tig [ウン・シュトリッティヒ, ウン・シュトリッティヒ] 形 (稀) **1.** 明白な. **2.** 議論の余地のない.
die **Un·strut** [ウン・シュトるート] 名 -/ 〖川名〗ウンストルート川(主にチューリンゲン州北部を流れるザーレ川の支流).
die **Un·sum·me** [ウン・ズメ] 名 -/-n 莫大(ばくだい)な金額; 大変な量.
un·sym·me·trisch [ウン・ズュメートリシュ] 形 左右対称でない, 非対称の.
un·sym·pa·thisch [ウン・ズュムパーティシュ] 形 〖〈j³〉が〗**1.** (主に〖蔑〗)好感(好意)の持てない. **2.** 共感できない; 気に入らない.
un·sys·te·ma·tisch [ウン・ズュステマーティシュ] 形 体系(組織)的でない.
un·ta·del·haft [ウン・ターデルハフト, ウン・ターデルハフト] 形 (稀)非の打ちどころのない.
un·ta·de·lig [ウン・ターデリヒ, ウン・ターデリヒ] 形 非の打ちどころのない.
die **Un·tat** [ウン・タート] 名 -/-en 悪行, 非行.
un·tä·tig [ウン・テーティヒ] 形 何もしない, 無為の.
die **Un·tä·tig·keit** [ウン・テーティヒカイト] 名 -/ 無為, 怠惰.
un·taug·lich [ウン・タウクリヒ] 形 **1.** 〖(für〈et⁴〉=)〗役立たない. **2.** (兵役)不適格の.
die **Un·taug·lich·keit** [ウン・タウクリヒカイト] 名 -/ 役に立たないこと, 不適格であること.
un·teil·bar [ウン・タイル・バーあ, ウン・タイル・バーあ] 形 分けられない, 不可分の; 〖数〗割切れない.
die **Un·teil·bar·keit** [ウン・タイルバーカイト, ウン・タイルバーカイト] 名 -/ 分割できない(不可分である)こと; 〖数〗割切れないこと.
un·ten [ウンテン] 副 **1.** (空間: 垂直下に(で), 下の方に; 下の階に, 下段に; 下側に; 底に; 裏面に, 下向きに: ～ rechts/～ links 右下に; im Regal ～ 棚の下の方に. ～ wohnen 下の階に住む. die Kiste ～ anheben 箱の下を持上げる. Diese Seite des Papiers ist (gehört nach) ～ 紙のこちら側が裏だ. das Fenster ～ 下方の窓. nach/von ～ 下へ/下から. (地図の上下から) in Bayern (口)下のバイエルンで. **2.** (空間: 水平)端に: ～ am Tisch sitzen テーブルの端(末席)に座っている. **3.** (テキストなどの)下に: wie ～ ausgeführt 下に(後で)述べるように. siehe ～ 下記を見よ(略 s.u.). **4.** (会社・組織の)下層部に; (階級の)下位に: sich⁴ von ～ hocharbeiten 下から努力して出世する. **5.** (口)(体)の下の方に(特に陰部).〖慣用〗**alles von unten nach oben kehren** (探しものを)何もかもひっくり返す. **bei〈j³〉 unten durch sein** (口)〈人に〉見限られている. **Oben hui, unten pfui.** つわべは立派に中身は空っぽ.
un·ten an [ウンテン・アン] 副 (稀)下席に, 末席に.
un·ten er·wähnt, ®un·ten·er·wähnt [ウンテン エあヴェーント] 形 後述の.
un·ten ge·nannt, ®un·ten·ge·nannt [ウンテン ゲナント] 形 後述の.
un·ten·her [ウンテン・へーあ] 副 下から.
un·ten·hin [ウンテン・ヒン] 副 下へ.
un·ten ste·hend, ®un·ten·ste·hend [ウンテン シュテーエント] 形 下記の.

unter¹ [ウンター] 前 [+ 3 格/ 4 格] **1.** [+ 3 格] (位置) **a.** (離れて)…の下に〔で〕: ~ ⟨j³⟩ wohnen ⟨人の⟩(1階)下に住む. ~ freiem Himmel 野外で. ~ einem Baum 木陰で. **b.** (接触して)…の下に〔で〕: Das Eis brach ~ seinen Füßen. 彼の足の下の氷が割れた. eine Bluse ~ dem Pullover tragen プルオーバーの下にブラウスを着ている. ~ der Erde liegen (死んで)土の下にいる. **c.** …の下を(くぐって): ~ der Brücke durchfahren 橋の下を(乗り物で)くぐり抜ける. **d.** …の下から: ~ dem Tisch hervorkommen 机の下から出てくる. **2.** [+ 4 格] (方向) **a.** (離れて)…の下へ: sich⁴ ~ einen Baum setzen 木陰に腰をおろす. **b.** (接触して)…の下へ: ~ die Decke kriechen 毛布の下にもぐり込む. **3. a.** [+ 3 格] (程度・数量)…以下の〔で〕, …未満: 10 Grad ~ Null 氷点下 10 度. ⟨et⁴⟩ ~ dem Preis verkaufen ⟨物を⟩(表示)価格より安く売る. ~ dem Durchschnitt sein 平均を下回っている. Kinder ~ sechs Jahren 6歳未満の幼児. **b.** [+ 4 格] (数量)…以下に: ~ den Gefrierpunkt sinken 氷点下に下がる. **4. a.** [+ 3 格] (混在)…の中に〔で〕: ~ den Zuschauern sitzen 観客の中に(混じって)座っている. **b.** [+ 4 格] (混在)…の中へ〔あいだ〕へ(混じって): sich⁴ ~ die Menschenmassen mischen 群衆の中へ混じる〔紛れ込む〕. **5.** [+ 3 格] (集団)…の中で: viele ~ uns われわれの中の多くの者たち. **6.** [+ 3 格] (相関関係)…のあいだで: ~ uns gesagt われわれのあいだだけで〔ここだけ〕の(内緒)話だが. ⟨et⁴⟩ ~ vier Augen besprechen ⟨事を⟩ ~ sich³ (腹を打ちあけて)相談する. die Beute ~ sich³ aufteilen 獲物を自分たちだけで山分けする. **7.** [+ 3 格] **a.** (随伴)…をともなって, …しながら: ~ Tränen 涙ながらに. ~ Lebensgefahr 生命の危険を冒して. **b.** (方法)…されて, …として: ~ Zwang 強制されて. ~ dem Schutz der Dunkelheit entkommen (な)に紛れて逃走する. **c.** (条件)…のもとに, …で: ~ der Bedingung, dass … …の条件で. **8. a.** [+ 3 格] (支配)…の下に, …で: ~ ⟨j³⟩ stehen ⟨人の⟩下(の地位)にいる〔部下である〕 (unter にアクセントがある). Ich habe fünf Leute ~ mir. 私の部下が 5 人いる. ~ ärztlicher Kontrolle stehen 医者の監督の下にある. **b.** [+ 4 格] (支配)…の下に: ⟨j⁴⟩ ~ ⟨j³⟩ Aufsicht stellen ⟨人を⟩⟨人の⟩監督下におく. **9.** [+ 3 格] (分類)…の下に, …で: ⟨et⁴⟩ ~ diesem Stichwort suchen ⟨事を⟩この見出し語で探す. **b.** [+ 4 格] (分類)…のもとへ: einen Dichter ~ die Klassiker rechnen ある詩人を古典派の中へ入れる. **10.** [+ 3 格] (帰属)…で: ~ falschem Namen leben 偽名で暮す. ⟨j¹⟩ ist ~ dieser Rufnummer zu erreichen ⟨人に⟩この番号で電話がかかる. **11.** [+ 3 格] **a.** (時間) (南独)…の間に, …の中に: ~ der Woche (その)週のうちで〔今週中〕に. ~ der Operation sterben 手術中に死ぬ. **b.** (時点) (古)…の日付で: ~ dem 1. Mai 5月1日付で. 【慣用】 **mit** ⟨j³⟩ **unter einer Decke stecken** ⟨人と⟩結託している. **unter ander(e)m** [ander(e)n] (略 u.a.) とりわけ, なかんずく. **unter den Tisch fallen** 無視される, 忘れられる. ⟨j³⟩ **unter die Erde bringen** ⟨人の⟩死をもたらす. **unter Druck stehen** 圧力の下にいる. **unter einer Krankheit leiden** 病気に悩んでいる. ⟨et⁴⟩ **unter Strom setzen** ⟨物に⟩電流を通す.

── 副 …未満で: Die Bewerber waren ~ dreißig Jahre alt. 応募者たちは30歳未満であった. Städte von ~ 50 000 Einwohnern 人口5万人未満の諸都市.

un·ter² [ウンター] 形 (比較級なし) **1.** 下の(方の); 下流の: die ~e Elbe エルベ川下流. **2.** 下層の, 下級の, 低学年の; 末の: die ~e Instanz 下級審. am ~en Ende des Tisches sitzen テーブルの末席にすわっている. **3.** 裏の. 【慣用】 **das Unterste zuoberst kehren** 何もかもごっちゃにする.

der **Un·ter** [ウンター] 名 -s/- ウンター(ドイツ式トランプのジャック).

die **Un·ter·ab·tei·lung** [ウンター・アップタイルング] 名 -/ -en 下位部門〔区分〕.

der **Un·ter·arm** [ウンター・アるム] 名 -(e)s/-e 下膊(ホ).

die **Un·ter·art** [ウンター・アーあト] 名 -/-en 〖生〗(稀) 亜種.

der **Un·ter·aus·schuss**, ⓐ **Un·ter·aus·schuß** [ウンター・アウス・シュス] 名 -es/..schüsse 分科〔小〕委員会.

der **Un·ter·bau** [ウンター・バウ] 名 -(e)s/-ten **1.** 下部構造, 土台, 台座, 〔鉄道・道路などの〕路床, 路盤. **2.** (のみ) 基礎. 基盤. **3.** 〖林〗 (高木林に) 植栽される木; (のみ) (高木林での)若木の植栽. **4.** 〖鉱〗横坑より下の坑道.

der **Un·ter·bauch** [ウンター・バウㇵ] 名 -(e)s/..bäuche 下腹部.

un·ter·bau·en [ウンターバウエン] 動 h. **1.** ⟨et⁴⟩ 基礎工事をする. **2.** ⟨et⁴⟩ 基礎づける.

der **Un·ter·be·griff** [ウンター・ベグりフ] 名 -(e)s/-e 〖論〗下位概念.

un·ter·be·lich·ten [ウンター・ベりヒテン] 動 h. ⟨et⁴⟩ 〖写〗露出不足にする(フィルムなどを).

un·ter·be·lich·tet [ウンター・ベりヒテット] 形 露出不足の; (口) 頭が悪い.

die **Un·ter·be·lich·tung** [ウンター・ベりヒトゥング] 名 -/ -en 〖写〗露出不足.

die **Un·ter·be·schäf·ti·gung** [ウンター・ベシェフティグング] 名 -/-en 〖経〗不完全雇用.

das **Un·ter·bett** [ウンター・ベット] 名 -(e)s/-en (マットレスの上に敷く)薄いマット, 薄い羽毛敷布団.

un·ter·be·wer·ten [ウンター・ベヴェーあテン] 動 h. ⟨et⁴⟩ 過小評価する.

die **Un·ter·be·wer·tung** [ウンター・ベヴェーあトゥング] 名 -/-en 過小評価.

un·ter·be·wusst, ⓐ **un·ter·be·wußt** [ウンター・ベヴスト] 形 〖心〗意識下の.

das **Un·ter·be·wusst·sein**, ⓐ **Un·ter·be·wußt·sein** [ウンター・ベヴスト・ザイン] 名 -s/ 〖心〗下意識, 潜在意識.

un·ter·bie·ten* [ウンター・ビーテン] 動 h. **1.** ⟨j⁴/et⁴⟩ より 安い値段をつける. **2.** ⟨et⁴⟩ 〖スデ〗縮める, 短縮する(時間・記録などを). 【慣用】 ⟨et⁴⟩ **ist** [**im Niveau**] **kaum noch zu unterbieten** ⟨事の水準が⟩下回るものはずがない.

die **Un·ter·bie·tung** [ウンター・ビートゥング] 名 -/-en (主にのみ) (競争相手よりも)安値をつけること; 〖スデ〗記録の短縮.

die **Un·ter·bi·lanz** [ウンター・ビランツ] 名 -/-en 〖経〗赤字決算.

un·ter·bin·den¹* [ウンター・ビンデン] 動 h. ⟨et⁴⟩ 下に結ぶ.

un·ter·bin·den²* [ウンター・ビンデン] 動 h. **1.** ⟨et⁴⟩ 阻止〔禁止〕する, 許さない(妨害・乱用などを). (稀) 止める, 遮断する(交通などを). **2.** ⟨et⁴⟩ 〖医〗結紮(½ᵼ)する.

un·ter·blei·ben* [ウンター・ブライベン] 動 s. 〔慣用〕(もはや)起こらない(行われない).

der **Un·ter·bo·den** [ウンター・ボーデン] 名 -s/..böden **1.** 下層土. **2.** (車体の)下回り.

der **Un·ter·bo·den·schutz** [ウンター・ボーデン・シュッツ] 名 -es/ 〖車〗 (車体の)下回りのさび止め下塗り.

un·ter·bre·chen* [ウンター・ブれㇸェン] 動 h. **1.** ⟨et⁴⟩ 中断〔中絶〕する, 中止する. **2.** ⟨j⁴⟩

話を遮る;邪魔をする. **3.**〔et⁴ッ〕妨げる. **4.**〔et⁴ッ〕遮断する,断つ(あるものの運行・進行などを). **5.**〔et⁴ッ〕区切る. 【慣用】**Verzeihen Sie, dass〔wenn〕ich Sie unterbreche.** お話の途中ですみませんが.
der **Un·ter·bre·cher** [ウンターブれっひゃー] 名 -s/-〔電〕遮断器, ブレーカー.
die **Un·ter·bre·chung** [ウンターブれっフンング] 名 -/-en 中断,中絶,中止;妨害;遮断.
un·ter|brei·ten¹ [ウンター・ブらイテン] 動 h.〔et⁴ッ〕下に敷く(毛布などを).
un·ter|brei·ten² [ウンターブらイテン] 動.〔j³ッ＋〈et⁴ッ〉〕〖文〗提出する(辞表・法案などを), 提示する(計画など).
un·ter|brin·gen* [ウンター・ブりンゲン] 動 h. **1.**〔j⁴/et⁴ッ＋in〈et³ッ〉〕納(収)める, 置く, しまう, 入れる. **2.**〔j³ッ＋in〈et³ッ〉=/bei〈j³ッ〉ニ〕(無理をして)特別に泊まらせて(やる), 泊めて(やる), 入らせてやる, 入れる. **3.**〔j⁴ッ＋bei(auf)〈et³ッ〉ニ〕〖口〗入らせてやる(地位などに). 〔et⁴ッ＋bei〔in〕〈et³ッ〉ニ〕〖口〗採用してもらう(原稿を出版社などに). 【慣用】**Er wusste nicht, wo er dieses Gesicht unterbringen sollte.** 彼はこの顔に見覚えはあるが, どこで会ったか思い出せなかった.
die **Un·ter·brin·gung** [ウンター・ブりンゲンング] 名 -/-en 収容;宿泊;〖口〗宿泊所.
der **Un·ter·bruch** [ウンター・ブるッフ] 名 -(e)s/..brüche 〖ス〗=Unterbrechung.
un·ter|but·tern [ウンター・ブッターン] 動 h.〖口〗**1.**〔j³ッ〕自主性を抑えつける. **2.**〔et⁴ッ〕追加して使ってしまう(お金を).
das **Un·ter·deck** [ウンター・デック] 名 -(e)s/-s〔-e〕(船の)下甲板.
un·ter der Hand, ®**un·ter·der·hand** [ウンター デ ハント] 副 ひそかに, こっそり.
un·ter·des [ウンター・デス] 副〈稀〉=unterdessen.
un·ter·des·sen [ウンター・デッセン] 副 そうこうするうちに, その間に.
der **Un·ter·druck** [ウンター・ドるック] 名 -(e)s/..drücke 〖理・エ〗低圧. **2.**(®のみ)〖医〗低血圧.
un·ter|drü·cken [ウンタードりゅッケン] 動 h. **1.**〔et⁴ッ〕抑える(怒りなどを), こらえる(笑いなどを), かみ殺す(あくびを), 押し殺す(忍び笑いなどを), 控える(発言などを). **2.**〔et⁴ッ〕抑える(意見などを), 伏せる(事実などを), つけてやる(地位などに). **3.**〔j⁴ッ/et⁴ッ〕押さえつける, 抑圧〔弾圧〕する;鎮圧する.
der **Un·ter·drü·cker** [ウンタードりゅッカー] 名 -s/-〔戏〕圧制者, 弾圧者.
die **Un·ter·druck·kam·mer** [ウンタードるック・カマー] 名 -/-n〖医〗低圧室.
die **Un·ter·drü·ckung** [ウンタードりゅックング] 名 -/-en 抑圧,抑制;鎮圧,弾圧;差止め.
un·ter·durch·schnitt·lich [ウンタードゥるヒ・シュニットりヒ] 形 平均以下の.
un·ter·ei·n·an·der [ウンター・アイナンダー] 副 **1.**上下に:die Bilder ~ anordnen それらの絵を上下〔縦〕に配置する. **2.**互いに,相互の間で:〈et⁴〉~ ausmachen〈事〉をお互いの間で取決める.
un·ter·ent·wi·ckelt [ウンター・エントヴィッケルト] 形 発育不十分の;〖政〗低開発の.
un·ter·er·nährt [ウンター・エあネーあト] 形 栄養不良の.
die **Un·ter·er·näh·rung** [ウンター・エあネーるング] 名 -/-en 栄養不良〔不足〕.
un·ter|fah·ren* [ウンター・ふぁーれン] 動 h. **1.**〔et⁴ッ〕〖土〗下にトンネル〔地下道〕を建設する;〖鉱〗下に坑道を開削する. **2.**〔et⁴ッ〕下をくぐり抜ける(乗り物で・乗り物が).
un·ter|fan·gen* [ウンター・ふぁンゲン] 動 h. **1.**

〔sich⁴＋zu〈動〉ッ/〈et²ッ〕〖文〗あえてする;厚かましくもする. **2.**〔et⁴ッ〕〖土〗下に支えをして補強する(建造物の沈下を防ぐために).
das **Un·ter·fan·gen** [ウンターふぁンゲン] 名 -s/-(主に®)大胆な企て, 冒険.
un·ter|fas·sen [ウンター・ふぁッセン] 動 h.〖口〗**1.**〔j⁴ッ〕腕を取る;(〈j³ッ〉が相互代名詞sich⁴の場合)互いに腕を組合う. **2.**〔j⁴ッ〕わきの下に腕を回して支える.
un·ter|fer·ti·gen [ウンターふぇるティゲン] 動〔et⁴ッ〕〖官〗署名する.
der **Un·ter·fer·ti·ger** [ウンター・ふぇるティガー] 名 -s/-〖官〗署名者.
der/die **Un·ter·fer·tig·te** [ウンター・ふぇるティヒテ] 名〔形容詞的変化〕〖官〗署名者.
un·ter|flie·gen* [ウンター・ふりーゲン] 動〔et⁴ッ〕下を飛行する(飛行機で).
un·ter·flur [ウンター・ふルーあ] 副〖エ・土〗床下に,地下に.
der **Un·ter·flur·mo·tor** [ウンターふルーあ・モ〔一〕トーあ] 名 -s/-en〖車〗(バス・トラックなどの)床下エンジン.
(das) **Un·ter·fran·ken** [ウンター・ふランケン] 名 -s/-〖地名〗ウンターフランケン(バイエルン州北西部地方).
un·ter|füh·ren [ウンター・ふゅーれン] 動 h.〔et⁴ッ〕**1.**下に通す(道路などを). **2.**〖印〗ディットマーク(″)で代用する.
der **Un·ter·füh·rer** [ウンター・ふゅーらー] 名 -s/- 小部隊の指揮官.
die **Un·ter·füh·rung** [ウンター・ふゅールング] 名 -/-en **1.**立体交差の下の道路(線路), 地下道. **2.**〖印〗同一語(句)〔数〕を繰返し記号で示すこと(反復記号″).
die **Un·ter·funk·ti·on** [ウンター・ふンクツィオーン] 名 -/-〖医〗機能低下.
das **Un·ter·fut·ter** [ウンター・ふッター] 名 -s/-(表地と裏地の間の)補足的な)裏地.
un·ter|füt·tern [ウンターふュッターン] 動 h.〔et⁴ッ〕裏地をつける;…の下に入れる.
der **Un·ter·gang** [ウンター・ガング] 名 -(e)s/..gänge **1.**(太陽や月が)沈むこと. **2.**(船の)沈没. **3.**没落, 滅亡;零落.
un·ter·gä·rig [ウンター・ゲーりヒ] 形 下面発酵の.
die **Un·ter·gat·tung** [ウンター・ガットゥング] 名 -/-n〖動〗亜種.
un·ter·ge·ben [ウンター・ゲーベン] 形(〈j³ッ〉)部下の.
der/die **Un·ter·ge·be·ne** [ウンター・ゲーベネ] 名〔形容詞的変化〕部下の人.
un·ter|ge·hen* [ウンター・ゲーエン] 動 s. **1.**〔補足〕沈む(太陽などが). **2.**〔擬〕沈没する. **3.**〔in〕~する(人込みなどに), かき消される(叫び声が騒音などに). **4.**〔擬〕没落する, 滅亡する, 破滅する, 堕落する.
un·ter·ge·ord·net [ウンター・ゲオるドネット] 形 **1.**下位の, 副次的な〔従属〕的な, さして重要でない. **2.**〖言〗従属の.
das **Un·ter·ge·schoss**, ®**Un·ter·ge·schoß** [ウンター・ゲショス] 名 -es/-e 地階.
das **Un·ter·ge·stell** [ウンター・ゲシュテル] 名 -(e)s/-e **1.**台車, 台枠, 車台. **2.**〖口・冗〗足.
das **Un·ter·ge·wicht** [ウンター・ゲヴィヒト] 名 -(e)s/-標準重量〔規準〕以下の重量, 重量(体重)不足.
un·ter|glie·dern [ウンター・グリーダーン] 動 h.〔et⁴ッ＋(in〈et⁴ッ〉)〕(細かく)分ける, 細分する(論文・省庁など).
die **Un·ter·glie·de·rung** [ウンター・グリーデるング] 名 -/-en 小分け, 細分.
un·ter|gra·ben¹* [ウンター・グらーベン] 動 h.〔et⁴ッ〕(土を掘って)入れる(肥料など).

un·ter·gra·ben^{2*} [ウンターグらーベン] [動] *h.* **1.** 〔〈et^4〉ヲ〕徐々に削り取る《水が堤防などを》. **2.** 〔〈et^4〉ヲ〕徐々に低下〔失墜〕させる《評判・権威などを》, 徐々に蝕(むしば)む《健康などを》.

der **Ụn·ter·griff** [ウンター・グりふ] [名] -(e)s/-e 〘体操〙(鉄棒の)逆手;〘レスリング〙胴タックル.

der **Ụn·ter·grund** [ウンター・グるント] [名] -(e)s/..grün-de **1.** 地中, 地下, (表土の)下層の土壌;地盤;路床. **2.** (海などの)底;《稀》基盤, 基礎. **3.** (織物や絵画の)地. **4.** 《[単]のみ》〘政〙地下組織;地下運動(~bewegung) : in den ~ gehen 地下にもぐる. **5.** 《稀》(演劇・映画などの)アンダーグラウンド, アングラ.

die **Ụn·ter·grund·bahn** [ウンターグるント・バーン] [名] -/-en 地下鉄.

die **Ụn·ter·grund·be·we·gung** [ウンターグるント・ベヴェーグング] [名] -/-en 〘政〙地下運動.

ụn·ter|ha·ben* [ウンター・ハーベン] [動] *h.* 〔〈et^4〉ヲ〕《口》下に着ている.

ụn·ter|ha·ken [ウンター・ハーケン] [動] *h.* 〔〈j^4〉ト〕腕を組む;(〈j^4〉が相互代名詞sich^{4}の場合)互いに腕を組む.

ụn·ter·halb [ウンター・ハルプ] [前] 〔+2格〕…の下方に〔で〕, …の下流に〔で〕: Ich habe mich ~ des Knies verletzt. 私はひざの下のところをけがした. *U*~ des Dorfes fließt ein Fluss. 村の下の方に川が流れている.

—— [副] (次の形で) ~ von 〈et^3〉〈物の〉下方に.

der **Ụn·ter·halt** [ウンター・ハルト] [名] -(e)s/ 生計, 生活費, 養育費, 扶養料;(施設などの)維持費 : seinen ~ von 〈et^3〉 bestreiten 〈事で〉生計を立てる.

ụn·ter|hal·ten^{1*} [ウンター・ハルテン] [動] *h.* 〔〈et^4〉ヲ〕《口》下にあてがう.

un·ter·hạl·ten^{2*} [ウンターハルテン] [動] *h.* **1.** 〔sich^4+(mit 〈j^3〉ト)+(über 〈j^4/et^4〉ニツイテ)〕(楽しく・気ままにあれこれ)語り合う, 歓談する. **2.** 〔〈j^4〉ヲ+(mit 〈et^3〉デ)〕楽しませる, もてなす;(〈j^4〉がsich^{4}の場合)楽しむ. **3.** 〔〈j^4〉ヲ〕養う, 扶養する. **4.** 〔〈et^4〉ヲ〕維持管理する《建物・道路などを》;経営する. **5.** 〔〈et^4〉ヲ〕保つ《関係などを》, 絶やさない《火を》.

un·ter·hạl·tend [ウンターハルテント] [形] 面白い, 楽しい, 娯楽的な.

un·ter·hạlt·sam [ウンターハルトザーム] [形] 楽しい, 面白い.

der **Ụn·ter·halts·an·spruch** [ウンターハルツ・アン・シュプるっふ] [名] -(e)s/..sprüche 生活費〔扶養料〕支払請求.

ụn·ter·halts·be·rech·tigt [ウンターハルツ・べれひティひト] [形] 扶養を受ける権利〔被扶養資格〕のある.

die **Ụn·ter·halts·kos·ten** [ウンターハルツ・コステン] [複名] 養育費, 扶養料.

die **Ụn·ter·halts·pflicht** [ウンターハルツ・プふりひト] [名] -/-en 扶養義務.

die **Un·ter·hạl·tung** [ウンターハルトゥング] [名] -/-en **1.** (楽しい)会話, 談笑 : mit 〈j^3〉 eine ~ führen 〈人と〉歓談する. **2.** 楽しみ, もてなし. **3.** 《[単]のみ》維持, 管理, 経営;《稀》扶養. **4.** 《[単]のみ》保持, 絶やさないこと.

die **Un·ter·hạl·tungs·bei·la·ge** [ウンターハルトゥングス・バイ・ラーゲ] [名] -/-n (新聞の)付録娯楽版.

die **Un·ter·hạl·tungs·e·lek·tro·nik** [ウンターハルトゥングス・エレクトろーニク] [名] -/ 娯楽用電子機器(ラジカセ・ビデオ装置など).

der **Un·ter·hạl·tungs·film** [ウンターハルトゥングス・ふぃルム] [名] -(e)s/-e 娯楽映画.

die **Un·ter·hạl·tungs·in·dus·trie** [ウンターハルトゥングス・インドゥストりー] [名] -/-n 娯楽産業(映画・レコード業界など).

die **Un·ter·hạl·tungs·kos·ten** [ウンターハルトゥングス・コステン] [複名] 維持費.

die **Un·ter·hạl·tungs·lek·tü·re** [ウンターハルトゥングス・レクテューれ] [名] -/-n 娯楽読み物.

die **Un·ter·hạl·tungs·li·te·ra·tur** [ウンターハルトゥングス・リテらトゥーあ] [名] -/-en (主に[単])娯楽文学.

die **Un·ter·hạl·tungs·mu·sik** [ウンターハルトゥングス・ムズィーク] [名] -/ 軽音楽.

das **Un·ter·hạl·tungs·pro·gramm** [ウンターハルトゥングス・プろグらム] [名] -s/-e (テレビなどの)娯楽番組.

der **Un·ter·hạl·tungs·ro·man** [ウンターハルトゥングス・ろマーン] [名] -s/-e 娯楽〔大衆〕小説.

un·ter·hạn·deln [ウンターハンデルン] [動] *h.* 〔(mit 〈j^3〉ト)+(über 〈et^4〉ニツイテ)〕〘政〙交渉する(特に軍事紛争の際に).

der **Ụn·ter·händ·ler** [ウンター・ヘンドラー] [名] -s/- 〘政〙交渉〔折衝〕にあたる人.

die **Un·ter·hạnd·lung** [ウンターハンドルング] [名] -/-en 〘政〙交渉, 談判.

das **Ụn·ter·haus** [ウンター・ハウス] [名] -es/..häuser 下院;(《[単]のみ》)(イギリスの)下院.

das **Ụn·ter·hemd** [ウンター・ヘムト] [名] -(e)s/-en アンダーシャツ, 下着.

un·ter·höh·len [ウンター[ヘ]ーレン] [動] *h.* **1.** 〔〈et^4〉ノ〕下を(徐々に)浸食する〔えぐる〕(水が岸などの). **2.** =untergraben^2.

das **Ụn·ter·holz** [ウンター・ホルツ] [名] -es/ 下生え.

die **Ụn·ter·ho·se** [ウンター・ホーゼ] [名] -/-n (《[複]を[単]の意味で用いることが多い》)ズボン下;パンツ.

ụn·ter·ir·disch [ウンター・イるディシュ] [形] 地下の;《転》隠れた, 表に出ない, ひそかな;冥界の

die **Ụn·ter·ja·cke** [ウンター・ヤッケ] [名] -/-n アンダーシャツ.

un·ter·jọ·chen [ウンターヨっへン] [動] *h.* 〔〈j^4/et^4〉ヲ〕屈服させる, 制圧する, 押えつける(民族・少数派などを).

die **Un·ter·jọ·chung** [ウンターヨっふング] [名] -/-en 制圧.

ụn·ter|ju·beln [ウンター・ユーベルン] [動] *h.* 〔〈j^3〉ニ+〈et^4〉ヲ〕《口》押しつける.

un·ter·kẹl·lern [ウンターケラーン] [動] *h.* 〔〈et^4〉ニ〕地下室をつける(建物に).

der **Ụn·ter·kie·fer** [ウンター・キーふぁー] [名] -s/- 下あご.

das **Ụn·ter·kleid** [ウンター・クライト] [名] -(e)s/-er スリップ;アンダードレス.

die **Ụn·ter·klei·dung** [ウンター・クライドゥング] [名] -/-en (主に[単])下着(類).

ụn·ter|kom·men* [ウンター・コメン] [動] *s.* **1.** 〔in 〈et^3〉ニ/bei 〈j^3〉ノ所ニ〕(無理に・特別に)泊めてもらう, 泊まる, 入れてもらう, 入る. **2.** 〔bei〔in〕〈et^3〉ニ〕《口》仕事の口を見つける. **3.** 〔mit 〈et^3〉ヲ+bei〔in〕〈et^3〉ニ〕《口》採用してもらう(脚本を放送局などに). **4.** 〔〈j^3〉ノ身ニ〕《口》起こる, …が出くわす.

das **Ụn·ter·kom·men** [ウンター・コメン] [名] -s/- (主に[単])宿泊所;《古》就職口.

der **Ụn·ter·kör·per** [ウンター・[ケ]るパー] [名] -s/- 下半身.

ụn·ter|krie·gen [ウンター・クりーゲン] [動] *h.* 〔〈j^4〉ヲ〕《口》屈服させる.

un·ter·kụ̈h·len [ウンターキューレン] [動] *h.* **1.** 〔〈et^4〉ヲ〕〘工〙過冷却する. **2.** 〔〈j^4〉ノ〕体温を平熱以下に下げる.

un·ter·kụ̈hlt [ウンターキュールト] [形] クールな, 冷静な;過冷却された;体温が平熱以下に下がった.

die **Un·ter·kụ̈h·lung** [ウンターキュールング] [名] -/-en 過冷却;(体温が)平熱以下に下がる〔下げる〕こと.

die **Ụn·ter·kunft** [ウンター・クンふト] [名] -/..künfte (一時的な)宿泊所;(主に[単])宿泊.

die **Ụn·ter·la·ge** [ウンター・ラーゲ] [名] -/-n **1.** 下敷,

敷物, マット;基盤, 基礎： eine ～ zum Schreiben 下敷. **2.** (《[複]のみ》)基礎資料, データ;証拠書類. **3.** 〖植〗(接ぎ木の)台木;〖レスリング〗下位置.

das **Ụn·ter·land** [ウンター・ラント] [名] -(e)s/ 低地.

die **Ụn·ter·län·ge** [ウンター・レンゲ] [名] -/-n 〖印〗デッセンダー《活字の小文字で基線より下に突き出た部分》.

der **Ụn·ter·lass,** [旧]**Ụn·ter·laß** [ウンター・ラス] [名] 《次の形で》 ohne ～ 絶え間なく.

un·ter·lạs·sen* [ウンターラッセン] [動] *h.* **1.** 〖〈et^{4}〉ヲ〗やらない《理由があって》;やめる《やじなどを》. **2.** 〖(es)+zu〈[動]〉スルノヲ〗怠る.

die **Un·ter·lạs·sung** [ウンターラッスング] [名] -/-en (実行)しないこと;中止, 思いとどまること;怠慢;〖法〗不作為.

die **Un·ter·lạs·sungs·sün·de** [ウンターラッスングス・ズュンデ] [名] -/-n **1.** 〖カトリック〗(望ましい善行をしない)怠慢の罪. **2.** 《口》(するべきことをしなかった)怠慢.

der **Ụn·ter·lauf** [ウンター・ラウふ] [名] -(e)s/..läufe 下流.

ụn·ter|lau·fen^{1*} [ウンター・ラウふェン] [動] *s.* **1.** 《古》=unterlaufen^{2} 1. **2.** 《口》=unterlaufen^{2} 2.

un·ter·lau·fen^{2*} [ウンターラウふェン] [動] **1.** *s.* 〖〈j^{3}〉ハ〗うっかり(…を)する. **2.** *s.* 〖〈j^{3}〉ハ〗《口》出くわす. **3.** *h.* 〖〈j^{4}〉ノ〗下をかいくぐって攻める《サッカーなどで》. **4.** *h.* 〖〈et^{4}〉ノ〗裏をかいて効果を失わせる. **5.** *s.* 〖(mit 〈et^{3}〉ガ)〗皮下出血する《血が》.

ụn·ter|le·gen^{1} [ウンター・レーゲン] [動] *h.* **1.** 〖(〈j^{3}/et^{3}〉ノ下ニ)+〈et^{4}〉ヲ〗敷く, 置く： der Henne Eier ～ 雌鶏に卵を抱かせる. **2.** 〖〈et^{3}〉ヲ+〈et^{4}〉ニ〗解釈する.

un·ter·le·gen^{2} [ウンターレーゲン] [動] *h.* **1.** 〖〈et^{4}〉ヲ+(mit 〈et^{3}〉デ)〗裏打ち〔裏張り〕する《ガラス板をコルクなどで》. **2.** 〖〈et^{3}〉ニ+〈et^{4}〉ヲ〗つける《映画に音楽などを》. **3.** 〖〈et^{3}〉ニ+mit 〈et^{3}〉ヲ〗つける《歌詞にメロディーなどを》.

un·ter·le·gen^{3} [ウンターレーゲン] [形] 〖(〈j^{3}〉ニ)+(an 〈et^{3}〉デ/〈様態〉ニ)〗劣っている： dem Gegner an Kraft/technisch ～ sein 相手に力で/技術的に劣っている.

der/die **Un·ter·le·ge·ne** [ウンターレーゲネ] [名] 《形容詞的変化》敗者, 弱者.

die **Un·ter·le·gen·heit** [ウンターレーゲンハイト] [名] -/-en 《主に[単]》劣っていること, 劣等, 劣勢.

der **Ụn·ter·leib** [ウンター・ライプ] [名] -(e)s/-er 《主に[単]》下腹部;女性器.

ụn·ter|lie·gen^{1*} [ウンター・リーゲン] [動] *h.* 〖補足なし〗《口》下に敷いてある《毛布などが人・物の》.

un·ter·lie·gen^{2*} [ウンターリーゲン] [動] **1.** *s.* 〖(〈j^{3}〉ニ)+(bei 〈et^{3}〉デ)〗負ける, 敗れる. **2.** *h.* 〖〈et^{3}〉ニ〗支配されている, (…を)受ける： einer Täuschung ～ あざむかれる;間違いをする. Es *unterliegt* keinem Zweifel, dass ... 《文》…は疑いをいれない.

die **Ụn·ter·lip·pe** [ウンター・リッペ] [名] -/-n 下唇.

ụn·term [ウンターム] 《口》=unter+dem.

un·ter·ma·len [ウンターマーレン] [動] *h.* **1.** 〖〈et^{4}〉ニ+mit 〈et^{3}〉ヲ〗添える： eine Erzählung mit Musik ～ 物語のバックに音楽を流す. **2.** 〖〈et^{4}〉ノ〗〖美〗下塗りをする《絵の》.

die **Un·ter·ma·lung** [ウンターマールング] [名] -/-en **1.** (絵の)下塗り. **2.** バックグラウンドミュージック.

un·ter·mau·ern [ウンターマウあーン] [動] *h.* **1.** 〖〈et^{4}〉ノ〗基礎工事をする. **2.** 〖〈et^{4}〉ヲ〗根拠づける.

ụn·ter·mee·risch [ウンター・メーりシュ] [形] 海面下の, 海中〔底〕の.

un·ter·mẹn·gen [ウンターメンゲン] [動] *h.* 〖〈et^{4}〉ニ+mit 〈et^{3}〉ヲ〗混ぜる.

der **Ụn·ter·mensch** [ウンター・メンシュ] [名] -en/-en **1.** 《蔑》下劣な人間, 下種(げす). **2.** 〖ナチス〗下等人種.

die **Ụn·ter·mie·te** [ウンター・ミーテ] [名] -/-n **1.** (家などの)転借, 又借り： in ～ 〔zur ～〕 wohnen 部屋〔住まい〕を又借りしている. **2.** 転貸借, 又貸し.

der **Ụn·ter·mie·ter** [ウンター・ミーター] [名] -s/- 又借り〔転借〕人.

un·ter·mi·nie·ren [ウンターミニーれン] [動] *h.* **1.** 〖〈et^{4}〉ヲ〗徐々に失墜させる《評判などを》. **2.** 〖〈et^{4}〉ニ〗〖軍〗地雷〔機雷〕を敷設する《敵の陣地などに》, 爆薬をしかける《岩などに》.

ụn·ter|mi·schen^{1} [ウンター・ミッシェン] [動] *h.* 〖〈et^{4}〉ヲ〗混ぜ入れる, 混入する.

un·ter·mị·schen^{2} [ウンターミッシェン] [動] *h.* 〖〈et^{4}〉ニ+mit 〈et^{3}〉ヲ〗混ぜ合せる.

ụn·tern [ウンターン] 《口》=unter+den.

un·ter·neh·men* [ウンターネーメン] [動] *h.* **1.** 〖〈et^{4}〉ヲ〗企てる, する《遠足などを》. **2.** 〖〈et^{4}〉ヲ+(gegen 〈j^{4}/et^{4}〉ニ対シテ)〗講じる《処置などを》. **3.** 〖es+zu 〈[動]〉スルコトヲ〗引受ける.

das **Un·ter·neh·men** [ウンターネーメン] [名] -s/- **1.** 企て, 試み;軍事行動. **2.** 企業, 事業.

un·ter·neh·mend [ウンターネーメント] [形] 進取の気性に富む.

der **Un·ter·neh·mer** [ウンターネーマー] [名] -s/- 企業〔事業〕家, 経営者.

das **Un·ter·neh·mer·tum** [ウンターネーマートゥーム] [名] -s/ **1.** 《総称》企業家, 事業主. **2.** 企業家であること.

der **Un·ter·neh·mer·ver·band** [ウンターネーマー・ふェあバント] [名] -(e)s/..bände 経営者団体.

die **Un·ter·neh·mung** [ウンターネームング] [名] -/-en = Unternehmen.

der **Un·ter·neh·mungs·geist** [ウンターネームングス・ガイスト] [名] -(e)s/ 事業欲, 進取の気性.

un·ter·neh·mungs·lus·tig [ウンターネームングス・ルスティひ] [形] 大いにやる気のある, 企画性に富む.

der **Ụn·ter·of·fi·zier** [ウンター・オふィツィーあ] [名] -s/-e 下士官;(陸・空軍の)伍長《人;《[単]のみ》位. 略 Uffz.》.

ụn·ter|ord·nen [ウンター・オるドネン] [動] *h.* **1.** 〖sich^{4}+(〈j^{3}/et^{3}〉ニ)〗従う. **2.** 〖〈et^{4}〉ヨリ+〈et^{3}〉ヲ〗優先させる. **3.** 〖〈j^{4}/et^{4}〉ヲ+〈j^{3}/et^{3}〉ノ〗管轄(かんかつ)下に置く. **4.** 〖〈et^{4}〉ヲ+(〈et^{3}〉ノ)〗下位に置く.

die **Ụn·ter·ord·nung** [ウンター・オるドヌング] [名] -/-en **1.** 下位に置く〔置かれている〕こと, 従属させる〔している〕こと. **2.** 〖言〗従属. **3.** 〖生〗亜目.

das **Ụn·ter·pfand** [ウンター・プふァント] [名] -(e)s/..pfänder **1.** 《文》証明〔保証〕するもの. **2.** 《古》担保.

die **Un·ter·pflạs·ter·bahn** [ウンタープふラスター・バーン] [名] -/-en =Unterpflasterstraßenbahn.

die **Un·ter·pflạs·ter·stra·ßen·bahn** [ウンタープふラスター・シュトらーセン・バーン] [名] -/-en 一部地下を走る市街電車.

die **Un·ter·pri·ma** [ウンター・プりーマ, ウンター・プりーマ] [名] -/..men ギムナジウムの第 8 学年.

ụn·ter·pri·vi·le·giert [ウンター・プりヴィレギーあト] [形] 《文》(社会的・経済的に)十分権利を与えられていない〔恵まれない〕.

der/die **Ụn·ter·pri·vi·le·gier·te** [ウンター・プりヴィレギーあテ] [名] 《形容詞的変化》(社会的・経済的に)恵まれていない人.

un·ter·re·den [ウンターれーデン] [動] *h.* 〖sich^{4}+mit 〈j^{3}〉ト〗《文》話合う, 協議する.

die **Un·ter·re·dung** [ウンターれードゥング] [名] -/-en (公式の)話合い, 協議.

ụn·ter·re·prä·sen·tiert [ウンター・れプれゼンティーあト] [形]

(人口などの)全体において占める割合の比率を下回った.

der **Ụn·ter·richt** [ウンターりひト] [名] -(e)s/-e 《主に[単]》授業, レッスン: ~ in Deutsch geben/nehmen ドイツ語の授業をする/受ける.

un·ter·rịch·ten [ウンターりひテン] [動] *h.* **1.** 〔(〈時間〉ノ間/〈場所〉デ)〕教えている, 先生〔教師〕をしている; 授業をする. **2.** 〔〈et^4〉ヲ〕教える(教科を). **3.** 〔〈j^4〉ニ＋in 〈et^3〉ノ〕授業をする, (…に…を)教える. **4.** 〔〈j^4〉ニ＋(über 〈et^4〉ニツイテ/von 〈et^3〉ヲ)〕教える, 知らせる(情報として).

der **Ụn·ter·richts·brief** [ウンターりひツ・ブりーふ] [名] -(e)s/-e 通信教育〔講座〕教材.

das **Ụn·ter·richts·fach** [ウンターりひツ・ふぁっは] [名] -(e)s/..fächer 授業科目.

der **Ụn·ter·richts·film** [ウンターりひツ・ふぃルム] [名] -(e)s/-e 教育〔教材用〕映画.

der **Ụn·ter·richts·stoff** [ウンターりひツ・シュトっふ] [名] -(e)s/-e 教材.

die **Ụn·ter·richts·stun·de** [ウンターりひツ・シュトゥンデ] [名] -/-n 授業時間.

das **Ụn·ter·richts·we·sen** [ウンターりひツ・ヴェーゼン] [名] -s/ 教育制度, 学制.

die **Un·ter·rịch·tung** [ウンターりひトゥング] [名] -/-en 教えること, 知らせること, 通知, 報告.

der **Ụn·ter·rock** [ウンター・ろっク] [名] -(e)s/..röcke スリップ, ペチコート.

ụn·ters [ウンタース] 《口》＝unter＋das.

un·ter·sa·gen [ウンターザーゲン] [動] *h.* 〔〈j^3〉ニ＋〈et^4〉ヲ〕禁じる.

die **Un·ter·sa·gung** [ウンターザーグング] [名] -/-en 《稀》禁止.

der **Ụn·ter·satz** [ウンター・ザッツ] [名] -es/..sätze **1.** 下に置く〔敷く〕もの; 受け皿, 下敷, 台, 支え: fahrbarer ~ 《口・冗》自転車. **2.** 〘論〙(三段論法の)小前提. **3.** 〘楽〙(バスの音を出す)ペダル音栓.

un·ter·schạ̈t·zen [ウンターシェッツェン] [動] *h.* 〔〈j^4/et^4〉ヲ〕過小評価する, 見くびる(相手・能力などを), 実際より少なく見積もる(距離・危険などを).

die **Un·ter·schät·zung** [ウンターシェッツング] [名] -/-en (主に[単])過小評価.

un·ter·scheid·bar [ウンターシャイト・バーあ] [形] 識別〔区別〕可能な.

un·ter·schei·den* [ウンターシャイデン] [動] *h.* **1.** 〔〈j^4/et^4〉ヲ＋(von 〈j^3/et^3〉ト)〕区別する; 識別する, 判別する, 弁別する. **2.** 〔zwischen 〈j^3/et^3〉ヲ〕区別する; 差別する. **3.** 〔〈j^4/et^4〉ヲ＋(von 〈j^3/et^3〉ト)〕見〔聞き・かぎ〕分ける. **4.** 〔sich^4＋(von 〈j^3/et^3〉ト)〕異なる, 違う. **5.** 〔相互代名詞sich^4〕互いに異なる. **6.** 〔〈j^4/et^4〉ヲ＋von 〈j^3/et^3〉ト〕区別する特徴である. **7.** 〔〈et^4〉ヲ〕(他のものの中に)見て〔聞き〕取る.

die **Un·ter·schei·dung** [ウンターシャイドゥング] [名] -/-en 区別, 判別, 識別: ~*en* treffen 区別する.

das **Un·ter·schei·dungs·merk·mal** [ウンターシャイドゥングス・メるク・マール] [名] -(e)s/-e 区別〔識別〕をする際の目印.

das **Un·ter·schei·dungs·ver·mö·gen** [ウンターシャイドゥングス・ふぇあ㋱ーゲン] [名] -s/ 区別する〔識別〕能力.

der **Ụn·ter·schen·kel** [ウンター・シェンケル] [名] -s/- 脛(すね), 下腿(かたい).

die **Ụn·ter·schicht** [ウンター・シひト] [名] -/-en **1.** 下層階級. **2.** 下層.

ụn·ter|schie·ben^{1*} [ウンター・シーベン] [動] *h.* 〔(〈j^3/et^3〉ノ下ニ)＋〈et^4〉ヲ〕差〔押〕込む(人の体の下にクッションを・机の足の下に厚紙などを).

un·ter·schie·ben^{2*} [ウンターシーベン] [動] *h.* **1.** 〔〈j^3〉ニ＋〈et^4〉ノ〕責任をなすりつける. **2.** 〔〈j^3〉ニ＋〈et^4〉ガアルト〕ありもしないことを言う.

der **Ụn·ter·schied** [ウンター・シート] [名] -(e)s/-e **1.** 違い, 差異, 相違(点): ~*e* im Preis 値段の違い. im ~ zu 〈j^3/et^3〉〈人・物・事と〉異なり〔違って〕. zum ~ von 〈j^3/et^3〉〈人・物・事と〉異なり〔違って〕. **2.** 区別: zwischen 〈j^3/et^3〉 einen ~ machen 〈人・物・事を〉区別する.

un·ter·schie·den [ウンターシーデン] [形] 《古》異なった, 種々の.

ụn·ter·schied·lich [ウンター・シートりひ] [形] 異なった, 種々の, まちまちな, 差別のある.

ụn·ter·schieds·los [ウンターシーツ・ロース] [形] 区別のない, 無差別の.

ụn·ter·schläch·tig [ウンター・シュレひティひ] [形] 下掛けの(水車).

ụn·ter|schla·gen^{1*} [ウンター・シュラーゲン] [動] *h.* 〔〈et^4〉ヲ〕組む(腕・足を).

un·ter·schla·gen^{2*} [ウンターシュラーゲン] [動] *h.* **1.** 〔〈et^4〉ヲ〕〘法〙横領する, 着服する(金などを), 横取りする, 握りつぶす(手紙などを). **2.** 〔〈j^3〉ニ＋〈et^4〉ヲ〕伏せておく, 黙っている.

die **Un·ter·schla·gung** [ウンターシュラーグング] [名] -/-en **1.** 〘法〙着服, 横領. **2.** 言わずに〔伏せて〕おくこと.

der **Ụn·ter·schleif** [ウンター・シュライふ] [名] -(e)s/-e 《方》着服, 横領.

der **Ụn·ter·schlupf** [ウンター・シュルっぷふ] [名] -(e)s/-e 〔..schlüpfe〕(主に[単])隠れ家, 避難所: ~ vor 〈j^3/et^3〉〈人・物・事を〉避ける場所.

ụn·ter|schlup·fen [ウンター・シュルっぷふぇン] [動] *s.* 《南独・口》＝unter|schlüpfen.

ụn·ter|schlüp·fen [ウンター・シュリュっぷふぇン] [動] *s.* 〔〈場所〉ニ〕《口》逃込む, 転り込む.

der **Ụn·ter·schrank** [ウンター・シュらンク] [名] -(e)s/..schränke (流し台などの)下の戸棚.

un·ter·schrei·ben* [ウンターシュらイベン] [動] *h.* **1.** 〔補足なし〕署名する, サインする. **2.** 〔〈et^4〉ニ〕(確認・了解の)署名〔サイン〕をする; 《転・口》賛成する, (…を)是認する.

un·ter·schrei·ten* [ウンターシュらイテン] [動] *h.* 〔〈et^4〉ヲ〕下回る(予定の金額・時間などを).

die **Ụn·ter·schrift** [ウンター・シュりふト] [名] -/-en 署名, サイン: eine ~ leisten 署名する. seine ~ unter 〈et^4〉 setzen 自分のサインを〈物に〉する.

die **Ụn·ter·schrif·ten·ak·ti·on** [ウンターシュりふテン・アクツィオーン] [名] -/-en 署名運動.

die **Ụn·ter·schrif·ten·kam·pa·g·ne** [..panjə ウンターシュりふテン・カムパニエ] [名] -/-n 署名を集めるためのキャンペーン.

die **Ụn·ter·schrif·ten·map·pe** [ウンターシュりふテン・マっぺ] [名] -/-n 未署名書類入れ.

ụn·ter·schrifts·be·rech·tigt [ウンターシュりふツ・べれひティひト] [形] 署名する権限のある.

die **Ụn·ter·schrifts·pro·be** [ウンターシュりふツ・プろーべ] [名] -/-n 署名〔サイン〕の鑑定.

ụn·ter·schwel·lig [ウンター・シュヴェりひ] [形] 意識〔閾(いき)〕下の.

das **Ụn·ter·see·boot** [ウンター・ゼー・ボート] [名] -(e)s/-e 潜水艦.

ụn·ter·see·isch [ウンター・ゼーイシュ] [形] 〘地質〙海面下の.

die **Ụn·ter·sei·te** [ウンター・ザイテ] [名] -/-n 下側, 下面; 裏側, 裏面.

die **Un·ter·se·kun·da** [ウンター・ゼクンダ, ウンター・ゼクンダ] [名] -/..sekunden 《古》ギムナジウムの第6学年.

ụn·ter|set·zen^1 [ウンター・ぜっツェン] [動] *h.* 〔〈et^4〉ヲ〕下に置く〔あてがう〕.

un·ter·sẹt·zen[2] [ウンターゼッツェン] [動] *h.* **1.** 〘〈et[4]〉ニ＋mit〈et[3]〉ヲ〙混ぜる. **2.** 〘〈et[4]〉ヲ〙〘車〙減速する;〘電〙減速再生する.

der **Ụn·ter·set·zer** [ウンター・ゼッツァー] [名] -s/- ＝Untersatz 1.

un·ter·sẹtzt [ウンターゼッツト] [形] ずんぐりした.

un·ter·sie·geln [ウンターズィーゲルン] [動] *h.* 〔〈et[4]〉ノ〕〘官〙下に(公)印を押す.

ụn·ter|sin·ken* [ウンター・ズィンケン] [動] *s.* 〘補足なし〙沈没する.

un·ter·spü·len [ウンターシュピューレン] [動] *h.* 〔〈et[4]〉ノ〕下を流水がえぐる, 土を洗い流す(土手・線路などの).

ụn·terst [ウンタースト] 《unter[2]の最高級》[形]《述語的・副詞的には am untersten》いちばん下の, 最下位の, 最低の.

der **Ụn·ter·stand** [ウンター・シュタント] [名] -(e)s/ ..stände 塹壕(ざんごう);避難所;《オーストリア》宿.

ụn·ter·stands·los [ウンターシュタンツ・ロース] [形] 《オーストリア》宿なしの.

ụn·ter|ste·hen[1]* [ウンター・シュテーエン] [動] *h.* 〘補足なし〙下〔物陰〕に立っている(雨宿りなどで).

un·ter·ste·hen[2]* [ウンターシュテーエン] [動] *h.* **1.** 〔〈j[3]/et[3]〉ノ〕管轄(かんかつ)〔監督〕下にある. **2.** 〔〈et[3]〉ノ〕支配下にある(管轄権などの), (…を)受けている(監視などを). **3.** 〔sich[4]＋zu〈[動]〉ヲ〕厚かましくも(…)する. 【慣用】**Es untersteht keinem Zweifel, dass ...** …であることは疑いを入れない. **Untersteh dich !** やれるものならやってみろ.

ụn·ter|stel·len[1] [ウンター・シュテレン] [動] *h.* **1.** 〔〈et[4]〉ヲ＋〈場所〉ニ〕しまう, 置く. **2.** 〔sich[4]＋(〈場所〉ニ)〕入る(雨宿りなどで). **3.** 〔〈et[4]〉ヲ〕下に置く(雨漏りでバケツなどを).

un·ter·stẹl·len[2] [ウンターシュテレン] [動] *h.* **1.** 〔〈j[4]/et[4]〉ヲ＋〈j[3]/et[3]〉ノ〕管轄(かんかつ)下に置く. **2.** 〔〈j[3]〉ニ＋〈et[4]〉ヲ〕任せる(部課・販売などを). **3.** 〔〈et[4]〉ト/〈[文]〉デアルト〕仮定〔想定〕する. **4.** 〔〈j[3]〉ニ＋〈et[4]〉ガアルト〕ありもしないことを言う.

die **Ụn·ter·stel·lung**[1] [ウンター・シュテルング] [名] -/ しまう〔収納する〕こと.

die **Un·ter·stẹl·lung**[2] [ウンターシュテルング] [名] -/-en **1.** 管轄下に置く〔置かれる〕こと. **2.** (他者に対する)誤った主張, 憶測, 邪推.

un·ter·strei·chen* [ウンターシュトらイひェン] [動] *h.* **1.** 〔〈et[4]〉ニ〕アンダーラインを引く(語・箇所などに). **2.** 〔〈et[4]〉ヲ〕強調する, 力説する.

die **Un·ter·strei·chung** [ウンターシュトらイひゅング] [名] -/-en **1.** アンダーライン. **2.** アンダーラインを引くこと, 強調.

die **Ụn·ter·strö·mung** [ウンター・シュトろームング] [名] -/-en 底流, 暗流.

die **Ụn·ter·stu·fe** [ウンター・シュトゥーふェ] [名] -/-n **1.** (ギムナジウム・実科学校の)下級3学年. **2.** 〘旧東独〙(高等中学校の)下級4学年.

un·ter·stụt·zen [ウンターシュテュッツェン] [動] *h.* **1.** 〔〈j[4]〉ヲ＋(mit〈et[3]〉デ)〕援助する. **2.** 〔〈j[4]〉ヲ＋(bei〈et[3]〉ノ際ニ)〕援助する. **3.** 〔〈j[4]/et[4]〉ヲ〕支持する(候補者・提案などを), 促進する(プロジェクトなどを).

die **Un·ter·stụt·zung** [ウンターシュテュッツング] [名] -/-en **1.** 援助, 支援, 支持. **2.** 援助金, 救援金, 助成金.

un·ter·stụ̈t·zungs·be·dürf·tig [ウンターシュテュッツングス・ベデュるふティひ] [形] 補助〔扶助〕を必要とする.

der **Un·ter·stụ̈t·zungs·emp·fän·ger** [ウンターシュテュッツングス・エムプふェンガー] [名] -s/- 助成金〔扶助料〕受給者.

die **Un·ter·stụ̈t·zungs·kas·se** [ウンターシュテュッツングス・カッセ] [名] -/-n 共済金庫.

der **Un·ter·such** [ウンターズーふ] [名] -s/-e 《スイス》《稀》＝Untersuchung.

un·ter·su·chen [ウンターズーヘン] [動] *h.* **1.** 〔〈et[4]〉ヲ/〈[文]〉デアルカヲ〕詳しく調べる, 調査する;研究する. **2.** 〔〈et[4]〉ノ＋auf〈et[4]〉ヲ〕検査する, 分析する. **3.** 〔〈j[4]/et[4]〉ヲ //〈j[4]/et[4]〉ノ＋(auf〈et[4]〉ヲ/nach〈et[3]〉ヲ)〕診察する, 調べる, 調査する: Der Polizeibeamte *untersuchte* das Auto auf〔nach〕Waffen. 警官はその自動車に武器が隠されていないかどうか調べた. **4.** 〔〈et[4]〉ヲ〕審理する;捜査する.

die **Un·ter·su·chung** [ウンターズーふング] [名] -/-en **1.** 調査;検査;審理;研究: die gerichtliche ～ 裁判所の審理. **2.** 診察: eine ärztliche ～ 医師の診察. **3.** 研究論文.

der **Un·ter·su·chungs·aus·schuss**, [旧]**Un·ter·su·chungs·aus·schuß** [ウンターズーふングス・アウス・シュス] [名] -es/..schüsse 調査委員会.

das **Un·ter·su·chungs·er·geb·nis** [ウンターズーふングス・エあゲープニス] [名] -ses/-se 調査結果.

der/die **Un·ter·su·chungs·ge·fan·ge·ne** [ウンターズーふングス・ゲふぁンゲネ] [名] (形容詞的変化)未決囚.

das **Un·ter·su·chungs·ge·fäng·nis** [ウンターズーふングス・ゲふぇングニス] [名] -ses/-se 拘置所, 未決監.

die **Un·ter·su·chungs·haft** [ウンターズーふングス・ハふト] [名] -/ 未決勾留(こうりゅう): 〈j[4]〉 in ～ nehmen〈人ヲ〉勾留する.

der **Un·ter·su·chungs·rich·ter** [ウンターズーふングス・りひター] [名] -s/- 予審判事.

der **Un·ter·tag·ar·bei·ter** [ウンター・ターク・アるバイター] [名] -s/- ＝Untertagearbeiter.

der **Un·ter·ta·ge·ar·bei·ter** [ウンター・ターゲ・アるバイター] [名] -s/- 〘鉱〙坑内労働者.

der **Un·ter·ta·ge·bau** [ウンター・ターゲ・バウ] [名] -(e)s/-e **1.** (単のみ)〘鉱〙坑内採掘. **2.** 〘鉱〙坑.

un·ter·tags [ウンター・タークス] [副] 《オーストリア・スイス》昼の間ずっと.

ụn·ter·tan [ウンター・ターン] [形] (次の形で)〈j[3]〉/〈et[3]〉～ sein 《古》〈人の〉家臣〔臣下〕である/〈物・事の〉支配下にある, とりこになっている. sich[3]/〈et[3]〉〈j[4]/et[4]〉～ machen 《文》自分に/〈物・事に〉〈人・物・事を〉従わせる.

der **Ụn·ter·tan** [ウンター・ターン] [名] -s〔-en〕/-en (昔の)臣民, 臣下;《蔑》体制側〔権力側〕の人間.

der **Ụn·ter·ta·nen·geist** [ウンターターネン・ガイスト] [名] -(e)s/ 《蔑》卑屈な根性.

ụn·ter·tä·nig [ウンター・テーニひ] [形] 《蔑》卑屈な, 屈従的な: Ihr ～*ster* Diener. 《古》頓首(とんしゅ)再拝(手紙で).

die **Ụn·ter·tas·se** [ウンター・タッセ] [名] -/-n (コーヒー茶わんなどの)受け皿, ソーサー: fliegende ～ 空飛ぶ円盤.

ụn·ter|tau·chen [ウンター・タウヘン] [動] **1.** *s.* 〘補足なし〙水に潜る, (水中に)沈む〔没する〕. **2.** *h.* 〔〈j[4]/et[4]〉ヲ〕水中に沈める;浸(つ)ける. **3.** *s.* 〔(〈場所〉ニ)〕姿を消す;潜伏する.

das〔*der*〕**Ụn·ter·teil** [ウンター・タイル] [名] -(e)s/-e 下部, 底部.

un·ter·tei·len [ウンタータイレン] [動] *h.* 〔〈et[4]〉ヲ〕部分に分ける, (下位)区分する.

die **Un·ter·tei·lung** [ウンタータイルング] [名] -/-en 小分け, 区分;区分されていること.

die **Ụn·ter·tem·pe·ra·tur** [ウンター・テムペらトゥーあ] [名] -/-en 低体温(症).

die **Un·ter·ter·tia** [ウンター・テるツィア, ウンター・テるツィア] [名] -/..tertien 《古》ギムナジウムの第4学年.

der **Ụn·ter·ti·tel** [ウンター・ティ(ー)テル] [名] -s/- **1.** 副題, サブタイトル. **2.** (映画の)字幕.

un·ter·ti·teln [ウンターティ(ー)テルン] [動] *h.* **1.** 〔〈et[4]〉

Unterton 1302

=] 副題をつける. **2.**〔et⁴〕=] 字幕をつける(映画に);説明文をつける(絵・写真に).

der Un·ter·ton [ウンター・トーン] 名 -(e)s/..töne **1.**〔理・楽〕下方倍音. **2.** (言葉に潜む)響き,調子.

un·ter·trei·ben* [ウントートライベン] 動 h.〔驚ほし〕実際よ り控え目に〔内輪に〕言う.

die Un·ter·trei·bung [ウンタートらイブング] 名 -/-en **1.** (極のみ)控え目に言うこと. **2.** 控え目な表現.

un·ter·tun·neln [ウンタートゥネルン] 動 h.〔et⁴〕ノ] 下に トンネルを掘る.

un·ter|ver·mie·ten [ウンター・ふぇアミーテン] 動 h. **1.**〔〈et⁴〉ッ] 又貸しする. **2.**〔j³〕=/an〈j⁴〉=] 又貸しする.

un·ter|ver·si·chern [ウンター・ふぇあズィっひゃーン] 動 h. 〔et⁴〕=] 一部保険をかける.

die Un·ter·ver·si·che·rung [ウンター・ふぇあズィっひぇるング] 名 -/-en 一部保険をかける[かけられている]こと.

die Un·ter·ver·sor·gung [ウンター・ふぇあズォるグング] 名 -/-en 供給(支給)不足,人員不足.

(das) Un·ter·wal·den [ウンター・ヴァルデン] 名 -s/ 〔地名〕ウンターヴァルデン(スイス中央の州で Nidwalden, Obwalden の二つの地域からなる).

un·ter·wan·dern [ウンターヴァンデァン] 動 h. **1.** 〔〈et⁴〉=] 潜入する,もぐり込む(破壊工作のため に組織 などに). **2.**〔〈j³/et³〉ノ=] (古) 徐々に入り込む(移 民が他民族の中などに).

die Un·ter·wan·de·rung [ウンターヴァンデるング] 名 -/ -en (政治) 組織などへの潜入;(古) (先住民族へ他 民族の) 次第に入り込むこと.

un·ter·wärts [ウンター・ヴェるツ] 副 (口) 下の方で(へ).

die Un·ter·wä·sche [ウンター・ヴェッシェ] 名 -/-n **1.**(趣のみ) 下着(類),肌着(類). **2.**(ジュー)(車 体の) 下回りの洗浄(Unterbodenwäsche).

das Un·ter·was·ser [ウンター・ヴァッサー] 名 -s/- **1.** 地下水. **2.** (水門・堰(き)の) 下手に吐き出さ れる水.

die Un·ter·was·ser·bom·be [ウンター・ヴァッサー・ボムベ] 名 -/-n (水中)爆雷.

die Un·ter·was·ser·ka·me·ra [ウンター・ヴァッサー・カメら] 名 -/-s 水中カメラ.

die Un·ter·was·ser·mas·sa·ge [ウンター・ヴァッサー・マッサージェ] 名 -/-n 水中マッサージ.

un·ter·wegs [ウンター・ヴェークス] 副 **1.** 途中で: Ein Geschenk können wir ~ kaufen. プレゼントは (私たちが行く)途中で買うことができる. Die Waren sind schon ~.(それらの)品物はもう出ている(発送 済みだ). **2.** 旅行に出て: Sie war drei Monate ~. 彼女は3か月旅行をしていた. **3.** 外出中で: jeden Abend ~ sein 毎晩出かける. 【慣用】**Bei ihr ist ein Kind unterwegs.** (口) 彼女に子供がいる.

un·ter·wei·sen* [ウンターヴァイゼン] 動 h.〔〈j¹〉=+ (in〈et³〉ッ)] (文) 教える,教授する.

die Un·ter·wei·sung [ウンター・ヴァイズング] 名 -/ -en (文) 教えること,教示.

die Un·ter·welt [ウンター・ヴェルト] 名 -/ **1.**〔ギ神〕 冥界(ホホネ),黄泉(ホ)の国. **2.** 暗黒街.

un·ter·wer·fen* [ウンター・ヴェるふェン] 動 h. **1.** 〔〈j⁴/et⁴〉=] 征服する,屈服させる. **2.**〔sich⁴+ 〈j³〉=] 屈服する,降伏する. **3.**〔sich⁴+〈et³〉 =] 従う,服する. 【慣用】〈j⁴〉 **einem Verhör unterwerfen** 〈人を〉尋問する.〈j⁴/et⁴〉 **einer Prüfung/Kontrolle unterwerfen** 〈人・物を〉検査/点検する. **sich⁴ einer Prüfung unterwerfen** 試験を受ける.〈j³/et³〉 **unterworfen sein** 〈人・事に〉支配される[左右される].

die Un·ter·wer·fung [ウンターヴェるふング] 名 -/-en 征 服;征服されること,屈服:服従: die ~ unter〈j⁴〉 et⁴〉〈人・事への〉服従.

un·ter·wer·tig [ウンター・ヴェーアティク] 形 低い価値の.

un·ter·wür·fig [ウンター・ヴュるふぃク,ウンター・ヴュるふぃク] 形 (蔑) 上の人の言いなりになる. 屈従的な,卑屈な.

die Un·ter·wür·fig·keit [ウンター・ヴュるふぃクカイト,ウンター・ ヴュるふぃクカイト] 名 -/ (蔑) 屈従的な性質,屈従さ,卑屈さ.

un·ter·zeich·nen [ウンターツァイヒネン] 動 h. **1.** 〔〈et⁴〉=/〈場所〉=] 署名する,サインする. **2.** [sich⁴] (古) 署名する.

der Un·ter·zeich·ner [ウンターツァイヒナー] 名 -s/- 署 名者.

der/die Un·ter·zeich·ne·te [ウンター・ツァイヒネテ] 名 (形容詞的変化) (公文書の) 署名者.

die Un·ter·zeich·nung [ウンター・ツァイヒヌング] 名 -/ -en 署名.

das Un·ter·zeug [ウンター・ツォイク] 名 -(e)s/ (口) 下着,肌着.

un·ter·zie·hen¹* [ウンター・ツィーエン] 動 h. **1.** 〔〈et⁴〉=] 下に着る. **2.**〔〈et⁴〉=][土] (下に) 通す (梁(ゼ)などを). **3.**〔〈et⁴〉=][料] 切るように混ぜる.

un·ter·zie·hen²* [ウンター・ツィーエン] 動 h. **1.** 〔sich⁴+〈et³〉=] 引き受ける(やっかいな仕事などを). **2.**〔〈j¹/et⁴〉=+〈et³〉=] 受けさせる,(…を…)する; 〈j¹がsich⁴の場合〉受ける:〈j⁴〉 einem Verhör ~ 〈人を〉尋問する. sich⁴ einer Operation ~ 手術を受 ける.

un·tief [ウンティーふ] 形 (稀) 深くない.

die Un·tie·fe [ウン・ティーふぇ] 名 -/-n **1.** 浅いところ, 浅瀬;(転) 浅薄さ. **2.** 非常に深いところ;(転) 深 淵.

das Un·tier [ウン・ティーァ] 名 -(e)s/-e 怪物,怪獣; (転) 人でなし.

un·til·g·bar [ウン・ティルク・バーあ,ウン・ティルク・バーあ] 形 (文) 拭(れ)いがたい.

un·trag·bar [ウン・トらーク・バーあ,ウン・トらーク・バーあ] 形 負担できない;耐え難い.

un·trenn·bar [ウン・トれン・バーあ,ウン・トれン・バーあ] 形 **1.**〔(von〈et³〉から)] 分ち難い. **2.** 〔言〕非分離の.

un·treu [ウン・トろイ] 形〔〈j³/et³〉=] 不実[不貞] な;(文) 不誠実(不忠) な: Sie ist ihrem Mann ~ geworden. 彼女は夫に不貞を働いた.

die Un·treue [ウン・トろイエ] 名 -/ 不誠実,不実,不 忠;背信(行為);〔法〕背任(罪).

un·tröst·lich [ウン・トりューストリヒ,ウン・トりューストリヒ] 形 〔(über〈et⁴〉から)] 悲しく[心苦しく] 思う;慰めようのな い.

un·trüg·lich [ウン・トりューク・リヒ,ウン・トりューク・リヒ] 形 間違いようのない,紛れもない.

un·tüch·tig [ウン・テュヒティク] 形 役に立たない,無能な.

die Un·tu·gend [ウン・トゥーゲント] 名 -/-en 悪徳,悪 癖.

un·tun·lich [ウン・トゥーンリヒ] 形 得策でない.

un·über·biet·bar [ウン・ユーバー・ビート・バーあ,ウン・ユーバー・ビー ト・バーあ] 形 この上ない,まさるものがない.

un·über·brück·bar [ウン・ユーバー・ブりュック・バーあ,ウン・ユー バー・ブりュック・バーあ] 形 橋渡し[調停] できない,越え難 い.

un·über·legt [ウン・ユーバー・レークト] 形 無分別な,無 思慮な.

die Un·über·legt·heit [ウン・ユーバー・レークトハイト] 名 -/-en **1.** (極のみ) 無思慮,無分別,軽率. **2.** 無思慮[軽率] な行動(発言).

un·über·seh·bar [ウン・ユーバー・ゼー・バーあ,ウン・ユーバー・ ゼー・バーあ] 形 **1.** 見逃しようのない. **2.** 見渡すこ とのできない;莫大の;途方もなく.

un·über·setz·bar [ウン・ユーバー・ゼッツ・バーあ,ウン・ユーバー・ ゼッツ・バーあ] 形 翻訳不可能な.

un·über·sicht·lich [ウン・ユーバー・ズィヒトリヒ] 形 見通

しのきかない；分かりにくい，錯綜した．

die Un·über·sicht·lich·keit [ウン・ユーバー・ズィヒトリヒカイト] 名 -/ 見通しがきかないこと；錯綜(ささう)しているこ と．

un·über·steig·bar [ウン・ユーバー・シュタイク・バーあ，ウン・ユーバー・シュタイク・バーあ] 形 乗り越えられない．

un·über·trag·bar [ウン・ユーバー・トらーク・バーあ，ウン・ユーバー・トらーク・バーあ] 形 **1.** 譲渡できない．**2.** 転用不可能な．

un·über·treff·lich [ウン・ユーバー・トれふリヒ，ウン・ユーバー・トれふリヒ] 形 凌駕(りょうが)するもののない，卓越した．

un·über·trof·fen [ウン・ユーバー・とろふェン，ウン・ユーバー・とろふェン] 形 凌駕(りょうが)されたことのない．

un·über·wind·lich [ウン・ユーバー・ヴィントリヒ，ウン・ユーバー・ヴィントリヒ] 形 克服し難い，打勝ち難い．

un·üb·lich [ウン・ユープリヒ] 形 一般に行われていない．

un·um·gäng·lich [ウン・ウム・ゲングリヒ，ウン・ウム・ゲングリヒ] 形 不可避の．

un·um·schränkt [ウン・ウム・シュれンクト，ウン・ウム・シュれンクト] 形 無制限の： ein ~ er Herrscher 専制君主．

un·um·stöß·lich [ウン・ウム・シュテースリヒ，ウン・ウム・シュテースリヒ] 形 覆すことのできない，変更できない．

un·um·strit·ten [ウン・ウム・シュトりッテン，ウン・ウム・シュトりッテン] 形 議論の余地のない，異論のない．

un·um·wun·den [ウン・ウム・ヴンデン，ウン・ウム・ヴンデン] 形 率直な，包み隠しのない．

un·un·ter·bro·chen [ウン・ウンター・ぶろッヘン，ウン・ウンター・ぶろッヘン] 形 絶え間のない，不断の．

un·ver·än·der·lich [ウン・ふぇあエンダーリヒ，ウン・ふぇあエンダーリヒ] 形 変らない，不変の．

un·ver·än·dert [ウン・ふぇあエンダート，ウン・ふぇあエンダート] 形 変っていない，変更のない，元の(版)のままの．

un·ver·ant·wort·lich [ウン・ふぇあアントヴォるトリヒ，ウン・ふぇあアントヴォるトリヒ] 形 無責任な；《稀》責任感のない．

un·ver·ar·bei·tet [ウン・ふぇあアるバイテット，ウン・ふぇあアるバイテット] 形 **1.** 未加工の．**2.** 漠然とした．

un·ver·äu·ßer·lich [ウン・ふぇあオイサーリヒ，ウン・ふぇあオイサーリヒ] 形 譲り渡せない；《稀》売り物にならない．

un·ver·bes·ser·lich [ウン・ふぇあベッサーリヒ，ウン・ふぇあベッサーリヒ] 形 改善(矯正)し難い．

un·ver·bind·lich [ウン・ふぇあビントリヒ，ウン・ふぇあビントリヒ] 形 **1.** 拘束力のない，保証できない．**2.** 愛想のない，よそよそしい．

die Un·ver·bind·lich·keit [ウン・ふぇあビントリヒカイト，ウン・ふぇあビントリヒカイト] 名 -/ **1.** (⑨のみ)拘束(義務)を伴わないこと；愛想のないこと．**2.** 無愛想な言葉 〔発言〕．

un·ver·bleit [ウン・ふぇあブライト] 形 無鉛の．

un·ver·blümt [ウン・ふぇあブリュームト，ウン・ふぇあブリュームト] 形 あからさまな，あけすけな，飾らない，率直な．

un·ver·braucht [ウン・ふぇあブらウト] 形 使い古されていない，新鮮な．

un·ver·brenn·bar [ウン・ふぇあブれン・バーあ，ウン・ふぇあブれン・バーあ] 形 不燃性の；焼却不能な．

un·ver·brüch·lich [ウン・ふぇあブりュヒリヒ，ウン・ふぇあブりュヒリヒ] 形 《文》破られることのできない，壊すことのできない，固い(約束)．

un·ver·bürgt [ウン・ふぇあビュるクト，ウン・ふぇあビュるクト] 形 保証されていない，不確かな．

un·ver·däch·tig [ウン・ふぇあデヒティヒ，ウン・ふぇあデヒティヒ] 形 疑わしいところのない．

un·ver·dau·lich [ウン・ふぇあダウリヒ，ウン・ふぇあダウリヒ] 形 消化しにくい；(転)受け入れられない；《口》分りにくい；(不快で)耐え難い．

die Un·ver·dau·lich·keit [ウン・ふぇあダウリヒカイト，ウン・ふぇあダウリヒカイト] 名 -/ 消化しにくいこと；(転)受け入れられないこと；分かりにくい〔難解な〕こと．

un·ver·daut [ウン・ふぇあダウト，ウン・ふぇあダウト] 形 未消化の；(転)断片が付けられていない，よく理解されていない．

un·ver·dient [ウン・ふぇあディーント，ウン・ふぇあディーント] 形 受けるに値しない，いわれのない．

un·ver·dien·ter·ma·ßen [ウン・ふぇあディーンター・マーセン] 副 《文飾》労せずして，不当〔過分〕にも．

un·ver·dien·ter·wei·se [ウン・ふぇあディーンター・ヴァイゼ] 副 =unverdientermaßen．

un·ver·dor·ben [ウン・ふぇあドるベン] 形 腐っていない，(道徳的に)汚(けが)れのない．

un·ver·dros·sen [ウン・ふぇあドろッセン，ウン・ふぇあドろッセン] 形 倦(う)むことのない，いやな顔ひとつしない．

un·ver·dünnt [ウン・ふぇあデュント] 形 薄められていない．

un·ver·e·he·licht [ウン・ふぇあエーエリヒト] 形 《官》配偶者のいない．

un·ver·ein·bar [ウン・ふぇあアイン・バーあ，ウン・ふぇあアイン・バーあ] 形 《(mit <et³>)》相いれない．

die Un·ver·ein·bar·keit [ウン・ふぇあアインバーカイト，ウン・ふぇあアインバーカイト] 名 -/-en **1.** (⑨のみ)相いれない〔両立しない〕こと．**2.** (⑨のみ)相いれない〔両立しない〕事柄．

un·ver·fälscht [ウン・ふぇあフェルシュト，ウン・ふぇあフェルシュト] 形 混ぜ物のない；偽造〔改ざん〕されていない．

un·ver·fäng·lich [ウン・ふぇあフェングリヒ，ウン・ふぇあフェングリヒ] 形 当り障りのない，無難な．

un·ver·fro·ren [ウン・ふぇあふろーれン，ウン・ふぇあふろーれン] 形 厚かましい，ずうずうしい．

un·ver·fro·ren·heit [ウン・ふぇあふろーれンハイト，ウン・ふぇあふろーれンハイト] 名 -/-en **1.** (⑨のみ)厚かましさ．**2.** 厚かましい〔無礼な〕言葉〔発言〕．

un·ver·gäng·lich [ウン・ふぇあゲングリヒ，ウン・ふぇあゲングリヒ] 形 消え去ることのない，不滅の，不朽の．

die Un·ver·gäng·lich·keit [ウン・ふぇあゲングリヒカイト，ウン・ふぇあゲングリヒカイト] 名 -/ 不滅，不朽．

un·ver·ges·sen [ウン・ふぇあゲッセン] 形 忘れられていない，心に残る．

un·ver·gess·lich, ⓐ**un·ver·geß·lich** [ウン・ふぇあゲスリヒ，ウン・ふぇあゲスリヒ] 形 忘れられない．

un·ver·gleich·bar [ウン・ふぇあグライヒ・バーあ，ウン・ふぇあグライヒ・バーあ] 形 比較できない，比較の対象にならない．

un·ver·gleich·lich [ウン・ふぇあグライヒリヒ，ウン・ふぇあグライヒリヒ] 形 **1.** 比類のない，類(たぐい)いまれな；この上なく．**2.** 《文》比べられない．

un·ver·go·ren [ウン・ふぇあゴーれン] 形 発酵していない．

un·ver·hält·nis·mä·ßig [ウン・ふぇあヘルトニス・メースィヒ，ウン・ふぇあヘルトニス・メースィヒ] 副 《語飾》(形容詞・副詞を修飾)不当なほどに，ひどく．

un·ver·hei·ra·tet [ウン・ふぇあハイらーテット] 形 未婚の．

un·ver·hofft [ウン・ふぇあホフト，ウン・ふぇあホフト] 形 予期しなかった，思いがけない．

un·ver·hoh·len [ウン・ふぇあホーレン，ウン・ふぇあホーレン] 形 むき出しの，包み隠さぬ．

un·ver·hüllt [ウン・ふぇあヒュルト] 形 あからさまな．

un·ver·käuf·lich [ウン・ふぇあコイフリヒ，ウン・ふぇあコイフリヒ] 形 非売品の，売るつもりのない；売ることのできない．

un·ver·kenn·bar [ウン・ふぇあケン・バーあ，ウン・ふぇあケン・バーあ] 形 誤解の余地のない，紛れもない；紛れもなく．

un·ver·langt [ウン・ふぇあラングト] 形 要求〔依頼〕されていない．

un·ver·letz·bar [ウン・ふぇあレッツ・バーあ，ウン・ふぇあレッツ・バーあ] 形 傷つけることができない．

un·ver·letz·lich [ウン・ふぇあレッツリヒ，ウン・ふぇあレッツリヒ] 形 侵すことのできない，不可侵の．

die Un·ver·letz·lich·keit [ウン・ふぇあレッツリヒカイト，ウン・ふぇあレッツリヒカイト] 名 -/ 不可侵(性)．

un·ver·letzt [ウン・ふぇあレッツト] 形 **1.** 無傷の．**2.** 破られていない．

un·ver·lier·bar [ウン・ふぇあリーア・バーあ，ウン・ふぇあリーア・バー

あ] [形] 《文》失われることのない, 消えることのない.

ụn·ver·mählt [ウン・ふぇあメールト] [形] 《文》未婚の.

un·ver·meid·bar [ウン・ふぇあマイト・バーあ, ウン・ふぇあマイト・バーあ] [形] 不可避の.

un·ver·meid·lich [ウン・ふぇあマイトリひ, ウン・ふぇあマイトリひ] [形] 不可避の;やむを得ない;《嘲》相変らずの, おさだまりの: ein *～es* Übel 必要悪. sich⁴ ins *U～e* fügen 運命に従う.

ụn·ver·merkt [ウン・ふぇあメるクト] [副] 《文》気づかれずに;気づかずに.

ụn·ver·min·dert [ウン・ふぇあミンダート] [形] 減少していない, 衰えていない.

ụn·ver·mischt [ウン・ふぇあミッシュト] [形] 混り気〔混ぜ物〕のない.

ụn·ver·mit·telt [ウン・ふぇあミッテルト] [形] 出し抜けの, 唐突な.

das **Ụn·ver·mö·gen** [ウン・ふぇあ㋱ーゲン] [名] -s/ 無能(力), 不能.

ụn·ver·mö·gend [ウン・ふぇあ㋱ーゲント] [形] 財産〔資産〕のない;《zu [動]とともに》《古》(…することが)できない.

ụn·ver·mu·tet [ウン・ふぇあムーテット] [形] 予期しなかった.

die **Ụn·ver·nunft** [ウン・ふぇあヌンふト] [名] -/ 無分別〔無思慮〕な行動の仕方, 愚行.

ụn·ver·nünf·tig [ウン・ふぇあニュンふティひ] [形] 無分別な, 思慮のない, 聞分けのない.

ụn·ver·öf·fent·licht [ウン・ふぇあ㋓っふぇントリひト] [形] 未刊の, 未公開の.

ụn·ver·packt [ウン・ふぇあパックト] [形] 包装されていない.

ụn·ver·rich·tet [ウン・ふぇありひテット] [形] (次の形で) *～er* Dinge 〔Sache〕 なすところなく, 目的を達成せずに.

ụn·ver·rich·te·ter Dịn·ge, [旧] **ụn·ver·rich·te·ter·dịn·ge** [ウン・ふぇありひテター ディンゲ] [副] 目的を達成せずに, むなしく.

ụn·ver·rich·te·ter Sạ·che, [旧] **ụn·ver·rich·te·ter·sạ·che** [ウン・ふぇありひテター ザっへ] [副] ＝unverrichteter Dinge.

un·ver·rück·bar [ウン・ふぇありゅっク・バーあ, ウン・ふぇありゅっク・バーあ] [形] 動かすことのできない, 不動の, 確固たる.

ụn·ver·rückt [ウン・ふぇありゅっクト] [形] 《稀》不動の.

ụn·ver·schämt [ウン・ふぇあシェームト] [形] **1.** 恥知らずな;恥ずかしげもなく. **2.** 《口》途方もない;すごく.

die **Ụn·ver·schämt·heit** [ウン・ふぇあシェームトハイト] [名] -/-en **1.** ([単]のみ)恥知らずなこと, 厚顔無恥. **2.** 恥知らずな行動〔仕方・発言〕.

un·ver·schul·det [ウン・ふぇあシュルデット, ウン・ふぇあシュルデット] [形] 自分のせい〔落度〕ではない;罪もないのに.

un·ver·se·hens [ウン・ふぇあゼーエンス, ウン・ふぇあゼーエンス] [副] いつの間にか, 不意に.

ụn·ver·sehrt [ウン・ふぇあゼーあト] [形] けがをしていない, 無事な;破損のない, 無傷の.

die **Ụn·ver·sehrt·heit** [ウン・ふぇあゼーあトハイト] [名] -/ けがをしていないこと, 無事;(品物の)無傷.

un·ver·sieg·bar [ウン・ふぇあズィーク・バーあ, ウン・ふぇあズィーク・バーあ] [形] 枯渇することのない, 尽きることのない.

un·ver·sieg·lich [ウン・ふぇあズィークリひ, ウン・ふぇあズィークリひ] [形] 尽きることのない.

un·ver·söhn·bar [ウン・ふぇあ㋝ーン・バーあ, ウン・ふぇあ㋝ーン・バーあ] [形] 和解〔妥協〕できない, 調停の余地のない.

un·ver·söhn·lich [ウン・ふぇあ㋝ーンリひ, ウン・ふぇあ㋝ーンリひ] [形] **1.** 和解する気のない, かたくなな. **2.** 相いれない.

die **Un·ver·söhn·lich·keit** [ウン・ふぇあ㋝ーンリひカイト, ウン・ふぇあ㋝ーンリひカイト] [名] -/ 和解〔調停〕不能;相いれないこと.

ụn·ver·sorgt [ウン・ふぇあゾるクト] [形] 扶養者〔世話をする者・管理者〕のいない, 生活の備えのない.

der **Ụn·ver·stand** [ウン・ふぇあシュタント] [名] -(e)s/ 理解〔思慮〕のなさ, 無分別.

ụn·ver·stan·den [ウン・ふぇあシュタンデン] [形] 理解してもらえない.

ụn·ver·stän·dig [ウン・ふぇあシュテンディひ] [形] (まだ)思慮〔分別〕のない, ものの分らない.

ụn·ver·ständ·lich [ウン・ふぇあシュテントリひ] [形] 聞取りにくい;不可解な.

die **Ụn·ver·ständ·lich·keit** [ウン・ふぇあシュテントリひカイト] [名] -/-en **1.** ([単]のみ)聞取りにくさ;不可解. **2.** 聞取りにくいこと;不可解なこと.

das **Ụn·ver·ständ·nis** [ウン・ふぇあシュテントニス] [名] -ses/ 無理解: auf ～ stoßen 無理解にあう.

un·ver·stellt [ウン・ふぇあシュテルト, ウン・ふぇあシュテルト] [形] 飾らない, 率直な.

un·ver·steu·ert [ウン・ふぇあシュトイあート, ウン・ふぇあシュトイあート] [形] 非課税の, 税金のかかっていない.

un·ver·sucht [ウン・ふぇあズーふト, ウン・ふぇあズーふト] [形] (次の形で) nichts ～ lassen ありとあらゆる手を尽す.

un·ver·träg·lich [ウン・ふぇあトれークリひ, ウン・ふぇあトれークリひ] [形] **1.** 消化しにくい. **2.** 協調性のない. **3.** 相いれない;『医』不適合な.

die **Un·ver·träg·lich·keit** [ウン・ふぇあトれークリひカイト, ウン・ふぇあトれークリひカイト] [名] -/-en **1.** ([単]のみ) 協調性のなさ;両立しないこと;(食料の)消化しにくいこと. **2.** 『医』(薬品・血液などの)不適合.

ụn·ver·wandt [ウン・ふぇあヴァント] [形] (目を)そらさない: *～en* Blickes 〔mit *～em* Blick〕目をそらさずに.

un·ver·wech·sel·bar [ウン・ふぇあヴェクセル・バーあ, ウン・ふぇあヴェクセル・バーあ] [形] 取違えようのない.

un·ver·wehrt [ウン・ふぇあヴェーあト, ウン・ふぇあヴェーあト] [形] 《〈j³〉に》禁じられて〔拒まれて〕いない.

un·ver·weilt [ウン・ふぇあヴァイルト, ウン・ふぇあヴァイルト] [形] 《古》＝unverzüglich.

un·ver·wes·lich [ウン・ふぇあヴェースリひ, ウン・ふぇあヴェースリひ] [形] 《古》腐敗しない;《転》不朽の.

un·ver·wund·bar [ウン・ふぇあヴント・バーあ, ウン・ふぇあヴント・バーあ] [形] 傷つくことのない, 不死身の.

un·ver·wüst·lich [ウン・ふぇあヴューストリひ, ウン・ふぇあヴューストリひ] [形] 丈夫な, 頑丈な;《転》くじけない, 事に動じない.

die **Un·ver·wüst·lich·keit** [ウン・ふぇあヴューストリひカイト, ウン・ふぇあヴューストリひカイト] [名] -/ 損なわれることのないこと, 丈夫さ;《転》くじけないこと.

ụn·ver·zagt [ウン・ふぇあツァークト] [形] 物おじしない, ひるまない.

un·ver·zeih·bar [ウン・ふぇあツァイ・バーあ, ウン・ふぇあツァイ・バーあ] [形] 許されない.

un·ver·zeih·lich [ウン・ふぇあツァイリひ, ウン・ふぇあツァイリひ] [形] 許されない.

un·ver·zicht·bar [ウン・ふぇあツィひト・バーあ, ウン・ふぇあツィひト・バーあ] [形] 絶対に必要な, なくてはならない.

un·ver·zins·lich [ウン・ふぇあツィンスリひ, ウン・ふぇあツィンスリひ] [形] 無利子の, 無利息の.

ụn·ver·zollt [ウン・ふぇあツォルト] [形] 関税未納の.

un·ver·züg·lich [ウン・ふぇあツュークリひ, ウン・ふぇあツュークリひ] [形] 遅滞のない.

un·voll·en·det [ウン・ふぉル・エンデット, ウン・ふぉル・エンデット] [形] 未完(成)の.

un·voll·kom·men [ウン・ふぉル・コメン, ウン・ふぉル・コメン] [形] 不完全な;不十分な.

die **Un·voll·kom·men·heit** [ウン・ふぉル・コメンハイト, ウン・ふぉル・コメンハイト] [名] -/-en **1.** ([単]のみ)不完全〔不十分〕であること. **2.** 不完全〔不備〕な点, 欠陥.

un·voll·stän·dig [ウン・ふぉル・シュテンディひ, ウン・ふぉル・シュテンディひ] [形] 全部そろっていない, 不備な.

die **Un·voll·stän·dig·keit** [ウン・ふぉル・シュテンディひカイト, ウン・ふぉル・シュテンディひカイト] [名] -/ 不完全な〔欠けたと

U

ころのある〕こと, 不備, 不足.

ụn·vor·be·rei·tet [ウン・ふぉーあ・べらイテット] [形] 前もって準備してない, 思いも寄らない.

ụn·vor·denk·lich [ウン・ふぉーあ・デンクリひ] [形] 《古》いつとも知れぬほど古い.

ụn·vor·ein·ge·nom·men [ウン・ふぉーあ・あイン・ゲノメン] [形] 先入観のない.

die **Ụn·vor·ein·ge·nom·men·heit** [ウン・ふぉーあ・あインゲノメンハイト] [名] -/ 先入観〔偏見〕のないこと.

ụn·vor·her·ge·se·hen [ウン・ふぉーあ・へーあ・ゲゼーエン] [形] 予想〔予測〕しなかった.

ụn·vor·schrifts·mä·ßig [ウン・ふぉーあ・シュリふツ・メースィひ] [形] 規則〔指示〕に反した, 規則違反の.

ụn·vor·sich·tig [ウン・ふぉーあ・ズィひティひ] [形] 不注意な, 不用意な, 慎重さを欠いた.

die **Ụn·vor·sich·tig·keit** [ウン・ふぉーあ・ズィひティひカイト] [名] -/-en **1.** 《[単]のみ》不注意, 軽率さ. **2.** 不注意〔軽率〕な事柄.

un·vor·stell·bar [ウン・ふぉーあ・シュテル・バーあ, ウン・ふぉーあ・シュテル・バーあ] [形] 想像を絶する, 考えられない(ような); ひどく.

ụn·vor·teil·haft [ウン・ふぉーあ・タイルハふト] [形] 見場(みば)の悪い, 似合わない; 不利な, (それほど)もうからない.

un·wäg·bar [ウン・ヴェーク・バーあ, ウン・ヴェーク・バーあ] [形] 計量〔計測〕できない; 計り知れない.

ụn·wahr [ウン・ヴァーあ] [形] 真実でない, 虚偽の.

ụn·wahr·haf·tig [ウン・ヴァーあハふティひ] [形] 《文》不正直な, 虚偽の.

die **Ụn·wahr·haf·tig·keit** [ウン・ヴァーあハふティひカイト] [名] -/-en **1.** 《[単]のみ》不正直, 虚偽. **2.** 不正直〔虚偽〕の現れ.

die **Ụn·wahr·heit** [ウン・ヴァーあハイト] [名] -/-en **1.** 《[単]のみ》真実でないこと, 嘘(うそ). **2.** 虚偽〔嘘〕の事柄.

ụn·wahr·schein·lich [ウン・ヴァーあ・シャインリひ] [形] **1.** ありそうもない; 本当とは思えない. **2.** 《口》とてつもない; 《口》ひどく.

die **Ụn·wahr·schein·lich·keit** [ウン・ヴァーあ・シャインリひカイト] [名] -/-en **1.** 《[単]のみ》本当らしくない〔ありそうもない〕こと. **2.** ありそうもない〔本当らしくない〕事柄.

un·wan·del·bar [ウン・ヴァンデル・バーあ, ウン・ヴァンデル・バーあ] [形] 《文》変らぬ.

ụn·weg·sam [ウン・ヴェークザーム] [形] 通行困難な.

ụn·weib·lich [ウン・ヴァイプリひ] [形] 《《蔑》も有》女らしくない.

un·wei·ger·lich [ウン・ヴァイガーリひ, ウン・ヴァイガーリひ] [形] 否応なしの, 不可避の.

ụn·weit [ウン・ヴァイト] [前] 〔+2格〕…から遠くないところに〔で〕.

—— [副] 《次の形で》 ~ von 〈et^{3}〉〈物から〉遠くないところに〔で〕.

ụn·wert [ウン・ヴェーあト] [形] 《文》価値のない : 〈j^{2}/et^{2}〉 ~ sein 〈人に〉ふさわしくない/〈事に〉値しない.

der **Ụn·wert** [ウン・ヴェーあト] [名] -(e)s/ 《文》無価値.

das **Ụn·we·sen** [ウン・ヴェーゼン] [名] -s/ 乱暴, 狼藉(ろうぜき); 《文》悪い状態 : sein ~ treiben 乱暴を働く.

ụn·we·sent·lich [ウン・ヴェーゼントリひ] [形] 本質的でない.

—— [副] 《語飾》(動詞・形容詞の比較級・副詞を修飾)少しだけ : Sie ist nur ~ jünger als ich. 彼女は私よりほんの少しだけ年下だ.

das **Ụn·wet·ter** [ウン・ヴェッター] [名] -s/- 悪天候, 暴風雨, 嵐; 《転》激しい非難.

ụn·wich·tig [ウン・ヴィひティひ] [形] 重要でない.

die **Ụn·wich·tig·keit** [ウン・ヴィひティひカイト] [名] -/-en **1.** 《[単]のみ》重要でないこと. **2.** 重要でない事柄.

un·wi·der·leg·bar [ウン・ヴィーダー・レーク・バーあ, ウン・ヴィーダー・レーク・バーあ] [形] 否定〔論駁(ろんばく)〕できない.

un·wi·der·leg·lich [ウン・ヴィーダー・レークリひ, ウン・ヴィーダー・レークリひ] [形] 否定〔論駁(ろんばく)〕できない.

un·wi·der·ruf·lich [ウン・ヴィーダー・るーふリひ, ウン・ヴィーダー・るーふリひ] [形] 取消せない, 撤回できない.

un·wi·der·spro·chen [ウン・ヴィーダー・シュプろっへン, ウン・ヴィーダー・シュプろっへン] [形] 反論されない, 異論のない.

un·wi·der·steh·lich [ウン・ヴィーダー・シュテーリひ, ウン・ヴィーダー・シュテーリひ] [形] **1.** 抑え難い. **2.** 抗し難い.

un·wie·der·bring·lich [ウン・ヴィーダー・ブリングリひ, ウン・ヴィーダー・ブリングリひ] [形] 《文》取返しのつかない.

der **Ụn·wil·le** [ウン・ヴィレ] [名] -ns/ 憤り, 怒り, 不機嫌 : mit ~*n* いやいやながら.

der **Ụn·wil·len** [ウン・ヴィレン] [名] -s/ =Unwille.

ụn·wil·lig [ウン・ヴィリひ] [形] **1.** 〘(über 〈j^{4}/et^{4}〉に)〙怒った, 不機嫌な. **2.** いやいやながらの. **3.** 〔zu 〈動〉スル〕《稀》つもりのない.

ụn·will·kom·men [ウン・ヴィル・コメン] [形] 歓迎されない, ありがたくない.

un·will·kür·lich [ウン・ヴィル・キューあリひ, ウン・ヴィル・キューあリひ] [形] 思わず知らずの, 無意識的な; 〘医〙不随意の.

ụn·wirk·lich [ウン・ヴィるクリひ] [形] 《文》非現実的な, 架空の.

ụn·wirk·sam [ウン・ヴィるクザーム] [形] 効果〔効力・効能〕のない.

die **Ụn·wirk·sam·keit** [ウン・ヴィるクザームカイト] [名] -/ 無効果, 無効力.

ụn·wirsch [ウン・ヴィるシュ] [形] 不愛想な, つっけんどんな.

ụn·wirt·lich [ウン・ヴィるトリひ] [形] **1.** 荒涼たる, 厳しい寒さの; 不毛の. **2.** 客あしらいの悪い.

ụn·wirt·schaft·lich [ウン・ヴィるトシャふトリひ] [形] 不経済な; 家政〔家事〕の才のない.

ụn·wis·send [ウン・ヴィッセント] [形] **1.** 何も知らない. **2.** 《稀》気づかない.

die **Ụn·wis·sen·heit** [ウン・ヴィッセンハイト] [名] -/ 知らないこと, 無知, 無学; 未経験 : 〈et^{4}〉 aus ~ machen 〈事を〉知らずにする.

ụn·wis·sen·schaft·lich [ウン・ヴィッセンシャふトリひ] [形] 非科学〔学問〕的な.

ụn·wis·sent·lich [ウン・ヴィッセントリひ] [形] それと知らない : ~ etwas Falsches tun 知らずに間違ったことをする.

ụn·wohl [ウン・ヴォール] [副] 気分がすぐれない; 居ごこちがよくない, いい気持がしない : Ich bin 〔Mir ist〕 ~. 私は気分が悪い.

das **Ụn·wohl·sein** [ウンヴォール・ザイン] [名] -s/ 不快; (体の)不調; 《古》月経.

ụn·wohn·lich [ウン・ヴォーンリひ] [形] 住み心地の悪い.

die **Ụn·wucht** [ウン・ヴふト] [名] -/-en (車輪などの)不平衡, アンバランス; 《転》不安定.

ụn·wür·dig [ウン・ヴュるディひ] [形] **1.** 体面を汚す. **2.** 〘(〈j^{2}/et^{2}〉に)〙値しない, ふさわしくない.

die **Ụn·wür·dig·keit** [ウン・ヴュるディひカイト] [名] -/ **1.** 体面を汚すやり方. **2.** 体面を汚すこと; ふさわしくないこと.

die **Ụn·zahl** [ウン・ツァール] [名] -/ 無数 : eine ~ Freunde 大勢の友人.

un·zähl·bar [ウン・ツェール・バーあ, ウン・ツェール・バーあ] [形] 数えられない; 《感》数えきれないほど多くの; 〘言〙単数のみの.

un·zäh·lig [ウン・ツェーリひ, ウン・ツェーリひ] [形] 数えきれないほど多くの.

un·zäh·li·ge Mal, [旧]**un·zäh·li·ge·mal** [ウン・ツェーリゲ マール, ウン・ツェーリゲ マール] [副] 数えきれないほど何回も.

un·zähm·bar [ウン・ツェーム・バーあ, ウン・ツェーム・バーあ] [形]

U

飼いならすことができない.
die **Unze**¹ [ウンツェ] 名 -/-n オンス(昔の重量単位で30グラム.英国語では28.35グラム).
die **Unze**² [ウンツェ] 名 -/-n [動]ジャガー.
die **Unze** [ウンツェ] 名 -/ 《次の形で》zur ~《文》都合の悪いときに,折りあしく.
un·zeit·ge·mäß [ウン・ツァイト・ゲ・メース] 形 時代に合わない;季節(時期)はずれの.
un·zei·tig [ウン・ツァイティヒ] 形 (稀) **1.** 時宜を得ない. **2.** (方)時期の早すぎる,未熟な(果実).
un·zer·brech·lich [ウン・ツェあブれっヒリヒ, ウン・ツェあブれっヒリヒ] 形 壊れない.
un·zer·reiß·bar [ウン・ツェあライス・バーあ, ウン・ツェあライス・バーあ] 形 引裂けない,ちぎれない.
un·zer·stör·bar [ウン・ツェあシュテーあ・バーあ, ウン・ツェあシュテーあ・バーあ] 形 破壊できない;(転)確固たる.
un·zer·trenn·bar [ウン・ツェあトれン・バーあ, ウン・ツェあトれン・バーあ] 形 (稀)互いに離れられない.
un·zer·trenn·lich [ウン・ツェあトれンリヒ, ウン・ツェあトれンリヒ] 形 互いに離れられない,親密な.
die **Un·zi·a·le** [ウンツィアーレ] 名 -/-n アンシャル書体(古代ギリシア・ローマの丸みのある書体).
un·zie·mend [ウン・ツィーメント] 形 (稀) =unziemlich.
un·ziem·lich [ウン・ツィームリヒ] 形 《文》ふさわしからぬ,礼を失した.
un·zi·vi·li·siert [ウン・ツィヴィリズィーあト] 形 (蔑)洗練されてない,教養のない.
die **Un·zucht** [ウン・ツふト] 名 -/ 《古》淫らな行為,わいせつ行為:gewerbsmäßige ~ 売春行為.
un·züch·tig [ウン・ツュヒティヒ] 形 わいせつな.
un·zu·frie·den [ウン・ツー・ふリーデン] 形 ((mit ⟨j³/et³⟩ =))不満な(そう)な.
die **Un·zu·frie·den·heit** [ウン・ツー・ふリーデンハイト] 名 -/ 不満.
un·zu·gäng·lich [ウン・ツー・ゲングリヒ] 形 **1.** (容易に)近づけない;自由に使えない. **2.** 近寄りがたい.
die **Un·zu·gäng·lich·keit** [ウン・ツー・ゲングリヒカイト] 名 -/ **1.** 近づけないこと;自由に使えないこと. **2.** 近寄りがたいこと.
un·zu·kömm·lich [ウン・ツー・ケムリヒ] 形 (おもに墺)不十分な;不当な;((ミカカミ))体によくない.
die **Un·zu·kömm·lich·keit** [ウン・ツー・ケムリヒカイト] 名 -/-en **1.** (墺のみ)不十分なこと,不当なこと;(体などに)合わないこと;((ミカカミ・スぷス))矛盾点,不十分な点.
un·zu·läng·lich [ウン・ツー・レングリヒ] 形 《文》不十分な.
die **Un·zu·läng·lich·keit** [ウン・ツー・レングリヒカイト] 名 -/-en **1.** (墺のみ)不十分,不足. **2.** 不十分な点(事柄).
un·zu·läs·sig [ウン・ツー・レッスィヒ] 形 許されない.
un·zu·mut·bar [ウン・ツー・ムート・バーあ, ウン・ツー・ムート・バーあ] 形 要求出来ない,無理な.
un·zu·rech·nungs·fä·hig [ウン・ツー・れヒヌングス・フェーイヒ] 形 責任能力のない.
die **Un·zu·rech·nungs·fä·hig·keit** [ウン・ツー・れヒヌングス・フェーイヒカイト] 名 -/ 責任能力の欠如.
un·zu·rei·chend [ウン・ツー・ライヒェント] 形 不十分な.
un·zu·sam·men·hän·gend [ウン・ツザメン・ヘンゲント] 形 脈絡を欠いた,まとまりのない.
un·zu·stän·dig [ウン・ツー・シュテンディヒ] 形 権限(資格)のない,管轄外の.
un·zu·stell·bar [ウン・ツー・シュテル・バーあ] 形 [郵]配達不能の.
un·zu·träg·lich [ウン・ツー・トれークリヒ] 形 ⟨j³/et³⟩=)《文》よくない,有害な.
die **Un·zu·träg·lich·keit** [ウン・ツー・トれークリヒカイト] 名 -/-en **1.** (墺のみ)(健康などに)よくない〔有害な〕こと. **2.** 有害な物(事).

un·zu·tref·fend [ウン・ツー・トれッフェント] 形 的確でない,該当しない;U~es bitte streichen! 該当しないものを線で消して下さい.
un·zu·ver·läs·sig [ウン・ツー・ふぇあレッスィヒ] 形 信頼できない,当てにならない.
die **Un·zu·ver·läs·sig·keit** [ウン・ツー・ふぇあレッスィヒカイト] 名 -/ 信頼できないこと,当てにならないこと.
un·zweck·mä·ßig [ウン・ツヴェック・メースィヒ] 形 目的にふさわしくない,不適当な.
die **Un·zweck·mä·ßig·keit** [ウン・ツヴェック・メースィヒカイト] 名 -/ 目的に合わないこと,非合目的性,不適当.
un·zwei·deu·tig [ウン・ツヴァイ・ドイティヒ] 形 曖昧(あいまい)でない.
un·zwei·fel·haft [ウン・ツヴァイふぇルハフト, ウン・ツヴァイふぇルハフト] 形 疑う余地のない,間違いもなく.
die **U·pa·ni·schad** [ウパニーシャット] 名 -/-en (ウパニシャーデン)(主に墺)ウパニシャッド(ヴェーダ教典の一部.古代インド・バラモン教の哲学書).
die **U·pe·ri·sa·tion** [ウペリザツィオーン] 名 -/-en (牛乳の)短時間超高温滅菌(Ultrapasteurisationの短縮形).
UPI [ju:pi:ʼái ユービーアイ] =United Press International ユーピーアイ(アメリカの国際通信社).
der **Up·per·cut** [ápərkat アッパー・カット] 名 -s/-s [ボクシング]アッパーカット.
die **Up·per·ten, Upper Ten** [ápər tén アッパー・テン] 復数 《文》上流社会.
üp·pig [ユピヒ] 形 **1.** 繁茂した,ふさふさした;(転)たっぷりした,豪勢な,豊かな,肥大化した. **2.** 豊満な. **3.** (方)厚かましい,図々しい.
die **Üp·pig·keit** [ユピヒカイト] 名 -/ 繁茂していること,豊かであること,豊富さ;豊満さ;厚かましさ.
der **Ur** [ウーあ] 名 -(e)s/-e =Auerochse.
..**ur** [..ウーあ] 接尾 ⇒ ..atur.
die **Ur·ab·stim·mung** [ウーあ・アップ・シュティムング] 名 -/-en (ストなどについての全組合員の)直接投票.
der **Ur·a·del** [ウーあ・アーデル] 名 -s/ 原(古)貴族(1350年頃からの貴族).
der **Ur·ahn** [ウーあ・アーン] 名 -(e)s(-en)/-en 始祖;(方)曾(ひい)祖父.
die **Ur·ah·ne** [ウーあ・アーネ] 名 -n/-n =Urahn.
der **U·ral** [うらール] 名 -(s)/ **1.** [山名]ウラル山脈. **2.** [川名]ウラル川.
ur·alt [ウーあ・アルト] 形 高齢の,大昔の,非常に古い.
die **U·rä·mie** [ウれミー] 名 -/ [医]尿毒症.
u·rä·misch [ウれーミッヒ] 形 [医]尿毒症の.
das **U·ran** [うらーン] 名 -s/ [化]ウラン(記号 U).
der **U·ran·berg·bau** [うらーン・べるク・バウ] 名 -(e)s/ ウラン採掘.
das **U·ran·berg·werk** [うらーン・べるク・ヴェるク] 名 -(e)s/-e ウラン鉱山.
der **U·ran·bren·ner** [うらーン・ブれナー] 名 -s/- ウラン燃料原子炉.
das **U·ran·erz** [うらーン・エーあツ, うらーン・エあツ] 名 -es/-e ウラン鉱石.
der **Ur·an·fang** [ウーあ・アン・ふぁング] 名 -(e)s/..fänge (主に墺)物語,発端.
ur·an·fäng·lich [ウーあ・アン・ふぇングリヒ] 形 一番最初の,原初の.
(die) **U·ra·nia** [うらーニア] 名 [ギ神]ウラニア(① Museの一人.天文をつかさどる. ② Aphroditeの別名).
der **U·ra·nis·mus** [うらニスムス] 名 -/ 男色.
das **U·ran·i·so·top** [うらーン・イゾ・トープ] 名 -s/-e [化]ウラン同位体(アイソトープ).

der **U·ra·nist** [ウラニスト] 名 -en/-en 男色家.
die **U·ran·la·ger·stätte** [ウラーン・ラーガー・シュテッテ] 名 -/-n ウラン鉱床.
die **U·ran·mi·ne** [ウラーン・ミーネ] 名 -/-n ウラン鉱山.
(*der*) **U·ra·nos** [ウラノス] 名 『ギ神』ウラノス(天の神. ティタン神族の祖).
das **U·ran·oxid** [ウラーン・オクスィート] 名 -(e)s/ 〖化〗酸化ウラン.
die **U·ran·pech·blen·de** [ウラーン・ペッヒ・ブレンデ] 名 -/-n 閃(☆)ウラン鉱(ウラン・ラジウム鉱石).
die **U·ra·nus**¹ [ウーラヌス] 名 =Uranos.
der **U·ra·nus**² [ウーラヌス] 名 -/ 〖天〗天王星.
ur·auf·füh·ren [ウーア・アウふ・ふゅーれン] 動 h. (主に不定冠・過去分詞で)⟨et⁴⟩ᵈ 初演する(劇・オペラなどを), 封切る(映画を).
die **Ur·auf·füh·rung** [ウーア・アウふ・ふゅーるング] 名 -/-en 初演, (映画の)封切り.
die **Ur·äus·schlan·ge** [ウレーウス・シュラング] 名 -/-n 〖動〗エジプトコブラ.
ur·ban [ウルバーン] 形 都会風の洗練された; 都市の, 都会的な.
die **Ur·ba·ni·sa·ti·on** [ウルバニザツィオーン] 名 -/-en 都市化, 市街化; 〖文〗都会化すること, 洗練.
die **Ur·ba·ni·sie·rung** [ウルバニズィールング] 名 -/-en 都市化; 〖文〗都会化.
die **Ur·ba·ni·tät** [ウルバニテート] 名 -/ 〖文〗 **1.** 都会風, 都会的な雰囲気. **2.** 洗練された(世慣れした)仕方(流儀).
ur·bar [ウーア・バーる] 形 (次の形で) ~ machen 開墾〔灌漑(☆)する〕; 干拓する.
die **Ur·bar·ma·chung** [ウーア・バーる・マッホゥング] 名 -/-en 開墾, 干拓.
die **Ur·be·deu·tung** [ウーア・ベドイトゥング] 名 -/-en 原義.
der **Ur·be·ginn** [ウーア・ベギン] 名 -(e)s/-e =Uranfang.
die **Ur·be·völ·ke·rung** [ウーア・ベふぇルケるング] 名 -/-en (総称)原住民.
der **Ur·be·woh·ner** [ウーア・ベヴォーナー] 名 -s/- 原住民.
urbi et orbi [ウルビ エト オルビ] 〖ラテ語〗〖カトリ〗ローマおよび世界に対して(教皇の大勅書などの呼びかけの言葉).
das **Ur·bild** [ウーア・ビルト] 名 -(e)s/-er **1.** 原型, 原像. **2.** 理想像; 典型.
das **Ur·chris·ten·tum** [ウーア・クリストェントゥーム] 名 -s/ 原始(初期)キリスト教.
ur·christ·lich [ウーア・クリストリヒ] 形 原始(初期)キリスト教の.
(*die*) **Urd** [ウルト] 名 〖北欧神〗ウルド(過去をつかさどる運命の女神).
ur·ei·gen [ウーア・アイゲン] 形 まったく独自の, まったく自分だけの.
der **Ur·ein·woh·ner** [ウーア・アイン・ヴォーナー] 名 -s/- 先住民.
die **Ur·el·tern** [ウーア・エルターン] 複名 **1.** 〖キ教〗人類の祖(アダムとエヴァ). **2.** 〖古〗始祖.
der **Ur·en·kel** [ウーア・エンケル] 名 -s/- 曾孫, 曾曾孫.
der **U·re·ter** [ウレーター] 名 -s/-en [ウれテーれン](-) 〖医〗尿管.
die **U·re·thra** [ウれートら] 名 -/..thren 〖医〗尿道.
die **Ur·fas·sung** [ウーア・ふぁッスング] 名 -/-en (文芸作品などの)初稿, 原版.
(*der*) **Ur·faust** [ウーア・ふぁウスト] 名 -(e)s/ 〖文芸学〗ウアファウスト(Goethe の „Faust I" の初稿).
die **Ur·feh·de** [ウーア・ふぇーデ] 名 -/-n (中世の)復讐(☆り)行為放棄〔不戦〕の誓.

die **Ur·form** [ウーア・ふぉるム] 名 -/-en 原形, 元形.
die **Ur·ge·mein·de** [ウーア・ゲマインデ] 名 -/-n (イスラエルの)原始キリスト教教団.
ur·ge·müt·lich [ウーア・ゲミュートリヒ] 形 非常に快適な.
die **Ur·ge·schich·te** [ウーア・ゲシヒテ] 名 -/ 先史時代; 先史学.
ur·ge·schicht·lich [ウーア・ゲシヒトリヒ] 形 先史時代の; 先史学の.
die **Ur·ge·sell·schaft** [ウーア・ゲゼルシャふト] 名 -/ 原始社会.
die **Ur·ge·walt** [ウーア・ゲヴァルト] 名 -/-en 〖文〗(自然の)根元的な力.
ur·gie·ren [ウるギーれン] 動 h. ⟨et⁴⟩ᵈ 〖オーストリ〗催促する, せっつく.
die **Ur·groß·el·tern** [ウーア・グロース・エルターン] 複名 曾(☆)祖父母.
die **Ur·groß·mut·ter** [ウーア・グロース・ムッター] 名 -/..mütter 曾(☆)祖母.
der **Ur·groß·va·ter** [ウーア・グロース・ふぁーター] 名 -s/..väter 曾(☆)祖父.
der **Ur·grund** [ウーア・グるント] 名 -(e)s/..gründe 根源, 根本の原因(元凶).
der **Ur·he·ber** [ウーア・ヘーバー] 名 -s/- **1.** 主唱者, 主導者, 首(主)謀者. **2.** 原作者, 著作者.
das **Ur·he·ber·recht** [ウーア・ヘーバー・れヒト] 名 -(e)s/-e 〖法〗 **1.** 著作権. **2.** (⊕のみ)著作権法.
ur·he·ber·recht·lich [ウーアヘーバーれヒトリヒ] 形 著作権(法上)の, 著作権法による.
die **Ur·he·ber·schaft** [ウーア・ヘーバー・シャふト] 名 -/ 主唱者であること, 著作者であること.
der **Ur·he·ber·schutz** [ウーアヘーバー・シュッツ] 名 -es/ 〖法〗著作権保護.
(*das*) **U·ri** [ウーリ] 名 -s/ 〖地名〗ウーリ(スイスの州).
(*der*) **U·ria** [ウリーア] 名 〖旧約〗ウリア(妻の Bathseba を奪おうとした David の策略のため戦死).
der **U·ri·an** [ウーリアーン] 名 -s/-e **1.** (⊕のみ)悪魔. **2.** 〖古・蔑〗好まれざる人物.
(*der*) **U·ri·as** [ウリーアス] 名 =Uria.
der **U·ri·as·brief** [ウリーアス・ブリーふ] 名 -(e)s/-e 〖旧約〗ウリアの手紙; 〖転〗携えて行った者を破滅させる手紙.
der **U·ri·el** [ウーリエ(ー)ル] 名 〖聖〗ウリエル(大天使の一人).
u·rig [ウーリヒ] 形 自然のままの; 変な, 変った.
der **U·rin** [ウリーン] 名 -s/-e (主に⊕)〖医〗尿: den ~ halten 小便をがまんする. ~ lassen 排尿する.
u·ri·nie·ren [ウりニーれン] 動 h.〖婉〗排尿〔放尿〕する.
die **U·rin·un·ter·su·chung** [ウリーン・ウンターズーフング] 名 -/-en 尿検査.
der **Ur·knall** [ウーア・クナル] 名 -(e)s/ (宇宙発生時の)ビッグバン.
ur·ko·misch [ウーア・コーミシュ] 形 ひどく滑稽(ぷ)な.
die **Ur·kraft** [ウーア・クらふト] 名 -/..kräfte (自然の)根源的な力.
die **Ur·kun·de** [ウーア・クンデ] 名 -/-n (法的効力のある)証書, 記録, 証書: eine notarielle ~ 公正証書. eine ~ über ⟨et⁴⟩ ausstellen ⟨事につぃての⟩証書を交付する.
der **Ur·kun·den·fäl·scher** [ウーアクンデン・ふぇルシャー] 名 -s/- 文書偽造者〔犯〕.
die **Ur·kun·den·fäl·schung** [ウーアクンデン・ふぇルシュング] 名 -/-en 文書偽造.
die **Ur·kun·den·for·schung** [ウーアクンデン・ふぉるシュング] 名 -/-en 古文書研究.
die **Ur·kun·den·leh·re** [ウーアクンデン・レーれ] 名 -/ 古文書学.
ur·kund·lich [ウーア・クントリヒ] 形 文書〔記録・証書〕による.

der **Ur·kunds·be·am·te** [ウーあ・クンツ・ベアムテ] [名]《形容詞的変化》〖法〗文書係(戸籍係など).

der **Ur·laub** [ウーあ・ラウブ] [名] -(e)s/-e **1.** (会社・官庁の)休暇, バカンス: ～ nehmen 休暇をとる. in ～ fahren〔gehen〕休暇旅行に出かける. auf〔in/im〕～ sein 休暇中である. vom Alltag ～ machen 日常から離れ休養する. **2.** (兵士の)帰休: auf ～ kommen 帰休する.

der **Ur·lau·ber** [ウーあ・ラウバー] [名] -s/- 休暇の旅行者;〖軍〗帰休兵.

der **Ur·laubs·an·spruch** [ウーあラウプス・アン・シュプるっふ] [名] -(e)s/..sprüche 休暇請求権.

das **Ur·laubs·geld** [ウーあラウプス・ゲルト] [名] -(e)s/-er 休暇手当;休暇のためにためた金.

das **Ur·laubs·ge·such** [ウーあラウプス・ゲズーふ] [名] -(e)s/-e 休暇願.

die **Ur·laubs·rei·se** [ウーあラウプス・らイゼ] [名] -/-n 休暇旅行.

die **Ur·laubs·zeit** [ウーあラウプス・ツァイト] [名] -/-en 休暇期間;休暇シーズン.

der **Ur·mensch** [ウーあ・メンシュ] [名] -en/-en **1.** 原始人, 原人. **2.** 〖宗〗(［単］のみ)人類の始祖(キリスト教の Adam や Eva).

die **Ur·mut·ter** [ウーあ・ムッター] [名] -/..mütter **1.** (［単］のみ)人類の母(例えば, キリスト教の Eva). **2.** 始祖(一族の最初の母).

die **Ur·ne** [ウるネ] [名] -/-n **1.** 骨壺(こつつぼ). **2.** 投票箱(Wahl～), くじ引き〔抽選〕用の箱.

der **Ur·ner** [ウるナー] [名] -s/- ウーリ州の人.

der **Ur·ning** [ウるニング] [名] -s/-e《稀》男色家.

der **U·ro·lo·ge** [ウろ・ローゲ] [名] -n/-n 泌尿器科医.

die **U·ro·lo·gie** [ウろ・ロギー] [名] -/ 泌尿器(科)学.

u·ro·lo·gisch [ウろ・ローギシュ] [形] 泌尿器学上の.

die **U·ros·ko·pie** [ウろ・スコピー] [名] -/-n〖医〗尿検査, 検尿.

die **Ur·pflan·ze** [ウーあ・プふランツェ] [名] -/-n 原生植物, 原植物(Goethe の理念的植物).

ur·plötz·lich [ウーあ・プレッツリひ] [形] まったく突然の.

der **Ur·quell** [ウーあ・クヴェル] [名] -(e)s/-e (主に［単］)《詩》源泉, 源.

die **Ur·sa·che** [ウーあ・ザっへ] [名] -/-n 原因, 理由, きっかけ, 動機: die ～ für den Unfall 事故の理由. das Gesetz von ～ und Wirkung 因果の法則. Keine ～! どういたしまして. Er hat alle ～, anzunehmen, dass ... …と彼が思うのは当然だ.

ur·säch·lich [ウーあ・ゼひリひ] [形] 原因の;原因となる, 因果的な.

die **Ur·schel** [ウるシェル] [名] -/-n《東中独》ばかな女.

die **Ur·schrift** [ウーあ・シュりふト] [名] -/-en 原本.

ur·schrift·lich [ウーあ・シュりふトリひ] [形] 原本の, オリジナルの.

urspr. ＝ursprünglich 本来の;自然のままの.

die **Ur·spra·che** [ウーあ・シュプらーへ] [名] -/-n **1.** 〖言〗祖語. **2.** (翻訳の)原語.

der **Ur·sprung** [ウーあ・シュプるング] [名] -(e)s/..sprünge **1.** 起源, 由来;起因, 原因;源泉: Der See ist vulkanischen ～*s*. この湖は火山の爆発でできたものだ. seinen ～ in ⟨et³⟩ haben ⟨事に⟩起因する. **2.** 〖数〗原点.

ur·sprüng·lich [ウーあ・シュプりゅングリひ, ウーあ・シュプりゅングリひ] [形] **1.** 本来の, 元の;本来は. **2.** 自然のままの.

die **Ur·sprüng·lich·keit** [ウーあ・シュプりゅングリひカイト, ウーあ・シュプりゅングリひカイト] [名] -/ 始原性, 原始性, 自然性.

das **Ur·sprungs·land** [ウーあシュプるングス・ラント] [名] -(e)s/..länder〖経〗原産地国.

das **Ur·sprungs·zeug·nis** [ウーあシュプるングス・ツォイクニス] [名] -ses/-se 原産地証明書.

der **Ur·stand** [ウーあ・シュタント] [名] -(e)s/..stände 原初の状態;〖カトリック〗原始義の状態(原罪を犯す前).

die **Ur·ständ** [ウーあ・シュテント] [名] -/ (次の形で) (fröhliche) ～ feiern (望ましからざるものが)復活する, はやりだす.

der **Ur·stoff** [ウーあ・シュトっふ] [名] -(e)s/-e 元素.

das **Ur·strom·tal** [ウーあ・シュトろーム・タール] [名] -(e)s/..täler〖地質〗原流谷(氷河の融水でできた広い谷).

(die) **Ur·su·la** [ウるズラ] [名]〖女名〗ウルズラ: die heilige ～ 聖ウルスラ.

die **Ur·su·li·ne** [ウるズリーネ] [名] -/-n ウルスラ修道会の修道女(1535 年に設立された若い女性の教育団体).

die **Ur·su·li·ne·rin** [ウるズリーネりン] [名] -/-nen ＝Ursuline.

das **Ur·teil** [ウるタイル] [名] -s/-e **1.** 〖法〗判決: ein ～ über ⟨j⁴/et⁴⟩ ⟨人・事に対する⟩判決. ein ～ aussprechen/fällen 判決を言渡す/下す. **2.** 判断;判定: ein ～ über ⟨j⁴/et⁴⟩ abgeben ⟨人・事に対して⟩判断を下す. **3.** (根拠のある)意見〔見解・考え〕: sich³ ein ～ über ⟨j⁴/et⁴⟩ bilden ⟨人・事について⟩見解〔考え〕を抱く. **4.** 〖哲〗判断.

ur·tei·len [ウるタイレン] [動] *h.* **1.** 〔(über⟨j⁴/et⁴⟩ニツイテ)〕判断を下す, 意見を述べる. **2.** 〔nach ⟨et³⟩デ〕判断する. **3.** 〖補足なし〗〖哲〗判断する.

die **Ur·teils·be·grün·dung** [ウるタイルス・ベグりゅンドゥング] [名] -/-en 判決理由.

ur·teils·fä·hig [ウるタイルス・ふぇーイひ] [形] 判断力のある.

die **Ur·teils·kraft** [ウるタイルス・クらふト] [名] -/ 判断力.

ur·teils·los [ウるタイルス・ロース] [形] 判断力〔意見〕のない.

der **Ur·teils·spruch** [ウるタイルス・シュプるっふ] [名] -(e)s/..sprüche 判決主文.

die **Ur·teils·ver·kün·dung** [ウるタイルス・ふぇあキュンドゥング] [名] -/-en 判決の言渡し.

das **Ur·teils·ver·mö·gen** [ウるタイルス・ふぇあ[メ]ーゲン] [名] -s/ 判断力.

die **Ur·teils·voll·stre·ckung** [ウるタイルス・ふぉル・シュトれっクング] [名] -/-en 判決の執行.

der **Ur·text** [ウーあ・テクスト] [名] -(e)s/-e 初稿, 原典;(翻訳の)原書.

das **Ur·tier** [ウーあ・ティーあ] [名] -(e)s/-e (主に［複］)原生動物;原始時代の〔を思わせるような〕動物.

das **Ur·tier·chen** [ウーあ・ティーあひぇン] [名] -s/- (主に［複］)＝Urtier.

die **Ur·ti·ka·ria** [ウるティカーりア] [名] -/ 〖医〗蕁麻疹(じんましん).

ur·tüm·lich [ウーあテュームリひ] [形] 原始的な;自然のままの.

der **Ur·typ** [ウーあ・テューブ] [名] -s/-en 原型.

der **Ur·ty·pus** [ウーあ・テュープス] [名] -/..pen 原型.

der **U·ru·gu·ay**[1] [ú:rugvaɪ, ʊ́r.. ウ(ー)るグヴァイ, uruguá̯ɪ ウるグアイ] [名] -(s)/ 〖川名〗ウルグアイ川.

(das) **U·ru·gu·ay**[2] [ウ(ー)るグヴァイ, ウるグアイ] [名] -s/〖国名〗ウルグアイ(南米, 東南部の国).

die **U·ru·gu·ay-Run·de** [ウ(ー)るグヴァイ・るンデ, ウるグアイ・るンデ] [名] -/ ウルグアイ・ラウンド.

die **Ur·ur·groß·mut·ter** [ウーあ・ウーあ・グろース・ムッター] [名] -/..mütter 高祖母.

der **Ur·ur·groß·va·ter** [ウーあ・ウーあ・グろース・ふぁーター] [名] -s/..väter 高祖父.

der **Ur·va·ter** [ウーあ・ふぁーター] [名] -s/..väter **1.** (［単］のみ)人類の父(例えば, キリスト教の Adam). **2.** 始祖(一族の最初の父).

die **Ur·vä·ter·zeit** [ウーあ・ふぇーター・ツァイト] [名] -/-en (主に［複］)大昔, 太古の昔: seit〔aus〕～*en* 大昔か

U

ur·ver·wandt [ウーあ・ふぇあヴァント] 形 祖先が共通の,元来同系〔同根〕の.

das **Ur·vieh** [ウーあ・ふぃーひ] 名 -s/-er 《口・冗》おどけたおかしなやつ.

das **Ur·vieh** [ウーあ・ふぃー-] 名 -s/..viecher =Urvieh.

der **Ur·vo·gel** [ウーあ・ふぉーゲル] 名 -s/..vögel 始祖鳥.

das **Ur·volk** [ウーあ・ふぉルク] 名 -(e)s/..völker **1.** (諸民族の祖としての)原民族. **2.** 原住民族.

die **Ur·wahl** [ウーあ・ヴァール] 名 -/-en 〔政〕(選挙人選出のための)予備選挙.

der **Ur·wald** [ウーあ・ヴァルト] 名 -(e)s/..wälder 原始林,原生林.

die **Ur·welt** [ウーあ・ヴェルト] 名 -/ 原始世界,先史〔太古〕の世界.

ur·welt·lich [ウーあ・ヴェルトリヒ] 形 太古の世界の.

ur·wüch·sig [ウーあ・ヴュークスィヒ] 形 自然なままで;素朴な.

die **Ur·wüch·sig·keit** [ウーあ・ヴュークスィヒカイト] 名 -/ 自然のままであること;素朴なこと,わざとらしくないこと.

die **Ur·zeit** [ウーあ・ツァイト] 名 -/-en 太古,原始時代; seit *-en* 太古の昔から. vor *-en* 太古の昔に.

die **Ur·zel·le** [ウーあ・ツェレ] 名 -/-n 原細胞.

die **Ur·zeu·gung** [ウーあ・ツォイグング] 名 -/ 自然発生.

der **Ur·zu·stand** [ウーあ・ツー・シュタント] 名 -(e)s/..stände もとの〔最初の〕状態,原始状態.

u. s =unter Umständen 事情によっては.

die **USA** [ウーエスアー] 複数 〔国名〕=United States of America アメリカ合衆国.

die **Usance** [ysá:s ユザーンス] 名 -/-n 〖文・商〗(商)慣習.

(*das*) **U·se·dom** [ウーゼドム] 名 -s/ 〖地名〗ウーゼドム島(メクレンブルク=フォーアポンメルン州の島).

der **U·ser** [jú:zɐr ユーザァ] 名 -s/- ユーザー(①《ジャーゴン》麻薬常用者.②コンピュータ使用者).

usf. =und so fort (…)など〔等〕.

der **U·so** [ウーソ] 名 -s/ 〖経〗商習慣.

die **U-Strab** [ウー・シュトらープ, ウー・シュトらップ] 名 -/-s = Unterpflasterstraßenbahn 一部地下を走る市街電車.

u·su·ell [ウズエル] 形 慣習の,しきたりの.

die **U·sur·pa·tion** [ウズるパツィオーン] 名 -/-en (地位・権力などの)強奪,(王位などの)篡奪(ḙん).

der **U·sur·pa·tor** [ウズるパートあ] 名 -s/-en [ウズるパトーれン] (権力の)強奪者,王位篡奪(ḙん)者.

u·sur·pie·ren [ウズるピーれン] 動 *h.* 〈et⁴〉 篡奪(ḙん)する,奪いとる.

der **U·sus** [ウーズス] 名 -/ 慣習,慣例.

usw. =und so weiter (…)など〔等〕.

(*die*) **U·ta** [ウータ] 名 〖女名〗ウータ.

(*die*) **U·te** [ウーテ] 名 〖女名〗ウーテ.

das **U·ten·sil** [ウテンズィール] 名 -s/-ien 〈主に(pl)〉用具,道具.

u·te·rin [ウテリーン] 形 〖医〗子宮の.

der **U·te·rus** [ウーテるス] 名 -/..ri 〖医〗子宮.

Ut·gard [ウートガルト] 名 -(s)/ 〖北欧神〗ウートガルト(人間界の外にある巨人と魔神の国).

u·ti·li·tär [ウティリテーあ] 形 功利をめざす.

der **U·ti·li·ta·ri·er** [ウティリターりあ] 名 -s/- 功利主義者.

der **U·ti·li·ta·ris·mus** [ウティリタリスムス] 名 -/ 〖哲〗功利主義.

der **U·ti·li·ta·rist** [ウティリタリスト] 名 -en/-en 功利主義者.

u·ti·li·ta·ri·stisch [ウティリタリスティシュ] 形 功利主義の;功利主義的な.

ut in·fra [ウト インふら] 〖ラ語〗《古》下記のように.

das **U·to·pia** [ウトーピア] 名 -s/ 〈主に無冠詞〉ユートピア,理想郷,理想社会.

die **U·to·pie** [ウトピー] 名 -/-n 空想的考え,夢物語.

u·to·pisch [ウトーピシュ] 形 空想〔夢想〕的な,現実離れした,ユートピアの.

der **U·to·pist** [ウトピスト] 名 -en/-en 空想家,夢想家.

die **U·tri·cu·la·ria** [ウトリクラーりア] 名 -/ 〖植〗タヌキモ(食虫植物).

ut su·pra [ウト ズーぷら] 〖ラ語〗〖楽〗上記〔上述〕のように.

(*der*) **Utz** [ウッツ] 名 〖男名〗ウツ(Ulrich の短縮形).

u. U. =unter Umständen 事情によっては.

u. ü. V. =unter üblichem Vorbehalt 慣例の条件つきで.

UV [ウーふァウ] =Ultraviolett 紫外線.

u. v. a. m. =und viele(s) andere mehr その他多数の人々〔物・事〕.

das **UV-Licht** [ウーふァウ・リヒト] 名 -(e)s/ (太陽灯などの)紫外線を含む光.

die **UV-Strahlung** [ウーふァウ・シュトらールング] 名 -/ 〖理〗紫外線放射〔照射〕.

der **U·vu·lar** [ウヴラーあ] 名 -s/-e 〖言〗口蓋(ḙゥ)音.

u. W. =unseres Wissens われわれの知る限りでは.

der **Ü-Wa·gen** [ユー・ヴァーゲン] 名 -s/- =Übertragungswagen 中継車.

(*der*) **U·we** [ウーヴェ] 名 〖男名〗ウーヴェ.

der **Uz** [ウッツ] 名 -es/-e 〈主に(sg)〉《口》(悪意のない)からかい,冗談.

der **Uz·bru·der** [ウーツ・ブるーダァ] 名 -s/..brüder 《口》からかうのが好きな人.

u·zen [ウーツェン] 動 *h.* 〈j⁴〉《口》からかう,かつぐ.

die **Uz·e·rei** [ウーツェらイ] 名 -/-en 《口》 **1.** しょっちゅうからかうこと〔かつぐこと〕. **2.** 人をからかう〔馬鹿にする〕冗談.

der **Uz·na·me** [ウーツ・ナーメ] 名 -ns/-n 《口》あだ名.

u. zw. =und zwar 詳しく言うと,それも,しかも.

V

das **v, V**[1] [fau̯ ふぁウ] [名] -/- (《口》-s/-s) ドイツ語アルファベットの第 22 字.
V[2] [ふぁウ] ＝Vanadium, Vanadin 〖化〗バナジウム.
V[3] **1.** ＝Aufstrich 〖楽〗上げ弓. **2.** ＝fünf (ローマ数字) 5. **3.** ＝Volt 〖電〗ボルト. **4.** ＝Volumen 容積, 体積.
v. 1. ＝verte ! 〖楽〗ページをめくれ《譜面上の指示》. **2.** ＝vide ! 《古》見よ, 参照せよ. **3.** ＝vidi ! 《古》私は見た. **4.** ＝vom, von, vor.
V. ＝Vers 詩句, 詩行;〖聖〗節.
VA ＝Voltampere 〖電〗ボルトアンペア.
v. a. ＝vor allem 特に, とりわけ.
Va·banque, va banque [vabã́:k ヴァ・バーンク]〖フランス語〗(次の形で) ～ spielen 一か八かの賭(かけ)をする;大きなリスクを冒す.
das **Va·banque·spiel** [ヴァバーンク・シュピール] [名] -(e)s/ 《文》一か八かの賭(かけ)〔大勝負〕.
va·cat [ヴァーカット]〖ラテン語〗《文・古》欠けている.
das **Va·de·me·kum** [ヴァデ・メークム] [名] -s/-s 《文》(小型の)手引き, 便覧, ハンドブック.
vae vịc·tis ! [ヴェー ヴィクティース]〖ラテン語〗《文》不幸なるかな征服されし者は.
vag [ヴァーク] [形] 《稀》＝vage.
der **Va·ga·bụnd** [ヴァガブント] [名] -en/-en 《古》放浪者, 浮浪者, 流れ者.
va·ga·bun·die·ren [ヴァガブンディーれン] [動] **1.** *h.* 〔補語なし〕浮浪者の〔放浪〕生活を送る. **2.** *s.* 〔〈場所〉ヲ〕放浪する.
der **Va·gạnt** [ヴァガント] [名] -en/-en (中世の)遍歴の楽人〔詩人・学生〕;《古》浮浪〔放浪〕者.
va·ge [ヴァーゲ] [形] -r ; vagst 漠然とした, 曖昧(あいまい)な.
die **Va·gi·na** [ヴァギーナ, ヴァーギナ] [名] -/..nen 〖医〗膣(ちつ).
va·gi·nal [ヴァギナール] [形] 〖医〗膣(ちつ)の.
der **Va·gus** [ヴァーグス] [名] -/ 〖解〗迷走神経.
va·kạnt [ヴァカント] [形] 《文》空席の, 欠員の.
die **Va·kạnz** [ヴァカンツ] [名] -/-en **1.** 《文》空席であること;空席, 欠員のポスト, 空位. **2.** 《方・古》(学校の)休暇.
die **Va·ku·o·le** [ヴァクオーレ] [名] -/-n 〖生〗液胞, 空胞.
das **Va·ku·um** [ヴァークウム] [名] -s/..kua〔..kuen〕 **1.** 〖理〗真空;真空状態. **2.** 《文》(文化や政治などの)空白状態〔期〕.
das **Va·ku·um·me·ter** [ヴァークウム・メーター] [名] -s/- 〖工〗真空計.
die **Va·ku·um·pum·pe** [ヴァークウム・プムペ] [名] -/-n 〖工〗真空ポンプ.
die **Va·ku·um·röh·re** [ヴァークウム・[れ]ーれ] [名] -/-n 真空管.
die **Vak·zi·ne** [ヴァクツィーネ] [名] -/-n 〖医〗ワクチン;牛痘種, 痘苗.
vak·zi·nie·ren [ヴァクツィニーれン] [動] *h.* 〔〈j^4〉ニ〕〖医〗ワクチンの接種をする.
(*das*) **Va·lais** [valɛ́ ヴァレ] [名] -s/ 〖地名〗＝Wallis.
va·le ! [ヴァーレ]〖ラテン語〗《文・古》さようなら.
die **Va·len·ci·ẹnnes·spit·ze** [valãsjɛ́n.. ヴァランスィエン・シュピッツェ] [名] -/-n ヴァランシャンレース《細かい模様の薄手の高級ボビンレース》.
(*der*) **Va·len·tin** [ヴァーレンティーン] [名] 〖男名〗ヴァーレンティーン: der heilige ～ 聖ヴァレンティヌス《3 世紀のイタリアの司教》.
der **Vạ·len·tins·tag** [ヴァレンティーンス・ターク] [名] -(e)s/-e ヴァレンタインデー, 聖ヴァレンティヌスの祝日《2 月 14 日》.
die **Va·lẹnz** [ヴァレンツ] [名] -/-en **1.** 〖化〗原子価. **2.** 〖言〗(動詞などの)結合価, ヴァレンツ. **3.** 〖生態〗価. **4.** 〖心〗誘発性.
das **Va·let** [ヴァレット, ヴァレート] [名] -s/-s 《古》別れの挨拶(あいさつ).
der **Va·leur** [valǿ:r ヴァ[レ]ーあ] [名] -s/-s (die ～ -/-s も有)〖銀行〗《古》有価証券;(主に[複])〖美〗(色彩の)ヴァルール, 色価.
die **Va·li·di·tät** [ヴァリディテート] [名] -/ **1.** 《古》(法律の)有効性, 効力. **2.** 《文》(学問上の)妥当性, 信頼性.
der **Va·lor** [ヴァーローあ] [名] -s/-en [ヴァローれン]〖経〗 **1.** 《古》価値. **2.** ([複]のみ)高価な物, 装身具;有価証券.
va·lo·ri·sie·ren [ヴァロりズィーれン] [動] *h.* 〔〈et^4〉ヲ〕〖経〗価格を維持する.
die **Va·lu·ta** [ヴァルータ] [名] -/..ten 〖経〗 **1.** 外(国通)貨;(外貨との)交換価値. **2.** 利子起算日. **3.** ([複]のみ)外国〔外貨建て〕有価証券.
va·lu·tie·ren [ヴァルティーれン] [動] *h.* 〔〈et^4〉ヲ〕〖経〗利子起算日を確定する.
die **Val·va·ti·on** [ヴァルヴァツィオーン] [名] -/-en 〖経〗(特に外国貨幣の)評価.
der **Vamp** [vɛmp ヴェムプ] [名] -s/-s 妖婦(ようふ).
der **Vam·pir** [ヴァムピーあ, ヴァムピーあ] [名] -s/-e **1.** 吸血鬼, ヴァンパイア;《転》吸血鬼のような人. **2.** 〖動〗キュウケツ〔チスイ〕コウモリ.
das **Va·na·din** [ヴァナディーン] [名] -s/ ＝Vanadium.
das **Va·na·di·um** [ヴァナーディウム] [名] -s/ バナジウム《金属元素の 1 つ. 記号 V》.
der **Van-Al·len-Gür·tel** [væn'ælən.. ヴァン・アレン・ギュるテル] [名] -s/- 〖理〗ヴァン＝アレン帯.
der **Van·da·le** [ヴァンダーレ] [名] -n/-n (主に[複])ヴァンダル人《東ゲルマンの一民族》;《蔑》狂暴な破壊者.
der **Van·da·lịs·mus** [ヴァンダリスムス] [名] -/ (文化・芸術の)破壊(行為), 野蛮な破壊衝動.
die **Va·nịl·le** [vanɪ́l(j)ə ヴァニレ, ヴァニリエ] [名] -/ 〖植〗バニラ(果実は香料・食用);バニラエッセンス.
das **Va·nịl·le·eis** [ヴァニレ・アイス, ヴァニリエ・アイス] [名] -e/ ヴァニラアイス(クリーム).
der **Va·nịl·le·zu·cker** [ヴァニレ・ツっカー, ヴァニリエ・ツっカー] [名] -s/- バニラ入り砂糖.
das **Va·nil·lin** [ヴァニリーン] [名] -s/ 〖化〗バニリン.
va·ni·tas va·ni·ta·tum [ヴァーニタス ヴァニタートゥム]〖ラテン語〗《文》空(くう)の空なるかな《伝道の書 1, 2》.
(*das*) **Va·nu·a·tu** [ヴァーヌアートゥー] [名] -s/ 〖国名〗ヴァヌアツ《南太平洋の国》.
das **Va·po·ri·me·ter** [ヴァポり・メーター] [名] -s/- 《古》蒸気圧計《特にワイン・ビールのアルコール含有量を計る》.
va·po·ri·sie·ren [ヴァポりズィーれン] [動] *h.* 〔〈et^4〉ヲ〕《古》アルコール含有量を測定する;(…を)気化〔蒸発〕させる.
der **Va·que·ro** [vakéːro ヴァケーろ] [名] -(s)/-s (米国南西部・メキシコの)カウボーイ.
var. ＝Varietät 変種.
die **Va·ria** [ヴァーりア] [複名] 雑多なもの, 雑録, 雑費.
va·ri·a·bel [ヴァりアーベル] [形] ([付][比]は..bl..)変えられる, 組合せを変えられる, 変化〔変動〕する. 【慣用】

eine variable Größe〖数〗変数.

die **Va·ri·a·b·le** [ヴァりアーブレ] [名] -/-n《形容詞的変化も有》〖数・理〗変数;〖論〗変項.

die **Va·ri·an·te** [ヴァりアンテ] [名] -/-n **1.**《文》異形, 変形, 別形;変種, 別種. **2.**〖文芸学〗(テキストの)異文;〖言〗(音声・語形の)異形. **3.**〖楽〗ヴァリアンテ(突然の短調から長調またはその逆の転調).

va·ri·a·tio de·lec·tat [ヴァりアーツィオ デレクタート]〖ラテン語〗《文》変化は人を楽しませる.

die **Va·ri·a·ti·on** [ヴァりアツィオーン] [名] -/-en **1.** 変化;変形, ヴァリエーション. **2.**〖生〗変異. **3.**〖楽〗変奏(曲). **4.**〖数〗変分. **5.**〖天〗(月の)二均差.

die **Va·ri·e·tät** [ヴァりエテート] [名] -/-en **1.**〖生・鉱〗変種(略 var.). **2.**〖言〗変種.

das **Va·ri·e·té, Va·ri·e·tee** [varieté: ヴァりエテー] [名] -s/-s **1.** 演芸場. **2.** バラエティーショー, ヴァリエテ.

das **Va·ri·é·té** [varieté: ヴァりエテー] [名] -s/-s《スイス》= Varieté.

das **Va·ri·e·té·the·a·ter, Va·ri·e·tee·the·a·ter** [ヴァりエテー・テアーター] [名] -s/- 演芸場.

va·ri·ie·ren [ヴァりイーれン] [動] *h.* **1.**〖補足なし〗さまざまである, いろいろに変る. **2.**〖〈et⁴〉ヲ〗変化をつける(模様・表現などに);〖楽〗(…を)変奏する(主題などを).

va·ri·kös [ヴァりケース] [形]〖医〗静脈瘤(りゅう)の.

das **Va·ri·o·me·ter** [ヴァりオ・メーター] [名] -s/- **1.** 地磁気変動計. **2.**〖電〗バリオメーター. **3.**〖空〗昇降速度計.

die **Va·ri·ze** [ヴァりーツェ] [名] -/-n〖医〗静脈瘤(りゅう).

die **Va·ri·zel·le** [ヴァりツェレ] [名] -/-n《主に[複]》〖医〗水痘, 水疱瘡(みずぼうそう).

der **Va·sall** [ヴァザル] [名] -en/-en〖史〗(封建君主の)家臣, 臣下.

der **Va·sal·len·staat** [ヴァザレン・シュタート] [名] -(e)s/-en《蔑》属国.

die **Va·se** [ヴァーゼ] [名] -/-n 花瓶;(古代の)壺(つぼ).

die **Va·s·ek·to·mie** [ヴァゼクトミー] [名] -/-n〖医〗精管切除(術).

das **Va·se·lin** [ヴァゼリーン] [名] -s/ =Vaseline.

die **Va·se·li·ne** [ヴァゼリーネ] [名] -/ ワセリン.

das **Va·so·di·la·tans** [ヴァゾ・ディラータンス] [名] -/..tantia [ヴァゾ・ディラタンツィア]〔..tanzien [ヴァゾ・ディラタンツィエン]〕〖医〗血管拡張剤.

va·so·mo·to·risch [ヴァゾ・モトーりシュ] [形]〖医〗血管運動神経の;血管運動神経により制御された.

die **Va·so·re·sek·ti·on** [ヴァゾ・れゼクツィオーン] [名] -/-en〖医〗輸精管摘出手術;血管(の部分的)摘出手術.

der **Va·ter** [ふぁーター] [名] -s/Väter **1.** 父, 父親: Er ist ganz der ~. 彼は父親そっくりだ. Das hat er vom ~. 彼のそれ〔性格〕は父親譲りだ. **2.** 生みの親, 創始者, 開祖: der ~ des Roten Kreuzes 赤十字の生みの親. **3.**《[単]のみ》〖キ教〗父なる神: Unser ~ im Himmel! 天にいますわれらの父よ(主の祈り(Vaterunser)の冒頭の句). **4.**〖カトリック〗父(高位聖職者の称号・呼びかけ);《稀》神父. **5.**《[複]のみ》《文・古》長老;先祖, 祖先. 【慣用】**Aus, dein treuer Vater!** もう駄目〔おしまい〕だ. **Heiliger Vater** 聖父(ローマ教皇の称号・呼びかけ). **sich⁴ zu den Vätern versammeln**《文・古》ご先祖様のところに行く(死ぬ). **Vater Rhein**《詩》父なるライン(河). **Vater Staat**《冗》お国(徴税者・財政担当者としての国家のこと).

die **Va·ter·freu·den** [ふぁーター・ふろイデン] [複名]《次の形で》~ entgegensehen 父親になる.

das **Va·ter·haus** [ふぁーター・ハウス] [名] -es/..häuser《文》生家.

das **Va·ter·land** [ふぁーター・ラント] [名] -(e)s/..länder《文》祖国, 故国.

va·ter·län·disch [ふぁーター・レンディシュ] [形]《文》祖国の;(《蔑》も有)愛国的な.

die **Va·ter·lands·lie·be** [ふぁーターランツ・リーベ] [名] -/《文》祖国愛, 愛国心.

vä·ter·lich [ふぇーターりひ] [形] **1.** 父親の, 父方の. **2.** 父親のような, 父性的な.

vä·ter·li·cher·seits [ふぇーターりひゃー・ザイツ] [副] 父方で

va·ter·los [ふぁーター・ロース] [形] 父親のいない.

der **Va·ter·mord** [ふぁーター・モるト] [名] -(e)s/-e 父親殺し.

der **Va·ter·mör·der** [ふぁーター・[メ]るダー] [名] -s/- **1.** 父親殺し(人). **2.**《冗》(昔の)高くて硬いカラー.

der **Va·ter·na·me** [ふぁーター・ナーメ] [名] -ns/-n **1.** 父親の名に由来する人名. **2.**《古》苗字(みょうじ).

die **Va·ter·schaft** [ふぁーターシャふト] [名] -/-en (特に法的問題に関して)父であること, 父性.

die **Va·ter·schafts·kla·ge** [ふぁーターシャふツ・クラーゲ] [名] -/-n〖法〗父子関係認知の訴え.

der **Va·ters·na·me** [ふぁータース・ナーメ] [名] -ns/-n = Vatername.

die **Va·ter·stadt** [ふぁーター・シュタット] [名] -/..städte《文》生れ故郷の町.

die **Va·ter·stel·le** [ふぁーター・シュテレ] [名] -/-n (次の形で)an〔bei〕〈j³〉~ vertreten〈人の〉父親代りをする.

der **Va·ter·tag** [ふぁーター・ターク] [名] -(e)s/-e《冗》父の日(普通「キリスト昇天の日」(Himmelfahrt)).

das **Va·ter·un·ser** [ふぁーター・ウンザー, ふぁーター・ウンザー] [名] -s/-〖キ教〗主の祈り, 主禱(しゅとう)文(マタイ福音書 6, 9): das〔ein〕~ beten 主の祈りを唱える.

der **Va·ti** [ふぁーティ] [名] -s/-s (Vater の愛称)パパ, おとうちゃん.

der **Va·ti·kan** [ヴァティカーン] [名] -s/ ヴァチカン宮殿;ヴァチカン政庁, ローマ教皇〔法王〕庁.

va·ti·ka·nisch [ヴァティカーニシュ] [形] ヴァチカンの, 教皇庁の: das *V*~e Konzil〖カトリック〗ヴァチカン公会議.

die **Va·ti·kan·stadt** [ヴァティカーン・シュタット] [名] -/〖国名〗ヴァチカン市国.

die **Vaud** [vo ヴォ] [名] -/ =Waadt.

das **Vau·de·ville** [vodəví:l ヴォ・デ・ヴィール, vo:tvíl ヴォー・ト・ヴィル] [名] -s/-s ヴォードヴィル(① 18 世紀初頭のフランスの風刺的喜歌劇及びその中の挿入歌. ② 歌劇などでの最後の輪唱. ③(米国の)寄席演芸).

der **V-Aus·schnitt** [ふぁウ・アウス・シュニット] [名] -(e)s/-e V ネック.

v. Chr. =vor Christo〔Christus〕西暦紀元前…年.

v. d. =vor der (…の)前の(地名につける): Bad Homburg ~ Höhe 丘の前のバート・ホンブルク.

v. D. =vom Dienst 勤務中の.

VDE =Verband Deutscher Elektrotechniker ドイツ電気技師連盟.

VDI =Verein Deutscher Ingenieure ドイツ技術者協会.

VDS = Vereinigte Deutsche Studentenschaften ドイツ学生連合.

VE =Verrechnungseinheit〖経〗(取引で協定された)支払通貨単位.

VEB =Volkseigener Betrieb (旧東独の)人民所有企業, 国営企業.

die **Ve·du·te** [ヴェドゥーテ] [名] -n/〖美〗ヴェドゥーテ(都市や地方などの写実的な絵画やグラフィック).

ve·ge·ta·bil [ヴェゲタビール] [形] 植物(性)の.

die **Ve·ge·ta·bi·li·en** [ヴェゲタビーリエン] [複名] 植物性食品.

ve·ge·ta·bi·lisch [ヴェゲタビーリシュ] [形] 植物(性)の.

der **Ve·ge·ta·ri·er** [ヴェゲターりあー] [名] -s/- 菜食主義

vegetarisch 1312

者.
ve·ge·ta·risch [ヴェゲターリシュ]形 菜食(主義)の; 植物性の.
***die* Ve·ge·ta·ti·on** [ヴェゲタツィオーン]名 -/-en 植生, 植物相; (植物の)生長, 生育.
***der* Ve·ge·ta·ti·ons·punkt** [ヴェゲタツィオーンス・プンクト]名 -(e)s/-e 〖植〗(芽や根の)成長点.
***die* Ve·ge·ta·ti·ons·zo·ne** [ヴェゲタツィオーンス・ツォーネ]名 -/-n 植物帯(熱帯雨林など).
ve·ge·ta·tiv [ヴェゲタティーフ]形 **1.** 〖医〗自律の, 植物性の: das ~*e* Nervensystem 自律(植物性)神経系. **2.** 〖生〗無性生殖の. **3.** 《稀》植物の.
ve·ge·tie·ren [ヴェゲティーレン]動 *h.* **1.** ((蔑)にも有)細々と暮らす. **2.** 〖ﾗﾃﾝ〗〖植〗栄養繁殖をする.
ve·he·ment [ヴェヘメント]形 《文》激烈な.
***die* Ve·he·menz** [ヴェヘメンツ]名 -/ 《文》激しさ, 激烈, 猛烈.
***das* Ve·hi·kel** [ヴェヒーケル]名 -s/- **1.** ((蔑)にも有)(古くてぼろの)乗り物, ぽんこつ車. **2.** 《文》(目的のための)手段.
***das* Veil·chen** [ふぁイルヒェン]名 -s/- **1.** 〖植〗スミレ: blau wie ein ~ sein 〖口〗非常に酔っている. **2.** 〖口・冗〗(殴られてできた)目のまわりの青痣(痣).
veil·chen·blau [ふぁイルヒェン・ブラウ]形 すみれ色の; 〖口・冗〗ひどく酔った.
***die* Veil·chen·wur·zel** [ふぁイルヒェン・ヴルツェル]名 -/-n アイリス(アヤメ)の根(香油の原料); ニオイスミレの根(サポニンを含み, 民間療法薬).
***der* Veits·tanz** [ふぁイツ・タンツ]名 -es/ 〖医〗舞踏病.
***der* Vek·tor** [ヴェクト-ア]名 -s/-en [ヴェクトーレン] 〖数・理〗ベクトル.
ve·lar [ヴェラーア]形 〖言〗軟口蓋(ふた)(音)の.
***der* Ve·lar** [ヴェラーア]名 -s/-e 〖言〗軟口蓋(ふた)音(例: [g], [k], [ŋ], [x]).
***das* Ve·lin** [ヴェリーン, velɛ̃; ヴェラーン]名 -s/ **1.** ベーラム(薄く, 柔らかい羊皮紙). **2.** ベーラムペーパー(ベーラムに似た上質紙).
***das* Ve·lo** [ヴェーロ]名 -s/-s 〖ｽｲｽ〗自転車(~ziped).
***das* Ve·lo·drom** [ヴェロドローム]名 -s/-e (屋内)自転車競技場, 競輪場.
***der* Ve·lours**[1] [vəluːr, ve..; ヴェルーア]名 -[..ルーア(ス)]/-[..ルーあス] 〖織〗ベロア.
***das* Ve·lours**[2] [..ルーア]名 (は種類)スエード(革).
***das* Ve·lours·le·der** [ヴェルーア・レーダー]名 -s/ ベロア革.
***das* Ve·lo·zi·ped** [ヴェロツィペート]名 -(e)s/-e 《古》自転車.
***das* Ve·lum** [ヴェールム]名 -s/..la 〖ｶﾄﾘｯｸ〗(聖なる物にかける)おおい, (聖体容器にかける)ヴェール. **2.** (古代ギリシア・ローマの)日除け(戸口)のカーテン. **3.** 〖解・言〗口蓋(ふた). **4.** 〖動〗(軟体動物の)面盤; (クラゲの)縁膜. **5.** 〖植〗菌膜.
***die* Ven·det·ta** [ヴェンデッタ]名 -/..detten 〖ｲﾀﾘｱ語〗血の復讐.
***die* Ve·ne** [ヴェーネ]名 -/-n 〖医〗静脈.
***(das)*Ve·ne·dig** [ヴェネーディヒ]名 -s/ 〖地名〗ヴェネツィア, ヴェニス(北イタリアの都市).
***die* Ve·nen·ent·zün·dung** [ヴェーネン・エントツュンドゥング]名 -/-en 静脈炎.
ve·ne·risch [ヴェネーリシュ]形 〖医〗性(ヴィーナス)病の.
***der* Ve·ne·zia·ner** [ヴェネツィアーナア]名 -s/- ヴェネツィア人, ベニス人.
ve·ne·zia·nisch [ヴェネツィアーニシュ]形 ヴェネツィアの.
***der* Ve·ne·zo·la·ner** [ヴェネツォラーナア]名 -s/- ヴェネズエラ人.

***(das)* Ve·ne·zu·e·la** [ヴェネツエーラ]名 -s/ 〖国名〗ヴェネズエラ(南米の国).
***die* Ve·nia Le·gen·di, 〖ﾄﾞ〗Ve·nia le·gen·di** [ヴェーニア レゲンディ]名 -/ 《文》(大学での)教授資格(認可).
ve·ni, vi·di, vi·ci [..viːtsi ヴェーニ ヴィーディ ヴィーツィ] 〖ﾗﾃﾝ語〗《文》我来たり, 我見たり, 我勝てり(シーザーがローマに前47年ゼラでの戦勝を報告したときの言葉. 「極めて素早くあげた成果」の意).
ve·nös [ヴェネース]形 〖医〗静脈(性)の.
***das* Ven·til** [ヴェンティール]名 -s/-e **1.** (ガス管・送水管などの)弁, バルブ: ein ~ für ⟨et³⟩ 〈転〉〈事の〉はけ口(不満などの). **2.** (金管楽器の)ピストン, バルブ(オルガンの)栓.
***die* Ven·ti·la·ti·on** [ヴェンティラツィオーン]名 -/-en **1.** 換気, 通風; 換気装置. **2.** 《稀》慎重な検討. **3.** 〖医〗換気(肺のガス交換).
***der* Ven·ti·la·tor** [ヴェンティラート-ア]名 -s/-en [ヴェンティラトーレン] 換気装置, 通風機換気扇, ベンチレーター.
ven·ti·lie·ren [ヴェンティリーレン]動 *h.* **1.** ⟨et⁴ʲɴ⟩ 換気をする(換気装置などで). **2.** ⟨et⁴ʲɴ⟩ 慎重に検討する(問題などを).
***die* Ven·til·steu·e·rung** [ヴェンティール・シュトイエルング]名 -/-en 〖工〗弁(バルブ)作動(装置).
ven·tral [ヴェントラール]形 〖医〗腹(側)の, 腹面の, 腹部の; 腹側にある.
***der* Ven·tri·kel** [ヴェントリーケル]名 -s/- 〖解〗室, 心室, 脳室; 腔, 胃.
***der* Ven·tri·lo·quist** [ヴェントリロクヴィスト]名 -en/-en 《文》腹話術師.
***die* Ve·nus** [ヴェーヌス]名 -/ **1.** (主に無冠詞)〖ﾛ神〗ウェヌス, ヴィーナス(愛・美・庭園・農園の女神. Äneas の母). **2.** 〖天〗金星.
***der* Ve·nus·berg** [ヴェーヌス・ベルク]名 -(e)s/-e **1.** ヴェーヌスベルク(„Frau Venus" が住むと言われる, ドイツのチューリンゲンやシュヴァーベンの山の名称). **2.** 〖医〗恥丘.
***die* Ve·nus·flie·gen·fal·le** [ヴェーヌス・ふリーゲン・ふぁレ]名 -/-n 〖植〗ハエジゴク.
***die* Ve·nus·mu·schel** [ヴェーヌス・ムッシェル]名 -/-n 〖魚〗マルスダレガイ.
ver.. [ふぁあ]接頭 非分離動詞を作る. アクセント無し. **1.** 動詞につけて: **a.** (正常からの逸脱・失策): *verbauen* 建てたを間違う. *versäumen* しそこなう. **b.** (消滅・消費): *verklingen* (音が)次第に消えてゆく. *verbrauchen* 消費する. **c.** (代理): *verantworten* (…の)責任を負う. *vertreten* (…の)代理をつとめる. **d.** (損傷): *verbrennen* 焼失する. *versalzen* 塩を入れすぎて台なしにする. **e.** (場所の移動): *verpflanzen* 移植する. *versetzen* 移す. **f.** (結合): *verflechten* 編み合せる. *verknüpfen* 結びつける. **g.** (排除): *verdrängen* 押しのける. *verjagen* 追払う. **h.** (閉鎖・被覆): *verschließen* (かぎをかけて)閉める. *verschneien* 雪で覆われる. **2.** 形容詞につけて: *verarmen* 貧乏になる. *vergrößern* 大きくする. **3.** 名詞につけて: *verfilmen* 映画化する. *vergolden* 金めっきする.
***(die)* Ve·ra** [ヴェーら]名 [女の名]ヴェーラ.
ver·ab·fol·gen [ふぇあアップふぉルゲン]動 *h.* ⟨j³⟩= ⟨et⁴ʲɴ⟩〖硬・古〗(手)渡す; 与える(食事・薬などを).
ver·ab·re·den [ふぇあアップれーデン]動 *h.* **1.** ⟨et⁴ʲɴ⟩/⟨汲⟩ﾃﾞｧｯｺﾄﾗﾃ (mit ⟨j³⟩) 申合わせる, 取決める, 約束する. **2.** [sich⁴+mit ⟨j³⟩]+(⟨場所⟩ﾃﾞ/⟨時点⟩ﾆ/⟨様態⟩ﾃﾞ)会う約束をする. sich⁴ mit ⟨j³⟩ im Café für heute Abend ~ ⟨人ﾄ⟩喫茶店で今晩会う約束をする. sich⁴ mit ⟨j³⟩ zum Tennis ~ ⟨人ﾄ⟩テニスをする(ために会う)約束をする. **3.** 〖相互代名詞 sich⁴〗互いに会う約束をする. 【慣用】Ich bin heute

schon verabredet. 私は今日はもう先約があります.

ver·ab·re·de·ter·ma·ßen [ふぇアップレーデター・マーセン] 副 申合わせ〔取決め・約束〕どおりに.

die **Ver·ab·re·dung** [ふぇアップレードゥング] 名 -/-en **1.**〖(@のみ)〗申合わせ(ること), 約束(すること): eine ～ mit ⟨j³⟩⟨人と⟩の約束. **2.** 取り決めたこと, 約束(したこと); 合う約束: eine ～ nicht einhalten 約束を守らない. eine ～ treffen 会う約束をする.

ver·ab·rei·chen [ふぇアップらイヒェン] 動 h. 〔⟨j³⟩+⟨et⁴⟩ヲ〕〖硬〗与える〔薬・訓戒などを〕.

die **Ver·ab·rei·chung** [ふぇアップらイヒゥング] 名 -/-en 与えること, 投与すること.

ver·ab·säu·men [ふぇアップゾイメン] 動 h. 〔⟨et⁴⟩ヲ〕〖硬〗怠る, なおざりにする.

ver·ab·scheu·en [ふぇアップショイエン] 動 h. 〔⟨j⁴/et⁴⟩ヲ〕嫌悪する.

ver·ab·scheu·ens·wert [ふぇアップショイエンス・ヴェーアト] 形 嫌悪すべき.

ver·ab·scheu·ungs·würdig [ふぇアップショイウングス・ヴュるディヒ] 形 嫌悪すべき.

ver·ab·schie·den [ふぇアップシーデン] 動 h. **1.** 〔sich⁴+⟨von ⟨j³⟩⟩ニ〕別れを告げる. **2.** 〔⟨j⁴⟩ニ〕別れの挨拶をする(去って行く人に). **3.** 〔⟨j⁴⟩ニ〕ねぎらい〔感謝・惜別〕の言葉を贈る(退職・退官する人に). **4.** 〔⟨et⁴⟩ヲ〕可決する.

die **Ver·ab·schie·dung** [ふぇアップシードゥング] 名 -/-en **1.** 別れを告げること. **2.** (客などに)別れの挨拶をすること; (退職〔退官〕者への)送別の言葉. **3.** (議案などの)可決, 議決.

ver·ab·so·lu·tie·ren [ふぇアップゾルティーれン] 動 h. 〔⟨et⁴⟩ヲ〕絶対視〔化〕する.

ver·ach·ten [ふぇアハテン] 動 h. 〔⟨j⁴/et⁴⟩ヲ〕軽蔑する, 見下す, 見くびる. 〖慣用〗**⟨et¹⟩ ist nicht zu verachten**〖口〗⟨物・事⟩悪くない.

ver·ach·tens·wert [ふぇアハテンス・ヴェーアト] 形 軽蔑に値する.

der **Ver·äch·ter** [ふぇあエヒター] 名 -s/- 軽蔑〔侮辱〕する人.

ver·ächt·lich [ふぇあエヒトリヒ] 形 軽蔑的な; 軽蔑すべき.

die **Ver·ächt·lich·ma·chung** [ふぇあエヒトリヒ・マッフング] 名 -/〖硬〗侮辱〔愚弄(ぐろう)・蔑視(べっし)〕すること.

die **Ver·ach·tung** [ふぇあハトゥング] 名 -/ 軽蔑, 蔑視.

ver·al·bern [ふぇあアルバーン] 動 h. **1.** 〔⟨j⁴⟩ヲ〕愚弄する. **2.** 〔⟨et⁴⟩ヲ〕笑いものにする.

ver·all·ge·mei·nern [ふぇあアルグマイナーン] 動 h. 〔⟨et⁴⟩ヲ〕一般〔普遍〕化する.

die **Ver·all·ge·mei·ne·rung** [ふぇあアルグマイネるング] 名 -/-en 普遍化, 一般化; 普遍化〔一般化〕の表現.

ver·al·ten [ふぇあアルテン] 動 s. 〖稀〗古くなる(機械・言葉・流行・考えなどが).

ver·al·tet [ふぇあアルテット] 形 古い, 古風な, 時代遅れの.

die **Ver·an·da** [ヴェらンダ] 名 -/..den ベランダ.

ver·än·der·lich [ふぇあエンダーりヒ] 形 変りやすい, 不安定な; 変化する; 〖天〗～e Sterne 変光星. 〖数〗eine ～e Größe 変数.

die **Ver·än·der·li·che** [ふぇあエンダーりヒェ] 名 (形容詞的変化)〖数〗変数.

die **Ver·än·der·lich·keit** [ふぇあエンダーりヒカイト] 名 -/-en 変りやすさ, 可変性.

ver·än·dern [ふぇあエンダーン] 動 h. **1.** 〔⟨j⁴/et⁴⟩ヲ〕変える(形態・性質・状態などについて). **2.** 〔sich⁴⟩変る; 職を変える; 〖古〗結婚する. 〖慣用〗**sich⁴ zu seinem Vorteil/seinem Nachteil verändern**(彼の)性質が良い方/悪い方に変る.

die **Ver·än·de·rung** [ふぇあエンダーるング] 名 -/-en 変化, 変更; 〖稀〗転職.

ver·ängs·ti·gen [ふぇあエングスティゲン] 動 h. 〔⟨j⁴⟩+(mit ⟨et³⟩ヲ)〕不安に陥れる.

ver·ängs·tigt [ふぇあエングスティヒト] 形 おびえた, おどおどした.

ver·an·kern [ふぇあアンケるン] 動 h. **1.** 〔⟨j⁴/et⁴⟩ヲ〕錨(いかり)で固定する, 停泊させる, 係留する(船を). **2.** 〔⟨et⁴⟩ヲ〕固定する(柱などを). **3.** 〔⟨et⁴⟩ヲ+(in ⟨et³⟩ニ)〕定める, 規定する(権利などを).

die **Ver·an·ke·rung** [ふぇあアンケるング] 名 -/-en **1.** 投錨(とうびょう), 停泊. **2.** 固定, 定着; 固定された箇所(法律などで)定められていること, 保証.

ver·an·la·gen [ふぇあアンラーゲン] 動 h. **1.** 〔⟨j⁴/et⁴⟩ヲ/税額ナ+(mit ⟨et³⟩ト)〕〖税〗確定〔査定〕する. **2.** 〔⟨et⁴⟩ヲ〕投資する.

ver·an·lagt [ふぇあアンラークト] 形 〔((～様態))ノ+/für ⟨et⁴⟩ニ対シル/zu ⟨et³⟩)〕素質〔天分・才能〕のある, 体質の: praktisch ～ sein 実務的な才能がある. So ist er nicht ～.〖口〗そうは彼には決してできないだろう.

die **Ver·an·la·gung** [ふぇあアンラーグング] 名 -/-en **1.** 素質, 才能; たち. **2.** 〖税〗(税額の)確定, 査定. **3.** 〖((稀))〗〖経〗投資.

ver·an·las·sen [ふぇあアンラッセン] 動 h. **1.** 〔⟨j⁴⟩ニ+zu ⟨動〕スルヨウニ/zu ⟨et⁴⟩ヲ〕させる, (…が…を)する誘因となる. **2.** 〔⟨et⁴⟩ヲ〕行うよう指示する(処置・必要なことなどを).

die **Ver·an·las·sung** [ふぇあアンラッスング] 名 -/-en **1.** 指示: auf ⟨j³⟩ ～ (hin) ⟨人⟩の指示にもとづいて. **2.** zur weiteren ～〖官〗さらに必要な処置を講ずるため. **3.** きっかけ, 動因, 動機: ⟨j³⟩ ～ zu ⟨et³⟩ geben ⟨人⟩⟨事⟩のきっかけを与える.

ver·an·schau·li·chen [ふぇあアンシャウリヒェン] 動 h. 〔⟨et⁴⟩ヲ〕具体的に示す, 分りやすく説明する.

die **Ver·an·schau·li·chung** [ふぇあアンシャウリヒゥング] 名 -/-en 具体的な説明, 図示, 例証.

ver·an·schla·gen [ふぇあアンシュラーゲン] 動 h. **1.** 〔⟨et⁴⟩ヲ+(mit ⟨et³⟩ト)〕見積もる. **2.** 〔⟨et⁴⟩ヲ+⟨様態⟩〕評価する.

die **Ver·an·schla·gung** [ふぇあアンシュラーグング] 名 -/-en 見積り, 評価, 査定.

ver·an·stal·ten [ふぇあアンシュタルテン] 動 h. **1.** 〔⟨et⁴⟩ヲ〕催す, 開催する, 行う(展覧会・競技会・会議・デモ・アンケートなどを). **2.** 〔⟨et⁴⟩ヲ〕〖口〗する: Lärm ～ 騒がしくする.

der **Ver·an·stal·ter** [ふぇあアンシュタルター] 名 -s/- 主催者, 幹事.

die **Ver·an·stal·tung** [ふぇあアンシュタルトゥング] 名 -/-en **1.** 開催. **2.** 催し物, 行事.

ver·ant·wort·bar [ふぇあアントヴぉると・バーあ] 形 責任の持てる.

ver·ant·wor·ten [ふぇあアントヴぉるテン] 動 h. **1.** 〔⟨et⁴⟩ヲ〕責任を負う(命令・決定などの). **2.** 〔sich⁴+für ⟨et⁴⟩ニ対シテ/wegen ⟨et²⟩ノタメニ〕申開きをする, 弁明する.

ver·ant·wort·lich [ふぇあアントヴぉるトりヒ] 形 **1.** 〔(für ⟨j⁴/et⁴⟩ニ)〕責任のある: die ～e Behörde 責任官庁. Die Eltern sind für ihre Kinder ～. 両親はその子供に責任がある;〔für ⟨et⁴⟩〕dafür ～ machen それを⟨物・事⟩のせいにする. **2.** 〔gegenüber ⟨j³⟩〕釈明する義務を負った. **3.** 責任の重い; 責任の. **4.** 責任を自覚した.

die **Ver·ant·wort·lich·keit** [ふぇあアントヴぉるトりヒカイト] 名 -/-en **1.** 責任感, 責任〔のあること〕; 責任能力; 責任感. **2.** 責任範囲, 権限.

die **Ver·ant·wor·tung** [ふぇあアントヴぉるトゥング] 名 -/-en **1.** (任務などの)責任, 義務;〖(@のみ)〗(起きたことに対する)責任: die ～ für ⟨j⁴/et⁴⟩ haben [tragen〉〈人・物・事に〉責任がある．auf deine ~ 君の責任で．in eigener ~ 自己の責任において．〈j⁴〉zur ~ ziehen〈人を〉責任を問う，釈明を求める．**2**.（⑩のみ）責任感．**3**.〔古〕弁明，釈明．

ver·ant·wor·tungs·be·wusst, ⑪**ver·ant·wor·tungs·be·wußt**［ふぇあアントヴォるトゥングス・ベヴスト］形 責任を自覚した．

das **Ver·ant·wor·tungs·be·wusst·sein,** ⑪**Ver·ant·wor·tungs·be·wußtsein**［ふぇあアントヴォるトゥングス・ベヴストザイン］名 -s/ 責任の自覚．

ver·ant·wor·tungs·freu·dig［ふぇあアントヴォるトゥングス・ふろイディヒ］形 進んで責任を負う．

das **Ver·ant·wor·tungs·ge·fühl**［ふぇあアントヴォるトゥングス・ゲふゅール］名 -(e)s/ 責任感．

ver·ant·wor·tungs·los［ふぇあアントヴォるトゥングス・ロース］形 無責任な．

ver·ant·wor·tungs·voll［ふぇあアントヴォるトゥングス・ふォル］形 **1**. 責任感の強い．**2**. 責任重大な．

ver·äp·peln［ふぇあエッペルン］動 h.〈j³〉〔口〕ばかにする，からかう．

ver·ar·bei·ten［ふぇあアるバイテン］動 h. **1**.〈et⁴〉〕素材〔材料〕として使う．**2**.〈et⁴〉〕+zu〈et³〉に加工する．**3**.〈et⁴〉〕消費する（加工材料を）．**4**.〈sich⁴+様態〉加工される：Das Holz *verarbeitet* sich leicht. その木材は加工しやすい．**5**.〈et⁴〉〕消化する（胃を）；（精神的に）消化する．

ver·ar·bei·tet［ふぇあアるバイテット］形 **1**.（つらい仕事で）やつれた，あれた．**2**.〈様態〉+〕作りの．

die **Ver·ar·bei·tung**［ふぇあアるバイトゥング］名 -/-en **1**. 加工，細工；（材料の）消費．**2**.（食物の）消化；（精神的な）消化，克服；〔コンピュ〕（データの）処理．

ver·är·gen［ふぇあエるゲン］動 h.〈j³〉+〈et⁴〉〕〔文〕悪く取る，〈…の…〉に気を悪くする．

ver·är·gern［ふぇあエるガーン］動 h.〈j⁴〉〕感情を害する，〈…を〉怒らせる．

die **Ver·är·ge·rung**［ふぇあエるゲるング］名 -/-en 怒らせること；立腹：die ~ über〈j⁴/et⁴〉〈人・物・事に対する〉怒り．

ver·ar·men［ふぇあアるメン］動 s.〔雅文〕貧乏になる，零落する，貧困化する．

die **Ver·ar·mung**［ふぇあアるムング］名 -/-en 貧困化；貧困．

ver·ar·schen［ふぇあアるシェン］動 h.〈j⁴/et⁴〉〕〔口〕からかう，笑いものにする，馬鹿にする．

ver·arz·ten［ふぇあアーツテン，ふぇあアるツテン］動 h.〔口〕**1**.〈j⁴〉〕応急手当をする；（稀）（…の）医療を行う．**2**.〈et⁴〉+〈et⁴〉に〕手当をする，包帯をする（傷・身体部分などに）．

ver·äs·teln［ふぇあエステルン］動 h.（sich⁴）枝分かれする，分枝する（樹・河などが）．

die **Ver·äs·te·lung**［ふぇあエステルング］名 -/-en **1**. 枝分れ，分枝．**2**. 枝分れした部分．

ver·ät·zen［ふぇあエッツェン］動 h.〈j⁴/et⁴〉〕腐食させる，傷つける（酸・アルカリなどが）．

ver·auk·ti·o·nie·ren［ふぇあアウクツィオニーれン］動 h. 競売にかける．

ver·aus·ga·ben［ふぇあアウスガーベン］動 h. **1**.〔sich⁴〕全力を出し尽す；お金を使い尽す．**2**.〔郵〕発行する（切手などを）．**3**.〈et⁴〉〕〔硬〕支出する（金額などを）．**4**.〈et⁴〉〕〔稀〕使い果たす（力などを）．

ver·aus·la·gen［ふぇあアウスラーゲン］動 h.〈j³〉=/für〈j³〉タメニ+〈et⁴〉〕〔硬〕立替える（金を）．

ver·äu·ßer·lich［ふぇあオイサーリヒ］形〔法〕売却〔譲渡〕できる．

ver·äu·ßer·li·chen［ふぇあオイサーリヒェン］動 **1**. h.〈et⁴〉〕皮相なものにする．**2**. s.〔雅文〕皮相なものになる．

ver·äu·ßern［ふぇあオイサーン］動 h.〔法〕**1**.〈et⁴〉〕譲渡する，売却する．**2**.〈et⁴〉〕+（an〈j⁴〉=）〕ゆだねる（権利を）．

die **Ver·äu·ße·rung**［ふぇあオイセるング］名 -/-en 売却，譲渡．

das **Verb**［ヴェるブ］名 -s/-en〔言〕動詞．

ver·bal［ヴェるバール］形〔文〕言葉による，口頭の；〔言〕動詞の，動詞的な．

die **Ver·bal·in·ju·rie**［ヴェるバール・インユーりエ］名 -/-n〔文〕言葉による侮辱．

ver·ba·li·sie·ren［ヴェるバリズィーれン］動 h.〈et⁴〉〕〔文〕言葉に表す（考え・感情などを）；〔言〕動詞化する（形容詞などを）．

der **Ver·bal·kon·trakt**［ヴェるバール・コントらクト］名 -(e)s/-e〔法〕口頭契約．

ver·ball·hor·nen［ふぇあバルホるネン］動 h.〈et⁴〉〕訂正するつもりでかえって改悪する（字句・表現を）．

das **Ver·bal·no·men**［ヴェるバール・ノーメン］名 -s/..mina〔言〕動詞的ノーメン（動詞的中性名詞と分詞形容詞）．

die **Ver·bal·no·te**［ヴェるバール・ノーテ］名 -/-n〔外交〕（外交上の）口上書．

das **Ver·bal·sub·stan·tiv**［ヴェるバール・ズプスタンティーふ］名 -s/-e〔言〕動作名詞．

der **Ver·band**［ふぇあバント］名 -(e)s/..bände **1**. 包帯：〈j³〉einen ~ anlegen〈人に〉包帯をする．**2**. 連盟，連合，結社，協会；集団，（動物の）群れ．**3**.〔軍〕部隊；編隊，艦隊：im ~ 艦隊〔編隊〕を組んで．**4**.〔土〕組積み；（木骨造りの）仕口（笑）．

der **Ver·band·kas·ten**［ふぇあバント・カステン］名 -s/..kästen 救急箱．

das **Ver·band·päck·chen**［ふぇあバント・ペックヒェン］名 -s/- 救急パック（消毒ガーゼなどの一式）．

der **Ver·band·platz**［ふぇあバント・プラッツ］名 -es/..plätze〔軍〕仮包帯所，応急治療所．

der **Ver·bands·kas·ten**［ふぇあバンツ・カステン］名 -s/..kästen = Verbandkasten.

die **Ver·bands·kla·ge**［ふぇあバンツ・クラーゲ］名 -/-n〔法〕団体の訴訟（権）．

das **Ver·bands·päck·chen**［ふぇあバンツ・ペックヒェン］名 -s/- = Verbandpäckchen.

der **Ver·bands·stoff**［ふぇあバンツ・シュトッふ］名 -(e)s/-e = Verbandstoff.

der **Ver·band·stoff**［ふぇあバント・シュトッふ］名 -(e)s/-e 包帯材料．

das **Ver·bands·zeug**［ふぇあバンツ・ツォイク］名 -(e)s/ = Verbandzeug.

die **Ver·band·wat·te**［ふぇあバント・ヴァッテ］名 -/ 包帯用脱脂綿．

das **Ver·band·zeug**［ふぇあバント・ツォイク］名 -(e)s/ 包帯用具．

ver·ban·nen［ふぇあバネン］動 h. **1**.〈et⁴〉〕+〈（方向へ）に〉〕（転）追いやる．**2**.〈j⁴/et⁴〉〕+aus〈et³〉〕追放する（心・記憶などから）．

der/die **Ver·bann·te**［ふぇあバンテ］名（形容詞的変化）追放された人．

die **Ver·ban·nung**［ふぇあバヌング］名 -/-en（主に⑩）追放処分されていること，流刑生活：〈j⁴〉in die ~ schicken〈人を〉追放する．

ver·bar·ri·ka·die·ren［ふぇあバリカディーれン］動 h. **1**.〈et⁴〉〕バリケードを築く．**2**.（sich⁴）バリケードを築いて立てこもる．

ver·bau·en［ふぇあバウエン］動 h. **1**.（〈j³〉）+〈et⁴〉〕（建物で）ふさぐ〔遮る〕：〈j³〉/sich³ die Zukunft ~（転）〈人〉の／自分の将来を台なしにする．**2**.〈et⁴〉〕〔蔑〕美観を（建物で）損ねる（谷・海岸などの）．**3**.〈et⁴〉〕建築に費やす〔使い果たす〕（木材・金額・財産など）．**4**.〈et⁴〉〕〔蔑〕建て方を

ver·bau·ern [ふぇあバウアーン] 動 s.〔蔑〕田舎者になる(生活態度・精神面で).

die **Ver·bau·ung** [ふぇあバウウング] 名 -/-en 建築物でふさぐ〔遮る〕こと；美観をそこなること；〔資材の〕消費；建て増し；〔護岸などの〕補強.

ver·bei·ßen* [ふぇあバイセン] 動 h. 1. 〔sich⁴+in ⟨et⁴⟩₃〕食らいつく, 噛(か)みついて離れない〔犬が獲物などに〕. 2. 〔sich⁴+in ⟨et⁴⟩₃〕食らいつく〔仕事などに〕. 3. 〔⟨et⁴⟩₃〕歯を食いしばってこらえる〔痛みなどを〕, 噛み殺す〔笑いなどを〕. 4. 〔⟨et⁴⟩₃〕食い荒らす〔獣が若木などを〕. 5. 〔⟨et⁴⟩₃〕〔稀〕食いしばる〔歯を〕, しっかり結ぶ〔唇を〕.

ver·bel·len [ふぇあベレン] 動 h. 〔⟨j⁴/et⁴⟩₃〕見つけて吠(ほ)える〔番犬が〕；〔狩〕(…の)居所を吠えて知らせる〔猟犬が仕留められた〔手負いの〕獲物の〕.

ver·ber·gen* [ふぇあベルゲン] 動 h. 1. 〔⟨j⁴/et⁴⟩₃〕隠す, かくまう；〔⟨j⁴⟩がsich⁴の場合〕隠れる, 身を隠す. 2. 〔⟨et⁴⟩₃〕表に出さない, 言わないでおく〔心配事・考えなどを〕.

ver·bes·sern [ふぇあベッセーン] 動 h. 1. 〔⟨et⁴⟩₃〕より良くする, 改良する, 改善する, 向上させる, 更新する, 改良する. 2. 〔⟨j⁴/et⁴⟩₃〕訂正する, 直す；〔sich⁴〕～ 自分の発言を訂正する. 3. 〔sich⁴〕より良くなる, 改善される, 向上する. 4. 〔sich⁴〕暮らしが良くなる, 収入がふえる.

die **Ver·bes·se·rung** [ふぇあベッセルング] 名 -/-en 改良, 改善, 更新；暮しが良くなること；〔テキストなどの〕訂正；改訂版.

ver·bes·se·rungs·fä·hig [ふぇあベッセルングス・フェーイヒ] 形 改良〔改善〕の余地のある.

ver·beu·gen [ふぇあボイゲン] 動 h. 〔sich⁴〕お辞儀をする.

die **Ver·beu·gung** [ふぇあボイグング] 名 -/-en お辞儀；～ vor ⟨j³⟩ machen ⟨人に⟩お辞儀をする.

ver·beu·len [ふぇあボイレン] 動 h. 〔⟨et⁴⟩₃〕へこます, でこぼこにする：*verbeulte* Hosenbeine 膝の出たズボン.

ver·bie·gen* [ふぇあビーゲン] 動 h. 1. 〔⟨et⁴⟩₃〕(誤って)曲げてしまう〔くぎなどを〕；〔転〕歪(ゆが)めてしまう〔性格などを〕. 2. 〔sich⁴〕曲ってしまう〔ハンドル・針金などが〕. 3. 〔現在形のみ〕〔⟨様態⟩₂〕曲る：leicht ～ れる.

ver·bie·stern [ふぇあビースターン] 動 h. 1. 〔sich⁴ (in ⟨et³⟩ノ₄ゲ)〕〔方〕道に迷う. 2. 〔sich⁴+bei ⟨et³⟩ゲ〕〔口〕見当違いをする〔仕事などで〕. 3. 〔sich⁴+⟨et³⟩ゲ〕〔口〕いちずに取組む, 執着〔固執〕する. 4. 〔⟨j⁴⟩ゲ〕〔方〕混乱〔困惑〕させる, 呆然とさせる. 5. 〔⟨j⁴⟩ゲ〕〔方〕怒らせる.

ver·bie·stert [ふぇあビースタート] 形 〔方〕あっけにとられた；怒った；粘り強い.

ver·bie·ten* [ふぇあビーテン] 動 h. 1. 〔⟨j³⟩+⟨et⁴⟩/zu ⟨動⟩スルコトゲ〕禁じる, (法的に)禁止する：Diese Zeitschrift wurde *verboten*. この雑誌は発行禁止にされた. Mein Gewissen *verbietet* so etwas. そんなことは私の良心が許さない. ⟨j³⟩ das Haus ～ ⟨人に⟩家へ出入りすることを禁じる. ⟨j³⟩ den Mund ～ ⟨人に⟩発言を禁ずる. Betreten *verboten*! 立入禁止. Rauchen *verboten*! 禁煙. 2. 〔sich³+⟨et⁴⟩ゲ/zu ⟨動⟩スルコトゲ〕断念する, 思いとどまる. 3. 〔sich⁴〕かりのことである, あり得ない, 問題にならない.

ver·bil·den [ふぇあビルデン] 動 h. 〔⟨j⁴/et⁴⟩ゲ〕(誤った教育で)歪める.

ver·bil·li·gen [ふぇあビリゲン] 動 h. 1. 〔⟨et⁴⟩ゲ〕引き〔割引〕する〔本・値段などを〕, (…の)コストを下げる(生産などの). 2. 〔sich⁴〕安くなる, コストが下がる.

die **Ver·bil·li·gung** [ふぇあビリグング] 名 -/-en 値下げ, 値下がり, 値引き, 割引.

ver·bim·sen [ふぇあビムゼン] 動 h. 〔⟨j⁴⟩ゲ〕〔口〕さんざんぶん殴る.

ver·bin·den* [ふぇあビンデン] 動 h. 1. 〔⟨j⁴/et⁴⟩ゲ〕包帯する. 2. 〔⟨j⁴/et³⟩ゲ+⟨et⁴⟩ゲ〕おおう：⟨j³⟩ die Augen ～ ⟨人に⟩目隠しをする. 3. 〔⟨j⁴⟩ゲ+mit ⟨j³/et³⟩ゲ〕つなぐ〔電話などで〕. 4. 〔⟨j⁴⟩ゲ+mit ⟨j³/et³⟩ゲ〕結びつける, 関係づける. 5. 〔sich⁴+mit ⟨j³/et³⟩ゲ〕結びついている(思い出などが). 6. 〔⟨et⁴⟩ゲ+(mit ⟨et³⟩ゲ/durch ⟨et³⟩ゲ)+miteinander〕結び〔つなぎ・くみ・はり〕合せる, 結びつける. 7. 〔⟨et⁴⟩ゲ〕結ぶ〔つなぎ・くみ・はり〕合せる, 結びつける. 8. 〔⟨et⁴⟩ゲ+durch ⟨et³⟩ゲ〕結ぶ〔両岸を橋などで〕. 9. 〔⟨et⁴⟩ゲ+mit ⟨et³⟩ゲ〕結びつけている. 10. 〔⟨et⁴⟩+mit ⟨et³⟩ゲ〕兼ね(備え)る, (連想して)結びつける, 関連づける. 11. 〔sich⁴+bei ⟨j³⟩ゲ〕兼ね備わっている. 12. 〔⟨et⁴⟩ゲ+zu ⟨et³⟩ゲ〕する(混ぜ合せたり, つないだりして). 13. 〔sich⁴+mit ⟨et³⟩ゲ+(zu ⟨et³⟩ゲ)〕化合する, 混ぜ合さる, (…と)化合して(…に)なる. 14. 〔⟨et⁴⟩+mit ⟨et³⟩ゲ〕手を組む；結ばれる. 15. 〔⟨et⁴⟩ゲ〕〔製本〕綴(と)じ違える(本を). 〖慣用〗 Ich bin Ihnen für Ihre Hilfe sehr verbunden. 〈文・古〉あなたのご援助に私はとても感謝しております. Sie würden mich Ihnen sehr verbinden, wenn Sie ... 〈文・古〉もしあなたが…なら, 私は大変有難いのですが…. *verbindende* Worte 挨拶の言葉

ver·bind·lich [ふぇあビントリヒ] 形 1. 愛想のいい. 2. 拘束力を持つ.

die **Ver·bind·lich·keit** [ふぇあビントリヒカイト] 名 -/-en 1. (複のみ)親切さ, 丁寧. 2. 親切な言葉, お世辞. 3. (複のみ)拘束力；(主に複)義務；(複)〔商〕債務：～*en* eingehen 義務を負う. gegen ⟨j⁴⟩ ~*en* haben ⟨人に対して⟩責任がある. keine ～ haben 拘束力がない.

die **Ver·bin·dung** [ふぇあビンドゥング] 名 -/-en 1. 結合, 連結, 接合：die ～ der Insel mit dem〔zum〕Festland 島と本土との結合. die kürzeste ～ zwischen zwei Punkten 二点間を結ぶ最短距離の線. 2. 連絡, 接続：eine ～ mit ⟨j³⟩ aufnehmen ⟨人と⟩連絡をとる. die ～ zur Außenwelt ist unterbrochen. 外界との連絡が途絶えている. 3. 連絡, 交通機関(Verkehrs~), 接続する列車〔バス・船・飛行機〕：eine direkte ～ nach Weimar ワイマールへの直通便〔列車〕. eine gute ～ zum Bahnhof 駅へ行くのに便利な交通機関. 4. (人との)つながり, 関係, 縁故, コネ：mit ⟨j³⟩ ～ haben ⟨人と⟩関係〔連絡〕がある. mit ⟨j³⟩ in ～ treten ⟨人と⟩接触する, ⟨人と⟩関係するようになる. sich⁴ mit ⟨j³⟩ in ～ setzen ⟨人と⟩連絡をとる. gute ~*en* zur Presse haben ジャーナリズムとよいコネがある. 5. (事柄の)結びつき, 関係：eine ～ zwischen Theorie und Praxis 理論と実践の結びつき. ⟨j⁴⟩ mit ⟨j³⟩ in ～ bringen ⟨人⟩を⟨事と⟩関係づける. 6. 学生組合(Studenten~)：in eine ～ eintreten 学生組合に入る. 7. 化合(物), organische ~*en* 有機化合物. eine ～ aus Wasserstoff und Sauerstoff〔von Wasserstoff mit Sauerstoff〕水素と酸素の結合. eine ～ eingehen 化合する. 7. 〔球〕〔守備と攻撃の選手間の攻める際の〕連携プレー；連携プレーの選手たち. 〖慣用〗 in Verbindung mit ⟨et³⟩ ⟨…と⟩関係して, ⟨…と⟩共同で.

der **Ver·bin·dungs·gang** [ふぇあビンドゥングス・ガング] 名 -(e)s/..gänge 連絡通路, 渡り廊下.

das **Ver·bin·dungs·ka·bel** [ふぇあビンドゥングス・カーベル] 名 -s/- 接続〔中継〕ケーブル.

die **Ver·bịn·dungs·li·nie** [ふぇあビンドゥングス・リーニエ] [名] −/−n (二点を)結ぶ線;〘軍〙(部隊と基地などを結ぶ)連絡路.

der **Ver·bịn·dungs·mann** [ふぇあビンドゥングス・マン] [名] −(e)s/..männer〔..leute〕(秘密)連絡員(略 V-Mann);仲介者.

der **Ver·bịn·dungs·of·fi·zier** [ふぇあビンドゥングス・オふぃツィーあ] [名] −s/−e 連絡将校.

das **Ver·bịn·dungs·rohr** [ふぇあビンドゥングス・ろーあ] [名] −(e)s/−e 連結管.

die **Ver·bịn·dungs·stel·le** [ふぇあビンドゥングス・シュテレ] [名] −/−n 接続〔連結・連絡〕箇所.

das **Ver·bịn·dungs·stück** [ふぇあビンドゥングス・シュテュック] [名] −(e)s/−e 接合〔連結〕部分〔部品〕;(建築物の)つなぎ材;(機械の)継ぎ手;(電気の)コネクター.

der **Ver·bịn·dungs·stu·dent** [ふぇあビンドゥングス・シュトゥデント] [名] −en/−en 学生組合員.

die **Ver·bịn·dungs·tür** [ふぇあビンドゥングス・テューあ] [名] −/−en 連絡ドア.

das **Ver·bịn·dungs·we·sen** [ふぇあビンドゥングス・ヴェーゼン] [名] −s/ 学生組合制度.

der **Ver·bịss,** [旧]**Ver·bịß** [ふぇあビス] [名] −es/−e〘狩〙(獣が若木などを)食い荒らすこと;食害.

ver·bịs·sen [ふぇあビッセン] [形] しぶとい, 粘り強い;怒りを抑えた, 引きつった;《口》(主に副詞的)細事にこだわる, 小うるさく.

die **Ver·bịs·sen·heit** [ふぇあビッセンハイト] [名] −/ **1.** 頑固さ, 不屈さ, しぶとさ. **2.** 怒りでひきつっていること.

ver·bịt·ten* [ふぇあビッテン] [動] *h.* 〔sich^3+〈et^4〉ヲ〕断る, しないように求める.

ver·bịt·tern [ふぇあビッターン] [動] *h.* **1.** 〔〈j^3〉ノ+〈et^4〉ヲ〕つらい〔暗い〕ものにする(病気・失敗などが人生などを). **2.** 〔〈j^4〉ヲ〕暗い〔ひねくれた〕人間にする, すね者にする.

ver·bịt·tert [ふぇあビッタート] [形] ひねくれた, 世をすねた.

die **Ver·bịt·te·rung** [ふぇあビッテるング] [名] −/−en (主に[単])気難しさ, ひねくれていること;《稀》(人生などを)暗いものにすること;ひねくれ者にすること.

ver·blạs·sen [ふぇあブラッセン] [動] *s.* **1.** 〔[補足なし]〕褪(あ)せる, 褪色(たいしょく)する;白む(空が), 青白く光を失う(夜が明けて星などが). **2.** 〔[補足なし]〕《文》薄れる(記憶・印象などが).

ver·bläu·en, [旧]**ver·bleu·en** [ふぇあブロイエン] [動] *h.* 〔〈j^4〉ヲ〕《口》ぶちのめす.

der **Ver·bleib** [ふぇあブライプ] [名] −(e)s/ 《文》 **1.** (探しているものの)所在, 居所, ゆくえ. **2.** 留まること.

ver·blei·ben* [ふぇあブライベン] [動] *s.* **1.** 〔〈様態〉ニ〕取決める: Wir sind so *verblieben*, dass ... 私たちは…のように取決めた. **2.** 〔〈場所〉ニ〕《文》留まる(部屋・地位などに). **3.** 〔〈j^1/et^1〉デ〕《文》あり続ける: Mit freundlichen Grüßen *verbleibe* ich Ihr Hans Meyer. 敬具ハンス・マイヤー(手紙で). **4.** 〔(〈j^3/et^3〉ニ)〕《文》残っている(金などが). **5.** 〔〈様態〉ノ〕《稀》ままである, 変らない. **6.** 〔bei 〈et^3〉ニ〕《稀》固執する.

ver·blei·chen$^{(*)}$ [ふぇあブライひェン] [動] *s.* (主に不規則変化) **1.** 〔[補足なし]〕褪(あ)る, 褪(さ)める(色が), 褪色(たいしょく)する(生地などが);輝きを失う(名声などが);青白く薄れていく(夜が明けて月などが). **2.** 〔[補足なし]〕《文・古》死ぬ.

ver·blẹn·den [ふぇあブレンデン] [動] *h.* **1.** 〔〈j^4〉ノ〕目をくらませる, 分別を失わせる(名誉欲・憎しみ・成功などが). **2.** 〔〈et^4〉ニ+(mit 〈et^3〉ノ)〕化粧張りをする. **3.** 〔〈et^4〉ニ〕〘歯〙マスキングする(金冠などに).

die **Ver·blẹn·dung** [ふぇあブレンドゥング] [名] −/−en **1.** 分別〔理性〕を失っていること. **2.** 〘建〙化粧張り. **3.** 〘歯〙(歯冠の)マスキング.

ver·bleu·en [ふぇあブロイエン] ⇨ verbläuen.

ver·blị·chen [ふぇあブリっひぇン] [形] 色褪(あ)せた;《文》蒼白(そうはく)の骸(むくろ)となった.

der/die **Ver·blị·che·ne** [ふぇあブリっひぇネ] [名] (形容詞的変化)《文》故人.

ver·blö·den [ふぇあブレーデン] [動] **1.** *s.* 〔[補足なし]〕《口》ばかになる, ほけっとなる(単調な仕事や刺激のない生活などで). **2.** *h.* 〔〈j^4〉ヲ〕《口》白痴化する(テレビの見過ぎなどが). **3.** *s.* 〔[補足なし]〕《古》痴呆(ちほう)化する.

die **Ver·blö·dung** [ふぇあブレードゥング] [名] −/ 白痴〔痴呆(ちほう)〕化.

ver·blụ̈f·fen [ふぇあブリュっふぇン] [動] *h.* **1.** 〔〈j^4〉ヲ+durch 〈et^4〉デ〕啞然(あぜん)とさせる(人が). **2.** 〔(〈j^4〉ヲ)〕啞然とさせる(事が).

ver·blụ̈fft [ふぇあブリュっふト] [形] 啞然(あぜん)とした.

die **Ver·blụ̈f·fung** [ふぇあブリュっふング] [名] −/−en 啞然(あぜん), 呆然(ぼうぜん).

ver·blü·hen [ふぇあブリューエン] [動] *s.* **1.** 〔[補足なし]〕萎(しぼ)みかける(花が);《転》衰えかける(容色が). **2.** 〔〈方向〉へ〕《口》姿を消す.

ver·blümt [ふぇあブリュームト] [形] 婉曲な.

ver·blu·ten [ふぇあブルーテン] [動] **1.** *s.* 〔[補足なし]〕出血多量で死ぬ. **2.** *h.* 〔sich^4〕出血多量で死ぬ.

ver·bọ·cken [ふぇあボッケン] [動] *h.* 〔〈et^4〉ヲ〕《口》台なしにする.

ver·boh·ren [ふぇあボーれン] [動] *h.* 〔sich^4+in 〈et^4〉ニ〕《口》没頭する;固執する, 凝り固まっている.

ver·bohrt [ふぇあボーあト] [形] 《口》頑固〔頑迷〕な.

die **Ver·bohrt·heit** [ふぇあボーあトハイト] [名] −/《口・蔑》頑迷固陋(ころう), 頑固.

ver·bor·gen^1 [ふぇあボるゲン] [形] 人里離れた, 人目につかない;隠れた, 気づかれない: im *V*~*en* 人に知られずに;ひそかに.

ver·bor·gen^2 [ふぇあボるゲン] [動] *h.* 〔(〈j^3〉ニ)+〈et^4〉ヲ〕貸す.

die **Ver·bor·gen·heit** [ふぇあボるゲンハイト] [名] −/ 隠されていること, 人目につかないこと;気がつかないこと.

das **Ver·bot** [ふぇあボート] [名] −(e)s/−e 禁止;禁止令.

ver·bo·ten [ふぇあボーテン] [形] **1.** 禁じられた, 禁制の: Betreten/Rauchen ~! 立入禁止/禁煙. **2.** 《口》(考えられないほど)ひどい.

ver·bo·te·nus [ヴェるボーテヌス] [副] 《文》言葉〔文字〕どおりに.

das **Ver·bots·prin·zip** [ふぇあボーツ・プリンツィープ] [名] −s/−ien〔−e〕〘経・法〙原則禁止主義.

das **Ver·bots·zei·chen** [ふぇあボーツ・ツァイひぇン] [名] −s/− 禁止標識.

ver·brä·men [ふぇあブれーメン] [動] *h.* **1.** 〔〈et^4〉ニ〕縁飾りをつける. **2.** 〔〈et^4〉ヲ〕飾立てる(文などを), 婉曲に言表す(拒絶などを).

ver·bra·ten* [ふぇあブらーテン] [動] **1.** *s.* 〔[補足なし]〕焼け〔揚げ〕すぎになる(魚・肉などが);《口》日焼けしすぎる. **2.** *h.* 〔〈et^4〉ヲ〕焼き〔揚げ〕すぎる. **3.** *h.* 〔〈et^4〉ヲ〕焼く〔揚げる〕のに使う(ラードなどを). **4.** *h.* 〔〈et^4〉ヲ〕《口》使い果たす(賞金・休暇などを). **5.** *h.* 〔〈j^4/et^4〉ヲ〕無駄につかう. **6.** *h.* 〔sich^4〕(焼く〔揚げる〕ことで)消える(においなどが).【慣用】*h.* 〈j^3〉 **eine** 〔**eins**〕 **verbraten** 《口》〈人ニ〉しかりつける, 〈人ニ〉一発食らわす. *h.* **Unsinn verbraten** 《口》ばかなことを言う.

der **Ver·brauch** [ふぇあブらウほ] [名] −(e)s/..bräuche **1.** ([単]のみ)消費: ein ~ an 〔von〕 〈et^3〉〈物の〉消費. **2.** 消費量.

ver·brau·chen [ふぇあブらウへン] [動] *h.* **1.** 〔〈et^4〉ヲ〕消費する, 使用する, 使う(食料・光熱・ガソリン・金などを). **2.** 〔sich^4〕力を使い果たす, 体力を消耗する. **3.** 〔〈et^4〉ヲ〕使い古す, 着〔履き〕古す.

der **Ver·brau·cher** [ふぇあブラウハ-] 名 -s/- 〖経〗消費者.

die **Ver·brau·cher·be·fra·gung** [ふぇあブラウハ-・ベふらーグング] 名 -/-en 消費者アンケート調査.

die **Ver·brau·cher·ge·nos·sen·schaft** [ふぇあブラウハ-・ゲノッセンシャフト] 名 -/-en 消費者協同組合.

der **Ver·brau·cher·kre·dit** [ふぇあブラウハ-・クれディート] 名 -(e)s/-e 消費者金融.

der **Ver·brau·cher·markt** [ふぇあブラウハ-・マㇽクト] 名 -(e)s/..märkte コンシューマーマーケット.

der **Ver·brau·cher·preis** [ふぇあブラウハ-・プらイス] 名 -es/-e 消費者価格.

der **Ver·brau·cher·schutz** [ふぇあブラウハ-・シュッツ] 名 -es/ 消費者保護.

das **Ver·brau·cher·schutz·mi·nis·te·ri·um** [ふぇあブラウハ-シュッツ・ミニステーりウム] 名 -s/..rien 消費者保護省.

die **Ver·brau·cher·stu·fe** [ふぇあブラウハ-・シュトゥーふぇ] 名 -/-n 消費者レベル.

das **Ver·brauchs·gut** [ふぇあブらウホス・グート] 名 -(e)s/..güter 〘主に圈〙(非耐久)消費財, 消費物資.

die **Ver·brauchs·gü·ter·in·dus·trie** [ふぇあブらウホス・ギューター・インドゥストリー] 名 -/-n 消費財(物資)産業.

die **Ver·brauchs·steu·er** [ふぇあブらウホス・シュトイあー] 名 -/-n 〖税〗消費税.

die **Ver·brauch·steu·er** [ふぇあブらウホ・シュトイあー] 名 -/-n = Verbrauchssteuer.

ver·bre·chen* [ふぇあブれッヒェン] 動 h. 〘主に現在完了・過去完了で〙〈et³〉/〘で〙(口・冗)悪さをする(冗談).

das **Ver·bre·chen** [ふぇあブれッヒェン] 名 -s/- 1. 〘蔑〙犯罪的〔恥ずべき〕行為：ein ~ gegen die Menschlichkeit 人間性にもとる犯罪〔所業〕. 2. 〖法〗重罪(1年以上の自由刑に科せられる)：ein ~ begehen 罪を犯す.

der **Ver·bre·cher** [ふぇあブれッヒャー] 名 -s/- 犯罪人, 犯罪者, 犯人.

das **Ver·bre·cher·al·bum** [ふぇあブれッヒャー・アルブム] 名 -s/..ben (以前の)犯罪者名簿.

die **Ver·bre·cher·ban·de** [ふぇあブれッヒャー・バンデ] 名 -/-n 組織犯罪者集団.

ver·bre·che·risch [ふぇあブれッヒェりシュ] 形 犯罪に近い;犯罪的な.

die **Ver·bre·cher·jagd** [ふぇあブれッヒャー・ヤークト] 名 -/-en (警察の)犯人狩.

die **Ver·bre·cher·kar·tei** [ふぇあブれッヒャー・カるタイ] 名 -/-en 犯罪者名簿〔指紋〕カード方式).

die **Ver·bre·cher·ko·lo·nie** [ふぇあブれッヒャー・コロニー] 名 -/-n (稀)流刑地.

das **Ver·bre·cher·tum** [ふぇあブれッヒャートゥーム] 名 -s/ (総称)犯罪者;犯罪者の世界, 暗黒街.

ver·brei·ten [ふぇあブらイテン] 動 h. 1. 〈et⁴〉ァ広める(うわさなどを), 流す(ニュースなどを), 頒布する(文書などを);〈et⁴〉がsichの場合ァ広まる. 2. 〈et⁴〉ァ伝播(ㇹ)する, まき散らす(動物が病気をなど);〈et⁴〉がsichの場合ァ広まる(においてなど), 蔓延(麫)する(病気などが). 3. 〈et⁴〉ァ放射する(熱・光などを);〔周囲に〕引起こす(恐怖・不安・平静さなどを), ふりまく(明るさなど). 4. 〔sich⁴+über〈j⁴/et¹〉-ュアイト〕〘俗〙(ァ有)ああだこうだと詳しく〔うるさく〕論じる.

ver·brei·tern [ふぇあブらイタァン] 動 h. 〈et⁴〉ァ拡張する, (…の幅を)広げる(道路・運動などを);〈et⁴〉がsich⁴の場合ァ広がる.

die **Ver·brei·te·rung** [ふぇあブらイテるング] 名 -/-en 1. 幅を広くすること, 拡張. 2. 広げられた箇所.

die **Ver·brei·tung** [ふぇあブらイトゥング] 名 -/-en 広めること;広まること;流布, 普及;配布, 頒布;(熱の)放散;(動植物の)分布：weite ~ finden 広く普及している.

ver·brenn·bar [ふぇあブれン・バーあ] 形 燃やすことのできる, 可燃性の.

ver·bren·nen* [ふぇあブれネン] 動 1. s. 〘懐に〙焼失する;焼死ぬ. 2. s. 〘懐に〙焦げる(肉・ケーキなどが). 3. s. 〘懐に〙日照りでからからになる(土地などが) 日照りで枯れる. 4. 〘主に現在完了・過去完了で〙〈j⁴/et⁴〉ァ(口)日焼けさせる. 5. h. 〈j⁴/et⁴〉ァ焼く, 燃やす, 焼却する;火葬にする, 火傷にする；sich⁴ selbst ~ 焼身自殺をする. 6. s. (〈zu〈et³〉₂〉)〖化〗燃焼して(…に)なる. 7. h. 〈et⁴〉ァ〖化〗燃焼させる. 8. h. 〈j⁴〉ァ火傷(ㄅ)させる;〈j⁴〉がsich⁴の場合火傷する. 9. 〔sich³+〈et⁴〉ヮ〕火傷する. 10. 〈et⁴〉ァ(口)使う, 消費する(ガス・電気などを).

die **Ver·bren·nung** [ふぇあブれヌング] 名 -/-en 1. 燃焼, 焼却, 焼失；火刑, 火葬. 2. 火傷(ㄅ)：sich³ ~en zuziehen 火傷する.

die **Ver·bren·nungs·kraft·ma·schi·ne** [ふぇあブれヌングス・クらふト・マシーネ] 名 -/-en 内燃機関.

der **Ver·bren·nungs·mo·tor** [ふぇあブれヌングス・モ(ー)ト-あ] 名 -s/-en = Verbrennungskraftmaschine.

der **Ver·bren·nungs·vor·gang** [ふぇあブれヌングス・ふぉあ・ガング] 名 -(e)s/..gänge 燃焼過程.

ver·brie·fen [ふぇあブりーふぇン] 動 h. 〈j³〉ァ+〈et⁴〉ァ(古)文書により証明(保証)する.

ver·brin·gen* [ふぇあブりンゲン] 動 h. 1. 〈et⁴〉ァ+〈場所〉ァ/〈様態〉ァ過ごす(週末・休暇などを). 2. 〈et⁴〉ァ+〈様態〉ァ過ごす：den ganzen Tag mit Lesen ~ 1日中読書をして過ごす. sein Leben in Einsamkeit ~ 彼の生涯を孤独に過ごす. einen gemütlichen Abend ~ くつろいだ夕べを過ごす. 3. 〈j⁴/et⁴〉ァ+〈方向〉ヘ〗(官)運ぶ. 4. 〈et⁴〉ァ(方)無駄遣いする.

ver·brü·dern [ふぇあブりューダァン] 動 h. 1. 〔sich⁴+mit〈j³〉〕兄弟の変わりを結ぶ. 2. 〔相互代名詞sich⁴〕互いに兄弟の変わりを結ぶ.

die **Ver·brü·de·rung** [ふぇあブりューデるング] 名 -/-en 兄弟の契り〔親交〕を結ぶこと.

ver·brü·hen [ふぇあブりューエン] 動 h. 1. 〈j⁴〉ァ火傷(ㄅ)させる(熱湯などで);〈j⁴〉がsich⁴ の場合ァ火傷する. 2. 〔sich³+〈et⁴〉ァ〕火傷する;〈sich³〉が〈j³〉の場合(…の…に)火傷する.

die **Ver·brü·hung** [ふぇあブりューウング] 名 -/-en 1. (液体で)火傷(ㄅ)をすること. 2. (液体による)火傷(ㄅ).

ver·bu·chen [ふぇあブーヘン] 動 h. 〈et⁴〉ァ〖商・銀行〗帳簿に記入する, 記帳する. 【慣用】〈et⁴〉 als seinen Erfolg verbuchen 〈事を〉自分の成功と見なす. **einen Erfolg verbuchen** 成果を収める.

die **Ver·bu·chung** [ふぇあブーフング] 名 -/-en 記帳, 記入.

das **Ver·bum** [ヴェるブム] 名 -s/..ba〔..ben〕〖言〗(古)動詞：~ finitum 定動詞. ~ infinitum 不定詞.

ver·bum·fie·deln [ふぇあブム・ふぃーデルン] 動 h. 〈et⁴〉ァ(方)浪費する.

ver·bum·meln [ふぇあブメルン] 動 (口)〘主に〘蔑〙〙 1. h. 〈et⁴〉ァのらくら過ごす(時などを). 2. h. 〈et⁴〉ァうっかり忘れる(期日・約束などを), うっかり置き忘れる(なくす)(かぎ・免許証などを). 3. s. 〘懐〙身を持崩す.

ver·bum·melt [ふぇあブメルト] 形 (口)〘主に〘蔑〙〙 1. 無為に過ごした. 2. 自堕落な.

der **Ver·bund** [ふぇあブント] 名 -(e)s/-e 1. 〖工〗結合, 連結, 組合せ. 2. 〖経〗連合, 合同, 提携：im ~ 提携して.

ver·bün·den [ふぇあビュンデン] [動] *h.* **1.** 〔sich^4＋mit 〈j^3/et^3〉ト〕同盟を結ぶ, 同盟する; 連合する. **2.** 〔相互代名詞sich^4〕互いに同盟する.

die **Ver·bun·den·heit** [ふぇあブンデンハイト] [名] -/ 結束, 連帯(感).

der/die **Ver·bün·de·te** [ふぇあビュンデテ] [名] 《形容詞的変化》同盟者; 同盟〔連合〕国; 同盟〔連合〕軍; 味方.

das **Ver·bund·glas** [ふぇあブント・グラース] [名] -es/..gläser 〖工〗合せガラス《多層で粉々に割れないもの》.

das **Ver·bund·netz** [ふぇあブント・ネッツ] [名] -es/-e 共同電力供給網.

der **Ver·bund·pflas·ter·stein** [ふぇあブント・プふラスター・シュタイン] [名] -(e)s/-e 互いにぴったりと結合する舗装用敷石.

das **Ver·bund·sys·tem** [ふぇあブント・ズュステーム] [名] -s/-e (交通機関の相互の)結合システム.

die **Ver·bund·wirt·schaft** [ふぇあブント・ヴィるトシャふト] [名] -/ 企業合同〔連合・提携〕.

ver·bür·gen [ふぇあビュるゲン] [動] *h.* **1.** 〔sich^4＋für 〈j^4/et^4〉ノ〕保証をする《人・銀行などが》. **2.** 〔〈et^4〉ヲ〕保証する《年金が生活などを》, 保障する《法が権利などを》. **3.** 〔〈et^4〉ヲ〕確かであると保証する《情報・数などを》.

ver·bü·ßen [ふぇあビューセン] [動] *h.* 〔〈et^4〉ニ〕〖法〗服する(刑に), (…を)勤め上げる《刑期を》.

die **Ver·bü·ßung** [ふぇあビュースング] [名] -/ 〖法〗服役.

ver·chro·men [..kroːmən ふぇあクろーメン] [動] *h.* 〔〈et^4〉ニ〕クロムめっきをする.

ver·chromt [..kroːmt ふぇあクろームト] [形] クロムめっきした.

der **Ver·dacht** [ふぇあダはト] [名] -(e)s/-e〔..dächte〕 疑い, 疑念, 疑惑, 嫌疑, 容疑: Ein ～ fällt auf 〈j^4〉〔richtet sich gegen 〈j^4〉〕. 疑いが〈人に〉かかる. 〈j^4〉 in ～ bringen 〈人を〉疑う. 〈j^4〉 im〔in〕～ haben 〈人を〉疑っている. in ～ kommen〔geraten〕疑われる. in〔unter〕～ stehen 嫌疑がかけられている. 〈et^4〉 auf ～ tun 〈事を〉当て推量でする. über jeden ～ erhaben sein 疑いをかける余地がない, 清廉潔白である.

ver·däch·tig [ふぇあデひティひ] [形] **1.** 〔(〈et^2〉ノ)〕嫌疑〔疑い〕がかけられた, 疑惑のある: Er ist der Tat ～. 彼にはその犯行の疑いがある. **2.** 怪しげな, うさんくさい, 不審な; 奇妙に.

der/die **Ver·däch·ti·ge** [ふぇあデひティゲ] [名] 《形容詞的変化》容疑者.

ver·däch·ti·gen [ふぇあデひティゲン] [動] *h.* 〔〈j^4〉ニ＋(〈et^2〉ノ/als 〈人〉ノ/zu 〈動〉タシタ)〕疑い〔嫌疑〕をかける.

die **Ver·däch·ti·gung** [ふぇあデひティグング] [名] -/-en 疑い〔嫌疑〕をかける〔かけられる〕こと.

der **Ver·dachts·grund** [ふぇあダはツ・グるント] [名] -(e)s/..gründe 〖法〗容疑〔嫌疑〕理由, 疑惑の根拠.

das **Ver·dachts·mo·ment** [ふぇあダはツ・モメント] [名] -(e)s/-e 《主に[複]》〖法〗容疑事実.

ver·dam·men [ふぇあダメン] [動] *h.* **1.** 〔〈j^4/et^4〉ヲ〕厳しく批判〔非難・弾劾〕する. **2.** 〔〈j^4〉ニ〕〖キ教〗永劫(えいごう)の罰を下す. **3.** 〔〈j^4/et^4〉ニ＋zu 〈et^3〉ヲ〕余儀なくさせる.

ver·dam·mens·wert [ふぇあダメンス・ヴェーあト] [形] 呪(のろ)うべき, 非難〔弾劾〕すべき.

die **Ver·damm·nis** [ふぇあダムニス] [名] -/ 〖キ教〗劫罰(ごうばつ), 永劫の罰.

ver·dammt [ふぇあダムト] [形] **1.** 《口・蔑》いまいましい: dieser ～*e* Kerl この野郎. *V*～*er* Mist! くそいまいましい. *V*～ (noch mal)! 畜生! **2.** 《口》ひどい; すごく.

die **Ver·dam·mung** [ふぇあダムング] [名] -/-en 激しい批判〔非難〕, 弾劾; 永劫(えいごう)の罰を受けること.

ver·damp·fen [ふぇあダムプふェン] [動] **1.** *s.* 〔補足なし〕蒸発する, 気化する; 《転》消える《怒りが》. **2.** *h.* 〔〈et^4〉ヲ〕蒸発させる, 気化させる.

der **Ver·damp·fer** [ふぇあダムプふぁー] [名] -s/- 〖工〗蒸発器.

die **Ver·damp·fung** [ふぇあダムプふング] [名] -/-en 蒸発, 気化.

(*die*) **Ver·dan·di** [ヴェるダンディ] [名] ＝Werdandi.

ver·dan·ken [ふぇあダンケン] [動] *h.* **1.** 〔〈j^3/et^3〉ニ＋〈et^4〉ノ〕お陰をこうむっている: Das habe ich dir zu ～, dass ich ... 《皮》私が…したのは君のせいだ. **2.** 〔sich^4＋〈et^3〉ニ〕《稀》基づいている, (…の)結果である. **3.** 〔〈et^4〉ノ〕《スイ・オーストリア》お礼を言う.

ver·darb [ふぇあダるプ] [動] verderben の過去形.

ver·dat·tert [ふぇあダッタート] [形] 《口》どぎまぎした, 面食らった.

ver·dau·en [ふぇあダウエン] [動] *h.* **1.** 〔〈et^4〉ヲ〕消化する. **2.** 〔〈et^4〉ヲ〕気持の上で整理する《ショックなどを》, (精神的に)消化する, 咀嚼(そしゃく)して理解する《文学作品などを》. **3.** 〔〈et^4〉ノ〕〖ボクシング〗《ジャーゴン》ダメージから立直る《パンチの》.

ver·dau·lich [ふぇあダウリひ] [形] 〔(〈様態〉ニ)〕消化する; 《転》理解しやすい.

die **Ver·dau·lich·keit** [ふぇあダウリひカイト] [名] -/ 消化しうること; 《転》理解しやすさ.

die **Ver·dau·ung** [ふぇあダウウング] [名] -/ 消化.

der **Ver·dau·ungs·ap·pa·rat** [ふぇあダウウングス・アパらート] [名] -(e)s/-e 〖解〗消化器.

die **Ver·dau·ungs·be·schwer·den** [ふぇあダウウングス・ベシュヴェーあデン] [複名] 消化不良.

das **Ver·dau·ungs·or·gan** [ふぇあダウウングス・オるガーン] [名] -s/-e 《主に[複]》〖解〗消化器官.

der **Ver·dau·ungs·spa·zier·gang** [ふぇあダウウングス・シュパツィーあ・ガング] [名] -(e)s/..gänge 《口》(食後の)腹ごなしの散歩.

die **Ver·dau·ungs·stö·rung** [ふぇあダウウングス・シュテーるング] [名] -/-en 消化不良.

das **Ver·deck** [ふぇあデック] [名] -(e)s/-e (船の)上甲板; (自動車などの)幌(ほろ), 車蓋.

ver·de·cken [ふぇあデッケン] [動] *h.* **1.** 〔〈j^4/et^4〉ヲ〕見えなくする, 遮る. **2.** 〔〈j^4/et^4〉ヲ〕(覆い)隠す.

ver·den·ken* [ふぇあデンケン] [動] *h.* 〔〈j^3〉ノ＋〈et^4〉ヲ〕《文》悪くとる.

der **Ver·derb** [ふぇあデるプ] [名] -(e)s/ **1.** 腐敗. **2.** 《文・古》破滅, 滅亡.

ver·der·ben* [ふぇあデるベン] [動] er verdirbt; verdarb; hat/ist verdorben **1.** *s.* 〔補足なし〕傷む, だめになる《食物が》. **2.** *h.* 〔〈et^4〉ヲ〕(処理を誤って)使いものにならなくする《洗濯を誤って衣服などを》, 作り損なう《料理などを》. **3.** *h.* 〔〈j^3〉ノ＋〈et^4〉ヲ〕台なしにする, ぶち壊す《楽しみなどを》, 失わせる《やる気などを》. **4.** *h.* 〔sich^3＋〈et^4〉ヲ〕悪くする, 傷める《目・胃などを》. **5.** *h.* 〔〈j^4〉ヲ〕《文》堕落させる. **6.** *s.* 〔補足なし〕《文・古》破滅する, 堕落する. 【慣用】**Daran ist nichts mehr zu verderben.** それは最低だ〔最悪の状態だ〕. *h.* **die Preise verderben** 値を崩す. *h.* **es mit 〈j^3〉 verderben** 〈人と〉仲たがいする, 〈人の〉機嫌を損ねる.

das **Ver·der·ben** [ふぇあデるベン] [名] -s/ **1.** 腐敗. **2.** 《文》破滅: ins ～ rennen やみくもに破滅に向かう. 〈j^4〉 ins ～ stürzen 〈人を〉破滅させる.

ver·derb·lich [ふぇあデるプリひ] [形] **1.** 腐りやすい, 傷みやすい. **2.** (道徳的に)有害な, 破滅的な.

die **Ver·derb·lich·keit** [ふぇあデるプリひカイト] [名] -/ 腐りやすさ; 破滅〔堕落〕的であること.

die **Ver·derb·nis** [ふぇあデるプニス] [名] -/ 《文・古》堕落, 退廃《主に社会・国家の》.

V

verderbt [ふぇあデるプト] 形 〖文芸学〗判読不能になった;〚古・古〛堕落した.

die **Verderbtheit** [ふぇあデるプトハイト] 名 -/ **1.** 堕落,退廃. **2.** (古文書の)判読不能.

verdeutlichen [ふぇあドイトリヒェン] 動 *h.* 〔〈j³〉+〈et⁴〉ョ〕明らかにする,はっきりさせる(図や例を用いて);〔〈j³〉がsich⁴の場合〕(自分に)はっきりさせる.

verdeutschen [ふぇあドイチェン] 動 *h.* **1.** 〔〈et⁴〉ョ〕〚古〛ドイツ語に翻訳する,ドイツ語化する. **2.** 〔〈j³〉ニ+〈et⁴〉ョ〕〚口〛分りやすく説明する.

die **Verdeutschung** [ふぇあドイチュング] 名 -/-en ドイツ語化,ドイツ語への翻訳.

(*der*) **Verdi** [ヴェるディ] 名 〚人名〛ヴェルディ(Giuseppe Fortunino Francesco ~, 1813-1901, イタリアのオペラ作曲家).

verdichten [ふぇあディヒテン] 動 *h.* **1.** 〔〈et⁴〉ョ〕〖理・工〗圧縮する(気体などを). **2.** 〔〈et⁴〉ョ〕密にする(交通網・ダイヤなどを),縮める(運航間隔などを). **3.** 〔sich⁴〕濃くなる(霧・疑いなどが),高まる,強まる(うわさなどが). **4.** 〔〈et⁴〉ョ〕〖土・工〗突き固める(コンクリートなどを). **5.** 〔〈et⁴〉ョ〕〚土〛過密にする(建築物の配置などを).

der **Verdichter** [ふぇあディヒター] 名 -s/- 〖工〗圧縮機,コンプレッサー.

die **Verdichtung** [ふぇあディヒトゥング] 名 -/-en 圧縮する〔密にする・縮める〕こと,濃くなること.

der **Verdichtungsraum** [ふぇあディヒトゥングス・らウム] 名 -(e)s/..räume 〖官〗人口稠密(5ウ)地域.

verdicken [ふぇあディッケン] 動 *h.* **1.** 〔〈et⁴〉ョ〕濃くする,濃縮する(ソース・果汁などを). **2.** 〔sich⁴〕厚くなる(肝臓などが),腫れる(関節などが),太くなる,濃くなる,肥厚する.

die **Verdickung** [ふぇあディックング] 名 -/-en **1.** 濃縮. **2.** 腫〔れること;腫れた箇所.

verdienen [ふぇあディーネン] 動 *h.* **1.** 〔〈et⁴〉ョ〕稼ぐ,(働いて)得る;収入を得る: Beide Eheleute ~. 夫婦共稼ぎである. sich³ ein Taschengeld ~ 小遣いを稼ぐ. sich³ sein Studium zum Teil selbst ~ 学資の一部を自分で稼ぐ. **2.** 〔〈様態ョ〕収入を得ている. **3.** 〔〈et⁴〉ョ+an[bei/mit] 〈et³〉ョ〕儲ける,稼ぐ: an dem Geschäft 30% ~ その取引で30%を儲ける. bei [mit] seinen Spekulationen ein Vermögen ~ (株)の相場でひと財産稼ぐ. **4.** 〔〈et⁴〉ョ〕受けるに値する,受けて当然である,(…に)値する. 〖慣用〗**es nicht besser** 〔**anders**〕 **verdienen** 不幸にあって当然である. **sich⁴ um seinen Staat verdient machen** 国家に対して貢献する.

die **Verdiener** [ふぇあディーナー] 名 -s/- (一家の)稼ぎ手.

der **Verdienst**¹ [ふぇあディーンスト] 名 -(e)s/-e (労働によって得られた)収入,所得,稼ぎ,賃金.

das **Verdienst**² [ふぇあディーンスト] 名 -(e)s/-e 功績,功労,手柄: sich³ 〈et⁴〉ョ als 〔zum〕 ~ anrechnen 〈事ョ〉を自分の功績と見なす. sich³ um 〈et⁴〉ョ ~e erwerben 〈事ョ〉功績を上げる. nach ~ 功績に応じて.

der **Verdienstadel** [ふぇあディーンスト・アーデル] 名 -s/- 勲功〔功労〕貴族(功績により叙爵される).

der **Verdienstausfall** [ふぇあディーンスト・アウス・ふぁル] 名 -(e)s/..fälle 収入の減少,収入減.

verdienstlich [ふぇあディーンストリヒ] 形 〚古〛=verdienstvoll.

die **Verdienstmöglichkeit** [ふぇあディーンスト・メーク・リヒカイト] 名 -/-en 収入を得る可能性.

der **Verdienstorden** [ふぇあディーンスト・オるデン] 名 -s/- 功労〔勲〕章(国家に対する功労による).

die **Verdienstspanne** [ふぇあディーンスト・シュぺネ] 名 -/-n 〖経〗利幅.

verdienstvoll [ふぇあディーンスト・ふぉル] 形 称賛に値する,功績〔功労〕のある: sich⁴ um 〈j⁴/et⁴〉 ~ machen 〈人・物・事ニ〉貢献する. **3.** 〚(ら)〛〚(ジニ)〛順当の.

verdientermaßen [ふぇあディーンター・マーセン] 副 功労〔功績〕にふさわしく.

das **Verdikt** [ヴェるディクト] 名 -(e)s/-e 〚文〛厳しい裁断;〚法〛〚古〛(陪審員の)評決.

verdingen⁽*⁾ [ふぇあディンゲン] 動 *h.* **1.** 〔〈et⁴〉ョ〕〖官〗委託する,請負わせる(仕事などを). **2.** 〔sich⁴〕〚古〛奉公する;〔sich⁴がj³の場合〕(…を)奉公に出す.

verdirb ! [ふぇあディるプ] 動 verderben の du に対する命令形.

verdirbst [ふぇあディるプスト] 動 verderben の現在形2人称単数.

verdirbt [ふぇあディるプト] 動 verderben の現在形3人称単数.

verdolmetschen [ふぇあドルメッチェン] 動 *h.* 〔〈et⁴〉ョ〕〚口〛通訳する;説明する.

verdonnern [ふぇあドネるン] 動 *h.* 〔〈j⁴〉ニ+zu 〈et³〉ョ〕〚口〛言いつける(刑・嫌な仕事などを).

verdonnert [ふぇあドネるト] 形 〚口〛びっくりした,うろたえた.

verdoppeln [ふぇあドッペルン] 動 *h.* **1.** 〔〈et⁴〉ョ〕倍にする,倍増〔倍加〕する(数・速度・利益などを),一層する(努力などを);〚文〛速める(歩みを). **2.** 〔sich⁴〕倍になる.

die **Verdoppelung** [ふぇあドッペルング] 名 -/-en 二倍にする〔なる〕こと,倍加,倍増.

die **Verdopplung** [ふぇあドップルング] 名 -/-en =Verdoppelung.

verdorben [ふぇあドるベン] 形 傷んだ,腐った;台無しになった,悪くした;〚文〛堕落した.

die **Verdorbenheit** [ふぇあドるベンハイト] 名 -/ 堕落,退廃.

verdorren [ふぇあドれン] 動 *s.* 〚(ジ)〛干からびて枯死する(植物が炎暑などで).

verdrahten [ふぇあドらーテン] 動 **1.** 〔〈et⁴〉ョ〕金網〔有刺鉄線〕でふさぐ〔囲う〕. **2.** 〔〈et⁴〉ョ〕〖電〗導線でつなぐ,(…に)配線する.

verdrängen [ふぇあドれンゲン] 動 *h.* **1.** 〔〈et⁴〉ョ〕押しのける,(排除して)とって代わる;(…の)排水量である(船舶が). **2.** 〔〈et⁴〉ョ〕〖心〗抑圧する(願望を).

die **Verdrängung** [ふぇあドれングング] 名 -/-en **1.** 押しのけること;追出すこと,排除. **2.** 〖心〗抑圧. **3.** (船の)排水(量).

verdrecken [ふぇあドれッケン] 動 〚口・蔑〛 **1.** *h.* 〔〈j⁴/et⁴〉ョ〕ひどく汚す. **2.** *s.* 〚(ジ)〛ひどく汚れる.

verdrehen [ふぇあドれーエン] 動 *h.* **1.** 〔〈et⁴〉ョ〕(無理に)ねじる(首・かぎなどを): die Augen ~ 横目を使う;上向きに目をむく回す(驚いたり,困ったりした時に). sich³ den Hals ~ 首の筋を違える(後ろを見ようとして)首を無理にねじる. **2.** 〔〈et⁴〉ョ〕〚口・蔑〛ねじ曲げる(事実などを),曲解する(法などを). **3.** 〔〈et⁴〉ョ〕〚口〛費やす,使う(フィルムを).

verdreht [ふぇあドれート] 形 **1.** ねじった,ひねった;曲解した. **2.** 〚口・蔑〛頭がおかしい,気違いじみた. **3.** 〚方〛こすっからい.

die **Verdrehtheit** [ふぇあドれートハイト] 名 -/-en **1.** (頭の)気違いじみていること. **2.** 気違いじみた行為.

die **Verdrehung** [ふぇあドれーウング] 名 -/-en ねじること,ねじれ;捻挫(ホッシ). **2.** 歪曲(ホシッシ),曲解.

verdreifachen [ふぇあドらイふぁヘン] 動 *h.* 〔〈et⁴〉ョ〕三倍にする;〔〈et⁴〉がsich⁴の場合〕三倍になる.

verdreschen [ふぇあドれッシェン] 動 *h.* 〔〈j⁴〉ョ〕〚口〛

さんざんに殴る.

ver·drie·ßen* [ふぇあドりーセン] [動] verdross ; hat verdrossen 〔⟨j^4⟩ヲ〕《文》不愉快に〔腹立たしく〕させる. 【慣用】**es sich⁴ nicht verdrießen lassen** 《文》嫌気を起こさない.

ver·drieß·lich [ふぇあドりースリひ] [形] 不機嫌な;《文・古》不快な.

die **Ver·drieß·lich·keit** [ふぇあドりースリひカイト] [名] -/-en (単のみ)不機嫌;(主に複)腹立たしい事柄.

ver·dross [ふぇあドろス] [動] verdrießen の過去形.

ver·drös·se [ふぇあドれっセ] [動] verdrießen の接続法2式.

ver·dros·sen [ふぇあドろっセン] [形] 不機嫌な.

die **Ver·dros·sen·heit** [ふぇあドろっセンハイト] [名] -/ 不機嫌.

ver·dru·cken [ふぇあドるっケン] [動] *h.* **1.** 〔⟨et^4⟩ノ〕印刷を間違える(つづり・語などの). **2.** 〔⟨et^4⟩ヲ〕印刷に費やす〔使う〕(紙を).

ver·drü·cken [ふぇあドりゅっケン] [動] *h.* **1.** 〔⟨et^4⟩ヲ〕《口》ぺろりと平らげる. **2.** 〔sich⁴〕《口》こっそり離れる〔立去る〕. **3.** 〔⟨et^4⟩ヲ〕《方》しわくちゃにする(衣服などを).

der **Ver·druss,** [旧]**Ver·druß** [ふぇあドるス] [名] -es/-e 不愉快;不機嫌, 不満 : ⟨j^3⟩ ~ bereiten⟨人ヲ⟩不機嫌にする. zu ⟨j^2⟩ ~ ⟨人にとって⟩不愉快なことに.

ver·duf·ten [ふぇあドゥふテン] [動] *s.* **1.** [補足なし]香りを失う(花・コーヒーなどが). **2.** [補足なし]《口》(急いで人目につかないように)姿を消す〔立去る〕(危険などを避けて).

ver·dum·men [ふぇあドゥメン] [動] **1.** *h.* 〔⟨j^4⟩ヲ〕愚民〔衆愚〕化する. **2.** *s.* [補足なし]ばかになる.

die **Ver·dum·mung** [ふぇあドゥムング] [名] -/ 愚民化;白痴化.

ver·dun·keln [ふぇあドゥンケルン] [動] *h.* **1.** 〔⟨et^4⟩ヲ〕暗くする(部屋などを), (…の)明りが漏れないようにする(部屋などの). **2.** 〔⟨et^4⟩ヲ〕(覆って)暗くする(雨雲が空などを), 曇らせる(涙が目などを), (…に)暗影を投げかける(事件が幸福などに);(⟨et^4⟩がsich⁴の場合)(覆われて)暗くなる, 曇る. **3.** 〔⟨et^4⟩ヲ〕〖法〗隠蔽(いんぺい)する(真相などを).

die **Ver·dun·ke·lung** [ふぇあドゥンケルング] [名] -/-en = Verdunklung.

die **Ver·dun·ke·lungs·ge·fahr** [ふぇあドゥンケルングス・ゲふぁーあ] [名] -/ =Verdunklungsgefahr.

die **Ver·dunk·lung** [ふぇあドゥンクルング] [名] -/-en **1.** 暗くすること. **2.** (防空のための)暗幕. **3.** (単のみ)〖法〗事実の隠蔽(いんぺい);証拠隠滅.

die **Ver·dunk·lungs·ge·fahr** [ふぇあドゥンクルングス・ゲふぁーあ] [名] -/ 〖法〗証拠隠滅のおそれ.

ver·dün·nen [ふぇあデュネン] [動] *h.* **1.** 〔⟨et^4⟩ヲ〕薄める, 希釈する(液体を). **2.** 〔⟨et^4⟩ヲ〕《稀》先の方が次第に細くなるようにする;(⟨et^4⟩がsich⁴の場合)先の方になるにしたがって細くなる. **3.** 〔⟨et^4⟩ヲ〕《稀》間引く. **4.** 〔⟨et^4⟩ノ〕〖軍〗《ジャーゴン》兵員を削減する.

ver·dün·ni·sie·ren [ふぇあデュニズィーれン] [動] *h.* 〔sich⁴〕《口》こっそり立去る.

die **Ver·dün·nung** [ふぇあデュヌング] [名] -/-en **1.** 薄める〔希釈する〕こと, 薄められて〔希釈されて〕いること. **2.** 希釈剤, 溶済. 【慣用】**⟨et^4⟩ bis zur Verdünnung tun** ⟨事ヲ⟩うんざりするほど繰返してする.

ver·duns·ten [ふぇあドゥンステン] [動] **1.** *s.* [補足なし]蒸発する, 気化する. **2.** *h.* 〔⟨et^4⟩ヲ〕蒸発させる.

die **Ver·duns·tung** [ふぇあドゥンストゥング] [名] -/ 蒸発, 気化, 揮発.

der **Ver·duns·tungs·ver·lust** [ふぇあドゥンストゥングス・ふぇあルスト] [名] -es/-e (水・液体の)蒸発〔気化〕による損失〔消失〕.

ver·dür·be [ふぇあデュるベ] [動] verderben の接続法2式.

die **Ver·du·re** [vɛrdýːrə ヴェるデューれ] [名] -/-n (15-17世紀の)緑色の草木模様のタペストリー.

ver·durs·ten [ふぇあドゥるステン] [動] *s.* [補足なし]喉(のど)が渇いて死ぬ;《転》水気がなくて萎(しお)れる(植物が).

ver·düs·tern [ふぇあデュースターン] [動] *h.* **1.** 〔⟨et^4⟩ヲ〕暗くする(雲が空などを);《転・文》暗澹(あんたん)たるものにする(気持を). **2.** 〔sich⁴〕暗くなる;《転・文》暗澹たるものになる.

ver·dut·zen [ふぇあドゥッツェン] [動] *h.* 〔⟨j^4⟩ヲ〕唖然(あぜん)とさせる.

ver·dutzt [ふぇあドゥッツト] [形] あぜんとした, あっけにとられた.

ver·eb·ben [ふぇあエッベン] [動] *s.* [補足なし]《文》(潮が引くように)次第に収まる〔静まる〕(興奮・拍手などが).

ver·e·deln [ふぇあエーデルン] [動] *h.* **1.** 〔⟨j^4⟩ヲ〕《文》高尚にする, 洗練する, (…の)品性〔美感〕を高める(芸術などが). **2.** 〔⟨et^4⟩ヲ〕精製する, 精練する. **3.** 〔⟨et^4⟩ヲ〕〖園〗接ぎ木して改良する. **4.** 〔⟨et^4⟩ヲ〕〖料〗洗練されたものにする(味などを).

die **Ver·e·de·lung** [ふぇあエーデルング] [名] -/ 高貴〔高尚〕にすること, 洗練すること;精製, 精錬;改良.

die **Ver·ed·lung** [ふぇあエードルング] [名] -/-en =Veredelung.

ver·e·he·li·chen [ふぇあエーエリひぇン] [動] *h.* **1.** 〔sich⁴+(mit ⟨j^3⟩ト)〕〖官〗結婚する, 婚姻関係を結ぶ. **2.** 〔⟨j^4⟩ヲ+(mit ⟨j^3⟩ト)〕《稀》結婚させる. 【慣用】**Alma Müller, verehelichte Schmidt** アルマ・ミュラー, 結婚後の姓シュミット(略 verehel.).

die **Ver·e·he·li·chung** [ふぇあエーエリひゅング] [名] -/-en 〖官〗結婚.

ver·eh·ren [ふぇあエーれン] [動] *h.* **1.** 〔⟨j^4⟩ヲ〕崇拝する, あがめる(神々などを). **2.** 〔⟨j^4⟩ヲ〕《文》尊敬する, 敬う;《古》(…に)思慕の念を寄せる. **3.** 〔⟨j^3⟩ニ+⟨et^4⟩ヲ〕(《冗》も有)贈呈する(ちょっとしたものを好意のしるしとして). 【慣用】**Sehr verehrte Frau Müller!** 尊敬するミュラー夫人(手紙の冒頭で, 主に年配の女性に). **Verehrte Anwesende!** ご出席の皆様.

der **Ver·eh·rer** [ふぇあエーらー] [名] -s/- 崇拝者, 信奉者, ファン;《古》(女性への)求愛者.

die **Ver·eh·rung** [ふぇあエーるング] [名] -/ 尊敬;崇拝.

ver·eh·rungs·wür·dig [ふぇあエーるングス・ヴュるディひ] [形] 尊敬に値する.

ver·ei·di·gen [ふぇあアイディゲン] [動] *h.* 〔⟨j^4⟩ニ〕宣誓をさせる(公務員・証人などに).

die **Ver·ei·di·gung** [ふぇあアイディグング] [名] -/-en 宣誓.

der **Ver·ein** [ふぇあアイン] [名] -(e)s/-e 社団;協会, クラブ, 同好会;(同じ特徴の)人々 : ein ~ zum Schutz der Vögel 鳥類愛護協会. ein lahmer ~ 気のぬけた連中. 【慣用】**eingetragener Verein** 登記(済)社団, 社団法人(略 e. V.). **im Verein mit ⟨j^3/et^3⟩** ⟨人・物・事ト⟩一緒に〔共同して〕.

ver·ein·bar [ふぇあアイン・バーあ] [形] 〔(mit ⟨et^3⟩ト)〕一致〔調和・両立〕する.

ver·ein·ba·ren [ふぇあアインバーれン] [動] *h.* **1.** 〔⟨et^4⟩ヲ+(mit ⟨j^3⟩ト)〕取決める(集合場所・期日などを), 協定する(価格などを). **2.** 〔⟨et^4⟩ヲ+(mit ⟨et^3⟩ト)〕一致させる.

die **Ver·ein·ba·rung** [ふぇあアインバーるング] [名] -/-en 取決め, 申合わせ, 協定, 合意 : eine ~ mit ⟨j^3⟩ treffen ⟨人ト⟩協定する.

ver·ein·ba·rungs·ge·mäß [ふぇあアインバーるングス・ゲメース] [形] 取決め〔協定〕どおりの.

ver·ei·nen [ふぇあアイネン] [動] *h.* 《文》 **1.** 〔⟨j^4/et^4⟩ヲ+(zu ⟨et^3⟩ニ/in〔unter〕⟨et^3⟩ノモトニ)〕統合する, 一体化する(一つの組織などに). **2.** 〔sich⁴+(zu ⟨et^3⟩ニ)〕一体となる, まとまる. **3.** 〔⟨et^4⟩ヲ+(mit ⟨et^3⟩ト)〕一致させる;(⟨et^4⟩がsich⁴の場合)一致する.

V

4.〔相互代名詞sich⁴〕互いに一致する．**5.**〈et⁴〉ッ+in〈et³〉ニ〕合せ持つ，兼ね備える：〈〈et⁴〉ッはsich⁴の場合〕兼ね備える．【慣用】die Vereinten Nationen 国際連合（略 VN）．

ver·ein·fa·chen [ふぁあアインふぁっヘン] 動 h.〈et⁴〉ッ〕簡単〔簡略〕にする，簡易〔単純〕化する．

die **Ver·ein·fa·chung** [ふぁあアインふぁっフング] 名 -/-en 単純化，簡略化；簡略すぎる叙述（描写）．

ver·ein·heit·li·chen [ふぁあアインハイトリヒェン] 動 h.〈et⁴〉ッ〕統一する（方法・書式などを）．

die **Ver·ein·heit·li·chung** [ふぁあアインハイトリヒゥング] 名 -/-en 統一，規格化．

ver·ei·ni·gen [ふぁあアイニゲン] 動 h. **1.**〈〈j⁴/et⁴〉ッ〕一つにまとめる；一つところに集める：die Mehrheit der Stimmen auf sich⁴ ~ 投票の過半数を集める．**2.**〔sich⁴+mit〈j³/et³〉ト〕一つになる，一体化］する，手を結ぶ；合流する．**3.**〔相互代名詞 sich⁴〕一つにまとまる，一体となる，合同する；〔互いに〕手を結ぶ，〔互いに〕合流する．**4.**〔sich⁴+zu〈et³〉ニ〕〔一つになって〕集まる．**5.**〈et⁴〉ッ+〔mit〈et³〉ト〕〕一致させる．【慣用】die Vereinigten Arabischen Emirate アラブ首長国連邦．die Vereinigten Staaten von Amerika アメリカ合衆国（略 Ver. St. v. A.）．〈et⁴〉 in seiner Hand vereinigen〈事〉を一手に掌握する．sich¹ （geschlechtlich（körperlich）) vereinigen（文）媾合する（諧）．

die **Ver·ei·ni·gung** [ふぁあアイニグング] 名 -/-en **1.** 一つにまとめる［まとまる］こと，一体化，統合，結合；合併，合同，連合；合流；提携，協定．**2.**［法］団体，結社．

ver·ein·neh·men [ふぁあアインネーメン] 動 h. **1.**〈et⁴〉ッ〕．**2.**〔j⁴/et⁴〉ッ〕［商］受収する．**2.**〔j⁴/et⁴〉ッ〕独り占めにする．

ver·ein·sa·men [ふぁあアインザーメン] 動 **1.** s.〔補完］孤独になる．h.〔j⁴〉ッ〕孤独にする．

die **Ver·ein·sa·mung** [ふぁあアインザームング] 名 -/ 孤独になる［こと］．

das **Ver·eins·haus** [ふぁあアインス・ハウス] 名 -es/..häuser クラブハウス，団体［クラブ］の会館．

das **Ver·eins·le·ben** [ふぁあアインス・レーベン] 名 -s/ クラブでの活動．

der **Ver·eins·mei·er** [ふぁあアインス・マイあー] 名 -s/-（口・蔑）所属団体（クラブ・会）に熱中している人．

die **Ver·eins·mei·e·rei** [ふぁあアインス・マイえらイ] 名 -/（口・蔑）所属団体（クラブ・会）狂い．

das **Ver·eins·mit·glied** [ふぁあアインス・ミット・グリート] 名 -(e)s/-er 団体［クラブ］のメンバー，会員．

ver·eint [ふぁあアイント] 形 一体化した，合せて一つにした：die V~en Nationen 国際連合．mit ~en Kräften 力を合せて．

die **Ver·ein·ten Na·ti·o·nen** [ふぁあアインテン ナツィオーネン] 名 複数 国際連合（略 VN）．

ver·ein·zeln [ふぁあアインツェルン] 動 h. **1.**〈et⁴〉ッ〕〔林・農〕間引く．**2.** 〔j⁴/et⁴〉ッ〕（文）引離す，ばらばらにする．**3.**〔sich⁴〕まばらに（少なく）なる．

ver·ein·zelt [ふぁあアインツェルト] 形 散発的な，時たまの．

ver·ei·sen [ふぁあアイゼン] 動 **1.** h.〈et⁴〉ッ〕［医］寒冷麻酔を施す（体の組織に）．**2.** s.〔補完］凍結する，着氷する；〔稀〕氷結する；〔転〕凍りついたようになる．

ver·eist [ふぁあアイスト] 形 凍結〔氷結〕した，着氷した；〔転〕凍りついたような．

die **Ver·ei·sung** [ふぁあアイズング] 名 -/-en **1.** 凍結，氷結；凍〔氷〕結状態．**2.** 氷河化．**3.**［医］寒冷（冷却）麻酔．

die **Ver·ei·tungs·ge·fahr** [ふぁあアイズングス・ゲふぁー] 名 -/-en 凍結〔氷結〕のおそれ．

ver·ei·teln [ふぁあアイテルン] 動 h.〈et⁴〉ッ〕挫折させる，無に帰せしめる（計画などを）．

ver·ei·tern [ふぁあアイターン] 動 h.〈et⁴〉ッ〕［医］化膿（ゔ）する．

die **Ver·ei·te·rung** [ふぁあアイテるング] 名 -/-en 化膿（ゔ）．

ver·e·keln [ふぁあエーケルン] 動 h.〈j³〉ニ+〈et⁴〉ニ対する〕吐き気［嫌悪感］を催させる．

ver·e·len·den [ふぁあエーレンデン] 動 s.〔補完］（文）貧しくなる，悲惨な状態に陥る．

die **Ver·e·len·dung** [ふぁあエーレンドゥング] 名 -/（文）窮乏化，貧困化；悲惨な状態になること．

ver·en·den [ふぁあエンデン] 動 s.〔補完］（苦しんで）死ぬ（大型の動物・家畜・狩猟獣が弾傷などで）；（転）（悲惨な死で）死ぬ（人が）．

ver·en·gen [ふぁあエンゲン] 動 h. **1.** [sich⁴] 狭くなる，狭まる（道路などが）；収縮する（瞳孔などが）．**2.**〈et⁴〉ッ〕狭くする，狭める．

ver·en·gern [ふぁあエンガーン] 動 h. **1.**〈et⁴〉ッ〕幅をつめる（衣服などの）．**2.**（sich⁴〕狭くなる；縮小する．

die **Ver·en·ge·rung** [ふぁあエンゲるング] 名 -/-en（衣服などを）つめる（狭くする）こと．

die **Ver·en·gung** [ふぁあエングング] 名 -/-en 狭くする（なる）こと，狭隘（ない）化；収縮；狭くなった箇所．

ver·erb·bar [ふぁあエるプ・バーる] 形 **1.** 遺産として残すことができる．**2.**〔生・医〕遺伝性の．

ver·er·ben [ふぁあエるベン] 動 h. **1.**〈j³〉ニ+〈et⁴〉ッ〕遺産として残す：（転・口・冗）遺産として与える（自分の持ち物などを）．**2.**〈j³〉ニ+〈et⁴〉ッ〕［生・医］遺伝的に伝える．**3.**〔sich⁴+（von〈j³/et³〉から）+（auf〈j⁴/et⁴〉ニ）〕〕［生・医］遺伝する．

ver·erb·lich [ふぁあエるプリヒ] 形 遺産として残すことができる．

die **Ver·er·bung** [ふぁあエるブング] 名 -/-en（主に単）〔生・医〕遺伝．

das **Ver·er·bungs·ge·setz** [ふぁあエるブングス・ゲゼッツ] 名 -es/-e（主に単）遺伝の法則．

die **Ver·er·bungs·leh·re** [ふぁあエるブングス・レーれ] 名 -/ 遺伝学．

ver·e·wi·gen [ふぁあエーヴィゲン] 動 h. **1.**〈j⁴/et⁴〉ッ〕永遠〔不滅・不朽〕のものとする；〔j⁴ッ はsich⁴の場合〕不朽の名を残す．**2.** [sich⁴+（〈場所〉ニ）］（口）自分の名を〔刻んで〕残す．**3.**〈et⁴〉ッ〕永続きとせる（現状などを）．

ver·e·wigt [ふぁあエーヴィヒト] 形（文）故人となった．

der/die **Ver·e·wig·te** [ふぁあエーヴィヒテ] 形（形容詞的変化）故人，死者．

ver·fah·ren¹* [ふぁあふぁーれン] 動 **1.** s.〔様態ッ〕行動する，やり方をする，（…）に振舞う．**2.** s.〔mit〈j³〉ト/gegen〈j⁴〉ニ対シテ+様態ッ〕態度をとる，（…）に振舞う．**3.**〈et⁴〉ッ〕道に迷う（車や乗り物で）．**4.** h.〈et⁴〉ッ〕費やす，使う（乗り物でガソリン・金額・時間などを）．

ver·fah·ren² [ふぁあふぁーれン] 形 行詰まった，にっちもさっちもいかない．

das **Ver·fah·ren** [ふぁあふぁーれン] 名 -s/- **1.** 仕方，方法，取扱い，処理；態度，振舞い．**2.**〔法〕（法的手続き，訴訟手続き：ein ~ gegen〈j⁴〉einleiten〈人に〉対して訴訟を起こす．

die **Ver·fah·rens·fra·ge** [ふぁあふぁーれンス・ふらーゲ] 名 -/-n（主に単）方法（手続き上）の問題．

die **Ver·fah·rens·tech·nik** [ふぁあふぁーれンス・テヒニク] 名 -/-en プロセス工学．

die **Ver·fah·rens·wei·se** [ふぁあふぁーれンス・ヴァイゼ] 名 -/-n 方法，仕方，やり方．

der **Ver·fall** [ふぁあふぁル] 名 -(e)s/ **1.**（建物の）崩

壊;衰弱;衰亡,衰微,衰退,退廃: der ～ des Römischen Reiches ローマ帝国の衰亡. **2.** 有効期限切れ; 〖銀行〗(手形などの)満期. **3.** 〖法〗(権利の)喪失, 失効, 剥奪; (財産などの国家への)帰属, 没収. **4.** (高さの違う家屋の)棟結び.

ver·fal·len* [ふぇあふぁレン] 動 s. **1.** 〖建築〗崩壊する(建築物が); (肉体的に)衰弱する, (精神的に)衰退する; 衰亡〖衰微〗する(国家などが). **2.** 〖法〗有効期限切れで無効になる(券・薬などが), 満期になる(手形が). **3.** 〖in 〈et³〉₃〗陥る: in Schweigen ～ 黙り込む. in den alten Fehler ～ 以前の誤りを犯す. **4.** 〖in 〈et³〉₃〗移る: in Trab ～ 速歩に移る(馬が). **5.** 〖j³/et³〉₃〗虜(とりこ)になる(魔力などの), 言いなりきる(人の), (…に)溺れる(酒などに). **6.** 〖auf 〈j⁴/et⁴〉₃〗思いつく. **7.** 〖j³/et³〉₃〗所有に帰属する(密輸品が国などの). **8.** 〈et³〉ノ〗『硬·古』扱いとなる: der Ablehnung ～ 拒否される.

die **Ver·fall·er·klä·rung** [ふぇあふぁル・エあクレーるング] 名 -/-en 〖法〗(犯罪利得の国家への)帰属宣告.

das **Ver·falls·da·tum** [ふぇあふぁルス・ダートぅム] 名 -s/..ten **1.** 賞味期限の日付; 失効の日付. **2.** (手形などの)満期の日付.

die **Ver·falls·er·schei·nung** [ふぇあふぁルス・エあシャイヌング] 名 -/-en 衰弱〖衰退〗現象, 衰微〖退廃〗の徴候.

der **Ver·falls·tag** [ふぇあふぁルス・ターク] 名 -(e)s/-e 失効日, 失効期日.

die **Ver·falls·zeit** [ふぇあふぁルス・ツァイト] 名 -/-en (肉体的·精神的)衰弱期; (国家などの)衰亡〖衰微〗期.

der **Ver·fall·tag** [ふぇあふぁル・ターク] 名 -(e)s/-e 〖銀行〗(手形·小切手などの)満期の期日.

die **Ver·fall·zeit** [ふぇあふぁル・ツァイト] 名 -/-en 〖銀行〗(債務)支払開始期.

ver·fäl·schen [ふぇあフェルシェン] 動 h. **1.** 〈et⁴〉ッ〗歪曲〖ごかん〗する(真実などを). **2.** 〈et⁴〉ッ〗品質を落とす, (…を)不純〖粗悪〗にする(食品などを), (…に)混ぜ物をする(ワインなどに). **3.** 〈et⁴〉ッ〗〖法〗改ざんする(公文書などを), 偽造〖変造〗する(紙幣などを).

die **Ver·fäl·schung** [ふぇあフェルシュング] 名 -/-en 歪曲〖歴史などの〗改ざん; (商品の品質を落とすこと)偽造.

ver·fan·gen* [ふぇあファンゲン] 動 h. **1.** 〖sich⁴+in 〈et³〉₃〗ひっかかる, からまる(動物がわなに, 釣針がアシなどに); 〖転〗陥る(矛盾などに). **2.** (主に否定形で)〖(bei 〈j³〉₃〗効き目がある, 通じる(世辞などが).

ver·fäng·lich [ふぇあフェングリヒ] 形 厄介な, 面倒な; 怪しげな.

ver·fär·ben [ふぇあフェあベン] 動 h. **1.** 〖sich⁴〗染まる(洗濯物などが他の物の色で); 色が変る(顔・切ったリンゴ・肉などが). **2.** 〈et⁴〉ッ〗染めてしまう(脱色する洗濯物などが). **3.** 〖sich⁴〗〖狩〗毛色が変る.

ver·fas·sen [ふぇあファッセン] 動 h. 〈et⁴〉ッ〗起草する(決議文などを), 執筆する(記事などを), 書く(小説などを).

der **Ver·fas·ser** [ふぇあふぁッサー] 名 -s/- 著者, 作者; 執筆者, 起草者.

die **Ver·fas·ser·schaft** [ふぇあふぁッサーシャふト] 名 -/ 著者〖執筆者·作者〗であること.

ver·fasst, ⓓ **ver·faßt** [ふぇあふぁスト] 形 (一定の)規約を備えた.

die **Ver·fas·sung** [ふぇあふぁッスング] 名 -/-en **1.** 憲法; (団体の規則, 法人の)定款. **2.** 体制, 制度. **3.** (⑨のみ)心身の状態, 気分, コンディション: nicht in der ～ sein, 〈et⁴〉 zu tun〖事を〗する気にならない.

ver·fas·sung·ge·bend [ふぇあふぁッスング・ゲーベント] 形 憲法制定の.

die **Ver·fas·sungs·än·de·rung** [ふぇあふぁッスングス・エンデるング] 名 -/-en 憲法改正.

die **Ver·fas·sungs·be·schwer·de** [ふぇあふぁッスングス・ベシュヴェーあデ] 名 -/ 〖法〗憲法異議, 憲法訴願.

der **Ver·fas·sungs·bruch** [ふぇあふぁッスングス・ぶるっふ] 名 -(e)s/..brüche 憲法違反.

das **Ver·fas·sungs·ge·richt** [ふぇあふぁッスングス・ゲりヒト] 名 -(e)s/-e 憲法裁判所.

ver·fas·sungs·ge·richt·lich [ふぇあふぁッスングス・ゲりヒトリヒ] 形 憲法裁判(所)の.

ver·fas·sungs·mä·ßig [ふぇあふぁッスングス・メースィヒ] 形 合憲の, 憲法に基づく, 憲法上の; 定款による.

das **Ver·fas·sungs·recht** [ふぇあふぁッスングス・れヒト] 名 -(e)s/ 憲法(の法規範).

der **Ver·fas·sungs·schutz** [ふぇあふぁッスングス・シュッツ] 名 -es/ **1.** 憲法擁護. **2.** 〖口〗憲法擁護庁〖正式名称は Bundesamt für ～〗.

ver·fas·sungs·treu [ふぇあふぁッスングス・トろイ] 形 憲法に忠実な.

die **Ver·fas·sungs·ur·kun·de** [ふぇあふぁッスングス・ウーくンデ] 名 -/-n 憲法(文書).

ver·fas·sungs·wid·rig [ふぇあふぁッスングス・ヴィードリヒ] 形 憲法違反の, 違憲の.

ver·fau·len [ふぇあふぁウレン] 動 s. 〖建築〗腐る(食物·骨·歯·木などが).

ver·fech·ten* [ふぇあフェヒテン] 動 h. 〈et⁴〉ッ〗擁護する(理論などを), あくまでも主張する.

der **Ver·fech·ter** [ふぇあフェヒター] 名 -s/- 主張者, 支持者, 擁護者.

ver·feh·len [ふぇあフェーレン] 動 h. **1.** 〈j⁴/et⁴〉ッ〗(遅くなって)逃がす, (…に)乗りそこなう(列車などに), 逸する(記録などを), (…と)行き違いになる(会いそこなう)(人と). **2.** 〈et⁴〉ッ〗外れる, それる(シュートがゴールなどを), 間違える(道·家などを), 果たさない(目的などを), 上げない(効果などを). **3.** 〈et⁴〉ッ〗〖文〗なおざりにする, 逸する: Wir möchten (es) nicht ～, allen Mitarbeitern zu danken. 私たちは協力者の皆さんにぜひともお礼を申し上げたい. **4.** 〖sich⁴ (gegen 〈j⁴/et⁴〉₃MIT(に))〗〖古〗過ちを犯す.

ver·fehlt [ふぇあフェールト] 形 誤った, 間違った.

die **Ver·feh·lung** [ふぇあフェールング] 名 -/-en 過ち, 過失, 違反.

ver·fein·den [ふぇあフェインデン] 動 h. **1.** 〖sich⁴ mit 〈j³〉ッ〗仲たがいをする, 敵対する. **2.** (相互代名詞 sich⁴)〖互いに〗敵対し合う.

ver·fei·nern [ふぇあフェイナーン] 動 h. **1.** 〈et⁴〉ッ〗洗練する(趣味などを), 精密にする(方法などを), (…に)風味をつける(ソースなどに). **2.** 〖sich⁴〗洗練される, 磨きがかかる, 精密になる.

die **Ver·fei·ne·rung** [ふぇあフェイネるング] 名 -/-en 洗練; 洗練されたもの.

ver·fe·men [ふぇあフェーメン] 動 h. 〈j⁴〉ッ〗〖文〗追放する.

ver·fer·ti·gen [ふぇあフェアティゲン] 動 h. 〈et⁴〉ッ〗作り上げる, 制作〖製作〗する(工作品·詩歌などを).

die **Ver·fer·ti·gung** [ふぇあフェアティグング] 名 -/-en 制作, 製作.

ver·fes·ti·gen [ふぇあフェスティゲン] 動 h. **1.** 〈et⁴〉ッ〗堅くする, 硬化させる; 凝固させる, 固める. **2.** 〖sich⁴〗堅くなる, 硬化する; 凝固する, 固まる.

die **Ver·fet·tung** [ふぇあフェットゥング] 名 -/-en 〖医〗脂肪沈着(症).

ver·feu·ern [ふぇあフォイあーン] 動 h. **1.** 〈et⁴〉ッ〗焚(た)く; 焚き尽す. **2.** 〈et⁴〉ッ〗撃ち尽す.

ver·fil·men [ふぇあフィルメン] 動 h. **1.** 〈et⁴〉ッ〗映画化する. **2.** 〈et⁴〉ッ〗(マイクロ)フィルム化する.

die **Ver·fil·mung** [ふぇあフィルムング] 名 -/-en **1.** 映画化; (マイクロ)フィルム化. **2.** (小説などを)映

化した作品.

ver·fil·zen [ふぇあふぃルツェン] [動] **1.** *s.* 〔補足なし〕フェルト状になる, 固くなる《繊維が縮んで》, 固くもつれる《髪などが》. **2.** *h.* 〔sich^4+mit 〈j^3/et^3〉ト〕癒着(ゆちゃく)する《政治家が財界などと》. **3.** *h.* 〔相互代名詞sich^4〕互いに癒着する.

ver·fins·tern [ふぇあふぃンスターン] [動] *h.* **1.** 〔〈et^4〉ヲ〕暗くする《雲が太陽などを》. **2.** 〔sich^4〕暗くなる;《転》曇る《顔などが》.

ver·fit·zen [ふぇあふぃッツェン] [動] *h.* 〔〈et^4〉ヲ〕《口》もつれさせる;《〈et^4〉がsich^{4}の場合》もつれる.

ver·fla·chen [ふぇあふラッヘン] [動] **1.** *s.* 〔補足なし〕平坦になる, 起伏がなだらかになる《土地などが》, 浅くなる《水・河川などが》;《転》皮相な〔浅薄な・うわべだけの〕ものになる《芸術・会話などが》. **2.** *h.* 〔sich^4〕平ら〔平坦〕になる《年月とともに丘などが》. **3.** *h.* 〔〈et^4〉ヲ〕平らにする《風が砂丘などを》.

ver·flech·ten* [ふぇあふレひテン] [動] *h.* **1.** 〔〈et^4〉ヲ〕編み合せる. **2.** 〔〈j^4/et^4〉ヲ〕結びつける. **3.** 〔相互代名詞sich^4〕(互いに)編み合さる;絡み合う.

die **Ver·flech·tung** [ふぇあふレひトゥング] [名] -/-en 編み合せ;絡み合い;結合, (密接な)関連.

ver·flie·gen* [ふぇあふリーゲン] [動] **1.** *h.* 〔sich^4〕針路を誤る, 方角を見失う《鳥・パイロット・飛行機などが》. **2.** *s.* 〔補足なし〕消え失せる《香りなどが》;蒸発する《香水などが》;すぐ消える《怒りなどが》;飛ぶように過ぎる《時間が》. **3.** *h.* 〔〈et^4〉ヲ〕飛行機代として支出する〔使う〕.

ver·flie·ßen* [ふぇあふリーセン] [動] *s.* **1.** 〔補足なし〕混ざり合う《色が》;《転》ぼやける《概念・境界などが》. **2.** 〔補足なし〕《文》流れる, 過去る, 経過する《時・日などが》.

ver·flixt [ふぇあふリクスト] [形] 《口》 **1.** 腹立たしい, 不愉快な, いまいましい. **2.** 《蔑》とんでもない. **3.** とてつもない;ひどく. **【慣用】Verflixt (noch mals) 〔Verflixt noch eins/Verflixt und zugenäht〕!** 《口》くそいまいましい.

ver·flos·sen [ふぇあふロッセン] [形] **1.** 《口》昔の, 前の: ihr *V~er* 彼女の昔の男〔前夫〕. **2.** 《文》過去った.

ver·flu·chen [ふぇあふルーヘン] [動] *h.* **1.** 〔〈j^4〉ニ〕呪(のろ)いをかける. **2.** 〔〈j^4/et^4〉ヲ〕呪う, 呪わしく〔いまいましく〕思う.

ver·flucht [ふぇあふルーふト] [形] 《口》 **1.** 《蔑》いまいましい;とんでもない: *V~* (noch mal)! こんちくしょう. **2.** とてつもない, ものすごい;すごく.

ver·flüch·ti·gen [ふぇあふリュひティゲン] [動] *h.* **1.** 〔〈et^4〉ヲ〕気化〔蒸発・揮発〕させる;《〈et^4〉がsich^{4}の場合》気化〔蒸発・揮発〕する. **2.** 〔sich^4〕消えてなくなる《霧・におい・明朗さなどが》. **3.** 〔sich^4〕《口・冗》蒸発する《人・物が》.

ver·flüs·si·gen [ふぇあふリュッスィゲン] [動] *h.* **1.** 〔〈et^4〉ヲ〕液体にする, 液化する;《〈et^4〉がsich^{4}の場合》液体になる, 液化する. **2.** 〔〈et^4〉ヲ〕流動化する《資本などを》.

die **Ver·flüs·si·gung** [ふぇあふリュッスィグング] [名] -/-en 液化.

der **Ver·folg** [ふぇあふぉルク] [名] -(e)s/ 《硬》経過;進行: im 〔in〕 ~ dieser Angelegenheit 本件の経過において.

ver·fol·gen [ふぇあふぉルゲン] [動] *h.* **1.** 〔〈j^4/et^4〉ヲ〕追う, 追跡する《犯人・足跡などを・猟犬が獣などを》. **2.** 〔〈j^4〉ヲ+mit 〈et^3〉デ〕(うるさく)責めたてる. **3.** 〔〈j^4〉ヲ〕迫害する《政治〔人種・宗教〕的な動機から》. **4.** 〔〈et^4〉ヲ〕たどる《道などを》. **5.** 〔〈j^4/et^4〉ヲ〕《法》訴追する. **6.** 〔〈et^4〉ヲ〕追求する《目的などを》, 推進める《計画などを》. **7.** 〔〈et^4〉ヲ〕見守る《事の成行きなどを》.

der **Ver·fol·ger** [ふぇあふぉルガー] [名] -s/- 追っている人, 追跡者;追求者;迫害者.

der/die **Ver·folg·te** [ふぇあふぉルクテ] [名] 《形容詞的変化》被迫害者.

die **Ver·fol·gung** [ふぇあふぉルグング] [名] -/-en **1.** 追跡;迫害. **2.** 《法》訴追. **3.** 《主に[単]》追求.

die **Ver·fol·gungs·jagd** [ふぇあふぉルグングス・ヤークト] [名] -/-en 大掛りな追跡.

der **Ver·fol·gungs·wahn** [ふぇあふぉルグングス・ヴァーン] [名] -(e)s/ 《心》被害〔迫害〕妄想.

ver·for·men [ふぇあふぉるメン] [動] *h.* **1.** 〔〈et^4〉ヲ〕変形させる, (…の)形を歪める;《〈et^4〉がsich^{4}の場合》変形する, 形が歪む. **2.** 〔〈et^4〉ヲ〕《工》成形する《鋼鉄などを》.

ver·frach·ten [ふぇあふらはテン] [動] *h.* **1.** 〔〈et^4〉ヲ〕(貨物として)運送する, 積込む. **2.** 〔〈et^4〉ヲ+(〈方向〉ニ)〕運ぶ《風・波などが》. **3.** 〔〈j^4〉ヲ+〈方向〉ニ〕《口・冗》運び込む《寝たくない子供をベッドに, 荷物をたくさんかかえた人を列車などに》.

der **Ver·frach·ter** [ふぇあふらはター] [名] -s/- (特に海上の)運送業者.

ver·fran·zen [ふぇあふらンツェン] [動] *h.* **1.** 〔sich^4〕《空》飛行コースを誤る. **2.** 〔sich^4〕《口》道に迷う.

ver·frem·den [ふぇあふれムデン] [動] *h.* 〔〈j^4/et^4〉ヲ〕従来にはないやり方で表現する, 異化する《文学・劇・グラフィックアートで》.

die **Ver·frem·dung** [ふぇあふれムドゥング] [名] -/-en 従来にないやり方で表現すること, 異化《文学・劇・グラフィックアートで》.

ver·fres·sen[1]* [ふぇあふれッセン] [動] *h.* 〔〈et^4〉ヲ〕《口》食べることに使い果たす《給料などを》.

ver·fres·sen[2] [ふぇあふれッセン] [形] 《口・蔑》食い意地の張った.

ver·fro·ren [ふぇあふろーれン] [形] 凍えた, 冷え切った, かじかんだ;寒がりの.

ver·frü·hen [ふぇあふりゅーエン] [動] *h.* 〔sich^4〕予想〔予定〕より早く来る〔起こる〕《客・冬などが》.

ver·früht [ふぇあふりゅート] [形] 時期尚早の, 早まった.

ver·füg·bar [ふぇあふゅーク・バーあ] [形] 意のまま〔自由〕になる, 自由に使用〔裁量・処理〕できる: ein *~es* Einkommen 可処分所得.

die **Ver·füg·bar·keit** [ふぇあふゅークバーあカイト] [名] -/ 自由に使えること, 可処分性.

ver·fü·gen [ふぇあふゅーゲン] [動] *h.* **1.** 〔〈et^4〉ヲ/〈[文]〉デアルコトヲ〕(職務により)命じる, 指令〔指示〕する. **2.** 〔über 〈j^4/et^4〉ヲ〕意のままにする, 自由に使える《金・時間などを》;持っている《資力・能力・知識などを》. **3.** 〔sich^4+〈方向〉ニ〕《硬》(《冗》も有)出頭する, 赴く.

die **Ver·fü·gung** [ふぇあふゅーグング] [名] -/-en **1.** (官庁・裁判所の)指示〔指令・命令・処分〕: eine einstweilige ~ 仮処分. eine letztwillige ~ 遺言. ~ von Todes wegen 死因処分. eine ~ über 〈et^4〉 erlassen 〔treffen〕 〈事についての〉指令を出す. **2.** 《[単]のみ》自由裁量, 自由な使用, 任意の処理: 〈j^1〉 hat 〈et^4〉 zur ~ 〈人が〉〈物を〉自由に使える〔できる〕. 〈et^1〉 steht 〈j^3〉 zur ~ 〈物を〉〈人が〉自由に使える〔できる〕. 〈j^3〉 〈et^4〉 zur ~ stellen 〈人に〉〈物を〉自由に使わせる, 〈人に〉〈物を〉提供する. sein Amt zur ~ stellen 辞任を申出る. sich^4 zu 〈j^2〉 ~ halten 〈人の〉意に従う用意ができている. Ich stelle mich Ihnen jederzeit gerne zur ~. 私はいつでも喜んであなたのお役に立ちます.

ver·fü·gungs·be·rech·tigt [ふぇあふゅーグングス・べれひティひト] [形] 自由裁量〔処分〕権のある.

die **Ver·fü·gungs·ge·walt** [ふぇあふゅーグングス・ゲヴァルト] [名] -/ 自由に裁量できる権力, 処分権.

das **Ver·fü·gungs·recht** [ふぇあふゅーグングス・れひト] [名]

V

-(e)s/-e 自由に裁量〔処分〕できる権利.
verführen [ふぇあふゅーれン] 動 h. **1.** 〔⟨j⁴⟩ッ+zu⟨et³⟩ヘ+〕誘惑する, (…を)そそのかして(…を)させる. **2.** 〔⟨j⁴⟩ッ〕(性的に)誘惑する.
der **Verführer** [ふぇあふゅーらー] 名 -s/- 誘惑者.
verführerisch [ふぇあふゅーれリシュ] 形 誘惑的な, 欲望〔心〕をそそる;魅惑的な.
die **Verführung** [ふぇあふゅールング] 名 -/-en 誘惑;魅惑, 魅力.
die **Verführungskunst** [ふぇあふゅールングス・クンスト] 名 -/..künste 誘惑の仕方〔手管〕.
verfüttern [ふぇあふゅッターン] 動 h. **1.** 〔(⟨et³⟩ニ)+⟨et⁴⟩ッ〕餌(ホ)として与える. **2.** 〔⟨et⁴⟩ッ〕餌として費やす.
die **Vergabe** [ふぇあゲーベ] 名 -/-n 授与, (仕事の)委託.
vergaben [ふぇあガーベン] 動 h. 〔⟨et⁴⟩ッ〕(スイ)贈与する, 寄贈〔遺贈〕する.
die **Vergabung** [ふぇあガーブング] 名 -/-en (スイ)贈与, 遺贈.
vergackeiern [ふぇあガックアイあーン] 動 〔⟨j⁴⟩ッ〕(口)担ぎ出す, からかって面白がる.
vergaffen [ふぇあガッふぇン] 動 〔sich⁴+in⟨j⁴/et⁴⟩ニ〕(口)ほれ込む.
vergällen [ふぇあゲレン] 動 h. **1.** 〔⟨et⁴⟩ッ〕(化)変性させる(アルコールなどを). **2.** 〔⟨j³⟩ッ+⟨et⁴⟩ッ〕台なしにする(喜びなどを).
vergaloppieren [ふぇあガロピーれン] 動 h. 〔sich⁴〕(口)慌ててへまをする.
vergammeln [ふぇあガメルン] 動 (口) **1.** s. (慣用)落ちぶれる;堕落する;荒れる(家屋・庭などが);古くなる, 腐る(食物が). **2.** h. 〔⟨et⁴⟩ッ〕無為に過ごす(時間を).
vergangen [ふぇあガンゲン] 形 過去った, (この前の).
die **Vergangenheit** [ふぇあガンゲンハイト] 名 -/-en **1.** (ほの)過去: die jüngste ~ ごく最近の過去. **2.** (人の)過去 die unbewältigte ~ 克服されざる過去(特にナチの行為について). **3.** 〔言〕過去時制;過去形.
vergänglich [ふぇあゲングリヒ] 形 移ろいやすい, 束の間の, 長持ちしない, はかない, 無常の.
die **Vergänglichkeit** [ふぇあゲングリヒカイト] 名 -/ 移ろいやすさ, 無常, はかなさ.
verganten [ふぇあガンテン] 動 h. 〔⟨et⁴⟩ッ〕(スイ)強制競売にかける.
vergären⁽*⁾ [ふぇあゲーれン] 動 **1.** h. 〔⟨et⁴⟩ッ〕発酵させる. **2.** s. 〔(s)〕発酵する.
vergasen [ふぇあガーゼン] 動 h. **1.** 〔⟨et⁴⟩ッ〕ガス化する(石炭などを). **2.** 〔⟨j⁴/et⁴⟩ッ〕毒ガスで殺す;燻蒸(*)して殺す(害虫を).
der **Vergaser** [ふぇあガーザー] 名 -s/- 〖車〗キャブレター, 気化器.
der **Vergasermotor** [ふぇあガーザー・モ(ー)トーあ] 名 -s/-en 〖工〗ガソリンエンジン.
vergaß [ふぇあガース] 動 vergessen の過去形.
vergäße [ふぇあゲーセ] 動 vergessen の接続法 2 式.
die **Vergasung** [ふぇあガーズング] 名 -/-en ガス化;毒ガスによる殺害;燻蒸による駆除. 【慣用】**bis zur Vergasung** (口)うんざりするほど.
vergattern [ふぇあガッターン] 動 h. **1.** 〔⟨et⁴⟩ッ〕格子〔柵〕で囲む. **2.** 〔⟨j³⟩+(zu ⟨et³⟩ヂェクト)〕命じる(義務の遵守を命じる): die Wache ~ 衛兵に規則の遵守を命じる(昔の軍隊で任務に先立って).
die **Vergatterung** [ふぇあガッテるング] 名 -/-en **1.** 格子〔柵(*)〕をつけること. **2.** 任務を負わせること, 命令すること.
vergeben⁽*⁾ [ふぇあゲーベン] 動 〔⟨j³⟩ッ/⟨j⁴⟩ッ+⟨et⁴⟩ッ〕(文)赦(*)す. **2.** 〔⟨et⁴⟩ッ+(an⟨j⁴⟩=)〕与える(ポスト・奨学金などを), 授与する(賞などを), 委託する(仕事などを): Sie ist schon ~. 彼女はもう決めた人がいる(婚約・結婚している). **3.** 〔⟨et⁴⟩ニ+⟨et⁴⟩ッ〕傷をつける: seiner Würde etwas/nichts ~ 彼の体面に傷をつける/傷をつけない. **4.** 〔(⟨et⁴⟩ッ)〕逸する(チャンス・得点などを), 〘スポ〙はずす(ゴール・ペナルティキックなどを). **5.** 〔sich⁴〕〘スポ〙(カードの)配り方を間違える. **6.** h. 〔スポ〙配り間違える(カードなどを).
vergebens [ふぇあゲーベンス] 副 《文飾》空(ジ)しく, いたずらに: Ich habe ~ versucht, seine Gesinnung zu ändern. 私は彼の考えを変えようとしたが徒労に終った.
vergeblich [ふぇあゲープリヒ] 形 空(ジ)しい, 無益な, 無駄な: Er hat sich ~ bemüht. 彼は努力したが無駄だった.
die **Vergeblichkeit** [ふぇあゲープリヒカイト] 名 -/ 徒労, 無駄, 無益.
die **Vergebung** [ふぇあゲーブング] 名 -/ **1.** 《文》赦し, 赦免. **2.** (任務・賞などを)与えること, 授与.
vergegenwärtigen [ふぇあゲーゲンヴェるティゲン, ふぇあゲーゲンヴェるティゲン] 動 h. 〔sich³+⟨et⁴⟩ッ〕ありありと思い浮かべる〔思い起こす〕.
die **Vergegenwärtigung** [ふぇあゲーゲンヴェるティグング, ふぇあゲーゲンヴェるティグング] 名 -/-en ありありと思い浮べること.
vergehen⁽*⁾ [ふぇあゲーエン] 動 **1.** s. (慣用)過ぎる(時・時間・日などが);消える(雲・霧などが). **2.** s. 〔(⟨j³⟩ッ)〕消える(痛み・食欲・喜びなどが). **3.** s. (慣用)《文》世を去る. **4.** s. 〔vor ⟨et³⟩ノりング〕死にそうになる. **5.** h. 〔sich⁴+gegen ⟨et⁴⟩ニ〕違反する, 反する行為をする(法律・良俗などに). **6.** h. 〔sich⁴+an ⟨j³/et³⟩ニ〕暴行する(婦女に);(…を)悪用する(人の信頼などを);《文》手を付ける(人の所有物に).
das **Vergehen** [ふぇあゲーエン] 名 -s/- **1.** 〖法〗軽罪(1 年未満の自由刑, または罰金刑が科せられる);違反行為, 過失. **2.** (働のみ)消滅: das Werden und ~ in der Natur 自然における生成と消滅.
vergeistigen [ふぇあガイスティゲン] 動 h. 〔⟨et⁴/et⁴⟩ッ〕精神的な〔知的な〕ものに変える.
vergeistigt [ふぇあガイスティヒト] 形 脱俗〔超俗〕的な.
die **Vergeistigung** [ふぇあガイスティグング] 名 -/-en 精神化.
vergelten⁽*⁾ [ふぇあゲルテン] 動 h. **1.** 〔⟨et⁴⟩=+mit ⟨et³⟩ヂェクト〕報いる. **2.** 〔⟨j³⟩ッ+⟨et⁴⟩ッ〕お返し〔返礼〕をする, 報復〔仕返し〕をする. 【慣用】**Vergelt's Gott!** ありがとう.
die **Vergeltung** [ふぇあゲルトゥング] 名 -/-en (主に働)報いること, 報復, 仕返し: für ⟨et⁴⟩ ~ üben ⟨事ニ⟩報いる〔⟨事ニ⟩仕返しをする.
die **Vergeltungsmaßnahme** [ふぇあゲルトゥングス・マース・ナーメ] 名 -/-n 報復措置.
die **Vergeltungswaffe** [ふぇあゲルトゥングス・ヴァっふぇ] 名 -/-n 〖軍〗報復兵器(第二次大戦時のドイツのロケット弾)(V-waffe).
vergesellschaften [ふぇあゲゼルシャふテン] 動 h. **1.** 〔⟨et⁴⟩ッ〕〖経〗国有〔公有〕化する, 国営〔公営〕化する. **2.** 〔⟨j⁴⟩ッ〕〖社・心〗社会化する. **3.** 〔sich⁴〕〖生・医〗群集を形成する.
die **Vergesellschaftung** [ふぇあゲゼルシャふトゥング] 名 -/-en 国有〔公有〕化, 国営〔公営〕化;社会化;群集形成.
vergessen⁽*¹⁾ [ふぇあゲッセン] 動 er vergisst; vergaß; hat vergessen **1.** 〔⟨et⁴⟩ッ/⟨文⟩デアルコト〕忘れる, 覚えていない. **2.** 〔⟨j⁴/et⁴⟩ッ/⟨文⟩デアルコト〕忘れる, 置き忘れる, 失念する, 考えない(うっかりして・気をとられて). 【⟨j⁴/et⁴⟩の代りに⟨j³/et³⟩をとるのは

《古》, 現在は《文》, auf〔an〕〈j^4/et^4〉は《南独・オーストリア》】
3. 〔sich^4〕われを忘れる, 逆上する; 自分のことを忘れる: sich^4 (selbst) nicht ~ 《口》自分の分を忘れない(食事を取分ける際などに). 【慣用】**Das kannst du vergessen!** 《口》それは気にしなくていい(不可能・非現実的なことだから). **Das vergisst sich leicht.** それはすぐ忘れられてしまう. **leicht/schnell vergessen** 忘れっぽい/すぐ忘れる. (...)**, nicht zu vergessen, ...** 忘れてならないのは…だ: Ich besuchte auf meiner Europareise London, Paris und Rom, nicht zu *vergessen* Berlin. 私はヨーロッパ旅行でロンドン, パリ, ローマを, そして忘れてならないがベルリンを訪ねた. **〈j^3〉〈et^4〉 nie vergessen** 〈人の〉〈事を〉決して忘れない(感謝して, または怒って).

ver·ges·sen^2 [ふぇあゲっセン] [動] vergessen^{1}の過去分詞.

die **Ver·ges·sen·heit** [ふぇあゲっセンハイト] [名] -/ 忘却: 〈j^4/et^4〉 der ~ entreißen 〈人・事の〉記憶をよみがえらせる.

ver·gess·lich, [旧]**ver·geß·lich** [ふぇあゲスリひ] [形] 忘れっぽい.

die **Ver·gess·lich·keit,** [旧]**Ver·geß·lich·keit** [ふぇあゲスリひカイト] [名] -/ 忘れっぽいこと.

ver·geu·den [ふぇあゴイデン] [動] *h.* 〔〈et^4〉ヲ〕浪費する, 無駄に使う(財産・時間などを).

die **Ver·geu·dung** [ふぇあゴイドゥング] [名] -/-en 浪費.

ver·ge·wal·ti·gen [ふぇあゲヴァルティゲン] [動] *h.* **1.** 〔〈j^4〉ヲ〕暴力で犯す, 強姦(ごうかん)する. **2.** 〔〈j^4/et^4〉ヲ〕無理やり服従させる(国民などを), ねじ曲げる(法などを).

die **Ver·ge·wal·ti·gung** [ふぇあゲヴァルティグング] [名] -/-en 暴行, 強姦(ごうかん); 無理強い, 歪曲(わいきょく).

ver·ge·wis·sern [ふぇあゲヴィっサーン] [動] *h.* 〔sich^4+〈et^2〉ヲ/〈[文]デアルコトヲ〉〕確かめる, 確認する.

ver·gie·ßen* [ふぇあギーセン] [動] *h.* **1.** 〔〈et^4〉ヲ〕注(つ)ぎ損なう; (うっかり)こぼす(コーヒーなどを); 流す(汗・涙・血などを). **2.** 〔〈et^4〉ヲ〕鋳込む; 鋳造する.

ver·gif·ten [ふぇあギふテン] [動] *h.* **1.** 〔〈et^4〉ニ〕毒を入れる, 毒を塗る; (…を)汚染する(空気などを). **2.** 〔〈et^4〉ヲ〕毒する(魂などを), そこなう, 壊す(雰囲気などを). **3.** 〔sich^4+(durch 〈et^4〉ニ)〕中(あ)たる, 中毒する. **4.** 〔〈j^4/et^4〉ヲ〕毒殺する; (〈j^4〉がsich^{4}の場合)服毒自殺する.

die **Ver·gif·tung** [ふぇあギふトゥング] [名] -/-en **1.** 毒を入れること; 毒すること; そこねること; 汚染; 毒殺. **2.** 中毒: an einer ~ sterben 中毒死する.

(*der*) **Ver·gil** [ヴェるギール] [名] 〖人名〗ヴェルギリウス(Publius Vergilius Maro, 紀元前70-19, 古代ローマの詩人).

ver·gil·ben [ふぇあギルベン] [動] **1.** *s.* 〖補足なし〗(古くなって)黄ばむ, 黄色く変色する. **2.** *h.* 〔〈et^4〉ヲ〕《稀》黄色く変色させる.

ver·gilbt [ふぇあギルプト] [形] 黄色くなった, 黄ばんだ.

ver·gip·sen [ふぇあギプセン] [動] *h.* 〔〈et^4〉ヲ〕石膏(せっこう)で固定する, (…に)石膏をつめる; 《稀》ギプスで固定する.

ver·giss!, [旧]**ver·giß!** [ふぇあギス] [動] vergessen^{1}のduに対する命令形.

ver·gis·sest, [旧]**ver·gis·sest** [ふぇあギっセスト] [動] vergessen^{1}の現在形2人称単数.

das **Ver·giss·mein·nicht,** [旧]**Ver·giß·mein·nicht** [ふぇあギス・マイン・ニひト] [名] -(e)s/-(e) 〖植〗ワスレナグサ.

ver·gisst, [旧]**ver·gißt** [ふぇあギスト] [動] vergessen^{1}の現在形2・3人称単数.

ver·git·tern [ふぇあギっターン] [動] *h.* 〔〈et^4〉ニ〕格子をつける.

ver·gla·sen [ふぇあグラーゼン] [動] **1.** *h.* 〔〈et^4〉ニ〕ガラスを入れる〔はめる・張る〕(窓・温室などに). **2.** *s.* 〖補足なし〗《稀》無表情になる, 据わる(恐怖などで目が). **3.** *h.* 〔〈et^4〉ヲ〕〖原子核工学〗ガラスで固める(核廃棄物を).

die **Ver·gla·sung** [ふぇあグラーズング] [名] -/-en **1.** ガラスをはめる〔ガラス張りにする〕こと. **2.** はめられた〔張られた〕ガラス. **3.** 〖原子核工学〗ガラスで固めること.

der **Ver·gleich** [ふぇあグライひ] [名] -(e)s/-e **1.** 比較, 対照, 対比: einen ~ zwischen zwei Möglichkeiten ziehen 二つの可能性を比較する. einen ~ mit 〈et^3〉 anstellen 〈物・事を〉比べてみる. den ~ mit 〈j^3/et^3〉 aushalten 〈人・物・事と〉比較して遜色がない. im ~ zu 〔mit〕〈j^3〉〈人と〉比較すると. Jeder ~ hinkt. (どんな例えでも)例えは物の一面を表すに過ぎない. **2.** 直喩(ちょくゆ)(例: rot wie Blut「血のように赤い」など). **3.** 〖法〗和解, 示談; 和議: einen ~ mit 〈j^3〉 schließen 〈人と〉和解する. mit 〈j^3〉 auf einen ~ eingehen 〈人との〉和解に応ずる. **4.** 〖スポーツ〗練習試合.

ver·gleich·bar [ふぇあグライひ・バーあ] [形] 〔(mit 〈j^3/et^3〉ト/〈j^3/et^3〉ト)〕比べられる, (…に)匹敵する.

ver·glei·chen* [ふぇあグライひェン] [動] *h.* **1.** 〔〈j^4/et^4〉ヲ+mit 〈j^3/et^3〉ト〕比べる, 比較する, 照合する, 対比〔対照〕する. **2.** 〔〈j^4/et^4〉ヲ〕(互いに)比べる. **3.** 〔〈j^4/et^4〉ヲ+〈j^3/et^3〉ニ/mit 〈j^3/et^3〉ニ〕例える, なぞらえる(〈j^3/et^3〉は《文》). **4.** 〔sich^4+mit 〈j^3〉ト〕(優劣を)競う, 張り合う. **5.** 〔相互代名詞sich^4〕(互いに)優劣を競い合う. **6.** 〔相互代名詞sich^4〕〖法〗和解する, 示談にする. 【慣用】**Das ist (doch gar) nicht zu vergleichen.** 《口》それは比較にならない(よ). **Vergleiche S.10!** 10ページ参照(略 vgl.).

das **Ver·gleichs·jahr** [ふぇあグライひス・ヤーあ] [名] -(e)s/-e (統計の)基準年.

das **Ver·gleichs·ver·fah·ren** [ふぇあグライひス・ふぇあふぁーれン] [名] -s/- 〖法〗和議手続.

ver·gleichs·wei·se [ふぇあグライひス・ヴァイゼ] [副] 《文飾》比較的, 割合に.

der **Ver·gleichs·wert** [ふぇあグライひス・ヴェーあト] [名] -(e)s/-e 〖統計〗比較値.

die **Ver·gleichs·zahl** [ふぇあグライひス・ツァール] [名] -/-en 〖統計〗基準数.

ver·glet·schern [ふぇあグレっチャーン] [動] *s.* 〖補足なし〗氷河になる, 氷河で覆われる.

die **Ver·glet·sche·rung** [ふぇあグレっチェるング] [名] -/-en 氷河化, 氷河で覆われること.

ver·glim·men$^{(*)}$ [ふぇあグリメン] [動] *s.* 〖補足なし〗次第に消えていく(光・星などが).

ver·glü·hen [ふぇあグリューエン] [動] *s.* 〖補足なし〗次第に消えていく(赤く焼けている石炭・薪などが); 白熱して燃えつきる(ロケット・流星などが).

ver·gnü·gen [ふぇあグニューゲン] [動] *h.* **1.** 〔sich^4+〈様態〉デ〕楽しむ. 楽しく過ごす; (…に)興じる. **2.** 〔〈j^4〉ヲ〕《稀》楽しませる, 面白がらせる.

das **Ver·gnü·gen** [ふぇあグニューゲン] [名] -s/- **1.** (主に[単])楽しみ, 喜び: an 〈et^3〉 ~ finden 〈物・事に〉楽しみを見いだす. 〈et^4〉 aus ~ tun 〈事を〉楽しむためにする. 〈et^4〉 zum ~ tun 〈事を〉気晴らしにする. sich^3 ein ~ daraus machen, 〈et^4〉 zu tun 〈事を〉するのを楽しむ. **2.** (主に[単])楽しいこと: ein teures ~ お金のかかる楽しみ. **3.** 《古》楽しい催し, ダンスパーティー: zu einem ~ gehen 楽しい催し〔ダンスパーティー〕に行く. 【慣用】**(Ich wünsche dir) viel Vergnügen!** 大いに楽しんでいらっしゃい. **Mit (dem größten) Vergnügen!** 喜んで(相手の要請に対して).

ver·gnüg·lich [ふぇあグニュークリひ] [形] 楽しい; 愉快な.

ver·gnügt [ふぇあグニュークト] [形] 上機嫌な, 楽しげな; 楽しい.

die **Ver·gnügt·heit** [ふぇあグニュークトハイト] [名] -/-en

(主に[単])上機嫌〔楽しげ〕なこと.
die **Ver·gnü·gung** [ふぇあグニューグング] [名] -/-en《主に[複]》楽しみ, 娯楽; 楽しい催し物.
die **Ver·gnü·gungs·fahrt** [ふぇあグニューグングス・ふぁーあト] [名] -/-en 行楽の旅.
der **Ver·gnü·gungs·park** [ふぇあグニューグングス・パるク] [名] -s/-s〔-e〕遊園地.
die **Ver·gnü·gungs·rei·se** [ふぇあグニューグングス・らイゼ] [名] -/-n 慰安旅行, レジャー観光.
die **Ver·gnü·gungs·steu·er** [ふぇあグニューグングス・シュトイあー] [名] -/- 〖税〗遊興税.
die **Ver·gnü·gungs·sucht** [ふぇあグニューグングス・ズふト] [名] -/《(蔑)も有》遊び好き, 享楽癖.
ver·gnü·gungs·süch·tig [ふぇあグニューグングス・ズュひティひ] [形] 遊び好きの.
ver·gol·den [ふぇあゴルデン] [動] *h.* **1.** 〔〈et^4〉ニ〕金めっきをする, 金箔(きんぱく)を置く, 金を張る;《転》金色に染める(夕日が建物などを). **2.** 〔〈et^4〉ヲ〕《文》幸せな〔楽しい〕ものにする, 美しいものに見せる(思い出が苦しい年月などを). **3.** 〔(〈j^3〉ニ)＋〈et^4〉ノ〕代償を支払う.
der **Ver·gol·der** [ふぇあゴルダー] [名] -s/- 金めっき〔金箔(きんぱく)〕工.
die **Ver·gol·dung** [ふぇあゴルドゥング] [名] -/-en 金めっきをすること, 金箔(きんぱく)を置くこと; 金めっき, 金箔.
ver·gön·nen [ふぇあ[ゲ]ネン] [動] *h.* **1.** 〔〈j^3〉ニ＋〈et^4〉ヲ〕(恩恵として)許す, 与える, 恵む. **2.** 〔〈j^3〉ノ＋〈et^4〉ヲ〕《文》快く認める, 素直に喜ぶ; (…に…を)与える.
ver·göt·tern [ふぇあ[ゲ]ッターン] [動] *h.* 〔〈j^4〉ヲ〕神のようにあがめる, 偶像視する, 盲目的に愛する.
die **Ver·göt·te·rung** [ふぇあ[ゲ]ッテるング] [名] -/-en 神のように崇拝すること, 偶像視, 盲目的に愛すること.
ver·gra·ben* [ふぇあグらーベン] [動] *h.* **1.** 〔〈et^4〉ヲ〕地中に埋めて隠す, 埋蔵する. **2.** 〔sich^4＋(in 〈et$^{4(3)}$〉ニ)〕潜って隠れる; 籠(こも)りきりになる, 没頭する. **3.** 〔〈et^4〉ヲ＋in〈et$^{4(3)}$〉ニ〕隠す(顔を両手などに); 深く突っ込む(手をポケットなどに).
ver·grä·men [ふぇあグれーメン] [動] *h.* **1.** 〔〈j^4〉ノ〕感情を害する, (…を)腹立たしい気持にさせる. **2.** 〔〈et^4〉ヲ〕〖狩〗おびえさせて逃げさせる(獣を).
ver·grämt [ふぇあグれームト] [形] 悲嘆にくれた, 悲しみにやつれた.
ver·grät·zen [ふぇあグれッツェン] [動] *h.* 〔〈j^4〉ヲ〕《方・口》怒らせる, (…の)感情を害する.
ver·grau·len [ふぇあグらウレン] [動] *h.* 《口》 **1.** 〔〈j^4〉ヲ〕無愛想〔失礼〕な態度で怒らせて追払う〔つき合ってくれなくさせる〕(友人などを). **2.** 〔〈j^3〉ノ＋〈et^4〉ヲ〕《稀》台無しにする.
ver·grei·fen* [ふぇあグらイふェン] [動] *h.* **1.** 〔sich^4〕取り間違える, 間違って別のものをつかむ; 弾き間違える(演奏者が). **2.** 〔sich^4＋in 〈et^3〉ヲ〕(選び)間違える, 誤る. **3.** 〔sich^4＋an 〈et^3〉ニ〕手をつける(レジの金などに), (…を)横領する(他人の財産などを). **4.** 〔sich^4＋an 〈j^3〉ニ〕乱暴する(弱い者などに), (性的な)いたずらをする(子供などに). **5.** 〔sich^4＋an 〈et^3〉ヲ〕いじくり回す(機械などを).
ver·grei·sen [ふぇあグらイゼン] [動] *s.* **1.** 〔補足なし〕老け込む. **2.** 〔補足なし〕高齢化する(人口が).
ver·grif·fen [ふぇあグりっふェン] [形] 絶版の, 品切れの.
ver·grö·bern [ふぇあグ[れ]ーバーン] [動] *h.* 〔〈j^4/et^4〉ヲ〕粗雑にする, ごつくする, がさつにする; (〈j^4〉がsich^{4}の場合)粗雑になる, ごつくなる, がさつになる. 【慣用】**eine vergröbernde Darstellung** 大雑把な表現. **〈et^4〉 vergröbert darstellen** 〈物を〉大雑把に表す.
ver·grö·ßern [ふぇあグ[れ]ーサーン] [動] *h.* **1.** 〔〈et^4〉ヲ〕大きくする, 拡大〔拡張〕する(庭・会社などを), 広くする, 広げる(間隔・レパートリーなどを); (〈et^4〉がsich^{4}の場合)大きくなる, 広がる; 肥大する(肝臓などが). **2.** 〔sich^4〕《口》住居〔店〕をもっと大きなものにする. **3.** 〔〈et^4〉ヲ〕増やす, 増大〔増加〕させる(従業員数・資本金額などを); (〈et^4〉がsich^{4}の場合)増える, 増大〔増加〕する, 大きくなる. **4.** 〔〈et^4〉ヲ〕引伸す(写真を), 拡大する(図などを). **5.** 〔補足なし〕拡大する(レンズなどが).
die **Ver·grö·ße·rung** [ふぇあグ[れ]ーセるング] [名] -/-en **1.** (主に[単])大きくすること, 拡大, 拡張; 増大, 増加; (写真の)引伸し; 肥大. **2.** 引伸し写真.
der **Ver·grö·ße·rungs·ap·pa·rat** [ふぇあグ[れ]ーセるングス・アパらート] [名] -(e)s/-e (写真の)引伸し機.
das **Ver·grö·ße·rungs·glas** [ふぇあグ[れ]ーセるングス・グラース] [名] -es/..gläser 拡大鏡.
ver·gu·cken [ふぇあグッケン] [動] *h.* 《口》 **1.** 〔sich^4＋in 〈et^3〉ヲ〕見誤る, 見間違える. **2.** 〔sich^4＋in 〈j^4/et^4〉ニ〕(外見に魅せられて)ほれ込む.
die **Ver·güns·ti·gung** [ふぇあギュンスティグング] [名] -/-en 特典, 優遇; 割引.
ver·gü·ten [ふぇあギューテン] [動] *h.* **1.** 〔〈j^3〉ノ＋〈et^4〉ヲ〕償う, 補償〔弁償〕する(損害などを), 返済する(立替金などを). **2.** 〔(〈j^3〉ニ)＋〈et^4〉ノ〕〖官〗報酬を支払う. **3.** 〔〈et^4〉ニ〕焼入れ〔焼戻し〕をする(金属に), コーティングする(レンズに).
die **Ver·gü·tung** [ふぇあギュートゥング] [名] -/-en **1.** 補償〔返済〕すること; 報酬を払うこと. **2.** 補償〔返済〕金, 報酬. **3.** (鉄鋼などの)焼入れ; (レンズの)コーティング.
verh. =verheiratet 既婚の(記号⚭).
ver·hack·stü·cken [ふぇあハックシュテュッケン] [動] *h.* **1.** 〔〈et^4〉ヲ〕《口・蔑》こまごまと酷評する. **2.** 〔〈et^4〉ニツイテ〕《北独》交渉〔協議〕の話し合いをする.
die **Ver·haft** [ふぇあハふト] [名] -/ (次の形で)〈j^4〉 in ～ nehmen《古》〈人を〉(勾留状により)逮捕(勾留)する. in ～ sein《古》勾留されている.
ver·haf·ten [ふぇあハふテン] [動] *h.* **1.** 〔〈j^4〉ヲ〕(勾留状により)逮捕する. **2.** 〔sich^4＋〈j^3/et^3〉ニ〕刻み込まれる(印象などが).
ver·haf·tet [ふぇあハふテット] [形] **1.** 〔(wegen 〈et^2〉デ)〕逮捕された. **2.** 〔(in) 〈et^3〉ト〕しっかり結びついた.
die **Ver·haf·tung** [ふぇあハふトゥング] [名] -/-en 逮捕, 勾留; 《稀》(精神的に)しっかり結びついていること.
ver·ha·geln [ふぇあハーゲルン] [動] *s.* 〔補足なし〕雹(ひょう)の被害を受けて全滅する(農作物が).
ver·ha·ken [ふぇあハーケン] [動] *h.* **1.** 〔〈et^4〉ヲ〕ホックで留める; 組む(手などを). **2.** 〔sich^4＋(〈場所〉ニ)〕ひっかかる, からまって動かなくなる.
ver·hal·len [ふぇあハレン] [動] **1.** *s.* 〔補足なし〕次第に消えていく(音楽・足音・声などが); 《転》顧みられないままである(願い・警告などが). **2.** *h.* 〔〈et^4〉ニ〕〖工〗余韻〔残響〕効果をつける, エコーをかける.
ver·hal·ten^{1}* [ふぇあハルテン] [動] *h.* **1.** 〔sich^4＋〈様態〉ニ〕振舞う, (…の)態度をとる. **2.** 〔sich^4＋gegenüber 〔zu〕 〈j^3〉ニ対シテ/gegen 〈j^4〉ニ対シテ＋〈様態〉ノ〕態度をとる, (…に)振舞う. **3.** 〔sich^4＋〈様態〉デ〕ある(事が). **4.** 〔Es ＋ sich^4 ＋ mit 〈j^3/et^3〉ニ関シテ＋〈様態〉ノ〕事情である. **5.** 〔sich^4＋zu 〈et^3〉ニ対スル＋wie〕関係は…(の関係)に等しい: 3 *verhält sich* zu 6 wie 6 zu 12. 3対6は6対12に等しい. **6.** 〔〈et^4〉ヲ〕《文》こらえる. **7.** 〔〈et^4〉ヲ〕《文》止める(歩みを). **8.** 〔補足なし〕《文》歩みを止める. **9.** 〔〈et^4〉ノ〕〖馬術〗歩みを止める〔ゆるめる〕. **10.** 〔〈j^3〉ニ〕《オーストリア・スイス》《官》義務を課す. **11.** 〔〈j^3〉＋〈et^4〉ヲ〕《スイス》(手で)ふさぐ(口などを).
ver·hal·ten^2 [ふぇあハルテン] [形] 抑えた; 控え目な, 慎重な; おとなしい: mit ～*er* Stimme 声を押殺して.
das **Ver·hal·ten** [ふぇあハルテン] [名] -s/- 態度, 振舞い,

V

ver·hal·tens·be·dingt [ふぇあハルテンス・ベディンクト] 形 行動に制約された(条件づけられた).
die **Ver·hal·tens·for·schung** [ふぇあハルテンス・ふぉるシュング] 名 -/ 動物行動学.
ver·hal·tens·ge·stört [ふぇあハルテンス・ゲシュ(テ)ーあト] 形 〖心・医〗行動障害のある.
die **Ver·hal·tens·ma·ßre·gel** [ふぇあハルテンス・マース・れーゲル] 名 -/-n 〖主に複〗行動の規範.
das **Ver·hal·tens·mu·ster** [ふぇあハルテンス・ムスター] 名 -s/- 行動パターン.
die **Ver·hal·tens·re·gel** [ふぇあハルテンス・れーゲル] 名 -/-n 〖一定の状況での〗行動の規則〔ルール〕.
die **Ver·hal·tens·the·ra·pie** [ふぇあハルテンス・テらピー] 名 -/ 〖医〗行動療法.
die **Ver·hal·tens·wei·se** [ふぇあハルテンス・ヴァイゼ] 名 -/-n 行動の仕方.
das **Ver·hält·nis** [ふぇあヘルトニス] 名 -ses/-se **1.** 割合, 比率, 比例: im ~ (von) 3 zu 2 stehen 3対2の割合である. im ~ zu ⟨et³⟩ ⟨物・事⟩と比べると, im umgekehrten ~ zu ⟨et³⟩ stehen ⟨物・事⟩と反比例している. in keinem ~ zu ⟨et³⟩ stehen ⟨物・事⟩と釣合っていない. **2.** 関係, 間柄; 〖口〗恋愛関係 (Liebes~); 愛人: das ~ zu den Eltern 両親との関係. in freundlichem ~ zu ⟨j³⟩ stehen ⟨人³⟩と親しい間柄である. ein ~ mit ⟨j³⟩ haben ⟨人³⟩と恋愛関係にある. kein ~ zur Musik finden 音楽に親しめない. **3.** 〖複のみ〗状況, 情勢, 事情; 境遇: aus kleinen ~sen kommen 小市民の生れである. in guten ~sen leben 良い暮らし向きである. über ⟨j³⟩ ~se leben 過分な生活をする. unter normalen ~sen ノーマルな状態では.
ver·hält·nis·mä·ßig [ふぇあヘルトニス・メースィヒ] 形 **1.** 比較的, 割合に. **2.** 一定の比率の: eine ~e Gewinnbeteiligung 一定の比率の利益分配.
die **Ver·hält·nis·wahl** [ふぇあヘルトニス・ヴァール] 名 -/-en 比例代表制選挙.
das **Ver·hält·nis·wort** [ふぇあヘルトニス・ヴォるト] 名 -(e)s/..wörter 〖言〗前置詞.
die **Ver·hält·nis·zahl** [ふぇあヘルトニス・ツァール] 名 -/-en 〖統計〗比例数.
die **Ver·hält·tungs·ma·ßre·gel** [ふぇあハルトゥングス・マース・れーゲル] 名 -/-n 〖主に複〗 = Verhaltensmaßregel.
ver·han·deln [ふぇあハンデルン] 動 h. **1.** 〔(mit ⟨j³⟩) + ⟨et⁴⟩/über[um] ⟨et³⟩ニツイテ⟩交渉する, 折衝をする〔条約・抗争の問題などについて〕. **2.** 〖法〗審理する(事件を). **3.** ⟨gegen ⟨j⁴⟩ニ対スル/über ⟨et⁴⟩ニ関スル〕〖法〗審理を行う. **4.** ⟨et⁴⟩ッ 〖古〗〖蔑〗を作う〕売りつける.
der **Ver·hand·ler** [ふぇあハンドラー] 名 -s/- ⟨ニン/ニン⟩交渉〔折衝〕者, 話合い〔協議〕をする人.
die **Ver·hand·lung** [ふぇあハンドルング] 名 -/-en **1.** 話合い, 交渉, 折衝: die ~en führen 交渉をする. mit ⟨j³⟩ in ~en stehen ⟨人³⟩と交渉中である. **2.** 〖法〗審理, 弁論(Gerichts~〜): mündliche ~ 口頭弁論. zur ~ kommen 審理される.
der **Ver·hand·lungs·füh·rer** [ふぇあハンドルングス・ふゅーラ] 名 -s/- ⟨ニン/ニン⟩交渉〔折衝〕者, 話合い〔協議〕のふぉーラー.
ver·han·gen [ふぇあハンゲン] 形 **1.** 雲の垂れこめた, もやに包まれた, 曇った. **2.** カーテン〔覆い〕のかかった.
ver·hän·gen(*) [ふぇあヘンゲン] 動 h. **1.** ⟨et⁴⟩ッ (mit ⟨et³⟩デオオウ)覆いをする(窓などに). **2.** ⟨et⁴⟩ッを科する(刑罰などを), 布告する, 敷く(戒厳令などを).
das **Ver·häng·nis** [ふぇあヘングニス] 名 -ses/-se 不幸な運命, 悲運: ⟨j³⟩ zum ~ werden ⟨人³⟩の命取りになる.

ver·häng·nis·voll [ふぇあヘングニス・ふぉル] 形 重大な結果を招く, 取返しのつかない, 致命的な.
ver·harm·lo·sen [ふぇあハるムローゼン] 動 h. ⟨et⁴⟩ッ たいしたことはないように考える, みくびる, 軽視する.
ver·härmt [ふぇあヘるムト] 形 苦しみにやつれた.
ver·har·ren [ふぇあハれン] 動 h. 〖文〗 **1.** 〔auf [bei/in] ⟨et³⟩〕固執する, (…を)変えない: in seiner Ablehnung ~ 拒否の態度を崩さない. in Schweigen ~ 黙りこくっている. **2.** 〔⟨様態⟩ノ/⟨場所⟩カラ〕ままでいる, 動かないでいる.
ver·har·schen [ふぇあハるシェン] 動 s. 〖雅〗凍って固くなる(雪が); かさぶたになる(傷が).
ver·här·ten [ふぇあヘるテン] 動 h. **1.** ⟨et⁴⟩ッ堅くする(火が陶土などを). **2.** ⟨j⁴/et⁴⟩ッ頑(ガン)なな〔非情〕にする(運命が心などを). **3.** s. 〖雅〗堅くなる, 硬化する(地面・石膏(コウ)が・糊(ノリ)などが). **4.** h. ⟨sich⁴⟩ 堅くなる, 硬化する(腫瘍(ヨウ)・皮膚などが); 頑なな〔非情〕になる.
die **Ver·här·tung** [ふぇあヘるトゥング] 名 -/-en **1.** 堅くすること; 堅くなること; 硬化; (態度などの)硬化. **2.** 堅くなった〔硬化した〕箇所.
ver·has·peln [ふぇあハスペルン] 動 h. 〖口〗 **1.** ⟨sich⁴⟩早口で話して何度も言い間違いをする. **2.** ⟨sich⁴ +in ⟨et³⟩ニ⟩ひっかかる, からまる(網などに).
ver·haßt, 〚旧〛**ver·haßt** [ふぇあハスト] 形 嫌われた, い憎らしい: sich⁴ bei ⟨j³⟩ ~ machen ⟨人³⟩に嫌われる.
ver·hät·scheln [ふぇあヘーチェルン] 動 h. ⟨j⁴⟩ッ 〖口〗〖蔑〗も甘やかす.
der [das] **Ver·hau** [ふぇあハウ] 名 -(e)s/-e **1.** バリケード, 逆茂木(サカ). **2.** 〖口〗大混乱, 錯綜.
ver·hau·en(*) [ふぇあハウエン] 動 h. 〖口〗 **1.** ⟨j⁴/et⁴⟩ッさんざん殴る. **2.** ⟨et⁴⟩ッ間違える(作文・計算問題などで). **3.** ⟨sich⁴⟩計算(見込み)違いをする, ひどい間違いをする. **4.** ⟨et⁴⟩ッ考えなしに使ってしまう(遊びに金などを).
ver·he·ben* [ふぇあヘーベン] 動 h. ⟨sich⁴⟩ 重い物を持上げて体をいためる.
ver·hed·dern [ふぇあヘッダーン] 動 h. 〖口〗 **1.** ⟨sich⁴⟩ひっかかる, からまる; 話の途中でつかえる. **2.** ⟨et⁴⟩ッ もつれさせる, こんがらがらせる(糸などを).
ver·he·e·ren [ふぇあヘーれン] 動 h. ⟨et⁴⟩ッ荒らす, 荒廃させる, 壊滅させる(戦争・天災などが).
ver·he·e·rend [ふぇあヘーれント] 形 壊滅的な; 〖口〗ひどい.
die **Ver·he·e·rung** [ふぇあヘーるング] 名 -/-en 荒廃, 壊滅.
ver·heh·len [ふぇあヘーレン] 動 h. **1.** ⟨(⟨j³⟩) + ⟨et⁴⟩⟩ 〖文〗隠しておく(考え・気持などを). **2.** ⟨et⁴⟩ッ 〖稀〗隠匿〔ト〕する.
ver·hei·len [ふぇあハイレン] 動 s. 〖雅〗治る, 完全にふさがる(傷・傷口などが).
ver·heim·li·chen [ふぇあハイムリヒェン] 動 h. 〔⟨j³⟩ニ+ ⟨et⁴⟩ッ〕秘密にしておく, 伏せておく.
die **Ver·heim·li·chung** [ふぇあハイムリヒュング] 名 -/- (主に複)〔秘密にすること〕, 隠匿.
ver·hei·ra·ten [ふぇあハイらーテン] 動 h. **1.** ⟨sich⁴ + (mit ⟨j³⟩ト)⟩結婚する. **2.** ⟨j⁴⟩ッ (mit ⟨j³⟩ト ニ)結婚させる.
ver·hei·ra·tet [ふぇあハイらーテト] 形 結婚している, 既婚の(略 verh. 記号⚭): glücklich ~ sein 幸な結婚をしている. 【慣用】**mit ⟨j³⟩ nicht verheiratet sein** ⟨人³⟩と結婚しているわけではない(同棲(ドウ)している), 〖口〗⟨人³⟩といつでも手が切れる. **mit ⟨j³⟩ verheiratet/nicht verheiratet sein** 〖口・冗〗⟨物・事⟩と結婚している(そこ〔それ〕で多くの時間を過ごす)/⟨物・事⟩と結婚しているわけではない(いつでもやめられる).
die **Ver·hei·ra·tung** [ふぇあハイらートゥング] 名 -/-en

verheißen* [ふぇаハイセン] 動 h.《文》 **1.**〈j³ +〈et⁴〉ッ〉約束する《幸福・洋々たる前途などを》. **2.**〈et⁴〉ッ〉予告する《雲が雨などを》.

die Verheißung [ふぇаハイスング] 名 -/-en《文》約束：das Land der ~《聖》約束の地《カナン》.

verheißungsvoll [ふぇаハイスングス・ふぉル] 形 前途〔将来〕有望な, 幸先(ほっ)のよい.

verheizen [ふぇаハイツェン] 動 h. **1.**〈et⁴〉ッ〉暖房に使う. **2.**〈j⁴〉ッ〉《口・蔑》むやみに酷使する,《…の》精力を無駄に消耗させる；勝ち目のない戦闘〔作戦〕に投入する.

verhelfen* [ふぇаヘルフェン] 動 h. 〈j³ ヲｶｹﾃ+zu〈et³〉ッ〉(得)させる. **2.**〈j³〉ッ+zu〈et³〉ッ〉力を貸す.

verherrlichen [ふぇаヘるリヒェン] 動 h. 〈j⁴/et⁴〉ッ〉賛美する, 称賛する, 褒め称える.

die Verherrlichung [ふぇаヘるリひュング] 名 -/-en 称賛, 賛美.

verhetzen [ふぇаヘッツェン] 動 h. 〈j⁴〉ッ〉扇動する, そそのかす.

die Verhetzung [ふぇаヘッツング] 名 -/-en 扇動, そそのかし.

verhexen [ふぇаヘクセン] 動 h. **1.**〈j⁴/et⁴〉ッ〉魔法にかける. **2.**〈j⁴〉ッ〉魅了する, 夢中にさせる.

verhimmeln [ふぇаヒメルン] 動 h. 〈j⁴〉ッ〉《口》神のようにあがめる, 熱列に崇拝する.

verhindern [ふぇаヒンダーン] 動 h. 〈et⁴〉ッ〉未然に防ぐ, 阻止する《災害・事故・戦争などを》.【慣用】dienstlich/wegen Krankheit verhindert sein 仕事/病気で来られない. ein verhinderter Popstar《口》ポップスターになりそこねた男.

die Verhinderung [ふぇаヒンダるング] 名 -/-en 阻むこと, 阻止；支障.

verhohlen [ふぇаホーレン] 形 隠された, ひそかな：mit ~er Schadenfreude 内心いい気味だと思って.

verhöhnen [ふぇаへーネン] 動 h. 〈j⁴〉ッ〉あざける, 嘲笑(ちょうしょう)する.

verhohnepipeln [ふぇаホーネピーベルン] 動 h. 〈j⁴/et⁴〉ッ〉《口》物笑いの種にする.

die Verhöhnung [ふぇаへーヌング] 名 -/-en あざけり, 嘲弄.

verhökern [ふぇаへーケルン] 動 h. 〈et⁴〉ッ〉《口》売りとばす, 金に換える.

verholen [ふぇаホーレン] 動 h. 〈et⁴〉ッ〉《海》曳航(ぇぃこう)する.

das Verhör [ふぇаへーа] 名 -(e)s/-e《法》尋問, 審問, 聴取；《転》詰問：〈j⁴〉 ins ~ nehmen〔〈j⁴〉 einem ~ unterziehen〕〈j⁴〉を尋問する.

verhören [ふぇаへーレン] 動 h. **1.**〈j⁴〉ッ〉尋問する, 審問する. **2.**〈sich⁴〉聞き違いをする.

verhudeln [ふぇаフーデルン] 動 h. 〈et⁴〉ッ〉《方・口》ぞんざいにやって台なしにする.

verhüllen [ふぇаヒュレン] 動 h. 〈j⁴/et⁴〉ッ〉覆う,《覆い》隠す；〈j⁴がsich⁴の場合》(自分の)体〔顔〕を覆う. **2.**〈et⁴〉ッ〉包む〈ケーブが人を雲が山頂などを》.【慣用】ein verhüllender Ausdruck 婉曲な表現.

die Verhüllung [ふぇаヒュルング] 名 -/-en 覆う〔隠す〕こと, 覆われる〔隠される〕こと.

verhundertfachen [ふぇаフンダートふぁッヘン] 動 h. 〈et⁴〉ッ〉100倍にする；〈j⁴がsich⁴の場合》100倍になる.

verhungern [ふぇаフンガーン] 動 s. [胞胞ヶ]餓死する, 飢え死にする.

verhunzen [ふぇаフンツェン] 動 h. 〈et⁴〉ッ〉《口・蔑》(ずさんなやり方で)台なしにする.

verhüten [ふぇаヒューテン] 動 h. 〈et⁴〉ッ〉防ぐ, 予防

〔防止〕する(不幸・最悪の事態などを).【慣用】Das verhüte Gott! それはとんでもないことだ.

verhütten [ふぇаヒュッテン] 動 h. 〈et⁴〉ッ〉精錬する.

die Verhüttung [ふぇаヒュッツング] 名 -/-en 精錬.

die Verhütung [ふぇаヒュートゥング] 名 -/-en 防止, 予防.

das Verhütungsmittel [ふぇаヒュートゥングス・ミッテル] 名 -s/- 避妊薬〔具〕.

verhutzelt [ふぇаフッツェルト] 形《口》皺(しゎ)の寄った, しなびた.

verifizieren [ヴェリふぃツィーレン] 動 h. 〈et⁴〉ッ〉《文》正しさを証明〔立証・検証〕する；《法》(…を)認証する.

verinnerlichen [ふぇаイナーリひェン] 動 h. 〈j⁴/et⁴〉ッ〉内面的に充実させる(生活などを)；内面〔内在〕化する, 習得する.

die Verinnerlichung [ふぇаイナーりひュング] 名 -/-en 内面を充実させること；内面化, 内在化.

verirren [ふぇаイレン] 動 h. **1.**〈et⁴〉ッ〉道に迷う. **2.**〈sich⁴+〈方向〉〉迷い込む.【慣用】ein verirrtes Schaf《聖》迷える羊. eine verirrte Kugel 流れ弾.

die Verirrung [ふぇаイるング] 名 -/-en 道に迷うこと, 過誤, 錯誤.

der Verismo [ヴェリスモ] 名 -/ ヴェリスモ, 真実主義《19世紀中頃以降の写実主義的なイタリア芸術の傾向》.

der Verismus [ヴェリスムス] 名 -/ **1.**=Verismo. **2.**(社会批判的な)真実主義的な描写.

veritabel [ヴェリターベル] 形 (比 ..bl..)《文》真の.

verjagen [ふぇаヤーゲン] 動 h. 〈j⁴/et⁴〉ッ〉追払う(敵・ハエなどを), 吹っ飛ばす《風が雲を》；《転》払いのける《考えなどを》.

verjähren [ふぇаイェーレン] 動 s. [胞胞ヶ]時効になる, 時効にかかる.

die Verjährung [ふぇаイェーるング] 名 -/-en 時効.

die Verjährungsfrist [ふぇаイェーるングス・ふりスト] 名 -/-en 時効期間.

verjubeln [ふぇаユーベルン] 動 h. 〈et⁴〉ッ〉《口》(軽はずみに)遊びのために使って(失って)しまう.

verjüngen [ふぇаユンゲン] 動 h. **1.**〈j⁴/et⁴〉ッ〉若返らせる, 若々しくする《休暇が人をクリームが肌などを》,《…の》若返りを図る《チーム・企業などの》；〈j⁴がsich⁴の場合》若返る. **2.**〈et³〉ッ+mit〈et³〉ッ〉《林》若返らせる(森・立木を若木で). **3.** 〔sich⁴〕先が次第に細くなる《柱などが》.

die Verjüngung [ふぇаユンゲング] 名 -/-en **1.**若返り, 若々しくなる(する)こと. **2.** (柱の)先細り.

die Verjüngungskur [ふぇаユングングス・クーа] 名 -/-en 若返り療法.

verjuxen [ふぇаユクセン] 動 h. 《口》 **1.**=verjubeln. **2.**〈j⁴/et⁴〉ッ〉からかう, 冷やかす.

verkabeln [ふぇаカーベルン] 動 h. **1.**〈et⁴〉ッ〉ケーブルで敷設する(回線などを). **2.**〈j⁴/et⁴〉ッ+(an〈et⁴〉ッ)〉ケーブルでつなぐ(通信〔テレビ〕ネットワーク・ケーブルテレビなどに)；ケーブルで結ぶ(複数の都市などを).

die Verkabelung [ふぇаカーベルング] 名 -/-en ケーブルを敷設すること；ケーブルでつなぐこと.

verkalken [ふぇаカルケン] 動 s. **1.**[胞胞ヶ]石灰が沈着する, 機能が低下する(水道管などが),《医》石灰化する, 石灰沈着する；硬化する. **2.**《口》(年を取って精神的に)動脈硬化を起こす, 老化をきたす.

verkalkulieren [ふぇаカルクリーレン] 動 h. 〈sich⁴〉計算違いをする；見込み違い〔誤算〕をする.

die Verkalkung [ふぇаカルクング] 名 -/-en **1.**石灰化(石灰の沈着による機械の機能低下). **2.**《医》(血管などの)硬化；石灰化,《組織内》の石灰沈

着. **3.** (精神的)老化.

verkan-ten [ふぇあカンテン] 動 h. **1.** 〚et⁴〛斜めにする, 誤って傾ける. **2.** 〚sich⁴〛動かなくなる(電車などが引っ掛かれる). **3.** 〚et⁴〛〚射撃〛ぶれさせて(銃身を).

verkap-pen [ふぇあカッペン] 動 h. **1.** 〚sich⁴+als ⟨j⁴⟩=〛変装する, 偽装する, (…を)装う. **2.** 〚et⁴=〛〚狩〛(目隠し用の)頭巾をかぶせる(鷹などに).

verkappt [ふぇあカプト] 形 変装した, 偽装した.

verkap-seln [ふぇあカプセルン] 動 h. **1.** 〚sich⁴+(in ⟨et³⟩=)〛被包される; 〚転〛自分の殻に閉じこもる. **2.** 〚et⁴ッァ+in⟨et³⟩=〛〚稀〛包み込む.

die **Verkars-tung** [ふぇあカルストゥング] 名 -/-en カルスト化.

verka-se-ma-tu-ckeln [ふぇあカーゼマトゥッケルン] 動 h. 〚口〛**1.** 〚et⁴ッァ〛(短時間に多量に)消費する. **2.** 〚(⟨j³⟩=)+⟨et⁴⟩ッァ〛詳細に説明する.

verka-tert [ふぇあカーターт] 形 〚口〛二日酔いの.

der **Verkauf** [ふぇあカウフ] 名 -(e)s/..käufe **1.** 販売, 売却: ~ auch außer Haus お持ち帰りできます(飲食店などの掲示). ⟨et⁴⟩ zum ~ bringen ⟨物⟩を売却する. zum ~ stehen 売りに出されている. **2.** (㊥のみ)(会社の)販売部.

verkau-fen [ふぇあカウフェン] 動 h. **1.** 〚(⟨j³⟩=/an ⟨j⁴⟩=)+⟨j⁴⟩ッァ〛売る, 販売する, 売却する, 売り渡す, 金銭トレードに出す. **2.** 〚sich⁴+⟨様態⟩〛売行きである, 売れゆきが(…で)ある. **3.** 〚⟨j³⟩= sich⁴+⟨et⁴⟩ッァ〛〚口〛売り込む. **4.** 〚sich⁴+mit(bei)⟨et³⟩=〛〚方〛損な買い物をする. **5.** 〚sich⁴+⟨j³⟩=/an⟨j⁴⟩=〛買収される. 〚慣用〛⟨j⁴⟩ für dumm verkaufen ⟨人⟩を虚仮(こけ)にする. sich⁴ nicht für dumm verkaufen lassen 〚口〛虚仮にならされない. **verraten und verkauft sein** (他人に見捨てられて)途方に暮れている.

der **Verkäu-fer** [ふぇあコイふぇア] 名 -s/- **1.** (男性の)店員, 販売員, セールスマン. **2.** 売手, 販売者, 売主.

die **Verkäu-fe-rin** [ふぇあコイふぇりン] 名 -/-nen 女店員.

verkäuf-lich [ふぇあコイふリヒ] 形 **1.** 〚(⟨様態⟩=)〛売れる: gut/schlecht ~ sein 売行きがいい/悪い. **2.** 販売できる: Das Medikament ist frei ~. この薬は処方箋〔なしで売れる.

die **Verkäuf-lich-keit** [ふぇあコイふリヒカイт] 名 -/ 販売できること, 販売可能性.

die **Verkaufs-ab-tei-lung** [ふぇあカウフス・アプタイルング] 名 -/-en 販売部門, (企業の)販売部.

der **Verkaufs-au-to-mat** [ふぇあカウフス・アウトマート] 名 -en/-en 自動販売機.

die **Verkaufs-be-din-gun-gen** [ふぇあカウフス・ベディングンゲン] 複数 販売条件.

die **Verkaufs-för-de-rung** [ふぇあカウフス・(ふぇ)るデルング] 名 -/ 販売促進, セールスプロモーション.

der **Verkaufs-lei-ter** [ふぇあカウフス・ライター] 名 -s/- 販売主任.

verkaufs-of-fen [ふぇあカウフス・オッふェン] 形 (特別に)店が開いている(土曜日・日曜日など).

das **Verkaufs-per-so-nal** [ふぇあカウフス・ペルゾナール] 名 -s/-e 販売要員, 販売スタッフ.

der **Verkaufs-preis** [ふぇあカウフス・プライス] 名 es/-e 販売価格.

der **Verkaufs-schla-ger** [ふぇあカウフス・シュラーガー] 名 -s/- ヒット商品.

die **Verkaufs-stel-le** [ふぇあカウフス・シュテレ] 名 -/-n 販売所.

die **Verkaufs-stra-te-gie** [ふぇあカウフス・シュトらテギー, ふぇあカウフス・ストらテギー] 名 -/-n 販売戦略.

der **Verkehr** [ふぇあケーあ] 名 -s{-es}/-e **1.** (人・車の)交通, 通行, 往来; (鉄道などの)便; 運輸, 輸送: der ruhende ~ (路上などの)駐(停)車中の車. Der ~ flutet. 交通が激しい. Der ~ stockt. 交通が停滞する. Auf der Straße herrscht viel ~. 道路の交通量が多い. **2.** 交際, つき合い, 交流; 交際(つき合い)の相手: mit ⟨j³⟩ pflegen ⟨人と⟩交際する. mit ⟨j³⟩ in brieflichem ~ stehen ⟨人と⟩文通をしている. Er ist kein ~ für dich. 彼はおまえがつき合う相手ではない. **3.** (貨幣などの)流通: ⟨et⁴⟩ aus dem ~ ziehen ⟨物⟩を流通(使用)停止にする. ⟨et⁴⟩ in (den) ~ bringen ⟨物⟩を流通させる. **4.** 〚婉〛(性的)交渉(Geschlechts~).

verkeh-ren [ふぇあケーれン] 動 **1.** h.{s.} 〚(時点)=/⟨場所⟩〛〚車両〛運行(運航)する. **2.** h. [mit⟨j³⟩=]交際する, つき合う. 〚婉〛(性的)交渉を持つ. **3.** h. [bei⟨j³⟩ン/in⟨et³⟩=]出入りする. **4.** h. 〚⟨et⁴⟩ッァ〛逆にする, 変える; (⟨et⁴⟩が sich⁴の場合)逆になる, 変る.

die **Verkehrs-a-der** [ふぇあケーあス・アーダー] 名 -/-n 交通の大動脈, 幹線道路.

die **Verkehrs-am-pel** [ふぇあケーあス・アムペル] 名 -/-n 交通信号機(灯).

das **Verkehrs-amt** [ふぇあケーあス・アмт] 名 -(e)s/..ämter 観光業, 観光協会.

das **Verkehrs-auf-kom-men** [ふぇあケーあス・アウふ・コメン] 名 -s/ 交通量; 輸送量.

verkehrs-be-ru-higt [ふぇあケーあス・べるーイчт] 形 〚交通〛多すぎる交通量の流れを緩和する.

der **Verkehrs-be-trieb** [ふぇあケーあス・ベトりーブ] 名 -(e)s/-e (主に㊥)交通企業体(バス・電鉄会社など).

das **Verkehrs-bü-ro** [ふぇあケーあス・ビュろ] 名 -s/-s (地元の)観光案内所.

das **Verkehrs-de-likt** [ふぇあケーあス・デリクт] 名 -(e)s/-e 交通違反.

die **Verkehrs-dich-te** [ふぇあケーあス・ディヒテ] 名 -/ 交通量.

die **Verkehrs-dis-zi-plin** [ふぇあケーあス・ディスツィプリーン] 名 -/ 交通上の規範〔正しいマナー〕.

die **Verkehrs-durch-sa-ge** [ふぇあケーあス・ドゥるヒ・ザーゲ] 名 -/-n (ラジオの)交通情報.

die **Verkehrs-ein-rich-tung** [ふぇあケーあス・アイン・りヒトゥング] 名 -/-en (主に㊥)交通施設(信号機・遮断機など).

die **Verkehrs-er-zie-hung** [ふぇあケーあス・エあツィーウング] 名 -/ 交通安全教育.

die **Verkehrs-flä-che** [ふぇあケーあス・ふレッひェ] 名 -/-n 交通の流れ.

das **Verkehrs-flug-zeug** [ふぇあケーあス・ふルーク・ツォイク] 名 -(e)s/-e 民間航空機, (定期)旅客機.

der **Verkehrs-fluss**, ㊌**Verkehrs-fluß** [ふぇあケーあス・ふルス] 名 -es/ よどみない交通の流れ.

der **Verkehrs-funk** [ふぇあケーあス・ふンク] 名 -s/ (ラジオの)道路交通情報.

verkehrs-ge-recht [ふぇあケーあス・ゲれヒт] 形 交通安全の必要条件に合った.

verkehrs-güns-tig [ふぇあケーあス・ギュンスティヒ] 形 交通の便のよい.

das **Verkehrs-hin-der-nis** [ふぇあケーあス・ヒンダーニス] 名 =ses/-se 交通障害.

die **Verkehrs-in-sel** [ふぇあケーあス・アインゼル] 名 -/-n (道路の)安全地帯.

der **Verkehrs-kno-ten-punkt** [ふぇあケーあス・クノーテン・プンкт] 名 -(e)s/-e 交通の分岐点, 交通の要衝.

der **Verkehrs-lärm** [ふぇあケーあス・レАм] 名 -s/ 交通騒音.

die **Verkehrs-li-nie** [ふぇあケーあス・リーニエ] 名 -/-n 公共交通機関の路線; 交通便.

der **Verkehrs-mi-nis-ter** [ふぇあケーあス・ミニスター] 名

Verkehrsmittel 1330

-s/- 運輸大臣.

das **Ver·kehrs·mit·tel** [ふぇあケーアス・ミッテル] 名 -s/- 輸送手段, 交通機関.

das **Ver·kehrs·netz** [ふぇあケーアス・ネッツ] 名 -es/-e 交通網.

das **Ver·kehrs·op·fer** [ふぇあケーアス・オップふぁー] 名 -s/- 交通事故の犠牲者.

die **Ver·kehrs·ord·nung** [ふぇあケーアス・オルドヌング] 名 -/ (道路)交通令(Straßen~).

die **Ver·kehrs·po·li·zei** [ふぇあケーアス・ポリツァイ] 名 -/ 交通警察.

der **Ver·kehrs·po·li·zist** [ふぇあケーアス・ポリツィスト] 名 -en/-en 交通警官.

das **Ver·kehrs·recht** [ふぇあケーアス・れヒト] 名 -(e)s/ 1. 〖法〗(以前の)往来権(離婚後などの両親の子供との). 2. (道路)交通法(Straßen~).

das **Ver·kehrs·recht** [ふぇあケーアス・れヒト] 名 -(e)s/ 1. 〖法〗交流権(旧用語. ⇨ Umgangsrecht). 2. ＝Straßenverkehrsrecht.

die **Ver·kehrs·re·gel** [ふぇあケーアス・れーゲル] 名 -/-n 交通規則.

die **Ver·kehrs·re·ge·lung** [ふぇあケーアス・れーゲルング] 名 -/-en 交通整理(の取り締まり).

die **Ver·kehrs·reg·lung** [ふぇあケーアス・れーグルング] 名 -/-en ＝Verkehrsregelung.

ver·kehrs·reich [ふぇあケーアス・らイひ] 形 交通量の多い.

das **Ver·kehrs·schild** [ふぇあケーアス・シルト] 名 -(e)s/-er 交通(道路)標識.

ver·kehrs·si·cher [ふぇあケーアス・ズィっひゃー] 形 交通安全の.

die **Ver·kehrs·si·cher·heit** [ふぇあケーアス・ズィっひゃーハイト] 名 -/ 交通安全.

die **Ver·kehrs·spra·che** [ふぇあケーアス・シュプらーへ] 名 -/-n 通用語.

die **Ver·kehrs·sto·ckung** [ふぇあケーアス・シュトックング] 名 -/-en 交通渋滞.

die **Ver·kehrs·stö·rung** [ふぇあケーアス・シュテ(ア)ーるング] 名 -/-en 交通障害.

die **Ver·kehrs·strei·fe** [ふぇあケーアス・シュトらイふぇ] 名 -/-n 交通パトロール.

der **Ver·kehrs·sün·der** [ふぇあケーアス・ズュンダー] 名 -s/- 〖口〗交通(規則)違反者.

die **Ver·kehrs·sün·der·kar·tei** [ふぇあケーアス・ズュンダー・カるタイ] 名 -/ 〖口〗交通違反者記録.

der **Ver·kehrs·teil·neh·mer** [ふぇあケーアス・タイル・ネーマ] 名 -s/- 道路利用者(運転者・歩行者など).

der/die **Ver·kehrs·to·te** [ふぇあケーアス・トーテ] 名 (形容詞的変化; 主に複)交通事故による死亡者.

der **Ver·kehrs·un·fall** [ふぇあケーアス・ウンふぁル] 名 -(e)s/..fälle 交通事故.

der **Ver·kehrs·un·ter·richt** [ふぇあケーアス・ウンターりヒト] 名 -(e)s/-e (主に複)交通安全教育の講習(授業).

der **Ver·kehrs·ver·bund** [ふぇあケーアス・ふぇあブント] 名 -(e)s/-e 交通企業体連合(略 VVB).

der **Ver·kehrs·ver·ein** [ふぇあケーアス・ふぇあアイン] 名 -(e)s/-e 観光協会.

der **Ver·kehrs·ver·stoß** [ふぇあケーアス・ふぇあシュトース] 名 -es/..stöße 交通違反.

die **Ver·kehrs·vor·schrift** [ふぇあケーアス・ふぉーあ・シュりフト] 名 -/-en 交通規則.

die **Ver·kehrs·wacht** [ふぇあケーアス・ヴァはト] 名 -/-en 交通安全協会.

der **Ver·kehrs·weg** [ふぇあケーアス・ヴェーク] 名 -(e)s/-e 1. 交通路. 2. (主に複)(組織体の命令などの)伝達経路.

der **Ver·kehrs·wert** [ふぇあケーアス・ヴェーあト] 名 -(e)s/-e 〖経〗(特に土地の)流通価値.

das **Ver·kehrs·we·sen** [ふぇあケーアス・ヴェーゼン] 名 -s/ 運輸(交通)制度; 運送(輸送)(業).

ver·kehrs·wid·rig [ふぇあケーアス・ヴィードりひ] 形 交通規則違反の.

die **Ver·kehrs·zäh·lung** [ふぇあケーアス・ツェールング] 名 -/-en 交通量調査.

das **Ver·kehrs·zei·chen** [ふぇあケーアス・ツァイひェン] 名 -s/- 交通標識.

das **Ver·kehrs·zen·tral·re·gis·ter** [ふぇあケーアス・ツェントらール・れギスター] 名 -s/ 交通違反者記録.

ver·kehrt [ふぇあケーあト] 形 正反対の, 逆の; 本末転倒の, 間違った: (mit ⟨et⁴⟩) an den *V~en* (die *V~e*) kommen 〖口〗(⟨sするのは⟩)おかど違いである. mit dem *~en* Bein aufgestanden sein 〖口〗機嫌が悪い.

die **Ver·kehrt·heit** [ふぇあケーあトハイト] 名 -/-en 1. (複のみ)さかさま, 逆; 倒錯. 2. 間違い, 誤り.

ver·kei·len [ふぇあカイレン] 動 h. 1. ⟨et⁴⟩くさびで固定する, くさびでふさぐ. 2. 〖ジャー〗〖方〗ぶん殴る. 3. (sich⁴+(in ⟨et³⟩))(くさびのように)食い込む.

ver·ken·nen* [ふぇあケネン] 動 h. ⟨j⁴/et⁴⟩見誤る, 誤認(誤解)する: ein *verkanntes* Genie 〖冗〗誤解された天才(と思っている人). ⟨et¹⟩ ist nicht zu ~ ⟨事⁴⟩誤解の余地はない(明白である). Ich will nicht ~, dass ... 私は…ということを認めるにやぶさかではない.

die **Ver·ken·nung** [ふぇあケヌング] 名 -/-en 誤認, 誤解.

ver·ket·ten [ふぇあケッテン] 動 h. 1. ⟨et⁴⟩鎖でつなぐ. 2. ⟨et⁴⟩(一つに)結びつける, つなぎ合せる. 3. (相互代名詞sich⁴)結びつく, 結合する(いくつかの分子などが), 連鎖的に生じる(いくつかの出来事が).

die **Ver·ket·tung** [ふぇあケットゥング] 名 -/-en 連鎖, 連結.

ver·ket·zern [ふぇあケッツァーン] 動 h. ⟨j⁴/et⁴⟩誹謗(ひぼう)する.

ver·kit·schen [ふぇあキッチェン] 動 h. 1. ⟨et⁴⟩通俗化する(芸術作品・社会問題などを). 2. ⟨et⁴⟩〖方・口〗安値で売りとばす.

ver·kit·ten [ふぇあキッテン] 動 h. ⟨et⁴⟩パテでふさぐ.

ver·kla·gen [ふぇあクラーゲン] 動 h. 1. ⟨j⁴⟩(auf ⟨et⁴⟩ソボルポ/wegen ⟨et²⟩ノカドで)告訴する, 訴える. 2. 〖ジャー〗〖ノハルペイペイ (bei ⟨j³⟩≒) 〖方〗苦情を言う.

ver·klam·mern [ふぇあクラマーン] 動 h. 1. ⟨et⁴⟩かすがい(クリップ)で接合する. 2. (sich⁴)がっちり組み合う, しっかりつながれる.

ver·klap·pen [ふぇあクラッペン] 動 h. ⟨et⁴⟩海洋投棄する.

die **Ver·klap·pung** [ふぇあクラップング] 名 -/-en 海洋投棄.

ver·klä·ren [ふぇあクレーれン] 動 h. 1. ⟨j⁴/et⁴⟩〖宗〗栄光に輝かせる, 変容させる. 2. ⟨et⁴⟩明るく輝かせる(喜びが顔などを); 美化する(思い出が過去などを); (⟨et⁴⟩がsich⁴の場合は)晴れやかになる; 美化される.

die **Ver·klä·rung** [ふぇあクレーるング] 名 -/-en 1. 栄光に輝かせる(輝く)こと, 変容: ~ Christi キリストの変容. 2. 幸福な表情すること((ここと)), 美化.

ver·klat·schen [ふぇあクラッチェン] 動 h. ⟨j⁴⟩ノハルペ+ (bei ⟨j³⟩≒) 〖方〗告げ口する.

ver·klau·su·lie·ren [ふぇあクラウスリーれン] 動 h. 1. ⟨et⁴⟩≒ 付帯(留保)条件をつける(契約などに). 2. ⟨et⁴⟩回りくどく表現する.

ver·kle·ben [ふぇあクレーベン] 動 1. h. ⟨et⁴⟩≒ (mit ⟨et³⟩)張ってふさぐ(穴・傷などに). 2. h.

〔〈et^4〉ヲ〕(べとべとにして)くっつき合せる《汗などが》;張りつける《タイルなどを》. **3.** 〔〈et^4〉ヲ〕張って使い尽す《タイルなどを》. **4.** *s.* 〔補足なし〕べたつく,くっつく《うみで包帯などが》.

ver·klei·den [ふぇあクライデン] [動] *h.* **1.** 〔〈et^4〉ニ+(mit 〈et^3〉デ)〕被覆する《ケーブルなどに》,上張りをする《壁に布などで》. **2.** 〔〈j^4〉ヲ〕扮装(ふんそう)〔仮装・変装〕させる;(〈j^4〉がsich^{4}の場合)扮装〔仮装・変装〕する. **3.** 〔〈et^4〉ヲ+mit 〈et^3〉デ/〈様態〉ニ〕潤色する,粉飾する,言いつくろう《事実などを》.

die **Ver·klei·dung** [ふぇあクライドゥング] [名] -/-en **1.** 変装,仮装,扮装(ふんそう). **2.** 化粧張り,上張り,被覆;《転》(言葉による)潤色,粉飾.

ver·klei·nern [ふぇあクライナーン] [動] *h.* **1.** 〔〈et^4〉ヲ〕小さくする《部屋などを》,縮小する《経営などを》,縮める《間隔などを》;(〈et^4〉がsich^{4}の場合)小さくなる,縮小する,縮まる. **2.** 〔sich^4〕《口》住まい〔仕事・事業〕の規模を縮小する. **3.** 〔〈et^4〉ヲ〕減らす,減少させる《数量を》;(〈et^4〉がsich^{4}の場合)減る,減少する. **4.** 〔〈et^4〉ニ〕けちをつける. **5.** 〔〈et^4〉ヲ〕縮小〔縮尺〕する《写真などを》. **6.** 〔補足なし〕(実物より)小さくみせる《レンズが》.

die **Ver·klei·ne·rung** [ふぇあクライネるング] [名] -/-en **1.** (主に[単])縮小;短縮;減少;けちをつけること. **2.** 縮小写真〔コピー〕.

die **Ver·klei·ne·rungs·form** [ふぇあクライネるングス・ふぉるム] [名] -/-en 〘言〙縮小形,指小形.

die **Ver·klei·ne·rungs·sil·be** [ふぇあクライネるングス・ズィルベ] [名] -/-n 〘言〙縮小語尾(-chen, -lein など).

ver·kleis·tern [ふぇあクライスターン] [動] *h.* **1.** 〔〈et^4〉ヲ〕《口》糊(のり)で貼ってふさぐ;《転》糊塗(こと)する. **2.** 〔〈et^4〉ヲ〕《口》くっつかせる. **3.** 〔〈et^4〉ヲ〕糊状にする.

ver·klem·men [ふぇあクレメン] [動] *h.* **1.** 〔sich^4〕きつくなる,動かなくなる《戸などが》. **2.** 〔〈et^4〉ヲ〕引締める,固くむすぶ《口を》. **3.** 〔〈et^4〉ヲ〕《稀》締めつけて動かなくする.

ver·klemmt [ふぇあクレムト] [形] きつくなった《ドア》;心理的抑圧のある,いじけた.

ver·klin·gen* [ふぇあクリンゲン] [動] *s.* 〔補足なし〕次第に小さくなって消えてゆく《音・歌・拍手などが》;《転・文》薄れてゆく《感激などが》,終りを告げる《季節・祭などが》.

ver·klop·pen [ふぇあクロッペン] [動] *h.* 《口》 **1.** 〔〈j^4〉ヲ〕さんざんぶん殴る. **2.** 〔〈et^4〉ヲ〕安くたたき売る《換金のために》.

ver·kna·cken [ふぇあクナッケン] [動] *h.* 〔〈j^4〉ヲ+(zu 〈et^3〉ノ)〕《口》刑に処する.

ver·knack·sen [ふぇあクナックセン] [動] *h.* 《口》〔sich^3+〈et^4〉ヲ〕くじく.

ver·knal·len [ふぇあクナレン] [動] *h.* 《口》 **1.** 〔〈et^4〉ヲ〕爆発させて浪費する,打上げつくす《花火などを》. **2.** 〔補足なし〕どかんと爆発する. **3.** 〔sich^4+in 〈j^4〉ニ〕ぞっこんほれ込む. **4.** 〔〈j^4〉ニ〕《古》有罪の判決を下す.

ver·knap·pen [ふぇあクナッペン] [動] *h.* 〔〈et^4〉ヲ〕少なくする,削減する《輸入品などを》;(〈et^4〉がsich^{4}の場合)少なくなる,乏しくなる.

die **Ver·knap·pung** [ふぇあクナップング] [名] -/-en 不足,欠乏,払底.

ver·knei·fen* [ふぇあクナイふぇン] [動] *h.* **1.** 〔sich^3+〈et^4〉ヲ〕《口》控える《コメント・質問などを》;こらえる《笑いなどを》;あきらめる《楽しみなどを》. **2.** 〔〈et^4〉ヲ〕《稀》きゅっと結ぶ《口を》;細める《目を》.

ver·knif·fen [ふぇあクニっふぇン] [形] 《蔑》しかめた,への字に結んだ,気持を押殺した.

ver·knö·chern [ふぇあク㋤っひゃーン] [動] *s.* **1.** 〔補足なし〕(年をとって)頑迷になる. **2.** 〔補足なし〕〘医〙骨化する《組織が》.

ver·knö·chert [ふぇあク㋤っひゃート] [形] (年をとって)頭の堅い,融通が利かない;《転》硬直化した《社会・機関》.

ver·kno·ten [ふぇあクノーテン] [動] *h.* **1.** 〔〈et^4〉ヲ+(〈場所〉デ)〕結ぶ《スカーフなどを》. **2.** 〔〈et^4〉ヲ+mit 〈et^3〉ト〕結び合せる. **3.** 〔sich^4〕からまって結び目ができる《ひも・ロープなどが》. **4.** 〔〈et^4〉ヲ+an 〈et^3〉ニ〕結びつける.

ver·knüp·fen [ふぇあクニュップふぇン] [動] *h.* **1.** 〔〈et^4〉ヲ+(mit 〈et^3〉ト/zu 〈et^3〉ニ)〕結びつける. **2.** 〔〈et^4〉ヲ兼ネテ+mit 〈et^3〉ヲ〕する,(…の)ついでに(…を)する. **3.** 〔〈et^4〉ヲ+(mit 〈et^3〉ト)〕結びつける《考えなどを》;(〈et^4〉がsich^{4}の場合)結びつく. **4.** 〔〈j^4〉ヲ+mit 〈j^3〉ト〕結びつける.

die **Ver·knüp·fung** [ふぇあクニュップふング] [名] -/-en 結びつける〔つけられる〕こと.

ver·knu·sen [ふぇあクヌーゼン] [動] *h.* (次の形で)〈j^4/et^4〉 nicht ～ können《口》〈人・事に〉我慢がならない.

ver·ko·chen [ふぇあコっヘン] [動] **1.** *h.* 〔〈et^4〉ヲ+zu 〈et^3〉ニ〕煮て…にする《果物をジャムなどに》. **2.** *h.* 〔〈et^4〉ヲ〕(食べられるように)煮る,ゆでる. **3.** *h.* 〔sich^4〕煮くずれる. **4.** *s.* 〔補足なし〕煮えすぎてどろどろになる,煮つまる;沸きすぎて蒸発する.

ver·koh·len[1] [ふぇあコーレン] [動] **1.** *h.* 〔〈et^4〉ヲ〕炭にする,炭化する. **2.** *s.* 〔補足なし〕炭になる,炭化する.

ver·koh·len[2] [ふぇあコーレン] [動] *h.* 〔〈j^4〉ヲ〕《口》かつぐ,からかっていっぱいくわせる.

ver·ko·ken [ふぇあコーケン] [動] **1.** *h.* 〔〈et^4〉ヲ〕コークスにする《石炭を》. **2.** *s.* 〔補足なし〕コークスになる《石炭が》.

ver·kom·men* [ふぇあコメン] [動] *s.* **1.** 〔補足なし〕落ちぶれる,身を持崩す,零落する. **2.** 〔補足なし〕傷む,腐っていく《食物が》;荒廃する,朽ちていく《建物・庭などが》. **3.** 〔補足なし〕《スイス》意見が一致する. **4.** 〔補足なし〕《オーストリア》逃げる.

die **Ver·kom·men·heit** [ふぇあコメンハイト] [名] -/ 堕落;腐敗;零落.

ver·kon·su·mie·ren [ふぇあコンズミーれン] [動] *h.* 〔〈et^4〉ヲ〕《口》消費する.

ver·kop·fen [ふぇあコップふぇン] [動] *h.* 〔〈et^4〉ヲ〕過度に知(性)的にする《生き方などを》.

ver·kop·peln [ふぇあコッペルン] [動] *h.* 〔〈et^4〉ヲ+mit 〈et^3〉ト〕つなぎ合せる;関連づける.

ver·kor·ken [ふぇあコるケン] [動] **1.** *h.* 〔〈et^4〉ニ〕コルクで栓をする. **2.** *s.* 〔補足なし〕コルク化する.

ver·kork·sen [ふぇあコるクセン] [動] *h.* 《口》 **1.** 〔〈j^4/et^4〉ヲ〕台なしにする,駄目にする. **2.** 〔〈et^4〉ヲ〕やり〔作り〕損なう. 【慣用】**sich^3 den Magen verkorksen** (食べ過ぎて)胃をこわす.

ver·kör·pern [ふぇあ㋘るパーン] [動] *h.* **1.** 〔〈j^4/et^4〉ヲ〕演じる. **2.** 〔〈et^4〉ヲ〕具現〔体現〕する,(…の)化身〔権化〕である. **3.** 〔sich^4+in 〈j^3〉ニ〕具現〔体現〕される.

die **Ver·kör·pe·rung** [ふぇあ㋘るペるング] [名] -/-en **1.** 具体化,具現,体現. **2.** 権化,化身.

ver·kos·ten [ふぇあコステン] [動] *h.* 〔〈et^4〉ノ〕《オーストリア》味をみる;〘醸〙利き酒をする,(…を)試飲する.

ver·kös·ti·gen [ふぇあ㋘スティゲン] [動] *h.* 〔〈j^4〉ニ〕(三度の)食事を供する,(…の)賄いをする.

ver·kra·chen [ふぇあクらっヘン] [動] 《口》 **1.** *h.* 〔sich^4+mit 〈j^3〉ト〕仲たがいする. **2.** *h.* 〔相互代名詞sich^4〕互いに仲たがいする. **3.** *s.* 〔補足なし〕破産〔倒産〕する,つぶれる《会社・企業などが》,失敗する,挫折する.

ver·kraf·ten [ふぇあクらふテン] [動] *h.* **1.** 〔〈et^4〉ヲ〕やってのける,こなす《仕事などを》,克服する《精神的な重圧などを》. **2.** 〔〈et^4〉ヲ〕〘鉄道〙自動車運輸に切換える《鉄道区間を》;《古》電化する.

V

ver·kra·men [ふぇあクラーメン] 動 h. 《口》 1. 〔⟨et⁴⟩ッ〕どこかに置き忘れる. 2. 〔⟨et⁴⟩ッ+⟨場所⟩ニ〕隠す.

ver·kramp·fen [ふぇあクランプフェン] 動 h. 1. 〔sich⁴〕痙攣を起こす, 引きつる(人・筋肉などが); (心理的な圧迫で)堅く(こちこちに)なる. 2. 〔⟨et⁴⟩ッ〕痙攣したように縮める, 引きつらせる(手などを). 3. 〔⟨et⁴⟩ッ+in⟨et³⟩ッ〕痙攣したようにぎゅっとつかむ(手で毛布などを); 〔⟨et⁴⟩ッsichの場合〕痙攣したようににぎりしめる(手が人の袖などを).

ver·krampft [ふぇあクランプフト] 形 痙攣 (ﾘﾚﾝ) した, こわばった, ひきつった.

die **Ver·kramp·fung** [ふぇあクランプフング] 名 -/-en 痙攣 (ﾘﾚﾝ), ひきつけ, こわばり.

ver·krie·chen* [ふぇあクリーヒェン] 動 h. 〔sich⁴+⟨場所/方向⟩ニ〕潜り込む, 隠れる. 【慣用】 Du brauchst dich nicht vor ihm zu verkriechen. 君は彼とは十分太刀打ちできる. Ich hätte mich am liebsten (in den hintersten Winkel) verkrochen. 私は穴でもあれば入りたいくらいだった.

ver·krü·meln [ふぇあクリューメルン] 動 h. 1. 〔⟨et⁴⟩ッ〕ぽろぽろこぼす(パンなどを). 2. 〔sich⁴〕《口》そっと姿を消す, 消え失せる(物が).

ver·krüm·men [ふぇあクリュメン] 1. s. 〔﨟用〕曲る, 湾曲する(背中などが). 2. h. 〔⟨j⁴/et⁴⟩ッ〕曲げる, 湾曲させる(痛風が指などを); 〔⟨et⁴⟩ッsichの場合〕曲る, 湾曲する.

die **Ver·krüm·mung** [ふぇあクリュムング] 名 -/-en 曲る(曲っている)こと, 湾曲, ゆがみ.

ver·krüp·peln [ふぇあクリュッペルン] 1. 〔﨟用〕奇形になる(植物が). 2. h. 〔⟨j⁴/et⁴⟩ッ〕不具にする《事故が足などを》; 〈転〉歪める(精神などを).

ver·krüp·pelt [ふぇあクリュッペルト] 形 不具の, 奇形の.

die **Ver·krüp·pe·lung** [ふぇあクリュッペルング] 名 -/-en 奇形, 不具.

die **Ver·krüpp·lung** [ふぇあクリュップルング] 名 -/-en = Verkrüppelung.

ver·krus·ten [ふぇあクルステン] 動 s. 〔﨟用〕固まる(血・泥などが).

ver·küh·len [ふぇあキューレン] 動 h. 《方》 1. 〔sich⁴〕風邪を引く. 2. 〔sich⁴〕《稀》気温が下がる, 冷たくなる.

die **Ver·küh·lung** [ふぇあキュールング] 名 -/-en 《方》 風邪.

ver·küm·meln [ふぇあキュメルン] 動 h. 〔⟨et⁴⟩ッ〕《口》(売って)金にする.

ver·küm·mern [ふぇあキュマーン] 動 s. 1. 〔﨟用〕発育不良で衰える(動植物が); 萎縮 (ｲｼｭｸ) する(筋肉などが): seelisch ~ 〈転〉気力をなくす. 2. 〔﨟用〕伸ばされずに失われていく(才能などが). 3. 〔⟨j³⟩ニットノート+⟨et⁴⟩ッ/價値⟩〕《文・古》低下させる.

die **Ver·küm·me·rung** [ふぇあキュメルング] 名 -/-en 発育不全; (器官などの)萎縮 (ｲｼｭｸ); (才能・気力などの)衰え.

ver·kün·den [ふぇあキュンデン] 動 h. 〔⟨et⁴⟩ッ〕1. 公表する, 公布する, 言渡す. 2. 〔⟨et⁴⟩ッ〕大声で告げる, 宣言する, 明言する. 3. 〔⟨j³⟩ッ〕《方》婚姻予告をする. 4. 〔⟨et⁴⟩ッ〕予告的する(災いなどを). 5. 〔⟨et⁴⟩ッ〕《稀》伝える, 説く.

der **Ver·kün·der** [ふぇあキュンダー] 名 -s/- 《文》公表(公布・宣言・予告)者.

ver·kün·di·gen [ふぇあキュンディゲン] 動 h. 1. 〔⟨et⁴⟩ッ〕《文》告げる, 伝える, 説く(福音などを). 2. = verkünden 1, 2, 4.

der **Ver·kün·di·ger** [ふぇあキュンディガー] 名 -s/- 《文》告知者; 公表(公布・宣言・予告)者.

die **Ver·kün·di·gung** [ふぇあキュンディグング] 名 -/-en (福音などを)告げる(説く)こと; お告げ: Mariä ~ マリアへの受胎告知; お告げの祝日(3月25日).

die **Ver·kün·dung** [ふぇあキュンドゥング] 名 -/-en 1. 発表, 公表, 布告, 公布; 〈法〉(判決の)言渡し; 明言, 宣言. 2. 《方》婚姻予告. 3. 予告, 予言.

ver·kup·fern [ふぇあクップふぁーン] 動 h. 〔⟨et⁴⟩ッ〕銅の被覆をする, 銅メッキをする.

ver·kup·peln [ふぇあクッペルン] 動 h. 1. 〔⟨j⁴⟩ッ〕仲を取持つ(男女を). 2. 〔⟨j⁴⟩ッ+(an⟨j⁴⟩ニ/mit⟨j³⟩)〕取持つ. 3. 〔⟨et⁴⟩ッ〕《稀》連結する.

ver·kür·zen [ふぇあキュルツェン] 動 h. 1. 〔⟨et⁴⟩ッ〕短くする, 縮める, 短縮する(でも・線・版などを), 縮約する(版を); 〔⟨et⁴⟩ッsichの場合〕短くなる, 縮まる. 2. 〔⟨et⁴⟩ッ〕短くする, 短縮する, 縮める(労働時間・命などを). 3. 〔auf⟨et⁴⟩ッ〕〈球〉点差を縮める: auf 4:3 ～ 4対3に点差を縮める. 4. 〔⟨et⁴⟩ッ〕《稀》(一部)削る, 減ずる. 【慣用】 eine verkürzte Fassung ダイジェスト版. sich³ die Wartezeit mit ⟨et³⟩ (durch ⟨et⁴⟩) verkürzen 待ち時間を⟨事で⟩つぶす.

die **Ver·kür·zung** [ふぇあキュルツング] 名 -/-en 短くする(短くされる)こと, 短縮, 縮小, 削減.

ver·la·chen [ふぇあラッヘン] 動 h. 〔⟨j⁴/et⁴⟩ッ〕嘲笑 (ﾁｮｳｼｮｳ) する.

der **Ver·lad** [ふぇあラート] 名 -s/ 〈ｽｲ〉= Verladung.

der **Ver·la·de·bahn·hof** [ふぇあラーデ·バーン·ホーふ] 名 -(e)s/..höfe 貨物駅.

die **Ver·la·de·brü·cke** [ふぇあラーデ·ブリュッケ] 名 -/-n (積替え用の)橋形クレーン.

ver·la·den* [ふぇあラーデン] 動 h. 1. 〔⟨j⁴/et⁴⟩ッ〕積込む(兵士·物資などを). 2. 〔⟨j⁴⟩ッ〕《口》口車に乗せる.

der **Ver·la·der** [ふぇあラーダー] 名 -s/- (荷物の)積込人,運送人.

die **Ver·la·de·ram·pe** [ふぇあラーデ·らんペ] 名 -/-n 貨物積込みランプ[ホーム].

die **Ver·la·dung** [ふぇあラードゥング] 名 -/-en 積込み, 積載.

der **Ver·lag** [ふぇあラーク] 名 -(e)s/-e 1. 出版社. 2. 《商》《古》(ビールなどの)仲介業, 問屋. 3. 《ｽｲ·口·蔑》乱雑, 混乱.

ver·la·gern [ふぇあラーゲルン] 動 h. 1. 〔⟨et⁴⟩ッ+(auf⟨et⁴⟩ニ)〕移す, 移動させる(重心などを). 2. 〔⟨et⁴⟩ッ+(⟨方向⟩ニ)〕疎開させる, (…の)保管場所を移す. 3. 〔sich⁴+(⟨方向⟩ニ)〕移る, 移動する.

die **Ver·la·ge·rung** [ふぇあラーゲルング] 名 -/-en 移す(移される)こと, 移動, 移転.

die **Ver·lags·an·stalt** [ふぇあラークス·アン·シュタルト] 名 -/-en 出版社.

der **Ver·lags·buch·han·del** [ふぇあラークス·ブーフ·ハンデル] 名 -s/- 書籍出版販売(業).

der **Ver·lags·buch·händ·ler** [ふぇあラークス·ブーフ·ヘンドラー] 名 -s/- 書籍出版販売業者.

die **Ver·lags·buch·hand·lung** [ふぇあラークス·ブーフ·ハンドルング] 名 -/-en (昔の)書店兼出版社.

das **Ver·lags·haus** [ふぇあラークス·ハウス] 名 -es/..häuser 出版社.

der **Ver·lags·ka·ta·log** [ふぇあラークス·カタローク] 名 -(e)s/-e 出版図書目録.

der **Ver·lags·lek·tor** [ふぇあラークス·レクトーあ] 名 -s/-en (出版社の)原稿審査担当員.

der **Ver·lags·pro·spekt** [ふぇあラークス·プロスペクト] 名 -es/-e 出版社のパンフレット.

das **Ver·lags·recht** [ふぇあラークス·れヒト] 名 -(e)s/ 〖法〗 出版権, 版権; (著者と出版社の間の取決めに関する)出版法.

das **Ver·lags·recht** [ふぇあラークス·れヒト] 名 -(e)s/-e 〖法〗 1. 出版権(著作物を複製·頒布できる排他的権利). 2. 出版法規(著者と出版社との業務両

係についての法的規準の全体).

ver·lan·den [ふぇあランデン] [動] s. 〔[補足なし]〕(しだいに)陸地になる((海・川・湖沼が泥や砂で埋って)).

die **Ver·lan·dung** [ふぇあランドゥング] [名] -/-en (沼・川などの)陸化.

ver·lan·gen [ふぇあランゲン] [動] h. **1.** 〔〈et⁴〉ヲ/〈[文]〉デアルコトヲ+(von 〈j³〉ニ)〕求める, 要求する, 要望する. **2.** 〔〈et⁴〉ガ/〈[文]〉デアルコトガ〕必要である, (…を)要する: Die Arbeit *verlangt* Sorgfalt. その仕事には綿密さが必要だ. **3.** 〔(von 〈j³〉ニ)+〈et⁴〉ヲ+(für 〈et⁴〉ニ対シテ)〕請求する. **4.** 〔(von 〈j³〉ニ)+〈et⁴〉ノ〕提示〔提出〕を求める. **5.** 〔〈j⁴〉ヲ〕(電話口に)出してくれと求める, (…と)直接話したいと求める. **6.** 〔nach 〈j³/et³〉ヲ〕《文》(呼んでくれ・持って来てくれ・与えてくれと)求める;切望する, 思い焦がれる. **7.** 〔Es+〈j⁴〉ガ+nach 〈j³/et³〉ヲ/zu〈[動]〉ヲ〕《文》切望する, しきりに求める((会いたい・欲しいなどと)). 【慣用】**Das ist zuviel verlangt.** それは過大な要求だ. **die Hände verlangend nach 〈j³/et³〉 ausstrecken** 〈人・物ヲ〉求めて両手を差出す. **〈et⁴〉 mit verlangenden Augen 〔Blicken〕 betrachten** 〈物ヲ〉欲しそうな目で眺める.

das **Ver·lan·gen** [ふぇあランゲン] [名] -s/- 《文》要求, 要請, 請求, 要望;切望, 欲求: ein großes ~ nach 〈et³〉/〈j³〉 haben 〔hegen〕 〈物ヲ〉切望する/〈人ニ〉会いたくてたまらない. auf ~ 求めに応じて, 請求があれば.

ver·län·gern [ふぇあレンガーン] [動] h. **1.** 〔〈et⁴〉ヲ〕長くする, 伸ばす;(〈et⁴〉がsich⁴の場合)長くなる, 伸びる. **2.** 〔〈et⁴〉ヲ+(um 〈et⁴〉ダケ)〕延長する((契約などを));(〈et⁴〉がsich⁴の場合)延長される. **3.** 〔〈et⁴〉ノ〕(有効)期限を延長する. **4.** 〔〈et⁴〉ヲ〕薄めて量をふやす, のばす((ソース・スープなど)). **5.** 〔(〈et⁴〉ヲ)+〈方向〉ヘ〕【球】(持たずに)つなぐ.

die **Ver·län·ge·rung** [ふぇあレンゲるング] [名] -/-en **1.** 長くする〔伸ばす〕こと;延長;(有効期間の)延長;のばすこと;つなぐこと. **2.** 長くするための〔延長〕部分. **3.** 【球】延長戦.

das **Ver·län·ge·rungs·ka·bel** [ふぇあレンゲるングス・カーべル] [名] -s/- (電気器具の)延長ケーブル.

die **Ver·län·ge·rungs·schnur** [ふぇあレンゲるングス・シュヌーあ] [名] -/..schnüre (電気器具の)延長コード.

ver·lang·sa·men [ふぇあラングザーメン] [動] h. 〔〈et⁴〉ヲ〕遅くする, 落す((スピード・テンポなどを));(〈et⁴〉がsich⁴の場合)落ちる, 遅くなる.

ver·läp·pern [ふぇあレっパーン] [動] h. 《口》 **1.** 〔〈et⁴〉ヲ〕浪費する((金銭・時間などを));(〈et⁴〉がsich⁴の場合)浪費される. **2.** 〔[補足なし]〕尽き果てる.

der **Ver·lass,** [旧]**Ver·laß** [ふぇあラス] [名] ((次の形で)) Auf 〈j⁴/et⁴〉 ist kein ~. 〈人・物ニ〉信頼を置けない.

ver·las·sen¹* [ふぇあラっセン] [動] h. **1.** 〔sich⁴+auf 〈j⁴/et⁴〉ヲ〕当てにする, 頼りにする, 信用する, 信頼する. **2.** 〔〈et⁴〉ヲ〕去る, 出る, 立去る, 後にする;《転》離れる((テーマなどから)). **3.** 〔〈j⁴〉ノ〕もとを去る, (…を)見捨てる: 〈j⁴〉 für immer ~ 《婉》〈人ヲ〉残して去る((死ぬ)).

ver·las·sen² [ふぇあラっセン] [形] 見捨てられた, 孤独な;人気(ひとけ)のない, 人里離れた: sich⁴ ~ fühlen 孤独で寄辺なく感ずる. 【慣用】**wohl ganz von Gott 〔von allen guten Geistern〕 verlassen sein** 《口》頭が少しおかしくなっている, わけの分らない行動を取る.

die **Ver·las·sen·heit** [ふぇあラっセンハイト] [名] -/ 見捨てられていること, 寄辺のなさ, 孤独, 荒涼.

die **Ver·las·sen·schaft** [ふぇあラっセンシャふト] [名] -/-en 《オースト・スイ》遺産.

ver·läss·lich, [旧]**ver·läß·lich** [ふぇあレスリひ] [形] 信頼〔信用〕できる.

die **Ver·läss·lich·keit,** [旧]**Ver·läß·lich·keit** [ふぇあレスリひカイト] [名] -/ 信頼〔信用〕できること, 信頼性, 確実性.

ver·läs·tern [ふぇあレスターン] [動] h. 〔〈j⁴/et⁴〉ノ〕悪口を言う, (…を)誹謗(ひぼう)する.

(der) **Ver·laub** [ふぇあラウプ] [名] ((次の形で)) mit ~ 《文》お許しを得て, 失礼ながら.

der **Ver·lauf** [ふぇあラウふ] [名] -(e)s/..läufe ((主に[単])) **1.** 進行方向, 延び具合, 進路: der ~ der Grenze 国境線. **2.** 経過, 推移: einen guten ~ nehmen 良い経過をたどる. im ~ eines Jahres 1年以内に.

ver·lau·fen* [ふぇあラウふェン] [動] **1.** s. 〔〈様態〉ニ〕走っている, 延びている, 通じている. **2.** s. 〔〈様態〉ニ〕経過する, 推移する. **3.** s. 〔[補足なし]〕溶ける((バターなどが));にじむ((インクなどが)). **4.** s. 〔in 〈et³〉ノ中ニ〕消える((道が茂みの中などに)). **5.** h. 〔sich⁴+in 〈et³〉ノ中ニ〕消える((道・足跡などが)). **6.** h. 〔sich⁴〕(歩いていて)道に迷う, 迷子になる. **7.** h. 〔sich⁴〕四散する, 散り散りになる((群集などが));引く((洪水などが)).

ver·laut·ba·ren [ふぇあラウトバーれン] [動] **1.** h. 〔〈et⁴〉ヲ〕公式に発表する, 公表する. **2.** s. 〔[補足なし]〕《文》知れ渡る. **3.** s. 〔Es+〈[文]〉デアルト〕言われている.

die **Ver·laut·ba·rung** [ふぇあラウトバーるング] [名] -/-en 公式発表, 公表.

ver·lau·ten [ふぇあラウテン] [動] **1.** h. 〔〈et⁴〉ヲ〕公表する, 発表する. **2.** s. 〔[補足なし]〕知れ渡る, 報じられる: 〈et⁴〉 ~ lassen 〈事ヲ〉口外する. **3.** s. 〔Es+〈[文]〉トイウコトデ〕ある.

ver·le·ben [ふぇあレーベン] [動] h. **1.** 〔〈et⁴〉ヲ+(〈場所/様態〉デ)〕過ごす. **2.** 〔〈et⁴〉ヲ〕《口》生活費に使う((金・遺産などを)).

ver·lebt [ふぇあレープト] [形] 自堕落な生活の跡がにじみ出た.

die **Ver·lebt·heit** [ふぇあレープトハイト] [名] -/ 自堕落な生活の跡がにじみ出ていること.

ver·le·gen¹ [ふぇあレーゲン] [動] h. **1.** 〔〈et⁴〉ヲ〕どこかに置き忘れる((傘・かぎなどを)). **2.** 〔〈et⁴〉ヲ〕変更する, 延期する((期日などを)). **3.** 〔〈j⁴/et⁴〉ヲ+(〈方向〉ニ)〕移す. **4.** 〔〈et⁴〉ヲ〕敷設する((線路・パイプなどを)), 敷きつめる((じゅうたんなどを)), 張る((寄木の床などを)). **5.** 〔(〈j³〉ノ)+〈et⁴〉ヲ〕ふさぐ((進路などを)), 断つ((退路などを)). **6.** 〔〈et⁴〉ヲ〕出版〔刊行〕する. **7.** 〔sich⁴+auf 〈et⁴〉ニ〕(方針・態度を)切換える, 新たに(…に)専心する, 今度は(…の)手に出る.

ver·le·gen² [ふぇあレーゲン] [形] 当惑した, 途方に暮れた, ばつの悪い. 【慣用】**nicht〔nie〕 um 〈et⁴〉 verlegen sein** 〈事ニ〉窮することがない. **um 〈et⁴〉 verlegen sein** 〈物ヲ〉必要としている.

die **Ver·le·gen·heit** [ふぇあレーゲンハイト] [名] -/-en **1.** ((単のみ))当惑, 困惑: in ~ kommen 当惑する. **2.** 困っている状態, 窮地, 苦境: in ~ sein 困っている.

der **Ver·le·ger** [ふぇあレーガー] [名] -s/- 出版者, 発行者〔人〕.

die **Ver·le·gung** [ふぇあレーグング] [名] -/-en **1.** 移動, 移転. **2.** (期日の)延期〔変更〕. **3.** (道などの)遮断. **4.** (電線・管・鉄道などの)敷設.

ver·lei·den [ふぇあライデン] [動] h. 〔〈j³〉ノ+〈et⁴〉ヲ〕不快なもの〔台なし〕にする((事故が旅行などを)).

der **Ver·leih** [ふぇあライ] [名] -(e)s/-e **1.** ((単のみ))賃貸. **2.** 賃貸会社, レンタル店: ein ~ für Kostüme 貸衣裳屋.

ver·lei·hen* [ふぇあライエン] [動] h. **1.** 〔〈et⁴〉ヲ〕賃貸する, (料金を取って)貸す((ボート・金などを));貸す, 貸し出す((本などを)). **2.** 〔(〈j³〉ニ)+〈et⁴〉ヲ〕授与する, 授ける. **3.** 〔〈j³/et³〉ニ+〈et⁴〉ヲ〕付与する, 与える.

der **Ver·lei·her** [ふぇあライあー] [名] -s/- 貸手;賃貸〔レンタル〕業者.

V

ンタル・リース〕業者，(映画の)配給業者．

die **Ver·lei·hung** [ふぇあライウング] [名] -/-en **1.** 貸すこと，賃貸，貸出し，貸与．**2.** (勲章・学位などの)授与；授与式．

ver·lei·men [ふぇあライメン] [動] *h.* 〔〈et^4〉ヲ〕膠(にかわ)〔接着剤〕で接着する．

ver·lei·ten [ふぇあライテン] [動] *h.* 〔〈j^4〉ヲ＋zu 〈et^3〉ヘ〕誘惑する，(…を)そそのかして(…を)させる．

die **Ver·lei·tung** [ふぇあライトゥング] [名] -/-en 誘惑，そそのかし．

ver·ler·nen [ふぇあレるネン] [動] *h.* **1.** 〔〈et^4〉ヲ〕忘れる(習い覚えたことを)．**2.** 〔sich^4〕忘れられる．

ver·le·sen* [ふぇあレーゼン] [動] *h.* **1.** 〔〈et^4〉ヲ〕読上げる(公式の命令などを)．**2.** 〔sich^4〕読違いをする．**3.** 〔〈et^4〉ヲ〕選別する(果物などを)．

ver·letz·bar [ふぇあレッツ・バーあ] [形] 感情を害しやすい．

ver·let·zen [ふぇあレッツェン] [動] *h.* **1.** 〔〈j^4〉ニ〕怪我(けが)をさせる，傷を負わせる，(…を)負傷させる．**2.** 〔sich^4＋(an 〈et^3〉ニ) // sich^3＋〈et^4〉ヲ〕怪我(を)する．**3.** 〔〈j^4/et^4〉ヲ〕(精神的に)傷つける．**4.** 〔〈et^4〉ヲ〕侵す，(…に)反〔違反〕する．**5.** 〔〈et^4〉ヲ〕侵犯する．

ver·letz·lich [ふぇあレッツリひ] [形] 繊細で傷つきやすい，感じやすい．

der/die **Ver·letz·te** [ふぇあレッツテ] [名] (形容詞的変化)負傷者，(被)傷害者．

die **Ver·let·zung** [ふぇあレッツング] [名] -/-en **1.** 怪我(けが)，負傷，傷害：eine leichte/tödliche ～ 軽傷/致命傷．schwere ～*en* erleiden 重傷を負う．**2.** (法律・規則などの)違反，違背；侵犯；侵害；毀損；感情を傷つけること．

ver·leug·nen [ふぇあロイグネン] [動] *h.* 〔〈j^4/et^4〉ヲ〕否認する，否定する：seinen Freund ～ 自分の友人を知らない人だと言う．sich^4 (am Telefon) ～ lassen (電話がかかってきたときに)居留守を使う．

die **Ver·leug·nung** [ふぇあロイグヌング] [名] -/-en 否定，否認．

ver·leum·den [ふぇあロイムデン] [動] *h.* 〔〈j^4〉ヲ〕中傷する，誹謗(ひぼう)する．

der **Ver·leum·der** [ふぇあロイムダー] [名] -s/- 中傷者，誹謗(ひぼう)者．

ver·leum·de·risch [ふぇあロイムデりシュ] [形] 中傷的な；中傷者に等しい．

die **Ver·leum·dung** [ふぇあロイムドゥング] [名] -/-en 中傷，誹謗(ひぼう)．

ver·lie·ben [ふぇありーベン] [動] *h.* 〔sich^4＋(in 〈j^4/et^4〉ニ)〕ほれ込む，夢中になる．【慣用】**bis über beide Ohren verliebt sein** 《口》ぞっこんほれ込んでいる．**〈j^3〉 verliebte Blicke zuwerfen** 〈人ニ〉熱っぽい目で見る．**zum Verlieben sein/aussehen** 《口》ほれぼれするほどきれいだ/きれいに見える．

ver·liebt [ふぇありーブト] [形] 〔(in 〈j^4/et^4〉ニ)〕ほれ込んだ；熱っぽい．

der/die **Ver·lieb·te** [ふぇありーブテ] [名] (形容詞的変化)恋をしている人．

die **Ver·liebt·heit** [ふぇありーブトハイト] [名] -/ ほれ込んでいること．

ver·lie·ren* [ふぇありーれン] [動] verlor ; hat verloren **1.** 〔〈et^4〉ヲ〕なくす，紛失する．**2.** 〔((〈et^4〉ニ))〕負ける，敗れる．**3.** 〔〈j^4〉ヲ〕見失う，(…と)はぐれる；失う(離別・死別する)．**4.** 〔〈j^4/et^4〉ヲ〕失う(身体部分・構成員の一部を)．**5.** 〔〈et^4〉ヲ〕落す，(…が)抜けてなくなる(葉・髪・歯などを)；(…が)漏(も)れる(オイル・空気などが)；(…が)褪(あ)せる〔なくなる・失せる〕(色などが)：die Fasson ～ 型くずれする(帽子・衣服などが)．**6.** 〔〈j^4/et^4〉ヲ〕失う，なくす(顧客・信望・意識などを)．**7.** 〔〈et^4〉ヲ〕とられる(かけなどで)．**8.** 〔an 〈et^3〉ヲ〕失う(魅力・高度などを)．**9.** 〔sich^4〕なくなる(熱意などが)；姿を消す，紛れ込む，散り散りになる；迷い込む．**10.** 〔sich^4＋in 〈et^4〉ニ〕夢中になる，没頭する；逸脱する(話し手などが)．**11.** 〔sich^4＋an 〈j^4/et^4〉ニ〕夢中になる，没頭する．**12.** 〔[補足なし]〕魅力〔美しさ・能力・善さ〕がなくなる．【慣用】**〈j^4/et^4〉 aus den Augen verlieren** 〈人・物ヲ〉見失う．**das Gesicht verlieren** 面目を失う．**den Boden unter den Füßen verlieren** 地歩〔より所〕を失う．**den Kopf verlieren** 度を失う．**die Nerven verlieren** 平静を失う．**die Sprache verlieren** (驚きなどで)物が言えなくなる．**Du hast hier nichts verloren.** 《口》用もないのにうろうろするな．**kein Wort über 〈et^4〉 verlieren** 〈事について〉一言ももらさない．**keine Zeit verlieren dürfen** 一刻も無駄にできない．**nichts (mehr) zu verlieren haben** (これ以上)失うものは何もない，どんなことでもできる．**seine Stimme verlieren** 声がでなくなる．**Was hast du denn hier verloren ?** 《口》ここに何の用があるのだ．

der **Ver·lie·rer** [ふぇありーらー] [名] -s/- 失った人，なくした人；敗者．

das **Ver·lies** [ふぇありース] [名] -es/-e 地下牢(ろう)．

ver·lo·ben [ふぇあローベン] [動] *h.* **1.** 〔sich^4＋(mit 〈j^3〉ト)〕婚約する．**2.** 〔〈j^4〉ヲ＋(mit)〈j^3〉ト〕《古》婚約させる．

das **Ver·löb·nis** [ふぇあ[レ]ーブニス] [名] -ses/-se 《文》婚約．

der/die **Ver·lob·te** [ふぇあローブテ] [名] (形容詞的変化)婚約者，フィアンセ．

die **Ver·lo·bung** [ふぇあローブング] [名] -/-en 婚約；婚約披露パーティー．

die **Ver·lo·bungs·an·zei·ge** [ふぇあローブングス・アン・ツァイゲ] [名] -/-n 婚約通知．

der **Ver·lo·bungs·ring** [ふぇあローブングス・りング] [名] -(e)s/-e 婚約指輪．

ver·lo·cken [ふぇあロッケン] [動] *h.* 〔〈j^4〉ヲ＋zu 〈et^3〉ニ〕《文》いざなう，誘う．

die **Ver·lo·ckung** [ふぇあロックング] [名] -/-en 誘う〔誘惑する〕こと．

ver·lo·gen [ふぇあローゲン] [形] **1.** うそつきの．**2.** 偽りの．

die **Ver·lo·gen·heit** [ふぇあローゲンハイト] [名] -/-en うそつきであること；虚偽．

ver·loh·nen [ふぇあローネン] [動] *h.* 《文》 **1.** 〔(sich^4)〕報われる，しがいがある(苦労・仕事などが)．**2.** 〔〈et^4〉ニ/〈et^2〉ニ〕値する(〈et^2〉は《古》)．

ver·lor [ふぇあローあ] [動] verlieren の過去形．

ver·lö·re [ふぇあ[レ]ーれ] [動] verlieren の接続法２式．

ver·lo·ren [ふぇあローれン] [形] **1.** 無駄な：～*e* Mühe 徒労．**2.** 紛失した，失われた：Er ist für unsere Mannschaft ～. 我々のチームは彼を失った．**3.** 見捨てられた，孤独な；どうしようもない，救いようがない：ein ～*er* Ort 僻地(へきち)．Ohne Brille ist er ～. 眼鏡がないと彼はどうしようもない．**4.** 没頭した，夢中になった：in Gedanken ～ sein 考えにふけっている．**5.** 負けた：auf ～*em* Posten stehen〔kämpfen〕先の見込みがない，勝てる見込みのない戦いをする．【慣用】**ein verlorener Sohn** 放蕩(ほうとう)息子(ルカ福音書 15, 11-32)．**〈j^4/et^4〉 verloren geben** 〈人・物・事ヲ〉(ないものと)あきらめる．**verlorene Eier**〘料〙落し玉子．

ver·lo·ren ge·hen*, [旧]**ver·lo·ren|ge·hen*** [ふぇあローれン ゲーエン] [動] *s.* **1.** 〔((〈j^3〉ハ))〕紛失する，失う．**2.** 〔an 〈j^3〉ハ〕(…に)なれるのに残念だ．**3.** 〔[補足なし]〕負けになる(戦いなどが)．

ver·lö·schen^{1} [ふぇあ[レ]ッシェン] [動] *h.* 〔〈et^4〉ヲ〕消す(灯・ろうそくなどを)．

ver·lö·schen$^{2(*)}$ [ふぇあ[レ]ッシェン] [動] *s.* 〔[補足なし]〕消える(火などが)；《転》消えうせる(愛情などが)．

ver·lo·sen [ふぇあローゼン] [動] *h.* 〔〈et^4〉ヲ〕手に入れる人をくじで決める．

die **Ver·lo·sung** [ふぇあローズング] [名] -/-en くじ引きで

Vermikulit

賞品を手に入れる人を決めること.

ver·löten [ふぇあﾚーテン] 動 *h*. **1.**〈et⁴ｦ〉〔工〕はんだで継ぐ, はんだ[蠟(ｶﾞ)]付けする. **2.**(次の形で)einen ～《口・冗》一杯やる.

ver·lottern [ふぇあﾛｯﾀｰﾝ] 動 《蔑》 **1.** *s*.〔慣な〕零落ちる, 身を持崩す;駄目になる(会社などが). **2.** *h*.〈et⁴ｦ〉放棄(ﾎｳ)で使い果たす.

ver·lottert [ふぇあﾛｯﾀｰﾄ] 形 身を持崩した, 落ちぶれた.

ver·ludern [ふぇあﾙｰﾀﾞｰﾝ] 動 *h./s*. **1.** *s*. =verlottern 1. **2.** *h*. =verlottern 2. **3.** *s*.〔慣な〕〔狩〕弾傷で死ぬ.

ver·lumpen [ふぇあﾙﾑﾍﾟﾝ] 動 *h./s*. =verlottern.

der **Verlust** [ふぇあﾙｽﾄ] 名 -es/-e **1.** 失うこと, 紛失, 喪失;死:der ～ an Wert 価値を失うこと. den ～ des Vaters beklagen 父の死を嘆く. in ～ geraten〔官〕紛失する. **2.** 損失, 損害;欠損, 赤字:einen großen ～ erleiden 大損害をこうむる. mit ～ arbeiten 赤字の仕事をする.

die **Verlust·an·zei·ge** [ふぇあﾙｽﾄ･ｱﾝ･ﾂｧｲｹﾞ] 名/-n 遺失物届, (重要書類などの)紛失届.

ver·lus·tie·ren [ふぇあﾙｽﾃｨｰﾚﾝ] 動〈sich⁴+an〔auf·in〕et³ｦ〉《冗》楽しむ.

ver·lus·tig [ふぇあﾙｽﾃｨﾋ] 形〔官〕(次の形で)〈et²～ gehen〉〈事²〉を失う, 喪失する.〈j⁴〉〈et²〉 für erklären《古》〈人ﾆ〉〈事ﾉ〉喪失〔剥奪(ﾊｸﾀﾞ)〕を宣告する.

die **Verlust·lis·te** [ふぇあﾙｽﾄ･ﾘｽﾃ] 名/-n 戦没者〔死者〕名簿;損失リスト.

die **Verlust·mel·dung** [ふぇあﾙｽﾄ･ﾒﾙﾄﾞｩﾝｸﾞ] 名/-en 紛失届.

ver·lust·reich [ふぇあﾙｽﾄ･ﾗｲﾋ] 形 損失〔損害〕の多い.

die **Verlust·über·nah·me** [ふぇあﾙｽﾄ･ｳｰﾊﾞｰﾅｰﾒ] 名/〔経〕損失引受.

der **Verlust·vor·trag** [ふぇあﾙｽﾄ･ﾌｫｱ･ﾄﾗｰｸ] 名 -(e)s/..träge〔経〕損失繰越;繰越損失(金額).

verm. =vermählt 既婚の.

ver·machen [ふぇあﾏｯﾍﾝ] 動 *h*.〈j³〉ﾆ+〈et⁴ｦ〉遺産として残す;《転･口》贈る, 譲る.

das **Ver·mächt·nis** [ふぇあﾒﾋﾄﾆｽ] 名 -ses/-se **1.**〔法〕遺贈の;(転)遺贈された物, 遺産. **2.** 遺言, 遺志.

ver·mäh·len [ふぇあﾒｰﾚﾝ] 動 *h*. 《文》 **1.**〈sich⁴+〈j³〉ﾄ/mit〈j³〉ﾄ〉結婚する. **2.**〈j⁴〉ｦ+mit〈j³〉ﾄ《古》結婚させる.

ver·mählt [ふぇあﾒｰﾙﾄ] 形《文》既婚の(略 verm. 記号⚭).

der/die **Ver·mähl·te** [ふぇあﾒｰﾙﾃ] 名〔形容詞的変化〕《文》既婚者.

die **Ver·mäh·lung** [ふぇあﾒｰﾙﾝｸﾞ] 名/-en《文》結婚.

ver·mah·nen [ふぇあﾏｰﾈﾝ] 動 *h*.〈j³ｦ〉《古》戒める.

die **Ver·mah·nung** [ふぇあﾏｰﾇﾝｸﾞ] 名/-en《古》戒め, 訓戒.

ver·ma·le·dei·en [ふぇあﾏﾚﾀﾞｲｴﾝ] 動 *h*.〈j⁴/et⁴ｦ〉《古》のろし, 呪詛(ｼﾞｭｿ)する.

ver·ma·le·doit [ふぇあﾏﾚﾀﾞｲﾄ] 形《口》いまいましい.

ver·männ·li·chen [ふぇあﾒﾝﾘﾋｪﾝ] 動 *h*. **1.**〈et⁴ｦ〉男っぽい感じにする(女性を). **2.**〔慣な〕男性化する, 男っぽい感じになる.

ver·mark·ten [ふぇあﾏﾙｸﾃﾝ] 動 *h*. **1.**〈et⁴ｦ〉〈j⁴ｦ+als〈j¹〉〉公的に金もうけの種にする. **2.**〈et⁴ｦ〉〔経〕(需要に即して)市場に出す.

die **Ver·mark·tung** [ふぇあﾏﾙｸﾄｩﾝｸﾞ] 名/-en 金もうけの種にすること;市場に出すこと.

ver·mas·seln [ふぇあﾏｯｾﾙﾝ] 動 *h*.《口》 **1.**〈et⁴ｦ〉台なし〔駄目〕にする. **2.**〈et⁴ｦ〉しくじる(試験などを).

ver·mas·sen [ふぇあﾏｯｾﾝ] 動《蔑》 **1.** *h*.〈j⁴/et⁴ｦ〉大衆化する. **2.** *s*.〔慣な〕大衆化する.

die **Ver·mas·sung** [ふぇあﾏｯｽﾝｸﾞ] 名/-en《蔑》大衆化.

ver·mau·ern [ふぇあﾏｳｱｰﾝ] 動 *h*. **1.**〈et⁴ｦ〉壁でふさぐ. **2.**〈et⁴ｦ〉壁作りに使う.

ver·meh·ren [ふぇあﾒｰﾚﾝ] 動 *h*. **1.**〈et⁴ｦ〉増やす, 増す(数量などを);増強〔繁殖〕させる(動植物を);〈et⁴ｦ〉〈sich⁴〉の場合〉増える, 増加する. **2.**〔sich⁴〕増殖〔繁殖〕する.

die **Ver·meh·rung** [ふぇあﾒｰﾙﾝｸﾞ] 名/-en 増加, 増大;繁殖, 増殖.

ver·meid·bar [ふぇあﾏｲﾄ･ﾊﾞｰ] 形 避けられる.

ver·mei·den* [ふぇあﾏｲﾃﾞﾝ] 動 *h*.〈et⁴ｦ〉避ける(誤解･交際などを), 回避する(衝突などを).

ver·meid·lich [ふぇあﾏｲﾄﾘﾋ] 形 =vermeidbar.

die **Ver·mei·dung** [ふぇあﾏｲﾄﾞｩﾝｸﾞ] 名/-en 回避.

das **Ver·meil** [vɛrmɛ:j ヴェルメーユ] 名 -s/ 金鍍金(ﾒｯｷ)した銀.

ver·mei·nen [ふぇあﾏｲﾈﾝ] 動 *h*.《文》〔文〕ﾃﾌﾟﾙﾄ〉(誤って)思い込む.

ver·meint·lich [ふぇあﾏｲﾝﾄﾘﾋ] 形 誤って(…と)思われた.

ver·mel·den [ふぇあﾒﾙﾃﾞﾝ] 動 *h*.〈et⁴ｦ〉《古》報告する.

ver·men·gen [ふぇあﾒﾝｹﾞﾝ] 動 *h*. **1.**〈et⁴ｦ+mit〈et³〉ﾄ〉混ぜ(合せ)る;〈et⁴ｦ〉sich⁴の場合〉混ざる, 混ざり合う. **2.**〈et⁴ｦ+(mit〈et³〉ﾄ)〉混同する.

ver·mensch·li·chen [ふぇあﾒﾝｼｭﾘﾋｪﾝ] 動 *h*.〈et⁴ｦ〉擬人〔人格〕化する;人間化する.

die **Ver·mensch·li·chung** [ふぇあﾒﾝｼｭﾘﾋｩﾝｸﾞ] 名/-en 擬人〔人格〕化;人間化.

der **Ver·merk** [ふぇあﾒﾙｸ] 名 -(e)s/-e 覚え書, メモ;注, 注記, 付記.

ver·mer·ken [ふぇあﾒﾙｸﾝ] 動 *h*.〈et⁴ｦ〉書留める, メモする(期日･思いつきなどを);心にとめる, 受取る. **【慣用】**〈j³〉〈et⁴〉 übel vermerken〈人ﾉ〉〈事ｦ〉悪く取る.

ver·mes·sen[1]* [ふぇあﾒｯｾﾝ] 動 *h*. **1.**〈et⁴ｦ〉測量する(土地などを). **2.**〔sich⁴〕測り間違えをする. **3.**〔sich⁴+zu〈動〉ﾌﾟ〕《文》不遜(ﾌｿﾝ)〔僭越(ｾﾝｴﾂ)〕にもする.

ver·mes·sen[2] [ふぇあﾒｯｾﾝ] 形《文》不遜(ﾌｿﾝ)な.

die **Ver·mes·sen·heit** [ふぇあﾒｯｾﾝﾊｲﾄ] 名/-/-en 不遜(ﾌｿﾝ), 思い上がり.

der **Ver·mes·ser** [ふぇあﾒｯｻｰ] 名 -s/- 測量士.

die **Ver·mes·sung** [ふぇあﾒｯｽﾝｸﾞ] 名/-en 測量, 測定.

das **Ver·mes·sungs·amt** [ふぇあﾒｯｽﾝｸﾞｽ･ｱﾑﾄ] 名 -(e)s/..ämter 土地登記所.

der **Ver·mes·sungs·in·ge·ni·eur** [ふぇあﾒｯｽﾝｸﾞｽ･ｲﾝｼﾞｪﾆｴｰｱ] 名 -s/-e 地形測量技士.

die **Ver·mes·sungs·kun·de** [ふぇあﾒｯｽﾝｸﾞｽ･ｸﾝﾃﾞ] 名/ 測量(測地)学.

ver·mie·sen [ふぇあﾐｰｾﾞﾝ] 動 *h*.〈j³〉ﾆ+〈et⁴ｦ〉《口》台なしにする.

ver·mie·ten [ふぇあﾐｰﾃﾝ] 動 *h*.〈(〈j³〉ﾆ/an〈j⁴〉)+〈et⁴ｦ〉〉賃貸する, 貸す:Zimmer zu ～! 貸し部屋あり.

der **Ver·mie·ter** [ふぇあﾐｰﾀｰ] 名 -s/- 貸主, 賃貸人;家主.

die **Ver·mie·tung** [ふぇあﾐｰﾄｩﾝｸﾞ] 名/-en 賃貸, レンタル.

der **Ver·mi·ku·lit** [ヴェアミクリート, ヴェルミクリート] 名 -(e)s/-e〔鉱〕蛭石(ﾋﾙｲｼ), バーミキュライト.

ver·mịn·dern [ふぇあミンダーン] [動] *h.* 〔〈et^4〉ヲ〕少なくする, 減らす(危険などを), 落す(スピード・テンポなどを), 下げる(物価などを);(〈et^4〉がsich^{4}の場合)減る, 減少する, 低下する. 【慣用】**eine verminderte Terz** 〖楽〗減３度. **verminderte Zurechnungsfähigkeit** 〖法〗限定帰責能力.

die **Ver·mịn·de·rung** [ふぇあミンデるング] [名] -/-en 減少, 低下.

ver·mi̱·nen [ふぇあミーネン] [動] *h.* 〔〈et^4〉ニ〕地雷〔機雷〕を敷設する.

ver·mị·schen [ふぇあミッシェン] [動] *h.* **1.** 〔〈et^4〉ヲ＋(mit 〈et^3〉ト)〕混ぜ(合せ)る;(…を…で)割る(ウイスキーなどを);《転》混同する, ごっちゃにする(二つの概念などを). **2.** 〔sich^4＋(mit 〈j^3/et^3〉ト)〕混ざる. **3.** 〔相互代名詞sich^4〕互いに混ざり合う.

ver·mịscht [ふぇあミッシュト] [形] **1.** 種々雑多な: *V～es* 雑報, 雑記事. **2.** 〔(mit 〈et^3〉ト)〕混合した, (…で)割った.

die **Ver·mị·schung** [ふぇあミッシュング] [名] -/-en 混合; 混同;〖法〗混和.

ver·mịs·sen [ふぇあミッセン] [動] *h.* **1.** 〔〈j^4/et^4〉ガ〕いなくて寂しく思う, いればいいと思う;なくて残念に思う, あればいいと思う. **2.** 〔〈et^4〉ガ〕ないことに気づく, 見当らない. **3.** 〔〈j^4〉ガ〕見当らない: Er ist *vermisst*. 彼は行方不明だ.

der/die **Ver·mịss·te,** ⓐ**Ver·mịß·te** [ふぇあミステ] [名] (形容詞的変化) 行方不明者.

die **Ver·mịss·ten·an·zei·ge,** ⓐ**Ver·mịß·ten·an·zei·ge** [ふぇあミステン・アン・ツァイゲ] [名] -/-n (警察に出す)行方不明届.

ver·mịt·teln [ふぇあミッテルン] [動] *h.* **1.** 〔zwischen 〈j^3〉ノ/in 〈et^3〉ヲ〕仲裁〔調停〕する. **2.** 〔〈et^4〉ヲ〕成立〔実現〕させる(結婚・和解などを). **3.** 〔〈j^3〉ニ＋〈j^4/et^4〉ヲ〕斡旋(あっせん)する, 世話する. **4.** 〔〈j^4/et^4〉ヲ＋(an 〈et^4〉ニ)〕斡旋する, 世話する. **5.** 〔(〈j^3〉ニ)＋〈et^4〉ヲ〕伝える(ある叙述がその時代の姿などを).

ver·mịt·tels [ふぇあミッテルス] [前] 〔＋２格〕《硬》…を用いて.

ver·mịt·telst [ふぇあミッテルスト] [前] 〔＋２格〕＝vermittels.

der **Ver·mịtt·ler** [ふぇあミットラー] [名] -s/- **1.** 仲裁者, 調停者. **2.** 仲介〔媒介〕者;取次業者, 仲買人, ブローカー.

die **Ver·mịtt·lung** [ふぇあミットルング] [名] -/-en **1.** 仲介, 調停. **2.** 媒介, 仲介, 取次, 斡旋(あっせん);伝達. **3.** 電話交換室;交換手.

das **Ver·mịtt·lungs·amt** [ふぇあミットルングス・アムト] [名] -(e)s/..ämter 調停局;電話交換室.

der **Ver·mịtt·lungs·aus·schuss,** ⓐ**Ver·mịtt·lungs·aus·schuß** [ふぇあミットルングス・アウス・シュス] [名] -es/..schüsse (ドイツの連邦議会と連邦参議院の)両院協議会, 両院調整委員会.

die **Ver·mịtt·lungs·ge·bühr** [ふぇあミットルングス・ゲビューあ] [名] -/-en 仲介手数料.

ver·mö̱·beln [ふぇあ⊘ーベルン] [動] *h.* 〔〈j^4〉ヲ〕《口》さんざんに殴る, ぶん殴る.

ver·mo̱·dern [ふぇあモーダーン] [動] *s.* 〔補足なし〕腐る, 朽ちる(葉などが).

ver·mö·ge [ふぇあ⊘ーゲ] [前] 〔＋２格〕《文》…の力で, …によって, …のおかげで.

ver·mö̱·gen* [ふぇあ⊘ーゲン] [動] *h.* 《文》 **1.** 〔(es)＋zu〈[動]〉スルコトガ〕できる. **2.** 〔〈et^4〉ヲ〕成し遂げる, 達成する.

das **Ver·mö̱·gen** [ふぇあ⊘ーゲン] [名] -s/- **1.** (⑩のみ)《文》能力, 才能, 力: nach bestem ～ 全力を尽して. soviel in meinem ～ liegt 私の力のおよぶかぎり. **2.** 財産, 資産: ein ～ an Aktien 株式の資産 ein ～ erwerben 一財産つくる. Das kostet ein ～. それには大金がいる.

ver·mö̱·gend [ふぇあ⊘ーゲント] [形] 財産〔資産〕のある.

die **Ver·mö̱·gens·ab·ga·be** [ふぇあ⊘ーゲンス・アップ・ガーベ] [名] -/-n 財産公課(国による１回限りの公課).

die **Ver·mö̱·gens·bil·dung** [ふぇあ⊘ーゲンス・ビルドゥング] [名] -/ (被用者のための)財産形成, 財形貯蓄.

die **Ver·mö̱·gens·steu·er** [ふぇあ⊘ーゲンス・シュトイあー] [名] -/-n ＝Vermögensteuer.

die **Ver·mö̱·gen·steu·er** [ふぇあ⊘ーゲン・シュトイあー] [名] -/-n 財産税(州の収入になる).

die **Ver·mö̱·gens·ver·hält·nis·se** [ふぇあ⊘ーゲンス・ふぇあヘルトニッセ] [複名] 資産状況.

der **Ver·mö̱·gens·wert** [ふぇあ⊘ーゲンス・ヴェーあト] [名] -(e)s/-e 資産価値.

ver·mö̱·gens·wirk·sam [ふぇあ⊘ーゲンス・ヴィるクザーム] [形] 財産形成に役立つ.

ver·mọt·tet [ふぇあモッテット] [形] 《方》虫食いの.

ver·mụm·men [ふぇあムメン] [動] *h.* **1.** 〔〈j^4/et^4〉ヲ〕すっぽりくるむ. **2.** 〔sich^4〕覆面する, 変装〔仮装〕する.

die **Ver·mụm·mung** [ふぇあムムング] [名] -/-en 覆うこと;変装〔仮装〕の衣服, 覆面.

das **Ver·mụm·mungs·ver·bot** [ふぇあムムングス・ふぇあボート] [名] -(e)s/-e デモの際の覆面禁止(令).

ver·mu̱·ren [ふぇあムーれン] [動] *h.* 〔〈et^4〉ヲ〕《方》瓦礫(がれき)と泥の山にする.

ver·mụrk·sen [ふぇあムるクセン] [動] *h.* 〔〈et^4〉ヲ〕《口》へたにいじって駄目〔台なし〕にする, へたな仕事でぶざまなものにする.

ver·mu̱·ten [ふぇあムーテン] [動] *h.* **1.** 〔〈et^4〉ヲ/〈[文]〉デアルト〕推測〔推量・推定〕する, 予想〔予期〕する, 思う, 憶測する. **2.** 〔〈j^4〉ガ＋〈場所〉ニイルト/〈時点〉ニ来ルト〕思う.

ver·mu̱t·lich [ふぇあムートリひ] [形] 推定〔推測〕の: der ～*e* Täter 犯人と推定される男.
―― [副] (文飾) 察するところ(…)らしい.

die **Ver·mu̱·tung** [ふぇあムートゥング] [名] -/-en 推定, 推測, 予想: Die ～ liegt nahe, dass ... おそらく…と思われる.

ver·nach·läs·si·gen [ふぇあナーはレッスィゲン] [動] *h.* **1.** 〔〈j^4〉ヲ〕ほったらかしにする, ないがしろにする. **2.** 〔〈et^4〉ヲ〕手入れをしないで放っておく(家屋などを), おろそかにする, なおざりにする(仕事などを). **3.** 〔〈et^4〉ヲ〕無視する(小数点以下などを).

die **Ver·nach·läs·si·gung** [ふぇあナーはレッスィグング] [名] -/-en ないがしろにすること;おろそかにすること;無視.

ver·na̱·geln [ふぇあナーゲルン] [動] *h.* **1.** 〔〈et^4〉ヲ〕釘(くぎ)づけにする(窓・戸などを). **2.** 〔〈et^4〉ノ蹄鉄ヲ〕(蹄鉄の打ち方を誤り)傷つける(馬を).

ver·na̱·gelt [ふぇあナーゲルト] [形] **1.** 〔(mit 〈et^3〉デ)〕釘(くぎ)づけにした. **2.** 《口・蔑》頭が固い, 頑迷な.

ver·nä̱·hen [ふぇあネーエン] [動] *h.* **1.** 〔〈et^4〉ヲ〕縫い合せる(布の裂け目・傷口などを). **2.** 〔〈et^4〉ヲ＋〈様態〉ニ〕縫い上げる. **3**. 〔〈et^4〉ヲ＋〈場所〉ニ〕縫い込む(糸を). **4**〔〈et^4〉ヲ＋für〈et^4〉ヲ縫ウニ〕使いはたす(糸を).

ver·nạr·ben [ふぇあナるベン] [動] *s.* 〔補足なし〕瘢痕(はんこん)になる(傷などが).

ver·nạr·ren [ふぇあナれン] [動] *h.* 〔sich^4＋in 〈j^4/et^4〉ニ〕夢中になる;ほれ込む.

ver·nạrrt [ふぇあナるト] [形] 〔(in 〈j^4/et^4〉ニ)〕(ばかみたいに)夢中になった.

ver·na̱·schen [ふぇあナッシェン] [動] *h.* **1.** 〔〈et^4〉ヲ〕甘いものに費やす(金を);《稀》つまみ食いして食べつくす. **2.** 〔〈j^4〉ヲ〕《口》つまみ食いする(女の子を). **3.** 〔〈j^4〉ニ〕《口》あっさり勝つ.

ver·ne̱·beln [ふぇあネーベルン] [動] *h.* **1.** 〔〈et^4〉ヲ〕煙幕で覆う;《転》朦朧(もうろう)とさせる(酒が頭などを);隠

蔽(ぺい)する(真相・事実・細部などを). **2.**〔et⁴ を〕噴霧器で散布する.
die **Ver·ne·be·lung** [ふぇあネーベルング] 名 -/-en 霧〔煙幕〕で覆うこと；噴霧すること；(頭などを)朦朧(もうろう)とさせること；(事実を)隠蔽(いんぺい)すること.
die **Ver·neb·lung** [ふぇあネープルング] 名 -/-en =Vernebelung.
ver·nehm·bar [ふぇあネーム・バール] 形《文》聞き取れる.
ver·neh·men* [ふぇあネーメン] 動 h. **1.**〔et⁴ を〕《文》聞き取る, 聞く(声などを), (…が)聞こえる. **2.**〔et⁴ を〕《文》聞き知る, 耳にする. **3.**〔j³を〕尋問する.
das **Ver·neh·men** [ふぇあネーメン] 名 -s/ **1.** (次の形で) dem ～ nach 聞くところによれば. **2.** 意見の一致, 合意：sich⁴ mit 〈j³〉ins ～ setzen〈人と〉了解しあう.
ver·nehm·lich [ふぇあネームリヒ] 形 はっきり聞き取れる.
die **Ver·neh·mung** [ふぇあネームング] 名 -/-en 尋問, 審問.
ver·neh·mungs·fä·hig [ふぇあネームングス・ふぇーイヒ] 形 尋問に耐えうる.
ver·nei·gen [ふぇあナイゲン] 動 h.〔sich⁴〕《文》お辞儀をする.
die **Ver·nei·gung** [ふぇあナイグング] 名 -/-en 《文》お辞儀.
ver·nei·nen [ふぇあナイネン] 動 h. **1.**〔et⁴ を〕いいえ〔ノー〕と答える(質問などに). **2.**〔et⁴ を〕否定する(人生・戦争などを); 〔et⁴ を〕否認する.
die **Ver·nei·nung** [ふぇあナイヌング] 名 -/-en (問いに)ノーと答えること；否定；〖言〗否定；否定詞.
der **Ver·nei·nungs·fall** [ふぇあナイヌングス・ふぁル] 名 -(e)s/..fälle (次の形で)〔硬〕im ～e 否(ひ)の場合には.
das **Ver·nei·nungs·wort** [ふぇあナイヌングス・ヴォルト] 名 -(e)s/..wörter 〖言〗否定詞.
ver·net·zen [ふぇあネッツェン] 動 h. **1.**〔et⁴ を〕結びつける. **2.**〔et⁴ を〕〖化〗網目状に結合する；〖工〗(体系的に)ネットワーク化する.
ver·nich·ten [ふぇあニヒテン] 動 h.〔j⁴/et⁴ を〕全滅〔壊滅状態〕にさせる(軍が収穫などを), 殲滅(せんめつ)する(敵などを), 根絶〔絶滅〕する(雑草・害虫などを), 処分〔破棄〕する(手紙・書類などを)；(転)うち砕く(希望などを).
ver·nich·tend [ふぇあニヒテント] 形 壊滅的な, 仮借のない, 非難のこもった.
die **Ver·nich·tung** [ふぇあニヒトゥング] 名 -/ (完全な)破壊, 根絶, 絶滅；破棄.
der **Ver·nich·tungs·krieg** [ふぇあニヒトゥングス・クリーク] 名 -(e)s/-e 殲滅(せんめつ)戦.
die **Ver·nich·tungs·waf·fe** [ふぇあニヒトゥングス・ヴァっふぇ] 名 -/-n 大量殺戮(さつりく)兵器.
ver·ni·ckeln [ふぇあニッケルン] 動 h.〔et⁴ を〕ニッケルめっきをする.
die **Ver·ni·cke·lung** [ふぇあニッケルング] 名 -/-en ニッケルめっき.
die **Ver·nick·lung** [ふぇあニックルング] 名 -/-en =Vernickelung.
ver·nied·li·chen [ふぇあニートリヒェン] 動 h.〔et⁴ を〕ささいなことのように見せる(失敗などを).
ver·nie·ten [ふぇあニーテン] 動 h.〔et⁴ を〕びょうで留める, リベットで締める.
die **Ver·nis·sa·ge** [ヴェるニサージュ] 名 -/-n 《仏》(美術展覧会初日の)特別招待日.
die **Ver·nunft** [ふぇあヌンふト] 名 -/ 分別, 理性；理解力, 判断力：die gesunde ～ 良識. ～ walten lassen 理性に従う.【慣用】aller Vernunft beraubt sein 完全に理性を失っている. Vernunft annehmen〔zur Vernunft kommen〕理性を取り戻す.〈j⁴〉zur Vernunft bringen〈人に〉分別を取り戻させる.
ver·nunft·be·gabt [ふぇあヌンふト・ベガープト] 形 理性を備えた.
die **Ver·nunft·ehe** [ふぇあヌンふト・エーエ] 名 -/-n (愛情によらない)理性的結婚.
die **Ver·nünf·te·lei** [ふぇあニュンふテライ] 名 -/-en《古・蔑》**1.**(畑のみ)詭弁(きべん), 屁(へ)理屈. **2.** 詭弁を弄した言辞.
ver·nünf·teln [ふぇあニュンふテルン] 動 h. 〔屁(へ)に〕《古・蔑》屁(へ)理屈をこねる.
ver·nunft·ge·mäß [ふぇあヌンふト・ゲメース] 形 理にかなった, 理性的の.
ver·nünf·tig [ふぇあニュンふティヒ] 形 **1.** 理性的な, 思慮分別のある, 道理にかなった：Sei doch ～！ 道理をわきまえろ, ばかなまねはよせ；いい子におし. **2.** まともな, 筋の通った, もっともな, 納得のいく. **3.**《口》ちゃんとした, ちょうどいい, 十分な.
ver·nünf·ti·ger·wei·se [ふぇあニュンふティガー・ヴァイゼ] 副《文飾》賢明にも.
der **Ver·nunft·mensch** [ふぇあヌンふト・メンシュ] 名 -en/-en 理性的〔知的〕人間.
ver·nunft·wid·rig [ふぇあヌンふト・ヴィードリヒ] 形 理性に反する.
ver·öden [ふぇあエーデン] 動 **1.** s.〔感じ〕荒れ果てる, 荒廃する(土地・村などが)；人気(ひとけ)がなくなる, 人っ子ひとりいなくなる(通りなどが). **2.**〔et⁴ を〕〖医〗閉塞(へいそく)する. **3.** s.〔感じ〕〖医〗閉塞を起こす(血管などが).
die **Ver·ödung** [ふぇあエードゥング] 名 -/-en 荒廃；人がいなくなること；閉塞.
ver·öf·fent·li·chen [ふぇあエっふぇントリヒェン] 動 h. **1.**〔et⁴ を〕(in〈et³〉)公表する, 公にする(新聞・テレビなどに). **2.**〔et⁴ を〕(bei〔in〕〈et³〉か〔in〈et³〉ふ〕)刊行する, 出版する：den Roman in zwei Sprachen ～ その長編小説を二カ国語で出版する.
die **Ver·öf·fent·li·chung** [ふぇあエっふぇントリヒング] 名 -/-en **1.** 公表, 公示, 公開；出版. **2.** 出版〔刊行〕物, 著作.
(das) **Ve·ro·na** [ヴェろーナ] 名 -s/ 〖地名〗ヴェローナ(北イタリアの都市).
das **Ve·ro·nal** [ヴェろナール] 名 -(s)/ 〖商標〗ベロナール(睡眠薬).
(die) **Ve·ro·ni·ka**[1] [ヴェろーニカ] 名 〖女名〗ヴェローニカ：das Schweißtuch der ～ ヴェロニカの聖骸(せいがい)布(キリストの顔が写っているとされる, 聖ベロニカがキリストに渡したヴェール).
die **Ve·ro·ni·ka**[2] [ヴェろーニカ] 名 -/..ken 〖植〗クワガタソウ.
ver·ord·nen [ふぇあオるドネン] 動 h. **1.**〔(〈j³〉ニ)+〈et⁴〉ヲ〕指示する(医者が治療などを). **2.**〔et⁴ を〕《稀》命令する(行政当局が).
die **Ver·ord·nung** [ふぇあオるドヌング] 名 -/-en **1.** (医者の)指示, 処方. **2.** (官公庁の)命令(略 VO)；(欧州連合の)規則.
das **Ver·ord·nungs·blatt** [ふぇあオるドヌングス・プラット] 名 -(e)s/..blätter 官報.
ver·pach·ten [ふぇあパはテン] 動 h.〔(〈j³〉ニ)+〈et⁴〉ヲ〕賃貸する(土地・建物などを).
der **Ver·päch·ter** [ふぇあペヒター] 名 -s/- (用益)賃貸人.
die **Ver·pach·tung** [ふぇあパはトゥング] 名 -/ (用益)賃貸.
ver·pa·cken [ふぇあパッケン] 動 h. **1.**〔et⁴ +(in〈et³〉ニ)〕包装する, 包む, 梱包(こんぽう)する, 詰める. **2.**〔j³ ヲ〕+(in〈et³〉ニ)〕くるむ；〈j³ が sich⁴ の場

Verpackung 1338

合)くるまる.

die **Verpackung** [ふぇあパックング] 名 -/-en **1.** (㊥のみ)包装, 梱包(訟), 荷造り. **2.** 包装(梱包)材料, 包装紙.

das **Verpackungsmaterial** [ふぇあパックングス・マテリアール] 名 -s/-ien 包装材料, 包装紙.

verpäppeln [ふぇあペッペルン] 動 h. 〈j⁴〉](口)甘やかして柔弱にする(子供などを).

verpassen [ふぇあパッセン] 動 h. **1.** 〈j⁴/et⁴〉=〉会い損なう, (…と)行違いになる; 乗り損なう. **2.** 〈et⁴〉〉逃す, 逸する(チャンス・記録などを), 見のがす(映画などを). **3.** 〈j⁴〉=+〈et⁴〉〉](口)与える, 食らわす, する(平手打・注射などを).

verpatzen [ふぇあパッツェン] 動 h. 〈et⁴〉〉](口)しくじる, やり損なう(ジャンプなどを), (しくじって)台なしにする(ドレス・初演などを).

verpesten [ふぇあペステン] 動 h. 〈et⁴〉〉](蔑)悪臭で満たす, 汚染する(排気ガスが大気などを).

die **Verpestung** [ふぇあペストゥング] 名 -/-en (主に㊥)(蔑)悪臭で満たすこと, 汚染.

verpetzen [ふぇあペッツェン] 動 h. 〈j⁴/et⁴〉〉+(bei 〈j³〉〉](生徒・隠)告げ口する.

verpfänden [ふぇあプふェンデン] 動 h. 〈et⁴〉〉]質入れする: sein Wort für 〈et⁴〉 ~ (転・文)〈事の〉言質(炊)を与える.

die **Verpfändung** [ふぇあプふェンドゥング] 名 -/-en 質入れ, 質権設定.

verpfeifen* [ふぇあプふァイフェン] 動 h. (口・蔑) **1.** 〈j⁴/et⁴〉〉+(bei 〈j³〉〉]密告する, もらす. **2.** 〈et⁴〉+〈場所〉〉]ずらかる.

verpflanzen [ふぇあプふランツェン] 動 h. **1.** 〈et⁴〉〉]移植する(樹木などを). **2.** (〈j⁴〉=)+〈et⁴〉〉]移植する.

die **Verpflanzung** [ふぇあプふランツング] 名 -/-en 植え替え, 移植; (臓器の)移植.

verpflegen [ふぇあプふレーゲン] 動 h. 〈j⁴〉=](日々の)食事を給する, (…の)賄いをする.

die **Verpflegung** [ふぇあプふレーグング] 名 -/ **1.** (㊥のみ)食事の世話, 賄い: Zimmer mit voller ~ 三食つきの部屋. **2.** (賄いの)食事.

die **Verpflegungskosten** [ふぇあプふレーグングス・コステン] 複数 食費, 賄い費.

verpflichten [ふぇあプふリヒテン] 動 h. **1.** 〈j⁴〉=+zu 〈et³〉/auf 〈et⁴〉〉]誓わせる(人が); (〈j⁴〉が sich⁴ の場合)(…する)約束する. **2.** 〈j⁴〉=+zu 〈et³〉〉]義務を負わせる(事が). **3.** 〈j⁴〉=〉契約する, (…に)契約を結ばせる; (〈j⁴〉がsich⁴ の場合)契約を結ぶ, 契約で縛られる: einen Schauspieler an das Stadttheater/für die nächste Spielzeit ~ 俳優・市立劇場出演の契約を結ぶ. 【慣用】〈j³〉/et³〉 verpflichtet sein 〈人〉に恩義がある, 〈人・事〉に負っている. 〈j³〉 zu Dank verpflichtet sein 〈人〉に感謝しなければならない.

die **Verpflichtung** [ふぇあプふリヒトゥング] 名 -/-en **1.** 誓わせる〔される〕こと. **2.** 契約. **3.** 義務, 責務; (複数)債務: eine ~ eingehen 義務を負う. seinen ~en nachkommen 債務を弁済する.

verfuschen [ふぇあふュッシェン] 動 h. 〈et⁴〉〉](口)(いいかげんにやって)しくじる, やり(作り)損なう.

verpichen [ふぇあピッヒェン] 動 h. 〈et⁴〉=]ピッチを塗る. 【慣用】auf 〈et⁴〉 verpicht sein 〈物・事〉に執心している.

verpissen [ふぇあピッセン] 動 h. (口) **1.** 〈et⁴〉〉](口)小便で汚す. **2.** 〈sich⁴〉](口)消える, 失せる.

verplanen [ふぇあプラーネン] 動 h. **1.** 〈et⁴〉〉]計画を誤る. **2.** 〈j⁴/et⁴〉〉]計画(予定)に組み込む.

verplappern [ふぇあプラパーン] 動 h. (sich⁴)(口)う っかり口をすべらせる.

verplaudern [ふぇあプラウデァーン] 動 h. **1.** 〈et⁴〉〉]おしゃべりして過ごす. **2.** 〈sich⁴〉]おしゃべりに時間を忘れる. **3.** 〈et⁴〉〉](稀)もらす(秘密などを).

verplempern [ふぇあプレムパーン] 動 h. **1.** 〈et⁴〉〉](口)無駄に遣う(金・時間などを). **2.** 〈sich⁴〉](口)(くだらないことで)無駄に過ごす. **3.** 〈sich⁴〉](方)こぼす.

verplomben [ふぇあプロムベン] 動 h. 〈et⁴〉=]鉛の封印をする(部屋・容器などに).

verpönt [ふぇあペーント] 形 (文)禁物の, タブーの.

verpoppen [ふぇあポッペン] 動 h. 〈et⁴〉〉]ポップ風に作り変える.

verprassen [ふぇあプラッセン] 動 h. 〈et⁴〉〉]浪費する(お金などを).

verprellen [ふぇあプレレン] 動 h. **1.** 〈j⁴〉〉]感情を害する. **2.** 〈et⁴〉〉](狩)寄りつかなくしてしまう.

verproviantieren [ふぇあプロヴィアンティーレン] 動 h. 〈j⁴/et⁴〉=]食料を供給する; (〈j⁴〉が sich⁴ の場合)食料を準備する.

verprügeln [ふぇあプリューゲルン] 動 h. **1.** 〈j⁴〉〉]さんざんに殴る. **2.** [相互代名詞 sich⁴]さんざん殴り合う.

verpuffen [ふぇあプふェン] 動 s. **1.** [慣足]ぽっと音を立てて(弱く)爆発する, 突然炎を起こす. **2.** [慣足]効果なく終る(話の落ち・意気ごみなどが), 空しく[はかなく]消える(喜びなどが).

verpulvern [ふぇあプルヴァーン] 動 h. 〈et⁴〉〉](口)無駄遣いする(金・遺産などを).

verpumpen [ふぇあプムペン] 動 h. 〈et⁴〉〉](口)貸す.

verpuppen [ふぇあプッペン] 動 h. (sich⁴)[動]蛹(きな)になる, [動]蛹化(きな)する.

die **Verpuppung** [ふぇあプップング] 名 -/-en [動]蛹化(きな).

verpusten [ふぇあプーステン] 動 h. (sich⁴)(北独)一息いれる.

der **Verputz** [ふぇあプッツ] 名 -es/ 漆喰(じっ), モルタル.

verputzen [ふぇあプッツェン] 動 h. **1.** 〈et⁴〉=]モルタル[プラスター]を塗る. **2.** 〈et⁴〉〉](口)ぺろりと平らげる; (あっという間に)使ってしまう(お金などを). **3.** 〈j⁴〉〉](南[独][ス[イ] ス[独])楽勝する.

verqualmen [ふぇあクヴァルメン] 動 h. **1.** 〈et⁴〉〉]すぼる(特にタバコを). **2.** 〈et⁴〉〉](口・蔑)タバコの煙でもうもうとさせる(部屋などを); 煙にしてしまう(タバコでお金を).

verqualmt [ふぇあクヴァルムト] 形 (タバコの)煙が立ちこめた.

verquasen [ふぇあクヴァーゼン] 動 h. 〈et⁴〉〉](北独)無駄に遣う.

verquellen* [ふぇあクヴェレン] 動 s. [慣足](水を吸って)膨れる, (材木が)狂う.

verquer [ふぇあクヴェーア] 形 (位置が)曲った, ずれた; 変な, 妙な, おかしな: 〈j³〉 geht alles ~ 〈人〉に万事がうまくゆかない. 〈j³〉 ~ kommen 〈人〉に不都合だ.

verquicken [ふぇあクヴィッケン] 動 h. **1.** 〈et⁴〉〉+(mit 〈et³〉)〉]結びつける. **2.** 〈et⁴〉〉][冶金]アマルガムにする.

die **Verquickung** [ふぇあクヴィックング] 名 -/-en **1.** 結びつけること. **2.** [冶金]アマルガム化.

verquirlen [ふぇあクヴィアレン] 動 h. 〈et⁴〉〉]攪拌(き)器でかき混ぜる.

verquollen [ふぇあクヴォレン] 形 (湿気で)膨れた; むくんだ, はれぼったい.

verrammeln [ふぇあらメルン] 動 h. **1.** 〈et⁴〉〉](口)しっかり閉ざす, 封鎖する, バリケードでふさぐ. **2.** 〈j⁴〉=+〈場所〉=](口)閉じ込める.

ver·ram·schen [ふぇあらムシェン] 動 h. 〔et⁴ッ〕《口》投売りをする.

ver·rannt [ふぇあらンㇳ] 形 1. 考えのずれた, 考え違いの. 2. 〔in ⟨et⁴⟩ɔ〕のめり込んだ.

der **Ver·rat** [ふぇあらーㇳ] 名 –(e)s/ 裏切り;(秘密の)漏洩(ﾛｳｴｲ): der ～ am Staat 国家への裏切り. ～ an ⟨j³/et³⟩ begehen(üben)⟨人・事⟩を裏切る.

ver·ra·ten* [ふぇあらーテン] 動 h. 1. 〔(⟨j³⟩₂)+⟨et⁴⟩ɔ〕漏らす(秘密などを). 2. 〔sich⁴〕(自分の)秘密(本心・正体)を悟られる. 3. 〔⟨j³⟩ɔ+⟨et⁴⟩ɔ〕《口》(《冗・皮》)を(内緒で)教える(理由などを). 4. 〔⟨j³/et³⟩ɔ〕裏切る;捨てる,(…に)そむく(信念・目的などに). 5. 〔et⁴ɔ〕表に出す,現す(物・事が);〔⟨et⁴⟩がsich⁴の場合〕現れる. 6. 〔⟨j³⟩ ﾃﾞｧﾙ場合〕表す,分らせる;〔⟨j³⟩がsich⁴の場合〕正体が露見する. 【慣用】 verraten und verkauft sein (他人に見捨てられて)途方に暮れている.

der **Ver·rä·ter** [ふぇあれーター] 名 -s/- 裏切り者;秘密漏洩(ﾛｳｴｲ)者.

die **Ver·rä·te·rei** [ふぇあれーテライ] 名 –/-en 裏切り;(秘密の)漏洩(ﾛｳｴｲ).

ver·rä·te·risch [ふぇあれーテリッシ] 形 1. 裏切りの,背信の;秘密漏洩の. 2. 事がおのずと露呈するような,本心が分かるような.

ver·rau·chen [ふぇあらウヘン] 動 1. h.〔et⁴ッ〕タバコに使う(金を). 2. s.〔慣用ﾅｼ〕消える(煙などが);《転》おさまる(怒りなどが). 3. h.〔et⁴ッ〕(タバコの)煙でいっぱいにする(部屋などを).

ver·räu·chern [ふぇあろイヒェーン] 動 h.〔et⁴ッ〕煙でいっぱいにする, 煤(ｽｽ)けさせる.

ver·räu·chert [ふぇあろイヒェーㇳ] 形 煤(ｽｽ)けた.

ver·rech·nen [ふぇあれヒネン] 動 h. 1. 〔et⁴ッ+(mit ⟨et³⟩)ɔ〕差引勘定する(請求額をほかの金額など と), 口座に繰入れる(小切手を). 2. 〔sich⁴〕計算を間違える. 3. 〔sich⁴+(in ⟨j³/et³⟩ɔ 間違ﾂﾅｷﾞ)ɔ〕見込み違い(誤算)をする.

die **Ver·rech·nung** [ふぇあれヒヌング] 名 –/-en 清算,差引勘定, 決済;計算違い;誤算.

die **Ver·rech·nungs·ein·heit** [ふぇあれヒヌングㇲ・アインハイㇳ] 名 –/-en《経》計算単位(取引で協定された支払通貨単位. 略 VE).

das **Ver·rech·nungs·kon·to** [ふぇあれヒヌングㇲ・コンㇳ] 名 -s/..ten《経》清算勘定.

der **Ver·rech·nungs·scheck** [ふぇあれヒヌングㇲ・シェック] 名 -s/-s〔-e〕《経・銀行》(換金できない)計算小切手.

ver·re·cken [ふぇあれッケン] 動 s.〔慣用ﾅｼ〕《口》死ぬ(動物が病気・飢えなどで);くたばる, のたれ死ぬ(人が);《転・口・蔑》いわれる, なくなる(物が). 【慣用】 ums Verrecken nicht《口》絶対…ない.

ver·re·den [ふぇあれーデン] 動 h.《稀》 1. 〔sich⁴〕口をすべらせる. 2. 〔⟨j³/et³⟩ﾆﾂｲﾃ〕うんざりするほどくどくど話す.

ver·reg·nen [ふぇあれーグネン] 動 1. s.〔慣用ﾅｼ〕雨で台なしになる(休暇・収穫などが). 2. h.〔et⁴ッ〕〔über ⟨j⁴⟩〕散水器(スプリンクラー)で…に注ぐ.

ver·reg·net [ふぇあれーグネㇳ] 形 雨で台なしになった.

ver·rei·ben* [ふぇあらイベン] 動 h.〔et⁴ッ〕〔(⟨auf⟩ ⟨et³⟩ɔ)〕すりつける(クリームなどを);なすりつける,こすりつける(汚れなどを).

ver·rei·sen [ふぇあらイゼン] 動 s.〔慣用ﾅｼ〕旅行に出かける.

ver·rei·ßen* [ふぇあらイセン] 動 h. 1. 〔et⁴ッ〕《口》《方》すり切れるまで着古す. 2. 〔⟨j⁴/et⁴⟩ɔ〕酷評する,こきおろす(俳優・上演などを). 3. 〔et⁴ッ〕《口》切り損ねる(ハンドルを), ハンドル操作を誤る(車が): (Es が主語で) Es verriss ihm das Steuer. 彼はハンドルをとられた. 4. 〔et⁴ッ〕《口》《球》力いっぱい投げて(蹴って)とんでもないとばすばる(ボール・

シュートなどを).

ver·ren·ken [ふぇあれンケン] 動 h. 1. 〔⟨j³⟩ɔ+ ⟨et⁴⟩ɔ〕脱臼(ﾀﾞｯｷｭｳ)させる;〔⟨j³⟩がsich³の場合〕脱臼する. 2. 〔et⁴ッ〕無理にねじ曲げる(手足などを). 3. 〔sich⁴〕身体を曲げる.

die **Ver·ren·kung** [ふぇあれンクング] 名 –/-en 脱臼(ﾀﾞｯｷｭｳ);(体・関節を)強くねじる(曲げる)こと: geistige ～《冗》突飛な考え方.

ver·ren·nen* [ふぇあれネン] 動 h. 1. 〔sich⁴〕間違った方向に進む(考え方・発言・行動において). 2. 〔sich⁴+in ⟨et⁴⟩ɔ〕固執する, とらわれる, 凝り固まる.

ver·ren·ten [ふぇあれンテン] 動 h.〔et⁴ッ〕《官》退職身分にさせる, 退職させて年金を支給する.

ver·rich·ten [ふぇあリヒテン] 動 h.〔et⁴ッ〕(決められたとおりに)果す, 済ます(仕事・任務などを).

die **Ver·rich·tung** [ふぇあリヒトング] 名 –/-en 1. (㊒のみ)(きちんと)行う〔果す〕こと, 遂行. 2. (行うべき)仕事: häusliche ～en 家事.

ver·rie·geln [ふぇあリーゲルン] 動 h.〔et⁴ッ〕閂(ｶﾝﾇｷ)〔差しがね〕をかける(ドア・窓などに).

die **Ver·rie·ge·lung** [ふぇあリーゲルング] 名 –/-en 差しがねをかけること, かけたもの;差しがね, 閂.

ver·rin·gern [ふぇあリンガーン] 動 h.〔et⁴ッ〕減らす(数・量・費用などを), 下げる(値段・音量などを), 縮める(間隔などを), 落す(テンポなどを);〔⟨et⁴⟩がsich⁴の場合〕減る, 減少する, 低下する.

die **Ver·rin·ge·rung** [ふぇあリンゲルング] 名 –/-en (主に㊒)削減;減少;縮少;低下.

ver·rin·nen* [ふぇあリネン] 動 s. 1. 〔in ⟨et⁴⟩ɔ〕染み込む(水が地面などに). 2. 〔慣用ﾅｼ〕《文》過去る(時間などが).

der **Ver·riss, ⓓVer·riß** [ふぇあリㇲ] 名 -es/-e 酷評.

ver·ro·hen [ふぇあろーエン] 動 s.〔慣用ﾅｼ〕粗暴になる. h.〔⟨j⁴⟩ɔ〕粗暴にする.

die **Ver·ro·hung** [ふぇあろーウング] 名 –/-en 粗暴化.

ver·rol·len [ふぇあろレン] 動 h. 1.〔慣用ﾅｼ〕次第に鳴りやむ(雷鳴などが). 2. h.〔sich⁴〕《口》床に就く. 3. h.〔⟨j⁴⟩ɔ〕《口》さんざん殴る.

ver·ros·ten [ふぇあろㇲテン] 動 s.〔慣用ﾅｼ〕錆(ｻ)びる, 錆びつく.

ver·rot·ten [ふぇあろッテン] 動 h.〔慣用ﾅｼ〕腐る(落葉などが), (風雨で)いたむ, ぼろぼろになる(建物・壁などが);《転》腐敗する, 頽廃する(道徳・社会などが).

ver·rot·tet [ふぇあろッテㇳ] 形 腐った(風雨で)いたんだ;《転》頽廃した.

ver·rucht [ふぇあるーフㇳ] 形 1.《文・古》破廉恥な, 卑劣な. 2.((冗))も有)不道徳な, いかがわしい.

die **Ver·rucht·heit** [ふぇあるーフㇳハイㇳ] 名 –/-en 1. (㊒のみ)卑劣, 破廉恥;不道徳, いかがわしさ. 2. 破廉恥(不道徳)な行動の仕方.

ver·rü·cken [ふぇあリュッケン] 動 h.〔et⁴ッ〕(他の場所へ)動かす, ずらす.

ver·rückt [ふぇあリュックㇳ] 形 1.《口》気の狂った, 気が変な. 2.《口》突拍子〔途方〕もない;ひどく: etwas V～es anstellen 途方もないことをしでかす. 【慣用】 auf ⟨j⟩ ﾅｶﾝ ⟨et⟩ verrückt sein《口》《物》に目がない. Ich werde verrückt!頭がおかしくなりそうだ, こいつは驚いた. verrückt spielen《口》おかしな振舞いをする(時計などが). wie verrückt《口》狂ったように.

der/die **Ver·rück·te** [ふぇあリュックテ] 名《形容詞的変化》狂人;突拍子もない人.

die **Ver·rückt·heit** [ふぇあリュックㇳハイㇳ] 名 –/-en 1. (㊒のみ)狂気, 気が狂っていること. 2. 突飛な着想.

das **Ver·rückt·wer·den** [ふぇあリュックㇳ・ヴェーアデン] 名 -s/ 〔次の形で〕Das〔Es〕ist zum ～.《口》それは全くがっかりだ(こまったことだ).

der **Ver·ruf** [ふぇあるーふ] [名] −(e)s/ 悪評, 不評: in ～ kommen 評判を落す. 〈j^4〉 in ～ bringen 〈人が〉悪評を買うようにする.

ver·ru·fen [ふぇあるーふぇん] [形] 評判の悪い, 悪名の高い.

ver·rüh·ren [ふぇありゅーれん] [動] *h.* 〔〈et^4〉ヲ+(mit 〈et^3〉ト一緒ニ/in 〈et^3〉ニ入レテ)〕かき混ぜる.

ver·run·zelt [ふぇあるンツェルト] [形] しわだらけの.

ver·ru·ßen [ふぇあるーセン] [動] **1.** *s.* 〔補足なし〕煤(す)だらけになる, 煤ける; 煤で詰まる(煙突などが). **2.** *h.* 〔〈et^4〉ヲ〕《稀》煤だらけにする.

ver·rut·schen [ふぇあるっチェン] [動] *s.* 〔補足なし〕位置がずれる, ずり落ちる.

der **Vers** [ふぇるス] [名] −es/−e 韻文; 詩行, 詩句, 詩節; (聖書・聖歌の)節(略 V.): ein Epos in ～*en* 韻文叙事詩. ～*e* machen 詩作する. 〈et^4〉 in ～*e* setzen 〔bringen〕〈事を〉韻文〔詩〕にする. sich^3 auf 〈et^4〉〔aus 〈et^3〉〕 keinen ～ machen 〈事を〉まったく理解できない.

ver·sach·li·chen [ふぇあザっはリひぇん] [動] *h.* 〔〈et^4〉ヲ〕客観的〔具体的〕にする.

ver·sa·cken [ふぇあザっケン] [動] *s.* 《口》 **1.** 〔補足なし〕沈没する; 沈下する. **2.** 〔in 〈et^3〉ニ〕はまり込む(車輪が雪・泥などに). **3.** 〔補足なし〕自堕落になる, 落ちぶれる: ganz schön ～ おそくまで楽しく大酒を飲む. **4.** 〔補足なし〕ガスを吸いすぎてかからなくなる(エンジンが).

ver·sa·gen [ふぇあザーゲン] [動] *h.* **1.** 〔(in〈et^3〉デ)〕役に立たない; 失敗する, 力を発揮できない(試験などで); 無能ぶりをさらけだす(政府などが). **2.** 〔補足なし〕うまく作動しない, 機能を発揮しない: Die Stimme *versagte* ihm. 彼は声が出なかった(ショックなどのせいで). **3.** 〔〈j^3/et^3〉ニ+〈et^4〉ヲ〕《文》拒絶〔拒否〕する, 拒む(要求・援助・計画に同意などを). **4.** 〔sich^3+〈et^4〉ヲ〕《文》断念する. **5.** 〔sich^4+〈j^3/et^3〉ノ〕《文》意のままにならない, (…に)身を任せない(特に女性が). 【慣用】**Es ist 〈j^3〉 versagt, ... zu** [動] 《文》…することは〈人に〉許されていない. **Kinder blieben uns versagt.** 《文》私たち(夫婦)は子宝に恵まれなかった.

der **Ver·sa·ger** [ふぇあザーガー] [名] −s/− 期待はずれの人〔物〕, 役たたず; 失敗作, 不具合; (突然の)故障, トラブル.

Ver·sail·ler [vɛrzáɪər ヴぇるザイあー] [形] (無変化) ヴェルサイユの: der ～ Vertrag ヴェルサイユ条約 (1919 年).

(das) **Ver·sailles** [vɛrzáɪ ヴぇるザイ] [名] −'/ 〖地名〗ヴェルサイユ(パリ南西の都市).

der **Ver·sal** [ヴぇるザール] [名] −s/−ien 〖印〗大文字; (詩句などの文頭の)花文字.

ver·sal·zen$^{(*)}$ [ふぇあザルツェン] [動] versalzte; hat versalzen〔versalzt〕/ist versalzt **1.** *h.* 〔〈et^4〉ヲ〕塩辛くしすぎる. **2.** *h.* (過去分詞は versalzen)〔〈j^3〉ノ+〈et^4〉ヲ〕《口》台なしにする(計画・楽しみなどを). **3.** *s.* 〔補足なし〕塩分を帯びる, 塩分濃度が高くなる, 塩で覆われる(湖・土地などが).

ver·sam·meln [ふぇあザメルン] [動] *h.* **1.** 〔〈j^4〉ヲ+(〈場所〉ニ)〕呼び集める, 招集する, 集合させる; (〈j^4〉がsich^{4}の場合)集まる, 集合する. **2.** 〔〈et^4〉ニ〕〖馬術〗収縮姿勢をとらせる.

die **Ver·samm·lung** [ふぇあザムルング] [名] −/−en **1.** (㊥のみ)集まること, 集合. **2.** 会合, 集会; 会議: eine ～ leiten 会議を司会する. **3.** (㊥のみ)〖馬術〗(馬に)収縮姿勢をとらせること; (馬の)収縮姿勢.

die **Ver·samm·lungs·frei·heit** [ふぇあザムルングス・ふらイハイト] [名] −/ 集会の自由.

der **Ver·samm·lungs·ort** [ふぇあザムルングス・オるト] [名] −(e)s/−e 集会の場所.

der **Ver·samm·lungs·raum** [ふぇあザムルングス・らウム] [名] −(e)s/..räume 集会室.

der **Ver·sand** [ふぇあザント] [名] −(e)s/ **1.** (商品の)発送, 送付; 発送部. **2.** 通信販売会社(～haus).

die **Ver·sand·ab·tei·lung** [ふぇあザント・アっプタイルング] [名] −/−en 発送部.

ver·sand·be·reit [ふぇあザント・べらイト] [形] =versandfertig.

ver·san·den [ふぇあザンデン] [動] *s.* **1.** 〔補足なし〕砂で埋っていく(港などが), 砂に埋もれる(足跡などが). **2.** 〔補足なし〕(次第にとぎれがちになり)ついにはとだえる(会話・交渉・交際などが).

ver·sand·fer·tig [ふぇあザント・ふぇるティひ] [形] 発送準備のできた.

das **Ver·sand·ge·schäft** [ふぇあザント・ゲシェふト] [名] −(e)s/−e 通信販売会社; (㊥のみ)通信販売.

der **Ver·sand·han·del** [ふぇあザント・ハンデル] [名] −s/ 通信販売.

das **Ver·sand·haus** [ふぇあザント・ハウス] [名] −es/..häuser 通信販売会社.

der **Ver·sand·haus·ka·ta·log** [ふぇあザントハウス・カタローク] [名] −(e)s/−e 通信販売会社のカタログ.

die **Ver·sand·kos·ten** [ふぇあザント・コステン] [複名] 送料.

ver·sa·til [ヴぇるザティール] [形] 《文・古》 **1.** 巧みな. **2.** 落着きのない, 気まぐれな.

der **Ver·satz** [ふぇあザっツ] [名] −es/ **1.** 〖鉱〗(採掘跡の)ぼた詰め; ぼた詰め用の石. **2.** 《稀》質入れ.

das **Ver·satz·stück** [ふぇあザっツ・シュテュっク] [名] −(e)s/−e **1.** (劇の)大道具. **2.** 《オーストリア》質物(しちもつ), 担保物.

ver·sau·en [ふぇあザウエン] [動] *h.* 《口》 **1.** 〔〈et^4〉ヲ〕ひどく汚す. **2.** 〔〈j^4/et^4〉ヲ〕駄目にする; 台なしにする.

ver·sau·ern [ふぇあザウあーン] [動] **1.** *h.* 〔補足なし〕すっぱくなる(ワインなどが). **2.** *h.* 〔〈et^4〉ヲ〕酸性にする(土壌などを). **3.** *s.* 〔補足なし〕《口》(知的な刺激を欠いて頭が)ぼける. **4.** *h.* 〔〈j^3〉ノ+〈et^4〉ヲ〕《口》台なしにする.

ver·sau·fen* [ふぇあザウふぇン] [動] **1.** *h.* 〔〈et^4〉ヲ〕《口》飲酒に浪費する(お金・時間を). **2.** *s.* 〔補足なし〕《方・口》溺死する. **3.** *s.* 〔補足なし〕〖鉱〗水浸しになる(坑道が).

ver·säu·men [ふぇあゾイメン] [動] *h.* **1.** 〔〈et^4〉ニ〕遅れる, 乗り遅れる. **2.** 〔〈et^4〉ヲ〕守らない(期日などを); 欠席する(授業などを); なおざりにする. **3.** 〔〈et^4〉ヲ〕逸する; 無駄にする. **4.** 〔sich^4+(bei 〈et^3〉デ)〕《方》手間どる. 【慣用】**Versäumtes nachholen** 遅れを取戻す.

das **Ver·säum·nis** [ふぇあゾイムニス] [名] −ses/−se (義務などを)果たさない〔放っておく〕こと, 怠慢, 不履行; 〖法〗懈怠(かいたい).

das **Ver·säum·nis·ur·teil** [ふぇあゾイムニス・ウるタイル] [名] −s/−e 〖法〗欠席判決.

der **Vers·bau** [ふぇるス・バウ] [名] −(e)s/ 〖詩〗詩句〔詩行〕の構造, 韻律の構造.

ver·scha·chern [ふぇあシャっはーン] [動] *h.* 〔〈et^4〉ヲ〕《蔑》高く売りつける.

ver·schach·telt [ふぇあシャはテルト] [形] 入組んだ, ごちゃごちゃした: ein ～*er* Satz 箱入り文(Schachtelsatz).

ver·schaf·fen [ふぇあシャっふぇン] [動] *h.* **1.** 〔〈j^3〉ニ+〈et^4〉ヲ〕世話してやる(仕事・泊まるところなどを), 手に入れてやる(資金・本・情報などを); (〈j^3〉がsich^{3}の場合)手に入れる, 調達する. **2.** 〔〈j^4〉ガ+〈et^4〉ヲ〕得られるように(配慮)する. 【慣用】**Was verschafft mir die Ehre 〔das Vergnügen〕?** どのようなご用件でおいでになったのですか(予期しない訪問者に).

ver·scha·len [ふぇあシャーレン] [動] *h.* 〔〈et^4〉ヲ〕板張り

V

にする《戸・壁・部屋などを》.

ver·schal·len$^{(*)}$ [ふぇあシャレン] [動] *s.* 〖補足なし〗次第に消えて行く《足音などが》.

die **Ver·scha·lung** [ふぇあシャールング] [名] -/-en 板張り;羽目板.

ver·schämt [ふぇあシェームト] [形] 恥ずかしそうな, はにかんだ.

die **Ver·schämt·heit** [ふぇあシェームトハイト] [名] -/ はじらい, はにかみ, 羞恥(しゅうち).

ver·schan·deln [ふぇあシャンデルン] [動] *h.* 〔〈et^4〉ヲ〕《口》汚く見せる, 醜く見せる《不格好な建物が町の景観などを》.

die **Ver·schan·de·lung** [ふぇあシャンデルング] [名] -/-en **1.** 《[単]のみ》醜くする〔される〕こと. **2.** 醜くする〔された〕もの.

ver·schan·zen [ふぇあシャンツェン] [動] *h.* **1.** 〔sich^4+hinter 〈et^3〉ヲ〕口実に利用する, 盾に取る. **2.** 〔〈et^4〉ヲ〕〖軍〗《古》堡塁(ほうるい)で固める《陣地などを》. **3.** 〔sich^4+〈場所〉ニ〕〖軍〗《古》身を隠す;(立て)こもる.

die **Ver·schan·zung** [ふぇあシャンツング] [名] -/-en 口実に利用すること;〖軍〗《古》堡塁(ほうるい)で固めること;立てこもる〔身を隠す〕こと.

ver·schär·fen [ふぇあシェるふェン] [動] *h.* **1.** 〔〈et^4〉ヲ〕いっそう厳しくする《検閲などを》, いっそう鋭くする《注意などを》, いっそう激しくする, 強化する《トレーニングなどを》: Gegensätze ~ 対立を激化させる. die Lage ~ 状況を悪化させる. die Krise ~ 危機を一段と高める. das Tempo ~ 速度を速める. **2.** 〔sich^4〕いっそう厳しくなる, 高まる, いっそう激しくなる, 激化する, 悪化する, 先鋭化する, 速まる.

die **Ver·schär·fung** [ふぇあシェるふング] [名] -/-en 厳しく〔鋭く〕すること, 先鋭化, 激化;強化;悪化.

ver·schar·ren [ふぇあシャれン] [動] *h.* **1.** 〔〈et^4〉ヲ〕地面を掘って埋める. **2.** 〔〈j^4〉ヲ+〈場所〉ニ〕《《蔑》も有》(いいかげんに)埋葬する.

ver·schät·zen [ふぇあシェッツェン] [動] *h.* **1.** 〔sich^4 in〔bei〕〈et^3〉ノ〕判断〔見積り〕を誤る. **2.** 〔〈et^4〉ヲ〕《稀》誤って判断する〔見積もる〕.

ver·schau·en [ふぇあシャウエン] [動] *h.* 〔sich^4+in 〈j^4〉ニ〕《オーストリア》ほれ込む.

ver·schau·keln [ふぇあシャウケルン] [動] *h.* 〔〈j^4〉ヲ〕(惑わして)だます《宣伝などが》, 出し抜く.

ver·schei·den* [ふぇあシャイデン] [動] *s.* 〖補足なし〗《文》死ぬ, 亡くなる.

ver·schei·ßen* [ふぇあシャイセン] [動] *h.* 〔〈et^4〉ヲ〕《口》糞で汚す: (es) bei〔mit〕〈j^3〉 *verschissen* haben 《口》〈人の〉機嫌をそこねる.

ver·schei·ßern [ふぇあシャイサーン] [動] *h.* 〔〈j^4〉ヲ〕《口》ばかにしてからかう.

ver·schen·ken [ふぇあシェンケン] [動] *h.* **1.** 〔〈et^4〉ヲ+(an 〈j^4〉ニ)〕贈り物として与える〔配る〕, プレゼントする, (ただで)やってしまう: an 〈j^4〉ein Lächeln ~ 《転》〈人に〉ほほえみかける. **2.** 〔sich^4+〈j^3〉ニ/an 〈j^4〉ニ〕《文》身を任せる《女が》. **3.** 〔〈et^4〉ヲ〕みすみす失う〔逃す〕.

ver·scher·beln [ふぇあシェるベルン] [動] *h.* 〔〈et^4〉ヲ〕《口》安く売る, 売りとばす.

ver·scher·zen [ふぇあシェるツェン] [動] *h.* 〔sich^3+〈et^4〉ヲ〕軽はずみなことをして失う《友情などを》.

ver·scheu·chen [ふぇあショイひェン] [動] *h.* 〔〈j^4/et^4〉ヲ〕追払う《ハエ・嫌な考え・眠気などを》.

ver·scheu·ern [ふぇあショイあーン] [動] *h.* 〔〈et^4〉ヲ〕《口》二束三文で売る, 売りとばす.

ver·schi·cken [ふぇあシッケン] [動] *h.* **1.** 〔〈et^4〉ヲ〕発送する. **2.** 〔〈j^4〉ヲ+〈方向〉ニ〕(療養〔保養〕に)行かせる;(罰として)送る.

die **Ver·schi·ckung** [ふぇあシックング] [名] -/-en 発送;(保養地などへ)送りだす〔だされる〕こと;追放.

ver·schieb·bar [ふぇあシーブ·バーあ] [形] (押して)移動できる;(期日を)延期できる.

der **Ver·schie·be·bahn·hof** [ふぇあシーベ·バーン·ホーふ] [名] -(e)s/..höfe 操車場.

ver·schie·ben* [ふぇあシーベン] [動] *h.* **1.** 〔〈et^4〉ヲ〕ずらす, 押して移動させる《戸棚などを》;変える《状況の変化が見通しなどを》;(〈et^4〉がsich^{4}の場合)ずれる, 変る. **2.** 〔〈et^4〉ヲ〕(先へ)延ばす, 延期する, ずらす《期限・出発・手術などを》;(〈et^4〉がsich^{4}の場合)先へ延びる, 延期される, ずれる. **3.** 〔〈et^4〉ヲ〕《口》闇で売る, 闇で売買する.

die **Ver·schie·bung** [ふぇあシーブング] [名] -/-en 移動, ずれ;(期日などの)延期;〖数・電〗変位;〖地質〗(地殻の)変位;〖楽〗(ピアノの)ソフトペダル;〖理〗変位;《口》(商品の)横ながし.

ver·schie·den[1] [ふぇあシーデン] [形] **1.** 異なった, 違った: ~*er* Auffassung sein 見解を異にする. die ~*sten* Meinungen haben 非常に違った考えをしている. in Größe ~ sein 大きさが違う. Darüber kann man ~ denken. それについては違った考えができる. **2.** (無冠詞の複数名詞とともに)幾人かの, 幾つかの, さまざまな: aus ~*en* Gründen 幾つかの理由から. (複数名詞として) *V~e* sind dagegen. 若干それに反対の人がいる. (中性名詞として) *V~es* war mir unklar. 幾つか私には不可解なことがあった. *V~es* 雑貨;雑件, その他;雑書. 【慣用】**von Fall zu Fall verschieden sein** 場合で異なる. **wie Tag und Nacht verschieden sein** 昼と夜ほど違う.

ver·schie·den[2] [ふぇあシーデン] [形] 《文》今は亡き, 故人の.

ver·schie·den·ar·tig [ふぇあシーデン·アーあティひ] [形] 種類の異なる, 種々様々な.

die **Ver·schie·den·ar·tig·keit** [ふぇあシーデン·アーあティひカイト] [名] -/ 種々様々であること, 相違, 異種.

ver·schie·de·ne Mal, [旧]**ver·schie·de·ne·mal** [ふぇあシーデネ マール] [副] (もう)何度も.

ver·schie·de·ner·lei [ふぇあシーデナーライ] [数] 《種数》さまざまな;さまざまなもの〔こと〕.

ver·schie·den·far·big [ふぇあシーデン·ふぁるビひ] [形] 色の異なる;(違う)色の混った.

die **Ver·schie·den·heit** [ふぇあシーデンハイト] [名] -/-en 相違, 差違;多様性.

ver·schie·dent·lich [ふぇあシーデントリひ] [副] 何度〔幾度〕か.

ver·schie·ßen* [ふぇあシーセン] [動] **1.** *h.* 〔〈et^4〉ヲ〕(射撃に)使う, 発射する. **2.** *h.* 〔〈et^4〉ヲ〕撃ち〔射〕つくす. **3.** *h.* 〔〈et^4〉ヲ〕〖サッカー〗はずす《ペナルティーキックなどを》. **4.** *h.* 〔sich^4+in 〈j^4〉ニ〕《口》ほれ込む. **5.** *s.* 〖補足なし〗褪(あ)せる《色・布地などが》. **6.** *h.* 〔〈et^4〉ヲ〕シャッターを切ってつかいきる《フィルムを》.

ver·schif·fen [ふぇあシッふェン] [動] *h.* **1.** 〔〈j^4/et^4〉ヲ+(〈方向〉ヘ)〕船で送りだす〔運ぶ〕. **2.** 〔〈et^4〉ヲ〕《口》小便で汚す. **3.** 〔sich^4〕《口》ずらかる.

die **Ver·schif·fung** [ふぇあシッふング] [名] -/-en 船による輸送, 海上輸送.

ver·schim·meln [ふぇあシメルン] [動] *s.* 〖補足なし〗黴(かび)る, 黴が生える《パン・ジャムなどが》.

der **Ver·schiss**, [旧]**Ver·schiß** [ふぇあシス] [名] -es/ 《口》(次の形で)in ~ geraten 評判を落す, 不興を買う. 〈j^4〉 in ~ tun 〈人の〉評判を落とさせる.

ver·schla·cken [ふぇあシュラッケン] [動] *s.* 〖補足なし〗石炭がらでいっぱいになる《ストーブが》;〖鉱〗鉱滓(こうし)を生じる;〖地質〗岩滓(がんさい)になる《溶岩が》.

ver·schla·fen[1*] [ふぇあシュラーふェン] [動] *h.* **1.** 〔(sich^4)〕寝過ごす, 寝坊する. **2.** 〔〈et^4〉ヲ〕眠って過ごす《午後などを》, 寝て暮す《半生などを》. **3.** 〔〈et^4〉ヲ〕《口》忘れる《期日などを》. **4.** 〔〈et^4〉ヲ〕眠

V

って忘れる(悩みなどを), 眠って治す(頭痛・二日酔いなどを).

ver·schla̲·fen² [ふぇあシュラーふぇン] [形] ねぼけた;《転》眠ったような(町など).

die **Ver·schla̲·fen·heit** [ふぇあシュラーふぇンハイト] [名] -/ 寝ぼけていること;《転》眠ったようであること.

der **Ver·schla̲g** [ふぇあシュラーク] [名] -(e)s/..schläge 板張りの小部屋;〖獣医〗(馬の)蹄(ひづめ)の炎症.

ver·schla̲·gen¹* [ふぇあシュラーゲン] [動] *h.* **1.** 〔<et⁴>ニ＋mit <et³>ヲ〕釘(くぎ)で打ちつけてふさぐ, 打ちつけて蓋(ふた)をする. **2.** 〔<et⁴>ヲ〕釘で打ちつける. **3.** 〔<et⁴>ヲ〕〖料〗かき混ぜる(卵黄と小麦粉などを). **4.** 〔<et⁴>ヲ〕わからなくしてしまう(開けてあったページなどを). **5.** 〔<et⁴>ヲ〕〖球〗打ち損なう(ボールなどを), 決め損なう(マッチポイントなどを). **6.** 〔<j³>ノ＋<et⁴>ヲ〕(一時的に)奪う, 妨げる(呼吸・言葉などを):(Esが主語で) Es *verschlug* ihm die Sprache. あぜんとして彼は言う言葉もなかった. **7.** 〔<j⁴/et⁴>ヲ＋<方向>ニ〕流れつかせる:(Esが主語で) Es hat ihn hierher ～. 流れ流れて彼はここにやって来た. **8.** 〔<j⁴>ヲ〕《方》(さんざんに)殴る. **9.** 〔<et⁴>ヲ〕〖狩〗ひどくたたいておびえさせる(犬を). **10.** 〔sich⁴〕〖狩〗跳ねてそれる(弾が). 【慣用】**nichts verschlagen** 《方》効き目がない, 役に立たない. **Was verschlägt es schon, wenn er nicht kommt?** 《古》彼が来なくたってそれはそれでいいじゃないか.

ver·schla̲·gen² [ふぇあシュラーゲン] [形] **1.** 《蔑》ずる賢い, 狡猾(こうかつ)な. **2.** 《方》生ぬるい.

die **Ver·schla̲·gen·heit** [ふぇあシュラーゲンハイト] [名] -/ 狡猾(こうかつ), ずるさ;生ぬるさ.

ver·schla̤m·men [ふぇあシュラメン] [動] *s.* 〔補足なし〕ぬかるみになる(道が);底に泥がたまる(池・川などが);泥だらけになる(靴などが).

ver·schla̤m·pen [ふぇあシュラムペン] [動] 《口》 **1.** *h.* 〔<et⁴>ヲ〕なくす, 置き忘れる. **2.** *h.* 〔<et⁴>ヲ//(es)＋zu <動>スルノヲ〕忘れる. **3.** *s.* 〔補足なし〕《口》だらしない服装〔生活〕になる, 荒れ放題になる(建物などが).

ver·schla̤n·ken [ふぇあシュランケン] [動] *h.* 〔<j⁴/et⁴>ヲ〕《ジャーゴン》スリム化する(人員・計画などを).

ver·schle̤ch·tern [ふぇあシュレひターン] [動] *h.* 〔<et⁴>ヲ〕(さらに)悪くする〔悪化させる〕(立場・状況などを);(<et⁴>がsich⁴の場合)(さらに)悪くなる(稼ぎ・業績・成績などが), (さらに)悪化する(健康・天候などが).

die **Ver·schle̤ch·te·rung** [ふぇあシュレひテるング] [名] -/-en 悪化, 低下.

ver·schle̲i·ern [ふぇあシュライあーン] [動] *h.* **1.** 〔<et⁴>ヲ〕ヴェールで覆う. **2.** 〔sich⁴〕ヴェールをかぶる;《転》曇る, 霞がかかる. **3.** 〔<et⁴>ヲ〕覆い隠す, 隠蔽(いんぺい)する, 偽装する, 粉飾する.

ver·schle̲i·ert [ふぇあシュライあート] [形] ヴェールで覆われた;(涙に)うるんだ, くぐもった;隠蔽(いんぺい)された, 粉飾された.

die **Ver·schle̲i·e·rung** [ふぇあシュライエるング] [名] -/-en ヴェールで覆うこと;隠すこと, 隠蔽(いんぺい), 秘匿, 偽装.

ver·schle̲i·fen* [ふぇあシュライふぇン] [動] *h.* **1.** 〔<et⁴>ヲ〕〖工〗研磨して平らにする. **2.** 〔<et⁴>ヲ〕つづめて発音する.

ver·schle̲i·men [ふぇあシュライメン] [動] **1.** *s.* 〔補足なし〕粘液で詰まる(気管などが). **2.** *h.* 〔<et⁴>ヲ〕粘液で詰まらせる.

der **Ver·schle̲iß** [ふぇあシュライス] [名] -es/-e (主に[単]) **1.** 消耗, 磨滅. **2.** (大量)消費. **3.** 《オーストリア》〖官〗小売り.

ver·schle̲i·ßen⁽*⁾ [ふぇあシュライセン] [動] **1.** (不規則変化) *h.* 〔<et⁴>ヲ〕すり減らす(タイヤなどを), すり切れさせる(衣服などを), 磨滅〔磨耗〕させる(機械などを), 消耗させる(精力などを). **2.** (不規則変化) *h.* 〔<et⁴>ヲ〕使いつぶす, はきつぶす, 消耗する: seine Nerven 〔sich⁴〕 in <et³> ～ <事で>神経をすり減らす. **3.** (不規則変化) *s.* 〔補足なし〕すり減る, すり切れる, 損耗〔磨耗〕する, 磨滅する. **4.** *h.* 〔<et⁴>ヲ〕《オーストリア》〖官〗小売りする.

die **Ver·schle̲iß·er·schei·nung** [ふぇあシュライス・エあシャイヌング] [名] -/-en 消耗〔磨滅〕による破損〔瑕(きず)〕.

ver·schle̲iß·fest [ふぇあシュライス・ふぇスト] [形] 磨滅しにくい.

das **Ver·schle̲iß·teil** [ふぇあシュライス・タイル] [名] -(e)s/-e (特に機械の)摩耗部.

ver·schle̤p·pen [ふぇあシュレっペン] [動] *h.* **1.** 〔<j⁴/et⁴>ヲ〕(無理やり)連れ去る, 拉致(らち)する;(強奪して)運び去る, (勝手に)どこかへ持っていく. **2.** 〔<et⁴>ヲ〕広げる, 伝播(でんぱ)させる(害虫が伝染病などを). **3.** 〔<et⁴>ヲ〕引延す(審理などを);こじらせる(病気を).

die **Ver·schle̤p·pung** [ふぇあシュレっプング] [名] -/-en **1.** 拉致(らち);持去る〔持去られる〕こと;伝播(でんぱ). **2.** (裁判・議事の)引延し. **3.** (病気を)こじらせること.

das **Ver·schle̤p·pungs·ma·nö·ver** [ふぇあシュレっプングス・マ[ネ]ーヴァー] [名] -s/- 引延ばし策.

die **Ver·schle̤p·pungs·tak·tik** [ふぇあシュレっプングス・タクティク] [名] -/-en 引延し戦術.

ver·schle̲u·dern [ふぇあシュロイダーン] [動] *h.* **1.** 〔<et⁴>ヲ〕投売りする. **2.** 〔<et⁴>ヲ〕《蔑》無駄遣いする, 浪費する(税金・財産など大金を).

die **Ver·schle̲u·de·rung** [ふぇあシュロイデるング] [名] -/-en **1.** 投売り. **2.** 無駄遣い, 浪費.

ver·schlie̲·ßen* [ふぇあシュリーセン] [動] *h.* **1.** 〔<et⁴>ニ〕鍵(かぎ)を掛ける(引出し・ドアなどに), (…の)戸締まりをする(家の). **2.** 〔<et⁴>ニ〕栓〔蓋(ふた)〕をする. **3.** 〔<et⁴>ヲ＋(in <et³⁽⁴⁾>(ノ中)ニ)〕鍵をかけてしまっておく〔しまい込む〕;秘める. **4.** 〔sich⁴＋<j³>ニ〕心を閉ざす. **5.** 〔sich⁴＋<et³>ニ〕耳を貸そうとしない(人の提案などに), (…を)受入れ〔認め〕ようとしない(事実などを).

ver·schli̤mm·bes·sern [ふぇあシュリム・べっサーン] [動] *h.* 〔<et⁴>ヲ＋(mit <et³>デ)〕よくしようとしてかえって悪くする.

ver·schli̤m·mern [ふぇあシュリマーン] [動] *h.* **1.** 〔<et⁴>ヲ〕(さらに)悪化させる(情況・病気などを). **2.** 〔sich⁴〕(さらに)悪化する.

die **Ver·schli̤m·me·rung** [ふぇあシュリメるング] [名] -/-en 悪化;悪化させられた〔した〕こと.

ver·schli̤n·gen¹* [ふぇあシュリンゲン] [動] *h.* 〔<et⁴>ヲ〕組〔絡み〕合せる(腕・手・指などを);結び〔絡み〕合せる, よる(糸を);(<et⁴>がsich⁴の場合)絡み合う, 入組む, もつれる.

ver·schli̤n·gen²* [ふぇあシュリンゲン] [動] *h.* **1.** 〔<et⁴>ヲ〕よくかまずに飲込む;がつがつ食べる. **2.** 〔<j⁴/et⁴>ヲ〕のみ込んでしまう(夜の闇などが). 【慣用】**den Roman verschlingen** その小説をむさぼるように読む. **<j⁴/et⁴> mit Blicken〔den Augen〕verschlingen** <人・物・事を>むさぼるように見つめる.

ver·schlo̤s·sen [ふぇあシュロっセン] [形] **1.** 閉ざされた, 鍵(かぎ)のかかった. **2.** 打解けない. 【慣用】**hinter〔bei〕verschlossenen Türen** 非公開で. **vor verschlossener Tür stehen** 門前払いを食う.

die **Ver·schlo̤s·sen·heit** [ふぇあシュロっセンハイト] [名] -/ 打解けないこと, 寡黙, 閉鎖的な態度.

ver·schlṳ·cken [ふぇあシュルっケン] [動] *h.* **1.** 〔<et⁴>ヲ〕飲下す, 嚥下(えんか)する;(誤って)飲込む. **2.** 〔<et⁴>ヲ〕(無理に)抑える(怒り・悲しみ・笑い・涙などを);(言わずに)飲込む(出かかった皮肉などを);はっきり言わない〔発音しない〕. **3.** 〔<j⁴/et⁴>ヲ〕のみ込んでしまう(夜の闇などが). **4.** 〔sich⁴〕むせる.

ver·schlṳn·gen [ふぇあシュルンゲン] [形] **1.** 絡み合っ

た, 錯綜した. **2.** むさぼり食われた;莫大にかかった.

der **Ver·schlus̱s,** [旧]**Ver·schluß** [ふぇあシュルス] [名] –es/..schlüsse **1.** 閉めるもの;錠,蓋(ふた),覆い,栓,封,ボタン,チャック,留め金. **2.** 保管:〈et^4〉 unter ~ halten (施錠して)〈物を〉保管する. **3.** 〘医〙閉塞(へいそく);(カメラの)シャッター;(銃の)遊底.

ver·schlü̱s·seln [ふぇあシュリュっセルン] [動] *h.* 〔〈et^4〉ヲ〕暗号(文)にする;〘コンピ〙記号〔コード〕化する,電算機用語に書替える(データなどを);〘転〙ぼかした表現にする.

ver·schlü̱s·selt [ふぇあシュリュっセルト] [形] 暗号〔符号・コード〕化された.

die **Ver·schlü̱s·se·lung** [ふぇあシュリュっセルング] [名] –/–en (主に[単])暗号〔符号・コード〕化.

der **Ver·schlus̱s·laut,** [旧]**Ver·schluß·laut** [ふぇあシュルス・ラウト] [名] –(e)s/–e 〘言〙閉鎖音,破裂音.

die **Ver·schlus̱s·sa·che, Ver·schlus̱s-Sa·che,** [旧]**Ver·schluß·sa·che** [ふぇあシュルス・ザっへ] [名] –/–n 鍵をかけて保管される物;極秘〔機密〕事項.

der **Ver·schlus̱s·zei·ten·knopf,** [旧]**Ver·schluß·zei·ten·knopf** [ふぇあシュルス・ツァイテン・クノっプふ] [名] –(e)s/..knöpfe 〘写〙シャッター速度調節ノブ.

ver·schma̱ch·ten [ふぇあシュマはテン] [動] *s.* 〔補足なし〕〘文〙(飢えなどに苦しんで)死ぬ.

ver·schmä̱·hen [ふぇあシュメーエン] [動] *h.* 〔〈j^4/et^4〉ヲ〕〘文〙はねつける,断る,拒む,退ける(求婚者・妥協などを). 【慣用】**sich^4 von 〈j^3〉 verschmäht fühlen** 〈人に〉つれなくされたと感ずる.

ver·schmä̱·lern [ふぇあシュメーラーン] [動] *h.* 〔〈et^4〉ノ〕幅を狭める;(〈et^4〉がsich^{4}の場合)幅が狭くなる.

ver·schme̱l·zen* [ふぇあシュメルツェン] [動] **1.** *h.* 〔〈et^4〉ヲ+(zu 〈et^3〉ニ)〕融かし合せる(金属などを). **2.** *h.* 〔〈et^4〉ヲ+(zu 〈et^3〉ニ)〕まとめる. **3.** *s.* 〔(zu 〈et^3〉ニ)〕融合する. **4.** *s.* 〔(zu 〈et^3〉ニ)〕まとま(ってな)る.

die **Ver·schme̱l·zung** [ふぇあシュメルツング] [名] –/–en **1.** 溶かし合せること,融合;まとめること,合併,合体. **2.** 融合物質.

ver·schme̱r·zen [ふぇあシュメるツェン] [動] *h.* 〔〈et^4〉ノ〕悲しみ〔苦しみ・痛み〕を乗越える〔克服する〕.

ver·schmi̱e·ren [ふぇあシュミーれン] [動] **1.** *h.* 〔〈et^4〉ヲ+mit 〈et^3〉デ〕塗り込める(壁の割れ目をモルタルなどで). **2.** *h.* 〔〈et^4〉ヲ〕〘口〙残らず塗って〔注油して〕しまう(バター・グリースなどを). **3.** *h.* 〔〈et^4〉ヲ〕こすって〔ふいて〕かえって汚くする(顔・窓ガラスなどを). **4.** *h.* 〔〈et^4〉ヲ〕へたな字〔へたな絵〕できたなくする. **5.** *s.* 〔補足なし〕(べとべとに)汚れる. **6.** *h.* 〔〈et^4〉ヲ〕こすってぼやけさせる(インクなどを). **7.** *s.* 〔補足なし〕こすれてぼやける(インクなどが).

ver·schmi̱tzt [ふぇあシュミっツト] [形] いたずらっぽい,茶目っ気のある.

die **Ver·schmi̱tzt·heit** [ふぇあシュミっツトハイト] [名] –/ 茶目っ気,いたずらっぽさ.

ver·schmo̱·ren [ふぇあシュモーれン] [動] *s.* 〔補足なし〕蒸煮の時間が長過ぎて味が落ちる(肉などが);焼け切れる(ケーブル・電球などが).

ver·schmu̱t·zen [ふぇあシュムっツェン] [動] **1.** *h.* 〔〈et^4〉ヲ+(mit 〈et^3〉デ)〕(ひどく)汚す;汚染する. **2.** *s.* 〔補足なし〕汚れる,汚くなる.

die **Ver·schmu̱t·zung** [ふぇあシュムっツング] [名] –/–en 汚すこと,汚れ,汚染.

ver·schna̱p·pen [ふぇあシュナっペン] [動] *h.* 〔sich^4〕〘方〙うっかり口をすべらせる.

ver·schnau̱·fen [ふぇあシュナウふェン] [動] *h.* 〔(sich^4)〕一息つく〔入れる〕,一休みする.

die **Ver·schnau̱f·pau·se** [ふぇあシュナウふ・パウゼ] [名] –/–n 一休み.

ver·schnei̱·den* [ふぇあシュナイデン] [動] *h.* **1.** 〔〈et^4〉ヲ〕(必要な形に)切る(板・紙などを);剪定(せんてい)する(樹木などを). **2.** 〔〈et^4〉ヲ〕切り損なう(髪・板などを);(…の)裁断を間違える. **3.** 〔〈j^4/et^4〉ヲ〕去勢する(雄の動物などを). **4.** 〔〈et^4〉ヲ〕ブレンドする(酒類). 【慣用】**Text und Bilder zu Collagen verschneiden** 切取ったテキストと絵をコラージュにする.

die **Ver·schnei̱·dung** [ふぇあシュナイドゥング] [名] –/–en **1.** 剪定(せんてい),刈り込み;裁ち損ない,切り損ない;(必要な形に)切ること(紙・布などを);去勢;酒類のブレンド. **2.** 〘登山〙(岩壁の間の)切れ込み.

ver·schnei̱·en [ふぇあシュナイエン] [動] *s.* 〔補足なし〕雪に埋れる.

ver·schnei̱t [ふぇあシュナイト] [形] 雪に覆われた〔埋れた〕.

der **Ver·schni̱tt** [ふぇあシュニっト] [名] –(e)s/–e **1.** ブレンド;ブレンド酒. **2.** 切れ端,裁ち屑(くず).

der **Ver·schni̱t·te·ne** [ふぇあシュニっテネ] [名] (形容詞的変化)去勢された男;宦官(かんがん).

ver·schnö̱r·keln [ふぇあシュ[ネ]るケルン] [動] *h.* 〔〈et^4〉ヲ〕渦巻模様で飾る,(…に)渦巻模様をつける.

ver·schnö̱r·kelt [ふぇあシュ[ネ]るケルト] [形] 渦巻模様の.

die **Ver·schnö̱r·ke·lung** [ふぇあシュ[ネ]るケルング] [名] –/–en 渦巻模様(の装飾).

die **Ver·schnö̱rk·lung** [ふぇあシュ[ネ]るクルング] [名] –/–en =Verschnörkelung.

ver·schnu̱p·fen [ふぇあシュヌっプふェン] [動] *h.* 〔〈j^4〉ノ〕〘口〙機嫌を損ねる,感情を害する.

ver·schnu̱pft [ふぇあシュヌっプふト] [形] 鼻風邪をひいた;〘口〙機嫌を損ねた,感情を害した.

ver·schnü̱·ren [ふぇあシュニューれン] [動] *h.* 〔〈et^4〉ヲ〕紐(ひも)でしばる.

ver·scho̱l·len [ふぇあショレン] [形] 行方〔消息〕不明の,失踪(しっそう)した.

ver·scho̱·nen [ふぇあショーネン] [動] *h.* **1.** 〔〈j^4/et^4〉ニ〕危害を加えない,手出しをしない,害を及ぼさない;感染しない(流行病が);(…を)巻込まない(災いなどが). **2.** 〔〈j^4〉ヲ+mit 〈et^3〉デ〕煩わさないようにする(質問・願いなどで).

ver·schö̱·nen [ふぇあ[シェ]ーネン] [動] *h.* 〔〈et^4〉ヲ+(mit 〈et^3〉デ)〕より美しくする,飾る;より素敵な〔楽しい〕ものにする.

ver·schö̱·nern [ふぇあ[シェ]ーナーン] [動] *h.* 〔〈et^4〉ヲ+(mit 〈et^3〉デ)〕より美しくする,飾る;より素敵な〔楽しい〕ものにする.

die **Ver·schö̱·ne·rung** [ふぇあ[シェ]ーネるング] [名] –/–en より美しくする〔飾る〕こと;より美しくされる〔飾られる〕こと;より美しくするもの,装飾物.

ver·scho̱r·fen [ふぇあショるふェン] [動] *s.* 〔補足なし〕かさぶたになる.

ver·scho̱s·sen [ふぇあショっセン] [形] **1.** 色あせた. **2.** 〔in 〈j^4〉ニ〕ほれ込んだ.

ver·schra̱m·men [ふぇあシュらメン] [動] **1.** *h.* 〔(〈j^3〉ノ)+〈et^4〉ニ〕すり〔かき〕傷をつける. **2.** *s.* 〔補足なし〕すり〔かき〕傷がつく.

ver·schrä̱n·ken [ふぇあシュれンケン] [動] *h.* 〔〈et^4〉ヲ〕組む(手・腕・脚・足を).

ver·schrau̱·ben [ふぇあシュらウベン] [動] *h.* 〔〈et^4〉ヲ〕ねじ〔ボルト〕で留める〔固定する〕.

ver·schre̱·cken [ふぇあシュれっケン] [動] *h.* 〔〈j^4〉ヲ〕驚かせる,動揺させる.

ver·schrei̱·ben* [ふぇあシュらイベン] [動] *h.* **1.** 〔(〈j^3〉ニ)+〈et^4〉ヲ〕処方する,指示する(療法などを);(…の)譲渡を文書によって保証する. **2.** 〔〈et^4〉ヲ〕書いて消費する(用紙・鉛筆などを). **3.** 〔sich^4〕書き間違いをする. **4.** 〔sich^4+〈et^3〉ニ〕身を捧げる,専念する.

die **Ver·schrei̱·bung** [ふぇあシュらイブング] [名] –/–en **1.** 処方(箋(せん)). **2.** (譲渡などの)文書による保

V

証, 確約書.
verschreibungspflichtig [ふぇあシュライブングス・プフリヒティク] 形 処方箋(ぜん)の必要な.
verschreien* [ふぇあシュらいエン] 動 h.〈j⁴/et⁴ッヲ+(als〈j¹/et¹〉ッヲテル)〉悪く言う[のしる].
verschrie-en [ふぇあシュりーエン] 形 =verschrien.
verschrien [ふぇあシュりーン] 形〈(wegen〈et²〉ッ/als〈j¹〉ッヲトシテ)〉評判が悪い, 悪名が高い.
verschroben [ふぇあシュろーベン] 形 (雅) つむじ曲りの, ひねくれた, 偏屈な.
die **Verschrobenheit** [ふぇあシュろーベンハイト] 名 /-en 1. 風変わり(奇矯)なこと, つむじ曲り, 偏屈. 2. 奇矯な行動[発言].
verschrotten [ふぇあシュろッテン] 動 h. 〈et⁴ッヲ〉くず鉄[スクラップ]にする.
die **Verschrottung** [ふぇあシュろットゥング] 名 /-en スクラップにする[される]こと.
verschrumpeln [ふぇあシュるムペルン] 動 s. (略式) (口)しなびる, しわだらけになる.
verschüchtern [ふぇあシュるヒュターン] 動 h.〈j⁴/et⁴ッヲ〉おじけづかせる, ひるませる.
verschüchtert [ふぇあシュヒュタート] 形 おじけづいた, ひるんだ.
verschulden [ふぇあシュるデン] 動 1. h.〈et⁴ッヲ〉自分のせい[過失・落度]で引き起こす[招く]. 2. s. (多く再帰)借金[負債]を抱える. 3. h.〈sich⁴〉借金をする.
das **Verschulden** [ふぇあシュるデン] 名 -s/ 過失; 責任; (故意・過失による)帰責事由.
verschuldet [ふぇあシュるデット] 形 1.〈(an〈j³〉/bei〈et³〉ニ)〉借金[負債]がある; 抵当に入っている. 2. 責任がある.
die **Verschuldung** [ふぇあシュるドゥング] 名 /-en (事故などの)責任を負う[負っている]こと; 借金[負債]を負う[負っている]こと.
die **Verschulung** [ふぇあシュるーるング] 名 /-en 1. (林) (苗木の若木の)床替え. 2. (雅) も有) (大学の勉強を)高校の授業並にすること.
verschusseln [ふぇあシュッセルン] 動 h.(口) 1.〈et⁴ッヲ〉(うっかり)なくす. 2.〈et⁴ッヲ〉忘れる(期日などを).
verschütten [ふぇあシュッテン] 動 h. 1.〈et⁴ッヲ〉こぼす, 注ぎ損なう. 2.〈j⁴/et⁴ッヲ〉生埋めにする, 埋める. 3.〈et⁴ッヲ+mit〈et³〉〉埋める(堀など). 【慣用】es bei〈j³〉verschüttet haben (方) 〈人の〉好意[寵愛(ちょうあい)]を失ってしまっている.
verschütt gehen, (B)verschüttgehen* [ふぇあシュット ゲーエン, ふぇあシュットゲーエン] 動 s. (口) 1. (略式)なくなる, 見つからなくなる(持ち物が); 死ぬ; 車にひかれる; (欧) 逮捕される.
verschwägert [ふぇあシュヴェーガート] 形〈(mit〈j³〉ト)〉姻戚関係にある.
die **Verschwägerung** [ふぇあシュヴェーグルング] 名 /-en 姻戚関係.
verschwatzen [ふぇあシュヴァッツェン] 動 h. 1.〈et⁴ッヲ〉(おしゃべりをして)過ごす. 2.〈sich⁴〉口をすべらす. 3.〈j⁴〉(略式)(方)告げ口する.
verschweigen* [ふぇあシュヴァイゲン] 動 h. 1.〈j³ッニ+〈et⁴ッヲ〉(又)デルタシュヲ〉黙っている, 秘密にしておく. 2.〈et⁴ッヲ〉(稀)自分の意見を言わない.
verschweißen [ふぇあシュヴァイセン] 動 h.〈et⁴ッヲ〉溶接する.
verschwenden [ふぇあシュヴェンデン] 動 h.〈et⁴ッヲ〉浪費する, 無駄遣いする, 無駄に費やす: Sie *verschwendete* keinen Blick an ihn. 彼女は彼には目もくれなかった.
der **Verschwender** [ふぇあシュヴェンダー] 名 -s/-((雅) も有)浪費家.
verschwenderisch [ふぇあシュヴェンデりシュ] 形 1. 金遣いの荒い, ぜいたくな. 2. ひどく豪勢な.
die **Verschwendung** [ふぇあシュヴェンドゥング] 名 /-en ((雅) も有)浪費, 無駄遣い, 贅沢(ぜいたく).
die **Verschwendungssucht** [ふぇあシュヴェンドゥングスズュヒト] 名 /((雅) も有)浪費癖, 贅沢(ぜいたく)好き.
verschwendungssüchtig [ふぇあシュヴェンドゥングスズュヒティヒ] 形 ((雅) も有)浪費癖のある, 贅沢(ぜいたく)好きの.
verschwiegen [ふぇあシュヴィーゲン] 形 口の堅い; あまり人の来ない, ひっそりとした; 秘密の, ひそかな. 【慣用】einen verschwiegenen Ort aufsuchen (口・婉)トイレへ行く.
die **Verschwiegenheit** [ふぇあシュヴィーゲンハイト] 名 -/ 口が堅いこと, 守秘: Pflicht zur ~ 守秘義務.
verschwimmen* [ふぇあシュヴィメン] 動 s. (慣用)ぼやける, かすむ, 輪郭がさだかでなくなる; 溶け合う(色が).
verschwinden* [ふぇあシュヴィンデン] 動 s. 1.〈(〈場所〉ニ/〈方向〉ヘ〈また〉)〉消える, 見えなくなる, 姿を消す[隠す], 立去る. 2. (略式)盗まれる. 【慣用】Ich bin müde und lassen Geld ~ 金をネコババする. 【慣用】Ich bin müde und verschwinde jetzt. 私は眠いからもう寝る. Ich muss mal verschwinden. (口)ちょっと(トイレに)行ってこなくては. Neben ihm verschwindet sie. 彼と並ぶと彼女は陰に隠れてしまうほど小さい.
verschwindend [ふぇあシュヴィンデント] 形 ごくわずかの.
verschwistern [ふぇあシュヴィスターン] 動 h. 1.〈et⁴ッヲ+mit〈j³/et³〉ト〉緊密に結びつける. 2.〈sich⁴+mit〈j³〉ト〉きょうだいのように親しくする.
verschwistert [ふぇあシュヴィスタート] 形〈(次の形で)(miteinander) ~ sein (互いに)きょうだいの間柄である.
verschwitzen [ふぇあシュヴィッツェン] 動 h. 1.〈et⁴ッヲ〉汗でびしょびしょにする. 2.〈et⁴ッヲ〉忘れる(約束などを).
verschwollen [ふぇあシュヴォレン] 形 はれあがった.
verschwommen [ふぇあシュヴォメン] 形 ぼやけた, ぼんやりした, 曖昧(あいまい)な.
die **Verschwommenheit** [ふぇあシュヴォメンハイト] 名 /-en (主に(B))ぼんやりして[かすんで]いること; 朦朧(もうろう); 曖昧(あいまい)さ.
verschwören* [ふぇあシュヴェーレン] 動 h. 1.〈sich⁴(mit〈j³〉ト)+gegen〈j⁴〉ニタイシテ〉ひそかに団結する(共謀する盟約を結ぶ). 2.〈sich⁴+〈et³〉ニ〉全力を傾注する, 専念(没頭)する(職業・勉学などに); (…を)堅く奉ずる(理念などを). 3.〈sich⁴+zu〈動)スル〉(古)誓いを立てる. 4.〈et⁴ッヲ〉(古) 断つことを誓う. 【慣用】Alles scheint sich gegen uns verschworen zu haben. われわれが望んだようにはうまく行かない(みんなが一緒になってわれわれの邪魔をしているように思われる).
der **Verschwörer** [ふぇあシュヴェーら-] 名 -s/- 共謀者, 謀反人.
die **Verschwörung** [ふぇあシュヴェーるング] 名 /-en 共謀, 謀反, 反乱: die ~ gegen den Staat 国家に対する反逆.
versehen* [ふぇあゼーエン] 動 h. 1.〈j⁴ッニ+mit〈et⁴ッヲ〉〉与える, 支給する, 持たせる, 備えさせる(金・衣食・装備などを), (与え)〈sich⁴ッニ〉調える, 備え付ける. 2.〈et⁴ッヲ+mit〈et³〉〉つける, 取り[備え]つける. 3.〈et⁴ッヲ〉果す, 行う(義務などを). 4.〈et⁴ッヲ〉〈j⁴ッニ〉おざりにする. 5.〈sich⁴+(in〈et³〉ヲ/bei〈et³〉ニ際ニ)〉(見)間違える, (見)誤る. 6.〈sich⁴+(bei〈j³/et³〉場合ニ際ニ)〈et²〉ッ〉(文・古)覚悟[予期]する. 【慣用】Ehe man sich's versieht, passiert es. あっという間に(予期せぬうちに), それは起こる. Ist alles mit Fahrscheinen versehen? 皆さん乗車券をお持ちですか(車掌が乗客に言う). 〈j⁴〉(mit den Sterbesakramenten) versehen (カト)〈人ニ〉臨終の秘跡を

授ける.

das **Ver·se·hen** [ふぇあゼーエン] 名 -s/- (不注意による)間違い, 過失, 失策: aus 〜 うっかりして.

ver·se·hent·lich [ふぇあゼーエントリヒ] 副 誤って, うっかりして.
── 形 過ちから起こった.

der **Ver·seh·gang** [ふぇあゼー・ガング] 名 -(e)s/..gänge 『カトリック』(司祭が危篤の信者に)臨終の秘跡を授けに行くこと.

ver·seh·ren [ふぇあゼーレン] 動.〈j³〉〉《文》傷つける,(…に)けがをさせる.

der/die **Ver·sehr·te** [ふぇあゼーアテ] 名 (形容詞的変化)(事故による)身体障害者;戦傷者.

ver·selbst·stän·di·gen [ふぇあゼルプストシュテンディゲン], **ver·sel·bstän·di·gen** [ふぇあゼルプシュテンディゲン] 動 h.〈j³/et⁴〉/《文》デアフレクトゥス》独立させる(部門・分野などを);〈j⁴ ist sich⁴の場合〉独立する, 自立する.

der **Ver·se·ma·cher** [ふぇるゼ・マッはー] 名 -s/- (主に〔蔑〕)(へぼ)詩人.

ver·sen·den⁽*⁾ [ふぇあゼンデン] 動 h.〈et⁴〉発送〔送付〕する(商品見本・招待状などを).

die **Ver·sen·dung** [ふぇあゼンドゥング] 名 -/-en 発送, 送付.

ver·sen·gen [ふぇあゼンゲン] 動 h.〈et⁴〉(うっかりして)焦がす,(…に)焼け焦げを作る;からからに乾燥させる(太陽が畑などを).

ver·senk·bar [ふぇあゼンク・バーア] 形(内部に)収納できる, 収納式の.

die **Ver·senk·büh·ne** [ふぇあゼンク・ビューネ] 名 -/-n 〔劇〕せり出しのある舞台.

ver·sen·ken [ふぇあゼンケン] 動 h. 1.〈et⁴〉沈没させる. 2.〈et⁴〉+〔in 〈et³〉〉沈める;《文》埋める. 3.〈et⁴〉+〔in 〈et³〉〉《中立》下げる;ねじ〔押〕込む, 引っ込める, 入れる, 収納する. 4. sich⁴+in 〈et⁴〉〉没頭する, 熱中する, 沈潜する.

die **Ver·sen·kung** [ふぇあゼンクング] 名 -/-en 1. 沈めること, 沈没させること. 2. (ある事への)沈潜, 沈思, 没頭. 3. 〔劇〕(舞台のせりだし. 〔慣用〕aus der Versenkung auftauchen《口》突然に登場する, in der Versenkung verschwinden《口》世間から姿を消す.

das **Vers·e·pos** [ふぇるス・エーポス] 名 -/..epen 〔文芸学〕韻文叙事詩.

der **Ver·se·schmied** [ふぇあゼ・シュミート] 名 -(e)s/-e 〔冗〕(へぼ)詩人.

ver·ses·sen [ふぇあゼッセン] 形〔auf 〈et⁴〉〉夢中である, 執心している.

die **Ver·ses·sen·heit** [ふぇあゼッセンハイト] 名 -/-en 熱中, 執心.

ver·set·zen [ふぇあゼッツェン] 動 h. 1.〈et⁴〉他の場所〔位置〕に移す, 移動させる, 動かす, ずらす, 移植する,(…の)場所〔位置〕を変える;質に入れる;金に換える, 売却する;《古》詰まらせる(息などを), 抑える(感情を). 2.〈j⁴〉+〈方向〉配置換えする, 転勤〔転属〕させる;進級させる(生徒を);(…の)席を移す. 3.〈j⁴/et⁴〉+〈in 〈et⁴〉〉 in Angst/gute Laune 〜〈人を〉不安/上機嫌にさせる.〈j⁴〉in Ruhestand 〜〈人を〉退職〔退役・退官〕の身分に与する. die Maschine in Bewegung 〜 機械を始動させる.〈j⁴〉in Begeisterung 〜〈人を〉感激させる. 4.〈j³〉+〈et⁴〉〉不意に食らわす〔見舞う〕. 〔у〕 j-m eine〕 〜《口》〈人に〉不意に一発食らわせる. 5.〈j⁴〉〉《口》待ちぼうけを食わせる. 6. 〔〈文〉〕きっぱり答える. 7. 〔〈et⁴〉+mit 〈et³〉〉混ぜる(主に品質の劣った安物を作るために). 〔慣用〕sich⁴ in ihn versetzen 彼の身になってみる. sich⁴ in seine Gedankengänge versetzen 彼の考えで考える. sich⁴ ins vorige Jahrhundert versetzt fühlen 前世紀に戻ったような気がする.

die **Ver·set·zung** [ふぇあゼッツング] 名 -/-en 1. 移動, 移転, 置換;転勤, 異動;進級. 2. 入質;換金. 3. 混合.

das **Ver·set·zungs·zei·chen** [ふぇあゼッツングス・ツァイヒェン] 名 -s/-〔楽〕変化〔変位〕記号(♯, ♭など).

ver·seu·chen [ふぇあゾイヒェン] 動 h.〈j⁴/et⁴〉〉汚染させる.

die **Ver·seu·chung** [ふぇあゾイフング] 名 -/-en 汚染.

der **Vers·fuß** [ふぇるス・フース] 名 -es/..füße 〔詩〕詩脚.

der **Ver·si·che·rer** [ふぇあズィッヒェらー] 名 -s/- 保険者(多くは保険会社).

ver·si·chern [ふぇあズィッヒャーン] 動 h. 1.〈j³〉+〈et⁴〉/《文》デアフレクトゥス》(絶対に確かだと)請合う, 保証する, 断言する;確約する. 2.〈j³〉+〈et⁴〉〉《文》(当てにしてよいと)保証する, 確約する. 3. 〔sich⁴+〈et²〉〉《文》(必ず当てにできるかどうか)確かめる. 4. sich⁴+〈j²/et²〉〉《文・古》捕える, 奪う. 5.〈j⁴/et⁴〉+(gegen 〈et⁴〉ニタイシテ〉保険を掛ける. 6.〈j⁴〉+gegen 〈et⁴〉ニタイシテ〉保険による保証を与える.

der/die **Ver·si·cher·te** [ふぇあズィッヒャーテ] 名 (形容詞的変化)(保険契約の)被保険者.

die **Ver·si·che·rung** [ふぇあズィッヒェルング] 名 -/-en 1. 保険(契約);保険を掛けること;(保険の)掛金, 保険料;保険契約: eine 〜 abschließen/kündigen 保険を契約する/解約する. eine 〜 über 10 000 Euro gegen Feuer eingehen 1万ユーロの火災保険. 2. 保証, 確言, 確約.

der **Ver·si·che·rungs·agent** [ふぇあズィッヒェるングス・アゲント] 名 -en/-en =Versicherungsvertreter.

der **Ver·si·che·rungs·an·spruch** [ふぇあズィッヒェるングス・アン・シュプるっは] 名 -(e)s/..sprüche 保険(支払)請求.

die **Ver·si·che·rungs·an·stalt** [ふぇあズィッヒェるングス・アン・シュタルト] 名 -/-en 保険会社;年金保険組合.

der **Ver·si·che·rungs·bei·trag** [ふぇあズィッヒェるングス・バイ・トらーク] 名 -(e)s/..träge 保険料, 保険掛金.

der **Ver·si·che·rungs·be·trug** [ふぇあズィッヒェるングス・ベトるーク] 名 -(e)s/- 保険金詐欺.

die **Ver·si·che·rungs·ge·sell·schaft** [ふぇあズィッヒェるングス・ゲゼルシャフト] 名 -/-en 保険会社.

die **Ver·si·che·rungs·leis·tung** [ふぇあズィッヒェるングス・ライストゥング] 名 -/-en 保険給付.

der **Ver·si·che·rungs·neh·mer** [ふぇあズィッヒェるングス・ネーマー] 名 -s/- 保険契約者, 被保険者.

die **Ver·si·che·rungs·pflicht** [ふぇあズィッヒェるングス・プフリヒト] 名 -/-en 保険加入義務.

die **Ver·si·che·rungs·po·lice** [ふぇあズィッヒェるングス・ポリーセ] 名 -/-n =Police.

die **Ver·si·che·rungs·prä·mie** [ふぇあズィッヒェるングス・プれーミエ] 名 -/n 保険料, 保険掛金.

der **Ver·si·che·rungs·schein** [ふぇあズィッヒェるングス・シャイン] 名 -(e)s/-e =Police.

die **Ver·si·che·rungs·sum·me** [ふぇあズィッヒェるングス・ズメ] 名 -/-n (支払われる)保険金額.

der **Ver·si·che·rungs·trä·ger** [ふぇあズィッヒェるングス・トれーガー] 名 -s/- (社会保険の)保険者.

der **Ver·si·che·rungs·ver·trag** [ふぇあズィッヒェるングス・フェアトらーク] 名 -(e)s/..träge 保険契約.

der **Ver·si·che·rungs·ver·tre·ter** [ふぇあズィッヒェるングス・フェアトれーター] 名 -s/- 保険代理商;保険外交員.

der **Ver·si·che·rungs·wert** [ふぇあズィッヒェるングス・ヴェーアト] 名 -(e)s/-e 保険価格.

das **Ver·si·che·rungs·we·sen** [ふぇあズィッヒェるングス・ヴェーゼン] 名 -s/ 保険制度.

ver·si·ckern [ふぇあズィッカーン] 動 s.〈場所〉ニ〉染み

versieben [ふぇあズィーベン] 動 h. 1.〔〈et⁴〉ッ〕うっかりして無くす,うっかり置き忘れる. 2.〔〈et⁴〉ッ〕(迂闊(う゚)にも)台なしにする,駄目にする. 3.〔〈et⁴〉ッ〕のがす(チャンスを),はずす(ペナルティキックなどを).【慣用】**es bei**〈j³〉**versieben**《口》〈人の〉機嫌を損ねる〔信用を失う〕.

versiegeln [ふぇあズィーゲルン] 動 h.〔〈et⁴〉ッ〕封印をする;保護(被膜を作る)塗装をする.

die **Versiegelung** [ふぇあズィーゲールング] 名 -/-en 1. 封印をする〔封印されている〕こと. 2. 保護塗装;塗装による保護被膜層.

versiegen [ふぇあズィーゲン] 動 s.〔雅/詩〕《文》かれる(井戸・涙などが);(転)枯渇する(資金(源)などが);尽きる(力が);途絶える(会話が).

versiert [ヴェァズィーァト] 形〔in〔auf〕〈et³〉=〕精通した,経験豊富な.

versilbern [ふぇあズィルベルン] 動 h.〔〈et⁴〉ッ〕銀めっきをする,銀箔(ぎん)をかぶせる. 2.〔〈et⁴〉ッ〕《口》売ってお金に換える.

die **Versilberung** [ふぇあズィルベルング] 名 -/-en 1. 銀めっき;めっきされた銀の薄膜. 2.《口》売却,換金.

versinken* [ふぇあズィンケン] 動 s.〔雅場所〕ッ〕沈む,沈没する(船などが);没する,沈む(太陽・月などが);埋(う)まる,はまり(めり)込む(雪・砂・ぬかるみなどに). 2.〔in〈et³〉ッ〕ふける,浸る,ふける,没頭する.【慣用】**Vor Scham wäre ich in [in den] Erdboden versunken.** 恥ずかしくて穴があれば入りたいくらいだった.

versinnbildlichen [ふぇあズィン・ビルトリヒェン] 動 h.〔〈et⁴〉ッ〕象徴する,象徴的に表している.

die **Versinnbildlichung** [ふぇあズィン・ビルトリヒュング] 名 -/-en 象徴化.

versinnlichen [ふぇあズィンリヒェン] 動 h.〔〈et⁴〉ッ〕感覚でとらえられるようにする.

die **Version** [ヴェルズィオーン] 名 -/-en 1.(一つの)言回し,表現;異本;版,翻訳(本): die gekürzte ~ des Romans 小説のダイジェスト版. 2. 見解,解釈,所見. 3.(機械などの)型,モデル.

versippt [ふぇあズィップト] 形〔mit〈j³〉=〕姻戚の.

versitzen* [ふぇあズィッツェン] 動 h.《口》 1.〔〈et⁴〉=〈場所〉=〕座って無駄に過ごす. 2.〔〈et⁴〉=〕座っていてしわをつける(衣服に);長い間座って傷ませる(クッションを).

versklaven [ふぇアスクラヴェン,ふぇアスクラーフェン] 動 h.〔〈j⁴〉ッ〕奴隷にする,奴隷化する.

die **Verskunst** [ふぇるス・クンスト] 名 -/ 作詩法.
die **Verslehre** [ふぇるス・レーレ] 名 -/ 韻律論.
das **Versmaß** [ふぇるス・マース] 名 -es/-e 韻律.

versnobt [ふぇあスノップト] 形 《蔑》紳士気取りの,通ぶった,俗物の.

das **Verso** [ヴェルゾ] 名 -s/-s 紙の裏,左ページ.

versoffen [ふぇあゾッフェン] 形《口・罵》大酒飲みらしい;飲んだくれの.

versohlen [ふぇあゾーレン] 動 h.〔〈j⁴/et⁴〉ッ〕《口》ぶん殴る.

versöhnen [ふぇあゼーネン] 動 h. 1.〔sich⁴+(mit〈j³/et³〉ッ)〕仲直りをする,和解する. 2.〔〈j⁴〉ッ+(mit〈j³〉ット)〕仲直りさせる,和解させる. 3.〔〈j⁴〉ッ〕なだめる.

versöhnlich [ふぇあゼーンリヒ] 形 仲直りする気持のある,和解的な;喜ばしい気持にさせる,希望を持たせる.

die **Versöhnlichkeit** [ふぇあゼーンリヒカイト] 名 -/ 和解的態度,和解(うわき)の精神.

die **Versöhnung** [ふぇあゼーヌング] 名 -/-en 仲直り,和解;なだめる[なだめられる]こと.

versonnen [ふぇあゾネン] 形 物思いに沈んだ,夢想的な.

versorgen [ふぇあゾルゲン] 動 h. 1.〔〈j⁴/et⁴〉=(mit〈et³〉ッ)〕与える,供給〔支給・補給〕する(金・衣食・電気・情報などを). 2.〔〈j⁴〉ッ〕養う,扶養する;手当〔治療〕する;看病する;(…の)家政〔家事〕の面倒を見る. 3.〔〈et⁴〉ッ〕面倒を見る,世話をする(庭・家畜・家事などの),管理をする(暖房・エレベーターなどの);(…の)家政〔家事〕の面倒を見る. 4.〔〈j⁴/et⁴〉ッ+in〈et³〉ッ(ダッ)〕収容する(病院などに);保管する(金庫などに).【慣用】**Nein danke, ich bin noch versorgt.** いいえ結構です.もう十分にありますから(物を勧められて).

der **Versorger** [ふぇあゾルガー] 名 -s/- 扶養者;補給船.

versorgt [ふぇあゾルクト] 形 1. 世話をされている;不自由なく暮らしている. 2.〔mit〈et³〉ッ〕備えた,供給された. 3.《稀》心配事に悩んだ.

die **Versorgung** [ふぇあゾルグング] 名 -/ 1.(必要なものを)与えること,供給;扶養,世話;治療を受けさせること;管理;(年金などの)援護;仕送り. 2.(ぶゃ)収容;保管.

das **Versorgungsamt** [ふぇあゾルグングス・アムト] 名 -(e)s/..ämter (戦時の犠牲者の)援護局.

der **Versorgungsanspruch** [ふぇあゾルグングス・アンシュプるッふ] 名 -(e)s/..sprüche 援護(年金)請求権.

der **Versorgungsausgleich** [ふぇあゾルグングス・アウスグライひ] 名 -(e)s/〔法〕援護の調整(離婚の際,夫婦が将来取得する年金などの額を調整すること).

versorgungsberechtigt [ふぇあゾルグングス・べれヒティヒト] 形 (年金などの)受給資格のある.

die **Versorgungslage** [ふぇあゾルグングス・ラーゲ] 名 -/ (生活物資の)補給状況.

die **Versorgungswirtschaft** [ふぇあゾルグングス・ヴィるトシャフト] 名 -/ 公益事業(水道・電気などを供給する).

verspachteln [ふぇあシュパヒテルン] 動 h. 1.〔〈et⁴〉ッ〕パテナイフを使って充填(じゅう)し平らにする. 2.〔〈et⁴〉ッ〕《口》平らげる.

verspannen [ふぇあシュパネン] 動 h. 1.〔〈et⁴〉ッ+(mit〈et³〉ッ)〕固定する(ポールをワイヤーなどで). 2.〔〈et⁴〉ッ〕敷きこむ(じゅうたんなどを). 3.〔sich⁴〕痙攣(けい)を起こす,引きつる(筋肉などが).

die **Verspannung** [ふぇあシュパヌング] 名 -/-en (綱によ)る固定;索具,ザイル;(筋肉の)引きつり,痙攣(けいれん).

verspäten [ふぇあシュペーテン] 動 h.〔sich⁴〕遅れる,遅刻する〔遅延する〕,延着する.

die **Verspätung** [ふぇあシュペートゥング] 名 -/-en 遅れ,遅刻,遅延: eine Stunde ~ haben 1時間遅れる. mit zehn Minuten ~ 10分遅れて.

verspeisen [ふぇあシュパイゼン] 動 h.〔〈et⁴〉ッ〕《文》おいしそうに食べる,賞味する;きれいに平らげる.

verspekulieren [ふぇあシュペクリーレン] 動 h. 1.〔〈et⁴〉ッ〕投機で失う(財産などを). 2.〔sich⁴〕投機に失敗する;《口》見込み違いをする.

versperren [ふぇあシュペれン] 動 h. 1.〔〈et⁴〉ッ+(mit〈et³〉ッ)〕塞(ふさ)ぐ,閉鎖する,遮断する:〈j³〉den Haushalt ~〈人の〉手をさえぎる. 2.〈j³〉das Haus ~〈人に〉その建物への立入りを禁止する. 2.〔〈et⁴〉ッ〕遮(さえぎ)っている(道路・眺望などを). 3.〔〈et⁴〉=(ちゃ)ッ〕かぎをかける,かぎをかけしまって鍵をかける. 5.〔sich⁴+〔gegen〈et⁴〉ッ〕〕《文》理解しようとしない,(…に)心を閉ざす,(…を)かたくなに拒む;

verspielen [ふぇあシュピーレン] 動 h. 1.〔〈et⁴〉ッ〕ギャンブルする〔失う〕. 2.〔(〈et⁴〉ッ)〕ふいにする,みすみす失う〔逃がす〕(幸運・チャンスなどを): Der Feind hat *verspielt.* 敵は自滅した. 3.〔〈et⁴〉ッ〕

賭(か)け事に使う(金を). **4.**〈et⁴ヲ〉遊んで過ごす: Stunden ～ 何時間も遊んで過ごす. **5.** [sich⁴]弾き間違える. 【慣用】bei〈j³〉verspielt haben〈口〉〈人の〉好意〔信頼〕をなくしている(愛想づかしをされて).

ver·spielt [ふぇあシュピールト] 形 遊び好きの,じゃれるのが好きな;戯れるような.

ver·spie·ßern [ふぇあシュピーサーン] 動 s. (慣用)(蔑) (固陋(ろう)な)俗物になりさがる.

ver·spin·nen* [ふぇあシュピネン] 動 h. **1.**〈et⁴ヲ〉紡ぐ:残らず紡いでしまう. **2.**〈et⁴ヲzu〈et³〉ニ〉紡ぐ(羊毛を糸などに). **3.** [sich⁴+in〈et³〉ニ]没頭する,熱中する,ふける(考え・想像などに).

ver·spon·nen [ふぇあシュポネン] 形 奇妙な,妙な考えにとりつかれた.

ver·spot·ten [ふぇあシュポッテン] 動 h.〈j¹/et⁴ヲ〉あざける,嘲笑(ちょうしょう)する.

die **Ver·spot·tung** [ふぇあシュポットゥング] 名 -/-en あざけり,嘲笑(ちょう).

ver·spre·chen* [ふぇあシュプれッヒェン] 動 h. **1.**〈(j³ニ),〈et⁴ヲ〉(ラミレsシ)(文)ダテルト〉約束する. **2.**〈et⁴ヲ/zu〈動〉〉期待させる. **3.** [sich³+von〈j³/et³〉ニ+〈et⁴ヲ〉]期待する. **4.** [sich⁴] 言い間違いをする.

das **Ver·spre·chen** [ふぇあシュプれッヒェン] 名 -s/- 約束,確言:〈j³〉ein ～ geben〈人ニ〉約束する.

der **Ver·spre·cher** [ふぇあシュプれッヒャー] 名 -s/- 言い間違い.

die **Ver·spre·chung** [ふぇあシュプれッヒュング] 名 -/-en (主に複)約束: leere ～en 空約束. große ～en machen さも実行しそうもない約束をする.

ver·spren·gen [ふぇあシュプれンゲン] 動 h. **1.**〈j⁴/et⁴ヲ〉ちりぢりに潰走(かいそう)させる;〈狩〉追い立てる(猟獣を). **2.**〈et⁴ヲ〉撒(ま)く.

ver·sprit·zen [ふぇあシュプリッツェン] 動 h. **1.**〈et⁴ヲ〉撒(ま)く;吹きつける(塗料を). **2.**〈(j³ヲ)+〈et⁴ヲ〉飛沫(ひまつ)〔跳ね〕をかけて汚す(車がコートを).

ver·sprü·hen [ふぇあシュプリューエン] 動 **1.** h.〈et⁴ヲ〉噴霧器で散布する;飛び散らす(火花を). **2.** s. (慣用)飛び散る(しぶき・火花などが).

ver·spü·ren [ふぇあシュピューれン] 動 h.〈et⁴ヲ〉感じる:感じとる;認める(読んだり観察したりして).

verst. =verstorben 故人の,亡くなった.

ver·staat·li·chen [ふぇあシュタートリヒェン] 動 h.〈et⁴ヲ〉国有〔国営〕化する.

die **Ver·staat·li·chung** [ふぇあシュタートリヒュング] 名 -/-en 国有〔国営〕化.

ver·städ·tern [ふぇあシュテーターン, ふぇあシュテッターン] 動 **1.** s. (慣用)都市化される;都会風になる(住民が). **2.**〈j⁴/et⁴ヲ〉(稀)都市〔都会〕化する.

die **Ver·städ·te·rung** [ふぇあシュテーテるング, ふぇあシュテッテるング] 名 -/- 都市化,都会化.

ver·stäh·len [ふぇあシュテーレン] 動 h.〈et⁴ヲ〉鉄鋼めっきをする.

der **Ver·stand** [ふぇあシュタント] 名 -(e)s/- **1.** 理解力,思考力,知力;分別,思慮;〔哲〕悟性性: der gesunde ～ 常識. ein Mann mit ～ 分別のある男. den ～ verlieren 分別〔正気〕を失なう.〈et⁴〉mit ～ tun〈事ヲ〉十分考えてする. um den ～ kommen 分別を失う,頭がおかしくなる. Wieder zu ～ kommen 正気に帰る. Das geht über meinen ～. それは私の理解力を超えている. Nimm doch ～ an ! ばかなことはしないで. **2.**〈古〉意味: in einem gewissen ～ ある意味で. keinen ～ haben 無意味である.【慣用】bei Verstand sein 正気である.〈et⁴〉mit Verstand essen〈物ヲ〉十分に味わって食べる.〈j³〉steht der Verstand still / bleibt der Verstand stehen.〈口〉〈人ニ〉理解で

きない.

ver·stan·des·mä·ßig [ふぇあシュタンデス・メースィヒ] 形 理性による,分別のある;知力の,理解力の.

der **Ver·stan·des·mensch** [ふぇあシュタンデス・メンシュ] 名 -en/-en 理知的な人.

die **Ver·stan·des·schär·fe** [ふぇあシュタンデス・シェるふぇ] 名 -/- 頭脳明晰,頭脳鋭敏.

ver·stän·dig [ふぇあシュテンディヒ] 形 分別のある,思慮深い,理解力のある.

ver·stän·di·gen [ふぇあシュテンディゲン] 動 h. **1.**〈j⁴ニ+(von〈et³〉ノコト/über〈et⁴〉ニツイテ)〉知らせる,通知〔通報〕する. **2.** [sich⁴+(mit〈j³〉ト)]意思を疎通させる. **3.** [sich⁴+mit〈j³〉ト+(über〈et⁴〉ニツイテ/auf〈et⁴〉ニ)]合意する,合意に達する.

die **Ver·stän·dig·keit** [ふぇあシュテンディヒカイト] 名 -/- 物わかりの良さ,分別のあること,思慮深いこと.

die **Ver·stän·di·gung** [ふぇあシュテンディグング] 名 -/-en (主に単)通知,通報;意思の疎通,協調;合意,折合い: die ～ der Polizei 警察への通報. die ～ mit〈j³〉〈人との〉意思の疎通. eine ～ erzielen 合意に達する

ver·ständ·lich [ふぇあシュテントリヒ] 形 **1.** 聞きとりやすい. **2.** 理解できる,分かりやすい: sich⁴ mit Gesten ～ machen 身振りで自分(の言うこと)を理解させる. **3.** 納得できる,もっともな.

die **Ver·ständ·lich·keit** [ふぇあシュテントリヒカイト] 名 -/- 聞きとりやすいこと;分かりやすいこと;もっともであること.

das **Ver·ständ·nis** [ふぇあシュテントニス] 名 -ses/-se **1.** (主に単)理解;(のみ)理解力: kein ～ für〈j⁴/et⁴〉haben〈人・事ヲ〉理解できない.〈j³〉～ entgegenbringen〈人ヲ〉理解しようと努める. um〈j³〉～ bitten〈人の〉理解〔寛容〕を願う. **2.**〈古〉合意.

ver·ständ·nis·in·nig [ふぇあシュテントニス・イニヒ] 形〈文〉理解の気持ちをこめた.

ver·ständ·nis·los [ふぇあシュテントニス・ロース] 形 理解できない,理解力のない,無理解な.

die **Ver·ständ·nis·lo·sig·keit** [ふぇあシュテントニス・ローズィヒカイト] 名 -/- 理解のできなさ;理解力のなさ,無理解.

ver·ständ·nis·voll [ふぇあシュテントニス・ふぉル] 形 理解のある,物分りのいい.

ver·stän·kern [ふぇあシュテンカーン] 動 h.〈et⁴ヲ〉〈口〉悪臭で満たす(部屋などを).

ver·stär·ken [ふぇあシュテるケン] 動 h. **1.**〈et⁴ヲ〉補強する(壁・堤防などを);強く〔丈夫に〕する(特別に加工して);増員〔増強〕する(部隊・団員・チームなどを);〈et⁴がsich⁴の場合〉増員〔増強〕される;〔ぽーツ〕強化する(チームを);〈et⁴がsichの場合〉強くなる,強化される. **3.**〈et⁴ヲ+(durch〈et³〉ニヨッテ)〉強める,高める(影響力・効果・作用などを),増幅させる(電流・音声など);増大させる(怒り・喜びなどを). **4.** [sich⁴] 強くなる,高くなる,増幅する(圧力・音声などが),激しくなる(嵐・騒音などが),強まる(痛み・疑念などが): in verstärktem Maße よりいっそう.

der **Ver·stär·ker** [ふぇあシュテるカー] 名 -s/- 〔電〕増幅器;〔工〕強化装置;〔写〕補力剤;〔化〕助触媒;〔心〕(忘れたりけしたりする)強化治療子音.

die **Ver·stär·ker·röh·re** [ふぇあシュテるカー・ろーれ] 名 -n 〔電〕増幅管.

die **Ver·stär·kung** [ふぇあシュテるクング] 名 -/-en (主に単). **1.** 強化,増強,補強,〔電〕増幅;〔写〕補助;強化(補強)するもの. **2.** 増員;増援部隊,援軍.

ver·stau·ben [ふぇあシュタウベン] 動 s. (慣用)埃(ほこり)だらけになる,埃をかぶる.

ver·stäu·ben [ふぇあシュトイベン] 動 h.〈et⁴ヲ〉噴霧する.

ver·staubt [ふぇあシュタウプト] 形 1. ほこりだらけの. 2. ((蔑)も有)時代遅れの.

ver·stau·chen [ふぇあシュタウヘン] 動 h. {sich³+⟨et³⟩ッ} 挫(く)く, 捻挫(ねんざ)する.

die **Ver·stau·chung** [ふぇあシュタウフング] 名 -/-en 捻挫(ねんざ).

ver·stau·en [ふぇあシュタウエン] 動 h. ⟨et⁴⟩ッ+in⟨et³⁽⁴⁾⟩(ノ中に) 詰込む, 積込む.

das **Ver·steck** [ふぇあシュテック] 名 -(e)s/-e 人目につかぬところ, 隠れ家; 隠し場所. 【慣用】 **Verstecken mit ⟨vor⟩⟨j³⟩ spielen** ⟨人に⟩自分の気持⟨考え⟩を明かさない. **Versteck spielen** 隠れんぼうする.

ver·ste·cken [ふぇあシュテッケン] 動 h. {⟨j⁴/et⁴⟩ッ+⟨場所⟩} 隠す; ⟨⟨j⁴⟩sich⁴の場合⟩隠れる: sich hinter seinem Chef/seinen Vorschriften ~ 自分のボス/自分に与えられた指示を盾に隠して口実にする. seine Verlegenheit hinter einem Lächeln ~ 狼狽(ろうばい)を微笑で隠す. das Geheimnis vor ⟨j³⟩ ~ その秘密を⟨人に⟩隠す. 【慣用】 **sich⁴ nicht zu verstecken brauchen** 〔口〕 ⟨人に⟩引けを取らない. **sich⁴ vor⟨neben⟩⟨j³⟩ verstecken müssen ⟨können⟩** 〔口〕 ⟨人より⟩はるかに能力(業績)が劣っている.

das **Ver·ste·cken** [ふぇあシュテッケン] 名 -s/ 隠れんぼう: (mit ⟨j³⟩) ~ spielen 隠れんぼうをする. mit ⟨j³⟩ ~ spielen 〔転〕 ⟨人に⟩隠しごとをする.

das **Ver·steck·spiel** [ふぇあシュテック・シュピール] 名 -(e)s/-e 隠れんぼう; 〔転〕隠し事をすること.

ver·steckt [ふぇあシュテックト] 形 人目につかない, 隠されている; ひそかな, 秘密の; それとなくほのめかされる, 遠回しの.

ver·ste·hen¹ [ふぇあシュテーエン] 動 h. 1. ⟨j⁴/ ⟨何ッコトガ⟩/⟨et⁴⟩ッ⟩聞取れる, (はっきり)聞こえる. 2. {⟨⟨j⁴⟩言ウコトガ/⟨et⁴⟩ガ⟩} 分る, 理解できる: Das verstehst du noch nicht. それはおまえにはまだ分らない (まだ子供だから). Du sagst nichts, verstanden! 何も言うんじゃないぞ, 分ったな. 3. {⟨j⁴/et⁴⟩ッ +⟨様態⟩ッ} 理解する, 解釈する, 考える, (…と)取る: seine Worte/ihn falsch ~ 彼の言葉/彼の(考え)を誤解する. ⟨j⁴⟩ als Drohung ~ ⟨事⁴⟩を脅しと取る. Unter „Freiheit" ~ wir folgendes. 「自由」を私たちは次のように考える. Wie soll ich das ~ ? それはどういうことですか. 4. {⟨j⁴⟩ッ} 理解する, 分かる(人格・人柄を). 5. {⟨et⁴⟩ッ/⟨⟨×⟩デアルコト⟩} 当然だ(もっともだ・無理ない)と思う, 分かる. 6. {sich⁴+(mit ⟨j³⟩)} うまくやる, 気(話)が合う. 7. 〔相互代名詞sich⁴〕互いにうまくいく. 8. {⟨et⁴⟩²} 通じている, 熟達している, 長けている, (…が)できる, (…の)すべを心得ている. 9. {von ⟨et³⟩ニツイテ⟨et⁴⟩ッ}知識がある. 10. {sich⁴+auf ⟨et⁴⟩ ノ}仕方を知っている. 11. {sich⁴+auf ⟨j⁴/et⁴⟩ッ} 扱いすべを心得ている. 12. {sich⁴+als ⟨j⁴⟩} 思っている. 13. {sich⁴+⟨様態⟩}〔商〕ある: Der Preis versteht sich frei Haus. その値段は配送料込みである. 14. {sich⁴+zu ⟨et³⟩} 〔古〕(やむを得ず・しぶしぶ)同意する, (…の)了承する. 【慣用】 Er versteht es nicht besser. 〔口〕彼がそれをやればまああな程度だ. sich⁴ (von selbst) verstehen 自明である. ⟨j³⟩ ⟨et⁴⟩ zu verstehen geben ⟨人に⟩⟨事⁴⟩をほのめかす.

ver·ste·hen²* [ふぇあシュテーエン] 動 h. ⟨et⁴⟩ッ 〔口〕立ったまま過ごす(つぶす)(時間を).

ver·stei·fen [ふぇあシュタイフェン] 動 1. h. ⟨et⁴⟩ッ+ (mit ⟨et³⟩ッ) 堅くする(しんを入れて襟などを); 補強する(壁を支持などで). 2. h. 〔稀⟨なし⟩〕堅くする, こわばる(関節・四肢・首筋などの). 3. h. {sich¹} 強固になる(抵抗・態度・陣地などが); 勃起(ぼっき)する; 〔金融〕堅調になる, 引締まる(相場などが). 4. h. {sich¹ +auf ⟨et⁴⟩ニ}固執する.

die **Ver·stei·fung** [ふぇあシュタイフング] 名 -/-en 1. 堅くする(堅くされる)こと; 補強; (関節などの)硬直; 強固になること; 勃起; 堅調; 固執. 2. 補強材.

ver·stei·gen* [ふぇあシュタイゲン] 動 h. 1. {sich⁴} 登山ルートを間違える. 2. {sich⁴+zu ⟨et³⟩ッ} 〔文〕非常識(不遜(ふそん))にもすること(に至る).

der **Ver·stei·ge·rer** [ふぇあシュタイゲら-] 名 -s/- 競売人, 競り売り人.

ver·stei·gern [ふぇあシュタイゲーン] 動 h. ⟨et⁴⟩ッ 競売にかける.

die **Ver·stei·ge·rung** [ふぇあシュタイゲるング] 名 -/-en 競売, 競り売り, オークション: zur ~ kommen 競売される.

ver·stei·nern [ふぇあシュタイネーン] 動 1. s. 〔稀⟨なし⟩〕〔古生〕化石になる, 化石化する. 2. h. {sich¹} 〔文〕硬直する, こわばる(顔・表情が). 3. h. ⟨j⁴/et⁴⟩ッ 〔文〕石にする(魔法使いが); 〔転〕化石のようにこわばらせる(絶望・悪い知らせなどが顔・表情を).

die **Ver·stei·ne·rung** [ふぇあシュタイネるング] 名 -/-en 1. 化石化; 石にすること. 2. 化石.

ver·stell·bar [ふぇあシュテル・バーあ] 形 ((⟨様態⟩=))調節のきく.

die **Ver·stell·bar·keit** [ふぇあシュテルバーあカイト] 名 -/ 位置が調整可能なこと.

ver·stel·len [ふぇあシュテレン] 動 h. 1. ⟨et⁴⟩ッ 置き間違える, (…の)配列を間違える(本などの). 2. ⟨et⁴⟩ッ 偽る, わざと変える(声・筆跡などを). 3. ⟨et⁴⟩ッ 調節する, いじる(時計・ダイヤルなどの). 4. {⟨et⁴⟩ッ} あちこち片づける(置く). 5. {sich⁴} 位置(調整)が変って(違って)いる(機械・装置などが). 6. {sich⁴} 自分を偽る, (…である)ふりをする. 7. ⟨et⁴⟩ッ+(mit ⟨et³⟩ッ) ふさぐ: ⟨j³⟩ den Weg ~ ⟨人の⟩道をふさぐ. 8. ⟨et⁴⟩ッ 遮っている(眺望などを).

die **Ver·stel·lung** [ふぇあシュテルング] 名 -/-en 1. (⟨⟨の⟩⟩のみ)みせかける(ふりをする)こと. 2. 〔稀〕置き間違うこと; 位置(調整)が違うこと; 位置を移すこと; ふさぐこと; さえぎること; わざと変えること.

die **Ver·stel·lungs·kunst** [ふぇあシュテルングス・クンスト] 名 -/..künste 偽装術, とぼける術.

ver·step·pen [ふぇあシュテッペン] 動 s. 〔稀⟨なし⟩〕ステップ(乾燥草原地)化する.

die **Ver·step·pung** [ふぇあシュテッププング] 名 -/-en ステップ化.

ver·ster·ben* [ふぇあシュテるベン] 動 s. (主に過去・現在完了・過去完了で)⟨j¹⟩〔文〕死去する.

ver·steu·ern [ふぇあシュトイあーン] 動 h. ⟨et⁴⟩ッニ対スル 税金を納める.

die **Ver·steu·e·rung** [ふぇあシュトイエるング] 名 -/-en 納税.

ver·stie·gen [ふぇあシュティーゲン] 形 極端な, 突飛な.

die **Ver·stie·gen·heit** [ふぇあシュティーゲンハイト] 名 -/ -en 1. (⟨⟨の⟩⟩のみ)常軌を逸した(突飛な)こと. 2. 常軌を逸した(突飛な)考え; 常軌を逸していることを示す発言.

ver·stim·men [ふぇあシュティメン] 動 1. h. ⟨et⁴⟩ッ 調子を狂わす(楽器の). 2. h. {sich¹} 調子が狂う(楽器が). 3. h. 〔稀⟨なし⟩〕調子が狂う(楽器が). 4. h. {⟨j⁴⟩ッ+(mit ⟨et³⟩ッ)} 不快な気持にさせる, 不機嫌にさせる, 立腹させる.

ver·stimmt [ふぇあシュティムト] 形 調子の狂った; 機嫌を損ねた, 具合のよくない.

die **Ver·stim·mung** [ふぇあシュティムング] 名 -/-en 1. 調子を狂わすこと, 調子が狂うこと; 調子はずれ. 2. 不機嫌, 不快.

ver·stockt [ふぇあシュトックト] 形 〔蔑〕かたくなな, 意固地な.

die **Ver·stockt·heit** [ふぇあシュトックトハイト] 名 -/ 頑固さ, かたくなさ.

ver·stoh·len [ふぇあシュトーレン] 形 ひそかな.

ver·stop·fen [ふぇあシュトっプふぇン] 動 1. h.〔et⁴〕ッ+(mit〈et³〉デ)〕埋める，埋めて塞(ふさ)ぐ〔穴・割れ目などを〕．2. h.〔〈et⁴〉ッ〕詰まらせる：Ich bin verstopft.（転・口）私は便秘している．Die Straßen sind verstopft.（転）道路は車で渋帯している．3. s.〔慣〕詰まる〔排水口・便器など〕．

die Ver·stop·fung [ふぇあシュトっプふン] 名 -/-en 1.〔埋めての〕塞ぐ〔塞がれる・塞がれている〕こと．2. 詰める〔詰まる〕こと；《転》（交通）渋帯．3. 便秘．

ver·stor·ben [ふぇあシュトるベン] 形 死去した（略 verst.）．

der/die Ver·stor·be·ne [ふぇあシュトるベネ] 名〔形容詞的変化〕故人．

ver·stö·ren [ふぇあシュテーれン] 動 h.〔〈j⁴〉ッ+(mit〈et³〉デ)〕取乱させる，動揺させる．

ver·stört [ふぇあシュテーあト] 形 取乱した，動揺した．

die Ver·stört·heit [ふぇあシュテーあトハイト] 名 -/ 取乱していること，動揺．

der Ver·stoß [ふぇあシュトース] 名 -es/..stöße 1. 違反，抵触：ein ~ gegen das Gesetz 法律違反．2.〔古〕（次の形で）in ~ geraten 紛失する．

ver·sto·ßen* [ふぇあシュトーセン] 動 h. 1.〔gegen〈et⁴〉ッ〕反する，そむく（礼儀・主義など）．2.〔〈j⁴〉ッ+(aus〈et³〉ニ)〕追出す，追放する，勘当する．

die Ver·sto·ßung [ふぇあシュトースング] 名 -/-en 追放，勘当．

ver·strah·len [ふぇあシュトらーレン] 動 h. 1.〔〈et⁴〉ッ〕発散する．2.〔〈et⁴〉ッ〕放射能で汚染する．

die Ver·strah·lung [ふぇあシュトらールング] 名 -/-en 1. 発散すること．2. 放射能で汚染する〔汚染される〕こと．

ver·stre·ben [ふぇあシュトれーベン] 動 h.〔〈et⁴〉ッ〕（筋交いなど）斜めの支えで補強する，突っ張りで支える．

die Ver·stre·bung [ふぇあシュトれーブング] 名 -/-en（筋交いなど）斜めの支えで補強する〔支える〕こと；斜めの支え．

ver·strei·chen* [ふぇあシュトらイひェン] 動 1. h.〔〈et⁴〉ッ+(auf〈et³〉ノ上ニ)〕まんべんなく塗る（バター・塗料など）．2. h.〔〈et⁴〉ッ〕（塗るのに）使う，（塗って）消費する．3. h.〔〈et⁴〉ッ+mit〈et³〉ヲ〕塞ぐ（亀裂にモルタルなど）．4. s.〔慣〕《文》過ぎる（時間など）；〔狩〕猟区を去る（猟鳥が）．

ver·streu·en [ふぇあシュトろイエン] 動 h. 1.〔〈et⁴〉ッ+auf〈et³〉ノ上ニ〕一面に（ばら）まく；うっかりこぼす（砂糖など）．2.〔〈et⁴〉ッ〕（まくのに）使う，（まいて）消費する．3.〔〈et⁴〉ッ+〈場所〉ニ〕散らかす（玩具など）．

ver·stri·cken [ふぇあシュトりっケン] 動 h. 1.〔sich⁴〕編み方を間違える．2.〔〈et⁴〉ッ〕（編んで）消費する．3.〔〈j⁴〉ッ+in〈et²〉ニ〕《文》引入れる，巻込む（会話・スキャンダルなど）．4.〔sich⁴+in〈et⁴〉ニ〕陥る，巻込まれる（紛争・事件などに）：sich⁴ in Lügen〔ein Lügennetz〕~ 次々にうそをつかざるを得なくなる．【慣用】Die Wolle verstrickt sich gut. この毛糸は編みやすい．

ver·strö·men [ふぇあシュトろーメン] 動 h.〔〈et⁴〉ッ〕発電に利用する（石炭など）．

ver·strö·men [ふぇあシュトれーメン] 動 h. 1.〔〈et⁴〉ッ〕（盛んに）発散する（熱・香・光など）．2.〔sich⁴+in〈et³〉ニ〕〔詩〕流れる（川が）．

die Ver·strö·mung [ふぇあシュトれームング] 名 -/-en（石油・石炭などを）発電に利用すること；発電に利用されること．

ver·stüm·meln [ふぇあシュテュメルン] 動 h. 1.〔〈j⁴〉ッ〕身体をばらばらにする，手足〔首・指〕を切り取る．2.〔〈et⁴〉ッ〕意味不明なほど切りつめる（テキストなどを）．

die Ver·stüm·me·lung [ふぇあシュテュメルング] 名 -/-en 1.（手足などの）切断；（テキストなどの）意味不明なほどの切りつめ．2. 切断されている〔無い〕こと．

ver·stum·men [ふぇあシュトゥメン] 動 s.〔慣〕《文》沈黙する；やむ，鳴りやむ；消える（疑念・悪い噂など）．

die Ver·stümm·lung [ふぇあシュテュムルング] 名 -/-en = Verstümmelung.

der Ver·such [ふぇあズーふ] 名 -(e)s/-e 1. 試み，ためし，企て；試論，試作，習作：Es käme auf einen ~ an. 試してみなくてはならないでしょう．2. 実験，試験：einen ~ mit〈et³〉anstellen〈物についての〉実験をする．~ an Tieren 動物実験．3.〔ラグ〕試技（ラグビーの）トライ．

ver·su·chen [ふぇあズーヘン] 動 h. 1.〔〈et⁴〉ッ/《文》デアルコトヲ〕試みる，試す，企てる，（…）しようとする．2.〔〈et⁴〉ッ〕試食する，試飲する．3.〔sich⁴+an(auf)〈et³〉/in〈et³〉〕挑戦する．4.〔〈et⁴〉ッ+an〈j³〉ニ〕《文》やってみる，（…を…で）試してみる．5.〔〈j⁴〉ッ〕試練にかける．【慣用】es mit〈et³〉versuchen〈物を〉試しに用いる．es mit〈j³〉versuchen〈人に〉試しにやらせてみる．sein Glück versuchen 運だめしをする．versucht sein〔sich⁴ versucht fühlen〕, ... zu 動 …したい気持にかられる：Man ist versucht zu glauben, dass ... …と信じたい気持にかられる．

der Ver·su·cher [ふぇあズーハー] 名 -s/-〔聖〕誘惑者；《キ教》悪魔．

die Ver·suchs·ab·tei·lung [ふぇあズーふス・アップタイルング] 名 -/-en（新製品などの）試験部門．

die Ver·suchs·an·la·ge [ふぇあズーふス・アン・ラーゲ] 名 -/-n 実験〔試験〕施設．

die Ver·suchs·an·stalt [ふぇあズーふス・アン・シュタルト] 名 -/-en 実験〔試験〕所．

der Ver·suchs·bal·lon [ふぇあズーふス・バローン, ふぇあズーふス・バロング] 名 -s/-s〔-e〕〔気〕観測気球：einen ~ steigen lassen 観測気球を上げる；（転）世論の動向をさぐる．

das Ver·suchs·feld [ふぇあズーふス・ふェルト] 名 -(e)s/-er 実験場．

das Ver·suchs·ka·nin·chen [ふぇあズーふス・カニーンひェン] 名 -s/-1.〔稀〕実験用ウサギ．2.（口・蔑）実験台（にされる人），モルモット．

die Ver·suchs·per·son [ふぇあズーふス・ペるゾーン] 名 -/-en〔医・心〕被験者（略 VP, Vp）．

die Ver·suchs·rei·he [ふぇあズーふス・らイエ] 名 -/-n 一連の実験．

das Ver·suchs·sta·di·um [ふぇあズーふス・シュターディウム] 名 -s/..ien 実験段階．

die Ver·suchs·sta·ti·on [ふぇあズーふス・シュタツィオーン] 名 -/-en 実験基地．

die Ver·suchs·stre·cke [ふぇあズーふス・シュトれっケ] 名 -/-n（自動車などの）テストコース．

das Ver·suchs·tier [ふぇあズーふス・ティーあ] 名 -(e)s/-e 実験動物．

ver·suchs·wei·se [ふぇあズーふス・ヴァイゼ] 副 試験的に（な），試しに．

der Ver·suchs·zweck [ふぇあズーふス・ツヴェック] 名 -(e)s/-e（主に）実験目的：für ~e〔zu ~en〕実験目的のため．

die Ver·su·chung [ふぇあズーフング] 名 -/-en 1.〔聖〕誘惑：die ~ Jesu in der Wüste 荒野におけるイエスの試み（マタイ福音書 4, 1-11）．2. 誘惑，欲望：in ~ geraten〔kommen〕欲望にかられる．〈j⁴〉in (die) ~ bringen〈人を〉誘惑する．〈j⁴〉in ~ führen〈人を〉悪の道に誘いこむ．

ver·sump·fen [ふぇあズンプふェン] 動 s.〔慣〕沼（地）になる（湖など）；（口）堕落する；したたかに酔っ払う．

ver·sün·di·gen [ふぇあズュンディゲン] 動 h.〔sich⁴+(an

Versündigung 1350

⟨j³/et³に対して⟩》《文》不正〔悪事〕を働く, 罪を犯す.
die **Ver·sün·di·gung** [ふぇあズュンディグング] 名 -/-en 《文》罪を犯すこと, 犯罪.
ver·sun·ken [ふぇあズンケン] 形 **1.** とうに滅び[消え]た. **2.** ⟨(in ⟨et⁴⟩)⟩没頭した, 沈潜した.
die **Ver·sun·ken·heit** [ふぇあズンケンハイト] 名 -/ 《文》沈思, 沈潜, 没頭.
die **Ver·sus me·mo·ri·a·les** [ヴェるズース メモリアーレース] 複数 《文》(規則などを暗記しやすくするための)覚歌.
ver·sü·ßen [ふぇあズューセン] 動 **1.** ⟨et⁴⟩ッ+(mit ⟨et³⟩ッ)》《稀》甘くする, (…に)甘味をつける. **2.** ⟨j³⟩ッ+⟨et⁴⟩ッ+(durch ⟨et⁴⟩ッ/mit ⟨et³⟩ッ)》楽にする, 楽しくさせる(単調な仕事・長い入院生活などを).
ver·tä·feln [ふぇあテーふぇルン] 動 h. ⟨et⁴⟩に鏡板を張る.
ver·ta·gen [ふぇあターゲン] 動 h. **1.** ⟨et⁴⟩ッ+(auf ⟨et⁴⟩ッ)》延期する. **2.** ⟨sich⁴+(auf ⟨et⁴⟩ッ)》持越される.
die **Ver·ta·gung** [ふぇあターグング] 名 -/-en 延期.
ver·tän·deln [ふぇあテンデルン] 動 h. ⟨et⁴⟩《古》無駄に遣う, 浪費する(金・時間を).
ver·täu·en [ふぇあトイエン] 動 h. ⟨et⁴⟩ッ《海》係留する.
ver·tausch·bar [ふぇあタウシュ·バー] 形 《稀》交換可能な.
ver·tau·schen [ふぇあタウシェン] 動 **1.** ⟨et⁴⟩ッ》間違えて持って行く〔手に取る·身に着ける〕. **2.** ⟨et⁴⟩ッ+mit ⟨et³⟩ッ/gegen ⟨et⁴⟩ッ》取替える. **3.** ⟨et⁴⟩ッカォォ+mit ⟨et³⟩ッ》かわる, 移る.
die **Ver·tau·schung** [ふぇあタウシュング] 名 -/-en **1.** 取違え. **2.** 交換, 取替え. **3.** かわる〔移る〕こと.
ver·tau·send·fa·chen [ふぇあタウゼント·ふぁッヘン] 動 h. ⟨et⁴⟩ッ》千倍にする; ⟨⟨et⁴⟩ッsich⁴の場合⟩千倍になる.
ver·te! [ヴェるテ] 《ラテ語》《楽》ページをめくれ(譜面上の指示).
ver·te·bral [ヴェるテブるール] 形 《解·医》椎骨(2*)の.
der **Ver·te·brat** [ヴェるテブラート] 名 -en/-en 《主に》《動》脊椎(2*)動物.
ver·tei·di·gen [ふぇあタイディゲン] 動 h. **1.** ⟨j¹/et⁴⟩ッ+(gegen ⟨et⁴⟩ッ)》防衛する, 守る. **2.** ⟨j¹⟩ッ》弁護する(被告を). **3.** ⟨j¹/et⁴⟩ッ⟨(文)⟩》擁護〔弁護〕する; 擁護〔弁護〕して(…と)言う. **4.** ⟨⟨et⁴⟩ッルsich⁴》(ゴール·リード·タイトルなどを);Wer *verteidigt* ? バックスはだれがやるのか(球技で).
der **Ver·tei·di·ger** [ふぇあタイディガー] 名 -s/- **1.** 防御〔防衛·守備〕者; 擁護者; 弁護士. **2.** 《スポ》ディフェンダー, 後衛, バック;タイトル防衛者.
die **Ver·tei·di·gung** [ふぇあタイディグング, 守備) [(®のみ)] 名 -/-en **1.** 防御, 防衛, 守備; (®のみ)国の)防衛, 国防. **2.** 擁護, 弁護. **3.** 《法》(裁判などの)弁護; 弁護側〔人〕. **4.** 《スポ》(総称)ディフェンス, 後衛, バックス.
der **Ver·tei·di·gungs·bei·trag** [ふぇあタイディグングス·バイトらーク] 名 -(e)s/..träge 防衛分担金.
ver·tei·di·gungs·be·reit [ふぇあタイディグングス·べらイト] 形 防衛準備の整った.
das **Ver·tei·di·gungs·bünd·nis** [ふぇあタイディグングス·ビュントニス] 名 -ses/-se 防衛同盟.
die **Ver·tei·di·gungs·ge·mein·schaft** [ふぇあタイディグングス·ゲマインシャふト] 名 -/-en 防衛共同体: Europäische ~ 欧州防衛共同体(1952年に旧西ドイツ, フランス, イタリア, ベネルクス3国の各国軍を1つの最高指揮権のもとに解消·統合しようとしたがフラン

スの拒否で挫折. 旧西ドイツの再軍備はそのために1955年のNATO加入とパリ条約で実現. 略 EVG).
der **Ver·tei·di·gungs·haus·halt** [ふぇあタイディグングス·ハウス·ハルト] 名 -(e)s/-e 防衛予算.
der **Ver·tei·di·gungs·krieg** [ふぇあタイディグングス·クリーク] 名 -(e)s/-e 防衛戦争.
der **Ver·tei·di·gungs·mi·nis·ter** [ふぇあタイディグングス·ミニスター] 名 -s/- 国防大臣, 国防相.
die **Ver·tei·di·gungs·po·li·tik** [ふぇあタイディグングス·ポリティーク] 名 -/-en 防衛政策.
die **Ver·tei·di·gungs·re·de** [ふぇあタイディグングス·れーデ] 名 -/-n 弁護, 弁明; 最終弁論.
die **Ver·tei·di·gungs·schrift** [ふぇあタイディグングス·シュりふト] 名 -/-en 弁明書.
die **Ver·tei·di·gungs·stel·lung** [ふぇあタイディグングス·シュテルング] 名 -/-en 防衛地点.
die **Ver·tei·di·gungs·waf·fe** [ふぇあタイディグングス·ヴァッふぇ] 名 -/-n 防衛兵器.
ver·tei·len [ふぇあタイレン] 動 h. **1.** ⟨et⁴⟩ッ+(an [unter] ⟨j⁴⟩ッ)》(均等に)分ける, 配る, 配布する, 割当てる. **2.** ⟨j⁴/et⁴⟩ッ+auf ⟨j⁴/et⁴⟩ッ》(均等に)割振る, 分担させる. **3.** ⟨et⁴⟩ッ+⟨(場所/方向)に⟩》(まんべんなく)あちこちに配る, 配置する, 塗る. **4.** ⟨sich⁴+⟨方向⟩》散る, 散って行く, 広がる; 分布する. **5.** ⟨sich⁴+in ⟨et³⟩ルのの》拡散する.
der **Ver·tei·ler** [ふぇあタイラー] 名 -s/- **1.** 分配者, 配布者; (通販で顧客グループのための)一括購入者; 《経》販売者, 小売人. **2.** (ガス·電気などの)供給会社. **3.** 《電》配電盤; (エンジンの)ディストリビューター. **4.** 《事務》(コピー文書の)配布先の指定.
der **Ver·tei·ler·schlüs·sel** [ふぇあタイラー·シュりュッセル] 名 -s/- 分配率; 《事務》(コピー文書の)配布先の指示.
die **Ver·tei·lung** [ふぇあタイルング] 名 -/-en **1.** 分配, 配分, 割当; 《社会科学》分配. **2.** 《経》販売. **3.** 分布; 拡散.
der **Ver·tei·lungs·schlüs·sel** [ふぇあタイルングス·シュリュッセル] 名 -s/- 分配率.
ver·teu·ern [ふぇあトイアーン] 動 h. ⟨et⁴⟩ッ値段(価格)を高くする; (…を)騰貴させる; ⟨⟨et⁴⟩ッsich⁴の場合⟩値段が高くなる, 騰貴する.
ver·teu·feln [ふぇあトイふぇルン] 動 h. ⟨j⁴/et⁴⟩ッ《蔑》危険な悪事に仕立て上げる(政敵·資本主義などを).
ver·teu·felt [ふぇあトイふぇルト] 形 **1.** 《口》やっかいな, とんでもない: V~! いまいましい. **2.** ものすごい, ひどみずな.
ver·tie·fen [ふぇあティーふぇン] 動 h. **1.** ⟨et⁴⟩ッ》より深くする, さらに掘下げる;低くする, くぼませる(地面などを); 〖音〗下げる(音程を). **2.** ⟨et⁴⟩ッ深める, 強める, 激しくさせる(知識·友情·反感などを); より深く理解する(学んだこと·教材などを). **3.** ⟨sich⁴⟩より深くなる(顔のしわ·人と人との溝などが);深まる, 強まる, 激しくなる(関係·夕闇·憎悪·紛争などが);深みを帯びる(色が). **4.** ⟨sich⁴+in ⟨et³⟩に⟩熱中[集中]する, 夢中になる, ふける.
die **Ver·tie·fung** [ふぇあティーふンク] 名 -/-en **1.** 深くする[掘下げる](壁画などを深める[掘下げる]こと, 深化; 《楽》音程を下げること. **2.** 没頭, 専心. **3.** くぼみ, へこみ, 穴.
ver·tie·ren [ふぇあティーれン] 動 **1.** s. 〖完了〗獣のように粗暴[残忍]になる. **2.** h. ⟨⟨j⁴⟩ッ》《稀》残忍粗暴にする.
ver·ti·kal [ヴェるティカール] 形 垂直の.
die **Ver·ti·ka·le** [ヴェるティカーレ] 名 -/-n (形容詞的変化も有る)垂(直)線.
das (der) **Ver·ti·ko** [ヴェるティコ] 名 -s/-s (小型の)飾り戸棚.

ver·ti·ku·ti̲e·ren [ヴェるティクティーれン] [動] *h.* 〘〈et^4〉ニ〙 〖園〗エアレーションを行う.

ver·ti̲l·gen [ふぇあティルゲン] [動] *h.* 〘〈et^4〉ヲ〙根絶やしにする, 絶滅する⦅雑草・害虫・疫病などを⦆; ⦅転⦆消す⦅痕跡(こんせき)などを⦆; ⦅口・冗⦆すっかり平らげる⦅食事・ケーキなどを⦆.

die **Ver·ti̲l·gung** [ふぇあティルグング] [名] -/-en ⦅主に[単]⦆絶滅, 根絶; 消す〔消される〕こと; ⦅口・冗⦆(大量の食物を)すっかり平らげること.

ver·ti̲p·pen [ふぇあティっペン] [動] *h.* ⦅口⦆ **1.** 〘〈et^4〉ヲ〙(タイプライターで)打ち間違える⦅綴り・数字などを⦆. **2.** 〘sich^4〙打ち間違いをする.

ver·to̲·nen [ふぇあトーネン] [動] *h.* **1.** 〘〈et^4〉ニ〙曲をつける, 作曲する⦅詩・オペラの台本などに⦆. **2.** 〘〈et^4〉ニ〙バッククラウドミュージックと音声を入れる⦅8ミリ映画などに⦆.

die **Ver·to̲·nung** [ふぇあトーヌング] [名] -/-en (詩などに)曲をつけること; (映画などに)バッククラウドミュージックと音声をつけること; (詩などを)曲にすること; 曲にされたテキスト.

ver·tra̲ckt [ふぇあトらっクト] [形] ⦅口⦆込入った, 厄介な; いやな, 不快な, 腹の立つ.

der **Ver·tra̲g** [ふぇあトらーク] [名] -(e)s/..träge 契約, 協約; 条約; 契約書: einen ~ mit 〈j^3〉 (ab)schließen 〈人と〉契約を結ぶ. einen Künstler unter ~ nehmen 芸術家と契約する.

ver·tra̲·gen* [ふぇあトらーゲン] [動] *h.* **1.** 〘〈et^4〉ニ〙耐え(られ)る. **2.** 〘〈et^4〉ヲ〙飲める, 食べられる, 受けつける. **3.** 〘〈et^4〉ヲ/〈[文]〉デアルコトヲ〙⦅口⦆我慢する, (素直に)受入れる: Er kann keinen Spaß ~. 彼は冗談が通じない. Die Sache *verträgt* keinen Aufschub. ⦅文⦆事態は猶予を許さない. **4.** 〘sich^4+(mit 〈j^3/et^3〉ト)〙仲よく〔うまく〕やって行く〔いる〕; ⦅転⦆調和できる: Die beiden Farben ~ sich nicht (miteinander). その二つの色は取合せが良くない. **5.** 〘〈et^4〉ヲ〙⦅方⦆着古す⦅衣類を⦆. **6.** 〘〈et^4〉ヲ〙⦅(スイス)⦆配達する⦅新聞・牛乳などを⦆. **7.** 〘〈et^4〉ヲ〙⦅方⦆運び去る.

der **Ver·trä̲·ger** [ふぇあトれーガー] [名] -s/- ⦅(スイス)⦆(新聞などの)配達員.

ver·tra̲g·lich [ふぇあトらークリひ] [形] 契約〔条約〕による, 契約〔条約〕上の.

ver·trä̲g·lich [ふぇあトれークリひ] [形] **1.** 消化の良い, 体に負担をかけない; 耐えられる; 我慢できる. **2.** 協調的な. **3.** 調和する.

die **Ver·trä̲g·lich·keit** [ふぇあトれークリひカイト] [名] -/-en ⦅主に[単]⦆(食物などが)消化の良い〔体に負担をかけない〕こと; 耐えられること; 我慢できること; 協調性のあること, 人当りのよさ; 調和すること.

der **Ver·tra̲gs·ab·schluss**, [旧] **Ver·tra̲gs·ab·schluß** [ふぇあトらークス・アップ・シュルス] [名] -es/..schlüsse 契約〔条約〕締結.

der **Ver·tra̲gs·bruch** [ふぇあトらークス・ブるっふ] [名] -(e)s/..brüche 契約〔条約〕違反.

ver·tra̲gs·brü·chig [ふぇあトらークス・ブりゅっひひ] [形] 契約〔条約〕違反の.

ver·tra̲gs·ge·mäß [ふぇあトらークス・ゲメース] [形] 契約〔条約〕による, 契約〔条約〕どおりの.

der **Ver·tra̲gs·händ·ler** [ふぇあトらークス・ヘンドラー] [名] -s/- (製造業者の製品を基本契約に基づき販売する)契約販売商.

der **Ver·tra̲gs·part·ner** [ふぇあトらークス・パるトナー] [名] -s/- 契約の相手.

die **Ver·tra̲gs·stra·fe** [ふぇあトらークス・シュトらーふぇ] [名] -/-n 違約罰, 違約金.

die **Ver·tra̲gs·ver·let·zung** [ふぇあトらークス・ふぇあレっツング] [名] -/-en 契約違反.

ver·tra̲gs·wid·rig [ふぇあトらークス・ヴィードりひ] [形] 契約〔条約〕違反の.

ver·tra̲u·en [ふぇあトらウエン] [動] *h.* **1.** 〘〈j^3/et^3〉ヲ/auf 〈j^4/et^4〉ヲ〙信頼する, 信ずる. **2.** 〘〈j^3〉ニ+〈et^4〉ヲ〙⦅文・古⦆打明ける⦅秘密などを⦆. **3.** 〘sich^4〙⦅文・古⦆心〔気持〕を打明ける.

das **Ver·tra̲u·en** [ふぇあトらウエン] [名] -s/ 信用, 信頼: ~ zu 〈j^3〉 haben 〈人を〉信用〔信頼〕している. 〈j^3〉 ~ schenken 〈人に〉信頼をよせる. sein ~ in 〔auf〕 〈j^4/et^4〉 setzen 〈人・物に〉信頼を置く. im ~ auf 〈et^4〉 〈事を〉信じて. 〈j^4〉 ins ~ ziehen 信用して〈人に〉打明ける. 〈j^3〉 das ~ aussprechen 〈人に〉信任投票をする.

ver·tra̲u·en er·we·ckend, ver·tra̲u·en·er·we·ckend [ふぇあトらウエン エあヴェっケント] [形] 信頼の念を起こさせる, 頼もしい.

der **Ver·tra̲u·ens·an·trag** [ふぇあトらウエンス・アン・トらーク] [名] -(e)s/..anträge 〖議会〗信任投票の動議.

der **Ver·tra̲u·ens·arzt** [ふぇあトらウエンス・アーあツト, ふぇあトらウエンス・アるツト] [名] -es/..ärzte **1.** 健康保険検査医. **2.** (生命保険の)診査医, 保険医.

die **Ver·tra̲u·ens·ba·sis** [ふぇあトらウエンス・バーズィス] [名] -/ (交渉などの前提となる)信頼関係.

ver·tra̲u·ens·bil·dend [ふぇあトらウエンス・ビルデント] [形] 〖政〗信頼を築く.

der **Ver·tra̲u·ens·bruch** [ふぇあトらウエンス・ブるっふ] [名] -(e)s/..brüche 背任, 背信.

die **Ver·tra̲u·ens·fra·ge** [ふぇあトらウエンス・ふらーゲ] [名] -/-n **1.** ⦅主に[単]⦆信頼の問題. **2.** 〖議会〗信任投票の提案.

der **Ver·tra̲u·ens·mann** [ふぇあトらウエンス・マン] [名] -(e)s/..leute〔..männer〕 **1.** 利益代表者. **2.** ⦅[複]..männer⦆(取引や交渉をまかされる)信頼のおける人. **3.** ⦅[複]..leute⦆(組合の)代議員. **4.** 〖法〗(警察などの)秘密情報提供者⦅略 V-Mann⦆.

der **Ver·tra̲u·ens·pos·ten** [ふぇあトらウエンス・ポステン] [名] -s/- (信頼を前提とされる)重要な地位.

die **Ver·tra̲u·ens·sa·che** [ふぇあトらウエンス・ザっへ] [名] -/-n **1.** ⦅主に[単]⦆信頼の問題. **2.** 内密に取り扱われるべき事項.

ver·tra̲u·ens·se·lig [ふぇあトらウエンス・ゼーリひ] [形] すぐ〔簡単に〕人を信用する.

die **Ver·tra̲u·ens·stel·lung** [ふぇあトらウエンス・シュテルング] [名] -/-en (信頼を前提とされる)重要な地位.

ver·tra̲u·ens·voll [ふぇあトらウエンス・ふぉル] [形] 信頼に満ちた, (相互に)信頼しきった.

das **Ver·tra̲u·ens·vo·tum** [ふぇあトらウエンス・ヴォートゥム] [名] -s/ 信任投票.

ver·tra̲u·ens·wür·dig [ふぇあトらウエンス・ヴュるディひ] [形] 信用〔信頼〕に値する.

ver·tra̲u·ern [ふぇあトらウあーン] [動] *h.* 〘〈et^4〉ヲ〙⦅文⦆悲しみのうちに過ごす⦅時を⦆.

ver·tra̲u·lich [ふぇあトらウリひ] [形] 内密〔内々〕の; 親密な, 親しげな.

die **Ver·tra̲u·lich·keit** [ふぇあトらウリひカイト] [名] -/-en **1.** ⦅[単]のみ⦆内密, 秘密; 親密さ. **2.** ⦅主に[複]⦆なれなれしい態度; なれなれしさ.

ver·trä̲u·men [ふぇあトろイメン] [動] *h.* 〘〈et^4〉ヲ〙⦅稀⦆夢を見て過ごす⦅睡眠中の何時間かを⦆; ぼんやりと夢うつつに〔夢想にふけって〕過ごす⦅一日中などを⦆.

ver·trä̲umt [ふぇあトろイムト] [形] **1.** 夢想〔空想〕にふける, 夢見るような. **2.** のどかな.

die **Ver·trä̲umt·heit** [ふぇあトろイムトハイト] [名] -/ 夢想的なこと; のどかなこと.

ver·tra̲ut [ふぇあトらウト] [形] **1.** 〘(mit 〈j^3〉ト)〙親しい, 懇意な: ein ~*er* Freund 親友. mit 〈j^3〉 ~ werden 〈人と〉親しくなる. **2.** 〘(〈j^3〉ガ)〙見〔聞き〕慣れた, よく知っている: Diese Gegend ist mir nicht ~. このあたりには私は馴染が薄い. **3.** 〘mit 〈et^3〉

V

Vertraute 〔ふぇあトラウテ〕 ッ〕熟知している，(…に)習熟している：sich⁴ mit ⟨et³⟩ ~ machen 〈事⌒⟩ 習熟する．

der/die **Ver·trau·te** 〔ふぇあトラウテ〕 名 (形容詞的変化) 親密な人；信頼のおける人．

die **Ver·traut·heit** 〔ふぇあトラウトハイト〕 名 -/-en (主に⒨) 親密さ；⒨のみ)精通： ~ mit ⟨j³⟩/⟨et³⟩ ⟨人・物⟩の)親密さ/⟨物⟩への)精通．

ver·trei·ben* 〔ふぇあトらイベン〕 動 h. **1.** ⟨j⁴ッ⟩+aus ⟨et³⟩(ソ⑸カら)/von ⟨et³⟩(カら) 追い出す，追放する：die Kundschaft ~ (転)顧客を失う． **2.** ⟨j⁴/et⁴ッ⟩+(aus ⟨et³⟩(ソ⑸カら)) 追払う(特に嫌な虫・動物を)． **3.** ⟨j³⟩+⟨et⁴ッ⟩ 吹きとばす，追い出す，取除く(眠気などを)：sich³ mit ⟨et³⟩ die Zeit ~ ⟨事で⟩退屈しのぎをする． **4.** ⟨et⁴ッ⟩(大量に)販売する，売りさばく；(美)擦(ⲥ)ってぼやけさせる(塗った絵の具を)． 〔慣用〕 **Habe ich Sie von Ihrem Platz vertrieben?** ここはあなたが座っていらした席だったのではないでしょうか(人の席をとってしまったのではないかと恐れて言う言葉). **Hoffentlich habe ich Sie nicht vertrieben?** 私が来たことで，あなたのお帰りを急がせたわけではないでしょうか(入れ違いに帰ろうとする先客に対して言うあいさつ).

die **Ver·trei·bung** 〔ふぇあトらイブング〕 名 -/-en **1.** 追払うこと，追放． **2.** (商)(稀)販売．

ver·tret·bar 〔ふぇあトれートバーん〕 形 是認[支持]できる；(法)代替しうる．

ver·tre·ten* 〔ふぇあトれーテン〕 動 h. **1.** ⟨j⁴/et⁴ッ⟩ 代りをする，代理をする；権利[利益]を代表する，(…を)代表する；代表者(選手)である，(…を)代表する；代理店(商)である；(場所)~(~ sein の形で)列しているある，加わっている． **2.** ⟨et⁴ッ⟩(正しいと)主張する(擁護する)，支持する(立場・政策などを)；(…の)申開きをする，(…の)責任を取る(行為・命令・決定など)． **3.** ⟨j³⟩+⟨et⁴ッ⟩ 捻挫(⁽ᵅ⁾)する，(…の)筋を違える(足の)． **5.** ⟨et⁴ッ⟩ (方)歩いてすりへらす(じゅうたんなどを)；履きつぶす．

der **Ver·tre·ter** 〔ふぇあトれーター〕 名 -s/- **1.** 代理人，代表者，代行者；代理商(店)，セールスマン(Handels~)： der ~ der Anklage 検事．die gewählten ~ des Volkes 選良．ein ~ für Staubsauger 電気掃除機のセールスマン．einen ~ stellen 代理をおく(立てる)． **2.** (思想などの)代表者，主唱者；代弁者，支持者． **3.** (口)(懐)も有)不審な(悪い)やつ．

die **Vertreter·pro·vi·si·on** 〔ふぁートれーター・プろヴィズィオーン〕 名 -/-en 代理商手数料，セールスマン手数料；コミッション．

die **Ver·tre·tung** 〔ふぇあトれートゥング〕 名 -/-en **1.** 代理，代表，代行： in ~ で，委任により(略し V., I.V.)． die ~ für ⟨j⟩ übernehmen ⟨人⟩の)代理を引受ける． **2.** 代理人；(外交の)代表，使節，代表部，使節団；代理チーム． **3.** 代理(仲買)業；代理店． **4.** 主唱，信奉，支持．

ver·tre·tungs·wei·se 〔ふぇあトれートゥングス・ヴァイゼ〕 副 代理(代行・外部部員)として．

der **Ver·trieb** 〔ふぇあトリープ〕 名 -(e)s/-e **1.** (⒨のみ)販売活動，マーケティング． **2.** (主に⒨)販売部．

der/die **Ver·trie·be·ne** 〔ふぇあトリーベネ〕 名 (形容詞的変化) (国外)追放者，故郷を追われた人．

die **Vertriebs·ab·tei·lung** 〔ふぇあトリープス・アップタイルング〕 名 -/-en 販売部．

die **Vertriebs·kos·ten** 〔ふぇあトリープス・コステン〕 複名 販売費．

der **Vertriebs·lei·ter** 〔ふぇあトリープス・ライター〕 名 -s/- 販売主任．

ver·trim·men 〔ふぇあトリメン〕 動 h. ⟨j⁴ッ⟩ (口)さんざん殴る．

ver·trin·ken* 〔ふぇあトリンケン〕 動 h. ⟨et⁴ッ⟩ 飲酒で浪費する： sein Vermögen ~ 財産を飲みつぶす．seinen Kummer ~ (転・方)悲しみを酒にまぎらす．

ver·trock·nen 〔ふぇあトろックネン〕 動 s. (憎に)干からびる(パン・地面などが)；(干からびて)枯れる(植物・牧草地などが)；干上がる，涸(ⲟ)れる(小川・井戸などが)．

ver·trö·deln 〔ふぇあトゥーデルン〕 動 h. ⟨et⁴ッ⟩ (口・蔑)無為に過ごす(時間を)．

ver·trös·ten 〔ふぇあトゥーステン〕 動 h. ⟨j⁴ッ⟩+auf ⟨et⁴⟩(マデ/⟨様態⟩=) 待ってくれとなだめる ⟨人⟩を⟩次の月曜日まで待ってくれとなだめる．⟨j⁴⟩ von einem Tag auf den anderen ~ ⟨人⟩を) うまいことを言って一日延ばしにする．

die **Ver·trös·tung** 〔ふぇあトゥーストゥング〕 名 -/-en 希望をもたせて慰める(言逃れる)こと．

ver·trot·teln 〔ふぇあトろッテルン〕 動 s. (憎に) (口)頭がぼける，もうろくする．

ver·trus·ten [fɛrtrástən ふぇあトらステン] 動 h. (商)トラストに化する．

die **Ver·tum·na·li·en** 〔ヴぇるトゥムナーリエン〕 複名 ウェルトゥムヌスの祭り(古代ローマの四季をつかさどる神 Vertumnus を称える祝祭).

ver·tun* 〔ふぇあトゥーン〕 動 h. **1.** ⟨et⁴ッ⟩+(mit ⟨et³ッ⟩) 無駄に費やす(金・時間などを)；逃がす(機会などを)，むだにする． **2.** ⟨sich⁴⟩+(bei ⟨et³⟩/ノー=) (口)間違いをする： Da gibt es kein ~! (方)それは本当だ，本当にそうなんだ．

ver·tu·schen 〔ふぇあトゥッシェン〕 動 h. ⟨et⁴ッ⟩ 隠す，隠蔽(ⁿⁱ)する，隠そうと努める．

ver·ü·beln 〔ふぇあユーベルン〕 動 h. ⟨j³⟩=ニタイシテ+⟨et³⟩ デ/⟨文⟩ トイウコトデ) 悪感情を持つ，気を悪くする，腹を立てる．

ver·ü·ben 〔ふぇあユーベン〕 動 h. ⟨et⁴ッ⟩ 行う，する (犯罪行為・悪事などを).

ver·ul·ken 〔ふぇあウルケン〕 動 h. ⟨j⁴/et⁴ッ⟩ (面白がって)からかう．

ver·un·ei·ni·gen 〔ふぇあウンアイニゲン〕 動 h. (稀) = entzweien.

ver·un·fal·len 〔ふぇあウンふぁレン〕 動 s. (憎に)(官)事故にあう．

ver·un·glimp·fen 〔ふぇあウングリムふぇン〕 動 h. ⟨j⁴/et⁴ッ⟩ (文)誹謗(⁽ʰ⁾) する，中傷する；毀損(⁽ⁿ⁾)する．

die **Ver·un·glimp·fung** 〔ふぇあウングリムふウング〕 名 -/-en 誹謗(⁽ʰ⁾) する，中傷；毀損．

ver·un·glü·cken 〔ふぇあウングリュッケン〕 動 s. **1.** (憎に)事故にあう(人・乗り物が)． **2.** (憎に)(冗) 事故にあう(試み・講演・料理などが失敗する意味で).

der/die **Ver·un·glück·te** 〔ふぇあウングリュックテ〕 名 (形容詞的変化) 事故にあった人，事故の死傷者．

ver·un·mög·li·chen 〔ふぇあウン⦿ークリヒェン〕 動 h. ⟨j³⟩+⟨et⁴ッ⟩ (⁽ˢ⁾) 不可能にする，阻止する(計画などを).

ver·un·rei·ni·gen 〔ふぇあウンらイニゲン〕 動 h. ⟨et⁴ッ⟩+(mit ⟨et³⟩デ) 汚染する；(文)汚す，汚くする．

die **Ver·un·rei·ni·gung** 〔ふぇあウンらイニグング〕 名 -/-en 汚すこと，汚染；汚染しているもの，汚れ，汚染物質．

ver·un·si·chern 〔ふぇあウンズィヒェーン〕 動 h. ⟨j⁴ッ⟩ 動揺させる，(…の)考え[見地]をぐらつかせる．

ver·un·stal·ten 〔ふぇあウンシュタルテン〕 動 h. ⟨j⁴/et⁴ッ⟩ 醜悪にする[見せる]，醜悪に見えるようにする；⟨j⁴/et⁴⟩のsich⁴にも適用⟩ 醜悪になる．

die **Ver·un·stal·tung** 〔ふぇあウンシュタルトゥング〕 名 -/-en 醜く[醜悪]にすること；醜いところ(箇所).

ver·un·treu·en 〔ふぇあウントロイエン〕 動 h. ⟨et⁴ッ⟩ (法)横領する，着服する．

die **Ver·un·treu·ung** 〔ふぇあウントろイウング〕 名 -/-en (法)横領，着服．

ver·un·zie·ren 〔ふぇあウンツィーれン〕 動 h. ⟨j⁴/et⁴ッ⟩ 醜くする[見せる]，醜く[汚なく]見えるようにする，(…の)見た目を悪くする．

ver·ur·sa·chen 〔ふぇあウーあざッヘン〕 動 h. ⟨et⁴ッ⟩ 引

起こす, 生じさせる, (…の)原因〔誘因〕となる.

der **Ver·ur·sa·cher** [ふぇあウーあザっはー] [名] -s/- 〖官〗原因者, (…を)引起こした人, (…の)原因となった人.

das **Ver·ur·sa·cher·prin·zip** [ふぇあウーあザっは~・プリンツィープ] [名] -s/ 〖法〗原因者費用負担の原則.

die **Ver·ur·sa·chung** [ふぇあウーあザっふング] [名] -/ 原因となること, 引起こすこと.

ver·ur·tei·len [ふぇあウるタイレン] [動] *h.* **1.** 〔〈j^4〉ニ＋(zu 〈et^3〉ヲ)〕(判決により)科する, (…の)判決を下す: von Anbeginn zum Scheitern *verurteilt* sein《転》初めから失敗することに決っている《企て・計画などが》. zum Schweigen *verurteilt* sein《転》沈黙を余儀なくされている. zur Bedeutungslosigkeit *verurteilt* sein《転》発展の余地がない. **2.** 〔〈j^4/et^4〉ヲ〕厳しく批判する, 許容し難いと断ずる.

die **Ver·ur·tei·lung** [ふぇあウるタイルング] [名] -/-en 有罪判決, 刑の言渡し;厳しい批判, 断罪.

die **Ver·ve** [ヴェるヴェ] [名] -/ 《文》熱狂, 情熱.

ver·viel·fa·chen [ふぇあふぃーるふぁっヘン] [動] *h.* **1.** 〔〈et^4〉ヲ〕何倍にもする, 著しく増大〔増加〕させる《数・量・責任・苦労などを》. **2.** 〔sich^4〕何倍にもなる, 著しく増大〔増加〕する《志願者数・交通費・責任などが》. **3.** 〔〈et^4〉ニ＋mit 〈et^3〉ヲ〕〖数〗掛ける, 乗ずる.

ver·viel·fäl·ti·gen [ふぇあふぃーるふぇるティゲン] [動] *h.* **1.** 〔〈et^4〉ヲ〕(多数)コピー〔プリント・複製〕する. **2.** 〔〈et^4〉ヲ〕《文》増大〔増加〕させる, 重ねる《努力などを》. **3.** 〔sich^4〕増す, 増える.

der **Ver·viel·fäl·ti·ger** [ふぇあふぃーるふぇるティガー] [名] -s/- ＝Vervielfältigungsapparat.

die **Ver·viel·fäl·ti·gung** [ふぇあふぃーるふぇるティグング] [名] -/-en 複写〔コピー〕(すること);複写〔コピー〕(されたもの).

der **Ver·viel·fäl·ti·gungs·ap·pa·rat** [ふぇあふぃーるふぇるティグングス・アパらート] [名] -(e)s/-e 複写〔コピー〕機, 謄写機.

ver·vier·fa·chen [ふぇあふぃーあふぁっヘン] [動] *h.* 〔〈et^4〉ヲ〕4倍にする;(〈et^4〉がsich^{4}の場合)4倍になる.

ver·voll·komm·nen [ふぇあふぉルコムネン] [動] *h.* **1.** 〔〈et^4〉ヲ〕(より)完全〔完璧〕なものにする, 改善〔改良〕する《機械・技術・方法などを》. **2.** 〔sich^4〕改善〔改良〕される, より良くなる, より完全〔完璧〕なものになる.

die **Ver·voll·komm·nung** [ふぇあふぉルコムヌング] [名] -/-en 完成, 仕上げ, 改善;完成品, 改善されたもの.

ver·voll·stän·di·gen [ふぇあふぉルシュテンディゲン] [動] *h.* **1.** 〔〈et^4〉ヲ〕(より)完全なものにする. **2.** 〔sich^4〕(より)完全なものになる, 全部そろう《蔵書・家具などが》.

die **Ver·voll·stän·di·gung** [ふぇあふぉルシュテンディグング] [名] -/-en (補充して)完全なものにする〔なる〕こと, 完備すること.

verw. ＝verwitwet やもめとなった.

ver·wach·sen^{1*} [ふぇあヴァクセン] [動] **1.** *s.* 〔補足なし〕癒合(ゆごう)する, ふさがる, 治る, 消える《傷などが》;草木で覆われる《道・地所などが》. **2.** *h.* 〔sich^4〕癒合する. **3.** *s.* 〔mit 〈j^3/et^3〉ト〕癒着する, 緊密に結びつく. **4.** *s.* 〔zu 〈et^3〉ニ〕まとまる. **5.** *h.* 〔sich^4〕《口》成長につれて正常になる《歯列・X脚などが》. **6.** *h.* 〔〈et^1〉ガ〕《方》(成長して)着られなくなる《衣服が》.

ver·wach·sen^2 [ふぇあヴァクセン] [形] 奇形の.

ver·wach·sen^3 [ふぇあヴァクセン] [動] *h.* 〔(sich^4)〕〖スキー〗間違ったワックスを塗る.

die **Ver·wach·sung** [ふぇあヴァクスング] [名] -/-en **1.** (傷口などの)癒合(ゆごう);(雑草などの)繁茂;(仕事や団体に)結びつくこと;《方》(子供などが)成長して衣服が着られなくなること. **2.** 〖医〗(器官などの)癒着(ゆちゃく);〖鉱〗連晶.

ver·wa·ckeln [ふぇあヴァっケルン] [動]《口》**1.** *h.* 〔〈et^4〉ヲ〕カメラぶれでぼけさせてしまう. **2.** *s.* 〔補足なし〕カメラぶれでぼける.

ver·wäh·len [ふぇあヴェーレン] [動] *h.* 〔sich^4〕《口》(電話の)番号をかけ間違える.

ver·wah·ren [ふぇあヴァーれン] [動] *h.* **1.** 〔〈et^4〉ヲ＋(〈場所〉ニ)〕大事〔安全〕に保存する, 保管する《書類などを》. **2.** 〔sich^3＋〈et^4〉ヲ＋〈様態〉ニ〕《方》(全部)食べず〔飲まず〕に取って置く: sich^3 den Kuchen noch einige Stunden/für den nächsten Tag ～ そのケーキを食べずにさらに二三時間の間/翌日に取って置く. **3.** 〔sich^4＋gegen 〈et^4〉ニ対シテ〕強く抗議する, 強硬に異議を申立てる, 激しく反駁(はんばく)する. **4.** 〔〈j^4〉ヲ〕《古》捕えて〔監禁して〕置く.

der **Ver·wah·rer** [ふぇあヴァーらー] [名] -s/- 保管者.

ver·wahr·lo·sen [ふぇあヴァーあローゼン] [動] *s.* **1.** 〔補足なし〕荒れる, 乱雑になる, だらしなくなる《庭・住居・服装などが》. **2.** 〔補足なし〕非行化する, ぐれる;落ちぶれる, すさむ.

ver·wahr·lost [ふぇあヴァーあロースト] [形] 荒れた, だらしない;非行化した, ぐれた.

die **Ver·wahr·lo·sung** [ふぇあヴァーあローズング] [名] -/ (放置されて)荒れること;(放任されて)非行化すること;荒れた状態;非行化した状態.

der **Ver·wahr·sam** [ふぇあヴァーあザーム] [名] -s/ 《古》＝Verwahrung 1.

die **Ver·wah·rung** [ふぇあヴァーるング] [名] -/-en **1.** 保管, 保存: 〈j^3〉〈et^4〉 in ～ geben 〈人ニ〉〈物ヲ〉保管させる. 〈et^4〉 in ～ nehmen 〈物ヲ〉保管する. **2.** 〖法〗監禁, 拘禁: 〈j^4〉 in ～ nehmen 〈人ヲ〉監禁する. **3.** 抗議: gegen 〈et^4〉 ～ einlegen 〈事ニ〉抗議する.

ver·wai·sen [ふぇあヴァイゼン] [動] *s.* 〔補足なし〕孤児になる.

ver·waist [ふぇあヴァイスト] [形] 孤児になった;《転》空き屋の, 人気(ひとけ)のない, 空席の;《文》孤独な.

ver·wal·ken [ふぇあヴァルケン] [動] *h.* 〔〈j^4〉ヲ〕《口》ひどく殴る.

ver·wal·ten [ふぇあヴァルテン] [動] *h.* **1.** 〔〈et^4〉ヲ〕管理する. **2.** 〔〈et^4〉ノ〕行政〔経営〕をつかさどる;(…を)取仕切る.

der **Ver·wal·ter** [ふぇあヴァルター] [名] -s/- 管理人, 管理者.

die **Ver·wal·tung** [ふぇあヴァルトゥング] [名] -/-en **1.** (主に[単])管理, 運営, 経営;行政: 〈et^4〉 in ～ nehmen 〈物ヲ〉管理下におく. unter staatlicher ～ stehen 国の管理下にある. **2.** 管理部門;行政官庁;管理棟〔室〕. **3.** 行政機構.

der **Ver·wal·tungs·ap·pa·rat** [ふぇあヴァルトゥングス・アパらート] [名] -(e)s/-e 行政機構.

der **Ver·wal·tungs·be·am·te** [ふぇあヴァルトゥングス・ベアムテ] [名] (形容詞的変化)行政官.

die **Ver·wal·tungs·be·hör·de** [ふぇあヴァルトゥングス・ベ(へ)ーあデ] [名] -/-n 行政官庁.

der **Ver·wal·tungs·be·zirk** [ふぇあヴァルトゥングス・ベツィるク] [名] -(e)s/-e 行政区画.

der **Ver·wal·tungs·dienst** [ふぇあヴァルトゥングス・ディーンスト] [名] -(e)s/ 管理部門〔行政官庁〕の職〔ポスト〕;行政機構の活動領域.

das **Ver·wal·tungs·ge·bäu·de** [ふぇあヴァルトゥングス・ゲボイデ] [名] -s/- 管理部門が入っている建物.

das **Ver·wal·tungs·ge·richt** [ふぇあヴァルトゥングス・ゲりヒト] [名] -(e)s/-e 行政裁判所.

die **Ver·wal·tungs·kos·ten** [ふぇあヴァルトゥングス・コステン] [複名] 管理費.

der **Ver·wal·tungs·rat** [ふぇあヴァルトゥングス・らート] [名] -(e)s/..räte (公共団体などの)監査委員会.

das **Ver·wal·tungs·recht** [ふぇあヴァルトゥングス・れヒト] [名] -(e)s/ 行政法.

ver·wam·sen [ふぇあヴァムゼン] [動] *h.* 〔〈j^4〉ヲ〕《口》ぶ

V

ん殴る.

ver·wạn·deln [ふぇあヴァンデルン] [動] *h.* **1.** 〔〈j⁴/et⁴〉ヲ〕(すっかり)変える. **2.** 〔〈j⁴/et⁴〉ヲ+in〈j⁴/et⁴〉ニ/zu〈j³/et³〉ニ〕変える: die Bäche zu reißenden Strömen ～ 小川を激流に変える(雨などが). **3.** 〔sich⁴+in〈j⁴/et⁴〉ニ/zu〈j³/et³〉ニ〕変る. **4.** 〔〈et⁴〉ヲ+in〈et⁴〉ニ〕変換する, 変える, 転じる. **5.** 〔(〈et⁴〉ヲ)〕〘球〙得点〔勝利〕に結びつける(コーナーキックなどを).

die **Ver·wạnd·lung** [ふぇあヴァンドルング] [名] -/-en 変化, 変形, 変換; (場面の)転換; (動物の)変態.

der **Ver·wạnd·lungs·künst·ler** [ふぇあヴァンドルングス·キュンストラー] [名] -s/- 早変り芸人.

ver·wạndt [ふぇあヴァント] [形] **1.** 〔(mit〈j³/et³〉ト)〕親戚〔親類〕の; (民族・言語などが)同系〔同種族〕の; (動植物・化学物質などが)同じ種類の, 近縁種の: eine mit mir ～*e* Frau 私の親戚の女性. mit〈j³〉entfernt/im zweiten Grad ～ sein〈人と〉遠い親戚である/〈人の〉二親等である. **2.** 類似の: Wir sind uns geistig ～. 私たちは精神的に似かよっている.

der/die **Ver·wạnd·te** [ふぇあヴァンテ] [名] (形容詞的変化) 親類(の人), 親戚, 身内; 同種族の人; (動植物などの)同じ種類〔近縁種〕のもの: ein naher/entfernter ～*r* 近親者/遠縁の人(男). ein ～*r*/eine ～ zweiten Grades 二親等の男性/女性.

die **Ver·wạnd·ten·e·he** [ふぇあヴァンテン·エーエ] [名] -/-n 〘法〙近親結婚.

die **Ver·wạndt·schaft** [ふぇあヴァントシャふト] [名] -/-en **1.** 親戚〔親類・血縁〕関係, (動植物の)類縁関係; (言語の)同系統; (化学物質の)親和性; (㊥のみ)(総称)親族, 親類, 親戚一同: die ～ durch Heirat 姻戚関係. eine große ～ haben 親戚が多い. **2.** 類似性, 同質性.

ver·wạndt·schaft·lich [ふぇあヴァントシャふトリひ] [形] 親戚〔親族・親類〕の, 血縁の.

der **Ver·wạndt·schafts·grad** [ふぇあヴァントシャふツ·グらート] [名] -(e)s/-e 親等.

ver·wạr·nen [ふぇあヴァるネン] [動] *h.* 〔〈j⁴〉ニ〕警告を与える.

die **Ver·wạr·nung** [ふぇあヴァるヌング] [名] -/-en 警告, 戒告: 〈j³〉eine ～ erteilen〈人に〉警告を与える.

ver·wạ·schen [ふぇあヴァッシェン] [形] 洗いざらしの; 雨露にさらされて薄れた; (転)ぼやけた, はっきりしない.

ver·wäs·sern [ふぇあヴェッサーン] [動] *h.* **1.** 〔〈et⁴〉ヲ〕水で薄める, 水っぽくする(ワインなどを). **2.** 〔補足なし〕水っぽくなる. **3.** 〔〈et⁴〉ノ〕内容を水増しする, 内容を希薄なものにする.

ver·we·ben^(*) [ふぇあヴェーベン] [動] *h.* **1.** (規則変化)〔〈et⁴〉ヲ〕(織るのに)使う〔使い果たす〕(毛糸などを). **2.** 〔〈et⁴〉ヲ+(mit〈et³〉ト)〕織り合せる; (転)絡み合せる, (複雑に)組合せる(イメージ・計画などを). **3.** 〔〈et⁴〉ヲ+in〈et⁴〉(ノ中)ニ〕織込む. **4.** (不規則変化)〔sich⁴〕(文)織りなされて一体となる(夢と現実などが).

ver·wẹch·seln [ふぇあヴェクセルン] [動] *h.* 〔〈j⁴/et⁴〉ヲ+(mit〈j³/et³〉ト)〕取違える, 間違える, 混同する. **【慣用】mein und dein verwechseln** (口)ものを盗む. **sich³ zum Verwechseln ähnlich sein** 互いに見間違えるほどよく似ている.

die **Ver·wẹch·se·lung** [ふぇあヴェクセルング] [名] -/-en =Verwechslung.

die **Ver·wẹchs·lung** [ふぇあヴェクスルング] [名] -/-en 取違え, 思い違い, 混同.

ver·we·gen [ふぇあヴェーゲン] [形] 向うみずな, 大胆な; (転・嘲)奇抜な.

die **Ver·we·gen·heit** [ふぇあヴェーゲンハイト] [名] -/-en **1.** (㊥のみ)大胆, 向うみず. **2.** 大胆な行動の仕方.

ver·we·hen [ふぇあヴェーエン] [動] **1.** *h.* 〔〈et⁴〉ヲ〕吹飛ばす, 吹散らす(風が). **2.** *h.* 〔〈et⁴〉ヲ〕(吹いて)埋める, 覆いつくす(吹雪が道などを). **3.** *s.* 〔補足なし〕(詩)あとかたもなく消える(嵐・雲・足跡などが); 消える(音・怒りなどが).

ver·weh·ren [ふぇあヴェーれン] [動] *h.* 〔〈j³〉ニ+〈et⁴〉ヲ〕拒む, 許可しない, 禁じる: Das Gebäude *verwehrte* uns die Sicht. (転)その建物がわれわれの視界を妨げていた.

die **Ver·we·hung** [ふぇあヴェーウング] [名] -/-en 吹飛ばす〔吹飛ばされる〕こと, 吹いて埋める〔埋められる〕こと, 消えること; 雪の吹きだまり.

ver·weib·li·chen [ふぇあヴァイブリひぇン] [動] **1.** *s.* 〔補足なし〕女性化する. **2.** *h.* 〔(〈j⁴〉ヲ)〕〘医・動〙女性化させる.

ver·weich·li·chen [ふぇあヴァイひリひぇン] [動] **1.** *s.* 〔(durch〈et⁴〉ニヨッテ)〕身体の抵抗力が弱まる, 虚弱になる(不摂生な生活などによって). **2.** *h.* 〔(〈j⁴〉ノ)〕身体の抵抗力を弱める, (…を)虚弱にする.

die **Ver·weich·li·chung** [ふぇあヴァイひリひゅング] [名] -/ 虚弱化.

ver·wei·gern [ふぇあヴァイガーン] [動] *h.* **1.** 〔(〈j³〉ニ)+〈et⁴〉ヲ〕拒む, 断る, 拒否〔拒絶〕する. **2.** 〔sich⁴+mit〈j³/et³〉ニ〕拒否的態度を取る. **3.** 〔(〈場所〉ヲ)〕〘馬術〙拒否する(馬が). **【慣用】Annahme verweigert** (郵便物の)受取拒絶. **Die Jugendlichen verweigern sich.** その若者たちは社会に同化することを拒んでいる. **Sie hat sich dem Mann verweigert.** 彼女は夫との同床を拒んだ.

die **Ver·wei·ge·rung** [ふぇあヴァイゲるング] [名] -/-en 拒否, 拒絶.

ver·wei·len [ふぇあヴァイレン] [動] *h.* 〔(sich⁴)+〈場所〉ニ〕(文)いる, 留まる, 滞在する: bei dem Thema ～ (転)しばらくそのテーマを検討し続ける.

ver·wei·nen [ふぇあヴァイネン] [動] *h.* **1.** 〔〈et⁴〉ヲ〕(文)泣いて過す. **2.** 〔〈et⁴〉ヲ〕泣きはらす.

ver·weint [ふぇあヴァイント] [形] 泣きはらした.

der **Ver·weis** [ふぇあヴァイス] [名] -es/-e **1.** 叱責(しっせき), 譴責(けんせき), 戒告. 〈j³〉wegen〈et²〉einen ～ erteilen〈人を〉〈事のかどで〉叱責する. **2.** (参照せよとの)指示: ein ～ auf ein anderes Stichwort 別の見出し語への指示.

ver·wei·sen¹* [ふぇあヴァイゼン] [動] *h.* (文) **1.** 〔〈j⁴〉ヲ〕叱(しか)る. **2.** 〔〈j³〉ノ+〈et⁴〉ヲ〕とがめる. **3.** 〔〈j³〉ニ+〈et⁴〉ヲ〕禁じる; (〈j³〉がsich³の場合)慎む.

ver·wei·sen²* [ふぇあヴァイゼン] [動] *h.* **1.** 〔(〈j⁴〉ニ)+auf〈et⁴〉ヲ〕指摘する, 注意〔参照〕するように指示する. **2.** 〔〈j⁴〉ニ+an〈j⁴/et⁴〉ニ〕相談する〔問い合せる〕ように勧める. **3.** 〔〈j⁴〉ニ+〈方向〉ニ〕行くように指示〔指図〕する. **4.** 〔〈j⁴〉ヲ+〈et²〉カラ/aus〔von〕〈et³〉カラ〕出て行かせる, 退出〔退去〕させる. **5.** 〔〈et⁴〉ヲ+an〈et⁴〉ニ〕〘法〙移送する(その件を所轄の裁判所などに). **【慣用】den Konkurrenten auf den dritten Platz verweisen** 〘スポーツ〙ライバルを3位に蹴落とす. 〈**j⁴**〉 **zur Ruhe/Ordnung verweisen** (古)〈人に〉静粛にするように/規則に従って行動するように促す〔指図する〕.

die **Ver·wei·sung** [ふぇあヴァイズング] [名] -/-en **1.** 叱責. **2.** 指示, 参照. **3.** 退場〔退却〕命令, 追放; 放校(処分). **4.** 〘法〙(所轄裁判所などへの)移送.

ver·wel·ken [ふぇあヴェルケン] [動] *s.* 〔補足なし〕枯れる, 萎(しお)れる(花などが); 萎(しな)びる(皮膚・顔などが); (転)衰える(若さ・名声などが).

ver·welt·li·chen [ふぇあヴェルトリひぇン] [動] **1.** *s.* 〔補足なし〕(文)世俗化する, 現世的になる(生活形態・教会な

V

などが). **2.** *h.* 〔et⁴ヲ〕世俗(現国有)化する(教会財産を).

die **Ver·weltli·chung** [ふぇあヴェルトリヒュング] 名 -/ **1.** 《文》世俗(現世)化. **2.** (教会財産の)世俗(国有)化.

ver·wend·bar [ふぇあヴェント・バー・あ] 形 使える.

die **Ver·wend·barkeit** [ふぇあヴェントバアカイト] 名 -/ 使用価値のあること, 有用性, 利用価値.

ver·wen·den(*) [ふぇあヴェンデン] 動 *h.* **1.** 〔et⁴ヲ〕+(zu〈et³〉/für〈et³〉ノタメニ/in〈et³〉〈コ中〉デ〕使う, 使用する, 用いる(材料・手段として). **2.** 〔et⁴ヲ〕+zu〈et³〉/für〈et³〉/auf〈et³〉ニ〕使う, 費やす, 注ぎ込む(金・時間などを). **3.** 〔et⁴ヲ+zu〈et³〉/〈様態〉ニ〕用いる, 使う. **4.** 〔et⁴ヲ〕活用する, 利用する, 役立たせる(知識・能力などを). **5.** 〔sich⁴+bei〈j³〉/〈j³ノタメ〉/+für〈j⁴/et⁴ノタメニ〕《文》尽力する, 顔を利かす. 【慣用】 kein Auge 〔keinen Blick〕 von 〈j³/et³〉 verwenden《文·古》〈人·物·事〉から目を背けない.

die **Ver·wen·dung** [ふぇあヴェンドゥング] 名 -/-en **1.** 使用, 利用, 運用: keine ~ für 〈j⁴/et⁴〉 haben 〈人・物〉の使い道が見つからない. ~ finden 使われる. zur ~ kommen 利用される. Offiziere zur besonderen ~ 特務士官(略 z.b.V.). **2.** (働のみ)《文》尽力.

der **Ver·wen·dungs·zweck** [ふぇあヴェンドゥングス・ツヴェック] 名 -(e)s/-e 使用目的.

ver·wer·fen(*) [ふぇあヴェあフェン] 動 *h.* **1.** 〔et⁴ヲ〕放棄する, 断念する, 退ける(考え・計画・提案などを). 《文》(道徳に背くと)非難する; 〔法〕棄却(却下)する. **2.** 〔j⁴ヲ〕聖別見捨てる. **3.** 〔et⁴ヲ〕流産する(哺乳類動物が). **4.** 〔sich⁴〕反る, ゆがむ(板・扉などが); 〔地質〕断層変位する; 〔トランプ〕カードを出し間違える, 違った組のカードを(間違って)出す. 【慣用】 die Hände verwerfen 〔トランプ〕頭の上で手を打つ(驚いたときの仕草); 手招きする.

ver·werf·lich [ふぇあヴェるフリヒ] 形《文》(道義的に)非難すべき.

die **Ver·werf·lich·keit** [ふぇあヴェるフリヒカイト] 名 -/ 非難すべきであること.

die **Ver·wer·fung** [ふぇあヴェるフング] 名 -/-en **1.** 拒否; 非難. 〔法〕棄却, 却下, 棄却. **2.** 〔地質〕断層. **3.** (板の)反り, ゆがみ. **4.** (哺乳類動物の)流産.

ver·wert·bar [ふぇあヴェーあト・バー・あ] 形 (再)利用〔活用〕できる.

die **Ver·wert·barkeit** [ふぇあヴェーあトバーあカイト] 名 -/ (再)利用の可能なこと.

ver·wer·ten [ふぇあヴェーあテン] 動 *h.* 〔et⁴ヲ〕活用する, (再)利用する(残り物・廃品などを), 活かす, 活用する(経験・知識などを).

die **Ver·wer·tung** [ふぇあヴェーあトゥング] 名 -/-en (再)利用, 活用.

ver·we·sen¹ [ふぇあヴェーゼン] 動 *s.* 〔地質〕腐る, 朽ち果てる(死体などが).

ver·we·sen² [ふぇあヴェーゼン] 動 *h.* 〔et⁴ヲ〕《古》(代理として)管理〔統治〕する(地域などを), 代行する(職務などを).

der **Ver·we·ser** [ふぇあヴェーザー] 名 -s/- 《古》統治代行者. 〔宗〕代替教員〔改革派牧師〕.

ver·wes·lich [ふぇあヴェースリヒ] 形 腐敗しやすい.

die **Ver·we·sung** [ふぇあヴェーズング] 名 -/ 腐敗; 分解: in ~ übergehen 腐敗しはじめる.

der **Ver·we·sungs·ge·ruch** [ふぇあヴェーズングス・ぐるっふ] 名 -s/..rüche 腐敗臭.

ver·wet·ten [ふぇあヴェッテン] 動 *h.* 〔et⁴ヲ〕賭ける(多額の金などを); 賭けで失う.

ver·wickeln [ふぇあヴィッケルン] 動 *h.* **1.** 〔sich⁴〕つれる, こんがらがる(糸・ひもなどが). **2.** 〔sich⁴+in 〈et³〈4〉〉〕…に(ガ)包帯を巻く. **3.** 〔j⁴ヲ+in〈et³〉〕巻込む, 引込む(入れる)(事件・乱闘・会話などに); 〈j⁴がsich⁴の場合〉巻込まれる, 陥る. **4.** 〔et⁴ヲ〕(稀)困難にする.

ver·wickelt [ふぇあヴィッケルト] 形 込入った, ややこしい, こんがらった(問題など).

die **Ver·wicke·lung** [ふぇあヴィッケルング] 名 -/-en ＝ Verwicklung.

die **Ver·wick·lung** [ふぇあヴィックルング] 名 -/-en もつれること; 絡まること; …に(ガ)巻込む(巻込まれる)こと; (主に働)めんどうなこと, 紛糾.

ver·wil·dern [ふぇあヴィルダーン] 動 *s.* 〔地質〕荒れる, 荒廃する(庭などが). **2.** 〔文〕野生化する(動植物が); 《文》粗野(粗暴)になる(若者・風俗などが).

die **Ver·wil·derung** [ふぇあヴィルデるング] 名 -/ 荒廃; 野性化; 粗野(粗暴)になること.

ver·win·den(*) [ふぇあヴィンデン] 動 *h.* **1.** 〔et⁴ヲ〕《文》打勝つ(気持・感情に), (…の)痛手から立直る, (…を)克服する(困難などを). 〔工〕ねじる.

die **Ver·win·dung** [ふぇあヴィンドゥング] 名 -/-en 〔工〕ねじれ, よじれ.

ver·wir·ken [ふぇあヴィるケン] 動 *h.* 〔et⁴ヲ〕《文》(自分のせいで)失う(信頼・身分などを.

ver·wirk·lich·en [ふぇあヴィるクリヒェン] 動 *h.* **1.** 〔et⁴ヲ〕実現する, 具体化する. **2.** 〔sich⁴〕実現される, 現実のものとなる(夢などが). **3.** 〔sich⁴〕自己の潜在能力を実現する.

die **Ver·wirk·li·chung** [ふぇあヴィるクリヒュング] 名 -/-en 実現, 現実化; 自己実現.

die **Ver·wir·kung** [ふぇあヴィるクング] 名 -/-en (権利・信頼などの)喪失, 失権.

ver·wir·ren [ふぇあヴィれン] 動 *h.* **1.** 〔et⁴ヲ〕もつれさせる(糸などを); 乱れさせる(風が髪などを). **2.** 〔sich⁴〕もつれる; 乱れる. **3.** 〔j⁴ヲ〕動揺させる, どぎまぎさせる, うろたえさせる, 困惑させる, 混乱させる. **4.** 〔sich⁴〕混乱する(思考・気持などが).

ver·wirrt [ふぇあヴィるト] 形 もつれた; 乱れた; 混乱した, どぎまぎした.

die **Ver·wir·rung** [ふぇあヴィるング] 名 -/-en 混乱, 紛糾; 困惑, 動揺: ~ stiften 混乱を引起こす.

ver·wirt·schaf·ten [ふぇあヴィるトシャふテン] 動 *h.* 〔et⁴ヲ〕ずさんな運用〔管理〕で使い果たす.

ver·wi·schen [ふぇあヴィッシェン] 動 *h.* **1.** 〔et⁴ヲ〕擦(ガ)ってぼやけさす(書いたばかりの署名などを); (転)不明瞭にする(境界などを). **2.** 消す(足跡・犯行の痕跡を) 〔sich⁴ヲ〕. **3.** 〔sich⁴〕ぼやける, はっきりしなくなる, 不明瞭になる(輪郭・境界・相違などが).

ver·wit·tern [ふぇあヴィッターン] 動 *s.* 〔地質〕風化する, 風雨にさらされていたら(岩石などが): das verwitterte Gesicht (転)風雪に耐えて深くしむ刻まれた顔.

die **Ver·wit·te·rung** [ふぇあヴィッテるング] 名 -/-en 風化.

ver·wit·wet [ふぇあヴィットヴェト] 形 夫〔妻〕を亡くした(略 verw.): die ~e Frau Schulz シュルツ未亡人.

ver·wöh·nen [ふぇあヴァーネン] 動 *h.* 〔j⁴ヲ〕甘やかす, 甘やかして育てる; ちやほやする; (…に)心地よさを覚えさせる.

ver·wöhnt [ふぇあヴァーント] 形 甘やかされた; 好みのうるさい, 贅沢(タッ)になれた.

die **Ver·wöh·nung** [ふぇあヴァーヌング] 名 -/ 甘やかす〔甘やかされる〕こと.

ver·wor·fen [ふぇあヴォるフェン] 形 《文》堕落した, ふしだらな.

die **Ver·wor·fen·heit** [ふぇあヴォるフェンハイト] 名 -/ 堕落, ふしだら.

ver·wor·ren [ふぇあヴォれン] 形 混乱した, 錯綜(紛

糾]した.
die **Ver·wor·ren·heit** [ふぇアヴォれンハイト] 名 -/ 混乱, 錯綜.
ver·wund·bar [ふぇアヴントバーア] 形 **1.** 傷つけることのできる. **2.** 感情を害しやすい, 傷つきやすい.
die **Ver·wund·bar·keit** [ふぇアヴントバーアカイト] 名 -/ 傷つけること; 傷つきやすさ.
ver·wun·den [ふぇアヴンデン] 動 h.〖j⁴/et⁴〗ッ〗傷を負わせる(特に戦場で銃弾などが): ihn/seine Gefühle zutiefst ~ 〈転〉彼(の心)/彼の気持をひどく傷つける.
ver·wun·der·lich [ふぇアヴンダーリヒ] 形 不思議な.
ver·wun·dern [ふぇアヴンダーン] 動 h. **1.** 〖j⁴〗ッ〗驚かせる, 不思議〖不審〗がらせる. **2.**〖sich⁴+über〈et⁴〉ッ〗驚く, 〈…を〉不思議〖不審・いぶかし〗がる.
die **Ver·wun·de·rung** [ふぇアヴンデるング] 名 -/ 驚き, 不審の念, 怪訝(ゲン); 〈j⁴〉 in ~ setzen〈人₄〉を不思議がらせる. zu meiner ~ 驚いたことに.
der/die **Ver·wun·de·te** [ふぇアヴンデテ] 名 〈形容詞的変化〉けが人, 負傷者.
das **Ver·wun·de·ten·ab·zei·chen** [ふぇアヴンデテンアップ・ツァイヒェン] 名 -s/-〖軍〗傷痍(シ ɔー)軍人栄誉章.
die **Ver·wun·dung** [ふぇアヴンドゥング] 名 -/-en 負傷, 傷; 戦傷.
ver·wun·schen [ふぇアヴンシェン] 形 魔法にかけられた.
ver·wün·schen [ふぇアヴュンシェン] 動 h. **1.** 〖j⁴/et⁴〗ッ〗呪う, いまいましく思 う. **2.**〖j⁴〗ッ〗〈古〉魔法をかける.
ver·wünscht [ふぇアヴュンシュト] 形 いまいましい.
die **Ver·wün·schung** [ふぇアヴュンシュング] 名 -/-en **1.** 呪(ノロ)い; 呪いの言葉; gegen〈j⁴〉 ~en ausstoßen〈人₄に〉呪いの言葉を吐く. **2.**〈古〉魔法にかけること.
ver·wur·zeln [ふぇアヴるツェルン] 動 s.〖(in 〈et³〉ニ)〗根づく, 根を張る; 〈転〉根を下ろす(地域などに).
ver·wüs·ten [ふぇアヴュステン] 動 h.〖et⁴〗ッ〗荒れ果てさせる, 荒廃させる, 廃墟にする.
die **Ver·wüs·tung** [ふぇアヴュステゥング] 名 -/-en 荒廃; ~en anrichten 荒廃をもたらす.
ver·za·gen [ふぇアツァーゲン] 動 s.〖(h.)〗〖ツγ〗〈文〉気後れする, 弱気になる.
die **Ver·zagt·heit** [ふぇアツァークトハイト] 名 -/ 気後れ, 弱気.
ver·zäh·len [ふぇアツェーレン] 動 h. **1.**〖sich⁴〗数え間違える, 計算を間違える. **2.** 〖(〈et⁴〉ッ)〗〈方〉語る; 物語る.
ver·zah·nen [ふぇアツァーネン] 動 h.〖et⁴〗ッ〗歯形(ぞぎ)を合せ継ぐ(機械の部品・木材などを); (…に)歯形(そぎ)を入れる.
die **Ver·zah·nung** [ふぇアツァーヌング] 名 -/-en (歯車の)かみあわせ, そぎ継ぎ; 歯形〖そぎ〗を入れること.
ver·zan·ken [ふぇアツァンケン] 動 h. **1.**〖sich⁴+(mit〈j³〉ト)〗〈口〉喧嘩(タ⁶)する, 仲たがいする. **2.**〖相互代名詞sich⁴〗〈互いに〉喧嘩する, 〈互いに〉仲たがいする.
ver·zap·fen [ふぇアツァップふェン] 動 h. **1.** 〖et⁴〗ッ〗〈方〉樽(タ⁶)から直接量り売りする(居酒屋などで); 〖木工〗ほぞを接ぐ. **2.** 〖et⁴〗ッ〗〈口・蔑〉言う, する(馬鹿なことなどを).
ver·zär·teln [ふぇアツェーアテルン] 動 h.〖j⁴〗ッ〗甘やかす, 甘ったれにする.
die **Ver·zär·te·lung** [ふぇアツェーアテルング] 名 -/ 甘やかす〖甘やかされる〗こと.
ver·zau·bern [ふぇアツァウバーン] 動 h. **1.**〖j⁴〗ッ〗魔法をかける **2.**〖j⁴〗ッ+in〈j⁴/et⁴〉ニ〗魔法をかけて…にする. **3.**〖j⁴〗ッ〗魅了する.
die **Ver·zau·be·rung** [ふぇアツァウべるング] 名 -/-en 魔法をかける〖かけられる・かけられている〗こと; 魅了する〖される・されている〗こと.
ver·zehn·fa·chen [ふぇアツェーンふぁッヘン] 動 h.〖et⁴〗ッ〗10 倍にする; (〈et⁴〉ッがsich⁴の場合)10 倍になる.
der **Ver·zehr** [ふぇアツェーア] 名 -(e)s/ **1.** 飲食; Zum baldigen ~ bestimmt! お早目にお召上りください. **2.** 《方》das ~ も有)飲食したもの.
ver·zeh·ren [ふぇアツェーレン] 動 h. **1.**〖et⁴〗ッ〗(残さず)食べる; 飲食する; 〈古〉食いつぶす, 使い果たす. **2.**〖j⁴/et⁴〗ッ〗憔悴(ショ⁶)〖消耗〗させる. **3.** 〖sich⁴+in〈et³〉ッ〗〈文〉やつれる, 憔悴する.
ver·zeh·rend [ふぇアツェーれント] 形 **1.** 消耗性の. **2.** 身をこがす.
ver·zeich·nen [ふぇアツァイヒネン] 動 h.〖j⁴/et⁴〗ッ〗(まとめて)書留める, 一覧表(リスト)にする; 記載〖記入〗する: Bei ihm sind große Fortschritte zu ~. 彼には長足の進歩をした. **2.**〖j⁴/et⁴〗ッ〗描き損なう, へた〖不正確〗に描く.
das **Ver·zeich·nis** [ふぇアツァイヒニス] 名 -ses/-se 目録, カタログ, リスト; 索引.
die **Ver·zeich·nung** [ふぇアツァイヒヌング] 名 -/-en **1.** 書留めること; 描き損なうこと. **2.** 書留められていること; 描き損ない.
ver·zei·hen* [ふぇアツァイエン] 動 h.〖j³〗ッ//〖j³〗ッ+〈et⁴〉ッ/〖X〉デアルこと〗する, 勘忍〖勘弁〗する: V~ Sie bitte die Störung! 申訳ありませんがお邪魔いたします; ひとつお尋ねしたいことがあります.
ver·zeih·lich [ふぇアツァイリヒ] 形 大目に見ることのできる, 容赦できる.
die **Ver·zei·hung** [ふぇアツァイウング] 名 -/ 許し, 容赦; 〈j⁴〉 um ~ bitten〈人₄に〉許しを乞う. V~! 失礼, すみません.
ver·zer·ren [ふぇアツェれン] 動 h. **1.**〖et⁴〗ッ〗歪(ユガ)める, 引きつらせる(顔・口などを). **2.**〖j⁴〗ッ〗歪ませる, 引きつらせる(苦痛が人の顔などを). **3.** 〖sich⁴〗歪む, 引きつる(顔・口などが). **4.**〖sich³+〈et⁴〉ッ〗無理に延ばして痛める(筋肉を). **5.**〖et⁴〗ッ〗歪める(鏡・水面などが映像を); ひずませる(拡声器などが音・声を). **6.**〖et⁴〗ッ〗歪める, 歪曲する.
die **Ver·zer·rung** [ふぇアツェるング] 名 -/-en **1.** 歪(ユガ)めること; 歪曲. **2.** 歪められた〖歪曲された〗もの; (映像・音声の)歪み, ひずみ.
ver·zet·teln¹ [ふぇアツェッテルン] 動 h.〖et⁴〗ッ〗カードに取る.
ver·zet·teln² [ふぇアツェッテルン] 動 h. **1.**〖et⁴〗ッ〗無駄遣い〖浪費〗する. **2.**〖sich⁴+(in[mit]〈et³〉ニ=ニドウシ)〗すべきことをしない, 大切なことがおろそかになる.
der **Ver·zicht** [ふぇアツィヒト] 名 -(e)s/-e 断念, 放棄: auf〈et⁴〉 ~ leisten〈事₄〉を断念する.
ver·zich·ten [ふぇアツィヒテン] 動 h.〖auf〈et⁴〉ッ〗断念する(特典・参加・計画などを), 放棄する(権利・分け前などを), 断る(援助・同行などを): auf eine Stellungnahme ~ 態度〖見解〗表明を行わない. auf seine Hilfe nicht ~ können 彼の援助なしではやっていかざるをえない. auf seine Gesellschaft ~ müssen 彼抜きでやっていかざるをえない.
die **Ver·zicht·er·klä·rung** [ふぇアツィヒトエアクレーるング] 名 -/-en 断念〖放棄〗宣言.
die **Ver·zicht·leis·tung** [ふぇアツィヒト・ライストゥング] 名 -/-en 放棄, 断念.
die **Ver·zichts·er·klä·rung** [ふぇアツィヒツエアクレーるング] 名 -/-en = Verzichterklärung.
ver·zie·hen* [ふぇアツィーエン] 動 **1.** h. 〖et⁴〗ッ〗歪(ユガ)める(顔・口などを); 〈稀〉歪ませる(湿気が木枠などを). **2.** h.〖sich⁴〗歪む(顔・口などが), 反る(板・木製の扉などが), 形が崩れる(セーター・上着などが); 次第に(遠のいて)消える(雷雨・痛みなどが). **3.** h. 〖sich⁴+〈方向〉ニ)〗〈口〉(こっそり)立去る〖退散す

る・姿を消す〕. **4.** *s.* 《完了時称のみ》〔《〈方向〉=》〕転居する, 引越す. **5.** *h.* 〔《j⁴》=〕甘やかして育てる. **6.** *h.* 〔〈et⁴〉=〕〖農〗間引きする. **7.** *h.* 〔〈et⁴〉=〕〖球〗打ちそこねる〔けり・投げ〕損なう. **8.** *h.* 〖楽〗〔《略》〕〔曲〕を, なかなか弾く. **9.** 〔zu〈動〉に続いて〕〖古〗ためらう. **10.** *t.* 〔《場所》=〕《古》留まる.

ver·zie·ren [ふぇアツィーレン] 動 *h.* 〔〈et⁴〉=＋(mit〈et³〉=)〕飾る, 装飾する, 〔…に…の〕飾りをつける.

die **Ver·zie·rung** [ふぇアツィールング] 名 -/-en 飾る〔飾られる〕こと; 飾り, 装飾; 〖楽〗装飾音: Brich dir keine ~ ab! 気取るな.

ver·zin·ken¹ [ふぇアツィンケン] 動 *h.* 〔〈et⁴〉=〕亜鉛めっきをする.

ver·zin·ken² [ふぇアツィンケン] 動 *h.* 〔〈j⁴〉=〕《口》裏切る, 〔…のことを〕言付ける.

ver·zinkt [ふぇアツィンクト] 形 亜鉛めっきをした.

ver·zin·nen [ふぇアツィネン] 動 *h.* 〔〈et⁴〉=〕錫(ホ)めっきをする.

ver·zin·sen [ふぇアツィンゼン] 動 *h.* **1.** 〔〈et⁴〉=＋mit〈et³〉=〕利子〔利息〕を払う. **2.** 〔sich⁴＋mit〈et³〉=〕〖略〗利子〔利息〕を生む.

ver·zins·lich [ふぇアツィンスリヒ] 形 利子〔利息〕のつく.

die **Ver·zin·sung** [ふぇアツィンズング] 名 -/-en **1.** 利子〔利息〕をつけること, 利払い; 利子〔利息〕のつくこと, 利子〔利息〕収益. **2.** 金利, 利率: ~ zu 2% 2パーセントの利率.

ver·zo·gen [ふぇアツォーゲン] 形 **1.** 移転〔転居〕した: Empfänger [Adressat] ~ (neuer Wohnsitz unbekannt) 受取人転居〔転居先不明〕. **2.** ゆがんだ; 型崩れした. **3.** わがままに育った.

ver·zö·gern [ふぇアツェーガーン] 動 *h.* **1.** 〔〈et⁴〉=〕先に延ばす, 延期する〔出発・調査などを〕; 〔…の〕速度を遅くする〔歩み・成長・ゲーム・工事などを〕. **2.** 〔〈et⁴〉=〕遅らせる〔天候が取入れ・開花などを〕. **3.** 〔sich⁴〕遅れる. **4.** 〔sich⁴＋bei〈et³〉=〕ぐずつく, 手間どる.

die **Ver·zö·ge·rung** [ふぇアツェーガールング] 名 -/-en 遅れ, 遅滞, 遅延, 延期.

die **Ver·zö·ge·rungs·tak·tik** [ふぇアツェーガールングス・タクティク] 名 -/-en 引き延ばし作戦〔戦術〕.

ver·zol·len [ふぇアツォレン] 動 *h.* 〔〈et⁴〉=〕関税を払う.

ver·zollt [ふぇアツォルト] 形 関税納付済みの.

die **Ver·zol·lung** [ふぇアツォルング] 名 -/-en 関税納付, 関税支払い.

ver·zü·cken [ふぇアツュッケン] 動 *h.* 〔〈j⁴〉=〕うっとり〔恍惚(ホョ)と〕させる, 〔宗教的な〕法悦の境に入らせる.

ver·zu·ckern [ふぇアツッカーン] 動 *h.* 〔〈et⁴〉=〕糖衣をかける, 砂糖をまぶす; 〖生化〗〔…を〕糖化する.

die **Ver·zü·ckung** [ふぇアツュックング] 名 -/ 恍惚(ホョ)とさせること; 恍惚, エクスタシー, 有頂天, 法悦.

der **Ver·zug** [ふぇアツーク] 名 -(e)s/ **1.** 遅れ, 遅滞, 遅延, 延期: mit〈et³〉in ~ geraten〔kommen〕〈事を〉遅らせる. Gefahr ist im ~. 危険が迫っている. **2.** 〔《方・古》愛児(ガ)〕. **3.** 〖鉱〗坑木.

die **Ver·zugs·zin·sen** [ふぇアツークス・ツィンゼン] 複名 延滞利子.

ver·zwei·feln [ふぇアツヴァイふぇルン] 動 *s.*/〔《口》〕 *h.* 〔(an〈j³/et³〉=(ハイテン)/über〈et⁴〉=(ヨッテン)〕絶望する, 〔ふがりする, すてばちになる〕, 希望〔信念・自信〕をなくす: Es ist wirklich zum *V*~ mit ihm. 彼にはまったくがっかりだ.

ver·zwei·felt [ふぇアツヴァイふぇルト] 形 **1.** 絶望的な: eine ~ Situation〔Lage〕絶望的状況. **2.** 必死の, 死にもの狂いの; 必死で, きわめて: ein ~er Kampf ums Überleben 生残りの必死の戦い.

die **Ver·zweif·lung** [ふぇアツヴァイふルング] 名 -/-en 絶望, 自暴自棄: über〈j⁴/et⁴〉in ~ geraten〈人・事に〉絶望する.

ver·zwei·gen [ふぇアツヴァイゲン] 動 *h.* 〔sich⁴〕いくつもの(小)枝に分れる, 四方に枝を張る;〈転〉分岐する〔道・運河などが〕, 分派〔分家〕する, 多くの部門〔支社〕に分れる.

die **Ver·zwei·gung** [ふぇアツヴァイグング] 名 -/-en **1.** 枝分れ, 分枝; 枝分れした枝(の全体). **2.** 《比》十字路, 交差点.

ver·zwickt [ふぇアツヴィックト] 形 《口》込入った, 厄介な.

das **Ve·si·ka·to·ri·um** [ヴェズィカトーリウム] 名 -s/…rien 〖医〗発泡塗布剤; 発泡膏.

(*der*) **Ves·pa·si·an** [ヴェスパズィアーン] 名 〖人名〗ウェスパシアヌス(Titus Flavius Vespasianus, 9-79, ローマ皇帝).

die **Ves·per** [ふぇスパー] 名 -/-n **1.** 〖カトリ〗夕べの祈り, 晩禱(ぼ);〔聖務日課の〕晩課. **2.** 〔《南独》das –-s/- 6有〕〔午後の〕間食;〔午後の〕仕事の中休み.

das **Ves·per·bild** [ふぇスパー・ビルト] 名 -(e)s/-er 〖芸術学〗ピエタ〔聖母マリアが刑死したイエスを抱いて悲しむ図〕.

das **Ves·per·brot** [ふぇスパー・ブロート] 名 -(e)s/-e 《南独》**1.** 〔《略のみ》〕〔午後の〕間食. **2.** 〔午後の〕間食のパン.

die **Ves·per·glocke** [ふぇスパー・グロッケ] 名 -/-n 夕べの祈り〔晩禱〕を告げる鐘.

ves·pern [ふぇスパーン] 動 *h.* 《南独》**1.** 〔《略のみ》〕〔午後の〕間食を食べる. **2.** 〔〈et⁴〉=〕〔午後の〕間食に食べる.

(*der*) **Ves·puc·ci** [vɛspotʃi ヴェスプッチ] 名 〖人名〗ヴェスプッチ(Amerigo ~, 1451-1512, イタリアの航海者).

(*die*) **Ves·ta** [ヴェスタ] 名 〖ロ神〗ウェスタ〔かまどの女神で, ローマの守護神〕.

die **Ves·ta·lin** [ヴェスターリン] 名 -/-nen ウェスタの処女〔斎女〕(Vestaの女祭司).

die **Ves·te** [ふぇステ] 名 -/-n 《古》〔地名を伴って〕…砦(ホ).

das **Ves·ti·bül** [ヴェスティビュール] 名 -s/-e 《文》〔ホテルの〕ロビー, 〔劇場などの〕入口の間.

der **Ve·suv** [ヴェズーふ] 名 -(s)/ 〖山名〗ヴェスヴィオ〔イタリアのナポリ近郊の火山〕.

der **Ve·te·ran** [ヴェテラーン] 名 -en/-en **1.** 古参兵, 古強者(ガ); 〈転〉老練家, ベテラン. **2.** クラシックカー.

ve·te·ri·när [ヴェテリネーア] 形 獣医の.

der **Ve·te·ri·när** [ヴェテリネーア] 名 -s/-e 獣医.

die **Ve·te·ri·när·me·di·zin** [ヴェテリネーア・メディツィーン] 名 -/ 獣医学.

das **Ve·to** [ヴェート] 名 -s/-s 異議; 拒否権: ein ~ gegen〈et⁴〉einlegen〈…事に〉拒否権を発動する.

das **Ve·to·recht** [ヴェート・れヒト] 名 -(e)s/-e 拒否権.

die **Vet·tel** [ふぇッテル] 名 -/-n (主に《略》)〔〖蔑〗〕だらしない老婆.

der **Vet·ter** [ふぇッター] 名 -s/-n (男の)いとこ, 従兄弟.

die **Vet·tern·schaft** [ふぇッターンシャふト] 名 -/ いとこたち(の総称);〖略〗親戚, 親族.

die **Vet·tern·wirt·schaft** [ふぇッターン・ヴィルトシャふト] 名 -/〖蔑〗縁者びいき, 同族採用, 親族推挙.

die **Ve·tus La·ti·na** [ヴェートゥス ラティーナ] 名 -/ ヴェートス・ラティーナ(Vulgata以前の最古のラテン語訳聖書).

das **Ve·xier·bild** [ヴェクスィーア・ビルト] 名 -(e)s/-er 判じ〔だまし〕絵.

ve·xie·ren [ヴェクスィーレン] 動 *h.* 〔〈j⁴〉=〕《文・古》苦

しめる, 困らせる; からかう.

das **Ve·xier·rät·sel** [ヴェクスィーあ・れーツェル] [名] -s/- 滑稽(こっけい)ななぞなぞ.

das **Ve·xier·schloss,** ⓘ**Ve·xier·schloß** [ヴェクスィーあ・シュロス] [名] -es/..schlösser 文字〔数字〕合せ錠.

der **Ve·xier·spie·gel** [ヴェクスィーあ・シュピーゲル] [名] -s/- 像をゆがめる鏡.

die **Ve·xil·lo·lo·gie** [ヴェクスィロ・ロギー] [名] -/ 旗学.

das **Ve·xil·lum** [ヴェクスィルム] [名] -s/..xilla〔..xillen〕(古代ローマの)(軍)旗;〖動〗(鳥の)羽弁;〖植〗(マメ科の)旗弁.

v-för·mig, V-för·mig [ふぁウ・ふぇるミひ] [形] V字形の.

vgl. =vergleiche! 参照せよ.

v., g., u. =vorgelesen, genehmigt, unterschrieben 決裁済み.

v. H. =vom Hundert パーセント, 百分の.

VHF =Very High Frequency 超短波.

VHS **1.** =Verhandlungssache 交渉する用意のある事. **2.** =Volkshochschule 市民大学. **3.** Video-Home-System《家庭用ビデオテープレコーダーの一方式》.

via [ヴィーア] [前]〔+4格〕 **1.** …を経由して: ~ Moskau nach Wien fliegen モスクワ経由でウィーンへ行く. **2.** …を通じて: ~ Bildschirm (テレビの)スクリーンを通じて.

der〔*das*〕**Vi·a·dukt** [ヴィアドゥクト] [名] -(e)s/-e 高架橋.

das **Vi·a·ti·kum** [ヴィアーティクム] [名] -s/..ka〔..ken〕〖カトリック〗臨終者に授ける聖体拝領.

das **Vi·bra·fon, Vi·bra·phon** [ヴィブら・ふぉーン] [名] -s/-e〖楽〗ビブラフォン(鉄琴の一種).

die **Vi·bra·ti·on** [ヴィブらツィオーン] [名] -/-en バイブレーション, 振動.

vi·bra·to [ヴィブらート] [副]〖楽〗ビブラート.

das **Vi·bra·to** [ヴィブらート] [名] -s/-s〔..ti〕〖楽〗ビブラート(音を震わすこと).

der **Vi·bra·tor** [ヴィブらートーあ] [名] -s/-en [ヴィブらトーれン] バイブレーター, 振動器; 電動式マッサージ器.

vi·brie·ren [ヴィブりーれン] [動] *h.* 〔補足なし〕(細かく)振動している〔震えている〕(音叉(おんさ)・声などが).

vi·ce ver·sa [vi:tsə.. ヴィーツェ ヴェるザ] [副]《文》逆に, 反対に(略 v. v.).

das **Vi·deo** [ヴィーデオ] [名] -s/-s **1.** (⑩のみ)《口》ビデオ技術; ビデオ技術装置(~technik). **2.** ビデオ(テープ・クリップ・映画) (~band〔clip・film〕).

das **Vi·de·o·band** [ヴィーデオ・バント] [名] -(e)s/..bänder ビデオテープ.

der **Vi·de·o·clip** [ヴィーデオ・クリップ] [名] -s/-s ビデオクリップ(ポップスや人物などの短いプロモーションビデオ).

der **Vi·de·o·film** [ヴィーデオ・ふぃルム] [名] -(e)s/-e ビデオカメラで撮った映画; ビデオ(カセットの)映画.

das **Vi·de·o·game** [..ge:m ヴィーデオ・ゲーム] [名] -s/-s テレビゲーム.

das **Vi·de·o·ge·rät** [ヴィーデオ・ゲれート] [名] -(e)s/-e ビデオ(技術用)器機; ビデオレコーダー.

der **Vi·de·o·graf, Vi·de·o·graph** [ヴィデオ・グらーふ] [名] -en/-en ビデオグラフ(①テレビ放送などにはめこまれる, その放送とは直接関係のない情報テキスト. ②マルチメディアプレーヤーの1つで, DVなど記録したものを組み込み, 利用できる編集ソフト).

der **Vi·de·o·jo·ckei, Vi·de·o·jo·ckey** [ヴィーデオ・ジョッケ, ヴィーデオ・ジョッキ] [名] -s/-s ビデオジョッキー(プロモーションビデオの紹介者. 略 VJ).

die **Vi·de·o·ka·me·ra** [ヴィーデオ・カ(ー)メら] [名] -/-s ビデオカメラ.

die **Vi·de·o·kas·set·te** [ヴィーデオ・カセッテ] [名] -/-n ビデオカセット.

die **Vi·de·o·plat·te** [ヴィーデオ・プラッテ] [名] -/-n ビデオディスク.

der **Vi·de·o·re·cor·der** [ヴィーデオ・れコるダー] [名] -s/- ビデオレコーダー.

das **Vi·de·o·spiel** [ヴィーデオ・シュピール] [名] -(e)s/-e テレビゲーム.

die **Vi·de·o·tech·nik** [ヴィーデオ・テひニク] [名] -/ ビデオ技術装置; ビデオ技術.

das **Vi·de·o·te·le·fon** [ヴィーデオ・テ(ー)レふぉン] [名] -s/-e テレビ電話.

der **Vi·de·o·text** [ヴィーデオ・テクスト] [名] -(e)s/-e ビデオテキスト.

die **Vi·de·o·thek** [ヴィデオテーク] [名] -/-en ビデオライブラリー; レンタルビデオ店.

die **Vi·de·o·über·wa·chung** [ヴィーデオ・ユーバーヴァっふング] [名] -/-en ビデオカメラによる監視.

das **Viech** [ふぃーひ] [名] -(e)s/-er **1.** 《口》(《蔑》も有)動物, 獣, 畜生. **2.** 《口・蔑》残忍なやつ.

die **Vie·che·rei** [ふぃーひぇらイ] [名] -/-en 《口》 **1.** 卑劣な行為. **2.** 労苦, 辛酸.

das **Vieh** [ふぃー] [名] -(e)s/ **1.** 家畜, 牛: <j⁴> wie ein Stück ~ behandeln <人を>家畜並みに扱う. **2.** 《口》動物; 《口・蔑》残忍なやつ.

der **Vieh·be·stand** [ふぃー・ベシュタント] [名] -(e)s/..stände 家畜保有数.

das **Vieh·fut·ter** [ふぃー・ふっター] [名] -s/ 家畜の飼料.

die **Vieh·hal·tung** [ふぃー・ハルトゥング] [名] -/ 家畜の飼育.

der **Vieh·händ·ler** [ふぃー・ヘンドラー] [名] -s/- 家畜商.

der **Vieh·hof** [ふぃー・ホーふ] [名] -(e)s/..höfe 屠畜売買場.

vie·hisch [ふぃーイシュ] [形] **1.** 《蔑》家畜並みの. **2.** 《蔑》残忍な. **3.** ひどい.

der **Vieh·markt** [ふぃー・マるクト] [名] -(e)s/..märkte 家畜市場.

das **Vieh·salz** [ふぃー・ザルツ] [名] -es/ 家畜用の塩.

die **Vieh·seu·che** [ふぃー・ゾイひぇ] [名] -/-n 家畜伝染病, 獣疫.

der **Vieh·stall** [ふぃー・シュタル] [名] -(e)s/..ställe 家畜小屋.

der **Vieh·wa·gen** [ふぃー・ヴァーゲン] [名] -s/- 家畜運搬車.

das **Vieh·zeug** [ふぃー・ツォイク] [名] -(e)s/ 《口》 **1.** 小型の家畜, ペット. **2.** 《蔑》じゃまものの動物(害虫など).

die **Vieh·zucht** [ふぃー・ツふト] [名] -/ 畜産.

der **Vieh·züch·ter** [ふぃー・ツュひター] [名] -s/- 畜産家.

viel [ふぃール] [代]《不定》mehr; meist (形容詞的変化. 冠詞類がない場合, viel に続く形容詞は強変化. ただし viel が語尾変化する場合は㊚3格と㊥1・3・4格では弱変化) **1.** (⑩で) **a.** たくさんの, 多量の, (物質名詞・抽象名詞は無語尾が多い): (付加語的用法) (Haben Sie) ~*en* Dank! どうもありがとう. Das ~*e* 〔Sein ~*es*〕 Geld macht ihn auch nicht glücklich. あんなに金持でも彼は幸せではない. *V*~ Vergnügen! 大いに楽しんでいらっしゃい. Das kostet ~ Zeit/Geld. それにはかなり時間/金がかかる. das Ergebnis ~ Nachdenkens よく考えた結果. <j³> mit ~ Achtung begegnen <人に>大いなる尊敬の念をもって接する. mit ~ gutem Willen 大いにやる気で. (独立的用法)Er isst ~. 彼は大食である. Sie hat ~ von ihrer Mutter. 彼女は(人柄などが)たいへん母親似である. Das kostet gar nicht ~. これは実に安い. Was kann dabei schon ~ passieren? 《口》そうなったところでどうということはない, たとえ損したって大した額ではない. Er kann nicht ~ vertragen. 彼はあま

り飲めない. Er weiß ~. 彼は(あることについて)よく知っている(⇨1. b. 独立的用法). Der versteht aber ~ davon！《皮》あいつにはそのことがまるで分っていない. **b.** いろいろな, あれこれ多くの：《付加語的用法》in *~er* Hinsicht いろいろな点で. 《独立的用法》in *~em* いろいろな点で. Er weiß *~es*. 彼はいろいろなことを知っている(⇨1. a. 独立的用法).【(1. a. と 1. b. の特に語尾の有無による意味の相違は今日ではそれほど意識されなくなってきている】 **2.** 《[複]で》多数の, 多くの《1・4 格では無変化もある》：《付加語的用法》~(*e*) Menschen 大勢の人. ~(*e*) gute Bücher 多くのよい本. das Ergebnis *~er* geheimer〔geheimen〕Verhandlungen 度重なる秘密交渉の結果. in *~en* Fällen 多くの場合に. ~(*e*) hundert 数百. Mach nicht so ~(*e*) Worte！《口》《批判的に》(くどくど言わず)明快に言いなさい;《好意的に》そう(遠慮〔恐縮〕して)いろいろ言わなくてもいい. 《独立的用法》*V~e* waren dazu bereit. 多くの人がそのつもりであった. die Interessen *~er*〔von *~en*〕vertreten 多数者の利益を代表する. *~e* dieser Autos これらの車の多く. Der Verehrer sind *~e*. 《文》崇拝者は大勢いる(der Verehrer は[複] 2 格). **3.** 《程度を表す副詞規定の後で》…の数〔量〕, …ぐらい：ebenso〔genauso〕~ 同数, 同量. so ~, dass ... …であるくらいの数〔程度〕. derartig *~e*, dass ... …くらいの数. Die Kinder hatten alle gleich ~(*e*) Bonbons bekommen. 子供たちはみんな同じ数のあめ玉をもらった. Für dieses Studienfach können nur begrenzt *~e* immatrikuliert werden. この専攻には一定数の者しか登録できない. Wie *~e* Menschen waren da？どんなに多くの人がそこにいたのか. 【慣用】**Aus ihm wird nicht viel.** 彼はたいしたものにはならない. **ein bisschen viel** 多すぎる(zu viel に代る控え目な表現)：Das ist ein bisschen *viel*！そんなことはもうたくさんだ. Ist das nicht ein bisschen *viel* verlangt？ちょっと欲張りすぎるんじゃない(そこまでは面倒見きれない). **Ich gäbe viel(es) darum, wenn ...** …であればいい〔ありがたい〕と思うが. **Mit ihm ist heute nicht viel los.** 今日の彼は元気がない. **Mit ihm ist nicht viel los.** 彼はたいした人物ではない, 彼は(病気・けがなどが)たいしたことはない. **viel bedeuten〔sagen〕** 大事なことである, 意味がある. **viel für 〈j^4/et^4〉 übrig haben** 〈人・事のためには〉苦労をいとわない〔時間を惜しまない〕. **viel(e) Übung in 〈et^3〉 haben** 〈事に〉熟練〔熟達〕する.

―― [副] mehr ; am meisten **1.** 《かなりな時間をそれに向けて・頻繁に》よく, 大いに, たっぷり：~ arbeiten/schlafen よく〔大いに〕働く/たっぷり眠る. ~ ins Kino gehen よく映画を見に行く. Das hört man ~. それはよく耳にすることだ. **2.** 《語飾》**a.** 《形容詞・副詞の比較級・zu [形]・anders を修飾》ずっと, はるかに：Sein Zimmer ist ~ größer als meines. 彼の部屋は私のよりずっと大きい. Diese Jacke ist mir ~ zu klein. この上衣は私にはあまりにも小さすぎる. Er konnte es auch nicht ~ anders. 彼もそれを大して違ったようにはできなかった. **b.** 《過去分詞形容詞を修飾》非常に, とても, よく. ⇨ viel beschäftigt, ...viel gereist.

飾**viel·bän·dig** [ふぃール・ベンディひ] [形] 巻数の多い.

viel be·schäf·tigt, [旧]**viel·be·schäf·tigt** [ふぃール ベシェふティひト] [形] 非常に忙しい, 多忙な.

viel be·spro·chen, [旧]**viel·be·spro·chen** [ふぃール ベシュプろっヘン] [形] よく話題にのぼる, よく論じられる.

viel·deu·tig [ふぃール・ドイティひ] [形] 多義的な, 曖昧(あいまい)な;意味ありげな.

das **Viel·eck** [ふぃール・エック] [名] -(e)s/-e 多角形.

viel·e·ckig [ふぃール・エッキひ] [形] 多角(形)の.

die **Viel·e·he** [ふぃール・エーエ] [名] -/-n 一夫多妻〔一妻多夫〕(制).

vie·ler·lei [ふぃーラーライ] [数]《種数》いろいろな;いろいろなもの〔こと〕：~ Möglichkeiten いろいろな可能性. ~ Metall いろいろな金属. Ich habe ~ erfahren, was ich bis dahin nicht wusste. 私は自分がこれまで知らなかったさまざまなことを経験した.

vie·ler·orts [ふぃーラー・オるツ] [副] 多くの場所で.

viel·fach [ふぃール・ふぁっは] [形] **1.** 何倍もの：Dafür brauchen wir das *V~e* dieser Summe. それにはこの金額の何倍も必要だ. das Geld um ein *V~es* vermehren そのお金を何倍にも増やす. **2.** 幾重もの, 度重なる：auf *~en* Wunsch 多くの人々の要望に応えて. **3.** さまざまな. **4.** 《口》たびたびの.

das **Viel·fa·che** [ふぃール・ふぁっへ] [名]《形容詞的変化》**1.** 倍数. **2.** 何倍もの数量.

die **Viel·falt** [ふぃール・ふぁルト] [名] -/ 多様.

viel·fäl·tig [ふぃール・ふぇルティひ] [形] 多種多様な.

die **Viel·fäl·tig·keit** [ふぃール・ふぇルティひカイト] [名] -/ 多様〔多種多様〕なこと, 多様性.

viel·far·big [ふぃール・ふぁるビひ] [形] 多色の.

viel·fär·big [ふぃール・ふぇるビひ] [形]《オーストリア》＝vielfarbig.

der **Viel·fläch·ner** [ふぃール・ふレひナー] [名] -s/- 多面体.

der **Viel·fraß** [ふぃール・ふらース] [名] -es/-e **1.** 《口》大食漢. **2.** 〘動〙クズリ《イタチ科》.

viel ge·fragt, [旧]**viel·ge·fragt** [ふぃール ゲふらークト] [形] とても人気のある.

viel ge·liebt, [旧]**viel·ge·liebt** [ふぃール ゲリープト] [形]《古》心から愛する.

viel ge·nannt, [旧]**viel·ge·nannt** [ふぃール ゲナント] [形] よく名前の挙がる, よく話題になる.

viel ge·reist, [旧]**viel·ge·reist** [ふぃール ゲらイスト] [形] 広く旅行した.

viel·ge·stal·tig [ふぃール・ゲシュタルティひ] [形] さまざまな形の, 形態の変化に富んだ;さまざまな.

viel·glie·de·rig [ふぃール・グリーデりひ] [形] 多くの肢〔節・部分〕からなる;〘数〙多項の.

die **Viel·göt·te·rei** [ふぃール・[ゲ]ッテらイ] [名] -/ 多神論, 多神教.

die **Viel·heit** [ふぃールハイト] [名] -/ 多数.

viel·hun·dert·mal [ふぃール・フンダート・マール] [副] 何百回〔倍〕も, 何回となく.

viel·köp·fig [ふぃール・[ケ]ップふぃひ] [形] **1.** 頭数の多い. **2.** 頭がいくつもある.

viel·leicht [filáɪçt ふぃライひト] [副] **1.** 《文飾》ひょっとしたら, もしかすると, ことによると：Es wäre ~ besser gewesen, wenn ... ことによると…のほうが良かったのかも知れない. eine andere, ~ bessere Methode 別の, ことによるともっと良い方法. **2.** 《語飾》《数詞を修飾》ほぼ, おおよそ：~ zehn Leute 10 人ほどの人. **3.** 《話者の気持》《アクセントなし》**a.** 《決定疑問文で. 否定の答を予想して》(ひょっとして・まさか)…ではないだろうねえ：Haben Sie ~ das Buch？ひょっとしてその本をお持ちではないでしょうねえ. **b.** 《文頭に置いて. 強く立腹・要請して》…したらどうだ, …できないのか：*V*~ benimmst du dich！行儀よくしたらどうだ. **c.** 《感嘆文で. 強調して》まったく：Darüber haben wir uns ~ geärgert！それには私たちはまったく腹が立ったよ.

das **Viel·lieb·chen** [ふぃール・リーブひぇン] [名] -s/- 《古》**1.** 核(さね)の二つある双子のアーモンド《二人でこれを分けて食べ, 翌日あったときに先に„~“と言った方が贈り物などをもらう風習がある》. **2.** 《稀》双子のアーモンドを食べるときに賭(か)けたもの.

viel·mal [ふぃール・マール] [副]《古》＝vielmals.

viel·ma·lig [ふぃール・マーりひ] [形]《稀》何回もの, 度々の.

viel·mals [ふぃール・マールス] [副] 重ね重ね, くれぐれも;《稀》何度も：Ich bitte ~ um Entschuldigung. 重

die **Viel·män·ne·rei** [ふぃール・メネらイ] 名 -/ 一妻多夫(制).

viel·mehr [ふぃール・メーア, ふぃール・メーア] 副 **1.** 反対ににしろ: Wir erwarteten kein Lob, ~ machten wir uns auf eine Rüge gefasst. 私たちはほめられようとは思ってもいなかった。反対にむしろしかられるものと覚悟していた. **2.** 《文飾》…というよりむしろ: Das ist kein Spaß, sondern ~ bitterer Ernst. これは冗談ではなく，むしろ大まじめなのだ.

viel·sa·gend, viel sa·gend [ふぃール・ザーゲント] 形 意味深長な，意味ありげな.

viel·schich·tig [ふぃール・シヒティヒ] 形 **1.** 多層の. **2.** 多種多様な(成分分からない).

der **Viel·schrei·ber** [ふぃール・シュらイバー] 名 s/- 《蔑》多作家，濫作家.

viel·sei·tig [ふぃール・ザイティヒ] 形 **1.** 多面的な(関心を持つ); 多方面にわたる: ～ begabt sein 多才である. sich⁴ ～ verwenden lassen 用途が多い. **2.** 多方面からの(多くの人々からの): auf ～en Wunsch 多くの人々の要望に応えて. **3.** 【数】多辺(形)の.

die **Viel·sei·tig·keit** [ふぃール・ザイティヒカイト] 名 -/ 多方面(多くの分野)にわたっていること, 多くの人々に関すること, 多面性.

viel·spra·chig [ふぃール・シュプらーヒヒ] 形 多言語の; 多言語のできる.

viel·stim·mig [ふぃール・シュティミヒ] 形 多くの声の混った; 【楽】多声(部)の.

viel·tau·send·mal [ふぃール・タウゼント・マール] 副 何千回(倍)も, 何回となく.

viel·ver·hei·ßend [ふぃール・ふぇアハイセント] 形 《文》=vielversprechend.

viel·ver·spre·chend [ふぃール・ふぇアシュプれっひェント] 形 前途有望な, 将来性のある, 幸先のいい.

die **Viel·wei·be·rei** [ふぃール・ヴァイベらイ] 名 -/ 一夫多妻(制).

der **Viel·wis·ser** [ふぃール・ヴィッサー] 名 -s/- 《蔑》物知り顔の人, 雑学屋.

die **Viel·zahl** [ふぃール・ツァール] 名 -/ 多数.

vier [ふぃーア] 数 《基数》4: unter ～ Augen 二人だけで, 内密に. alle ～e von sich³ strecken 手足を伸ばして緊張をほぐす. auf allen ～en 四つんばいになって.【他の用法は⇨ acht¹】

die **Vier** [ふぃーア] 名 -/-en **1.** (数・数字の) 4. **2.** (トランプの) 4 の札. **3.** (さいころの目の) 4; (成績の) 4 (可). **4.** 《口》 4 番(系統)の(バス・市電).

das **Vier·au·gen·ge·spräch** [ふぃーア・アウゲン・ゲシュプれーヒ] 名 -(e)s/-e 《口》二人だけの対話(話合い).

der **Vier·bei·ner** [ふぃーア・バイナー] 名 -s/- 四つ足動物(特に犬).

vier·bei·nig [ふぃーア・バイニヒ] 形 四つ足の; 四脚の.

vier·blät·te·rig [ふぃーア・ブれットりヒ] 形 =vierblättrig.

vier·blätt·rig [ふぃーア・ブれットりヒ] 形 花弁が四つの; 四つ葉の.

vier·di·men·sio·nal [ふぃーア・ディメンズィオナール] 形 四次元の.

das **Vier·eck** [ふぃーア・エック] 名 -(e)s/-e 四角形, 方形.

vier·eckig [ふぃーア・エッキヒ] 形 四角(形)の.

der **Vie·rer** [ふぃーらー] 名 -s/- **1.** 《ネォ》《漕艇(ネョ)の》フォア; (ゴルフの)フォアサム; 四人のチーム. **2.** 《口》(ナンバーくじの)四つの当りの数字. **3.** 《方》(成績評点の) 4 (可).

der **Vie·rer·bob** [ふぃーらー・ボップ] 名 -s/- 四人乗りボブスレー.

vie·rer·lei [ふぃーらーライ] 数 《種数》四種類の; 四種類のもの(こと).

vier·fach [ふぃーア・ふぁっは] 形 四倍(四重)の.

der **Vier·far·ben·druck** [ふぃーア・ふぁるベン・ドるック] 名 -(e)s/-e **1.** (㊤のみ)四色刷り. **2.** 四色刷りの印刷物.

der **Vier·fläch·ner** [ふぃーア・ふれヒナー] 名 -s/- 四面体.

der **Vier·fü·ßer** [ふぃーア・ふぃーサー] 名 -s/- 【動】四足動物.

vier·fü·ßig [ふぃーア・ふぃースィヒ] 形 四本足(脚)の; 《詩》四詩脚の.

das **Vier·ge·spann** [ふぃーア・ゲシュパン] 名 -(e)s/-e 四頭立て馬車.

vier·hän·dig [ふぃーア・ヘンディヒ] 形 【楽】四つ手の, 連弾の, 二人での.

vier·hun·dert [ふぃーア・フンダート] 数 《基数》400.

der **Vier·jah·res·plan** [ふぃーア・ヤーれス・プラーン] 名 -(e)s/-..pläne 四カ年計画.

vier·jäh·rig [ふぃーア・イェーあリヒ] 形 4年(歳)の; 4年間の.

vier·jähr·lich [ふぃーア・イェーあリヒ] 形 4年ごとの.

der(das) **Vier·kant** [ふぃーア・カント] 名 -(e)s/-e 四稜角の鉄角鋼; (四角の)スパナ, レンチ.

vier·kan·tig [ふぃーア・カンティヒ] 形 かど(稜)が四つある.

der **Vier·ling** [ふぃーアリング] 名 -s/-e 四つ子(の一人); 四つ銃片(組み)のもの, 四連式.

das **Vier·mäch·te·ab·kom·men** [ふぃーア・メヒテ・アップ・コメン] 名 -s/ (1971年米英仏ソのベルリンに関する)四カ国協定.

vier·mal [ふぃーア・マール] 副 4 回(度・倍).

vier·ma·lig [ふぃーア・マーリヒ] 形 4 回(度)の.

vier·mo·to·rig [ふぃーア・モ(ー)トーりヒ] 形 四発(のエンジン)の.

der **Vier·pass**, ⓐ **Vier·paß** [ふぃーア・パス] 名 -es/..pässe (ゴシック建築の窓などの)四つ葉模様.

der **Vier·rad·an·trieb** [ふぃーア・らート・アントりープ] 名 -(e)s/-e 【車】四輪駆動.

die **Vier·rad·brem·se** [ふぃーア・らート・ブれムゼ] 名 -/-n 四輪ブレーキ.

vier·rä·de·rig [ふぃーア・れーデりヒ] 形 =vierrädrig.

vier·räd·rig [ふぃーア・れードりヒ] 形 四輪の.

vier·sai·tig [ふぃーア・ザイティヒ] 形 四弦の.

vier·schrö·tig [ふぃーア・シュⓐ–ティヒ] 形 (四)角張った, 武骨な.

vier·sei·tig [ふぃーア・ザイティヒ] 形 四ページの; 四辺(形)の; 四者間の.

der **Vier·sit·zer** [ふぃーア・ズィッツァー] 名 -s/- 四人乗りの乗物.

vier·sit·zig [ふぃーア・ズィッツィヒ] 形 四人乗りの, 四人掛けの.

der **Vier·spän·ner** [ふぃーア・シュペナー] 名 -s/- 四頭立ての馬車.

vier·spän·nig [ふぃーア・シュペニヒ] 形 四頭立ての.

vier·stel·lig [ふぃーア・シュテリヒ] 形 四桁(ウタ)の.

vier·stim·mig [ふぃーア・シュティミヒ] 形 四(声)部の.

vier·stö·ckig [ふぃーア・シュテⓐ–ッキヒ] 形 五(四)階建ての.

vier·strah·lig [ふぃーア・シュトらーりヒ] 形 四基のジェットエンジンを装備した.

vier·stün·dig [ふぃーア・シュテュンディヒ] 形 4時間の.

vier·stünd·lich [ふぃーア・シュテュントりヒ] 形 4時間ごとの.

viert [ふぃーアト] 数 《序数》(形容詞的変化) 4番目の, 第4の.【数字表記は「4.」】用法は⇨ acht²】

vier·tä·gig [ふぃーア・テーギヒ] 形 4日間の.

der **Vier·takt·mo·tor** [ふぃーア・タクト・モ(ー)トーア] 名

-s/-en 〘車〙4〔フォア〕サイクルエンジン.

vier·tau·send [ふぃーあ·タウゼント] [数] 《基数》4000.

vier·tei·len [ふぃーあ·タイレン] [動] vierteilte ; hat viergeteilt〔gevierteilt〕 **1.** 《過去分詞は主に viergeteilt》〔〈et⁴〉ヲ〕《稀》四等分する. **2.** 《過去分詞は gevierteilt》〔〈j⁴〉ヲ〕四つ裂きの刑にする.

vier·tei·lig [ふぃーあ·タイリひ] [形] 4つの部分からなる.

vier·tel [fɪ́rtəl ふぃるテル] [数] 《分数》4分の1の： eine ～ Stunde 15分. drei ～ Liter 4分の3リットル.

das **Vier·tel** [fɪ́rtəl ふぃるテル] [名] -s/- **1.** 4分の1；1/4 ポンド〔リットル〕： ein ～ vom Kuchen ケーキ4分の1. ein ～ Wein ワイン1/4リットル. **2.** 15分(間)： akademisches ～ 大学の15分《授業が定刻より15分遅れて始まる慣習》. (ein) ～ nach acht 8時15分. (ein) ～ vor neun 8時45分. **3.** (都市の)区域；(単のみ)《総称》区域の住民. **4.** 《方》(四方を街路に囲まれた)街区, ブロック.

die **Vier·tel·dre·hung** [ふぃるテル·ドれーウング] [名] -/-en 4分の1〔90度〕回転.

das **Vier·te·le** [fɪ́rtələ ふぃるテレ] [名] -s/- ショッペン《ワインの液量単位, 1/4ℓ》.

das **Vier·tel·jahr** [ふぃるテル·ヤーあ] [名] -(e)s/-e 四半期.

die **Vier·tel·jah·res·schrift** [ふぃるテルヤーれス·シュりふト] [名] -/-en 季刊誌.

das **Vier·tel·jahr·hun·dert** [ふぃるテル·ヤーあ·フンダート] [名] -s/-e 四半世紀《25年》.

vier·tel·jäh·rig [ふぃるテル·イェーりひ, ふぃるテル·イェーりひ] [形] 四半期の, 3か月の.

vier·tel·jähr·lich [ふぃるテル·イェーありひ, ふぃるテル·イェーありひ] [形] 3か月ごとの, 季刊の.

die **Vier·tel·jahrs·schrift** [ふぃるテルヤーあス·シュりふト] [名] -/-en ＝Vierteljahresschrift.

der **Vier·tel·kreis** [ふぃるテル·クらイス] [名] -es/-e 〘数〙四分円；四分円弧.

vier·teln [fɪ́rtəln ふぃるテルン] [動] *h.* 〔〈et⁴〉ヲ〕四つに分ける, 四等分する.

die **Vier·tel·no·te** [ふぃるテル·ノーテ] [名] -/-n 〘楽〙四分音符.

die **Vier·tel·pau·se** [ふぃるテル·パウゼ] [名] -/-n 〘楽〙四分休止符.

das **Vier·tel·pfund** [ふぃるテル·プふント, ふぃるテル·プふント] [名] -(e)s/-e 《単位を表す複は-》4分の1ポンド《125 g》.

die **Vier·tel·stun·de** [ふぃるテル·シュトゥンデ] [名] -/-n 4分の1時間, 15分.

vier·tel·stün·dig [ふぃるテル·シュテュンディひ, ふぃるテル·シュテュンディひ] [形] 15分間の.

vier·tel·stünd·lich [ふぃるテル·シュテュントリひ, ふぃるテル·シュテュントリひ] [形] 15分ごとの.

vier·tens [ふぃーあテンス] [副] 第4に.

vier·tü·rig [ふぃーあ·テューりひ] [形] フォードアの.

die **Vie·rung** [ふぃーるング] [名] -/-en 〘建〙(十字形をした教会の)中央交差部.

der **Vie·rungs·turm** [ふぃーるングス·トゥるム] [名] -(e)s/-e 〘建〙(十字形をした教会堂の)中央交差部上の塔.

der **Vier·vier·tel·takt** [fiːrfɪ́rtəl.. ふぃーあ·ふぃるテル·タクト] [名] -(e)s/ 〘楽〙四分の四拍子.

der **Vier·wald·stät·ter See** [ふぃーあ·ヴァルト·シュテッター ゼー] [名] -s/ 〘湖名〙フィーアヴァルトシュテッター湖《スイス中部の湖》.

vier·zehn [fɪ́rtseːn ふぃる·ツェーン] [数] 《基数》14： heute in ～ Tagen 再来週の今日.

vier·zehnt [fɪ́r.. ふぃる·ツェーント] [数] 《序数》《形容詞的変化》【数字表記は「14.」】14番目の, 第14の.

vier·zehn·tä·gig [ふぃるツェーン·テーギひ] [形] 14日間の.

vier·zehn·täg·lich [ふぃるツェーン·テークリひ] [形] 14日ごとの.

der **Vier·zei·ler** [ふぃーあ·ツァイラー] [名] -s/- 四行詩；四行詩節.

vier·zig [fɪ́rtsɪç ふぃるツィひ] [数] 《基数》40.

die **Vier·zig** [ふぃるツィひ] [名] -/-en 40の数(字).

vier·zi·ger [fɪ́r.. ふぃるツィガー] [形] 《無変化》【数字表記は「40er」】 **1.** 《口》40の；(世紀の)40年の. **2.** 40歳代の；40年代の.【用例は⇨ achtziger】

der **Vier·zi·ger** [ふぃるツィガー] [名] -s/- **1.** 40歳の男性；40歳代の男性. **2.** 40年産のワイン. **3.** (複のみ)40歳代；40年代. 【用例は Achtziger[1] 3】

vier·zigst [fɪ́r.. ふぃるツィひスト] [数] 《序数》《形容詞的変化》40番目の, 第40の.【数字表記は「40.」】

vier·zigs·tel [fɪ́r.. ふぃるツィひステル] [数] 《分数》40分の1の.

das **Vier·zigs·tel** [ふぃるツィひステル] [名] -s/- (《スイ》主に der -s/-)40分の1.

die **Vier·zig·stun·den·wo·che** [ふぃるツィひ·シュトゥンデン·ヴォっへ] [名] -/-n 週40時間労働(制).

vier·zy·lin·drig [ふぃーあ·ツュリンドりひ] [形] 四気筒(エンジン)の.

der **Vi·et·cong** [ヴィエトコング, ヴィエトコング] [名] -(s)/- 〘政〙ヴェトコン《旧南ヴェトナムの共産主義ゲリラ》.

(*das*) **Vi·et·nam** [ヴィエトナ(ー)ム, ヴィエトナ(ー)ム] [名] -s/ 〘国名〙ヴェトナム.

der **Vi·et·nam·krieg** [ヴィエトナ(ー)ム·クりーク, ヴィエトナ(ー)ム·クりーク] [名] -(e)s/ ヴェトナム戦争《1958-75年》.

vif [ヴィーふ] [形] 《スイ》活発な, 機敏な, 機転の利く.

die **Vi·gil** [ヴィギール] [名] -/-ien 〘カトリ〙聖日前日〔前夜〕, 前夜祭；徹夜課.

vi·gi·lant [ヴィギラント] [形] 《古》抜け目のない.

der **Vi·gi·lant** [ヴィギラント] [名] -en/-en 《古》警察のスパイ.

die **Vi·gi·lanz** [ヴィギランツ] [名] -/ **1.** 〘心〙覚醒(状態). **2.** 《文·古》抜け目なさ.

die **Vi·gi·lie** [ヴィギーリエ] [名] -/-n (古代ローマ軍の)不寝番；〘カトリ〙聖日前夜の徹夜の祈り.

die **Vi·gnet·te** [vɪnjɛ́tə ヴィニエッテ] [名] -/-n **1.** ヴィネット《本のとびらなどの飾り模様》；カット. **2.** 〘写〙ヴィネット《一定の部分をぼかしたり覆ったりするマスク》. **3.** (特にスイスのアウトバーン)通行証.

die **Vi·gnet·tie·rung** [vɪnjɛtíː.. ヴィニエティーるング] [名] -/-en 〘写〙画面の縁をぼかすこと.

der **Vi·kar** [ヴィカーあ] [名] -s/-e **1.** 〘カトリ〙(聖職者の)代理人, 助任司祭；〘プロテス〙牧師補, 副牧師. **2.** 《スイ》代替教員.

das **Vi·ka·ri·at** [ヴィカりアート] [名] -(e)s/-e 聖職者代理の職；牧師補〔副牧師〕の職.

die **Vik·ti·mo·lo·gie** [ヴィクティモ·ロギー] [名] -/ 被害者学《犯罪とその被害者の関係を研究する犯罪学の一分野》.

(*der*) **Vik·tor** [ヴィクトーあ] [名] 〘男名〙ヴィクトル.

(*die*) **Vik·to·ria**[1] [ヴィクトーりア] [名] **1.** 〘女名〙ヴィクトリア《die Königin ～ (英国の)ヴィクトリア女王, 1819-1901》. **2.** 〘ロ神〙ヴィクトリア《勝利の女神》.

das **Vik·to·ria**[2] [ヴィクトーりア] [名] -s/-s《主に無冠詞》勝利(の叫び)：～ rufen/schießen 勝どきをあげる/勝利の祝砲を撃つ.

vik·to·ri·a·nisch [ヴィクトりアーニシュ] [形] ヴィクトリア朝(時代)の, ヴィクトリア朝風〔様式〕の.

die **Vik·tu·a·li·en** [ヴィクトゥアーリエン] [複名] 《古》食料品, 毎日の食物.

der **Vik·tu·a·li·en·markt** [ヴィクトゥアーリエン·マるクト] [名] -(e)s/..märkte 《古》食料品市場.

das **Vi·kun·ja** [ヴィクンヤ] [名] -s/-s (die ～ -/..jen も有)〘動〙ビクーナ, ビキューナ《南アメリカのラクダ科の動

Villa 1362

物).
die **Vil·la** [ヴィラ] 名 -/Villen 邸宅, 屋敷(多くは郊外の個人住宅); (豪華な)別荘.
das **Vil·len·vier·tel** [ヴィレン・ふぃるテル] 名 -s/- 高級住宅街; 別荘地.
vin·ku·lie·ren [ヴィンクリーレン] 動 h. ⟨et⁴⟩ 〚銀行〛譲渡権を制限する(有価証券の).
die **Vi·no·thek** [ヴィノテーク] 名 -/-en 1. 高級ワインコレクション. 2. ワインを飲ませるワインセラー.
(*die*) **Vi·o·la**¹ [ヴィーオラ, ヴィオーラ] 名 〚女名〛ヴィオーラ, ヴィオラ.
die **Vi·o·la**² [ヴィオーラ] 名 /..len [ヴィオーレン] 〚植〛スミレ.
die **Vi·o·la**³ [ヴィオーラ] 名 /..len [ヴィオーレン] 〚楽〛ヴィオラ.
die **Vi·o·la da Gam·ba**, ⓢ**Viola da gamba** [ヴィオーラ ダ ガんバ] 名 ---/..le--〚楽〛ヴィオラ・ダ・ガンバ(チェロに似た古楽器).
die **Vi·o·la d'A·mo·re**, ⓢ**Viola d'amore** [ヴィオーラ ダモーレ] 名 --/..le--〚楽〛ヴィオラ・ダモーレ(ヴィオラに似た共鳴弦のある古楽器).
die **Vi·o·la tri·co·lor** [ヴィオーラ トリ・コローあ] 名 --/〚植〛パンジー, 三色菫(すみれ).
die **Vi·o·le** [ヴィオーレ] 名 -/〚植〛〚文〛スミレ.
vi·o·lett [ヴィオレット] 形 すみれ色の, 紫色の.
das **Vi·o·lett** [ヴィオレット] 名 -s/-(〚口〛-s) すみれ色, ヴァイオレット.
die **Vi·o·li·ne** [ヴィオリーネ] 名 -/-n ヴァイオリン.
der **Vi·o·li·nist** [ヴィオリニスト] 名 -en/-en (稀)ヴァイオリニスト.
das **Vi·o·lin·kon·zert** [ヴィオリーン・コンツェるト] 名 -(e)s/-e ヴァイオリン協奏曲.
der **Vi·o·lin·schlüs·sel** [ヴィオリーン・シュリュセル] 名 -s/-〚楽〛高音部記号, ト音記号.
das **Vi·o·lon·cel·lo** [..tʃɛlo ヴィオロン・チェロ] 名 -s/-s 〔..celli〕チェロ.
die **VIP** [ヴィップ] 名 -/-s =very important person 重要人物, 要人.
die **Vi·per** [ヴィーパー] 名 -/-n 1. 〚動〛マムシ. 2. 〚俗〛麻薬中毒ではなくなった人; マリファナを吸う人. 3. 〚俗〛秘密情報提供者.
die **VIP-Lounge** [vɪplaʊntʃ ヴィップ・ラウンチェ] 名 -/-s ビップラウンジ(ホテル・空港などの要人用社交(休憩)室).
die **Vi·ra·go** [ヴィらーゴ] 名 -/-s[..gines[..ギネース]〚医〛男性化症の女性.
(*der*) **Vir·chow** [fɪrço ふぃるひょ, vɪr.. ヴィるひょ] 名 〚人名〛フィルヒョ(Rudolf ~, 1821-1902, 細胞病理学者・医師).
die **Vi·ren** [ヴィーレン] 複名 ⇨ Virus.
(*der*) **Vir·gil** [ヴィるギール] 名 1. 〚男名〛ヴィルギル. 2. =Vergil.
die **Vir·gi·nia**¹ [ヴィるギーニア, vɪrdʒiː.. ヴィるヂーニア] 名 -/-s ヴァージニア産葉巻.
(*das*) **Vir·gi·nia**² [ヴィるギーニア, vɪrdʒiː.. ヴィるヂーニア] 名 -s/〚地名〛ヴァージニア(アメリカ合衆国の州).
der **Vir·gi·nia·ta·bak** [ヴィるギーニア・タ(ー)バック, ヴィるヂーニア・タ..] 名 -s/ ヴァージニアタバコ.
die **Vir·gi·ni·tät** [ヴィるギニテート] 名 -/〚文〛処女性.
vi·ri·bus u·ni·tis [ヴィーリブス ウニーティース] 〚ラ 語〛〚文〛協力して, 力を合わせて.
vi·ril [ヴィりール] 形 男性の, 男性的な.
der **Vi·ri·lis·mus** [ヴィりリスムス] 名 -/〚医〛1. (女性の)男性化. 2. (少年の)性的早熟.
die **Vi·ri·li·tät** [ヴィりリテート] 名 -/〚医〛男性の生殖能力. 2. 男らしさ.
der **Vi·ro·lo·ge** [ヴィろ・ローゲ] 名 -n/-n ウイルス学者.
die **Vi·ro·lo·gie** [ヴィろ・ロギー] 名 -/ ウイルス学.

vir·tu·ell [ヴィるトゥエル] 形 1. 潜在的な. 2. 虚(の); ein ~es Bild 〚光〛虚像. ~e Realität バーチャル・リアリティー.
vir·tu·os [ヴィるトゥオース] 形 卓越した技巧の, 名人芸の.
der **Vir·tu·o·se** [ヴィるトゥオーゼ] 名 -n/-n (特に音楽の)巨匠, 名人, 大家.
das **Vir·tu·o·sen·tum** [ヴィるトゥオーゼントゥーム] 名 -s/卓越した資質[力量].
die **Vir·tu·o·si·tät** [ヴィるトゥオズィテート] 名 -/ 巨匠的[卓越した]技量, 名人芸, 妙技.
die **Vir·tus** [ヴィるトゥス] 名 -/〚倫〛有能さ; 勇敢さ; 有徳さ.
vi·ru·lent [ヴィるレント] 形 1. 〚文〛危険な(影響を及ぼす). 2. 〚医〛毒性(悪性)の, 伝染性の強い.
die **Vi·ru·lenz** [ヴィるレンツ] 名 -/ 1. 〚文〛危険性. 2. 〚医〛毒性, 伝染性.
das(*der*) **Vi·rus** [ヴィーるス] 名 -/..ren ウイルス, ヴィールス; 〈j⁴/et⁴⟩ (…に)悪く作用する(コンピュータ)ウイルス.
der **Vi·rus·be·fall** [ヴィーるス・べふぁル] 名 -(e)s/ ウイルスによる発病.
die **Vi·rus·for·schung** [ヴィーるス・ふぉるシュング] 名 -/ウイルス研究.
die **Vi·sa** [ヴィーザ] 複名 ⇨ Visum.
die **Vi·sa·ge** [vizaːʒə ヴィザージェ] 名 -/-n 〚口〛つらがまえ, 面つき; 〚口・蔑〛つら.
der **Vi·sa·gist** [..ʒɪst ヴィザジスト] 名 -en/-en メーキャップの専門家, 美顔術師.
das **Vis·a·vis** [vizavi: ヴィ・ザ・ヴィー] 名 -[..ヴィー(ス)]/-[..ヴィース]向かい合って住む人[家].
vis-a-vis, vis-à-vis [vizaviː ヴィ・ザ・ヴィー] 前 〔+3格〕…と向かい合って, …の向かい側に.
―― 副 向かい合って, 向かい側に: Sie saßen ~. 彼らは差向かいで座っていた. ~ von unserem Haus 私たちの家の向かい側に. der Mann von ~ 向かいの男.
(*der*) **Vi·scher** [ふぃっシャー] 名 〚人名〛フィッシャー(Friedrich Theodor ~, 1807-87, 作家・哲学者).
die **Vi·sen** [ヴィーゼン] 複名 ⇨ Visum.
das **Vi·sier** [ヴィズィーあ] 名 -s/-e 1. バイザー(①中世のかぶとの眼孔のある開閉部. ②レーサー用ヘルメットの風防). 2. (銃の)照尺. 【慣用】**das Visier herunterlassen** 頬[ほお]かぶりを決めこむ, 自分の内面を明かさないため回答を拒む. **⟨j⁴ et⁴⟩ ins Visier fassen 〔nehmen〕** 〈人・物⟩ねらいを定める. **mit offenem Visier kämpfen** (相手に)正々堂々と自分の意見を述べる.
vi·sie·ren [ヴィズィーれン] 動 h. 1. 〚軍〛(銃の)照準を合せる, (カメラの)ねらいをつける. 2. 〈j⁴/et⁴〉ねらう, (…に)照準を定める(銃などで); 見据える, 注視する; (転)狙う, 目標に置く(クーデター・新しい活動分野などを). 4. 〈et⁴〉〚稀〛査証する(旅券を); 検定する(計量器類を). 5. 〈et⁴〉〚古〛証明(認証)する.
die **Vi·sier·li·nie** [ヴィズィーア・リーニエ] 名 -/-n 〚光〛(銃器の)照準線.
die **Vi·si·on** [ヴィズィオーン] 名 -/-en (黙示文学などの)幻; 〚視覚〛幻影, 幻覚, 未来像, ヴィジョン.
vi·si·o·när [ヴィズィオネーあ] 形 幻覚幻影・幻視・幻影)の, 幻の; 幻想的な; 予見的な.
die **Vi·si·ta·ti·on** [ヴィズィタツィオーン] 名 -/-en (所持品などの)検査; (教区への)巡回; 〚古〛視察.
der **Vi·si·ta·tor** [ヴィズィターたトーる] 名 -s/-en [..タトーれン] 視学官; 〚カトリ〛巡察師.
die **Vi·si·te** [ヴィズィーテ] 名 -/-n 1. 回診; 回診医. 2. 〚文・古〛(表敬)訪問.
die **Vi·si·ten·kar·te** [ヴィズィーテン・カるテ] 名 -/-n 1. 名刺. 2. 一目で特徴を示すもの. 【慣用】**seine Visitenkarte hinterlassen** 〈婉・嘲〉名刺を残し

visitieren [ヴィズィティーれン] 動 h. 1.〔j⁴ン〕所持品〔身体〕検査をする, ボディーチェックをする. 2.〔et³ン〕検査する(手荷物・衣服などを), 調べる(旅券・書類などを);捜索する(住居などを);視察〔巡察〕する(学校・施設などを).

viskos [ヴィスコース] 形 〖化〗粘(着)性の.

viskös [ヴィスクㇾース] 形〖稀〗=viskos.

die **Viskose** [ヴィスコーゼ] 名 -/ 〖化〗ビスコース(人造繊維の原料).

die **Viskosität** [ヴィスコズィテート] 名 -/-en〖化・工〗粘性.

die **Vis major** [ヴィース マーヨーア] 名 -/ 〖法〗不可抗力.

die **Vista** [ヴィスタ] 名 -/ 〖銀行〗(手形の)一覧[提示].

visuell [ヴィズエル] 形〖文〗視覚(上)の, 視覚による, 視覚型の.

das **Visum** [ヴィーズム] 名 -s/..sa [..sen] ビザ, 査証: ein ~ beantragen ビザを申請する.

der **Visumantrag** [ヴィーズム・アン・トらーク] 名 -(e)s/..träge ビザの申請.

viszeral [ヴィスツェらール] 形〖医〗内臓の.

die **Vita** [ヴィータ] 名 -/..ten [..tae] 1.〖文〗生活, 履歴. 2. (古代・中世の人物・聖人の)伝記. 3.〖医〗生命機能, 生命力.

vital [ヴィタール] 形 1. 生命力〔活力〕にあふれた, バイタリティーのある. 2. 死活にかかわる, 極めて重要な. 3. 生命の.

vitalisieren [ヴィタリズィーれン] 動 h.〔j⁴/et⁴ン〕〖文〗活気づける, (…に)活力を与える.

die **Vitalität** [ヴィタリテート] 名 -/ 生命力, 活力, バイタリティー;〖生〗生気, 活力.

das **Vitamin** [ヴィタミーン] 名 -s/-e 1. ビタミン. 2.(次の形で) ~ B〖口・冗〗コネ(Beziehung(関係)の頭文字による).

vitaminarm [ヴィタミーン・アるム] 形 ビタミンの乏しい.

der **Vitaminmangel** [ヴィタミーン・マンゲル] 名 -s/ ビタミン欠乏〔不足〕.

vitaminreich [ヴィタミーン・らイヒ] 形 ビタミンの豊富な.

der **Vita-Parcours** [vi:taparku:r ヴィータ・パるクーあ] 名 -[..クーあ(ス)]/-[..クーあ] トリム運動用の森のコース.

die **Vitrine** [ヴィトりーネ] 名 -/-n ショーケース,(展示用)ガラス戸棚.

das **Vitriol** [ヴィトりオール] 名 -s/-e〖化〗〖古〗礬(ば)類.

der **Vitzliputzli** [ヴィッツリ・プッツリ] 名 -(s)/ 妖怪, お化け;〖婉〗悪魔.

vivace [viva:tʃə ヴィヴァーチェ] 副〖楽〗ヴィヴァーチェ, 生き生きと速く.

vivant! [ヴィーヴァント] 間〖文・古〗(複数の人に対して)万歳.

das **Vivarium** [ヴィヴァーりウム] 名 -s/..rien 小動物飼育容器(水槽, 爬虫(はちゅう)類用のガラス容器など);(動物園などの)小動物展示館.

das **Vivat** [ヴィーヴァット] 名 -s/-s 万歳,(…の叫び).

vivat! [ヴィーヴァット] 間〖文・古〗(単数の人に対して)万歳.

vivat, crescat, floreat! [..kɛskat.. ヴィーヴァット クれスカット ふローれアット]〖ラ〗語〖文〗生きよ, 成長せよ, 栄えよ;万歳.

vivipar [ヴィヴィパーあ] 形〖生〗胎生の;〖植〗胎生種子の.

die **Vivisektion** [ヴィヴィゼクツィオーン] 名 -/-en (動物の)生体解剖.

der **Vize** [fi:tsə フィーツェ, vi:tsə ヴィーツェ] 名 -s/-s〖口〗代理人.

der **Vizeadmiral** [ふぃーツェ・アトミらール, ヴィーツェ・アトミらール] 名 -s/-e 海軍中将〔人;〖軍〗のみ1位〕.

der **Vizekanzler** [ふぃーツェ・カンツラー, ヴィーツェ・カンツラー] 名 -s/- 副首相, 副総理.

der **Vizekönig** [ふぃーツェ・⑦ーニヒ, ヴィーツェ・⑦ーニヒ] 名 -(e)s/-e (昔の)副王;大守, 総督.

der **Vizemeister** [ふぃーツェ・マイスタ, ヴィーツェ・マイスタ] 名 -s/- 準優勝者.

der **Vizepräsident** [ふぃーツェ・プれズィデント, ヴィーツェ・プれズィデント] 名 -en/-en 副大統領;副議長;副会長.

der **VJ** [vi:dʒe: ヴィージェー] 名 -(s)/-s ヴィージェー(Videojockei, Videojockey).

v. J. =vorigen Jahres 去年, 昨年(に・の).

das **Vlies** [ふリース] 名 -es/-e 1.(羊一頭のつながった一枚の)羊毛;羊の毛皮: das Goldene ~ 〖ギ神〗金羊毛皮;〖史〗金羊毛騎士団(勲章)(ブルグントなどの最高騎士団名またはその勲章). 2. フリース(襟などの芯に使われる羊毛織物).

v. M. =vorigen Monats 先月(に・の).

der **V-Mann** [ふぁウ・マン] 名 -(e)s/V-Männer [V-Leute] = Verbindungsmann; Vertrauensmann (秘密)連絡員;(警察などの)秘密情報提供者.

VN =Vereinte Nationen 国際連合.

VO =Verordnung (官庁の)命令;処方.

v. o. =von oben 上から.

der **Vogel** [ふぉーゲル] 名 -s/Vögel 1. 鳥. 2.〖口〗(〖冗〗も有り)人, やつ: Er ist ein lockerer ~. 彼はだらしないやつだ. 3.〖空〗〖ジン〗飛行機.【慣用】〈j³〉 den [einen] Vogel zeigen (自分の額を指でつついて)〈人〉おまえは頭がおかしいという. einen Vogel haben〖口〗頭が狂っている.(mit〈et³〉) den Vogel abschießen〖口〗〈人々〉圧倒的な成果をあげる.

das (der) **Vogelbauer** [ふぉーゲル・バウあー] 名 -s/- = Vogelkäfig.

der **Vogelbeerbaum** [ふぉーゲル・ベーあ・バウム] 名 -(e)s/..bäume〖植〗ナナカマド.

die **Vogelbeere** [ふぉーゲル・ベーれ] 名 -/-n ナナカマドの実.

das **Vögelchen** [ふぉーゲルヒェン] 名 -s/-(Vogelの縮小形)小鳥.

der **Vogeldunst** [ふぉーゲル・ドゥンスト] 名 -(e)s/〖狩〗(鳥打ち用の)散弾.

der **Vogelfang** [ふぉーゲル・ふぁング] 名 -(e)s/ 鳥の捕獲, 捕鳥.

die **Vogelfluglinie** [ふぉーゲル・ふルーク・リーニエ] 名 -/ フォーゲルフルーク・リニエ(バルト海の島伝いに中部ヨーロッパとスカンディナヴィアを結ぶ鉄道・道路区間. 渡り鳥のコース).

vogelfrei [ふぉーゲル・ふらイ] 形〖史〗法の保護を奪われた.

das **Vogelfutter** [ふぉーゲル・ふっター] 名 -s/ 鳥の餌(え).

der **Vogelhändler** [ふぉーゲル・ヘンドラー] 名 -s/- 小鳥屋.

das **Vogelhaus** [ふぉーゲル・ハウス] 名 -es/..häuser 鳥小屋.

der **Vogelherd** [ふぉーゲル・ヘーあト] 名 -(e)s/-e 鳥のおとりをしかける場所.

der **Vogelkäfig** [ふぉーゲル・ケーふぃヒ] 名 -s/-e 鳥籠.

die **Vogelkirsche** [ふぉーゲル・キるシェ] 名 -/-n〖植〗ヒイヨウミザクラ.

die **Vogelkunde** [ふぉーゲル・クンデ] 名 -/ 鳥類学.

der **Vogelleim** [ふぉーゲル・ライム] 名 -(e)s/-e 鳥もち.

vögeln [ふぉーゲルン] 動 h.〔(〈j³〉ト/mit〈j³〉ト)〗〖口〗セックスをする.

Vogelnest 1364

das **Vo·gel·nest** [ふぉーゲル・ネスト] 名 -(e)s/-er 鳥の巣.

die **Vo·gel·per·spek·ti·ve** [ふぉーゲル・ペるスペクティーヴェ] 名 -/-n 鳥瞰(ちょうかん): 〈et⁴〉 aus der ~ betrachten 〈物を〉鳥瞰する.

die **Vo·gel·schau** [ふぉーゲル・シャウ] 名 -/-en **1.** 鳥瞰(ちょう). **2.** 〖宗〗(古代ローマの)鳥の飛行による予言.

die **Vo·gel·scheu·che** [ふぉーゲル・ショイヒェ] 名 -/-n 案山子(かかし).

das **Vo·gel·schie·ßen** [ふぉーゲル・シーセン] 名 -s/ 鳥打ちの会(竿の先につけた木製の鳥を標的に使用).

das **Vo·gel·schutz·ge·biet** [ふぉーゲル・シュッツ・ゲビート] 名 -(e)s/-e 鳥類保護地域.

der **Vo·gel·stel·ler** [ふぉーゲル・シュテラー] 名 -s/- 鳥を捕える猟師, 鳥刺し.

die **Vo·gel·stim·me** [ふぉーゲル・シュティメ] 名 -/-n 鳥の鳴き声.

die **Vo·gel-Strauß-Po·li·tik** [ふぉーゲル・シュトらウス・ポリティーク] 名 -/ 事なかれ主義の政策.

die **Vo·gel·trän·ke** [ふぉーゲル・トれンケ] 名 -/-n (小)鳥のための水飲み場.

die **Vo·gel·war·te** [ふぉーゲル・ヴァるテ] 名 -/-n 鳥類研究所〔研究施設〕.

der **Vo·gel·zug** [ふぉーゲル・ツーク] 名 -(e)s/..züge 鳥の渡り.

die **Vo·ge·sen** [ヴォゲーゼン] 複 〖山名〗ヴォージュ山脈(ライン川上流地帯の山脈).

das **Vög·lein** [フェーグライン] 名 -s/- (Vogel の縮小形)小鳥.

der **Vog·ler** [ふぉーグラー] 名 -s/- 〖古〗=Vogelsteller.

der **Vogt** [ふぉークト] 名 -(e)s/Vögte **1.** (領邦国家・教会領の)代官. **2.** (ぷ)〖古〗後見人.

die **Vog·tei** [ふぉークタイ] 名 -/-en **1.** 代官の職. **2.** 代官の役所.

das **Vogt·land** [ふぉークト・らント] 名 -(e)s/ 〖地名〗フォークトラント(ザクセン州南部の丘陵地帯).

die **Voice·mail** [vɔ́ysmeːl ヴォイス・メール] 名 -/-s ボイスメール(音声を蓄積できる留守番電話の拡張機能).

voilà ! [voalá ヴォアラ] 間 〖文〗ほらそこだ.

der **Voi·le** [voáːl ヴォアール] 名 -/-s 〖織〗ボイル(薄い平織地).

die **Vo·ka·bel** [ヴォカーベル] 名 -/-n (外国語の)単語; (語の)概念.

das **Vo·ka·bel·heft** [ヴォカーベル・ヘふト] 名 -(e)s/-e 単語帳.

das **Vo·ka·bu·lar** [ヴォカブラーあ] 名 -s/-e **1.** 〖文〗(個人・専門領域の)語彙, ボキャブラリー. **2.** 用語〔語彙〕索引.

vo·kal [ヴォカール] 形 〖楽〗声楽の.

der **Vo·kal** [ヴォカール] 名 -s/-e 〖言〗母音.

die **Vo·kal·har·mo·nie** [ヴォカール・はるモニー] 名 -/ 〖言〗母音調和.

die **Vo·ka·li·sa·ti·on** [ヴォカリザツィオーン] 名 -/-en **1.** 〖楽〗母音唱法. **2.** 〖言〗(子音の)母音化. **3.** (ヘブライ語のテキストでの)母音符の付加.

vo·ka·lisch [ヴォカーリシュ] 形 母音の.

die **Vo·ka·li·se** [ヴォカーリゼ] 名 -/-n 〖楽〗ヴォカリーズ(母音での発声練習).

vo·ka·li·sie·ren [ヴォカリズィーれン] 動 h. **1.** (頻繁に)〖楽〗母音の発声をする. **2.** 〈et⁴ウッ〉〖言〗母音化する(子音を); (…に)母音符をつける(文字などに).

der **Vo·ka·lis·mus** [ヴォカリスムス] 名 -/ 〖言〗(特定の言語の)母音体系.

der **Vo·ka·list** [ヴォカリスト] 名 -en/-en 歌手, 声楽家.

die **Vo·kal·mu·sik** [ヴォカール・ムズィーク] 名 -/ 声楽.

der **Vo·ka·tiv** [ヴォーカティーふ] 名 -s/-e 〖言〗呼格(ラテン語で呼びかけを示す格).

vol. =Volumen (本の)巻.

Vol.-% =Volumprozent 体積〔容積〕百分率.

der [*das*] **Vo·lant** [volã́ː ヴォラーン] 名 -s/-s **1.** (衣服の)フリル, 縁飾り, 裾襞(すそひだ). **2.** 〖古〗(自動車の)ハンドル.

das **Vo·la·pük** [ヴォラピューク] 名 -s/ ヴォラピューク(コンスタンツの司祭 J. M. Schleyer, 1831-1912 が考案した一種の国際語).

der **Vol-au-vent** [volovã́ː ヴォロ・ヴァーン] 名 -/-s 〖料〗ボルオーバン(パイ皮ケースに肉のラグーを詰めた料理).

die **Vo·li·e·re** [ヴォリエーれ] 名 -/-n 大型の鳥舎.

das **Volk** [ふぉルク] 名 -(e)s/Völker **1.** 民族: das deutsche ~ ドイツ民族. **2.** (廊のみ)民衆, 庶民: das werktätige ~ 勤労大衆. der Mann aus dem ~ 庶民の出の人. **3.** (廊のみ)国民: im Namen des ~es 国民の名において. **4.** (廊のみ)人々, 人たち(特徴を持った)連中: das junge ~ 若者たち. das kleine ~ 子供たち. fahrendes ~ 〖古〗芸人たち. **5.** 〖動〗(ミツバチなどの)群れ; 〖狩〗ウズラの群れ. 〖慣用〗das auserwählte Volk 選ばれた民(ユダヤ民族). dem Volk aufs Maul schauen 民の声を聞く. ~s unters Volk bringen 〈事を〉広く知らせる.

das **Völk·chen** [(廊)ルヒェン] 名 -s/- (Volk の縮小形)小グループの人々.

der **Völ·ker·ball** [(廊)ルカー・バル] 名 -(e)s/ ドッジボール.

der **Völ·ker·bund** [(廊)ルカー・ブント] 名 -(e)s/ 国際連盟(1920-46 年).

die **Völ·ker·freund·schaft** [(廊)ルカー・ふろイントシャふト] 名 -/ (特に)旧東独で)民族間の友好関係.

das **Völ·ker·ge·wohn·heits·recht** [(廊)ルカー・ゲヴォーンハイツ・れひト] 名 -(e)s/ 〖法〗国際慣習法.

die **Völ·ker·kun·de** [(廊)ルカー・クンデ] 名 -/ 民族学.

der **Völ·ker·kund·ler** [(廊)ルカー・クンドラー] 名 -s/- 民族学者.

völ·ker·kund·lich [(廊)ルカー・クントリヒ] 形 民族学(上)の.

der **Völ·ker·mord** [(廊)ルカー・モるト] 名 -(e)s/-e (主に廊)(人種・民族などの)集団殺害, ジェノサイド.

das **Völ·ker·recht** [(廊)ルカー・れひト] 名 -(e)s/ 国際法.

völ·ker·recht·lich [(廊)ルカー・れひトリヒ] 形 国際法(上)の.

die **Völ·ker·schaft** [(廊)ルカーシャふト] 名 -/-en 種族, 部族.

die **Völ·ker·wan·de·rung** [(廊)ルカー・ヴァンデるング] 名 -/-en **1.** 〖民族・社〗民族の移動; 民族大移動(特に 2 - 8 世紀のゲルマン民族大移動). **2.** 〖口〗大勢の人々の移動(行楽などで).

völ·kisch [ふぉルキシュ] 形 **1.** 〖ナ*〗民族主義的な(人種差別主義・反ユダヤ主義的な意味で). **2.** 〖古〗国民の.

volk·reich [ふぉルク・らイヒ] 形 人口の多い.

die **Volks·ab·stim·mung** [ふぉルクス・アップ・シュティムング] 名 -/-en 国民〔州民・住民〕投票.

die **Volks·ak·tie** [ふぉルクス・アクツィエ] 名 -/-n 国民株式(国有企業の民営化の際に売出される株式).

die **Volks·ar·mee** [ふぉルクス・アるメー] 名 -/ 人民軍.

der **Volks·auf·stand** [ふぉルクス・アウふシュタント] 名 -(e)s/..stände 人民〔民衆〕の蜂起.

die **Volks·aus·ga·be** [ふぉルクス・アウス・ガーベ] 名 -/-n 〖古〗(本の)普及〔廉価〕版.

Volksvermögen

- *die* **Volks·be·fra·gung** [ふぉルクス・べふらーグング] 名/-en 国民投票.
- *das* **Volks·be·geh·ren** [ふぉルクス・べゲーれン] 名-s/-〖政〗国民(住民)請願(発案).
- *die* **Volks·bi·blio·thek** [ふぉルクス・ビブリオテーク] 名/-en〖古〗=Volksbücherei.
- *die* **Volks·bil·dung** [ふぉルクス・ビルドゥング] 名/- **1.**(特に旧東独の組織的な)国民教育. **2.** 成人教育(Erwachsenenbildungの古い用語).
- *der* **Volks·brauch** [ふぉルクス・ブらウホ] 名-(e)s/..bräuche 民間の習慣〔風習〕.
- *das* **Volks·buch** [ふぉルクス・ブーホ] 名-(e)s/..bücher〖文芸学〗民間の民衆本.
- *die* **Volks·bü·che·rei** [ふぉルクス・ビューひょらイ] 名/-en 公共図書館.
- *der* **Volks·cha·rak·ter** [ふぉルクス・カらクター] 名-s/-国民〔民族〕性.
- *die* **Volks·de·mo·kra·tie** [ふぉルクス・デモクらティー] 名/-/-n **1.** 人民民主主義. **2.** 人民民主主義国家.
- *der/die* **Volks·deut·sche** [ふぉルクス・ドイチュ] 名《形容詞的変化》(特に〖ナ〗)民族上のドイツ人(ナチス時代のドイツ・オーストリア以外の諸国、特に東欧在住のドイツ人).
- *der* **Volks·dich·ter** [ふぉルクス・ディヒター] 名-s/- 民衆詩人〔作家〕;国民詩人〔作家〕.
- **volks·ei·gen** [ふぉルクス・アイゲン]形〖旧東独〗人民所有の、国営の:ein ~*er* Betrieb 人民所有〔国営〕企業(略 VEB).
- *das* **Volks·ei·gen·tum** [ふぉルクス・アイゲントゥーム] 名-s/〖旧東独〗人民所有〔国有〕財産.
- *das* **Volks·ein·kom·men** [ふぉルクス・アイン・コメン] 名-s/-〖経〗国民所得.
- *der* **Volks·ent·scheid** [ふぉルクス・エントシャイト] 名-(e)s/-e〖政〗国民〔住民〕表決.
- *das* **Volks·epos** [ふぉルクス・エーポス] 名/..epen〖文芸学〗民衆〔民衆〕叙事詩(中世の英雄叙事詩など).
- *die* **Volks·er·he·bung** [ふぉルクス・エあヘーブング] 名/-en 民衆蜂起(¨).
- *die* **Volks·ety·mo·lo·gie** [ふぉルクス・エテュモ・ロギー] 名/-n〖言〗民間語源(説);民衆語源解.
- *das* **Volks·fest** [ふぉルクス・ふぇスト] 名-(e)s/-e 民衆の祭.
- *der* **Volks·freund** [ふぉルクス・ふろイント] 名-(e)s/-e 民衆の友.
- *die* **Volks·front** [ふぉルクス・ふろント] 名/-en (主に〖政〗)〖政〗人民戦線.
- *die* **Volks·ge·mein·schaft** [ふぉルクス・ゲマインシャふト] 名/-en 民族共同体.
- *der* **Volks·ge·nos·se** [ふぉルクス・ゲノッセ] 名-n/-n (特に〖ナ〗)(ドイツ)民族共同体の成員.
- *die* **Volks·ge·sund·heit** [ふぉルクス・ゲズントハイト] 名/-国民の健康.
- *der* **Volks·glau·be** [ふぉルクス・グラウベ] 名-ns/〖民俗〗民間信仰.
- *die* **Volks·grup·pe** [ふぉルクス・グるッぺ] 名/-n 少数民族.
- *die* **Volks·gunst** [ふぉルクス ガンスト] 名/- 国民〔人衆〕的人気、国民〔大衆〕の共感.
- *die* **Volks·herr·schaft** [ふぉルクス・ヘるシャふト] 名/-民主主義.
- *die* **Volks·hoch·schu·le** [ふぉルクス・ホーホ・シューレ] 名/-/-n 市民大学(略 VHS).
- *die* **Volks·kam·mer** [ふぉルクス・カマー] 名/-〖旧東独〗人民議会.
- *die* **Volks·kü·che** [ふぉルクス・キュッひぇ] 名/-n 公営給食所.
- *die* **Volks·kun·de** [ふぉルクス・クンデ] 名/- 民俗学.
- *der* **Volks·kund·ler** [ふぉルクス・クンドラー] 名-s/- 民俗学者.
- **volks·kund·lich** [ふぉルクス・クントリヒ]形 民俗学(上)の.
- *die* **Volks·kunst** [ふぉルクス・クンスト] 名/- 民衆芸術、民芸.
- *das* **Volks·lied** [ふぉルクス・リート] 名-(e)s/-er 民謡.
- *das* **Volks·mär·chen** [ふぉルクス・メーあひぇン] 名-s/-民間(伝承の)童話、民話.
- *die* **Volks·me·di·zin** [ふぉルクス・メディツィーン] 名/-民間療法.
- *die* **Volks·men·ge** [ふぉルクス・メンゲ] 名/-n 集まった多くの人々、群集.
- *der* **Volks·mund** [ふぉルクス・ムント] 名-(e)s/ 民衆の言葉(遣い)、俗語:im ~ 俗な言い方で.
- *die* **Volks·mu·sik** [ふぉルクス・ムズィーク] 名/- 民族音楽.
- *die* **Volks·par·tei** [ふぉルクス・パるタイ] 名/-en 国民政党、人民党.
- *die* **Volks·po·li·zei** [ふぉルクス・ポリツァイ] 名/-(旧東独の)人民警察(略 VP).
- *der* **Volks·po·li·zist** [ふぉルクス・ポリツィスト] 名-en/-en (旧東独の)人民警察官.
- *der* **Volks·red·ner** [ふぉルクス・れードナー] 名-s/-《古》大衆相手の演説家.
- *die* **Volks·re·pu·blik** [ふぉルクス・れプブリーク] 名/-en 人民共和国(略 VR).
- *die* **Volks·sa·ge** [ふぉルクス・ザーゲ] 名/-n 民間伝説、民話.
- *die* **Volks·schicht** [ふぉルクス・シヒト] 名/-en (主に®)国民の階層、社会層:die unteren ~*en* 下層階級.
- *die* **Volks·schu·le** [ふぉルクス・シューレ] 名/-n **1.** 国民学校(ドイツ、スイスでは小学校(Grundschule)と基幹学校(Hauptschule)を合せた旧制の義務教育学校、オーストリアでは現在小学校(と基幹学校)の名称). **2.** 国民学校の校舎. **3.** 国民学校の校舎.
- *der* **Volks·schul·leh·rer** [ふぉルクスシュール・レーら-] 名-s/- 国民学校教師.
- *die* **Volks·see·le** [ふぉルクス・ゼーレ] 名/- 民族の心、人心:die kochende ~ 憤激している国民〔民衆〕.
- *die* **Volks·sou·ve·rä·ni·tät** [ふぉルクス・ズーヴぇれニテート] 名//〖政〗国民主権、主権在民.
- *die* **Volks·spra·che** [ふぉルクス・シュプらーへ] 名/-n 民衆語.
- *der* **Volks·stamm** [ふぉルクス・シュタム] 名-(e)s/..stämme 種族、部族.
- *die* **Volks·stim·me** [ふぉルクス・シュティメ] 名/-n 国民〔民衆〕の声.
- *das* **Volks·stück** [ふぉルクス・シュテュック] 名-(e)s/-e〖劇〗民衆劇、大衆演劇.
- *der* **Volks·tanz** [ふぉルクス・タンツ] 名-es/..tänze 民族〔民俗〕舞踊.
- *die* **Volks·tracht** [ふぉルクス・トらはト] 名/-en 民族衣装.
- *der* **Volks·trau·er·tag** [ふぉルクス・トらウあー・ターク] 名-(e)s/-e 国民哀悼の日(両大戦の戦死者とナチスの犠牲者を追悼する祭日.待降節第1日曜日の2週間前の日曜日).
- *das* **Volks·tum** [ふぉルクストゥーム] 名-s/ 国民〔民族〕性.
- **volks·tüm·lich** [ふぉルクステューמリヒ]形 **1.** 国民的な、民間の、通俗的な. **2.** 大衆向きの、分かりやすい.
- *die* **Volks·tüm·lich·keit** [ふぉルクステューמリヒカイト] 名/- 国民〔民族〕的であること;平易であること.
- *das* **Volks·ver·mö·gen** [ふぉルクス・ふぇあ④ーゲン] 名

Volksversammlung 1366

-s/- 〖経〗国民総資産, 国富.

die **Volks·ver·samm·lung** [ふぉルクス・ふぇあザムルング] 名 -/-en **1.** 国民(人民)集会;〔総称〕国民(人民)集会参加者. **2.** 国民(人民)議会.

der **Volks·ver·tre·ter** [ふぉルクス・ふぇあトれーター] 名 -s/- 国民(州民)の代表者, 議員.

die **Volks·ver·tre·tung** [ふぉルクス・ふぇあトれートゥング] 名 -/-en 国民(州民)の代表機関, 議会(国会・州議会など).

der **Volks·wa·gen** [ふぉルクス・ヴァーゲン] 名 -s/- 〖商標〗フォルクスワーゲン(同名の自動車製造会社の自動車. 略 VW).

die **Volks·wei·se** [ふぉルクス・ヴァイゼ] 名 -/-n 民謡(調)のメロディー.

der **Volks·wirt** [ふぉルクス・ヴィルト] 名 -(e)s/-e 国民経済学者, 国民経済学の専門家.

die **Volks·wirt·schaft** [ふぉルクス・ヴィルトシャフト] 名 -/-en 国民経済;国民経済学(=*s*lehre).

der **Volks·wirt·schaft·ler** [ふぉルクス・ヴィルトシャフトラー] 名 -s/- =Volkswirt.

volks·wirt·schaft·lich [ふぉルクス・ヴィルトシャフトリヒ] 形 国民経済の:~es Wachstum 経済成長.

die **Volks·wirt·schafts·leh·re** [ふぉルクスヴィルトシャフツ・レーれ] 名 -/ 国民経済学.

die **Volks·zäh·lung** [ふぉルクス・ツェールング] 名 -/-en 国勢調査.

voll [ふぉル] 形 **1.** 〔((⟨j²⁽³⁾/et²⁽³⁾⟩*ₘ*/mit ⟨j³/et³⟩*ₘ*)〕いっぱいの, いっぱいに詰まった, 満員の:ein ~es Glas なみなみとついだグラス. ein ~es Herz haben 胸がいっぱいである. Der Saal ist brechend ~. ホールは超満員だ.〔無冠詞・形容詞None の名詞とともに. 名詞は無変化または2格. 発音・リズムなどのためにvoller の形をとることがある〕die Augen ~ Tränen haben 目に涙をいっぱいにしている. Das Zimmer ist ~ (er) Menschen. その部屋は人でいっぱいだ. ~ ist 〈口〉へべれけである.〔量を示す名詞を修飾して〕zwei Körbe ~ Pilze 二かごのきのこ.〔付加語として形容詞つきの2格(まれに3格)の名詞, あるいは mit の前置詞句とともに. 主に書き言葉に〕eine Schüssel ~ gekochter (mit) gekochten Kartoffeln ゆでたジャガイモでいっぱいの鉢.〔〈文〉では定冠詞がついた ein Glas ~ des besten Weines 最上のワインをなみなみとついだグラス.〔述語として形容詞つきの2格名詞, または von あるいは mit の前置詞句とともに〕Die Arbeit ist ~ grober Fehler (von groben Fehlern). この答案はひどい間違いだらけだ. Die Kiste ist ~ mit alten Fotografien. その箱は古い写真でいっぱいだ. ⇨ voll füllen, ... voll tanken. **2.** 古い形の. **3.** ふっくらした, 豊かな:~er werden 前よりふっくらとしてくる. ~es Haar 豊かな髪. **3.** 豊かな(音・色・味など):mit ~er Stimme よく響く声で. der ~e Geschmack des Kaffees その コーヒーの風味豊かな味. **4.** 完全な, 全部の, 全面的な, まるまるの:〔ᵈᵃᵗ〕全力で:aus ~er Erfolg 完全成功. die ~e Summe 全額. einen ~en Tag warten必 überall ~ haben. Heute ist der Mond ~. 今日は満月だ. ~ arbeiten フルタイムで働く.〈j⁴〉 ~ ansehen〈人〉の顔をまともに見る. Das Kind muss jetzt überall ~ bezahlen. この子は今ではどこでも全額〔大人の運賃を〕払わなければならない. **5.**〈口〉正時(ᶻ̈ᵏ) の(1時間ごとの):Die Uhr schlägt ~. 時計が正時を告げる. Der Bus fährt immer 5 nach ~. バスはいつも正時5分に出る.〖慣用〗**alle Hände voll zu tun haben** とても忙しい. **auf vollen Touren laufen**(機械などが) フル回転している. **aus dem Vollen leben/wirtschaften** あり余る生活/暮らしをする. **aus dem Vollen schöpfen** ふんだんに使える. **aus vollem Hals(e) (voller Kehle)** 大声で. **beide Hände voll haben** 両手ともふさがっている. **dem Theater ein volles Haus bringen**(出し物や俳優が)小屋を満員にする. **den Kopf voll (mit seinen eigenen Sorgen) haben**〈口〉(彼は自分の心配事で)頭がいっぱいである. **den Mund voll nehmen** 大口をたたく. **Der Zeiger steht auf voll.**〈口〉(時計の)針はちょうどさしている. **für** ⟨et⁴⟩ **voll verantwortlich sein**〈事〉に全責任がある. **im Vollen leben** ぜいたくな生活をする. **in die Vollen gehen**〈口〉全力を投入する. **in vollem Gange sein** フルに 動いている, 真っ最中である. ⟨et¹⟩ **in vollen Zügen genießen**〈物・事〉を存分に楽しむ. **in voller Blüte stehen**(樹が)花盛りである. **in voller Größe** 等身〔実物〕大に〔で〕. **in voll(st)em Ernst** 大真面目に. **ins Volle greifen**(必要なだけ)いくらでも取る. **mit vollem Mund** 口いっぱいにほお張って. **mit vollem Recht** 至極当然のことながら. **mit vollen Händen** 気前よく, たっぷり. **mit voller Kraft** 力いっぱい. ⟨j³/et³⟩ **nicht für voll nehmen**〈人(の言う)こと〉/〈事〉をまともにとらない. **voll des Lobes [des Lobes voll] über** ⟨j⁴/et⁴⟩ **sein**〈文〉〈人・物・事〉をほめちぎる. **voll nach Hause kommen**〈口〉へべれけになって帰ってくる. **voll und ganz** 完全に. **von** ⟨j³/et³⟩ **die Nase voll haben**〈口〉〈人・物・事〉に鼻について いる.

..voll [..ふぉル] 接尾 名詞につけて:「…いっぱいの, …がある」を表す: hoffnungsvoll 希望に満ちた. kraftvoll 力強い. wertvoll 価値のある.

voll·la·den [ふぉル・ラーデン] ⇨ voll laden.

die **Voll·ar·beits·lo·sig·keit** [ふぉル・アルバイツ・ローズィヒカイト] 名 -/〖経・法〗完全失業.

voll·auf [ふぉル・アウふ, ふぉル・アウふ] 副〔語飾〕(動詞・形容詞を修飾)十分に, たっぷり:Das reicht ~. それで十分に間に合う.

voll·lau·fen [ふぉル・ラウふぇン] ⇨ voll laufen.

der **Voll·au·to·mat** [ふぉル・アウトマート] 名 -en/-en〖工〗全自動の装置〔機械〕.

voll·au·to·ma·tisch [ふぉル・アウトマーティシュ] 形 全自動の.

das **Voll·bad** [ふぉル・バート] 名 -(e)s/..bäder 全身浴.

der **Voll·bart** [ふぉル・バールト] 名 -(e)s/..bärte 顔一面のひげ.

der **Voll·bau·er** [ふぉル・バウあ] 名 -n/-n (昔の)完全自作農(1フーフェ(7-15ヘクタル)の農地を所有する農民).

voll·be·schäf·tigt [ふぉル・ベシェふティヒト] 形 全日雇用の, フルタイムの.

die **Voll·be·schäf·ti·gung** [ふぉル・ベシェふティグング] 名 -/〖経〗完全雇用.

der **Voll·be·sitz** [ふぉル・ベズィッツ] 名 -es/ 完全に所有下にあること: im ~ seiner Kräfte sein 気力に満ちあふれている.

das **Voll·bier** [ふぉル・ビーあ] 名 -(e)s/-e〖醸〗フォルビール(麦汁濃度11-14%のビール).

das **Voll·blut** [ふぉル・ブルート] 名 -(e)s/ **1.**(特にアラブ・サラブレット種の馬の)純血種. **2.**〖医〗完全血.

der **Voll·blü·ter** [ふぉル・ブリューター] 名 -s/- (馬の)純血種, サラブレット.

voll·blü·tig [ふぉル・ブリューティヒ] 形 **1.** 純血種の. **2.** 血気盛んな, 活気のある.

die **Voll·blü·tig·keit** [ふぉル・ブリューティヒカイト] 名 -/ **1.** 純血種であること. **2.** 多血性, 血気さかん.

voll·brin·gen* [ふぉル・ブリンゲン] 動 h.〔⟨et⁴⟩ッ〕〈文〉仕上げる, 完成する, 成し遂げる(すばらしい作品・英雄的行為などを).

die **Voll·brin·gung** [ふぉル・ブリングング] 名 -/-en 成就, 遂行, 貫徹.

voll·bu·sig [ふぉル・ブーズィヒ] 形 豊かな胸をした.

der **Vọll·dampf** [ふぉル・ダムプふ] [名] -(e)s/ 〘海〙全蒸気力, 全出力: mit ~ 全速で. (Mit) ~ voraus! 全速前進《船での号令》. mit ~ 《口》大急ぎで. ~ hinter 〈et^4〉 machen 《口》〈事を〉重点的に推し進める.

die **Vọ̈l·le** [[ふぇ]レ] [名] -/ 《稀》膨満, 満腹.

vol·lẹn·den [ふぉルエンデン, ふぉレンデン] [動] *h.* **1.** 〘〈et^4〉ヲ〙仕上げる, 完結させる, 完成〔完了〕する, 終える《作品・仕事などを》: eine *vollendete* Tatsache 既成事実. *vollendete* Gegenwart/Vergangenheit 〘言〙現在完了/過去完了. **2.** 〘sich^4+(in 〈et^3〉デ)〙《文》成就する; 完成〔結実〕を見る.

vol·lẹn·det [ふぉルエンデット, ふぉレンデット] [形] 完璧(かんぺき)な.

vọl·lends [ふぉレンツ] [副] すっかり; その上, さらに, ましてや.

die **Vol·lẹn·dung** [ふぉルエンドゥング, ふぉレンドゥング] [名] -/-en 完成; ([単]のみ)完全(性), 完璧(かんぺき)さ.

vọl·ler [ふぉラー] [形] 《無変化. 後続名詞の格の明示なし. 他に付加語があるときのみ 2 格(まれに 3 格)》いっぱいの, (…)だらけの: ein Korb ~ frischer Eier 新鮮な玉子のいっぱい入ったかご. ein Gesicht ~ Sommersprossen そばかすだらけの顔. ein Herz ~ Liebe 愛情あふれる心. Er ist 〔steckt〕 ~ Widersprüche. 彼は矛盾だらけだ.

die **Völ·le·rei** [[ふぇ]レらイ] [名] -/ 《蔑》暴飲暴食.

der **Vọl·ley** [vɔ́li ヴォリ] [名] -s/-s 〘テニス・サッカー〙ボレー.

der **Vọl·ley·ball** [ヴォリ・バル] [名] -(e)s/..bälle **1.** ([単]のみ)〘スポーツ〙バレーボール. **2.** バレーボール用ボール.

das **Vọl·ley·ball·spiel** [ヴォリバル・シュピール] [名] -(e)s/-e バレーボールのゲーム〔試合〕.

vọll·fett [ふぉル・ふぇット] [形] 全脂肪の(45 %以上).

voll·füh·ren [ふぉルふゅーれン] [動] *h.* 〘〈et^4〉ヲ〙やってのける, やって見せる, 言って聞かせる.

die **Voll·füh·rung** [ふぉルふゅーるング] [名] -/ 実行; 実現.

vọll fül·len, [旧]**vọll|fül·len** [ふぉル ふゅレン] [動] *h.* 〘〈et^4〉ヲ+(mit 〈et^3〉デ)〙いっぱいに満たす.

das **Vọll·gas** [ふぉル・ガース] [名] -es/ (自動車などの)フルスロットル: mit ~ 全速力で. ~ geben アクセルをいっぱいに踏む.

das **Vọll·ge·fühl** [ふぉル・ゲふゅール] [名] -(e)s/ (次の形で) im ~ seiner Kraft 自分の力を十分に意識〔自覚〕して.

der **Vọll·ge·nuss,** [旧]**Vọll·ge·nuß** [ふぉル・ゲヌス] [名] -es/ (次の形で)im ~ seiner Rechte 自己の権利を十分に行使して. in den ~ von 〈et^3〉 kommen 〈物・事を〉堪能する.

vọll ge·pfropft, [旧]**vọll·ge·pfropft** [ふぉル ゲプふろップふト] [形] 〘(mit 〈et^3〉ガ)〙いっぱいに詰まった.

vọll gie·ßen*, [旧]**vọll|gie·ßen*** [ふぉル ギーセン] [動] *h.* 〘〈et^4〉ニ+(mit 〈et^3〉ヲ)〙いっぱいに注ぐ;《口》こぼしてびしょびしょにする.

vọll·gül·tig [ふぉル・ギュルティひ] [形] 完全に有効な.

der **Vọll·gum·mi·rei·fen** [ふぉル・グミ・らイふぇン] [名] -s/- (チューブレスの)ソリッドタイヤ.

vọ̈l·lig [[ふぇ]リひ] [形] 完全な, まったくの: ~ sprachlos sein まったくあきれてものも言えない.

vọll·jäh·rig [ふぉル・イェーりひ] [形] 〘法〙成年の.

die **Vọll·jäh·rig·keit** [ふぉル・イェーりひカイト] [名] -/ 成年《ドイツで 18 歳, スイスで 18 歳, オーストリアで 19 歳》.

vọll·kas·ko·ver·si·chert [ふぉル・カスコ・ふぇあズィっひゃート] [形] 車両〔船体・機体〕総合保険がかけてある.

die **Vọll·kas·ko·ver·si·che·rung** [ふぉル・カスコ・ふぇあズィっひぇるング] [名] -/-en 車両〔船体・機体〕総合保険.

vọll·kli·ma·ti·siert [ふぉル・クリマティズィーあト] [形] 完全空調の.

voll·kom·men [ふぉル・コメン, ふぉル・コメン] [形] **1.** [-ˊ-, ˊ--]非の打ち所のない, 完璧な, 卓越した. **2.** [ˊ--]完全な; 完全に.

die **Voll·kom·men·heit** [ふぉル・コメンハイト, ふぉル・コメンハイト] [名] -/ 完全であること, 完璧(かんぺき), 完全無欠.

das **Vọll·korn·brot** [ふぉル・コるン・ブろート] [名] -(e)s/-e ホールウィート〔全粒粉〕のパン.

die **Vọll·kraft** [ふぉル・クらふト] [名] -/ 力〔精力〕の充溢(じゅういつ), 元気いっぱい.

vọll la·den*, [旧]**vọlla·den*** [ふぉル ラーデン] [動] *h.* 〘〈et^4〉ニ〙荷物を満載する.

vọll lau·fen*, [旧]**vọllau·fen*** [ふぉル ラウふぇン] [動] *s.* 〘補足なし〙いっぱいになる(容器が液体で). 【慣用】 **sich^4 voll laufen lassen** 《口》酔っ払う.

vọll ma·chen, [旧]**vọll|ma·chen** [ふぉル マっヘン] [動] *h.* **1.** 〘〈et^4〉ヲ+(mit 〈et^3〉デ)〙《口》いっぱいにする. **2.** 〘〈j^4/et^4〉ヲ〙《口》よごす: sich^4 ~ そそうして身体〔衣服〕を汚す. **3.** 〘〈et^4〉ニ〙する(ある数・量を完全なものにする): mit diesem Stück zehn Kilo ~ これを一つ加えてちょうど 10 kg にする. 【慣用】 **sich^3 die Hosen voll machen** 非常におびえている. **um das Unglück voll zu machen** さらに不幸な〔悪い〕ことには.

die **Vọll·macht** [ふぉル・マはト] [名] -/-en **1.** (任意代理の)代理権; (条約締結のための)全権: 〈j^3〉 die ~ für 〈et^4〉〔zu 〈et^3〉〕 erteilen 〔geben〕 〈人に〉〈事の〉全権を与える. in ~ 代理で, 委任されて(手紙などで. 略 i. V.). **2.** 委任状; 全権委任状.

der **Vọll·macht·ge·ber** [ふぉルマはト・ゲーバー] [名] -s/- 〘法〙代理権授与者(代理権を与える本人), 委任者.

der **Vọll·ma·tro·se** [ふぉル・マトろーゼ] [名] -n/-n 熟練〔有資格〕船員.

die **Vọll·milch** [ふぉル・ミルひ] [名] -/ (脱脂していない)全乳.

der **Vọll·mond** [ふぉル・モーント] [名] -(e)s/-e **1.** ([単]のみ)満月; (主に[単])満月の相. **2.** 《口・冗》はげ頭. 【慣用】 **wie ein Vollmond strahlen** 《口・冗》満足げににこにこしている.

das **Vọll·mond·ge·sicht** [ふぉルモーント・ゲズィひト] [名] -(e)s/-er 《冗》まん丸な顔; まん丸な顔の人.

vọll·mun·dig [ふぉル・ムンディひ] [形] こくのある(ワイン・ビールなど).

vọll pa·cken, [旧]**vọll|pa·cken** [ふぉル パッケン] [動] *h.* 〘〈et^4〉ニ〙いっぱいに詰める.

die **Vọll·pen·si·on** [ふぉル・パンズィオーン, ふぉル・パンスィオーン, ふぉル・ペンズィオーン, ふぉル・ペンスィオーン] [名] -/ (主に無冠詞)三食つき宿泊.

vọll pfropf·en, [旧]**vọll|pfropf·en** [ふぉル プふろップふぇン] [動] *h.* 〘〈et^4〉ニ+(mit 〈et^3〉ヲ)〙ぎっしり〔ぎゅうぎゅう〕詰め込む.

der **Vọll·rei·fen** [ふぉル・らイふぇン] [名] -s/- =Vollgummireifen.

vọll sau·gen$^{(*)}$, [旧]**vọll|sau·gen$^{(*)}$** [ふぉル ザウゲン] [動] *h.* 〘sich^4+(mit〈et^3〉ヲ)〙たっぷり吸込む〔吸う〕(布・スポンジが水などを).

vọll schen·ken, [旧]**vọll|schen·ken** [ふぉル シェンケン] [動] *h.* 〘(〈j^3〉ノ)+(〈et^4〉ヲ)+(mit 〈et^3〉ヲ)〙なみなみとつぐ, 注いでいっぱいにする.

das **Vọll·schiff** [ふぉル・シふ] [名] -(e)s/-e 全装帆船(3 本マスト帆船).

vọll schla·gen*, [旧]**vọll|schla·gen*** [ふぉル シュラーゲン] [動] **1.** *h.* 〘sich^3+〈et^4〉ヲ+(mit 〈et^3〉デ)〙《口》いっぱいにする(おなかを食物で). **2.** *h.* 〘sich^4+mit 〈et^3〉ヲ〙たらふく食べる. **3.** *h.* 〘〈et^4〉ヲ+mit 〈et^3〉デ〙《口》いっぱいにする. **4.** *s.* 〘補足なし〙〘海〙突然の浸水で水びたしになる.

vọll·schlank [ふぉル・シュランク] [形] 《婉》小太りの.

V

voll schmie-ren, ⓑ**voll|schmie-ren** [ふぉルシュミーレン] 動 h. 《口》 **1.** 〖〈j⁴/et⁴〉ァ〗すっかり汚す. **2.** 〖〈et⁴〉ニ+(mit〈et³〉ッ)〗いっぱい塗りたくる. **3.** 〖〈et⁴〉ニ〗乱雑にびっしり書く〔描く〕.

die **Voll-sit-zung** [ふぉル・ズィッツング] 名 -/-en 総会, 全体会議.

voll spritzen, ⓑ**voll|spritzen** [ふぉル シュプリッツェン] 動 h. 〖〈j⁴/et⁴〉ァ〗《口》全身〔全体・一面〕にはねをかける.

die **Voll-spur** [ふぉル・シュプーア] 名 -/〘鉄道〙標準軌間.

voll-spu-rig [ふぉル・シュプーリヒ] 形 〘鉄道〙標準軌間の.

voll-stän-dig [ふぉル・シュテンディヒ] 形 **1.** 完全な, まったくの. **2.** 完備した.

die **Voll-stän-dig-keit** [ふぉル・シュテンディヒカイト] 名 -/ 完全;完備.

voll stop-fen, ⓑ**voll|stop-fen** [ふぉル シュトップふェン] 動 h. 〖《〈j³〉ァ》+〈et⁴〉ニ+(mit〈et³〉ッ)〗いっぱいに詰込む.

voll-streck-bar [ふぉルシュトれック・バール] 形 〘法〙執行力のある.

voll-strecken [ふぉルシュトれッケン] 動 h. **1.** 〖(an〈j³〉ニ)+〈et⁴〉ッ〗〘法〙執行する. **2.** 〖スポーツ〙〖サッカー〗決める(ペナルティキックなどを);シュートを決める.

der **Voll-stre-cker** [ふぉルシュトれッカー] 名 -s/- 執行者; 〖スポーツ〗〖サッカー〗シューター.

die **Voll-streck-ung** [ふぉルシュトれックング] 名 -/-en 〘法〙執行: die ~ eines Urteils anordnen/verschieben 刑の執行を命じる/猶予する.

der **Voll-streckungs-be-am-te** [ふぉルシュトれックングス・ベアムテ] 名 〖形容詞的変化〗(強制)執行官.

der **Voll-streckungs-be-fehl** [ふぉルシュトれックングス・ベふェール] 名 -(e)s/-e 〘法〙(強制)執行命令.

voll tan-ken, ⓑ**voll|tan-ken** [ふぉル タンケン] 動 h. **1.** 〖(〈et⁴〉ッ)〗満タンにする(乗り物を). **2.** 〖sich⁴〗《口》酔っぱらう.

die **Voll-text-su-che** [ふぉル・テクスト・ズーへ] 名 -/-n 〘コンピ〙全文検索(指定した語・記号を各書の全文で検索すること).

voll-tö-nend [ふぉル・テーネント] 形 よく響く, 朗々たる.

der **Voll-treffer** [ふぉル・トれッふぁー] 名 -s/- 直撃弾; 決定打; 〖転〙大当たり: einen ~ landen (ボクサーが)パンチを当てる. ein ~ werden 大ヒットする.

voll-trun-ken [ふぉル・トるンケン] 形 完全に酔っ払った.

die **Voll-ver-samm-lung** [ふぉル・ふぇアザムルング] 名 -/-en 総会.

die **Voll-wai-se** [ふぉル・ヴァイゼ] 名 -/-n (両親ともいない) 孤児.

voll-wer-tig [ふぉル・ヴェーアティヒ] 形 **1.** 完全な資格を備えた, 十分に価値のある, 完全に等価の. **2.** 自然のままの, 無添加の(食物).

voll-zäh-lig [ふぉル・ツェーリヒ] 形 全部〔全員〕揃(きそ)っての.

die **Voll-zäh-lig-keit** [ふぉル・ツェーリヒカイト] 名 -/ 全部,全員.

die **Voll-zeit** [ふぉル・ツァイト] 名 -/ フルタイム(~beschäftigung).

der/die **Voll-zeit-be-schäf-tig-te** [ふぉルツァイト・ベシェふティヒテ] 名 〖形容詞的変化〗常勤者, 専任者, フルタイム〔全日〕の勤務者.

die **Voll-zeit-be-schäf-ti-gung** [ふぉルツァイト・ベシェふティグング] 名 -/ 常勤職, 専任職, フルタイム〔全日〕雇用.

voll-zie-hen* [ふぉル ツィーエン] 動 h. **1.** 〖〈et⁴〉ッ〗(執(と)り)行う(職務行為・変革・式などを). **2.** 〖〈et⁴〉ッ〗実行する(命令などを);執行する(刑罰などを). **3.** 〖sich⁴〗行われる, 起こる(発展・変化などが).

die **Voll-zie-hung** [ふぉルツィーウング] 名 -/-en 実行, 遂行, 執行.

der **Voll-zug** [ふぉル・ツーク] 名 -(e)s/ 実行, 遂行, 執行; 〘刑〙執行(Straf~); 〖短縮〗刑務所.

die **Voll-zugs-an-stalt** [ふぉルツークス・アン・シュタルト] 名 -/-en 刑務所(Justizvollzugsanstalt の短縮形).

der **Vo-lon-tär** [vɔlɔn.., volõ.. ヴォロンテーア] 名 -s/-e 見習, 実習生.

das **Vo-lon-ta-ri-at** [vɔlɔn.., volõ.. ヴォロンタリアート] 名 -(e)s/-e **1.** 見習〔実習〕期間. **2.** 見習〔実習生〕の職〔ポスト〕.

vo-lon-tie-ren [vɔlɔn.., volõ.. ヴォロンティーれン] 動 h. 〖無〗見習として働く.

das **Volt** [ヴォルト] 名 -[-(e)s]/- 〘理・電〙ボルト(電圧の単位. 記号 V).

das **Vol-ta-e-le-ment** [ヴォルタ・エレメント] 名 -(e)s/-e 〘理〙ボルタ電池(亜鉛と銅を希硫酸溶液に浸す方式).

(der) **Vol-taire** [vɔltɛːr ヴォルテーる] 〘人名〙ヴォルテール(François-Marie Arouet ~, 1694-1778, フランスの哲学者・劇作家・詩人).

das **Vol-ta-me-ter** [ヴォルタ・メーター] 名 -s/-〘理〙(電解)電量計, ボルタメーター.

das **Volt-am-pere** [..pɛːr ヴォルト・アムペーア] 名 -(s)/-〘理・電〙ボルトアンペア(1000 Vs = 1 kW. 記号 VA).

die **Vol-te** [ヴォルテ] 名 -/-n **1.** 〘馬術〙輪乗り, 巻き乗り(馬の円を描く動き). **2.** 〖フェンシング〗ボルト(突きを避ける動作). **3.** 《文》(カードの)いかさまな切り方: die 〔eine〕 ~ schlagen 策略を弄する.

der **Vol-ti-geur** [vɔltiʒøːr ヴォルティジーれン] 名 -s/-e 曲馬師.

vol-ti-gie-ren [vɔltiʒiːrən ヴォルティジーれン] 動 h. **1.** 〖馬術〗輪乗りをする; 〖フェンシング〗ボルトをする. **2.** 〖馬術〗馬の曲乗りをする. **3.** 《南独》《古》小競合いをする.

das **Volt-me-ter** [ヴォルト・メーター] 名 -s/- 〘電〙電圧計.

die **Vo-lum-ein-heit** [ヴォルーム・アインハイト] 名 -/-en 体積〔容積〕単位.

das **Vo-lu-men** [ヴォルーメン] 名 -s/-〔..mina〕 **1.** 〖理〗体積, 容積(略 V);〖転〗音量. **2.** 〖転〗規模, 大きさ, 総量. **3.** 〖稀〗..mina〔本の〕巻(略 vol.). **4.** 《稀》(電流の)容量.

die **Vo-lu-men-ein-heit** [ヴォルーメン・アインハイト] 名 -/-en =Volumeinheit.

das **Vo-lu-men-ge-wicht** [ヴォルーメン・ゲヴィヒト] 名 -(e)s/-e = Volumgewicht.

das **Vo-lu-men-pro-zent** [ヴォルーメン・プロツェント] 名 -(e)s/-e = Volumprozent.

das **Vo-lum-ge-wicht** [ヴォルーム・ゲヴィヒト] 名 -(e)s/-e 比重.

vo-lu-mi-nös [ヴォルミネース] 形 《文》(容積の)大きな, ボリュームのある, 浩瀚(こうかん)な.

das **Vo-lum-pro-zent** [ヴォルーム・プロツェント] 名 -(e)s/-e 体積(容積)百分率(略 Vol. -%).

der **Vo-lun-ta-ris-mus** [ヴォルンタリスムス] 名 -/ 主意主義(意志を実在の根本原理とする思想).

vo-lun-ta-ris-tisch [ふぉルンタリスティシュ] 形 主意主義の.

die **Vo-lu-te** [ヴォルーテ] 名 -/-n〘芸術学〙(イオニア式建築の)渦巻き装飾.

vom [ふぉム] =von+dem.

vo-mie-ren [ヴォミーれン] 動 h. 〖無〗〘医〙嘔吐(おうと)する.

von [フォン] 前〔+ 3 格〕 **1.**〔空間・起点〕…か ら：～ Süden 南から. Der Zug kommt ～ Berlin. その列車はベルリン始発です. 3 km südlich *vom* Bahnhof 駅から南へ 3 キロ. ～ ⟨j³⟩ einen Brief bekommen ～ 人から手紙をもらう. ～ der Decke herabhängen 天井から吊下がっている. Er kommt ～ hier. 彼は当地の出身です. ～ rechts/oben 右/上から. ～ Köln nach Trier ケルンからトリーアへ（後置詞を伴って）. ～ hier an この地点から（先）. **2.**〔時間・起点〕…か ら, …以後, …のときの：Das Brot ist ～ gestern. こ のパンは昨日のだ. ～ früher 以前から. ～（置き値って）～ nun あのときから今から. ～ morgen/*vom* 1. April ab[an] 明日/4 月 1 日以降. ～ Kindheit an 〔auf〕幼いときから（ずっと）. **3.**〔分離・除去〕…か ら〔離れて・離して〕：die Wäsche ～ der Leine nehmen 洗濯物を（洗濯）ロープから取去る. sich³ den Schweiß ～ der Stirn wischen 額の汗をぬぐう.〔et³〕 ～ Staub reinigen〈物〉のほこりを払う. zum Unterschied ～ ⟨j³/et³⟩〈人・物・事〉と異なって〔違って〕. **4.**（2 格にならにくいか, 2 格であることを表わすときに）…の： **a.**（無冠詞の名詞とともに）am Rande ～ Wegen 道の端で. Vater ～ drei Söhnen 3 人の息子の父親. die Herstellung ～ Kunststoffen プラスチックの製造. **b.**〔地名とともに〕 der König ～ Schweden スウェーデン国王. der Vertrag ～ Rom ローマ条約. **c.**（-s, -ß, -t, -z を終わる名詞に） die Mappe ～ Hans ハンスのかば ん. die Oper „Zauberflöte" ～ Mozart モーツァルトの 歌劇「魔笛」. **d.**（2 格付加語の代用として）《口》…の：der Hut ～ meinem Kollegen 私の同僚の帽子. ⟨et³⟩ im Besitz sein〈物〉を所有している. **6.**〔所有代名詞の代用として〕《口》…の：Ist das Heft ～ dir? そのノートは君のか. **7.**〔受動文における動作主を示して〕…によって…：Das Kind wurde ～ der Mutter getadelt. その子は母親に叱られた. V～em wurden die Blumen geschenkt? こ の花はだれから贈られたのですか. **8.**〔出所〕…か ら：Post ～ einem Freund 友人からの手紙. Grüß (e) deine Eltern ～ mir! ご両親に（私から）よろしく. **9.**〔原因・手段〕…のために, …によって, …に：müde ～ der Arbeit sein 仕事で疲れている. heiser *vom* Sprechen しゃべって声がかれている. ～ Menschen 黒山のような人だかり. ～ Hand hergestellt 手作りの. ～ selbst おのずから, 自然に. **10.** 〔素材〕《古》…の〔普通は aus〕：ein Kleid ～ Seide 絹のスーツ. **11.**〔部分〕…のうちに：einer ～ euch 君たちのだれか（一人）. acht ～ hundert〔*vom* Hundert〕8 パーセント. **12.**〔量・日時〕…の：ein Abstand ～ zehn Metern 10 メートルの距離. die Fahrt ～ drei Stunden 3 時間の走行〔乗車〕. ein Buch ～ dreihundert Seiten 300 ページの本. ein Kind (im Alter) ～ fünf Jahren 5 歳の子供. Ihr Brief *vom* 3. Mai 5 月 3 日付貴書簡. die Zeitung ～ gestern 昨日の新聞. **13.**〔性質〕 **a.**〔特性を表す語とともに〕…の性質の：eine Frau ～ großer Schönheit たいへん美しい女性. eine Sache ～ Wichtigkeit 重大な事柄. **b.**（特性が当てはまる語とともに）…のような：ein Teufel ～ Vorgesetztem〔einem Vorgesetzten〕鬼みたいな上司. eine Seele ～ Mensch 心のやさしい人. **c.**（発言の当てはまる範囲を示して）…については：Er ist Lehrer ～ Beruf. 彼の職業は教員である. ⟨j³⟩ ～ Person kennen〈人〉と面識がある. jung ～ (an) Jahren sein 年は若い. **d.**（特性を表す形容詞がそれが当てはまる人とを結んで）Das war klug ～ dir. 彼はそれとしては賢明だった. Es ist (sehr) nett ～ Ihnen. それはどうもご親切に. **14.** （姓の一部として. 元来は貴族の所領の地名の前に置かれ）Wilhelm ～ Humboldt ヴィルヘルム・フォン・フン

ボルト. **15.**〔内容・テーマ〕…について：～ ⟨j³/et³⟩ reden〈人・物・事について〉話す. keine Nachricht ～ ⟨j³⟩ haben〈人〉の消息がわからない.【慣用】**von auf**…から…へ：die Nacht *von* Samstag auf〔zu〕 Sonntag 土曜から日曜にかけての夜. *von* heute auf morgen 今日明日にも. **von einem Fuß auf den anderen treten**（いらいらして）じだんだをふむ. **von … bis (zu)** …から…へ：*von* 9 bis 12 Uhr 9 時から 12 時まで. *von* Berlin bis Paris ベルリンからパリまで. **von Grund auf** 根底から. **von Haus(e) aus** もともと. **von ihm/seinem Standpunkt aus** 彼/彼の立場から見れば. **von … nach** …から…へ（向かって）：*von* Dresden nach Leipzig fahren/telefonieren ドレスデンからライプチヒへ行く/電話する. **von neuem** あらためて, 再び. ⟨j¹⟩ **von oben herab behandeln**〈人〉を見くびる. **von Rechts wegen** 法律上.〔et³〕**von sich³ aus entscheiden**（人の意見を聞かずに）自分ひとりで…決める. **von vorn (herein)** 初めから, 頭から. **von … zu** …から…へ：*von* Baum zu Baum 木から木へ. *von* Fall zu Fall ケースバイケース. *von* Zeit zu Zeit ときどき. **von zu Hause weg** 家を離れて.

―― 副《北独・口》～ davon, wovon から分離した形で）Da ich hier nichts von. それは私には何の役にも立たない. Wo habt ihr eben ～ geredet? 君たちは何のことを話していたのか.

von∙ein∙an∙der [フォン・アイナンダー] 副 お互いについて；お互いから：Wir haben lange nichts ～ gehört. 私たちは長いことお互いに何の消息も耳にしなかった. ～ entfernt sein 互いに離れている. ～ abhängig sein 互いに依存しあっている.

von∙nö∙ten [フォン・ネーテン] 副《次の形で》～ sein 必要である.

von∙stat∙ten [フォン・シュタッテン] 副《次の形で》～ gehen 行われる；進捗（しんちょく）する.

der **Voo∙doo** [vúːdu ヴードゥ, vudúː ヴドゥー] 名 -/- = Wodu.

der **Vo∙po**¹ [フォーポ] 名 -s/-s《口》(旧東独の) 人民警察官 (Volkspolizist).

die **Vo∙po**² [フォーポ] 名 -/《口》(旧東独の) 人民警察 (Volkspolizei).

vor [フォーア] 前〔+ 3 格 / 4 格〕 **1. a.**〔+ 3 格〕 〔位置〕…の前に, …の外側に：～ dem Spiegel stehen 鏡の前に立っている. ～ der Tür warten 戸口の前〔外〕で待つ. einen Kilometer ～ der Stadt liegen 町の外 1 キロのところにある. ～ ⟨j³⟩ sitzen 〈人〉の前〔正面〕に座っている. **b.**〔+ 4 格〕〔方向〕 …の前へ：sich⁴ ～ den Spiegel stellen 鏡の前へ立つ. ～ das Haus treten 家の前に出る. ～ die Fernsehkamera holen〈人〉をテレビカメラの前へ連れてくる. ⟨j⁴⟩ ～ die Wahl stellen〈人〉に選択をせまる. **2.**〔+ 3 格〕〔時点〕…の前に, 以前に：～ fünf (Minuten) ～ sieben (Uhr) 7 時 5 分前. ～ einer Woche 1 週間前. ～ vierzig Jahren 40 年前のきょう. ～ Ostern 復活祭前に. einen Tag ～ seinem Tod 彼の死の 1 日前に. **3.**〔+ 3 格〕〔順位・優位〕…の先〔前〕に：～ ⟨j³⟩ durchs Ziel gehen〈人〉より先にゴールインする. ⟨j³⟩ hergehen〈人〉の先に立って歩く. ～ allen Dingen とりわけ. **4.**〔+ 3 格〕〔面前〕…の前にして：〈j³〉 schimpfen 学生たちに話をする. sich⁴ ⟨j³⟩ schämen〈人〉の前で恥かしがる. **5.**〔+ 3 格〕〔原因・理由〕（無冠詞の名詞とともに）…のあまりに, …のために：～ Kälte zittern 寒さのあまり震える. ～ Furcht schreien 恐怖のあまり悲鳴をあげる. rot ～ Zorn sein 怒りで顔が真っ赤になっている.【*vor* は原因に「思わず知らず」「人を動うし全意識的・自発的の意味が強い」：Sie tat es *aus* Liebe. 彼女はそれを愛情ゆえに行った】. **6.**〔+ 3 格〕〔畏敬・恐れなどの対象〕…に対して：die Furcht ～ dem Tode 死

vorab [ふぉーあ・アップ] 副 まず第一に、前もって.

に対する恐怖. ~ ⟨j³⟩ Achtung haben ⟨人を⟩尊敬している. sich⁴ ~ ⟨et³⟩ schützen ⟨事₃を⟩身を守る. ⟨j³⟩ fliehen ⟨人ᵅから⟩(恐れて)逃げる. 【慣用】vor allem 特に, なかんずく(略 v. a.). vor Gericht kommen 裁判ざたになる. vor kurzem 少し前に, 先頃. ⟨für sich³ haben⟩⟨事⁴を⟩そうとなっている. vor sich⁴ hin ひとりひそかに.

── 副 1. 前に[へ]: Freiwillige ~! 志願兵前へ. 2. 〔北独・口〕(vor da davor, wovor から分離した形で)Da sei Gott ~! 滅相もない. Wo hast du denn Angst ~? 君は一体何がこわいの. 【慣用】nach wie vor 依然として.

der **Vor·ab·druck** [ふぉーあ・アップ・ドるック] 名 -(e)s/-e (単行本になる前の新聞・雑誌への)印刷掲載; 見本刷り(主に文学作品).

der **Vor·abend** [ふぉーあ・アーベント] 名 -s/-e 前の晩, 前夜; (転)直前の時期 an ~ des zweiten Weltkrieges. (転)第二次大戦の前夜に.

die **Vor·ah·nung** [ふぉーあ・アーヌング] 名 -/-en 予感.

die **Vor·al·pen** [ふぉーあ・アルペン] 複名 前アルプス(アルプスの北側前面の山地).

vor·an [ふぉらン] 副 先頭に(立って); 前に, 先へ: der Vater ~, die Kinder hinterdrein 父が先頭で子供たちはあとから. ⟨j³⟩ weit ~ sein ⟨人ᵅより⟩はるかに先行している〔優れている〕. Immer langsam ~! あわてずゆっくりと. 【慣用】allen voran (すべてにさきがけて)まず第一に, とりわけ.

vor·an|brin·gen* [ふぉらン・ブりンゲン] 動 h. ⟨j⁴/et⁴⟩ッ⟩先へ進める, 促進する.

vor·an|ge·hen* [ふぉらン・ゲーエン] 動 s. 1. 先に[先頭]に立って行く[歩く]. 2. 〔様態═〕 Es+mit ⟨et³⟩ガ+⟨様態═⟩進捗(しょく)する, はかどる. 3. ⟨et³⟩═先立つ, 先立って行われる, (…の)前に行われる[ある]; das V-de 上述のこと. in den ~den Wochen 前の数週間に. am vorangegangenen Tag その前日に.

vor·an|kom·men* [ふぉらン・コメン] 動 s. 1. 〔慣〕先へ進む, 前進まえる(人・乗り物などが). 2. 〔慣〕進捗(しょく)する, はかどる.

die **Vor·an·kün·di·gung** [ふぉーあ・アン・キュンディグング] 名 -/-en 予告.

die **Vor·an·mel·dung** [ふぉーあ・アン・メルドゥング] 名 -/-en 予約申込み; (電話の)通話申込み.

der **Vor·an·schlag** [ふぉーあ・アン・シュラーク] 名 -(e)s/…schläge 〔経〕(稀)見積り.

vor·an|trei·ben* [ふぉらン・トらイベン] 動 ⟨et⁴⟩ッ 促進する.

die **Vor·an·zei·ge** [ふぉーあ・アン・ツァイゲ] 名 -/-n (出版・上演などの)予告; (映画の)予告編.

die **Vor·ar·beit** [ふぉーあ・アルバイト] 名 -/-en (下)準備, 準備作業.

vor·ar·bei·ten [ふぉーあ・アるバイテン] 動 h. 1. ⟨et⁴⟩分ッ 前もって働く(後で休みを取るために): für die Winterreise einen Tag ~ 冬の休暇旅行のために1日分前もって働く. 2. ⟨j³⟩に, ⟨für ⟨j⁴/et⁴⟩ノタメ═⟩下準備をする, 準備の仕事[作業・工作]をする. 3. ⟨sich⁴+⟨場所⟩═⟩苦労して前進する. 4. ⟨sich⁴+⟨方向⟩═⟩努力して上る(ある地位・順位などに).

der **Vor·ar·bei·ter** [ふぉーあ・アるバイター] 名 -s/- 職長, 職工長, 現場監督者.

(das) **Vor·arl·berg** [ふぉーあ・アるルベるク, ふぉーあ・アるルベるク] 名 -s/- 〔地名〕フォーアアルルベルク(オーストリア西端の州).

der **Vor·arl·ber·ger** [ふぉーあ・アるルベるガー, ふぉーあ・アるルベるガー] 名 -s/- フォーアアルルベルクの人.

vor·auf [ふぉらウふ] 副 1. 先頭に(立って). 2. (稀)前方へ; 前方に; 以前に.

vor·aus [ふぉらウス] 副 1. ⟨⟨j³/et³⟩ヨり⟩先に(立って), 先頭に; (転)勝つ(ー): seiner Zeit ~ sein 時代に先んじている. 2. (発音は[ふぉーらウス])(稀)前もって, あらかじめ. 3. 〔海〕前方へ: Volle Kraft ~! 全速前進. 4. (稀)前方に.

der **Vor·aus** [ふぉらウス] 名 -/ 1. 〔法〕(配偶者の)相続の先取り分. 2. (発音は[ふぉーらウス])(次の形で) im[zum] ~ 前もって, あらかじめ.

die **Vor·aus·ab·tei·lung** [ふぉらウス・アップタイルング] 名 -/-en 〔軍〕先発隊, 先遣部隊.

vor·aus|ah·nen [ふぉらウス・アーネン] 動 h. ⟨et⁴⟩ッ予感する.

vor·aus|be·rech·nen [ふぉらウス・べれひネン] 動 h. ⟨et⁴⟩ッあらかじめ算定する, 見積る.

die **Vor·aus·be·rech·nung** [ふぉらウス・べれひヌング] 名 -/-en 見積り.

vor·aus|be·stim·men [ふぉらウス・べシュティメン] 動 h. ⟨et⁴⟩ッあらかじめ取り決める, 予定する.

vor·aus|be·zah·len [ふぉらウス・べツァーレン] 動 h. ⟨et⁴⟩/料金ッ前払い(前納)する.

die **Vor·aus·be·zah·lung** [ふぉらウス・べツァールング] 名 -/-en 料金の前払い.

vor·aus|da·tie·ren [ふぉらウス・ダティーれン] 動 h. = vor|datieren 1.

vor·aus|ge·hen* [ふぉらウス・ゲーエン] 動 s. 1. ⟨j³⟩ヨリ先に行く; (…の)先[先頭]に立って歩く[行く](ガイドする). 2. ⟨et³⟩ッ先立って起る(生ずる・なされる): im V-den 上述の箇所で. in vorausgegangenen Zeiten 昔[以前]は.

vor·aus|ge·setzt [ふぉらウス・ゲゼッツト] 副 (次の形で) ~(,) dass … …を前提として.

vor·aus|ha·ben* [ふぉらウス・ハーベン] 動 h. ⟨(vor) ⟨j³⟩ヨリ+⟨et⁴⟩ッ⟩勝(ᵝ)っている, (…には)ない(…)を持っている.

vor·aus|neh·men* [ふぉらウス・ネーメン] 動 h. (稀)=vorweg|nehmen.

die **Vor·aus·sa·ge** [ふぉらウス・ザーゲ] 名 -/-n 予想, 予報, 予言: eine ~ über ⟨et⁴⟩⟨事⁴についての⟩予想.

vor·aus|sa·gen [ふぉらウス・ザーゲン] 動 h. ⟨⟨j³⟩═⟩+⟨et⁴⟩ッ⟩予測(推測)して言う, 予言する, 予報する.

die **Vor·aus·sa·gung** [ふぉらウス・ザーグング] 名 -/-en =Voraussage.

vor·aus|schau·en [ふぉらウス・シャウエン] 動 h. 1. ⟨et⁴⟩ッ予見する. 2. 〔慣〕先を見通す.

vor·aus·schau·end [ふぉらウス・シャウエント] 形 先見の明がある.

vor·aus|schi·cken [ふぉらウス・シッケン] 動 h. 1. ⟨j⁴/et⁴⟩ッ+⟨方向⟩═⟩先に[前に]行かせる, 先発させる, 前もって送る. 2. ⟨⟨et³⟩ノコとに⟩+⟨et⁴⟩ダブルアクト/⟨et⁴⟩ッ⟩前もって述べる[説明する], 前置きとして述べる.

vor·aus|se·hen* [ふぉらウス・ゼーエン] 動 h. ⟨⟨文⟩ダブルアクト/⟨et⁴⟩ッ⟩予見[予知・予測]する.

vor·aus|set·zen [ふぉらウス・ゼッツェン] 動 h. ⟨et⁴⟩ッ/⟨文⟩ダブルアクト⟩前提とする, 当然[自明]のことと考える; 必要とする.

die **Vor·aus·set·zung** [ふぉらウス・ゼッツング] 名 -/-en 前提; 前提[必要]条件: die notwendige ~ für ⟨et⁴⟩ ⟨事ᵅの⟩不可欠な前提. unter der ~, dass … …という前提のもとで.

die **Vor·aus·sicht** [ふぉらウス・ズィヒト] 名 -/ 先見(の明), 先の見通し, 見込, 公算: in der ~ dass … という見通しで. in weiser ~ そうなると予想して. 【慣用】aller Voraussicht nach [nach menschlicher Voraussicht](冗)たぶん, 十中八九は.

vor·aus·sicht·lich [ふぉらウス・ズィヒトリヒ] 形 予想[見

vor·aus·wis·sen* [ふぉラウス・ヴィッセン] 動 h. 〈et⁴〉ヲあらかじめ知っている.

vor·aus|zah·len [ふぉラウス・ツァーレン] 動 〈(〈j³/et³〉ニ)+〈et⁴〉ヲ〉前払する(家賃など).

die **Vor·aus·zah·lung** [ふぉラウス・ツァールング] 名 -/-en 前払い.

der **Vor·bau** [ふぉーア・バウ] 名 -(e)s/-ten **1.** 〔建物の〕突出部(バルコニーなど);〔転〕突き出た胸. **2.** (㊗のみ)〔工〕〔橋や坑道で〕前に支柱を立てないで進む方式.

vor|bau·en [ふぉーア・バウエン] 動 h. **1.** 〈et³〉ノ前面ニ+〈et⁴〉ヲ〉つける〔建物の前面に出窓などを〕. **2.** 〈et⁴〉ヲ〉模型〔見本〕を作る〔建物などの〕. **3.** 〔für〈et⁴〉ノタメニ〕将来に備える, あらかじめ備える(老後などのために). **4.** 〈et⁴〉ヲ〉(稀)前もって防ぐ, 避ける.

vor·be·dacht [ふぉーア・ベダハト] 形 事前によく考えた.

der **Vor·be·dacht** [ふぉーア・ベダハト] 名 〈次の形で〉aus〔mit+voll〕~ あらかじめよく考えて.

vor|be·den·ken* [ふぉーア・ベデンケン] 動 h. 〈et⁴〉ヲあらかじめよく考える.

die **Vor·be·deu·tung** [ふぉーア・ベドイトゥング] 名 -/-en 前兆, 前触れ.

die **Vor·be·din·gung** [ふぉーア・ベディングング] 名 -/-en 前提条件.

der **Vor·be·halt** [ふぉーア・ベハルト] 名 -(e)s/-e 留保, 条件: ~e gegen 〈j³/et³〉 haben 〈人・物・事ニ〉留保をつける. mit ~ 条件つきで. unter üblichem ~ 慣例の留保つきで(略 u. ü. V.). ein stiller 〔innerer〕~ 〔法〕心裡(りり)留保.

vor|be·hal·ten* [ふぉーア・ベハルテン] 動 h. **1.** 〔sich³+〈et⁴〉ヲ〕留保する〔する権利[可能性]を確保しておく〕: alle Rechte ~ 版権所有. **2.** 〈j³〉ノタメニ+〈et⁴〉ヲ〉(古)取っておく〔部屋・仕事などを〕. 【慣用】〈et⁴〉ヲ〉vorbehalten sein 〔bleiben〕〈人・事のために〕取ってある〔残されている〕;〈人ニ〉委ねられている.

vor·be·halt·lich [ふぉーア・ベハルトリヒ] 前〔+2 格〕〈硬〉…を留保〔条件と〕して.
—— 形 留保〔条件〕つきの.

vor·be·halt·los [ふぉーア・ベハルト・ロース] 形 留保なしの, 無条件の.

die **Vor·be·halts·klau·sel** [ふぉーア・ベハルツ・クラウゼル] 名 -/-n 留保(ただし書き)条項.

vor·bei [ふぉーア・バイ] 副 **1.** 〔空間〕〈(an〈j³/et³〉ノソバヲ)〉通り過ぎて, 通って: Der Zug ist schon an Köln ~. 列車はすでにケルンを通過した. **2.** 〔時間〕過去の, 終って, なくなって: Der Winter ist ~. 冬は終った. Es ist schon neun Uhr ~. もう9時過ぎだ. 【慣用】(Es ist) aus und vorbei. もうどうしようもない. Mit ihm ist es vorbei. 〔口〕彼はもう駄目だ〔死ぬ〕. Mit uns ist es vorbei. 〔口〕私たちの仲は終った. Vorbei ist vorbei. 済んだことは仕方がない.

vor·bei|be·neh·men* [ふぉうバイ・ベネーメン] 動 h. 〔sich⁴〕〔口〕不作法〔場違い〕な振舞いをする.

vor·bei|ei·len [ふぉーアバイ・アイレン] 動 s. 〈(an〈j³/et³〉ノソバヲ)〉急いで通り過ぎる.

vor·bei|fah·ren* [ふぉうバイ・ファーレン] 動 h. **1.** 〈(an〈j³〉ノソバヲ)〉通り過ぎる〔乗り物で・乗り物が〕. **2.** 〔bei〈j³〉ノ所ニ〕〔口〕ちょっと寄って行く.

vor·bei|ge·hen* [ふぉーアバイ・ゲーエン] 動 s. **1.** 〔場所を〕通り過ぎる: am Ziel ~ 的を〔ねらいが〕外れる〔弾丸・矢など〕. an 〈j³/et³〉 〔achtlos〕〈人・物ニ〉注意を払わない. an 〈j³/et³〉 ~ 現実/肝心な点を無視する. **2.** 〔場所ニ〕〔口〕(ちょっと)寄る. **3.** 〈an〈j³〉〉〔㊑〕追抜く(競走など). **4.** 〔時〕過去る, 通り過ぎる, 消える(チャンス・嵐・痛みなど

vor·bei|kom·men* [ふぉうバイ・コメン] 動 s. **1.** 〔an〈j³/et³〉ノソバヲ〈場所〉ヲ〕通る, 通りかかる. **2.** 〔an〈j³/et³〉ノソバヲ〈場所〉ヲ〕通ることができる, 通り抜けられる;避けて通る. **3.** 〔bei〈j³〉ノ所ニ〕〔口〕立寄る.

vor·bei|las·sen* [ふぉうバイ・ラッセン] 動 h. 〔口〕 **1.** 〈j⁴/et⁴〉ヲ(そばを)通らせる. **2.** 〈et⁴〉ヲ〉逃がす(チャンスなどを).

der **Vor·bei·marsch** [ふぉーアバイ・マルシュ] 名 -(e)s/..märsche 行進して通過すること, パレード.

vor·bei|mar·schie·ren [ふぉうバイ・マルシーレン] 動 s.

vor·bei|pro·du·zie·ren [ふぉうバイ・プロドゥツィーレン] 動 h. 〈an〈j³/et³〉ヲ〉考慮せずに製造する.

vor·bei|re·den [ふぉうバイ・レーデン] 動 h. 〈an〈et³〉ニ〉触れない(肝心な点など). 【慣用】 aneinander vorbeireden 互いに(勝手なことを言って)話がかみ合わない.

vor·bei|schie·ßen* [ふぉうバイ・シーセン] 動 **1.** h. 〔an〈j³/et³〉ノソバヲ〕射そんじる: am Wesentlichen ~ 〔転〕本質的なことを見のがす損じる. **2.** s. 〈an〈j³/et³〉ヲ〉そばを矢のように通り過ぎる.

vor·bei|zie·hen* [ふぉうバイ・ツィーエン] 動 **1.** s. 〈an〈j³/et³〉ノソバヲ〉通り過ぎる; 〔㊑〕(…を)追い抜く. **2.** 〈j⁴/et⁴〉ヲ+〈an〈j³/et³〉ノソバニ〉引っぱって通り過ぎる.

vor·be·las·tet [ふぉーア・ベラステット] 形 (遺伝・前科などの)重荷を背負った: erblich ~ sein 遺伝のハンディを負っている.

die **Vor·be·mer·kung** [ふぉーア・ベメるクング] 名 -/-en (話の)前置き;序文, 前文.

vor|be·ra·ten* [ふぉーア・ベらーテン] 動 h. 〈et⁴〉ニツイテ〕〈j³/et³〉ト〕〔政〕事前審議〔協議〕する.

vor|be·rei·ten [ふぉーア・ベらイテン] 動 h. **1.** 〈j⁴〉ニ+auf〔für〕〈et⁴〉ヲ〉準備〔用意・支度〕をさせる;心構えをさせる, 覚悟をさせる. **2.** 〔sich⁴+〔auf〔für〕〈et⁴〉ノ〕〉準備をする;心構えをする, 覚悟をする. **3.** 〈et⁴〉ヲ〉準備〔用意・支度〕をする. **4.** 〈et⁴〉ノタメニzu〈et³〉ノタメニ+〈et⁴〉ヲ〉準備〔用意・支度〕をする. **5.** 〈sich⁴〕徴候が見える, 発生途上にある.

die **Vor·be·rei·tung** [ふぉーア・ベらイトゥング] 名 -/-en 準備, 用意, 支度; 予習: ~en für 〈et⁴〉 treffen ~に 対する 準備中である.

der **Vor·be·richt** [ふぉーア・ベりヒト] 名 -(e)s/-e 中間報告, (前もって出される)予備報告.

der **Vor·be·scheid** [ふぉーア・ベシャイト] 名 -(e)s/-e そうしたっての回答; 〔法〕予備裁決.

die **Vor·be·spre·chung** [ふぉーア・ベシュプれっヒュング] 名 -/-en 予備会談, 事前の話合い;(完全なものに先立つ)短評.

vor|be·stel·len [ふぉーア・ベシュテレン] 動 h. 〈et⁴〉ヲ.

die **Vor·be·stel·lung** [ふぉーア・ベシュテルング] 名 -/-en 予約.

vor·be·straft [ふぉーア・ベシュトらーふト] 形 〔官〕前科のある.

der/die **Vor·be·straf·te** [ふぉーア・ベシュトらーふテ] 名 (形容詞的変化)前科者.

vor|be·ten [ふぉーア・ベーテン] 動 h. **1.** 〔(〈j³〉ニ)+〈et⁴〉ヲ〉先に立って唱える, 先唱する. **2.** 〈j³〉ニ+〈et⁴〉ヲ〉〔口〕くどくど言ってきかせる, ながながと読上げる.

der **Vor·be·ter** [ふぉーア・ベーター] 名 -s/- 〔祈禱(きとう)の〕先唱者.

vor|beu·gen [ふぉーア・ボイゲン] 動 h. **1.** 〈et⁴〉ヲ〉前に曲げる〔かがめる〕(上体・頭などを). **2.** 〔sich⁴〕身体を前にかがめる, 身を乗出す. **3.** 〈et³〉ヲ〉予防

Vorbeugung 1372

〔防止〕を図(はか)る(病気・危険などの).
die **Vor|beu·gung** [フォーア・ボイグング] 名 / 予防, 防止: zur ~ gegen Krankheiten 病気予防のため.
die **Vor·beu·gungs·maß·nah·me** [フォーアボイグングス・マース・ナーメ] 名 /-n 予防措置.
das **Vor·bild** [フォーア・ビルト] 名 -(e)s/-er 手本, 模範, 範例, ひな型: sich³ ⟨j⁴⟩ zum ~ nehmen ⟨人を⟩手本とする. nach dem ~ von ⟨et³⟩ ⟨物・事を⟩手本にして.
vor·bild·lich [フォーア・ビルトリヒ] 形 模範的な.
die **Vor·bil·dung** [フォーア・ビルドゥング] 名 -/ 予備知識; 基礎知識.
vor|bin·den* [フォーア・ビンデン] 動 h. 1. ⟨⟨j³⟩ヲ+⟨et⁴⟩ヲ⟩身体の前に結んでつけてやる: sich³ eine Schürze ~ エプロンをつける. 2. 〔sich³+⟨j⁴⟩ヲ〕〔ロー古〕とっちめる.
der **Vor·bo·te** [フォーア・ボーテ] 名 -n/-n 先触れ(の使者); 前触れ, 前兆.
vor|brin·gen* [フォーア・ブリンゲン] 動 h. 1. 〔⟨et⁴⟩ヲ/⟨文⟩ダスブン〕述べる, 申立てる, 持出す. 2. 〔⟨et⁴⟩ヲ〕発する, 出す(音声・言葉を); 出す(楽器などが音を). 3. 〔⟨j³⟩ヲ+⟨et⁴⟩ヲ⟩〔ロ〕持って行く[来る]; 前へ持って行く[来る]; 〔軍〕前線に運ぶ.
die **Vor·büh·ne** [フォーア・ビューネ] 名 -/-n 張出舞台.
vor·christ·lich [フォーア・クリストリヒ] 形 西暦紀元前の.
das **Vor·dach** [フォーア・ダッハ] 名 -(e)s/..dächer (建物の入口の)張出屋根, 軒(のき).
vor|da·tie·ren [フォーア・ダティーレン] 動 h. 1. ⟨et⁴⟩ヲ](実際より)先の日付を記入する. 2. 〔⟨et⁴⟩ヲ〕〔稀〕(実際より)前の日付を記入する.
vor·dem [フォーア・デーム, フォーア・デーム] 副 〔⟨文⟩⟩以前に, 今しがた; 〔古〕かつて.
der **Vor·den·ker** [フォーア・デンカー] 名 -s/- (特に政治分野で)先見の明のある人.
vor·der [フォーアダー] 形 の, 前部の, 表の.
die **Vor·der·ach·se** [フォーアダー・アクセ] 名 -/-n 前車軸.
die **Vor·der·an·sicht** [フォーアダー・アン・ズィヒト] 名 -/-en (建物の)正面.
(*das*) **Vor·der·asi·en** [フォーアダー・アーズィエン] 名 -s/ 〔地名〕西南アジア.
der **Vor·der·aus·gang** [フォーアダー・アウス・ガング] 名 -(e)s/..gänge 正面出口.
das **Vor·der·bein** [フォーアダー・バイン] 名 -(e)s/-e (動物の)前脚.
das **Vor·der·deck** [フォーアダー・デック] 名 -(e)s/-e 〔海〕前甲板.
die **Vor·der·front** [フォーアダー・フロント] 名 -/-en (建物の)前面.
der **Vor·der·fuß** [フォーアダー・フース] 名 -es/..füße (動物の)前足.
der **Vor·der·gau·men·laut** [フォーアダー・ガウメン・ラウト] 名 -(e)s/-e 〔言〕硬口蓋(こうこうがい)音(ç) [ç] [k]など).
der **Vor·der·grund** [フォーアダー・グルント] 名 -(e)s/..gründe (絵・舞台などの)前景; 前面: im ~ stehen 前面に出ている, 極めて重要である; 〔ロ〕in den ~ stellen ⟨事を⟩前面に立てる, ⟨事を⟩強調する.
vor·der·grün·dig [フォーアダー・グリュンディヒ] 形 1. うわべだけの, 皮相な. 2. 〔稀〕重要な.
vor·der·hand [フォーアダーデーア・ハント, フォーアダー・ハント, フォーアダーデーア・ハント, フォーアダーデーア・ハント, フォーアダー・ハント, フォーアダーデーア・ハント, フォーアダー・ハント] 副 (さしあたり.
die **Vor·der·hand** [フォーアダー・ハント] 名 -/ = Vorhand 1, 2.
das **Vor·der·haus** [フォーアダー・ハウス] 名 -es/..häuser 通りに面した家; 通りに面した家の部分.
der **Vor·der·la·der** [フォーアダー・ラーダー] 名 -s/- 前装銃〔砲〕.
vor·der·las·tig [フォーアダー・ラスティヒ] 形 船首〔機首〕の重い.
der **Vor·der·lauf** [フォーアダー・ラウフ] 名 -(e)s/..läufe 〔狩〕(猟獣・犬・猫の)前脚.
der **Vor·der·mann** [フォーアダー・マン] 名 -(e)s/..männer (〔稀〕..leute も 有)(列などの)前にいる人. 〔慣用〕**j⁴ auf Vordermann bringen** 〔ロ〕⟨人を⟩厳しく規律を守らせるようにする. ⟨et⁴⟩ **auf Vordermann bringen** 〔ロ〕⟨物・事を⟩元どおりにきちんとする.
das **Vor·der·rad** [フォーアダー・ラート] 名 -(e)s/..räder 前輪.
der **Vor·der·rad·an·trieb** [フォーアダーラート・アン・トリープ] 名 -(e)s/ 前輪駆動.
der **Vor·der·satz** [フォーアダー・ザッツ] 名 -es/..sätze 1. 〔言〕前置の条件文. 2. 〔楽〕前楽節.
die **Vor·der·sei·te** [フォーアダー・ザイテ] 名 -/-n 前面, 前; 表側面, 表: sich⁴ auf [an] der ~ von ⟨et³⟩ befinden ⟨物⟩の前にある.
der **Vor·der·sitz** [フォーアダー・ズィッツ] 名 -es/-e (車の)前の座席.
vor·derst [フォーアダースト] ⟨⟨vorder..の最高級⟩⟩ 形 一番前の.
der **Vor·der·ste·ven** [フォーアダー・シュテーヴェン] 名 -s/- 〔海〕船首材.
das (*der*) **Vor·der·teil** [フォーアダー・タイル] 名 -(e)s/-e 前の部分.
die **Vor·der·tür** [フォーアダー・テューア] 名 -/-en 表口〔前面〕のドア, 正面〔玄関〕のドア.
der **Vor·der·zahn** [フォーアダー・ツァーン] 名 -(e)s/..zähne 前歯.
das **Vor·der·zim·mer** [フォーアダー・ツィマー] 名 -s/- (通りなどに面した)表の部屋.
vor|drän·gen [フォーア・ドレンゲン] 動 h. 1. 〔sich⁴〕(人込みで)人を押分けて前へ進む; でしゃばる. 2. 〔稀〕押合heへし合い前に進む.
vor|drin·gen* [フォーア・ドリンゲン] 動 s. 1. 〔⟨⟨方向⟩ニ⟩〕(強引[果敢]に)突き進む(進出する・前進する). 2. 〔⟨⟨方向⟩ニ⟩〕広まる, 普及する(宗教・学説などが).
vor·dring·lich [フォーア・ドリングリヒ] 形 差迫った, 緊急の.
die **Vor·dring·lich·keit** [フォーア・ドリングリヒカイト] 名 -/ 差迫っていること, 緊急〔最優先〕であること.
der **Vor·druck** [フォーア・ドルック] 名 -(e)s/-e 記入用紙.
vor·ehe·lich [フォーア・エーエリヒ] 形 結婚前の; 婚前の.
vor·ei·lig [フォーア・アイリヒ] 形 性急な, 早まった.
die **Vor·ei·lig·keit** [フォーア・アイリヒカイト] 名 -/-en 1. (単のみ)急ぎすぎ, 性急さ. 2. 性急な行為.
vor·ein·an·der [フォーア・アイナンダー] 副 互いに向かい合って(互いに(対して)): sich ~ hinstellen 向かい合って立つ. sich ~ fürchten 互いに(相手を)恐れる.
vor·ein·ge·nom·men [フォーア・アイン・ゲノメン] 形 先入観に囚(とら)われた.
die **Vor·ein·ge·nom·men·heit** [フォーア・アイン・ゲノメンハイト] 名 -/-en 1. (単のみ)先入観に囚(とら)われていること. 2. 〔稀〕先入観に基因すること.
die **Vor·el·tern** [フォーア・エルターン] 複数 先祖.
vor|ent·hal·ten* [フォーア・エントハルテン] 動 h. 1. 〔⟨j³⟩ニ+⟨et⁴⟩ヲ〕(不法に)渡さない〔与えない〕. 2. 〔⟨j³⟩ニ+⟨et⁴⟩ヲ〕知らせない, 隠しておく.
die **Vor·ent·hal·tung** [フォーア・エントハルトゥング] 名 -/-en (主に単)不法に渡さないこと; 知らせないこと.
die **Vor·ent·schei·dung** [フォーア・エントシャイドゥング] 名

-/-en **1.** 先行決定, 判例; 仮〔予備〕決定. **2.** 〖スポ〗予選.

der **Vorentscheidungskampf** [ふぉーあエントシャイドゥングス・カムプふ] [名] -(e)s/..kämpfe 〖スポ〗予選試合.

der **Vorentwurf** [ふぉーあ・エントヴるふ] [名] -(e)s/..würfe さしあたっての構想.

der **Vorerbe** [ふぉーあ・エるベ] [名] -n/-n 〖法〗先位相続人.

das **Vorerbe** [ふぉーあ・エるベ] [名] -s/ 〖法〗先位相続財産.

vorerst [ふぉーあ・エーあスト, ふぉーあ・エーあスト] [副] まずは, さし当たり, 当分.

vorerwähnt [ふぉーあ・エあヴェーント] [形] 前述の.

vor|erzählen [ふぉーあ・エあツェーレン] [動] *h.* 〔⟨j³⟩ニ + ⟨et⁴⟩ヲ/von ⟨j³/et³⟩ニツイテ〕《口》まことしやかに話して聞かせる.

das **Vorfach** [ふぉーあ・ふぁっは] [名] -(e)s/..fächer 鉤素(はりす), 先糸(道糸につないで鉤を直接結ぶ釣糸).

der **Vorfahr** [ふぉーあ・ふぁーあ] [名] -en/-en 先祖(の人), 祖先.

der **Vorfahre** [ふぉーあ・ふぁーれ] [名] -n/-n =Vorfahr.

vor|fahren* [ふぉーあ・ふぁーれン] [動] **1.** *s.* 〔補足なし〕前に進む(乗り物が); 《口》先に行く〔出発する〕. **2.** *s.* (主に不定詞で)〔補足なし〕〖交通〗優先的に通行する. **3.** *s.* 〔(mit ⟨et³⟩デ)〕前に進む(乗り物で). **4.** *s.* 〔(vor ⟨et³⟩ノ前ニ)〕乗りつける(車が) **5.** *s.* 〔(mit ⟨et³⟩デ) + (⟨場所⟩ニ)〕 乗りつける(人が). **6.** *h.* 〔⟨et⁴⟩ヲ〕前に進める, 前に出す(車などを); 建物の前につける, 玄関先につける(車などを).

die **Vorfahrt** [ふぉーあ・ふぁーあト] [名] -/ **1.** 〖交通〗(乗り物の)優先通行(権). **2.** 《稀》(人が)乗りつけること.

das **Vorfahrtsrecht** [ふぉーあふぁーあツ・れひト] [名] -(e)s/-e 〖交通〗優先通行権; 優先通行権規則.

das **Vorfahrtszeichen** [ふぉーあふぁーあツ・ツァイひぇン] [名] -s/- 〖交通〗優先道路標識.

der **Vorfall** [ふぉーあ・ふぁル] [名] -(e)s/..fälle **1.** (突発的)事件, 出来事, 事件. **2.** 〖医〗(直腸・子宮などの)脱, 脱出(症).

vor|fallen* [ふぉーあ・ふぁレン] [動] *s.* **1.** 〔補足なし〕起こる(予測しなかった, 特に悪い, または不快な出来事が). **2.** 〔補足なし〕前に落ちる〔倒れる・垂れる〕. **3.** 〔補足なし〕〖医〗脱出する(直腸などが).

die **Vorfeier** [ふぉーあ・ふぁイあー] [名] -/-n 前夜祭, 前祝い.

das **Vorfeld** [ふぉーあ・ふぇルト] [名] -(e)s/-er **1.** 前にある地域〔場所〕; (空港の)エプロン; 〖軍〗前線の前の地域. **2.** 〖言〗前域(定動詞の前の域). 【慣用】**im Vorfeld** 前段階で, (選挙などの)前哨(ぜんしょう)戦で, (会議などの)予備折衝で.

vor|finanzieren [ふぉーあ・ふぃナンツィーれン] [動] *h.* 〔⟨et⁴⟩ニ〕〖経〗立替融資をする.

die **Vorfinanzierung** [ふぉーあ・ふぃナンツィーるング] [名] -/-en 〖経〗立替融資.

vor|finden* [ふぉーあ・ふぃンデン] [動] *h.* **1.** 〔⟨j⁴/et⁴⟩ガ + (⟨場所⟩ニ/⟨様態⟩デ)〕いる〔ある〕のを見いだす(ある場所へ行ってそこで): alles verändert ~ 何もかもが変ってしまっているのを見いだす. **2.** 〔sich⁴ + ⟨場所⟩ニ〕(自分が)いるのに気づく, いる, ある, 見いだされる.

der **Vorfluter** [ふぉーあ・ふルーター] [名] -s/- 〖治水〗(雨水・廃水の)流路, 導水路.

die **Vorfrage** [ふぉーあ・ふらーゲ] [名] -/-n 先決問題.

die **Vorfreude** [ふぉーあ・ふろイデ] [名] -/-n 待つ楽しみ〔喜び〕: die ~ auf ⟨et⁴⟩ ⟨物・事ヲ⟩楽しみにしていること.

vorfristig [ふぉーあ・ふりスティひ] [形] 期限〔期日〕前の.

der **Vorfrühling** [ふぉーあ・ふりゅーリング] [名] -s/-e 早春.

vor|fühlen [ふぉーあ・ふゅーレン] [動] *h.* **1.** 〔(bei ⟨j³⟩ノ)〕考えをそれとなく探る, 意向を打診する. **2.** 〔⟨文⟩デアルカヲ/nach ⟨et³⟩ヲ〕それとなく探る.

die **Vorführdame** [ふぉーあ・ふゅーあ・ダーメ] [名] -/-n ファッションモデル.

vor|führen [ふぉーあ・ふゅーれン] [動] *h.* **1.** 〔⟨j⁴/et⁴⟩ヲ + ⟨j³⟩ノ前ニ/bei ⟨et³⟩ニ〕連れて行く, 持って行く(診察・調査のために). **2.** 〔⟨j⁴⟩ヲ + (⟨方向⟩ヘト)〕《口》(前の方へ)連れて行く〔案内する〕. **3.** 〔(⟨j³⟩ニ) + ⟨j⁴/et⁴⟩ヲ〕紹介する; 見せる, 展示する; (案内して)見せる, 披露する(友人に新居などを); (実際にやって)見せる(生徒に実験などを); 演じて見せる(芸を); 上演〔上映〕する. **4.** 〔⟨j⁴⟩ヲ〕《口》さらし〔笑い〕者にする.

der **Vorführer** [ふぉーあ・ふゅーらー] [名] -s/- 映写技師; 《稀》(実験などを)やって見せる人, デモンストレーター.

der **Vorführraum** [ふぉーあ・ふゅーあ・らウム] [名] -(e)s/..räume 映写室.

die **Vorführung** [ふぉーあ・ふゅーるング] [名] -/-en **1.** (㊥のみ)(検査・鑑定などに)連れて〔持って〕行くこと; 〖法〗引致. **2.** 提示, 展示, 公開, 実演; 上映; 上演.

die **Vorgabe** [ふぉーあ・ガーベ] [名] -/-n **1.** 〖スポ〗(力の劣った選手へ与える)ハンディ; (ゴルフの)ハンデ. **2.** 〖鉱〗(爆破物の)有効範囲. **3.** 〖経〗履行規準; 履行基準時間(~zeit).

der **Vorgang** [ふぉーあ・ガング] [名] -(e)s/..gänge **1.** 出来事, 事件; (事件などの)経過, 成行き; (自然界の)事象. **2.** 〖官〗関係書類.

der **Vorgänger** [ふぉーあ・ゲンガー] [名] -s/- 前任者; 《転》(あるものより)前のもの.

der **Vorgarten** [ふぉーあ・ガるテン] [名] -s/..gärten 前庭.

vor|gaukeln [ふぉーあ・ガウケルン] [動] *h.* 〔⟨j³⟩ニ + ⟨et⁴⟩ヲ〕言葉巧みに信じ込ませる, 本物であると思わせる.

vor|geben* [ふぉーあ・ゲーベン] [動] *h.* **1.** 〔(⟨j³⟩ニ) + ⟨et⁴⟩ヲ〕《口》差出す(先生にノートなどを). **2.** 〔⟨et⁴⟩ヲ/⟨文⟩デアルコトヲ〕偽って口実にする〔理由に挙げる〕(急用・病気などを), (…と)偽って言う, 嘘をつく. **3.** 〔⟨et⁴⟩ヲ〕あらかじめ定める〔設定する〕(目標などを). **4.** 〔⟨j³⟩ニ + ⟨et⁴⟩ヲ〕〖スポ〗(あらかじめ)ハンディ(キャップ)として与える.

das **Vorgebirge** [ふぉーあ・ゲビるゲ] [名] -s/- 前山脈(主要山脈の前の低い山脈); 岬.

vorgeblich [ふぉーあ・ゲーブリひ] [形] 表向きの, 自称の, 偽りの: eine ~*e* Krankheit 仮病.

vorgeburtlich [ふぉーあ・ゲブーあトリひ] [形] 〖医〗出生前の.

vorgefasst, ㊐**vorgefaßt** [ふぉーあ・ゲふぁスト] [形] あらかじめ決められた, 先入観に基づく.

vorgefertigt [ふぉーあ・ゲふぇるティひト] [形] プレハブの.

das **Vorgefühl** [ふぉーあ・ゲふゅール] [名] -(e)s/-e 予感: im ~ von ⟨et³⟩ ⟨事ヲ⟩予感して.

vor|gehen* [ふぉーあ・ゲーエン] [動] *s.* **1.** 〔(⟨方向⟩ニ)〕(前の方へ)進む, 前進する, 攻勢に転じる. **2.** 〔補足なし〕先に行く, 先発する, 《口》先に立って行く〔歩く〕. **3.** 〔⟨様態⟩ニ〕進む, 進んでいる(時計が). **4.** 〔bei ⟨et³⟩ニ際シテ/in ⟨et³⟩デ + ⟨様態⟩ノ〕やり方をする. **5.** 〔gegen ⟨j⁴/et⁴⟩ニ対シテ + ⟨様態⟩ニ〕対処をする, 措置〔処置〕を取る. **6.** 〔⟨場所⟩デ〕起こる. **7.** 〔補足なし〕優先する.

das **Vorgehen** [ふぉーあ・ゲーエン] [名] -s/ やり方; 措置, 対処, 処置.

vorgelagert [ふぉーあ・ゲラーガート] [形] 〔(⟨et³⟩ノ)〕前方にある〔横たわった〕.

V

das **Vor·ge·le·ge** [フォーア・ゲレーゲ] 名 -s/- 〖工〗中間.
vor·ge·nannt [フォーア・ゲナント] 形〖官〗前述の.
das **Vor·ge·richt** [フォーア・ゲリヒト] 名 -(e)s/-e 前菜, オードブル.
vor·ge·rückt [フォーア・ゲリュックト] 形 先へ進んだ；zu ~er Stunde《文》夜ふけに. in ~em Alter《文》かなりな年輩の.
die **Vor·ge·schich·te** [フォーア・ゲシヒテ] 名 -/-n 1. 前史, 前のいきさつ, 前歴：die ~ einer Krankheit 病歴. 2.《⊕のみ》先史〔有史以前〕(の時代)；先史学.
vor·ge·schicht·lich [フォーア・ゲシヒトリヒ] 形 有史以前の, 先史(時代)の.
der **Vor·ge·schmack** [フォーア・ゲシュマック] 名 -(e)s/ 事前の感触〔雰囲気〕：⟨j³⟩ einen ~ von⟨et³⟩ geben⟨人に⟩⟨事を⟩前もって感じさせる.
vor·ge·scho·ben [フォーア・ゲショーベン] 形 1. 前進の. 2. 口実だけの.
der/die **Vor·ge·setz·te** [フォーア・ゲゼッツテ] 名〖形容詞的変化〗上司, 上役, 上官.
vor·ges·tern [フォーア・ゲスターン] 副 一昨日；《次の形で》von ~《古》《⊛も有》古くさい：eine Sitte von ~ 古くさい風習.
vor·ges·trig [フォーア・ゲストリヒ] 形 1. 一昨日の. 2.《口》《⊛も有》古くさい, 時代遅れの.
vor|grei·fen* [フォーア・グライフェン] 動 h. 1.《晧与》手を前に伸ばす：mit den Armen — 両腕を前に伸ばす. auf das nächste Monatsgehalt ~ 来月の給料を前借りする. 2.⟨j³⟩+⟨et⁴ッヮ⟩先取りをして言う〔行う〕. 3.⟨et³ッヮ⟩待たずに先走って〔先回りして〕行動する；(…の)結末〔重要な点〕を先に述べる.
der **Vor·griff** [フォーア・グリッフ] 名 -(e)s/-e 先取り, 先回り.
vor|ha·ben* [フォーア・ハーベン] 動 h. 1.⟨et⁴ッヮ/zu⟩としようと考えている, するつもりである, 予定〔計画・意図〕している. 2.⟨et⁴ッヮ⟩《口》(身体の前に)着けている(前掛け・ナプキンなどを). 3.⟨j³ッ⟩《口》ひどくなぐる, 責め立てる.
das **Vor·ha·ben** [フォーア・ハーベン] 名 -s/- 計画, 意図.
die **Vor·hal·le** [フォーア・ハレ] 名 -/-n 玄関ホール；ロビー；(バシリカ聖堂の)入口の間, ナルテクス.
der **Vor·halt** [フォーア・ハルト] 名 -(e)s/-e 1.〖楽〗掛留(ホムホゥ). 2.〖軍〗動く目標から(命中させるために狙う)前方までの距離. 3.《⊗イ》非難.
vor|hal·ten* [フォーア・ハルテン] 動 h. 1.⟨j³⟩(/⁴ミルハ)=+⟨et⁴ッヮ⟩突きつける, 差し出す, 掲げ〔捧げ〕持つ, 当てる；〖土〗(…に…を)一時的に用立てる(足場・資材などを). 2.⟨sich³+⟨et⁴ッヮ⟩(自分の)身体〔顔・口〕の前にあてる. 3.⟨j³⟩ッ+⟨et⁴ッヮ⟩《⊗》《テフルコトッ》咎(ёぁ) める, 叱責(⅔ぅぅ)する, 非難する. 4.《時間⁴ッ/ッ》《口》持つ, 長持ちする, 足りる(蓄えなどが). 5.⟨et⁴ッヮ⟩《硬》用意しておく. 6.《晧与》(動く目標の)前方を狙う.
die **Vor·hal·tung** [フォーア・ハルトゥング] 名 -/-en《主に⊕》 1. 非難, 叱責(⅔ぅぅ)：⟨j³⟩ ~en machen⟨人⟩を非難する. 2. 用意しておくこと；〖土〗(資材などを)一時的に用立てること.
die **Vor·hand** [フォーア・ハント] 名 -/ 1. (特に馬体の)前半. 2.〖⅔ブ〗(トランプの)打出しの位置(最初にカードを出す位置)；最初に打出す人：in der ~ sein《転》有利な立場にいる. 3. (テニスなどの)フォアハンド, フォアハンドストローク(~schlag).
vor·han·den [フォーア・ハンデン] 形 手元にある, 手持ちの, 存在する.
das **Vor·han·den·sein** [フォーアハンデン・ザイン] 名 -s/ 現存, 存在.

der **Vor·hand·schlag** [フォーア・ハント・シュラーク] 名 -(e)s/ ..schläge (テニスなどの)フォアハンドストローク.
der **Vor·hang** [フォーア・ハング] 名 -(e)s/..hänge 1. カーテン：den ~ aufziehen/zuziehen カーテンを開ける/閉める. 2. (舞台の)幕, 緞帳(ミムネ゙ぅ)：Es gab viele *Vorhänge*. 何度もカーテンコールがあった. der eiserne ~〖劇〗鉄のカーテン(舞台と客席を区切る防火シャッター). der Eiserne ~〖政〗鉄のカーテン(第二次大戦後の東欧社会主義国の閉鎖政策).
vor|hän·gen [フォーア・ヘンゲン] 動 h.《⟨j³/et³⟩ッ前ニ⟨et⁴ッヮ⟩》掛ける(覆い・ドアのチェーンなどを).
das **Vor·hän·ge·schloss**, ⊛ **Vor·hän·ge·schloß** [フォーア・ヘンゲ・シュロス] 名 -es/..schlösser 南京(㊈)錠.
die **Vor·hang·stan·ge** [フォーアハング・シュタンゲ] 名 -/-n カーテンロッド；カーテンレール.
die **Vor·haut** [フォーア・ハウト] 名 -/..häute 包皮.
vor·her [フォーア・ヘーア, フォーア・ヘーア] 副 それ以前に；前もって, あらかじめ：einige Jahre ~ その数年前(に). am Tage ~ その前日に. kurz/lang ~ それよりちょっと/ずっと前に.
vor·her|be·stim·men [フォーア・ヘーア・ベシュティメン] 動 h.⟨et⁴ッヮ⟩あらかじめ定める(神・運命などが).
die **Vor·her·be·stim·mung** [フォーア・ヘーア・ベシュティムング] 名 -/〖神〗(神による救済の)予定.
vor·her|ge·hen* [フォーア・ヘーア・ゲーエン] 動 s.⟨et³⟩ョリ先に起こる, (…に)先行する.
vor·her·ge·hend [フォーア・ヘーア・ゲーエント] 形 その前の, 前述の：in der ~en Woche その前の週に. im V~en 前述の箇所で.
vor·he·rig [フォーア・ヘーリヒ, フォーア・ヘーリヒ] 形 その前の, 事前の.
die **Vor·herr·schaft** [フォーア・ヘルシャフト] 名 -/ (経済・政治・軍事面での)優位, 優勢；主導権, 主導的地位.
vor·herr·schen [フォーア・ヘルシェン] 動 h.《晧与》支配的である, 優勢である：Im Westen ist es ~d bewölkt. 西部では曇りがちです.
die **Vor·her·sa·ge** [フォーア・ヘーア・ザーゲ] 名 -/-n 予報, 予測, 予言：die ~ von Erdbeben 地震予報.
vor·her|sa·gen [フォーア・ヘーア・ザーゲン] 動 h.《⟨j³=⟩+⟨et⁴ッヮ⟩《⊗》《テフルコトッ》予測して言う, 予言〔予報〕する.
vor·her|seh·bar [フォーア・ヘーア・ゼーバール] 形 予見〔予測〕できる.
vor·her|se·hen* [フォーア・ヘーア・ゼーエン] 動 h.⟨et⁴ッヮ⟩《⊗》テフルコトッ)予見〔予測〕する.
vor·hin [フォーア・ヒン, フォーア・ヒン] 副 たった今, 先ほど.
vor·hin·ein [フォーア・ヒナイン] ⇨ Vorhinein.
Vor·hin·ein [フォーア・ヒナイン] 名《次の形で》im ~《ミニ゙ぅぅ》前もって, あらかじめ.
der **Vor·hof** [フォーア・ホーフ] 名 -(e)s/..höfe 前庭；〖医〗(心臓の)心房；(内耳の)前庭.
die **Vor·höl·le** [フォーア・ヘレ] 名 -/〖ぁʟぅ〗リンボ(キリスト以前に死んだ善人や洗礼を受ける前に死んだ幼児の霊の住む場所).
die **Vor·hut** [フォーア・フート] 名 -/-en〖軍〗前衛, 先鋒.
vo·rig [フォーリヒ] 形 1. (すぐ)前〔先〕の：ein Brief vom 20. ~en Monats 先月の20日付の手紙 (略 v. M.). im ~en Jahres 昨年の4月に(略 v. J.) 2.《⊗イ》余っている, 余計である.
das **Vor·jahr** [フォーア・ヤール] 名 -(e)s/-e 前年, 昨年.
vor·jäh·rig [フォーア・イェーリヒ] 形 前年〔昨年〕の.
die **Vor·kam·mer** [フォーア・カマー] 名 -/-n〖医〗心房.
der **Vor·kämp·fer** [フォーア・ケムプフェル] 名 -s/- 先

駆者, パイオニア.

vor|kau|en [ふぉーあ・カウエン] 動 h. **1.** 〈j³ニ〉〈et⁴ヲ〉かみ砕いて与える(子供に食物を). **2.** 〈〈j³ニ〉+〈et⁴ヲ〉〉(口)かんで含めるように説明する.

der **Vor|kauf** [ふぉーあ・カウフ] 名 -(e)s/..käufe 〖経〗先買い.

das **Vor|kaufs|recht** [ふぉーあ・カウフス・れひト] 名 -(e)s/-e 〖法〗先買い権.

die **Vor|kehr** [ふぉーあ・ケーる] 名 -/-en 〈スイ〉=Vorkehrung.

die **Vor|keh|rung** [ふぉーあ・ケーるング] 名 -/-en (主に®)事前の措置, 安全対策, 予防措置; für〈et⁴〉~en treffen〈事に〉事前の対策を講ずる.

der **Vor|keim** [ふぉーあ・カイム] 名 -(e)s/-e 〖植〗前葉体, 原芽体.

die **Vor|kennt|nis** [ふぉーあ・ケントニス] 名 -/-se 予備知識.

das **Vor|klär|be|cken** [ふぉーあ・クレーあ・ベッケン] 名 -s/- (下水処理場の)第一沈殿池.

vor|kli|nisch [ふぉーあ・クリーニシュ] 形 〖医〗 **1.** 臨床課程以前の. **2.** (典型的な)症状が出る以前の.

vor|knöp|fen [ふぉーあ・クネップふェン] 動 h. (口) **1.** 〈sich³+〈j³/et⁴〉ヲ/事ニ〉とっちめる, しかりつける. **2.** 〖sich³+〈j³/et⁴〉ヲ/事ニ〗取りかかる, 取組む.

vor|ko|chen [ふぉーあ・コッヘン] 動 h. **1.** 〈〈et⁴〉ヲ〉あらかじめ料理をして置く, つくり置きする(温めるだけでいいように). **2.** 〈〈et⁴〉ヲ〉あらかじめ(さっと)煮る(ゆでる).

vor|koh|len [ふぉーあ・コーレン] 動 h. (口)=vor|lügen.

vor|kom|men* [ふぉーあ・コメン] 動 s. **1.** 〈j³ニ〉起こる, 生じる(主によくないことが). **2.** 〈j³ニ+〈様態〉〉思われる; Er *kommt* sich sehr klug *vor*. 彼は自分がとても利口だと思っている. **3.** 〖Es+〈j³〉ニ+als ob〈⊗〉ノヨウダ〗気がする. **4.** 〈〈場所〉ニ〉いる, ある, 生息〈分布〉している; 出てくる, 見つかる. **5.** 〈〈方向〉ヘ〉前に出る. **6.** 〖aus〈et⁴〉カラ/〈場所〉カラ〗(前へ)出てくる: hinter dem Vorhang ~ 幕の後から出てくる. 【慣用】**Das kommt in den besten Familien (Kreisen) *vor*.** それはだれにでもあることだ(気にすることはない). **Wie *kommst* du mir eigentlich *vor*?** (口)君はいったいなんて厚かましいのだ.

das **Vor|kom|men** [ふぉーあ・コメン] 名 -s/- **1.** 存在していること, 生息していること, 発生. **2.** (地下資源の)埋蔵, 鉱脈.

vor|kom|men|den|falls [ふぉーあ・コメンデン・ふァルス] 副〖官〗かかる事態発生の場合には.

das **Vor|komm|nis** [ふぉーあ・コムニス] 名 -ses/-se (不快な)出来事, 事件.

vor|kra|gen [ふぉーあ・クらーゲン] 動 h. **1.** 〖建〗張出している. **2.** 〈et⁴ヲ〉〖建〗張出させる.

die **Vor|kriegs|zeit** [ふぉーあ・クリークス・ツァイト] 名 -/-en 戦前の時代(特に第二次世界大戦前).

vor|la|den [ふぉーあ・ラーデン] 動 h. 〈j⁴ヲ〉出頭を求める, (…を)召喚する.

die **Vor|la|dung** [ふぉーあ・ラードゥング] 名 -/-en 出頭させること, 召喚; 召喚状.

die **Vor|la|ge** [ふぉーあ・ラーゲ] 名 -/-n **1.** (®のみ)提示, 呈示. **2.** 法案, 議案; eine ~ einbringen 法案を提出する. **3.** 手本, 模範; ひな型, 見本. **4.** 〖印〗原画. **5.** 〖球〗(シュートに結びつく)アシストパス; 〖漕艇〗フォワード(ボートのこぎ始めの前傾姿勢): 〖ス*〗前傾姿勢. **5.** 〖建〗(壁などの)補强柱. **6.** 〖化〗(蒸留器の)受け器. **7.** 〖商〗立替金: in ~ treten 立替をする. **8.** 〈方〉マット.

das **Vor|land** [ふぉーあ・ラント] 名 -(e)s/- (山脈などの)前に広がる土地; (堤防の)前方地(Deich~); (耕作の)折返し点.

*vor|las|sen*** [ふぉーあ・ラッセン] 動 h. **1.** 〈j⁴ヲ〉(口)先に行かせる. **2.** 〈j⁴ヲ〉(口)順番を先にしてやる. **3.** 〈j⁴ヲ〉通す(客などを), (…に)面会を許す, (…を)引見〔接見〕する.

der **Vor|lauf** [ふぉーあ・ラウふ] 名 -(e)s/..läufe **1.** 〖ス*〗(競走の)予選. **2.** 〖化〗(蒸留の)最初の蒸留物. **3.** (圧力をかける前に圧搾器から)したたるブドウの汁. **4.** (テープ・フィルムなどの)前送り; 早送り機能. **5.** (旧東独)予備調査〔研究〕.

vor|lau|fen* [ふぉーあ・ラウふェン] 動 (口) **1.** s. 〖⁵〗前方に向かって走る; 先に立って走る, 先頭を走る. **2.** h. 〈j³ニ+〈et⁴ヲ〉〉(すべって)見せる(スケートの演技などを).

der **Vor|läu|fer** [ふぉーあ・ロイふぇあ] 名 -s/- **1.** 先駆者; 前身; 前触れ, 前兆. **2.** 〖ス*〗前走(コースの状態を見るために試合前に滑る人); 〈方〉先発臨時列車.

vor|läu|fig [ふぉーあ・ロイふぃヒ] 形 仮の, 一時的な, 暫定的な: ~e Maßnahmen 暫定的措置.

vor|laut [ふぉーあ・ラウト] 形 さし出がましい, 出しゃばりの.

vor|le|ben [ふぉーあ・レーベン] 動 h. 〈〈j³〉ニ〉+〈et⁴ヲ〉〉範を自分の生き方を通して示す.

das **Vor|le|ben** [ふぉーあ・レーベン] 名 -s/ 前歴, 経歴.

das **Vor|le|ge|be|steck** [ふぉーあ・レーゲ・ベシュテック] 名 -(e)s/-e 取分け用食器(セット)(ナイフ・フォーク・スプーン).

die **Vor|le|ge|ga|bel** [ふぉーあ・レーゲ・ガーベル] 名 -/-n (ハム・チーズなどの)取分け用フォーク.

der **Vor|le|ge|löf|fel** [ふぉーあ・レーゲ・Ⓓふェル] 名 -s/- (サラダなどの)取分け用大型スプーン.

das **Vor|le|ge|mes|ser** [ふぉーあ・レーゲ・メッサー] 名 -s/- (料理した肉の)切分け用ナイフ.

vor|le|gen [ふぉーあ・レーゲン] 動 h. **1.** 〈〈j³/et³〉ニ〉+〈et⁴ヲ〉置く, さし出す, 差し出す(提示〔表示〕する); 提出する(議会に予算案などを), 公表する, 公刊する. **2.** 〈j³/et³ニ+〈et⁴ヲ〉〉〖文〗取り分ける(料理を). **3.** 〈et³ニ+〈et⁴ヲ〉〉与える(変を). **4.** 〈et⁴ヲ+〈方向/場所〉ニ〉(前に)置く(あてがう・掛ける): die Kette ~ 安全チェーンを掛ける. **5.** 〖sich³〗身を乗出す, 前屈みになる. **6.** 〈j³ニ〉+〈et⁴ヲ〉〖球〗出す(シュートにつながるボールを). **7.** 〈et⁴ヲ〉出す, 達成する(最高タイムなどを). 【慣用】〈j³〉eine Frage *vorlegen* 〈人ニ〉質問する. 〈j³〉eine Summe *vorlegen* 〈〈人ニ〉〉ある金額を立替えてやる. **or|dentlich** [etwas Ordentliches] *vorlegen* (口)しっかり腹ごしらえをする(飲酒する食事などに).

der **Vor|le|ger** [ふぉーあ・レーガー] 名 -s/- (ベッドの前や窓物の)マット.

das **Vor|le|ge|schloss,** ⓐ **Vor|le|ge|schloß** [ふぉーあ・レーゲ・シュロス] 名 -es/ ..schlösser 南京(ナ*ン)錠.

die **Vor|lei|stung** [ふぉーあ・ライストゥング] 名 -/-en 先行投資, 将来の利益を見越しての讓歩.

vor|le|sen* [ふぉーあ・レーゼン] 動 h. 〈〈j³〉ニ〉+〈et⁴ヲ〉/aus〈et³〉ノ一部ヲ〉〉読んで聞かせる, 朗読する. 【慣用】**vorgelesen, genehmigt, unterschrieben** 〖法〗決裁済み(略 V., g., u.).

der **Vor|le|ser** [ふぉーあ・レーザー] 名 -s/- 朗読者.

die **Vor|le|sung** [ふぉーあ・レーズング] 名 -/-en **1.** (大学の)講義: eine ~ über Epik 叙事文学講義. ~en belegen 履修登録をする. ~en halten 講義をする. **2.** (®のみ)朗読.

das **Vor|le|sungs|ver|zeich|nis** [ふぉーあレーズングス・ふぇあツァイヒニス] 名 -ses/-se 講義目録, 講義要綱.

vor|letzt [ふぉーあ・レッツト] 形 最後から2番目の; 前の前の; 後一つ〔一人〕を残すだけの: im ~en Jahr 一

Vorliebe 1376

昨年.
- *die* **Vor·lie·be** [ふぉーあ・リーベ] 名 -/-n 偏愛, ひいき: eine ～ für 〈et⁴〉 haben 〈物・事⁴〉非常に好きである. mit ～ 特に好んで.
- **vor|lieb neh·men***, ⓐ**vor·lieb|neh·men*** [ふぉーあ・リープ ネーメン] 動 h. [mit 〈j³/et³〉ッ]我慢する, 満足する, 間に合せる: Wenn Sie mit mir ～ wollen, …私でよろしければ, ….
- **vor|lie·gen*** [ふぉーあ・リーゲン] 動 h. 1. [〈j³〉ニ]提出されている, (…の)手元に届いている; 公表[公刊]されている. 2. [懸念]ある, 存在する(あることが認識・考慮すべき事実として): Es liegt keine Veranlassung zur Besorgnis vor. 心配すべきいわれは少しもない. 3. [懸念](口)掛っている(差し錠など が).
- **vor|lü·gen*** [ふぉーあ・リューゲン] 動 h. 〈j³〉ニ + 〈et⁴〉ッ/aus 〈et³〉ノ一部ッ]話してだます.
- **vorm** [ふぉーあム] (口) = vor + dem.
- **vor|ma·chen*** [ふぉーあ・マッヘン] 動 h. (口) 1. [〈j³〉ニ + 〈et⁴〉ッ]やって見せる(やり方を覚えさせるために). 2. [〈〈j³〉ニ〉+〈et⁴〉ッ]やって見せる(手品など を). 3. (次の形で) 〈j³〉 etwas ～ 〈人〉をだます: 〈j³〉 nichts ～ 〈人〉をだまさない. 4. [〈et⁴〉ッ+〈(方向/場所ニ)〉](前に)置く(車輪の前に石などを); 掛け る(人の安全チェーンなどを). 【慣用】〈j³〉 blauen Dunst vormachen 〈人〉ヲ煙にまく. 〈j³〉 ein X für U vormachen〈人ニ〉黒を白と言いくるめる.
- *die* **Vor·macht** [ふぉーあ・マハト] 名 -/ 優位, 優勢; (ある地域のみ)主導的な権力の座.
- *die* **Vor·macht·stel·lung** [ふぉーあマハト・シュテルング] 名 -/=Vorherrschaft.
- **vor·ma·lig** [ふぉーあ・マーリヒ] 形 以前の.
- **vor·mals** [ふぉーあ・マールス] 副 以前に.
- *der* **Vor·marsch** [ふぉーあ・マルシュ] 名 -(e)s/..märsche 前進: auf dem(im) ～ sein 前進中である, (流行などが)広がりつつある.
- *der* **Vor·märz** [ふぉーあ・メルツ] 名 -/ 三月前期 (1815-48年3月の三月革命までの時代).
- **vor·märz·lich** [ふぉーあ・メルツリヒ] 形 三月前期の.
- *der* **Vor·mast** [ふぉーあ・マスト] 名 -(e)s/-en[-e]前檣(ぜんしょう), フォアマスト.
- *das* **Vor·merk·buch** [ふぉーあ・メルク・ブーふ] 名 -(e)s/..bücher 予約受付簿; メモ帳.
- **vor|mer·ken*** [ふぉーあ・メルケン] 動 h. [〈j⁴/et⁴〉ッ+(in〈et³〉ニ)](口)書留めておく, メモしておく, 記入しておく: für sich⁴ ein Zimmer in dem Hotel ～ lassen 自分のためにそのホテルの一室を予約させる.
- *die* **Vor·merk·lis·te** [ふぉーあ・メルク・リステ] 名 -/-n 予約[注文]簿.
- *die* **Vor·mer·kung** [ふぉーあ・メルクング] 名 -/-en メモ(すること); 予約申込み; [法]仮登記.
- *der* **Vor·mie·ter** [ふぉーあ・ミーター] 名 -s/-(部屋などの)前の借り手.
- **vor·mi·li·tä·risch** [ふぉーあ・ミリテーリシュ] 形 軍隊に入る[入営]前の.
- *der* **Vor·mit·tag** [ふぉーあ・ミッターク] 名 -(e)s/-e 午前: am ～ (その)午前に. heute/am Dienstag ～ ⓐvormittag]今日/火曜日の午前に.
- **vor·mit·tä·gig** [ふぉーあ・ミッテーギヒ] 形 午前の.
- **vor·mit·täg·lich** [ふぉーあ・ミッテークリヒ] 形 毎日午前の.
- **vor·mit·tags** [ふぉーあ・ミッタークス] 副 午前の: ～ um zehn Uhr [um zehn Uhr ～] 午前10時に. Montag [montags] ～ (毎)月曜の午前に.
- *der* **Vor·mund** [ふぉーあ・ムント] 名 -(e)s/-e[..münder] 後見人.
- *die* **Vor·mund·schaft** [ふぉーあ・ムントシャフト] 名 -/-en 後見: die ～ über 〈j⁴〉 übernehmen 〈人の〉後見を

引受ける.
- **vor·mund·schaft·lich** [ふぉーあ・ムントシャフトリヒ] 形 後見の.
- *das* **Vor·mund·schafts·ge·richt** [ふぉーあムントシャフツ・ゲリヒト] 名 -(e)s/-e 後見裁判所.
- **vorn**¹ [ふぉるン] 副 前に[で], 前方[前面]に, 表(側)に, 先に, 先頭[冒頭]に: V～ einsteigen! 〈車[扉]〉からご乗車下さい. Weiter ～ ist eine Bushaltestelle. 少し先にバスの停留所がある. da ～ ちょっと行ったそこに. nach ～ gehen/liegen 前へ出て行く, 黒板の前に出る/表に面している. von ～ 前[正面・表]から; 最初から, あらためて. ～ auf der Straße/im Bild 表の路上に/絵[写真]の前に. ～ im Buch 本の冒頭に. 【慣用】 die Nase vorn haben (口)先頭をきる. 〈et³〉 von vorn bis hinten lesen (口)〈物〉ヲ先から後まで全部読む. vorn und hinten (口)前も後ろも, どこもかしこも.
- **vorn**² [ふぉーあン] (口)=vorn+den.
- *die* **Vor·nah·me** [ふぉーあ・ナーメ] 名 -/-n (硬)実施, 実行, 行うこと.
- *der* **Vor·na·me** [ふぉーあ・ナーメ] 名 -ns/-n (姓に対する個人の)名前, 洗礼名, クリスチャンネーム.
- **vorn·an** [ふぉるン・アン, ふぉるン・アン] 副 先頭に, 一番前に.
- **vor·ne** [ふぉるネ] 副 =vorn¹.
- **vor·nehm** [ふぉーあ・ネーム] 形 1. 気高い, 高潔な. 2. 上流階級の, 高貴な, 身分の高い. 3. 高級な. 4. エレガントな, 洗練された. 5. (主に最高級で)(文)極めて重要な: meine ～ste Pflicht 私の重大な義務.
- **vor|neh·men*** [ふぉーあ・ネーメン] 動 h. 1. [〈j⁴/et⁴〉ッ+〈(方向)ヘ)](口)(前の方へ)向うへ連れて行く[運ぶ・動かす]. 2. 〈et⁴〉ッ](口)身体[顔・口]の前につける[当てる・掛ける]: ein Taschentuch ～ ハンカチを口に当てる. 3. [sich³+〈et⁴〉ッ/zu 〈動〉ッ]することに決める. 4. [sich³+〈j⁴/et⁴〉ッ]取りかかる(仕事・宿題などに). 5. [sich³+〈j⁴〉ッ](口)とつちめる. 6. [〈j⁴〉ッ](口)優先的に扱う(店員がなじみの客などを). 7. [〈et⁴〉ッ]する, 行う.
- *die* **Vor·nehm·heit** [ふぉーあ・ネームハイト] 名 -/ 高潔; 高貴; 高級; 優雅.
- **vor·nehm·lich** [ふぉーあ・ネームリヒ] 副《語飾》〈動詞・形容詞・副詞・名詞を修飾して〉(文)とりわけ, ことに.
— 形 (稀)主な, 重大な.
- *die* **Vor·nehm·tue·rei** [ふぉーあネーム・トゥーエらイ] 名 -/ (蔑)上品ぶる[気取る]こと.
- **vorn·her·ein** [ふぉるン・ヘらイン, ふぉるン・ヘらイン] 副《次の形で》von ～ 最初から.
- **vorn·über** [ふぉるン・ユーバー] 副 前のめりに, 前かがみに.
- **vorn·weg** [ふぉるン・ヴェック, ふぉるン・ヴェック] 副 =vorweg.
- *der* **Vor·ort** [ふぉーあ・オるト] 名 -(e)s/-e 1. 郊外, 近郊の町. 2. (ぶ゛)(1948年までの)指導的な州. 3. (ハンザ同盟などの)盟主都市.
- *der* **Vor-Ort-Ser·vice** [ふぉあ・オるト・ざーあヴィス, ふぉあ・オるト・ⓐ ざーヴィス] 名 -/-s (製品の組立・修理などをする)出張サービス.
- *der* **Vor·orts·ver·kehr** [ふぉーあ オるツ・ふぇあケーあ] 名 -(e)s/ =Vorortverkehr.
- *der* **Vor·orts·zug** [ふぉーあ オるツ・ツーク] 名 -(e)s/..züge =Vorortzug.
- *der* **Vor-Ort-Ter·min** [ふぉあ・オるト・テるミーン] 名 -s/-e 実地検証[捜査・調査]の期日(現場で当事者と調査・確認する).
- *der* **Vor·ort·ver·kehr** [ふぉーあ オるト・ふぇあケーあ] 名 -(e)s/ 都心と近郊を結ぶ交通.
- *der* **Vor·ort·zug** [ふぉーあ オるト・ツーク] 名 -(e)s/..züge 近郊列車.

vorschreiben

der **Vor·platz** [ふぉーあ・プラッツ] 名 -es/..plätze **1.**〔建物の前の〕広場. **2.**《方》玄関.

(das) **Vor·pom·mern** [ふぉーあ・ポマーン] 名 -s/〖地名〗フォーポンメルン〔旧プロイセンのポンメルン州,現在はメクレンブルクとともに一州をなす〕.

der **Vor·pos·ten** [ふぉーあ・ポステン] 名 -s/〖軍〗前哨(しょう);前哨地.

das **Vor·pro·dukt** [ふぉーあ・プロドゥクト] 名 -(e)s/-e〖経〗初期〔一次〕製品〔原料加工の初期段階の製品〕.

die **Vor·prü·fung** [ふぉーあ・プリューフング] 名 -en 予備試験〔審査〕,事前審査;模擬試験.

vor·ra·gen [ふぉーあ・ラーゲン] 動. 《〈方向〉へ/aus 〈et³〉ッッ》突きでている〔岩791・岬などが〕.

der **Vor·rang** [ふぉーあ・ラング] 名 -(e)s/ **1.** 優位,優先〔権〕: den ~ vor 〈j³/et³〉 haben〈人・物に〉優先する. **2.**〖鉄道〗優先通行権.

vor·ran·gig [ふぉーあ・ランギヒ] 形 優先する,優先的な;まず第一に;主として.

die **Vor·rang·stel·lung** [ふぉーあラング・シュテルング] 名 -/ 優位, 上位.

der **Vor·rat** [ふぉーあ・ラート] 名 -(e)s/..räte 貯え,ストック,備蓄物品;在庫品: ein ~ an Lebensmitteln 食料品の蓄え. 〈et³〉 auf ~ kaufen〈物を〉買置きる〔買いだめする〕. auf ~ schlafen 寝だめする. 〈et³〉 in ~ haben〈物を〉蓄えておく.

vor·rä·tig [ふぉーあ・レーティヒ] 形 在庫の, 買置きの,蓄えてある.

die **Vor·rats·kam·mer** [ふぉーあらーッ・カマー] 名 -/-n 貯蔵室.

der **Vor·raum** [ふぉーあ・ラオム] 名 -(e)s/..räume 控え室.

vor·rech·nen [ふぉーあ・れヒネン] 動 h.《〈j³〉ニ+〈et⁴〉ッッ》計算して見せる;〈転〉数え立てる〔欠点などを〕.

das **Vor·recht** [ふぉーあ・れヒト] 名 -(e)s/-e 特権,特典.

die **Vor·re·de** [ふぉーあ・れ・デ] 名 -/-n **1.**〔演説などの〕前置き. **2.**《古》〔本の〕序文.

vor·re·den [ふぉーあ・れ・デン] 動 h.《〈j³〉ニ+〈et⁴〉ッッ》《口》もっともらしく話して聞かせる: Du kannst mir doch nichts ~! そんな話は信用できないね.

der **Vor·red·ner** [ふぉーあ・れードナー] 名 -s/- 前置きを〔口上を〕述べる人;〔その人の〕前に話した人.

vor·rei·ten* [ふぉーあ・ライテン] 動 **1.** s.《慣用》馬で前方に進む. **2.** s.《〈j³〉ニ》馬で先に行く. **3.** h.《〈j³〉ニ+〈et⁴〉ッッ》騎乗して見せる.

vor·rich·ten [ふぉーあ・リヒテン] 動《et⁴〉ッッ》《方》あらかじめ用意する〔整える〕.

die **Vor·rich·tung** [ふぉーあ・リヒトゥング] 名 -/-en **1.** 装置, 設備. **2.**《方》準備,整備. **3.**〖鉱〗採掘準備.

vor·rü·cken [ふぉーあ・リュッケン] 動 **1.** h.《〈et⁴〉ッッ》前へ動かす〔ずらす・進める〕: Um aus dem Fenster zu sehen, *rückte* er seinen Stuhl *vor*. 窓から外を見るために,彼はいすをその前へ動かした. **2.** s.《〈〈方向〉へ〉+〈et⁴〉ッッ》進む〔移動する〕;〖軍〗進撃〔進軍〕する: auf den zweiten Platz ~ 第2位へ上がる. mit der Dame zwei Felder ~〖チェス〗女王を二目前へ進める. **3.** s.《慣用》過ぎる〔時間などが〕: Die Nacht rückt *vor*. 夜がふける. in *vorgerücktem* Alter sein《文》年をとっている. zu *vorgerückter* Stunde〔Zeit〕《文》夜遅くに.

der **Vor·ru·he·stand** [ふぉーあ-エ・シュタント] 名 -(e)s/ 《官庁》定年扱早期退職身分.

die **Vor·run·de** [ふぉーあ・ルンデ] 名 -/-n〖スポーツ〗一次予選.

vors [ふぉース]《口》=vor+das.

Vors. =Vorsitzende(r) 議長;Vorsitz 議長職.

der **Vor·saal** [ふぉーあ・ザール] 名 -(e)s/..säle《方》玄関のホール,控えの間.

vor·sa·gen [ふぉーあ・ザーゲン] 動 h. **1.**《〈j³〉ニ+〈et⁴〉ッッ》小声でこっそり教える;〔復唱させる〕〔書取らせる〕のために〕口に出して言う. **2.**《et⁴〉ッッ》〔覚えるために〕口に出して言う〔単語・文章などを〕. **3.** 〔sich³+〈et⁴〉ッッ〕自分に言聞かせる.

die **Vor·sai·son** [ふぉーあ・ゼゾーン, ふぉーあ・ゼゾン] 名 -s〔《南独・オーストリア》-en も有〕シーズン始め.

der **Vor·sän·ger** [ふぉーあ・ゼンガー] 名 -s/-〔交互歌唱の〕先唱者;〔教会の〕主唱者.

der **Vor·satz** [ふぉーあ・ザッツ] 名 -es/..sätze **1.** 〔固い〕決心,意向;〖法〗故意,犯意: einen ~ fassen 決心をする. mit ~ 故意に. **2.**〔das ~ も有〕〖製本〗〔本の〕見返し〔~blatt〕. **3.**〔機械の〕アタチメント,付属装置.

das **Vor·satz·blatt** [ふぉーあザッツ・プラット] 名 -(e)s/..blätter〖製本〗〔本の〕見返し.

vor·sätz·lich [ふぉーあ・ゼッツリヒ] 形 意図的な, 故意の.

die **Vor·satz·lin·se** [ふぉーあザッツ・リンゼ] 名 -/-n〖写〗〔カメラの〕補助〔交換〕レンズ.

das **Vor·satz·pa·pier** [ふぉーあザッツ・パピーア] 名 -s/〖製本〗〔本の〕見返し.

die **Vor·schau** [ふぉーあ・シャウ] 名 -/-en〔ラジオ・劇・映画・テレビなどの〕予告: eine ~ auf ein Programm ある番組の予告.

der **Vor·schein** [ふぉーあ・シャイン] 名《次の形で》〈et⁴〉 zum ~ bringen〈物を〉見えるようにする,〈物を〉見せる. zum ~ kommen 現れる.

vor·schi·cken [ふぉーあ・シッケン] 動 h. **1.**《et⁴〉ッッ》前の方に行かせる;先発させる. **2.**《et⁴〉ッッ》前もって送る〔旅行荷物などを〕.

vor·schie·ben* [ふぉーあ・シーベン] 動 h. **1.**《〈j⁴/et⁴〉ッッ》押して前へ動かす;前に突き出す〔頭・肩・下唇などを〕; 前進〔進軍〕させる〔部隊などを〕;〈向う側の方〉へ移動させる〔境界線・陣地などを〕. **2.**〔sich⁴+《〈場所〉ッ/〈方向〉ニ》〕〔押分けて〕前へ進む. **3.**《〈j³〉ニ+〈et⁴〉ッッ》前面に押出してさえぎる;〖慣用〗den Riegel an der Tür *vorschieben* 扉にかんぬき〔差し錠〕を掛ける.《et³》 einen Riegel *vorschieben*〈事⁴〉阻止する.

vor·schie·ßen* [ふぉーあ・シーセン] 動《口》**1.** s.《慣用》〔前方へ〕ぱっと飛出す. **2.** s.《〈場所〉ッ》飛出して来る. **3.** h.《〈j³〉ニ+〈et⁴〉ッッ》前貸し〔前払い〕する.

das **Vor·schiff** [ふぉーあ・シフ] 名 -(e)s/-e 船の前部.

der **Vor·schlag** [ふぉーあ・シュラーク] 名 -(e)s/..schläge **1.** 提案,申出: auf〈j²〉 ~〈人の〉提案で.〈j³〉 einen ~ machen〈人に〉提案する. **2.**〖楽〗前打音. **3.**《バイ》剰余金.

vor·schla·gen* [ふぉーあ・シュラーゲン] 動 **1.** h.《〈j³〉ニ+〈et⁴〉ッッ》《〈〈デア〉〉デアルフ⁴〉ッッ》前もって示す,申出る;提案する. **2.**《〈j⁴〉ッッ+für 〈als〉〈j⁴〉ッッ》推薦する.

der **Vor·schlag·ham·mer** [ふぉーあシュラーク・ハマー] 名 -s/..hämmer〔鍛冶用の〕大ハンマー.

das **Vor·schlags·recht** [ふぉーあシュラークス・れヒト] 名 -(e)s/ 推薦権,提案権.

die **Vor·schluss·run·de**, 《旧》**Vor·schluß·run·de** [ふぉーあ・シュルス・ルンデ] 名 / n〖スポーツ〗準決勝.

vor·schme·cken [ふぉーあ・シュメッケン] 動 h.《慣用》特によく効いている〔香辛料が〕.

vor·schnei·den* [ふぉーあ・シュナイデン] 動 h. **1.**《et⁴〉ッッ》あらかじめ切っておく. **2.**《〈j³〉ニ+〈et⁴〉ッッ》〔食べやすい大きさに〕切って与える.

vor·schnell [ふぉーあ・シュネル] 形 =voreilig.

vor·schrei·ben* [ふぉーあ・シュらイベン] 動 h. **1.**《〈j³〉ニ+〈et⁴〉ッッ》手本として書いて見せる. **2.**

〘〈et^4〉ヲ＋(〈場所〉ニ)〙後で清書するために書く. **3.** 〘(〈j^3〉ニ)＋〈et^4〉ヲ/〈[文]〉デアルコトヲ〙指示する, 指図する, 指定する, 命ずる, 定める: Das Gesetz *schreibt vor*, dass ... その法律は, …と定めている.

vor|schrei·ten* [ふぉーあ·シュらイテン] [動] *s.* 〘補足なし〙 ⦅文⦆ 進む, 進捗(しんちょく)する; ⦅転⦆(時が)経過する: zu *vorgeschrittener* Stunde 晩方遅くに. trotz seines *vorgeschrittenen* Alters 年がいっているにもかかわらず.

die **Vor·schrift** [ふぉーあ·シュりふト] [名] -/-en 提示, 指定, 指図; 規則, 法規: 〈j^3〉 *~en* machen 〈人に〉指図する.

vor·schrifts·ge·mäß [ふぉーあシュりふツ·ゲメース] [形] ＝ vorschriftsmäßig.

vor·schrifts·mä·ßig [ふぉーあシュりふツ·メースィひ] [形] 規定〔規則・指示〕通りの.

vor·schrifts·wid·rig [ふぉーあシュりふツ·ヴィードりひ] [形] 規定〔規則・指示〕に反した.

der **Vor·schub** [ふぉーあ·シューブ] [名] -(e)s/..schübe **1.** ⦅次の形で⦆ 〈j^3/et^3〉 ~ leisten ⦅古⦆〈人・事を〉後押し〔助長〕する. **2.** 〘工〙送り.

die **Vor·schu·le** [ふぉーあ·シューレ] [名] -/-n **1.** 就学前の教育施設(幼稚園など). **2.** (昔の)上級学校への予備教育; 予備校.

vor·schu·lisch [ふぉーあ·シューリシュ] [形] 就学前の.

der **Vor·schuss**, [旧]**Vor·schuß** [ふぉーあ·シュス] [名] -es/..schüsse 前払い; 前払金, 前渡金, 前金: sich^3 einen ~ auf das Gehalt geben lassen 給料の前借りをする.

der **Vor·schuss·lor·beer**, [旧]**Vor·schuß·lor·beer** [ふぉーあシュス·ロる·ベーあ] [名] -s/-en(主に[複])高い前評判.

vor·schuss·wei·se, [旧]**vor·schuß·wei·se** [ふぉーあシュス·ヴァイゼ] [副] 前払い〔前渡し〕で.

vor|schüt·zen [ふぉーあ·シュッツェン] [動] *h.* 〘〈et^4〉ヲ〙口実にする, 言逃れの材料に使う.

die **Vor·schüt·zung** [ふぉーあ·シュッツング] [名] -/ 口実, 言逃れ.

vor|schwär·men [ふぉーあ·シュヴェるメン] [動] *h.* 〘〈j^3〉ニ＋von 〈j^3/et^3〉ノ事ヲ/〈[文]〉デアルト〙夢中になって話す.

vor|schwe·ben [ふぉーあ·シュヴェーベン] [動] *h.* 〘〈j^3〉ノ〙頭に浮かんでいる, 念頭にある.

vor|schwin·deln [ふぉーあ·シュヴィンデルン] [動] *h.* 〘〈j^3〉ニ＋〈et^4〉ヲ/〈[文]〉デアルト〙⦅口⦆まことしやかに話す.

vor|se·hen* [ふぉーあ·ゼーエン] [動] *h.* **1.** 〘(〈場所〉カラ)〙覗(のぞ)く, 見る(立木の背後などから); 覗いている, 見える(下着がスカートの下などから). **2.** 〘zu〈[動]〉ヲ/〈et^4〉ヲ〙予定している, するつもりでいる. **3.** 〘〈et^4〉ヲ〙(予め)定めている〔考慮に入れている〕, 予想〔想定〕している(法律・計画などが). **4.** 〘〈j^4〉ヲ＋für 〈et^4〉ニ/als 〈j$^{1(4)}$〉トシテ〙(任用〔任命〕することを)予定している. **5.** 〘〈et^4〉ヲ＋für 〈j^4/et^4〉ニ/als 〈et$^{1(4)}$〉トシテ〙(用いることを)予定している. **6.** 〘sich^4＋(vor 〈j^3/et^3〉ニ(対シテ)/〈[文]〉デアルコトニ)〙気をつける, 用心〔注意〕する. **7.** 〘sich^4＋mit 〈et^3〉ヲ〙⦅古⦆用意しておく, 備えておく(食糧などを).

die **Vor·se·hung** [ふぉーあ·ゼーウング] [名] -/ 摂理, 神慮: ~ spielen ⦅冗⦆(事の)成行きにひそかに力ぞえする.

vor|set·zen [ふぉーあ·ぜっツェン] [動] *h.* **1.** 〘〈j^4/et^4〉ヲ＋(〈方向〉ヘ)〙前に動かす〔出す・移す・置く・据える〕. **2.** 〘sich^4＋(〈方向〉ニ)〙前の方の(…に)移る, 前の方に座る. **3.** 〘(〈et^3〉ノ前ニ/〈場所〉ニ)＋〈et^4〉ヲ〙(取り)つける, あてがう. **4.** 〘〈j^3〉ニ＋〈et^4〉ヲ〙供する, 出す(飲食物・食事を); ⦅転⦆提供する(出し物・ゴシップ記事などを). **5.** 〘sich^3＋〈et^4〉ヲ〙⦅古⦆する決心〔決意〕をする.

die **Vor·sicht** [ふぉーあ·ズィひト] [名] -/ 用心, 注意: ~ üben 〔walten lassen〕 用心する, 気をつける. mit ~ 慎重に. ~ feuergefährlich! 火気厳禁. ~, Glas! ガラス注意.

vor·sich·tig [ふぉーあ·ズィひティひ] [形] 用心〔注意〕深い, 慎重な.

die **Vor·sich·tig·keit** [ふぉーあ·ズィひティひカイト] [名] -/ 用心深さ, 慎重さ.

vor·sichts·hal·ber [ふぉーあズィひツ·ハルバー] [副] 用心のために, 念のため.

die **Vor·sichts·maß·nah·me** [ふぉーあズィひツ·マース·ナーメ] [名] -/-n ＝Vorsichtsmaßregel.

die **Vor·sichts·maß·re·gel** [ふぉーあズィひツ·マース·れーゲル] [名] -/-n 予防措置.

die **Vor·sil·be** [ふぉーあ·ズィルベ] [名] -/-n 前つづり, 接頭辞.

vor|sin·gen* [ふぉーあ·ズィンゲン] [動] *h.* **1.** 〘〈j^3〉ニ＋〈et^4〉ヲ〙歌って聞かせる; (手本として)先に歌ってみせる. **2.** 〘〈et^4〉ヲ〙先唱する(ソリストとして). **3.** 〘(〈場所〉デ/〈j^3〉ノ前デ)〙歌う(歌唱力のテストのために): an〔bei〕 der Oper ~ 歌劇団のオーディションで歌う.

vor·sint·flut·lich [ふぉーあ·ズィント·ふルートリひ] [形] ⦅口⦆大昔の, 古くさい.

der **Vor·sitz** [ふぉーあ·ズィッツ] [名] -es/ 議長職, 座長役, 司会役: den ~ führen 議長を務める. unter dem ~ von 〈j^3〉〈人を〉議長〔司会〕として.

vor|sit·zen* [ふぉーあ·ズィッツェン] [動] *h.*/⦅南独・スイス・オーストリア⦆ *s.* 〘〈et^3〉ノ〙議長を務める.

der/die **Vor·sit·zen·de** [ふぉーあ·ズィッツェンデ] [名] (形容詞的変化)(団体・協会・党などの)代表責任者; 議長, 座長, 裁判長, 理事長.

der **Vor·sit·zer** [ふぉーあ·ズィッツァー] [名] -s/- ＝Vorsitzender.

der **Vor·so·kra·ti·ker** [ふぉーあ·ゾクらーティカー] [名] -s/- (主に[複])ソクラテス以前の哲学者.

vor·so·kra·tisch [ふぉーあ·ゾクらーティシュ] [形] ソクラテス以前の.

der **Vor·som·mer** [ふぉーあ·ゾマー] [名] -s/- **1.** (夏の始まる前の)夏のような時期. **2.** 前年の夏.

die **Vor·sor·ge** [ふぉーあ·ゾるゲ] [名] -/-n (主に[単]) (将来への)配慮, 備え, 用心, 用意: ~ für 〈et^4〉 ~ tragen〔treffen〕〈物の〉備え〔準備〕をする. zur ~ 用心のために.

vor|sor·gen [ふぉーあ·ゾるゲン] [動] *h.* 〘für 〈j^4/et^4〉ノタメニ〙あらかじめ準備する〔備える〕.

die **Vor·sor·ge·un·ter·su·chung** [ふぉーあゾるゲ·ウンターズーふング] [名] -/-en 予防検診.

vor·sorg·lich [ふぉーあ·ゾるクリひ] [形] 用心のための, あらかじめ配慮した; 用意周到な.

der **Vor·spann** [ふぉーあ·シュパン] [名] -(e)s/-e **1.** (映画・テレビなどの冒頭の)クレジット(タイトル); 短い前書, (新聞記事などの)リード(標題の次の要約). **2.** 補助の牽引(けんいん)車, (車の前の)補助の牛馬.

vor|span·nen [ふぉーあ·シュパネン] [動] *h.* **1.** 〘〈et^4〉ヲ＋(〈et^3〉ノ)〙前につなぐ(馬を馬車などの), 前に連結する(機関車などを). **2.** 〘〈j^4〉ヲ〙⦅口⦆利用する. **3.** 〘〈et^4〉ニ〙〘電〙バイアスをかける. **4.** 〘〈et^4〉ニ〙〘工〙(鉄線を入れて)圧縮応力を生じさせる, プレストレスを施す.

die **Vor·spei·se** [ふぉーあ·シュパイゼ] [名] -/-n 前菜, オードブル.

vor|spie·geln [ふぉーあ·シュピーゲルン] [動] *h.* 〘(〈j^3〉ニ)＋〈et^4〉ヲ/〈[文]〉デアルコトヲ〙本当であるかのように見せかける, 装う.

die **Vor·spie·ge·lung** [ふぉーあ·シュピーゲルング] [名] -/-en 本当らしく見せかけること: unter ~ falscher Tatsachen 間違ったことを事実と見せかけて.

das **Vor·spiel** [ふぉーあ·シュピール] [名] -(e)s/-e **1.**

前奏曲,序曲;序幕,プロローグ. **2.** (性交の)前戯;[﹅]前戯試合. **3.** (事件などの)前触れ,序盤. **4.** オーディション.

vor|spie·len [ふぉーあ・シュピーレン] 動 h. **1.** 〔((j³)ニ)+〈et⁴〉ヲ〕演奏する,演奏して聞かせる;演じる(劇・寸劇などを);(手本として)演奏して〔演じて〕見せる,再生する(レコード・ビデオなどを). **2.** 〔〈j³〉/前/ニ〕演奏〔演技〕する(オーディション・試験などで). **3.** 〔〈j³〉ニ+〈et⁴〉ヲ〕(巧みな演技〔口説〕で)本当だと思わせる,(…の)ふりをする.

vor|spre·chen* [ふぉーあ・シュプれっヒェン] 動 h. **1.** 〔((j³)ニ)+〈et⁴〉ヲ〕(手本として)発音して〔言って〕見せる(単語などを). **2.** 〔(〈j³〉/am〔bei〕〈et³〉デ)+〈et⁴〉ヲ〕朗読〔朗誦〕する(オーディション・試験などで). **3.** 〔bei 〈j³〉/〈et³〉ヲ/auf 〈et⁴〉ヲ〕訪ねる(願い・相談などの用件で).

vor|sprin·gen* [ふぉーあ・シュプリンゲン] 動 s. **1.** 〔aus 〈et³〉カラ/〈場所〉カラ〕前方へ飛び出す. **2.** 〔[﹅]〕びくっとして進む(時計の針が). **3.** 〔[﹅]〕突き出ている,張出ている.

vor|sprin·gend [ふぉーあ・シュプリンゲント] 形 突き出た,張出した.

der **Vor·sprung** [ふぉーあ・シュプるンｸ] 名 -(e)s/..sprünge **1.** (建物の)張出し;(岩の)突出部,岩棚(などの). **2.** (競争相手に対する)リード,距離:〔(転)優位:einen ~ vor 〈j³〉 gewinnen〈人〉をリードする;〈人〉に対して優位に立つ.

die **Vor·spur** [ふぉーあ・シュプーあ] 名 -/ 〖車〗トウイン(前輪を内向きに調整すること).

die **Vor·stadt** [ふぉーあ・シュタット] 名 -/..städte 市の(中心部の)周辺地区;郊外.

der **Vor·städ·ter** [ふぉーあ・シュテーター,ふぉーあ・シュテッター] 名 -s/- 郊外居住者.

vor·städ·tisch [ふぉーあ・シュテーティシュ,ふぉーあ・シュテッティシュ] 形 郊外の.

der **Vor·stand** [ふぉーあ・シュタント] 名 -(e)s/..stände **1.** 首脳;理事(役員・取締役・幹事)会,執行部;首脳;理事,役員,取締役,幹事,執行役員. **2.** 〔[﹅]〕駅長(Bahnhofs-).

das **Vor·stands·mit·glied** [ふぉーあシュタンツ・ミット・グリート] 名 -(e)s/-er 役員〔幹事・理事・取締役・執行役員〕の一人.

die **Vor·stands·sit·zung** [ふぉーあシュタンツ・ズィッツンｸ] 名 -/-en 役員〔幹事・理事・取締役・執行役員〕会(議).

der/die **Vor·stands·vor·sit·zen·de** [ふぉーあシュタンツ・ふぉーあ・ズィッツェンデ] 名〔形容詞的変化〕取締役社長,理事〔幹事〕長.

vor|stec·ken [ふぉーあ・シュテッケン] 動 h. 〔〈j³〉/前ニ+〈et⁴〉ヲ〕(ピンで)留める.

die **Vor·steck·na·del** [ふぉーあ・シュテックナーデル] 名 -/-n ブローチ;ネクタイピン.

vor|ste·hen* [ふぉーあ・シュテーエン] 動 h. **1.** 〔[﹅]〕前へ〔外側へ〕出っ張っている〔はみ出している〕(建物・垣根などの). **2.** 〔〈j³/et³〉ノ〕〖文〗代表〔責任〕者である(機関・施設などの). **3.** 〔狩〕ポイントの姿勢をとる(猟犬が).

vor·ste·hend [ふぉーあ・シュテーエント] 形 **1.** 前記の. **2.** 出ている.

der **Vor·ste·her** [ふぉーあ・シュテーアー] 名 -s/- 長,責任者.

die **Vor·ste·her·drü·se** [ふぉーあ・シュテーアー・ドりューゼ] 名 -/-n 前立腺(ﾜ) (Prostata).

der **Vor·steh·hund** [ふぉーあ・シュテー・フント] 名 -(e)s/-e 〖狩〗狩猟獣の位置を示す犬(ポインター・セッターなど).

vor·stell·bar [ふぉーあ・シュテル・バーあ] 形 想像できる,想像がつく.

vor|stel·len [ふぉーあ・シュテレン] 動 h. **1.** 〔〈j³〉ニ+〈j⁴/et⁴〉ヲ〕紹介する,引合せる;披露(ﾛｳ)する. **2.** 〔sich⁴+〈j³〉ニ〕自己紹介する,(自分の名を)名乗る;お目見えする:sich⁴ in der Firma/bei dem Direktor ~ その会社で/その重役の面接を受ける. Heute Abend stellt sich das Orchester dem hiesigen Publikum vor. 今晩その管弦楽団は当地の聴衆にお目見えする. **3.** 〔(相互代名詞sich⁴)ニ〕互いに自己紹介する. **4.** 〔sich³+〈j⁴/et⁴〉ヲ/〈文〉デアルコトヲ+〈様態〉ニ〕思い浮かべる(描く),想像する,思う. **5.** 〔デア,意味する;演じる,(…に)扮(ﾋ)する:Er *stellt* etwas *vor*. 〔口〕彼はひとかどの人物だ. **6.** 〔〈et⁴〉ヲ〕前(の方)へ出す;前に(立て)置く;進める(時計の針を). **7.** 〔〈j³〉ニ+〈et⁴〉ヲ/〈文〉デアルコトヲ〕よく考えさせる,言って聞かせる,さとす. **8.** 〔〈j⁴〉ヲ〕診察してもらう(医者に).

vor·stel·lig [ふぉーあ・シュテリヒ] 形《次の形で》bei 〈j³/et³〉 ~ werden 〖硬〗〈人・事〉に陳情する.

die **Vor·stel·lung** [ふぉーあ・シュテルンｸ] 名 -/-en **1.** 紹介;面接;(製品などの)発表,公開. **2.** 表象,心像,心象,イメージ,(頭のみ)空想,想像:sich³ eine ~ von 〈et³〉 haben 〈事ニついて〉イメージがわかる,〈事を〉理解できない. ~ hinausgehen 想像を絶している. **3.** 上演,上映,興行:eine ~ geben 上演する. eine starke ~ geben よいプレーをする. **4.** (主に〖職〗)〖文〗異議,非難:〈j³〉 ~en machen 〈人〉を非難する.

die **Vor·stel·lungs·kraft** [ふぉーあシュテルンｸス・クらフト] 名 -/ (空想的)想像力,表象能力.

die **Vor·stel·lungs·ver·mö·gen** [ふぉーあシュテルンｸス・ふぇあ・メーゲン] 名 -s/- (正確に事を思い浮かべることの出来る)想像能力.

der **Vor·stop·per** [ふぉーあ・シュトッパー] 名 -s/- 〖[﹅]〗ストッパー.

der **Vor·stoß** [ふぉーあ・シュトース] 名 -es/..stöße **1.** 突き進むこと,進出,進撃:ein ~ zum Gipfel 登頂. einen ~ in ein Gebiet unternehmen ある地域への進出を試みる. **2.** (洋服の)縁飾り;(容器などの)突出部;口. **3.** 〔[﹅]〕突き,(﹅)〖政〗(議会での)提案(動議など).

vor|sto·ßen* [ふぉーあ・シュトーセン] 動 **1.** h. 〔〈j⁴/et⁴〉ヲ〕押し出す,突き出す. **2.** s. 〔〈方向〉ニ〕突き進む,進出する,進撃する.

die **Vor·stra·fe** [ふぉーあ・シュトらーふぇ] 名 -/-n 〖法〗前科.

das **Vor·stra·fen·re·gis·ter** [ふぉーあ・シュトらーふぇン・れギスター] 名 -s/- 前科記録簿.

vor|stre·cken [ふぉーあ・シュトれッケン] 動 h. **1.** 〔〈et⁴〉ヲ〕前へ伸ばす,突き出す(頭・腕・上体などを). **2.** 〔sich⁴〕前へ身を乗出す(身をかがめる). **3.** 〔〈j³〉ニ+〈et⁴〉ヲ/費用ニ〕用立てる,立替える.

die **Vor·stu·die** [ふぉーあ・シュトゥーディエ] 名 -/-n 予備研究;下書き,スケッチ.

die **Vor·stu·fe** [ふぉーあ・シュトゥーふぇ] 名 -/-n 前段階;初期.

vor|stül·pen [ふぉーあ・シュテュルペン] 動 h. 〔〈et⁴〉ヲ〕前へ折返す,突き出す.

der **Vor·tag** [ふぉーあ・ターク] 名 -(e)s/-e 前日.

vor|tan·zen [ふぉーあ・タンツェン] 動 h **1.** 〔((j³)ニ)〕〈et⁴〉ヲ〕(手本として)踊って見せる. **2.** 〔((j³)ノ前)ヲ〕踊って見せる(オーディション・試験などで).

der **Vor·tän·zer** [ふぉーあ・テンツァー] 名 -s/- **1.** (手本として)踊って見せる人. **2.** 〔古〕(宮廷などの)ダンスをアレンジし指導する人.

vor|täu·schen [ふぉーあ・トイシェン] 動 h. 〔〈j³〉ニ(対ケ)+〈et⁴〉ヲ/〈文〉デアルコトヲ〕装う,(…である)ふりを

Vortäuschung

する, (…であると)見せかける.

die Vortäuschung [ふぉーあ・トイシュング] 名 -/-en 見せかける(装う)こと.

der Vorteil [ふぉーあ・タイル, ふぉーあ・タイル] 名 -s/-e **1.** 有利, 長所, 有利な立場, 利点: gegenüber ⟨j³⟩ im ~ sein ⟨人₃⟩有利である. ⟨j¹⟩ hat sich⁴ zu seinem ~ verändert ⟨人は⟩人柄が変ってよくなった. **2.** 〖古〗利益, 利潤, もうけ: durch ⟨et⁴⟩ [von et³] viele ~e haben ⟨事で⟩非常に得をする. seinen ~ aus ⟨et³⟩ ziehen ⟨物・事から⟩利益を得る. Das ist von ~. それは有利だ. **3.** 〖ｽﾎﾟｰﾂ〗アドバンテージ.

vorteilhaft [ふぉーあ・タイルハフト, ふぉーあ・タイルハフト] 形 〔(für ⟨j⁴/et⁴⟩=)〕有利な, 得な, 役立つ.

der Vortrab [ふぉーあ・トラープ] 名 -(e)s/-e 〖古〗(騎兵隊の)前衛;先陣.

der Vortrag [ふぉーあ・トラーク] 名 -(e)s/..träge **1.** 講演, 講話: einen ~ über die deutsche Klassik halten ドイツ古典主義に関する講演を行う. **2.** 朗読, 演奏, 〖楽〗の演技. **3.** 具申, 上申, 上奏. **4.** 〖商〗繰越し額.

vor|tragen* [ふぉーあ・トラーゲン] 動 h. **1.** ⟨j¹/et⁴⟩ッ+⟨⟨方向⟩=⟩〕(口)(前の方〔の所〕へ)持って行く〔運ぶ〕. **2.** 〔⟨⟨j³⟩/前⟩+⟨et⁴⟩ッ〕演奏する, 歌う, 朗読する, 演じる(体操・スケートなどで). **3.** 〔(⟨j³⟩)+⟨et⁴⟩ッ〕申し述べる, 具申[上申]する. **4.** ⟨et⁴⟩ッ+(auf ⟨et⁴⟩=)〕〖商〗繰越す. 〖慣用〗einen Angriff [eine Attacke] vortragen 〖軍〗攻撃をする.

der/die Vortragende [ふぉーあ・トラーゲンデ] 名 (形容詞的変化)朗読家, 演奏家, 演技者;上申者.

der Vortragsabend [ふぉーあトラークス・アーベント] 名 -s/-e 講演の夕べ.

die Vortragskunst [ふぉーあ・トラークス・クンスト] 名 /朗読[朗誦]術;演奏技術.

der Vortragskünstler [ふぉーあトラークス・キュンストラー] 名 -s/- 朗読[朗誦]家.

die Vortragsreihe [ふぉーあ・トラークス・ライエ] 名 -/-n 連続講演.

der Vortragssaal [ふぉーあ・トラークス・ザール] 名 -(e)s/..säle 講演会のホール.

vortrefflich [ふぉーあ・トレフリヒ] 形 卓越した, すばらしい.

die Vortrefflichkeit [ふぉーあ・トレフリヒカイト] 名 /卓越, 抜群.

vor|treten* [ふぉーあ・トレーテン] 動 s. **1.** 〔(⟨方向⟩=(にカフ))〕(前の方へ)歩いて行く, 歩を進める;前へ出る. **2.** 〖雅〗(口)出っ張っている, とび出ている, 突き出ている. **3.** 〖様態〗=als ⟨j¹⟩ぃシテ〕(稀)頭角を現す.

der Vortrieb [ふぉーあ・トリープ] 名 -(e)s/-e 掘進; 〖鉱〗先進通坑. 〖理・工〗推力.

der Vortritt [ふぉーあ・トリット] 名 -(e)s/- 礼儀などで)先に行かせること; (転)優先: ⟨j³⟩ den ~ lassen ⟨人₃⟩先に行かせる;⟨人₃⟩を優先させる.

der Vortrupp [ふぉーあ・トルップ] 名 -s/-s 先遣隊; (転)先鋒(ﾎﾟｳ).

das Vortuch [ふぉーあ・トゥーフ] 名 -(e)s/..tücher 〖方〗エプロン, 前掛け.

vor|turnen [ふぉーあ・トゥるネン] 動 h. **1.** 〔(⟨j³⟩=)+⟨et⁴⟩ッ〕(手本として)やって見せる(体操の練習を). **2.** 〔(bei ⟨et³⟩ン₍ﾆ₎=)+⟨et⁴⟩ッ〕やって見せる(体操の演技を).

vorüber [ふぉりゅーバー] 副 通り過ぎて;過去って: Die Gelegenheit dafür ist ~. そのチャンスは過去った.

vorüber|gehen* [ふぉりゅーバー・ゲーエン] 動 s. **1.** 〔an ⟨j³/et³⟩ﾉﾉ/ヽ₂〕通り過ぎる: an den Tatsachen nicht ~ können (転)それらの事実を見逃すわけにはいかない. **2.** 〖雅〗過去る, 終る(嵐・痛み・好機・季節・流行などが): die Gelegenheit ungenutzt ~ lassen (転)機会を利用せずに逃す.

vorübergehend [ふぉりゅーバー・ゲーエント] 形 一時的な.

die Vorüberlegung [ふぉーあ・ユーバー・レーグング] 名 -/-en 予備的考察.

die Vorübung [ふぉーあ・ユーブング] 名 -/-en 予備練習, 下準備, 予行演習.

die Voruntersuchung [ふぉーあ・ウンターズーフング] 名 -/-en 予備調査;〖法〗(昔の)予審.

das Vorurteil [ふぉーあ・ウルタイル] 名 -s/-e 先入観, 偏見: ein ~ gegen ⟨j⁴/et⁴⟩ haben ⟨人・物・事に対して⟩偏見を持っている.

vorurteilsfrei [ふぉーあウるタイルス・ふらイ] 形 先入観[偏見]のない.

vorurteilslos [ふぉーあウるタイルス・ロース] 形 =vorurteilsfrei.

die Vorväter [ふぉーあ・フェーター] 複名 〖文〗(男の)先祖.

die Vorvergangenheit [ふぉーあ・ふぇあガンゲンハイト] 名 -/ 〖言〗過去完了.

der Vorverkauf [ふぉーあ・ふぇあカウフ] 名 -(e)s/ (入場券の)前売り(Karten~).

die Vorverkaufskasse [ふぉーあふぇあカウフス・カッセ] 名 -/-n 前売入場券発売窓口.

vor|verlegen [ふぉーあ・ふぇあ・レーゲン] 動 h. **1.** ⟨et⁴⟩ッ〕(予定よりも)早める(期限・出発などを). **2.** ⟨et⁴⟩ッ〕前方に移動させる.

das Vorverständnis [ふぉーあ・ふぇあシュテントニス] 名 -ses/ 〖文〗先行了解.

der Vorverstärker [ふぉーあ・ふぇあシュテるカー] 名 -s/- 〖電〗プリアンプ.

vorvorgestern [ふぉーあ・ふぉーあ・ゲスターン] 副 さきおととい, 一昨昨日.

vorvorig [ふぉーあ・ふぉーりヒ] 形 (口)前の前の: ~en Sonntag 前の前の日曜日に.

vor|wagen [ふぉーあ・ヴァーゲン] 動 h. (sich⁴+(in ⟨et⁴⟩ッ)) 思い切って前進する.

die Vorwahl [ふぉーあ・ヴァール] 名 -/-en **1.** 予備選考;予備選挙. **2.** 市外局番;市外局番を回すこと.

die Vorwahlnummer [ふぉーあヴァール・ヌマー] 名 -/-n 市外局番.

die Vorwählnummer [ふぉーあ・ヴェール・ヌマー] 名 -/-n =Vorwahlnummer.

der Vorwand [ふぉーあ・ヴァント] 名 -(e)s/..wände 口実, 言い訳: unter dem ~ der Krankheit 病気を口実にして. ⟨et⁴⟩ zum ~ nehmen ⟨事₄⟩口実にする.

vor|wärmen [ふぉーあ・ヴェるメン] 動 h. ⟨et⁴⟩ッ〕あらかじめ温めておく, 予熱する.

vor|warnen [ふぉーあ・ヴァるネン] 動 h. ⟨j⁴⟩=〕(警戒)警報を出す.

die Vorwarnung [ふぉーあ・ヴァるヌング] 名 -/-en 事前の警告;警戒警報.

vorwärts [ふぉーあ・ヴェるツ, ふぉーあ・ヴェるツ] 副 **1.** 〔空間〕前へ, 前方へ;前(の方)から(終りに向かって), 先へ: zwei Schritte ~ machen 二歩前へ進む. den Rumpf ~ beugen 体を前へ曲げる. das Alphabet ~ und rückwärts aufsagen アルファベットを前からも後からも言う. **2.** 〔時間・発展〕未来〔発展〕に向けて: ein großer Schritt ~ (未来への)大きな一歩. 〖慣用〗Nun mach mal vorwärts!(口)急げ. Vorwärts marsch!〖軍隊〗前進.

vorwärts bringen*, ⓢ**vorwärts|bringen*** [ふぉーあヴェるツ ブリンゲン, ふぉーあヴェるツ|ブリンゲン] 動 h. **1.** ⟨et⁴⟩ッ〕発展[進展・進歩(ｼﾝﾎﾟ)]させる. **2.** ⟨j⁴⟩ッ〕成長[進歩・発展]させる.

der **Vor·wärts·gang** [ふぉーあヴェるツ·ガング, ふぉるヴェるツ·ガング] [名] -(e)s/..gänge 〖車〗前進ギヤ.

vor·wärts ge·hen*, [旧]**vor·wärts|ge·hen*** [ふぉーあヴェるツ ゲーエン, ふぉるヴェるツ ゲーエン] [動] s. 〖補足なし〗// Es＋mit 〈et^3〉ガ〗《口》はかどる, 進捗(しんちょく)する.

vor·wärts kom·men*, [旧]**vor·wärts|kom·men*** [ふぉーあヴェるツ コメン, ふぉるヴェるツ コメン] [動] s. **1.** 〖補足なし〗はかどる, 進捗(しんちょく)する. **2.** 〖mit 〈et^3〉デ〗成果を挙げる, 成功する.

die **Vor·wä·sche** [ふぉーあ·ヴェッシェ] [名] -/-n 下洗い, 予洗; (洗濯機の)下洗い〔予洗〕の段階.

vor|wa·schen* [ふぉーあ·ヴァッシェン] [動] h. 〖〈et^4〉ヲ〗下洗いする.

vor·weg [ふぉーあ·ヴェック] [副] **1.** 前もって; 《口》最初から. **2.** 先に立って. **3.** 《語飾》(形容詞·副詞·名詞を修飾)ことに.

die **Vor·weg·be·reg·nung** [ふぉーあヴェック·ベれーグヌング] [名] -/-en 〖農〗事前の散水(霜害防止).

die **Vor·weg·nah·me** [ふぉーあヴェック·ナーメ] [名] -/-n 先取り.

vor·weg|neh·men* [ふぉーあヴェック·ネーメン] [動] h. 〖〈et^4〉ヲ〗先取りする, 先取りして言う〔する〕.

vor|wei·sen* [ふぉーあ·ヴァイゼン] [動] h. **1.** 〖(〈j^3〉ニ)＋〈et^4〉ヲ〗見せる, 提示〔呈示〕する(身分証明書·知識などを). **2.** 〖〈et^4〉ヲ〗持っている. 【慣用】 **〈et^4〉 vorzuweisen haben** (意のままになる)〈事を〉持っている.

die **Vor·welt** [ふぉーあ·ヴェルト] [名] -/ 先史〔有史以前〕の世界.

vor·welt·lich [ふぉーあ·ヴェルトリヒ] [形] 先史時代の, 太古の.

vor|wer·fen* [ふぉーあ·ヴェるふェン] [動] h. **1.** 〖〈et^4〉ヲ〗前方に投げる(ボールなどを); 前に投出す(両脚を); 〖軍〗前線に投入する(部隊などを). **2.** 〖〈j^3/et^3〉(ノ前)ニ＋〈j^4/et^4〉ヲ〗投げる, 投げ与える(特に動物にえさとして). **3.** 〖〈j^3〉ノ(ニ対シテ)＋〈et^4〉ヲ/〈[文]〉デアルコトヲ〗非難する, とがめる, 難詰する: Ich habe mir in dieser Sache nichts *vorzuwerfen*. この件で私にはやましい点は一つもない. Sie haben sich (gegenseitig) nichts *vorzuwerfen*. 彼らは(両方とも)どっちもどっちだ.

das **Vor·werk** [ふぉーあ·ヴェるク] [名] -(e)s/-e **1.** 《古》(主要農場から離れた)分農場. **2.** (城塞の)外塁(がいるい).

vor|wie·gen* [ふぉーあ·ヴィーゲン] [動] h. **1.** 〖〈場所〉デ〗優勢である, 支配的である. **2.** 〖〈j^3〉ノ前デ＋〈et^4〉ノ〗目方を量る.

vor·wie·gend [ふぉーあ·ヴィーゲント] [副] 《語飾》(動詞·形容詞·副詞·名詞を修飾)主として, 主に, 大体. —— [形] 主要な, 優勢な.

das **Vor·wis·sen** [ふぉーあ·ヴィッセン] [名] -s/ 予備知識: ohne ～ des Chefs チーフに無断で.

der **Vor·witz** [ふぉーあ·ヴィッツ] [名] -es/ 《古》 **1.** 詮索(せんさく)好き. **2.** 生意気, おせっかい, 出しゃばり.

vor·wit·zig [ふぉーあ·ヴィッツィヒ] [形] やたらに好奇心が強い; 生意気な, 出しゃばりの, 差出がましい.

das **Vor·wort** [ふぉーあ·ヴォるト] [名] -(e)s/-e〔..wörter〕 **1.** ([複] -e)序文, 前書. **2.** ([複] ..wörter)《オーストリア》前置詞.

der **Vor·wurf** [ふぉーあ·ヴるふ] [名] -(e)s/..würfe **1.** 非難: Vorwürfe gegen 〈j^4/et^4〉 erheben 〈人·事を〉非難する. 〈j^3〉 〈et^4〉 zum ～ machen 〈人の〉〈事を〉非難する. **2.** 《稀》(小説などの)題材, 素材, 主題, テーマ.

vor·wurfs·frei [ふぉーあヴるふス·ふらイ] [形] 非難の余地のない.

vor·wurfs·voll [ふぉーあヴるふス·ふォル] [形] 非難をこめた, とがめるような.

vor|zäh·len [ふぉーあ·ツェーレン] [動] h. **1.** 〖(〈j^3〉ノ前デ)＋〈et^4〉ヲ〗数え上げる. **2.** 〖〈j^3〉ニ〗(手本として)数えて見せる.

das **Vor·zei·chen** [ふぉーあ·ツァイヒェン] [名] -s/- **1.** 前兆, 前触れ, 徴候. **2.** 〖数〗(プラスとマイナスの)符号; 〖楽〗変化記号: ein positives/negatives ～ 正号/負号. 【慣用】 **mit umgekehrtem Vorzeichen** (プラスとマイナスの)符号を逆にして; 《転》反対の条件で.

vor|zeich·nen [ふぉーあ·ツァイヒネン] [動] h. **1.** 〖〈et^4〉ノ〗下絵〔下図〕を描く; 〖楽〗(…を)前につける(変化記号を). **2.** 〖〈j^3〉ニ＋〈j^4/et^4〉ノ〗絵を描いて見せる(手本として). **3.** 〖〈et^4〉ヲ〗前もって決める〔指示する〕(将来の政策·進路などを).

vor·zeig·bar [ふぉーあ·ツァイク·バーあ] [形] 《口》人に見せられる, 人前に出せる.

vor|zei·gen [ふぉーあ·ツァイゲン] [動] h. **1.** 〖(〈j^3〉ニ)＋〈et^4〉ヲ〗見せる, 提示〔呈示〕する(書類·乗車券などを). **2.** 〖〈j^4/et^4〉ヲ〗人前に出す, 人に自慢する: Enkel zum *V*～ 自慢の孫たち.

die **Vor·zeit** [ふぉーあ·ツァイト] [名] -/-en **1.** 太古, 大昔: in grauer ～ 遠い昔に. **2.** 《稀》(ある時からさかのぼっての)昔.

vor·zei·ten [ふぉーあ·ツァイテン] [副] 《詩》昔, かつて.

vor·zei·tig [ふぉーあ·ツァイティヒ] [形] 予定〔普通〕より早い, 早すぎる.

vor·zeit·lich [ふぉーあ·ツァイトリヒ] [形] 大昔の, 先史時代の.

der **Vor·zeit·mensch** [ふぉーあツァイト·メンシュ] [名] -en/-en 先史時代の人間, 大昔の人.

vor|zie·hen* [ふぉーあ·ツィーエン] [動] h. **1.** 〖〈j^4/et^4〉ヲ＋(〈方向〉ニ)〗(前の方へ)引っ張って行く〔動かす〕; 〖軍〗前線に送る(部隊などを). **2.** 〖〈et^4〉ヲ〗前に引く〔引いて閉める〕(カーテン·幕などを). **3.** 〖〈j^4/et^4〉ヲ＋(aus 〈et^3〉カラ/〈場所〉カラ)〗《口》引っ張り出す. **4.** 〖〈j^4/et^4〉ヲ〗繰上げる(期日などを); (…の)実施〔着手〕を早める, 先に扱う. **5.** 〖〈j^4/et^4〉ヲ/zu〈[動]〉スルノヲ＋(〈j^3/et^3〉ヨリモ)〗好む, 愛好する; (…のほうを)選ぶ. **6.** 〖〈j^4〉ヲ＋〈j^3〉ヨリ〗ひいきにする, 偏愛する. **7.** 〖〈et^4〉ヲ＋in 〈et^3〉デ〗〖園〗本植えできるまで育成する(温床などで).

das **Vor·zim·mer** [ふぉーあ·ツィマー] [名] -s/- (執務室などの前の)受付の部屋, 控え室; 《オーストリア》玄関.

der **Vor·zug** [ふぉーあ·ツーク] [名] -(e)s/..züge **1.** ([単]のみ)優位, 優先: 〈j^3/et^3〉 den ～ vor 〈j^3/et^3〉 geben 〈人·物を〉〈人·物より〉優先する〔好む〕. mit ～ 優先的に. **2.** 利点, 特典; 長所: ein besonderer ～ an 〔von〕 〈j^3〉 〈人の〉特に優れた所. **3.** 《オーストリア》〖学校〗優等.

vor·züg·lich [ふぉーあ·ツュークリヒ, ふぉーあ·ツュークリヒ] [形] 優れた, すばらしい, 卓抜な. —— [副] 《古》とりわけ, なかんずく.

die **Vor·züg·lich·keit** [ふぉーあ·ツュークリヒカイト, ふぉーあ·ツュークリヒカイト] [名] -/-en **1.** ([単]のみ)優秀さ, 卓越性. **2.** 《稀》すばらしいもの.

die **Vor·zugs·ak·tie** [ふぉーあツークス·アクツィエ] [名] -/-n (主に[複])〖経〗優先株.

die **Vor·zugs·milch** [ふぉーあツークス·ミルヒ] [名] -/ 優良牛乳(官庁の監督下で製造される高品質牛乳).

der **Vor·zugs·preis** [ふぉーあツークス·プらイス] [名] -es/-e 特価.

das **Vor·zugs·recht** [ふぉーあツークス·れヒト] [名] -(e)s/-e 《稀》＝Vorrecht.

der **Vor·zugs·schü·ler** [ふぉーあツークス·シューラー] [名] -s/- 《オーストリア》優等生.

vor·zugs·wei·se [ふぉーあツークス·ヴァイゼ] [副] 《語飾》(動詞·形容詞·副詞·名詞を修飾)優先的に, 特に, 主に.

vo·tie·ren [ヴォティーれン] [動] h. 〖für 〈j^4/et^4〉ニ賛成ノ/

gegen 〈j⁴/et⁴〉ニ反対ノ〉投票をする;《スイ・オーストリア》意思表明をする.
das **Vo·tiv·bild** [ヴォティーふ・ビルト] [名] -(e)s/-er 〖カトリック〗奉納画.
die **Vo·tiv·ga·be** [ヴォティーふ・ガーベ] [名] -/-n 〖カトリック〗奉納品〔物〕.
die **Vo·tiv·ka·pel·le** [ヴォティーふ・カペレ] [名] -/-n 〖カトリック〗奉納礼拝堂.
die **Vo·tiv·ta·fel** [ヴォティーふ・ターふぇル] [名] -/-n 〖カトリック〗奉納額.
das **Vo·tum** [ヴォートゥム] [名] -s/..ten〔..ta〕 **1.** 投票;投票による決定;《スイ・オーストリア》(議会・集会の討議での)意見の表明, 発言: sein ~ für/gegen 〈et⁴〉 abgeben 〈事について〉賛成/反対の投票をする. **2.** 判断, 意見, 見解. **3.** 《古》誓約.
das〔*der*〕**Vou·cher** [váutʃər ヴァウチャー] [名] -s/-(s) 〖観光〗バウチャー(ホテル・乗り物などのクーポン券).
die **Vox** [ヴォクス] [名] -/Voces[ヴォーツェース] 〖楽〗声, 音声;(音の連なり・メロディーの)個々の音.
vox po·pu·li vox Dei [ヴォクス ポープリ ヴォクス デーイ] 〖ラテン語〗民衆の声は神の声.
der **Vo·yeur** [voajǿːr ヴォア(イェ)ーあ] [名] -s/-e (他人の性行為の)のぞき趣味の人.
der **Vo·yeu·ris·mus** [voajørísmus ヴォア(イェ)リスムス] [名] -/ のぞき見嗜好(しこう), 窃視(せっし)症.
VP[1], **Vp** =Versuchsperson 〖医・心〗(実験などの)被験者.
VP[2] =Volkspolizei (旧東独の)人民警察.
VPS =Videoprogrammsystem ヴィービーエス(指定のテレビ放送を自動録画するビデオレコーダーのシステム).
VR =Volksrepublik 人民共和国.
v.R.w. =von Rechts wegen 法律上, 法的に;《口》本来.
v.T. =vom Tausend パーミル, 1000 分の.
das **VTOL-Flug·zeug** [víːtɔ(ː)l ヴィート(ー)ル・ふルーク・ツォイク] [名] -(e)s/-e =vertical take off and landing-Flugzeug 垂直離着陸機.
v.u. =von unten 下から.
vul·gär [ヴルゲーあ] [形] **1.** 《文・蔑》下品な, 野卑な. **2.** 《文》通俗的な, 世間一般の.
das **Vul·gär·la·tein** [ヴルゲーあ・ラタイン] [名] -s/ (中世後期の)通俗ラテン語(ロマン語の前身).
die **Vul·gär·spra·che** [ヴルゲーあ・シュプらーへ] [名] -/-n **1.** 《文・稀》卑語. **2.** 〖言〗(中世の)通俗語.
die **Vul·ga·ta** [ヴルガータ] [名] -/ ヴルガータ聖書(Hieronymus によるラテン語訳聖書).
vul·go [ヴルゴ] [副] 《文》普通に, 一般に;(人名の前に置いて)通称.
der **Vul·kan** [ヴルカーン] [名] -s/-e **1.** 火山: ein tätiger/untätiger ~ 活火山/休火山. ein erloschener ~ 死火山. ein Tanz auf einem ~ 危険の際の軽率な態度. wie auf einem ~ leben 常に危険な状態で暮す. **2.** ((単)のみ;主に無冠詞)〖ロ神〗ウルカヌス(火と鍛冶の神).
der **Vul·kan·aus·bruch** [ヴルカーン・アウス・ブるっふ] [名] -(e)s/..brüche 火山の爆発, 噴火, (溶岩などの)噴出.
die **Vul·kan·fi·ber** [ヴルカーン・ふぃーバー] [名] -/ ヴァルカンファイバー(皮革・生ゴムの代用品).
die **Vul·ka·ni·sa·ti·on** [ヴルカニザツィオーン] [名] -/-en = Vulkanisierung.
vul·ka·nisch [ヴルカーニシュ] [形] 火山の, 火山活動による: ~*es* Gestein 火山岩.
der **Vul·ka·ni·seur** [..nizǿːr ヴルカニ(ゼ)ーあ] [名] -s/-e (タイヤなどの)ゴム製品技師.
vul·ka·ni·sie·ren [ヴルカニズィーれン] [動] *h.* **1.** 〔〈et⁴〉ニ〕加硫する. **2.** 〔〈et⁴〉ヲ〕《口》修理する(ゴム製品を);生〔弾性〕ゴムで処理する: einen Reifen ~ タイヤを修理する.
die **Vul·ka·ni·sie·rung** [ヴルカニズィーるング] [名] -/-en 加硫;(ゴム製品の)修理.
der **Vul·ka·nis·mus** [ヴルカニスムス] [名] -/ 〖地質〗火山活動.
der **Vul·ka·nit** [ヴルカニート] [名] -es/-e 〖地質〗火山岩.
die **Vul·ka·no·lo·gie** [ヴルカノ・ロギー] [名] -/ 火山学.
vul·ka·no·lo·gisch [ヴルカノ・ローギシュ] [形] 火山学の.
die **Vul·va** [ヴルヴァ] [名] -/..ven 〖医〗陰門, 外陰部.
v.u.Z =vor unserer Zeitrechnung 西暦紀元前.
v.v. =vice versa 逆に, 反対に.
VVB =Verkehrsverbund 交通企業体連合.
VW [ふぁウヴェー, ふぁウヴェー] =Volkswagen 〖商標〗フォルクスワーゲン.
die **V-Waf·fe** [ふぁウ・ヴァっフェ] [名] -/-n = Vergeltungswaffe 〖軍〗報復兵器(第二次大戦でドイツ軍が使用した無人ロケット弾).

V

W

das w, W¹ [ve: ヴェー] 名 -/- 《(口)-s/-s》ドイツ語アルファベットの第 23 字.

W² [ヴェー] 〖化〗タングステン, ウォルフラム.

W³ **1.** =Watt 〖電〗ワット(電流が流される際の仕事率の MKS 単位). **2.** =Werst ベルスタ, 露里(ホメ)(ロシアの昔の距離単位. 1 ベルスタ=約 1.067 km). **3.** =West, Westen 西.

die **Waadt** [ヴァート] 名 -/ 《地名》ヴァート(スイス西部の州, 州都 Lausanne).

das **Waadt·land** [ヴァー(ー)ト·ラント] 名 -(e)s/ 〖地名〗=Waadt.

der **Waadt·län·der** [ヴァー(ー)ト·レンダー] 名 -s/- ヴァートの人.

die **Waa·ge** [ヴァーゲ] 名 -/-n **1.** 秤(はがり), 天秤(なび): ⟨et⁴⟩ auf die ~ legen ⟨物⁴⟩秤にのせる. ⟨et⁴⟩ auf [mit] der ~ wiegen ⟨物⁴⟩秤で量る. **2.** 《働のみ》天秤座. **3.** 〖占〗天秤座生まれの人; 《働のみ》天秤宮. **4.** 〖体操·スキー〗水平の姿勢. 【慣用】⟨et⁴⟩ (sich³ mit ⟨et³⟩) **die Waage halten**⟨事⁴⟩と均衡がとれている.

der **Waa·ge·bal·ken** [ヴァーゲ·バルケン] 名 -s/- 天秤(なび)の竿(さお).

waa·ge·recht [ヴァーゲ·レヒト] 形 水平な.

die **Waa·ge·rech·te** [ヴァーゲ·レヒテ] 名 《形容詞的変化》水平な線[面·状態].

waag·recht [ヴァーク·レヒト] 形 =waagerecht.

die **Waag·rech·te** [ヴァーク·レヒテ] 名 《形容詞的変化》=Waagerechte.

die **Waag·scha·le** [ヴァーク·シャーレ] 名 -/-n 秤(はがり)の皿. 【慣用】**alles** [**jedes**] **Wort auf die Waagschale legen** すべての言葉どおりにとる, 言葉を慎重に選ぶ. **in die Waagschale fallen** 大いにものを言う. ⟨et⁴⟩ **in die Waagschale werfen** ⟨物·事⁴⟩ものを言わせる.

wab·be·lig [ヴァベリヒ] 形 《口》ぶよぶよの.

wab·beln [ヴァベルン] 動 h. 〖擦意〗《口》ぶるぶる震えながら揺れる(プリン·太った腹などが).

wab·lig [ヴァプリヒ] 形 =wabbelig.

die **Wa·be** [ヴァーベ] 名 -/-n ミツバチの巣.

der **Wa·ben·bau** [ヴァーベン·バウ] 名 -(e)s/ 〖動〗(ミツバチの)巣作り.

der **Wa·ben·ho·nig** [ヴァーベン·ホーニヒ] 名 -s/ 巣の中の蜂蜜(はちみつ), 未精製の蜂蜜.

die **Wa·ber·lo·he** [ヴァーバー·ローエ] 名 -/-n 〖北欧神〗(特に Brünhilde の城を守る)燃えさかる炎.

wa·bern [ヴァーバーン] 動 h. 《方》ゆらゆら揺れる(炎などが)(霧·雲などが).

wach [ヴァッハ] 形 **1.** 目が覚めている, 起きている: in ~*em* Zustand 目が覚めた状態で ~ werden 目を覚ます. **2.** 明敏な, 注意深い: ein ~*er* Geist 明敏な人. ~*en* Sinnes an ⟨et⁴⟩ herangehen 気を引締めて〈事⁴〉に取組む. 【慣用】**sich⁴ wach halten**〔眠たいのを〕眠らずにいる. ⟨j³⟩ **wach machen/rütteln**〈人⁴〉起こす/揺り起こす.

die **Wa·che** [ヴァッヘ] 名 -/-n **1.** 見張り, 監視; 〖軍〗歩哨(ほしょう)勤務. ~ haben [halten] 見張りをする. ~ stehen [stehen] 歩哨に立つ. ~ auf ⟨et³⟩ sein 《口》見張りに立っている. **2.** 見張人, 監視員, 番人, 守衛, 警備員; 〖軍〗衛兵, 歩哨. **3.** 見張番〔警備員〕詰所, 監視所, 衛兵所; 巡査派出所, 交番(Polizei ~): ⟨j³⟩ **auf die ~ nehmen** 〈人³〉を交番に連行する.

wa·chen [ヴァッヘン] 動 h. **1.** 《樣態》目を覚している, 起きている. **2.** 〔⟨⟨場所⟩ゴ〕寝ずに番[見張り]をする. **3.** 〔über ⟨j⁴/et⁴⟩ゴ〕見張る, 監視する.

wach·ha·bend [ヴァッハ·ハーベント] 形 当直の.

der/die **Wach·ha·ben·de** [ヴァッハ·ハーベンデ] 名 《形容詞的変化》見張番, 当直員.

wach|hal·ten*, ⓈⓈ**wach|hal|ten*** [ヴァッハ ハルテン] 動 h. 〈et⁴⟩生き生きと保つ, 持ち続ける(関心·思い出などを).

der **Wach·hund** [ヴァッハ·フント] 名 -(e)s/-e 番犬.

der **Wach·mann** [ヴァッハ·マン] 名 -(e)s/..männer, ..leute 見張員, 監視員, 警備員; 〖ᾹＳ⟩·ῸŚ·〗警官.

die **Wach·mann·schaft** [ヴァッハ·マンシャフト] 名 -/-en 衛兵隊.

der **Wa·chol·der** [ヴァホルダー] 名 -s/- **1.** 〖植〗セイヨウビャクシン, 洋種ネズ. **2.** ジン(~brannt-wein).

die **Wa·chol·der·bee·re** [ヴァホルダー·ベーレ] 名 -/-n 〖植〗ネズ(杜松(としょう))の実.

der **Wa·chol·der·brannt·wein** [ヴァホルダー·ブラント·ヴァイン] 名 -(e)s/-e 酒, ジン.

der **Wa·chol·der·schnaps** [ヴァホルダー·シュナップス] 名 -es/..schnäpse 《口》ネズ(杜松(としょう))酒, ジン.

der **Wach·pos·ten** [ヴァッハ·ポステン] 名 -s/- 歩哨(ほしょう), 衛兵.

wach|ru·fen* [ヴァッハ·ルーフェン] 動 h. 〔(in [bei]) ⟨j³⟩〈心/中〉+ ⟨et⁴⟩ゴ〕呼起こす〔覚ます〕, 思い起こさせる.

wach|rüt·teln [ヴァッハ·リュッテルン] 動 h. 〈j⁴/et⁴⟩目覚めさせる, 活気づかせる.

das **Wachs** [ヴァックス] 名 -es/-e 《働は種類》蝋(ろう), ワックス; 蜜蝋: echtes ~ 蜜蝋(みつろう). 【慣用】**Wachs in** ⟨j³⟩ **Hand** [**Händen**] **sein**〈人⟩の言いなりになる.

wach·sam [ヴァッハザーム] 形 警戒を怠らない, 油断のない.

die **Wach·sam·keit** [ヴァッハザームカイト] 名 -/ 注意深さ, 油断のなさ.

wachs·bleich [ヴァックス·ブライヒ] 形 ろうのように青白い.

die **Wachs·boh·ne** [ヴァックス·ボーネ] 名 -/-n 〖植〗ワックスビーン(莢(ᾰ)の色が黄色味をおびるインゲンマメ).

wach·seln [ヴァクセルン] 動 h. 〔(⟨et⁴⟩ニ)〕《ᾹＳ··ῸṠ··スキー》ワックスを塗る(スキーに).

wach·sen¹* [ヴァクセン] 動 er wächst; wuchs; ist gewachsen **1.** 《樣態》伸びる, 大きく〔長く〕なる, 成長する. **2.** 〖擦意〗育つ, 大きくなる(植物が). **3.** 〖擦意〗増える, 大きくなる, 増大〔増加〕する(人口·町·水位などが); 〈次第に〉増す, 高〔強〕まる, 激しくなる(不安·痛みなどが). **4.** 《樣態》ニ〕成長する, 伸びる, (成長して…に)なる: Sie ist schlank *gewachsen.* 彼女はほっそりとした体つきになった. **5.** 〔⟨方向⟩ニ·⟨ɪɴto⟩〕伸びる(草木が). **6.** 〖擦意〗成長発展する(文化などが). 【慣用】**Er ist mit** [**an**] **seinen Aufgaben gewachsen.** 彼は内面的に成長してたくましくなった. **sich³ einen Bart wachsen lassen** ひげを伸ばす.

wach·sen² [ヴァクセン] 動 h. 〈et⁴⟩ワックスを塗る, ワックスをかける, ワックスをすり込む(床·スキーなどに). 【慣用】**falsch wachsen** 〖スキー〗ワックスの使用を間違える.

wäch·sern [ヴェクセルン] 形 **1.** 蝋(ろう)(製)の. **2.** 《文》蝋のように青白い.

wächsest [ヴェクセスト] 動 wachsen¹ の現在形 2 人称単数.

Wachsfigur 1384

die **Wachs·fi·gur** [ヴァㇰス・フィグーア] 图 -/-en 蠟(<ﾛｳ)人形.

das **Wachs·fi·gu·ren·ka·bi·nett** [ヴァㇰスフィグーれン・カビネット] 图 -s/-e 蠟(<ﾛｳ)人形館.

die **Wachs·ker·ze** [ヴァㇰス・ケるツェ] 图 -/-n 蠟燭(<ﾛｳｿｸ).

der **Wachs·stock** [ヴァㇰス・シュトック] 图 -(e)s/..stöcke 螺旋(<ﾗｾﾝ)状の蠟燭(<ﾛｳｿｸ).

wächst [ヴェㇰスト] 働 wachsen¹ の現在形2・3人称単数.

die **Wach·sta·tion** [ヴァㇵ・シュタツィオーン] 图 -/-en 集中治療科.

die **Wach·stu·be** [ヴァㇵ・シュトゥーベ] 图 -/-n 衛兵詰め所.

das **Wachs·tuch** [ヴァㇰス・トゥーフ] 图 -(e)s/-e [..tücher] 1. (働-e)蠟(<ﾛｳ)引き布. 2. (働..tücher)蠟引き布のテーブルクロス.

das **Wachs·tum** [ヴァㇰストゥーム] 图 -s/ 1. 成長, 発育. 2. (経済の)発展, (人口の)増加. 3. (ある場所で栽培された[育った])農作物, ワイン: eigenes ～ 自家製の作物[ワイン].

die **Wachs·tums·gren·ze** [ヴァㇰストゥームス・グれンツェ] 图 -/-n〖経〗成長の限界;人口増加の限界;〖生〗成長限度.

die **Wachs·tums·ka·ta·stro·phe** [ヴァㇰストゥームス・カタストろーふェ] 图 -/-n 限界を越えた成長[人口増加]のもたらす破局.

das **Wachs·tums·op·ti·mum** [ヴァㇰストゥームス・オプティムム] 图 -s/..ma 成長[人口増加]の最大限.

die **Wachs·tums·ra·te** [ヴァㇰストゥームス・らーテ] 图 -/-n〖経〗成長率.

die **Wachs·tums·span·ne** [ヴァㇰストゥームス・シュパネ] 图 -/-n〖経〗成長[伸び率]の幅.

wachs·weich [ヴァㇰス・ヴァイヒ] 形 1. (蠟(<ﾛｳ)のように)とても柔らかい. 2. (《慶》も有)弱腰[弱気]の, 軟弱なあやふやな, 曖昧(<ｱｲﾏｲ)な.

die **Wachs·zel·le** [ヴァㇰス・ツェレ] 图 -/-n (ミツバチの巣の)巣部屋, 房.

der **Wachs·zie·her** [ヴァㇰス・ツィーアー] 图 -s/- 蠟燭(<ﾛｳｿｸ)製造業者.

die **Wacht** [ヴァㇵト] 图 -/-en〖文・詩〗監視, 見張り, 警備;〖軍〗歩哨(<ﾎｼｮｳ)勤務; Die ～ am Rhein ラインの守り(1854年制定の旧ドイツ国歌).

die **Wäch·te** [ヴェㇵテ] ⇨ Wechte.

die **Wach·tel** [ヴァㇵテル] 图 -/-n〖鳥〗ウズラ.

der **Wach·tel·hund** [ヴァㇵテル・フント] 图 -(e)s/-e〖動〗スパニエル(猟犬の一種).

der **Wach·tel·kö·nig** [ヴァㇵテル・ケ(ｹ)ーニヒ] 图 -s/-e〖鳥〗ウズラクイナ.

der **Wäch·ter** [ヴェㇰター] 图 -s/- 見張人, 監視員, 守衛, 警備員.

der **Wacht·meis·ter** [ヴァㇵト・マイスター] 图 -s/-(《旧》ウェー) 1. 巡査(人;(働のみ)位). 2. 一等軍曹(人;(働のみ)位).

die **Wacht·pa·ra·de** [ヴァㇵト・パらーデ] 图 -/-n 昔の衛兵交替のパレード.

der **Wacht·pos·ten** [ヴァㇵト・ポステン] 图 -s/- = Wachposten.

der **Wach·traum** [ヴァㇵ・トらウム] 图 -(e)s/..träu-me 白昼夢.

der **Wacht·turm** [ヴァㇵト・トゥるム] 图 -(e)s/..türme = Wachturm.

der **Wach·turm** [ヴァㇵ・トゥるム] 图 -(e)s/..türme 監視塔, 望楼, 物見やぐら.

das **Wach·zim·mer** [ヴァㇵ・ツィマー] 图 -s/- (《オーストリア》)交番.

die **Wa·cke** [ヴァケ] 图 -/-n〖方〗グレイワッケ, 硬砂岩, 小岩塊.

das **Wa·ckel·bild** [ヴァッケル・ビルト] 图 -(e)s/-er 1. (テレビ・ビデオの)ブレた画像[録画]. 2. レンチキュラー(見る角度を変えると動く絵や写真).

wa·cke·lig [ヴァッケリヒ] 形 1. ぐらぐらする;がたがたの. 2. (《口》)よろよろした, 弱々しい;不安定な, 危ない.

der **Wa·ckel·kon·takt** [ヴァッケル・コンタクト] 图 -(e)s/-e (電気の)接触不良.

wa·ckeln [ヴァッケルン] 働 1. h.〖慶〗ぐらぐらする(机·柱·歯などが);(口)ゆらゆら揺れる, 細かく震動する;(口)不安定である, ぐらついている, 危ない(地位・会社などが). 2. h.〖an<et³>〗(口)ゆさぶる, ゆする. 3. h.〖mit <et³>〗(口)振り動かす, ゆする(頭・腰などを). 4. s. (《場所》ﾆ/〈方向〉ヘ)(口)よろよろ歩いて行く.

wa·cker [ヴァッカー] 形〖古〗 1. 実直な. 2. 果敢な: ein ～ er Esser 大食漢.

der **Wa·cker·stein** [ヴァッカー・シュタイン] 图 -(e)s/-e〖方〗= Wacke.

wack·lig [ヴァッㇰリヒ] 形 = wackelig.

die **Wa·de** [ヴァーデ] 图 -/-n ふくらはぎ, こむら.

das **Wa·den·bein** [ヴァーデン・バイン] 图 -(e)s/-e〖解〗腓骨.

der **Wa·den·krampf** [ヴァーデン・クらムプふ] 图 -(e)s/..krämpfe こむら返り.

der **Wa·den·strumpf** [ヴァーデン・シュトゥるムプふ] 图 -[e]s/..strümpfe (民族衣装用の足部のない)ハイソックス;《古》ニーソックス.

der **Wa·di** [ヴァーディ] 图 -s/-s ワジ(北アフリカなどの豪雨の時のみ水の流れる河床).

der **Wäd·li** [ヴェートリ] 图 -s/-(《スイス》)= Eisbein.

die **Waf·fe** [ヴァッふェ] 图 -/-n 1. 武器, 兵器: nukleare ～n 核兵器. ～n bei sich³ führen [tragen] 武器をたずさえている. 2. (働のみ)兵科, 兵種. 3. (山猫・猛禽(<ﾓｳｷﾝ)の鉤爪(<ｶｷﾞﾂﾞﾒ), 《働のみ》)〖狩〗(雄の猪の)牙(<ｷﾊﾞ).〖慣用〗die Waffen niederlegen [schweigen lassen]《文》武器をおさめる, 戦闘をやめる. Die Waffen ruhen.《文》戦闘が停止している. die Waffen strecken《文》武器を捨てる, 降伏する;ギブアップする.〖j⁵〗mit seinen eigenen Waffen schlagen《文》人の論理を逆手にとる. unter (den) Waffen sein [stehen]《文》戦闘準備中できている.

die **Waf·fel** [ヴァッふェル] 图 -/-n ワッフル(薄く軽焼きの菓子).

das **Waf·fel·ei·sen** [ヴァッふェル・アイゼン] 图 -s/- ワッフルの焼き型.

der **Waf·fen·bru·der** [ヴァッふェン・ブるーダー] 图 -s/..brüder《文》戦友.

der **Waf·fen·dienst** [ヴァッふェン・ディーンスト] 图 -(e)s/《古》兵役, 軍務.

waf·fen·fä·hig [ヴァッふェン・ふェーイヒ] 形 1.《古》武器をとって戦える, 兵役に耐えうる. 2.〖原子核工学〗武器に使える.

der **Waf·fen·gang** [ヴァッふェン・ガング] 图 -(e)s/..gänge《古》戦闘.

die **Waf·fen·gat·tung** [ヴァッふェン・ガットゥング] 图 -/-en〖軍〗兵科, 兵種.

die **Waf·fen·ge·walt** [ヴァッふェン・ゲヴァルト] 图 -/ 武力.

das **Waf·fen·la·ger** [ヴァッふェン・ラーガー] 图 -s/- 兵器[武器]庫.

das **Waf·fen·leit·sys·tem** [ヴァッふェン・ライト・ズュステーム] 图 -s/-e〖軍〗兵器操作システム.

die **Waf·fen·lie·fe·rung** [ヴァッふェン・リーふぇるング] 图 -/-en 武器の供給.

waf·fen·los [ヴァッふェン・ロース] 形 武器を持たない, 非武装の.

der **Waf·fen·meis·ter** [ヴァッふェン・マイスター] 图 -s/- 1. (昔の)兵器係下士官〖軍曹〗. 2.《古》鉄砲

鍛冶.

der **Waf·fen·rock** [ヴァっふぇン·ろっク] [名] -(e)s/..röcke《古》軍服の上着;(中世の)甲冑(かっちゅう)の上に着る衣.

die **Waf·fen·ru·he** [ヴァっふぇン·るーエ] [名] -/ (一時的な)休戦.

der **Waf·fen·schein** [ヴァっふぇン·シャイン] [名] -(e)s/-e 銃砲携帯許可証.

der **Waf·fen·schmied** [ヴァっふぇン·シュミート] [名] -(e)s/-e (昔の)武具師, 刀鍛冶, 鉄砲鍛冶.

der **Waf·fen·still·stand** [ヴァっふぇン·シュティル·シュタント] [名] -(e)s/..stände 停戦, 休戦.

das **Waf·fen·sys·tem** [ヴァっふぇン·ズュステーム] [名] -s/-e 〖軍〗(武器本体とその使用に必要な装備などを含む)武器体系.

waf·fen·tech·nisch [ヴァっふぇン·テひニシュ] [形] 軍事技術の.

waff·nen [ヴァふネン] [動] *h.* **1.** 〔〈j⁴〉ニ〕武装させる, 武器を持たせる. **2.** 〔sich⁴〕武装する. **3.** 〔sich⁴+gegen 〈et⁴〉ニ対シテ/für 〈et⁴〉ノタメニ〕備える. **4.** 〔sich⁴+mit 〈et³〉ヲ〕傾注する, 奮い起こす(勇気などを).

wäg·bar [ヴェーク·バーあ] [形] 《稀》考量できる.

der **Wa·ge·hals** [ヴァーゲ·ハルス] [名] -es/..hälse《古》向うみず〔命知らず〕な人.

wa·ge·hal·sig [ヴァーゲ·ハルズィひ] [形] =waghalsig.

das **Wä·gel·chen** [ヴェーゲルひぇン] [名] -s/- (Wagen の縮小形)小さい馬車〔車〕; 小さな自動車.

der **Wa·ge·mut** [ヴァーゲ·ムート] [名] -(e)s/ 大胆, 冒険心.

wa·ge·mu·tig [ヴァーゲ·ムーティひ] [形] 危険をものともしない.

wa·gen [ヴァーゲン] [動] *h.* **1.** 〔〈et⁴〉ヲ+(für 〈j⁴/et⁴〉ノタメニ)〕賭(か)ける, 賭(と)する. **2.** 〔〈et⁴〉ヲ〕思い切ってする, あえて行う. **3.** 〔sich⁴+〈方向〉ニ(カラ)〕思い切って行く〔出る〕: sich⁴ an eine schwierige Sache/auf ein neues Fachgebiet ~《転》思い切って困難な仕事に/新しい専門分野に取組む.

der **Wa·gen** [ヴァーゲン] [名] -s/- 〔《南独》Wägen〕 **1.** 自動車: ein gebrauchter ~ 中古車. einen eigenen ~ fahren 自家用車を乗りまわす. **2.** 馬車(Pferde~); (農耕用の)荷車; 手押し車(Hand~); ベビーカー(Kinder~); (給仕用)ワゴン(Servier~); (ショッピング)カート(Einkaufs~): Pferde vor den ~ spannen 馬車に馬をつなぐ. **3.** (鉄道の)車両: ein Zug mit 8 ~ 八両編成の列車. **4.** (市街電車の)車両(Straßenbahn~): ein ~ der Linie 8 8番系統の電車. **5.** 〖工〗(タイプライターの)キャリッジ. 【慣用】〈j³〉 **an den Wagen fahren**《口》〈人に〉ずけずけ言う〔ひどい態度をとる〕. **der Große Wagen** 大熊座(der Große Bär). **der Kleine Wagen** 小熊座(der Kleine Bär). **sehen, wie der Wagen läuft**《口》事の成行きを見守る.

wä·gen* [ヴェーゲン] [動] wog〔wägte〕; hat gewogen〔gewägt〕(規則変化は《稀》) **1.** 〔〈et⁴〉ノ〕〖化・理〗重さを量る. **2.** 〔〈et⁴〉ヲ〕《文》慎重に考える〔検討する〕(意味・価値に関して), 比較検討〔考量〕する(賛成理由と反対理由などを).

der **Wa·gen·bau·er** [ヴァーゲン·バウあー] [名] -s/- 車大工.

die **Wa·gen·burg** [ヴァーゲン·ブるク] [名] -/-en (昔の)車の円陣(車を円形に並べた防御陣形).

der **Wa·gen·füh·rer** [ヴァーゲン·ふゅーらー] [名] -s/- (路面電車・電車の)運転士.

der **Wa·gen·he·ber** [ヴァーゲン·ヘーバー] [名] -s/- (車両用の)ジャッキ.

die **Wa·gen·la·dung** [ヴァーゲン·ラードゥング] [名] -/-en 貨車一両分〔車一台分〕の積荷〔積載量〕.

der **Wa·gen·park** [ヴァーゲン·パるク] [名] -s/-s〔-e〕(企業などの)総保有車両.

das **Wa·gen·rad** [ヴァーゲン·らート] [名] -es/..räder (車・馬車の)車輪.

der **Wa·gen·schlag** [ヴァーゲン·シュラーク] [名] -(e)s/..schläge《古》馬車〔自動車〕の扉.

die **Wa·gen·schmie·re** [ヴァーゲン·シュミーれ] [名] -/ 馬車の車軸用グリス.

die **Wa·gen·spur** [ヴァーゲン·シュプーあ] [名] -/-en 轍(わだち).

der **Wa·gen·stands·an·zei·ger** [ヴァーゲン·シュタンツ·アン·ツァイガー] [名] -s/- 〖鉄道〗(駅の)列車編成表示板.

die **Wa·gen·tür** [ヴァーゲン·テューあ] [名] -/-en 自動車のドア.

die **Wa·gen·wä·sche** [ヴァーゲン·ヴェっシェ] [名] -/-n 洗車(特に自動車の).

das **Wa·ge·stück** [ヴァーゲ·シュテュっク] [名] -(e)s/-e《文》大胆な企て.

der **Wag·gon** [vagõ:, vagõ:n ヴァゴーン, vagɔ̃ŋ ヴァゴング] [名] -s/-s〔-e〕 貨車.

wag·gon·wei·se [ヴァゴーン·ヴァイゼ, ヴァゴング·ヴァイゼ] [副] (何台かの)貨車で; 一両一両.

wag·hal·sig [ヴァーク·ハルズィひ] [形] **1.** 向うみずな, 無謀な. **2.** 危険性の高い.

die **Wag·hal·sig·keit** [ヴァーク·ハルズィひカイト] [名] -/-en **1.** (単のみ)向うみず, 無謀. **2.** 向うみず〔無謀〕な行為.

(*der*) **Wag·ner**¹ [ヴァーグナー] [名] 〖人名〗ヴァーグナー, ワーグナー(① Richard ~ 1813-83, 作曲家. ② Adolf Heinrich ~, 1835-1917, 経済学者).

der **Wag·ner**² [ヴァーグナー] [名] -s/- 《南独・オーストリア・スイス》車大工.

der **Wag·ne·ri·a·ner** [ヴァーグネりアーナー] [名] -s/- ワグネリアン(R. Wagner の信奉者).

das **Wag·nis** [ヴァークニス] [名] -ses/-se 大胆なもくろみ〔企て〕; リスク: ein ~ eingehen リスクを冒す.

die **Wä·he** [ヴェーエ] [名] -/-n《南独・スイス》ヴェーエ(チーズ・果物などをのせた薄く平らなケーキ).

der **Wah·ha·bit** [ヴァハビート] [名] -en/-en ワッハーブ派の信徒(イスラム教の18世紀に興った厳格な復古主義的教派).

die **Wahl** [ヴァール] [名] -/-en **1.** 選挙; (単のみ)選出: eine ~ gewinnen/verlieren 選挙に勝つ/負ける. Die ~ ist auf ihn gefallen. 彼が選出された. **2.** (主に単)選択, 決定: eine ~ treffen 選択する. nach freier ~ 自由に選んで. keine andere ~ haben 選択の余地はない. die ~ zwischen zwei Fächern haben 二つの科目のうちどちらかに決める. in die engere ~ kommen 上位選考に残る. vor der ~ stehen 選択を迫られている. **3.** 〖商〗等級: Obst erster ~ 一級品の果物.

der **Wahl·akt** [ヴァール·アクト] [名] -(e)s/-e 選挙, 投票.

das **Wahl·al·ter** [ヴァール·アルター] [名] -s/- 選挙〔被選挙〕権取得年齢.

der **Wahl·aus·gang** [ヴァール·アウス·ガング] [名] -(e)s/ 選挙結果.

wähl·bar [ヴェール·バーあ] [形] **1.** 被選挙権のある. **2.** 《稀》選択できる. **3.** 選挙する可能性のある, 候補者として受入れられる.

die **Wähl·bar·keit** [ヴェールバーあカイト] [名] -/ 被選挙権があること.

die **Wahl·be·nach·rich·ti·gung** [ヴァール·ベナーはりひティグング] [名] -/-en **1.** (単のみ)選挙公告. **2.** 選挙公告のはがき.

wahl·be·rech·tigt [ヴァール·べれひティひト] [形] 選挙権のある.

W

der/die **Wahl·be·rech·tig·te** [ヴァール・べれひティひテ] [名] 《形容詞的変化》有権者.

die **Wahl·be·rech·ti·gung** [ヴァール・べれひティグング] [名] -/-en 選挙権.

die **Wahl·be·tei·li·gung** [ヴァール・ベタイリグング] [名] -/ 投票(率).

der **Wahl·be·zirk** [ヴァール・ベツィるク] [名] -(e)s/-e 投票区.

die **Wahl·el·tern** [ヴァール・エルターン] [複名] 《オーストリア》養父母.

wäh·len [ヴェーレン] [動] *h.* **1.** 〔(〈j^4/et^4〉ヲ)〕選ぶ, 選択する, (…に)決める: aufs Geratewohl ～ 行当たりばったりに選ぶ. unter mehreren/zwischen zwei Möglichkeiten ～ いくつかの/二つの可能性の中から(一つを)選ぶ. **2.** 〔〈j^4/et^4〉ヲ〕選挙する, 選ぶ. **3.** 〔補足なし〕投票する: konservativ ～ 保守党に投票する. **4.** 〔〈j^4〉ヲ+zu 〈j^3〉ニ/in 〈j^4〉ニ〕選出する, 選ぶ. **5.** 〔(〈et^4〉ヲ)〕(電話のダイヤルで)回す, (電話のプッシュボタンで)押す(番号を); (…の)番号をダイヤル〔プッシュ〕する: falsch ～ 間違った番号を回す〔押す〕.

der **Wäh·ler** [ヴェーラー] [名] -s/- 選挙人, 投票者.

der **Wäh·ler·auf·trag** [ヴェーラー・アウふ・トらーク] [名] -(e)s/..träge **1.** 選挙民の委託(①選挙の結果で党が政府を組織すること. ②投票した党が勝利した時に公約を実行すること). **2.** 〘旧東独〙議員に対する選挙民の委託.

der **Wahl·er·folg** [ヴァール・エあふぉルク] [名] -(e)s/-e 選挙での勝利.

das **Wahl·er·geb·nis** [ヴァール・エあゲープニス] [名] -ses/-se 選挙結果.

die **Wäh·ler·i·ni·ti·a·ti·ve** [ヴェーラー・イニツィアティーヴェ] [名] -/-n **1.** 有権者主導の選挙運動. **2.** 選挙運動のための有権者グループ.

wäh·le·risch [ヴェーレりシュ] [形] 〔(in 〈et^3〉ニ)〕うるさい, (…を)えり好みをする: im Essen ～ sein 食べものにうるさい.

die **Wäh·ler·lis·te** [ヴェーラー・リステ] [名] -/-n 選挙人リスト〔名簿〕.

die **Wäh·ler·schaft** [ヴェーラーシャふト] [名] -/-en **1.** 《総称》有権者, 選挙権者. **2.** 《総称》(特定の党・候補者に)投票する有権者.

die **Wäh·ler·schei·be** [ヴェーラー・シャイベ] [名] -/-n ＝Wählscheibe.

das **Wäh·ler·ver·zeich·nis** [ヴェーラー・ふぇあツァイひニス] [名] -ses/-se 〘官〙選挙人名簿.

das **Wahl·fach** [ヴァール・ふぁっは] [名] -(e)s/..fächer 選択科目.

wahl·frei [ヴァール・ふらイ] [形] (自由)選択の.

die **Wahl·frei·heit** [ヴァール・ふらイハイト] [名] -/ 選択の自由.

der **Wahl·gang** [ヴァール・ガング] [名] -(e)s/..gänge (各段階の)投票: im ersten ～ die Mehrheit erreichen 第一回目の投票で多数を取る.

das **Wahl·ge·setz** [ヴァール・ゲゼッツ] [名] -es/-e 選挙法.

die **Wahl·hei·mat** [ヴァール・ハイマート] [名] -/ 第二の故郷.

der **Wahl·kampf** [ヴァール・カムプふ] [名] -(e)s/..kämpfe 選挙戦.

die **Wahl·kampf·kos·ten·er·stat·tung** [ヴァールカムプふ・コステン・エあシュタっトゥング] [名] -/-en 選挙費用補償(ドイツ政党法に基づく).

der **Wahl·kreis** [ヴァール・クらイス] [名] -es/-e 選挙区.

die **Wahl·lis·te** [ヴァール・リステ] [名] -/-n 立候補者名簿.

das **Wahl·lo·kal** [ヴァール・ロカール] [名] -(e)s/-e 投票所.

die **Wahl·lo·ko·mo·ti·ve** [ヴァール・ロコモティーヴェ] [名] -/-n 《ジャーゴン》党の選挙戦の牽引(けんいん)車となる有力候補.

wahl·los [ヴァール・ロース] [形] やみくもの, 見さかいのない.

der **Wahl·mann** [ヴァール・マン] [名] -(e)s/..männer 《主に[複]》(間接選挙の)選挙人.

die **Wahl·pe·ri·o·de** [ヴァール・ぺりオーデ] [名] -/-n (選出された個人・団体の)任期.

das **Wahl·pflicht·fach** [ヴァール・プふりひト・ふぁっは] [名] -(e)s/..fächer 選択必修科目.

die **Wahl·pro·gno·se** [ヴァール・プろグノーゼ] [名] -/-n 選挙予想.

das **Wahl·pro·gramm** [ヴァール・プろグらム] [名] -s/-e (政党などの)選挙公約.

das **Wahl·recht** [ヴァール・れひト] [名] -(e)s/ **1.** 選挙に参加する権利: allgemeines ～ 普通選挙権. aktives/passives ～ 選挙権/被選挙権. **2.** 選挙法.

die **Wahl·re·de** [ヴァール・れーデ] [名] -/-n 選挙演説.

der **Wahl·red·ner** [ヴァール・れードナー] [名] -s/- 選挙演説の弁士, 遊説者.

die **Wähl·schei·be** [ヴェール・シャイベ] [名] -/-n (電話の)ダイヤル.

die **Wahl·schlacht** [ヴァール・シュラはト] [名] -/-en 激烈な選挙戦.

der **Wahl·spruch** [ヴァール・シュプるっふ] [名] -(e)s/..sprüche 標語, モットー.

das **Wahl·stu·dio** [ヴァール・シュトゥーディオ] [名] -s/-s (テレビの)選挙特報スタジオ.

der **Wahl·tag** [ヴァール・ターク] [名] -(e)s/-e 投票日.

der **Wähl·ton** [ヴェール・トーン] [名] -(e)s/..töne 《主に[単]》(電話の受話器を取ると聞こえる)発信音.

die **Wahl·ur·ne** [ヴァール・ウるネ] [名] -/-n 投票箱.

die **Wahl·ver·an·stal·tung** [ヴァール・ふぇあアンシュタルトゥング] [名] -/-en (政党の)選挙宣伝の催し, 選挙演説会.

die **Wahl·ver·samm·lung** [ヴァール・ふぇあザムルング] [名] -/-en (政党の)選挙宣伝の集会, 選挙演説会.

wahl·ver·wandt [ヴァール・ふぇあヴァント] [形] 《文》親和性のある.

die **Wahl·ver·wandt·schaft** [ヴァール・ふぇあヴァントシャふト] [名] -/-en 〘化〙親和力; 《文》親和性.

wahl·wei·se [ヴァール・ヴァイゼ] [副] 自分の選択によって, 自由に選んで.

die **Wahl·zel·le** [ヴァール・ツェレ] [名] -/-n (仕切りのある)投票用紙記入ボックス.

der **Wahl·zet·tel** [ヴァール・ツェっテル] [名] -s/- 投票用紙.

der **Wahn** [ヴァーン] [名] -(e)s/ 《文》妄想, 幻想; 〘医〙病的な妄想: in einem ～ befangen〔von einem ～ besessen〕sein 妄想にとらわれている.

das **Wahn·bild** [ヴァーン・ビルト] [名] -(e)s/-er 幻影, 幻覚.

wäh·nen [ヴェーネン] [動] *h.* 《文》 **1.** 〔〈[文]〉ト〕間違って思う. **2.** 〔〈j^4/et^4〉ガ+〈様態〉デアルト〕間違って思う.

die **Wahn·i·dee** [ヴァーン・イデー] [名] -/-n 妄想観念.

der **Wahn·sinn** [ヴァーン・ズィン] [名] -(e)s/ **1.** 狂気, 精神異常: dem〔in〕～ verfallen 狂気におちいる. **2.** 《口》常軌を逸した考え〔行動〕, 狂気のさた.

wahn·sin·nig [ヴァーン・ズィニひ] [形] 《口》 **1.** 狂気の. **2.** 気違いざたの. **3.** ものすごい; ものすごく. **4.** 《若》すごい, すばらしい.

der/die **Wahn·sin·ni·ge** [ヴァーン・ズィニゲ] [名] 《形容詞的変化》狂人, 精神異常者.

der **Wahn·witz** [ヴァーン・ヴィっツ] [名] -es/ 常軌を逸

した考え〔行動〕, 狂気のさた.

wahn·witzig [ヴァーン・ヴィッツィひ] [形] 1. ばかげた, 気違いじみた. 2. 《口・稀》＝wahnsinnig 3.

wahr [ヴァーあ] [形] 1. 本当の, 真実の, 事実どうりの, 現実の： eine ~*e* Begebenheit 本当にあったこと. seine ~*e* Gesinnung 彼の本心. 2. 《文》本物の, 真の： ein ~*er* Freund 真の友. 3. 《名詞の意味を強めて》まったくの, 文字どうりの： ein ~*es* Wunder まったくの奇跡. 【慣用】**Daran ist etwas Wahres.** それにはいくらか本当のところもある. **Das ist nur zu wahr.** 残念ながら本当にそうなのだ. **Das ist zu schön, um wahr zu sein.** それはあまりにもすばらしすぎて本当とは思えない. **nicht wahr ?** (…でしょう), ね《叙述文の後で相手の同意を求めて》. **Sehr wahr !** そのとおり. **sein wahres Gesicht zeigen** 本性を現す. **seine Drohung/sein Versprechen wahr machen** 脅し/約束を実行する. **So wahr ich lebe〔hier stehe〕!** 本当に. **So wahr mir Gott helfe !** 誓って《宣誓の文句》. **Wie wahr !** まったくそのとおり.

wah·ren [ヴァーれン] [動] *h.* 《文》 1. 〔〈et⁴〉ヲ〕保つ, 保持〔維持〕する, 守る《中立・体裁・沈黙などを》. 2. 〔〈et⁴〉ヲ〕守る《自己の権利・利益などを》.

wäh·ren [ヴェーれン] [動] *h.* 〔〈時間〉ノ間〕《文》続く, 持続する.

wäh·rend [ヴェーれント] [接] 《従属》 1. 《同時》…しているあいだ(ずっと), …しているときに： *W*~ ich esse, höre ich Musik. 私は食事をしながら音楽を聴く. *W*~ ich unterwegs war, ist sein Brief gekommen. 私が外出しているあいだに, 彼の手紙が来ていた. 2. 《対比》(一方では)…しているのに(ひきかえ)： Er sitzt am liebsten vor dem Fernseher, ~ sie viel Sport treibt. 彼女は大いにスポーツをしているのに, 彼のほうはテレビの前を離れたがらない.

—— [前] 〔＋2格〕(ただし支配される語が2格であることが不明瞭なときや, 前後に別の強変化名詞の単数2格がさらに続くとき, および口語や古い形では3格もある)…のあいだ(に)： ~ der ganzen Nacht 夜通し. ~ fünf Jahren 5年間. ~ meines Freundes aufschlussreichem Vortrag 私の友人の有意義な講演のあいだに.

wäh·rend·dem [ヴェーれント・デーム] [副] 《口・古》その間に.

—— [接] 《口・古》＝während 1.

wäh·rend·des·sen [ヴェーれント・デッセン] [副] その間に.

—— [接] 《口・古》＝während 1.

wahr|ha·ben* [ヴァーあ・ハーベン] [動] *h.* 〔〈et⁴〉ヲ/〈文〉デアルコトヲ〕認める《過ちなどを》.

wahr·haft [ヴァーあハふト] [形] 《文》真(まこと)〔本当〕の.

wahr·haf·tig [ヴァーあハふティひ, ヴァーあハふティひ] [形] 本物の; 《文》真実の, うそ偽りのない, 誠実な. 【慣用】**Wahrhaftig !** やっぱり(そうだ), 言ったとおりだ. **Wahrhaftiger Gott !** 《文》おやまあ, 大変だ.

—— [副] 《文飾》本当に.

die **Wahr·haf·tig·keit** [ヴァーあハふティひカイト] [名] -/ 誠実なこと, 正直なこと.

die **Wahr·heit** [ヴァーあハイト] [名] -/-en 1. 《[単]のみ》真実性： der ~ gemäß (真実)ありのままに. bei der ~ bleiben うそを言わない. 2. 真相, 事実, (現実の)真実; 〖哲〗真理： die nackte ~ 赤裸々な真実. die ~ erfahren 真相を知る. 〈j³〉 unverblümt die ~ sagen 〈人に〉ずけずけ物を言う. die ~ über 〈j⁴/et⁴〉 herausfinden 〈人・事についての〉真相を見いだす〔発見する〕. hinter die ~ kommen 《口》真相を知る. 【慣用】**in Wahrheit** 実際, 本当に. **um die Wahrheit zu sagen〔gestehen〕** 実を言うと, 実は.

der **Wahr·heits·be·weis** [ヴァーあハイツ・ベヴァイス] [名] -es/-e 〖法〗真実の証明： den ~ antreten〔führen〕 真実であることを立証する.

wahr·heits·ge·mäß [ヴァーあハイツ・ゲメース] [形] 真実どおりの, ありのままの.

wahr·heits·ge·treu [ヴァーあハイツ・ゲトろイ] [形] 事実に忠実な, ありのままの.

die **Wahr·heits·lie·be** [ヴァーあハイツ・リーベ] [名] -/ 真実への愛, 誠実さ.

wahr·heits·lie·bend [ヴァーあハイツ・リーベント] [形] 真実を愛する, 誠実な.

wahr·heits·wid·rig [ヴァーあハイツ・ヴィードりひ] [形] 事実〔真実〕に反する.

wahr·lich [ヴァーありひ] [副] 《文飾》《文・古》真(まこと)に.

wahr·nehm·bar [ヴァーあネーム・バーあ] [形] 知覚しうる.

wahr|neh·men* [ヴァーあ・ネーメン] [動] *h.* 1. 〔〈j⁴/et⁴〉ニ/〈文〉デアルコトニ〕気づく, (…を)知覚する. 2. 〔〈et⁴〉ヲ〕利用する, 活かす《機会などを》; 行使する《権利を》. 3. 〔〈et⁴〉ヲ〕〖官〗代理〔代表〕する《人の利益などを》; 引受ける《任務などを》; 果す《義務・責任を》; 守る《期日などを》： einen Termin ~ 〖法〗期日に出頭〔出廷〕する.

die **Wahr·neh·mung** [ヴァーあ・ネームング] [名] -/-en 1. 知覚, 認める〔気づく〕こと. 2. (機会などの)利用; (権利の)行使; (利益などの)代表; (期限の)遵守; (業務などの)受託.

das **Wahr·neh·mungs·ver·mö·gen** [ヴァーあネームングス・ふぇあ⊗ーゲン] [名] -s/ 知覚能力.

wahr|sa·gen [ヴァーあ・ザーゲン] [動] sagte wahr〔wahrsagte〕; hat wahrgesagt〔gewahrsagt〕 1. 〔aus 〈et³〉デ〕占う. 2. 〔(〈j³〉ノ)＋〈et⁴〉ヲ〕占う.

der **Wahr·sa·ger** [ヴァーあ・ザーガー] [名] -s/- 占師; 予言者.

die **Wahr·sa·ge·rei** [ヴァーあ・ザーゲらイ] [名] -/-en 《蔑》 1. 《[単]のみ》占い. 2. 占いの言葉.

die **Wahr·sa·gung** [ヴァーあ・ザーグング] [名] -/-en 1. 《[単]のみ》占い. 2. 予言したこと.

währ·schaft [ヴェーあシャふト] [形] 《ス1》丈夫な; 信頼できる; まっとうな; 栄養のある.

die **Währ·schaft** [ヴェーあシャふト] [名] -/-en 《ス1》保証, 担保.

wahr·schau·en [ヴァーあ・シャウエン] [動] *h.* 〔(〈j⁴〉ニ)〕〖海〗警戒を呼びかける.

wahr·schein·lich [ヴァーあ・シャインリひ, ヴァーあ・シャインリひ] [形] ありそうな, 見込が大の, 蓋然(がいぜん)性のある; 〖数〗確率(上)の： die ~*e* Ankunftszeit 到着見込時間.

—— [副] 《文飾》多分〔おそらく〕…だろう, どうも…らしい： Der Fälscher wird ~ bald gefunden. その偽造者は多分すぐ見つかるだろう.

die **Wahr·schein·lich·keit** [ヴァーあ・シャインリひカイト] [名] -/-en 1. 《主に[単]》公算, 蓋然(がいぜん)性. 2. 確率. 【慣用】**aller Wahrscheinlichkeit nach** 十中八九.

die **Wahr·schein·lich·keits·rech·nung** [ヴァーあシャインリひカイツ・れひヌング] [名] -/ 〖数〗確率論.

der **Wahr·spruch** [ヴァーあ・シュプるっふ] [名] -(e)s/..sprüche 〖法〗《古》評決.

der **Wahr·traum** [ヴァーあ・トらウム] [名] -(e)s/..träume 〖超心理〗未来を予言する夢.

die **Wah·rung** [ヴァーるング] [名] -/ (外見・秘密などの)保持; (権利・利益などの)確保.

die **Wäh·rung** [ヴェーるング] [名] -/-en 1. 通貨： eine harte/weiche ~ 硬貨/軟貨. in ausländischer ~ 外貨で. 2. 通貨制度, 本位制度.

die **Wäh·rungs·an·lei·he** [ヴェーるングス・アン・ライエ] [名] -/-n 〖経〗外貨建て債.

der **Wäh·rungs·block** [ヴェーるングス・ブロック] [名] -(e)s/..blöcke〔-s〕 通貨ブロック.

die **Wäh·rungs·ein·heit** [ヴェーるングス・アインハイト] [名]

W

-/-en 通貨単位.
die **Wäh·rungs·kri·se** [ヴェーるングス・クリーゼ] [名] -/-n 通貨危機.
die **Wäh·rungs·pa·ri·tät** [ヴェーるングス・パリテート] [名] -/-en (主に[単])〖経〗為替平価, 通貨の平価.
die **Wäh·rungs·po·li·tik** [ヴェーるングス・ポリティーク] [名] -/-en 通貨政策.
die **Wäh·rungs·re·form** [ヴェーるングス・れふぉるム] [名] -/-en 通貨改革.
die **Wäh·rungs·re·ser·ve** [ヴェーるングス・れぜるヴェ] [名] -/-n (主に[複])外貨準備(高).
die **Wäh·rungs·schlan·ge** [ヴェーるングス・シュランゲ] [名] -/-n 〖経〗(《ジャーゴン》)スネーク(1972-78年の欧州共同体の共同変動為替相場制の通称).
die **Wäh·rungs·spe·ku·la·ti·on** [ヴェーるングス・シュペクラツィオーン] [名] -/-en 〖経〗為替投機.
das **Wäh·rungs·sys·tem** [ヴェーるングス・ズュステーム] [名] -s/-e **1.** (一国の)貨幣制度. **2.** (通貨間の関係からなる)通貨体系.
die **Wäh·rungs·u·ni·on** [ヴェーるングス・ウニオーン] [名] -/-en 通貨同盟〔統合〕.
das **Wahr·zei·chen** [ヴァーあ・ツァイひぇン] [名] -s/- (特に都市などの)象徴, シンボル.
der **Waid** [ヴァイト] [名] -(e)s/-e 〖植〗タイセイ, 大青(アブラナ科).
die **Wai·se** [ヴァイゼ] [名] -/-n **1.** 親〔片親〕のない子, みなしご, 孤児. **2.** 〖詩〗無韻詩行.
das **Wai·sen·geld** [ヴァイゼン・ゲルト] [名] -es/-er 遺児扶養手当.
das **Wai·sen·haus** [ヴァイゼン・ハウス] [名] -es/..häuser (昔の)孤児院.
das **Wai·sen·kind** [ヴァイゼン・キント] [名] -(e)s/-er (古)孤児;孤児院の子.
der **Wai·sen·kna·be** [ヴァイゼン・クナーベ] [名] -n/-n 《文・古》孤児の男の子. **【慣用】ein Waisenknabe in 〈et³〉 sein** 〈事ニおいて〉まるで無能である. **gegen 〈j⁴〉 ein Waisenknabe sein** 〈人の〉足元にも及ばない.
die **Wai·sen·ren·te** [ヴァイゼン・れンテ] [名] -/-n 遺児年金.
die **Wa·ke** [ヴァーケ] [名] -/-n 《北独》(川・湖などの)氷結しない所, 表面のみ氷結した所.
der **Wal** [ヴァール] [名] -(e)s/-e 〖動〗クジラ.
(die) **Wal·bur·ga** [ヴァルブるガ] [名] **1.** 〖女名〗ヴァルブルガ. **2.** ヴァルブルガ(710頃-779年, ドイツのベネディクト会の女子修道院長. 産婦を魔女から守る守護聖人).
der **Wal·chen·see** [ヴァルひぇン・ゼー] [名] -s/ 〖湖名〗ヴァルヒェンゼー(バイエルン高地の湖).
der **Wald** [ヴァルト] [名] -(e)s/Wälder **1.** 森, 森林: ein dichter ~ うっそうとした森. **2.** 〖文芸学〗(古)選集. **【慣用】den Wald vor (lauter) Bäumen nicht sehen** 木を見て森を見ない. **ein Wald von 〈et³〉** 林のように立並ぶ〈物〉: ein *Wald* von Fernsehantennen 林立するテレビアンテナ.
die **Wald·a·mei·se** [ヴァルト・アーマイゼ] [名] -/-n 〖昆〗(森に住む)ヤマアリ.
der **Wald·ar·bei·ter** [ヴァルト・アるバイター] [名] -s/- 森林労働者〔作業員〕.
der **Wald·bau** [ヴァルト・バウ] [名] -(e)s/ 〖林〗造林学.
der **Wald·be·stand** [ヴァルト・ベシュタント] [名] -(e)s/..stände 森林(現在)量, 保有森林面積.
die **Wald·be·wirt·schaf·tung** [ヴァルト・ベヴィるトシャふトゥング] [名] -/-en 〖林〗営林(事業).
der **Wald·brand** [ヴァルト・ブらント] [名] -(e)s/..brände 山火事, 森林火災.
das **Wäld·chen** [ヴェルトひぇン] [名] -s/- 小さな森.
der **Wal·den·ser** [ヴァルデンザー] [名] -s/- 〖宗〗ワルド派の信者(12世紀, フランスのリヨンで創設され, 異端と見なされた一派).
die **Wald·erd·bee·re** [ヴァルト・エーあト・ベーれ] [名] -/-n 〖植〗ヤマイチゴ, エゾヘビイチゴ.
der **Wald·fre·vel** [ヴァルト・ふれーふぇル] [名] -s/- 山林法違反(特に盗伐).
der **Wald·geist** [ヴァルト・ガイスト] [名] -(e)s/-er 森の精.
die **Wald·gren·ze** [ヴァルト・グれンツェ] [名] -/-n 森林限界(線).
(der) **Wald·heim** [ヴァルト・ハイム] [名] 〖人名〗ヴァルトハイム(Kurt ~, 1918- , オーストリアの政治家).
das **Wald·horn** [ヴァルト・ホるン] [名] -(e)s/..hörner 〖楽〗(フレンチ)ホルン.
der **Wald·hü·ter** [ヴァルト・ヒューター] [名] -s/- (古)森林監督官, 森番.
wal·dig [ヴァルディひ] [形] 森林に覆われた.
der **Wald·kauz** [ヴァルト・カウツ] [名] -es/..käuze 〖鳥〗モリフクロウ.
das **Wald·land** [ヴァルト・ラント] [名] -(e)s/ 森林地.
der **Wald·lauf** [ヴァルト・ラウふ] [名] -(e)s/..läufe クロスカントリーレース.
die **Wald·lich·tung** [ヴァルト・リひトゥング] [名] -/-en 森林の中の木のない空地.
der **Wald·meis·ter** [ヴァルト・マイスター] [名] -s/- 〖植〗クルマバソウ.
der **Wal·dorf·sa·lat** [ヴァルドるふ・ザラート] [名] -(e)s/-e 〖料〗ウォールドーフサラダ(細かく刻んだセロリー・リンゴ・クルミにマヨネーズをかけたサラダ).
die **Wal·dorf·schu·le** [ヴァルドるふ・シューレ] [名] -/-n ヴァルドルフ学校(人智学者 R. Steiner, 1861-1925, の理念に基づく総合学校).
der **Wald·rand** [ヴァルト・らント] [名] -(e)s/..ränder 森のはずれ.
die **Wald·re·be** [ヴァルト・れーベ] [名] -/-n 〖植〗クレマチス, センニンソウ.
wald·reich [ヴァルト・らイひ] [形] 森林の多い.
der **Wald·scha·den** [ヴァルト・シャーデン] [名] -s/..schäden (主に[複])森林破壊(害虫・大気汚染・異常気象などによる森の木や生態系の被害).
die **Wald·schnep·fe** [ヴァルト・シュネップふぇ] [名] -/-n 〖鳥〗ヤマシギ.
der **Wald·schrat** [ヴァルト・シュらート] [名] -(e)s/-e (民話に登場する毛むくじゃらな)森の精.
der **Wald·schratt** [ヴァルト・シュらット] [名] -(e)s/-e = Waldschrat.
das **Wald·schutz·ge·biet** [ヴァルト・シュッツ・ゲビート] [名] -(e)s/-e 森林保護地域.
der **Wald·sport·pfad** [ヴァルト・シュポるト・プふぁート] [名] -(e)s/-e (稀)トリム運動用の森の小道(種々の体操指示などが途中に配置されている).
das **Wald·ster·ben** [ヴァルト・シュテるベン] [名] -s/ 森林の枯死(酸性雨などによる).
die **Wal·dung** [ヴァルドゥング] [名] -/-en 森林地帯.
der **Wald·ver·lust** [ヴァルト・ふぇあルスト] [名] -(e)s/-e 森林の消失.
der **Wald·weg** [ヴァルト・ヴェーク] [名] -(e)s/-e 森の道.
die **Wald·wei·de** [ヴァルト・ヴァイデ] [名] -/-n (昔の)林間放牧(自然林を放牧に用いる).
die **Wald·wie·se** [ヴァルト・ヴィーゼ] [名] -/-n 森の牧草地.
die **Wald·wirt·schaft** [ヴァルト・ヴィるトシャふト] [名] -/ 営林, 林業.
der **Wal·fang** [ヴァール・ふぁング] [名] -(e)s/ 捕鯨.
der **Wal·fän·ger** [ヴァール・ふぇンガー] [名] -s/- 捕鯨船;捕鯨業者.
die **Wal·fang·flot·te** [ヴァールふぁング・ふロッテ] [名] -/-n 捕鯨船団.

die **Wal·fang·in·dus·trie** [ヴァールふぁング・インドゥストリー] 名 -/-n 捕鯨産業.

der **Wal·fisch** [ヴァルふぃっシュ] 名 -(e)s/-e 1.《俗称》クジラ(Wal). 2.《(のみ)》くじら座.

(das) **Wal·hall** [ヴァルハル] 名 -s/- 〖北欧神〗ヴァルハラ(戦いで死んだ戦士が Wodan のもとで憩う宮殿).

(die) **Wal·hal·la**[1] [ヴァルハラ] 名 -/- ヴァルハラ神殿(1842年ドナウ河畔に建立されたドイツの偉人合祀廟(ごうしびょう)).

(das) **Wal·hal·la**[2] [ヴァルハラ] 名 -(s)/ =Walhall.

wa·li·sisch [ヴリーズィシュ] 形 ウェールズ(人・語)の.

die **Wal·ke** [ヴァルケ] 名 -/-n 縮絨(しゅくじゅう)機;(®の略)(毛織物などの)縮絨.

wal·ken [ヴァルケン] 動 h. 1.《(et⁴)》〖織〗縮絨(しゅくじゅう)する,フェルトにする;〖冶金〗ローラー機にかけて仕上げる;〖製革〗たたいたりもんだりして柔らかくする. 2.《(et⁴)》《方》保革油を塗り込みよくもんで柔らかくすること;よくこねる(パンなどの生地を);強くもんだり擦ったりする(洗濯物を). 3.《(j⁴)》《方》強くマッサージする.

der **Wal·ker** [ヴァルカー] 名 -s/- 1.〖織〗フェルト工(作業員);〖製革〗(しなやかにするための)ドラム打ちの作業員. 2.〖昆〗コガネムシ. 3.《方》メン棒(Nudel～).

das **Walkie-Talkie**, ®**Walkie-talkie** [vó:kitó:ki ヴォーキ・トーキ] 名 -(s)/-s トランシーバー,携帯用無線通話機.

der **Walk·man** [vó:kmεn ヴォーク・メン] 名 -s/.. men [..mεn];〖商標〗ウォークマン.

die **Wal·kü·re** [ヴァルキューれ,ヴァルキューれ] 名 -/-n 1.〖北欧神〗ヴァルキューレ(Wodan に仕える娘で,勇士の霊を Walhall に導く). 2.《冗》(ブロンドの)大柄な女.

der **Wall**[1] [ヴァル] 名 -(e)s/Wälle 土塁,塁壁,防塁.

der **Wall**[2] [ヴァル] 名 -(e)s/-e (単位を表す®は-) ヴァル(特に魚の数量単位で80尾): 2 ～ Heringe ニシン2ヴァル.

(der) **Wal·lach**[1] [ヴァラッヒ] 名 ヴァラッハ(Otto ～, 1847-1931,化学者).

der **Wal·lach**[2] [ヴァラッヒ] 名 -(e)s/-e 《(きょせいずみ)》-en/-en) 去勢した雄馬.

wal·len[1] [ヴァレン] 動 1. h. 《雅》煮え立つ,沸立つ,たぎる,沸騰(ふっとう)する;《文》激しく波立つ(川・湖・海などが);《文》(いくつもの)塊になって漂う(霧・煙・蒸気などが). 2. s.《über 〈et⁴〉/ェウ/aus 〈et³〉ァゥス》《文》(いくつもの)塊になって漂って行く(霧などが). 3. s.《über 〈et⁴〉/ノェに》《文》豊かに波打ってたれ下がる:～de Gewänder ひだの多い丈の長い服.

wal·len[2] [ヴァレン] 動 s. 1.《場所》》《文》静かに歩いて行く(来る),《嘲》気取った様子で歩いて行く(来る). 2.《《方向へ》》《古》巡礼する,詣(もうで)でる.

(der) **Wal·len·stein** [ヴァレン・シュタイン] 名 〖人名〗ヴァレンシュタイン(Albrecht von ～, 1583-1634, 30年戦争における皇帝側の将軍).

wall·fah·ren [ヴァル・ふぁーれン] 動 s.《《方向へ》》聖地巡礼をする;巡礼する.

der **Wall·fah·rer** [ヴァル・ふぁーらー] 名 -s/- 巡礼者.

die **Wall·fahrt** [ヴァル・ふぁーるト] 名 -/-en 巡礼,聖地巡礼: auf ～ gehen 巡礼にでる.

wall·fahr·ten [ヴァル・ふぁーるテン] 動 s.《古》=wallfahren.

die **Wall·fahrts·kir·che** [ヴァル・ふぁーるツ・キるヒェ] 名 -/-n 巡礼教会.

der **Wall·fahrts·ort** [ヴァル・ふぁーるツ・オるト] 名 -(e)s/-e 巡礼地,聖地.

der **Wall·gra·ben** [ヴァル・グらーベン] 名 -s/.. gräben (昔の都市・城の周囲の)堀.

das **Wal·lis** [ヴァリス] 名 -s/- 〖地名〗ヴァリス(スイス南部の州.州都 Sitten).

der **Wal·li·ser** [ヴァリザー] 名 -s/- ヴァリスの人.

der **Wal·lo·ne** [ヴァローネ] 名 -n/-n ワロン人(ベルギー・北フランスのケルト系住民).

wal·lo·nisch [ヴァローニッシュ] 形 ワロン(人・語)の.

die **Wall·street** [vó:lstrit ヴォール・ストリート] 名 -/ 〖地名〗(ニューヨークの)ウォール街(金融市場の中心).

die **Wal·lung** [ヴァルング] 名 -/-en 1.(海・湖・川などが)波立つこと;〖転〗(感情・血が)沸立つこと: 〈j⁴〉 in ～ bringen 〈人〉を激昂させる. in ～ geraten かっとなる. 2.〖医〗充血,のぼせ.

der **Walm** [ヴァルム] 名 -(e)s/-e 〖土〗隅棟(すみむね)(寄棟(よせむね)屋根の両端の三角形の部分).

das **Walm·dach** [ヴァルム・ダっハ] 名 -(e)s/..dächer 寄棟造りの屋根.

die **Wal·nuss**, ®**Wal·nuß** [ヴァル・ヌス] 名 -/..nüsse 〖植〗クルミ;クルミの木.

der **Wal·nuss·baum**, ®**Wal·nuß·baum** [ヴァルヌス・バウム] 名 -(e)s/..bäume クルミの木.

(die) **Wal·pur·gis** [ヴァルプるギス] 名 〖女名〗ヴァルブルギス.

die **Wal·pur·gis·nacht** [ヴァルプるギス・ナはト] 名 -/..nächte ヴァルプルギスの夜(聖女 Walburga にちなむ5月1日の前夜で,魔女たちがブロッケン山に集まると伝えられている).

der (das) **Wal·rat** [ヴァルらート] 名 -(e)s/ 鯨蠟(げいろう).

das **Wal·ross**, ®**Wal·roß** [ヴァル・ロス] 名 ..rosses/..rosse 1.〖動〗セイウチ. 2.《口》のろま.

die **Wal·statt** [ヴァ(ー)ル・シュタット] 名 -/..stätten 《古》戦場,戦の園: auf der ～ bleiben 戦に斃(たお)れる.

wal·ten [ヴァルテン] 動 h. 《文》 1.《über 〈j⁴/et⁴〉》《古》支配〔統治〕する;統括する(仕事・任務などを). 2.《場所》》支配する,(一切の)決定〔支配〕権を持つ;(…を)支配している. 《慣用》Das walte Gott ! ああ,みこころのままに. Gnade/Vernunft walten lassen 寛大な処置をとる/理性を発揮する.

(der) **Wal·ter**[1] [ヴァルター] 名 〖男名〗ヴァルター.

(der/die) **Wal·ter**[2] [ヴァルター] 名 〖人名記号〗ヴァルター.

das **Wal·tha·ri·lied** [ヴァルタり・リート,ヴァルタリー・リート] 名 -(e)s/ ヴァルターの歌(Walther von Aquitanien と Gunther, Hagen との戦いを歌った,930年頃のラテン語の叙事詩).

(der) **Wal·tha·ri·us** [ヴァルターりウス] 名 〖男名〗 =Waltharilied.

(der) **Wal·ther** [ヴァルター] 名 1.〖男名〗ヴァルター. 2. ～ von der Vogelweide ヴァルター・フォン・デア・フォーゲルヴァイデ(1170頃-1230年,ドイツ中世最大の叙情詩人).

das **Walz·blech** [ヴァルツ・ブレっヒ] 名 -(e)s/-e 圧延アーリ板.

die **Wal·ze** [ヴァルツェ] 名 -/-n 1.〖幾何〗円筒,円柱. 2.(機械の送られて圧延したりするの部分の)ロール,ローラー,シリンダー. 3. ロードローラー(Straßen～);農業用ロラー(Acker～);《口》圧延工場.4.(手回しオルガンの)ぜんまい筒;(オルゴールの)ドラム. 5.(オルガンの)ヴァルツェ. 6.《(のみ)》(昔の職人の)遍歴の旅.

wal·zen [ヴァルツェン] 動 1. h.《et⁴》圧延する(鋼鉄などを);ローラーでならす(道路・テニスコートなどを). 2. s.《場所》》《古》《冗》(も有)ぶらぶら歩く,徒歩旅行をする,遍歴する. 3. h.《雅》《古》(《冗》も有)(ワルツを)踊る. 4. s.《場所》》

wälzen

《古》(《冗》も有)(ワルツを)踊りながら動く.

wälzen [ヴェルツェン] 動 h. **1.** 〔⟨j⁴/et⁴⟩ヮ+⟨方向⟩ニ〕(ゆっくり)転がして動かす(運ぶ);転嫁する:den Verletzten auf den Rücken ~ 負傷者をゆっくりあお向けにする. seine Arbeit auf ⟨j⁴⟩ ~ 自分の仕事を⟨人に⟩押しつける. **2.** 〔sich⁴+⟨場所⟩ヲク/⟨方向⟩ヘ〕(ゆっくり)転がって(進む):sich⁴ aus dem Bett ~ 《口》いやいや起きる. **3.** 〔sich⁴〕《⟨方向⟩ヘ⟩〕寝返りを打つ. **4.** 〔sich⁴+⟨場所⟩ヲク/方向⟩〕転げ(のたうち)回る. **5.** 〔⟨et⁴⟩ヮ〕《口》何度か真返す. **6.** 〔⟨et⁴⟩ヮ〕《口》あちこちめくって調べる(カタログ・辞典・書籍などを). **7.** 〔⟨et⁴⟩ヮ〕《口》あれこれ考える(検討する)(計画(案)・問題などを).

walzenförmig [ヴァルツェンフぁるミヒ] 形 円筒形の.

die Walzenstraße [ヴァルツェン・シュトらーセ] 名 -/-n 〖工〗=Walzstraße

der Walzer [ヴァルツァー] 名 -s/- **1.** (ダンスの)ワルツ;(器楽の)円舞曲:Wiener ~ ウィンナワルツ. **2.** 圧延工.

der Wälzer [ヴェルツァー] 名 -s/- 《口》分厚い本.

der Walzerkönig [ヴァルツァー・⑦ーニヒ] 名 -s/ ワルツ王(Johann Strauß のこと).

der Walzerschritt [ヴァルツァー・シュりっト] 名 -(e)s/-e ワルツのステップ.

der Walzstahl [ヴァルツ・シュタール] 名 -(e)s/..stähle 〔-e〕圧延鋼.

die Walzstraße [ヴァルツ・シュトらーセ] 名 -/-n (圧延機の)圧延テーブル,圧延路.

das Walzwerk [ヴァルツ・ヴェるク] 名 -(e)s/-e **1.** ロールクラッシャー. **2.** 圧延工場.

die Wamme [ヴァメ] 名 -/-n **1.** (牛や犬の)のど袋(のどの部分の皮膚のたるみ). **2.** 毛皮の腹側. **3.**《方》=Wampe.

die Wampe [ヴァんペ] 名 -/-n (口・蔑》太鼓腹;胃袋.

der Wampum [ヴァんプム, ヴァんブーム] 名 -s/-e ウォンパム(北アメリカインディアンが通貨や装飾用の貝がらやカタツムリなどをつけた帯).

das Wams [ヴァムス] 名 -es/Wämser ダブレット(①よろいの下に着た胴着. ② 15-17 世紀の男性用上着.

wamsen [ヴァムゼン] 動 h. 〔⟨j⁴⟩ヮ〕《方》殴る.

wand [ヴァント] 動 winden¹ の過去形.

die Wand [ヴァント] 名 -/-Wände **1.** (部屋などの)壁,間仕切り;(ポスターなどの)掲示板,パネル,〔目隠しなどの〕ボード:eine ~ einziehen 間仕切りの壁を入れる. an einer ~ hängen 壁に掛かっている. etw. an die ~ kleben 〈物ヲ〉壁に張る. mit ⟨j³⟩ ~ an ~ wohnen 〈人と〉壁ひとつ隔てて隣に住む. gegen eine ~ von Vorurteilen anrennen 〔転〕偏見の壁にぶつかる. **2.** (戸棚などの)側面,裏面. **3.** (器官・管などの)内壁:die ~ des Magens 胃壁. die ~ einer Röhre 管の内壁. **4.** 〖登山〗(岩の)壁;〖鉱〗大塊鉱. **5.** 雲の壁(Wolken~);雷雲の塊(Gewitter~). **6.** 〖ﾃﾆｽ〗(壁打ち用の)ボード(Tennis~). 〖慣用〗⟨j⁴⟩ an die Wand drücken 《口》〈人ヲ〉押しのける. ⟨j⁴⟩ an die Wand spielen (演劇・スポーツなどで)〈人ヲ〉凌駕〈口〉人に策を労して〈人ヲ〉打勝つ. ⟨j⁴⟩ an die Wand stellen 《口》〈人ヲ〉銃殺する. Das ist um die Wände (an den Wänden) hochzugehen. 《口》頭にくる(頭にくる). die (eigenen) vier Wände 《口》わが家,自宅. mit dem Kopf durch die Wand wollen 《口》無理押しをする.

der Wandale [ヴァンダーレ] 名 -n/-n ヴァンダル族(ローマ文化を破壊したゲルマンの一族);(蔑)文化・芸術の心なき破壊者.

der Wandalismus [ヴァンダリスムス] 名 -/ 野蛮な破壊行為(Vandalismus).

der Wandarm [ヴァント・アるム] 名 -(e)s/-e 壁付けのアーム形ランプ(照明器具);壁付けの L 字形アーム(棚受用など).

der Wand·be·hang [ヴァント・ベハング] 名 -(e)s/..hänge 壁掛け(ゴブラン織など).

die Wandbekleidung [ヴァント・ベクライドゥング] 名 -/-en 壁の外装(内装),壁張り.

das Wandbord [ヴァント・ボるト] 名 -(e)s/-e 壁に取り付けられた棚(ボード).

das Wandbrett [ヴァント・ブれット] 名 -(e)s/..bretter =Wandbord.

wän·de [ヴェンデ] 動 winden¹ の接続法 2 式.

der Wandel [ヴァンデル] 名 -s/ **1.** 変化,変遷,推移,移り変り:im ~ der Zeiten 時の移り変りの中で. dem ~ unterworfen sein 不断の変化にさらされている. **2.** 生活態度(Lebens~). 〖慣用〗Handel und Wandel 《古》日々の営み.

der Wandelaltar [ヴァンデル・アルターあ] 名 -(e)s/..täre 開閉式の扉がいくつもある祭壇. ⇨ Flügelaltar.

die Wandelanleihe [ヴァンデル・アンライエ] 名 -/-n 〖銀行〗=Wandelschuldverschreibung.

wandelbar [ヴァンデル・バーる] 形 **1.**《文》変りやすい. **2.**《詩》遊歩に適した.

die Wandelbarkeit [ヴァンデルバーあカイト] 名 -/ 変りやすさ;不安定;移り気;無常.

der Wandelgang [ヴァンデル・ガング] 名 -(e)s/..gänge (劇場の)回廊,(保養地の屋根つきの)遊歩道.

die Wandelhalle [ヴァンデル・ハレ] 名 -/-n (療養院などの)屋内遊歩場;(劇場などの)遊歩廊,ロビー.

wandeln [ヴァンデルン] 動《文》**1.** h. 〔⟨j⁴/et⁴⟩ ヮ〕変える,変化させる(信念などを). **2.** h. 〔sich⁴〕変る,変化する(人・生活・考えなどが). **3.** h. 〔⟨et⁴⟩ヮ+in ⟨et⁴⟩ニ〕変える. **4.** h. 〔sich⁴+in ⟨et⁴⟩ニ/zu ⟨et⁴⟩ニ〕変る(愛が憎しみなどに). **5.** s. 〔⟨場所⟩ヲク〕ゆっくりと歩く(歩いて行く),散策する,そぞろに歩く;〈…に〉生きる:auf der Erde ~ この世に生きる. ein ~des Lexikon 《口》生き字引. **6.** 〔⟨et⁴⟩ヮ〕運行する(天体がその軌道を). **7.** 〖旧〗〖法〗(売買契約を)解除する. **8.** 〔⟨様態⟩ニ〕〖聖〗歩む,生きる.

die Wandelobligation [ヴァンデル・オブリガツィオーン] 名 -/-en 〖銀行〗=Wandelschuldverschreibung.

die Wandelschuldverschreibung [ヴァンデル・シュルト・ふぇるシュらイブング] 名 -/-en 〖銀行〗転換社債.

der Wandelstern [ヴァンデル・シュテるン] 名 -(e)s/-e 《古》遊星.

die Wandelung [ヴァンデルング] 名 -/-en **1.** = Wandlung. **2.** 〖法〗(売買契約の)解除.

die Wanderameise [ヴァンダー・アーマイゼ] 名 -/-n 〖昆〗(南米・アフリカの)グンタイアリ,サスライアリ.

der Wanderarbeiter [ヴァンダー・アるバイター] 名 -s/- 出稼ぎ(季節)労働者,渡り労働者.

die Wanderausstellung [ヴァンダー・アウス・シュテルング] 名 -/-en 巡回展覧(展示)会.

der Wanderblock [ヴァンダー・ブロック] 名 -(e)s/..blöcke 〖地質〗漂石,迷い子石(氷河期に運ばれた石).

die Wanderbühne [ヴァンダー・ビューネ] 名 -/-n 巡回(移動)劇団,旅回りの一座.

der Wanderbursche [ヴァンダー・ブるシェ] 名 -n/-n (昔の)遍歴職人,渡り職人.

die Wanderdüne [ヴァンダー・デューネ] 名 -/-n 移動砂丘.

der Wanderer [ヴァンデらー] 名 -s/- 徒歩旅行者,ハイカー.

die Wanderfahrt [ヴァンダー・ふぁーあト] 名 -/-en

《古》数日にわたるハイキング.

der **Wạn·der·fal·ke** [ヴァンダー・ふぁルケ] [名] -n/-n 〖鳥〗ハヤブサ.

das **Wạn·der·ge·wer·be** [ヴァンダー・ゲヴェるベ] [名] -s/ 行商.

die **Wạn·der·heu·schre·cke** [ヴァンダー・ホイ・シュれっケ] [名] -/-n 〖昆〗飛蝗(ひこう), トビバッタ《熱帯地方で大量発生する》.

die **Wạn·de·rin** [ヴァンデりン] [名] -/-nen Wanderer の女性形.

das **Wạn·der·jahr** [ヴァンダー・ヤーあ] [名] -(e)s/-e《主に[複]》(昔の職人の)遍歴時代.

die **Wạn·der·kar·te** [ヴァンダー・カるテ] [名] -/-n ハイキング用地図.

das **Wạn·der·le·ben** [ヴァンダー・レーベン] [名] -s/ 放浪生活.

das **Wạn·der·lied** [ヴァンダー・リート] [名] -(e)s/-er さすらい〔遍歴〕の歌《ハイキングの際によく歌われる民謡》.

die **Wạn·der·lust** [ヴァンダー・ルスト] [名] -/ 徒歩旅行熱, 徒歩旅行の楽しみ.

wạn·der·lus·tig [ヴァンダー・ルスティひ] [形] 徒歩旅行の好きな.

wạn·dern [ヴァンダーン] [動] *s.* **1.** 〖(〈場所〉ヲ/〈方向〉ヘ)〗徒歩旅行〔ハイキング〕をする. **2.** 〖〈場所〉ヲ/〈方向〉ヘ〗ぶらぶら歩く〔歩き回る・歩いて行く〕; 流れて行く《雲が》; (…に)次々と注がれる《視線が》. **3.** 〖(〈方向〉ヘ/〈場所〉ヲ)〗移動する; 巡回〔巡業〕する; 遍歴する《修業中の職人などが》: zum Laichen in die Flüsse ～ 産卵のために川をさかのぼる《サケなどが》. ein ～*der* Händler 行商人. Der Brief ist durch viele Hände *gewandert*. その手紙は次々と転送された. **4.** 〖〈方向〉ニ〗《口》送り込まれる, 入れられる《刑務所などに》: in 〔auf〕 den Müll ～ ごみとして捨てられる. in die Reinigung ～ 洗濯(屋)に出される.

die **Wạn·der·nie·re** [ヴァンダー・ニーれ] [名] -/-n 〖医〗遊走腎(じん).

der **Wạn·der·pre·di·ger** [ヴァンダー・プれーディガー] [名] -s/- 巡回説教師〔布教師〕.

der **Wạn·der·preis** [ヴァンダー・プらイス] [名] -es/-e 持回り賞《優勝旗など》.

die **Wạn·der·rat·te** [ヴァンダー・らっテ] [名] -/-n 〖動〗ドブネズミ.

die **Wạn·der·schaft** [ヴァンダーシャふト] [名] -/-en《主に[単]》移動〔巡業・放浪・遍歴・旅回り〕(の時): auf ～ sein《転・口》外出している.

der **Wạn·ders·mann** [ヴァンダース・マン] [名] -(e)s/ ..leute (昔の)遍歴する人; 《冗》徒歩旅行者, ハイカー.

der **Wạn·der·stab** [ヴァンダー・シュタープ] [名] -(e)s/ ..stäbe《古》旅用の杖: den ～ ergreifen《文・冗》旅にでる.

der **Wạn·der·trieb** [ヴァンダー・トりープ] [名] -(e)s/ **1.** 〖動〗渡りの習性, 移動本能. **2.** 〖医〗徘徊(はいかい)症; 《転・冗》旅行〔放浪〕への衝動.

die **Wạn·der·trup·pe** [ヴァンダー・トるっペ] [名] -/-n 旅役者の一座, 移動劇団.

die **Wạn·de·rung** [ヴァンデるング] [名] -/-en **1.** 徒歩旅行, ハイキング. **2.** (民族などの)移動; (渡鳥の)渡り; (水生動物の)回遊. **3.** ぶらつく〔歩き回る〕こと; 歩いて行くこと.

der **Wạn·der·vo·gel** [ヴァンダー・ふぉーゲル] [名] -s/..vö·gel **1.** 《古》渡鳥; 《古・冗》徒歩旅行好き. **2.** ワンダーフォーゲル《①(《単のみ》)青少年の徒歩旅行グループ. ②その会員》.

der **Wạn·der·zir·kus** [ヴァンダー・ツィるクス] [名] -/-se 旅回りのサーカス, 巡業サーカス団.

das **Wạnd·ge·mäl·de** [ヴァント・ゲメールデ] [名] -s/- 壁画.

..wan·dig [..ヴァンディひ] [接尾] 形容詞などにつけて壁の様相を表す: dick*wandig* 厚手の壁の.

der **Wạnd·ka·len·der** [ヴァント・カレンダー] [名] -s/- 壁掛け用カレンダー.

die **Wạnd·kar·te** [ヴァント・カるテ] [名] -/-n 掛け地図, 壁地図.

der **Wạnd·ler** [ヴァンドラー] [名] -s/- 〖工〗変成器.

der **Wạnd·leuch·ter** [ヴァント・ロイひター] [名] -s/- 壁に取りつけた燭台(しょくだい).

die **Wạnd·lung** [ヴァンドルング] [名] -/-en **1.** (根本的な)変化: die ～ des Wertesystems 価値体系の変化. **2.** 〖カトリック〗聖変化. **3.** 〖法〗(売買契約の)解除.

die **Wand·ma·le·rei** [ヴァント・マーレらイ] [名] -/-en **1.** 《[単]のみ》(絵画の種類としての)壁画. **2.** (作品としての)壁画.

der **Wạnd·pfei·ler** [ヴァント・プふぁイラー] [名] -s/- 〖建〗ピラスター, 柱形(はしらがた).

der **Wạnd·rer** [ヴァンドらー] [名] -s/- ＝Wanderer.

der **Wạnd·schirm** [ヴァント・シるム] [名] -(e)s/-e 屏風(びょうぶ), 衝立(ついたて).

der **Wạnd·schrank** [ヴァント・シュらンク] [名] -(e)s/ ..schränke 造りつけの戸棚.

der **Wạnd·spie·gel** [ヴァント・シュピーゲル] [名] -s/- 壁掛け鏡.

die **Wạnd·ta·fel** [ヴァント・ターふぇル] [名] -/-n (壁に固定した)黒板.

wạnd·te [ヴァンテ] [動] wenden の過去形.

der **Wạnd·tel·ler** [ヴァント・テラー] [名] -s/- 壁掛け用の飾り皿.

der **Wạnd·tep·pich** [ヴァント・テッピひ] [名] -s/-e 壁掛用の絨毯(じゅうたん), タペストリー.

die **Wạnd·uhr** [ヴァント・ウーあ] [名] -/-en 掛時計, 柱時計.

die **Wạn·dung** [ヴァンドゥング] [名] -/-en (中空体や内臓の)内壁.

die **Wạnd·ver·klei·dung** [ヴァント・ふぇあクライドゥング] [名] -/-en 壁の化粧張り.

die **Wạnd·zei·tung** [ヴァント・ツァイトゥング] [名] -/-en 壁新聞; 壁新聞を張る掲示板.

der **Wa̱·ne** [ヴァーネ] [名] -n/-n《主に[複]》〖北欧神〗ヴァーネ神《地底と海底に住み, 人間に繁栄と豊穣を与える古い神族》.

die **Wạn·ge** [ヴァンゲ] [名] -/-n **1.** 《文》頬(ほお). **2.** (階段・本棚などの)側板(がわいた); (斧などの)刃の腹; 〖建〗(ヴォールトの)中腹部.

(*das*) **Wan·ger·oo·ge** [ヴァンガーオーゲ, ヴァンガーオーゲ] [名] -s/ 〖地名〗ヴァンガーオーゲ島《東フリース諸島の島》.

der **Wạn·kel·mo·tor** [ヴァンケル・モ(ー)トーあ] [名] -s/-en ヴァンケル・エンジン《ロータリーエンジンで発明者 Felix Wankel, 1902-, による》.

der **Wạn·kel·mut** [ヴァンケル・ムート] [名] -(e)s/ 《文・蔑》移り気, むら気.

wạn·kel·mü·tig [ヴァンケル・ミューティひ] [形] 《文・蔑》移り気な, 気まぐれな; 無定見な.

wạn·ken [ヴァンケン] [動] **1.** *h.* 〖補足なし〗ぐらぐら揺れる《地面・建物などが》; よろける, よろよろする, がくがくする《ひざが》; 《転・文》ぐらつく, 揺らぐ《信仰・政体・地位などが》. **2.** *s.* 〖〈方向〉へ〗よろよろ歩いて行く. 【慣用】**nicht wanken und (nicht) weichen** その場を動かない〔一歩も退かない〕, 断固として立場を変えない.

wạnn [ヴァン] [副] **1.** 《疑問》 **a.** 《日時》いつ, どんなときに: *W*～ kommt er? 彼はいつ来るのか. bis ～ いつまで. seit ～ いつから. von ～ an いつから. von ～ bis ～ いつからいつまで. Ich weiß nicht, ～ es stattfin-

W

det. それがいつ催されるのかぼくは知らない.《文末に置き換えして》Du kommst ~ ? 君はいつ来る?《感嘆文を導いて》W~ dir so was immer einfällt！なんというときにそんなことを思いつくのだ. **b.**《immer, auch (immer) とともに認容文を導いて》いつでも: Du kannst kommen, ~ immer du willst. 君はいつでも好きなときに来ていい. **c.**《条件》どんな場合に: W~ gilt ein Täter als unschuldig？どんな場合に犯人は無罪と見なされるのか. **2.**《関係》《関係文を導いて》der Termin, ~ die Wahlen stattfinden sollen 選挙実施予定日.【慣用】**dann und wann** ときどき, ときおり.

—— 接《従属》**1.**《時点》《方・古》…すると, …するとその時. **2.**《条件》《ﾗﾃﾝ》もし…であるならば.

das **Wänn-chen** [ヴェンﾋｪﾝ] 名 -s/-《Wanne の縮少形》小さい桶(詫)(たらい).

die **Wan-ne** [ヴァﾈ] 名 -/-n **1.** たらい；浴槽(Bade~)；(飼葉などの)桶(詫)；オイルパン(Öl~). **2.**《方》(門衛などの桶形の)ボックス. **3.**《ﾗﾃﾝ》警察の出動車.

wan-nen [ヴァﾈﾝ] 副《次の形で》von ~《古》どこから.

das **Wan-nen-bad** [ヴァﾈﾝ・バート] 名 -(e)s/..bäder **1.**（シャワーに対する)浴槽つき公共浴場〔浴室〕. **2.** 浴槽を使った入浴.

der **Wanst** [ヴァﾝｽﾄ] 名 -es/Wänste《口・蔑》太鼓腹；太鼓腹の人.

die **Want** [ヴァﾝﾄ] 名 -/-en (das ~ -s/-en も有)《主に⑥海》横張酵索(燙), シュラウド.

die **Wan-ze** [ヴァﾝﾂｪ] 名 -/-n **1.**《動》異翅(⑰)類. **2.** ナンキンムシ(Bett~). **3.**《ﾗﾃﾝ》《蔑》嫌なやつ. **3.**《ﾗﾃﾝ》南京虫(小型盗聴器のこと). **4.**《方・口》画鋲(ｿﾞｱ).

das **WAP** [ヴェーアーベー] 名 -s/ =wireless application protocol インターネット接続機能.

das **WAP-Handy** [ヴァｯﾌﾟ・ヘンディー, w5p..] ヴォｯﾌﾟ・ヘンディー] 名 -s/-s インターネット接続機能付き携帯電話(WAP：wireless application protocol の略).

der **Wa-pi-ti** [ヴァピーティ] 名 -(s)/-s《動》ワピチ(北アメリカ産の赤鹿).

das **Wap-pen** [ヴァｯﾍﾟﾝ] 名 -s/- 紋章, ワッペン.

das **Wap-pen-bild** [ヴァｯﾍﾟﾝ・ビルト] 名 -(e)s/-er 紋章の図柄.

der **Wap-pen-brief** [ヴァｯﾍﾟﾝ・ブリーﾌ] 名 -(e)s/-e 紋章状(紋章登録〔授与〕の公文書).

die **Wap-pen-kun-de** [ヴァｯﾍﾟﾝ・クンデ] 名 -/ 紋章学.

der **Wap-pen-schild** [ヴァｯﾍﾟﾝ・シルト] 名 -(e)s/-e《紋》紋章の盾.

der **Wap-pen-spruch** [ヴァｯﾍﾟﾝ・シュプるｯﾌ] 名 -(e)s/..sprüche 紋章銘(モットー)(紋章に刻まれた文句).

das **Wap-pen-tier** [ヴァｯﾍﾟﾝ・ティーア] 名 -(e)s/-e 紋章の図柄の動物.

wap-pnen [ヴァｯﾌﾟﾈﾝ] 動 h.《文》**1.**《sich⁴+gegen〈et³〉ｦｴﾄる》心構えをする, 覚悟を固める, 備える（危険・攻撃などに対して). **2.**《sich⁴+mit〈et³〉》努力する, 傾注する. **3.**《〈j³〉+mit〈et³〉》《稀》授ける, 備えさせる.

war [ヴァー] 動 sein の過去形.

Wa. R. [ヴェーアーエｽ] ＝Wassermannsche Reaktion《医》ワッセルマン反応(血清反応による梅毒の診断).

warb [ヴァるﾌﾟ] 動 werben の過去形.

ward [ヴァると] 動《古》werden の過去形.

die **Wa-re** [ヴァーれ] 名 -/-n 商品, 品物：eine hochwertige ~ 高級品. Das Betasten der ~ ist verboten. 商品に触れること禁止《果実商などの掲示》. heiße ~《ﾗﾃﾝ》違法な品.

wä-re [ヴェーれ] 動 sein の接続法 2 式.

das **Wa-ren-an-ge-bot** [ヴァーれﾝ・アン・ゲボート] 名 -(e)s/-e 商品の提供, 商品の供給.

die **Wa-ren-an-nah-me** [ヴァーれﾝ・アン・ナーメ] 名 -/-en **1.** 商品受理. **2.** 商品受理所.

der **Wa-ren-auf-zug** [ヴァーれﾝ・アウﾌ・ツーｸ] 名 -(e)s/..züge 荷物用エレベーター.

die **Wa-ren-aus-fuhr** [ヴァーれﾝ・アウｽ・ふーあ] 名 -/-en 商品の輸出.

die **Wa-ren-aus-ga-be** [ヴァーれﾝ・アウｽ・ガーベ] 名 -/-n 商品引渡し；商品引渡し所.

der **Wa-ren-aus-tausch** [ヴァーれﾝ・アウｽ・タウシュ] 名 -(e)s/ 商品の交換.

der **Wa-ren-au-to-mat** [ヴァーれﾝ・アウトマート] 名 -en/-en 商品の自動販売機.

der **Wa-ren-be-gleit-schein** [ヴァーれﾝ・ベグライト・シャイﾝ] 名 -(e)s/-e《関税》(関税免除)商品通関証.

der **Wa-ren-be-stand** [ヴァーれﾝ・ベシュタﾝﾄ] 名 -(e)s/..stände 商品在庫(高), ストック.

die **Wa-ren-bör-se** [ヴァーれﾝ・⑥るゼ] 名 -/-n 商品取引所.

der **Wa-ren-ein-gang** [ヴァーれﾝ・アイン・ガﾝｸ] 名 -(e)s/..gänge **1.**《⑥のみ》商品の受入, 入荷. **2.**《主に⑥》入荷品.

der **Wa-ren-ein-stands-preis** [ヴァーれﾝ・アイン・シュタﾝｽ・プライｽ] 名 -es/-e《簿》商品仕入原価.

das **Wa-ren-haus** [ヴァーれﾝ・ハウｽ] 名 -es/..häuser 百貨店, デパート.

das **Wa-ren-kon-to** [ヴァーれﾝ・コﾝﾄ] 名 -s/..ten《簿》商品勘定.

der **Wa-ren-korb** [ヴァーれﾝ・コるﾌﾟ] 名 -(e)s/..körbe《統計》マーケットバスケット《物価指数の算出のための》.

die **Wa-ren-kun-de** [ヴァーれﾝ・クンデ] 名 -/ 商品学.

das **Wa-ren-la-ger** [ヴァーれﾝ・ラーガー] 名 -s/- 商品倉庫.

die **Wa-ren-lis-te** [ヴァーれﾝ・リステ] 名 -/-n 品目リスト.

das **Wa-ren-mus-ter** [ヴァーれﾝ・ムスター] 名 -s/- 商品見本.

die **Wa-ren-norm** [ヴァーれﾝ・ノるム] 名 -/-en 商品規格.

die **Wa-ren-pro-be** [ヴァーれﾝ・プローベ] 名 -/-n 商品見本；《郵》商品見本(の郵便物)《郵送代が割安になる》.

die **Wa-ren-sen-dung** [ヴァーれﾝ・ゼﾝﾄﾞｩﾝｸ] 名 -/-en 商品の送付〔配送〕；《郵》(以前の)商品見本(の郵便物).

die **Wa-ren-ter-min-bör-se** [ヴァーれﾝ・テるミーン・⑥るゼ] 名 -/-n《金融》先物商品市場.

der **Wa-ren-test** [ヴァーれﾝ・テｽﾄ] 名 -(e)s/-e 商品テスト.

der **Wa-ren-um-satz** [ヴァーれﾝ・ウﾑ・ザｯﾂ] 名 -es/..sätze 商品の売上げ.

der **Wa-ren-ver-kehr** [ヴァーれﾝ・ふぇあケーア] 名 -(e)s/ 商品の流通.

das **Wa-ren-ver-zeich-nis** [ヴァーれﾝ・ふぇあツァイﾋﾆｽ] 名 -ses/-se 商品目録〔カタログ〕.

der **Wa-ren-vor-rat** [ヴァーれﾝ・ふぉーあ・らート] 名 -(e)s/..räte 商品在庫, 商品備蓄, ストック.

das **Wa-ren-zei-chen** [ヴァーれﾝ・ツァイﾋｪﾝ] 名 -s/- 商標, トレードマーク：ein eingetragenes ~ 登録商標.

das **Wa-ren-zei-chen-recht** [ヴァーれﾝ・ツァイﾋｪﾝ・れﾋﾄ] 名 -(e)s/-e 商標権.

warf [ヴァるﾌ] 動 werfen の過去形.

warnend

der (das) **Warf**¹ [ヴァるふ] 名 -(e)s/-e 〖織〗経糸(たていと).

die **Warf**² [ヴァるふ] 名 -/-en 〖北独〗=Wurt.

warm [ヴァるム] 形 wärmer; wärmst **1.** 暖〔温〕かい: ~es Klima 温暖な気候. ~e Quelle (20°C以上の)温泉. ~e Farben 暖色(赤・黄など). die Suppe ~ halten (stellen) スープを暖かくする. sich⁴ ~ laufen 走って体を暖める〔ウォームアップする〕. **2.** (寒さを防ぐ)暖かい: ~e Schuhe 暖かい靴. die ~e Miete 暖房費込みの家賃〔間代〕. etwas W~es anziehen 何か暖かいものを着る. Der Grog macht ~. グロッグ酒は暖まる. sich⁴ ~ anziehen 暖かい服装をする. **3.** 心のこもった;暖かい: mit ~en Worten 心のこもった言葉で. **4.** 熱意のこもった,熱心〔熱烈〕な: 〈j³〉〈j⁴/et⁴〉 wärmstens empfehlen 〈人に〉〈人・物・事〉を非常に熱心に推薦する. **5.** 〖俗〗ホモの(schwul). 〖慣用〗 eine warme Fährte (Spur) 〖狩〗真新しい足跡. Es wird 〈j³〉 ganz warm ums Herz. 〈人は〉幸せでほのぼのとした気持になる. mit 〈j³〉〈et³〉 warm werden 〖口〗〈人と〉親しくなる〈物・事〉に慣れる(なじむ). weder warm noch kalt 〔nicht warm und nicht kalt〕 sein 〖口〗煮えきらない,どうでもいい,無関心である.

das **Warm bier** [ヴァるム・ビーア] 名 -(e)s/ ホットビール(ビールに砂糖・香料を入れて温めたもの).

das **Warm blut** [ヴァるム・ブルート] 名 -(e)s/ ワームブラッド(中型の軽快な乗用馬の品種).

der **Warm blüter** [ヴァるム・ブリューター] 名 -s/- 〖動〗温血動物.

warm blütig [ヴァるム・ブリューティヒ] 形 **1.** 〖動〗温血(定温)の. **2.** (稀)軽種の(馬).

der **Warm duscher** [ヴァるム・ドゥッシャー,ヴァるム・ドゥーシャー] 名 -s/- 〖口・蔑〗意気地なし,腰抜け.

die **Wärme** [ヴェるメ] 名 -/ **1.** 暖かさ,熱,温度; 〖理〗熱エネルギー: dreißig Grad ~ 30度の暖かさ〔温度〕. ~ ausstrahlen 熱を輻射(ふくしゃ)する. **2.** (心の)温かさ,思いやり.

die **Wärme ab ga be** [ヴェるメ・アップ・ガーベ] 名 -/ 放熱.

das **Wärme äquivalent** [ヴェるメ・エクヴィヴァレント] 名 -(e)s/ 〖理〗熱当量.

die **Wärme aus deh nung** [ヴェるメ・アウス・デーヌング] 名 -/-en 〖理〗熱膨張.

der **Wärme aus tausch** [ヴェるメ・アウス・タウシュ] 名 -(e)s/ 〖理〗熱交換.

der **Wärme aus tau scher** [ヴェるメ・アウス・タウシャー] 名 -s/- 熱交換器.

die **Wärme be hand lung** [ヴェるメ・ベハンドルング] 名 -/-en 〖医〗温熱療法〔治療〕;〖金属加工〗熱処理.

wärme be stän dig [ヴェるメ・ベシュテンディヒ] 形 耐熱性の.

die **Wärme be stän dig keit** [ヴェるメ・ベシュテンディヒカイト] 名 -/ 耐熱性.

das **Wärme bett** [ヴェるメ・ベット] 名 -(e)s/-en 〖医〗(未熟児用)保育器.

wärme däm mend [ヴェるメ・デメント] 形 断熱の.

die **Wärme ein heit** [ヴェるメ・アインハイト] 名 -/-en 熱量単位(カロリー・ジュールなど. 略 WE).

die **Wärme ener gie** [ヴェるメ・エネるギー] 名 -/-n 〖理〗熱エネルギー.

der **Wärme grad** [ヴェるメ・グらート] 名 (し)s/-e 温かさ(の)温度; 〖口〗摂氏零度以上の温度.

die **Wärme kraft ma schi ne** [ヴェるメ・クらふト・マシーネ] 名 -/-n 〖工〗熱機関(蒸気機関・蒸気タービン・内燃機関など).

das **Wärme kraft werk** [ヴェるメ・クらふト・ヴェるク] 名 -(e)s/-e 火力発電所.

die **Wärme leh re** [ヴェるメ・レーれ] 名 -/ 〖理〗熱学.

der **Wärme lei ter** [ヴェるメ・ライター] 名 -s/- 〖理〗熱伝導体.

die **Wärme leit fä hig keit** [ヴェるメ・ライト・ふぇーイヒカイト] 名 -/ 〖理〗熱伝導度.

die **Wärme men ge** [ヴェるメ・メンゲ] 名 -/-n 熱量.

der **Wärme mes ser** [ヴェるメ・メッサー] 名 -s/- 〖工〗熱量計.

wär men [ヴェるメン] 動 h. **1.** 〈j⁴/et⁴〉を 暖める. **2.** 〔sich⁴〕身体を暖める, 暖まる. **3.** 〈j³〉ノタメニ〉+〈et⁴〉を温める, 温め直す, 熱する. **4.** 〔〈様態〉=〕暖かい,暖かく感じる,身体を暖める(ストーブ・酒などが熱を発生するので);暖かい(コートなど).

die **Wärme pum pe** [ヴェるメ・プムペ] 名 -/-n 〖工〗熱ポンプ.

der **Wärme reg ler** [ヴェるメ・れーグラー] 名 -s/- 温度自動調節器.

der **Wärme schutz** [ヴェるメ・シュッツ] 名 -es/-e 断熱;断熱材.

der **Wärme spei cher** [ヴェるメ・シュパイヒャー] 名 -s/- 蓄熱器.

der **Wärme strahl** [ヴェるメ・シュトらール] 名 -(e)s/-en (主に複)熱線.

die **Wärme strah lung** [ヴェるメ・シュトらールング] 名 -/ 〖理・気〗熱放射.

die **Wärme tech nik** [ヴェるメ・テヒニク] 名 -/ 〖工〗熱工学.

die **Wärm fla sche** [ヴェるム・ふらッシェ] 名 -/-n (主にゴム製の)湯たんぽ.

die **Warm front** [ヴァるム・ふろント] 名 -/-en 〖気〗温暖前線.

warm hal ten* [ヴァるム・ハルテン] 動 h. 〔sich³+〈j⁴〉〕〖口〗好意〔愛顧〕を失わないようにする.

das **Warm haus** [ヴァるム・ハウス] 名 -es/..häuser 〖園〗温室.

warm her zig [ヴァるム・へるツィヒ] 形 心の温かい;温かい心のこもった.

warm lau fen* [ヴァるム・ラウふェン] 動 **1.** s.〖補足〗(アイドリングなどで)暖まる. **2.** h.〔sich⁴〕アイドリングで暖まる(エンジンが);走っているうちにスピードがアップする.

die **Warm luft hei zung** [ヴァるム・ルふト・ハイツング] 名 -/-en 〖工〗(集中)温風暖房.

der **Warm was ser be rei ter** [ヴァるム・ヴァッサー・ベらイター] 名 -s/- 温水器,湯沸し器.

die **Warm was ser hei zung** [ヴァるム・ヴァッサー・ハイツング] 名 -/-en 〖工〗温水暖房(装置).

der **Warm was ser spei cher** [ヴァるム・ヴァッサー・シュパイヒャー] 名 -s/- 〖工〗貯湯式湯沸し器.

die **Warm was ser ver sor gung** [ヴァるム・ヴァッサー・ふぇあゾるゲング] 名 -/ 給湯.

die **Warm zeit** [ヴァるム・ツァイト] 名 -/-en 〖地質〗間氷期.

die **Warn an la ge** [ヴァるン・アン・ラーゲ] 名 -/-n 警報装置.

die **Warn blink an la ge** [ヴァるン・ブリンク・アン・ラーゲ] 名 -/-n 〖車〗警報点滅装置.

die **Warn blink leuch te** [ヴァるン・ブリンク・ロイヒテ] 名 -/-n 〖車〗警告点滅灯, ハザードランプ.

der **Warn dienst** [ヴァるン・ディーンスト] 名 -(e)s/-e 警報発令機関.

das **Warn drei eck** [ヴァるン・ドらイ・エック] 名 -(e)s/-e 〖車〗三角形の警告表示器(自動車が故障したときに路上に置く).

war nen [ヴァるネン] 動 h. **1.** 〔〈〈j⁴〉=〕 + 〈vor 〈j³/et³〉〉〕用心〔注意〕するように警告する. **2.** 〔〈j⁴〉= + 〈vor 〈et³〉ヲスルナイヨウニ/〈文〉ト〉〕警告する.

war nend [ヴァるネント] 形 警告的な.

das **Warn·ge·rät** [ヴァるン・ゲレート] 名 -(e)s/-e 警報器.

das **Warn·kreuz** [ヴァるン・クロイツ] 名 -es/-e 〖交通〗(踏切の)X形標識.

der **Warn·ruf** [ヴァるン・るーふ] 名 -(e)s/-e 警戒の叫び声; 〖動〗危険を知らせる鳴声.

das **Warn·schild** [ヴァるン・シルト] 名 -(e)s/-er 警告板; 〖交通〗危険標識.

der **Warn·schuss**, ⑩**Warn·schuß** [ヴァるン・シュス] 名 -es/..schüsse 警告の発砲, 威嚇射撃.

das **Warn·si·gnal** [ヴァるン・ズィグナール] 名 -s/-e 警戒信号, 警報.

der **Warn·streik** [ヴァるン・シュトらイク] 名 -(e)s/-s 警告スト(ライキ).

die **Warn·ta·fel** [ヴァるン・ターふェル] 名 -/-n 警告板.

die **War·nung** [ヴァるヌング] 名 -/-en 警告;注意,警報;戒め: auf ⟨j²⟩ ~ hören ⟨人の⟩警告に耳を傾ける. eine ~ vor Hochwasser 洪水警報. ~ vor dem Hunde! 犬に注意(掲示で).

das **Warn·zei·chen** [ヴァるン・ツァイひェン] 名 -s/- 1. 警戒信号; 〖交通〗警戒標識. 2. (不吉な)前兆, (災いの)前触れ.

der **Warp·an·ker** [ヴァるプ・アンカー] 名 -(e)s/-e 〖海〗(船を引きよせるための引き綱の先についている)小形のアンカー〔錨(いか)〕.

(*das*) **Warschau** [ヴァるシャウ] 名 -s/ 〖地名〗ワルシャワ(ポーランドの首都).

Warschau·er Pakt [ヴァるシャウあー パクト] 名 -(e)s/ ワルシャワ条約(1955-91年, NATOに対抗するための東欧ブロックの軍事同盟).

die **Wartburg** [ヴァるトブるク] 名 -/ ワルトブルク(Thüringen州にある古城. Sängerkriegの舞台, Lutherの聖書翻訳の場としても有名).

das **Wartburgfest** [ヴァるトブるク・ふェスト] 名 -(e)s/ ヴァルトブルクの祝典(1817年, 宗教改革300年とナポレオンに対する戦勝を記念しての催し).

der **Wart·burg·krieg** [ヴァるトブるク・クリーク] 名 -(e)s/ =Sängerkrieg.

die **Warte** [ヴァるテ] 名 -/-n 1. (中世の城の)望楼, 物見櫓(やぐら). 2. 〈文〉見晴らしのきく場所; (転じ)観点, 立場: ⟨et⁴⟩ von hoher ~ aus betrachten ⟨事⁴を⟩高い見地から考察する. von meiner ~ aus 私の立場から見ると.

die **Warte·frau** [ヴァるテ・ふらウ] 名 -/-en 《古》 1. 世話をする女性(看護婦・子守りなど). 2. (公衆便所などの)番をする女.

das **Warte·geld** [ヴァるテ・ゲルト] 名 -(e)s/ (昔の官吏・将校の)休職給.

die **Warte·halle** [ヴァるテ・ハレ] 名 -/-n (駅・空港などの)待合室.

die **Warte·liste** [ヴァるテ・リステ] 名 -/-n ウェイティングリスト, 順番待ち名簿[リスト].

warten¹ [ヴァるテン] 動 *h.* 1. 〖(auf ⟨j⁴/et⁴⟩ッ)〗待っている, 待つ: Er kann ~. 《口》彼は待たせておいても構わない. Er soll ruhig ~. 《口》彼は待たせておけばいい. Da können Sie lange [werden Sie vergebens] ~. 《口》あなたが待っている人[物]は来ないでしょう[事は起こらないでしょう]. Na, *warte* ! 《口》まあ, 覚悟しておけよ. *Warte* einen Augenblick! ちょっと待ってくれ. 2. 〖(auf ⟨j⁴/et⁴⟩ッ)+(⟨場所⟩ッ)〗待っている, 待って(…に)いる[ある]: auf den Bus ~ バスを待って(停留所に)いる. Kann ich hier auf die Antwort ~? ここで返事をお待ちしてよろしいですか. Ihr Anzug *wartet* darauf, dass sie ihn abholen. あなたの背広はお引渡しできるようになっています. 3. 〖(mit ⟨et³⟩ッ)+(⟨時間⟩ッ/ッ)〗先に延ばす, 待つ, 遅らせる: Wir wollen mit der Abfahrt ~, bis alle da sind. われわれはみんなそろうまで出発を遅らせよう. Er *wartete* so lange, bis es zu spät war. 彼はぐずぐずしていて, 時期を失してしまった. 【慣用】auf sich⁴ warten lassen 待たせる, なかなか来ない(起こらない): Die Folgen ließen nicht lange auf sich *warten*. 結果[影響]はすぐに現れた. Darauf habe ich schon lange gewartet. そのことは私は前から予想していた. *Warte* mal, es fällt mir gleich ein. ちょっと待って, すぐ思い出すから. Worauf warten wir noch? 何をまだ待っているんだ? (始めたり, 出かけることを促して).

warten² [ヴァるテン] 動 *h.* 1. 〖⟨j¹/et⁴⟩ッ〗《古》世話をする, 面倒をみる, 看護する. 2. 〖⟨et⁴⟩ッ〗〖工〗整備する, 手入れする, 保守する(機械・装置など を); (稀)操作する.

der **Wärter** [ヴェるター] 名 -s/- 世話係, 監視人; 看守(Gefängnis~).

der **Warte·raum** [ヴァるテ・らウム] 名 -(e)s/..räume 1. =Wartezimmer. 2. 〖空〗待機ゾーン(着陸許可がでるまでの滞空地域).

der **Warte·saal** [ヴァるテ・ザール] 名 -(e)s/..säle (駅などの飲食店のある)待合室.

der **Warte·stand** [ヴァるテ・シュタント] 名 -(e)s/ (昔の官吏・将校の)一時休職(の身分).

die **Warte·zeit** [ヴァるテ・ツァイト] 名 -/-en 待ち時間; (保険などの)待機期間; 待期期間(結婚解消後の10か月).

das **Warte·zim·mer** [ヴァるテ・ツィマー] 名 -s/- (医院・美容院などの比較的小さい)待合室.

die **Warthe** [ヴァるテ] 名 -/ 〖川名〗ヴァルテ川(ポーランド西部を流れるオーデル川右岸の支流).

..wärtig [..ヴェるティヒ] 接尾 副詞・前置詞などについて「…にある」を表す形容詞を作る: aus*wärtig* よその土地にある. rück*wärtig* 後ろの.

..wärts [..ヴェるツ] 接尾 名詞・副詞などにつけて「…の方へ」を表す副詞を作る: tal*wärts* 谷の方へ. auf*wärts* 上方へ.

die **Wartung** [ヴァるトゥング] 名 -/-en 《古》世話; (機械の)整備, メンテナンス.

der **Wartungs·auf·wand** [ヴァるトゥングス・アウふ・ヴァント] 名 -(e)s/ (機械の)整備[メンテナンス]費.

wartungs·frei [ヴァるトゥングス・ふらイ] 形 整備の不要な.

warum [ヴァるム, 強調 ヴァーるム] 副 1. 《疑問》なぜ, どういう訳で: W~ tat er das? なぜ彼はそんなことをしたのか. W~ (auch) nicht? もちろん, いいじゃないか. W~ nicht gleich (so)? どうしてすぐに(そう)しなかったんだ. Ich weiß nicht, ~ , aber ich habe jetzt keinen Mut mehr. なぜかは自分でも分らないが, 今はもうその気はしない. (文中や文末に置き強調して)Sie kam ~ noch einmal zurück? 彼女がまた戻って来たのは, どういうわけかね? Du verreist ~ ? なぜ君は旅行に出るのか. 2. 《関係》なぜ…かという: Der Grund, ~ er sich so verhalten hat, ist mir nicht bekannt. 彼があんな態度を取った理由は私には分らない.

die **Warze** [ヴァるツェ] 名 -/-n 1. いぼ. 2. 乳首, 乳頭(Brust~).

das **Warzen·schwein** [ヴァるツェン・シュヴァイン] 名 -(e)s/-e イボイノシシ.

warzig [ヴァるツィヒ] 形 いぼ状の, いぼだらけの.

was¹ [ヴァス] 代 《疑問》1・4格. (変化形は⇨「諸品詞の変化」. 前置詞がwasを支配するときは, 主に融合形 wo(r)-(子音で始まる前置詞とは wo-, 母音で始まる前置詞とは wor-)が用いられる. 例: bei+was=wobei, an+was=woran) 1. **a.** 何: W~ ist das? これは何ですか. W~ ist in diesem Koffer? このスーツケースには何が入っていますか. W~ ist los? 何が起こったの, どうしたんだ. W~ gibt es Neues? 何かニュースがあるか. W~ hat sie

Wäsche

gesagt？ 彼女は何と言ったか.〔動詞の後に置いて強調して〕Er kaufte sich ～？ 彼が買ったものは何なのか.〔職業・肩書を尋ねて〕W～ sind Sie(von Beruf)？ あなたのご職業は何ですか.〔間接疑問文を導いて〕Er fragte mich, ～ dort geschehen ist. 彼は私にそこで何が起こったのかと問うた.〔前置詞とともに. 普通縮合形を用いる〕Zu ～〔Wozu〕brauchst du das Geld？〔口〕何のために君には金がいるのだ. **b.**〔immer, auch(immer)とともに認容文を導いて〕何が〔何を〕…であろう〔しよう〕とも：W～ du auch(immer) tust, bedenke die Folgen！ 何をしようと(いいが), 結果のことを考えなさい. **2.** どれだけ, いくら：W～ kostet das？ これはおいくらですか.〔Wieviel〕ist acht minus fünf？ 8引く5はいくつですか. **3.**〔感嘆文で〕なんという, なんとまあ：W～ hier wieder los ist！ あまあまここの始末だ. W～ es(nicht) alles gibt！ そんなことが(今とき, 世の中に)あるなんて. **4. a.**〔次の形で〕W～ für(ein)…？ どんな種類の(どのような)…か(ein für das Nm格を支配とは無関係に, 後続の名詞の性と格に従って不定冠詞に準ずる変化をする. 物質名詞・複数名詞などの前では was für のみ. was は常に文頭にあるが, für は… は was と離して文中に置くことがある)：W～ für eine Blume ist das？ これはどういう種類の花ですか. W～ hat er für Aussichten？ 彼にはどんな将来性があるか. aus ～ für Gründen auch immer どんな理由で.〔感嘆文を導いて〕W～ für ein schönes Geschenk！ 何てすてきなプレゼントだろう. **b.**〔次の形で〕W～ für einer？ どんな(種類の)ものか(先行する名詞を独立的に不定代名詞 einer で受ける. 複数では名詞を繰り返す. 北独では物質名詞・複数名詞の場合 welcher を用いることがある)：Vor dem Haus steht ein Wagen. —W～ für einer？ 家の前に車が止まっている. —どんなの？ Ich habe gestern Wein getrunken. —W～ für einen(welchen)？ きのうワインを飲んだ. —どんな種類の？ Ich habe mir was feines Möbel gekauft. —W～ für Möbel(welche)？ 彼女が新しい家具を買いこんだよ. —どんな家具【慣用】**Ach was！**〔口〕とんでもない：Ach was, was du nicht sagst！ 何てばかなことを君は言うのだ. **und was nicht alles**〔口〕その他ありとあらゆるもの. **Was, ..., was？**〔口〕…でしょ(…, nicht wahr？ と同じ)：Das steht mir gut, was？ これが私によく似合うでしょ. **Was bekommen Sie？**（客に対して）ご注文の品は(この中の)どれだったでしょうか；(支払いのとき店員に)(全部で)いくらになりますか. **Was denn？**〔口〕なに, いったいどうしたんだ, どういうことか. **Was der alles weiß？** あの人は何から何まで知っているんだな(感嘆と皮肉の両意がある). **Was fehlt dir？** どこか(具合が)悪いのですか. **Was gibt's？**〔口〕どうしたんですか, (私に)どういうご用ですか. **Was glaubst du, ...？** どうですか：Was glaubst du, wie lange es dauert？ どれくらいの時間がかかりますか. **Was ist schon dabei？** それなくらいで：Was ist schon dabei, wenn er mal zu spät kommt？ 彼が私に遅刻するくらいいいじゃないか(文句を言うな). **Was kann ich(denn) dafür？** そんなことを言われて(私のせいで(責任で)はないでしょう. **Was soll(darf) ich sein？**（店員が）何に致しましょうか. **Was soll's(soll (mir) das)？** それが何の役に立つんだ, そんな意味はないよ. **Sie hat** was **weiß ich was alles gekauft.** 彼女は何から何まで買いこんだ.

—— 副《疑問》〔口〕**1.** なぜ： W～ läufst du denn hier herum？ なんてこんなところを走り回っているんだ. **2.** どういう： W～ geht mich das an？ それが私とどういう関係があるのか. **3.**《感嘆文を導いて》W～ hat er sich verändert！ なんて彼は変わったことか. **4.** どれだけ： Sie lief, ～ sie konnte. 彼女は走れるだけ走った. **5.** どんな(性質・状態で)： Ich weiß ja, ～ ich bin. 私は自分がどんなのもちろん知っている.

was²〔ヴァス〕代《関係》1・4格〔変化形は was¹に同じ〕**1.**《不定関係》(人以外の一般的な事物をさす) **a.**〔先行詞的なく, それ自体が先行詞的役割を兼ねて〕(およそ)…である〔する〕もの〔こと〕：W～ er sagt, ist falsch. 彼が言っていることは間違いである. *Wessen er bedarf, ist deine Hilfe.* 彼が必要とするのは君の助力だ. ～ mich betrifft(angeht), … 私に関して言えば, ….〔auch(immer), immer とともに認容文を導いて〕W～ er auch(immer) anfing, wurde ein Erfolg. 彼は何を始めてもことごとく成功した. **b.**《事物を示す⊕の指示代名詞 das・不定代名詞・中性名詞化された形容詞をうけることして〕Das, ～ du sagst, ist nicht wahr. 君の言うことは本当ではない. Sie erblickte etwas, ～ sie vorher noch nicht gesehen hatte. alles/vieles, ～ er erlebt hat 彼が体験したすべて/多くのこと. dasselbe〔das gleiche〕, ～ ich auch schon gesagt habe 私もすでに言っていたのと同じこと. all das Schöne, ～ wir in diesen Tagen erlebten 私たちがここ最近経験したすばらしいこと. das Beste(von dem), ～ er bisher geschaffen hat 彼がこれまで作った(もの)の中でもっともよいもの. **c.**〔口〕〔前置詞とともに. 普通は融合形を用いる〕 Das ist es, auf ～〔worauf〕ihr achten müsst. それが君たちが注意しなければならない点です. **d.**〔前文の内容を受けて〕Er schenkte ihr eine Perlenkette, ～ sie sehr freute. 彼は真珠の首飾りを贈ると, そのことが彼女をたいへん喜ばせた. **e.**〔不定関係代名詞 wer の代用として〕～ ein richtiger Kerl ist, der(schreut vor nichts zurück. 本物の男だったら, 何ものも恐れはしない. **2.**《定関係》《方・口》**a.**〔定関係代名詞 der, die, das の代用として〕Frau Schmidt, ～ meine Lehrerin war, … 私の先生だったシュミット夫人は…. **b.**〔(derjenige, der ..., diejenige, die ... の代用として〕…である人：W～ unser Vater ist, der trägt immer einen Kittel. 私たちの父親である人はいつも上張りを着ている.

was³〔ヴァス〕代《不定》《無変化》〔口〕(etwas の短縮形⇨etwas)

wasch-ak-tiv〔ヴァッシュ・アクティーふ〕形 洗浄作用のある.

die **Wasch-an-la-ge**〔ヴァッシュ・アン・ラーゲ〕名 -/-n **1.** 洗車設備. **2.**〔工〕洗〔選〕鉱設備；洗〔選〕炭設備. **3.**〔ジャー〕マネーロンダリング装置.

die **Wasch-an-stalt**〔ヴァッシュ・アン・シュタルト〕名 -/-en〔稀〕=Wäscherei.

der **Wasch-au-to-mat**〔ヴァッシュ・アウトマート〕名 -en/-en 自動洗濯機(コインランドリーなどの)

wasch-bar〔ヴァッシュ・バール〕形 洗濯のきく.

der **Wasch-bär**〔ヴァッシュ・ベーあ〕名 -en/-en〔動〕アライグマ.

das **Wasch-be-cken**〔ヴァッシュ・ベッケン〕名 -s/-（壁に取りつけた）洗面器.

das **Wasch-ben-zin**〔ヴァッシュ・ベンツィーン〕名 -s/-en（衣類の汚れをとるための）ベンジン.

die **Wasch-ber-ge**〔ヴァッシュ・ベルゲ〕複名〔鉱〕〔廃石などの〕

das **Wasch-blau**〔ヴァッシュ・ブラウ〕名 -s/-（昔の）蛍光漂白剤.

das **Wasch-brett**〔ヴァッシュ・ブレット〕名 -(e)s/-er 洗濯板；(ジャズなどで用いられる)ウォッシュボード.

die **Wasch-büt-te**〔ヴァッシュ・ビュッテ〕名 -/-n 洗濯桶(杓)(たらい).

die **Wä-sche**〔ヴェッシェ〕名 -/-n **1.**（⊕のみ）下着

(Unter~)： neue/frische ～ 新しい/洗ったばかりの下着. **2.** 《[単]のみ》洗濯物(衣類・シーツ・テーブルクロース・タオル類など洗濯する〔した〕ものの総体)： die ～ waschen 洗濯物を洗う. **3.** 洗濯；(体・車などの)洗浄： große ～ (シーツなど大物の)大量の洗濯. die kleine ～ (衣類などの)小物の洗濯. 〈et⁴〉 in die 〔zur〕 ～ geben 〈物を〉洗濯に出す. **4.** 〖鉱〗洗〔選〕鉱(設備)；洗〔選〕炭(設備). **【慣用】** **(dumm) aus der Wäsche gucken** 《口》ぽかんと〔ぼうぜんと〕している. **(seine) schmutzige Wäsche vor anderen Leuten waschen** 他人に内輪の恥をさらす.

der **Wä·sche·beu·tel** [ヴェッシェ・ボイテル] [名] -s/- (汚れもの用の)洗濯物袋.

wasch·echt [ヴァッシュ・エひト] [形] **1.** 〖紡〗洗濯のきく, 洗ってもあせない. **2.** 生粋の；由緒正しい, 本物の.

das **Wä·sche·fach** [ヴェッシェ・ふぁっは] [名] -(e)s/..fächer 洗濯物棚〔引出し〕.

die **Wä·sche·gar·ni·tur** [ヴェッシェ・ガるニトゥーあ] [名] -/-en 一揃いの下着.

das **Wä·sche·ge·schäft** [ヴェッシェ・ゲシェふト] [名] -(e)s/-e 下着・シーツ類専門店.

die **Wä·sche·klam·mer** [ヴェッシェ・クラマー] [名] -/-n 洗濯ばさみ.

der **Wä·sche·korb** [ヴェッシェ・コるプ] [名] -(e)s/..körbe 洗濯(物を入れる)籠(かご).

die **Wä·sche·lei·ne** [ヴェッシェ・ライネ] [名] -/-n 物干し用ロープ.

wa·schen* [ヴァッシェン] [動] er wäscht; wusch; hat gewaschen **1.** 〔〈et⁴〉ヲ〕洗う；洗鉱する(鉱石などを)；洗浄する(気体を)；《ジャーゴン》洗浄する(不正資金を). **2.** 〔〈et⁴〉ヲ＋aus 〈et³〉カラ〕洗ってとる(染みなどを). **3.** 〔sich⁴//sich³〔〈j³〉ノ〕＋〈et⁴〉ヲ〕洗う： *Wasch* dir die Hände！ 手を洗いなさい. sich⁴ mit Wasser und Seife ～ 水〔湯〕と石けんで身体〔顔・手・足〕を洗う. **4.** 〔sich³＋〈et⁴〉ヲ＋von 〈et³〉カラ/aus 〈et³〉ノ中カラ〕洗って取る, 洗い落す(泥・汚れなどを). **5.** 〔〈et⁴〉ヲ＋aus 〈et³〉カラ/in 〈et⁴〉ヘ〕洗い流す(雨が). **6.** 〔補足なし〕洗濯する. **7.** 〔〈et⁴〉ヲ＋〈様態〉ニ〕洗って(…に)する. **8.** 〔〈et⁴〉ヲ〕水が浸食して消失させる. **9.** 〔〈j⁴〉ノ顔ニ〕《方》雪をなすりつける. **【慣用】** **Ein Brecher wusch übers Deck.** 舷側(げんそく)に当って砕けた波が甲板を洗った. **Er wurde von den Wellen über Bord gewaschen.** 彼はあの大波で船外へさらわれた. **Gold waschen** 砂を洗い流して残った砂金を取る. **sich⁴ gewaschen haben** 《口》ひどい, きつい, 厳しい： Das Examen/Seine Ohrfeige hatte sich *gewaschen*. その試験/彼の平手打ちはひどくきつかった. **〈et⁴〉 weiß waschen** 〈物を〉洗濯して白くする；〈物・事を〉きれいなものにする.

der **Wä·scher** [ヴェッシャー] [名] -s/- 洗う人(洗濯以外の皿洗い・カーウォッシュなどにも)；気体洗浄装置.

die **Wä·sche·rei** [ヴェッシェらイ] [名] -/-en 洗濯屋, クリーニング屋.

die **Wä·sche·rol·le** [ヴェッシェ・ろレ] [名] -/-n 《方》《オーストリア》＝Mangel².

die **Wä·sche·schleu·der** [ヴェッシェ・シュロイダー] [名] -/-n (洗濯物の)脱水機.

der **Wä·sche·schrank** [ヴェッシェ・シュらンク] [名] -(e)s/..schränke 下着用たんす.

die **Wä·sche·tin·te** [ヴェッシェ・ティンテ] [名] -/-n 洗濯物用インク(耐水性で目印をつけるのに用いる).

der **Wä·sche·trock·ner** [ヴェッシェ・トろックナー] [名] -s/- **1.** (洗濯物の)乾燥機. **2.** 物干し台.

die **Wasch·frau** [ヴァッシュ・ふらウ] [名] -/-en 洗濯女.

die **Wasch·ge·le·gen·heit** [ヴァッシュ・ゲレーゲンハイト] [名] -/-en 洗面設備(洗面台など).

das **Wasch·haus** [ヴァッシュ・ハウス] [名] -es/..häuser **1.** 洗濯場のある建物. **2.** 洗面所のある建物.

der **Wasch·kes·sel** [ヴァッシュ・ケッセル] [名] -s/- (煮沸用)洗濯がま.

der **Wasch·korb** [ヴァッシュ・コるプ] [名] -(e)s/..körbe 洗濯物籠(かご).

die **Wasch·kü·che** [ヴァッシュ・キュっひぇ] [名] -/-n **1.** 洗濯室. **2.** 《口》濃い霧.

der **Wasch·lap·pen** [ヴァッシュ・ラッペン] [名] -s/- **1.** (身体を洗うための)ウォッシュタオル. **2.** 《口・蔑》弱虫, 臆病者.

die **Wasch·lau·ge** [ヴァッシュ・ラウゲ] [名] -/-n 洗剤溶液.

das **Wasch·le·der** [ヴァッシュ・レーダー] [名] -s/- 洗濯のきくなめし皮.

die **Wasch·ma·schi·ne** [ヴァッシュ・マシーネ] [名] -/-n 洗濯機；〖鉱〗洗鉱機： eine vollautomatische ～ 全自動洗濯機.

das **Wasch·mit·tel** [ヴァッシュ・ミッテル] [名] -s/- 洗剤.

das **Wasch·pul·ver** [ヴァッシュ・プルふぁー, ヴァッシュ・プルヴァー] [名] -s/- 粉末洗剤.

der **Wasch·raum** [ヴァッシュ・らウム] [名] -(e)s/..räume (駅などの)洗面所, 化粧室.

der **Wasch·sa·lon** [ヴァッシュ・ザローン, ヴァッシュ・ザロング] [名] -s/-s コインランドリー.

die **Wasch·schüs·sel** [ヴァッシュ・シュっセル] [名] -/-n (手・体などを洗うための)洗面器.

die **Wasch·sei·de** [ヴァッシュ・ザイデ] [名] -/-n 洗濯できる混紡絹織物.

die **Wasch·sei·fe** [ヴァッシュ・ザイふぇ] [名] -/-n 洗濯石けん.

wäschst [ヴェッシュスト] [動] waschen の現在形 2 人称単数.

die **Wasch·stra·ße** [ヴァッシュ・シュトらーセ] [名] -/-n 〖車〗自動洗車装置.

wäscht [ヴェッシュト] [動] waschen の現在形 3 人称単数.

der **Wasch·tag** [ヴァッシュ・ターク] [名] -(e)s/-e 洗濯日.

der **Wasch·tisch** [ヴァッシュ・ティッシュ] [名] -(e)s/-e 洗面台, 化粧台.

der **Wasch·trog** [ヴァッシュ・トろーク] [名] -(e)s/..tröge 洗濯桶(おけ)；《方》たらい.

die **Wa·schung** [ヴァッシュング] [名] -/-en 《文》(体・手足を)洗うこと；洗浄(特に宗教儀式で)；〖医〗洗浄.

das **Wasch·was·ser** [ヴァッシュ・ヴァッサー] [名] -s/ (洗濯や体を)洗うための〔洗った〕水.

das **Wasch·weib** [ヴァッシュ・ヴァイプ] [名] -(e)s/-er **1.** 《口・蔑》おしゃべり者. **2.** 《古》洗濯女.

der **Wasch·zet·tel** [ヴァッシュ・ツェッテル] [名] -s/- (しおりやカバーの折返しに印刷された)本の内容紹介.

das **Wasch·zeug** [ヴァッシュ・ツォイク] [名] -(e)s/ 洗面用具一式, 入浴用品.

der **Wa·sen**¹ [ヴァーゼン] [名] -s/- **1.** 《南独・古》芝生；皮はぎ場. **2.** (主に[複])《北独》柴〔粗朶(そだ)〕の束.

der **Wa·sen**² [ヴァーゼン] [名] -s/- 《北独》水蒸気, 湯気.

(*der*) **Wa·shing·ton**¹ [vɔ́ʃɪŋtən ヴォシンテン] [名] 〖人名〗ワシントン(George ～, 1732-99, アメリカ合衆国初代大統領).

(*das*) **Wa·shing·ton**² [ヴォシンテン] [名] -s/ 〖地名〗ワシントン(①アメリカ合衆国の首都. ②アメリカ合衆国北西部の州).

das **Was·ser** [ヴァッサー] [名] -s/-〔Wässer〕 **1.** (〔[複]〕 Wässer)水： kaltes ～ 冷水. warmes ～ 湯. heißes 〔kochendes〕 ～ 熱湯. hartes/weiches ～ 硬水/軟水. klares/trübes ～ きれいな/濁った水. schweres ～ 重水. kein ～ durchlassen 水を通さない. ein Zimmer mit fließendem ～ 水道付きの部屋. **2.** (〔[複]〕

-) 〈海・湖・川などの〉水：ins ～ fallen 水に落ちる. Dämme ins ～ bauen 海に突き出すように堤防を築く. unter ～ schwimmen 〈水面下の〉水中を泳ぐ. Der Ort ist auch zu ～ zu erreichen. その町には水路で行くこともできる. **3.** 〈回〉河川, 湖沼, 海(Gewässer)：ein fließendes/stehendes ～ 河川/湖沼. am ～ 水辺で. **4.** 〈＠Wässer〉〈各種の〉溶液, …水 《複合語となること多い》：Kölnisch(es) ～ オーデコロン(Kölnischwasser). wohlriechende *Wässer* 香水. **5.** 〈＠のみ〉〈病気で体にたまる〉水. **6.** 〈＠のみ〉涙；〈口〉汗；〈口〉つば；〈口・婉〉尿：～ lassen 放尿する. 〈j³〉 läuft das ～ im Mund(e) zusammen 〈おいしそうで〉口につばきがたまる. 〖慣用〗〈j³〉 das Wasser abgraben 〈人の〉生活〈活動〉基盤を危くする. das Wasser steht 〈j³〉 bis zum Hals 〈人に〉〈借金などで〉大いに困っている. ein stilles Wasser sein 控え目で何を考えているのかよく分らない. 〈et¹〉 fällt ins Wasser 〈口〉〈事が〉ふいになる. Hier wird auch nur mit Wasser gekocht. ここも他と殺は変りはない. ins Wasser gehen 水泳に行く；入水自殺をする. 〈et¹〉 ist Wasser auf 〈j⁵〉 Mühle 〈事が〉はからずも〈人の〉利益になる. mit allen Wassern gewaschen sein 〈口〉海千山千である. nahe am〔ans〕Wasser gebaut haben 〈口〉涙もろい. 〈j³〉 nicht das Wasser reichen können 〈人の〉足元にも及ばない. reinsten Wassers 特別の光沢のある；ein Diamant reinsten *Wassers* 純度の高いダイヤモンド. sich⁴ über Wasser halten かろうじて生存を維持する. sich in den Wein schütten 人の感興をそぐ. wie aus dem Wasser gezogen sein 〈口〉汗だくである. wie Feuer und Wasser sein 水と油のようである.

was·ser·ab·sto·ßend, Wasser ab·sto·ßend [ヴァッサー・アップ・シュトセント] 形 撥水(炊)性の.

was·ser·ab·wei·send, Wasser ab·wei·send [ヴァッサー・アップ・ヴァイゼント] 形 = wasserabstoßend.

die **Wạs·ser·a·der** [ヴァッサー・アーダ―] 名 -/-n 〈地下〉水脈.

wạs·ser·arm [ヴァッサー・アルム] 形 水の乏しい.

das **Wạs·ser·bad** [ヴァッサー・バート] 名 -(e)s/..bä·der **1.** 〖料〗湯煎(然)の湯. **2.** 〖写〗水洗い用水盤. **3.** 〈古〉水浴び.

der **Wạs·ser·ball** [ヴァッサー・バル] 名 -(e)s/..bälle **1.** 水遊び用のボール. **2.** 水球のボール；〈＠のみ〉水球.

der **Wạs·ser·bau** [ヴァッサー・バウ] 名 -(e)s/ 水利工事.

der **Wạs·ser·be·häl·ter** [ヴァッサー・ベヘルター] 名 -s/- 水槽(⁷⁶), 貯水タンク.

das **Wạs·ser·bett** [ヴァッサー・ベット] 名 -(e)s/-en ウォーターベッド；ウォーターマットレス(電気で温められる水の入ったゴムやビニール製の病人用マットレス).

die **Wạs·ser·bla·se** [ヴァッサー・ブラーゼ] 名 -/-n 水疱(⁴⁶), 水ぶくれ.

wạs·ser·blau [ヴァッサー・ブラウ] 形 水色の.

die **Wạs·ser·bom·be** [ヴァッサー・ボムベ] 名 -/-n 〖軍〗爆雷.

der **Wạs·ser·bom·ber** [ヴァッサー・ボムバ―] 名 -s/- 消火用投下飛行機(森林火災などに水を投下する).

der **Wạs·ser·bruch** [ヴァッサー・ブルーフ] 名 -(e)s/..brüche 〖医〗陰嚢(⁽⁶)水腫, 水瘤(⁽⁶)の.

die **Wạs·ser·burg** [ヴァッサー・ブルク] 名 -/-en 水をめぐらせた〔湖水の中の〕城, 水城(⁵⁶)の.

das **Wạs·ser·chen** [ヴァッサーヒェン] 名 -s/- 小川, 小さな湖〔池〕；少量の化粧液〔香水〕. 〖慣用〗kein Wässerchen trüben können 〈口〉虫も殺せない.

der **Wạs·ser·dampf** [ヴァッサー・ダムプフ] 名 -(e)s/..dämpfe 水蒸気, 湯気.

wạs·ser·dicht [ヴァッサー・ディヒト] 形 **1.** 防水の, 耐水の, 水を通さない. **2.** 〈口〉遺漏のない, 完璧な.

der **Wạs·ser·druck** [ヴァッサー・ドゥルック] 名 -(e)s/..drücke[-e] 水圧.

wạs·ser·durch·läs·sig [ヴァッサー・ドゥルヒ・レッスィヒ] 形 水を通す.

der **Wạs·ser·ei·mer** [ヴァッサー・アイマー] 名 -s/- バケツ.

das **Wạs·ser·fahr·zeug** [ヴァッサー・ファーア・ツォイク] 名 -(e)s/-e 水上〔水中〕を走る乗物, 船舶.

der **Wạs·ser·fall** [ヴァッサー・ファル] 名 -(e)s/..fälle 滝, 瀑布(⁽ᶠ)：reden wie ein ～〈口〉立板に水を流すようにしゃべる.

die **Wạs·ser·far·be** [ヴァッサー・ふぁるべ] 名 -/-n 水彩絵の具；水性塗料.

wạs·ser·fest [ヴァッサー・フェスト] 形 耐水性の.

die **Wạs·ser·flä·che** [ヴァッサー・フレッヒェ] 名 -/-n 水面.

die **Wạs·ser·fla·sche** [ヴァッサー・フラッシェ] 名 -/-n 水を入れて持っていく瓶；ミネラルウォーターの瓶.

der **Wạs·ser·floh** [ヴァッサー・フロー] 名 -(e)s/..flöhe 〖動〗ミジンコ(微細な甲殻類).

das **Wạs·ser·flug·zeug** [ヴァッサー・フルーク・ツォイク] 名 -(e)s/-e 水上飛行機, 飛行艇.

die **Wạs·ser·flut** [ヴァッサー・フルート] 名 -/-en 滔々と流れる水.

wạs·ser·füh·rend [ヴァッサー・ふューレント] 形 水の流れている.

der **Wạs·ser·geist** [ヴァッサー・ガイスト] 名 -(e)s/-er 〖神話〗水の精.

wạs·ser·ge·kühlt [ヴァッサー・ゲキュールト] 形 水冷(式)の.

das **Wạs·ser·glas** [ヴァッサー・グラース] 名 -es/..gläser **1.** コップ, タンブラー. **2.** 〖化〗水ガラス.

die **Wạs·ser·glät·te** [ヴァッサー・グレッテ] 名 -/ ハイドロプレーニング, ハイドロプレン現象.

der **Wạs·ser·gra·ben** [ヴァッサー・グラーベン] 名 -s/..gräben **1.** 水路, みぞ. **2.** 〖馬術〗水濠；〖競〗(障害物競争の)水たまり, 水濠.

der **Wạs·ser·hahn** [ヴァッサー・ハーン] 名 -(e)s/..hähne [-e]蛇口(⁶⁵), 水道栓.

wạs·ser·hal·tig [ヴァッサー・ハルティヒ] 形 水分を含んだ.

der **Wạs·ser·haus·halt** [ヴァッサー・ハウス・ハルト] 名 -(e)s/-e 〖生・医〗水分代謝, 水分平衡；〖転〗(土壌中の)水分状況. **2.** 水(資源)の管理.

wạs·ser·hell [ヴァッサー・ヘル] 形 水のように澄んだ.

die **Wạs·ser·ho·se** [ヴァッサー・ホーゼ] 名 -/-n 〖気〗(特に海上の)水を巻きあげる竜巻.

das **Wạs·ser·huhn** [ヴァッサー・フーン] 名 -(e)s/..hühner 〖鳥〗オオバン.

wạs·se·rig [ヴェスェリヒ] 形 = wässrig.

die **Wạs·ser·jung·fer** [ヴァッサー・ユングふぇル] 名 -/-n 〖昆〗トンボ.

die **Wạs·ser·kan·ne** [ヴァッサー・カネ] 名 -/-n 水差, ポット.

der **Wạs·ser·kes·sel** [ヴァッサー・ケッセル] 名 -s/- 湯沸し, やかん.

das **Wạs·ser·klo·sett** [ヴァッサー・クロゼット] 名 -s/-s [-e] 水洗便所(略 WC).

der **Wạs·ser·kopf** [ヴァッサー・コップフ] 名 -(e)s/..köpfe 〖医〗水頭(症).

die **Wạs·ser·kraft** [ヴァッサー・くらふト] 名 -/..kräfte 水力.

das **Wạs·ser·kraft·werk** [ヴァッサー・くらふト・ヴェルク] 名 -(e)s/-e 水力発電所.

der **Wạs·ser·kreis·lauf** [ヴァッサー・クライス・ラウフ] 名 -(e)s/..läufe 〖気〗水の循環.

der **Wạs·ser·krug** [ヴァッサー・クルーク] 名 -(e)s/..krüge 水瓶(⁶⁵), 水差し.

die **Wạs·ser·küh·lung** [ヴァッサー・キューるング] [名] -/ 〖工〗(エンジンなどの)水冷.

die **Wạs·ser·kunst** [ヴァッサー・クンスト] [名] -/..künste 人工噴水《特にバロック宮殿などの機械仕掛けの大がかりな噴水》.

die **Wạs·ser·kur** [ヴァッサー・クーあ] [名] -/-en 水治療法.

die **Wạs·ser·la·che** [ヴァッサー・ラっへ] [名] -/-n 水たまり.

der **Wạs·ser·lauf** [ヴァッサー・ラウふ] [名] -(e)s/..läufe 水の流れ, 流水, 川(筋).

die **Wạs·ser·lei·tung** [ヴァッサー・ライトゥング] [名] -/-en 水道(管), 給水設備.

das **Wạs·ser·lei·tungs·rohr** [ヴァッサーライトゥングス・ろーあ] [名] -(e)s/-e 水道管.

die **Wạs·ser·li·nie** [ヴァッサー・リーニエ] [名] -/-n 〖海〗(船の)喫水線.

die **Wạs·ser·lin·se** [ヴァッサー・リンゼ] [名] -/-n 〖植〗アオウキクサ.

wạs·ser·lös·lich [ヴァッサー・[レ]ースりひ] [形] 水溶性の.

der **Wạs·ser·man·gel** [ヴァッサー・マンゲル] [名] -s/ 水不足.

der **Wạs·ser·mann** [ヴァッサー・マン] [名] -(e)s/..männer **1.** 〖神話〗(男の)水の精. **2.** ([単]のみ)水瓶(みずがめ)座. **3.** 〖占〗水瓶座生れの人;([単]のみ)宝瓶(ほうへい)宮.

die **Wạs·ser·me·lo·ne** [ヴァッサー・メローネ] [名] -/-n **1.** 〖植〗スイカ. **2.** スイカの果実.

die **Wạs·ser·men·ge** [ヴァッサー・メンゲ] [名] -/-n 水量.

der **Wạs·ser·mes·ser** [ヴァッサー・メッサー] [名] -s/- 水量計;(水道の)メーター.

die **Wạs·ser·müh·le** [ヴァッサー・ミューレ] [名] -/-n 水車;水車小屋.

wạs·sern [ヴァッサーン] [動] *s.*〔*h.*〕〔(〈場所〉に)〕着水する《飛行機などが》;水面に降りる《鳥が》.

wäs·sern [ヴェッサーン] [動] *h.* **1.** 〔〈et⁴〉ヲ〕水にしばらく漬ける《干物などを》. **2.** 〔(〈et⁴〉に)〕水をやる, 灌水(かんすい)する《樹・芝生・庭などに》;水やりをする. **2.** 〔[補足なし]〕《文》(水分を分泌して)ぬれる: Mir *wässerte* der Mund. 私は口中につばがわいた(空腹で).

die **Wạs·ser·ni·xe** [ヴァッサー・ニクセ] [名] -/-n 〖北欧神〗水の精.

die **Wạs·ser·not** [ヴァッサー・ノート] [名] -/ 水不足, 水飢饉(ききん).

die **Wạs·ser·nym·phe** [ヴァッサー・ニュムふェ] [名] -/-n 〖ギ神・ロ神〗水の精.

die **Wạs·ser·pest** [ヴァッサー・ペスト] [名] -/ 〖植〗カナダモ.

die **Wạs·ser·pfei·fe** [ヴァッサー・プふァイふェ] [名] -/-n 水煙管(みずぎせる).

die **Wạs·ser·pflan·ze** [ヴァッサー・プふランツェ] [名] -/-n 水生植物.

die **Wạs·ser·po·cken** [ヴァッサー・ポッケン] [複名] 水痘, 水ぼうそう.

die **Wạs·ser·po·li·zei** [ヴァッサー・ポリツァイ] [名] -/-en 《口》水上警察(Wasserschutzpolizei).

das **Wạs·ser·rad** [ヴァッサー・らート] [名] -(e)s/..räder 水車.

die **Wạs·ser·rat·te** [ヴァッサー・らッテ] [名] -/-n 〖動〗ミズハタネズミ;《口・冗》泳ぎのじょうずな人.

wạs·ser·reich [ヴァッサー・らイひ] [形] 水の豊富な.

das **Wạs·ser·rohr** [ヴァッサー・ろーあ] [名] -(e)s/-e 水道〔給水〕管.

die **Wạs·ser·rutsch·bahn** [ヴァッサー・るっチュ・バーン] [名] -/-en ウォーターシュート.

die **Wạs·ser·säu·le** [ヴァッサー・ゾイレ] [名] -/-n 〖理〗水柱《圧力の単位. 略 WS》.

der **Wạs·ser·scha·den** [ヴァッサー・シャーデン] [名] -s/..schäden 水害.

die **Wạs·ser·schei·de** [ヴァッサー・シャイデ] [名] -/-n 〖地〗分水界;《転》分水嶺.

wạs·ser·scheu [ヴァッサー・ショイ] [形] 水を恐がる.

die **Wạs·ser·scheu** [ヴァッサー・ショイ] [名] -/ 水に対する恐怖.

die **Wạs·ser·schlan·ge** [ヴァッサー・シュランゲ] [名] -/-n **1.** 〖動〗水へビ《水辺に住むヤマカガシ属》. **2.** ([単]のみ)海蛇座, ヒドラ座.

der **Wạs·ser·schlauch** [ヴァッサー・シュラウほ] [名] -(e)s/..schläuche **1.** 水道用ホース;(昔の)水を入れる革袋. **2.** 〖植〗タヌキモ.

das **Wạs·ser·schloss**, [旧]**Wạs·ser·schloß** [ヴァッサー・シュロス] [名] -es/..schlösser 水をめぐらした〔湖水の中の〕館〔城館〕.

die **Wạs·ser·schutz·po·li·zei** [ヴァッサー・シュっツ・ポリツァイ] [名] -/-en 水上警察.

der **Wạs·ser·ski**[1] [ヴァッサー・シー] [名] -/- 水上スキー用のスキー(板).

das **Wạs·ser·ski**[2] [ヴァッサー・シー] [名] -/ 水上スキー.

die **Wạs·ser·spal·tung** [ヴァッサー・シュパルトゥング] [名] -/-en 〖生化〗水の(光)分解〔酸化〕《光合成》.

der **Wạs·ser·spei·er** [ヴァッサー・シュパイあー] [名] -s/- 〖建〗樋嘴(ひし), ガーゴイル《ゴシック建築に多い屋根の水落し口で怪獣の形が多い》.

der **Wạs·ser·spie·gel** [ヴァッサー・シュピーゲル] [名] -s/- 水面;水位.

der **Wạs·ser·sport** [ヴァッサー・シュポるト] [名] -(e)s/ 水上競技.

die **Wạs·ser·spü·lung** [ヴァッサー・シュピューるング] [名] -/-en (トイレの)水洗装置.

der **Wạs·ser·stand** [ヴァッサー・シュタント] [名] -(e)s/..stände (船舶航行のために水位計で測られる)水位.

der **Wạs·ser·stein** [ヴァッサー・シュタイン] [名] -(e)s/ 湯垢(あか), スケール.

der **Wạs·ser·stie·fel** [ヴァッサー・シュティーふェル] [名] -s/- (腰までの)防水長靴.

der **Wạs·ser·stoff** [ヴァッサー・シュトっふ] [名] -(e)s/ 水素(記号 H): schwerer ~ 重水素.

die **Wạs·ser·stoff·bom·be** [ヴァッサーシュトっふ・ボムベ] [名] -/-n 水素爆弾.

das **Wạs·ser·stoff·pe̱r·o·xyd** [ヴァッサーシュトっふ・ぺるオクスュート] [名] -(e)s/-e 〖化〗過酸化水素.

das **Wạs·ser·stoff·su·per·o·xyd** [ヴァッサーシュトっふ・ズーパー・オクスュート] [名] -(e)s/-e 《古》=Wasserstoffperoxyd.

der **Wạs·ser·strahl** [ヴァッサー・シュトらール] [名] -(e)s/-en 噴き出す水, 噴流.

die **Wạs·ser·stra·ße** [ヴァッサー・シュトらーセ] [名] -/-n (船が航行できる河川・運河・海峡などの)水路.

die **Wạs·ser·sucht** [ヴァッサー・ズふト] [名] -/ 水腫(すいしゅ).

die **Wạs·ser·sup·pe** [ヴァッサー・ズッペ] [名] -/-n 《蔑》水っぽいスープ.

die **Wạs·ser·tem·pe·ra·tur** [ヴァッサー・テムペらトゥーあ] [名] -/-en 水温.

das **Wạs·ser·tre·ten** [ヴァッサー・トれーテン] [名] -s/ (浅い流水の中での)水中歩行療法. **2.** 立泳ぎ.

der **Wạs·ser·trop·fen** [ヴァッサー・トろっプふェン] [名] -s/- 水滴.

die **Wạs·ser·tur·bi·ne** [ヴァッサー・トゥるビーネ] [名] -/-n 〖工〗水タービン.

der **Wạs·ser·turm** [ヴァッサー・トゥるム] [名] -(e)s/..türme 貯水塔, 給水塔.

die **Wạs·ser·uhr** [ヴァッサー・ウーあ] [名] -/-en **1.** 水時計. **2.** 水量計(Wasserzähler の俗称).

die **Wạs·se·rung** [ヴァっせるング] [名] -/-en 着水.

die **Wạs·ser·ver·drän·gung** [ヴァっサー·ふぇあドれングング] [名] -/ (船の)排水量.

die **Wạs·ser·ver·schmut·zung** [ヴァっサー·ふぇあシュムっツング] [名] -/-en 水を汚染すること;水質汚染(状態).

die **Wạs·ser·ver·sor·gung** [ヴァっサー·ふぇあゾるグング] [名] -/-en 給水, 水の補給〔供給〕.

der **Wạs·ser·vo·gel** [ヴァっサー·ふぉーゲル] [名] -s/..vögel 水鳥.

die **Wạs·ser·waa·ge** [ヴァっサー·ヴァーゲ] [名] -/-n 〘土·工〙水準器, レベル.

der **Wạs·ser·weg** [ヴァっサー·ヴェーク] [名] -(e)s/-e (陸路などに対する内陸の)水路.

die **Wạs·ser·wel·le** [ヴァっサー·ヴェレ] [名] -/-n 《主に[複]》(髪の)ウォーターウェーブ.

der **Wạs·ser·wer·fer** [ヴァっサー·ヴェるふぁー] [名] -s/- (デモ参加者の排除·消火などのための)放水器;(警察の)放水車.

das **Wạs·ser·werk** [ヴァっサー·ヴェるク] [名] -(e)s/-e 上水道(施設).

die **Wạs·ser·wirt·schaft** [ヴァっサー·ヴィるトシャふト] [名] -/ 治水, 水利経済.

wạs·ser·wirt·schaft·lich [ヴァっサー·ヴィるトシャふトリひ] [形] 治水の.

der **Wạs·ser·zäh·ler** [ヴァっサー·ツェーラー] [名] -s/- 水量計, 水道メーター.

das **Wạs·ser·zei·chen** [ヴァっサー·ツァイひぇン] [名] -s/- (紙幣·レターペーパーなどの)透かし(模様).

die **Wạs·ser·zir·ku·la·ti·on** [ヴァっサー·ツィるクラツィオーン] [名] -/-en (海などの)水の循環.

wạ̈ss·rig, [旧]**wạ̈ß·rig** [ヴェスりひ] [形] **1.** 水っぽい;水性の. **2.** 水色の, 薄い色の. **3.** 涙がにじんだ.

wa̱·ten [ヴァーテン] [動] *s.* 〔〈場所〉ヲ〕(一歩毎に足を抜いて)歩く〔歩いて行く〕.

die **Wa̱·ter·kant** [ヴァーター·カント] [名] -/ 《冗》北海沿岸地方, 北ドイツの沿岸.

die **Watsche** [ヴァーチェ, ヴァっチェ] [名] -/-n 《バイエルン·オーストリア》《口》びんた, 平手打ち.

der **Wat·schel·gang** [ヴァーチェル·ガング, ヴァっチェル·ガング] [名] -(e)s/ 千鳥足, よたよた歩き.

wat·scheln [ヴァーチェルン, ヴァっチェルン] [動] *s.* 〔(〈場所〉ヲ)〕よたよた歩く〔歩いて行く〕.

wat·schen [ヴァーチェン, ヴァっチェン] [動] *h.* 〔〈j⁴〉ニ〕《バイエルン·オーストリア》《口》びんたを食らわせる;《転》(…を)こきおろす.

die **Wat·schen** [ヴァーチェン, ヴァっチェン] [名] -/- 《バイエルン·オーストリア》《口》=Watsche.

(*der*) **Wạtt**¹ [wɔt ウォっト] [名] 〘人名〙ワット《James ~, 1736–1819, イギリスの技師. 実用となる蒸気機関を発明》.

das **Wạtt**² [ヴァっト] [名] -s/- 〘理·工〙ワット《電力の仕事率の単位. 記号 W》.

das **Wạtt**³ [ヴァっト] [名] -(e)s/-en (北海沿岸に広がる)干潟.

die **Wạt·te** [ヴァっテ] [名] -/-n 《[複]は種類》綿, 脱脂綿: 〈j⁴〉 in : packen (綿にくるむように)〈人ヲ〉注意深く取扱う.

der **Wạt·te·bausch** [ヴァっテ·バウシュ] [名] -(e)s/..bäusche 綿球.

das **Wạt·ten·meer** [ヴァっテン·メーあ] [名] -(e)s/-e (特に北海沿岸の)干潟のできる海.

der **Wạt·te·pfropf** [ヴァっテ·プふろっプふ] [名] -(e)s/-e 詰め綿.

wat·ti̱e·ren [ヴァティーれン] [動] *h.* 〔〈et⁴〉ニ〕綿の詰め物〔パット〕を入れる《コートなどに》.

das **Wạtt·me·ter** [ヴァっト·メーター] [名] -s/- 〘理·工〙電力計, ワットメーター.

die **Wạtt·se·kun·de** [ヴァっト·ゼクンデ] [名] -/-n 〘理〙ワット秒《エネルギーの単位. 記号 Ws》.

der **Wa̱t·vo·gel** [ヴァート·ふぉーゲル] [名] -s/..vögel 〘鳥〙渉禽(しょうきん)類《サギ·チドリなど》.

der **Wau·wau** [ヴァウ·ヴァウ, ヴァウ·ヴァウ, ヴァウ·ヴァウ] [名] -s/-s 《幼》わんわん(犬).

wau, wau! [ヴァウ, ヴァウ] [間] 《幼》(犬のほえ声)わんわん.

Wb [ヴェーベー] =Weber³ 〘理〙ウェーバー《磁束のMKS単位》.

das **WC** [ヴェーツェー] [名] -(s)/-(s) =watercloset 水洗便所, トイレ(Wasserklosett).

WDR [ヴェーデーエる] =Westdeutscher Rundfunk 西ドイツ放送.

WE [ヴェーエー] =Wärmeeinheit 〘理〙熱量の単位《カロリー·ジュールなど.》

die **We̱·be** [ヴェーベ] [名] -/-n 《オーストリア》亜麻布, 亜麻布製品.

we̱·ben⁽*⁾ [ヴェーベン] [動] webte〔wob〕; hat gewebt〔gewoben〕 **1.** 〔補足なし〕機(はた)を織る, 機織り仕事をする;織(ってい)る: an einem Tuch ~ 布を織(ってい)る. **2.** 〔〈et⁴〉ヲ〕織る, 織って作る;《転》張る《クモが巣を》. **3.** 〔〈et⁴〉ヲ+in 〈et⁴〉ニ〕織出す《模様などを》. **4.** 《不規則変化》〔um 〈et⁴〉ニ/in 〈et³〉ニ〕《文》つきまとっている《伝説などが》, 働いている《力などが》. **5.** 《不規則変化》〔sich⁴+um 〈j⁴/et⁴〉ニマツワッテ〕《文》(不思議にも)徐々に生ずる: Um diese Burg *wob* sich manche Sage. この城にまつわって多くの伝説が徐々に生れた.

(*der*) **We̱·ber**¹ [ヴェーバー] [名] 〘人名〙ヴェーバー《① Carl Maria von ~, 1786–1826, 作曲家. ② Max ~, 1864–1920, 社会·経済学者》.

der **We̱·ber**² [ヴェーバー] [名] -s/- (手織りの)織り手;〘織〙《古》織工.

das **We̱·ber**³ [ヴェーバー] [名] -s/- 〘理〙ウェーバー《磁束の単位. ドイツの物理学者 Wilhelm Eduard ~, 1804–91, による. 記号 Wb》.

die **We·be·re̱i** [ヴェーベらイ] [名] -/-en **1.** 《[単]のみ》機(はた)織り. **2.** 織物工場. **3.** 《稀》織り仕事;織物.

der **We̱·ber·kamm** [ヴェーバー·カム] [名] -(e)s/..kämme (織機の)筬(おさ).

der **We̱·ber·knecht** [ヴェーバー·クネひト] [名] -(e)s/-e 〘動〙ザトウムシ.

der **We̱·ber·kno·ten** [ヴェーバー·クノーテン] [名] -s/- こま結び, 本結び.

das **We̱·ber·schiff·chen** [ヴェーバー·シふひぇン] [名] -s/- 〘織〙(織機の)梭(ひ).

der **We̱b·feh·ler** [ヴェーブ·ふぇーラー] [名] -s/- **1.** 織りきず. **2.** 《口》(初めからある)欠陥.

die **We̱b·kan·te** [ヴェーブ·カンテ] [名] -/-n 織物の耳.

die **Wẹb·sei·te** [ヴェっブ·ザイテ] [名] -/-n ウェブページ《ウェブサイトで, インターネットに公開されているページ》.

die〔*das*〕**Web·site** [websaɪt ウェぶ·サイト] [名] -/-s ウェブサイト《WWW(ワールドワイドウェブ)上にアドレスを持つ総てのサイト》.

der **We̱b·stuhl** [ヴェーブ·シュトゥール] [名] -(e)s/..stühle 織機, (手織りの)機(はた)織り台.

die **We̱b·wa·ren** [ヴェーブ·ヴァーれン] [複名] 織物.

der **Wẹch·sel** [ヴェクセル] [名] -s/- **1.** 《主に[単]》(くり返す)移り変り, 交替, 入代わり;変化: der ~ der Jahreszeiten 四季の移り変り. der ~ von Tag und Nacht 昼夜の交替. **2.** 《主に[単]》取替え, (仕事などを)替える〔替る〕こと, 交換;(テニスなどの)チェンジコート, (サッカーなどの)サイドチェンジ;(人事の)異動, 移籍;(選手などの)交代;(リレーの)バトンタッチ. **3.** 〘銀行〙手形: ein eigener/gezogener ~ 約束/為

W

Wechselbad 1400

替手形. einen ~ auf 〈j⁴〉 ausstellen 〈人に〉手形を振出す. **4.** (月々の)仕送り(Monats~). **5.** けもの道(Wild~).

das **Wech·sel·bad** [ヴェクセル・バート] 名 -(e)s/..bäder 冷温交互浴.

der **Wech·sel·balg** [ヴェクセル・バルク] 名 -(e)s/..bälge 醜い奇形の取替え子(民話で).

die **Wech·sel·bank** [ヴェクセル・バンク] 名 -/-en 〖銀行〗手形割引銀行.

die **Wech·sel·be·zie·hung** [ヴェクセル・ベツィーウング] 名 -/-en 相互関係: in ~ mit (zu) 〈et³〉 stehen 〈事と〉相互関係にある.

die **Wech·sel·bürg·schaft** [ヴェクセル・ビュルクシャふト] 名 -/-en 〖銀行〗手形保証.

die **Wech·sel·fäl·le** [ヴェクセル・ふェレ] 複数 (運命・人生の)浮沈み,移り変り.

die **Wech·sel·fäl·schung** [ヴェクセル・ふェルシュング] 名 -/-en (署名・金額の書替えによる)手形偽造.

das **Wech·sel·fie·ber** [ヴェクセル・ふィーバー] 名 -s/- 間欠熱,マラリア.

das **Wech·sel·geld** [ヴェクセル・ゲルト] 名 -(e)s/-er (主に⑪)釣銭;(⑪のみ)小銭.

der **Wech·sel·ge·sang** [ヴェクセル・ゲザング] 名 -(e)s/..gesänge 交唱,応答(交互)歌唱.

das **Wech·sel·ge·spräch** [ヴェクセル・ゲシュプレーひ] 名 -(e)s/-e 対話,問答.

das **Wech·sel·ge·trie·be** [ヴェクセル・ゲトリーベ] 名 -s/- 〖工〗変速機,変速装置.

wech·sel·haft [ヴェクセルハふト] 形 変りやすい.

die **Wech·sel·jah·re** [ヴェクセル・ヤーれ] 複数 (男女の)更年期.

der **Wech·sel·kre·dit** [ヴェクセル・クれディート] 名 -(e)s/-e 〖銀行〗手形信用.

der **Wech·sel·kurs** [ヴェクセル・クるス] 名 -es/-e 〖銀行〗(外国)為替相場(レート).

wech·seln [ヴェクセルン] 動 **1.** h. 〈j⁴/et⁴ヲ〉代える,取替える,変える. **2.** h. 〈j³ヲト〈j⁴/et⁴ヲ〉交換する,交換し,取交す. **3.** h. 〈et⁴ヲ十in 〈et⁴=〉〉両替する,くずす(小額の貨幣を). **4.** h. 〈〈et⁴ヲ十(gegen/in 〈et⁴=〉〉両替する,交換する,替える(他の通貨に),くずす(小銭に). **5.** h. 〖獲〗変る,変化する(天気・流行・気分などが). **6.** h. 〈(mit 〈j³ト〉〉交替する. **7.** s. 〈方向へ〉移る,移動する,変る. **8.** h. 〈j⁴/et³ヲ十〈方向へ〉(持ち)変える. 【慣用】h. die Farbe wechseln 顔色を変える. h. die Ringe wechseln 指輪を交換する(結婚式で). Ich muß jetzt mal wechseln. 私は今ちょっと持ち手を替えなければならない(物を運んでいて). Wäsche zum Wechseln 着替え用の下着類(ワイシャツを含む). Wollen wir wechseln? 交替しましょうか(仕事・荷物の運び・ゲームなどで).

der **Wech·sel·neh·mer** [ヴェクセル・ネーマー] 名 -s/- 〖金融〗手形受取人.

die **Wech·sel·pro·lon·ga·tion** [ヴェクセル・プロロンガツィオーン] 名 -/-en 〖金融〗手形の延期.

der **Wech·sel·pro·test** [ヴェクセル・プロテスト] 名 -(e)s/-e 〖金融〗手形拒絶証書.

der **Wech·sel·rah·men** [ヴェクセル・らーメン] 名 -s/- 簡易額縁(取替えが簡単にできる既製のもの).

das **Wech·sel·recht** [ヴェクセル・れひト] 名 -(e)s/ 〖法〗手形法.

die **Wech·sel·re·de** [ヴェクセル・れーデ] 名 -/-n 対話,話のやりとり.

der **Wech·sel·re·gress**, ⑪ **Wech·sel·re·greß** [ヴェクセル・れグれス] 名 -es/-e 〖金融〗手形の遡及,手形償還請求.

die **Wech·sel·rei·te·rei** [ヴェクセル・らイテらイ] 名 -/- 〖金融〗手形騎乗,空手形振出(ﾌﾘﾀﾞｼ).

der **Wech·sel·rich·ter** [ヴェクセル・リひター] 名 -s/- 〖電〗(直流を交流に変える)逆変換器,インバーター.

der **Wech·sel·schal·ter** [ヴェクセル・シャルター] 名 -s/- 〖電〗切り替えスイッチ.

der **Wech·sel·schuld·ner** [ヴェクセル・シュルドナー] 名 -s/- 〖金融〗手形債務者.

wech·sel·sei·tig [ヴェクセル・ザイティひ] 形 相互の;交互の.

die **Wech·sel·sprech·an·la·ge** [ヴェクセル・シュプれひ・アンラーゲ] 名 -/-n 交互通話装置.

der **Wech·sel·strom** [ヴェクセル・シュトろーム] 名 -(e)s/..ströme 〖電〗交流.

die **Wech·sel·stu·be** [ヴェクセル・シュトゥーベ] 名 -/-n (駅などの)通貨両替所.

die **Wech·sel·sum·me** [ヴェクセル・ズメ] 名 -/-n 〖金融〗手形金額.

wech·sel·voll [ヴェクセル・ふォル] 形 変転きわまりない,変化に富んだ,変りやすい.

der **Wech·sel·wäh·ler** [ヴェクセル・ヴェーラー] 名 -s/- 浮動投票者.

wech·sel·warm [ヴェクセル・ヴァるム] 形 〖動〗変温性の.

wech·sel·wei·se [ヴェクセル・ヴァイゼ] 副 交互に;〖古〗相互に.

die **Wech·sel·wir·kung** [ヴェクセル・ヴィるクング] 名 -/-en 相互作用,相互干渉: in ~ mit (zu) 〈et³〉 stehen 〈物と〉相互に作用している.

der **Wechs·ler** [ヴェクスラー] 名 -s/- 両替商.

die **Wech·te**, ⑪ **Wäch·te** [ヴェひテ] 名 -/-n 雪屁(ｾｯﾋﾟ).

der **Weck** [ヴェック] 名 -(e)s/-e 《南独・ｵｰｽﾄﾘｱ》(細長い)白パン.

das **Weck·a·min** [ヴェック・アミーン] 名 -s/-e 覚醒(ｶｸｾｲ)アミン.

die **Wecke** [ヴェッケ] 名 -/-n 《南独・ｵｰｽﾄﾘｱ》=Wecken.

wecken [ヴェッケン] 動 h. **1.** 〈j⁴/et⁴ヲ〉起こす,目覚めさせる. **2.** ((in 〈et³〉ノ心ニ)十〈et⁴ヲ〉)呼びさます,喚起する.

der **Wecken** [ヴェッケン] 名 -s/- (《ｵｰｽﾄ》(細長い)白パン;細長い)白プチパン.

der **Wecker** [ヴェッカー] 名 -s/- 目覚時計; den ~ auf 7 Uhr stellen 目覚を7時にあわせる. 【慣用】〈j¹〉 auf den Wecker gehen [fallen] 〖口〗〈人にとって〉煩わしくなる.

das **Weck·glas** [ヴェック・グラース] 名 -es/..gläser (ヴェック式)密閉保存瓶.

der **Weck·ruf** [ヴェック・るーふ] 名 -(e)s/-e 起床の合図;モーニングコール.

die **Weck·uhr** [ヴェック・ウーあ] 名 -/-en 目覚し時計.

der **We·da** [ヴェーダ] 名 -(s)/..den[-s] ヴェーダ(古代インドのバラモン教の聖典).

(*der*) **We·de·kind** [ヴェーデ・キント] 名 〖人名〗ヴェーデキント(Frank ~, 1864-1918, ドイツの劇作家).

der **We·del** [ヴェーデル] 名 -s/- **1.** (毛)はたき. **2.** (シュロなどの)扇状の葉. **3.** 〖狩〗(シカなどの短い)尾.

we·deln [ヴェーデルン] 動 **1.** h. 〈mit 〈et³〉ヲ〉振る(手・ハンカチ・帽子などを). **2.** h. 〈j³〉=+mit 〈et³〉デナイデテ十〈et⁴ヲ〉送る(涼風などを). **3.** h. 〈mit 〈et³〉ヲ十〈et⁴ヲ十von 〈et³〉カラ/〈方向へ〉払う. **4.** h. 〈慣〉細かく揺れ動く(犬の尻尾・扇子などが). **5.** h. 〖ｽｷｰ〗[ｽﾎﾟｰﾂ] ウェーデルンをする. **6.** s. 〈方向ヘ〉〖ｽｷｰ〗ウェーデルンをしながら滑って行く.

we·der [ヴェーダー] 副 〖語飾〗(動詞・形容詞・副詞・名詞を修飾)〔次の形で〕 ~ ... noch ... ...も...も...ない: Er geht ~ ins Konzert noch ins Theater, noch ins Kino. 彼はコンサートにも,劇場にも,また映

画にも行かない。Sie trinkt ~ Kaffee noch Tee. 彼女はコーヒーも紅茶も飲まない。

das Weekend [víːkʼent ヴィーク・エント] 名 -(s)/-s ウィークエンド (Wochenende).

weg [ヴェック] 副 《口》 **1.** どいて,どけて: W~ damit! それをどけてくれ〔片づけろ・捨てろ〕. W~ mit dir! (君)向こうへ行ってくれ. Hände ~ (von den Gläsern)! (それらのグラスから)手をどけろ. **2.** (い)なくなって: Er ist ~. 彼はいなくなった〔行ってしまった〕. Die Schmerzen sind ~. 痛みがなくなった. **3.** 離れて: Das Ziel ist noch weit ~. 目的地〔ゴール〕はまだまだ離れている. 【慣用】**in einem weg** 《口》ひっきりなしに. **über seinen Kopf weg** 口頭越しに. **über 〈et⁴〉 weg sein** 《口》〈事〉を乗越えている〔克服している〕. **von ... weg** (vonを強めて)…から直接 〔すぐ〕: vom Flughafen ins Krankenhaus 空港から直接病院へ. **(vor 〈et³〉) weg sein** 〈事のほうへ〉〔放心〕している. **weg sein** 《口》意識を失っている;熱中〔心酔・感激〕している.

── 接《並列》《方・古》引く: Sechs ~ drei ist drei. 6引く3は3.

der **Weg** [ヴェーク] 名 -(e)s/-e **1.** 道,道路: ein schmaler/steiniger ~ 狭い/石ころだらけの道. ein befahrbarer ~ 車が通れる道路. ~ und Steg 《文・古》辺り一帯の道. **2.** 行く道,通る道,途中: den ~ nehmen/verfehlen その道をとる/行く道を間違える. den ~ abkürzen/verlieren 近道をする/道に迷う. 〈j³〉 den ~ abschneiden 〈人の〉行く手をさえぎる. sich³ einen ~ bahnen 道を切開く. auf dem ~ zur Arbeit 仕事に行く途中で. 〈j³〉 im ~ (e) stehen 〈人の〉行く道の邪魔になる. sich³ 〈j³〉 in den ~ stellen 〈人の〉行く手をはばむ,〈人の〉邪魔をする. **3.** 道のり,道程,距離: ein langer 〔weiter〕 ~ 長い道のり. auf halbem ~ 途中で. einen kürzeren ~ dorthin suchen そこへ行く近道を捜す. **4.** 《口》用事で出かけること: einen dringenden ~ erledigen (出かけて)緊急の用事を片づける. **5.** 《略のみ》(目標への)道,行路,進路,過程: der ~ zum Ruhm 名声への道. auf dem rechten ~ sein 正道にある. auf dem ~e der Besserung sein 快方に向かっている. **6.** 手段,方法,やり方: einen ~ finden 方策を見つける. auf diesem ~ (e) このようにして. auf gesetzlichem/schriftlichem ~ (e) 法的手段で〔文書によって. auf schnellstem ~ (e) できるだけ早い仕方で. 【慣用】**auf dem besten Weg sein, 〈et⁴〉 zu tun** 〈事を〉しかかっている. **den Weg allen 〔alles〕 Fleisches gehen** 《文》死ぬ(運命にある). 〈j³〉 **auf halbem Weg (e) entgegenkommen** 〈人に〉一部譲歩する. 〈j³/et³〉 **aus dem Weg gehen** 〈人・物・事を〉避ける,〈et⁴〉 **aus dem Weg räumen** (障害となる)〈物・事〉を片づける. 〈j³/et³〉 **den Weg ebnen** 〈人・事の〉障害を取除く. 〈et⁴〉 **in die Wege leiten** 〈事を〉準備して始める. **krumme Wege gehen** 不正なことをする. 〈et⁴〉 **mit auf den Weg geben** (出かける際に)〈人に〉〈事を〉たくす,〈人に〉〈事を〉言づける. **nicht über den Weg trauen** 〈人に〉まったく信用しない. **seinen 〔eigenen〕 Weg 〔seine eigenen Wege〕 gehen** 独立独歩で進む. **seinen Weg machen** うまくやる. 〈et⁴〉 **steht nichts im Weg** 〈事に〉阻む障がない.

die **Wega** [ヴェーガ] 名 -/ ヴェガ,織女星(琴座の首星).

weg|ar|bei|ten [ヴェック・アるバイテン] 動 h. 〈et⁴〉 《口》(さっさと)働いて片づける.

weg|bekom|men* [ヴェック・ベコメン] 動 h. **1.** 〈et⁴〉 取除く(染みなどを). **2.** 〈j⁴〉 + von 〈et³〉 離れさせる. **3.** 〈et⁴〉 (前へ)動す.

4. 〈et⁴〉 こうむる,受ける.

der **Wegbe|rei|ter** [ヴェーク・ベらイター] 名 -s/- 先駆者,パイオニア.

weg|bla|sen* [ヴェック・ブラーゼン] 動 h. 〈et⁴〉 + (von 〈et³〉) 吹飛ばす(ほこり・灰などを). 【慣用】**wie weggeblasen sein** 跡形もなく消えている(不安・苦痛などが).

weg|blei|ben* [ヴェック・ブライベン] 動 s. 《口》 **1.** 《略のみ》来ない,戻って来ない,欠席する. **2.** 《略のみ》止まる(一時的にエンジン・電流・呼吸などが). **3.** 《略のみ》考慮に入れられない,除外される(物・事が).

weg|brin|gen* [ヴェック・ブリンゲン] 動 h. **1.** 〈j⁴/et⁴〉 + (〈方向〉へ) 連れ〔運び〕去る,持って行く(前へ)動かす. **2.** 〈j⁴〉 + (von 〈et³〉) 《口》離れさせる. **3.** 〈j⁴〉 + von 〈et³〉 《口》やめさせる.

weg|den|ken* [ヴェック・デンケン] 動 h. {(sich³) + 〈j⁴/et⁴〉} 居ない〔無い〕ものと考える,無視する.

der **Wege|bau** [ヴェーゲ・バウ] 名 -(e)s/ 道路工事〔建設〕.

der **Wege|la|ge|rer** [ヴェーゲ・ラーゲらー] 名 -s/- 《靆》追はぎ.

we|gen [ヴェーゲン] 前 {+ 2格/3格} (冠詞類のない単独の強変化単数名詞では2格の語尾を残さない場合もある. 単独の強変化複数名詞では3格. 2格の場合,文語では後置. 人称代名詞と用いる時は meinetwegen の形となる. wegen meiner (《古》) **1.** (原因・理由) …のために: ~ des schlechten Wetters 〔des schlechten Wetters ~〕 悪天候のために. ~ Umbau(s) geschlossen 改築のため休業. ~ Geschäften 商用で. **2.** (次の形で) von 〈et²〉 〈事と〉よ: von Berufs ~ 職業上. von Rechts ~ 法により,法的に;未来は. **3.** (関連) …について: ~ dieser Angelegenheit この件に関しに. **4.** (目的) …のために,…の目的で: ~ der Ehre 名誉のために. ~ des Geldes 金もうけのために. 【慣用】**Von wegen (...)!** 《口》…なんて!とんでもない.

(*der*) **Wege|ner** [ヴェーゲナー] 名《人名》ヴェーゲナー (Alfred Lothar ~, 1880-1930, 地球物理学者).

der **Wege|plan** [ヴェーゲ・プラーン] 名 -(e)s/..pläne (農道・林道などの)道路(網)整備計画.

das **Wege|recht** [ヴェーゲ・れヒト] 名 -(e)s/ **1.** 道路法. **2.** (海上での)優先通行権.

der **We|ge|rich** [ヴェーゲりヒ] 名 -s/-e 《植》オオバコ.

weg|es|sen* [ヴェック・エッセン] 動 h. **1.** 〈j³〉 ノタマチ+〈et⁴〉ッ 食べてしまう. **2.** 〈et⁴〉ッ すっかり食べてしまう.

weg|fah|ren* [ヴェック・ふぁーれン] 動 **1.** s. (von 〈j³/et³〉) (ノ前にカラ) 走り〔立〕去る,出発する(乗り物で・乗り物から);発進する. **2.** h. 〈j⁴/et⁴〉 連れ〔運び〕去る(乗り物で).

der **Weg|fall** [ヴェック・ふぁル] 名 -(e)s/ 脱落,省略;廃止,中止: in ~ kommen 《硬》廃止〔省略〕される.

weg|fal|len* [ヴェック・ふぁレン] 動 s. 《略のみ》なくなる,消失する;廃止される,省略される.

weg|flie|gen* [ヴェック・ふリーゲン] 動 s. **1.** 《略のみ》飛び去る(鳥が). **2.** 〈von 〈et³〉〉 《口》吹き飛ばされる. **3.** 〈über 〈et⁴〉〉 《口》飛び去る(飛行機などが).

weg|füh|ren* [ヴェック・ふゅーれン] 動 h. 〈j⁴/et⁴〉 連れ〔運び〕去る. **2.** 〈(von 〈et³〉ッ) 延びていく,遠ざかる.

die **Weg|ga|bel** [ヴェーク・ガーベル] 名 -/-n 道の分岐(点),(二股の)分かれ道.

der **Weg|gang** [ヴェック・ガング] 名 -(e)s/ 退去,出発,退職.

weg|ge|ben* [ヴェック・ゲーベン] 動 h. **1.** 〈j⁴/et⁴〉

weggehen

ッ)人手に渡す,手放す;出す(洗濯・修理などに). **2.** ((sich⁴))(口)どける.

weg|ge·hen* [ヴェック・ゲーエン] 動 s. **1.** ((von ⟨aus⟩)⟨人₃⟩)別れる,去る,出ていく:von ⟨j³⟩ ～ ((口))そのことで私を煩おするな. **2.** ((口))消える(痛みが);落ちる,取れる(汚れが);売れる(品物が);(使って)なくなる(物資・金などが). **3.** ((über ⟨et⁴⟩ハ/ヘₐ))((口))越えて行く,通り過ぎる. **4.** ((über ⟨j⁴⟩ハ))((口))無視する,受け流す.

der **Weg·ge·nos·se** [ヴェーク・ゲノッセ] 名 -n/-n 同行者,同伴者,道連れ.

weg|gie·ßen* [ヴェック・ギーセン] 動 h. ((⟨et⁴⟩ッ))注いで[流して]捨てる.

weg|ha·ben* [ヴェック・ハーベン] 動 h. ((口)) **1.** ((⟨et⁴⟩ッ))取除いてしまる,落としてしまう(汚れ・染みなどを);片づける(取払って)しまう. **2.** ((⟨j⁴⟩ッ+(von ⟨et³⟩カラ)))追払ってしまう,厄介払いしてしまう. **3.** ((⟨et⁴⟩ッ))もらって(受けて)いる:eine Erkältung ～ 風邪にかかっている. eine Strafe ～ 罰を受けている. **4.** ((⟨et⁴⟩ッ/⟨⟩デテルコトォ))分っている(仕事・方法などを),理解している. 【慣用】**einen weghaben** ((口))酔っている,気がふれている. **in der Statistik/auf diesem Gebiet was weghaben** 統計学の/この分野の多少の知識[心得]がある.

weg|ho·len [ヴェック・ホーレン] 動 h. **1.** ((⟨j⁴/et⁴⟩ッ))連れ[持ち]去る. **2.** ((sich³+⟨et⁴⟩ッ))((口))かかる(流感などを).

weg|ja·gen [ヴェック・ヤーゲン] 動 h. ((⟨j⁴/et⁴⟩ッ+(von ⟨et³⟩カラ)))追払う,追出す.

weg|kom·men* [ヴェック・コメン] 動 s. ((口)) **1.** ((⟨場所⟩ッ/⟨方向⟩ッ))立去る,離れる,逃げる;外出する,よそへ行く. **2.** ((von ⟨et³⟩カラ))別れる,離れる,逃れる;(…を)止める(悪習・アルコールなどを). **3.** ((慣))なくなる,失われる(紛失・盗難などによって). **4.** ((über ⟨et⁴⟩ッ))乗越える,克服する;無視する,気に留めない. **5.** ((bei ⟨et³⟩ハ₋))((様態₃))扱いを受ける;成績を上げる;(…な具合に)切抜ける,(…な具合で)済む:bei dem Unfall glücklich mit leichten Verletzungen ～ 事故の際に好運にも軽傷で済む.

weg|krie·gen [ヴェック・クリーゲン] 動 h. **1.** ((⟨et⁴⟩ッ))取除く(汚れ・いぼなどを). **2.** ((⟨j⁴/et⁴⟩ッ+(von ⟨et³⟩カラ)))どかせる,離れさせる. **3.** ((⟨et⁴⟩ッ))(前へ)動かす. **4.** ((⟨et⁴⟩ッ))得る,もらう(不快なことを):eine Erkältung ～ 風邪をひく. **5.** ((⟨et⁴⟩ッ/⟨⟩デテルコトォ))分る(考え・やり方などが).

weg|las·sen* [ヴェック・ラッセン] 動 h. **1.** ((⟨j⁴⟩ッ))立去らせる,行かせる. **2.** ((⟨et⁴⟩ッ))((口))省く,(うっかり)抜かす. **3.** ((⟨et⁴⟩ッ+(von ⟨et³⟩カラ)))どかす,離す.

weg|lau·fen* [ヴェック・ラウフェン] 動 s. **1.** ((vor ⟨et³⟩ヲ避ケテ))走り去る,足早に立去る,(急いで)逃げる. **2.** ((慣))逃げる,出奔〈ホン〉する,行方をくらます:Ihm ist seine Frau *weggelaufen*. 彼は妻に逃げられた. **3.** ((慣))流れ出てしまう. 【慣用】⟨j³⟩ **nicht weglaufen** ((口))待つ余裕のある(⟨人₃⟩に)逃げられてはしない:Du kannst noch bis zum nächsten Gehalt warten. Die Kamera *läuft* dir ja nicht *weg*. 後でもそのカメラは買えるよ.

weg|le·gen [ヴェック・レーゲン] 動 h. ((⟨et⁴⟩ッ))(手から離れた下)に置く(別の場所に)置く;片づける.

die **Weg·lei·tung** [ヴェーク・ライトゥング] 名 -/-en (スイッタリン)指導,手引.

weg·los [ヴェック・ロース] 形 道のない.

weg|lot·sen [ヴェック・ローツェン] 動 h. ((⟨j⁴⟩ッ+(von ⟨et³⟩カラ)))((口))離れるよう説得する.

weg|ma·chen [ヴェック・マッヘン] 動 h. **1.** ((⟨et⁴⟩ッ))((口))取除く(汚れなど). **2.** h. ((sich⁴))((口))立

去る. **3.** s. ((慣))((方))立去る. **4.** ((⟨j⁴⟩₂))((口))性的満足を与える. **5.** ((慣))性交する. **sich³ ein Kind wegmachen lassen** ((口))子供を堕〈タ〉す.

weg|müs·sen* [ヴェック・ミュッセン] 動 h. ((慣なし))((口))立去らねばならない;片づけられ[取除かれ]なければならない;発送されなければならない.

die **Weg·nah·me** [ヴェーク・ナーメ] 名 -/-n (硬)除去;奪取;押収. **2.** (ス)(購入者の)持ち帰り,受け取りに行く(来る)こと.

weg|neh·men* [ヴェック・ネーメン] 動 h. **1.** ((⟨et⁴⟩ッ+(von ⟨et³⟩カラ)))取去る,持ち去る,どける(手・荷物などを). **2.** ((⟨et⁴⟩ッ))((口))奪い取る,取る,取上げる. **3.** ((⟨et⁴⟩ッ))取る(場所・時間を);遮る,奪う(光・視界などを).

weg|ope·rie·ren [ヴェック・オペリーレン] 動 h. ((⟨j³⟩+⟨et⁴⟩ッ))(口))手術して取る.

weg|pa·cken [ヴェック・パッケン] 動 h. **1.** ((⟨et⁴⟩ッ))しまう. **2.** ((sich⁴))((口))急いで立去る.

weg|put·zen [ヴェック・プッツェン] 動 h. **1.** ((⟨et⁴⟩ッ+(von ⟨et³⟩カラ)))ぬぐい取る;((口))たいらげる(飲食物を). **2.** ((⟨j⁴⟩ッ))((口))射殺する;一蹴〈シュウ〉する(相手チームなどを).

der **Weg·rand** [ヴェーク・ラント] 名 -(e)s/..ränder 道ばた,路傍.

weg|ra·tio·na·li·sie·ren [ヴェック・ラツィオナリジーレン] 動 h. ((⟨j⁴/et⁴⟩ッ))合理化により削減する.

weg|räu·men [ヴェック・ロイメン] 動 h. ((⟨et⁴⟩ッ))片づける(おもちゃ・食器などを);(転)取除く(障害などを).

weg|rei·ßen* [ヴェック・ライセン] 動 h. **1.** ((⟨et⁴⟩ッ+(von ⟨j³/et³⟩カラ)))もぎ取る,引っさらう. **2.** ((⟨j³⟩カラ+⟨et⁴⟩ッ))引ったくる;(…の)を吹き飛ばす(砲弾などが).

weg|ren·nen* [ヴェック・レネン] 動 s. ((慣なし))走り去る.

weg|sa·cken [ヴェック・ザッケン] 動 h. **1.** ((慣なし))((口))沈む,沈下する;高度が下がる. **2.** ((慣なし))がくとなる;くずおれる;眠込む.

weg|sa·nie·ren [ヴェック・ザニーレン] 動 h. ((⟨et⁴⟩ッ))(主にの蔑))再開発計画の一環として取壊する[撤去する].

weg|sau·fen [ヴェック・ザウフェン] 動 h. ((口)) **1.** ((⟨j³⟩ノタメノ+⟨et⁴⟩ッ))飲んでしまう. **2.** ((⟨et⁴⟩ッ))((口))全部飲んでしまう.

weg|schaf·fen [ヴェック・シャッフェン] 動 h. **1.** ((⟨j⁴/et⁴⟩ッ))運び去る,片づける(負傷者・粗大ごみなどを). **2.** ((sich⁴))((口)・婉))自殺する.

die **Weg·schei·de** [ヴェーク・シャイデ] 名 -/-n (文)(道の)分岐点;(転)岐路.

weg|schen·ken [ヴェック・シェンケン] 動 h. ((⟨et⁴⟩ッ))((口))人にやってしまう.

weg|sche·ren [ヴェック・シェーレン] 動 h. ((sich⁴))((口))急いで立去る.

weg|schi·cken [ヴェック・シッケン] 動 h. **1.** ((⟨j⁴⟩ッ))立去らせる,追出す. **2.** ((⟨et⁴⟩ッ))発送する.

weg|schlei·chen* [ヴェック・シュライヒェン] 動 **1.** s. ((慣なし))こっそり立去る. **2.** ((sich⁴))こっそり立去る.

weg|schmei·ßen* [ヴェック・シュマイセン] 動 h. ((口)) **1.** ((⟨et⁴⟩ッ))放り投げる;捨てる. **2.** ((sich⁴))(蔑)身を捧げて自分を貶める(品位を落す).

weg|schnap·pen [ヴェック・シュナッペン] 動 h. ((⟨j³⟩+⟨et⁴⟩ッ))((口))(さっと)横取りする.

die **Weg·schne·cke** [ヴェーク・シュネッケ] 名 -/-n (動)コウラクロナメクジ.

weg|schnei·den* [ヴェック・シュナイデン] 動 h. ((⟨et⁴⟩ッ))切取る.

weg|se·hen* [ヴェック・ゼーエン] 動 h. **1.** ((慣なし))目をそらす. **2.** ((über ⟨j⁴/et⁴⟩ノ超ラニ))((口))向うを見る;(…を)無視する;(…を)大目に見る.

weg|set·zen [ヴェック・ゼッツェン] [動] **1.** *h.* 〖〈j^4〉ヲ＋(von 〈j^3/et^3〉カラ)〗離して座らせる;《〈j^4〉がsich^{4}の場合》離れて座る. **2.** *h.* 〖〈et^4〉ヲ＋(von 〈et^3〉カラ)〗離す,(別の場所へ)移す. **3.** *s./h.* 〔über 〈et^4〉ヲ〕《口》跳び越える. **4.** *h.* 〔sich^4＋über 〈et^4〉ヲ〕《口》無視する.

weg|spü·len [ヴェック・シュピューレン] [動] *h.* 〔〈et^4〉ヲ〕洗い流す(雨などが),(遠くへ)押し流す(川・波などが);洗い落す〔流す〕(泥などを).

weg|ste·cken [ヴェック・シュテッケン] [動] *h.*《口》 **1.** 〖〈et^4〉ヲ〗しまい込む,隠す(ポケットなどに突っ込んで) **2.** 〖〈et^4〉ヲ〗甘んじて受けて耐え抜く〔克服する〕(非難・打撃などを).

weg|steh·len* [ヴェック・シュテーレン] [動] *h.* 〔sich^4＋(aus 〈et^3〉/von 〈j^3〉カラ)〕こっそり立去る,こっそり抜出す.

weg|ster·ben* [ヴェック・シュテるベン] [動] *s.* 〖(〈j^3〉ニトッテ)〗《口》(思いがけずに)死んでしまう,(次々と)死ぬ.

weg|sto·ßen* [ヴェック・シュトーセン] [動] *h.* 〖〈j^4/et^4〉ヲ＋(von 〈et^3/sich^3〉カラ)〗押し〔突き〕のける,押して〔突いて・けって〕どかす.

die **Weg·stre·cke** [ヴェーク・シュトれッケ] [名] -/-n 道のり,行程.

weg|strei·chen* [ヴェック・シュトらイひェン] [動] *h.* **1.** 〖〈et^4〉ヲ＋(von 〈et^3〉カラ)〗払いのける. **2.** 〖〈et^4〉ヲ〗削除する.

weg|tau·chen [ヴェック・タウヘン] [動] *s.* **1.** 〖補足なし〗水に潜って見えなくなる〔姿を消す〕;《口》困った〔苦しい〕状況から抜出す. **2.** 〔unter 〈et^3〉ノ下ヲ〕潜って越えていく.

weg|trei·ben* [ヴェック・トらイベン] [動] **1.** *h.* 〖〈j^4/et^4〉ヲ＋(von 〈et^3〉カラ)〗追払う. **2.** *s.* 〖(von 〈et^3〉カラ)〗流されて行ってしまう.

weg|tre·ten* [ヴェック・トれーテン] [動] **1.** *h.* 〖〈et^4〉ヲ(von 〈et^3〉カラ)〗けってどかす(ボールなどを). **2.** *s.* 〖補足なし〗〖軍〗解散する;《転》眠りに落ちる;完全に酔っぱらう. **3.** *s.* 〖(von 〈et^3〉カラ)〗どく,離れる,下がる.

weg|tun* [ヴェック・トゥーン] [動] *h.* **1.** 〖〈et^4〉ヲ〗どける,片づける. **2.** 〖〈et^4〉ヲ〗捨てる,ごみに出す. **3.** 〔sich^4〕《方》自殺する.

die **Weg·war·te** [ヴェーク・ヴァるテ] [名] -/-n 〖植〗チコリー.

weg·wei·send [ヴェーク・ヴァイゼント] [形] 指針となる.

der **Weg·wei·ser** [ヴェーク・ヴァイザー] [名] -s/- **1.** 道しるべ,道標. **2.** 手引書;旅行案内書.

weg|wen·den$^{(*)}$ [ヴェック・ヴェンデン] [動] *h.* **1.** 〖〈et^4〉ヲ＋(von 〈j^3/et^3〉カラ)〗背ける. **2.** 〔sich^4＋(von 〈j^3/et^3〉カラ)〕そっぽを向く.

weg|wer·fen* [ヴェック・ヴェるふェン] [動] *h.* **1.** 〖〈et^4〉ヲ〗投出す〔捨てる〕(武器・新聞などを);捨てる(不要品・考えなどを): sein Leben ～《転》自殺する. **2.** 〔sich^4＋(an 〈j^4/et^4〉ニ)〕《蔑》身を捧げて自分を貶める〔品位を落す〕(つまらない人・事に).

weg·wer·fend [ヴェック・ヴェるふェント] [形] 軽蔑的な.

die **Weg·werf·fla·sche** [ヴェック・ヴェるふ・ふラッシェ] [名] -/-n 使い捨ての瓶.

die **Weg·werf·ge·sell·schaft** [ヴェック・ヴェるふ・ゲゼルシャフト] [名] -/-en《蔑》使い捨て社会.

die **Weg·werf·win·del** [ヴェック・ヴェるふ・ヴィンデル] [名] -/-n 使い捨ておむつ.

weg|wi·schen [ヴェック・ヴィッシェン] [動] *h.* **1.** 〖〈et^4〉ヲ〗ふき取る(ほこりなどを),ふいて消す(黒板の文字などを). **2.** *s.* 〖補足なし〗さっと姿を消す.

weg|wün·schen [ヴェック・ヴュンシェン] [動] *h.* **1.** 〔sich^4＋(von 〈et^3〉カラ)〕どこかへ行ってしまいたいと思う. **2.** 〖〈j^4/et^4〉ガ〗いなく〔なく〕なればいいと思う.

weg|zäh·len [ヴェック・ツェーレン] [動] *h.* 〖〈et^4〉ヲ＋von 〈et^3〉カラ〗《オーストリア》引き算する.

weg|zau·bern [ヴェック・ツァウバーン] [動] *h.* 〖〈j^4/et^4〉ヲ〗魔法で除く〔消す〕.

die **Weg·zeh·rung** [ヴェーク・ツェーるング] [名] -/-en **1.** 《文》(遠足などの)弁当. **2.** 〖カトリック〗臨終の聖体拝領.

das **Weg·zei·chen** [ヴェーク・ツァイひェン] [名] -s/- (ハイキングコースにある)道しるべ.

weg|zie·hen* [ヴェック・ツィーエン] [動] **1.** *h.* 〖〈j^4/et^4〉ヲ＋(von 〈et^3〉カラ)〗引っ張ってどかす〔動かす・離れさす〕 **2.** *s.* 〔aus〔von〕〈et^3〉カラ)〕引っ越して行く. **3.** *s.* 〖補足なし〗飛び去る(渡鳥が). **4.** *s.* 〔über 〈j^4/et^4〉上ヲ〕流れて〔漂って〕行く.

der **Weg·zug** [ヴェック・ツーク] [名] -(e)s/ 引越,転居;(渡り鳥が)飛去ること.

weh [ヴェー] [形] **1.** 《口》痛む. **2.** 《次の形で》〈j^3〉 ～ tun 〈人は〉痛い;〈人に〉痛い思いをさせる: Der Bauch tut mir ～. 私は腹が痛い. Wo tut es (dir) denn ～? (君は)一体どこが痛いの. Ich wollte dir nicht ～ tun. 私は君に痛い〔つらい〕思いをさせるつもりはなかった. **3.** 《文》悲痛な,悲しげな: Es war mir ～ zumute. 私は悲痛な気持ちだった.

das **Weh** [ヴェー] [名] -(e)s/-e (主に[単])《文》悲しみ,苦しみ,心痛;《稀》(肉体の)苦痛,痛み: mit ～ und Ach うめき苦しみながら.

weh! [ヴェー] [間] =wehe!

die **We·he**[1] [ヴェーエ] [名] -/-n (雪や砂の)吹きだまり.

die **We·he**[2] [ヴェーエ] [名] -/-n (主に[複])陣痛: in den ～*n* liegen 陣痛が来ている.

das **We·he**[3] [ヴェーエ] [名] -s/ 《古》=Weh.

we·he! [ヴェーエ] [間] (苦痛・悲嘆を表して)おお痛い,ああ悲しい;(呪(のろ)って)禍(わざわい)あれ: O ～! おお悲しい〔痛い〕. *W*～ dem, der lügt. うそつきに禍あれ.

we·hen [ヴェーエン] [動] **1.** *h.* 〖(〈様態〉ニ)＋(〈方向〉ニ(カラ))〗(風が)吹く:(Esが主語で)Es *weht* kühl vom Meer her. 海から涼しい風が吹いている. **2.** *h.* 〖〈et^4〉ヲ＋〈方向〉ニ(カラ)〗吹飛ばす〔払う〕,吹寄せる. **3.** *s.* 〔〈方向〉ニ〕風に運ばれて行く〔来る〕. **4.** *h.* 〖補足なし〗なびく,ひるがえる,はためく.

das **Weh·ge·schrei** [ヴェー・ゲシュらイ] [名] -s/ 苦痛〔悲嘆〕の叫び声,悲鳴.

die **Weh·kla·ge** [ヴェー・クラーゲ] [名] -/-n 《文》悲嘆の声.

weh·kla·gen [ヴェー・クラーゲン] [動] *h.* 〖(über 〈et^4〉ヲ)〗《文》声を上げて嘆き悲しむ.

weh·lei·dig [ヴェー・ライディひ] [形] 《蔑》すぐ泣言を言う,泣虫の,痛がりの;泣出しそうな.

die **Weh·mut** [ヴェー・ムート] [名] -/ 《文》悲哀,哀愁,物悲しさ.

weh·mü·tig [ヴェー・ミューティひ] [形] 哀愁をおびた,物悲しい.

die **Weh·mut·ter** [ヴェー・ムッター] [名] -/..mütter《古》産婆.

die **Wehr**[1] [ヴェーあ] [名] -/-en **1.** ([単]のみ)《古》防御,防衛: sich^4 gegen 〈j^4/et^4〉 zur ～ setzen 〈人・物・事に対して〉防御〔抵抗〕する. **2.** 消防隊(Feuer～). **3.** 《詩・古》武具;防壁. **4.** 〖狩〗一列で進む射手〔勢子(せこ)〕. **5.** 《古》軍隊,戦力.

das **Wehr**[2] [ヴェーあ] [名] -(e)s/-e 堰(せき).

der **Wehr·be·auf·trag·te** [ヴェーあ・べアウふトらークテ] [名] 《形容詞的変化》国防(監察)専門委員《ドイツ連邦議会が任命》.

der **Wehr·be·reich** [ヴェーあ・べらイひ] [名] -(e)s/-e (ドイツ連邦国防軍の)国防区域.

der **Wehr·be·zirk** [ヴェーあ・べツィるク] [名] -(e)s/-e (ナチの)軍管区.

das **Wehr·be·zirks·kom·man·do** [ヴェーあベツィるクス・コマンド] [名] -s/-s (ナチの)軍管区司令官.

W

der **Wehr·dienst** [ヴェーあ・ディーンスト] [名] -(e)s/ 兵役.

der **Wehr·dienst·leis·ten·de** [ヴェーあディーンスト・ライステンデ] [名] -n/-n 防衛勤務〔兵役〕に服す人.

der **Wehr·dienst·ver·wei·ge·rer** [ヴェーあディーンスト・ふぇあヴァイゲらー] [名] -s/- 兵役拒否者.

die **Wehr·dienst·ver·wei·ge·rung** [ヴェーあディーンスト・ふぇあヴァイゲるング] [名] -/-en 兵役拒否.

weh·ren [ヴェーれン] [動] *h.* **1.** 〔sich⁴(gegen 〈j⁴/et⁴〉ニ対シテ)〕抵抗する, 身を守る. **2.** 〔sich⁴+gegen 〈et⁴〉ニ対シテ〕抗議〔抗弁〕する(非難などに対して). **3.** 〔sich⁴+(dagegen)+zu 〈動〉スルコトニ〕(対して)抵抗する. **4.** 〔〈et³〉ヲ〕《文》防止する(危険・災害などを);阻止〔妨害〕する(敵の策謀・諜報(ちょうほう)活動などを). **5.** 〔〈j³〉ニ+〈et⁴〉ヲ〕《文・古》禁ずる, 拒む(入室などを). 【慣用】**Wehre den Anfängen!** 危険〔悪〕は芽のうちに摘め.

der **Wehr·er·satz·dienst** [ヴェーあ・エあザッツ・ディーンスト] [名] -(e)s/ 兵役代替役務(兵役拒否者に課せられる義務).

wehr·fä·hig [ヴェーあ・ふぇーイひ] [形] 兵役に耐えうる.

die **Wehr·frau** [ヴェーあ・ふらウ] [名] -/-en 婦人消防士.

das **Wehr·ge·hän·ge** [ヴェーあ・ゲヘンゲ] [名] -s/- 剣帯, 肩帯;〖狩〗猟刀をつるすベルト.

die **Wehr·ge·rech·tig·keit** [ヴェーあ・ゲれひティひカイト] [名] -/ (基本法の原則に基づく)兵役義務者の平等な取扱い.

das **Wehr·ge·setz** [ヴェーあ・ゲゼッツ] [名] -es/-e 防衛〔国防〕法.

wehr·haft [ヴェーあハふト] [形] **1.** 防衛力のある. **2.** 防備を固めた, 固い守りの.

die **Wehr·kir·che** [ヴェーあ・キるひェ] [名] -/-n 城塞(じょうさい)教会(中世の防壁で囲んだ教会堂).

die **Wehr·kraft** [ヴェーあ・クらふト] [名] -/ 防衛〔国防〕力〔軍〕.

wehr·los [ヴェーあ・ロース] [形] 〔(gegen 〈j⁴/et⁴〉ニ)〕抗するすべのない, 無防備の.

die **Wehr·lo·sig·keit** [ヴェーあ・ローズィひカイト] [名] -/ 防御〔抵抗〕能力のないこと, 無防備.

die **Wehr·macht** [ヴェーあ・マはト] [名] -/ 国防軍(特に 1935-45 年のナチスドイツの陸海空三軍の総称).

der **Wehr·machts·be·richt** [ヴェーあマはツ・べりひト] [名] -(e)s/-e (第二次大戦中のドイツ)国防軍の前線報告.

die **Wehr·mann** [ヴェーあ・マン] [名] -(e)s/..männer 〔..leute〕 **1.** 消防士. **2.** ([複] ..männer)《スイス》兵士, 軍人.

der **Wehr·pass,** [旧]**Wehr·paß** [ヴェーあ・パス] [名] -es/..pässe 兵役〔軍隊〕手帳.

die **Wehr·pflicht** [ヴェーあ・プふりひト] [名] -/ 兵役義務.

wehr·pflich·tig [ヴェーあ・プふりひティひ] [形] 兵役義務のある.

der/die **Wehr·pflich·ti·ge** [ヴェーあ・プふりひティゲ] [名] (形容詞的変化)兵役義務者.

der **Wehr·sold** [ヴェーあ・ゾルト] [名] -(e)s/-e 兵役給与.

der **Wehr·sport** [ヴェーあ・シュポるト] [名] -(e)s/ 国防スポーツ(軍事教練に役立つスポーツ).

die **Wehr·wis·sen·schaft** [ヴェーあ・ヴィッセンシャふト] [名] -/-en 軍事学, 防衛研究.

das **Weh·weh** [ヴェー・ヴェー, ヴェー・ヴェー] [名] -s/-s 《幼》いたいいたい(痛い所を指す語).

das **Weh·weh·chen** [ヴェー・ヴェーひぇン, ヴェー・ヴェーひぇン] [名] -s/- 《口》ちっぽけな痛み(大げさに訴えるのを皮肉って).

das **Weib** [ヴァイプ] [名] -(e)s/-er **1.** 《古》(男に対する)女性, 女: ein altes ～ 老婆. ein böses ～ 毒婦. **2.** 《口》(性的な意味での)女: ein tolles ～ すごくいい女. **3.** 《蔑》女: Blödes ～! 馬鹿女め. **4.** 《古》妻, 女房:《冗》～ und Kind 女房子供.

das **Weib·chen** [ヴァイプひぇン] [名] -s/-〔Weiberchen〕 **1.** (動物の)雌. **2.** 《蔑》女(しばしば性的な意味で). **3.** 《古》妻,《冗》奥方.

der **Wei·bel** [ヴァイベル] [名] -s/- **1.** (昔の)軍曹. **2.** 《スイス》(官庁の)用務員, (裁判所の)廷吏.

der **Wei·ber·feind** [ヴァイバー・ふぁイント] [名] -(e)s/-e 女嫌い(の男).

der **Wei·ber·held** [ヴァイバー・ヘルト] [名] -en/-en (《蔑》も有)女たらし.

das **Wei·ber·volk** [ヴァイバー・ふぉルク] [名] -(e)s/ 《古》(主に《蔑》)女連中, 女ども.

wei·bisch [ヴァイビシュ] [形] 《蔑》女のような, 女々しい.

weib·lich [ヴァイプリひ] [形] **1.** 女性の;雌の: eine ～*e* Angestellte 女子社〔職〕員. eine ～*e* Blüte〖植〗雌花. ein ～*es* Tier 雌の動物. **2.** 女性向きの: ein vorwiegend ～*er* Beruf 主に女性向きの職業. **3.** 女性的な, 女らしい: ～*es* Zartgefühl 女らしい思いやり. **4.** 〖言・詩〗女性の.

die **Weib·lich·keit** [ヴァイプリひカイト] [名] -/-en **1.** ([単]のみ)女らしさ. **2.** ([単]のみ)《冗》(居合せる)女性〔婦人〕方. **3.** 《冗》女性.

das **Weibs·bild** [ヴァイプス・ビルト] [名] -(e)s/-er **1.** 《南独・オーストリア》《口》女. **2.** 《口・蔑》女, あま.

die **Weibs·per·son** [ヴァイプス・ペるゾーン] [名] -/-en 《口》女;《蔑》女, あま.

das **Weibs·stück** [ヴァイプス・シュテュック] [名] -(e)s/-e 《口・蔑》女, あま: ein hinterhältiges ～ 陰険な女.

weich [ヴァイひ] [形] **1.** 柔〔軟〕らかい, 滑らかな: eine ～*e* Haut 柔肌. Hier sitzt man zu ～. ここは柔らかすぎて座りにくい. **2.** 優しい, 柔和な;情にもろい, 柔弱な;感じやすい: ein ～*es* Gemüt〔Herz〕優しい心根;情にもろい心. Dafür ist er viel zu ～. それをするには彼は気が弱すぎる. ～ werden《口》態度が軟化する, 甘くなる, 断り〔拒否し・抵抗し〕切れなくなる. **3.** 柔らかい(音・光・色), 軟調の(写真). **4.** 温暖な(気候). 【慣用】**der weiche Gaumen** 軟口蓋(こうがい). **der weiche Stil**〖美〗柔軟様式. **ein weicher Schuss**〖サッカー〗(ふわっとした)軟らかいシュート. **ein weiches Ei** 半熟卵. **eine weiche Landung** 軟着陸. **eine weiche Währung** 軟貨. **Es wird 〈j³〉 weich in den Knien.** (恐怖などで)〈人の〉ひざががくがくする. **Es wird 〈j³〉 weich ums Herz.** 〈人は〉心を動かされる〔かわいそうに思う〕. **sich⁴ weich betten** 楽な暮らしをする. **weiche Droge** (中毒にならない)弱い麻薬. **weiche Konsonanten**〖言〗軟子音. **weiche Preise** 変動価格. **weicher Teig** グルテンの少ないねり粉. **weiches Spiel**〖スポーツ〗消極的なプレー. **weiches Wasser** 軟水.

das **Weich·bild** [ヴァイひ・ビルト] [名] -(e)s/-er **1.** 市の外れ〔縁辺〕の区域. **2.** 〖史〗都市法;都市法の及ぶ地域.

die **Wei·che**¹ [ヴァイひぇ] [名] -/-n **1.** ([単]のみ)《稀》柔らかさ;柔和, 温和;柔弱. **2.** わき腹.

die **Wei·che**² [ヴァイひぇ] [名] -/-n 転轍(てんてつ)器, ポイント: die ～*n* stellen ポイントを切換える. 【慣用】**die Weichen für 〈et⁴〉 stellen** 〈事の〉進路を定める.

das **Weich·ei** [ヴァイひ・アイ] [名] -(e)s/-er 《口・蔑》弱虫, 意気地なし, 腰抜け.

wei·chen¹ [ヴァイひぇン] [動] **1.** *s.* 〔補足なし〕柔〔軟〕らかくなる(液体に漬けられたりして). **2.** *h.* 〔〈et⁴〉ヲ〕《稀》柔〔軟〕らかくする.

wei·chen²* [ヴァイひぇン] [動] wich; ist gewichen **1.** 〔von〔aus〕〈j³/et³〉カラ〕離れる, 立去る(主に否定文で用いる) **2.** 〔〈j³/et³〉ニ〕屈する, 譲歩する.

Weihnachten

3. {(vor ⟨j³/et³⟩ヵ)}(恐れて)退去する〔退く〕.
4. 〔慨〕徐々に消える〔弱まる〕;〈不安・緊張・霧など が〉過ぎる〈冬・夜なども〉. 【慣用】**nicht wanken und (nicht) weichen** 一歩たりとも動かない;断固として 立場〔考え〕を変えない.

der **Wei·chen·stel·ler** [ヴァイヒェン·シュテラー] 名 -s/- 転轍(セッ)係.

der **Weich·fut·ter·fres·ser** [ヴァイヒ·ふッター·ふれッサー] 名 -s/- 〖畜産〗軟飼料で飼育する家畜;柔らかい餌 を食べる(小)鳥.

weich ge·kocht, ⓦ**weich·ge·kocht** [ヴァイヒ ゲコホト] 形 柔らかく煮た;半熟の.

die **Weich·heit** [ヴァイヒハイト] 名 -/ 柔らかいこと; 柔和, 温和;柔弱, 軟弱.

weich·her·zig [ヴァイヒ·へルツィヒ] 形 思いやりのある, 心の優しい, 情にもろい.

die **Weich·her·zig·keit** [ヴァイヒ·へルツィヒカイト] 名 -/ 心の優しさ, 情にもろいこと.

das **Weich·holz** [ヴァイヒ·ホルツ] 名 -es/..hölzer 軟材;〈木材の樹皮に近い〉辺材, 白太(と³).

der **Weich·kä·se** [ヴァイヒ·ケーゼ] 名 -s/- 軟質チーズ (カマンベールなど).

weich·lich [ヴァイヒリヒ] 形 **1.** 柔らかめの. **2.** ひ 弱い;軟弱な, 柔弱な.

die **Weich·lich·keit** [ヴァイヒリヒカイト] 名 -/ 軟弱 さ, 脆(ゼ)弱さ;柔弱.

der **Weich·ling** [ヴァイヒリンク] 名 -s/-e 〈蔑〉柔弱な 人, 意気地なし, 腰抜け.

weich ma·chen, ⓦ**weich·ma·chen** [ヴァイヒ マヘン] 動 h. 柔らかくさせる.

der **Weich·ma·cher** [ヴァイヒ·マッハー] 名 -s/- 〖化· 工〗可塑(ゾ)剤(プラスチックなどの).

die **Weich·sel**[1] [ヴァイクセル] 名 / 〖川名〗ヴァイク セル川(ポーランド名 Wisła. ワルシャワを通るポーランドの主要河川).

die **Weich·sel**[2] [ヴァイクセル] 名 -/-n 〖植〗〈方〉マハレブ(芳香のあるパイプの材料)(~kirsche 2).

die **Weich·sel·kir·sche** [ヴァイクセル·キルシェ] 名 -/-n **1.** 〖植〗〈方〉酸果桜桃(ミ)(の実·木). **2.** 〖植〗マハレブ(種の桜樹).

der **Weich·spü·ler** [ヴァイヒ·シュビューラー] 名 -s/- = Weichspülmittel.

das **Weich·spül·mit·tel** [ヴァイヒ·シュビュール·ミッテル] 名 -s/- (洗濯物の)柔軟剤.

das **Weich·tei·le** [ヴァイヒ·タイレ] 複 **1.** 〖解〗(筋肉·内臓など骨のない)軟部. **2.** 〈口〉男性生殖器.

das **Weich·tier** [ヴァイヒ·ティーア] 名 -(e)s/-e (主に 〖動〗)軟体動物.

die **Wei·de**[1] [ヴァイデ] 名 -/-n 〖植〗ヤナギ.

die **Wei·de**[2] [ヴァイデ] 名 -/-n 放牧場, 牧場: Vieh auf die ~ treiben 家畜を放牧する.

der **Wei·de·gang** [ヴァイデ·ガング] 名 -(e)s/..gänge 家畜(3%)たちが放牧の草むらを捜して歩くこと.

die **Wei·de·ge·recht·ig·keit** [ヴァイデ·ゲレヒティヒカイト] 名 -/ 放牧権(他人の土地で放牧する権利).

das **Wei·de·land** [ヴァイデ·ラント] 名 -(e)s/- 放牧 地, 放牧用草地.

wei·den [ヴァイデン] 動 h. **1.** 〖慨〗牧場で草を食べる(羊·牛などが). **2.** 〈くいッ〉放牧(ミ)する(1番を). **3.** {sich⁴+an ⟨et³⟩}〈文〉弊(ゑ)する, 見て楽しむ. **4.** {sich⁴+an ⟨et³⟩}面白がる.

der **Wei·den·baum** [ヴァイデン·バウム] 名 -(e)s/..bäume ヤナギの木.

das **Wei·den·kätz·chen** [ヴァイデン·ケッツヒェン] 名 〖植〗ヤナギの尾の形をした花.

der **Wei·den·korb** [ヴァイデン·コルプ] 名 -(e)s/..körbe 柳(の枝で編んだ)籠(ゼ).

das **Wei·den·rös·chen** [ヴァイデン·レ-スひェン] 名 -s/- 〖植〗ヤナギラン, エピロビウム.

die **Wei·den·ru·te** [ヴァイデン·ルーテ] 名 -/- -n ヤナギの(葉を取除いた)枝.

der **Wei·de·platz** [ヴァイデ·プラッツ] 名 -es/..plätze 放牧場.

der **Weid·ge·nos·se** [ヴァイト·ゲノッセ] 名 -n/-n 〖狩〗狩猟仲間.

weid·ge·recht [ヴァイト·ゲレヒト] 形 〖狩〗狩猟の作法に適った, 狩猟の作法を心得た.

weid·lich [ヴァイトリヒ] 副 大いに, したたかに, さんざん.

der **Weid·mann** [ヴァイト·マン] 名 -(e)s/..männer 〖狩〗狩の作法の心得のある狩猟家〔ハンター〕.

weid·män·nisch [ヴァイト·メニッシュ] 形 〖狩〗猟師の, 猟師らしい.

Weid·manns·dank ! [ヴァイトマンス·ダンク] 間 ヴァイトマンスダンク(狩猟の成功を祝う Weidmannsheil ! に対する返礼).

Weid·manns·heil ! [ヴァイトマンス·ハイル] 間 ヴァイトマンスハイル(狩猟の成功を願ったり祝ったりする狩猟家同志のあいさつ).

das **Weid·mes·ser** [ヴァイト·メッサー] 名 -s/- 〖狩〗猟刀.

das **Weid·werk** [ヴァイト·ヴェるク] 名 -(e)s/ 〖狩〗狩猟;(狩の作法の)心得ある狩猟家〔ハンター〕の仕事.

weid·wund [ヴァイト·ヴント] 形 〖狩〗内臓を射抜かれた.

wei·gern [ヴァイガーン] 動 h. **1.** {sich⁴+(zu⟨動⟩スルコト)}拒む, 拒否(拒絶)する. **2.** {(⟨j³⟩ニ)+⟨et³⟩ヵ}〈古〉拒む, 拒否(拒絶)する(服従などを). **3.** {sich⁴+⟨et³⟩ヵ}〈古〉認めようとしない, (…に)耳を貸そうとしない.

die **Wei·ge·rung** [ヴァイゲルング] 名 -/-en 拒否, 拒絶.

der **Weih** [ヴァイ] 名 -(e)s/-e = Weihe².

der **Weih·bi·schof** [ヴァイヒ·ビショーふ] 名 -s/..bischöfe 〖カ³〗司教補佐.

die **Wei·he**[1] [ヴァイエ] 名 -/-n **1.** 〖キ教〗聖別 (式);〖カ³〗叙階〔叙品〕(式). **2.** 〈文〉荘重, 荘厳, 厳粛.

die **Wei·he**[2] [ヴァイエ] 名 -/-n 〖鳥〗チュウヒ(タカ類の一種).

wei·hen [ヴァイエン] 動 h. **1.** ⟨et⁴⟩ヵ 〖カ³〗聖別する. **2.** {⟨j⁴⟩+zu⟨j³⟩ニ}〖カ³〗叙品する(司祭·助祭などに), 叙階する(司教に). **3.** {⟨et⁴⟩ヵ+⟨j³⟩ニ}〖宗〗献げる, 奉献する;〈文〉捧げる(記念碑を戦死者たちなどに). **4.** {⟨et⁴⟩ヵ+⟨j³/et³⟩ニ}〈文〉捧げる;(⟨j⁴⟩が sich⁴ の場合)一身を捧げる. **5.** {⟨j³/et³⟩ヵ+⟨et³⟩ニ}〈文〉ゆだねる, 任せる(死·没落などに).

der **Wei·her** [ヴァイハー] 名 -s/- 〈南独〉小さな湖, 池.

die **Wei·he·stun·de** [ヴァイエ·シュトゥンデ] 名 -/-n 〈文〉厳かなひととき, 厳粛な時間.

wei·he·voll [ヴァイエ·ふォル] 形 〈文〉厳かな, 厳粛な, 荘厳な.

das **Weih·ge·schenk** [ヴァイヒ·ゲシェンク] 名 -(e)s/-e 奉納品, 供物.

die **Weih·nacht** [ヴァイ·ナハト] 名 -/ 〈文〉= Weihnachten.

weih·nach·ten [ヴァイ·ナハテン] 動 h. {Es}クリスマスがやって来る.

(*das*) **Weih·nach·ten** [ヴァイ·ナハテン] 名 -/- (主に無冠詞. 南独·オーストリア·スイス·成句·願望形式で ⓦ も用いる) **1.** クリスマス, キリスト降誕祭: weiße/grüne ~ 雪の積もった/雪の降らないクリスマス. ~ feiern クリスマスを祝う. über ~ クリスマス休日中に. (dieses Jahr) ~ 今年のクリスマスに. zu/an ~ ク

weihnachtlich

リスマスに(zu《北独》, an《南独》). Es ist bald ~. まもなくクリスマスがやって来る. **2.**《方》クリスマスプレゼント.【慣用】Frohe〔Fröhliche〕**Weihnachten**!クリスマスおめでとう.

weih·nacht·lich [ヴァイㇷ゚ナㇵトリヒ] 形 クリスマスの.

der **Weih·nachts·a·bend** [ヴァイナㇵツ・アーベント] 名 -s/-e クリスマスイブ.

der **Weih·nachts·baum** [ヴァイナㇵツ・バウム] 名 -(e)s/..bäume **1.** クリスマスツリー. **2.**《口》＝Christbaum.

die **Weih·nachts·be·sche·rung** [ヴァイナㇵツ・ベシェールング] 名 -/-en クリスマスプレゼントを渡す[配る]こと.

der **Weih·nachts·ein·kauf** [ヴァイナㇵツ・アイン・カウフ] 名 -(e)s/..käufe (主に複)クリスマスの買物.

die **Weih·nachts·fei·er** [ヴァイナㇵツ・ふぁィァー] 名 -/-n クリスマスのお祝い, クリスマスパーティー.

die **Weih·nachts·fe·ri·en** [ヴァイナㇵツ・ふぇーリエン] 複 クリスマス休暇.

das **Weih·nachts·fest** [ヴァイナㇵツ・ふェスト] 名 -(e)s/-e キリスト降誕祭, クリスマス.

das **Weih·nachts·geld** [ヴァイナㇵツ・ゲルト] 名 -(e)s/-er クリスマス手当[賞与].

das **Weih·nachts·ge·schäft** [ヴァイナㇵツ・ゲシェふト] 名 -(e)s/ クリスマスセール[商戦].

das **Weih·nachts·ge·schenk** [ヴァイナㇵツ・ゲシェンク] 名 -(e)s/-e クリスマスプレゼント.

die **Weih·nachts·gra·ti·fi·ka·tion** [ヴァイナㇵツ・グラティふィカツィオーン] 名 -/-en クリスマスのボーナス.

die **Weih·nachts·kar·te** [ヴァイナㇵツ・カㇽテ] 名 -/-n クリスマスカード.

das **Weih·nachts·lied** [ヴァイナㇵツ・リート] 名 -(e)s/-er クリスマスキャロル.

der **Weih·nachts·mann** [ヴァイナㇵツ・マン] 名 -(e)s/..männer **1.** サンタクロース. **2.**《口》(特に《罵》)どじ, まぬけ.

der **Weih·nachts·markt** [ヴァイナㇵツ・マㇽクト] 名 -(e)s/..märkte クリスマスの市.

das **Weih·nachts·spiel** [ヴァイナㇵツ・シュピール] 名 -(e)s/-e 『文芸学』キリスト降誕劇.

der **Weih·nachts·stern** [ヴァイナㇵツ・シュテㇽン] 名 -(e)s/-e **1.** クリスマスツリーに飾る星. **2.**『植』ポインセチア.

der **Weih·nachts·tag** [ヴァイナㇵツ・ターク] 名 -(e)s/-e クリスマスの祝日(12月25日, 26日).

die **Weih·nachts·zeit** [ヴァイナㇵツ・ツァイト] 名 -/ クリスマスの時節(Advent(クリスマス前の4週間))の始まりから年末, またはクリスマスイヴから12月26日まで).

der **Weih·rauch** [ヴァイ・ラゥホ] 名 -(e)s/ 香, 乳香; 香煙.【慣用】~ brennen 香をたく.〈3格〉**Weihrauch streuen**《文》〈人を〉過大に称賛する.

weih·räu·chern [ヴァイ・ろィヒェㇽン] 動 h.(稀)＝beweihräuchern.

das **Weih·was·ser** [ヴァイ・ヴァッサー] 名 -s/『カトリック』聖水.

das **Weih·was·ser·be·cken** [ヴァイヴァッサー・ベッケン] 名 -s/-『カトリック』聖水盤.

der **Weih·we·del** [ヴァイ・ヴェーデル] 名 -s/-『カトリック』聖水刷毛;聖水用の灌水(かん)器.

weil [ヴァイル] 接《従属》 **1.**《特に相手が知らない理由, または話し手が強調した理由を導いて》(なぜなら)…なので, …だから: Sie ist (deshalb〔darum/deswegen〕) so traurig, ~ ihre Mutter gestorben ist. 彼女があんなに悲しんでいるのは(じつは)母親が亡くなったからです.《文を短縮したのは理由を表す語の前で》das schlechte, ~ unvollständige Buch 不完全だからよくない本. **2.** …だから:《単に理由を示して》W~ das Wetter schlecht ist, fällt der Ausflug aus. 天気が悪いから今日はハイキングはありません.(ja, doch などに既知の理由を示して)Ich bleibe heute zu Hause, ~ es ja schneit. 今日はずっと家にいます. なにしろ雪が降っているからね. **3.**(特に warum で始まる疑問文の答を導いて)…だからです: Warum kommst du erst jetzt? —W~ mein Zug Verspätung hatte. どうして今頃になって来たのか—私の乗った電車が遅れたからです. **4.**(時間的な意味を込めて)…であるときに, …である今: W~ wir gerade davon sprechen, möchte ich noch hinzufügen,... ちょうどいま(今)話がそこへ来ましたので, (このさい)ちょっとつけ加えておきますが….

wei·land [ヴァイラント] 副《古》かつて.

das **Weil·chen** [ヴァイルヒェン] 名 -s/ ちょっとの間.

die **Wei·le** [ヴァィレ] 名 -/(ある)時間, しばらくの間: eine lange ~ 長い間. ~ haben 時間がある. Damit hat es (gute) ~. それは急ぐにはおよばない.【慣用】**für eine Weile** しばらくの間. **mit der Weile** 次第に. **nach einer Weile** しばらくして. **seit einer Weile** しばらく前から. **über eine Weile** やがて. **vor einer Weile** 少し前に.

wei·len [ヴァイレン] 動 h.《場所》=)《文》居る, 留まる, 滞在する.【慣用】**nicht mehr unter den Lebenden weilen**《婉》すでにこの世にはいない.

der **Wei·ler** [ヴァイラー] 名 -s/-(わずかな戸数の)小村落.

(das) **Wei·mar** [ヴァイマーㇵ] 名 -s/『地名』ヴァイマル, ワイマ(ー)ル(テューリンゲン州イルム河畔の都市).

Wei·ma·rer[1] [ヴァイマらー] 形《無変化》ヴァイマルの, ワイマールの: die ~ Nationalversammlung ワイマール国民議会(1919年). die ~ Republik ワイマール共和国(1919-33年). die ~ Verfassung ワイマール憲法.

der **Wei·ma·rer**[2] [ヴァイマらー] 名 -s/- ヴァイマル[ワイマ(ー)ル]市民.

der **Wein** [ヴァイン] 名 -(e)s/-e **1.** ブドウ酒, ワイン: lieblicher/trockener ~ 甘口/辛口のワイン. eine Flasche/ein Glas ~ ブドウ酒一瓶/一杯. ~ kaltstellen ワインを冷やす. Bier auf ~, lass das sein; ~ auf Bier, das rat' ich dir. ビールの後にワインは良いが, ワインの後にビールはやめなさい. **2.**(◯のみ)ブドウ(の木)(~rebe)/ブドウ棚(~trauben); ~ anbauen/lesen ブドウを栽培する/摘む. **3.**(ブドウ以外の果物で作った)果実酒(Obst~).【慣用】〈3格〉**reinen (klaren) Wein einschenken**〈人に〉はっきり本当のことを言う.

der **Wein·bau** [ヴァイン・バウ] 名 -(e)s/ ブドウ栽培.

der **Wein·bau·er** [ヴァイン・バウァー] 名 -n/-n ＝ Winzer.

die **Wein·bee·re** [ヴァイン・ベーれ] 名 -/-n **1.** ブドウの粒. **2.**《南独・ﾄﾞｲﾂ･ｵｰｽﾄﾘｱ》干ブドウ.

der **Wein·berg** [ヴァイン・ベㇽク] 名 -(e)s/-e(山の斜面の)ブドウ山.

die **Wein·berg·schne·cke** [ヴァインベㇽク・シュネッケ] 名 -/-n 食用カタツムリ.

der **Wein·brand** [ヴァイン・ブらント] 名 -(e)s/..brände(ワインを蒸留した)ブランデー.

wei·nen [ヴァィネン] 動 h. **1.**(感)(声をあげて)泣く, 涙を流す:über〈4格〉~〈人のことを〉〈事を〉悲しんで泣く. um〈4格〉~(死んだ)人のことを悲しんで泣く. vor〈事³〉~〈事のために〉泣く. vor Schmerz/Glück ~ 痛くて/うれしくて泣く. **2.**〈事³〉~〈事のあまりに〉流して泣く(涙を流す). **3.**〔全⁴〕流して〔涙を流す〕: sich⁴ müde ~ 泣きつかれる. 〔全⁴〕 ~ 泣いて(…に)なる: sich⁴ müde ~ 泣きつかれる. **3.**〔全⁴〕~ 流して(涙を流す).【慣用】**in beide Hände weinen** 両手で顔を覆って泣く. **Krokodilstränen weinen** そら涙を流す. **leise weinend**《口》しょげかえって. **mit einem lachenden und einem weinenden Auge** なかばうれしく, なかば悲しい気持で.

sich³ die Augen aus dem Kopf weinen ものすごく泣く.
sich³ die Augen rot weinen 目を赤く泣きはらす.
wei・ner・lich [ヴァイナーリヒ] 形 泣き出しそうな, めそめそした：〈j³〉ist ~ zumute〈人は〉泣きたい気持ち.
die **Wein・ern・te** [ヴァイン・エルンテ] 名 -/-n ブドウの収穫.
der **Wein・es・sig** [ヴァイン・エッスィヒ] 名 -s/ ワインビネガー.
das **Wein・fass**, ® **Wein・faß** [ヴァイン・ふァス] 名 -es/..fässer ワインの樽.
die **Wein・fla・sche** [ヴァイン・ふラッシェ] 名 -/-n ワインの瓶.
der **Wein・gar・ten** [ヴァイン・ガルテン] 名 -s/..gärten ブドウ園.
der **Wein・gärt・ner** [ヴァイン・ゲルトナー] 名 -s/- ブドウ栽培家.
die **Wein・ge・gend** [ヴァイン・ゲーゲント] 名 -/-en ワインの産地.
der **Wein・geist** [ヴァイン・ガイスト] 名 -(e)s/ 酒精, アルコール.
das **Wein・glas** [ヴァイン・グラース] 名 -es/..gläser ワイングラス.
das **Wein・gut** [ヴァイン・グート] 名 -(e)s/..güter ブドウ農園.
der **Wein・händ・ler** [ヴァイン・ヘンドラー] 名 -s/- ワイン販売業者.
die **Wein・hand・lung** [ヴァイン・ハンドルング] 名 -/-en ワイン販売店.
der **Wein・hau・er** [ヴァイン・ハウアー] 名 -s/- 《オーストリア》 = Winzer.
der **Wein・he・ber** [ヴァイン・ヘーバー] 名 -s/- (樽から吸上げるための)ワインサイフォン(ピペット).
die **Wein・he・fe** [ヴァイン・ヘーふェ] 名 -/-n (ブドウ果汁の発酵を促す)ワイン酵母.
das **Wein・jahr** [ヴァイン・ヤーア] 名 -(e)s/-e (次の形で)ein gutes [schlechtes] ~ ワインの当り[外れ]年.
die **Wein・kar・te** [ヴァイン・カルテ] 名 -/-n ワインリスト.
der **Wein・kel・ler** [ヴァイン・ケラー] 名 -s/ 1. 地下のワイン貯蔵室. 2. 地下のワイン酒場.
die **Wein・kel・ter** [ヴァイン・ケルター] 名 -/-n ブドウ搾り機.
der **Wein・ken・ner** [ヴァイン・ケナー] 名 -s/- ワイン通(つう).
der **Wein・krampf** [ヴァイン・クランプふ] 名 -(e)s/..krämpfe 泣きじゃくり.
der **Wein・kü・fer** [ヴァイン・キューふァー] 名 -s/- ワインの酒蔵管理職人.
das **Wein・laub** [ヴァイン・ラウプ] 名 -(e)s/ ブドウの葉.
die **Wein・lau・ne** [ヴァイン・ラウネ] 名 -/ 《冗》ワインの一杯機嫌.
die **Wein・le・se** [ヴァイン・レーゼ] 名 -/-n ブドウ摘み.
der **Wein・le・ser** [ヴァイン・レーザー] 名 -s/- ブドウ摘みの人.
das **Wein・lo・kal** [ヴァイン・ロカール] 名 -(e)s/-e ワイン酒場.
der **Wein・mo・nat** [ヴァイン・モーナト] 名 -(e)s/-e = Weinmond.
der **Wein・mond** [ヴァイン・モーント] 名 -(e)s/-e 《古》(ブドウ収穫月の)10月(Weinmonat).
die **Wein・pres・se** [ヴァイン・プレッセ] 名 -/-n ブドウ搾り機.
die **Wein・pro・be** [ヴァイン・プローベ] 名 -/-n ワインの試飲(①熟成度を確かめる.②いろいろな種類の味見をする).
die **Wein・ran・ke** [ヴァイン・ランケ] 名 -/-n ブドウのつる.
die **Wein・re・be** [ヴァイン・レーベ] 名 -/-n ブドウの木；《稀》ブドウの若枝.
wein・rot [ヴァイン・ロート] 形 ワインレッドの.
die **Wein・säu・re** [ヴァイン・ゾイレ] 名 -/ 〖化〗酒石酸.
der **Wein・schlauch** [ヴァイン・シュラウほ] 名 -(e)s/..schläuche ブドウ酒用皮袋.
die **Wein・schor・le** [ヴァイン・ショルレ] 名 -/-n ワインショルレ(ブドウ酒を炭酸入りミネラルウォーターで割った飲料).
das **Wein・sie・gel** [ヴァイン・ズィーゲル] 名 -s/- (ボトルに張る)ワインの品質認定シール.
der **Wein・stein** [ヴァイン・シュタイン] 名 -(e)s/ 〖化〗酒石.
der **Wein・stock** [ヴァイン・シュトック] 名 -(e)s/..stöcke (ブドウ栽培用に接ぎ木した)ブドウの木.
die **Wein・stu・be** [ヴァイン・シュトゥーベ] 名 -/-n (小さな)ワイン酒場.
die **Wein・trau・be** [ヴァイン・トラウベ] 名 -/-n ブドウの房.
der **Wein・zierl** [ヴァイン・ツィーアル] 名 -s/-(n) 《南独・ｵｰｽﾄﾘｱ》 = Winzer.
wei・se [ヴァイゼ] 形 賢い, 賢明な, 思慮深い.
der/die **Wei・se**¹ [ヴァイゼ] 名 《形容詞的変化》賢者, 賢人.
die **Wei・se**² [ヴァイゼ] 名 -/-n 1. 仕方, やり方, 方法, 流儀：auf diese/andere ~ この/他のやり方で. auf jede ~ あらゆる手を使って. in der ~, dass … … という風に. nach seiner ~ 各人各様に. die Art und ~ 方式, やり方. 2. メロディー, 旋律, 節(ふし)： Wort und ~ 歌詞と節.
..wei・se [..ヴァイゼ] 接尾 形容詞・名詞・数詞などにつけて「方法, 様態」などを表す. 形容詞には接合要素-er がつく：glücklicher**weise** 幸運にも. möglicher**weise** ひょっとしたら. ausnahms**weise** 例外的に. probe**weise** 試しに. hundert**weise** 何百となく.
der **Wei・sel** [ヴァイゼル] 名 -s/- 女王蜂.
wei・sen* [ヴァイゼン] 動 wies；hat gewiesen 1. 〈((j³))+〈et⁴〉〉(指し示して・説明して・手ぶりで)教える(道・方向・方法などを). 2. 〈方向〉auf …を指し示す, 指す. 3. 〈j⁴〉に〈方向(へ)〉(出て)行くように命ずる(指示する)：〈j⁴〉 von der Schule ~〈人を〉退学させる. 〈j⁴〉 wieder auf den rechten Weg ~ (転)〈人を〉正道に引戻す. 4. 〈(j⁴)+zu〈et³〉ｸﾞｽﾞｴﾙﾅｳﾝ〉(古)言う. 5. 〈(j⁴)+an〈j⁴/et⁴〉〉(稀)行くようにに言う. 6. 〈方〉〈j⁴〉明らかにする；〈et⁴〉が sich⁴の場合)明らかになる. 7. 〈方〉〈((j³))+〈et⁴〉〉見せる(身分証明書などを). 【慣用】〈et¹〉 von sich³ weisen〈事⁴〉をはつける(否定する).
der **Wei・ser** [ヴァイザー] 名 -s/- 《古》(時計の)針.
die **Weis・heit** [ヴァイスハイト] 名 -/-en 1. (唯のみ)知恵, 英知：die ~ des Salomos ソロモンの知恵. 2. 教訓, 教え：seine ~ für sich⁴ behalten (口)他人に口出ししない. 【慣用】**der Weisheit letzter Schluss** 最高の知恵；《口》理想的な解決. **die Weisheit mit Löffeln gefressen [gegessen] haben** たいそう賢者である. **glauben, die Weisheit (alleine) gepachtet zu haben** 《口》自分(だけ)が利口だと思っている. **mit seiner Weisheit am Ende sein** 万策つきて途方に暮れている.
der **Weis・heits・zahn** [ヴァイスハイツ・ツァーン] 名 親知らず.
weis・lich [ヴァイスリヒ] 副 《文語》《古》賢明にも.
weis|ma・chen [ヴァイス・マッヘン] 動 h.〈(j³)+〈⁴〉ｸﾞｽﾞﾙ〈et⁴〉〉(口)本当だと思い込ませる, (…を…で)言いくるめる.
weiß¹ [ヴァイス] 形 1. 白い, 蒼白(そうはく)の：~es Papier/Haar 白い紙/白紙/白髪. ~e Haare haben 白髪がある. 2. 白っぽい；白人の：~er Pfef-

fer ホワイトペパー. *~er* Wein 《文》白ワイン. einen *W~en* trinken 白ワインを一杯飲む. die *~e* Rasse 白色人種. **3.** 〖商〗無印の. **【慣用】aus Schwarz Weiß machen** 黒を白と言いくるめる. **das Weiße Haus** ホワイトハウス. **das Weiße Meer** 白海《旧ソ連領北極海の入江》. **der Weiße Nil** 白ナイル《ナイル川の源流》. **der Weiße Sonntag** 白衣の主日《復活祭後の最初の日曜日》. **der weiße Terror** 白色テロ. **der weiße Tod** 雪の中での死. **die weiße Fahne** 白旗. **die weiße Frau** 白衣の女《死の前触れとして現れる幽霊》. **die weiße Nacht** 白夜. **die Weiße Rose** 白バラ《ミュンヒェン大学の反ナチ抵抗グループ》. **die weiße Substanz**〖医〗白質. **ein weißer Rabe** 変り者〔種〕. **eine weiße Weste haben** 《口》やましいところがない. **⟨et⁴⟩ schwarz auf weiß (geschrieben) haben** 《口》⟨事を⟩ちゃんと書面にしてある. **weiße Magie** 白魔術. **weiße Mäuse** 《口》白ネズミたち《白の入った制服の交通巡査》. **weiße Mäuse sehen** 《口》(酔って・錯乱して)幻覚におそわれる. **weiße Ostern/Weihnachten** 雪の復活祭/ホワイトクリスマス. **weißes Blutkörperchen** 白血球. **weißes Geräusch**〖工〗ホワイトノイズ. **weißes Mehl** 小麦粉.

weiß[2] [ヴァイス] [動] wissen の現在形 1・3 人称単数.

(*der*) **Weiss** [ヴァイス] [名] 〖人名〗ヴァイス(Peter ~, 1916-82, 作家・グラフィックアーティスト).

das **Weiß** [ヴァイス] [名] -(es)/- **1.** 白, 白色: in ~ gekleidet sein 白い服を着ている. **2.** (㊥のみ)白いもの(雪・光など).

weis·sa·gen [ヴァイス・ザーゲン] [動] *h.* 〔(⟨j³⟩ニ)+⟨et⁴⟩ヲ〕予言する; 予感させる.

der **Weis·sa·ger** [ヴァイス・ザーガー] [名] -s/- 予言者.

die **Weis·sa·gung** [ヴァイス・ザーグング] [名] -/-en 予言(された事), お告げ; (㊛)予言(すること).

das **Weiß·bier** [ヴァイス・ビーあ] [名] -(e)s/-e ヴァイスビール(小麦と大麦で作った(淡色)ビール)(Weizenbier).

der **Weiß·bin·der** [ヴァイス・ビンダー] [名] -s/- 《方》**1.** 樽(たる)〔桶(おけ)〕職人, 樽〔桶〕屋. **2.** 塗装工, ペンキ屋.

das **Weiß·blech** [ヴァイス・ブレっひ] [名] -(e)s/-e ブリキ(板).

das **Weiß·brot** [ヴァイス・ブろート] [名] -(e)s/-e (小麦製の)白パン; (個々の・1枚の)白パン.

das **Weiß·buch** [ヴァイス・ブーふ] [名] -(e)s/..bücher **1.** 〖外交〗白書(ドイツの外交報告書). **2.** 〖政〗白書.

die **Weiß·bu·che** [ヴァイス・ブーへ] [名] -/-n 〖植〗シデ.

der **Weiß·dorn** [ヴァイス・ドるン] [名] -(e)s/-e 〖植〗サンザシ.

der/die **Wei·ße**[1] [ヴァイセ] [名] 《形容詞的変化》白人.

die **Wei·ße**[2] [ヴァイセ] [名] -/ 白, 白色, 蒼白.

die **Wei·ße**[3] [ヴァイセ] [名] -/-n ヴァイセ(Weißbier の俗称): Berliner ~ (mit Schuss) (ラズベリージュース入り)ベルリン産ヴァイセ.

wei·ßen [ヴァイセン] [動] *h.* 〔⟨et⁴⟩ヲ〕(しっくいで)白く塗る.

der **Weiß·fisch** [ヴァイス・ふぃっシュ] [名] -(e)s/-e 〖魚〗コイ科の小型の魚(ウグイなどの白い魚).

der **Weiß·fluss**, [旧] **Weiß·fluß** [ヴァイス・ふルっス] [名] -es/ 〖医〗こしけ.

weiß·gelb [ヴァイス・ゲルプ] [形] 淡黄色の.

der **Weiß·ger·ber** [ヴァイス・ゲるバー] [名] -s/- (昔の)白なめし皮職人.

weiß·glü·hend [ヴァイス・グリューエント] [形] 白熱した.

die **Weiß·glut** [ヴァイス・グルート] [名] -/ 〖金属加工〗白熱. **【慣用】⟨j⁴⟩ (bis) zur Weißglut bringen** 《口》⟨人を⟩かんかんに怒らせる.

das **Weiß·gold** [ヴァイス・ゴルト] [名] -(e)s/ ホワイトゴールド.

weiß·grau [ヴァイス・グらウ] [形] 灰白色の.

weiß·haa·rig [ヴァイス・ハーりひ] [形] 白髪の.

der **Weiß·herbst** [ヴァイス・へるプスト] [名] -(e)s/-e 《南独》ヴァイスヘルプスト(ロゼワインの一種).

der **Weiß·kä·se** [ヴァイス・ケーゼ] [名] -s/ カード, 凝乳.

der **Weiß·kohl** [ヴァイス・コール] [名] -(e)s/ 《北独》〖植〗キャベツ, カンラン.

das **Weiß·kraut** [ヴァイス・クらウト] [名] -(e)s/ 《南独・オーストリア》〖植〗キャベツ, カンラン.

weiß·lich [ヴァイスリひ] [形] 白っぽい.

der **Weiß·ling** [ヴァイスリング] [名] -s/-e **1.** 〖昆〗モンシロチョウ. **2.** 〖魚〗マダラ; ウグイ.

das **Weiß·me·tall** [ヴァイス・メタル] [名] -s/-e ホワイトメタル(アンチモン・銅・鉛などの合金).

die **Weiß·nä·he·rin** [ヴァイス・ネーエりン] [名] -/-nen (寝具・肌着・ブラウスなどの)白生地製品の縫い子.

weißt [ヴァイスト] [動] wissen の現在形 2 人称単数.

die **Weiß·tan·ne** [ヴァイス・タネ] [名] -/-n 〖植〗オウシュウモミ.

die **Weiß·wa·ren** [ヴァイス・ヴァーれン] [複名] 白い布; 白い布の製品(寝具・肌着・ブラウスなど).

weiß|wa·schen* [ヴァイス・ヴァっシェン] [動] *h.* 〔⟨j⁴⟩ノ〕《口》潔白を証明する; (⟨j⁴⟩がsich⁴の場合)自分の潔白を証明する.

der **Weiß·wein** [ヴァイス・ヴァイン] [名] -(e)s/-e (㊥は種類)白ワイン, 白ブドウ酒.

die **Weiß·wurst** [ヴァイス・ヴるスト] [名] -/..würste 白ソーセージ(ゆでて食べる香味野菜入りソーセージ).

das **Weiß·zeug** [ヴァイス・ツォイク] [名] -(e)s/ 《古》= Weißwaren.

das **Weis·tum** [ヴァイストゥーム] [名] -s/..tümer ヴァイストゥーム, 判告(中世の裁判集会で, 法の精通者によってなされた, 争点に関する回答); 判告集.

die **Wei·sung** [ヴァイズング] [名] -/-en 《文》指示; 〖法〗指図; 〖官〗指令, 訓令, 命令.

wei·sungs·ge·mäß [ヴァイズングス・ゲメース] [形] 指図〔指示・指令〕どおりの.

weit [ヴァイト] [形] **1.** 広い, 広大な: *~e* Wälder 広大な森. einen *~en* Gesichtskreis〔Horizont〕haben 視野が広い. im *~eren* Sinne 広い意味で(略 i. w. S.). in die *~e* Welt ziehen 広い世間へ出てゆく. Die Politik wurde von *~en* Kreisen der Bevölkerung unterstützt. その政策は広く住民に支持された. **2.** (衣服などが)ゆるい, ゆったりした. **3.** 〔(⟨et⁴⟩ダケ)〕遠い, 遠く離れた: Wie ~ ist es bis dahin? そこまではどのくらい遠いのですか. drei Häuser *~er* wohnen 3軒先に住んでいる. **4.** 〔⟨et⁴⟩ノ〕距離の: Die Stadt liegt fünf Kilometer ~ von hier. その町はここから5キロの(距離の)ところにある. mit dem Bus eine Stunde ~ sein バスで1時間の距離である. **5.** (時間的に)遠い, 遥かな(過去・未来): in *~er* Vergangenheit/Zukunft 遠い昔/将来に. Das liegt ~ zurück. それはずっと昔のことだ. Bis dahin ist es noch ~. それまでにはまだ間がある. **6.** 〔(mit ⟨j³/et³⟩ガ)〕(ある段階・状態・程度にまで)進んだ, 行った: Wie ~ sind Sie mit Ihrer Dissertation? あなたの学位論文はどこまで進みましたか. So ~ ist es schon mit ihm gekommen. 彼はもうそこまで行ってしまった(経済・健康・性格などが悪くなった).

—— [副] 《語飾》(動詞・形容詞の比較級・副詞を修飾)ずっと, はるかに. **【慣用】bei weitem** はるかに, ずっと. **das Weite gewinnen** 逃れる. **das Weite suchen** 急いで逃げ出す. **(es) noch weit haben** 《口》まだ道のりがある. **ein weites Gewissen haben** (道徳的に)ルーズである. **es weit bringen** 成功〔出世〕する. **Mit**

⟨j^3/et^3⟩ **ist es nicht weit her.** 《口》⟨人・物・事は⟩たいしたことはない. **So weit für heute!** 今日はそこまで(にしておく). **so weit sein** 《口》用意ができている. **so weit, so gut** そこまではそれでいい. **(von) weit her** 遠くから. **von weitem** 遠くから. **weit entfernt sein, es zu tun** それをするなど思いもよらない. **weit und breit** 見渡すかぎり. **zu weit gehen** 行〔やり〕過ぎである.

weit·ab [ヴァイト・アップ] [副] 遠く離れて.

weit·aus [ヴァイト・アウス] [副] 《語飾》《動詞・形容詞の比較級・最高級を修飾》はるかに, 断然 : Mir geht es wieder ~ besser. 私は前よりはるかに具合がいい.

der **Weit·blick** [ヴァイト・ブリック] [名] -(e)s/ **1.** 先を見る目, 先見の明. **2.** 見晴らし, 眺望, 遠望.

weit·bli·ckend, weit bli·ckend [ヴァイト・ブリッケント] [形] 先見の明のある.

die **Wei·te** [ヴァイテ] [名] -/-n **1.** 広さ, 広がり, 広大さ : in unendlicher ~ はてしなく広々と. **2.** ([単]のみ)遠方. **3.** (到達)距離(特にジャンプ・投擲(とうてき)での) ; mit der ~ von 80m siegen 80 メートル投げて優勝する. **4.** (管などの)口径, 直径. **5.** (洋服などの)幅, サイズ, 大きさ.

wei·ten [ヴァイテン] [動] *h.* **1.** 〔⟨et^4⟩(ノ幅)ヲ〕広げる(靴などを). **2.** 〔sich^4〕広がる, 広くなる.

wei·ter 《weit の比較級》 [ヴァイター] [副] **1.** さらに(続けて)先へ : *W*~ ! どんどん(そのまま)先へ進め, 先を続けろ. *W*~, der Nächste bitte! はい, お次 ! Lesen Sie ~! 先を続けて読んで下さい. **2.** これ〔それ〕から, 今後, (引)続いて : *W*~? それから(どうした)? Und was geschah ~? そしてそれから何が起きましたか. **3.** これ〔それ〕以上に, 他に : Was ~? ほかに何か ? それだけですか. *W*~ weiß ich nichts davon. 私はこれ以上このことについて何も知らない. **4.** 《語飾》(次の形で動詞・形容詞を修飾)nicht ~ 《口》それほど…ない, 別に…ない : Das ist nicht ~ schlimm. それほどひどくない. **【慣用】und so weiter** …等々, …などなど(略 usw. u.s.w.は古い). **Wenn es weiter nichts ist!** それだけのことなら(私にはたいしたことはない〔すぐできる〕).

—— [形] (さらに)これ〔それ〕以上の, (さらに)その外〔先〕の : Haben Sie noch ~*e* Fragen? まだほかに質問がありますか. **【慣用】Alles Weitere brieflich.** それ以上のこまかいことすべては手紙で. **bis auf weiteres** 当分の間, さし当たり. **des Weiteren** 《文》さらに続けて. **im Weiteren** 以下に, これから先に. **ohne weitere Umstände** あっさりと, さっさと. **ohne weiteres** わけなく, 簡単に.

wei·ter|ar·bei·ten [ヴァイター・アるバイテン] [動] *h.* **1.** 〔[補足なし]〕さらに仕事を続ける. **2.** 〔sich^4〕苦労してさらに前進する.

wei·ter|be·för·dern [ヴァイター・べ(ふぇ)るダーン] [動] *h.* 〔⟨j^4/et^4⟩ヲ〕さらに先へ運ぶ〔運送する〕.

die **Wei·ter·be·för·de·rung** [ヴァイター・べ(ふぇ)るデるング] [名] -/ さらに先に運送〔輸送〕すること.

wei·ter be·ste·hen*, [旧]wei·ter|be·ste·hen* [ヴァイター ベシュテーエン] [動] *h.* 〔[補足なし]〕さらに存続〔持続〕する.

wei·ter|bil·den [ヴァイター・ビルデン] [動] *h.* **1.** 〔⟨j^4⟩ヲ〕引続き教育〔養成〕する, 再教育する ; (⟨j^4⟩がsich^{4}の場合)修業〔研鑽(けんさん)〕を積む〔続ける〕. **2.** 〔⟨et^4⟩ヲ〕《稀》(形を変えて)さらに発展させる.

die **Wei·ter·bil·dung** [ヴァイター・ビルドゥング] [名] -/ 継続教育〔修業〕.

wei·ter|den·ken* [ヴァイター・デンケン] [動] *h.* 〔(⟨et^4⟩ヲ)〕もっと先まで(考えを)進める, つきつめて考える.

wei·ter|ent·wi·ckeln [ヴァイター・エントヴィッケルン] [動] *h.* **1.** 〔⟨et^4⟩ヲ〕さらに発展させる(理論などを). **2.** 〔sich^4〕さらに発展〔進歩・成長〕する.

die **Wei·ter·ent·wick·lung** [ヴァイター・エントヴィックルング] [名] -/-en **1.** 継続的発展〔進歩・成長〕. **2.** 発展〔進歩〕してできたもの.

wei·ter|er·zäh·len [ヴァイター・エあツェーレン] [動] *h.* **1.** 〔(⟨j^3⟩ニ)+⟨et^4⟩ヲ〕(さらに)話す, 語り伝える. **2.** 〔(⟨j^3⟩ニ)+(⟨et^4⟩ヲ)〕話し続ける(中断した後でまた).

wei·ter|fah·ren* [ヴァイター・ふぁーれン] [動] **1.** *s.* 〔[補足なし]〕(再び)旅行を続ける, さらに先へ行く(乗り物が・乗物で). **2.** *h./s.* 〔(in〔mit〕⟨et^3⟩ヲ)〕《南独・スイ》(再び)続ける.

die **Wei·ter·fahrt** [ヴァイター・ふぁーあト] [名] -/ (乗り物で)さらに行く〔旅行を続ける〕こと.

der **Wei·ter·flug** [ヴァイター・ふルーク] [名] -(e)s/ (飛行機で)さらに先へ行くこと, 飛行の継続〔続行〕.

wei·ter|füh·ren [ヴァイター・ふゅーれン] [動] *h.* **1.** 〔(⟨j^4⟩ヲ)〕さらに前進〔進歩〕させる. **2.** 〔⟨場所⟩ニ〕延びている(道路などが). **3.** 〔⟨et^4⟩ヲ〕さらに続ける(交渉・商売などを). **4.** 〔⟨et^4⟩ヲ〕先へ延ばす, 延長する(道路・線路などを). **【慣用】weiterführende Schulen** 〘学校〙(義務教育に引続く)上級学校(Hauptschule, Realschule, Gymnasium, Gesamtschule など).

die **Wei·ter·ga·be** [ヴァイター・ガーベ] [名] -/ 次に渡すこと, 順おくり ; 伝達 ; (ボールなどの)パス.

wei·ter|ge·ben* [ヴァイター・ゲーベン] [動] *h.* **1.** 〔⟨et^4⟩ヲ〕次の人へ回す〔渡す〕(受取ったものを) ; 〘スポ〙パスする(ボールを). **2.** 〔⟨et^4⟩ヲ+(an ⟨j^4⟩ニ)〕伝える, 回す.

wei·ter|ge·hen* [ヴァイター・ゲーエン] [動] *s.* **1.** 〔[補足なし]〕(再び)歩き続ける, (さらに)先へ進む〔歩いて行く〕. **2.** 〔[補足なし]〕続く(道などが) : (Es が主語で) Plötzlich *ging* es 〔der Weg〕 nicht mehr *weiter*. 突然, 道が途絶えた〔行止まりになった〕. **3.** 〔[補足なし]〕(さらに)続く(話・会議などが) : So kann es nicht ~. そんな具合に続けられるものではない, そのままでは行詰まる.

wei·ter|hel·fen* [ヴァイター・ヘルふぇン] [動] *h.* **1.** 〔⟨j^3⟩ヲ〕助けて先に進ませる. **2.** 〔⟨j^3⟩ガ〕苦境を乗越えるのに役立つ.

wei·ter·hin [ヴァイター・ヒン] [副] **1.** 今もなお. **2.** 今後も. **3.** さらに.

wei·ter|kom·men* [ヴァイター・コメン] [動] *s.* **1.** 〔[補足なし]〕さらに先へ進む〔行く〕. **2.** 〔(mit ⟨et^3⟩ガ)〕はかどる, 進展する(仕事などが). **【慣用】eine Runde weiterkommen** 次の試合へ勝ち残る(トーナメントで). **im Leben weiterkommen** 立身出世する. **Mach 〔Sieh zu〕, dass du weiterkommst!** 《口》さっさと立去れ. **mit der Arbeit weiterkommen** 仕事がはかどる.

wei·ter|kön·nen* [ヴァイター・(ケ)ネン] [動] *h.* 《口》〔[補足なし]〕さらに先に進むことができる ; (行動・人生などを)続けられる.

wei·ter|lei·ten [ヴァイター・ライテン] [動] *h.* 〔⟨et^4⟩ヲ+(an ⟨j^4⟩ニ)〕回す, 伝える(受取った物・事を) ; 転送する ; 〘スポ〙パスする.

wei·ter|ma·chen [ヴァイター・マッヘン] [動] *h.* 〔(⟨et^4⟩ヲ/mit ⟨et^3⟩ヲ)〕《口》続けて行う, 続行する, しつづける.

wei·ter|re·den [ヴァイター・れーデン] [動] *h.* 〔[補足なし]〕(中断された)話を続ける.

die **Wei·ter·rei·se** [ヴァイター・らイゼ] [名] -/ 旅行の継続〔続行〕.

wei·ter|rei·sen [ヴァイター・らイゼン] [動] *s.* 〔(⟨方向⟩へ)〕さらに旅行を続ける.

wei·ters [ヴァイタース] [副] 《オーストリア》=さらに, そのほかに.

wei·ter|sa·gen [ヴァイター・ザーゲン] [動] *h.* 〔(⟨j^3⟩ニ)+⟨et^4⟩ヲ〕さらに(伝えて)言う, 他言する.

die **Wei·te·rung** [ヴァイテるング] [名] -/-en 《主に[複]》好ましからざる結果, 不都合な事態.

wei·ter|ver·ar·bei·ten [ヴァイター・ふぇあアるバイテン] [動] *h.* 〚<et^{4}>ヲ〛さらに加工〔利用〕する.

der **Wei·ter·ver·kauf** [ヴァイター・ふぇあカウふ] [名] -(e)s/ 転売.

wei·ter|ver·kau·fen [ヴァイター・ふぇあカウふぇン] [動] *h.* 〚<et^{4}>ヲ〛転売する.

weit·ge·hend [ヴァイト・ゲーエント] [形] 広範囲の, 大幅な.

weit ge·reist, [旧]**weit·ge·reist** [ヴァイト ゲらイスト] [形] 広く旅をした, 見聞の広い.

weit·grei·fend [ヴァイト・グらイふぇント] [形] 広範囲にわたる, 遠大な.

weit·her [ヴァイト・ヘーあ] [副] 《文》遙かかなたから, 遠方から.

weit·her·zig [ヴァイト・へるツィひ] [形] 心の広い.

weit·hin [ヴァイト・ヒン] [副] **1.** 遠く(まで). **2.** 大方, 広く.

weit·läu·fig [ヴァイト・ロイふぃひ] [形] **1.** 広大な. **2.** 詳細な, 冗長な, 回りくどい. **3.** 遠縁の.

die **Weit·läu·fig·keit** [ヴァイト・ロイふぃひカイト] [名] -/-en **1.** (〔単〕のみ)広大さ; 遠縁; 詳細, 回りくどさ. **2.** (説明などの)詳細な〔回りくどい・冗長な〕もの.

der **Weit·ling** [ヴァイトリング] [名] -s/-e 《バイエ・オースト》大鉢.

weit·ma·schig [ヴァイト・マッシひ] [形] 目の粗(あら)い.

weit·rei·chend [ヴァイト・らイひぇント] [形] **1.** 射程の長い. **2.** 広範囲に及ぶ.

weit·schwei·fig [ヴァイト・シュヴァイふぃひ] [形] 冗長〔冗慢〕な.

die **Weit·schwei·fig·keit** [ヴァイト・シュヴァイふぃひカイト] [名] -/-en **1.** (〔単〕のみ)回りくどさ, 冗長. **2.** (説明などの)回りくどいもの.

die **Weit·sicht** [ヴァイト・ズィひト] [名] -/ **1.** 先を見る目, 先見の明. **2.** 展望, 見晴らし.

weit·sich·tig [ヴァイト・ズィひティひ] [形] **1.** 遠視の. **2.** 先を見る目のある, 先見の明のある.

die **Weit·sich·tig·keit** [ヴァイト・ズィひティひカイト] [名] -/ **1.** 遠視. **2.** 《稀》先見の明のある行動〔考え〕.

der **Weit·sprin·ger** [ヴァイト・シュプリンガー] [名] -s/- 走幅跳びの選手.

der **Weit·sprung** [ヴァイト・シュプるング] [名] -(e)s/ ..sprünge 〚スポ〛 **1.** (〔単〕のみ)走幅跳び. **2.** (走幅跳びの)ジャンプ.

weit·tra·gend [ヴァイト・トらーゲント] [形] **1.** 射程の長い. **2.** 広範囲に及ぶ.

weit ver·brei·tet, weit·ver·brei·tet [ヴァイト ふぇあブらイテット] [形] 広範囲に分布した; 広く流布した.

weit ver·zweigt, weit·ver·zweigt [ヴァイト ふぇあツヴァイクト] [形] 枝の広がった; いくつにも枝分れした; 多岐にわたる.

das **Weit·win·kel·ob·jek·tiv** [ヴァイト・ヴィンケル・オブイェクティーふ] [名] -s/-e 〚写〛広角レンズ.

der **Wei·zen** [ヴァイツェン] [名] -s/- (〔複〕は種類)〚植〛小麦; 小麦(の実).

das **Wei·zen·bier** [ヴァイツェン・ビーあ] [名] -(e)s/-e ヴァイツェンビール(小麦と大麦で作った(淡色)ビール)(Weißbier).

das **Wei·zen·brot** [ヴァイツェン・ブろート] [名] -(e)s/-e 小麦パン.

die **Wei·zen·ern·te** [ヴァイツェン・エるンテ] [名] -/-en **1.** 小麦の収穫. **2.** 収穫された小麦.

das **Wei·zen·mehl** [ヴァイツェン・メール] [名] -(e)s/ 小麦粉.

der〔*das*〕**Weizen·schrot** [ヴァイツェン・シュろート] [名] -(e)s/ 粗びきの小麦粉.

(*der*) **Weiz·sä·cker** [ヴァイツ・ぜっカー] [名] 〚人名〛ヴァイツゼッカー(① Carl Friedrich Freiherr von ~, 1912- , 物理学者・哲学者. ② Richard Freiherr von ~, 1920- , ①の弟. 政治家. ドイツ連邦共和国第6代の大統領).

welch [ヴェルひ] [代] =welcher¹ 2.

wel·cher¹ [ヴェルひゃー] [代] 《疑問》〔単〕〔男〕1格, 〔女〕2・3格, 〔複〕2格(変化形はdieserに準ずる) **1. a.** (付加語的用法)どの, どちらの; どんな: ~ Zug どの列車. (ただし語尾が-(e)sの〔男〕〔中〕2格の名詞に付加語的にかかるときはwelchen) Der Hut *welchen* Mannes war es eigentlich? それは本当はどの男の帽子だったのか. In *welchem* Geschäft kaufen Sie? あなたはどの店で買いますか. auf *welche* Weise どんなやり方で. **b.** (独立的用法)どれ, どちら; どんなもの: Hier habe ich drei Lose. *Welches* willst du (haben)? ここにくじが3本ある. 君は(この中の)どれを引くか. *W*~ der beiden 〔von den beiden〕 ist besser? 二人の中のどちらの方がいいか. *Welches* sind die schönsten Rosen? (およそあらゆる種類のバラの中で)どういうものが一番美しいバラか. *Welche* sind die schönsten Rosen? (いまある中で)どれが一番美しいバラか. (間接疑問文を導いて) Er fragte mich, mit *welchem* Zug ich fahren wolle. 彼は私に, どの列車で行くつもりかと尋ねた. (auch (immer), immerとともに認容文を導いて) *Welches* auch immer Ihre Gründe sind ... あなたの言う理由がなんであろうとも….
2. (感嘆文で)《文》なんと, なんて(後に形容詞が続けばwelchは語尾なしでもよいが, 形容詞は強変化する. さらに形容詞の前に不定冠詞がつくこともある) *W*~ schöne 〔*Welch* (ein) schöner〕 Tag (ist das) heute! 今日はなんとすばらしい日だろう. *Welch* ein Glück! なんたる幸運.

wel·cher² [ヴェルひゃー] [代] 《関係》〔単〕〔男〕1格, 〔女〕3格(変化形はdieserに準ずるが2格はない) **1.** 《定関係》 **a.** (先行詞を受けて単独で)…である〔する〕…: (同形の語が続くのを避けて) Die, *welche* 〔die〕 die Freiheit liebten, beugten sich nicht. 自由を愛する人々は屈服しなかった. (関係文が重複するとき, 先行詞を明確に区別して) das Geschäft, das mir das Gerät verkaufte, *welches* mir soviel Ärger bereitete, ... 私をかんかんに怒らせるような器具を私に売った店. 【上記以外の用法は《文・古》】 **b.** (2格の役割を付加語の形で)その: Man sprach wieder von einer friedlichen Einigung, an *welche* Möglichkeit ich schon gar nicht mehr geglaubt hatte. 人はまたまた和平のことを口にしたが, 私はそんな(和平の)可能性などもはやまったく信じていなかった.
2. 《不定関係》(前文の内容を受けて)それ, そのこと: Sie lächelte, *welches* 〔*welches* Verhalten〕 er als Einverständnis deutete. 彼女はほほえんだ. それを彼は同意のしるしと思った.

wel·cher³ [ヴェルひゃー] [代] 《不定》〔男〕〔単〕1格, 〔女〕2・3格, 〔複〕2格(変化形はdieserに準ずる. 先行する物質名詞・複数名詞などの代りに不定の数量を示して)いくつか, いくらか, 若干: Ich habe keine Zigaretten. Hast du *welche*? ぼくはタバコを切らした. 君は(タバコを)持っていないか. Ich möchte gern Zucker. Haben Sie *welchen*? 私は砂糖がほしいのですが, ありますか. (《口》では人にも用いて) Es gibt *welche*, die es nicht glauben. それを信じない人たちがいる. Ich habe gestern Wein getrunken. —Was für *welchen*? 《北独》昨日ワインを飲んだ—どんなのを? 【普通はWas für einen?】 Sie hat sich neue Möbel gekauft. — Was für *welche*? 《北独》彼女が新しい家具を買いこんだよ. —どんなのを? 【普通はWas für Möbel?】 Sie hat sich neue Möbel gekauft, und was für *welche*! 《口》彼女は新しい家具を買いこんだが, それがなんともすごいものなんだ.

wel·cher·art [ヴェルひゃー・アーあト] [形] (無変化)どのよ

うな： Musik, ～ (sie auch) immer ist, mag ich nicht. 音楽は(それが)どのようなものであれ, 私は好きではない.

wẹl·cher·lei [ヴェルひゃーライ] [形] 《無変化》どのような： ～ Ausreden du auch haben magst, ... どのような口実が君にあろうとも, ….

der **Wẹl·fe** [ヴェルふぇ] [名] -n/-n ヴェルフェン家の人《ドイツ中世の貴族》.

wẹl·fisch [ヴェルふぃっシュ] [形] ヴェルフェン家の.

wẹlk [ヴェルク] [形] 萎(しお)れた；《転》(皮膚などが)萎(しな)びた.

wẹl·ken [ヴェルケン] [動] *s.* 〔補足なし〕萎(しお)れる《花・植物が》；衰える《容色・名声などが》.

das **Wẹll·blech** [ヴェル・ブレっひ] [名] -(e)s/-e トタンの波板, なまこ板.

die **Wẹl·le** [ヴェレ] [名] -/-n **1.** 波, 波浪： hohe ～*n* 高い波. auf den ～*n* treiben 波間に漂う. **2.** (事件などの)波紋；(時代・流行の)波；(髪の)ウェーブ；(土地の)起伏；(感動・興奮の)高まり： hohe ～*n* schlagen 波紋を呼びおこす. eine ～ von Demonstrationen デモの波. Neue ～ ヌーベルバーグ. weiche ～ (政治などの)柔軟路線. grüne ～ 連続青信号. die ～*n* der Begeisterung 感動の高まり. **3.** 〘理〙波；〘ラジオ〙波長, 周波数： elektrische ～*n* 電波. kurze ～*n* 短波. **4.** 〘工〙回転軸, シャフト. **5.** 〘体操〙支持回転. **6.** 《方》(薪・わらなどの)束.

wẹl·len [ヴェレン] [動] *h.* **1.** 〔<et⁴>ヲ〕波形にする《ブリキなどを》；(…に)ウェーブをかける《髪に》. **2.** 〔sich⁴〕ウェーブしている《髪が》；波打つ《じゅうたんなどが》.

wẹl·len·ar·tig [ヴェレン・アーあティひ] [形] 波のような.

das **Wẹl·len·bad** [ヴェレン・バート] [名] -(e)s/..bäder 人工波のあるプール.

der **Wẹl·len·be·reich** [ヴェレン・ベらイひ] [名] -(e)s/-e 周波数範囲.

der **Wẹl·len·berg** [ヴェレン・べるク] [名] -(e)s/-e 波の山.

die **Wẹl·len·be·we·gung** [ヴェレン・ベヴェーグング] [名] -/-en 波動, 波状運動.

der **Wẹl·len·bre·cher** [ヴェレン・ブれっひゃー] [名] -s/- 防波堤；〘造船〙(船の)波よけ.

wẹl·len·för·mig [ヴェレン・ふぇるミひ] [形] 波形〔波状〕の.

der **Wẹl·len·gang** [ヴェレン・ガング] [名] -(e)s/ 波の動き.

der **Wẹl·len·kamm** [ヴェレン・カム] [名] -(e)s/..kämme 波頭(なみがしら).

die **Wẹl·len·län·ge** [ヴェレン・レンゲ] [名] -/-n **1.** 〘理〙波長. **2.** (思考・感情の)波長. **【慣用】dieselbe 〔die gleiche〕 Wellenlänge haben/auf derselben 〔der gleichen〕 Wellenlänge liegen 〔sein〕** (思慮・感情の)波長が合う.

die **Wẹl·len·li·nie** [ヴェレン・リーニエ] [名] -/-n 波線.

wẹl·len|rei·ten* [ヴェレン・らイテン] [動] *h.* 《主に不定詞で》〔補足なし〕波乗りをする.

das **Wẹl·len·rei·ten** [ヴェレン・らイテン] [名] -s/ 波乗り.

der **Wẹl·len·rei·ter** [ヴェレン・らイター] [名] -s/- 波乗りをする人, サーファー.

der **Wẹl·len·schlag** [ヴェレン・シュラーク] [名] -(e)s/..schläge 波の打寄せ, 波の音のリズム.

der **Wẹl·len·schliff** [ヴェレン・シュリっふ] [名] -(e)s/-e (刃物の)刃文.

der **Wẹl·len·sit·tich** [ヴェレン・ズィっティひ] [名] -s/-e 〘鳥〙セキセイインコ.

das **Wẹl·len·tal** [ヴェレン・タール] [名] -(e)s/..täler 波の谷.

das **Wẹll·fleisch** [ヴェル・ふライシュ] [名] -(e)s/ 〘料〙(畜殺したての)豚のゆでたばら肉.

wẹl·lig [ヴェリひ] [形] 波打つ, (波のような)起伏のある, ウェーブのかかった.

die **Wẹll·pap·pe** [ヴェル・パっぺ] [名] -/-n 段ボール(紙).

der **Wẹl·pe** [ヴェルペ] [名] -n/-n (オオカミ・キツネ・犬の)子.

der **Wẹls** [ヴェルス] [名] -es/-e 〘魚〙ナマズ.

wẹlsch [ヴェルシュ] [形] **1.** 《スイ》(スイスの)フランス語地域の. **2.** 《古》ロマン(ス)語系の国の《特にフランス・イタリア》 **3.** 《古・蔑》(南の)異国の.

das **Wẹlsch·korn** [ヴェルシュ・コるン] [名] -(e)s/ 《方》〘植〙トウモロコシ.

das **Wẹlsch·kraut** [ヴェルシュ・クらウト] [名] -(e)s/ 《方》〘植〙＝Wirsing.

der **Wẹlsch·schwei·zer** [ヴェルシュ・シュヴァイツァー] [名] -s/- 《スイ》フランス語を母語とするスイス人.

die **Wẹlt** [ヴェルト] [名] -/-en **1.** 《[単]のみ》世界《生活空間としての地球(Erde)》： die Alte ～ 旧世界《ヨーロッパ》. die Neue ～ 新世界《アメリカ》. die Dritte ～ 第三世界《発展途上諸国》. eine Reise um die ～ 世界一周旅行. allein auf der ～ sein 天涯孤独である. überall in der ～ bekannt sein 世界中至る所で知られている. aus aller ～ 世界中から, 至る所から. in alle ～ 世界中へ. in aller ～ 世界中で. **2.** 《[単]のみ》世界中の人々, 万人： die ganze ～ 世界中の人々. die halbe ～ 《口》非常に多くの人々. vor aller ～ 公衆の面前で. in den Augen der ～ 人々の見解では. **3.** 世間, 世界, 世の中, 社会： die reale ～ 現実の世界. die ～ des Mittelalters 中世の世界. der Lauf der ～ 世のならい. ein Mann von ～ 世慣れた人, 社交的な人. die ～ kennen 世情に通じている. sich⁴ aus〔von〕 der ～ zurückziehen 世間から引きこもる. **4.** …界, (特定の)世界, 社会: die ～ des Kindes 子供の世界. die ～ des Theaters 演劇界. die große ～ 上流社会. die gefiederte ～ 《文・古》鳥類界. **5.** この世, 浮き世： diese ～ 現世. der ～ entsagen 世を捨てる. **6.** 《[単]のみ》宇宙, 万有： die Entstehung der ～ 宇宙の成立. **【慣用】alle Welt** 《口》だれも. **auf die Welt kommen** 生まれる. **aus der Welt gehen 〔scheiden〕** 《文・婉》世を去る. <et⁴> **aus der Welt schaffen** 〈物・事を〉片づける, 始末する. **(ein Kind) zur Welt bringen** (子供を)生む. **in aller Welt** いったい, そもそも《疑問文を強める措辞》. <et⁴> **in die Welt setzen** 《口》〈物・事を〉世の中に広める. **nicht aus der Welt sein** 《口》そう遠く離れていない. **nicht die Welt sein/kosten** 《口》たいしたこと〔金〕ではない/たいしてかからない. **nichts auf der Welt** まったく…ない. 《否定語とともに》**um alles in der Welt** 《口》どんなことがあっても(…しない). **zur Welt kommen** 生れる.

wẹlt·ab·ge·schie·den [ヴェルト・アップ・ゲシーデン] [形] 人里離れた, 世間から隔絶した.

das **Wẹlt·all** [ヴェルト・アル] [名] -s/ 宇宙, 万有, 森羅万象.

das **Wẹlt·al·ter** [ヴェルト・アルター] [名] -s/- (宇宙の歴史上の)時代.

wẹlt·an·schau·lich [ヴェルト・アン・シャウリひ] [形] 世界観(上)の.

die **Wẹlt·an·schau·ung** [ヴェルト・アン・シャウウング] [名] -/-en 世界観.

die **Wẹlt·aus·stel·lung** [ヴェルト・アウス・シュテルング] [名] -/-en 万国博覧会.

die **Wẹlt·bank** [ヴェルト・バンク] [名] -/ 世界銀行.

wẹlt·be·kannt [ヴェルト・ベカント] [形] 世界中に知られた.

wẹlt·be·rühmt [ヴェルト・べりゅームト] [形] 世界的に有名な.

die **Wẹlt·be·rühmt·heit** [ヴェルト・べりゅームトハイト] [名] -/-en **1.** (単のみ)世界的名声. **2.** 世界的に有名な〔名声のある〕人.

die **Wẹlt·best·leis·tung** [ヴェルト・ベスト・ライストゥング] [名] -/-en 〘スポ〙世界最高記録.

die **Wẹlt·be·völ·ke·rung** [ヴェルト・ベ(ふぇ)ルケるング] [名] -/ 世界の(総)人口.

wẹlt·be·we·gend [ヴェルト・ベヴェーゲント] [形] 世界を揺るがす.

das **Wẹlt·bild** [ヴェルト・ビルト] [名] -(e)s/-er 世界像.

der **Wẹlt·brand** [ヴェルト・ブらント] [名] -(e)s/..brände 《文》(世界戦争による)世界を焼き尽す劫火(ごうか), 世界戦争による破局.

der **Wẹlt·bür·ger** [ヴェルト・ビュるガー] [名] -s/- 世界市民, コスモポリタン.

wẹlt·bür·ger·lich [ヴェルト・ビュるガーりひ] [形] コスモポリタンの.

das **Wẹlt·bür·ger·tum** [ヴェルト・ビュるガートゥーム] [名] -s/ コスモポリタニズム, 世界主義.

der **Wẹlt·cup** [..kap ヴェルト・カップ] [名] -s/-s 〘スポ〙ワールドカップ(①サッカーなどの世界選手権大会. ②世界選手権の優勝杯).

die **Wẹlt·da·me** [ヴェルト・ダーメ] [名] -/-n 世なれた女性.

der **Wẹl·ten·bumm·ler** [ヴェルテン・ブムラー] [名] -s/- 世界漫遊者.

der **Wẹl·ten·raum** [ヴェルテン・らウム] [名] -(e)s/ 《詩》=Weltraum.

wẹlt·ent·rückt [ヴェルト・エントりゅックト] [形] 《文》周囲の世界を一切忘れた, 忘我の境にひたった.

wẹl·ten·weit [ヴェルテン・ヴァイト] [形] 《文》非常に遠い.

wẹlt·er·fah·ren [ヴェルト・エあふぁーれン] [形] 世間をよく知っている, 世故にたけた.

der **Wẹlt·er·folg** [ヴェルト・エあふぉルク] [名] -(e)s/-e 世界的大成功.

das **Wẹl·ter·ge·wicht** [ヴェルター・ゲヴィひト] [名] -(e)s/-e 〘スポ〙 **1.** (単のみ)ウエルター級. **2.** ウエルター級の選手.

der **Wẹl·ter·ge·wicht·ler** [ヴェルター・ゲヴィひトラー] [名] -s/- ウエルター級選手.

wẹlt·er·schüt·ternd [ヴェルト・エあシュッターント] [形] 世界を震撼(しんかん)させる.

wẹlt·fern [ヴェルト・ふぇるン] [形] 《文》俗世を離れた.

die **Wẹlt·flucht** [ヴェルト・ふルふト] [名] -/ 世間からの逃避, 隠遁(いんとん).

wẹlt·fremd [ヴェルト・ふれムト] [形] 世間知らずの, 世事に疎い.

die **Wẹlt·fremd·heit** [ヴェルト・ふれムトハイト] [名] -/ 世間知らず, 世事に疎いこと, 浮世ばなれ.

der **Wẹlt·frie·de** [ヴェルト・ふりーデ] [名] -ns/ =Weltfrieden.

der **Wẹlt·frie·den** [ヴェルト・ふりーデン] [名] -s/ 世界平和.

der **Wẹlt·geist** [ヴェルト・ガイスト] [名] -(e)s/ 〘哲〙世界精神(Hegel の歴史哲学の概念).

der **Wẹlt·geist·li·che** [ヴェルト・ガイストリひェ] [名] (形容詞的変化)〘カトリ〙(修道院に住まない)教区つき司祭, 在俗司祭.

die **Wẹlt·gel·tung** [ヴェルト・ゲルトゥング] [名] -/ 世界に通用すること, 世界〔国際〕的な評価.

das **Wẹlt·ge·richt** [ヴェルト・ゲりひト] [名] -(e)s/ 〘キ教〙世界〔最後の〕審判(das Jüngste Gericht).

die **Wẹlt·ge·schich·te** [ヴェルト・ゲシひテ] [名] -/-en **1.** (単のみ)世界史. **2.** 世界史に関する著作〔本・教科書〕. 【慣用】**in der Weltgeschichte** 《口・冗》世界中(で).

wẹlt·ge·schicht·lich [ヴェルト・ゲシひトリひ] [形] 世界史上の, 世界史的な.

die **Wẹlt·ge·sund·heits·or·ga·ni·sa·ti·on** [ヴェルト・ゲズントハイツ・オるガニザツィオーン] [名] -/ 世界保健機構(略 WHO).

wẹlt·ge·wandt [ヴェルト・ゲヴァント] [形] 世慣れた, 世故にたけた.

der **Wẹlt·han·del** [ヴェルト・ハンデル] [名] -s/ 世界貿易.

die **Wẹlt·han·dels·kon·fe·renz** [ヴェルトハンデルス・コンふぇれンツ] [名] -/-en (国連の)貿易開発会議.

die **Wẹlt·herr·schaft** [ヴェルト・へるシャふト] [名] -/ 世界支配〔制覇〕.

die **Wẹlt·hilfs·spra·che** [ヴェルト・ヒルふス・シュプらーへ] [名] -/-n 国際補助言語(エスペラント語など).

die **Wẹlt·kar·te** [ヴェルト・カるテ] [名] -/-n 世界地図.

die **Wẹlt·kennt·nis** [ヴェルト・ケントニス] [名] -/ 世界〔世間〕についての知識.

das **Wẹlt·kind** [ヴェルト・キント] [名] -(e)s/-er 《詩》現世主義者, 現世享楽主義者.

die **Wẹlt·klas·se** [ヴェルト・クラッセ] [名] -/ (特にスポーツの)世界のトップクラス;世界のトップクラスの人〔選手〕.

wẹlt·klug [ヴェルト・クルーク] [形] 世知にたけた, 世渡りのうまい.

die **Wẹlt·klug·heit** [ヴェルト・クルークハイト] [名] -/ 世知にたけていること.

der **Wẹlt·krieg** [ヴェルト・クりーク] [名] -(e)s/-e 世界大戦: der Erste/Zweite ~ 第一次/第二次世界大戦.

die **Wẹlt·ku·gel** [ヴェルト・クーゲル] [名] -/ 地球.

die **Wẹlt·la·ge** [ヴェルト・ラーゲ] [名] -/ 世界情勢.

wẹlt·läu·fig [ヴェルト・ロイふぃひ] [形] 《文》世慣れた, 世知にたけた.

wẹlt·lich [ヴェルトリひ] [形] **1.** この世の, 現世の. **2.** 非宗教〔非教会〕的な, 世俗の: geistliche und ~*e* Fürsten〘史〙聖俗諸侯.

die **Wẹlt·lich·keit** [ヴェルトリひカイト] [名] -/ 現世的であること;世俗〔非宗教〕的であること.

die **Wẹlt·li·te·ra·tur** [ヴェルト・リテらトゥーあ] [名] -/ 世界文学.

die **Wẹlt·macht** [ヴェルト・マはト] [名] -/..mächte 世界的強国;(複のみ)列強.

der **Wẹlt·mann** [ヴェルト・マン] [名] -(e)s/..männer 世慣れた男.

wẹlt·män·nisch [ヴェルト・メニシュ] [形] 世慣れた, 社交的な.

der **Wẹlt·markt** [ヴェルト・マるクト] [名] -(e)s/ 〘経〙世界市場.

das **Wẹlt·meer** [ヴェルト・メーあ] [名] -(e)s/-e **1.** (単のみ)海洋. **2.** 《稀》大洋.

der **Wẹlt·meis·ter** [ヴェルト・マイスター] [名] -s/- 世界選手権保持者, 世界チャンピオン.

die **Wẹlt·meis·ter·schaft** [ヴェルト・マイスターシャふト] [名] -/-en **1.** 世界選手権. **2.** 世界選手権試合.

das **Wẹlt·mo·dell** [ヴェルト・モデル] [名] -s/-e 〘社・経〙世界モデル.

wẹlt·of·fen [ヴェルト・オっふぇン] [形] この世のすべてに心の開かれた;《稀》全世界に門戸を開いた.

die **Wẹlt·öf·fent·lich·keit** [ヴェルト・(エ)っふぇントリひカイト] [名] -/ 全世界(の人々).

die **Wẹlt·ord·nung** [ヴェルト・オるドヌング] [名] -/ 世界秩序.

die **Wẹlt·po·li·tik** [ヴェルト・ポリティーク] [名] -/ 世界政策, 国際政治.

wẹlt·po·li·tisch [ヴェルト・ポリーティシュ] [形] 世界政策的な, 国際政治(上)の.

der **Wẹlt·pries·ter** [ヴェルト・プりースター] [名] -s/- 在俗司祭.

Wendepunkt

der **Weltrang** [ヴェルト・らング] 名 -(e)s/ 世界的〔世界に通用する〕水準, 世界的ランク.

die **Weltrangliste** [ヴェルトランク・リステ] 名 -/-n 〖スポ〗世界ランキング表.

der **Weltraum** [ヴェルト・らウム] 名 -(e)s/ 宇宙空間.

die **Weltraumfahrt** [ヴェルトらウム・ふぁーあト] 名 -en 宇宙飛行.

die **Weltraumforschung** [ヴェルトらウム・ふぉるシュング] 名 -/ 宇宙研究.

der **Weltraummüll** [ヴェルトらウム・ミュル] 名 -(e)s/ 宇宙ごみ(宇宙船や推進ロケットの破片).

die **Weltraumrakete** [ヴェルトらウム・らケーテ] 名 -/-n 宇宙ロケット.

das **Weltreich** [ヴェルト・らイひ] 名 -(e)s/-e 世界帝国.

die **Weltreise** [ヴェルト・らイゼ] 名 -/-n 世界(一周)旅行.

der/die **Weltreisende** [ヴェルト・らイゼンデ] 名《形容詞的変化》世界旅行者.

der **Weltrekord** [ヴェルト・れコルト] 名 -(e)s/-e 世界記録: einen ～ verbessern 世界記録を更新する.

der **Weltrekordhalter** [ヴェルト・れコルト・ハルタ] 名 -s/ 世界記録保持者.

der **Weltrekordler** [ヴェルト・れコルトラ] 名 -s/- = Weltrekordhalter.

der **Weltruf** [ヴェルト・るーふ] 名 -(e)s/ 世界的名声.

der **Weltschmerz** [ヴェルト・シュメるツ] 名 -es/ 〖文〗世界苦, 厭世(ﾋﾞｮｳ)感.

der **Weltsicherheitsrat** [ヴェルト・ズィヒァーハイツ・らート] 名 -(e)s/ (国連の)安全保障理事会.

die **Weltsprache** [ヴェルト・シュプらーへ] 名 -/-n 国際語.

die **Weltstadt** [ヴェルト・シュタット] 名 -/..städte 世界的大都市(人口 100 万以上との).

weltstädtisch [ヴェルト・シュテティシュ] 形 世界的大都市の.

der **Weltteil** [ヴェルト・タイル] 名 -(e)s/-e (稀)大陸.

die **Weltumsegelung** [ヴェルト・ウム・ゼーゲルング] 名 -/-en 帆船による世界周航.

der **Weltumsegler** [ヴェルト・ウム・ゼーグラー] 名 -s/- 帆船による世界周航者.

die **Weltumseglung** [ヴェルト・ウム・ゼーグルング] 名 -/-en = Weltumsegelung.

weltumspannend [ヴェルト・ウム・シュパネント] 形 世界的規模の, 世界を包括する, 世界全体にわたる.

der **Weltuntergang** [ヴェルト・ウンター・ガング] 名 -(e)s/..gänge 世界の滅亡, この世の終り.

der **Weltverbesserer** [ヴェルト・フェァベッセらー] 名 -s/- (主に嘲)世界改良〔改革〕者.

weltweit [ヴェルト・ヴァイト] 形 全世界に及ぶ, 世界的な.

die **Weltwirtschaft** [ヴェルト・ヴィるトシャふト] 名 -/ 世界経済.

der **Weltwirtschaftsgipfel** [ヴェルト・ヴィるトシャふツ・ギプふェル] 名 -s/- 〖政〗先進国首脳会議.

die **Weltwirtschaftskrise** [ヴェルトヴィるトシャふツ・クりーゼ] 名 -/-n 世界経済危機, 世界恐慌.

das **Weltwunder** [ヴェルト・ヴンダー] 名 -s/- 世界の不思議: die Sieben ～ 世界の七不思議.

die **Weltzeit** [ヴェルト・ツァイト] 名 -/ 世界時(グリニッジ標準時)(略 WZ).

wem [ヴェーム] 代 wer 1,2,3の3格. **1.**《疑問》だれに: W～ schenken Sie die Blumen? あなたはその花をどなたに贈るのですか. Ich weiß nicht, mit ～ sie weggegangen ist. 彼女がだれと一緒に行ってしまったのか私は知らない. 彼女がだれと一緒に出ていったかをはっきりに言うまでもないよ. **2.**《不定関係》(およそ…だ)…する人: W～ nicht zu raten ist, dem ist auch nicht zu helfen. 忠告を容れない人は助けようもない. **3.**《不定》〖口〗だれかに: Da muss ～ was passiert sein. そこでだれかの身に何かが起こったにちがいない.

der **Wemfall** [ヴェーム・ふぁル] 名 -(e)s/ 〖言〗3格, 与格.

wen [ヴェーン] 代 wer 1,2,3の4格. **1.**《疑問》だれを: W～ liebt sie? 彼女はだれを愛しているのか. Auf ～ warten Sie? あなたはだれを待っているのか. **2.**《不定関係》(およそ…が)…する人: W～ wir lieben, (den) möchten wir nicht gern verlieren. 私たちは愛する人を失いたくない. **3.**《不定》〖口〗だれかを: Suchen Sie ～? だれかをお探しですか.

der **Wende**[1] [ヴェンデ] 名 -n/-n ヴェンド人(ドイツ北東部のスラヴ系少数民族).

die **Wende**[2] [ヴェンデ] 名 -/-n **1.** 転換; (定冠詞とともに)大転換(1989 年の旧東独の変革): eine ～ in der Außenpolitik 外交方針の転換. **2.** 〖スポ〗(水泳などの)ターン; (平行棒・鞍馬などの)下向き横跳び越し; (フィギュアスケートの)ターン; (マラソン・水泳などの)折返し点. **3.** 〖海〗上手(ｶﾐ)回し. **4.** 転換期: an der/um die ～ des Jahrhunderts 世紀の変り目/変り目ごろに.

der **Wendehals** [ヴェンデ・ハルス] 名 -(e)s/..hälse **1.** 〖鳥〗アリスイ(180 度首がまわるキツツキの一種). **2.** 〖口・蔑〗(政治的)日和見主義者.

der **Wendehammer** [ヴェンデ・ハマー] 名 -s/..hämmer 〖交通〗袋小路の行き止まりの車を反転させる場所.

der **Wendekreis** [ヴェンデ・クらイス] 名 -es/-e **1.** 〖地〗回帰線: ～ des Krebses/des Steinbocks 北回帰線/南回帰線. **2.** 〖工〗(外輪の)最小回転円.

die **Wendel** [ヴェンデル] 名 -/-n 〖工〗螺旋(ﾗｾﾝ), 渦巻線.

die **Wendeltreppe** [ヴェンデル・トれっぺ] 名 -/-n 螺旋(ﾗｾﾝ)階段.

die **Wendemarke** [ヴェンデ・マルケ] 名 -/-n 〖スポ〗(特に帆走の)折返し標識.

wenden (*) [ヴェンデン] 動 wandte{wendete}; hat gewandt{gewendet} **1.** (規則変化)〈et³ﾆ〉裏返しwenden, うら返す, 向きを〔運〕を呼戻す. **2.** (規則変化)〈et⁴ﾆ〉+in〈et³〉ﾆ〖料〗まぶす. **3.** (規則変化)〈et⁴ﾆ〉ターンさせる, 反転させる: Das Blatt hat sich *gewendet*. 事態は一変した. **4.** (規則変化)〖慣用〗ターンして逆方向に進む, 折返す; 方向転換する. **5.** 〈et⁴ﾆ〉+auf〈(方向)へ(ｶﾅﾗ)〉）向〈(顔・視線などを別の方向へ)〉: keinen Blick von〈j³〉 ～〈人…〉から目を離さない. das Unheil von〈j³〉 ～〈人…〉から救う〔護る〕. **6.** {sich⁴+〈(方向)へ(ｶﾅﾗ)〉向き, 向きを変える, 向かう; (…)向けである: Das Glück *wendet* sich von ihm. つきが彼から離れる. **7.** {sich⁴+zu〈et³〉ﾆ〉しようとする. **8.** {sich⁴+an〈j⁴〉ﾆ〉相談や申込を〈教示・援助・許可などを求めて〉, 相談に行く〔来る〕, 依頼する, 照会する. **9.** {sich⁴+gegen〈j⁴/et⁴〉ﾆ〉反論する, 反対〈j⁴/et⁴〉に攻撃する. **10.** {sich⁴+auf[an]〈j⁴/et⁴〉}費やす, 投入する, 振り付ける, 傾ける. 【慣用】**Bitte wenden!** 裏をご覧ください（略 b.w.）する. **den Rücken wenden**〈人…〉背を向ける〈人…〉を見限る〔見捨てる〕. Zu〈j³〉〔gegen〈j⁴〉〕 **gewendet, sagte er** …〈人…方に〉向き直って, …と彼は言った.

der **Wendepunkt** [ヴェンデ・プンクト] 名 -(e)s/-e **1.** 転回の時点, 転換期, 転機: ein ～ der Geschichte 歴史の転換期. **2.** 方向を変える点, (太陽の)回帰点. **3.** 〖数〗変曲点.

der **Wẹn·der** [ヴェンダー] [名] -s/- 裏返す〔向きを変える〕器具《料理用の返し, ロースト用ターナー(Braten∼), テッダーレーキ(Heu∼), 整流器(Strom∼)など》.

(*der*) **Wẹn·ders** [ヴェンダース] [名] 〖人名〗ヴェンダース《Wim ∼, 1945-, 映画監督》.

wẹn·de·te [ヴェンデテ] [動] wenden の接続法 2 式.

wẹn·dig [ヴェンディヒ] [形] 操縦しやすい, 扱いやすい; 機転がきく, 機敏な.

die **Wẹn·dig·keit** [ヴェンディヒカイト] [名] -/ 操縦のしやすさ; 機転がきくこと, 機敏.

wẹn·disch [ヴェンディシュ] [形] ヴェンド(人・語)の.

die **Wẹn·dung** [ヴェンドゥング] [名] -/-en **1.** 転回, 方向転換: eine ∼ machen 向きを変える. eine ∼ um 180° 180 度の方向転換. eine ∼ zum Besseren/Schlechteren nehmen 好転/悪化する. **2.** 《稀》(道・川などの)カーブ, 湾曲. **3.** (歴史・発展などの)転換. **4.** 言回し(Rede∼): eine feste ∼ 決った言回し. **5.** (辞書の)用例.

der **Wen·fall** [ヴェーン・ふぁル] [名] -(e)s/ 〖言〗4 格, 対格.

we·nig [ヴェーニヒ] [代] 《不定》 weniger ; wenigst 《定冠詞・所有冠詞などがつけば形容詞的変化. 冠詞類がない場合, wenig に続く形容詞は強変化. ただし wenig が語尾変化する場合はそれに続く形容詞の[男]・[中] 3 格は弱変化》 **1.** 《[単]で》 **a.** わずかな, 少量の, 少ない《物質名詞・抽象名詞の場合は無変化も多い》: (付加語的用法)sein ∼*es* Englisch 彼のわずかな英語力. nach ∼*em* kurzen Üben わずかな短い練習の後で. das ∼*e* Geld そんなわずかな金. Er braucht ∼ Geld. 彼は少ししか金がいらない. Nachts ist ∼ Verkehr. 夜間は交通量が少ない. ∼ Zeit/Hoffnung haben あまり暇/希望がない. Es ist (zu) ∼ Regen gefallen. 雨は少ししか降らなかった. Du solltest ∼*er* Bier trinken. 君はビールを飲むのをもっと控えたほうがよいのに. (独立的用法) In seiner Heimat hat sich nur ∼ verändert. 彼の故郷はあまり変っていなかった. Er kommt mit (*W*)∼(*em*) aus. 彼はわずかなもので済ませている. das (*W*)∼*e*, das ich besitze 私がもっているわずかなもの. Das wäre das ∼*ste* dabei. それはほとんど問題ではない. Dort war ∼ los. 《口》そこはあまりにぎやかではなかった. Sie wird immer ∼*er*. 《口》彼女はますますやせていく. **b.** 少数の, 少しの: (付加語的用法) ∼*er*, aber echter Schmuck 少数だが本物の装身具. ∼*es* Gute 数少ないいところ〔箇所・点〕. (独立的用法)∼*es* richtig beantworten können (問のうちの)少ししか正しく答えられない. Seine Punktzahl liegt um ∼*es* höher als meine. 彼の得点は私のより少し高いだけだ. **2.** 《[複]で》少数の, わずかな(1・4 格では無変化もある): (付加語的用法) ∼(*e*) Leute 少数の人. ihre ∼*en* Verwandten 彼女のわずかな親戚. die Meinung ∼*er* Gelehrter〔Gelehrten〕ひと握りの学者の意見. ∼(*e*) Erwartungen haben わずかな期待をつなぐ. in den ∼*sten* Fällen ごくまれな場合に. Die ∼*sten* Kinder können mit acht Monaten laufen. 生後 8 か月で歩ける子供はめったにいない. ∼ /∼*e* Worte machen 《口》口数が少ない/(具体的なあることがらについて)少ししか言わない. die Hilfe ∼*er* guter Menschen 少数の善良な人々の援助. (独立的用法)Einige ∼*e* kamen mit dem Leben davon. わずか数名〔数匹〕しか生きのびなかった. ∼*e*, die ich kenne 私の知っているわずかな人々. die ∼*sten* von uns われわれの中のごく一部. **3.** (程度を表す副詞規定の後で)Sie haben gleich ∼ Zeit. 彼らは同じようにあまり暇がない. Zum zweiten Vortrag kamen (genau) so ∼*e* wie zum ersten. 2 回目の講演でも 1 回目のときと同じくらい少しの人数しか集まらなかった.

【慣用】**Es fehlte wenig , und ...** ほんのすこしのところで〔危うく〕…するところだった. **Es gehört wenig dazu**〔**Dazu gehört wenig**〕**, dass ...** …であるのに大して知識〔能力〕はいらない. **sich³ wenig aus ⟨j³/et³⟩ machen** ⟨人を⟩好きではない/⟨物・事が⟩(なくても別に)どういうことはない. **wenig auf ⟨j⁴/et⁴⟩ geben** ⟨人の言うことに⟩/⟨事に⟩重きを置かない.

—— [副] 《語飾》 weniger ; am wenigsten **1.** 《動詞を修飾》《頻度が少ない・持続が短い》あまり…ない, 少ししか〔まれにしか〕…ない: Er trinkt ∼. 彼はあまり(アルコール類を)飲まない. ∼ Sport treiben あまりスポーツをしない. **2.** 《動詞・形容詞を修飾》《程度を低めて》あまり…ない: Ich kenne ihn noch ∼. 私は彼をまだあまりよく知らない. Das hätte ich am ∼*sten* erwartet. それは(私は)ほとんど予想していなかった. ∼/∼*er* bekannte Melodien あまり/比較的知られていない歌曲. 【慣用】**ein wenig** 少しばかり, 少々. **mehr oder weniger** 多かれ少なかれ. **nicht wenig** 少なからず, 非常に: Er freute sich nicht *wenig*. 彼は少なからず喜んだ. **nicht weniger ... als ... sein** …に劣らず〔同様に〕…である: Er war nicht *weniger* erstaunt als ich. 彼は私同様びっくりした. **nichts weniger als ... sein** まったく…でない: Sie ist nichts *weniger* als glücklich. 彼女はまったく不幸だ. (否定文の後に置いて) **viel weniger** ましてや〔いわんや〕…などない: Ich habe sie nicht gesehen, viel *weniger* gesprochen. 私は彼女と会ったことはない. ましてや話したことなどない. **weniger ... als ...** (他より劣っていることを示して)…より…の程度が低い; (対応する二つの事を比較して)…というよりは(むしろ)…である: Er ist *weniger* begabt als sein Bruder. 彼は兄〔弟〕より才能に恵まれていない. Es kommt *weniger* auf Quantität als auf Qualität an. 量より質が問題だ.

we·ni·ger [ヴェーニガー] (wenig の比較級) ⇨ wenig.

—— [接] マイナス, 引く: Sieben ∼ vier ist〔gibt/macht〕drei. 7−4=3.

die **We·nig·keit** [ヴェーニヒカイト] [名] -/ 僅少(きんしょう), 少数, 少量; 些事(さじ): meine ∼ 《冗》小生.

we·nigs·tens [ヴェーニヒステンス] [副] 《語飾》(動詞・形容詞・副詞・名詞を修飾)少なくとも; せめて: In der Tasche waren ∼ zehn Euro. 財布の中には少なくとも 10 ユーロあった.

wẹnn [ヴェン] [接] 《従属》 **1.** 《条件・仮定》もし…ならば, …であるとすれば: *W*∼ das Wetter morgen schön ist, (dann) wollen wir einen Ausflug machen. 明日天気がよければ, われわれはハイキングに行こう. *W*∼ ich das gewusst hätte, wäre ich mitgekommen. それを知っていたら, 私も一緒に行ったのに. **2.** 《時点》 **a.** (現在・未来に関して)《同時》…すると, …したら; (反復)…するたびに: *W*∼ es zwölf ist, klingelt es. 12 時になるとベルが鳴る. jedesmal, ∼ es Frühling wird 春になるたびに. **b.** (過去に関して)《反復》…するたびに, …するときはいつも【過去の同時は⇨als 1】: *W*∼ ich ins Konzert ging, war es immer mit ihm. 私がコンサートに行くときは, いつも彼と一緒だった. **3.** (auch, schon, gleich などとともに認容文を導いて)…ではあるが: *W*∼ es auch anstrengend war, Spaß hat es doch gemacht. それはつらかったけれど, (反面)楽しかった. **4.** (先行する und, selbst, auch とともに仮定の認容文を導いて)(たとえ)…であっても: Selbst ∼ es regnet, wird das Spiel stattfinden. たとえ雨でも試合は行われるだろう. (Und) ∼ auch! 《口》たとえそうであってもだ(そんなことは言いわけにならない). **5.** (doch または nur とともに接続法 2 式による非現実の願望文を導いて)…であれば〔であったら〕なあ: ∼ sie doch käme! 彼女が来てくれればなあ. **6.** (als または wie とともに事実に反する比較文を導いて)あたかも…であ

werbewirksam

るかのように：Er tut (so), als ～ er uns nicht bemerkt hätte. 彼はわれわれに気がつかなかったかのようなふりをする.
das **Wenn** [ヴェン] 名 -s/-(s) (もしか…ならばという) 留保，ためらい：das ～ und Aber 疑念, 異論.
wenn·gleich [ヴェン・グライヒ] 接《従属》…ではあるが.
wenn·schon [ヴェン・ショーン, ヴェン・ショーン] 接《従属》 **1.** (アクセントは[-́])(稀)＝wenngleich. **2.** (アクセントは[-́])(次の形で)(Na) ～！《口》(そんなことに)なんでもないよ, 構わないよ.《口》やるからには徹底的に. ⇒ dennschon.
der **Wenzel** [ヴェンツェル] 名 -s/- ＝Unter.
wer[1] [ヴェーア] 代《疑問》1格《変化形は口〔諸品詞の変化〕. 3人称単数男性形であるが性・数を問わず一般に人について用いる》 **1.** だれ, 何者, どういう人(たち)か：**a.** W～ kommt mit? だれか一緒に来るか(行くか). W～ von euch hat das getan? 君たちの中のだれがそれをしたのか. W～ sind diese Leute? この人たちはだれか(wer は述語). Halt! W～ da? 止まれ, だれだ(番兵の質問). **b.** (alles とともに▭を表して) W～ alles ist dabeigewesen? そこには人が何人いたか(どういう(種類の)人たちがそこに(来て)いたのか(状況によって wieviel または was für の意). **c.** (間接疑問文を導いて) Er fragte mich, ～ krank ist. 彼は私に, だれが病気かと尋ねた. **d.** (答を期待しない修辞的疑問文を導いて) W～ hat das nicht schon mal erlebt？ それを一度だって経験しなかった者がいるだろうか. Was glaubt er eigentlich, ～ ist？ 彼は自分が何者だと思っているのだろうか. **2.** (次の形で) ～ weiß **a.** だれにも分うろ(だれにも分からない) W～ weiß, ob wir uns wiedersehen. 私たちは二度と会えるかどうか分からない. **b.** (was, wer, wie, wieviel, wo などとともに, はっきり分からないものを漠然と言う) Er sagte ～ weiß was. 彼は何かと言っていたよ. Das Buch hat ～ weiß ～. その本は(だれか知らないがが)れかが持っているだろう. Das hat ～ weiß wieviel Geld gekostet. それはかなり金がかかったろう. Er treibt sich ～ weiß wo herum. 彼はどこかをうろついているのだろう.
wer[2] [ヴェーア] 代《不定関係》1格《変化形は wer[1] に同じ》(およそ)…である(する)人：W～ mitkommen will, soll die Hand heben. 一緒に行きたい人は手を挙げよ. W～ nicht mitspielte, war Karl. 競技(ゲーム)に参加しなかったのはカールだ(Karl spielte nicht mit. の強調). 【先行詞がなくても明らかに特定の人を指せば定関係代名詞 der, die を用いる：Der mir immer wieder half, war Peter. 私を何度も助けてくれたのはペーターだった】
wer[3] [ヴェーア] 代《不定》1格《変化形は wer[1] に同じ. ただし2格は用いない》《口》 **1.** だれか：Ist da ～？ だれかいますか. Da ist ～ an der Tür. だれか(人)がドアのところにいる. **2.** たいした人：In seiner Firma ist er ～. 会社では彼はなかなか偉いんだ.
(die) **We·ra** [ヴェーラ] 《女名》ヴェーラ.
die **Wer·be·ab·tei·lung** [ヴェるべ・アップ タイルング] 名 -/-en 宣伝部.
die **Wer·be·a·gen·tur** [ヴェるべ・アゲントゥーあ] 名 -/-en 広告代理店.
die **Wer·be·aus·sa·ge** [ヴェるべ・アウス・ザーゲ] 名 -/-n 広告のコピー.
der **Wer·be·be·ra·ter** [ヴェるべ・べらーター] 名 -s/- 広告コンサルタント.
der **Wer·be·brief** [ヴェるべ・ブリーふ] 名 -(e)s/-e ダイレクトメール.
das **Wer·be·bü·ro** [ヴェるべ・ビュろ] 名 -s/-s 広告代理店.
die **Wer·be·er·folgs·kon·trol·le** [ヴェるべ・エあふぉるクス·

コントろレ] 名 -/-n 広告効果の研究〔検査〕.
der **Wer·be·e·tat** [ヴェるべ・エター] 名 -s/-s 広告〔宣伝〕予算.
der **Wer·be·fach·mann** [ヴェるべ・ふぁッハ・マン] 名 広告専門家.
der **Wer·be·feld·zug** [ヴェるべ・ふぇルト・ツーク] 名 -(e)s/..züge 広告キャンペーン.
das **Wer·be·fern·se·hen** [ヴェるべ・ふぇるンゼーエン] 名 -s/ テレビコマーシャル.
der **Wer·be·film** [ヴェるべ・ふぃルム] 名 -(e)s/-e 宣伝映画, コマーシャルフィルム.
der **Wer·be·funk** [ヴェるべ・ふンク] 名 -s/ ラジオコマーシャル.
das **Wer·be·ge·schenk** [ヴェるべ・ゲシェンク] 名 -(e)s/-e 宣伝用景品.
die **Wer·be·gra·fik, Wer·be·gra·phik** [ヴェるべ・グらふぃク] 名 -/-en 商業グラフィック, 商業美術.
die **Wer·be·kam·pa·gne** [ヴェるべ・カムパニェ] 名 -/-n 広告〔宣伝〕キャンペーン.
die **Wer·be·kos·ten** [ヴェるべ・コステン] 複名 広告〔宣伝〕費.
der **Wer·be·lei·ter** [ヴェるべ・ライター] 名 -s/- 宣伝部長.
der **Wer·bel·lin·see** [ヴェるべリーン・ゼー] 名 -s/ 〖湖名〗ヴェルベリンゼー(ブランデンブルグ州の湖).
das **Wer·be·mit·tel** [ヴェるべ・ミッテル] 名 -s/- 広告〔宣伝〕手段, 広告〔宣伝〕媒体.
wer·ben[*] [ヴェるベン] 動 er wirbt; warb; hat geworben **1.** (für ⟨j⁴/et⁴⟩)宣伝をする. **2.** (um ⟨j⁴/et⁴⟩)(文)獲得しようとつとめる：um die Frau ～ その女性に求婚(求愛)する. **3.** ⟨j⁴⟩募集する, 募る.
die **Wer·be·pau·se** [ヴェるべ・パウゼ] 名 -/-n コマーシャルタイム.
das **Wer·be·pla·kat** [ヴェるべ・プラカート] 名 -(e)s/-e 広告〔宣伝〕のポスター.
die **Wer·be·pla·nung** [ヴェるべ・プラーヌング] 名 -/-en 広告〔宣伝〕企画.
der **Wer·be·pro·s·pekt** [ヴェるべ・プろスペクト] 名 -(e)s/-e 宣伝パンフレット.
die **Wer·be·psy·cho·lo·gie** [ヴェるべ・プスュヒょ・ロギー] 名 -/ 広告心理学.
der **Wer·ber** [ヴェるバー] 名 -s/- **1.** 〈古〉求婚〔求愛〕者. **2.** 〈古〉兵員徴募官. **3.** 《口》勧誘員, 宣伝係.
die **Wer·be·schrift** [ヴェるべ・シュりふト] 名 -/-en 宣伝〔広告〕用印刷物(パンフレット・散らしなど).
die **Wer·be·sen·dung** [ヴェるべ・ゼンドゥング] 名 -/-en コマーシャル放送.
der **Wer·be·spot** [ヴェるべ・シュポット] 名 -s/-s スポットコマーシャル.
der **Wer·be·spruch** [ヴェるべ・シュプるっフ] 名 -(e)s/..sprüche 広告用スローガン.
der **Wer·be·text** [ヴェるべ・テクスト] 名 -(e)s/-e 宣伝〔広告〕文, 宣伝コピー.
der **Wer·be·tex·ter** [ヴェるべ・テクスター] 名 -s/- コピーライター.
der **Wer·be·trä·ger** [ヴェるべ・トれーガー] 名 -s/- 宣伝媒体, 広告主(会社などのリッベンをユニフォームに付けたスポーツ選手など).
die **Wer·be·trom·mel** [ヴェるべ・トろメル] 名 《次の形で》 für ⟨j⁴/et⁴⟩ die ～ rühren [schlagen] ⟨人・物・事⟩鳴物入りで宣伝する.
der **Wer·be·ver·trag** [ヴェるべ・ふぇあトらーク] 名 -(e)s/..träge コマーシャル契約(俳優, スポーツマンなどが企業の広告をする際に結ぶ高額の契約).
wer·be·wirk·sam [ヴェるべ・ヴィるクザーム] 形 宣伝効果のある.

der **Wẹr·be·wirk·sam·keits·test** [ヴェるべ・ヴィるクザームカイツ・テスト] [名] -(e)s/-s〔-e〕 広告〔宣伝〕効果テスト.

das **Wẹr·be·ziel** [ヴェるべ・ツィール] [名] -(e)s/-e 広告〔宣伝〕目標.

der **Wẹr·be·zweck** [ヴェるべ・ツヴェック] [名] -(e)s/-e 宣伝〔広告〕目的：《主に次の形で》zu ～*en* 〔für ～*e*〕 宣伝の目的で.

die **Wẹr·bung** [ヴェるブング] [名] -/-en **1.** 《[単]のみ》広告, 宣伝; 広告宣伝部： eine ～ für ein Produkt betreiben ある製品の宣伝をする. **2.** 募集. **3.** 《文》求愛, 求婚.

die **Wẹr·bungs·kos·ten** [ヴェるブングス・コステン] [複名] **1.** 〖税〗(税法上の)必要経費. **2.** 《稀》宣伝費.

das **We̲r·da** [ヴェーあダ] [名] -(s)/-s 〖軍〗誰何(すいか)(の声).

(die) **Wẹr·dan·di** [ヴェるダンディ] [名] 〖北欧神〗ヴェルダンディ(運命の女神).

der **We̲r·de·gang** [ヴェーあデ・ガング] [名] -(e)s/..gän-ge 成長〔発展・生成〕過程; (精神的)形成過程, 経歴.

we̲r·den* [ヴェーあデン] [動] du wirst, er wird; wurde; ist geworden **1.** 〔〈様態〉ニ〕なる： krank ～ 病気になる. müde ～ 疲れ(て眠くな)る. 80 (Jahre alt) ～ 80歳になる. anderer Meinung ～ 考えが変る. mit 〈j³〉/〈et³〉 bekannt ～ 〈人ト〉知合いになる/〈事ヲ〉初めて知る. Der Abschied *wurde* ihr schwer. 別れは彼女にはつらかった. (Esが主語で) Es *wird* dunkel. (あたりは)暗くなる. **2.** 〔Es+〈j³〉ハ+〈形〉ノ〕気分〔気持〕になる：《文頭に〈j³〉が来れば Es は省略》Mir *wurde* etwas leichter (zumute). 私は気持がいくらか楽になった. **3.** 〔〈j¹/et¹〉ニ〕なる《社会的身分, 発展・経過の後到達した状態を示して》： Was willst du ～? (将来)君は何になりたいのだ. Sein Traum ist Wirklichkeit *geworden.* 彼の夢は実現した. **4.** 〔zu 〈j³/et³〉ニ〕なる, 成長する《発展・経過の到達点を示して》： Das Mädchen ist zu dieser jungen Dame *geworden.* あの女の子がこの立派なお嬢さんになったのだ. Im Gefrierfach *wird* das Wasser in einer Stunde zu Eiswürfeln. (冷蔵庫の)冷凍室で, その水は1時間で角氷〔アイス・キューブ〕になる. 〈j³〉 zur Last ～ 〈人ノ〉重荷になる. **5.** 〔aus 〈j³/et³〉ガ〕(…に)なる, (…に)変る《発展・経過の出発点を示して》： Aus Freundschaft *wurde* Liebe. 友情が愛情に変った. Was ist aus ihnen *geworden*? 彼らはその後どうなっただろうか. **6.** 〔Es+〈et⁴〉ニ〕なる： In zehn Minuten *wird* es acht Uhr. 10分で8時になる. Im nächsten Jahr *wird* es zehn Jahre, dass wir hier wohnen. 来年でここに住んでから10年になる. **7.** 〔補足なし〕《文》生じる, 生れる, 生成する： Es *werde* Licht! 光あれ(創世記1, 3). **8.** 〔(〈et⁴〉ニ)〕《口》(うまく)出来上がる： Sind die Fotos etwas *geworden*? 写真はちゃんと撮れたか. nichts ～ 失敗する. **9.** 〔〈j³〉ニ〕《文》与えられる. 【慣用】**Aus nichts wird nichts.** 《口》無から有は生じない. **Bist du verrückt geworden?** 《口》なんてことをする〔言う〕んだ. **Daraus kann ich nicht klug werden.** 私にはそのことが分らない《相手の説明などが》. **Daraus wird nichts.** 《口》そんなことは実現しない. **Das wird ja (et)was werden!** そいつは面白くなるぞ. **Die Pflanze wird nicht wieder.** その植物はもう生返らない. **Es will nicht werden.** それはなかなかうまく行かない. **Mit den beiden scheint es etwas zu werden.** あの二人は良い仲になりそうだ. **Und was wurde dann?** それからどうなったのか〔何が起こったのか〕. **Was soll bloß werden, wenn ...?** もし…なら一体どうなるんだろう. **Wird's bald?** 早くしてくれ.

—— [助] **1.** 《時称》《動詞・話法助動詞の不定詞とともに未来時称を, 完了不定詞とともに未来完了時称を作る》…だろう： Es *wird* bald regnen. 間もなく雨が降るでしょう. Bis übermorgen *werde* ich meine Arbeit beendet haben. 明後日までに私は仕事を終えているでしょう. 《主語が1人称のときには意図も表す》Ich *werde* mitkommen. 私は一緒に行くつもりです. 《主語が2人称の時には命令文ともなる》Du *wirst* jetzt zu Bett gehen. おまえはもう寝なさい. 【①未来時称は, 推量の域を出ない未来のことを述べるのに用い, 未来のことでも起こることが確実な場合には現在時称を用いる. ②未来完了時称を用いるのは, やや古い. 多くは現在完了時称が代用される. また, 現在時称・未来時称が代用される場合もある】 **2.** 《推量》《動詞・話法助動詞の不定詞・完了不定詞とともに推量文を作る》…のだろう： Er *wird* heute wohl in München sein. 彼は今日はミュンヘンにいるでしょう. Er *wird* wohl gestern dort gewesen sein. 彼は昨日そこにいたのでしょう.【未来・未来完了時称と区別するために, 推量文では wohl がよく一緒に用いられる】 《接続法2式で, 他の動詞の接続法2式の代用として非現実話法に用いて》Ich *würde* kommen 〔Ich käme〕, wenn das Wetter besser wäre. 天気がもっと良ければ, 私は(そちらに)行くのに. Er *würde* nicht gefehlt haben, wenn er nicht krank gewesen wäre. 彼は病気でなかったならば, 欠席はしなかったのに. 《接続法2式で外交話法に用いて》*Würden* Sie das bitte tragen? それを持っていただけませんか. **3.** du wirst, er wird; wurde; ist ... worden 《受動》《原則として4格を取る動詞の過去分詞とともに受動文を作る. 過去分詞は worden》…される： Der Verletzte ist schon ins Krankenhaus gebracht *worden.* その負傷者はすでに病院に運ばれた. 《2格・3格を取る動詞の受動文で》Ihm *wurde* 〔Es *wurde* ihm〕 von vielen geholfen. 彼には多くの人々から援助がなされた. 《man を主語とした能動文は, しばしば, Es を主語とした受動文によって代替される》Es *wurde* gesagt 〔Man sagte〕, dass ... …ということが言われた. 《受動文が命令文に用いられて》Jetzt *wird* aber geschlafen! もう寝なさい〔寝よう〕.

das **We̲r·den** [ヴェーあデン] [名] -s/ 発生, 生成, 発展, 成長.

we̲r·dend [ヴェーあデント] [形] …になりつつある, 生成〔成長・発生・発展・発育〕中の： eine ～*e* Mutter (間もなく)母親になる女.

der **Wẹr·der** [ヴェるダー] [名] -s/- 川の中の島, 中州; 河川〔湖沼〕の間の低湿地; 干拓地.

der **We̲r·fall** [ヴェーあ・ふぁル] [名] -(e)s/ 〖言〗1格, 主格.

(der) **Wẹr·fel** [ヴェるふぇル] [名] 〖人名〗ヴェルフェル (Franz ～, 1890-1945, オーストリアの表現主義の詩人・劇作家・小説家).

wẹr·fen* [ヴェるふぇン] [動] er wirft; warf; hat geworfen **1.** 〔〈et⁴〉ヲ〕投げる, 放(ほう)る. **2.** 〔mit 〈et³〉ヲ+(nach 〈j³〉ニ/auf 〈j⁴/et⁴〉ニ)〕投げつける. **3.** 〔〈j⁴/et⁴〉ヲ+〈方向〉ニ(カラ)〕投げる; 放り出す： einen kurzen Blick in die Zeitung ～ 新聞にちらっと目を通す. **4.** 〔sich⁴+〈方向〉ニ〕身を投出す〔投げかける〕; 身を投げる. **5.** 〔〈et⁴〉ヲ〕〖スポーツ〗投げる, 決める(シュートしてゴールを); 〖遊戯〗出す(さいころを振って目を)： Weltrekord ～ 世界記録を出す(槍(やり)・ハンマー・円盤投げで). **6.** 〔〈j⁴〉ヲ〕〖レスリング〗投げる. **7.** 〔〈et⁴〉ヲ+〈方向〉ニ(カラ)〕急激に動かす(身体部分を). **8.** 〔〈et⁴〉ヲ〕投げかける(光などを); 立てる(波などを); (…に)なる:Die Hose *wirft* Falten. ズボンがしわになる. **9.** 〔sich⁴〕反る, 曲る, ひずむ(湿気・湿度などで). **10.** 〔(〈et⁴〉ヲ)〕(子を)産む(哺乳(ほにゅう)動物が). **11.** 〔〈et⁴〉ヲ〕《口》おごる. 【慣用】**Bilder an die Wand werfen** 《口》映像を壁に映し出す. **die**

Kleider von sich³ werfen 衣服を脱ぎ捨てる. die Tür ins Schloss werfen ばたんとドアを閉める. eine Frage in die Debatte werfen 問題を討議にかける. neue Ware auf den Markt werfen 新しい商品を市場に出す. sich⁴ auf eine neue Aufgabe werfen 新しい任務に没頭する. sich⁴ in andere Kleider werfen さっと着替える. sich⁴ schlaflos hin und her werfen 眠れずに輾転(てんてん)反側する.

der **Wer·fer** [ヴェるフぁー] 名 -s/- **1.** [스포] ピッチャー; ハンマー〔円盤・槍(やり)〕投げ選手; (バスケットボールなどで)シュートする選手. **2.** 〖軍〗(で弾筒; ロケット砲.

die **Werft** [ヴェるフト] 名 -/-en 造船所, ドック; 飛行機製造整備工場.

der **Werft·ar·bei·ter** [ヴェるフト·アるバイター] 名 -s/- 造船所(飛行機製造整備工場)工員.

das **Werg** [ヴェるク] 名 -(e)s/- 麻〔亜麻〕屑(くず).

das **Wer·geld** [ヴェーア·ゲルト] 名 -(e)s/-er 人命金 (ゲルマン法で, 殺害者が殺害された者の氏族へ払う賠償金).

das **Werk** [ヴェるク] 名 -(e)s/-e **1.** (芸術)作品, 著作(物): Goethes sämtliche ~e ゲーテ全集. **2.** (単のみ)仕事, 作業, 活動: Hand ans ~ legen (sich⁴ ans ~ machen)仕事に着手する. ⟨et⁴⟩ ins ~ setzen ⟨事を⟩実現〔実行〕する. **3.** 行為, 仕事(ぶり), 所業: ~e der Nächstenliebe 隣人愛の行為. das ~ eines Augenblicks あっという間の仕業. **4.** 工場, 製作所; (単のみ)(工場の)全従業員. **5.** (動かす)仕掛け, (時計の)歯車装置, 機構. **6.** (城塞の)堡塁(ほうるい). 【慣用】ab Werke 工場渡し. am Werk sein 仕事中である. Ans Werk！さあ仕事にかかろう. ans Werk gehen 仕事にとりかかる. behutsam/geschickt zu Werke gehen ⟨文⟩慎重/巧みに行動する. das Werk meiner Hände 私自身の手によるもの, 私の手製のもの. im Werke sein ⟨文⟩(何かが)起こりつつある.

die **Werk·an·la·ge** [ヴェるク·アン·ラーゲ] 名 -/-n 工場施設.

die **Werk·bank** [ヴェるク·バンク] 名 -/..bänke 仕事台, 作業台, 工作台.

werk·ei·gen [ヴェるク·アイゲン] 形 工場所有(付属)の.

wer·keln [ヴェるケルン] 動 h. **1.** [慣用に](暇つぶしに趣味で)仕事をする: im Garten ~ 庭いじりをする. **2.** 〔方〕=werken.

der **Wer·kel·tag** [ヴェるケル·ターク] 名 -(e)s/-e 〖古〗=Werktag.

wer·ken [ヴェるケン] 動 h. ⟨様態⟩ニ/⟨場所⟩デ] (体を使って)働く, 仕事をする.

werk·ge·recht [ヴェるク·ゲれヒト] 形 作品(の本質)に即した.

werk·ge·treu [ヴェるク·ゲトろイ] 形 原作〔原曲〕に忠実な.

die **Werk·hal·le** [ヴェるク·ハレ] 名 -/-n 工場の作業用(の大型)建物.

die **Werk·leu·te** [ヴェるク·ロイテ] 複名 〖古〗労働者, 就労者.

der **Werk·meis·ter** [ヴェるク·マイスター] 名 -s/- 職(工)長.

die **Workanlago** [ヴェるク·アン·ラーゲ] 名 -/-n (まれに)=Werkanlage.

der **Werk·schutz** [ヴェるク·シュッツ] 名 -es/ 工場の保安;(総称)工場保安係.

die **Werks·hal·le** [ヴェるクス·ハレ] 名 -/-n (まれに)=Werkhalle.

die **Werks·pi·o·na·ge** [ヴェるク·シュピオナージェ] 名 -/ 産業スパイ.

die **Werks·pi·o·na·ge** [ヴェるク·シュピオナージェ] 名

-/ 〖まれに〗=Werkspionage.

die **Werk·statt** [ヴェるク·シュタット] 名 -/..stätten (手工業者の)仕事場, 作業場, 修理工場;(転)(劇の)ワークショップ.

die **Werk·statt·büh·ne** [ヴェるクシュタット·ビューネ] 名 -/-n ワークショップ(実験)劇場(前衛劇や実験劇を上演する).

die **Werk·stät·te** [ヴェるク·シュテッテ] 名 -/-n 〖文〗=Werkstatt.

das **Werk·statt-The·a·ter** [ヴェるクシュタット·テアーター] 名 -s/=Werkstattbühne.

der **Werk·stein** [ヴェるク·シュタイン] 名 -(e)s/-e 石材, 切り石.

der **Werk·stoff** [ヴェるク·シュトッフ] 名 -(e)s/-e (木·金属·石·革などの)材料.

das **Werk·stück** [ヴェるク·シュテュック] 名 -(e)s/-e 加工(組立ての中)の部材.

der **Werk·stu·dent** [ヴェるク·シュトゥデント] 名 -en/-en アルバイト学生.

die **Werks·woh·nung** [ヴェるクス·ヴォーヌング] 名 -/-en (まれに)=Werkwohnung.

der **Werk·tag** [ヴェるク·ターク] 名 -(e)s/-e (日曜·休日·祝日外の)仕事日.

werk·tags [ヴェるク·タークス] 副 仕事日に.

werk·tä·tig [ヴェるク·テーティヒ] 形 (特に〖旧東独〗)職に就いている. 就労〔就業〕の(特に肉体労働で).

der **Werk·tä·ti·ge** [ヴェるク·テーティゲ] 名 (形容詞的変化)(特に〖旧東独〗)勤労者, 就労者, 働いている人.

der **Werk·un·ter·richt** [ヴェるク·ウンター·りヒト] 名 -(e)s/-e 工作の授業.

der **Werk·ver·trag** [ヴェるク·フェァトらーク] 名 -(e)s/..träge 〖法〗請負契約.

das **Werk·ver·zeich·nis** [ヴェるク·フェァツァイヒニス] 名 -ses/-se (作曲家·造形芸術家の)作品目録.

die **Werk·woh·nung** [ヴェるク·ヴォーヌング] 名 -/-en (工場の)社宅.

die **Werk·zeit·schrift** [ヴェるク·ツァイト·シュりフト] 名 -/-en 社内報.

das **Werk·zeug** [ヴェるク·ツォイク] 名 -(e)s/-e **1.** 道具, 工具;(単のみ)(総称)道具, 工具:〈j⁴〉 zu seinem gefügigen ~ machen (転)⟨人を⟩意のままになる道具にする. **2.** 〖工〗工作機械 (~maschine).

der **Werk·zeug·kas·ten** [ヴェるク·ツォイク·カステン] 名 -s/..kästen(-) 道具〔工具〕箱.

der **Werk·zeug·ma·cher** [ヴェるク·ツォイク·マッハー] 名 -s/- 工作機械製造工.

die **Werk·zeug·ma·schi·ne** [ヴェるク·ツォイク·マシーネ] 名 -/-n 工作機械.

der **Werk·zeug·schlos·ser** [ヴェるクツォイク·シュロッサー] 名 -s/- =Werkzeugmacher.

die **Werk·zeug·ta·sche** [ヴェるク·ツォイク·タッシェ] 名 -/-n (自動車などの)道具〔工具〕袋.

der **Wer·mut** [ヴェーアムート] 名 -s/ **1.** 〖植〗ニガヨモギ. **2.** ベルモット(ワインにニガヨモギなど複数の薬草を加えたリキュール).

der **Wer·muts·trop·fen** [ヴェーアムーツ·トろップふぇン] 名 -s/- ⟨文⟩(苦い)一滴のベルモット(喜びの中の一抹の不安·悲しみなど).

(der) **Wer·ner** [ヴェるナー] 名 **1.** 〖男名〗ヴェルナー. **2.** 〖人名〗① Abraham Gottlob ~, 1749-1817, 鉱物学者. ② Zacharias ~, 1768-1823, 劇作家.

Wern·hard [ヴェるンハルト] 名 〖男名〗ヴェルンハルト.

(der) **Wern·her** [ヴェるンヘる] 名 **1.** 〖男名〗ヴェルンヘル. **2.** ~ der Gartenaere ヴェルンヘル·デル·ガルテ

ネーレ《ドイツ中世の風刺詩人》.

die **Wẹr·ra** [ヴェら] [名] -/ 〘川名〙ヴェラ川《ヴェーザー川の源流》.

die **Wẹrst** [ヴェるスト] [名] -/-en ベルスタ, 露里(ろり)《ロシアの昔の距離単位. 1 ベルスタ＝約1.067 km. 記号 W》.

we̲rt [ヴェーあト] [形] **1.** 〔〈et^4〉ノ〕値段の, 価値の：2 000 Euro/nichts ～ sein 2000 ユーロの値段である/何の価値もない. **2.** 〔〈$j^{2(4)}$/$et^{2(4)}$〉ニ〕値する《4 格は《稀》》：Das ist der Mühe ～. それは苦労するかいがある. **3.** 《古》貴重な, 大切な, 敬愛する：Ihre ～*e* Frau Gemahlin あなたの奥様. Ihr ～*es* Schreiben 貴書簡. 【慣用】〈j^4/et^4〉〈j^2/et^2〉(**für**) **wert befinden**〔**halten**・(**er**)**achten**〕〈人・事ヲ〉〈人・事ニ〉ふさわしいと思う.

der **We̲rt** [ヴェーあト] [名] -(e)s/-e **1.** 《主に[単]》価格, 値, (市場)価値：den ～ festsetzen 価格を定める. den ～ schätzen 値ぶみする. an ～ gewinnen/verlieren 値が出る/値打ちがなくなる. im ～ fallen/steigen 値が下がる/上がる. unter (seinem) ～ 価格以下で. **2.** 価値, 重要さ：geistiger ～ 精神的価値. keinen praktischen ～ haben 実用的な価値がない. 〈et^3〉 ～ beilegen〔beimessen〕〈事ニ〉重きを置く. ～ auf 〈et^4〉 legen〈事ヲ〉重要視する. **3.** 《[複]のみ》価値あるもの, 貴重品. **4.** 数値, 値. **5.** 切手(～zeichen)：ein ～ zu 50 Cent dieser Serie このシリーズの 50 セント切手. **6.** 《[複]のみ》有価証券(～papiere). 【慣用】**Das hat doch keinen Wert !** 《口》それは何の役にもたたないよ.

..wert [..ヴェーあト] [接尾] **1.** 動詞や名詞の後につけて「…する〔される〕に値する」という意味の形容詞を作る：bewunderns*wert* 称賛に値する. liebens*wert* 愛すべき. ausstoßungs*wert* 追放されてしかるべき. **2.** この形の形容詞で別の意味を持つものもある：lohnens*wert* やりがいのある. preis*wert* 格安の.

die **We̲rt·an·ga·be** [ヴェーあト・アン・ガーベ] [名] -/-n 〘郵〙価格表記〔申告〕.

die **We̲rt·ar·beit** [ヴェーあト・アるバイト] [名] -/-en 一級品, 力作.

die **We̲rt·be·rich·ti·gung** [ヴェーあト・べりひティグング] [名] -/-en 〘経〙(企業会計で)価値修正.

we̲rt·be·stän·dig [ヴェーあト・ベシュテンディひ] [形] 価値〔価格〕の安定した.

die **We̲rt·be·stän·dig·keit** [ヴェーあト・ベシュテンディひカイト] [名] -/ 価値〔価格〕の安定.

der **We̲rt·brief** [ヴェーあト・ブりーふ] [名] -(e)s/-e 〘郵〙価格表記〔申告〕郵便.

der **We̲r·te·ka·non** [ヴェーあテ・カーノン] [名] -s/-s (社会などの)価値規準, (社会)規範.

we̲r·ten [ヴェーあテン] [動] *h.* **1.** 〔〈j^4/et^4〉ヲ＋〈[形]〉ニ〕評価する. **2.** 〔〈j^4/et^4〉ヲ＋als 〈j^4/et^4〉ト〕見なす, 考える. **3.** 〔〈et^4〉ニ＋(〈[形]〉ノ)〕価値判断を下す, (…を)評価する;〘スポーツ〙点を出す.

we̲rt·frei [ヴェーあト・ふらイ] [形] 価値判断をしない.

der **We̲rt·ge·gen·stand** [ヴェーあト・ゲーゲン・シュタント] [名] -(e)s/..stände 貴重品, 値打ちのあるもの.

we̲rt|hal·ten* [ヴェーあト・ハルテン] [動] *h.* 〔〈j^4/et^4〉ヲ〕《文》大切にする, 尊ぶ, 尊重する.

(*der*) **We̲r·ther** [ヴェーあター] [名] 〘男名〙ヴェールター, ウェルテル《Goethe の小説『若きウェルテルの悩み』の主人公名》.

..wer·tig [..ヴェーあティひ] [接尾] 形容詞・名詞につけて「…の価のある, …価」などを表す：gleich*wertig* 等価値の. drei*wertig* 〘化〙三価の;〘言〙(結合値が)三価の.

die **We̲r·tig·keit** [ヴェーあティひカイト] [名] -/-en **1.** 〘化〙原子価;〘言〙結合価, ヴァレンツ. **2.** 価値.

we̲rt·los [ヴェーあト・ロース] [形] 無価値な;役に立たない.

der **We̲rt·mes·ser** [ヴェーあト・メっサー] [名] -s/- 価値尺度〔規準〕.

die **We̲rt·min·de·rung** [ヴェーあト・ミンデるング] [名] -/-en 価値の減少.

we̲rt·neu·tral [ヴェーあト・ノイトらール] [形] 価値観を伴わない.

das **We̲rt·ob·jekt** [ヴェーあト・オブイェクト] [名] -(e)s/-e ＝Wertgegenstand.

das **We̲rt·pa·ket** [ヴェーあト・パケート] [名] -(e)s/-e 〘郵〙価格表記〔申告〕小包.

das **We̲rt·pa·pier** [ヴェーあト・パピーあ] [名] -s/-e 〘経〙有価証券.

die **We̲rt·pa·pier·bör·se** [ヴェーあトパピーあ・べるぜ] [名] -/-n 証券取引所.

der **We̲rt·pa·pier·fonds** [ヴェーあトパピーあ・ふぉーン] [名] -[..ふぉーン(ス)]/-[..ふぉーンス] 〘経〙証券投資信託.

die **We̲rt·sa·che** [ヴェーあト・ざっへ] [名] -/-n 《主に[複]》貴重品《特に装身具類》.

we̲rt|schät·zen [ヴェーあト・シェっツェン] [動] *h.* 〔〈j^4/et^4〉ヲ〕《文》大いに尊敬する, 高く評価する.

die **We̲rt·schät·zung** [ヴェーあト・シェっツング] [名] -/ 高い評価, 尊重.

die **We̲rt·schöp·fung** [ヴェーあト・シェっプふング] [名] -/ 〘経〙価値創出, 実質純生産高.

die **We̲rt·sen·dung** [ヴェーあト・ゼンドゥング] [名] -/-en 〘郵〙価格表記郵便物.

die **We̲rt·si·che·rungs·klau·sel** [ヴェるト・ズィっひぇるングス・クラウゼル] [名] -/-n 〘経〙価値確保約款, 価値確保条項.

die **We̲rt·stei·ge·rung** [ヴェーあト・シュタイゲるング] [名] -/-en 価値の上昇, 物価上昇, 価格高騰.

die **We̲rt·stel·lung** [ヴェーあト・シュテルング] [名] -/-en 〘銀行〙利子起算日の確定.

der **We̲rt·stoff** [ヴェーあト・シュトっふ] [名] -(e)s/-e (再利用できる)資源ゴミ.

die **We̲r·tung** [ヴェーあトゥング] [名] -/-en 評価, 査定;〘スポーツ〙採点, 得点.

das **We̲rt·ur·teil** [ヴェーあト・ウるタイル] [名] -s/-e 価値判断.

we̲rt·voll [ヴェーあト・ふぉル] [形] **1.** 価値〔値打〕のある, 高価な, 立派な：wissenschaftlich ～ sein 学問的に価値がある. **2.** 役に立つ, 貴重な：～*e* Ratschläge 貴重な助言.

das **We̲rt·zei·chen** [ヴェーあト・ツァイひぇン] [名] -s/- 有価証紙《各種有価証券・株券・金券(きんけん)・切手など》.

der **We̲rt·zu·wachs** [ヴェーあト・ツー・ヴァクス] [名] -es/..wächse 価値の増大.

die **We̲rt·zu·wachs·steu·er** [ヴェーあトツーヴァクス・シュトイあー] [名] -/ 〘税〙(土地などの価値)増加税.

der **We̲r·wolf** [ヴェーあ・ヴォルふ] [名] -(e)s/..wölfe **1.** 狼(おおかみ)人間《時に狼に変身するという伝説上の人間》. **2.** 狼部隊《ナチが第二次大戦末期に作ったパルチザン部隊》.

wẹs [ヴェス] [代] 《疑問》《古》wer の 2 格.【普通は wessen】

das **We̲·sen** [ヴェーゼン] [名] -s/- **1.** 《[単]のみ》本質：dem ～ nach 本質的には. **2.** 存在(するもの);人間, 生き物：das höchste ～ 至高の存在, 神. ein überirdisches ～ この世ならざるもの. ein männliches/weibliches ～ 男性/女性. ein menschliches ～ 人間. das kleine ～ その子供. alle lebenden ～ 生きとし生けるもの. der Mensch als soziales ～ 社会的存在としての人間. **3.** 《[単]のみ》(人の)本性, ひととなり, 人柄：ein einnehmendes ～ 人の心を引きつける人柄. **4.** 《[単]のみ》《古》活発な営み, 騒ぎ. 【慣用】**sein Wesen treiben** (子供が)はしゃぎまわる,

W

(泥棒などが)跳梁(ちょうりょう)跋扈(ばっこ)する,(幽霊・物のけなどが)暴れまわる. **viel Wesens um** ⟨et^4⟩ 〔**von** ⟨et^3⟩〕 **machen** 《口》⟨物・事のことで⟩大騒ぎする.

we·sen·haft [ヴェーゼンハふト] [形] 《文》 **1.** 本質的な,本来の. **2.** 実在する,実体のある.

die **We·sen·heit** [ヴェーゼンハイト] [名] -/ 本質,本性;存在;実在,実体.

we·sen·los [ヴェーゼン・ロース] [形] 《文》 **1.** 実体のない,漠とした. **2.** 無意味な,重要でない.

die **We·sens·art** [ヴェーゼンス・アーあト] [名] -/ 本性,性格.

we·sens·ei·gen [ヴェーゼンス・アイゲン] [形] 〖(⟨j^3/et^3⟩ニ)〗本質的に備わった,固有な.

we·sens·fremd [ヴェーゼンス・ふれムト] [形] 〖(⟨j^3/et^3⟩ノ)〗本質と無縁な,異質な.

we·sens·gleich [ヴェーゼンス・グライひ] [形] 〖(⟨j^3⟩ト/mit ⟨j^3⟩ト)〗本質を同じくする.

we·sens·ver·wandt [ヴェーゼンス・ふぇあヴァント] [形] 本質の似た.

der **We·sens·zug** [ヴェーゼンス・ツーク] [名] -(e)s/..züge 本質的特徴.

we·sent·lich [ヴェーゼントリひ] [形] 本質的な: im *W*～*en* 本質的には;主として.

—— [副] 《語飾》《形容詞の比較級・動詞を修飾》著しく,はるかに,ずっと: Sie ist ～ jünger als ihr Mann. 彼女は夫よりずっと年下だ.

die **We·ser** [ヴェーザー] [名] -/ 〖川名〗ヴェーザー川《ドイツの主要河川の一つ》.

das **We·ser·berg·land** [ヴェーザー・べるク・ラント] [名] -(e)s/ 〖山名〗ヴェーザー山地.

das **We·ser·ge·bir·ge** [ヴェーザー・ゲビるゲ] [名] -s/ 〖山名〗ヴェーザー山脈.

der **Wes·fall** [ヴェス・ふぁル] [名] -(e)s/ 〖言〗2格,所有格,属格.

wes·halb [ヴェス・ハルプ,ヴェス・ハルプ] [副] **1.** 《疑問》なぜ,どういうわけで: *W*～ fragst du mich? なぜ君は私に尋ねるのか. **2.** 《関係》それゆえ,そこで: Es begann zu regnen, ～ wir schneller liefen. 雨が降り始め,そこで私たちはいそいで走った.

der **We·sir** [ヴェズィーあ] [名] -s/-e (オスマン帝国の)宰相;(イスラム諸国の昔の)大臣.

die **Wes·pe** [ヴェスペ] [名] -/-n 〖昆〗スズメバチ.

das **Wes·pen·nest** [ヴェスペン・ネスト] [名] -(e)s/-er スズメバチの巣: in ein ～ greifen 〔stechen〕《口》ハチの巣をつつく《とんでもない大騒ぎを引起こす》.

der **Wes·pen·stich** [ヴェスペン・シュティっひ] [名] -(e)s/-e スズメバチの刺し傷〔が刺すこと〕.

die **Wes·pen·tail·le** [ヴェスペンタリエ] [名] -/-n 蜂腰(ほうよう),くびれ腰《女性の》.

wes·sen [ヴェっセン] [代] wer^{1,2}, was^{1,2}の2格. **1.** 《疑問》だれ〔何〕の: *W*～ Regenschirm ist das? これはだれの傘ですか. *W*～ soll sein Verhalten denn ermangeln? 《文》彼の振舞いに欠けていたのは何だと言われているのか. **2.** 《不定関係》(およそ)…の人〔もの〕: *W*～ man bedurfte, dem wurde Unterstützung zuteil. 必要とされた人物が支持を得た.

der **Wes·si** [ヴェっスィ] [名] -s/-s 《口・蔑》ヴェッシー《旧西ドイツの男性》.

die **Wes·si** [ヴェっスィ] [名] -/-s 《口・蔑》ヴェッシー《旧西ドイツの女性》

West^1 [ヴェスト] [名] 《[単]のみ;無変化;無冠詞》 **1.** 〖海・気〗西《略 W》 **2.** 《地名の後に置いて》(…の)西部,西地区《略W》: Berlin(-)～ ベルリン西区. **3.** 《口》(昔の)西(ドイツ)のマルク〔金〕(～mark, ～geld).

der **West**^{2} [ヴェスト] [名] -(e)s/-e 《主に[単]》〖海〗《詩》西風(～wind).

(*das*) **West·ber·lin,** [旧]**West-Ber·lin** [ヴェスト・べるリーン] [名] -s/ 〖地名〗(昔の)西ベルリン.

west·deutsch [ヴェスト・ドイチュ] [形] **1.** ドイツ西部の. **2.** 《口》(昔の)西ドイツの.

(*das*) **West·deutsch·land** [ヴェスト・ドイチュラント] [名] -s/ **1.** ドイツ西部. **2.** 西ドイツ《ドイツ連邦共和国の昔の非公式呼称》.

die **Wes·te** [ヴェステ] [名] -/-n **1.** ベスト,チョッキ: eine weiße ～ haben 潔白である. **2.** 《方》ニットのジャケット;ニットのベスト(Strick～). **3.** (防弾などの)チョッキ;救命胴衣(Schwimm～).

der **Wes·ten** [ヴェステン] [名] -s/ **1.** 《主に無冠詞》西《合成語・地名などでは West. 略W》: aus 〔von〕 ～ 西から. im ～ 西(の方)に. nach ～ 西へ. **2.** 西部,西地区;(昔の)西ドイツ《旧東独の住民による呼称》;西欧;西側(西欧と米国): im ～ Berlins ベルリンの西部で. der Wilde ～ (開拓時代のアメリカ)西部.

die **Wes·ten·ta·sche** [ヴェステン・タっシェ] [名] -/-n チョッキのポケット.

der **Wes·tern** [ヴェスターン] [名] -(s)/- 西部劇,ウェスタン.

der **Wes·ter·wald** [ヴェスター・ヴァルト] [名] -(e)s/ 〖山名〗ヴェスターヴァルト《ライン川右岸の山脈》.

(*das*) **West·eu·ro·pa** [ヴェスト・オイろーパ] [名] -s/ 〖地名〗西ヨーロッパ.

west·eu·ro·pä·isch [ヴェスト・オイろペーイシュ] [形] 西ヨーロッパの,西欧の.

der **West·fa·le** [ヴェスト・ふぁーレ] [名] -n/-n ヴェストファーレンの人.

(*das*) **West·fa·len** [ヴェスト・ふぁーレン] [名] -s/ 〖地名〗ヴェストファーレン,ウェストファリア《①ノルトライン=ヴェストファーレン州の北東地域. ② 1815年以降プロイセンの州となったドイツ北西部の地方》.

die **West·fä·lin** [ヴェスト・ふぇーリン] [名] -/-nen ヴェストファーレンの女性.

west·fä·lisch [ヴェスト・ふぇーリシュ] [形] ヴェストファーレンの: der *W*～*e* Friede ウェストファリア条約《1648年》.

die **West·frie·si·schen In·seln** [ヴェスト・ふりーズィシェン インゼルン] [複名] 〖地名〗西フリース諸島《オランダ沿岸に連なる諸島》.

(*das*) **West·in·di·en** [ヴェスト・インディエン] [名] -s/ 〖地名〗西インド諸島《カリブ海に連なる諸島》.

west·in·disch [ヴェスト・インディシュ] [形] 西インド諸島の.

west·lich [ヴェストリひ] [形] **1.** 《位置》西(の方)の,西部の: zehn Grad ～*er* Länge 西経10度《10°w. L.》. Das Dorf liegt weiter ～. その村はもっと西の方にある. (10 km) ～ von Berlin ベルリンから西方(10キロ)に. **2.** 《方向》西への,西からの: Das Schiff hat einen ～(*er*)*en* Kurs. 船は(さらに)西よりに進路をとっている. ～*e* Winde 西(から)の風. **3.** 西洋〔西欧〕の;(昔の)西側(陣営)の.

—— [前] 〖+2格〗…の西方に: (10 km) ～ der Grenze 国境の西方(10キロ)に.

die **West·mäch·te** [ヴェスト・メひテ] [複名] 西欧列強《第一次大戦時の反ドイツ同盟国》.

die **West·mark** [ヴェスト・マるク] [名] -/- 《口》(昔の)西(ドイツ)のマルク.

West·nord·west^1 [ヴェスト・ノるト・ヴェスト] [名] 《[単]のみ;無変化;無冠詞》〖海・気〗西北西《略 WNW》.

der **West·nord·west**^{2} [ヴェスト・ノるト・ヴェスト] [名] -(e)s/-e 《主に[単]》〖海〗西北西の風.

der **West·nord·wes·ten** [ヴェスト・ノるト・ヴェステン] [名] -/ 《主に無冠詞》西北西《略 WNW》.

west·öst·lich [ヴェスト・㋓ストリひ] [形] 西から東への.

der **West·o·ver** [..'ǒːvər ヴェスト・オーヴァー] [名] -s/- 〖服〗(Vネックなどの)ニットのベスト.

W

(das) **West·preu·ßen** [ヴェスト・プロイセン] 名 -s/ 〖地名〗西プロイセン(1918年までプロイセンの州. ヴァイクセル〔ヴィスラ〕川下流の両岸に広がる地域. 1945年以後ポーランド領).

(das) **West·sa·moa** [ヴェスト・ザモーア] 名 -s/ 〖国名〗西サモア.

die **West·sei·te** [ヴェスト・ザイテ] 名 -/-n 西側.

West·süd·west¹ [ヴェスト・ズュート・ヴェスト] 名 (㊥のみ;無変化;無冠詞)〖海・気〗西南西(略 WSW).

der **West·süd·west**² [ヴェスト・ズュート・ヴェスト] 名 -(e)s/-e (主に㊥)〖海〗西南西の風.

der **West·süd·wes·ten** [ヴェスト・ズュート・ヴェステン] 名 -/(主に無冠詞)西南西(略 WSW).

der **West·wall** [ヴェスト・ヴァル] 名 -(e)s/ 西部国境要塞(ﾖｳｻｲ)線(第二次大戦前にドイツがフランス・ベルギーの国境沿いに構築した防御線).

west·wärts [ヴェスト・ヴェルツ] 副 西へ, 西方へ;〈稀〉西で.

der **West·wind** [ヴェスト・ヴィント] 名 -(e)s/-e 西風.

wes·we·gen [ヴェス・ヴェーゲン] 副 =weshalb.

wett [ヴェット] 形 《次の形で》(mit 〈j³〉) ~ sein 《人と》貸し借りがない, 係わり合いがない.

der **Wett·be·werb** [ヴェット・ベヴェるプ] 名 -(e)s/-e 1. 競技会, コンテスト, コンクール: an einem ~ teilnehmen コンクールに参加する. in (einem) ~ gewinnen コンクールで1等になる. 2. (㊥のみ)〖経〗競争: freier ~ 自由競争. unlauterer ~〖法〗不正競争.

der **Wett·be·wer·ber** [ヴェット・ベヴェるバー] 名 -s/- 1. 競技会(コンクール・コンテスト)の参加者. 2. 〖経〗(企業の)競争相手.

wett·be·werbs·fä·hig [ヴェットベヴェるプス・ふぇーイヒ] 形 競争力のある.

die **Wett·be·werbs·fä·hig·keit** [ヴェットベヴェるプス・ふぇーイヒカイト] 名 -/ 競争力.

die **Wett·be·werbs·ver·zer·rung** [ヴェットベヴェるプス・ふぇるツェるンゲ] 名 -/-en〖経〗(企業間の)自由競争の諸条件のゆがみ.

das **Wett·bü·ro** [ヴェット・ビュロー] 名 -s/-s 馬券売場.

die **Wet·te** [ヴェテ] 名 -/-n 1. 賭(ｶ): eine ~ mit 〈j³〉 abschließen 《人と》賭をする. eine ~ um 100 Euro gewinnen/verlieren 100 ユーロの賭に勝つ/負ける. Was gilt die ~? いくら賭ける. 2. (競馬の)予想.【慣用】 um die Wette《口》競って;負けじと. um die Wette rennen 競走する.

der **Wett·ei·fer** [ヴェット・アイふぁー] 名 -s/ 競争心.

wett·ei·fern [ヴェット・アイふぇるン] 動 h. (mit 〈j³〉)+(um〈et⁴〉ﾉｳﾁｶﾞｯﾃ)競う, 競争する, 張合う.

wet·ten [ヴェッテン] 動 h. 1. (um〈et⁴〉ﾉ/〈文〉ﾃﾞｱﾙｺﾄﾆ)賭をする, 賭する. 2. 〖競馬〗賭ける. 3. (auf〈et⁴〉ﾆ)賭ける: auf Platz/Sieg ~ 連勝式/単勝式の馬券を買う.【慣用】 Darauf wette ich meinen Kopf (Hals).《口》それに首を賭けてもいい. Ich wette (hundert zu eins), dass ...《口》百対一で…に賭けてもいい. 絶対…だよ. So haben wir nicht gewettet.《口》それじゃあお約束〔話〕が違うぞ.

der **Wet·ter**¹ [ヴェッター] 名 -s/- 賭(ｶ)けごとをする人.

das **Wet·ter**² [ヴェッター] 名 -s/- 1. (㊥のみ)天気, 天候, 気象: gutes [schönes]/schlechtes ~ よい[良い]/悪い天気. Wir haben kaltes/sommerliches ~. (天候が)寒い/夏らしい天気だ. Das ~ schlägt um. 天気が変る. bei jedem ~. どんな天候でも. nach dem ~ sehen 空模様を見る. 2. 荒天, 嵐;雷雨 (Gewitter): Es kommt ein ~ 雷雨が来る. 3. (㊥のみ)〖鉱〗(坑道内の)ガス: schlagende ~ 爆発性ガス.【慣用】 Alle Wetter!《口》おやまあ, こいつは驚いた. bei 〈j³〉 gut(es) Wetter machen《口》《人の》機嫌をとる. um gut(es) Wetter bitten《口》好意にすがろうとする, 理解を求める.

das **Wet·ter·amt** [ヴェッター・アムト] 名 -(e)s/..ämter 気象台〔庁〕.

die **Wet·ter·an·sa·ge** [ヴェッター・アン・ザーゲ] 名 -/-n 天気予報.

die **Wet·ter·be·ob·ach·tung** [ヴェッター・ベオーバハトゥング] 名 -/-en 気象観測.

der **Wet·ter·be·richt** [ヴェッター・ベりヒト] 名 -(e)s/-e 天気予報, 気象予報.

wet·ter·be·stän·dig [ヴェッター・ベシュテンディヒ] 形 = wetterfest.

das **Wet·ter·dach** [ヴェッター・ダッハ] 名 -(e)s/..dächer (雨除けの)差掛け屋根, ひさし.

der **Wet·ter·dienst** [ヴェッター・ディーンスト] 名 -(e)s/-e 気象業務(観測・研究・予報), 気象業務用施設.

die **Wet·ter·fah·ne** [ヴェッター・ふぁーネ] 名 -/-n (金属製の)旗の形の風見.

wet·ter·fest [ヴェッター・ふぇスト] 形 風雨に耐える.

der **Wet·ter·fleck** [ヴェッター・ふレック] 名 -(e)s/-e (ｵｰｽﾄﾘｱ)(厚手のウールの)雨がっぱ.

der **Wet·ter·frosch** [ヴェッター・ふろッシュ] 名 -(e)s/..frösche 雨蛙(ｱﾏｶﾞｴﾙ)(瓶の中で, 中の小梯子(ﾊｼｺﾞ)を登り降りして晴雨を予報するというカエル);《冗》天気予報係.

wet·ter·füh·lig [ヴェッター・ふゅーリヒ] 形 天候〔天気〕の変化に敏感な.

die **Wet·ter·füh·lig·keit** [ヴェッター・ふゅーリヒカイト] 名 -/ 天候〔天気〕の変化に敏感なこと.

die **Wet·ter·füh·rung** [ヴェッター・ふゅーるング] 名 -/-en (ほら穴などの)空気の流通;〖鉱〗(坑内の)通風, 通気.

das **Wet·ter·glas** [ヴェッター・グラース] 名 -es/..gläser《古》晴雨〔気圧〕計.

der **Wet·ter·hahn** [ヴェッター・ハーン] 名 -(e)s/..hähne 風見鶏.

die **Wet·ter·kar·te** [ヴェッター・カるテ] 名 -/-n 天気〔気象〕図.

die **Wet·ter·kun·de** [ヴェッター・クンデ] 名 -/ 気象学.

die **Wet·ter·la·ge** [ヴェッター・ラーゲ] 名 -/-n 〖気〗気象状況.

wet·ter·leuch·ten [ヴェッター・ロイヒテン] 動 h. (Es) 遠くで稲妻が光る.

das **Wet·ter·leuch·ten** [ヴェッター・ロイヒテン] 名 -s/ (雷鳴の聞えない)遠くの稲妻.

der **Wet·ter·man·tel** [ヴェッター・マンテル] 名 -s/..mäntel レインコート.

wet·tern [ヴェッテるン] 動 h. 1. (Es)《古》(雷雨が近づき)雷が鳴り稲光りがする, 雷雨になる. 2. ((gegen 〈j⁴/et⁴〉ｦ/über〈et⁴〉ﾆﾂｲﾃ))《口》ひどくのしる.

der **Wet·ter·pro·phet** [ヴェッター・プろふぇート] 名 -en/-en 天気予報係;《冗》気象学者.

der **Wet·ter·sa·tel·lit** [ヴェッター・ザテリート] 名 -en/-en 気象衛星.

der **Wet·ter·schacht** [ヴェッター・シャハト] 名 -(e)s/..schächte〖鉱〗通気立坑.

der **Wet·ter·scha·den** [ヴェッター・シャーデン] 名 -s/..schäden 気象災害, 風水害.

die **Wet·ter·schei·de** [ヴェッター・シャイデ] 名 -/-n 天気境界.

die **Wet·ter·sei·te** [ヴェッター・ザイテ] 名 -/-n (山や家の)風雨を受ける側;暴風雨のやってくる方向.

der **Wet·ter·sturz** [ヴェッター・シュトゥるツ] 名 -es/..stürze 急激な気温の降下.

der **Wet·ter·um·schlag** [ヴェッター・ウム・シュラーク] 名 -(e)s/..schläge 天候の急変.

die **Wẹt·ter·vor·her·sa·ge** [ヴェッター・ふぉーあ・へーあ・ザーゲ] [名] -/-n 天気予報.

die **Wẹt·ter·war·te** [ヴェッター・ヴァるテ] [名] -/-n 気象観測所, 測候所.

wẹt·ter·wen·disch [ヴェッター・ヴェンディシュ] [形] お天気屋の, 気まぐれな, 態度のくるくる変る.

die **Wẹt·ter·wol·ke** [ヴェッター・ヴォルケ] [名] -/-n 雷雲.

das **Wẹt·ter·zei·chen** [ヴェッター・ツァイひぇン] [名] -s/- 天候の変化の前兆.

die **Wẹtt·fahrt** [ヴェット・ふぁーあト] [名] -/-en 乗物によるレース.

der **Wẹtt·kampf** [ヴェット・カムプふ] [名] -(e)s/..kämpfe 競技, 試合 : einen ~ veranstalten 競技会〔試合〕を行う.

der **Wẹtt·kämp·fer** [ヴェット・ケムプふぁー] [名] -s/- 〖スポーツ〗競技〔試合〕の参加者, 選手.

der **Wẹtt·lauf** [ヴェット・ラウふ] [名] -(e)s/..läufe 競走, かけっこ : der ~ um Marktanteile 《転》(市場の)シェア争い.

wẹtt·lau·fen* [ヴェット・ラウふぇン] [動] 《不定詞のみ》〖補足なし〗かけっこ〔競争〕をする.

der **Wẹtt·läu·fer** [ヴェット・ロイふぁー] [名] -s/- 競走選手, ランナー.

wẹtt|ma·chen [ヴェト・マっへン] [動] *h.* 《口》 **1.** 〔〈et^4〉ヲ+(durch 〈et^4〉ニヨッテ)〕埋合わせる, つぐなう(損害・欠点などを). **2.** 〔〈et^4〉ニ〕感謝の気持を表す.

das **Wẹtt·ren·nen** [ヴェット・れネン] [名] -s/- 競走, レース.

das **Wẹtt·rüs·ten** [ヴェット・りゅステン] [名] -s/ 軍拡競争.

das **Wẹtt·schwim·men** [ヴェット・シュヴィメン] [名] -s/ 競泳.

das **Wẹtt·spiel** [ヴェット・シュピール] [名] -(e)s/-e ゲーム, 競技.

der **Wẹtt·streit** [ヴェット・シュトらイト] [名] -(e)s/ 競い合い, 競争 : mit 〈j^3〉 in ~ treten 〈人と〉競争する.

das **Wẹtt-Tur·nen, Wẹtt·tur·nen,** ⓐ**Wẹttur·nen** [ヴェット・トゥるネン] [名] -s/ 体操競技.

wẹt·zen [ヴェッツェン] [動] **1.** *h.* 〔〈et^4〉ヲ〕研ぐ. **2.** *s.* 〖補足なし〗《口》駆けて行く. 【慣用】*h.* **seine Zunge an** 〈**et^3**〉 **wetzen** 《蔑》〈事ニツイテ〉意地悪くくどくど述べる. *h.* **seinen Schnabel an einem Ast wetzen** (鳥が)枝でくちばしを研ぐ.

(*das*) **Wẹtz·lar** [ヴェッツラる] [名] -s/ 〖地名〗ヴェツラル(ヘッセン州, ラーン河岸の町).

der **Wẹtz·stahl** [ヴェッツ・シュタール] [名] -(e)s/..stähle 研磨用スチール.

der **Wẹtz·stein** [ヴェッツ・シュタイン] [名] -(e)s/-e 砥石(といし).

die **WEU** [ヴェーエーウー] [名] -/ =Westeuropäische Union 西欧同盟.

die **WEZ** [ヴェーエーツェット] [名] -/ =westeuropäische Zeit 西ヨーロッパ標準時.

die **WG** [ヴェーゲー] [名] -/-s =Wohngemeinschaft 《稀・ジャーゴン》住居共同(生活)体.

WGB [ヴェーゲーベー] =Weltgewerkschaftsbund 世界労働組合連合.

Wh =Wattstunde 〖電〗ワット時.

der **Whig** [ヴィック] [名] -s/-s ホイッグ(①イギリスの王政復古後のホイッグ党員. ②イギリスの自由主義の政治家).

der **Whip·pet** [vípit ヴィピット] [名] -s/-s 〖動〗ウィピット, ホイッペット(競走犬の一種).

der **Whirl·pool** [vœ́:rlpu:l ヴェーあル・プール, vœ́rl.. ヴェるル・プール] [名] -s/-s ウィールプール(泡の噴流の出る浴槽).

der **Whis·ky** [víski ヴィスキ] [名] -s/-s ウィスキー.

das **Whịst** [ヴィスト] [名] -(e)s/ 〖トランプ〗ホイスト(二人ずつ組んで4人でするゲーム).

der **White·coat** [wáitkout ワイト・コウト] [名] -s/-s ホワイトコート(子アザラシ〔オットセイ〕の白い毛皮).

die **WHO** [ヴェーハーオー] [名] -/ =World Health Organization 世界保健機構(Weltgesundheitsorganisation).

wịb·be·lig [ヴィっベリひ] [形] 《方》そわそわした, いらいらした.

wịch [ヴィっひ] [動] weichen^2 の過去形.

wị·che [ヴィっひぇ] [動] weichen^2 の接続法2式.

(*der*) **Wị̄·chern** [ヴィーひゃーン] [名] 〖人名〗ヴィーヒェルン(Johann Heinrich ~, 1808-81, ドイツのプロテスタント神学者).

der **Wịchs** [ヴィックス] [名] -es/-e 《オーストリア》 **1.** 〖学生組合〗礼装 : in vollem 〔im vollen〕 ~ 盛装して. sich^4 in ~ werfen 盛装する. **2.** (アルプス地方の短い)革ズボン.

die **Wịch·se** [ヴィクセ] [名] -/-n 《口》 **1.** 靴墨, ワックス. **2.** 《ⓐのみ》殴打. 【慣用】(**Alles**) **eine Wichse!** どれもみな同じだ.

wịch·sen [ヴィクセン] [動] *h.* **1.** 〔〈et^4〉ヲ〕《口》クリームで磨く, ワックスで磨く(靴・床などを). **2.** 〔〈j^4〉ヲ〕《方》ぶん殴る. **3.** 〖補足なし〗《口》オナニーをする. 【慣用】〈**j^3**〉 **eine wichsen** 《方》〈人に〉一発食らわす.

der **Wịcht** [ヴィひト] [名] -(e)s/-e **1.** (伝説の)小人(こびと). **2.** 《口》おちびちゃん(子供の愛称として). **3.** 《蔑》やつ.

die **Wịch·te** [ヴィひテ] [名] -/-n 〖理〗比重.

der **Wịch·tel** [ヴィひテル] [名] -s/- =Wichtelmännchen.

das **Wịch·tel·männ·chen** [ヴィひテル・メンひぇン] [名] -s/- 小妖精, 小人(こびと).

wịch·tig [ヴィひティひ] [形] **1.** 重要な, 重大な, 大切な : eine ~*e* Person 重要人物. über etwas *W*~*es* sprechen 重要なことについて話す. Das *W*~*ste* 〔Am ~*sten*〕 ist, dass ... 最も重要なのは…ということだ. **2.** 《嘲》もったいぶった, 偉そうな, 尊大な. 【慣用】**sich^4 wichtig machen** 〔**tun/haben**〕《口》偉ぶる. **sich^4 wichtig mit** 〈**et^3**〉 **machen** 〔**tun/haben**〕《口》〈事を〉ひけらかす. **sich^4** (**zu**) **wichtig nehmen** 《口》自分のことを重要視しすぎる. **sich^3 wichtig vorkommen** 《口》自分を偉いと思う.

die **Wịch·tig·keit** [ヴィひティひカイト] [名] -/-en **1.** 《ⓐのみ》重要さ, 重大さ : 〈et^3〉 große ~ beilegen 〔beimessen〕 〈事を〉非常に重要とみなす. von (höchster) ~ sein (きわめて)重要である. **2.** 重要なこと. **3.** 《嘲・蔑》尊大さ, もったいぶった様子.

der **Wịch·tig·tu·er** [ヴィひティひ・トゥーあー] [名] -s/- 《口》(《蔑》も有)もったいぶる人, 尊大な人.

die **Wich·tig·tu·e·rei** [ヴィひティひ・トゥーエらイ] [名] -/-en 《口》(《蔑》も有) **1.** 《ⓐのみ》偉ぶること. **2.** 偉そうな発言〔行動〕.

wịch·tig·tu·e·risch [ヴィひティひ・トゥーエりシュ] [形] 《口》(《蔑》にも)もったいぶった, 偉ぶった.

die **Wị·cke** [ヴィっケ] [名] -/-n 〖植〗ソラマメ属 : in die ~*n* gehen 《方》なくなる, だめになる.

der **Wị·ckel** [ヴィっケル] [名] -s/- **1.** 湿布 : dem Kranken einen kalten/warmen 〔heißen〕 ~ machen 病人に冷湿布/温湿布する. **2.** (葉巻の中の)充塡葉;(糸の)巻いたもの, (毛糸の)玉. **3.** 巻き芯(しん), 巻き枠, リール;カーラー (Locken~). **4.** 〖植〗サソリ形花序. 【慣用】〈**et^4**〉 **am Wickel haben** 《口》〈事を〉取上げ詳細に論じる. 〈**j^4**〉 **am** 〔**beim**〕 **Wickel packen** 〔**haben/kriegen**〕《口》〈人を〉とっつかまえる;〈人に〉釈明〔説明〕を求める.

die **Wị·ckel·ga·ma·sche** [ヴィっケル・ガマっシェ] [名] -/-n ゲートル, 巻き脚絆(きゃはん).

das **Wi·ckel·kind** [ヴィッケル・キント] 名 -(e)s/-er〔古〕おむつをしている幼児.

die **Wi·ckel·kom·mo·de** [ヴィッケル・コモーデ] 名 -/-n おむつだんす(その上でおむつ交換ができる).

wi·ckeln [ヴィッケルン] 動 h. **1.** 〔et⁴ンワ〕巻く(髪・ターバンなどを). **2.** 〔et⁴ンワ auf 〔et⁴ン〕/um 〔et⁴ンハロウ〕巻く, 巻きつける. **3.** 〔j⁴/et⁴ンワ in 〔et⁴ンハロウ くるむ, 包む(毛布・紙などに);〈j⁴がsich⁴の場合で〉くるまる. **4.** 〔j³〕おむつを当てる. **5.** 〔et⁴ン〕包帯をする. **6.** 〔et⁴ンワ aus 〔et³〕取出す(包み紙などから). **7.** 〔et⁴ンワ von 〔et³〕ワ〕解く(包帯などを). 【慣用】schief〔falsch〕gewickelt sein 〔口〕とんだ思い違いをしている. 〔j³〕 um den (kleinen) Finger wickeln 〔口〕(特に女性が)〈人〉を思いのままに操る〔丸め込む〕.

die **Wi·cke·lung** [ヴィッケルング] 名 -/-en **1.** 巻く〔くるむ・包む〕こと. **2.** 巻いた〔くるんだ・包んだ〕もの;巻線, コイル.

der **Wick·ler** [ヴィックラー] 名 -s/- ヘアカーラー.

die **Wick·lung** [ヴィックルング] 名 -/-en=Wickelung.

der **Wid·der** [ヴィッダー] 名 -s/- **1.** 雄ヒツジ;〔狩〕雄のムフロン(野生の羊). **2.** 〔天〕牡羊座. **3.** 〔占〕牡羊座生れの人;〔⓪のみ〕白羊宮.

wi·der [ヴィーダー] 前〔+4格〕 **1.** 〔文〕…に反して;…に違反して; ~ Willen 意に反して, ~ das Gesetz handeln 法律違反の行為をする. **2.** 〔方〕…に突当って; ~ ein Hindernis fahren(車で)障害物にぶつかる.

wi·der·bor·stig [ヴィーダー・ボルスティヒ] 形 **1.** かたく整毛しにくい. **2.** 強情な, がんこな.

der **Wi·der·druck** [ヴィーダー・ドルック] 名 -(e)s/-e 〔印〕裏刷り;印刷された裏面.

wi·der·fah·ren* [ヴィーダー・ファーレン] 動 s. 〔j³〕ワ〕〔文〕身に起こる(悪いことなどが), (…に)与えられる(栄誉などが):〈j³〉 Gerechtigkeit ~ lassen 〈人〉を公平に扱う.

der **Wi·der·ha·ken** [ヴィーダー・ハーケン] 名 -s/- (いかり・矢じりの)逆鉤(ぎゃっこ), (釣針の)かかり, あご.

der **Wi·der·hall** [ヴィーダー・ハル] 名 -(e)s/-e 反響, こだま;〔転〕反響;共鳴, 賛同.

wi·der·hal·len [ヴィーダー・ハレン] 動 h. **1.** 〔von 〔et³〕ワ〕〕反響する, こだまする(音が). **2.** 〔von 〔et³〕ン反響ワ〕満ちあふれている. **3.** 〔et⁴ンワ〕〔稀〕反響させる.

der **Wi·der·halt** [ヴィーダー・ハルト] 名 -(e)s/-e 対抗する力;妨害, 抵抗.

die **Wi·der·kla·ge** [ヴィーダー・クラーゲ] 名 -/-n 〔法〕反訴.

wi·der·klin·gen* [ヴィーダー・クリンゲン] 動 h. 〔雅〕〔稀〕反響する, こだまする.

das **Wi·der·la·ger** [ヴィーダー・ラーガー] 名 -s/- 〔土〕(アーチの両端を支える)迫持(せりもち)受け, 迫持台;橋台.

wi·der·leg·bar [ヴィーダーレーク・バール] 形 論駁(ろんばく)できる.

wi·der·le·gen [ヴィーダー・レーゲン] 動 h. 〔j⁴/et⁴ンワ〕論駁(ろんばく)〔論破〕する.

die **Wi·der·le·gung** [ヴィーダー・レーグング] 名 -/-en 論駁(ろんばく)〔論破〕, 反駁(ばく)(書).

wi·der·lich [ヴィーダーリヒ] 形 〔蔑〕嫌悪を催させる;鼻もちならない;いやに, ひどく.

die **Wi·der·lich·keit** [ヴィーダーリヒカイト] 名 -/-en 〔蔑〕 **1.** 〔⓪のみ〕不快さ;鼻もちならなさ. **2.** 不快な〔鼻もちならない〕こと.

wi·der·na·tür·lich [ヴィーダー・ナテューアリヒ] 形 〔蔑〕自然な(感情)に反する, (生物的な)自然の理に背く;人道にもとる.

die **Wi·der·na·tür·lich·keit** [ヴィーダー・ナテューアリヒカイト] 名 -/-en **1.** 〔⓪のみ〕不自然さ[自然の理に背いて・人道にもとって]いること. **2.** 自然に反する〔自然の理に反する・人道にもとる〕事柄.

der **Wi·der·part** [ヴィーダー・パルト] 名 -(e)s/-e 〔文・古〕 **1.** 敵対者. **2.** (次の形で)〔j³〕 ~ bieten〔geben〕〈人〉に反抗〔抵抗〕する.

wi·der·ra·ten* [ヴィーダー・ラーテン] 動 h. **1.** 〔j³〕ニ 〔et⁴〕ワ/zu〔動〕スルノヲ〕思いとどまるように忠告する. **2.** 〔et³〕ワ〕やめるよう忠告する.

wi·der·recht·lich [ヴィーダー・レヒトリヒ] 形 不法〔違法〕な.

die **Wi·der·recht·lich·keit** [ヴィーダー・レヒトリヒカイト] 名 -/-en **1.** 〔⓪のみ〕違法. **2.** 不法行為.

die **Wi·der·re·de** [ヴィーダー・レーデ] 名 -/-n 反論, 反駁(ばく);口答え: ohne ~ 文句を言わずに(おとなしく).

der **Wi·der·rist** [ヴィーダー・リスト] 名 -es/-e (特に牛・馬などの)背峰(ほう).

der **Wi·der·ruf** [ヴィーダー・るーふ] 名 -(e)s/-e (命令・指示などの)取消し, 撤回: (bis) auf ~ (法令などの)取消しがあるまで.

wi·der·ru·fen* [ヴィーダー・るーふェン] 動 h. 〔et⁴〕ワ〕取消す, 撤回する(命令・許可・発言などを).

wi·der·ruf·lich [ヴィーダーるーふリヒ, ヴィーダーるーふリヒ] 形 現行の規定が撤回〔取消〕されるまでの.

die **Wi·der·ru·fung** [ヴィーダー・るーふング] 名 -/-en 撤回, 取り消し.

der **Wi·der·sa·cher** [ヴィーダー・ざっはー] 名 -s/- 敵対者;〔雅〕対戦相手.

der **Wi·der·schein** [ヴィーダー・シャイン] 名 -(e)s/ 反射した光の輝き, 照り返し.

die **Wi·der·see** [ヴィーダー・ゼー] 名 -/-n 〔海〕返す波.

wi·der·set·zen [ヴィーダー・ゼッツェン] 動 h. 〔sich⁴+〔j³〕ワ〕逆らう, 反抗〔抵抗〕する.

wi·der·setz·lich [ヴィーダー・ゼッツリヒ, ヴィーダー・ゼッツリヒ] 形 反抗的な(人・顔など).

die **Wi·der·setz·lich·keit** [ヴィーダー・ゼッツリヒカイト, ヴィーダー・ゼッツリヒカイト] 名 -/-en **1.** 〔⓪のみ〕反抗的であること. **2.** 反抗的な行動.

der **Wi·der·sinn** [ヴィーダー・ズィン] 名 -(e)s/ 不合理(性), 不条理.

wi·der·sin·nig [ヴィーダー・ズィニヒ] 形 不合理〔不条理〕な, ばかげた.

wi·der·spen·stig [ヴィーダー・シュペンスティヒ] 形 反抗的な(態度など);手に負えない, 扱いにくい(子供・髪など).

die **Wi·der·spen·stig·keit** [ヴィーダー・シュペンスティヒカイト] 名 -/-en **1.** 〔⓪のみ〕反抗的であること, 依怙地(いこじ). **2.** 反抗的な行動.

wi·der·spie·geln [ヴィーダー・シュピーゲルン] 動 h. **1.** 〔j⁴/et⁴〕ワ〕映している(水が空などを). **2.** 〔稀〕非分離〕〔sich⁴+in 〔et³〕ニ〕映っている(空が池などに). **3.** 〔et⁴〕ワ〕反映している, 映し出している;表している. **4.** 〔稀〕非分離〔sich⁴+in 〔et³〕ニ〕反映している.

das **Wi·der·spiel** [ヴィーダー・シュピール] 名 -(e)s/ **1.** 〔文〕対抗, 抗争. **2.** 〔古〕反対, 逆.

wi·der·spre·chen* [ヴィーダー・シュプれッヒェン] 動 h. **1.** 〔j³/et³〕ニ〕〔異論〔異議〕を唱える, 反論する, 逆らう (〔j³〕がsich³の場合で〕言うことが矛盾する. **2.** 〔et³〕ト〕矛盾する, 相いれない(事が);〔et³〕が相互代名詞 sich³(einander)の場合で〕互いに矛盾する, 食違っている.

wi·der·spre·chend [ヴィーダー・シュプれッヒェント] 形 矛盾した.

der **Wi·der·spruch** [ヴィーダー・シュプるッフ] 名 -(e)s/..sprüche **1.** 〔⓪のみ〕反対(意見), 反駁(ばく);異議, 異論: auf heftigen ~ stoßen 激しい反対にあう. ohne ~ 異議なく. **2.** 矛盾, 撞着(どうちゃく): in ~

zu 〈et^3〉 geraten 〈事との〉矛盾に陥る. mit 〈et^3〉 in ~ stehen 〈事と〉矛盾している. sich^4 in *Widersprüche* verwickeln 自家撞着に陥る. der Satz des ~*s* 〚論〛矛盾律.

wi̱·der·sprüch·lich [ヴィーダー・シュプりゅっひりひ] [形] (相互に)矛盾した;矛盾を含んだ, 首尾一貫しない.

die **Wi̱·der·sprüch·lich·keit** [ヴィーダー・シュプりゅっひりひカイト] [名] -/-en **1.** 《(単)のみ》矛盾. **2.** 矛盾したこと, 矛盾している点.

der **Wi̱·der·spruchs·geist** [ヴィーダーシュプるっふス・ガイスト] [名] -(e)s/-er **1.** 《(単)のみ》反抗心, 反骨精神. **2.** 《口》好んで異議を唱える人.

wi̱·der·spruchs·los [ヴィーダーシュプるっふス・ロース] [形] 異議を唱えない.

wi̱·der·spruchs·voll [ヴィーダーシュプるっふス・ふぉル] [形] 矛盾だらけの.

der **Wi̱·der·stand** [ヴィーダー・シュタント] [名] -(e)s/ ..stände **1.** 抵抗, 反抗: der ~ gegen das Regime 政権に対する抵抗. bei 〈j^3〉 auf ~ stoßen 〈人の〉抵抗にあう. 〈j^3〉 ~ leisten 〈人に〉反抗する. **2.** 《(単)のみ》抵抗運動. **3.** 障害: allen *Widerständen* zum Trotz あらゆる障害をものともせず. **4.** 〚理〛抵抗. **5.** 〚電〛抵抗器;《(単)のみ》抵抗. **【慣用】Widerstand gegen die Staatsgewalt** 〚法〛公務執行妨害.

der **Wi̱·der·ständ·ler** [ヴィーダー・シュテントラー] [名] -s/- 抵抗運動のメンバー.

die **Wi̱·der·stands·be·we·gung** [ヴィーダーシュタンツ・ベヴェーグング] [名] -/-en 抵抗運動.

wi̱·der·stands·fä·hig [ヴィーダーシュタンツ・ふぇーイひ] [形] 〚(gegen 〈et^4〉に)〛抵抗力〔耐性〕のある, 強い: ein (gegen Ansteckungen) ~*er* Körper (伝染病に)抵抗力のある体.

die **Wi̱·der·stands·fä·hig·keit** [ヴィーダーシュタンツ・ふぇーイひカイト] [名] -/ 抵抗力.

der **Wi̱·der·stands·kämp·fer** [ヴィーダーシュタンツ・ケムプふぁー] [名] -s/- 抵抗運動の闘士.

die **Wi̱·der·stands·kraft** [ヴィーダーシュタンツ・クらふト] [名] -/..kräfte 抵抗力.

wi̱·der·stands·los [ヴィーダーシュタンツ・ロース] [形] 抵抗しない, 無抵抗の;抵抗されない: sich^4 ~ festnehmen lassen 無抵抗で逮捕される.

das **Wi̱·der·stands·nest** [ヴィーダーシュタンツ・ネスト] [名] -(e)s/-er 〚軍〛(残存する小さな)抵抗の拠点.

wi·der·ste̱·hen* [ヴィーダーシュテーエン] [動] *h.* **1.** 〚〈j^3/et^3〉に〛抵抗する;負けない(誘惑などに). **2.** 〚〈et^3〉に〛耐える(材料が腐食・荷重などに). **3.** 〚〈j^3/et^3〉に〛耐え抜く. **4.** 〚〈j^3〉に〛嫌悪〔嫌気〕を催させる.

wi̱·der|strah·len [ヴィーダー・シュトらーレン] [動] *h.* **1.** 〚〈et^4〉ヲ〛反射する(光を);表わす(感情を). **2.** 〚(〈場所〉に/aus 〈et^3〉カラ)〛反射して輝く;表れる.

wi·der·stre̱·ben [ヴィーダーシュトれーベン] [動] *h.* **1.** 〚〈j^3/et^3〉ニトッテ〛抵抗感がある, (…の)意にそぐわない(事が). **2.** 〚〈j^3/et^3〉に〛《文》反抗する, 逆らう(人が).

das **Wi·der·stre̱·ben** [ヴィーダーシュトれーベン] [名] -s/ いやがる〔しぶる〕こと, 抵抗感: mit ~ しぶしぶ, 不承不承.

der **Wi̱·der·streit** [ヴィーダー・シュトらイト] [名] -(e)s/-e 衝突, 対立, 相剋(そうこく): ein ~ der Interessen 利害の対立.

wi·der·strei̱·ten* [ヴィーダーシュトらイテン] [動] *h.* **1.** 〚〈et^3〉に〛反する, 矛盾〔対立〕する. **2.** 〚〈j^3/et^3〉に〛《古》逆らう.

wi̱·der·wär·tig [ヴィーダー・ヴェるティひ] [形] ひどく不都合な〔厄介な〕;ひどく不快な, 嫌な.

die **Wi̱·der·wär·tig·keit** [ヴィーダー・ヴェるティひカイト] [名] -/-en **1.** 《(単)のみ》ひどい不都合〔障害〕;ひどい不快. **2.** ひどく厄介な成行き;ひどく不快なこと.

der **Wi̱·der·wil·le** [ヴィーダー・ヴィレ] [名] -ns/-n 嫌悪, 反感: mit ~*n* いやいやながら.

wi̱·der·wil·lig [ヴィーダー・ヴィリひ] [形] 不承不承の;不機嫌な.

das **Wi̱·der·wort** [ヴィーダー・ヴォるト] [名] -(e)s/-e 異議〔反対・反駁(はんばく)〕の言葉.

wịd·men [ヴィトメン] [動] *h.* **1.** 〚〈j^3〉ニ+〈et^4〉ヲ〛捧げる. **2.** 〚〈et^4〉ヲ+〈j^3/et^3〉ノタメニ〛使う, (…を…に)捧げる(生涯を学問などに), 向ける(注意などを). **3.** 〚sich^4+〈j^3/et^3〉に〛専念する, かかりきりになる. **4.** 〚〈et^4〉ヲ〛〚官〛公物に指定する.

die **Wịd·mung** [ヴィトムング] [名] -/-en **1.** 献辞: eine ~ in das Buch schreiben その本に献辞を書く. **2.** 贈与. **3.** 〚官〛公物指定.

wi̱d·rig [ヴィードりひ] [形] 不都合な;《古・蔑》嫌な: ~*e* Umstände 逆境.

..wid·rig [..ヴィードりひ] [接尾] 名詞・形容詞の後につけて「…に(違)反する」,「…に抗する」,「…に適合しない」などの意味の形容詞を作る: absprache*widrig* 協定に反する. befehls*widrig* 命令違反の. entzündungs*widrig* 炎症を抑える. natur*widrig* 自然に反する. sozial*widrig* 反社会的な.

wi̱·dri·gen·falls [ヴィードりゲン・ふぁルス] [副] 〚官〛これに反する場合には, さもなくば.

die **Wi̱d·rig·keit** [ヴィードりひカイト] [名] -/-en 不都合〔厄介〕なこと.

wie[1] [ヴィー] [副] 《疑問》 **1.** 《方法・手段・理由・名称》どのようにして, どんなぐあいに, どういうわけで, (名前は)何と: Ich weiß nicht, ~ es dazu gekommen ist. どうしてそうなったのか私には分らない. *W*~ wäre es 〔wär's〕, wenn ... もし…であるとしたらどうだろう. Sie ist zurückgetreten. — *W*~ das? 彼女が辞任したんだって—それはまたどういうわけで. *W*~, du (bist) hier? おや, どうして君がここにいるの. *W*~ heißen Sie? (お名前は)何とおっしゃいますか. *W*~ sagt man dafür in Österreich? オーストリアではこれは何と言いますか. 《文中や文末に置き強調して》Das Mädchen war damals ~ alt? その少女は当時何歳だったのか. **2.** 《性質・様態》どういう…か, …(のぐあい)はどうか: *W*~ ist unser neuer Kollege? われわれの新しい同僚はどんな人ですか. *W*~ geht es Ihnen? ご機嫌いかがですか. *W*~ war das Wetter in Italien? イタリアではお天気はどうだった. *W*~ gefällt es dir? 君にはそれが気に入ったか. **3.** 《程度》《形容詞・副詞とともに》どのくらい, どれほど: *W*~ groß ist das? それはどのくらいの大きさか. *W*~ alt bist du? 君は(年は)いくつかね. *W*~ spät ist es? いま何時か. **4.** 《感嘆文を導いて》何と(いう), どんなに: *W*~ schnell er läuft! 彼は何と足が速いのだ. *W*~ schade! 何と気の毒な, 何と残念な. *W*~ schön, dass ...! …とは何とうれしいことか. **5.** 《聞返して》えっ, 何: *W*~ (bitte)? えっ, 何ですって〔いま何と言いましたか〕. *W*~ war das? それはどういうことでしたか(もう一度言って下さい). **6.** 《肯定的な返事を期待して》《口》ね, そうでしょう: Du hast Erfahrung in solchen Dingen, ~? 君はこういうことに経験があるだろ, ね. **7.** 《auch や immer とともに認容文を導いて》どんなに…であっても: *W*~ schnell er auch mit seinem Auto fährt, ich werde ihn einholen. 彼がどんなに速く車を走らせようと, 私は彼に追いついてみせる. **8.** 《関係副詞として》 **a.** 《方法》…するその…: die Art (und Weise), ~ er erzählt 彼の語り方. **b.** 《程度》…するその…: In dem Maße, ~ die Preise steigen, ... 物価の上昇に応じて…. **【慣用】Und wie!** 《口》とても, 大いに: Ist es kalt? — Und *wie*! 寒いか—うん, それもひどく(寒いよ). **wer**

[Gott] weiß (nicht) wie《口》非常に(文中に挿入して後続の形容詞·副詞を強める). wie dem auch sei (事態が)どうであろうと. **Wie denn？** いったいどんなふうに(やれというのか)，どうしてなんだ： *Wie* denn anders？ どうしてそうでないのか，そうに決ってるさ.

wie[2] [ヴィー] 接《従属》**1.** (同一·類似) **a.** (次の形で)(so ...) ～ ... ～ ... と同じく, (まるで) …のように, …のとおりに： Sie ist so alt ～ ich. 彼女は私と年齢が同じです. Mach es (so) ～ ich！私が(やる[やった])ようにやりなさい！ so schnell ～ möglich できるだけ速く. in einer Situation ～ dieser このような状況では. ～ Benzin riechen ガソリンの(ような)においがする. ～ Berta ベルタのb. **b.** (副詞的な副文を導いて)…であるように, …のとおりに： Ich muss leben, ～ es mir der Arzt vorschreibt. 私は医師の指図どおりに生活しなければならない. **c.** (先行する名詞を受ける人称代名詞とともに関係代名詞的な副文を導いて)…のような： Solcher starke Regen, ～ er bei uns oft ist, kommt dort selten vor. わが国でよくあるような豪雨はそこではめったにない. **2.** (先行する集合概念の実例を示して)(例えば)…のような： Lebensmittel ～ (etwa) Brot, Butter und Wurst パン, バター, ソーセージのような食料品. **3.** (同一レベルの名詞を並列的に結んで)…も～も： die Alten ～ die Jungen 老いも若きも. **4.** (知覚動詞などの補足語となる副文を導いて)…するのを, …である様子で〔過程〕を： Ich hörte, ～ ein Hund heulte. 私は犬が遠ほえするのを聞いた. Die Mutter erzählte, ～ ... 母は…という話を語った. **5.** (比較のals の代りに)《口》…よりも： Er ist größer ～ du. 彼は君より大きい. **6.** (物語などで現在形の《方》は過去形でもの副文を導き, 主文の同時性を示して)…するときは： W～ich an die Kreuzung komme, springt die Ampel um. 交差点にきたら信号がぱっと変った. **7.** (wenn とともに副文を導いて)(あたかも)…であるかのように： Es sieht aus, ～ wenn es regnen wollte. 今にも降り出しそうな空模様である. **8.** (形容詞とともに理由·根拠を示して) …なので： klug, ～ sie ist 彼女は利口だから. **9.** (形容詞とともに認容文を導いて)…ではあるが, …であるにせよ： erfahren ～ er ist 彼は豊かな経験者ではあるが. 【慣用】**nach wie vor** 相変らず. **nichts wie** ...《口》…だけ, もっぱら…ばかり. **so gut wie** ...まるで…も同然(ならない). **sowohl ... wie** ...…も～も. **wie bekannt (ist)** 周知のとおり. **wie folgt** 以下のごとく. **wie gehabt**《口》前と同じように. **wie immer** いつものように. **wie keiner／selten einer** 他に／他にめったに比べられるものないほど. **wie man sagt** 人の話では. **wie man sieht** ごらんのように. **wie möglich** できるだけ. **wie noch nie [nie zuvor]** いまだかってなかったほどに. **wie (schon) gesagt** 前に述べたとおり. **wie sich's gehört** 作法どおり.

das **Wie** [ー] 图 仕方, 方法.

der **Wie·de·hopf** [ヴィーデ·ホップ] 图 -(e)s/-e〔鳥〕ヤツガシラ(ブッポウソウ類の渡鳥).

wie·der [ヴィーダー] 副 **1.** 再び, また (もや)： Er hat ～ einen neuen Weltrekord aufgestellt. 彼はまたもや世界新記録を樹立した. **2.** 再び元通りに, 戻って： Sie wird wohl bald ～ gesund. 彼女はまたすぐに元気になるでしょう. Ich bin gleich ～ hier. (私は)すぐここに戻ってきます. **3.** 同時にまた, 他方ではまた： Ich möchte es ihm gern sagen und (möchte es) auch ～ nicht. 私はそれを彼に言いたくもあり, また言いたくない気持ちもする. **4.** …のほうは…のほうで： Ich habe das Buch von ihm geliehen, der hatte es ～ von einem Bekannten geliehen. 私はこの本を彼から借りたのだが, 彼はまた知人から借りていたのだった. **5.**《口》(同じように)また： Er beschimpfte seinen Gegner, und der beschimpfte ihn ～. 彼は(競技の)相手をののしった. すると相手もまた彼をののしった. **6.**〔話者の気持〕**a.**〔感嘆文で. 驚いたり立腹したりして〕また何て： Wie du ～ aussiehst！また何て格好〔顔〕をしてるんだ. **b.**〔疑問文で. いぶかしげて〕また： Was bedeutet das denn ～？ それはいったいまたどういう意味だ. **c.**〔思い出そうとして〕何て言うんだっけ.【慣用】**hin und wieder** 時折. **immer wieder** 何度も何度も, しょっちゅう. **wie·der und wieder**〔文〕再三再四.

der **Wie·der·ab·druck** [ヴィーダー·アップ·ドルック] 图 -(e)s/-e **1.** (本のみ)増刷, 重版. **2.** 覆[復]刻版.

die **Wie·der·auf·ar·bei·tung** [ヴィーダー·アウふ·あるバイトゥング] 图 -/-en (使用済み核燃料などの)再処理.

die **Wie·der·auf·ar·bei·tungs·an·la·ge** [ヴィーダーアウふアるバイトゥングス·アン·ラーゲ] 图 -/-n (使用済み核燃料などの)再処理工場.

der **Wie·der·auf·bau** [ヴィーダー·アウふ·バウ] 图 -s/再建, 再興.

wie·der auf·bau·en [ヴィーダー·アウふ·バウエン], **wie·der/auf/bau·en** [ヴィーダー·アウふ·バウエン] 動 baute wieder auf; hat wieder aufgebaut/wiederaufgebaut〈et⁴ッ〉再建〔復興〕する.

die **Wie·der·auf·be·rei·tung** [ヴィーダー·アウふ·べらイトゥング] 图 -/-en =Wiederaufarbeitung.

die **Wie·der·auf·be·rei·tungs·an·la·ge** [ヴィーダーアウふべらイトゥングス·アン·ラーゲ] 图 -/-n =Wiederaufbereitungsanlage.

die **Wie·der·auf·nah·me** [ヴィーダー·アウふ·ナーメ] 图 -/-n **1.** (交渉·関係などの)再開. **2.** (組織などでの)再受入れ, 復帰させること. **3.**〔劇〕再演.

das **Wie·der·auf·nah·me·ver·fah·ren** [ヴィーダーアウふナーメふぇあふぁーれン] 图 -s/-〔法〕再審手続.

wie·der auf|neh·men[*] [ヴィーダー·アウふ·ネーメン], **wie·der/auf/neh·men**[*] [ヴィーダー·アウふ·ネーメン] 動 nahm wieder auf; hat wieder aufgenommen/wiederaufgenommen **1.**〈et⁴ッ〉再び始める, 再開する(仕事·会話などを)： ein Verfahren ～〔法〕再審手続きをとる. **2.**〈j⁴ッ〉(組織に)再び受入れる, 復帰させる. **3.**〈et⁴ッ〉〔劇〕再演する.

die **Wie·der·auf·rüs·tung** [ヴィーダー·アウふ·りュストゥング] 图 -/ 再軍備.

der **Wie·der·be·ginn** [ヴィーダー·ベギン] 图 -(e)s/ 再開.

wie·der|be·kom·men[*] [ヴィーダー·ベコメン] 動 *h.*〈et⁴ッ〉(口)取り戻してもらう.

wie·der be·le·ben [ヴィーダー·ベレーベン], **wie·der/be·le·ben** [ヴィーダー·ベレーベン] 動 *h.*〈j⁴／et⁴ッ〉蘇生(㌕)させる(人を)；〈転〉蘇(㌕)らせる(古い風習などを).

die **Wie·der·be·le·bung** [ヴィーダー·ベレーブング] 图 -/-en (主に⁴)蘇生(㌕)させること；〈転〉蘇(㌕)らせること.

der **Wie·der·be·le·bungs·ver·such** [ヴィーダー·ベレーブングス·ふぇあズーふ] 图 -(e)s/-e (主に⁴)蘇生(㌕)させようとする試み；〈転〉蘇(㌕)らせようとする試み.

wie·der|brin·gen[*] [ヴィーダー·ブりンゲン] 動 *h.*〈et⁴ッ〉返す, 元の所に戻す.

wie·der ein|set·zen [ヴィーダー·アイン·ゼッツェン], ⁴**wie·der|ein|set·zen** setzte wieder ein; hat wieder eingesetzt〈j⁴ッ〉復職させる.

der **Wie·der·ein·stei·ger** [ヴィーダー·アイン·シュタイガー] 图 -s/- (比較的長い中断後の)職業〔職場〕復帰者, 復職者.

die **Wie·der·er·grei·fung** [ヴィーダー·エあグらイふング] 图 -/-en (主に⁴)再逮捕.

wie·der|er·hal·ten* [ヴィーダー・エアハルテン] 動 h.〈et⁴ʋʃ〉返してもらう.
wie·der erken·nen* [ヴィーダー エアケネン], **wie·der|er·ken·nen*** [ヴィーダー・エアケネン] 動 h.〈j⁴/et⁴ʋʃ〉(見て・聴いて・触って) 分る(前に知っていた…だと).
wie·der|er·lan·gen* [ヴィーダー・エアランゲン] 動 h.〈et⁴ʋʃ〉(文)取り戻す,回復する.
wie·der eröff·nen* [ヴィーダー エア㋕フネン], **wie·der|er|öff·nen*** [ヴィーダー・エア㋕フネン] 動 h.〈et⁴ʋʃ〉再開する(店・劇場・会議などを).
die**Wie·der|er·öff·nung** [ヴィーダー・エア㋕フヌング] 名 -/-en 再開.
wie·der|er·stat·ten [ヴィーダー・エアシュタッテン] 動 h.〈et⁴ʋʃ〉払戻す,弁済(返済)する.
die**Wie·der|er·stat·tung** [ヴィーダー・エアシュタットゥング] 名 -/-en 払戻し,返済,弁済.
wie·der|er·zäh·len* [ヴィーダー・エアツェーレン] 動 h. 1.〈et⁴ʋʃ〉言葉で再現する,話して聞かせる. 2.〈j³〉ɛ+〈et⁴ʋʃ〉(口)(さらに伝えて)言う(話す).
wie·der fin·den* [ヴィーダー フィンデン], **wie·der|fin·den*** [ヴィーダー・フィンデン] 動 h. 1.〈j⁴/et⁴ʋʃ〉見つける(転)取戻す(自信などを). 2. sich⁴+〈場所で…〉気がついてみたらいる(がいる). 3. (sich⁴)見つかる(なくした物が). 4. (sich⁴)落着きを取戻す(人が). 5.〈et⁴ʋʃ+〈場所〉で〉また見いだす;〈et⁴ʋʃ sich⁴ の場合〉(他の所でも) また見いだされる.
die**Wie·der·ga·be** [ヴィーダー・ガーベ] 名 -/-n 1. 再現,する;(音・画像の)再生. 2. (曲の)演奏. 3. 複写,複製;複製画.
wie·der|ge·ben* [ヴィーダー・ゲーベン] 動 h. 1.〈j³〉ɛ+〈et⁴ʋʃ〉返す,返却する. 2.〈et⁴ʋʃ〉再現してみせる,伝える;表現する(考えなどを);引用する,載せる(テキストなどを). 3.〈j⁴/et⁴ʋʃ〉再生する(音・色などを). 4.〈et⁴ʋʃ〉複写〔複製〕する. 5.〈et⁴ʋʃ〉再生する(音・色などを).
die**Wie·der·ge·burt** [ヴィーダー・ゲブーアト] 名 -/-en 1.〔宗〕再生. 2. (のみ)[キ教]復活. 3. (文)復興,復活.
wie·der|ge·win·nen* [ヴィーダー・ゲヴィネン] 動 h. = zurück|gewinnen.
die**Wie·der·ge·win·nung** [ヴィーダー・ゲヴィヌング] 名 -/-en 1. 取り戻し,取り返すこと,再獲得,奪回,奪還.
wie·der gut|ma·chen, **wie·der|gut|machen** [ヴィーダー グート・マッヘン] 動 machte wieder gut; hat wieder gutgemacht/wiedergutgemacht〈et⁴ʋʃ〉償う,補償〔弁償〕する,(…の)埋合せをする(損害・失敗などを).
die**Wie·der·gut·ma·chung** [ヴィーダー・グート・マッフング] 名 -/-en 1. 償い,補償,弁償. 2. 補償金.
wie·der|ha·ben* [ヴィーダー・ハーベン] 動 h.〈j⁴/et⁴ʋʃ〉再び自分のものとして持つ,返してもらう.
wie·der·her·ge·stellt [ヴィーダー・ヘーアゲシュテルト] 形 元どおりの.
wie·der|her|stel·len [ヴィーダー・ヘーア・シュテレン] 動 stellte wieder her; hat wiederhergestellt〈et⁴ʋʃ〉取戻す(バランスなどを);(秩序などを);〈sich⁴ の場合〉元に戻す,旧に復する. 2.〈j⁴〉ɛ健康を回復させる. 3.〈et⁴ʋʃ〉復元する.
die**Wie·der·her·stel·lung** [ヴィーダー・ヘーア・シュテルング] 名 -/-en 復元,修復;(原状・健康などの) 回復.
wie·der|ho·len¹ [ヴィーダー・ホーレン] 動 h. 1.〔(sich³)+〈et⁴ʋʃ〉取返す,奪還する.
wie·der|ho·len² [ヴィーダー・ホーレン] 動 h. 1.〈et⁴ʋʃ〉繰返して言う;繰返して行う;die Klasse/die Prüfung ~ (落第して)学年をもう一度やる/再試験を受ける. 3.〈et⁴ʋʃ〉繰返して言う,復唱する. 4.〈et⁴ʋʃ〉復習する. 5. (sich⁴)繰返される;繰返し起こる(現れる);同じことを繰返して言う.

wie·der·holt [ヴィーダー・ホールト] 形 再三の,度重なる.
die**Wie·der·ho·lung** [ヴィーダー・ホールング] 名 -/-en 繰返し;もう一度する(される) こと;繰返し言うこと;反復;復習.
der**Wie·der·ho·lungs·fall** [ヴィーダー・ホールングス・ふァル] 名 (次の形で)im ~-e(同)同様のことが再び起こった(繰返された)場合には.
das**Wie·der·ho·lungs·zei·chen** [ヴィーダー・ホールングス・ツァイヒェン] 名 -s/- 繰返し記号;[楽]反復記号.
das**Wie·der·hö·ren** [ヴィーダー・ヘーレン] 名 (次の形で)Auf ~! さようなら(電話などで).
die**Wie·der·in·stand·set·zung** [ヴィーダー・イン・シュタント・ゼッツング] 名 -/-en 修理,修復.
wie·der|käu·en [ヴィーダー・コイエン] 動 h. 1.〈(et⁴ʋʃ)〉反芻(ホュラ)する(牛などが). 2.〈et⁴ʋʃ〉(蔑)そのまま言う(繰返す),受売りする(他人の言ったことなどを).
der**Wie·der·käu·er** [ヴィーダー・コイアー] 名 -s/-[動]反芻(ホュラ)動物.
der**Wie·der·kauf** [ヴィーダー・カウふ] 名 -(e)s/..käufe [法]買戻し.
wie·der|kau·fen [ヴィーダー・カウふェン] 動〈et⁴ʋʃ〉[法]買戻す.
die**Wie·der·kehr** [ヴィーダー・ケーア] 名 -/(文) 1. 帰還 : die ~ Christi キリストの再臨. 2. 繰返し,反復.
wie·der|keh·ren [ヴィーダー・ケーレン] 動 s. 1.〔雅〕戻って来る,帰還する;(転)戻って来る(記憶などが). 2.〔雅〕再び巡ってくる(機会などが). 3.〔雅〕繰返される,反復される(メロディーなどが),繰返し巡って来る(祝日などが).
wie·der|kom·men* [ヴィーダー・コメン] 動 s. 1.〔雅〕帰って来る(人が);(転)戻って来る(記憶などが). 2.〔雅〕再び(また)来る(人が);(転)再び巡って(やって)来る(機会などが).
die**Wie·der·kunft** [ヴィーダー・クンふト] 名 -/(文)帰還;再来 : die ~ Christi キリストの再臨.
wie·der|sa·gen [ヴィーダー・ザーゲン] 動 h.〈j³〉ɛ+〈et⁴ʋʃ〉(口)(さらに伝えて)言う.
das**Wie·der·schau·en** [ヴィーダー・シャウエン] 名 -s/(次の用法で)(Auf) ~! (方)さようなら.
wie·der|se·hen* [ヴィーダー・ゼーエン] 動 h. 1.〈j⁴〉ɛ再会する. 2.〈et⁴ʋʃ〉再び見る(故郷・風景などを).
das**Wie·der·se·hen** [ヴィーダー・ゼーエン] 名 -s/- 再会 : (Auf) ~! さようなら;行ってきます.〈j³ 〉Auf [auf] ~ sagen …にさよならを言う.
die**Wie·der·se·hens·freu·de** [ヴィーダー・ゼーエンス・ふろイデ] 名 -/ 再会の喜び.
der**Wie·der·täu·fer** [ヴィーダー・トイふァー] 名 -s/- 再洗礼派の信者.
wie·der tun*, **wie·der|tun*** [ヴィーダー トゥーン]
wie·der·um [ヴィーダーる] 副 1. またもや,再び : Am nächsten Tag kam er uns ~ besuchen. 次の日彼はまた私たちを訪ねて来た. 2. (反して) : Er glaubte es und glaubte es ~ nicht. 彼はそれを信じていたが,他方では信じてもいなかった. 3. …のほうは…のほうで: Ich wusste es von ihm, und er ~ wusste es von seinem Freund. 私はそれを彼から知り,彼は彼で友達から知ったのだ.
wie·der ver·ei·ni·gen [ヴィーダー ふェアアイニゲン], **wie·der|ver·ei·ni·gen** [ヴィーダー・ふェアアイニゲン] 動 h.

〔〈et^4〉ヲ〕再統一する, 再び統合する.

die **Wie·der·ver·ei·ni·gung** [ヴィーダー・ふぇあアイニグング] [名] -/-en 再統一〔統合〕: die ～ Deutschlands ドイツの再統一.

wie·der|ver·hei·ra·ten [ヴィーダー・ふぇあハイらーテン] [動] *h.* 〔sich^4〕再婚する.

die **Wie·der·ver·hei·ra·tung** [ヴィーダー・ふぇあハイらートゥング] [名] -/-en 再婚.

der **Wie·der|ver·kauf** [ヴィーダー・ふぇあカウふ] [名] -(e)s/..verkäufe 〘経〙再販売, 再販.

der **Wie·der·ver·käu·fer** [ヴィーダー・ふぇあコイふぁー] [名] -s/- 〘経〙再販売業者(取次や小売の業者).

die **Wie·der·ver·wen·dung** [ヴィーダー・ふぇあヴェンドゥング] [名] -/-en 再利用: zur ～ 再利用用(略 z. W.).

wie·der·ver·wen·dungs·fä·hig [ヴィーダーふぇあヴェンドゥングス・ふぇーイひ] [形] 再利用できる.

die **Wie·der·ver·wer·tung** [ヴィーダー・ふぇあヴェるトゥング] [名] -/-en 再利用.

die **Wie·der·vor·la·ge** [ヴィーダー・ふぉーあ・ラーゲ] [名] -/-n 〘官〙(文書の)再提出: zur ～ 再提出(書類などの表書. 略 z. Wv.).

die **Wie·der·wahl** [ヴィーダー・ヴァール] [名] -/-en 再選: sich^4 zur ～ stellen (選挙に)再出馬する.

wie·der wäh·len [ヴィーダー ヴェーレン], **wie·der|wäh·len** [ヴィーダー・ヴェーレン] [動] *h.* 〔〈j^4〉ヲ〕再選する.

die **Wie·ge** [ヴィーゲ] [名] -/-n **1.** 揺籃(ゆりかご); 《転》揺籃(ようらん)の地, 発祥の地. **2.** (エッチング用)ロッカー(～stahl). **3.** 〘体操〙ゆりかご(腹ばいになって上体と四肢を上げ体を揺する). 【慣用】**Das ist ihm nicht an der Wiege gesungen worden.** それは彼には予想だにされなかった. 〈j^3〉 **in die Wiege gelegt worden sein** 〈人に〉生来的なものである. **von der Wiege an** 生れつき. **von der Wiege bis zur Bahre** 揺籃から墓場まで.

das **Wie·ge·mes·ser** [ヴィーゲ・メッサー] [名] -s/- **1.** 弓形みじん切り包丁(刃が弓形で両端に取っ手がついている). **2.** (エッチング用)ロッカー.

wie·gen^{1*} [ヴィーゲン] [動] wog; hat gewogen **1.** 〔〈j^4/et^4〉ノ/〈様態〉ニ〕重さを量る, 目方を量る: Die Verkäuferin *wog* reichlich. その女店員は大目に目方を量った. 〈et^4〉 in 〔auf〕 der Hand ～ 〈物の〉(大体の)重さを手で量る. **2.** 〔〈et^4〉ノ/〈様態〉ノ〕重さである, 目方がある: Das Paket *wiegt* 3 Kilo. その小包は3キロの重さだ. Seine Meinung *wiegt* nicht schwer. 《転》彼の意見は重要ではない.

wie·gen^2 [ヴィーゲン] [動] *h.* **1.** 〔〈j^4/et^4〉ヲ〕揺り動かす, 揺する. **2.** 〔sich^4〕揺れ動く, 体を揺する: sich im Wind ～ 風に揺れる. sich in den Hüften ～ 腰を振る. sich in der Hoffnung ～, dass... 《転・文》…という希望にひたっている. **3.** 〔〈et^4〉ヲ〕(弓形みじん切り包丁で)みじん切りにする, 細かく切る. **4.** 〔〈et^4〉ノ表面ヲ〕〘エッチング〙(ロッカーで)ざらざらにする.

der **Wie·gen·druck** [ヴィーゲン・ドるック] [名] -(e)s/-e 初期印刷本(＝Inkunabel. ヨーロッパの活字印刷術の揺籃期(ようらんき)までに印刷された本).

das **Wie·gen·fest** [ヴィーゲン・ふぇスト] [名] -(e)s/-e 《文》誕生日.

das **Wie·gen·lied** [ヴィーゲン・リート] [名] -(e)s/-er 子守歌.

der **Wie·ge·stahl** [ヴィーゲ・シュタール] [名] -(e)s/..stähle (エッチング用)ロッカー.

das **Wie·hen·ge·bir·ge** [ヴィーエン・ゲビるゲ] [名] -s/ 〘山名〙ヴィーエンゲビルゲ(ノルトライン＝ヴェストファーレン州).

wie·hern [ヴィーあーン] [動] *h.* 〔補足なし〕いななく; 《転》(いななくように)甲高く笑う; 《口》大笑いする.

(*der*) **Wie·land**^{1} [ヴィーラント] [名] 〘ゲルマン伝〙ヴィーラント(妖精の王で鍛冶の名人).

(*der*) **Wie·land**^{2} [ヴィーラント] [名] 〘人名〙ヴィーラント(Christoph Martin ～, 1733-1813, 啓蒙主義の詩人・小説家・劇作家).

(*das*) **Wien** [ヴィーン] [名] -s/ 〘地名〙ヴィーン, ウィーン(オーストリアの首都).

Wie·ner^1 [ヴィーナー] [形] (無変化)ウィーンの: der ～ Kongress ウィーン会議(1814-15年).

der **Wie·ner**^{2} [ヴィーナー] [名] -s/- ウィーン市民〔出身者〕.

die **Wie·ner**^{3} [ヴィーナー] [名] -/- (主に[複])ウィンナーソーセージ.

das **Wie·ner·le** [ヴィーナーレ] [名] -s/- 《方》＝Wiener^3.

wie·nern [ヴィーナーン] [動] *h.* **1.** 〔〈et^4〉ヲ〕《口》ピカピカに磨く. **2.** (次の形で) 〈j^3〉 eine ～ 〈人に〉いっぱつ食らわす.

der **Wie·ner·wald** [ヴィーナー・ヴァルト] [名] -(e)s/ 〘地名〙ヴィーナーヴァルト, ウィーンの森(ウィーンの南西に広がる東部アルプスのすそ野).

wies [ヴィース] [動] weisen の過去形.

(*das*) **Wies·ba·den** [ヴィース・バーデン] [名] -s/ 〘地名〙ヴィースバーデン(ヘッセン州の州都).

der **Wies·ba·de·ner** [ヴィース・バーデナー] [名] -s/- ヴィースバーデン市民.

der **Wies·bad·ner** [ヴィース・バードナー] [名] -s/- ＝Wiesbadener.

wie·se [ヴィーゼ] [動] weisen の接続法2式.

die **Wie·se** [ヴィーゼ] [名] -/-n 牧草地, 草地, 草原. 【慣用】**auf der grünen Wiese** 郊外に, 空地に.

das **Wie·sel** [ヴィーゼル] [名] -s/- 〘動〙イタチ.

wie·seln [ヴィーゼルン] [動] *s.* 〔補足なし〕(イタチのように)すばしこく走る.

die **Wie·sen·blu·me** [ヴィーゼン・ブルーメ] [名] -/-n 草原の花.

der **Wie·sen·grund** [ヴィーゼン・グるント] [名] -(e)s/..gründe 《文・古》草でおおわれた低地〔くぼ地〕.

das **Wie·sen·schaum·kraut** [ヴィーゼン・シャウム・クらウト] [名] -(e)s/..kräuter 〘植〙タネツケバナ.

das **Wie·sen·tal** [ヴィーゼン・タール] [名] -(e)s/..täler 草でおおわれた谷(間).

wie·so [ヴィー・ゾー] [副] **1.** 《疑問》どうして, どのようにして: Warst du gestern im Theater? — Nein, ～? 君は昨日劇場に行ったのか—いや, でもどうして(そう思うのか). **2.** 《関係》《稀》どうして…かということ: Weißt du, ～ er nicht gekommen ist? 彼がどうして来なかったか君は知っているか.

wie viel, [旧]**wie·viel** [ヴィ ふぃール, ヴィー ふぃール] [副] 《疑問》 **1.** いくつ, どれほどの〔多く〕: *W*～ Einwohner hat München? ミュンヒェンの人口はいくらですか. *W*～ Uhr ist es? 何時ですか. *W*～ bin ich Ihnen schuldig? あなたにいくらお支払いしたらいいでしょうか. (文中や文末に置き強調して) Das hat ～ gekostet? それはいくらしたんだ. (感嘆文で) *W*～ Zeit hat das wieder gekostet! それはまたなんて時間をくったことか. **2.** 何番目に〔の〕: Schillerstraße ～ wohnt er? 彼はシラー通りの何番地にお住いですか. **3.** (形容詞・副詞の比較級を修飾)どれほど, どのくらい: *W*～ älter ist er als du? 彼は君よりどれだけ年上なの. (感嘆文で) *W*～ schöner wäre das Leben, wenn ...! もし…なら人生はどんなに素晴しいだろう. 【慣用】**Wie viel ... auch** (**immer**) **...**, どれほど…が…であっても: *Wie viel* er sich auch bei mir entschuldigt, ich verzeihe ihm das nicht. どれほど彼が私にあやまっても, 彼のそれは許せない.

wie·vie·ler·lei [ヴィ・ふぃーラーライ, ヴィー・ふぃーラーライ] [形] 幾種類の.

wie·viel·mal [ヴィふぃール・マール, ヴィー・ふぃール・マール] [副]

《疑問》何度, 何回.
wie·vielt [ヴィ·ふぃールト, ヴィー·ふぃールト] 形 何番目の：zum ~*en* Mal 何度目に. Der *W*~*e* ist heute?〔《口》Den *W*~*en* haben wir heute?〕今日は何日ですか. Die *W*~*e* ist sie geworden? 彼女は何番になりましたか.
wie·vi̲elt [ヴィ·ふぃールト] 副 《疑問》《次の形で》zu ~ 何人(連れ)で.
wie·we̲it [ヴィ·ヴァイト] 副 《疑問》《間接疑問文を導いて》どの程度まで：Ich weiß nicht, ~ ich ihm trauen kann. どこまで彼を信頼してよいものか.
wie·wo̲hl [ヴィ·ヴォール] 接 《従属》《文》…にもかかわらず.
der **Wi̲g·wam** [ヴィックヴァム] 名 -s/-s (アメリカインディアンの)テント小屋.
der **Wi̲·king** [ヴィーキング] 名 -s/-er =Wikinger.
der **Wi̲·kin·ger** [ヴィーキンガー] 名 -s/- (ノルマンの)バイキング.
wi̲ld [ヴィルト] 形 **1.** 野生の, 自生〔自然〕の：wie ein ~*es* Tier 野獣のように. **2.** 《古》(今日では《蔑》)未開の;《蔑》野蛮な：~*e* Völker 未開民族. **3.** 自然のままの;伸び放題の;未開墾の;放縦な：ein ~*er* Wald 原生林. **4.** 違法な：~*e* Streiks 山猫スト. **5.** 激しい(戦い・非難など);怒り狂った;怖がって興奮した(動物);ひどく活発な, 騒々しい;激動の;奔放な：in ~*er* Entschlossenheit 断固決意して. wie ~《口》非常に激しく〔激して〕. **6.** 途方もない：~*e* Verwünschung ausstoßen ひどい悪態をつく. 【慣用】**das Wilde Heer**〔**die Wilde Jagd**〕〖ゲルマン神話〗亡霊の軍勢(ヴォーダンに率いられ嵐の夜空で狩りをするという). **halb**〔**nicht**〕**so wild** そう悪くはない, そう危険ではない. **in wilder Flucht davonlaufen** 一目散に逃出す. **wild auf** 〈j⁴/et⁴〉 **sein** 《口》〈人·物·事に〉夢中である, …がほしくてたまらない. **der Wilde Mann** 〖伝説〗山男(全身毛に覆われ手に棍棒(こんぼう)を持つ).
das **Wi̲ld** [ヴィルト] 名 -(e)s/ **1.** 《総称》狩猟鳥獣. **2.** 猟獣, 猟鳥, 獲物. **3.** 狩猟鳥獣の肉.
der **Wi̲ld·bach** [ヴィルト·バっは] 名 -(e)s/..bäche 山間の急流, 渓流.
das **Wi̲ld·bad** [ヴィルト·バート] 名 -(e)s/..bäder 《古》=Thermalbad.
die **Wi̲ld·bahn** [ヴィルト·バーン] 名 -/-en 《次の形で》freie ~ 野外, 大自然.
der **Wi̲ld·bra·ten** [ヴィルト·ブらーテン] 名 -s/- 狩猟鳥獣の焼肉.
das **Wi̲ld·bret** [ヴィルト·ブれっト] 名 -s/ **1.** 《文》狩猟鳥獣の肉. **2.** 《古》猟獣, 野鳥, 獲物.
der **Wi̲ld·dieb** [ヴィルト·ディーブ] 名 -(e)s/-e =Wilderer.
die **Wild·die·be·re̲i** [ヴィルト·ディーベらイ] 名 -/-en =Wilderei.
der/die **Wi̲l·de** [ヴィルデ] 名 《形容詞的変化》《古》未開人.
die **Wi̲ld·en·te** [ヴィルト·エンテ] 名 -/-n 〖鳥〗ノガモ.
die **Wi̲l·de·re̲i** [ヴィルデらイ] 名 -/-en 密猟.
der **Wi̲l·de·rer** [ヴィルデらー] 名 -s/- 密猟者.
wi̲l·dern [ヴィルダーン] 動 *h.* **1.** 〖補足なし〗密猟をする. **2.** 〖〈et⁴〉ヲ〗密猟で殺す. **3.** 〖補足なし〗野性化する(犬·猫が);《古》放縦な生活をする.
der **Wi̲ld·fang** [ヴィルト·ふぁング] 名 -(e)s/..fänge **1.** 捕獲された鳥獣;〖狩〗鷹狩り用に捕獲された猛禽〔鷹·隼〕. **2.** いたずら小僧, おてんば娘.
wi̲ld·fre̲md [ヴィルト·ふれムト] 形 《感》見ず知らずの, 一面識もない, 未知の.
die **Wi̲ld·gans** [ヴィルト·ガンス] 名 -/..gänse〖鳥〗(ガチョウの原種としての)ガン, ハイイロガン.
der **Wi̲ld·ge·schmack** [ヴィルト·ゲシュマック] 名 -(e)s/ =Hautgout.
der **Wi̲ld·he·ger** [ヴィルト·ヘーガー] 名 -s/- =Wildhüter.
die **Wi̲ld·heit** [ヴィルトハイト] 名 -/-en **1.** 野生, 未開拓, 自然状態;野蛮, 非文明. **2.** 乱れ, 無秩序;無様. **3.** 激しさ;粗暴, 乱暴;残忍. **4.** 無謀さ, 突飛さ.
der **Wi̲ld·hü·ter** [ヴィルト·ヒューター] 名 -s/- 狩猟区の番人.
die **Wi̲ld·kat·ze** [ヴィルト·カっツェ] 名 -/-n 〖動〗ヤマネコ.
wi̲ld le·bend, wi̲ld·le·bend [ヴィルト レーベント] 形 野生の(動物).
das **Wi̲ld·le·der** [ヴィルト·レーダー] 名 -s/- **1.** 野生動物の革, 鹿〔のろじか·れいよう〕革. **2.** バックスキン.
der **Wi̲ld·ling** [ヴィルトリング] 名 -s/-e **1.** (接ぎ木用の実生(みしょう)の)台木;〖林〗実生の木. **2.** (捕獲された)野生の動物〔鳥〕. **3.** 《古》乱暴な人〔子〕.
die **Wi̲ld·nis** [ヴィルトニス] 名 -/-se 荒野, 原野, 原生林.
der **Wi̲ld·park** [ヴィルト·パるク] 名 -s/-s〔-e〕(森の一部を柵で囲った特に鹿·猪など有蹄(ゆうてい)類の)動物公園.
die **Wi̲ld·pflan·ze** [ヴィルト·プふランツェ] 名 -/-n 野生植物.
wi̲ld·reich [ヴィルト·らイひ] 形 狩猟鳥獣の多い.
wi̲ld·ro·ma̲n·tisch [ヴィルト·ろマンティシュ] 形 野趣に富んだ.
die **Wi̲ld·sau** [ヴィルト·ザウ] 名 -/..säue〔-en〕 **1.** (複 -en)〖動〗(雌 の)イノシシ. **2.** (複 ..säue)《口·蔑》(《罵》も有)(豚)野郎.
der **Wi̲ld·scha·den** [ヴィルト·シャーデン] 名 -s/..schäden 鳥獣による被害(森林などの).
der **Wi̲ld·schüt·ze** [ヴィルト·シュっツェ] 名 -n/-n 《古》 **1.** 密猟者. **2.** 猟師.
das **Wi̲ld·schwein** [ヴィルト·シュヴァイン] 名 -(e)s/-e 〖動〗イノシシ.
wi̲ld wach·send, wi̲ld·wach·send [ヴィルト ヴァクセント] 形 野生の(植物).
das **Wi̲ld·was·ser** [ヴィルト·ヴァっサー] 名 -s/- **1.** 渓流. **2.** =Wildwasserrennen.
das **Wi̲ld·was·ser·ren·nen** [ヴィルト·ヴァっサー·れネン] 名 ワイルドウォーター(急流カヌー競技).
der **Wi̲ld·wech·sel** [ヴィルト·ヴェクセル] 名 -s/- **1.** けもの道. **2.** (単のみ)野生動物の道路横断.
(*der*) **Wild·we̲st** [ヴィルト·ヴェスト] 名 -s/ 《無冠詞》(開拓時代の)米国西部地方.
der **Wild·we̲st·film** [ヴィルトヴェスト·ふぃルム] 名 -(e)s/-e 西部劇映画.
der **Wi̲ld·wuchs** [ヴィルト·ヴークス] 名 -es/..wüchse **1.** (単のみ)(植物の)自然のままの繁茂. **2.** 自然のままに繁茂した植物.
(*der*) **Wi̲l·fried** [ヴィルふりート] 名 〖男名〗ウィルフリート.
(*der*) **Wi̲l·helm** [ヴィルヘルム] 名 **1.** 〖男名〗ヴィルヘルム. **2.** ~ I. ヴィルヘルム1世(1797-1888年, プロイセン王. 1871年, ドイツ皇帝に即位). **3.** ~ II. ヴィルヘルム2世(1859-1941年, ドイツ皇帝·プロイセン王. ヴィルヘルム1世の孫.). **4.** (次の形で)den dicken ~ markieren 《口》豪勢な暮らしを誇る. seinen Friedrich ~ unter 〈et⁴〉 setzen 《口·冗》〈物に〉署名をする.
(*die*) **Wil·hel·mi̲·ne** [ヴィルヘルミーネ] 名 〖女名〗ヴィルヘルミーネ.
Wil·hel·mi̲·nisch [ヴィルヘルミーニシュ] 形 ヴィルヘルム2世の：das ~*e* Zeitalter ヴィルヘルム2世時代(1888-1918年).
(*das*) **Wil·helms·ha̲·ven** [ヴィルヘルムス·ハーふぇン] 名 -s

W

/ 〖地名〗ヴィルヘルムスハーフェン(ニーダーザクセン州の都市.).

wịll [ヴィル] [動] wollen の現在形 1・3 人称単数.

der **Wịl·le** [ヴィレ] [名] 2 格-ns, 3 格-n, 4 格-n/[複] -n 《主に[単]》意志, 意思, 意向; 決意: einen starken ～*n* haben 強固な意志を持っている. der ～ Gottes 〔Gottes ～〕 神意. 〈j²〉 ～*n* brechen/erfüllen 〈人の〉意志を踏みにじる/かなえてやる. 〈j³〉 seinen ～*n* aufzwingen 〈人に〉自分の意志を押しつける. 〈j³〉 seinen ～*n* lassen 〈人に〉好きなようにさせる. sich⁴ einem fremden ～*n* beugen 他人の意志に従う. aus freiem ～*n* 自分の意志で. bei 〔mit〕 einigem guten ～*n* いくらかでもその気があれば. gegen meinen ～*n* 私の意に反して. mit ～*n* 意図的に. jeder nach seinem ～*n* 各人好き好きに. ohne mein Wissen und ～*n* 〔meinen ～*n*〕 私の知らないうちに. wider ～*n* 意に反して, 心ならずも. 【慣用】**der letzte Wille** 遺言. **nach Wunsch und Willen** 思いどおりに.

wịl·len [ヴィレン] [前] 〔＋2 格〕《次の形で》 um 〈j²/et²〉 ～ 〈人・事の〉 ために: um ihrer Schwester ～ 彼女の姉妹のために. um der Gesundheit ～ 健康のために. um Gottes ～ とんでもない; 後生だから. um seiner selbst ～ 彼自身のために. 【ただし um seinetwillen 彼のために】

der **Wịl·len** [ヴィレン] [名] -s/- 《稀》＝Wille.

wịl·len·los [ヴィレン・ロース] [形] 自分の意志のない.

die **Wịl·len·lo·sig·keit** [ヴィレン・ローズィひカイト] [名] -/ 意志薄弱, 無気力, 唯々諾々(いいだくだく).

wịl·lens [ヴィレンス] [形] 《次の形で》 ～ sein, 〈et⁴〉 zu [動] 《文》〈事を〉する意欲〔気〕がある.

der **Wịl·lens·akt** [ヴィレンス・アクト] [名] -(e)s/-e 自主的行為.

die **Wịl·lens·äu·ße·rung** [ヴィレンス・オイセるング] [名] -/-en 意志表明.

die **Wịl·lens·er·klä·rung** [ヴィレンス・エあクレーるング] [名] -/-en 〖法〗意思表示.

die **Wịl·lens·frei·heit** [ヴィレンス・ふらイハイト] [名] -/ 〖哲・神〗意志の自由.

die **Wịl·lens·kraft** [ヴィレンス・クらふト] [名] -/ 意志の力, 意力.

wịl·lens·schwach [ヴィレンス・シュヴァっは] [形] 意志薄弱な.

die **Wịl·lens·schwä·che** [ヴィレンス・シュヴェっひぇ] [名] -/ 意志の弱さ, 意志薄弱.

wịl·lens·stark [ヴィレンス・シュタるク] [形] 意志強固な.

die **Wịl·lens·stär·ke** [ヴィレンス・シュテるケ] [名] -/ 意志の強さ.

wịl·lent·lich [ヴィレントリひ] [形] 《文》故意の.

will·fah·ren [ヴィル・ふぁーれン, ヴィル・ふぁーれン] [動] *h.* (will..にアクセントがある場合の過去分詞は gewillfahrt) 《文》 **1.** 〔〈j³〉ノ〕意に従う. **2.** 〔〈et³〉ニ〕添う(希望などに), (…を)聞入れる(願いなどを).

will·fäh·rig [ヴィル・ふぇーりひ, ヴィル・ふぇーりひ] [形] 〔(〈j³〉ニ)〕《文》(《蔑》も有)唯々諾々(いいだくだく)として従う.

die **Will·fäh·rig·keit** [ヴィル・ふぇーりひカイト, ヴィル・ふぇーりひカイト] [名] -/-en (主に[単]) 《文》(《蔑》も有)従順; 追従(ついしょう), 屈従.

(*der*) **Wịl·li** [ヴィリ] [名] 〖男名〗ヴィリ(Wilhelm の短縮形).

(*der*) **Wịl·li·bald** [ヴィリ・バルト] [名] 〖男名〗ヴィリバルト.

wịl·lig [ヴィリひ] [形] (求められていること・期待されていることを)喜んで〔進んで〕する.

wịl·li·gen [ヴィリゲン] [動] *h.* 〔in 〈et⁴〉ニ〕《文》同意する, (…を)承諾する.

der **Will·komm** [ヴィル・コム] [名] -s/-e **1.** 《文》＝Willkommen. **2.** (昔の)歓迎の酒の客用杯.

will·kọm·men [ヴィル・コメン] [形] 歓迎される, 好都合の: eine ～*e* Gelegenheit 絶好のチャンス. Sie sind uns jederzeit ～. どうぞいつでも(私たちのところへ)おいでください. 【慣用】(**Seien Sie**) **herzlich willkommen!** ようこそ(いらっしゃいました). **Willkommen bei uns/in Hamburg!** 私たちのところ/ハンブルクへようこそ. 〈j⁴〉 **willkommen heißen** 〈人に〉歓迎のあいさつをする.

das 〔*der*〕 **Will·kọm·men** [ヴィル・コメン] [名] -s/- 歓迎のあいさつ: Ein herzliches ～! ようこそ. 〈j³〉 ein herzliches ～ bereiten 〈人に〉心からの歓迎のあいさつをする.

der **Will·kọm·mens·gruß** [ヴィルコメンス・グるース] [名] -es/..grüße 歓迎の挨拶.

der **Will·kọm·mens·trunk** [ヴィルコメンス・トるンク] [名] -(e)s/..trünke 《文》歓迎の酒.

die **Wịll·kür** [ヴィル・キューあ] [名] -/ 勝手, 気まま, 恣意(しい); 専横: 〈j²〉 ～ preisgegeben sein 〈人の〉好き勝手にされている.

der **Wịll·kür·akt** [ヴィルキューあ・アクト] [名] -(e)s/-e 恣意(しい)的行為.

die **Wịll·kür·herr·schaft** [ヴィルキューあ・へるシャふト] [名] -/ 専制政治.

wịll·kür·lich [ヴィルキューありひ] [形] **1.** 恣意(しい)的な, (好き)勝手な, 専横な; 任意の, 無作為の. **2.** 随意の: ～*e* Muskeln 随意筋.

die **Wịll·kür·lich·keit** [ヴィルキューありひカイト] [名] -/-en **1.** ([単]のみ)恣意(しい)的〔勝手・気まま〕であること. **2.** 恣意的〔勝手・気まま〕な行動.

willst [ヴィルスト] [動] wollen の現在形 2 人称単数.

(*der*) **Wịlm** [ヴィルム] [名] 〖男名〗ヴィルム(Wilhelm の短縮形).

das **Wịm·mel·bild** [ヴィメル・ビルト] [名] -(e)s/-er 細密画(情景や構造物がこと細かく描かれた絵で宣伝, 教育などにも使われる).

wịm·meln [ヴィメルン] [動] *h.* **1.** 〔補足なし〕うようよしている(アリ・魚・人などが). **2.** 〔von 〈j³/et³〉デ〕いっぱいである. **3.** 〔Es＋von 〈j³/et³〉ガ＋(〈場所〉ニ)〕うようよいる, あふれている.

das **Wịm·merl** [ヴィメるル] [名] -s/-n (《バイエ・オーストリア》) 《口》 **1.** あせも, にきび, 吹出物. **2.** ベルトにつける小物入れ, ウェストバッグ.

wịm·mern [ヴィマーン] [動] *h.* **1.** 〔補足なし〕めそめそ〔しくしく〕泣く, すすり泣く(人・ヴァイオリンが); 哀れっぽい声で鳴く(猫などが). **2.** 〔um 〈et⁴〉ヲ〕哀れっぽい声で乞(こ)う(慈悲・同情などを).

der **Wịm·pel** [ヴィムペル] [名] -s/- **1.** ペナント(三角旗, またはツバメの尾形の旗); (船の)三角旗(国際信号旗システムのうちの回答旗と数字旗). **2.** (修道女の)のどから胸にかけて覆う布.

die **Wịm·per** [ヴィムパー] [名] -/-n **1.** まつ毛: künstliche ～*n* つけまつ毛. **2.** 〖生〗繊毛. 【慣用】**mit den Wimpern klimpern** (女性が)色っぽく瞬きする. **nicht mit der Wimper zucken** 動揺の色を表に出さない. **ohne mit der Wimper zu zucken** 眉ひとつ動かさずに (平然と). **sich³ nicht an den Wimpern klimpern lassen** 《口》人にとやかく言わせない.

der **Wịm·perg** [ヴィムペるク] [名] -(e)s/-e 〖建〗(ゴシック建築の)飾り破風.

die **Wịm·per·ge** [ヴィムペるゲ] [名] -/-n ＝Wimperg.

die **Wịm·pern·tu·sche** [ヴィムパーン・トゥっシェ] [名] -/-n マスカラ(まつ毛に用いる化粧用の墨).

das **Wịm·per·tier·chen** [ヴィムパー・ティーあひぇン] [名] -s/- 〖動〗繊毛虫(類)(ゾウリムシなど).

(*der*) **Wịn·ckel·mann** [ヴィンケル・マン] [名] 〖人名〗ヴィンケルマン(Johann Joachim ～, 1717-68, 美術史家・考古学者.).

der **Wịnd** [ヴィント] [名] -(e)s/-e **1.** (強い)風: am ～ segeln 詰め開きで帆走する. auf günstigen ～ warten 順風を待つ. gegen den ～ 風に逆って. mit halbem/vollem ~ segeln 横風/追風を受けて帆走する. mit dem ~ spielen 追風を受けてゲームをする. vor dem ~ segeln 追風を受けて帆走する. **2.** (バイプオルガンに送風する機で送られる)空気, (溶鉱炉などに送られる)空気. **3.** 腸内ガス (Darm~). 【慣用】 **bei [in] Wind und Wetter** 晴雨にかかわらず, どんな悪天候でも. **Daher weht der Wind.** そういうわけ[意味]なのか.〈j³〉**den Wind aus den Segeln nehmen** 《口》〈人の〉機先を制する[気勢をそぐ]. **gegen den Wind segeln** 時流に逆らう. **Hier weht ein frischer Wind.** ここでは清新な雰囲気がみなぎっている. **in alle Winde** 四方八方に. **in den Wind reden** 話に手ごたえがない.〈et⁴〉**in den Wind schlagen**〈事⁴〉馬耳東風と聞き流す. **sich³ den Wind um die Nase [Ohren] wehen lassen**《口》人生経験を積む. **viel Wind um 〈et⁴〉 machen**《口》〈事⁴〉を仰々しく扱う. **wie der Wind** 疾風のように(素早く). **Wind machen**《口》ほらを吹く; もったいぶる. **Wind von 〈et⁴〉 bekommen**《口》〈事⁴〉をかぎつけている. **wissen, woher der Wind weht**《口》事情に通じている.

der **Wind·beu·tel** [ヴィント・ボイテル] 名 -s/- シュークリーム;《古・蔑》軽薄なやつ.

die **Wind·beu·te·lei** [ヴィント・ボイテライ] 名 -/-en 《古・蔑》軽薄.

die **Wind·blu·se** [ヴィント・ブルーゼ] 名 -/-n《古》(ブルゾン型の)ウインドヤッケ.

die **Wind·bö** [ヴィント・ベー] 名 -/-en 突風.

die **Wind·böe** [ヴィント・ベーエ] 名 -/-n =Windbö.

der **Wind·bruch** [ヴィント・ブルッフ] 名 -(e)s/..brüche (森林の)風害.

die **Win·de** [ヴィンデ] 名 -/-n **1.** 巻上機, ウィンチ. **2.**〚植〛ヒルガオ.

das **Wind·ei** [ヴィント・アイ] 名 -(e)s/-er **1.** 無殻卵. **2.** 無精卵;(転・蔑)役立たず. **3.**〚医〛奇胎.

die **Win·del** [ヴィンデル] 名 おむつ, おしめ; 紙おむつ: **das Baby in ~n legen** 赤ん坊におむつをする.【慣用】**noch in den Windeln liegen [stecken·sein]** まだ初期の段階にある.

win·deln [ヴィンデルン] 動 h.〈j⁴〉におむつ[おしめ]をあてる.

win·del·weich [ヴィンデル・ヴァイヒ] 形《口》**1.** (《蔑》も有)人の言いなりになる, 弱腰な; あやふやな. **2.**(次の形で)〈j⁴〉~ **prügeln [hauen]**〈人⁴〉を折檻(せっかん)する.

win·den¹ * [ヴィンデン] 動 **wand; hat gewunden** **1.**〈et⁴〉~**in 〈et⁴〉**〚文〛編み込む. **2.**〈et⁴〉 ~**zu 〈et⁴〉**〚文〛編み合せる. **3.**〚(aus 〈et³〉)~ + 〈et⁴〉〛〚文〛編む(花輪などを). **4.**〈et⁴〉~**+ 〈j⁴/et⁴〉**〛〚文〛巻く, 巻きつける;〈et⁴〉が〈et³〉と 〈j⁴/et⁴〉〛〚文〛巻く, 巻きつける;〈et⁴〉が〈et³〉と の場合〛巻きつく, 絡みつく. **5.**〈j³〉~**+ aus 〈et³〉**〚文〛奪い取る. **6.**〚sich⁴ + 〈et³〉〛〚文〛奪い取る. **6.**〚sich⁴ + 〈場所〉〛体をくねらせる. **7.**〚sich⁴ + 〈場所〉〛体をくねらせて行く(蛇などが). **8.**〚sich⁴ + durch 〈j⁴/et⁴〉〛縫って進む, すり抜ける. **9.**〚sich⁴ + 〈方向〉へ〛曲りくねって伸びる(道などが), 蛇行する(川が). **10.**〚et⁴〛~+〈方向〉へ〛巻上げ機で積上[汲上]げる.

win·den² [ヴィンデン] 動 h **1**〚Fs〛(稀)風が吹く. **2.**〚猟〛〚狩〛(空中にただよう)臭いをかぎつける〔か ぐ〕(大・狩猟獣が).

die **Wind·ero·si·on** [ヴィント・エロズィオーン] 名 -/-en〚地質〛風食.

die **Wind·es·ei·le** [ヴィンデス・アイレ]《次の形で》**in [mit]** ~ さっと, すごい速さで.

die **Wind·fah·ne** [ヴィント・ふぁーネ] 名 -/-n =Wetterfahne.

der **Wind·fang** [ヴィント・ふぁング] 名 -(e)s/..fänge **1.** (玄関前の)風除けの間. **2.**〚狩〛(猪を除く有蹄類の狩猟動物の)鼻.

wind·ge·schützt [ヴィント・ゲシュッツト] 形 風から守られた.

die **Wind·har·fe** [ヴィント・はるふぇ] 名 -/-n 風琴.

der **Wind·hauch** [ヴィント・ハウホ] 名 -(e)s/-e そよ風, 微風.

die **Wind·ho·se** [ヴィント・ホーゼ] 名 -/-n〚気〛(砂塵を巻き上げる)旋風, 竜巻.

der **Wind·hund** [ヴィント・フント] 名 -(e)s/-e **1.** 〚動〛グレーハウンド(競走・狩猟犬). **2.**《口・蔑》軽々しいやつ.

win·dig [ヴィンディヒ] 形 **1.** 風の吹く, 風の強い. **2.**《口・蔑》いい加減な, 当てにならない.

die **Wind·ja·cke** [ヴィント・ヤッケ] 名 -/-n ウインドヤッケ.

der **Wind·jam·mer** [ヴィント・ヤマー] 名 -s/- 大型帆船.

der **Wind·ka·nal** [ヴィント・カナール] 名 -s/..näle **1.** 風洞. **2.** (オルガンの)送風管.

die **Wind·kraft** [ヴィント・クらふト] 名 -/ 風力.

das **Wind·kraft·werk** [ヴィント・クらふト・ヴェるク] 名 -(e)s/-e 風力発電施設.

das **Wind·licht** [ヴィント・リヒト] 名 -(e)s/-er (風よけの)火屋(ほや)にはいったろうそく.

die **Wind·ma·schi·ne** [ヴィント・マシーネ] 名 -/-n 〚劇〛(風の擬音を出す)風車;〚映〛(人工的に風を起こす)送風機.

der **Wind·mes·ser** [ヴィント・メッサー] 名 -s/- 風速[風力]計.

der **Wind·mo·tor** [ヴィント・モ(ー)トーる] 名 -s/-en = Windrad.

die **Wind·müh·le** [ヴィント・ミューレ] 名 -/-n 風車.

der **Wind·müh·len·flü·gel** [ヴィント・ミューレン・ふりューゲル] 名 -s/- 風車の羽根: **gegen** ~ **[mit** ~**n] kämpfen** 無意味なことをする(ドン・キホーテにちなむ).

die **Wind·pock·en** [ヴィント・ポッケン]《複数》〚医〛水痘, 水疱瘡(みずぼうそう).

das **Wind·rad** [ヴィント・らート] 名 -(e)s/..räder 風力原動機.

die **Wind·rich·tung** [ヴィント・リヒトゥング] 名 -/-en 風向.

das **Wind·rös·chen** [ヴィント・れースひェン] 名 -s/- 〚植〛アネモネ.

die **Wind·ro·se** [ヴィント・ローゼ] 名 -/-n (羅針盤の)指針面, 羅牌(らはい), コンパスカード.

der **Wind·ro·tor** [ヴィント・ろートーる] 名 -s/-en =Windrad.

der **Wind·sack** [ヴィント・ザック] 名 -(e)s/..säcke (高速道路・飛行場などの)吹き流し.

die **Winds·braut** [ヴィンツ・ブらウト] 名 -/《常に定冠詞と》〚詩〛旋風, つむじ風.

der **Wind·scha·den** [ヴィント・シャーデン] 名 -s/ ..schäden《主に《南》》風害.

der **Wind·schat·ten** [ヴィント・シャッテン] 名 -s/ 風の当たらないところ(側).

wind·schief [ヴィント・シーふ] 形 (《蔑》も有)傾いた, 歪(ゆが)んだ.

der **Wind·schirm** [ヴィント・シるム] 名 -(e)s/-e 〚民族〛風除け, 防風壁.

wind·schlüpf·ig [ヴィント・シュリュプふぃひ] 形 =windschnittig.

wind·schnitt·ig [ヴィント・シュニッティヒ] 形 流線形の.

der **Wind·schutz** [ヴィント・シュッツ] 名 -es/ 防風; 風よけ.

die **Wind·schutz·schei·be** [ヴィントシュッツ・シャイベ] 名 -/-n (自動車の)風防ガラス, ウインドシールド, フロントガラス.

die **Wind·sei·te** [ヴィント・ザイテ] 名 -/-n 風のあたる側, 風上(ﾂﾞ)側.
das **Wind·spiel** [ヴィント・シュピール] 名 -(e)s/-e **1.** 【動】(小型の)グレーハウンド(Windhund). **2.** 動かすと音をたてるモビール.
die **Wind·stär·ke** [ヴィント・シュテァケ] 名 -/-n 風力.
wind·still [ヴィント・シュティル] 形 風のない, 無風の.
die **Wind·stil·le** [ヴィント・シュティレ] 名 -/— 無風, 凪(ﾅｷﾞ).
der **Wind·stoß** [ヴィント・シュトース] 名 -es/..stöße 突風.
wind·sur·fen [ヴィント・㋺ーあふぇン, ヴィント・㋺るふぇン] 動 (不定詞のみ) 【㋻】ウィンドサーフィンをする.
der **Wind·sur·fer** [ヴィント・㋺ーあふぁー, ヴィント・㋺るふぁー] 名 -s/— ウィンドサーファー.
das **Wind·sur·fing** [ヴィント・㋺ーあふぃング, ヴィント・㋺るふぃング] 名 -s/0 ウィンドサーフィン.
das **Wind·sur·fing·brett** [ヴィント・㋺ーあふぃング・ブれット, ヴィント・㋺るふぃング・ブれット] 名 -(e)s/-er ウィンドサーフィン用ボード.
die **Wind·tur·bi·ne** [ヴィント・トゥるビーネ] 名 -/-n 風力タービン.
die **Win·dung** [ヴィンドゥング] 名 -/-en **1.** (道・川・腸などの)曲りくねり, つづら折り, 蛇行; (蛇のような)体をくねらせた動き. **2.** (階段・線などの)螺旋(ﾗｾﾝ).
der **Wind·wurf** [ヴィント・ヴるふ] 名 -(e)s/..würfe = Windbruch.
der **Wind·zug** [ヴィント・ツーク] 名 -(e)s/ (体に感じられる)風の流れ, すき間風.
(der) **Win·fried** [ヴィンふりート] 名【男名】ヴィンフリート.
der **Win·gert** [ヴィンガート] 名 -(e)s/-e 《中南独・㋚》(山の斜面の)ブドウ畑, ブドウ山.
der **Wink** [ヴィンク] 名 -(e)s/-e **1.** (手振り・目配せなどによる)合図: 〈j³〉 einen ~ mit den Augen/der Hand geben 人(ﾆ)に目配せ(ウィンク)する/手で合図する. **2.** 示唆, ヒント, 指示, 助言: praktische –e für die Küche 実践料理法(本の表題などで). 【慣用】**ein Wink des Schicksals** 運命のささやき(将来について有益なヒントや警告になるような出来事など). **ein Wink mit dem Zaunpfahl** 露骨なほのめかし.
der **Win·kel** [ヴィンケル] 名 -s/- **1.** 【数】角, 角度: ein rechter ~ 直角. ein spitzer/stumpfer ~ 鋭角/鈍角. einen ~ von 30° bilden 30度の角度を成す. **2.** (部屋などの)隅;辺郡(ﾍﾝｷﾞｮｳ)な場所, 人目につかないところ, 片隅. **3.** 直角定規(~maß). **4.** (階級などを示す)山形の袖章. **5.** 《方》(服の)かぎ裂き. 【慣用】**toter Winkel** 死角.
der **Win·kel·ad·vo·kat** [ヴィンケル・アトヴォカート] 名 -en/-en 《蔑》いんちき弁護士, 三百代言.
das **Win·kel·ei·sen** [ヴィンケル・アイゼン] 名 -s/-【工】 **1.** 山形鋼. **2.** (家具などの角の補強に用いる)L字形金具.
win·kel·för·mig [ヴィンケル・ふぇるミヒ] 形 角張った, 角形の.
die **Win·kel·funk·ti·on** [ヴィンケル・ふンクツィオーン] 名 -/-en 【数】三角関数.
der **Win·kel·ha·ken** [ヴィンケル・ハーケン] 名 -s/- **1.** 【印】(植字用)ステッキ. **2.** 《方》かぎ裂き.
win·ke·lig [ヴィンケリヒ] 形 隅の多い.
das **Win·kel·maß** [ヴィンケル・マース] 名 -es/-e **1.** 角度の単位. **2.** 直角定規, 曲尺(ｶﾈｼﾞｬｸ). **3.** (㋺のみ)定規座(星座).
der **Win·kel·mes·ser** [ヴィンケル・メッサー] 名 -s/- 分度器.
der **Win·kel·zug** [ヴィンケル・ツーク] 名 -(e)s/..züge (主に㋺)(容易に見抜けない)巧妙な手口, うまい言い逃れ.

win·ken [ヴィンケン] 動 *h.* **1.** 〈j³〉=+(mit/et³ ⁿ)〗振って合図する, (…で)合図する;手を振る. **2.** 〈j³〉=+〈et³/et³ ⁿ〗ﾀｽﾘｮｳｲﾝ〈et⁴〉ﾀｽﾘｮｳｲﾝ〗合図する, 合図で指示する. **4.** 〈j³/et³〉=+〈方向〉〉行かせる, 来させる. **5.** 〈j³〉=〈ﾖｳ〉待っている(報酬・賞などが). 【慣用】**Abseits winken**【球】(線審が旗を振って)オフサイドを宣す.
der **Win·ker** [ヴィンカー] 名 -s/- **1.** (昔の腕木式の)方向指示器. **2.** 信号マスト.
die **Win·ker·flag·ge** [ヴィンカー・ふらッゲ] 名 -/-n 【海】手旗.
wink·lig [ヴィンクリヒ] 形 = winkelig.
win·seln [ヴィンゼルン] 動 *h.* **1.** 【擬音】くんくん鳴く(犬が). (転)めそめそ泣く(人が). **2.** 〗(um〈et⁴〉〗〉《蔑》哀願する.
der **Win·ter** [ヴィンター] 名 -s/- 冬: im ~ 1989/90 1989年から90年にかけての冬に. den ganzen ~ über 冬じゅう.
der **Win·ter·an·fang** [ヴィンター・アン・ふぁング] 名 -(e)s/..fänge 冬の始まり, 冬至.
win·ter·fest [ヴィンター・ふェスト] 形 **1.** 防寒の. **2.** 寒さに強い, 耐寒性の(植物).
die **Win·ter·fri·sche** [ヴィンター・ふりッシェ] 名 -/-n (主に㋺)《古》冬期の保養;冬期保養地.
die **Win·ter·frucht** [ヴィンター・ふるふト] 名 -/..früchte = Wintergetreide.
die **Win·ter·füt·te·rung** [ヴィンター・ふぉッテるング] 名 -/-en (野鳥などに対する)冬期の給飼.
der **Win·ter·gar·ten** [ヴィンター・ガёテン] 名 -s/..gärten (ベランダ・出窓などに設けられた)温室(冬に室内鑑賞植物などを置く).
das **Win·ter·ge·trei·de** [ヴィンター・ゲトらイデ] 名 -s/ 越冬作物, 秋まきの作物.
das **Win·ter·grün** [ヴィンター・グリューン] 名 -s/ 【植】イチヤクソウ.
win·ter·hart [ヴィンター・ハёト] 形【植】耐寒性の.
das **Win·ter·kleid** [ヴィンター・クライト] 名 -(e)s/-er **1.** 冬のワンピース. **2.** (鳥の)冬羽;(動物の)冬毛.
die **Win·ter·klei·dung** [ヴィンター・クライドゥング] 名 -/ 冬服, 冬着.
der **Win·ter·kohl** [ヴィンター・コール] 名 -(e)s/-e 【植】= Grünkohl.
das **Win·ter·korn** [ヴィンター・コёン] 名 -(e)s/ 秋まきライムギ.
win·ter·lich [ヴィンターリヒ] 形 **1.** 冬の, 冬らしい. **2.** 冬向きの. **3.** 冬期に起る〔行われる〕, 冬の.
der **Win·ter·man·tel** [ヴィンター・マンテル] 名 -s/..mäntel 冬物のオーバー(コート).
der **Win·ter·mo·nat** [ヴィンター・モーナト] 名 -(e)s/-e **1.** (㋺のみ)《古》12月, 師走(ｼﾜｽ). **2.** 冬の月(特に12・1・2月).
win·tern [ヴィンテёン] 動 *h.* (Es)冬になる.
die **Win·ter·olym·pi·a·de** [ヴィンター・オリュムピアーデ] 名 -/-n 冬季オリンピック.
das **Win·ter·quar·tier** [ヴィンター・クヴァёティーа] 名 -s/-e (軍隊の)冬営地;(動物の)越冬地.
der **Win·ter·rei·fen** [ヴィンター・らイふぇン] 名 -s/- 冬タイヤ.
die **Win·ter·ru·he** [ヴィンター・るーエ] 名 -/【動】(クマなどの)疑似冬眠.
win·ters [ヴィンタース] 副 冬に.
die **Win·ter·saat** [ヴィンター・ザート] 名 -/-en 秋まき作物の種;芽を出した秋まき作物.
der **Win·ter·schlaf** [ヴィンター・シュラーふ] 名 -(e)s/ 冬眠.

der **Winterschlussverkauf, ⓢWinterschlußverkauf** [ヴィンター・シュルス・ふぁあかうふ] 名 -(e)s/..käufe 冬の期末大売出し,冬物一掃セール.

das **Wintersemester** [ヴィンター・ゼメスター] 名 -s/- 冬学期.

die **Wintersonnenwende** [ヴィンター・ゾンネ・ヴェンデ] 名 -/-n 冬至.

der **Wintersport** [ヴィンター・シュポルト] 名 -(e)s/ ウィンタースポーツ.

die **Winterstarre** [ヴィンター・シュタれ] 名 -/ 〖動〗(変温動物の)冬期非活動状態.

winters über [ヴィンタース・ユーバー] 副 冬の間じゅう.

(das) **Winterthur** [ヴィンター・トゥーァ] 名 -s/ 〖地名〗ヴィンタートゥーア(スイス,チューリッヒ州の都市).

die **Winterzeit** [ヴィンター・ツァイト] 名 -/ 冬季,冬期.

der **Winzer** [ヴィンツァー] 名 -s/- ブドウ園経営者(ブドウ酒の醸造・販売をする).

die **Winzergenossenschaft** [ヴィンツァー・ゲノッセンシャふト] 名 -/-en ブドウ園(ワイン醸造)協同組合.

winzig [ヴィンツィヒ] 形 ごく小さな,ほんのわずかな.

die **Winzigkeit** [ヴィンツィヒカイト] 名 -/ 1. (のみ)微少,僅少(ﾞ). 2. 《口》ささいな事.

der **Winzling** [ヴィンツリング] 名 -s/-e 《口》ごく小さな人〔物〕.

der **Wipfel** [ヴィプふぇル] 名 -s/- 梢(こず).

die **Wippe** [ヴィッペ] 名 -/-n (遊戯用)シーソー.

wippen [ヴィッペン] 動 h. 1. 〖遊〗シーソーをする. 2. 〖遊〗(はずみをつけて)体を上下に動かす. 3. 〖et³ﾞ/mit ‹et³ﾞ›〗上下に揺れる〔振る〕(人が足・鳥が尾などを) ‹et⁴›(稀). 4. 〖遊〗上下に揺れる(お下げ髪などが).

wir [ヴィーァ] 代 〈人称〉1人称⑩ 1格(変化形は⇨『諸品詞の変化』) 1. われわれ,私たち,ぼくら W~ sind Studenten. ぼくらは学生です. ~ Deutschen われらドイツ人. 2. (著作の中で著者が自称して) W~ werden später noch einmal darauf zu sprechen kommen. われわれはのちにもう一度この点に触れることになる. 3. 《口》(特に子供や患者などに親しみをこめて,2人称の代わりに) W~ haben wohl nicht aufgepasst. きっとうっかりしていたよね. 4. (語頭大文字,君主の体称として)朕(ﾁ).

wirb! [ヴィるプ] 動 werben の du に対する命令形.

der **Wirbel** [ヴィるベル] 名 -s/- 1. (空気・水などの)渦,渦巻き;(ダンスなどの)旋回,回転;(略)ﾟ渦を巻いて in einen ~ geraten 渦に巻きこまれる. 2. (出来事・感情などの)渦,混乱,騒動,センセーション;einen ~ um ‹j⁴/et⁴› machen 〈人・物・事を〉大騒ぎする. 3. (頭の)つむじ. 4. (弦楽器の糸巻き). 5. (太鼓・ドラムの)連打. 6. 脊椎(せきつい).

wirbelig [ヴィるベリヒ] 形 1. 一時もじっとしていない,めまぐるしく動き回る. 2. (頭が)混乱した,ぼうっとなった,くらくらした.

der **Wirbelknochen** [ヴィるベル・クノッヘン] 名 -s/- 〖解〗椎骨(ついこつ).

wirbellos [ヴィるベル・ロース] 形 〖動〗無脊椎(せきつい)の.

die **Wirbellosen** [ヴィるベル・ローゼン] 複《形容詞的変化》無脊椎(せきつい)動物.

wirbeln [ヴィるベルン] 1. s. 〖場所›/‹方向›／‹様態›〗渦を巻く,渦をなして流れる〔舞う〕(水・煙・雪などが). 2. h./s. 〖略〗ぐるぐる回る(フィルム・輪などが). 3. s. 〖場所/方向›〗(勢いよく)(動いて)行く. 4. h. 〖‹j⁴/et⁴›/‹場所›／‹方向›〗回転させる(ダンスで女性などを),くるくる舞わせて行く(風が落葉などを). 5. h. 〖略〗連打を鳴り響かせる(鼓・太鼓が). 【慣用】h./s. ‹j³› wirbelt der Kopf 〈人に〉頭がくらくらする.

die **Wirbelsäule** [ヴィるベル・ゾイレ] 名 -/-n 脊柱(せきちゅう),背骨.

der **Wirbelsturm** [ヴィるベル・シュトゥるム] 名 -(e)s/ ..stürme (熱帯地方の旋風を伴う)大暴風雨(台風・ハリケーンなど).

das **Wirbeltier** [ヴィるベル・ティーァ] 名 -(e)s/-e 〖動〗脊椎(せきつい)動物.

der **Wirbelwind** [ヴィるベル・ヴィント] 名 -(e)s/-e 1. 旋風,つむじ風. 2. 《古》《主に《冗》活発な若者〔子供〕.

wirbst [ヴィるブスト] 動 werben の現在形2人称単数.

wirbt [ヴィるブト] 動 werben の現在形3人称単数.

wird [ヴィるト] 動 werden の現在形3人称単数.

wirf! [ヴィるふ] 動 werfen の du に対する命令形.

wirfst [ヴィるふスト] 動 werfen の現在形2人称単数.

wirft [ヴィるふト] 動 werfen の現在形3人称単数.

wirken [ヴィるケン] 動 h. 1. ‹場所›／‹様態›〗= als ‹j››〗活動する,活躍する,仕事をする,働く(特定分野で). 2. ‹‹et³ﾞ›〗(文)行う(奇跡・善などを). 3. 〖‹様態›〗+ (auf ‹j⁴/et⁴›)〗効く(薬などが),作用する,影響を与える,感銘を与える. 4. 〖‹略›〗印象を与える,感じがする. 5. 〖‹場所›ﾞ›〗引立つ,映える. 6. ‹et⁴ﾞ›メリヤス編みで作る(セーターなどを);(多彩な文様を入れて)織るじゅうたんなどを). 7. ‹et⁴ﾞ›十分にこねる(パン生地を). 【慣用】‹et⁴ **auf sich⁴ wirken lassen** 〈物・事に〉感銘を受ける,〈物・事の与える〉感動にひたる.

der **Wirker** [ヴィるカー] 名 -s/- メリヤス織り〔編み〕職人.

die **Wirkerei** [ヴィるケらイ] 名 -/-en 1. (⑩のみ)メリヤス編物の製造. 2. メリヤス工場.

wirklich [ヴィるクリヒ] 形 1. 現実の,実際の: das ~e Leben 実生活. 2. 真の,本当の: ein ~er Freund 真の友. 【慣用】 **Wirklich!** 本当だとも. **Wirklich?** 本当ですか. —— 副 《文衙》実際に,本当に,事実: Das weiß ich ~ nicht. それは私は本当に知らない.

die **Wirklichkeit** [ヴィるクリヒカイト] 名 -/-en 現実: die rauhe ~ 過酷な現実. von der ~ weit entfernt sein 現実とはほど遠い. hinter der ~ zurück bleiben 現実に遅れる. in der ~ 実際では: der ~ ins Auge sehen 現実を直視する.

wirklichkeitsfern [ヴィるクリヒカイツ・ふぇるン] 形 現実離れした.

die **Wirklichkeitsform** [ヴィるクリヒカイツ・ふぉるム] 名 -/-en 〖言〗直説法.

wirklichkeitsfremd [ヴィるクリヒカイツ・ふれムト] 形 現実離れした,非現実的な.

wirklichkeitsnah [ヴィるクリヒカイツ・ナー] 形 現実に近い,現実に即した.

die **Wirkmaschine** [ヴィるク・マシーネ] 名 -/-n メリヤス織機.

wirksam [ヴィるクザーム] 形 効果的な,有効な,効き目のある: ~ werden 〖官〗発効する.

die **Wirksamkeit** [ヴィるクザームカイト] 名 -/ 有効,効力,効き目,効能;(稀)(職業)活動. die ~ einer Arznei 薬効. in ~ sein (法律などが)有効である. in ~ treten 有効となる. ‹et⁴› außer ~ setzen 〈事を〉無効にする.

der **Wirkstoff** [ヴィるク・シュトッふ] 名 -(e)s/-e (生体触媒・生理調節・活性などの)作用物質(ホルモンなど).

der **Wirkteppich** [ヴィるク・テッピヒ] 名 -s/-e (ゴブラン織に似た西洋の)手織り絨毯(じゅうたん).

die **Wirkung** [ヴィるクング] 名 -/-en 作用,影響,効き

Wirkungsbereich 1432

目, 効果, 結果; 効力; ~ und Gegenwirkung 作用と反作用. Ursache und ~ 原因と結果. die gewünschte ~ erzielen 望みどおりの効果を上げる. ~ verfehlen ねらいどおりの効果を上げない. ~ zeigen〈ボクサーがパンチを受けて〉効く. auf〈j³/et⁴〉eine starke ~ ausüben〈人・事に〉強い作用を及ぼす. in ~ treten 効力を生じる. mit ~ vom 1. Oktober《官》10月1日をもって《発効・失効するなど》. ohne ~ bleiben (keine ~ haben) 効果がない. zur ~ kommen 効果を現す.

der **Wirkungs·be·reich**〔ヴィるクングス・ベらイヒ〕图 -(e)s/-e 活動領域, 勢力範囲.

das **Wirkungs·feld**〔ヴィるクングス・フェルト〕图 -(e)s/-er 活動の場(分野).

der **Wirkungs·grad**〔ヴィるクングス・グらート〕图 -(e)s/-e 効果(結果)の割合, 効率;《理・工》効率.

die **Wirkungs·kraft**〔ヴィるクングス・クらフト〕图 -/..kräfte 影響力, 効力.

der **Wirkungs·kreis**〔ヴィるクングス・クらイス〕图 -es/-e 活動領域, 影響範囲, 勢力圏.

wirkungs·los〔ヴィるクングス・ロース〕形 効果(効力)のない.

die **Wirkungs·lo·sig·keit**〔ヴィるクングス・ローズィヒカイト〕图 -/ 無効果, 無効力.

wirkungs·voll〔ヴィるクングス・フォル〕形 効果的な.

die **Wirkungs·weise**〔ヴィるクングス・ヴァイゼ〕图 -/-n 作用の仕方, 作動方式.

die **Wirk·waren**〔ヴィるク・ヴァーれン〕複 メリヤス編みの製品.

wirr〔ヴィる〕形 1. もつれた, 乱れた, 乱雑な. 2. 支離滅裂な, 混乱した. 3. 〔頭が〕混乱した, 狼狽(ﾛｳﾊﾞｲ)した.

die **Wirre**〔ヴィれ〕图 -/-n 1.《⑳のみ》〔政治的・社会的〕混乱, ごたごた. 2.《⑳のみ》《文・古》錯綜(ｻｸｿｳ).

die **Wirr·heit**〔ヴィるハイト〕图 -en 乱雑; 混乱.

der **Wirr·kopf**〔ヴィる・コップフ〕图 -(e)s/..köpfe《蔑》頭の混乱した人.

das **Wirr·nis**〔ヴィるニス〕图 -/-se《文》〔出来事・思考の〕混乱.

die **Wir·rung**〔ヴィるング〕图 -/-en《詩》紛糾, 葛藤.

der **Wirr·warr**〔ヴィる・ヴァる〕图 -s/ 混乱.

der **Wirsing**〔ヴィるズィング〕图 -s/-e《植》チリメンカンラン〔キャベツの一種〕.

wirst〔ヴィるスト〕動 werden の現在形 2 人称単数.

der **Wirt**〔ヴィるト〕图 -(e)s/-e 1. 飲食店〔旅館〕の主人 (Gast~). 2.《古》〔客をもてなす〕主人. 3. 家主, 大家 (Haus~); 部屋の貸主. 3.《生》宿主. 【慣用】**die Rechnung ohne den Wirt machen** あらかじめ関係者の了解を得ずに事を運んで失敗する.

der **Wir·tel**〔ヴィるテル〕图 -s/- 1.《植》〔葉序の〕輪生. 2.《紡》スピンドルワープ (Spinn~).

die **Wir·tin**〔ヴィるティン〕图 -/-nen Wirt の女性形.

wirt·lich〔ヴィるトリヒ〕形《古》客あしらいのいい, 快適な.

die **Wirt·schaft**〔ヴィるトシャフト〕图 -/-en 1. 経済, 経済活動: die freie ~ 自由経済. die kapitalistische/sozialistische ~ 資本主義/社会主義経済. 2. 飲食店, レストラン, 飲み屋 (Gast~). 3. 家政, 家計; 所帯 (Haus~):〈j³〉die ~ führen〔besorgen〕〈人の〉家政をとりしきる.〈j³〉in der ~ helfen〈人の〉家事を手伝う. eine eigene ~ gründen 自分の所帯を構える. 4.《小さな》農場 (Land~). 5.《⑳のみ》経営;《口・蔑》杜撰(ｽﾞｻﾝ), 混乱;《古》面倒; 厄介事: extensive/intensive ~ 粗放的な/集約的な経営〔特に農業の〕. Das macht viel ~. それは非常に厄介だ. 6.《⑳のみ》《古》給仕, ボーイ.

wirt·schaf·ten〔ヴィるトシャフテン〕動 h. 1.〔《様態》=〕〔会社・農場を〕経営する, 家政をつかさどる. 2.〔〈et⁴〉+〈様態〉=〕〔経営に失敗して〕〔…に〕する. 3.〔《場所》=〕〔家事をして〕働いている.

der **Wirt·schaf·ter**〔ヴィるトシャフター〕图 -s/- 1.《経》財界人, 経営者. 2. 農場管理人. 3.《ジ~》〔娼家の女の〕監視役の男.

die **Wirt·schaf·te·rin**〔ヴィるトシャフテりン〕图 -/-nen 家政婦.

der **Wirt·schaft·ler**〔ヴィるトシャフトラー〕图 -s/- 1. 経済学者. 2. 財界人, 経営者.

wirt·schaft·lich〔ヴィるトシャフトリヒ〕形 1. 経済〔上〕の; 金銭〔財政〕〔上〕の. 2. やりくり上手な; 経済的な: ein ~es Auto 燃費のいい車.

die **Wirt·schaft·lich·keit**〔ヴィるトシャフトリヒカイト〕图 -/ 経済性, 採算, 経営の優良性; やりくりじょうず.

das **Wirtschafts·ab·kom·men**〔ヴィるトシャフツ・アップコメン〕图 -s/- 経済協定.

der **Wirtschafts·be·ra·ter**〔ヴィるトシャフツ・ベらーター〕图 -s/- 経済顧問.

die **Wirtschafts·be·zie·hun·gen**〔ヴィるトシャフツ・ベツィーウンゲン〕複《国家間の》経済関係.

der **Wirtschafts·block**〔ヴィるトシャフツ・ブロック〕图 -(e)s/-..blöcke(-s) 経済ブロック.

das **Wirt·schafts·buch**〔ヴィるトシャフツ・ブーフ〕图 -(e)s/..bücher 家計簿.

der **Wirtschafts·flücht·ling**〔ヴィるトシャフツ・フリュヒトリング〕图 -s/-e 経済難民.

die **Wirtschafts·för·de·rung**〔ヴィるトシャフツ・フェるデるング〕图 -/ 経済振興.

die **Wirtschafts·fra·gen**〔ヴィるトシャフツ・フらーゲン〕複 経済問題.

der **Wirtschafts·füh·rer**〔ヴィるトシャフツ・フューら〕图 -s/- 経済界〔財界〕の指導者.

das **Wirtschafts·ge·bäu·de**〔ヴィるトシャフツ・ゲボイデ〕图 -s/-《主に⑳》〔修道院・城館・農場などの〕作業棟〔納屋・厩(ﾏﾔ)〕舎など. また, 台所・各種作業室などのある建物〕.

das **Wirt·schafts·geld**〔ヴィるトシャフツ・ゲルト〕图 -(e)s/-er 家計費.

die **Wirtschafts·ge·mein·schaft**〔ヴィるトシャフツ・ゲマインシャフト〕图 -/-en《経》経済共同体: die Europäische ~ ヨーロッパ経済共同体〔略 EWG〕.

die **Wirtschafts·geo·gra·fie, Wirtschafts·ge·o·gra·phie**〔ヴィるトシャフツ・ゲオ・グらフィー〕图 -/ 経済地理学.

die **Wirtschafts·ge·schich·te**〔ヴィるトシャフツ・ゲシヒテ〕图 -/-n 1.《⑳のみ》経済史. 2. 経済史に関する著作.

der **Wirtschafts·gip·fel**〔ヴィるトシャフツ・ギップフェル〕图 -s/- 経済サミット.

die **Wirtschafts·hil·fe**〔ヴィるトシャフツ・ヒルフェ〕图 -/ 経済援助.

das **Wirt·schafts·jahr**〔ヴィるトシャフツ・ヤーあ〕图 -(e)s/-e 事業年度, 会計年度.

die **Wirtschafts·kraft**〔ヴィるトシャフツ・クらフト〕图 -/ 経済力.

der **Wirtschafts·kreis·lauf**〔ヴィるトシャフツ・クらイスラウフ〕图 -(e)s/..läufe 経済循環.

der **Wirtschafts·krieg**〔ヴィるトシャフツ・クリーク〕图 -(e)s/-e 経済戦争.

die **Wirtschafts·kri·mi·na·li·tät**〔ヴィるトシャフツ・クリミナリテート〕图 -/ 経済犯罪.

die **Wirtschafts·kri·se**〔ヴィるトシャフツ・クリーゼ〕图 -/-n《経》経済危機.

die **Wirtschafts·la·ge**〔ヴィるトシャフツ・ラーゲ〕图 -/-n 経済状態.

das **Wirtschafts·le·ben**〔ヴィるトシャフツ・レーベン〕

die **Wirtschafts·leh·re** [ヴィルトシャフツ・レーレ] 名 -/ (教科としての)経済, (基礎的な)経済学.

die **Wirtschafts·len·kung** [ヴィルトシャフツ・レンクング] 名 -/-en (政府による)経済統制.

der **Wirtschafts·mi·nis·ter** [ヴィルトシャフツ・ミニスター] 名 -s/- 経済大臣.

das **Wirtschafts·mi·nis·te·ri·um** [ヴィルトシャフツ・ミニステーリウム] 名 -s/..rien 経済省.

die **Wirtschafts·ord·nung** [ヴィルトシャフツ・オルドヌング] 名 -/-en 経済秩序.

der **Wirtschafts·plan** [ヴィルトシャフツ・プラーン] 名 -(e)s/..pläne 経済(経営)計画.

die **Wirtschafts·po·li·tik** [ヴィルトシャフツ・ポリティーク] 名 -/ 経済政策.

wirtschafts·po·li·tisch [ヴィルトシャフツ・ポリティッシュ] 形 経済政策上の.

das **Wirtschafts·po·ten·ti·al, Wirtschafts·po·ten·zi·al** [ヴィルトシャフツ・ポテンツィアール] 名 -s/ 経済的潜在能力.

der **Wirtschafts·prü·fer** [ヴィルトシャフツ・プリューふぁー] 名 -s/- 経済(経営)監査士, 公認会計士.

die **Wirtschafts·prü·fung** [ヴィルトシャフツ・プリューフング] 名 -/-en 経済監査, 経営監査.

der **Wirtschafts·rat** [ヴィルトシャフツ・ラート] 名 -(e)s/..räte 経済評議会.

der **Wirtschafts·raum** [ヴィルトシャフツ・ラウム] 名 -(e)s/..räume **1.** (主に機)ユーティリティールーム(調理場・倉庫・ボイラー室など). **2.** 経済圏.

das **Wirtschafts·sys·tem** [ヴィルトシャフツ・ズュステーム] 名 -s/-e 〖経〗経済体制.

der **Wirt·schafts·teil** [ヴィルトシャフツ・タイル] 名 -(e)s/-e (新聞の)経済面.

das **Wirtschafts·un·ter·neh·men** [ヴィルトシャフツ・ウンターネーメン] 名 -s/- 経済企業.

der **Wirtschafts·ver·band** [ヴィルトシャフツ・ふぇあバント] 名 -(e)s/..bände 経済連合(団体).

das **Wirtschafts·wachs·tum** [ヴィルトシャフツ・ヴァクストゥーム] 名 -s/ 経済成長.

die **Wirtschafts·wis·sen·schaft** [ヴィルトシャフツ・ヴィッセンシャフト] 名 -/-en (主に機)経済学.

der **Wirtschafts·wis·sen·schaft·ler** [ヴィルトシャフツ・ヴィッセンシャふトラー] 名 -s/- 経済学者.

wirtschafts·wis·sen·schaft·lich [ヴィルトシャフツ・ヴィッセンシャふトリッヒ] 形 経済学(上)の.

das **Wirtschafts·wun·der** [ヴィルトシャフツ・ヴンダー] 名 -s/-(口)(特に旧西独の)奇跡的経済復興.

der **Wirtschafts·zweig** [ヴィルトシャフツ・ツヴァイク] 名 -(e)s/-e 産業部門.

das **Wirts·haus** [ヴィルツ・ハウス] 名 -es/..häuser (宿屋を兼ねる特に田舎の)飲食店, 居酒屋.

die **Wirts·leu·te** [ヴィルツ・ロイテ] 複数 (飲食店の)主人夫妻;部屋の貸主夫婦.

die **Wirts·stu·be** [ヴィルツ・シュトゥーベ] 名 -/-n (Wirtshaus の)食堂.

der **Wisch** [ヴィッシュ] 名 -(e)s/-e **1.** 〖口・蔑〗無価値な文書, つまらぬ書きもの. **2.** 〖古〗(わらなどの)束.

wi·schen [ヴィッシェン] 動 **1.** h. 〖über 〈et⁴〉〉ぬぐう, 払い(拭く). **2.** h. 〈et⁴〉+ (von 〈et³〉)〉ふきとる. **3.** h. 〈et⁴〉+ auf 〈et⁴〉〉(拭いて)つける: sich den Schlaf aus den Augen ~ 目をこすって眠気をさます. **4.** h. 〖sich³+〈et⁴〉〗拭う〖口・方〗. **5.** h. 〈et⁴〉ッ〗(北独)(濡れ)ぞうきんでふく(床などを). **6.** s. 〈方向〉(場所)〉(目立たないように)さっと動く: um die Ecke ~ さっと角を曲る. 〖慣用〗 h. einen gewischt kriegen 〖口〗感電する;傷を負う. 〈j³〉 eine wischen 〖口〗〈人に〉一発びんたをくらわせる.

der **Wi·scher** [ヴィッシャー] 名 -s/- **1.** ワイパー(Scheiben~);ペン先ふき(Tinten~). **2.** (パステルやチョークをこすって柔らかくする)擦筆(ふつ). **3.** 〖兵〗擦過弾;擦過傷. **4.** 〖口〗かすり傷. **5.** 〖方・口〗叱責, 小言.

das **Wi·schi·wa·schi** [ヴィッシ・ヴァッシ] 名 -s/〖口・蔑〗わけのわからないおしゃべり, あいまいな話, たわ言(ご).

der **Wisch·lap·pen** [ヴィッシュ・ラッペン] 名 -s/-〖方〗ふきん;ぞうきん.

(der) **Wisch·nu** [ヴィッシュヌ] 〖ヒ教〗ヴィシュヌ, 毘紐天(びちゅうてん).

das **Wisch·tuch** [ヴィッシュ・トゥーふ] 名 -(e)s/..tücher (家具などをふく)ふきん;〖方〗ぞうきん.

der **Wi·sent** [ヴィーゼント] 名 -s/-e 〖動〗ヨーロッパバイソン.

(das) **Wis·mar** [ヴィスマる] 名 -s/〖地名〗ヴィスマル(メクレンブルク=フォーアポンメルン州の旧ハンザ都市).

das **Wis·mut** [ヴィスムート] 名 -(e)s/-e 〖化〗ビスマス(記号 Bi).

wis·pern [ヴィスパーン] 動 h. **1.** 〖補足〗ささやく, 小声で話す. **2.** 〖〈文〉〉+〈et⁴〉〗小声で言う: 〈j³〉 ins Ohr ~ 〈人に〉~そっと耳打ちする.

die **Wiss·be·gier, ⓑ Wiß·be·gier** [ヴィス・ベギーあ] 名 -/ = Wissbegierde.

die **Wiss·be·gier·de, ⓑ Wiß·be·gier·de** [ヴィス・ベギーあデ] 名 -/ 知識欲, 好奇心.

wiss·be·gie·rig, ⓑ wiß·be·gie·rig [ヴィス・ベギーリッヒ] 形 知識欲(好奇心)の旺盛(おう)な.

wis·sen* [ヴィッセン] 動 ich weiß, du weißt, er weiß; wusste; hat gewusst **1.** 〈j¹/et⁴〉〉〈〈文〉デフレッション〉(人・物事について見聞きしたり知ったりした知識として). **2.** 〈et⁴〉ッ+ von 〈j³/et³〉ニッゲッ/über 〈j⁴/et³〉ニッゲッ〉知っている, 覚えている〈et⁴ は に: etwas, viel, wenig, nichts など〉: Ich *weiß* etwas/nichts davon. 私はこのことについていくらか知っている/何も知らない. Er *weiß* nichts davon, dass sie morgen abfährt. 彼は彼女が明日出発することについては何も知らない. **3.** 〖von 〈et³〉〗/um 〈et⁴〉〗分っている, (…を)知っている, (…を)理解している, (…に)通じている: Er *wusste* von ihren Nöten. 彼は彼女が困っているのが分っていた. **4.** 〖〈j¹/et⁴〉ッ+〈様 態〉デフレ(ブル)ニッヒ〗〖文〗知っている: Ich *weiß* ihn in Berlin. 私は彼がベルリンにいることを知っている. sich⁴ in Sicherheit ~ 自分の身が安全なのを知っている. **5.** 〖zu+スニコッタ〗できる, (…を)心得ている. 〖慣用〗 **(das) weiß der Kuckuck** 〖口〗だれも分らない;本当だ. **..., dass du es weißt!**, … から. Gott weiß ….. …はたれにも分らない. **Nicht, dass ich wüsste**. 私はまったく知らない. **sich³ keinen Rat (keine Hilfe) wissen** どうしていいか分らない. **sich³ mit〈et⁴〉 viel wissen** 〖文〗〈物〉を自慢にしている. **Soviel ich weiß, …** 私の知っているかぎりで …. **über〈et⁴〉Bescheid wissen** 〈物〉の事情に通じている. **von〈j³/et³〉 nichts (mehr) wissen wollen** 〈人・物・事について〉(もう)何も知りたくない(無関心・黙殺など). **was weiß ich** 〖口〗何だか知らないから何とも言えないではないが. **weiß Gott** 本当に. **Weißt du (was), …** ねえ, どうだろう, …(あることを提案して). **wer weiß was** 〖口〗なにか: Er sagte dies und noch *wer weiß* was alles. 彼はこのことそその他なにからなにから言った. **wer weiß wie** 〖口〗非常に. Er hält sich für wer weiß wie klug. 彼は自分がとても利口だと思っている. **wer weiß wo** 〖口〗どこか: Er wohnt *wer weiß* wo in dieser Straße. 彼はどこかこの通りに住んでいる. **wie man weiß** 知ってのとおり. 〈j³〉〈et⁴〉 **wissen lassen** 〈人に〉〈事を〉知らせる(伝える). **Wissen Sie (Weißt du), …** いいですか, つまりですね ….

…, wissen Sie〔weißt du〕? …, そうでしょう.

das **Wis·sen**［ヴィッセン］[名] -s/　**1.**（包括的）知識：ein umfangreiches ～ haben 広汎(こうはん)な知識を持っている.　**2.**（あることを）知って〔承知して〕いること：meines ～*s* 私の知るかぎり（略 m. W.）. mit ～ それと知りつつ. nach bestem ～ und Gewissen 誠実に. ohne mein ～ 私に無断で. wider〔gegen (sein)〕besseres ～ 悪いと知りつつ.

die **Wis·sen·schaft**［ヴィッセンシャふト］[名] -/-en **1.** 学問, 科学：angewandte ～ 応用科学. exakte ～*en* 精密科学. die Akademie der ～*en* 科学アカデミー. die ～ fördern 学問を奨励する. in der ～ tätig sein 学問研究に従事している. Das ist eine ～ für sich.（難しくて）それには知識が必要だ.　**2.**（あることを）知っていること：Von wem hat er seine ～? 彼はだれからそれを知ったのか.

der **Wis·sen·schaf·ter**［ヴィッセンシャふター］[名] -s/-《オーストリア・スイス》＝Wissenschaftler.

der **Wis·sen·schaft·ler**［ヴィッセンシャふトラー］[名] -s/- 学者, 科学者, 研究者.

wis·sen·schaft·lich［ヴィッセンシャふトリひ］[形] 学問(上)の, 学術的な, 科学的な.

die **Wis·sen·schaft·lich·keit**［ヴィッセンシャふトリひカイト］[名] -/　学問的であること, 科学性.

die **Wis·sen·schafts·spra·che**［ヴィッセンシャふツ・シュプらーへ］[名] -/-n 学術語.

die **Wis·sen·schafts·the·o·rie**［ヴィッセンシャふツ・テオリー］[名] -/　科学哲学, 学問〔科学〕論, 知識論.

der **Wis·sen·schafts·zweig**［ヴィッセンシャふツ・ツヴァイク］[名] -(e)s/-e（個々の）学問分野.

der **Wis·sens·drang**［ヴィッセンス・ドらング］[名] -(e)s/ 知識欲.

der **Wis·sens·durst**［ヴィッセンス・ドゥるスト］[名] -(e)s/ 知識への渇望.

wis·sens·durs·tig［ヴィッセンス・ドゥるスティひ］[形] 知識欲のある.

das **Wis·sens·ge·biet**［ヴィッセンス・ゲビート］[名] -(e)s/-e 学問〔知識〕の分野〔領域〕.

die **Wis·sens·ver·mitt·lung**［ヴィッセンス・ふぇあミットルング］[名] -/　知識の伝達（特に学校教育における）.

wis·sens·wert［ヴィッセンス・ヴェーあト］[形] 知る価値ある, 当然知っておくべき.

der **Wis·sens·zweig**［ヴィッセンス・ツヴァイク］[名] -(e)s/-e 学問〔知識〕の分野〔領域〕.

wis·sent·lich［ヴィッセントリひ］[形] それと知りながらの, 故意の.

die **Wit·frau**［ヴィット・ふらウ］[名] -/-en《スイス》＝Witwe.

die **Wi·tib**［ヴィッティップ］[名] -/-e《古》＝Witwe.

der **Wit·mann**［ヴィット・マン］[名] -(e)s/..männer《古》＝Witwer.

der **Wit·tels·ba·cher**［ヴィッテルス・バッはー］[名] -s/- ヴィッテルスバッハ家の人（選帝侯・神聖ローマ皇帝・バイエルン国王の家系）.

(das) **Wit·ten·berg**［ヴィッテン・べるク］[名] -s/『地名』ヴィッテンベルク（ザクセン＝アンハルト州の都市）.

der **Wit·ten·ber·ger**［ヴィッテン・べるガー］[名] -s/- ヴィッテンベルク市民.

wit·ten·ber·gisch［ヴィッテン・べるギシュ］[形] ヴィッテンベルクの：die *W*～(*e*) Nachtigall ヴィッテンベルクのナイチンゲール（M. ルターのこと）.

wit·tern［ヴィッターン］[動] *h.*　**1.**〔補足なし〕『狩』（空中にただよう）臭(にお)いを嗅(か)ぐ（鹿などが）.　**2.**〔〈et⁴〉ヲ〕『狩』臭いを嗅ぎつける（犬がウサギなどの）.　**3.**〔〈j⁴/et⁴〉ッ〕嗅ぎつける, 察知する, 感じとる（危険・チャンスなどを）：in jedem einen Konkurrenten ～ どの人の中にもライバルを感じとる.

die **Wit·te·rung**［ヴィッテるング］[名] -/-en　**1.**（ある期間の）天気, 天候.　**2.**『狩』（動物の）嗅覚(きゅうかく)；（風が運ぶ）臭(にお)い：～ von〈et³〉bekommen〈物の〉臭いを嗅ぎつける；《転》〈事を〉察知する.　**3.** 嗅ぎつける〔察知する〕こと；《主に[単]》嗅ぎつける〔察知する〕力：eine feine ～ für〈et⁴〉besitzen〈事を〉敏感に察知する力を持っている.

der **Wit·te·rungs·um·schlag**［ヴィッテるングス・ウム・シュラーク］[名] -(e)s/..schläge 天候の急変.

die **Wit·te·rungs·ver·hält·nis·se**［ヴィッテるングス・ふぇあヘルトニッセ］[複名] 気象状況, 天候状態.

(der) **Witt·gen·stein**［ヴィトゲン・シュタイン］[名]『人名』ウィトゲンシュタイン（Ludwig Josef Johann ～, 1889-1951, イギリスで活躍したオーストリア出身の哲学者）.

das **Wit·tum**［ヴィットゥーム］[名] -s/..tümer　**1.**（ゲルマン法で）結婚の際に夫から妻に与えられる財産（将来の寡婦産としても）.　**2.**『カトリック』《方》聖職禄の不動産（特に司祭館）.

die **Wit·we**［ヴィトヴェ］[名] -/-n 未亡人, やもめ, 寡婦, 後家（略 Wwe.）.

das **Wit·wen·geld**［ヴィトヴェン・ゲルト］[名] -(e)s/-er（月々支給される）寡婦扶助料（公務員の妻が対象）.

die **Wit·wen·ren·te**［ヴィトヴェン・れンテ］[名] -/-n 寡婦年金.

die **Wit·wen·schaft**［ヴィトヴェンシャふト］[名] -/　未亡人であること, 未亡人の境遇.

die **Wit·wen·ver·bren·nung**［ヴィトヴェン・ふぇあブれヌング］[名] -/-en（ヒンズー教の風習で）死んだ夫とともに妻が火葬に付されること.

der **Wit·wer**［ヴィトヴァー］[名] -s/-　男やもめ, 寡男(やもお), やもめ（略 Wwr.）.

die **Wit·wer·schaft**［ヴィトヴァーシャふト］[名] -/　男やもめであること, やもめの境遇.

der **Witz**［ヴィッツ］[名] -es/-e　**1.** 機知に富んだ言葉, 洒落(しゃれ), 冗談, 小話, ジョーク；《口》肝心な点, 滑稽(こっけい)なもの：～ machen 洒落を言う. einen ～ erzählen 小話をする. aus ～ 冗談に. sich³ mit〈j³〉einen ～ erlauben〈人を〉からかう. Das ist (ja) gerade der ～.《口》それがまさに肝心な点だ.　**2.**（[単]のみ）機知, 才気, ウィット, エスプリ；《古》知恵, 才覚：ein sprühender ～ ほとばしる才気. viel ～ haben 機知に富む. mit Geist und ～ 機知を縦横に働かせて. mit seinem ～ am Ende sein 知恵が尽き果てる.

das **Witz·blatt**［ヴィッツ・ブラット］[名] -(e)s/..blätter 滑稽(こっけい)風刺新聞（付録）.

der **Witz·bold**［ヴィッツ・ボルト］[名] -(e)s/-e《口》冗談〔洒落(しゃれ)〕好きの人；《蔑》（人を怒らせるような）ふざけたいたずら者.

die **Wit·ze·lei**［ヴィッツェライ］[名] -/-en　**1.**（主に[複]）ひやかし, 当てこすり.　**2.**（[単]のみ）しつこくからかうこと.

wit·zeln［ヴィッツェルン］[動] *h.*　**1.**〔(über〈j⁴/et⁴〉ッ)〕からかう, 茶化す.　**2.**〔〈[文]〉ト〕冗談で〔ふざけて〕言う.

die **Witz·fi·gur**［ヴィッツ・ふィグーあ］[名] -/-en（小話などの）滑稽な登場人物；《口・蔑》（話や行動が）こっけいな人, 笑いの種になる人.

wit·zig［ヴィッツィひ］[形] 機知〔ウィット〕に富んだ；気のきいた, 新機軸の；《口》奇妙な, 一風変わった.

witz·los［ヴィッツ・ロース］[形]　**1.** 機知〔ウィット〕のない.　**2.**《口》無意味な, 無駄な.

w. L. ＝westliche(r) Länge 西経(…度).

(der) **Wla·dis·laus**［ヴラーディスラウス］[名]『男名』ヴラーディスラウス.

(der) **Wla·dis·law**［ヴラーディスラふ］[名]『男名』ヴラーディスラフ.

(das) **Wla·di·wos·tok**［ヴラディヴォストック］[名] -s/『地名』ウラジオストック（ロシア, 太平洋岸最大の湾港都市）.

WM =Weltmeisterschaft 世界選手権；世界選手権試合．

WNW =Westnordwest, Westnordwesten 西北西．

wo[1] ［ヴォー］副《疑問》どこに，どこで：*W~* wohnen Sie？ あなたはどこにお住いですか．*W~* ist her？ 彼はどこの出身ですか．［聞き逃したり，もっと詳しく知りたい時文中や文末に置き強調して］Und diese Stadt liegt ~？ ところでその町はどこのへんにあるのか．《感嘆文で》*W~* gibt's denn so was！《口》どこの世界にそんな〔厚かましい〕ことがあるものか．【慣用】Ach〔**I**〕wo！《口》とんでもない，そんなことがあるものか．

wo[2] ［ヴォー］副《口》どこか(そこいら)で：Das Buch muss doch ~ sein.（いや）その本はどこかそこいらにあるはずだ． ~ anders〔sonst〕als hier ここ以外のどこで．

wo[3] ［ヴォー］副《関係》(場所・時点を示す名詞・副詞を先行詞として) **1.**（場所）：an der Stelle, ~ der Unfall passiert ist その事故が起きた場所で． **2.**（時点）：Es kommt noch der Tag, ~ ich dich wieder sehe. 私がおなたとまた会える日がきっと来ます．

wo[4] ［ヴォー］代《定関係》(定関係代名詞 der, die, das の代用)《方》…である：Die Frau, ~ nicht mehr jung ist, ... もう若くないその女性は…．

wo[5] ［ヴォー］接《従属》**1.**（理由）(なにしろ)…なのだから：Du solltest nicht ausgehen, ~ es doch so regnet. こんなに降っているから，外出は止めなさいよ． **2.**（認容）…であっても，…にもかかわらず：Ich werde dich finden, ~ du auch (immer) hingehst. あなたがどこへ行こうと，私はきっとあなたを見つける． **3.**（条件）《古》(もし)…ならば：Ich werde, ~ möglich, schon morgen kommen. 私はできれば明日にでも来ましょう．

w. o. 1. =wie oben 上記のように． **2.** =weiter oben ずっと上に，さらに上に．

wo·an·ders ［ヴォ·アンダース］副 どこかほかのところで：Er war mit seinen Gedanken ganz ~. 彼は心ここにあらずという様子であった．

wo·an·ders·hin ［ヴォ·アンダース·ヒン］副 どこかほかのところへ：~ blicken 目をそらす．

wob ［ヴォープ］動 weben の過去形．

der **Wobb·ler** ［ヴォップラー］名 -s/- **1.**（通信）ウォブラー（ウォブリングをおこさせる機器）． **2.**（釣）（彩色された小魚などを模した）擬餌(ぎ)，ルアー．

wö·be ［ヴェーベ］動 weben の接続法 2 式．

wo·bei ［ヴォ·バイ］副 **1.**（強調の場合には［ヴォー·バイ］）（疑問）何の際に：*W~* hast du sie getroffen？ 君はどんな機会に彼女と会ったのか． **2.**（関係）その際に：Gestern passierte ein schwerer Verkehrsunfall, ~ fünf Leute ums Leben kamen. 昨日大きな交通事故が起き，その際 5 人の死者が出た．

die **Wo·che** ［ヴォッヘ］名 -/-n 1．週，週間；（出産日を除く）週日：diese ~ 今週．kommende〔nächste〕~ 来週．vorige〔letzte〕~ 先週．einmal in der ~ 週に 1 度．jede ~, je（zweimal）eine ~ 毎週〔隔週〕．~ für ~ 毎週毎週．auf〔für〕zwei *~n* 2 週間の予定で．in dieser ~ 今週中（その週の内）に．heute in〔vor〕einer ~ 1 週間後の／前週の今日．zwei ~ lang 2 週間の間．nach drei *~n* 3 週間後に．seit mehreren *~n* 数週間前から．die ~ über ウィークデーの，月曜から金曜までの間．unter der ~ ウィークデーに．vor einigen *~n* 二三週間前に．während der ~ ウィークデー［週間］中に．am Anfang／gegen Ende einer ~ その週の初めに／終りに．im Laufe der ~ 1週間たつうちに． **2.**（のみ）《古》産褥(じょく)．

das **Wo·chen·bett** ［ヴォッヘン·ベット］名 -(e)s/-en《主に⊕》産褥(じょく)，お産の床．

das **Wo·chen·blatt** ［ヴォッヘン·ブラット］名 -(e)s/..blätter《古》週刊新聞〔雑誌〕．

das **Wo·chen·en·de** ［ヴォッヘン·エンデ］名 -s/-n 週末，ウィークエンド：am／übers ~ 週末に．ein langes ~（前や後に休日を付加した）長い週末．(ein) schönes ~！ すばらしい週末を！

das **Wo·chen·end·haus** ［ヴォッヘンエント·ハウス］名 -es/..häuser 週末用別荘．

der **Wo·chen·fluss**, ⊕ **Wo·chen·fluß** ［ヴォッヘン·フルッス］名〔医〕産褥(じょく)期の悪露(おろ)．

die **Wo·chen·kar·te** ［ヴォッヘン·カルテ］名 -/-n 一週間定期券．

wo·chen·lang ［ヴォッヘン·ラング］形 何週間もの，数週間の．

der **Wo·chen·lohn** ［ヴォッヘン·ローン］名 -(e)s/..löhne 週給．

der **Wo·chen·markt** ［ヴォッヘン·マルクト］名 -(e)s/..märkte 毎週（1 日・数日）開かれる市(いち)．

die **Wo·chen·schau** ［ヴォッヘン·シャウ］名 -/-en（昔の）週刊ニュース映画．

die **Wo·chen·schrift** ［ヴォッヘン·シュリフト］名 -/-en《古》週刊誌．

der **Wo·chen·tag** ［ヴォッヘン·ターク］名 -(e)s/-e **1.** 週日，平日（日曜日·休日を除く日），ウィークデー． **2.** 曜日．

wo·chen·tags ［ヴォッヘン·タークス］副 週日に．

wö·chent·lich ［ヴェッヒェントリヒ］形 毎週の，1 週間ごとの．

..wö·chent·lich ［..ヴェッヒェントリヒ］接尾 数詞などにつけて「…週間にわたる」を意味する形容詞を作る：drei*wöchentlich* 3 週間ごとの．

wo·chen·wei·se ［ヴォッヘン·ヴァイゼ］副 週単位で〔の〕，週ごとに．

die **Wo·chen·zeit·schrift** ［ヴォッヘン·ツァイト·シュリフト］名 -/-en 週刊誌．

die **Wo·chen·zei·tung** ［ヴォッヘン·ツァイトゥング］名 -/-en 週刊新聞．

..wö·chig ［..ヴェッヒヒ］接尾 数詞などにつけて「…週間にわたる」を意味する形容詞を作る：eine vier*wöchige* Kur 4 週間の湯治．

die **Wöch·ne·rin** ［ヴェヒネリン］名 -/-nen 産婦．

(*der*) **Wo·dan** ［ヴォーダン］名〔ゲル神〕ヴォーダン（北欧神話の Odin と同じ．ゲルマン神話の最高神）．

der **Wod·ka** ［ヴォトカ］名 -s/-s ウォッカ．

der **Wo·du** ［ヴォードゥー］名〔宗〕ヴードゥー教（西インド諸島で信仰されている魔術的宗教）．

wo·durch ［ヴォ·ドゥルヒ］副（強調の場合には［ヴォー·ドゥルヒ］も有り）**1.**（疑問）どこを通って，何によって：*W~* unterscheidet er sich von seinen Mitschülern？ どういう点で彼は他の同級生と違うのか． **2.**（関係）そこを通って，それによって：alles, ~ sie ihre Pläne verwirklichen konnten 計画実現のために彼らが用いたあらゆる手段．

wo·fern ［ヴォ·フェルン］接《従属》《古》…ならば．【誓約 sofern】

wo·für ［ヴォ·フューア］副 **1.**（強調の場合には［ヴォー·フューア］）（疑問）何に対して；何のために，何に賛成して：*W~* interessiert er sich？ 彼は何に興味を持っているのだろう． **2.**（関係）それに対して，そのために：ein Diskussionsthema, ~ er großes Interesse hat 彼が大きな興味をもつ討論のテーマ．

wog[1] ［ヴォーク］動 wägen の過去形．

wog[2] ［ヴォーク］動 wiegen[1] の過去形．

die **Wo·ge** ［ヴォーゲ］名 -/-n〔文〕大波，高波(たかなみ)；〔転〕（感情などの）高まり，波：brausende *~n* 怒涛(どとう)する波．die *~n* des Begeisterung 感動の高まり（波）．auf den *~n* des Ruhms schwimmen 名声の波に乗っている．【慣用】**die Wogen glätten** 興奮を鎮める．

wö·ge[1] ［ヴェーゲ］動 wägen の接続法 2 式．

wö·ge[2] ［ヴェーゲ］動 wiegen[1] の接続法 2 式．

wogegen [ヴォ・ゲーゲン] 副 **1.**(強調の場合には[ヴォー・ゲーゲン])《疑問》何に対して:何にことから/何の代りで: W~ sollen wir uns wehren? われわれは何に対して防衛すればよいのか. **2.**《関係》それに対して;その代りに: alles, ~ er protestierte 彼が反対したすべてのこと.
── 接《従属》それにひきかえ.

wogen [ヴォーゲン] 動 h.《文》大きな波を立てる(海などが);《転》大きく波打つ(穂・胸などが), ひしめく(群集が), 一進一退を繰返す(戦闘が): Es wogte in mir vor Empörung und Scham. 怒りと恥かしさで私の胸ははり裂けんばかりだった.

woher [ヴォヘーア] 副 **1.**(強調の場合には[ヴォーヘーア]も有)《疑問》**a.** どこから, どの方角から: W~ kommst du? 君はどこから来たのか(この出身か). **b.** だれから, どこから: W~ hat er das? 彼はどこからそれを手に入れたのだ(どこでそれを身につけたのだ). W~ kommt das? どうしてそういうことになったのだ. (Aber) ~ denn (Ach [I] ~)!《口》とんでもない. **2.**《関係》そこから: nach der Seite, ~ der Lärm kommt その物音のする側へ.

wohin [ヴォヒン] 副 **1.**(強調の場合には[ヴォーヒン])《疑問》どこへ: W~ gehen Sie? どちらへ行かれますか. W~ damit?《口》これはどうしたら(どこへ置いたら)いいですか. Ich muss noch ~. 私は(用足しに)行かなければならないところがある(買い物・トイレなど). **2.**《関係》その場所へ: das Amt, ~ er gehen muss 彼が行かなければならない役所. Geh, ~ du willst! どこへでも行きたいところへ行け.

wohinaus [ヴォヒナウス] 副 **1.**(強調の場合には[ヴォーヒナウス])《疑問》(中から)どこへ(向かって). **2.**《関係》(中から)そこへ(向かって).

wohinein [ヴォヒナイン] 副(強調の場合には[ヴォーヒナイン])どこの中へ.

wohingegen [ヴォヒン・ゲーゲン] 接《従属》それにひきかえ.

wohinter [ヴォヒンター] 副 **1.**(強調の場合には[ヴォーヒンター])《疑問》何のうしろに[へ]. **2.**《関係》何のうしろに[へ].

wohinunter [ヴォ・ヒヌンター] 副(強調の場合には[ヴォー・ヒヌンター])副 どこを下って.

wohl [ヴォール] 副 **1.** wohler; am wohlsten《文》(身体・精神の)具合がよく, 元気で: Mir ist nicht ~. 私は体の具合がよろしくない. Mir ist jetzt ~er. 私は今は前より具合がよい. sich[4]~ fühlen 体の調子がよい. **2.** wohler; am wohlsten《文》快適に, 心地よく: Mir ist nicht ~ bei diesem Gedanken. 私はこう考えるといい気持はしない. sich[4] am wohlsten daheim fühlen 家にいるのが一番快適である. **3.** besser; am besten《文》十分に, じっくり: ~ wissen, dass ... ということをよく知っている. 〈et[4]〉~ überlegen〈事〉じっくりと考える. **4.**(相手の疑念などを打消して)よく, 十分に: Das weiß ich recht ~. そのことでしたらよく心得ています. **5.**《文飾》(アクセント無)おそらく(たぶん)…だろう;(特に叙述文の形の疑問文で)…だろう: Sie kommt heute ~ nicht. 彼女は今日はおそらく来ないだろう. Das ist ~ dein Notizbuch? これは君の手帳だろう. **6.**《語飾》**a.**《数量を示す語を修飾. アクセント無》およそ: Vor der Kasse standen ~ hundert Menschen. 券売場の前にはおよそ100人ほどの人が立っていた. **b.**(先行する否定文の後で次の形で相反の意味を強めて)~ aber (…だが)しかし: Hier unten friert es noch nicht, ~ aber auf der Höhe. ここの下ではまだ凍っていないが, あの頂上では0度以下です. **7.**(次の形で)~ ..., aber [allein] ... 確かに(なるほど)…ではあるが, しかし～: Ich habe ihr ~ versprochen, mit ihr ins Konzert zu gehen, aber ... 私は彼女とコンサートに行くと確かに約束はしたが, しかし…. **8.**《話者の気持》(強調して, アクセント無)…だよ;(命令文で)…しろよ: Das kann ~ sein. それはあり得ることだよ. Willst du ihn ~ in Ruhe lassen!! 彼をそっとしておけよ. Siehst du ~, das habe ich doch gesagt! 見ろよ(君), 私の言ったとおりじゃないか. **9.**(3格の名詞・代名詞とともに)《文・古》…は幸いなるかな: ~ dem, der ... …の人は幸いだ. **10.**(注文・命令などに対して店員・召使いが次の形で)sehr ~《古》かしこまりました. 【慣用】es sich[3] wohl sein lassen《文》いい思いをする(特に飲食面で). Leben Sie wohl! どうぞお元気で, ご機嫌よう. nun wohl まあいいだろう. Was/Warum nicht ~?/なぜだろうね?(問い返して). Wohl bekomm's! あなた[皆様]のご健康を祈って(乾杯). Wohl kaum! たぶんだめだ. wohl oder übel いやおうなしに, 好むと好まざるにかかわらず.

das Wohl [ヴォール] 名 -(e)s/ 幸せ, 幸福, 福祉, 繁栄, 健康, 健全: das öffentliche ~ 公共の福祉. das ~ des Staates 国家の繁栄. Auf Ihr ~! あなたの健康を祝して(乾杯の辞). Zum ~! 健康を祈って(乾杯). ~ und Wehe 幸不幸. zu seinem ~ 彼のためを思って.

wohlan [ヴォラン, ヴォール・アン] 副(間投詞のように用いて)《文・古》よし, よかろう, さあ.

wohlanständig [ヴォール・アン・シュテンディヒ] 形《文》(《皮》も有)礼儀作法の正しい.

wohlauf [ヴォール・アォフ, ヴォール・アゥフ] 副 **1.**《文》健康で, 元気で. **2.**《文・古》さあ, いざ.

wohl bedacht, wohlbedacht [ヴォール ベダハト] 形《文》熟慮の末の, 入念に練った.

das Wohlbefinden [ヴォール・ベフィンデン] 名 -s/ (心身の)健康, 健全.

das Wohlbehagen [ヴォール・ベハーゲン] 名 -s/ 快い気持, 満足感.

wohlbehalten [ヴォール・ベハルテン] 形 無事な: Er ist ~ angekommen. 彼は無事に着いた.

wohl bekannt, @**wohlbekannt** [ヴォール ベカント] 形(《j>》と)よく知られた.

wohlbeleibt [ヴォール・ベライプト] 形《文》丸々と太った.

wohlbestallt [ヴォール・ベシュタルト] 形《文・古》立派な地位の.

das Wohlergehen [ヴォール・エアゲーエン] 名 -s/ 健康, 息災.

wohlerzogen, wohl erzogen [ヴォール・エアツォーゲン] 形《文》躾(しつ)の行届いた.

die Wohlfahrt [ヴォール・ふぁーアト] 名 -/ **1.**《文・古》幸福, 繁栄, 福祉. **2.**(昔の)社会福祉事業. **3.**《口》(昔の)福祉事務所.

das Wohlfahrtsamt [ヴォールふぁーアッ・アムト] 名 -(e)s/..ämter (昔の)社会福祉事務所, 厚生局.

die Wohlfahrtsmarke [ヴォール・ふぁーアッマァケ] 名 -/-n[郵]慈善郵便切手(社会福祉事業への寄付(ふ)金が加算されている).

die Wohlfahrtspflege [ヴォールふぁーアッ・プふレーゲ] 名 -/ 社会福祉事業.

der Wohlfahrtsstaat [ヴォールふぁーアッ・シュタート] 名 -(e)s/-en [政]《<皮>》も有)福祉国家.

wohlfeil [ヴォール・ふぁイル] 形《古》**1.** 廉価な, 安価な. **2.** 月並みな.

wohlgeboren [ヴォール・ゲボーレン] 形《古》高貴な生れの: Euer W~!! 閣下, 貴台.

das Wohlgefallen [ヴォール・ゲふァレン] 名 -s/ 喜び, 満足: ~ sein ~ an〈j[3]/et[3]〉haben(finden〈人・物・事〉に満足する/喜びを見いだす. sich[4] in ~ auflösen《口》丸くおさまる;(物などが)ばらばらになる;(物が)なくなる.

wohl·ge·fäl·lig [ヴォール・ゲふぇりひ] [形] 満足げな;《文・古》意にかなう.

wohl ge·formt, wohl·ge·formt [ヴォール・ゲふぉるムト] [形] 形のいい;〖言〗適格な.

das **Wohl·ge·fühl** [ヴォール・ゲふゅール] [名] -(e)s/ 快い気持, 快感.

wohl ge·lit·ten, wohl·ge·lit·ten [ヴォール・ゲリッテン] [形] 《文》好かれている, 人気のある.

wohl ge·meint, wohl·ge·meint [ヴォール ゲマイント] [形] 善意から出た.

wohl·ge·merkt [ヴォール・ゲメるクト, ヴォール・ゲメるクト] [副] 《特に強調して》いいかね(よく覚えておいてくれよ).

wohl·ge·mut [ヴォール・ゲムート] [形] 《文》機嫌のいい.

wohl ge·nährt, wohl·ge·nährt [ヴォール・ゲネーあト] [形] 《主に《嘲》》栄養のいい, 太った.

wohl ge·ord·net, wohl·ge·ord·net [ヴォール ゲオるドネット] [形] 《文》整理のゆきとどいた.

wohl ge·ra·ten, wohl·ge·ra·ten [ヴォール・ゲらーテン] [形] 《文》出来栄えの良い;すくすくと良い子に育った.

der **Wohl·ge·ruch** [ヴォール・ゲるっふ] [名] -(e)s/..rü·che 《文》芳香, 香気.

der **Wohl·ge·schmack** [ヴォール・ゲシュマック] [名] -(e)s/ 《文》美味.

wohl·ge·setzt [ヴォール・ゲぜっツト] [形] 《文》適切な, 巧みな.

wohl ge·sinnt, wohl·ge·sinnt [ヴォール・ゲズィント] [形] 〔(〈j³〉ニ)〕好意的な.

wohl·ge·stalt [ヴォール・ゲシュタルト] [形] 《文・古》= wohlgestaltet.

wohl·ge·stal·tet [ヴォール・ゲシュタルテット] [形] 《文》形〔姿〕の美しい.

wohl·ge·tan [ヴォール・ゲターン] [形] 《次の形で》~ sein 《古》正しくなされている.

wohl·ha·bend [ヴォール・ハーベント] [形] 裕福な.

die **Wohl·ha·ben·heit** [ヴォール・ハーベンハイト] [名] -/ 富裕, 裕福.

woh·lig [ヴォーリひ] [形] 快い, 心地よい, 気持のいい.

der **Wohl·klang** [ヴォール・クラング] [名] -(e)s/..klän·ge 《文》 **1.** 美しい音色, 快い響き. **2.** 《⑩のみ》美しい響き方.

wohl·klin·gend [ヴォール・クリンゲント] [形] 《文》響きの良い.

der **Wohl·laut** [ヴォール・ラウト] [名] -(e)s/ 《文》快い音〔響き〕.

wohl lau·tend, wohl·lau·tend [ヴォール・ラウテント] [形] 《文》快い響きの.

das **Wohl·le·ben** [ヴォール・レーベン] [名] -s/ 《文》裕福で気楽な生活.

wohl mei·nend, wohl·mei·nend [ヴォール・マイネント] [形] 《文》善意の;好意ある.

wohl pro·por·ti·o·niert, wohl·pro·por·ti·o·niert [ヴォール・プろポるツィオニーあト] [形] 《文》良く均整のとれた.

wohl rie·chend, wohl·rie·chend [ヴォール・りーひぇント] [形] 《文》よい香りの.

wohl schme·ckend, wohl·schme·ckend [ヴォール・シュメッケント] [形] 《文》よい味の, 美味な.

das **Wohl·sein** [ヴォール・ザイン] [名] -s/ 《文》快(適)感: Zum~! 健康を祈って(乾杯).

wohl si·tu·iert, wohl·si·tu·iert [ヴォール ズィトゥイーあト] [形] (経済的に)恵まれた状態にある.

der **Wohl·stand** [ヴォール・シュタント] [名] -(e)s/ 富裕, 裕福: im ~ leben 裕福に暮す.

der **Wohl·stand·bür·ger** [ヴォールシュタントビュるガー] [名] -s/- 《蔑》豊かさだけが人生の追求目的である人.

die **Wohl·stands·ge·sell·schaft** [ヴォールシュタンツ・ゲゼルシャふト] [名] -/ (高度の経済成長の結果の)豊かな社会.

die **Wohl·tat** [ヴォール・タート] [名] -/-en **1.** 施(ほど)し, 慈善行為, 親切: 〈j³〉 eine ~ erweisen 〈人に〉施しを〔親切に〕する. **2.** 《⑩のみ》恵みとなるもの, ありがたいもの.

der **Wohl·tä·ter** [ヴォール・テーター] [名] -s/- 慈善家, 恩恵を施す人.

wohl·tä·tig [ヴォール・テーティひ] [形] **1.** 《古》慈善の, 慈善を施す. **2.** 《文・古》快い気持にする.

die **Wohl·tä·tig·keit** [ヴォール・テーティひカイト] [名] -/ 《古》慈善.

der **Wohl·tä·tig·keits·ba·sar** [ヴォールテーティひカイツ・バザーあ] [名] -s/-e 慈善バザー.

das **Wohl·tä·tig·keits·kon·zert** [ヴォールテーティひカイツ・コンツェるト] [名] -(e)s/-e 慈善音楽会〔コンサート〕.

die **Wohl·tä·tig·keits·ver·an·stal·tung** [ヴォールテーティひカイツ・ふぇあアンシュタルトゥング] [名] -/-en 慈善目的の催し物〔行事〕.

der **Wohl·tä·tig·keits·ver·ein** [ヴォールテーティひカイツ・ふぇあアイン] [名] -(e)s/-e 慈善団体.

wohl tem·pe·riert, wohl·tem·pe·riert [ヴォール・テムペりーあト] [形] **1.** 《文》適温の;適度〔相応〕の, 節度のある. **2.** 〖楽〗《稀》平均律: Das ~*e* Klavier 平均律クラヴィーア曲集(J. S. バッハ作曲).

wohl·tu·end [ヴォール・トゥーエント] [形] 心地よい, 快適な, (疲れ・苦痛などを)和らげる.

wohl tun*, ⓘ**wohl|tun*** [ヴォール トゥーン] [動] *h.* 《文》 **1.** 〔(〈j³〉ニ)〕善行を行う, 慈善を施す. **2.** 〔(〈j³〉ニ)〕快い(涼しさなどが), (…を)元気にする, (…の)気持を良くする(入浴・褒め言葉などが).

wohl über·legt, wohl·über·legt [ヴォール ユーバーレークト] [形] 《文》熟慮の上での, 練りに練った.

wohl un·ter·rich·tet, wohl·un·ter·rich·tet [ヴォール ウンターりひテット] [形] 《文》事情〔消息〕に通じた.

wohl·ver·dient [ヴォール・ふぇあディーント] [形] 当然受けるべき, 相応の.

das **Wohl·ver·hal·ten** [ヴォール・ふぇあハルテン] [名] -s/ 立派な態度〔振舞い〕.

der **Wohl·ver·leih** [ヴォール・ふぇあライ] [名] -(e)s/-(e) 〖植〗ウサギギク, アルニカ.

wohl ver·se·hen, wohl·ver·se·hen [ヴォール ふぇあゼーエン] [形] 《文》〔mit 〈et³〉ガ〕十分に備わった.

wohl·ver·stan·den [ヴォール・ふぇあシュタンデン] [副] 《文》よく分ったかね, いいかな.

wohl·weis·lich [ヴォール・ヴァイスリひ, ヴォール・ヴァイスリひ] [副] しかるべき理由があって, 十分に考えた上で.

wohl wol·len*, ⓘ**wohl|wol·len*** [ヴォール ヴォレン] [動] *h.* 〔〈j³〉ニ〕《古》好意を抱いている.

das **Wohl·wol·len** [ヴォール・ヴォレン] [名] -s/ 好意: 〈j²〉 ~ genießen 〈人に〉好意を持たれている.

wohl·wol·lend [ヴォール・ヴォレント] [形] 好意的な.

der **Wohn·bau** [ヴォーン・バウ] [名] -(e)s/-ten 居住用の建物.

wohn·be·rech·tigt [ヴォーン・べれひティひト] [形] 〖官〗〔〈場所〉ニ〕居住権のある.

die **Wohn·be·völ·ke·rung** [ヴォーン・べ[ふぇ]ルケるング] [名] -/-en 〖統計〗居住〔現住〕人口.

der **Wohn·be·zirk** [ヴォーン・ベツィるク] [名] -(e)s/-e = Wohngebiet.

der **Wohn·block** [ヴォーン・ブロック] [名] -(e)s/-s 〔..blöcke〕住宅のブロック.

die **Wohn·ein·heit** [ヴォーン・アインハイト] [名] -/-en 〖建〗戸(こ)(住居の単位).

woh·nen [ヴォーネン] [動] *h.* **1.** 〔〈場所〉ニ/〈様態〉ニ〕住んでいる, 住む;《転》宿(ってい)る(愛・希望などが): im Nachbarhaus ~ 隣家に住んでいる. eine halbe Stunde vom Bahnhof entfernt ~ 駅から30分のところに住んでいる. möbliert/komfortabel ~ 家具付きの部屋に/快適な住居に住んでいる. zur Miete

W

~ 間借り〔借家〕している. **2.**〔〈場所〉＝〕泊ま(って いる，宿泊する：im Hotel ~ ホテルに泊まっている.
die **Wohn·flä·che** [ヴォーン・ふレッひェ] 名 -/-n 居住面積.
das **Wohn·ge·bäu·de** [ヴォーン・ゲボイデ] 名 -s/- 居住用建物.
das **Wohn·ge·biet** [ヴォーン・ゲビート] 名 -(e)s/-e **1.** 住宅地(主に住宅が建っている地域). **2.**〔旧東独〕住宅区域(選挙区によって分けた区画.1万～2万5千の有権者があった).
die **Wohn·ge·gend** [ヴォーン・ゲーゲント] 名 -/-en 住宅地(住まうのに適した地域).
das **Wohn·geld** [ヴォーン・ゲルト] 名 -(e)s/-er〔官〕(国から支給される)住宅手当.
die **Wohn·ge·mein·schaft** [ヴォーン・ゲマインシャふト] 名 -/-en 住居共同(体)(一つの住居に設備を共有して数人が共同生活すること).
wohn·haft [ヴォーン·ハふト] 形〔〈場所〉＝〕〔官〕居住〔在住〕の：die in München ~en Ausländer ミュンヒェン在住の外国人.
das **Wohn·haus** [ヴォーン·ハウス] 名 -es/..häuser 住宅，居住用建物.
das **Wohn·heim** [ヴォーン・ハイム] 名 -(e)s/-e (公共の)居住施設(老人ホームなど)；(公共の)保養者用居住施設.
die **Wohn·kü·che** [ヴォーン・キュッひェ] 名 -/-n リビングキッチン.
die **Wohn·kul·tur** [ヴォーン・クルトゥーァ] 名 -/ 住まいの文化.
die **Wohn·la·ge** [ヴォーン・ラーゲ] 名 -/-n 住宅環境.
wohn·lich [ヴォーンリヒ] 形 住み心地のいい.
das **Wohn·mo·bil** [ヴォーン・モビール] 名 -s/-e (車体の後部に居住性を持たせた)キャンピングカー.
der **Wohn·ort** [ヴォーン・オルト] 名 -(e)s/-e 居住，居住地.
der **Wohn·raum** [ヴォーン・ラウム] 名 -(e)s/..räume 居室，居間；（⑥のみ）居住空間，住居.
das **Wohn·schlaf·zim·mer** [ヴォーン・シュラーふ・ツィマー] 名 -s/- 居間兼用寝室.
die **Wohn·sied·lung** [ヴォーン・ズィードルング] 名 -/-en (郊外の同じような住宅の並んだ)住宅団地.
der〔das〕 **Wohn·si·lo** [ヴォーン・ズィーロ] 名 -s/-s〔蔑〕(非個性的な)高層住宅(建築).
der **Wohn·sitz** [ヴォーン・ズィッツ] 名 -es/-e 居住地，住所：seinen ~ in Berlin haben ベルリンに在住している．ohne festen ~ 住所不定の．
die **Wohn·stu·be** [ヴォーン・シュトゥーベ] 名 -/-n《古》居間.
die **Woh·nung** [ヴォーヌング] 名 -/-en **1.** 居住，住宅；（一つの）住まい：eine billige/teure ~ 《家賃の》安い／高い住居．eine ~ beziehen/wechseln 入居／転居する．eine ~ mit drei Zimmern und Küche 3 K の住宅．**2.** 宿泊所：〈j³〉 Kost und ~ geben 《人₃に》食事と宿を与える．freie ~ haben 宿候をしている．~ nehmen《文·古》宿をとる．
das **Woh·nungs·amt** [ヴォーヌングス・アムト] 名 -(e)s/..ämter 住宅局(市・町の住宅問題を扱う部局).
der **Woh·nungs·bau** [ヴォーヌングス・バウ] 名 -(e)s/ 住宅建設.
die **Woh·nungs·bau·prä·mie** [ヴォーヌングスバウ・プレーミエ] 名 -/-n〔経・社〕住宅建設奨励金.
das **Woh·nungs·bau·pro·gramm** [ヴォーヌングスバウ・プログラム] 名 -s/-e (国の)住宅建設計画.
die **Woh·nungs·ein·heit** [ヴォーヌングス・アイン・ハイト] 名 -/-en (稀) = Wohneinheit.
der **Woh·nungs·in·ha·ber** [ヴォーヌングス・イン・ハーバー] 名 -s/- 住宅の借り主〔手〕.
woh·nungs·los [ヴォーヌングス・ロース] 形 住まいのない.

der **Woh·nungs·man·gel** [ヴォーヌングス・マンゲル] 名 住宅不足.
der **Woh·nungs·markt** [ヴォーヌングス・マルクト] 名 -(e)s/ 住宅市場.
die **Woh·nungs·not** [ヴォーヌングス・ノート] 名 -/ 住宅難.
der **Woh·nungs·schlüs·sel** [ヴォーヌングス・シュリュッセル] 名 -s/- (アパートなどの)住居の鍵.
die **Woh·nungs·su·che** [ヴォーヌングス・ズーヘ] 名 -/ 住居〔住まい〕さがし.
der **Woh·nungs·tausch** [ヴォーヌングス・タウシュ] 名 -(e)s/ 賃貸住宅の借り主間の交換.
die **Woh·nungs·tür** [ヴォーヌングス・テューァ] 名 -/-en (住居の)玄関のドア.
der/die **Woh·nung·su·chen·de** [ヴォーヌングス・ズーヘンデ] 名 (形容詞的変化)住居を探している人.
der **Woh·nungs·wech·sel** [ヴォーヌングス・ヴェクセル] 名 -s/- 転居.
das **Woh·nungs·we·sen** [ヴォーヌングス・ヴェーゼン] 名 -s/ 住宅事情，住宅に関する事柄(建築・資金・賃貸など).
das **Wohn·vier·tel** [ヴォーン・ふィるテル] 名 -s/- 住宅街〔区域〕.
der **Wohn·wa·gen** [ヴォーン・ヴァーゲン] 名 -s/- **1.** (住居〔キャンプ〕用の)トレーラーハウス．**2.** (サーカスなどの巡業用)トレーラー．**3.**〔鉄道〕(作業員用の)宿泊車.
der **Wohn·wert** [ヴォーン・ヴェーァト] 名 -(e)s/-e (地域などの)居住価値.
das **Wohn·zim·mer** [ヴォーン・ツィマー] 名 -s/- 居間；居間用家具.
der **Woi·lach** [ヴォイらっは] 名 -s/-e 鞍敷〔(lǎo)〕(鞍の下に敷く毛布).
der **Wok** [ヴォク] 名 -/-s 中華鍋.
wöl·ben [ヴェルベン] 動 h. **1.** 〈et⁴ッ〉アーチ形にする，ヴォールト(穹窿(ṇ̇))形にする(天井などを)．**2.**〈sich⁴〉アーチ形〔丸天井のよう〕にな(っている)る，アーチ形に丸く突き出(ている).
die **Wöl·bung** [ヴェルブング] 名 -/-en (アーチなどの)湾曲，丸み，アーチ.
(der) **Wolf**¹ [ヴォルふ] 名〔男名〕ヴォルフ (Wolfgang, Wolfhard, Wolfram の短縮形).
(der/die) **Wolf**² [ヴォルふ] 名〔人名〕ヴォルフ ① Christa ~, 1929-, 女流作家．② Hugo ~, 1860-1903, オーストリアの作曲家.
der **Wolf**³ [ヴォルふ] 名 -(e)s/Wölfe **1.**〔動〕オオカミ．**2.** (口)ひき肉機(Fleisch~)；(文書・情報の)裁断機，シュレッダー；梳毛(ʃó)機．**3.** (⑥のみ)狼座(星座)．**4.**(⑥のみ)(俗称)皮膚のすれ(Haut~)(間擦疹)：sich³ einen ~ laufen 走ってはだずれができる．【慣用】**der Wolf in der Fabel** うわさをすれば影．〈j⁴〉 **durch den Wolf drehen** 《口》《人₄を》さんざん痛めつける．**ein Wolf im Schafspelz sein** 羊の皮をかぶった狼である(マタイ福音書 7, 15). **mit den Wölfen heulen** 付和雷同する．**unter die Wölfe geraten sein** 残酷な仕打ちを受ける，搾取される.
wöl·fen [ヴェルふェン] 動 h. (愛に)子を産む(狼・狐・犬が).
(der) **Wolf·gang** [ヴォルふ・ガング] 名〔男名〕ヴォルフガング.
der **Wolf·gang·see** [ヴォルふガング・ゼー] 名 -s/〔湖名〕ヴォルフガングゼー(ザルツブルクの東の湖).
die **Wöl·fin** [ヴェルふィン] 名 -/-nen 雌オオカミ.
wöl·fisch [ヴェルふィシュ] 形 オオカミのような.
der **Wölf·ling** [ヴェルふリング] 名 -s/-e カブスカウト(ボーイスカウトの 7-11 歳までのグループ).
(der) **Wolf·ram**¹ [ヴォルふらム] 名 **1.**〔男名〕ヴォルフラム．**2.**〔人名〕~ von Eschenbach ヴォルフラ

ム・フォン・エッシェンバッハ(1170 頃-1220 頃, 中世宮廷叙事詩人).

das **Wọlf·ram**^{2} [ヴォルふラム] [名] -s/ タングステン, ウォルフラム(記号 W).

das **Wọlf·ra·mit** [ヴォルふらミート] [名] -s/ 鉄マンガン重石.

(*das*) **Wọlfs·burg** [ヴォルふス・ブるク] [名] -s/ 『地名』ヴォルフスブルク(ニーダーザクセン州の都市).

der **Wọlfs·hund** [ヴォルふス・フント] [名] -(e)s/-e (俗称)狼犬(シェパード).

der **Wọlfs·hụn·ger** [ヴォルふス・フンガー] [名] -s/ 《口》激しい空腹.

der **Wọlfs·mensch** [ヴォルふス・メンシュ] [名] -en/-en ＝Werwolf.

die **Wọlfs·milch** [ヴォルふス・ミルひ] [名] -/ 『植』トウダイグサ.

der **Wọlfs·ra·chen** [ヴォルふス・らっへン] [名] -s/- (俗称)狼咽(ろういん)(口蓋(こうがい)破裂).

die **Wọl·ke** [ヴォルケ] [名] -/-n **1.** 雲: weiße ～*n* 白雲. ～*n* ziehen auf. 雲がわく. Die ～*n* hängen tief. 雲が低くたれこめている. mit ～*n* bedeckt sein 雲で覆われている. **2.** 雲のようなもの;(昆虫などの)大群;(表情の)かげり: eine ～ von Staub もうもうたるほこり. eine ～ von Heuschrecken バッタの大群. Schwarze ～*n* steigen. 黒い煙がもくもくと立ちのぼる. **3.** 『鉱』(宝石の)曇り, 染み. **4.** 《冗》ひだをたっぷり使ってふくらませた服. 【慣用】**aus allen Wolken fallen** 《口》びっくり仰天する, たまげる. **in den Wolken schweben** 《文》夢想にふける.

wọ̈l·ken [ヴェルケン] [動] *h.* 《稀》 **1.** 〖(aus 〈et^{3}〉ｶﾗ/〈場所〉ﾆ)〗立ち昇る〔こめる〕. **2.** 〖sich^{4}〗曇る(空が).

die **Wọl·ken·bil·dung** [ヴォルケン・ビルドゥング] [名] -/-en 雲の形成〔発生〕.

der **Wọl·ken·bruch** [ヴォルケン・ブるっふ] [名] -(e)s/..brüche どしゃ降りの大雨〔にわか雨〕.

die **Wọl·ken·de·cke** [ヴォルケン・デッケ] [名] -/-n 空を覆う(厚い)雲.

der **Wọl·ken·fet·zen** [ヴォルケン・ふぇっツェン] [名] -s/- 《文》ちぎれ雲.

der **Wọl·ken·him·mel** [ヴォルケン・ヒメル] [名] -s/- 曇天, 曇り空.

der **Wọl·ken·krat·zer** [ヴォルケン・クらっツァー] [名] -s/- 摩天楼.

das **Wol·ken·kụ·ckucks·heim** [ヴォルケン・クっクっクス・ハイム] [名] -(e)s/ 夢の国(アリストファネスの『鳥』による).

wọl·ken·los [ヴォルケン・ロース] [形] 雲のない.

der **Wọl·ken·store** [..ʃtoːr ヴォルケン・シュトーあ, ..stoːr ヴォルケン・ストーあ] [名] -s/-s チリチリカーテン(何本も縦ひだを入れて絞った薄地カーテン).

die **Wọl·ken·wand** [ヴォルケン・ヴァント] [名] -/..wände 雲の壁.

der **Wọl·ken·zug** [ヴォルケン・ツーク] [名] -(e)s/..züge 雲の流れ.

wọl·kig [ヴォルキひ] [形] **1.** 雲の多い, 曇りの;もうもうたる. **2.** ぼやけた, ぼんやりした. **3.** 『鉱』曇りの入った(宝石).

die **Wọll·de·cke** [ヴォル・デッケ] [名] -/-n 毛布.

die **Wụl·le** [ヴォレ] [名] -/-n (複は種類) **1.** 羊毛, ウール(Schafe..) **2.** (単のみ)ウール地, 毛織物: eine Jacke aus reiner ～ 純毛の上着. **3.** 毛糸. **4.** 『狩』(兎などの)毛でおおわれた皮膚;(若い水鳥の)綿毛. 【慣用】**in der Wolle gefärbt** 生粋(きっすい)の. 〈j^{4}〉 **in die Wolle bringen** 《口》〈人を〉怒らせる. **in die Wolle kommen** 〔**geraten**〕《口》かっとなる.

wọl·len^{1*} [ヴォレン] [助] (話法) Ich will, du willst, er will ; wollte ; hat...wollen (本動詞の不定詞と共に用いる. 文脈などから明らかな不定詞は省略される. 不定詞が省略された場合の過去分詞は gewollt) **1.** (主語の意志・意図・願望)…しようと思う, …するつもりだ, …したいと思う: Sie *will* ihn besuchen. 彼女は彼を訪問するつもりだ. Wir *wollten* gerade gehen. われわれは丁度出かけようとしているところだった. Diesen Roman hat er schon immer lesen ～. この小説は彼が以前からいつも読みたいと思っていたものだ. Lass mich doch reden, was ich (reden) *will* ! 話したいことをぼくにちゃんと話させてくれ. **2.** (話者が疑わしいと思う主語の主張)…と主張する〔言う〕: Er *will* so etwas nicht getan haben. 彼はそんなことはしなかったと言張る. Er *will* Professor für Politologie sein. 彼は政治学教授だなどと名のっている. **3.** (直説法過去で丁寧な依頼)…したいのですが: Ich *wollte* Sie fragen, ob ... …かどうかお伺いしたいのですが. **4.** (接続法1式で要求・要請を表す)《古》…して下さい, (是非)…してもらいたい: Wenn Sie bitte hereinkommen ～ ! どうぞお入り下さい. Man *wolle* bitte darauf achten, dass... 是非…のことに注意を払ってもらいたい. **5.** (実現しなかった過去の意志)…しようとしたのだが: Ich *wollte* ihn fragen, aber sie hielt mich zurück. 私は彼に質問しようとしたのだが, 彼女に制された. **6.** (物事の傾向)(主に否定文で)…しようとしている: Die Tür *will* sich nicht öffnen. そのドアはいっこうに開こうとしない. Es *will* Abend werden. 《文》日が暮れかかってきている. **7.** (完了の不定詞とともに用いて, ある行為がなされた状態を希求する)…したことにしたい: Dann *will* ich nichts gesagt haben. それならば何も言わなかったことにしよう. Das *will* ich nicht gehört haben. それは聞かなかったことにしよう. **8.** (過去分詞＋sein/werden と共に用いて, 必要性)…されねばならない: Das Kochen *will* gelernt sein. 料理は習わなければできるようにならない. Diese Pläne ～ gut überlegt werden. これらの計画はよく熟慮されなければならない. 【müssen で代替可能】 **9.** (目的)…しようとするものである, …することを目的とする: Der Aufsatz *will* nur einen kurzen Überblick geben. この論文は簡潔な概要のみを与えようとするものである. 【慣用】**Das will ich hoffen** 〔**Das hoffe ich**〕. 私もそうあってもらいたいと思います. **Das will ich meinen.** 私もそう思います. **Das will nichts heißen.** そんなことは無意味だ. **Wollen Sie bitte ...** …して下さい(依頼・要請の丁寧な言い方): *Wollen* Sie bitte einen Augenblick warten. 少々お待ち下さい. **Wollen wir** 〔**Wir wollen**〕 **...** さあ, …しよう: *Wollen* wir 〔Wir *wollen*〕 mal gehen ! さあ, 出かけよう.

―― [動] ich will, du willst, er will ; wollte ; hat gewollt **1.** 〖(〈j^{4}/et^{4}〉ｦ/〈[文]〉ﾃﾞｱﾙｺﾄｦ)〗(手に入れようと)望む, 欲しがる, 求める: Sie hat alles bekommen, was sie *wollte.* 彼女は望むものをすべて手に入れた. Sie haben keine Kinder *gewollt*. 彼らは子供を欲しくないと思った. Er *wollte* sein Recht. 彼は自分の権利を求めた. (特定の譲歩文の中で)Mag kommen, was da *will,* ich bleibe. 何がやってこようと私はかまわない〔私は残る〕. Ich werde kommen, koste es, was es *wolle.* 私はどんな犠牲を払ってでも来る. **2.** 〖〈[文]〉ﾃﾞ〗あればいいのに(接続法2式 wollte(n)で非現実の願望. [文]の動詞も接続法2式): Ich *wollte*, dass sie mitkäme ! 彼女が一緒に来てくれたらなあ(実際には一緒に来ない). **3** 〖〈j^{3}〉ニ〈et^{4}〉ノ悪イ(害ヲ及ボス)コトヲ〗《口》しようと思う(〈et^{4}〉は etwas, nichts など): Was sollen sie dir schon ～ ? 一体彼らが君にどんな悪いことをしようと思っているというのだ. Er kann ihr gar nichts ～. 彼が彼女に悪いことをしようなどと思うはずがない. **4.** 〖〈et^{4}〉ｦ〗《口》必要とする(動植物が生存・生育のために): Diese

W

Pflanze *will* mehr Sonne/Feuchtigkeit. この植物はもっと陽光/水分を必要とする. **5.** 〔〈方向〉へ(カラ)〕《口》行く〔来る・出る〕つもりである, 行きたがる：Im Sommer *will* ich ans Meer. 夏には海辺へ行くつもりです. 【慣用】**Da ist nichts (mehr) zu wollen** 《口》もうなんともしようがない. **Dann wollen wir mal!** それじゃ始めようじゃないか. **Es wird so werden, ob du willst oder nicht.** 君が欲しようが欲しまいがそれはそうなるだろう. **Meine Beine wollen nicht mehr.** 《口》私の足はもう一歩も先へ進もうとしない. **Nichts zu wollen!** 《口》ほしがってもだめだよ. **Was willst du von mir?** 私に何の用があるのか〔何か頼みがあるのか〕. **wenn man so will** そう言いたければ：Er ist, wenn man so *will*, ein frecher Kerl. 彼は, そう言いたければ, 生意気なやつだと言える. **Wollt ihr wohl 〔gleich/endlich〕!** (おまえたち)さっさとしなさい(従順でない子供たちを強い口調でうながして).

wọl·len[2] [ヴォレン] [形] 毛(糸)の, ウールの；毛織りの, ウール地の.

der **Wọll·fa·den** [ヴォル・ふぁーデン] [名] -s/..fäden 毛糸.

das **Wọll·fett** [ヴォル・ふぇっト] [名] -(e)s/-e 羊毛脂, ラノリン.

das **Wọll·garn** [ヴォル・ガるン] [名] -(e)s/-e 毛糸.

das **Wọll·gras** [ヴォル・グらース] [名] -es/..gräser 〘植〙ワタスゲ.

wọl·lig [ヴォリひ] [形] **1.** 毛の；ウールのような感触の. **2.** 縮れた(毛), 縮れ毛の(頭). **3.** 柔らかい毛に覆われた.

(*das*) **Wol·lin** [ヴォリーン] [名] -s/ 〘地名〙ヴォリーン(オーデル川の河口の島でポーランド領).

die **Wọll·ja·cke** [ヴォル・ヤッケ] [名] -/-n ウールのカーディガン〔ジャケット〕.

die **Wọll·käm·me·rei** [ヴォル・ケメらイ] [名] -/-en コーミング〔梳毛(そもう)〕工場；([単]のみ)コーミング作業.

das **Wọll·kleid** [ヴォル・クライト] [名] -(e)s/-er ウールのワンピース〔ドレス〕.

das **Wọll·knäu·el** [ヴォル・クノイエル] [名] -s/- 毛糸の玉.

die **Wọll·maus** [ヴォル・マウス] [名] -/..mäuse 〘動〙チンチラ；《方・冗》綿ぼこり.

die **Wọll·sa·chen** [ヴォル・ザっヘン] [複名] ウールの衣類.

die **Wọll·spin·ne·rei** [ヴォル・シュピネらイ] [名] -/-en 羊毛紡績工場；([単]のみ)羊毛紡績.

der **Wọll·stoff** [ヴォル・シュトっふ] [名] -(e)s/-e ウール地.

wọll·te [ヴォルテ] [動] **1.** wollen の過去形. **2.** wollen の接続法２式.

das **Wọll·tuch** [ヴォル・トゥーふ] [名] -(e)s/..tücher 〔..e〕 **1.** ([複] ..tücher)ウールの布. **2.** ([複] ..e)ウール地.

die **Wọl·lust** [ヴォルスト] [名] -/Wollüste 《文》情欲, 官能の悦楽：mit wahrer ～ (倒錯した〔悪意のある〕)喜びをもって, 嬉々として.

wọl·lüs·tig [ヴォリュスティひ] [形] 《文》官能の歓びに満ちた；情欲をかき立てる；楽しくてたまらない.

der **Wọl·lüst·ling** [ヴォリュストリング] [名] -s/-e 《稀》好色漢, 淫蕩な男.

die **Wọll·wa·re** [ヴォル・ヴァーれ] [名] -/-n (主に[複])ウール製品.

der **Wọl·per·tin·ger** [ヴォルパー・ティンガー] [名] -s/- 《バイエルン》ヴォルペルティンガー(毛皮に価値のある空想上の動物).

der **Wọm·bat** [ヴォムバット] [名] -s/-s 〘動〙ウォムバット(オーストラリアの有袋類).

wo·mịt [ヴォ・ミット] [副] **1.** (強調の場合には[ヴォー・ミット])《疑問》 何でもって；何とともに；何に：*W*～ fährst du? 君は(乗り物は)何で行くのか. **2.** 《関係》それでもって, それによって：die Tinte, ～ der Brief geschrieben worden ist それで手紙が書かれたインク.

wo·mö̱g·lich [ヴォ・メ̣ークリひ] [副] もしかすると；できれば.

wo·na̱ch [ヴォ・ナーは] [副] **1.** (強調の場合には[ヴォー・ナーは])《疑問》何に従って；何を(対象として), 何を求めて：*W*～ sucht er? 彼は何を探しているのか. **2.** 《関係》それを目ざして；それに基づいて：eine Vorschrift, ～ man sich richten sollte 基準とすべき規則.

wo·ne̱·ben [ヴォ・ネーベン] [副] 《稀》 **1.** 《強調の場合には[ヴォー・ネーベン]》《疑問》何のそばに〔へ〕：*W*～ soll der Stuhl stehen? 椅子は何のそばにおくのでしょう. **2.** 《関係》そのそばに〔へ〕；そのかたわら：das Haus, ～ sie den Baum pflanzten かれらがそばに木を植えた家.

die **Wọn·ne** [ヴォネ] [名] -/-n 《文》無上の喜び：mit ～ 《口》(大いに)よろこんで.

das **Wọn·ne·ge·fühl** [ヴォネ・ゲふゅール] [名] -(e)s/-e 《文》歓喜の情, 恍惚(こうこつ)感.

der **Wọn·ne·mo·nat** [ヴォネ・モーナト] [名] -(e)s/-e (主に[単])《古》五月(Mai).

der **Wọn·ne·mond** [ヴォネ・モーント] [名] -(e)s/-e 《古》＝Wonnemonat.

der **Wọn·ne·prop·pen** [ヴォネ・プろっペン] [名] -s/- 《口・冗》丸々とした赤ちゃん〔子供〕.

wọn·ne·trun·ken [ヴォネ・トるンケン] [形] 《詩》至上の喜びに酔いしれた.

wọn·ne·voll [ヴォネ・ふぉル] [形] 《詩》至上の喜びに満ちた.

wọn·nig [ヴォニひ] [形] **1.** 《口》かわいい, すてきな. **2.** 《文》喜ばしい.

wọn·nig·lich [ヴォニクリひ] [形] 《文・古》至福の.

wo·rạn [ヴォらン] [副] **1.** (強調の場合には[ヴォーらン])《疑問》何に〔へ〕(接して)；何について；何によって：*W*～ soll ich den Mantel hängen? どこ(のフック)にオーバーを掛けましょうか. *W*～ ist sie gestorben? 彼女は何が原因で死んだのか. *W*～ liegt es? どこに問題があるのか. Man weiß nie, ～ man bei ihm ist. 彼の態度が(人には)さっぱり分らない. **2.** 《関係》そこに〔へ〕；そのことで；それについて：der Nagel, ～ die Uhr aufgehängt wurde 時計が掛けられたくぎ. der Aufsatz, ～ ich arbeite 私がいま取組んでいる作文.

wo·ra̱uf [ヴォらウふ] [副] **1.** (強調の場合には[ヴォーらウふ])《疑問》何の上に〔へ〕；何に基づいて；何に対し；何を：*W*～ fußt deine Annahme? 君の仮定は何に基づいているのか. **2.** 《関係》 **a.** その上に〔へ〕；それに基づいて；それに対し：die Antwort, ～ sie so lange gewartet hat 彼女が久しく待望んでいた返事. **b.** 《時間》すると：Er klingelte, ～ unverzüglich die Tür geöffnet wurde. 彼はベルを鳴らした, するとすぐドアが開いた.

wo·rauf·hịn [ヴォらウふ・ヒン] [副] **1.** (強調の場合には[ヴォーらウふ・ヒン])《疑問》何を意図して：*W*～ hat er das getan? 何のため彼はそれをしたのか. **2.** 《関係》(前文を受けて)そのあとすぐに.

wo·ra̱us [ヴォらウス] [副] **1.** (強調の場合には[ヴォーらウス])《疑問》何で, 何から；どこから：*W*～ ist das Gewebe hergestellt? この織物はどういう材料で作られているのか. **2.** 《関係》それから；そのことから：Er hat alle zwei Jahre einen neuen Wagen, ～ man schließen kann, dass er gut verdient. 彼は２年ごとに新車に替えているが, そのことから彼の収入はいいといえる.

die **Worces·ter·so·ße** [vʊ́stər.. ヴスターゾーセ] [名] -/-n 〘料〙ウスターソース.

wọr·den [ヴォるデン] [動] werden の過去分詞.

W

wor·ein [ヴォらイン] 副 **1.**《強調の場合には[ヴォーらイン]》《疑問》何の中へ：W~ soll ich es tun? 私を何の中に入れましょうか． **2.**《関係》その中へ：Das ist der Saal, ~ sie gegangen ist. あれが彼女が入っていった広間です．

worfeln [ヴォるフェルン] 動 h.〈et⁴〉ヲ〔農〕(シャベルでしくって)風選する(脱穀した穀物を).

wor·in [ヴォりン] 副 **1.**《強調の場合には[ヴォーりン]》《疑問》何の中に；どの点で：W~ liegt der Unterschied? 違いはどこにあるのか．**2.**《関係》その中に[へ]；その点で：die Stadt, ~ sie wohnen 彼らが住んでいる町．

der **Work·a·ho·lic** [vɔrkəhɔ́lɪk ヴヮ―あケホリック, vœr..] (ヴァ)ろクホリック 名 -s/-s ワーカホリック，仕事中毒者，仕事の虫．

der **Work·shop** [vɔ́ːrkʃɔp ヴァ―ク・ショップ, vœr..] ヴァろク・ショップ 名 -s/-s ワークショップ，セミナー，討論会，研究会．

(das) **Worms** [ヴォるムス] 名 -/〔地名〕ヴォルムス(ラインラントプファルツ州の都市).

Worm·ser[1] [ヴォるザー] 形《無変化》ヴォルムスの：das ~ Konkordat ヴォルムス協約(1122年). ~ Reichstage ヴォルムス帝国議会(1495年、1521年).

der **Worm·ser**[2] [ヴォるザー] 名 -s/- ヴォルムス市民．

das **Wort** [ヴォるト] 名 -(e)s/Wörter[ヴェるター] あるいは Wörter(-e)[-エ] **1.**(極 Wörter(-e)) 語，単語：*Wörter* lernen 単語を覚える. 5,000 Euro in ~*en*(領収書などの)文字でつづられた5000ユーロ. nach dem treffenden ~ suchen 的確な語を探す. **2.**(極 -e) 言葉：freundliche/beleidigende ~ 親切な／侮辱的言葉．keine ~e dafür haben それに対しては何と言って良いか分らない．ein paar ~e mit 〈j³〉 wechseln〈人と〉言葉を二三交わす．das ~ an 〈j³〉 richten〈人に〉話しかける．〈j³〉〈et⁴〉 aufs ~ glauben〈人の〉言う事を信じる．〈et⁴〉 in ~e fassen〈事を〉言葉にする．〈j³〉 ins ~ fallen〈人の〉話に割込む．mit einem ~e 要するに，一言にして言えば．mit anderen ~en[m.a.W.] 換言すると．mit diesen ~en こう言って，こう言いながら．**3.**(極のみ) 発言：das ~ nehmen 発言する者（ergreifen）発言する．〈j³〉 das ~ geben/entziehen〈人に〉発言を許す／禁じる．ums ~ bitten 発言(許可)を求める．**4.**(極 -e) 有名な言葉．**5.**(極 -e)〔文〕テキスト，語句：歌詞：in ~ und Bild テキストと挿絵で．**6.**(極のみ) 約束，誓言：sein ~ halten/brechen 約束を守る／破る．**7.**(極のみ)〔聖〕ロゴス；神の御言：Und das ~ ist Fleisch geworden. 言は肉となった(ヨハネ福音書 1, 14).【慣用】**bei**〈j³〉 **ein**(**gutes**)**Wort für**〈j³〉**einlegen**〈人へ〉〈人を〉とりなす．**bei**〈j³〉 **im Wort sein**〈人に〉約束によって縛られている．**das große Wort haben**(**führen**)大言壮語する．〈j³〉 **das Wort aus dem Munde**(**von der Zunge**)**nehmen**〈人の〉話を先取りする．**das Wort führen** 発言する，代表として発言する．〈j³〉 **das Wort im Munde**(**her**)**umdrehen**〈人の〉発言を故意に曲解する．〈j³/et³〉 **das Wort reden**〔文〕〈人・事を〉(妙に)積極的に支持する．**ein geflügeltes Wort für ein〈et⁴〉** 〈事について〉一言も語らない．**schöne Worte** 甘言，実現のあてのない約束．**sein**[sic]**zu Wort melden** 発言の意思表示をする．**Wort für Wort** 一語一語，逐語的に．

der **Wort·ak·zent** [ヴォると・アクツェント] 名 -(e)s/-e〔言〕語のアクセント．

die **Wort·art** [ヴォると・アート] 名 -/-en〔言〕品詞．

die **Wort·be·deu·tung** [ヴォると・ベドイトゥング] 名 -/-en 語義，語の意味．

die **Wort·be·deu·tungs·leh·re** [ヴォるトベドイトゥングス・レーれ] 名 -/ 〔言〕語義論．

die **Wort·bil·dung** [ヴォると・ビルドゥング] 名 -/-en

〔言〕**1.**(極のみ) 造語，語形成．**2.**(新) 造語．

der **Wort·bruch** [ヴォると・ブるッフ] 名 -(e)s/..brüche 約束の不履行，食言．

wort·brü·chig [ヴォると・ブりュッヒヒ] 形 約束違反の：gegen 〈j³〉 ~ sein〈人に対して〉約束を破る．an〈j³/et³〉 ~ werden〈人にした／事についての〉約束に違反する．

das **Wört·chen** [ヴェるトヒェン] 名 -s/- ほんの一語；ひとこと：〈人に〉〈et⁴〉 zu reden haben〈口〉もうひとこと〈人に〉言っておきたいことがある．ein ~ mitzureden haben〈口〉(あることに関して)ひとこと言いたいことがある．

der **Wor·te·ma·cher** [ヴォると・マッハー] 名 -s/-〔蔑〕どうでもいい[無内容な]ことをべらべらしゃべる人，口先だけの人．

das **Wör·ter·buch** [ヴェるター・ブーフ] 名 -(e)s/..bücher 辞書，辞典，字引：ein Wort im ~ nachschlagen ある語を辞書で調べる．

das **Wör·ter·ver·zeich·nis** [ヴェるター・フェるツァイヒニス] 名 -ses/-se (学術書の) 用語[語彙]索引．

die **Wort·fa·mi·lie** [ヴォると・ファミーリエ] 名 -/-n〔言〕単語族(同一の語根・基礎語に還元しうる一連の単語).

das **Wort·feld** [ヴォると・フェルト] 名 -(e)s/-er〔言〕語場(主要な意味素性を共有する語の集まり)．

die **Wort·fet·zen** [ヴォると・フェツェン] 複名 とぎれとぎれの(切れ切れの)言葉(よく聞こえない場合など)．

die **Wort·fol·ge** [ヴォると・フォルゲ] 名 -/-n 語順．

die **Wort·form** [ヴォると・フォるム] 名 -/-en 語形．

der **Wort·füh·rer** [ヴォると・フューらー] 名 -s/- 主唱者，代表発言者，スポークスマン．

das **Wort·ge·fecht** [ヴォると・ゲフェヒト] 名 -(e)s/-e 口論．

das **Wort·ge·klin·gel** [ヴォると・ゲクりンゲル] 名 -s/-〔蔑〕響きはよいが空疎な言葉．

wort·ge·treu [ヴォると・ゲトろイ] 形 語(原文)に忠実な，逐語的な．

wort·ge·wal·tig [ヴォると・ゲヴァルティヒ] 形 言葉を自在に操る．

wort·ge·wandt [ヴォると・ゲヴァント] 形 雄弁な，口達者な．

die **Wort·grup·pe** [ヴォると・グるッペ] 名 -/-n〔言〕語群．

der **Wör·ther See** [ヴェるター・ゼー] 名 -s/〔湖名〕ヴェルター湖(オーストリア，ケルンテン州の湖)．

die **Wort·hül·se** [ヴォると・ヒュルゼ] 名 -/-n〔蔑〕中身のない(内容のない)言葉．

der **Wort·in·halt** [ヴォると・イン・ハルト] 名 -(e)s/-e〔言〕語内容．

wort·karg [ヴォると・カるク] 形 無口な，寡黙な；(言葉が)短い，そっけない．

die **Wort·karg·heit** [ヴォると・カるクハイト] 名 -/ 寡黙，無口；言葉が短いこと．

der **Wort·klau·ber** [ヴォると・クラウバー] 名 -s/-〔蔑〕(言われた[書かれた]ことの)文字通りの意味にこだわる人．

die **Wort·klau·be·rei** [ヴォると・クラウベらイ] 名 -/-en〔蔑〕こまかい字句のせんさく，(言われた[書かれた]ことの)文字通りの意味にこだわること．

wort·klau·be·risch [ヴォると・クラウベりシュ] 形 (言われた[書かれた]ことの)文字通りの意味にこだわる．

der **Wort·laut** [ヴォると・ラウト] 名 -(e)s/ 文面，文言．

die **Wort·leh·re** [ヴォると・レーれ] 名 -/-n 語形論，詞論；語形論の叙述(教科書)．

das **Wört·lein** [ヴェるト・ライン] 名 -s/-(稀)＝Wörtchen.

wört·lich [ヴェるトりヒ] 形 逐語的な，原文どおりの；文字どおりの；(古)言葉による．

wort·los [ヴォルト・ロース] 形 無言の： ein ~es Einverständnis 暗黙の了解.
die **Wort·mel·dung** [ヴォルト・メルドゥング] 名 -/-en (挙手などによる)発言の申出.
wort·reich [ヴォルト・ライヒ] 形 **1.** くだくだしい，くどくどとした． **2.** 語彙の豊富な．
der **Wort·reich·tum** [ヴォルト・ライヒトゥーム] 名 -s/ 語彙の豊かさ；くどくどしいこと．
der **Wort·sa·lat** [ヴォルト・ザラート] 名 -(e)s/ 〖医〗言葉のサラダ〖論理と文法の欠除したことば〗；〖蔑〗支離滅裂な発言．
der **Wort·schatz** [ヴォルト・シャッツ] 名 -es/..schätze (主に⑩)(ある言語の語の全体としての)語彙(ビ)；(ある個人・本・階層などの)用語数，用語範囲： einen großen ~ haben 語彙が豊富だ．
die **Wort·schöp·fung** [ヴォルト・シェップフング] 名 -/-en 新(造)語．
der **Wort·schwall** [ヴォルト・シュヴァル] 名 -(e)s/-e (主に⑩)〖蔑〗奔流のような言葉，言葉の洪水．
der **Wort·sinn** [ヴォルト・ズィン] 名 -(e)s/ 語義．
das **Wort·spiel** [ヴォルト・シュピール] 名 -(e)s/-e 言葉遊び，地口，語呂合せ．
der **Wort·stamm** [ヴォルト・シュタム] 名 -(e)s/..stämme 〖言〗語幹．
die **Wort·stel·lung** [ヴォルト・シュテルング] 名 -/ 〖言〗語順．
der **Wort·streit** [ヴォルト・シュトライト] 名 -(e)s/-e **1.** (主に⑩)口論． **2.** 言葉の用法〖概念〗についての論争．
das **Wort·un·ge·tüm** [ヴォルト・ウン・ゲテューム] 名 -(e)s/-e 極端に長い複合語．
die **Wort·ver·dre·hung** [ヴォルト・フェアドレーウング] 名 -/-en 〖言〗言葉の曲解，こじつけ，牽強付会．
die **Wort·wahl** [ヴォルト・ヴァール] 名 -/ (話す・書く際の)語の選択．
der **Wort·wech·sel** [ヴォルト・ヴェクセル] 名 -s/- **1.** 口論，口げんか． **2.** 〖古〗言葉のやりとり．
der **Wort·witz** [ヴォルト・ヴィッツ] 名 -es/-e 地口，語呂合せ，言葉遊び．
wort·wört·lich [ヴォルト・(ヴェ)ルトリヒ] 形 一語一句違わぬ；文字どおりの．
wor·über [ヴォリューバー] 副 **1.** (強調の場合には[ヴォーリューバー]) ⟨疑問⟩何の上に[へ]；何を越えて；何について： W~ ist sie so traurig? 彼女は何で〖どういうことで〗そんなに悲しんでいるのか． **2.** ⟨関係⟩その上に[へ]；それを越えて；それについて： die Straße, ~ die Leute gingen 人々が横断した道路． das Thema, ~ wir diskutieren われわれが討議するテーマ．
wor·um [ヴォルム] 副 **1.** (強調の場合には[ヴォールム]) ⟨疑問⟩何のまわりに；何をめぐって；何を求めて： W~ geht es? 何が問題なのか． **2.** ⟨関係⟩それをめぐって；そのために： Nichts, ~ ich gebeten hatte, war erledigt worden. 私が頼んでおいたことが何ひとつ片づいていなかった．
wor·un·ter [ヴォルンター] 副 **1.** (強調の場合には[ヴォールンター]) ⟨疑問⟩何の下に[へ]；何に：下へ： W~ hast du die Zeitung versteckt? 君は新聞をどこへしまいこんでしまったのか． **2.** ⟨関係⟩その下に[へ]；そのもとで；その中に： der Baum, ~ wir damals getroffen haben われわれがあの頃(その下で)でデートしたその木．
wo·selbst [ヴォ・ゼルプスト] 副 ⟨関係⟩〖文〗(まさに)そこで(wo の強調)．
(*der*) **Wo·tan** [ヴォータン] 名 -s/ =Wodan.
wo·von [ヴォ・フォン] 副 **1.** (強調の場合には[ヴォーフォン]) ⟨疑問⟩何から[について]；何によって： W~ sprecht ihr? 君たちは何を話しているのか． **2.** ⟨関係⟩それから；それについて；それによって： die Mauer, ~ er heruntergesprungen war 彼が飛降りた塀．
wo·vor [ヴォ・フォーア] 副 **1.** (強調の場合には[ヴォーフォーア]) ⟨疑問⟩何の前に[へ]；何に対して： W~ stand sie? 彼女は何の前に立っていたのか． ⟨関係⟩その前に；それに対して： alles, ~ er sich fürchtet 彼が心配するすべて．
(*der*) **Woy·zeck** [vɔ́ytsek ヴォイツェック] 〖男名〗ヴォイツェック(Georg Büchner, 1813-37, の戯曲(の主人公)).
wo·zu [ヴォ・ツー] 副 **1.** (強調の場合には[ヴォーツー]) ⟨疑問⟩何のために；何に対して： W~ braucht sie das Geld? 彼女はそのお金を何に使うのか． Ich weiß nicht, ~ diese Teile gehören. 私はこれらが何の部品なのか知りません． **2.** ⟨関係⟩そのために，それに対して，それに向かって，それに加えて： Er wollte Tennis spielen, ~ aber keiner so richtig war. 彼はテニスをしたかったが，だれもそんな気分になれなかった．
wo·zwi·schen [ヴォ・ツヴィッシェン] 副 **1.** (強調の場合には[ヴォーツヴィッシェン]) ⟨疑問⟩何の間に[へ]： W~ lag der Brief? 手紙は何の間にはさまっていたの． **2.** ⟨関係⟩その合間に[へ]： die Buchseiten, ~ ich etwas legte 私が何かをはさんだ本のページ．
wrack [ヴラック] 形 大破した；〖商〗〖古〗屑物の．
das **Wrack** [ヴラック] 名 -s/-s[-e] -(e)s/ (船・飛行機などの)残骸(☆ん)；〈転⟩(肉体的・精神的に)ぼろぼろになった人： ein menschliches ~ 体力を使い果たした人．
wrang [ヴラング] 動 wringen の過去形．
wrän·ge [ヴレンゲ] 動 wringen の接続法2式．
der **Wra·sen** [ヴラーゼン] 名 -s/- 〖北独〗湯気，蒸気．
der **Wra·sen·ab·zug** [ヴラーゼン・アップ・ツーク] 名 -(e)s/..züge 換気装置．
wri·cken [ヴリッケン] 動 h. =wriggen.
wrig·gen [ヴリッゲン] 動 h. ⟨et⁴ ）⟩〖海〗オールで漕(こ)ぐ(ボートを).
wrin·gen* [ヴリンゲン] 動 wrang; hat gewrungen **1.** ⟨et⁴ ⟩絞る(洗濯物などを)． **2.** ⟨et⁴ + aus ⟨et³ ⟩から⟩絞り出す．
die **Wrucke** [ヴルッケ] 名 -/-n 〖北東独〗〖植〗スウェーデンカブ．
Ws =Wattsekunde 〖電〗ワット秒．
WS =Wassersäule 〖理〗水柱(☆☆)(圧力の単位： mWS, mmWS のように使う).
WSW =Westsüdwest, Westsüdwesten 西南西．
der **Wu·cher** [ヴーはー] 名 -s/ 〖蔑〗暴利，高利： ~ treiben 暴利をむさぼる．
die **Wu·che·rei** [ヴーヘライ] 名 -/-en 〖蔑〗暴利〖不当利益〗をむさぼること，高利貸し(業).
der **Wu·che·rer** [ヴーヘらー] 名 -s/- 〖蔑〗暴利をむさぼる人，高利貸し．
wu·che·risch [ヴーヘリッシュ] 形 〖蔑〗暴利をむさぼる，あくどい．
wu·chern [ヴーヘルン] 動 **1.** s./h. 〖蔑〗繁茂する，はびこる，ぼうぼう生える；増殖する(腫瘍(☆☆)などが)； 〈転⟩はびこる(悪行などが)． **2.** h. ⟨mit ⟨et³ ⟩で⟩暴利をむさぼる，高利を得る(金・資本などで).
der **Wu·cher·preis** [ヴーヘル・プライス] 名 -es/-e 〖蔑〗法外な値段，不当な高値．
die **Wu·che·rung** [ヴーヘルング] 名 -/-en (人間・動植物の組織の異常な)増殖；(異常増殖による)瘤(ら)，腫瘍(☆☆).
der **Wu·cher·zins** [ヴーヘル・ツィンス] 名 -es/-en (主に⑩)〖蔑〗法外な利息： Geld zu ~en ausleihen 法外な利息でお金を貸す．
wuchs [ヴークス] 動 wachsen の過去形．
der **Wuchs** [ヴークス] 名 -es/Wüchse **1.** (⑩のみ)成長，発育． **2.** (⑩のみ)体つき，体格；(樹木の)姿，形： klein von ~ sein 体つきが小さい． **3.**

再生林.

wüch·se [ヴュークセ] [動] wachsen の接続法２式.

..wüch·sig [..ヴュークスィひ] [接尾] 形容詞などにつけて「成長が…な」を表す形容詞を作る： klein*wüchsig* 矮性(わいせい)の.

die **Wụcht** [ヴふト] [名] -/-en **1.** 《⑩のみ》(衝撃的な)力, 勢い;《転》(感銘を与える)力： mit voller ～ 激しい勢いで. unter der ～ des Anpralls ぶつかった勢いで. **2.** 《方・口》ひどい殴打. **3.** 《方・口》大量, 多数： eine ganze ～ kaufen しこたま買う. **【慣用】eine Wucht sein** 《口》すごい.

die **Wụcht·brum·me** [ヴふト・ブるメ] [名] -/-n 《若・古》いかす〔魅力的な〕女の子.

wụch·ten [ヴふテン] [動] 《口》 **1.** *h.* 〔〈et⁴〉ヲ＋〈方向〉ニ(カラ)〕持上げる, 載せる, 降ろす, 動かす, 運ぶ《大きな重い物を》. **2.** *h.* 〔〈et⁴〉ヲ＋〈方向〉ニ〕(勢いよく)たたき〔けり〕込む《ボール・こぶしなどを》： den Ball mit einem Kopfstoß ins Tor ～ ボールをゴールにヘディングでたたき込む. **3.** *h.* 〔〈場所〉ニ〕どっしりと立っている《建物などが》. **4.** *s.* 〔〈場所〉ヲ〕すごい勢いで駆け抜ける《突風などが》. **5.** *h.* 〔sich⁴＋〈方向〉ニ(カラ)〕重そうに体を動かす：sich⁴ in einen Sessel/aus dem Sessel ～ どたりと安楽いすに腰をおろす/どっこいしょと安楽いすから立上がる. **6.** *h.* 〔補足なし〕《稀》あくせく働く.

wụch·tig [ヴふティひ] [形] **1.** 力いっぱいの, 力のこもった. **2.** 重々しい, どっしりした.

der **Wu·du** [ヴードゥー] [名] -/ ＝Wodu.

die **Wühl·ar·beit** [ヴュール・アるバイト] [名] -/-en (土地などを)掘り返すこと;《⑩のみ》《蔑》陰での扇動, 裏面〔攪乱(かくらん)〕工作.

wüh·len [ヴューレン] [動] *h.* **1.** 〔in 〈et³〉ヲ〕掘る, 掘り返す, かきむしる《髪を》;《口》(探し物をして)ひっかき回す《引出しなどを》. **2.** 〔〈et⁴〉ヲ〕掘る;ひっかき回して取〔捜し〕出す. **3.** 〔sich⁴＋in 〈et⁴〉ニ〕(掘って)もぐり込む. **4.** 〔〈et⁴〉ヲ＋in 〈et⁴〉ニ〕《稀》埋める. **5.** 〔sich⁴＋durch 〈j⁴/et⁴〉ヲ〕かき分けて進む. **6.** 〔gegen 〈et⁴〉ニ対スル〕《蔑》敵意を扇る, 扇動をする《反首脳陣・反政府などの》. **7.** 〔補足なし〕《口》あくせく働く.

der **Wüh·ler** [ヴューラー] [名] -s/- **1.** (モグラなど)地下に穴を掘る動物. **2.** 《蔑》扇動家, アジテーター. **3.** 《口》あくせく働く人.

die **Wüh·le·rei** [ヴューレらイ] [名] -/-en **1.** 掘り返すこと;(品物の山などを)ひっかき回すこと;ひっかき回して取出すこと;かき分けて進むこと. **2.** あくせく働くこと. **3.** 扇動.

wüh·le·risch [ヴューレりシュ] [形] 《蔑》扇動的な.

die **Wühl·maus** [ヴュール・マウス] [名] -/..mäuse **1.** 〘動〙ハタネズミ. **2.** 《口・冗》アジテーター.

der **Wühl·tisch** [ヴュール・ティッシュ] [名] -(e)s/-e 《口》(デパートなどの)バーゲンコーナー.

das **Wul·fe·nit** [ヴルふぇニート] [名] -s/-e 水鉛鉛鉱, モリブデン鉛鉱.

(*der*) **Wụl·fi·la** [ヴルふぃラ] [名] 〘男名〙ヴルフィラ.

der **Wụlst** [ヴルスト] [名] -es/Wülste〔-e〕《die ～ -/Wülste も有》 **1.** (筋肉・傷跡などの)隆起, 瘤(こぶ). **2.** (柔らかいものをくるくると)巻いたもの;〘紋〙(紋章の兜(かぶと)飾りと兜の間の)花冠, リース. **3.** 〘建〙(円柱の脚部の)大玉縁, トーラス.

wụls·tig [ヴルスティひ] [形] 膨らんだ, 厚ぼったい.

wụmm! [ヴム] [間] どかん, どしん, ずどん.

wụm·mern [ヴマーン] [動] *h.* 《口》 **1.** 〔補足なし〕鈍い音を立てる《モーター・機械などが》：《Esが主語で》In meinem Kopf *wummert* es. 頭が割れるように痛い. **2.** 〔an〔gegen〕〈et⁴〉ヲ〕どんどんたたく《ドアなどを》.

wụnd [ヴント] [形] **1.** 擦りむいた, 傷ついた, 荒れた, 肌がただれた, 靴擦れのできた;《転》悲しみに満ちた. **2.** 〘狩〙《稀》手負いの.

der **Wụnd·arzt** [ヴント・アーあツト, ヴント・アるツト] [名] -es/..ärzte (昔の)外科医.

der **Wụnd·brand** [ヴント・ブらント] [名] -(e)s/ 〘医〙創傷壊疽(えそ).

die **Wụn·de** [ヴンデ] [名] -/-n **1.** 傷, 負傷, けが： eine leichte/schwere ～ 軽傷/重傷. eine tödliche ～ 致命傷. Die ～ blutet. 傷から出血している. eine ～ verbinden 傷に包帯を巻く. **2.** (精神的・物質的な)傷, 苦痛, 損害： an eine alte ～ rühren 古傷に触わる.

das **Wụn·der** [ヴンダー] [名] -s/- **1.** 奇跡, 驚くべき人〔物・事〕, 不思議なこと： ein ～ an Begabung 驚くべき才能の人. O ～! 〔～ über ～!〕これは驚きだ. an ～ glauben 奇跡を信ずる. Das grenzt an ein ～. それは奇跡に近い. Es ist kein ～, dass ... …は不思議ではない. **2.** 驚異, 驚嘆： die ～ der Natur 自然の驚異. ein ～ an Genauigkeit 驚嘆すべき正確さ. **3.** 《口》《疑問詞 was, wer, wie などと結びついて》： Er denkt, ～ was getan zu haben. 彼は大したことをしたと思っている. **【慣用】ein Wunder sein** 《口》不思議である. **sein blaues Wunder erleben** 《口》びっくり仰天する, 嫌な目にあう. **Was Wunder, dass〔wenn〕...** …は何の不思議があろうか. **Wunder wirken** 《口》(薬などが)驚くほどよく効く.

wụn·der·bar [ヴンダー・バーあ] [形] **1.** 《感》驚嘆すべき, すばらしい, すてきな： Das ist ja ～! これはなるほどすてきだ. **2.** 《形容詞を強めて》《口》すごく. **3.** 奇跡的な, 不可思議な, 驚くべき： eine ～*e* Fügung 不可思議な運命〔摂理〕. **【慣用】〈et¹〉 grenzt ans Wunderbare** 〈事ハ〉まるで奇跡だ.

wụn·der·ba·rer·wei·se [ヴンダーバーらー・ヴァイゼ] [副] 《文飾》奇跡的に, 不思議なことに.

die **Wụn·der·blu·me** [ヴンダー・ブルーメ] [名] -/-n **1.** 〘植〙オシロイバナ. **2.** 不思議な力のある花《民間信仰で》.

das **Wụn·der·ding** [ヴンダー・ディング] [名] -(e)s/-e **1.** すごい〔驚くべき〕物. **2.** 《主に⑩》不思議な〔驚かせるような〕事.

der **Wụn·der·dok·tor** [ヴンダー・ドクトーあ] [名] -s/-en 《嘲》＝Wunderheiler.

der **Wụn·der·glau·be** [ヴンダー・グラウベ] [名] -ns/-n 奇跡信仰.

wụn·der·gläu·big [ヴンダー・グロイビひ] [形] 奇跡を信じる.

der **Wụn·der·hei·ler** [ヴンダー・ハイラー] [名] -s/- 奇跡をもたらす力による治療を行う人.

das **Wụn·der·horn** [ヴンダー・ホるン] [名] -(e)s/..hörner 魔法の角笛： Des Knaben ～ 少年の魔法の角笛《ドイツの民謡集》.

wụn·der·hübsch [ヴンダー・ヒュプシュ] [形] 驚くほどかわいい.

die **Wụn·der·ker·ze** [ヴンダー・ケるツェ] [名] -/-n (針金に火薬を塗布した一種の)線香花火.

das **Wụn·der·kind** [ヴンダー・キント] [名] -(e)s/-er 神童.

die **Wụn·der·kraft** [ヴンダー・クらふト] [名] -/..kräfte 不思議な〔奇跡を行う〕力, 神通力.

die **Wụn·der·lam·pe** [ヴンダー・ラムペ] [名] -/-n (童話の)不思議な〔魔法の〕ランプ;〘動〙ホタルイカ.

das **Wụn·der·land** [ヴンダー・ラント] [名] -(e)s/..länder **1.** 不思議の国. **2.** すばらしい物の豊富な国〔土地〕.

wụn·der·lich [ヴンダーりひ] [形] 奇妙な, 風変わりな.

die **Wụn·der·lich·keit** [ヴンダーりひカイト] [名] -/-en **1.** 《⑩のみ》奇妙, 奇異, 風変りであること. **2.** 奇妙〔奇異〕な物〔事〕.

das **Wụn·der·mit·tel** [ヴンダー・ミッテル] [名] -s/- 不思

W

議なほどよく効く薬, 妙薬, 特効薬.

wụn·dern [ヴンダーン] [動] *h.* **1.** 〔sich⁴＋über 〈j⁴/et⁴〉ヲ/〈[文]〉デアルコトヲ〕不思議に思う, (…に) 驚く. **2.** 〔〈j⁴〉ヲ〕不思議がらせる, 驚かす. **3.** 〔Es＋〈j⁴〉ハ＋〈[文]〉デアルコトニ〕《ᵃ゙ｲ》好奇心をいだく: Es *wundert* mich〔Mich *wundert*〕, warum er so etwas getan hat. なぜ彼がそんなことをしたのかぼくは知りたい. **4.** 〔sich⁴＋〈[文]〉デアルノカ〕《ᵃ゙ｲ》疑わしく思う, いぶかしく思う: Ich *wundere* mich, ob er wirklich mitkommt. 私は彼が本当に一緒に来るのか疑わしく思う. **【慣用】Es sollte mich wundern, wenn ...** …であることはないだろう(…であれば驚きである).

wụn·der|neh·men* [ヴンダー・ネーメン] [動] *h.* 《文》 **1.** 〔〈j⁴〉ヲ〕訝(いぶ)かしがらせる, (…に) 奇異の念を抱かせる(事が). **2.** 〔〈j⁴〉ノ〕《ᵃ゙ｲ》好奇心〔興味〕をそそる.

wụn·der·sam [ヴンダーザーム] [形] 《文》不思議な, 不可思議な, 奇妙な, 妙なる.

wụn·der·schön [ヴンダー・シェーン] [形] すばらしく美しい, 実にすばらしい.

die **Wụn·der·tat** [ヴンダー・タート] [名] -/-en 奇跡, 驚異的行い, すばらしい業績.

der **Wụn·der·tä·ter** [ヴンダー・テーター] [名] -s/- 奇跡を行う人.

wụn·der·tä·tig [ヴンダー・テーティひ] [形] 奇跡を起こす.

das **Wụn·der·tier** [ヴンダー・ティーあ] [名] -(e)s/-e 不思議な動物, 怪獣; 驚くべき人物.

die **Wụn·der·tü·te** [ヴンダー・テューテ] [名] -/-n びっくり袋, 福袋(中におもちゃやお菓子などが入っている).

wụn·der·voll [ヴンダー・ふぉル] [形] **1.** すばらしい. **2.** (形容詞を強めて)とても.

die **Wụn·der·welt** [ヴンダー・ヴェルト] [名] -/-en **1.** 不思議の世界. **2.** 驚異に満ちた世界.

das **Wụn·der·werk** [ヴンダー・ヴェるク] [名] -(e)s/-e 驚異的作品〔仕事〕.

das **Wụnd·fie·ber** [ヴント・ふぃーバー] [名] -s/- 《医》創傷熱.

die **Wụnd·in·fek·ti·on** [ヴント・インふぇクツィオーン] [名] -/-en 《医》創傷感染.

wụnd lie·gen*, [旧]**wụnd|lie·gen*** [ヴント リーゲン] [動] *h.* **1.** 〔sich⁴〕(体に)床擦れができる. **2.** 〔sich³＋〈et⁴〉ニ〕床擦れができる(背中など体の部分に).

das **Wụnd·mal** [ヴント・マール] [名] -(e)s/-e 《文》傷跡: die ~*e* Christi キリストの聖痕(せいこん).

das **Wụnd·pflas·ter** [ヴント・ブふラスター] [名] -s/- (傷口保護用の)ガーゼ付きの絆創膏(ばんそうこう).

die **Wụnd·sal·be** [ヴント・ザルベ] [名] -/-n 傷用の軟膏(なんこう).

der **Wụnd·schorf** [ヴント・ショるふ] [名] -(e)s/-e 傷のかさぶた.

der **Wụnd·starr·krampf** [ヴント・シュタる・クらムブふ] [名] -(e)s/ 《医》破傷風.

(*der*) **Wụndt** [ヴント] [名] 《人名》ヴント(Wilhelm ~, 1832-1920, 心理・哲学者).

der **Wụnsch** [ヴンシュ] [名] -(e)s/Wünsche **1.** 願い, 望み, 願望: ein stiller ~ ひそかな願い. der ~ nach Frieden 平和への願い. 〈j³〉 seinen ~ erfüllen 〈人の〉望みをかなえてやる. Sein ~ geht in Erfüllung. 彼の望みが実現する. auf ~ 希望により. Wein nach ~ 希望どおりのワイン. sich⁴ nach 〈j²〉 *Wünschen* richten 〈人の〉希望どおりにする. **2.** ([単]のみ)祝賀〔祈念〕の言葉(Glück~): beste *Wünsche* zum Geburtstag! お誕生日おめでとう. mit den besten *Wünschen* Ihr ... ご繁栄を心からお祈りいたします.…(より)(手紙の結びに). **【慣用】ein frommer Wunsch** かなわぬ望み. **Ihr Wunsch sei〔ist〕mir Befehl.** 《冗》あなたの思うままにします.

das **Wụnsch·bild** [ヴンシュ・ビルト] [名] -(e)s/-er 理想像.

das **Wụnsch·den·ken** [ヴンシュ・デンケン] [名] -s/ 希望的観測, (現実的でない)願望思考.

die **Wụ̈n·schel·ru·te** [ヴュンシェル・るーテ] [名] -/-n 占い杖(つえ)(水脈・鉱脈を探し当てるという二股(ふたまた)の杖).

der **Wụ̈n·schel·ru·ten·gän·ger** [ヴュンシェルるーテン・ゲンガー] [名] -s/- 水脈〔鉱脈〕占い師.

wụ̈n·schen [ヴュンシェン] [動] *h.* **1.** 〔〈j³〉ニ/für 〈j⁴〉ニ＋〈et⁴〉ヲ〕祈る, 望む, 願う; (…と) 挨拶(あいさつ)をする: Ich *wünsche* Ihnen (eine) gute Reise. 道中ご無事で(旅立つ人に). 〈j³〉 gute Besserung ~ 〈人に〉お大事にという(病人などに). Ich *wünsche* Ihnen fröhliche Weihnachten und ein gutes neues Jahr. 楽しいクリスマスと幸せな新年を迎えられるよう祈ります. **2.** 〔sich³＋〈j⁴/et⁴〉ヲ/〈[文]〉デアルコトヲ〕ほしいと思う, 望む, 願う. **3.** 〔〈j⁴/et⁴〉ヲ/〈[文]〉デアルコトヲ〕求める, 欲する: Was ~ Sie als Nachtisch? デザートは何になさいますか. Sie *wünschte*, zu Wort zu kommen. 彼女は発言を求めた. **4.** 〔〈j⁴〉ガ＋〈方向〉ニ〕行くことを望む. **【慣用】〈j⁴〉 als〔zum〕Freund wünschen** 〈人に〉友達になってもらいたいと望む. **Es ist zu wünschen, dass ...** …のことが望ましい. **Es wünscht Sie jemand zu sprechen.** あなたに面会の方がいらしてます. **〈et¹〉 lässt nichts zu wünschen übrig** 〈物・事は〉申分ない. **〈et¹〉 lässt (sehr/viel) zu wünschen übrig** 〈事は〉(きわめて/かなり)不十分である. **Sie wünschen bitte?** なにになさいますか, なにをお求めですか(給仕・店員などが客に言う).

wụ̈n·schens·wert [ヴュンシェンス・ヴェーあト] [形] 望ましい.

die **Wụnsch·form** [ヴンシュ・ふぉるム] [名] -/-en (主に[単])《言》願望法.

wụnsch·ge·mäß [ヴンシュ・ゲメース] [副] 希望どおりに〔の〕.

das **Wụnsch·kind** [ヴンシュ・キント] [名] -(e)s/-er 両親が待ち望んでいた子.

das **Wụnsch·kon·zert** [ヴンシュ・コンツェるト] [名] -(e)s/-e (視聴者の)希望音楽会, リクエストコンサート.

wụnsch·los [ヴンシュ・ロース] [形] 望む事のない: Ich bin ~ glücklich. 《冗》私は今のところ不足はない.

der **Wụnsch·traum** [ヴンシュ・トらウム] [名] -(e)s/..träume 永年の夢, 念願.

der **Wụnsch·zet·tel** [ヴンシュ・ツェッテル] [名] -s/- (クリスマスなどに書きつける)欲しい物のカード.

wupp! [ヴップ] [間] 《口》=wuppdich!

der **Wụpp·dich** [ヴップ・ディっひ] [名] -s/-s 《口》一瞬のすばやい動き: mit einem ~ さっと, ぴょんと, すっと.

wụpp·dich! [ヴップ・ディっひ] [間] (速い動きを表して)《口》しゅっ, ぱっ.

die **Wụp·per** [ヴッパー] [名] -/ 《川名》ヴッパー川.

(*das*) **Wụp·per·tal** [ヴッパー・タール] [名] -s/ 《地名》ヴッパータール(ノルトライン＝ヴェストファーレン州のヴッパー河畔の都市).

wụ̈r·be [ヴュるベ] [動] werben の接続法２式.

wụr·de [ヴるデ] [動] werden の過去形.

wụ̈r·de [ヴュるデ] [動] werden の接続法２式.

die **Wụ̈r·de** [ヴュるデ] [名] -/-n **1.** ([単]のみ)尊厳, 品位; 威厳; 威信: die menschliche ~ 人間の尊厳. 〈j²〉 ~ verletzen 〈人の〉品位を傷つける. die ~ wahren 威厳を保つ. die ~ des Gerichts 法廷の威信. **2.** 位, 位階: akademische ~*n* (さまざまな)学位. zu hohen ~*n* emporsteigen 高い位に上ってゆく. **【慣用】unter aller Würde sein** まったくお話にならない. **unter 〈j²〉 Würde sein** 〈人の〉沽券(こけん)に関わる.

wụ̈r·de·los [ヴュるデ・ロース] [形] 品位を欠いた, 沽券(こけ

Würstchenbude

^)に関わる.

der **Wür·den·trä·ger** [ヴュルデン・トレーガー] 名 -s/- 高位の人.

würde·voll [ヴュルデ・ふぉル] 形 品位のある, 威厳のある.

wür·dig [ヴュルディヒ] 形 **1.** 威厳〔気品・品位〕のある, 厳かな. **2.** [〈〈j²/et²〉₂] ふさわしい, 値する: Er ist ihres Vertrauens ~. 彼は彼女の信頼に値する.

..wür·dig [..ヴュルディヒ] 接尾 **1.** 名詞の後につけて「…する〔される〕のに値する〔ふさわしい〕」,「…する〔される〕べき」,「(前提条件が満たされているので)…して〔されて〕よい」などの意味の形容詞を作る: auszeichnungs*würdig* 表彰に値する. frag*würdig* 疑わしい, いかがわしい. kritik*würdig* 批判〔非難〕されるべき. veröffentlichungs*würdig* 公表してもよい. koalitions*würdig* 連立の相手としてよい. **2.** この形の形容詞で別の意味のものもある: liebens*würdig* 親切にしてくれる. menschen*würdig* 人間の尊厳)にふさわしい.

wür·di·gen [ヴュルディゲン] 動 *h.* **1.** [〈j⁴/et³〉ッ] (しかるべく)評価する, (…の)功績〔価値〕を認める. **2.** [〈j³〉₂+〈et³〉ｧｯｽﾙ] 価値を認める: 〈j³〉 keines Blickes ~ 〈j³〉 に目もくれない.

die **Wür·dig·keit** [ヴュルディヒカイト] 名 -/ 威厳, 気品:ふさわしさ.

die **Wür·di·gung** [ヴュルディグング] 名 -/-en 価値を認めること, 評価: in ~ seiner Arbeit 彼の仕事を認めて.

der **Wurf** [ヴュルふ] 名 -(e)s/Würfe **1.** 投げること; [ｽﾎﾟｰﾂ] 投擲(とうてき);[ﾎﾞｰﾘﾝｸﾞ] 投球;[遊戯](さいころの)振り. **2.** (成功した)作品〔仕事〕. **3.** (衣服などの)ひだ取り(Falten~). **4.** (動物の)一腹の子. 【慣用】 alles auf einen Wurf setzen 一か八か勝負する.

die **Wurf·bahn** [ヴュルふ・バーン] 名 -/-en (投げられた物などが描く)軌跡, 弾道.

wür·fe [ヴュルふェ] 動 werfen の接続法 2 式.

der **Wür·fel** [ヴュルふェル] 名 -s/- **1.** さいころ;さいころ形のもの: ~ spielen さいころ賭博(とばく)をする. 〈et³〉 in ~ schneiden 〈物³〉をさいの目に切る. ein ~ Zucker 角砂糖 1 個. **2.** 【数学】立方体. 【慣用】 Der Würfel ist gefallen. 賽(さい)は投げられた.

der **Wür·fel·be·cher** [ヴュルふェル・べッヒャー] 名 -s/- ダイスカップ.

wü'fe·lig [ヴュルふェリヒ] 形 さいころの形をした;市松模様の,碁盤縞の.

das **Wür·fel·mus·ter** [ヴュルふェル・ムスター] 名 -s/- 市松模様.

wür·feln [ヴュルふェルン] 動 *h.* **1.** [遊戯] さいころを振る, さいころ遊び〔ダイスゲーム〕をする. **2.** さいころを振って出す(数を). **3.** 〈et³〉ッ 賽(さい)の目に切る.

die **Wür·fel·nat·ter** [ヴュルふェル・ナッター] 名 -/-n 【動】 ヤマカガシの一種(方形紋様がある,保護動物).

das **Wür·fel·spiel** [ヴュルふェル・シュピール] 名 -(e)s/-e ダイス(ゲーム), さいころ遊び〔賭博(とばく)〕; 双六(すごろく).

der **Wür·fel·zu·cker** [ヴュルふェル・ツッカー] 名 -s/- 角砂糖.

das **Wurf·ge·schoss**, ® **Wurf·ge·schoß** [ヴュルふ・ゲショース] 名 -es/-e 投擲(とうてき)弾(子榴弾,手榴弾(しゅりゅうだん)など).

der **Wurf·ham·mer** [ヴュルふ・ハマー] 名 -s/..hämmer [ｽﾎﾟｰﾂ] (ハンマー投げの)ハンマー.

würf·lig [ヴュルふリヒ] 形 =würfelig.

der **Wurf·pfeil** [ヴュルふ・ぷふァイル] 名 -(e)s/-e 投げ矢.

die **Wurf·schei·be** [ヴュルふ・シャイべ] 名 -/-n **1.** (円盤投げの)円盤. **2.** =Wurftaube.

die **Wurf·sen·dung** [ヴュルふ・ゼンドゥング] 名 -/-en (或る地域の全家庭などに配達される)投込み郵便物(Post~).

die **Wurf·tau·be** [ヴュルふ・タウべ] 名 -/-n [射撃] クレー(空中に投げる標的).

das **Wurf·tau·ben·schie·ßen** [ヴュルふタウベン・シーセン] 名 -s/- クレー射撃;トラップ〔スキート〕射撃競技会.

wür·gen [ヴュルゲン] 動 *h.* **1.** 〈j⁴〉ッ 首を絞める. **2.** [嘔吐] 吐きそうになる. **3.** 〈j⁴〉₂ 吐き気を催させる. **4.** [an 〈et³〉] 無理やり飲込む(食欲がないのに). **5.** 〈et⁴〉₂+in 〈et⁴〉₂ [口] 無理やり押込む(ボタンをボタン穴などに). **6.** 《〈様態〉₂》《[口]あくせく働く.

der **Wür·gen·gel** [ヴュルク・エンゲル] 名 -s/- 【旧約】死をもたらす天使.

der **Wür·ger** [ヴュルガー] 名 -s/- **1.** 【鳥】モズ. **2.** 【詩】死神. **3.** (殺そうとして)首を絞める人, 絞殺者.

der **Wurm**¹ [ヴュルム] 名 -(e)s/Würmer (Würme) **1.** 〘® Würmer〙(青虫・芋虫・ウジ・ミミズ・回虫・キクイムシなどの)虫: Würmer haben(体内に)虫〔寄生虫〕がいる. **2.** 〘® Würmer〙【古】大蛇(Lind~). 【慣用】 Da ist (sitzt) der Wurm drin. [口] そこがどうもおかしい〔怪しい〕. den Wurm (Würmer) baden [口] 釣りをする. einen (nagenden) Wurm in sich³ [im Herzen] tragen [haben] 心中ひそかに恨みを抱いている. 〈j³〉 die Würmer aus der Nase ziehen [口] 〈人〉からうまく聞きだす.

das **Wurm**² [ヴュルム] 名 -(e)s/Würmer [口] おぼつかない幼い子供.

das **Würm·chen** [ヴュルムヒェン] 名 -s/- 小さな虫; [口] おぼつかない幼い子供.

wur·men [ヴュルメン] 動 *h.* 〈j⁴〉ッ [口] むしゃくしゃさせる.

der **Wurm·farn** [ヴュルム・ふァルン] 名 -(e)s/-e 【植】オシダ(駆虫剤の原料).

der **Wurm·fort·satz** [ヴュルム・ふォルト・ザッツ] 名 -es/..sätze 【医】虫垂, 虫様突起.

der **Wurm·fraß** [ヴュルム・ふらース] 名 -es/ 虫食いの被害.

wur·mig [ヴュルミヒ] 形 虫食いの.

die **Wurm·krank·heit** [ヴュルム・クランクハイト] 名 -/-en 寄生虫病.

die **Wurm·kur** [ヴュルム・クーア] 名 -/-en 寄生虫駆除の治療.

das **Wurm·loch** [ヴュルム・ロッホ] 名 -(e)s/..löcher (果物・木材などの)虫食い穴.

das **Wurm·mit·tel** [ヴュルム・ミッテル] 名 -s/- 虫下し, 駆虫剤.

wurm·stic·hig [ヴュルム・シュティヒヒ] 形 虫食いの.

wurscht, ® **Wurscht** [ヴュルシュト] =wurst.

wurst [ヴュルスト] 形 《次の形で》《〈j³〉》 ~ sein 《口》《人(にとって)》 どうでもいい.

die **Wurst** [ヴュルスト] 名 -/Würste **1.** ソーセージ, 腸詰: eine Scheibe ~ ソーセージ一切れ. Wiener ~ ウインナーソーセージ. Würste braten ソーセージを焼く. ein mit ~ belegtes Brot ソーセージのオープンサンド. **2.** ソーセージ形のもの;[口]うんこ, 糞(ふん). 【慣用】 Es geht um die Wurst. [口] 決断の二者択一を賭ける〔賭けられている〕時だ. mit dem Schinken nach der Wurst werfen [口] 些細なことのために大きな犠牲をはらおうとする. mit der Wurst nach den Schinken [der Speckseite] werfen [口] エビでタイを釣ろうとする.

das **Wurst·brot** [ヴュルスト・ブロート] 名 -(e)s/-e ソーセージをのせたパン, ペーストソーセージを塗ったパン.

das **Würst·chen** [ヴュルストヒェン] 名 -s/- 小さなソーセージ.

die **Würst·chen·bu·de** [ヴュルストヒェン・ブーデ] 名 -/-n 焼き(ゆでた)ソーセージの売店.

der Würstchen·stand [ヴュルストヒェン・シュタント] 名 -es[-s]/..stände 焼き〔ゆでた〕ソーセージを売るスタンド.

der Wurstel [ヴるステル] 名 -s/- 《バイエル・オストリ》=Hanswurst.

das Würstel [ヴュるステル] 名 -s/- 《バイエリ》小型ソーセージ, ウインナーソーセージ.

die Wurs·te·lei [ヴるステライ] 名 -/ だらだらと働くこと.

wurs·teln [ヴるステルン] 動 h. 《慣用》《口・蔑》だらだら〔いい加減に〕働く.

wurs·ten [ヴるステン] 動 h. 《慣用》ソーセージを作る.

der Wurster [ヴるスター] 名 -s/- 《南独》ソーセージ製造業者.

die Wurst·haut [ヴるスト・ハウト] 名 -/..häute ソーセージの皮.

wurs·tig [ヴるスティヒ] 形 《〈j³⟩=ｎ》《口》どうでもいい, 無関心な.

die Wurs·tig·keit [ヴるスティヒカイト] 名 -/-en 1. 《單のみ》《口》無関心. 2. 無関心な態度.

der Wurstler [ヴるストラー] 名 -s/- 《方》=Wurster.

die Wurst·platte [ヴるスト・ブラッテ] 名 -/-n 《料》ソーセージの盛り合わせ.

die Wurst·suppe [ヴるスト・ズッペ] 名 -/-n 《料》ソーセージスープ(ブラッドソーセージやレバーソーセージを入れたもの).

die Wurst·vergiftung [ヴるスト・フェぁぎフトゥング] 名 -/-en ソーセージによる中毒.

die Wurst·waren [ヴるスト・ヴァーレン] 複数 ソーセージ製品.

der Wurst·zipfel [ヴるスト・ツィップふェル] 名 -s/- ソーセージの(両端の)結び.

die Wurt [ヴるト] 名 -/-en 《北独》ヴルト(沿岸地域などに土盛りをして作られた住宅地).

die Wurte [ヴるテ] 名 -/-n =Wurt.

(das) Württem·berg [ヴュるテム・ベるク] 名 -s/ 《地名》ヴュルテンベルク(バーデン=ヴュルテンベルク州の東部地域).

der Württem·berger [ヴュるテム・ベるガー] 名 -s/- ヴュルテンベルクの人.

(das) Würz·burg [ヴュるツ・ブるク] 名 -s/ 《地名》ヴュルツブルク(バイエルン州北西部の都市).

der Würz·burger [ヴュるツ・ブるガー] 名 -s/- ヴュルツブルク市民.

die Würze [ヴュるツェ] 名 -/-n 1. 薬味, 香辛料, スパイス;香辛料のきいた味(におい). 2. 《醸》(発酵前の)麦汁(Bier~).

die Wurzel [ヴるツェル] 名 -/-n 1. (植物の)根: ~n ausbilden(schlagen)(植物が)根を張る. 2. 歯根(Zahn~);毛根(Haar~); (身体部分の)つけ根. 3. 根源: die ~n der Existenz 実存の根源: das Übel mit der ~ ausrotten 悪の根を断つ. 4. 《方》ニンジン. 5. 《数》根(え):平方根(Quadrat): die ~ aus einer Zahl ziehen ある数の平方根を求める. 6. 《言》語根. 【慣用】**Wurzeln schlagen** (人が)根をおろす, なじむ, 住みなれる.

die Wurzel·behandlung [ヴるツェル・ベハンドルング] 名 -/-en 歯根の治療.

das Würzel·chen [ヴュるツェルヒェン] 名 -s/- 《Wurzelの縮小形》小さな根.

die Wurzel·faser [ヴるツェル・ふぁーザー] 名 -/-n 根繊維.

der Wurzelfüßer [ヴるツェル・ふゅーサー] 名 -s/- 《主に複》《動》根足虫類.

das Wurzel·haar [ヴるツェル・ハーあ] 名 -(e)s/-e 《植》《主に複》根毛.

die Wurzel·haut [ヴるツェル・ハウト] 名 -/..häute 《医》歯根膜.

wurze·lig [ヴるツェリヒ] 形 根の多い, 根の張った.

das Wurzel·knöll·chen [ヴるツェルク⓴ルヒェン] 名 -s/- 《植》根粒.

die Wurzel·knol·le [ヴるツェル・クノレ] 名 -/-n 《生》塊根.

wurzel·los [ヴるツェル・ロース] 形 根のない;《転》根なし草の.

die Wurzel·lo·sig·keit [ヴるツェル・ローズィヒカイト] 名 -/ 根をおろしていないこと;《転》根なし草.

wurzeln [ヴるツェルン] 動 h. 1. 《〈場所〉=》《〈様態〉=》根を張っている, 根をおろしている. 2. 〔in ⟨j³/et³⟩〕根源がある, 根ざしている(考えなどが). 3. 《慣用》《方》(仕事で)あちこち動き回る.

die Wurzel·reb·laus [ヴるツェル・れ-ブラウス] 名 -/..läuse 《昆》(ブドウネアブラムシの)根に寄生する幼生.

der Wurzel·schöss·ling, ⓦ Wur·zel·schöß·ling [ヴるツェル・シェスリング] 名 -(e)s/-e 《植》根生芽, ひこばえ.

der Wurzel·sepp [ヴるツェル・ゼップ] 名 1. 《口・冗》つむじ曲がりの頑固者. 2. ヴルツェルゼップ(木の根っこなどで作られた頑固者の顔をした人形).

der Wurzel·stock [ヴるツェル・シュトック] 名 -(e)s/..stöcke 1. 《植》根茎. 2. 切り株.

das Wurzel·werk [ヴるツェル・ヴェるク] 名 -(e)s/-e (植物の)根(の全体).

das Wurzel·wort [ヴるツェル・ヴォるト] 名 -(e)s/..wörter 《言》語根語.

das Wurzel·zei·chen [ヴるツェル・ツァイヒェン] 名 -s/- 《数》ルート記号($\sqrt{}$).

würzen [ヴュるツェン] 動 h. 《⟨et³⟩=》(香辛料で)味つけをする;《転》味のある(気の利いた)ものにする, 面白くする(ユーモアを交えて演説などを).

das Würz·fleisch [ヴュるツ・ふライシュ] 名 -es/ 《料》ラグー, シチュー.

wür·zig [ヴュるツィヒ] 形 スパイスのきいた, 風味(香り)の良い, かぐわしい;《転》気のきいた, きわどい.

würz·lig [ヴュるツリヒ] 形 =wurzelig.

der Würz·stoff [ヴュるツ・シュトっふ] 名 -(e)s/-e スパイス, 香辛料.

die Würzung [ヴュるツング] 名 -/-en (香辛料での)味付け(方法).

der Würz·wein [ヴュるツ・ヴァイン] 名 -(e)s/ スパイス入りのワイン.

wusch [ヴーシュ] 動 waschenの過去形.

wü·sche [ヴューシェ] 動 waschenの接続法2式.

das Wu·schel·haar [ヴッシェル・ハーあ] 名 -(e)s/-e 《口》もじゃもじゃ(くしゃくしゃ)の髪.

wu·sche·lig [ヴッシェリヒ] 形 《口》もじゃもじゃの.

der Wu·schel·kopf [ヴッシェル・コッぷ] 名 -(e)s/..köpfe もじゃもじゃ髪の頭;もじゃもじゃの人.

wu·se·lig [ヴーゼリヒ] 形 《方》せわしなく動き回る.

wu·seln [ヴーゼルン] 動 1. s. 《〈場所〉=》せわしなく動き回る. 2. h. 《〈場所〉=》せわしなく立働く.

wuss·te, ⓦ wußte [ヴステ] 動 wissenの過去形.

wüss·te, ⓦ wüßte [ヴュステ] 動 wissenの接続法2式.

der Wust [ヴースト] 名 -(e)s/ 《蔑》雑然とした物〔事〕: ein ~ von Akten 雑然たる書類の山.

wüst [ヴュースト] 形 1. 荒れ果てた, 荒涼とした. 2. 混乱した, 乱雑な. 3. 《蔑》放縦な;激しい;野卑な, 卑猥(ぬ)な;ひどい;不快な, いやな, 醜い.

die Wüste [ヴューステ] 名 -/-n 《地》荒地, 荒野, 荒野: die ~ Sahara サハラ砂漠. ein Land zur ~ machen 国土を荒廃させる. 【慣用】⟨j¹⟩ **in die Wüste schi·cken** 《口》《人を》首にする.

wüs·ten [ヴューステン] 動 h. 〔mit ⟨et³⟩〕浪費する,

無茶をして損う.

die **Wüs·te·nei** [ヴューステナイ] 名 -/-en **1.**《文》荒野, 荒涼とした地. **2.**《冗》乱雑, 無秩序.

der **Wüs·ten·fuchs** [ヴューステン・ふックス] 名 -es/..füchse 〖動〗フェネック(砂漠地帯に住むキツネ).

der **Wüs·ten·kö·nig** [ヴューステン・ケーニひ] 名 -s/-e《詩》荒野の王者(ライオンのこと).

der **Wüs·ten·sand** [ヴューステン・ザント] 名 -(e)s/ 砂漠の砂.

das **Wüs·ten·schiff** [ヴューステン・シふ] 名 -(e)s/-e《冗》砂漠の船(ラクダのこと).

der **Wüst·ling** [ヴュストリング] 名 -s/-e《蔑》放蕩(ほう)者, ふしだらな人.

die **Wüs·tung** [ヴューストゥング] 名 -/-en 〖地〗(放棄されて)荒廃した集落(農地);〖鉱〗廃坑.

die **Wut** [ヴート] 名 -/ **1.**(激しい)怒り, 激怒, 憤激: aufgestaute (dumpfe) ～ 鬱積(うっせき)した怒り. seine ～ an ⟨j³/et³⟩ auslassen ⟨人・物に⟩怒りをぶつける. ～ auf ⟨j⁴⟩ haben ⟨人に⟩ひどく腹を立てている. ⟨j⁴⟩ in ～ bringen ⟨人を⟩激怒させる. (eine) ～ im Bauch haben 腹わたが煮えくり返る. vor ～ platzen 怒りを爆発させる. **2.**(嵐・疫病などの)猛威;(過度の)熱意〔熱中〕: mit ～ 憑(つ)かれたように夢中になって. **3.**〖医〗狂犬病(Toll-).

der **Wut·an·fall** [ヴート・アン・ふぁル] 名 -(e)s/..fälle 怒りの発作: einen ～ bekommen カッとなる.

der **Wut·aus·bruch** [ヴート・アウス・ブるっフ] 名 -(e)s/..brüche 怒りの爆発, かんしゃく玉の破裂.

wü·ten [ヴューテン] 動 h. **1.**〔(gegen ⟨j⁴/et⁴⟩ ニ対シテ)怒り狂う, 暴れる. **2.**〖気象〗《転》荒れ狂う(嵐などが), 猛威をふるう(火事などが).

wü·tend [ヴューテント] 形 **1.**〔(auf ⟨j⁴⟩ニ/über ⟨j⁴/et⁴⟩ニ)〕激怒した;《転》荒れ狂った(嵐などが): ～ über seine Verspätung sein 彼の遅刻にひどく腹を立てている. **2.**激しい, 猛烈な.

wut·ent·brannt [ヴート・エントブらント] 形 怒りに燃えた.

der **Wü·te·rich** [ヴューテりひ] 名 -s/-e《蔑》狂暴な人, かんしゃく持ち.

wü·tig [ヴューティひ] 形《古》激怒した.

..wü·tig [..ヴューティひ] 接尾 名詞や動詞の語幹の後につけて「…を獲得〔達成〕しようと熱狂的に努めている」,「…に夢中で, よくそのことをする」という意味の形容詞を作る: unabhängigkeits*wütig* 自立〔独立〕することに熱中している. kauf*wütig* 買物マニアの. aufräum*wütig* 整理魔の. lese*wütig* 読書に熱中している. schreib*wütig* やたらに書きまくる.

wut·schäu·mend [ヴート・ショイメント] 形 いきりたった.

wut·schnau·bend [ヴート・シュナウベント] 形 =wutschäumend.

der **Wut·schrei** [ヴート・シュらイ] 名 -(e)s/-e 怒号.

die **Wytz** [ヴッツ] 名 -/-en《西中独》ブタ;子ブタ.

Wwe. =Witwe 未亡人, 寡婦.
Wwr. =Witwer 男やもめ, 寡男(かなん).
WZ =Weltzeit 世界時(グリニッジ標準時).

X

das **x, X**¹ [ıks イクス] 名 -/- **1.** ドイツ語アルファベットの第24字. **2.** (大文字で)(名前を明確にできない人・物の呼称): Herr X Ｘ(某)氏. **3.** (小文字で)(《数》方程式の未知数・変数). **4.** (口)何人もの, いくつもの: x Bekannte 何人もの知合い. 【慣用】⟨P⟩ ein X für ein U vormachen ⟨人に⟩黒を白と言いくるめる.

X² =Zehn (ローマ数字)10.

die **x-Ach·se** [イクス・アクセ] 名 -/-n 《数》x 軸.

(das) **Xan·ten** [クサンテン] 名 -s/ 《地名》クサンテン(ノルトライン=ヴェストファーレン州の都市).

das **Xan·thin** [クサンティーン] 名 -s/ 《生化》キサンチン(血中のプリン分解の際に生じる化合物).

die **Xan·thip·pe** [クサンティッペ] 名 -/-n **1.** (口)口やかましい女, 悪妻. **2.** (®のみ;主に無冠詞)《人名》クサンティッペ(Sokrates の妻).

(der) **Xa·ver** [クサーヴァー] 名 **1.** 《男名》クサーヴァー. **2.** der heilige Franz ~ 聖フランシスコ・ザヴィエル(1506-52年, 日本にも来たスペインのイエズス会宣教師).

die **X-Bei·ne** [イクス・バイネ] 複数 Ｘ脚.

x-bei·nig, X-bei·nig [イクス・バイニヒ] 形 Ｘ脚の.

x-be·lie·big [イクス・ベリービヒ] 形 任意の.

das **X-Chro·mo·som** [イクス・クロモゾーム] 名 -s/-en 《生》Ｘ染色体.

Xe [イクスエー] =Xenon《化》キセノン.

die **Xe·nie** [クセーニエ] 名 -/-n 《詩》クセーニエ(二行詩形式の風刺的エピグラム).

das **Xe·non** [クセーノン] 名 -s/- 《化》キセノン(記号 Xe).

die **Xe·no·phi·lie** [クセノ・ふぃリー] 名 -/ 《文》外国人好き.

die **Xe·no·pho·bie** [クセノ・ふぉビー] 名 -/ 《文》外国人嫌い.

(der) **Xe·no·phon** [クセーノ・フォン] 名 《人名》クセノフォン(紀元前430頃-354頃, 古代ギリシアの文筆家・武将).

xe·no·phon·tisch, ®Xe·no·phon·tisch [クセノ・フォンティシュ] 形 クセノフォンの(流の); クセノフォンの.

die **Xe·ro·gra·fie, Xe·ro·gra·phie** [クセロ・グラふィー] 名 -/-n 《印》ゼログラフィー, 静電電子写真法(コピーの一種).

xe·ro·gra·fisch, xe·ro·gra·phisch [クセロ・グラふィシュ] 形 ゼログラフィー方式の.

die **Xe·ro·ko·pie** [クセロ・コピー] 名 -/-n ゼログラフィー(静電電子写真コピー).

xe·ro·phil [クセロ・ふぃール] 形 《植》乾燥を好む.

der **Xe·ro·phyt** [クセロ・ふゅート] 名 -en/-en 《植》乾生植物(乾燥地に適応した植物).

(der) **Xer·xes** [クセルクセス] 名 《人名》クセルクセス(紀元前519頃-465年, ペルシア王).

x-fach [イクス・ふぁっは] 形 x 倍(重)の; (口)何倍もの, 何度もの.

das **x-fa·che, ®X-fa·che** [イクス・ふぁっへ] 名 -n/-n (形容詞的変化)何倍もの量(額).

der **X-Ha·ken** [ıks.. イクス・ハーケン] 名 -s/- Ｘ字フック(額を壁に掛けるとき使用する X 字形の金具).

das **Xi** [クスィー] 名 -(s)/-s クシー, クサイ(ギリシア語アルファベットの第14字 ξ, Ξ).

x-mal [イクス・マール] 副 何度も, 幾度となく.

die **X-Strah·len** [イクス・シュトラーレン] 複数 《理》Ｘ(エックス)線.

x-t [ıkst イクスト] 数 (序数)(形容詞的変化) **1.** 《数》x 番目の: die ~e Potenz x 乗. **2.** (口)何番目かの: zum ~en Male 何度目かに.

x-ten Mal, ®x-ten·mal [イクス・テン・マール] 副 (次の形で)zum ~ Male 何度か, 何度目かに.

das **Xy·lem** [クスュレーム] 名 -s/-e 《植》木(質)部.

der **Xy·lit** [クスュリート] 名 -s/-e **1.** 《化》キシリット(木糖から合成されるアルコール). **2.** 樹炭.

das **Xy·lo·fon** [クスュロ・フォーン] 名 =Xylophon.

der **Xy·lo·graf, Xy·lo·graph** [クスュロ・グラふ] 名 -en/-en 木版画家.

die **Xy·lo·gra·fie, Xy·lo·gra·phie** [クスュロ・グラふィー] 名 -/-n **1.** (®のみ)木版術. **2.** 木版画.

xy·lo·gra·fisch, xy·lo·gra·phisch [クスュロ・グラふィシュ] 形 木版術の; 木版画の.

das **Xy·lol** [クスュロール] 名 -s/ 《化》キシロール, キシレン(芳香族炭化水素で溶媒に使用).

das **Xy·lo·phon** [クスュロ・ふぉーン] 名 -s/-e 木琴, シロホン.

die **Xy·lo·se** [クスュローゼ] 名 -/ 《化》木糖, キシロース.

der **Xys·tus** [クスュストゥス] 名 -/..ti (古代ローマの)クシストゥス(柱廊玄関の前のテラスまたは前庭).

Y

das **y, Y**¹ [ýpsilɔn ユプスィロン] 名 -/- ((口)-s/-s)
 1. ドイツ語アルファベットの第 25 字. 2. (小文字で)(〖数〗方程式の第 2 未知数〔変数〕). 3. (大文字で)(名前を明確にできない第二の人・物の呼称): Herr X oder Frau *Y* *X*〔某〕氏か *Y*〔某〕さん.

Y² [ユプスィロン] ＝Yttrium 〖化〗イットリウム.

Y³＝Yen 円.

y. ＝Yard ヤード.

die **y-Ach·se** [ýpsilɔn'‥ ユプスィロン・アクセ] 名 -/-n 〖数〗y 軸.

die **Yacht** [jaxt ヤハト] 名 -/-en ヨット (Jacht).

der **Yak** [jak ヤク] 名 -s/-s ＝Jak.

die **Y̲ams·wu̲r·zel** [jáms‥ ヤムスヴゥルツェル] 名 -/-n 〖植〗ヤマノイモ.

das **Yang** [jaŋ ヤング] 名 -(s)/ (易学の)陽.

der **Ya̲n·kee** [jέŋki イェンキ] 名 -s/-s (〖蔑〗も有り)ヤンキー(アメリカ(合衆国)人をさすあだ名).

das **Yard** [ja:rt ヤールト] 名 -s/-s (単位を表す場合は -/-(s))ヤード(長さの単位. 0.9144 m 略 y. yd. ⓟ yds.).

die **Yawl** [jo:l ヨール] 名 -/-e[-ə] 〖船〗ヨール型帆船(大形の主帆と後部に小形の帆を持つ).

Yb [ユプスィロンベー]＝Ytterbium 〖化〗イッテルビウム.

das **Y-Chro·mo·som** [ýpsilɔn‥ ユプスィロン・クロモゾーム] 名 -s/-en 〖生〗Y 染色体.

yd. ＝Yard ヤード.

yds. ＝Yards ヤード(ⓟ).

der **Yen** [jen イェン] 名 -(s)/-(s) (単位を表すⓟは -)円(日本の貨幣単位. 略 Y).

der **Ye̲·ti** [jé:ti イェーティ] 名 -s/-s (ヒマラヤ地方の)雪男.

der **Ygg·dra·sil** [ýkdrazıl イクドらズィル] 名 -s/ (主に無冠詞)〖北欧神〗イグドラシル《世界の中央にあってその枝が全世界に伸びているトネリコの大木》.

das **Yin** [jin イン] 名 -/ (易学の)陰.

der **Y-lang-Y·lang-Baum** [í:laŋ'í:laŋ.. イーラング・イーラング・バウム] 名 -(e)s/..Bäume 〖植〗イランイランノキ《(東)南アジア産の常緑高木で花は香水用の油の原料》.

(der) **Y̲·mir** [ý:mır ユーミる] 名 〖北欧神〗ユーミル《天地創造の巨人》.

der(das) **Yo·ga** [jó:ga ヨーガ] 名 -(s)/ ヨガ(Joga).

der **Yo·ghurt** [jó:gʊrt ヨーグるト] 名 -(s)/-(s) (ⓟは種類)(das (die) ～ も有り)＝Joghurt.

der **Yo̲·gi** [jó:gi ヨーギ] 名 -s/-s ヨガの修行者.

der **You̲ng·ster** [jáŋstə ヤングステ] 名 -s/-(s) 〖スポ〗新人.

das **Yp·si·lon** [ýpsilɔn ユプスィロン] 名 -(s)/-s
 1. イプシロン(ドイツ語アルファベットの第 25 字, Y の呼称). 2. イプシロン(ギリシャ語アルファベットの第 20 字 υ, Υ).

der **Y·sop** [í:zɔp イーゾップ] 名 -s/-e 〖植〗ヤナギハッカ.

das **Yt·ter·bi·um** [ytέr.. ユテ르ビウム] 名 -s/ 〖化〗イッテルビウム(希土類元素名. 記号 Yb).

die **Yt·ter·er·den** [ýtɐr'‥ ユッターエーあデン] 複名 〖化〗イットリウム土類(希土類).

das **Yt·tri·um** [ýtriom ユトリウム] 名 -s/- 〖化〗イットリウム(記号 Y).

der **Yu·an** [jú:an ユーアン] 名 -(s)/-(s) 《単位を表すⓟは -》元(中国の貨幣単位).

der **Yup·pie** [jó:pi ユッピ, jápi ヤッピ] 名 -s/-s ヤッピー(外見を重んずる, 出世意欲のある都会の若い世代の人).

(das) **Y·ver·don** [iverdɔ̃ イヴェるドン] 名 -s/ 〖地名〗イヴェルドン(スイス, ヴァート州の都市).

Z

das **z, Z** [tsɛt ツェット] 名 -/- 《(口)-s/-s》ドイツ語アルファベットの第26字.

Z. 1. =Zahl 数. 2. =Zeichen 記号, 印. 3. =Zeile 行.

die **Za·ba·gli·o·ne** [tsabaljóːnə ツァバリョーネ] 名 -/-s 《料》ザバリョーネ(卵黄・砂糖・白ワインを攪拌(ホミムミ)して、泡立てたソース).

die **Za·ba·io·ne** [tsabajóːnə ツァバヨーネ] 名 -/-s = Zabaglione.

(*der*) **Za·cha·ri·as** [ツァハりーアス] 名 1. 《男名》ツァハリーアス. 2. 〔旧約〕ゼカリア(紀元前520頃, イスラエルの預言者). 3. 〔新約〕ザカリア(洗礼者ヨハネの父).

(*der*) **Zack** [ツァック] 名 《無冠詞》《次の形で》auf ~ sein 自分の仕事をうまくこなせる; 順調に行く〈仕事などが〉. 〈et⁴〉 auf ~ bringen 〈事が〉うまく行くよう図らう. 〈j³〉 auf ~ bringen 〈人を〉仕事ができるように仕込む.

zack! [ツァック] 間 《すばやい行動を表現して》《(口)さ, すい, ずいっ.

das **Zäck·chen** [ツェックヒェン] 名 -s/- Zacke の縮小形.

die **Za·cke** [ツァッケ] 名 -/-n 1. (突き出た)先端部. 2. (尾根などの)岩角; (くし・フォーク・熊手・のこぎりなどの)歯; (星・王冠などの)尖(ポ)端; (葉などの)ぎざぎざ; (角の)枝; (グラフの)尖(ポ)端の波形.

zacken [ツァッケン] 動 h. 〈et⁴ーン〉ぎざぎざをつける.

der **Za·cken** [ツァッケン] 名 -s/- 1. 〔方〕 =Zacke. 2. (口)《次の形で》sich³ keinen ~ aus der Krone brechen 自分の体面を傷つけない. einen ~ haben [weghaben]酔っぱいっている. einen (ganz schönen) ~ drauf haben 猛烈なスピードで車を走らせる.

die **Za·cken·lit·ze** [ツァッケン・リッツェ] 名 -/-n (制服などの)ジグザグ形の縁飾り.

za·ckig [ツァッキヒ] 形 1. ぎざぎざの, 鋸歯(ホット)状の. 2. 《口》きびきびした.

zag [ツァーク] 形 《文》おずおずした.

za·ge [ツァーゲ] 形 《文》 =zag.

der **Za·gel** [ツァーゲル] 名 -s/- 《方》尾, しっぽ; (毛髪の)束.

za·gen [ツァーゲン] 動 h. 〈懦歴〉《文》臆(ホ)する, びくびくする, ためらう.

zag·haft [ツァークハフト] 形 臆病(ホット)な, おずおずした.

die **Zag·haf·tig·keit** [ツァークハフティヒカイト] 名 -/ おずおずしていること, 臆病(ホット)さ, 小心.

zäh [ツェー] 形 1. 堅い, 強靭(ホット)な, 切れにくい; 粘り気(粘性)のある, ねっとりした, 固練りの. 2. 緩慢な, はかどらない. 3. 頑強な, 粘り強い.

die **Zä·heit** [ツェーハイト] 名 ⇨ Zähheit.

zäh·flüs·sig [ツェー・フリュッスィヒ] 形 ねばねばした, どろどろの; (移動が)緩慢な, 渋滞した.

die **Zäh·heit** [ツェーハイト] 名 -/ 粘っこさ, 粘性; 強靭(ホット)さ, 靭性(ホッット); 頑健.

die **Zä·hig·keit** [ツェーヒヒカイト] 名 -/ 1. 粘り強さ; 頑健さ. 2. 《稀》靱(ホット)性; 粘性.

die **Zahl** [ツァール] 名 -/-en 1. 数; 数字: ein Hundert 100 という数. arabische ~en アラビア〔算用〕数字. 〈et⁴〉 in genauen ~en angeben 〈物の〉正確な数を示す. eine ganze/gebrochene ~ 〔数〕整数/分数. 2. 《(㊙の)》数量(An~), 総数: die ~ der Mitglieder 会員数. Zuschauer ohne ~ 無数の観客. eine große ~ Studenten 多数の学生. Sie [Es] waren zehn an der ~. 彼らは総数10人だった. in voller ~ 全員で. 3. 〔言〕数〔単数(Singular), 複数(Plural)など〕. 〔慣用〕 in den roten/schwarzen Zahl sein [stecken] 赤字/黒字である.

der **Zähl·ap·pa·rat** [ツェーア・アパらート] 名 -(e)s/-e (電気・水道・走行距離などの)メーター.

zahl·bar [ツァール・バール] 形 〔商〕支払われる(べき), …払いの, 支払期限の: ~ bei Lieferung/nach Erhalt 代金引換の/後払いの. Betrag ~ auf Postgirokonto Frankfurt 107168-605 金額を郵便振替口座フランクフルト 107168-605 に払込まれたし.

das **Zahl·brett** [ツァール・プれット] 名 -(e)s/-er (レストランなどの)代金を置く皿(㊙).

das **Zähl·brett** [ツェール・プれット] 名 -(e)s/-er 硬貨選別器(板に硬貨別のくぼみがあるもの).

zähl·le·big [ツェー・レービヒ] 形 生命力の強い; 容易に滅びない.

zah·len [ツァーレン] 動 h. 1. 〔際〕支払いをする: mit 〈j³〉 Kreditkarte ~ 〈人の〉クレジットカードで支払いをする. Herr Ober, bitte ~! ボーイさん, 勘定を願います. 2. 〈j³〉 支払う, 払う: 〈j³〉/für 〈et⁴〉 einen hohen Preis ~ 〈人に〉/〈物・事に〉高い代金を支払う. den Betrag in bar/in Raten ~ その金額を現金で/分割払いで支払う. die Summe mit einem Scheck/mit [in] Yen ~ その金額を小切手/円で支払う. die Miete/Steuern ~ 家賃/税金を払う. 3. 〈j⁴/et⁴〉料金〔代金〕を支払う. 〔慣用〕 an 〈et⁴〉 zahlen 〈物の〉代金を分割払いで支払い中である.

zäh·len [ツェーレン] 動 h. 1. 《(様態)》かぞえる: Unsere Tochter zählt schon bis zwölf ~. うちの娘はもう12まで数がかぞえられる. Das Kind hat im Kindergarten ~ gelernt. その子供は幼稚園で数をかぞえるのを習った. 2. 〈j⁴/et⁴〉《(様態)》数をかぞえる(人数をかぞえるため): die Anwesenden ~ 出席者の人数をかぞえる. falsch ~ かぞえ違いをする. 3. 〈j⁴/et⁴〉《文》かぞえる, (…で)ある: Die Stadt zählt 250 000 Einwohner. この都市は住民が25万人います. 4. 〔nach 〈et³〉〕《文》達する, のぼる〈〈et³〉は数値〉: Die Opfer des Krieges zählten nach Tausenden. その戦争の犠牲者は数千人に達した. 5. 〈j⁴/et⁴〉+zu 〈j³/et³〉〕一人〔一つ〕とみなす. (の中に入れる〔かぞえる〕. 6. 〔zu 〈j³/et³〉ハ=/als 〈j¹/et¹〉〕入る, かぞえられる, (…の)一人〔一つ〕である. 7. 〈et⁴〉価値がある, (…に)値する. 8. 〔際〕有効である. 9. 〈et⁴〉有効とみなす. 10. 〔際〕重要である, 大切である. 11. 〔auf 〈j⁴/et⁴〉〕当てにする. 〔慣用〕 Seine Tage als Präsident sind gezählt. 大統領としての任期はあとわずかである. 〈j²〉 Tage sind gezählt 〈人は〉もはや長くは生きていないだろう.

die **Zah·len·an·ga·be** [ツァーレン・アン・ガーベ] 名 -/-n 数(字)の表示, 数(字)を挙げること.

die **Zah·len·fol·ge** [ツァーレン・フォルゲ] 名 -/-n 〔数〕数列.

das **Zah·len·ge·dächt·nis** [ツァーレン・ゲデヒトニス] 名 -ses/ 数(字)の記憶力.

die **Zah·len·lot·te·rie** [ツァーレン・ロッテりー] 名 -/-n = Zahlenlotto.

das **Zah·len·lot·to** [ツァーレン・ロット] 名 -s/-s 数字選択式宝くじ, ナンバーズ.

zah·len·mä·ßig [ツァーレン・メースィヒ] 形 数に関する, 数の上での: ~ überlegen sein 数の上で優勢である.

das **Zah·len·ma·te·ri·al** [ツァーレン・マテりアール] 名 -s/

Zahndurchbruch

数値で表された資料.
die **Zah·len·rei·he** [ツァーレン・ライエ] 名 -/-n 数字の列.
das **Zah·len·schloss**, ⓑ **Zah·len·schloß** [ツァーレン・シュロス] 名 -es/-schlösser 数字の組合せ錠.
das **Zah·len·sys·tem** [ツァーレン・ズュステーム] 名 -s/-e 数の体系(十進法など).
der **Zah·ler** [ツァーラー] 名 -s/- 支払人.
der **Zäh·ler** [ツェーラー] 名 -s/- **1.** メーター, カウンター, 計数器. **2.** 〖数〗分子. **3.** 計数員. **4.** 〖スポ〗(ユッカーなどの)ゴール;(ボクシング・フェンシングの)有効打;得点, ポイント.
die **Zahl·gren·ze** [ツァール・グレンツェ] 名 -/-n 〖交通〗同一料金区間の境界.
die **Zahl·kar·te** [ツァール・カルテ] 名 -/-n 〖郵〗郵便振替払込用紙.
der **Zahl·kell·ner** [ツァール・ケルナー] 名 -s/- (勘定を扱う)給仕長.
zahl·los [ツァール・ロース] 形 数えきれないほどの, 無数の.
der **Zahl·meis·ter** [ツァール・マイスター] 名 -s/- 会計係;主計官.
zahl·reich [ツァール・ライヒ] 形 **1.** 多数の. **2.** 大勢の, 規模の大きな, 大部の.
das **Zähl·rohr** [ツェール・ろーあ] 名 -(e)s/-e 〖工〗ガイガーカウンター.
die **Zahl·stel·le** [ツァール・シュテレ] 名 -/-n **1.** 支払〔払込〕窓口. **2.** 〖銀行〗(手形の)支払場所.
der **Zahl·tag** [ツァール・ターク] 名 -(e)s/-e 支払日;給料日.
die **Zah·lung** [ツァールング] 名 -/-en **1.** 支払い: eine ~ leisten 支払いをする. 〈et³〉 in ~ nehmen/geben〈物³〉を下取りする/下取りに出す. **2.** 支払金額.
die **Zäh·lung** [ツェールング] 名 -/-en 数をかぞえること.
das **Zah·lungs·ab·kom·men** [ツァールングス・アップ・コメン] 名 -s/- 〖経〗(各国間の支払清算についての)支払協定.
die **Zah·lungs·an·wei·sung** [ツァールングス・アン・ヴァイズング] 名 -/-en (為替・手形などの)支払指図(書).
die **Zah·lungs·auf·for·de·rung** [ツァールングス・アウふ・ふォぁデるング] 名 支払督促.
der **Zah·lungs·auf·schub** [ツァールングス・アウふ・シューブ] 名 -(e)s/..schübe 支払延期〔猶予〕.
die **Zah·lungs·be·din·gun·gen** [ツァールングス・ベディングン] 複名 〖経〗支払条件.
der **Zah·lungs·be·fehl** [ツァールングス・ベふェール] 名 -(e)s/-e 〖法〗〘古〙支払命令.
die **Zah·lungs·bi·lanz** [ツァールングス・ビランツ] 名 -/-en 〖経〗国際収支.
das **Zah·lungs·bi·lanz·un·gleich·ge·wicht** [ツァールングスビランツ・ウン・グライヒ・ゲヴィヒト] 名 -(e)s/- 〖経〗国際収支の不均衡.
die **Zah·lungs·ein·stel·lung** [ツァールングス・アイン・シュテルング] 名 -/-en 〖経〗支払停止.
die **Zah·lungs·er·in·ne·rung** [ツァールングス・エあイネるング] 名 -/-en 〖官〗支払督促状.
die **Zah·lungs·er·leich·te·rung** [ツァールングス・エあライヒテるング] 名 -/-en 支払の条件緩和(の取決め).
zah·lungs·fä·hig [ツァールングス・ふェーイヒ] 形 支払能力のある.
die **Zah·lungs·fä·hig·keit** [ツァールングス・ふェーイヒカイト] 名 -/ 支払能力.
die **Zah·lungs·frist** [ツァールングス・ふりスト] 名 -/-en 支払期限.
zah·lungs·kräf·tig [ツァールングス・クれふティヒ] 形 〘口〙高額の支払いができる, 大金を払える.
das **Zah·lungs·mit·tel** [ツァールングス・ミッテル] 名 -s/- 支払手段.
der **Zah·lungs·ort** [ツァールングス・オるト] 名 -(e)s/-e (手形などの)支払地.
der **Zah·lungs·ter·min** [ツァールングス・テるミーン] 名 -s/-e 支払期日.
zah·lungs·un·fä·hig [ツァールングス・ウン・ふェーイヒ] 形 支払能力のない.
die **Zah·lungs·un·fä·hig·keit** [ツァールングス・ウン・ふェーイヒカイト] 名 -/ 支払不能.
der **Zah·lungs·ver·kehr** [ツァールングス・ふぇあケーあ] 名 -s/ 支払取引.
der **Zah·lungs·ver·zug** [ツァールングス・ふぇあツーク] 名 -(e)s/ 支払遅滞.
das **Zähl·werk** [ツェール・ヴェるク] 名 -(e)s/-e メーター, カウンター, 計数器.
das **Zahl·wort** [ツァール・ヴォるト] 名 -(e)s/..wörter 〖言〗数詞.
das **Zahl·zei·chen** [ツァール・ツァイヒェン] 名 -s/- 数字(Ziffer).
zahm [ツァーム] 形 **1.** 人になれた, 飼いならされた. **2.** 〘口〙おとない, 穏やかな.
zähm·bar [ツェーム・バーあ] 形 飼いならすことのできる;(転)人間の手で制御できる.
zäh·men [ツェーメン] 動 *h.* **1.** 〈et⁴〉飼いならす(動物を);(転)制御〔コントロール〕する(自然の力などを). **2.** 〈j⁴/et⁴〉〘文〙おとなしくさせる(人を);抑える, 抑制する(欲求などを);〈j⁵がsich⁴の場合〉自制する.
die **Zahm·heit** [ツァームハイト] 名 -/ **1.** (動物が人になれていること;飼いならされていること. **2.** 従順, おとなしさ.
die **Zäh·mung** [ツェームング] 名 -/-en (主にⓑ) **1.** (動物を)飼いならすこと;飼いならされること. **2.** 抑制;制御.
der **Zahn** [ツァーン] 名 -(e)s/Zähne **1.** 歯: ein kariöser ~ 虫歯. falsche 〔künstliche〕 Zähne 義歯. Ein ~ oben rechts schmerzt. 上の右の歯が痛い. Zähne bekommen 歯が生える sich³ die Zähne putzen 歯を磨く. einen ~ plombieren 虫歯に充填(ﾃﾝ)をする. **2.** 〖動〗楯鱗(ｼﾞｭﾝ)(サメなどの歯に似た鱗). **3.** (くし・のこぎり・歯車などの)歯: die Zähne der Briefmarke 切手のぎざぎざの縁(ﾌﾁ). **4.** 〘口〙スピード. **5.** (若・古)女の子. 〖慣用〗〈j⁵〉 auf den Zahn fühlen 〘口〙〈人〉の能力〔思想〕を厳しくチェックする. bis an die Zähne bewaffnet sein 完全武装している. 〈j³〉 den Zahn ziehen 〘口〙〈人〉の迷夢を覚ます. der Zahn der Zeit 〘口〙時の破壊的な力. die dritten Zähne 入れ歯. 〈j³〉 die Zähne zeigen 〘口〙〈人〉に力を誇示する〔逆らう〕. einen Zahn zulegen 〘口〙スピードを上げる;仕事のテンポを早める. **(nur)** **für einen hohlen Zahn reichen** 〘口〙食物の量が少なすぎる. sich⁴ an 〈et³〉 die Zähne ausbeißen 〘口〙〈事³〉が歯が立たない.
der **Zahn·arzt** [ツァーン・アーあツト, ツァーン・アるツト] 名 -es/..ärzte 歯科医.
zahn·ärzt·lich [ツァーン・エーあツトりヒ, ツァーン・エるツトりヒ] 形 歯科医の.
die **Zahn·be·hand·lung** [ツァーン・ベハンドルング] 名 -/ 歯の治療.
das **Zahn·bein** [ツァーン・バイン] 名 -(e)s/ (歯の)象牙(ｹﾞ)質, 歯質.
der **Zahn·be·lag** [ツァーン・ベラーク] 名 -(e)/..läge 歯垢(ｺｳ).
die **Zahn·bürs·te** [ツァーン・ビュるステ] 名 -/-n 歯ブラシ.
das **Zähn·chen** [ツェーンヒェン] 名 -s/- Zahn1, 2, 3 の縮小形.
der **Zahn·durch·bruch** [ツァーン・ドゥるヒ・ブるっふ] 名 -(e)s/..brüche 歯牙(ｶﾞ)発生, 生歯(ｼﾞ).

zäh·ne·flet·schend [ツェーネ・ふレッチェント] 形 歯をむきだしている.
das **Zäh·ne·klap·pern** [ツェーネ・クラっパーン] 名 -s/ (寒いとき・恐ろしいとき)歯をがちがちいわせること.
zäh·ne·knir·schend [ツェーネ・クニるシェント] 形 歯ぎしりをしている;(怒りやくやしさを)ぐっとこらえて.
zäh·neln [ツェーネるン] 動 *h*. 1. 《稀》=zahnen. 2. 《方》=zahnen.
zah·nen [ツェーネン] 動 *h*. 《幼児など》乳歯が生える.
zäh·nen [ツェーネン] 動 *h*. 〈et⁴〉》歯を作る,(…に)ぎざぎざをつける.
der **Zahn·er·satz** [ツァーン・エあザッツ] 名 -es/..sätze 入れ歯, 義歯.
die **Zahn·fäu·le** [ツァーン・ふォイレ] 名 -/ 虫歯.
das **Zahn·fleisch** [ツァーン・ふライシュ] 名 -(e)s/ 歯肉, 歯ぐき.
die **Zahn·fleisch·ent·zün·dung** [ツァーン・ふライシュ・エントツュンドゥング] 名 -/-en 〚歯〛歯肉炎.
die **Zahn·fül·lung** [ツァーン・ふゅルング] 名 -/-en 〚歯〛虫歯の充塡(じゅうてん)材.
der **Zahn·hals** [ツァーン・ハルス] 名 -es/..hälse 歯頸(しけい)(歯冠と歯根の間).
die **Zahn·heil·kun·de** [ツァーン・ハイル・クンデ] 名 -/ =Zahnmedizin.
die **Zahn·höh·le** [ツァーン・ヘーレ] 名 -/-n 〚歯〛歯髄腔(とう).
die **Zahn·klam·mer** [ツァーン・クラマー] 名 -/-n = Zahnspange.
die **Zahn·kli·nik** [ツァーン・クリーニク] 名 -/-en 歯科病院[医院].
der **Zahn·kranz** [ツァーン・クらンツ] 名 -es/..kränze 〚工〛歯車のリム, 輪状歯車.
die **Zahn·kro·ne** [ツァーン・クろーネ] 名 -/-n 〚歯〛歯冠.
der **Zahn·laut** [ツァーン・ラウト] 名 -(e)s/-e 〚言〛歯音([d], [t]など).
zahn·los [ツァーン・ロース] 形 歯のない.
die **Zahn·lü·cke** [ツァーン・リュック] 名 -/-n (歯の抜けた)すき間.
die **Zahn·me·di·zin** [ツァーン・メディツィーン] 名 -/ 歯科医学.
die **Zahn·pas·ta** [ツァーン・パスタ] 名 -/..ten 練り歯磨き.
die **Zahn·pas·te** [ツァーン・パステ] 名 -/-n (稀)=Zahnpasta.
die **Zahn·pfle·ge** [ツァーン・ブふレーゲ] 名 -/ 歯の手入れ.
die **Zahn·pro·the·se** [ツァーン・プろテーゼ] 名 -/-n (取外しのできる)入れ歯, 義歯.
das **Zahn·pul·ver** [ツァーン・プルふぁー, ツァーン・プルヴァー] 名 -s/ 歯みがき粉.
das **Zahn·rad** [ツァーン・らート] 名 -(e)s/..räder 〚工〛歯車.
die **Zahn·rad·bahn** [ツァーン・らート・バーン] 名 -/-en 〚工〛アプト式鉄道.
der **Zahn·schmelz** [ツァーン・シュメるツ] 名 -es/ 歯のエナメル〘琺瑯(ほうろう)〙質.
der **Zahn·schmerz¹** [ツァーン・シュメるツ] 名 -es/-en (主に複)歯痛: heftige ～en ひどい歯の痛み.
die **Zahn·sei·de** [ツァーン・ザイデ] 名 -/-n デンタルフロス(歯間の歯垢(しこう)などを取るための糸).
die **Zahn·span·ge** [ツァーン・シュパンゲ] 名 -/-n 歯列矯正用帯状(バンド).
die **Zahn·stan·ge** [ツァーン・シュタンゲ] 名 -/-n 〚工〛(歯車の)ラック.
der **Zahn·stein** [ツァーン・シュタイン] 名 -(e)s/ 歯石.
der **Zahn·sto·cher** [ツァーン・シュトっほー] 名 -s/- 爪楊枝(つまようじ).

der **Zahn·tech·ni·ker** [ツァーン・テヒニカー] 名 -s/- 歯科技工士.
die **Zah·nung** [ツァーヌング] 名 -/-en 1. 〚工〛(鋸(のこ))・歯車などの)歯(全体). 2. (切手の)ぎざ.
der **Zahn·wech·sel** [ツァーン・ヴェクセル] 名 -s/- 歯の生えかわり.
das **Zahn·weh** [ツァーン・ヴェー] 名 -(e)s/ (口)歯痛.
die **Zahn·wur·zel** [ツァーン・ヴるツェル] 名 -/-n 〚歯〛歯根.
das **Zahn·ze·ment** [ツァーン・ツェメント] 名 -(e)s/-e 〚歯〛セメント質.
die **Zäh·re** [ツェーれ] 名 -/-n (詩・古)涙.
der **Zain** [ツァイン] 名 -(e)s/-e 1. 《方》枝, (しなやかな)若枝. 2. (昔の貨幣打ち抜き加工用の)帯状の金属. 3. 〚狩〛(アナグマの)尾, しっぽ;(赤鹿の)陰茎.
die **Zai·ne** [ツァイネ] 名 -/-n 《方》編み細工;籠(かご).
der **Za·i·re¹** [ザイーれ, zaiᴿ ザイ・あ] 名 -s/ 〚川名〛ザイール川, コンゴ川.
(das) **Za·i·re²** [ザイーれ, ザイ・あ] 名 -s/ 〚国名〛ザイール(中央アフリカの内陸国コンゴ民主共和国の旧称).
die **Zam·ba** [sámba サムバ] 名 -/-s ザンバ(黒人とインディアンの混血女性).
der **Zam·bo** [sámbo サムボ] 名 -s/-s ザンボ(黒人とインディアンの混血男性).
(der) **Za·men·hof** [záment͡sɔf ザメンほふ] 〚人名〛ザメンホフ(Ludwig Lazarus ～, 1859-1917, ポーランドの眼科医, エスペラント語の創始者).
der **Zam·pa·no** [ツァムパノ] 名 -s/-s (大げさな態度の)押しが強い自信家.
der **Zan·der** [ツァンダー] 名 -s/- 〚魚〛スズキ.
die **Zan·ge** [ツァンゲ] 名 -/-n 1. 挟む道具(やっとこ・ベンチ・ピンセット・鉗子(かんし)など). 2. (口)(昆虫などの)はさみ. 〚慣用〛〈j⁴〉 in die Zange nehmen (口)〈人を〉きびしくぎゅうぎゅういわせる;〚スポーツ〛〈人を〉二人がかりではさんで攻める. 〈j⁴/et⁴〉 nicht mit der Zange anfassen mögen (口)〈人・物事を〉極端に嫌う.
die **Zan·gen·be·we·gung** [ツァンゲン・ベヴェーグング] 名 -/-en 〚軍〛はさみ撃ち, 狭撃.
zan·gen·för·mig [ツァンゲン・ふぉえるミヒ] 形 やっとこ〔鉗子(かんし)〕形の.
die **Zan·gen·ge·burt** [ツァンゲン・ゲブーあト] 名 -/-en 鉗子分娩(ぶんべん);(転)難事.
der **Zank** [ツァンク] 名 -(e)s/ いさかい, 口げんか, 口論.
der **Zank·ap·fel** [ツァンク・アっぷフェル] 名 -s/..äpfel 不和のもと(トロイア戦争のもととなった Eris 女神のリンゴから).
zan·ken [ツァンケン] 動 *h*. 1. 〈sich⁴+(mit〈j³〉)+(um〈et⁴〉)〉〚取合わせ/über〈et⁴〉ノことが)〛(口)けんかをする, 言争いをする. 2. 〔(mit〈j³〉)〕《方》がみがみ小言を言う.
der **Zän·ker** [ツェンカー] 名 -s/- (蔑)けんか〔口論〕好き;やかまし屋.
die **Zan·ke·rei** [ツァンケらイ] 名 -/-en (口・蔑)(絶え間のない)口げんか(口論).
die **Zän·ke·rei** [ツェンケらイ] 名 -/-en (主に複)(ささいない)けんか(口論).
zän·kisch [ツェンキシュ] 形 よく口げんかをする.
die **Zank·sucht** [ツァンク・ズーふト] 名 -/ (蔑)けんか〔口論〕好き.
zank·süch·tig [ツァンク・ズュヒティヒ] 形 (蔑)口げんか〔口論〕好きの.
das **Zäpf·chen** [ツェぷふヒェン] 名 -s/- 1. 小さな栓(せん);〚植〛小球果(きゅうか);小さな先細りになっているもの;小さなつらら;〚医〛座薬. 2. 〚解〛口蓋(こうがい)垂.
das **Zäpf·chen-R, Zäpf·chen-r** [ツェぷふヒェン・エる]

名-/〘言〙口蓋垂のR(のどびこを振わせて調音するR音).

zapfen [ツァップふェン] 動 h. **1.** 〈et³ッ〉栓〔コック〕を開いて出す〔つぐ〕. **2.** 〈et¹ッ〉(稀)柄〔...〕で継ぐ. **3.** 〘軍〙〘口〙(生徒)口頭試験する.

der **Zapfen** [ツァップふェン] 名 -s/- **1.** (樽などの)栓. **2.** 〘木工〙柄〔ほぞ〕. **3.** 〘工〙(ボルト・回転軸の先端の)軸頸(じくけい). **4.** 先細りになっているもの;つらら(Eis-〜). **5.** 〘解〙(網膜の)円錐(えんすい)体. **6.** (ブドウ栽培の)剪定(せんてい)した若枝. **7.** (方)(ほろ)酔い. **8.** 〘口〙(トップ・)非常な寒さ.

zapfenförmig [ツァップふェン・ふョるミヒ] 形 球果(松かさ)状の, 円錐(えんすい)形の, つららの形の, 栓状の, 柄(ほぞ)の形の.

der **Zapfen·streich** [ツァップふェン・シュトらイヒ] 名 -(e)s/-e **1.** 〘軍〙(昔の)帰営らっぱ. **2.** (俗におい)帰営の門限;(転)(寮などの)消灯時刻. 【慣用】 **der Große Zapfenstreich** 帰営らっぱ曲のメドレー(のコンサート).

der **Zapfer** [ツァッふァー] 名 -s/- (酒場の)酒を注いで出す係;(方)酒場の主人.

der **Zapfhahn** [ツァップふ・ハーン] 名 -(e)s/..hähne (樽・管などの)栓, コック.

die **Zapfsäule** [ツァップふ・ゾイレ] 名 -/-n (ガソリンスタンドの)計量給油器.

die **Zapfstelle** [ツァップふ・シュテレ] 名 -/-n 給油所, 給水所.

der **Zaponlack** [ツァポーン・ラック] 名 -(e)s/-e (俗におい)種類ツァポンラッカー(金属用透明塗料).

zappelig [ツァッペリヒ] 形 〘口〙じっとしていない;そわそわした, 落着かない.

zappeln [ツァッペルン] 動 h. 〘感じ〙ぴちぴち跳ねる(魚が);(体を)ばたばたさせる(人が): vor Ungeduld 〜 いらいらして落着かない. 【慣用】 〈j³〉 **zappeln lassen** 〘口〙〈人を〉じらす, 〈人の〉気をもませる.

der **Zappelphilipp** [ツァッペル・ふィリップ] 名 -s/-e [-s] 〘口・蔑〙一時もじっとしていられない子供.

zappenduster [ツァッペン・ドゥースター] 形 〘口〙真っ暗な;(転)お先真っ暗な.

zapplig [ツァップリヒ] 形 =zappelig.

der **Zar** [ツァー] 名 -en/-en **1.** ツァーリ(人;(主におい)ロシア皇帝の称号). **2.** (ある分野の)最も権力のある代表的人物.

(der) **Zarathustra** [ツァらトゥストら] 名 〘人名〙ツァラツストラ(紀元前6世紀頃のペルシアの預言者. Zoroaster 教の開祖).

das **Zarentum** [ツァーレントゥーム] 名 -s/ ロシアなどの Zar の帝政, 専制政治体制;帝位.

der **Zarewitsch** [ツァれーヴィッチュ] 名 -(e)s/-e (帝政ロシアの)皇太子.

die **Zarewna** [ツァれヴナ] 名 -/-s (帝政ロシアの)皇女.

die **Zarge** [ツァるゲ] 名 -/-n **1.** (窓・ドアなどの)枠. **2.** (箱の)側板, (机の)幕板, (いすの)台輪, (ヴァイオリンなどの)横板.

die **Zarin** [ツァーリン] 名 -/-nen **1.** Zar 1の女性形. **2.** (ロシア皇帝の)皇后.

zaristisch [ツァーリスティッシュ] 形 ツァーリズムの.

zart [ツァーあト] 形 **1.** 華奢(きゃしゃ)な, ひ弱な, 壊れやすい, 感じやすい, 繊細な: das 〜 Geschlecht 〘口〙女性. von 〜er Gestalt sein ほっそりした体つきをしている. **2.** 柔らかな(食物). **3.** ほのかな, 淡い, 柔らかな, 優しい, 穏やかな: 〜es Rosa 淡いピンク(色). mit 〜en Strichen zeichnen 柔らかなタッチで描く. **4.** 思いやりのある;(古)情愛のこもった. **5.** 控え目な, それとない, かすかな. 【慣用】 **im zarten Alter** 〘文〙か弱き年齢で.

zart besaitet, zart·be·sai·tet [ツァーあト ベザイテット] 形 〘口〙心の繊細な.

zart fühlend, zart·füh·lend [ツァーあト ふューレント] 形 思いやりのある;(稀)感じやすい, 繊細な.

das **Zartgefühl** [ツァーあト・ゲふュール] 名 -(e)s/ 思いやり;(稀)感じやすさ, 繊細さ.

die **Zartheit** [ツァーあトハイト] 名 -/-en **1.** (主におい)華奢さ, ひ弱さ;やさしさ, 思いやり;繊細さ;柔らかさ. **2.** (稀)やさしい言葉, 思いやりのある態度.

zärtlich [ツェーあトリヒ] 形 愛情のこもった, 愛情深い;〘文〙気持の細やかな, 優しい.

die **Zärtlichkeit** [ツェーあトリヒカイト] 名 -/-en **1.** (おいのみ)愛情がこもっていること;〘文〙細やかな心遣い. **2.** (主におい)愛撫: 〜en austauschen 愛撫しあう.

der **Zärtling** [ツェーあトリング] 名 -s/-e 〘古〙甘やかされた ひ弱な男.

der **Zartsinn** [ツァーあト・ズィン] 名 -(e)s/ 〘古〙思いやり;(稀)繊細さ.

das **Zäsium** [ツェーズィウム] 名 -s/ 〘化〙セシウム(記号 Cs).

der **Zaster** [ツァスター] 名 -s/ 〘口〙金, 銭(ぜに).

die **Zäsur** [ツェズーあ] 名 -/-en **1.** 〘詩〙行間休止;〘楽〙句読(くとう)(フレーズの切れ目, 中間休止. **2.** 〘文〙(時代などの)境目, 切れ目.

der **Zauber** [ツァウバー] 名 -s/- **1.** (主におい)魔法, 魔術: einen 〜 anwenden 魔法を使う. 〜 treiben 魔術を行う. **2.** (主におい)魔法をもちいるもの: einen 〜 über 〈j³〉 aussprechen 〈人に〉呪文をとなえる. den 〜 lösen 呪縛をとく. **3.** (おいのみ)魔法のようにさせつける・なぞめいた魅力, 魔力. **4.** 〘口・蔑〙つまらないもの(つまらないことでの)大騒ぎ. 【慣用】 **fauler Zauber** 〘口・蔑〙ペテン, いんちき.

das **Zauberbuch** [ツァウバー・ブーふ] 名 -(e)s/..bücher 魔法の本.

die **Zauberei** [ツァウバらイ] 名 -/-en **1.** (おいのみ)魔法, 魔術. **2.** (稀) 奇術, 手品.

der **Zauberer** [ツァウバら] 名 -s/- **1.** 魔術師;(童話などの)魔法使い. **2.** 奇術(手品)師.

die **Zauberflöte** [ツァウバー・ふリョーテ] 名 -/-n 魔法の笛, 魔笛.

die **Zauberformel** [ツァウバー・ふォるメル] 名 -/-n **1.** 呪文(じゅもん). **2.** (だれもが口にする)解決のきめ手.

zauberhaft [ツァウバーハふト] 形 魅惑的な, すばらしい.

die **Zauberin** [ツァウベリン] 名 -/-nen Zauberer の女性形.

zauberisch [ツァウベリシュ] 形 **1.** 〘古〙魔法の(力を持った). **2.** 〘文〙不思議な, 妖(あや)しい;魅惑的な.

die **Zauberkraft** [ツァウバー・クらふト] 名 -/..kräfte 魔力, 魔法の力.

zauberkräftig [ツァウバー・クれふティヒ] 形 魔力のある.

die **Zauberkunst** [ツァウバー・クンスト] 名 -/..künste **1.** (おいのみ)魔法. **2.** (主におい)魔法の技, 奇術.

der **Zauberkünstler** [ツァウバー・キュンストラー] 名 -s/- 奇術(手品)師.

das **Zauberkunststück** [ツァウバー・クンスト・シュテュック] 名 -(e)s/-e 手品(奇術)の技(演目).

das **Zaubermärchen** [ツァウバー・メーあヒェン] 名 -/ 魔法が主要な役割を果す童話.

zaubern [ツァウバーン] 動 h. **1.** 〘感じ〙魔法〔手品〕を使う. **2.** 〈j³/et⁴〉魔法〔手品〕で出現させる〔消す〕: eine Taube aus dem Hut 〜 手品で鳩を帽子から取り出す. 〈j⁴〉 in eine Flasche 〜 〈人を〉魔法で瓶の中にとじこめる. **3.** 〈et⁴〉(aus 〈et³〉) 魔法〔手品〕でも使ったかのように作り出す. **4.** 〈et⁴〉zu 〈et³〉 (稀)魔法で変える.

der **Zau·ber·spruch** [ツァウバー・シュプるっひ] 名 -(e)s/ ..sprüche 呪文(じゅ).
der **Zau·ber·stab** [ツァウバー・シュタープ] 名 -(e)s/ ..stäbe 魔法の杖(つえ).
der **Zau·ber·trank** [ツァウバー・トるンク] 名 -(e)s/ ..tränke 魔法の飲み物; 媚薬(びやく).
das **Zau·ber·wort** [ツァウバー・ヴォるト] 名 -(e)s/-e 呪文(じゅ).
der **Zaub·rer** [ツァウブら-] 名 -s/- =Zauberer.
die **Zaub·re·rin** [ツァウブれりン] 名 -/-nen =Zauberin.
die **Zau·de·rei** [ツァウドらイ] 名 -/-en 《主に(蔑)》ためらう(くずぐずする)こと, 躊躇(ちゅうちょ).
der **Zau·de·rer** [ツァウデら-] 名 -s/- 躊躇(ちゅうちょ)ばかりする(ためらいがちな)人, 優柔不断な人.
zau·dern [ツァウダーン] 動 h. 《(mit ⟨et³⟩)/zu⟨動⟩スルノヲ》ためらう, 躊躇(ちゅうちょ)する.
der **Zaud·rer** [ツァウドら-] 名 -s/- =Zauderer.
der **Zaum** [ツァウム] 名 -(e)s/Zäume 馬勒(ばろ). 【慣用】⟨j¹/et⁴⟩/sich⁴ **im Zaum halten** 〈人・事⁴を〉抑える/自制する.

zäu·men [ツォイメン] 動 h. ⟨et⁴⟩馬勒(ばろ)をつける(馬に).
das **Zaum·zeug** [ツァウム・ツォイク] 名 -(e)s/-e =Zaum.
der **Zaun** [ツァウン] 名 -(e)s/Zäune (金属・木・金網などの)柵(さく), 垣根, 囲い; 生垣. ⟨j³⟩ **über den ~ helfen** 〈人³が〉柵(困難)を乗越えるのに手をかす. 【慣用】**einen Streit vom Zaun brechen** 《文》突然争いを始める. **mit** ⟨et³⟩ **hinter dem Zaun halten** 〈事³を〉言わないで〈黙って〉いる.
der **Zaun·gast** [ツァウン・ガスト] 名 -es/ ..gäste (囲いの外からのぞいている見物人, (転)傍観者.
der **Zaun·kö·nig** [ツァウン・ケ-ニヒ] 名 -s/-e〔鳥〕ミソサザイ.
der **Zaun·pfahl** [ツァウン・プふぁ-ル] 名 -(e)s/ ..pfähle 柵(垣根)の杭(くい). 【慣用】⟨j³⟩ **einen Wink mit dem Zaunpfahl geben** 〈人に〉露骨にほのめかす.
die **Zaun·re·be** [ツァウン・れ-ベ] 名 -/-n《俗称》垣根に巻きつく植物(つる植物).
die **Zaun·rü·be** [ツァウン・りゅ-ベ] 名 -/-n〔植〕ブリオニア(瓜(うり)科).
zau·sen [ツァウゼン] 動 h. ⟨j⁴/et⁴⟩/⟨場所³⟩軽く引っ張る; かき乱す; まさぐる〈髪・毛を〉; (転)揺さぶる(風が樹などを); 痛めつける, 責め立てる.
z. B. =zum Beispiel 例えば.
z. b. V. =zur besonderen Verwendung 特務の.
z. D. =zur Disposition 休職中の, 待命中の.
z. d. A. =zu den Akten 処理済み(書類が).
ZDF [ツェットデ-エふ] =Zweites Deutsches Fernsehen ドイツ第二テレビ放送.
(die) **Ze·ba·oth** [ツェ-バオト] 複数《次の形で》**der Herr(Gott) ~** 〔聖書〕万軍の主(神).
das **Ze·bra** [ツェ-ブら] 名 -s/-s 〔動〕シマウマ, ゼブラ.
der **Ze·bra·strei·fen** [ツェ-ブら・シュトらイふェン] 名 -s/- 横断歩道, ゼブラゾーン.
der [das] **Ze·bu** [ツェ-ブ] 名 -s/-s 〔動〕コブウシ.
der **Zech·bru·der** [ツェヒ・ブるーダー] 名 -s/ ..brüder 《口》《(蔑)》も有) **1.** 大酒飲み. **2.** 飲み友達.
die **Ze·che** [ツェッヒェ] 名 -/-n **1.** (飲食店での)飲食代: **die ~ prellen** 飲食代を踏み倒す. **eine große ~ machen** (飲み屋で)大いに飲み食いをする. **2.** 鉱山. 【慣用】**die Zeche bezahlen müssen**《口》いやな結果の責任を負わされる, 損害の弁償をさせられる.
ze·chen [ツェッヒェン] 動 h. 《雅》《古》大酒を飲む, 痛飲する.
der **Ze·cher** [ツェッヒャ-] 名 -s/- 《古》大酒飲み.

das **Zech·ge·la·ge** [ツェヒ・ゲラーゲ] 名 -s/- 《古》酒盛り, 酒宴.
der **Zech·ge·nos·se** [ツェヒ・ゲノッセ] 名 -n/-n 《古》飲み仲間(友達).
die **Ze·chi·ne** [ツェヒ-ネ] 名 -/-n ツェヒ-ネ金貨(13-17世紀にヴェネツィアで使われた貨幣).
der **Zech·kum·pan** [ツェヒ・クムパーン] 名 -s/-e《口》《(蔑)》も有)飲み友達.
der **Zech·prel·ler** [ツェヒ・プれラー] 名 -s/- 無銭飲食者.
die **Zech·prel·le·rei** [ツェヒ・プれレらイ] 名 -/-en 無銭飲食.
der **Zech·stein** [ツェヒ・シュタイン] 名 -(e)s/〔地質〕苦灰(くかい)統.
die **Zech·tour** [ツェヒ・トゥーア] 名 -/-en はしご酒.
die **Zecke** [ツェッケ] 名 -/-n〔動〕ダニ; (転・蔑)寄食者.
der **Ze·dent** [ツェデント] 名 -en/-en〔法〕債権の譲渡人.
die **Ze·der** [ツェーダー] 名 -/-n〔植〕ヒマラヤ杉の, (糊のみ)ヒマラヤ杉材.
das **Ze·dern·holz** [ツェーダーン・ホルツ] 名 -es/ ..hölzer ヒマラヤ杉材.
ze·die·ren [ツェディーれン] 動 h. ⟨et⁴⟩〔法〕譲渡する〈債権を〉.
der **Zeh** [ツェー] 名 -s/-en =Zehe 1.
die **Ze·he** [ツェーエ] 名 -/-n **1.** 足の指: **die große/kleine ~** 足の親指/小指. **vom Wirbel bis zur ~** 頭のてっぺんからつま先まで. **auf (den) ~n schleichen** 抜足差足で歩く. **2.** 〔植〕(ニンニクなどの)小鱗茎(りん). 【慣用】**j³ auf die Zehen treten**《口》〈人に〉圧力をかける, 〈人を〉急がせる; 〈人の〉感情を害する.
der **Ze·hen·gän·ger** [ツェーエン・ゲンガー] 名 -s/-〔動〕趾行(しこう)動物(犬・猫など).
der **Ze·hen·na·gel** [ツェーエン・ナーゲル] 名 -s/ ..nägel 足の指のつめ.
die **Ze·hen·spit·ze** [ツェーエン・シュピッツェ] 名 -/-n つま先: **auf den ~n gehen** つま先で(静かに)歩く. **sich⁴ auf die ~n stellen** つま先立ちする.
..ze·hig [ツェーイヒ] 接尾 数詞などにつけて「足指が…本ある」を意味する形容詞を作る: **dreizehig** 〔3-zehig〕足指が3本ある.
zehn [ツェーン] 数《基数》10. 【用法は】=**acht¹**.
die **Zehn** [ツェーン] 名 -/-en **1.** (数・数字の)10. **2.** (トランプの)10の札. **3.** 《口》10番(系統)の(バス・市電).
das **Zehn·eck** [ツェーン・エック] 名 -(e)s/-e 10角形.
zehn·eckig [ツェーン・エッキヒ] 形 10角(形)の.
der **Zehn·en·der** [ツェーン・エンダー] 名 -s/-〔狩〕角の(左右が)十又(また)の鹿.
der **Zehn·er¹** [ツェーナー] 名 -s/- **1.** 《口》10セント硬貨; 10ユーロ紙幣. **2.** 【数】10の位の数. **3.** 《方》=Zehn 1, 3. **4.** 10年産のワイン.
die **Zehn·er²** [ツェーナー] 名 -/-《口》10セント切手.
zehn·er·lei [ツェーナーらイ] 形《種数》10種類の; 10種類のもの(こと).
die **Zehn·er·packung** [ツェーナー・パックング] 名 -/-en 10個入りの箱(包み・カートン).
die **Zehn·er·stel·le** [ツェーナー・シュテレ] 名 -/-n〔数〕10の位.
das **Zehn·er·sys·tem** [ツェーナー・ズュステーム] 名 -s/〔数〕十進法.
der **Zehn·eu·ro·schein** [ツェーン・オイろ・シャイン] 名 -(e)s/-e 10ユーロ紙幣. 【数字表記は「10-Euro-Schein」】.
zehn·fach [ツェーン・ふぁっは] 形 10倍の.
die **Zehn·fin·ger·Blind·schreib·me·tho·de** [ツェ

ーン・ふぃンガー・プリント・シュらイブ・メトーデ] 名 -/ (タイプライター・パソコンの)ブラインドタッチの指使い.

das **Zehn·fin·ger·sys·tem** [ツェーン・ふぃンガー・ズュステーム] 名 -s/ (タイプライター・パソコンの)十指法.

der **Zehn·fü·ßer** [ツェーン・ふューサー] 名 -s/- 1. 〖動〗十脚目の節足動物(カニなど);十腕目の軟体動物(イカなど).

die **Zehn·jahr·fei·er** [ツェーン・ヤーあ・ふぁいあー] 名 -/-n 十年祭,十周年記念祭.

zehn·jäh·rig [ツェーン・イェーりヒ] 形 10 年〔歳〕の;10 年間の.

zehn·jähr·lich [ツェーン・イェーあリヒ] 形 10 年ごとの.

der **Zehn·kampf** [ツェーン・カムプふ] 名 -(e)s/ ..kämpfe 〖ｽﾎﾟｰﾂ〗十種競技.

der **Zehn·kämp·fer** [ツェーン・ケムプふぁー] 名 -s/- 〖ｽﾎﾟｰﾂ〗十種競技の選手.

zehn·mal [ツェーン・マール] 副 10 回〔度・倍〕.

zehn·ma·lig [ツェーン・マーリヒ] 形 10 回〔度・倍〕の.

zehnt [ツェーント] 数 〖序数〗(形容詞的変化)10 番目の,第 10 の. 【数字表記は「10.」用法は⇨ acht²〗

der **Zehnt** [ツェーント] 名 -en/-en (中世から 19 世紀の)十分の一税.

zehn·tau·send [ツェーン・タウゼント] 数 〖基数〗1 万:die oberen ～〔Z～〕(社会の)最上階層.

der **Zehn·te** [ツェーンテ] 名 -n/-n ⇨ Zehnt.

zehn·tel [ツェーンテル] 数 〖分数〗10 分の 1 の.

das **Zehn·tel** [ツェーンテル] 名 -s/- (〖ﾏｽ〗der ～) 10 分の 1:drei ～ Liter 10 分の 3 リットル.

zehn·tens [ツェーンテンス] 副 第 10 に.

zeh·ren [ツェーれン] 動 h. 1. (von 〈et³〉ッ〉食いつぶしていき,食べて命をつなぐ(蓄えなどを);〈転〉糧に生きる. 2. (〖医〗体〔体力〕を消耗させる(熱・海の空気など). 3. an 〈j³〉/et³〉ッ〉弱らせる.

das **Zehr·geld** [ツェーあ・ゲルト] 名 -(e)s/ 〈古〉旅費,(特に)旅行中の食費.

der **Zehr·pfen·nig** [ツェーあ・プふぇニヒ] 名 -(e)s/-e 〈古〉=Zehrgeld.

die **Zeh·rung** [ツェーるング] 名 -/-en (主に〖南〗)〈古〉(特に)旅行中の食物.

das **Zei·chen** [ツァイヒェン] 名 -s/- 1. 合図,身ぶり,信号:ein heimliches ～ 暗号. das ～ zur Abfahrt 発車の合図. zum ～ der Zustimmung die Hand heben 賛成の印に手を挙げる. 2. 符号,印;句読点(Satz～)(von 〈en〉) 化学記号. ～ setzen 句読点をつける. 3. 目印,標識;印(ﾄﾞ),表章:sich³ an einer Stelle im Buch ein ～ machen 本のある箇所に印をつける. unser ～ 当方のイニシャル〔符号〕(商用文などで). als ～ der Freundschaft 友情のしるしとして. das ～ des Kreuzes machen (schlagen) 十字を切る. 4. 前兆,徴候,兆し,症候:ein ～ für ein kommendes Gewitter 雷雨の来る前兆. 5. (黄道十二宮の)宮(〖ｷｮ〗); (黄道上の)星座;〈転〉星まわり:im ～ des Krebses stehen 巨蟹(〖ｷｮ〗)宮の位置にある. 【慣用】die Zeichen der Zeit 時のしるし〔マタイ福音書 16,3〕. (ein) Zeichen setzen 一時期を画する. im Zeichen von 〈et³〉 stehen 〈文〉〈事の〉強い影響下にある. seines Zeichens 〈古〉職業は. unter einem glücklichen Zeichen stehen 〈文〉幸運な星のもとにいる.

der **Zei·chen·block** [ツァイヒェン・ブロック] 名 -(e)s/..blöcke〔-s〕スケッチブック.

das **Zei·chen·brett** [ツァイヒェン・ブれット] 名 -(e)s/-er 製図板,画板.

die **Zei·chen·fe·der** [ツァイヒェン・ふぇーダー] 名 -/-n 製図用ペン,烏口(〖ｶﾗｽ〗).

die **Zei·chen·kunst** [ツァイヒェン・クンスト] 名 -/ 1. 〖美〗(〖美〗のみ)製図法. 2. 〖口〗製図の才能.

der **Zei·chen·leh·rer** [ツァイヒェン・レーらー] 名 -s/- 製図〔図画〕の教師;〈古〉美術の教師.

der **Zei·chen·le·ser** [ツァイヒェン・レーザー] 名 -s/- 〖ｺﾝﾋﾟｭ〗文字読取機.

die **Zei·chen·ma·schi·ne** [ツァイヒェン・マシーネ] 名 -/-n 製図機.

das **Zei·chen·pa·pier** [ツァイヒェン・パピーあ] 名 -s/-e 製図用紙;画用紙.

der **Zei·chen·saal** [ツァイヒェン・ザール] 名 -(e)s/..säle 美術〔図工〕室;製図室.

die **Zei·chen·set·zung** [ツァイヒェン・ゼッツング] 名 -/-en 句法.

die **Zei·chen·spra·che** [ツァイヒェン・シュプらーへ] 名 -/-n 手振り〔身振り〕言語;手話.

der **Zei·chen·stift** [ツァイヒェン・シュティふト] 名 -(e)s/-e 製図用鉛筆;色鉛筆,クレヨン.

die **Zei·chen·stun·de** [ツァイヒェン・シュトゥンデ] 名 -/-n 製図〔図画〕の時間.

der **Zei·chen·tisch** [ツァイヒェン・ティッシュ] 名 -(e)s/-e 製図机.

der **Zei·chen·trick·film** [ツァイヒェン・トりック・ふぃルム] 名 -(e)s/-e アニメーション映画.

der **Zei·chen·un·ter·richt** [ツァイヒェン・ウンターりヒト] 名 -(e)s/-e 1. 製図〔図画〕の授業. 2. 〖学校〗(昔の)美術の授業.

die **Zei·chen·vor·la·ge** [ツァイヒェン・ふぉーあ・ラーゲ] 名 -/-n 製図〔図画〕の手本.

zeich·nen [ツァイヒネン] 動 h. 1. 〈j⁴/et⁴〉ッ〉(線で)描く,線描する,スケッチする,デッサンする;製図する,(…の)輪郭〔見取図・略図〕を描く;〈転〉描写する(言葉で). 2. 〈様態〉 図面を引く,製図をする. 3. 〈et⁴〉ッ = (mit 〈et³〉ッ〉 印〔記号・符号〕をつける;商標をつける:Sein Leid *zeichnet* sein Gesicht. 〈転〉彼の顔には苦悩の色が表れている. 4. 〈et⁴〉ッ〉署名する(契約書など に);応募する,(…を)引受ける:eine Anleihe ～ 公債に応募する〔を引受ける〕. bei einer Sammlung 50 Euro ～ 寄付集めのリストに 50 ユーロ出して記載する. 5. 〈様態〉ッ 〈古〉署名する,サインする:Wir ～ hochachtungsvoll … 敬具. 〈ﾋﾞｼﾞﾈｽ〉(手紙で所属会社名・代表者署名が入る). *gezeichnet* G. Lerchner オリジナルには G. レルヒナーの署名あり〔タイプ(コピー)した書類に記入する場合. 略記〕. 6. 〔für 〈et⁴〉= /als 〈j³〉ﾄｼﾃ〗〖官〗責任を負う. 7. 〖猟〗手傷を負ったことを示す(動物が).

der **Zeich·ner** [ツァイヒナー] 名 -s/- 1. デッサン画家;製図者,デザイナー. 2. 〖商〗(株式・債券の)引受人,申込者,応募者.

zeich·ne·risch [ツァイヒネりシュ] 形 製図の;デッサン〔素描〕の.

die **Zeich·nung** [ツァイヒヌング] 名 -/-en 1. (〖美〗のみ)線で描くこと,素描〔スケッチ・デッサン〕すること;図面を引くこと. 2. 線画,スケッチ,デッサン,図,図面,設計図:eine naturgetreue ～ 写実的なスケッチ. 〈et⁴〉 nach einer ～ herstellen 〈物を〉設計図に従って作る. 3. (自然の)模様,斑紋(〖ﾊﾝ〗):ein Fell mit einer schönen ～ すばらしい紋様の毛皮. 4. (小説などの)描写(特に人物の性格). 5. 〖商〗署名;(株式・債券の)引受け,申込み,応募.

zeich·nungs·be·rech·tigt [ツァイヒヌングス・べれヒティヒト] 形 〖商〗署名権限のある.

der **Zei·ge·fin·ger** [ツァイゲ・ふぃンガー] 名 -s/- 人差し指.

zei·gen [ツァイゲン] 動 h. 1. 〈j³〉= + 〈et⁴〉ッ〉〈文〉〖ﾀﾞﾌﾞﾙｺｯﾄ〗示す,教える,説明する. 2. 〔(mit 〈et³〉デ) + auf 〈j⁴/et⁴〉ッ /〈方向〉ッ〕指差す,指し示す;

Zeiger 1456

(転)指す: mit dem Finger auf das Postamt ~ 指で郵便局を指し示す. Der Zeiger der Uhr (Die Uhr) *zeigt* auf zwölf. 時計の針は12時(の文字)を指している. Der Wegweiser *zeigt* nach rechts. その道標は右の方を指している. **3.** 〔《j³》=〕示す: Das Thermometer *zeigt* 22 Grad. 温度計は22度を示している. Die Uhr *zeigte* halb vier. 時計は3時半を指していた. **4.** 〔《j³》=〕見せる, 提示する;案内する;上映する. **5.** 〔《j³》=〕+〈et⁴〉ッ/〈⌓〉ッデフルニコト〕(文)呈する, 見せている, 明らかにする, 証明する, 感じとらせる(物・事が主語): Das Meereswasser *zeigt* eine grünliche Färbung. その海水は緑がかった色調を呈している. Das Bild *zeigte* eine Landschaft. その絵はある風景を描いていた. Die Studien ~ Talent. それらの習作には才能が現れている. Sein Verhalten *zeigt* einen Mangel an Erziehung. 彼の振舞いにはしつけのなさが現れている. **6.** 〔《j³》+〈et⁴〉〕表す, あらわにする, 示す(態度・表情で興味・感情などを). **7.** 〔〈et⁴〉ヲ〕示す(証明する), (…を)発揮してみせる(忍耐力・勇気などを). **8.** 〔sich⁴+〈場所〉=〕+〈様態〉ヲ〕現れる, 姿(顔)を見せる: Sie will sich nur ~. 彼女は他人の注目を浴びることばかり考えている. **9.** 〔sich⁴+〈場所/時点〉=〕見えてくる, 現れる;分る, 判明する, 明らかになる, 証明される(物・事が主語): Am Himmel *zeigten* sich dunkle Wolken. 空には暗雲が現れた. Die Folgen ~ sich erst später. その結果は後にならないと明らかにならない. **10.** 〔sich⁴+〈様態〉〕態度を示す, 様子を見せる;(…であることが)ある: sich⁴ tapfer ~ 勇気ある態度を示す. sich⁴ erstaunt ~ 驚いた様子を見せる. sich⁴ von seiner besten Seite ~ 自分をよく見せる. sich⁴ als guter Freund ~ よき友人であることを示す. 【慣用】 **Das wird sich zeigen.** (口)だれが正しいか今に分る. 〈j³〉 den 〔einen〕 Vogel zeigen (自分の額を指でつつく)〈人〉の頭がおかしいのじゃないかと示す. sich 〈j³〉 *zeigen* 《口》〈人〉に自分の言いたいことをあからさまに言う;〈人に〉自分の実力を認めさせる.

der **Zei·ger** [ツァイガー] 名 -s/ -(時計・メーターの)針, 指針: der große/kleine ~ einer Uhr 時計の長/短針. Der ~ *zeigt* auf drei. 針が3(時)を指している.

der **Zei·ge·stock** [ツァイゲ・シュトック] 名 -(e)s/ ..stöcke 指し棒, 指示器具.

zei·hen* [ツァイエン] 動 zieh; hat geziehen 〔〈j⁴〉ノ+〈et²〉ッ〕(文)咎(とが)める, 責める.

die **Zei·le** [ツァイレ] 名 -/ -n **1.** (本などの)行 (ギョウ) (略 Z.): in der zweiten ~ von oben 上から2行目に. ~ für ~ 1行1行. mit zwei ~n Abstand (タイプライターなどで)ダブルスペースで. Neue ~ ! (行取りのときなどに)改行しなさい. Herzlichen Dank für Ihre freundlichen ~n ! お手紙ありがとうございました. **2.** 列, 並び: eine ~ von Häusern 家並み. **3.** 〔ピ〕走査線. 【慣用】 **zwischen den Zeilen lesen** 行間を読む.

der **Zei·len·abstand** [ツァイレン・アップ・シュタント] 名 -(e)s/ ..stände 行の間隔, 行間, (行間の)スペース.

die **Zei·len·gieß·ma·schi·ne** [ツァイレン・ギース・マシーネ], **Zei·len·guss·ma·schi·ne** [ツァイレン・グス・マシーネ] 名 -/ -n 〔印〕インテル鋳造機.

das **Zei·len·ho·no·rar** [ツァイレン・ホノらーア] 名 -s/ -e 行割り計算の原稿料.

der **Zei·len·sprung** [ツァイレン・シュプるング] 名 -(e)s/ ..sprünge 〔詩〕(詩の韻律の)アンジャブマン(次の詩行への跨(また)り).

zei·len·wei·se [ツァイレン・ヴァイゼ] 副 行数(単位)で, 1行ずつ;列をなして.

..zei·ler [..ツァイラー] 接尾 数詞につけて「…行の」を表す名詞を作る: Vier*zeiler* (4-*Zeiler*) 四行詩.

..zei·lig [..ツァイリヒ] 接尾 数詞につけて「…行の」を表す形容詞を作る: acht*zeilig* (8-*zeilig*) 8行の.

der **Zei·sig** [ツァイズィヒ] 名 -s/ -e 〔鳥〕マヒワ.

(*der*) **Zeiss** [ツァイス] 名 〔人名〕ツァイス(Carl ~, 1816-88, 光学技術者).

zeit [ツァイト] 前 〔+2格〕(次の形で) ~ meines/ deines Lebens 私/君の一生涯の間.

die **Zeit** [ツァイト] 名 -/ -en **1.** (単のみ)(経過する)時間, 時: Die ~ *vergeht* schnell. 時間が早く過ぎる. **2.** 一定の時間, 期間: eine herrliche ~ verbringen すばらしい時を過ごす. lange ~ 長い間. eine ~ lang しばらくの間. auf (für) einige ~ (これから)少しの間. für alle ~ 永久に. in nächster (der nächsten) ~ 間もなく. in letzter ~ 最近. nach kurzer ~ 少し後で. seit langer ~ かなり前から. vor einiger ~ 少し前に. **3.** (何かをする・何かのための)時間: keine/viel ~ für 〈j⁴/et⁴〉 haben 〈人・事の〉ための時間がない/時間が十分ある. viel ~ raubend 多くの時間を取る. viel ~ sparende Verfahren 大幅な時間の節約になる方法. viel ~ und Mühe an 〈et⁴〉 verwenden 多くの時間と労力を〈事に〉費やす. etwas ~ für 〈et⁴〉 brauchen 〈事のために〉少し時間が必要である. **4.** (特定の)時点, 時期, 時機, 期限;シーズン: eine ~ vereinbaren 時間を取決める. ~ und Ort einer Party bestimmen パーティの日時と場所を決める. die ~ überschreiten 期限を過ぎる. 〈et⁴〉 auf unbestimmte ~ verschieben 〈事を〉無期延期する. seit jener ~ あの時から. über die ~ arbeiten 時間を超過して働く. morgen um diese ~ 明日の今頃. vor der ~ (決めた)時刻より早く. zur rechten ~ ちょうど良いときに. **5.** (時計の)時間, 時刻;標準時: die mitteleuropäische ~ 中部ヨーロッパ標準時(略 MEZ). **6.** 時代, 時世, 時期: die gute alte ~ 古き良き時代. kommende/vergangene ~*en* 来たるべき/過ぎた時代. in die (zur ~) Goethes ゲーテの時代 (に). ein Märchen aus alter ~ 古い時代の童話. unsere ~ 現代. mit der ~ gehen 時流に乗っていく. in seiner ~ 彼のいた時代 (時期)に. **7.** 〔ぷ〕タイム;試合時間: die ~ nehmen タイムを測る. eine gute ~ schwimmen 好タイムで泳ぐ. auf ~ spielen 時間を稼ぐ. sich⁴ über die ~ retten 試合終了まで持ちこたえる. **8.** 〔言〕時称, 時制. **9.** 〔慣用〕(Ach) du liebe Zeit ! おやおや, やれやれ. **alles zu seiner Zeit** 何事も適当なときに(急ぎすぎず). **auf Zeit** 期限つきで(略 a. Z.), さし当たり. **die Zeit tot schlagen** (口・蔑)時間をつぶす. **Es ist an der Zeit, dass ...** …すべき時だ. **Es ist (die) höchste Zeit, dass ...** まさに…する潮時である. **es ist Zeit, ... zu**(動) …する時が来た. **im Laufe der Zeit** 時間のたつうちに. **mit der Zeit** 時とともに, しだいに. **mit 〈et³〉 hat es Zeit** 〈事に〉まだ時間的余裕がある. **seit undenklicher Zeit** 大昔から. **sich³ die Zeit mit 〈et³〉 vertreiben** 〈事で〉暇つぶしをする. **sich³ für 〈j⁴/et⁴〉 Zeit nehmen** 〈人・物・事のために〉じっくり時間をかける. **sich³ Zeit lassen** あわてずにやる. **von Zeit zu Zeit** 折々, 時折. **vor Zeiten** (詩)ずっと以前(昔)に. 〈j³〉 wird die Zeit lang 〈人は〉退屈する. **Zeit gewinnen** 時間を稼ぐ. 〈j³〉 **Zeit lassen** 〈人に〉時間のゆとり〔猶予〕を与える. **zu allen Zeiten (aller Zeit)** いつでも, どんな時代でも. **zu jeder Zeit**

der **Zeit·ab·schnitt** [ツァイト・アップ・シュニット] 名 -(e)s/ -e 時期.

der **Zeit·ab·stand** [ツァイト・アップ・シュタント] 名 -(e)s/ ..stände 時間の間隔.

das **Zeit·al·ter** [ツァイト・アルター] 名 -s/ - 時代;(地質)代.

die **Zeit·an·ga·be** [ツァイト・アン・ガーベ] 名 -/ -n **1.**

Zeitrechnung

(時刻・日付・年月日などの)時の表示. **2.** 〚言〛時の副詞的規定〔添加語〕.
die **Zeit·an·sa·ge** [ツァイト・アン・ザーゲ] 名 -/-n (放送・電話などの)時報.
die **Zeit·ar·beit** [ツァイト・アルバイト] 名 -/ 〚経〛(期限つき)出向.
die **Zeit·auf·nah·me** [ツァイト・アウフ・ナーメ] 名 -/ **1.** 〚写〛タイム露出撮影. **2.** (作業研究に基づく)特定作業に実際に要した時間.
der **Zeit·auf·wand** [ツァイト・アウフ・ヴァント] 名 -(e)s/ 時間の消費.
zeit·auf·wän·dig, zeit·auf·wen·dig [ツァイト・アウフ・ヴェンディヒ] 形 時間のかかる.
zeit·be·dingt [ツァイト・ベディングト] 形 時代(時間)に制約された.
die **Zeit·bom·be** [ツァイト・ボムベ] 名 -/-n 時限爆弾.
die **Zeit·dau·er** [ツァイト・ダウアー] 名 -/ 持続時間, 期間.
der **Zeit·druck** [ツァイト・ドゥルック] 名 -(e)s/ 時間の圧迫: unter ~ arbeiten 期限にせまられて仕事をする.
die **Zeit·ein·heit** [ツァイト・アインハイト] 名 -/-en 時間の単位.
die **Zeit·ein·tei·lung** [ツァイト・アイン・タイルング] 名 -/-en 時間の配分.
die **Zei·ten·fol·ge** [ツァイテン・ふォルゲ] 名 -/ 〚言〛時称の順序.
die **Zei·ten·wen·de** [ツァイテン・ヴェンデ] 名 -/-n **1.** 時代の変り目. **2.** 紀元(特に西暦紀元).
die **Zeit·er·spar·nis** [ツァイト・エアシュパーアニス] 名 -/ 時間の節約.
das **Zeit·fah·ren** [ツァイト・ふァーレン] 名 -s/ 〚スポ〛(間隔を置いて順次スタートする)時隔レース.
die **Zeit·fol·ge** [ツァイト・ふォルゲ] 名 -/ 時間に従った順序, 年代順.
die **Zeit·form** [ツァイト・ふォルム] 名 -/-en 〚言〛時称.
die **Zeit·fra·ge** [ツァイト・ふらーゲ] 名 -/-n **1.** (®の)時間の問題. **2.** 時事問題.
zeit·ge·bun·den [ツァイト・ゲブンデン] 形 時間(時代)にしばられた.
der **Zeit·geist** [ツァイト・ガイスト] 名 -(e)s/ 時代精神.
zeit·ge·mäß [ツァイト・ゲメース] 形 時代に即した, 時流に合った.
der/die **Zeit·ge·nos·se** [ツァイト・ゲノッセ] 名 -n/-n **1.** 同時代人. **2.** 〘口〙〘〈蔑〉も有〙(共に生きる)仲間; 人, やつ.
zeit·ge·nös·sisch [ツァイト・ゲ(ッ)ネッシュ] 形 同時代(人)の; 現代の.
zeit·ge·recht [ツァイト・ゲレヒト] 形 **1.** 時代(現代)の(要求)に合った. **2.** 〘スポーツ・鉄〙定時を得た.
das **Zeit·ge·schäft** [ツァイト・ゲシェふト] 名 -(e)s/-e 〚金融〛先物(さきもの)取引.
das **Zeit·ge·sche·hen** [ツァイト・ゲシェーエン] 名 -s/ 今日的事件.
die **Zeit·ge·schich·te** [ツァイト・ゲシヒテ] 名 -/ 現代史.
zeit·ge·schicht·lich [ツァイト・ゲシヒトリヒ] 形 現代史の.
der **Zeit·ge·schmack** [ツァイト・ゲシュマック] 名 -(e)s/ 時代の好み.
der **Zeit·ge·winn** [ツァイト・ゲヴィン] 名 -(e)s/ 時間の節約.
zeit·gleich [ツァイト・グライヒ] 形 同時の; 〘スポ〙同タイムの.
zei·tig [ツァイティヒ] 形 **1.** 早い(時期)の, 早目の. **2.** 〘古〙熟した.
zei·ti·gen [ツァイティゲン] 動 h. **1.** ⟨et⁴⟩〘文〙もたらす(成果などを). **2.** 〔農〕〈ズッシュ〉熟す, うれる(果物などの).
die **Zeit·kar·te** [ツァイト・カるテ] 名 -/-n 〚交通〛定期券.
der **Zeit·kar·ten·in·ha·ber** [ツァイト・カるテン・イン・ハーバー] 名 -s/- 〚官〛定期券所持者.
die **Zeit·kri·tik** [ツァイト・クリティーク] 名 -/ 時代批判〔批評〕.
zeit·kri·tisch [ツァイト・クリーティシュ] 形 時代批判の.
Zeit lang, ® Zeit·lang [ツァイト ラング] ⇨ Zeit 2.
der **Zeit·lauf** [ツァイト・ラウふ] 名 -(e)s/..läufte [..läufe] **1.** (®のみ)〘文〙時勢. **2.** (®のみ)(®の)時の流れ.
zeit·le·bens [ツァイト・レーベンス] 副 一生の間.
zeit·lich [ツァイトリヒ] 形 **1.** 時間の, 時間的な. **2.** 〚宗〛現世の, 出生の. **3.** 〚慣用〛**das Zeitliche segnen** 〘古・婉〙この世を去る; 〘冗〙壊れる, 駄目になる.
die **Zeit·lich·keit** [ツァイトリヒカイト] 名 -/ 〚哲〛時間性; 〚宗〛現世, この世.
der **Zeit·lohn** [ツァイト・ローン] 名 -(e)s/..löhne 〚経〛時間賃金(給).
zeit·los [ツァイト・ロース] 形 **1.** 時流(流行)に左右されない. **2.** ⟨稀⟩時間(時代)を越えた, 永遠の.
die **Zeit·lu·pe** [ツァイト・ルーペ] 名 -/ 〚映〛スローモーション.
die **Zeit·lu·pen·auf·nah·me** [ツァイトルーペン・アウふ・ナーメ] 名 -/-n 〚映〛スローモーション撮影.
das **Zeit·lu·pen·tem·po** [ツァイトルーペン・テムポ] -s/ 非常に遅い速度, スローテンポ.
der **Zeit·man·gel** [ツァイト・マンゲル] 名 -s/ 時間不足.
das **Zeit·maß** [ツァイト・マース] 名 -es/-e **1.** (動き・音楽などの)速度, テンポ. **2.** ⟨稀⟩時間の単位.
der **Zeit·mes·ser** [ツァイト・メッサー] 名 -s/- 時間測定器(時計・クロノメーターなど).
die **Zeit·mes·sung** [ツァイト・メッスング] 名 -/-en 時間測定, 計時; (®のみ)年代学.
zeit·nah [ツァイト・ナー] 形 現代に即した, 現代的(アクチュアル)な.
zeit·na·he [ツァイト・ナーエ] 形 =zeitnah.
die **Zeit·nä·he** [ツァイト・ネーエ] 名 -/ 現代に即していること.
die **Zeit·nah·me** [ツァイト・ナーメ] 名 -/-n (競技の)タイムを計ること, 計時.
der **Zeit·neh·mer** [ツァイト・ネーマー] 名 -s/- 〚スポ〛計時係, タイムキーパー.
die **Zeit·not** [ツァイト・ノート] 名 -/ 時間不足の窮状: sich⁴ in ~ befinden 時間が足りなくて苦労している.
der **Zeit·plan** [ツァイト・プラーン] 名 -(e)s/..pläne 日程(表), スケジュール.
der **Zeit·punkt** [ツァイト・プンクト] 名 -(e)s/-e 時点, 時期: zum jetzigen ~ 現時点では. einen ~ für ⟨et⁴⟩ festsetzen ⟨事⁴⟩の日時を決める. den günstigen ~ dafür abwarten/verpassen それをする好機を待つ/失する.
der **Zeit·raf·fer** [ツァイト・らふァー] 名 -s/ 〚映〛クイックモーション.
Zeit rau·bend, zeit·rau·bend [ツァイト・らウベント] 形 時間を取る, 手間取る.
der **Zeit·raum** [ツァイト・らウム] 名 -(e)s/..räume 期間, 間(あいだ): einen ~ von mehreren Tagen umspannen 数日間にわたる(行事などが). über einen langen ~ 長期間にわたって.
die **Zeit·rech·nung** [ツァイト・れヒヌング] 名 -/-en **1.** 年代の数え方: die christliche ~ (キリスト誕生年を紀元とする)西暦. vor unserer ~ 西暦紀元前

(略 v. u. Z.). das Jahr 500 nach unserer ～ 西暦紀元後 500 年. **2.** (天体による)時間(経過)の算定.

die **Zeit·schrift** [ツァイト・シュリふト] 名 -/-en **1.** 雑誌, 定期刊行物. **2.** 雑誌編集部, 雑誌社.

der **Zeit·sinn** [ツァイト・ズィン] 名 -(e)s/ 時間の感覚.

der **Zeit·sol·dat** [ツァイト・ゾルダート] 名 -en/-en 短期志願兵.

die **Zeit·span·ne** [ツァイト・シュパネ] 名 -/-n (しばらくの)期間: in einer ～ von 10 Tagen 10 日間.

Zeit spa·rend, zeit·spa·rend [ツァイト・シュパーれント] 形 時間の節約になる.

die **Zeit·stu·die** [ツァイト・シュトゥーディエ] 名 -/-n 『経』労働作業時間研究.

die **Zeit·ta·fel** [ツァイト・ターふェル] 名 -/-n 年表.

der **Zeit·takt** [ツァイト・タクト] 名 -(e)s/-e 『電話』 **1.** 1 通話. **2.** 『交通』(発車などの)時間間隔の長さ.

die **Zeit·um·stän·de** [ツァイト・ウム・シュテンデ] 複名 時勢, 時局, 時代の状況.

die **Zei·tung** [ツァイトゥング] 名 -/-en **1.** 新聞: eine ～ abonnieren/halten 新聞を予約購読する/とっている. ＜et⁴＞ aus der ～ erfahren ＜事を＞新聞で知る. **2.** 新聞社: bei der ～ arbeiten 新聞社で働く. **3.** 『古』(事件の)知らせ.

das **Zei·tungs·abon·ne·ment** [ツァイトゥングス・アボネマーン] 名 -s/-s[-e] 新聞購読の予約.

die **Zei·tungs·an·zei·ge** [ツァイトゥングス・アン・ツァイゲ] 名 新聞広告.

der **Zei·tungs·ar·ti·kel** [ツァイトゥングス・アルティ(-)ケル] 名 -s/- 新聞記事.

der **Zei·tungs·aus·schnitt** [ツァイトゥングス・アウス・シュニット] 名 -(e)s/-e 新聞の切抜き.

die **Zei·tungs·en·te** [ツァイトゥングス・エンテ] 名 -/-n 『口』新聞の誤報.

der **Zei·tungs·hal·ter** [ツァイトゥングス・ハルター] 名 -s/- 新聞挟み.

das **Zei·tungs·in·se·rat** [ツァイトゥングス・インゼらート] 名 -(e)s/-e =Zeitungsanzeige.

der **Zei·tungs·ki·osk** [ツァイトゥングス・キオスク] 名 -(e)s/-e 新聞の売店.

der **Zei·tungs·kor·res·pon·dent** [ツァイトゥングス・コれスポンデント] 名 -en/-en 新聞の特派員.

die **Zei·tungs·no·tiz** [ツァイトゥングス・ノティーツ] 名 -/-en 新聞の小記事.

das **Zei·tungs·pa·pier** [ツァイトゥングス・パピーあ] 名 -s/ **1.** 新聞用紙. **2.** (包装などに用いる)新聞紙, 古新聞.

der **Zei·tungs·re·dak·teur** [ツァイトゥングス・れダクテ(テ)-あ] 名 -s/-e 新聞編集者.

der **Zei·tungs·ro·man** [ツァイトゥングス・ロマーン] 名 -s/-e 新聞小説.

der **Zei·tungs·stän·der** [ツァイトゥングス・シュテンダー] 名 -s/- 新聞立て, 新聞ラック.

der **Zei·tungs·ver·käu·fer** [ツァイトゥングス・ふェアコイふぁ-] 名 -s/- 新聞の売子.

das **Zei·tungs·we·sen** [ツァイトゥングス・ヴェーゼン] 名 -s/ 新聞業界.

die **Zei·tungs·wis·sen·schaft** [ツァイトゥングス・ヴィッセンシャふト] 名 -/ 新聞学.

die **Zeit·ver·geu·dung** [ツァイト・ふェアゴイドゥング] 名 -/ 時間の無駄遣い.

der **Zeit·ver·lust** [ツァイト・ふェアルスト] 名 -(e)s/ 時間の損失: den ～ aufholen 時間のロスを取戻す.

die **Zeit·ver·schwen·dung** [ツァイト・ふェアシュヴェンドゥング] 名 -/ 時間の浪費.

der **Zeit·ver·treib** [ツァイト・ふェアトらイプ] 名 -(e)s/-e 暇つぶし.

zeit·wei·lig [ツァイト・ヴァイリヒ] 形 一時的な, 暫定的な;時々の.

zeit·wei·se [ツァイト・ヴァイゼ] 副 時々(の);一時的に〔な〕.

die **Zeit·wen·de** [ツァイト・ヴェンデ] 名 -/-n **1.** 紀元(特に西暦紀元). **2.** 時代の変り目.

der **Zeit·wert** [ツァイト・ヴェーあト] 名 -(e)s/-e (品物の)時価;『楽』音の長さ.

das **Zeit·wort** [ツァイト・ヴォるト] 名 -(e)s/..wörter 『言』動詞.

das **Zeit·zei·chen** [ツァイト・ツァイひェン] 名 -s/ 『放送』時報(の信号音).

der **Zeit·zün·der** [ツァイト・ツュンダー] 名 -s/- 時限信管.

der **Ze·le·brant** [ツェレブらント] 名 -en/-en 『カトリック』ミサの挙式者, 司式司祭.

die **Ze·le·bra·ti·on** [ツェレブらツィオーン] 名 -/-en 『カトリック』ミサ司式(執行).

ze·le·brie·ren [ツェレブリーれン] 動 h. **1.** ＜et⁴＞ 『カトリック』執り行う(ミサなどを). **2.** ＜et⁴＞ 『冗』(意識的に)儀式張って〔厳かに〕する(食事・役などを). **3.** ＜et⁴＞『文』祝う(記念日などを). **4.** ＜j⁴＞『文・稀』褒め称える.

die **Ze·le·bri·tät** [ツェレブリテート] 名 -/-en 『文』有名人, 名士;『古』祝典, 祝祭.

der **Zell·bau** [ツェル・バウ] 名 -(e)s/ 『生』細胞の構造.

die **Zell·bil·dung** [ツェル・ビルドゥング] 名 -/-en 『生』細胞形成.

die **Zell·bi·o·lo·gie** [ツェル・ビオ·ロギー] 名 -/ 細胞生物学.

die **Zel·le** [ツェレ] 名 -/-n **1.** 小部屋;監房 (Gefängnis～);(修道院の)僧房(Kloster～);(電話)ボックス(Telefon～). **2.** (ハチの巣の)巣房;(船の)隔室;『電』電池・蓄電池の構成物質;『航』(装備・エンジンを除く)機体. **3.** 『生』細胞: die (kleinen) grauen ～n 『口・冗』脳味噌. **4.** (政党など組織・団体内の)細胞. **5.** 『ユダヤ教』セル.

die **Zel·len·bil·dung** [ツェレン・ビルドゥング] 名 -/-en **1.** 『生』細胞形成. **2.** 『政』(政党の)細胞づくり.

das **Zel·len·ge·we·be** [ツェレン・ゲヴェーベ] 名 -s/- 『稀』=Zellgewebe.

das **Zel·len·ge·wöl·be** [ツェレン・ゲ(ヴェ)ルベ] 名 -s/- 『建』(後期ゴチック様式の)交差肋骨穹窿(きゅうりゅう).

die **Zel·len·leh·re** [ツェレン·レーれ] 名 -/ 細胞学.

das **Zell·ge·we·be** [ツェル·ゲヴェーベ] 名 -s/- 『生』細胞組織.

das **Zell·glas** [ツェル·グラース] 名 -es/ セルロースの膜(セロハンなど).

zel·lig [ツェリヒ] 形 『生』細胞からなる, 細胞質の.

..zel·lig [..ツェリヒ] 接尾 数詞などについて『…の細胞を持つ』を表す形容詞を作る: einzellig 単細胞の.

der **Zell·kern** [ツェル·ケるン] 名 -(e)s/-e 『生』細胞核.

das **Zel·lo·phan** [ツェロ·ふぁ-ン] 名 -s/ セロハン.

das **Zell·plas·ma** [ツェル·プラスマ] 名 -s/..men 『生』細胞質.

der **Zell·stoff** [ツェル·シュトっふ] 名 -(e)s/-e **1.** パルプ. **2.** パルプ製布地.

die **Zell·tei·lung** [ツェル·タイルング] 名 -/-en 『生』細胞分裂.

zel·lu·lar [ツェルラーあ], **zel·lu·lär** [ツェルレーあ] 形 『生』細胞からなる;細胞の.

die **Zel·lu·li·tis** [ツェルリーティス] 名 -/..litiden [ツェルリティーデン] 『医』蜂巣(ほうそう)炎, フレグモーネ.

das **Zel·lu·lo·id** [ツェルロイト] 名 -(e)s/ **1.** セルロイド. **2.** 『ドイツ』(映画用の)フィルム.

die **Zel·lu·lo·se** [ツェルローゼ] 名 -/-n 《❀種類》セルロース, 繊維素.

die **Zẹll·wand** [ツェル・ヴァント] 名 -/..wände 〘生〙細胞壁.

die **Zẹll·wol·le** [ツェル・ヴォレ] 名 -/-n ステープルファイバー, スフ.

der **Ze·lot** [ツェロート] 名 -en/-en **1.** 熱心党〔ゼロテ党〕の人(ローマの圧政に対抗したユダヤ人の過激派). **2.** 〘文〙狂信者, 熱狂者.

ze·lo·tisch [ツェローティシュ] 形 ゼロテ派の;〘文〙狂信者の.

das **Zẹlt** [ツェルト] 名 -(e)s/-e テント, 天幕:ein ~ aufschlagen/abbauen テントを張る/はずす. die ~e abbrechen 住居を引払う. das himmlische ~ 〘転・詩〙天空.

die **Zẹlt·bahn** [ツェルト・バーン] 名 -/-en (帯状の)テント用布地.

das **Zẹlt·dach** [ツェルト・ダッハ] 名 -(e)s/..dächer ピラミッド形(方形)屋根;テント〔天幕〕風の屋根.

zẹl·ten [ツェルテン] 動 h. 《❀》テント生活をする, テントに泊まる, テントを張ってキャンプする.

der **Zẹl·ten** [ツェルテン] 名 -s/- 《南独・ᵗᵉˣᵗᵉ西部》ツェルテン(Lebkuchen などの小型ケーキ)フルーツケーキ.

der **Zẹl·ter** [ツェルター] 名 -s/- (昔の)側対歩で歩くように調教された(婦人用)乗馬.

das **Zẹlt·la·ger** [ツェルト・ラーガー] 名 -s/- テントを張った野営地;テントを張った野営地での滞在.

die **Zẹlt·lein·wand** [ツェルト・ライン・ヴァント] 名 -/ テント用画布.

der **Zẹlt·mast** [ツェルト・マスト] 名 -(e)s/-en[-e] テントの支柱.

der **Zẹlt·pflock** [ツェルト・プフロック] 名 -(e)s/..pflöcke テント用の杭, ペグ.

die **Zẹlt·pla·ne** [ツェルト・プラーネ] 名 -/-n (テント用)防水シート.

der **Zẹlt·platz** [ツェルト・プラッツ] 名 -es/..plätze **1.** テントを張る場所. **2.** キャンプ場.

die **Zẹlt·stadt** [ツェルト・シュタット] 名 -/..städte テントを張った大きな野営地.

die **Zẹlt·stan·ge** [ツェルト・シュタンゲ] 名 -/-n テントの支柱.

der **Zẹlt·stock** [ツェルト・シュトック] 名 -(e)s/..stöcke テントの支柱.

der **Ze·mẹnt** [ツェメント] 名 -(e)s/-e 《❀は種類》 **1.** セメント. **2.** 〘歯〙(充塡材用の)セメント.

das **Ze·mẹnt** [ツェメント] 名 -(e)s/-e 〘歯〙=Zahnzement.

ze·men·tie·ren [ツェメンティーレン] 動 h. **1.** 《et⁴=》セメントで塗る, (…を)セメント(コンクリート)で固める(道などを). **2.** 《et⁴を》〘文〙固定化する(状態などを). **3.** 《et⁴=》〘冶金〙浸炭処理をする(鋼に).

die **Ze·men·tie·rung** [ツェメンティールング] 名 -/-en セメント塗り;固定化;〘冶金〙浸炭.

der **Ze·mẹnt·staub** [ツェメント・シュタウプ] 名 -(e)s/- 〘環〙セメント粉塵(ᡓᵋ).

das **Zẹn** [ゼン, ツェン] 名 -(s)/- 〘宗〙禅.

der **Zẹn·bud·dhis·mus** [ゼン・ブディスムス, ツェン・ブディスムス] 名 -/ 〘宗〙禅宗.

die **Ze·ner·di·o·de** [ツェーナー・ディ・オーデ] 名 -/-n 〘電〙ツェーナー〔ジーナー〕ダイオード(アメリカの物理学者 C. M. Zener, 1905-93, による).

der **Ze·nịt** [ツェニート] 名 -(e)s/- **1.** 天頂. **2.** 〘文〙頂点, 絶頂期: im ~ des Lebens stehen 人生の全盛期にいる.

(*der*) **Ze·non** [ツェーノン] 名 〘人名〙ゼノン(① ~ der Eleate エレア学派のゼノン, 紀元前 490 頃-430 頃, ギリシアの哲学者. ② ~ von Zypern キプロスのゼノン, 紀元前 336 頃-264 頃, ストア学派の創始者).

zen·sie·ren [ツェンズィーレン] 動 h. **1.** 《(et⁴)+〈様態⁾》評点をつける:einen Aufsatz mit „gut" ~ 作文に優の点をつける. streng/mild ~ 点が辛い/甘い. **2.** 《et⁴を》検閲する(刊行物などを).

die **Zen·sie·rung** [ツェンズィールング] 名 -/-en 成績評価, 採点;検閲.

der **Zẹn·sor** [ツェンゾーア] 名 -s/-en [ツェンゾーレン] **1.** 検閲官. **2.** (古代ローマの)監察官.

die **Zẹn·sur** [ツェンズーア] 名 -/-en **1.** (学校の)成績, 評点;成績表:〈j³〉 in einer Prüfung eine gute ~ geben 〈人⁴に〉試験で良い成績をつける. eine schlechte ~ in Deutsch bekommen ドイツ語で悪い点をもらう. **2.** 《❀のみ》検閲;検閲機関: durch die ~ gehen 検閲の窓口を通る.

der **Zẹn·sus** [ツェンズス] 名 -/- **1.** 国勢[人口]調査. **2.** (古代ローマの)市民登録と財産査定. **3.** 中世の税金, 小作料.

das **Zẹn·sus·wahl·recht** [ツェンズス・ヴァール・レヒト] 名 -(e)s/ (昔の)財産・納税額に基づく(被)選挙権.

die **Zẹnt** [ツェント] 名 -/-en ケンタイ(①フランク王国の裁判権を有した地区.②中世の伯領に所属する裁判区).

der **Zen·taur** [..tåoɐr ツェンタウアー] 名 -en/-en **1.** 〘ギ神〙ケンタウロス(上半身人間, 下半身馬の怪物). **2.** 《❀のみ》ケンタウルス座(星座).

der **Zen·te·nar** [ツェンテナー] 名 -s/-e **1.** 〘文・稀〙100 歳の人. **2.** ケンテナリウス(フランク王国のケンテナの行政・裁判を管掌した役人). ⇨ Zent ①.

die **Zen·te·nar·fei·er** [ツェンテナー・ふぁィあー] 名 -/-n 〘文〙=Zentenarium.

das **Zen·te·na·ri·um** [ツェンテナーリウム] 名 -s/..rien 〘文〙百年祭, 百周年記念祭.

zen·te·si·mal [ツェンテズィマール] 形 〘数〙100 進法の.

die **Zen·ti·fo·lie** [ツェンティ・ふぉーリエ] 名 -/-n 〘植〙センティフォーリア, セイヨウバラ(赤または白の重弁のバラ).

das **Zen·ti·gramm** [ツェンティ・グラム, ツェンティ・グラム] 名 -s/-e (単位を表す❀は-)センチグラム(記号 cg).

der [*das*] **Zen·ti·li·ter** [ツェンティ・リ(ー)ター, ツェンティ・リ(ー)ター] 名 -s/- センチリットル(記号 cl).

der [*das*] **Zen·ti·me·ter** [ツェンティ・メーター, ツェンティ・メータ] 名 -s/- センチメートル(記号 cm).

das **Zen·ti·me·ter·maß** [ツェンティメーター・マース] 名 -es/-e センチメートル(巻)尺.

der **Zẹnt·ner** [ツェントナー] 名 -s/- ツェントナー(重量単位. ドイツでは 50 kg. 略 Ztr. スイス・オーストリアでは 100 kg. 記号 q).

die **Zẹnt·ner·last** [ツェントナー・ラスト] 名 -/-en 1 ツェントナー〔数ツェントナー〕の荷物, 〘転〙心の重荷.

zẹnt·ner·schwer [ツェントナー・シュヴェーア] 形 1 ツェントナー〔数ツェントナー〕の重さの: Es liegt [lastet] mir ~ auf der Seele, dass... 〘転〙…のことが私の心に重くのしかかっている.

zen·trạl [ツェントラール] 形 **1.** 中心部にある;中心的な: eine ~ Figur im Drama ドラマの中心人物. **2.** 中央の, 中枢の: das Nervensystem 〘医〙中枢神経系.

(*das*) **Zen·trạl·a·fri·ka** [ツェントラール・ア(ー)ふりカ] 名 -s/ 〘地名〙中央アフリカ.

der **Zen·trạl·a·fri·ka·ner** [ツェントラール・アふりカーナー] 名 -s/- 中央アフリカ人.

zen·trạl·a·fri·ka·nisch [ツェントラール・アふりカーニシュ] 形 中央アフリカの.

(*das*) **Zen·trạl·a·si·en** [ツェントラール・アーズィエン] 名 -s/ 〘地名〙中央アジア.

die **Zen·tral·bank** [ツェントらール・バンク] [名] -/-en 〖銀行〗中央銀行(国の金融政策を担う銀行).
der **Zen·tral·bank·rat** [ツェントらールバンク・らート] [名] -(e)s/ (ドイツ連邦銀行の)中央銀行理事会.
der **Zen·tral·bau** [ツェントらール・バウ] [名] -(e)s/-ten 〖建〗集中式建築.
die **Zen·tral·be·hör·de** [ツェントらール・べ[へ]ーあデ] [名] -/-n 中央官庁.
die **Zen·tra·le** [ツェントらーレ] [名] -/-n **1.** 中心〔中央〕部, 中枢(部);(党などの)本部,(タクシーの)配車センター(Taxi∼),(銀行の)本店,(会社の)本社. **2.** (電話)交換室(Telefon∼). **3.** 〖幾何〗中心線.
die **Zen·tral·ein·heit** [ツェントらール・アインハイト] [名] -/-en 〖コンピュータ〗中央処理装置(CPU).
zen·tral·ge·heizt [ツェントらール・ゲハイツト] [形] 集中暖房の.
die **Zen·tral·ge·walt** [ツェントらール・ゲヴァルト] [名] -/-en (主に[単])〖政〗(特に連邦国家の)中央権力.
die **Zen·tral·hei·zung** [ツェントらール・ハイツング] [名] -/-en **1.** セントラルヒーティング, 集中暖房. **2.** (集中暖房の)ラジエーター.
die **Zen·tra·li·sa·ti·on** [ツェントらリザツィオーン] [名] -/-en 集中化, 中央集権化;集中〔中央集権〕化されていること.
zen·tra·li·sie·ren [ツェントらリズィーれン] [動] *h.* **1.** 〔〈et^4〉ヲ〕中央集権化する. **2.** 〔sich^4〕中央集権化される.
die **Zen·tra·li·sie·rung** [ツェントらリズィーるング] [名] -/-en =Zentralisation.
der **Zen·tra·lis·mus** [ツェントらリスムス] [名] -/ 中央集権制〔主義〕.
zen·tra·lis·tisch [ツェントらリスティシュ] [形] 中央集権制〔主義〕の.
das **Zen·tral·ko·mi·tee** [ツェントらール・コミテー] [名] -s/-s (特に共産党の)中央委員会(略 ZK).
die **Zen·tral·kraft** [ツェントらール・クらふト] [名] -/..kräfte 〖理〗中心力.
das **Zen·tral·ner·ven·sys·tem** [ツェントらール・ネるふェン・ズュステーム] [名] -s/-e 〖医・動〗中枢神経系(略 ZNS).
das **Zen·tral·or·gan** [ツェントらール・オるガーン] [名] -s/-e **1.** 〖生〗中枢器官. **2.** (団体・政党の)機関紙;中央機関.
der **Zen·tral·spei·cher** [ツェントらール・シュパイひャー] [名] -s/- 〖コンピュータ〗主記憶〔メインメモリー〕装置.
die **Zen·tral·stel·le** [ツェントらール・シュテレ] [名] -/-n 中心地, 中央部, 本部, センター.
der **Zen·tral·ver·schluss**, [旧] **Zen·tral·ver·schluß** [ツェントらール・ふぇあシュルス] [名] -es/..schlüsse 〖写〗レンズシャッター.
zen·trie·ren [ツェントリーれン] [動] *h.* **1.** 〔〈et^4〉ヲ+um 〈et^4〉ヲ中心ニシテ〕《文》配置する. **2.** 〔sich^4+um 〈et^4〉ヲ〕中心に置く〔置いている〕. **3.** 〔〈et^4〉ヲ〕〖工〗中心点に合せる.
..zen·triert [.. ..ツェントリーあト] [接尾] 名詞などにつけて「…中心の」を表す形容詞を作る: ich*zentriert* 自分中心の. patienten*zentriert* 患者中心の.
zen·tri·fu·gal [ツェントリ・ふガール] [形] 〖理〗遠心(力)の;〖医・生〗遠心性の.
die **Zen·tri·fu·gal·kraft** [ツェントリふガール・クらふト] [名] -/..kräfte 〖理〗遠心力.
die **Zen·tri·fu·gal·pum·pe** [ツェントリふガール・プムペ] [名] -/-n 〖工〗遠心〔渦巻〕ポンプ.
die **Zen·tri·fu·ge** [ツェントリ・ふーゲ] [名] -/-n 遠心分離機.
zen·tri·fu·gie·ren [ツェントリ・ふギーれン] [動] *h.* 〔〈et^4〉ヲ〕遠心分離機にかける.
zen·tri·pe·tal [ツェントリ・ペタール] [形] 〖理〗求心(力)の;〖医・生〗求心性の.
die **Zen·tri·pe·tal·kraft** [ツェントリペタール・クらふト] [名] -/..kräfte 〖理〗求心力.
zen·trisch [ツェントリシュ] [形] 中心〔中央〕の;中心〔中央〕にある.
der **Zen·tri·win·kel** [ツェントリ・ヴィンケル] [名] -s/- 〖幾何〗中心角.
das **Zen·trum** [ツェントるム] [名] -s/..tren **1.** (円・関心などの)中心;(場所などの)中央, 中心部(郵便での略はC);(権力などの)中枢;(産業・文化などの)中心地,(施設・団体としての)センター. **2.** 〖解・生理〗(神経)中枢(Nerven∼). **3.** ([単]のみ)中央党(∼*s*partei)(1870-1933年, ドイツのカトリック系政党).
die **Zen·tu·rie** [ツェントゥーりエ] [名] -/-n (古代ローマ軍の)百人隊.
der **Zen·tu·rio** [ツェントゥーりオ] [名] -s/-nen [ツェントゥりオーネン] (古代ローマ軍の)百人隊の隊長.
der **Ze·o·lith** [ツェオリート] [名] -s〔-en〕/-e(n) 〖鉱〗沸石(ふっせき), ゼオライト(水の軟水化に使用).
(*der*) **Ze·pha·nja** [ツェふぁニヤ] [名] 〖旧約〗ゼパニア(紀元前7世紀のイスラエルの預言者).
der **Ze·phir** [ツェーふぃーあ] [名] -s/-e **1.** ([単]のみ)《古・詩》そよ風(西風の神 Zephyros にちなむ). **2.** ゼファー(柔らかい細糸の木綿布).
ze·phi·risch [ツェふぃーリシュ] [形] 《古・詩》そよ吹く.
der **Ze·phyr** [ツェーふゅーあ] [名] -s/ =Zephir 1.
ze·phy·risch [ツェふゅーリシュ] [形] = zephirisch.
der **Zep·pe·lin** [ツェッペリーン] [名] -s/-e ツェッペリーン飛行船(ドイツの Ferdinand Graf von ∼, 1838-1917, による最初の実用飛行船).
das **Zep·pe·lin·luft·schiff** [ツェッペリーン・ルふト・シふ] [名] -(e)s/-e =Zeppelin.
das〔*der*〕**Zep·ter** [ツェプター] [名] -s/- 王笏(おうしゃく);《転》支配権, 支配的役割. 【慣用】**das**〔**den**〕**Zepter führen**〔**schwingen**〕《冗》君臨する.
das **Zer** [ツェーあ] [名] -s/ 〖化〗セリウム(記号 Ce).
zer.. [ツェあ..] [接頭] 「分離, 破壊」などを表す非分離動詞を作る. アクセント無.
das **Ze·rat** [ツェらート] [名] -(e)s/-e 軟膏(なんこう)基剤(蠟(ろう)・脂肪・油からなる).
zer·bei·ßen* [ツェあバイセン] [動] *h.* **1.** 〔〈et^4〉ヲ〕かみ砕く. **2.** 〔〈j^4〉ヲ〕あちこち刺す〔噛む〕(ノミなどが).
zer·bers·ten* [ツェあベるステン] [動] *s.* 〔補足なし〕粉々になる(爆発したりして);割れそうである(頭が痛くて);《転》爆発する(怒りなどで).
der **Zer·be·rus** [ツェるベるス] [名] -/-se **1.** 〖ギ神〗ケルベロス(三つの頭を持つ地獄の番犬). **2.** こわい番人.
zer·beu·len [ツェあボイレン] [動] *h.* 〔〈et^4〉ヲ〕《稀》へこませる.
zer·bom·ben [ツェあボムベン] [動] *h.* 〔〈et^4〉ヲ〕爆弾〔爆撃〕で破壊する.
zer·bombt [ツェあボムプト] [形] 爆弾〔爆撃〕で破壊された.
zer·bre·chen* [ツェあブれっひェン] [動] **1.** *s.* 〔補足なし〕(粉々に)割れる(ガラス・皿などが),(二つに〔ばらばらに〕)折れる(棒などが),(ばらばらに)壊れる(おもちゃ・友情などが). **2.** *h.* 〔〈et^4〉ヲ〕(粉々に)割る,(ばらばらに)壊す,(二つに〔ばらばらに〕)折る. 【慣用】**〈j^1〉 ist an 〈et^3〉 zerbrochen** 《文》〈人ハ〉〈事ニ〉(精神的に)敗北した. *h.* **sich^3 den Kopf zerbrechen** 頭を痛める.
zer·brech·lich [ツェあブれっひリひ] [形] 壊れやすい;《文》華奢(きゃしゃ)な(体つきの).
die **Zer·brech·lich·keit** [ツェあブれっひリひカイト] [名] -/ 壊れやすさ, もろさ;《文》華奢(きゃしゃ)な体つき.
zer·brö·ckeln [ツェあブれっケルン] [動] **1.** *s.* 〔補足なし〕細か

zerlöchern

く砕ける,ぼろぼろに崩れる(壁などが):《転・文》崩れる,崩壊する. **2.** *h.* 〈et⁴ッ〉(指で)細かく砕く(土などを),ぼろぼろにする(パンなどを).

zer·brö·ckelt [ツェあブりョッケルト] 形 崩れさった.
zer·dep·pern [ツェあデッパーン] 動 *h.* 〈et⁴ッ〉(口)(面白半分に)粉々に壊す.
zer·drü·cken [ツェあドリュッケン] 動 *h.* **1.** 〈j⁴/et⁴ッ〉押しつぶす(ジャガイモなどを),(押し)つぶす(蚊などを),押しつけて消す(タバコなどを). **2.** 〈et⁴ッ〉(口)(押しつけてしわくちゃにする(衣服などを),くしゃくしゃにする,ひどい形に変形する.
die **Ze·re·a·lie** [ツェれアーリエ] 名 -/-n 《主に 複》《稀》穀類;農作物.
ze·re·bral [ツェれブらール] 形 **1.** 【医】大脳の,脳性の. **2.** 【言】反転音の. **3.** 《稀》知的な.
die **Ze·re·mo·nie** [ツェれモニー,ツェれモーニエ] 名 -/-n 儀式,式典,セレモニー.
ze·re·mo·ni·ell [ツェれモニエル] 形 《文》儀式の,儀式的な.
das **Ze·re·mo·ni·ell** [ツェれモニエル] 名 -s/-e 《文》儀式のしきたり(規定),儀典.
der **Ze·re·mo·ni·en·meis·ter** [ツェれモーニエン・マイスタ-] 名 -s/- 儀典長,式部官.
ze·re·mo·ni·ös [ツェれモニオース] 形 《文》儀式ばった.
das **Ze·re·sin** [ツェれズィーン] 名 -s/ 【化】セレシン(高分子炭化水素の漂白された地蠟(ピ゚)).
das **Ze·re·vis** [ツェれヴィース] 名 -/- 学生組合員の帽子(金または銀の刺繍(シシュウ)のある丸帽);《学生・古》ビール.
zer·fah·ren [ツェあふぁーれン] 形 **1.** 注意力が散漫な. **2.** 車の走行で傷んだ;《稀》車に踏みつぶされた.
die **Zer·fah·ren·heit** [ツェあふぁーれンハイト] 名 -/ 注意力散漫,精神不統一.
der **Zer·fall** [ツェあふぁル] 名 -(e)s/..fälle **1.**《匣のみ》(建物・国・文化などの)崩壊. **2.** 【核物理】(粒子などの)崩壊. **3.**《稀》(体力の)衰え,衰弱.
zer·fal·len* [ツェあふぁレン] 動 *s.* **1.** 《囲崩》崩れる(壁などが);《転》崩壊する(帝国・モラルなどが):Tabletten in Wasser ~ lassen 錠剤を水に溶かす. **2.** 《囲崩》【核物理】崩壊する(原子核が). **3.** 〈in 〈et⁴〉〉分れる(部分・章などに). **4.** 〈mit 〈j³〉〉不仲になる. **5.** 《囲崩》《稀》(体力の)衰える,衰弱する.
das **Zer·falls·pro·dukt** [ツェあふぁルス・プろドゥクト] 名 -(e)s/-e 【核物理】(原子核の)崩壊生成物.
zer·fa·sern [ツェあふぁーザーン] 動 **1.** *h.* 〈et⁴ッ〉繊維にほぐす. **2.** 《囲崩》繊維にほぐれる.
zer·fet·zen [ツェあふぇッツェン] 動 *h.* 〈j⁴/et⁴ッ〉ずたずたに引裂く(タオル・手紙などを),ぐしゃぐしゃにする(手榴(テシュウ)弾が人・腕などを). **2.** 〈et⁴ッ〉酷評する,こき下ろす.
zer·fled·dern [ツェあふれッダーン] 動 = zerfledern.
zer·fle·dern [ツェあふれーダーン] 動 *h.* 〈et⁴ッ〉縁をすり切らせる(本などの).
zer·flei·schen [ツェあふらイシェン] 動 *h.* 〈j⁴/et⁴ッ〉食い裂く(動物が獲物などを). 【慣用】 sich⁴ in Selbstvorwürfen zerfleischen《文》われとわが身を責めさいなむ.
zer·flie·ßen* [ツェあふりーセン] 動 *s.* **1.** 《囲崩》溶ける(バター・水などが). **2.** 《囲崩》《稀》《色・インクなどが》にじむ. 【慣用】 in 〈vor〉 Mitleid zerfließen 人に同情しているという様子を見せる. in Tränen zerfließen 泣き崩れる.
zer·fres·sen* [ツェあふれッセン] 動 *h.* **1.** 〈et⁴ッ〉食う(虫がウールの服などを),食破る,かじる(ネズミなどが). **2.** 〈et⁴ッ〉腐食する,侵す(さびが鉄などを). **3.** 〈j⁴/et⁴ッ〉苛(ジ゚)む,悩ませる.
zer·fur·chen [ツェあふるヒェン] 動 *h.* 〈et⁴ッ〉溝を作って傷める(道などに);しわを作る(顔・幹などに).

zer·furcht [ツェあふるヒト] 形 皺(ジ゚)の刻まれた;轍(わだ)の跡の残った.
zer·ge·hen* [ツェあゲーエン] 動 *s.* **1.** 〈in 〈et³〉〉/auf 〈et³〉〉溶ける(氷・砂糖・ラードなどが). **2.** 〈in 〈j³〉〉《囲崩》消える(反感などが).
zer·gen [ツェるゲン] 動 *h.* 〈j⁴ッ〉《方》からかう,怒って怒らせる.
zer·glie·dern [ツェあグリーダーン] 動 *h.* **1.** 〈et⁴ッ〉解剖(解体)する. **2.** 〈et⁴ッ〉分析する(行動・文などを).
die **Zer·glie·de·rung** [ツェあグリーデるング] 名 -/-en 解体,解剖;分解,分析.
zer·ha·cken [ツェあハッケン] 動 *h.* 〈et⁴ッ〉細かく割る(おのなどで),細かく切刻む;たたき割る.
zer·hau·en(*) [ツェあハウエン] 動 *h.* 〈et⁴ッ〉打砕く.
das **Ze·ri·um** [ツェーリウム] 名 -s/ 【化】《古》セリウム.
zer·kau·en [ツェあカウエン] 動 *h.* 〈et⁴ッ〉噛み砕く.
zer·klei·nern [ツェあクらイナーン] 動 *h.* 〈et⁴ッ〉小さく切る(砕く)(肉・野菜・薪などを).
die **Zer·klei·ne·rung** [ツェあクらイネるング] 名 -/-en 切り刻む,粉砕,細切り.
zer·klop·fen [ツェあクろップふぇン] 動 *h.* 〈et⁴ッ〉たたいて砕く,【料】とく(卵を).
zer·klüf·tet [ツェあクりュフテット] 形 割れ(裂け)目の多い: eine ~e Steilküste 入り組んだ断崖(ダジ゚)の海岸.
zer·kna·cken [ツェあクナッケン] 動 **1.** *h.* 〈et⁴ッ〉かちんと割る;ぽきんと折る;ぱちんとつぶす(しらみなどを). **2.** *s.* 《囲崩》ぽきんと折れる.
zer·knal·len [ツェあクナレン] 動 **1.** *s.* 《囲崩》ぱんと音を立てて割れる(風船・電球などが). **2.** *h.* 〈et⁴ッ〉ぱんと音を立てて破裂させる(かんしゃく玉・袋などを). **3.** 《囲崩》がちゃんと音を立てて割れる(皿などを).
zer·knaut·schen [ツェあクナウチェン] 動 *h.* 〈et⁴ッ〉(口)しわくちゃにする.
zer·knirscht [ツェあクニるシュト] 形 後悔に打ちひしがれた.
die **Zer·knirscht·heit** [ツェあクニるシュトハイト] 名 -/ 後悔に打ちひしがれていること,悔恨;罪の意識.
die **Zer·knir·schung** [ツェあクニるシュング] 名 -/ = Zerknirschtheit.
zer·knit·tern [ツェあクニッターン] 動 *h.* 〈et⁴ッ〉しわくちゃにする. 【慣用】 zerknittert sein (口)しょげている.
zer·knül·len [ツェあクニュレン] 動 *h.* 〈et⁴ッ〉くしゃくしゃに丸める(紙・布などを).
zer·ko·chen [ツェあコッヘン] 動 **1.** *h.* 〈et⁴ッ+ (zu 〈et³〉)〉煮崩れさせる. **2.** *s.* (zu 〈et³〉)煮崩れする.
zer·krat·zen [ツェあクらッツェン] 動 *h.* **1.** 〈et⁴ッ〉引っかき(擦り)傷をつける(家具・レンズなどに). **2.** ((〈j³〉)+〈et⁴ッ〉)引っかき傷を負わせる: sich³ das Gesicht ~ 顔に引っかき傷をつける.
zer·krü·meln [ツェあクりューメルン] 動 **1.** *h.* 〈et⁴ッ〉(指で)細かく砕く(パンなどを). **2.** *s.* 《囲崩》ぼろぼろに砕ける.
zer·las·sen* [ツェあらッセン] 動 *h.* 〈et⁴ッ〉【料】溶かす(バターなどを).
zer·lau·fen* [ツェあらウふぇン] 動 *s.* = zerfließen.
zer·leg·bar [ツェあレーク・バール] 形 分解できる.
zer·le·gen [ツェあレーゲン] 動 *h.* **1.** 〈et⁴ッ〉分解する(機械などを). 〈et⁴ッ〉分ける(光を). **2.** 〈et⁴ッ〉解体する;切り分ける(肉などを). **3.** 〈et⁴ッ〉分析する.
die **Zer·le·gung** [ツェあレーグング] 名 -/-en 分解;分光;解体;切り分け;分析.
zer·le·sen* [ツェあレーゼン] 動 〈et⁴ッ〉何度も読んでぼろぼろにする(本などを).
zer·lö·chern [ツェありョッヒャーン] 動 *h.* 〈et⁴ッ〉穴だら

zerlöchert [ツェルヒャート] 形 穴だらけの, ぼろぼろの.

zerlumpt [ツェルムプト] 形 ぼろぼろの; ぼろを着た.

zermahlen(*) [ツェアマーレン] 動 h. ⟨et⁴⟩ッ+ (zu ⟨et³⟩ニ) 碾(ひ)く.

zermalmen [ツェアマルメン] 動 h. ⟨j⁴/et⁴⟩ッ押しつぶす, 粉砕する.

zermartern [ツェアマるターン] 動 h. 1. ⟨j⁴/et⁴⟩ッ⟨文⟩責め苛(さい)む. 2. ⟨et⁴⟩ッ悩ます(頭を).

(das) **Zermatt** [ツェるマット] 名 -s/ ⟦地名⟧ツェルマット(スイス南部, ヴァリス州の保養地).

zermürben [ツェアミュるベン] 動 h. 1. ⟨j⁴/et⁴⟩ッぼろぼろにする, 消耗させる, 疲れさせる(心痛などが), 弱らせる(抵抗する力などを). 2. ⟨et⁴⟩ッ⟨稀⟩ぼろぼろにする(革などを).

zernagen [ツェアナーゲン] 動 h. 1. ⟨et⁴⟩ッ食破る, かじって壊す(ネズミなどが); 腐食する. 2. ⟨j⁴/et⁴⟩ッ苛(さいな)む, 悩ませる.

zernieren [ツェルニーレン] 動 h. ⟨et⁴⟩ッ⟨文・古⟩包囲する(要塞(さんむ)などを).

die **Zero** [ゼ:ro ゼ-ろ] 名 -/-s (das ~ -s/-s も有) 1. (ルーレットの板上棒の)ゼロ. 2. (数の)零, ゼロ; ⟦言⟧ゼロ形態素.

die **Zeroplastik** [ツェろ・プラスティク] 名 -/-en 1. (蠟のみ)蠟(ろう)細工, 蠟製彫術. 2. 蠟細工製品, 蠟製彫像.

zerpflücken [ツェアプリュッケン] 動 h. 1. ⟨et⁴⟩ッむしり取る(花びらなどを). 2. ⟨et⁴⟩ッニいちけちけにする(作品などに).

zerplatzen [ツェアプラッツェン] 動 s. ⟦慣用⟧破裂する, ぱちんとはじける(風船などが); 炸裂(さくれつ)する(爆発する). 【慣用】vor Wut/Neid zerplatzen 怒りを爆発させる/妬(ねた)ましさをあらわにする.

zerquetschen [ツェアクヴェッチェン] 動 h. ⟨et⁴⟩ッ押しつぶす(果実・虫・手などを). 【慣用】⟨et¹⟩ kostet 100 Euro und ein paar Zerquetschte ⟨口⟩⟨物₁⟩100ユーロとちょっとする.

das **Zerrbild** [ツェる・ビルト] 名 -(e)s/-er 戯画, 風刺画, カリカチュア.

zerreiben(*) [ツェあらイベン] 動 h. 1. ⟨et⁴⟩ッすりつぶす; ⟨et⁴⟩ッ zu Pulver ~ ⟨物₄⟩すって粉末にする(スパイスなどを). 2. ⟨j⁴⟩ッ殲滅(せんめつ)する; ⟨j⁴⟩ッ sich⁴の場合)心身をすり減らす.

zerreißbar [ツェあらイス・バーあ] 形 引裂くことのできる, 破れやすい.

zerreißen(*) [ツェあらイセン] 動 1. ⟨j⁴/et⁴⟩ッ引裂く(紙・肉食獣が獲物などを), 引きちぎる(ひもなどを); (転)引裂く(絆(きずな)・家族などを); つんざく(叫び声が静けさなどを). 2. h. ⟨et⁴⟩ッ穴をあけてしまう, かぎざきを作る(服などに); ⟨口⟩(…をけなすために)ずたずたにしてしまう(服・靴などを). 3. s. ⟦慣用⟧裂ける, 切れる, ちぎれる(綱など), 穴があく; (転・文)消え消える(霧が). 【慣用】h. sich⁴ für ⟨j⁴⟩ zerreißen ⟨口・冗⟩⟨人のために⟩いろいろと骨を折る. h. sich⁴ zerreißen ⟨口⟩いくつかのことを同時にする. ⟨et⁴⟩ zerreißt ⟨j³⟩ das Herz ⟨事で⟩⟨人₃⟩胸が引き裂かれる思いがする.

zerreißfest [ツェあらイス・ふェスト] 形 ⟦工⟧引っ張りに強い.

die **Zerreißfestigkeit** [ツェあらイス・ふェスティヒカイト] 名 -/ ⟦工⟧引っ張り強さ.

die **Zerreißprobe** [ツェあらイス・プローベ] 名 -/-n 1. ⟦工⟧引っ張り強さのテスト. 2. 重大な試練.

die **Zerreißung** [ツェあらイスゥング] 名 -/-en (引き)裂く(裂かれる)こと; ⟦医⟧断裂, 裂傷.

zerren [ツェれン] 動 h. 1. ⟨j⁴/et⁴⟩ッ+(方向)へ(或ヵ)/(場所)ニ引きずって行く, 引きずり出す(込む). 2. ⟨an ⟨j³/et³⟩⟩ッ力まかせに[ぐいぐい]引っ張

る; (転)(…)にさわる(騒音などが神経に). 3. ⟨sich³+⟨et⁴⟩⟩ッ伸ばす, 過度に伸ばしていためる(腱(けん)などを). 【慣用】⟨et¹⟩ an die Öffentlichkeit zerren ⟨事₁⟩を公衆の面前にさらけ出す. ⟨j⁴⟩ vor Gericht zerren ⟨人₄⟩を法廷に引き出す.

zerrinnen(*) [ツェアりネン] 動 s. ⟦慣用⟧⟨文⟩少しずつ解けていく(雪などが); (転)流れ去る(時が), 消えてなくなる(金が), 無に帰する, 潰(つい)える(計画・希望などが).

zerrissen [ツェありッセン] 形 引裂かれた, ぼろぼろの; 心が千々(ちぢ)に乱れた, 支離滅裂な.

die **Zerrissenheit** [ツェありッセンハイト] 名 -/ 心が千々(ちぢ)に乱れていること, 支離滅裂.

der **Zerrspiegel** [ツェる・シュピーゲル] 名 -s/- 像をゆがめて見せる鏡.

die **Zerrung** [ツェるング] 名 -/-en 1. (筋肉・靭帯(じんたい)などを)無理(過度)に伸ばすこと. 2. ⟦地質⟧(岩石の)曳裂.

zerrupfen [ツェアるプふェン] 動 h. ⟨et⁴⟩ッむしってばらばらにする(花・紙などを); (転)(…)にいちけちけをつける(作品などに).

zerrütten [ツェアりゥッテン] 動 h. 1. ⟨j⁴/et⁴⟩ッ打ちのめす(人を), ひどく損ねる(健康などを), 錯乱させる(神経を). 2. ⟨et⁴⟩ッ破綻(はたん)させる, めちゃめちゃにする(関係などを).

zerrüttet [ツェあリゥッテット] 形 ひどく損なわれた; 破綻(はたん)した.

die **Zerrüttung** [ツェあリゥッテゥング] 名 -/-en ひどく損ねる(損なわれている)こと; 破綻させる(破綻させられている)こと.

zersägen [ツェアゼーゲン] 動 h. ⟨et⁴⟩ッ鋸(のこ)で細かくひく.

zerschellen [ツェアシェレン] 動 s. (an ⟨et³⟩ニハァッヵッテ)こっぱみじんになる, 粉々になる(船などが); (転)潰(つい)える(軍隊・計画などが).

zerschießen(*) [ツェアシーセン] 動 h. ⟨et⁴⟩ッ銃撃(砲撃)で破壊する, 撃ち砕く, 穴だらけにする.

zerschlagen(*) [ツェアシュラーゲン] 動 h. 1. ⟨et⁴⟩ッ砕く, 粉々にする(皿などを投げつけ落としたりして). 2. ⟨et⁴⟩ッ粉々に割る, めちゃめちゃに壊す(石などが). 3. ⟨j⁴/et⁴⟩ッ打ち壊す(砕く); (転)粉砕する(敵などを); 壊滅させる, 解体する(組織などを). 4. ⟨et⁴⟩ッ⟦料⟧攪拌する, かき混ぜる(卵を). 5. ⟨sich⁴⟩潰(つい)える, だめになる(計画・希望などが). 6. ⟨et⁴⟩ッ壊す(計画・希望などを). 【慣用】⟨j³⟩ alle Knochen zerschlagen ⟨口⟩⟨人₃⟩をさんざんぶん殴る.

zerschlagen [ツェあシュラーゲン] 形 疲れ切った.

zerschleißen(*) [ツェアシュライセン] 動 1. ⟨et⁴⟩ッすり切れさせる, 磨滅させる, 使い(着)古す. 2. s. ⟦慣用⟧⟨稀⟩すり切れる, 磨滅する.

zerschlissen [ツェあシュリッセン] 形 すり切れた, ぼろぼろの.

zerschmeißen(*) [ツェアシュマイセン] 動 h. 1. ⟨et⁴⟩ッ⟨口⟩投げて(落して)粉々にする; 物を投げて壊す. 2. ⟨et⁴⟩ッ⟨古⟩打砕く.

zerschmelzen(*) [ツェアシュメルツェン] 動 s. ⟦慣用⟧すっかり溶ける. 2. ⟨et⁴⟩ッ完全に溶かす.

zerschmettern [ツェアシュメッターン] 動 h. ⟨j⁴/et⁴⟩ッ打砕く, 粉砕する(窓ガラス・敵などを).

zerschneiden(*) [ツェあシュナイデン] 動 h. 1. ⟨et⁴⟩ッ(二つに・いくつかに)切る(肉・ひもなどを). 2. (転)断つ(絆などを). 3. ⟨j³⟩ッ+⟨et⁴⟩ッ切る, (…に)切り傷をつける.

zerschunden [ツェあシュンデン] 形 すりむいた.

zersetzen [ツェあゼッツェン] 動 h. 1. ⟨et⁴⟩ッ分解する, 腐食する(有機体・金属などを); ⟨et⁴⟩ッsich⁴の場合)分解する. 2. ⟨et⁴⟩ッ崩壊させる(モラル・秩序などを).

die **Zer·set·zung** [ツェあゼっツング] [名] -/-en **1.** (扇動による秩序などの)崩壊. **2.** 分解.

der **Zer·set·zungs·pro·zess,** [旧]**Zer·set·zungs·pro·zeß** [ツェあゼっツングス・プろツェス] [名] -es/-e 分解過程.

zer·sie·deln [ツェあズィーデルン] [動] *h.* 〘〈et^4〉ノ〙自然景観を宅地化で損なう《土地の》.

die **Zer·sied·lung** [ツェあズィードルング] [名] -/-en 宅地化による景観の破壊《特にリゾート地の》.

zer·spal·ten$^{(*)}$ [ツェあシュパルテン] [動] *h.* **1.** 〘〈et^4〉ヲ〙(二つに・細かく)割る, 裂く《薪・国などを》. **2.** 〔sich^4〕割れる, 裂ける, 分裂する.

zer·split·tern [ツェあシュプリっターン] [動] **1.** *s.* 〘[補足なし]〙(砕けて)粉々になる, 粉みじんになる《ガラスなどが》, ばらばらに〔細かく〕砕ける〔割れる〕《骨・木などが》, ずたずたに裂ける;《転》分裂する《国などが》. **2.** *h.* 〘〈et^4〉ヲ〙粉々〔ばらばら〕に砕く, ずたずたに引裂く, 分散させる. 【慣用】*h.* **sich^4 in 〈j^4/et^4〉 zersplittern** 〈人・事に〉分裂する. *h.* **seine Kräfte/Zeit zersplittern** 力/時間を(あまりにも)いろんなことに分散させる. *h.* **sich^4 zersplittern** (あまりにも)いろんなことに手をだす.

die **Zer·split·te·rung** [ツェあシュプリっテるング] [名] -/-en 粉砕;分裂.

zer·spren·gen [ツェあシュプれンゲン] [動] *h.* **1.** 〘〈et^4〉ヲ〙爆破する《岩などを》, 破裂させる《瓶などを》, 破る《ひなが卵の殻などを》. **2.** 〘〈j^4〉ヲ〙追散す, 壊走させる《敵軍などを》.

zer·sprin·gen* [ツェあシュプリンゲン] [動] *s.* **1.** 〘[補足なし]〙粉々に砕ける〔割れる〕《コップなどが》, 細かくひび割れる《鏡などが》. **2.** 〘〈j^3〉ノ〙《文》(…が)割れるようだ《頭が痛みで》, 張裂けんばかりである《胸が》. **3.** 〘[補足なし]〙《文》ぷっつり切れる《弦などが》.

zer·stamp·fen [ツェあシュタムプふぇン] [動] *h.* **1.** 〘〈et^4〉ヲ〙踏みつぶす, 踏みにじる《馬が芝生などを》. **2.** 〘〈et^4〉ヲ〙つぶす《ジャガイモなどを》.

zer·stäu·ben [ツェあシュトイベン] [動] *h.* 〘〈et^4〉ヲ〙スプレーする, 噴霧する《香水・殺虫剤などを》.

der **Zer·stäu·ber** [ツェあシュトイバー] [名] -s/- 噴霧器, 霧吹き, スプレー.

zer·ste·chen* [ツェあシュテっひぇン] [動] *h.* **1.** 〘〈j^4/et^4〉ヲ〙刺して傷をつける《タイヤ・指先などを》. **2.** 〘〈j^4〉ヲ〙あちこち刺す《蚊(か)などが》.

zer·stie·ben$^{(*)}$ [ツェあシュティーベン] [動] *s.* 〘[補足なし]〙《文》飛び散る《火花・水などが》, 四散する《群衆などが》;《転》(突然)消えうせる, あとかたもなく消える《悲しみなどが》.

zer·stör·bar [ツェあシュ㋢ーあ・バーあ] [形] 破壊できる.

zer·stö·ren [ツェあシュ㋢ーれン] [動] *h.* **1.** 〘〈et^4〉ヲ〙破壊する《建物・自然などを》. **2.** 〘〈j^4/et^4〉ヲ〙めちゃめちゃ〔台なし〕にする《健康・人生・幸せなどを》, ぶち壊す, 打砕く《希望・幻想などを》.

der **Zer·stö·rer** [ツェあシュ㋢ーらー] [名] -s/- **1.** 破壊者. **2.** 駆逐艦;(第二次大戦時の)重戦闘機.

zer·stö·re·risch [ツェあシュ㋢ーれりシュ] [形] 破壊的な.

die **Zer·stö·rung** [ツェあシュ㋢ーるング] [名] -/-en **1.** 《[単]のみ》破壊;めちゃめちゃにする〔される〕こと. **2.** 《主に[複]》(破壊による)損害, 被害.

die **Zer·stö·rungs·wut** [ツェあシュ㋢ーるングス・ヴート] [名] -/ 破壊衝動

zer·sto·ßen* [ツェあシュトーセン] [動] *h.* 〘〈et^4〉ヲ〙つき砕く, (突き)つぶす《乳棒・すりこぎなどで》.

zer·strah·len [ツェあシュトらーレン] [動] *h.* 〘[補足なし]〙〘核物理〙消滅放射する.

die **Zer·strah·lung** [ツェあシュトらールング] [名] -/-en 〘核物理〙消滅放射.

zer·strei·ten* [ツェあシュトらイテン] [動] *h.* **1.** 〔sich^4+(mit 〈j^3〉ト)〕けんか別れする. **2.** 〔相互代名詞sich^4〕けんか別れをする.

zer·streu·en [ツェあシュトろイエン] [動] *h.* **1.** 〘〈et^4〉ヲ+〈場所〉ニ〙まき散らす《紙などを》;〘光〙発散させる. **2.** 〘〈j^4〉ヲ〙追散す《群衆・デモ隊などを》. **3.** 〔sich^4〕散って行く《群衆などが》. **4.** 〘〈et^4〉ヲ〙吹飛ばす《不安・疑念などを》. **5.** 〘〈j^4〉ノ+(mit 〈et^3〉デ/durch 〈et^4〉デ)〙気を紛らせる〔そらせる〕.

zer·streut [ツェあシュトろイト] [形] 散り散りになった;上の空の, 放心した.

die **Zer·streut·heit** [ツェあシュトろイトハイト] [名] -/ 放心(状態), 注意散漫, ぼんやりしていること.

die **Zer·streu·ung** [ツェあシュトろイウング] [名] -/-en **1.** 《[単]のみ》(群衆などを)追散すこと;(疑念などを)取除くこと. **2.** 気晴らし. **3.** 《[単]のみ》《稀》放心(状態), 注意散漫.

die **Zer·streu·ungs·lin·se** [ツェあシュトろイウングス・リンゼ] [名] -/-n 〘光〙発散レンズ.

zer·stü·ckeln [ツェあシュテュっケルン] [動] *h.* 〘〈et^4〉ヲ〙細かく切る, 切刻む《肉などを》;《転》細かく分割する《土地などを》.

die **Zer·stü·cke·lung** [ツェあシュテュっケルング] [名] -/-en 細分;分割.

die **Zer·stück·lung** [ツェあシュテュっクルング] [名] -/-en = Zerstückelung.

zer·tei·len [ツェあタイレン] [動] *h.* **1.** 〘〈et^4〉ヲ〙切り分ける《肉・布などを》, 分割する. **2.** 〔sich^4〕分れる, 分散する;散る, 晴れる《雲などが》.

die **Zer·tei·lung** [ツェあタイルング] [名] -/-en 細分, 分割;分散.

zer·tep·pern [ツェあテっパーン] [動] *h.* =zerdeppern.

das **Zer·ti·fi·kat** [ツェるティふぃカート] [名] -(e)s/-e **1.** 《古》(官庁の)証明書. **2.** 修了証書. **3.** 〘銀行〙投資(信託受益)証券(Investment∼).

zer·ti·fi·zie·ren [ツェるティふぃツィーれン] [動] *h.* 〘〈et^4〉ノ〙証明〔修了証〕書を出す, (…を公式に)証明する.

zer·tram·peln [ツェあトらムペルン] [動] *h.* 〘〈et^4〉ヲ〙踏荒らす, 踏みにじる.

zer·tren·nen [ツェあトれネン] [動] *h.* 〘〈et^4〉ノ〙縫い目をほどく.

zer·tre·ten* [ツェあトれーテン] [動] *h.* 〘〈et^4〉ヲ〙踏みつぶす〔にじる〕《花・虫・吸殻などを》, 踏荒らす.

zer·trüm·mern [ツェあトりゅマーン] [動] *h.* 〘〈j^4/et^4〉ヲ〙粉々〔めちゃめちゃ〕に壊す, 打砕く《窓ガラス・家具などを》, 分裂させる《原子核を》;〘医〙破砕する《結石などを》;《転》破壊する《文化などを》;打砕く《敵などを》.

die **Zer·trüm·me·rung** [ツェあトりゅメるング] [名] -/-en 粉砕, 破壊.

die **Zer·ve·lat·wurst** [ツェるヴェラート・ヴるスト, zɛrvə.. ゼるヴェラート・ヴるスト] [名] -/..würste セルベラートソーセージ《一種のサラミ》.

zer·vi·kal [ツェるヴィカール] [形] 〘解〙頸(けい)部の;子宮頸部の.

zer·wer·fen* [ツェあヴェるふぇン] [動] *h.* 《稀》 **1.** 〔sich^4+mit 〈j^3〉ト〕仲たがいする. **2.** 〘〈et^4〉ヲ〙投げて〔落として〕砕く;(…に)物を投げて壊す.

zer·wüh·len [ツェあヴューレン] [動] *h.* 〘〈et^4〉ヲ〙掘り返す《土などを》, めちゃくちゃにする《部屋などを》, くしゃくしゃにする《ベッド・髪などを》.

das **Zer·würf·nis** [ツェあヴュるふニス] [名] -ses/-se 《文》不和, 仲たがい.

zer·zau·sen [ツェあツァウゼン] [動] *h.* 〘(〈j^3〉ノ)+〈et^4〉ヲ〙乱す, くしゃくしゃにする《髪などを》;《転》(…に)いちいちけちをつける.

zer·zaust [ツェあツァウスト] [形] ぼさぼさの, くしゃくしゃの.

die **Zes·si·on** [ツェスィオーン] [名] -/-en 〘法〙(権利の)譲渡.

das **Ze·ta** [ツェータ] [名] -(s)/-s ゼータ, ジータ《ギリシア語アルファベットの第 6 字 ζ, Z》.

Z

Zeter 1464

das **Ze·ter** [ツェーター] 名《次の形で》 ~ und Mord (io) schreien《口》(過度に)大きな叫び声をあげる.

das **Ze·ter·ge·schrei** [ツェーター・ゲシュライ] 名 -s/《口》大げさな叫び声(悲鳴).

das **Ze·ter·mor·dio** [ツェーター・モルディオ] 名 -s/《口・古》大げさな叫び声(悲鳴): ~ schreien 大げさに叫ぶ, (大したことでもないのに)大げさな悲鳴をあげる.

ze·tern [ツェーターン] 動 h.《蔑》けたたましくののしる, がなりたてる, 泣きわめく.

der **Zet·tel**¹ [ツェッテル] 名 -s/- 紙片, 紙切れ(メモ用紙・伝票・ビラなど): sich⁴《et⁴》auf einem ~ notieren《事⁴》紙切れにメモする.

die **Zet·tel**² [ツェッテル] 名 -s/-《織》縦糸.

die **Zet·tel·bank** [ツェッテル・バンク] 名 -/-en《古》発券銀行.

die **Zet·tel·kar·tei** [ツェッテル・カルタイ] 名 -/-en カード索引(目録).

der **Zet·tel·kas·ten** [ツェッテル・カステン] 名 -s/..kästen カードボックス.

der **Zet·tel·ka·ta·log** [ツェッテル・カタローク] 名 -(e)s/-e カード式カタログ.

der **Zet·tel·spieß** [ツェッテル・シュピース] 名 -s/-e メモホルダー, 状差し.

der **Zet·tel·spie·ßer** [ツェッテルシュピーサー] 名 -s/- = Zettelspieß.

das **Zeug** [ツォイク] 名 -(e)s/-e 1.《㊙のみ》《口》《蔑》㊙ 有)(名前を言わずに)これ, それ, もの, しろもの: ばかげたこと, たわごと: ein furchtbares ~ ひどいしろもの. dummes ~ treiben ばかなことをする. 2.《古》布地, 生地; 衣服, 下着, シーツ類. 3.《海》索具: mit vollem ~ 帆をいっぱいに張って. 4.《古》道具, 工具; (馬・牛の)引き具. 5.《醸》ビールの酵母.【慣用】sich⁴《et⁴》am Zeug flicken《口》《人の事⁴》けちをつける. für《j⁴/et⁴》ins Zeug gehen《人・事のために》一所懸命働く.《j³》hat (in《j³》steckt) das Zeug zu《j³/et⁴》《人・事になる》素質がある. mit《j³/et⁴》(scharf) ins Zeug gehen《人・事に》(非常に)厳しい措置をとる. sich⁴ für《j⁴/et⁴》ins Zeug legen《口》《人・事のために》努力する, 買入れする.

..zeug [..ツォイク] 接尾 名詞・動詞につけて「…の道具」を表す. また名詞・形容詞につけて集合名詞を作る: Flugzeug 飛行機. Fahrzeug 乗り物. Schulzeug 学用品. Grünzeug 青物類.

das **Zeug·amt** [ツォイク・アムト] 名 -(e)s/..ämter《軍》(昔の)兵器廠(しょう).

der **Zeug·druck** [ツォイク・ドルック] 名 -(e)s/《織》1.《㊙のみ》プリント. 2. プリント地.

der **Zeu·ge** [ツォイゲ] 名 -n/-n 1. 証人, 目撃者: ~ eines Unfalls 事故の目撃者. ~n der Vergangenheit 《文》過去の物言わぬ証人(廃墟などが). 2.【法】証人: einen ~n verhören (vernehmen) 証人を尋問する.【慣用】《j³》als Zeugen (zum Zeugen) anrufen《人を》拠りどころにする(引き合いに出す).

zeu·gen¹ [ツォイゲン] 動 h. 1.{(für《j³》 の権利・)gegen《j³》に不利に)}証言をする. 2.{für《et⁴》}物語るものである(事が). 3.{von《et³》}証拠だてる(事が).

zeu·gen² [ツォイゲン] 動 h. 1.{(mit《j³》 トー・・に) + 《j³》}もうける(男・カップルが子供を). 2.《j⁴/et⁴》》(転・文)生む, 引起こす.

die **Zeu·gen·aus·sa·ge** [ツォイゲン・アウス・ザーゲ] 名 -/-n 証人の供述, 証言: eine belastende/entlastende ~ 不利な/有利な証言.

die **Zeu·gen·bank** [ツォイゲン・バンク] 名 -/..bänke (法廷の)証人席.

die **Zeu·gen·be·ein·flus·sung** [ツォイゲン・ベアインふルッスング] 名 -/-en (有利な証言を得るための)証人への働きかけ.

die **Zeu·gen·be·fra·gung** [ツォイゲン・べふらーグング] 名 -/-en 証人尋問.

der **Zeu·gen·be·weis** [ツォイゲン・ベヴァイス] 名 -es/-e (証人の)供述証拠.

die **Zeu·gen·ver·neh·mung** [ツォイゲン・ふぇあネーミング] 名 -/-en 証人尋問.

das **Zeug·haus** [ツォイク・ハウス] 名 -es/..häuser《軍》(昔の)兵器庫.

die **Zeu·gin** [ツォイギン] 名 -/-nen Zeuge の女性形.

das **Zeug·nis** [ツォイクニス] 名 -ses/-se 1. (成績・資格などの)証明書, 証書; 勤務(雇用者が退職者に出す)(Arbeits~); 鑑定書:《j³》ein ~ ausstellen《人に》証明書を発行する, ein ärztliches ~ 診断書. 2.《文》証拠, 例証. 3.《文》証言.【慣用】von《et³》Zeugnis ablegen (geben)《文》《事を》証拠だてる.

die **Zeug·nis·ver·wei·ge·rung** [ツォイクニス・ふぇあヴァイゲルング] 名 -/-en【法】証言拒否.

die **Zeu·gung** [ツォイグング] 名 -/-en (男・カップルが)子供をつくること, (転)引き出す(引起こす)こと.

der **Zeu·gungs·akt** [ツォイグングス・アクト] 名 -(e)s/-e (男・カップルの)生殖行為.

zeu·gungs·fä·hig [ツォイグングス・ふぇーイヒ] 形 (男・カップルの)生殖能力のある.

die **Zeu·gungs·kraft** [ツォイグングス・クらふト] 名 -/ (男・カップルの)生殖能力.

zeu·gungs·un·fä·hig [ツォイグングス・ウン・ふぇーイヒ] 形 生殖能力のない.

(*der*) **Zeus** [ツォイス] 名【ギ神】ゼウス(ギリシアの最高神. ローマ神話の Jupiter).

der **Zeus·tem·pel** [ツォイス・テムペル] 名 -s/- ゼウス神殿.

ZEVIS =Zentrales Verkehrs-Informationssystem 中央交通情報システム(車とその所有者に関するデータバンク).

ZGB =Zivilgesetzbuch《スイス・旧東独》民法典.【ドイツでは BGB】

z. H., z. Hd., z Hdn. =zu Händen, zuhanden …気付(手紙など): Firma X ~ (von) Herrn Meier [des Herrn Meier] X社気付マイアー様(２格は(稀)).

die **Zi·be·be** [ツィベーベ] 名 -/-n《南独・オーストリア》(大粒の)干ブドウ.

der **Zi·bet** [ツィーベット] 名 -s/ シベット(①ジャコウネコの臭腺から出る分泌液. ②その分泌液からつくられた香料).

die **Zi·bet·kat·ze** [ツィーベット・カッツェ] 名 -/-n【動】ジャコウネコ.

das **Zi·bo·ri·um** [ツィボーリウム] 名 -s/..rien 1.《カトリック》聖体容器, チボリウム. 2.【建】祭壇の天蓋(がい), チボリウム.

die **Zi·cho·rie** [ツィちょーリエ] 名 -/-n 1.【植】チコリー, キクニガナ. 2. (チコリーの根をひいた)コーヒーの添加物(代用品).

die **Zi·cke** [ツィッケ] 名 -/-n 1. 雌ヤギ. 2.《口・罵》(腹立たしい)ばか女;《㊙のみ》《口》ばかげたこと.

das **Zi·ckel** [ツィッケル] 名 -s/-(n)【動】子ヤギ.

zi·ckeln [ツィッケルン] 動 h.《蔑》子を産む(ヤギが).

zi·ckig [ツィッキヒ] 形《口・蔑》突拍子もない, むら気な;上品ぶった, 取り澄ました(女性).

Zicklein [ツィックライン] 名 -s/- 雌の子ヤギ.

zick·zack [ツィック・ツァック] 副 ジグザグに.

der **Zick·zack** [ツィック・ツァック] 名 -(e)s/-e ジグザグ: im ~ laufen ジグザグに走る.

zick·zack·för·mig [ツィックツァック・ふぉるミヒ] 形 ジグザ

der **Zick·zack·kurs** [ツィックツァック・クルス] 名 -es/-e ジグザグコース.

die **Zick·zack·li·nie** [ツィックツァック・リーニエ] 名 -/-n ジグザグの線.

der **Zi·der** [ツィーダー] 名 -s/ シードル(リンゴ酒).

die **Zie·che** [ツィーヒェ] 名 -/-n 《ﾊﾞｲｴﾙﾝ・南独》(布団・枕などの)カバー.

die **Zie·ge** [ツィーゲ] 名 -/-n **1.** 〖動〗ヤギ(乳のための家畜として、特に雌ヤギ). **2.** 《口・罵》ばか女. **3.** 〖魚〗ツィーゲ(ニシンに似たコイ科の魚).

der **Zie·gel** [ツィーゲル] 名 -s/- 煉瓦(ﾚﾝｶﾞ)・瓦(ｶﾜﾗ)(Dach~).

der **Zie·gel·bren·ner** [ツィーゲル・ブレナー] 名 -s/- 煉瓦(ﾚﾝｶﾞ)・瓦(ｶﾜﾗ)製造業者(職人).

die **Zie·gel·bren·ne·rei** [ツィーゲル・ブレネライ] 名 -/-en 煉瓦(ﾚﾝｶﾞ)製造所.

das **Zie·gel·dach** [ツィーゲル・ダッハ] 名 -(e)s/..dächer 瓦(ｶﾜﾗ)屋根.

die **Zie·ge·lei** [ツィーゲライ] 名 -/-en 煉瓦(ﾚﾝｶﾞ)・瓦(ｶﾜﾗ)製造所.

der **Zie·gel·ofen** [ツィーゲル・オーフェン] 名 -s/..öfen 煉瓦(ﾚﾝｶﾞ)焼き窯.

zie·gel·rot [ツィーゲル・ロート] 形 (赤)煉瓦(ﾚﾝｶﾞ)色の.

der **Zie·gel·stein** [ツィーゲル・シュタイン] 名 -(e)s/-e 煉瓦(ﾚﾝｶﾞ).

der **Zie·gen·bart** [ツィーゲン・バールト] 名 -(e)s/..bärte **1.** ヤギのひげ;(転)(人間の)山羊ひげ. **2.** 〖植〗ホウキタケ.

der **Zie·gen·bock** [ツィーゲン・ボック] 名 -(e)s/..böcke 雄ヤギ.

der **Zie·gen·hirt** [ツィーゲン・ヒルト] 名 -en/-en 山羊飼い.

der **Zie·gen·käse** [ツィーゲン・ケーゼ] 名 -s/- 山羊の乳製チーズ.

das **Zie·gen·le·der** [ツィーゲン・レーダー] 名 -s/- 山羊の革、キッド.

die **Zie·gen·milch** [ツィーゲン・ミルヒ] 名 -/ 山羊の乳.

der **Zie·gen·peter** [ツィーゲン・ペーター] 名 -s/- 《口》おたふく風邪.

zieh [ツィー] 動 ziehen の過去形.

der **Zieh·brun·nen** [ツィー・ブルネン] 名 -s/- 釣瓶(ﾂﾙﾍﾞ)井戸.

zie·he [ツィーエ] 動 ziehen の接続法 2 式.

die **Zieh·el·tern** [ツィー・エルテルン] 複名 《方》養父母.

zie·hen* [ツィーエン] 動 zog; hat/ist gezogen **1.** *h.* 〖et³ﾉ〗引く、引っ張って進む. 〖j⁴/et³ﾉ+〈方向〉ﾆ(ﾏﾃﾞ)〗引っ張って動かす[移動させる]: Rollläden in die Höhe ~ シャッターを巻上げる. den Kamm durchs Haar ~ くしを髪に通す. 〈j⁴/et⁴〉 in den Strudel ~ 〈人・物〉を渦と巻[引]込む. **3.** *h.* 〖et³ﾉ〗+〈方向〉ﾆ(ﾏﾃﾞ)〗引いて[つかんで]連れて行く[来る];(やさしく)引寄せる. **4.** *h.* 〈et⁴〉+〈方向〉ﾆ〗(ハンドル・操縦桿(ｶﾝ)を操作して)向けて進める. **6.** *h.* 〖et³ﾉ〗引く(引いて操作する): die Schnellbremse ~ 非常ブレーキを引く. die Orgelregister ~ パイプオルガンの音栓を引き出す. 〈et³ﾉ〉+aus 〈et³ﾆ〉取出す(自動販売機などを). **8.** *h.* 〈et³ﾉ〉+〈方向/場所〉ﾆ〗位置させる、張る、締める、覆う: den Hut ins Gesicht ~ 帽子を目深にかぶる. den Faden durchs Nadelöhr ~ 糸を針穴に通す. den Gürtel um die Hüften ~ ベルトをウエストに締める. die Gardinen vor das Fenster ~ 窓のカーテンを閉める. **9.** *h.* 〈et³ﾉ〉+über 〈et³ﾆ〉ﾆ〗unter 〈et⁴〉ﾄﾞ〉着る、羽織る. 〈et³ﾉ〉+〈方向〉ﾆ〗動かす:《補足なしで》Du musst! ~ 君は

駒を動かさなくちゃ(君の番だよ). **11.** *h.* 〖〈j³ﾉ〉〗+〈et⁴〉ﾓ〗(引)抜く、外す、取り去る; 脱ぐ:〖医〗抜く(糸を): den Hut ~ 帽子を脱ぐ(あいさつのため). 〈j³〉 einen Zahn ~ 〈人〉の歯を一本抜く. den Korken aus der Flasche ~ 瓶のコルク栓を抜く. den Ring vom Finger ~ 指輪を指からはずす. nach der Operation die Fäden ~ 手術後に抜糸をする. **12.** *h.* 〈et⁴〉+〈方向〉ﾆ〗取り出す、抜く(札入れ・剣などを):《補足なしで》Zieh! 抜け(ピストル・剣などを). **13.** *h.* 〈et³ﾉ〉引く、(抜)取る(くじ・カードなどを). **14.** *h.* 〈et³ﾉ〉(引延ばして)作る、製造する(針金・ろうそくなどを). **15.** *h.* 〈et³ﾉ〉引っ張って伸ばす、引っ張って拡げる(生地・洗濯物などを). **16.** *h.* 〈et³ﾉ〉〗引く(ねばって糸などを). **17.** *h.* 〈et³ﾉ〉+auf 〈et³ﾆ〉張る、貼(ﾊ)る(弦・写真などを). **18.** *h.* 〈et³ﾉ〉〗引く(電線などを). **19.** *h.* 〈et³ﾉ〉+〈(方向)〉ﾆ〗する(顔つきを);動かす(顔の部分を): ein schiefes Gesicht ~ いやな顔をする. die Augenbrauen ~ 眉をつり上げる. **20.** *h.* 〈et³ﾉ〉+auf sich⁴〉引く、招く、被る: die Blicke auf sich⁴ ~ 人々の視線を浴びる. seinen Zorn auf sich⁴ ~ 人の怒りを招く. **21.** *h.* 〈et³ﾉ〉+〈方向〉〗吸込む(空気を胸の中などに). **22.** *h.* 〈an 〈et³ﾆ〉〉(口にくわえて)吸う(タバコ・パイプ・ストローなどを): Sie zieht. 彼女は吸っている(大麻だとか麻薬を). **23.** *h.* 〈et³ﾉ〉+aus 〈et³ﾆ〉〉吸収する、摂取する(植物が);取出す、採取する、絞り出し、得る(鉄鉱石・果汁・利益などを). **24.** *h.* 〈et³ﾉ〉(一筆で)引く(描く)(線などを). **25.** *h.* 〈et³ﾉ〉(+〈方向/周辺ﾆ〉)作る、設ける、掘る、巡らす(堀・境界線・石垣などを): einen Scheitel ~ 頭髪を分ける. **26.** *h.* 〈et³ﾉ〉描く: eine Bahn ~ ある軌道を描く. einen Achter ~ エイトを描く(フィギュアスケートで). eine Schleife ~ 旋回をする(飛行機が[で]). **27.** *h.* 〈et³ﾉ〉+(aus 〈et³ﾀﾞ〉) 飼育する、栽培する: Pflanzen aus Samen ~ 植物を種から育てる. **28.** *h.* 〈et³ﾉ〉+auf 〈j⁴ﾆｱﾃﾞ〉〖金融〗振出す(手形を). **29.** *h.* 〈j³〉ﾆ+〈et³ﾉ〉+〈方向〉ﾆ〗振下ろす: 〈j³〉 den Knüppel über den Kopf ~ 〈人〉の頭に警棒を振下ろす. **30.** *h.* 〈et³ﾆ〉(銃の)腔綫(ｺｳｾﾝ)をつける、ねじみぞをつける、施条する. **31.** *h.* 〈et³ﾉ〉引出し、する: Nutzen aus 〈et³〉 ~ 〈事ﾀﾞ〉利益を引出す: 〈事ﾆ〉役立てる. das Fazit aus 〈et³〉 ~ 〈事ﾀﾞ〉結論を出す(…を総括する). aus 〈et³〉 ~ 〈事ﾀﾞ〉に対する結論を引出す. Vergleiche zwischen 〈et³〉 ~ 〈事ﾄﾞ〉比較する. 〈et⁴〉 in Betracht ~ 〈事ﾓ〉考察する. 〈et⁴〉 in Erwägung ~ 〈事ﾓ〉熟考する. 〈et⁴〉 in Zweifel ~ 〈事ﾓ〉疑問視する. 〈j⁴〉 ins Vertrauen ~ 〈人ﾆ〉秘密を打明ける. 〈j⁴〉 zu Rate ~ 〈人ﾆ〉相談する. **32.** *s.* 〖方向〗〈場所ﾉ〉へ動いて行く、移動する、進む、通って行く、行進する；散策する; 流れる、漂って行く(来る); 染みとおる、浸透する: Die Flüchtlinge *zogen* in die Fremde. その避難民たちは他国へ移って行った. Der Urlauber ~ heimwärts. 休暇旅行者たちが帰って行く. in den Krieg ~ 出陣する(部隊などが). Die Schwalben ~ nach Süden. ツバメたちが南へ渡って行く. Nebel *zieht* über die Wiesen. 霧が草原の上を漂って行く. Die Feuchtigkeit *zog* in die Wände. 湿気が壁に染みわたった. **33.** *h.* 〈an 〈et³ﾆ〉〉(ぐいっと)引く、引っ張る(引き綱・呼鈴のひもなどを). **34.** *h.* 〖様態〗加速する(車が). **35.** *s.* 〈方向〉引っ越す、転居する、移転する. **36.** *h.* 〖理〗磁気を持っている. **37.** *h.* 〖理〗当っている、ヒットしている(映画・歌などが);効果がある、効く(策略などが). **38.** *h.* 〖料〗味と香りを出す(茶が). **39.** *h.* 〖料〗

Ziehharmonika 1466

(沸騰せずに)ゆっくりと煮える：die Suppe ～ lassen スープを時間をかけて煮る. **40.** 〔慣〕(空気の通りがいい；(空気の通りがよく)よく燃える〔煙突・ストーブなどが). **41.** h.〔Es+〈j³〉ガ+〈方向〉ニ〕(心を)惹(ひ)かれる；(…の所へ)行きたいと思う：Es *zog* den jungen Mann zu dem Mädchen. その若い男はその娘に心を惹かれた. Es *zieht* mich in die Ferne. 私は遠いところへ行ってみたい. **42.** h.〔Es+〈方向〉カラ/〈場所〉ニ〕風が入る(通る), 隙間(ま)風が通る. **43.** h.〔Es+〈j³〉ニ〕+in〈et⁴〉ニ〕痛みが走る. **44.** h.〔sich⁴+〈場所/方向〉ニ〕延びている, 走っている, 通じている(道路・傷痕などが). **45.** h.〔sich⁴〕引く(する), 歪(ゆが)む.〔慣〕*s.* **auf Wache ziehen** 歩哨(しょう)に立つ, 見張りにつく. **h. Banknoten aus dem Verkehr ziehen** 銀行券を流通停止にする. **h. Blasen ziehen** 泡立つ, ぶつぶつ発酵する；〔口〕悪い結果を招く. **h. Den Jungen werde ich mir noch ziehen.** この男の子はこれから私の思いどおりの人間に育ててやる〔仕込んでやる〕. **h. die Ruder durchs Wasser ziehen** オールで水をぐいっとかく. **h. Die Straße zieht sich aber.**《口》しかしこの通りは長いなあ(通り抜けるのに思ったより時間がかかる). **h. die Töne beim Singen ziehen** 音を(不快な仕方で)のばして歌う. **h. Die verschiedensten Gedanken zogen durch seinen Kopf.** さまざまな思いが彼の頭の中をよぎった. **h. die Wurzel aus einer Zahl ziehen**〔数〕ある数の平方根を求める. **h. eine Decke fest um sich⁴ ziehen** しっかりと毛布にくるまる. **h.〈et⁴〉 kurz durchs Wasser ziehen**〈物〉を手早く水に通して洗う. **h.〈et⁴〉 nach sich³ ziehen**〈事〉を結果として招く. **Ziehen!** 引く(ドアの貼札).

die **Zieh·har·mo·ni·ka** [ツィー·ハルモーニカ] 名 -/-s 〔..ken〕アコーディオン.

das **Ziehkind** [ツィー·キント] 名 -(e)s/-er 《方》養子, 里子.

die **Zieh·mut·ter** [ツィー·ムッター] 名 -/..mütter **1.**《方》養母,《女の》里親. **2.**《女性の》助育者；〔教〕高等学校見習い教諭の《女性の》指導者.

die **Zie·hung** [ツィーウング] 名 -/-en 籤引(___), 抽選.

die **Zie·hungs·liste** [ツィーウングス·リステ] 名 -/-n 当籤(___)《当選》番号表.

das **Ziel** [ツィール] 名 -(e)s/-e **1.** 目的地；〔スポ〕ゴール：am ～ sein 目的地に到着している. kurz vor dem ～ 目的地を間近にして. ins ～ kommen [durchs ～ gehen] ゴールインする. **2.** 標的：das ～ treffen/verfehlen 的を射る/はずれる. **3.**《努力の》目標, 目的：ein hohes ～ haben 高遠な目標がある. sich³ ein ～ setzen 目標を定める. ein ～ verfolgen 目的を追求する. sein ～ erreichen 目的を果す.〈et⁴〉 zum ～ haben〈事⁴〉を目標にする. sich³〈et⁴〉 zum ～ setzen [stecken] 同上. **4.**《商》《古》支払期限：〈et⁴〉 gegen drei Monate ～ kaufen〈物⁴〉を3カ月の支払期限で買う. **5.**《稀》限度：〈et³〉 ein ～ setzen〈物³〉に終止符を打つ.〔慣〕**ohne Maß und Ziel** 際限なく. **ohne Ziel** あてもなく. **über das Ziel (hinaus)schießen**《口》度を過ごす, 常軌を逸する.

der **Zielbahn·hof** [ツィール·バーン·ホーフ] 名 -(e)s/..höfe 《列車の》行先〔終点〕駅.

das **Ziel·band** [ツィール·バント] 名 -(e)s/..bänder〔スポ〕ゴールのテープ.

ziel·be·wusst, ⓐ**ziel·be·wußt** [ツィール·ベヴスト] 形 目的意識を持った.

zie·len [ツィーレン] 動 h. **1.**〔auf〈j³/et⁴〉ニ/nach〈j³〉ニ向かって〕狙(ね)いを定める,(…を)目ざす. **2.**〔auf〈j⁴/et⁴〉ヲッ〕向けられている；(…が)狙いである, (…を)目ざしている.

das **Zielfern·rohr** [ツィール·フェルン·ローア] 名 -(e)s/-e 照準望遠鏡.

das **Ziel·foto** [ツィール·フォート] 名 -s/-s 〔スポ〕〔着順〕判定写真.

die **Ziel·ge·rade** [ツィール·ゲラーデ] 名 -/-n 〔スポ〕ホームストレッチ.

das **Ziel·ge·rät** [ツィール·ゲレート] 名 -(e)s/-e (爆撃機の)照準器.

die **Ziel·gruppe** [ツィール·グルッペ] 名 -/-n ターゲットグループ(宣伝などの対象者).

die **Ziel·lan·dung** [ツィール·ランドゥング] 名 -/-en 定点〔目標地点〕への着陸〔上陸·着地〕.

die **Ziel·li·nie** [ツィール·リーニエ] 名 -/-n〔スポ〕ゴールライン；ゴール.

das **Ziel·loch** [ツィール·ロッホ] 名 -(e)s/..löcher〔ゴルフ〕ホール.

ziel·los [ツィール·ロース] 形 目的のない, 当てのない.

der **Ziel·rich·ter** [ツィール·リヒター] 名 -s/-〔スポ〕ゴール審判員.

die **Ziel·schei·be** [ツィール·シャイベ] 名 -/-n 標的.

die **Ziel·setzung** [ツィール·ゼッツング] 名 -/-en 目標設定.

ziel·si·cher [ツィール·ズィッヒャー] 形 狙(ね)いの確かな；目標をはっきり見定めた.

die **Ziel·si·cher·heit** [ツィール·ズィッヒャー·ハイト] 名 -/-(的の)狙(ね)いの確かさ；目標に迷いのないこと.

die **Ziel·spra·che** [ツィール·シュプラーヘ] 名 -/-n〔言〕目標言語(①翻訳·通訳における訳文の言語. ②《母語としない人によって》習得されるべき言語).

ziel·stre·big [ツィール·シュトレービヒ] 形 **1.** 迷わずに目標に向かって努力する. **2.** ひたすら目標を目ざす, ひたむきな；目標(目的)に合致する.

die **Ziel·stre·big·keit** [ツィール·シュトレービヒカイト] 名 -/迷わずに目標に向かって努力すること；ひたむきであること；目標に合っていること.

die **Ziel·vor·rich·tung** [ツィール·フォーア·リヒトゥング] 名 -/-en 照準装置.

zie·men [ツィーメン] 動 h.《文·古》**1.**〔sich⁴〕ふさわしい, 当を得ている. **2.**〈j³〉ニ〕似つかわしい(事が).

der **Zie·mer** [ツィーマー] 名 -s/-〔狩〕(猟獣の)背肉. **2.** =Ochsenziemer.

ziem·lich [ツィームリヒ] 形 **1.**《口》かなりの, 相当な：eine ～ e Menge Geld かなりなお金. **2.**《文·古》しかるべき, 礼儀相応になった.
―――― 副(語尾)**1.**(動詞·形容詞·副詞を修飾)(sehrより低いが, 比較的程度が高いことを示して)かなり, 割合に, まあまあ：Seine Leistung ist ～ gut. 彼の成績はまあまあいい方だ. **2.**(動詞·形容詞·副詞·名詞を修飾)《口》まあ(ほとんど)：Ich habe (so) ～ verstanden, was er gesagt hat. 彼の言ったことは, まあ分った.

zie·pen [ツィーペン] 動 h.《北独》**1.**〔鳥〕ぴいぴい[ぴよぴよ]鳴く(小鳥·ひな鳥が). **2.〔Es+〈j³〉ガ+〈場所〉ヲッ〕ちくっと痛む. **3.**〔ちくちく·ひりひりした〕痛みを与える：Au, das *zieept*! あっ痛い. **4.**〈j⁴〉ガ+〔an〈et³〉ヲッ〕つまんで引っ張る(髪などを).

der **Zier** [ツィーア] 名《古》=Zierde.

der **Zier·affe** [ツィーア·アッフェ] 名 -n/-n 《古·蔑》めかし屋, 虚飾家.

der **Zie·rat** [ツィー·ラート] 名 ⇨ Zierrat.

die **Zier·de** [ツィーアデ] 名 -/-n 飾り, 装飾；(転)誉れ, 光輝.

zie·ren [ツィーレン] 動 h. **1.**〔sich⁴〕《蔑》(上品ぶったりして)遠慮してみせる. **2.**〔j⁴/et⁴〕ヲッ〕飾っている(ブローチなどが). **3.**〔et⁴〕ヲ+mit〈et³〉デ〕《文》飾る.

die **Zie·re·rei** [ツィーレらイ] 名 -/-en《蔑》わざとらしい〔度の過ぎた〕遠慮.

der **Zier·fisch** [ツィーア·フィッシュ] 名 -(e)s/-e 観賞

魚.
- *der* **Zier·gar·ten** [ツィーア・ガルテン] 名 -s/..gärten 観賞用植物栽培園.
- *die* **Zier·leis·te** [ツィーア・ライステ] 名 -/-n **1.** 飾り縁. **2.** 〔印〕(ページの上下の)飾り罫.
- **zier·lich** [ツィーアりヒ] 形 かわいらしい,華奢(ﾀ[ﾞ]ｬ)の;優美[優雅]な.
- *die* **Zier·lich·keit** [ツィーアりヒカイト] 名 -/ 愛くるしさ,優美[優雅]さ.
- *die* **Zier·pflan·ze** [ツィーア・プふランツェ] 名 -/-n 観賞植物.
- *die* **Zier·pup·pe** [ツィーア・プペ] 名 -/-n 〔蔑・古〕(若い女性の)おめかし屋.
- *der* **Zier·rat** [ツィーら-ト,ツィーあら-ト],⑧**Zie·rat** 名 -(e)s/-e 〔文〕飾り,装飾(品).
- *die* **Zier·schrift** [ツィーア・シュりふト] 名 -/-en 装飾文字.
- *der* **Zier·strauch** [ツィーア・シュトらウホ] 名 -(e)s/..sträucher 観賞用灌木(ﾋﾞ).
- **Ziff.** =Ziffer (条文などの)項.
- *die* **Zif·fer** [ツィっふぁ-] 名 -/-n **1.** 数字: arabische/römische ~ アラビア/ローマ数字. eine Zahl mit zwei ~n 2桁の数字. **2.** (条文などの)項(略Ziff.).
- *das* **Zif·fer·blatt** [ツィっふぁ-・ブらット] 名 -(e)s/..blätter (時計の)文字盤.
- **..zif·fe·rig** [..ツィっふぇりヒ] 接尾 数詞などにつけて「…個の数字からなる」を表す形容詞を作る: drei-*zifferig* 〔3-*ziff*(*e*)*rig*〕3個の数字からなる.
- **zif·fern·mä·ßig** [ツィっふぁーン・メースィヒ] 形 数字の,数字で表した.
- *die* **Zif·fern·schrift** [ツィっふぁ-ン・シュりふト], **Zif·fer·schrift** [ツィっふぁ-・シュりふト] 名 -/-en 数字による暗号(文).
- **zig** [ツィヒ] 数 《不定》《口》何十もの,多くの: ~ Jahre her すでに何十年も前から.
- **..zig** [..ツィヒ] 接尾 (3を除く)2-9の基数詞につけて,20-90の基数詞を作る: zwan*zig* 20. fünf*zig* 50.
- *die* **Zi·ga·ret·te** [ツィガれッテ] 名 -/-n 紙巻タバコ,シガレット.
- *der* **Zi·ga·ret·ten·au·to·mat** [ツィガれッテン・アウトマート] 名 -en/-en タバコ自動販売機.
- *das* **Zi·ga·ret·ten·etui** [..'etvi:] [ツィガれッテン・エトヴィー,..'etyi:ツィガれッテン・エテュイー] 名 -s/-s シガレットケース.
- *die* **Zi·ga·ret·ten·län·ge** [ツィガれッテン・レンゲ] 名 -/-n 《口》タバコを一服する間: auf eine ~ 一服する間に.
- *die* **Zi·ga·ret·ten·pau·se** [ツィガれッテン・パウゼ] 名 -/-n 《口》(タバコを一服するための)休憩(時間).
- *die* **Zi·ga·ret·ten·schach·tel** [ツィガれッテン・シャハテる] 名 -/-n タバコの(包装)箱.
- *die* **Zi·ga·ret·ten·spit·ze** [ツィガれッテン・シュピッツェ] 名 -/-n シガレットホルダー,紙巻タバコ用パイプ.
- *der* **Zi·ga·ret·ten·stum·mel** [ツィガれッテン・シュトゥメる] 名 -s/- タバコの吸殻.
- *der [das]* **Zi·ga·ril·lo** [ツィガりロ,..rlljoツィガりルヨ] 名 -s/-s (die ~-/-s も有) シガリロ(小さな葉巻).
- *die* **Zi·gar·re** [ツィガれ] 名 -/-n **1.** 葉巻,シガー. **2.** 《口》叱責(ﾋ),とがめ: eine ~ bekommen どやしつけられる. 〈ｼﾞｭ〉eine ~ verpassen〈人ﾆ〉しかりとばす.
- *der* **Zi·gar·ren·ab·schnei·der** [ツィガれン・アップ・シュナイダ-] 名 -s/- シガーの吸い口の切り器).
- *der* **Zi·gar·ren·an·zün·der** [ツィガれン・アンツュンダ-] 名 -s/- (自動車などの)シガーライター.
- *die* **Zi·gar·ren·kis·te** [ツィガれン・キステ] 名 -/-n シガーボックス.
- *die* **Zi·gar·ren·spit·ze** [ツィガれン・シュピッツェ] 名 -/-n シガーホルダー;葉巻の吸い口.
- *der* **Zi·gar·ren·stum·mel** [ツィガれン・シュトゥメる] 名 -s/- 葉巻の吸殻.
- *der* **Zi·geu·ner** [ツィゴイナ-] 名 -s/- **1.** ジプシー. **2.** 《口》(主に《蔑》)放浪癖の男.
- **zi·geu·ner·haft** [ツィゴイナ-ハふト] 形 (外見が)ジプシーのような;(主に《蔑》)放浪〔流浪〕の.
- *die* **Zi·geu·ne·rin** [ツィゴイネりン] 名 -/-nen Zigeuner の女性形.
- **zi·geu·ne·risch** [ツィゴイネりシュ] 形 =zigeunerhaft.
- *die* **Zi·geu·ner·ka·pel·le** [ツィゴイナ-・カペれ] 名 -/-n ジプシーの楽団.
- *das* **Zi·geu·ner·le·ben** [ツィゴイナ-・レーベン] 名 -s/- (主に《蔑》)ジプシーのような生活(不安定で放縦な生活).
- *die* **Zi·geu·ner·mu·sik** [ツィゴイナ-・ムズィーク] 名 -/-en ジプシー音楽.
- **zi·geu·nern** [ツィゴイナーン] 動 zigeunerte; hat/ist zigeunert **1.** s. 〔《場所》ｦ〕《蔑》放浪する. **2.** h. 〔《離所》ﾆ〕(主に《蔑》)(ジプシーのような)放浪生活を送る.
- **zig·tau·send, Zig·tau·send** [ツィヒ・タウゼント] 数《不定》《口》何千もの.
- **zig·tau·sen·de, Zig·tau·sen·de** [ツィヒ・タウゼンデ] 複数《形容詞的変化》《口》何千もの人〔物・事〕.
- *die* **Zi·ka·de** [ツィカーデ] 名 -/-n 〔昆〕セミ.
- *die* **Zik·ku·rat** [ツィックら-ト,ツィクら-ト] 名 -/-s ジックラト(バビロニア建築の階段状の塔).
- *der* **Zi·li·ar·kör·per** [ツィりアーア・⑦ｴﾙパ-] 名 -s/- 〔医〕(眼球の)毛様体.
- (*der*) **Zil·le**[1] [ツィれ] 名 〔人名〕ツィレ(Heinrich ~, 1858-1929, 風刺的素描画家).
- *die* **Zil·le**[2] [ツィれ] 名 -/-n 《東中独・ｵ-ｽﾄﾘｱ》(河川の荷物用)艀(ﾊﾞﾝ);(ｽﾎﾟ-ﾂ)(平底のオール一本の小舟.
- *das* **Zim·bal** [ツィンバる] 名 -s/-e[-s] ツィンバロン(東欧の打奏弦楽器).
- *die* **Zim·bel** [ツィンベる] 名 -/-n ツィンベル(①小型のシンバル.②オルガンの明るく澄んだ音を出すストップ).
- *der* **Zim·ber** [ツィンバ-] 名 -s/- キンベル人(ゲルマンの一部族).
- *das* **Zim·mer** [ツィマ-] 名 -s/- **1.** 部屋,室: ein möbliertes ~ 家具付の部屋. ein ~ mit Bad バス付の部屋. ein ~ bestellen 部屋を予約する. ins ~ gehen 部屋に入る.〈et³〉aufs ~ bringen lassen〈物ｦ〉(ホテルの)部屋に運ばせる. **2.** 室内設備(~einrichtung). 〔慣用〕**das Zimmer hüten** (病気のため)部屋にこもる. **Zimmer frei** 空室あり(リゾートホテルなどの掲示). **Zimmer zu vermieten** 貸間あり(掲示).
- *die* **Zim·mer·an·ten·ne** [ツィマ-・アンテネ] 名 -/-n 室内アンテナ.
- *die* **Zim·mer·ar·beit** [ツィマ-・アルバイト] 名 -/-en 大工仕事.
- *die* **Zim·mer·ein·rich·tung** [ツィマ-・アイン・りヒトゥング] 名 -/-en 室内設備,家具,調度.
- *der* **Zim·me·rer** [ツィメら-] 名 -s/- 大工.
- *die* **Zim·mer·flucht** [ツィマ-・ふルふト] 名 -/-en (ドアでつながっている)一連の部屋.
- *der* **Zim·mer·ge·sel·le** [ツィマ-・ゲゼれ] 名 -n/-n 大工職人.
- *das* **Zim·mer·hand·werk** [ツィマ-・ハント・ヴェるク] 名 -s/ 大工仕事.
- *der* **Zim·mer·herr** [ツィマ-・へる] 名 -(e)n/-(e)n 〔古〕(部屋の)転借人.
- **..zim·me·rig** [..ツィメりヒ] 接尾 数詞につけて「…室ある」を表す形容詞を作る: eine drei*zimmerige* 〔3-*zimm*(*e*)*rige*〕Wohnung 三室ある住宅.
- *die* **Zim·mer·laut·stär·ke** [ツィマ-・ラウト・シュテるケ]

-/-n 室外に漏れない音量.

das **Zim·mer·mäd·chen** [ツィマー・メートヒェン] 图 -s/- (ホテルなどの)部屋係のメード.

(der/die) **Zim·mer·mann**¹ [ツィマー・マン] 图〖人名〗ツィンマーマン.

der **Zim·mer·mann**² [ツィマー・マン] 图 -(e)s/..leute 大工.【慣用】⟨j³⟩ zeigen, wo der Zimmermann das Loch gelassen hat⟪口⟫⟨人に⟩部屋から出ていくように求める.

der **Zim·mer·manns·blei·stift** [ツィマーマンス・ブライシュティフト] 图 -(e)s/-e 大工用鉛筆(木材用の太くて芯の堅い鉛筆).

der **Zim·mer·meis·ter** [ツィマー・マイスター] 图 -s/- 大工の親方, 棟梁(とうりょう).

zim·mern [ツィマーン] 動 h. 1. ⟨⟨et⁴⟩ッ⟩作る(木工品を);⟨転⟩築く(生活などを);作る, 創造する(作品などを). 2. ⟨an ⟨et³⟩ッ⟩作る仕事をする(木工品を). 3. 〖略〗大工仕事をする.

die **Zim·mer·num·mer** [ツィマー・ヌマー] 图 -/-n (ホテル・病院・ビルなどの)部屋番号.

die **Zim·mer·pflan·ze** [ツィマー・プルランツェ] 图 -/-n 室内観賞植物.

die **Zim·mer·tem·pe·ra·tur** [ツィマー・テムぺらトゥーあ] 图 -/-en 室温;快適な室内温(18-22°C).

das **Zim·mer·the·a·ter** [ツィマー・テアータ] 图 -s/- 室内小劇場;室内小劇団.

der **Zim·met** [ツィメット] 图 -s 〖古〗=Zimt 1.

..**zimm·rig** .. ツィムりッ⟩ 接尾 =..zimmerig.

zim·per·lich [ツィムパーりッ] 形⟪蔑⟫ 1. (主に否定用 nicht と)⟨j³⟩と神経質な;心づかいの細やかな, 控え目な. 2. いやに上品ぶった, ひどく恥ずかしがる.

die **Zim·per·lich·keit** [ツィムパーりッカイト] 图 -/⟪蔑⟫ 神経質, 心づかいが細やかなこと;気取り, ひどく恥ずかしがること.

die **Zim·per·lie·se** [ツィムパー・リーゼ] 图 -(n)s/-n ⟪口・蔑⟫気取り屋(の娘), 恥ずかしがり屋(の娘).

der **Zimt** [ツィムト] 图 -(e)s/-e (图は種類) 1. 〖植〗肉桂(にっけい), シナモン. 2. ⟪口・蔑⟫くだらないもの(こと).

zimt·far·ben [ツィムト・ふぁるベン] 形 肉桂(にっけい)色の(赤味をおびた淡褐色).

das **Zin·gu·lum** [ツィングルム] 图 -s/-s ⟨..la⟩ (祭服の白い紐帯(ちゅうたい));(カトリックの聖職者の服・ガウンの)腰帯.

der **Zink**¹ [ツィンク] 图 -(e)s/-en ツィンク(中世から18世紀まで用いられた管楽器).

das **Zink**² [ツィンク] 图 -(e)s/ 〖化〗亜鉛(記号 Zn).

die **Zink·ätzung** [ツィンク・エッツング] 图 -/-en 〖印〗亜鉛版食刻.

das **Zink·blech** [ツィンク・ブレッヒ] 图 -(e)s/-e 亜鉛板.

die **Zink·blen·de** [ツィンク・ブレンデ] 图 -/-n 〖鉱〗閃亜鉛鉱.

die **Zin·ke** [ツィンケ] 图 -/-n (フォーク・くしなどの)歯;〖木工〗柄(え).

zin·ken [ツィンケン] 動 h. ⟨ミシ⟩ 1. ⟨⟨et⁴⟩ニ⟩目印をつける(いかさまをするためにカードに). 2. 〖略〗⟨秘密を⟩もらす.

der **Zin·ken** [ツィンケン] 图 -s/- 1. ⟨欺⟩(詐欺師・泥棒仲間の)符号. 2. ⟪口⟫でかい鼻.

zink·hal·tig [ツィンク・ハルティヒ] 形 亜鉛を含んだ.

der **Zink·leim·ver·band** [ツィンク・ライム・ふぇるバント] 图 -(e)s/..bände 〖医〗チンクライム〔亜鉛膠(にかわ)〕包帯.

die **Zink·sal·be** [ツィンク・ザルべ] 图 -/-n 〖医〗亜鉛華軟膏(なんこう).

das **Zinn** [ツィン] 图 -(e)s/ 錫(すず)(記号 Sn);錫製品.

die **Zin·ne** [ツィネ] 图 -/-n (塔などの頂部にある鋸壁(きょへき)の)凸壁;⟨雅⟩屋上テラス.

zin·nern [ツィナーン] 形 錫(すず)(製)の.

die **Zinn·fo·lie** [ツィン・ふぉーリエ] 图 -/-n 錫箔(はく).

der **Zin·no·ber** [ツィノーバー] 图 -s/- 1. 〖鉱〗辰砂(しんしゃ). 2. ⟨⟨略⟩⟩das ~ (图のみ)(顔料の)朱;朱色. 3. (图のみ)⟪口・蔑⟫らくた;つまらぬこと, たわごと.

zin·no·ber·rot [ツィノーバー・ろート] 形 朱色の.

der **Zinn·sol·dat** [ツィン・ゾルダート] 图 -en/-en (おもちゃの)錫(すず)の兵隊.

der **Zins** [ツィンス] 图 -es/-en⟨-e⟩ 1. (图-en;主に图)利子, 利息, 金利:⟨j³⟩⟨et⁴⟩auf ~en leihen⟨人に⟩⟨物を⟩利息つきで貸す. von den ~en leben 利子生活をする. 4 % ~en bringen (tragen)(4 %の)利子を生む. 2. (图-e)⟨南独・オーストリアー⟩賃貸借料, 家賃. 3. (图-e)(昔の)地代(Grund~).【慣用】⟨j³⟩⟨et⁴⟩ mit Zinsen zurückzahlen 〔heimzahlen〕⟨人に⟩⟨事の⟩仕返しを十分にする.

der **Zins·ab·schnitt** [ツィンス・アップ・シュニット] 图 -(e)s/-e 〖金融〗利札.

die **Zins·er·hö·hung** [ツィンス・エあへ⟨⟩ーウング] 图 -/-en 金利引上げ.

die **Zin·ses·zins** [ツィンゼス・ツィンス] 图 -es/-en(主に图)複利.

zins·frei [ツィンス・ふらイ] 形 1. =zinslos. 2. ⟨ちゃ⟩借賃〔家賃〕のいらない.

der **Zins·fuß** [ツィンス・ふース] 图 -es/..füße 利率.

zins·los [ツィンス・ロース] 形 無利子〔無利息〕の;(中世の)地代のかからない.

die **Zins·pflicht** [ツィンス・プルリヒト] 图 -/ (中世の)地代を納める義務.

zins·pflich·tig [ツィンス・プルリヒティヒ] 形 (中世の)地代を納める義務を負った.

die **Zins·po·li·tik** [ツィンス・ポリティーク] 图 -/ 金利政策.

die **Zins·rech·nung** [ツィンス・れヒヌング] 图 -/-en 利息計算.

der **Zins·satz** [ツィンス・ザッツ] 图 -es/..sätze 利率.

der **Zins·schein** [ツィンス・シャイン] 图 -(e)s/-e 〖金融〗利札.

die **Zins·ta·bel·le** [ツィンス・タベレ] 图 -/-n 利率表.

der **Zi·on** [ツィーオン] 图 -(s)/ 1. 〖聖〗シオン(エルサレムの丘でダヴィデとその子孫の居城があった). 2. (無冠詞)(ユダヤ民族の故国としての)エルサレム:Töchter ~s シオンの娘たち(エルサレムの女性). 3. ユダヤ人, エルサレムの住民.

der **Zi·o·nis·mus** [ツィオニスムス] 图 -/ シオニズム(ユダヤ国家建設運動).

der **Zi·o·nist** [ツィオニスト] 图 -en/-en シオニスト.

zi·o·nis·tisch [ツィオニスティシュ] 形 シオニズムの.

der **Zip·fel** [ツィップふぇル] 图 -s/- 1. (衣類などのとがった)端;(物の細くなった)先端, (ソーセージなどの)しっぽ;(物事の)一端:⟨et⁴⟩ am 〔beim〕 rechten ~ anfassen 〔anpacken〕⟪口⟫⟨事を⟩手際よく始める. ⟨et⁴⟩ an 〔bei〕 allen vier ~n haben ⟪口⟫⟨物を⟩しっかりと持っている. 2. (所属学生組合を示す)飾りリボン(Bier~). 3. ⟪口⟫おちんちん.

zip·fe·lig [ツィップふぇリヒ] 形 (裾などの)不揃い(ぎざぎざ)な.

die **Zip·fel·müt·ze** [ツィップふぇル・ミュッツェ] 图 -/-n 先端が折れ曲った毛糸の三角帽子.

das **Zip·per·lein** [ツィッパーライン] 图 -s/- ⟪口・冗⟫痛風;痛み, 疾患.

die **Zir·bel·drü·se** [ツィるベル・ドりューゼ] 图 -/-n 松果腺(せん).

die **Zir·bel·kie·fer** [ツィるベル・キーふぁー] 图 -/-n 〖植〗

シモフリマツ.

zir・ka [ツィるカ] 副 《語飾》(数詞を修飾)約, およそ(略 ca.): ~ eine Stunde 約1時間.

der **Zir・kel** [ツィるケル] 名 -s/- **1.** コンパス: mit dem ~ einen Kreis ziehen [schlagen] コンパスで円を描く. **2.** 円形, 輪;(クラブなどの)サークル;(旧東独の)作業グループ: in einem ~ 輪になって. **3.** 循環, 旋回, 周行. **4.** 〚馬術〛輪乗り. **5.** (学生組合の印の)円形組合せ文字. **6.** 〚論〛循環論法(~schluss). **7.** 〚楽〛5度圏(Quinten~).

zir・keln [ツィるケルン] 動 h. **1.** 〈et⁴ッ〉(コンパスで測るように)正確に測る. **2.** 〚慣用〛〈口〉細かい点まで考えを巡らす. **3.** 〈et⁴ッ+〈方向〉〉〈口〉正確に運ぶ: den Ball ins Tor ~ ボールをゴールに正確にシュートする. **4.** 〔um 〈et⁴〉/周り〕〈稀〉回る, 循環する(⇌).

der **Zir・kel・schluss, ⓓZir・kel・schluß** [ツィるケル・シュルス] 名 -es/-schlüsse 〚論〛循環論法.

der **Zir・kon** [ツィるコーン] 名 -s/-e 〚鉱〛ジルコン.

das **Zir・ko・ni・um** [ツィるコーニウム] 名 -s/- 〚化〛ジルコニウム(記号 Zr).

zir・ku・lar [ツィるクラーる] 形 円形の, リング状の.

das **Zir・ku・lar** [ツィるクラーる] 名 -s/-e 回状, 回章.

zir・ku・lär [ツィるクレーる] 形 円形の, リング状の; 〚医・心〛〈古〉循環性の.

die **Zir・ku・la・ti・on** [ツィるクラツィオーン] 名 -/-en (空気などの)循環,(貨幣の)流通;(⑮のみ)〚医〛血液循環, 血行(Blut~).

zir・ku・lie・ren [ツィるクリーれン] 動 h. 〚慣用〛〈空気・血液などの)循環する;(うわさなどが)流れる. 【慣用】〈et¹ 〉 **zirkulieren lassen** 〈物を〉回覧する.

der **Zir・kum・flex** [ツィるクム・ふレックス, ツィるクム・ふレックス] 名 -es/-e 〚言〛アクセン・シルコンフレックス(記号 ^).

der **Zir・kum・po・lar・stern** [ツィるクム・ポラーる・シュテるン] 名 -(e)s/-e 〚天〛周極星.

zir・kum・skript [ツィるクム・スクリプト] 形 〚医〛限局(性)の.

die **Zir・kum・zi・si・on** [ツィるクム・ツィズィオーン] 名 -/-en 〚医〛輪状切除(包皮など); 輪状切開(腫瘍ここなど).

der **Zir・kus** [ツィるクス] 名 -/-se **1.** (古代ローマの)円形競技場. **2.** サーカス, 曲馬〚曲芸〛団;サーカス小屋: zum ~ gehen サーカスの団員になる. **3.** (⑮のみ)サーカスの公演;〈口〉サーカスの観客: in den ~ gehen サーカスを見に行く. **4.** (⑮のみ)〈口・蔑〉大騒ぎ, ごった返し.

der **Zir・kus・rei・ter** [ツィるクス・ライタ―] 名 -s/- (サーカスの)曲馬師.

das **Zir・kus・zelt** [ツィるクス・ツェルト] 名 -(e)s/-e サーカスのテント.

die **Zir・pe** [ツィるペ] 名 -/-n 〚昆〛〈方〉コオロギ;セミ.

zir・pen [ツィるペン] 動 h. 〚慣用〛りんりんと鳴く(コオロギなどが), みんみんと鳴く(セミが), ちっちっと鳴く(小鳥が).

die **Zirr・ho・se** [ツィろーゼ] 名 -/-n 〚医〛(臓器の)硬変.

der **Zir・rus** [ツィるス] 名 -/-[Zirren]〚気〛絹(巻)雲(けんうん).

die **Zir・rus・wol・ke** [ツィるス・ヴォルケ] 名 -/-n = Zirrus.

zis・al・pin [ツィス アルピーン] 形 (ローマから見て)アルプスのこちら側の, アルプスの南側の.

zi・scheln [ツィッシェルン] 動 h. **1.** 〈et⁴ッ/〈文〉ト〉腹立たしげにひそひそやく. **2.** 〔(über 〈j³〉/)〕悪口をこそこそささやく.

zi・schen [ツィッシェン] 動 **1.** h. 〚慣用〛しゅっと音を立てる(蛇などが), しゅっしゅっと音を立てる(湯気などが), しーっと言う(観客が不満で). **2.** 〈et⁴ッ/〈文〉ト〉押殺した声で鋭く言う. **3.** s.〚〈方向〉(にから)〛しゅっ(とこと)と飛んで行く(飛ぶ), 吹出す. **4.** h. 〈et⁴ッ〉〈口〉きゅっと飲む(ビールなどを).

der **Zisch・laut** [ツィッシュ・ラウト] 名 -(e)s/-e 〚言〛歯擦音([ʃ], [ʒ]など), シューという音.

die **Zi・se・lier・ar・beit** [ツィゼリーあ・アるバイト] 名 -/-en **1.** (⑮のみ)彫金. **2.** 彫金の作品.

zi・se・lie・ren [ツィゼリーれン] 動 h. **1.** 〈et⁴ッ+in 〈et⁴〉〉彫る(模様を金属などに). **2.** 〈et⁴ッ〉彫刻する(金属で).

(die) **Zis・ka** [ツィスカ] 〚女名〛ツィスカ(Franziskaの短縮形).

die **Zis・ter・ne** [ツィステるネ] 名 -/-n **1.** 地下の天水溜 (ため)め. **2.** 〚解〛(器官・細胞の)槽.

der **Zis・ter・zi・en・ser** [ツィステるツィエンザー] 名 -s/- シトー会修道士.

der **Zis・ter・zi・en・ser・or・den** [ツィステるツィエンザー・オるデン] 名 -s/- シトー会(11世紀末に設立され, ベネディクト修道会に属す).

die **Zi・ta・del・le** [ツィタデレ] 名 -/-n (城郭・城塞(じょうさい)など)都市の)中心の要塞.

das **Zi・tat** [ツィタート] 名 -(e)s/-e 引用文;有名な言葉.

der **Zi・ta・ten・schatz** [ツィターテン・シャッツ] 名 -es/..schätze 引用句辞典(特にその書名として用いられる);名句[有名な言葉]に関する豊富な知識.

die **Zi・ther** [ツィター] 名 -/-n チター(擦弦(きげん)楽器).

zi・tie・ren [ツィティーれン] 動 h. **1.** 〈et⁴ッ〉引用する. **2.** 〔aus 〈et⁴〉カら〕引用する. **3.** 〈j³〉ノイツモ言ウコト(異美ユ)ヲ引合いに出す. **4.** 〈j³ッ+〈方向〉(にから)〉呼出す, 召喚する.

der **Zi・trin** [ツィトリーン] 名 -s/-e 黄水晶.

das **Zi・tro・nat** [ツィトローナート] 名 -(e)s/-e (⑮は種類)シトロンの皮の砂糖漬け.

die **Zi・tro・ne** [ツィトローネ] 名 -/-n **1.** レモンの実;〚植〛レモンの木(~baum):〈j³〉wie eine ~ ausquetschen 〈口〉〈人に〉詰問する;〈人の〉金を巻きあげる. **2.** レモン(印)(否定的評価の象徴);〚車〛(ジャ)〈口〉欠陥が多い不具合の多い欠陥車.

der **Zi・tro・nen・fal・ter** [ツィトローネン・ふァルター] 名 -s/- 〚昆〛ヤマキチョウ.

zi・tro・nen・gelb [ツィトローネン・ゲルプ] 形 レモンイエローの.

die **Zi・tro・nen・li・mo・na・de** [ツィトローネン・リモナーデ] 名 -/-n レモネード.

die **Zi・tro・nen・pres・se** [ツィトローネン・プれッセ] 名 -/-n レモン搾り器.

der **Zi・tro・nen・saft** [ツィトローネン・ザふト] 名 -(e)s/..säfte レモン果汁, レモンジュース.

die **Zi・tro・nen・säu・re** [ツィトローネン・ゾイれ] 名 -/- 〚化〛クエン酸.

der **Zi・tro・nen・säu・re・zy・klus** [ツィトローネン・ゾイれ・ツュークルス] 名 -/- 〚生化〛クエン酸回路(略 TCA).

die **Zi・tro・nen・scha・le** [ツィトローネン・シャーレ] 名 -/-n レモンの皮.

die **Zi・tro・nen・schei・be** [ツィトローネン・シャイベ] 名 -/-n レモンスライス.

das **Zi・tro・nen・was・ser** [ツィトローネン・ヴァッサー] 名 -s/- レモン水.

die **Zi・trus・frucht** [ツィートるス・ふるふト] 名 -/..früchte 柑橘類の果物.

das **Zi・trus・ge・wächs** [ツィートるス・ゲヴェックス] 名 -es/-e 柑橘類の果樹.

der **Zit・ter・aal** [ツィッター・アール] 名 -(e)s/-e 〚魚〛デンキウナギ.

das **Zit・ter・gras** [ツィッター・グらース] 名 -es/..gräser 〚植〛コバンソウ.

zit・te・rig [ツィッテりヒ] 形 = zittrig.

zit·tern [ツィッターン] [動] *h.* **1.** 〔補足なし〕震える(人・手・声などが);震動する(家・機械などが). **2.** 〔vor 〈j³/et³〉ニ〕恐れおののく,びくびくする. **3.** 〔für 〈j⁴〉ノコトヲ/um 〈et⁴〉ノコトヲ〕ひどく心配する.

die **Zit·ter·pap·pel** [ツィッター・パっペル] [名] -/-n 〘植〙アスペン(ポプラ属の高木).

der **Zit·ter·ro·chen** [ツィッター・ろっヘン] [名] -s/- 〘魚〙シビレエイ.

zitt·rig [ツィっトりひ] [形] (手足に)震えがきている,震える.

die **Zit·ze** [ツィっツェ] [名] -/-n (哺乳(ほにゅう)類の雌の)乳首;《口》(女性の)乳房;乳首.

die **Zi·vet·te** [ツィヴェっテ] [名] -/-n 〘動〙ジャコウネコ.

zi·vil [ツィヴィール] [形] **1.** (軍に対して)民間の,シビリアンの,市民の:〘法〙das ~*e* Recht 民法. ~*er* Ungehorsam 市民の不服従(非暴力的手段による政府への反抗). im ~*en* Leben 市民生活では. **2.** 妥当な,まともな,適当な.

das **Zi·vil** [ツィヴィール] [名] -s/ **1.** 平服,私服:in ~ sein 私服を着ている. **2.** 《稀》(軍に対する)民間. **3.** 《スイス》配偶関係.

der **Zi·vil·an·zug** [ツィヴィール・アン・ツーク] [名] -(e)s/..züge 平服,私服.

der **Zi·vil·be·ruf** [ツィヴィール・べるーふ] [名] -(e)s/-e (軍人の兵役に就いていない時の)民間での職業.

die **Zi·vil·be·völ·ke·rung** [ツィヴィール・べ(ふぇ)ルケるング] [名] -/-en (軍人以外の)一般市民,民間人.

die **Zi·vil·cou·ra·ge** [ツィヴィール・クらージュ] [名] -/ (結果を恐れず公に自己の考えを述べる)市民の勇気(Bismarck の造語).

der **Zi·vil·dienst** [ツィヴィール・ディーンスト] [名] -(e)s/ (良心的兵役拒否者に課せられる)非軍事役務.

der **Zi·vil·dienst·leis·ten·de, Zi·vil·dienst Leis·ten·de** [ツィヴィールディーンスト・ライステンデ] [名] (形容詞的変化)非軍事役務者.

die **Zi·vil·e·he** [ツィヴィール・エーエ] [名] -/-n 〘法〙(教会ではなく戸籍役場での)民事婚.

das **Zi·vil·ge·richt** [ツィヴィール・ゲりひト] [名] -(e)s/-e 民事裁判所.

das **Zi·vil·ge·setz·buch** [ツィヴィール・ゲぜっツ・ブーふ] [名] -(e)s/..bücher 《スイス》〘旧東独〙民法典(略 ZGB).

die **Zi·vi·li·sa·ti·on** [ツィヴィリザツィオーン] [名] -/-en **1.** 文明. **2.** 文明化. **3.** (〔単〕のみ)《稀》(知的に)洗練されたライフスタイル〔生活様式〕.

die **Zi·vi·li·sa·ti·ons·krank·heit** [ツィヴィリザツィオーンス・クらンクハイト] [名] -/-en (主に〔複〕)文明病.

die **Zi·vi·li·sa·ti·ons·mü·dig·keit** [ツィヴィリザツィオーンス・ミューディひカイト] [名] -/ 文明に対する倦怠(けんたい)感.

zi·vi·li·sa·to·risch [ツィヴィリザトーりシュ] [形] 文明の.

zi·vi·li·sie·ren [ツィヴィリズィーれン] [動] *h.* **1.** 〔〈j⁴〉ヲ〕文明化する(部族などを). **2.** 〔〈j⁴/et⁴〉ヲ〕《稀》(知的に)洗練する.

zi·vi·li·siert [ツィヴィリズィーあト] [形] **1.** 文明化した. **2.** (知的に)洗練された.

der **Zi·vi·list** [ツィヴィリスト] [名] -en/-en (軍人に対する)民間人,文民,シビリアン;平服の人.

die **Zi·vi·lis·tin** [ツィヴィリスティン] [名] -/-nen 女性の民間人.

die **Zi·vil·kam·mer** [ツィヴィール・カマー] [名] -/-n 〘法〙(地方裁判所の)民事部.

die **Zi·vil·klei·dung** [ツィヴィール・クライドゥング] [名] -/-en 私服,平服.

die **Zi·vil·lis·te** [ツィヴィール・リステ] [名] -/-n 王室〔宮廷〕費.

die **Zi·vil·per·son** [ツィヴィール・べるゾーン] [名] -/-en (男性・女性の)民間人,文民.

der **Zi·vil·pro·zess,** [旧]**Zi·vil·pro·zeß** [ツィヴィール・プろツェス] [名] -es/-e 〘法〙民事訴訟.

die **Zi·vil·pro·zess·ord·nung,** [旧]**Zi·vil·pro·zeß·ord·nung** [ツィヴィールプろツェス・オるドヌング] [名] -/-en 〘法〙民事訴訟法(略 ZPO).

das **Zi·vil·recht** [ツィヴィール・れひト] [名] -(e)s/ 〘法〙民法,民事法

zi·vil·recht·lich [ツィヴィール・れひトリひ] [形] 〘法〙民法(上)の.

die **Zi·vil·sa·che** [ツィヴィール・ザっヘ] [名] -/-n **1.** 〘法〙民事事件. **2.** (〔複〕のみ)私服,平服.

der **Zi·vil·schutz** [ツィヴィール・シュっツ] [名] -es/ (戦争・災害などの時の)民間人保護;(民間人保護のための)民間防護団(~korps).

das **Zi·vil·schutz·korps** [ツィヴィール・シュっツ・コーあ] [名] -[..コーあ(ス)]/-[..コーあス] (民間人保護のための)民間防護団.

der **Zi·vil·stand** [ツィヴィール・シュタント] [名] -(e)s/ 《スイス》配偶関係.

die **Zi·vil·trau·ung** [ツィヴィール・トらウウング] [名] -/-en (教会ではなく戸籍役場での)民事結婚式.

das **ZK** [ツェっトカー] [名] -(s)/-s 《稀》(特に共産党の)中央委員会(Zentralkomitee).

Zl =Zloty ズオティ(ポーランドの貨幣単位).

der **Zlo·ty** [zlɔ́ti ズロっティ, slɔ́ti スロっティ, tslɔ́ti ツロっティ] [名] -s/-s (単位を表す〔複〕は-)ズオティ(ポーランドの貨幣単位. 略 Zl).

Zn [ツェっトエン] =Zink 〘化〙亜鉛.

ZNS =Zentralnervensystem 中枢神経系.

der〔*das*〕**Znü·ni** [ツニューニ] [名] -s/-s 《スイス》小昼(こひる)(朝食と昼食の間の軽食).

der **Zo·bel** [ツォーベル] [名] -s/- **1.** 〘動〙クロテン. **2.** クロテンの毛皮;クロテンの毛皮製品.

der **Zo·bel·pelz** [ツォーベル・ペルツ] [名] -es/-e クロテンの毛皮;クロテンの毛皮製品.

zo·ckeln [ツォっケルン] [動] *s.* 〔〈方向〉ヘ/〈場所〉ヲ〕《口》のろのろ歩いて〔動いて〕行く(人・車などが).

zo·cken [ツォっケン] [動] *h.* 〔補足なし〕《口》賭(か)けごとをする.

der **Zo·cker** [ツォっカー] [名] -s/- 《口》ギャンブル〔賭博(とばく)〕をする人,賭博師,博打(ばく)うち.

zo·di·a·kal [ツォディアカール] [形] 黄道帯の;黄道十二宮の.

das **Zo·di·a·kal·licht** [ツォディアカール・リひト] [名] -(e)s/ 〘天〙黄道光.

der **Zo·di·a·kus** [ツォディーアクス] [名] -/ 〘天〙黄道帯;〘占〙黄道十二宮.

die **Zo·fe** [ツォーふぇ] [名] -/-n (昔の)侍女.

der **Zoff** [ツォふ] [名] -s/ 《口》けんか,争い;不和,あつれき.

zog [ツォーク] [動] ziehen の過去形.

zö·ge [(ツェ)ーゲ] [動] ziehen の接続法２式.

zö·gern [(ツェ)ーガーン] [動] *h.* 〔(mit 〈et³〉ヲ)〕ためらう,躊躇(ちゅうちょ)する,しぶる.

der **Zög·ling** [(ツェ)ークリング] [名] -s/-e 《古》寄宿学校〔施設〕の生徒.

der **Zö·les·tin** [(ツェ)レスティーン] [名] -s/-e 天青石.

der **Zö·les·ti·ner** [(ツェ)レスティーナー] [名] -s/- 〘カトリック〙ケレスティノ修道会士.

zö·les·tisch [(ツェ)レスティシュ] [形] 《文・古》天の.

das〔*der*〕**Zö·li·bat** [(ツェ)リバート] [名] -(e)s/ (宗教的理由の)独身:im ~ leben 独身で暮す.

zö·li·ba·tär [(ツェ)リバテーあ] [形] (宗教的理由で)独身の.

der **Zoll**[1] [ツォル] [名] -(e)s/Zölle **1.** 関税:die *Zölle* erhöhen/senken 関税を上げる/下げる. für den Kaffee ~ bezahlen コーヒーに関税を払う. **2.** (〔単〕のみ)(関税官庁としての)税関. **3.** (昔の)通行税.

Zornausbruch

der **Zoll**² [ツォル] 名 -(e)s/- ツォル(昔の長さの単位で2.3-3 cm. 記号 ″);インチ.
die **Zoll·ab·fer·ti·gung** [ツォル・アップ・ふぇるティグング] 名 -/-en 税関手続き,通関.
das **Zoll·amt** [ツォル・アムト] 名 -(e)s/..ämter 税関;税関の建物.
zoll·amt·lich [ツォル・アムトリヒ] 形 税関の,税関による.
zoll·bar [ツォル・バーア] 形 関税のかかる.
der **Zoll·be·am·te** [ツォル・ベアムテ] 名 (形容詞的変化)税関吏.
die **Zoll·be·hör·de** [ツォル・ベヘ〈ー〉アデ] 名 -/-n 関税官庁.
die **Zoll·de·kla·ra·ti·on** [ツォル・デクラらツィオーン] 名 -/-en =Zollerklärung.
zol·len [ツォレン] 動 *h.* 1.〈j³/et³〉₂+〈et⁴〉₇〉〈文〉表する(敬意などを),送る(かっさいなどを). 2.〈et⁴〉₇〉納める,支払う.
die **Zoll·er·klä·rung** [ツォル・エあクレーるング] 名 -/-en 税関〔課税品〕申告.
die **Zoll·for·ma·li·tät** [ツォル・ふぉるマリテート] 名 -/-en 〈主に〉税関〔通関〕手続き.
zoll·frei [ツォル・ふらイ] 形 関税のかからない,免税.
die **Zoll·frei·heit** [ツォル・ふらイハイト] 名 -/ 関税免除,免税.
das **Zoll·ge·biet** [ツォル・ゲビート] 名 -(e)s/-e 関税領域〔地域〕.
das **Zoll·ge·setz** [ツォル・ゲゼッツ] 名 -es/-e 関税法.
der **Zoll·grenz·be·zirk** [ツォル・グレンツ・ベツィるク] 名 -(e)s/-e 税関境界地区〔関税境界線にそった税関吏による監督地区〕.
die **Zoll·gren·ze** [ツォル・グレンツェ] 名 -/-n 税関境界.
das **Zoll·haus** [ツォル・ハウス] 名 -es/..häuser 税関の建物.
die **Zoll·ho·heit** [ツォル・ホーハイト] 名 -/ 関税高権,関税徴収権.
die **Zoll·in·halts·er·klä·rung** [ツォル・イン・ハルツ・エあクレーるング] 名 -/-en 〈外国郵便に内容物の表示と共に添付する〉税関申告書.
die **Zoll·kon·trol·le** [ツォル・コントロレ] 名 -/-n 税関検査.
das **Zoll·la·ger**, ⑬**Zol·la·ger** [ツォル・ラーガー] 名 -/-〔..läger〕保税倉庫.
der **Zöll·ner** [ツェルナー] 名 -s/- 1.〈古代ローマの〉収税吏. 2.〈口・古〉税関の役人.
zoll·pflich·tig [ツォル・プふリヒティヒ] 形 関税のかかる.
die **Zoll·po·li·tik** [ツォル・ポリティーク] 名 -/ 関税政策.
die **Zoll·schran·ke** [ツォル・シュらンケ] 名 -/-n 〈主に⑬〉関税障壁.
der **Zoll·stock** [ツォル・シュトック] 名 -(e)s/..stöcke 折り尺.
der **Zoll·ta·rif** [ツォル・タリーふ] 名 -s/-e 関税率〔額〕;関税率表.
die **Zoll·uni·on** [ツォル・ウニオーン] 名 -/-en 関税同盟.
der **Zoll·ver·ein** [ツォル・ふぇアイン] 名 -(e)s/-e 関税同盟: Deutscher ～ 〈19世紀の〉ドイツ関税同盟.
der **Zoll·ver·trag** [ツォル・ふぇあトらーク] 名 -(e)s/..träge 関税協定.
die **Zom·bie** [tsɔ́mbi ツォムビ] 名 -(s)/-s 1.ゾンビ〔ヴードゥー信仰で魔力で生き返らされた死者〕. 2.〈オカルト映画などの〉ゾンビ;〈転〉牛けるしかばね(屍),無気力な人.
das **Zö·me·te·ri·um** [⑰メテーリウム] 名 -s/..rien 〈初期キリスト教の〉墓地,地下墓所.
zo·nal [ツォナール] 形 地域〔地帯〕の,区域の.
die **Zo·ne** [ツォーネ] 名 -/-n 1.地帯: die tropische ～ 熱帯. eine entmilitarisierte ～ 非武装地帯. 地域,地区,区域,〔電話・郵便料金などの〕地帯,

〔交通機関の〕区間. 3.占領地区(Besatzungs～);⑮のみ〕〔口〕東の地区《①〔第二次大戦後の〕ソ連占領地区.②〔かっての〕東独》(Ost～).【慣用】eine blaue Zone〔短時間駐車できる〕青区域. erogene Zonen性感帯. die Zone des Schweigens〔爆心地周辺で爆音の聞こえない〕無音帯.
die **Zo·nen·gren·ze** [ツォーネン・グれンツェ] 名 -/-n 1.〔第二次大戦後の暫定的〕占領地区境界;《口》〔旧西独の〕旧東独との境界. 2.『交通』同一料金区間の境界.
das **Zo·nen·rand·ge·biet** [ツォーネン・らント・ゲビート] 名 -(e)s/-e 国境〔沿いの辺境〕地帯〔旧西独の旧東独・チェコスロヴァキア国境から約40 km まで〕.
der **Zo·nen·ta·rif** [ツォーネン・タリーふ] 名 -s/-e 〔交通〕区間別運賃;〔郵便〕地帯別料金.
der **Zö·no·bit** [⑰ノビート] 名 -en/-en 共住修道士〔修道院で厳格な共同生活をする修道僧〕.
der **Zoo** [ツォー] 名 -s/-s 動物園: der Bahnhof ～ 〔ベルリンの〕ツォー駅.
der **Zoo·di·rek·tor** [ツォー・ディれクトーア] 名 -s/-en 動物園長.
die **Zoo·hand·lung** [ツォー・ハンドルング] 名 -/-en ペットショップ.
der **Zoo·lo·ge** [tsoo..ツォオ・ローゲ] 名 -n/-n 動物学者.
die **Zoo·lo·gie** [ツォオ・ロギー] 名 -/ 動物学.
zoo·lo·gisch [ツォオ・ローギッシュ] 形 動物学(上)の.
das **Zoom** [zu:m ズーム, tsoːm ツォーム] 名 -s/-s 1.『写』ズーム〔レンズ〕(～objektiv). 2.〔映〕ズーム〔ズームレンズを用いた被写体の拡大〔縮小〕操作〕.
zoo·men [zúːmən ズーメン, tsóːmən ツォーメン] 動 *h.*〔〈j³/et⁴〉₇〉『写·映』ズーミングする.
das **Zoom·ob·jek·tiv** [ズーム・オプイェクティーふ] 名 -s/-e『写』ズームレンズ,ツォーム·オプイェクティーふ.
die **Zoo·no·se** [ツォオノーゼ] 名 -/-n〔医〕動物原性感染症〔人間にも感染する動物の病気〕.
das **Zo·on po·li·ti·kon** [ツォーオン ポリティコン] 名 -/ 〔哲〕社会的動物〔アリストテレスの人間の定義〕.
die **Zoo·pho·bie** [ツォオ・ふォビー] 名 -/-n〔心〕動物恐怖症.
der〔das〕 **Zoo·phyt** [ツォオ・ふューット] 名 -en/-en〔動〕〔古〕植虫類〔海綿動物・腔腸(ちょう)動物など〕.
der **Zopf** [ツォップふ] 名 -(e)s/Zöpfe 1.お下げ髪;弁髪: einen ～〔das Haar in *Zöpfe*〕flechten 髪をお下げに編む. 2.編んだ形のパン〔クッキー〕. 3.〔林〕幹の細い先端. 4.〔方〕ほろ酔い.【慣用】 das Zopf〔die alten Zöpfe〕abschneiden〔口〕古い悪習を絶つ. ein alter Zopf 〈口〉時代遅れの考え〔しきたり〕.
das **Zopf·band** [ツォップふ・バント] 名 -(e)s/..bänder お下げのリボン.
die **Zopf·fri·sur** [ツォップふ・ふりズーア] 名 -/-en お下げ髪型.
zop·fig [ツォップふィヒ] 形〔蔑〕時代遅れの,古くさい.
der **Zopf·stil** [ツォップふ・シュティール, ツォップふ·スティール] 名 -(e)s/〔藝術学〕〔18世紀の弁髪時代の様式〕.
die **Zopf·zeit** [ツォップふ・ツァイト] 名 -/ 『藝術学』弁髪時代〔ロココから擬古典主義までで. 1760-80 年頃〕.
die **Zo·res** [ツォーれフ] 名 -/〔口〕〔方〕腹立だしたこと,ごたごた;不良,ならず者.
der **Zorn** [ツォるン] 名 -(e)s/ 怒り,立腹: aus ～ 腹立ちまぎれに. vor ～ 怒りのあまり. in ～ geraten 怒る.〈j³〉 in ～ bringen〈人⁴〉を怒らせる. (einen) mächtigen ～ auf〈j⁴〉haben〈人に〉大いに腹を立てている.
die **Zorn·a·der** [ツォるン・アーダー] 名 -/-n =Zornesader.
der **Zorn·aus·bruch** [ツォるン・アウス・ブるっぷ] 名 -(e)s/

zornentbrannt

..brüche《稀》=Zornesausbruch.
zorn·ent·brannt [ツォるン・エントブらント] 形 怒りに燃えた．
die **Zor·nes·ader** [ツォるネス・アーダァ] 名 -/-n 《次の形で》〈j³〉schwillt die ~ (an)《文》〈人が〉青筋を立てて怒る．
der **Zor·nes·aus·bruch** [ツォるネス・アウスブるッふ] 名 -(e)s/..brüche 怒りの爆発．
die **Zor·nes·röte** [ツォるネス・ﾚ-テ] 名 -/ 怒りによる顔の紅潮：〈et¹〉treibt〈j³〉die ~ ins Gesicht〈事が〉〈人ᴜ〉怒って顔を真っ赤にする．
zor·nig [ツォるニヒ] 形 (auf〈j⁴〉/über〈et⁴〉)腹を立てた：Er war ~ über diese Behandlung. 彼はこの取扱いに腹を立てていた．
die **Zorn·röte** [ツォるン・ﾚ-テ] 名 -/ =Zornesröte.
(der) **Zoro·as·ter** [ツォろアスタァ] 名《人名》ゾロアスタ-(Zarathustra の別形).
zoro·as·trisch [ツォろアストりシュ] 形 ゾロアスター教(流)の．
der **Zoro·as·tris·mus** [ツォろアストりスムス] 名 -/ ゾロアスター教．
der **Zos·se** [ツォッセ] 名 -n/-n《方》(おいぼれ)馬．
der **Zos·sen** [ツォッセン] 名 -/-《方》=Zosse.
der **Zos·ter** [ツォ(-)スタァ] 名 -(s)/-《医》帯状ヘルペス(Herpes ~).
die **Zo·te** [ツォ-テ] 名 -/-n《雅》卑猥(ˢ')な冗談，猥褻(ˢ')な話：〈口〉〈雅〉〈猥〉～n reißen《口》猥談(ˢ')をする．
zo·ten [ツォ-テン] 動 h.《雅》《猥》猥談をする．
zo·ten·haft [ツォ-テンハフト] 形 =zotig.
der **Zo·ten·rei·ßer** [ツォ-テン・らイサァ] 名 -s/-《猥》猥談(ˢ')をする人．
zo·tig [ツォ-ティヒ] 形《蔑》卑猥(ˢ')な，下卑た．
die **Zot·te** [ツォッテ] 名 -/-n **1.** 《主に®》(動物の)毛の房；《解》絨毛(ʲᵘ'). **2.** 《方》(やかんなどの)注ぎ口．
die **Zot·tel** [ツォッテル] 名 -/-n **1.** 《主に®》(動物の)下垂った)毛のふさ． **2.** 《®のみ》《蔑》もじゃもじゃの髪． **3.** 房飾り． **4.** 《方》ふしだらな女．
der **Zot·tel·bär** [ツォッテル・ベーア] 名 -en/-en《幼》もじゃもじゃ毛のクマさん．
zot·te·lig [ツォッテリヒ] 形 もじゃもじゃの；《蔑》(髪などが)くしゃくしゃにもつれた．
zot·teln [ツォッテルン] 動《口》**1.** s.《様態》/《場所》《方向》のろのろ歩く，歩いて行く． **2.** h.《場所》もじゃもじゃと垂れている(髪などが)．
zot·tig [ツォッティヒ] 形 毛むくじゃらの，もじゃもじゃの；くしゃくしゃにもつれた．
zott·lig [ツォットリヒ] 形 =zottelig.
die **ZPO** [ツェットペーオー] 名 -/《法》民事訴訟法(Zivilprozessordnung).
Zr [ツェットエる] = Zirkonium 《化》ジルコニウム．
z. S. = zur See 海軍の；海外の：Kapitän ~ 海軍大佐．Handel ~ 海外貿易．
z. T. = zum Teil 一部は，部分的には．
Ztr. = Zentner ツェントナー(重量単位．ドイツでは 50 kg).

zu [ツー] 前 [+3格] **1. a.** (方向)…(のところ)へ，…(に)向かって): Er kommt ~ mir. 彼は私のところへ来る．*zum* Arzt gehen 医者に行く．*zur* Post gehen 郵便局へ行く．〈j⁴〉 *zum* Bahnhof bringen 〈人を〉駅へ送る．sich⁴ ~〈j³〉 wenden 〈人の方に〉向く．die Tür *zur* Küche 台所に通じるドア．*zum* Himmel 天に向かって．bis *zum* Ende 終りまで．**b.**(位置)…で：~ Hause sein 在宅している．~ ebener Erde（建物の）1階に．~ beiden Seiten des Tores 門の両側に．*zur* Linken 左側に．《後置で》der Straße ~ gelegen sein 道路に面している．(in の代りに地名につけて)der Dom ~ Speyer《古》シュパイアーの大聖堂．《貴族の名前で》Graf ~ Mansfeld マンスフェルト伯爵．《旅館・料亭の名称で》Gasthaus *zum* Adler アドラー(鷲(ˢ))館．(hin..または her..などの副詞とともに) *zur* Tür hinaus/hinein treten 扉から外へ出る/中へ入る．〈et⁴〉 *zum* Fenster hinauswerfen〈物を〉窓から外へ投げる．**2.**（時点）…(のとき)に：~ jener Zeit あの時代に．~ Goethes Zeiten (*zur* Zeit Goethes) ゲーテの時代に．*zu* Mittag essen 昼食をする．~ Anfang des Semesters 学期の初めに．~ Ostern 復活祭(頃)に．*zum* ersten Male 初めて．bis *zur* letzten Minute 最後の瞬間まで．die Nacht von gestern ~ heute 昨日から今日の夜．**3.**（対象）…に対して：seine Liebe ~ ihr 彼の彼女に対する愛情．~ dieser Sache この事に関して．~〈et³〉neigen〈事の〉傾向がある．〈j³〉 freundlich sein〈人に〉親切である．**4.** (適合・付加)…に合わせて，…に加えて：Das passt nicht ~ Fleisch. それは肉料理には合わない．Weißwein *zum* Essen 食事に添えられた白ワイン．**5.** (目標・目的・結果)…のために，…に(なる)：〈j⁴〉~ meinem Geburtstag einladen〈人を〉私の誕生祝いに招待する．〈j³〉~〈et³〉gratulieren〈人に〉〈事の〉お祝いを言う．*zum* Andenken an〈j³/et³〉〈人・事を〉記念して．Stoff ~ einem Kleid ドレス(1着)の布地．~ ihrer Erholung 保養のために．~ ihrer Freude 彼女が喜んだことに．~ allem Unglück さらに不運なことに．Es kam ~ einem Streit. けんかになった．~ *zum* Vorsitzenden wählen〈人を〉議長に選ぶ．~〈et³〉 beitragen〈事に〉貢献する．~〈et³〉 bereit sein〈事の〉用意ができている．sich⁴ ~〈et³〉 entschließen〈事の〉決心をする．**6.** (変化)…に：Das Wasser ist ~ Eis geworden. 水が凍った．〈et⁴〉 ~ Pulver zerstoßen〈物を〉搗(つ)き砕いて粉にする．**7.** (仕方)…となるように，で：Er erledigte alles ~ meiner Zufriedenheit. 彼はすべてを私の気に入るように処理した．~ Fuß 徒歩で．~ Deutsch ドイツ語では．~ Wasser und ~ Lande 水路と陸路で．**8.** (数量・程度)…ずつ，の数量で，の分量だけ：~ zweien (zweit) 二人ずつで．eine Flasche ~ 1,8 Liter 1.8リットル(入りの)ビン．vier Portionen ~ je 200 g = 一人200グラムずつで4人分．*zum* großen Teil 大部分は．**9.** (比率)…対…：Das Spiel endete 2：1 (= zwei ~ eins). ゲームの結果は2対1であった．**10.** (代価)…で，…の：Das Pfund wurde ~ drei Euro angeboten. (その商品は)ポンド当り3ユーロで売出された．zehn Briefmarken ~ fünfzig (Cent) 50セント切手10枚．《慣用》~〈et⁴〉etwas bringen 出世する．sich⁴ ~ Tisch setzen 食卓につく．*zu* Bett gehen《文》就寝する．*zu* Geld/Ansehen kommen 金/名声を得る．*zum* Abschluss kommen (事)が落着する．*zum* Beispiel 例をあげれば，例えば．*zum* Film/Theater gehen 映画界/演劇界に入る(映画館/劇場のところへ行く．*zur* Schule gehen 通学する．
── 副 **1.** 《語飾》(形容詞を修飾) **a.** あまりに(…すぎる)：~ klein 小さすぎる．~ spät kommen 遅刻する．Er ist ~ klug, um so etwas zu tun (als dass er so etwas täte). 彼はそんなことをするには利口すぎる．**b.**《単なる強調で》じつに，とても：Das ist ~ schön. これはじつにすばらしい．**2.** …(の方)へ向かって(方向を示す語の後に用いて)gegen die Stadt zu marschieren 町に向かって進撃する．nach dem Hof ~ gehen (liegen) 中庭に面している．**3.** 閉まっている：Die Flasche stand noch fest ~, auf dem Tisch. 瓶は栓がしっかりと閉まったまま机上にあった．Augen ~! 眼を閉じて下さい．(口語では付加語的にも用いて)eine zue [zune] Flasche 栓がしてある瓶．⇨ zu sein. **4.**《口》さあ(事)にかかろう，さあどうぞ(促し)：Darf ich anfangen? ― Nur ~. 始めてい

いかな—さあどうぞ. Na, dann ~！では始めるとしよう.
— 接〘動詞の不定詞・現在分詞にそえて zu 不定詞の句を作る. 分離動詞の場合は前綴りと基本動詞の間に zu を挟み，1語で作る. 例：anzufangen〙 **1.**（他の動詞の主語・補足語として）…する〔である〕こと：Schnell eine Entscheidung ~ treffen ist unmöglich〔Es ist unmöglich, schnell eine Entscheidung ~ treffen〕. 素早く決定を下すことは不可能だ. Er bittet sie ~ helfen. 彼は彼女に手をかしてくれと頼む. **2.**（名詞・形容詞の付加語として）…する（…する）：Er bekam plötzlich Lust, dorthin ~ fahren. 彼は突然そこへ行きたくなった. Sie ist fähig, diese Arbeit ~ leisten. 彼女はこの仕事を成し遂げる能力がある. **3.**（次の形で副詞句として）**a.** um ... ~〘動〙…するために：um Rechtsanwalt ~ werden 弁護士になるために. ⇨ um 接. **b.** ohne ... ~〘動〙…せずに：ohne ~ überlegen 十分に考えもせずに. ⇨ ohne 接. **c.**（an）statt ... ~〘動〙…しないで：(an) statt ~ arbeiten 仕事をしないで. ⇨ anstatt 接. **4.**（haben と結び必然を表して）…しなければならない：Wir haben noch eine Stunde ~ fahren. 私たちはまだあと 1 時間〔乗り物で〕行かなければならない. **5.**（受動の可能・必然を表して）…されうる，…されなければならない：**a.**（sein と結んで）Er ist heute nicht ~ sprechen. 彼は今日は面会できない. Der Ausweis ist am Eingang vorzuzeigen. 身分証明書は入口で呈示しなければならない. 〘現在分詞ととも名詞の付加語として〙die ~ erwartenden Preissteigerungen 予想される値上がり. die ~ erledigende Post 処理しなければならない郵便物.

zu|al|ler|erst [ツ・アラ・エーアスト] 副（何よりも）まず第一に, 真っ先に.

zu|al|ler|letzt [ツ・アラ・レット] 副 一番最後に, 最後の最後に.

zu|al|ler|meist [ツ・アラ・マイスト] 副 最も多く, 大部分に, たいてい.

der **Zu·a·ve** [ツアーヴェ] 名 -n/-n ズワーブ兵（フランス植民地軍のアルジェリア人部隊）.

zu|bau|en [ツー・バウエン] 動 h.〈et⁴〉建物を建てて埋める（空き地などを）.

das〔der〕**Zu·be·hör** [ツー・ベ ⌒ -ア] 名 -(e)s/- 〘⌒-den〙 **1.** 付属物, 付属設備. **2.**（車・カメラなどの）付属品, アクセサリー.

das **Zu·be·hör·teil** [ツー・ベ ⌒ -ア・タイル] 名 -(e)s/-e 付属部品.

zu|bei·ßen* [ツー・バイセン] 動 h.〘補足〙かみつく; 歯をかみ合せる.

zu|be·kom·men* [ツー・ベコメン] 動 h. **1.**〈et⁴〉（口）（なんとか）締めることができる（戸・トランクなどを）. **2.**〈et⁴〉（口）さらにもらう, おまけにもらう.

der **Zu·ber** [ツーバー] 名 -s/-〘方〙大きな桶〔斗〕.

zu|be·rei·ten [ツー・ベらイテン] 動 h.〈et⁴〉 調理する, 作る（食事などを）; 調合〔調剤〕する（薬を）; 仕上げ加工する（生地などを）.

die **Zu·be·rei·tung** [ツー・ベらイトゥング] 名 -/-en（主に⌒）調理, 調合, 仕上げ加工; 調理〔調合・仕上げ加工〕されたもの.

zu|bil·li·gen [ツー・ビリゲン] 動 h.〈j³〉=〈et⁴〉〙認める〔権利・利益などを〙.

die **Zu·bil·li·gung** [ツー・ビリグング] 名 -/-en 承認：unter ~ mildernder Umstände 情状を酌量して.

zu|bin·den* [ツー・ビンデン] 動 h.〈et⁴〉〈et⁴ノヒモヒ〉結ぶ（靴ひも・靴（のひも）などを〉,〔ひもで〕縛る.

zu|blei·ben* [ツー・ブライベン] 動 s.〘補足〙〘口〙閉じたままになっている（ドア・箱などが〉.

zu|blin·zeln [ツー・ブリンツェルン] 動 h.〈j³〉…に目くばせする.

zu|brin·gen* [ツー・ブリンゲン] 動 h. **1.**〈et⁴〉+〈場所〉（やむを得ず）過ごす：eine Nacht im Freien ~ 一晩戸外で過ごす. **2.**〈et⁴〉（口）やっとのことで閉めることができる（ドア・トランクなどを）. **3.**（（〈j³〉=〕+〈j⁴/et⁴〉）（稀）持って〔連れて〕くる, 持参する. 〘慣用〙vor Überraschung den Mund nicht zubringen〘冗〙びっくりして開いた口がふさがらない.

der **Zu·brin·ger** [ツー・ブリンガー] 名 -s/- **1.**〘交通〙（高速道路などの）連絡〔出入〕路；（空港などへの）連絡交通機関. **2.**〘工〙運搬〔供給〕装置.

der **Zu·brin·ger·bus** [ツー・ブリンガー・ブス] 名 -ses/-se（空港などの）リムジンバス.

der **Zu·brin·ger·dienst** [ツー・ブリンガー・ディーンスト] 名 -(e)s/-e（空港などへの）連絡〔送迎〕輸送.

die **Zu·brin·ger·stra·ße** [ツー・ブリンガー・シュトらーセ] 名 -/-n（高速道路などの）連絡道路.

die **Zu·bu·ße** [ツー・ブーセ] 名 -/-n（稀）追加出資（金）, 補助金.

zu|but·tern [ツー・ブッタン] 動 h.（口）**1.**〈et⁴〉出す, つぎ込む（お金を）. **2.**〈様態〉=〉資金を出してやる.

der **Zuc·chet·to** [tsukéto ツケット] 名 -s/..tti（⌒）= Zucchino.

der **Zuc·chi·no** [tsukí:no ツキーノ] 名 -s/..ni（主に⌒）ズッキーニ（イタリアのキュウリに似た野菜）.

die **Zucht** [ツフト] 名 -/-en〘Züchte〙 **1.**（⌒のみ）飼育, 養殖；栽培, 培養；繁殖. **2.**（飼育・養殖・栽培・培養・育種された）品種；飼育〔養殖・栽培〕場. **3.**（⌒のみ）〘古〙訓育, しつけ：〈j⁴〉in strenge ~ nehmen〈人を〉厳しくしつける. **4.**（⌒）〘文〙（⌒）も有）規律：preußische ~ プロイセン（風）の厳しい規律. Eine schöne ~（herrsche hier）!〘皮〙なんて規律正しいんだ（ここは）（だらしのない意味）. in Züchten 礼儀正しく.

das **Zucht·buch** [ツフト・ブーフ] 名 -(e)s/..bücher 血統登録簿, 血統書；〘植物の〕育種記録簿.

der **Zucht·bul·le** [ツフト・ブレ] 名 -n/-n 繁殖用雄牛, 種牛.

der **Zucht·e·ber** [ツフト・エーバー] 名 -s/- 繁殖用雄豚.

züch·ten [ツュヒテン] 動 h. **1.**〈et⁴〉飼育〔養殖〕する（豚・鶏・ミツバチなどを）；栽培する（植物を）；培養する（バクテリアなどを）；（…の）育種をする；（転）生じさせる, 育てる（人間のタイプ・憎しみなどを）. **2.**〘補足〙〘動・狩〙つがう, 交尾する.

der **Züch·ter** [ツュヒタ-] 名 -s/- 飼育〔栽培〕者, 育種家.

züch·te·risch [ツュヒテりシュ] 形 飼育〔養殖〕（上）の, 栽培（上）の.

das **Zucht·haus** [ツフト・ハウス] 名 -es/..häuser **1.**（旧刑法の）重懲役刑務所. **2.**（⌒のみ）（旧刑法の）重懲役：mit zehn Jahren ~ bestraft werden 重懲役 10 年分の刑を受ける. ⇨ Gefängnis 2.

der **Zucht·häus·ler** [ツフト・ホイスラー] 名 -s/-（旧刑法の）重懲役囚.

die **Zucht·haus·stra·fe** [ツフトハウス・シュトらーフェ] 名 -/-n（旧刑法の）重懲役刑.

der **Zucht·hengst** [ツフト・ヘングスト] 名 -(e)s/-e 繁殖用雄馬, 種馬.

züch·tig [ツュヒティヒ] 形〘古〙しとやかな, 慎み深い.

züch·ti·gen [ツュヒティゲン] 動 h.〈j⁴〉〘文〙懲らしめる, 折檻する, (…に) 体罰を加える.

die **Züch·tig·keit** [ツュヒティヒカイト] 名 -/〘古〙しとやかさ, 貞淑.

die **Züch·ti·gung** [ツュヒティグング] 名 -/-en〘文〙折檻.

zucht·los [ツフト・ロース] 形〘古〙（⌒も有）規律の

ない, だらしない.

die **Zucht·lo·sig·keit** [ツふト・ローズィひカイト] [名] -/ ((古))((蔑)も有) **1.** ((単のみ))だらしのなさ, 無規律, 放埒(ほうらつ). **2.** だらしない〔放埒な〕振舞い.

der **Zucht·meis·ter** [ツふト・マイスター] [名] -s/- ((古)) 厳格な教師.

das **Zucht·mit·tel** [ツふト・ミッテル] [名] -s/- 〖法〗(少年法の)懲戒手段.

die **Zucht·per·le** [ツふト・ぺるレ] [名] -/-n 養殖真珠.

die **Zucht·ru·te** [ツふト・るーテ] [名] -/-n ((文・古))懲罰用のむち: unter ⟨j^2⟩ ~ stehen ((転))⟨人ノ⟩厳格な教育を受けている.

der **Zucht·stier** [ツふト・シュティーあ] [名] -(e)s/-e 繁殖用雄牛, 種牛.

die **Zucht·stu·te** [ツふト・シュトゥーテ] [名] -/-n 繁殖用雌馬.

die **Züch·tung** [ツュひトゥング] [名] -/-en **1.** 飼育, 養殖, 栽培; 培養; 育種. **2.** (飼育・養殖・栽培・培養・育種された)品種.

das **Zucht·vieh** [ツふト・ふぃー] [名] -(e)s/ 種畜.

die **Zucht·wahl** [ツふト・ヴァール] [名] -/-en (主に[単]) 〖生〗淘汰(とうた): natürliche ~ 自然淘汰.

zuck [ツック] [副] ⇨ ruck, zuck.

der **Zuck** [ツック] [名] -(e)s/-e ((稀))すばやい動き, さっと動くこと.

zu·ckeln [ツッケルン] [動] *s.* 〔⟨場所⟩ヲ/⟨方向⟩ヘ〕((口))のろのろ進む〔歩いて行く〕.

zu·cken [ツッケン] [動] **1.** *h.* 〔補足なし〕ぴくっと〔ぴくぴく〕動く(人・身体部分が). **2.** *h.* 〔mit ⟨et^3⟩ヲ〕ぴくっと動かす. **3.** *h.* 〔Es+⟨j^3⟩ノ+in ⟨et^3⟩ガ〕ぴくっと動く. **4.** *h.* 〔補足なし〕ぴかっと光る(稲妻・フラッシュなどが). **5.** *s.* 〔⟨方向⟩ヘ(カラ)/⟨場所⟩ヲ〕さっと動く(人が), さっといく(手が), ぴかっと走る(光が), ぱっと上がる(炎が); ((転))突然ひらめく(考えが).

zü·cken [ツュッケン] [動] *h.* 〔⟨et^4⟩ヲ〕((文))さっと抜く(剣などを); ((冗))さっと取出す(メモ帳・カメラなどを).

der **Zu·cker** [ツッカー] [名] -s/- ((単は種類)) **1.** 砂糖: ein Pfund ~ 砂糖1ポンド. ein Stück ~ 角砂糖1個. ein Löffel (voll) ~ スプーン1杯の砂糖. mit ~ /ohne ~ 砂糖を入れて/入れずに. ~ sein ((口))すばらしい. **2.** 〖化〗糖. **3.** ((単のみ))((俗称))糖尿病(~krankheit); 〖医〗((ジャーゴン))糖(Blutzuckerspiegel 血糖値の略語).

der **Zu·cker·bä·cker** [ツッカー・べッカー] [名] -s/- ((南独・オーストリア))菓子職人.

der **Zu·cker·bä·cker·stil** [ツッカーべッカー・シュティール, ツッカーべッカー・スティール] [名] -(e)s/ ((蔑))(第二次大戦後のソ連の)ゴテゴテと無秩序に飾立てられた建築様式.

das **Zu·cker·brot** [ツッカー・ブろート] [名] -(e)s/-e ((古))クッキー, 菓子パン; ((口))砂糖をかけたバターつきパン. 【慣用】 **Zuckerbrot und Peitsche** (((冗))も有)飴(あめ)と鞭(むち).

die **Zu·cker·do·se** [ツッカー・ドーゼ] [名] -/-n 砂糖入れ, シュガーポット.

die **Zu·cker·erb·se** [ツッカー・エるプセ] [名] -/-n 〖植〗サヤエンドウ.

die **Zu·cker·fa·brik** [ツッカー・ふぁブりーク] [名] -/-en 製糖工場.

der **Zu·cker·guss**, [旧]**Zu·cker·guß** [ツッカー・グス] [名] -es/..güsse (菓子などの)糖衣, アイシング.

zu·cker·hal·tig [ツッカー・ハルティひ] [形] 糖分を含んだ.

der **Zu·cker·hut** [ツッカー・フート] [名] -(e)s/..hüte (円錐(えんすい)形の)棒砂糖.

zu·cke·rig [ツッケりひ] [形] **1.** 砂糖をまぶした, 砂糖だらけの; ((転))甘美な, 甘ったるい. **2.** 砂糖でできた, 糖分のある.

zu·cker·krank [ツッカー・クらンク] [形] 糖尿病の.

die **Zu·cker·krank·heit** [ツッカー・クらンクハイト] [名] -/ 糖尿病.

das **Zu·ckerl** [ツッカール] [名] -s/-(-n) ((バイエルン・オーストリア))あめ玉.

zu·ckern [ツッカーン] [動] *h.* **1.** 〔⟨et^4⟩ニ〕砂糖で甘味をつける, 砂糖を添加する. **2.** 〔⟨et^4⟩ニ〕砂糖をまぶす(ケーキなどに).

das **Zu·cker·plätz·chen** [ツッカー・プレッツひぇン] [名] -s/- 小型の丸い菓子(クッキー・ボンボン・プラリネなど).

die **Zu·cker·raf·fi·ne·rie** [ツッカー・らふぃネりー] [名] -/-n 製糖所.

das **Zu·cker·rohr** [ツッカー・ろーあ] [名] -(e)s/-e 〖植〗サトウキビ.

die **Zu·cker·rü·be** [ツッカー・りゅーベ] [名] -/-n 〖植〗サトウダイコン, テンサイ, ビート.

zu·cker·süß [ツッカー・ズュース] [形] 砂糖のように甘い; ((転・蔑))悪趣味な; 異常に愛想のいい.

das **Zu·cker·was·ser** [ツッカー・ヴァッサー] [名] -s/ 砂糖水, ブドウ糖溶液.

das **Zu·cker·werk** [ツッカー・ヴェるク] [名] -(e)s/ ((古))砂糖菓子.

der **Zu·cker·wür·fel** [ツッカー・ヴュるふぇル] [名] -s/- 角砂糖.

die **Zu·cker·zan·ge** [ツッカー・ツァンゲ] [名] -/-n 角砂糖挟み.

(*der*) **Zuck·may·er** [ツック・マイあー] [名] 〖人名〗ツックマイアー(Carl ~, 1896-1977, 劇作家).

die **Zuck·mü·cke** [ツック・ミュッケ] [名] -/-n (主に[複]) 〖昆〗ユスリカ.

die **Zu·ckung** [ツックング] [名] -/-en (身体・手足などが無意識に)ぴくっと動くこと: letzte ~*en* ((転))最後のあがき.

das **Zu·deck** [ツー・デック] [名] -(s)/-e ((方))=Zudecke.

die **Zu·de·cke** [ツー・デッケ] [名] -/-n ((方))掛布団; 覆うもの.

zu|de·cken [ツー・デッケン] [動] *h.* **1.** 〔⟨j^4⟩ヲ+(mit ⟨et^3⟩デ)〕覆う, 包む, くるむ; (⟨j^4⟩がsich^{4}の場合)(…に)身を包む(オーバーなどに), くるまる. **2.** 〔⟨et^4⟩ニ+(mit ⟨et^3⟩デ)〕覆い〔ふた〕をする. **3.** 〔⟨et^4⟩ヲ〕包み込む(高波が船などを); 覆い隠す(不都合なことを). **4.** 〔⟨j^4⟩ニ+mit ⟨et^3⟩ヲ〕浴びせる(質問・非難などを).

zu·dem [ツ・デーム] [副] ((文))かてて加えて, おまけに.

zu|den·ken* [ツー・デンケン] [動] *h.* 〔⟨j^3⟩ニ+⟨et^4⟩ヲ〕((文))与えようと思う, 割当てる.

zu|dik·tie·ren [ツー・ディクティーれン] [動] *h.* 〔⟨j^3⟩ニ+⟨et^4⟩ヲ〕課する, 科する(任務・刑罰などを).

der **Zu·drang** [ツー・ドらング] [名] -(e)s/ ((古))殺到.

zu|dre·hen [ツー・ドれーエン] [動] *h.* **1.** 〔⟨et^4⟩ヲ〕(ひねって)閉める, (バルブを回して)止める(栓・暖房などを). **2.** 〔⟨et^4⟩ヲ〕(栓・コックをひねって)止める: Wasser/das Gas ~ ((口))(栓をひねって)水/ガスを止める. **3.** 〔⟨et^4⟩ヲ〕(回して)締める(ねじなどを). **4.** 〔⟨j^3⟩ニ+⟨et^4⟩ヲ〕くるっと向ける(背などを). **5.** 〔sich^4+⟨j^3⟩ノ方ヘ〕振向く.

zu·dring·lich [ツー・ドりングリひ] [形] 押しの強い, しつこい, 図々しい.

die **Zu·dring·lich·keit** [ツー・ドりングリひカイト] [名] -/-en **1.** ((単のみ))押しの強さ, しつこさ. **2.** しつこい〔図々しい〕行動〔行為〕.

zu|drü·cken [ツー・ドりゅッケン] [動] *h.* **1.** 〔⟨et^4⟩ヲ〕押して閉める(ドア・ふたなどを). **2.** 〔補足なし〕ぎゅっと握る(握手などで), ぎゅっと締める.

zu|eig·nen [ツー・アイグネン] [動] *h.* **1.** 〔⟨j^3⟩ニ+⟨et^4⟩ヲ〕((文))献げる, 献呈する; ((古))贈与する. **2.** 〔sich^3+⟨et^4⟩ヲ〕〖法〗横領する.

die **Zu·eig·nung** [ツー・アイグヌング] [名] -/-en **1.** 献呈; 献辞. **2.** 横領.

zu|ei·len［ツー・アイレン］動 *s.*〔auf〈j⁴/et³〉ニ二向カッテ〕〈et³〉ニ〕急いで行く.

zu·ei·n·an·der［ツ・アイナンダー］副 互いに(相talk して)：Sie passen gut ～. 彼らは似合си合.

zu|er·ken·nen*［ツー・エアケンネン］動 *h.*（《稀》非分離）**1.**〈j⁴〉ニ＋〈et⁴〉ヲ〔審査・裁判所の決定で〕与える(賞などを)，認める，認定する(権利・補償などを). **2.**〈j³/et³〉ニ＋〈et⁴〉ガルト〕思う，信じる.

die Zu·er·ken·nung［ツー・エアケヌング］名 -/-en 認定，裁定，承認，授与.

zu·erst［ツ・エーアスト］副 **1.** 一番先に，最初に：Wir wollen ～ essen und dann darüber sprechen. 先に食事をして，それからそのことについて話そう． Wer von den beiden ist ～ ans Ziel gelangt? 両者のうちのだれが先にゴールインしたのか． **2.** 初め(のうち)：Z～ ging alles nach Wunsch. はじめのうちはすべてが思いどおりにいった． 初めて：Die Oper erschien ～ um 1580. オペラは1580年頃に初めて出現した． **4.** まずしても，何はともあれ：Z～ müssen wir darüber ausführlich diskutieren. まず私たちはそれについて詳細に議論しなければならない.

zu|fä·cheln［ツー・ふェヒェルン］動 *h.*〈j³〉ニ＋〈et⁴〉ヲ〕あおいで送る(風などを).

zu|fah·ren*［ツー・ふぁーれン］動 *s.*〔auf〈j⁴/et⁴〉ノニ〕向かって行く(乗り物が乗り物で). **2.**〔auf〈j⁴/et⁴〉ニ〕飛びかかる. **3.**（〈j³〉ニ＋〈et⁴〉ヲ）《稀》乗り物を渡す. **4.**〔《口》(乗り物でもっと)急いで走る，どんどん進む.

die Zu·fahrt［ツー・ふぁート］名 -/-en **1.**（《的》のみ）(車の)乗り入れ：～ verboten！車両進入禁止． **2.**（ある場所への）車道，進入路.

die Zu·fahrts·stra·ße［ツー・ふぁーッツ・シュトらーセ］名 -/-n（ある場所に）通じる自動車道.

der Zu·fall［ツー・ふぁル］名 -(e)s/..fälle **1.** 偶然：ein glücklicher ～ 幸運な偶然. ein Spiel des ～s 偶然の戯れ. durch ～ 偶然に(よって). Es war reiner/kein ～, dass ... …はまったくの偶然だ(偶然ではない)． dem ～ verdanken sein 偶然のおかげである． **2.**（主に《的》）《古》発作.

zu|fal·len*［ツー・ふぁレン］動 *s.*〔《的》〕（ひとりでに）閉まる(ドア・目などが). **2.**〈j⁴/et³〉ニ〕転がり込む(遺産などに)；割当てられる，課せられる(任務・責任などに).

zu|fäl·lig［ツー・ふぇリヒ］形 偶然の，思いがけない；たまたま：～ anwesend sein たまたま居合わせる．
── 副（話者の気持）(質問の調子をやわらげて)《口》（ひょっとして）…ではないでしょうか：Wissen Sie ～ seine Telefonnummer？（ひょっとして）彼の電話番号をご存知ではないでしょうか.

zu·fäl·li·ger·wei·se［ツー・ふぇリガー・ヴァイゼ］副 偶然に.

die Zu·fäl·lig·keit［ツー・ふぇリヒカイト］名 -/-en **1.**（《的》のみ）偶然であること，偶然性. **2.** 偶然の出来事.

der Zu·falls·tref·fer［ツー・ふぁルス・トれふぁー］名 -s/- まぐれ当たり；まぐれで入ったゴール(得点).

zu|fas·sen［ツー・ふぁセン］動 *h.*〔《的》〕（すばやく）つかむ. **2.**〔《的》〕《口》せっせと働く，かいがいしく手伝う.

zu|fli·cken［ツー・ふリッケン］動 *h.*〈et⁴〉ニ〕《口》継ぎを当てて直す.

zu|flie·gen*［ツー・ふリーゲン］動 *s.*〔auf〈j⁴/et⁴〉ニ〕向かって行き〔目がけて〕飛んで行く(飛行機・ボールなどが). **2.**（〈j³〉ニ〕こちらに飛込んで来る(鳥などが). **3.**（転）努せずして…のものになる：Die Einfälle *fliegen* ihm nur so *zu*. 着想が彼の頭に苦もなく次々と浮ぶ. **4.**〔《的》〕《口》ばたんと閉まる(ドア・窓が).【慣用】〈j³〉 fliegen alle Herzen zu〈人ニ〉みんながすぐ好きになる．〈j³〉 fliegt in der Schule alles zu〈人ニ〉学校で習うことを何でもすぐ覚えてしまう.

zu|flie·ßen*［ツー・ふリーセン］動 *s.* **1.**〈et³〉ニ/ニ〕流れて行く. **2.**〔《的》(シゅウニ)〕流込む(水が水槽などに). **3.**（〈j³/et³〉ニ〕寄せられる(寄付金・賛辞などが).

die Zu·flucht［ツー・ふルふト］名 -/ 避難所，逃げ場，隠れ場所，(せっぱつまっての)頼り：bei〈j³〉 ～ suchen〈人ニ〉かくまってもらおうとする．【慣用】Zuflucht zu〈et³〉 nehmen せっぱつまって〈物・事ニ〉使う，(…に)逃避する.

der Zu·fluchts·ort［ツー・ふルふッ・オルト］名 -(e)s/-e 避難所.

die Zu·fluchts·stät·te［ツー・ふルふッ・シュテッテ］名 -/-n《文》避難所.

der Zu·fluss, @Zu·fluß［ツー・ふルッス］名 -es/..flüsse **1.**（《的》のみ）(水・資本・商品などの)流入，供給. **2.**（湖などに）流込む川，支流.

zu|flüs·tern［ツー・ふリュスターン］動 *h.*〈j³〉ニ＋〈et⁴〉ヲ〕ささやく，そっと伝える.

zu·fol·ge［ツー・ふぉルゲ］前〔＋3格/2格〕（3格は後置. 2格は《稀》）…に従って，…によれば.

zu·frie·den［ツー・ふリーデン］形（mit〈j³/et³〉ダ〕満足した，満ち足りた：ein ～er Mensch（生活に）満足している人. mit der Arbeit des Studenten ～ sein その学生の論文に満足している. Bist du jetzt endlich ～ ?《口》これでやっと満足か(思いどおりになったか)．【慣用】Ich bin damit [es] zufrieden. 私はそれに異論はない(es は《古》)． mit nichts zufrieden sein 足る(飽く)ことを知らない． mit sehr wenig zufrieden sein ほんの少ので満足する． nur mit wenigem zufrieden sein わずかなものにしか満足しない(要求が高い文句が多い).

zu·frie·den ge·ben*, @zu·frie·den|ge·ben*［ツー・ふリーデン ゲーベン］動 *h.*〔sich⁴＋(mit〈et³〉ダ〕満足する.

die Zu·frie·den·heit［ツー・ふリーデンハイト］名 -/ 満足：zu seiner vollen ～ 彼が完全に満足するように.

zu·frie·den las·sen*, @zu·frie·den|las·sen*［ツー・ふリーデン ラッセン］動 *h.*〈j⁴〉ヲ〕そっとしておく，煩わさない.

zu·frie·den stel·len, @zu·frie·den|stel·len［ツー・ふリーデン シュテレン］動 *h.*〈j⁴/et⁴〉ヲ〕満足させる，かなえてやる(望みなどを).

zu|frie·ren*［ツー・ふリーれン］動 *s.*〔《的》〕氷結する(湖などが)；《口》凍る(港・水道管などが).

zu|fü·gen［ツー・ふューゲン］動 *h.*〈j³〉ニ＋〈et⁴〉ヲ〕与える(苦痛・損害などを)，加える(侮辱などを). **2.**〈et³〉ニ＋〈et⁴〉ヲ〕加える(ソースにタバスコなどを).

die Zu·fuhr［ツー・ふーア］名 -/-en **1.**（燃料などの）供給，補給；(空気などの)流入. **2.** 一回の供給［補給］量.

zu|tuh·ren［ツー・ふューれン］動 *h.*〈j³/et³〉ニ＋〈et⁴〉ヲ〕供給［補給］する，送る，入れる. **2.**〈j³〉ニ＋〈et⁴〉ヲ〕紹介する，引渡す. **3.**〈j⁴/et⁴〉ヲ＋〈et³〉ダ〕合せる(die Stute dem Hengst ～ 雌馬を雄馬に掛合せる. 〈j⁴〉 seiner gerechten Strafe ～〈人ニ〉相応の刑に処する. ein Problem einer Lösung ～ 問題を解決する． **4.**〔auf〈j⁴〉ニ〕通じている(道・橋などが).

die Zu·füh·rung［ツー・ふューるング］名 -/-en **1.**（《的》のみ）供給，補給. **2.** 輸送管，給水管；給電線.

die Zu·füh·rungs·lei·tung［ツー・ふーるングス・ライトゥング］名 -/-en（ガス・水道などの）管，導管；導線，給電線.

das Zu·füh·rungs·rohr［ツー・ふューるングス・ろーあ］名 -(e)s/-e 導管.

zu|fül·len［ツー・ふゅレン］動 *h.* **1.**〈et⁴〉ヲ＋(mit〈et³〉ダ〕埋めてふさぐ. **2.**〈et⁴〉ヲ〕《方》注ぎ足す.

Zug 1476

der Zug¹ [ツーク] 名 -(e)s/Züge **1.** 列車 (Eisenbahn~): der ~ nach Frankfurt フランクフルト行きの列車. den ~ nehmen/verpassen 列車に乗る/乗り遅れる. Der ~ ist abgefahren. 列車は発車した；もうどうにもならない. mit dem letzten ~ zurückfahren 終列車で帰る. **2.** トレーラートラック (Last~)：消防車の列 (Feuerlösch~). den ~ Ochsen 牛の一連 (稀)山並 (Gebirgs~)：ein ~ Pferde 一連の馬. **3.** 行列, 隊列；遠征, 探検旅行: der ~ der Flüchtlinge 難民の列. der ~ der mitmarschieren 列を組んで行進する. **4.** 進行, 移動, (鳥の)渡り: der ~ der Wolken 雲の流れ. der ~ der Vögel in den Süden 鳥の南への渡り. der ~ der Zeit 時代の流れ(趨勢≒). **5.** 引っ張ること；引っ張る器具；引き綱, 引き手；〔方〕引出し: mit einem ~ an der Leine ひもを引っぱって. mit kräftigen Zügen rudern 力強くオールで漕(こ)ぐ. **6.** (煙のみ)すきま風, 通風, 通気(Luft~): im ~ sitzen すきま風のあるところに座っている. **7.** (ストーブなどの)煙道, 煙突. **8.** ひと飲み, 一息, 一服: einen ~ aus dem Glas tun コップからひと飲みする. eine Flasche in〔mit〕einem ~ austrinken 〈物₄〉を一口で飲干す. 〈et⁴〉 auf einen ~ austrinken 〈物₄〉を一口で飲干す. in tiefen Zügen atmen 深呼吸する. einen ~ an der Zigarette machen 紙巻タバコを一服吸う. **9.** 顔立ち(Gesichts~), 表情: ein Gesicht von milden Zügen柔和な顔立ち. ein Zug von Verachtung 軽蔑の表情. **10.** (主に⾠筆跡(Schrift~), 筆致: 〈et⁴〉 mit kräftigen Zügen schreiben 〈物・事₄〉を力強い筆致で書く. **11.** (性格・素質などの)特徴(Charakter~)；傾向, 特色: ein sympathischer ~ an 〈j³〉〈人₃の〉好感の持てるところ. **12.** (学校の)科, 専攻；(軍隊の)小隊: der ~ für humanistische ~. **13.** (口)規律: ~ in die Mannschaft bringen チームに規律をもたらす. **14.** (チェスなどの)駒の運び, 差し手: einen ~ tun 駒を動かす. Du bist am ~. 君の番だ. **15.** (銃身の)腔綫(⾮). **16.** (稀)山並み, 連丘. 〔慣用〕 einen Zug durch die Gemeinde machen 〔口〕はしご酒をする. 〈j⁴〉 auf dem Zug haben 〈人₄に〉腹を立てている, 〈人₄〉を非難する. gut am Zug sein 〈人₄〉の教育分計される. gut im Zuge mit 〈et³〉 sein 〈事₃〉順調にはかどっている. im Zuge 〈et²〉〈事₂の〉進行中に. in den letzten Zügen liegen 〔口〕危篤状態にある；完成まぎわである. in einem Zug(e) 一気に. in großen Zügen 大ざっぱに, かいつまんで. in 〈et³〉 ist Zug 〔口〕〈事₃に〉活気がある. 〈et³〉 in vollen Zügen genießen 〈物₃〉を存分に味わう(堪能する). Zug um Zug 間をおかずに, かわるがわる. zum Zug(e) kommen 活動できるようになる.

(das) Zug² [ツーク] 名 -s/ 〖地名〗ツーク(スイス中央部の州とその州都).

die Zugabe [ツーガーベ] 名 -/-n **1.** (買物の)おまけ, 景品. **2.** アンコールの曲. **3.** 加えること: unter sparsamer ~ von Wasser 水を少し加えて.

das Zugabteil [ツーク・アップ・タイル] 名 -(e)s/-e (列車の)コンパートメント.

der Zugang [ツー・ガング] 名 -(e)s/..gänge **1.** (ある場所へ)通じる道, 通路, 入口: 立入り, 出入り: ~ verboten！ 立入禁止. ~ zu 〈j³〉 haben 〈人₃の所に〉自由に出入りできる. **2.** 〈物₃が〉新しく入ってくること: der ~ an Waren 商品の入荷. **3.** 新しく入って来た人〔物〕: Zugänge auf der Chirurgie 外科の新しい患者たち. Zugänge der Bibliothek 図書館の新規に入った本. 〔慣用〕 zu 〈j³/et³〉 keinen Zugang haben 〈人・物・事₃に〉近づけない；(…が) 理解できない.

zugange [ツ・ガンゲ] 形 (次の形で) mit 〈j³/et³〉 ~ sein 《口》〈人₃と〉かかわりあっている/〈事₃に〉携わっている. irgendwo ~ sein 《口》どこかある所で働いている.

zugängig [ツー・ゲンギ] 形 《稀》=zugänglich.

zugänglich [ツー・ゲングリヒ] 形 **1.** (〈j³〉にとって/ für 〈j³〉にとって) 近づきうる, 到達可能の, 出入りできる；入手〔使用〕できる: ein schwer ~es Berggipfel 容易に近づけない山村. Der Berggipfel ist jedem (jeden) ~. その山頂は誰にでも登れる. **2.** (〈et³〉に/ für 〈et⁴〉に) 心の開いた: (…を)受入れる: allem Schönen ~ sein 美しいものに心を開いている. **3.** 親しみやすい.

die Zugänglichkeit [ツー・ゲングリヒカイト] 名 -/ 近づきやすさ；手に入りやすさ.

der Zuganschluss, ⓢ **Zuganschluß** [ツーク・アン・シュルス] 名 -es/schlüsse 列車の接続(連絡).

das Zugband [ツーク・バント] 名 -(e)s/..bänder 〖工〗タイロッド(水平方向の引っ張りに耐える繫ぎ材).

der Zugbegleiter [ツーク・ベグライター] 名 -s/- **1.** 列車輸送の護送者；列車乗務員. **2.** (列車内に備え付けの)沿線各駅の発着時刻表.

die Zugbrücke [ツーク・ブリュケ] 名 -/-n (城門などの)跳ね橋.

zugeben* [ツー・ゲーベン] 動 h. **1.** 〈et⁴ッ〉 おまけする, アンコールに演奏する〔歌う〕, (つけ)加える〔料理にスパイスなどを〕；(口)出す(要求された組の札を). **2.** 〈et⁴ッ/〈文〉ダブルアック〉白状する；認める(確かにそうであると). **3.** (主に否定文・疑問文で)〈et⁴〉 許す, 我慢する: Ich kann keinesfalls ~, dass ... …の は私は は絶対許さない.

zugedacht [ツー・ゲダハト] 形 (〈j³〉=)《文》割当てられた.

zugegebenermaßen [ツー・ゲゲーベナー・マーセン] 副 《文飾》 認められているように.

zugegen [ツ・ゲーゲン] 形 (次の形で) ~ sein 《文》居合せる.

zugehen* [ツー・ゲーエン] 動 s. **1.** (auf 〈j⁴/et⁴〉=) 歩み寄る. **2.** 〈et³〉/auf 〈et⁴〉=近づく: Es geht auf Weihnachten zu. クリスマスが近い. Das Konzert ging bereits dem Ende zu. コンサートはすでに終りに近づいていた. **3.** 〈地名〉〔口〕急いで行く. **4.** 〈j³〉ヘトニ〉〖官〗送付される, 届く(通知状・返事などが). **5.** 〔Es+〈様態〉〕経過する, 起こる: Hier geht es ruhig zu. ここは静かだ. **6.** 〈様態〉=)なっている: spitz〔in einer Spitze〕~ 先がとがっている(塔などが). **7.** 〖物〗〔口〕閉まる(ドアなどが).

die Zugeherin [ツー・ゲーエリン] 名 -/-nen 《南独・⾠》掃除婦.

die Zugehfrau [ツー・ゲー・ふらウ] 名 -/-en 《南独・⾠》= Zugeherin.

zugehören [ツー・グへーレン] 動 h. 〈j³/et³〉=)《文》所属する.

zugehörig [ツー・グへーリヒ] 形 (〈j³/et³〉=)) 所属する, 付属する, (…の)所有する.

die Zugehörigkeit [ツー・グへーリヒカイト] 名 -/ 所属: die ~ zu einer Partei ある政党への所属.

zugeknöpft [ツー・ゲク(ヌ)プフト] 形 《口》打解けない, 素っ気ない.

der Zügel [ツューゲル] 名 -s/- 手綱: dem Pferd die ~ anlegen 馬に手綱をつける. ein Pferd am ~ führen 馬の手綱をとる. die Zügel straffer anziehen 束縛を強める. die Zügel (fest) in der Hand haben 手綱を(しっかり)握っている, 主導権を(しっかり)握っている. bei 〈j³〉 die Zügel kurz halten 〈人₃を〉厳重に監督する. seinem Zorn die Zügel schießen lassen/anlegen 怒りを爆発させる/抑制する.

zugelassen [ツー・グラッセン] 形 [für 〈et⁴〉ッ/ zu 〈et³〉/für 〈j⁴〉] 許された.

zü·gel·los [ツューゲル・ロース] 形 自制心のない,だらしのない.

die **Zü·gel·lo·sig·keit** [ツューゲル・ローズィヒカイト] 名 -/ 放恣(ほうし),放縦.

zü·geln[1] [ツューゲルン] 動 h. **1.**〈et⁴〉手綱を締める(馬などの). **2.**〈j³/et³ップ〉抑える(怒り・好奇心などを),慎む(口を);〈j³ップsich⁴の場合)自制する.

zu·geln[2] [ツューゲルン] 動 (ﾆﾏﾚ) s. **1.**(in〈et⁴〉=)引っ越す. **2.** h.〈et⁴〉(引っ越して)運ぶ.

zu·ge·neigt [ツー・ゲナイクト] 形〈j³/et³ップ〉好意を抱いた.

der/die **Zu·ge·reis·te** [ツー・グらイステ] 名〔形容詞的変化〕(移り住んだ)よそ者.

zu·ge·sel·len [ツー・ゲゼレン] 動 h. **1.**〈sich⁴+〈j³/et³ップ〉仲間になる,(…)に加わる. **2.**〈j³/et³〈et⁴〉ップ〉(…に)加える.

zu·ge·stan·de·ner·ma·ßen [ツー・ゲシュタンデナー・マーセン] 副〔硬〕一般に認められているように,明らかに.

das **Zu·ge·ständ·nis** [ツー・ゲシュテントニス] 名 -ses/-se 容認,譲歩:〈j³〉ein ~ (~se) machen〈人に〉譲歩する. ~ an den Zeitgeist machen 時流に合せる.

zu·ge·ste·hen* [ツー・ゲシュテーエン] 動 h.**1.**〈j³〉=+〈et⁴〉ップ/(文)デアルコト⟩認める,容認する(権利などを). **2.**〈〈j³〉=)+〈et⁴〉ップ/(文)デアルコト⟩認める(正当性などを).

zu·ge·tan [ツー・ゲターン] 形 **1.**〈(〈j³〉=)〉(文)好意を抱いている.〈et³〉ップ〉…が好きな.

zu·ge·wandt [ツー・ゲヴァント] 形〈j³/et³ップ〉向いた;(転)(…)に関心(愛情)を持った.

der **Zu·ge·winn** [ツー・ゲヴィン] 名 -(e)s/-e **1.**追加として得られたもの,余剰. **2.**〔法〕(剰余共同制の)剰余(婚姻中に増えた財産).

die **Zu·ge·winn·ge·mein·schaft** [ツー・ゲヴィン・ゲマインシャふト] 名 -/-en〔法〕剰余共同制(夫婦間の財産は均等に分配できるという法定財産制度).

die **Zug·fe·der** [ツーク・ふェーダー] 名 -/-n〔工〕引っ張りばね.

die **Zug·fes·tig·keit** [ツーク・ふェスティヒカイト] 名 -/〔工〕引っ張り強さ.

der **Zug·füh·rer** [ツーク・ふューらー] 名 -s/- **1.**〔列車の〕車掌. **2.**〔軍〕小隊長.

der **Zug·funk** [ツーク・ふンク] 名 -s/ 列車(無線)電話.

zu·gie·ßen* [ツー・ギーセン] 動 h.〈(et⁴)ップ〉注ぎ足す.

zu·gig [ツーギヒ] 形 吹きさらしの,すきま風の入る.

zü·gig [ツューギヒ] 形 **1.**遅滞のない,スムーズな. **2.**(たちまち)人をひきつける.

..zü·gig [..ツューギヒ] 接尾 形容詞について「移動,特徴」などを表す形容詞を作る:freizügig 移住[移転]の自由な. großzügig 寛大な.

die **Zug·kraft** [ツーク・クらふト] 名 -/..kräfte **1.**〔埋〕牽引(けんいん)力. **2.**(転)人をひきつける力,魅力.

zug·kräf·tig [ツーク・クれふティヒ] 形 人をひきつける(力のある).

zu·gleich [ツ・グらイヒ] 副 同時に;同時にまた:Wir kamen ~ in der Stadt an. 私たちは同時に市についた. Er ist Maler und Bildhauer ~. 彼は画家でありまた彫刻家でもある.

die **Zug·lei·ne** [ツーク・らイネ] 名 -/-n 引き綱;(稀)手綱(たづな).

die **Zug·luft** [ツーク・ルふト] 名 -/ すきま風.

die **Zug·ma·schi·ne** [ツーク・マシーネ] 名 -/-n トラクター,牽引(けんいん)車.

das **Zug·mit·tel** [ツーク・ミッテル] 名 -s/-〔医〕発泡(はっぽう)薬. **2.**人をひきつける〔客寄せの〕手段.

das **Zug·netz** [ツーク・ネッツ] 名 -es/-e〔漁〕底引き網.

die **Zug·num·mer** [ツーク・ヌマー] 名 -/-n **1.**列車番号. **2.**(サーカス・寄席などの)呼び物.

der **Zug·och·se** [ツーク・オクセ] 名 -n/-n 荷車用の牛.

das **Zug·per·so·nal** [ツーク・ペるゾナール] 名 -s/〔総称〕列車乗務員.

das **Zug·pferd** [ツーク・プふぇーあト] 名 -(e)s/-e **1.**鞍馬(ばんば). **2.**(人を)引きつける力のある人〔もの〕,呼び物;先頭に立って〔率先して〕行う人.

das **Zug·pflas·ter** [ツーク・プふラスター] 名 -s/-〔医〕発泡膏(はっぽうこう).

die **Zug·po·sau·ne** [ツーク・ポザウネ] 名〔楽〕スライド・トロンボーン.

zu·grei·fen* [ツー・グらイふェン] 動 h. **1.**〔地で〕(さっと)手を伸ばしてつかむ;取る(食卓で);(転)手に入れておく(買い物で);飛びつく(仕事などを提供される)で;(警察の手が入る)(さっと)手を貸す;〔ｺﾝﾋﾟｭｰﾀ〕データを呼出す. **2.**〔慣用〕(方)よく働く,手伝う.

der **Zu·griff** [ツー・グりふ] 名 -(e)s/-e 手をのばしてつかむこと;(買い物などに)とびつくこと;(警察の)追及の手:sich⁴ dem ~ der Polizei entziehen 警察の追及の手を逃れる.

die **Zu·griffs·zeit** [ツーグりっふス・ツァイト] 名 -/-en〔ｺﾝﾋﾟｭｰﾀ〕データ呼出(処理)時間.

zu·grun·de, zu Grun·de [ツ・グるンデ] 副〈次の形で)(an〈et³〉) ~ gehen〈事がいんげんに)沈没する〔滅びる・破綻(はたん)する・壊れる・倒産する・死ぬ].〈et³〉〈et⁴〉 ~ legen〈事に〉基づいて〈事を〉する.〈et⁴〉 ~ liegen〈事の〉基礎になっている.〈j⁴/et⁴〉 ~ richten〈人・物・事を〉破滅させる,壊す,倒産させる.

die **Zu·grun·de·le·gung** [ツグるンデ・レーグング] 名 -/-en〔主に⑯〕基礎とすること:unter〔bei〕 ~ einer Sache ある事に基づいて.

der **Zug·schaff·ner** [ツーク・シャふナー] 名 -s/-(列車の)車掌.

das **Zug·seil** [ツーク・ザイル] 名 -(e)s/-e〔工・土〕引き綱,牽引(けんいん)用(ワイヤ)ロープ.

die **Zug·spit·ze** [ツーク・シュピッツェ] 名〔山名〕ツークシュピッツェ(ドイツアルプスの最高峰. 2962 m).

das **Zug·stück** [ツーク・シュテュック] 名 -(e)s/-e(芝居の)呼び物,当り狂言.

das **Zug·tier** [ツーク・ティーあ] 名 -(e)s/-e 車をひく動物(牛・馬・ロバなど).

zu·gu·cken [ツー・グケン] 動 h. 〔口〕=zusehen.

zu·guns·ten, zu Guns·ten [ツグンステン] 前〔+2格〔3格〕〕(3格は後置で(稀))…に有利なように,…の利益になるように,…に有利になるように. —— 副〈次の形で〉 ~ von〈j³〉〈人の〉有利になるように.

zu·gu·te [ツ・グーテ] 副〈次の形で)sich³ etwas ~ tun 何か楽しいこと〔何か自分のためになること〕をする.〈j³/et³〉 ~ kommen〈人・事の〉ためになる(役立つ).〈j³〉〈et⁴〉 ~ halten〔文〕〈人に〉〈事を〉斟酌(しんしゃく)してやる. sich³ etwas auf〈et⁴〉 ~ tun〔halten〕〈事を〉自慢する.

die **Zug·ver·bin·dung** [ツーク・ふぇあビンドゥング] 名 -/-en 列車の接続〔連絡〕.

der **Zug·ver·kehr** [ツーク・ふぇあケーア] 名 -s/ 鉄道交通.

das **Zug·vieh** [ツーク・ふィー] 名 -(e)s/ 車を引く家畜(牛・馬など).

der **Zug·vo·gel** [ツーク・ふぉーゲル] 名 -s/..vögel 渡鳥.

zug·wei·se [ツーク・ヴァイゼ] 副 次々と.

der **Zug·wind** [ツーク・ヴィント] 名 -(e)s/-e 強いすきま風.

der **Zug·zwang** [ツーク・ツヴァング] 名 -(e)s/..zwänge (即時の決断〔対応〕を迫られる)切迫した局面(状

zu|ha·ben* [ツー・ハーベン] 動 h. **1.** 〔檻尼〕閉まっている. **2.** 〔⟨et⁴⟩ヲ〕閉めて〔閉じて〕いる.

zu|ha·ken [ツー・ハーケン] 動 h. 〔⟨et⁴⟩ヲ〕ホック〔掛け金〕を掛ける.

zu|hal·ten* [ツー・ハルテン] 動 h. **1.** 〔⟨et⁴⟩ヲ〕閉めておく〔窓などを〕.閉じている〔口などを〕. **2.** 〔⟨j³⟩ガシレナイヨウニ〕＋⟨et⁴⟩ヲ〕押さえている. **3.** 〔⟨⟨j³⟩ノ⟩＋⟨et⁴⟩ヲ〕〔手で〕ふさぐ；つまむ. **4.** 〔auf ⟨j³/et³⟩ヲ〕向かって進む〔船などが〕. **5.** 〔⟨j³⟩ニ＋⟨et³⟩ヲ〕〔スイ〕配分する,割当てる.

der **Zu·häl·ter** [ツー・ヘルター] 名 -s/- 〔売春婦の〕ひも.

die **Zu·häl·te·rei** [ツー・ヘルテライ] 名 -/ 〔売春婦の〕ひも稼業.

die **Zu·hal·tung** [ツー・ハルトゥング] 名 -/-en 〔工〕〔ドアの錠の〕タンブラー.

zu·han·den [ツ・ハンデン] 形 〔次の形で〕⟨j³⟩ ～ sein 〔稀〕〈人の〉意のままになる,〈人の〉手に入りうる.
—— 前 〔＋2格/〔稀〕von ＋3格〕〔スイ〕 **1.** …宛に： ein Brief ～ von 〔des〕 Herrn X X殿宛(ツ)の手紙. **2.** …により議決する〔さらに扱う〕ため. **3.** …に対して. **4.** …に際して,…の機会に. **5.** …のために.

zu|hän·gen [ツー・ヘンゲン] 動 〔⟨et⁴⟩ヲ〕覆う.

zu|hau·en(*) [ツー・ハウエン] 動 h. haute zu; hat zugehauen 〔口〕 **1.** 〔⟨et⁴⟩ヲ〕たたいて〔割って〕形を整える〔石・木材などを〕；解体する〔動物を〕. **2.** 〔⟨et⁴⟩ヲ〕ばたん〔ばたん〕と締める〔閉ざす〕〔本などを〕. **3.** 〔⟨et⁴⟩ヲ〕くぎづけにする. **4.** 〔檻尼〕殴りかかる：〔転〕戦闘〔攻撃〕を開始する.

zu·hauf [ツ・ハウフ] 副 〔文〕大量に,大挙して.

das **Zu·hau·se** [ツ・ハウゼ] 名 -s/ 住まい,うち.

zu|hei·len [ツー・ハイレン] 動 s. 〔⟨et⁴⟩ヲ〕治ってふさがる〔傷などが〕.

die **Zu·hil·fe·nah·me** [ツ・ヒルフェ・ナーメ] 名 -/ 〔助けを借りること,利用：unter ～ ⟨et²⟩〈物・事の〉助けを借りて,〔…を〕利用して.

zu·hin·terst [ツ・ヒンタースト] 副 一番後ろ〔奥〕に.

zu|hö·ren [ツー・(ヘ)-レン] 動 h. **1.** 〔⟨様態⟩デ〕聞く：Hör mal zu ! いいかよく聞けよ. nur mit halbem Ohr ～ うわの空で聞く. **2.** 〔⟨et³⟩ニ〕聞入る,耳を傾ける.

der **Zu·hö·rer** [ツー・(ヘ)-ラー] 名 -s/- 聞き手,聴衆.

die **Zu·hö·rer·schaft** [ツー・(ヘ)-ラー・シャフト] 名 -/ 〔総称的〕聴衆.

zu·in·nerst [ツ・イナースト] 副 〔文〕最も内奥に；心の奥深く,心底から.

zu|jauch·zen [ツー・ヤウホツェン] 動 h. 〔⟨j³⟩ニ向カッテ〕歓声を上げる.

zu|ju·beln [ツー・ユーベルン] 動 h. 〔⟨j³⟩ニ向カッテ〕歓呼の声を上げる.

zu|kau·fen [ツー・カウフェン] 動 h. 〔⟨et⁴⟩ヲ〕買い足す〔増す〕〔特に株などを〕.

zu|keh·ren [ツー・ケーレン] 動 **1.** h. 〔⟨j³/et³⟩ニ＋⟨et⁴⟩ヲ〕向ける〔顔・背などを. **2.** s. 〔in ⟨et³⟩ニ/bei ⟨j³⟩ノ所ニ〕立寄る〔飲食店などに〕.

zu|klap·pen [ツー・クラペン] 動 **1.** h. 〔⟨et⁴⟩ヲ〕ばたんと閉める〔ふた・本などを〕. **2.** s. 〔檻尼〕ばたんと閉まる.

zu|kle·ben [ツー・クレーベン] 動 h. **1.** 〔⟨et⁴⟩ヲ〕封をする〔(すでに付いている)糊で手紙・封筒の〕. **2.** 〔⟨et⁴⟩ヲ＋mit ⟨et³⟩ニ〕〔一面に〕張りつける.

zu|klei·stern [ツー・クライスターン] 動 h. 〔⟨et⁴⟩ヲ〕貼ってふさぐ.

zu|klin·ken [ツー・クリンケン] 動 h. 〔⟨et⁴⟩ヲ〕取っ手を回して閉める.

zu|knal·len [ツー・クナレン] 動 〔口〕 **1.** h. 〔⟨et⁴⟩ヲ〕ばたんと閉める〔ドアなどを〕. **2.** s. 〔檻尼〕ばたんと閉まる.

zu|knei·fen* [ツー・クナイフェン] 動 h. 〔⟨et⁴⟩ヲ〕きつく閉じる〔目・口などを〕.

zu|knöp·fen [ツー・(ク)ノップフェン] 動 h. 〔⟨et⁴⟩ヲ〕ボタンをかける.

zu|kno·ten [ツー・クノーテン] 動 h. 〔⟨et⁴⟩ヲ〕結ぶ〔ひもなどを〕,ひもを結んで閉める〔袋の口〕などを〕.

zu|kom·men* [ツー・コメン] 動 s. **1.** 〔auf ⟨j⁴/et⁴⟩ノ方ニ〕近づいて来る〔行く〕；〔転〕ふりかかって来る〔出来事などが〕. **2.** 〔⟨j³⟩/et³⟩ニ〕与えられる；届けられる〔報告などが〕. **3.** 〔⟨j³⟩ニ〕与えられて〔帰属して〕当然である；ふさわしい. **4.** 〔⟨et³⟩ニ〕認められる〔意義などが〕.

zu|kor·ken [ツー・コルケン] 動 h. 〔⟨et⁴⟩ヲ〕コルク栓をする〔ビンなどに〕.

die **Zu·kost** [ツー・コスト] 名 -/ 〔料〕〔稀〕付合せ.

zu|krie·gen [ツー・クリーゲン] 動 〔口〕=zu|bekommen.

zu|ku·cken [ツー・クッケン] 動 〔北独・口〕=zu|sehen.

die **Zu·kunft** [ツー・クンフト] 名 -/..künfte **1.** 未来,将来；〔㊙のみ〕〈人の〉将来（性〕,前途：⟨j³⟩ eine glänzende ～ voraussagen 〈人に〉輝かしい将来を予言する. in Beruf mit/ohne ～ 将来性のある/ない職業. in naher/nächster ～ 近い将来に/遠からず. **2.** 〔言〕未来〔時称〕. 【慣用】 in Zukunft 今後は,将来は. Zukunft/keine Zukunft haben 将来性〔見込み〕がある/ない.

zu·künf·tig [ツー・キュンフティヒ] 形 将来〔未来〕の.
—— 副 今後,これからは.

der/die **Zu·künf·ti·ge** [ツー・キュンフティゲ] 名 〔形容詞的変化〕〔口〕未来の夫/妻〔婚約者のこと〕.

die **Zu·kunfts·aus·sich·ten** [ツークンフツ・アウス・ズィヒテン] 〔複名〕将来の見通し〔見込み〕.

zu·kunfts·fä·hig [ツークンフツ・フェーイヒ] 形 将来性のある.

die **Zu·kunfts·for·schung** [ツークンフツ・フォるシュング] 名 -/ 未来学.

zu·kunfts·gläu·big [ツークンフツ・グロイビヒ] 形 未来を信じる.

die **Zu·kunfts·mu·sik** [ツークンフツ・ムズィーク] 名 -/ （実現ははるか先の）未来音楽〔ワーグナーの音楽に向けられた言葉〕；未来の夢.

der **Zu·kunfts·plan** [ツークンフツ・プラーン] 名 -(e)s/..pläne 将来の計画.

der **Zu·kunfts·ro·man** [ツークンフツ・ロマーン] 名 -s/-e 〔文芸学〕未来小説〔SF小説など〕.

zu·kunfts·träch·tig [ツークンフツ・トれヒティヒ] 形 未来をはらんだ.

der **Zu·kunfts·traum** [ツークンフツ・トらウム] 名 -(e)s/..träume （非現実的な）未来の夢.

zu·kunfts·wei·send [ツークンフツ・ヴァイゼント] 形 未来指向の,未来を目ざした.

zu·kunft·wei·send [ツークンフト・ヴァイゼント] 形 = zukunftsweisend.

zu|lä·cheln [ツー・レッヒェルン] 動 h. 〔⟨j³⟩ニ〕ほほえみかける.

zu|la·chen [ツー・ラッヘン] 動 h. 〔⟨j³⟩ニ〕笑いかける.

zu|la·den* [ツー・ラーデン] 動 h. 〔⟨et⁴⟩ヲ〕追加して積込む〔貨物を〕.

die **Zu·la·dung** [ツー・ラードゥング] 名 -/-en **1.** 積み荷の追加. **2.** 追加された積み荷.

die **Zu·la·ge** [ツー・ラーゲ] 名 -/-n **1.** 〔本俸以外の〕追加,加俸. **2.** 〔⟨j³⟩についている〕骨.

zu Lande, ㊙zu·lan·de [ツ ランデ] 副 〔次の形で〕bei ⟨j³⟩ ～ 〔古〕〈人の〉故郷〔地方〕では.

zu|lan·gen [ツー・ランゲン] 動 h. 〔口〕 **1.** 〔檻尼〕手をのばす〔特に食事で出されたものに〕. **2.** 〔檻尼〕〔仕事

で)よく働く;殴る. **3.** 〔補足なし〕《方》足りる.

zu·läng·lich [ツー・レングリひ] [形] 《文》十分な.

die **Zu·läng·lich·keit** [ツー・レングリひカイト] [名] -/-en **1.** 《[単]のみ》十分. **2.** 十分なもの〔こと〕.

zu|las·sen* [ツー・ラっセン] [動] *h.* **1.** 〖〈et^4〉ヲ〗許す, 許容する. **2.** 〖〈j^4〉ニ+(zu 〈et^3〉ヲ/für 〈et^4〉ヲ)〗許可する. **3.** 〖〈j^4〉ヲ〗認める, 認可する, (…に)免許を与える: einen Arzt ～ 医師の免許を与える. 〈j^4〉 als Arzt ～ 〈人に〉医師の免許を与える. **4.** 〖〈et^4〉ノ+(zu 〈et^3〉ヲ)〗認める, 許可する: einen Wagen ～ 車の使用を許可する. Aktien zum Börsenhandel ～ 株式の上場を許可する. **5.** 〖〈et^4〉ヲ+für〈j^4〉ニ〗許可する. **6.** 〖〈et^4〉ヲ〗可能にする, 許す, (…の)可能性を与える, (…の)余地がある: 〈et^1〉 *lässt* keinen Zweifel *zu* 〈事には〉疑念の余地がない. **7.** 〖〈et^4〉ヲ〗《口》閉めたままにしておく《窓などを》, 開けないでおく《包みなどを》.

zu·läs·sig [ツー・レっスィひ] [形] 許容〔許可〕された, 許容範囲内の.

die **Zu·läs·sig·keit** [ツー・レっスィひカイト] [名] -/ 許容〔許可〕されていること.

die **Zu·las·sung** [ツー・ラっスング] [名] -/-en **1.** 入会〔入場・入学〕許可; 開業〔営業〕許可; 免許, 認可, 承認. **2.** 《口》自動車運行許可〔車検〕証.

das **Zu·las·sungs·pa·pier** [ツーラっスングス・パピーあ] [名] -s/-e (官庁の)許可〔認可〕証; (特に)自動車関係書類《自動車登録証と車検証》.

die **Zu·las·sungs·prü·fung** [ツーラっスングス・プりゅーふング] [名] -/-en 入学〔入会〕試験.

die **Zu·las·sungs·stel·le** [ツーラっスングス・シュテレ] [名] -/-n 当該許可〔認可〕の所轄官庁〔部署〕.

der **Zu·lauf** [ツー・ラウふ] [名] -(e)s/..läufe **1.** 《[単]のみ》(客の)入り, 殺到: großen ～ haben (店などが)繁盛している, (芝居などが)大入りである. **2.** 〚工〛流水量; 流入口 **3.** 《稀》(湖などに)流込む川, 支流.

zu|lau·fen* [ツー・ラウふぇン] [動] *s.* **1.** 〔auf 〈j^4/et^4〉ノ方ニ〕走って行く《人が》. **2.** 〖〈et^3〉ヘ〗向かって進む《人が》; 《古》向かっている《道などが》. **3.** 〔auf 〈et^4〉ヘ〕通じている《道などが》. **4.** 〔補足なし〕《口》急いで走る. **5.** 〖〈j^3〉ノ所ニ〗押寄せる, 殺到する《顧客などが》; 迷い込む《犬・猫などが》. **6.** 〔補足なし〕注ぎ足される《液体が》. **7.** 〖〈様態〉ニ〗終りが(…に)なっている: spitz 〔in einer Spitze〕 ～ 先がとがっている.

zu|le·gen [ツー・レーゲン] [動] *h.* **1.** 〔sich^3+〈j^4/et^4〉ヲ〕《口》手に入れる, 買込む: sich^3 einen Chauffeur ～ 《転》運転手を雇入れる. sich^3 einen Bauch/einen Bart ～ 《転・冗》腹が出る/ひげを生やす. **2.** 〔補足なし〕《口》スピードを上げる《競争や仕事で》; (規模が)拡大する, (売上げ・数・体重が)増える. **3.** 〖〈et^4〉ヲ〗《方》追加する, つけ足す, ふやす: einen Schritt ～ もっと早く歩く.

zu·leid, zu Leid [ツ・ライト] [副] =zuleide.

zu·lei·de, zu Lei·de [ツ・ライデ] [副] 《次の形で》〈j^3〉 etwas ～ tun 〈人に〉何か悪いことをする.

zu|lei·ten [ツー・ライテン] [動] *h.* **1.** 〖〈et^3〉ニ+〈et^4〉ヲ〗導く, 引く《池に水などを》; 《転》渡す, 振り向ける《金などを》. **2.** 〖〈j^3〉ニ+〈et^4〉ヲ〗送付する《通知状などを》.

die **Zu·lei·tung** [ツー・ライトゥング] [名] -/-en **1.** 《[単]のみ》(水などを)引くこと; (文書の)送付〔交付〕. **2.** (水道・ガスなどの)管, 導管, 導線.

das **Zu·lei·tungs·rohr** [ツーライトゥングス・ろーあ] [名] -(e)s/-e 引込管, 導管.

zu·letzt [ツ・レっツト] [副] **1.** 一番後に, 最後に: ～ an die Reihe kommen 最後に順番が来る. Er war ～ Generalsekretär der Partei. 彼は(経歴の)最後は党書記長だった. **2.** 《口》この前, 前回: Wann hast du ihn ～ gesehen? 君が彼に最後に会ったのはいつです. **3.** ついに, 結局: Er musste ～ sein Verbrechen gestehen. 彼はついに犯行を認めざるを得なかった. 【慣用】**Daran hätte ich zuletzt gedacht.** そこまでは私はなかなか思いつかなかっただろう. **nicht zuletzt** とりわけ: Viele Leute, nicht *zuletzt* Musikliebhaber, haben den Roman gern gelesen. 多くの人々, ことにまた音楽愛好家たちがその小説を好んで読んだ. **bis/für zuletzt** 最後まで;死ぬまで/後々のために.

zu·lieb [ツ・リープ] [前] 《オーストリア》 =zuliebe.

zu·lie·be [ツ・リーベ] [前] 〔+3格〕…を喜ばせるために, …のために《常に後置》: 〈j^3〉 ～ 〈人に〉喜んでもらうために, 〈人の〉ために. der Wahrheit ～ 真実のために.

der **Zu·lie·fe·rer** [ツー・リーふぇらー] [名] -s/- (部品などの)供給会社〔業者〕, (工場などの)下請業者.

zu|lie·fern [ツー・リーふぁーン] [動] *h.* **1.** 〔補足なし〕供給会社〔下請業〕を営む. **2.** 〖(〈et^3〉ニ)+〈et^4〉ヲ〗納入〔供給〕する. **3.** 〖〈j^4〉ヲ〗〚法〛引渡す.

zu|lö·ten [ツー・㋹ーテン] [動] *h.* 〖〈et^4〉ヲ〗はんだづけして密封する.

zum [ツム] =zu+dem.

zu|ma·chen [ツー・マっヘン] [動] *h.* **1.** 〖〈et^4〉ヲ〗《口》閉める, 閉じる, かける《ボタンを》, (…に)栓をする, (…の)封をする. **2.** 〔補足なし〕《口》閉まる《店などが》. **3.** 〖〈et^4〉ヲ〗《口》廃業する. **4.** 〔補足なし〕《方》急ぐ.

zu·mal [ツ・マール] [副] 《語飾》(副詞・名詞を修飾)特に, ことに: Damit beschäftigt er sich ～ sonntags. 彼はことに日曜日にはそれに取組んでいる.

—— [接] 《従属》ことに…なので.

zu|mau·ern [ツー・マウあーン] [動] *h.* 〖〈et^4〉ヲ〗壁でふさぐ.

zu·meist [ツ・マイスト] [副] 《稀》たいてい.

zu|mes·sen* [ツー・メっセン] [動] *h.* 《文》 **1.** 〖〈j^3/et^3〉ニ+〈et^4〉ヲ〗分け与える, 割当てる; 《転》負わせる, 科する. **2.** 〖〈j^3/et^3〉ニ+〈et^4〉ヲ〗認める《意義などを》.

zu·min·dest [ツ・ミンデスト] [副] 《語飾》(動詞・形容詞・副詞・名詞を修飾)少なくとも.

zu·mut·bar [ツー・ムート・バーあ] [形] 要求し得る, 無理でない.

die **Zu·mut·bar·keit** [ツー・ムートバーあカイト] [名] -/ **1.** 《[単]のみ》要求〔期待〕できる可能性. **2.** 要求〔期待〕できること.

zu·mu·te, zu Mu·te [ツ・ムーテ] [形] 《次の形で》〈j^3〉 ～ sein/werden 〈人は〉(…な)気持である/気持になる: Mir ist ängstlich ～. 私は不安な気持だ. Es ist 〈j^3〉 wenig nach Witzen/zum Lachen ～. 〈人は〉あまり冗談を言う/笑う気分ではない.

zu|mu·ten [ツー・ムーテン] [動] *h.* **1.** 〖〈j^3〉ニ+〈et^4〉ヲ〗要求する, 期待する《無理な事を》. **2.** 《方》《スイス》=zu|trauen.

die **Zu·mu·tung** [ツー・ムートゥング] [名] -/-en (不当な)要求〔期待〕, 厚かましい振舞い, (不当で)耐えがたいこと〔もの〕.

zu·nächst [ツ・ネーひスト] [副] まず最初に, まず初めに; さしあたり, 当分の間.

—— [前] 〔+3格〕《文》…のすぐ近くに《後置も有》.

das **Zu·nächst·lie·gen·de** [ツネーひスト・リーゲンデ] [名] 《形容詞的変化; [単]のみ》手近なもの〔こと〕, 差当り考えられる〔やるべき〕こと.

zu|na·geln [ツー・ナーゲルン] [動] *h.* 〖〈et^4〉ヲ〗釘(くぎ)づけに(して開かないように)する.

zu|nä·hen [ツー・ネーエン] [動] *h.* 〖〈et^4〉ヲ〗縫い合せる《ほころびた縫い目などを》; (…の)口を縫い合せる《袋などの》.

die **Zu·nah·me** [ツー・ナーメ] [名] -/-n 増加, 増大; 〚手芸〛編目を増やすこと.

der **Zu·na·me** [ツー・ナーメ] [名] -ns/-n **1.** 姓, 名字

Z

2. 《古》異名, 別名, あだ名.
die **Zụ̈nd·an·la·ge** [ツュント・アン・ラーゲ] [名] -/-n 〖車〗点火装置.
zụ̈nd·bar [ツュント・バーあ] [形] 点火〔発火〕しやすい.
das **Zụ̈nd·blätt·chen** [ツュント・ブレットひぇン] [名] -s/- (玩具のピストルなどの)紙火薬.
zụ̈n·deln [ツュンデルン] [動] *h.* 〔補足なし〕火遊びをする;モミの小枝に火をともして遊ぶ(待降節で).
zụ̈n·den [ツュンデン] [動] *h.* **1.** 〔⟨et^4⟩ニ〕〖工〗点火する;《古》火をつける. **2.** 〔補足なし〕《古》火災を発生させる(落雷などが). **3.** 〔補足なし〕〖工〗かかる(エンジンなどが), 点火する(ロケットなどが);《古》つく(マッチなどが), 発火する(火薬が);《転》賛同を得る, 感動を呼ぶ. 【慣用】**Bei ⟨j^3⟩ hat es gezündet.** 《口・冗》⟨人ハ⟩やっと理解した.
zụ̈n·dend [ツュンデント] [形] 感動的な.
der **Zụn·der** [ツンダー] [名] -s/- **1.** (昔の)火口(ほくち). **2.** 〖工〗(熱した金属表面の)スケール. 【慣用】**Zunder bekommen 〔kriegen〕** 《口》ぶんなぐられる, 怒鳴られる;〖兵〗砲火を浴びる. **⟨j^3⟩ Zunder geben** 《口》⟨人ヲ⟩せきたてる;⟨人ヲ⟩ぶんなぐる;⟨人ヲ⟩怒鳴りつける.
der **Zụ̈n·der** [ツュンダー] [名] -s/- **1.** 起爆装置, 信管. **2.** (《[複]のみ》)《オースト》マッチ.
die **Zụ̈nd·fol·ge** [ツュント・ふぉルゲ] [名] -/-n (内燃機関などの)点火順序.
das **Zụ̈nd·holz** [ツュント・ホルツ] [名] -es/..hölzer 《南独・オースト》マッチ.
die **Zụ̈nd·holz·schach·tel** [ツュントホルツ・シャはテル] [名] -/-n 《南独・オースト》マッチ箱.
das **Zụ̈nd·hüt·chen** [ツュント・ヒュートひぇン] [名] -s/- **1.** 雷管. **2.** 《口・冗》小さなかぶりもの.
das **Zụ̈nd·ka·bel** [ツュント・カーベル] [名] -s/- 〖車〗(エンジンの)イグニッションケーブル.
die **Zụ̈nd·kap·sel** [ツュント・カプセル] [名] -/-n 雷管.
die **Zụ̈nd·ker·ze** [ツュント・ケるツェ] [名] -/-n 〖車〗点火〔スパーク〕プラグ.
das **Zụ̈nd·na·del·ge·wehr** [ツュント・ナーデル・ゲヴェーあ] [名] -(e)s/-e (昔の)撃針銃.
das **Zụ̈nd·plätt·chen** [ツュント・プレットひぇン] [名] -s/- =Zündblättchen.
der **Zụ̈nd·punkt** [ツュント・プンクト] [名] -(e)s/-e 〖工〗発火点.
das **Zụ̈nd·schloss**, [旧]**Zụ̈nd·schloß** [ツュント・シュロス] [名] -es/..schlösser 〖車〗始動ロック.
der **Zụ̈nd·schlüs·sel** [ツュント・シュリュっセル] [名] -s/- 〖車〗イグニッションキー.
die **Zụ̈nd·schnur** [ツュント・シュヌーあ] [名] -/..schnüre 導火線.
die **Zụ̈nd·spu·le** [ツュント・シュプーレ] [名] -/-n 〖車〗イグニッションコイル.
der **Zụ̈nd·stoff** [ツュント・シュトっふ] [名] -(e)s/-e 起爆薬;《転》争い〔紛争〕の種, 火種.
die **Zụ̈nd·tem·pe·ra·tur** [ツュント・テムペらトゥーあ] [名] -/-en 〖工〗発火点.
die **Zụ̈n·dung** [ツュンドゥング] [名] -/-en 〖工〗点火;点火装置.
die **Zụ̈nd·vor·rich·tung** [ツュント・ふぉーあ・りひトゥング] [名] -/-en 〖工〗起爆装置.
zu|neh·men* [ツー・ネーメン] [動] *h.* **1.** 〔補足なし〕強まる(風・寒さ・不安などが), 増す(痛み・明るさなどが), 長くなる(日などが), 満ちてくる(月が), 上がる(温度が);太る(人が). **2.** 〔an ⟨et^3⟩ヲ〕増す(経験・嵐が強さなどを). **3.** 〔⟨et^4⟩ヲ〕《口》追加する. **4.** 〔⟨et^4⟩ヲ〕〖手芸〗増やす(編目を). **5.** 〔補足なし〕〖手芸〗編目を増やす.
zu·neh·mend [ツー・ネーメント] [形] 増大〔増加〕する: ~*er* Mond 上弦の月. in ~*em* Maße ますます. —— [副] (語飾)(動詞・形容詞を修飾)ますます, いちだんと.
zu|nei·gen [ツー・ナイゲン] [動] *h.* **1.** 〔⟨et^3⟩ニ〕傾く(考えなどに). **2.** 〔⟨j^3⟩ノ方ヘ+⟨et^4⟩ヲ〕《文》傾ける(頭・耳などを). **3.** 〔sich^4+⟨j^3/et^3⟩ノ方ヘ〕《文》傾く(物が), 体を傾ける(人が);《転》近づく(事が終りに). 【慣用】**⟨j^3/et^3⟩ zugeneigt sein** 《文》⟨人・事ニ⟩好意〔愛情〕を抱いている〔心を寄せている〕.
die **Zu·nei·gung** [ツー・ナイグング] [名] -/-en 好意, 愛着.
die **Zụnft** [ツンふト] [名] -/Zünfte ツンフト(中世の手工業者の同職組合);《口》(《冗》も有)(同業の)仲間: die ~ der Gelehrten 学者仲間. 【慣用】**von der Zunft sein** 専門家である.
der **Zụnft·ge·nos·se** [ツンふト・ゲノっセ] [名] -n/-n ツンフトの組合員.
zụ̈nf·tig [ツュンふティひ] [形] **1.** 《古》本職の **2.** ツンフトの;ツンフトに所属している. **3.** 《口》本格的な, まともな;たっぷりの: ein ~*er* Reiter 一人前の騎手.
die **Zụn·ge** [ツンゲ] [名] -/-n **1.** 舌: eine belegte ~ 舌苔(ぜったい)で白くなった舌. ⟨j^3⟩ die ~ herausstrecken ⟨人ニ⟩向かって舌を出す. sich^3 auf 〔in〕 die ~ beißen 舌をかむ. **2.** (主に[単])(特に牛の)タン. **3.** (味覚器官としての)舌: eine feine ~ haben 舌が肥えている. **4.** 話し方, 弁舌: eine lose ~ 長広舌. eine schwere ~ haben ろれつが回らない. **5.** 《文》国語, 言語: die Völker spanischer ~ スペイン語を話す諸民族. **6.** 舌の形をしたもの(炎の舌・靴の前革・天秤(てんびん)の指針・楽器のリードなど). **7.** 〖工〗(転轍器の)尖端軌条. **8.** 〖動〗(昆虫の)中舌(ちゅうぜつ);(主に[複])〖動〗ササウシノシタ科の魚. 【慣用】**⟨j^3⟩ auf der Zunge brennen** ⟨人ハ⟩しゃべりたくてうずうずしている. **⟨j^3⟩ die Zunge lösen** ⟨人ヲ⟩多弁にする. **eine böse/scharfe Zunge haben** 口が悪い/舌鋒(ぜっぽう)が鋭い. **⟨j^1⟩ hat ⟨et^4⟩ auf der Zunge** ⟨人ハ⟩⟨事ヲ⟩言いそうになる;⟨人ノ⟩のどまで⟨事ガ⟩出かかっている. **⟨j^3⟩ leicht/schwer von der Zunge gehen** ⟨人ニとって⟩言いやすい/言いにくい. **⟨et^1⟩ liegt ⟨j^3⟩ auf der Zunge** ⟨事ガ⟩⟨人ノ⟩口から出そうになる;⟨事ガ⟩⟨人ノ⟩のどまで出かかっている. **mit gespaltener Zunge reden** 二枚舌を使う. **seine Zunge im Zaum halten** 口を慎む. **sich^3 auf die Zunge beißen** 言いたいことをじっと我慢する. **sich^3 die Zunge verbrennen** うっかりしゃべって失敗する.
zụ̈n·geln [ツュンゲルン] [動] *h.* **1.** 〔補足なし〕舌をちょろちょろ出す(蛇などが). **2.** 〔⟨様態⟩ニ/⟨場所⟩デ/⟨方向⟩カラ〕ちょろちょろ燃える.
das **Zụn·gen·bänd·chen** [ツンゲン・ベントひぇン] [名] -(e)s/- 〖解〗舌小帯.
das **Zụn·gen·bein** [ツンゲン・バイン] [名] -(e)s/-e 〖解・動〗舌骨.
die **Zụn·gen·blü·te** [ツンゲン・ブリューテ] [名] -/-n 〖植〗(キク科植物の)舌状花.
der **Zụn·gen·bre·cher** [ツンゲン・ブれっひゃー] [名] -s/- (発音しにくい)舌をかみそうな言葉;早口言葉.
zụn·gen·fer·tig [ツンゲン・ふぇるティひ] [形] 口達者な, 能弁な.
die **Zụn·gen·fer·tig·keit** [ツンゲン・ふぇるティひカイト] [名] -/ 口達者, 能弁.
zụn·gen·för·mig [ツンゲン・[ふぇ]るミひ] [形] 舌状の.
der **Zụn·gen·kuss**, [旧]**Zụn·gen·kuß** [ツンゲン・クス] [名] -es/..küsse ディープキス.
der **Zụn·gen·laut** [ツンゲン・ラウト] [名] -(e)s/-e 〖言〗舌音(舌を使う[r]など).
die **Zụn·gen·pfei·fe** [ツンゲン・プふぁイふぇ] [名] -/-n 〖楽〗(パイプオルガンの)リード管.
das **Zụn·gen-R, Zụn·gen-r** [ツンゲン・エる] [名] -/- 〖言〗舌音のR(音)(舌を震わせて調音するR音).
der **Zụn·gen·schlag** [ツンゲン・シュラーク] [名] -(e)s/..schläge **1.** 舌の動き. **2.** 〖楽〗タンギング.

3. 《稀》訛(なま)り；特徴的な言葉遣い： ein modischer ～ はやりの言い方. 【**慣用**】 **falscher Zungenschlag** 言い間違い.

die **Zun·gen·spit·ze** [ツンゲン・シュピッツェ] [名] -/-n 舌の先.

die **Zun·gen·wur·zel** [ツンゲン・ヴるツェル] [名] -/-n 〖解〗舌根.

das **Zün·g·lein** [ツュングライン] [名] -s/- 小さな舌；(天秤(てんびん)の)小さな指針；小さな舌の形をしたもの. 【**慣用**】 **das Zünglein an der Waage** 決め手になる人〔事〕.

zu·nich·te [ツ・ニひテ] 《次の形で》〈et^4〉 ～ machen 〈事ヲ〉無に帰せしめる, 挫折させる《望み・計画などを》. ～ werden/sein 無に帰す, 挫折する/無に帰した, 挫折した.

zu|ni·cken [ツー・ニッケン] [動] *h.* 〔〈j^3〉ニ〕うなずく；《〈j^3〉が相互代名詞sich^{3}の場合》お互いにうなずき合う.

zu·nut·ze, zu Nut·ze [ツ・ヌッツェ] 《次の形で》sich^3 〈et^4〉 ～ machen 〈物・事ヲ〉利用する；〈事ニ〉つけ込む.

zu·o·berst [ツ・オーバースト] [副] (積重ねた)一番上に；上端に；上座に；(序列の)最上位に.

zu|ord·nen [ツー・オるドネン] [動] *h.* 〔〈j^4/et^4〉ヲ＋〈j^3/et^3〉ニ〕分類する, (類別して)入れる.

die **Zu·ord·nung** [ツー・オるドヌング] [名] -/-en 分類.

zu|pa·cken [ツー・パッケン] [動] *h.* **1.** 〔補足なし〕しっかり摑(つか)む. **2.** 〔補足なし〕精力的に仕事をする, (一緒に)よく働く. **3.** 〔〈j^4/et^4〉ヲ〕《口》すっぽり包む.

zu·pass, ⓐ**zu·paß** [ツ・パス] [副] 《次の形で》〈j^3〉 ～ kommen 《文》〈人にとって〉願ったりかなったりである.

zu·pas·se [ツ・パッセ] [副] 《稀》＝zupass.

zup·fen [ツップふェン] [動] *h.* **1.** 〔(〈j^4〉ノ)＋an 〈et^3〉ヲ〕引っ張る. **2.** 〔〈et^4〉ヲ〕つまんで引抜く〔取る〕《雑草・糸くず・髪などを》. **3.** 〔〈et^4〉ヲ/an 〈et^3〉ヲ〕つまびく.

die **Zupf·gei·ge** [ツップふ・ガイゲ] [名] -/-n 《古》ギター.

das **Zupf·in·s·t·ru·ment** [ツップふ・インストるメント] [名] -(e)s/-e 撥弦(はつげん)楽器《ハープ・ギターなど》.

zu|pfrop·fen [ツー・プふろップふェン] [動] *h.* 〔〈et^4〉ニ〕栓をする.

zu|pros·ten [ツー・プろステン] [動] *h.* 〔〈j^3〉ノタメニ〕乾杯する.

zur [ツーあ, ツる] ＝zu＋der.

zu|ra·ten* [ツー・らーテン] [動] *h.* 〔〈j^3〉ニ＋(zu 〈et^3〉ヲ/zu〈動〉スルコトヲ)〕勧める.

zu|rau·nen [ツー・らウネン] [動] *h.* 〔〈j^3〉ニ＋〈et^4〉ヲ〕《文》囁(ささや)く, 耳打ちする.

Zür·cher[1] [ツュるひゃー] [形] 《無変化》《スイ》チューリヒの.

der **Zür·cher**[2] [ツュるひゃー] [名] -s/- 《スイ》チューリヒの人.

zu|rech·nen [ツー・れひネン] [動] *h.* **1.** 〔〈j^4/et^4〉ヲ＋〈j^3/et^3〉ニ〕分類する, 数え入れる. **2.** 〔〈j^3〉ニ＋〈et^4〉ヲ〕《稀》帰する, (…を…の)責任〔功績〕にする. **3.** 〔〈et^4〉ヲ〕《稀》加えて数える.

die **Zu·rech·nung** [ツー・れひヌング] [名] -/-en **1.** 分類. **2.** 責任を負わせる〔負わされる〕こと. **3.** 加算, 算入.

zu·rech·nungs·fä·hig [ツーれひヌングス・ふェーイひ] [形] **1.** 〖法〗《古》＝schuldfähig. **2.** (精神が)正常な.

die **Zu·rech·nungs·fä·hig·keit** [ツーれひヌングス・ふェーイひカイト] [名] -/ **1.** 〖法〗《古》＝Schuldfähigkeit. **2.** 明晰(めいせき)な頭脳〔理解力〕.

zu·recht.. [ツ・れひト..] [接頭] 分離動詞を作る. アクセント有. **1.** 適切な形に： *zurecht*|schneiden 適切な形に切る〔裁断する〕. **2.** 適切な位置〔状態〕に： *zurecht*|legen 適切な位置に直す；きちんと整える.

zu·recht|bie·gen* [ツれひト・ビーゲン] [動] *h.* **1.** 〔〈et^4〉ヲ〕適切な〔元の〕形に曲げる《針金などを》；《転・口》正常な〔元の〕状態にする. **2.** 〔〈j^4〉ヲ〕《口》(矯正して)正道に連れ戻す.

zu·recht|brin·gen* [ツれひト・ブりンゲン] [動] *h.* 〔〈et^4〉ヲ〕きちんと整理〔処理〕する.

zu·recht|fin·den* [ツれひト・ふィンデン] [動] *h.* 〔sich^4＋〈場所/様態〉デ〕勝手が分る.

zu·recht|kom·men* [ツれひト・コメン] [動] *s.* **1.** 〔mit〈j^3〉ト/in〈et^3〉デ〕うまくやっていく. **2.** 〔mit〈et^3〉ヲ〕うまく扱う〔こなす〕. **3.** 〔補足なし〕《稀》(時間に)間に合う.

zu·recht|le·gen [ツれひト・レーゲン] [動] *h.* **1.** 〔〈j^3〉ノタメニ＋〈et^4〉ヲ〕きちんと整えておく, 用意〔準備〕しておく. **2.** 〔sich^3＋〈et^4〉ヲ〕考えておく《計画・返事などを》.

zu·recht|ma·chen [ツれひト・マッヘン] [動] *h.* 《口》 **1.** 〔〈et^4〉ノ〕用意をする《ベッドなどの》. **2.** 〔〈j^4〉ノ〕化粧をしてやる, 身づくろい〔服装・髪〕を整えてやる. **3.** 〔sich^3＋〈et^4〉ヲ〕《稀》考えておく.

zu·recht|rü·cken [ツれひト・りュッケン] [動] *h.* 〔〈et^4〉ヲ〕正しい位置に動かす, 直す《いす・帽子・ネクタイ・眼鏡などを》；《転》直す, 正す《事柄を》.

zu·recht|schnei·den* [ツれひト・シュナイデン] [動] *h.* 〔〈et^4〉ヲ〕適当な形に切る.

zu·recht|set·zen [ツれひト・ゼッツェン] [動] *h.* **1.** 〔sich^4〕きちんと座り直す. **2.** 〔〈et^4〉ヲ〕正しい位置に置く, きちんと掛け〔かぶり〕直す《眼鏡・帽子などを》.

zu·recht|stel·len [ツれひト・シュテレン] [動] *h.* 〔〈et^4〉ヲ〕正しい位置に〔きちんと〕置く.

zu·recht|stut·zen [ツれひト・シュトゥッツェン] [動] *h.* 〔〈et^4〉ヲ〕形よく刈込む《生垣などを》.

zu·recht|wei·sen* [ツれひト・ヴァイゼン] [動] *h.* 〔〈j^4〉ヲ〕叱責(しっせき)する, (…に)強く注意する.

die **Zu·recht·wei·sung** [ツれひト・ヴァイズング] [名] -/-en 叱責(しっせき)すること；叱責の言葉, 小言.

zu|re·den [ツー・れーデン] [動] *h.* 〔〈j^3〉ニ＋(zu〈動〉スルヨウニ)〕説いて勧める, 言って聞かせる.

zu|rei·chen [ツー・らイひェン] [動] *h.* **1.** 〔〈j^3〉ニ＋〈et^4〉ヲ〕手渡す《仕事中に必要なものなどを》. **2.** 〔補足なし〕《方》足りる.

zu·rei·chend [ツー・らイひェント] [形] 《文》十分な.

zu|rei·ten* [ツー・らイテン] [動] **1.** *h.* 〔〈et^4〉ヲ〕乗りならす《馬を》. **2.** *s.* 〔〈j^3/et^3〉ニ/auf 〈j^4/et^4〉ニ向カッテ〕馬を進める.

der **Zu·rei·ter** [ツー・らイター] [名] -s/- (馬の)調教師.

(*das*) **Zü·rich** [ツューりひ] [名] -s/ 〖地名〗チューリヒ《①スイス北部の州. ②同州の州都でスイス最大の都市》.

Zü·ri·cher[1] [ツューりっひゃー] [形] 《無変化》＝Zürcher[1].

der **Zü·ri·cher**[2] [ツューりっひゃー] [名] -s/- ＝Zürcher[2].

der **Zü·rich·see** [ツューりひ・ゼー] [名] -s/ 〖湖名〗チューリヒ湖《チューリヒ市から南東にのびる湖》.

zu|rich·ten [ツー・りひテン] [動] *h.* **1.** 〔〈et^4〉ヲ〕〖印〗ととのえる《印刷板を》；〖皮革・毛皮・織・工〗(…に)仕上げ加工をする；《方》(…を)用意〔準備〕する《食事などを》. **2.** 〔〈j^4/et^4〉ニ〕怪我(けが)をさせる, (…を)痛めつける；(…を乱暴に扱って)ひどく傷める《車などを》.

der **Zu·rich·ter** [ツー・りひター] [名] -s/- 仕上げをする人, (革・織物・印刷板などの)仕上げ工.

die **Zu·rich·tung** [ツー・りひトゥング] [名] -/-en 仕上げ.

zu|rie·geln [ツー・りーゲルン] [動] *h.* 〔〈et^4〉ニ〕閂(かんぬき)をかける《門などに》.

zür·nen [ツュるネン] [動] *h.* 〔(mit)〈j^3/et^3〉ニ〕《文》腹を立てる.

zur·ren [ツれン] [動] *h.* **1.** 〔〈et^4〉ヲ〕〖海〗結び留める, 固定する. **2.** 〔〈et^4〉ヲ＋〈方向〉ヘ(カラ)/〈場所〉ヲ〕《方》引きずって行く.

die **Zur·schau·stel·lung** [ツる・シャウ・シュテルング] [名]

Z

-/-en 展示;誇示;装うこと.
zu·rück [ツリュック] 副 **1.** 帰りに：Wir sind hin und ~ gelaufen. 私たちは行きも帰りも歩いた. Z~ zur Natur! 自然に帰れ. **2.** 元の所に戻って, 帰って：noch nicht aus dem Urlaub/von der Reise ~ sein まだ休暇から/旅行から戻っていない. **3.** ((〈様態〉)) 後方へ, さがって：Zwei Schritte ~！ 2歩さがって！ **4.** ((〈様態〉)) 後方に：Etwas weiter ~ kam der letzte Läufer. さらに大きく遅れて最後の走者が来た. **5.** ((〈様態〉=)) ((口)) (発達・進歩などが) 遅れて：körperlich weit ~ sein 肉体的にずっと遅れている. **6.** ((et⁴ダケ)) ((方)) 前などのぼって：ein Jahr ~ (の) 1年前にさかのぼって. 【慣用】 hin und zurück 往復：Einmal Köln hin und *zurück*, bitte！ ケルン往復一枚お願いします. vor und zurück 前後に.

das Zu·rück [ツリュック] 名 -(s)/ あと戻り, 後退.

zu·rück|be·ge·ben* [ツリュック・ベゲーベン] 動 h. {sich⁴+〈方向〉へ}戻る.

zu·rück|be·glei·ten [ツリュック・ベグライテン] 動 h. {j⁴ッガ+〈方向〉へ}帰るのを送る, (…を…へ) 送って行く.

zu·rück|be·hal·ten* [ツリュック・ベハルテン] 動 h. **1.** 〈et⁴ッ〉返さずに手元にとどめておく(そのまま残しておく). **2.** 〈et⁴ッ+(von 〈et³ッ〉)〉後遺症としてとめる.

zu·rück|be·kom·men* [ツリュック・ベコメン] 動 h. **1.** 〈et⁴ッ〉返してもらう, 取戻す；釣り銭として受取る. **2.** 〈et⁴ッ〉 ((口)) 元の位置に戻すことができる(ファスナー・レバーなどを).

zu·rück|be·ru·fen* [ツリュック・ベるーふェン] 動 h. 〈j⁴ッ〉呼戻す, 召還する.

zu·rück|beu·gen [ツリュック・ボイゲン] 動 h. **1.** 〈et⁴ッ〉後ろに反らせる(頭などを). **2.** {sich⁴}体を後ろに反らせる.

zu·rück|bil·den [ツリュック・ビルデン] 動 h. **1.** {sich⁴}元の大きさ(状態)に戻る(腫瘍などが). **2.** {sich⁴}退化する.

zu·rück|blei·ben* [ツリュック・ブライベン] 動 s. **1.** (慣用) (後に) 残る, 後に残される. **2.** (慣用) (ついて行けずに) とり残される(置いて行かれる)(時計が). **3.** {(von 〈et³ッ〉)}後遺症として残る, (…の後に) 残る(染みなどが). **4.** {(von 〈et³ッ〉)}後ろに下がっている(木の縁などから). **5.** {(hinter 〈et³ッ〉)}遅れ(ひけ)をとる, (…を) 下回る. **6.** {(mit 〈et³ッ〉)}遅れがでている(仕事などに).

zu·rück|blen·den [ツリュック・ブレンデン] 動 h. ((映)) フラッシュバックする.

zu·rück|bli·cken [ツリュック・ブリッケン] 動 h. **1.** {(auf 〈et⁴ッ〉/ハッ)}振返(って見)る. **2.** {(auf 〈et⁴ッ〉)}回顧する. 【慣用】 auf 〈et⁴ッ〉zurückblicken können 称賛に値する過去の〈事ッ〉がある：auf eine lange Tradition zurückblicken können 長い伝統がある.

zu·rück|brin·gen* [ツリュック・ブリンゲン] 動 h. **1.** 〈et⁴ッ+(〈j³ッ〉/〈方向〉)〉(元の場所・所有者に) 戻す. **2.** {〈j⁴ッ〉+〈方向〉へ}連れ戻す. **3.** 〈j⁴ッ〉 ((口)) 進歩(発展)を阻害する(病気などが). **4.** 〈j⁴ッ〉 ((口)) 元の位置に戻す(レバーなどを). 【慣用】 〈j⁴〉 ins Leben in die Wirklichkeit zurückbringen 〈人を〉生返らせる/現実に連れ戻す.

zu·rück|da·tie·ren [ツリュック・ダティーれン] 動 h. **1.** 〈et⁴ッ〉(実際より) 前の日付を記入する. **2.** 〈et⁴ッ〉もっと古い年代のものとする. **3.** {(auf/in 〈j⁴/et⁴ッ〉)}思い出す, 回想する.

zu·rück|den·ken* [ツリュック・デンケン] 動 h. {(an 〈j⁴/et⁴ッ〉)}思い出す, 回想する.

zu·rück|drän·gen [ツリュック・ドれンゲン] 動 h. **1.** 〈j⁴ッ〉(元の所へ) 押し戻す. **2.** 〈j⁴/et⁴ッ〉後ろへ押しやる(人を)；((転)) 抑える, こらえる(涙・不安などを). **3.** {((方向))}押合いながら戻る. **4.** 〈et⁴ッ〉広まるのを抑える, 減らす.

zu·rück|dre·hen [ツリュック・ドれーエン] 動 h. **1.** 〈et⁴ッ〉逆に回す(戻す) (時計の針などを). **2.** 〈et⁴ッ〉回して元の位置に戻す(スイッチなどを)；(スイッチを回して) 絞る(音量などを). **3.** {sich⁴}逆に回る.

zu·rück|dür·fen* [ツリュック・デュるフェン] 動 h. ((〈方向〉)) 戻る(帰る) ことが許されている(人が)；((口)) 戻せる(物が).

zu·rück|ei·len [ツリュック・アイレン] 動 s. {(in 〈et⁴ッ〉)}急いで帰る(戻る).

zu|rü·cken [ツー・りュケン] 動 s. (慣用) ((口)) 席を詰める.

zu·rück|er·bit·ten* [ツリュック・エあビッテン] 動 h. 〈et⁴ッ〉((文))返却(返還)を懇請する.

zu·rück|er·hal·ten* [ツリュック・エあハルテン] 動 h. 〈et⁴ッ〉返してもらう.

zu·rück|er·o·bern [ツリュック・エあオーバーン] 動 h. 〈et⁴ッ〉奪略して奪回(奪還) する, 奪い返す；((転)) 取り戻す(首位などを).

zu·rück|er·stat·ten [ツリュック・エあシュタッテン] 動 h. {〈et⁴ッ〉=}返済する.

zu·rück|er·war·ten [ツリュック・エあヴァるテン] 動 h. 〈j⁴ッ〉帰って(戻って) 来るのを(予期して) 待っている.

zu·rück|fah·ren* [ツリュック・ふぁーれン] 動 **1.** s. {(〈方向〉へ)}帰る(乗り物で), 戻る；バックする(車で). **2.** h. 〈j⁴/et⁴ッ〉送り帰(返)す(乗り物で). **3.** 〈et⁴ッ〉(運転して元のところに) 戻す. **4.** s. (慣用) 後ろへ飛びのく(驚いたりして). **5.** h. 〈et⁴ッ〉((工)) 操業を短縮する(工場などの), (…を) 押える(生産などを).

zu·rück|fal·len* [ツリュック・ふぁレン] 動 **1.** (慣用) 再び下りる(下がる) (幕などが)；後ろに倒れ込む. **2.** (慣用) 遅れる(走者などが)；順位(成績) が下がる. **3.** {(in 〈et⁴ッ〉)}逆戻りする. **4.** {〈j³ッ〉}手に戻る, 再び(…の) 所有に帰する. **5.** {(auf 〈j⁴ッ〉)}はね返って来る(不利な結果として), (…の) せいにされる. **6.** (慣用) ((軍)) 退却する.

zu·rück|fin·den* [ツリュック・ふィンデン] 動 h. **1.** {(〈方向〉へ)}帰る道が分る. **2.** 〈et⁴ッ〉分る(道などが). 【慣用】 zu ihrem Mann zurückfinden 夫のもとに戻る. zu sich³ selbst zurückfinden われに返る, 自分を取戻す.

zu·rück|flie·gen* [ツリュック・ふリーゲン] 動 **1.** s. {(〈方向〉へ)}飛行機で帰る. **2.** 〈j⁴/et⁴ッ〉飛行機で帰す(返送する). **3.** h. 〈et⁴ッ+〈方向〉へ〉操縦して戻す. **4.** s. {((〈方向〉へ))}((口))投げ返される, 跳ね返って来る.

zu·rück|flie·ßen* [ツリュック・ふリーセン] 動 s. **1.** {(in 〈et⁴ッ〉=)}流れて戻る. **2.** (慣用) 還流する(金などが).

zu·rück|for·dern [ツリュック・ふぉるダーン] 動 h. 〈et⁴ッ〉返還(返却)を求める.

zu·rück|fra·gen [ツリュック・ふらーゲン] 動 h. **1.** {(次)}問い返す. **2.** {(bei 〈j³ッ〉)}((稀))再度問い合わせる, 再照会する.

zu·rück|füh·ren [ツリュック・ふゅーれン] 動 h. **1.** 〈j⁴ッ+〈方向〉へ〉連れ帰る, 連れ戻す. **2.** (慣用) 元の場所に通じている. **3.** 〈et⁴ッ〉元の位置に戻す(レバーなどを). **4.** 〈et⁴ッ〉+auf 〈et⁴ッ〉)〉還元する, (…の) 起源を(…に) 求める；(…を…の) せいにする.

zu·rück|ge·ben* [ツリュック・ゲーベン] 動 h. **1.** {((〈j³ッ〉+〈et⁴ッ〉))}返す, 返却する(本・金などを)；返品・返上する(役職などを). **2.** {(〈et⁴ッ〉+an 〈j⁴〉ニ〕〖球〗リターンパスする． **3**．〔〈et⁴〉ヲ〕〖球〗バックパスする． **4**．〔j³ニ〕〖球〗〈視線などを〉． **5**．〈〖交〗ニ〕答える． 〖慣用〗〈j³〉 sein Selbstvertrauen zurückgeben 〈人ニ〉自信を取戻させる(人の言葉・成功などが)． 〈j³〉 sein Versprechen zurückgeben 〈人ニ〉〜の約束をなかったことにしてやる． 〈j³〉 seine Freiheit zurückgeben 〈人ヲ〉自由の身に戻してやる，(契約などから)〈人ヲ〉自由にしてやる．

zu·rück|ge·hen＊ 〔ツリュック・ゲーエン〕 動 s． **1**．〔〈〈方向〉ニ〉〕戻る，引返す；後ろへ下がる，退却する；さかのぼる． **2**．〔auf〈et⁴〉ニ〕〈in〈et³〉ニ〕：auf 60 km/h ～ 60 キロに戻る〈メーターの針などが〉；〖転〗60 キロに落す〈運転者がスピードを〉． **3**．〖口〗戻る〈故郷などに〉；復帰する〈元の職場などに〉． **4**．〔an〈j³〉〕手に戻る，再び〈…の〉所有に帰する． **5**．〖時点ニ〕帰りの便が出る〈バス・列車などが〉． **6**．〖商〗引く〈腫(れ)・熱・洪水などが〉，減少する〈数・売上げなどが〉，下がる〈温度・相場などが〉． **7**．〔an〈j⁴〉ニ〕返品〈返送〉される． **8**．〔auf〈j⁴/et³〉ニ〕由来する，起源をもつ．

zu·rück|ge·win·nen＊ 〔ツリュック・ゲヴィネン〕 動 h． 〔〈et⁴〉ヲ〕取戻す〈金・自信などを〉；(再利用のために)手に入れる，回収する．

zu·rück·ge·zo·gen 〔ツリュック・ゲツォーゲネン〕 形 引きこもった，隠遁(いんとん)した．

die Zu·rück·ge·zo·gen·heit 〔ツリュック・ゲツォーゲンハイト〕 名 -/ 隠遁(いんとん)，隠棲(いんせい)．

zu·rück|grei·fen＊ 〔ツリュック・グライフェン〕 動 h． **1**．〖時ニ〕過去に溯(さかのぼ)って話を始める． **2**．〔auf〈j⁴/et³〉ヲ〕余儀なく迫られて〕煩(わずら)わす，引っ張り出す〈人などを〉，〈…に〉手をつける〈蓄えなどに〉．

zu·rück|hal·ten＊ 〔ツリュック・ハルテン〕 動 h． **1**．〔〈j⁴〉ヲ〕引止める；抑留する〈捕虜などを〉；押しとどめる，阻止する〈デモ隊などを〉． **2**．〔〈et⁴〉ヲ〕差止める，押える． **3**．〔〈j⁴〉ヲ〕抑える，こらえる〈感情などを〉． **4**．〔〈et⁴〉ヲ/mit〈et³〉〕差控える〈意見などを〉． **5**．〔mit〈et³〉〕先に延ばす，ためらう． **6**．〔〈j⁴〉ニ+von〈vor〉〈et³〉〕思いとどまらせる． **7**．〔sich⁴〕自制する；控え目にしている．

zu·rück·hal·tend 〔ツリュック・ハルテント〕 形 **1**．控え目な；〖転〗地味な〈色など〉． **2**．打解けない，よそよそしい，遠慮がちな．

die Zu·rück·hal·tung 〔ツリュック・ハルトゥング〕 名 -/ **1**．〈稀〉引止め，差止め；自制． **2**．控え目〈遠慮がち〉な態度；打解けない〈よそよそしい〕態度；〖転〗(相場などの)低調．

zu·rück|ho·len 〔ツリュック・ホーレン〕 動 h． 〔〈j⁴/et⁴〉ヲ〕連れて〔持って〕帰る． ＝zurückrufen1, 2.

zu·rück|ja·gen 〔ツリュック・ヤーゲン〕 動 h． 〔〈et⁴〉ヲ+〈方向〉ニ〕追返す． **2**．s． 〔〈方向〉ニ〕(馬で)急ぎ駆け戻る．

zu·rück|kau·fen 〔ツリュック・カウフェン〕 動 h．〔〈et⁴〉ヲ〕買戻す．

zu·rück|keh·ren 〔ツリュック・ケーレン〕 動 s． 〈文〉 **1**．〔von〈et³〉カラ/aus〈et³〉カラ〕戻ってくる，戻る． **2**．〔zu〈j³〉ノトコ/〈et³〉ニ〕戻る〈帰る〉〈記憶・意識に〉． **4**．〔zu〈et³〉ニ〕立返る〈芸術家がある形式などに〉．

zu·rück|kom·men＊ 〔ツリュック・コメン〕 動 s． **1**．〔(aus〈et³〉カラ)〈方向〉ニ〕帰ってくる〈人が〉． **2**．〈擬人〉返ってくる，戻って来る〈手紙・記憶などが〉；ぶり返す〈痛みが〉． **3**．〔(von〈場所〉カラ)〕(元のところへ)帰る． **4**．〔auf〈j⁴/et⁴〉ヲ〕再び取上げる，〈…に〉立返る．

zu·rück|kön·nen＊ 〔ツリュック・⑦ネン〕 動 h． **1**．撤回できる． **2**．〔〈方向〉ニ〕戻る〔帰る〕ことができる〈人が〉；〖口〗戻してもよい，戻される〈物が〉．

zu·rück|las·sen＊ 〔ツリュック・ラッセン〕 動 h． **1**．

〔〈j⁴/et⁴〉ヲ〕後に残す，残して〔置いて〕行く〈荷物・伝言などを〉；残す〈跡・瘢痕などを〉． **2**．〔〈j⁴〉ヲ+〈方向〉ヘ〕帰らせる．

zu·rück|le·gen 〔ツリュック・レーゲン〕 動 h． **1**．〔〈et⁴〉ヲ+(〈方向〉ニ)〕(元の場所に)戻す． **2**．〔〈et⁴〉ヲ〕後ろへ倒す〔反らせる〕〈頭などを〉． **3**．〔sich⁴〕体を後ろに倒す〔もたせかける〕；体を反らせる． **4**．〔〈et⁴〉ヲ〕〈売らずに〉取っておく〈顧客のために〉；残す〈金を〉． **5**．〔〈et⁴〉ヲ〕進む〈一定距離を〉． **6**．〔〈et⁴〉ヲ〕辞める〔職を〕；放棄する〈権利を〉；中止〈中断〉する〈訴訟手続などを〉． **7**．〔〈et⁴〉ヲ〕〈官〉達する〈年齢に〉．

zu·rück|leh·nen 〔ツリュック・レーネン〕 動 h． **1**．〔〈et⁴〉ヲ〕後ろにもたせかける． **2**．〔sich⁴〕体を後ろにもたせかける．

zu·rück|lei·ten 〔ツリュック・ライテン〕 動 h．〔〈et⁴〉ヲ+(〈方向〉ニ)〕戻す，返送する．

zu·rück|len·ken 〔ツリュック・レンケン〕 動 h．〔〈et⁴〉ヲ+(〈方向〉ニ)〕運転して(元の場所へ)戻る． **2**．〔〈et⁴〉ヲ+(auf〈et⁴〉ニ)〕引戻す〈考えなどを〉．

zu·rück|lie·gen＊ 〔ツリュック・リーゲン〕 動 h./〈南独スイス〉s． **1**．〔〈様態〉ヲ〕〈時点〉以前のことである：Es liegt jetzt 5 Jahre zurück, dass ... はもう 5 年前のことだ． **2**．〔〈様態〉ニ〕〖競〗負けている． **3**．〔〖解剖〗稀〕(人の)後方にある．

zu·rück|mel·den 〔ツリュック・メルデン〕 動 h． **1**．〔sich⁴+bei〈j³〉ニ+〈et³〉ニ〕戻ったことを報告する：sich⁴ beim Vorgesetzten ～ 上司に戻ったことを報告する． **2**．〔〈et⁴〉ヲ稀〕そのことを報告する．

zu·rück|müs·sen＊ 〔ツリュック・ミュッセン〕 動 h．〔〈方向〉ニ〕戻ら〔帰ら〕なければならない〈人が〉；〖口〗戻されねばならない〈物が〉．

die Zu·rück·nah·me 〔ツリュック・ナーメ〕 名 -/-n 取返し，(返品の)引取り；取消し，撤回；撤退．

zu·rück|neh·men＊ 〔ツリュック・ネーメン〕 動 h． **1**．〔〈et⁴〉ヲ〕引取る〈店が売った物を〉． **2**．〔〈et⁴〉ヲ〕取消す，撤回する；取下げる． **3**．〔〈j⁴/et⁴〉ヲ〕〖軍〗撤退させる： **4**．〔〈et⁴〉ヲ〖将〗〕待ったをしてやり直す． **5**．〔〈et⁴〉ヲ〕後ろへ引く〈肩・顔などを〉；(元の位置に)引っ込める〈足などを〉． **6**．〔〈et⁴〉ヲ〕〈量を〕小さくする，絞る〈音量などを〉：das Gas ～ アクセルを戻す．

zu·rück|pral·len 〔ツリュック・プラレン〕 動 s． **1**．〔(von〈et³〉ニ当タッテ)〕はね返る〈ボール・弾などが〉． **2**．〔〖転〗〕(驚いて)たじろぐ〔後ずさる〕．

zu·rück|rei·chen 〔ツリュック・ライヒェン〕 動 h． **1**．〔〈時点〉ニ〕(始まり〔発生〕は)さかのぼる． **2**．〔〈j³〉ニ〈et⁴〉ヲ〕返却する，返す．

zu·rück|ru·fen＊ 〔ツリュック・るーふェン〕 動 h． **1**．〔〈j⁴〉ヲ+(〈方向〉ニ〈ヘッコラ〉)〕呼戻す． **2**．〔〈j⁴/et⁴〉ヲ〕召還する〈大使などを〉；リコールする〈欠陥品を〉． **3**．〔(sich³)〈et⁴〉ヲ+(in〈et⁴〉ニ)〕呼起こす〔戻す〕〈念頭などに〉；〈sich³が〈j³〉の場合〉〈人の〉〈…に〉想起させる〈事が〉． **4**．〔〖交〗ニ〕大声で答える，叫び返す． **5**．〔((〈j³〉ニ)〕改めてこちらから電話する．

zu·rück|schal·ten 〔ツリュック・シャルテン〕 動 h． **1**．〔(in〔auf〕〈et⁴〉ニ)〕シフトダウンする． **2**．〔auf〈et³〉ニ/nach〈et³〉ニ〕スイッチ〔ダイヤル〕を戻す〈放送局・番組などに〉．

zu·rück|schau·dern 〔ツリュック・シャウダーン〕 動 s． **1**．〔(vor〔bei〕〈j³/et³〉ニ)〕身震いして後ずさりする． **2**．〔vor〈et³〉ニ稀〕尻込みして込み入る．

zu·rück|schau·en 〔ツリュック・シャウエン〕 動 h． 〈南独スイス〉 ＝zurück|blicken．

zu·rück|scheu·en 〔ツリュック・ショイエン〕 動 s． **1**．〔vor〈et³〉ニ〕恐れてしり込みする． **2**．〔(vor〈j³/

zurück|schicken [ツリュック・シッケン] 動 h. **1.** [(⟨j³⟩/an ⟨j⁴⟩)＋⟨et⁴⟩ッ] 返送する, 送り返す. **2.** [⟨j⁴⟩ッ＋(⟨方向⟩へ)] 戻らせる.

zurück|schie-ben* [ツリュック・シーベン] 動 h. **1.** [⟨j⁴⟩ッ＋(⟨方向⟩へ)] 押し戻す. **2.** [⟨j⁴/et⁴⟩ッ] 後ろへ押す. **3.** [⟨et⁴⟩ッ] (横に押して)開ける. **4.** [sich⁴] 後ろへずれる.

zurück|schla-gen* [ツリュック・シュラーゲン] 動 **1.** h. [殴返] 殴り返す; 《転》報復攻撃をする. **2.** h. [⟨et⁴⟩ッ＋(⟨方向⟩ニ)] 打ち(け)り返す(ボールを). **3.** s. [戻] 戻る(振子などが). **4.** [von ⟨et³⟩ニ当ッテ] はね返る(波が). **5.** [⟨et⁴⟩ッ] 折返す(襟などを); たたむ(自動車の幌(ほ)を); はねのける(毛布などを), ばたんと開ける(ふたなどを), さっと開ける(カーテンなどを). **6.** [敵] 撃退する(敵などを). **7.** h. [(auf ⟨et⁴⟩ニ)] 悪影響を及ぼす.

zurück|schnei-den* [ツリュック・シュナイデン] 動 h. [⟨et⁴⟩ッ][園] 刈込む, 剪定(せんてい)する; 《転》切詰める, 削減する.

zurück|schnel-len [ツリュック・シュネレン] 動 **1.** s. [⟨et³⟩ッ] はね返る. **2.** h. [⟨et⁴⟩ッ] はじき返す.

zurück|schrau-ben [ツリュック・シュラウベン] 動 h. [⟨et⁴⟩ッ] 引下げる(要求などを), 減らす(消費などを), 控え目にする(期待などを).

zurück|schrecken¹ [ツリュック・シュれッケン] 動 h. [⟨j⁴⟩ッ] 《稀》怯(おび)えさせる.

zurück|schrecken²(*) [ツリュック・シュれッケン] 動 s. (不規則変化も(古)) **1.** [戻] (驚いて)後ずさりする. **2.** [vor ⟨et³⟩ニ] しり込みする.

zurück|schrei-ben* [ツリュック・シュらイベン] 動 h. [(⟨j³/et³⟩ニ)＋(⟨ッ⟩ッ)] 返事の手紙を書く.

zurück|seh-nen [ツリュック・ゼーネン] 動 h. [sich⁴＋nach ⟨j³⟩/zu ⟨nach⟩] 懐かしく思う, 恋しく思う.

zurück|sen-den(*) [ツリュック・ゼンデン] 動 h. (主に不規則変化も)(文) **1.** [(⟨j³⟩/an ⟨j⁴⟩)＋⟨et⁴⟩ッ] 返送する. **2.** [⟨j⁴⟩ッ＋(⟨方向⟩へ)] 戻らせる.

zurück|setzen [ツリュック・ゼッツェン] 動 **1.** [⟨j⁴/et⁴⟩ッ＋(⟨方向⟩ニ)] (元どおりに)置く(座らせる), 戻す; (⟨j⁴⟩がsich⁴の場合) (元どおりに)座る. **2.** [⟨j⁴/et⁴⟩ッ] 後ろの席に移す; (⟨j⁴⟩がsich⁴の場合) 後ろの席に移る. **3.** [⟨et⁴⟩ッ] バックさせる, 後ろへ下げる(運転者が車などを). **4.** [戻] バックする(運転者・車が). **6.** [⟨j⁴⟩ッ] (他の人よりも)不利に扱う, 冷遇(軽視)する. **7.** [⟨et⁴⟩ッ] (値)値段を下げる. **8.** [狩][猟]前年より小さな角をつける(鹿などが).

die **Zurück-setzung** [ツリュック・ゼッツング] 名 -/-en 元の場所に置く(置かれる)こと, 後ろへ下げる(下げられる)こと; 軽視, 冷遇, 侮辱.

zurück|sin-ken* [ツリュック・ズィンケン] 動 s. **1.** [in ⟨et⁴⟩ニ] 倒れ込む(後ろの…に). **2.** [in ⟨et⁴⟩ニ]《文》逆戻りする.

zurück|sol-len [ツリュック・ゾレン] 動 h. [(⟨方向⟩へ)] 戻ら(帰ら)なくてはいけない(人が); [口] 戻さなければいけない(物が).

zurück|spie-len [ツリュック・シュピーレン] 動 h. **1.** [⟨et⁴⟩ッ＋zu ⟨j³⟩ニ](球)リターンパスする(ボール・バックを). **2.** [⟨et⁴⟩ッ] バックパスする.

zurück|sprin-gen* [ツリュック・シュプリンゲン] 動 s. **1.** [戻] 跳んで戻る. **2.** [戻] 後ろへ飛びのく. **3.** [戻] びくっと戻る(計器などの針が). **4.** [⟨方向⟩ニ] はね返る(ボールなどが). **5.** [戻] 引っ込んでいる(建物・建物の部分などが).

zurück|ste-cken [ツリュック・シュテッケン] 動 h. **1.** [⟨et⁴⟩ッ＋(in ⟨et⁴⟩ニ)] 元どおり差(突っ)込む, (元のところへ差して)戻す. **2.** [⟨et⁴⟩ッ] 後ろへ下げて打つ(杭(くい)などを). **3.** [要求] 要求を引下げる. **4.** [戻] ほどほどにする.

zurück|ste-hen* [ツリュック・シュテーエン] 動 h. **1.** [戻] 引っ込んで(建っている. **2.** [(hinter ⟨j³/et³⟩ヨリ)] 劣っている. **3.** [(hinter ⟨j³/et³⟩ヨリ)] 後回しになる, (…に)先を譲る.

zurück|stel-len [ツリュック・シュテレン] 動 h. **1.** [⟨et⁴⟩ッ＋(⟨方向⟩ニ)] 元どおりに立てる(置く), 戻す. **2.** [⟨et⁴⟩ッ] 後ろへ下げる(机などを). **3.** [⟨et⁴⟩ッ＋(⟨様態⟩ニ)] 遅らせる, 戻す(時計の針などを), (調節して)弱くする(暖房などを). **4.** [((⟨j³⟩)ノタメニ)＋⟨et⁴⟩ッ] (売らずに)取っておく. **5.** [⟨j⁴⟩ッ＋(von ⟨et³⟩ッ)] 猶予する(就学・兵役などを). **6.** [⟨et⁴⟩ッ] 一時見合せる(引っ込める)(計画・希望などを). **7.** [(⟨j³⟩ニ)＋⟨et⁴⟩ッ] 返す, 返送する.

die **Zurück-stel-lung** [ツリュック・シュテルング] 名 -/-en 戻す(戻される)こと; 取りおき; 猶予; 見合せ; 返却.

zurück|sto-ßen* [ツリュック・シュトーセン] 動 **1.** h. [⟨j⁴⟩ッ＋(⟨方向⟩へ)] 突飛ばす. **2.** h. [⟨j⁴/et⁴⟩ッ] 後ろへ突飛ばす. **3.** [⟨j⁴⟩ッ]《稀》反発の気持を起こさせる. **4.** s. [戻] バックする(運転者・車が).

zurück|strah-len [ツリュック・シュトらーレン] 動 h. **1.** [⟨et⁴⟩ッ] 反射する(光などを). **2.** [(⟨方向⟩ニ)] 反射する(光などが).

zurück|stu-fen [ツリュック・シュトゥーふェン] 動 h. [⟨j⁴/et⁴⟩ッ＋(in ⟨et⁴⟩ニ/zu ⟨et³⟩ニ)] 格下げする.

zurück|trei-ben* [ツリュック・トらイベン] 動 h. [⟨j⁴/et⁴⟩ッ] 追戻す(家畜などを).

zurück|tre-ten* [ツリュック・トれーテン] 動 **1.** s. [(von ⟨et³⟩ッ)] 後ろへ下がる. **2.** [戻] 後退する(影響力などが), 陰に隠れる(事件がさらに大きな出来事などの). **3.** s. [戻] 辞任する, 退陣する. **4.** s. [von ⟨et³⟩ッ] 取下げる(要求などを), 取消す(契約などを), 取止める(計画などを); 放棄する(権利などを). **5.** [戻] 引っ込んでいる(一部が凹型をなして). **6.** [(⟨j⁴⟩ッ)] けり返す.

zurück|tun* [ツリュック・トゥーン] 動 h. [⟨et⁴⟩ッ＋(⟨方向⟩ニ)] [口] 戻す.

zurück|über-set-zen [ツリュック・ユーベーゼッツェン] 動 h. [⟨et⁴⟩ッ＋(in ⟨et⁴⟩ニ)] 訳し返す(翻訳されたテキストなどを元の言語に).

zurück|ver-fol-gen [ツリュック・ふぇあふぉルゲン] 動 h. [⟨et⁴⟩ッ] 起源(由来)を過去にさかのぼってたどる.

zurück|ver-lan-gen [ツリュック・ふぇあランゲン] 動 h. **1.** [⟨et⁴⟩ッ] 返還(返却)を求める. **2.** [nach ⟨j³/et³⟩ッ]《文》取戻したいと思う.

zurück|ver-set-zen [ツリュック・ふぇあゼッツェン] 動 h. **1.** [⟨et⁴⟩ッ＋(⟨方向⟩へ)] 戻す(元の場所・ポスト・状況などに). **2.** [⟨j⁴⟩ッ＋in ⟨et⁴⟩ニ] 連れ戻す(過去の時・状況などに). **3.** [sich⁴＋in ⟨et⁴⟩ニ] 戻って考える(過去の時・状況などに).

zurück|ver-wei-sen* [ツリュック・ふぇあヴァイゼン] 動 h. [⟨j⁴⟩ニ＋(an ⟨j⁴/et⁴⟩ノ所ニ)] 戻るように指示する, (…を…に)差戻す.

zurück|wei-chen* [ツリュック・ヴァイヒェン] 動 s. **1.** [(vor ⟨et³⟩ニ)] 後ろに下がる, 後退する; 《転》衰える. **2.** [vor ⟨et³⟩ニ] しり込みする.

zurück|wei-sen* [ツリュック・ヴァイゼン] 動 h. **1.** [⟨j⁴⟩ッ] 戻るよう指示する. **2.** [auf ⟨j⁴/et⁴⟩ッ] 指し示す(後ろの…を). **3.** [⟨j⁴/et⁴⟩ッ] 断る, 追返す(請願者などを), はねつける(案などを), 却下する(提案などを). **4.** [⟨et⁴⟩ッ] 反論する, 異議を唱える. ◆[慣用] **\$ an der Grenze zurückweisen** 〈人ニ〉入国を拒否する. **\$ in seine Grenzen zurückweisen** 〈人ニ〉出過ぎた振舞いをするようにこう.

die **Zu-rück-wei-sung** [ツリュック・ヴァイズング] 名 -/-en

1. 元の所に戻るように指示する〔される〕こと；後方を指示示す〔示される〕こと. **2.** 却下，拒否. **3.** 反論，異議.

zu·rück|wen·den[(*)] ［ツリュック・ヴェンデン］動 h. **1.** 《j⁴/et⁴》+《(方向)へ》再び向ける. **2.** 《et⁴》後ろに向ける.

zu·rück|wer·fen[*] ［ツリュック・ヴェるふェン］動 h. **1.** 《j⁴/et⁴》+《(方向)へ》投返す(ボールなどを)；(転)押戻す(敵を波が人などを). **2.** 《et⁴》後ろにぐっと後ろする(振上げる)(頭・髪などを). **3.** 〔sich⁴〕+《(方向)へ/(様態)》あお向けに身を投出す. **4.** 《et⁴》反射する(光・音などを). **5.** 《et⁴》〔後夜〕(後退)させる；(軍)撃退する.

zu·rück|wir·ken[*] ［ツリュック・ヴィるケン］動 h. 〔(auf 〈j⁴/et⁴〉)〕影響が跳ね返ってくる.

zu·rück|wol·len[*] ［ツリュック・ヴォれン］動 h. (口) **1.** 〔(〈方向〉へ)〕戻る(帰る)つもりである. **2.** 《j⁴/et⁴》戻ってくることを望む.

zu·rück|wün·schen［ツリュック・ヴュンシェン］動 h. **1.** 〔(sich³)+《j⁴/et⁴》〕戻ってきてほしいと願う(青春などが). **2.** 〔sich⁴+〈方向〉へ〕戻りたいと願う.

zu·rück|zah·len［ツリュック・ツァーレン］動 h. **1.** 〔(《j³》/an 《j⁴/et⁴》)+《et⁴》〕返済する(ある金額・ローンなどを). **2.** 《j³》+《et⁴》(口)仕返しをする.

die **Zu·rück·zah·lung**［ツリュック・ツァールング］名 -/-en 返済.

zu·rück|zie·hen[*] ［ツリュック・ツィーエン］動 **1.** h. 《j⁴/et⁴》+《(方向)へ》引戻す；後ろへ引く(いすなどを)，引っ込める(手・足を). **2.** h. 《et⁴》引き開ける(カーテン・かんぬきなどを). **3.** h. 〔《j³》+《方向》戻りたい気持にする：(Es が主語で)Es zieht mich zu meiner Familie/dorthin zurück. 私は家族のところへ/あそこへ戻りたい. **4.** h. 《et⁴/j⁴》+《aus 〈et⁴〉》撤退させる(部隊などを)，召還する(大使などを)，(…の)引揚げを命じる. **5.** h. 《et⁴》撤回する，取消す〔下げる〕(要求・注文などを). **6.** h. 《et⁴》回収する(製品などを). **7.** h. 〔sich⁴+《(方向)へ》〕退く，撤退する；引きこもる：sich⁴ ins Privatleben ~ 隠遁(...)する. **8.** h. 〔sich⁴+von〔aus〕《et³》〕引退する. **9.** h. 〔sich⁴+von《et³》〕交際を絶つ. **10.** s. 〔(《方向》へ)〕戻る(元住んでいた所へ).

die **Zu·rück·zie·hung**［ツリュック・ツィーウング］名 -/-en 引戻すこと；撤退，召還；撤回；回収；引退.

zu·rück|zu·cken［ツリュック・ツッケン］動 s. 〔(驚愕)〕はっと飛びすさる.

der **Zu·ruf**［ツーるーふ］名 -(e)s/-e 呼びかけ，呼び声：auf ~ 呼びかけに応えて. durch ~ abstimmen 発声によって採決する.

zu|ru·fen[*] ［ツーるーふェン］動 h. 《j³》+《et⁴》(文ト)大声で伝える〔言う〕(命令・挨拶(勿)などを).

zu|rüs·ten［ツーりュステン］動 h. 《et⁴》(栃)準備する.

zur·zeit, 旧zur Zeit［ツるツァイト］副 現在(のところ)，目下，只今(略 zz., zzt.).

die **Zu·sa·ge**［ツーザーゲ］名 -/-n **1.** (招待などへの)承諾〔受諾〕の返事. **2.** (要望・提案などの実・爽施)の約束.

zu|sa·gen［ツーザーゲン］動 h. **1.** 〔(《j³》-)+《et⁴》〕約束する. **2.** 〔(《j³》-)〕承諾する，返事をする. **3.** 〔《j³》〕気に入る.

zu·sam·men［ツザメン］副 **1.** 一緒に：~ spielen 一緒に遊ぶ. Die Eltern sind mit ihren Kindern ~ verreist. 両親は子供たちと一緒に旅立った. **2.** 全部合せて：Alles ~ kostet 300 Euro. 全部で300 ユーロになる.

die **Zu·sam·men·ar·beit**［ツザメン・アるバイト］名 -/- 共同作業〔研究〕，協力.

zu·sam·men|ar·bei·ten［ツザメン・アるバイテン］動 h. 共同作業〔研究〕をする，協力して働く.

zu·sam·men|bal·len［ツザメン・バれン］動 h. **1.** 《et⁴》丸める(紙・雪などを)，固める(こぶしなどを). **2.** 〔sich⁴〕ひと塊になる(群衆・雪などが).

die **Zu·sam·men·bal·lung**［ツザメン・バルング］名 -/-en ひと塊になること：die ~ von Macht 権力の集中.

der **Zu·sam·men·bau**［ツザメン・バウ］名 -(e)s/-e 組立て.

zu·sam·men|bau·en［ツザメン・バウエン］動 h. 《et⁴》組み立てる.

zu·sam·men|bei·ßen[*] ［ツザメン・バイセン］動 h. 《et⁴》ぎゅっと合わせる，かみ合せる，食いしばる(歯を).

zu·sam·men|bin·den[*] ［ツザメン・ビンデン］動 h. 《et⁴》束ねる，結び合せる.

zu·sam·men|blei·ben[*] ［ツザメン・ブライベン］動 s. **1.** 〔(mit 《j³》)〕一緒にいる. **2.** 〔(驚愕)〕別れずにいる.

zu·sam·men|brau·en［ツザメン・ブラウエン］動 h. **1.** 《et⁴》(口)(混ぜて)作る(カクテルなどを). **2.** 〔sich⁴〕発生する(嵐・災いなどが).

zu·sam·men|bre·chen[*] ［ツザメン・ブれッヒェン］動 s. **1.** 〔(驚愕)〕倒壊〔崩壊〕する. **2.** 〔über 《j³/et³》/二〕襲い(降り)かかるように倒れる(疲れ・ショックなどで)；気力を失う，気落ちする. **4.** 〔(驚愕)〕倒産する，失敗する；麻痺(...)する(交通など).

zu·sam·men|brin·gen[*] ［ツザメン・ブりンゲン］動 h. **1.** 《et⁴》調達する，工面する. **2.** 《et⁴》(口)(覚えていて)全部言うことができる(詩・文面などを). **3.** 《et⁴》(再び)一つに集める(羊の群などを)，(能力・適性を考えて)集める(チームなどを作る際にも). **4.** 《j⁴》+《mit 〈j³〉》引き合せる. **5.** 《et⁴》+《mit 〈et³〉》関連づける.

der **Zu·sam·men·bruch**［ツザメン・ブるッフ］名 -(e)s/..brüche **1.** 崩壊，倒壊；倒産；(計画などの)挫折(...)；(社会的機能の)麻痺(...). **2.** (衰弱して)くずおれること；重い健康上の障害：dem ~ nahe sein 今にも倒れそうである.

zu·sam·men|buch·sta·bie·ren［ツザメン・ブーフシュタビーれン］動 h. 《et⁴》つづって読むと努める.

zu·sam·men|drän·gen［ツザメン・ドれンゲン］動 h. **1.** 《j⁴/et⁴》押込む，詰込む. **2.** 〔sich⁴〕ぎっしりと集まる，あちこちから殺到する. **3.** 《et⁴》+《(auf 〈et⁴〉)》要約する，簡潔にまとめる(描写などを). **4.** 〔sich⁴+《時間》/二〕続いて起こる.

zu·sam·men|drü·cken［ツザメン・ドりュッケン］動 h. 《et⁴》押しつぶす，ぺちゃんこにする；押合せる.

zu·sam·men|fah·ren[*] ［ツザメン・ふぁーれン］動 **1.** s. 〔(mit 〈et³〉)〕(栃)衝突する(車が). **2.** s. 《et⁴》(驚いて)びくっとする，身をすくめる. **3.** h. 《et⁴》(口)めちゃめちゃに壊す(事故などで車を).

zu·sam·men|fal·len[*] ［ツザメン・ふぁれン］動 s. **1.** 〔(驚愕)〕崩れ落ちる(建物などが). **2.** 〔(驚愕)〕萎える(風船などが)；やせ衰える. **3.** 〔in sich⁴〕くずおれるように倒れる，(転)ついえる(計画などが)，衰える(欲望などが). **4.** 〔(mit 〈et³〉)〕(時間的に)重なる. **5.** 〔(mit 〈et³〉)〕(空間的に)重なり合う(線・面などが). **6.** 〔(驚愕)〕倒れる，転倒する.

zu·sam·men|fal·ten［ツザメン・ふぉルテン］動 h. **1.** 《et⁴》折り畳む. **2.** 《et⁴》組合せる(両手を).

zu·sam·men|fas·sen［ツザメン・ふぁッセン］動 h. **1.** 《j⁴/et⁴》+《(in 〔zu・unter〕 〈et³〉)》まとめる，統合する. **2.** 《et⁴》+《(in 〈et³〉)》要約する．

【慣用】〈et⁴〉 **dahingehend zusammenfassen, dass ...** 〈事を〉…とまとめる. **Zusammenfassend lässt sich sagen, dass ...** 要約すれば…と言うことができる.

die **Zu·sạm·men·fas·sung** [ツザメン・ふぁッスング] [名] -/-en **1.** 統合. **2.** まとめ, 要約, 要旨.

zu·sạm·men|fin·den* [ツザメン・ふぃンデン] [動] *h.* **1.** 〔(sich⁴)＋(zu〈et³〉ニ)〕まとまる《グループなどに》; 集まる《催しなどに》. **2.** 〔〈et⁴〉ヲ〕《稀》(探し出して)ひとまとめにする.

zu·sạm·men|fli·cken [ツザメン・ふリッケン] [動] *h.* 《口》(《蔑》も有) **1.** 〔〈et⁴〉ヲ/〈j⁴〉ニ〕応急に繕う《しろうとが靴などを》; 《転》縫合手術をする. **2.** 〔〈et⁴〉ヲ〕継ぎはぎで仕上げる《論文などを》.

zu·sạm·men|flie·ßen* [ツザメン・ふリーセン] [動] *s.* [補足なし]合流する《川などが》; 《転》混り合う《色・音が》.

der **Zu·sạm·men·fluss,** [旧]**Zu·sạm·men·fluß** [ツザメン・ふルッス] [名] -es/..flüsse (川などの)合流; 合流(地)点.

zu·sạm·men|fü·gen [ツザメン・ふューゲン] [動] *h.* 《文》 **1.** 〔〈et⁴〉ヲ＋(zu〈et³〉ニ)〕組合せる. **2.** 〔sich⁴〕(うまく)一つに組合さる〔まとまる〕.

zu·sạm·men|füh·ren [ツザメン・ふューれン] [動] *h.* 〔〈j⁴〉ヲ〕一緒にする, 結びつける, 巡り合わせる.

die **Zu·sạm·men·füh·rung** [ツザメン・ふューるング] [名] -/-en 結びつけること.

zu·sạm·men|ge·hen* [ツザメン・ゲーエン] [動] *s.* **1.** [補足なし]提携する; 調和する, マッチする. **2.** [補足なし]《方》減る; 縮む. **3.** 〔(〈場所〉デ)〕《口》交わる《線が》. **4.** [補足なし]《口》うまくいく《共同作業などで》.

zu·sạm·men|ge·hö·ren [ツザメン・ゲ[へ]ーれン] [動] *h.* [補足なし]《口》互いに緊密な関係にある; 対〔組〕になっている. 【慣用】**Gehören Sie zusammen?** ご一緒ですか《店で複数の客を同じテーブルに案内する際などに》.

zu·sạm·men·ge·hö·rig [ツザメン・ゲ[へ]ーりひ] [形] **1.** 緊密に結びついている, 互に関係がある. **2.** 対〔組〕になっている.

die **Zu·sạm·men·ge·hö·rig·keit** [ツザメン・ゲ[へ]ーりひカイト] [名] -/ 連帯, 結束.

das **Zu·sạm·men·ge·hö·rig·keits·ge·fühl** [ツザメンゲ[へ]ーりひカイツ・ゲふューㇽ] [名] -(e)s/ 連帯〔一体〕感.

zu·sạm·men·ge·setzt [ツザメン・ゲぜッツト] [形] 合成〔複合〕の, 組立てられた, 組立式の.

zu·sạm·men·ge·wür·felt [ツザメン・ゲヴュるふぇルト] [形] 寄集めの, 雑多な.

zu·sạm·men|ha·ben* [ツザメン・ハーベン] [動] *h.* 〔〈j⁴/et⁴〉ヲ〕《口》集めている, ためている.

der **Zu·sạm·men·halt** [ツザメン・ハルト] [名] -(e)s/ きちんと結合していること《部分が相互に》; 結束, 団結: ein fester ~ der Familie 家族の堅い結束.

zu·sạm·men|hal·ten* [ツザメン・ハルテン] [動] *h.* **1.** [補足なし]結合している, くっついている《接着したものなどが》. **2.** [補足なし]団結〔結束〕している. **3.** 〔〈j⁴/et⁴〉ヲ〕(ばらばらにならないように)結び合せる, 結束させる. **4.** 〔〈j⁴/et⁴〉ヲ〕まとめる, ばらばらにならないようにする: sein Geld ~ 金を使わない. **5.** 〔〈et⁴〉ヲ〕(比較するために)並べて置く, 突合せる.

der **Zu·sạm·men·hang** [ツザメン・ハング] [名] -(e)s/..hänge 関連, 関係, 脈絡, つながり: der ~ zwischen Literatur und Gesellschaft 文学と社会の関係. einen Satz aus dem ~ herauslösen〔reißen〕文をコンテキストから切離す. in diesem ~ この関連で. 〈et⁴〉 mit 〈et³〉 in ~ bringen 〈事を〉〈事と〉関係づける. mit 〈et³〉 in〔im〕~ stehen 〈事と〉関係がある.

zu·sạm·men|hän·gen* [ツザメン・ヘンゲン] [動] *h.* **1.** 〔mit〈et³〉ト〕つながっている, くっついている. **2.** 〔(mit〈et³〉ト)〕関連がある.

zu·sạm·men·hän·gend [ツザメン・ヘンゲント] [形] **1.** 理路整然とした. **2.** 〔mit〈et³〉ト〕関連のある.

zu·sạm·men·hang·los [ツザメンハング・ロース] [形] 関連〔脈絡〕のない, 支離滅裂な.

die **Zu·sạm·men·hang·lo·sig·keit** [ツザメンハング・ローズィひカイト] [名] -/ 無関係, 支離滅裂.

zu·sạm·men·hangs·los [ツザメンハングス・ロース] [形] 《稀》＝zusammenhanglos.

die **Zu·sạm·men·hangs·lo·sig·keit** [ツザメンハングス・ローズィひカイト] [名] -/ ＝Zusammenhanglosigkeit.

zu·sạm·men|hau·en⁽*⁾ [ツザメン・ハウエン] [動] haute zusammen; hat zusammengehauen 《口》 **1.** 〔〈et⁴〉ヲ〕たたき壊す. **2.** 〔〈et⁴〉ヲ〕いいかげんなやり方で作り上げる. **3.** 〔〈j⁴〉ヲ〕殴り倒す.

zu·sạm·men|hef·ten [ツザメン・へふテン] [動] *h.* 〔〈et⁴〉ヲ〕とじ合せる; 仮に縫合せる《しつけのために》.

zu·sạm·men|keh·ren [ツザメン・ケーれン] [動] *h.* 〔〈et⁴〉ヲ〕《南独》掃き集める.

zu·sạm·men|klam·mern [ツザメン・クラマーン] [動] *h.* 〔〈et⁴〉ヲ〕クリップでとじる.

der **Zu·sạm·men·klang** [ツザメン・クラング] [名] -(e)s/..klänge (主に[複])(複数のものが調和して)同時に音をたてる〔鳴り響く〕こと.

zu·sạm·men·klapp·bar [ツザメン・クラップ・バーあ] [形] 折り畳み(式)の.

zu·sạm·men|klap·pen [ツザメン・クラッペン] [動] **1.** *h.* 〔〈et⁴〉ヲ〕折り畳む《折り畳み式のナイフ・いす・傘などを》. **2.** *h.* 〔〈et⁴〉ヲ〕《口》打合せる《靴のかかとを》. **3.** *s.* [補足なし]崩れるように倒れる.

zu·sạm·men|kle·ben [ツザメン・クレーベン] [動] *h.* **1.** 〔〈et⁴〉ヲ〕はり合せる. **2.** [補足なし]くっつき合う.

zu·sạm·men|knei·fen* [ツザメン・クナイふェン] [動] *h.* 〔〈et⁴〉ヲ〕きゅっと結ぶ《口・唇を》, 細める《目を》.

zu·sạm·men|knül·len [ツザメン・クニュレン] [動] *h.* 〔〈et⁴〉ヲ〕くしゃくしゃに丸める《紙・布などを》.

zu·sạm·men|kom·men* [ツザメン・コメン] [動] *s.* **1.** 〔(〈時点〉ニ/〈場所〉ニ/〈様態〉ニ)〕集まる; 会合を開く. **2.** 〔mit〈j³〉ト〕出会う, 知合う. **3.** [補足なし]同時に起こる《不愉快なことが》; 集まる《金・贈り物などが》.

zu·sạm·men|kra·chen [ツザメン・クらッヘン] [動] *s.* 《口》 **1.** [補足なし]音を立てて壊れる〔崩壊する〕. **2.** 〔(mit〈et³〉ト)〕どかんと衝突する.

zu·sạm·men|krat·zen [ツザメン・クらッツェン] [動] *h.* 〔〈et⁴〉ヲ〕《口》かき集める《金などを》.

die **Zu·sạm·men·kunft** [ツザメン・クンふト] [名] -/..künfte 集まり, 会合, 集会; 出会い.

zu·sạm·men|läp·pern [ツザメン・レッパーン] [動] *h.* 〔sich⁴〕《口》積もり積もって大きくなる《金額などが》.

zu·sạm·men|lau·fen* [ツザメン・ラウふェン] [動] *s.* **1.** 〔(〈場所〉ニ/〈様態〉デ)〕駆けつけて来る, 集まって来る《野次馬などが四方八方から》. **2.** 〔〈場所〉デ(ニ)〕合流する, 集まる《川・水などが》; 交わる《線が》. **3.** [補足なし]《口》混り〔溶け〕合う《色が》; 《方》凝固する《牛乳が》. **4.** [補足なし]《口》縮む《布が》. **5.** [補足なし]《口》うまくいく《共同作業などで》.

zu·sạm·men|le·ben [ツザメン・レーベン] [動] *h.* **1.** 〔(mit〈j³〉ト)〕一緒に暮す. **2.** 〔sich⁴＋(mit〈j³〉ト)〕一緒に暮すうちに馴染(なじ)む.

das **Zu·sạm·men·le·ben** [ツザメン・レーベン] [名] -s/ 共同生活; 同居: außereheliches ~ 同棲(どうせい)生活.

zu·sạm·men·leg·bar [ツザメン・レーク・バーあ] [形] 折り畳み(式)の.

zu·sạm·men|le·gen [ツザメン・レーゲン] [動] *h.* **1.** 〔〈et⁴〉ヲ〕折り畳む. **2.** 〔〈et⁴〉ヲ〕ひとまとめにする. **3.** 〔〈j⁴〉ヲ〕一室に入れる《病人たちなどを》. **4.** 〔〈j⁴/et⁴〉ヲ〕統合する, 合併する《複数の課・クラスなどを》, 同時に行う《複数の催しを》. **5.** 〔〈et⁴〉ヲ＋(für〈et⁴〉ノタメニ)〕出し合う《金を》. **6.** 〔〈et⁴〉ヲ〕組

zusammensinken

む(両手・両腕を).
die **Zu·sam·men·le·gung** [ツザメン・レーグング] 名 -/-en **1.** 同室させること. **2.** 統合, 合併.
zu·sam·men|le·sen* [ツザメン・レーゼン] 動 h. 拾い集める.
zu·sam·men|nä·hen [ツザメン・ネーエン] 動 h. 縫い合せる.
zu·sam·men|neh·men* [ツザメン・ネーメン] 動 h. **1.** 〈et⁴ッ〉集中する(全力を), 絞る(知恵・考えを), 奮い起こす(勇気を). **2.** [sich⁴]自制する, 気を引きしめる. **3.** 〈et⁴ッ〉総合する, (全部)まとめる.
zu·sam·men|pa·cken [ツザメン・パッケン] 動 h. **1.** 〈et⁴ッ〉一緒に包む;まとめて荷造りする(持ち物などを). **2.** [(〈et⁴ッ〉)]片づける;あと片づけをする.
zu·sam·men|pas·sen [ツザメン・パッセン] 動 h. **1.** [形に]調和している;気が合う(人どうしが). **2.** 〈et⁴ッ〉ぴったり組合せる(部品などを).
zu·sam·men|pfer·chen [ツザメン・プふェるヒェン] 動 h. **1.** 〈et⁴ッ〉一つの囲いの中に入れる(複数の家畜を). **2.** [j⁴ッ+in〈et³〉]ぎっしり押し込める.
zu·sam·men|phan·ta·sie·ren [ツザメン・ふぁンタズィーれン] 動 h. **1.** [(sich³)+〈et⁴ッ〉]空想でまとめる, でっち上げる(奇抜な話などを). **2.** 〈et⁴ッ〉口ばしる(あらぬことを).
der **Zu·sam·men·prall** [ツザメン・プらル] 名 -(e)s/-e (激しい)衝突.
zu·sam·men|pral·len [ツザメン・プらレン] 動 s. [(mit〈j³/et³〉)] **1.** (激しく)衝突する. **2.** (転)(意見の相違で)衝突する.
zu·sam·men|pres·sen [ツザメン・プれッセン] 動 h. **1.** 〈et⁴ッ〉きゅっと結ぶ(唇を), 固く組合せる(両手を). **2.** 〈et⁴ッ〉in〈et³〉/ノド]押しつぶす:〈et⁴〉in der Hand ~〈物を〉握りつぶす.
zu·sam·men|raf·fen [ツザメン・らっふェン] 動 h. **1.** 〈et⁴ッ〉かき集める(書類などを). **2.** 〈et⁴ッ〉(蔑)つかがつため込む(金銭を). **3.** 〈et⁴ッ〉裾(す)[端]をつまんで持上げる(ドレスなどの). **4.** [sich⁴](口)勇気を奮い起こす.
zu·sam·men|rap·peln [ツザメン・らッペルン] 動 h. [sich⁴+(zu〈et³〉ハ)](口)決心を(やっとの思いで)固める;気力をふるい起こす.
zu·sam·men|rau·fen [ツザメン・らウふェン] 動 h. **1.** [sich⁴+mit〈j³〉/in〈et³〉シュト](激しい口論の後に次第に)折合いがつく(合意する). **2.** (相互代名詞sich⁴)互いに分り合うようになる.
zu·sam·men|rech·nen [ツザメン・れヒネン] 動 h. 合計する, 合算する(金額などを).
zu·sam·men|rei·men [ツザメン・らイメン] 動 (口) **1.** [sich³+〈et⁴ッ〉]辻褄(ツ)を合わせる. **2.** [sich⁴+(mit〈et³〉)]辻褄が合う.
zu·sam·men|rei·ßen* [ツザメン・らイセン] 動 h. (口) **1.** [sich⁴]気を引きしめる, 自制する, じっと我慢をする. **2.** 〈et⁴ッ〉打合せる(靴のかかとを):die Glieder〔Knochen〕~直立不動の姿勢を取る.
zu·sam·men|rol·len [ツザメン・ろレン] 動 h. **1.** 〈et⁴ッ〉巻く(敷物・地図などを). **2.** [sich⁴]体を丸める.
zu·sam·men|rot·ten [ツザメン・ろッテン] 動 h. [sich⁴]集まる(暴徒などが自然発生的に).
die **Zu·sam·men·rottung** [ツザメン・ろットゥング] 名 -/-en **1.** (暴徒などの)集まり. **2.** (蜂起(ホホ)・暴動などでの)群衆.
zu·sam·men|rü·cken [ツザメン・リュッケン] 動 **1.** h. 〈et⁴ッ〉間隔を詰める(二つの机・いすなどの). **2.** s. 席をつめ合う, (転)緊密の度を加える(国と国などが).
zu·sam·men|ru·fen* [ツザメン・るーふェン] 動 s.

〈j⁴/et⁴ッ〉呼び集める;招集する(議会を).
zu·sam·men|sa·cken [ツザメン・ザッケン] 動 s. (口) **1.** [(in sich⁴)]崩れ落ちる(建物などが). **2.** (形に)へたへたとなる(重さに耐えかねて). **3.** [(in sich⁴)]がっくり(気落ち)する.
zu·sam·men|scha·ren [ツザメン・シャーれン] 動 h. [sich⁴]群れをなして集まる.
die **Zu·sam·men·schau** [ツザメン・シャウ] 名 -/ 概観, 概要.
zu·sam·men|schie·ben* [ツザメン・シーベン] 動 h. **1.** 〈et⁴ッ〉押して間隔を詰める(二つの物を);押したてたむ. **2.** [sich⁴](左右から)閉じ合わさる(カーテンなどが).
zu·sam·men|schie·ßen* [ツザメン・シーセン] 動 h. **1.** 〈et⁴ッ〉砲撃して壊滅させる(建物・町などを). **2.** 〈et⁴ッ〉(口)撃ち倒す. **3.** 〈場所〉急に集まる(合流する).
zu·sam·men|schla·gen* [ツザメン・シュラーゲン] 動 **1.** h. 〈et⁴ッ〉打合せる(かかと・シンバルなどを). **2.** 〈j⁴ッ〉(口)打ちのめす, 殴り倒す. **3.** h. 〈et⁴ッ〉(口)たたき壊す. **4.** 〈et⁴ッ〉折り畳む. **5.** s. über〈j³/et³〉襲いかかる(波・不運などが).
zu·sam·men|schlie·ßen* [ツザメン・シュリーセン] 動 h. **1.** 〈j⁴/et⁴ッ〉(鎖・錠などで)つなぎ合せる. **2.** [sich⁴+(in〔zu〕〈et⁴〉)]まとまる, 合併する.
der **Zu·sam·men·schluss**, ⓓ **Zu·sam·men·schluß** [ツザメン・シュルス] 名 -es/..schlüsse 連結, 結合;合併, 提携, 連合.
zu·sam·men|schmel·zen* [ツザメン・シュメルツェン] 動 **1.** h. 〈et⁴ッ〉+(zu〈et³〉ニ)融合させる(いくつかの金属を合金に). **2.** h. 〈et⁴ッ〉溶融させる(金属を). **3.** s. (形)解けて少なくなる(雪などが). **4.** (転)減少する(金・蓄えなどが).
zu·sam·men|schnei·den* [ツザメン・シュナイデン] 動 h. 〈et⁴ッ〉(映・ラジ・テレ)編集する(フィルムなどを).
zu·sam·men|schnü·ren [ツザメン・シュニューれン] 動 h. **1.** 〈et⁴ッ〉+(zu〈et³〉ニ)縛る, 縛って(…に)する(柴(シバ)を束などに). **2.** 〈et⁴ッ〉縛ってつくる(束などを). **3.** 〈et⁴ッ〉締めつける(ひも・帯状のもので身体部分を).
zu·sam·men|schrau·ben [ツザメン・シュらウベン] 動 h. 〈et⁴ッ〉ねじで締め合せる.
zu·sam·men|schre·cken⁽*⁾ [ツザメン・シュれッケン] 動 s. (形に)驚いて縮み上がる, びくっとする.
zu·sam·men|schrei·ben* [ツザメン・シュらイベン] 動 h. **1.** 一語に書く(二つの語を). **2.** 〈et⁴ッ〉(いろいろな本・資料から)蒐集めて書く(レポートなどを). **3.** 〈et⁴ッ〉(口・蔑)よく考えずに書く(くだらないことなどを). **4.** [(sich³)+〈et⁴〉ダ]+〈et⁴ッ〉(口)手に入れる, 文筆で稼ぐ(小説で家と財産などを).
zu·sam·men|schrump·fen [ツザメン・シュるムプふェン] 動 s. (形に)減る(金・人口などが).
zu·sam·men|schwei·ßen [ツザメン・シュヴァイセン] 動 h. **1.** 〈et⁴ッ〉溶接する. **2.** 〈j⁴ッ〉結びつける.
das **Zu·sam·men·sein** [ツザメン・ザイン] 名 -s/ (くつろいだ)集まり, 集い.
zu·sam·men|set·zen [ツザメン・ゼッツェン] 動 h. **1.** 〈et⁴ッ〉組立てる(部品などを), 組立てて作る(機械などを). **2.** [sich⁴+aus〈j³/et³〉ッから]構成される, 成る. **3.** [sich¹+(mit〈j³〉)]一緒に[並んで]座る;会合する.
die **Zu·sam·men·setzung** [ツザメン・ゼッツング] 名 -/-en **1.** (⓭のみ)組立て. **2.** 構成, 組成. **3.** [言]複合語, 合成語.
zu·sam·men|sin·ken* [ツザメン・ズィンケン] 動 s.

zusammensitzen 1488

1. 〔in sich⁴〕倒壊する. 2. 〔(in sich⁴)〕くずおれる, くずれるように倒れる; がっくりとなる. 3. 〔in sich⁴〕衰える(火勢が).
zu·sạm·men|sitzen* [ツザメン・ズィッツェン] 動 h. 〔慣〕一緒に座っている, 同席している; 隣合せに座っている.
das Zu·sạm·men·spiel [ツザメン・シュピール] 名 -(e)s/ チームワーク, アンサンブル, 共演; 相互作用, 協力.
zu·sạm·men|spie·len [ツザメン・シュピーレン] 動 h.
1. 〔慣〕互いに息の合った〔チームワークのとれた〕プレー〔共演〕をする. 2. 〔(mit 〈j³/et³〉)〕互いに作用する, 協力する.
zu·sạm·men|stau·chen [ツザメン・シュタウヘン] 動 h.
1. 〔et⁴ッ〕押しつぶす. 2. 〔j⁴ッ〕(口)叱責する, 処罰する.
zu·sạm·men|ste·cken [ツザメン・シュテッケン] 動 h.
1. 〔et⁴ッ+mit 〈et³〉〕留め合せる(ピンなどで). 2. 〔〈様態〉=〕(口)一緒にいて何か企んでいる, うごめいている. 【慣用】die Köpfe zusammenstecken 額を集めてひそひそ話をする.
zu·sạm·men|ste·hen* [ツザメン・シュテーエン] 動 h. 〔慣〕一緒に立っている; 一致団結している.
zu·sạm·men|stel·len [ツザメン・シュテレン] 動 h.
1. 〔j⁴/et⁴ッ〕一緒に並べる, 並べて置く; 〔〈j⁴〉がsich⁴場合〕一緒に〔並んで〕立つ. 2. 〔et⁴ッ〕作る(表などを), 編成〔構成〕する(楽団・プログラムなどを), 作成する(概要などを).
die Zu·sạm·men·stel·lung [ツザメン・シュテルング] 名 -/-en 組立て, 編成, 作成, 構成; 編成〔作成・構成〕されたもの, 一覧表.
zu·sạm·men|stim·men [ツザメン・シュティメン] 動 h.
1. 〔慣〕〔互いに〕調和する(楽器・色・家具などが). 2. 〔慣〕〔互いに〕一致〔合致〕する(供述などが).
zu·sạm·men|stop·peln [ツザメン・シュトッペルン] 動 h. 〔et⁴ッ〕(口·蔑)つぎはぎ細工で作る(服·論文などを).
der Zu·sạm·men·stoß [ツザメン・シュトース] 名 -es/..stöße (乗り物の)衝突; (人·意見の)衝突.
zu·sạm·men|sto·ßen* [ツザメン・シュトーセン] 動 s.
1. 〔(mit 〈j³/et³〉)〕衝突する, 激突する(人·乗り物などが). 2. 〔(mit 〈j³〉)〕(稀)衝突する(意見が). 3. 〔慣〕境を接している(地所などが).
zu·sạm·men|strei·chen* [ツザメン・シュトライヒェン] 動 h. 〔et⁴ッ〕(口)削除して縮める(テキストなどを).
zu·sạm·men|strö·men [ツザメン・シュト(ロ)ーメン] 動 s. 1. 〔(〈場所〉=)〕集まってくる(人が). 2. 〔〈場所〉=〕合流する(川が).
zu·sạm·men|stü·ckeln [ツザメン・シュテュッケルン] 動 h. 〔慣〕寄集めの材料で作る.
zu·sạm·men|stür·zen [ツザメン・シュテュるツェン] 動. 〔慣〕倒壊〔崩壊〕する.
zu·sạm·men|su·chen [ツザメン・ズーヘン] 動 h. 〔(sich³)+〈et⁴〉〕探し集める, かき集める.
zu·sạm·men|tra·gen* [ツザメン・トらーゲン] 動 h. 〔〈et⁴ッ〕(あちこちから)運び集める; (転)収集する(資料などを).
zu·sạm·men|tref·fen* [ツザメン・トれッフェン] 動 h.
1. 〔(mit 〈j³〉)〕出合う, 行合う. 2. 〔慣〕重なる(出来事が時間的に).
das Zu·sạm·men·tref·fen [ツザメン・トれッフェン] 名 -s/ 1. 出会い, 遭遇; 会合, 会談. 2. (出来事の時間的な)重なり合い.
zu·sạm·men|trei·ben* [ツザメン・トらイベン] 動 h. 〔j⁴/et⁴ッ〕追い立てて集める.
zu·sạm·men|tre·ten* [ツザメン・トれーテン] 動 1. h. 〔j⁴/et⁴ッ〕(口)踏みにじったりして痛めつける, 踏みつぶす. 2. s. 〔(zu 〈et³〉=)〕集まる(審議·会議な

どに). 3. s. 〔慣〕開かれる(議会が).
zu·sạm·men|trom·meln [ツザメン・トろメルン] 動 h. 〔j⁴ッ〕(口)呼び集める, (…に)召集をかける.
zu·sạm·men|tun* [ツザメン・トゥーン] 動 h. 1. 〔〈et⁴ッ〉+(in 〈et³〉ノ中ニ)〕(口)一緒にする, 一緒に入れる. 2. 〔et⁴ッ〕(口)統合する(組織などを). 3. 〔sich⁴+(mit 〈j³〉ト)+(zu 〈et³〉ノタメニ)〕力を合せる, 手を結ぶ, 提携する.
zu·sạm·men|wach·sen* [ツザメン・ヴァクセン] 動 s.
1. 〔慣〕くっつく(骨などが). 2. 〔(zu 〈et³〉)〕一体となる, 一つの(…に)なる(複数の人·都市などが).
zu·sạm·men|wer·fen* [ツザメン・ヴェるフェン] 動 h.
1. 〔et⁴ッ〕(一画所に)投げ集める. 2. 〔et⁴ッ〕一緒くたにする. 3. 〔〈et⁴ッ〉〕(口)まとめて一つの銀行にする(貯金を).
zu·sạm·men|wir·ken [ツザメン・ヴィるケン] 動 h.
1. 〔慣〕(文)共同で仕事をする. 2. 〔慣〕一緒に作用する(複数の要因が).
zu·sạm·men|wür·feln [ツザメン・ヴュるフェルン] 動 h. 〔j⁴/et⁴ッ〕雑然と寄集める.
zu·sạm·men|zäh·len [ツザメン・ツェーレン] 動 h. 〔et⁴ッ〕合計する, 合算する.
zu·sạm·men|zie·hen* [ツザメン・ツィーエン] 動 1. h. 〔et⁴ッ〕引絞る(ひもの輪などを), 口すぼめる(すっぱさが口を), ひそめる(まゆを), (…に)しわを寄せる(額に); 〔〈et⁴ッ〉がsich⁴の場合〕収縮する(筋肉などが), 縮む(心臓などが), 縮こまる(体などが), ふさがる(傷口などが). 2. 〔j⁴/et⁴ッ〕一箇所に集める, 集結させる(部隊などを). 3. h. 〔〈et⁴ッ〉〕合計する, 合算する. 4. 〔(sich⁴+(über 〈et³〉ノ場所=))〕発生する(雷雲などが), 降りかかる(災いなどが). 5. s. 〔+(mit 〈j³〉ト)〕一つの所に引っ越す.
die Zu·sạm·men·zie·hung [ツザメン・ツィーウング] 名 -/ 1. 収縮, 収斂(ホミン); 縮小. 2. 集合, 集結. 3. 合計, 合算.
zu·sạm·men|zu·cken [ツザメン・ツッケン] 動 s. 〔慣〕(びっくりして)びくっ〔ぎくっ〕とする.
zu·sạmt [ツザムト] 前 〔+3格〕(古)…と一緒に, …もろとも.
der Zu·sạtz [ツー・ザッツ] 名 -es/..sätze 1. (他のみ)加えること, 添加. 2. 添加物: Zusätze zu Lebensmitteln 食品添加物. 3. 追記, 付記, 補遺, 付録; 付帯条項.
das Zu·sạtz·ab·kom·men [ツーザッツ・アッブ・コメン] 名 -s/- 追加協定.
der Zu·sạtz·an·trag [ツーザッツ・アン・トらーク] 名 -(e)s/..träge 追加提案, 付帯動議.
die Zu·sạtz·be·stim·mung [ツーザッツ・ベシュティムング] 名 -/-en 追加規則〔規定〕, 付則.
das Zu·sạtz·ge·rät [ツーザッツ・ゲれート] 名 -(e)s/-e 付属器具.
zu·sätz·lich [ツー・ゼッツリヒ] 形 追加の, さらに加わる.
die Zu·sạtz·ver·si·che·rung [ツーザッツ・フェあズィっヒェるング] 名 -/-en 追加保険.
zu schạn·den, zu Schạn·den [ツ・シャンデン] 副 《文》(次の形で)〔et⁴〕~ machen 〈事〉をぶち壊す. ~ werden〔gehen〕駄目になる, つぶれる. ein Auto ~ fahren 車を乗りつぶす. sich⁴ ~ arbeiten 働きすぎて体をこわす.
zu|schạn·zen [ツー・シャンツェン] 動 h. 〔j³〕+〈et⁴〉〕(口)こっそり世話してやる(地位などを).
zu|schạr·ren [ツー・シャれン] 動 h. 〔et⁴ッ〕土をかき集めて埋める(穴を).
zu|schau·en [ツー・シャウエン] 動 h. 《南独·スィス》 =zu|sehen.
der Zu·schau·er [ツー・シャウあ-] 名 -s/- 観客, 見物人; (テレビの)視聴者; 目撃者.
der Zu·schau·er·raum [ツー・シャウあ--らウム] 名

-(e)s/..räume （舞台に対する)観客席;(総称)観客.

die Zu・schau・er・tri・bü・ne [ツーシャウアートリビューネ] 名 -/-n （スタジアムなどの)観覧席,スタンド;(総称)(観客席の)観客.

zu|schi・cken [ツーシッケン] 動 h. 〈j³〉₂+〈et⁴〉ヲ 送る,送りつける.

zu|schie・ben* [ツーシーベン] 動 h. 1. 〈et⁴〉ヲ (押して)閉める(引き戸などを);押しやって土砂で埋める(ごみなどを). 2. 〈j³〉₂+〈et⁴〉ヲ 押しやる. 3. 〈j³〉₂+〈et⁴〉ヲ 押しつける(責任・罪を). 4. {sich⁴+auf〈j⁴/et⁴〉ニ向ケテ〈et³〉ヘ}動いて行く.

zu|schie・ßen* [ツーシーセン] 動 h. 1. 〈et⁴〉ヲ 〈方向〉ニ+〈et⁴〉ヲ 投げる,キックする(ボールを);〈転〉向ける(視線を). 2. s. {auf〈j¹/et⁴〉ニ向ツテ}(矢のように)突進する. 3. 〈et⁴〉ヲ (入札での)落札. 4. 〈口〉(援助として)出す(金・額などを).

der Zu・schlag [ツーシュラーク] 名 (e)s/..schläge 1. 割増料金(報酬);(価格・給料などの)上乗せ,特別手当. 2. 〖鉄道〗急行(特急)料金. 3. （競売での)落札. 4. 〖工〗骨材;〖冶金〗融剤,媒溶剤.

zu|schla・gen* [ツーシュラーゲン] 動 1. h. 〈et⁴〉ヲ ばたんと閉める(戸・窓などを),ばたんと閉じる(本などを). 2. h. 〈擬音〗ばたんと閉まる(戸・窓などが). 3. h. 〈et⁴〉ヲ 〈稀〉釘づけにする(木箱などを),（…の)栓をしめる(入れ物に). 4. h. 〈et⁴〉ヲ {für〈et³〉ノタメニ}ハンマーでたたいて形を造る(石などを). 5. h. 〈j³〉₂+〈et⁴〉ヲ 打込む(ラケットでボールを). 6. h. 〈擬音〗殴りかかる,襲いかかる(死・運命などが). 7. h. 〈慣用〗(常習の)事を起こす;〈口〉遠慮会釈もなく飲み食いする. 8. h. 〈擬音〗ぱくっと食いつく(提供品などを). 9. 〈j³〉₂+〈et⁴〉ヲ 所有権を認定する. 10. h. {〈j³〉₂+〈et⁴〉ヲ}獲得権を認定する,（…を)落札させる. 11. h. 〈et⁴〉ヲ+{zu〈et³〉/auf〈et⁴〉}上乗せする(割増し料金などを). 12. h. 〈et⁴〉ヲ 〖工〗混和する(骨材とモルタル・コンクリートに);〖冶金〗加える(金属鉱石の精錬のために融剤として).

die Zu・schlag・kar・te [ツーシュラーク・カルテ] 名 -/-n 〖鉄道〗急行(特急)券.

zu・schlag・pflich・tig [ツーシュラーク・プフリヒティヒ] 形 割増料金の必要な.

zu|schlie・ßen* [ツーシュリーセン] 動 h. 〈(et⁴〉ニ) かぎを掛ける(ドア・部屋・トランクなどに);戸締りをする.

zu|schmei・ßen* [ツーシュマイセン] 動 h. 〈et⁴〉ヲ 1. ばたんと閉める. 2. 〈et⁴〉ヲ+{mit〈et³〉デ}埋める(穴を土などで). 3. 〈j³〉₂+〈et⁴〉ヲ 投げる.

zu|schmie・ren [ツーシュミーレン] 動 h. 〈et⁴〉ヲ+{mit〈et³〉デ}塗り込める(穴をパテなどで).

zu|schnal・len [ツーシュナレン] 動 h. 〈et⁴〉ヲ 留め金を締める.

zu|schnap・pen [ツーシュナッペン] 動 1. s. 〈擬音〗かちっと閉まる(錠などが). 2. h. 〈擬音〗ぱくっと食いつく(犬などが).

zu|schnei・den* [ツーシュナイデン] 動 h. 1. 〈et⁴〉ヲ+{für〈et³〉用ニ/zu〈et³〉ニ}切る,裁断する(生地・板などを). 2. 〈et⁴〉ヲ+auf〈j¹/et⁴〉ニ合せて作る,（)向きに作る(脚本を土役などに). 3. 〈et⁴〉ヲ 裁断をする.

der Zu・schnei・der [ツーシュナイダー] 名 -s/- 裁断師.

zu|schnei・en [ツーシュナイエン] 動 s. 〈擬音〗雪に埋まる(閉ざされる).

der Zu・schnitt [ツーシュニット] 名 -(e)s/-e 1. 〈のみ)裁断. 2. （企業の)裁断部門;裁断した素材.

3. 裁断の仕方;〈転〉（人間・生活などの)型,タイプ. 4. 程度,レベル,クラス.

zu|schnü・ren [ツーシュニューレン] 動 h. 〈et⁴〉ヲ ひもで締める(包んなどを),ひもを結ぶ(靴の).

zu|schrau・ben [ツーシュラウベン] 動 h. 〈et⁴〉ヲ ふた(栓)をねじって閉める(瓶などの).

zu|schrei・ben* [ツーシュライベン] 動 h. 1. 〈j³〉₂/et³〉₂+〈et⁴〉ヲ 帰する,（…を…の)せいにする(功績・失敗などを). 2. 〈j³〉₂+〈et⁴〉ガアルト 思う(能力・特徴・意味があるなどと). 3. 〈et⁴〉ヲ 〈名簿ナド〉ニ 書換える,（…を…に)振込む,繰入れる. 4. 〈et⁴〉ヲ 〈口〉書き加える.

zu|schrei・ten* [ツーシュライテン] 動 s. 〈文〉 1. {auf〈et⁴〉ノ方ヘ/〈et³〉ニ}歩み寄る. 2. 〈(様態〉ニ〉大股で歩いて行く.

die Zu・schrift [ツーシュリフト] 名 -/-en （広告・報道に対する)投書,（読者・視聴者の)手紙.

zu・schul・den, zu Schul・den [ツーシュルデン] 副 (次の形で) sich³ 〈et⁴〉ヲ kommen lassen 〈事の〉罪を犯す.

der Zu・schuss, (B)**Zu・schuß** [ツーシュス] 名 -es/..schüsse 1. 補助(助成)金. 2. 〖印〗(印刷ミスを見越しての)予備の印刷全紙.

der Zu・schuss・be・trieb, (B)**Zu・schuß・be・trieb** [ツーシュス・ベトリープ] 名 -(e)s/-e 補助金依存経営体〖事業所〗.

der Zu・schuss・bo・gen, (B)**Zu・schuß・bo・gen** [ツーシュス・ボーゲン] 名 -s/- =Zuschuß 2.

das Zu・schuss・un・ter・neh・men, (B)**Zu・schuß・un・ter・neh・men** [ツーシュス・ウンターネーメン] 名 -s/- 補助金依存企業.

zu|schus・tern [ツーシュースターン] 動 h. 1. 〈j³〉₂+〈et⁴〉ヲ 〈口〉こっそり斡旋する〔手に入れさせてやる〕. 2. 〈et⁴〉ヲ+zu〈et³〉ノタメニ 出してやる(金を).

zu|schüt・ten [ツーシュッテン] 動 h. 1. 〈et⁴〉ヲ 土砂で埋める. 2. 〈et⁴〉ヲ 〈口〉注ぎ足す.

zu|se・hen* [ツーゼーエン] 動 h. 1. 〈j³/et³〉ヲ 〈文〉〈ダブリテ〉眺める,見物する. Sie sieht zu, wie die anderen arbeiten. 彼女は他の人たちが働いているのを見ている. 2. 〈et⁴〉ヲ よく見る. 3. 〈文〉〈ダブリテ〉傍観する,（手をこまねいて)見ている. 4. 〈文〉〈ダブリヨッテ〉心掛ける: Sieh zu, wo du bleibst！場所柄をわきまえなさい. 〖慣用〗bei näherem [genauerem] Zusehen しさいに見ると.

zu・se・hends [ツーゼーエンツ] 副 見る見るうちに,目に見えて.

zu sein*, (B)**zu|sein*** [ツー・ザイン] 動 s. 〈擬音〗〈口〉閉まっている(戸・店などが),閉まっている(戸棚などがかぎがかかって);酔っ払っている.

zu|sen・den(*) [ツーゼンデン] 動 h. 〈j³〉₂+〈et⁴〉ヲ 送付する(請求された資料などを).

die Zu・sen・dung [ツーゼンドゥング] 名 -/-en 送付;送付物.

zu|set・zen [ツーゼッツェン] 動 h. 1. 〈et⁴〉ヲ/zu 〈et³〉ニ 添加する,加える,入れる(ワインに砂糖を・銀に銅などを). 2. 〈(et⁴〉ヲ)注ぎ込む(金を);加える: nichts zuzusetzen haben 〈断・口〉体力に余力がない. 3. 〈j³〉₂ しじんく迫る. 4. 〈j³〉₂+{mit〈et³〉デ}責め立てる. 5. 〈j³〉₂ 苦しめる,（…の)身にこたえる(病気・損失などが).

zu|si・chern [ツーズィッヒャーン] 動 h. 〈j³〉₂+〈et⁴〉ヲ 約束する,保証する(助力・報酬などを).

die Zu・si・che・rung [ツーズィッヒェルング] 名 -/-en 確約,保証.

die Zu・spei・se [ツーシュパイゼ] 名 -/-n 1. 〈オーストリア〉付合せ. 2. 〈稀〉(通例の食事に)付け加える食物.

zu|sper·ren [ツー・シュペれン] 動 h. 《南独・オーストリア》 1. 〔et⁴に〕錠〔かぎ〕を閉める. 2. 〔et⁴を〕閉める〔店などを〕;休業〔廃業・閉鎖〕する〔店・会社などを〕. 3. 〔et⁴を〕〔時点に〕閉まる〔店などが〕. 4. 〔業務などを〕休業〔廃業〕.

das **Zu·spiel** [ツー・シュピール] 名 -(e)s/ 《球》パス.

zu|spie·len [ツー・シュピーレン] 動 h. 1. 〔et⁴を〕〔et³に〕//〔様態で〕《球》パスする〔ボールなどを〕. 2. 〔j³に+et⁴を〕こっそり渡す〔伝える〕, ひそかに工作して(…の)手に(…が)入るようにする〔新聞社に情報などを〕.

zu|spit·zen [ツー・シュピッツェン] 動 h. 1. 〔et⁴の〕先をとがらせる〔杭(くい)などの〕. 2. 〔転〕(…を)厳密に〔表現〕する〔質問などを〕;〔et⁴がsichの場合が〕とがる〔先端が〕. 3. 〔転〕緊迫させる〔事態などを〕;〔et⁴がsichの場合が〕緊迫する.

die **Zu·spit·zung** [ツー・シュピッツング] 名 -/-en 1. 先をとがらせること. 2. 尖鋭(せんえい)化, 緊迫化.

zu|spre·chen* [ツー・シュプれッヒェン] 動 h. 1. 〔j³に+et⁴を〕言葉をかける〔慰めなどの〕, (…に)言葉をかけて(…を)与える〔希望などを〕. 2. 〔j³に+〔形容〕〕言葉をかける. 3. 〔j³に+j⁴/et⁴を〕帰属権を認める〔功績・効果などを〕;〔et³に〕認可する. 5. 〔et³に+〔形容〕〕〈こう〉食べる, 飲む.

zu|sprin·gen* [ツー・シュプりンゲン] 動 s. 1. 〔機械などが〕ちゃりっと閉まる〔鍵・ドアなどが〕. 2. 〔auf〔j⁴/et⁴に向かって〕〕駆けだす, 跳びはねていく. 3. 〔(j³)に〕〔方〕駆けよる〔介入・助けなどのために〕.

der **Zu·spruch** [ツー・シュプるっふ] 名 -(e)s/ 《文》 1. 言って聞かせること. 2. 〔観客などの〕入り, 繁盛:großen〔viel〕～ finden 大変客の入りがいい. 3. 同意, 賛同.

der **Zu·stand** [ツー・シュタント] 名 -(e)s/..stände 状態, 容態;情勢, 状況: seelischer ～ 精神状態. die wirtschaftlichen Zustände im Lande 国内の経済情勢. der feste/flüssige ～ eines Stoffes 物質の固体/液体. in gutem/schlechtem ～ sein 状態が良い/悪い. 【慣用】 **Das ist doch kein Zustand!** 〔口〕こんな状態は何とかしなくちゃだめだ. **Zustände bekommen〔kriegen〕**〔口〕かっとなる.

zustande, zu Stande [ツーシュタンデ] 〔次の形で〕〔et⁴〕～ bringen 〔事⁴を〕成立〔成就・実現〕させる〔成し遂げる〕. ～ kommen 成立〔成就・実現〕する.

zu·stän·dig [ツー・シュテンディヒ] 形 1. 〔(für〈et⁴に〉)〕権限のある, (…を)管轄〔所轄〕する, (…の)担当の: die ～ e Behörde 所轄官庁. der für den Fall ～e Richter その事件担当の判事. 2. 〔次の形で〕nach einer Stadt 〔だ地〕〔官〕ある町に居住権のある.

die **Zu·stän·dig·keit** [ツー・シュテンディヒカイト] 名 -/-en 1. 管轄, 権限. 2. 管轄領域.

der **Zu·stän·dig·keits·be·reich** [ツー・シュテンディヒカイツ・ベらイひ] 名 -(e)s/-e 管轄領域.

zu·stän·dig·keits·hal·ber [ツー・シュテンディヒカイツ・ハルバー] 副〔官〕管轄により.

zu·ständ·lich [ツー・シュテントりひ] 形 〔稀〕(その)状態の.

die **Zu·stands·glei·chung** [ツー・シュタンツ・グライひュング] 名 -/-en 〔理〕状態〔方程〕式.

zu·stat·ten [ツ・シュタッテン] 副〔次の形で〕〔j³/et³〕～ kommen 〈人・物・事³の〉役に立つ〔助けになる〕.

zu|ste·chen* [ツー・シュテッヒェン] 動 h. 〔繰り返し〕突く, 刺す.

zu|ste·cken [ツー・シュテッケン] 動 h. 1. 〔et⁴を〕〔ピンで〕留める〔布の裂け目などを〕. 2. 〔j³に+et⁴を〕こっそり与える〔金・情報などを〕.

zu|ste·hen* [ツー・シュテーエン] 動 h. 1. 〔j³に〕当然与えられる〔帰属する〕べきものである, (…に)要求する権利がある. 2. 〔j³に〕権限〔資格〕がある.

zu|stei·gen* [ツー・シュタイゲン] 動 s. 〔(〈場所〉で)〕乗車する〔特に停留所で〕.

zu|stel·len [ツー・シュテレン] 動 h. 1. 〔et⁴を〕ふさぐ〔連絡ドアを戸棚などで〕. 2. 〔(〈j³〉に)+〈et⁴〉〕〔官〕送り届ける, 送達する.

der **Zu·stel·ler** [ツー・シュテレラ] 名 -s/- 〔官〕配達人;送達吏.

die **Zu·stell·ge·bühr** [ツー・シュテル・ゲビューア] 名 -/-en 〔郵〕〔官〕配達〔送達〕料.

die **Zu·stel·lung** [ツー・シュテルング] 名 -/-en 〔官〕配達, 送達.

die **Zu·stel·lungs·ur·kun·de** [ツーシュテルングス・ウーア・クンデ] 名 -/-n 〔官〕送達証書.

zu|steu·ern [ツー・シュトイアーン] 動 1. s. 〔j³/et³〕=/auf〔j⁴/et⁴〕針路を向かって進む〔記録・破局などに〕;〔(口)〕向かってまっしぐらに進む. 2. h. 〔et⁴を〕+〔j³/et³〕=/auf〔j⁴/et⁴〕向かって走らせる〔車などを〕. 3. 〔et⁴を〕+〔(zu〈et³〉)〕〔口〕寄付する.

zu|stim·men [ツー・シュティメン] 動 〔j³/et³〕同意する, 賛成する, 賛意を表する, (…)を是認する.

die **Zu·stim·mung** [ツー・シュティムング] 名 -/-en 賛成, 同意: 〔j²〕～ einholen〔finden〕〈人の〉賛同を得る. seine ～ zu 〈et³〉 geben/verweigern 〔事⁴に〕賛成/反対する.

zu|stop·fen [ツー・シュトップフェン] 動 h. 1. 〔et⁴を〕(mit〈et³で〉)ふさぐ〔穴などを〕. 2. 〔et⁴を〕繕う〔ほころびを〕.

zu|stöp·seln [ツー・シュテプセルン] 動 h. 〔et⁴に〕栓をする.

zu|sto·ßen* [ツー・シュトーセン] 動 1. h. 〔et⁴を〕強く押して〔突いて〕閉める〔引出しなどを〕. 2. h. 〔繰り返し〕突きかかる, さっと襲いかかる〔猛禽などが〕. 3. s. 〔j³/g事が〕起こる, 振りかかる〔災難などが〕.

zu|stre·ben [ツー・シュトれーベン] 動 〔j³/et³〕=/auf〔j⁴/et⁴〕向かって急ぐ〔転〕(…を)ひたすら目ざす.

der **Zu·strom** [ツー・シュトろーム] 名 -(e)s/ 1. (水・空気・資金などの)流入. 2. 殺到.

zu|strö·men [ツー・シュト(ろ)ーメン] 動 s. 〔j³/et³〕=/auf〔j⁴/et⁴〕向かって流れて行く〔大勢の人・水・空気などが〕;〔転〕次々に押寄せる〔注文などが〕;次々にわく〔思いつきなどが〕.

zu|stür·zen [ツー・シュテュルツェン] 動 s. 〔auf〔j⁴/et⁴〕〕向かって突進する, 急いで駆寄る.

zu|stut·zen [ツー・シュトゥッツェン] 動 h. 〔et⁴を〕刈り込む;〔俗〕しつける〔動物を〕.

zu·ta·ge, zu Ta·ge [ツ・ターゲ] 副〔次の形で〕～ tre·ten〔kommen〕地表に現れる, 露出する;明るみに出る, 露見する, 見つかる. 〔et⁴〕～ bringen〔fördern〕〈物⁴を〉掘出す;〈物⁴を〉取上げて〈物⁴を〉明るみに出す〔暴露する〕. offen〔klar〕～ liegen 明白である.

die **Zu·tat** [ツー・タート] 名 -/-en 1. (主に〔複〕)(料理の)材料, (洋服の)付属品〔ボタンなど〕. 2. 後からつけ加えられたもの, (芸術作品への後世の)補足〔加筆〕部分.

zu·teil [ツ・タイル] 副〔文〕〔次の形で〕〔j³〕～ werden〈人³に〉与えられる, 課せられる. 〔j³/et⁴〕～ werden lassen〈人³に〉〔事⁴を〕与える〔授ける〕.

zu|tei·len [ツー・タイレン] 動 h. 1. 〔j³/et³〕+〔j⁴/et⁴を〕分け与える, 割当る, 配属する. 2. 〔〈j³〉=+〈et⁴〉〕配分する. 分配する, 配給する.

die **Zu·tei·lung** [ツー・タイルング] 名 -/-en 1. 割当, 配属, 分配. 配給. 2. 割当てられた〔分配された〕もの, 割当量, 配給量.

zu·tiefst [ツ・ティーフスト] 副〔語飾〕(動詞・形容詞を修飾)非常に, きわめて深く.

zu|tra·gen* [ツー・トらーゲン] 動 h. 1. 〔et⁴を〕+

〈et^4〉ヲ〕運んで行く;《転》伝える, 告げ(口す)る《情報・うわさなどを》. **2.** 〔sich^4〕《文》起こる《事件などが》.

der **Zu·trä·ger** [ツー・トれーガー] [名] -s/- 《蔑》密告者, 告げ口をする人.

die **Zu·trä·ge·rei** [ツー・トれーゲらイ] [名] -/-en 《蔑》 **1.** 《⑩のみ》密告, 告げ口. **2.** 密告〔告げ口〕されたこと, うわさ.

zu·träg·lich [ツー・トれークリひ] [形] 〔〈j^3/et^3〉ニ〕良い, (…の)体〔健康〕に良い.

die **Zu·träg·lich·keit** [ツー・トれークリひカイト] [名] -/ 有益さ.

zu|trau·en [ツー・トらウエン] [動] *h.* **1.** 〔〈j^3/et^3〉ニ＋〈et^4〉ガアルト〕思う, 信じる：Ich habe mir/meinem Körper zu viel *zugetraut*. 私は自分/自分の体を過信した. **2.** 〔〈j^3〉ハ(ガ)＋〈et^4〉ガデキルト/〈[文]〉デアルト〕思う.

das **Zu·trau·en** [ツー・トらウエン] [名] -s/ 信頼：festes ~ zu 〈j^3〉 haben 〈人ニ〉揺るぎない信頼を寄せている.

zu·trau·lich [ツー・トらウリひ] [形] (人を)信頼した, 人懐っこい, 物おじしない, 人になれた.

die **Zu·trau·lich·keit** [ツー・トらウリひカイト] [名] -/-en **1.** 《⑩のみ》信頼感, 人懐っこさ. **2.** 信頼した〔人懐っこい〕行動の仕方〔発言〕.

zu|tref·fen* [ツー・トれっふぇン] [動] *h.* **1.** 〔[補足なし]〕正しい, 当っている《主張・非難・推測などが》. **2.** 〔auf〔für〕〈j^4/et^4〉ニ〕当てはまる, 該当する.

zu·tref·fend [ツー・トれっふぇント] [形] 適切な, 的確な：*Z~es* bitte ankreuzen! 該当するものに×印をおつけ下さい.

zu·tref·fen·den·falls [ツー・トれっふぇンデン・ふぁルス] [副] 《硬》該当する場合には.

zu|trei·ben* [ツー・トらイベン] [動] **1.** *h.* 〔〈et^4〉ヲ＋〈j^3〉ノ方ニ/auf 〈j^4〉ノ方ニ〕狩り立てる. **2.** *s.* 〔〈et^3〉ニ向カッテ/auf 〈et^4〉ノ方ヘ〕押し流される;《転》近づいていく《破局などに》.

zu|tre·ten* [ツー・トれーテン] [動] **1.** *h.* 〔[補足なし]〕(ねらいをつけて)けとばす. **2.** *s.* 〔auf 〈j^4/et^4〉ニ〕歩み寄る.

zu|trin·ken* [ツー・トりンケン] [動] *h.* 〔〈j^3〉ノ〕健康を祝して飲む, (…のために)乾杯する.

der **Zu·tritt** [ツー・トりット] [名] -(e)s/ **1.** 入ること, 立ち入り, 入場;立ち入り許可：freien ~ zu 〈et^3〉 haben 〈物ニ〉自由に入れる. Kein ~〔~ verboten〕! 立入禁止. ~ frei ご自由にお入り下さい. ~ unentgeltlich 入場無料. **2.** (気体・液体の)流入.

zu|tun* [ツー・トゥーン] [動] *h.* 《口》 **1.** 〔(〈et^3〉ニ)＋〈et^4〉ヲ〕加える《食物に水・塩などを》. **2.** 〔〈et^4〉ヲ〕閉じる《目・口などを》, 閉める《錠などを》;《〈et^4〉が sich^4 の場合》閉まる. **3.** 〔sich^3＋〈et^4〉ヲ〕《南西独》手に入れる.

das **Zu·tun** [ツー・トゥーン] [名] -s/ 助力, 援助, 協力：ohne mein ~ 私の助力なしに, 私と無関係に.

zu·tun·lich [ツー・トゥーンリひ] [形] 《古》人懐っこい, うちとけた.

zu·un·guns·ten, zu Un·guns·ten [ツ・ウン・グンステン] [前] 〔＋2格〔3格〕〕《3格は後置で《古》》…に不利になるように.

—— [副] 《次の形で》 ~ von 〈j^3〉 〈人ノ〉不利になるように.

zu·un·terst [ツ・ウンタースト] [副] (積重ねた)一番下に;《転》(序列の)最下位に.

zu·ver·läs·sig [ツー・ふぇあレっスィひ] [形] **1.** 信頼〔信用〕できる. **2.** 確かな《情報・データなど》.

die **Zu·ver·läs·sig·keit** [ツー・ふぇあレっスィひカイト] [名] -/ 信頼性;確実さ.

die **Zu·ver·sicht** [ツー・ふぇあズィひト] [名] -/ (願望の実現などの)確信：voll〔voller〕~ sein 確信に満ちている. Ich bin der festen ~〔Ich habe die feste ~〕, dass ... …を私は確信している. 〈j^2〉 ganze ~ auf 〈j^4〉 setzen 〈人ニ〉全幅の信頼を置く.

zu·ver·sicht·lich [ツー・ふぇあズィひトリひ] [形] 確信に満ちた, 自信たっぷりの.

die **Zu·ver·sicht·lich·keit** [ツー・ふぇあズィひトリひカイト] [名] -/ 確信に満ちた態度, 自信満々.

zu viel, ⑩zu·viel [ツ・ふぃール] [代] 《不定》《無変化》(必要・予想以上に)多すぎる, 限度を越える, 余計な：《付加語的用法》In der Suppe ist ~ Salz. このスープは塩を入れすぎた. 《独立的用法》Das ist ~ des Guten〔des Guten ~〕. 《皮》それはありがたすぎる. Du hast schon (viel) ~ gesagt. 君は(言わなくてもいいことを)言いすぎた. Was ~ ist, ist ~! もうたくさんだ. ein Glas〔einen〕~ getrunken haben 少し飲み過ぎた(酔っ払っている). 〈j^3〉 ~ werden 〈人ニ〉わずらわしくなる. sich^3 ~ zumuten 柄にもないことをしようと無理をする.

das **Zu·viel** [ツ・ふぃール] [名] -s/ 過多, 過剰：ein ~ an Liebe 愛情過多.

zu·vor [ツ・ふぉーあ] [副] 前もって, あらかじめ;以前に：Z~ muss ich noch etwas erledigen. その前に私はまだ片づけなくてはならないことがある. tags〔am Tag〕~ 前日に.

zu·vor·derst [ツ・ふぉるダースト] [副] 一番前に;まず第一に, 最初に.

zu·vor|kom·men* [ツふぉーあ・コメン] [動] *s.* **1.** 〔〈j^3〉ニ〕先んずる, (…の)機先を制する, (…を)出し抜く. **2.** 〔〈et^3〉ニ〕先手を打つ, (…を)見越して行動する.

zu·vor·kom·mend [ツふぉーあ・コメント] [形] 気配りのよい, 丁重に心遣いをする, よく気がつく.

die **Zu·vor·kom·men·heit** [ツふぉーあ・コメンハイト] [名] -/ 気配りのよさ, 丁重な心遣い.

zu·vor|tun* [ツふぉーあ・トゥーン] [動] *h.* 〔es＋〈j^3〉ニ＋(an 〈et^3〉ニオイテ)〕《文》勝る.

der **Zu·wachs** [ツー・ヴァックス] [名] -es/ 増加, 成長：~ an Einnahmen 収入の増加. der wirtschaftliche ~ 経済成長. 【慣用】**auf Zuwachs** 成長を見越して.

zu|wach·sen* [ツー・ヴァクセン] [動] *s.* **1.** 〔(mit 〈et^3〉デ)〕覆われる, 塞がる《道などが草木で》. **2.** 〔[補足なし]〕癒合する, ふさがる《傷が》. **2.** 〔〈j^3/et^3〉ニ〕割当て〔課せ〕られる《新たな課題などが》;生じて来る《新たに認識などが》;(…の)ものになる《利益などが》. **3.** 〔auf 〈et^4〉ニ向カッテ〕成長する《植物が》;《転》(…に)なる.

die **Zu·wachs·ra·te** [ツーヴァックス・らーテ] [名] -/-n 成長率, 増加率.

der **Zu·wan·de·rer** [ツー・ヴァンデらー] [名] -s/- (他国からの)移民, 移住者.

zu|wan·dern [ツー・ヴァンダーン] [動] *s.* 〔(aus 〈et^3〉カラ)＋(〈方向〉ヘ)〕移住してくる《外国などから》.

der **Zu·wand·rer** [ツー・ヴァンドらー] [名] -s/- ＝Zuwanderer.

zu|war·ten [ツー・ヴァるテン] [動] *h.* 〔[補足なし]〕じっと待っている.

zu·we·ge, zu We·ge [ツ・ヴェーゲ] [副] 《次の形で》〈et^4〉 ~ bringen 〈事ヲ〉成就〔実現〕させる〔遂行する〕. mit 〈et^3〉 ~ kommen 〈事ヲ〉うまくこなす. gut/schlecht ~ sein 《口》達者である/体の具合が悪い.

zu|we·hen [ツー・ヴェーエン] [動] **1.** *h.* 〔〈et^4〉ヲ＋mit 〈et^3〉デ〕おおう, 埋める《足跡などを風が砂・雪を吹き寄せて》. **2.** *h./s.* 〔auf 〈j^4/et^4〉ノ方ニ〕吹く《風が》. **3.** *s.* 〔〈j^3〉ノ方ニ〕風に運ばれて来る《においなどが》. **4.** *h.* 〔〈j^3〉ニ＋(mit 〈et^3〉デ)＋〈et^4〉ヲ〕(風に乗せて)送る《扇子で涼気などを》.

zu·wei·len [ツ・ヴァイレン] [副] 時折, 時々;時には.

zu|wei·sen* [ツー・ヴァイゼン] [動] *h.* 〔〈j^3〉ニ＋〈j^4/et^4〉ヲ〕割当てる, 割振る, 当てがう, 斡旋(あっせん)する.

Z

die **Zu·wei·sung** [ツー・ヴァイズング] [名] -/-en 割当, 指定, 配分;〘政〙交付金.

zu|wen·den(*) [ツー・ヴェンデン] [動] *h.* **1.** 〔〈j^4/et^4〉ヲ＋〈j^3/et^3〉ノ方ニ〕向ける;(〈j^4/et^4〉がsich^{4}の場合)(…の方を)向く. **2.** 〔〈et^4〉ヲ＋〈j^3/et^3〉ノ方ニ〕向ける(関心・注意などを), (…を…に)寄せる(愛情などを);(〈j^4/et^4〉がsich^{4}の場合)向く, 取組む, 手をつける. **3.** (不規則変化は《稀》)〔〈j^3/et^3〉ニ＋〈et^4〉ヲ〕与える, 寄付する(金・金額などを).

die **Zu·wen·dung** [ツー・ヴェンドゥング] [名] -/-en **1.** 財政的援助, 寄付. **2.** 《[単]のみ》慈しみ, やさしい心遣い.

zu wenig, [旧] **zu·we·nig** [ツ ヴェーニヒ] [代] 《不定》(無変化) (必要・予想以上に)少なすぎる: In der Suppe ist ~ Salz. このスープは塩が少なすぎる. Davon weiß er ~. そのことについて彼は知らなすぎる.

das **Zu·we·nig** [ツ・ヴェーニヒ] [名] -s/ 過少, 不足.

zu|wer·fen* [ツー・ヴェるふェン] [動] *h.* **1.** 〔〈et^4〉ヲ〕たたきつけるように〔ばたんと〕閉める(ドア・ふたなどを). **2.** 〔〈et^4〉ニ〕土を投入れてふさぐ(溝などに). **3.** 〔〈j^3〉ニ＋〈et^4〉ヲ〕投げてやる(球・綱などを);《転》投げかける(微笑などを).

zu·wi·der [ツ・ヴィーダー] [形] **1.** 〔〈j^3〉ニトッテ〕不快である, 嫌である: Dieser Gedanke ist mir ~. この考えは私は嫌いだ. ein ~*er* Kerl 《方》嫌なやつ. **2.** 〔〈j^3/et^3〉ニトッテ〕不利である: Das Glück war ihm diesmal ~. 彼は今度は運に恵まれなかった. **3.** 〔mit 〈et^3〉ト〕相いれない.

—— [前] 〔＋3格〕(後置)…に反して, 逆って: dem Verbot ~ 禁止に背いて.

zu·wi·der|han·deln [ツヴィーダー・ハンデルン] [動] *h.* 〔〈et^3〉ニ〕違反する(法などに): dem Verbot ~ 禁を犯す.

der/die **Zu·wi·der·han·deln·de** [ツヴィーダー・ハンデルンデ] [名] (形容詞的変化) 違反者.

die **Zu·wi·der·hand·lung** [ツヴィーダー・ハンドルング] [名] -/-en 違反行為.

zu·wi·der|lau·fen* [ツヴィーダー・ラウふェン] [動] *s.* 〔〈et^3〉ニ〕反する(意図・真実・計画・指令などに), (…と)相いれない(流儀などと).

zu|win·ken [ツー・ヴィンケン] [動] *h.* **1.** 〔〈j^3〉ニ〕(手を振って)合図する. **2.** 〔〈j^3〉ニ＋〈et^4〉ヲ〕手を振って表す〔告げる〕.

zu|zah·len [ツー・ツァーレン] [動] *h.* 〔〈et^4〉ヲ〕追加払いする(金額などを).

zu|zäh·len [ツー・ツェーレン] [動] *h.* **1.** 〔〈et^4〉ヲ〕加算する. **2.** 〔〈j^4/et^4〉ヲ＋〈j^3/et^3〉ニ〕数え入れる.

die **Zu·zah·lung** [ツー・ツァールング] [名] -/-en 追加払い.

zu·zei·ten [ツ・ツァイテン] [副] 時々.

zu|zie·hen* [ツー・ツィーエン] [動] **1.** *h.* 〔〈et^4〉ヲ〕(こちらへ)引寄せて閉める(ドアなどを);引く(カーテンなどを);(引っ張って)締める(結び目などを);(〈et^4〉がsich^{4}の場合)締まる. **2.** *h.* 〔〈j^4〉ニ〕意見を聞く(専門家などに). **3.** *h.* 〔sich^3＋〈et^4〉ヲ〕(わが身に)招く;買う(反感などを): sich^3 eine Verletzung ~ (自分のせいで)怪我をする. **4.** *s.* 〔補足なし〕引っ越して来る. **5.** *s.* 〔〈et^3〉ノ方ヘ/auf 〈et^4〉ノ方ヘ〕(群をなして)向かって行く(渡鳥などが). **6.** *h.* 〔〈et^4〉ヲ〕《稀》加算する.

die **Zu·zie·hung** [ツー・ツィーウング] [名] -/ (専門家などに)意見を聞く〔求める〕こと.

der **Zu·zug** [ツー・ツーク] [名] -(e)s/..züge **1.** (よそからの)移住. **2.** 増強;援軍.

zu·züg·lich [ツー・ツュークリヒ] [前] 〔＋2格〔3格〕〕(2格であることが明らかでない複数名詞のときは3格. 付加語のない無冠詞の単数名詞は無変化)〘商〙…を加算して: inkl. Nebenkosten, ~ Strom und Telefon 諸雑費込み, (その他に)電気・電話料を加算.

die **Zu·zugs·ge·neh·mi·gung** [ツーツークス・ゲネーミグング] [名] -/-en 移住許可.

zu|zwin·kern [ツー・ツヴィンケるン] [動] *h.* 〔〈j^3〉ニ＋(〈様態〉ニ)〕目配せをする.

ZVEI＝Zentralverband Elektrotechnik- und Elektronikindustrie ドイツ中央電機電子工業連盟.

ZVS [ツェットふぁウエス] ＝Zentralstelle für die Vergabe von Studienplätzen. (大学の)学籍配分センター(Dortmund にある).

z. W. ＝zur Wiederverwendung 再利用用.

zwa·cken [ツヴァっケン] [動] *h.* 《口》 **1.** 〔〈j^4〉ヲ//〈j^4〉ノ＋in 〈et^4〉ヲ〕つねる;《転》さいなむ(人を). **2.** 〔補足なし〕きつくて痛い〔苦しい〕(衣類などが). **3.** 〔(〈j^4〉ハ)〕痛い(身体部分が).

zwang [ツヴァング] [動] zwingen の過去形.

der **Zwang** [ツヴァング] [名] -(e)s/Zwänge **1.** 強制, 強要, 無理強い;抑圧, 圧迫;拘束(力), 束縛;義務;強い影響力: ein moralischer ~ 道徳的強制〔義務〕. der ~ des Gesetzes 法の拘束(力). aus〔unter〕~ 強制されて, やむを得ず. mit ~ 無理に. ohne ~ 自発的に. wirtschaftliche *Zwänge* 経済上の必要〔必然〕. freiwilliger ~ 社会的に強制された任意の行為. 〈j^3/et^3〉 ~ antun〔auferlegen〕〈人・物ニ〉強制〔暴力〕を加える. sich^3 keinen ~ antun 無理をしない, 気楽にする. seinen Gefühlen ~ antun 感情を抑える. einem Text ~ antun テキストを勝手に解釈する. **2.** 〘心〙強迫〔抑圧〕(感).

zwän·ge [ツヴェンゲ] [動] zwingen の接続法2式.

zwän·gen [ツヴェンゲン] [動] *h.* **1.** 〔〈j^4/et^4〉ヲ＋〈方向〉ニ〕無理やり押込む;(〈j^4〉がsich^{4}の場合)無理やり体を押込む(…を)押分けて進む. **2.** 〔補足なし〕《スイ》せがむ.

zwang·haft [ツヴァングハふト] [形] **1.** 強制的な, 不可抗力的な. **2.** 《稀》わざとらしい.

zwang·los [ツヴァング・ロース] [形] 形式張らない, くだけた, 遠慮のない;不定期の, 不規則な.

die **Zwang·lo·sig·keit** [ツヴァング・ローズィヒカイト] [名] -/ 強制のないこと, 気まま, 気楽, 自由;不規則性.

die **Zwangs·an·lei·he** [ツヴァングス・アン・ライエ] [名] -/-n 強制国債.

die **Zwangs·ar·beit** [ツヴァングス・アるバイト] [名] -/ 強制労働;懲役.

die **Zwangs·be·wirt·schaf·tung** [ツヴァングス・ベヴィるトシャふトゥング] [名] -/-en (国家による)経済統制.

der **Zwangs·ent·zug** [ツヴァングス・エントツーク] [名] -(e)s/..züge **1.** 《[単]のみ》強制禁断. **2.** 強制禁断療法所.

die **Zwangs·er·näh·rung** [ツヴァングス・エあネーるング] [名] -/-en (拒食者用)強制給餌(きゅうじ).

die **Zwangs·i·dee** [ツヴァングス・イデー] [名] -/-n 強迫観念.

die **Zwangs·ja·cke** [ツヴァングス・ヤッケ] [名] -/-n 拘束服.

die **Zwangs·la·ge** [ツヴァングス・ラーゲ] [名] -/-n 苦境, ジレンマ.

zwangs·läu·fig [ツヴァングス・ロイふィヒ] [形] 必然的な, やむを得ない.

zwangs·mä·ßig [ツヴァングス・メースィヒ] [形] 《稀》強制的な.

die **Zwangs·maß·nah·me** [ツヴァングス・マース・ナーメ] [名] -/-n 強制措置.

das **Zwangs·mit·tel** [ツヴァングス・ミッテル] [名] -s/- 強制手段.

die **Zwangs·neu·ro·se** [ツヴァングス・ノイろーゼ] [名] -/-n 〘心〙強迫神経症.

die **Zwangs·räu·mung** [ツヴァングス・ろイムング] [名] -/-n 強制立ちのき〔明渡し〕.

der **Zwangs·um·tausch** [ツヴァングス・ウム・タウシュ] 名 -(e)s 強制交換制(額)(入国の際,その国の通貨に両替しなければならない最低額).
der **Zwangs·ver·gleich** [ツヴァングス・ふぇあグライヒ] 名 -(e)s/-e 〖法〗強制和議.
die **Zwangs·ver·stei·ge·rung** [ツヴァングス・ふぇあシュタイゲルング] 名 -/-en 〖法〗強制競売.
die **Zwangs·ver·wal·tung** [ツヴァングス・ふぇあヴァルトゥング] 名 -/-en 〖法〗強制管理.
die **Zwangs·voll·stre·ckung** [ツヴァングス・ふォルシュトレックング] 名 -/-en 〖法〗強制執行.
die **Zwangs·vor·stel·lung** [ツヴァングス・ふぉーア・シュテルング] 名 -/-en 〖心〗強迫観念.
zwangs·wei·se [ツヴァングス・ヴァイゼ] 副 強制的に(な);避けがたく(い).
die **Zwangs·wirt·schaft** [ツヴァングス・ヴィルトシャふト] 名 -/ 統制経済.
zwan·zig [ツヴァンツィヒ] 数 〈基数〉20.
die **Zwan·zig** [ツヴァンツィヒ] 名 -/-en (数・数字の)20.
zwan·zi·ger [ツヴァンツィガー] 形 〈無変化〉【数字表記は「20er」】 1. 〈口〉20 の;(世紀の)20年の. 2. 20歳代の;20年代の. 【用例は ⇨ achtziger】
der **Zwan·zi·ger**[1] [ツヴァンツィガー] 名 -s/- 1. 20歳の男性;20歳代の男性. 2. 20年産のワイン. 3. 〈墺 回〉20歳代;20年代. 【用例は ⇨ Achtziger[1] 3】
die **Zwan·zi·ger**[2] [ツヴァンツィガー] 名 -/- 20セントの切手.
der **Zwan·zig·eu·ro·schein** [ツヴァンツィヒ・オイロ・シャイン] 名 -(e)s/-e 20ユーロ紙幣.【数字表記は「20-Euro-Schein」】
zwan·zig·fach [ツヴァンツィヒ・ふぁっは] 形 20倍の.
zwan·zig·jäh·rig [ツヴァンツィヒ・イェーりヒ] 形 20年〔歳〕の;20年間の.
zwan·zig·jähr·lich [ツヴァンツィヒ・イェーありヒ] 形 20年ごとの.
zwan·zigst [ツヴァンツィヒスト] 数 〈序数〉(形容詞的変化)20番目の,第20の.【数字表記は「20.」】
zwan·zigs·tel [ツヴァンツィヒステル] 数 〈分数〉20分の1の.
das **Zwan·zigs·tel** [ツヴァンツィヒステル] 名 -s/- 20分の1.
zwan·zigs·tens [ツヴァンツィヒステンス] 副 20番目に.
zwar [ツヴァーあ] 副 1. (主に次の形で)~, aber 〔doch/jedoch/allein〕確かに(とは)…ではあるが. たとえば: Das Buch ist ~ wertvoll, aber auch sehr teuer. その本は確かに価値は高いが,しかしまた値段も高い. 2. (次の形で)und ~ それも,しかも,つまり: Erledige das, und ~ sofort！ これを済ませてしまえ,それもすぐにだ.
der **Zweck** [ツヴェック] 名 -(e)s/-e 1. 目的;用途,使途: seinen ~ erreichen 目的を達成する. dem ~ entsprechen 目的(用途)にかなう. zu diesem ~e この目的のために. ein Mittel zum ~ 目的のための手段. 2. (ある行為などのもつ)意味: Das ist ohne Sinn und ~. それはまったく無意味だ.
der **Zweck·bau** [ツヴェック・バウ] 名 -(e)s/-ten 実用的建築物.
zweck·dien·lich [ツヴェック・ディーンりヒ] 形 〈硬〉目的にかなった,役に立つ.
die **Zweck·dien·lich·keit** [ツヴェック・ディーンりヒカイト] 名 -/ 〈硬〉目的に役立つこと.
die **Zwe·cke** [ツヴェッケ] 名 -/-n 1. 〈古〉鋲(ひょう),画鋲.
zwe·cken [ツヴェッケン] 動 h. 〈et⁴〉+an〈et⁴〉〉(で)画鋲(びょう)で留める.
zweck·ent·frem·den [ツヴェック・エントふれムデン] 動 h. 〈et⁴〉本来の目的からはずれた使い方をする,転用

〔流用〕する.
die **Zweck·ent·frem·dung** [ツヴェック・エントふれムドゥング] 名 -/-en (本来の目的からはずれた)転用,流用.
zweck·ent·spre·chend [ツヴェック・エントシュプれッヒェント] 形 目的にかなった,適切な.
zweck·frei [ツヴェック・ふらイ] 形 特定の目的にしばられない,直接役立つことを目的としない.
zweck·ge·bun·den [ツヴェック・ゲブンデン] 形 用途の決っている.
zweck·ge·mäß [ツヴェック・ゲメース] 形 本来の目的に合った.
zweck·los [ツヴェック・ロース] 形 無駄な,無意味な;(稀)目的のない,当てのない.
die **Zweck·lo·sig·keit** [ツヴェック・ローズィヒカイト] 名 -/ 無意味なこと;無目的なこと.
zweck·mä·ßig [ツヴェック・メースィヒ] 形 1. 目的にかなった,実用〔機能〕的な. 2. 当を得た.
die **Zweck·mä·ßig·keit** [ツヴェック・メースィヒカイト] 名 -/ 目的にかなっていること,合目的性;当を得ていること.
zwecks [ツヴェックス] 前 〖+2格〗〈官〉…の目的で,…のために.
der **Zweck·satz** [ツヴェック・ザッツ] 名 -es/..sätze 〖言〗目的文.
der **Zweck·ver·band** [ツヴェック・ふぇあバント] 名 -(e)s/..bände 目的連合(地域公益事業などのため結成された連合).
zweck·widrig [ツヴェック・ヴィードりヒ] 形 目的に反する.
zween [ツヴェーン] 数 〈基数〉〈古〉2. 【普通はzwei】
zwei [ツヴァイ] 数 〈基数〉2(単独の1・4格で ~e, 格を示す語がない2格で ~er, 3格で ~en となることもある): für ~ essen 人一倍食べる. Die ~ lieben sich. この二人は愛し合っている. innerhalb ~er Jahre 〔von ~en Jahren〕二年以内に. einer von uns ~en われわれ2人のうちの1人(の男). ~ und 〔zu ~en〕nebeneinander 2人ずつ横に並んで. mit ~, drei Worten 二言三言〔極めて少ない言葉で〕. Dazu gehören immer noch ~！(それをするのは)1人では無理だ〔他の用法は ⇨ acht〕.
die **Zwei** [ツヴァイ] 名 -/-en 1. (数・数字の)2. 2. (トランプの)2の札. 3. (さいころの目の)2; (成績の)2. 4. 〈口〉2番(系統)の(バス・市電).
der **Zwei·ach·ser** [ツヴァイ・アクサー] 名 -s/- 2車軸の車.
zwei·ach·sig [ツヴァイ・アクスィヒ] 形 二軸の.
zwei·ar·mig [ツヴァイ・アるミヒ] 形 二本腕の.
zwei·ato·mig [ツヴァイ・アトーミヒ] 形 〖理・化〗2原子の.
zwei·bah·nig [ツヴァイ・バーニヒ] 形 〖交通〗2車線の;(稀)片側2車線の.
zwei·bän·dig [ツヴァイ・ベンディヒ] 形 2巻(本)の.
der **Zwei·bei·ner** [ツヴァイ・バイナー] 名 -s/- 〈口・冗〉二本足のもの(人間).
zwei·bei·nig [ツヴァイ・バイニヒ] 形 二本足の,二脚の.
zwei·bet·tig [ツヴァイ・ベッティヒ] 形 ツイン(ベッド)の.
das **Zwei·bett·zim·mer** [ツヴァイ・ベット・ツィマー] 名 -s/- ツインルーム.
das **Zwei·blatt** [ツヴァイ・ブラット] 名 -(e)s/ 〖植〗フタバラン.
zwei·blätt·rig [ツヴァイ・ブレットりヒ] 形 葉が二枚の,双葉の.
der **Zwei·de·cker** [ツヴァイ・デッカー] 名 -s/- 複葉機;〖船〗〈古〉二層甲板船.
zwei·deu·tig [ツヴァイ・ドイティヒ] 形 二重に解釈でき,曖昧(あいまい)な;きわどい.
die **Zwei·deu·tig·keit** [ツヴァイ・ドイティヒカイト] 名 -/

-en **1.** ([単]のみ)二義〔両義〕性, 曖昧(あいまい)さ;きわどさ. **2.** 曖昧な発言;きわどい表現.
zwei·di·men·si·o·nal [ツヴァイ・ディメンズィオナール] [形] 二次元の, 平面(上)の.
die **Zwei·drit·tel·mehr·heit** [ツヴァイ・ドリッテル・メーあハイト] [名] -/-en 3分の2の多数.
zwei·ei·ig [ツヴァイ・アイイひ] [形] 二卵性の.
zwei·ein·halb [ツヴァイ・アイン・ハルプ] [数] 《分数》2と2分の1の(zweiundeinhalb).
der **Zwei·er** [ツヴァイあー] [名] -s/- **1.** 《口》2セント硬貨. **2.** 〖漕艇〗ダブルスカル;〖ゴルフ〗ペアマッチ. **3.** 《方》=Zwei 1, 3, 4. **4.** 《スイス》2デシリットル.
der **Zwei·er·bob** [ツヴァイあー・ボップ] [名] -s/-s 二人乗りボブスレー.
zwei·er·lei [ツヴァイあーライ] [数] 《種数》二種類の;二種類の(異なった)もの〔こと〕.
das **Zwei·eu·ro·stück** [ツヴァイ・オイろ・シュテゅック] [名] -(e)s/-e 2ユーロ硬貨.【数字表記は「2-Euro-Stück」】.
zwei·fach [ツヴァイ・ふぁっは] [形] 二倍〔二重〕の, (正副)二通の.
das **Zwei·fa·mi·li·en·haus** [ツヴァイ・ふぁミーリエン・ハウス] [名] -es/..häuser 二世帯住宅.
der **Zwei·far·ben·druck** [ツヴァイ・ふぁるベン・ドるっク] [名] -(e)s/-e **1.** ([単]のみ)二色刷り(印刷). **2.** 二色刷り印刷物.
zwei·far·big [ツヴァイ・ふぁるビひ] [形] 2色の.
der **Zwei·fel** [ツヴァイふぇル] [名] -s/- 疑い, 疑惑, 疑問, 疑念: an seiner Aufrichtigkeit keinen ～ haben 彼の誠意に疑いの念を持たない. keinem ～ unterliegen 疑いの余地がない. in 〈j^3〉 keinen ～ aufkommen lassen 〈人に〉何の疑念も起こさせない. Darüber besteht kein ～. それについては疑問の余地がない.【慣用】**außer Zweifel stehen** 疑う余地がない. **ohne Zweifel** 疑いなく, きっと. **über 〈et^4〉 im Zweifel sein** 〈事について〉疑っている〔迷っている〕. **Zweifel in 〈et^4〉 setzen** 〈事に〉疑いを差しはさむ. **〈et^4〉 in Zweifel ziehen** 〈事を〉疑う.
zwei·fel·haft [ツヴァイふぇルハふト] [形] 疑わしい, はっきりしない;いかがわしい, うさん臭い.
zwei·fel·los [ツヴァイふぇル・ロース] [副] 《文飾》疑いもなく.
zwei·feln [ツヴァイふぇルン] [動] *h.* 〔an 〈j^3/et^3〉ッ/〈[文]デアルコトッ〉〕疑う, (…に)確信がもてない: Sie *zweifelt*, ob sie das Angebot annehmen soll. 彼女はその申出を受けるべきかどうか迷っている.
der **Zwei·fels·fall** [ツヴァイふぇルス・ふぁル] [名] -(e)s/..fälle 疑わしい場合: im ～ 疑わしい場合には.
zwei·fels·oh·ne [ツヴァイふぇルス・オーネ] [副] 《文飾》疑いもなく.
der **Zweif·ler** [ツヴァイふラー] [名] -s/- 疑い深い人, 懐疑家.
zwei·flü·ge·lig [ツヴァイ・ふリューゲリひ] [形] **1.** 二翅(し)の, 二枚羽の. **2.** 両開きの.
der **Zwei·flüg·ler** [ツヴァイ・ふリューグラー] [名] -s/- 〖昆〗双翅(そうし)類.
zwei·flüg·lig [ツヴァイ・ふリューグリひ] [形] =zweiflügelig.
der **Zwei·fron·ten·krieg** [ツヴァイ・ふろンテン・クリーク] [名] -(e)s/-e 二正面戦争〔作戦〕.
zwei·fü·ßig [ツヴァイ・ふゅースィひ] [形] 2本足〔脚〕の;〖詩〗2詩脚の.
(*der*) **Zweig**[1] [ツヴァイク] [名] 〖人名〗ツヴァイク(① Arnold ～, 1887-1968, 小説家・社会評論家. ② Stefan ～, 1881-1942, オーストリアの詩人・小説家・劇作家).
der **Zweig**[2] [ツヴァイク] [名] -(e)s/-e **1.** 小枝: Die ～*e* brechen auf. 枝が葉〔花〕をつける. **2.** 分家, (家系の)傍系;部門, 分野;支線.【慣用】**auf keinen grünen Zweig kommen** 《口》実を結ばない, うまくいかない.
die **Zweig·bahn** [ツヴァイク・バーン] [名] -/-en (鉄道の)支線.
der **Zweig·be·trieb** [ツヴァイク・ベトリープ] [名] -(e)s/-e 支社, 支店.
zwei·ge·schlech·tig [ツヴァイ・ゲシュレひティひ] [形] 〖植〗雌雄同株(しゅ)の, 両性(花)の.
zwei·ge·stri·chen [ツヴァイ・ゲシュトリっひぇン] [形] 〖楽〗2点(音)の.
das **Zweig·ge·schäft** [ツヴァイク・ゲシェふト] [名] -(e)s/-e (チェーン店などの)支店.
zwei·glei·sig [ツヴァイ・グライズィひ] [形] **1.** (鉄道が)複線の. **2.** 二股(また)をかけた.
zwei·glie·de·rig [ツヴァイ・グリーデりひ] [形] =zweigliedrig.
zwei·glied·rig [ツヴァイ・グリードりひ] [形] 二つの部分からなる;〖数〗2項の.
die **Zweig·li·nie** [ツヴァイク・リーニエ] [名] -/-n **1.** (鉄道の)支線. **2.** (家系の)傍系.
die **Zweig·nie·der·las·sung** [ツヴァイク・ニーダー・ラッスング] [名] -/-en (銀行・保険会社などの)支店, 支社.
die **Zweig·stel·le** [ツヴァイク・シュテレ] [名] -/-n =Zweigniederlassung.
das **Zweig·werk** [ツヴァイク・ヴェるク] [名] -(e)s/-e 分工場.
zwei·hän·dig [ツヴァイ・ヘンディひ] [形] 両手の.
zwei·häu·sig [ツヴァイ・ホイズィひ] [形] 〖植〗雌雄異株(しゅ)の.
zwei·höck·rig [ツヴァイ・[ヘ]っクりひ] [形] 二こぶの.
zwei·hun·dert [ツヴァイ・フンダート] [数] 《基数》200.
zwei·jäh·rig [ツヴァイ・イェーりひ] [形] 2年〔歳〕の;2年間の;〖植〗2年生の.
zwei·jähr·lich [ツヴァイ・イェーありひ] [形] 2年ごとの.
das **Zwei·kam·mer·sys·tem** [ツヴァイ・カマー・ズュステーム] [名] -s/-e (議会の)二院制.
der **Zwei·kampf** [ツヴァイ・カムプふ] [名] -(e)s/..kämpfe **1.** 決闘: 〈j^4〉 zum ～ herausfordern 〈人に〉決闘を挑む. **2.** 〖スポ〗1対1の対決〔試合〕, 対戦.
zwei·keim·blät·trig [ツヴァイ・カイム・ブレっトりひ] [形] 〖植〗双子葉の.
zwei·köp·fig [ツヴァイ・[ク]っプふぃひ] [形] **1.** 二人から成る. **2.** 双頭の: ein ～*er* Adler (紋章の)双頭の鷲(わし).
zwei·mal [ツヴァイ・マール] [副] 2回〔度・倍〕.
zwei·ma·lig [ツヴァイ・マーりひ] [形] 2回〔2度〕の.
der **Zwei·mas·ter** [ツヴァイ・マスター] [名] -s/- 二本マストの船.
zwei·mo·na·tig [ツヴァイ・モーナティひ] [形] 生後2か月の;2か月間の.
zwei·mo·nat·lich [ツヴァイ・モーナトりひ] [形] 2か月ごとの.
zwei·mo·to·rig [ツヴァイ・モ(ー)トーりひ] [形] 双発の.
das **Zwei·par·tei·en·sys·tem** [ツヴァイ・パるタイエン・ズュステーム] [名] -s/-e 二大政党制.
zwei·po·lig [ツヴァイ・ポーりひ] [形] 〖理・電〗両極〔双極〕の.
das **Zwei·rad** [ツヴァイ・らート] [名] -(e)s/..räder 二輪車.
zwei·rä·de·rig [ツヴァイ・れーデりひ] [形] =zweirädrig.
zwei·räd·rig [ツヴァイ・れードりひ] [形] 二輪の.
der **Zwei·rei·her** [ツヴァイ・らイあー] [名] -s/- 〖服〗ダブルの背広.
zwei·rei·hig [ツヴァイ・らイイひ] [形] 二列の;ダブルの.
zwei·schlä·fig [ツヴァイ・シュレーふぃひ] [形] =zweischläfrig.

zwei・schläf・rig [ツヴァイ・シュレーふりひ] 形 ダブル(ベッド)の.
zwei・schnei・dig [ツヴァイ・シュナイディヒ] 形 諸刃(もろは)の：eine ~e Angelegenheit 《転》諸刃の剣(の事柄).
zwei・sei・tig [ツヴァイ・ザイティヒ] 形 **1.** 二ページの；二面の. **2.** 両側の. **3.** 双務の.
zwei・sil・big [ツヴァイ・ズィルビヒ] 形 二音節の.
der **Zwei・sit・zer** [ツヴァイ・ズィッツァー] 名 -s/- 二人乗り自動車〔自転車・そり〕，複座機;二人掛けいす.
zwei・sit・zig [ツヴァイ・ズィッツィヒ] 形 二人乗りの,複座の;二人掛けの.
zwei・spal・tig [ツヴァイ・シュパルティヒ] 形 〖印〗二段〔組み〕の.
der **Zwei・spän・ner** [ツヴァイ・シュペナー] 名 -s/- 二頭立て馬車;〖土〗〔踊り場辺共同の〕各階2住居住宅.
zwei・spän・nig [ツヴァイ・シュペニヒ] 形 二頭立ての.
zwei・spra・chig [ツヴァイ・シュプらーひヒ] 形 二カ国語を話す，バイリンガルの;二カ国語の.
die **Zwei・spra・chig・keit** [ツヴァイ・シュプらーひひカイト] 名 -/〖言〗バイリンガル(①二カ国語を話すこと.②二カ国語で書かれていること〕.
zwei・spu・rig [ツヴァイ・シュプーリヒ] 形 (片側)二車線の;轍(わだち)が2本の;(鉄道の)複線の.
das **Zwei・stär・ken・glas** [ツヴァイ・シュテるケン・グラース] 名 -es/..gläser (遠近両用の)二焦点レンズ.
zwei・stel・lig [ツヴァイ・シュテリヒ] 形 二桁(けた)の.
zwei・stim・mig [ツヴァイ・シュティミヒ] 形 二声のための，二声の(コーラスなど).
zwei・stöckig [ツヴァイ・シュテ(ッ)キヒ] 形 二つの階からなる，三階(二階)建ての.
zwei・strah・lig [ツヴァイ・シュトらーリヒ] 形 二つのジェットエンジンを持つ.
zwei・stu・fig [ツヴァイ・シュトゥーふィヒ] 形 二段の，二段式の.
zwei・stün・dig [ツヴァイ・シュテュンディヒ] 形 2時間の.
zwei・stünd・lich [ツヴァイ・シュテュントリヒ] 形 2時間ごとの.
zweit [ツヴァイト] 数 《序数》(形容詞的変化)2番目の,第2の.【数字表記は2.】：der Z~e (~e) Weltkrieg 第二次世界大戦. Friedrich II. (=der Z~e)フリードリッヒ2世. Z~es Deutsches Fernsehen ドイツ第二テレビ放送(略ZDF). ⟨et⁴⟩ aus ~er Hand kaufen/wissen 《物を》セコハンで買う/《事を》間接に聞き知っている. Er ist fleißig wie kein Z~er. 彼はまたとないほど勤勉だ. Bitte einmal Z~er nach Bonn！ボンまで二等切符1枚ください.【他の用法はzu acht²】
zwei・tä・gig [ツヴァイ・テーギヒ] 形 2日間の.
zwei・täg・lich [ツヴァイ・テークリヒ] 形 2日ごとの.
der **Zwei・tak・ter** [ツヴァイ・タクター] 名 -s/- Zweitaktmotorの短縮形.
der **Zwei・takt・mo・tor** [ツヴァイ・タクト・モ(ー)トーあ] 名 -s/-en〖車〗2サイクルエンジン.
zwei・äl・test [ツヴァイ・エルテスト] 形 2番目に年長の(年代が古い).
zwei・tau・send [ツヴァイ・タウゼント] 数 《基数》2000.
die **Zwei・aus・fer・ti・gung** [ツヴァイ・アウス・ふぇるティグンク] 名 -/-en (書類の)副本,写し,コピー.
zwei・best [ツヴァイト・ベスト] 形 2番目に良いの,次善の.
zwei・tei・lig [ツヴァイト・ダイリヒ] 形 二つの部分からなる，セパレーツの，ツーピースの.
die **Zwei・tei・lung** [ツヴァイ・タイルング] 名 -/-en 二等分,二分割.
zwei・tel [ツヴァイテル] 数 《分数》2分の1の.
zwei・tens [ツヴァイテンス] 副 第2に.
der **Zwei・ter-Klas・se-Wa・gen** [ツヴァイター・クラッセ・ヴァーゲン] 名 -s/- (鉄道車両の)二等車.

die **Zweit・fri・sur** [ツヴァイト・ふりズーあ] 名 -/-en 《婉》(女性用の)鬘(かつら).
das **Zweit・ge・rät** [ツヴァイト・ゲれート] 名 -(e)s/-e (家庭の)2台目の器具(テレビ・ラジオなどの).
zweit・jüngst [ツヴァイト・ユングスト] 形 2番目に年少の.
zweit・klas・sig [ツヴァイト・クラッスィヒ] 形 **1.** 《蔑》二流の. **2.** 《スポ》二部リーグの.
zweit・letzt [ツヴァイト・レツト] 形 最後から2番目の.
zweit・ran・gig [ツヴァイト・らンギヒ] 形 二次(二義)的な;《蔑》二流の.
der **Zweit・schlag** [ツヴァイト・シュラーク] 名 -(e)s/..schläge〖政〗(核兵器攻撃に対して直ちに行われる)報復攻撃.
der **Zweit・schlüs・sel** [ツヴァイト・シュリュッセル] 名 -s/- スペアキー.
die **Zweit・schrift** [ツヴァイト・シュりふト] 名 -/-en 副本，写し.
die **Zweit・stim・me** [ツヴァイト・シュティメ] 名 -/-n 第二投票(ドイツ連邦議会の選挙で，有権者は個人候補者に投じる第一投票と，州の政党候補者名簿に投じる第二投票を行う).
der **Zweit・wa・gen** [ツヴァイト・ヴァーゲン] 名 -s/- セカンドカー.
die **Zweit・woh・nung** [ツヴァイト・ヴォーヌング] 名 -/-en セカンドハウス.
die **Zwei・und・drei・ßigs・tel・no・te** [ツヴァイ・ウント・ドらイスィヒステル・ノーテ] 名 -/-n〖楽〗32分音符.
zwei・und・ein・halb [ツヴァイ・ウント・アイン・ハルプ] 数 《分数》=zweieinhalb.
der **Zwei・vier・tel・takt** [ツヴァイ・ふィるテル・タクト] 名 -(e)s/ 4分の2拍子.
zwei・wer・tig [ツヴァイ・ヴェーるティヒ] 形〖言・化〗2価の.
der **Zwei・zei・ler** [ツヴァイ・ツァイラー] 名 -s/- 二行詩.
zwei・zei・lig [ツヴァイ・ツァイリヒ] 形 二行の;ダブルスペースの.
der **Zwei・zy・lin・der** [..tsilındər ツヴァイ・ツィリンダー，ツヴァイ・ツューリンダー] 名 -s/- 《口》2気筒エンジンの自動車.
der **Zwei・zy・lin・der・mo・tor** [ツヴァイツィリンダーモ(ー)トーあ，ツヴァイツューリンダー・モ(ー)トーあ] 名 -s/-en 2気筒エンジン.
zwei・zy・lind・rig [ツヴァイ・ツィリンドりヒ，ツヴァイ・ツューリンドりヒ] 形 2気筒(エンジン)の.
das **Zwerch・fell** [ツヴェるひ・ふぇル] 名 -(e)s/-e 横隔膜.
zwerch・fell・er・schüt・ternd [ツヴェるひふぇル・エあシュッテルント] 形 腹の皮がよじれるほどの.
der **Zwerg** [ツヴェるク] 名 -(e)s/-e **1.** (童話などに登場する)小人，侏儒(しゅじゅ). **2.** 小さい人;(動植物の)矮小(わいしょう)形;〖天〗矮星(わいせい)(~stern).
zwerg・ar・tig [ツヴェるク・アーるティヒ] 形 小人のような.
zwer・gen・haft [ツヴェるゲンハフト] 形 小人のようなっぽな.
zwerg・haft [ツヴェるクハフト] 形 =zwergenhaft.
das **Zwerg・huhn** [ツヴェるク・フーン] 名 -(e)s/..hühner〖鳥〗チャボ.
der **Zwerg・hund** [ツヴェるク・フント] 名 -(e)s/-e 超小型犬(チワワなど).
zwer・gig [ツヴェるギヒ] 形 =zwergenhaft.
die **Zwerg・kie・fer** [ツヴェるク・キーふェる] 名 -/-n〖植〗ハイマツ.
die **Zwerg・schu・le** [ツヴェるク・シューレ] 名 -/-n 小規模学校(いくつかの学年の生徒が一緒に授業を受ける).
der **Zwerg・staat** [ツヴェるク・シュタート] 名 -(e)s/-en 小国，ミニ国家.

der **Zwerg·stern** [ツヴェるク・シュテるン] [名] -(e)s/-e 〚天〛矮星(わいせい).

der **Zwerg·wuchs** [ツヴェるク・ヴークス] [名] -es/ **1.** 〚医〛《古》矮育(わいいく)〔小人〕症. **2.** 〚生〛矮性(わいせい).

die **Zwet·sche** [ツヴェっチェ] [名] -/-n 〚植〛セイヨウスモモの実;セイヨウスモモの木.

der **Zwet·schen·ku·chen** [ツヴェっチェン・クーヘン] [名] -s/- セイヨウスモモケーキ.

der **Zwet·schen·schnaps** [ツヴェっチェン・シュナっプス] [名] -es/..schnäpse セイヨウスモモブランデー.

das **Zwet·schen·was·ser** [ツヴェっチェン・ヴァっサー] [名] -s/..wässer セイヨウスモモブランデー.

die **Zwetsch·ge** [ツヴェっチュゲ] [名] -/-n 《南独・スイス》=Zwetsche.

die **Zwetsch·ke** [ツヴェっチュケ] [名] -/-n 《オーストリア》=Zwetsche.

(das) **Zwi·ckau** [ツヴィっカウ] [名] -s/ 〚地名〛ツヴィッカウ(ザクセン州の工業都市).

der **Zwi·ckel** [ツヴィっケル] [名] -s/- **1.** (衣服の)襠(まち). **2.** 〚建〛(アーチの)三角小間(こま);(ドームの)隅板. **3.** 《方》変なやつ. **4.** 《若・古》2ユーロ硬貨.

zwi·cken [ツヴィっケン] [動] *h.* **1.** 〔〈j³⁽⁴⁾〉ノ+in 〈et⁴〉ヲ〕《南独・オーストリア》つねる. **2.** 〔(〈場所〉ニ食込ンデ)〕《南独・オーストリア》きつい(衣服などが). **3.** 〔(〈j⁴〉ハ)〕《南独・オーストリア》痛い(身体部分などが);《転》痛む(良心が). **4.** 〔〈et⁴〉ニ〕《オーストリア》鋏(はさみ)を入れる(乗車券などに). **5.** 〔〈et⁴〉ヲ〕《オーストリア》挟んで留める(洗濯物を洗濯挟みなどで).

der **Zwi·cker** [ツヴィっカー] [名] -s/- **1.** 《南独・オーストリア》鼻眼鏡. **2.** ツヴィッカー(アルザス地方の白ワイン).

die **Zwick·müh·le** [ツヴィっク・ミューレ] [名] -/-n **1.** (西洋連珠の)詰め手. **2.** 《口》窮地, 苦境.

die **Zwick·zan·ge** [ツヴィっク・ツァンゲ] [名] -/-n ペンチ, やっとこ.

der **Zwie·back** [ツヴィーバっク] [名] -s/..bäcke〔-e〕 ラスク(二度焼きしたクッキー).

die **Zwie·bel** [ツヴィーベル] [名] -/-n **1.** タマネギ;タマネギの玉;球根, 鱗茎(りんけい). **2.** (特に教会などの)タマネギ形の丸屋根;《口・冗》懐中時計;タマネギ形の結びのある髪形.

der **Zwie·bel·fisch** [ツヴィーベル・ふィっシュ] [名] -(e)s/-e 〚印〛(組版の際に誤って用いられた)字体の異なる文字.

die **Zwie·bel·flie·ge** [ツヴィーベル・ふリーゲ] [名] -/-n 〚昆〛タマネギバエ.

zwie·bel·för·mig [ツヴィーベル・[ふぇ]るミひ] [形] タマネギ形〔状〕の.

das **Zwie·bel·ge·wächs** [ツヴィーベル・ゲヴェっクス] [名] -es/-e 〚植〛鱗茎(りんけい)植物.

die **Zwie·bel·hau·be** [ツヴィーベル・ハウベ] [名] -/-n 〚建〛タマネギ形の小さな丸屋根.

der **Zwie·bel·ku·chen** [ツヴィーベル・クーヘン] [名] -s/- オニオンパン.

die **Zwie·bel·kup·pel** [ツヴィーベル・クっペル] [名] -/-n 〚建〛タマネギ形の丸屋根.

der **Zwie·bel·mar·mor** [ツヴィーベル・マるモーあ] [名] -s/- シポリン, 雲母大理石(白と緑の縞(しま)がある).

das **Zwie·bel·mus·ter** [ツヴィーベル・ムスター] [名] -s/- タマネギ模様(特にマイセン陶器の図柄).

zwie·beln [ツヴィーベルン] [動] *h.* 〔〈j⁴〉ニ〕《口》しつこく嫌がらせをする, (…を)しつこくいじめる.

die **Zwie·bel·scha·le** [ツヴィーベル・シャーレ] [名] -/-n タマネギの皮.

die **Zwie·bel·sup·pe** [ツヴィーベル・ズっペ] [名] -/-n オニオンスープ.

der **Zwie·bel·turm** [ツヴィーベル・トゥるム] [名] -(e)s/..türme タマネギ形の丸屋根を持つ(尖(せん))塔.

zwie·fach [ツヴィー・ふぁっは] [形] 《文・古》=zweifach.

zwie·fäl·tig [ツヴィー・ふぇルティひ] [形] 《文・古》=zweifach.

zwie·ge·näht [ツヴィー・ゲネート] [形] 袋〔二度〕縫いの.

das **Zwie·ge·spräch** [ツヴィー・ゲシュプれーひ] [名] -(e)s/-e 《文》対話, 対談, 問答.

der **Zwie·laut** [ツヴィー・ラウト] [名] -(e)s/-e 〚言〛二重母音, 複母音.

das **Zwie·licht** [ツヴィー・リひト] [名] -(e)s/ 薄明り〔暗がり〕, 薄明;(特に自然の薄明りと電灯の光の)混合光線: ins ~ geraten〔kommen〕疑わしい〔他人の疑惑を買うような〕状況に陥る.

zwie·lich·tig [ツヴィー・リひティひ] [形] 得体の知れない, 怪しげな.

der **Zwie·spalt** [ツヴィー・シュパルト] [名] -(e)s/-e〔..spälte〕(内面的な)分裂, 葛藤(かっとう);《稀》不和, 軋轢(あつれき): der ~ zwischen Gefühl und Vernunft 感情と理性の相克.

zwie·späl·tig [ツヴィー・シュペルティひ] [形] 内面的に分裂した, 心理的な葛藤(かっとう)のある, 相反する.

die **Zwie·späl·tig·keit** [ツヴィー・シュペルティひカイト] [名] -/ 相克〔葛藤(かっとう)〕をはらんでいること, 内面の分裂.

die **Zwie·spra·che** [ツヴィー・シュプらーへ] [名] -/-n (主に[単])《文》(多くは想像上の相手との)対話.

die **Zwie·tracht** [ツヴィー・トらはト] [名] -/ 《文》不一致, 不和, 争い: ~ säen〔stiften〕争いの種をまく.

zwie·träch·tig [ツヴィー・トれひティひ] [形] 不和の.

der **Zwilch** [ツヴィルひ] [名] -(e)s/-e ([複]は種類)太綾織地.

die **Zwil·le** [ツヴィレ] [名] -/-n 《方》枝のまた;(枝で作った)パチンコ.

der **Zwil·lich** [ツヴィリひ] [名] -s/-e =Zwilch.

der **Zwil·ling** [ツヴィリング] [名] -s/-e **1.** 双子〔双生児〕の一人: eineiige/zweieiige ~*e* 一卵性/二卵性双生児. **2.** ([複]のみ)双子座. **3.** 〚占〛双子座生れの人;([複]のみ)双子宮. **4.** (対空防御の)双身砲;(猟銃などの)二連銃.

der **Zwil·lings·bru·der** [ツヴィリングス・ブるーダー] [名] -s/..brüder ふたごの兄〔弟〕.

die **Zwil·lings·ge·schwis·ter** [ツヴィリングス・ゲシュヴィスター] [複名] 双子の兄弟姉妹.

das **Zwil·lings·paar** [ツヴィリングス・パーあ] [名] -(e)s/-e 双子(の両者).

die **Zwil·lings·schwes·ter** [ツヴィリングス・シュヴェスター] [名] -/-n ふたごの姉〔妹〕.

die **Zwing·burg** [ツヴィング・ブるク] [名] -/-en (中世領主の周囲を威圧するように建てられた)巨城.

die **Zwin·ge** [ツヴィンゲ] [名] -/-n 〚工〛締め具, クランプ;フェルール, はめ輪, (ステッキなどの)石突き.

zwin·gen* [ツヴィンゲン] [動] zwang; hat gezwungen **1.** 〔〈j⁴〉ニ+(zu 〈et³〉ヲ/zu〈[動]〉ヲ)〕強制する, (…に…するように)強いる;(〈j⁴〉がsich⁴の場合)努めて(…を)する. **2.** 〔(〈j⁴〉ニ)+zu 〈et³〉ヲ/zu〈[動]〉ヲ〕せざるをえなくさせる, 余儀なくさせる. **3.** 〔〈j⁴〉ヲ+〈方向〉ニ〕《文》無理やり行かせる〔つかせる〕: 〈j⁴〉 auf〔in〕die Knie ~ 〈人を〉屈服させる. **4.** 〔〈et⁴〉ヲ〕《方》片づける.

zwin·gend [ツヴィンゲント] [形] やむを得ない, 説得力のある.

der **Zwin·ger** [ツヴィンガー] [名] -s/- **1.** (城・都市の外壁と内壁の間の)空地, 中庭;(ドレスデンの)ツヴィンガー宮殿. **2.** 柵(さく)で囲った犬の飼育場(Hunde~);《稀》(猛獣の)檻(おり). **3.** (血統書つきの)犬の育種場.

der **Zwing·herr** [ツヴィング・へる] [名] -(e)n/-en (特に

中世の)専制領主, 暴君.

die **Zwing·herr·schaft** [ツヴィング·へるシャふト] [名] -/-en《主に[単]》専制政治; 暴政.

(*der*) **Zwing·li** [ツヴィングリ] [名]〖人名〗ツヴィングリ(Ulrich ~, 1484–1531, スイスの宗教改革者).

der **Zwing·li·a·ner** [ツヴィングリアーナー] [名] -s/- ツヴィングリ派の人, ツヴィングリの信奉者.

zwin·kern [ツヴィンケるン] [動] *h.*〔補足なし〕まばたきをする, 目をぱちぱちさせる.

zwir·beln [ツヴィるベルン] [動] *h.*〔〈et^4〉ヲ〕ひねる(ひげなどを), 撚(よ)る(糸などを).

der **Zwirn** [ツヴィるン] [名] -(e)s/-e《[複]は種類》撚(よ)り糸, 撚糸(ねんし); 撚糸で織られた織物.

zwir·nen[1] [ツヴィるネン] [動] *h.*〔〈et^4〉ヲ〕撚(よ)り糸にする, 撚合せる(二本以上の単糸もしくは撚糸を).

zwir·nen[2] [ツヴィるネン] [形] 撚(よ)り糸(製)の.

der **Zwirns·fa·den** [ツヴィるンス·ふぁーデン] [名] -s/..fäden (縫い糸の)撚(よ)り糸.

zwi·schen [ツヴィッシェン] [前]〔+3格/4格〕 **1.**〔+3格〕 **a.** (位置)…の間に…の間に(混って); …の間から: *Z*~ dem Schrank und dem Bett steht ein Tisch. 洋服だんすとベッドの間に机がある. ~ der Menge stehen 群衆の間に立っている. ~ den Vorhängen hervortreten カーテンの間から(こちらへ)出てくる. **b.** (間隔)…の間の: die Entfernung ~ Wohnort und Arbeitsplatz 住んでいる所と職場との間の距離. der Abstand ~ den Rädern 車輪の間隔. **2.**〔+4格〕(方向)…の間へ; …の間に(混って): den Tisch ~ den Schrank und das Bett stellen 机を洋服だんすとベッドの間へ置く. sich^4 ~ die Leute setzen 人々の間に混って座る. **3. a.**〔+3格〕(時間)…の間に: ~ dem 1. und 15. Januar 1月1日と15日の間に. **b.**〔+4格〕…の間へ〔に〕: den nächsten Sonderurlaub ~ die Feiertage legen 次の特別休暇を休日と休日の間に入れる. **4.**〔+3格〕(程度・尺度)…の中間に: eine Farbe ~ Grau und Blau グレーとブルーの中間色. Der Preis liegt ~ 80 und 100 Euro. 値段は80と100ユーロの間である. **5.**〔+3格〕…の(相互)間に; (異なったものの)間に: die Liebe ~ Eltern und Kindern 親子間の愛. ein Streit ~ den Parteien 党派間の争い. Handelsbeziehungen ~ verschiedenen Ländern 多国間の通商関係. der Unterschied ~ A und B AとBの相違. ~ Leben und Tod schweben 生死の境をさ迷う.

die **Zwi·schen·ab·rech·nung** [ツヴィッシェン·アップ·れひヌング] [名] -/-en 中間決算.

der **Zwi·schen·akt** [ツヴィッシェン·アクト] [名] -(e)s/-e 幕間(まくあい)劇.

die **Zwi·schen·be·mer·kung** [ツヴィッシェン·ベメるクング] [名] -/-en (相手の発言に)口をはさむこと; 口出し, 容喙(ようかい).

der **Zwi·schen·be·richt** [ツヴィッシェン·べりひト] [名] -(e)s/-e 中間報告.

der **Zwi·schen·be·scheid** [ツヴィッシェン·ベシャイト] [名] -(e)s/-e 中間回答, 暫定的回答.

die **Zwi·schen·bi·lanz** [ツヴィッシェン·ビランツ] [名] -/-en 中間貸借対照表.

zwi·schen|blen·den [ツヴィッシェン·ブレンデン] [動] *h.*《不定詞・分詞のみ》〖映〗=einblenden 1

das **Zwi·schen·deck** [ツヴィッシェン·デック] [名] -(e)s/-e 中甲板; (昔の移民用の)三等船室.

das **Zwi·schen·ding** [ツヴィッシェン·ディング] [名] -(e)s/-er《口》中間のもの.

zwi·schen·drein [ツヴィッシェン·ドらイン] [副] (空間・方向)その間へ; (時間)その間に.

zwi·schen·drin [ツヴィッシェン·ドリン] [副] (空間・位置)その間に, その中間に; (時間)《口》その間に, その合間に.

zwi·schen·durch [ツヴィッシェン·ドゥるひ] [副] **1.** (時間)その間に; その間に時々; その間(ずっと): Ich werde ~ Kaffee kochen. 私はその間にコーヒーをいれましょう. **2.** (空間) **a.** (それらに混って)ところどころに: Im Wald steht ~ ein dürrer Baum. その森にはところどころに一本また一本と枯れた木が立っている. **b.** 間を通り抜けて: *Z*~ verläuft ein Weg. 間を通って一本の道が走っている.

die **Zwi·schen·eis·zeit** [ツヴィッシェン·アイス·ツァイト] [名] -/-en〖地質〗間氷期.

das **Zwi·schen·er·geb·nis** [ツヴィッシェン·エあゲープニス] [名] -ses/-se 中間結果.

der **Zwi·schen·fall** [ツヴィッシェン·ふぁル] [名] -(e)s/..fälle **1.** 偶発的な出来事, ハプニング: ohne ~ 何事もなく. **2.** ([複]のみ)騒乱, 騒動.

die **Zwi·schen·far·be** [ツヴィッシェン·ふぁるベ] [名] -/-n 中間色.

zwi·schen|fi·nan·zie·ren [ツヴィッシェン·ふぃナンツィーれン] [動] *h.* (不定詞・分詞のみ)〔〈et^4〉ニ〕〖銀行〗つなぎ融資する.

die **Zwi·schen·fra·ge** [ツヴィッシェン·ふらーゲ] [名] -/-n 途中の質問.

die **Zwi·schen·frucht** [ツヴィッシェン·ふるふト] [名] -/〖農〗間作用作物.

der **Zwi·schen·frucht·bau** [ツヴィッシェンふるふト·バウ] [名] -(e)s/〖農〗間作.

das **Zwi·schen·fut·ter** [ツヴィッシェン·ふッター] [名] -s/-〖服〗(衣服の)芯(しん).

das **Zwi·schen·ge·richt** [ツヴィッシェン·ゲりひト] [名] -(e)s/-e〖料〗アントレ(メインディッシュの前または魚料理と肉料理の間に出る小料理).

das **Zwi·schen·ge·schoss**, [旧] **Zwi·schen·ge·schoß** [ツヴィッシェン·ゲショス] [名] -es/-e 中階(中二階など).

das **Zwi·schen·glied** [ツヴィッシェン·グリート] [名] -(e)s/-er **1.** 連結部分, リンク. **2.**〖哲〗(三段論法の)中間項. **3.**〖生〗(進化論の)ミッシングリンク.

die **Zwi·schen·grö·ße** [ツヴィッシェン·グ[れ]ーセ] [名] -/-n (既製服・靴の)中間サイズ.

der **Zwi·schen·han·del** [ツヴィッシェン·ハンデル] [名] -s/ 半製品問屋業; 通過貿易.

der **Zwi·schen·händ·ler** [ツヴィッシェン·ヘンドラー] [名] -s/- 半製品問屋.

das **Zwi·schen·hirn** [ツヴィッシェン·ヒるン] [名] -(e)s/-e〖解〗間脳.

das **Zwi·schen·hoch** [ツヴィッシェン·ホーほ] [名] -s/-s〖気〗気圧の峰.

der **Zwi·schen·kie·fer·kno·chen** [ツヴィッシェン·キーふぁー·クノっヘン] [名] -s/-〖解〗顎間(がっかん)骨.

der **Zwi·schen·kre·dit** [ツヴィッシェン·クれディート] [名] -(e)s/-e つなぎ融資(本融資の前の短期信用貸し).

das **Zwi·schen·la·ger** [ツヴィッシェン·ラーガー] [名] -s/- 中継倉庫, 一時保管所.

zwi·schen|lan·den [ツヴィッシェン·ランデン] [動] *s.* (主に不定詞・分詞で)〔補足なし〕中間着陸する(給油などのために).

die **Zwi·schen·lan·dung** [ツヴィッシェン·ランドゥング] [名] -/-en 中間着陸: ohne ~ 直航で.

die **Zwi·schen·lö·sung** [ツヴィッシェン·[レ]ーズング] [名] -/-en 暫定的解決.

die **Zwi·schen·mahl·zeit** [ツヴィッシェン·マール·ツァイト] [名] -/-en 間食.

zwi·schen·mensch·lich [ツヴィッシェン·メンシュリひ] [形] 人間相互間の.

die **Zwi·schen·pau·se** [ツヴィッシェン·パウゼ] [名] -/-n (短い)中休み.

das **Zwi·schen·pro·dukt** [ツヴィッシェン・プロドゥクト] 名 -(e)s/-e〖経〗(化学原料から得られた)中間生産物.
die **Zwi·schen·prü·fung** [ツヴィッシェン・プリューフング] 名 -/-en 中間試験.
der **Zwi·schen·raum** [ツヴィッシェン・ラウム] 名 -(e)s/..räume **1.** (物と物の間の)すき間；間隔，隔たり：eine Zeile ~ 一行のスペース. **2.** (時間的)間隔.
der **Zwi·schen·ruf** [ツヴィッシェン・ルーフ] 名 -(e)s/-e (対話・演説などの)途中で発せられる叫び，野次.
der **Zwi·schen·ru·fer** [ツヴィッシェン・ルーふァ] 名 -s/- 野次をとばす人.
die **Zwi·schen·run·de** [ツヴィッシェン・ルンデ] 名 -/-n〖ｽﾎﾟ〗二次予戦.
der **Zwi·schen·satz** [ツヴィッシェン・ザッツ] 名 -es/..sätze〖言〗挿入文；〖楽〗挿入楽節.
zwi·schen|schal·ten [ツヴィッシェン・シャルテン] 動 h. (不定詞・分詞のみ)⟨et⁴ ッ⟩挿入する，差し込む；介する.
der **Zwi·schen·schein** [ツヴィッシェン・シャイン] 名 -(e)s/-e〖経〗(株式発行前の)中間証券，仮証券.
das **Zwi·schen·spiel** [ツヴィッシェン・シュピール] 名 -(e)s/-e 幕間(ﾏｸｱｲ)狂言(の寸劇)，エピソード；〖楽〗間奏曲；間奏部.
zwi·schen·staat·lich [ツヴィッシェン・シュタートリヒ] 形 国家間の.
das **Zwi·schen·sta·di·um** [ツヴィッシェン・シュターディウム] 名 -s/..dien(発展の)中間段階.
die **Zwi·schen·sta·ti·on** [ツヴィッシェン・シュタツィオーン] 名 -/-en **1.** (旅行の)途中での短い滞在(立寄り). **2.** 途中の滞在地，立寄り先；(転)(発展の)中間段階.
der **Zwi·schen·stock** [ツヴィッシェン・シュトック] 名 -(e)s/..stöcke 中階(中二階など)(Zwischenstockwerkの短縮形).
das **Zwi·schen·stock·werk** [ツヴィッシェン・シュトック・ヴェルク] 名 -(e)s/-e 中階(中二階など).
das **Zwi·schen·stück** [ツヴィッシェン・シュテュック] 名 -(e)s/-e **1.** 中間物，媒介物，連結部分. **2.** 幕間(ﾏｸｱｲ)劇.
die **Zwi·schen·stu·fe** [ツヴィッシェン・シュトゥーふェ] 名 -/-n 中間段階.
die **Zwi·schen·stun·de** [ツヴィッシェン・シュトゥンデ] 名 -/-n (仕事・授業の間の)休み時間.
der **Zwi·schen·ti·tel** [ツヴィッシェン・ティ(-)テル] 名 -s/- **1.**〖映・ｼﾞ〗中間字幕(シーンとシーンの間に出る字幕). **2.**〖印〗(本の)中扉.
der **Zwi·schen·trä·ger** [ツヴィッシェン・トレーガー] 名 -s/- 《蔑》告げ口してまわる人.
die **Zwi·schen·wand** [ツヴィッシェン・ヴァント] 名 -/..wände 隔壁，障壁，間仕切り.
der **Zwi·schen·wirt** [ツヴィッシェン・ヴィルト] 名 -(e)s/-e〖生・医〗中間宿主(ﾔﾄﾞﾇｼ).
die **Zwi·schen·zeit** [ツヴィッシェン・ツァイト] 名 -/-en 間の時間，合間；〖ｽﾎﾟ〗ラップタイム：in der ~ その間に.
zwi·schen·zeit·lich [ツヴィッシェン・ツァイトリヒ] 形〖官〗その間の.
der **Zwist** [ツヴィスト] 名 -es/-e〖文〗不和，反目，確執.
zwi·stig [ツヴィスティヒ] 形《文・古》不和の；係争中の.
die **Zwi·stig·keit** [ツヴィスティヒカイト] 名 -/-en（主に ⓟ）《文》いざこざ.
zwit·schern [ツヴィッチャーン] 動 h. **1.**〖擬声〗さえずる．**2.**〈et⁴ ッ〉さえずる；(転)さえずるように言う(歌う).【慣用】einen zwitschern (口)一杯やる.
der **Zwit·ter** [ツヴィッター] 名 -s/- 半陰陽者，両性具有者；雌雄同体(同株).
die **Zwit·ter·bil·dung** [ツヴィッター・ビルドゥング] 名 -/- 半陰陽，両性具有；雌雄同体(同株).
die **Zwit·ter·blü·te** [ツヴィッター・ブリューテ] 名 -/-n〖植〗両性花.
zwit·ter·haft [ツヴィッター・ハふト] 形 半陰陽の，両性具有の；雌雄同体(同株)の.
die **Zwit·ter·stel·lung** [ツヴィッター・シュテルング] 名 -/-en 中途半端な(どっちつかずの)立場(位置).
das **Zwit·ter·tum** [ツヴィッタートゥーム] 名 -s/- 半陰陽，両性具有；雌雄同体(同株).
zwit·trig [ツヴィットリヒ] 形 半陰陽の，両性具有の；雌雄同体(同株)の.
zwo [ツヴォー] 数《基数》(口) 2 (zweiと同じであるが電話口などでdreiと混同しないために用いられる).
zwölf [ツヴェルふ] 数《基数》12.【用法は⇨ acht¹】
die **Zwölf** [ツヴェルふ] 名 -/-en **1.** (数・数字の)12. **2.** (口)12番〖系統〗のバス・市電.
das **Zwölf·eck** [ツヴェルふ・エック] 名 -(e)s/-e 12角形.
der **Zwöl·fen·der** [ツヴェルふ・エンダー] 名 -s/-〖狩〗角が(左右で)十二叉(ﾏﾀ)の鹿；(口・冗・古)12年勤務の古参兵.
der **Zwöl·fer** [ツヴェルふァー] 名 -s/-（方)=Zwölf.
zwölf·er·lei [ツヴェルふァーライ] 数《種数》12種類の；12種類のもの〔こと〕.
das **Zwölfersystem** [ツヴェルふァー・ズュステーム] 名 -s/《稀》12進法.
zwölf·fach [ツヴェルふ・ふァッハ] 形 12倍の，12重の.
der **Zwölf·fin·ger·darm** [ツヴェルふ・ふィンガー・ダルム] 名 -(e)s/..därme 十二指腸.
der **Zwölf·kampf** [ツヴェルふ・カムプふ] 名 -(e)s/..kämpfe 男子体操競技(規定・自由12種目からなる).
zwölf·mo·na·tig [ツヴェルふ・モーナティヒ] 形 生後12か月の；12か月間の.
zwölft [ツヴェルふト] 数《序数》(形容詞的変化)12番目の，第12の.【数字表記は「12.」】【用法は⇨ acht²】
die **Zwölftafelgesetze** [ツヴェルふ・ターふェル・ゲゼッツェ] 複名〖法〗(定冠詞とともに)十二銅板法(古代ローマの成文法典).
zwölf·tel [ツヴェルふテル] 数《分数》12分の1の.
das **Zwölf·tel** [ツヴェルふテル] 名 -s/- (〖ｽﾎﾟ〗der ~)12分の1.
zwölf·tens [ツヴェルふテンス] 副 12番目に.
die **Zwölf·ton·mu·sik** [ツヴェルふ・トーン・ムズィーク] 名 -/- 十二音音楽.
zwot [ツヴォート] 数《序数》(口)第2の，2番目の (電話などで間違いを避けるために使う. 普通は zweit).
z. Wv. =zur Wiedervorlage 再提出.
das **Zy·an** [ツュアーン] 名 -s/〖化〗シアン.
die **Zy·a·ne** [ツュアーネ] 名 -/-n〖文〗〖植〗ヤグルマソウ.
das **Zy·a·nid** [ツュアニート] 名 -s/-e〖化〗シアン化物.
das **Zy·an·ka·li** [ツュアーン・カーリ] 名 -s/〖化〗シアン化(青酸)カリ.
das **Zy·an·ka·li·um** [ツュアーン・カーリウム] 名 -s/ = Zyankali.
die **Zy·a·no·se** [ツュアノーゼ] 名 -/-n〖医〗チアノーゼ (血液中の酸素欠乏で皮膚などが青紫色になる状態).
die **Zy·a·no·ty·pie** [ツュアノテュピー] 名 -/-n **1.** (ⓟのみ)青写真法. **2.** 青写真(青焼き)コピー(された物).
die **Zy·go·te** [ツュゴーテ] 名 -/-n〖生〗接合子.
die **Zy·kla·me** [ツュクラーメ] 名 -/-n (ﾋﾞﾃｨｴｽ·ﾀﾞｲ)=Zyklamen.
das **Zy·kla·men** [ツュクラーメン] 名 -s/-〖植〗シクラメ

der **Zy·kli·ker** [ツークリカ—] 名 -s/- 〔古代ギリシア の〕キュクロス〔叙事詩圏〕詩人.
zy·klisch [ツークリシュ] 形 **1.** 循環する. **2.** 一連の作品群をなす,連作の. **3.** 環状の,環式の;循環〔巡回〕の;景気循環の;~e Verbindungen 〘化〙 環式化合物.
der **Zy·klon** [ツュクローン] 名 -s/-e **1.** 〘気〙サイクロン(熱帯低気圧). **2.** 〘工〙サイクロン(遠心分離式の集塵装置).
die **Zy·klo·ne** [ツュクローネ] 名 -/-n 〘気〙移動性低気圧域.
der **Zy·klop** [ツュクロープ] 名 -en/-en 〘ギ神〙キュクロプス(一つ目の巨人).
die **Zy·klo·pen·mau·er** [ツュクローペン・マウあー] 名 -/-n キュクロプスの石壁(ギリシアやインカ文明の自然石をそのまま積上げた石垣).
zy·klo·pisch [ツュクロービシュ] 形 キュクロプスのような, 巨大な.
die **Zy·klo·thy·mie** [ツュクロ・テュミー] 名 -/ 〘心・医〙 循環気質.
das **Zy·klo·tron** [ツュクロ・トロ—ン] 名 -s/-s 〔-e 〚ツュクロトローネ〛〕〘核物理〙サイクロトロン.
der **Zy·klus** [ツュークルス] 名 -/..klen **1.** 循環,周期,サイクル. **2.** (内容的に関連のある)作品群;連続講義,連続演奏会. **3.** 〘医〙月経周期. **4.** 〘経〙景気循環. **5.** 〘数〙循環;巡回置換.
der **Zy·lin·der** [tsilɪndɐr ツィリンダー, tsy-. ツュリンダー] 名 -s/- **1.** 〚幾何〛円柱,円筒. **2.** 〚工〛気筒,シリンダー. **3.** (ガス灯・ランプの)マントル. **4.** シルクハット. **5.** 〚コンピュータ〛シリンダー. **6.** 〚医〛(尿)円柱.
der **Zy·lin·der·hut** [ツィリンダー・フート,ツュリンダー・フート] 名 -(e)s/..hüte シルクハット.
der **Zy·lin·der·kopf** [ツィリンダー・コップふ,ツュリンダー・コップふ] 名 -(e)s/..köpfe 〚工〛シリンダーヘッド.
..zy·lin·drig [..ツィリンドりひ,..ツュリンドりひ] 〚接尾〛基数につけて「…の数の気筒を備えた」を表す形容詞を作る: ein sechs*zylindriger* Kraftwagen 6気筒の自動車. 〔「…の数の発動機を備えた」は◇..motorig. 「…の数のジェットエンジンを備えた」は◇..strahlig〕
zy·lin·drisch [ツィリンドりシュ,ツュリンドりシュ] 形 円柱形の,円柱状の.
die **Zy·ma·se** [ツュマーゼ] 名 -/ チマーゼ(酵母から得られるアルコール発酵酵素).

die **Zy·mo·lo·gie** [ツュモ・ロギー] 名 -/ 発酵学.
der **Zy·ni·ker** [ツューニカー] 名 -s/- 冷笑家,シニカルな人.
zy·nisch [ツューニシュ] 形 冷笑的な,シニカルな;ひねくれた,つむじ曲りの.
der **Zy·nis·mus** [ツューニスムス] 名 -/..men **1.** 〔俚〕 のみ〕シニカル(冷笑的)な態度;ひねくれた見方. **2.** (主に〔俚〕)シニカル〔冷笑的〕なコメント〔論評〕.
das **Zy·per·gras** [ツューバー・グラース] 名 -es/..gräser 〚植〛カヤツリザサ.
(*das*) **Zy·pern** [ツューパーン] 名 -s/ **1.** 〚地名〛キプロス島(地中海東部の島). **2.** 〚国名〛キプロス(共和国. 首都 Nikosia. 略 CY).
der **Zy·per·wein** [ツューパー・ヴァイン] 名 -(e)s/-e (俚 は種類)キプロス産のワイン.
der **Zy·prer** [ツュープら—] 名 -s/- キプロス(島)の人.
die **Zy·pres·se** [ツュぷれッセ] 名 -/-n 〚植〛イトスギ.
der **Zy·pri·er** [ツューブりあー] 名 -s/- キプロス(島)の人.
der **Zy·pri·ot** [ツュプリオート] 名 -en/-en キプロス(島)の人.
zy·pri·o·tisch [ツュブリオーティシュ] 形 キプロス(島)の.
zy·prisch [ツューブりシュ] 形 キプロス(島)の.
die **Zys·te** [ツュステ] 名 -/-n **1.** 〚医〛囊胞(のうほう), 囊腫. **2.** 〚生〛包囊(のう), 囊子.
die **Zys·tek·to·mie** [ツュステクトミー] 名 -/-n 〚医〛胆囊(のう)〔膀胱(ぼうこう)〕摘出(手術);囊胞(のうほう)摘出(手術).
die **Zys·ti·tis** [ツュスティーティス] 名 -/..titiden 〚ツュスティーティデン〛〚医〛膀胱(ぼうこう)炎.
das **Zys·to·skop** [ツュスト・スコープ] 名 -s/-e 〚医〛膀胱(ぼうこう)鏡.
der **Zy·to·blast** [ツュト・ブラスト] 名 -en/-en 〚生・医〛細胞核;〚生〛ミトコンドリア.
die **Zy·to·lo·gie** [ツュト・ロギー] 名 -/ 〚医〛細胞学.
die **Zy·to·ly·se** [ツュト・リューゼ] 名 -/-n 〚医〛細胞崩壊(溶解).
das **Zy·to·plas·ma** [ツュト・プラスマ] 名 -s/..men 〚生〛細胞質.
das **Zy·to·sta·ti·kum** [ツュト・スターティクム] 名 -s/..ka 〚医・生〛細胞安定剤,細胞分裂阻止剤.
zz.,zzt. =zurzeit 目下, 今のところ.
z. Z.,z. Zt. =zur Zeit ⟨j²⟩⟨人の⟩時代に.

付　　録

新正書法について ……………………………………1503

ドイツ史年表 ………………………………………1508

日本語索引 …………………………………………1513

新正書法について

(1998 年 8 月実施)

　1996 年 7 月 1 日，ドイツ語を公用語とするドイツ，オーストリア，スイス，リヒテンシュタインの 4 か国に，国内にドイツ系少数民族を抱えるイタリア，ベルギー，ルーマニア，ハンガリーの 4 か国を加えた計 8 か国の代表が，ウィーンでドイツ語正書法の改革に合意した．この合意にもとづき，1998 年 8 月から新正書法の実施の運びとなり，7 年の移行期間をへて，2005 年 8 月 1 日をもって完全に新正書法に切り替わることになった．実施に先立ち，ドイツでは 16 州のうちバイエルンなど 8 州の小学校で，1996 年 9 月入学の新入生に新正書法を教えることになった．入学時には現行の正書法を教え，2 年後の正式実施の時期になってから新正書法を教えていたのでは教育上の混乱が生じるためである．

　現行の正書法は，1901 年ベルリンで行われた正書法会議におけるドイツ，オーストリア，スイスの 3 か国の合意によって決められたもので，その後各国で個々の事例に応じた微調整がほどこされてきた．しかしながら，1 世紀近い時をへて，正書法をめぐる次のような問題点があらわになってきた．
1) 現行の正書法が制定された主たる目的はドイツ語圏諸国の正書法の統一であり，正書法そのものの諸規則の整合性，規則全体の単純化による学習の容易さなどの面では，配慮が不十分であった．
2) その後なされた部分的な改正は個々の事例に応じた無原則なものとなった．その結果，例外的規則の増大や正書法全体の複雑化という事態をもたらし，学習上様々な問題が生じてきた．
3) 時の経過につれ，実際のドイツ語運用と公式の正書法との間に大きなずれが生じてきた．

　こうした問題の解決を図るため，1986 年以来ドイツ，オーストリア，スイスの専門家が集まった国際委員会で検討を重ねてきた．その後幾多の曲折はあったものの，現行の 212 の綴りの規則を 112 に減らして，規則の単純化を図り，整合性を高めるという方向での最終案がまとまり，上記 8 か国の政府レベルでの合意が実現した．

　今回の改革は，伝統に配慮してラディカルな変更は避けた穏健で小規模なものといえる．それだけに，現実の用法を尊重した結果として，その内容には原則が一貫していなかったり，新旧両方の綴りを許容している事例があるなど，批判を浴びている面もある．また，その実施にあたっては教科書出版業界だけでも莫大な時間とコストがかかる．実施が決まった直後，フランクフルト書籍見本市で有力な作家や学者が，新正書法の内容上の矛盾やその実施に要する莫大なコストを理由に反対声明を発表した例にも見られるように，依然として反対の動きもある．この性質上，すべてを合理的に割り切った規則を設けることは不可能であるため，今後も手直しを図る機運はあり，また新正書法についての疑念に対応する常設委員会も設けられている．その限りで，完全実施までにはまだ曲折も見込まれよう．

　こうした事情に鑑み，本辞典では本文については原則として新正書法に従うこととし，新正書法の詳細については以下でその概要をまとめて示すにとどめる．当面，本辞典の読者が接するドイツ語は現行の正書法によるものがほとんどであろうし，2005 年の完全実施までにはまだ流動的な面もあるためである．なお，分綴に関する次の 2 点についてだけは，本文中でも新正書法に従った．① ck を分綴する場合，現行の正書法では k-k と区切ることになっているが，新正書法では ck は区切らない．② 現行の正書法では st は分綴できないが，新正書法では場合によって s-t と分綴できる．

新正書法の概要

以下，「現行」と「改正」を対照させた具体例は代表的なものに限る．

Ⅰ．発音と綴りの関係について

1．ß と ss
ß は長母音及び複母音の後にのみ用いる．それ以外は ss とする．
(1) das Maß, die Straße, gießen, gießt, außen, heiß, Preußen などは従来通り．
(2) 改正例：

現行	改正
der Fluß	der Fluss
muß, mußt	muss, musst
daß	dass
naß, naßkalt	nass, nasskalt
das Geschoß	das Geschoss (ただし，南独・オーストリアでは Geschoß)

　注．従来 ß が一般に用いられなかったスイスでは，従来通り ss が用いられる．

2．複合語において 3 個の同一文字が連続する場合，それらの 3 個の文字はすべて表記する．
　(1) 3 個の同一子音文字の後に更に別の子音文字が続く場合は従来通り：die Schlifffläche, fetttriefend など．

(2) 3 個の同一子音文字の後に母音文字が続く場合は，従来，行末の分綴の場合を除いて，同一子音字一字を省略したが，今後は 3 文字すべてを表記する

現行	改正
die Schiffahrt	die Schifffahrt
das Schrittempo	das Schritttempo
die Nullinie	die Nulllinie
wetturnen	wettturnen
stillegen	stilllegen

(3) 今回の改正で ß が ss となって同一子音文字 s が 3 個連続する場合も(1), (2)の規則は適用される：

現行	改正
die Paßstraße	die Passstraße
der Flußsand	der Flusssand

(4) 同一母音字が 3 個連続する場合も，原則的には 3 つの母音文字すべてを表記する：

現行	改正
der See-Elefant	der Seeelefant
der Zoo-Orchester	der Zooorchester
das Tee-Ei	das Teeei

注 1．複合語を読みやすくするために，ハイフン (-) の使用が大幅に認められるようになった (Ⅳ．-3) ので：die

Schiff-Fahrt, der Fluss-Sand, der See-Elefant などとしてもいる.
注2. 分綴法は VI. で扱う.
3. 若干の語に関しては, 短母音の後を重子音文字にする.
(1) 同一語の変化形に合わせる場合:

現行	改正
der〔das〕 As	der〔das〕 Ass (des Asses, die Asse に合わせる)

(2) 同一語親族 (Wortfamilie) に属する他の語に合わせる場合 (語幹の綴りを同じにするのが原則):

現行	改正
der Karamel	der Karamell (die Karamelle に合わせる)
der Mesner	der Messner (die Messe に合わせる)
der Tip	der Tipp (tippen に合わせる)
der Tolpatsch	der Tollpatsch (toll に合わせる)

(3) (2)に準ずるケースとして, kk, z を ck, tz にする:

現行	改正
die Stukkatur	die Stuckatur (der Stuck に合わせる)
plazieren	platzieren (der Platz に合わせる)

4. 若干の語に関して, e を ä にする(同一語親族の語幹の綴りを同じにする原則による):

現行	改正
der〔das〕 Bendel	der〔das〕 Bändel (das Band に合わせる)
das Quentchen	das Quäntchen (das Quantum に合わせる)
der Stengel	der Stängel (die Stange に合わせる)
schneuzen	schnäuzen (das Schnäuzchen, die Schnauze に合わせる)
verbleuen	verbläuen (blau に合わせる)
überschwenglich	überschwänglich (der Überschwang に合わせる)

5. その他の若干の改正
(1) -h を削除するケース:
a) -au で終る形容詞 blau, grau, genau などに合わせて次のようにする:

現行	改正
rauh	rau
der Rauhhaardeckel	der Rauhaardeckel

b) 他の動物名 der Kakadu, das Gnu に合わせて次のようにする:

現行	改正
das Känguruh	das Känguru

(2) -h を付け加えるケース:

現行	改正
die Roheit	die Rohheit (roh に合わせる)
die Zäheit	die Zähheit (zäh に合わせる)
fönen	föhnen (der Föhn に合わせる)

(3) その他:

現行	改正
der Zierat	der Zierrat
selbständig	selbstständig (selbständig も可)
der Alptraum	der Albtraum (der Alptraum も可)

6. 外来語関係
(1) ph を f にする: phon, phot, graph はすでに f で書いてもよいケースが多くなっているが, die Graphologie, der Delphin など一般的な語も f で書いてもよいことにする.
(2) rh (語末のみ) を r に, th を t, gh を g にする (一般的な語は両様の表記を可能とする):

現行	改正
der Katarrh	der Katarr も可
der Thunfisch	der Tunfisch も可
der Panther	der Panter も可
der〔das〕 Joghurt	der〔das〕 Jogurt も可

(3) é, ée を ee とする (新たに若干の語を ee とすることを認める):

現行	改正
das Exposé	das Exposee も可
das Varieté	das Varietee も可

(4) ..ies を ..ys とする (-y で終る英語からの借用語の複数形は, s を付けるだけとする):

現行	改正
die Lobbies も可	die Lobbys のみ可

(5) ..tial, ..tiell を ..zial, ..ziell にする (もとの名詞の綴りが z で終っている場合は, ..zial, ..ziell としてもよい):

現行	改正
das Potential	das Potenzial も可 (もとの名詞 die Potenz)
substantiell	substanziell も可 (もとの名詞 die Substanz)

注1. すでに finanziell, tendenziell などの例もあるので, いずれは ..zial, ..ziell の表記が主となるべきとしている.
注2. das Portemonnaie も, 今後は das Portmonee の表記も可能となる.

II. 大文字, 小文字に関して

1. 文頭
従来通り文頭は大文字. 更にコロンの後の文の文頭は大文字でも小文字でもよいとする: ... : Alles〔alles〕 wuchs und gedieh. コロンの後の引用符付き引用文が続く場合に, その文頭を大文字とするのは従来通り.
2. 書簡文及びそれに準ずる文で, 従来, 語頭大文字であった du, dein, ihr, euer などは, 語頭小文字とする. ただし, Sie, Ihr などは従来通り語頭大文字.
3. 固有名詞について
原則的には従来通り語頭大文字とする.
(1) 単一語の固有名詞は, 名詞であるから語頭大文字.
(2) 複数語から成る固有名詞 (主に形容詞が前に付く) も, 前に置かれた語共々語頭大文字: der Schiefe Turm von Pisa, der Nahe Osten, die Schweizerischen Bundesbahnen など.
(3) 形容詞と名詞の二語より成り, 固有名詞的扱いをされて来た (固有名詞の概念が不明確なため), 本来, 特定概念を表すものは, 今後は形容詞は語頭小文字を原則とする (従来は, 語頭大文字, 語頭小文字が不統一):

現行	改正
die Erste Hilfe	die erste Hilfe
der erste Spatenstich	der erste Spatenstich

(4) ただし,以下では形容詞も語頭大文字とする：
a) 肩書：Erster Bürgermeister, Königliche Hoheit など.
b) 生物学の種名など：Rauhaarige Alpenrose, Roter Milan など.
c) カレンダーの特定日：Heiliger Abend, Weißer Sonntag など.
d) 歴史的出来事：der Deutsch-Französische Krieg, der Westfälische Frieden など.
(5) 個人名に -isch, -sch を付けて作る形容詞は,原則として語頭小文字とする：

現行	改正
das Viktorianische Zeitalter	das viktorianische Zeitalter
das Ohmsche Gesetz	das ohmsche Gesetz

ただし,アポストロフを付ける場合は,語頭大文字とす
: das Ohm'sche Gesetz

4．名詞の語頭大文字について
(1) 形容詞の名詞化
冠詞類と共に用いられる場合は,一律に語頭大文字とする：

現行	改正
der/die/das einzelne	der/die/das Einzelne
jeder einzelne	jeder Einzelne
im dunklen bleiben	im Dunklen bleiben
um ein beträchtliches größer	um ein Beträchtliches größer
das erste beste	das erste Beste

(2) 熟語〔慣用句〕の中の名詞
原則として他の語と分けて表記され,語頭大文字とする：

現行	改正
in bezug auf	in Bezug auf
recht haben	Recht haben
achtgeben	Acht geben
radfahren	Rad fahren
gefahrbringend	Gefahr bringend

ただし,一綴りで書くことが認められる場合もあり,その場合は名詞は語頭小文字となる．

in Frage stellen	infrage stellen も可
zu Rande kommen	zurande kommen も可
zugunsten	zu Gunsten も可

また, zu Lasten, zulasten のようにすでに両方が用いられており,改正後も変わらないケースもある．
(3) 副詞 gestern, heute, morgen などの後に置かれ,一日のうちのある時間を示す名詞は語頭大文字とする：

現行	改正
heute abend/mittag/nacht	heute Abend/Mittag/Nacht

(4) 内容的には不定代名詞に類する形容詞(＝不定数形容詞)の独立的用法(名詞化)
viel, wenig, ein(er), ander の4語のみ,それらのすべての変化形を含めて語頭小文字とする：Das haben viele erlebt., Das war nur wenigen bekannt., Die meisten glauben ihm nicht., Die einen kommen, die anderen gehen., anderes zu tun haben, unter anderem など．
注1．不定数形容詞としてではなく本来の形容詞として用いられていることを強調する時には,語頭大文字も可：etwas ganz Anderes など．
注2．all など不定代名詞は語頭小文字．
(5) gleich, derartig, folgend など前・後述を指示する内容を持つ語は,形容詞名詞化の場合の原則通り語頭大文字とする：

現行	改正
das gleiche tun	das Gleiche tun
folgendes sagen	Folgendes sagen

(6) 序数の名詞化
形容詞の名詞化の際の原則を適用して語頭大文字とする（その際に意味上の区別はしない）：

現行	改正
Sie fuhr als erste (= zuerst) ins Ziel.	Sie fuhr als Erste ins Ziel.
Sie fuhr als Erste (=als Siegerin) ins Ziel.	Sie fuhr als Erste ins Ziel

(7) 形容詞の最上級は wie? に対して答える場合はすべて語頭小文字とする：Dieser Turm ist am höchsten. など．
その他は形容詞の名詞化の場合の原則に合わせて語頭大文字とする：Das ist das Beste, was du nun kannst., Er ist der Beste in der Klasse., das erste Beste, zum Besten haben など．
ただし, aufs Beste は aufs beste も可．
(8) 名詞化された形容詞が特定の動詞と熟語を形成し,熟語の意味が個々の語の意味から判断し難い成句的用法の場合も,語頭大文字とする：

現行	改正
auf dem trockenen sitzen	auf dem Trockenen sitzen
ins reine bringen	ins Reine bringen
den kürzeren ziehen	den Kürzeren ziehen

(9) 名詞化された形容詞が,特定の動詞と結び付くことなく熟語を形成する場合も,原則として語頭大文字とする：

現行	改正
im verborgenen	im Verborgenen
im wesentlichen	im Wesentlichen
nicht im entferntesten	nicht im Entferntesten
des näheren erläutern	des Näheren erläutern

ただし,定冠詞（融合形も含む）なしで,前置詞と結合した場合は,語頭小文字とする：seit langem, ohne weiteres など．
(10) 言語を表す語が前置詞と共に用いられる場合は,原則として語頭大文字とする（名詞扱い）：

現行	改正
auf deutsch	auf Deutsch

注．これは色彩を表す語の従来の表記に合わせたものである：in Grün, auf Rot schalten など．
(11) 形容詞の二語連establishenung表現の場合,それぞれの形容詞が語尾変化をしていなくても,人を表す時は,それぞれの形容詞は語頭大文字とする（名詞扱い）：

現行	改正
ein Fest für jung und alt	ein Fest für Jung und Alt
Gleich und gleich gesellt sich gern.	Gleich und Gleich gesellt sich gern.

注．ein Fest für Junge und Alte は従来通り
5．その他,大文字,小文字の問題に関連して以下の改正もなされる．

現行	改正
Rechtens sein	rechtens sein
an Kindes Statt	an Kindes statt
im nachhinein	im Nachhinein
im voraus	im Voraus

III. 複数語から成る熟語的表現を一綴りで書くか, 分ち書きにするかの問題

以下の三原則に従う.

1. 原則1

分ち書きを通常と考える. in die Irre führen, viele Jahre alt と分ち書きするのは, 通常の範囲に属する. このような動詞, 形容詞を含む熟語的表現は, それぞれ動詞, 形容詞的拡張のケースと考えられ, 拡張の場合に分ち書きするのは普通である. 分ち書きが通常であれば, 一綴りで書くためには特別な規則が必要となる.

2. 原則2

一綴りで書くべきであると判断する基準は, テスト可能な形式文法上の特性でなければならない. 例えば, 拡張のケースではない, とか, 比較変化の可能性がない, とかが基準に選ばれる. irreführen, festlegen, hochrechnen, wahrsagen などは前者の判断基準によるものであり, jahrealt は後者の例である.

動詞(不定詞)と動詞が結び付く場合は, 前記判断基準に適合しないケースであるので, 従来一綴りで書かれていたものも当然分ち書きされる:

現行	改正
kennenlernen	kennen lernen
spazierengehen	spazieren gehen
sitzenbleiben	sitzen bleiben

3. 原則3

明白な判断基準が欠けていても, 一綴りで書くことが要求される場合には, 個々にリストアップする可能性を残す. この方法は ab, auf, aus, heraus, voraus などの, 動詞と一綴りで書かれるべき副詞のために考えられたものである. これらの副詞を前綴りとする分離動詞は, 従来通り一綴りで表記される: absuchen, aufstellen, austeilen, herauskommen, vorausstehen など. ただし従来一綴りで書いていた副詞+sein という様式の分離動詞は分ち書きされる:

現行	改正
ansein	an sein
aussein	aus sein

リストアップされなかった場合は, 分ち書きされる:

現行	改正
auseinanderbringen	auseinander bringen
überhandnehmen	überhand nehmen
vorwärtskommen	vorwärts kommen

注. ここで言うリストは「新正書法規則集」の§34に付けられたリストのことである.

本来名詞である語が動詞と結び付く場合も, 副詞の場合と同様になる. ただし, この場合一綴りで書かれるのは次のような語で, 数は少ない: irreführen, standhalten, stattfinden, teilnehmen, wundernehmen など. その他の場合は分ち書きとする. Schritt halten, Fuß fassen, Schlange stehen など従来分ち書きされていた例は多いが, 新たに次のような語が分ち書きされる:

現行	改正
maßhalten	Maß halten
kopfstehen	Kopf stehen
radfahren	Rad fahren
eislaufen	Eis laufen

全体として前置詞, 副詞, 分離動詞の前綴りに類する前置句の場合も同様リストアップされる. しかし, これらの場合は, 分ち書きで書くか, 一綴りで書くか, 任意に選択できるケースが多い: an Stelle von と anstelle von, auf Grund von と aufgrund von, zu Gunsten von と zugunsten von, zu Lasten von と zulasten von, im Stande sein と imstande sein, in Frage stellen と infrage stellen など.

注. ここで言うリストは「新正書法規則集」の§37, E3のリストである.

IV. ハイフンを用いた表記

1.
数字で表記された数と他の語で複合語を作る場合は, 必ずハイフンを間に入れる: der 8-Pfünder, 99-prozentig, der 37-Jährige など.

ただし, 接尾辞 er はハイフンを付けない: der 68er など.

2.
上記, 数字に接尾辞 er が付いた 68er などが, 更に名詞と結び付く場合は, その間にハイフンを入れる: eine 25er-Gruppe, in den 90er-Jahren など.

ただし, 後に名詞 Jahr が来る場合は, ハイフンを入れずに表記してもよい: in den 90er Jahren など. これは文字による表記に倣ったものである.

注1. in den 90er Jahren の文字による表記は, in den Neunzigerjahren となる. ただし, in den neunziger Jahren も可. 両者を意味的に使い分けることはない.

注2. 従来, ハイフンを用いた O-Beine, x-beliebig などは, 今後もハイフンを用いる点は変わらないが, O-, x- はいかなる場合も大文字, 小文字どちらも可能となる.

3. ハイフン使用の任意性の拡大

文体上, あるいは, 読み易さへの配慮から, 書き手は, 上記などの規則に拘束される場合以外では従来よりも任意にハイフンの使用・不使用を選択できる. 例えば:

(1) 3語以上から成る複合語: die Blumentopferde などは, die Blumentopf-Erde などとしてよい (ただし, ハイフンの後の名詞は, 語頭大文字).

(2) 3個の同一母音文字が連続する場合も語と語の間にハイフンを入れることはよい (従来される場合なりえ, ハイフンの使用は義務ではない). 従って, die See-Enge と die Seeenge, der Kaffee-Ersatz と der Kaffeeersatz など, それぞれ両方の表記が可能となる.

同様に, 3個の同一子音文字が連続する場合も, 例えば, die Sauerstoff-Flasche と die Sauerstoffflasche など, 両方の表記が可能である.

V. 句読点について

コンマの使用について以下改正される.

1. und, oder などの前のコンマ

(1) und, oder などの並立の接続詞の前にはコンマを打たないのを原則とするが, a) 文全体の構成を明確にする, b) 誤読を避ける, などの目的のためには任意にコンマを打てるようにする. 具体例で示すと以下のようになる:

Hanna liest ein Buch und Robert löst ein Kreuzwort.

この文は誤解の余地がないので, und の前にはコンマを打たないという原則通りである.

Wir warten auf euch, oder die Kinder gehen schon voraus.

この文は oder の前にコンマを打つことで, 文の構成 (2文より成る) がより明確になっている. この文の oder の前のコンマを取ると, 文全体の意味を読み取るのはむずかしくなる. 従ってコンマを打つ方がよい文になる.

(2) 副文および補追 (Nachtrag) の前後のコンマの使用規則は変わらない. 従って, それらの後に und が来る場合にも, その前のコンマが不可欠であることも変わらない:

Er sagte, dass er morgen komme, und verabschiedete sich.

Mein Onkel, ein großer Tierfreund, und seine

Katzen leben in einer alten Mühle.

2．原則として不定詞(句)及び分詞(句)の前(後)にはコンマを打たない．ただし，文全体の構成を明確にするためにはコンマを用いてもよい．以下具体例を示す：

(1) 不定詞（句）

Sie hatte geplant(,) ins Kino zu gehen.

この文例は原則を示したものであるが，文構成を明確にするために不定詞句の前にコンマを打ってもよい．

Sie bot mir(,) ohne einen Augenblick zu zögern(,) ihre Hilfe an.

この文例では不定詞句が挿入句であることを明確にするために不定詞句の前後にコンマを打つ．次の2文例は，相互に誤解を避けるためにそれぞれコンマを打ってよい場合を示す：

Ich rate ihm, zu helfen.
Ich rate ihm, zu helfen.

(2) 分詞（句）

不定詞（句）の場合と同様に原則としてコンマを打たない．

Vor Anstrengung heftig keuchend kam er die Treppe herauf.

Er kam(,) vor Anstrengung heftig keuchend(,) die Treppe herauf.

後者の文例は，vor Anstrengung heftig keuchend の前後にコンマを打ってもよい．その方が，この分詞句が付随状況を表していることを示すのにより合理的であるからである．

3．引用符とコンマの関係

(1) 引用文が前置される場合，その引用文が疑問符や感嘆符で終わる時も，原則として主文の前にはコンマを打つ：

„Warum kommst du?", fragte sie mich.

(2) 引用文の後に更に別の文が続く場合も，原則として引用文の後にはコンマを打つ：

Sie sagte: „Ich komme gleich wieder", und ging hinaus. （これは従来の間接話法の場合に合わせた改正である：Sie sagte, sie komme gleich wieder, und ging hinaus.）

VI．分綴法について

1．st について（｜は分綴可能箇所を示す．以下同じ）

:

現行	改正
Ki|sten	Kis|ten
flü|stern	flüs|tern
mei|sten	meis|ten

2．ck について．ch, sch と同じ扱いとする：

現行	改正
Zuk|ker	Zu|cker
trok|ken	tro|cken

3．外来語の r, l との子音結合及び gn, kn について：

現行	改正
Qua|drat	Quad|rat も可
mö|bliert	möb|liert も可
In|du|strie	In|dust|rie も可
Ma|gnet	Mag|net も可
py|knisch	pyk|nisch も可

4．本来複合語であるが，一般にもはや複合語とは見なされなくなった語は，単一語の分綴法を適用してよい：

現行	改正
war|um	wa|rum （war|um も可）
hin|auf	hi|nauf （hin|auf も可）
ein|an|der	ei|nan|der （ein|an|der も可）
be|ob|ach|ten	beo|bach|ten （be|ob|ach|ten も可）

（以下ラテン語，ギリシャ語由来の外来語）

Päd|ago|gik	Pä|da|go|gik （Päd|ago|gik も可）
Chir|urg	Chi|rurg （Chir|urg も可）
Phil|ip|pi|nen	Phi|lip|pi|nen （Phil|ip|pi|nen も可）
Nost|al|gie	Nos|tal|gie （Nost|al|gie も可）
He|li|ko|pter	He|li|kop|ter （He|li|ko|pter も可）
par|al|lel	Pa|ral|lel （Par|al|lel も可）

5．語頭の母音字一個の音節は分綴可能：

現行	改正
aber	a|ber
oder	o|der
Ufer	U|fer
übel	ü|bel

参考文献：Duden-Informationen zur neuen deutschen Rechtschreibung, 1996[2]．同書は1995年12月1日にドイツ連邦共和国諸州の文部大臣が同意した改正案の要点をまとめたものである．尚，より詳しくは，DUDEN： Die deutsche Rechtschreibung 1996[21]を参照．

ドイツ史年表

西暦	
9	トイトブルクの森の戦(ローマ軍とゲルマン諸部族との戦. 破れたローマ軍はゲルマニア制圧を断念)
98頃	タキトゥス『ゲルマニア』(古代ゲルマンに関する最重要資料)
313	【ﾛｰﾏ】コンスタンチヌス大帝ミラノ勅令でキリスト教公認
325	【ﾛｰﾏ】ニカエア公会議(アタナシウス派を正統と定めた)
375	ゲルマン民族大移動始まる(フン族のヨーロッパ侵入にともなう. 6世紀末まで)
395	ローマ帝国東西に分裂
430	【アウグスチヌス没(354-)】
449	アングロ・サクソン族ブリテンに侵入
476	【西ローマ帝国滅亡】
482頃	フランク王国成立(今日のフランス・イタリア・ドイツ地域. クロートヴィヒ〔クローヴィス〕(在位482-511)の頃)
498	フランク王クロートヴィヒ〔クローヴィス〕カトリック改宗. ローマ文化を移入
558	クロタール1世フランク王国を統一
710	【日本】奈良時代の始まり
751	小ピピン即位. カロリング朝成立
768	カール大帝〔シャルルマーニュ〕即位(-814)〔ゲルマン諸部族に対するフランク王国の覇権確立〕 カロリング朝ルネサンス
794	【日本】平安時代の始まり
800	カール大帝ローマで戴冠(西ローマ帝国復興. 神聖ローマ帝国(962)への道を拓く)
843	ヴェルダン条約(フランク王国が西・中・東フランク王国に3分割、それぞれ後のフランス・イタリア・ドイツの基となる). コンスタンチノープルの公会議(聖像崇敬許可)
911	東フランク国王コンラート1世即位(-918. 最初の「ドイツ王」誕生,「ドイツ国家」成立といわれる)
919	ハインリヒ1世即位(-936). ザクセン朝成立
933	リアデの勝利(ハインリヒ1世のマジャール〔ハンガリー〕人に対する勝利)
936	オットー1世アーヘンで即位(-973)
955	レヒフェルトの戦(オットー1世マジャール〔ハンガリー〕人に対する勝利)
962	オットー1世, 教皇ヨハネス12世よりローマ皇帝として戴冠. 「(ドイツ国民の)神聖ローマ帝国〔ドイツ帝国〕成立(-1806)」 オットー朝ルネサンス
973	オットー2世即位(-983)
983	オットー3世即位(-1002)
1002	ハインリヒ2世即位(-1024)
1024	コンラート2世即位(-1039). ザリエル朝成立.
1039	ハインリヒ3世即位(-1056)
1054	【東西(ギリシアとローマ)教会分離】
1056	ハインリヒ4世即位(-1106)
1066	【ｲｷﾞﾘｽ】ノルマン・コンクェスト】
1075	叙任権闘争(グレゴリウス改革)(教皇グレゴリウス7世とハインリヒ4世との聖職者任命権をめぐる対立. 教皇権と皇帝権の争い⇨ヴォルムスの協定(1122))
1077	カノッサの屈辱(皇帝権に対する教皇権の勝利)
1096	第1回十字軍(-1099, エルサレム陥落. エルサレム王国建国)
1106	ハインリヒ5世即位(-1125)
1122	ヴォルムスの協定(叙任権闘争(1075)の解決)
1125	ロタール3世即位(-1137)
1138	コンラート3世即位(-1152). シュタウフェン朝成立
1147	第2回十字軍(-1149, シトー会士ベルナルドゥスの説教による)
1152	フリードリヒ1世〔バルバロッサ〕即位(-1190)
1156	オストマルクがオーストリア大公領となる(大公ハインリヒ獅子公(在位1156-1180))
1180	ゲルンハウゼン国会(ハインリヒ獅子公追放決議)
1183	コンスタンツの和議(フリードリヒ1世と北イタリア諸都市との和議)
1185	【日本】鎌倉時代の始まり
1189	第3回十字軍(-1192, フリードリヒ1世陣中没1190)
1190	ハインリヒ6世即位(-1197). ドイツ騎士団成立
1198	オットー4世即位(-1215)
1204	第4回十字軍(-1204, 東ローマ帝国首都コンスタンティノープル陥落. ラテン帝国(-1261)建国)
1214	ブーヴィーヌの戦(フランス、英独連合軍を破る)
1215	フリードリヒ2世即位(-1250)
	【ｲｷﾞﾘｽ】マグナカルタ制定】
1216	【ｲﾀﾘｱ】ドミニコ托鉢修道会成立】
1220	『ザクセン・シュピーゲル』(中世最古の法典)
1223	フランシスコ托鉢修道会成立
1226	【ｲﾀﾘｱ】アシジの聖フランチェスコ没(1182-)】ドイツ騎士団がプロイセン領有権を認められ東方植民に従事
1228	第5回十字軍(-1229, フリードリヒ2世イスラエルの支配権を回復)
1235	マインツ帝国平和令発布(フェーデ〔自己の権利のための実力行使〕権を制限)
1241	リークニッツ(ヴァルシュタット)の戦(蒙古軍シュレージエンに侵入). ハンザ同盟成立
1245	第1回リヨン公会議(フリードリヒ2世破門・廃位宣言と対蒙古対策会議)
1247	対立国王オランダのヴィルヘルム即位(-1256)
1250	コンラート4世即位(-1254)
1254	ライン都市同盟成立(交易の互恵・平和の確立などを目的とする). 大空位時代(1256年とも(-1273))
1273	ルドルフ1世即位(-1291, ハプスブルク家の皇帝誕生. 大空位時代(-1254)終わる)
1274	【トマス・アクイナス没(1225-)】
1278	マルヒフェルドの戦(ルドルフ1世, ボヘミア王オットカール2世を破る)
1292	アドルフ即位(-1298, ナッサウ家)
	【ｽｲｽ】独立の始まり】
1298	アルブレヒト1世即位(-1308, ハプスブルク家)
1308	ハインリヒ7世即位(-1313, ルクセンブルク家)
1309	教皇のアヴィニョン幽囚(-1377, フランス王権の

1314	ルードヴィヒ4世即位(-1347, ヴィッテルスバハ家) 教皇権に対する勝利)
1327	マイスター=エックハルト没(1260-)
1336	【日本】室町時代の始まり
1338	レンス選挙侯会議(ドイツ皇帝選挙に教皇の許可不要を宣言).【英仏100年戦争始まる】
1347	全ヨーロッパに黒死病(ペスト)流行(農民離村・領主直営地の解体を促す. 自虐的「鞭打ち苦行団」を生む). カール4世即位(-1378, ルクセンブルク家)
1348	プラハ大学創立
1356	金印勅書発布(カール4世による聖俗7選挙侯制を定めた帝国法)
1365	ウィーン大学創立
1378	【ローマ教会分裂(シスマ)】(複数の教皇がその正統性を主張 ⇨ コンスタンツの公会議(1414)】ヴェンツェル即位(-1400, ルクセンブルク家)
1386	ハイデルベルク大学創立
1388	ケルン大学創立
1400	ループレヒト即位(-1410, プファルツ家)
	ルネサンス前期
1403	フス宗教改革企図, プラハ大学追放
1409	ライプチヒ大学創立
1410	ジギスムント即位(-1437, ルクセンブルク家. 兼ハンガリー王)
1414	コンスタンツの公会議(-1418, ジギスムント提唱の中世最大の公会議. シスマ(1378)に終止符を打つ. フスを異端と断罪)
1415	フス火刑(1370-)
1419	フス戦争(-1436, 反ローマ教会, 反ジギスムントの戦) 大航海時代の始まり(-17世紀前半)
1445	この頃グーテンベルク印刷術を発明
	ルネサンス盛期
1453	【東ローマ帝国滅亡】
1460	フライブルク大学創立
1476	マインツ大学創立
1492	【コロンブス, アメリカ発見】
1493	マクシミリアン1世即位(-1519)
1495	ヴォルムス帝国議会(マクシミリアン1世ドイツ永久平和宣言)
1505	フッガー家, 東インド貿易開始
1512	ケルン帝国議会(独占禁止令)
1517	ルター「95か条の論題」発表, 宗教改革始まる
1518	【スイス】ツヴィングリ宗教改革開始
1519	カール5世即位(-1556). 教皇ルターを破門. 【レオナルド=ダ=ヴィンチ没(1452-)】
1521	ヴォルムス帝国議会(新教を禁止. ルター帝国追放令決議). 独仏両君主間のイタリア戦争(-1544)
1522	騎士戦争(-1523). ルターのドイツ語訳『新約聖書』出版
1524	農民戦争(-1525). ルターとエラスムスの「自由意志論争」始まる
1526	第1回シュパイエル帝国議会(諸侯の信教の自由を決議)
1528	デューラー没(1471-)
1529	第2回シュパイエル帝国議会(カール5世ヴォルムス帝国議会(1521)決議の実行を迫る.「プロテスタント」の名称起こる)
1530	アウクスブルク帝国議会(メランヒトンの『アウクスブルク信仰告白』を提出, 新旧両派の調停失敗)
1531	シュマルカルデン同盟成立(ルター派諸侯と帝国都市との反皇帝同盟)
1534	【スペイン】イエズス会成立
1536	エラスムス没(1465-) ルネサンス後期
1541	【スイス】カルヴァンによる宗教改革
1543	コペルニクス地動説発表
1545	トリエント公会議(-1563, 旧教の教義の明確化)
1546	シュマルカルデン戦争(-1547, カール5世とシュマルカルデン同盟(1531)との戦). ルター没(1483-)
1555	アウクスブルク宗教和議(新(ルター派のみ)旧両派の同権と「住民はその領主の信仰に従う」を決議)
1556	カール5世退位. フェルディナント1世即位(-1564)
1558	イェーナ大学創立
1562	【フランス】ユグノー戦争(-1598) ⇨ ナントの勅令(1598)】
1564	マクシミリアン2世即位(-1576)
1576	ルドルフ2世即位(-1612)
1581	【オランダ】ハプスブルク家より独立
1582	グレゴリオ暦制定
1598	ナントの勅令(信教の自由確立, ユグノー戦争(1562)終結)
1600	【イギリス】東インド会社設立
1603	【日本】江戸時代の始まり
1612	マティアス即位(-1619)
1616	【シェイクスピア没(1564-)】
1618	30年戦争(-1648, 新旧両派の紛争に諸外国が介入 ⇨ ヴェストファーレン条約(1648))
1619	フェルディナント2世即位(-1637)
1637	フェルディナント3世即位(-1657)
1642	【イギリス】ピューリタン革命(-1649)】【ガリレオ=ガリレイ没(1564-)】
1648	ヴェストファーレン条約(30年戦争(1618)終結. ドイツ領邦国家に分裂).【スイス】神聖ローマ帝国より独立】
1658	レオポルト1世即位(-1705)
1685	【ナントの勅令(1598)廃棄(中産的ユグノー亡命. ブランデンブルク, 都市工業育成のため受け入れ)】
1688	名誉革命
1701	【プロイセン】プロイセンが王国となる. フリードリヒ1世即位(-1713, ホーエンツォレルン家)】【スペイン】王位継承戦争(-1714)】
1705	ヨーゼフ1世即位(-1711)
1711	カール6世即位(-1740)
1713	【プロイセン】フリードリヒ=ヴィルヘルム1世即位(-1740)】【オーストリア】国事詔書発布(女子領土相続法・領土不分割宣言)】
1716	ライプニッツ没(1646-)
1727	【ニュートン没(1642-)】
1740	【プロイセン】フリードリヒ3世〔大王〕即位(-1786)】【オーストリア】マリア=テレジア即位(-1780)】オーストリア継承戦争(-1748). 第1回シュレージエン戦争(-1742)
1744	第2回シュレージエン戦争(-1745)
1745	ドレスデン条約(プロイセンにシュレージエン割譲)
1748	アーヘンの和約(オーストリア継承戦争(1740-)終結)
1750	バッハ没(1685-).【プロイセン】フリードリヒ大王ヴォ

	ルテールを招聘〕
1751	【ﾌﾗﾝｽ】百科全書編集
1756	第3回シュレジエン戦争〔7年戦争〕(-1763)
1763	フベルトゥスブルクの和約(プロイセンのシュレジエン領有確定)
1765	ヨゼフ2世即位(-1790)
1776	【ｱﾒﾘｶ】独立宣言
1785	ドイツ諸侯連盟結成
	ドイツ運動(ドイツ文化全盛)時代
1786	【ﾌﾟﾛｲｾﾝ】フリードリヒ大王没(1712-). フリードリヒ=ヴィルヘルム2世即位(-1797)】
1789	【ﾌﾗﾝｽ】フランス革命
1790	レオポルト2世即位(-1792)
1791	モーツァルト没(1756-)
1792	フランツ2世即位(-1806). ヴァルミーの戦(プロイセン=オーストリア軍, フランス革命軍に破れる)
1797	【ﾌﾟﾛｲｾﾝ】フリードリヒ=ヴィルヘルム3世即位(-1840)
1804	カント没(1724-). 【ｵｰｽﾄﾘｱ】帝国成立(-1918, 皇帝フランツ1世)
1806	ライン同盟〔連邦〕結成(プロイセン, オーストリアを除く連合組織) 神聖ローマ帝国終焉(962-, 皇帝フランツ2世退位宣言による). プロイセン対フランス宣戦
1807	【ﾌﾟﾛｲｾﾝ】ティルジット条約(フランスとの講和条約. プロイセン多くの領土を失う). 【ﾌﾟﾛｲｾﾝ】改革始まる(行政機構の近代化, 教育制度改革など)
1810	ベルリン大学創立(プロイセン改革(1807)の1つ)
1812	【ﾌﾗﾝｽ】ナポレオン, ロシア遠征
1813	プロイセン=ロシア対フランス宣戦. 解放戦争始まる(-1815, 反ナポレオン戦)
1814	ウィーン会議(戦後処理ヨーロッパ諸国会議)
1815	ドイツ連邦発足(ウィーン会議(1814)に基づいた国家連合組織). 神聖同盟(プロイセン・ロシア・オーストリアの3君主によるキリスト教精神に基づく同盟. ウィーン体制の維持に利用). イェーナ大学でブルシェンシャフト〔学生組合〕結成
1817	ワルトブルク祝祭(宗教改革300年を期した学生の自由改革を求める集会)
1819	カールスバートの決議(メッテルニヒ主導による自由抑圧決議)
1820	ウィーン最終規約(立憲主義への疑念, 君主制原理の確立) ドイツ産業革命期
1823	【ｱﾒﾘｶ】モンロー宣言
1827	ベートーヴェン没(1770-)
1830	【ﾌﾗﾝｽ】7月革命) ドイツの自由主義運動の展開
1831	ヘーゲル没(1770-)
1832	ゲーテ没(1749-)
1834	ドイツ関税同盟発足(プロイセンによるドイツ統一(1871)を経済的に基礎づけた)
1837	ゲッティンゲン7教授事件(自由主義的7教授罷免事件)
1838	グリム兄弟「ドイツ語辞典」着手(完成1961).
1840	【ﾌﾟﾛｲｾﾝ】フリードリヒ=ヴィルヘルム4世即位(-1861)) 3月革命前期
1844	シュレジエン織工一揆(社会問題の顕在化)
1848	【ﾌﾗﾝｽ】2月革命) マルクス・エンゲルス『共産党宣言』発表. 3月革命(各地でのこの市民革命は挫折. 反動期始まる).【ｵｰｽﾄﾘｱ】ウィーン3月革命(メッテルニヒ失脚). フランツ=ヨゼフ1世即位(-1916)) フランクフルト憲法制定国民会議(翌年発布)
1858	【ﾌﾟﾛｲｾﾝ】国王発狂. 王弟ヴィルヘルム摂政となる.「新時代」始まる
1859	ドイツ国民協会発足(「新時代」(1858)を背景にした小ドイツ主義的自由主義的団体. ドイツ統一運動の興隆
1861	【ﾌﾟﾛｲｾﾝ】ヴィルヘルム1世即位(-1888)
1862	【ﾌﾟﾛｲｾﾝ】ビスマルク首相就任(-1890)
1863	ラサールの指導で全ドイツ労働者協会結成
1864	ジュネーブ協定(国際赤十字同盟).【ｲｷﾞﾘｽ】第1インターナショナル(-1876)
1866	プロイセン・オーストリア〔普墺〕戦争〔7週戦争〕(ドイツ連邦(1815)解体. プロイセンの覇権確立)
1867	北ドイツ連邦成立(プロイセンを盟主とする連邦, ドイツ帝国成立(1871)で解体).【ｵｰｽﾄﾘｱ】オーストリア=ハンガリー二重帝国成立. 皇帝フランツ=ヨゼフ1世
1868	【日本】明治時代の始まり
1870	プロイセン・フランス〔普仏〕戦争(フランス, アルザス・ロレーヌを割譲)
1871	ドイツ帝国成立. プロイセン王ヴィルヘルム1世ドイツ皇帝即位を宣言(ドイツ統一国家の成立. 神聖ローマ帝国(962)につぐ第2帝国とも. 帝国首都ベルリン. 帝国宰相ビスマルク. ドイツ革命(1918)で崩壊). ドイツ帝国憲法発布. 文化闘争始まる(ドイツ帝国対カトリック) 泡沫会社乱立時代
1873	三帝同盟成立(ドイツ・ロシア・オーストリア間の非常事態に関する協定)
1875	ドイツ社会主義労働者党結成, ゴータ綱領採択(あらゆる形の搾取の撤廃・あらゆる社会的・政治的不平等の解消など)
1878	社会主義者鎮圧法制定. 保護関税法制定
1879	ドイツ=オーストリア同盟(対ロシア防衛)
1882	三国同盟(ドイツ=イタリア=オーストリア軍事同盟)
1888	ヴィルヘルム1世没. フリードリヒ3世即位. フリードリヒ3世没. ヴィルヘルム2世即位(-1918)
1890	ビスマルク辞任(社会主義者鎮圧法(1878)でヴィルヘルム2世と対立)
1891	社会民主党(旧社会主義労働者党)カウツキーのエアフルト綱領採択(左右両派を排するの中道路線).「新航路」政策始まる(ヴィルヘルム2世の海外進出政策)
1898	第1次艦隊法制定(新航路政策(1891)による海軍増強案). 膠州湾租借
1900	ニーチェ没(1844-). 第2次艦隊法制定
1906	モロッコ問題でドイツ外交上孤立化
1908	【ｵｰｽﾄﾘｱ】ボスニア・ヘルツェゴヴィナ併合宣言
1912	【日本】大正時代の始まり
1914	【ｵｰｽﾄﾘｱ】帝国継承者フランツ・フェルディナント夫妻セルビア人に暗殺. 対セルビア宣戦)第1次世界大戦(7月28日-1918年11月11日). ドイツ, 対ロシア・対フランス宣戦
1916	スパルタクス団結成
1917	無制限潜水艦作戦宣言(アメリカの対ドイツ宣戦となる).【ﾛｼｱ】2月革命. 10月革命)
1918	ドイツ革命(水兵キール軍港制圧). ヴィルヘルム

1919	2世退位によってドイツ帝国崩壊(1871-).ドイツ降伏.第1次世界大戦終結.シュペングラー『西欧の没落』.【ﾜｲﾏｰﾙ】共和国宣言	1945	ヤルタ会談(2月4日-11日.ドイツの米英仏ソによる共同管理などを決定).ヒトラー自殺(4月30日).ドイツ無条件降伏(5月8日.第3帝国崩壊).ドイツ東西に分割.【ﾎﾟﾂﾀﾞﾑ】4大国分割占領布告.【国際連合成立(10月24日)】ポツダム会議(7月17日-8月2日).ポツダム宣言(7月26日.日本の無条件降伏を要求). ポツダム宣言受諾(8月14日.日本降伏は8月15日)】第2次世界大戦終結.ニュルンベルク軍事裁判始まる
	パリ講和会議開催.ヴェルサイユ条約調印(ドイツ,アルザス・ロレーヌをフランスに返還.多額の賠償金を負う).スパルタクス団のリープクネヒトとローザ＝ルクセンブルク惨殺される.ワイマールで国民議会召集.エーベルト大統領就任(-1925).ドイツ共和国「ワイマール」憲法制定.議会制民主主義共和国「ワイマール共和国」誕生		
1920	国際連盟成立.カップ=リュトヴィツ一揆(共和制打倒をめざす)	1946	【東独】ドイツ社会主義統一(党)結成
1921	ヒトラー,国家社会主義ドイツ労働者党「ナチス党」結成.ワシントン軍縮会議	1947	4国外相モスクワ会議.【ｱﾒﾘｶ】マーシャルプラン提案
1922	【ｲﾀﾘｱ】ムッソリーニによるファシスト内閣成立【ソ連】ソヴィエト社会主義共和国連邦成立(-1991)	1948	[西独]通貨改革実施.統制経済を市場経済に切りかえる(「西ドイツ経済の奇跡」となる).ベルリン自由大学創立.[東独]通貨改革実施.ソ連による「ベルリン封鎖」(西独による物資の空輸作戦展開)
1923	フランス＝ベルギー,ルール地方へ進駐(賠償金を求める.ドイツ「受身の抵抗」で対処,経済大混乱に陥る).レンテンマルク銀行券発行(対インフレ対策).ローザンヌ会議開催(ドイツ賠償問題)		
		1949	[西独]憲法制定会議.基本法を可決.ドイツ連邦共和国成立(臨時首都ボン).ホイス大統領就任(-1959).キリスト教民主同盟(CDU)のアデナウアー内閣成立(-1963).[東独]民主的憲法発布,ドイツ民主共和国成立.ピーク大統領就任(-1960).グローテヴォール内閣成立(-1964).北大西洋条約機構(NATO)成立
1924	ロンドン会議でドーズ案承認(賠償軽減案)		
1925	エーベルト大統領死没(1871-).ヒンデンブルク大統領就任(-1934).ロカルノ条約締結(西部国境の不変更・中欧の安全保障体制をめざす)		
1926	ドイツ国際連盟加入(外相シュトレーゼマン).【《日本》昭和時代の始まり】		
1929	【世界大恐慌おこる】	1951	欧州石炭鉄鋼共同体(ECSC)条約調印(ドイツ・フランス・イタリア・ベネルクス3国による不戦のための石炭と鉄鋼の共同管理.ヨーロッパ初の共同体(community)構想で,ヨーロッパ統合のはじりとなる.【ｱﾒﾘｶ・日本】サンフランシスコ対日講和条約,日米安全保障条約調印
1930	総選挙でナチス党大進出.ヤング案発効(ドーズ案(1924)の修正案)		
1932	ナチス党第1党となる		
1933	ヒンデンブルク大統領,ヒトラーを首相に任命.国会放火事件.ポツダム議会でヒトラー独裁権を獲得.国際連盟・軍縮会議脱退		
1934	ドイツ=ポーランド不可侵条約調印.ヒンデンブルク大統領死没(1847-).ヒトラー,総統と首相兼務	1954	[東独]ソ連,東独の主権承認を発表.[西独]パリ条約に調印
		1955	[西独]パリ条約(1954)に基づき主権回復.NATOに加盟.【ｱﾒﾘｶ】完全独立.[東独]ワルシャワ条約機構に加盟.[西独]ハルシュタインドクトリン発表(東独承認国との国交断絶)
1935	ザール人民投票(ドイツへの帰属決定).ヒトラー再軍備宣言.イギリス=ドイツ海軍協定		
1936	ロカルノ条約(1925)破棄宣言,ラインラント進駐.ベルリン=ローマ枢軸宣言.日独防共協定		
1937	日独伊三国防共協定.【日中戦争始まる】	1956	【ハンガリー動乱】
1938	ヒトラー国軍を掌握.オーストリアを併合.ミュンヘン協定(ズデーテン地方のドイツへの割譲決定). 水晶の夜事件(組織的ユダヤ人迫害)	1957	ローマ条約調印(欧州経済共同体(1958)および欧州原子力共同体(1958)に関する条約)
		1958	欧州経済共同体(EEC)および欧州原子力共同体[ユーラトム](EURATOM, EAEC)同時発足(前者は欧州石炭鉄鋼共同体(1951)を経済全域に拡大し,後者は将来のエネルギーを共同管理するもの)
1939	独ソ不可侵条約調印,ポーランド侵攻開始.イギリス=フランス,対ドイツ宣戦(第2次世界大戦始まる(-1945))		
1940	【ﾌﾗﾝｽ】親独的ヴィシー政権成立(-1944),国家主義ペタン,ド・ゴール,ロンドンに亡命政権樹立】日独伊三国軍事同盟(枢軸陣営の増強策)	1959	[西独]社会民主党(SPD)バード・ゴーデスベルク綱領採択(マルクス主義と訣別,国民政党へ脱皮).リュプケ大統領就任(-1969)
		1960	【ｱﾒﾘｶ・日本】日米新安全保障条約調印】[東独]ウルブリヒトSED第1書記を国家評議会議長に選出(-1973)
1941	【ｱﾒﾘｶ=イギリス大西洋憲章発表(戦後処理の原則を明示)】【《日本》真珠湾攻撃(太平洋戦争始まる(-1945))】		
		1961	[東独]「ベルリンの壁」構築(1989)
1942	ドイツ軍,アウシュヴィッツなどでユダヤ人大量虐殺	1963	[西独]アデナウアー首相引退.後任にエアハルト経済相選出(-1966)
1943	【イタリア降伏】	1964	[東独]シュトフ首相就任(-1976)
1944	ヒトラー暗殺未遂事件(7月20日)	1965	[西独]イスラエルと国交樹立
		1966	[西独]CDU/CSUとSPDの2大政党の大連立によるキージンガー内閣成立(-1969).SPDのブラント外相兼副首相就任

1967	欧州共同体(EC)発足(ECSC(1951), ECC(1958)および EURATOM(1958)の3共同体の統合体)
1968	【プラハの春】
1969	〖西独〗ハイネマン大統領就任(-1974). 東欧諸国との国交樹立(ハルシュタインドクトリン(1955)事実上の破棄). SPD のブラント内閣成立(-1974). ブラントの東方外交始まる
1970	〖西独〗西独=ソ連条約調印. ポーランドとの国交正常化条約調印
1971	〖東独〗ホーネッカー SED 第1書記に就任. 〖東独・西独〗4国ベルリン協定調印
1972	〖東独・西独〗「関係の基礎に関する条約〔基本条約〕」調印(相手側を相互に国家として承認, ハルシュタインドクトリン(1955)失効)
1973	〖東独〗日本と国交樹立. シュトフ国家評議会議長に選出(-1976). 〖東独・西独〗同時国連加盟
1974	〖西独〗シェール大統領就任(-1979). SPD のシュミット内閣成立(-1982)
1975	第1回西側先進国(6か国)サミット〔ランブイエ会議〕開催
1976	〖東独〗ホーネッカー第1書記, 党書記長・国家評議会議長兼務(-1989)
1979	〖西独〗カルステンス大統領就任(-1984)
1982	〖西独〗CDU のコール内閣成立(-1998)
1984	〖西独〗ヴァイツゼッカー大統領就任(-1994)
1986	歴史家論争始まる(ナチズムの相対化などをめぐって). 東京サミット
1987	単一欧州議定書発行(EC(1967)域内市場の完成・統合のため国家主権の一部制限など). 〖ソ連〗ペレストロイカ始まる
1989	〖東独〗ハンガリー・オーストリア経由で東独市民集団脱走. ホーネッカー党書記長・国家評議会議長辞任. 「ベルリンの壁」(1961-)開放(11月9日). 米ソ首脳マルタ会談(「冷戦終結」宣言). 【日本】平成時代の始まり
1990	ロンドン宣言(冷戦後の新時代宣言). 東西ドイツ統一(10月3日午前零時. 西独基本法第23条に基づく). パリ憲章(欧州対立・分断の終焉, 民主制強化など)
1991	【湾岸戦争】. 連邦議会, 統一ドイツの首都をベルリンに決定. 【ソ連】ソヴィエト社会主義共和国連邦解体(1922-). 独立国家共同体(CIS. ドイツ語呼称: GUS)成立. ゴルバチョフ辞任に伴い, エリツィン大統領就任】【ワルシャワ条約機構解体(1955-)】 EC 首脳会議(マーストリヒト条約(1992)へ向けて)
1992	マーストリヒト条約調印(発効1993. 欧州共同体(EC)(1967)にかわって欧州連合(EU)が成立. 欧州統一通貨の導入・共通の外交・安全保障などを定めた). ミュンヘンサミット. ネオナチの動き先鋭化(外国人労働者不信放火など). シュタージ(旧東独秘密警察)の秘密文書解禁(市民社会に新たな亀裂を生む)
1993	【チェコとスロバキア分離独立】 連邦議会, 難民規制改憲法案可決(経済難民流入に伴うもの)
1994	ユーロトンネル開通(イギリス-フランス間). ヘルツォーク大統領就任(-1999). 「ユダヤ人虐殺のうそ」に罰則強化
1995	新欧州委員会発足. ネオナチ組織に解散の行政命令(ドイツ自由労働党(FAP)など). 連邦議会, 旧ユーゴへの派兵を承認(NATO 域外への戦闘参加)
1996	アウシュヴィッツ強制収容所解放日1月27日(1945)をナチス犠牲者追悼日と定める(大統領布告による). 連邦議会, 閉店時間法(1956-)改正案可決(営業時間延長. 消費・雇用拡大策). ドイツ語新正書法〔単語綴り簡易化〕提案調印(使用8か国代表による. 1998年8月より実施. 移行期間2005年7月末日まで)
1997	ズデーテン問題正式和解宣言を連邦議会承認(⇨ミュンヘン協定(1938)). 京都議定書採択(地球温暖化防止合意. 発効2005). EU, アムステルダム条約調印(マーストリヒト条約(1992)の見直し. 21世紀におけるEUの中・東欧への拡大の道筋を作る. シェンゲン協定〔EU 域内での国境検問の廃止〕の導入・欧州警察機構(ユーロポール)の設立など合意). 連邦政府と各州政府, 大学修学期間短縮のための法改正合意(平均13学期を将来的には9学期に)
1998	SPD のシュレーダー内閣成立(連立与党: 90年連合・緑の党, -2005). 盗聴法〔組織犯罪対策法〕改正案可決(基本法13条「住居の不可侵」を改正)
1999	EU の統一通貨ユーロ(Euro)11ヶ国で導入(1月1日). 外国人法改正案提出(2重国籍容認など). ラオ大統領就任(-2004)
2000	EU, ニース条約調印(アムステルダム条約(1997)で未解決の課題の解決, 多数決原理の拡大など)
2001	【アメリカ同時多発テロ(9月11日)】. 対テロ戦激化
2002	連邦議会, 脱原発法承認(2021頃原発は全廃の予定)
2003	EU, アテネ宣言を採択(国連主導の反テロ対策など). EU 訪問会議, EU 憲法の最終案採択(大統領と外相の創設など. 発効は2005以降)
2004	ケーラー大統領就任. 初の移民法可決(少子高齢化に伴う外国からの技術者受けいれ対策). マイスター制度に政府のメス(資格義務の業種を大幅削減. EU の参入規制批判・労働市場改革に伴うもの)
2005	日本におけるドイツ年はじまる(2005-2006). ヨーロッパの虐殺されたユダヤ人記念碑(通称: ホロコースト記念碑)ベルリーンに建立 CDU/CSU と SPD の2大政党の大連立によるメルケル内閣成立(1966年に次ぐ第2の大連立).

日本語索引

本辞典をさらに幅広く活用できるように，ここには見出し語として約 8000 語をあげ，それに相当するドイツ語を示した．ここにあげられたドイツ語の意味を正確に把握し，正しく用いるためには，独和の部の記述を参考にされたい．
① 名詞には定冠詞を付して性を示した．
② 《　》は漢字表記，(　)は補足的な説明や省略可能な部分を，また〔　〕は置き換え可能な表現を示す．

あ

アーケード　der Bogengang, die Arkaden ⓟ.
アーチ　der Bogen, das Gewölbe.
アーモンド　die Mandel.
あい　《愛》die Liebe. 愛する lieben.
あいこう　《愛好》die Neigung. 愛好する lieb haben.
あいさつ　《挨拶》der Gruß, die Begrüßung.
アイシャドー　der Lidschatten.
あいしゅう　《哀愁》die Wehmut.
あいだ　《…している間(ずっと)》während, solange. そのあいだに dazwischen, zwischendurch.
あいちゃく　《愛着》die Anhänglichkeit, die Zuneigung.
あいて　《相手》der Gegner, der Partner.
アイデア　die Idee.
あいにく　leider, unglücklicherweise.
あいまいな　《曖昧な》zweideutig.
あいらしい　《愛らしい》niedlich, lieb.
アイロン　das Bügeleisen. アイロンをかける bügeln.
アウトサイダー　der Außenseiter, der Aussteiger.
あえてする　《敢えてする》wagen.
あおい　《青い》blau.
あおむけに　《仰向けに》auf dem Rücken; rücklings.
あかい　《赤い》rot.
あかぬけした　《垢抜けした》elegant, schick.
あかぼう　《赤帽》der Gepäckträger.
あかり　《明り》das Licht.
あき　《秋》der Herbst.
あきなう　《商う》handeln.
あきらかな　《明らかな》klar, deutlich.
あきらめる　《諦める》verzichten, auf|geben.
あきる　《飽きる》〈j⁴/et⁴〉satt bekommen, 〈j⁴/et⁴〉leid werden.
あく　《悪》das Böse.
あくしゅ　《握手》der Händedruck. 握手する 〈j³〉die Hand drücken.

あくじゅんかん　《悪循環》der Teufelskreis.
アクセル　das Gaspedal.
アクセント　der Akzent, die Betonung.
あくび　das Gähnen. あくびをする gähnen.
あくま　《悪魔》der Teufel.
あくよう　《悪用》der Missbrauch. 悪用する missbrauchen.
あご　《顎》der Kiefer, das Kinn.
あこがれ　《憧れ》die Sehnsucht. あこがれる sich⁴ sehnen.
あさ　《麻》der Hanf.
あさ　《朝》der Morgen. 朝に am Morgen; morgens.
あさい　《浅い》seicht, flach.
あざけり　《嘲り》der Spott, der Hohn.
あざける　《嘲る》spotten, verspotten.
あさごはん　《朝ご飯》das Frühstück. 朝ご飯を食べる frühstücken.
あさって　übermorgen.
あさねぼう　《朝寝坊》der Langschläfer. 朝寝坊する spät auf|stehen; sich⁴ verschlafen.
あさひ　《朝日》die Morgensonne; die aufgehende Sonne.
あざむく　《欺く》betrügen, täuschen.
あざやか　《鮮やかな》〔鮮明な〕klar, deutlich, hell; 〔新鮮な〕frisch, lebhaft; 〔見事な〕herrlich, glänzend.
あし　《足》der Fuß; 〔脚〕das Bein. (犬・猫などの) 前足 die Pfote.
あじ　《味》der Geschmack. 味のある wohlschmeckend, schmackhaft. 味見する kosten. 味がする schmecken.
アジア　Asien.
あしあと　《足跡》der Fußstapfen, die Spur.
あじけない　《味気無い》abgeschmackt, fade.
あした　《明日》morgen.
あしばや　《足早な》schnellfüßig.
あずかる　《預かる》auf|bewahren, verwahren.
あずける　《預ける》in Verwahrung geben; zur Aufbewahrung geben.

あせ　《汗》der Schweiß. 汗をかく schwitzen.
あせる　《焦る》ungeduldig sein.
あせる　《褪せる》verbleichen, verblassen.
あそこ(に・で)　da, dort.
あそび　《遊び》das Spiel. 遊ぶ spielen.
あたい　《値》der Preis, der Wert.
あたえる　《与える》geben, schenken, verleihen.
あたたかい　《暖かい》warm. 暖かさ die Wärme.
あたためる　《暖める》(er-)wärmen, heizen.
あだな　《あだ名》der Spitzname, der Beiname.
あたま　《頭》der Kopf. 頭がいい klug.
あたらしい　《新しい》neu, frisch.
あたり　《辺り》(この)あたり(に・で) hier herum; in dieser Gegend.
あたりまえ　natürlich, selbstverständlich.
あたる　《当たる》stoßen, treffen, entsprechen, fallen.
あちこちに　hier und da.
あつい　《厚い》dick.
あつい　《暑い》heiß.
あつい　《熱い》heiß.
あつかう　《扱う》behandeln, handeln, halten, führen.
あつかましい　《厚かましい》frech, unverschämt.
あっさり　einfach, schlicht.
あっする　《圧する》drücken, pressen, 圧倒する überwältigen.
あっせん　《斡旋》die Vermittlung.
あっぱく　《圧迫》der Druck. 圧迫する drücken.
あつまり　《集まり》die Versammlung, die Zusammenkunft.
あつまる　《集まる》sich⁴ (ver)sammeln; zusammen|kommen; (金・情報などが) 〜 fließen.
あつめる　《集める》sammeln; (人を) 〜 versammeln.
あつらえる　《誂える》bestellen; (洋服などを) 〜 an|fertigen lassen.
あつりょく　《圧力》der Druck.
あてこすり　《当て擦り》Anopielung. 当て擦る an|spielen.
あてな　《宛名》die Adresse, die Anschrift.
あてにする　《当てにする》auf 〈j⁴/et⁴〉rechnen; sich⁴ auf 〈j⁴/et⁴〉verlassen.

あてる 《当てる》treffen; (言い)～ erraten.
あと 《跡》die Spur.
あと 《…の後で》nach. 食事の後で nach dem Essen. 後から hinterher. 後で nachher, später. …した後で danach, darauf.
あとがき 《後書き》das Nachwort.
あとかた 《跡形もない》spurlos.
あとつぎ 《跡継ぎ》der Nachfolger, der Nachwuchs.
あととり 《跡取り》der Erbe, die Erbin.
あとばらい 《後払い》die Nachzahlung. 後払いする nach|zahlen.
あとまわし 《後回しにする》auf|schieben, zurück|stellen, später tun.
アトリエ das Atelier.
あな 《穴》das Loch.
アナウンサー der Ansager.
あなた (がた) Sie.
あに 《兄》der (ältere) Bruder.
アニメーション der Zeichentrickfilm.
あね 《姉》die (ältere) Schwester.
あの der, jener. あの頃に damals; in jenen Tagen.
アパート das Mietshaus.
あばれる 《暴れる》toben, rasen, wüten; sich⁴ wütend gebärden.
アバンチュール das Liebesabenteuer.
アピール der Appell. アピールする appellieren.
あびる 《浴びる》sich⁴ übergießen.
あぶない 《危ない》gefährlich.
あぶら 《油》das Öl. 油を差す ölen, ab|schmieren.
あぶら 《脂》das Fett.
あぶらっこい 《脂っこい》fett.
アフリカ Afrika.
あぶる braten, rösten.
あふれる 《溢れる》über|fließen, über|laufen.
アプローチする heran|treten, sich⁴ nähern.
あべこべの umgekehrt, verkehrt.
アヘン das Opium.
あま 《亜麻》der Flachs.
あまい 《甘い》süß.
あまえる 《甘える》schmeicheln; sich³ (j²) Güte zunutze machen.
あまがさ 《雨傘》der Regenschirm.
あます 《余す》übrig lassen.
あまど 《雨戸》der Fensterladen.
あまねく 《遍く》allgemein, weit und breit.
あまみず 《雨水》das Regenwasser.

あまやかす 《甘やかす》verwöhnen.
あまり 《余り》der Rest, der Überrest.
あまり …でない wenig. あまりに…すぎる zu. あまりにも gar zu, zu sehr.
あまる 《余る》übrig bleiben.
あみ 《網》das Netz.
あみだな 《網棚》das Gepäcknetz.
あみもの 《編み物》die Strickarbeit.
あむ 《編む》stricken.
あめ 《雨》der Regen. 雨が降る Es regnet.
アメリカ Amerika.
あやうく あやうく…するところだった fast, beinahe.
あやしい 《怪しい》verdächtig, zweifelhaft. 怪しむ zweifeln.
あやつりにんぎょう 《操り人形》die Marionette.
あやまち 《過ち》der Fehler, das Versehen, der Verstoß.
あやまり 《誤り》der Irrtum, der Fehler.
あやまる 《誤る》sich⁴ irren; 誤った falsch, verfehlt, schief.
あやまる 《謝る》sich⁴ entschuldigen.
あゆみ 《歩み》der Gang, der Schritt 歩む gehen, laufen, schreiten, treten.
あらい 《粗い》grob, rauh.
あらいざらい 《洗い浚い》restlos, sämtlich.
あらう 《洗う》waschen.
あらかじめ im voraus; vorher.
あらかた meist, größtenteils.
あらし 《嵐》der Sturm.
あらす 《荒す》verwüsten, verheeren, zerstören.
あらそう 《争う》streiten, zanken.
あらためる 《改める》〔変える〕(ver)ändern; 〔改善する〕verbessern.
アラビア Arabien.
あらゆる all, jeder; alles mögliche.
あらわす 《表す》〔示す〕zeigen; 〔表現する〕aus|drücken, dar|stellen.
あらわす 《著す》〔書く〕schreiben, verfassen; 〔出版する〕veröffentlichen, publizieren.
あらわれる 《現れる》erscheinen; sich⁴ zeigen; auf|treten.
ありあま 《有り余る》überreich, überreichlich.
ありがたい 《有り難い》dankenswert, freundlich, günstig.
ありがとう Danke schön!
ありきたりの gewöhnlich, herkömmlich, üblich.
ありさま 《有様》der Zustand, die Lage, der Umstand.

ありそうな möglich, denkbar.
ありのままの wahr, wirklich.
アリバイ das Alibi.
ありふれた alltäglich, gewöhnlich.
ある 《有る, 存る》sein, da sein; Es gibt 〈et⁴/j⁴〉; sich befinden, stehen, liegen, haben, besitzen, statt|finden.
ある 《或る》irgendein, (ein) gewisser. 或ること (もの) etwas. 或る人 jemand, irgendeiner.
あるいは 《或いは》oder; 〔ひょっとしたら〕möglicherweise, vielleicht.
あるきかた 《歩き方》der Gang.
あるく 《歩く》gehen, laufen; (ゆっくりした足どりで)～ schreiten.
アルコール der Alkohol. アルコール飲料 alkoholische Getränke ⑳.
アルゼンチン Argentinien.
アルバイト die Nebenarbeit; 〔臨時の〕～ der Job.
アルプス die Alpen ⑳.
あるまじき ungebührlich, unpassend, unschicklich.
あれ das, jenes.
あれた 《荒れた》(天候が) stürmisch; (皮膚が)～ rauh (土地が)～ verwüstet.
あれほど so sehr. あれほどの so 〔solch〕ein.
あれやこれや dieses und jenes.
アレンジする arrangieren, ein|richten.
あわ 《泡》der Schaum.
あわせる 《合せる》vereinigen, zusammen|fügen. 手を合せる die Hände falten; (楽器の調子を)～ stimmen; (時計を)～ richtig stellen.
あわただしい hastig, eilfertig, ruhelos.
あわてる 《慌てる》sich⁴ überstürzen; die Fassung verlieren.
あわれな 《哀れな》arm, elend, traurig, mitleidregend.
あわれみ 《哀れみ》das Mitleid, die Rührung.
あん 《案》der Plan, 〔草案〕der Entwurf; 〔提案〕der Vorschlag.
あんがい 《案外にも》unerwartet, unerwarteterweise, unvermutet.
あんき 《暗記する》auswendig lernen.
アンケート die Umfrage.
アンコール die Zugabe.
あんごう 《暗号》die Chiffre; 〔合言葉〕die Losung, das Kennwort.
あんこく 《暗黒》die Dunkelheit, die Finsternis.
あんさつ 《暗殺》das Attentat,

der Meuchelmord.
あんじ 《暗示》die Andeutung, die Suggestion. 暗示する an|deuten, suggerieren.
あんしつ 《暗室》die Dunkelkammer.
あんしょう 《暗唱する》auf|sagen.
あんしん 《安心》die Beruhigung. 安心する sich⁴ beruhigen.
あんぜん 《安全》die Sicherheit. 安全な sicher.
アンダーシャツ das Unterhemd.
あんてい 《安定》die Stabilität. 安定した stabil.
あんない 《案内》die Führung. 案内(所) die Auskunft. 案内する führen.
あんに 《暗に》andeutungsweise.
アンプ der Verstärker.
あんま 《按摩》die Massage. 按摩する massieren.
あんらく 《安楽》die Bequemlichkeit. 安楽な bequem, behaglich.
あんらくいす 《安楽椅子》der Sessel.

い

い 《胃》der Magen.
いい gut, schön.
いいあてる 《言い当てる》(er)raten.
いいあらわす 《言い表す》aus|drücken, äußern, schildern.
いいえ nein；《否定の問いに対して肯定の答えの場合》ja, doch.
いいかえる 《言い換えると》mit anderen Worten.
いいき 《いい気な》eitel, eingebildet, sorglos. いい気になっている sich³ gefallen.
いいそこなう 《言い損なう》sich⁴ versprechen.
いいのがれ 《言い逃れ》die Ausrede, der Vorwand.
いいのがれる 《言い逃れる》sich⁴ aus|reden.
いいまちがい 《言い間違いをする》sich⁴ versprechen.
いいまわし 《言い回し》die Redewendung.
いいわけ 《言い訳》die Entschuldigung, die Rechtfertigung. 言い訳する sich⁴ rechtfertigen.
いいん 《委員》das Ausschussmitglied, das Komiteemitglied. 委員会 das Komitee die Лиззсhцзз.
いう 《言う》sagen, sprechen, meinen.
いえ 《家》das Haus.
いえき 《胃液》der Magensaft.
いえる 《癒える》genesen, heilen.
いか 《以下》unter；weniger als. 以下 darunter.
いがい 《以外》außer. 以外に

außerhalb, ausgenommen.
いがい 《意外にも》unerwartet, unvermutet.
いかがわしい suspekt, verdächtig, zweifelhaft.
いかく 《威嚇》die Einschüchterung, die Drohung.
いがく 《医学》die Medizin, die Heilkunde.
いかさま die Schwindelei, die Mogelei.
いかせる 《行かせる》gehen lassen；schicken.
いかり 《怒り》die Wut, der Zorn, der Ärger.
いかる 《怒る》sich⁴ ärgern, zürnen.
いかれた （機械などが）～kaputt；(人が) ～ verrückt.
いかん 《遺憾な》bedauerlich, bedauernswert；leider.
いき 《息》der Atem, der Hauch. 息をする atmen.
いき 《粋な》fein, schick, elegant.
いぎ 《異議》der Einwand, der Einspruch. 異議を唱える ein|wenden.
いぎ 《意義》die Bedeutung, der Sinn.
いきいき 《生き生きとした》lebhaft, lebendig, frisch.
いきおいよく 《勢いよく》kräftig, energisch.
いきのびる 《生き延びる》überleben.
いきょう 《異教》das Heidentum.
イギリス England.
いきりたつ in Wut geraten；sich⁴ auf|regen.
いきる 《生きる》leben.
いく 《行く》gehen；(乗り物で)～fahren；(飛行機で)～ fliegen
いくえにも 《幾重にも》vielmals, mehrfach.
いくせい 《育成する》auf|ziehen, groß|ziehen, fördern.
いくつ wieviel. いくつか welch. いくつかの einige, mehrere.
いくら wieviel. いくらでも so viel wie.
いくら…でも wie ... auch；bei.
いけ 《池》der Teich, der Weiher.
いけない schlecht；nicht gut；nicht dürfen；nicht richtig sein.
いけばな 《生け花》das Ikebana, das Blumenstecken, das Blumenarrangement.
いけん 《意見》die Meinung, die Ansicht.
いけん 《違憲の》verfassungswidrig.
いげん 《威厳》die Würde.
いこう 《移行》der Übergang. 移行する über|gehen.
いこう 《意向》die Absicht.
いこう 《遺稿》der Nachlass.

いごこち 《居心地のよい》behaglich, bequem, gemütlich.
いさい 《委細》die Einzelheiten ㊗.
いさかい 《諍い》der Zank, der Streit.
いざかや 《居酒屋》die Kneipe, die Schenke.
いざこざ die Uneinigkeit, der Streit.
いさめ 《諌め》die Ermahnung, die Warnung. 諌める ermahnen, warnen.
いさん 《胃酸》die Magensäure.
いさん 《遺産》das Erbschaft, das Erbe；das Vermächtnis.
いし 《石》der Stein. 小石 der Kiesel.
いし 《意志》der Wille.
いじ 《維持》die Erhaltung. 維持する erhalten.
いしき 《意識》das Bewusstsein. 意識的に bewusst, absichtlich.
いじけた verklemmt.
いしつ 《異質の》heterogen.
いじめる schikanieren, quälen, misshandeln.
いしゃ 《医者》der Arzt, der Doktor.
いしゃ 《慰藉》der Trost.
いしゃりょう 《慰藉料》das Schmerzensgeld.
いじゅう 《移住》die Übersiedelung. 移住する über|siedeln.
いしょ 《遺書》das Testament, der Letzte Wille.
いしょう 《衣装》die Kleidung, die Tracht, das Kostüm.
いじょう 《…以上》über；mehr als. それ以上 darüber.
いじょう 《異常な》ungewöhnlich, abnorm.
いしょく 《委嘱》der Auftrag. 委嘱する beauftragen.
いす 《椅子》der Stuhl. 長椅子 das Sofa. ひじ掛け椅子 der Lehnstuhl.
いずみ 《泉》die Quelle, der Brunnen.
いせき 《遺跡》die Ruine.
いぜん 《以前》以前に früher, einst, ehemals. 以前の früher.
いぜん 《依然として》noch immer；nach wie vor.
いそいそと fröhlich, frohgemut, leichten Herzens.
いそうろう 《居候》der Schmarotzer.
いそがしい 《忙しい》sehr beschäftigt sein；viel zu tun haben.
いそぎの 《急ぎの》dringend, eilig.
いそぐ 《急ぐ》eilen, sich⁴ beeilen.
いそん 《依存する》ab|hängen. 依存した abhängig sein.
いた 《板》das Brett, die Tafel.
いだい 《偉大な》groß, hervorragend.

いたく 《委託》der Auftrag. 委託する auf|tragen.
いたずら 《悪戯》der Streich.
いたましい 《痛ましい》jämmerlich, schmerzlich.
いたみ 《痛み》der Schmerz.
いたむ 《痛む》schmerzen; ⟨j³⟩ weh tun; Schmerzen haben. 痛い schmerzhaft.
イタリア Italien.
いたる 《至る》erreichen, hin|kommen.
いたるところ 《至るところ》überall.
いたんしゃ 《異端者》der Ketzer, der Häretiker.
いち 《市》der Markt.
いち 《位置》die Lage, die Stelle.
いちいん 《一員》das Mitglied. (…の)一員である zu ⟨j³/et³⟩ gehören.
いちがつ 《一月》der Januar.
イチゴ die Erdbeere.
いちこじん 《一個人の》privat, individuell.
いちじ 《一時》(時刻の)～ein Uhr; [暫時] eine Zeitlang.
いちじかん 《一時間》eine Stunde.
いちじてき 《一時的な》vorübergehend, vorläufig, flüchtig, augenblicklich, zeitweilig.
いちぞく 《一族》die Familie, das Geschlecht, die Sippe
いちど 《一度》einmal. 一度に auf einmal. もう一度 noch einmal. 一度も…ない niemals.
いちにん 《一任》Überlassung. 一任する überlassen, anheim|stellen.
いちにんまえ 《一人前》〔一人分〕eine Portion; (大人) der Erwachsene, der Selbständige. 一人前の erwachsen, mündig, fertig.
いちば 《市場》der Markt, der Marktplatz.
いちばん 《一番》der Erste, Nummer eins. 一番目の erst. 一番年上の ältest.
いちぶ 《一部》ein Teil, ein Stück.
いちめん 《一面に》überall.
いちよう 《一様の》einförmig, gleichförmig.
いちらん 《一覧する》sich⁴ an|sehen, durch|sehen.
いちりつ 《一律に》gleichmäßig, unterschiedslos.
いちりゅう 《一流の》erstrangig, erstklassig.
いつ wann. いつから seit wann. いつまで bis wann; wie lange. いつまでも für immer; auf ewig.
いつか einmal, irgendwann.
いっかい 《一回》einmal, ein Mal.
いっかい 《一階》das Erdgeschoss, das Parterre.

いっかつ 《一括》Zusammenfassung. 一括する zusammen|fassen.
いっかんの 《一貫した》konsequent, folgerichtig.
いっけん 《一件》die Sache, die Angelegenheit.
いっけん 《一見》scheinbar.
いっこ 《一個》ein Stück.
いっこう 《一考》die Erwägung, die Überlegung. 一考する erwägen, überlegen.
いっこく 《一刻》der Moment, der Augenblick. 一刻を争う dringend.
いっさくじつ 《一昨日》vorgestern.
いっさくねん 《一昨年》vorletztes Jahr.
いっしょう 《一生》das (ganze) Leben, die Lebenszeit. 一生の間(ずっと) das ganze Leben hindurch. 一生の lebenslang, lebenslänglich.
いっしょに 《一緒に》zusammen, mit; (同時に)gleichzeitig.
いっする 《逸する》verpassen, versäumen, verlieren.
いっせつ 《一節》der Abschnitt, die Stelle.
いっそ eher, lieber, vielmehr.
いったいぜんたい 《一体全体》überhaupt, denn, eigentlich.
いつだつ 《逸脱》die Abweichung. 逸脱する ab|weichen.
いっち 《一致する》überein|stimmen.
いっていの 《一定の》fest, bestimmt, gleichmäßig.
いってき 《一滴》der Tropfen.
いっぱ 《一派》die Sekte, die Partei, die Schule.
いっぱい 《一杯の》一杯のビール ein Glas Bier; [充満] voll.
いっぱん 《一般の》allgemein.
いっぴきおおかみ 《一匹狼》der Einzelgänger.
いっぽ 《一歩》der Schritt.
いっぽうつうこう 《一方通行》die Einbahnstraße.
いつも immer, ständig, stets. いつもの gewöhnlich. いつもと違う fremd, ungewohnt.
いつもは sonst.
いつわる 《偽る》lügen, betrügen, sich⁴ verstellen.
いでん 《遺伝》die Vererbung. 遺伝する sich⁴ vererben.
いと 《糸》der Faden.
いと 《意図》die Absicht.
いど 《井戸》der Brunnen.
いど 《緯度》die Breite, der Breitengrad.
いとこ (男の)～ der Vetter; (女の)～ die Kusine.
いどころ 《居所》der Wohnort, der Verbleib.
いなか 《田舎》das Land. 田舎で auf dem Land(e); 田舎へ aufs Land.

いなびかり 《稲光》der Blitz.
いにん 《委任》der Auftrag. 委任する beauftragen.
いぬ 《犬》der Hund.
いねむりする 《居眠りする》ein|nicken.
いのち 《命》das Leben.
いのちとり 《命取りの》tödlich, verhängnisvoll.
いのり 《祈り》das Gebet. 祈る beten.
いばる 《威張る》hochmütig [stolz] sein, sich⁴ groß|machen.
いはん 《違反》die Übertretung, das Vergehen, die Verletzung. 違反する übertreten, verletzen, sich⁴ vergehen.
いびき das Schnarchen.
いびつの 《歪の》verzerrt, verdreht, entstellt.
いぶかる 《訝る》sich⁴ wundern, bezweifeln.
いぶき 《息吹》der Atem, der Hauch.
いふく 《衣服》die Kleider ⑳, die Kleidung.
いぶつ 《異物》der Fremdkörper.
いほう 《違法》die Gesetzwidrigkeit. 違法の gesetzwidrig, illegal, ungesetzlich.
いま 《居間》das Wohnzimmer.
いま 《今》jetzt, nun.
いまいましい ärgerlich, verflucht, verteufelt.
いまのところ für jetzt; augenblicklich, vorläufig.
いみ 《意味》die Bedeutung, der Sinn. 意味する bedeuten, heißen.
イミテーション die Nachahmung, die Imitation.
いみん 《移民》die Emigration, der Emigrant.
いむべき 《忌むべき》abscheulich, ekelhaft.
いもうと 《妹》die (jüngere) Schwester.
いもの 《鋳物》das Gusseisen.
いやしい 《卑しい》gemein, niedrig, verächtlich.
いやしめる 《卑しめる》erniedrigen, demütigen.
いやな 《嫌な》unangenehm, widerlich, böse. 嫌な気がする sich⁴ stoßen.
イヤリング der Ohrring.
いらい 《以来》seit. それ以来 seitdem.
いらい 《依頼》der Auftrag, die Bitte. 依頼する ersuchen, bitten, beauftragen.
イラスト die Bebilderung, die Illustration.
いりえ 《入江》die Bucht, der Golf.
いりぐち 《入口》der Eingang.
いりくんだ 《入り組んだ》verwickelt, kompliziert.

いりみだれる 《入り乱れる》durcheinander|geraten, sich⁴ verwirren.
いりょく 《威力》die Macht, die Gewalt.
いる 《居る》(da) sein, bleiben, liegen, stehen, leben, vor|kommen.
いる 《要る》brauchen, nötig haben, benötigen.
いる 《鋳る》gießen.
いれかえる 《入れ換える》wechseln, ersetzen.
いれずみ 《入れ墨》die Tätowierung.
いれば 《入れ歯》der Zahnersatz, die Zahnprothese.
いれもの 《入れ物》der Behälter, das Gefäß.
いれる 《入れる》(hinein|)tun, ein|setzen, ein|legen.
いろ 《色》die Farbe.
いろいろな verschieden(artig), mannigfach, allerlei, vielerlei.
いろづく 《色付く》sich⁴ färben.
いわ 《岩》der Fels, der Felsen.
いわい 《祝い》die Feier, das Fest; der Glückwunsch.
いわう 《祝う》feiern, beglückwünschen, gratulieren.
いわば gleichsam.
いわゆる sogenannt; wie man zu sagen pflegt.
いんうつな 《陰うつな》düster, dunkel, trübselig.
いんき 《陰気な》trübe, trübsinnig.
インキ die Tinte.
いんけん 《陰険な》heimtückisch, hämisch.
いんさつ 《印刷》der Druck. 印刷する drucken 印刷物 die Drucksache.
いんさん 《陰惨な》greulich, grausam.
いんしゅう 《因習的な》herkömmlich, konventionell.
いんしょう 《印象》der Eindruck, die Impression.
いんしょくてん 《飲食店》die Gaststätte, die Wirtschaft, das Lokal.
インスピレーション die Inspiration, die Eingebung.
いんせい 《陰性の》negativ.
いんぜい 《印税》die Tantieme, die Lizenzgebühr.
インターホン das Haustelefon.
いんたい 《引退する》sich⁴ zurück|ziehen, in den Ruhestand treten.
インデックス der Index, das Verzeichnis.
インド Indien.
いんとく 《隠匿する》verstecken, verbergen, hehlen.
インドネシア Indonesien.
いんぼう 《陰謀》die Intrige, die Machenschaften ㊗.

いんゆ 《隠喩》die Metapher.
いんよう 《引用》die Anführung, das Zitat. 引用する an|führen, zitieren.
いんりょく 《引力》die Anziehungskraft, die Gravitation.

う

ウィークエンド das Wochenende.
ウィット der Witz.
ウィンク der Wink.
ウインナソーセージ das Würstel.
ウール die Wolle.
うえ 《上》上に〔で〕oben.（下から向こうの）上へ hinauf.（下からこちらの）上へ herauf. 上方高く hoch oben. その上に〔で〕darauf. その上に〔方に〕〔で〕darüber. 上から下まで von oben bis unten. 上に述べた obig, obenerwähnt, wie oben. 上の ober. より上の höher, oberer.
うえ 《飢え》der Hunger.
ウェート das Gewicht.
ウェートレス die Kellnerin.
ウェーブ die Welle.
うえき 《植木》die Gartenpflanze. 植木鉢 der Blumentopf.
うえる 《植える》pflanzen, setzen.
うかい 《迂回する》umgehen; einen Umweg machen. 迂回させる um|leiten. 迂回路 die Umleitung, die Umgehung.
うがいする gurgeln.
うかつ 《迂闊な》unaufmerksam, unvorsichtig.
うかびあがる 《浮かび上がる》auf|tauchen, auf|steigen.
うかぶ 《浮かぶ》schwimmen;（空に）〜 schweben;（心に）〜 ein|fallen; ⟨j³⟩ in den Sinn kommen.
うき 《雨季》die Regenzeit.
うきぶくろ 《浮き袋》der Rettungsring, die Schwimmweste.
うきぼり 《浮き彫り》das Relief.
うけあう 《請け合う》versichern.
うけいれる 《受け入れる》an|nehmen, auf|nehmen.
うけつぐ 《受け継ぐ》nach|folgen; übernehmen.
うけつけ 《受付》der Empfang, die Rezeption.
うけとり 《受け取り》die Quittung.
うけとる 《受け取る》empfangen, erhalten, bekommen, an|nehmen.
うけみ 《受身の》passiv.
うける 《受ける》bekommen, erhalten;（損害を）～ erleiden. 授業を受ける bei ⟨j³⟩ Stunden nehmen. 試験を受ける ein Examen machen.
うごかす 《動かす》bewegen; ⟨et⁴⟩ in Bewegung setzen.

うごかない 《動かない》unbeweglich, unbewegt.
うごき 《動き》die Bewegung.
うごきだす 《動き出す》sich⁴ in Bewegung setzen;（乗り物が）〜 an|fahren;（機械が）〜 an|laufen.
うごく 《動く》sich⁴ bewegen;（機械などが）〜 gehen, laufen.
うごめく 《蠢く》sich⁴ winden.
うさぎ 《兎》der Hase, das Kaninchen.
うし 《牛》〔雌牛〕die Kuh;〔牡牛〕der Stier;〔去勢牛〕der Ochse.
うしなう 《失う》verlieren; um ⟨et⁴⟩ kommen.
うしろ 《後ろ》die Rückseite; die Hinterseite. 後ろに〔で〕hinten. 後ろへ rückwärts, nach hinten. その後ろに〔で〕dahinter.
うしろめたい 《後ろめたい》ein schlechtes Gewissen haben.
うすい 《薄い》dünn;（濃度が）〜 schwach;（色が）〜 hell.
うすきみわるい 《薄気味悪い》unheimlich.
うずくまる hocken, sich⁴ kauern.
うすぐらい 《薄暗い》dämmerig, halbdunkel.
うすっぺら 《薄っぺらな》dünn, oberflächlich, seicht.
うずまき 《渦巻》der Wirbel.
うずめる 《埋める》vergraben.
うせる 《失せる》verschwinden.
うそ 《嘘》die Lüge. 嘘をつく lügen. 嘘の lügenhaft, lügnerisch.
うた 《歌》der Gesang, das Lied. 歌う singen.
うたがい 《疑い》der Zweifel;〔嫌疑〕der Verdacht. 疑う bezweifeln, zweifeln, argwöhnen.
うたがわしい 《疑わしい》zweifelhaft, fraglich;〔怪しい〕verdächtig.
うち 《内》das Innere;〔家〕das Haus.
うちあける 《打ち明ける》offenbaren, eröffnen.
うちあわせる 《打ち合わせる》sich⁴ mit ⟨j³⟩ verabreden [besprechen].
うちうちで 《内々で》unter vier Augen; unter uns gesagt.
うちかつ 《打ち勝つ》besiegen, überwinden, bestehen, brechen.
うちき 《内気な》schüchtern, zurückhaltend.
うちけす 《打ち消す》verneinen, ab|leugnen.
うちこわす 《打ち壊す》zerschlagen, zertrümmern.
うちたおす 《打ち倒す》nieder|schlagen.
うちやぶる 《打ち破る》schlagen, besiegen.
うちゅう 《宇宙》das Universum,

der Kosmos. 宇宙空間 der Weltraum. 宇宙船 das Raumschiff. 宇宙飛行士 der Astronaut.
うつ 《打つ》schlagen.
うつくしい 《美しい》schön.
うつし 《写し》die Kopie.
うつす 《写す》kopieren, ab|schreiben. (写真を)～ auf|nehmen, fotografieren.
うつす 《移す》versetzen, verlegen.
うったえる 《訴える》klagen, anklagen.
うってつけ 《打ってつけの》 passend, treffend.
うつりかわり 《移り変わり》 der Wandel. 移り変わる sich⁴ wandeln.
うつる 《移る》über|gehen ; sich⁴ verändern ; wechseln.
うつろな leer, hohl.
うで 《腕》der Arm.
うでどけい 《腕時計》 die Armbanduhr.
うでわ 《腕輪》das Armband.
うてん 《雨天》das Regenwetter.
うながす 《促す》 drängen, auf|fordern.
うなずく nicken.
うなる 《唸る》stöhnen, brüllen.
うぬぼれ 《自惚れ》die Eitelkeit, die Einbildung.
うねる sich⁴ schlängeln, wogen.
うは 《右派》die Rechte.
うばう 《奪う》rauben, entreißen, weg|nehmen ; 〈j⁴〉 um 〈et⁴〉 bringen.
うま 《馬》das Pferd, der Ross.
うまい 《旨い》〔味覚〕 wohlschmeckend;〔手腕〕gut, geschickt.
うまくいく 《旨く行く》 gelingen, klappen, glücken.
うまれつきの 《生まれつきの》 von Geburt ; angeboren.
うまれる 《生まれる》geboren werden ; zur Welt kommen.
うみ 《海》das Meer, die See.
うみだす 《生み出す》 erzeugen, hervor|bringen.
うみべ 《海辺》 der Strand, die Küste.
うむ 《産む》(子を)～ gebären ; zur Welt bringen ; (卵を)～ legen ; 〔生産する〕 erzeugen, hervor|bringen.
うめあわせ 《埋め合わせ》 der Ersatz, der Ausgleich, die Entschädigung.
うら 《裏》 die Rückseite, die Hinterseite ; (服の)～ das Futter.
うらおもて 《裏表のある》 doppelt, doppelzüngig.
うらがえす 《裏返す》 (um|)wenden, um|drehen.
うらぎる 《裏切る》verraten.
うらじ 《裏地》das Futter.
うらどおり 《裏通り》die Nebengasse, die Nebenstraße.
うらない 《占い》 die Wahrsagerei, die Prophezeiung 占う wahr|sagen, prophezeien.
うらみ 《恨み》der Groll.
うらやましい beneidenswert.
うらやむ beneiden, neidisch sein.
うりきれ 《売り切れ》ausverkauft.
うりね 《売り値》 der Verkaufspreis.
うる 《売る》verkaufen, handeln.
うるうどし 《閏年》 das Schaltjahr.
うるさい lärmend, laut, belästigend, lästig, beharrlich.
うれい 《憂い》der Kummer, die Betrübnis, die Besorgnis, die Sorge.
うれえる 《憂える》sich⁴ sorgen, sich³ Sorgen machen, bekümmert sein.
うれしい 《嬉しい》freudig, froh ; sich⁴ freuen.
うれだか 《売れ高》der Umsatz, der Erlös.
うろこ 《鱗》die Schuppe.
うろたえる bestürtzt sein, verwirrt sein, verlegen sein.
うわがわ 《上側》die Oberfläche.
うわぎ 《上着》 der Rock, die Jacke.
うわさ 《噂》 das Gerücht, das Gerede.
うわのそら 《上の空で》 zerstreut, geistesabwesend.
うわべ 《上辺の》äußerlich.
うわまわる 《上回る》 überschreiten, hinaus|gehen, übertreffen.
うわやく 《上役》 der Vorgesetzte.
うん 《運》〔運命〕das Schicksal.〔幸運〕das Glück. 運のいい glücklich. 運よく glücklicherweise.
うんえい 《運営》 die Verwaltung, die Führung. 運営する verwalten, führen.
うんが 《運河》der Kanal.
うんこう 《運行》der Umlauf, der Kreislauf, der Verkehr,
うんざりする überdrüssig sein.
うんそう 《運送》 die Beförderung, der Transport.
うんちん 《運賃》 der Fahrpreis, die Transport〔Versand〕kosten [複].
うんてん 《運転》das Fahren, das Lenken, der Betrieb.
うんてんし 《運転士》der Fahrer.
うんてんする 《運転する》 fahren, lenken, führen.
うんてんめんきょしょう 《運転免許証》der Führerschein.
うんどう 《運動》die Bewegung ;〔スポーツ〕der Sport.
うんどうじょう 《運動場》 der Sportplatz.
うんぱん 《運搬》〔運送〕 der Transport. 運搬する transportieren.
うんめい 《運命》 das Schicksal.
うんゆだいじん 《運輸大臣》 der Verkehrsminister.

え

え 《柄》der Griff, der Stiel, der Schaft.
え 《絵》das Bild ;〔線画〕die Zeichnung ;〔着色画〕das Gemälde.
えいえん 《永遠》die Ewigkeit. 永遠の ewig. 永遠に auf ewig.
えいが 《映画》der Film.
えいが 《栄華》die Pracht, die Herrlichkeit.
えいがかん 《映画館》das Kino.
えいきょう 《影響》der Einfluss. 影響を及ぼす beeinflussen ; auf 〈j⁴〉 Einfluss haben 〔aus|üben〕.
えいぎょう 《営業》das Geschäft, der Betrieb. 営業する ein Geschäft betreiben.
えいご 《英語》das Englisch ; die englische Sprache.
えいこう 《栄光》die Glorie, die Herrlichkeit.
えいこく 《英国》England. 英国人 der Engländer. 英国の englisch.
えいじ 《嬰児》der Säugling.
えいしゃ 《映写》die Projektion, die Filmvorstellung.
エイズ Aids.
えいせい 《衛生》 die Hygiene, die Gesundheitspflege. 衛生的な hygienisch.
えいせい 《衛星》der Satellit. 衛星中継 die Satellitenübertragung.
えいぞう 《映像》das Spiegelbild, das Bild.
えいゆう 《英雄》der Held. 英雄的な heldenhaft.
えいよう 《栄養》die Ernährung, die Nahrung. 栄養価 der Nährwert. 栄養のある nahrhaft.
えいり 《営利》der Erwerb, der Gewinn.
えいり 《絵入りの》illustriert.
えがく 《描く》 malen, zeichnen, dar|stellen, schildern.
えき 《駅》der Bahnhof, die Station.
えきいん 《駅員》der Bahnbeamte.
エキゾチックな exotisch, fremdländisch.
えきたい 《液体》die Flüssigkeit. 液体の flüssig.
えきちょう 《駅長》der Bahnhofsvorsteher.
えくぼ 《笑窪》das Grübchen.

エゴイズム der Egoismus.
エコノミークラス die Touristenklasse.
えさ 《餌》 der Köder；〔飼料〕das Futter.
エジプト Ägypten.
えしゃく 《会釈》die Verbeugung.
エスカレーター die Rolltreppe.
えだ 《枝》der Zweig, der Ast.
えたいのしれない 《得体の知れない》befremdlich, wunderlich.
えだみち 《枝道》der Nebenweg.
えっくすせん 《エックス線》die X-Strahlen, die Röntgenstrahlen ®.
えっけん 《謁見》die Audienz.
エネルギー die Energie.
えのぐ 《絵の具》die Farbe.
えはがき 《絵葉書》die Ansichtskarte.
えび 《蝦》 der Hummer, die Languste.
エプロン die Schürze.
えもの 《獲物》die Beute.
えらい 《偉い》 groß, berühmt, prominent.
えらびだす 《選び出す》aus|wählen, aus|suchen.
えらぶ 《選ぶ》wählen.
えりあし 《襟足》der Nacken.
えりまき 《襟巻》der Schal.
える 《得る》erwerben, gewinnen, bekommen, erlangen.
エレベーター der Fahrstuhl, der Aufzug, der Lift.
えん 《円》der Kreis, der Zirkel.
えんえき 《演繹》die Deduktion.
えんかい 《宴会》das Festessen, das Bankett, Gelage.
えんかく 《沿革》die Geschichte, die Herkunft.
えんがん 《沿岸》die Küste.
えんき 《延期》der Aufschub, die Verschiebung. 延期する auf|schieben, verschieben.
えんきょく 《婉曲》 euphemistisch.
えんけい 《円形の》 rund, kreisförmig.
えんげい 《園芸》der Gartenbau, die Gärtnerei.
えんげき 《演劇》 das Theater, das Schauspiel, das Drama.
えんこ 《縁故》 die Beziehung, die Verbindung.
えんご 《援護》 die Unterstützung. 援護する unterstützen.
エンジニア der Ingenieur.
えんじゅく 《円熟した》gereift.
えんじょ 《援助》die Hilfe, der Beistand, die Unterstützung. 援助する helfen, bei|stehen, unterstützen.
エンジョイする genießen.
えんしょう 《炎症》 die Entzündung.
えんじる 《演じる》 spielen, dar|stellen, ab|geben.
エンジン der Motor.
えんしんりょく 《遠心力》die Zentrifugalkraft.
えんすい 《円錐》der Kegel.
えんせいしゅぎ 《厭世主義》der Pessimismus.
えんぜつ 《演説》die Rede. 演説する reden；eine Rede halten.
えんそう 《演奏》das Spiel, die Aufführung. 演奏する spielen, auf|führen.
えんそく 《遠足》der Ausflug. 遠足をする einen Ausflug machen.
えんだん 《演壇》die Rednerbühne, die Tribüne.
えんちょう 《延長》die Verlängerung. 延長する verlängern.
えんとう 《円筒》der Zylinder, die Walze.
えんとつ 《煙突》der Schornstein.
えんにち 《縁日》der Jahrmarkt.
えんばん 《円盤》die Scheibe.
えんぴつ 《鉛筆》der Bleistift.
えんぽう 《遠方》die Ferne. 遠方の fern, entfernt. 遠方から von fern.
えんまん 《円満》die Friedlichkeit, die Harmonie. 円満な friedlich, harmonisch.
えんゆうかい 《園遊会》das Gartenfest.
えんよう 《援用する》sich⁴ berufen.
えんりょ 《遠慮》die Zurückhaltung, die Bescheidenheit. 遠慮する sich⁴ zurück|halten. 遠慮深い zurückhaltend, bescheiden.

お

お 《尾》der Schwanz.
オアシス die Oase.
おい 《甥》der Neffe.
おいかえす 《追い返す》 zurück|weisen.
おいかける 《追いかける》 nach|laufen, verfolgen.
おいかぜ 《追い風》der Rückenwind.
おいこす 《追い越す》überholen.
おいしい Es schmeckt (gut); wohlschmeckend, köstlich, lecker.
おいたち 《生い立ち》der Werdegang.
おいつく 《追い付く》ein|holen.
おいてきぼり 《置いてきぼり》zurück|lassen.
おいる 《老いる》altern.
おう 《王》der König.
おう 《負う》 (auf dem Rücken) tragen；〔引き受ける〕auf sich⁴ nehmen；〔負うている〕verdanken.
おうい 《王位》der Thron.
おうえん 《応援》der Beistand, die Ermutigung. 応援する bei|stehen, ermutigen.
おうか 《謳歌する》verherrlichen.
おうぎ 《扇》der Fächer.
おうきゅう 《王宮》der Palast, das Königsschloss.
おうきゅうの 《応急の》 vorläufig, notdürftig.
おうこう 《王侯》der Fürst, die Fürstlichkeit.
おうこく 《王国》das Königreich.
おうじ 《王子》der Prinz.
おうしゅう 《応酬する》 erwidern, antworten.
おうしゅう 《押収》die Beschlagnahme. 押収する beschlagnahmen.
おうしゅう 《欧州》(das) Europa.
おうじょ 《王女》die Prinzessin.
おうじる 《応じる》 an|nehmen, entsprechen.
おうしん 《往診》der Krankenbesuch.
おうせい 《王政》die Monarchie.
おうせつ 《応接》応接する empfangen. 応接間 das Empfangszimmer.
おうだんする 《横断する》 durch|queren, überqueren.
おうちゃく 《横着な》faul, schlau.
おうと 《嘔吐》das Erbrechen. 嘔吐する erbrechen, sich⁴ übergeben, kotzen.
おうねん 《往年の》früher, ehemalig.
おうひ 《王妃》die Königin.
おうふく 《往復》hin und zurück. 往復切符 die Rückfahrkarte.
おうへい 《横柄な》hochmütig, hochfahrend, aufgeblasen.
おうぼ 《応募》die Bewerbung. 応募する sich⁴ bewerben.
おうぼう 《横暴な》tyrannisch, despotisch, gebieterisch.
おうむ 《鸚鵡》der Papagei.
おうよう 《応用》die Anwendung. 応用する an|wenden.
おうりょう 《横領》die Unterschlagung. 横領する unterschlagen.
おえつ 《嗚咽》der Schluchzer. 嗚咽する schluchzen.
おえる 《終える》 beenden, ab|schließen；mit ⟨et³⟩ fertig sein.
おおい 《多い》viel, zahlreich, groß, stark, häufig.
おおい 《覆い》die Decke, die Bedeckung, die Hülle. 覆いのない offen.
おおう 《覆う》decken, bedecken, verhüllen.
おおうりだし 《大売り出し》der Ausverkauf.
おおかみ 《狼》der Wolf.
おおきい 《大きい》groß；(声が)～ laut.
おおきさ 《大きさ》die Größe.
オークション die Auktion, die Versteigerung.
おおくの 《多くの》viel,

zahlreich. 多くは meist(ens), größtenteils.
おおくらしょう 《大蔵省》 das Finanzministerium. 大蔵大臣 der Finanzminister.
おおげさな übertrieben.
オーケストラ das Orchester.
おおざけのみ 《大酒飲み》 der Säufer.
おおしい 《雄々しい》 mannhaft.
おおすぎる 《多すぎる》zuviel.
オーストラリア Australien.
オーストリア Österreich.
おおぜい 《大勢の人》viele (eine Menge) Menschen. 大勢の viel, zahlreich.
オーソドックスの orthodox.
おおどうぐ 《大道具》die Bühnenausstattung.
オートバイ das Motorrad.
オードブル die Vorspeise, das Horsd'œuvre.
オートマチック die Automatik. オートマチックの automatisch.
オーバー der Mantel.
オーバーホールする überholen.
オーバーラップする überlappen.
オーバーワーク die Überanstrengung.
オーブン der Backofen.
おおみそか 《大みそか》der (das) Silvester.
おおみだし 《大見出し》 (新聞の)~ die Schlagzeile.
おおむね 《概ね》im allgemeinen, größtenteils.
おおめにみる 《大目に見る》 nach|sehen, durch die Finger sehen, ein Auge zudrücken.
おおもじ 《大文字》der Großbuchstabe.
おおや 《大家》der Vermieter, der Hauswirt.
おおやけの 《公の》 öffentlich.
おおよう 《大様な》 großzügig, großmütig.
おおよその ungefähr, etwa.
おか 《丘》der Hügel.
おがくず 《おが屑》die Sägespäne ㊥.
おかげで 《…のお蔭で》 dank; mit Hilfe von ⟨j³⟩.
おかしい 《こっけいな》 komisch, drollig; 《奇妙な》 seltsam, sonderbar; 《怪しい》 zweifelhaft, verdächtig; (おもしろい) lustig.
おかす 《犯す》 (犯罪を)~ begehen; (法律を)~ verletzen, übertreten; (女性を)~ vergewaltigen.
おきあがる 《起き上がる》 auf|stehen, sich⁴ erheben
おきかえる 《置き換える》 um|stellen, um|setzen.
おぎなう 《補う》ersetzen, ergänzen.
おきる 《起きる》auf|stehen; (目覚める) auf|wachen.
おく 《億》hundert Millionen.
おく 《置く》 legen, setzen, stel-

len.
おくそく 《臆測》die Vermutung. 臆測する vermuten.
おくびょう 《臆病な》feig(e), furchtsam.
おくゆき 《奥行》die Tiefe.
おりぬし 《送り主》der Absender.
おりもの 《贈り物》das Geschenk.
おくる 《送る》senden, schicken.
おくる 《贈る》schenken.
おくれ 《遅れ》die Verspätung. 遅れる sich⁴ verspäten.
おけ 《桶》der Eimer, der Bottich, der Trog.
おこす 《起こす》wecken.
おごそか 《厳かな》feierlich.
おこたる 《怠る》vernachlässigen, versäumen.
おこない 《行い》die Handlung, die Tat, das Tun.
おこなう 《行う》tun, machen, (aus)führen, (ab])halten.
おこなわれる 《行われる》 statt|finden.
おこりっぽい 《怒りっぽい》reizbar, zornig.
おこる 《怒る》sich⁴ ärgern; zornig werden.
おこる 《起こる》geschehen, sich⁴ ereignen, passieren.
おさえる 《押さえる》drücken.
おさない 《幼い》klein, jung.
おさなともだち 《幼友達》 der Jugendfreund.
おさめる 《治める》regieren, herrschen.
おじ 《伯父・叔父》der Onkel.
おしあう 《押し合う》sich⁴ drängen.
おしい 《惜しい》schade (es ist ~ um ⟨j⁴/et⁴⟩の形で).
おじいさん 《お祖父さん》 der Großvater.
おしいる 《押し入る》ein|dringen, ein|brechen.
おしうり 《押し売りする》 auf|drängen.
おしえ 《教え》die Lehre.
おしえご 《教え子》der Schüler, der Zögling.
おしえる 《教える》unterrichten, lehren.
おじぎ 《お辞儀する》sich⁴ verbeugen.
おしこむ 《押し込む》stecken, stopfen, (hinein)schieben.
おしつぶす 《押し潰す》zerdrücken, zerquetschen.
おしとおす 《押し通す》 durch|setzen.
おしぼたん 《押しボタン》 der Druckknopf.
おしむ 《惜しむ》kargen, geizen, sparen.
おしめ 《襁褓》die Windel.
おしゃべり das Geschwätz, die Plauderei. おしゃべりする

schwätzen, plaudern.
おしゃれ 《お洒落》der Aufputz. お洒落をする sich⁴ auf|putzen.
おしょく 《汚職》die Bestechung, die Korruption.
おしよせる 《押し寄せる》 sich⁴ heran|drängen; zu|strömen.
おしろい 《白粉》die Schminke, der Puder.
おす 《押す》schieben, stoßen, drücken.
おせじ 《お世辞》 das Kompliment. お世辞を言う schmeicheln.
おせっかい 《お節介な》 vorwitzig, naseweis.
おせん 《汚染する》verunreinigen, verschmutzen, verseuchen.
おそい 《遅い》(時刻が)~ spät; (速度が)~ langsam.
おそう 《襲う》überfallen; (病気・恐怖などが)~ befallen.
おそくとも 《遅くとも》spätestens, längstens.
おそらく 《恐らく》vielleicht, wahrscheinlich, wohl, vermutlich.
おそれ 《恐れ》die Furcht, die Befürchtung.
おそれる 《恐れる》fürchten; sich⁴ fürchten.
おそろしい 《恐ろしい》 furchtbar, fürchterlich, schrecklich, entsetzlich.
おそん 《汚損》die Beschädigung, das Beflecken.
おたがい 《お互い》おたがいの gegenseitig. おたがいに einander.
おちついた 《落ち着いた》 ruhig, gefasst. 落ち着く sich⁴ beruhigen; zur Ruhe kommen.
おちつき 《落ち着き》die Ruhe, die Geistesgegenwart, die Gelassenheit.
おちつく 《落ち着く》sich⁴ beruhigen, sich⁴ fassen.
おちぶれる herunter|kommen, verarmen.
おちゃ 《お茶》der Tee.
おちる 《落ちる》fallen; (試験に)~ durch|fallen.
おっちょこちょい leichtfertig, leichtsinnig.
おっと 《夫》der Mann, der Ehemann.
おてつだい 《お手伝いさん》 die Hausgehilfin.
おてんば 《お転婆な》 ausgelassen, übermütig.
おと 《音》der Ton, der Schall, der Laut, der Klang.
おとうと 《弟》der (jüngere) Bruder.
おとこ 《男》der Mann. 男の männlich.
おとこのこ 《男の子》der Junge.

おとこらしい 《男らしい》 männlich, mannhaft.
おとす 《落とす》 fallen lassen.
おとずれる 《訪れる》 auf|suchen, besuchen.
おととい 《一昨日》 vorgestern.
おとな 《大人》 der/die Erwachsene.
おとなしい 《大人しい》 sanft, gut, ruhig, still.
おどり 《踊り》 der Tanz.
おどりば 《踊り場》 die Tanzfläche. (階段の)～ der Absatz.
おとる 《劣る》 nach|stehen, unterlegen sein.
おどる 《踊る》 tanzen.
おとろえる 《衰える》 nach|lassen, ab|nehmen, verfallen.
おどろかす 《驚かす》 überraschen, erschrecken, entsetzen, erstaunen, verwundern
おどろく 《驚く》 überrascht sein; erschrecken, staunen; sich^4 wundern.
おなか der Bauch, [胃] der Magen.
おなじ 《同じ》 gleich, identisch, derselbe.
おなじように 《同じように》 ebenso, ebenfalls.
おね 《尾根》 der Bergrücken, der Grat.
おの 《斧》 die Axt, das Beil.
おば 《伯母・叔母》 die Tante.
おばあさん 《お祖母さん》 die Großmutter.
おはよう 《お早う》 Guten Morgen!
おび 《帯》 der Gürtel.
おびきよせる 《誘き寄せる》 locken, an|locken.
おびただしい 《夥しい》 zahlreich, unzählig.
おひとよし 《お人好しの》 gutmütig, einfältig.
オフィス das Büro.
オペラ die Oper.
おぼえておく 《覚えておく》 sich^3 merken; im Gedächtnis behalten.
おぼえる 《覚える》 lernen, erlernen; auswendig lernen.
おぼつかない unsicher, zweifelhaft, unklar.
おぼれる 《溺れる》 ertrinken.
おまけ 《お負け》 die Zugabe.
おむつ die Windel.
おめでとう Ich gratuliere! Herzlichen Glückwunsch!
おもい 《重い》 schwer.
おもいあがる 《思い上がる》 sich^4 ein|bilden, hochmütig sein.
おもいうかべる 《思い浮かべる》 sich^3 vor|stellen.
おもいがけない 《思いがけない》 unerwartet, unvermutet.
おもいこむ 《思い込む》 sich^3 ein|bilden.

おもいださせる 《思い出させる》 erinnern; ⟨j^4⟩ auf ⟨et^4⟩ aufmerksam machen.
おもいだす 《思い出す》 sich^4 erinnern.
おもいちがい 《思い違い》 das Missverständnis, der Irrtum.
おもいつき 《思い付き》 der Einfall, die Idee. 思い付く ein|fallen; ⟨j^3⟩ in den Sinn kommen.
おもいで 《思い出》 die Erinnerung, das Andenken.
おもいやり 《思い遣り》 das Mitgefühl, das Mitleid, die Rücksicht, die Schonung.
おもう 《思う》 glauben, denken, meinen, finden; ⟨et^4⟩ für ⟨et^4⟩ halten.
おもさ 《重さ》 das Gewicht. …の重さである wiegen.
おもしろい 《面白い》 interessant, spannend, komisch, lustig.
おもしろがる 《面白がる》 sich^4 ergötzen, sich^4 amüsieren.
おもちゃ 《玩具》 das Spielzeug.
おもったとおり 《思った通り》 wie erwartet.
おもて 《表》 die Vorderseite; die rechte Seite; [表面]die Oberfläche.
おもな 《主な》 hauptsächlich, wesentlich.
おもに 《主に》 hauptsächlich, meistens.
おもや 《母屋》 das Hauptgebäude.
おや 《親》 die Eltern.
おやかた 《親方》 der Meister.
おやつ der Bissen, der Imbiss.
おやぶん 《親分》 der Boss, der Chef.
おやゆび 《親指》 der Daumen.
およぐ 《泳ぐ》 schwimmen.
およそ etwa, ungefähr, überhaupt.
オランダ die Niederlande, Holland.
おり 《檻》 der Käfig.
オリエンテーション die Orientierung.
おりかえす 《折り返す》 um|schlagen, um|kehren, um|wenden.
オリジナル das Original.
おりたたむ 《折り畳む》 zusammen|legen, zusammen|falten.
おりまげる 《折り曲げる》 um|biegen, um|schlagen.
おりめ 《折り目》 die Falte, der Kniff. 折り目正しい anständig.
おりもの 《織物》 das Gewebe.
おりる 《降りる》 steigen, ab|steigen; (乗り物から)～ aus|steigen; (幕から)～ fallen.
オリンピック die Olympiade.
おる 《折る》 brechen, falten.
おる 《織る》 weben.
オルガン die Orgel, das Harmonium.
オルゴール die Spieldose.
おれい 《お礼》 der Dank. お礼を言う danken; Dank sagen.
おれる 《折れる》 brechen;(道が)～ ab|biegen,〔譲歩する〕nach|geben.
オレンジ die Orange, die Apfelsine.
おろか 《愚かな》 dumm, albern, töricht.
おろしうり 《卸売り》 der Großhandel, der Verlag.
おろす 《降ろす》 herunter|nehmen, hinunter|bringen;(積荷を)～ entladen.
おわり 《終わり》 das Ende, der Schluss.
おわる 《終わる》 enden, schließen; zu Ende gehen 終わっている fertig sein; aus sein.
おんかい 《音階》 die Tonleiter, die Skala.
おんがく 《音楽》 die Musik, die Tonkunst.
おんがくかい 《音楽会》 das Konzert.
おんきゅう 《恩給》 die Pension, das Ruhegehalt.
おんきょう 《音響》der Schall, der Klang. 音響効果 die Akustik.
おんけい 《恩恵》 die Wohltat.
おんけん 《穏健な》 gemäßigt, maßvoll.
おんこう 《温厚な》 sanftmütig.
おんしつ 《温室》 das Treibhaus, das Gewächshaus.
おんしゃ 《恩赦》 die Begnadigung, die Amnestie, der Straferlass.
おんしょう 《恩賞》 die Belohnung.
おんじょう 《温情ある》 warmherzig, barmherzig, gütig.
おんしらず 《恩知らず》 die Undankbarkeit.
おんじん 《恩人》 der Wohltäter.
おんせん 《温泉》 die heiße Quelle.
おんせんば 《温泉場》 der Kurort, der Badeort.
おんちょう 《恩寵》 die Gnade.
おんど 《温度》 die Temperatur.
おんどけい 《温度計》 das Thermometer.
おんな 《女》 die Frau, das Weib. 女の子 das Mädchen. 女らしい weiblich, frauenhaft.
おんびん 《穏便な》 gütlich.
おんぷ 《音符》 die Note.
おんりょう 《音量》 die Lautstärke.
おんわ 《温和な》 mild, sanft, gutmütig.

か

か 《可》genügend.
か 《科》(病院・大学などの)～ die Abteilung；(動植物などの)～ die Familie.
か 《蚊》der Moskito, die (Stech)mücke.
か 《課》(会社などの)～ die Abteilung.
が 《蛾》der Nachtfalter.
カーディガン die Strickjacke.
カーテン der Vorhang, die Gardine.
カード die Karte.
カートリッジ die Patrone.
カーブ die Kurve.
カール die Locke カールする sich⁴ locken.
ガールフレンド die Freundin.
かい 《回》das Mal. 二回 zwei Male；zweimal.
かい 《会》[集会] die Versammlung；[団体] der Verein, die Gesellschaft.
かい 《貝》die Muschel.
かい 《階》der Stock, das Stockwerk.
かい 《櫂》das Ruder, der Riemen.
がい 《害》der Schaden.
かいあく 《改悪》die Verschlimmbesserung. 改悪する verschlimmbessern.
かいいれる 《買い入れる》ein|kaufen, an|schaffen.
かいいん 《会員》das Mitglied.
かいおき 《買い置き》der Vorrat.
かいか 《開花》die Blüte. 開花する auf|blühen.
かいが 《絵画》das Gemälde, die Malerei.
かいかい 《開会》die Eröffnung. 開会する eröffnen.
かいがい 《海外》(die) Übersee. 海外の überseeisch.
がいかい 《外界》die Außenwelt.
かいかく 《改革》die Reform. 改革する reformieren.
かいかつな 《快活な》heiter, munter, lebhaft.
かいかぶる 《買い被る》überschätzen.
かいがら 《貝殻》die Muschelschale.
かいかん 《快感》die Lust, die Wollust.
かいがん 《海岸》die Küste.〔浜辺〕der Strand.
がいかん 《外観》das Aussehen.
かいき 《回帰》die Wiederkehr. 回帰する wieder|kehren.
かいき 《怪奇な》grotesk, wunderlich.
かいぎ 《会議》die Sitzung, die Konferenz.
かいぎ 《懐疑》die Skepsis. 懐疑的 skeptisch.
かいきゅう 《階級》die Klasse.
かいきょう 《海峡》die Meerenge.
がいきん 《外勤》der Außendienst.
かいきんシャツ 《開襟シャツ》das Sporthemd.
かいぐん 《海軍》die (Kriegs)marine, die Seestreitkräfte 璐.
かいけい 《会計》die Rechnung, die Kasse.
かいけつ 《解決》die Lösung. 解決する lösen.
かいけん 《会見》das Interview.
がいけん 《外見》das Aussehen, das Äußere.
かいこ 《回顧》der Rückblick. 回顧する zurück|blicken.
かいこ 《解雇》die Entlassung. 解雇する entlassen. 解雇を予告する kündigen.
かいごう 《会合》die Zusammenkunft, die Versammlung.
がいこう 《外交》die Diplomatie. 外交官 der Diplomat. 外交の diplomatisch.
がいこく 《外国》das Ausland, die Fremde. 外国人 der Ausländer, die/der Fremde. 外国の ausländisch, fremd. 外国語 die Fremdsprache. 諸外国 fremde Länder.
がいこつ 《骸骨》das Skelett, das Gerippe.
かいこん 《悔恨》die Reue.
かいこん 《開墾》die Urbarmachung. 開墾する roden, urbar machen.
かいさい 《開催》die Veranstaltung, die Abhaltung. 開催する veranstalten, ab|halten；開催される statt|finden.
かいし 《開始する》an|fangen, beginnen, eröffnen.
かいしめる 《買い占める》auf|kaufen.
かいしゃ 《会社》die Gesellschaft, die Firma.
かいしゃく 《解釈する》deuten, aus|legen, interpretieren.
かいしゅう 《改宗》die Bekehrung. 改宗する sich⁴ bekehren.
かいしゅう 《改修》die Ausbesserung. 改修する aus|bessern.
がいしゅつ 《外出する》aus|gehen.
がいじん 《外人》der Ausländer, der/die Fremde.
かいすい 《海水》das Seewasser.
かいすいよく 《海水浴》das Seebad.
かいせい 《改正する》ändern, verbessern.
かいせき 《解析》die Analyse. 解析する analysieren.
かいせつ 《解説する》erklären, erläutern.
かいぜん 《改善する》verbessern.
かいそ 《開祖》der Gründer, der Stifter.
かいそう 《海草》das Seegras, die Alge.
かいぞう 《改造する》um|bilden.
かいそく 《会則》die Satzung.
かいぞく 《海賊》der Pirat, der Seeräuber.
かいたい 《解体》die Zerlegung, die Demontage. 解体する zerlegen, demontieren.
かいたい 《懐胎》die Empfängnis.
かいたくしゃ 《開拓者》der Bahnbrecher, der Pionier；〔開拓民〕der Siedler.
かいだん 《会談》die Konferenz, das Treffen；会談する sich⁴ besprechen.
かいだん 《階段》die Treppe.
がいたん 《慨嘆》die Wehklage. 慨嘆する wehklagen, beklagen.
ガイダンス die Einführung.
かいちく 《改築》der Umbau. 改築する um|bauen.
かいちょう 《会長》der Präsident, der Vorsitzende.
かいて 《買い手》der Käufer.
かいてい 《改訂》die Neubearbeitung. 改訂する bearbeiten.
かいてきな 《快適な》angenehm, behaglich, bequem.
かいてん 《回転する》sich⁴ drehen.
ガイド der Fremdenführer.
かいとう 《回答》die Antwort.
かいとう 《解答》die Lösung.
かいどう 《街道》die Landstraße.
がいとう 《外套》der Mantel.
かいどく 《解読》die Entzifferung. 解読する entziffern, dechiffrieren.
がいどく 《害毒》das Übel, die Schädigung.
かいならす 《飼い馴らす》zähmen, domestizieren.
がいねん 《概念》der Begriff.
かいひ 《回避》das Ausweichen, die Vermeidung.
かいひ 《会費》der Mitgliedsbeitrag.
がいひ 《外皮》die Oberhaut；(果物などの)～ die Schale.
がいぶ 《外部》die Außenseite. 外部の äußer. 外部に[で]außen.
かいふく 《回復する》genesen；sich⁴ erholen. 回復させる wieder|her|stellen.
かいぶつ 《怪物》das Ungetüm, das Ungeheuer, das Monstrum.
がいぶん 《外聞》der Ruf.
かいへん 《改変》die Umänderung, die Umgestaltung. 改変する um|ändern, um|gestalten.
かいほう 《解放する》befreien,

emanzipieren.
かいぼう 《解剖》die Sektion. 解剖学 die Anatomie.
がいむしょう 《外務省》das Außenministerium, das Auswärtige Amt. 外務大臣 der Außenminister.
かいめん 《海綿》der Schwamm.
がいめん 《外面》die Außenseite.
かいもの 《買い物》der Einkauf. 買い物をする ein|kaufen.
かいやく 《解約》die Kündigung. 解約する kündigen.
かいよう 《海洋》der Ozean.
がいらいご 《外来語》das Fremdwort.
かいらく 《快楽》die Wollust.
かいりつ 《戒律》das Gebot ; das Verbot.
かいりょう 《改良》die Verbesserung. 改良する verbessern, reformieren.
がいろ 《街路》die Straße.
かいわ 《会話》das Gespräch, die Unterhaltung. 会話する sprechen, sich[4] unterhalten.
かいん 《下院》das Unterhaus.
かう 《買う》kaufen.
かう 《飼う》halten, züchten.
ガウン die Robe.
カウンセラー der Berater.
カウンセリング die Beratung.
かえ 《代(替)え》der Ersatz.
かえす 《返す》zurück|geben.
かえる 《蛙》der Frosch.
かえる 《帰る》zurück|kehren. 家に帰る nach Hause gehen (kommen).
かえる 《変える》(ver)ändern, verwandeln, wechseln.
かえる 《換える》ersetzen, wechseln, aus|tauschen.
かえん 《火炎》die Flamme.
かお 《顔》das Gesicht.
かおつき 《顔付き》die Miene, der Gesichtsausdruck, die Gesichtszüge ㊧.
かおり 《香り》der Duft, der Geruch, das Aroma.
かおる 《薫る》duften.
がか 《画家》der Maler.
がかい 《瓦解》der Zusammenbruch. 瓦解する zusammen|brechen.
かがいしゃ 《加害者》der Übeltäter.
かかく 《価格》der Preis.
かがく 《化学》die Chemie. 化学の chemisch.
かがく 《科学》die Wissenschaft. 科学の wissenschaftlich.
かかっている 《掛かっている》hängen.
かかと 《踵》die Ferse.
かがみ 《鏡》der Spiegel.
かがみ 《鑑》das Vorbild, das Muster.

かがやく 《輝く》scheinen, glänzen, leuchten, strahlen.
かかる 《係る》hängen.
かかる 《掛かる》(時間が)~ dauern. (労力・金が)~ kosten.
かかる 《罹る》(病気に)~ krank werden.
かかん 《果敢な》kühn, entschlossen.
かき 《垣》der Zaun.
かき 《牡蠣》die Auster.
かき 《下記》folgend.
かぎ 《鉤》der Haken.
かぎ 《鍵》der Schlüssel.
かきうつす 《書き写す》ab|schreiben.
かきかえる 《書き換える》um|schreiben.
かきそえる 《書き添える》hinzu|schreiben.
かきだす 《嗅ぎ出す》wittern.
かきつけ 《書き付け》die Notiz, die Rechnung.
かきとめ 《書留》die Einschreiben. 書留にして貰う ein|schreiben lassen.
かきとめる 《書き留める》notieren, auf|schreiben.
かきとり 《書き取り》das Diktat.
かきぬき 《書き抜き》der Auszug.
かぎばり 《鉤針》der Haken.
かきまぜる 《掻き混ぜる》um|rühren.
かきまちがえる 《書き間違える》sich[4] verschreiben.
かきまわす 《掻き回す》um|rühren ; (卵を)~ schlagen.
かぎまわる 《嗅ぎ回る》schnüffeln.
かきゅう 《火急の》dringend.
かきょう 《架橋》der Brückenbau. 架橋する überbrücken.
かきょく 《歌曲》das Lied, der Gesang.
かぎり 《限り》…である限り soviel, soweit, sofern.
かきん 《家禽》das Geflügel.
かく 《核》der Kern. 核兵器 die Kernwaffe. 核燃料 der Kernbrennstoff.
かく 《書く》schreiben.
かく 《画く》malen ; (線画を)~ zeichnen.
かく 《掻く》kratzen.
かぐ 《家具》die Möbel ㊧.
かぐ 《嗅ぐ》riechen.
がく 《額》〔掛け額〕die Tafel ; 〔金額〕die Summe, der Betrag.
がくい 《学位》die Doktorwürde.
かくいつ 《画一的な》gleichförmig.
かくう 《架空の》fiktiv, imaginär, erfunden.
がくえん 《学園》die Lehranstalt, die Schule.
がくげい 《学芸》die Kunst ;

Kunst und Wissenschaft.
かくげき 《楽劇》das Musikdrama.
かくげつ 《隔月に》zweimonatlich, alle zwei Monate.
かくげん 《格言》das Sprichwort, der Spruch.
かくご 《覚悟》der Entschluss ; 覚悟する sich[4] entschließen, sich[4] auf ⟨et[4]⟩ gefasst machen.
かくじ 《各自》jeder, jedermann.
がくしき 《学識》die Gelehrsamkeit. 学識のある gelehrt.
かくじつな 《確実な》sicher, bestimmt, gewiss.
かくしばしょ 《隠し場所》das Versteck.
がくしゃ 《学者》der Wissenschaftler, der Gelehrte.
かくしゃく 《矍鑠たる》rüstig, robust.
かくじゅう 《拡充》die Erweiterung. 拡充する erweitern.
がくじゅつ 《学術》die Wissenschaft.
がくしょう 《楽章》der Satz.
かくしん 《革新》die (Er)neuerung.
かくしん 《核心》der Kernpunkt.
かくしん 《確信》die Überzeugung. 確信する sich[4] überzeugen.
かくす 《隠す》verbergen, verdecken, verstecken.
がくせい 《学生》der Student, die Studentin.
がくせい 《学制》das Schulwesen.
かくせいき 《拡声器》der Lautsprecher.
かくだい 《拡大する》vergrößern.
がくたい 《楽隊》die Kapelle.
かくちょう 《拡張する》erweitern, aus|dehnen.
がくちょう 《学長》der Rektor, der Präsident.
かくてい 《確定する》fest|setzen.
かくど 《角度》der Winkel.
かくとう 《格闘》das Handgemenge.
かくとく 《獲得する》erwerben, gewinnen, bekommen.
かくにん 《確認する》bestätigen, fest|stellen.
かくはん 《攪拌する》rühren.
がくぶ 《学部》die Fakultät. 学部長 der Dekan.
がくぶち 《額縁》der Rahmen. 額縁にいれる ein|rahmen.
かくへき 《隔壁》die Scheidewand.
かくべつ 《格別の》besonder, außerordentlich.
かくほ 《確保する》sichern, belegen, fest|halten.
かくまく 《角膜》die Hornhaut.
かくめい 《革命》die Revolution. 革命的な revolutionär.
がくもん 《学問》die Wissen-

schaft. 学問的な wissenschaftlich.
かくやく 《確約》 die Versicherung. 確約する versichern.
がくゆう 《学友》 der Schulfreund.
かくり 《隔離》 die Absonderung, die Isolierung. 隔離する isolieren.
かくりつ 《確立》 die Etablierung, die Befestigung.
かくりつ 《確率》 die Wahrscheinlichkeit.
かくれが 《隠れ家》 der Schlupfwinkel.
かくれる 《隠れる》 sich⁴ verbergen; sich⁴ verstecken.
がくわり 《学割》 die Studentenermäßigung.
かけ 《賭》 die Wette. 賭をする wetten.
かげ 《影・陰》 der Schatten.
かけあう 《掛け合う》 unterhandeln.
かけい 《家系》 der Stamm, die Genealogie.
かけい 《家計》 der Haushalt.
かげえ 《家絵》 der Schattenriss, die Silhouette.
かげき 《歌劇》 die Oper.
かげき 《過激な》 radikal, extrem.
かけず 《掛け図》 die Wandkarte.
かけずりまわる 《駆けずり回る》 herumlaufen.
かけだし 《駆け出し》 der Neuling.
かけつ 《可決》 die Bewilligung. 可決する bewilligen.
かけね 《掛け値》 die Überforderung.
かげぼうし 《影法師》 das Schattenbild.
かける 《欠ける》〔不足する〕fehlen;〔破損する〕abbrechen;〔月が〕～ abnehmen.
かける 《掛け》 anhängen.
かこ 《過去》 die Vergangenheit.
かご 《籠》 der Korb.
かこい 《囲い》 die Einfassung. 囲む einfassen.
かこう 《下降》 der Abstieg. 下降する absteigen.
かこう 《河口》 die Mündung, die Flussmündung.
かごう 《化合(物)》 die Verbindung. 化合させる verbinden.
かこく 《苛酷な》 streng, hart, grausam.
かこむ 《囲む》 umgeben, umschließen.
かさ 《傘》 der Schirm. 雨傘 der Regenschirm. 日傘 der Sonnenschirm.
かさ 《嵩》 die Masse, die Menge.
かさい 《火災》 das Feuer, der Brand.

かざい 《家財》 der Hausrat.
かざぐるま 《風車》 die Windmühle.
がさつな grob, rauh, ungezogen.
かさねて 《重ねて》 abermals, nochmals.
かさねる 《重ねる》 aufeinanderlegen, häufen.
かさむ 《嵩む》 anwachsen.
かざむき 《風向き》 die Windrichtung.
かざりつけ 《飾り付け》 die Verzierung. 飾り付けをする ausschmücken.
かざる 《飾る》 schmücken, (ver)zieren.
かざん 《火山》 der Vulkan.
かし 《貸し》 die Forderung. 〔貸方〕 das Haben.
かし 《仮死》 der Scheintod.
かし 《菓子》 die Süßigkeit. ケーキ der Kuchen.
かし 《歌詞》 das Wort, der Text.
かじ 《火事》 das Feuer.
かじ 《家事》〔家政〕die Haushaltung;〔家庭の仕事〕die Hausarbeit.
がし 《餓死する》 verhungern.
かじかむ erstarren.
かしこい 《賢い》 weise, klug.
かしつ 《過失》 der Fehler.
かじつ 《果実》 die Frucht.
かしぬし 《貸主》 der Vermieter.
かしゃ 《貨車》 der Güterwagen.
かじや 《鍛冶屋》 der Schmied.
かしゃく 《仮借ない》 schonungslos.
かしゅ 《歌手》 der Sänger, die Sängerin.
かじゅ 《果樹》 der Obstbaum.
かじゅう 《果汁》 der Fruchtsaft.
かじゅう 《荷重》 die Belastung.
がしゅう 《画集》 der Bildband.
かじょう 《過剰な》 übermäßig; allzu viel.
かしらもじ 《頭文字》 der Anfangsbuchstabe, die Initiale.
かじる 《齧る》 nagen.
かす 《貸す》 leihen, borgen, vermieten.
かず 《数》 die Zahl.
ガス das Gas.
かすかな 《微かな》 leise, schwach.
かすめる 《掠める》 streifen.
かぜ 《風》 der Wind.
かぜ 《風邪》 die Erkältung. 風邪を引く sich⁴ erkälten.
かせい 《加勢》 der Beistand. 加勢する beistehen.
かせい 《家政》 der Haushalt.
かせき 《化石》 das Fossil.
かせぐ 《稼ぐ》 verdienen.
かせつ 《仮説》 die Hypothese.
かせつ 《仮設の》 provisorisch, vorläufig.

かぜとおし 《風通し》 der Luftzug. 風通しのよい luftig.
かせん 《下線》 die Unterstreichung. 下線を引く unterstreichen.
かせん 《化繊》 die Chemiefaser.
かせん 《架線》 die Oberleitung.
かそう 《火葬》 die Leichenverbrennung.
かそう 《仮装》 die Verkleidung.
がぞう 《画像》 das Bildnis.
かぞえる 《数える》 zählen.
かそく 《加速する》 beschleunigen.
かぞく 《家族》 die Familie. 家族(の一員) der/die Familienangehörige, das Familienmitglied.
ガソリン das Benzin. ガソリンスタンド die Tankstelle. ガソリンを入れる tanken.
かた 《肩》 die Schulter.
かた 《型》 das Modell, die Form, der Typ.
かた 《過多の》 übermäßig, zuviel
かたい 《固い・堅い・硬い》 hart, fest, steif, stark, zäh.
かだい 《過大な》 unverhältnismäßig, übertrieben.
かたがき 《肩書き》 der Titel.
かたがみ 《型紙》 die Schablone.
かたぎ 《堅気の》 solide, seriös.
かたくな 《頑な》 hartnäckig.
かたくるしい 《堅苦しい》 steif, förmlich.
かたこと 《片言を言う》 lallen, babbeln.
カタストロフィー die Katastrophe.
かたち 《形》 die Form, die Gestalt.
かたちづくる 《形づくる》 bilden, gestalten, formen.
かたづける 《片付ける》 aufräumen;〔仕事を〕～ erledigen.
かたつむり die Schnecke.
かたどおり 《型通りの》 schablonenhaft, formell.
かたな 《刀》 das Schwert.
かたみ 《形見》 das Andenken.
かたみち 《片道》 der Hinweg, die Hinfahrt. 片道切符 die einfache Fahrkarte.
かたむいた 《傾いた》 schief.
かたむく 《傾く》 sich⁴ neigen; sich⁴ auf die Seite legen.
かたむける 《傾ける》 neigen.
かたらう 《語らう》 sich⁴ unterhalten, plaudern.
かたりあう 《語り合う》 miteinander sprechen; sich⁴ mit ⟨j³⟩ unterhalten.
かたる 《語る》 sprechen, reden, erzählen.
かだん 《花壇》 das Blumenbeet.
かだん 《果断な》 entschlossen, entschieden.
かち 《価値》 der Wert. 価値のあ

る wertvoll.
かちき 《勝ち気な》unnachgiebig.
かちく 《家畜》das Vieh.
かちほこる 《勝ち誇る》triumphieren.
かちめ 《勝ち目》die Überlegenheit, die Übermacht 勝ち目のない aussichtslos.
かちょう 《家長》der Hausherr.
かちょう 《課長》der Abteilungschef.
かつ 《勝つ》siegen, besiegen, überwinden, gewinnen.
かつあい 《割愛》die Abtretung. 割愛する ab|treten, zukommen lassen.
がっか 《学科》das Lehrfach, die Disziplin.
がっかい 《学会》die wissenschaftliche Gesellschaft; 学会(会議)die Tagung.
がっかりする enttäuscht sein; niedergeschlagen sein.
がっき 《学期》das Semester.
がっき 《楽器》das Musikinstrument.
かっき 《活気のある》lebhaft, lebendig.
かっきてき 《画期的な》epochemachend.
がっきゅう 《学級》die Klasse.
がっきょく 《楽曲》das Musikstück.
かつぐ 《担ぐ》tragen.
かっこ 《括弧》die Klammer. 括弧で囲む ein|klammern.
かっこう 《滑降》die Abfahrt, der Abfahrtslauf.
がっこう 《学校》die Schule. 高等学校 das Gymnasium.
かっことした 《確固とした》fest, entschieden, entschlossen.
かっさい 《喝采》der Beifall, der Applaus.
かっしゃ 《滑車》die Rolle, die Riemenscheibe.
がっしょう 《合唱》der Chor.
がっしりした kräftig, stark, robust.
かっすい 《渇水》die Wassernot.
がっする 《合する》sich⁴ vereinen.
かっそう 《滑走する》gleiten. 滑走路 die Landebahn.
がっそう 《合奏》das Zusammenspiel, das Ensemble. 合奏する musizieren.
がっち 《合致》die Übereinstimmung. 合致する überein|stimmen.
がっちりした fest, massiv; akkurat.
かって 《勝手な》eigensinnig, eigenwillig.
かつて früher, einst, einmal.
かっとう 《葛藤》die Verwicklung, der Konflikt.
かつどう 《活動》die Tätigkeit, die Aktivität. 活動する wirken; tätig sein.
カットする schneiden.
かっぱつな 《活発な》lebhaft, lebendig, rege, wach.
かっぷく 《恰幅のよい》stattlich, ansehnlich.
がっぺい 《合併》die Vereinigung.
かつぼう 《渇望》die Sehnsucht, das Verlangen.
かつりょく 《活力》die Lebenskraft, die Vitalität.
カツレツ das Schnitzel, das panierte Kotelett.
かてい 《仮定》die Voraussetzung, die Annahme, die Hypothese. 仮定する voraus|setzen, an|nehmen.
かてい 《家庭》die Familie, das Heim, das Haus.
かてい 《過程》der Prozess, der Vorgang.
かてい 《課程》der Kurs(us), der Lehrgang.
カテゴリー die Kategorie.
かど 《角》die Ecke.
かとう 《下等な》niedrigstehend.
かどう 《可動》beweglich, mobil.
かとき 《過渡期》die Übergangszeit.
かとく 《家督》die Erbschaft.
カトリックの katholisch. カトリック教徒 der Katholik.
かなあみ 《金網》das Drahtgeflecht.
かなう 《敵う》gleich|kommen.
かなえる 《叶える》gewähren, erfüllen, befriedigen.
かなぐ 《金具》der Beschlag.
かなしい 《悲しい》traurig.
かなしみ 《悲しみ》die Trauer, die Traurigkeit.
カナダ Kanada.
かなづち 《金づち》der Hammer.
かなめ 《要》der Angelpunkt.
かならず 《必ず》sicher, gewiss, bestimmt.
かならずしも…でない nicht eben; nicht immer; nicht gerade.
かなり ziemlich, verhältnismäßig. かなりの数の manch.
かにく 《果肉》das Fruchtfleisch.
かね 《金》das Geld;《硬貨》die Münze;〔紙幣〕das Papiergeld, die Banknote;〔金属〕das Metall.
かね 《鐘》die Glocke.
かねもち 《金持ちの》reich.
かねる 《兼ね(そなえ)る》verbinden, kombinieren.
かのう 《可能》möglich. 可能性 die Möglichkeit.
かのじょ 《彼女》sie.
カバー der Überzug, die Decke.
かばう 《庇う》(be)schützen, verteidigen.
かばん 《鞄》die Tasche, die Mappe. トランク der (Reise)koffer.
かはんしん 《下半身》der Unterkörper.
かはんすう 《過半数》die Mehrheit.
かび 《黴》der Schimmel.
かび 《華美》die Pracht, der Prunk.
かびん 《花瓶》die Vase.
かぶ 《下部》das(der) Unterteil.
カフェテリア die Cafeteria.
かぶしきがいしゃ 《株式会社》die Aktiengesellschaft（略：AG）.
かぶせる 《被せる》zu|decken.
カプセル die Kapsel.
かぶと 《兜》der Helm.
かぶる 《被る》auf|setzen. 被っている tragen, auf|haben.
かべ 《壁》〔石・煉瓦などの〕～ die Mauer;〔部屋などの〕～ die Wand.
かへい 《貨幣》das Geld, die Münze.
かべかけ 《壁掛》der Wandteppich.
かべがみ 《壁紙》die Tapete.
かべん 《花弁》das Blumenblatt.
かぼそい 《か細い》dünn.
かまど der Herd, der Ofen.
かまわない unbekümmert, ruhig; nur immer.
がまん 《我慢》die Geduld. 我慢する (er)dulden, ertragen. 我慢強い geduldig.
かみ 《神》der Gott.
かみ 《紙》das Papier;（一枚の）～ das Blatt. 紙片 der Zettel.
かみ 《髪》das Haar. 髪を梳く kämmen.
かみいれ 《紙入》die Brieftasche.
かみきれ 《紙切れ》der Zettel.
かみそり 《剃刀》das Rasiermesser;（安全）～ der Rasierapparat.
かみつく 《嚙みつく》an|beißen.
かみなり 《雷》der Donner, der Donnerschlag. 雷が鳴る Es donnert.
かみばさみ 《紙挟み》die Mappe.
かみまきたばこ 《紙巻き煙草》die Zigarette.
かみん 《仮眠》der Schlummer.
かむ 《嚙む》beißen, kauen.
がむしゃら 《我武者羅な》rücksichtslos, tollkühn.
かめい 《加盟》der Beitritt. 加盟する bei|treten.
かめい 《仮名》der Deckname, das Pseudonym.
カメラ die Kamera, der Fotoapparat.
かめん 《仮面》die Maske, die Larve.
かもく 《寡黙な》wortkarg, schweigsam.

かもしれない können, mögen.
かもつ 《貨物》die Fracht, das Gut, die Last. 貨物列車 der Güterzug. 貨物船 der Frachter. 貨物自動車 der Lastkraftwagen.
かやく 《火薬》das Pulver.
かゆ 《粥》der Brei.
がようし 《画用紙》das Zeichenpapier.
かようび 《火曜日》der Dienstag.
かよく 《寡欲な》anspruchslos, genügsam.
から 《殻》die Schale.
から 《空の》leer, hohl.
…から 《場所・起源・材料》von, aus;《原因・理由》aus, wegen, durch, weil, da;《以来》seit; von ... an.
からい 《辛い》scharf, salzig.
からかう necken; zum besten haben [halten].
からくさもよう 《唐草模様》die Arabeske.
からくち 《辛口の》trocken.
からくり der Mechanismus.
からし 《芥子》der Senf.
からす 《烏》der Rabe, die Krähe.
ガラス das Glas.
からだ 《体》der Körper, der Leib.
カラフルな farbenprächtig, bunt.
からませる 《絡ませる》schlingen, winden.
かり 《狩り》die Jagd.
かりいれ 《刈り入れ》die Ernte.
カリカチュア die Karikatur, das Zerrbild.
カリキュラム der Lehrplan.
かりたてる 《駆り立てる》hetzen, treiben.
かりちん 《借り賃》die Miete.
かりの 《仮の》vorläufig, einstweilig.
かりのある 《借りのある》schuldig,[借方] das Soll.
かりゅうど 《狩人》der Jäger.
かりる 《借りる》mieten; sich³ leihen [borgen].
かる 《刈る》schneiden, mähen.
かるい 《軽い》leicht.
カルキ der Kalk.
かるくする 《軽くする》erleichtern.
かるわざ 《軽業》die Akrobatik.
かれ 《彼》er.
かれい 《華麗な》prächtig, prunkvoll.
ガレージ die Garage.
がれき 《瓦礫》der Schutt.
かれら 《彼ら》sie.
かれる 《枯れる》(ver)welken, verdorren.
カレンダー der Kalender.
かろうじて 《辛うじて》mit knapper Not; eben gerade; gerade noch.

かわ 《川》der Fluss. (大きな)〜 der Strom.
かわ 《皮》(人の)〜 die Haut, (動物の)〜 das Fell;(果物の)〜 die Schale.
かわ 《革》das Leder.
かわいい lieblich, niedlich, lieb, klein, süß, reizend.
かわいそう arm, erbärmlich.
かわいた 《乾いた》trocken, abgetrocknet.
かわかす 《乾かす》trocknen.
かわかみ 《川上》der Oberlauf.
かわぎし 《川岸》das Ufer, das Flussufer.
かわしも 《川下》der Unterlauf.
かわせ 《為替》der Wechsel. 郵便為替 die Postanweisung.
かわった 《変わった》ungewöhnlich, sonderbar.
かわり 《代わり》der Ersatz. その代わりに dafür, (an)statt dessen. …の代わりに statt, anstelle.
かわりめ 《変わり目》die Wende, der Wendepunkt.
かわりもの 《変わり者》der Sonderling, der Kauz.
かわる 《代わる》ersetzen, ab|wechseln.
かわる 《変わる》anders werden; sich⁴ (ver)ändern; wechseln.
かん 《缶》die Büchse, die Dose, die Kanne.
かん 《巻》der Band.
がん 《癌》der Krebs.
かんえい 《官営の》staatlich.
かんがえ 《考え》der Gedanke, die Idee, die Meinung.
かんがえごと 《考え事をする》nach|denken.
かんがえる 《考える》denken, meinen. よく考える überlegen, nach|denken.
かんかく 《間隔》der Abstand, die Distanz.
かんかく 《感覚》der Sinn, das Gefühl, die Empfindung.
かんかつ 《管轄》die Zuständigkeit.
かんがっき 《管楽器》das Blasinstrument.
かんき 《寒気》die Kälte.
かんき 《換気》die Lüftung. 換気する lüften.
かんきゃく 《観客》der Zuschauer, das Publikum.
かんきょう 《環境》die Umgebung, die Umwelt.
がんきょう 《頑強な》halsstarrig, eigensinnig, hartnäckig.
かんきり 《缶切り》der Büchsenöffner.
がんぐ 《玩具》das Spielzeug.
かんけい 《関係》die Beziehung, das Verhältnis. 関係がある sich⁴ beziehen.
かんげい 《歓迎》das Willkommen, die freundliche Aufnahme, der Empfang. 歓迎する herzlich empfangen [begrüßen]; willkommen heißen.
かんげいかい 《歓迎会》die Begrüßung(sfeier), der Empfang.
かんげんがく 《管弦楽》das Orchester.
かんこ 《歓呼》der Jubel. 歓呼する jubeln.
かんご 《看護》die Krankenpflege.
がんこ 《頑固な》hartnäckig, starrköpfig, eigensinnig.
かんこう 《刊行》die Herausgabe. 刊行する heraus|geben.
かんこうちょう 《官公庁》das Amt, die Behörde. 官公庁の amtlich.
かんこく 《勧告》der Rat, die Empfehlung. 勧告する raten, zu|reden.
かんごく 《監獄》das Gefängnis.
かんごふ 《看護婦》die Krankenschwester, die Krankenpflegerin.
かんさつ 《観察》die Beobachtung, die Betrachtung. 観察する beobachten, betrachten.
かんさん 《換算》die Umrechnung. 換算する um|rechnen.
かんじ 《感じ》das Gefühl, die Empfindung.
がんしき 《眼識》die Einsicht.
がんじつ 《元日》das Neujahr, der Neujahrstag.
かんして 《…に関して》in bezug auf, hinsichtlich. それに関して daran, darüber, davon, dazu.
かんじのいい 《感じの良い》angenehm, nett, sympathisch.
かんしゃ 《感謝》der Dank. 感謝している dankbar [verbunden] sein. 感謝する danken.
かんじゃ 《患者》der Patient, der/die Kranke.
かんじゅせい 《感受性》die Empfänglichkeit.
がんしょ 《願書》das Gesuch, die Bewerbung.
かんしょう 《干渉》die Einmischung. 干渉する sich⁴ ein|mischen.
かんしょう 《感傷》die Empfindsamkeit. 感傷的な empfindsam, sentimental.
かんしょう 《鑑賞する》genießen.
かんじょう 《感情》das Gefühl.
かんじょう 《勘定(書)》die Rechnung.
かんしょく 《間食》der Imbiss, der Happen.
かんじる 《感じる》fühlen, empfinden, spüren.
かんしん 《関心》das Interesse, das Anliegen. 関心のある interessiert.
かんせい 《感性》die Sinnlichkeit.

かんせい 《歓声》der Jubel.
かんせい 《完成する》 vollenden, vervollkommnen.
かんぜい 《関税》der Zoll. 関税を払う verzollen.
がんせき 《岩石》das Gestein.
かんせつ 《間接の》mittelbar, indirekt.
かんぜん 《完全な》vollkommen, vollständig, ganz, voll, völlig.
かんそ 《簡素な》 schlicht, einfach.
かんぞう 《肝臓》die Leber.
かんそうした 《乾燥した》 trocken. 乾燥する trocknen.
かんだい 《寛大》die Nachsicht. 寛大な tolerant, großzügig, nachsichtig.
かんたん 《簡単な》 einfach, kurz, leicht.
かんだんけい 《寒暖計》das Thermometer.
かんちがい 《勘違い》 das Missverständnis.
かんちょう 《干潮》die Ebbe.
かんちょう 《官庁》das Amt, die Behörde.
かんつう 《姦通》der Ehebruch.
かんてい 《官邸》die Residenz.
かんてい 《鑑定》die Begutachtung.
かんてつ 《貫徹》die Durchführung. 貫徹する durch|führen, sich⁴ durch|setzen.
かんてん 《観点》das Gesichtspunkt.
かんでんち 《乾電池》die Trockenbatterie.
かんどう 《感動》die Bewegung, die Rührung, die Ergriffenheit.
かんとく 《監督》die Aufsicht, die Kontrolle.
カンニング die Mogelei. カンニングする mogeln.
かんねん 《観念》 die Vorstellung, die Idee.
かんのう 《官能》 die Sinnlichkeit. 官能的な sinnlich.
かんぱい 《乾杯》Zum Wohl! Pros(i)t!
かんばん 《看板》das Schild.
かんぱん 《甲板》das Deck.
かんび 《完備した》 vollständig, komplett.
かんび 《甘美な》süß.
かんびょう 《看病》die Krankenpflege. 看病する pflegen.
かんぺき 《完璧な》vollkommen, makellos.
かんべつ 《鑑別》 die Unterscheidung. 鑑別する unterscheiden.
がんぼう 《願望》der Wunsch.
かんぼく 《灌木》der Strauch.
かんぼつ 《陥没》die Senkung.
かんもん 《喚問》der Aufruf.
かんゆう 《勧誘》die Werbung. 勧誘する werben, anreizen.
がんゆう 《含有する》enthalten.
かんよう 《寛容》 die Toleranz, die Nachsicht. 寛容な nachsichtig, nachgiebig, tolerant.
かんよう 《慣用の》gebräuchlich, üblich.
かんらく 《歓楽》das Vergnügen.
かんり 《官吏》der (Staats)beamte；（女性の）～ die (Staats)beamtin.
かんり 《管理》die Verwaltung. 管理する verwalten. 管理人 der Verwalter.
かんれん 《関連》 der Zusammenhang. 関連する zusammen|hängen.

き

き 《木》〔樹木〕der Baum.〔材木〕das Holz.
きあつ 《気圧》der Luftdruck. 気圧計 der Barometer.
きい 《奇異な》sonderbar, wunderlich, merkwürdig.
キー die Taste, die Tastatur；der Schlüssel.
きいろ 《黄色い》gelb.
ぎいん 《議員》der/die Abgeordnete.
きえい 《気鋭の》rührig, temperamentvoll.
きえる 《消える》erlöschen, verschwinden.
ぎえんきん 《義援金》die Spende.
きおく 《記憶》 das Gedächtnis, die Erinnerung. 記憶している (im Gedächtnis) behalten.
きおくれ 《気後れした》 schüchtern, scheu, zaghaft.
きおん 《気温》die Temperatur.
きか 《気化》die Vergasung. 気化する verdampfen.
きが 《飢餓》der Hunger.
ぎが 《戯画》die Karikatur, das Zerrbild.
きかい 《機会》die Gelegenheit；der Anlass.
きかい 《機械》die Maschine. 機械工 der Mechaniker.
きかい 《器械》das Instrument, der Apparat, das Gerät.
きかい 《奇怪な》unheimlich, bizarr.
きがい 《危害》der Schaden 危害を加える Schaden zu|fügen.
ぎかい 《議会》das Parlament.
きがえる 《着替える》sich⁴ um|ziehen, sich⁴ um|kleiden.
きかがく 《幾何学》die Geometrie.
きがく 《気がきく》taktvoll, zuvorkommend, aufmerksam.

きかく 《企画》der Plan.
きかざる 《着飾る》sich⁴ putzen.
きかん 《帰還》die Heimkehr. 帰還する heim|kehren.
きかん 《期間》die Frist, die Dauer, der Zeitraum, die Zeitspanne.
きかん 《器官》das Organ.
きかん 《季刊》vierteljährlich.
きかんしゃ 《機関車》 die Lokomotive.
きき 《危機》die Krise.
ききいる 《聞き入る》zu|hören.
ききざけ 《利き酒》die Weinprobe.
きめ 《利き目》die Wirkung.
ききゃく 《棄却》die Abweisung. 棄却する ab|weisen.
ききゅう 《危急》die Not.
ききゅう 《気球》der Ballon.
ぎぎょう 《企業》der Betrieb, das Unternehmen.
ぎきょく 《戯曲》das Drama, das Theaterstück.
ききん 《基金》der Fonds.
ききんぞく 《貴金属》das Edelmetall.
きく 《効く》wirken, wirksam sein.
きく 《聞く》hören；〔傾聴する・よく聞く〕zu|hören；〔聞き知る〕erfahren；〔聞き入れる〕verstehen；〔聞こえる〕hören.
きぐ 《器具》der Apparat, das Gerät.
きけい 《奇形》die Missbildung, die Missgestalt.
ぎけい 《義兄》der Schwager.
きげき 《喜劇》das Lustspiel, die Komödie.
ぎけつ 《議決》der Beschluss.
きけん 《危険》die Gefahr. 危険な gefährlich.
きげん 《起源》 der Ursprung, der Anfang, die Herkunft.
きげん 《期限》 der Termin, die Frist.
きこう 《気候》das Klima.
きこう 《寄稿》der Beitrag.
きこう 《機構（機械の）》～ die Mechanik, der Mechanismus；（社会の）～ die Organisation, die Ordnung, der Apparat.
きごう 《記号》das Zeichen.
ぎこう 《技巧》 die Kunst, die Technik.
きこうしき 《起工式》die Grundsteinlegung.
きこうぶん 《紀行文》die Reisebeschreibung.
きごころ 《気心》die Gesinnung, die Gemütsart. 気心の知れた vertraut, intim.
ぎこちない steif, ungeschickt.
きこん 《既婚の》verheiratet.
きざ 《気障な》 geziert, affektiert.
きさい 《記載》die Eintragung.

記する ein|tragen.
ぎざぎざ die Zacke
きさく 《気さくな》 offenherzig.
きざし 《兆し》 das Anzeichen, das Vorzeichen.
きざむ 《刻む》 (zer)hacken; klein machen.
きし 《岸》 das Ufer.
きし 《騎士》 der Ritter.
きじ 《記事》 der Artikel, der (Zeitungs)bericht.
ぎし 《技師》 der Ingenieur.
ぎしき 《儀式》 die Zeremonie.
きじつ 《期日》 der Termin, die Frist.
きしむ 《軋む》 knirschen, knarren.
きしゃ 《汽車》 der Zug.
きしゃ 《記者》 der Journalist, der Berichterstatter, der Korrespondent.
きしゅ 《騎手》 der Reiter.
きじゅつ 《奇術》 das Gaukelspiel.
きじゅつ 《記述》 die Beschreibung. 記述する beschreiben.
ぎじゅつ 《技術》 die Technik, die Kunst. 技術の technisch.
きじゅん 《基準》 die Norm, der Maßstab.
きしょう 《気象》 das Wetter. 気象通報, 天気予報 der Wetterbericht. 気象衛星 der Wettersatellit.
きしょう 《起床する》 auf|stehen.
きじょう 《軌条》 die Schiene.
ぎしょう 《偽証》 der Meineid. 偽証する den Meineid leisten.
きしん 《寄進》 die Stiftung. 寄進する stiften.
キス der Kuss. キスする küssen.
きず 《傷》 die Wunde.
きすう 《奇数》 die ungerade Zahl.
きすう 《基数》 die Grundzahl.
きずぐち 《傷口》 die Wunde.
きずつける 《傷つける》 verletzen, beschädigen. (気持を)~ kränken.
きずな 《絆》 das Band.
きせい 《寄生》 das Schmarotzertum.
きせい 《規制》 die Regelung. 規制する regeln, regulieren.
ぎせい 《犠牲》 das Opfer.
きせいふく 《既製服》 die Konfektion.
きせき 《奇跡》 das Wunder.
ぎせき 《議席》 der Sitz.
きせつ 《季節》 die Jahreszeit.
きせん 《汽船》 der Dampfer, das Dampfschiff.
ぎぜん 《偽善》 die Heuchelei.
きそ 《基礎》 die Grundlage, das Fundament, die Basis.
きそう 《起草》 die Abfassung, der Entwurf. 起草する entwerfen.
きぞう 《寄贈》 die Schenkung. 寄贈する schenken, stiften.

ぎぞう 《偽造》 die Fälschung. 偽造する fälschen.
きそく 《規則》 die Regel, das Gesetz, die Ordnung. 規則的な regelmäßig.
きそづける 《基礎付ける》 begründen.
きた 《北》 der Norden. 北の nördlich.
きたい 《気体》 das Gas.
きたい 《期待》 die Erwartung. 期待する erwarten, hoffen, sich³ versprechen.
きたえる 《鍛える》 trainieren, stählen, schmieden.
きたく 《帰宅》 die Heimkehr. 帰宅する nach Hause gehen (kommen).
きたない 《汚い》 schmutzig, unsauber.
きたなくする 《汚くする》 beschmutzen.
きち 《基地》 der Stützpunkt, die Basis.
きち 《既知の》 bekannt.
きちがい 《気違い》 der Irrsinn, der/die Irre. 気違いの irre, irrsinnig, verrückt.
ぎちょう 《議長》 der/die Vorsitzende.
きちょう 《貴重な》 kostbar, wertvoll.
きちょうめん 《几帳面な》 genau, gewissenhaft.
きちんとした ordentlich, sauber.
きづかう 《気遣う》 sich⁴ fürchten; sich⁴ sorgen; sich³ Sorgen machen.
きっかけ die Gelegenheit, der Anlass.
きづく 《気づく》 merken, bemerken; zu sich³ kommen.
きっさてん 《喫茶店》 das Café.
きっすい 《生粋の》 echt, rein.
きって 《切手》 die Briefmarke, die Wertzeichen.
きっと bestimmt, sicher, gewiss.
きつね 《狐》 der Fuchs.
きっぷ 《切符》〔乗車・乗船券〕die Fahrkarte, der Fahrschein; 〔入場券〕die Eintrittskarte.
きてい 《既定の》 bestimmt, festgesetzt.
きている 《着ている》 tragen, an|haben.
きてもらう 《ようにたのむ》 bestellen; rufen lassen.
きてん 《機転のきく》 schlagfertig, wendig.
きとう 《祈禱》 das Gebet.
きどう 《軌道》 die Bahn.
きとく 《危篤の》 sterbenskrank.
きなが 《気長な》 langmütig.
きにいり 《気に入り》 der Liebling, der Günstling.
きにいる 《気に入る》 gefallen.
きにかける 《気に掛ける》 sich⁴ kümmern.
きぬ 《絹》 die Seide.

きねん 《記念》 das Andenken, die Erinnerung.
きねんび 《記念日》 der Gedenktag.
きのう 《昨日》 gestern.
きのう 《帰納》 die Induktion.
きのう 《機能》 die Funktion. 機能する funktionieren.
ぎのう 《技能》 die Geschicklichkeit, die (Kunst)fertigkeit.
きのおおきい 《気の大きい》 großherzig, großzügig.
きのちいさい 《気の小さい》 kleinherzig, kleinmütig.
きのつく 《気のつく》 aufmerksam, rücksichtsvoll, umsichtig.
きのどく 《気の毒な》 bedauern; Es tut (j³) leid.
きのない 《気の無い》 gleichgültig, interesseloses.
きのぬけた 《気の抜けた》 schal, fade.
きのみ 《木の実》 die Nuss.
きのみじかい 《気の短い》 ungeduldig, jähzornig.
きのよわい 《気の弱い》 schüchtern, zaghaft.
きば 《牙》 der Fang.
きはつ 《揮発する》 sich⁴ verflüchtigen.
きばらし 《気晴らし》 die Zerstreuung.
きはん 《規範》 die Norm.
きばん 《基盤》 die Grundlage.
きひ 《忌避》 die Verweigerung. 忌避する verweigern.
きびしい 《厳しい》 streng, hart, kritisch.
きひん 《気品》 die Vornehmheit.
きびん 《機敏な》 prompt, flink, scharfsinnig.
きふ 《寄付》 die Spende, die Stiftung.
きふじん 《貴婦人》 die Dame.
きぶん 《気分》 die Laune, die Stimmung.
きぼう 《希望》 die Hoffnung.
きぼり 《木彫り》 die Schnitzerei.
ぎまい 《義妹》 die Schwägerin.
きまぐれ 《気まぐれ》 die Launen 働, 気まぐれな launenhaft, launisch.
きまつ 《期末》 der Jahresabschluss, das Semesterende.
きまん 《欺瞞》 der Betrug.
きみ 《君》 du. 君の dein.
きみ 《黄身》 der (das) Dotter, das Eigelb.
きみたち 《君たち》 ihr. 君たちの euer.
きみょう 《奇妙な》 seltsam, merkwürdig.
ぎむ 《義務》 die Pflicht.
きむずかしい 《気難しい》 wählerisch, schwierig.
きめ 《木目》 die Maser.
きめる 《決める》 bestimmen, beschließen, entscheiden, fest|

setzen ; (心を)～ sich⁴ entscheiden, sich⁴ entschließen.
きもち 《気持ち》das Gefühl, die Stimmung, die Lust.
きもの 《着物》die Kleider ㊥, der Kimono.
ぎもん 《疑問》die Frage, der Zweifel. 疑問のある zweifelhaft, fraglich.
きゃく 《客》der Gast. 客がある Besuch haben. (店の)～ der Kunde, (乗り物の)～ der Fahrgast, der Passagier.
きゃく 《脚》das Bein.
きやく 《規約》die Satzung, das Statut.
ぎゃく 《逆》das Gegenteil. 逆の umgekehrt, verkehrt. …とは逆に entgegen.
きゃくしゃ 《客車》der Personenwagen.
ぎゃくしゅう 《逆襲》der Gegenangriff.
きゃくせき 《客席》der Zuschauerraum.
ぎゃくたい 《虐待》die Misshandlung. 虐待する misshandeln.
きゃくちゅう 《脚注》die Fußnote.
きゃくぶ 《脚部》der Fuß.
ぎゃくもどり 《逆戻り》die Umkehr. 逆戻りする um|kehren.
きゃっかんてき 《客観的な》objektiv, sachlich.
キャッチフレーズ das Schlagwort.
キャプテン der Kapitän.
キャベツ der Kohl.
キャンプじょう 《キャンプ場》der Campingplatz.
ギャンブル das Glücksspiel.
キャンペーン die Kampagne.
きゅうか 《休暇》die Ferien ㊥ ; (有給の)～ der Urlaub.
きゅうかく 《嗅覚》der Geruchssinn. 嗅覚が鋭い einen feinen Geruch haben.
きゅうぎ 《球技》das Ballspiel
きゅうきゅうしゃ 《救急車》der Krankenwagen, die Ambulanz.
きゅうぎょう 《休業する》schließen; geschlossen werden ; feiern.
きゅうきょく 《究極》das Äußerste. 究極の (aller)letzt.
きゅうくつな 《窮屈な》eng, knapp.
きゅうけい 《休憩》die Pause.
きゅうけい 《求刑》der Strafantrag.
きゅうこう 《急行(列車)》der D-Zug, der Schnellzug.
きゅうこん 《求婚》der Heiratsantrag, die Werbung. 求婚する um ⟨j⁴⟩ werben.
きゅうこん 《球根》die Zwiebel.
きゅうし 《休止》der Stillstand,

die Pause. 休止する still|stehen.
きゅうじ 《給仕》der Kellner.
きゅうじつ 《休日》der Feiertag.
きゅうしゅう 《吸収》auf|saugen, absorbieren, ein|ziehen.
きゅうしょ 《急所》ein wunder Punkt.
きゅうじょ 《救助》die (Er)rettung. 救助する retten.
きゅうじょう 《窮状》die Notlage, die Bedrängnis.
きゅうしん 《急進的な》radikal.
きゅうすい 《給水》die Wasserversorgung.
きゅうせい 《旧姓》der Mädchenname 旧姓シュミットgeborene〔geb.〕Schmidt.
きゅうせい 《急性の》akut.
きゅうせん 《休戦》der Waffenstillstand.
きゅうそく 《急速な》schnell.
きゅうだん 《糾弾》die Anklage. 糾弾する an|klagen.
きゅうてい 《宮廷》der Hof.
きゅうでん 《宮殿》das Schloss, der Palast.
きゅうにゅう 《吸入》die Inhalation. 吸入する inhalieren.
ぎゅうにゅう 《牛乳》die Milch.
きゅうふ 《給付》die Lieferung, die Leistung.
きゅうへい 《旧弊な》altmodisch, konventionell.
きゅうめい 《究明》die Ergründung. 究明する ergründen.
きゅうゆ 《給油する》tanken.
きゅうよ 《給与》die Besoldung.
きゅうりょう 《丘陵》der Hügel.
きゅうりょう 《給料》das Gehalt.
きよ 《寄与》der Beitrag. 寄与する bei|tragen.
きょう 《今日》heute.
きよう 《起用》die Berufung. 起用する berufen.
ぎょう 《行》(文の)～ die Zeile. (詩の)～ der Vers.
きょうあく 《凶悪な》brutal.
きょうい 《胸囲》der Brustumfang.
きょうい 《脅威》die Bedrohung, die Einschüchterung.
きょうい 《驚異》das Wunder.
きょういく 《教育》die Erziehung. 教育する erziehen, aus|bilden.
きょういくがく 《教育学》die Pädagogik, die Erziehungswissenschaft.
きょうか 《教科》das Lehrfach, die Fachrichtung.
きょうかい 《協会》der Verein, die Gesellschaft.
きょうかい 《教会》die Kirche.
きょうかい 《境界》die Grenze.
きょうがく 《驚愕》das Entsetzen, das Erschrecken.

きょうかしょ 《教科書》das Lehrbuch.
きょうかん 《共感》die Sympathie, das Mitgefühl, die Teilnahme. 共感する sympathisieren, teil|nehmen.
きょうき 《狂気》der Wahnsinn, 狂気の wahnsinnig.
きょうぎ 《競技》der Wettkampf, das Spiel.
ぎょうぎ 《行儀》das Benehmen, das Verhalten, die Umgangsformen ㊥, die Sitten ㊥, die Manieren ㊥.
きょうきゅう 《供給》die Versorgung, das Angebot.
きょうけん 《強健な》kräftig, rüstig.
きょうこう 《恐慌》die Panik, die Krise.
きょうこく 《強国》die Grossmacht.
きょうざい 《教材》der Lehrstoff.
きょうさく 《凶作》die Missernte.
きょうさんしゅぎ 《共産主義》der Kommunismus.
きょうし 《教師》der Lehrer, die Lehrerin.
きょうじ 《教示》die Unterweisung.
ぎょうし 《凝視する》an|starren.
きょうしつ 《教室》das Klassenzimmer, der Hörsaal.
きょうじゅ 《教授》der Professor.
きょうしゅう 《郷愁》das Heimweh.
ぎょうしゅく 《凝縮》die Verdichtung.
きょうじゅつ 《供述》die Aussage.
きょうしん 《狂信》der Fanatismus.
きょうせい 《強制》der Zwang. 強制する zwingen.
ぎょうせい 《行政》die Verwaltung, die Administration. 行政権 die Exekutive.
ぎょうせき 《業績》die Leistung.
きょうそう 《競争》der Wettbewerb, die Konkurrenz.
きょうぞう 《胸像》die Büste.
きょうそうきょく 《協奏曲》das Konzert.
きょうだい 《兄弟》《兄弟姉妹》die Geschwister ㊥;〔兄・弟〕der Bruder, ;〔姉・妹〕die Schwester.
きょうだい 《強大な》mächtig, gewaltig.
きょうたん 《驚嘆》die Bewunderung. 驚嘆する bewundern.
きょうだん 《教壇》das Podium, das〔der〕Katheder.
きょうつう 《共通》gemeinsam.
きょうてい 《協定》das Übereinkommen, das Abkommen. 協定する vereinbaren.
きょうは 《教派》die Sekte.
きょうはん 《共犯》die Mitschuld.

きょうふ 《恐怖》die Furcht, das Grauen.
きょうふ 《胸部》die Brust.
きょうぼう 《共謀》die Verschwörung.
きょうぼう 《狂暴な》rasend, wütend.
きょうみ 《興味》das Interesse. 興味ある interessant. 興味をもつ sich⁴ interessieren. 興味を起こさせる interessieren.
きょうゆう 《共有の》gemeinsam.
きょうよう 《強要》der Zwang, 強要する zwingen, nötigen.
きょうよう 《教養》die Bildung, die Kultur.
きょうらく 《享楽》der Genuss. 享楽する geniessen.
きょうりょう 《狭量な》engherzig, kleinlich.
きょうりょくしゃ 《協力者》der Mitarbeiter.
きょうれつ 《強烈な》kräftig, heftig, stark.
ぎょうれつ 《行列》der Zug, der Umzug.
きょうわこく 《共和国》die Republik, der Freistaat.
きょえいしん 《虚栄心》die Eitelkeit.
きょか 《許可》die Erlaubnis, die Genehmigung. 許可する erlauben, genehmigen.
ぎょがんレンズ 《魚眼レンズ》das Fischaugen-Objektiv.
ぎょぎょう 《漁業》die Fischerei.
きょく 《局》das Amt, die Abteilung.
きょくげい 《曲芸》das Kunststück.
きょくげん 《局限》die Beschränkung. 局限する beschränken.
きょくしょう 《極小の》minimal.
きょくせつ 《曲折する》sich⁴ krümmen, sich⁴ winden.
きょくだい 《極大の》maximal.
きょくたん 《極端な》extrem, radikal.
きょくち 《極致》der Höhepunkt, die Krone.
きょくちょう 《局長》der Direktor.
きょくど 《極度の》äusserst, höchst.
きょくどめ 《局留めの》postlagernd.
きょくめん 《局面》die Phase, die Situation.
きょこう 《虚構》die Erdichtung, die Fiktion.
きょこう 《挙行する》veranstalten, abhalten.
きょしつ 《居室》das Wohnzimmer.
きょじゃく 《虚弱な》schwächlich.
きょしょく 《虚飾》die Affektiertheit.
きょじん 《巨人》der Riese, der Gigant.
ぎょする 《御する》lenken, beherrschen, zügeln.
きだい 《巨大な》kolossal, riesig.
きょうてん 《曲解する》missdeuten.
きょてん 《拠点》der Stützpunkt.
きょねん 《去年》letztes〔voriges〕Jahr, das Vorjahr.
ぎょみん 《漁民》der Fischer.
きょむ 《虚無》das Nichts. 虚無的な nihilistisch.
きよめる 《清める》reinigen, läutern.
きょよう 《許容》die Erlaubnis. 許容する erlauben, zulassen.
きょり 《距離》die Entfernung, die Strecke, die Distanz.
きらい 《嫌いな》unangenehm, abstoßend, verhasst.
きらく 《気楽な》behaglich, bequem, sorglos.
きらめく funkeln, glitzern.
きり 《霧》der Nebel.
きりかえ 《切り換え》die Umschaltung. 切り換える um|schalten.
きりかぶ 《切り株》der Stumpf.
きりきざむ 《切り刻む》zerhacken, zerstückeln.
きりくず 《切り屑》das〔der〕Schnitzel, die Späne ⑳.
きりくち 《切り口》der Schnitt, der Schlitz.
きりこみ 《切り込み》der Einschnitt. 切り込む ein|schneiden.
ギリシア Griechenland.
きりたおす 《切り倒す》fällen.
きりつ 《規律》die Disziplin, die Ordnung.
きりぬき 《切り抜き》der Ausschnitt. 切り抜く aus|schneiden.
きりふき 《霧吹き》der Zerstäuber.
きりふだ 《切り札》der Trumpf.
ぎりょう 《技量》die Leistungsfähigkeit, die Geschicklichkeit.
きりょく 《気力》die Geisteskraft, die Energie.
きる 《切る》schneiden; (木を)~ fällen. (スイッチを)~ aus|schalten.
きる 《着る》an|ziehen. 服を着る sich⁴ an|ziehen.
ギルド die Gilde.
きれ 《切れ》《布・織物》das Tuch, der Stoff.〔スライス〕die Scheibe. 一切れのパン eine Scheibe Brot.
きれい 《奇麗な》schön, hübsch, rein, sauber.
きれつ 《亀裂》die Spalte, der Riss.
きろ 《帰路》der Heimweg, die Rückfahrt.
きろく 《記録》das Dokument.〔会議の〕~ das Protokoll.〔スポーツの〕~ der Rekord.
キログラム (das) Kilo.

キロメートル (der) Kilometer.
ぎろん 《議論》die Diskussion, die Debatte. 議論する diskutieren, debattieren.
きわだつ 《際立つ》sich⁴ ab|heben, hervor|ragen 際立たせる ab|heben.
きをくばる 《気を配る》aufmerksam sein.
きをつける 《気を付ける》achten, auf|passen, Acht geben; vorsichtig sein.
きん 《金》das Gold. 金(製・色)の golden.
ぎん 《銀》das Silber. 銀の silbern.
きんいつ 《均一の》gleichmässig.
きんえん 《禁煙》Rauchen verboten! 禁煙車[席] Nichtraucher.
きんか 《金貨》die Goldmünze, das Goldstück.
ぎんが 《銀河》die Milchstrasse.
きんかん 《近刊》die Neuerscheinung.
きんかんがっき 《金管楽器》das Blechblasinstrument.
きんきゅう 《緊急の》dringend. 緊急電話 der Notruf.
きんぎょ 《金魚》der Goldfisch.
きんこ 《金庫》der Geldschrank, die Kasse, der Safe.
ぎんこう 《銀行》die Bank.
きんこつ 《筋骨逞しい》muskulös.
きんし 《禁止》das Verbot.
きんじ 《近似の》annähernd.
きんしつ 《均質の》homogen.
きんせい 《禁酒》die Abstinenz.
きんしゅく 《緊縮》die Einschränkung.
きんじょ 《近所》die Nähe, die Nachbarschaft.
きんじる 《禁じる》verbieten.
きんせい 《均整》das Ebenmass, die Symmetrie.
きんせん 《金銭》das Geld.
きんぞく 《金属》das Metall.
きんだい 《近代》die moderne Zeit, die Neuzeit.
きんちょう 《緊張した》angespannt, gespannt, nervös.
きんにく 《筋肉》der Muskel.
きんぱく 《緊迫した》gespannt, dringend.
きんべん 《勤勉な》fleissig.
ぎんみ 《吟味》die Prüfung. 吟味する prüfen, probieren.
きんむ 《勤務》der Dienst. 勤務する im Dienst sein.
きんもつ 《禁物》das Tabu.
きんゆ 《禁輸》das Embargo.
きんゆう 《金融》die Finanz, das Finanzwesen.
きんようび 《金曜日》der Freitag.
きんよく 《禁欲》die Askese, die Abtötung.
きんり 《金利》der Zins.
きんろう 《勤労》die Arbeit, der Dienst.

く

く《九》neun. 九番目の neunt.
ぐ《愚にもつかぬ》unsinnig, absurd.
くいき《区域》der Bezirk, die Zone.
くいしんぼう《食いしん坊》der Fresser, die Gefrässigkeit.
くいつくす《食い尽くす》auf|fressen.
くう《食う》essen, fressen.
ぐうい《寓意》die Allegorie.
くうかん《空間》der Raum.
くうき《空気》die Luft.
くうきょ《空虚な》leer, eitel, hohl.
くうぐん《空軍》die Luftwaffe, die Luftstreitkräfte 獨.
くうこう《空港》der Flughafen.
ぐうすう《偶数》die gerade Zahl.
くうせき《空席》der freie Platz. 空席の offen, unbesetzt.
くうぜん《空前の》beispiellos, unerhört.
ぐうぜん《偶然》der Zufall. 偶然の zufällig.
くうそう《空想》die Einbildung, die Phantasie. 空想的な phantastisch. 空想する phantasieren; sich³ ein|bilden.
ぐうぞう《偶像》der Götze, der Abgott.
くうちゅう《空中に》in der Luft, am Himmel.
クーデター der Staatsstreich.
くうはく《空白の》leer. 空白の箇所 die leere Stelle. 白紙 das leere Blatt.
くうふく《空腹》der Hunger. 空腹の hungrig.
ぐうわ《寓話》die Fabel.
くかく《区画》die Abteilung, die Abgrenzung.
くがつ《九月》der September.
くかん《区間》die Strecke.
くぎ《釘》der Nagel.
くぎづけ《釘付けにする》an|nageln, fest|nageln.
くぐる《潜る》durch|gehen, durch|fahren.
くさ《草》das Gras.
くさい《臭い》übelriechend, stinkend, stinkig.
くさち《草地》die Wiese.
くさび《楔》der Keil.
くさり《鎖》die Kette.
くさる《腐る》verfaulen, verderben. 腐った faul, verdorben.
くし《串》der Spiess.
くし《櫛》der Kamm. 櫛でとかす kämmen.
くじ das Los.
くしくも《奇しくも》wunderbarerweise.
くしゃみ das Niesen. くしゃみする niesen.
くじょ《駆除》die Vertilgung. 駆除する vertilgen.
くじょう《苦情》die Beschwerde, die Klage. 苦情を訴える sich⁴ beschweren; klagen.
くしょう《具象的な》konkret.
くじら《鯨》der Walfisch.
くず《屑》der Abfall.
くずかご《屑籠》der Papierkorb.
ぐずぐず《愚図愚図する》säumen, verzögern.
くすり《薬》die Arznei, das Medikament, die Medizin, das 〔Heil〕mittel.
くすりや《薬屋》die Apotheke, die Drogerie.
くすんだ matt.
くせ《癖》die Gewohnheit, der Hang; (病的な)~ die Sucht;（奇妙な)~ die Eigenart.
くだ《管》das Rohr, die Röhre.
ぐたいてき《具体的な》konkret, anschaulich.
くだける《砕ける》brechen, zerbrechen.
くたびれた müde.
くだもの《果物》das Obst, die Frucht.
くだりざか《下り坂》der Abstieg, der Abhang.
くち《口》der Mund; (動物の)~ das Maul.
くちえ《口絵》das Titelbild.
くちかずのおおい《口数の多い》redselig.
くちがね《口金》die Schnalle.
くちごたえ《口答え》die Widerrede. 口答えする entgegnen.
くちずさむ《口ずさむ》summen.
くちばし《嘴》der Schnabel.
くちびる《唇》die Lippe.
くちぶえ《口笛》der Pfiff. 口笛を吹く pfeifen.
くちぶり《口振り》die Sprechweise.
ぐちょく《愚直な》bieder, treudoof.
くつ《靴》der Schuh.
くつう《苦痛》der Schmerz.
くつがえす《覆す》um|werfen, um|stürzen.
くっきりした klar, deutlich, scharf.
くっし《屈指の》hervorragend, herausragend.
くつした《靴下》der Strumpf, die Socke.
くつじょく《屈辱》die Demütigung.
クッション das Polster, das Kissen.
くっしんじざい《屈伸自在の》elastisch.
くつずみ《靴墨》die Schuhcreme.
くっせつ《屈折》die Brechung. 屈折する sich⁴ brechen.
くったく《屈託のない》unbekümmert, sorglos.
くっつける (のりで)~ kleben;〔留める〕befestigen.
くっぷく《屈服》die Unterwerfung. 屈服する sich⁴ unterwerfen.
くつみがき《靴磨き》der Schuhputzer.
くつや《靴屋》das Schuhgeschäft.
くつろぐ es sich³ bequem〔gemütlich〕machen. くつろいだ behaglich, gemütlich.
くどう《駆動》der Antrieb.
くどく《口説く》überreden.
ぐどん《愚鈍な》dumm, stumpfsinnig.
くなん《苦難》die Not.
くに《国》das Land;〔国家〕der Staat, die Nation.
くばる《配る》verteilen, aus|teilen, aus|geben.
くび《首》der Hals;〔頭〕der Kopf.
くびかざり《首飾り》die Halskette, das Halsband.
くびすじ《首筋》das Genick, der Nacken.
くびわ《首輪》das Halsband.
くふう《工夫》die Erfindung.
くぶん《区分》die Abteilung, die Einteilung.
くべつ《区別》die Unterscheidung, der Unterschied. 区別する unterscheiden.
くぼみ die Vertiefung.
くま《熊》der Bär.
くまで《熊手》der Rechen, die Harke.
くまなく《隈なく》überall.
くみあい《組合》der Verein, die Gesellschaft 協同組合 die Genossenschaft. 労働組合 die Gewerkschaft. 学生組合 die Verbindung.
くみいれる《組み入れる》ein|reihen, ein|ordnen.
くみきょく《組曲》die Suite.
くみたて《組み立て》der Bau, die Struktur. 組み立てる bauen, montieren, zusammen|setzen.
くみつく《組み付く》packen.
くむ《組む》(腕を)~ kreuzen, ein|haken; (手を)~ falten;（活字を)~ setzen.
くめん《工面する》auf|bringen.
くも《雲》die Wolke.
くも《蜘蛛》die Spinne.
くもった《曇った》wolkig, bewölkt, bedeckt, trüb.
くもらす《曇らす》trüben, verdunkeln.
くもん《苦悶》die Qual, die Pein. 苦悶する sich⁴ quälen.
くやむ《悔やむ》bereuen.
くよくよする grübeln.
くら《鞍》der Sattel.
くらい《位》der Rang, der Grad.
くらい《暗い》dunkel, düster, finster.
...ぐらい ungefähr, etwa; um ... herum.

クライマックス der Höhepunkt.
くらう 《食らう》fressen, saufen；(平手打ち・罰などを)～ kriegen.
くらがり 《暗がり》die Dunkelheit.
ぐらぐらの locker, wackelig.
くらし 《暮らし》〔生活〕das Leben；〔暮らし向き〕die Lebenshaltung；〔生計〕der Lebensunterhalt.
クラス die Klasse.
ぐらつく wanken.
クラブ der Klub, der Verein.
グラフ das Diagramm.
グラフざっし 《グラフ雑誌》 die Illustrierte.
くらべる 《比べる》vergleichen. それに比べて dagegen, im Vergleich.
グラム (das) Gramm.
くらやみ 《暗闇》die Finsternis.
くり 《栗》die Kastanie.
クリーナー 〔掃除機〕der Staubsauger；〔洗剤〕das Reinigungsmittel.
クリーム die Creme.
くりかえし 《繰り返し》die Wiederholung. 繰り返す wiederholen. 繰り返される sich[4] wiederholen.
くりこし 《繰り越し》der Übertrag. 繰り越す übertragen.
クリスマス Weihnachten (通常は[複]・無冠詞).
くる 《来る》kommen.
グループ die Gruppe.
くるしい 《苦しい》 schmerzlich, peinlich, schwer, schwierig. 苦しむ leiden. 苦しめる quälen.
くるった 《狂った》 verrückt, wahnsinnig.
くるぶし 《踝》der Knöchel.
くるま 《車》〔自動車〕der Wagen, das Auto；〔車輪〕das Rad；〔キャスター〕die Rolle.
くるまいす 《車椅子》 der Rollstuhl.
くるまよせ 《車寄せ》die Einfahrt.
くるまる sich[4] ein|wickeln.
くるみ die Nuss.
くるむ (ein|)wickeln, ein|packen.
ぐるりと ringsherum, um ... herum.
クレーム die Reklamation. クレームをつける reklamieren.
ぐれつ 《愚劣な》 töricht, abgeschmackt.
クレヨン der Krayon.
くろい 《黒い》schwarz.
くろう 《苦労》die Mühe.
くろうと 《玄人》der Kenner, der/die Sachverständige, der Experte.
クローク die Garderobe.
クローズアップ die Grossaufnahme, die Nahaufnahme.
クロスワードパズル das Kreuzworträtsel.
くろっぽい 《黒っぽい》 schwärzlich, dunkel.
くろパン 《黒パン》 das Schwarzbrot.
くろめ 《黒目》der Augenstern.
くわ 《鍬》die Hacke.
くわえる 《加える》 hinzu|fügen, addieren. それに加えて dazu, zudem.
くわしい 《詳しい》 ausführlich, genau.
くわだて 《企て》der Plan, der Versuch. 企てる planen, vor|haben.
くわわる 《加わる》teil|nehmen；sich[4] beteiligen；ein|steigen.
ぐんこくしゅぎ 《軍国主義》 der Militarismus.
くんじ 《訓示》die Anweisung.
くんしゅ 《君主》der Landesherr, der Monarch.
ぐんしゅう 《群衆》die (Menschen)menge, die Masse.
ぐんしゅく 《軍縮》die Abrüstung.
くんしょう 《勲章》der Orden.
ぐんしょう 《群小の》 geringfügig, unbedeutend.
ぐんじん 《軍人》〔兵隊〕 der Soldat；〔士官〕der Offizier.
くんせい 《燻製品》 die Räucherwaren [複].
ぐんたい 《軍隊》das Militär, die Armee, das Heer.
くんづけ 《君付けにする》duzen.
ぐんび 《軍備》die Rüstung.
ぐんぶ 《軍部》das Militär.
くんりん 《君臨する》 herrschen, thronen.
くんれん 《訓練》 die Schulung, die Übung, das Training. 訓練する üben, trainieren.

け

け 《毛》das Haar；〔羊毛〕die Wolle；〔羽毛〕die Feder；〔うぶ毛・にこ毛〕der Flaum.
けあな 《毛穴》die Pole.
けい 《刑》die Strafe.
けいあい 《敬愛》die Verehrung. 敬愛する verehren.
けいえい 《経営》der Betrieb. 経営する betreiben, führen, unterhalten.
けいかい 《警戒する》bewachen；sich[4] in acht nehmen.
けいかい 《軽快な》beschwingt.
けいかく 《計画》der Plan, das Programm.
けいかん 《景観》die Aussicht, die Landschaft.
けいかん 《警官》der Polizist, der Schutzmann.
けいき 《契機》das Moment, der Anlass.
けいき 《計器》das Messinstrument.
けいけん 《経験》die Erfahrung. 経験する erfahren.
けいけん 《敬虔な》 fromm, andächtig, pietätvoll.
けいげん 《軽減》die Erleichterung, die Milderung. 軽減する erleichtern, mildern.
けいこ 《稽古》die Übung, das Training. 稽古する üben.
けいご 《警護》die Wache, die Bewachung. 警護する bewachen, beschützen.
けいこう 《傾向》die Neigung, die Tendenz.
けいこう 《携行》die Mitnahme. 携行する mit|nehmen.
けいこうひにんやく 《経口避妊薬》 die Pille.
けいこく 《渓谷》die Schlucht.
けいこく 《警告》die Warnung, die Mahnung.
けいさい 《掲載》die Veröffentlichung. 掲載する veröffentlichen.
けいざい 《経済》die Wirtschaft, die Ökonomie. 経済的な ökonomisch, sparsam, wirtschaftlich.
けいさつ 《警察》die Polizei.
けいさん 《計算する》rechnen, aus|rechnen.
けいし 《軽視》die Geringschätzung. 軽視する gering schätzen.
けいじ 《掲示》der Anschlag, der Aushang
けいじか 《形而下の》physisch.
けいしき 《形式》die Form, die Formalität.
けいじじょう 《形而上の》 metaphysisch.
けいしゃ 《傾斜》die Steigung, das Gefälle. 傾斜した schief.
げいじゅつ 《芸術》die Kunst. 芸術家 der Künstler. 芸術作品 das Kunstwerk. 芸術的な künstlerisch.
けいしょう 《継承》die Nachfolge. 継承する nach|folgen.
けいせい 《形成》die Bildung, die Formung, die Gestaltung. 形成する bilden, formen, gestalten.
けいせい 《形勢》die Lage, die Situation.
けいせき 《形跡》die Spur.
けいぞく 《継続》die Fortsetzung.
けいそつ 《軽率な》leichtsinnig.
けいたい 《携帯する》(bei sich[3]) tragen；mit|nehmen. 携帯品一時預り所 die Garderobe. 携帯用ラジオ das Kofferradio. 携帯電話 das Mobiltelefon, das Handy.
けいちょう 《傾聴》das Gehör. 傾聴する zu|hören.
けいちょうふはく 《軽佻浮薄な》frivol, leichtfertig.
けいてき 《警笛》die Hupe, das Horn. 霧笛 das Nebelhorn. 警笛〔クラクション〕を鳴らす hupen.

けいと 《毛糸》die Wolle.
けいど 《経度》die Länge.
けいとう 《傾倒》die Hingabe. 傾倒する sich[4] hin|geben.
けいにく 《鶏肉》das Hühnerfleisch.
げいにん 《芸人》der Artist, der Akrobat.
けいば 《競馬》das Pferderennen.
けいはつ 《啓発される》aufschlussreich.
けいひ 《経費》die Kosten ⓟ. 経費がかかる kostspielig.
けいひん 《景品》die Zugabe.
けいふ 《継父》der Stiefvater.
けいべつ 《軽蔑する》verachten.
けいべん 《軽便な》handlich.
けいぼ 《継母》die Stiefmutter.
けいほう 《警報》der Alarm, das Warnsignal.
けいむしょ 《刑務所》das Gefängnis, die Strafanstalt.
けいもう 《啓蒙》die Aufklärung. 啓蒙する auf|klären.
けいやく 《契約》der Vertrag. 契約する einen Vertrag schließen.
けいゆ 《…経由で》über, via.
けいよう 《形容する》schildern, beschreiben.
けいり 《経理》die Rechnungsführung.
けいりゃく 《計略》die List.
けいりょう 《計量する》wägen, wiegen.
けいれん 《痙攣》der Krampf.
けう 《稀有の》selten, ungewöhnlich.
ケーキ der Kuchen, die Torte.
ゲーム das Spiel.
けおり 《毛織の》wollen.
けが 《怪我》die Verletzung. 怪我させる verletzen. 怪我する sich[4] verletzen.
げか 《外科》die Chirurgie. 外科医 der Chirurg.
けがす 《汚す》beschmutzen, beflecken, besudeln.
けがらわしい 《汚らわしい》schmutzig.
けがれ 《汚れ》der Schmutz, die Unreinheit.
けがわ 《毛皮》der Pelz, das Fell.
げき 《劇》das Schauspiel, das Drama.
げきじょう 《劇場》das Theater.
げきじょう 《激情》die Leidenschaft, der Affekt.
けげん 《怪訝な》befremdend, verwunderlich.
けさ 《今朝》heute morgen.
けしいん 《消印》der Poststempel.
けしかける hetzen, auf|reizen.
けしからぬ unverschämt, ungehörig.
けしき 《景色》die Landschaft, die Ansicht.

けしゴム der Radiergummi.
げしゅく 《下宿》das Logis, die Pension. 下宿する bei ⟨j[3]⟩ wohnen. 下宿のおかみ die Wirtin.
けしょうしつ 《化粧室》die Toilette.
けしん 《化身》die Verkörperung.
けす 《消す》löschen, aus|löschen, aus|machen;《姿を》~ verschwinden.
げすい 《下水》das Abwasser.
けずる 《削る》schaben, hobeln;《鉛筆を》~ schärfen;〔削除する〕streichen.
けせない 《解せない》unbegreiflich.
けだかい 《気高い》edel, erhaben, vornehm.
けたたましい schrill.
けだもの 《獣》das Tier, das Vieh, die Bestie.
けち der Geiz.
けちけちする knausern.
ケチャップ der (das) Ketchup.
けつあつ 《血圧》der Blutdruck.
けつえき 《血液》das Blut.
けっか 《結果》die Folge, das Ergebnis, das Resultat; die Wirkung.
けっかい 《決壊》der Bruch. 決壊する zusammen|brechen.
げっかんし 《月刊誌》die Monatsschrift.
けつぎ 《決議》der Beschluss. 決議する beschließen.
けっきざかん 《血気盛んな》heißblütig, temperamentvoll.
げっきゅう 《月給》das Monatsgehalt.
けっきょく 《結局》schließlich, am Ende, zum (am) Schluss.
けつご 《結語》das Schlusswort.
けっこう 《血行》der Blutkreislauf.
けつごう 《結合》die Verbindung.
げっこう 《月光》der Mondschein.
けっこん 《結婚》die Heirat, die Ehe. 結婚式 die Hochzeit, die Trauung. 結婚する heiraten. 結婚している verheiratet.
けっさい 《決済》der Ausgleich, die Begleichung.
けっさく 《傑作》das Meisterwerk, das Meisterstück.
けっして…でない nie, niemals, keineswegs, unmöglich.
けっしゃ 《結社》die Gesellschaft, der Vorein.
けっしゅつ 《傑出した》ausgezeichnet, herausragend.
けっしょうせん 《決戦》der Entscheidungskampf, das Endspiel.
けっしん 《決心》der Entschluss, die Entscheidung. 決心する sich[4] entschließen; beschlie-

ßen.
けっせき 《欠席》die Abwesenheit. 欠席している fehlen; abwesend sein.
けっそく 《結束》der Zusammenhalt. 結束する zusammen|halten.
げっそりする ab|magern, entmutigt sein.
けっちゃく 《決着》der Abschluss. 決着をつける zum Abschluss bringen; aus|machen.
けってい 《決定》die Entscheidung. 決定する entscheiden, bestimmen, beschließen.
けってん 《欠点》der Fehler, der Mangel, die Schwäche.
けっとう 《血統》die Abstammung, die Sippe.
けっとう 《決闘》das Duell.
げっぷ 《月賦》die Monatsrate.
けつぼう 《欠乏》der Mangel.
けつまつ 《結末》der Ausgang, der Schluss.
げつようび 《月曜日》der Montag.
けつれつ 《決裂》der Abbruch. 決裂する ab|brechen.
けつろん 《結論》der Schluss, die Folgerung.
げどくざい 《解毒剤》das Gegengift.
けなげ 《健気な》brav, tapfer.
けびょう 《仮病》die Simulation.
げひん 《下品な》gemein, unanständig, niedrig.
けぶかい 《毛深い》haarig.
けむり 《煙》der Rauch.
げらずり 《ゲラ刷り》die Korrekturfahne.
げり 《下痢》der Durchfall.
ゲリラ 《ゲリラ戦》Guerillakrieg. ゲリラ兵 der Partisan.
ける 《蹴る》(mit dem Fuß) stoßen; treten, kicken.
げれつ 《下劣な》gemein, niederträchtig.
けれども aber, jedoch; [...ではあるが] wenn auch; obgleich.
ゲレンデ das Gelände.
けわしい 《険しい》steil.
けん 《県》die Provinz.
けん 《剣》das Schwert.
けん 《圏》der Kreis.
けん 《腱》die Sehne.
げん 《絃》die Saite.
げんあん 《原案》der Entwurf.
けんい 《権威》die Autorität.
げんいん 《原因》die Ursache.
けんえき 《検疫》die Quarantäne.
けんえつ 《検閲》die Zensur.
けんお 《嫌悪》die Abneigung, der Abscheu, die Aversion.
けんか 《喧嘩》der Streit, der Zank. 喧嘩する (sich[4]) streiten; (sich[4]) zanken.
げんかい 《限界》die Grenze.
けんがく 《見学する》besichtigen.

げんかく 《幻覚》die Halluzination, die Sinnestäuschung.
げんかく 《厳格な》streng.
げんがく 《弦楽》die Streichmusik.
げんがく 《減額》die Kürzung. 減額する kürzen, herab|setzen, ermäßigen.
げんかん 《玄関》der Hausflur, die Diele.
げんぎ 《嫌疑》der Verdacht.
げんき 《元気な》lebhaft, munter, frisch. 元気づける ermuntern. 元気を取り戻す sich⁴ erholen.
けんきゅう 《研究》das Studium, die Forschung. 研究所 das Institut. 研究者 der Forscher.
げんきゅう 《言及》die Erwähnung. 言及する erwähnen.
けんきょ 《謙虚な》bescheiden, demütig.
けんぎょう 《兼業》der Nebenberuf.
けんきん 《献金》die Spende, die Beisteuer.
げんきん 《現金》das Bargeld. 現金で支払う bar bezahlen. 現金出納窓口 die Kasse.
げんけい 《原型》das Urbild, der Prototyp.
けんげん 《権限》die Befugnis, die Berechtigung.
げんご 《言語》die Sprache.
けんこう 《健康》die Gesundheit. 健康な gesund. 健康に良い gesund.
げんこう 《原稿》das Manuskript.
げんごがく 《言語学》die Sprachwissenschaft, die Linguistik.
けんさ 《検査》die Prüfung, die Untersuchung. 検査する prüfen, untersuchen.
けんざい 《健在である》sich⁴ wohl befinden.
げんざい 《現在》die Gegenwart. 現在の gegenwärtig, jetzig.
けんざん 《験算》する nach|rechnen.
けんじ 《検事》der Staatsanwalt.
けんじ 《堅持する》fest|halten.
げんし 《原子》das Atom. 原子核 der Atomkern. 原子爆弾 die Atombombe. 原子力 die Atomenergie. 原子炉 der Atomreaktor.
けんじつ 《堅実な》solide, zuverlässig.
げんじつ 《現実》die Wirklichkeit, die Realität. 現実の wirklich, real, reell.
げんしてき 《原始的な》primitiv, urtümlich.
けんじゃ 《賢者》der Weise.
けんしゅ 《元首》das Staatsoberhaupt.
けんじゅう 《拳銃》die Pistole.
げんじゅうみん 《原住民》der Eingeborene, der Urbewohner.
げんしゅく 《厳粛な》ernst, feierlich.
けんしゅつ 《検出》der Nachweis. 検出する nach|weisen.
けんしょう 《検証》der Augenschein. 検証する verifizieren.
けんしょう 《懸賞(募集)》das Preisausschreiben.
げんしょう 《現象》das Phänomen, die Erscheinung.
げんしょう 《減少》die Abnahme, die Verminderung. 減少する ab|nehmen; sich⁴ vermindern.
げんぜい 《減税》die Steuererleichterung.
けんせき 《譴責》der Verweis. 譴責する zurecht|weisen.
けんせつ 《建設》der Bau. 建設現場 die Baustelle.
けんぜん 《健全な》gesund.
げんぜん 《厳然たる》streng, hart.
げんそ 《元素》das Element.
けんぞう 《建造》der Bau. 建造する bauen, errichten.
げんそう 《幻想》die Vision, die Phantasie.
げんそく 《原則》der Grundsatz, das Prinzip. 原則として grundsätzlich, prinzipiell.
けんそん 《謙遜》die Demut. 謙遜な demütig.
げんそん 《現存》vorhanden.
けんたい 《倦怠》die Müdigkeit, der Überdruss.
けんたい 《減退》die Abnahme. 減退する ab|nehmen.
げんだい 《現代》die Gegenwart. 現代的 gegenwärtig, modern, heutig.
けんちく 《建築》der Bau, die Baukunst, die Architektur.
けんちくか 《建築家》der Architekt.
けんちくぶつ 《建築物》das Gebäude, das Bauwerk.
けんちょ 《顕著な》frappant, markant, auffallend.
けんてい 《献呈》die Widmung. 献呈する widmen.
げんてい 《限定する》beschränken.
けんとう 《拳闘》das Boxen.
げんどうりょく 《原動力》die Triebkraft.
けんびきょう 《顕微鏡》das Mikroskop.
けんぶつ 《見物する》besichtigen, zu|sehen.
げんぶん 《原文》der Text, das Original.
けんぽう 《憲法》die Verfassung, die Konstitution.
けんぼうしょう 《健忘症》die Amnesie, die Vergesslichkeit.
げんみつ 《厳密な》genau, exakt.
けんめい 《賢明な》weise, klug, vernünftig.
げんめい 《言明する》erklären.
げんめつ 《幻滅》die Enttäuschung.
けんもん 《検問》die Kontrolle. 検問する kontrollieren.
げんや 《原野》die Heide.
けんやく 《倹約する》sparen.
げんゆ 《原油》das Rohöl.
けんり 《権利》das Recht.
げんり 《原理》das Prinzip, der Grundsatz.
げんりょう 《原料》der Rohstoff, das Material.
けんりょく 《権力》die Macht.
げんわく 《幻惑》die Blendung. 幻惑する blenden, verblenden.

こ

こ 《子》das Kind.
こ 《五》fünf. 五番目の fünft.
ご 《語》das Wort.
こい 《恋》die Liebe. 恋人 der/die Geliebte, der Freund, die Freundin.
こい 《故意》die Absicht. 故意に absichtlich.
こい 《濃い》(色が)〜 dunkel, tief; (コーヒー・茶が)〜 stark; (液体が)〜 dick.
ごい 《語彙》der Wortschatz, das Vokabular.
こいがたき 《恋敵》der Nebenbuhler.
こいん 《雇員》der Hilfsarbeiter, die Hilfskraft.
ごう 《壕》der Graben.
こうあん 《考案》die Erfindung. 考案する erfinden.
こうい 《好意》das Wohlwollen, die Freundlichkeit. 好意的な wohlwollend, freundlich, liebenswürdig.
こうい 《行為》die Handlung, die Tat.
こういつ 《更衣室》der Umkleideraum.
こういん 《行員》der Bankangestellte, der Bankbeamte.
こううん 《幸運》das Glück. 幸運にも glücklicherweise.
こうえい 《後裔》der Nachkomme.
こうえき 《公益》der Gemeinnutz.
こうえつ 《校閲》die Durchsicht, die Revision.
こうえん 《公園》der Park, die Anlage.
こうえん 《後援》die Unterstützung. 後援する unterstützen.
こうえん 《講演》der Vortrag.
こうおん 《高音》der hohe Ton. 高音の hoch.
こうか 《効果》der Effekt, die Wirkung.
こうか 《降下》der Abstieg, der Fall.

こうか 《高価な》teuer, kostbar, wertvoll.
こうが 《高雅な》vornehm, fein, elegant.
ごうか 《豪華な》 prächtig, prachtvoll, reich.
こうかい 《後悔》die Reue. 後悔する bereuen.
こうかい 《航海》die Seefahrt, die Schiffahrt.
こうがい 《公害》die Umweltverschmutzung.
こうがい 《郊外》der Vorort. 郊外で im Vorort ; außerhalb der Stadt.
ごうがい 《号外》das Extrablatt.
こうがく 《工学》die Technik.
こうがく 《光学》die Optik.
ごうかく 《合格する》bestehen. 試験に合格する eine Prüfung bestehen.
こうがくしん 《向学心》die Lernbegierde.
こうかつ 《狡猾な》schlau, listig, verschlagen.
こうかん 《交換》der Austausch. 交換する wechseln, tauschen.
こうかん 《好感》die Sympathie 好感のもてる sympathisch, angenehm.
こうがん 《厚顔》die Frechheit.
こうき 《後記》der Nachtrag, das Nachwort.
こうぎ 《抗議》der Protest. 抗議する protestieren.
こうぎ 《講義》die Vorlesung. 講義する eine Vorlesung halten ; lesen.
ごうぎ 《合議》die Beratung.
こうきあつ 《高気圧》der Hochdruck.
こうきしん 《好奇心》die Neugier. 好奇心の強い neugierig.
こうきな 《高貴な》edel, erhaben, vornehm.
こうきゅう 《恒久の》 dauerhaft, ewig.
こうきょう 《公共の》öffentlich.
こうぎょう 《工業》die Industrie.
こうぎょう 《興業》die Vorstellung, die Aufführung.
こうきょうきょく 《交響曲》die Symphonie, die Sinfonie.
こうきん 《拘禁》die Festnahme. 拘禁する fest|nehmen.
ごうきん 《合金》die Legierung.
こうくう 《航空》die Luftfahrt.
こうくうゆうびん 《航空郵便》 die Luftpost. 航空郵便で mit 〔per〕Luftpost.
こうげい 《工芸》 das Kunstgewerbe.
ごうけい 《合計》die Summe. 合計する zusammen|zählen.
こうけいき 《好景気》die Hochkonjunktur, der Aufschwung.
こうけいしゃ 《後継者》der Nachfolger.
こうげき 《攻撃》der Angriff. 攻撃する an|greifen.

こうけん 《後見》die Vormundschaft.
こうけん 《貢献する》bei|tragen.
こうげん 《広告》die Prahlerei.
こうげん 《光源》die Lichtquelle.
ごうけん 《剛健な》 standhaft, stark.
こうご 《口語》die Umgangssprache.
こうご 《交互に》gegenseitig, abwechselnd.
ごうご 《豪語する》prahlen, sich[4] rühmen.
こうこう 《口腔》die Mundhöhle.
こうこう 《煌々たる》 glänzend, strahlend.
こうごうしい 《神々しい》 göttlich, heilig.
こうこがく 《考古学》die Archäologie, die Altertumskunde.
こうこく 《広告》die Anzeige, die Reklame. 広告する an|zeigen.
こうこつ 《恍惚》das Entzücken, die Ekstase.
こうさ 《交差する》sich[4] kreuzen ; schneiden. 交差点 die Kreuzung.
こうざ 《口座》das Konto. 振替口座 das Girokonto. 預〔貯〕金口座 das Sparkonto.
こうさい 《交際》 der Umgang, der Verkehr, die Gesellschaft. 交際する um|gehen, verkehren.
こうさく 《耕作》der Ackerbau. 耕作に適した gar.
こうさつ 《考察》 die Betrachtung. 考察する betrachten.
こうさん 《公算》die Wahrscheinlichkeit.
こうざん 《鉱山》das Bergwerk.
こうし 《子[牛]》das Kalb. 子牛の肉 das Kalbfleisch. 子牛のカツレツ das Kalbsschnitzel.
こうし 《講師》der Lektor, der Dozent, der Redner.
こうじ 《小路》die Gasse.
こうじ 《工事》der Bau. 工事中注意 Vorsicht, Bauarbeiten !
こうじ 《公示》 die Bekanntmachung. 公示する bekannt machen.
こうじ 《好餌》der Köder, die Lockspeise.
こうじつ 《口実》der Vorwand ; 〔言い訳〕die Ausrede.
こうしゃ 《校舎》das Schulgebäude.
ごうしゃ 《豪奢な》 luxuriös, großzügig.
こうしゅう 《口臭》 der Mundgeruch
こうしゅう 《公衆》das Publikum, die Öffentlichkeit. 公衆の öffentlich.
こうしゅう 《講習》 der Kursus, der Kurs.
こうじゅつひっき 《口述筆記》das Diktat. 口述筆記させる diktieren.

こうしょ 《高所》die Höhe. 高所恐怖症 die Höhenangst.
こうじょ 《控除》der Abzug. 控除する ab|ziehen.
こうしょう 《交渉》die Verhandlung. 交渉する verhandeln.
こうじょう 《工場》die Fabrik, das Werk.
こうじょう 《恒常的》 konstant, ständig.
ごうしょう 《豪商》der Großkaufmann, der Patrizier.
ごうじょう 《強情な》 eigensinnig, hartnäckig, halsstarrig.
こうしょうにん 《公証人》 der Notar.
こうしん 《行進》der Marsch. 行進する marschieren.
こうしん 《更新》die Erneuerung. 更新する erneuern.
こうしん 《後進》der Nachwuchs.
こうしんりょう 《香辛料》das Gewürz.
こうすい 《香水》das Parfüm.
こうずい 《洪水》das Hochwasser, die Überschwemmung.
こうずか 《好事家》der Dilettant, der Liebhaber.
こうせい 《公正》die Gerechtigkeit.
こうせい 《攻勢》die Offensive.
こうせい 《後世》die Nachwelt.
こうせい 《恒星》der Fixstern.
こうせい 《校正》die Korrektur.
こうせい 《構成》 der Aufbau ; die Struktur.
ごうせい 《合成する》zusammen|setzen, synthetisieren. 合成の synthetisch.
ごうせい 《豪勢な》großzügig, luxuriös.
こうせいだいじん 《厚生大臣》der Volkswohlfahrtsminister.
こうせいのう 《高性能》die Hochleistung.
こうせいぶっしつ 《抗生物質》das Antibiotikum.
こうせき 《功績》das Verdienst.
こうせき 《鉱石》das Erz.
こうせつ 《降雪》 der Schneefall.
こうせん 《光線》 der (Licht)strahl.
こうせん 《鉱泉》 die Mineralquelle, die Mineralbad.
こうぜん 《公然の》 öffentlich, offenbar.
ごうぜん 《傲然たる》 hochmütig, stolz.
こうせんてき 《好戦的》 kampflustig, kriegerisch.
こうそ 《控訴》die Anklage. 公訴する an|klagen.
こうそ 《控訴》die Berufung.
こうそ 《酵素》das Enzym, das Ferment.
こうぞう 《構造》 die Struktur, der Aufbau.
ごうそう 《豪壮な》 großartig,

grandios.
こうそうけんちく 《高層建築》das Hochhaus, der Wolkenkratzer.
こうそく 《高速》die hohe Geschwindigkeit. 高速自動車道路 die Autobahn.
こうたい 《交代》die Ablösung, die Abwechselung. 交代する (sich⁴) ab|lösen; (sich⁴) ab|wechseln.
こうたい 《抗体》Antikörper.
こうたい 《後退》der Rückgang, der Rückzug.
こうたく 《光沢》der Glanz.
ごうたん 《豪胆な》kühn, unerschrocken, mutig.
こうち 《狡知》die Schlauheit, die List.
こうちゃ 《紅茶》 der (schwarze) Tee.
こうちょう 《校長》der Schuldirektor.
こうちょく 《硬直した》steif, erstarrt.
こうつう 《交通》der Verkehr. 交通機関 das Verkehrsmittel. 交通事故 der Verkehrsunfall. 交通信号 der (Verkehrs)ampel. 交通標識 das Verkehrszeichen. 交通課 das Verkehrsamt. 交通巡査 der Verkehrspolizist.
こうつごう 《好都合の》günstig, passend, gelegen.
こうてい 《行程》die Strecke.
こうてい 《肯定》肯定する bejahen. 肯定的な bejahend, positiv.
こうてい 《皇帝》der Kaiser.
こうてい 《校庭》der Schulhof.
こうてつ 《更迭》das Revirement.
こうてつ 《鋼鉄》der Stahl.
こうど 《高度》die Höhe. 高度の hoch.
こうとう 《喉頭》der Kehlkopf.
こうとう 《口頭で》mündlich.
こうとう 《高等の》hoch. 高等学校 die höhere Schule, die Oberschule.
こうどう 《講堂》die Aula.
こうどう 《行動する》handeln, vor|gehen.
こうとうむけい 《荒唐無稽な》unsinnig, absurd.
こうどく 《講読》das Abonnement. 講読する abonnieren.
こうはい 《交配》die Kreuzung. 交配する kreuzen
こうはい 《荒廃》die Verwüstung.
こうばい 《勾配》das Gefälle, die Schräge.
こうばい 《購買》der Kauf.
こうばしい 《香ばしい》wohlriechend.
こうばん 《交番》die Polizeiwache.

こうはんな 《広汎な》umfangreich, umfassend.
こうひょう 《公表》die Bekanntmachung, die Veröffentlichung. 公表する bekannt machen, veröffentlichen.
こうふ 《公布》die Verkündigung. 公布する verkündigen.
こうふ 《坑夫》der Bergmann.
こうふく 《幸福》das Glück. 幸福な glücklich.
こうふく 《降伏する》kapitulieren; sich⁴ ergeben.
こうぶつ 《鉱物》das Mineral; das Erz.
こうふん 《興奮》die Aufregung, die Erregung. 興奮する sich⁴ auf|regen, sich⁴ erregen. 興奮させる auf|regen, erregen.
こうへい 《公平な》gerecht, unparteiisch.
こうぼ 《酵母》die Hefe.
こうほう 《広報(活動)》die Öffentlichkeitsarbeit.
こうほうてき 《合法的な》gesetzmäßig, legal, legitim.
こうほしゃ 《候補者》der Kandidat.
こうまい 《高邁な》edel, hochgesinnt.
ごうまん 《高慢》der Stolz, der Hochmut.
ごうまん 《傲慢な》anmaßend, arrogant.
こうみょう 《巧妙な》geschickt, gewandt, fein, klug, listig.
こうむ 《公務》das Amtsgeschäft.
こうむいんしゅくしゃ 《公務員宿舎》die Dienstwohnung.
こうめい 《高名な》renommiert, berühmt.
こうめいせいだい 《公明正大な》aufrichtig, gerecht.
こうよう 《効用》die Nützlichkeit.
こうよう 《広葉の》breitblätterig. 広葉樹 der Laubbaum.
ごうよく 《強欲な》geizig, unersättlich.
こうり 《高利》der Wucherzins.
ごうりてき 《合理的な》vernünftig, rational, rationell. 合理化する rationalisieren.
こうりてん 《小売店》der Laden, das Geschäft.
こうりゅう 《交流》der Austausch.
こうりょ 《考慮する》überlegen, bedenken, berücksichtigen.
こうりょう 《荒涼たる》öde, wüst.
ごうれい 《号令》das Kommando, der Befehl.
こうろ 《航路》der Kurs.
こうろう 《功労》das Verdienst.
こうろん 《口論》der Zank, der Wortwechsel.
こえ 《声》die Stimme.
ごえい 《護衛》die Leibwache, die Leibgarde.
こえがわり 《声変り》der Stimmbruch,

der Stimmwechsel.
こえた 《肥えた》dick, beleibt, fett.
こえて 《…を越えて》über; über ... hinaus.
こえる 《越える》über 〈et⁴〉 gehen (steigen); passieren, überschreiten, übersteigen.
コーヒー der Kaffee.
こおり 《氷》das Eis.
こおる 《凍る》frieren.
ゴール das Ziel; (サッカーの)〜 das Tor.
ごかい 《誤解》das Misverständnis. 誤解する misverstehen.
ごがつ 《五月》der Mai.
こぎって 《小切手》der Scheck.
こきゅう 《呼吸》der Atem, die Atmung. 呼吸する atmen.
こきょう 《故郷》die Heimat.
こぐ 《漕ぐ》rudern.
ごくあくひどう 《極悪非道の》gottlos, verrucht.
こくえい 《国営の》staatlich, national.
こくご 《国語》die Landessprache. 母(国)語 die Muttersprache.
こくさいてき 《国際的な》international.
こくさん 《国産の》einheimisch, inländisch.
こくじん 《黒人》der Schwarze, der Neger.
こくせい 《国政》die Staatsverwaltung.
こくせき 《国籍》die Staatsangehörigkeit.
こくそ 《告訴》der Strafantrag. 告訴する verklagen, an|klagen.
こくそう 《穀倉》der Kornkammer.
こくち 《告知》die Bekanntmachung, die Verkündigung.
こくど 《国土》das Land.
こくどう 《国道》die Landstraße.
こくはく 《告白》das Bekenntnis. 告白する sich⁴ bekennen.
こくばん 《黒板》die Wandtafel.
こくふく 《克服》die Überwindung. 克服する überwinden.
こくべつ 《告別》der Abschied.
こくみん 《国民》das Volk, die Nation. 国民的 national.
こくむだいじん 《国務大臣》der Staatsminister.
こくめい 《克明な》sorgfältig, akkurat.
こくもつ 《穀物》das Getreide, das Korn.
こくりつ 《国立の》staatlich, national.
こくるい 《穀類》das Getreide.
こくれん 《国連》die Vereinten Nationen.
ここ ここに〔で〕 hier.
ごご 《午後》der Nachmittag. 午後に nachmittags.

ココア der Kakao, die Schokolade.

ここちよい 《心地よい》 angenehm, gemütlich, wohltuend.

こころ 《心》 das Herz. 心からの herzlich. 心を圧迫する ⟨j⁴⟩ drücken. 心を占める ⟨j⁴⟩ beschäftigen. 心を強くとらえる ⟨j⁴⟩ packen. 心を引き付ける ⟨j⁴⟩ an|ziehen.

こころみ 《試み》 der Versuch, die Probe. 試みる versuchen, probieren.

こころもとない 《心許ない》 unsicher.

こころよい 《快い》 angenehm. 快い気持 die Lust. 快く gern.

こざかしい 《小賢しい》 naseweis, clever.

こさくにん 《小作人》 der Pächter.

ごさん 《誤算》 die Verrechnung. 誤算する verrechnen.

こし 《腰》die Hüfte, die Lende.

こじ 《孤児》 die Waise.

こじ 《固持する》 auf/bei/in ⟨et³⟩ verharren, auf ⟨et³⟩ bestehen.

こじあける 《こじ開ける》 er|brechen.

こしかけ 《腰掛け》〔ベンチ〕 die Bank;〔椅子〕der Stuhl.

こしかける 《腰掛ける》 sich⁴ setzen. Platz nehmen.

こじき 《乞食》 der Bettler.

こしつ 《個室》 das Einzelzimmer.

こしつ 《固執する》 insistieren, beharren.

こじつけ die Verdrehung. こじつける verdrehen.

こしゅ 《戸主》 der Hausherr, das Familienoberhaupt.

ごじゅん 《語順》 die Wortfolge, die Wortstellung.

こしょう 《故障》 die Panne, die Störung, der Defekt, der Schaden.

コショウ 《胡椒》 der Pfeffer.

こじん 《個人》 das Individuum. 個人的の persönlich, individuell, privat.

こす 《漉す》seihen, filtrieren.

こずえ 《梢》 der Wipfel.

こする reiben.

こせい 《個性》 die Individualität, der Charakter, die Persönlichkeit.

こせこせした kleinlich, pedantisch.

こぜに 《小銭》 das Kleingeld, das Wechselgeld.

ごぜん 《午前》 der Vormittag. 午前に vormittags.

こたい 《固体》 der feste Körper. 固体の fest.

こだい 《古代》 das Altertum;〔ギリシア・ローマの〕die Antike. 古代の altertümlich, alt.

こだい 《誇大な》 übertrieben, überspitzt.

こたえ 《答え》die Antwort. 答える antworten.

たくさん 《子沢山の》 kinderreich.

こだち 《木立ち》das Gehölz, das Wäldchen.

ごちゃごちゃ das Durcheinander. ごちゃごちゃにする durcheinander bringen.

ごちゃごちゃに durcheinander, verwirrt.

こちょう 《誇張》 die Übertreibung. 誇張する übertreiben, überspitzen.

こちらへ her, hierher.

こっか 《国家》der Staat. 国家の staatlich.

こっかい 《国会》das Parlament.

こづかい 《小使い》 der Diener.

こづかい 《小遣い》 das Taschengeld.

こっかく 《骨格》das Knochengerüst, das Skelett.

こっきょう 《国境》 die Landesgrenze, die Grenze.

コック der Koch.

こっけいな komisch, drollig, lustig.

こっこ 《国庫》die Staatskasse.

こっせつ 《骨折》 der Knochenbruch, die Fraktur.

こづつみ 《小包み》 das Paket, das Päckchen.

こっとうひん 《骨董品》 die Antiquitäten ⦅複⦆.

こつばん 《骨盤》das Becken.

コップ das Glas.

コッヘル der Kocher.

こてい 《固定する》 fixieren, befestigen. 固定している fest.

こてん 《古典》die Klassik. 古典の klassisch.

こと 《事》die Sache.

こどう 《鼓動》der Herzschlag. 鼓動する schlagen.

こどうぐ 《小道具》 das Requisiten ⦅複⦆.

ことがら 《事柄》die Sache, die Angelegenheit, die Geschichte.

こどく 《孤独な》einsam.

ことこまかな 《事細かな》 ganz genau;ausführlich, eingehend.

ことし 《今年》dieses Jahr.

ことなる 《異なる》 sich⁴ unterscheiden. 異なった verschieden.

ことに 《殊に》besonders; vor allem.

…ごとに jeder, jedesmal, wenn

ことによると eventuell.

ことば 《言葉》die Sprache. 言葉遣い der Sprachgebrauch.

こども 《子供》das Kind. 子供部屋 das Kinderzimmer. 子供のための本 das Kinderbuch.

ことわざ 《諺》das Sprichwort.

ことわる 《断る》ab|lehnen.

こな 《粉》das Pulver, das Mehl.

こなせっけん 《粉石鹸》das Seifenpulver.

こなゆき 《粉雪》 der Pulverschnee.

ごにん 《誤認》die Verkennung. 誤認する verkennen.

こねる 《捏ねる》kneten.

この dieser.

このあいだ neulich;vor kurzem.

このかん 《この間》inzwischen, unterdessen.

このまえ 《この前の》letzt.

このましい 《好ましい》lieb, wünschenswert.

このむ 《好む》lieben;gern haben;leiden (können または mögen とともに).

こばな 《小鼻》der Nasenflügel.

こばなし 《小話》die Anekdote.

こばむ 《拒む》ab|lehnen, ab|weisen, verweigern; sich⁴ weigern.

こはるびより 《小春日和》 der Altweibersommer, der Nachsommer.

コピー die Kopie. コピーする kopieren.

こびた 《媚びた》 schmeichlerisch, kokett, süß.

こぶ 《鼓舞》die Ermunterung. 鼓舞する ermuntern.

こふ 《護符》der Talisman, das Amulett.

こふう 《古風な》altmodisch, altertümlich, veraltet, obsolet.

こぼす vergießen, verschütten.

コマ 《独楽》der Kreisel.

こまかい 《細かい》fein, klein.

こまく 《鼓膜》das Trommelfell.

こまめ 《小まめな》flink, fix, schnellfüßig.

こまやか 《濃やかな》zärtlich.

こまる 《困る》verlegen sein;in Not sein.

ごみ 《塵》der Müll, der Abfall. ～容器 die Mülltonne.

こみあう 《込みあう》 sich⁴ drängen, überfüllt sein.

こみち 《小道》der Pfad.

ゴム der [das] Gummi.

むぎこ 《小麦粉》das Mehl.

こめ 《米》der Reis.

めかみ 《蟀谷》die Schläfe.

コメント der Kommentar.

こもり 《子守女》das Kindermädchen.

こや 《小屋》die Hütte.

こやし 《肥やし》der Dünger.

こゆう 《固有の》eigen, eigentümlich.

こゆび 《小指》der kleine Finger.

こよみ 《暦》der Kalender.

ごらく 《娯楽》die Vergnügung, die Belustigung.

こらしめる 《懲らしめる》 züchtigen.

こりつ 《孤立》 das Alleinsein,

こりょ 《顧慮》die Rücksicht. 顧慮する berücksichtigen.
ゴルフ das Golf. ゴルフをする Golf spielen.
これ dieser
これまで bisher; bis jetzt.
ころ 《…頃》gegen; um … herum. その頃 damals.
ころがる 《転がる》rollen.
ころす 《殺す》töten, um|bringen.
ごろつき der Schuft, der Schurke.
ころぶ 《転ぶ》(um|)fallen, stürzen.
こわい 《怖い》furchtbar, fürchterlich, schrecklich.
こわがる 《怖がる》sich⁴ fürchten.
こわごわ furchtsam, zaghaft, ängstlich.
こわす 《壊す》(zer)brechen.
こわれる 《壊れる》zerbrechen. 壊れた zerbrochen, kaputt. 壊れて〔いたんで〕いない ganz, unversehrt.
こんい 《懇意な》vertraut.
こんがらかる sich⁴ verwickeln.
こんがん 《懇願》das Flehen. 懇願する an|flehen.
こんき 《根気》die Ausdauer, die Geduld.
こんきゅう 《困窮》die Not.
こんきょ 《根拠》der Grund. 根拠のある begründet, haltbar.
こんく 《困苦》die Not.
コンクール der Wettbewerb, die Konkurrenz.
コンクリート der Beton.
こんけつ 《混血児》der Mischling.
こんげつ 《今月》dieser Monat. 今月に diesen Monat; in diesem Monat.
こんご 《今後は》von nun an (ab); in Zukunft.
コンサート das Konzert.
こんざつ 《混雑》das Gedränge. 混雑した gedrängt, voll.
コンサルタント der Berater.
こんしゅう 《今週》diese Woche.
こんしん 《混信》die Störung.
こんせき 《痕跡》die Spur.
こんぜつ 《根絶》die Ausrottung. 根絶する aus|rotten.
コンセント die Steckdose.
コンソメ die Kraftbrühe.
コンタクトレンズ die Kontaktlinse.
こんだて 《献立》die Speise, das Gedeck.
こんちゅう 《昆虫》das Insekt.
こんど 《今度》diesmal, jetzt; 《この次》nächstes Mal; 《近々》bald.
こんどう 《混同》die Verwechselung.
こんとん 《混沌》das Chaos, die Verwirrung.
こんな solcher; solch ein; so ein.
こんなん 《困難》die Schwierigkeit.
こんにちは Guten Tag!
コンパ der Kommers, die Kneipe.
コンパクト die Puderdose.
コンパス der Zirkel.
こんばん 《今晩》heute abend; 今晩は Guten Abend!
コンピューター der Computer.
コンプレックス der Komplex.
コンベアー das Förderband.
こんぼう 《棍棒》der Knüppel, die Keule.
こんぽう 《梱包》die Packung.
こんぽん 《根本》die Grundlage, das Fundament. 根本的に gründlich; von Grund auf(aus).
こんや 《今夜》heute abend (nacht).
こんやく 《婚約》die Verlobung. 婚約する sich⁴ verloben. 婚約者 der/die Verlobte, der Bräutigam, die Braut.
こんわく 《困惑》die Verlegenheit. 困惑する in Verlegenheit kommen.

さ

さ 《差》die Differenz, der Unterschied.
さあ nun, na.
サービス die Bedienung, die Dienstleistung.
さい 《差異》der Unterschied, die Verschiedenheit.
ざいあく 《罪悪》die Sünde, die Schuld.
さいかい 《再会》das Wiedersehen.
さいかい 《再開する》wieder|eröffnen.
さいぎしん 《猜疑心》der Argwohn.
さいきょういく 《再教育》die Umerziehung. 再教育する um|erziehen.
さいきん 《細菌》die Bakterie.
さいきん 《最近》neulich, kürzlich; vor kurzem. 最近の neuest, jüngst, letzt.
さいくつ 《採掘する》ab|bauen, gewinnen.
サイクリング der Radsport.
さいけつ 《採決する》ab|stimmen.
さいけん 《債券》die Obligation.
ざいげん 《財源》die Einnahmequelle, die Geldquelle.
さいけんとう 《再検討》die Überprüfung. 再検討する überprüfen.
さいげんのない 《際限のない》grenzenlos, endlos.
さいご 《最後》das Ende. 最後の letzt. 最後に schließlich; zu letzt; am Ende; zum Schluss.
さいこう 《採光》die Beleuchtung.
さいこう 《最高の》höchst. 最高速度 die Höchstgeschwindigkeit.
さいころ 《賽子》der Würfel.
さいさきのよい 《幸先のよい》verheißungsvoll.
ざいさん 《財産》das Vermögen, das Eigentum.
さいしき 《彩色》die Farbgebung, das Kolorit.
さいじつ 《祭日》der Feiertag, der Festtag.
さいして 《…に際して》bei, anlässlich.
さいしょ 《最初》der Anfang. 最初の erst. 最初に zuerst, zunächst.
さいしょう 《宰相》der Premierminister, der (Bundes)kanzler.
さいしん 《最新の》letzt, neuest, jüngst.
サイズ die Größe.
さいせい 《再生》die Wiedergeburt, die Regeneration.
さいせい 《再製》die Reproduktion. 再製する reproduzieren.
さいせいき 《最盛期》die Blütezeit.
さいせん 《再選》die Wiederwahl. 再選する wieder|wählen.
さいせん 《賽銭》das Opfergeld.
さいそく 《催促する》auf|fordern, mahnen.
さいだい 《最大の》größt, höchst.
さいたく 《採択》die Annahme. 採択する an|nehmen.
さいだん 《祭壇》der Altar.
さいだん 《裁断する》zu|schneiden.
ざいだん 《財団》die Stiftung.
さいてい 《最低の》niedrigst, mindest, letzt, unterst.
サイド die Seite.
さいなむ 《苛なむ》peinigen, quälen.
さいのう 《才能》das Talent, die Begabung, die Gabe.
さいはい 《采配》das Kommando. 采配を振るう kommandieren.
さいばい 《栽培》der Anbau, die Zucht. 栽培する an|bauen, züchten.
ざいばつ 《財閥》die Finanzistokratie, die Hochfinanz.
さいはん 《再版》die Neuauflage, der Neudruck.
さいばん 《裁判》das Gericht. 裁判官 der Richter.
さいふ 《財布》die Brieftasche, der Geldbeutel, das Portemonnaie.

さいぶん 《細分》die Untergliederung. 細分する unter|gliedern.
さいへん 《再編》die Umgruppierung. 再編する um|gruppieren.
さいほう 《裁縫》die Näharbeit. 裁縫する nähen. 裁縫道具 das Nähzeug.
さいぼう 《細胞》die Zelle.
ざいほう 《財宝》der Schatz.
さいむ 《債務》die Schulden ⓟ.
さいもく 《細目》die Einzelheit.
ざいもく 《材木》das Holz.
ざいりゅう 《在留》ansässig sein, wohnhaft sein.
ざいりょう 《裁量》das Ermessen.
ざいりょう 《材料》das Material, der Stoff.
ざいりょく 《財力》die Geldmittel ⓟ.
ザイル das Seil.
サイレン die Sirene.
サイレント 《サイレントの》stumm.
サイロ der Silo.
さいわい 《幸い》das Glück. 幸いにも glücklicherweise.
…さえ selbst.
さえずる zwitschern.
…さえも sogar.
さお 《竿》die Stange.
さか 《坂》《上り》~ die Steigung, der Aufstieg ; 《下り》~ der Abstieg.
さかい 《境》die Grenze.
さがく 《差額》die Differenz.
さかさ 《逆さ(ま)の》umgekehrt, verkehrt.
さがしだす 《捜し出す》ausfindig machen, aus|suchen.
さがす 《探す》suchen.
さかずき 《杯》der Becher.
さかだてる 《逆立てる》sträuben.
さかな 《魚》der Fisch.
さかのぼる 《流れを》~ hinauf|fahren ; 《時代を》~ zurück|gehen.
さかば 《酒場》die Kneipe, die Schenke.
さからう 《逆らう》sich⁴ wider|setzen.
さかり 《盛り》der Höhepunkt, die Blüte(zeit) ; die Brunst. 盛りである auf dem Höhepunkt [Gipfel] stehen.
さがる 《下がる》fallen, sinken, zurück|gehen, herunter|gehen.
さぎ 《詐欺》der Betrug, der Schwindel.
さきどり 《先取り》die Vorwegnahme. 先取りする vorweg|nehmen.
さきに 《先に》(場所・順位を) voran, voraus ; (時間が)~ vorher, eher, zuerst.
さきばしる 《先走る》vor|greifen, sich⁴ vor|drängen.
さきばらい 《先払い》die Vorauszahlung. 先払いする voraus|zahlen.

さきぶれ 《先触れ》der Vorbote, das Vorzeichen, der Herold.
さきまわり 《先回りする》zuvor|kommen.
さぎょう 《作業》die Arbeit.
さく 《柵》der Zaun.
さく 《咲く》(zer)reißen, spalten.
さく 《裂く》(zer)reißen, spalten.
さくいん 《索引》der Index, das Register, das Verzeichnis.
さくがら 《作柄》die Ernte.
さくじつ 《昨日》gestern.
さくしゃ 《作者》der Autor, der Verfasser.
さくしゅ 《搾取》die Ausbeutung. 搾取する aus|beuten.
さくじょ 《削除する》streichen, aus|streichen.
さくせん 《作戦》die Operation, die Strategie.
さくねん 《昨年》letztes Jahr.
さくばん 《昨晩》gestern abend.
さくひん 《作品》das Werk, die Arbeit.
さくふう 《作風》der Stil, die Manier.
さくぶん 《作文》der Aufsatz.
さくもつ 《作物》die Feldfrucht, die Ernte.
さくや 《昨夜》gestern nacht ; heute nacht.
さくら 《桜》die Kirsche. 桜の木 der Kirschbaum. 桜の花 die Kirschblüte.
さくらん 《錯乱》die Verwirrung.
さくらんぼ 《桜》die Kirsche.
さくりゃく 《策略》der Kunstgriff, die List.
さぐりをいれる 《探りを入れる》sondieren.
さぐる 《探る》(手で)~ tasten ; (原因などを)~ erforschen ; 〔捜す〕suchen.
さくれつ 《炸裂する》zersprengen.
さけ 《酒》der Alkohol ; 〔日本酒〕der Sake, der Reiswein.
さけ 《鮭》der Lachs.
さげすむ 《蔑む》verachten.
さけぶ 《叫ぶ》schreien, rufen.
さけめ 《裂け目》der Riss, der Spalt.
さける 《裂ける》(zer)reißen, platzen ; sich⁴ spalten.
さける 《避ける》aus|weichen, meiden, vermeiden.
さげる 《下げる》senken, herab|setzen ; 〔吊り〕hängen.
ささえる 《支える》stützen, unterstützen. 支えている tragen.
ささげる 《捧げる》hoch|halten, dar|bringen, widmen.
さつ 《査察》die Inspektion.
ささやく flüstern.
さじ 《匙》der Löffel.
さしえ 《挿絵》die Illustration, die Abbildung.
さしおさえる 《差し押える》beschlagnahmen, pfänden.
さしき 《挿し木》der Steckling.

さしこみ 《差し込み》〔プラグ〕der Stecker ; 〔コンセント〕die Steckdose.
さしこむ 《差し込む》stecken ; (光などが)~ fallen.
さしさわり 《差し障り》die Verhinderung.
さしず 《指図する》an|ordnen, an|weisen, befehlen.
さしせまる 《差し迫る》bevor|stehen.
さしだしにん 《差出人》der Absender.
さしつかえ 《差し支え》die Verhinderung. 差し支える verhindert sein.
さしとめる 《差し止める》verbieten.
さひく 《差し引く》ab|ziehen. 差し引き der Abzug. …を差し引いて abzüglich, minus.
さしゅ 《詐取》der Betrug. 詐取する betrügen.
さしょう 《挫傷》die Quetschwunde.
さじん 《砂塵》die Staubwolke.
さす 《刺す》stechen.
さす 《指す》zeigen, hin|weisen, deuten.
さす 《挿す》stecken.
すらい die Wanderung. さすらう wandern.
さする 《擦る》streichen, streicheln.
させき 《座席》der Platz, der Sitz.
させる (人を通じて)…させる lassen ; (ある状態に)させる machen.
させん 《左遷》die Degradierung. 左遷する degradieren.
さそい 《誘い》die Verlockung. 誘いをかける verlocken.
さそう 《誘う》ein|laden, verlocken, an|reizen.
さだめる 《定める》bestimmen, fest|setzen. 定めた fest.
ざちょう 《座長》der Vorsitzende.
さつ 《冊》das Exemplar.
さつ 《札》das Papiergeld, die Banknote.
さついれ 《札入れ》die Brieftasche.
さつえい 《撮影する》fotografieren, auf|nehmen.
サッカー der Fußball.
さっきょく 《作曲》die Komposition. 作曲する komponieren, vertonen. 作曲家 der Komponist.
さっきん 《殺菌》die Sterilisation. 殺菌する sterilisieren.
さっさと schnell, rasch, einfach.
ざっし 《雑誌》die Zeitschrift.
ざつじ 《雑事》die Kleinigkeiten ⓟ.
さつじん 《殺人》der Mord. 殺人者 der Mörder.
さっする 《察する》vermuten, sich

³ vor|stellen, wittern.
ざつぜん 《雑然とした》 unordentlich, durcheinander.
ざっそう 《雑草》 das Unkraut.
さっそく 《早速》 sofort ; auf der Stelle.
さっち 《察知する》 wahr|nehmen, merken, bemerken.
ざっと flüchtig, ungefähr.
さっとう 《殺到する》 an|dringen, an|drängen, an|stürmen.
さっぱり…ない einfach nicht ; durchaus nicht.
さっぷうけい 《殺風景》 öde, nüchtern.
さて nun ; nun aber.
さてい 《査定》die Einschätzung. 査定する ein|schätzen.
さとう 《砂糖》 der Zucker.
さとおや 《里親》 die Pflegeeltern ⑳.
さとご 《里子》 das Pflegekind.
さとす 《諭す》 ermahnen.
さとり 《悟り》 die Einsicht, der Einblick.
さとる 《悟る》 ein|sehen, erkennen, verstehen.
サドル der Sattel.
さなか 《最中に》 inmitten, während.
さなぎ 《蛹》 die Puppe.
さは 《左派》 die Linke.
さばく 《砂漠》 die Sandwüste.
さばく 《裁く》 richten.
さび 《錆》 der Rost. 錆びた verrostet.
さびしい einsam, verlassen, öde.
ざひょう 《座標》 die Koordinate.
さびる 《錆びる》 rosten.
サブタイトル der Untertitel.
さべつ 《差別》 der Unterschied, die Diskriminierung.
サボテン der Kaktus.
さまざまな verschiedenartig, mannigfaltig.
さまたげ 《妨げ》 das Hindernis, die Störung.
さまたげる 《妨げる》 stören, hindern, ab|halten.
さまよう wandern, streifen, umher|irren.
さむい 《寒い》 kalt. 寒さ die Kälte.
さむがる 《寒がる》 frösteln, frieren.
さめた 《冷めた》 kalt.
さもないと oder, sonst.
さや 《莢》 die Hülse.
さや 《鞘》 die Scheide.
さゆうされる 《左右される》 ab|hängen ; abhängig sein.
さよう 《作用》 die Wirkung.
さようなら Auf Wiedersehen!
さら 《皿》 der Teller.
さらけだす 《曝け出す》 auf|decken, enthüllen, entblößen.
さらす 《晒す》 bleichen.
サラダ der Salat.
さらに 〔先へ〕 weiter ; 〔その上〕

noch, außerdem, ferner, zudem.
さる 《猿》 der Affe.
さる 《去る》 weg|gehen, verlassen.
さわ 《沢》 der Sumpf, der Morast.
さわがしい 《騒がしい》 lärmend, laut.
さわぎ 《騒ぎ》 der Lärm.
さわぐ 《騒ぐ》 lärmen, Lärm machen.
ざわつく rauschen, unruhig sein, geräuschvoll sein.
さわる 《触る》 berühren, fühlen, tasten.
さわる 《障る》 schaden, beeinträchtigen, hindern.
さんか 《参加する》 teil|nehmen. 参加者 der Teilnehmer.
さんか 《産科》 die Geburtshilfe, die Gynäkologie.
ざんがい 《残骸》 die Trümmer ⑳.
さんかく 《三角》 das Dreieck. 三角の dreieckig.
さんがく 《山岳》 das Gebirge.
ざんがく 《残額》 der Restbetrag, der Rest.
さんがつ 《三月》 der März.
ざんぎゃく 《残虐な》 grausam, greulich, brutal.
さんぎょう 《産業》 die Industrie.
ざんきん 《残金》 die Restsumme, der Restbetrag.
サングラス die Sonnenbrille.
ざんげ 《懺悔》 die Beichte. 懺悔する beichten.
さんこうにする 《参考にする》 nach|schlagen. 参考書 das Nachschlagewerk. 参考文献 die Literatur.
ざんこく 《残酷な》 grausam, brutal.
さんしゅつ 《産出》 die Erzeugung. 産出する erzeugen.
ざんしん 《斬新な》 neuartig, originell.
さんすう 《算数》 das Rechnen.
さんせい 《賛成する》 zu|stimmen ; für 〈j⁴/et⁴〉 sprechen. それに賛成している dafür sein.
さんぜん 《燦然たる》 glänzend.
さんそ 《酸素》 der Sauerstoff, das Oxygen.
さんそう 《山荘》 das Landhaus, die Villa.
ざんぞう 《残像》 das Nachbild.
サンダル die Sandale.
さんち 《山地》 das Bergland.
さんち 《残置する》 zurück|lassen, hinterlassen.
さんちょう 《山頂》 der Berggipfel.
さんてい 《算定》 die Berechnung. 算定する berechnen.
ざんていてき 《暫定的な》 vorläufig, provisorisch.

さんどう 《賛同》 die Zustimmung. 賛同する zu|stimmen, bei|pflichten.
ざんねん 《残念な》 schade, bedauerlich. 残念ながら leider. 残念に思う Es tut 〈j³〉 leid.
さんばし 《桟橋》 die Landungsbrücke.
ざんぱん 《残飯》 der Speiserest.
さんび 《賛美》 das Lob. 賛美する lob|preisen, verherrlichen.
さんぷ 《産婦》 die Wöchnerin.
さんぷ 《散布する》 streuen.
ざんぶ 《残部》 der Rest, das Überbleibsel.
さんぷく 《山腹》 der Bergabhang, die Halde.
さんぶん 《散文》 die Prosa. 散文的な prosaisch.
さんぽ 《散歩》 der Spaziergang. 散歩する spazieren gehen.
さんまん 《散漫な》 zerstreut, unzusammenhängend.
さんみ 《酸味》 die Säure.
さんみゃく 《山脈》 das Gebirge.
さんゆこく 《産油国》 das Ölförderland.
ざんりゅう 《残留する》 zurück|bleiben.

し

し 《市》 die Stadt
し 《死》 der Tod.
し 《詩》 das Gedicht, die Poesie.
じ 《字》 das Schriftzeichen.
じ 《時》 (die) Uhr. 1時 ein Uhr ; 2時 zwei Uhr.
しあい 《試合》 das Spiel, der Wettkampf.
しあげる 《仕上げる》 fertig stellen(machen), vollenden.
しあわせ 《幸せ》 das Glück. 幸せな glücklich.
しあん 《試案》 der Entwurf.
しい 《思惟》 das Denken.
しい 《恣意》 die Willkür.
しいくする 《飼育する》 züchten, ziehen.
シーズン die Saison, die Jahreszeit.
シードする setzen.
ジーパン die Nietenhose, Jeans ⑳.
シーン die Szene.
じいん 《寺院》 der Tempel, der Schrein.
しうんてん 《試運転》 die Probefahrt.
しえい 《市営の》 städtisch.
ジェスチャー die Geste.
ジェットき 《ジェット機》 das Düsenflugzeug.
しお 《塩》 das Salz.
しおかぜ 《潮風》 der Seewind.
しおづけ 《塩漬にする》 ein|salzen, ein|pökeln.
しおり 《栞》 das Lesezeichen.
しか 《鹿》 der Hirsch.

しか 《市価》der Marktpreis.
じか 《時価》der Tagespreis.
しかい 《司会》die Leitung. 司会する leiten; den Vorsitz führen.
しかい 《視界》der Gesichtskreis.
しかい 《歯科医》der Zahnarzt.
しがいちず 《市街地図》der Stadtplan.
しかく 《四角》das Viereck. 四角の viereckig.
しかく 《視覚》der Gesichtssinn.
しかく 《資格》die Befähigung, die Berechtigung, die Qualifikation. 資格のある befähigt, qualifiziert.
しがく 《史学》die Geschichtswissenschaft.
しがく 《私学》die Privatschule.
しがく 《詩学》die Poetik.
しかし aber, doch, allein.
じがじさん 《自画自賛》das Eigenlob.
じかせい 《自家製の》hausgemacht.
じがぞう 《自画像》das Selbstbildnis.
しかた 《仕方》die Art, die Weise. 仕方がない Da kann man nichts machen.
しがつ 《四月》der April.
しかつめらしい förmlich, ernsthaft.
しかつもんだい 《死活問題》die Lebensfrage.
しか…ない nur, bloß.
しかも noch dazu; und zwar.
しかる 《叱る》schelten, schimpfen, tadeln.
しかん 《士官》der Offizier. 下士官 Unteroffizier.
しがん 《志願》die Bewerbung. 志願する sich⁴ bewerben.
じかん 《時間》die Zeit; (単位としての)～ die Stunde. 一時間 eine Stunde. 時間どおりの pünktlich.
しき 《式》die Feier, die Zeremonie.
しき 《四季》die vier Jahreszeiten.
しき 《指揮する》führen, befehligen; [音楽] dirigieren.
じき 《時期》die Zeit, die Periode.
じき 《時機》die günstige Gelegenheit; der richtige Augenblick; die Chance.
じき 《磁気》der Magnetismus.
じき 《磁器》das Porzellan.
しきいし 《敷石》der Pflasterstein.
しきじ 《式辞》die Festrede, die Ansprache.
しきしゃ 《識者》der Gebildete. der Kenner.
しきそ 《色素》der Farbstoff.
しきち 《敷地》das Grundstück,

der Bauplatz.
しきてん 《式典》die Zeremonie.
しきもう 《色盲の》farbenblind.
しきもの 《敷物》der Teppich.
しきゅう 《支給する》versorgen.
しきゅう 《至急の》dringend; sehr eilig.
じきゅう 《時給》der Stundenlohn.
じきゅうりょく 《持久力》die Ausdauer.
しきょう 《市況》die Marktlage.
じぎょう 《事業》das Unternehmen.
しきり 《頻りに》häufig, wiederholt, unaufhörlich.
しきん 《資金》die Mittel ㉘, das Kapital.
しきんせき 《試金石》der Prüfstein.
しく 〈市区〉der Stadtbezirk, der Stadtteil.
しく 《敷く》legen, belegen.
しぐさ 《仕草》die Gebärde, das Verfahren.
しげき 《刺激》der Reiz, der Anreiz, die Aufreizung, die Anregung. 刺激する reizen, anreizen, an|regen, auf|reizen. 刺激的な aufreizend, heiß.
しげみ 《茂み》das Dickicht, das Gebüsch.
しけん 《試験》die Prüfung, das Examen.
じけん 《事件》der Fall, das Ereignis, die Angelegenheit.
じこ 《事故》der Unfall; (大きな)～ das Unglück.
しこう 《志向》die Intention, die Gesinnung.
しこう 《指向》die Ausrichtung. 指向する aus|richten.
しこう 《施行》die Ausführung. 施行する aus|führen.
しこう 《嗜好》der Geschmack, die Neigung. 嗜好品 das Genussmittel.
じこう 《時効》die Verjährung.
じこく 《時刻》die Zeit, der Zeitpunkt, die Uhrzeit.
じこくひょう 《時刻表》das Kursbuch, der Fahrplan.
しごと 《仕事》die Arbeit, das Geschäft.
しさ 《示唆》die Andeutung. 示唆する an|deuten.
しさい 《司祭》der Priester, der Pfarrer.
しさん 《資産》das Vermögen, das Gut.
しし 《志士》der Patriot.
しじ 《事実》die Unterstützung. 支持する unterstützen.
じじつ 《事実》die Tatsache.
ししゃ 《使者》der Bote, der Abgesandte.
じしゃく 《磁石》der Magnet.
ししゅう 《詩集》die Gedichtsammlung.

ししゅつ 《支出》die Ausgaben ㉘. 支出する aus|geben.
じしゅてき 《自主的な》selbständig.
ししゅんき 《思春期》die Pubertät.
じしょ 《辞書》das Wörterbuch, das Lexikon.
ししょう 《支障》das Hindernis.
じしょう 《自称》angeblich.
じじょう 《事情》die Sache, die Umstände ㉘. 事情によっては unter Umständen.
ししょく 《試食する》kosten, probieren.
じしょく 《辞職》der Rücktritt; 辞職する zurück|treten.
じじょでん 《自叙伝》die Autobiographie, die Selbstbiographie.
ししん 《指針》der Zeiger, die Richtlinien ㉘.
しじん 《詩人》der Dichter, der Poet.
じしん 《地震》das Erdbeben.
じしん 《自信》das Selbstvertrauen, die Selbstsicherheit. 自信がある selbstsicher sein.
しずかな 《静かな》still, ruhig.
しずく 《滴》der Tropfen.
しずけさ 《静けさ》die Stille, die Ruhe.
システム das System.
しずむ 《沈む》sinken, unter|gehen, sich⁴ senken.
しずめる 《沈める》senken.
しずめる 《鎮める》beruhigen.
しせい 《姿勢》die Haltung, die Stellung, die Lage.
じせい 《自制》die Selbstbeherrschung. 自制する sich⁴ beherrschen.
しせいかつ 《私生活》das Privatleben.
しせん 《視線》der Blick, das Auge.
しぜん 《自然》die Natur.自然科学 die Naturwissenschaft.
じぜん 《慈善》die Wohltätigkeit.
じぜん 《事前に》vorher, im voraus.
しそう 《思想》der Gedanke, die Idee.
じそく 《時速》die Stundengeschwindigkeit.
しぞく 《持続》die Fortdauer.
しそん 《子孫》der Nachkomme.
じそんしん 《自尊心》das Ehrgefühl.
した 《下》下に unten. その下に darunter. 下の unter.
した 《舌》die Zunge.
したい 《肢体》das Glied.
したい 《姿態》die Gestalt, die Figur.
…したい mögen. …したいと思う wollen.
じだい 《時代》die Zeit, das Zeitalter.
しだいに 《次第に》allmählich;

nach und nach.
したう 《慕う》sich⁴ sehnen.
したがう 《従う》folgen, gehorchen; auf ⟨j⁴/et⁴⟩ hören; sich⁴ in ⟨et⁴⟩ schicken; sich⁴ an ⟨et⁴⟩ halten.
したがって 《従って》folglich, daher, also, deshalb. …に従って nach, entsprechend.
したぎ 《下着》die Unterwäsche.
したくのできた 《支度のできた》fertig.
したじ 《下地》(図柄・壁紙・織物などの)〜 der Grund.
したしい 《親しい》intim, befreundet, vertraut.
したたる 《滴る》tropfen, tröpfeln.
したばら 《下腹》der Unterleib.
したへ 《下へ》(上からこちらへ) herunter；(むこうの)〜 hinunter；《下の方へ》abwärts.
じだらく 《自堕落な》liederlich.
しち 《質》das Pfand.
しちがつ 《七月》der Juli.
しちめんちょう 《七面鳥》das Truthuhn.
しちゅう 《支柱》die Stütze.
シチュー die Geschmorte.
しちょう 《市長》der Bürgermeister, der Oberbürgermeister.
じちょう 《自嘲》die Selbstverachtung.
しつ 《質》die Qualität.
しつう 《歯痛》die Zahnschmerzen ⓟ.
じっか 《実家》das Elternhaus.
しっかく 《失格》die Disqualifikation. 失格する disqualifiziert werden.
しっかりした fest, solid, stark, sicher.
しっきゃく 《失脚》der Sturz. 失脚させる stürzen.
しつぎょう 《失業》die Arbeitslosigkeit. 失業する arbeitslos werden.
じつぎょうか 《実業家》der Geschäftsmann.
シック schick.
しっくい 《漆喰》der Mörtel.
しっけ 《湿気》die Feuchtigkeit. 湿気のある feucht, nass.
しつける erziehen.
じっけん 《実験》das Experiment, der Versuch.
じつげん 《実現》die Verwirklichung, die Realisierung. 実現する verwirklichen, realisieren.
しつこい hartnäckig, lästig；(食べ物が)〜 schwer；(色彩が)〜 grell.
しっこう 《執行》die Vollstreckung. 執行する vollstrecken.
じっこう 《実行する》aus|führen, durch|führen.
じっさい 《実際》die Wirklichkeit, die Tatsache, die Praxis. 実際の wirklich, tatsächlich, praktisch. 実際に in der Tat.

じつざい 《実在》die Realität, die Wirklichkeit.
じっし 《実施》der Vollzug. 実施する vollziehen.
じっしょう 《実証》der Beweis, die Bestätigung. 実証する beweisbestätigen.
じっしんほう 《十進法》das Dezimalsystem.
しっせき 《叱責》der Tadel, die Rüge. 叱責する tadeln, rügen.
じっせん 《実践する》praktizieren；⟨et⁴⟩ in die Tat um|setzen；⟨et³⟩ gemäß leben.
しっそ 《質素な》schlicht, einfach, bescheiden.
じつぞん 《実存》die Existenz.
じったい 《実体》die Substanz, das Wesen.
じっち 《実地》die Praxis.
じっちょく 《実直な》ehrlich, bieder, brav.
しっている 《知っている》 kennen, wissen；sich⁴ auf ⟨et⁴⟩ verstehen.
しっと 《嫉妬》die Eifersucht, der Neid.
しっぱい 《失敗》der Misserfolg, das Misslingen. 失敗する missglücken, misslingen, scheitern.
しつぼう 《失望》die Enttäuschung. 失望させる enttäuschen.
しつもん 《質問》die Frage. 質問する fragen.
しつよう 《執拗な》hartnäckig, zudringlich.
じつようてき 《実用的な》praktisch, zweckmäßig.
しつりょう 《質量》die Masse.
しつれい 《失礼な》unhöflich.
していせき 《指定席》der reservierte Platz.
してき 《指摘》der Hinweis. 指摘する hin|weisen.
してき 《私的な》privat.
してん 《支店》das Zweiggeschäft, die Filiale.
してん 《支点》der Stützpunkt, der Drehpunkt.
してん 《視点》der Gesichtspunkt, der Blickpunkt.
しでん 《市電》die Straßenbahn, die Tram.
じてん 《時点》der Zeitpunkt.
じてん 《事典》das Lexikon, das Realleksikon, das Sachwörterbuch. 百科事典 die Enzyklopädie.
じてん 《辞典》das Wörterbuch.
じてんしゃ 《自転車》das Fahrrad, das Rad. 自転車に乗る rad|fahren.
しどう 《始動》der Start.
しどう 《指導する》führen, leiten.
じどうしゃ 《自動車》der Wagen, das Auto, das Kraftfahrzeug.
じどうの 《自動の》automatisch.
じどうはんばいき 《自動販売機》

der Automat.
しとげる 《し遂げる》vollbringen, durch|führen.
しどろもどろ verworren.
しなう 《撓う》sich⁴ biegen.
しなぎれ 《品切れ》ausverkauft.
しなもの 《品物》die Ware, der Artikel.
シナリオ das Drehbuch.
しにん 《死人》der Tote.
しぬ 《死ぬ》sterben.
しのびこむ 《忍び込む》 sich⁴ ein|schleichen, sich⁴ stehlen.
しのぶ 《忍ぶ》ertragen, erdulden, aus|stehen.
しば 《芝素な》schlicht, einfach, bescheiden.
しはい 《支配する》regieren, beherrschen.
しばい 《芝居》das Theater, das Schauspiel.
しはいにん 《支配人》der Manager, der Geschäftsführer.
じはく 《自白》das Geständnis. 自白する gestehen, ein|gestehen.
しばしば oft, häufig.
じはつてき 《自発的な》freiwillig, spontan.
しばふ 《芝生》der Rasen, der Rasenplatz, das Gras.
しはらう 《支払う》zahlen, bezahlen. 支払い期間が来た fällig.
しばらく 《暫く(の間)》eine Weile；eine Zeitlang.
しばる 《縛る》binden, fesseln.
しはん 《市販の》verkäuflich.
しはんき 《四半期》 das Vierteljahr.
じひ 《慈悲》die Barmherzigkeit.
しひょう 《指標》das Kennzeichen.
しびれる 《痺れる》ein|schlafen；gelähmt werden.
しぶ 《支部》die Zweigstelle.
じふ 《自負》das Selbstgefühl.
しふく 《至福》die Seligkeit.
しふく 《私服》die Zivilkleidung, der Straßenanzug.
しぶしぶ 《渋々》ungern, widerwillig.
しぶとい zäh, unnachgiebig.
じぶん 《自分》das Selbst. (自分)自身 selbst. 自分自身で selber. 自分(自身)の eigen.
しへい 《紙幣》das Papiergeld, der Geldschein.
しへん 《紙片》der Zettel.
しへん 《思弁》die Spekulation.
じへん 《事変》der Vorfall, das Ereignis.
しほう 《司法》die Justiz, die Rechtspflege. 司法権 die Judikative.
しほう 《四方》vier [alle] Seiten. 四方から von allen Seiten.
しぼう 《脂肪》das Fett. 脂肪(分)の多い fett.
じほう 《時報》die Zeitansage.
しほん 《資本》das Kapital.
しま 《島》die Insel.

しまい 《姉妹》die Schwester.
じまく《字幕》der Untertitel.
しまぐに《島国》das Inselreich.
しまり《締まりのない》 schlaff, locker.
しまる《閉まる》schließen.
じまん《自慢する》prahlen, sich⁴ rühmen.
しみこむ《染み込む》ein|sickern, ein|dringen.
しみつく《染み付く》sich⁴ setzen.
しみとおる《染み通る》 durch|dringen.
しみん《市民》der Bürger.
じむ《事務》die Büroarbeit, das Geschäft. 事務室[所] das Büro.
しめい《氏名》der Name.
しめい《使命》die Aufgabe, die Mission, die Sendung.
しめあわせる《示し合わせる》 verabreden, vereinbaren.
しめす《示す》zeigen, weisen.
しめす《湿す》befeuchten, an|feuchten.
しめだす《締め出す》 aus|schließen.
しめる《占める》besetzen, ein|nehmen.
しめる《閉める》schließen, zu|machen.
じめん《地面》der (Erd)boden, die Erde.
しも《霜》der Reif. 霜が降りる Es reift.
しや《視野》das Gesichtsfeld, das Blickfeld.
ジャーナリスト der Journalist.
シャープペンシル （回転式の）〜 der Drehbleistift ;（ノック式の）〜 der Druckbleistift.
しゃかい《社会》die Gesellschaft. 社会主義 der Sozialismus. 社会学 die Soziologie.
じゃがいも die Kartoffel.
じゃくおんき《弱音器》 der Dämpfer.
しゃくし《杓子》der Schöpflöffel. 杓子定規の pedantisch, bürokratisch.
じゃくし《弱視の》 schwachsichtig.
しやくしょ《市役所》 das Rathaus.
じゃくてん《弱点》 die Schwäche.
しゃくど《尺度》das Maß.
しゃくねつ《灼熱》die Glut. 灼熱する glühen.
しゃくほう《釈放》die Freilassung. 釈放する frei|lassen, betreuen.
しゃくめい《釈明する》entschuldigen ; sich⁴ rechtfertigen.
しゃくやにん《借家人》der Mieter.
しゃくよう《借用》die Entlehnung. 借用する entlehnen, sich³ borgen.
しゃげき《射撃》der Schuss. 射撃する schießen.
しゃこ《車庫》die Garage.
しゃしょう《車掌》 der Schaffner.
しゃしん《写真》das Foto, das Bild, die Aufnahme. 写真家 der Fotograf. 写真機 die Kamera, der Fotoapparat. 写真を撮る fotografieren ; von ⟨j³/et³⟩ eine Aufnahme machen.
…やすい leicht, gern(e).
じゃすい《邪推》der Argwohn. 邪推する beargwöhnen.
しゃせん《車線》die Fahrspur.
しゃだん《遮断する》sperren, ab|sperren, ab|schneiden, ab|schalten, unterbrechen.
しゃちょう《社長》der Firmenchef, der Direktor.
シャツ das Hemd, das Unterhemd.
しゃっかん《借款》die Anleihe.
じゃっかん《若干の》 einige, mehrere, verschieden.
じゃっき《惹起する》verursachen, veranlassen.
しゃっきん《借金》 die Schulden.
シャッター der Rolladen.
しゃどう《車道》die Fahrbahn, der Fahrweg ;（家から建物・中庭・ガレージまでの）〜 die Einfahrt.
しゃにくさい《謝肉祭》der Karneval, der Fasching.
しゃにむに《遮二無二》 rücksichtslos.
しゃふつする《煮沸する》 auf|kochen lassen ; ⟨et⁴⟩ zum Kochen bringen.（消毒のために）〜 aus|kochen.
しゃぶる lutschen.
しゃべる schwatzen, plaudern.
シャベル die Schaufel.
しゃほん《写本》 die Handschrift.
じゃまになる《邪魔になる》stören, auf|halten.
ジャム die Marmelade.
しゃめん《斜面》der Abhang, das Gefälle, die Steigung.
じゃり《砂利》der Kies.
しゃりょう《車両》（鉄道の）〜 der Wagen.
しゃりん《車輪》das Rad.
しゃれい《謝礼》die Belohnung, das Honorar.
シャワー die Dusche. シャワーを浴びる duschen.
ジャングル der[das] Dschungel.
ジャンパー der Jumper.
シャンプー das Schampun.
しゅう《州》（ドイツの）〜 das Land.
しゅう《週》die Woche.
しゆう《市有の》städtisch.
しゆう《私有の》privat.
じゅう《銃》das Gewehr.
じゆう《自由》die Freiheit. 自由な frei.
じゅうあつ《重圧》der Druck, die Belastung.
しゅうい《周囲》 der Umkreis, der Umfang, die Umgebung.
じゅうい《獣医》 der Tierarzt, der Veterinär.
じゅういちがつ《十一月》 der November.
しゅうう《驟雨》die Regenschauer.
しゅうえき《収益》der Ertrag, der Gewinn.
しゅうかく《収穫》die Ernte.
じゅうがつ《十月》der Oktober.
しゅうかん《習慣》die Gewohnheit, die Regel.
しゅうかん《週間》die Woche.
しゅうかんし《週刊誌》 die Wochenschrift.
しゅうき《臭気》der Gestank.
じゅうき《銃器》das Gewehr.
しゅうきゅう《週給》 der Wochenlohn.
じゅうきょ《住居》die Wohnung.
しゅうきょう《宗教》die Religion.
しゅうぎょう《修業》die Ausbildung, die Lehre.
じゅうぎょういん《従業員》der Mitarbeiter, der/die Angestellte, das Personal.
しゅうきょく《終曲》das Finale.
しゅうけい《集計する》 zusammen|rechnen, summieren.
じゅうけつ《充血》 der Blutandrang.
しゅうごう《集合する》sich⁴ versammeln, zusammen|kommen.
じゅうこうぎょう《重工業》 die Schwerindustrie.
じゅうごふん《十五分》die Viertelstunde.
しゅうさく《習作》die Studie, die Etüde.
しゅうし《修士》der Magister.
じゅうじ《十字》das Kreuz. 赤十字 das Rote Kreuz.
じゅうじ《従事している》mit ⟨et³⟩ beschäftigt sein ; an ⟨et³⟩ arbeiten.
しゅうじがく《修辞学》die Rhetorik, die Redekunst.
しゅうしゅく《収縮》die Zusammenziehung. 収縮する zusammen|ziehen.
じゅうしょ《住所》die Adresse, die Anschrift.
しゅうしょく《就職口》die Stelle, die Anstellung.
しゅうじん《囚人》der Gefangene, der Häftling.
じゅうしん《重心》 der Schwerpunkt.
しゅうせい《修正》die Abänderung. 修正する ab|ändern, korrigieren.
しゅうせい《終生》zeitlebens.
しゅうせき《集積》der Anhäufung. 集積する an|häufen.

しゅうぜん 《修繕》 die Reparatur. 修繕する reparieren.
しゅうせんや 《周旋屋》 der Makler.
じゅうぞく 《従属》 die Unterordnung, die Abhängigkeit.
じゅうたい 《渋滞》 der Stau, die Verkehrsstockung.
じゅうだい 《重大な》 wichtig, schwer, ernst.
じゅうたく 《住宅》 das Wohnhaus, die Wohnung.
じゅうたん 《絨毯》 der Teppich.
じゅうだん 《銃弾》 die Kugel.
しゅうち 《周知の》 bekanntlich.
しゅうちしん 《羞恥心》 die Scham, das Schamgefühl.
しゅうちゅう 《集中する》 konzentrieren. 精神を集中する sich^4 konzentrieren ; sich^4 auf 〈et^4〉 legen.
しゅうてん 《終点》 die Endstation.
じゅうでん 《充電》 die Ladung.
しゅうと 《舅》 der Schwiegervater.
しゅうとう 《周到な》 umsichtig, sorgfältig.
しゅうどういん 《修道院》 das Kloster.
しゅうどうじょ 《修道女》 die Nonne.
しゅうとく 《習得》 die Aneignung. 習得する sich^3 an|eignen, erlernen.
しゅうとめ 《姑》 die Schwiegermutter.
じゅうにがつ 《十二月》 der Dezember.
しゅうにゅう 《収入》 das Einkommen, die Einkünfte [複].
しゅうは 《宗派》 die Sekte, die Konfession.
しゅうはすう 《周波数》 die Frequenz.
じゅうびょう 《重病の》 schwerkrank.
しゅうふく 《修復》 die Ausbesserung. 修復する aus|bessern.
じゅうぶんに 《十分に》 genug, wohl, gut 十分である genügen. 十分にない fehlen, mangeln.
しゅうへん 《周辺》 die Umgebung, der Umkreis, das Randgebiet. …の周辺に um ... herum.
しゅうまつ 《週末》 das Wochenende.
じゅうみん 《住民》 der Einwohner, die Bevölkerung.
しゅうゆう 《周遊》 die Rundreise, die Rundfahrt.
しゅうよう 《収容する》 auf|nehmen, unter|bringen.
じゅうよう 《重要》重要である wichtig sein, viel bedeuten ; gelten. 重要性 die Wichtigkeit, die Bedeutung, das Gewicht.
しゅうり 《修理》 die Reparatur. 修理する reparieren. 修理工場 die Reparaturwerkstatt.
しゅうろく 《収録》 die Aufnahme. 収録する auf|nehmen.
しゅうわい 《収賄》 die Bestechung. 賄賂を贈られる sich^4 bestechen lassen.
しゅかんてき 《主観的な》 subjektiv.
しゅき 《手記》 die Notiz.
しゅぎ 《主義》 der Grundsatz, das Prinzip.
じゅぎょう 《授業》 der Unterricht. 授業時間 die Stunde.
しゅぎょく 《珠玉》 der Edelstein, das〔der〕 Juwel.
しゅくい 《祝意》 der Glückwunsch. 祝意を表する gratulieren.
しゅくが 《祝賀》 die Gratulation, der Glückwunsch.
しゅくさいび 《祝祭日》 das Fest, der Festtag.
じゅくした 《熟した》 reif.
しゅくじつ 《祝日》 der Feiertag.
しゅくしゃ 《宿舎》 das Quartier.
しゅくしょ 《宿所》 die Unterkunft.
しゅくしょう 《縮小する》 verkleinern ; sich^4 verkleinern.
しゅくだい 《宿題》 die Hausaufgabe, die Hausarbeit.
じゅくち 《熟知する》 sich^4 aus|kennen.
しゅくてん 《祝典》 die Feier, das Fest.
しゅくはく 《宿泊》 die Übernachtung. 宿泊する übernachten.
しゅくふく 《祝福》 der Segen. 祝福する segnen.
じゅくりょ 《熟慮》 die Überlegung. 熟慮する überlegen, nach|denken.
じゅくれん 《熟練》 die Geschicklichkeit.
しゅげい 《手芸》 die Handarbeit.
しゅけん 《主権》 die Souveränität. 主権をもっている souverän. 主権者である regieren.
しゅご 《守護》 der Schutz.
しゅこうぎょう 《手工業》 das Handwerk.
じゅし 《樹脂》 das Harz.
しゅじい 《主治医》 der Chefarzt.
しゅしゃせんたく 《取捨選択する》 aus|wählen.
しゅじゅつ 《手術》 die Operation. 手術する operieren.
しゅしょう 《首相》 der Premierminister ; (ドイツの)～ der Bundeskanzler.
しゅしょう 《殊勝な》 löblich, lobenswert.
しゅじん 《主人》 der Herr ; 〔配偶者〕 mein Mann. 〔ホスト〕der Gastgeber.
じゅしん 《受信》 der Empfang. 受信機 der Empfänger.
じゅせい 《受精》 die Befruchtung. 受精する befruchtet werden.
しゅぞく 《種族》 der Stamm.
じゅたい 《受胎》 die Empfängnis.
じゅだく 《受諾》 die Annahme. 受諾する an|nehmen.
しゅだん 《手段》 das Mittel.
しゅちてき 《主知的な》 intellektuell.
しゅちょう 《主張》 die Behauptung. 主張する behaupten, wollen. 主張して譲らない auf 〈et^3〉 bestehen.
しゅつがん 《出願》 die Anmeldung. 出願する an|melden.
しゅっけつ 《出血》 die Blutung. 出血する bluten.
しゅつげん 《出現する》 erscheinen, auf|treten.
しゅっこく 《出国する》 aus|reisen.
しゅっさん 《出産》 die Geburt. 出産する gebären.
しゅっし 《出資》 die Geldanlage.
しゅっしょう 《出生》 die Geburt. 出生地 der Geburtsort.
しゅっしん 《出身である》 stammen ; aus 〈et^3〉 sein 〔kommen〕.
しゅっせい 《出征》 der Feldzug.
しゅっせき 《出席》 die Anwesenheit. 出席している anwesend sein. 出席者 der/die Anwesende, der Teilnehmer.
しゅっちょう 《出張》 die Dienstreise, die Geschäftsreise.
しゅっぱつ 《出発》 die Abfahrt, die Abreise, der Aufbruch. 出発する ab|fahren, ab|reisen, auf|brechen. 出発点 der Ausgangspunkt.
しゅっぱん 《出版》 die Veröffentlichung, die Herausgabe. 出版する veröffentlichen, heraus|geben, publizieren.
しゅと 《首都》 die Hauptstadt, die Metropole.
しゅどう 《手動の》 manuell.
じゅどうてき 《受動的な》 passiv.
じゅひ 《樹皮》 die Rinde.
しゅひん 《主賓》 der Ehrengast.
しゅふ 《主婦》 die Hausfrau.
しゅぼうしゃ 《首謀者》 der Anführer.
しゅみ 《趣味》 der Geschmack ; 〔道楽〕 die Liebhaberei, das Hobby. 趣味のよい geschmackvoll, elegant.
じゅもん 《呪文》 die Zauberformel.
しゅよう 《腫瘍》 die Geschwulst, der Tumor.
じゅよう 《需要》 die Nachfrage, der Bedarf.
しゅような 《主要な》 hauptsächlich, wichtig, groß. 主要な点 die Hauptsache.
じゅりつ 《樹立》 die Errichtung.

樹立する errichten, gründen.
しゅりょう 《狩猟》die Jagd.
しゅるい 《種類》 die Art, die Gattung.
しゅわ 《手話》die Fingersprache.
じゅわき 《受話器》der Telefonhörer.
じゅんい 《順位》die Rangordnung.
じゅんか 《純化》die Läuterung. 純化する läutern.
じゅんかん 《瞬間》der Augenblick, der Moment.
じゅんけつ 《純潔》die Keuschheit, die Unschuld.
じゅんじょ 《順序》die Ordnung, die Reihenfolge.
じゅんちょう 《順調な》glatt, reibungslos.
じゅんに 《順に》nacheinander, hintereinander; der Reihe nach.
じゅんのう 《順応する》sich⁴ in ⟨et⁴⟩ finden; sich⁴ an|passen.
じゅんび 《準備》die Vorbereitung. 準備のできた fertig. 準備をする vor|bereiten.
じゅんれい 《巡礼》die Pilgerfahrt, die Wallfahrt.
しょう 《章》das Kapitel.
しょう 《賞》der Preis.
しょう 《使用》der Gebrauch, die Benutzung.
じょう 《錠》das Schloss.
じょう ⟨…乗⟩[数学] hoch.
じょう ⟨…嬢⟩das Fräulein; die Frau.
じょう 《滋用》滋用に富んだ nahrhaft, kräftig.
じょういん 《乗員》die Besatzung.
しょううちゅう 《小宇宙》der Mikrokosmos.
しょうか 《昇華》die Sublimierung. 昇華する sublimieren.
しょうかい 《紹介》die Vorstellung, die Empfehlung. 紹介する vor|stellen.
しょうかい 《照会》die Anfrage. 照会する an|fragen.
しょうがい 《障害》das Hindernis, die Störung, die Behinderung.
しょうがくきん 《奨学金》das Stipendium.
しょうがつ 《正月》 das Neujahr.
しょうがっこう 《小学校》 die Grundschule.
しょうかん 《召喚》 die Vorladung. 召喚する vor|laden.
じょうき 《蒸気》der Dampf.
じょうき ⟨上記の⟩obengenannt.
じょうぎ 《定規》das Lineal.
しょうきぼに 《小規模に》in kleinem Umfang.
しょうきゃく 《焼却》die Verbrennung. 焼却する verbrennen.
じょうきゃく 《乗客》der Fahrgast, der Passagier.

しょうきゅう 《昇給》die Gehaltserhöhung, die Gehaltsaufbesserung.
しょうぎょう 《商業》der Handel, der Kommerz.
じょうきょう 《状況》die Situation, die Sachlage.
しょうきょくてき 《消極的な》passiv.
じょうきをいっした 《常軌を逸した》exzentrisch, ausschweifend.
しょうきん 《賞金》der Preis, die Dotation.
じょうけい 《情景》der Anblick, die Szene.
しょうげき 《衝撃》der Stoß, der Anstoß.
しょうげん 《証言》das Zeugnis. 証言する Zeugnis ab|legen.
じょうけん 《条件》die Bedingung.
しょうこ 《証拠》der Beweis.
しょうご 《正午》der Mittag. 正午に mittags.
しょうこう 《将校》der Offizier. 将軍 der General.
しょうごう 《称号》der Titel.
しょうさい 《詳細》die Einzelheit, das Detail. 詳細に ausführlich.
じょうざい 《錠剤》die Tablette, die Pille.
しょうさっし 《小冊子》die Broschüre, das Pamphlet.
しょうさん 《称賛》das Lob. 称賛する preisen, feiern, loben.
じょうじ 《情事》die Liebschaft, die Affäre.
しょうじき 《正直な》ehrlich, gerade.
じょうしき 《常識》 der gesunde Menschenverstand. 常識のある verständig.
しょうしつ 《焼失する》ab|brennen, nieder|brennen.
しょうしゃ 《商社》die Handelsfirma.
しょうしゃ 《勝者》der Sieger.
じょうしゃけん 《乗車券》 die Fahrkarte, der Fahrschein.
じょうしゃりょうきん 《乗車料金》das Fahrgeld.
じょうじゅ 《成就する》vollbringen, zustande bringen, erfüllen.
じょうしょ 《証書》 das Zeugnis, die Bescheinigung, die Urkunde.
しょうじょ 《少女》das Mädchen.
しょうじょう 《賞状》das Belobigungsschreiben.
じょうず 《上手な》geschickt.
しょうする 《称する》heißen, sich⁴ aus|geben.
しょうじる 《生ずる》entstehen, sich⁴ ergeben.
しょうせつ 《小説》《長篇》〜 der Roman, 《短篇》〜 die Novelle, die Erzählung.
じょうせつ 《常設の》ständig, stehend.
じょうぜつ 《冗舌な》geschwät-

zig, redselig.
しょうそう 《焦燥》die Ungeduld.
じょうぞう 《醸造する》brauen. 醸造所 die Brauerei.
しょうぞうが 《肖像画》das Porträt.
しょうたい 《招待》die Einladung. 招待する ein|laden. 招待状 die Einladung.
じょうたい 《状態》der Zustand, das Verhältnis, die Verfassung, die Beschaffenheit.
しょうだく 《承諾》die Einwilligung, die Zusage. 承諾する ein|willigen, zu|sagen.
じょうだん 《冗談》der Spaß, der Scherz, der Witz.
しょうちょう 《象徴》das Symbol, das Sinnbild. 象徴的な symbolisch.
じょうちょう 《冗長な》weitschweifig, weitläufig.
しょうどう 《衝動》der Trieb, der Drang.
しょうにかい 《小児科医》 der Kinderarzt.
しょうにん 《商人》der Kaufmann, der Händler.
しょうにん 《証人》der Zeuge.
しょうねん 《少年》der Junge, der Knabe.
じょうば 《乗馬》das Reiten. 馬術 die Reitkunst.
しょうばい 《商売》das Geschäft, der Handel.
じょうはんしん 《上半身》 der Oberkörper.
しょうひ 《消費》der Verbrauch. 消費する verbrauchen. 消費税 die Verbrauchssteuer.
しょうひょう 《商標》das Warenzeichen, die Handelsmarke.
しょうひん 《商品》die Ware, die Handelsware.
じょうひん 《上品》die Anmut. 上品な anmutig, fein.
じょうぶ 《上部》das[der] Oberteil.
しょうへい 《招聘》der Ruf. 招聘する berufen.
じょうほ 《譲歩》das Zugeständnis. 譲歩する zu|gestehen.
しょうほう 《使用法》die Gebrauchsanweisung.
じょうほう 《情報》die Auskunft, die Information.
しょうぼうたい 《消防隊》 die Feuerwehr.
しょうまっせつ 《枝葉末節の》nebensächlich, unwichtig.
しょうみ 《正味》netto.
じょうみゃく 《静脈》die Vene.
じょうむいん 《乗務員》das Zugpersonal, das Flugpersonal.
しょうめい 《証明》der Beweis, die Bescheinigung. 証明する beweisen, bescheinigen.
しょうめいしょ 《証明書》 das Zeugnis, der Ausweis, die

Bescheinigung, die Urkunde.
しょうめつ 《消滅する》erlöschen.
しょうゆ 《醬油》 die Sojasoße.
じょうようしゃ 《乗用車》der Personenkraftwagen.
しょうらい 《将来》die Zukunft. 将来の (zu)künftig.
しょうり 《勝利》der Sieg.
じょうりく 《上陸》die Landung. 上陸する landen.
しょうりゃく 《省略する》 weg|lassen, aus|lassen, ab|kürzen.
じょうりゅう 《蒸留》die Destillation. 蒸留する destillieren.
じょうれい 《条令》die Verordnung, das Regulativ.
じょうれん 《常連》 der Stammkunde, der Stammgast.
じょうろ 《如雨露》 die Gießkanne.
しょえん 《初演》die Uraufführung, die Premiere.
じょおう 《女王》die Königin.
ショーウィンドー das Schaufenster.
ショール der Schal.
じょがいする 《除外する》 aus|schließen.
しょかつ 《所轄の》zuständig.
じょがっこう 《女学校》die Mädchenschule.
しょかん 《所管》 die Zuständigkeit. 所管する verwalten.
しょかん 《書簡》der Brief. (公式の)~ das Schreiben.
しょき 《初期》 das Anfangsstadium, die Frühzeit.
しょき 《暑気》die Hitze.
しょき 《書記》der Schreiber.
しょく 《職》die Stelle, die Stellung; (官庁・教会などの)~ das Amt.
しょく 《私欲》der Eigennutz, die Selbstsucht.
しょくいん 《職員》der/die Angestellte, das Personal.
しょくぎょう 《職業》der Beruf. 職業上の beruflich.
しょっけん 《職権》 die Amtsbefugnis.
しょくざい 《贖罪》die Buße, die Sühne.
しょくじ 《食事》das Essen, die Mahlzeit.
しょくせき 《職責》 die Amtspflicht, das Amt.
しょくだい 《燭台》der Kerzenleuchter.
しょくたく 《食卓》der Tisch.
しょくつう 《食通》der Feinschmecker, der Gastronom.
しょくどう 《食堂》 der Esszimmer, der Speisesaal. 食堂車 der Speisewagen.
しょくぶつ 《植物》die Pflanze.
しょくみんち 《植民地》die Kolonie. 植民地化する kolonisieren.

しょくもつ 《食物》das Essen, die Nahrungsmittel ⑳.
しょくよう 《食用の》essbar.
しょくよく 《食欲》der Appetit.
しょくりょうひん 《食料品》die Lebensmittel ⑳.
しょくれき 《職歴》die Laufbahn.
じょくん 《叙勲》die Ordensverleihung.
しょけい 《処刑》 die Hinrichtung. 処刑する hin|richten.
じょげん 《助言》 der Rat, die Beratung, der Ratschlag. 助言する raten, beraten.
しょさい 《書斎》das Arbeitszimmer, das Studierzimmer.
しょざいち 《所在地》 der Sitz, der Wohnsitz.
じょさいない 《如才ない》 klug, glatt, zuvorkommend.
じょしがくせい 《女子学生》 die Studentin.
しょしき 《書式》das Formular.
じょしゅ 《助手》der Assistent, der Gehilfe.
じょじゅつ 《叙述》die Beschreibung. 叙述する beschreiben, schildern.
しょじょ 《処女》die Jungfrau.
じょじょに 《徐々に》 allmählich, langsam; nach und nach.
しょしん 《初心者》der Anfänger.
じょせい 《女性》 das weibliche Geschlecht [Wesen]. (成人した)~ die Frau.
じょせい 《助成》 die Förderung. 助成する fördern.
しょせいじゅつ 《処世術》 die Lebensweisheit.
じょせいひしょ 《女性秘書》 die Sekretärin.
じょそう 《助走》der Anlauf.
じょそう 《除草する》jäten.
しょたい 《所帯》der Haushalt. 世帯主 der Hausherr.
しょたい 《書体》die Schriftart, der Schriftzug.
しょだな 《書棚》das Bücherregal.
じょちゅう 《女中》 die Haushilfin.
しょっかく 《触角》der Fühler.
しょっかん 《触感》 das Gefühl, der Tastsinn.
ショック 《衝撃》 der Schock.
しょっこう 《職工》 der Fabrikarbeiter.
しょてん 《書店》die Buchhandlung.
じょてんいん 《女店員》die Verkäuferin.
しょとう 《初等の》elementar.
しょどう 《書道》 die Kalligraphie.
しょとく 《所得》die Einkommen.
しょにんきゅう 《初任給》 das Anfangsgehalt.
しょばつ 《処罰》die Strafe. 処罰する bestrafen.
しょひょう 《書評》die

Buchbesprechung, die Rezension.
じょぶん 《序文》 das Vorwort, die Vorrede.
しょほう 《処方する》 verschreiben. 処方箋 das Rezept.
じょまく 《序幕》das Vorspiel, der Prolog.
じょまくしき 《序幕式》die Enthüllung.
しょめい 《署名》 die Unterschrift, die Unterzeichnung. 署名する unterschreiben, unterzeichnen.
しょゆう 《所有》der Besitz. 所有している besitzen. 所有物 das Eigentum, der Besitz.
じょゆう 《女優》die Schauspielerin.
しょりする 《処理する》 erledigen, bearbeiten, behandeln.
しょるい 《書類》das Papier, die Akten ⑳.
じょれつ 《序列》der Rang, die Reihe.
じょろん 《序論》die Einleitung, die Einführung.
しょんぼり niedergeschlagen.
じらい 《地雷》die Mine.
しらせ 《知らせ》die Nachricht, die Mitteilung.
しらせる 《知らせる》benachrichtigen, informieren, mit|teilen bekannt machen; Bescheid sagen.
しらない 《知らない》fremd, unbekannt.
しらふ 《素面の》nüchtern.
しらべる 《調べる》prüfen, untersuchen, nach|forschen.
しられた 《知られた》 bekannt, vertraut.
しりあう 《知り合う》kennen lernen. 知り合いの bekannt.
じりき 《自力で》unabhängig, auf eigene Faust.
しりごみ 《尻込みする》zurück|schrecken.
しりぞく 《退く》zurück|treten, sich⁴ zurück|ziehen.
しりぞける 《退ける》ab|lehnen, zurück|weisen.
じりつ 《自律》die Autonomie.
じりつ 《自立する》 selbständig sein.
しりめつれつ 《支離滅裂な》zusammenhanglos, zerrissen.
しりゅう 《支流》der Nebenfluss.
しりょう 《資料》das Material.
しりょう 《飼料》das Futter.
しりょく 《視力》die Sehkraft, das Auge.
しる 《知る》kennen lernen, erfahren.
しるし 《印》das Zeichen. 印を付ける (be)zeichnen.
しれい 《指令》die Anweisung.
じれい 《辞令》die Ernennungsurkunde.
じれったい ungeduldig.

ジレンマ das Dilemma.
しろ 《城》das Schloss, die Burg.
しろい 《白い》weiß.
しろうと 《素人》der Laie.
じろじろみる 《じろじろ見る》 messen, an|starren.
シロップ der Sirup.
しろみ 《白身》das Eiweiß.
しわける 《仕分ける》 sortieren, klassifizieren.
しんあい 《親愛な》 lieb, teuer, liebenswert.
じんいん 《人員》das Personal, die Kopfzahl.
じんえい 《陣営》das Lager.
しんえん 《深遠な》 tief, abgründig.
しんか 《進化》die Entwicklung, die Evolution.
しんかい 《深海》die Tiefsee.
しんがい 《侵害》der Eingriff. 侵害する ein|greifen.
しんかく 《神格》die Gottheit. 神格化する vergöttern.
しんがく 《神学》die Theologie.
じんかく 《人格》die Persönlichkeit.
しんぎ 《審議する》 beraten, besprechen.
しんきろう 《蜃気楼》die Luftspiegelung.
しんきんこうそく 《心筋梗塞》 der Herzinfarkt.
しんく 《辛苦》die Mühsal.
しんぐ 《寝具》das Bettzeug.
しんけい 《神経》der Nerv. 神経質な nervös.
しんげん 《箴言》der Aphorismus, die Maxime.
じんけん 《人権》die Menschenrechte ⓟ.
じんけんひ 《人件費》die Personalkosten ⓟ.
しんこう 《信仰》der Glaube. 信仰している glauben.
しんこう 《振興》die Förderung. 振興する fördern.
しんこう 《進行》der Ablauf, der Gang, die Fahrt. 進行する fort|schreiten, verlaufen.
しんごう 《信号》das Signal.
じんこう 《人口》 die Bevölkerung.
じんこうえいせい 《人工衛星》der Satellit.
じんこうてき 《人工的》 künstlich.
しんこく 《申告》die Anmeldung.
しんさつ 《診察》die Untersuchung. 診察する untersuchen.
しんしき 《新式》neuartig, modern.
しんしつ 《寝室》 das Schlafzimmer.
しんじつ 《真実》 die Wahrheit.
じんじふせい 《人事不省》die Bewusstlosigkeit.
しんじゃ 《信者》 der Gläubige, der Anhänger.

しんしゅくじざい 《伸縮自在の》elastisch.
しんしょ 《新書》das Taschenbuch.
しんじょう 《信条》das Glaubensbekenntnis.
しんすい 《心酔》die Schwärmerei. 心酔する schwärmen.
しんすい 《浸水》 die Überschwemmung. 浸水する überschwemmt werden.
しんせい 《申請》der Antrag. 申請する beantragen.
しんせい 《神聖》heilig.
じんせい 《人生》das Leben.
しんせつ 《親切》die Freundlichkeit, die Aufmerksamkeit. 親切な freundlich, liebenswürdig.
しんせん 《新鮮な》frisch.
しんそう 《真相》die Wahrheit.
しんぞう 《心臓》das Herz.
じんぞう 《腎臓》die Nieren ⓟ.
じんそく 《迅速な》 schnell, geschwind, rapid.
しんだ 《死んだ》tot.
しんだい 《寝台》das Bett.
しんだいしゃ 《寝台車》 der Schlafwagen.
しんたくかいしゃ 《信託会社》 die Treuhandgesellschaft.
しんちょう 《身長》die Körpergröße.
しんちんたいしゃ 《新陳代謝》 der Stoffwechsel.
しんつう 《心痛》der Kummer, die Sorge.
じんつう 《陣痛》die Geburtswehen ⓟ.
ジンテーゼ die Synthese.
しんてん 《進展》 die Entwicklung, der Fortgang. 進展する sich⁴ entwickeln, fort|schreiten, voran|gehen; Fortschritte machen. 進展しない hängen.
じんどう 《人道》die Humanität, die Menschlichkeit.
しんにゅう 《進入》die Einfahrt.
しんにん 《信任》das Vertrauen, die Beglaubigung.
しんねん 《信念》der Glaube, die Gesinnung, die Überzeugung.
しんねん 《新年》das Neujahr; das neue Jahr.
しんの 《真の》 wahr, wirklich, echt.
しんぱい 《心配》die Sorge, der Kummer. 心配する sich⁴ sorgen; besorgt sein, (be)fürchten.
しんぴてき 《神秘的な》 mysteriös, geheimnisvoll.
じんぶつ 《人物》die Person, die Persönlichkeit, der Charakter.
しんぶん 《新聞》 die Zeitung, das Blatt.
しんぽ 《進歩》der Fortschritt.

進歩する fort|schreiten; Fortschritte machen. 進歩的な fortschrittlich, progressiv.
しんぼう 《辛抱》die Geduld. 辛抱する Geduld haben; ertragen, aus|halten.
しんぼう 《人望》die Beliebtheit.
シンポジウム das Symposium.
シンボル das Symbol.
しんみつ 《親密な》vertraut, intim; eng befreundet.
しんめ 《新芽》der Spross.
シンメトリー die Symmetrie.
じんもん 《尋問》das Verhör. 尋問する verhören.
しんよう 《信用》das Vertrauen, der Kredit. 信用貸し der Kredit. 信用状 das Akkreditiv.
しんようじゅ 《針葉樹》der Nadelbaum.
しんらい 《信頼》das Vertrauen. 信頼(用)する vertrauen, sich⁴ auf ⟨j⁴/et⁴⟩ verlassen. 信頼できる vertrauenswürdig, ehrlich.
しんらつ 《辛辣な》bitter.
しんり 《真理》die Wahrheit.
しんり 《審理する》 untersuchen, verhandeln.
しんりてき 《心理的な》 seelisch, psychisch, psychologisch.
じんりょく 《尽力》die Bemühung. 尽力する sich⁴ bemühen.
しんるい 《親類》die Verwandtschaft. 親類の verwandt. 親類(の人) der/die Verwandte.
じんるい 《人類》die Menschheit.
しんわ 《神話》der Mythus, der Mythos.

す

す 《巣》das Nest.
す 《酢》der Essig.
ず 《図》das Bild, die Zeichnung.
ずい 《髄》das Mark.
すいい 《水位》 der Wasserstand.
すいい 《推移》der Wandel, der Übergang.
ずいい 《随意の》beliebig. 随意に nach Belieben.
ずいいん 《随員》der Begleiter, das Gefolge.
すいうん 《衰運》der Verfall, der Niedergang.
すいえい 《水泳》das Schwimmen. プール das Schwimmbad.
すいか 《西瓜》die Wassermelone.
すいがい 《水害》 der Wasserschaden.
すいこう 《推敲する》feilen.
すいこむ 《吸い込む》 ein|saugen, ziehen.
すいさいが 《水彩画》das Aquarell.

すいさんぎょう 《水産業》 die Fischerei.
すいし 《水死する》 ertrinken.
すいしゃ 《水車》 die Wassermühle.
すいじゃく 《衰弱する》 sich⁴ auszehren.
すいじゅん 《水準》 das Niveau.
すいじょうき 《水蒸気》 der Wasserdampf.
スイス die Schweiz.
すいせん 《推薦する》 empfehlen, vor|schlagen. 推薦状 der Empfehlungsbrief.
すいせんそうち 《水洗装置》 die Wasserspülung.
すいせんべんじょ 《水洗便所》 das WC., das Wasserklosett.
すいそ 《水素》 der Wasserstoff.
すいそう 《吹奏する》 blasen.
すいそく 《推測する》 vermuten, schließen.
すいぞくかん 《水族館》 das Aquarium.
すいたい 《衰退》 der Verfall, der Niedergang. 衰退する verfallen.
すいちょく 《垂直な》 senkrecht, vertikal.
スイッチ der Schalter. スイッチを入れる ein|schalten.
すいとう 《水筒》 die Feldflasche.
すいどう 《水道》 die Wasserleitung.
すいふ 《水夫》 der Matrose, der Seemann.
すいへい 《水平の》 waagerecht, horizontal.
すいみん 《睡眠》 der Schlaf. 睡眠薬 das Schlafmittel.
すいみんやく 《睡眠薬(錠剤の)》 die Schlaftablette.
すいようせい 《水溶性の》 wasserlöslich.
すいようび 《水曜日》 der Mittwoch.
ずいり 《図入りの》 illustriert.
すいろ 《水路》 die Wasserstraße, der Wasserweg.
すう 《吸う》 saugen. (空気を)〜 ein|atmen；(タバコを)〜 rauchen.
スウェーデン Schweden.
すうがく 《数学》 die Mathematik.
すうこう 《崇高な》 erhaben, würdig.
すうじ 《数字》 die Ziffer, die Zahl.
ずうずうしい frech.
スーツ der Anzug；(婦人の)〜 das Kostüm.
すうにん 《数人の》 mehrere, einige.
スーパー der Supermarkt.
すうはい 《崇拝する》 verehren, an|beten.
スープ die Suppe.
すうりょう 《数量》 die Quantität, die Menge.

すえつける 《据え付ける》 setzen, auf|stellen.
ずが 《図画》 das Malen, die Zeichnung.
スカート der Rock.
スカーフ das Halstuch.
ずかい 《図解》 die Illustration. 図解する illustrieren, demonstrieren.
ずがいこつ 《頭蓋骨》 der Schädel, der Schädelknochen.
すかす 《透かす》 durch|sehen.
すがた 《姿》 die Gestalt, die Figur.
すき 《鋤》 der Spaten, der Pflug.
スキー der Skilauf. スキー場 das Gelände.
すぎさる 《過ぎ去る》 vergehen, vorüber|gehen. 過ぎ去って vorbei.
すぎて 《…を過ぎて》 über ⟨et⁴⟩ hinaus.
すきま 《隙間》 die Lücke, der Spalt. 隙間のない lückenlos, dicht.
スキャンダル der Skandal.
ずきん 《頭巾》 die Haube.
すく 《梳く》 kämmen.
すく 《鋤く》 pflügen.
すぐ (so) gleich, sofort.
すくい 《救い》 die Rettung, die Hilfe, das Heil.
すくう 《救う》 retten, helfen, erlösen.
すくう 《巣くう》 nisten.
すくない 《少ない》 wenig, gering, klein. 少なくとも mindestens, wenigstens, jedenfalls.
スクリーン die Leinwand.
スクリュー die Schraube.
すぐれた 《優れた》 ausgezeichnet, vortrefflich；上質の fein.
ずけい 《図形》 die Figur.
スケート das Schlittschuhlaufen, der Eislauf.
スケッチ die Skizze.
すごい 〔恐ろしい〕furchtbar, schrecklich；〔すばらしい〕wunderbar, toll.
すこし etwas, ein bisschen, ein wenig.
すこしも…ない gar nicht；keineswegs.
すごす 《過ごす》 verbringen, verleben.
スコップ die Schaufel.
すさぶ 《荒ぶ》 verwildern.
すず 《鈴》 die Schelle.
すすぐ 《濯ぐ》 spülen.
すずしい 《涼しい》 kühl.
すずしさ 《涼しさ》 die Kühle, die Frische.
すすむ 《進む》 vorwärts gehen, vor|rücken. 進んで gern, freiwillig.
すずめ 《雀》 der Sperling.
すずめばち 《雀蜂》 die Wespe.
すすめる 《勧める》 raten, emp-

fehlen, vor|schlagen, veranlassen.
すすりなく 《啜り泣く》 schluchzen.
すする 《啜る》 schlürfen.
スタート der Start. スタートする starten.
スタジオ das Studio, der Senderaum.
スタミナ die Ausdauer.
スタンダード der Standard, die Norm.
スタンプ der Stempel.
…ずつ ひとりずつ einer nach dem andern. 一人ひとつずつ je eins pro Person. 少しずつ nach und nach.
ずつう 《頭痛》 die Kopfschmerzen 働. 頭痛薬 die Kopfschmerztablette.
ずっと viel, weit；〔前から〕 lange；〔つづけて〕 ununterbrochen.
すっぱい 《酸っぱい》 sauer.
すっぱぬく 《すっぱ抜く》 auf|decken.
すてきな 《素敵な》 herrlich；sehr schön；prima.
すてご 《捨て子》 das Findelkind, der Findling.
すでに 《既に》 schon, bereits.
すてる 《捨てる》 weg|werfen, weg|tun.
ステレオ das Stereo. ステレオ装置 die Stereoanlage.
ステンド・グラス die Glasmalerei.
ストーブ der Ofen.
ストーリー die Handlung.
ストライキ der Streik.
ストレス der Stress.
ストロボ der Elektronenblitz.
すな 《砂》 der Sand.
すなお 《素直な》 folgsam, gehorsam.
すなどけい 《砂時計》 die Sanduhr.
すなわち 《即ち》 nämlich, oder；das heißt；und zwar.
ずぬけて 《図抜けて》 außerordentlich.
すね 《脛》 der Unterschenkel.
すねる 《拗ねる》 trotzen.
スパイ der Spion.
すばやい 《素早い》 flink, behend, schnell.
すばらしい 《素晴らしい》 herrlich, wunderbar, großartig.
ずはん 《図版》 die Abbildung, die Bildbeilage.
スピーカー der Lautsprecher.
スピーチ die Ansprache.
スピード die Geschwindigkeit, die Schnelligkeit.
スプーン der Löffel.
ずぶとい 《図太い》 frech, dreist, keck.
ずぶぬれ 《ずぶ濡れの》 pudelnass, durchnässt.
スペイン Spanien.
すべすべした glatt.

すべての all, sämtlich.
すべりだい《滑り台》die Rutschbahn.
すべる《滑る》gleiten, rutschen. 滑りやすい glatt.
スペルをいう《スペルを言う》buchstabieren.
スポーツ der Sport. スポーツのsportlich. スポーツマン der Sportler.
ズボン die Hose. ズボン下 die Unterhose.
スポンジ der Schwamm.
すまい《住まい》die Wohnung, die Behausung.
すませる《済ませる》beenden, erledigen ; mit ⟨et³⟩ fertig sein. 食事を済ませる fertig essen. …をせずに済ませる sich³ ⟨et⁴⟩ schenken.
すみ《炭》die Holzkohle.
すみ《隅》der Winkel, die Ecke.
すみなれる《住み慣れる》sich⁴ ein|leben.
すむ《住む》wohnen.
すむ《済む》fertig werden, enden.
スムーズに glatt, zügig.
すら… sogar, selbst.
スライス die Schnitte, die Scheibe.
スライド das Diapositiv, das Dia.
ずらす schieben, verschieben.
スラム der Slum.
すらりとした schlank.
すりこむ《摺り込む》ein|reiben, ein|schmieren.
スリッパ der Pantoffel.
すりつぶす《磨り潰す》zerreiben, zermahlen.
すりむく《擦り剝く》sich³ ab|schürfen.
する（仕事などを）〜 machen, (テニスなどを) 〜 spielen.
ずるい schlau, unehrlich.
すると dann, darauf ; 〔そのとき〕 da ; 〔それでは〕 also.
するどい《鋭い》scharf.
…するやいなや kaum (da, als, dass と関連して).
すれすれに 〔空間〕ohne hart 〔時間〕gerade noch, eben.
すわっている《座っている》sitzen. 座らせる setzen
すわる《座る》sich⁴ setzen, Platz nehmen.
すんだ《澄んだ》klar.
すんでいる《住んでいる》wohnen, leben, sesshaft.
すんぽう《寸法》das Maß.

せ

せい《姓》der Familienname, der Nachname.
せい《性》das Geschlecht, der Sex.
ぜい《税》die Steuer.
せい《誠意》die Aufrichtigkeit, die Herzlichkeit.
せいいん《成員》das Mitglied, der/die Angehörige.
せいおう《西欧》das Abendland, der Westen.
せいか《生家》das Geburtshaus.
せいか《成果》der Erfolg, das Ergebnis.
せいか《聖歌》das Kirchenlied.
せいかく《性格》der Charakter.
せいかく《正確な》genau, exakt, richtig.
せいがく《声楽》die Vokalmusik.
せいかつ《生活》das Leben. …な生活を送る leben, verbringen.
せいかん《精悍な》kühn, beherzt.
せいがん《請願》das Gesuch, die Petition.
せいかん《税関》der Zoll, das Zollamt.
せいき《世紀》das Jahrhundert.
せいき《生気》生気のある lebhaft, lebendig, frisch. 生気のない leblos, tot.
せいき《正規の》ordentlich, ordnungsgemäß.
せいぎ《正義》die Gerechtigkeit.
せいきゅう《性急な》hastig, ungeduldig.
せいきゅうする《請求する》fordern. 請求書 die Rechnung.
せいぎょ《制御》die Kontrolle. 制御する kontrollieren.
せいぎょう《生業》das Gewerbe, der Erwerb.
ぜいきん《税金》die Steuer. 免税の steuerfrei.
せいけい《生計》der Lebensunterhalt.
せいけつ《清潔な》sauber, rein, hygienisch.
せいけん《政権》die Regierung. 政権の座に就く die Regierung an|treten.
せいげん《制限》die Beschränkung. 制限する beschränken
せいこう《成功》der Erfolg. 成功した erfolgreich.
せいこう《精巧な》fein, kunstvoll, raffiniert.
せいざ《星座》das Sternbild.
せいさい《制裁》die Bestrafung. 制裁する bestrafen.
せいさく《政策》die Politik.
せいさくぶつ《制作物》die Arbeit, das Werk.
せいさん《生産》die Herstellung, die Produktion. 生産する her|stellen, produzieren. 生産品 das Produkt, die Produktion.
せいさん《清算》der Ausgleich.
清算する aus|gleichen, begleichen.
せいじ《政治》die Politik. 政治家 der Politiker, der Staatsmann. 政治上の politisch.
せいしき《正式の》förmlich, ordentlich, formell, offiziell.
せいしつ《性質》die Eigenschaft, die Natur.
せいじつ《誠実》die Ehrlichkeit, die Aufrichtigkeit. 誠実なehrlich, aufrichtig, treu.
せいしょ《聖書》die Bibel.
せいじょう《正常な》normal, regelmäßig.
せいしょく《生殖》die Fortpflanzung, die Zeugung.
せいしん《精神》der Geist, die Seele.
せいじん《成人》der/die Erwachsene.
せいぜい höchstens, bestenfalls；(長くても)せいぜい längstens.
ぜいせい《税制》das Steuerwesen.
せいせき《成績》die Leistung, das Zeugnis.
せいせん《精選する》aus|erlesen, aus|wählen.
せいそ《清楚な》niedlich, reinlich, fein.
せいぞう《製造する》her|stellen, produzieren.
せいぞん《生存》die Existenz. 生存競争 der Lebenskampf, der Daseinskampf.
せいだい《盛大な》herrlich, großartig.
せいたいがく《生態学》die Ökologie.
ぜいたく《贅沢》der Luxus. 贅沢な luxuriös, verschwenderisch.
せいち《精緻な》fein, genau, präzis.
せいちょうした《成長した》gewachsen ; groß geworden, erwachsen.
せいつう《精通している》bewandert, kundig, vertraut sein.
せいてき《静的な》statisch.
せいと《生徒》der Schüler, die Schülerin.
せいど《制度》die Einrichtung, die Institution, das System, das Wesen.
せいとう《正統》die Legitimität.
せいとう《政党》die politische Partei.
せいとう《正当な》recht, gerecht, legitim.
せいどう《青銅》die Bronze, das Erz.
せいとん《整頓する》ordnen ; in Ordnung bringen, auf|räumen.
せいなる《聖なる》heilig.
せいねん《成年》die Mündigkeit, die Volljährigkeit.

せいねんじだい 《青年時代》 die Jugend(zeit).
せいのう 《性能》 die Leistung. 性能のよい leistungsfähig.
せいパンじょ 《製パン所》 die Bäckerei.
せいはんたい 《正反対》 das Gegenteil. 正反対の entgegengesetzt.
せいびこうじょう 《整備工場》(自動車の)〜 die Autowerkstatt.
せいふ 《政府》 die Regierung.
せいふく 《制服》 die Uniform.
せいふく 《征服》 die Eroberung. 征服する erobern, besiegen.
せいぶつ 《生物》 das Lebewesen. 生物学 die Biologie.
せいぶつが 《静物画》 das Stilleben.
せいぼう 《声望》 das Ansehen, der Ruhm.
せいみつ 《精密な》 genau, fein, exakt.
せいめい 《生命》 das Leben.
せいやく 《誓約》 der Schwur, der Eid. 誓約する schwören.
せいよう 《西洋》 das Abendland, der Okzident, der Westen.
せいよう 《静養》 die Erholung. 静養する sich⁴ erholen.
せいようなし 《西洋梨》 die Birne.
せいり 《整理する》 ordnen.
ぜいりつ 《税率》 der Steuersatz.
せいりょう 《清涼》 erquickend, frisch.
せいりょく 《勢力》 die Macht, die Kräfte ⑳. 勢力の強い mächtig, einflussreich.
せいれいこうりんさい 《聖霊降臨祭》 (das) Pfingsten.
せいれつ 《整列する》 sich⁴ ordnen.
せいろう 《晴朗な》 heiter, klar, hell.
セーター der Pullover.
せかい 《世界》 die Welt；(地球上の)〜 die Erde. 世界中の人々 die Welt.
せき 《咳》 der Husten. 咳をする husten.
せき 《席》 der Platz, der Sitz, der Sitzplatz.
せきざい 《石材》 der Stein.
せきじゅん 《席順》 die Sitzordnung.
せきぞう 《石造の》 steinern, aus Stein.
せきたん 《石炭》 die Kohle, die Steinkohle.
せきちゅう 《脊柱》 die Wirbelsäule.
せきどう 《赤道》 der Äquator.
せきにん 《責任》 die Verantwortung, die Schuld.
せきばらい 《咳払いをする》 sich⁴ räuspern.
せきばんずり 《石版刷り》 die Lithographie.
せきひ 《石碑》 der Gedenkstein.
せきゆ 《石油》 das Petroleum, das Erdöl.
せけん 《世間》 die Welt, die Öffentlichkeit.
ぜせい 《是正》 die Berichtigung. 是正する berichtigen.
せだい 《世代》 die Generation.
せっかい 《石灰》 der Kalk. 石灰岩 der Kalkstein.
せっかい 《切開する》 auf|schneiden.
せっきょう 《説教》 die Predigt. 説教する predigen.
せっきょくてき 《積極的な》 aktiv, positiv.
せっけいず 《設計図》 der Plan, der Entwurf.
せっけん 《石鹸》 die Seife.
せっこう 《石膏》 der Gips.
せっして 《…に接して》 an.
せっしゅ 《接種する》 ein|impfen. 種痘 die Impfung
せっする 《接する》〔隣接〕grenzen；〔応接〕empfangen, auf|nehmen.
せっせと fleißig, emsig.
せつぞく 《接続》 der Anschluss, die Verbindung. 接続する an|schließen, verbinden.
せったい 《接待》 die Bewirtung. 接待する bewirten.
ぜったいてき 《絶対的な》 unbedingt, absolut.
せっちゃくざい 《接着剤》 der Klebstoff.
せっちゅう 《折衷》 der [das] Kompromiss.
ぜっちょう 《絶頂》 der Höhepunkt, der Gipfel.
セット der Satz.
せっとく 《説得》 die Überredung. 説得する überreden.
せっぱく 《切迫する》 drängen, bevor|stehen.
せつび 《設備》 die Einrichtung.
ぜつぼう 《絶望》 die Verzweiflung. 絶望する verzweifeln. 絶望的な hoffnungslos, verzweifelt.
せつめい 《説明》 die Erklärung. 説明書 die Beschreibung, der Prospekt. 説明する erklären, erläutern.
ぜつめつ 《絶滅》 die Vernichtung. 絶滅する vernichten.
せつやく 《節約する》 sparen. 倹約の sparsam.
せなか 《背中》 der Rücken.
ぜにん 《是認》 die Billigung. 是認する billigen.
せのたかい 《背の高い》 groß.
せのひくい 《背の低い》 klein.
ぜひ (とも), doch, unbedingt, mit allen Mitteln.
せびろ 《背広》 der Anzug.
せまい 《狭い》(空間的に)〜 eng；(幅の)〜 schmal.

せまる 《迫る》 dringen, drängen, zwingen.
ゼミナール das Seminar.
せめいる 《攻め入る》 ein|fallen, ein|dringen.
せめて wenigstens, mindestens, zumindest.
せめる 《攻める》 an|greifen. 攻撃 der Angriff.
せめる 《責める》 tadeln.
せり 《競り》 die Versteigerung, die Auktion.
セルフサービス die Selbstbedienung.
セルロイド das Zelluloid.
ゼロ die Null.
せわ 《世話》 die Sorge, die Fürsorge, die Pflege. 世話をする besorgen, pflegen, betreuen.
せん 《千》 tausend.
せん 《栓》 der Pfropfen；(ガス・水道の)〜 der Hahn.
せん 《線》 die Linie.
せんい 《繊維》 die Faser.
せんいん 《船員》 der Seemann, der Matrose.
せんえい 《先鋭な》 spitz, scharf, verschärft.
せんえつ 《僣越な》 anmaßend, überheblich, arrogant.
せんが 《線画》 die Zeichnung. 線画を描く zeichnen, skizzieren.
ぜんか 《前科》 die Vorstrafe. 前科のある vorbestraft.
せんかい 《旋回する》 kreisen ; umkreisen.
せんきょ 《占拠する》 besetzen.
せんきょ 《選挙》 die Wahl. 選挙する wählen. 選挙人 der Wähler. 選挙権 das Wahlrecht.
せんきょうし 《宣教師》 der Missionar.
せんくしゃ 《先駆者》 der Vorläufer, der Bahnbrecher, der Pionier.
ぜんけい 《前景》 der Vordergrund.
せんげん 《宣言》 die Erklärung. 宣言する erklären.
ぜんけん 《全権》 die Vollmacht.
せんこう 《閃光》 der Blitz.
せんさい 《戦災》 der Kriegsschaden.
せんさい 《繊細な》 zart, fein, delikat.
せんざい 《潜在的な》 latent, potentiell.
ぜんさい 《前菜》 die Vorspeise.
せんし 《先史》 die Vorgeschichte.
せんじつ 《先日》 neulich; vor kurzem.
せんしゃ 《戦車》 der Panzer.
せんしゅ 《選手》 der Spieler. 選手団 die Mannschaft
ぜんしょう 《全焼する》 ab|brennen.
せんじょうてき 《扇情的な》 aufreizend, verführerisch.

せんしょく 《染色》die Färbung.
せんす 《扇子》der Fächer.
せんすいかん 《潜水艦》 das U-Boot.
せんすいふ 《潜水夫》 der Taucher.
せんせい 《先生》der Lehrer, die Lehrerin.
せんせい 《宣誓》der Eid. 宣誓する einen Eid ab|legen.
センセーション die Sensation. das Aufsehen.
せんそう 《戦争》 der Krieg ; die Schlacht.
ぜんそうきょく 《前奏曲》 das Vorspiel, das Präludium, die Ouvertüre.
センター das Zentrum.
ぜんたい 《全体の》 ganz, gesamt.
ぜんだいみもん 《前代未聞の》unerhört, beispiellos.
せんたく 《選択》 die Wahl, die Auswahl. 選択する (aus|)wählen.
せんたく 《洗濯する》waschen. 洗濯機 die Waschmaschine. 洗濯物 die Wäsche.
せんたん 《先端》die Spitze.
ぜんちし 《前置詞》 die Präposition.
センチメートル (der〔das〕) Zentimeter.
せんちょう 《船長》der Kapitän.
ぜんちょう 《前兆》das Vorzeichen, das Zeichen, das Omen.
せんでん 《宣伝》 die Werbung, die Propaganda. 宣伝する werben ; Reklame machen.
せんてんてき 《先天的な》 angeboren ;〘哲学〙apriorisch.
せんとう 《先頭》die Spitze. 先頭にいる an der Spitze stehen.
せんどう 《扇動》die Agitation. 扇動する agitieren, auf|reizen.
せんにゅうかん 《先入観》 das Vorurteil.
せんにん 《選任する》ernennen.
ぜんにんしゃ 《前任者》der Vorgänger.
せんぬき 《栓抜き》der Flaschenöffner, der Korkenzieher.
ぜんのう 《全能》die Allmacht. 全能の allmächtig, omnipotent.
せんばい 《専売》das Monopol.
せんぱく 《浅薄な》oberflächlich, vordergründig.
せんぷうき 《扇風機》der Ventilator.
せんぼう 《羨望》der Neid. 羨望する beneiden, neidisch sein.
ぜんまい 《発条》die Feder.
せんめんじょ 《洗面所》 die Toilette.
ぜんめんてき 《全面的な》 gänzlich, völlig.
せんもん 《専門》das Fach. 専門家 der Fachmann, der Kenner.
ぜんや 《前夜》der Vorabend.
せんりつ 《旋律》die Melodie.
せんりつ 《戦慄》der Schauder, das Grauen.
せんりょう 《占領する》besetzen.
ぜんりょう 《善良な》gut, gutmütig.
せんれい 《洗礼》die Taufe.
せんれん 《洗練された》 elegant, verfeinert, raffiniert.
せんろ 《線路》 das Gleis, die Schienen [複].

そ

ぞう 《象》der Elefant.
ぞう 《像》das Bild, die Figur. 胸像 die Büste. 立像 die Statue.
そうあん 《草案》 der Entwurf, das Konzept.
そうい 《相違》der Unterschied, die Verschiedenheit.
そうおうに 《相応に》 それ相応に danach, entsprechend ; gemäß.
そうおん 《騒音》der Lärm, das Geräusch.
ぞうか 《増加》die Vermehrung, die Zunahme. 増加する sich⁴ vermehren, zu|nehmen.
そうかつ 《総括する》zusammen|fassen.
そうき 《早期の》frühzeitig.
そうぎ 《葬儀》 die Trauerfeier, das Begräbnis.
そうぐう 《遭遇する》 begegnen, an|treffen.
ぞうげ 《象牙》das Elfenbein.
ぞうけい 《造形する》bilden, modellieren. 造形美術 bildende Künste [複].
そうこ 《倉庫》das Lagerhaus.
そうご 《相互の》gegenseitig, wechselseitig.
そうこう 《走行》die Fahrt 走行距離 die Fahrstrecke.
そうこうするうちに inzwischen, unterdessen.
そうごうだいがく 《総合大学》 die Universität.
そうさ 《操作する》 bedienen, behandeln, handhaben.
そうさい 《総裁》der Präsident.
そうさい 《(互いに)相殺される》 sich⁴ aus|gleichen ; sich⁴ auf|heben.
そうし 《創始する》begründen, ins Leben rufen.
そうじ 《掃除する》 reinigen, putzen. 掃除機 der Staubsauger.
そうしき 《葬式》 die Begräbnisfeier, die Trauerfeier, die Bestattung.
そうしつ 《喪失》der Verlust.
そうしゃ 《走者》der Läufer.
そうじゅう 《操縦する》 steuern, führen, lenken ; (航空機を)～ fliegen.
そうじゅく 《早熟な》frühreif.
そうしゅん 《早春》 der Vorfrühling, das Frühjahr.
そうしょ 《叢書》die Bücherei, die Reihe.
ぞうしょ 《蔵書》(個人の) ～ die Bibliothek.
そうしょく 《装飾》der Schmuck. 装飾する schmücken, dekorieren.
そうしん 《送信》die Sendung.
そうしんぐ 《装身具》 der Schmuck.
そうすう 《総数》die Gesamtzahl, die Zahl.
ぞうぜい 《増税》 die Steuererhöhung.
そうせいじ 《双生児》 der Zwilling.
そうぞう 《創造》die Schöpfung.
そうぞう 《想像する》 sich³ vor|stellen, denken.
そうぞく 《相続》 相続財産 die Erbschaft. 相続人 der Erbe, die Erbin. 相続する erben.
そうたいてき 《相対的に》 relativ, verhältnismäßig.
そうだん 《相談する》 sich⁴ beraten ; sich⁴ besprechen. 相談を申し込む sich⁴ an 〈j⁴〉 wenden.
ぞうちく 《増築》der Anbau. 増築する an|bauen.
そうちょう 《荘重な》 feierlich, erhaben.
そうてい 《想定》die Annahme. 想定する an|nehmen.
そうでなければ oder, sonst, ansonsten.
そうどう 《騒動》die Unruhen [複], der Lärm.
そうとうな 《相当な》〔適当な〕entsprechend, angemessen, passend ;〔かなりな〕nicht wenig, beachtlich, ziemlich, hübsch.
そうなん 《遭難する》 verunglücken ; einen Unfall haben.
そうねん 《壮年》das Mannesalter.
そうば 《相場》der Kurs.
そうび 《装備》die Ausrüstung. 装備する aus|rüsten.
そうふ 《送付》die Sendung. 送付する senden.
そうらん 《騒乱》die Unruhen [複], der Aufruhr.
そうりだいじん 《総理大臣》 der Ministerpräsident, der Premierminister.
そうりつ 《創立》die Gründung.
そうりょ 《僧侶》der Bonze.
そうりょう 《送料》die Versandkosten [複].
そえがき 《添え書き》 die Nachschrift, das Postskriptum.
ソース die Soße, die Sauce.
ソーセージ die Wurst.
そがい 《疎外》 die Entfremdung. 疎外する entfremden.
ぞくあく 《俗悪な》kitschig.
そくい 《即位》die Krönung.

そくざ 《即座の》augenblicklich. 即座に sofort; auf der Stelle.
ぞくする 《属する》gehören.
ぞくせい 《属性》das Attribut.
そくたつ 《速達》die Eilpost, der Eilbrief.
そくど 《速度》die Geschwindigkeit. 速度制限 die Geschwindigkeitsbeschränkung.
そくばく 《束縛する》fesseln, binden.
ぞくはつ 《続発する》aufeinander folgen.
ぞくぶつ 《俗物》der Philister, der Spießbürger.
そくぶつてき 《即物的》sachlich.
そくめん 《側面》die Seite.
そくりょう 《測量》die Vermessung.
そこ 《底》der Boden, der Grund; (靴の)～ die Sohle.
そこう 《素行》die Lebensweise, der Lebenswandel.
そこから daraus, davon, woher.
そこく 《祖国》das Vaterland. 母国 das Mutterland.
そこで 〔場所〕da, dort; 〔時間〕da, dann, darauf; 〔理由〕daher, deshalb.
そこなし 《底無しの》bodenlos, abgründig.
そこへ dahin, dorthin.
そざい 《素材》der Stoff.
そし 《阻止》die Verhinderung. 阻止する verhindern.
そしき 《組織》die Organisation.
そしつ 《素質》die Anlage, die Begabung.
そしゃく 《咀嚼する》kauen.
そしょう 《訴訟》der Prozess, die Anklage.
そせい 《組成》die Zusammensetzung.
そせん 《祖先》der Vorfahr, die Ahnen ⓟ.
そそぐ 《注ぐ》gießen.
そそのかす 《唆す》verleiten, verführen.
そそりたつ 《そそり立つ》(hervor)ragen.
そだつ 《育つ》wachsen; sich⁴ entwickeln.
そだてる 《育てる》〔保育〕pflegen; 〔教育〕erziehen; 〔飼育・栽培〕züchten, halten.
そつ 《そつの無い》fehlerlos, taktvoll.
そっき 《速記》die Kurzschrift, die Stenographie.
そっきょう 《即興》improvisiert, aus dem Stegreif.
そつぎょう 《卒業する》absolvieren; von der Schule ab|gehen.
ソックス die Socke.
ぞっこう 《続行する》fort|setzen, fort|fahren.
そっせん 《率先する》voran|gehen.
そっちょく 《率直な》aufrichtig,

offen.
そって 《…に沿って》entlang.
そっと 〔静かに〕leise, sacht; 〔ひそかに〕heimlich; 〔慎重に〕vorsichtig.
そで 《袖》der Ärmel.
そと 《外で(に)》draußen. 外へ hinaus.
そなえる 《備える》vor|bereiten, vor|sorgen. 備え付ける versehen, aus|statten.
そのうえ noch dazu; außerdem, dann, dabei.
そのせいに dabei.
そのせいで daran, dadurch, davon.
そのために dafür, dazu.
そのとおり eben, genau.
そのほかに außerdem, daneben, nebenbei.
そのように so; so, wie ….
そば そのそばに dabei, daneben.
そばかす 《雀斑》die Sommersprosse.
そびえる empor|ragen, sich⁴ erheben.
そふ 《祖父》der Großvater.
ソファー das Sofa, die Couch.
そふぼ 《祖父母》die Großeltern.
そぶり 《素振り》das Benehmen.
そぼ 《祖母》die Großmutter.
そぼく 《素朴な》schlicht, einfach, naiv.
そもそも überhaupt.
そよう 《素養のある》gebildet, kultiviert.
そよぐ säuseln.
そら 《空》der Himmel.
そらす 《逸らす》ab|wenden, ab|lenken.
そらもよう 《空模様》die Wetterlage.
そり 《橇》der Schlitten.
それ es, das, dies.
それから danach, dann.
それぞれの jeder.
それだから deshalb, deswegen, darum, daher, weshalb.
それだけますます desto.
それで da, damit, darauf, darüber.
それどころか gar, sogar.
それとなく andeutungsweise.
それなのに dennoch, trotzdem.
それに auch, außerdem.
それにしても doch.
それにもかかわらず trotzdem, doch.
ソれん 《ソ連》die Sowjetunion.
そんがい 《損害》der Schaden. 損害を与える schaden.
そんけい 《尊敬》die Achtung. 尊敬する achten.
そんげん 《尊厳》die Würde. 威厳のある würdig.
そんざい 《存在》das Sein, das Dasein, die Existenz. 存在する sein, da|sein, existieren.

そんぞく 《存続する》bestehen, Bestand haben.
そんちょう 《尊重する》achten, (hoch) schätzen.
そんりつ 《存立》das Bestehen, der Bestand.

た

ダース das Dutzend.
タイ Thailand.
だい 《題》der Titel.
たいあん 《対案》der Gegenvorschlag, der Gegenantrag.
たいい 《大意》die Zusammenfassung.
たいいく 《体育》die Leibeserziehung; (授業の)～ das Turnen. 体育館 die Turnhalle.
だいいちの 《第一(番目)の》erst. 第一に erstens.
たいおん 《体温》die Körperwärme. 体温計 das Fieberthermometer.
たいか 《退化》die Entartung, die Degeneration.
たいか 《耐火の》feuerfest.
たいがい 《大概》meistens; im allgemeinen; im (großen und) ganzen.
たいかく 《体格》der Körperbau.
だいがく 《大学》(総合)～ die Universität, (単科)～ die Hochschule. 大学生 der Student. 女子学生 die Studentin.
たいき 《大気》die Atmosphäre, die Luft.
だいぎし 《代議士》der/die Abgeordnete.
たいきゃく 《退却》der Rückzug. 退却する sich zurück|ziehen.
たいきゅうりょく 《耐久力》die Dauerhaftigkeit.
たいきょする 《退去する》verlassen, fort|gehen.
だいきん 《代金》der Preis. 代金を払う bezahlen.
だいく 《大工》der Zimmermann.
たいくつ 《退屈な》langweilig; schal.
たいけい 《体系》das System. 体系的な(に) systematisch.
たいけつ 《対決》die Auseinandersetzung. 対決する sich⁴ auseinander setzen.
たいけん 《体験》das Erlebnis. 体験する erleben.
たいげん 《体現する》verkörpern.
たいげんそうご 《大言壮語》die Prahlerei.
たいこ 《太鼓》die Trommel. ～を打つ trommeln.
たいこう 《代行》die Vertretung. 代行する vertreten.
たいこく 《大国》die Großmacht.
たいざい 《滞在》der Aufenthalt. 滞在する sich⁴ auf|halten.

だいざい 《題材》das Sujet, der Gegenstand.
たいさく 《対策》die Maßnahme.
たいし 《大使》der Botschafter. 大使館 die Botschaft.
だいじ 《大事な》wichtig. 大事にsorgfältig.
ダイジェスト der〔das〕Digest, der Auszug.
たいしつ 《体質》die Konstitution, die Verfassung.
たいして 《…に対して》gegen, zu, vor, für.
たいしゅう 《大衆》das Volk, die Masse. 大衆的な volkstümlich, populär.
たいじゅう 《体重》das Körpergewicht.
たいしゅつ 《退出する》verlassen. 退出させる entlassen.
たいしょう 《対称》die Symmetrie.
たいしょう 《対象》der Gegenstand.
たいしょう 《対照》der Kontrast, der Gegensatz.
だいしょう 《代償》der Ersatz, die Entschädigung.
たいしょく 《退職》der Abschied. 退職する seinen Abschied nehmen.
たいしょく 《褪色する》verblassen, sich⁴ entfärben.
だいじん 《大臣》der Minister.
たいすい 《耐水の》wasserdicht.
だいすう 《代数》die Algebra.
たいせい 《体制》das System, die Ordnung.
たいせいよう 《大西洋》der Atlantik, der Atlantische Ozean.
たいせき 《堆積》die Anhäufung, der Haufen.
たいせつ 《大切な》wichtig, teuer.
たいそう 《体操》die Gymnastik, die Leibesübungen ⓟ.（器械）体操をする turnen.
だいそれた 《大それた》unverschämt, dreist, ungebührlich.
だいだ 《怠惰な》faul.
だいたい 《大体》im 〔großen und〕 ganzen; ungefähr;〔総じて〕überhaupt.
だいたん 《大胆な》kühn, verwegen.
だいち 《大地》die Erde, der Boden.
だいち 《台地》die Hochebene, die Terasse.
たいてい 《大抵》meistens, meist.
たいど 《態度》das Verhalten, die Haltung. 態度をとる sich⁴ verhalten.
たいとうする 《台頭する》hervor|treten.
だいとうりょう 《大統領》der〔Staats〕präsident.
たいとくする 《体得する》sich³ an|eignen.

だいどころ 《台所》die Küche.
だいとし 《大都市》die Großstadt.
ダイナミックな dynamisch.
たいにん 《退任する》zurück|treten.
たいねつ 《耐熱の》hitzebeständig.
たいはい 《退廃》die Verderbtheit, die Dekadenz, die Entartung.
たいひ 《待避する》aus|weichen.
だいひょうしゃ 《代表者》der Vertreter.
たいふう 《台風》der Taifun.
タイプライター die Schreibmaschine.
たいへいよう 《太平洋》der Pazifik, der Pazifische Ozean.
たいへんな 《大変な》〔容易でない〕ernst;〔辛い〕anstrengend. 大変に sehr, äußerst.
たいほ 《退歩》der Rückschritt.
たいほ 《逮捕する》verhaften, fest|nehmen.
たいまつ 《松明》die Fackel.
だいもく 《題目》das Thema, der Titel.
タイヤ der Reifen.
ダイヤモンド der Diamant.
ダイヤル （電話の）~ die Wählscheibe.
たいよう 《太陽》die Sonne.
たいら 《平らな》eben, flach.
だいり 《代理人》der Stellvertreter.
たいりく 《大陸》der Kontinent, der Erdteil.
だいりせき 《大理石》der Marmor.
たいりつ 《対立》der Gegensatz.
たいりょう 《大量》大量に in großer Menge; in Massen. 大量生産 die Massenfabrikation.
たいりょく 《体力》die Körperkraft.
タイル die Fliese.
ダイレクトメール die Postwurfsendung.
たいわ 《対話》das Gespräch, der Dialog.
たいわん 《台湾》Taiwan, Formosa.
たえしのぶ 《堪え忍ぶ》crtrngcn, aus|halten.
たえず 《絶えず》immer, ununterbrochen.
たえる 《耐える》tragen, ertragen, leiden, aus|halten, erdulden.
たえる 《絶える》auf|hören.
たおす 《倒す》um|stoßen, um|werfen;（木を）~ fällen,（敵を）~ besiegen.
タオル das Handtuch.
たおれる 《倒れる》（um|）fallen, um|stürzen.
…だが aber, doch.
たかい 《高い》hoch;（声が）~

hell, laut;（値段が）~ teuer.
たがいちがい 《互い違いに》abwechselnd.
たがいに 《互いに》einander. 互いの gegenseitig.
たかさ 《高さ》die Höhe. 高まる sich⁴ heben. 高める heben, steigern.
だから also, folglich;（それ）だから deshalb, daher, darum.
たかん 《多感な》sentimental, empfindsam.
たき 《滝》der Wasserfall.
だきあげる 《抱き上げる》auf den Arm nehmen.
たきぎ 《薪》das Brennholz.
タキシード der Smoking.
たぎてな 《多義的な》vieldeutig, mehrdeutig.
たくえつ 《卓越する》sich⁴ aus|zeichnen, sich⁴ hervor|tun.
タクシー das Taxi.
たくましい 《逞しい》kräftig, stark, hart.
たくみな 《巧みな》geschickt, gewandt, elegant, raffiniert.
たけ 《竹》der Bambus.
だけ nur, allein, bloß, einzig, um.
だこう 《蛇行する》sich⁴ schlängeln.
たごん 《他言する》weiter|sagen, aus|plaudern.
たさい 《多彩な》bunt.
たさん 《多産な》fruchtbar, ergiebig.
ださん 《打算》die Berechnung. 打算的な berechnend.
たしかな 《確かな》sicher, gewiss.
たしかに 《確かに》bestimmt, gewiss, sicher;〔（なるほど）…ではあるが〕zwar ... aber.
たしかめる 《確かめる》fest|stellen.
たしゅたよう 《多種多様の》verschiedenartig, mannigfaltig.
たしんきょう 《多神教》der Polytheismus.
だす 《出す》（客に飲食物を）~ an|bieten;（声明・命令などを）aus|geben;（郵送・運送などのため）~ auf|geben.
たすう 《多数》die Menge. 多数の viel.
たすけ 《助け》die Hilfe;〔助け手〕der Helfer. 助ける helfen. 助け起こす auf|heben.
ダスターコート der Staubmantel.
たずねびと 《尋ね人》der/die Vermisste
たずねる 《訪ねる》besuchen, auf|suchen.
たずねる 《尋ねる》fragen; sich⁴ erkundigen.
…だそうである heißen（Es ... の形で）.
ただ nur, bloß.
だたい 《堕胎》die Abtreibung.
たたえる 《称える》rühmen, （lob）preisen.

たたかい 《戦い》der Kampf. 戦う kämpfen.
たたきこわす 《叩き壊す》zerschlagen.
たたく schlagen, hauen.
ただし allein, allerdings, aber, jedoch.
ただしい 《正しい》richtig, recht, gerecht.
ただちに 《直ちに》sofort.
ただで umsonst, kostenlos, gratis.
ただよう 《漂う》〔漂流する〕treiben；〔ふわふわ浮かぶ〕schweben.
たちあがる 《立ち上がる》auf|stehen；sich⁴ erheben.
たちぎき 《立ち聞きする》lauschen, belauschen.
たちさる 《立ち去る》weg|gehen, verlassen.
たちどまる 《立ち止まる》stehen bleiben.
たちなおる 《立ち直る》sich⁴ erholen, sich⁴ bessern.
たちのく 《立ち退く》räumen, sich⁴ entfernen.
たちのわるい 《たちの悪い》bösartig, boshaft.
たちば 《立場》der Standpunkt, die Stellung, die Situation.
たちまち sofort, plötzlich；auf einmal.
たちむかう 《立ち向かう》entgegen|treten；sich⁴ gegen ⟨j⁴/et⁴⟩ wenden.
たちよる 《立ち寄り》vorbei|kommen, ein|kehren.
たつ 《立つ》sich⁴ stellen.
だっきゅう 《脱臼》die Verrenkung.
だっしゅつ 《脱出する》entfliehen, entkommen.
だっしょく 《脱色する》entfärben, bleichen.
たっする 《達する》erreichen, gelangen.
たっせい 《達成する》erreichen, erzielen.
だつぜい 《脱税》die Steuerhinterziehung.
だっそう 《脱走する》entfliehen, entlaufen, entweichen.
たっている 《立っている》stehen.
たっての dringend.
たづな 《手綱》der Zügel.
たっぷりの voll, reichlich, ordentlich.
たてかける 《立て掛ける》lehnen, an|stellen.
たてもの 《建物》das Gebäude.
たてよこ 《縦横》die Länge und die Breite.
たてる 《立てる》stellen；（歩哨などを）～ aus|stellen.
たてる 《建てる》bauen.
だとう 《妥当》gültig, angemessen.
たとえ(…であっても) (auch) immer；obwohl；und wenn；auch wenn.
たとえば 《例えば》zum Beispiel；etwa.
たどる 《辿る》verfolgen.
たな 《棚》das Wandbrett. 書棚 der Bücherschrank, das Regal.
たに 《谷》das Tal.
たにん 《他人》der andere. 他人の fremd.
たね 《種》der Samen.
たねまき 《種蒔き》die Saat. 種をまく säen.
たのしい 《楽しい》lustig, froh, fröhlich. 楽しませる unterhalten, belustigen.
たのしみ 《楽しみ》das Vergnügen, der Spaß. 楽しみにして待つ sich⁴ auf ⟨j⁴/et⁴⟩ freuen.
たのむ 《頼む》bitten.
たば 《束》das Bündel.
たばこ 《刻み》～ der Tabak；(紙巻き)～ die Zigarette. たばこを吸う rauchen.
たび 《旅》die Reise. 旅をする reisen.
たびだつ 《旅立つ》ab|reisen.
たびたび oft, häufig.
タブー das Tabu.
タフな zäh, beharrlich.
たぶん 《多分》多分…だろう wahrscheinlich, wohl.
たべる 《食べる》essen；(動物が)～ fressen.
たほう 《他方で》andererseits. 〔一方で〕einerseits.
たま 《球》〔ボール〕der Ball, der Spielball.
たま 《弾》〔弾丸〕die Kugel, die Kanonenkugel.
たまご 《卵》das Ei. 卵を産む Eier legen.
たましい 《魂》die Seele.
だます betrügen, täuschen, schwindeln.
たまたま zufällig.
たまつき 《玉突き》das Billard.
だまっている 《黙っている》schweigen, verschweigen；stumm sein.
たまねぎ die Zwiebel.
ダム der Damm, der Staudamm.
ためす 《試す》probieren, versuchen.
だめになった kaputt.
ためになる nützlich, gewinnbringend.
ためる 《貯める》sparen.
ためん 《多面的な》vielseitig.
たもつ 《保つ》halten.
たよう 《多様な》mannigfaltig, vielfältig.
たより 《便り》die Nachricht, der Brief.
たよりない 《頼りない》unzuverlässig.
たよりになる 《頼りになる》zuverlässig.
たよる 《頼る》sich⁴ an ⟨j⁴⟩ halten；sich⁴ auf ⟨j⁴⟩ verlassen.
たらい 《盥》die Wanne.
だらく 《堕落する》verderben, herunter|kommen.
だらしのない lose, schlampig, nachlässig.
たらす 《垂らす》hängen. 垂れている herab|hängen.
タラップ das Fallreep.
だらりと schlaff, locker.
たりる 《足りる》genügen, aus|reichen. 足りない fehlen, mangeln.
たる 《樽》das Faß.
だるい müde, matt, schlaff.
だれ wer.
だれか(あるひと) man, jemand, einer, irgendeiner, irgend jemand, irgendwer.
だれに wem.
だれの wessen.
だれも…でない niemand.
だれを wen.
…だろうねえ doch, vermutlich.
たわむ 《撓む》sich⁴ krümmen.
たん 《痰》der Schleim.
たんい 《単位》die Einheit.
たんいつの 《単一の》einfach, einzeln.
タンカー der Tanker.
だんかい 《段階》die Stufe, der Grad.
たんかだいがく 《単科大学》die Hochschule.
だんがん 《弾丸》die Kugel, das Geschoß, Geschoss.
たんきな 《短気な》ungeduldig, reizbar, hitzig.
たんけん 《探検》die Expedition. 探検する erforschen.
たんけん 《短剣》der Dolch.
たんご 《単語》das Wort.
だんご 《団子》der Kloß, der Knödel.
だんことした 《断固とした》bestimmt, entschieden.
ダンサー der Tänzer, die Tänzerin.
だんざい 《断罪》die Verurteilung. 断罪する verurteilen, verdammen.
だんじき 《断食する》fasten.
タンシチュー das Zungenragout.
たんじゅん 《単純な》einfach, schlicht.
だんじょ 《男女》Mann und Frau. 男女同権 die Gleichberechtigung von Mann und Frau.
たんじょうび 《誕生日》der Geburtstag.
たんしん 《短針》der Stundenzeiger.
たんす 《箪笥》der Schrank.
ダンス der Tanz.
たんすい 《淡水》das Süßwasser.
ダンスパーティー der Ball. (略式の)～ der Tanz.
だんぞくてき 《断続的に》

だんたい 《団体》der Verein;〔集団〕die Gruppe, die Gesellschaft.
だんだんに allmählich; nach und nach.
だんち 《団地》die Siedlung.
たんちょう 《短調》das Moll.
たんちょう 《単調な》eintönig, monoton.
たんてい 《探偵》der Detektiv.
たんとう 《担当する》übernehmen.
たんどく 《単独の》einzeln.
たんねん 《丹念な》sorgfältig.
だんねん 《断念する》verzichten, auf|geben.
たんのう 《堪能な》bewandert, geschickt.
たんぱ 《短波》die Kurzwelle.
だんぺん 《断片》das Fragment.
たんぽ 《担保》das Pfand.
だんぼう 《暖房》die Heizung. 暖房する heizen.
タンポポ der Löwenzahn.
だんめん 《断面》der Schnitt, die Schnittfläche.
だんやく 《弾薬》die Munition.
だんらく 《段落》der Einschnitt.〔文章の〕～ der Absatz.
だんりょく 《弾力》die Elastizität.
たんれん 《鍛錬する》ab|härten, stählen.
だんろ 《暖炉》der Kamin.

ち

ち 《地》die Erde.
ち 《血》das Blut. 血が出ている bluten.
ちい 《地位》die Stellung, der Posten, die Position, der Platz, der Rang.
ちいき 《地域》(地理的・政治的)～ der Raum, der Bezirk, das Gebiet;(都市の)～ die Gegend, das Viertel.
ちいさい 《小さい》klein.
チーズ der Käse.
チーフ der Chef.
チーム die Mannschaft, das Team.
ちえ 《知恵》die Weisheit.
チェス das Schach.
チェロ das Cello.
ちかい 《近い》nahe. 近い距離 die Nähe. 近くに in der Nähe.
ちかい 《地階》das Untergeschoss, das Souterrain.
ちがい 《違い》der Unterschied.
ちがいほうけん 《治外法権》die Exterritorialität.
ちかく 《知覚》die Wahrnehmung. 知覚する wahr|nehmen.
ちかごろ 《近頃》neuerdings, heutzutage.
ちかしつ 《地下室》der Keller.
ちかづく 《近づく》sich⁴ nähern,

heran|kommen.
ちがって 《～とは違って》anders als...
ちかてつ 《地下鉄》die U-Bahn.
ちかみち 《近道》der kürzere Weg.
ちから 《力》(肉体的または精神的な)～ die Kraft;(人・物を支配する)～ die Macht. 力強い kräftig, mächtig.
ちからぞえ 《力添え》der Beistand. 力添えをする bei|stehen.
ちからづける 《力づける》ermutigen, ermuntern.
ちきゅう 《地球》die Erde.
ちくさん 《畜産》die Viehzucht.
ちこく 《遅刻する》sich⁴ verspäten; zu spät kommen.
ちじ 《知事》der Gouverneur.
ちしき 《知識》die Kenntnis, das Wissen.
ちじん 《知人》der/die Bekannte.
ちず 《地図》die Karte, die Landkarte, der Plan.
ちせつ 《稚拙な》kindisch, unreif, ungeschickt.
ちち 《父》der Vater.
ちち 《乳》die Milch;〔母乳〕die Muttermilch.
ちちかた 《父方の》väterlicherseits.
ちぢめる 《縮める》verkürzen, ab|kürzen.
ちちゅうかい 《地中海》das Mittelmeer.
ちぢれげ 《縮れ毛の》kraushaarig.
ちつじょ 《秩序》die Ordnung.
ちっそく 《窒息する》ersticken.
チップ das Trinkgeld.
ちてん 《地点》der Punkt.
ちなまぐさい 《血腥い》blutig, blutrünstig.
ちほう 《地方》die Gegend, die Landschaft, das Land, die Provinz.
ちめいてき 《致命的な》tödlich, verhängnisvoll.
ちゃ 《茶》der Tee.
チャーターする chartern, mieten.
チャーミングな charmant, reizend.
ちゃいろの 《茶色の》braun.
ちゃくし 《嫡子》der Erbe.
ちゃくりく 《着陸する》landen.
ちゃしつ 《茶室》das Teesieb.
ちゃさじ 《茶匙》der Teelöffel.
チャペル die Kapelle.
ちゃわん 《茶碗》(取っ手のついた)～ die Tasse.(御飯)～ die Reisschale.
ちゃんと ordentlich.
チャンネル der Kanal.
チャンピオン der Champion, der Meister.
ちゆ 《治癒》die Heilung.
ちゅうい 《注意》die Achtung, die Aufmerksamkeit. 注意をは

らう auf|passen, beachten, Acht geben. 注意深い aufmerksam.
ちゅうおう 《中央》die Mitte, das Zentrum. 中央に in der Mitte; mitten.
ちゅうおう 《中欧》Mitteleuropa.
ちゅうがっこう 《中学校》die Mittelschule.
ちゅうけい 《中継》die Übertragung.
ちゅうこく 《忠告》der Rat, der Ratschlag. 忠告する raten.
ちゅうごく 《中国》China.
ちゅうさんかいきゅう 《中産階級》der Mittelstand, das Bürgertum.
ちゅうし 《中止》die Unterbrechung, die Einstellung, der Ausfall.
ちゅうじつ 《忠実な》treu.
ちゅうしゃ 《注射》die Spritze.
ちゅうしゃ 《駐車する》parken. 駐車場 der Parkplatz. 駐車メーター die Parkuhr.
ちゅうしゃく 《注釈》die Anmerkung.
ちゅうしゅつ 《抽出する》extrahieren, aus|ziehen.
ちゅうしょう 《中傷》die Verleumdung. 中傷する verleumden.
ちゅうしょうてき 《抽象的な》abstrakt.
ちゅうしょく 《昼食》das Mittagessen. 昼食をとる zu Mittag essen.
ちゅうしん 《中心》der Mittelpunkt, das Zentrum, die Mitte.
ちゅうせい 《中世》das Mittelalter.
ちゅうせい 《中性》das Neutrum. 中性の neutral.
ちゅうせい 《忠誠》die Treue, die Loyalität.
ちゅうぞう 《鋳造する》gießen, prägen.
ちゅうだん 《中断する》unterbrechen.
ちゅうどく 《中毒》die Vergiftung.
ちゅうにかい 《中二階》das Zwischengeschoss.
チューブ die Tube.
ちゅうもく 《注目する》achten. 注目に値する bemerkenswert, merkwürdig.
ちゅうもん 《注文する》bestellen.
ちゅうよう 《中庸》das Maß. 中庸を守る Maß halten.
ちゅうりつ 《中立》die Neutralität. 中立の neutral.
チューリップ die Tulpe.
ちゅうわ 《中和する》neutralisieren.
ちょう 《兆》die Billion.
ちょう 《腸》der Darm.
ちょう 《蝶》der Schmetterling. 蝶ネクタイ die Fliege.

ちょうあい 《寵愛》die Gunst.
ちょうおんぱ 《超音波》der Ultraschall.
ちょうか 《超過》die Überschreitung. 超過する überschreiten.
ちょうかく 《聴覚》das Gehör, das Ohr.
ちょうかん 《朝刊》die Morgenausgabe.
ちょうきょう 《調教する》ab|richten, dressieren.
ちょうきょりでんわ 《長距離電話》das Ferngespräch.
ちょうこう 《徴候》das Anzeichen, das Symptom.
ちょうごう 《調合する》dosieren, zu|bereiten.
ちょうこく 《彫刻》die Bildhauerei, die Skulptur.
ちょうこく 《超克》die Überwindung.
ちょうさ 《調査》die Untersuchung. 調査する untersuchen, nach|forschen.
ちょうじ 《寵児》der Liebling, der Günstling.
ちょうしぜん 《超自然的な》übernatürlich.
ちょうしゅう 《聴衆》der Zuhörer, das Publikum.
ちょうしゅう 《徴収する》erheben, bei|treiben.
ちょうしょ 《長所》der Vorzug, die Stärke.
ちょうしょ 《調書》das Protokoll.
ちょうしょう 《嘲笑》der Hohn, das spöttische Lachen.
ちょうじょう 《頂上》der Gipfel, der Berggipfel.
ちょうしょく 《朝食》das Frühstück. 朝食を取る frühstücken.
ちょうしん 《長針》der Minutenzeiger.
ちょうせつ 《調節する》ein|stellen, regulieren.
ちょうせん 《朝鮮》Korea.
ちょうせん 《挑戦する》sich⁴ versuchen; zum Kampf heraus|fordern.
ちょうそ 《彫塑》die Plastik.
ちょうたつ 《調達》die Anschaffung. 調達する an|schaffen.
ちょうちょう 《長調》der Dur.
ちょうちょう 《蝶番》die Angel.
ちょうてい 《調停する》versöhnen, schlichten, aus|gleichen.
ちょうど gerade, eben.
ちょうはつ 《挑発する》heraus|fordern, provozieren. 挑発的な provokativ.
ちょうはつ 《調髪する》frisieren. 髪型 die Frisur.
ちょうはつ 《長髪の》langhaarig.
ちょうばつ 《懲罰》die Bestrafung. 処罰する bestrafen.
ちょうぼ 《帳簿》das (Geschäfts)buch. 帳簿を付ける die Bücher führen.
ちょうぼう 《眺望》die Aussicht, der Ausblick.
ちょうやく 《跳躍》der Sprung, der Satz.
ちょうりつ 《調律する》stimmen.
ちょうりほう 《調理法》die Kochkunst, das Rezept.
ちょうりゅう 《潮流》die Strömung.
ちょうりょく 《聴力》das Gehör.
ちょうわ 《調和》die Harmonie. 調和する harmonieren, über|ein|stimmen.
チョーク die Kreide.
ちょきん 《貯金》das Spargeld, die Ersparnisse ㊰. 貯金する (Geld) sparen. 貯金通帳 das Sparbuch.
ちょくせつ 《直接の〔な〕》direkt, unmittelbar.
ちょくせん 《直線》die gerade Linie, die Gerade.
ちょくつう 《直通（行）の》direkt. 直行する durch|gehen.
ちょくばい 《直売》der Direktvertrieb.
チョコレート die Schokolade.
ちょさく 《著作》die Schrift, das Werk.
ちょしゃ 《著者》der Verfasser, der Autor.
ちょぞう 《貯蔵》die Aufspeicherung, die Lagerung.
ちょちく 《貯蓄する》sparen. 貯蓄銀行 die Sparkasse.
ちょっかく 《直角》der rechte Winkel.
ちょっかん 《直観》die Intuition, die Anschauung.
チョッキ die Weste.
ちょっけい 《直径》der Durchmesser.
ちょっと einen Augenblick; ein bisschen.
ちらし 《散らし》das Flugblatt.
ちり 《塵》der Staub.
ちり 《地理》die Geographie, die Erdkunde.
ちりょう 《治療する》behandeln, kurieren.
ちりょく 《知力》der Verstand, der Intellekt.
ちる 《散る》(花が)〜 ab|fallen; (気が)〜 zerstreut sein; 〔ちりぢりになる〕sich⁴ verteilen; auseinandergehen.
ちんがし 《賃貸し》die Vermietung. 賃貸しする vermieten.
ちんがり 《賃借り》die Miete. 賃借りする mieten.
ちんぎん 《賃金》der Lohn.
ちんしゃくにん 《賃借人》der Mieter.
ちんじゅつ 《陳述》die Darlegung, die Aussage.
ちんせいざい 《鎮静剤》das Beruhigungsmittel.
ちんちょう 《珍重する》hoch schätzen, wert|schätzen.
ちんでんぶつ 《沈殿物》der Bodensatz, der Niederschlag.
ちんぷ 《陳腐な》abgedroschen, banal.
ちんぼつ 《沈没する》sinken, unter|gehen.
ちんみょう 《珍妙な》absonderlich, ulkig.
ちんもく 《沈黙している》schweigen, verschweigen.
ちんれつ 《陳列》aus|stellen.

つ

つい 《対》das Paar.
ついいましがた eben erst, vorhin.
ついか 《追加》der Zusatz. 追加の zusätzlich.
ついき 《追記》der Nachtrag.
ついけん 《追試験》die Nachprüfung.
ついじゅう 《追従》die Nachfolge. 追従する nach|folgen.
ついしょう 《追従する》schmeicheln, schön|tun.
ついしん 《追伸》die Nachschrift, das Postskriptum.
ついせき 《追跡》die Verfolgung.
ついたち 《一日》der erste Tag des Monats.
ついて 《〔それに〕就いて》in Hinsicht auf; im Hinblick auf; in bezug auf; hinsichtlich, betreffs, von, über, daran, davon, darüber.
ついで 《次いで》dann, darauf.
ついていく 《ついて行く〔来る〕》folgen.
ついで(の折りに) gelegentlich.
ついとつ 《追突する》auf|fahren.
ついに schließlich, endlich, letztlich.
ついばむ 《啄ばむ》picken.
ついほう 《追放》vertreiben, verbannen.
ついやす 《費やす》auf|wenden, wenden.
ついらく 《墜落する》ab|stürzen, stürzen.
つうか 《通貨》die Währung.
つうか 《通過する》passieren, durch|gehen.
つうがく 《通学する》die Schule besuchen; zur Schule gehen.
つうきん 《通勤する》zum täglichen Dienst gehen.
つうこう 《通行する》gehen, fahren. 通行人 der Fußgänger, der Passant.
つうこく 《通告》die Ankündigung.
つうさんだいじん 《通産大臣》der Minister für Handel und Industrie.
つうじている 《通じている》(道が)

～ führen；〔通暁している〕sich⁴ aus|kennen；verstehen.
つうじょう《通常の》gewöhnlich, normal, üblich.
つうしん《通信》die Nachricht, die Korrespondenz.
つうぞく《通俗の》populär, volkstümlich, trivial. 通俗文学 die Trivialliteratur.
つうち《通知》die Mitteilung. 通知する mit|teilen, benachrichtigen.
つうふう《通風》die Lüftung, der Zug.
つうふう《痛風》die Gicht.
つうほう《通報》《役所・警察への》～ die Anzeige.
つうやく《通訳》der Dolmetscher. 通訳する dolmetschen.
つうよう《通用する》gelten；gültig sein.
つうわ《通話》der Anruf, das Telefonat, das Telefongespräch.
つえ《杖》der Stock.
つか《柄》der Griff.
つかいふるす《使い古す》ab|nutzen, ab|verbrauchen.
つかう《使う》gebrauchen, handhaben；(金を)～ aus|geben.
つかえる《仕える》bedienen, dienen.
つかまえる《捕まえる》fangen, fassen, greifen, fest|nehmen.
つかむ《掴む》greifen, ergreifen, fassen, an|fassen；(ぎゅっと)～ packen. 掴んでいる halten.
つかれる《疲れる》müde werden. 疲れた müde.
つき《月》der Mond. (暦の)～ der Monat.
つぎ《次の》folgend, nächst. その次に danach. つぎつぎに nacheinander.
つきあう《付き合う》mit (j³) um|gehen.
つきおとす《突き落とす》hinunter|stoßen, stürzen.
つぎき《接ぎ木をする》pfropfen. 接ぎ枝 der Pfropfreis.
つきごと《月毎に》monatlich. 毎月 jeden Monat.
つきさす《突き刺す》stoßen, stechen.
つきそう《付き添う》begleiten. 付き添い者 der Begleiter.
つぎたす《注ぎ足す》nach|gießen.
つぎたす《継ぎ足す》hinzu|fügen.
つきでる《突き出る》vor|springen.
つきとばす《突き飛ばす》weg|stoßen.
つきとめる《突き止める》fest|stellen, heraus|bekommen.
つきなみ《月並みの》gewöhnlich, alltäglich.
つきぬける《突き抜ける》durch|stoßen.
つぎはぎ《継ぎ接ぎする》flicken.
つきひ《月日》Tage und Monate；〔日付け〕das Datum.
つきる《尽きる》aus|gehen；sich⁴ erschöpfen.
つく《明かりが》～ an|gehen.
つく《付く》kleben.
つく《突く》stoßen.
つく《着く》an|kommen.
つくえ《机》der Tisch.
つぐない《償い》die Entschädigung, die Vergütung, die Sühne.
つぐなう《償う》entschädigen, verbüßen, wieder|gut|machen.
つくりあげる《作り上げる》voll|bringen, an|fertigen.
つくりだす《作り出す》her|stellen, erzeugen.
つくりばなし《作り話》die Erfindung, die Fabel.
つくる《作る》machen, her|stellen, schaffen.
つくろう《繕う》flicken, aus|bessern.
つけあわせ《付け合わせ》die Beilage.
つけている《標識などを》～ führen.
つける《スイッチを入れて》～ an|machen.
つける《連絡などを》～ her|stellen.
つける《付ける》befestigen, heften, kleben, nageln.
つげる《告げる》mit|teilen, benachrichtigen.
つごう《都合》der Umstand, die Gelegenheit. 都合の良い günstig, passend, recht.
つじつま《辻褄》der Zusammenhang. 辻褄の合う folgerichtig.
つたえる《伝える》übermitteln, mit|teilen.
つち《土》die Erde.
つち《槌》der Hammer.
つちけむり《土煙》die Staubwolke.
つづく《続く》dauern, folgen；sich⁴ an|schließen；sich⁴ fort|setzen.
つづけて《続けて》hintereinander.
つづける《続ける》fort|fahren, fort|setzen.
つつじ die Azalee.
つつみ《包み》die Packung, das Bündel.
つつみがみ《包み紙》das Packpapier, das Einwickelpapier.
つつむ《包む》ein|packen, verpacken.
つづり《綴り》die Silbe.
つづる《綴る》buchstabieren.
つとめぐち《勤め口》die Arbeitsstätte.
つとめている《勤めている》arbeiten；tätig sein；in Dienst stehen.
つな《綱》das Seil.
つなぐ binden, schließen；(電話を)～ verbinden.
つねに《常に》immer, stets, ständig.
つの《角》das Horn.
つば《唾》der Speichel, die Spucke.
つばさ《翼》der Flügel.
つばめ《燕》die Schwalbe.
つぶ《粒》das Korn.
つぶす zerdrücken, quetschen, kaputt|machen.
つぶやく murmeln.
つぶより《粒選りの》auserlesen.
つぼみ《蕾》die Knospe.
つま《妻》die Frau, die Ehefrau.
つましい sparsam.
つまみぐい《摘み食いする》naschen.
つまむ《摘む》kneifen.
つまようじ《爪楊枝》der Zahnstocher.
つまり nämlich, also；kurz und gut；das heißt.
つまる《詰まる》stocken, sich⁴ verstopfen. 間の詰まった eng, dicht, dick.
つみ《罪》die Schuld, die Sünde. 罪のある schuldig.
つみこむ《積み込む》(be)laden, verladen.
つむ《摘む》ab|pflücken.
つむ《積む》laden, aufeinander häufen, auf|schichten.
つむぐ《紡ぐ》spinnen.
つめ《爪》der Nagel.
つめたい《冷たい》kalt.
つめる《詰める》packen, ein|packen, füllen, stopfen.
つもる《積もる》sich⁴ an|häufen. (雪などが)積もっている liegen.
つやけし《艶消しの》matt.
つゆ《梅雨》die Regenzeit.
つよい《強い》stark, hart.
つらい《辛い》hart, sauer, bitter, mühsam.
つらぬく《貫く》durch|setzen.
つり《釣り》das Angeln.
つり《釣り(銭)》das Wechselgeld.
つりあう《釣り合う》passen, an|stehen.
つりがね《釣鐘》die Glocke.
つる《弦》die Sehne.
つる《吊る》auf|hängen.
つれていく《連れて行く》mit|nehmen, führen.
つれてくる《連れて来る》mit|bringen, ab|holen.

て

て《手》die Hand.
…で《手段・方法》auf, mit, durch.

であう 《出会う》begegnen, treffen.
…である sein.
…である（テキストなどの文言を示して）heißen.
ディーゼル der Diesel.
ていあん 《提案》der Vorschlag；（決議するための）〜 der Antrag. 提案する vor|schlagen.
ていおう 《帝王》der Kaiser. 王 der König.
ていか 《定価》der (feste) Preis.
ていぎ 《定義》die Definition, die Bestimmung.
ていきあつ 《低気圧》der Tiefdruck.
ていきけん 《定期券》die Monatskarte.
ていきてき 《定期的な》regelmäßig.
ていきゅう 《低級な》niedrig, gemein.
ていきょう 《提供する》an|bieten.
ていこう 《抵抗》der Widerstand. 抵抗する widerstehen.
ていこく 《帝国》das Kaiserreich.
ていし 《停止する》ein|stellen, halten.
ていじ 《提示する》vor|zeigen, vor|legen.
ていしゃ 《停車する》halten. 停車禁止 das Halteverbot.
ていしゅつ 《提出する》vor|legen, ein|bringen.
ていしょく 《定食》das Menü, das Gedeck.
ディスコ die Diskothek, die Disko.
ていする 《呈する》an|bieten, schenken；［示す］zeigen.
ていせい 《訂正する》korrigieren, verbessern.
ていせん 《停戦》der Waffenstillstand.
ていたい 《停滞》die Stockung. 停滞する stocken.
ていちょう 《丁重な》höflich, anständig.
ティッシュペーパー das Tissue.
ていど 《程度》der Grad, das Maß.
ていとう 《抵当》das Pfand.
ていねい 《丁寧な》höflich, anständig.
ていはく 《停泊する》ankern.
ていひょう 《定評のある》anerkannt.
ていりゅうじょ 《停留所》die Haltestelle.
ていれ 《手入れする》pflegen；（建物・道路などを）〜 unterhalten.
デート das Date, die Verabredung, das Stelldichein.
テーブルかけ 《テーブル掛け》die Tischdecke.
テープレコーダー das Tonbandgerät.
てがた 《手形》der Wechsel.
デカダンス die Dekadenz.

てがみ 《手紙》der Brief.
てき 《敵》der Feind；［相手］der Gegner.
てきおう 《適応》die Anpassung.
できごと 《出来事》das Ereignis, der Vorfall.
てきし 《敵視》die Anfeindung. 敵視する an|feinden.
てきした 《適した》passend, geeignet, gut.
てきしゅつ 《摘出する》heraus|nehmen.
てきせい 《適性》die Eignung.
てきせつ 《適切な》recht, richtig, treffend.
できそこない 《出来損ないの》misslungen, missraten.
できあがる 《出来上がる》fertig.
できたての frisch.
できている 《…で出来ている》aus.
てきど 《適度》die Mäßigkeit. 適度に mäßig.
てきとう 《適当な》passend, geeignet, entsprechend.
できもの 《出来物》die Geschwulst, der Tumor.
てきよう 《摘要》die Zusammenfassung, das Resümee.
できる können, vermögen, möglich sein.
できるだけ möglichst.
でぐち 《出口》der Ausgang；（高速道路などの）〜 die Ausfahrt.
てくび 《手首》das Handgelenk.
でくわす 《出くわす》stoßen；（思いがけずに）〜 treffen.
デザート der Nachtisch, das Dessert.
デザイン das Design.
てさぐり 《手探り》手探りで探す fühlen, tasten.
てさげ 《手提げ》die Handtasche.
でし 《弟子》der Schüler.
てじな 《手品》die Taschenspielerei, die Zauberei.
でしゃばる 《出しゃばる》sich⁴ vor|drängen, sich⁴ ein|mischen.
テスト die Prüfung.
でたらめ der Unsinn.
てちょう 《手帳》das Notizbuch, das Taschenbuch.
てつ 《鉄》das Eisen.
てっかい 《撤回》der Widerruf. 撤回する widerrufen.
てつがく 《哲学》die Philosophie.
てっきょ 《撤去》die Räumung. 撤去する räumen.
てっきょう 《鉄橋》die Eisenbahnbrücke.
てっくず 《鉄屑》das Alteisen, der Schrott.
デッサン das Dessin, die Skizze.
てつせい 《鉄製の》eisern.
てったい 《撤退》der Rückzug. 撤退する sich⁴ zurück|ziehen.
てつだう 《手伝う》helfen.
でっちあげる erfinden, erdich-

ten.
てっていてき 《徹底的に》gründlich.
てつどう 《鉄道》die Eisenbahn, die Bahn.
てっぽう 《鉄砲》das Gewehr.
でてくる 《出て来る》kommen；sich⁴ bieten.
てにいれる 《手に入れる》finden, haben, bekommen, kriegen.
テニス das Tennis.
てにもつ 《手荷物》das Gepäck.
てぬぐい 《手ぬぐい》das Handtuch.
では also.
デパート das Kaufhaus.
デビュー das Debüt.
てぶくろ 《手袋》der Handschuh.
てほん 《手本》das Beispiel, das Vorbild.
デマ die Demagogie, das Gerücht.
でまど 《出窓》der Erker.
てみせ 《出店》der Stand.
デモ die Demonstration, die Kundgebung.
…でも auch, selbst. (たとえ) …でも wenn auch.
てら 《寺》der Tempel.
テラス die Terrasse.
てらす 《照らす》scheinen, beleuchten, bestrahlen.
てりかえす 《照り返す》zurück|strahlen, reflektieren.
でる 《出る》aus|gehen, erscheinen.
テレビ 《テレビジョン》das Fernsehen. テレビ受像機 der Fernsehapparat. テレビを見る fern|sehen.
てん 《天》der Himmel.
てん 《点》der Punkt.
てんいん 《店員》der Verkäufer. 女店員 die Verkäuferin.
てんか 《添加》die Beifügung. 添加する bei|fügen.
てんか 《点火する》an|zünden, entzünden.
てんか 《転嫁する》unterschieben, zu|schieben.
てんかい 《展開させる》entwickeln, entfalten.
てんき 《天気》das Wetter. 天気予報 der Wetterbericht, die Wettervorhersage.
てんき 《伝記》die Biographie.
でんき 《電気》die Elektrizität, der Strom.
てんきょ 《転居》der Wohnungswechsel.
てんけん 《点検する》prüfen, überprüfen.
てんごく 《天国》der Himmel, das Paradies.
てんさい 《天才》das Genie.
てんさい 《天災》die Naturkatastrophe.
てんさく 《添削》die Korrektur.

添削する korrigieren.
てんし 《天使》der Engel.
てんじ 《点字》 die Blindenschrift.
てんじ 《展示》die Ausstellung. 展示する aus|stellen.
でんし 《電子》das Elektron. 電子工学 die Elektrotechnik. 電子レンジ der Elektroherd. 電子計算機 der Elektronenrechner.
てんしゃ 《転写》der Abzug. 転写する ab|ziehen.
でんしゃ 《電車》die Bahn, der Zug, die Tram.
てんしゅつ 転出届をだす ab|melden.
てんじょう 《天井》die Decke.
でんしょう 《伝承》 die Überlieferung.
てんしょく 《天職》der Beruf, die Berufung.
てんずる 《転ずる》 wenden, ab|wenden.
でんせつ 《伝説》die Legende.
でんせん 《伝染》 die Ansteckung.
てんそう 《転送》 die Nachsendung, 転送する nach|senden.
てんたい 《天体》 der Himmelskörper.
でんち 《電池》die Batterie, die Zelle.
テント das Zelt.
てんとう 《転倒する》 stürzen, (um|) fallen.
でんとう 《伝統》 die Tradition, die Überlieferung.
てんにん 《転任》 die Versetzung.
てんねん 《天然》die Natur. 天然の natürlich.
てんぴ 《天火》der Backofen.
てんびん 《天秤》die Waage.
てんぷく 《転覆する》 um|stürzen, kentern.
でんぷん 《澱粉》 das Stärkemehl.
てんぼう 《展望》die Aussicht.
でんぽう 《電報》 das Telegramm.
てんもんがく 《天文学》die Astronomie.
てんよう 《転用》 die Verwendung. 転用する verwenden, übertragen.
てんらく 《転落する》stürzen.
てんらんかい 《展覧会》die Ausstellung.
でんわ 《電話》das Telefon, der Fernsprecher. 電話帳 das Telefonbuch. 電話ボックス die Telefonzelle. 電話する an|rufen, telefonieren.

と

と 《戸》die Tür.
…と mit.
…と… und.
ど 《度》(温度・角度・経緯度の) ～ der Grad.
ドア die Tür.
といあわせ 《問い合わせ》 die Anfrage, die Erkundigung. 問い合わせる an|fragen; sich[4] erkundigen.
ドイツ Deutschland. ドイツ連邦共和国 die Bundesrepublik Deutschland.
ドイツご 《ドイツ語》die deutsche Sprache, das Deutsch, das Deutsche.
ドイツじん 《ドイツ人》 der/die Deutsche.
ドイツの deutsch.
ドイツ・マルク Deutsche Mark (略 DM).
といつめる 《問い詰める》 aus|fragen.
とう 《党》die Partei.
とう 《塔》der Turm.
どう 《銅》das Kupfer.
どうい 《同意する》einverstanden sein; zu|stimmen, ver|pflichten.
どういう…か 《性質・状態・手順などを尋ねる》wie.
どういたしまして Bitte schön! Gern geschehen! Nichts zu danken! Keine Ursache!
とういつ 《統一する》 vereinigen, vereinheitlichen.
どういつ 《同一の》 derselbe, gleich.
とういん 《党員》 der Parteigenosse.
どういん 《動員》 die Mobilmachung. 動員する mobilisieren.
とうえい 《投影》die Projektion. 投影する projizieren.
とうおう 《東欧》Osteuropa.
とうかい 《倒壊》der Einsturz. 倒壊する ein|stürzen.
とうがい 《当該の》 betreffend, einschlägig, entsprechend.
とうき 《陶器》das Steingut, das Porzellan, die Keramik.
とうぎ 《討議》 die Erörterung, die Debatte.
どうき 《動悸》das Herzklopfen, der Herzschlag.
どうき 《動機》 der Anlass, der Beweggrund, das Motiv.
どうぎ 《動議》der Antrag.
とうきゅう 《等級》 der Grad, der Rang, die Stufe; (汽車・船などの)～ die Klasse.
どうぐ 《道具》das Werkzeug.
どうくつ 《洞窟》die Höhle.
とうげ 《峠》der Bergpaß.
とうけい 《統計》die Statistik.
どうけやく 《道化役》der Clown, der Hanswurst.
どうけん 《同権》die Gleichberechtigung.
とうごう 《統合》die Vereinigung, die Integration.
どうこう 《瞳孔》die Pupille.
どうさつ 《洞察》die Einsicht.
とうさん 《倒産》 der Bankrott, die Pleite.
とうし 《凍死する》erfrieren.
とうじ 《当時》damals, da.
どうじ 《同時の》 gleichzeitig, synchron.
どうじだい 《同時代の》 zeitgenössisch.
どうして wie; auf welche Weise; 〔なぜ〕 warum.
どうしても auf jeden Fall; 《否定の場合》 auf keinen Fall; durchaus nicht.
どうじょう 《同情》 das Mitleid, das Mitgefühl.
とうしん 《等身》 die Lebensgröße. 等身大の lebensgroß.
とうすい 《陶酔》das Entzücken, der Rausch.
どうせ sowieso.
とうぜん 《当然の》 selbstverständlich, natürlich.
どうぞ Bitte!
とうそう 《逃走》die Flucht. 逃走する fliehen.
とうた 《淘汰》die Auslese.
とうだい 《灯台》 der Leuchtturm.
とうたつ 《到達する》 erreichen, gelangen.
とうち 《統治》die Regierung, die Herrschaft.
とうちゃく 《到着》die Ankunft. 到着する an|kommen.
とうちょう 《盗聴する》 ab|hören, lauschen.
とうとう endlich.
どうとう 《同等の》gleich.
どうどう 《堂々たる》 stattlich, würdevoll.
どうとく 《道徳》 die Moral, die Sittlichkeit.
とうなん 《東南》der Südosten.
とうなん 《盗難》der Diebstahl.
どうにゅう 《導入》 die Einführung.
とうのむかしに 《とうの昔に》 längst, schon lange.
とうは 《党派》die Partei.
とうひょう 《投票》 die Abstimmung, die Stimme. 投票する stimmen, ab|stimmen; seine Stimme geben.
とうひょうけん 《投票権》 das Stimmrecht.
どうぶつ 《動物》das Tier. 動物園 der zoologische Garten; der Zoo.
とうぶん 《当分》vorläufig.
とうほう 《東方の》östlich.
どうほう 《同胞》die Brüder [複].
どうみゃく 《動脈》 die Pulsader, die Arterie.
とうみん 《冬眠》 der Winterschlaf.
とうめい 《透明な》klar, durchsichtig.
どうめい 《同盟》der Bund, das Bündnis.

とうもろこし 《玉蜀黍》der Mais.
とうや 《陶冶》die Bildung, die Kultur.
とうよう 《東洋》der Orient, der Osten.
どうよう 《動揺》das Schwanken；(人心の)～ die Aufregung, die Unruhe.
どうりょう 《同僚》der Kollege, die Kollegin.
どうろ 《道路》die Straße, der Weg, die Gasse.
とうろく 《登録する》registrieren, ein|tragen.
とうろん 《討論する》debattieren, diskutieren.
どうわ 《童話》das Märchen.
とおい 《遠い》fern, entfernt, weit.
とおす 《通す》durch|lassen；(道路・鉄道などを)～ führen. …を通って durch.
トースト der Toast.
とおで 《遠出》der Ausflug, die Ausfahrt.
トーナメント das Turnier.
とおり 《通り》die Straße, der Weg, die Gasse.
とおりこす 《通り越す》vorbei|gehen, vorüber|gehen.
とおりすぎる 《通り過ぎる》vorbei|gehen, vorbei|fahren.
とおる 《通る》gehen, fahren；schreiten.
とかい 《都会》die Stadt. 都会(風)の städtisch.
とかす 《溶かす》(金属を)～ schmelzen；(水に)～ auf|lösen.
とがった 《尖った》spitz(ig), scharf.
とがらす 《尖らす》spitzen.
とかれた 《解かれた》los.
とき 《時》die Zeit. …したときに als. …するときに wenn.
ときおり 《時折》gelegentlich, manchmal.
ときどき 《時々》manchmal, häufig.
ときふせる 《説き伏せる》überreden.
とく 《徳》die Tugend.
とく 《解く》lösen, auf|lösen.
とく 《得る》nützlich, vorteilhaft, einträglich.
とぐ 《研ぐ》schleifen, schärfen.
どく 《毒》das Gift.
どく 《退く》zur Seite gehen；⟨j³⟩ Platz machen.
とくい 《得意》der Stolz, die Stärke.
とくい 《特異な》eigentümlich, sonderbar.
どくがく 《独学の》autodidaktisch.
どくさい 《独裁》die Diktatur. 独裁的な autokratisch, despotisch.

どくさつ 《毒殺》der Giftmord. 毒殺する vergiften.
とくしつ 《特質》die Eigentümlichkeit.
どくしゃ 《読者》der Leser.
とくしゅ 《特殊な》besonder, eigenartig, speziell.
どくしょ 《読書》das Lesen, die Lektüre.
とくしょく 《特色》die Eigenart, der Charakterzug.
どくしん 《独身の》ledig, unverheiratet.
どくぜん 《独善的な》selbstgerecht, rechthaberisch.
どくそうてき 《独創的な》original, originell, schöpferisch.
とくちょう 《特徴》das Merkmal.
どくとく 《独特な》eigen, eigentümlich, charakteristisch.
ドクトル(の学位) der Doktor(titel).
どくはく 《独白》der Monolog, das Selbstgespräch.
とくひつ 《特筆すべき》bemerkenswert.
どくほん 《読本》das Lesebuch.
どくりつ 《独立の》unabhängig, selbständig.
とげ 《刺》der Stachel, der Dorn.
とけい 《時計》die Uhr.
とける 《溶ける》sich⁴ auf|lösen；schmelzen.
どこから woher.
どこに wo.
どこにも…でない nirgends.
どこへ wohin.
ところ aber, allein.
ところで übrigens.
とさつ 《屠殺する》schlachten, metzeln.
とざん 《登山》das Bergsteigen. 登山電車 die Bergbahn.
とし 《年》das Jahr；〔年齢〕das Alter.
とし 《都市》die Stadt.
としうえ 《年上の》älter.
としした 《年下の》jünger.
…として als.
としのいち 《年の市》der Jahrmarkt.
としょかん 《図書館》die Bibliothek.
とじる 《閉じる》schließen, zu|machen.
とじる 《綴じる》(ein|)heften, binden.
どせい 《土製の》irden.
とそう 《塗装》der Anstrich. 塗装する an|streichen, streichen.
どだい 《土台》der Grund, das Fundament.
とだな 《戸棚》der Schrank.
とち 《土地》der Grund, das Grundstück.
どちゃく 《土着の》eingeboren,

einheimisch.
とちゅう 《途中で》unterwegs, auf dem Weg.
とっかていきょう 《特価提供》das Sonderangebot.
とっきょ 《特許》das Patent.
とっくみあう 《取っ組み合う》sich⁴ raufen.
とっけん 《特権》das Privileg, das Vorrecht.
どっしりした wuchtig, massiv, gewaltig.
とつぜん 《突然の》plötzlich, unerwartet.
とっておく 《取っておく》auf|heben, auf|bewahren；(予約された部屋・席などを)～ reservieren.
とってくる 《取って来る》holen, ab|holen.
とつにゅう 《突入》der Einbruch. 突入する ein|brechen.
とっぱつ 《突発》der Ausbruch. 突発する aus|brechen.
とっぴょうしもない 《突拍子もない》verrückt, außergewöhnlich.
トップにいる führend.
とつめん 《凸面の》konvex.
どて 《土手》der Damm.
とてい 《徒弟》der Lehrling.
とても sehr, ganz, ordentlich. とても…ではない längst nicht；noch lange nicht.
とどく 《届く》(手などが)～ erreichen.
とどけでる 《届け出る》melden；(役所・機関などに)～ an|melden；(警察に)～ an|zeigen.
ととのえる 《整える》ordnen, ein|richten.
ととのった 《整った》ordentlich, regelmäßig.
とどまる 《留まる》bleiben.
とどめておく 《留めて置く》behalten.
とどろく 《轟く》dröhnen.
となり 《隣》die Nachbarschaft. 隣で(に) nebenan. 隣の benachbart.
となりきんじょ 《隣近所》die Nachbarschaft.
とにかく jedenfalls, überhaupt, auf jeden Fall.
どの welcher.
どのくらい wieviel.
どの…も all.
どのように wie.
とびかかる 《とび掛かる》los|gehen；sich⁴ auf ⟨j⁴/et⁴⟩
とびこえる 《とび越える》über ⟨et⁴⟩ setzen (springen).
とびこむ 《とび込む》(hinein|)stürzen(springen).
とびだす 《とび出す》(hinaus|)stürzen(springen).
トピック der Gesprächsgegenstand.
とびはねる 《飛び跳ねる》

hüpfen, hoppeln.
とふ 《塗布する》 schmieren, bestreichen.
とぶ 《飛ぶ》 fliegen.
とぶ 《跳ぶ》 springen.
とほうに 《途方に暮れる》 ratlos, hilflos.
とぼしい 《乏しい》 arm.
トマト die Tomate.
とまる 《止まる》 halten. 止まれ Halt !
とまる 《泊まる》 übernachten.
とまる 《停まる》 halten, stoppen. 停まっている stehen.
とみ 《富》 der Reichtum.
とむらう 《弔う》 trauern.
とめがね 《留め金》 die Schnalle.
とめる 《止める》 stoppen, an|halten. (エンジンなどを)〜 aus|stellen.
とも 《友》 der Freund.
ともかく jedenfalls, immerhin, eben.
ともなう 《伴う》 begleiten.
ともに 《共に》 zusammen, mit.
どもる stottern, stammeln.
どようび 《土曜日》 der Samstag, der Sonnabend.
とら 《虎》 der Tiger.
ドライアス die Trockeneis.
ドライクリーニング die chemische Reinigung.
ドライバー der Schraubenzieher.
ドライブ die Spazierfahrt.
とらえる 《捕える》 fangen, ergreifen, fest|nehmen.
ドラッグストアー die Drogerie.
トラブル der Zwist.
トラベラーズチェック der Reisescheck.
トランク der Koffer. (自動車の)〜 der Kofferraum.
トランプ die (Spiel)karte.
とり 《鳥》 der Vogel.
とりあげる 《取り上げる》〔採用する〕 auf|nehmen ;〔奪い取る〕 weg|nehmen.
とりあつかう 《取り扱う》 behandeln, nehmen.
とりあわせる 《取り合せる》 kombinieren.
とりおく 《取り置く》 reservieren.
とりかえす 《取り返す》 zurück|nehmen, nach|holen.
とりかかる 《取り掛かる》 sich⁴ an 〈et⁴〉 machen.
とりかご 《鳥篭》 der (Vogel)käfig.
とりかこむ 《取り囲む》 umgeben, umringen.
とりかわす 《取り交わす》 aus|tauschen.
とりきめる 《取り決める》 ab|machen, vereinbaren.
とりけす 《取り消す》 widerrufen.
とりこ 《虜》 der/die Gefangene.
とりさる 《取り去る》 beseitigen, weg|nehmen.
とりだす 《取り出す》 heraus|neh-

men ;〔包装・容器を開いて中身を〕〜 aus|packen ;〔自動販売機の引き出しボックスから〕〜 ziehen.
とりたてる 《取り立てる》 ein|treiben, ein|ziehen.
とりちがえる 《取り違える》 verwechseln.
トリック der Trick.
とりつける 《取り付ける》 an|machen, ein|richten.
とりのける 《取り除ける》 weg|räumen, beseitigen.
とりひき 《取り引きする》 handeln.
とりぶん 《取り分》 der Anteil.
どりょく 《努力》 das Streben, die Bestrebung. 努力する sich bemühen ; sich⁴ an|strengen, trachten, streben.
とる 《取る》 nehmen ; (もともとあった場所から)〜 ab|nehmen. 取(り去)る weg|nehmen.
とるにたらない 《取るに足らない》 harmlos, trivial.
どれ welch.
どれい 《奴隷》 der Sklave, die Sklavin.
トレーニング das Training.
とれる 《取れる》 los|gehen. 取れて(いる) ab.
どろ 《泥》 der Schlamm, der Dreck.
どろぼう 《泥棒》 der Dieb, der Einbrecher.
トン die Tonne.
どんかん 《鈍感な》 stumpfsinnig, unempfindlich.
どんさい 《鈍才》 der Dummkopf.
どんじゅう 《鈍重な》 schwerfällig.
とんでもない widersinnig, doch.
どんな was für ein.
どんなに wie.
トンネル der Tunnel.
どんよくな 《貪欲な》 geizig, habgierig.
どんよりした trüb, düster.

な

な 《名》 der Name ;〔姓に対する個人の〕〜 der Vorname.〔姓〕 der Familienname, der Nachname.
ない fehlen ; Es gibt ... nicht.
… (し、では) ない nicht.
ないえん 《内縁の》 unehelich, außerehelich.
ないかく 《内閣》 das Kabinett, die Regierung.
ないがしろ 《蔑ろにする》 vernachlässigen.
ないこうてき 《内向的な》 introvertiert.
ないしょく 《内職》 die Nebenarbeit.
ないせい 《内政》 die Innenpoli-

tik.
ないせん 《内戦》 der Bürgerkrieg.
ないぞう 《内臓》 die inneren Organe ⑳ ; die Eingeweide ⑳.
ないてき 《内的な》 inner, innerlich.
ナイフ das Messer.
ないみつ 《内密な》 geheim, heimlich.
ないめん 《内面》 die Innenseite.
ないよう 《内容》 der Inhalt ; der Gehalt.
ナイロン das Nylon.
なおす 《直す》〔訂正する〕 korrigieren ;〔修理する〕 reparieren.
なおす 《治す》 heilen.
なか 《中》 中から外へ hinaus, heraus. 中で innen. 中へ hinein, herein. その中に darin. その中から daraus.
ながい 《長い》 lang. 長生きの langlebig. 長くする verlängern. 長さ die Länge 長続きする dauern.
ながいす 《長椅子》 das Sofa, die Couch.
ながく 《長く》 lange, lange Zeit.
ながくつ 《長靴》 der Stiefel.
なかにわ 《中庭》 der Hof.
なかば 《半ば》 halb.
なかま 《仲間》 der Kamerad, der Kreis.
ながめ 《眺め》 die Aussicht, der Ausblick.
ながもち 《長持ちする》 haltbar, dauerhaft.
なかゆび 《中指》 der Mittelfinger.
ながれ 《流れ》 der Fluss, der Strom. 流れる fließen, laufen.(月日が)流れる vergehen, verfließen.
ながれぼし 《流れ星》 die Sternschnuppe.
なく 《泣く》 weinen, schreien.
なく 《鳴く》(小鳥が)〜 singen ;(犬が)〜 bellen, brüllen.
なぐさめ 《慰め》 der Trost. 慰める trösten.
なくす 《無くす》 verlieren.
なくなる 《亡くなる》 sterben, entschlafen.
なくなる 《無くなる》〔紛失する〕 verloren gehen ;(税・禁令・タブーなどの)〜 fallen.
なぐる 《殴る》 schlagen, hauen.
なげき 《嘆き》 die Klage, der Jammer. 嘆く klagen, jammern.
なげすてる 《投げ捨てる》 weg|werfen, fort|werfen, weg|schmeißen.
なげる 《投げる》 werfen.
なこうど 《仲人》 der Heiratsvermittler.
なごやか 《和やかな》 sanft, friedlich, mild, gemütlich.

なし 《梨》 die Birne.
なしとげる 《成し遂げる》 vollenden, vollbringen.
…なしに ohne.
…なしの frei.
なじみ 《馴染みの》 vertraut, intim, wohlbekannt.
ナショナリズム der Nationalismus.
なす 《茄子》 die Aubergine, die Eierpflanze.
なぜ 《何故》 warum, weshalb, wieso.
なぞ 《謎》 das Rätsel. 謎のような rätselhaft.
なだめる 《宥める》 beschwichtigen, versöhnen.
なつ 《夏》 der Sommer. 夏に im Sommer.
なついん 《捺印》 der Stempel. 捺印する stempeln.
なつかしい 《懐しい》 lieb, teuer, heimlich.
なづける 《名付ける》 nennen, bezeichnen.
なつじかん 《夏時間》 die Sommerzeit.
なつむき 《夏向きの》 sommerlich.
なつやすみ 《夏休み》 die Sommerferien ㊥.
なでる 《撫でる》 streicheln, streichen.
など 《等》 und so weiter(略 usw.).
ななめ 《斜めの》 schräg, schief.
なに 《何》 was.
(なにか)あるもの (irgend)etwas.
なにげなく 《何気なく》 zufällig, unabsichtlich.
なにも…でない nichts.
なのる 《名乗る》 sich⁴ vor|stellen; sich⁴ nennen.
ナプキン die Serviette.
なべ 《鍋》 der Kochtopf.
なま 《生の》 roh.
なまいき 《生意気な》 frech, anmaßend.
なまえ 《名前》 der Name.
なまクリーム 《生クリーム》 die Sahne.
なまけもの 《怠け者》 ein fauler Mensch, der Faulenzer.
なまける 《怠ける》 faulenzen, müßig gehen.
なまぬるい 《生ぬるい》 lau.
なまめかしい kokett, bezaubernd.
なまり 《訛》 der Dialekt, die Mundart. 訛りのない akzentfrei.
なまり 《鉛》 das Blei.
なみ 《波》 die Welle. 大波 die Woge.
なみ 《並の》 mittelmäßig, durchschnittlich.
なみうちぎわ 《波打ち際》 der Strand.
なみうつ 《波打つ》 wogen.
なみだ 《涙》 die Träne.
なみのり 《波乗り》

das Wellenreiten.
なめす 《鞣す》 gerben.
なめらか 《滑らかな》 glatt, eben.
なめる 《舐める》 lecken.
なや 《納屋》 die Scheune.
なやます 《悩ます》 belästigen, plagen.
なやみ 《悩み》 das Leid, der Kummer, die Qual. 悩む leiden; sich⁴ quälen.
ならう 《習う》 lernen.
ならす 《均す》 ebnen.
ならす 《慣らす》 gewöhnen, an|gewöhnen.
ならす 《馴らす》 zähmen.
ならす 《鳴らす》 läuten.
ならわし 《習わし》 die Sitte, die Gewohnheit.
ならんで 《並んで》 nebeneinander.
なりあがる 《成り上がる》 empor|kommen. 成り上がり者 der Emporkömmling.
なりきん 《成金の》 neureich.
なりたち 《成り立ち》 die Entstehung, die Herkunft.
なりたっている 《(…から) 成り立っている》 aus ⟨et³⟩ bestehen.
なりゆき 《成り行き》 der Verlauf, Vorgang.
なる 《(…に) 成る》 werden ; 合計などの合計が)…になる aus|machen.
なる 《鳴る》 klingen, tönen, schellen.
なるべくはやく 《なるべく早く》 so bald wie möglich, möglichst schnell. (なるべくなら今日に) womöglich heute).
なるほど Ich verstehe ; aha, ach so!
ナレーター der Sprecher, der Erzähler.
なれる 《慣れる》 sich⁴ gewöhnen. 慣れた gewöhnt.
なわ 《縄》 das Seil.
なわとび 《縄跳び》 das Seilspringen.
なわばしご 《縄梯子》 die Strickleiter.
なわばり 《縄張り》 der Einflussbereich.
なんおう 《南欧》 Südeuropa.
なんかい 《何回も》 vielmals, mehrmals.
なんきょく 《南極》 der Südpol.
なんこう 《軟膏》 die Salbe.
なんじかんも 《何時間もの》 stundenlang. 《何日もの tagelang)
ナンセンス der Unsinn.
なんちょう 《難聴の》 schwerhörig.
なんてん 《難点》 die Schwierigkeit.
なんど 《何度》 wie oft. 何度も oft.
なんのために wozu.
なんぱ 《難破》 der Schiffbruch. 難破する scheitern.

なんみん 《難民》 der Flüchtling, der Asylant.

に

…に 〔場所〕 an, auf, bei, zu.
…に 〔時点〕 an, auf, um, zu.
にあう 《似合う》 《衣服などが》 ～ passen ; (gut) stehen.
にあげ 《荷揚げ》 die Löschung.
にえる 《煮える》 kochen. 煮えた gar.
におい 《匂い》 der Geruch ; 〔芳香〕 der Duft. 匂いがする riechen, duften. いやな臭いがする stinken.
におう 《臭う》 stinken, riechen.
にかい 《二階》 der erste Stock.
にがい 《苦い》 bitter.
にがつ 《二月》 der Februar.
にきび die Akne, der Pickel.
にぎやか belebt, lebhaft.
にぎりしめる 《握りしめる》 drücken.
にぎる 《握る》 greifen, fassen.
にく 《肉》 das Fleisch.
にくしみ 《憎しみ》 der Hass.
にくたい 《肉体》 der Körper, der Leib.
にくひつ 《肉筆》 die Handschrift, das Autograph.
にくむ 《憎む》 hassen.
にくや 《肉屋》 der Fleischer, die Fleischerei, die Metzgerei.
にぐるま 《荷車》 die Karre, der Karren.
にげこうじょう 《逃げ口上》 die Ausrede, die Ausflucht.
にげる 《逃げる》 fliehen, entfliehen, davon|laufen.
にし 《西》 der Westen. 西の westlich. 西へ(から)の westlich.
にじ 《虹》 der Regenbogen.
にしゃたくいつ 《二者択一》 die Alternative.
にじゅう 《二重の》 doppelt, zweifach.
ニス der Firnis
にせの 《偽の》 falsch.
にた 《似た》 ähnlich.
にちじょう 《日常の》 alltäglich, gewöhnlich.
にぼつ 《日没》 der Sonnenuntergang.
にちようび 《日曜日》 der Sonntag.
にっかん 《日刊》 täglich. 日刊新聞 die Tageszeitung.
にっき 《日記》 das Tagebuch.
にっきゅう 《日給》 der Tagelohn.
ニックネーム der Spitzname, der Beiname.
にっこう 《日光》 der Sonnenschein.
にっしょく 《日食》 die Sonnenfinsternis.
につめる 《煮詰める》 ein|kochen.
にど 《二度》 zweimal. 二度目に zum zweiten Mal.

にとうぶん 《二等分する》halbieren.
…になる （成長・発展して）…になる sich⁴ entwickeln, werden.
にぶい 《鈍い》stumpf.
にふだ 《荷札》der Anhänger.
にまいじた 《二枚舌の》doppelzüngig.
…にもかかわらず obwohl, trotz, trotzdem.
にもつ 《荷物》das Gepäck;（船などの）～ die Fracht.
ニュアンス die Nuance, die Abstufung.
にゅういん 《入院》die Aufnahme ins Krankenhaus. 入院させる 《j⁴》in einem Krankenhaus unter|bringen.
にゅうか 《入荷》der Eingang.
にゅうがく 《入学》der Eintritt in die Schule.
にゅうこく 《入国》die Einreise.
にゅうさつ 《入札》die Submission.
にゅうさん 《乳酸》die Milchsäure.
にゅうし 《乳歯》der Milchzahn.
にゅうじ 《乳児》der Säugling, das Baby.
にゅうじょうけん 《入場券》die Eintrittskarte.
にゅうしょく 《入植する》siedeln, sich⁴ an|siedeln.
ニュース die Nachricht.
にゅうせいひん 《乳製品》die Milchprodukte ㉘.
にゅうねん 《入念》sorgfältig, eingehend.
にゅうよう 《入用な》nötig, erforderlich.
にゅうよく 《入浴》das Bad. 入浴する baden.
にりつはいはん 《二律背反》die Antinomie.
にる 《似る》〈j³〉nach|schlagen. 似ている〈j³〉ähnlich sein.
にる 《煮る》kochen.
にわ 《庭》der Garten.
にわとり 《鶏》das Huhn;〔雄鶏〕der Hahn;〔雌鶏〕die Henne.
にんいの 《任意の》freiwillig, willkürlich.
にんき 《人気のある》beliebt, populär.
にんぎょう 《人形》die Puppe.
にんげん 《人間》der Mensch. 人間的な menschlich.
にんげんせい 《人間性》die Menschlichkeit, die Humanität.
にんしき 《認識》die Erkenntnis. 認識する erkennen.
にんじゅう 《忍従》die Ergebung. 忍従する sich⁴ ergeben.
にんしょう 《認証》die Beglaubigung.
にんじょう 《人情》das menschliche Gefühl.
にんしん 《妊娠している》schwanger sein.
にんじん 《人参》die Möhre, die Karotte.
にんずう 《人数》die Zahl der Personen.
にんそう 《人相》die Physiognomie, der Gesichtsausdruck.
にんたい 《忍耐》die Geduld. 忍耐強い geduldig.
にんてい 《認定》die Bestätigung. 認定する bestätigen.
ニンニク der Knoblauch.
にんむ 《任務》die Aufgabe, der Auftrag.
にんめい 《任命》die Ernennung. 任命する ernennen.
にんよう 《認容する》ein|räumen, zu|billigen.

ぬ

ぬいつける 《縫い付ける》an|nähen, besetzen.
ぬいものをする 《縫い物をする》nähen, flicken.
ぬう 《縫う》nähen.
ぬかす 《抜かす》aus|lassen, überspringen.
ぬかる schlammig.
ぬきがき 《抜き書き》der Auszug, die Notiz.
ぬきずり 《抜き刷り》der Sonderdruck, der Sonderabdruck.
ぬきんでる 《抜きん出る》sich⁴ aus|zeichnen, hervor|ragen.
ぬく 《（引き）抜く》aus|ziehen, ziehen.
ぬぐ 《脱ぐ》sich⁴ aus|ziehen.
ぬぐう 《拭う》(ab)wischen.
ぬけめない 《抜け目ない》schlau, klug, durchtrieben.
ぬすみぎき 《盗み聞きする》horchen, lauschen.
ぬすみぐい 《盗み食いする》naschen.
ぬすむ 《盗む》stehlen.
ぬの 《布》das Tuch, der Stoff, das Gewebe.
ぬま 《沼》der Sumpf.
ぬらす 《濡らす》benetzen.
ぬる 《塗る》an|streichen, strcichen, bestreichen.
ぬるい lauwarm.
ぬるぬるした schleimig.
ぬれる 《濡れる》nass werden. 濡れた nass.

ね

ね 《値》der Preis.
ね 《根》die Wurzel.
ねあがり 《値上がり》die Preissteigerung.
ねあげ 《値上げ》die Preiserhöhung.
ねいす 《寝椅子》die Couch, die Liege.
ねいる 《寝入る》ein|schlafen, schlummern.
ねいろ 《音色》die Klangfarbe, der Ton.
ねうち 《値打ち》der Wert.
ネオン das Neon.
ネガ das Negativ.
ねがい 《願い》der Wunsch, die Bitte.
ねがいどおりに 《願い通りに》wunschgemäß.
ねがう 《願う》wünschen, bitten, hoffen.
ねかす 《寝かす》schlafen legen;（横に）～ legen.
ねがわしい 《願わしい》wünschenswert.
ねぎる 《値切る》handeln, feilschen.
ネクタイ die Krawatte.
ねこ 《猫》die Katze;〔雄猫〕der Kater.
ねこかぶり 《猫被り》die Heuchelei.
ねこぜ 《猫背の》bucklig.
ねころぶ 《寝転ぶ》sich⁴ hin|legen.
ねさげ 《値下げ》die Preissenkung.
ねじ die Schraube.
ねじまげる 《ねじ曲げる》verdrehen.
ねじる um|drehen, verdrehen, schrauben.
ねすごす 《寝過ごす》sich⁴ verschlafen.
ねずみ die Ratte, die Maus.
ねたむ 《妬む》beneiden, neidisch sein.
ねだん 《値段》der Preis.（値段が）質の割りに高くない preiswert.
ねつ 《熱》die Wärme, die Hitze;（病気の）～ das Fieber. 熱がある Fieber haben.
ねっきょう 《熱狂》die Begeisterung. 熱狂する sich⁴ begeistern. 熱狂的な begeistert, fanatisch, leidenschaftlich.
ねつじょう 《熱情》die Leidenschaft, die Passion.
ねっしん 《熱心な》fleißig, eifrig, emsig.
ねつぞう 《捏造》die Erdichtung. 捏造する erdichten.
ねったい 《熱帯》die Tropen ㉘. 熱帯の tropisch.
ねっちゅう 《熱中する》schwärmen.
ねつれつな 《熱烈な》feurig, begeistert, heiß.
ねどこ 《寝床》das Bett. 寝床に入る ins Bett gehen, schlafen gehen.
ねばらない müssen; haben+zu 動.
ねばねばした zähflüssig, dickflüssig.
ねばる 《粘る》kleben;

klebrig sein; beharren, beharrlich sein; zäh sein.
ねぶくろ 《寝袋》 der Schlafsack.
ねぼう 《寝坊》 der Langschläfer.
ねまき 《寝間着》 der Schlafanzug.
ねむりこむ 《眠り込む》 ein|schlafen.
ねむる 《眠る》 schlafen.
ねらう 《狙う》 zielen, an|legen, halten.
ねりはみがき 《練り歯磨き》 die Zahnpasta.
ねる 《寝る》 schlafen, zu Bett [ins Bett] gehen; 〔横になる〕 sich⁴ legen.
ねる 《練る》 kneten.
ねをつける 《値をつける》 bieten; den Preis fest|setzen.
ねんいり 《念入りな》 sorgfältig, eingehend.
ねんが 《年賀》 die Neujahrsgrüße ⑳. 年賀状 die Neujahrskarte.
ねんかん 《年鑑》 das Jahrbuch.
ねんきん 《年金》 die Rente, die Pension. 年金生活者 der Rentner, der Pensionär.
ねんぐ 《年貢》 der Tribut.
ねんざ 《捻挫》 die Verstauchung.
ねんちゃく 《粘着する》 kleben.
ねんど 《粘土》 der Ton, der Lehm.
ねんぽう 《年俸》 das Jahresgehalt.
ねんまく 《粘膜》 die Schleimhaut.
ねんりょう 《燃料》 der Brennstoff.
ねんれい 《年齢》 das Alter.

の

のう 《脳》 das Gehirn.
のうえん 《農園》 der Hof, der Bauernhof, die Landwirtschaft.
のうか 《農家》 das Bauernhaus.
のうき 《納期》 die Lieferzeit.
のうぎょう 《農業》 die Landwirtschaft.
のうこう 《農耕》 der Ackerbau.
のうさくぶつ 《農作物》 die Feldfrucht.
のうたん 《濃淡》 die Schattierung.
のうどう 《能動的》 aktiv.
のうふ 《農夫》 der Bauer.
のうべん 《能弁な》 beredt, redegewandt.
のうやく 《農薬》 das Pflanzenschutzmittel.
のうりょく 《能力》 die Fähigkeit, das Vermögen, die Anlage.

ノート das Heft.
ノーマルな normal.
のこぎり 《鋸》 die Säge.
のこしておく 《残しておく》 übrig lassen, zurück|lassen, erübrigen.
のこり 《残り》 der Rest. 残りの übrig.
のさばる sich⁴ breit machen, prahlen.
のせる 《載せる》 auf|setzen; 〔担架に〕〜 heben.
のぞく 《除く》 beseitigen, aus|schließen. …を除いて bis auf, außer.
のぞく 《覗く》 gucken.
のぞむ 《望む》 hoffen.
のっている 《載っている》 〔記事などが〕〜 stehen.
ノット der Knoten.
のっとる 《則る》 sich⁴ an 〈et⁴〉 halten.
のっぽの lang, groß.
のど 《喉》 die Kehle, der Hals. のどの痛み die Halsschmerzen ⑳. 喉が渇いた durstig.
のどかな friedlich, ruhig.
のに 《…しているのに》 während, indessen.
ののしる 《罵る》 schimpfen, fluchen.
のはら 《野原》 das Feld.
のびている 《延びている》 sich⁴ ziehen.
のびる 《伸びる》 wachsen; sich⁴ dehnen; sich⁴ ziehen.
のべる 《述べる》 sagen, reden, aus|sprechen, bemerken.
のぼる 《登る》 steigen. 〔手足を使って〕〜 klettern. 〔…の〕ままである bleiben.
のみ 《蚤》 der Floh.
のみこむ 《飲み込む》 herunter|schlucken, verschlucken.
のみち 《野道》 der Feldweg, der Pfad.
のみほす 《飲み干す》 aus|trinken.
のみもの 《飲み物》 das Getränk, der Drink.
のむ 《飲む》 trinken.
のめりこむ 《のめり込む》 sich⁴ in 〈et⁴〉 stürzen.
のり 《糊》 der Kleister; 〔接着剤〕 der Klebstoff.
のりかえる 《乗り換える》 um|steigen.
のりくみいん 《乗組員》 die Mannschaft, die Besatzung.
のりこむ 《乗り込む》 ein|steigen.
のりにげ 《乗り逃げする》 schwarz|fahren.
のりもの 《乗り物》 das Fahrzeug, das Vehikel.
のる 《乗る》 steigen, auf|steigen, ein|steigen.
ノルマ die Norm.
のろい langsam.
のろい 《呪い》 der Fluch, die Verwünschung.

のろう 《呪う》 verfluchen.
のんきな sorglos, unbekümmert, unachtsam.
のんだくれ der Trinker, der Säufer.
のんびりした sorgenfrei, behaglich, gemütlich.

は

は 《葉》 das Blatt.
は 《歯》 der Zahn.
バー die Bar.
ばあい 《場合》 der Fall.
バーゲンセール das Sonderangebot.
パーセント das Prozent.
パーティー die Party.
パート die Teilzeitarbeit.
パートナー der Partner.
ハードル die Hürde.
ハープ die Harfe.
パーマネント die Dauerwelle.
ハーモニー die Harmonie, der Einklang.
ハーモニカ die Mundharmonika.
はい Ja.
はい 《灰》 die Asche.
はい 《肺》 die Lunge.
ばい 《倍の》 doppelt, zweifach.
パイ die Pastete.
はいいろ 《灰色の》 grau.
はいえん 《肺炎》 die Lungenentzündung.
バイオリン die Geige, die Violine.
ばいか 《売価》 der Verkaufspreis.
ハイカー der Wanderer.
はいき 《排気》 das Abgas, die Auspuffgase ⑳.
はいきょ 《廃墟》 die Ruine, die Trümmer ⑳.
ハイキング die Wanderung, der Ausflug.
はいけい 《拝啓》 Sehr geehrter Herr! Sehr geehrte (verehrte) Frau!
はいけい 《背景》 der Hintergrund.
ばいこくど 《売国奴》 der Landesverräter.
はいざら 《灰皿》 der Aschenbecher.
はいし 《廃止》 die Abschaffung. 廃止する ab|schaffen, auf|heben.
はいしつ 《廃疾》 die Invalidität.
はいしゃ 《敗者》 der Besiegte, der Verlierer.
はいしゃ 《歯医者》 der Zahnarzt.
ハイジャック die Luftpiraterie. ハイジャッカー der Luftpirat.
はいしゅ 《胚珠》 der Keim.
ばいしゅう 《買収する》 kaufen, bestechen.

はいしん《背信》der Vertrauensbruch.
はいせつ《排泄》die Ausscheidung.
はいたつ《配達する》liefern, zustellen.
はいてき《排他的》ausschließlich.
はいち《配置する》an|ordnen, verteilen, auf|stellen.
ばいてん《売店》der Kiosk, der Stand.
パイナップル die Ananas.
ばいばい《売買》Kauf und Verkauf; der Handel, das Geschäft.
ハイヒール der Stöckelschuh.
はいふ《配布する》verteilen, aus|teilen.
パイプ die Pfeife.
はいぼく《敗北》die Niederlage.
はいゆう《俳優》der Schauspieler.
はいる《入る》hinein|gehen, ein|treten.
パイロット der Pilot.
はう《這う》kriechen.
はえ《蝿》die Fliege.
はえる《生える》wachsen.
はか《墓》das Grab.
ばか《馬鹿》der Dummkopf. 馬鹿な dumm, töricht, doof.
はかい《破壊》die Zerstörung, die Verwüstung.
はがき《葉書》die Postkarte, die Karte.
はがね《鋼》der Stahl.
はかり《秤》die Waage.
はかる《測る》messen《重さを量る》wiegen.
はきゅう《波及》die Ausdehnung. 波及する sich⁴ aus|dehnen.
はきょく《破局》die Katastrophe.
はく《掃く》kehren, fegen.
はく《履く》an|ziehen. 履いている an|haben.
はぐ《剝ぐ》ab|reißen, schälen.
はくがい《迫害》die Verfolgung.
はくがく《博学の》gelehrt.
はくしゅ《拍手》das Händeklatschen.
はくじょう《薄情》die Hartherzigkeit. 薄情な hartherzig, treulos.
はくじょう《白状する》gestehen, ein|gestehen.
はくじん《白人》der Weiße.
はくせい《剝製にする》aus|stopfen.
ばくぜん《漠然とした》vage, unbestimmt.
ばくだん《爆弾》die Bombe. 爆撃する bombardieren.
ばくちょう《白鳥》der Schwan.
ばくは《爆破する》sprengen, zersprengen.
ばくはつ《爆発》die Explosion. 爆発する explodieren.

はくぶつかん《博物館》das Museum.
はぐらかす《白墨》aus|weichen, ab|lenken.
はくらんかい《博覧会》die Ausstellung.
はけ《刷毛》die Bürste.
はげあたま《はげ頭》der Kahlkopf.
はげしい《激しい》heftig, ungestüm, leidenschaftlich, hart, heiß.
はげます《励ます》ermutigen, ermuntern.
ばけもの《化け物》das Gespenst, die Geister 観.
はけん《覇権》die Hegemonie.
はけん《派遣する》senden, schicken, entsenden.
はこ《箱》der Kasten.
はこぶ《運ぶ》tragen, bringen, befördern, transportieren, führen;《乗り物で》〜fahren;《空輸で》〜 fliegen. 運び去る ab|fahren.
バザー der Basar.
はさみ《鋏》die Schere.
はさむ《挟む》stecken, klemmen.
はさん《破産》der Bankrott, die Pleite.
はし《端》das Ende, der Rand.
はし《箸》die Eßstäbchen. 観
はし《橋》die Brücke.
はじ《恥》die Schande.
はしか die Masern 観.
はしご《梯子》die Leiter.
はじまる《始まる》beginnen, an|fangen. 始まり der Beginn.
はじめ《初め》der Anfang. 初めて zuerst. 初めのうちは anfangs. 初めは zuerst.
はじめる《始める》an|fangen, beginnen.
ばしゃ《馬車》die Kutsche, der Wagen.
はしゃぐ ausgelassen sein, übermütig sein.
パジャマ der Pyjama.
ばじゅつ《馬術》die Reitkunst.
ばしょ《場所》der Ort, der Raum;《特定の》〜 die Stelle, der Platz.
はじょう《波状の》wellenförmig, wellig.
はしら《柱》der Pfeiler.
はしりづかい《走り使い》der Laufbursche.
はしる《走る》laufen;《乗り物で》〜 fahren.
バス der Bus.
はずかしい《恥ずかしい》sich⁴ schämen.
はずむ《弾む》springen.
パズル das Puzzle, das Puzzlespiel.
はせい《派生》die Ableitung. 派生する ab|leiten, stammen.
パセリ die Petersilie.

はた《旗》die Flagge, die Fahne.
バター die Butter. バターを塗ったパン das Butterbrot.
はたおり《機織》die Weberei. 織機 der Webstuhl.
はたけ《畑》das Feld.
はだし《裸足の》barfuß.
はたす《果たす》voll|bringen, besorgen.
はたらく《働く》arbeiten;《器械などが正常に》〜 funktionieren. 働いている berufstätig.
はち《蜂》die Biene.
はち《鉢》die Schüssel.
はちうえ《鉢植え》die Topfpflanze.
はちがつ《八月》der August.
バチカン der Vatikan.
はちみつ《蜂蜜》der Honig.
はちゅうるい《爬虫類》das Reptil, das Kriechtier.
はちょう《波長》die Wellenlänge.
ばつ《罰》die Strafe. 罰する strafen, bestrafen.
はつおん《発音》die Aussprache. 発音する aus|sprechen.
はっか《薄荷》die Pfefferminze.
はつが《発芽する》keimen, sprießen.
はっかん《発刊》die Herausgabe. 発刊する heraus|geben.
はっかん《発汗する》schwitzen.
はっき《発揮する》entfalten, entwickeln, beweisen.
はっきょう《発狂した》verrückt, wahnsinnig.
はっきりした deutlich, klar, bestimmt.
はっきりしない unklar, dunkel, vage.
バックギア der Rückwärtsgang.
はっくつ《発掘》die Ausgrabung.
バックル die Schnalle.
はっけん《発見》die Entdeckung. 発見する entdecken.
はつげん《発言する》sprechen; das Wort ergreifen〔nehmen〕.
はっこう《発光する》leuchten, strahlen.
はっこう《発行〔給〕する》aus|stellen.
はっさん《発散する》aus|strömen.
バッジ das Abzeichen.
はっしん《発信》die Absendung.
はっしん《発疹》der Hautausschlag.
はっしん《発進》der Start. 発進する ab|fahren.
はっせい《発生》die Entstehung.
はっそう《発送》ab|senden, versenden.
はっそう《発想》die Konzeption.

はったつ 《発達》 die Entwicklung, die Entfaltung.
はっちゃくじこくひょう 《発着時刻表》 der Fahrplan, der Flugplan.
はっちゅう 《発注する》 bestellen.
はってん 《発展する》 sich^{4} entwickeln.
はっぴょう 《発表する》 veröffentlichen.
はつめい 《発明》 die Erfindung. 発明する erfinden.
はと 《鳩》 die Taube.
パトカー der Streifenwagen.
はとば 《波止場》 der Kai.
パトロール die Patrouille, die Streife.
パトロン der Gönner, der Förderer, der Mäzen.
はな 《花》 die Blume.
はな 《鼻》 die Nase.
はなかぜ 《鼻風邪》 der Schnupfen.
はなし 《話》〔談話〕die Rede ;〔会話〕das Gespräch ;〔スピーチ〕die Ansprache ;〔物語〕die Erzählung, die Geschichte.
はなしかける 《話し掛ける》 an|reden, an|sprechen.
はなしかた 《話し方》 die Redeweise, die Sprechweise.
はなしずき 《話し好きの》 gesprächig, redselig.
はなす 《話す》 sprechen, reden, erzählen.
はなす 《離す》 trennen.
はなたば 《花束》 der Blumenstrauß.
はなぢ 《鼻血》 das Nasenbluten.
バナナ die Banane.
はなび 《花火》 das Feuerwerk.
はなみず 《鼻水》 der Rotz.
はなやか 《華やかな》 prächtig, feierlich.
はなよめ 《花嫁》 die Braut.
はなれた 《離れた》 entfernt.
はなれて 《離れて》 ab ;(互いに)～ auseinander.
はにかむ scheu, schüchtern, ängstlich.
パニック die Panik.
はね 《羽》 die Feder, der Flügel.
ばね die Feder.
はねぶとん 《羽布団》 das Federbett.
ハネムーン die Flitterwochen [複].
はねる (車などで人を)～ an|fahren, überfahren.
はは 《母》 die Mutter.
はば 《幅》 die Breite.
ははかた 《母方の》 mütterlicherseits.
はばたき 《羽ばたき》 der Flügelschlag.
はばつ 《派閥》 die Clique
はばむ 《阻む》 hemmen.
はぶく 《省く》 weg|lassen.
はブラシ 《歯ブラシ》 die Zahnbürste.
はへん 《破片》 das Bruchstück.
はまき 《葉巻》 die Zigarre.
ハミングする summen.
ハム der Schinken.
はめつ 《破滅》 das Verderben, die Verderbnis.
ばめん 《場面》 die Szene.
はもの 《刃物》 das Schneidewerkzeug.
はもん 《破門》 der Bann. 破門する verbannen, aus|stoßen.
はやい 《早い》 früh.
はやい 《速い》 schnell. 速さ die Geschwindigkeit.
はやり 《流行り》(ある時代の)～ die Mode.
はら 《腹》 der Bauch. 腹がへった hungrig. 腹を立てた ärgerlich, böse, sauer, zornig, wütend.
バラ die Rose.
はらいこむ 《払い込む》 ein|zahlen.
はらいもどす 《払い戻す》 zurück|zahlen.
はらう 《払う》 zahlen, bezahlen.
バラエティー die Abwechslung, das Varieté.
パラシュート der Fallschirm.
ばらの lose.
はり 《針》 die Nadel.
バリエーション die Variation.
はりがね 《針金》 der Draht.
ばりき 《馬力》 die Pferdestärke.
はる 《春》 der Frühling.
はる 《張る》 spannen, beziehen, ziehen.
はる 《貼る》 kleben.
バルコニー der Balkon.
バルブ das Ventil.
バレエ das Ballett.
はれぎ 《晴れ着》 das Festkleid, das Sonntagskleid.
はれつ 《破裂する》 platzen, explodieren.
パレット die Palette.
はれる 《晴れる》 sich^{4} auf|klären. 晴れ渡った klar.
はれる 《腫れる》 (an|)schwellen. 腫れた geschwollen.
はれんち 《破廉恥》 die Schamlosigkeit, die Unverschämtheit.
パロディー die Parodie.
バロメーター das Barometer.
はん 《判》 der Stempel.
ばん 《晩》 der Abend. 晩の abendlich. 晩に abends.
パン das Brot.
はんい 《範囲》 der Bereich, der Kreis, der Umfang.
はんえい 《繁栄する》 gedeihen, florieren.
はんえん 《半円》 der Halbkreis.
はんか 《繁華な》 belebt.
ハンガー der Kleiderbügel.
ハンガーストライキ der Hungerstreik.
ハンカチ das Taschentuch.
はんかん 《反感》 die Abneigung, die Antipathie.
はんきょう 《反響》 das Echo, der Widerhall.
バンクカード die Scheckkarte.
ばんぐみ 《番組》 das Programm.
はんけい 《判型》 das Format.
はんけつ 《判決》 das Urteil.
はんけん 《版権》 das Copyright, das Urheberrecht, das Verlagsrecht.
はんご 《反語》 die Ironie.
はんこう 《反抗》 der Widerstand. 反抗する widerstehen.
はんこう 《犯行》 das Verbrechen, die Übeltat.
ばんごう 《番号》 die Nummer.
はんざい 《犯罪》 das Verbrechen. 犯罪者 der Verbrecher.
はんざつな 《繁雑な》 umständlich, kompliziert.
ハンサムな hübsch.
はんさよう 《反作用》 die Gegenwirkung, die Rückwirkung.
はんじ 《判事》 der Richter. 裁判 das Gericht.
はんしゃ 《反射》 die Reflexion, der Widerschein.
はんしょう 《反証》 der Gegenbeweis.
はんじょう 《繁盛する》 florieren, blühen, gut gehen.
はんしょく 《繁殖する》 sich^{4} fort|pflanzen ; sich^{4} vermehren.
はんしんろん 《汎神論》 der Pantheismus.
はんすう 《反芻する》 wieder|käuen.
はんする 《反する》 verstoßen, widersprechen. (これに)反して dagegen, hingegen.
はんせい 《反省する》 nach|denken, reflektieren.
はんせん 《帆船》 das Segelschiff.
はんそう 《帆走する》 segeln.
はんそく 《反則》 die Regelverletzung.
はんたい 《反対する》 widersprechen. 反対(の投票を)する gegen 〈et^{4}〉 stimmen.
はんだん 《判断》 das Urteil, die Beurteilung.
ばんち 《番地》 die Hausnummer.
はんてい 《判定する》 beurteilen, entscheiden ;(学問的に)～ bestimmen.
ハンディキャップ das Handikap, die Vorgabe.
はんてん 《斑点》 der Fleck, der Punkt.
バンド der Gürtel ;〔楽隊〕die Kapelle.
はんとう 《半島》 die Halbinsel.
はんどう 《反動》 die Reaktion.
はんどうたい 《半導体》 der Halbleiter.
ハンドバッグ die Handtasche.

ハンドブック das Handbuch.
ハンドル das Steuer.
はんにん 《犯人》der Verbrecher, der Täter.
ばんにん 《番人》der Wächter, die Wache.
はんのう 《反応》die Reaktion, die Wirkung, die Antwort.
はんばい 《販売》der Verkauf; 〔売れ行き〕der Absatz, der Umsatz.
はんぱく 《反駁》die Widerlegung.
はんぷく 《反復》die Wiederholung.
パンフレット die Broschüre, die Flugschrift, der Prospekt.
はんぶん 《半分》die Hälfte. 半分の halb.
ばんぺい 《番兵》die Wache, der Wächter.
はんめい 《判明する》sich[4] erweisen.
ハンモック die Hängematte.
はんらん 《反乱》der Aufruhr, die Revolte, der Aufstand.
はんらん 《氾濫》die Überschwemmung.
はんれい 《凡例》die Vorbemerkungen 魯.
はんろん 《反論》die Widerlegung.

ひ

ひ 《日》der Tag, die Sonne.
ひ 《火》das Feuer.
び 《美》die Schönheit.
ひあがる 《干上がる》 ein|trocknen, aus|trocknen.
ピアノ das Klavier.
ひいき 《晶屓する》begünstigen.
ピーナッツ die Erdnuss.
ビール das Bier.
ビールス das〔der〕Virus.
ヒーロー der Held.
ひうん 《悲運》das Missgeschick, das Verhängnis.
ひえこみ 《冷え込み》der Kälteeinbruch.
ひえしょう 《冷え性の》kälteempfindlich.
ひか 《悲歌》die Elegie.
ひがい 《被害》der Schaden, der Verlust.
ひかえめ 《控え目》bescheiden, zurückhaltend.
ひかく 《比較》der Vergleich. 比較する vergleichen.
ひかく 《皮革》das Leder.
びがく 《美学》die Ästhetik. 美学的な ästhetisch.
ひがさ 《日傘》der Sonnenschirm.
ひがし 《東》der Osten. 東の östlich.
ひかり 《光》das Licht;〔日・月などの〕～ der Schein.
ひかる 《光る》scheinen, glän-

zen, leuchten.
ひかん 《悲観的な》pessimistisch. 悲観する schwarz sehen.
ひきあいにだす 《引き合いに出す》sich[4] auf 〈j[4]/et[4]〉 beziehen.
ひきあげる 《引き上げる》auf|ziehen, heben.
ひきあげる 《引き揚げる》zurück|berufen, zurück|kehren;〔昇進〕befördern.
ひきいる 《率いる》führen.
ひきうける 《引き受ける》übernehmen.
ひきうつる 《引き移る》beziehen.
ひきおこす 《引き起こす》auf|heben;（事故などを）～ verursachen.
ひきかえ 《引き換え》それと引き換えに dagegen, dafür.
ひきがね 《引き金》der Abzug.
ひきげき 《悲喜劇》die Tragikomödie.
ひきだし 《引き出し》die Schublade.
ひきつぐ 《引き継ぐ》übernehmen.
ひきつける 《引き付ける》an|ziehen, zu|ziehen.
ひきつづいて 《引き続いて》anschließend.
ひきとる 《引き取る》nehmen, zurück|nehmen.
ひきのばす 《引き伸ばす》aus|ziehen;〔写真を〕～ vergrößern.
ひきはなす 《引き離す》trennen.
ひきょう 《卑怯》die Feigheit. 卑怯な feige.
ひきよせる 《引き寄せる》an|ziehen, heran|ziehen.
ひきわたし 《引き渡し》die Aufgabe, die Übergabe. 引き渡す übergeben.
ひきん 《卑近な》üblich, alltäglich, gewöhnlich.
ひく 《引く》〔マイナス〕ab|ziehen, minus.
ひく 《引く》ziehen. 手を引いて連れて行く〈j[4]〉an der Hand führen.〔手綱などを〕～ an|ziehen.
ひく 《挽く》sägen.
ひく 《弾く》spielen.
ひく 《碾く》mahlen.
ひく 《轢く》überfahren.
ひくい 《低い》niedrig, klein, flach, tief, dunkel.
ひくつ 《卑屈な》kriecherisch, unterwürfig.
ひげ 《髭》der Bart. 髭を剃る rasieren.
ひげ 《卑下》die Selbsterniedrigung. 卑下する sich[4] demütigen.
ひげき 《悲劇》das Trauerspiel, die Tragödie.
ひけつ 《秘訣》das Geheimnis, der Tip.
びこう 《備考》die Bemerkung.
びこう 《微光》der Schimmer.
びこう 《鼻孔》das Nasenloch.

びこう 《尾行する》nach|spüren.
ひこうかい 《非公開の》geschlossen.
ひこうき 《飛行機》das Flugzeug. 飛行機で行く fliegen.
ひこうしき 《非公式の》inoffiziell.
ひこうじょう 《飛行場》der Flugplatz.
ひごうほう 《非合法の》illegal, ungesetzlich.
ひごうり 《非合理な》irrational.
ひこく 《被告》der Angeklagte, der Beklagte.
ひざ 《膝》das Knie.
ビザ das Visum.
ひざまずく 《跪く》knien.
ひさん 《悲惨な》elend.
ひし 《肘》der Ellbogen.
ひしがた 《菱形》der Rhombus, die Raute.
ビジネス das Geschäft.
びじゅつ 《美術》die Kunst, die schöne Kunst.
ひじゅん 《批准》die Ratifikation. 批准する ratifizieren.
ひしょ 《秘書》der Sekretär. 女秘書 die Sekretärin.
びしょう 《微笑する》lächeln. 笑う lachen.
ひじょうぐち 《非常口》der Notausgang.
ひじょうに 《非常に》sehr, besonders. 非常に多くの sehr viel; hundert.
びれいく 《美辞麗句》die Floskel.
ピストル die Pistole.
ひずむ 《歪む》sich[4] verziehen, sich[4] verzerren.
ひそう 《悲壮な》pathetisch. 悲壮感 das Pathos.
ひそかに 《密かに》heimlich, leise.
ひぞく 《卑俗な》vulgär, gemein, alltäglich.
ひたい 《額》die Stirn.
ひだり 《左の》link.〔左から・左へ〕links. 左利きの linkshändig.
ひたん 《悲嘆》der Jammer, die Wehmut.
ひつう 《悲痛》die Betrübnis, der Kummer.
ひっかく 《引っ搔く》kratzen, schaben.
ひっくりかえす 《引っ繰り返す》um|werfen, um|stürzen, wenden.
びっくりする erschrecken; sich[4] entsetzen.
ひづけ 《日付》das Datum.
ひっこす 《引っ越す》um|ziehen. 引っ越して行く aus|ziehen.
ひっし 《必死になって》verzweifelt; mit aller Kraft.
ひつじ 《羊》das Schaf.
ひっしゃ 《筆写》die Abschrift. 筆写する ab|schreiben.
ひっしゅう 《必修》obligatorisch. 必修科目 das Pflicht-

fach.
ひっせき 《筆跡》 die Schrift, die Hand.
ひつぜんせい 《必然性》 die Notwendigkeit. 必然的な notwendig.
ひったくる 《引ったくる》 entreißen, ab|reißen.
ぴったりである sitzen, passen. ぴったりの genau, treffend.
ヒッチハイカー der Anhalter. ヒッチハイクする hitchhiken, trampen.
ひってき 《匹敵する》 〈j³/et³〉 gewachsen sein.
ひっぱる 《引っ張る》 ziehen. (車・船を)引っ張って行く ab|schleppen.
ひつよう 《必要な》 notwendig. 必要とする brauchen.
ひてい 《否定》 die Verneinung. 否定する verneinen. 否定的な verneinend, negativ, kritisch.
ひと 《人》 der Mann, die Person, der Mensch.
ひどい schlimm, schrecklich, furchtbar.
びとう 《尾灯》 das Rücklicht.
ひどく heftig, fürchterlich; ganz schön.
ひとくみ 《一組》(二つの人・物から成る)～ das Paar;(揃いの物の)～ der Satz.
ひどけい 《日時計》 die Sonnenuhr.
ひとごみ 《人込み》 das Gedränge. 人(込み)を掻き分けて進む sich⁴ durch die Menge drängen.
ひとさしゆび 《人指し指》 der Zeigefinger.
ひとしい 《等しい》 gleich.
ひとじち 《人質》 die Geisel.
ひとだかり 《人だかり》 das Gedränge, der Auflauf.
ひとつ 《一つ》 eins. 一つの ein, eine.
ひとで 《人手》 die Hand, die Hilfe.
ひとでなし 《人でなし》 der Unmensch.
ひととき 《一時》 einen Augenblick, eine Weile.
ひとなつっこい 《人懐っこい》 zutraulich.
ひとの 《人の》 menschlich.
ひとのいない leer, einsam, verlassen.
ひとびと 《人々》 die Leute;(一般の)～ die Öffentlichkeit, das Volk.
ひとみ 《瞳》 die Pupille.
ひとみしり 《人見知り》 die Scheu. 人見知りする scheu, schüchtern.
ひとり 《(…の)一人》 einer, eine.
ひとり 《人取り》 das Datum, der Termin.
ひとりごと 《独り言》 das Selbstgespräch.
ひとりで allein.

ひとりの einzeln.
ひとりぼっちで allein, einsam, für sich⁴.
ひとりよがり 《独りよがりの》 selbstgerecht.
ひな 《雛》 das Küken. 一腹の～ die Brut.
ひながた 《雛型》 das Modell, das Muster.
ひなびた 《鄙びた》 ländlich, entlegen.
ひなん 《非難》 der Vorwurf. 非難する vor|werfen.
ひなん 《避難する》 sich⁴ flüchten.
ひにく 《皮肉》 die Ironie.
ひにん 《避妊》 die Empfängnisverhütung.
ひので 《日の出》 der Sonnenaufgang.
ひばな 《火花》 der Funke.
ひばり 《雲雀》 die Lerche.
ひはん 《批判》 die Kritik. 批判的な kritisch.
ひばん 《非番の》 dienstfrei, außer Dienst.
ひび die Schrunde.
ひびく 《響く》 tönen, klingen, läuten, schallen.
ひひょう 《批評》 die Kritik, die Besprechung.
ひふ 《皮膚》 die Haut.
ひぼう 《誹謗》 die Schmähung. 誹謗する schmähen, verleumden.
ひま 《暇》 (freie) Zeit, die Freizeit.
ひまご 《曾孫》 der Urenkel, die Urenkelin.
ひまわり 《向日葵》 die Sonnenblume.
ひみつ 《秘密》 das Geheimnis. 秘密の geheim.
びみょうな 《微妙な》 fein, delikat, subtil, heikel.
ひめん 《罷免》 die Absetzung. 罷免する ab|setzen.
ひも 《紐》 die Schnur, das Band.
ひゃく 《百》 hundert.
ひやく 《飛躍》 der Sprung.
ひゃくまん 《百万》 eine Million.
ひやす 《冷やす》 kühlen.
ひゆ 《比喩》 das Gleichnis, die Metapher.
ヒューマニズム der Humanismus.
ヒューマニティー die Humanität.
ビュッフェ das Büffet.
ひょう 《表》 die Liste, die Tabelle.
ひょう 《雹》 der Hagel.
ひよう 《費用》 die Kosten (pl).
びょう 《秒》 die Sekunde.
びよう 《美容》 die Schönheitspflege. 美容院 der Friseursalon.
びょういん 《病院》 das Krankenhaus. (大学付属の)～ die Klinik.
ひょうか 《評価》 die

Schätzung, die Bewertung, die Würdigung. 評価する schätzen, bewerten.
ひょうが 《氷河》 der Gletscher.
ひょうき 《表記》 die Bezeichnung. 表記する bezeichnen.
ひょうぎ 《評議》 die Beratung.
びょうき 《病気》 die Krankheit. 病気の krank.
びょうく 《病苦》 das Leiden.
ひょうけつ 《票決》 die Abstimmung.
ひょうげん 《表現》 der Ausdruck. 表現する aus|drücken.
ひょうご 《標語》 das Schlagwort, das Motto.
ひょうさつ 《表札》 das Namensschild.
ひょうし 《拍子》 der Takt;〔はずみ〕der Anlaß, die Gelegenheit.
ひょうし 《表紙》 der (Buch)deckel, der Einband.
びょうしゃ 《描写》 die Beschreibung, die Schilderung. 描写する beschreiben, schildern.
びょうじゃく 《病弱な》 kränklich, gebrechlich.
ひょうじゅん 《標準》 der Maßstab, die Norm. 標準的な normal, maßgebend.
ひょうしょう 《表彰》 die Auszeichnung. 表彰する aus|zeichnen, ehren.
ひょうじょう 《表情》 der Gesichtsausdruck, die Miene.
ひょうせつ 《剽窃》 das Plagiat. 剽窃する plagiieren.
ひょうだい 《表題》 die Überschrift, der Titel.
びょうてき 《病的な》 krankhaft, morbid.
ひょうてん 《氷点》 der Gefrierpunkt. 氷点下になる Es friert.
びょうどう 《平等の》 gleich.
びょうにん 《病人》 der/die Kranke.
ひょうはく 《漂白する》 bleichen.
ひょうばん 《評判》 der Ruf, der Name. 評判の(良い)bekannt.
ひょうひ 《表皮》 die Oberhaut.
ひょうめい 《表明する》 äußern, aus|sprechen.
ひょうめん 《表面》 die Oberfläche, die Außenseite.
ひょうろん 《評論》 die Kritik, die Besprechung, die Rezension.
ひよく 《肥沃な》 fruchtbar.
ひょっとしたら vielleicht.
ひよりみしゅぎ 《日和見主義》 der Opportunismus.
ビラ das Flugblatt, der Zettel.
ひらいしん 《避雷針》 der Blitzableiter.
ひらく 《開く》 öffnen, eröffnen;(店などを新規に)～ auf|machen. 開いた offen.

ひらけた 《開けた》 offen, entwickelt.
ひらたい 《平たい》 flach, eben.
ピラミッド die Pyramide.
ひらめく 《閃く》 auf|blitzen, auf|leuchten.
ひるがえる 《翻る》 flattern.
ひるね 《昼寝》 der Mittagsschlaf.
ひるま 《昼間》 der Tag. 昼間に tags. 昼間中 tagsüber.
ひれつ 《卑劣な》 niederträchtig, gemein.
ひろい 《広い》 breit, weit.
ヒロイズム der Heroismus, das Heldentum.
ひろいもの 《拾い物》 der Fundgegenstand.
ひろう 《拾う》 auf|heben, finden.
ひろがる 《広がる》 sich⁴ aus|dehnen. 広げる erweitern.
ひろば 《広場》 der Platz.
ひろま 《広間》 der Saal.
びん 《瓶》 die Flasche.
びんかん 《敏感な》 empfindlich, fein(fühlig).
ひんきゃく 《賓客》 der Ehrengast.
ひんく 《貧苦》 die Not.
ひんけつ 《貧血》 die Blutarmut, die Anämie.
ひんこん 《貧困》 die Armut, die Not.
ひんしつ 《品質》 die Qualität.
ひんじゃく 《貧弱な》 arm, ärmlich.
びんせん 《便箋》 das Briefpapier.
ひんぱんに 《頻繁に》 oft, öfter, häufig.
びんぼう 《貧乏》 die Armut. 貧乏な arm.

ふ

ファッション die Mode.
ファン der Fan.
ふあん 《不安》 die Angst. 不安気な ängstlich.
ファンファーレ die Fanfare.
ふい 《不意に》 plötzlich, unerwartet. 不意を襲う überraschen.
フィクション die Fiktion, die Erdichtung.
フィルム der Film.
ふうか 《風化》 die Verwitterung. 風化する verwittern.
ふうけい 《風景》 die Landschaft.
ふうさ 《封鎖》 die Blockade. 封鎖する blockieren.
ふうさい 《風采》 das Aussehen.
ふうし 《風刺》 die Satire.
ふうせん 《風船》 der Luftballon.
ふうぞく 《風俗》 die Sitte.
ふうとう 《封筒》 der (Brief)umschlag.
ふうふ 《夫婦》 das Ehepaar.
ブーム der Boom.
プール das Schwimmbad, das Schwimmbecken.
ふうん 《不運》 das Unglück, das Pech.
ふえ 《笛》 die Flöte.
フェリー die Fähre.
ふえる 《増える》 zu|nehmen, wachsen.
フェルト der Filz.
フェンシング das Fechten.
フォーク die Gabel.
ふか 《孵化する》 aus|brüten.
ふかい 《不快な》 unangenehm, unerfreulich.
ふかかい 《不可解な》 unbegreiflich, unverständlich, schleierhaft.
ふかけつ 《不可欠の》 unentbehrlich, unerläßlich, notwendig.
ふかさ 《深さ》 die Tiefe. 深い tief.
ふかなべ 《深鍋》 der Kochtopf.
ふかのう 《不可能な》 unmöglich.
ふかんぜん 《不完全な》 unvollkommen, halb.
ぶき 《武器》 die Waffe.
ふきかえ 《吹き替え》 die Synchronisation. 吹き替える synchronisieren.
ふきけす 《吹き消す》 aus|blasen.
ふきげん 《不機嫌な》 schlechtgelaunt, unzufrieden, verdrießlich.
ふきそく 《不規則な》 unregelmäßig.
ふきでもの 《吹出物》 der Ausschlag.
ふきゅう 《普及する》 sich⁴ verbreiten.
ぶきよう 《不器用な》 ungeschickt, ungewandt.
ふきん 《付近に》 in der Nähe.
ふく 《服》 die Kleidung.
ふく 《吹く》 (風が)〜 wehen ; (口で)〜 blasen.
ふく 《拭く》 (ab|)wischen.
ふくいん 《福音(書)の》 evangelisch.
ふくがん 《複眼》 das Netzauge.
ふくぎょう 《副業》 die Nebenbeschäftigung.
ふくげん 《復元》 die Restaurierung. 復元する restaurieren.
ふくざつ 《複雑な》 kompliziert.
ふくさんぶつ 《副産物》 das Nebenprodukt.
ふくし 《福祉》 die Wohlfahrt.
ふくしゅう 《復讐》 die Rache. 復讐する sich⁴ rächen.
ふくしゅう 《復習する》 wiederholen.
ふくじゅう 《服従する》 gehorchen ; 〈j³〉 gehorsam sein.
ふくせい 《複製》 die Reproduktion, der Nachdruck.
ふくだい 《副題》 der Untertitel.
ふくつう 《腹痛》 das Bauchweh, die Bauchschmerzen [複].
ふくむ 《含む》 enthalten, ein|schließen.
ふくめん 《覆面》 die Maske. 覆面する maskieren.
ふくよう 《服用する》 ein|nehmen.
ふくらしこ 《膨らし粉》 das Backpulver.
ふくろ 《袋》 der Sack.
ふくろう die Eule.
ふくをきる 《服を着る》 sich⁴ an|ziehen.
ふくをぬぐ 《服を脱ぐ》 sich⁴ aus|ziehen.
ふこう 《不幸》 das Unglück. 不幸な unglücklich.
ふごう 《符号》 das Zeichen, die Chiffre.
ふこうへい 《不公平な》 ungerecht.
ふごうり 《不合理な》 unvernünftig, irrational.
ふさい 《夫妻》 das Ehepaar.
ふさい 《負債》 die Schulden [複].
ふさわしい passend, entsprechend, recht, richtig, angemessen ; sich⁴ schicken.
ぶじ 《無事に》 wohlbehalten.
ふしぎ 《不思議な》 wunderbar. 不思議に思う sich⁴ wundern.
ふじちゃく 《不時着》 die Notlandung. 不時着する notlanden.
ぶしつけ 《不躾な》 ungezogen, unanständig.
ふじつな 《不実な》 falsch, untreu, treulos.
ぶしょ 《部署》 der Posten.
ふしょう 《負傷する》 sich⁴ verletzen ; verwundet werden.
ふじょうり 《不条理な》 absurd, widersinnig.
ふしょく 《腐食》 die Ätzung. 腐食する ätzen.
ぶじょく 《侮辱》 die Beleidigung. 侮辱する beleidigen.
ふじん 《婦人》 die Dame.
ふしんばん 《不寝番》 die Nachtwache.
ふじんふく 《婦人服》 die Damenkleidung, das Kleid.
ふす 《伏す》 sich⁴ nieder|werfen.
ふせい 《不正な》 unrecht, ungerecht, schmutzig.
ふせいこう 《不成功な》 erfolglos, misslungen.
ふせぐ 《防ぐ》 verteidigen, ab|wehren, vor|beugen.
ふせつ 《敷設する》 legen.
ふそく 《不足な》 mangelhaft, ungenügend.
ふそん 《不遜》 die Anmaßung. 不遜な anmaßend.
ふた 《蓋》 der Deckel.
ぶた 《豚》 das Schwein. 豚肉 das Schweinefleisch.
ぶたい 《部隊》 die Truppe, das Heer.
ぶたい 《舞台》 die Bühne.
ふたつ 《二つ》 beide.
ふたり 《二人》 beide.
ふたん 《負担》 die Last ; (経費

の)～ die Kosten ⓟ.
ふだん 《普段の》 gewöhnlich, alltäglich. 普段は sonst, üblich.
ふち 《縁》 der Rand.
ぶち 《斑》 der Fleck, der Flecken. 斑の gefleckt.
プチブル der Kleinbürger, der Spießbürger.
ふちゃく 《付着する》 haften, sich⁴ hängen.
ふちゅうい 《不注意な》 achtlos, unaufmerksam, unvorsichtig.
ふつう 《普通の》 gewöhnlich, normal, üblich.
ぶっか 《物価》 der Preis.
ふっかつさい 《復活祭》 Ostern (通常は⓷·無冠詞).
ぶつかる (sich⁴) stoßen ; (車が〔と〕) an|fahren ; gegen 〈et⁴〉 fahren.
ふっきゅう 《復旧》 der Wiederaufbau. 復旧する wiederauf|bauen.
ぶっきらぼうな schroff, grob, abrupt.
ぶつける stoßen.
ふっこく 《復刻》 der Neudruck, der Reprint.
ぶっしつ 《物質》 die Materie, der Stoff.
ぶったい 《物体》 der Körper.
フットボール (アメリカン)～ der (amerikanische) Football, der Fußball.
ぶつよく 《物欲》die Habgier. 貪欲な habgierig.
ぶつりがく 《物理学》die Physik.
ふで 《筆》der Pinsel.
ふてい 《不定の》unbestimmt.
ブティック die Boutique.
ふてくされる 《不貞腐れる》schmollen.
ふとい 《太い》dick, stark.
ふどう 《浮動》
die Schwankung. 浮動する schwanken.
ぶどう(の房) die (Wein)traube.
ぶどうしゅ 《ぶどう酒》der Wein.
ふとじ 《太字の》fett.
ふとっぱら 《太っ腹な》
großzügig.
ぶなん 《無難な》gefahrlos, tadellos.
ふね 《船》das Schiff.
ふはい 《腐敗》die Fäulnis. 腐敗する faulen, verfaulen, verderben.
ふびん 《不憫な》 erbärmlich, bemitleidenswert.
ぶひん 《部品》das Teil.
ふぶき 《吹雪》
der Schneesturm.
ぶぶん 《部分》der Teil. 部分的に zum Teil.
ふへん 《普遍的な》 allgemein, universal.
ふべん 《不便な》
unbequem, störend.
ふほう 《訃報》 die Trauerbotschaft.
ふほう 《不法[正]な》 unrecht, ungerecht, gesetzwidrig, illegal, schwarz.
ふまん 《不満な》unzufrieden, unbefriedigt.
ふみにじる 《踏みにじる》
treten, zertreten.
ふみんしょう 《不眠症》 die Schlaflosigkeit.
ふむ 《踏む》(be)treten.
ふめつ 《不滅の》 unsterblich, unvergänglich.
ぶもん 《部門》 die Abteilung, das Referat.
ふやす 《殖やす》 vermehren, fort|pflanzen.
ふゆ 《冬》der Winter.
ふゆう 《浮遊する》 schweben, fliegen.
ふゆかい 《不愉快な》 unangenehm, ärgerlich.
ふよう 《扶養》die Unterhaltung. 扶養する unterhalten.
プライバシー die Privatsphäre.
ブラインド die Jalousie.
ブラウス die Bluse.
ブラシ die Bürste. ブラシをかける bürsten.
ブラジャー der Büstenhalter.
プラス plus.
プラスチック der Kunststoff, das Plastik.
ぶらつく bummeln, schlendern.
フラッシュ das Blitzlicht.
プラットホーム der Bahnsteig.
プラム die Pflaume.
ふらん 《腐乱》 die Verwesung. 腐乱する verwesen.
フランス Frankreich.
ふり 《不利な》 ungünstig, nachteilig.
ふりかえ 《振替》die Überweisung. 振替による bargeldlos.
ふりかける 《振り掛ける》
streuen.
ブリキ das Blech.
ふりこ 《振り子》 das Pendel.
ふりこみ 《振り込み》die Überweisung. 振り込む überweisen.
ふりつけ 《振り付け》die Choreographie.
ふりょく 《浮力》der Auftrieb.
ぶりょく 《武力》 die Waffengewalt.
ふりをする 《振りをする》
sich⁴ stellen.
ふりん 《不倫な》 unmoralisch, unsittlich.
ふる 《振る》schwingen. (手などを)振って合図する winken.
ふる 《降る》fallen. 雨が降る Es regnet. 雪が降る Es schneit.
ふるい 《篩》das Sieb.
ふるい 《古い》alt.
フルート die Flöte.
ふるえる 《震える》 zittern, beben.
ふるくさい 《古臭い》veraltet, altmodisch, überholt, obsolet.
ふるほん 《古本屋》das Antiquariat. 古本の antiquarisch.
ふるまう 《振る舞う》sich⁴ verhalten ; sich⁴ benehmen.
ブレーキ die Bremse. ブレーキを掛ける bremsen.
フレキシブルな flexibel.
プレッシャー der Druck.
ふれる 《触れる》 berühren.
ふろ 《風呂》das Bad.
ブローチ die Brosche.
プログラム das Programm.
プロンプター der Souffleur.
ふわ 《不和》der Zwist, der Zwiespalt.
ふん 《分》die Minute.
ぶん 《文》der Satz.
ぶんあん 《文案》 der Entwurf, das Konzept.
ふんいき 《雰囲気》 die Atmosphäre.
ふんか 《噴火》der Ausbruch.
ぶんか 《文化》 die Kultur, die Bildung.
ふんがい 《憤慨する》 sich⁴ ärgern, sich⁴ entrüsten.
ぶんがく 《文学》die Literatur, die Dichtung.
ふんきゅう 《粉糾》die Verwicklung.
ぶんし 《分子》(数の)～ der Zähler. (物質の)～ das Molekül.
ふんしつ 《紛失する》 verlieren, verloren gehen.
ぶんしょ 《文書》die Schrift, die Urkunde, die Akten ⓟ.
ふんしょく 《粉飾》 die Verschönerung. 粉飾する verschönern.
ふんすい 《噴水》
der Springbrunnen.
ぶんせき 《分析》die Analyse. 分析する analysieren.
ぶんつう 《文通》
der Briefwechsel.
ぶんどう 《分銅》das Gewicht.
ぶんぱい 《分配》die Verteilung. 分配する teilen, verteilen.
ぶんぴつ 《分泌》die Absonderung.
ふんべつ 《分別のある》
vernünftig, verständig.
ぶんべん 《分娩》 die Entbindung. 分娩する entbinden.
ぶんぽう 《文法》
die Grammatik.
ぶんぼうぐ 《文房具》 die Schreibwaren ⓟ.
ぶんみん 《文民》der Zivilist.
ぶんめい 《文明》 die Zivilisation.
ぶんや 《分野》das Gebiet, das Feld, der [das] Bereich.
ぶんり 《分離する》trennen.
ぶんるい 《分類》die Einteilung. 分類する ein|teilen, klassifizieren.
ぶんれつ 《分裂する》sich⁴ spalten.

へ

ペア das Paar.
へい 《塀》die Mauer.
へいえき 《兵役》der Wehrdienst.
へいおん 《平穏な》ruhig, still, friedlich.
へいかいする 《閉会する》schließen.
へいきな 《平気な》gelassen, ruhig, gleichgültig.
へいきん 《平均》der Durchschnitt. 平均の durchschnittlich.
へいこう 《平衡》das Gleichgewicht.
へいこう 《平行する》nebeneinander gehen. 平行の parallel.
へいし 《兵士》der Soldat.
へいじ 《平時》die Friedenszeit.
へいじつ 《平日》der Wochentag.
へいしゃ 《兵舎》die Kaserne.
へいぜん 《平然と》ruhig, gelassen.
へいたい 《兵隊》der Soldat.
へいち 《平地》die Ebene, die Fläche.
へいばん 《平板な》monoton, eintönig.
へいふく 《平服》der Straßenanzug.
へいぼん 《平凡な》gewöhnlich, alltäglich, mittelmäßig.
へいめん 《平面》die Fläche.
へいや 《平野》die Ebene.
へいわ 《平和》der Frieden. 平和な friedlich.
ベーコン der Speck.
ページ 《頁》die Seite.
ベール der Schleier.
へきが 《壁画》die Wandmalerei.
へた 《経た》年を経た alt. 経る vergehen. …を経て über.
へた 《下手な》ungeschickt, unbeholfen.
へだたり 《隔たり》der Abstand, die Entfernung.
へだたる 《隔たる》entfernt sein.
へだてる 《隔てる》trennen, distanzieren.
ペダル das Pedal.
べつ 《別の》ander. 別の仕方で anders. …を別として〔除いて〕außer.
べっかん 《別館》das Nebengebäude.
べっそう 《別荘》die Villa, das Landhaus.
ベッド das Bett.
ヘッドライト der Scheinwerfer.
べつべつに 《別々に》einzeln, getrennt.
べつり 《別離》der Abschied, die Trennung.

べとつく klebrig.
ペニヒ der Pfennig.
ベニヤ ベニヤ板 das Furnier.
へばりつく kleben, haften.
へび 《蛇》die Schlange.
ベビーベッド das Kinderbett.
へや 《部屋》das Zimmer, der Raum; die Kammer.
へら 《箆》der Spachtel.
へらす 《減らす》kürzen, verringern.
へり 《縁》der Rand.
へりくつ 《理屈》die Vernünftelei.
ヘリコプター der Hubschrauber.
へる 《減る》ab|nehmen; sich⁴ verringern.
ベル die Klingel. ベルを鳴らす klingeln.
ベルト der Gürtel.
ヘルメット der Helm.
ペン die Feder.
へんあい 《偏愛》die Vorliebe, die Zuneigung.
へんか 《変化》die (Ver)änderung. 変化する sich⁴ ändern; wechseln.
べんかい 《弁解する》sich⁴ rechtfertigen.
へんかく 《変革》die Reform; die Revolution.
べんぎ 《便宜》die Bequemlichkeit. 便宜を計る ⟨j³⟩⟨et⁴⟩ zu Gefallen tun.
ペンキ die Farbe, der Anstrich. ペンキを塗る (an)|streichen, malen.
へんきゃく 《返却》die Rückgabe. 返却する zurück|geben.
べんきょう 《勉強する》lernen, studieren.
へんきょく 《編曲》die Bearbeitung. 編曲する bearbeiten.
へんけん 《偏見》das Vorurteil.
べんご 《弁護》die Verteidigung. 弁護士 der (Rechts)anwalt.
へんじ 《返事》die Antwort, der Bescheid. 返事する antworten.
へんしゅう 《編集する》redigieren, heraus|geben. 編集者 der Herausgeber, der Redakteur.
べんじょ 《便所》die Toilette, das WC.
へんそう 《返送》die Zurücksendung. 返送する zurück|senden.
ペンダント der Anhänger.
ベンチ die Bank.
へんどう 《変動する》(相場など が) ~ schwanken.
べんとう 《弁当》die Wegzehrung, der Proviant.
へんとうせん 《扁桃腺》die Mandel.
へんな 《変な》komisch, seltsam, eigenartig.
へんぴ 《辺鄙》abgelegen, entlegen.

へんよう 《変容》die Verwandlung. 変容する sich⁴ verwandeln.
べんり 《便利な》bequem.

ほ

ほ 《帆》das Segel.
ほ 《穂》die Ähre.
ボイコット der Boykott.
ホイッスル die Pfeife.
ぼいん 《母音》der Vokal, der Selbstlaut.
ほう 《法》das Recht.
ぼう 《棒》der Stock, der Stab, die Stange.
ほうい 《包囲》die Belagerung, die Umfassung.
ぼうえい 《防衛》die Verteidigung.
ぼうえき 《貿易》der Handel, der Außenhandel.
ほうおう 《法王》der Papst. 法王の päpstlich.
ぼうおん 《防音の》schalldicht.
ほうか 《放火》die Brandstiftung.
ほうか 《砲火》das Feuer.
ほうかい 《崩壊》der Zusammenbruch, der Zerfall. 崩壊する zusammen|brechen, zerfallen.
ほうがく 《方角》die Richtung.
ほうがく 《法学》die Rechtswissenschaft, die Jura.
ぼうかん 《傍観する》zu|sehen, zu|schauen.
ほうき 《放棄する》auf|geben; (惜しみつつ) ~ sich⁴ von ⟨et³⟩ trennen.
ぼうくん 《暴君》der Tyrann, der Despot.
ほうげん 《方言》die Mundart, der Dialekt.
ぼうけん 《冒険》das Abenteuer.
ほうけんてき 《封建的な》feudal, feudalistisch.
ほうこう 《方向》die Richtung.
ほうこく 《報告する》berichten, mit|teilen.
ぼうさい 《防災》die Unfallverhütung.
ほうさく 《方策》die Maßnahme, der Rat.
ほうし 《奉仕》der Dienst.
ぼうし 《帽子》（縁のある）~ der Hut; (縁なしの) ~ die Mütze.
ほうしき 《方式》das System, die Methode, das Verfahren.
ほうしゃのう 《放射能》die Radioaktivität. 放射性の radioaktiv.
ほうしゅう 《報酬》die Belohnung, das Honorar.
ほうじゅう 《放縦》die Ausschweifung. 放縦な ausschweifend, zügellos.
ほうじゅん 《芳醇》das Aroma. 芳

醇な aromatisch.
ほうじょう 《豊饒》 die Fruchtbarkeit. 豊饒なfruchtbar.
ほうしん 《方針》 die Richtlinien ⑳, das Prinzip.
ほうせき 《宝石》 der Edelstein, das[der] Juwel.
ほうそう 《放送》 die Sendung. 放送する senden.
ほうそう 《包装する》 packen, verpacken.
ほうそく 《法則》 das Gesetz, die Regel.
ほうたい 《包帯》 der Verband. 包帯する verbinden. 包帯用具 das Verbandzeug.
ほうだい 《厖大》 ungeheuer, gewaltig.
ほうちゅうざい 《防虫剤》 das Insektenpulver.
ほうていしき 《方程式》 die Gleichung.
ほうてき 《法的》 gesetzlich, rechtlich, rechtmäßig, legal.
ほうどう 《報道》 die Meldung, der Bericht. 報道する berichten, melden. 報道[ニュース]番組 die Nachrichten ⑳.
ぼうとく 《冒瀆》 die Lästerung, die Blasphemie. 冒瀆する lästern.
ほうび 《褒美》 die Belohnung, der Preis.
ぼうび 《防備》 der Schutz, die Verteidigung. 防備する schützen.
ほうふ 《豊富な》 reich.
ぼうへき 《防壁》 die Schutzmauer.
ほうほう 《方法》 die Methode, das Verfahren.
ほうぼく 《放牧する》 weiden.
ほうまん 《豊満な》 üppig.
ほうむだいじん 《法務大臣》 der Justizminister.
ほうもん 《訪問》 der Besuch. 訪問する besuchen, auf|suchen.
ほうよう 《抱擁》 die Umarmung. 抱擁する umarmen.
ほうらつ 《放埓な》 ausschweifend, liederlich.
ぼうり 《暴利》 der Wucher.
ほうりつ 《法律》 das Gesetz. 法律学 die Rechtswissenschaft, die Jura.
ぼうりょく 《暴力》 die Gewalt.
ボウリング das Kegelspiel.
ホウレンソウ der Spinat.
ほうろう 《放浪》 die Wanderung.
ほうわ 《飽和》 die Sättigung.
ほお 《頬》 die Backe, die Wange.
ボーイ (レストランの)〜 der Kellner, der Ober.
ホース der Schlauch.
ボート das Boot.
ホール die Halle, der Saal.
ボール der Ball.
ボールペン der Kugelschreiber.
ぼかす schattieren, ab|stufen.
ほがらかな 《朗らかな》 froh, heiter, munter.
ぼき 《簿記》 die Buchführung, die Buchhaltung.
ほくおう 《北欧》 Nordeuropa.
ボクシング der Boxkampf.
ぼくそうち 《牧草地》 die Wiese, die Aue.
ぼくめつ 《撲滅》 die Vertilgung. 撲滅する vertilgen.
ぼけい 《母系》 mütterlicherseits.
ポケット die Tasche.
ポケットブック das Taschenbuch.
ほけん 《保険》 die Versicherung. 保険をかける versichern.
ほご 《保護》 der Schutz. 保護する schützen.
ほこうしゃ 《歩行者》 der Fußgänger.
ぼ(こく)ご 《母(国)語》 die Muttersprache.
ほこり 《埃》 der Staub.
ほこり 《誇り》 der Stolz. 誇る auf〈j⁴/et⁵〉 stolz sein.
ほし 《星》 der Stern.
ほしいとおもう 《欲しいと思う》 sich³ wünschen.
ポジション die Position, die Stelle.
ポジティブ das Positiv.
ほしぶどう 《干し葡萄》 die Rosine.
ほしゅう 《補修》 die Ausbesserung. 補修する aus|bessern.
ほじゅう 《補充》 die Ergänzung. 補充する ergänzen.
ほしゅてき 《保守的な》 konservativ.
ほしょう 《保証》 die Versicherung, die Garantie.
ほしょう 《補償》 die Entschädigung. 補償する entschädigen.
ほしょうきん 《補償金》 die Abfindungssumme.
ほす 《干す》 trocknen.
ポスター das Plakat.
ポスト der Briefkasten.
ポストンバッグ die Reisetasche.
ぼせい 《母性》 die Mütterlichkeit.
ほそい 《細い》 dünn, fein.
ほそう 《舗装》 das Pflaster. 舗装する pflastern.
ほそながい 《細長い》 schmal, länglich.
ほぞん 《保存する》 auf|bewahren, bewahren.
ボタン der Knopf.
ぼち 《墓地》 der Friedhof, die Grabstätte.
ほちょうき 《補聴器》 der Hörapparat.
ぼっか 《牧歌》 die Idylle. 牧歌的な idyllisch.
ぼつが 《没我》 die Selbstlosigkeit.
ほっきにん 《発起人》 der Initiator.
ほっきょく 《北極》 der Nordpol.
ほっさ 《発作》 der Anfall.
ほっする 《欲する》 wollen, wünschen, begehren.
ほったん 《発端》 der Anfang, der Ursprung.
ほっとする erleichtert auf|atmen.
ぼっぱつ 《勃発》 der Ausbruch. 勃発する aus|brechen.
ほつらく 《没落》 der Untergang. 没落する unter|gehen.
ポテトサラダ der Kartoffelsalat.
ホテル das Hotel. ホテルの部屋 das Hotelzimmer.
ほてる 《火照る》 glühen.
ほどう 《歩道》 der Bürgersteig, der Gehsteig.
ほどう 《補導》 die Pflege, die Führung.
ほどく lösen, auf|machen.
ほどける sich⁴ auf|lösen, auf|gehen.
ほどこす 《施す》 geben, spenden.
ほどなく bald, alsdann.
ほとばしる (hervor)strömen, sprudeln.
ほどよい 《程よい》 angemessen, mäßig.
ほとり 《辺》 der Rand.
ほとんど fast, beinah(e).
ほとんど…でない kaum.
ほにゅう 《哺乳する》 säugen. 哺乳動物 das Säugetier.
ぼにゅう 《母乳》 die Muttermilch.
ほね 《骨》 der Knochen. 骨折り die Mühe, die Bemühung. 骨の折れる hart, anstrengend, mühevoll, mühsam.
ほねぐみ 《骨組み》 das Gerippe, das Gerüst.
ほのお 《炎》 die Flamme.
ほのかに leise, sacht.
ほのめかす an|deuten.
ぼひょう 《墓標》 der Grabstein, das Grabmal.
ほぼ etwa, fast, ungefähr.
ほぼ 《保母》 die Kindergärtnerin, die Hortnerin.
ほほえむ lächeln.
ほめる 《褒める》 loben.
ぼやける verschwimmen.
ほよう 《保養》 die Erholung, die Kur. 保養する sich⁴ erholen.
ほら 《法螺》 die Prahlerei. 法螺吹き Prahler, Großtuer.
ほりゅう 《保留》 der Vorbehalt. 保留する vor|behalten.
ほりょ 《捕虜》 der Gefangene ; die Gefangenschaft.
ほる 《掘る》 graben. 掘り出す aus|graben.
ほる 《彫る》 schnitzen, schneiden.
ぼろ 《襤褸》 der Lumpen, der Fetzen.

ほろびる 《滅びる》 zugrunde gehen; unter|gehen.
ほん 《本》 das Buch.
ほんき 《本気》 ernst.
ほんこく 《翻刻》 der Nachdruck, der Abdruck.
ほんしき 《本式の》 ordentlich, offiziell.
ほんしつ 《本質》 das Wesen, der Kern.
ほんしんをあかす 《本心を明かす》 sich⁴ mit|teilen; sein Herz offenbaren.
ほんだな 《本棚》 das (Bücher)regal.
ポンド das Pfund.
ほんとう 《本当の》 wahr, recht, richtig. 本当に wirklich, tatsächlich.
ほんにん 《本人の〔で〕》 persönlich.
ほんのう 《本能》 der Instinkt, der Trieb.
ほんぶ 《本部》 die Zentrale, leitende Dienststelle.
ポンプ die Pumpe.
ほんぶん 《本文》 der Text, der Urtext.
ポンペ die Bombe.
ほんぽう 《奔放な》 wild, freizügig, ausgelassen.
ほんもの 《本物の》 echt, wahr, natürlich.
ほんや 《本屋》 die Buchhandlung, der Buchladen.
ほんやく 《翻訳》 die Übersetzung. 翻訳する übersetzen, übertragen.
ほんやりした 〔不明な〕 undeutlich, unklar; 〔うっかりした〕 unvorsichtig, zerstreut.
ほんらい 《本来(の)》 eigentlich.

ま

マーガリン die Margarine.
まあたらしい 《真新しい》 nagelneu, ganz neu.
まあまあである Es geht.
まいしゅう 《毎週》 jede Woche, wöchentlich.
まいそう 《埋葬》 das Begräbnis, die Beerdigung. 埋葬する beˍgraben, beerdigen.
まいぞう 《埋蔵する》 vergraben, ein|graben.
まいたもの 《巻いた物》 die Rolle. 巻紙 die Papierrolle.
まいど 《毎度》 jedesmal.
マイナス minus.
まいにち 《毎日》 jeden Tag, täglich.
まいにちようび 《毎日曜日に》 sonntags; jeden 〔an jedem〕 Sonntag.
マイル die Meile.
まえうり 《前売り》 der Vorverkauf.

まえおき 《前置き》 die Vorbemerkung.
まえに 《前に》〔時間〕 früher, vorher; 〔空間〕 vorn.
まえへ 《前へ》 vorwärts.
まえもって 《前以て》 im voraus.
まかせる 《任せる》 an|vertrauen, überlassen.
まがる 《曲がる》 (人・車などが) ~ ab|biegen; (物が) sich⁴ biegen.
まきげ 《巻き毛》 die Locke.
まきつける 《巻き付ける》 wickeln, schlingen.
まぎらわしい 《紛らわしい》 irreführend.
まく 《幕》 der Vorhang.
まく 《巻く》 rollen; (時計のねじを) ~ auf|ziehen.
まく 《撒く》 streuen, sprengen, spritzen.
まくら 《枕》 das Kopfkissen.
まける 《負ける》 verlieren, unterliegen.
まげる 《曲げる》 biegen, beugen.
まご 《孫》 der Enkel, die Enkelin.
まさか Nein! Unglaublich!
まさつ 《摩擦》 die Reibung. 摩擦する reiben.
まさる 《勝る》 überlegen sein; übertreffen.
まして 〔なおさら〕 um so mehr.
ましてや 〔いわんや〕 gar; geschweige denn.
まじない 《呪い》 der Zauber, die Zauberformel.
まじめ 《真面目な》 ernst.
まじょ 《魔女》 die Hexe.
ます 《増す》 zu|nehmen, wachsen, gewinnen.
まず erst, zuerst.
ますい 《麻酔》 die Betäubung, die Narkose. 麻酔をかける betäuben, narkotisieren.
まずい 《味の》~ schlecht, geschmacklos; 〔へたな〕ungeschickt.
まずしい 《貧しい》 arm.
マスプロ die Massenproduktion.
ますます mehr und mehr; immer+比較級.
まずまず 《先ず先ずの》 leidlich, erträglich.
まぜる 《混ぜる》 mischen.
まだ noch.
また (もや) wieder(um).
まち 《町》 die Stadt, die Kleinstadt, der Ort. 街 die Straße.
まちがえる 《間違える》 sich⁴ irren, Fehler machen. 間違った falsch, unrichtig, verfehlt.
まちぶせ 《待ち伏せ》 die Lauer. 待ち伏せる lauern.
まつ 《松》 die Kiefer.
まつ 《待つ》 warten; (来る・起こるのを予期して) ~ erwarten. (終るのを) ~ ab|warten.

まつえい 《末裔》 der Nachkomme.
まつげ 《睫》 die Wimper.
マッサージ die Massage.
まっすぐ 《真っ直ぐな》 gerade. まっすぐに geradeaus.
まったく 《全く》 ganz, gänzlich, total.
まったく…でない gar nicht.
マッチ das Streichholz.
マットレス die Matratze.
まつばづえ 《松葉杖》 die Krücke.
まつり 《祭り》 das Fest.
…まで bis.
まてんろう 《摩天楼》 der Wolkenkratzer.
まど 《窓》 das Fenster.
まどぐち 《窓口》 der Schalter; die Kasse.
まとめる zusammen|stellen, auf|stellen.
まどろむ schlummern.
まないた 《俎》 das Hackbrett.
まなざし 《眼差し》 der Blick.
まなつ 《真夏》 der Hochsommer.
まなぶ 《学ぶ》 lernen, studieren.
マニア die Manie.
まにあう 《間に合う》 rechtzeitig kommen; genügen, aus|reichen.
まにあわせる 《間に合わせる》 sich⁴ behelfen.
まぬがれる 《免れる》 entgehen 免れている von <et³> frei sein.
まね 《真似》 die Nachahmung. 真似る nach|ahmen, imitieren.
まねく 《招く》 ein|laden.
まばたく 《瞬く》 blinzeln.
まばら 《疎らな》 spärlich, dünn.
まひ 《麻痺》 die Lähmung.
まひる 《真昼に》 am hellen Tage.
まぶしい 《眩しい》 blendend, grell.
まぶた 《瞼》 das Augenlid.
マフラー 《麻薬》 das Halstuch.
まほう 《魔法》 der Zauber, die Magie. 魔法使い der Zauberer.
まほうびん 《魔法瓶》 die Thermosflasche.
まぼろし 《幻》 das Trugbild, die Illusion, die Vision, das Gesicht.
ままこ 《継子》 das Stiefkind.
まめ 《豆》 die Bohne. えんどう豆 die Erbse.
まもなく 《間もなく》 bald.
まもの 《魔物》 der Dämon.
まもる 《守る》 schützen, (約束などを) ~ halten; (規則などを) ~ beachten, beobachten.
まやく 《麻薬》 das Rauschgift.
まゆ 《眉》 die Augenbraue.
まよう 《迷う》 sich⁴ verirren; sich⁴ verlaufen; zaudern, schwanken.
まよなか 《真夜中》 die Mitternacht.
マラソン der Marathonlauf.

まる 《円》der Kreis.
まるい 《円い》rund.
マルク Deutsche Mark (略DM).
まるた 《丸太》der Klotz.
まるで ganz und gar; durchaus; 〔あたかも〕gerade so wie; als ob.
まるてんじょう 《丸天井》das Gewölbe.
まるまるとした voll, dicklich, rund.
まるみ 《丸み》die Rundung. 丸のある rundlich.
まるやね 《丸屋根》die Kuppel.
まれな selten, fast nie.
まわす 《回す》(um)drehen; 〔電話のダイヤルを〕~ wählen.
まわり 《回り》〔周囲〕der Umkreis; 〔付近〕die Umgebung. …のまわりに um, um ... herum.
まわりくどい 《回りくどい》weitschweifig, umständlich.
まわりみち 《回り道》der Umweg.
まんいん 《満員の》übervoll, überfüllt.
まんえん 《蔓延》die Ausbreitung. 蔓延する sich⁴ ausbreiten.
まんが 《漫画》die Karikatur, die Comics ®.
まんき 《満期》der Ablauf, Fälligkeit, 満期の fällig.
まんせい 《慢性の》chronisch.
まんぜん 《漫然と》gedankenlos, ziellos.
まんぞく 《満足した》zufrieden, zufriedenstellend.
まんちょう 《満潮》die Flut.
まんなか 《真ん中に》mitten; in der Mitte.
まんねんひつ 《万年筆》der Füller, der Füll(feder)halter.
まんびき 《万引き》der Ladendiebstahl.
まんぺんなく 《万遍なく》gleichmäßig.
マンホール das Mannloch.

み

み 《実》die Frucht.
みいだす 《見出す》finden.
みうしなう 《見失う》(aus den Augen) verlieren.
みえすいた 《見え透いた》durchsichtig, fadenscheinig.
みえてくる 《見えて来る》sich⁴ zeigen; in Sicht kommen, erscheinen.
みえる 《見える》sehen; (…のように)~ aus|sehen.
みおくる 《見送る》nach|sehen, begleiten.
みおとす 《見落とす》übersehen, sich⁴ versehen.
みおろす 《見下す》hinab|sehen, herab|blicken.
みかい 《未開の》wild, primitiv.
みかえす 《見返す》zurück|blicken.
みかく 《味覚》der Geschmack, die Zunge.
みがく 《磨く》putzen, polieren; schleifen.
みかこう 《未加工の》roh.
みかた 《見方》der Gesichtspunkt, die Ansicht.
みかた 《味方》der Freund. 味方をする zu 〈j³/et³〉 halten.
みがまえ 《身構え》die Positur. 身構える sich⁴ in Positur stellen.
みかん die Mandarine.
みき 《幹》der Stamm.
みぎ 《右の》recht. 右に rechts. 右へ nach rechts. 右から von rechts. 右手で rechts. 右利きの rechtshändig.
みきわめる 《見極める》durchschauen, übersehen, durch|sehen.
みくびる gering schätzen.
みごと 《見事な》schön, herrlich, prima.
みこみ 《見込み》die Aussicht, der Ausblick.
みこむ 《見込む》erwarten, hoffen; mit 〈et³〉 rechnen.
みこん 《未婚の》ledig.
ミサ die Messe.
ミサイル die Rakete.
みじかい 《短い》kurz, klein, kurzzeitig.
みじたく 《身支度をする》sich⁴ an|kleiden. (盛装用の)~ Toilette machen.
みじめな 《惨めな》elend, traurig, miserabel.
みじゅく 《未熟な》unreif, unerfahren.
みしらぬ 《見知らぬ》fremd, unbekannt.
ミシン die Nähmaschine.
みず 《水》das Wasser. 水に浮く schwimmen. (花に)水をやる gießen.
みずうみ 《湖》der See.
みずから 《自ら》selbst, selber.
みずぎ 《水着》der Badeanzug. ビキニ der Bikini.
みずたまり 《水溜まり》die Pfütze, der Pfuhl.
みずっぽい 《水っぽい》wässerig, dünn.
みずとり 《水鳥》der Wasservogel.
みずぶくれ 《水脹れ》die Blase.
みせ 《店》das Geschäft, der Laden.
みせかけ 《見せ掛けの》scheinbar, anscheinend, blind, angeblich.
みせる 《見せる》zeigen.
みぞ 《溝》der Graben, die Rille.
みだし 《見出し》der Index, die Schlagzeile.
みだしご 《見出し語》das Stichwort.
みたす 《満たす》füllen.
みち 《道》der Weg.
みちしるべ 《道しるべ》der Wegweiser.
みちの 《未知の》unbekannt.
みちのり 《道程》die Strecke, der Weg.
みちびく 《導く》führen.
みつ 《蜜》der Honig.
みつかる 《見付かる》sich⁴ finden.
みつける 《見付ける》finden, heraus|finden.
みつご 《三つ子》der Drilling.
みっこく 《密告》die Denunziation. 密告する denunzieren.
みっせいした 《密生(集)した》dicht, buschig.
みっせつな 《密接な》eng, nahe, dicht.
みつばち 《蜜蜂》die Biene.
みつめる 《見詰める》an|sehen, an|schauen.
みつもる 《見積もる》rechnen, veranschlagen, ab|schätzen.
みつゆ 《密輸する》schmuggeln.
みてい 《未定の》unbestimmt, unentschieden.
みてとる 《見て取る》an|merken, an|sehen.
みとおし 《見通し》die Aussicht, der Ausblick.
みとめる 《認める》〔見る〕erblicken; 〔気付く〕erkennen, wahr|nehmen, bemerken; 〔承認する〕an|erkennen, zu|geben.
みどり 《緑の》grün.
みなす 《見なす》als 〈et⁴〉 an|sehen, 〈et⁴〉 für〈et⁴〉 halten.
みなと 《港》der Hafen.
みなみ 《南》der Süden. 南の südlich.
みならい 《見習い》der Lehrling.
ミニアチュア die Miniatur.
みにくい 《醜い》hässlich.
ミニスカート der Minirock.
みぬく 《見抜く》durchschauen, ein|sehen.
ミネラルウォーター das Mineralwasser.
みのがす 《見逃す》übersehen, nach|sehen.
みのり 《実り》die Ernte. 実りの多い fruchtbar.
みはる 《見張る》bewachen, überwachen.
みぶん 《身分》der Stand, der Rang. 身分証明書 der Personalausweis.
みぼうじん 《未亡人》die Witwe.
みほん 《見本》das Muster, die Probe.
みまう 《見舞う》besuchen.
みまもる 《見守る》wachen.
みまわす 《見回す》sich⁴ um|se-

hen.
みみ 《耳》das Ohr. 耳にする hören. 耳を傾ける《不意に聞こえた物音などに》zu|hören, auf ⟨et⁴⟩ hören, horchen.
みみず der Regenwurm.
みゃく 《脈》der Puls.
みゃくうつ 《脈打つ》pulsen, pulsieren.
みゃくはく 《脈拍》der Pulsschlag, der Puls.
みやげ 《土産》das Geschenk, das Reiseandenken, das Mitbringsel, Souvenir.
みやすい 《見易い》leicht zu sehen.
みやぶる 《見破る》durchschauen, erkennen.
みやる 《見やる》nach ⟨et³⟩ sehen, sich⁴ nach|sehen.
みよ 《見よ》Siehe!
みょうごにち 《明後日》übermorgen.
みょうちょう 《明朝》morgen früh.
みょうな 《妙な》seltsam, unmöglich, verwunderlich, merkwürdig.
みょうにち 《明日》morgen.
みょうばん 《明晩》morgen abend.
みらい 《未来》die Zukunft; die Folgezeit.
みりょく 《魅力》der Reiz, die Anziehungskraft.
みる 《見る》sehen. (注意深く) ~ an|sehen.
ミルク die Milch.
みわける 《見分ける》unterscheiden, erkennen.
みんかん 《民間の》privat, zivil.
みんしゅう 《民衆》das Volk.
みんしゅしゅぎ 《民主主義》die Demokratie.
みんしゅてき 《民主的な》demokratisch.
みんぞく 《民俗》die Volkssitte, die Bräuche ⓟ.
みんぞく 《民族》das Volk, die Nation.
みんぽう 《民法》das bürgerliche Recht.
みんよう 《民謡》das Volkslied.
みんわ 《民話》das Volksmärchen, die Volkssage.

む

む 《無》das Nichts.
むい 《無為》das Nichtstun. 無為に müßig, untätig, inaktiv.
むいしき 《無意識の》unbewusst, unwillkürlich, automatisch.
むいみ 《無意味な》sinnlos, unsinnig, absurd.
むえき 《無益な》nutzlos, zwecklos, vergeblich.
むえん 《無縁の》fremd.
むかいあって 《向かい合って》gegenüber, vis-à-vis.
むかえいれる 《迎え入れる》auf|nehmen.
むかえにいってくる 《迎えに行って来る》ab|holen.
むかえる 《迎える》empfangen. 迎えること der Empfang.
むかし 《昔に》in alten Zeiten; ehemals, früher, einst.
むかし 《昔の》alt.
むかしばなし 《昔話》das Märchen, die Sage.
むかって 《…に向かって》nach, gegen, entgegen.
むかんしん 《無関心の》gleichgültig, indifferent, teilnahmslos.
むき 《無機》anorganisch.
むぎ 《麦》小麦 der Weizen; 大麦 die Gerste; ライ麦 der Roggen.
むきだしの 《むき出しの》bloß, nackt, entblößt.
むきりょく 《無気力な》schlapp, mutlos.
むぎわら 《麦藁》das Stroh, der Strohhalm.
むく 《向く》sich⁴ wenden.
むく 《剥く》schälen.
むくい 《報い》die Belohnung, die Vergeltung. (良い行為に対して) 報いる lohnen, belohnen.
むくち 《無口な》schweigsam, wortkarg.
むける 《向ける》richten, wenden.
むげん 《無限の》unendlich, endlos, unbegrenzt.
むこ 《婿》der Schwiegersohn; der Bräutigam.
むこう 《向こう(側)で》drüben, jenseits.
むこう 《無効の》ungültig.
むごん 《無言の》still, stumm, schweigend.
むざい 《無罪の》unschuldig, schuldlos.
むさぼる 《貪る》gierig, begehrlich sein.
むし 《虫》das Insekt, der Wurm; das Käfer.
むしかく 《無資格の》unberechtigt, unqualifiziert.
むしする 《無視する》nicht beachten; ignorieren, übersehen.
むしば 《虫歯》der faule (hohle) Zahn.
むしばむ 《蝕む》zerfressen, an|greifen.
むしぼし 《虫干しする》lüften, aus|lüften
むしめがね 《虫眼鏡》das Vergrößerungsglas, die Lupe.
むじゃき 《無邪気な》unschuldig, harmlos, naiv.
むじゅん 《矛盾》der Widerspruch. 矛盾する widersprechen.
むじょうけん 《無条件の》bedingungslos, unbedingt.
むしょく 《無職》die Arbeitslosigkeit. 無職の beschäftigungslos.
むしょく 《無色の》farblos.
むしょぞく 《無所属の》parteilos.
むしろ 《むしろ…したい》lieber; (…ではなくても) むしろ vielmehr, sondern.
むしんけい 《無神経な》unempfindlich, dickfellig.
むしんろん 《無神論》der Atheismus.
むす 《蒸す》dämpfen.
むすう 《無数の》zahllos, unzählbar.
むずかしい 《難しい》schwer, schwierig. 難しさ die Schwierigkeit.
むすこ 《息子》der Sohn.
むすびあわせる 《結び合わせる》verbinden.
むすびつける 《結び付ける》binden, an|knüpfen.
むすびめ 《結び目》der Knoten.
むすぶ 《結ぶ》binden; (契約などを) ~ schließen, ab|schließen.
むすめ 《娘》die Tochter; 〔少女〕das Mädchen.
むせいげん 《無制限の》unbeschränkt, uneingeschränkt.
むせきにん 《無責任な》verantwortungslos.
むせる sich⁴ verschlucken.
むだ 《無駄な》unnütz, nutzlos. 無駄に umsonst.
むだんで 《無断で》ohne Erlaubnis, unerlaubt.
むち 《鞭》die Peitsche.
むち 《無知な》unwissend, dumm, unerfahren.
むちゃな 《無茶な》unvernünftig.
むちゅう 《夢中になる》sich⁴ in ⟨et⁴⟩ verlieren, für ⟨j⁴/et⁴⟩ schwärmen.
むちんじょうしゃ 《無賃乗車》die Schwarzfahrt.
むつまじい 《睦まじい》einträchtig, intim.
むてっぽう 《無鉄砲な》tollkühn.
むとんちゃく 《無頓着な》unbekümmert, gleichgültig, sorglos.
むなしい 《空しい》leer, vergeblich, umsonst.
むね 《胸》die Brust.
むのう 《無能な》unfähig, untauglich, untüchtig.
むひの 《無比の》einzig, einmalig, unvergleichlich.
むひょうじょう 《無表情の》ausdruckslos.
むほん 《謀叛》die Rebellion, die Verschwörung.
むみかんそう 《無味乾燥》trocken.

むめい 《無名の》 unbekannt; anonym.
むら 《村》 das Dorf.
むらさき 《紫色の》 violett, purpurn.
むりにおす 《無理に押す》 drängen, schieben.
むりょう 《無料の》 frei, kostenlos. 無料で umsonst.
むれ 《群れ》 die Gruppe, die Schar, der Haufe.

め

め 《目》 das Auge.
め 《芽》 die Knospe.
めい 《姪》 die Nichte.
めい 《銘》 die Inschrift.
めいかい 《明快な》 klar.
めいかく 《明確な》 bestimmt, deutlich, klar.
めいがら 《銘柄》 die Marke; das Muster.
めいぎ 《名義》 der Name.
めいさい 《迷彩》 die Tarnung. 偽装する tarnen.
めいし 《名士》 die Prominenzen ⓟ, die Berühmtheit.
めいし 《名刺》 die Visitenkarte, die Karte.
めいしょ 《名所》 die Sehenswürdigkeit.
めいしん 《迷信》 der Aberglaube.
めいじん 《名人》 der Meister, der Künstler.
めいずる 《命ずる》 befehlen, heißen.
めいせい 《名声》 der Ruhm, das Ansehen.
めいせき 《明晰な》 klar, deutlich, hell.
めいそう 《瞑想》 die Meditation, die Besinnung.
めいだい 《命題》 der Satz, die These.
めいにち 《命日》 der Todestag.
めいはく 《明白な》 klar.
めいぼ 《名簿》 die Liste, die Namenliste.
めいやく 《盟約》 das Gelübde, der Vertrag, der Bund, das Bündnis.
めいよ 《名誉》 die Ehre.
めいる 《滅入る》 trübsinnig sein, niedergedrückt sein, deprimiert sein.
めいれい 《命令》 der Befehl, die Anweisung.
めいろ 《迷路》 das Labyrinth.
めいわく 《迷惑な》 lästig, belästigend.
メーカー der Hersteller.
メーデー der Maifeiertag.
メートル (der(das)) Meter.
めかた 《目方》 das Gewicht, die Schwere.
メカニズム der Mechanismus.

めがね 《眼鏡》 die Brille.
めがみ 《女神》 die Göttin.
めぐみ 《恵み》 die Gnade, die Wohltat.
めざす 《目指す》 auf 〈et³〉 zielen. …を目ざして auf 〈et³〉 hin.
めざましどけい 《目覚し時計》 der Wecker.
めざめる 《目覚める》 auf|wachen. 目覚めた wach.
めしつかい 《召使》 der Diener, die Dienerin.
めじり 《目尻》 der Augenwinkel.
メス das Skalpell.
めずらしい 《珍しい》 selten, rar, seltsam, sonderbar, kurios.
めそめそなく 《めそめそ泣く》 wimmern.
めだつ 《目立つ》 auffallend, auffällig.
めだま 《目玉》 der Augapfel.
メダル die Medaille.
めっきり beträchtlich, zusehends.
メッセージ die Botschaft.
めったに…でない selten.
メニュー die Speisekarte.
めぬきどおり 《目抜き通り》 die Hauptstraße.
めばえ 《芽生》 der Keim. 芽生える keimen.
めぼしい 《目ぼしい》 bemerkenswert, auffallend, hauptsächlich.
めまい 《目まい》 der Schwindel.
メモ die Notizen ⓟ.
めやに 《目脂》 die Augenbutter.
めらめらもえる 《めらめら燃える》 lodern, auf|lodern.
メロン die Melone.
めん 《面》 die Seite, 〔表面〕die Fläche, 〔仮面〕die Maske.
めんえき 《免疫》 die Immunität. 免疫のある immun.
めんかい 《面会する》 besuchen, sprechen. 面会時間 die Sprechstunde.
めんしき 《面識》 die Bekanntschaft.
めんしている 《面している》 nach 〈et³〉/auf 〈et⁴〉 gehen.
めんしょく 《免職》 die Entlassung. 免職する entlassen.
めんせき 《面積》 der Flächeninhalt.
めんどうをみる 《面倒をみる》 sich⁴ kümmern; sorgen, betreuen.
めんどり 《雌鶏》 die Henne.

も

…も(また) auch.
…も…も sowohl ... als auch.
…も…も(いずれも)…ない weder ... noch.
もう schon, bereits.
もういっぽうの 《もう一方の》 anderer.

もうきん 《猛禽》 der Raubvogel.
もうける 《儲ける》 verdienen, ein|nehmen.
もうしあわせる 《申し合わせる》 verabreden, aus|machen.
もうしいれ 《申し入れ》 das Angebot. 申し入れる an|bieten.
もうしこむ 《申し込む》 sich⁴ an|melden; beantragen.
もうしたてる 《申し立てる》 aus|sagen.
もうしで 《申し出》 das Angebot. 申し出る an|bieten, vor|schlagen.
もうしひらき 《申し開き》 die Rechtfertigung. 申し開きをする sich⁴ rechtfertigen, verantworten.
もうしぶんない 《申し分ない》 tadellos, vollkommen, einwandfrei.
もうじゅう 《猛獣》 das Raubtier.
もうそう 《妄想》 der Wahn.
もうどうけん 《盲導犬》 der Blindenhund.
もうふ 《毛布》 die (Woll)decke.
もうまく 《網膜》 die Netzhaut.
もうもくてき 《盲目的な》 blind, unüberlegt.
もうろう 《朦朧とした》 trübe, dunkel, düster.
もえあがる 《燃え上がる》 auf|lodern, auf|flammen.
もえさし 《燃え差し》 der Stummel, die Kippe.
もえつきる 《燃え尽きる》 aus|brennen.
もえる 《燃える》 brennen.
モーション die Bewegung.
モーター der Motor.
もくげきしゃ 《目撃者》 der Augenzeuge.
もくざい 《木材》 das Holz.
もくさつ 《黙殺する》 tot|schweigen, ignorieren.
もくし 《黙視する》 übersehen, nach|sehen, zu|sehen.
もくじ 《目次》 das Inhaltsverzeichnis.
もくせい 《木製の》 hölzern.
もくぞう 《木造の》 aus Holz; hölzern.
もくたん 《木炭》 die Holzkohle.
もくちょう 《木彫》 die Schnitzerei.
もくてき 《目的》 der Zweck. 旅の目的地 das Reiseziel.
もくば 《木馬》 das Steckenpferd, das Schaukelpferd.
もくひょう 《目標》 das Ziel.
もくめ 《木目》 die Maser.
もくようび 《木曜日》 der Donnerstag.
もぐる 《潜る》 tauchen.
もくろく 《目録》 der Katalog, das Verzeichnis.
もけい 《模型》 das Modell; das Muster.

モザイク das Mosaik.
もし wenn, falls.
もじ 《文字》die Schrift, der Buchstabe. 文字[文書・書面]による schriftlich.
もしくは oder, beziehungsweise (略 bzw.).
もしも…ならば wenn.
もしゃ 《模写》die Kopie.
もじゃもじゃの zottig.
もしょう 《喪章》der Trauerflor.
もじる parodieren.
もぞう 《模造する》nach|ahmen. 模造の falsch.
もだえる 《悶える》sich⁴ quälen, sich⁴ winden.
もたせかける 《凭たせ掛ける》lehnen, an|lehnen.
もたせる 《持たせる》geben, mit|geben.
もちあげる 《持ち上げる》heben, an|heben.
もちいる 《用いる》gebrauchen, an|wenden.
もちこたえる 《持ちこたえる》sich⁴ halten, überstehen.
もちさる 《持ち去る》fort|bringen, weg|nehmen.
もちつづける 《持ちつづける》halten, behalten.
もちぬし 《持ち主》der Besitzer, der Inhaber.
もちのよい 《持ちの良い》haltbar, fest, solide.
もちぶん 《持ち分》der Anteil.
もちろん 《勿論》natürlich.
もつ 《持つ》haben, besitzen; (肩書・別名などを)～ führen.
もったいない schade 《et³》ist zu ～ für 〈j⁴/et⁴〉の形で).
もったいぶる wichtig tun; sich¹ auf|spielen.
もってあげる 《(相手に代わって)持ってあげる》ab|nehmen, übernehmen.
もっている 《持っている》haben, halten. (ずっと)持っている behalten.
もってくる 《持って来る》bringen, ab|holen.
もっと mehr, noch mehr.
モットー das Motto, das Schlagwort.
もっとも 〔ただし〕allerdings.
もっとも 《最も》最も多くの meist. 最も長い längst. 最も良い best.
もっともな begreiflich, vernünftig.
もつれる 《縺れる》sich⁴ verwickeln, sich⁴ verwirren.
もてあそぶ mit 〈j³〉spielen; sich¹ über 〈j⁴〉lustig machen.
もてなす bewirten.
モデル das Modell.
もどす 《戻す》《返す》zurück|geben; 〔却下する〕ab|weisen.
もとせん 《元栓》der Haupthahn.
もとづく 《基づく》auf 〈et³〉beruhen, basieren.

もとね 《元値》der Einkaufspreis.
もとめる 《求める》〔捜す〕suchen; 〔要求する〕verlangen, fordern. (強く)～ drängen.
もどる 《戻る》zurück|kommen, wieder dasein.
モニター der Monitor.
もの 《物》das Ding, die Sache, der Gegenstand.
ものがたり 《物語》die Erzählung, die Geschichte; die Novelle.
ものがたる 《物語る》erzählen, fabulieren.
ものごと 《物事》das Ding.
ものさし 《物差し》das Lineal, das Maß, der Maßstab.
ものしり 《物知り》der Vielwisser.
ものずきな 《物好きな》neugierig.
(…の)ものである gehören, zugehörig sein.
ものまね 《物真似》die Imitation. 物真似する imitieren, nach|ahmen.
モノレール die Einschienenbahn.
ものわかり 《物分かりのよい》verständnisvoll, verständig, einsichtig.
もはや schon, bereits.
もはん 《模範》das Vorbild. 模範的な vorbildlich, mustergültig.
もふく 《喪服》die Trauerkleidung.
もほう 《模倣》die Nachahmung. 模倣する nach|ahmen.
もみ 《樅》die Tanne.
もむ 《揉む》kneten, massieren.
もめごと 《揉め事》die Zwietracht, der Zwist.
もめん 《木綿》die Baumwolle.
もも 《股》der Oberschenkel.
もも 《桃》der Pfirsich.
ももひき 《股引》die Unterhose.
もや 《靄》der Dunst.
もやす 《燃やす》brennen.
もよう 《模様》das Muster; 〔様子〕das Aussehen, der Zustand.
もよおされる 《催される》statt|finden.
もよおす 《催す》veranstalten, geben.
もらう 《貰う》bekommen, kriegen, erhalten.
モラトリアム das Moratorium.
もり 《森》der Wald.
モルタル der Mörtel.
もれる 《漏れる》durch|sickern.
もろい 《脆い》zerbrechlich, brüchig.
もろは 《両刃の》zweischneidig.
もん 《門》das Tor, die Pforte.
もん 《紋》das Wappen.
もんく 《文句》die Worte 働; 〔不平〕die Be-

schwerde, der Einspruch.
もんげん 《門限》der Torschluß.
もんしょう 《紋章》das Wappen. 紋章学 die Heraldik.
もんだい 《問題》die Frage, die Aufgabe, das Problem.
もんばん 《門番》der Pförtner, der Portier.
もんぶしょう 《文部省》das Kultusministerium.
もんぶだいじん 《文部大臣》der Kultusminister.
もんもう 《文盲》der Analphabet.

や

や 《矢》der Pfeil.
やえい 《野営》das Feldlager. 野営する lagern.
やおや 《八百屋》der Gemüsehändler.
やかい 《夜会》die Abendgesellschaft.
やがい 《野外で》im Freien, draußen.
やかた 《館》das Schloss, der Hof.
やがて bald; kurz danach, mit der Zeit.
やかましい 〔騒がしい〕geräuschvoll, lärmend, laut;〔厳しい〕streng, genau, strikt.
やぎ 《山羊》die Ziege.
やきいん 《焼き印》das Brandmal.
やきにく 《焼き肉》der Braten.
やきゅう 《野球》der Baseball.
やきん 《夜勤》der Nachtdienst, die Nachtschicht.
やく 《役》(俳優の)～ die Rolle.
やく 《約》etwa, ungefähr, rund, annähernd.
やく 《訳》die Übersetzung, die Übertragung. 訳す übersetzen.
やく 《焼く》brennen; (肉などを)～ braten; (パンを)～ backen.
やぐ 《夜具》das Bettzeug, der Bettbezug.
やくがく 《薬学》die Pharmazie.
やくざい 《薬剤》die Arznei. 薬剤師 der Apotheker.
やくしょ 《役所》das Amt, die Behörde.
やくしん 《躍進》der Aufschwung.
やくそう 《薬草》das Heilkraut.
やくそく 《約束》das Versprechen. 約束する versprechen.
やくだつ 《役立つ》helfen.
やくにたつ 《役にたつ》nützen, nützlich.
やくにん 《役人》der Beamte; (女性の)～ die Beamtin.
やくひん 《薬品》die Arzneimittel, das Medikament, das

やくみ 《薬味》das Gewürz.
やくわり 《役割》die Rolle.
やけあと 《焼け跡》
die Brandstätte.
やけい 《夜警》die Nachtwache.
やけしぬ 《焼け死ぬ》verbrennen.
やけだされる 《焼け出される》ab|brennen.
やけど 《火傷》die Brandwunde. 火傷する sich⁴ verbrennen.
やこうれっしゃ 《夜行列車》der Nachtzug.
やさい 《野菜》das Gemüse.
やさしい 《易しい》leicht, einfach, mühelos.
やさしい 《優しい》zart, freundlich, lieb, gütig.
やし 《椰子》die Palme, die Kokospalme.
やしなう 《養う》ernähren, unterhalten.
やじゅう 《野獣》die Bestie, das wilde Tier.
やしん 《野心》der Ehrgeiz, die Ambition.
やじん 《野人》der Grobian, der Lümmel.
やすい 《安い》billig.
やすみ 《休み》die Ruhe;（学校・劇場などの）～ die Ferien.
やすむ 《休む》aus|ruhen,〔欠席する〕fehlen.
やすらぎ 《安らぎ》die Ruhe, die Gemächlichkeit.
やすり 《鑢》die Feile.
やせい 《野性の》wild.
やせこける 《痩せこける》ab|magern.
やせた 《痩せた》schlank, mager, dünn.
やせる 《痩せる》ab|nehmen, ab|zehren.
やそう 《野草》die Feldblume, das Unkraut.
やそうきょく 《夜想曲》das Ständchen.
やたい 《屋台》die Bude.
やちん 《家賃》die Miete.
やつ 《奴》der Kerl, der Bursche.
やっかい 《厄介な》lästig, schwierig, unangenehm. 厄介なこと die Schwierigkeit.
やっきょく 《薬局》die Apotheke，die Drogerie.
やってのける fertig bringen, erreichen.
やってみる versuchen, probieren.
やっと 〔ついに〕schließlich, endlich;〔まだ、やっと〕erst, eben, gerade.
やっとこ 《鋏》die Zange.
やど 《宿》das Hotel, das Gasthaus, die Unterkunft, das Quartier.
やといにん 《雇い人》der Arbeitnehmer.
やといぬし 《雇い主》der Arbeitgeber.
やとう 《雇う》nehmen, an|stellen, ein|stellen.
やとう 《野党》die Oppositionspartei.
やどなし 《宿無し》der/die Obdachlose.
やなぎ 《柳》die Weide.
やに 《脂》das Harz.
やにわに sogleich, plötzlich, schlagartig.
やね 《屋根》das Dach.
やはり schließlich, auch, doch.
やはん 《夜半》die Mitternacht.
やばん 《野蛮人》der Barbar. 野蛮な barbarisch.
やぶ 《藪》der Busch.
やぶいしゃ 《藪医者》der Quacksalber, der Kurpfuscher.
やぶる 《破る》zerreißen, zerbrechen;（約束を）～ brechen.
やぶれる 《敗れる》verlieren, unterliegen.
やぶん 《夜分に》nachts, abends, in der Nacht.
やぼ 《野暮な》abgeschmackt, geschmacklos, bäurisch, roh.
やま 《山》der Berg.
やまかじ 《山火事》der Waldbrand.
やまごや 《山小屋》die Hütte, die Berghütte.
やまし 《山師》
der Schwindler,
der Scharlatan.
やまなみ 《山並み》
die Bergkette.
やまびこ 《山彦》das Echo.
やみ 《闇》die Dunkelheit, die Finsternis.
やみうち 《闇討ち》
der Meuchelmord.
やみとりひき 《闇取引》
der Schwarzhandel.
やむ 《止む》auf|hören.
やめる 《止める》auf|geben, auf|hören, lassen.
やり 《槍》der Speer.
やりそこなう 《やり損なう》verpfuschen, verfehlen.
やりなおす 《やり直す》
noch einmal machen, von neuem an|fangen.
やる 〔与える〕geben;〔する〕machen,〔のむ〕trinken.
やわらかい 《柔らかい》weich, zart, mürbe.
やわらぐ 《和らぐ》
sich⁴ mildern.
やわらげる 《和らげる》besänftigen, mildern.
やんちゃな unartig, schelmisch, ungezogen.
やんわり sanft, mild, leise.

ゆ

ゆ 《湯》das warme Wasser.
ゆいいつ 《唯一の》einzig.

ゆいごん 《遺言》das Testament, der Letzte Wille.
ゆいぶつろん 《唯物論》der Materialismus.
ゆうい 《優位》der Vorrang.
ゆういぎ 《有意義な》bedeutsam, bedeutungsvoll, gewichtig.
ゆううつ 《憂鬱な》melancholisch, schwermütig.
ゆうえき 《有益な》nützlich, fruchtbar, wertvoll, ergiebig.
ゆうえつ 《優越》die Überlegenheit.
ゆうえんち 《遊園地》der Vergnügungspark.
ゆうが 《優雅な》elegant, fein, anmutig.
ゆうかい 《誘拐》die Entführung.
ゆうがい 《有害な》schädlich, verderblich.
ゆうかしょうけん 《有価証券》das Wertpapier, die Effekten ⑳.
ゆうがた 《夕方》der Abend. 夕方に abends.
ゆうかん 《夕刊》
das Abendblatt.
ゆうき 《勇気》der Mut.
ゆうぎ 《遊戯》das Spiel.
ゆうきゅう 《有給の》bezahlt, besoldet.
ゆうぐれ 《夕暮》
die (Abend)dämmerung.
ゆうけんしゃ 《有権者》
der/die Wahlberechtigte.
ゆうこう 《有効な》wirksam, gültig.
ゆうごう 《融合》die Verschmelzung. 融合する verschmelzen.
ゆうこうてき 《友好的な》
freundlich, gütig.
ゆうざい 《有罪の》schuldig, schuldhaft.
ゆうし 《有志》der Freiwillige.
ゆうし 《融資》die Finanzierung. 融資する finanzieren.
ゆうしてっせん 《有刺鉄線》der Stacheldraht.
ゆうしゅう 《優秀な》ausgezeichnet, vorzüglich.
ゆうじゅうふだん 《優柔不断の》unschlüssig.
ゆうしゅつ 《湧出する》hervor|sprudeln.
ゆうしょう 《優勝する》siegen; die Meisterschaft gewinnen.
ゆうじょう 《友情》
die Freundschaft.
ゆうしょく 《夕食》
das Abendessen. 夕食をとる zu Abend essen.
ゆうしょく 《有色の》farbig.
ゆうじん 《友人》
der Freund, der/die Vertraute.
ゆうしんろん 《有神論》der Theismus.
ユースホステル
die Jugendherberge.
ゆうぜい 《郵税》das Porto, die

Postgebühr.
ゆうせいだいじん 《郵政大臣》der Postminister.
ゆうぜん 《悠然と》gelassen, gleichmütig.
ゆうせんけん 《優先権》 das Vorrecht; (自動車の)～ die Vorfahrt.
ゆうそう 《郵送する》 per Post schicken.
ユーターンさせる （車を）～(um)wenden.
ゆうち 《誘致する》 an|locken, an|ziehen.
ゆうどう 《誘導する》führen, leiten.
ゆうどく 《有毒な》giftig.
ゆうのう 《有能な》tüchtig, fähig, befähigt.
ゆうはつ 《誘発する》 veranlassen, verursachen.
ゆうひ 《夕日》die Abendsonne.
ゆうびん 《郵便》die Post.
ゆうびんかわせ 《郵便為替》die Postanweisung.
ゆうびんきって 《郵便切手》 die Briefmarke.
ゆうびんきょく 《郵便局》 das Postamt.
ゆうびんはいたつ 《郵便配達人》 der Briefträger.
ゆうびんばこ 《郵便箱》der Briefkasten.
ゆうびんばんごう 《郵便番号》die Postleitzahl.
ゆうふく 《裕福な》 wohlhabend, reich, begütert.
ゆうべん 《雄弁》die Beredsamkeit. 雄弁な beredt, redegewandt.
ゆうぼう 《有望な》 hoffnungsvoll, vielversprechend.
ゆうめい 《有名な》 berühmt, renommiert.
ユーモア der Humor.
ゆうやけ 《夕焼け》 die Abendröte.
ゆうよ 《猶予》der Aufschub, die Bedenkzeit.
ゆうよう 《有用［益］な》 nützlich, förderlich.
ゆうり 《有利な》vorteilhaft, günstig.
ゆうりょ 《憂慮》die Besorgnis. 憂慮する sich⁴ sorgen, sich⁴ bekümmern.
ゆうりょう 《有料の》 gebührenpflichtig.
ゆうりょく 《有力な》einflussreich, mächtig.
ゆうれい 《幽霊》 das Gespenst, der [das] Schemen.
ゆうわ 《宥和》die Versöhnung, die Aussöhnung.
ゆうわく 《誘惑》die Verführung, die Versuchung.
ゆか 《床》der Boden, der Fußboden.
ゆかい 《愉快な》fröhlich, lustig, munter.

ゆがめる 《歪める》 verdrehen; krumm machen.
ゆき 《雪》der Schnee. 雪が降る Es schneit.
ゆきがっせん 《雪合戦》 die Schneeballschlacht.
ゆきぐつ 《雪靴》 der Schneeschuh.
ゆきげしき 《雪景色》die Schneelandschaft.
ゆきだるま 《雪達磨》der Schneemann.
ゆきづまる 《行き詰まる》 stecken|bleiben.
ゆきわたる 《行き渡る》 sich⁴ verbreiten.
ゆく 《行く》 gehen, (車で)～ fahren.
ゆげ 《湯気》der Dampf.
ゆしゅつ 《輸出》 die Ausfuhr, der Export.
ゆすぐ 《濯ぐ》 spülen.
ゆすぶる 《揺すぶる》 schüttern, schaukeln.
ゆずる 《譲る》übergeben;〔譲歩する〕nach|geben.
ゆそう 《輸送》der Transport, die Beförderung.
ゆたかな 《豊かな》reich.
ゆだねる 《委ねる》an|vertrauen, beauftragen.
ゆだん 《油断する》unachtsam sein; unvorsichtig sein, missachten.
ゆたんぽ 《湯たんぽ》die Wärmflasche.
ゆっくり langsam.
ゆでる 《茹でる》kochen.
ゆでん 《油田》das Erdölfeld.
ユニークな einzigartig, eigenartig.
ゆにゅう 《輸入》die Einfuhr, der Import.
ゆび 《指》der Finger.
ゆびわ 《指輪》der Ring.
ゆみ 《弓》der Bogen.
ゆみなり 《弓なりの》 bogenförmig.
ゆめ 《夢》der Traum.
ゆめごこち 《夢心地の》 träumerisch.
ゆらい 《由来》die Herkunft, die Provenienz.
ゆり 《百合》die Lilie.
ゆりいす 《揺り椅子》der Schaukelstuhl.
ゆりかご 《揺り籠》die Wiege.
ゆるい 《緩い》lose, locker.
ゆるがす 《揺るがす》 erschüttern, schütteln.
ゆるす 《許す》〔許可する〕erlauben;〔容赦する〕verzeihen.
ゆるやか 《緩やかな》 locker;〔着物などが〕ゆったりした〕weit.
ゆれる 《揺れる》 schwanken; wackelig sein.

よ

…(しろ)よ doch.
よあけ 《夜明け》 der Tagesanbruch.
よい 《良い》gut, schön. …してもよい dürfen, können.
よいん 《余韻》der Nachklang.
よう 《酔う》sich⁴ betrinken. 酔った betrunken.
youi 《用意》die Vorbereitung. 用意する vor|bereiten. 用意のできた fertig. (…する)用意のある bereit.
youi 《容易に》leicht, einfach, bequem.
よういん 《要因》der Faktor, das Moment.
ようがしてん 《洋菓子店》 die Konditorei.
ようがん 《溶岩》die Lava.
ようき 《陽気な》lustig, heiter, munter.
ようき 《容器》der Behälter, das Behältnis.
ようきゅう 《要求する》 fordern, verlangen.
ようさい 《要塞》die Festung; die Burg.
ようし 《用紙》(書き込み)～ das Formular.
ようし 《容姿》die Figur.
ようし 《養子》das Adoptivkind. 養子にする adoptieren.
ようじ 《用事》das Geschäft. 用事がある etwas zu tun haben.
ようじ 《楊枝》der Zahnstocher.
ようじん 《用心》die Vorsicht. 用心深い vorsichtig, achtsam.
ようす 《様子》das Aussehen, der Zustand.
ようする 《要する》brauchen; nötig haben.
ようするに 《要するに》 kurz gesagt; kurz und gut.
ようせい 《妖精》 die Elfe, die Fee.
ようせい 《養成》die Ausbildung.
ようせき 《容積》 der Rauminhalt, das Volumen.
ようせつ 《溶接する》 schweißen.
ようそ 《要素》das Element, der Bestandteil.
ようちえん 《幼稚園》der Kindergarten.
ようにん 《容認する》zu|lassen, ein|räumen.
ようねんじだい 《幼年時代》 die Kindheit.
ようび 《曜日》der Wochentag.
ようひし 《羊皮紙》 das Pergament.
ようほう 《養蜂》Imkerei.
ようもう 《羊毛》die Wolle.
ようやく endlich.

ようやく《要約》das Resümee, die Zusammenfassung.
ようりょう《用量》die Dosis.
ヨーグルト der〔das〕Joghurt.
ヨーロッパ (das) Europa.
よか《余暇》die freie Zeit; die Freizeit.
よかん《予感》die Ahnung, das Vorgefühl.
よき《予期する》erwarten;(…の可能性を)～ mit 〈et³〉 rechnen.
よく《良く》gut, wohl.
よくしつ《浴室》das Badezimmer.
よくじつ《翌日》am nächsten Tag.
よくそう《浴槽》die Badewanne.
よくばり《欲張りの》geizig.
よくぼう《欲望》die Begierde, das Verlangen.
よくよくじつ《翌々日に》am übernächsten Tag.
よけい《余計な》unnötig, überflüssig.
よけん《予見》die Voraussicht. 予見する voraus|sehen, vorher|sehen.
よげん《予言する》weissagen, prophezeien.
よこぎる《横切る》überqueren.
よごす《汚す》beschmutzen, besudeln. 汚れた schmutzig.
よこたわる《横たわる》sich⁴ legen, liegen.
よこに《横に》quer. その横に〔へ〕daneben. 横になる sich⁴ legen. 横になっている liegen.
よさん《予算》das Budget;〔見積り〕der Voranschlag.
よしゅう《予習する》sich⁴ vor|bereiten.
よせ《寄席》das Varieté.
よそう《予想する》voraus|sehen, vermuten.
よそおう《装う》schmücken, an|kleiden.
よその fremd.
ヨット die Jacht, das Segelboot.
よっぱらう《酔っ払う》sich⁴ betrinken.
よてい《予定の》vorherbestimmt, geplant.
よていひょう《予定表》der Plan;(カレンダーつき)～ der Terminkalender.
よどむ《淀む》stagnieren.
よなか《夜中に》um Mitternacht.
よのなか《世の中》die Welt, das Leben.
よび《予備》die Reserve, der Vorrat. 予備部品 das Ersatzteil.
よびかける《呼び掛ける》an|rufen, zu|rufen.
よびさます《呼び覚ます》wecken, wach|rufen.
よびにやる《呼びにやる》nach 〈j³〉 schicken.
よびもどす《呼び戻す》zurück|rufen.
よびりん《呼び鈴》die Klingel, die Schelle.
よぶ《呼ぶ》rufen;〔称する〕heißen, nennen.
よぶん《余分の》überflüssig, übrig.
よほう《予報する》vorher|sagen.
よぼう《予防する》vor|beugen, verhüten.
よみがえる《蘇る》auf|erstehen.
よみとる《読み取る》lesen, ab|lesen.
よむ《読む》lesen.
よやく《予約する》vorher bestellen; reservieren.
…より als《比較級＋als の形で》.
よりおおくの《…より多くの》mehr.
よりそう《寄り添う》sich⁴ schmiegen.
よりによって gerade, ausgerechnet.
よりはやい《より早い》früher.
よりまえには《…より前には》bevor, ehe.
よりよい《より良い》besser. より良くする verbessern. より良くなる sich⁴ verbessern.
よる《夜》die Nacht. 夜に nachts.
よろいど《鎧戸》der (Fenster)laden.
よろこび《喜び》die Freude. 喜ぶ sich⁴ freuen. 喜んでいる froh sein. 喜んで gern(e).
よろしい wohl, gut.
よろしく よろしくと伝える grüßen, Grüße ausrichten.
よろめく taumeln.
よろん《世論》die öffentliche Meinung.
よわい《弱い》schwach.
よわまる《弱まる》sich⁴ legen; nach|lassen.
よわむし《弱虫》der Schwächling, der Feigling.
よんできかせる《読んで聞かせる》vor|lesen.
よんどころない unvermeidlich, notgedrungen.

ら

らいう《雷雨》das Gewitter.
ライオン der Löwe.
らいきゃく《来客》der Besucher, der Gast. 来客がある Besuch haben.
らいげつ《来月》nächsten Monat.
らいしゅう《来週》nächste〔kommende〕Woche.
らいせ《来世》das Jenseits.
ライター das Feuerzeug.
ライトバン der Kombiwagen, der Kombi.
らいねん《来年》nächstes Jahr.
ライバル der Rivale, der Nebenbuhler.
ライフル(銃) das Gewehr.
ライフワーク das Lebenswerk.
ライむぎ《ライ麦》der Roggen.
らく《楽な》bequem, angenehm, leicht.
らくいん《烙印》das Brandmal.
らくえん《楽園》das Paradies.
らくがき《落書》das Gekritzel.
らくさ《落差》das Gefälle.
ラクダ das Kamel.
らくだい《落第する》(im Examen) durch|fallen; sitzen bleiben.
らくよう《落葉》der Laubfall.
らくらく《楽々と》bequem, leicht, mühelos.
ラケット der Schläger.
ラジエーター der Heizkörper.
ラジオ das Radio, der Rundfunk.
…らしい scheinen, aus|sehen.
らせん《螺旋》die Spirale, die Schraube.
らたい《裸体》die Nudität. 裸体の nackt
らち《拉致する》verschleppen.
ラッカー die Lackfarbe.
らっかんてき《楽観的な》optimistisch.
ラッシュアワー die Hauptverkehrszeit, die Stoßzeit.
らっぱ die Trompete.
ラップタイム die Zwischenzeit.
ラブレター der Liebesbrief.
らん《蘭》die Orchidee.
らん《欄》(新聞の)～ die Spalte, die Rubrik.
らんかん《欄干》das Geländer.
ランク der Rang.
らんざつ《乱雑な》ungeordnet, wirr. 乱雑に durcheinander.
らんし《乱視》der Astigmatismus.
らんそう《卵巣》die Eierstöcke [複], das Ovarium.
ランドセル der Ranzen.
ランプ die Lampe.
らんぼう《乱暴な》grob, rauh, wild, gewalttätig.
らんよう《濫用する》missbrauchen.

り

リース das Leasing.
リール die (Film)spule.
りえき《利益》der Gewinn, der Ertrag, der Vorteil.
りかい《理解する》verstehen. 理解力 das Verständnis.(芸術などに対する)～ das Gefühl.
りがい《利害》das Interesse, die Belange [複].
りく《陸》das Land.
りくぐん《陸軍》die Armee, das Heer.

りくろ 《陸路》der Landweg.
りこう 《利口な》 klug, gescheit, intelligent.
りこてき 《利己的な》 selbstsüchtig, egoistisch.
りこん 《離婚》die Ehescheidung.
りし 《利子》die Zinsen [複].
りじ 《理事》 das Vorstandsmitglied.
りす 《栗鼠》 das Eichhörnchen.
リスク das Risiko, die Gefahr.
リスト die Liste.
リズム der Rhythmus.
りせい 《理性》die Vernunft.
りそう 《理想》das Ideal.
りち 《理知》der Intellekt. 理知的な intelligent.
りちぎ 《律儀な》ehrlich, redlich ; bieder.
りつ 《率》das Verhältnis.
りっきょう 《陸橋》 die Überführung.
りっこうほ 《立候補》die Kandidatur. 立候補する kandidieren.
りっしんしゅっせ 《立身出世》 die Karriere.
りつぞう 《立像》 das Standbild, die Statue.
りったいちゅうしゃじょう 《立体駐車場》das Parkhaus.
リットル (das) Liter.
りっぱ 《立派な》 ausgezeichnet, stattlich, schön, herrlich.
りっぷく 《立腹》der Ärger.
りっぽう 《立法》 die Gesetzgebung, die Legislatur. 立法権 die Legislative.
リハーサル die Generalprobe. ～する ein|studieren.
りはつし 《理髪師》 der Friseur, die Friseurin.
リフト der Sessellift.
リモートコントロール die Fernlenkung.
りゃくしき 《略式の》 unförmlich.
りゃくず 《略図》die Umrisszeichnung, die Skizze, der Entwurf.
りゆう 《理由》der Grund.
りゅうがく 《留学する》im Ausland studieren.
りゅうこう 《流行》die Mode. 流行の modisch, modern, aktuell.
りゅうこうせいかんぼう 《流行性感冒》die Grippe.
りゅうざん 《流産》 die Fehlgeburt.
りゅうし 《粒子》das Korpuskel.
りゅうしゅつ 《流出》der Ausfluss. 流出する aus|fließen.
りゅうちょう 《流暢な》 fließend ; geläufig.
りゅうつう 《流通》 (物の)～ der Verkehr ; (貨幣の)～ der Umlauf.
りゅうどう 《流動的な》 fließend ; beweglich.
りゅうにゅう 《流入》der Zufluss. 流入する zu|fließen.
りゅうは 《流派》die Schule, die Richtung.
リュックサック der Rucksack, der Ranzen.
りょう 《猟》die Jagd.
りょう 《漁》der Fischfang.
りよう 《利用》die Benutzung. 利用する nützen, gebrauchen. (十分に・効果的に)利用する aus|nutzen.
りょういき 《領域》das Gebiet, der Bereich.
りょうが 《凌駕する》 übertreffen, überflügeln.
りょうかい 《了解》 das Einverständnis.
りょうがえ 《両替する》 wechseln.
りょうきん 《料金》 (公共)～ die Gebühr ; (協定)～ der Satz.
りょうくう 《領空》der Luftraum.
りょうじ 《領事》der Konsul. 領事館 das Konsulat.
りょうしゅうしょ 《領収書》 die Quittung.
りょうしょう 《了承した》 einverstanden.
りょうしょく 《糧食》der Proviant, der Mundvorrat.
りょうしん 《両親》die Eltern.
りょうしん 《良心》das Gewissen.
りょうど 《領土》das Territorium.
りょうほう 《療法》 die Therapie, die Behandlung.
りょうよう 《療養》die Kur.
りょうり 《料理》das Gericht. 料理する kochen. 料理法 die Kochkunst, das Rezept.
りょうりつ 《両立する》sich⁴ vertragen.
りょかく 《旅客》 der Passagier, der Fahrgast, der Fluggast.
りょかん 《旅館》das Hotel, das Gasthaus.
りょかんあんないじょ 《旅館案内所》 der Hotel〔Zimmer〕nachweis.
りょくち 《緑地》die Grünanlage.
りょくちたい 《緑地帯》der Grüngürtel, der Grünstreifen.
りょけん 《旅券》 der Pass, der Reisepass.
りょこう 《旅行》die Reise. 旅行する reisen. 旅行にでかける verreisen. 旅行に出ている verreist sein ; unterwegs sein.
りょてい 《旅程》der Reiseplan.
りょひ 《旅費》 die Reisekosten [複].
リラックス die Entspannung. リラックスした entspannt.
りりつ 《利率》der Zinssatz, der Zinsfuß.
リレー der Staffellauf.
りれきしょ 《履歴書》der Lebenslauf.
りろん 《理論》die Theorie. 理論的な theoretisch.
りん 《鈴》die Schelle.
りんか 《隣家》 das Nachbarhaus, das Nebenhaus.
りんかく 《輪郭》der Umriss, die Kontur.
りんぎょう 《林業》 die Forstwirtschaft.
リンク die Eisbahn.
りんご der Apfel.
りんごく 《隣国》 das Nachbarland.
りんじ 《臨時の》vorläufig, provisorisch.
りんしつ 《隣室》das Nebenzimmer.
りんじゅう 《臨終》die Todesstunde.
りんしょう 《臨床の》klinisch.
りんじん 《隣人》 der Nachbar, die Nachbarin.
りんせつ 《隣接する》 an|grenzen, an|stoßen.
リンチ die Lynchjustiz.
リンネル das Leinen.
りんり 《倫理》 die Moral, die Sittlichkeit.

る

るい 《類》die Gattung.
るいご 《類語》das Synonym.
るいじ 《類似》die Ähnlichkeit. 類似の ähnlich, verwandt.
るいすい 《類推》 die Analogie, die Folgerung.
ルーズな locker, nachlässig, liederlich.
ルーズリーフ lose Blätter [複].
ルール die Regel.
るす 《留守》die Abwesenheit ; 留守している nicht zu Hause sein.

れ

れい 《例》das Beispiel.
れい 《零》die Null.
れい 《礼をいう》danken.
れいがい 《例外》 die Ausnahme. 例外的に ausnahmsweise.
れいぎ 《礼儀》der Anstand, die Höflichkeit.
れいきゅうしゃ 《霊柩車》 der Leichenwagen.
れいけつ 《冷血な》 kaltblütig.
れいこく 《冷酷な》hart, kaltblütig, unmenschlich, grausam.
れいじょう 《令嬢》 das Fräulein.
れいじょう 《礼状》 der Dankbrief.
れいせい 《冷静な》 ruhig, kalt, kühl, nüchtern.
れいぞうこ 《冷蔵庫》 der Kühlschrank.
れいたん 《冷淡な》 kalt, kühl, gleichgültig.

れいてん 《零点》 der Nullpunkt.
れいど 《零度》 die Null, null Grad.
れいとう 《冷凍の》 tiefgekühlt.
れいはい 《礼拝》 der Gottesdienst.
れいふく 《礼服》 der Gesellschaftsanzug.
れいぼう 《冷房》冷房装置 die Klimaanlage.
れいめい 《黎明》 die Morgendämmerung, der Tagesanbruch.
レインコート der Regenmantel.
レーザー der Laser. レーザー光線 der Laserstrahl.
レース 《競走》 der Wettlauf；〔編物〕die Spitze.
レート der Wechselkurs.
レール das Gleis, die Schiene.
れきし 《歴史》 die Geschichte, die Historie.
れきぜん 《歴然たる》 augenscheinlich, offenkundig, offenbar.
レコード 〔記録〕der Rekord．〔音盤〕die (Schall)platte.
レコードプレーヤー der Plattenspieler.
レザー das Leder.
レシート die Quittung.
レシーバー der Kopfhörer.
レジスター die Registrierkasse.
レジャー die Freizeit.
レジュメ das Resümee.
レストラン das Restaurant.
レセプション der Empfang.
レタス der Salat, der Kopfsalat.
れつ 《列》die Reihe, die Linie.
れっきょ 《列挙》 die Aufzählung. 列挙する auf|zählen.
れっしゃ 《列車》der Zug.
レッスン der Unterricht.
れっとうかん 《劣等感》 das Minderwertigkeitsgefühl.
レフェリー der Schiedsrichter.
レポート die schriftliche Arbeit；das Referat.
レモネード die Limonade.
れんあい 《恋愛》die Liebe, die Verliebtheit.
れんか 《廉価の》 billig, wohlfeil.
れんが 《煉瓦》 der Backstein, der Ziegel.
れんけい 《連携》 die Kooperation.
れんさはんのう 《連鎖反応》 die Kettenreaktion.
レンジ 《調理用の》～ der Herd, der Küchenherd.
れんしゅう 《練習》 die Übung. 練習する üben.
レンズ die Linse.
れんそう 《連想》 die Assoziation.
れんぞく 《連続的》 fortdauernd, unterbrochen.
れんたい 《連帯》die Solidarität. 連帯する solidarisieren.
レンタカー der Mietwagen.
れんたん 《練炭》 die Presskohle, das Brikett.
レントゲン die Röntgenstrahlen ⓟ.
れんめい 《連盟》 der Verband, der Bund.
れんらく 《連絡》die Verbindung. 連絡する mit|teilen；sich⁴ in Verbindung setzen.

ろ

ろ 《炉》der Herd. 原子炉 der Kernreaktor.
ろ 《櫓》das Ruder.
ろう 《蝋》das Wachs.
ろうあしゃ 《聾啞者》 der/die Taubstumme.
ろうか 《廊下》 der Gang, der Korridor.
ろうか 《老化する》altern.
ろうかい 《老獪な》schlau.
ろうきゅう 《老朽した》gebrechlich, veraltet.
ろうごく 《牢獄》 das Gefängnis, der Kerker.
ろうじん 《老人》 der/die Alte；das Alter.
ろうすい 《老衰》 die Altersschwäche.
ろうそく 《蝋燭》die Kerze.
ろうと 《漏斗》der Trichter.
ろうどう 《労働》die Arbeit；die Beschäftigung.
ろうどうくみあい 《労働組合》 die Gewerkschaft.
ろうどうしゃ 《労働者》 der Arbeiter, der Arbeitnehmer.
ろうどうだいじん 《労働大臣》 der Arbeitsminister.
ろうどく 《朗読》 die Vorlesung, die Lesung.
ろうねん 《老年》 das Greisenalter.
ろうばい 《狼狽した》verlegen, bestürzt.
ろうひ 《浪費する》verschwenden.
ろうりょく 《労力》 die Mühe, die Anstrengung.
ろうれん 《老練な》 erfahren, geübt, schlau.
ローストビーフ der Rinderbraten.
ローストポーク der Schweinebraten.
ロータリー der Kreisverkehr.
ロープ das Seil.
ローラースケート das Rollschuhlaufen.
ローン der Kredit.
ろくおん 《録音》die Aufnahme. 録音テープ das Tonband.
ろくが 《録画》die Aufzeichnung. 録画する auf|zeichnen.
ろくがつ 《六月》der Juni.
ろくしょう 《緑青》der Grünspan.
ロケーション die Außenaufnahme.
ロケット die Rakete.
ろこつ 《露骨な》 nackt, unverhüllt, unumwunden.
ろし 《濾紙》das Filterpapier.
ロシア Russland.
ろせん 《路線》die Linie.
ロッカー das Schließfach.
ロッククライミング das Felsklettern.
ろっこつ 《肋骨》die Rippe.
ろてん 《露店》die Bude.
ロビー das Foyer, die Wandelhalle.
ロボット der Roboter.
ロマンス die Liebesgeschichte.
ろめんでんしゃ 《路面電車》 die Straßenbahn.
ろんきょ 《論拠》 das Argument, der Beweisgrund.
ろんしょう 《論証》die Beweisführung.
ろんじる 《論じる》 diskutieren, behandeln.
ろんせつ 《論説》 der Leitartikel.
ろんそう 《論争する》streiten, disputieren.
ろんてん 《論点》 der (Streit)punkt.
ろんなん 《論難》die Polemik. 論難する polemisieren.
ろんばく 《論駁》 die Widerlegung. 論駁する widerlegen.
ろんぶん 《論文》die Abhandlung, der Aufsatz.

わ

わ 《和》〔調和〕die Harmonie；〔平和〕der Frieden；〔合計〕die Summe.
わ 《輪》der Ring, der Kreis, der Zirkel.
ワイシャツ das Hemd.
わいせつ 《猥褻な》 unzüchtig, obszön.
ワイパー der Scheibenwischer.
わいろ 《賄賂》die Bestechungsgelder ⓟ.
ワイン der Wein.
わおん 《和音》der Akkord.
わかい 《和解》die Versöhnung.
わかい 《若い》jung. 若さ die Jugend. 若い人たち die Jugendlichen ⓟ.
わかがえる 《若返る》 sich⁴ verjüngen.
わかさ 《若さ》die Jugend, die Jugendlichkeit.
わがまま 《我がままな》 eigensinnig.
わかもの 《若者》 der Jüngling, der Junge.
わかりにくい 《分かりにくい》

schwerverständlich.
わかりやすい 《分かりやすい》 leichtverständlich.
わかる 《分かる》 (意味が)～ verstehen ; (聞いてそれと)～ hören ; (見てそれと)～ sehen, erkennen. 分かっている wissen.
わかれ 《別れ》der Abschied, die Trennung.
わかれみち 《分れ道》 der Scheideweg.
わかれる 《分かれる》 sich⁴ teilen, sich⁴ verzweigen.
わかれる 《別れる》 sich⁴ trennen. 別れた geschieden. 別れを告げる sich⁴ verabschieden.
わかわかしい 《若々しい》 jugendlich, jung.
わき 《脇》die Seite.
わきばら 《わき腹》die Seite ; die Flanke.
わきみち 《わき道》die Nebenstraße, die Seitenstraße.
わきやく 《脇役》die Nebenrolle.
わく 《枠》der Rahmen.
わく 《沸く》kochen.
わく 《湧く》quellen.
ワクチン die Vakzine.
わけ 《訳》〔意味〕der Sinn ; 〔理由〕 der Grund ; 〔というわけで〕 so.
わけても besonders, insbesondere, vor allem.
わける 《分ける》teilen, trennen ; (均等に)～ verteilen, aus|teilen.
わざと absichtlich.
わざわい 《災い》 das Unglück, das Übel.
わずか 〔たった〕ganz, nur.
わずかな 《僅かな》gering, klein, sparsam. わずかな数の wenig.
わずらわしい 《煩わしい》 lästig, unangenehm.
わずらわす 《煩わす》 belästigen, beschweren.
わすれっぽい 《忘れっぽい》 vergesslich.
わすれる 《忘れる》vergessen.
わせい 《和声》die Harmonie.
わた 《綿》die Baumwolle, die Watte.
わたし 《私》ich. 私の mein. 私のために meinetwegen.
わたす 《渡す》geben, ab|geben, übergeben.
わたりどり 《渡り鳥》 der Zugvogel.
わたる 《渡る》über|fahren ; (向うへ)～ hinüber|gehen ; (こちらへ)～ herüber|kommen.
ワッペン das Wappen.
わな 《罠》die Falle.
ワニス der Firnis.
わびる 《詫びる》sich⁴ entschuldigen.
わめく schreien, brüllen.
わら 《藁》das Stroh.
わらう 《笑う》lachen.
わりあい 《割合》das Verhältnis, die Rate.
わりびき 《割り引き》die Ermäßigung.
わりふる 《割り振る》 (役を)～ besetzen ; (均等に)～ verteilen.
わりまし 《割り増し》 der Zuschlag.
わりやす 《割安な》 preiswert, preisgünstig.
わる 《割る》(数を)～ teilen ; 〔壊す〕zerbrechen.
わるい 《悪い》 schlecht, böse ; (人にとって都合の)～ schlimm.
わるがしこい 《悪賢い》 schlau, verschlagen.
わるだくみ 《悪巧み》 die Arglist, die Hinterlist, die Tücken [複].
われめ 《割れ目》der Riss, der Spalt.
われやすい 《割れ易い》 zerbrechlich.
われる 《割れる》brechen.
われわれ 《我々》 wir. われわれの unser.
わん 《湾》die Bucht, der Golf.
わんしょう 《腕章》 die Armbinde.
わんぱく 《腕白な》 ungezogen, unartig.

しん　　　　　　　　　　　どくわ じ てん
新マイスター独和辞典
© ENOMOTO Hisahiko et al., 2006　　　　　　　　　NDC843　1616p　天地 19cm

初版第 1 刷発行────2006年 3 月 1 日

編者────────戸川敬一／榎本久彦／人見　宏／石村　喬／
　　　　　　　　木村直司／Franz-Anton Neyer／佐々木直之輔／
　　　　　　　　新倉真矢子／島　憲男／草本　晶

発行者───────鈴木一行
発行所───────株式会社大修館書店
　　　　　　　　〒101-8466　東京都千代田区神田錦町3-24
　　　　　　　　電話 03-3295-6231(販売部)/03-3294-2355(編集部)
　　　　　　　　振替 00190-7-40504
　　　　　　　　[出版情報] http://www.taishukan.co.jp

校正・調査協力──日本アイアール㈱
装丁────────井之上聖子

組版────────壮光舎印刷株式会社
印刷────────図書印刷株式会社
製本────────牧製本印刷株式会社
本文用紙──────二島製紙株式会社
表紙クロス────ダイニック株式会社

ISBN4-469-01277-7　Printed in Japan
Ⓡ本書の全部または一部を無断で複写複製（コピー）することは、
著作権法上での例外を除き禁じられています。

事典 現代のドイツ
DEUTSCHLAND HEUTE

加藤雅彦、麻生建、木村直司、古池好、
高木浩子、辻通男 編著

第一線の専門家46人が描き出す
統一ドイツの全貌

各分野の専門家46人の手により、豊富な最新データを駆使する一方で歴史的な展望もおさえながら、統一ドイツの現状と問題点をバランスよく提示。政治、経済、歴史、社会、日常生活から日本との関係にいたる、あらゆる面からドイツをとらえ、その底流をなすドイツ的特色も浮き彫りにする。専門家のみならず、ジャーナリスト、ビジネスマン、旅行者など、幅広い分野のニーズに応えるハンドブック。

●A5判・1008頁 定価12,600円（本体12,000円＋税5%）

＊定価は2006年2月現在

Deutschland

SCHWEDEN
Ostsee
LITAUEN
Bornholm
Königsberg (Kaliningrad)
RUSSLAND
Rügen
Danzig (Gdańsk)
Stralsund
Kolberg (Kołobrzeg)
Stettin (Szczecin)
Stargard (Stargard Szczeciński)
Landsberg (Gorzów)
Müritz
Oder-Havel-Kanal
Berlin
Posen (Poznań)
Warschau (Warszawa)
Potsdam
Wittenberg
Grünberg (Zielona Góra)
POLEN
Cottbus
Oder
Breslau (Wrocław)
Meißen
Dresden
Chemnitz
Weichsel (Wisła)
Karlsbad (Karlovy Vary)
Krakau (Kraków)
Prag (Praha)
Elbe
TSCHECHIEN
Pilsen (Plzeň)
SLOWAKEI
Passau
Linz
Wien
Preßburg (Bratislava)
Salzburg
Neusiedler See
Budapest
Hochschwab
UNGARN
Theiß (Tisza)
ÖSTERREICH
Graz
Plattensee
Donau (Duna)
RUMÄNIEN
Großglockner
Marburg (Maribor)
Laibach (Ljubljana)
Agram (Zagreb)
SLOWENIEN
KROATIEN